Gehrlein · Born · Simon
GmbHG
Gesetz betreffend die Gesellschaften mit beschränkter Haftung
Kommentar

Gehrlein · Born · Simon

GmbHG

Gesetz betreffend die Gesellschaften mit beschränkter Haftung, Kommentar

Herausgegeben von

Prof. Dr. Markus Gehrlein,
Richter am BGH, Karlsruhe

Manfred Born,
Richter am Bundesgerichtshof, Karlsruhe

Prof. Dr. Stefan Simon,
Rechtsanwalt/Steuerberater, Zürich

5. Auflage

Carl Heymanns Verlag 2021

Zitiervorschlag: *Bearbeiter*, in: Gehrlein/Born/Simon, GmbHG, § 1 Rn. 2

Bibliografische Information der Deutschen Nationalbibliothek

Die Deutsche Nationalbibliothek verzeichnet diese Publikation in der Deutschen Nationalbibliografie; detaillierte bibliografische Daten sind im Internet über http://dnb.d-nb.de abrufbar.

ISBN 978-3-452-29642-9

www.wolterskluwer.de

Umschlagkonzeption: Martina Busch, Grafikdesign, Homburg Kirrberg
Satz: Newgen Knowledge Works, (P) Ltd., Chennai
Druck und Weiterverarbeitung: Williams Lea & Tag GmbH, München

Gedruckt auf säurefreiem, alterungsbeständigem und chlorfreiem Papier.

Vorwort

Die große gesamtwirtschaftliche Bedeutung der GmbH erfordert eine zuverlässige und fundierte Klärung der sie betreffenden Rechtsfragen. Der nunmehr in der 5. Auflage vorliegende Kommentar ist auf praktische Probleme und deren Lösung ausgerichtet, erhebt aber den Anspruch, die erforderliche wissenschaftliche Tiefe nicht vermissen zu lassen.

Die umfangreiche Rechtsprechung zum GmbH-Recht seit der letzten Auflage wurde ebenso berücksichtigt, wie die Aktivitäten des Gesetzgebers. Hier war besonders die Reaktion des Gesetzgebers auf die Ausbreitung des SARS-CoV-2-Virus durch das COVID-19-Insolvenzaussetzungsgesetz (COVInsAG) zu verarbeiten, das rückwirkend zum 1. März 2020 in Kraft getreten ist. Der ausführliche Insolvenzrechtsteil beinhaltet Ausführungen zu den kurzfristig eingeführten Änderungen betreffend die Insolvenzantragspflicht und daran anknüpfend die Insolvenzverschleppungshaftung, das Zahlungsverbot und die Anfechtungstatbestände. Auch die zeitweise Erleichterung des Umlaufverfahrens durch § 2 des Gesetzes über Maßnahmen im Gesellschafts-, Genossenschafts-, Vereins-, Stiftungs- und Wohnungseigentumsrecht zur Bekämpfung der Auswirkungen der COVID-19-Pandemie ist berücksichtigt.

Einen Schwerpunkt neben den Kernbereichen des GmbH-Rechts bildet nach wie vor die Kommentierung des Bilanz- und Konzernrechts. Wer im GmbH-Recht berät, wird häufig mit steuerrechtlichen Fragen konfrontiert, weshalb sich die Herausgeber schon in der letzten Auflage entschlossen haben, steuerrechtliche Fragen rund um die GmbH in einem eigenen Anhang aufzunehmen, ergänzt um relevante Problemfälle wie die verdeckte Gewinnausschüttung. Das Konzernrecht, das Steuerrecht, das internationale GmbH-Recht und der seit der letzten Auflage ebenfalls neu aufgenommene Themenkreis der Compliance sind als eigenständige geschlossene Bearbeitungen am Ende des Werks zu finden.

Unser Dank gilt auch für die 5. Auflage dem Team bewährter Autoren für die Erstellung und Überarbeitung der Manuskripte, die neben der enormen zeitlichen Belastung durch das Tagesgeschäft geleistet wurde. Nach einem Wechsel in der Person des Bearbeiters wurden die §§ 80 bis 88 von Grund auf neu kommentiert. Die Reform des Abschlussprüfungsrechts (APAReG, AReG), durch die das GmbHG um die §§ 86–88 erweitert wurde, ist verarbeitet. Die Herausgeber freuen sich, dass sie hierfür Richter am Bundesgerichtshof Alexander Meyberg gewinnen konnten und bedanken sich zugleich bei Richter am Bundesgerichtshof a. D. Dr. Axel Boetticher für die geleistete Arbeit. Unser Dank gilt auch Rechtsanwalt Dr. Zapf und Prof. Dr. Hofmann, die das Autorenteam verlassen. Die Bearbeitung des Steuerrechts liegt nun allein in den Händen von Prof. Dr. Binnewies Die § 29, Vor §§ 60 ff., §§ 60–63, 65-66 werden in Zukunft von Prof. Dr. Beckmann und die §§ 67–74 von Dr. Brünkmans allein kommentiert.

Ebenfalls danken möchten wir dem Verlag für die Betreuung sowohl bei der Konzeption, auf dem langen Weg der Erstellung der Kommentierungen und schließlich bei Satz und Korrektur. Wir bitten unsere Leser, Anregungen, Kritik und Verbesserungsvorschläge zu übermitteln. Wir werden diese für die Zukunft und die weiteren Auflagen gerne berücksichtigen.

Landau, Karlsruhe, Zürich im November 2020
Markus Gehrlein
Manfred Born
Stefan Simon

Vorwort

Autorenverzeichnis

Prof. Dr. Roland Michael Beckmann
Universität des Saarlandes, Saarbrücken

Prof. Dr. Burkhard Binnewies
Rechtsanwalt, Streck Mack Schwedhelm, Köln

Dr. Axel Boetticher
Richter am Bundesgerichtshof a.D., Bremen

Dr. Michael Bormann
Rechtsanwalt, Luther Rechtsanwaltsgesellschaft mbH, Düsseldorf

Manfred Born
Richter am Bundesgerichtshof, Karlsruhe
Stellvertretender Vorsitzender des II. Zivilsenats

Dr. Christian Brünkmans, LL.M.
Rechtsanwalt, Flick Gocke Sachaumburg, Bonn

Prof. Dr. Petra Buck-Heeb
Leibniz Universität Hannover

Prof. Dr. Markus Gehrlein
Richter am Bundesgerichtshof, Karlsruhe
Honorarprofessor der Universität Mannheim

Dr. Johannes Hecht
Notar, Hengersberg

Dr. Leonhard Hübner, M. Jur. (Oxford)
Ruprecht-Karls-Universität Heidelberg

Dr. André Kowalski
Rechtsanwalt, Düsseldorf

Prof. Dr. Thilo Kuntz, LL.M. (University of Chicago)
Bucerius Law School, Hamburg

Dr. Mario Leitzen, M. Jur. (Oxford)
Notar, Rheinbach

Dr. Jan Link, Dipl.-Kfm.
Notar, Notare Bormann und Link, Ratingen

Dr. Eric Marx, LL.B.
Rechtsanwalt, Ebner Stolz, Köln

Dr. Silja Maul
Rechtsanwältin, Mannheim

Alexander Mayberg
Richter am Bundesgerichtshof

Dr. Tobias Nießen
Rechtsanwalt, Flick Gocke Schaumburg, Bonn

Prof. Dr. Michael Nietsch
Lehrstuhlinhaber für Bürgerliches Recht, Unternehmensrecht und Kapitalmarktrecht an der EBS Law School

Dr. Daniel Rubner
Rechtsanwalt, GÖRG, München

Dr. Sebastian Sandhaus, LL.M.
Rechtsanwalt, Sandhaus Grodnio Rechtsanwälte Partnerschaft mbB, Lingen

Dr. Peter Schmitz
Notar, Notare Schmitz und Schulte-Thoma, Köln

Kevin Schümmer
Rechtsanwalt, Flick Gocke Schaumburg, Düsseldorf

Dr. Jörn-Christian Schulze
Rechtsanwalt, ARQIS Rechtsanwälte, Düsseldorf

Prof. Dr. Stefan Simon
Rechtsanwalt/Steuerberater, Zürich

Dr. Patricia Sirchich von Kis-Sira
Rechtsanwältin, BDO Legal Rechtsanwaltsgesellschaft mbH, Düsseldorf

Prof. Dr. Christoph Teichmann
Julius-Maximilians-Universität Würzburg

Dr. Michael Winter
Rechtsanwalt/Steuerberater, Flick Gocke Schaumburg, Bonn

Inhaltsverzeichnis

Abkürzungsverzeichnis

(einschließlich der abgekürzt zitierten Literatur)

a.A.	anderer Ansicht
AAA	American Arbitration Association
a.a.O.	am angegebenen Ort
ABGB	Allgemeines Bürgerliches Gesetzbuch für Österreich
Abk.	Abkommen
abl.	ablehnend
ABl.	Amtsblatt
ABl. EG	Amtsblatt der Europäischen Gemeinschaften
Abs.	Absatz
Abschn.	Abschnitt
Abt.	Abteilung
abw.	abweichend
AbzG	Gesetz betreffend die Abzahlungsgeschäfte (Abzahlungsgesetz) vom 16.5.1894, aufgehoben durch VerbrKrG zum 1.1.1991
abzgl.	abzüglich
AcP	Archiv für die zivilistische Praxis (Band, Jahr, Seite)
ADHGB	Allgemeines Deutsches Handelsgesetzbuch von 1861
ADR	accord européen relatif au transport international des marchandises dangereuses par route – Europ. Übereinkommen vom 30.9.1957 über die internationale Beförderung gefährlicher Güter auf der Straße, Gesetz vom 18.8.1969 (BGBl. II, 1489)
ADSp	Allgemeine Deutsche Spediteurbedingungen
a.E.	am Ende
AEG	Allgemeines Eisenbahngesetz vom 27.12.1993 (BGBl. I, 2378/96)
a.F.	alte Fassung
AfA	Absetzung für Abnutzungen
AFG	Arbeitsförderungsgesetz vom 25.6.1969 (BGBl. I, 582), aufgehoben, jetzt SGB III
AfP	Archiv für Presserecht
AFRG	Arbeitsförderungsreformgesetz
AG	Amtsgericht; Aktiengesellschaft; Die Aktiengesellschaft (Zeitschrift)
AGB	Allgemeine Geschäftsbedingungen
AGB-Banken	Allgemeine Geschäftsbedingungen der (privaten) Banken
AGBG	Gesetz zur Regelung des Rechts der Allgemeinen Geschäftsbedingungen vom 9.12.1976 (BGBl. I, 3317), aufgehoben durch SchuldRModG)
AGBGB	Ausführungsgesetz zum BGB
AGB-Spark.	Allgemeine Geschäftsbedingungen der Sparkassen und Girozentralen
AGH	Anwaltsgerichtshof
AKB	Allgemeine Bedingungen für die Kraftfahrtversicherung
AktG	Gesetz über die Aktiengesellschaften und Kommanditgesellschaften auf Aktien (Aktiengesetz) vom 6.9.1965 (BGBl. I, 1089)
AKV	Deutscher Auslandskassenverein AG
ALB	Allgemeine Leistungsbedingungen der Deutschen Bahn AG, DB Cargo
allg.	allgemein
allg.M.	allgemeine Meinung
Alt.	Alternative
a.M.	anderer Meinung
AMG	Gesetz über den Verkehr mit Arzneimitteln (Arzneimittelgesetz)
ÄndAufhG	Gesetz über die Änderung oder Aufhebung von Gesetzen der DDR
ÄndG	Änderungsgesetz

AnfG	Gesetz betreffend die Anfechtung von Rechtshandlungen eines Schuldners außerhalb des Insolvenzverfahrens (Anfechtungsgesetz) vom 5.10.1994 (BGBl. I, 2911)
Anh.	Anhang
Anm.	Anmerkung
AnSVG	Gesetz zur Verbesserung des Anlegerschutzes (Anlegerschutzverbessungsgesetz) vom 28.10.2004 (BGBl. I, 2630)
AO	Abgabenordnung i.d.F. vom 1.10.2002 (BGBl. I, 3866)
APAReG	Abschlussprüferaufsichtsreformgesetz
APAS	Abschlussprüferaufsichtsstelle
ApothG	Gesetz über das Apothekenwesen
AR	Aufsichtsrat
ArbeitserlaubnisVO	Arbeitserlaubnisverordnung
ArbG	Arbeitsgericht
ArbGG	Arbeitsgerichtsgesetz i.d.F. vom 2.7.1979 (BGBl. I, 853, ber. 1036)
ArbNErfG	Gesetz über Arbeitnehmererfindungen (Arbeitnehmererfindungsgesetz)
ArbPlSchutzG	Gesetz über den Schutz des Arbeitsplatzes bei Einberufung zum Wehrdienst (Arbeitsplatzschutzgesetz) i.d.F. vom 14.2.2001 (BGBl. I, 253)
AReG	Abschlussprüfungsreformgesetz
arg.(e.)	argumentum ex
Art.	Artikel
Aufl.	Auflage
AÜG	Gesetz zur Regelung der gewerbsmäßigen Arbeitnehmerüberlassung (Arbeitnehmerüberlassungsgesetz) i.d.F. vom 3.2.1995 (BGBl. I, 158)
AusfG	Ausführungsgesetz
ausführl.	ausführlich
AuslInvestmG	Gesetz über den Vertrieb ausländischer Investmentanteile und über die Besteuerung der Erträge aus ausländischen Investmentanteilen i.d.F. vom 9.9.1998 (BGBl. I, 2820), aufgehoben durch InvG 2003
ausschl.	ausschließlich
AVB	Allgemeine Versicherungsbedingungen
AVG	Angestelltenversicherungsgesetz i.d.F. vom 28.5.1924 (RGBl. I 563), aufgehoben
AVO	Ausführungsverordnung
AWG	Außenwirtschaftsgesetz vom 28.4.1961 (BGBl. I, 481)
Az.	Aktenzeichen
BaBiRiLiG	Gesetz zur Durchführung der Richtlinie des Rates der Europäischen Gemeinschaften über den Jahresabschluss und den konsolidierten Abschluss von Banken und anderen Finanzinstituten (Bankbilanzrichtlinie-Gesetz) vom 30.11.1990 (BGBl. I, 2570)
BaFin	Bundesanstalt für Finanzdienstleistungsaufsicht (seit 1.5.2002)
BAG	Bundesarbeitsgericht; Bundesamt für Güterverkehr
BAKred	Bundesaufsichtsamt für das Kreditwesen, seit 2002 BaFin
BausparKG	Gesetz über Bausparkassen (Bausparkassengesetz) i.d.F. vom 15.2.1991 (BGBl. I, 454)
BayObLG	Bayerisches Oberstes Landesgericht
BayStiftG	Bayerisches Stiftungsgesetz
BBankG	Gesetz über die Deutsche Bundesbank i.d.F. vom 22.10.1992 (BGBl. I, 1782)
BBiG	Berufsbildungsgesetz vom 23.3.2005 (BGBl. I, 931)
BBRL	Bankbilanzrichtlinie
Bd.	Band
BdF	Bundesminister der Finanzen
BDSG	Gesetz zum Schutz vor Missbrauch personenbezogener Daten bei der Datenverarbeitung (Bundesdatenschutzgesetz) i.d.F. vom 20.12.1990 (BGBl. I, 2954)

Bearb.	Bearbeiter
Begr.	Begründung
Beil.	Beilage
Bern.	Bemerkung
ber.	berichtigt
BErzGG	Gesetz über die Gewährung von Erziehungsgeld und Erziehungsurlaub (Bundeserziehungsgeldgesetz)
BeschFG	Beschäftigungsförderungsgesetz vom 26.4.1985 (BGBl. I, 710)
bestr.	bestritten
betr.	betreffend
BetrR	Betriebsrat
BetrAVG	Gesetz zur Verbesserung der betrieblichen Altersversorgung (Betriebsrentengesetz) vom 19.12.1974 (BGBl. I, 3610)
BetrVG	Betriebsverfassungsgesetz i.d.F. vom 25.9.2001 (BGBl. I, 2518)
BeurkG	Beurkundungsgesetz vom 28.8.1969 (BGBl. I, 1513)
BewG	Bewertungsgesetz i.d.F. vom 1.2.1991 (BGBl. I, 230)
BezG	Bezirksgericht
BFG	Bundesfinanzgericht
BFH	Bundesfinanzhof
BFHE	Sammlung der Entscheidungen und Gutachten des BFH
BFuP	Betriebswirtschaftliche Forschung und Praxis (Zeitschrift)
BGB	Bürgerliches Gesetzbuch vom 18.8.1896 (RGBl., 195), i.d.F. vom 2.1.2002 (BGBl. I, 42)
BGBl. I, II	Bundesgesetzblatt, Teil I und II (Teil, Seite)
BGH	Bundesgerichtshof
BilReG	Gesetz zur Einführung internationaler Rechnungslegungsstandards und zur Sicherung der Qualität der Abschlussprüfung (Bilanzrechtsreformgesetz) vom 4.12.2004 (BGB1. I, 3166)
BiRiLiG	Gesetz zur Durchführung der Vierten, Siebenten und Achten Richtlinie des Rates der Europäischen Gemeinschaften zur Koordinierung des Gesellschaftsrecht (Bilanzrichtlinien-Gesetz) vom 19.12.1985 (BGBl. I 1985, 2335)
BKartA	Bundeskartellamt
Bl.	Blatt
BMF	Bundesministerium der Finanzen
BMJ	Bundesministerium der Justiz
BMW	Bundesministerium für Wirtschaft (und Technologie)
BMinBlF	Bundesministerialblatt für Finanzen
BNotO	Bundesnotarordnung vom 24.2.1961 (BGBl. I, 1998)
BO	Börsenordnung
BörsG	Börsengesetz vom 21.6.2002 (BGBl. I, 2010)
BörsZulVO	Verordnung über die Zulassung von Wertpapieren zum amtlichen Markt an einer Wertpapierbörse (Börsenzulassungsverordnung) i.d.F. vom 9.9.1998 (BGBl. I, 2832)
BPatG	Bundespatentgericht
BR	Bundesrat
BRAGO	Bundesgebührenordnung für Rechtsanwälte (Bundesrechtsanwaltsgebührenordnung) vom 26.7.1957 (BGBl. I, 907), aufgehoben zum 1.7.2004 durch KostRMoG vom 5.5.2005 (BGBl. I, 718), jetzt: RVG
BRAK	Bundesrechtsanwaltskammer
BRAO	Bundesrechtsanwaltsordnung vom 1.8.1959 (BGBl. I, 565)
BR-Drs.	Bundesratsdrucksache
BSG	Bundessozialgericht
BSHG	Bundessozialhilfegesetz
BStBl. I, II	Bundessteuerblatt, Teil I und II (Teil, (Jahr) und Seite)
bspw.	beispielsweise
BT	Bundestag; Bulletin des Transports

BT-Drs.	Bundestags-Drucksache
Buchst.	Buchstabe
BVerfG	Bundesverfassungsgericht
BVerwG	Bundesverwaltungsgericht
BVG	Besonderes Verhandlungsgremium
BVR	Bankvertragsrecht
BvS	Bundesanstalt für vereinigungsbedingte Sonderaufgaben (Treuhandanstalt)
BZRG	Gesetz über das Zentralregister und das Erziehungsregister (Bundeszentralregistergesetz) i.d.F. der Bekanntmachung vom 21.9.1984 (BGBl. I, 1229, ber. 1985 I, 195)
bzw.	beziehungsweise
Cc	Code civil, Codice civile, Codigo civil
CDH	Centralvereinigung Deutscher Wirtschaftsverbände für Handelsvermittlung und Vertrieb
CESR	Committee of European Securities Regulators
cic	culpa in contrahendo
DAV	Deutscher Anwaltverein
DBA	Doppelbesteuerungsabkommen
DCF	Discounted Cashflow
DCGK	Deutscher Corporate Governance Kodex i.d.F. vom 2.6.2005
DepotG	Gesetz über die Verwaltung und Anschaffung von Wertpapieren (Depotgesetz) vom 4.2.1937 (RGBl. I, 171) i.d.F. vom 11.1.1995 (BGBl. I, 34)
ders.	derselbe
dgl.	dergleichen
d.h.	das heißt
DIS	Deutsche Institution für Schiedsgerichtsbarkeit e.V.
DIS-ERGeS	DIS-Ergänzende Regeln für gesellschaftsrechtliche Streitigkeiten 2009
DIS-SchGO	Schiedsgerichtsordnung der Deutschen Institution für Schiedsgerichtsbarkeit e.V.
Diss.	Dissertation
DMBilG	Gesetz über die Eröffnungsbilanz in Deutscher Mark und die Kapitalneufestsetzung (D-Mark-Bilanzgesetz) i.d.F. vom 28.7.1994 (BGBl. I, 1842)
DRS	Deutscher Rechnungslegungs Standard
DrittelbG	Gesetz über die Drittelbeteiligung der Arbeitnehmer im Aufsichtsrat (Drittelbeteiligungsgesetz) vom 18.5.2004 (BGBl. I, 974)
DVO	Durchführungsverordnung
e.A.	Einstweilige Anordnung
ebd.	ebenda
EBIT	Earnings before Interests and Taxes
EBITA	Earnings before Interests, Taxes and Amortisation
EBITDA	earnings before interest, taxes, depreciation and amortization
eG	eingetragene Genossenschaft
EG	Europäische Gemeinschaft; Einführungsgesetz; Vertrag zur Gründung der europäischen Gemeinschaft (ab 1.5.1999; vorher: EGV)
EGAktG	Einführungsgesetz zum Aktiengesetz vom 6.9.1965 (BGBl. I, 1185)
EGBGB	Einführungsgesetz zum Bürgerlichen Gesetzbuch vom 18.8.1896 (RGBl. 604)
EGGmbHG	Einführungsgesetz zum GmbH-Gesetz
EGHGB	Einführungsgesetz zum Handelsgesetzbuch vom 10.5.1897 (RGBl. 437)
EGInsO	Einführungsgesetz zur Insolvenzordnung
EGStGB	Einführungsgesetz zum Strafgesetzbuch
EGV/EG-Vertrag	Vertrag zur Gründung der Europäischen Gemeinschaft (vor 1.5.1999; seither: EG)

EHUG	Gesetz über elektronische Handelsregister und Genossenschaftsregister sowie das Unternehmensregister vom 10.11.2006 (BGBl. I, 2553)
Einf.	Einführung
EinigV	Einigungsvertrag
Einl.	Einleitung
einschl.	einschließlich
EK	Eigenkapital
EKAG	Einheitliches Gesetz über den Abschluss von internationalen Kaufverträgen über bewegliche Sachen vom 17.7.1973 (BGBl. I, 868), außer Kraft 1.1.91 (BGBl. I, 2895)
EKG	Einheitliches Gesetz über den internationalen Kauf beweglicher Sachen vom 17.7.1973 (BGBl. I, 856), außer Kraft 1.1.91 (BGBl. I 2894)
EMRK	Europäische Konvention zum Schutz der Menschenrechte und Grundfreiheiten
entspr.	entsprechend
EnWG	Energiewirtschaftsgesetz
ErbStG	Erbschaftsteuer- und Schenkungsteuergesetz i.d.F. der Bekanntmachung vom 27.2.1997 (BGBl. I, 378)
erg.	ergänzend
Erg.Lfg.	Ergänzungslieferung
ERJuKoG	Gesetz über elektronische Register und Justizkosten für Telekommunikation vom 10.12.2001 (BGBl. I, 3422)
Erl.	Erlass; Erläuterung(en)
EStDV	Einkommensteuer-Durchführungsverordnung
EStG	Einkommensteuergesetz i.d.F. vom 19.10.2002 (BGBl. I, 4210)
EStR	Einkommensteuerrichtlinien
etc.	et cetera
EU	Europäische Union
EuBVO	Verordnung (EG) Nr. Nr. 1206/2000 des Rates über die Zusammenarbeit zwischen den Gerichten der Mitgliedstaaten auf dem Gebiet der Beweisaufnahme
EuGH	Gerichtshof der Europäischen Gemeinschaften
EuGVO	Europäische Verordnung über die gerichtliche Zuständigkeit und die Anerkennung und Vollstreckung von Entscheidungen in Zivil- und Handelssachen vom 22.12.2000, ABIEG 2001 Nr. L 12/1, zuvor EuGVÜbk
EuGVÜ	Europäisches Übereinkommen über die gerichtliche Zuständigkeit und die Vollstreckung gerichtlicher Entscheidungen in Zivil- und Handelssachen vom 27.9.1968 (BGBl. I, 1972)
EuInsVO	Verordnung (EG) Nr. 1346/2000 des Rates über Insolvenzverfahren (ABl. EG Nr. L 160 S. 1)
EuroEG	Gesetz zur Einführung des Euro vom 9.6.1998 (BGBl. I, 1242)
EuZVO	Verordnung (EG) Nr. Nr. 1348/2001 des Rates über die Zustellung gerichtlicher und außergerichtlicher Schriftstücke
e.V.	einstweilige Verfügung; eingetragener Verein
EWIV	Europäische Wirtschaftliche Interessenvereinigung
EWIVG/EWIV-AG	Gesetz zur Ausführung der EWG-Verordnung über die Europäische wirtschaftliche Interessenvereinigung (EWIV- Ausführungsgesetz) vom 14.4.1988 (BGBl. I, 514)
EWIV-VO	Verordnung (EWG) Nr. 2137/85 über die Schaffung einer Europäischen Wirtschaftlichen Interessenvereinigung
EWR	Europäischer Wirtschaftsraum
f., ff.	folgende (r)
F&E	Forschung und Entwicklung
Fa.	Firma

FamFG	Gesetz über das Verfahren in Familiensachen und in den Angelegenheiten der freiwilligen Gerichtsbarkeit
FAS	Financial Accounting Standard
FG	Finanzgericht
FG 50 Jahre BGH	*Canaris/Heldrich/Hopt/Schmidt/Roxin/Widmaier*, 50 Jahre Bundesgerichtshof, Festgabe aus der Wissenschaft, 4 Bände, 2000
FGG	Gesetz über die Angelegenheiten der freiwilligen Gerichtsbarkeit vom 17.5.1898 (RGBl. 189) i.d.F. vom 20.5.1898 (RGBl. 771)
FGO	Finanzgerichtsordnung
FinMin	Finanzministerium (eines Bundeslandes)
Fn.	Fußnote
FRA	Forward Rate Agreement
FS	Festschrift (für)
FusionsRL	Fusions-Richtlinie
G	Gesetz
GastG	Gaststättengesetz
GB	Grundbuch
GBA	Grundbuchamt
GBl.	Gesetzblatt
GBl. (DDR) I	Gesetzblatt Deutsche Demokratische Republik Teil I
GBO	Grundbuchordnung i.d.F. vom 26.5.1994 (BGBl. I, 1114)
GbR	Gesellschaft bürgerlichen Rechts
GebrMG	Gebrauchsmustergesetz i.d.F. vom 28.8.1986 (BGBl. I, 1455)
gem.	gemäß
GemSOGB	Gemeinsamer Senat der obersten Gerichtshöfe des Bundes
GenG	Gesetz betreffend die Erwerbs- und Wirtschaftsgenossenschaften (Genossenschaftsgesetz) vom 1.5.1889 (RGBl. 55) i.d.F. vom 19.8.1994 (BGBl. I, 220)
GenTG	Gentechnikgesetz
GeschmMG	Gesetz über den rechtlichen Schutz von Mustern und Modellen (Geschmacksmustergesetz) vom 12.3.2004 (BGBl. I, 390)
GesO	Gesamtvollstreckungsanordnung
GewO	Gewerbeordnung i.d.F. vom 22.2.1999 (BGBl. I, 202)
GewStG	Gewerbesteuergesetz i.d.F. vom 15.10.2002 (BGBl. I, 4167)
GG	Grundgesetz für die Bundesrepublik Deutschland vom 23.5.1949 (BGBl. I, 1)
ggf.	gegebenenfalls
GKG	Gerichtskostengesetz i.d.F. vom 15.12.1975 (BGBl. I, 3047)
GKV	Gesamtkostenverfahren
GmbH	Gesellschaft mit beschränkter Haftung
GmbHÄndG	Gesetz zur Änderung des Gesetzes betreffend die Gesellschaften mit beschränkter Haftung und anderer handelsrechtlicher Vorschriften vom 4.7.1980 (BGBl. I, 836)
GmbHG	Gesetz betreffend die Gesellschaften mit beschränkter Haftung vom 20.4.1892 (RGBl., 477) i.d.F. vom 20.5.1898 (RGBl., 846), zuletzt geändert durch EHUG
GoA	Geschäftsführung ohne Auftrag
GoB	Grundsätze ordnungsgemäßer Buchführung
GoI	Grundsätze ordnungsgemäßer Inventur
grds.	grundsätzlich
GrEStG	Grunderwerbsteuergesetz
GrS	Großer Senat
GrSZ	Großer Senat in Zivilsachen
GS	Gedächtnisschrift; Preußische Gesetzsammlung (Jahr, Seite)
GüKG	Güterkraftverkehrsgesetz i.d.F. vom 22.6.1998 (BGBl. I, 1485)
GuV	Gewinn- und Verlust-Rechnung
GVBl.	Gesetz- und Verordnungsblatt (Jahr, Seite)

GV	Gerichtsvollzieher
GVG	Gerichtsverfassungsgesetz
GWB	Gesetz gegen Wettbewerbsbeschränkungen i.d.F. vom 15.7.2005 (BGBl. I, 2114)
h.A.	herrschende Auffassung
HaftpflG	Haftpflichtgesetz
HansOLG	Hanseatisches OLG
HausTWG	Gesetz über den Widerruf von Haustürgeschäften und ähnlichen Geschäften vom 16.1.1986 (BGBl. I, 122), aufgehoben durch SchuldRModG
HessStiftG	Hessisches Stiftungsgesetz
HFA	Hauptfachausschuss des Instituts der Wirtschaftsprüfer
HGB	Handelsgesetzbuch vom 10.5.1897 (RGBl., 219), zuletzt geändert durch EHUG vom 10.11.2006
HGrG	Gesetz über die Grundsätze des Haushaltsrechts (Haushaltsgrundsätzegesetz) vom 19.8.1969 (BGBl. I, 1273)
HinterlO	Hinterlegungsordnung vom 10.3.1937 (RGBl. I, 285)
h.L.	herrschende Lehre
h.M.	herrschende Meinung
HRefG	Gesetz zur Neuregelung des Kaufmanns- und Firmenrechts und zur Änderung anderer handels- und gesellschaftsrechtlicher Vorschriften (Handelsrechtsreformgesetz – HRefG) vom 22.6.1998 (BGBl. I, 1474)
HReg	Handelsregister
HRegGebNeuOG	Gesetz zur Neuordnung der Gebühren in Handels-, Partnerschafts- und Genossenschaftsregistersachen (Handelsregistergebühren-Neuordnungsgesetz) vom 3.7.2004 (BGBl. I, 1410)
HRegGebV	Verordnung über Gebühren in Handels-, Partnerschafts- und Genossenschaftsregistersachen (Handelsregistergebührenverordnung) vom 30.9.2004 (BGBl. I, 2562)
HRV	Verordnung über die Einrichtung und Führung des Handelsregisters (Handelsregisterverordnung) vom 12.8.1937 (RMBl., 515), zuletzt geändert durch EHUG vom 10.11.2006
Hs.	Halbsatz
Hrsg.	Herausgeber
HV	Hauptversammlung
HwO	Handwerksordnung
HypBG	Hypothekenbankgesetz i.d.F. vom 9.9.1998 (BGBl. I, 2674), aufgehoben durch PfandBG
i.A(bw).	in Abwicklung
IAS	International Accounting Standard, ab 1.4.2001 IFRS
ICC	International Chamber of Commerce
ICC-SchGO	Schiedsgerichtsordnung des International Court of Arbitration of the International Chamber of Commerce
i.d.F.	in der Fassung
i.d.gelt.F.	in der geltenden Fassung
i.d.R.	in der Regel
IdW	Institut der Wirtschaftsprüfer in Deutschland e.V.
i.E.	im Einzelnen
i.Erg.	im Ergebnis
i.e.S.	im engeren Sinne
IFRS	International Financial Reporting Standard (seit 1.4.2001, zuvor: IAS)
IHK	Industrie- und Handelskammer
IHR	Richtlinien für Insidergeschäfte mit börsenorientierten oder öffentlich angebotenen Aktien (Insiderhandelsrichtlinien)
i.H.v.	in Höhe von
i.Ins.	in Insolvenz

i.L(iq).	in Liquidation
insbes.	insbesondere
InsO	Insolvenzordnung
InsVV	Insolvenzrechtliche Vergütungsverordnung
InvG	Investmentgesetz
IPR	Internationales Privatrecht
i.S.	im Sinne
i.S.d.	im Sinne des (der)
i.S.v.	im Sinne von
i.V.m.	in Verbindung mit
IZRspr	Sammlung der deutschen Entscheidungen zum internationalen Privatrecht
i.Zw.	im Zweifel
JKomG	Gesetz über die Verwendung elektronischer Kommunikationsformen in der Justiz (Justizkommunikationsgesetz) vom 22.3.2005 (BGBl. I, 837)
KAGG	Gesetz über die Kapitalanlagegesellschaften i.d.F. vom 9.9.1998 (BGBl. I, 2726), aufgehoben durch InvG 2003
Kap.	Kapitel
KapAEG	Gesetz zur Verbesserung der Wettbewerbsfähigkeit deutscher Konzerne an Kapitalmärkten und zur Erleichterung der Aufnahme von Gesellschaftsdarlehen (Kapitalaufnahmeerleichterungsgesetz) vom 20.4.1998 (BGBl. I, 707)
KapErhG	Gesetz über die Kapitalerhöhung aus Gesellschaftsmitteln und über die Verschmelzung von Gesellschaften mit beschränkter Haftung vom 23.12.1959 (BGBl. I, 789), außer Kraft mit Wirkung vom 1.1.1995 durch Gesetz vom 28.10.1994 (BGBl. I, 3210)
KapErhStG	Gesetz über steuerrechtliche Maßnahmen bei Erhöhung des Nennkapitals aus Gesellschaftsmitteln vom 30.12.1959 (BGBl. I, 834; BStBl. I 1960, 14)
KapMuG	Gesetz zur Einführung von Kapitalanleger-Musterverfahren (Kapitalanleger-Musterverfahrensgesetz vom 16.8.2005 (BGBl. I, 2437, ber. BGBl. I, 3095)
Kfm.	Kaufmann
kfm.	kaufmännisch
KfW	Kreditanstalt für Wiederaufbau
KG	Kommanditgesellschaft; Kammergericht
KGaA	Kommanditgesellschaft auf Aktien
KO	Konkursordnung i.d.F. vom 20.5.1898 (RGBl. 612)
KonsularG	Gesetz über die Konsularbeamten, ihre Aufgaben und Befugnisse
KonTraG	Gesetz über die Kontrolle und Transparenz im Unternehmensbereich vom 27.4.1998 (BGBl. I, 786)
KostO	Gesetz über die Kosten in Angelegenheiten der freiwilligen Gerichtsbarkeit (Kostenordnung) i.d.F. vom 26.7.1957 (BGBl. I, 960)
KSchG	Kündigungsschutzgesetz vom 25.8.1969 (BGBl. I, 1317)
KStG	Körperschaftsteuergesetz 2002 i.d.F. vom 15.10.2002 (BGBl. I, 4144)
KStR	Körperschaftsteuerrichtlinien
KunstUrhG	Gesetz betreffend das Urheberrecht an Werken der bildenden Künste und der Photographie (Kunsturhebergesetz)
KV	Kostenverzeichnis
KVO	Kraftverkehrsordnung für den Güterfernverkehr mit Kraftfahrzeugen i.d.F. vom 23.12.1958, aufgehoben
KVStG	Kapitalverkehrssteuergesetz i.d.F. vom 17.11.1972 (BGBl. I, 2129), aufgehoben
KWG	Gesetz über das Kreditwesen i.d.F. vom 9.9.1998 (BGBl. I, 2776)
LadschlG	Ladenschlussgesetz vom 28.11.1956 (BGBl. I, 875)
LAG	Landesarbeitsgericht

LFzG/LohnFG	Gesetz über die Fortzahlung des Arbeitsentgelts im Krankheitsfalle (Lohnfortzahlungsgesetz) vom 27.7.1969 (BGBl. I, 946)
LG	Landgericht
LHO	Landeshaushaltsordnung
lit.	litera, Buchstabe
LohnFG	s. LFzG
LPartG	Gesetz über die eingetragene Lebenspartnerschaft (Lebenspartnerschaftsgesetz) vom 16.2.2001 (BGBl. I, 66)
LPG	Landwirtschaftliche Produktionsgenossenschaft (DDR)
LS	Leitsatz
LSG	Landessozialgericht
LStDV	Lohnsteuer-Durchführungsverordnung
ltd./Ltd.	(engl.) Limited, private limited company by shares
LuftVG	Luftverkehrsgesetz i.d.F. vom 27.3.1999 (BGBl., 550)
MaBV	Verordnung über die Pflichten der Makler, Darlehens- und Anlagenvermittler, Bauträger und Baubetreuer (Makler- und Bauträgerverordnung) i.d.F. vom 7.11.1990 (BGBl. I, 2479)
m.Anm.	mit Anmerkung
MarkenG	Gesetz über den Schutz von Marken und sonstigen Kennzeichen (Markengesetz) vom 25.10.1994 (BGBl. I, 3082), ber. 1995 I 156
MindestKapG	RegE eines Gesetzes zur Neuregelung des Mindestkapitals der GmbH vom 14.6.2005 (BT-Drs. 15/5673), nicht beschlossen
MitbestErgG	Gesetz zur Ergänzung des Gesetzes über die Mitbestimmung der Arbeitnehmer in den Aufsichtsräten und Vorständen der Unternehmen des Bergbaus und der Eisen und Stahl erzeugenden Industrie vom 7.8.1956 (BGBl. I, 707)
MitbestG	Gesetz über die Mitbestimmung der Arbeitnehmer (Mitbestimmungsgesetz) vom 4.5.1976 (BGBl. I, 1153)
MittBl.	Mitteilungsblatt
m.N.	mit Nachweis(en)
MoMiG	Gesetze zur Modernisierung des GmbH-Rechts und zur Bekämpfung von Missbräuchen – RefE vom 29.5.2006
MontanMitbestG	Gesetz über die Mitbestimmung der Arbeitnehmer in den Aufsichtsräten und Vorständen der Unternehmen des Bergbaus und der Eisen und Stahl erzeugenden Industrie (Montan-Mitbestimmungsgesetz) vom 21.5.1951 (BGBl. I, 347)
MontanMitbestErgG	Gesetz zur Ergänzung des Gesetzes über die Mitbestimmung der Arbeitnehmer in den Aufsichtsräten und Vorständen der Unternehmen des Bergbaus und der Eisen und Stahl erzeugenden Industrie (Montan- Mitbestimmungsgesetz)
MRK	Menschenrechtskonvention
MuSchG	Gesetz zum Schutze der erwerbstätigen Mutter (Mutterschutzgesetz) i.d.F. vom 20.6.2002 (BGBl. I, 1812)
m.w.N.	mit weiteren Nachweisen
m.w.V.	mit weiteren Verweisen
NachhBG	Gesetz zur zeitlichen Begrenzung der Nachhaftung von Gesellschaftern (Nachhaftungsbegrenzungsgesetz) vom 18.3.1994 (BGBl. I, 560)
NaStraG	Gesetz zur Namensaktie und zur Erleichterung der Stimmrechtsausübung (Namensaktiengesetz) vom 18.1.2001 (BGBl. I, 123)
n.F.	neue Fassung
Nr.	Nummer(n)
NRW	Nordrhein-Westfalen
o.ä. (Ä.)	oder ähnlich/oder Ähnliches

OECD-MA	OECD-Musterabkommen 2003 zur Vermeidung der Doppelbesteuerung auf dem Gebiet der Steuern vom Einkommen und vom Vermögen
OEEC	Organization for European Economic Cooperation
o.g.	oben genannt(e/er/es)
OGH	Oberster Gerichtshof in Österreich
OHG	Offene Handelsgesellschaft
OLG	Oberlandesgericht
ÖPNV	Öffentlicher Personennahverkehr
OVG	Oberverwaltungsgericht
OWiG	Gesetz über Ordnungswidrigkeiten i.d.F. vom 19.2.1987 (BGBl. I, 602)
p.a.	per annum
PachtKG	Pachtkreditgesetz
PartGG	Gesetz über Partnergesellschaften Angehöriger Freier Berufe (Partnerschaftsgesellschaftsgesetz) vom 25.7.1994 (BGBl. I, 1744)
PatAO	Patentanwaltsordnung
PatG	Patentgesetz i.d.F. vom 16.12.1980 (BGBl. 1981 I 1)
PersBfG	Gesetz über die Beförderungen von Personen zu Lande (Personenbeförderungsgesetz) i.d.F. vom 8.8.1990 (BGBl. I, 1690)
PfandBG	Pfandbriefgesetz vom 22.5.2005 (BGBl. I, 1373)
PGH	Produktionsgenossenschaft des Handwerks (DDR)
PrAngV(O)	Preisangabenverordnung vom 18.10.2002 (BGBl. I, 4197)
ProdHaftGV	Gesetz über die Haftung für fehlerhafte Produkte (Produkthaftungsgesetz) vom 15.12.1989 (BGBl. I, 2198)
Prüfb	Prüfungsberichtsverordnung
PRV	Partnerschaftsregisterverordnung
PublG	Gesetz über die Rechnungslegung von bestimmten Unternehmen und Konzernen (Publizitätsgesetz) vom 15.8.1969 (BGBl. I 1189), berichtigt 1970 I 1113
Publikumsges.	Publikumsgesellschaft
pVV	positive Vertragsverletzung
RA	Rechtsanwalt
RAK	Rechtsanwaltskammer
RberG	Rechtsberatungsgesetz vom 13.12.1935 (RGBl. I, 1478)
Rdn.	Randnummer innerhalb des Werkes
RefE	Referentenentwurf
RefE MoMiG	Referentenentwurf eines »Gesetzes zur Modernisierung des GmbH-Rechts und zur Bekämpfung von Missbräuchen« vom 29.5.2006
RegBegr.	(Gesetzes-)Begründung der Bundesregierung
RegBl.	Regierungsblatt
RegE	Regierungsentwurf
RegE BilMoG	Regierungsentwurf eines »Gesetzes zur Modernisierung des Bilanzrechts« vom 21.5.2008 (BT-Drs. 344/08 vom 23.5.2008)
RegE EHUG	Regierungsentwurf eines »Gesetzes über elektronische Handelsregister und Genossenschaftsregister sowie das Unternehmensregister« vom 14.12.2005 (BT-Drs. 16/960 vom 15.3.2006)
RegE MoMiG	Regierungsentwurf eines »Gesetzes zur Modernisierung des GmbH-Rechts und zur Bekämpfung von Missbräuchen« vom 23.5.2007 (BT-Drs. 16/6140 vom 25.7.2007)
RFH	Reichsfinanzhof
RG	Reichsgericht
Richtl.	Richtlinie
RIW/AWD	Recht der internationalen Wirtschaft/Außenwirtschaftsdienst des Betriebs-Beraters (Zeitschrift)
RJM	Reichsministerium der Justiz

RL	Richtlinie
Rn.	Randnummer in anderen Veröffentlichungen
RS	Rechnungslegungsstand
Rspr.	Rechtsprechung
RVG	Gesetz über die Vergütung der Rechtsanwältinnen und Rechtsanwälte (Rechtsanwaltsvergütungsgesetz) vom 5.5.2004 (BGBl. I, 718), Ablösung der BRAGO
S	Standard
s.	siehe
S.	Seite; Satz
s.a.	siehe auch
SCE	Societas Cooperativa Europaea – Europäische Genossenschaft
ScheckG	Scheckgesetz vom 14.8.1933 (RGBl. I, 597)
SchiedsG	Schiedsgericht
SchuldRÄndG	Gesetz zur Änderung schuldrechtlicher Bestimmungen im Beitrittsgebiet (Schuldrechtsänderungsgesetz) vom 21.9.1994 (BGBl. I, 2538)
SchuldRAnpG	Gesetz zur Anpassung schuldrechtlicher Nutzungsverhältnisse an Grundstücken im Beitrittsgebiet (Schuldrechtanpassungsgesetz) vom 21.9.1994 (BGBl. I, 2538)
SchuldRModG	Gesetz zur Modernisierung des Schuldrechts vom 26.11.2001 (BGBl. I, 3138); Inkrafttreten 1.1.2002
Sec.	Section
SE	Societas Europaea – Europäische Aktiengesellschaft
SEAG	Gesetz zur Ausführung der Verordnung (EG9 Nr. 2157/2001 des Rates vom 8.10.2001 über das Statut der Europäischen Gesellschaft (SE) (SE-Ausführungsgesetz) vom 22.12.2004 (BGBl. I, 3675)
SEBG	Gesetz über die Beteiligung der Arbeitnehmer in einer Europäischen Gesellschaft (SE-Beteiligungsgesetz) vom 22.12.2004 (BGBl. I, 3675, 3686)
SEEG	Gesetz zur Einführung der Europäischen Gesellschaft vom 22.12.2004 (BGBl. I, 3675)
SE-RL	Richtlinie 2001/86/EG des Rates zur Ergänzung des Statuts der Europäischen Gesellschaft hinsichtlich der Beteiligung der Arbeitnehmer (SE-Richtlinie) vom 8.10.2001 (ABl. EG L 294/22)
SEStEG	Gesetz über steuerliche Begleitmaßnahmen zur Einführung der Europäischen Aktiengesellschaft (SE) – RegE (BR-Drs. 542/06 vom 11.8.2006)
SE-VO	Verordnung (EG) Nr. 2157/2001 des Rates über das Statut der Europäischen Gesellschaft (SE), Abl. EG L 294/1 vom 10.11.2001
SG	Sozialgericht
SGB	Sozialgesetzbuch
SGG	Sozialgerichtsgesetz
Slg.	Sammlung
s.o.	siehe oben
sog.	so genannte(r/s)
SpruchG	Gesetz über das gesellschaftrechtliche Spruchverfahren (Spruchverfahrensgesetz) vom 12.6.2003 (BGBl. I, 838)
StAnpG	Steueranpassungsgesetz vom 16.10.1934 (RGBl. I, 925)
StBerG	Steuerberatungsgesetz i.d.F. vom 4.11.1975 (BGBl. I, 2735) Gesetz über die Rechtsverhältnisse der Steuerberater und Steuerbevollmächtigten vom 23.8.1961 (BGBl. I, 1301)
StGB	Strafgesetzbuch i.d.F. vom 13.11.1998 (BGBl. I, 3322)
StPO	Strafprozessordnung
str.	streitig
st.Rspr.	ständige Rechtsprechung
StSenkG	Steuersenkungsgesetz vom 23.10.2000 (BGBl. I, 1433)
StSenkErgG	Steuersenkungs-Ergänzungsgesetz vom 19.12.2000 (BGBl. I, 1812)

s.u.	siehe unten
TDG	Gesetz über die Nutzung von Telediensten (Teledienstegesetz) vom 22.7.1997 (BGBl. I, 1870)
TKG	Telekommunikationsgesetz vom 22.6.2004 (BGBl. I, 1190)
TransPuG	Gesetz zur weiteren Reform des Aktien- und Bilanzrechts, zu Transparenz und Publizität (Transparenz- und Publizitätsgesetz) vom 19.7.2002 (BGBl. I, 2681)
TreuhandG	Gesetz zur Privatisierung und Reorganisation des volkseigenen Vermögens vom 17.6.1990 (GBl. I, 300)
TRG	Gesetz zur Neuregelung des Fracht-, Speditions- und Lagerrechts (Transportrechtsreformgesetz) vom 25.6.1998 (BGBl. I, 1588)
TVG	Tarifvertragsgesetz i.d.F. vom 25.8.1969 (BGBl. I, 1323)
Tz.	Textziffer
u.a.	unter anderem
UBGG	Gesetz über Unternehmensbeteiligungsgesellschaften i.d.F. vom 9.9.1998 (BGBl. I, 2765)
UKV	Umsatzkostenverfahren
UMAG	Gesetz zur Unternehmensintegrität und Modernisierung des Anfechtungsrechts vom 22.9.2005 (BGBl. I, 2802)
UmwBerG	Gesetz zur Bereinigung des Umwandlungsrechts vom 28.10.1994 (BGBl. I, 3210)
UmwG	Umwandlungsgesetz i.d.F. vom 28.10.1994 (BGBl. I, 3210), berichtigt 1995 I 428
UmwStE	Umwandlungssteuererlass vom 25.3.1998
UmwStG	Umwandlungssteuergesetz 2002 i.d.F. vom 15.10.2002 (BGBl. I, 4133)
UmwVO	Umwandlungsverordnung
unstr.	unstreitig
UNÜ 1958	UN-Übereinkommen über die Anerkennung und Vollstreckung ausländischer Schiedssprüche vom 10.6.1958
unumstr.	unumstritten
UrhG	Gesetz über Urheberrecht und verwandte Schutzrechte (Urheberrechtsgesetz) vom 9.9.1965 (BGBl. I, 1273)
UrhRWahrnehmungsG	Urheberrechtswahrnehmungsgesetz
Urt.	Urteil
US-GAAP	United States Generally Accepted Accounting Principles
UStG	Umsatzsteuergesetz 1999 i.d.F. vom 9.6.1999 (BGBl. I, 1270)
u.U.	unter Umständen
UWG	Gesetz gegen den unlauteren Wettbewerb vom 3.7.2004 (BGBl. I, 1414)
VAG	Gesetz über die Beaufsichtigung der privaten Versicherungsunternehmen und Bausparkassen (Versicherungsaufsichtsgesetz) i.d.F. vom 17.12.1992 (BGBl. I, 1993 I 2)
vEK	verwendbares Eigenkapital
VereinsG	Gesetz zur Regelung des öffentlichen Vereinsrechts (Vereinsgesetz) vom 5.8.1964 (BGBl. I, 593)
VerbrKrG	Verbraucherkreditgesetz vom 17.12.1990 (BGBl. I, 2840), aufgehoben durch SchuldRModG
VerglO	Vergleichsordnung vom 26.2.1935 (RGBl. I, 321)
VerkProspG	Wertpapier-Verkaufsprospektgesetz i.d.F. vom 9.9.1998 (BGBl. I, 2701)
VermBG	Vermögensbildungsgesetz
VermVerkProspV	Verordnung über Vermögensanlagen-Verkaufsprospekte vom 16.12.2004 (BGBl. I, 3464)
VersRiLi	Versicherungsbilanzrichtlinie

VersRiLiG	Gesetz zur Durchführung der Richtlinie des Rates der Europäischen Gemeinschaften über den Jahresabschluss und den konsolidierten Abschluss von Versicherungsunternehmen (Versicherungsbilanzrichtlinie- Gesetz) vom 24.6.1994 (BGBl. I, 1377)
vGA	verdeckte Gewinnausschüttung(en)
VG	Verwaltungsgericht
VGH	Verwaltungsgerichtshof
vgl.	vergleiche
VO	Verordnung
VOB	Verdingungsordnung für Bauleistungen
VOBl.	Verordnungsblatt
Vorb(em).	Vorbemerkung
VorsRichter	Vorsitzender Richter
VStG	Vermögensteuergesetz
v. T. w.	von Todeswegen
VVaG	Versicherungsverein auf Gegenseitigkeit
vVG	verdeckte Vorteilsgewährung
VVG	Gesetz über den Versicherungsvertrag (Versicherungsvertragsgesetz) vom 30.5.1908 (RGBl, 263)
VV RVG	Vergütungsverzeichnis zum RVG
VwGO	Verwaltungsgerichtsordnung i.d.F. vom 19.3.1991 (BGBl. I, 686)
VwVfG	Verwaltungsverfahrensgesetz
VwVG	Verwaltungs-Vollstreckungsgesetz
VwZG	Verwaltungs-Zustellungsgesetz
WährG	Währungsgesetz
WaffenG	Waffengesetz
WEG	Gesetz über das Wohnungseigentum und das Dauerwohnrecht
WG	Wechselgesetz vom 21.6.1933 (RGBl. I, 399)
WpHG	Gesetz über den Wertpapierhandel (Wertpapierhandelsgesetz) i.d.F. vom 9.9.1998 (BGBl. I, 2708)
WPO	Gesetz über eine Berufsordnung der Wirtschaftsprüfer (Wirtschaftsprüferordnung) i.d.F. vom 5.11.1975 (BGBl. I, 2803)
WpPG	Gesetz über die Erstellung, Billigung und Veröffentlichung des Prospekts, der beim öffentlichen Angebot von Wertpapieren oder bei der Zulassung von Wertpapieren zum Handel an einem organisierten Markt zu veröffentlichen ist (Wertpapierprospektgesetz) vom 22.6.2005 (BGBl. I, 1698)
WpÜG	Wertpapiererwerbs- und Übernahmegesetz vom 20.12.2001 (BGBl. I, 3822)
WRV	Weimarer Reichsverfassung
WZG	Warenzeichengesetz
z.B.	zum Beispiel
ZBR	Zurückbehaltungsrecht
ZG	Zollgesetz
ZPO	Zivilprozessordnung i.d.F. vom 12.9.1950 (BGBl. I, 533)
ZS	Zivilsenat
z.T.	zum Teil
zust.	zustimmend
zutr.	zutreffend
ZVG	Gesetz über die Zwangsversteigerung und Zwangsverwaltung (Zwangsversteigerungsgesetz) vom 24.3.1897 (RGBl., 97)
zzgl.	zuzüglich
z.Zt.	zur Zeit

Literaturverzeichnis

Achenbach/Ransiek/Rönnau	Handbuch Wirtschaftsstrafrecht, 4. Aufl. 2015
Adler/Düring/Schmaltz	Rechnungslegung nach Internationalen Standards, Loseblattsammlung, Stand 2011
Adler/Düring/Schmaltz	Rechnungslegung und Prüfung der Unternehmen, 6. Aufl. 1995 ff.
Armbrüster/Preuß/Renner	Beurkundungsgesetz und Dienstordnung für Notarinnen und Notare, 7. Aufl. 2015
Backes/Lindemann	Staatlich organisierte Anonymität als Ermittlungsmethode bei Korruptions- und Wirtschaftsdelikten, 2006
Bachmann, Gregor	Compliance – Rechtsgrundlagen und offene Fragen, Gesellschaftsrecht in der Diskusson, S. 65–101, 2008
Baetge/Kirsch/Thiele	Bilanzrecht, Loseblattsammlung, Stand 2017
Bassenge/Roth	FamFG/RPflG, 12. Aufl. 2009
Baumbach/Hopt	Handelsgesetzbuch, 38. Aufl. 2018
Baumbach/Hueck	GmbH-Gesetz, 22. Aufl. 2019
Bayer	Der grenzüberschreitende Beherrschungsverträge, 1988
Bay/Hastenrath	Compliance Management Systeme, 2. Aufl. 2016
BeckBilKomm	Beck'scher Bilanzkommentar, Handelsbilanz Steuerbilanz, herausgegeben von *Grottel/Schmidt/Schubert/Winkeljohann*, 11. Aufl. 2018
BeckNotarHdb	Beck'sches Notar Handbuch, herausgegeben von *Heckschen/Herrler/Starke*, 6. Aufl. 2015
BeckOK BGB	Online-Kommentar zum BGB, herausgegeben von *Bamberger/Roth*, 41. Edition 2016
BeckOK GmbHG	Online-Kommentar zum GmbHG, herausgegeben von *Ziemons/Poeschke*, 44. Edition 2020
Binz/Sorg	Die GmbH und Co. KG, 12. Aufl. 2018
Binnewies	Konzerneingangskontrolle in der abhängigen Gesellschaft, 1996
Bock	Criminal Comliance, 2. Aufl. 2013
Bork	Einführung in das Insolvenzrecht, 8. Aufl. 2017
Bork/Jacoby/Schwab	FamFG, 3. Aufl. 2018
Bork/Schäfer	Kommentar zum GmbHG, 4. Aufl. 2019
Bormann/Kauka/Ockelmann	Handbuch GmbH-Recht, 3. Aufl. 2015
Brammsen	Sonderband Münchener Kommentar zum Lauterkeitsrecht, 1. Aufl. 2020
Brock	Legalitätsprinzip und Nützlichkeitserwägungen Abhandlungen zum Deutschen und Europäischen Gesellschafts- und Kapitalmarktrecht, Band 107, 2017
Büchel/von Rechenberg	Handbuch des Fachanwalts Handels- und Gesellschaftsrecht, 2. Aufl. 2011
Budde/Förschle/Winkeljohann	Sonderbilanzen, 4. Aufl. 2008
Bunnemann/Zirngibl	Die Gesellschaft mit beschränkter Haftung in der Praxis, 2. Aufl. 2011
Bunnemann/Zirngibl	Auswirkungen des MoMiG auf bestehende GmbHs, 2008
Bürkle/Hauschka	Der Compliance Officer, 2015
Cahn	Kapitalerhaltung im Konzern, 1998
Cordes	Die Compliance-Organisation in der GmbH, Münsterische Beiträge zur Rechtswissenschaft – Neue Folge, Band 37, 2016
Dittmers	Werteorientiertes Compliance-Management, Schriften zu Compliance, Band 11, 2018

Ebenroth/Boujong/Joost/Strohn	Handelsgesetzbuch, in 2 Bänden, 4. Aufl. 2020
Emmerich/Habersack	Kommentar Aktien- und GmbH-Konzernrecht, 9. Aufl. 2020
Emmerich/Habersack	Konzernrecht, 10. Aufl. 2013, 11. Aufl. 2020
Ensthaler/Füller/Schmidt	Kommentar zum GmbHG, 2. Aufl. 2009
Erfurter Kommentar zum Arbeitsrecht	Erfurter Kommentar zum Arbeitsrecht, herausgegeben von *Preis/Müller-Glöge/Schmidt*, begründet von: *Dietrich/Hanau/Schaub*, 19. Aufl. 2018
Erman	Handkommentar zum Bürgerlichen Gesetzbuch, herausgegeben von *Westermann*, 15. Aufl. 2017
Fissenewert	Compliance für den Mittelstand, 2. Aufl. 2018
Fezer	Markenrecht, 4. Aufl. 2009
Fischer	Kommentar zum Strafgesetzbuch, 65. Aufl. 2018
FK InsO	Frankfurter Kommentar zur Insolvenzordnung, herausgegeben von *Wimmer*, 9. Aufl. 2018
Fleckner	Antike Kapitalvereinigungen, 2010
Fleischhauer/Preuß	Handelsregisterrecht, 3. Aufl. 2014
Flume	Allg. Teil des Bürgerl. Rechts, Band I/2, 1983
Gehrlein	Das neue GmbH-Recht, 2009
Geßler/Hefermehl/Eckardt/Kropff	Kommentar zum Aktiengesetz, 1973 ff.
GmbH-Handbuch	GmbH-Handbuch, herausgegeben von *Centrale für GmbH/Cziupka*, Loseblatt, Stand 2011
Goette/Habersack	Das MoMiG in Wissenschaft und Praxis, 2009
Grauer	Konzernbildungskontrolle, 1991
Griebel	Die Einmanngesellschaft, 1933
Grigoleit	Gesellschafterhaftung für interne Einflussnahme im Recht der GmbH, 2006
Grigoleit/Rieder	GmbH-Recht nach dem MoMiG, 2. Aufl. 2009
Großfeld/Egger/Tönnes	Recht der Unternehmensbewertung, 8. Aufl. 2016
GroßKommAktG	Großkommentar zum Aktiengesetz, herausgegeben von *Hopt/Wiedemann*, 4. Aufl. 1993–2012
Grundmann	Der Treuhandvertrag, 1997
Grüner	Die Beendigung von Gewinnabführungs- und Beherrschungsverträgen, 2003
Habersack/Henssler	Mitbestimmungsrecht, 4. Aufl. 2018
Hachenburg	Großkommentar zum GmbH-Gesetz, 8. Aufl. 1992 ff.
Hacker/Appleby/Schiele	Cabinet reshuffles and government watchdogs, 2010
Haouache	Unternehmensbeauftragte und Gesellschaftsrecht der AG und GmbH, 2003
Happ	Die GmbH im Prozess, 1997
Hauschka/Moosmayer/Lösler	Coporate Compliance Handbuch der Haftungsvermeidung im Unternehmen, 3. Aufl. 2016
Hauschka/Hirtz/Schäfer	Gesellschaftsrecht in der Diskussion 2007, 2008
Häuser	Unbestimmte Maßstäbe als Begründungselement richterlicher Entscheidungen, 1981
Hdb AG	Beck'sches Handbuch der AG, mit KGaA, Gesellschaftsrecht Steuerrecht Börsengang, herausgegeben von *Müller/Rödder*, 2. Aufl. 2009
Hdb GesR	Kölner Handbuch Handels- und Gesellschaftsrecht, herausgegeben von *Rechenberg/Ludwig*, 4. Aufl. 2017

Hdb Rechnungslegung- Einzelabschluss	Kommentar zur Bilanzierung und Prüfung, herausgegeben von *Küting/Weber*, Loseblattsammlung, Stand 2018
Hdb GmbH	Beck'sches Handbuch der GmbH, Gesellschaftsrecht Steuerrecht, herausgegeben von *Prinz/Winkeljohann*, 5. Aufl. 2014
Hdb RechnungslegungsR	Beck'sches Handbuch der Rechnungslegung, herausgegeben von *Böcking/Castan/Heymann/Pfitzer/Scheffler* u.a., Loseblattsammlung, Stand 2018
Heckschen/Heidinger	Die GmbH in der Gestaltungspraxis, 4. Aufl. 2018
Heckschen/Simon	Umwandlungsrecht, 2003
Heermann/Schlingloff	Münchener Kommentar zum Lauterkeitsrecht, 2. Aufl. 2014
Heidel	Aktienrecht und Kapitalmarktrecht, 4. Aufl. 2014
Herchen	Agio und verdecktes Agio im Recht der Kapitalgesellschaften, 2008
Herrmann/Heuer/Raupach	Einkommensteuer- und Körperschaftsteuergesetz: EStG KStG – Grundwerk zur Fortsetzung, Loseblatt, Stand 2018
Henssler/Prütting	Bundesrechtsanwaltsordnung: BRAO, 4. Aufl. 2014
Henssler/Willemsen/Kalb	Arbeitsrecht, 8. Aufl. 2018
Henssler/Strohn	Gesellschaftsrecht, 3. Aufl. 2016
Henze/Born	GmbH-Recht, Höchstrichterliche Rechtsprechung, 2012
Heybrock	Praxiskommentar zum GmbH-Recht, 2. Aufl. 2010
Hirte	Bezugsrechtsausschluss und Konzernbildung, 1986
Hirte	Kapitalgesellschaftsrecht, 5. Aufl. 2006
Hirte	Kapitalgesellschaftsrecht, 6. Aufl. 2009
Hirte	Kapitalgesellschaftsrecht, 7. Aufl. 2011
Hirte	Kapitalgesellschaftsrecht, 8. Aufl. 2016
HK InsO	Heidelberger Kommentar zur Insolvenzordnung, herausgegeben von *Kaiser/Thole*, 9. Aufl. 2018
Hofmann	Der Minderheitsschutz im Gesellschaftsrecht, 2011
Holzapfel/Pöllath	Unternehmenskauf in Recht und Praxis, 13. Aufl. 2008
Holzapfel/Pöllath	Unternehmenskauf in Recht und Praxis, 14. Aufl. 2010
Holzapfel/Pöllath	Unternehmenskauf in Recht und Praxis, 15. Aufl. 2017
Hommelhoff	Die Konzernleitungspflicht, 1982
Hommelhoff/Semler/Doralt	Entwicklungen im GmbH-Konzernrecht, 1986
Holle	Legalitätskontrolle im Kapitalgesellschafts- und Konzernrecht, 2014
Hueck	Der Grundsatz der gleichmäßigen Behandlung im Privatrecht, 1958
Hüffer/Koch	Kommentar Aktienrecht, 14. Aufl. 2020
Immenga	Die personalistische Kapitalgesellschaft, 1970
Jaeger	Insolvenzordnung, Band I–VII 2004–2014
Jäger/Rödl/Campos Nave	Praxishandbuch Compliance, 2009
Jordans	Die verdeckte Sacheinlage und die verdeckte Finanzierung nach dem MoMiG, 2011
JurisPK-BGB	juris Praxiskommentar BGB, Schuldrecht, herausgegeben von *Junker/Beckmann/Rüßmann*, 7. Aufl. 2014
Kallmeyer	Umwandlungsgesetz, Kommentar, Verschmelzung, Spaltung und Formenwechsel bei Handelsgesellschaften, 6. Aufl. 2017
Kark	Compliance-Risikomanagement, 1. Aufl. 2013, 2. Aufl. 2019
Keidel	FamFG – Kommentar zum Gesetz über das Verfahren in Familiensachen und in den Angelegenheiten der freiwilligen Gerichtsbarkeit, herausgegeben von *Engelhardt/Sternal*, 20. Aufl. 2020

KK-AktG	Kölner Kommentar zum Aktiengesetz, herausgegeben von *Zöllner/Noack*, 1./2./3. Aufl. 1983/2004/2019 ff.
KK-OwiG	Karlsruher Kommentar OWiG, 5. Aufl. 2018
KK-UmwG	Kölner Kommentar zum Umwandlungsgesetz, herausgegeben von *Dauner-Lieb/Simon*, 2009
Kleine-Cosack	BRAO, 7. Aufl. 2015
Kley	Die Rechtsstellung der außenstehenden Aktionäre, 1986
Krieger/Uwe H. Schneider	Handbuch Managerhaftung, 3. Aufl. 2017
Kruschwitz/Löffler/Essler	Unternehmensbewertung für die Praxis, 2009
Koller/Kindler/Roth/Morck	Handelsgesetzbuch, 8. Aufl. 2015
Krafka/Kühn	Registerrecht, 10. Aufl. 2017
Kreß	Criminal Compliance und Datenschutz im Konzern, 2018
Kübler/Assmann	Gesellschaftsrecht, 6. Aufl. 2006
Kuhn	Strohmanngründung bei Kapitalgesellschaften, 1964
Kuntz	Informationsweitergabe durch die Geschäftsleiter beim Buyout unter Managementbeteiligung, 2009
Kuntz	Gestaltung von Kapitalgesellschaften zwischen Freiheit und Zwang, 2016
Kuhlmann	Verbandssanktionierung in Italien, 2014
Langenfeld	GmbH-Vertragspraxis, 7. Aufl. 2015
Leipziger Kommentar	Strafgesetzbuch, 12. Aufl. 2012
Leitner/Rosenau/Burchard	Wirtschafts- und Steuerstrafrecht, 2017
Liebscher	GmbH-Konzernrecht, 2006
Lutter/Hommelhoff	Kommentar zum GmbH-Gesetz, 20. Aufl. 2020
Lutter	Umwandlungsgesetz, 5. Aufl. 2014
Martens	Die existenzielle Wirtschaftsabhängigkeit, 1979
Melber	Die Kaduzierung in der GmbH, 1993
Melchior/Schulte	Handelsregisterverordnung, 2. Aufl. 2009
Meyer-Landrut	Formularkommentar GmbH-Recht, 3. Aufl. 2016
Michalski	Kommentar zum GmbH-Gesetz, Bände I-II, Band I §§ 1–34. Band II §§ 35–85 und §§ 1–4 EGGmbHG, 2002
Michalski	Kommentar zum GmbH-Gesetz, Bände I-II, Band I §§ 1–34. Band II §§ 35–85 und §§ 1–4 EGGmbHG, 2. Aufl. 2010
Michalski/Heidinger/Leible/Schmidt	Kommentar zum GmbH-Gesetz, Bände I-II, Band I §§ 1–34. Band II §§ 35–85 und §§ 1–4 EGGmbHG, 3. Aufl. 2017
Moosmayer	Compliance-Risikoanalyse, 2014
Mossmayer	Interne Untersuchungen, 2018
Müller-Erzbach	Das private Recht der Mitgliedschaft als Prüfstein des kausalen Rechtsdenkens, 1948
Müller-Gugenberger	Wirtschaftsstrafrecht, 6. Aufl. 2015
MünchAnwHdbGmbHR	Münchener Anwaltshandbuch GmbH-Recht, herausgegeben von *Römermann*, 4. Aufl. 2018
MünchKommAktG	Münchener Kommentar zum Aktiengesetz, herausgegeben von *Goette/Habersack*, in 7 Bänden, 3. Aufl. 2008 ff., 4. Aufl. 2014, 5. Aufl. 2019
MünchKommBGB	Münchener Kommentar zum Bürgerlichen Gesetzbuch, herausgegeben von *Rebmann/Säcker/Rixecker*, in 11 Bänden, 5. Aufl. 2006–2010, 6. Aufl. 2013, 7. Aufl. 2017
MünchKommFamFG	Münchener Kommentar zum FamFG, herausgegeben von *Rauscher*, 2. Aufl. 2013

MünchKommGmbHG	Münchener Kommentar zum Gesetz betreffend die Gesellschaften mit beschränkter Haftung – GmbHG, herausgegeben von *Fleischer/Goette*, in 3 Bänden, 3. Aufl. 2018
MünchKommHGB	Münchener Kommentar zum Handelsgesetzbuch, herausgegeben von *K. Schmidt*, in 7 Bänden, 2. Aufl. 2009, 3. Aufl. 2010–2014, 4. Aufl. 2016 ff.
MünchKommInsO	Münchener Kommentar zur Insolvenzordnung, herausgegeben von *Kirchof/Eidenmüller/Stürner*, in 3 Bänden, 2. Aufl. 2008, 3. Aufl. 2013–2014
MünchKommStGB	Münchener Kommentar zum Strafgesetzbuch, herausgegeben von *Joecks/Miebach*, in 8 Bänden, 1. Aufl. 2003–2011, 2. Aufl. 2012–2014
Mülbert	Aktiengesellschaft, Unternehmensgruppe und Kapitalmarkt, 2. Aufl. 1996
MünchHdbGesR	Band 3: GmbH, herausgegeben von *Priester/Mayer/Wicke*, 5. Aufl. 2018
MünchHdbGesR	Band 4: Aktiengesellschaft, herausgegeben von *Hoffmann-Becking*, 4. Aufl. 2015
MünchVertrHdb I	Münchener Vertragshandbuch Band 1: Gesellschaftsrecht, herausgegeben von *Heidenhain/Meister/Waldner*, 6. Aufl. 2005, 7. Aufl. 2011, 8. Aufl. 2018 herausgegeben von *Böhm/Burmeister*
Musielak/Voit	Kommentar zur Zivilprozessordnung, 15. Aufl. 2018
Noack	Gesellschaftervereinbarungen bei Kapitalgesellschaften, 1994
Nietsch	Unternehmenssanktionen im Umbruch, Schriften der EBS Law School, Band 9, 2016
Nietsch	Compliance und soziale Verantwortung im Unternehmen, Schriften der EBS Law School, Band 12, 2019
Oetker	Handelsrecht, 7. Aufl. 2015
Palandt	Kurzkommentar zum BGB, 77. Aufl. 2018
Passarge/Torwegge	Die GmbH in der Liquidation, 2. Aufl. 2014
Peters	GmbH-Mantel als gesellschaftsrechtliches Problem, 1989
Piltz	Die Unternehmensbewertung in der Rechtsprechung, 3. Aufl. 1994
Poertzgen	Organhaftung wegen Insolvenzverschleppung, 2006
Poll/Köhler/Scheithauer	Corporate Governance im Mittelstand – Risikomanagement und Compliance als Herausforderung und Chance für das Familienunternehmen, Festschrift Zitzelsberger, S. 57- 96, 2015
Prütting/Wegen/Weinreich	BGB, 13. Aufl. 2018
Raiser/Veil	Mitbestimmungsgesetz und Drittelbeteiligungsgesetz, 5. Aufl. 2009
Raiser/Veil	Recht der Kapitalgesellschaft, 6. Aufl. 2015
Rathgeber	Criminal Compliance, 2012
Rehbinder	Konzernaußenrecht und allgemeines Privatrecht, 1969
Rensen	Beschlussmängelstreitigkeiten in der GmbH, 2014
Richardi	Betriebsverfassungsgesetz, 16. Aufl. 2018
Ring/Grziwotz	Systematischer Praxiskommentar GmbH-Recht, 3. Aufl. 2019
Rödder/Herlinghaus/van Lishaut	Umwandlungssteuergesetz, 2. Aufl. 2013
Röhricht/Graf von Westphalen	Handelsgesetzbuch, 4. Aufl. 2014
Roth/Altmeppen	Kommentar zum GmbHG, 9. Aufl. 2019
Rotsch	Criminal Compliance, 2015
Rowedder/Schmidt-Leithoff	Kommentar zum GmbH-Gesetz, 6. Aufl. 2017
Saenger/Inhester	GmbH-Gesetz, Handkommentar, 4. Aufl. 2020

Schall	Kapitalgesellschaftsrechtlicher Gläubigerschutz, 2009
Schalber	Der UK Bribery Act und seine Bedeutung im Rahmen von Criminal Compliance, Schriften zu Compliance, Band 13
Schanze	Einmanngesellschaft und Durchgriffshaftung, 1975
Schmidt K.	Gesellschaftsrecht, 5. Aufl. 2017
Schmidt K./Lutter	Aktiengesetz, 3. Aufl. 2018
Schmidt/Riegger	Gesellschaftsrecht, 1999
Schmidt/Uhlenbruck	Die GmbH in Krise, Sanierung und Insolvenz, 5. Aufl. 2016
Schmitt/Hörtnagl/Stratz	Umwandlungsgesetz, Umwandlungssteuergesetz: UmwG/UmwStG, 8. Aufl. 2018
Schmolke	Kapitalerhaltung in der GmbH nach dem MoMiG, 2009
Schneider Uwe H.	Der GmbH-Konzern, 1976
Scholz	Kommentar zum GmbH-Gesetz, Bände I–III, Band I §§ 1–34, Band II §§ 35–52, Band III §§ 53–85, 11. Aufl. 2014, 12. Aufl. 2018–2020
Schöner/Stöber	Grundbuchrecht, 15. Auflage 2012
Schotten/Schmellenkamp	Das Internationale Privatrecht in der Notar- und Gestaltungspraxis, 3. Aufl. 2017
Schulte-Bunert/Weinreich	FamFG, Kommentar, 5. Aufl. 2016
Schulz	Die masselose Liquidation der GmbH, 1997
Schulz	Handbuch Compliance Management im Unternehmen, 2016
Schulz	Compliance-Management im Unternehmen: Strategie und praktische Umsetzung, 2016
Schünemann	Unternehmenskriminalität, 1979
Semler/Stengel	Kommentar zum UmwG, 4. Aufl. 2017
Semler/Volhard/Reichert	Arbeitshandbuch für die Hauptversammlung, 4. Aufl. 2018
Simon	Kommentar zum Spruchverfahrensgesetz, 2007
Söder/Bömeke	Angelegenheiten moderner Gesellschaftsrechtsgesetzgebung, 2011
Soergel	Bürgerliches Gesetzbuch mit Einführungsgesetz und Nebengesetzen, 13. Aufl. 2000–2014
Spindler/Stilz	Kommentar zum Aktiengesetz, Bänden I-II, Band I §§ 1–149, Band II §§ 150–410, 2. Aufl. 2010, 3. Aufl. 2015
Spiesshofer	Responsible Enterprise, 2018
Staudinger	Kommentar zum BGB, 1993 ff.
Stein/Jonas	Kommentar zur Zivilprozessordnung, 22. Aufl. 2002
Theobald	Entwicklungen zur Durchgriffs- und Konzernhaftung, 2002
Thole	Gläubigerschutz durch Insolvenzrecht, 2010
Thomas/Putzo	ZPO-Kommentar, 39. Aufl. 2018
Tiedemann	Kommentar zum GmbH-Strafrecht, 2010
Tieves	Der Unternehmensgegenstand der Kapitalgesellschaft, 1998
Trölitzsch	Differenzhaftung für Sacheinlagen in Kapitalgesellschaften, 1998
Tröger	Treupflicht im Konzernrecht, 1999
Troll/Gebel/Jülicher/Gottschalk	ErbStG, Loseblatt, 55. Aufl. 2018
Uhlenbruck/Hirte/Vallender	Kommentar zur Insolvenzordnung, 14. Aufl. 2015
Ulmer/Habersack/Löbbe	GmbHG-Gesetz betreffend die Gesellschaften mit beschränkter Haftung: GmbH-Großkommentar, Gesamtwerk – Bände I–III, Band I: Einleitung, §§ 1–28, Band II: §§ 29–52, Band III, §§ 53–87, 2. Aufl. 2016, 3. Aufl. 2019–2020

Verse	Der Gleichbehandlungsgrundsatz im Recht der Kapitalgesellschaften, 2006
Vogel	Gesellschafterbeschlüsse, 2. Aufl. 1986
Wachter	Praxis des Handels- und Gesellschaftsrechts, 4. Auflage 2018
Weber	Vormitgliedschaftliche Treubindungen, 1999
Wicke	Gesetz betreffend die Gesellschaften mit beschränkter Haftung (GmbHG), 3. Aufl. 2016
Widmann/Mayer	Umwandlungsrecht, Loseblattsammlung Stand 2020
Wiedemann	Gesellschaftsrecht, Band II, 2004
Wiedemann/Frey	Gesellschaftsrecht, 9. Aufl. 2016
Wilhelm	Rechtsform und Haftung bei der juristischen Person, 1981
Wilhelm	Beendigung des Beherrschungs- und Gewinnabführungsvertrages, 1975
Wilhelm	Das Ausmaß der erforderlichen Aufsichtsmaßnahmen iSd. § 130 OWiG, 2013
Willemsen	Kommentar zum ESUG, Die Änderungen der InsO, 2012
Willemsen/Hohenstatt/ Schweibert/Seibt	Umstrukturierung und Übertragung von Unternehmen, 5. Aufl. 2016
Windbichler	Gesellschaftsrecht, 24. Aufl. 2017
Windbichler	Unternehmensverträge und Zusammenschlusskontrolle, 1977
Winnefeld	Bilanz-Handbuch, 5. Aufl. 2015
Winter, Martin	Mitgliedschaftliche Treubindungen im GmbH-Recht, 1988
Winter, Michael	Horizontale Haftung im Konzern, 2005
Wißmann/Kleinsorge/ Schubert	Mitbestimmungsrecht, 5. Aufl. 2017
Wlotzke/Wißmann/Koberski/ Kleinsorge	Mitbestimmungsrecht, 4. Aufl. 2011
Zapfe	Compliance und Strafverfahren, 2013
Zöller	Zivilprozessordnung, 32. Aufl. 2018

Einleitung

Schrifttum

Bayer/Hoffmann, Forum. Zur Entwicklung der Unternehmergesellschaft, NJW 2010 NJW-aktuell Heft 51 S. 16 ff.; *Gehrlein*, Die Existenzvernichtungshaftung im Wandel der Rechtsprechung, (Zugleich Anm. zu BGH, Urt. v. 16.07.2007 – II ZR 3/04 –), WM 2008, S. 761; *Gehrlein*, Die Haftung in den verschiedenen Gründungsphasen einer GmbH, DB 1996, S. 561; *Kornblum*, Bundesweite Rechtstatsachen zum Unternehmens- und Gesellschaftsrecht, Stand: 01.01.2020, GmbHR 2020, S. 677 ff.; *Lutter*, Zur Entwicklung der GmbH in Europa und in der Welt, GmbHR 2005, S. 1 ff.; *Niemeier*, Die »Mini-GmbH« (UG) trotz Marktwende bei der Limited?, ZIP 2007, S. 1781.

Übersicht Rdn.

A. Rechtsgrundlagen des GmbH-Rechts

I. Schaffung des GmbHG

1 Die Rechtsform der GmbH wurde im Jahr 1892, ohne dass man auf geschichtliche Vorbilder zurückgreifen konnte, durch Einführung des GmbHG als **kleine Kapitalgesellschaft** neben der AG ins Leben gerufen. Damit sollte Bedürfnissen der mittelständischen Unternehmen Rechnung getragen und die Lücke zwischen der AG und den – wegen der persönlichen Haftung der Gesellschafter und der seinerzeit noch nicht bewältigten Schwierigkeiten einer Anteilsübertragung – für den Wirtschaftsverkehr nicht vorbehaltlos geeigneten Personenhandelsgesellschaften geschlossen werden. In der GmbH wurde eine Kapitalgesellschaft mit eigener Rechtspersönlichkeit unter Ausschluss der Haftung der Gesellschafter geschaffen, die im Vergleich zur AG geringere Anforderungen an die Gründung und insb. die Kapitalausstattung stellt und zudem im Innenverhältnis der Vertragsfreiheit breiten Raum lässt. Nach einer im Jahr 1898 erfolgten Angleichung an die Vorschriften des BGB blieb das GmbHG fast 80 Jahre lang in seinen Grundlagen praktisch unverändert. Die GmbH hat rasch – im Jahr 1891 existieren bereits 20.000, nach einem zwischenzeitlichen Anstieg auf 70.000 im Jahr 1936 immer noch 40.000 Gesellschaften – in der Praxis Akzeptanz gefunden und ist in anderen Staaten übernommen worden.[1]

1 *Lutter*, GmbHR 2005, 1 ff.

II. Gesetzesänderungen

1. Zeitraum bis 1980

2 I.V.m. Aktienrechtsreformen stehende Vorschläge einer umfassenden Novellierung des GmbH-Rechts der Jahre 1939 und 1971/73 wurden von dem Gesetzgeber nicht verwirklicht. Der Reformentwurf der Jahre 1971/73 sah eine Verdreifachung der Bestimmungen sowie eine enge Anlehnung an das AktG vor. Erst die GmbH-Reform vom 04.07.1980[2] führte zu spürbaren Veränderungen des GmbH-Rechts, indem zum Zwecke des Gläubigerschutzes das Mindeststammkapital auf 50.000 DM (heute 25.000 €) und die Mindesteinlage auf 25.000 DM (heute: 12.500 €) angehoben, die Ein-Personen-Gesellschaft und ein Sachgründungsbericht eingeführt sowie die Informationsrechte der Gesellschafter im Interesse der Minderheit ausgeweitet wurden. Außerdem wurden als Frucht höchstrichterlicher Rechtsprechung die Differenzhaftung (§ 9) und das Eigenkapitalersatzrecht (§§ 32a, 32b) in Gesetzesform gekleidet. Gesetzeslücken im Bereich der Kontrolle von Gesellschafterbeschlüssen, dem Ausschluss und Austritt von Gesellschaftern sowie im Recht der verbundenen Unternehmen wurden nicht geschlossen, sondern sind weiterhin im Analogieschluss sowie durch höchstrichterliche Rechtsfortbildung zu bewältigen.

2. Zeitraum von 1980 bis 2009

3 Bedeutsam für die GmbH war das **Bilanzrichtliniengesetz** vom 19.12.1985,[3] das eine Neuregelung des Bilanzrechts nicht nur für Kapitalgesellschaften, sondern auch für Kaufleute einführte. Das **UmwBerG** vom 28.10.1994[4] fügte mit §§ 57c bis 57o Regelungen über die Kapitalerhöhung aus Gesellschaftsmitteln und mit §§ 58a bis 58f Regelungen über die vereinfachte Kapitalherabsetzung ein. Im Zuge der Insolvenzrechtsreform vom 05.10.1994 wurde durch Art. 48 Nr. 4 EGInsO[5] mit §§ 58a bis 58 f. die Möglichkeit der vereinfachten Kapitalherabsetzung eingeführt. Die **InsO** kreierte den Insolvenzgrund der drohenden Zahlungsunfähigkeit (§ 18 InsO), konkretisierte den Überschuldungsbegriff (§ 19 Abs. 2 InsO) und belegte Gesellschafterdarlehen mit einem Nachrang (§ 39 Abs. 1 Nr. 5 InsO). Das **LöschG** wurde aufgehoben und nach Einfügung in § 60 über § 141a FGG zum 01.09.2009 in § 394 FamFG überführt. §§ 59c ff. BRAO gestatten seit dem 01.01.1999 die Gründung einer Rechtsanwalts-GmbH und §§ 52c ff. PatAnwO einer Patentanwalts-GmbH. Mithilfe des **EuroEG**[6] wurden auch im Bereich des GmbH-Rechts die DM-Beträge auf Euro umgestellt, namentlich das Mindeststammkapital von 50.000 DM auf 25.000 € und die Mindeststammeinlage von 200 DM auf 100 €. Das **HRefG** vom 22.06.1998[7] liberalisierte das Firmenrecht (§§ 4, 18 HGB) durch die Möglichkeit der Wahl auch von Fantasienamen, beschränkte die Sitzwahl (§ 4a) und reduzierte zwecks Beschleunigung der Eintragung die Prüfungspflichten des Registerrichters (§ 9c Abs. 2). Das Eigenkapitalersatzrecht wurde durch das **KapAEG** vom 20.04.1998[8] um das Kleinbeteiligtenprivileg (§ 32a Abs. 3 Satz 2) und durch das **KontraG** vom 27.04.1998[9] um das Sanierungsprivileg (§ 32a Abs. 3 Satz 3) ergänzt. Die Umstellung der auf DM lautenden Beträge auf E wurde durch das EuroEG verwirklicht.[10] Das **BilReG** vom 04.12.2004[11] modifizierte §§ 42a, 46, 52, 57 f. und 82. Durch die Schuldrechtreform aufgeworfene Verjährungsprobleme wurden durch das **Gesetz zur Anpassung von Verjährungsvorschriften** vom 15.12.2004[12] bereinigt. An die Stelle des Bundesanzeigers ist durch Art. 12 **JKomG** vom 22.03.2005[13] der elektronische Bundesanzeiger als Pflichtmedium für

2 BGBl. I 1980, S. 836.
3 BGBl. I 1985, S. 2355.
4 BGBl. I 1994, S. 3210.
5 BGBl. I 1994, S. 2911.
6 BGBl. I 1998, S. 1242.
7 BGBl. I 1998, S. 1474.
8 BGBl. I 1998, S. 707.
9 BGBl. I 1998, S. 786.
10 BGBl. I 1998, S. 1242.
11 BGBl. I 2004, S. 3214.
12 BGBl. I 2004, S. 3214.
13 BGBl. I 2005, S. 837.

Veröffentlichungen der GmbH getreten. Das **EHUG** vom 10.11.2006[14] stellte das Handelsregister auf elektronischen Betrieb um (§ 8 HGB), begründete das elektronische Unternehmensregister (§ 8b HGB) und schaffte die Pflichtpublizität handelsrechtlicher Bekanntmachungen in Zeitungen zum 01.01.2009 ab (Art. 61 Abs. 4 EGHGB). Anmeldungen sind weiterhin in öffentlich beglaubigter Form zum Handelsregister einzureichen; nach handschriftlicher Unterzeichnung nimmt der Notar die elektronische Anmeldung vor (§ 12 HGB). Das **BilMoG** vom 25.05.2009[15] paßt § 33 an geänderte Bilanzierungsvorschriften an und ergänzt die Verweisungen der §§ 52, 57 f. Das **ARUG** vom 30.07.2009[16] hat § 10 Abs. 2 hinsichtlich der Eintragung von Änderungen zum genehmigten Kapital umgestaltet; insoweit sind auch § 57 Abs. 2, § 57n Abs. 2, § 58 Abs. 1, § 58a Abs. 4, § 58e Abs. 3, § 58f Abs. 2, § 65 Abs. 2, § 67 Abs. 3 und § 73 Abs. 1 tangiert.

3. Große GmbH-Reform des Jahres 2008: MoMiG

Das Gesetz zur Modernisierung des GmbH-Rechts und zur Bekämpfung von Missbräuchen (Mo- 4
MiG) vom 28.10.2008[17] stellt die umfassendste Reform seit Einführung des GmbHG im Jahr 1892 dar. Den wesentlichen Auslöser bildeten die Entscheidungen »Centros«, »Überseering« und »Inspire Art« des Gerichtshofs der Europäischen Gemeinschaften,[18] die es – abweichend von der nach deutschem IPR maßgeblichen Sitztheorie – erlaubten, im EU-Ausland gegründete Gesellschaften mithilfe einer Sitzverlegung in Deutschland unter ihrem Gründungsrecht weiterzuführen. Die durch diese Rechtsprechung eröffnete und anfangs vielfach wahrgenommene Möglichkeit, einen inländischen Geschäftsbetrieb in der Rechtsform einer im Vereinigten Königreich ohne Mindeststammkapital gegründeten, sodann hierher verlagerten »Limited« zu führen, setzte das GmbH-Recht unter einen erheblichen **Reformdruck**. Vielfach wurde die Befürchtung geäußert, dass inländische Gründer auf stammkapitalfreie ausländische Rechtsformen ausweichen, wenn das inländische Recht keine vergleichbare Alternative bereithält. Hinzu kam, dass das GmbH-Recht wegen der insb. Kapitalaufbringung (Hin- und Herzahlung, verdeckte Sacheinlage), Kapitalerhaltung (Cash-Pool) und Eigenkapitalersatz prägenden, aus dem Gesetz nicht ohne Weiteres erschließbaren Rechtsprechungsregeln als besonders kompliziert und vereinfachungsbedürftig angesehen wurde. Mit Rücksicht auf die **Deregulierungstendenzen** ist die mit der Reform ebenfalls intendierte Bekämpfung von Missbräuchen mehr und mehr in den Hintergrund getreten. Insb. sollte »stillen« **Unternehmensbestattungen** entgegengetreten werden, die nach dem gängigen Muster verlaufen, der GmbH ihre letzten Vermögensbestandteile zu entziehen und nach Abberufung des letzten Geschäftsführers und Vernichtung der Geschäftsunterlagen die Geschäftsanteile an einen professionellen Bestatter zu veräußern. Ein weiteres Anliegen war die Beschleunigung und Vereinfachung der Gründung einer GmbH. Die zentralen Neuerungen lassen sich wie folgt zusammenfassen.

a) Gründung

Der Gesellschaftsvertrag kann in Standardsachen unter Verwendung eines notariell beurkundeten **Mus- 5
terprotokolls** abgeschlossen werden (§ 2 Abs. 1a). **Geschäftsanteile** können bis auf den Betrag von 1 € gestückelt werden (§ 5 Abs. 2 Satz 1); der Gesellschafter kann schon bei der Gründung mehrere Geschäftsanteile übernehmen (§ 5 Abs. 2 Satz 2). Infolge der Streichung von § 17 wird die nunmehr in die alleinige Verantwortung der Gesellschafterversammlung (§ 46 Nr. 4) gelegte Teilung von Geschäftsanteilen erleichtert. Die Eintragung der GmbH hängt, wenn der Unternehmensgegenstand **staatlicher Genehmigung** bedarf, nach der Neufassung von § 8 Abs. 2 nicht mehr von der vorherigen Erteilung der Genehmigung ab. Das Mindeststammkapital beträgt weiterhin 25.000 € (§ 5 Abs. 1). Als Alternative zur GmbH sieht § 5a die Form der **Unternehmergesellschaft haftungsbeschränkt (UG haftungsbeschränkt)** vor, die mangels eines gesetzlich vorausgesetzten Mindeststammkapitals als Ein-Personen-Gesellschaft

14 BGBl. I 2006, S. 2553.
15 BGBl. I 2009, S. 2479.
16 BGBl. I 2009, S. 2479.
17 BGBl. I 2008, S. 2026.
18 NJW 1999, 2027; 2002, 3614; 2003, 3331.

mit einem Stammkapital von nur 1 € gegründet werden kann. Als Antwort auf die Limited kann der Verwaltungs- und Betriebssitz einer GmbH im Ausland genommen werden (§ 4a).

b) **Kapitalaufbringung, Kapitalerhaltung**

6 Die praktisch bedeutsamsten Änderungen der Reform äußern sich im Bereich der Kapitalaufbringung und Kapitalerhaltung. Abweichend von der bisherigen Rechtsprechung führt die Einbringung einer **verdeckten Sacheinlage** i.H.d. tatsächlichen Sachwerts zur Tilgung der Bareinlageschuld (§ 19 Abs. 4) des Gesellschafters. Ebenfalls im Unterschied zur bisherigen Rechtsprechung gestattet § 19 Abs. 5 im Interesse der Verwirklichung eines **Cash-Pools** die Auskehr der Einlage als Darlehen an den Gesellschafter, sofern der gegen ihn gerichtete Rückzahlungsanspruch vollwertig ist. Die damit einhergehende Rückkehr zur **bilanziellen Betrachtungsweise** gilt auch i.R.d. Kapitalerhaltung (§ 30 Abs. 1 Satz 2 Halbs. 2), sodass durch einen vollwertigen Gegenleistungsanspruch gedeckte Auszahlungen aus dem Stammkapital an die Gesellschafter zulässig sind. Das **Eigenkapitalersatzrecht** wurde durch die in § 30 Abs. 1 Satz 3 getroffene ausdrückliche Anordnung gestrichen. An seine Stelle ist eine rein **insolvenzrechtliche rechtsformneutrale Regelung** getreten: Danach sind Gesellschafterdarlehen in der Insolvenz grds. nur **nachrangig** zu berücksichtigen (§ 39 Abs. 1 Nr. 5 InsO). Erstattet die GmbH ihrem Gesellschafter innerhalb eines Jahres vor Antragstellung ein Darlehen, kann die Rückgewähr unabhängig von der wirtschaftlichen Situation der GmbH im Rückzahlungszeitpunkt **angefochten** werden (§ 135 InsO). In Ergänzung zum existenzvernichtenden Eingriff unterwirft § 64 Satz 3 Geschäftsführer einer Erstattungspflicht, wenn von ihnen veranlasste Zahlungen an die Gesellschafter die Zahlungsunfähigkeit der GmbH auslösen.

c) **Missbrauchsbekämpfung**

7 Die Gründe für eine **Amtsunfähigkeit** (Inhabilität) als Geschäftsführer wurden in § 6 Abs. 3 Nr. 3 erweitert. Damit verbunden trifft die Gesellschafter durch § 6 Abs. 5 eine Innenhaftung ggü. der GmbH, wenn sie einer amtsunfähigen Person die Geschäftsführung überlassen. Zwecks Vermeidung von Unternehmensbestattungen ist eine inländische Geschäftsanschrift zum Handelsregister einzureichen, unter der ggü. den Geschäftsführern Zustellungen bewirkt und Willenserklärungen abgegeben werden können (§ 8 Abs. 4 Nr. 1, § 10 Abs. 1 Satz 1). Bei Eintritt von Führungslosigkeit wird die GmbH durch die Gesellschafter vertreten (§ 35 Abs. 1 Satz 2); in diesem Fall unterliegen die Gesellschafter der **Insolvenzantragspflicht** (§ 15a Abs. 3 InsO).

III. Europarechtliche Einflüsse

8 Auf der Grundlage von Art. 44 Abs. 3 EGV sind die Mitgliedstaaten nach Art. 249 Abs. 3 EGV eine Fülle bindender Richtlinien auf dem Gebiet des GmbH-Rechts ergangen. Die **Publizitätsrichtlinie** vom 09.03.1968,[19] geändert durch die Richtlinie vom 15.07.2003[20] erfuhr ihre Umsetzung im Blick auf in das Handelsregister einzutragende Tatsachen und die Gestaltung von Geschäftsbriefen mit den Gesetzen vom 15.08.1969[21] und vom 10.11.2006.[22] Die **Kapitalrichtlinie** vom 13.12.1976,[23] geändert durch die Richtlinie vom 23.11.1992[24] und die weitere Richtlinie vom 06.09.2006,[25] betrifft die Kapitalaufbringung und den Kapitalschutz; sie wurde, weil die Änderungsrichtlinie keinen Anpassungsbedarf auslöste, allein durch das Gesetz vom 13.12.1978[26] innerstaatlich verwirklicht. Die **Fusionsrichtlinie** vom 09.10.1978,[27] geändert durch die Richtlinie vom 27.11.1984[28] befasst sich mit Verschmelzung innerhalb

19 1. RL 68/151/EWG, Abl 1968, L 65/8.
20 RL 2003/58/EG, Abl 2003, L 221/3.
21 BGBl. I 1969, S. 1146.
22 BGBl. I 2006, S. 2253.
23 2. RL 77/91/EWG, Abl 1977, L 26/1.
24 RL 92/101/EWG, Abl 1992, L347/64.
25 RL 2006/68/EG, Abl 2006, L 264/32.
26 BGBl. I 1978, S. 1959.
27 3. RL 78/855/EWG, Abl 1978, L 295/36.
28 RL 84/569/EWG, Abl 1984, L 314/28.

der Mitgliedsstaaten (nationale Fusion) und wurde mit Gesetz vom 25.10.1982[29] innerstaatlich verbindlich. Die **Bilanzrichtlinie** vom 25.07.1978[30] wurde durch das Bilanzrichtliniengesetz vom 19.12.1985[31] umgesetzt. Die **Mittelstandsrichtlinie** vom 08.11.1990[32] wurde durch das DM-Bilanzgesetz vom 25.07.1994[33] transformiert. Die **GmbH & Co KG-Richtlinie** vom 08.11.1990[34] erfuhr ihre die Rechnungslegung betreffende Umsetzung durch Gesetz vom 24.02.2000.[35] Die **Spaltungsrichtlinie** vom 17.12.1982[36] wurde i.R.d. UmwG vom 28.10.1994[37] innerstaatliches Recht. Die **Zweigniederlassungsrichtlinie** vom 21.12.1989[38] wurde mit Gesetz vom 22.07.1993,[39] die **Einpersonengesellschaftsrichtlinie** vom 21.12.1989[40] mit Gesetz vom 18.12.1991[41] innerstaatlich verbindlich. Die **Richtlinie zur grenzüberschreitenden Verschmelzung** vom 26.10.2005[42] wurde mit Gesetz vom 19.04.2007[43] verwirklicht. Die **Sitzverlegungsrichtlinie** wird trotz eines vom EuGH angemahnten Regelungsbedarfs[44] derzeit nicht weiter verfolgt. Die Gesellschaftsrechts-Richtlinie ist zum 20. Juli 2017 in Kraft getreten.[45] Sie ist an die Stelle früherer Richtlinien, der Spaltungsrichtlinie, der Zweigniederlassungsrichtlinie, der Richtlinie über grenzüberschreitende Verschmelzungen, der Publizitätsrichtlinie, der Verschmelzungsrichtlinie sowie der Kapitalrichtlinie, getreten. Aus der in Anhang 4 aufgeführten Entsprechungstabelle kann erschlossen werden, welche neuen alte Normen ersetzen. Richtlinienentwürfe zur grenzüberschreitenden Mobilität von Unternehmen[46] sowie zur Digitalisierung des europäischen Gesellschaftsrechts[47] wurden im Rahmen des Company Law Package vom 25. April 2018[48] veröffentlicht.

B. Grundstrukturen der GmbH

Die GmbH ist als eine in das Handelsregister eingetragene, mit selbstständiger Rechtspersön- 9
lichkeit ausgestattete Handelsgesellschaft zu definieren, die jeden erlaubten, auch nicht gewerblichen (§ 1) Zweck verfolgen kann und deren Gesellschafter mit Einlagen an dem in Teile zerlegten Stammkapital beteiligt sind, ohne persönlich für die Verbindlichkeiten der Gesellschaft zu haften. Bekanntlich ist die Bezeichnung »mit beschränkter Haftung« insoweit ungenau, als die GmbH ihren Gläubigern unbeschränkt haftet (§ 13 Abs. 2 GmbHG) und das Haftungsprivileg nur ihren Gesellschafter zustatten kommt.

I. Juristische Person

§ 13 Abs. 1 verleiht der GmbH den Status einer juristischen Person. Sie erlangt mit der Eintragung 10
in das Handelsregister volle Rechtsfähigkeit; die bei der KG, OHG und GbR geführten Diskussionen über die Rechtsfähigkeit erübrigen sich. Die Rechtsfähigkeit dauert bis zur Löschung der GmbH im

29 BGBl. I. 1982, S. 1425.
30 4. RL 78/660/EWG, Abl 1978, L 222/11.
31 BGBl. I 1985, S. 2355.
32 RL 90/605/EWG, Abl L 317/57.
33 BGBl. I 1994, S. 1682 ff.
34 Abl 1990, L 317/60.
35 BGBl. I 2000, S. 154.
36 6. RL 82/891/EWG, Abl 1982, L 378/47.
37 BGBl. I 1994, S. 3210.
38 11. RL 89/666/EWG, Abl 1989, L 395/36.
39 BGBl. I 1993, S. 1282.
40 12 RL 89/667/EWG, Abl 1989, L 395/10.
41 BGBl. I 1991, S. 2206.
42 10. RL 2005/56/EG, Abl 2005, L 310/1.
43 BGBl. I 2007, S. 542.
44 NJW 2012, 2715, 2717.
45 RL 2017/1132, ABl. 2017, L 169, 46.
46 RL 2019/2121, ABl. 2019, 321, 1.
47 RL 2019/1151, ABl. 2019, L 186, 80.
48 Vgl. *Bayer/Schmidt*, BB 2019, 1922.

Handelsregister fort. Die unbeschränkt handlungsfähige GmbH wird nach außen durch ihre Geschäftsführer vertreten. Notwendige Folge der Rechtsfähigkeit ist die Inanspruchnahme allein der GmbH für die Gesellschaftsverbindlichkeiten unter Ausschluss einer Haftung der Gesellschafter (§ 13 Abs. 2). Die GmbH ist unabhängig von dem verfolgten Gesellschaftszweck (Form-) **Kaufmann** (§ 13 Abs. 3, § 6 Abs. 2 HGB).

II. Satzung

1. Inhalt

11 Grundlage des Innenverhältnisses der Gesellschafter bildet die notariell zu beurkundende **Satzung** (§ 2), die auf einem Rechtsgeschäft der oder des Gründers beruht und dem Mindestinhalt des § 3 zu genügen hat. Die von den Gesellschaftern ohnehin nur unter Beachtung der Voraussetzungen des § 53 abänderbare Satzung genießt mit der Eintragung ggü. etwaigen Rechtsmängeln einen erhöhten Bestandsschutz, der nur bei besonders gravierenden Mängeln und auch dann erst auf die Nichtigkeitsklage eines Gesellschafters (§ 75) zurücktritt. Die – auch künftige Gesellschafter bindenden – **korporativen Satzungsbestimmungen** unterliegen einer rein objektiven an Wortlaut, Sinn und Zweck orientierten Auslegung, sodass außerhalb der Vertragsurkunde liegende Umstände wie die Entstehungsgeschichte der Satzung, der Inhalt von Vorentwürfen oder Äußerungen der Beteiligten außer Betracht bleiben.[49] Für **individual-rechtliche Bestandteile** gelten hingegen die üblichen Auslegungsregeln (§§ 133, 157 BGB). Die aus der Satzung folgenden Rechte und Pflichten treffen im Verhältnis zur Gesellschaft nur in der Gesellschafterliste aufgeführte Personen (§ 16 Abs. 1).

2. Satzungsautonomie

12 Als Kapitalgesellschaft ist die GmbH weithin der AG angeglichen. Im Unterschied zur AG stehen bei der GmbH die internen Rechte und Pflichten zur Disposition der Gesellschafter (§ 45 Abs. 1). Die Gestaltungsfreiheit ermöglicht es, sowohl Großunternehmen als auch Kleinstbetriebe als GmbH zu führen. Deswegen unterscheidet man die **kapitalistische** von der der Zahl nach stark überwiegenden[50] **personalistischen** GmbH, wo sich zwei bis fünf Gesellschafter zusammenschließen, überwiegend als Geschäftsführer oder Angestellter in dem Unternehmen tätig sind und unerwünschten Außenstehenden durch Erwerbsbeschränkungen (Vinkulierung: § 15 Abs. 5) der Eintritt in die Gesellschaft verwehrt wird. Dank der Gestaltungsfreiheit kann die GmbH durch Abtretungsbeschränkungen und Vorkaufsrechte, Regelungen für den Erbfall, Ansprüche auf Teilhabe an der Geschäftsführung und Stimmrechtsbeschränkungen eine stark personalistische Prägung erfahren. In diesen Fällen stellt sich die GmbH weniger als kleine AG, sondern vielmehr als Mischform von Kapitalgesellschaft und Personengesellschaft dar. **Zwingend** ist die Beachtung des Formgebots der notariellen Beurkundung für den Verkauf und die Übertragung von Geschäftsanteilen (§ 15 GmbHG). Dadurch soll der leichte und spekulative Handel mit Gesellschaftsanteilen, die nicht wie Aktien in den Börsenhandel geraten sollen, unterbunden werden.[51] Als Folge dieser Regelung fehlt ein allgemeiner Markt für Geschäftsanteile.

III. Gesellschaftsorgane

13 Die vom Bestand ihrer Mitglieder unabhängige GmbH verfügt über eine eigenständige innere Organisation mit zwei, ausnahmsweise drei Organen: Oberstes Willensbildungsorgan ist die **Gesellschafterversammlung** (§§ 45 ff.), der kraft Gesetzes (§ 46 Nr. 1 bis 8, § 26 Abs. 1, § 29 Abs. 1, § 51a Abs. 2, § 53 Abs. 1, § 60 Abs. 2 Nr. 2, § 66 Abs. 1) bestimmte Aufgaben obliegen, durch die Satzung aber auch zusätzliche Aufgaben übertragen werden können. Die Gesellschafterversammlung ist im Unterschied zur AG (§ 76 AktG) berechtigt, der Geschäftsführung – auch bei Vorhandensein eines obligatorischen Aufsichtsrats – Weisungen zu erteilen (§ 37). Ohnehin wird die Geschäftsführung durch die Gesellschafterversammlung (§ 46 Nr. 5) oder die Satzung (§ 6 Abs. 3 Satz 2) eingesetzt. Das

49 BGHZ 116, 359, 364.
50 Vgl. *Bayer/Hoffmann*, GmbHR 2014, 12 ff.
51 BGHZ 141, 207, 211 f.

Weisungsrecht findet seine Grenze in zwingenden gesetzlichen Regelungen (vgl. § 43 Abs. 3 Satz 3). Originäre Pflichten der Geschäftsführer statuieren § 49 Abs. 3, § 15a InsO: Bei Verlust der Hälfte des Stammkapitals ist die Gesellschafterversammlung einzuberufen, bei Insolvenzreife des Unternehmens ein Insolvenzantrag zu stellen. Das Handeln nach außen und insb. die Vertretung der GmbH nimmt die **Geschäftsführung** (§§ 35 ff.) wahr. Die unbeschränkte Vertretungsmacht kann im Außenverhältnis nicht wirksam beschnitten werden. Bereits im Gründungsstadium der **Vor-GmbH** müssen Geschäftsführer vorhanden sein, weil nur sie die erst mit der Eintragung entstehende (§ 11 Abs. 1) Gesellschaft zum Handelsregister anmelden können (§ 78). Zu Geschäftsführern können nach dem System der **Drittorganschaft** auch außerhalb des Gesellschafterkreises stehende Personen bestellt werden (§ 6 Abs. 2). Geschäftsführer können grds. von der Gesellschafterversammlung (§ 46 Nr. 5) jederzeit aus ihrem Amt abberufen werden (§ 38), ohne dass davon notwendigerweise die Wirksamkeit des daneben bestehenden Dienstvertrags (§ 611 BGB) nebst dem aus ihm resultierenden Vergütungsanspruch berührt ist. Freilich sind in der Praxis häufig Gesellschafter zugleich als Geschäftsführer anzutreffen; mitunter wird Gesellschaftern das Geschäftsführeramt – mit der Folge einer Abberufbarkeit nur aus wichtigem Grund (§ 38 Abs. 2) – als Sonderrecht eingeräumt. Als fakultatives, in mitbestimmten Gesellschaften zwingend vorgesehenes Kontrollorgan fungiert der **Aufsichtsrat** (§ 52). Ihm kommt eine beratende, überwachende Funktion zu. Die Zahl der **Gesellschafter** wird von dem Gesetz nicht vorgegeben; infolge der Reduzierung der Nennbeträge der Geschäftsanteile auf 1 € (§ 5 Abs. 2 Satz 1) kann auch eine Publikumsgesellschaft als GmbH geführt werden; freilich dürfte sich insoweit das Beurkundungserfordernis (§ 15) mäßigend auswirken.

IV. Rechtsverhältnisse der Gesellschafter

14 Die Gesellschafter können über ihren Geschäftsanteil i.R.d. § 15 Abs. 5 frei verfügen und ihn vererben (§ 15 Abs. 1). Ihnen stehen **Vermögens-** und **Verwaltungsrechte** zu. Sie haben entsprechend dem Inhalt der Beschlussfassung der Gesellschafterversammlung Anspruch auf den Jahresgewinn (§ 29); ferner sind sie an einem Liquidationserlös beteiligt (§ 72). An der Verwaltung wirken sie durch Teilnahme in der Gesellschafterversammlung und Ausübung ihres Stimmrechts mit. Die **Mitgliedschaftspflicht** äußert sich vornehmlich in der Pflicht zur Zahlung der Einlage (§ 19 Abs. 1), einer Differenzhaftung (§ 9) und einer etwaigen Ausfallhaftung (§ 24). Mitunter sind in der Satzung Nebenleistungspflichten (§ 3 Abs. 2) zur Zahlung eines **Aufgeldes** vorgesehen.[52] Insb. die **Treupflicht** kann Pflichten auch im Verhältnis der Gesellschafter untereinander begründen, etwa einer im Interesse der GmbH unabweisbaren Geschäftsführungsmaßnahme zuzustimmen.

V. Innere Verfassung

15 Die Gesellschafterversammlung trifft ihre Entscheidungen durch Gesellschafterbeschlüsse (§ 48 Abs. 1), die zur Wirksamkeit lediglich der – sich nach den Kapitalanteilen und nicht den Köpfen errechnenden – **einfachen Mehrheit** bedürfen (§ 47 Abs. 1). Ein **Minderheitenschutz** ist nur insoweit gewährleistet, als **satzungsändernde Beschlüsse** wie Kapitalerhöhung und -herabsetzung über die notarielle Beurkundung hinaus eine Drei-Viertel-Mehrheit erfordern (§ 53 Abs. 2) und Beschlüsse, welche eine Vermehrung der Pflichten zum Gegenstand haben, von der Zustimmung der betroffenen Gesellschafter abhängen (§ 53 Abs. 3). Im Fall eines Interessenwiderstreits belegt § 47 Abs. 4 den betroffenen Gesellschafter mit einem Stimmverbot. Freilich hat die Mehrheitsmacht immanente Grenzen der Beschlussfassung zu beachten, die sich im **Gleichbehandlungsgrundsatz** und der **gesellschaftsrechtlichen Treuepflicht** manifestieren.[53] Der Minderheitenschutz kann gegen Gesellschafterbeschlüsse mithilfe von Anfechtungs- und Nichtigkeitsklage durchgesetzt werden. Minderheiten können nach § 50 Initiativrechte wahrnehmen. Im Zusammenhang damit steht der Auskunftsanspruch (§§ 51a, 51b) des einzelnen Gesellschafters.

52 BGH, NZG 2008, 73.
53 BGHZ 65, 15.

VI. Stammkapital

1. Bemessung

16 Die GmbH ist eine **Kapitalgesellschaft:** Das **Stammkapital** als Summe der von den Gesellschaftern aufzubringenden Nennbeträge aller Geschäftsanteile (§ 5 Abs. 3 Satz 2) muss mindestens 25.000 € betragen (§ 5 Abs. 1). Dieser Grundsatz wird freilich aufgeweicht, weil sich das Gesetz bei der Unternehmergesellschaft (UG) mit einem Mindeststammkapital von 1 € begnügt (§ 5a Abs. 1 GmbHG). Als Kompensation für das Haftungsprivileg einer fehlenden Außenhaftung haben die Gesellschafter die GmbH mit einem Stammkapital auszustatten. Die Pflicht zur Aufbringung des Stammkapitals soll einerseits ein Startkapital und zugleich einen Haftungsfonds sicherstellen, andererseits als Seriositätsschwelle von vornherein zum Scheitern verurteilten Unternehmensgründungen vorbeugen. Die von den Gesellschaftern zu leistenden **Nennbeträge auf die Geschäftsanteile** – der frühere Begriff der Stammeinlage ist aufgegeben[54] worden – haben auf voll Euro zu lauten (§ 5 Abs. 2), was eine Teilbarkeit mindestens durch eins voraussetzt und eine weiter gehende Stückelung in Cent verbietet.[55] Als Mindeststammeinlage kommt danach 1 € in Betracht. Ein Gesellschafter kann bei der Gründung einen oder – im Unterschied zum früheren Recht – mehrere Geschäftsanteile übernehmen (§ 5 Abs. 2 Satz 2). Dies ermöglicht Ein-Personen-Gründungen unter Schaffung mehrerer Geschäftsanteile. Die im Zuge der Gründung der GmbH oder einer späteren Kapitalerhöhung zu leistenden Stammeinlagen haben dem Nennbetrag des jeweiligen Geschäftsanteils zu entsprechen (§ 5 Abs. 2 Satz 1). Unter dem Begriff **Geschäftsanteil** versteht man die Summe der Rechte und Pflichten des Gesellschafters.

2. Gläubigerschutz

a) Ordnungsgemäße Kapitalausstattung

17 Das Gesetz sieht vor Anmeldung der GmbH zum Handelsregister aus Erwägungen des Gläubigerschutzes die Verpflichtung zur Zahlung von **Mindestbeträgen** i.H.v. insgesamt 12.500 € auf die Stammeinlage vor (§ 7 Abs. 2). Ergänzende Regelungen bis hin zu einer Ausfallhaftung der Mitgesellschafter sollen die Aufbringung der **Resteinlage** verwirklichen (§§ 19, 24). Die Einlageschuld wird nicht getilgt, wenn der Betrag absprachegemäß an den Gesellschafter zurückfliesst.[56] Im Fall einer **verdeckten Sacheinlage** hat der Gesellschafter die Lücke zwischen der vereinbarten Bareinlage und dem tatsächlich hingegebenen Sachwert durch Zahlung zu kompensieren (§ 19 Abs. 4). Die Rückzahlung der Einlage an den Gesellschafter als Darlehen befreit nur von der Einlagepflicht, wenn der Darlehensanspruch gegen den Gesellschafter vollwertig ist (§ 19 Abs. 5). In beiden Fällen hat der Gesetzgeber des **MoMiG** die Haftung des Gesellschafters im Vergleich zum früheren Rechtszustand abgemildert. **Sacheinlagen** müssen vor Anmeldung der GmbH in vollem Umfang erbracht werden (§ 7 Abs. 3). Eine stille Beteiligung kann als Sacheinlage in eine GmbH eingebracht werden. Sie erlischt durch die Übertragung auf die GmbH. Nach einem Rücktritt kann der Übernehmer verlangen, dass die infolge der Übertragung erloschene stille Beteiligung neu begründet wird.[57] Eine verdeckte Sacheinlage einer Altforderung des Gesellschafters liegt sowohl dann vor, wenn erst die geschuldete Bareinlage eingezahlt und sodann zur Tilgung der Gesellschafterforderung zurückgezahlt wird, als auch dann, wenn in umgekehrter Reihenfolge erst die Gesellschafterforderung getilgt und der erhaltene Betrag sodann ganz oder teilweise als Bareinlage zurückgezahlt wird.[58] Werden Sacheinlagen im Vergleich zum Nennbetrag des Geschäftsanteils überbewertet, unterliegt der Gesellschafter einer **Differenzhaftung** (§ 5 Abs. 4, § 9 Abs. 1). Die Einlagepflicht darf dem Gesellschafter nicht **erlassen** werden (§ 19 Abs. 2 Satz 1); außerdem darf er sich davon nicht durch **Aufrechnung** gegen eine Forderung der GmbH befreien (§ 19 Abs. 2 Satz 2). Diese Vorschriften einschließlich der registergerichtlichen Kontrolle sind auf die wirtschaftliche Neugründung im Rahmen einer Vorrats-GmbH oder Mantelverwendung

54 BT-Drucks. 16/6140, S. 67.
55 Vgl. noch zum alten Recht BGH, NJW-RR 2005, 1619.
56 BGH, NJW-RR 2018, 1087 Rn. 9.
57 BGH, ZInsO 2015, 2592 Rn. 19.
58 BGH, ZInsO 2016, 707 Rn. 30.

entsprechend anzuwenden.[59] Das GmbH-Recht kennt kein Verbot der **verdeckten Gewinnausschüttung.** Auch ohne Ausweis eines Bilanzgewinns darf Gesellschaftsvermögen, sofern das Stammkapital nicht tangiert wird, an Gesellschafter transferiert werden. Lediglich Zahlungen aus dem Stammkapital an die Gesellschafter sind im Interesse des Gläubigerschutzes verboten (§ 30 GmbHG); zu Unrecht empfangene Leistungen sind zu erstatten (§ 31). Aus der Warte des Gesetzgebers wird damit sichergestellt, dass die GmbH zumindest bei ihrer Entstehung über ihr satzungsmäßiges Stammkapital verfügt und spätere Verluste ausschließlich wirtschaftlich bedingt sind und nicht auf Abflüssen an die Gesellschafter beruhen. Deswegen darf bei Ausscheiden eines Gesellschafters eine Abfindung nur aus dem ungebundenen Gesellschaftsvermögen gezahlt werden (§ 34 Abs. 3, § 30).[60] Von den Gesellschaftern kann freilich nicht verlangt werden, auch eine durch eine negative Geschäftsentwicklung hervorgerufene Auszehrung des Haftungsfonds auszugleichen, weil eine solche Verpflichtung entgegen § 13 Abs. 2 auf eine persönliche Haftung der Gesellschafter hinausliefe. Ist das Kapital im Insolvenzfall allein durch wirtschaftliche Verluste und nicht durch Ausschüttungen an die Gesellschafter aufgezehrt, besteht keine Nachschusspflicht der Gesellschafter.

b) Unterkapitalisierung

Mangels einer persönlichen Haftung der Gesellschafter liegt der Gläubigerschutz folglich allein in der ordnungsgemäßen Aufbringung und Erhaltung des Stammkapitals. Die Gesellschafter sind nicht verpflichtet, ein über den Mindestbetrag von 25.000 € hinausgehendes Stammkapital vorzuhalten, wenn die Art der angestrebten Geschäftstätigkeit (Beispiel: Betrieb einer Flugzeugfabrik) aus betriebswirtschaftlichen Gründen einen höheren Finanzbedarf erfordert. Mithin kann aus einer **Unterkapitalisierung** der GmbH eine persönliche Haftung der Gesellschafter nicht hergeleitet werden.[61] Soweit die Geschäftstätigkeit durch Gesellschafterdarlehen ermöglicht wird, handelt es sich im Insolvenzfall um **nachrangig zu befriedigende Forderungen** (§ 39 Abs. 1 Nr. 5 InsO). Wird ein solches Darlehen binnen eines Jahres vor Antragstellung dem Gesellschafter zurückgewährt, kann die Zahlung **angefochten** werden (§ 135 InsO, §§ 6, 6a AnfG). Vorstehende Regelungen sind an die Stelle des früheren **Eigenkapitalersatzrechts** getreten. Aus der verspäteten Stellung eines Insolvenzantrags können gegen Geschäftsführer und im Fall der Führungslosigkeit der GmbH ausnahmsweise gegen Gesellschafter Schadensersatzansprüche erwachsen (§ 823 Abs. 2 BGB, § 15a Abs. 1, 3 InsO). Die Geschäftsführer haben Zahlungen zu erstatten, die sie nach Eintritt der Insolvenz vornehmen (§ 64 Satz 1 und 2). Gleiches gilt für an Gesellschafter bewirkte Zahlungen, welche die Zahlungsunfähigkeit der GmbH auslösen (§ 64 Satz 3). 18

c) Durchgriffshaftung

Im Zusammenhang mit der Regelung des § 64 Satz 3 besteht in Fällen eines Vermögensentzugs die aus § 826 BGB hergeleitete Haftung der Gesellschafter für **existenzvernichtende Eingriffe** zum Nachteil der GmbH. Dabei handelt es sich entgegen früherer Rechtsprechung[62] nicht um eine Durchgriffshaftung, sondern eine Innenhaftung und mithin einen – von dem Insolvenzverwalter zu verfolgenden – Anspruch der GmbH gegen ihren Gesellschafter.[63] Dieser Tatbestand kommt auch bei einer Firmenbestattung zur Anwendung.[64] Eine **Durchgriffshaftung** der Gläubiger direkt gegen die Gesellschafter kommt nur noch in der Fallgruppe der **Vermögensvermischung** in Betracht, wenn die Abgrenzung zwischen Gesellschafts- und Privatvermögen durch eine undurchsichtige oder gar fehlende Buchführung oder auf sonstige Weise verschleiert wird.[65] Die im Zusammenhang der Durchgriffshaftung erörtere **Haftung wegen Sphärenvermischung** betrifft die versäumte 19

59 BGHZ 153, 158, 161; BGH, NJW 2012, 1875 Rn. 9.
60 BGH, NJW-RR 2018, 1054 Rn. 14 ff.
61 BGHZ 176, 204.
62 BGHZ 149, 10; 150, 61; 151, 181.
63 BGHZ 173, 246; 179, 344; BGH, NJW-RR 2008, 629; 2008, 918; ZIP 2008, 1329; vgl. *Gehrlein*, WM 2008, 761.
64 BGH, ZInsO 2018, 1622 Rn. 58 ff.
65 BGHZ 125, 366, 368; 173, 246, 257 Rn. 27.

Offenlegung der verschiedenen von dem Gesellschafter vertretenen Rechtssubjekte, die bereits auf der Grundlage von § 164 Abs. 2 BGB eine Rechtsscheinhaftung des Gesellschafters auslöst.

d) Publizitätspflichten

20 Die Publizitätspflichten, die dem Schutz der Gläubiger sowie der Minderheits- und Kleingesellschafter dienen, sind je nach Größe der Gesellschaft ausgestaltet (§§ 267, 325 HGB): Kleingesellschaften haben lediglich die **verkürzte Bilanz** und den bereinigten Anhang zum elektronischen Bundesanzeiger einzureichen. Mittelgroße Gesellschaften sind verpflichtet, den **gesamten Jahresabschluss** (Bilanz, Gewinn- und Verlustrechnung, Anhang) sowie den Lagebericht zusammen mit dem Bestätigungsvermerk vorzulegen. Große Gesellschaften haben den vorbezeichneten Unterlagen den **Vorschlag über die Ergebnisverwendung** sowie – wenn ein Aufsichtsrat/Beirat besteht – dessen **Prüfungsbericht** hinzuzufügen.

VII. Gründungsstadium

1. Vorgründungsgesellschaft

21 Entschließen sich mehrere Personen zur Gründung einer GmbH, so entsteht bis zum Abschluss des notariellen Gesellschaftsvertrages eine als GbR zu qualifizierende Vorgründungsgesellschaft, deren Zweck darauf gerichtet ist, durch gemeinsames Zusammenwirken eine GmbH zu errichten. Für die Verbindlichkeiten der Vorgründungsgesellschaft als GbR haften die Gesellschafter persönlich. Mit der Beurkundung des Gesellschaftsvertrages wird die Vorgründungsgesellschaft infolge **Zweckerreichung** (§ 726 BGB) aufgelöst. Falls bis dahin ein Vermögen gebildet wurde, bedarf es einer Auseinandersetzung. Die Vorgründungsgesellschaft hat mit der künftigen GmbH im Rechtssinne keine Verbindung. Rechte und Verbindlichkeiten der Vorgründungsgesellschaft gehen darum nicht automatisch auf die durch den Abschluss des notariellen Vertrages geschaffene, bis zur Eintragung ins Handelsregister bestehende, weitgehend GmbH-Recht unterstehende Vor-GmbH und die mit der Eintragung verwirklichte fertige GmbH über.[66] Die Handelndenhaftung des § 11 Abs. 2 gilt nicht bei einem Tätigwerden für die Vorgründungsgesellschaft.[67]

2. Vor-GmbH

22 Eine mit Beurkundung der Satzung begründete Vor-GmbH darf am Geschäftsverkehr teilnehmen. Die durch die vertretungsberechtigten Geschäftsführer begründeten Verbindlichkeiten treffen die Vor-GmbH und gehen nach Eintragung in das Handelsregister auf die fertige GmbH über. Soweit die GmbH im Zeitpunkt der Eintragung aufgrund der durch die Vor-GmbH begründeten Verbindlichkeiten nicht mehr über ihr satzungsgemäßes Stammkapital verfügt, haben die Gesellschafter der GmbH nach dem Verhältnis ihrer Geschäftsanteile i.H.d. Differenz zwischen dem Stammkapital und dem (auch negativen) Wert des tatsächlichen Gesellschaftsvermögens unbeschränkt Ausgleich zu leisten (**Differenz- oder Vorbelastungshaftung**). Kommt es schon nicht mehr zur Eintragung der GmbH, haben die Gesellschafter ebenfalls unbeschränkt nach Maßgabe ihrer Geschäftsanteile die Gesellschaft von ihren Verlusten zu befreien (Verlustdeckungshaftung). Die jeweils als Innenregress ausgestaltete **Vorbelastungs-** und **Verlustdeckungshaftung** der Gesellschafter soll verhindern, dass das Stammkapital bis zur Handelsregistereintragung verloren geht.[68] Handelt es sich um eine nicht ordnungsgemäß zum Handelsregister angemeldete wirtschaftliche Neugründung mittels einer Vorrats- oder Mantel-GmbH, haften die Gesellschafter im Umfang einer Unterbilanz, die in dem Zeitpunkt besteht, zu dem die wirtschaftliche Neugründung entweder durch die Anmeldung der Satzungsänderungen oder durch die Aufnahme der wirtschaftlichen Tätigkeit erstmals nach außen in Erscheinung tritt.[69] Die

66 BGHZ 91, 148, 151; vgl. im Einzelnen *Gehrlein*, DB 1996, 561.
67 BGHZ 91, 148, 150 f.
68 BGHZ 90, 129; 134, 333; 152, 290; BGH, NJW-RR 2006, 254; *Gehrlein*, DB 1996, 561 ff.
69 BGH, NJW 2012, 1875 Rn. 20 ff.; ZInsO 2014, 400 Rn. 8.

Grundsätze der wirtschaftlichen Neugründung finden auch in der Liquidation der Gesellschaft Anwendung.[70] Eine Handelndenhaftung (§ 11 Abs. 2) trifft nur solche Personen, die Geschäftsführungsaufgaben wahrgenommen haben, nicht bereits Gesellschafter, die intern der Geschäftsaufnahme zugestimmt haben.[71] Bei einer wirtschaftlichen Neugründung kommt eine Haftung der handelnden Personen nur dann in Betracht, wenn die Geschäfte vor Offenlegung der wirtschaftlichen Neugründung aufgenommen worden sind und dem nicht alle Gesellschafter zugestimmt haben.[72]

VIII. Mitbestimmung

§ 31 **MitbestG 1976** und § 12 **MontanMitbestG** verlagern die Kompetenz zur Bestellung und Abberufung der Geschäftsführer wie auch für den Abschluss und die Kündigung des Anstellungsvertrages in Gesellschaften mit mehr als 2000 Arbeitnehmern von der Gesellschafterversammlung auf den paritätisch besetzten Aufsichtsrat. Das Weisungsrecht der Gesellschafterversammlung ggü. der Geschäftsführung wird davon nicht berührt. Ist nach §§ 4 bis 12 DrittelbG ein zu ein Drittel durch Arbeitnehmer mitbestimmter Aufsichtsrat zu bilden, bleiben die Befugnisse der Gesellschafterversammlung auch hinsichtlich der Personalhoheit unangetastet. 23

IX. Verbreitung

Die GmbH ist die am weitesten verbreitete und erfolgreichste Unternehmensform in Deutschland. Für den Stichtag des 01.01.2020 wird eine Zahl von 1.329.277bestehenden Gesellschaften ausgewiesen.[73] Die Zahl der – erst seit November 2008 zugelassenen – Unternehmergesellschaften belief sich am 01.1.2020 auf 152.710.[74] Weiterhin nimmt die Zahl der als GmbH geführten Unternehmen zu, ebenfalls stark ist der Zuwachs bei den Unternehmergesellschaften.[75] Damit werden die ebenfalls auf den gewerblichen Mittelstand zugeschnittenen Unternehmensformen der KG und OHG weit überflügelt. Die Befürchtung einer Verdrängung der GmbH durch die britische Limited hat sich – vor allem wohl dank Einführung der Unternehmergesellschaft – nicht bewahrheitet;[76] die Zahl der Limiteds ist in den letzten Jahren kontinuierlich auf nunmehr 5.862geschrumpft.[77]-Allerdings begnügen sich rund drei Viertel der Gesellschaften mit dem gesetzlichen Mindeststammkapital. Deswegen kann der Befund kaum überraschen, dass die GmbH besonders insolvenzanfällig ist; dies schadet nicht zuletzt auch dem Ruf der Rechtsform. 24

C. Internationales Privatrecht

I. Errichtung einer GmbH

Eine GmbH wird im Inland nach deutschem Recht gegründet; ohne Bedeutung ist es, ob die Gesellschafter natürliche Personen deutscher oder ausländischer Staatsangehörigkeit sind oder ob bei Gründung eines Tochterunternehmens eine inländische oder ausländische juristische Person beteiligt ist. Von einer ausländischen juristischen Person, die im Inland eine GmbH gründet, wir regelmäßig kein Nachweis ihrer Rechtsfähigkeit verlangt. Diese Grundsätze gelten umgekehrt bei Gründung einer GmbH im Ausland. Eine andere Frage ist es, ob das jeweilige nationale Recht die Gründung eines Unternehmens durch ausländische Gesellschafter von einer behördlichen Genehmigung abhängig macht. 25

70 BGH, ZInsO 2014, 400 Rn. 10 ff.
71 BGHZ 65, 378, 381; *Gehrlein*, DB 1996, 561, 564.
72 BGH, NZG 2011, 1066 Rn. 8.
73 *Kornblum*, GmbHR 2020, 677, 678.
74 *Kornblum*, GmbHR 2020, 677, 678.
75 *Kornblum*, GmbHR 2020, 677 ff.
76 *Niemeier*, ZIP 2007, 1781.
77 *Kornblum*, GmbHR 2020, 677, 678.

II. Bestimmung des anwendbaren Rechts: Sitztheorie, Gründungstheorie

26 Das auf der Grundlage des IPR zu ermittelnde **Personalstatut** (Gesellschaftsstatut) erstreckt sich auf alle Rechtsverhältnisse der GmbH, von der Vor-GmbH über die Voraussetzungen für die Entstehung und den Erwerb der Rechtsfähigkeit bis hin zur inneren Organisation, die Handlungsfähigkeit nach außen nebst der Haftung und schließlich die Auflösung, Abwicklung und Beendigung. Unabhängig vom Gesellschaftsstatut ist auf eine im Inland tätige Gesellschaft deutsches Deliktsrecht (insb. § 826 BGB und damit die Existenzvernichtungshaftung) und im Fall eines inländischen **COMI** (centre of main interests, Art. 3 EuInsVO) Insolvenzrecht anwendbar.

1. Sitz- und Gründungstheorie

27 Probleme bei der Bestimmung des auf eine GmbH anwendbaren Rechts stellen sich nur, wenn die GmbH den Schwerpunkt ihrer Tätigkeit außerhalb ihres Gründungsstaats entfaltet, etwa eine nach britischem Recht gegründete Limited tatsächlich nur in Deutschland tätig ist. Bislang ist internationalprivatrechtlich nicht ausdrücklich geregelt, welcher Anknüpfungspunkt für die Bestimmung des auf die GmbH als juristische Person anwendbaren Rechts maßgeblich ist. Laut **Gründungstheorie** richtet sich das Gesellschaftsstatut nach dem Inhalt der Rechtsordnung, auf deren Grundlage die Gesellschaft gegründet wurde. Demgegenüber unterstellt die **Sitztheorie** die GmbH der Rechtsordnung, wo sie ihren tatsächlichen (Verwaltungs-) Sitz genommen hat.

2. EU-Gesellschaften

28 Innerhalb des **EU-Bereichs** ist nach der Rechtsprechung des EuGH[78] infolge der **Niederlassungsfreiheit** (Art. 43, 48 EGV) die Gründungstheorie einschlägig, die es einer Gesellschaft gestattet, unter Fortbestand ihrer Rechtsfähigkeit ihren Sitz ohne Rechtsformwechsel von einem in einen anderen EU-Staat zu verlegen. Abweichend davon gibt das deutsche IPR der Sitztheorie mit der Folge den Vorrang, dass sich die Rechtsfähigkeit einer in Deutschland ansässigen Gesellschaft nach deutschem Recht beurteilt und sich eine im Ausland errichtete Gesellschaft zum Erhalt ihrer Rechtsfähigkeit als juristischer Person einer entsprechenden inländischen Rechtsform zu bedienen hat.[79] Infolge des Vorrangs der EuGH-Rechtsprechung können freilich im EU-Ausland gegründete Gesellschaften ihren Sitz ins Inland verlegen, ohne zur Sicherung ihres rechtlichen Fortbestands in eine hiesige Rechtsform umwechseln zu müssen.[80] Für eine solche Gesellschaft bleibt das Gründungsrecht uneingeschränkt gültig. Diese Grundsätze gelten über den EU-Bereich hinaus aufgrund Niederlassungsfreiheit gewährender zwischenstaatlicher Verträge im Verhältnis zu bestimmten Staaten wie den USA.[81] Gesellschaften können wahlweise am Sitz der Satzung, der Hauptverwaltung oder einer Hauptniederlassung verklagt werden.[82]

3. Sonstige Auslandsgesellschaften

29 Handelt es sich dagegen um eine **außerhalb der EU** gegründete Gesellschaft, die – ob aus der Schweiz oder Singapur – ihren Sitz ins Inland verlegt, ist nach der Rechtsprechung des BGH weiterhin die Sitztheorie anzuwenden. Dies bedeutet, dass die ausländische Gesellschaft ihre auf dem Gründungsrecht beruhende Rechtsfähigkeit verliert. Allerdings ist eine solche Gesellschaft als rechtsfähige Personengesellschaft zu behandeln. Dies bedeutet aber, dass eine Schweizer AG als GbR mit der Folge einer persönlichen Haftung ihrer Gesellschafter anzusehen ist.[83] Ob Das deutsche IPR entsprechend einem RefE durch einen neuen Art. 10 EGBGB von der Sitztheorie zur Gründungstheorie übergeht, kann gegenwärtig nicht abgesehen werden.

---

78 NJW 1999, 2027; 2002, 3614; 2003, 3331.
79 BGHZ 97, 269, 271; 153, 353, 355; BGH, NJW 2009, 289, 291 Rn. 19.
80 BGHZ 154, 185; 164, 148.
81 BGHZ 153, 353; BGH, ZInsO 2009, 2154 Rn. 4.
82 BGH, ZInsO 2018, 932 Rn. 10 ff.
83 BGH, NJW 2009, 289, 291 Rn. 23; ZInsO 2009, 2154 Rn. 4 ff.

Gesetz betreffend die Gesellschaften mit beschränkter Haftung (GmbHG)

In der Fassung der Bekanntmachung vom 20.04.1892 (RGBl. S. 477) Zuletzt geändert durch Art. 10 des Gesetzes vom 17. Juli 2017 (BGBl. I S. 2446)

Erster Abschnitt Errichtung der Gesellschaft

§ 1 Zweck; Gründerzahl

Gesellschaften mit beschränkter Haftung können nach Maßgabe der Bestimmungen dieses Gesetzes zu jedem gesetzlich zulässigen Zweck durch eine oder mehrere Personen errichtet werden.

Schrifttum

Behrens, Die Gesellschaft mit beschränkter Haftung im internationalen und europäischen Recht, 2. Aufl. 1997; *Goette,* Chancen und Risiken der GmbH-Novelle, WPg 2008, 231; *Habersack/Verse,* Europäisches Gesellschaftsrecht, 4. Aufl. 2011; *Happ/Holler,* Limited statt GmbH?, DStR 2004, 730; *Hirte,* Die »Große GmbH-Reform« – Ein Überblick über das Gesetz zur Modernisierung des GmbH-Rechts und zur Bekämpfung von Missbräuchen (MoMiG), NZG 2008, 761; *König/Bormann,* Die Reform des Rechts der Gesellschaften mit beschränkter Haftung, DNotZ 2008, 652; *Krüger,* Zweckmäßige Wahl der Unternehmensform, 7. Aufl. 2002; *Lutter,* Zur Entwicklung der GmbH in Europa und in der Welt, GmbHR 2005, 1; *Stehle/Stehle,* Die rechtlichen und steuerlichen Wesensmerkmale der verschiedenen Gesellschaftsformen, 19. Aufl. 2005; *Tebben,* Die Reform der GmbH – das MoMiG in der notariellen Praxis, RNotZ 2008, 441; *Wachter,* Aktuelle Rechtsprechung zum MoMiG, GmbHR 2009, 785; *Wälzholz,* Die Reform des GmbH-Rechts, MittBayNot 2008, 425; *Wegen/Schlichte,* GmbH oder EU-inländische Gesellschaft – die Qual der Wahl für Unternehmen und Berater in der Praxis, RiW 2006, 801; *Weiler,* Gesellschaftsrecht – Aktuelle Entwicklungen, notar 2015, 400; *Vossius,* Gesellschaftsrecht – Aktuelle Entwicklungen, notar 2016, 414; *Heckschen/Strnad,* Gesellschaftsrecht – Aktuelle Entwicklungen, notar 2017, 390; *Heckschen/Strnad,* Gesellschaftsrecht – Aktuelle Entwicklungen, notar 2018, 435; *dies.,* Gesellschaftsrecht – Aktuelle Entwicklungen, notar 2019, 406.

Übersicht

A. Einleitung

1 Das Gesetz beginnt anders als etwa das Aktiengesetz nicht mit einer Beschreibung des Wesens der durch das Gesetz geregelten Gesellschaftsform. Eine solche findet sich in § 13. Das GmbH-Gesetz verfolgt vielmehr einen pragmatisch-chronologischen Ansatz und widmet sich in seinem ersten Abschnitt der Errichtung der Gesellschaft. Dabei beantworten die §§ 1 bis 3 wichtige W-Fragen. § 1 befasst sich laut seiner amtlichen Überschrift mit dem Zweck und der Gründerzahl und gibt damit die Antwort auf das Wozu? bzw. das Warum der GmbH-Errichtung[1] und das Wer?.

---

1 So *Wicke,* GmbHG, § 1 Rn. 2.

2 Die Errichtung ist eine der Phasen der In-Gang-Setzung einer GmbH, die wie folgt beschrieben werden können:
- Vor-Gründungsphase als Zeitraum vor der wirksamen notariellen Beurkundung des Gesellschaftsvertrages,[2]
- Zeitraum zwischen wirksamer notarieller Beurkundung des Gesellschaftsvertrages und Eintragung der GmbH in das Handelsregister,[3]
- Eintragung in das Handelsregister und damit Entstehen der Gesellschaft als solcher (§ 11 Abs. 1).

3 Nach allgemeiner Meinung ist die Errichtung in Anlehnung an § 29 AktG mit der wirksamen notariellen Beurkundung abgeschlossen,[4] während die Gründung als Gesamtvorgang erst mit der Eintragung in das Handelsregister ihren Abschluss findet. Diese Ansicht ist nicht ganz stimmig mit der Terminologie der Vor-Gründungsphase, die dann besser mit Vor-Errichtungsphase beschrieben wäre. Unabhängig von den terminologischen Feinheiten ist § 1 auf den gesamten Prozess der In-Gang-Setzung einer GmbH anwendbar. Während dieses gesamten Zeitraums können die nachfolgend dargestellten Anforderungen auf den Gründungsprozess ausstrahlen. Zu den Einzelheiten der Rechtsbeziehungen der Gesellschafter untereinander und ggü. Dritten, insb. zu Status und Haftung, in den vorgenannten Phasen s. die Kommentierung zu § 11.

B. Zweck

4 Eine GmbH darf zu jedem gesetzlich zulässigen Zweck errichtet werden.

I. Zweck und Unternehmensgegenstand

5 Zweck (philosophisch: Beweggrund, Movens) ist nicht gleich bedeutend mit Unternehmensgegenstand. Während § 1 vom Zweck der Gesellschaft spricht, findet sich an anderer Stelle der Begriff Unternehmensgegenstand (§ 3 Abs. 1 Nr. 2, § 10 Abs. 1, § 75 Abs. 1). Gesellschaftsverträge unterscheiden in der Praxis häufig nicht: Sie beschreiben dem Wortlaut nach den Gesellschaftszweck, inhaltlich ist aber der Unternehmensgegenstand gemeint. Oft liest man auch vom »Gegenstand der Gesellschaft«. Diese Terminologie zeigt zusätzlich Probleme auf einer anderen Definitionsebene: Sie differenziert nicht zwischen der Gesellschaft und dem von ihr betriebenen Unternehmen. Die Gestaltungspraxis sollte wie in § 3 Abs. 1 Nr. 2 vorgesehen den Begriff Unternehmensgegenstand und nicht wie häufig anzutreffen, den Begriff Gesellschaftszweck verwenden, jedenfalls, wenn wie üblich der Gesellschaftszweck keine ausdrückliche Regelung erfährt.

6 Eine ausdrückliche Regelung des Gesellschaftszwecks findet sich in Gesellschaftsverträgen nur selten, vielmehr wird der Gesellschaftszweck bei Festlegung des Unternehmensgegenstandes gleichsam mitgedacht. Soll nach dem Willen der Gesellschafter ausnahmsweise der Gesellschaftszweck im Gesellschaftsvertrag ausdrücklich geregelt werden, häufig bei Verfolgung eines steuerbegünstigten Zwecks, so sollten sowohl der Zweck als auch der Gegenstand als solche bezeichnet werden.[5] Bei anderer Handhabung droht Unklarheit über die für eine Änderung erforderliche Mehrheit.[6]

7 Trotz der gesetzlichen Differenzierung ist eine trennscharfe Abgrenzung zwischen dem Gesellschaftszweck und dem Unternehmensgegenstand nicht möglich. Eine Abgrenzung wird versucht, wobei zwei Hauptrichtungen nebeneinanderstehen:

---

2 S. § 11 Rdn. 40 ff.

3 Phase der sog. Vorgesellschaft, s. § 11 Rdn. 6 ff.

4 *Hueck/Fastrich*, in: Baumbach/Hueck, GmbHG, § 11 Rn. 3; *Emmerich*, in: Scholz, GmbHG, § 1 Rn. 1; *Bayer*, in: Lutter/Hommelhoff, GmbHG, § 1 Rn. 1.

5 Ein Beispiel ist die Formulierung bei der Weltjugendtag gGmbH, deren Aufgabe die Organisation des Weltjugendtages 2005 in Köln war. Der erste Absatz der entsprechenden Satzungs-Regelung lautet, dass die »Gesellschaft ausschließlich und unmittelbar gemeinnützige und kirchliche Zwecke im Sinne des Abschnitts steuerbegünstigte Zwecke der Abgabenordnung« verfolge. Ein zweiter Absatz konkretisiert diesen Zweck und erst in einem weiteren Absatz folgt der Unternehmensgegenstand, der ausdrücklich der »Verwirklichung dieser Zwecke« dient.

6 S. Rdn. 12 f.

8 Der Zweck der Gesellschaft kennzeichne das Ziel des Zusammenschlusses der Gesellschafter bzw. der Betätigung des Alleingesellschafters, der Unternehmensgegenstand beschreibe den Weg, auf dem dieses Ziel erreicht werden solle.[7] Also bspw.: Zweck ist die Erzielung von Gewinnen (Gesellschaftszweck), erreicht werden soll dieses Ziel durch den Handel mit Elektroküchengeräten (Unternehmensgegenstand). Spielarten dieser Zweck-Mittel-Einordnung sind die Ansicht, nach denen der Unternehmensgegenstand Haupterkenntnisquelle für den Gesellschaftszweck sei[8] und die Ansicht, nach der der Unternehmensgegenstand in Art einer Konkretisierung Teil des umfassenderen Gesellschaftszwecks sei.[9]

9 Andere unterscheiden nach dem Adressatenkreis: Der Zweck sei maßgebend für das Verhältnis der Gesellschafter zueinander, der Unternehmensgegenstand kennzeichne Bereich und Art der Betätigung und sei für das Verhältnis nach außen und der Gesellschafter zur Geschäftsführung wesentlich.[10]

10 Bei näherer Betrachtung bilden beide Ansätze zwei Seiten einer Medaille. So ist das Ziel eines Zusammenschlusses die Basis des Zusammenwirkens der Gesellschafter und wirkt damit primär nach innen, während erst das Instrument der Zielerreichung die Gesellschaft im Außenverhältnis mit Leben erfüllt.

11 Aus dieser Einordnung folgt, dass die Grenze zwischen Zweck und Gegenstand leicht verwischen kann. Gesellschaftszweck und Unternehmensgegenstand stehen nicht nebeneinander, es besteht vielmehr ein innerer Zusammenhang zwischen Zweck und Gegenstand: Der konkrete Unternehmensgegenstand füllt den abstrakten Gesellschaftszweck mit Leben. Die praktischen Konsequenzen dieser in der Literatur uneinheitlich behandelten Fragen stehen freilich nicht im Verhältnis zu dem Argumentationsaufwand, der um die Differenzierung betrieben wird.[11] Dies gilt auch im Lichte der unterschiedlichen Rechtsfolgen der Unzulässigkeit von Zweck und Gegenstand.[12]

12 Relevanz kommt der Unterscheidung allerdings im Hinblick auf die Abänderbarkeit zu: Die Änderung des Gesellschaftszwecks unterliegt als Entscheidung über eine Grundlage der Gesellschaft der Einstimmigkeit der Gesellschafter (vgl. § 33 Abs. 1 Satz 2 BGB), während die Änderung des Unternehmensgegenstandes mit der 3/4-Mehrheit des § 53 Abs. 2 möglich ist.

13 Wollen also die Gesellschafter einer GmbH von einem erwerbswirtschaftlichen Unternehmen zu einer gemeinnützigen Tätigkeit wechseln, so müssen dieser Zweckänderung sämtliche Gesellschafter zustimmen. Soll die Gesellschaft jedoch in Zukunft statt des Früchteim- und -exports eine Gaststätte betreiben, so ist diese Änderung des Gesellschaftsvertrages mit 3/4-Mehrheit möglich.[13] Ob die Mehrheitsfrage in der Praxis eine große Rolle spielt, lässt sich schwer einschätzen. Eine einschlägige Rechtsprechung lässt sich jedenfalls nicht ausmachen.[14]

---

7 *Bayer*, in: Lutter/Hommelhoff, GmbHG, § 1 Rn. 3; *Wicke*, GmbHG, § 1 Rn. 2.

8 Basierend auf RGZ 164, 129, 140.

9 *K. Schmidt*, Gesellschaftsrecht, § 4 II 3. b).

10 *Hueck/Fastrich*, in: Baumbach/Hueck, GmbHG, § 1 Rn. 5, *Ulmer*, in: Ulmer/Habersack/Winter, GmbHG, § 1 Rn. 8.

11 Das ganze Dilemma der definitorischen Versuche wird deutlich, wenn *Zöllner/Noack*, in: Baumbach/Hueck, GmbHG, § 53 Rn. 29, 30 vom »*Gesellschaftszweck im Sinne des Grundzwecks*« sprechen und vom Unternehmensgegenstand, der »*zum Zweck im weiteren Sinne*« rechne.

12 S. Rdn. 41 ff.

13 *Ulmer*, in: Ulmer/Habersack/Winter, GmbHG, § 1 Rn. 10, setzt die Schwelle niedriger und fordert Einstimmigkeit bereits bei Beschluss eines »*grundlegend abweichenden Unternehmensgegenstandes*«.

14 Entsprechende Rechtsprechung zum Vereinsrecht, etwa BGHZ 96, 245, lässt sich nicht ohne Weiteres auf die GmbH übertragen, da dem Vereinsrecht die Unterscheidung zwischen Zweck und Gegenstand in der Form, wie sie bei der GmbH zu finden ist, fremd ist.

II. Zulässige und unzulässige Zwecke

1. Mögliche Zwecke

14 Die Überlegungen zum möglichen Zweck einer GmbH zeigen den weiten Anwendungsbereich der GmbH ggü. den Personengesellschaften des HGB.[15] Während Letztere nur auf den Betrieb eines Handelsgewerbes einschließlich des Kleingewerbes und der Verwaltung eigenen Vermögens gerichtet sein dürfen (§ 105 Abs. 1 und 2 HGB), kann eine GmbH auch zum Zusammenschluss von Freiberuflern oder zu ideellen Zwecken gegründet werden.

a) Erwerbswirtschaftliche Zwecke

15 Ganz überwiegend werden GmbH zu erwerbswirtschaftlichen Zwecken gegründet. Nicht erwerbswirtschaftliche Zwecke, also rein ideelle Zwecke, dürften jedenfalls wenn man dem hier vertretenen weiten Begriff der Erwerbswirtschaft folgt,[16] nur im Ausnahmefall anzutreffen sein. Erwerbswirtschaftlich orientierte GmbH sind typischerweise als Produktions-, Handels-, Vertriebs- oder Dienstleistungsunternehmen Teilnehmer am Wirtschaftsleben und auf die Erwirtschaftung von Erträgen gerichtet. Dabei reicht das Spektrum von der 1,00 € -Unternehmergesellschaft, deren Unternehmensgegenstand der häusliche Betrieb einer Künstleragentur ist, bis zur Holdinggesellschaft eines international tätigen Konzerns.

16 Bei Letzteren und überhaupt bei lediglich vermögensverwaltenden GmbH wird wie bei nicht gewinnbeteiligten Komplementär-GmbH der erwerbswirtschaftliche Zweck teilweise infrage gestellt; es fehle an der Gewinnerzielungsabsicht.[17] Die unmittelbare Gewinnerzielungsabsicht ist jedoch nicht das entscheidende Kriterium.[18] Vielmehr ist in einer Gesamtbetrachtung, also unter Berücksichtigung des Zwecks der Konzerngesellschaften bzw. des Zwecks der GmbH & Co. KG, zu ermitteln, ob ein erwerbswirtschaftlicher Charakter vorliegt. So kann denn auch eine Komplementär-GmbH, die wie üblich nicht an den Gewinnen der KG beteiligt ist, gleichwohl erwerbswirtschaftliche Zwecke verfolgen.[19] I.Ü. darf in diesem Zusammenhang die regelmäßig vereinbarte Haftungsvergütung für die Komplementär-GmbH nicht ausgeblendet werden. Diese dürfte zu einem zumindest geringfügigen Gewinn führen.

17 Treuhand-GmbH existieren in vielen Variationen. I.d.R. verfolgen auch sie erwerbswirtschaftliche Zwecke, wenn sie im Rahmen von Fonds-Modellen Dienstleistungen für den Fonds oder die Anteilinhaber übernehmen oder im eigenen Namen fremde Vermögensangelegenheiten besorgen.[20] Verbreitet findet man darunter vermögensverwaltende GmbH, insb. zur Verwaltung von Familienvermögen oder Verbandsvermögen. Da sich auch solche GmbH i.d.R. am Wirtschaftsverkehr durch gezielte Vermögensanlage beteiligen, sollten sie der Erwerbswirtschaft zugeordnet werden.

18 Der Begriff der Erwerbswirtschaft geht damit über den des Handelsgewerbes hinaus, sodass auch Gesellschaften, deren Unternehmen kein Gewerbe i.S.d. § 1 HGB betreiben, auf einen erwerbswirtschaftlichen Zweck gerichtet sein können. So sind trotz § 3 Abs. 1 HGB auch Betriebe der Land- und Forstwirtschaft erwerbswirtschaftlich orientiert.[21]

19 Sonderfälle der erwerbswirtschaftlichen, aber nicht gewerblichen Tätigkeit sind:

---

15 *Wicke*, GmbHG, § 1 Rn. 3: »Allzweckinstrument im Rechtsverkehr«.

16 S. Rdn. 29.

17 So wohl bei fehlender unmittelbarer Gewinnerzielungsabsicht zu verstehen: *Bayer*, in: Lutter/Hommelhoff, GmbHG, § 1 Rn. 7; *Ulmer*, in: Ulmer/Habersack/Winter, GmbHG, § 1 Rn. 14 für Komplementär-GmbH.

18 *Hopt*, in: Baumbach/Hopt, HGB, § 1 Rn. 15 ff. hinsichtlich des Betriebs eines Handelsgewerbes.

19 So auch *Wicke*, GmbHG, § 1 Rn. 3.

20 Zu einer solchen GmbH und zur Frage der Zulässigkeit der Firmierung als Treuhand-GmbH: BayObLGZ 1989, 44.

21 *Emmerich*, in: Scholz, GmbHG, § 1 Rn. 12.

b) Insbesondere: Freiberufliche Zwecke

Auch die Angehörigen freier Berufe[22] verfolgen einen erwerbswirtschaftlichen Zweck. Je nach Berufsrecht ist die Rechtsform der GmbH für die Ausübung eines freien Berufs zulässig. Dabei reicht das Spektrum von einer Zulässigkeit auch ohne ausdrückliche berufsrechtliche Zulassung bis zu einer gesetzlichen Ausgestaltung im entsprechenden Berufsrecht, z.B. für Rechtsanwälte, Patentanwälte, Wirtschaftsprüfer und Steuerberater.[23] Es gibt in der Praxis Indizien, dass die im Jahre 2013 eingeführte Haftungsbeschränkung bei der Partnerschaftsgesellschaft (Partnerschaftsgesellschaft mit beschränkter Berufshaftung) dazu führt, dass die PartGmbB der GmbH im Bereich der freien Berufe den Rang abläuft. 20

Auf die Entwicklung bei den Heilberufen darf man weiter gespannt sein. Der BGH hat einer Öffnung der GmbH auch für Heilberufe den Weg bereitet.[24] Die Gesetzeslandschaft im heilberuflichen Bereich ist freilich unübersichtlich: Einzelne Ländergesetze verbieten ausdrücklich die ärztliche Betätigung in Form einer juristischen Person,[25] andere Länder sehen zumindest die Möglichkeit eines Zusammenschlusses als Kapitalgesellschaft vor[26] oder überlassen die Regelung der satzungsgebenden Berufskammer, nicht jedoch ohne gewisse Mindestanforderungen aufzustellen.[27] Eine einheitliche berufsrechtliche Regelung steht aus. Indes können Medizinische Versorgungszentren (MVZ) in der Form einer GmbH geführt werden (§ 95 Abs. 1a SGB V). 21

Im Fall der Architekten setzen inzwischen die meisten Landesgesetze über Architekten bzw. deren Kammern die Möglichkeit der Berufsausübung in Form einer GmbH voraus,[28] sodass abweichende Rechtsprechung[29] als überholt gelten kann. 22

Für Apotheker verbietet der Umkehrschluss aus § 8 des Bundesgesetzes über das Apothekenwesen den Betrieb einer Apotheke in Form der GmbH.[30] 23

Notare sind Träger eines öffentlichen Amtes, das lediglich ergänzend freiberufliche Züge hat.[31] Als Amtsträgern ist Notaren der Zusammenschluss in Rechtsform einer GmbH verwehrt.[32] 24

c) Insbesondere: Öffentliche Zwecke

Aus gesellschaftsrechtlicher Perspektive ist die erwerbswirtschaftliche Betätigung der öffentlichen Hand in Form einer GmbH kein Sonderfall. Geschieht dies, etwa durch Kommunen bei der Müllentsorgung oder beim Betrieb eines Theaters, so gilt für solche GmbH kein Sonderrecht, ihre zivil- und gesellschaftsrechtliche Behandlung unterscheidet sich nicht von der anderer GmbH. 25

Allerdings erfordert die Vertragsgestaltung die Berücksichtigung öffentlich-rechtlicher Vorgaben, insb. im Kommunalbereich. I.d.R. bedarf eine wirtschaftliche Betätigung der öffentlichen Hand besonderer Rechtfertigung. So erlaubt etwa § 107 NWGO die wirtschaftliche Betätigung der Gemeinde nur dann, wenn dies ein öffentlicher Zweck fordert, die wirtschaftliche Betätigung nicht außerhalb der Leistungsfähigkeit der Gemeinde liegt und jenseits von Infrastrukturaufgaben das 26

22 Einen Katalog freier Berufe enthält § 1 Abs. 2 Satz 2 PartGG.
23 §§ 59c ff. BRAO, §§ 52c ff. PAO, §§ 27 ff. WPO, §§ 49 ff. StBerG.
24 BGHZ 124, 224 = NJW 1994, 786 (Zahnärzte); s.a. OLG Düsseldorf, NZG 2007, 190 (Tierärzte).
25 Z.B. Art. 18 Abs. 1 Satz 2 Heilberufe-Kammergesetz Bayern, bestätigt durch Bayer. VerfGH, NJW 2000, 3418 sowie OLG München 31 Wx 12/14, abrufbar über DNotI; dagegen hat verfassungsrechtliche Bedenken *Emmerich*, in: Scholz, GmbHG, § 1 Rn. 14b.
26 § 25 Nr. 18 Heilberufegesetz Hessen.
27 § 29 Abs. 2 Heilberufsgesetz NRW.
28 Z.B. Art. 8 ff. BauKaG Bayern; § 6 HASG Hessen.
29 Z.B. OLG Frankfurt am Main, NJW-RR 2001, 172.
30 Hierzu kritisch *Emmerich*, in: Scholz, GmbHG, § 1 Rn. 14.
31 *Löwer*, MittRhNotK 1998, 310, 312.
32 *Roth*, in: Roth/Altmeppen, GmbHG, § 1 Rn. 8; a.A. *Ulmer*, in: Ulmer/Habersack/Winter, GmbHG, § 1 Rn. 28.

Subsidiaritätsprinzip eingehalten ist. Diese Einschränkung hat drittschützende Wirkung zugunsten der örtlichen Wettbewerber.[33]

27 Schließlich muss der Gesellschaftsvertrag bestimmten Mindestanforderungen an Aufsichts- und Kontrollstrukturen genügen, um die bestimmende Einflussnahme der öffentlichen Hand zu gewährleisten.

d) Insbesondere: Steuerbegünstigte Zwecke

28 Die GmbH kann steuerbegünstigte Zwecke nach §§ 51 ff. AO verfolgen. Darunter fallen gemeinnützige, mildtätige oder kirchliche Zwecke. Die entsprechenden Paragrafen der AO, insb. der Katalog des § 52 Abs. 2 AO, beschreiben das ganze Spektrum der steuerbegünstigten Zwecke, die auch in Form der GmbH verfolgt werden können. Insb. Kirchen, Arbeitnehmereinrichtungen, wissenschaftliche oder andere öffentliche Institutionen bedienen sich der sog. gemeinnützigen GmbH (»gGmbH«).[34]

29 Auch die Verfolgung eines steuerbegünstigten Zwecks ist erwerbswirtschaftliche Betätigung, wenngleich ohne Gewinnorientierung, d.h., die erwerbswirtschaftliche Betätigung ist fremdnützig.[35] In dieser Hinsicht unterscheidet sich die Verfolgung eines steuerbegünstigten Zwecks vom rein ideellen Zweck ohne den erwerbswirtschaftlichen Aspekt. Allerdings ist die GmbH im ideellen Bereich aufgrund ihrer strukturellen Anforderungen (z.B. Bilanzierungspflicht, Form der Anteilsübertragung) selten anzutreffen.

2. Unzulässigkeit

30 Der verfolgte Zweck darf nicht unzulässig sein. Da der Gesellschaftszweck regelmäßig nicht schriftlich fixiert ist, kann zur Beurteilung nicht auf einen Wortlaut zurückgegriffen werden.

31 Je abstrakter der Gesellschaftszweck, desto weniger denkbar ist seine Unzulässigkeit. Der Gesellschaftszweck Gewinnerzielungsabsicht etwa ist für sich genommen niemals unzulässig. Die Unzulässigkeit eines solch abstrakten Zwecks wird sich i.d.R. nur aus seiner Konkretisierung durch den Unternehmensgegenstand ergeben.

32 Aber auch dem Wortlaut des Unternehmensgegenstands allein lässt sich häufig eine Verbotswidrigkeit nicht entnehmen. Gleichwohl ist es denkbar, dass aus hinter Zweck und Unternehmensgegenstand stehenden Beweggründen ein weiter gehender Zweck verfolgt wird, der seinerseits verbotswidrig ist. Wer eine Gewinnerzielungsabsicht verfolgt, um mit den erzielten Gewinnen eine terroristische Vereinigung zu finanzieren, verstößt damit gegen ein gesetzliches Verbot.

33 Ob solche Motive, die sich nicht im Wortlaut von Zweck oder Gegenstand finden, bei der Beurteilung der Unzulässigkeit zu berücksichtigen sind, wird nicht einheitlich beantwortet. Während ein Teil der Literatur auf den wirklichen, nicht auf einen angegebenen Zweck bzw. einen den Zweck prägenden ausdrücklichen Unternehmensgegenstand abstellt,[36] könnte ein Urteil des BGH aus dem Jahr 1976 eine Orientierung ausschließlich am Wortlaut nahe legen.[37] Da der Gesellschaftszweck ohnehin ein amorphes Gebilde ist und eine Beurteilung der Unzulässigkeit am Wortlaut es i.d.R. erforderlich macht, den Unternehmensgegenstand heranzuziehen, der seinerseits nur Hilfsmittel ist, um den Zweck zu ermitteln, greift eine Orientierung ausschließlich am Wortlaut zu kurz.

---

33 OVG Nordrhein-Westfalen, NJW 2004, 314.

34 S. zur Zulässigkeit der Firma mit dem Zusatz gGmbH OLG München, NJW 2007, 1601 und § 4 Rdn. 33.

35 *Hueck/Fastrich*, in: Baumbach/Hueck, GmbHG, § 1 Rn. 10; *Bayer*, in: Lutter/Hommelhoff, GmbHG, § 1 Rn. 9.

36 *Hueck/Fastrich*, in: Baumbach/Hueck, GmbHG, § 1 Rn. 13; *K. Schmidt*, in: Scholz, GmbHG, § 75 Rn. 11.

37 BGH, WM 1976, 1026 f.; allerdings hält der BGH in diesem Urteil Zweck und Unternehmensgegenstand nicht auseinander.

Die weitere Dimension des verfolgten Zwecks in Form des zugrunde liegenden Willens der Gesellschafter ist mit zu berücksichtigen und kann einen Verstoß gegen § 1 zeitigen. Dem steht die Entscheidung des BGH[38] nicht entgegen, wonach die konkrete Durchführung eines Gesellschaftszwecks nicht zur Nichtigkeit führt, wenn der Gesellschaftszweck als solcher nicht zu beanstanden sei. Diese Entscheidung ist deshalb nicht zu berücksichtigen, weil sich die der Entscheidung zugrunde liegende konkrete Durchführung jederzeit korrigieren ließ und lediglich zur Nichterteilung einer Konzession hätte führen müssen. Prägen jedoch die hinter dem eigentlichen Gesellschaftszweck stehenden Beweggründe diesen, so sind sie entscheidend bei der Beurteilung der Zulässigkeit des Gesellschaftszwecks zu berücksichtigen. Dieser Befund entspricht der Reichweite der §§ 134 und 138 BGB. 34

Ist der Zweck der Gesellschaft konkret, so kann sich die Unzulässigkeit ohne weitere Auslegungshilfen ergeben. So findet man i.d.R. bei gemeinnützigen GmbH eine ausdrückliche Zweckangabe, um steuerlichen Anforderungen zu genügen. Hier kann der konkret formulierte Zweck unzulässig sein, wobei zu beachten ist, dass der Zweck »Steuerersparnis« nicht per se unzulässig ist.[39] 35

Dass das Unternehmen einer behördlichen Zulassung bedarf, führt nicht in jedem Fall zu einem unzulässigen Zweck. Im Unterschied zu den meisten Äußerungen zu diesem Thema wird man differenzieren müssen: Steht schon die Wahl der Rechtsform »GmbH« einer behördlichen Erlaubnis entgegen, so ist ein zugrunde liegender Gesellschaftszweck unzulässig. So erhalten etwa Versicherungsunternehmen i.R.d. § 8 VAG keine Erlaubnis der Aufsichtsbehörde, wenn sie als GmbH organisiert sind. In einem solchen Fall werden die Registergerichte auch nach Wegfall des § 8 Abs. 1 Nr. 6 (Vorlage der staatlichen Genehmigung zur Eintragung) stets die Eintragung verweigern, weil eine Erlaubnis gar nicht zu erlangen ist. Anders stellt sich dies bei Genehmigungsbedürftigkeit des konkret ausgeübten Unternehmens, insb. nach Gewerberecht, dar. In diesen Fällen sind Sanktionen vorrangig dem Gewerberecht zu entnehmen, etwa in Gestalt der Verhinderung des weiteren Betriebs gem. § 15 Abs. 2 GewO. 36

a) Fallgruppen der Unzulässigkeit

Die Unzulässigkeit lässt sich in folgende Fallgruppen einteilen: 37

Spezialgesetzliche Normen verbieten den Betrieb eines Unternehmens in Form einer GmbH. Beispiele sind: § 8 ApoG (Apotheken), § 8 Abs. 2 VAG (Versicherungsunternehmen), § 2 Abs. 2 BauSparkG (Bausparkassen), § 34b Abs. 5 GewO (öffentlich bestellte besonders sachkundige Versteigerer). In dieser Fallgruppe manifestiert sich der fließende Übergang zwischen dem Gesellschaftszweck und dem Unternehmensgegenstand. Tatsächlich geht es in dieser Fallgruppe eher um die Unzulässigkeit des Unternehmensgegenstands. Es ist nicht Gesellschaftszweck, eine Versicherung zu betreiben, sondern es ist der Gegenstand des Unternehmens. Zweck ist vielmehr die Gewinnerzielung, freilich durch den Betrieb einer Versicherung. 38

Grundlage für einen **Verstoß gegen ein gesetzliches Verbot** ist § 134 BGB. Der Gesellschaftszweck einer GmbH darf in diesem Sinne nicht gegen ein Verbotsgesetz verstoßen. Gesetze sind wie bei Art. 2 EGBGB sämtliche Rechtsnormen unabhängig von ihrer hierarchischen Ordnung. Der Begriff des Verbotsgesetzes des § 134 BGB ist weit: Umfasst sind nicht nur Gesetze im formellen Sinne, sondern auch Rechtsverordnungen, autonome Satzungen und Tarifverträge sowie Gewohnheitsrecht.[40] Bspw. ist der Bundesmanteltarifvertrag zwischen den Kassenärztlichen Bundesvereinigungen und den Spitzenverbänden der Krankenkassen in diesem Sinne Verbotsgesetz und kann Auswirkungen auf die Zulässigkeit des Gesellschaftszwecks einer Ärzte-GmbH haben.[41] 39

38 BGHR, BGB § 138 Abs. 1 – Gesellschaftsvertrag 1.
39 *Emmerich*, in: Scholz, GmbHG, § 1 Rn. 18.
40 *Thorn*, in: Palandt, BGB, Art. 2 EGBGB Rn. 1.
41 LG Arnsberg, BeckRS 2009, 03980.

40 Schließlich ist ein Gesellschaftszweck unzulässig, der i.S.d. § 138 BGB **gegen die guten Sitten verstößt**. Das Anstandsgefühl aller billig und gerecht Denkenden, an das die Rechtsprechung i.R.d. § 138 BGB anknüpft[42] ist stets schwierig und immer schwieriger zu ermitteln. Aus der Rechtsprechung lassen sich zitieren: Organisierter Austausch von Wechselakzepten[43] oder Steuerhinterziehung.[44] Der überall zitierte Betrieb eines Bordells wird nur noch in dem Sinne herangezogen, dass er i.d.R. nicht mehr sittenwidrig sei, insb. nach Inkrafttreten des Prostitutionsgesetzes.[45] In allen diesen Fällen kann natürlich durch Weiterungen des Sachverhalts die Schwelle zur Strafbarkeit überschritten und damit ein Verbotsgesetz i.S.d. § 134 BGB betroffen sein.

b) Folgen eines unzulässigen Zwecks

41 Bei der Frage nach den Folgen eines unzulässigen Zwecks kommt es scheinbar zum Schwur, denn das Gesetz knüpft unterschiedliche Folgen an einen Mangel des Gesellschaftszwecks (§ 61) und einen solchen des Unternehmensgegenstands (§ 75). Ob diese Anknüpfung praxisrelevant ist, kann nur nach einer Analyse der beiden Vorschriften beurteilt werden.

42 Ausgangspunkt ist, dass eine GmbH, die in das Handelsregister eingetragen wird, trotz eines unzulässigen Gesellschaftszwecks grds. als solche entsteht.

43 § 61 sieht die Auflösung der GmbH durch Urteil vor, wenn die Erreichung des Gesellschaftszwecks unmöglich wird. Das ist nicht gleichbedeutend mit der Unzulässigkeit des Gesellschaftszwecks.[46] Denn die Unmöglichkeit der Erreichung ist nicht zwingend im Gesellschaftszweck angelegt, sondern beruht i.d.R. auf anderen Umständen. Zudem ist § 61 auf zukünftige Entwicklungen gerichtet, eine Fortsetzung der Gesellschaft muss unzumutbar sein.[47] § 61 setzt also geradezu einen zulässigen Gesellschaftszweck voraus. Mit anderen Worten: mit der Unzulässigkeit des Gesellschaftszwecks beschäftigt sich § 61 überhaupt nicht.

44 § 75 hingegen befasst sich dem Wortlaut nach nicht mit dem Gesellschaftszweck, sondern soweit hier von Interesse mit dem Unternehmensgegenstand. Bei dessen Nichtigkeit lässt das Gesetz eine Nichtigkeitsklage zu. Nichtig ist ein Unternehmensgegenstand, wenn er gegen ein gesetzliches Verbot oder die guten Sitten verstößt oder wenn er nur vorgeschoben ist.[48] Nach den Ausführungen zu Rdn. 11 besteht ein innerer Zusammenhang zwischen Zweck und Gegenstand, der zufolge hat, dass die Nichtigkeit des Unternehmensgegenstandes die Nichtigkeit des Gesellschaftszwecks indiziert. Damit ist – entgegen der herrschenden Literaturmeinung – sedes materiae für die Folgen eines unzulässigen Gesellschaftszwecks ausschließlich § 75.[49]

45 I.Ü. unterscheiden sich die Rechtsmittel der §§ 61 und 75 nach herrschender Meinung in ihrer Wirkung nicht wesentlich: Entgegen des Wortlauts führt eine erfolgreiche Klage nach § 75 nicht zur Nichtigkeit der Gesellschaft, sondern wie § 61 zur Auflösung,[50] jedenfalls gleicht § 77 die Folgen der Nichtigkeit der Auflösung an.

---

42 BGH, NJW 2004, 2668, 2670.

43 BGHZ 27, 172 ff.

44 OLG Koblenz, WM 1979, 1435, 1436 f.

45 *Emmerich*, in: Scholz, GmbHG, § 1 Rn. 19; von BGHZ 41, 341 wurde noch Sittenwidrigkeit angenommen; differenzierend *Ellenberger*, in: Palandt, BGB, § 138 Rn. 52.

46 So aber *Bayer*, in: Lutter/Hommelhoff, GmbHG, § 1 Rn. 19, der von der Auflösungsklage gem. § 61 bei Unzulässigkeit des Gesellschaftszwecks spricht.

47 *K. Schmidt/Bitter*, in: Scholz, GmbHG, § 61 Rn. 16.

48 KG, GmbHR 1914, 347.

49 So wohl auch *Hueck/Fastrich*, in: Baumbach/Hueck, GmbHG, § 1 Rn. 17 i.V.m. Rn. 13; a.A. *Ulmer*, in: Ulmer/Habersack/Winter, GmbHG, § 1 Rn. 46; *Emmerich*, in: Scholz, GmbHG, § 1 Rn. 22; *Bayer*, in: Lutter/Hommelhoff, GmbHG, § 1 Rn. 19, der allerdings der gesetzlichen Differenzierung die Sinnhaftigkeit abspricht.

50 *K. Schmidt*, in: Scholz, GmbHG, § 75 Rn. 21; *Kleindiek*, in: Lutter/Hommelhoff, GmbHG, § 75 Rn. 1; *Paura*, in: Ulmer/Habersack/Winter, GmbHG, § 75 Rn. 1; a.A. *Haas*, in: Baumbach/Hueck, GmbHG, § 75 Rn. 5.

Aus der Verortung der Rechtsfolgen eines unzulässigen Zwecks im Verhältnis der Gesellschafter untereinander in § 75 folgt für das registerrechtliche Verfahren die Anwendung des § 397 FamFG, der die Amtslöschung unter den Voraussetzungen des § 75 vorsieht. § 397 FamFG ist ggü. § 395 FamFG lex specialis. 46

In Betracht kommt schließlich auch die Auflösung durch Verwaltungsakt nach § 62. Dessen Voraussetzungen sind freilich noch unschärfer als die der §§ 61 und 75. § 62 ist daher nicht geeignet, als Basis für eine Differenzierung zwischen der Unzulässigkeit des Unternehmensgegenstandes und des Zwecks zu dienen. 47

Bei der Heilung des Mangels erübrigt sich eine Differenzierung: § 76 sieht für Mängel des Unternehmensgegenstands eine Heilung durch einstimmigen Gesellschafterbeschluss vor. Dabei bedeutet das Einstimmigkeitserfordernis nach herrschender Auffassung die Zustimmung aller Gesellschafter.[51] Nichts anderes gilt für die »Heilung« eines unzulässigen Zwecks, dessen Änderung auch der Zustimmung aller Gesellschafter bedarf. 48

Es besteht daher auch aus dem Blickwinkel der Rechtsfolgen einer Unzulässigkeit keine zwingende Notwendigkeit, Gesellschaftszweck und Unternehmensgegenstand trennscharf auseinanderzuhalten. Beleg für diesen Befund ist auch ein weitgehendes Schweigen der Rechtsprechung zu einer Differenzierung. Dies mag daran liegen, dass weder dem § [52] noch dem § [53] sonderliche praktische Relevanz zugemessen wird. Wenn sich einmal eine Entscheidung mit dieser Frage befasst, verheddern sich selbst die Richter in dem Begriffsknäuel, so etwa in einer Entscheidung des OLG Düsseldorf.[54] Das OLG zitiert das LG, wie es zunächst auf einen nicht zulässigen Zweck rekurriert, wobei es eigentlich einen nicht zulässigen Unternehmensgegenstand meint, wie sich einige Zeilen später herausstellt. Dies verwundert nicht, da, wie das OLG in derselben Entscheidung feststellt, »wegen derselben Rechtsfolge vor der Eintragung der GmbH nicht zwischen Zweck und Gegenstand unterschieden werden [braucht]«.[55] 49

In der Tat ist vor der Eintragung der Gesellschaft ohnehin nicht zu differenzieren: Sowohl bei Unzulässigkeit des Gesellschaftszwecks als auch des Unternehmensgegenstands hat das Registergericht die Eintragung abzulehnen, sei es insgesamt auf Grundlage des § 9c Abs. 2 Nr. [56] oder im Hinblick auf die Unzulässigkeit des Gesellschaftszwecks aufgrund Nr. 3. 50

Wird die Gesellschaft vor Eintragung in Vollzug gesetzt, dadurch dass sie nach außen im Rechtsverkehr in Erscheinung tritt, gelten die Regeln über die fehlerhafte Gesellschaft.[57] 51

C. Errichtende Personen (Gründer)

I. Zahl

Die Errichtung durch nur eine Person ist seit der Novelle von 1980 zulässig.[58] Auch vor diesem Zeitpunkt war die Ein-Personen-GmbH anerkannt, musste aber aufgrund der unzulässigen Ein-Personen-Errichtung durch Strohmann-Konstruktionen und anschließende Vereinigung der Geschäftsanteile bei einem Gesellschafter erreicht werden. Die praktische Bedeutung von Ein-Personen-Gründungen ist hoch und noch gestiegen, seit das MoMiG die Erforderlichkeit der 52

---

51 *Haas*, in: Baumbach/Hueck, GmbHG, § 76 Rn. 8; *Kleindiek*, in: Lutter/Hommelhoff, GmbHG, § 76 Rn. 2; a.A. mit guten Gründen: *Paura*, in: Ulmer/Habersack/Winter, GmbHG, § 76 Rn. 6; *K. Schmidt*, in: Scholz, GmbHG, § 76 Rn. 6.
52 *K. Schmidt*, in: Scholz § 75 Rn. 4.
53 *Haas*, in: Baumbach/Hueck, GmbHG, § 75 Rn. 2.
54 NZG 2007, 190.
55 OLG Düsseldorf, NZG 2007, 191.
56 *Wicke*, GmbHG, § 1 Rn. 7, hält diesen sowohl bei Unzulässigkeit des Zwecks als auch des Gegenstands für einschlägig.
57 *Ulmer*, in: Ulmer/Habersack/Winter, GmbHG, § 1 Rn. 45.
58 BGBl. I, 836.

Sicherheitsleistung bei Ein-Personen-Gründungen und nicht voller Einzahlung abgeschafft hat. Dieser Umstand war bis zuletzt noch ein Grund für Strohmann-Gründungen gewesen.

53 »Eine« Person kann eine natürliche oder eine juristische Person sein. Aufgrund des Wortlauts des § 1 (»Personen«) könnte man bezweifeln, dass die Errichtung durch eine Gesamthandsgemeinschaft eine Ein-Personen-Errichtung ist. Jedoch sind diese Zweifel im Fall von Gemeinschaften, die im Außenverhältnis handlungsfähig sind und sich aufgrund dieser Rechtsnatur an GmbH beteiligen können, ausgeräumt.[59] Wenn sie sich an einer GmbH beteiligen können (s. dazu unten Rdn. 68 ff.), dann sind sie auch als »eine« Person zu betrachten.

54 Insbesondere nach dem Wegfall der sofortigen Volleinzahlung bei Ein-Personen-GmbH, ergeben sich kaum noch Anhaltspunkte im Gesetz für eine unterschiedliche Behandlung von Ein-Personen- und Mehr-Personen-Gründungen. Grds. folgt die Errichtung der Ein-Personen-GmbH den gleichen Regeln wie die Errichtung einer Mehr-Personen-GmbH. Ein wesentlicher Unterschied liegt darin, dass die Errichtung durch eine Person nicht durch Vereinbarung eines Gesellschaftsvertrages erfolgt, sondern durch einseitige nicht empfangsbedürftige – jedoch vor dem Notar abzugebende – Erklärung des Alleingesellschafters. Diese Einordnung führt zur Nichtigkeit einer Ein-Personen-GmbH-Gründung durch einen Vertreter ohne Vertretungsmacht, § 180 BGB[60]. Eine Genehmigung ist nicht möglich; es kommt lediglich eine – notariell zu beurkundende – Bestätigung nach § 141 Satz 1 BGB in Frage.

55 Auch bei den Notarkosten wird entsprechend differenziert: Während bei der Mehr-Personen-Gründung eine 2,0-Gebühr anfällt, unterliegt die Ein-Personen-Gründung einer 1,0-Gebühr.

56 Trotz dieser Differenzierung geht das GmbH-Gesetz begrifflich durchgehend vom Gesellschaftsvertrag aus, der freilich im Fall der Ein-Personen-Gründung reinen Satzungscharakter hat.[61]

II. Taugliche Gründer

1. Natürliche und juristische Personen

57 Eine GmbH kann – soweit besteht Klarheit – durch natürliche und juristische Personen errichtet werden.

a) Natürliche Personen

58 Bei natürlichen Personen wird Geschäftsfähigkeit vorausgesetzt. Die Errichtung einer GmbH durch einen Minderjährigen, vertreten durch seine Sorgeberechtigten, bedarf gem. § 1822 Nr. 3 BGB der Genehmigung des FamG, jedenfalls wenn die GmbH zum Betrieb eines Erwerbsgeschäfts errichtet wird. Dies gilt unabhängig vom Alter des Minderjährigen, da die Errichtung einer GmbH nicht lediglich rechtlich vorteilhaft ist.[62] Sind weitere Gesellschafter Eltern oder Großeltern, so ist gem. § 1909 Abs. 1 BGB ein Ergänzungspfleger zu bestellen.

59 Die Genehmigungspflicht für die Beteiligung eines Minderjährigen an einer GmbH ist nicht selbstverständlich, denn Wesen der GmbH ist ja eben die Haftungsbeschränkung auf das Gesellschaftsvermögen. Damit entfalle für den Minderjährigen das unternehmerische Risiko, das § 1822 Nr. 3 BGB im Blick habe.[63] Die überwiegende Meinung – höchstrichterliche Rechtsprechung fehlt soweit ersichtlich – geht jedoch von einer Genehmigungspflicht auch bei Errichtung einer GmbH

---

59 *Emmerich*, in: Scholz, GmbHG, § 1 Rn. 29.

60 OLG Stuttgart, GmbHR 2015, 487.

61 Ohnehin mutiert der Gesellschaftsvertrag nach Abschluss des Errichtungsakts zu einer Verbandsverfassung, für den die Bezeichnung Satzung entsprechend anderen juristischen Personen (Verein, AG) treffender ist, vgl. *K. Schmidt*, Gesellschaftsrecht, § 5 I 1 c).

62 *Bürger*, RNotZ 2006, 156, 157.

63 *Zelz*, GmbHR 1995, 92.

aus.[64] Dies ist wegen der bis zur Eintragung der GmbH drohenden persönlichen Haftung auch richtig.

Ein Erwerbsgeschäft liegt bei den GmbH vor, die zu erwerbswirtschaftlichen Zwecken gegründet werden (Rdn. 14 ff.). Aufgrund der hier vertretenen weiten Bedeutung dieses Begriffes unter Einschluss von Gesellschaften mit steuerbegünstigten Zwecken, dürfte das Erwerbsgeschäft der Regelfall sein. Die Beteiligung Minderjähriger an einer GmbH, deren Zweck Ausübung eines freien Berufs ist, wird i.d.R. daran scheitern, dass der Minderjährige kein Berufsträger ist;[65] ansonsten betreibt auch die freiberuflichen Zwecken dienende GmbH ein Erwerbsgeschäft.[66] Keine Genehmigung ist also nach § 1822 Nr. 3 BGB erforderlich für die Beteiligung an einer GmbH, die lediglich ideelle Zwecke verfolgt. Unklar ist die Lage bei reinen Vermögensverwaltungsgesellschaften. Das LG Münster schließt eine Genehmigungsbedürftigkeit aus,[67] andere Gerichte stellen offenbar auf den Umfang des verwalteten Vermögens ab.[68] Letztere Ansicht führt zu einer erheblichen Rechtsunsicherheit. 60

Schließlich besteht eine Genehmigungspflicht nach § 1822 Nr. 10 BGB. Der Anwendungsbereich dieser Vorschrift ist über die Haftungsvorschriften der §§ 24 und 31 eröffnet. Das dadurch eröffnete Haftungsrisiko wird auch nicht durch zunächst erfolgende Volleinzahlung beseitigt.[69] Kein Raum für § 1822 Nr. 10 BGB ist freilich bei der Ein-Personen-Gründung. 61

Auf Willenserklärungen eines Betreuers i.R.d. rechtlichen Betreuung gem. §§ 1896 ff. BGB sind die vorgenannten Vorschriften sinngemäß anzuwenden (§ 1908i Abs. 1 BGB). Dies gilt immer dann, wenn der Betreuer für den Betreuten handelt, unabhängig von der Frage, ob ein Einwilligungsvorbehalt angeordnet ist oder nicht. Ist der Betreute selbst noch geschäftsfähig, so ist er neben dem Betreuer – dieser allerdings immer nur in dem ihm zugewiesenen Aufgabenkreis – befugt, Willenserklärungen abzugeben. Die Willenserklärungen können einander widersprechen, es kommt auf den Zugang an.[70] 62

Bei Eheleuten kann im Hinblick auf das Erwerbsverhältnis der Güterstand eine Rolle spielen. Weit häufiger als die Besonderheiten des deutschen Güterrechts, insb. in Form der Gütergemeinschaft, spielen in der Praxis ausländische Güterstände eine Rolle. So ist der gesetzliche Güterstand des italienischen Rechts bspw. die Errungenschaftsgemeinschaft: Vermögen, das auch nur einer der Ehegatten nach Eheschließung erwirbt, wird Gesamtgut. Eine Ausnahme gilt, soweit hier von Interesse, nur dann, wenn der Vermögensgegenstand der Berufsausübung des Erwerbers dient. Die Zahl der Fälle, in denen ausländisches Güterrecht zur Anwendung kommt wird sich künftig möglicherweise aufgrund der jüngst in Kraft getretenen EU-Güterrechtsverordnung[71] verringern. 63

Überhaupt bestehen gegen die Beteiligung von Ausländern als Gesellschafter grds. keine Bedenken.[72] Sofern Ausländer einem Erwerbstätigkeitsverbot unterliegen, ist auch dieser Umstand gesellschaftsrechtlich grds. unbeachtlich. Die Grenze mag überschritten sein, wenn der Gesellschaftszweck 64

---

64 *Emmerich*, in: Scholz, GmbHG, § 2 Rn. 43; *Bayer*, in: Lutter/Hommelhoff, GmbHG, § 2 Rn. 5; *Ulmer*, in: Ulmer/Habersack/Winter, GmbHG, § 2 Rn. 73; *Kölmel*, RNotZ 2010, 20; *Bürger*, RNotZ 2006, 156, 157.

65 S. z.B. § 59e Abs. 1 BRAO.

66 KG, NJW 1976, 1946.

67 LG Münster, FamRZ 1997, 842.

68 So etwa BayObLG, NJW-RR 1997, 1163.

69 *Emmerich*, in: Scholz, GmbHG, § 2 Rn. 43a; a.A. *Ulmer*, in: Ulmer/Habersack/Winter, GmbHG, § 2 Rn. 74 mit der allerdings unzutreffenden Begründung, das FamG könne das zukünftige Risiko nicht abschätzen; das Abschätzen von – auch künftigen – Risiken ist gerade die Aufgabe des FamGs i.R.d. Genehmigung.

70 *Emmerich*, in: Scholz, GmbHG, § 1 Rn. 43b.

71 VO (EU) 2016/1103.

72 Die Übernahme des Geschäftsführeramtes durch Ausländer kann im Einzelfall anders zu beurteilen sein, s. § 6 Rdn. 27 ff.

primär auf die Umgehung ausländerrechtlicher Vorschriften gerichtet ist.[73] Folge wäre die Unzulässigkeit des Gesellschaftszwecks.

b) Juristische Personen

65 Die Beteiligung juristischer Personen jeglicher Provenienz an der Errichtung einer GmbH ist problemlos möglich. Bezüglich ausländischer juristischer Personen sind die hohen Anforderungen an die Vertretungsnachweise zu berücksichtigen, die aufgrund fehlender öffentlicher Register oder deren mangelhafter Beweiskraft häufig schwierig zu erfüllen sind.

66 Auch eine Vor-GmbH und eine Vor-AG sind taugliche Gründer einer GmbH. Ihre Rechtsnatur[74] lässt die Mitwirkung am Gründungsakt ohne Weiteres zu.

67 Nicht möglich ist allerdings die Gründung einer GmbH durch diese selbst. Der Erwerb eigener Geschäftsanteile ist zwar bei bestehender GmbH unter den Voraussetzungen des § 33 möglich, weil durch die Anforderungen des § 33 die ausreichende Kapitalausstattung der GmbH gesichert ist. Bei einer Selbstzeichnung im Gründungsstadium ist die Erbringung des Stammkapitals dagegen denknotwendig ausgeschlossen.

2. Gesamthandsgemeinschaften

68 Die Personenhandelsgesellschaften des Handelsgesetzbuchs sind kraft Gesetzes (§§ 124, 161 HGB) Trägerinnen eigener Rechte und Pflichten und als solche in der Lage, Gesellschafter und Gründer einer GmbH zu sein.

69 Es ist heute unstreitig, dass auch die Gesellschaft bürgerlichen Rechts (GbR) Gründer einer GmbH sein kann.[75] Sie besitzt Rechtsfähigkeit.[76] Eine GmbH, die ausschließlich von einer GbR gegründet wird, ist eine Ein-Personen-GmbH. Soweit der materiell-rechtliche Befund. Die Beteiligung einer GbR an einer GmbH birgt allerdings verfahrensrechtliche Probleme: Von allen Gründungsbeteiligten muss die Frage geklärt werden, wie der Nachweis ggü. Notar und Registergericht geführt wird, dass die GbR existiert und wie sie vertreten wird. Unproblematisch ist dieser Nachweis, wenn die GbR in notarieller Urkunde aus Anlass der GmbH-Gründung ihrerseits gegründet wird. Schwieriger zu beurteilen ist die Gründung durch eine existente GbR, die – wenn überhaupt – auf lediglich privatschriftlichem Vertrag gründet. Ob hier das Urteil des OLG Hamm zur Geschäftsführerbestellung[77] hilft, ist fraglich. Das OLG ist beim Nachweis der Befugnis der GbR-Gesellschafter zur Vertretung der GbR bei der Stimmrechtsausübung in der GmbH-Gesellschafterversammlung großzügig und lässt die Vorlage einer Kopie des – privatschriftlichen – Gesellschaftsvertrages genügen. Allein: Das Gericht beschränkt diese Anforderung auf deklaratorische Eintragungen (hier: eines Geschäftsführers). Darüber hinaus ist der Entscheidung nichts zu entnehmen. Die Praxis wird sich mit einer notariellen Bestätigung der GbR-Gründung oder eidesstattlichen Versicherungen der GbR-Gesellschafter über Existenz und Vertretungsverhältnisse der GbR behelfen müssen.[78]

70 Bei der Frage, wie die GbR in die Gesellschafterliste einzutragen ist, sollte den Grundsätzen des § 162 Abs. 1 Satz 2 HGB zur Eintragung einer GbR als Kommanditist in das Handelsregister gefolgt werden.[79] D.h., sie ist unter der Bezeichnung in die Gesellschafterliste einzutragen, die ihre Gesellschafter im Gesellschaftsvertrag für sie vorgesehen haben, daneben sind auch deren Gesellschafter einzutragen. Fehlt eine Bezeichnung der GbR, erfolgt der Eintrag unter »*Gesellschaft*

73 *Emmerich*, in: Scholz, GmbHG, § 2 Rn. 41 ff.
74 Dazu s. § 11 Rdn. 6 ff.
75 *Fastrich*, in: Baumbach/Hueck, GmbHG, § 1 Rn. 33.
76 BGH, NJW 2001, 1056.
77 OLG Hamm, DB 2010, 2551.
78 Die Entscheidung des BGH zur Grundbucheintragung einer GbR (BGH, NJW 2011, 1958 f.) hilft in dem Zusammenhang nicht.
79 *Wicke*, GmbHG, § 40 Rn. 5.

bürgerlichen Rechts bestehend aus …« und den Namen und weiteren Identifikationsmerkmalen ihrer Gesellschafter.[80] Von einer Eintragung der GbR nur unter ihrer Bezeichnung ist abzuraten, da eine solche Eintragung ungeeignete Grundlage des möglichen gutgläubigen Erwerbs ist.

Die Beteiligung einer Erbengemeinschaft an der Gründung einer GmbH, die im Grundsatz anerkannt ist,[81] wirft die Haftungsfrage auf. Gründet eine Erbengemeinschaft eine GmbH, so können sich die Miterben, die bewusst an der Gründung mitwirken, nicht auf die beschränkte Erbenhaftung des § 2059 BGB berufen. Diese Möglichkeit muss dem Miterben, der aktiv an der GmbH-Gründung mitwirkt, im Interesse des vorrangig zu beachtenden zentralen Erfordernisses der Kapitalaufbringung verwehrt bleiben.[82] Die Haftungssituation mag sich anders darstellen bei der Rechtsnachfolge einer Erbengemeinschaft in die Gründerstellung des Erblassers.[83] 71

In diesem Kontext ist auch die Überlegung anzustellen, ob und unter welchen Bedingungen sich ein Testamentsvollstrecker an der Gründung einer GmbH beteiligen darf. Wegen der Beschränkung des Testamentsvollstreckers, Verbindlichkeiten für den Nachlass einzugehen (§ 2206 BGB), wird weithin die Gründung einer GmbH durch den Testamentsvollstrecker nur mit Zustimmung der Erben für zulässig gehalten.[84] Dies soll vor allem mit Rücksicht auf die persönliche Haftung der Gesellschafter nach § 24 geschehen. Damit ist die Einbindung der Erben der sicherste und damit vorzugswürdige Weg. 72

3. Treuhänder

Die Gründung einer GmbH durch einen Treuhänder, der für einen Dritten, den Treugeber handelt, unterliegt keinen Besonderheiten. Abzustellen ist auf die Person des Treuhänders. Dieser wird Gesellschafter mit allen Rechten und Pflichten. 73

Überraschungen kann das Haftungs-Regime für den Treugeber bereiten: Nicht nur das Gesetz sieht in bestimmten Fällen ausdrücklich eine Haftung des Treugebers vor (§ 9a Abs. 4), sondern auch die Rechtsprechung eröffnet den Durchgriff auf die hinter dem Treuhänder stehende Person.[85] Ob die Pflicht zur Offenlegung von Treuhandverhältnissen ab einer gewissen Größenordnung im Transparenzregister zu einer Reduzierung von Treuhand-Gründungen führen wird, bleibt abzuwarten. 74

§ 2 Form des Gesellschaftsvertrags

(1) [1]Der Gesellschaftsvertrag bedarf notarieller Form. [2]Er ist von sämtlichen Gesellschaftern zu unterzeichnen.

(1a) [1]Die Gesellschaft kann in einem vereinfachten Verfahren gegründet werden, wenn sie höchstens drei Gesellschafter und einen Geschäftsführer hat. [2]Für die Gründung im vereinfachten Verfahren ist das in der Anlage bestimmte Musterprotokoll zu verwenden. [3]Darüber hinaus dürfen keine vom Gesetz abweichenden Bestimmungen getroffen werden. [4]Das Musterprotokoll gilt zugleich als Gesellschafterliste. [5]Im Übrigen finden auf das Musterprotokoll die Vorschriften dieses Gesetzes über den Gesellschaftsvertrag entsprechende Anwendung.

(2) Die Unterzeichnung durch Bevollmächtigte ist nur auf Grund einer notariell errichteten oder beglaubigten Vollmacht zulässig.

80 *Emmerich*, in: Scholz, GmbHG, § 2 Rn. 53a; Einzelheiten zur Gesellschafterliste: Kommentierung zu § 40.
81 *Bayer*, in: Lutter/Hommelhoff, GmbHG, § 2 Rn. 8.
82 *Ulmer*, in: Ulmer/Habersack/Winter, GmbHG, § 2 Rn. 81.
83 *Winter/Seibt*, in: Scholz, GmbHG, § 18 Rn. 27.
84 *Emmerich*, in: Scholz, GmbHG, § 2 Rn. 47 ff. m.w.N.
85 BGHZ 31, 258; BGH, NJW 1992, 2023; kritisch: *Ulmer*, in: Ulmer/Habersack/Winter, GmbHG, § 2 Rn. 62 ff.

Schrifttum

Böhringer, Das neue GmbH-Recht in der Notarpraxis, BWNotZ 2008, 104; *Bormann/Urlichs*, Kapitalaufbringung und Kapitalerhaltung nach dem MoMiG, GmbHR-Sonderheft Oktober 2008, 37; *Eidenmüller*, Die GmbH im Wettbewerb der Gesellschaftsformen, ZGR 2007, 168; *Heckschen*, Gründungserleichterungen nach dem MoMiG – Zweifelsfragen in der Praxis, DStR 2009, 166; *Herrler*, Aktuelles zur Kapitalerhöhung bei der GmbH, DNotZ 2008, 903; *Herrler*, Kapitalaufbringung nach dem MoMiG, DB 2008, 2347; *Ries*, Muster ohne Wert?, NZG 2009, 739; *Weber*, GmbH-Gründung und Auslandsbezug, MittBayNot 2018, 215; vgl. auch die Angaben bei § 5a.

Übersicht

A. Einleitung

1 Bevor § 3 Mindestanforderungen an den Inhalt des Gesellschaftsvertrages stellt, regelt § 2 die Form des Gründungsaktes. Die Gründung der GmbH erfolgt durch die Vereinbarung (bei Mehr-Personen-GmbH) bzw. durch die Erklärung (bei Ein-Personen-GmbH) des Gesellschaftsvertrages. Die entsprechenden Willenserklärungen bedürfen der notariellen Form (Abs. 1). Der mit dem MoMiG eingefügte Abs. 1a sieht in bestimmten Konstellationen die Möglichkeit der Gründung in einem vereinfachten Verfahren vor. Schließlich unterwirft Abs. 2 auch entsprechende Gründungsvollmachten der notariellen Form.

B. Der Gesellschaftsvertrag

2 § 2 führt den Begriff des Gesellschaftsvertrages ein. Das ist eine durchaus untypische Bezeichnung der Organisationsverfassung einer juristischen Person. So sieht das Gesetz für den Verein (§§ 57 ff. BGB) oder für die AG (§ 23 AktG) den Begriff der Satzung vor. Hingegen ist Grundlage einer Personengesellschaft ein Gesellschaftsvertrag (z.B. § 705 BGB). Die Wahl des Begriffs Gesellschaftsvertrag für eine GmbH im Gegensatz zu dem Begriff der Satzung bei Verein und AG ist nicht unmittelbar einleuchtend und möglicherweise auf die regelmäßige personalistische Struktur der GmbH zurückzuführen.[1] In der Praxis ist daher die Bezeichnung Satzung für den Gesellschaftsvertrag der GmbH sowie der Begriff der Satzungsänderung für die Änderung des Gesellschaftsvertrages verbreitet.

3 Tatsächlich hat der Gesellschaftsvertrag eine Doppelnatur: Er ist – jedenfalls bei der Mehr-Personen-Gründung – einerseits echter Vertrag, andererseits stellt er die Organisationsverfassung der GmbH dar und ist damit »Satzung«.[2]

I. Vertragscharakter

4 Der Befund, dass der Gesellschaftsvertrag echter Vertrag ist, bedarf Einschränkungen.

---

1 *K. Schmidt*, Gesellschaftsrecht, § 5 I 2. a).

2 Statt vieler: *Ulmer*, in: Ulmer/Habersack/Winter, GmbHG, § 2 Rn. 4; für den Verein: BGHZ 47, 172, 179 f.

1. Ein-Personen-Gründung

Zunächst gilt dies nicht bei der Ein-Personen-Gesellschaft. Der Abschluss eines Vertrages setzt i.S.d. § 311 BGB voraus, dass mindestens zwei Beteiligte übereinstimmende Erklärungen abgeben. Dies ist bei der Ein-Personen-Gesellschaft naturgemäß nicht der Fall. Später als im Aktiengesetz, und zwar mit der GmbH-Reform des Jahres 1980, hat sich im Recht der GmbH der Korporationsgedanke durchgesetzt, nach dem die Gesellschaft auch durch einseitige Erklärung errichtet werden kann. Die einseitige Erklärung durch den Einzelgründer ist nicht empfangsbedürftig,[3] jedenfalls nicht durch einen sich selbst in übereinstimmender Weise bindenden Vertragspartner. Allerdings bedarf auch die Ein-Personen-Gründungserklärung zu ihrer Wirksamkeit der Entgegennahme durch den Notar, ansonsten die Form nicht gewahrt wäre. Dieser Umstand macht die Gründungserklärung allerdings nicht zu einer amtsempfangsbedürftigen Erklärung i.S.d. § 130 Abs. 3 BGB.[4] 5

Allerdings entfaltet die Willenserklärung der einen Person verpflichtende Wirkung ggü. der Gesellschaft. Diese kann vom Gründer vor allem die Leistung der Einlage fordern. Es gelten außerdem die allgemeinen Regeln über Willenserklärungen, soweit sie auf einseitige nicht empfangsbedürftige Willenserklärungen anwendbar sind. Von besonderem Interesse ist dabei, an wen eine etwaige Anfechtung der Gründungserklärung zu richten ist. Nimmt die Vor-GmbH ihre Geschäfte auf, so ist Anfechtungsgegner die GmbH gem. § 143 Abs. 4 Satz 1 BGB. Häufiger werden jedoch die Fälle sein, in denen die Vor-GmbH keinerlei Aktivitäten entfaltet, sodass entsprechend Abs. 4 Satz 2 die Anfechtung ggü. dem Notar oder dem Registergericht zu erklären ist[5] oder, um den sichersten Weg zu wählen, gegenüber beiden. 6

2. Anwendung der allgemeinen Regeln über Rechtsgeschäfte

Weiter ergeben sich Einschränkungen bei der Anwendung der Regelungen des BGB über Rechtsgeschäfte auf den Gesellschaftsvertrag. 7

Vor der Eintragung der GmbH stehen die vertragsrechtlichen Beziehungen der Gesellschafter im Vordergrund. Dabei ist die Pflicht der Gesellschafter zur Erbringung ihrer Einlage auf den übernommenen Geschäftsanteil zentral. Diese Pflicht besteht nicht nur ggü. der GmbH, die als Vorgesellschaft nach notariellem Gründungsakt besteht, sondern auch ggü. den Mitgesellschaftern.[6] 8

Grds. finden auf die Willenserklärungen der Gesellschafter bei einer mehrgliedrigen GmbH die allgemeinen Regeln über Rechtsgeschäfte und vertragliche Beziehungen Anwendung.[7] Freilich gilt dies mit Einschränkungen. Solche ergeben sich insb. aus spezielleren Regelungen des GmbH-Gesetzes (z.B. Formbedürftigkeit der Vollmacht, § 2 Abs. 2 GmbHG im Verhältnis zu § 167 Abs. 2 BGB). 9

Auch die Rechtsnatur des Gesellschaftsvertrages kann zur eingeschränkten Geltung rechtsgeschäftlicher Regelungen führen. So sollen etwa nach überwiegender Meinung die §§ 320 ff. BGB keine Anwendung finden, da der Gesellschaftsvertrag kein gegenseitiger Vertrag sei.[8] Für diese Ansicht sprechen gute Gründe, insb. lässt sich die Gegenseitigkeit im Sinne eines Austauschs[9] nur über das Dreieck unter Einbeziehung der Gesellschaft konstruieren. Letztlich wird man im Einzelfall entscheiden müssen, in welchem Umfang die Regelungen der §§ 320 ff. BGB Anwendung finden. 10

Vorstehende Grundsätze gelten bis zur Aufnahme der Tätigkeit der Vorgesellschaft. Tritt die Gesellschaft mit Aufnahme ihrer Tätigkeit nach außen in Erscheinung, rücken drittschützende 11

---

3 *Ellenberger*, in: Palandt, BGB, Überblick vor § 104 Rn. 11.
4 *Grooterhorst*, NZG 2007, 605, 608.
5 *Roth*, in: Staudinger, BGB, § 143 Rn. 30; *Grooterhorst*, NZG 2007, 605, 608 f.
6 *Emmerich*, in: Scholz, GmbHG, § 2 Rn. 3.
7 Soweit besteht Übereinstimmung: *Fastrich*, in: Baumbach/Hueck, GmbHG, § 2 Rn. 6 m.w.N.
8 *Fastrich*, in: Baumbach/Hueck, GmbHG, § 2 Rn. 6; *Wicke*, GmbHG, § 2 Rn. 3; a.A. *Emmerich*, in: Scholz, GmbHG, § 2 Rn. 9.
9 *Bamberger/Roth*, BeckOK BGB, § 320 Rn. 4.

Aspekte in den Vordergrund, die über das Verhältnis der Gesellschafter untereinander hinausgehen und eine weitere Einschränkung der allgemeinen Regeln des BGB rechtfertigen. Die Gesellschaft ist jetzt trotz Gründungsmängeln oder Leistungsstörungen als bestehend anzusehen und allenfalls mit Wirkung für die Zukunft auflösbar. Nach Eintragung in das Handelsregister gelten gar die speziellen Regelungen der §§ 61 und 75 mit ihrem eingeschränkten Anwendungsbereich.[10]

II. Satzungscharakter

12 Spätestens mit der Eintragung der GmbH in das Handelsregister tritt der Satzungscharakter des Gesellschaftsvertrages in den Vordergrund.

13 Der Gesellschaftsvertrag ist die mal mehr mal weniger ausgestaltete Verfassung[11] der Gesellschaft. Als solche ist der Gesellschaftsvertrag unabhängig vom Gesellschafterbestand, hinzutretende Gesellschafter sind der Verfassung der GmbH unterworfen. Der Gesellschaftsvertrag emanzipiert sich gleichsam von den einzelnen Personen der Gesellschafter.[12] Verfassung bedeutet mehr als Organisationsstatut. Die innere Organisation ist eine Seite und schlägt sich nieder in Regelungen über die Geschäftsführung, die Gesellschafterversammlung oder Ausscheidensregelungen. Der Gesellschaftsvertrag enthält jedoch auch verbindliche Regelungen mit identitätsstiftender Außenwirkung: Firma, Stammkapital oder Vertretung seien genannt.

14 Verfassungscharakter hat der Gesellschaftsvertrag bereits vor der Eintragung, wobei dieser noch im Hintergrund steht und die vertraglichen Elemente überwiegende Bedeutung haben. Der Gesellschaftsvertrag durchläuft eine Metamorphose von überwiegend vertraglicher bis überwiegend satzungsgemäßer Prägung in den Stadien Gründung, In-Vollzug-Setzung und Eintragung in das Handelsregister.

III. Änderungen vor Eintragung

15 Der prägende vertragliche Charakter vor der Eintragung der GmbH wird deutlich bei der Frage, wie Änderungen des Gesellschaftsvertrages vor Eintragung bewirkt werden können. Hier gilt das Erfordernis der zustimmenden Mitwirkung aller Gesellschafter. Die Änderung erfolgt im Wege des Vertrages und nicht im Wege des Beschlusses nach § 53.[13] Daraus folgt zwanglos, dass auch die Form des § 2 und damit auch die Form für die Vollmacht nach § 2 Abs. 2 eingehalten werden muss.[14]

16 Auch der Gesellschafterwechsel in der Vorgesellschaft (nicht zu verwechseln mit der Übertragung eines künftigen Geschäftsanteils, aufschiebend bedingt auf die Eintragung der Gesellschaft) ist Vertragsänderung:[15] Vor der Eintragung der GmbH bestehe noch kein Geschäftsanteil, der nach den Regeln des § 15 übertragen werden könne. Der Gesellschafterwechsel bedarf also der Zustimmung aller Gesellschafter und der Form des § 2. Die Ansicht des BGH ist nicht unbestritten. Nach der Gegenmeinung soll auch schon für den Anteil an der Vorgesellschaft § 15 gelten.[16] Auch eine solche Verfügung bedürfte allerdings der Zustimmung der übrigen Gesellschafter, die freilich nicht an die Form des § 2 gebunden wäre.[17]

10 S. für den Fall von Formmängeln Rdn. 45 ff.
11 Mit Verfassung bezeichnet § 25 BGB die Organisationsgrundlage des Vereins.
12 BGHZ 47, 172, 179.
13 OLG Düsseldorf, NJW-RR 1996, 550.
14 OLG Düsseldorf, NJW-RR 1996, 550.
15 BGH, NZG 2005, 263.
16 *K. Schmidt*, in: Scholz, GmbHG, § 11 Rn. 41.
17 *Emmerich*, in: Scholz, GmbHG, § 2 Rn. 22a.

IV. Auslegung

Hätte der Gesellschaftsvertrag rein vertraglichen Charakter, so wäre die Frage der Auslegung keine 17
Frage: Vertragsauslegung wäre das Gebot der Stunde. Allein: wie festgestellt hat der Gesellschaftsvertrag auch Verfassungscharakter, unabhängig vom Willen einzelner Gesellschafter, so sich dieser nicht in einer »verfassungs«ändernden Mehrheit niederschlägt.

Der BGH unterscheidet Bestimmungen mit körperschaftlichem Charakter und schuldrechtlichem 18
bzw. individual-rechtlichem[18] Charakter.[19] Zur Auslegung körperschaftlicher Bestimmungen führt der BGH aus: »*Satzungsbestimmungen, denen körperschaftliche Bedeutung zukommt, müssen nach objektiven Gesichtspunkten einheitlich aus sich heraus ausgelegt werden. Wortlaut, Sinn und Zweck der Regelung kommt dabei ebenso maßgebende Bedeutung zu wie dem systematischen Bezug der Klausel zu anderen Satzungsvorschriften. Umstände, für die sich keine ausreichenden Anhaltspunkte in der Satzung finden, können zur Auslegung grundsätzlich nicht herangezogen werden.*«[20] Dieser Befund hat neben der methodischen eine zivilverfahrensrechtliche Dimension: Der BGH ist in der Würdigung der entsprechenden Klausel frei und nicht an die Auslegung des Berufungsgerichts gebunden.

Handelt es sich hingegen um eine gesellschaftsvertragliche Bestimmung mit individual-rechtlichem 19
Charakter, können auch außerhalb des Gesellschaftsvertrages liegende Umstände sowie insb. personenbezogene Umstände berücksichtigt werden.

Die unterschiedlichen Auslegungsmethoden setzen die Unterscheidbarkeit zwischen körperschaft- 20
lichen und individual-rechtlichen Bestimmungen des Gesellschaftsvertrages voraus. Körperschaftliche Bestimmungen sind alle, die nicht nur zwischen einzelnen, häufig den ursprünglichen Vertragschließenden, gelten, sondern auch alle künftig hinzukommenden Gesellschafter binden. Das wird der Regelfall einer Bestimmung im Gesellschaftsvertrag sein.

Individualrechtliche Bestimmungen des Gesellschaftsvertrages, also solche, die nur einen bestimm- 21
ten Kreis von Vertragschließenden – in der Regel aus dem Kreis der Gründer – binden, werden hingegen die Ausnahme bilden. Wohlgemerkt: Nicht die Rede ist von schuldrechtlichen Abreden außerhalb des Gesellschaftsvertrages. Je stärker die persönliche Bindung der Gesellschafter ist, etwa bei einer Familien-GmbH, desto eher wird man von der Möglichkeit individual-rechtlicher Bestimmungen ausgehen können. Dann mag etwa eine Regelung über die Bestellung von bestimmten Gesellschaftern zu Geschäftsführern individual-rechtlichen Charakter haben. Aus der Rechtsprechung lässt sich noch die gesellschaftsvertragliche Pensionszusage für Geschäftsführer-Witwen nennen.[21]

C. Das Musterprotokoll (vereinfachtes Gründungsverfahren)

Mit dem MoMiG ist durch Abs. 1a die Gründung in einem vereinfachten Verfahren eingeführt 22
worden. Für die Gründung im vereinfachten Verfahren darf nur das Musterprotokoll verwendet werden (Musterprotokoll s.u. Rdn. 52 f.). Dieses ist als Anhang des GmbHG Gesetzesbestandteil. Abweichungen sind grds. unzulässig.

Das Musterprotokoll erfüllt drei Funktionen: es ist Gesellschaftsvertrag, eingebettet in die Grün- 23
dungserklärung, Geschäftsführerbestellung und Gesellschafterliste.[22] Nach der Praxis der Registergerichte wird das Musterprotokoll in Erfüllung dieser drei Funktionen in die elektronischen Handelsregisterakten unter die jeweilige Rubrik, also insgesamt dreimal, eingestellt.

---

18 Der Begriff findet etwa Verwendung in der Entscheidung BGHZ 123, 347, 350.

19 Immer wieder seit BGHZ 14, 25, zuletzt, soweit ersichtlich, BGHZ 123, 347; kritisch: *Emmerich*, in: Scholz, GmbHG, § 2 Rn. 38 f.

20 BGHZ 123, 347, 350.

21 BGH, WM 1955, 65; die Entscheidung stammt aus einer Zeit, als es noch kaum Witwer von Geschäftsführerinnen gab.

22 OLG München, NZG 2010, 795 f.; der Listencharakter ergibt sich schon aus Abs. 1a Satz 4.

24 Voraussetzung für die Gründung im vereinfachten Verfahren ist, dass die Gesellschaft höchstens drei Gesellschafter und nur einen Geschäftsführer hat. Die Gründung im vereinfachten Verfahren führt vor allem zu einer Kostenprivilegierung bei den Notarkosten. Der Aspekt der Verfahrensbeschleunigung ist nicht relevant, da auch die Eintragungszeiten für eine reguläre GmbH inzwischen bei den meisten Registergerichten sehr kurz sind. Im Übrigen finden die Vorschriften über den Gesellschaftsvertrag entsprechende Anwendung, sodass auch das Musterprotokoll notariell zu beurkunden ist.

25 Die Verwendung des Musterprotokolls ist nicht auf die Unternehmergesellschaften des § 5a beschränkt. In der Praxis wird es aber wegen der dann ohnehin keine Rolle mehr spielenden Kostenprivilegierung kaum »ausgewachsene« GmbH auf Grundlage eines Musterprotokolls geben.[23]

26 Das starre Korsett des Musterprotokolls zieht manches Problem nach sich. Starr ist es deshalb, weil Abs. 1a keine vom Gesetz abweichenden Bestimmungen zulässt. Gemeint ist mit Gesetz nicht das GmbH-Gesetz insgesamt, sondern das Gesetz gewordene Musterprotokoll,[24] an dem weder Änderungen noch Ergänzungen vorgenommen werden dürfen. Dabei waren die Registergerichte nach Einführung des Musterprotokolls teilweise kleinlich vorgegangen, sodass das OLG München klarstellen musste, dass »völlig unbedeutende Abwandlungen bei Zeichensetzung, Satzstellung und Wortwahl, die keinerlei Auswirkungen auf den Inhalt haben, keine unzulässigen Abänderungen und Ergänzungen des Musterprotokolls darstellen«.[25] Unzulässig sind aber eben inhaltliche Änderungen oder Erweiterungen. Damit sind insb. wichtige Regelungen, die üblicherweise bei Mehr-Personen-Gesellschaften Verwendung finden (z.B. Vinkulierung, abweichendes Verfahren der Vorbereitung und Durchführung einer Gesellschafterversammlung, Einziehung), nicht möglich. Vor diesem Hintergrund ist es nicht recht verständlich, dass der Gesetzgeber das Musterprotokoll nicht auf die Verwendung durch einen Gesellschafter beschränkt hat.[26]

27 Im Einzelnen ist Stand der Dinge derzeit:

Die Multifunktionalität des Musterprotokolls (s.o. Rdn. 23) führt zu Unsicherheiten hinsichtlich der Geschäftsführerbestellung. Wäre die Geschäftsführerbestellung echter Bestandteil des Gesellschaftsvertrages, gar Sonderrecht des als solchen bestellten geschäftsführenden Gesellschafters, wäre die Änderung entweder nur mit satzungsändernder Mehrheit oder mit Zustimmung des betreffenden Gesellschafters möglich. Jedoch folgt die obergerichtliche Rechtsprechung[27] der herrschenden Literatur,[28] wonach die Geschäftsführerbestellung ein unechter Bestandteil des Gesellschaftsvertrages ist und also mit einfachem Gesellschafterbeschluss ein neuer Geschäftsführer bestellt werden kann. Es kann aber nicht nur ein neuer, sondern auch ein zusätzlicher Geschäftsführer bestellt werden, da die Bestimmung, wonach nur ein Geschäftsführer bestellt werden kann, nur für den Gründungsvorgang gilt.[29]

28 Bei der Bestellung eines weiteren Geschäftsführers stellt sich dann allerdings die Frage nach dessen und des ursprünglich bestellten Geschäftsführers Vertretungsbefugnis. Da das Musterprotokoll keine Regelung zur abstrakten Vertretungsbefugnis enthält, gilt die gesetzliche Regelung des § 35.[30] Das bedeutet, dass bei Bestellung eines oder mehrerer weiterer Geschäftsführer diese die Gesellschaft gemeinschaftlich vertreten (§ 35 Abs. 2). Ist etwas anderes gewollt, so müsste – unter Wegfall der Kostenprivilegierung – der Gesellschaftsvertrag geändert werden.

---

23 Hingegen existieren durchaus Unternehmergesellschaften mit ausgearbeitetem Gesellschaftsvertrag. Dies mag man als Zeichen dafür nehmen, dass die notarielle Begleitung und Beratung bei der Gründung im vereinfachten Verfahren Früchte trägt.

24 *Herrler/König*, DStR 2010, 2138, 2140.

25 OLG München, DNotZ 2011, 69; Leitsatz auch in NZG 2011, 29.

26 So auch *Bayer*, in: Lutter/Hommelhoff, GmbHG, § 2 Rn. 54.

27 OLG Rostock, GmbHR 2010, 872 = BeckRS 2010, 11072; OLG Bremen, NZG 2009, 1193.

28 *Bayer*, in: Lutter/Hommelhoff, GmbHG, § 2 Rn. 47 m.w.N.; *Ries*, NZG 2009, 1293.

29 OLG Rostock, a.a.O.

30 OLG Stuttgart, DNotZ 2010, 71, 72.

Komplizierter liegen die Dinge bei der im Musterprotokoll vorgesehenen Befreiung von den Beschränkungen des § 181 BGB. In diesem Zusammenhang wird in Rechtsprechung und Literatur fast jede Variante vertreten.[31] Richtigerweise wird man die Befreiung von den Beschränkungen des § 181 BGB als nur für den Gründungsgeschäftsführer geltenden echten Bestandteil des Gesellschaftsvertrages sehen müssen,[32] eine Auslegung, die nicht sonderlich praxisorientiert ist, aber gemessen an der unglücklichen gesetzlichen Regelung des Musterprotokolls noch am besten passt. Demgegenüber gehen die Oberlandesgerichte Stuttgart[33] und Nürnberg[34] davon aus, dass der Fortbestand der Befreiung von den Beschränkungen des § 181 BGB des ersten Geschäftsführers bei der Bestellung weiterer Geschäftsführer entfalle. In allen Zweifelsfragen empfiehlt sich eine Absprache mit dem zuständigen Registergericht. 29

Enthält das Musterprotokoll – inhaltliche und nicht bloß redaktionelle – Abweichungen vom gesetzlich vorgegebenen Text, so besteht weitgehend Einigkeit, dass es sich um die Gründung einer »normalen« GmbH, also nach den allgemeinen Regeln des GmbH-Gesetzes, handelt.[35] Die Bedenken des OLG München, dass der Gesellschaftsvertrag im Hinblick auf die Befreiung des Geschäftsführers von den Beschränkungen des § 181 BGB keine Öffnungsklausel enthalte, können nach der hier vertretenen Auffassung (echter Bestandteil des Gesellschaftsvertrages) nicht überzeugen. Es muss also nur eine gesondert zu erstellende Gesellschafterliste nachgereicht werden. Die Kostenprivilegierung entfällt allerdings. 30

Weitere Besonderheiten der im vereinfachten Verfahren gegründeten GmbH (Änderungen des Gesellschaftsvertrages, Kapitalaufbringung) werden bei den betreffenden Regelungen behandelt. 31

Aufgrund der fehlenden Flexibilität der vereinfachten Gründung und der damit einhergehenden Unsicherheiten wird man uneingeschränkt zu einer Gründung im vereinfachten Verfahren nur raten können, wenn es sich um eine Ein-Personengesellschaft handelt, bei der jedenfalls kurz- und mittelfristig keinerlei Änderungen in der Geschäftsführung oder in der Gestaltung des Gesellschaftsvertrages geplant sind. 32

D. Form des Gesellschaftsvertrages

I. Notarielle Form

Der Gesellschaftsvertrag, genauer: der Abschluss desselben, und damit die gesamte Gründungsverhandlung, allerdings mit Ausnahme der Geschäftsführerbestellung, wenn sie im Beschlusswege erfolgt, bedürfen der notariellen Form. Dies gilt unabhängig von der Errichtung im regulären oder im vereinfachten Verfahren nach Abs. 1a. 33

Das Formerfordernis dient zum einen der Beweis- und Rechtssicherheit: Dem Gesellschaftsvertrag kommt quasi dingliche Bedeutung zu, er ist für jeden neu hinzutretenden Gesellschafter verbindlich. Der verbindlichen Erkennbarkeit durch jeden wird durch die Form und die Einstellung einer notarbescheinigten Vertragsfassung in die elektronische Registerakte Rechnung getragen. 34

Darüber hinaus sichert die notarielle Beteiligung die fachliche Begleitung durch neutrale und unabhängige Beratung. Daher hat der Gesetzgeber auch im Hinblick auf das vereinfachte Gründungsverfahren das Beurkundungserfordernis nicht aufgegeben. Nur so kann die gerade bei Ungewandten erforderliche rechtliche Beratung gewährleistet werden. Die Beratung durch den Notar erfüllt 35

31 S. die Nachweise bei *Herrler/König*, DStR 2010, 2138, 2139 f.

32 *Herrler/König*, DStR 2010, 2138, 2140; *Blasche*, GmbHR 2015, 403, 405; wohl auch *Bayer*, in: Lutter/Hommelhoff, GmbHG, § 2 Rn. 47; für ungeklärt hält dies *Westermann* in: Scholz, GmbHG, Nachtrag MoMiG, § 2 Rn. 9; Einordnung als unechter Satzungsbestandteil: *Ries*, NZG 2009, 739.

33 OLG Stuttgart, DNotZ 2010, 71.

34 OLG Nürnberg, notar 2015, 412 mit Anmerkung Primaczenko.

35 OLG München, NZG 2010, 795; *Westermann*, in: Scholz, GmbHG, Nachtrag MoMiG, § 2 Rn. 19.

gleichzeitig eine Warnfunktion: Viele Gesellschafter gehen im Hinblick auf die Haftungsbeschränkung der GmbH sorglos mit den Haftungsrisiken im Gründungsstadium und darüber hinaus um; in der Praxis ergibt sich diesbezüglich ein auch im Vergleich mit Personengesellschaften großes Beratungs- und Belehrungspotenzial.

36 Notarielle Form bedeutet das Einhalten der Vorschriften über die Beurkundung von Willenserklärungen gem. §§ 8 ff. BeurkG. Daraus folgt auch, dass sämtliche Erklärungen der Beteiligten, die nach dem Willen auch nur einer der Beteiligten Bestandteil des Gesellschaftsvertrages sein sollen, der notariellen Form unterliegen. Dazu gehört mindestens der obligatorische Inhalt gem. § 3, im Übrigen jedoch alles, was nach Ansicht der Beteiligten zum dinglichen Inhalt des Gesellschaftsvertrages zählt. Damit wird einem der Zwecke der Form Rechnung getragen, nämlich der Rechtssicherheit im Hinblick auf später beitretende Gesellschafter, die sich durch ihren Beitritt den Regelungen des Gesellschaftsvertrages unterwerfen.

37 Zusätzliche schuldrechtliche Vereinbarungen der Gesellschafter untereinander außerhalb des Gesellschaftsvertrages unterliegen hingegen grundsätzlich nicht der notariellen Form. Unterscheidungskriterium ist die Antwort auf die Frage, wen eine solche Vereinbarung binden soll: nur diejenigen, die die Abrede treffen oder auch später Hinzutretende? In letzterem Fall besteht Beurkundungspflicht.[36] So hat der BGH das Sonderrecht eines Gesellschafters, das Geschäftsführeramt auszuüben, der notariellen Form unterworfen, weil es für einen Erwerber eines Geschäftsanteils von unmittelbarer rechtlicher Bedeutung sei.[37] In dieser Entscheidung wird als Gegenbeispiel eine Vereinbarung mit einem geschäftsführenden Gesellschafter über dessen Bezüge genannt. Vereinbarungen über finanzielle Nebenleistungspflichten sind darauf hin zu prüfen, ob sie nicht doch statutarischer Natur sind, weil sie den Kapitalerhaltungsregeln des GmbH-Gesetzes geschuldet sind.

38 Der KG-Vertrag einer GmbH & Co. KG unterfällt nicht allein deswegen der Beurkundungspflicht, weil der GmbH-Vertrag der Komplementärin der notariellen Form bedarf.[38] Allerdings können weitere Umstände zur notariellen Formbedürftigkeit führen, so etwa die Verpflichtung, bestimmte Grundstücke einzubringen oder Geschäftsanteile an der GmbH zu übertragen. Letzteres ist die Regel bei beteiligungsidentischen GmbH & Co. KG, bei der der Gesellschafterbestand der GmbH stets den Kommanditisten der KG entsprechen muss. Zur Einhaltung dieser Verpflichtung regelt der KG-Vertrag üblicherweise die Pflicht zur Übertragung von GmbH-Anteilen bei einem Kommanditistenwechsel in der KG. Es besteht Beurkundungspflicht des gesamten KG-Vertrages gem. § 15 Abs. 4.[39]

39 Leicht irreführend ist § 2 Abs. 1 Satz 2, nach dem der Gesellschaftsvertrag von sämtlichen Gesellschaftern zu unterzeichnen ist. Nicht gemeint ist damit die gleichzeitige Anwesenheit der Gesellschafter, sei es persönlich, sei es in Person von Vertretern. Ausgeschlossen wird nur eine sog. Stufengründung, nach der zunächst Gesellschafter eine GmbH gründen und sodann weitere Gesellschafter ihren Beitritt erklären.[40] Vielmehr muss unmittelbar feststehen, wer welchen Geschäftsanteil übernimmt. Möglich soll aber eine Errichtung in der Form sein, dass die Gründungserklärungen nacheinander abgegeben werden, ein in der Praxis allerdings unübliches Verfahren. Eher wird mit Vollmacht oder mit Vertretern ohne Vertretungsmacht gearbeitet. § 2 Abs. 1 Satz 2 hat damit faktisch keinen großen eigenen Regelungsbereich. Unabhängig von dieser Vorschrift soll eine Aufspaltung der Gründung in Angebot und Annahme nicht möglich sein.[41] Grund ist offenbar die fehlende Gegenseitigkeit des Gesellschaftsvertrages.[42]

36 *Ulmer*, in: Ulmer/Habersack/Winter, GmbHG, § 2 Rn. 23.
37 BGH, NJW 1969, 131.
38 *Eckhardt*, in: KölnerHdbGesR, 2. Kap., Teil A Rn. 119.
39 *Eckhardt*, in: KölnerHdbGesR, 2. Kap., Teil A Rn. 124; *Langenfeld*, GmbH-Vertragspraxis Rn. 349.
40 *Emmerich*, in: Scholz, GmbHG, § 2 Rn. 16; *Bayer*, in: Lutter/Hommelhoff, GmbHG, § 2 Rn. 15.
41 *Ulmer*, in: Ulmer/Habersack/Winter, GmbHG, § 2 Rn. 12.
42 S.o. Rdn. 10.

Auch Änderungen und Ergänzungen des Gesellschaftsvertrages bedürfen bis zur Eintragung der Gesellschaft der Form des § 2 Abs. 1.[43] 40

Auch ein Gründungsvorvertrag bedarf der notariellen Beurkundung.[44] Beim Vorvertrag steht freilich weniger die Rechtssicherheit im Hinblick auf den Rechtsverkehr im Vordergrund, sondern vielmehr die Schutz- und Warnfunktion der Beurkundung.[45] Erforderlich für die Annahme eines Vorvertrages ist jedoch nicht nur eine bloße Absichtserklärung, sondern eine gewisse Bestimmtheit, die die essentialia des Hauptvertrages bereits enthält. Aus diesem Grunde bilden echte Gründungsvorverträge die Ausnahme. 41

Die Diskussion um die Beurkundung der GmbH-Gründung im Ausland nimmt in der Literatur teilweise breiten Raum ein. Dabei scheinen GmbH-Gründungen, möglicherweise im Gegensatz zum Verkauf und zur Abtretung von Geschäftsanteilen, eher selten im Ausland zu erfolgen. Mit der Auslandsbeurkundung etwa verfolgte Kosteneinsparungen sind bei der GmbH-Gründung zu vernachlässigen; außerdem drohen Abwicklungsschwierigkeiten im Rahmen des Eintragungsprozesses. Zu unterscheiden sind zwei Fragen: Gilt bei der Gründung im Ausland die Formvorschrift des § 2? Bejaht man dies, so schließt sich die Frage an, ob die Beurkundung vor einem ausländischen Notar der Form des § 2 genügt. Die Antwort auf die erste Frage ist i.R.d. § 11 EGBGB zu suchen. Hier gilt nach wohl überwiegender Meinung das Wirkungsstatut, nicht das Ortstatut gem. Art. 11 Abs. 1, 2. Alt. EGBGB.[46] Wiederum eine nicht zu vernachlässigende Ansicht will dann aber die Beurkundung vor einem ausländischen Notar genügen lassen, wenn diese der Beurkundung vor einem deutschen Notar gleichwertig ist.[47] Dieser Ansicht hat sich in jüngster Zeit das Kammergericht angeschlossen.[48] Betrachtet man jedoch die Funktionen der Beurkundung im Ganzen, also nicht nur die Beweisfunktion, sondern auch die Belehrungsfunktion, die die materielle Richtigkeit nach sich zieht und den Notar zum effizienten Filter vor dem Registergericht macht, scheint die Beurkundung der GmbH-Gründung vor einem ausländischen Notar nicht als gleichwertig.[49] 42

II. Mängel der Form

Formmängel, um die es im Zusammenhang mit § 2 primär geht, sind von inhaltlichen Mängeln des Gesellschaftsvertrages und von Mängeln der Beitrittserklärung zu unterscheiden. 43

Grds. ist ein ohne Einhaltung der Form geschlossener Gesellschaftsvertrag gem. § 125 BGB nichtig, er entfaltet keine Wirksamkeit. Dies trifft ohne Einschränkungen zu, solange die (Vor-) Gesellschaft noch nicht in Vollzug gesetzt wurde, also ihre Tätigkeit nach außen noch nicht entfaltet hat. Ab dann gelten die Grundsätze der fehlerhaften Gesellschaft: die Gesellschaft wird als wirksam gegründet angesehen, kann jedoch ex nunc aufgelöst werden.[50] 44

Nach – nicht statthafter – Eintragung einer GmbH trotz Formmangels ist dieser geheilt, die GmbH ist wirksam entstanden.[51] Auflösungs- oder Nichtigkeitsklage nach §§ 61 und 75 sind aufgrund ihrer anders gelagerten Tatbestandsvoraussetzungen[52] nicht auf reine Formmängel anwendbar. 45

---

43 OLG Düsseldorf, NJW-RR 1996, 550 und oben Rdn. 15 f.

44 BGH, NJW-RR 1988, 288.

45 *Emmerich*, in: Scholz, GmbHG, § 2 Rn. 83.

46 *Fastrich*, in: Baumbach/Hueck, § 2 Rn. 9; *Wicke*, GmbHG, § 2 Rn. 5; jeweils m.w.N.; AG Charlottenburg nach DNotI-Report 2016, 38 ff.; a.A. OLG Düsseldorf, NJW 1989, 2200, allerdings nicht explizit im Hinblick auf eine Gründung, aber betreffend »*Rechtsgeschäfte, die die Verfassung der Gesellschaft betreffen*«.

47 BGH, NJW 1981, 1160 für die Änderung eines Gesellschaftsvertrages; *Fastrich*, in: Baumbach/Hueck, § 2 Rn. 9 m.w.N. und Aufzählung einzelner Staaten bzw. Regionen, in denen die Beurkundung gleichwertig sein soll.

48 KG 22 W 25/16, NJW 2018, 1828.

49 Weber, MittBayNot 2018, 215, 221.

50 *Ulmer*, in: Ulmer/Habersack/Winter, GmbHG, § 2 Rn. 25.

51 *Wicke*, GmbHG, § 2 Rn. 9; *Ulmer*, in: Ulmer/Habersack/Winter, GmbHG, § 2 Rn. 26 m.w.N.

52 S.o. § 1 Rdn. 43 ff.

46 Die vorgenannten Grundsätze gelten grds. auch für Mängel der Beitrittserklärung. Im Grunde handelt es sich gar nicht um eine eigene Kategorie, da es einen »Beitritt« nicht gibt. Vielmehr sind Mängel der Beitrittserklärung ein Unterfall der Vertragsmängel, die aber eben nur einen oder einzelne Vertragspartner treffen. Aus diesem Befund ergeben sich die Besonderheiten der »Beitrittsmängel«: Es ist ein Ausgleich zu schaffen zwischen dem Verkehrsschutz und dem Schutz des Einzelnen, dessen »Beitritt« von dem Mangel betroffen ist. Dabei haben sich folgende Grundsätze herausgebildet:

47 Sowohl nach In-Vollzug-Setzung als auch nach Eintragung der Gesellschaft gibt es ein besonderes Schutzbedürfnis des einzelnen Vertragspartners nur bei nicht voll Geschäftsfähigen oder bei gänzlichem Fehlen der Erklärung (Vertretung ohne Vertretungsmacht ohne Genehmigung oder Fälschung). Dem Verkehrsschutz wird dadurch Rechnung getragen, dass die Gesellschaft als zwischen den übrigen Vertragspartnern bzw. einem übrig bleibenden Gesellschafter als wirksam entstanden angesehen wird. Dabei bestehen gerade nach neuem Recht noch nicht gelöste Probleme im Hinblick auf den Ausfall des betreffenden Geschäftsanteils.[53] Der Mechanismus versagt, wenn alle Erklärungen an einem schwerwiegenden Mangel der vorgenannten Art leiden. Auch in diesem Fall soll nach h.M. der Verkehrsschutz zu beachten sein und keine Amtslöschung erfolgen, sondern lediglich eine Nichtigkeitsklage zur Auflösung führen.[54]

E. Vertretung und Form

48 Wie festgestellt, ist Vertretung bei der GmbH-Gründung zulässig. Geschieht dies durch einen rechtsgeschäftlich Bevollmächtigten, verlangt § 2 Abs. 2 eine notariell errichtete oder beglaubigte Vollmacht. Abs. 2 weicht damit von der allgemeinen Vollmachts-Regelung des § 167 Abs. 2 BGB ab, wonach die Vollmacht nicht der Form des Rechtsgeschäfts bedarf, auf das sich die Vollmacht bezieht. Das Formerfordernis des § 2 Abs. 2 dient der Identitätssicherung, die Grundlage der besonderen Wirkungen der Handelsregistereintragung ist. Das OLG Düsseldorf bejaht die Möglichkeit einer notariellen Vollmachtsbestätigung gemäß § 21 Abs. 3 BNotO bei der GmbH-Gründung.[55]

49 Nichts anderes gilt für die Errichtung durch einen Vertreter ohne Vertretungsmacht. Auch die Genehmigung durch den Vertretenen bedarf der Form des § 2 Abs. 2. Dabei ist zu berücksichtigen, dass Vertretung ohne Vertretungsmacht bei einer Ein-Personen-Gründung unzulässig ist, § 180 BGB. Eine so erfolgte Gründung kann auch nicht durch formgerechte Genehmigung Wirksamkeit erlangen,[56] nur durch Neuvornahme in Form der Bestätigung gem. § 141 BGB.

50 Eine Generalvollmacht in gehöriger Form reicht aus, ebenso eine Prokura, deren Bestehen durch Einsicht in das Handelsregister nachweisbar ist. Aufgrund ihres engeren Anwendungsbereichs ist eine Handlungsvollmacht in der Regel nicht ausreichend. Es ist Sorgfalt auf die inhaltliche Ausgestaltung einer Vollmacht zu legen, die zur Gründung legitimieren soll. Das OLG Frankfurt hatte eine Vollmacht zu beurteilen, die es weder als Generalvollmacht noch als relevante Spezialvollmacht wertete. Da es sich um eine Ein-Personen-Gründung handelte, war die Gründung unwirksam.[57]

51 Neben rechtsgeschäftlich bestellten Bevollmächtigten kommen gesetzliche Vertreter oder Organe juristischer Personen als Beteiligte infrage. Ihre Vertretungsmacht wird durch amtliche Urkunden wie Bestellungsurkunden oder Registerauszüge nachgewiesen.

53 *Bayer*, in: Lutter/Hommelhoff, GmbHG, § 2 Rn. 30; *Wicke*, GmbHG, § 2 Rn. 11.
54 *Fastrich*, in: Baumbach/Hueck, GmbHG, § 2 Rn. 46; *Bayer*, in: Lutter/Hommelhoff, GmbHG, § 2 Rn. 31; *Ulmer*, in: Ulmer/Habersack/Winter, GmbHG, § 2 Rn. 97.
55 OLG Düsseldorf, RNotZ 2016, 407.
56 LG Berlin, GmbHR 1996, 123.
57 OLG Frankfurt, GWR 2017, 101.

F. Anlage zu § 2 Abs. 1a

▶ **Musterprotokoll**

für die Gründung einer Einpersonengesellschaft 52

UR. Nr. ....

Heute, den

....,

erschien vor mir,

....,

Notar/in mit dem Amtssitz in

....,

Herr/Frau[1)]

....[2)]

1. Der Erschienene errichtet hiermit nach § 2 Abs. 1a GmbHG eine Gesellschaft mit beschränkter Haftung unter der Firma .... mit dem Sitz in ....
2. Gegenstand des Unternehmens ist ....
3. Das Stammkapital der Gesellschaft beträgt .... € (i.W. .... Euro) und wird vollständig von Herrn/Frau [1)] .... (Geschäftsanteil Nr. 1) übernommen. Die Einlage ist in Geld zu erbringen, und zwar sofort in voller Höhe/zu 50 Prozent sofort, im Übrigen sobald die Gesellschafterversammlung ihre Einforderung beschließt[3)].
4. Zum Geschäftsführer der Gesellschaft wird Herr/Frau[4)] ...., geboren am ...., wohnhaft in ...., bestellt. Der Geschäftsführer ist von den Beschränkungen des § 181 des Bürgerlichen Gesetzbuchs befreit.
5. Die Gesellschaft trägt die mit der Gründung verbundenen Kosten bis zu einem Gesamtbetrag von 300 €, höchstens jedoch bis zum Betrag ihres Stammkapitals. Darüber hinausgehende Kosten trägt der Gesellschafter.
6. Von dieser Urkunde erhält eine Ausfertigung der Gesellschafter, beglaubigte Ablichtungen die Gesellschaft und das Registergericht (in elektronischer Form) sowie eine einfache Abschrift das Finanzamt – Körperschaftsteuerstelle –.
7. Der Erschienene wurde vom Notar/von der Notarin insbesondere auf Folgendes hingewiesen:

....

Hinweise:

1) Nicht Zutreffendes streichen. Bei juristischen Personen ist die Anrede Herr/Frau wegzulassen.
2) Hier sind neben der Bezeichnung des Gesellschafters und den Angaben zur notariellen Identitätsfeststellung ggf. der Güterstand und die Zustimmung des Ehegatten sowie die Angaben zu einer etwaigen Vertretung zu vermerken.
3) Nicht Zutreffendes streichen. Bei der Unternehmergesellschaft muss die zweite Alternative gestrichen werden.
4) Nicht Zutreffendes streichen.

▶ **Musterprotokoll**

für die Gründung einer Mehrpersonengesellschaft 53

mit bis zu drei Gesellschaftern

UR. Nr. ....

Heute, den

....,

erschien vor mir,

....,

Notar/in mit dem Amtssitz in

....,

Herr/Frau[1)]

.....[2)]

Herr/Frau[1)]

.....[2)]

Herr/Frau[1)]

.....[2)]

1. Die Erschienenen errichten hiermit nach § 2 Abs. 1a GmbHG eine Gesellschaft mit beschränkter Haftung unter der Firma .... mit dem Sitz in ....
2. Gegenstand des Unternehmens ist ....
3. Das Stammkapital der Gesellschaft beträgt .... € (i.W. .... Euro) und wird wie folgt übernommen:

   Herr/Frau[1)] .... übernimmt einen Geschäftsanteil mit einem Nennbetrag in Höhe von .... € (i.W. .... Euro) (Geschäftsanteil Nr. 1),

   Herr/Frau[1)] .... übernimmt einen Geschäftsanteil mit einem Nennbetrag in Höhe von .... € (i.W. .... Euro) (Geschäftsanteil Nr. 2),

   Herr/Frau[1)] .... übernimmt einen Geschäftsanteil mit einem Nennbetrag in Höhe von .... € (i.W. .... Euro) (Geschäftsanteil Nr. 3).
   Die Einlagen sind in Geld zu erbringen, und zwar sofort in voller Höhe/zu 50 Prozent sofort, im Übrigen sobald die Gesellschafterversammlung ihre Einforderung beschließt[3)].
4. Zum Geschäftsführer der Gesellschaft wird Herr/Frau[4)] ...., geboren am ...., wohnhaft in ...., bestellt. Der Geschäftsführer ist von den Beschränkungen des § 181 des Bürgerlichen Gesetzbuchs befreit.
5. Die Gesellschaft trägt die mit der Gründung verbundenen Kosten bis zu einem Gesamtbetrag von 300 €, höchstens jedoch bis zum Betrag ihres Stammkapitals. Darüber hinausgehende Kosten tragen die Gesellschafter im Verhältnis der Nennbeträge ihrer Geschäftsanteile.
6. Von dieser Urkunde erhält eine Ausfertigung jeder Gesellschafter, beglaubigte Ablichtungen die Gesellschaft und das Registergericht (in elektronischer Form) sowie eine einfache Abschrift das Finanzamt – Körperschaftsteuerstelle –.
7. Die Erschienenen wurden vom Notar/von der Notarin insbesondere auf Folgendes hingewiesen: ....

Hinweise:
1) Nicht Zutreffendes streichen. Bei juristischen Personen ist die Anrede Herr/Frau wegzulassen.
2) Hier sind neben der Bezeichnung des Gesellschafters und den Angaben zur notariellen Identitätsfeststellung ggf. der Güterstand und die Zustimmung des Ehegatten sowie die Angaben zu einer etwaigen Vertretung zu vermerken.
3) Nicht Zutreffendes streichen. Bei der Unternehmergesellschaft muss die zweite Alternative gestrichen werden.
4) Nicht Zutreffendes streichen.

§ 3 Inhalt des Gesellschaftsvertrags

(1) Der Gesellschaftsvertrag muss enthalten:
1. die Firma und den Sitz der Gesellschaft,
2. den Gegenstand des Unternehmens,
3. den Betrag des Stammkapitals,
4. die Zahl und die Nennbeträge der Geschäftsanteile, die jeder Gesellschafter gegen Einlage auf das Stammkapital (Stammeinlage) übernimmt.

(2) Soll das Unternehmen auf eine gewisse Zeit beschränkt sein oder sollen den Gesellschaftern außer der Leistung von Kapitaleinlagen noch andere Verpflichtungen gegenüber der Gesellschaft auferlegt werden, so bedürfen auch diese Bestimmungen der Aufnahme in den Gesellschaftsvertrag.

Schrifttum

Hacker/Petsch, Leere Hülse, volle Haftung? Plädoyer für eine Insolvenzausnahme bei Unternehmensfortsetzung und wirtschaftlicher Neugründung, ZIP 2015, 761 ff.; *Hommelhoff*, Gestaltungsfreiheit im GmbH-Recht in: Hommelhoff/Wiedemann, Gestaltungsfreiheit im Gesellschaftsrecht, 1998, 36 ff.; *Noack*, Gesellschaftervereinbarungen bei Kapitalgesellschaften, 1994; *Karsten Schmitt*, Unterbilanzhaftung bei Fortsetzung einer aufgelösten Gesellschaft?, DB 2014, 701 ff.; *Teichmann*, Gestaltungsfreiheit in Gesellschaftsverträgen, 1970; *Ulmer*, »Satzungsgleiche« Gesellschaftervereinbarungen bei der GmbH?, FS Röhricht, 2005, 633; *ders.*, Entschärfte Gesellschafterhaftung bei wirtschaftlicher Neugründung einer zuvor unternehmenslosen Alt-GmbH, ZIP 2012, 1265 ff.; *Verse*, Konfliktvermeidung in Familienunternehmen, 2014; *H.P. Westermann*, Hauptprobleme des Pool-Vertrages in Familienunternehmen, GesRZ 2015, 161 ff.; *Wicke*, Echte und unechte Bestandteile im Gesellschaftsvertrag der GmbH, DNotZ 2006, 419; *Winnen*, Die wirtschaftliche Neugründung von Kapitalgesellschaften, RNotZ 2013, 389 ff.; *Zöllner*, Inhaltsfreiheit bei Gesellschaftsverträgen, FS GmbHG, 1992, 85 ff.

Übersicht

A. Allgemeines

§ 3 beschreibt in seinem Abs. 1 den zwingenden Inhalt der GmbH-Satzung, er wird dabei durch 1
§§ 4, 4a und 5 ergänzt. In seinem Abs. 2 regelt § 3 einen Ausschnitt des fakultativen Satzungsinhalts, der aber seinerseits nur formwirksam im Gesellschaftsvertrag niedergelegt werden kann. Neben den in Abs. 2 genannten Regelungen einer GmbH auf Zeit und der Vereinbarung weiterer Leistungsverpflichtungen der Gesellschafter kennt das GmbHG noch eine ganze Reihe weiterer fakultativer aber satzungsbedürftiger Gesellschaftervereinbarungen (hierzu im Einzelnen Rdn. 58 ff.). Die Unterscheidung zwischen dem zwingenden (Abs. 1) und dem fakultativen (Abs. 2) Satzungsinhalt ist insb. von Bedeutung für mögliche Rechtsfolgen bei fehlerhaften Satzungsregelungen (zu Mängeln am zwingenden Satzungsinhalten: Rdn. 27 ff.; zu Mängeln bei fakultativen Satzungsinhalten: Rdn. 60).

Die in § 3 Abs. 1 und Abs. 2 angesprochenen Satzungsbestandteile mit ihren zwingenden 2
und fakultativen Inhalten werden auch als materielle Satzungsinhalte bezeichnet, weil sie als

mitgliedschaftsrechtliche Regelungen nur in der Satzung wirksam vereinbart werden können bzw. müssen. Davon zu differenzieren sind sog. formelle Satzungsinhalte. Bei diesen handelt es sich um Regelungen, die nach dem GmbHG sowohl in die Satzung aufgenommen als auch außerhalb des Gesellschaftsvertrages vereinbart werden können (hierzu im Einzelnen: Rdn. 36 ff.).

B. Zwingender Satzungsinhalt (Abs. 1)

I. Firma und Sitz (Nr. 1)

3 Die i.R.d. § 3 Abs. 1 Nr. 1 zu regelnden Mindestinhalte der Satzung richten sich hinsichtlich der Firma nach § 4 und hinsichtlich des Sitzes nach § 4a. Es kann daher auf die Kommentierung zu diesen Vorschriften verwiesen werden.

II. Unternehmensgegenstand (Nr. 2)

4 Der Gegenstand des Unternehmens ist nach Abs. 1 Nr. 2 zwingender Inhalt der Satzung. Er beschreibt den **konkreten Tätigkeitsbereich** der Gesellschaft, über den sich die beteiligten Verkehrskreise anhand der Beschreibung in der Satzung ein möglichst exaktes und individuelles Bild machen können sollen.[1] Die Angabe des Unternehmensgegenstands hat dabei sowohl Bedeutung für das Innen- als auch für das Außenverhältnis der GmbH. Im **Innenverhältnis** wird insb. die Geschäftsführungsbefugnis der Geschäftsführer durch die Festlegung des Unternehmensgegenstandes begrenzt (§ 37 Abs. 1).[2] Die grundsätzlich unbeschränkte Vertretungsbefugnis der Geschäftsführer bleibt hiervon zwar unberührt (§ 37 Abs. 2), ein Überschreiten der Geschäftsführungsbefugnis kann und wird aber ggf. Schadensersatzansprüche ggü. den Geschäftsführern nach § 43 begründen. Die Begrenzung der Geschäftsführungsbefugnis führt auch zu einem Schutz der (Minderheits-)Gesellschafter, da sie eine willkürliche Ausweitung und Änderung des Betätigungsfelds der Gesellschaft beschränkt.[3]

5 Im **Außenverhältnis** dient die Beschreibung des Unternehmensgegenstandes dazu, den Geschäftsverkehr über das tatsächliche Tätigkeitsfeld der Gesellschaft zu informieren.[4] Gleichzeitig werden auch das Registergericht und ggf. auch andere öffentliche Stellen in den Stand gesetzt, zu prüfen, ob die Gesellschaft eine erlaubte oder erlaubnispflichtige Tätigkeit verfolgt.[5] Eine behördliche Gewerbeuntersagung macht die Eintragung unzulässig, wenn sie den gesamten Unternehmensgegenstand betrifft.[6] Bei nachträglicher Gewerbeuntersagung ist die Eintragung nach dem OLG Düsseldorf gemäß § 395 Abs. 1 Satz 1 FamFG zu löschen.[7]

6 Der Unternehmensgegenstand ist vom **Zweck der Gesellschaft** zu differenzieren. Während der Unternehmensgegenstand zwingender Inhalt der Satzung ist, müssen Beschreibungen oder Ausführungen zum Unternehmenszweck nicht in die Satzung aufgenommen werden. Vereinfachend lässt sich der Gegenstand des Unternehmens als das Instrument beschreiben, mit dem die GmbH ihren Unternehmenszweck verfolgt.[8] Als Zweck der Gesellschaft kommen neben wirtschaftlicher Tätigkeit auch soziale und ideelle Ziele, insb. im Rahmen von »Non-Profit-GmbH« bzw. »gGmbH« in Betracht.[9]

---

1 BGHZ 117, 323, 334; BGH, DB 1981, 466; BayObLG, GmbHR 2003, 414, 415.

2 BGHZ 119, 305, 332; BGH, NZG 2013, 293; BayObLG, NZG 2000, 987, 988.

3 BayObLG, NZG 2000, 987, 988; *Ulmer/Löbbe*, in: Ulmer/Habersack/Löbbe, GmbHG, § 3 Rn. 15, 16; *Fastrich*, in: Baumbach/Hueck, GmbHG, § 3 Rn. 7; *Bayer*, in: Lutter/Hommelhoff, GmbHG, § 3 Rn. 8, *Michalski*, in: Michalski, GmbHG, § 3 Rn. 7.

4 BayObLG, NZG, 2000, 987, 988; BGH, DB 1981, 466.

5 *Emmerich*, in: Scholz, GmbHG, § 3 Rn. 12; *Michalski*, in: Michalski, GmbHG, § 3 Rn. 7; *Bayer*, in: Lutter/Hommelhoff, GmbHG § 3 Rn. 8.

6 *Roth*, in: Roth/Altmeppen, GmbHG, § 3 Rn. 11.

7 OLG Düsseldorf, GmbHR 2013, 1152, 1153.

8 Hierzu im Einzelnen *Ulmer/Löbbe*, in: Ulmer/Habersack/Löbbe, GmbHG, § 1 Rn. 5 m.w.N., § 3 Rn. 12; *Reuter*, ZHR 151, (1987), 237, 240; *Emmerich*, in: Scholz, GmbHG, § 3 Rn. 10, 11.

9 *Ulmer/Löbbe*, in: Ulmer/Habersack/Löbbe, GmbHG, § 3 Rn. 12; *Priester*, GmbHR, 1999, 149; OLG Köln, WM 1981, 805; *Michalski*, in: Michalski, GmbHG, § 3 Rn. 11; Abweichend *Siena*, GmbHR 2001, 661.

Die Beschreibung des Unternehmensgegenstandes kann auch ausdrücklich bestimmte Tätigkeitsbereiche ausnehmen (**negative Abgrenzung**). Dies allerdings nur im Kontext eines ausreichend individualisierten Unternehmensgegenstandes. Beispielhaft sei erwähnt, dass Tätigkeiten nach § 34c GewO vom Unternehmensgegenstand ausgenommen sind.[10] 7

Nach zutreffender, in der Sache aber bestrittener Auffassung muss der Unternehmensgegenstand einer Komplementär-GmbH einer **GmbH & Co. KG** nicht auch den Unternehmensgegenstand der KG selbst umfassen.[11] Ausreichend, in der Sache aber auch erforderlich, ist die Angabe, dass die Gesellschaft die unbeschränkte Haftung und die Geschäftsführung in der GmbH & Co. KG übernehmen soll. Allerdings verlangt die herrschende Meinung insoweit die konkrete Bezeichnung der KG in der die GmbH die Komplementärstellung übernimmt.[12] 8

Der Unternehmensgegenstand i.S.d. § 3 Abs. 1 Nr. 2 muss derart **konkret und individualisiert** beschrieben sein, dass er geeignet ist, den Normzweck (dazu oben Rdn. 4) zu erfüllen. Deshalb sind floskelhafte Leerformeln nicht ausreichend, andererseits aber auch bis in Detail gehende Beschreibungen nicht erforderlich. Der Schwerpunkt der Geschäftstätigkeit muss ersichtlich werden.[13] 9

Diese Grundsätze gelten auch bei Gründung einer GmbH unter Verwendung des Musterprotokolls nach § 2 Abs. 1a. 10

Die noch im MoMiG-RegE[14] enthaltenen **vordefinierten Unternehmensgegenstände**, dort umschrieben mit Handel, Produktion oder Dienstleistung, wurden schließlich nicht Gesetz. Damit hat der Gesetzgeber zu Recht auf die in der Literatur vorgebrachte Kritik[15] reagiert. Anderenfalls hätte das MoMiG zu einer faktischen Abschaffung des Individualisierungsgebots geführt, was die satzungsmäßige Beschreibung des Unternehmensgegenstandes im Sinne von § 3 Abs. 1 Nr. 2 sinnentleert hätte. 11

Mit dem Individualisierungsgebot nicht vereinbar sind allgemeine und im Wesentlichen **inhaltsleere** Beschreibungen wie »Betrieb kaufmännischer Geschäfte«,[16] »Handel mit Waren aller Art«,[17] »Produktion und Vertrieb von Waren aller Art«.[18] Eine sehr weitreichende Umschreibung der Tätigkeit des Unternehmens kann dem Individualisierungsgebot nur dann genügen, wenn die tatsächliche Tätigkeit derart weitgehend angelegt ist und damit eine nähere Eingrenzung ausscheidet.[19] 12

Ausreichend konkret sind in jedem Fall Beschreibungen wie »Betrieb von Gaststätten«,[20] »Import von Wein und Südfrüchten«.[21] Weitere Zusätze, die den zulässig individualisierten Unternehmensgegenstand weiter beschreiben, konkretisieren oder abgrenzen, sind zulässig. Häufig sind 13

10 BayObLG, DB 1993, 2225.
11 BayObLG, GmbHR 1996, 360; BayObLG, BB 1995, 1814; *Bayer*, in: Lutter/Hommelhoff, GmbHG, § 3 Rn. 10; *Fastrich*, in: Baumbach/Hueck, GmbHG, § 3 Rn. 9; *Ulmer/Löbbe*, in: Ulmer/Habersack/Löbbe, GmbHG, § 3 Rn. 20; *Michalski*, in: Michalski, GmbHG, § 3 Rn. 12; anderer Auffassung noch: BayObLG, 1976, 1694; OLG Hamburg, BB 1968, 267; *Tieves*, Unternehmensgegenstand, 525 f.
12 *Fastrich*, in: Baumbach/Hueck, GmbHG, § 3 Rn. 9; *Bayer*, in: Lutter/Hommelhoff, GmbHG, § 3 Rn. 10; *Michalski*, in: Michalski, GmbHG, § 3 Rn. 12; a.A. OLG Karlsruhe, GmbHR 2014, 142, 144; *Wicke*, in: Wicke, GmbHG, § 3 Rn. 6.
13 BGH, DB 1881, 466; BayObLG, BB 1995, 18, 14; BayObLG, BB 1994, 18, 11; BayObLG, ZG 2000, 987, 98; OLG Köln, WM 1981, 805, 806; *Ulmer/Löbbe*, in: Ulmer/Habersack/Löbbe, GmbHG, § 3 Rn. 15; *Emmerich*, in: Scholz, GmbHG, § 3 Rn. 12.
14 MoMiG-RegE, BT-Drucks. 16/6140, S. 20 ff.
15 *Karsten Schmidt*, GmbHR 2007, 958, 962; *Heckschen*, GmbHR 2007, 198; *Schröder/Cannivé*, NZG 2008, 1.
16 *Ulmer/Löbbe*, in: Ulmer/Habersack/Löbbe, GmbHG, § 3 Rn. 18; BayObLG, GmbHR 1995, 722, 723.
17 BayObLG, GmbHR 2003, 1414.
18 BayObLG, GmbHR 1994, 705.
19 *Fastrich*, in: Baumbach/Hueck, GmbHG, § 3 Rn. 8; *Ulmer/Löbbe*, in: Ulmer/Habersack/Löbbe, GmbHG, § 3 Rn. 18; *Michalski*, in: Michalski, GmbHG, § 3 Rn. 10.
20 OLG Frankfurt am Main, DB 1980, 75.
21 *Roth*, in: Roth/Altmeppen, GmbHG, § 3 Rn. 6.

sie allerdings materiell nichtssagend, so etwa Formulierungen wie »und damit zusammenhängende Geschäfte«. Auch materielle Bedeutung haben hingegen Zusätze, die eine Erweiterung des Unternehmensgegenstandes auch auf Beteiligungen und Zweigniederlassungen vorsehen, etwa mit dem Inhalt »einschließlich des Erwerbs von Beteiligungen und der Gründung von Zweigniederlassungen«. Mit dem Individualisierungsgebot nicht zu vereinbaren sind hingegen Zusätze, die den Unternehmensgegenstand unspezifiziert zu erweitern suchen, etwa »die Gesellschaft sei zu allen Geschäften und Rechtshandlungen befugt, die ihrem Zweck dienlich sind«.[22]

14 Eine **Änderung des Unternehmensgegenstandes** ist nur durch Satzungsänderung möglich. Abgesehen von einer geplanten und gewollten Änderung des Unternehmensgegenstandes sind für die Praxis von besonderer Bedeutung die Unterschreitung des Unternehmensgegenstandes und sog. faktische Veränderungen im Unternehmensgegenstand. Bleibt die tatsächliche Geschäftstätigkeit der GmbH hinter dem satzungsmäßigen Unternehmensgegenstand zurück, stellt dies nicht notwendig eine Satzungsänderung erfordernde Änderung des Unternehmensgegenstandes dar. Entscheidend ist, dass die verbleibende Tätigkeit von der satzungsmäßigen Beschreibung umfasst ist und in ihrer Reichweite auch nicht als bloße Alibi-Tätigkeit im Verhältnis zum satzungsmäßigen Unternehmensgegenstand qualifiziert werden muss.[23] Dementsprechend kann auch eine nur vorübergehende Einstellung der Unternehmenstätigkeit ohne Satzungsänderung vonstattengehen, wenn die Fortsetzung des Unternehmensgegenstandes geplant ist.[24]

15 Eine **faktische Änderung des Unternehmensgegenstandes** erfordert eine Satzungsänderung, widrigenfalls die Geschäftsführer ihre Geschäftsführungsbefugnis überschreiten (dazu oben Rdn. 4). Problematisch ist eine faktische Änderung des Unternehmensgegenstandes, wenn diese von einer (satzungsändernden) Mehrheit der Gesellschafter, aber ohne formelle Satzungsänderung getragen wird. Nach wohl herrschender Meinung sind in diesem Fall die § 75 GmbHG, § 397 FamFG jedenfalls analog anzuwenden, da es sonst an einem Sanktionsmechanismus fehle.[25] Dem ist im Ergebnis trotz dogmatischer Bedenken[26] zuzustimmen.

III. Betrag des Stammkapitals (Nr. 3)

16 Nach § 3 Abs. 1 Nr. 3 muss die Satzung auch den genauen Betrag des Stammkapitals enthalten. Es handelt sich dabei um einen in Euro ausgedrückten Betrag, dessen Höhe durch § 5 Abs. 1 und § 5a (für die Unternehmergesellschaft) weiter reglementiert ist. Die Angabe des Betrags des Stammkapitals hat in der Satzung selbst zu erfolgen, nicht ausreichend ist es, diese Angabe in anderen dem Handelsregister mit einzureichenden Unterlagen vorzunehmen.[27] Die Angabe zum Betrag des Stammkapitals ist von der Angabe der Zahl und Höhe der Nennbeträge der übernehmenden Geschäftsanteile (§ 3 Abs. 1 Nr. 4) zu differenzieren. Deshalb ist es nicht ausreichend, wenn sich das Stammkapital lediglich aus der Summe der Nennbeträge aller Geschäftsanteile errechnen lässt.[28]

17 Die Satzung der GmbH kann auch bei Gründung bereits ein **genehmigtes Kapital** (§ 55a) vorsehen. Dieses zählt allerdings nicht zum nach § 3 Abs. 1 Nr. 3 anzugebenden Stammkapital. Erst mit Ausübung, Durchführung und Handelsregistereintragung ist das Stammkapital durch

22 *Priester*, GmbHR 1999, 149; *Michalski*, in: Michalski, GmbHG, § 3 Rn. 11.

23 *Ulmer/Löbbe*, in: Ulmer/Habersack/Löbbe, GmbHG, § 3 Rn. 22; OLG Stuttgart, DB 2001, 845; *Michalski*, in: Michalski, GmbHG, § 3 Rn. 14.

24 *Emmerich*, in: Scholz, GmbHG, § 3 Rn. 18.

25 *Karsten Schmidt*, in: Scholz, GmbHG, § 75 Rn. 11; *Ulmer/Löbbe*, in: Ulmer/Habersack/Löbbe, GmbHG, § 3 Rn. 23;, *Kleindiek*, in: Lutter/Hommelhoff, GmbHG, § 75 Rn. 3; *Michalski*, in: Michalski, GmbHG, § 3 Rn. 18; a.A. *Fastrich*, in: Baumbach/Hueck, GmbHG, § 3 Rn. 10.

26 *Ulmer*, in: FS Raiser, 2005, 439, 446.

27 Statt aller *Ulmer/Löbbe*, in: Ulmer/Habersack/Löbbe, GmbHG, § 3 Rn. 26, *Michalski*, in: Michalski, GmbHG, § 3 Rn. 37.

28 *Emmerich*, in: Scholz, GmbHG, § 3 Rn. 49; *Michalski*, in: Michalski, GmbHG, § 3 Rn. 38; *Bayer*, in: Lutter/Hommelhoff, GmbHG, § 3 Rn. 12; tendenziell nachsichtiger *Ulmer/Löbbe*, in: Ulmer/Habersack/Löbbe, GmbHG, § 3 Rn. 26; *Fastrich*, in: Baumbach/Hueck, GmbHG, § 3 Rn. 15.

Ausnutzung des genehmigten Kapitals erhöht, was aber keiner weiteren materiellen Änderung der Satzung bedarf.

Eine **Änderung des Betrages** des Stammkapitals vor Handelsregistereintragung der GmbH ist nur unter Mitwirkung aller Gesellschafter nach Maßgabe von § 2 möglich.[29] Nach Handelsregistereintragung der GmbH gelten insoweit die Regelungen zur Kapitaländerung nach §§ 55 ff. Nach einer Kapitalmaßnahme, d.h. außerhalb der Gründungssatzung, muss die Satzung nur noch den neuen Betrag des Stammkapitals, nicht hingegen mehr den ursprünglichen Stammkapitalbetrag angeben.[30] 18

IV. Zahl und Nennbetrag der Geschäftsanteile (Nr. 4)

Nach § 3 Abs. 1 Nr. 4 hat die Satzung die Zahl und Nennbeträge der von den Gründungsgesellschaftern übernommenen Geschäftsanteile anzugeben. Das MoMiG hat mit der neuen Gesetzesfassung den **Geschäftsanteil** in den Mittelpunkt der Angabepflicht gerückt. Mit dieser Regelung wird deutlich, dass die Gesellschafter eine Einlageverpflichtung trifft, die nicht mehr aus der Übernahme der Stammeinlage, sondern aus der Übernahme von Geschäftsanteilen und deren Benennung in der Satzung folgt. Dem entspricht § 14 Satz 2. 19

Zudem ist nach § 3 Abs. 1 Nr. 4 auch die **Zahl** der von jedem Gründungsgesellschafter zu übernehmenden **Geschäftsanteile** anzugeben. Diese Ergänzung wurde notwendig, nachdem § 5 Abs. 2 Satz 2 in der Fassung MoMiG auch bei Gründung die Übernahme mehrerer Geschäftsanteile zulässt. Aus der Angabepflicht nach § 3 Abs. 1 Nr. 4 folgt aber auch, dass sämtliche Geschäftsanteile von den Gründungsgesellschaftern zu übernehmen sind. Die einen Gesellschafter treffende Einlageverpflichtung ergibt sich damit aus der Gründungssatzung und möglichen weiteren von ihnen abgegebenen Übernahmeerklärungen im Zusammenhang von Kapitalerhöhungen. 20

Das **Verhältnis** zwischen **Einlageverpflichtung und Nennbetrag** des Geschäftsanteils ist dergestalt, dass die Höhe der Einlageverpflichtung immer mindestens dem Nennbetrag des Geschäftsanteils entspricht. Letzterer kann höher, nicht aber niedriger als Ersterer sein. Der Nennbetrag des Geschäftsanteils kann die Einlageverpflichtung des Gesellschafters insb. dann übersteigen, wenn es im Zuge der Einziehung eines Geschäftsanteils eines anderen Gesellschafters zu einer nominellen Aufstockung gekommen ist (§ 34), im Fall einer Kapitalerhöhung aus Gesellschaftsmitteln nach §§ 57c ff. und bei möglichen Sondervergünstigungen.[31] 21

Inhaltlich drückt der Nennbetrag des Geschäftsanteils die **Beteiligung des Gesellschafters** an der GmbH aus. Die Vermögens- und Verwaltungsrechte des Gesellschafters können und werden in der Praxis häufig durch satzungsmäßige Regelungen hiervon abweichen (hierzu auch: Rdn. 58 ff.). 22

Die Angaben nach § 3 Abs. 1 Nr. 4 müssen in der Gründungssatzung selbst enthalten sein, Bezugnahme auf andere Gründungsdokumente sind nicht ausreichend.[32] Nach zutreffender Ansicht können die Angaben bei einer **späteren Satzungsänderung** entfallen[33] und zwar selbst dann, wenn die von den Gesellschaftern übernommenen Einlagen noch nicht vollständig geleistet sind. Die im Handelsregister hinterlegte Gründungssatzung ist insoweit ausreichende Dokumentation. Im Fall von Sacheinlagen ist nach teilweiser Auffassung allerdings die Fünfjahresfrist analog §§ 26 Abs. 4, 27 Abs. 5 AktG einzuhalten.[34] Dem ist im Ergebnis nicht zu folgen (hierzu auch: Rdn. 25). 23

---

29 Statt aller: *Emmerich*, in: Scholz, GmbHG, § 3 Rn. 50; *Bayer*, in: Lutter/Hommelhoff, GmbHG, § 3 Rn. 12.

30 *Ulmer/Löbbe*, in: Ulmer/Habersack/Löbbe, GmbHG, § 3 Rn. 27; *Emmerich*, in: Scholz, GmbHG, § 3 Rn. 50; *Fastrich*, in: Baumbach/Hueck, GmbHG, § 3 Rn. 15; noch weiter gehend, für die Möglichkeit, gänzlich auf die Angabe des Stammkapitals zu verzichten: *Michalski*, in: Michalski, GmbHG, § 3 Rn. 39.

31 Begründung RegE MoMiG, BR-Drucks. 354/07, S. 64.

32 OLG Hamm, GmbHR 1986, 311.

33 *Emmerich*, in: Scholz, GmbHG, § 3 Rn. 57; *Ulmer/Löbbe*, in: Ulmer/Habersack/Löbbe, GmbHG, § 3 Rn. 32, *Bayer*, in: Lutter/Hommelhoff, GmbHG, § 3 Rn. 17.

34 Hierzu auch *Ulmer/Löbbe*, in: Ulmer/Habersack/Löbbe, GmbHG, § 3 Rn. 33; *Emmerich*, in: Scholz, GmbHG, § 3 Rn. 56; *Bayer*, in: Lutter/Hommelhoff, GmbHG, § 3 Rn. 17.

V. Bezeichnung der Gesellschafter

24 Die Gründungssatzung muss auch die **Gründungsgesellschafter namentlich bezeichnen.** Denn nach § 3 Abs. 1 Nr. 4 sind die einzelnen Geschäftsanteile den Gesellschaftern individualisiert zuzuordnen. Damit wird auch sichergestellt, dass stets ermittelbar ist, wen die aus den übernommenen Geschäftsanteilen resultierende Einlageverpflichtung trifft. Deshalb greift das Gebot der namentlichen Bezeichnung der Gründungsgesellschafter auch bei einer Einpersonen-Gründung.[35]

25 Mit Eintragung der GmbH in das Handelsregister können die Angaben zu den Gründungsgesellschaftern im Rahmen einer Satzungsänderung (§§ 55 ff.) gestrichen werden. Nach inzwischen herrschender und zutreffender Auffassung gilt dies auch dann, wenn die Einlagen der einzelnen Gesellschafter noch nicht voll erbracht sind, denn die Angaben zu den Gründungsgesellschaftern sind mit der Gründungssatzung in jedem Fall beim Handelsregister hinterlegt.[36] Im Fall der Vereinbarung von Sacheinlagen soll analog § 26 Abs. 5, 27 Abs. 5 AktG hierfür eine 5-jährige Sperrfrist greifen.[37] Allerdings erscheint es zweifelhaft, ob hier eine vergleichbare Sach- und Rechtslage vorliegt, die eine Analogie zum Aktienrecht rechtfertigt. Die vom Gesetzgeber in §§ 26 Abs. 5, 27 Abs. 5 AktG angeordnete Sperrfrist erklärt sich aus der typischer Weise kapitalistischen Struktur der AG; die Gesellschafter und Geschäftsführer/Insolvenzverwalter einer regelmäßig personalistischer gestalteten GmbH können hingegen auch für Sacheinlagen auf die beim Handelsregister vorhandene Gründungssatzung verwiesen werden.

VI. Bekanntmachungen

26 § 12 Satz 1 bestimmt, dass für alle gesetzlichen oder gesellschaftsvertraglichen Bekanntmachungen der elektronische Bundesanzeiger als Gesellschaftsblatt zu verwenden ist. Die (Gründungs-) Satzung muss hierzu mithin keine Angaben enthalten; nach § 12 Satz 2 kann die Satzung allerdings weitere Gesellschaftsblätter vorsehen.

VII. Mängel der Satzung

27 Sind die Pflichtabgaben nach § 3 Abs. 1 in der Gründungssatzung fehlerhaft oder fehlen sie gänzlich, hat das Registergericht die Eintragung der Gesellschaft nach § 9c Abs. 2 Nr. 1 abzulehnen. Erfolgt gleichwohl eine Handelsregistereintragung, ist nach Art des Mangels und der betroffenen Pflichtangabe zu differenzieren.

28 Fehlen die Angaben zum Betrag des Stammkapitals (Abs. 1 Nr. 3) oder die Angaben über den Gegenstand des Unternehmens (Abs. 1 Nr. 2) gänzlich, kommt die Nichtigkeitsklage nach § 75 oder auch das Amtslöschungsverfahren nach § 397 FamFG in Betracht. Gleiches gilt wenn die Angaben über den Unternehmensgegenstand zwar vorhanden, in der Sache aber nichtig sind. Allerdings ist nur in seltenen Fällen anzunehmen, dass der Unternehmensgegenstand gegen § 134 BGB oder gegen § 138 BGB verstößt; denkbar sind auch Fälle, dass der Unternehmensgegenstand laut Satzung im Vergleich zum tatsächlich geplanten Unternehmensgegenstand nur zum Schein (§ 117 BGB) vereinbart ist. Schließlich mag es Fälle geben, in denen die gesamte Satzung an einem schwerwiegenden und unheilbaren Mangel leidet.[38]

---

35 *Fastrich*, in: Baumbach/Hueck, GmbHG, § 3 Rn. 16; *Michalski*, in: Michalski, GmbHG, § 3 Rn. 46; OLG Hamm, NJW 1987, 263.

36 Ausführlich: *Ulmer/Löbbe*, in: Ulmer/Habersack/Löbbe, GmbHG, § 3 Rn. 32; dem folgend: *Michalski*, in: Michalski, GmbHG, § 3 Rn. 47; *Bayer*, in: Lutter/Hommelhoff, GmbHG, § 3 Rn. 18; *Fastrich*, in: Baumbach/Hueck, GmbHG, § 3 Rn. 18.

37 *Ulmer/Löbbe*, in: Ulmer/Habersack/Löbbe, GmbHG, § 3 Rn. 33; *Fastrich*, in: Baumbach/Hueck, GmbHG, § 5 Rn. 49; offenlassend: *Bayer*, in: Lutter/Hommelhoff, GmbHG, § 3 Rn. 18; a.A. *Michalski*, in: Michalski, GmbHG, § 3 Rn. 47.

38 *Ulmer/Löbbe*, in: Ulmer/Habersack/Löbbe, GmbHG, § 3 Rn. 14; *Michalski*, in: Michalski, GmbHG, § 3 Rn. 15.

Ist der **Unternehmensgegenstand nicht** hinreichend **individualisiert** (hierzu Rdn. 9 ff.), liegt kein Nichtigkeitsgrund vor. Ein solcher Mangel des Unternehmensgegenstandes stellt zwar ein Eintragungshindernis nach § 9c Abs. 2 dar, nach erfolgter Registereintragung kann dieser Mangel hingegen nicht mehr gerügt werden.[39] 29

Fehlen die Angaben zu Firma und Sitz der Gesellschaft (Abs. 1 Nr. 1) oder über die von den Gründungsgesellschaftern übernommenen Geschäftsanteile (Abs. 1 Nr. 4), kommt das Amtsauflösungsverfahren (§ 399 Abs. 4 FamFG) in Betracht. Gleiches gilt wenn diese Angaben oder aber die Bezeichnung des Betrages des Stammkapitals (Abs. 1 Nr. 3) nichtig sind. Diese Mängel können aber während des Verfahrens durch Änderungen des Gesellschaftsvertrages geheilt werden (§ 399 Abs. 2 FamFG). 30

Auch eine Auflösungsklage seitens der Gesellschafter nach § 61 Abs. 1 kommt in Betracht, wenn einer der in Rede stehenden Mängel einen Auflösungsgrund darstellt.[40] 31

Liegt einer der benannten Nichtigkeits- oder Auflösungsgründe vor, sind die Gesellschafter zur **Beseitigung dieses** Mangels nicht verpflichtet, sie können die Auflösung bzw. Löschung der Gesellschaft in Kauf nehmen. Unter den Gesellschaftern wird sich aus dem mangelhaften Gesellschaftsvertrag aber i.d.R. eine schuldrechtliche Verpflichtung ableiten, soweit möglich, an einer Heilung des Mangels mitzuwirken. Diese Mitwirkungspflicht kann von jedem Gesellschafter klageweise geltend gemacht werden.[41] 32

C. Fakultative Satzungsbestandteile

Die GmbH-Satzung kann neben den zwingenden Inhalten nach Abs. 1 in weitem Umfang weitere (fakultative) Bestandteile regeln. Insoweit ist die in Abs. 2 enthaltene Aufzählung von Zeitbestimmungen und Nebenleistungsverpflichten nicht abschließend, sondern nur beispielhaft. I.Ü. enthält das GmbHG auch an anderer Stelle weitergehende Satzungsvorbehalte (z.B. § 4, § 15 Abs. 5, § 17 Abs. 3, § 19 Abs. 5, § 26 Abs. 1, § 34 Abs. 1, § 52 Abs. 1),[42] die ihrerseits wiederum nicht abschließend sind, sondern den Gesellschaftern auch darüber hinausgehenden Gestaltungsspielraum lassen. 33

Wenn Abs. 2 davon spricht, dass entsprechende fakultative Satzungsbestandteile in den Gesellschaftsvertrag aufgenommen werden müssen, so ist dies Ausdruck des allgemeinen Grundsatzes, dass **mitgliedschaftsrechtliche Abreden nur in der Satzung** selbst getroffen werden können. Vor diesem Hintergrund sind fakultative Satzungsbestandteile inhaltlich abzugrenzen von nur schuldrechtlich wirkenden Gesellschaftervereinbarungen und von nicht mitgliedschaftsrechtlichen (formellen) Satzungsregelungen (hierzu: Rdn. 39). 34

I. Abgrenzung

1. Mitgliedschaftsrechtliche (materielle) Satzungsregelungen

Die mitgliedschaftsrechtlichen Festlegungen der GmbH müssen in den Gesellschaftsvertrag aufgenommen werden. Sie regeln die Rechtsverhältnisse der Gesellschaft, die Beziehungen zwischen den Gesellschaftern und zwischen den Gesellschaftern und der Gesellschaft.[43] Besonderer Ausfluss der kooperationsrechtlichen Abreden ist, dass sie auch künftige Gesellschafter binden. Die Auslegung 35

39 *Fastrich*, in: Baumbach/Hueck, GmbHG, § 3 Rn. 23; *Ulmer/Löbbe*, in: Ulmer/Habersack/Löbbe, GmbHG, § 3 Rn. 14; *Michalski*, in: Michalski, GmbHG, § 3 Rn. 16; *Emmerich*, in: Scholz, GmbHG, § 3 Rn. 7.

40 *Ulmer/Löbbe*, in: Ulmer/Habersack/Löbbe, GmbHG, § 3 Rn. 8 f.

41 Ähnlich: *Ulmer/Löbbe*, in: Ulmer/Habersack/Löbbe, GmbHG, § 3 Rn. 9; *Michalski*, in: Michalski, GmbHG, § 3 Rn. 4; zurückhaltender: *Emmerich*, in: Scholz, GmbHG, § 3 Rn. 8.

42 Dazu im Einzelnen: Rdn. 58.

43 Zum Ganzen *Ulmer/Löbbe*, in: Ulmer/Habersack/Löbbe, GmbHG, § 3 Rn. 38 ff.

solcher materiellen Satzungsbestandteile erfolgt abweichend von §§ 133, 157 BGB nach objektivierten Maßstäben.[44]

2. **(Schuldrechtliche) Gesellschaftervereinbarung**

36 Als Ausfluss der Vertragsfreiheit ist es den Gesellschaftern unbenommen und in der Praxis weit verbreitet, dass neben mitgliedschaftsrechtlichen Abreden auch schuldrechtliche Gesellschaftervereinbarungen geschlossen werden.[45] Diese bedürfen grds. keiner besonderen Form.[46] In Abgrenzung zu kooperationsrechtlichen Regelungen vermögen schuldrechtliche Abreden hingegen keine Bindung künftiger Gesellschafter zu erzeugen. Des Weiteren können sie auch nicht unmittelbar Rechte und Pflichten der Gesellschafter zur Gesellschaft begründen. Im Gegensatz zu kooperationsrechtlichen Abreden werden schuldrechtliche Gesellschaftervereinbarungen nach den für Willenserklärungen geltenden Grundsätzen der §§ 133, 157 BGB ausgelegt.

37 Haben die Gesellschafter außerhalb der Satzung Abreden getroffen, die ihr Verhältnis untereinander oder die Rechtsverhältnisse der Gesellschaft betreffen, kann es im Einzelfall problematisch sein abzugrenzen, ob es sich um – mangels Form dann nichtige – kooperationsrechtliche Regelungen oder um – grundsätzlich wirksame – schuldrechtliche Abreden handelt.[47]

38 Haben die Gesellschafter außerhalb des Gesellschaftsvertrags Abreden getroffen, spricht i.d.R. eine Vermutung, zumindest aber ein Indiz dafür, dass es sich insoweit um eine schuldrechtliche Nebenabrede mit nicht kooperationsrechtlichem Charakter handeln soll. Nur wenn die Auslegung der Abrede ergibt, dass diese nach dem Parteiwillen mitgliedschaftsrechtlichen Charakter haben soll, wird man zu dem (gravierenden) Urteil kommen, dass es sich materiell um eine Satzungsregelung handelt, die dann allerdings wegen Formverstoßes nichtig ist. Ein solches Urteil kann z.B. angezeigt sein, wenn die Vertragsparteien zum Ausdruck gebracht haben, dass die Abrede nur wirksam sein soll, wenn sie auch künftige Gesellschafter bindet. Ob in all diesen Fällen der formnichtigen Gesellschafterabreden eine Umdeutung nach § 140 BGB in eine schuldrechtliche Vereinbarung eingreifen kann,[48] erscheint zweifelhaft und wurde vom OLG Hamm verneint.[49] Eine Umdeutung in eine schuldrechtliche Nebenabrede sei nach der BGH-Rechtsprechung nur bei satzungsdurchbrechenden Beschlüssen, nicht bei (gegebenenfalls unwirksamen) förmlichen Satzungsänderungen möglich.[50] Näher liegen dürfte allerdings, dass der für § 140 BGB erforderliche Geltungswille der Vertragsparteien i.R.d. Auslegung schon unmittelbar zur Annahme einer schuldrechtlichen Gesellschaftervereinbarung drängt.

3. **Formelle Satzungsregelungen**

39 Es steht den Gesellschaftern frei, in den Text des Gesellschaftsvertrages auch nicht kooperationsrechtliche Abreden aufzunehmen; diese werden dann als unechte Satzungsbestandteile bezeichnet.[51] Solche unechten Satzungsbestandteile unterliegen nicht den für die Satzung geltenden Formvorschriften (§ 2), weshalb sie ohne (formelle) Satzungsänderung i.S.d. § 53 geändert werden

44 Hierzu: § 2 Rdn. 17 f.

45 Zu Inhalt und Grenzen: Rdn. 61 f.

46 BGH, GmbHR 2010, 980, 981.

47 Hierzu auch *Emmerich*, in: Scholz, GmbHG, § 3 Rn. 107, 114 ff.; *Ulmer/Löbbe*, in: Ulmer/Habersack/Löbbe, GmbHG, § 3 Rn. 40, jeweils m.w.N.

48 Dafür etwa: *Ulmer/Löbbe*, in: Ulmer/Habersack/Löbbe, GmbHG, § 3 Rn. 41; *Roth*, in: Roth/Altmeppen, GmbHG, § 3 Rn. 21.

49 OLG Hamm, NZG 2015, 678, 680 f. (Doppeltes Stimmrecht – Tönnies).

50 OLG Hamm, NZG 2015, 678, 681 unter Verweis auf BGH, NJW 1993, 2446; vgl. auch *Bayer*, in: Lutter/Hommelhoff, GmbHG, § 53 Rn 32 f.

51 *Wicke*, DNotZ 2006, 419; *Michalski*, in: Michalski, GmbHG, § 3 Rn. 86 ff.; *Ulmer/Löbbe*, in: Ulmer/Habersack/Löbbe, GmbHG, § 3 Rn. 40; *Emmerich*, in: Scholz, GmbHG, § 3 Rn. 102 ff.; *Priester*, DB 1979, 681.

können.[52] Die Auslegung unechter Satzungsbestandteile erfolgt nach den für Willenserklärungen geltenden Regelungen gem. §§ 133, 157 BGB.[53] Da es sich insoweit um nicht kooperationsrechtliche Regelungen handelt, binden diese nur die von ihnen betroffenen Gesellschafter, nicht hingegen künftige Gesellschafter oder die Gesellschaft selbst. Auf die Durchführung der schuldrechtlichen Abreden ist das Recht der Leistungsstörungen anwendbar, wie auch eine AGB-Kontrolle nach §§ 305 ff. BGB einschlägig ist.[54]

Die Abgrenzung echter von unechten Satzungsbestandteilen erfolgt im Wege der Auslegung.[55] Entscheidend ist mithin, ob die Beteiligten eine kooperationsrechtliche Wirkung ihrer Absprache intendiert haben (hierzu: Rdn. 38). Bestehen insoweit Zweifel, so ist die Aufnahme einer Regelung in den Gesellschaftsvertrag jedenfalls als Indiz dafür zu werten, dass es sich um einen echten Satzungsbestandteil handeln soll.[56] 40

Beispiele unechter Satzungsbestandteile sind Regelungen über die Besetzung, die Bestellung und Ausgestaltung der Rechtsstellung von Gesellschaftsorganen, d.h. insb. der Geschäftsführer[57] und Beiräte/Aufsichtsräte. In Betracht kommen können auch Abreden zwischen einzelnen Gesellschaftern, etwa hinsichtlich Gewinnverteilung.[58] 41

4. Rechtsverhältnisse zu Dritten

Der Gesellschaftsvertrag kann nicht in kooperationsrechtlicher Art und Weise Rechte und Pflichten für bzw. ggü. Dritten begründen.[59] Möglich sind insoweit allein schuldrechtliche Abreden, die als unechte Satzungsbestandteile im Gesellschaftsvertrag aufgeführt sind. Eigene Rechte kann der Dritte insoweit nur nach Maßgabe von § 328 BGB herleiten. Ohne seine Mitwirkung können dem Dritten aus unechten Satzungsbestandteilen hingegen keine Verpflichtungen auferlegt werden. Unabhängig davon können wegen des Grundsatzes der Fremdorganschaft die Gesellschaftsorgane, insb. die Geschäftsführung, natürlich mit Nicht-Gesellschaftern besetzt werden. 42

II. Befristungen (Abs. 2, 1. Alt.)

Die Gesellschaft ist grds. auf unbestimmte Zeit gegründet. Ausweislich Abs. 2, 1. Alt. kann der Gesellschaftsvertrag aber mit kooperationsrechtlicher Wirkung eine Befristung der Gesellschaft vorsehen. Mit Eintritt des für die Befristung maßgeblichen Ereignisses ist die Gesellschaft nach § 60 Abs. 1 Nr. 1 aufgelöst. Diese verbandrechtlichen Wirkungen kann eine Abrede aber nur entfalten, wenn sie als echter Satzungsbestandteil (dazu: Rdn. 35) im Gesellschaftsvertrag selbst aufgenommen ist. Dabei ist eine konkludente Regelung ausreichend, eine Bezugnahme auf Urkunden außerhalb des Gesellschaftsvertrages hingegen nicht.[60] Die Befristung i.S.v. Abs. 2, 1. Alt. ist gem. § 10 Abs. 2 Satz 1 ins Handelsregister einzutragen, wobei dem nur deklaratorische Wirkung zukommt.[61] 43

---

52 BGH, NJW-RR 1993, 607; BGHZ 18, 205, 208; *Bayer*, in: Lutter/Hommelhoff, GmbHG, § 3 Rn. 62.

53 *Priester*, DB 1979, 681, 686; *Wicke*, DNotZ 2006, 419, 421.

54 *Bayer*, in: Lutter/Hommelhoff, GmbHG, § 3 Rn. 67; *Michalski*, in: Michalski, GmbHG, § 3 Rn. 87.

55 *Priester*, DB 1979, 681, 684; *Bayer*, in: Lutter/Hommelhoff, GmbHG, § 3 Rn. 85; *Michalski*, in: Michalski, GmbHG, § 3 Rn. 89; *Wicke*, DNotZ 2006, 419, 434.

56 Wie hier: *Emmerich*, in: Scholz, GmbHG, § 3 Rn. 108; *Michalski*, in: Michalski, GmbHG, § 3 Rn. 89; *Roth*, in: Roth/Altmeppen, GmbHG, § 3 Rn. 48; *Wicke*, DNotZ 2006, 419, 434; *Priester*, DB 1979, 681, 684; a.A. *Fastrich*, in: Baumbach/Hueck, GmbHG, § 3 Rn. 55.

57 S. hierzu insb. § 6 Abs. 3 Satz 2.

58 Hierzu: *Ulmer/Löbbe*, in: Ulmer/Habersack/Löbbe, GmbHG, § 3 Rn. 42.

59 Grundlegend: *Ulmer*, in: FS Werner, 911; *Ulmer*, in: FS Wiedemann, 1297; *Ulmer/Löbbe*, in: Ulmer/Habersack/Löbbe, GmbHG, § 3 Rn. 43 ff. m.w.N.

60 RGZ 79, 418, 422; *Emmerich*, in: Scholz, GmbHG, § 3 Rn. 64; *Ulmer/Löbbe*, in: Ulmer/Habersack/Löbbe, GmbHG, § 3 Rn. 49; *Michalski*, in: Michalski, GmbHG, § 3 Rn. 52; *Fastrich*, in: Baumbach/Hueck, GmbHG, § 3 Rn. 24.

61 Hierzu auch *Link* zu § 60 Rdn. 20 ff.

44 In Abgrenzung zu Befristungen nach Abs. 2, 1. Alt. können die Gesellschafter auch rein schuldrechtliche Abreden betreffend die Lebensdauer der Gesellschaft schließen. Solche Regelungen können entweder als (schuldrechtliche) Gesellschaftervereinbarungen oder als unechte Satzungsbestandteile im Gesellschaftsvertrag enthalten sein. Ihnen kommt aber keine kooperationsrechtliche Wirkung nach § 60 Abs. 1 Nr. 1 zu. Die Gesellschafter können aber hieraus verpflichtet sein, an einem Auflösungsbeschluss nach § 60 Abs. 1 Nr. 2 mitzuwirken.[62]

45 Eine **Befristung** i.S.v. Abs. 2, 1. Alt. kann in der Bestimmung eines festen Datums oder einer bestimmten Frist liegen. Zulässig und ausreichend ist auch jede Regelung, die auf ein Ereignis Bezug nimmt, dessen Eintritt als solches gewiss, der Zeitpunkt hierfür aber ungewiss ist. Typische Fälle sind der Tod einer Person oder die Dauer von Schutzrechten.[63] In Abgrenzung hierzu stellen Bedingungen, deren Eintritt ungewiss ist, keine Regelungen i.S.v. Abs. 2, 1. Alt. dar.[64] Sie sind deshalb nicht nach § 10 Satz 1 ins Handelsregister einzutragen, noch vermögen sie die Wirkung des § 60 Abs. 1 Nr. 1 auszulösen. Bei ausreichender Bestimmtheit kann hierin aber ein Fall des § 60 Abs. 2 zu sehen sein.[65]

46 Nach heute herrschender Meinung können Satzungsregelungen zur Befristung i.S.v. Abs. 2, 1. Alt. mit satzungsändernder Mehrheit nach § 53 Abs. 2 geändert werden. Dies gilt sowohl bei einer **Verkürzung** als auch bei einer **Verlängerung der Befristung.**[66] Enthält der Gesellschaftsvertrag für einzelne Gesellschafter ein Sonderrecht i.S.v. § 35 BGB, dass die Gesellschaft auf bestimmte Zeit geschlossen ist, so kann eine Änderung der Befristung nur mit ihrer Zustimmung beschlossen werden.[67] Soweit schützenswerte Belange einzelner Gesellschafter betroffen sind, kann dem ggf. durch ein Austrittsrecht begegnet werden.[68] Allerdings dürften solche Konstellationen vor dem Hintergrund der gesellschafterlichen Treuepflicht auf absolute Ausnahmefälle begrenzt sein. Zu denken ist etwa an Situationen, in denen durch die Verlängerung der Befristung satzungsrechtliche Nebenleistungsverpflichtungen einzelner Gesellschafter vermehrt werden.[69]

III. Nebenleistungspflichten (Abs. 2, 2 Alt.)

47 Der Gesellschaftsvertrag kann ausweislich Abs. 2, 2. Alt. mit mitgliedschaftsrechtlicher Wirkung den Gesellschaftern weitere Verpflichtungen ggü. der GmbH auferlegen. Die Praxis macht hiervon in großem Umfang Gebrauch. Es handelt sich dabei häufig um gestalterische Instrumente mit deren Hilfe der GmbH eine personalistische Struktur gegeben werden kann.[70] Solche Nebenleistungsverpflichtungen sind in mehrfacher Hinsicht von anderen Verpflichtungen der Gesellschafter abzugrenzen. Zunächst sind sie zu unterscheiden von rein schuldrechtlich wirkenden Verpflichtungen

---

62 *Emmerich*, in: Scholz, GmbHG, § 3 Rn. 67; *Ulmer/Löbbe*, in: Ulmer/Habersack/Löbbe, GmbHG, § 3 Rn. 50; *Michalski*, in: Michalski, GmbHG, § 3 Rn. 52.

63 *Michalski*, in: Michalski, GmbHG, § 3 Rn. 53; *Fastrich*, in: Baumbach/Hueck, GmbHG, § 3 Rn. 27; *Emmerich*, in: Scholz, GmbHG, § 3 Rn. 64; *Ulmer/Löbbe*, in: Ulmer/Habersack/Löbbe, GmbHG, § 3 Rn. 53.

64 So auch: *Ulmer/Löbbe*, in: Ulmer/Habersack/Löbbe, GmbHG, § 3 Rn. 54; *Michalski*, in: Michalski, GmbHG, § 3 Rn. 53 m.w.N.

65 Hierzu auch Beckmann/Hofmann zu § 60 Rdn. 55; *Michalski*, in: Michalski, GmbHG, § 3 Rn. 53.

66 *Ulmer/Löbbe*, in: Ulmer/Habersack/Löbbe, GmbHG, § 3 Rn. 57; *Emmerich*, in: Scholz, GmbHG, § 3 Rn. 66; *Michalski*, in: Michalski, GmbHG, § 3 Rn. 54; *Fastrich*, in: Baumbach/Hueck, GmbHG, § 3 Rn. 29; *Bayer*, in: Lutter/Hommelhoff, GmbHG, § 3 Rn. 23.

67 *Karsten Schmidt/Bitter*, in: Scholz, GmbHG, § 60 Rn. 10; *Ulmer/Löbbe*, in: Ulmer/Habersack/Löbbe, GmbHG, § 3 Rn. 57; *Michalski*, in: Michalski, GmbHG, § 3 Rn. 54.

68 Hierzu *Karsten Schmidt/Bitter*, in: Scholz, GmbHG, § 60 Rn. 10; *Bayer*, in: Lutter/Hommelhoff, GmbHG, § 3 Rn. 23.

69 Wie hier: *Bayer*, in: Lutter/Hommelhoff, GmbHG, § 3 Rn. 23; a.A. *Ulmer/Löbbe*, in: Ulmer/Habersack/Löbbe, GmbHG, § 3 Rn. 57; *Fastrich*, in: Baumbach/Hueck, GmbHG, § 3 Rn. 30; *Michalski*, in: Michalski, GmbHG, § 3 Rn. 54.

70 Grundlegend: *Immenga*, Die personalistische Kapitalgesellschaft, 1970, 101 ff.; BGH, DB 1958, 1038; *Ulmer/Löbbe*, in: Ulmer/Habersack/Löbbe, GmbHG, § 3 Rn. 58.

aus Gesellschaftervereinbarungen bzw. schuldrechtlichen Rechtsverhältnissen zwischen Gesellschaft und Gesellschafter. Über die kooperationsrechtliche bzw. schuldrechtliche Einordnung entscheidet die Auslegung der Vereinbarung (hierzu oben Rdn. 37 f.).

Handelt es sich nach diesen Maßstäben um einen echten Satzungsbestandteil (dazu: Rdn. 35), ist die Nebenleistungsverpflichtung ggf. von den Einlageverpflichtungen einerseits und von den Nachschusspflichten nach § 26 andererseits zu differenzieren. Alle drei Verpflichtungen eines Gesellschafters sind grds. unabhängig voneinander. Sie können jeweils aus Geldleistungen oder Sachleistungen bestehen, weshalb es im Einzelfall Abgrenzungsschwierigkeiten geben kann. Die vorzunehmende Differenzierung hat auch materielle Bedeutung, insb., da nur die Einlageverpflichtungen den Vorschriften zur Kapitalaufbringung und Kapitalerhaltung unterliegen.[71] Andererseits bedarf nur die Einforderung von Nachschüssen gem. § 26 Abs. 1 eines zwingenden Gesellschafterbeschlusses, während Nebenleistungen gem. Abs. 2, 2. Alt. grds. durch die Geschäftsführer eingefordert werden.[72] Die konkrete Einordnung der Satzungsbestimmung in eines der drei Rechtsinstitute hat wiederum durch Auslegung zu erfolgen. 48

Als kooperationsrechtliche Regelungen sind Nebenleistungsverpflichtungen i.S.v. Abs. 2, 2. Alt. nur als (echte) Satzungsbestandteile wirksam. Eine weitere Wirksamkeitsvoraussetzung für kooperationsrechtliche Nebenleistungsverpflichtungen ist, dass diese inhaltlich derart bestimmt sind, dass die betroffenen Gesellschafter in den Stand versetzt werden zu erkennen, welche Verpflichtung sie trifft.[73] Dies setzt voraus, dass die Nebenleistungsverpflichtungen betragsmäßig und zeitlich begrenzt sind.[74] Dem genügt es auch, wenn der Umfang der Leistungspflicht nach §§ 315, 317, 319 BGB bestimmt wird.[75] 49

I.Ü. sind die Gesellschafter bei der Ausgestaltung der Nebenleistungsverpflichtungen weitgehend frei. Sie können befristet oder bedingt und auch mit einem Rücktritts- oder Kündigungsrecht verbunden sein. Die Leistung des Gesellschafters kann unentgeltlich, aber auch entgeltlich zu erbringen sein, ein vereinbartes Entgelt muss auch grds. nicht »at arm's length« ermittelt werden; mögliche Wechselwirkungen mit Kapitalerhaltungsregelungen und verdeckten Sacheinlagen sind dann aber zu beachten.[76] 50

Da es sich bei den Nebenleistungsverpflichtungen i.S.v. Abs. 2, 2. Alt. um kooperationsrechtliche Regelungen handelt, richtet sich auch die Leistungserbringung grds. nach verbandsrechtlichen Maßstäben. Auch wenn die Parteien in Ausführung der Nebenleistungsverpflichtung einzelne Verträge geschlossen haben, finden zwar die allgemeinen Regeln des BGB Anwendung, dies aber ergänzt und teilweise überlagert durch gesellschaftsrechtliche Grundsätze.[77] Es findet etwa wegen § 310 Abs. 4 Satz 1 BGB keine AGB-Kontrolle statt und mögliche Kündigungs- bzw. Rücktrittsrechte richten sich primär nach den einschlägigen gesellschaftsrechtlichen Maßstäben.[78] 51

Eine Nebenleistungsverpflichtung kann sowohl höchstpersönlicher Natur als auch mit einem spezifischen Geschäftsanteil verbunden sein. Im Fall höchstpersönlicher Verpflichtungen gehen diese nicht mit Anteilsübertragung auf den neuen Gesellschafter über, die Verpflichtungen enden mit 52

71 *Ulmer/Löbbe*, in: Ulmer/Habersack/Löbbe, GmbHG, § 3 Rn. 62 f.; *Emmerich*, in: Scholz, GmbHG, § 3 Rn. 75.

72 Gleichwohl kann im Innenverhältnis die Einforderung von Nebenleistungen ebenfalls an einen positiven Gesellschafterbeschluss gebunden werden: BGH, NJW RR 1989, 228; *Michalski*, in: Michalski, GmbHG, § 3 Rn. 58.

73 BGH, NJW-RR 1989, 228, 229; OLG Hamm, NZG 2002, 421; *Michalski*, in: Michalski, GmbHG, § 3 Rn. 59.

74 OLG Brandenburg, NZG 2006, 756; und die in Fn. 68 genannten.

75 *Schilling/Winter*, in: FS Stiefel, 665; *Bayer*, in: Lutter/Hommelhoff, GmbHG, § 3 Rn. 34 m.w.N.

76 BGH, NJW 1996, 589; *Emmerich*, in: Scholz, GmbHG, § 3 Rn. 78; *Ulmer/Löbbe*, in: Ulmer/Habersack/Löbbe, GmbHG, § 3 Rn. 80 ff.

77 Hierzu im Einzelnen: *Ulmer/Löbbe*, in: Ulmer/Habersack/Löbbe, GmbHG, § 3 Rn. 87 ff. m.w.N.

78 *Michalski*, in: Michalski, GmbHG, § 3 Rn. 68 m.w.N.

dem Tod des Verpflichteten. Bei mit einem Geschäftsanteil verbundenen Nebenleistungsverpflichtungen gehen diese auf einen neuen Gesellschafter über, unabhängig davon, ob der Erwerber diese Verpflichtungen kannte.[79] Den Erwerber trifft insoweit auch eine Haftung entsprechend § 16 Abs. 2.[80]

53 Nebenleistungsverpflichtungen i.S.d. Abs. 2, 2. Alt. können nur durch Satzungsänderung **geändert oder aufgehoben** werden. Weder kann der verpflichtete Gesellschafter sich einseitig von diesen Verpflichtungen lösen, noch kann der Geschäftsführer hiervon befreien.[81]

54 Ob und in welchem Umfang der verpflichtete Gesellschafter auch im Fall der Insolvenz der Gesellschaft weiterhin zur Erfüllung der Nebenleistung verpflichtet ist, ist durch Auslegung zu ermitteln.[82] Im Fall entgeltlicher Nebenleistungen ist der Gesellschafter einfacher Insolvenzgläubiger bei Insolvenzen der GmbH.[83] Die GmbH ist ihrerseits einfache Insolvenzgläubigerin im Fall der Insolvenz des verpflichteten Gesellschafters.[84]

55 Inhaltlich beziehen sich Nebenleistungsverpflichtungen typischerweise auf Geld- oder Sachleistungen, Dienstleistungen und Unterlassungsverpflichtungen. Als **Geldleistungsverpflichtung** kommen etwa die einmalige Zahlung eines Agios[85] oder auch wiederkehrende Zahlungen von Umlagen und Deckungsbeiträgen in Betracht.[86] Anzutreffen sind auch Verlustdeckungszusagen einzelner Gesellschafter. Diese sind aber wegen des Bestimmbarkeitserfordernisses (hierzu: Rdn. 49) nur wirksam, wenn sie zeitlich und betragsmäßig begrenzt sind.[87] Gleiche Grundsätze gelten auch für alle anderen Arten von Finanzierungszusagen und Sicherheiten.

56 Typische **Sachleistungsverpflichtungen** sind die Überlassung von Mobilien, Immobilien und Schutzrechten, sei es entgeltlich oder unentgeltlich. Nicht selten sind auch Dienstleistungsverpflichtungen einzelner Gesellschafter, etwa zur Geschäftsführung, anzutreffen.[88] Allerdings ist die im Gesellschaftsvertrag enthaltene Bestellung zum Geschäftsführer gem. § 6 Abs. 3 Satz 2 grds. nicht als Nebenleistungsverpflichtung auszulegen. Typische Unterlassungsverpflichtungen sind Wettbewerbsverbote, die gerade auch kartellrechtlich nicht unproblematisch sein können.[89]

57 Den Gesellschaftern können auch mitgliedschaftsrechtliche **Vorzugsrechte** eingeräumt werden. Als echte Satzungsbestandteile sind diese aber wiederum nur bei Aufnahme in den Gesellschaftsvertrag wirksam.[90] Ergibt die Auslegung hingegen, dass eine mitgliedschaftsrechtliche Wirkung nicht gewollt ist, spricht man von – nur schuldrechtlich wirkenden – Sondervorteilen. Diese können sich als unechte Satzungsbestandteile im Gesellschaftsvertrag finden oder in Gesellschaftervereinbarungen

---

79 *Emmerich*, in: Scholz, GmbHG, § 3 Rn. 81; *Michalski*, in: Michalski, GmbHG, § 3 Rn. 66.

80 RG, DR 1940, 213; *Fastrich*, in: Baumbach/Hueck, GmbHG, § 3 Rn. 49; *Michalski*, in: Michalski, GmbHG, § 3 Rn. 66.

81 *Fastrich*, in: Baumbach/Hueck, GmbHG, § 3 Rn. 50; *Michalski*, in: Michalski, GmbHG, § 3 Rn. 67.

82 So soll etwa die ergänzende Vertragsauslegung von Bestimmungen eines GmbH-Gesellschaftsvertrags ergeben können, dass die dort enthaltene Verpflichtung der Gesellschafter zum Ausgleich der Verluste und zur Mittelausstattung der Gesellschaft nach der Eröffnung des Insolvenzverfahrens über das Vermögen der GmbH nicht mehr gilt: OLG Schleswig, NZI 2015, 803 ff. (mit kritischer Anm. *Hölzle*).

83 *Emmerich*, in: Scholz, GmbHG, § 3 Rn. 79; *Michalski*, in: Michalski, GmbHG, § 3 Rn. 70; a.A. *Ulmer/Löbbe*, in: Ulmer/Habersack/Löbbe, GmbHG, § 3 Rn. 104.

84 *Fastrich*, in: Baumbach/Hueck, GmbHG, § 3 Rn. 52; *Emmerich*, in: Scholz, GmbHG, § 3 Rn. 79; *Michalski*, in: Michalski, GmbHG, § 3 Rn. 70.

85 BGH, NZG 2008, 73.

86 BGH, NJW RR 1993, 607.

87 BGH, GmbHR 2008, 258.

88 OLG Hamm, NZG 2002, 421.

89 Hierzu auch: *Michalski*, in: Michalski, GmbHG, § 3 Rn. 74 m.w.N. Zur Rechtsstellung des Anteilserwerbers, wenn durch den Beitritt die Voraussetzungen für eine Freistellung der Gesellschaft vom Verbot des § 1 GWB entfallen sind: BGH, ZIP 2015, 678 ff.

90 Hierzu auch: *Ulmer/Löbbe*, in: Ulmer/Habersack/Löbbe, GmbHG, § 3 Rn. 117 f.; *Michalski*, in: Michalski, GmbHG, § 3 Rn. 76 ff.

niedergelegt sein. Der Struktur nach unterliegen Vorzugsrechte vergleichbaren Regelungen wie die Nebenleistungsverpflichtungen i.S.v. Abs. 2, 2. Alt. Sie können höchstpersönlicher Natur oder mit einem Geschäftsanteil verbunden sein. In letzterem Fall gehen sie mit der Anteilsübertragung auf den Erwerber über. Vorzugsrechte sind nicht selten auch mit Nebenleistungsverpflichtungen gekoppelt – zu nennen sind nur die Pflicht und das Recht zur Geschäftsführung. Weitere typische Fallgestaltungen von Vorzugsrechten sind das Recht auf erhöhten Gewinnanteil, Ankaufs- und Andienungsrechte, Entsende- oder Benennungsrechte für Geschäftsführung bzw. Beirat und vom Kapitalanteil abweichende Stimmrechte.

IV. Weitere fakultative Satzungsbestandteile

Der Gesellschaftsvertrag der GmbH gibt den Gesellschaftern einen weiten Gestaltungsspielraum, 58 neben den in Abs. 2 genannten Regelungsgegenständen weitere fakultative Satzungsbestandteile mit kooperationsrechtlicher Wirkung (hierzu: Rdn. 33 f.) vorzusehen. Etliche dieser möglichen Regelungsgegenstände sieht das GmbHG ausdrücklich vor. Hierzu gehören die Vereinbarung von Sacheinlagen (§§ 5 Abs. 4, 19 Abs. 2 Satz 2), die Vinkulierung von Geschäftsanteilen (§ 15 Abs. 5), Regelungen zu weiteren Gesellschaftsblättern (§ 12 Satz 2), die Vereinbarung von Nachschusspflichten (§§ 26 bis 28 Abs. 1), Regelungen zur Gewinnverwendung (§ 29), die Amortisierung (§ 34 Abs. 1), Regelungen zur gemeinschaftlichen Vertretungsbefugnis (§ 35 Abs. 2), Beschränkungen der Geschäftsführungsbefugnis (§ 37 Abs. 1), die Beschränkung des Widerrufs der Geschäftsführerbestellung (§ 38 Abs. 2), Bedingungen zu den Rechten der Gesellschafter (§ 45 Abs. 2), die Bestellung eines freiwilligen Aufsichtsrats (§ 52 Abs. 1), weiter gehende Anforderungen an Satzungsänderungen (§ 53 Abs. 2), Mehrheitserfordernisse für einen Auflösungsbeschluss (§ 60 Abs. 1 Nr. 2), Bestimmungen zu Auflösungsgründen (§ 60 Abs. 2), die Auswahl von Liquidatoren (§ 66 Abs. 1) oder Regelungen zur abweichenden Vermögensverteilung (§ 72 Satz 2).

Da dem GmbH-Recht der Grundsatz der Satzungsstrenge i.S.d. § 23 Abs. 5 AktG fremd ist, kön- 59 nen die Gesellschafter auch über die vorstehend genannten gesetzlich ausdrücklich vorgesehenen Regelungsgegenstände hinaus im großen Umfang Abreden mit kooperationsrechtlicher Wirkung (hierzu: Rdn. 35) treffen. Hierzu gehören etwa Regelungen wie die Übernahme des Gründungsaufwands durch die Gesellschaft analog § 26 AktG,[91] Befreiungen von den Beschränkungen des § 181 BGB bzw. dahin gehende Ermächtigungsklauseln,[92] Regelungen zur Kündigung, dem Ausscheiden von Gesellschaftern und deren Abfindung, Vorkaufsrechte und Andienungspflichten in Bezug auf Geschäftsanteile, Güterstandsklauseln[93] sowie Schiedsklauseln[94] und Gerichtsstandsklauseln.

V. Mängel fakultativer Satzungsbestandteile

Sind fakultative (echte) Satzungsbestandteile fehlerhaft, berührt dies grds. den Bestand der ein- 60 getragenen GmbH nicht. Insb. bekommt keine Nichtigkeitsklage nach § 75 und auch kein Amtslöschungs- oder Amtsauflösungsverfahren nach §§ 397 ff. FamFG in Betracht.[95] Einschlägig ist allenfalls eine Auflösungsklage nach § 61, wenn insoweit ein wichtiger Grund vorhanden ist. Abhängig von der mangelbehafteten Satzungsregelung und der Art des Mangels können auch spezifische Nichtigkeits- oder Anpassungsmechanismen greifen, so insb. bei fehlerbehafteten Abfindungsklauseln.[96]

---

91 Hierzu auch: BGH, NJW 1998, 233; BGHZ 107, 104; *Bayer*, in: Lutter/Hommelhoff, GmbHG § 3 Rn. 52.

92 BGHZ 87, 59; OLG Hamm, GmbHR 1998, 682; s. aber auch *Bayer*, in: Lutter/Hommelhoff, GmbHG § 3 Rn. 52 m.w.N., der neben der Festlegung in der Satzung auch eine besondere Eintragung im Handelsregister fordert.

93 Hierzu: *Wenckstern*, NJW 2014, 1335 ff.

94 Zu Mediationsklauseln: *Schröder*, GmbHR 2014, 960 ff.

95 *Michalski*, in: Michalski, GmbHG, § 3 Rn. 51.

96 Hierzu im Einzelnen: Sandhaus zu § 34 Rdn. 65 ff.

D. (Schuldrechtliche) Gesellschaftervereinbarungen

I. Mögliche Inhalte

61 Die Gesellschafter der GmbH können, und tun dies in der Praxis in erheblichen Umfang auch, außerhalb des Gesellschaftsvertrages Abreden treffen, die ihr Gesellschaftsverhältnis betreffen. Solche nicht mitgliedschaftsrechtlich sondern nur schuldrechtlich wirkenden Abreden[97] können zwischen sämtlichen Gesellschaftern oder nur zwischen einzelnen von ihnen getroffen werden. Besonders häufig sind Stimmrechts- bzw. Pool-Vereinbarungen,[98] Regelungen zu Vorkaufsrechten und Andienungspflichten.[99] Gerade in Gemeinschafts- bzw. Joint-Venture-Unternehmen kommt dem Konsortialvertrag erhebliche Bedeutung für die Steuerung des Unternehmens zu. Typische Regelungsgegenstände sind die Sitzungen von Gesellschaftsorganen, die Gewinnverteilung, geplante Exit-Strategien und Finanzierungszusagen. Dabei sind insb. durch die Gesellschafter erklärte Verlustübernahmen im Rahmen einer Gesellschaftervereinbarung auch ohne die zeitlichen und betragsmäßigen Beschränkungen einer kooperationsrechtlichen Regelung (hierzu: Rdn. 49) möglich und zulässig. Nicht selten wird durch entsprechende Abreden zwischen den Gesellschaftern eine BGB (Innen-) Gesellschaft begründet.[100]

II. Kooperationsrechtliche Wechselwirkungen

62 Grds. stehen die mitgliedschaftsrechtlichen Regelungen der Satzung und mögliche schuldrechtliche Abreden einer Gesellschaftervereinbarung nebeneinander, sie folgen auch unterschiedlichen Regelungsprinzipien (hierzu und zur Abgrenzung: Rdn. 37 f.). Insb. im Anschluss an zwei Entscheidungen des BGH ist Diskussion zu der Frage entstanden, ob und in welchem Umfang es Wechselwirkungen zwischen verbandsrechtlichen Satzungsregelungen und schuldrechtlichen Vereinbarungen gibt. Der BGH hatte Anfechtungsklagen wegen Verletzung von Gesellschaftervereinbarungen für begründet erachtet, an denen sämtliche Gesellschafter beteiligt waren; im Wesentlichen haben hier prozessökonomische Argumente den Ausschlag gegeben.[101] Weitere Wechselwirkungen werden diskutiert.[102] Diesen Tendenzen ist im Ergebnis nicht zu folgen, denn sie führen zu einer gänzlichen Verwischung der Trennlinie zwischen verbandsrechtlichen und schuldrechtlichen Abreden und damit auch von echten und unechten Satzungsbestandteilen.

E. Mantelverwendung und Vorratsgründung

I. Ausgangslage

63 Die GmbH besteht nach erfolgreichem Gründungsverfahren als juristische Person unabhängig davon, ob sie ein Unternehmen betreibt und am Geschäftsverkehr teilnimmt. Auch der nach Abs. 1 Nr. 2 zwingend festzulegende Unternehmensgegenstand impliziert nichts anderes; dies schon allein deshalb nicht, weil die GmbH nicht notwendig Unternehmensträger sein muss[103] und weil auch die Verwaltung eigenen Vermögens einen ausreichenden Unternehmensgegenstand darstellt.[104] Die GmbH besteht als juristische Person mithin auch dann, wenn sie nur die geleistete (Bar-) Einlage

97 Zur Abgrenzung: Rdn. 37 f.

98 Zu Gesellschaftervereinbarungen: *Noack*, Gesellschaftervereinbarungen, *passim*, S. 4; *Hoffmann/Becking*, ZGR 1994, 442, 459; *Priester*, in: FS Klaussen, 319; *Wicke*, DSDR 2006, 1137; spezifisch zu Pool-Vereinbarungen: H.P. Westermann, Hauptprobleme des Pool-Vertrages in Familienunternehmen, GesRZ 2015, 161 ff.

99 OLG Karlsruhe, WM 1990, 725; BGH, NJW 1987, 890; *Michalski*, in: Michalski, GmbHG, § 3 Rn. 93.

100 *Emmerich*, in: Scholz, GmbHG, § 3 Rn. 108; *Michalski*, in: Michalski, GmbHG, § 3 Rn. 93; *Fastrich*, in: Baumbach/Hueck, GmbHG, § 3 Rn. 58.

101 BGH, NJW 1987, 1890, 1892; BGH, NJW 1983, 1910.

102 Statt aller: *Noack*, Gesellschaftervereinbarung, *passim*, S. 123; *Priester*, in: FS Claussen, 330; *Hoffmann/Becking*, ZGR 1994, 452; *Ulmer/Löbbe*, in: Ulmer/Habersack/Löbbe, GmbHG, § 3 Rn. 128 ff. m.w.N.

103 Hierzu auch Schmitz zu § 1 Rdn. 25 ff.

104 Statt aller: *Ulmer/Löbbe*, in: Ulmer/Habersack/Löbbe, GmbHG, § 3 Rn. 133.

hält und auch dann, wenn sie nach dem Verlust ihres Eigenkapitals vermögenslos geworden ist. Man spricht in diesen Fällen von der GmbH als (leerem) Mantel oder auch einer (leeren) Hülse.[105]

Ursprünglich stammt die Diskussion um GmbH-Mäntel aus dem Bereich von Gesellschaften mbH, 64
die ihren Geschäftsbetrieb eingestellt hatten und i.d.R. vermögenslos waren und dann, häufig im Nachgang zu einem Mantelkauf, durch Wiederaufnahmen einer anderweitigen Unternehmenstätigkeit, wieder reaktiviert wurden. Für solche **Mantelverwendungen** gab es im Wesentlichen drei **Motive.** Da war zunächst der ausgeprägte Handel mit steuerlichen Verlustvorträgen im GmbH-Mantel, die sich ein Erwerber durch Verlagerung von steuerpflichtigen Erträgen in die GmbH oder aber durch Verschmelzung der GmbH und damit verbundener Übertragung der steuerlichen Verlustvorträge auf eine andere Körperschaft zunutze machen konnte. Der Gesetzgeber hat solche Gestaltungen den Mantelkaufregelungen nach § 8 Abs. 4 KStG[106] und dann mit der Anschlussregelung in § 8c KStG ganz massiv eingeschränkt bzw. den Übergang von Verlustvorträgen in Rahmen der Verschmelzung nach § 12 Abs. 3 Halbs. 2 i.V.m. § 4 Abs. 2 Satz 2 UmwStG gänzlich ausgeschlossen.[107] Ein weiterer Grund für die früher weitverbreitete Verwendung von GmbH-Mänteln war die Umgehung der Regelungen zur Mindestkapitalausstattung der GmbH und der Gründungskosten. Insb. die Umgehung der Kapitalaufbringungsgrundsätze war ein maßgeblicher Grund dafür, die »wirtschaftliche Neugründung« von GmbH-Altmänteln in Analogie zum Gründungsrecht zu behandeln.[108]

Die sich hieran in der Literatur anschließende Diskussion war und ist bis heute allerdings sowohl in 65
den rechtlichen Grundlagen als auch in der Ausgestaltung der Details heillos zerstritten und uneinheitlich. Exemplarisch genannt seien: Die Frage, ob bei der Kapitalaufbringung i.R.d. wirtschaftlichen Neugründung auf das Mindeststammkapital oder aber auf das Stammkapital laut Satzung abzustellen ist, ob ein Sachgründungsbericht oder nur ein Wertnachweis[109] beigebracht werden muss, die Reichweite der registergerichtlichen Kontrolle i.R.d. wirtschaftlichen Neugründung,[110] oder ob eine Vorbelastungshaftung und eine Handelndenhaftung eingreifen soll. Die Unübersichtlichkeit wird weiter dadurch genährt, dass die Sach- und Rechtslage zur Behandlung der Reaktivierung eines vermögenslosen GmbH-Mantels nicht bzw. nur sehr bedingt mit der Situation der Reaktivierung eines GmbH-Mantels mit weiterhin vorhandenem Vermögen vergleichbar ist.[111]

Von der Reaktivierung und damit wirtschaftlichen Neugründung eines GmbH-Altmantels ist auch 66
die erstmalige Aktivierung einer zunächst nur auf Vorrat gegründeten GmbH abzugrenzen, sog. **Vorratsgründung.** Typischerweise nimmt die Vorrats-GmbH nach Übertragung der Geschäftsanteile auf einen Erwerber und nach grundlegender Neugestaltung der Satzung, insb. im Bereich des Unternehmensgegenstandes, der Firma und des Sitzes, am Geschäftsverkehr teil. Es handelt sich mithin nicht um eine wirtschaftliche Neugründung i.S.d. Mantelverwendung; vielmehr lässt sich das Ganze als ein gestreckter Gründungsvorgang verstehen, bei dem die rechtliche Gründung der juristischen Person und weitere Schritte zur Aufnahme wirtschaftlicher Geschäftstätigkeit auseinanderfallen.[112]

105 Zu dieser Diktion: KG, JW 1924, 1535, 1537. Zu den Anforderungen an die »leere Hülse« s. auch BGHZ 155, BGHZ 155, 318; BGH, DStR 2010, 763.

106 Hierzu nur: *Simon*, in: Heckschen/Simon, Umwandlungsrecht, § 13 m.w.N.

107 Hierzu nur: *Rödder*, in: Rödder/Herlinghaus/van Lishaut, Umwandlungssteuergesetz, § 12 Rn. 104 ff.

108 Grundlegend: *Ulmer*, BB 1983, 1123; *Priester*, DB 1983, 2291; *Ulmer/Löbbe*, in Ulmer/Habersack/Löbbe, GmbHG, § 3 Rn. 146 ff. m.w.N.

109 ZTB 1983, 2291, 2296.

110 Statt aller: *Ihrig*, BB 1988, 1197, 1203; *Schick*, GmbHR 1997, 982, 985; *Peters*, GmbH-Mantel als gesellschaftsrechtliches Problem, 1989, 102.

111 Hierzu nur: *Ulmer/Löbbe*, in Ulmer/Habersack/Löbbe, GmbHG, § 3 Rn. 162 einerseits und Rn. 168 andererseits.

112 Hierzu auch: *Goette*, DSDR 2003, 887, 890; *Goette*, DSDR 2004, 461, 462.

II. BGH-Rechtsprechung

67 Der BGH hat in seiner Rechtsprechung die vielfältigen Streitfragen rund um Mantelverwendung und Vorratsgründung ohne große dogmatische Referenzierung, und damit auch teilweise sehr simplifizierend, einem einheitlichen Institut der wirtschaftlichen (Neu-) Gründung unterworfen. Danach sind die Gründungsvorschriften des GmbHG analog auf die Reaktivierung eines GmbH-Mantels anwendbar und zwar unabhängig davon, ob die GmbH vermögenslos ist.[113] Gleiches gilt auch bei der erstmaligen Aktivierung einer Vorrats-GmbH.[114] Die Gemüter der juristischen Literatur hat dies nicht zu beruhigen vermocht, vielmehr sind sowohl Detailfragen als auch dogmatische Grundlagen der wirtschaftlichen Neugründung in einem durch die Rechtsprechung zugespitzten Maße kritisch diskutiert und infrage gestellt.[115]

68 Die durch den BGH angeordnete analoge Anwendung der Gründungsvorschriften knüpft zunächst an einem Offenlegungsgebot und eine sich daran anschließende registergerichtliche Kontrolle an. Die Geschäftsführer der GmbH haben die erstmalige Aktivierung einer Vorratsgesellschaft bzw. die wirtschaftliche Neugründung eines GmbH-Mantels dem Registergericht offenzulegen. Bei der Vorratsgesellschaft erfolgt diese Offenlegung regelmäßig mit der Registeranmeldung der ohnehin vorgenommenen Änderungen der Satzung. Bei der Reaktivierung eines GmbH-Mantels der Satzungsänderung muss eine gesonderte Anzeige an das Registergericht erfolgen. Im Rahmen dieser Offenlegung haben die Geschäftsführer analog §§ 8 Abs. 2, 7 Abs. 2, 3 zu versichern, dass die Kapitalausstattung der GmbH gemessen am satzungsmäßigen Stammkapital (nach wie vor) ordnungsgemäß ist. I.H.d. gesetzlichen Mindesteinzahlung muss sich mithin entsprechendes Vermögen zur freien Vermögen der Geschäftsführer befinden. Analog §§ 7 Abs. 1, 78 ist diese Offenlegung von sämtlichen Geschäftsführern vorzunehmen. Die sich anschließende registergerichtliche Prüfung vollzieht sich analog § 9c GmbHG. Im Rahmen der Anzeige trifft die Geschäftsführer ggf. eine Haftung aus § 9a, wenn unrichtige oder unvollständige Angaben gemacht werden.

69 Sanktioniert wird das Institut der wirtschaftlichen Neugründung durch eine die Gesellschafter treffende **Unterbilanzhaftung**, wenn diese der Geschäftsaufnahme vor Offenlegung zugestimmt haben.[116] Abweichend von der regulären Unterbilanzhaftung ist aber als maßgeblicher Stichtag insoweit nicht auf die Handelsregistereintragung, sondern auf den Zeitpunkt der Offenlegung der wirtschaftlichen Neugründung ggü. dem Registergericht abzustellen.[117] Darüber hinaus trifft insb. die Geschäftsführer ggf. eine Handelndenhaftung analog § 11 Abs. 2, wenn sie ohne Zustimmung sämtlicher Gesellschafter vor der Offenlegung ggü. dem Registergericht bereits Geschäfte für die Vorrats-GmbH bzw. den GmbH-Mantel vorgenommen haben. Sowohl die Unterbilanzhaftung als auch die Handelndenhaftung sollte nach bislang herrschender Ansicht erst mit der Offenlegung ggü. dem Registergericht unterbrochen werden;[118] insoweit sollte auch Unkenntnis von den Umständen einer wirtschaftlichen Neugründung vor diesen Haftungsfolgen nicht schützen. Dieser zeitlich unbegrenzten Haftung ist der BGH in seiner Grundsatzentscheidung vom 6.3.2012 entgegengetreten. Danach haften die Gesellschafter bei unterbliebener Offenlegung im Umfang einer Unterbilanz, die in dem Zeitpunkt besteht, zu dem die wirtschaftliche Neugründung entweder durch die Anmeldung der Satzungsänderungen oder durch die Aufnahme der wirtschaftlichen Tätigkeit erstmals nach außen in Erscheinung tritt.[119]

113 BGHZ 153, 158.

114 BGHZ 155, 318; BGH, DStR 2010, 763.

115 Statt aller: *Ulmer/Löbbe*, in: Ulmer/Habersack/Löbbe, GmbHG, § 3 Rn. 141 ff. m.w.N.

116 BGHZ 80, 129, 139 f.; 134, 333, 335; BGH, NZG 2012, 439, 443.

117 BGHZ 155, 318; BGHZ 192, 341 = NZG 2012, 539, 541; zum Streitstand auch: *Priester*, ZHR 168 (2004), 248, 264; *Karsten Schmidt*, NJW 2004, 1345, 1349; *Ulmer/Löbbe*, in: Ulmer/Habersack/Löbbe, GmbHG, § 3 Rn. 144, 159.

118 So etwa *Heidinger*, ZGR 2005, 101, 25; *Karsten Schmidt*, NJW 2004, 1345, 1350; *Michalski*, in: Michalski, GmbHG, § 3 Rn. 31.

119 BGHZ 192, 341; zustimmend *Wicke*, in: MünchKommGmbHG, § 3 Rn. 32; ebenso, mit eingehender Untersuchung der Entscheidung *Ulmer*, ZIP 2012, 1265, 1272; mit der bislang hM ablehnend *Bayer*,

III. Mantelverwendung

1. Abgrenzungen

Die Anwendung der Regelungen zur wirtschaftlichen Neugründung auf die Reaktivierung von Alt-Mänteln rechtfertigt sich insb. aus dem Argument einer Umgehung des Gründungsrecht und dort insb. der Kapitalaufbringungsgrundsätze. Eine analoge Anwendung des Gründungsrechts leitet sich dabei (ursprünglich) insb. aus Sachverhaltskonstellationen ab, in denen eine zuvor unternehmerisch tätige GmbH ihren Geschäftsbetrieb einstellt, im Wesentlichen **vermögenslos** ist und dann längere Zeit inaktiv bleibt.[120] Ist die Alt-GmbH hingegen nicht vermögenslos, lässt sich die Anwendung der Grundsätze der wirtschaftlichen Neugründung – wenn überhaupt – nur mit erhöhtem Begründungsaufwand rechtfertigen. Man kann insoweit bereits daran zweifeln, ob eine die Analogie zum Gründungsrecht rechtfertigende vergleichbare Sach- und Rechtslage vorliegt. Alternativ kann man auf der Rechtsfolgenseite das Gründungsrecht nur mit Einschränkungen zur Anwendung bringen.[121] Jedenfalls gebietet die Tatsache, dass die **nichtvermögenslose** GmbH noch über (ggf. begrenzte) Kapitaldeckung verfügt, eine differenzierten Betrachtung im Vergleich zu einer vermögenslosen GmbH-Hülse (hierzu: Rdn. 75 ff. einerseits und Rdn. 78 ff. andererseits). 70

Darüber hinaus besteht Einigkeit, dass die Grundsätze der wirtschaftlichen Neugründung nicht anzuwenden sind auf **Reorganisationsakte**. Auch eine grundlegende Neuausrichtung der unternehmerischen Tätigkeit einer GmbH selbst verbunden mit einer neuen Gesellschafterstruktur führt nicht zu einer analogen Anwendung des Gründungsrechts. Die Organisationsfreiheit der Gesellschafter und der Geschäftsführung ist insoweit nicht beschränkt.[122] Die Abgrenzung zwischen wirtschaftlicher Neugründung einer nichtvermögenslosen Alt-GmbH und einem bloßen Reorganisationsakt stößt in der Praxis auf massive Schwierigkeiten. Der BGH stellt insoweit darauf ab, ob die Gesellschaft vor der Reorganisation noch ein aktives Unternehmen betrieb, an das die Fortführung des Geschäftsbetriebs – mit oder ohne Modifikation – in irgendeiner wirtschaftlich noch gewichtbaren Weise anknüpft, oder ob es sich um einen tatsächlich leer gewordenen Mantel ohne Geschäftsbetrieb handelt, der den (neuen oder auch bisherigen) Gesellschaftern nur dazu dient, unter Vermeidung einer rechtlichen Neugründung eine gänzlich neue Geschäftstätigkeit aufzunehmen.[123] Dabei ist aber kaum zu erklären, dass, warum und in welchem Umfang der (neue) Geschäftsbetrieb des Unternehmens in wirtschaftlich noch gewichtbarer Weise an bisherige Tätigkeiten des Unternehmens anknüpfen muss. Dementsprechend haben die Abgrenzungskriterien in der Literatur weitgehende Ablehnung erfahren.[124] 71

Die Grundsätze der wirtschaftlichen Neugründung werden auch in der Liquidation der Gesellschaft sowie bei Fortführung des Unternehmens nach der Insolvenz angewendet.[125] In der Abwicklungsphase ist nach dem BGH darauf abzustellen, ob noch nennenswerte Liquidationsaufgaben i.S.d. § 70 wahrgenommen werden, die auf den Schluss der Liquidation zusteuern, oder ob die Abwicklung über längere Zeit nicht mehr betrieben wurde und deshalb vom Vorliegen eines leeren Gesellschaftsmantels ohne Geschäftsbetrieb auszugehen ist.[126] Die bloße Einstellung des operativen 71a

---

in: Lutter/Hommelhoff, GmbHG, § 3 Rn. 91; zur Rezeption der Entscheidung vgl. auch *Winnen*, RNotZ 2013, 389, 409 m.w.N.

120 *Ulmer/Löbbe*, in: Ulmer/Habersack/Löbbe, GmbHG, § 3 Rn. 146 ff. m.w.N.

121 So etwa: *Ulmer/Löbbe*, in: Ulmer/Habersack/Löbbe, GmbHG, § 3 Rn. 152.

122 *Michalski*, in: Michalski, GmbHG, § 3 Rn. 24; *Emmerich*, in: Scholz, GmbHG, § 3 Rn. 22; *Ulmer/Löbbe*, in: Ulmer/Habersack/Löbbe, GmbHG, § 3 Rn. 163.

123 BGHZ 155, 318, 324.

124 *Altmeppen*, DB 2003, 2053; *Heidinger/Meyding*, NZG 2003, 1129, 1131; *Karsten Schmitt*, NJW 2004, 1351; mit nunmehr abgemildeter Kritik *Bayer*, in: Lutter/Hommelhoff, GmbHG, § 3 Rn. 102 ff.

125 BGH, NZG 2014, 264; s. auch *Bayer*, in: Lutter/Hommelhoff, GmbHG, § 3 Rn. 99; *Wicke*, in: Wicke, GmbHG, § 3 Rn. 11. Für eine Insolvenzausnahme bei Unternehmensfortsetzung und wirtschaftlicher Neugründung: *Hacker/Petsch*, ZIP 2015, 761 ff.

126 BGH, NZG 2014, 264, 265.

Geschäftsbetriebs genügt danach nicht für die Qualifizierung einer nachfolgenden Reaktivierung als wirtschaftliche Neugründung.[127] Unter dieser Bedingung wird auch bei Fortführung der aufgelösten Gesellschaft keine Deckung des Stammkapitals vorausgesetzt.[128]

72 Zur Frage der Anknüpfung an bisherige Geschäftstätigkeiten ähnliche **Abgrenzungsfragen** enthielt die seinerzeitige Mantelkaufregelung in § 8 Abs. 4 Satz 2 KStG mit dem Tatbestandsmerkmal der **Betriebsvermögenszuführung.** Für das Eingreifen der Verlustverrechnungsbeschränkung war u.a. entscheidend, ob die GmbH ihren Geschäftsbetrieb mit überwiegend neuem Betriebsvermögen wieder aufgenommen oder fortgesetzt hat.[129] Letztlich hat auch die Finanzverwaltung dieses Tatbestandsmerkmal in der Rechtsanwendung nicht wirklich in den Griff bekommen. Dies war der maßgebliche Grund dafür, dass der Gesetzgeber sodann einen Konzeptwechsel vorgenommen hat und mit § 8c KStG die Beschränkung der Verlustverrechnung nur noch auf den Gesellschafterwechsel stützt und es damit auf Fragen der Wiederaufnahme eines geänderten Geschäftsbetriebs nicht mehr ankommt.

73 Im Rahmen der analogen Anwendung des GmbH-Gründungsrechts auf Fälle der wirtschaftlichen Neugründung gehen diese vergleichbaren **Rechtsunsicherheiten** zulasten der Geschäftsführer und Gesellschafter. Letztlich ist dies weder sachgerecht, noch erforderlich, denn es ist nicht wirklich erkennbar, dass und warum die Wiederaufnahmen des Geschäftsbetriebs einer inaktiven, aber nicht vermögenslosen GmbH als Umgehung der Kapitalaufbringungsgrundsätze zu werten sein soll.

74 Der Fallgruppe der »GmbH-Reorganisation« zuzurechnen sind regelmäßig auch die Verwendung von **GmbH-Mänteln im Konzern.** I.d.R. handelt es sich nicht, jedenfalls nicht dauerhaft, um vermögenslose Gesellschaften. Ihr häufiges Einsatzfeld als Beteiligungs- und Zwischen-Holding dient im Wesentlichen den konzerninternen Organisationsanforderungen. Eine die analoge Anwendung des Gründungsrechts rechtfertigende Gefährdungslage für den Rechtsverkehr ist damit regelmäßig nicht erkennbar.[130]

2. Vermögensloser-Alt-Mantel

75 Bei der Reaktivierung vermögensloser Alt-Mäntel hat die Gestaltungspraxis die von der BGH-Rechtsprechung vorgegebenen Grundsätze zur Offenlegung und materiellen Prüfung i.R.d. wirtschaftlichen Neugründung zu beachten (dazu oben: Rdn. 67 ff.). Allerdings sind diese Fallgestaltungen in der Praxis recht selten geworden. Steuerlich motivierte Mantelverwendungen sind wegen der massiv verschärften steuerrechtlichen Rahmenbedingungen kaum noch anzutreffen (dazu oben: Rdn. 64). Und mit der Einführung der Unternehmergesellschaft haftungsbeschränkt (§ 5a) ist auch das Mindeststammkapital und der Gründungsaufwand kein wirklicher Ansporn mehr dazu, Alt-Mäntel zu verwenden, zumal diese stets auch mit wenig kalkulierbaren Altverbindlichkeiten belastet sein können.

76 In formaler Hinsicht können die Rechtshandlungen zur Aktivierung des Alt-Mantels, insb. die zu diesem Zwecke erforderlichen Satzungsänderungen, mit satzungsändernder Mehrheit nach § 53 Abs. 2 Satz 1 GmbHG vorgenommen werden. Allerdings ist zu berücksichtigen, dass die Gesell schafter i.R.d. wirtschaftlichen Neugründung das Stammkapital der (vermögenslosen) GmbH erneut aufzufüllen haben, was aus einer analogen Anwendung der §§ 5, 7 Abs. 2, Abs. 3, 19 folgt. Unter diesem Gesichtspunkt setzt die Reaktivierung wegen der damit übernommenen Einlageversprechen entsprechend § 53 Abs. 3 die Zustimmung aller verpflichteten Gesellschafter voraus.[131]

---

127 BGH, NZG 2014, 264, 265; s. auch *Kleindiek*, in: Lutter/Hommelhoff, GmbHG, § 60 Rn. 33; *Hacker/Petsch*, ZIP 2015, 761, 767.

128 *Kleindiek*, in: Lutter/Hommelhoff, GmbHG, § 60 Rn. 33; *Karsten Schmitt*, DB 2014, 701 ff.

129 Hierzu statt aller: *Simon*, in: Heckschen/Simon, Umwandlungsrecht, § 13 Rn. 33 ff. m.w.N.

130 So auch: *Altmeppen*, DB 2003, 2050, 2053; *Ulmer/Löbbe*, in: Ulmer/Habersack/Löbbe, GmbHG, § 3 Rn. 140; *Karsten Schmitt*, NJW 2004, 1351; ebenfalls zurückhaltend: *Goette*, DSTR 2004, 461, 465.

131 So auch: *Ulmer/Löbbe*, in: Ulmer/Habersack/Löbbe, GmbHG, § 3 Rn. 168.

Die Kapitaldeckungspflicht der Gesellschafter und dementsprechend auch die von den Geschäftsführern abzugebende Versicherung über ihre freie Verfügung über die Stammeinlage im Zeitpunkt der Offenlegung ggü. dem Registergericht bezieht sich analog § 8 Abs. 2 nur auf die Leistung der Mindesteinlage. 77

3. Nicht-vermögensloser Alt-Mantel

Die Rechtsprechungsgrundsätze zur wirtschaftlichen Neugründung sind auch auf die Reaktivierung inaktiver aber nicht vermögensloser Alt-Mäntel anzuwenden; auf die hiergegen bestehenden grundsätzlichen Bedenken wurde bereits eingegangen (oben: Rdn. 70). Für die Gestaltungspraxis bedeutet dies, dass die Reaktivierung der GmbH dem Registergericht durch die Geschäftsführer offenzulegen ist. Im Rahmen dieser Offenlegung haben die sämtlichen Geschäftsführer zu versichern, dass ein noch zur Deckung des statuarischen Stammkapitals ausreichendes Vermögen der Gesellschaft vorhanden ist und ihnen zur freien Verfügung steht. Maßgeblicher Zeitpunkt ist auch hier der Tag der Offenlegung ggü. dem Registergericht. Für die Kapitaldeckungsverpflichtung der Gesellschafter bedeutet dies, dass sie nur zur Erbringung weiterer Einlagen verpflichtet sind, wenn die GmbH in diesem Zeitpunkt eine Unterbilanz aufweist.[132] Vor diesem Hintergrund werden die Geschäftsführer schon zur eigenen Absicherung regelmäßig eine Stichtagsbilanz aufstellen wollen. 78

Sind laut Gesellschaftsvertrag ursprünglich Sacheinlagen geschuldet, so kommt es i.R.d. wirtschaftlichen Neugründung nicht darauf an, dass sich die nämlichen Gegenstände noch im Vermögen der GmbH befinden. Ausreichend ist, wenn sich entsprechende Bar- oder Sachwerte zur Deckung des statuarischen Stammkapitals im GmbH-Vermögen befinden. Ob der Wertnachweis ggü. dem Registergericht allerdings durch Vorlage einer zeitnahen Jahresbilanz entsprechend den Grundsätzen über die Kapitalerhöhung aus Gesellschaftsmitteln nach § 57i) Abs. 1, Abs. 2 erbracht werden kann, erscheint zweifelhaft.[133] Denn die Wertermittlung und die aus Ihr abgeleitete Aussage zur Wertdeckung ist konsequenter Weise auf den Tag der Registeranmeldung zu erstellen. Eine (auch zeitnahe) Jahresbilanz ist aber zwingend auf einen in der Vergangenheit, d.h. vor der Registeranmeldung liegenden Stichtag erstellt. 79

Hinsichtlich der **Haftungssanktionen** spricht einiges dafür, die Gesellschafter im Fall der Reaktivierung einer nicht-vermögenslosen Alt-GmbH nur auf eine Differenzhaftung analog § 9, nicht aber auf eine uneingeschränkte Unterbilanzhaftung in Anspruch zu nehmen.[134] 80

IV. Vorratsgründung

Es ist heute geklärt, dass die offene Vorratsgründung einer GmbH rechtlich zulässig ist.[135] Im Unternehmensgegenstand nach Abs. 1 Nr. 2 hat dies dadurch zum Ausdruck zu kommen, dass die Gesellschaft (nur) eigenes Vermögen verwaltet.[136] Demgegenüber ist eine verdeckte Vorratsgründung nicht zulässig; sie wird regelmäßig mit einem fiktiven und deshalb nichtigen Unternehmensgegenstand i.S.v. Abs. 1 Nr. 2 einhergehen.[137] 81

Die Aktivierung der Vorrats-GmbH geht grds. mit grundlegenden Veränderungen des Gesellschaftsvertrages, insb. im Bereich des Unternehmensgegenstandes, der Firma und des Sitzes einher und wird regelmäßig von einem Gesellschafterwechsel begleitet. Für die entsprechenden Satzungsänderungen ist satzungsändernde Mehrheit nach § 53 Abs. 2 Satz 1 GmbHG ausreichend.[138] 82

---

132 Statt aller: *Ulmer/Löbbe*, in: Ulmer/Habersack/Löbbe, GmbHG, § 3 Rn. 175 ff.

133 Dafür etwa: *Ulmer/Löbbe*, in: Ulmer/Habersack/Löbbe, GmbHG, § 3 Rn. 176.

134 *Schütz*, NZG 2004, 746, 750; *Ulmer/Löbbe*, in: Ulmer/Habersack/Löbbe, GmbHG, § 3 Rn. 177 f.; für Altfälle auch: OLG Jena, BB 2004, 2116, 2207.

135 BGHZ 155, 318, 322.

136 BGHZ 117, 323, 336.

137 Zu den Rechtsfolgen: Rdn. 29 f.

138 *Ulmer/Löbbe*, in: Ulmer/Habersack/Löbbe, GmbHG, § 3 Rn. 156.

83 Die Offenlegung der Aktivierung der Vorrats-GmbH erfolgt i.R.d. Handelsregisteranmeldung der Satzungsänderungen; eine darüber hinausgehende besondere Anzeige- oder Offenlegungsflicht besteht nicht. Die Registeranmeldung ist allerdings analog §§ 7 Abs. 1, 78 durch die sämtlichen Geschäftsführer zu bewirken. Bei fehlerhaften Angaben i.R.d. Registeranmeldung trifft die Geschäftsführer eine Haftung analog § 9a.

84 Im Rahmen der Handelsregisteranmeldung haben die Geschäftsführer analog §§ 7 Abs. 2, Abs. 3, 8 Abs. 2 zu versichern, dass die zu erbringenden Mindesteinlagen durch die Gesellschafter bewirkt und diese sich nach wie vor in ihrer freien Verfügung befinden. Ggf. haben die Gesellschafter eine entsprechende Mittelaufstockung vorzunehmen, was aber in der Praxis mangels Teilnahme am Geschäftsverkehr selten ist. Prüfungsmaßstab für die durch das Registergericht durchzuführende Kontrolle ist analog § 9c.

85 Die Gesellschafter trifft eine Vorbelastungshaftung, wenn die Geschäftsführer mit Zustimmung der Gesellschafter vor der Registeranmeldung Geschäfte vorgenommen haben,[139] was aber wiederum in der Literatur teilweise kritisiert wird (hierzu: Rdn. 80). Darüber hinaus kann die Gesellschafter analog § 9 Abs. 1 eine Differenzhaftung treffen.

86 Das Eingreifen einer Handelndenhaftung im Fall der Aktivierung einer Vorrats-GmbH ist im Ergebnis abzulehnen, da eine den Schutz des Rechtsverkehrs erfordernde vergleichbare Sach- und Rechtslage mit § 11 Abs. 2 nicht anzunehmen ist.[140]

§ 4 Firma

Die Firma der Gesellschaft muß, auch wenn sie nach § 22 des Handelsgesetzbuchs oder nach anderen gesetzlichen Vorschriften fortgeführt wird, die Bezeichnung »Gesellschaft mit beschränkter Haftung« oder eine allgemein verständliche Abkürzung dieser Bezeichnung enthalten. Verfolgt die Gesellschaft ausschließlich und unmittelbar steuerbegünstigte Zwecke nach den §§ 51 bis 68 der Abgabenordnung kann die Abkürzung »gGmbH« lauten.

Schrifttum

Altmeppen, Anm. zu BGH, Urt. v. 12.06.2012 – II ZR 256/11, NJW 2012, 2871; *Brinkmann*, Zur Haftung von Geschäftsführer und sonstigen Vertretern ausländischer Gesellschaften wegen Fehlens des Rechtsformzusatzes, IPRax 2008, 30; *Canaris*, Anm. zu BGH, Urt. v. 24.06.1991 – II ZR 293/90, NJW 1991, 2628; *Gehrlein*, Der aktuelle Stand des neuen GmbH-Rechts, Der Konzern 2007, 771; *Haas*, Die Vertreterhaftung bei Weglassen des Rechtsformzusatzes nach § 4 II GmbHG, NJW 1991, 2628; *Kögel*, Die deutliche Unterscheidbarkeit von Firmennamen, Rpfleger 1998, 317; *Kilian*, Registerrecht – Aktuelle Entwicklungen, notar 2020, 10; *Leuering*, Die Änderung der Firma zwecks übertragender Sanierung, NJW 2016, 3265; *Lutter/Welp*, Das neue Firmenrecht der Kapitalgesellschaften, ZIP 1999, 1073; *Miras*, Anm. zu KG, Beschl. v. 08.09.2009 – 1 W 244/09, GWR 2010, 14; *Priester*, GmbH-Ersatzfirma durch Insolvenzverwalter, DNotZ 2016, 892; *Roth*, Reform des Gemeinnützigkeitsrechts – »Gesetz zur Stärkung des Ehrenamtes«, SteuK 2013, 136; *Schmittmann*, Beurkundung bei Verdacht von Firmenbestattungen, NZI 2016, 124; *Seebach*, Die Unternehmergesellschaft (haftungsbeschränkt) in der notariellen Praxis, RNotZ 2013, 261; *Stenzel*, Die Pflicht zur Bildung einer gesetzlichen Rücklage bei der UG (haftungsbeschränkt) und die Folgen für die Wirksamkeit des Gesellschaftsvertrags einer UG (haftungsbeschränkt) & Co. KG, NZG 2009, 168; *Stolz*, Anm. zu OLG Dresden, Beschl. v. 15.11.2010 – 13 W 890/10, GRURprax 2001, 59; *Veil*, Die Unternehmergesellschaft nach dem Regierungsentwurf des MoMiG, GmbHR 2007, 1080; *Wachter*, Änderungen im Firmenrecht der GmbH, GmbHR 2013, R145; *Wachter*, Die GmbH & Co. KG nach MoMiG, GmbHR, Sonderheft Oktober 2008, 87; *Werner*, Die Firmenbestattung, NZWiSt 2013, 418; *Wicke*, Aktuelle Fragen der GmbH-Praxis, MittBayNot 2014, 13; *Wilhelm*, »Unternehmergesellschaft (haftungsbeschränkt)« – Der neue § 5a GmbHG in dem RegE zum MoMiG, DB 2007, 1510.

139 BGHZ 153, 158, 162.

140 Im Ergebnis auch: *Priester*, ZHR 168 (2004), 263; *Heidinger/Meyding*, NZG 2003, 1134; zweifelnd: *Ulmer/Löbbe*, in: Ulmer/Habersack/Löbbe, GmbHG, § 3 Rn. 161; *Goette*, DStR 2004, 464.

Übersicht

A. Rechts- und Normentwicklung

Die jüngere Geschichte des Firmenrechts der GmbH wurde im Zuge des Handelsrechtsreformgesetzes vom 22.06.1998[1] zunächst von einer erheblichen Liberalisierung geprägt, die durch das MoMiG[2] vom 23.10.2008 freilich ein Stück weit relativiert wurde. So wurde das in § 4 seit seinem Inkrafttreten 1892 unverändert statuierte Erfordernis der Anlehnung der Firma an den Unternehmensgegenstand (»Sachfirma«[3] wie z.B. Rhein-Chemie GmbH) oder an die Namen der Gesellschafter (»Personenfirma«[4] wie etwa Egon Ohlsen GmbH) mit Wirkung vom 01.07.1998 1

1 BGBl. I S. 1474; Inkrafttreten des § 4 GmbHG n.F. am 01.01.1998; zur Übergangsregelung vgl. Art. 38 Abs. 1 EGHGB i.d.F. bis zum 24.04.2006.

2 Gesetz zur Modernisierung des GmbH-Rechts und zur Bekämpfung von Missbräuchen, BGBl. I S. 2026, Inkrafttreten am 01.11.2008.

3 Vgl. *Heidinger*, in: MünchKommHGB, § 18 Rn. 28 ff.; *Reuschle*, in: Ebenroth/Boujong/Joost/Strohn, HGB, § 18 Rn. 15..

4 Vgl. *Hopt*, in: Baumbach/Hopt, HGB, § 17 Rn. 6.

zugunsten des **Grundsatzes der freien** (wenngleich nicht willkürlichen) **Firmenbildung**[5] aufgegeben. Die Vorschrift des § 4 enthält seitdem keine eigenständigen *inhaltlichen* Anforderungen an die Firma der GmbH, sondern konkretisiert lediglich die allgemeinen Firmengrundsätze der §§ 17 bis 37a HGB, indem sie den **Rechtsformzusatz »Gesellschaft mit beschränkter Haftung«** bzw. eine allgemein verständliche Abkürzung als zwingendes Additivum des Gesellschaftsnamens vorschreibt. Entsprechendes gilt für die Vorschrift des § 59k BRAO, die in ihrer seit 01.09.2009 geltenden Fassung nicht mehr die frühere Vorgabe enthält, wonach die Firma der **Rechtsanwaltsgesellschaft** den Namen wenigstens eines Gesellschafters enthalten musste, der Rechtsanwalt ist.

2 Andererseits ist die Fassung des § 4 nach dem Handelsrechtsreformgesetz im Vergleich zur ursprünglichen Konzeption dieser Norm insoweit **restriktiver**, als letztere den Zusatz »mit beschränkter Haftung« genügen ließ, auf das Wort »Gesellschaft« in der Firma mithin verzichtete (unzulässig ist seitdem bspw. »SIXT mbH«).[6] Eine erhebliche Einschränkung der Firmenwahlfreiheit haben schließlich die Gründer einer GmbH mit einem Stammkapital von weniger als 25.000 € hinzunehmen, da sie gem. § 5a Abs. 1 in ihrer Firma obligatorisch den Zusatz »**Unternehmergesellschaft (haftungsbeschränkt)**« führen müssen und dabei lediglich das Wort »Unternehmergesellschaft« (»UG«) abkürzen[7] dürfen.[8] Besondere gesetzliche Restriktionen des Prinzips der freien Firmenbildung sind schließlich von bestimmten Freiberuflern – z.B. von Rechtsanwälten und Steuerberatern – sowie von Banken, Sparkassen, Kapitalanlage- und Investmentgesellschaften zu beachten.[9]

3 Im Zuge des Handelsrechtsreformgesetzes wurde schließlich zum 01.11.1998 die bis dahin erforderliche *handschriftliche* Zeichnung der Firma von (Komplementär-) GmbHs als vertretungsbefugte Gesellschafter einer Personengesellschaft (§ 108 Abs. 2 HGB a.F.) durch eine bloße Pflicht zur Zeichnung der Namensunterschrift unter (maschinenschriftlicher o.ä.) Angabe der Firma ersetzt.[10] Mit dem EHUG[11] ist § 108 Abs. 2 HGB a.F. und damit auch die Namenszeichnungspflicht endgültig entfallen.[12] Die Bestimmung des § 41 Satz 1 BeurkG, wonach Zeichnungen von Namensunterschriften zur Aufbewahrung beim Gericht in Gegenwart des Notars *vollzogen* werden müssen, ist insoweit obsolet.[13] Vielmehr genügt inzwischen die bloße *Anerkennung* solcher Unterschriften vor dem Notar.

4 Seit dem 29. März 2013 – Inkrafttreten des Art. 7 des Gesetzes zur Stärkung des Ehrenamtes (BGBl I 556) – dürfen »gemeinnützige« Gesellschaften mit beschränkter Haftung durch Voranstellung des Buchstabens »g« vor dem allgemeinen Rechtsformzusatz »GmbH« im Rechtsverkehr auf ihre Gemeinwohlorientierung aufmerksam machen (§ 4 Satz 2).

B. Systematische Verortung im GmbHG

5 Die Firma i.S.v. § 4 ist zwingender Bestandteil des Gesellschaftsvertrags (§ 3 Abs. 1 Nr. 1). Sie ist ins Handelsregister einzutragen (§ 10 Abs. 1), wobei geringfügige Eintragungsfehler in Ansehung der Firma das Entstehen der Gesellschaft nicht hindern.[14] Entsprechendes gilt für spätere

5 *Mock*, in: Michalski, GmbHG, § 4 Rn. 2; *Bayer*, in: Lutter/Hommelhoff, GmbHG, § 4 Rn. 4.

6 Zur seit dem 01.04.2003 bestehenden Pflicht zur Firmierung nach neuem Recht s.u. Fn. 221.

7 Die Abkürzung des Begriffs »haftungsbeschränkt« ist indes unzulässig, vgl. *Jaeger*, in: BeckOKGmbHG, § 4 Rn. 43 unter Verweis auf Begr. RegE MoMiG, BT-Drucks. 16/6140, S. 31.

8 Kritisch zur Divergenz zwischen der »irreführende[n]« (*Heinze*, in: MünchKommGmbHG, § 4 Rn. 17) Bezeichnung der UG (haftungsbeschränkt) und ihrer rechtlichen Einordnung als GmbH *Wilhelm*, DB 2007, 1510, 1511.

9 S. Rdn. 76.

10 *Langhein*, in: MünchKommHGB, § 108 Rn. 2, 22 (2. Aufl. 2006).

11 Gesetz über elektronische Handelsregister und Genossenschaftsregister sowie das Unternehmensregister vom 10.11.2006, BGBl. I S. 2553, vollständig in Kraft getreten am 01.01.2007.

12 Änderung in Kraft getreten am 01.01.2007.

13 Gleiches gilt für die Überschrift des § 41 BeurkG, die auch nach Inkrafttreten des Handelsrechtsreformgesetzes den Begriff der »Zeichnung einer *Firma*« enthält.

14 Vgl. *Hecht*, in: Ring/Grziwotz, GmbHG, § 10 Rn. 6 m.w.N.

Änderungen der Firma (§ 54). Gem. § 23 Satz 2 HRV kann das Registergericht bei Zweifeln über die Zulässigkeit der Firma ein IHK-Gutachten einholen. Jeder Verstoß gegen Firmierungsrecht zieht ein Eintragungshindernis nach § 9c Abs. 2 Nr. 1 i.V.m. § 3 Abs. 1 Nr. 1 nach sich.[15] Besonderheiten gelten für die Firma der »Unternehmergesellschaft (haftungsbeschränkt)«, § 5a Abs. 1 und Abs. 5 Halbs. 2 (s. Rdn. 20 ff.) und der aufgelösten Gesellschaft (Liquidationsfirma i.S.v. § 68 Abs. 2: bisherige Firma mit dem Zusatz »in Liquidation«, »in Abwicklung«[16] o.ä., nicht jedoch »i.A.«,[17] vgl. Rdn. 27).

C. Verhältnis zu Vorschriften außerhalb des GmbHG

Voraussetzungen und Einschränkungen des Firmenrechts der GmbH ergeben sich in erster Linie **aus den allgemeinen Firmengrundsätzen der §§ 17 bis 37a HGB**. Die Vorschrift des **§ 24 HGB** (Firmenfortführung bei Änderungen im Gesellschafterbestand) findet indes auf Kapitalgesellschaften wie die GmbH – anders als auf Personengesellschaften – keine Anwendung.[18] Bei der Firmenbildung der GmbH zu beachten sind darüber hinaus insb. das Namensrecht des § 12 BGB,[19] das Wettbewerbs- und Markenrecht (§ 8 UWG, § 15 MarkenG), sowie das Umwandlungsrecht (vgl. Rdn. 40) und u.U. auch die **europäischen Grundfreiheiten** (vgl. Rdn. 18). Ein i.S.d. § 4 GmbHG i.V.m. §§ 17 ff. HGB *firmenrechtlich* zulässiger Gesellschaftsname kann im Einzelfall durchaus gegen die vorgenannten, vom Registergericht indes – mit Ausnahme der Art. 49 ff. AEUV[20] – nicht zu prüfenden[21] Bestimmungen außerhalb des GmbHG/HGB verstoßen und insoweit ggf. Unterlassungs- oder Schadensersatzansprüche nach sich ziehen.[22] 6

D. Übersicht über die Bedeutung der Firma

Der Begriff »Firma« bezeichnet im Italienischen die Unterschrift einer Person und entstammt dem lateinischen »firmare«, gleichbedeutend mit »bekräftigen«. Die umgangssprachliche Gleichsetzung der Firma mit dem wirtschaftlichen Unternehmen bzw. Betrieb als solchen ist mithin etymologisch nicht zu rechtfertigen. Der juristische Gebrauch des Terminus »Firma« kommt dessen sprachlicher Herkunft freilich schon näher. So ergibt sich aus § 17 HGB unmissverständlich, dass die Firma entgegen dem allgemeinen Wortgebrauch gerade nicht mit dem wirtschaftlichen Betrieb einer GmbH gleichzusetzen ist, sondern vielmehr (lediglich) der **Name** ist, unter dem diese im Rechtsverkehr auftritt.[23] Es empfiehlt sich daher, in der Rechtssprache anstelle des umgangssprachlichen Ausdrucks »Firma Konnowski Beton GmbH« die Formulierung »Gesellschaft *in Firma* Konnowski Beton GmbH« zu wählen. 7

Die Firma i.S.v. §§ 4 GmbHG, 17 HGB dient mithin – positiv gewandt – der Individualisierung bzw. Kennzeichnung eines Unternehmens (»Kennzeichnungseignung« i.S.v. § 18 Abs. 1, 1. Alt. HGB) **und**[24] – negativ gefasst – der Unterscheidbarkeit von anderen kaufmännischen Gesellschaften (»Unterscheidungskraft« i.S.v. § 18 Abs. 1, 2. Alt. HGB). Hieraus wird gefolgert, dass die GmbH nur unter **einer**[25] Firma im Rechtsverkehr auftreten darf, wobei von der herrschenden 8

15 Allg. M., vgl. nur *Mock*, in: Michalski, GmbHG, § 4 Rn. 72 m.w.N. sowie Rdn. 83, 89, 94.

16 *Grziwotz*, in: Ring/Grziwotz, GmbHG, § 68 Rn. 9; *Lorscheider*, in: BeckOKGmbHG, § 68 Rn. 8.

17 Zutreffend *Altmeppen*, in: Roth/Altmeppen, GmbHG, § 68 Rn. 14 unter Hinweis auf die Verwechslungsgefahr mit der gleichlautenden Abkürzung für »im Auftrag«.

18 BGH, NJW-RR 1992, 367, 368; OLG Köln, DNotZ 2009, 140, 141; a.A. *Reuschle*, in: Ebenroth/Boujong/Joost/Strohn, HGB, § 24 Rn. 7; kritisch *Heidinger*, in: MünchKommHGB, § 24 Rn. 3 f.

19 Bspw. bedarf es zur Aufnahme eines Familiennamens in die Firma der Zustimmung des betreffenden Namensträgers, vgl. *Fastrich*, in: Baumbach/Hueck, GmbHG, § 4 Rn. 3.

20 Vgl. *Heidinger*, in: MünchKommHGB, § 17 Rn. 33, 43.

21 *Bayer*, in: Lutter/Hommelhoff, GmbHG, § 4 Rn. 39; *Heinze*, in: MünchKommGmbHG, § 4 Rn. 111.

22 *Mock*, in: Michalski, GmbHG, § 4 Rn. 67; vgl. *Altmeppen*, in: Roth/Altmeppen, GmbHG, § 4 Rn. 47.

23 Vgl. *Altmeppen*, in: Roth/Altmeppen, GmbHG, § 4 Rn. 2; *Wicke*, GmbHG, § 4 Rn. 1.

24 Die Tatbestandsmerkmale »Kennzeichnungseignung« und »Unterscheidungskraft« müssen kumulativ vorliegen (str.). Ausführlich hierzu Rdn. 43.

25 Grundsatz der »Firmeneinheit«, vgl. *Heinze*, in: MünchKommGmbHG, § 4 Rn. 9.

Meinung[26] die Führung einer selbstständigen weiteren Firma – genauer: eines selbstständigen Firmen*kerns*[27] – durch **Zweigniederlassungen** zugelassen wird, sofern diese den Zusammenhang mit der Firma der Hauptniederlassung erkennen lässt (a.A.[28] nur Zusatz zur Firma der Hauptniederlassung möglich, vgl. Rdn. 15).

9 Die zum früheren Recht (§ 108 Abs. 2 HGB) vertretene Auffassung, wonach das Erfordernis der *handschriftlichen* Zeichnung der Firma unter Seriositäts- und Authentizitätsgesichtspunkten gerechtfertigt sei,[29] ist im Zeitalter des elektronischen Rechtsverkehrs – d.h. der obligatorischen elektronischen Übermittlung von Handelsregisteranmeldungen durch Notare an die Registergerichte (§ 12 HGB i.d.F. des EHUG) – freilich als überholt anzusehen. Gleichwohl verdeutlicht dieses zwischenzeitlich obsolete Zeichnungserfordernis die oben (Rdn. 7) bereits angedeutete Nähe des juristischen Begriffs der Firma zu dessen sprachlicher Herkunft.

10 Eine gewisse Lockerung erfährt das Dogma der Identifizierungs- bzw. Kennzeichnungsfunktion der Firma bei sog. »**unternehmensbezogenen Geschäften**« (z.B. Abschluss eines Wertpapierkaufvertrags mit einem Bankangestellten in den Geschäftsräumen der Bank[30]), bei denen der Wille der Beteiligten im Zweifel dahin geht, dass Vertragspartei der Inhaber des Unternehmens und nicht der für das Unternehmen Handelnde werden soll.[31] Diese Auslegungsregel knüpft die Rechtsprechung allein an den erkennbaren Unternehmensbezug des Geschäfts, ohne dass es auf die firmenrechtlich korrekte Bezeichnung des Unternehmens ankomme.[32] Allerdings kann ein Verstoß gegen §§ 4, 5a Abs. 1, wenngleich der Vertrag nach den vorbeschriebenen Grundsätzen mit der GmbH zustande gekommen ist, ggf. das Haftungsprivileg des § 13 Abs. 2 beseitigen, d.h. zu einer **unbeschränkten Außenhaftung** der Gesellschafter bzw. der für die Gesellschaft Handelnden führen (s. Rdn. 86 ff.).[33]

E. Tatbestand und Regelungsgehalt des § 4: der obligatorische Rechtsformzusatz

11 Der Regelungsgehalt des § 4 ist seit Inkrafttreten des Handelsrechtsreformgesetzes (s. Rdn. 1) denkbar gering. Er beschränkt sich darauf, den Zusatz »Gesellschaft mit beschränkter Haftung« oder eine allgemein verständliche Abkürzung dieser Bezeichnung als zwingenden Bestandteil der Firma einer GmbH vorzuschreiben. Der Gesetzgeber verzichtet selbst darauf, in § 4 eine eindeutige Rechtsfolge (s. hierzu Rdn. 83 ff.) für den Fall des Verstoßes gegen die Führung des obligatorischen Rechtsformzusatzes anzuordnen.

12 Die gemäß § 4 Satz 2 gemeinnützigen Gesellschaften vorbehaltene Abkürzung »gGmbH« ist kein spezieller Rechtsformzusatz, der auf eine besondere Form der GmbH hinweist. Der Buchstabe »g« vor der abgekürzten Bezeichnung der Rechtsform soll lediglich anzeigen, dass die Gesellschaft steuerbegünstigte Zwecke verfolgt, die auch als gemeinnützige Zwecke im weiteren Sinne bezeichnet werden.[34]

---

26 *Mock*, in: Michalski, GmbHG, § 4 Rn. 54; *Fastrich*, in: Baumbach/Hueck, GmbHG, § 4 Rn. 17; BayObLG, NJW-RR 1992, 1062, 1063; *Bayer*, in: Lutter/Hommelhoff, GmbHG, § 4 Rn. 3.

27 Zutreffend *Hopt*, in: Baumbach/Hopt, HGB, § 13 Rn. 7, der terminologisch von einem selbstständigen »Firmen*kern*« der Zweigniederlassung spricht, die Möglichkeit einer eigenen Firma der Zweigniederlassung jedoch ablehnt, vgl. hierzu auch Rdn. 16.

28 *Altmeppen*, in: Roth/Altmeppen, GmbHG, § 4 Rn. 27, der jedoch für den Fall der Firmenfortführung durch eine Zweigniederlassung gem. § 22 HGB der h.M. folgt; *Schmidt-Leithoff*, in: Rowedder/Schmidt-Leithoff, GmbHG, § 4 Rn. 72.

29 Vgl. *Langhein*, in: MünchKommHGB, § 108 Rn. 2 (2. Aufl. 2006).

30 BGH, NJW 1984, 1347.

31 St. Rspr., vgl. nur BGH, NJW 1990, 2678 m.w.N.

32 BGH, NJW 1990, 2678, 2679; *Heinze*, in: MünchKommGmbHG, § 4 Rn. 10.

33 Vgl. *Heinze*, MünchKommGmbHG, § 4 Rn. 10.

34 BT-Drucks. 17/11316, S. 17.

I. Gesellschaft

1. Vorgesellschaft; Vorgründungsgesellschaft

Bereits die Vorgesellschaft – d.h. die formwirksam gegründete, aber noch nicht im Handelsregister eingetragene Gesellschaft – ist als (teil-)rechtsfähige[35] Gesellschaft eigener Art[36] berechtigt und *verpflichtet*, im Rechtsverkehr unter einer Firma i.S.v. § 4 aufzutreten.[37] Dies gilt – im Gegensatz zur bloßen Vorgründungsgesellschaft[38] – unabhängig davon, ob die Vorgesellschaft ein kaufmännisches Unternehmen führt.[39] Denn zum einen muss die Firma bereits i.R.d. notariellen Gründung festgelegt werden (§ 3 Abs. 1 Nr. 1), auch wenn die GmbH als solche erst mit ihrer Eintragung im Handelsregister entsteht (§ 11 Abs. 1).[40] Zum anderen geht die GmbH durch formwechselnde Umwandlung[41] im Wege der Gesamtrechtsnachfolge[42] unmittelbar aus der Vorgesellschaft hervor. Unter diesem Gesichtspunkt dürfte die Vorgesellschaft neben dem allgemeinen Namensschutz des § 12 BGB[43] auch Firmenschutz gem. § 37 HGB[44] genießen. 13

Nach überwiegender Auffassung[45] hat die Vorgesellschaft der Firma der künftigen GmbH entsprechend § 68 Abs. 2 GmbHG[46] einen auf das Gründungsstadium hindeutenden Zusatz hinzuzufügen (z.B. »in Gründung« oder »i.G.«). Überzeugender erscheint es, im Hinblick auf einen solchen Zusatz mehr von einer **Obliegenheit** der für die Vorgesellschaft Handelnden als von einer Pflicht zu sprechen.[47] Kommt es nämlich – wie im Regelfall – zur Eintragung der GmbH, so erlischt die Handelndenhaftung nach § 11 Abs. 2 ohnehin.[48] Machen die Vertreter der Vorgesellschaft deren Gründungsstatus durch einen entsprechenden Firmenzusatz deutlich, so scheidet auch bei einem späteren Scheitern der Eintragung der Vorgesellschaft eine Haftung gem. § 11 Abs. 2 mangels Handeln im Namen der *künftigen* GmbH aus (str.[49]). Wer hingegen mit der überwiegenden neueren Literatur[50] § 11 Abs. 2 auch im Fall des Handelns für die Vor-GmbH – und nicht nur bei einem Handeln namens der künftigen GmbH – für anwendbar hält, müsste folgerichtig die Beifügung 14

---

35 *Jaeger*, BeckOKGmbHG, § 11 Rn. 6.

36 Gesellschaft »*sui generis*«, vgl. *Heinze*, in: MünchKommGmbHG, § 4 Rn. 124.

37 Grundlegend BGHZ 120, 103 = NJW 1993, 459 = MittBayNot 1993, 31.

38 D.h. ein Zusammenschluss von Gesellschaftern *vor* Beurkundung des GmbH-Gesellschaftsvertrags. Die Vorgründungsgesellschaft ist firmenfähig, falls sie bereits ein Handelsgewerbe betreibt und damit OHG i.S.v. § 105 Abs. 1 HGB und nicht »lediglich« GbR ist, vgl. *Jaeger*, in: BeckOKGmbHG, § 2 Rn. 35 f.

39 Zutreffend *Mock*, in: Michalski, GmbHG, § 4 Rn. 57; *Bayer*, in: Lutter/Hommelhoff, GmbHG, § 4 Rn. 42; *Schmidt*, in: MünchKommHGB, § 6 Rn. 12; *Fezer*, in: Fezer, Markenrecht, § 15 MarkenG Rn. 68; die Führung eines Handelsgewerbes als zusätzliche Voraussetzung für die Firmenfähigkeit der Vor-GmbH verlangen *Altmeppen*, in: Roth/Altmeppen, GmbHG, § 4 Rn. 29; *Fastrich*, in: Baumbach/Hueck, GmbHG, § 4 Rn. 18 und *Emmerich*, in: Scholz, § 4 Rn. 62.

40 *Hecht*, in: Ring/Grziwotz, GmbHG, § 10 Rn. 14.

41 *Ulmer*, in: Ulmer/Habersack/Löbbe, GmbHG, § 11 Rn. 89.

42 *Jaeger*, in: BeckOKGmbHG, § 11 Rn. 44; BGH, NJW 1989, 710.

43 *Heinze*, in: MünchKommGmbHG, § 4 Rn. 124; BGH, NJW 1993, 459, 460.

44 *Fastrich*, in: Baumbach/Hueck, GmbHG, § 4 Rn. 18; einschränkend *Bayer*, in: Lutter/Hommelhoff, GmbHG, § 4 Rn. 42 (bei Aufnahme eines Handelsgewerbes).

45 *Heinrich*, in: Ulmer/Habersack/Löbbe, GmbHG, § 4 Rn. 86; *Bayer*, in: Lutter/Hommelhoff, GmbHG, § 4 Rn. 42; *Fezer*, in: Fezer, MarkenG, § 15 Rn. 68 (andernfalls Verstoß gegen das Irreführungsverbot des § 5 UWG); *Altmeppen*, in: Roth/Altmeppen, GmbHG, § 4 Rn. 29.

46 *Heinze*, in: MünchKommGmbHG, § 4 Rn. 124.

47 In diese Richtung *Roth*, in: Roth/Altmeppen, GmbHG, 8. Aufl. 2015, § 4 Rn. 51.

48 *Altmeppen*, in: Roth/Altmeppen, GmbHG, § 11 Rn. 117; *Fastrich*, in: Baumbach/Hueck, GmbHG, § 11 Rn. 67; BGH, NJW 1981, 1373, 1376.

49 BGHZ 51, 33; 53, 214; 65, 380 f.; a.A. *Ulmer*, in: Ulmer/Habersack/Löbbe, GmbHG, § 11 Rn. 137; *Schmidt*, in: Scholz, § 11 Rn. 107; *Bayer*, in: Lutter/Hommelhoff, GmbHG, § 11 Rn. 24; *Fastrich*, in: Baumbach/Hueck, GmbHG, § 11 Rn. 48; *Altmeppen* in: Roth/Altmeppen, GmbHG, § 11 Rn. 123 (individuelle Vereinbarung eines Haftungsausschlusses möglich und erforderlich).

50 Vgl. die unter Fn. 49 aufgeführten Vertreter der a.A.

eines Zusatzes »in Gründung« o.ä. zur Firma der Vorgesellschaft für nicht zwingend oder vielmehr für überflüssig[51] erachten, zumal nach dieser Auffassung selbst bei einem Auftreten unter einer Firma »in Gründung« eine Enthaftung der Handelnden nicht möglich wäre.

2. Zweigniederlassung

15 Bei der Zweigniederlassung einer GmbH handelt es sich um einen Unternehmensteil, der einerseits von einer gewissen organisatorischen Selbstständigkeit[52] geprägt, andererseits jedoch nicht rechtsfähig ist.[53] Anknüpfend an diese Zwitterstellung der Zweigniederlassung gestattet eA[54] nur geringere Abweichungen deren Namens von der Firma der Gesellschaft in Form von Zusätzen, während die herrschende Meinung[55] die freie Bildung einer eigenständigen Firma (genauer: eines eigenständigen Firmen*kerns*, s. Rdn. 8, 16) der Zweigniederlassung für zulässig erachtet, solange der Zusammenhang mit der Firma der Hauptniederlassung erkennbar bleibt.

16 Abzulehnen ist die Auffassung des BayObLG,[56] derzufolge bei einer Abweichung des Firmenkerns von Haupt- und Zweigniederlassung die Firma der Zweigniederlassung entweder in der Gründungssatzung enthalten sein oder später durch Satzungsänderung gebildet werden müsse. § 3 Abs. 1 Nr. 1 betrifft eben nur Firma und Sitz der rechtsfähigen Gesellschaft als solcher, nicht aber der bloßen Organisationseinheit Zweigniederlassung. Letzterer ist – wie aus § 13 Abs. 1 HGB hervorgeht – weder eine selbstständige »Firma«[57] noch ein eigener »Sitz«, sondern allenfalls ein autonomer Firmen*kern* bzw. »Ort« zugewiesen. Da der von der Firma der Gesellschaft ggf. abweichende Firmenkern der Zweigniederlassung durch einen entsprechenden Filialzusatz die rechtliche Identität von Gesellschaft und Zweigniederlassung zwingend erkennen lassen muss (z.B. »Franz Meyr Kies Zweigniederlassung der Seitz Betonwerke GmbH«[58]), erübrigt sich auch unter Berücksichtigung des Verkehrsschutzes[59] die Aufnahme des Namens der Zweigniederlassung in die Satzung.

17 Besteht an dem Ort, wo eine Zweigniederlassung errichtet wird, bereits eine gleiche eingetragene Firma, sind bei der Namensbildung der Zweigniederlassung zudem die Besonderheiten des § 30 Abs. 2 HGB zu beachten (§ 30 Abs. 3 HGB).

18 Für die Bildung der Firma der inländischen Zweigniederlassung einer **ausländischen Kapitalgesellschaft** mit beschränkter Haftung (§§ 13e, 13g HGB) gelten neben den jeweils maßgeblichen ausländischen Sachnormen des Gesellschaftsstatuts[60] grds. die Maßstäbe *deutschen* Firmenrechts, d.h. insb. die Grundsätze der Firmenwahrheit und -klarheit sowie der Unterscheidungs- bzw. Kennzeichnungskraft.[61] Allerdings ist bei der Auslegung der nationalen firmenrechtlichen Vorschriften der **Niederlassungsfreiheit** (Art. 49, 54 AEUV) Rechnung zu tragen, sofern die Gesellschaft nach dem Recht eines EU-Staates gegründet worden ist.[62]

51 Konsequent insofern *Ulmer*, in: Ulmer/Habersack/Löbbe, GmbHG § 11 Rn. 137.
52 *Ring*, in: Ring/Grziwotz, GmbHG, § 4a Rn. 18.
53 *Leible*, in: Michalski, GmbHG, Systematische Darstellung Internationales Gesellschaftsrecht Rn. 246 bezeichnet die Zweigniederlassung daher als »eigenartig hybride[s] Gebilde«.
54 *Roth*, in: Roth/Altmeppen, GmbHG, 8. Aufl. 2015, § 4 Rn. 50.
55 Vgl. Fn. 26.
56 NJW-RR 1992, 1062, 1063; dem BayObLG zustimmend *Wicke*, GmbHG, § 4 Rn. 12; *Emmerich*, in: Scholz, § 4 Rn. 60; *Mock*, in: Michalski, GmbHG, § 4 Rn. 54; *Heinrich*, in: Ulmer/Habersack/Löbbe, GmbHG, § 4 Rn. 91; *Jaeger*, in: BeckOKGmbHG, § 4 Rn. 26; ablehnend *Schmidt-Leithoff*, in: Rowedder/Schmidt-Leithoff, GmbHG, § 12 Rn. 25.
57 Vgl. auch Fn. 27.
58 Vgl. *Krafka*, in: MünchKommHGB, § 13 Rn. 22.
59 Vgl. *Ring*, in: Ring/Grziwotz, GmbHG, § 3 Rn. 10.
60 Vgl. *Krafka*, in: MünchKommHGB, § 13d Rn. 18.
61 *Altmeppen*, in: Roth/Altmeppen, GmbHG, § 4 Rn. 28; *Reuschle*, in: Ebenroth/Boujong/Joost/Strohn, Anhang nach § 17 Rn. 28.
62 OLG München, NJW-RR 2007, 1677.

19 Dem Registergericht obliegt die Prüfung der Zulässigkeit einer ausländischen Firma; fremde Schriftzeichen sind in die lateinische Schrift zu übertragen.[63]

3. UG (haftungsbeschränkt)

20 Die Firma einer GmbH, deren Stammkapital bei Gründung den Mindestbetrag von 25.000 € (§ 5 Abs. 1) unterschreitet, muss gem. § 5a Abs. 1 anstelle des Zusatzes »GmbH« die Bezeichnung »Unternehmergesellschaft (haftungsbeschränkt)« oder »UG (haftungsbeschränkt)« führen (»**Warnfunktion**«[64] im Hinblick auf die geringe Kapitalausstattung). Eine Abkürzung des Additivums »haftungsbeschränkt« ist unzulässig (s. Rdn. 2). Eine Modifizierung der Bezeichnung »Unternehmergesellschaft« (z.B. UGes.) kommt – abgesehen von der gesetzlich vorgesehenen Abkürzung »UG« – nicht in Betracht, da § 5a Abs. 1 anders als § 4 keine »allgemein verständliche Abkürzung« des Firmenzusatzes als Option vorsieht.[65] Die Begriffe »Unternehmergesellschaft« bzw. »UG« einerseits und »haftungsbeschränkt« andererseits müssen in der Firma unmittelbar aufeinanderfolgen, dürfen also nicht durch Zwischeneinfügung weiterer Namensbestandteile getrennt werden.[66]

21 Erhöht die UG (haftungsbeschränkt) ihr Stammkapital auf mindestens 25.000 €, so darf sie ihre bisherige Firma beibehalten, § 5a Abs. 5 Halbs. 2. Alternativ darf die Gesellschaft nach einer solchen Kapitalerhöhung den »vertrauenswürdigeren« Rechtsformzusatz des § 4 verwenden, § 5a Abs. 5 Halbs. 1 (z.B. von »Möbelamateure Berlin UG [haftungsbeschränkt]« in »Möbelamateure Berlin GmbH«). Erforderlich für die Umfirmierung ist die notarielle Beurkundung eines entsprechenden Gesellschafterbeschlusses zur Abänderung des Gesellschaftsvertrags (§§ 53, 3 Abs. 1 Nr. 1), der mit dem Kapitalerhöhungsbeschluss (§§ 57c, 5a Abs. 3 Satz 2 Nr. 1) verbunden werden kann und wie dieser mit Eintragung im Handelsregister wirksam wird (§ 54 Abs. 3).

22 Eine Änderung der Firma als solcher im Zuge der Kapitalerhöhung (z.B. in »Möbelprofis Berlin GmbH«) ist nach den allgemeinen Vorschriften freilich ebenfalls zulässig, sofern im Zuge der Firmenänderung der Zusatz UG (haftungsbeschränkt) zugunsten eines Zusatzes i.S.v. § 4 aufgegeben wird. Eine Änderung des Firmenkerns unter Beibehaltung des Zusatzes UG (haftungsbeschränkt)[67] dürfte dagegen unzulässig sein, da § 5a Abs. 5 Halbs. 2 lediglich das Interesse der Gesellschafter an der Kontinuität ihrer *bisherigen* Firma wahrt.[68]

4. GmbH & Co. KG/OHG und UG (haftungsbeschränkt) & Co. KG/OHG

23 Nach herrschender Meinung[69] ist eine UG (haftungsbeschränkt) taugliche Komplementärin einer KG, wenngleich sie die gesetzliche Pflicht zur Bildung einer Gewinnrücklage (§ 5a Abs. 3) mangels Kapital- und damit Gewinnbeteiligung an der KG faktisch nicht erfüllen kann.

24 Übernehmen ausschließlich Unternehmergesellschaften (haftungsbeschränkt) die persönliche Haftung als Gesellschafter einer KG bzw. OHG, so muss dies aus der Firma der Personengesellschaft (z.B. Baufix UG [haftungsbeschränkt] & Co. KG bzw. & Cie KG[70]) ersichtlich sein. Die Verwendung der Firma »Baufix GmbH & Co. KG« ist in diesem Fall aufgrund der Vorgaben des

63 Vgl. *Krafka*, in: MünchKommHGB, § 13d Rn. 19; *Roth*, in: Roth/Altmeppen, GmbHG, 8. Aufl. 2015, § 4a Rn. 69.
64 *Miras*, GWR 2010, 14.
65 *Altmeppen*, in: Roth/Altmeppen, GmbHG, § 5a Rn. 6; *Wicke*, GmbHG, § 5a Rn. 6.
66 OLG Hamburg, NZG 2011, 872.
67 Z.B. von Möbelamateure Berlin UG (haftungsbeschränkt) in Möbelprofis Berlin UG (haftungsbeschränkt) nach Erhöhung des Stammkapitals auf mindestens 25.000 €.
68 *Wicke*, GmbHG, § 5a Rn. 14.
69 *Stenzel*, NZG 2009, 168, 172; *Altmeppen*, in: Roth/Altmeppen, GmbHG, § 5a Rn. 8; *Miras*, in: BeckOKGmbHG, § 5a Rn. 98b m.w.N.; a.A. *Veil*, GmbHR 2007, 1080, 1084; *Wicke*, GmbHG, § 5a Rn. 19.
70 *Altmeppen*, in: Roth/Altmeppen, GmbHG, § 5a Rn. 8; *Hopt*, in: Baumbach/Hopt, HGB, § 19 Rn. 28.

§ 5a Abs. 1 unzulässig.[71] Unzureichend ist darüber hinaus die bloße Firmierung »GmbH & Co.« bzw. UG (haftungsbeschränkt) & Cie ohne die Abkürzung OHG bzw. KG (§ 19 Abs. 1 Nr. 2, 3 HGB). Mit dem Wortlaut und dem Schutzzweck des § 5a Abs. 1 unvereinbar ist schließlich die Auffassung,[72] die unter Hinweis auf § 19 Abs. 2 HGB (»eine« Bezeichnung, welche die Haftungsbeschränkung [des Komplementärs] kennzeichnet), Bezeichnungen wie »Mini-GmbH & Co. KG« oder »1-Euro GmbH & Co. KG« für darstellbar erachtet.

25 Zur Zulässigkeit der Bildung der Firma der GmbH & Co. KG mit Namen von Personen, die weder Gesellschafter der Komplementärin noch Kommanditisten sind s.u. Rdn. 67.

26 Die Firmen von KG/OHG und Komplementär-GmbH/UG (haftungsbeschränkt) müssen voneinander unterscheidbar sein, sofern beide Gesellschaften ihren Sitz am gleichen Ort haben, § 30 HGB. Üblich ist die Verwendung eines Zusatzes zur Firma der Komplementärin (z.B. Baufix Verwaltungs-GmbH als phG der Baufix GmbH & Co. KG).[73] I.Ü. können Komplementär-GmbH/UG und KG/OHG in den Grenzen der §§ 18 ff. HGB voneinander verschiedene Firmen führen.[74]

5. Liquidationsgesellschaft

27 Ist die Gesellschaft aufgelöst (§ 60), so ist deren bisherige Firma als »Liquidationsfirma« zu bezeichnen (§ 68 Abs. 2). Gebräuchlich ist der Zusatz »in Liquidation«, »i.L.« o.ä.[75] Hierbei handelt es sich nach allg. M.[76] nicht um eine förmliche, zum Handelsregister anzumeldende Firmenänderung. Zum Erlöschen der Firma bei Beendigung der Gesellschaft s. Rdn. 105.

28 Bei Eröffnung des **Insolvenzverfahrens** über das Vermögen der Gesellschaft ist § 68 Abs. 2 nicht anwendbar;[77] ein besonderer Firmenzusatz ist im Insolvenzverfahren mithin nicht vorgesehen.[78] Allerdings bedarf eine Änderung der Firma der insolventen Gesellschaft der Zustimmung des Insolvenzverwalters (s. Rdn. 101).

II. Rechtsformzusatz

29 Der eigentliche Regelungsgehalt des § 4 beschränkt sich im Wesentlichen darauf, den Rechtsformzusatz »Gesellschaft mit beschränkter Haftung« oder eine allgemein verständliche Abkürzung dieser Bezeichnung in deutscher Sprache[79] (also nicht: »ltd.«) als zwingenden Bestandteil der Firma der GmbH vorzuschreiben.

1. Bezeichnung »Gesellschaft mit beschränkter Haftung«

30 Die mit dem Handelsrechtsreformgesetz im Vergleich zum früheren Recht eingeführte Verpflichtung zur Aufnahme des Bestandteils »Gesellschaft«[80] erstaunt. Der mit § 4 bezweckten Information des Rechtsverkehrs über die beschränkte, d.h. auf die Höhe der Einlage begrenzte[81] Haftung der

---

71 KG, NZG 2009, 1159.

72 *Heinze*, in: MünchKommGmbHG, § 4 Rn. 133; zweifelnd *Wachter*, GmbHR, Sonderheft Oktober 2008, 87, 92, der jedenfalls eine Bezeichnung als »beschränkt haftende Kommanditgesellschaft« für zulässig erachtet.

73 Vgl. *Altmeppen*, in: Roth/Altmeppen, GmbHG, § 4 Rn. 34; *Hopt*, in: Baumbach/Hopt, HGB, § 19 HGB Rn. 36.

74 *Fastrich*, in: Baumbach/Hueck, GmbHG, § 4 Rn. 35; *Heinze*, in: MünchKommGmbHG, § 4 Rn. 130.

75 *Jaeger*, in: BeckOKGmbHG, § 4 Rn. 30.

76 *Jaeger*, in: BeckOKGmbHG, § 4 Rn. 30; *Fastrich*, in: Baumbach/Hueck, GmbHG, § 4 Rn. 19.

77 *Zimmer*, in: Ring/Grziwotz, GmbHG, § 4 Rn. 49.

78 *Fastrich*, in: Baumbach/Hueck, GmbHG § 4 Rn. 19.

79 *Bayer*, in: Lutter/Hommelhoff, GmbHG, § 4 Rn. 23; *Mock*, in: Michalski, GmbHG, § 4 Rn. 37.

80 Nicht ausreichend ist der Rechtsformzusatz »mit beschränkter Haftung«, z.B. »Müller-Meinkowsky mbH«, vgl. *Altmeppen*, in: Roth/Altmeppen, GmbHG, § 4 Rn. 18; *Mock*, in: Michalski, GmbHG, § 4 Rn. 41; s. auch Fn. 221.

81 *Lieder*, in: Michalski, GmbHG, § 13 Rn. 11; s. hierzu auch Fn. 83.

Gesellschaft*er* wäre auch ohne den Zusatz »Gesellschaft« Genüge getan. I.Ü. ist die Bezeichnung »Gesellschaft« mit beschränkter Haftung insoweit ungenau, als die GmbH als solche eben *unbeschränkt* mit ihrem gesamten Gesellschaftsvermögen haftet, § 13 Abs. 2.[82] Richtigerweise kann allenfalls von Gesellschaft*ern* mit beschränkter Haftung[83] gesprochen werden.

Zulässig ist eine Abgrenzung des Begriffs »Gesellschaft« von der – unter Verständlichkeits- bzw. Verkehrsschutzgesichtspunkten ihrerseits untrennbaren – Wortfolge »mit beschränkter Haftung«.[84] 31

Die Position des Zusatzes »GmbH« innerhalb der Firma ist wiederum grundsätzlich frei wählbar, z.B. in der Reihenfolge »Moosbauer Textilbedarf GmbH Passau«.[85] 32

2. Allgemein verständliche Abkürzung

Denkbar sind neben den gebräuchlichen Abkürzungen »GmbH« bzw. »Gesellschaft mbH« auch andere *allgemein verständliche*, deutschsprachige (s. Rdn. 29) Abkürzungen wie z.B. »Ges. mbH« bzw. »Ges. m.b.H.« oder »G. m. beschr. H.«.[86] An der Verständlichkeit der Abkürzung »Gmbh« dürfte es hingegen angesichts der unterschiedlichen Groß- und Kleinschreibung der Buchstaben »G« und »h« fehlen.[87] 33

Unter dem Gesichtspunkt der mangelnden Verständlichkeit hat das OLG München[88] ursprünglich noch zu Recht die Zulässigkeit der Abkürzung »gGmbH« abgelehnt. Diese Entscheidung ist mit der Neufassung des § 4 Satz 2 durch das Gesetz zur Stärkung des Ehrenamtes (s. Rdn. 4) freilich überholt.[89] Nach § 4 a.F. und § 4 Satz 2 n.F. war bzw. ist eine Kombination des *ausgeschriebenen* Wortes »gemeinnützig« mit einer verständlichen Abkürzung des in § 4 Satz 1 geforderten Rechtsformzusatzes indes gleichermaßen zulässig.[90] Zur Beurteilung der Gemeinnützigkeit wird sich das Registergericht mangels sonstiger Anhaltspunkte regelmäßig auf den (abstrakten) satzungsmäßigen Unternehmensgegenstand stützen müssen[91]; eine Bescheinigung des Finanzamts über die Steuerbegünstigung kann im Eintragungsverfahren nicht verlangt werden[92]. Stellt sich später heraus, dass die Gesellschaft satzungswidrig nicht ausschließlich und unmittelbar gemeinnützige Zwecke verfolgt, kommt eine Löschung des Zusatzes »g« bzw. »gemeinnützig« im gerichtlichen Auflösungsverfahren in Betracht (s. Rdn. 85). 34

Die Übertragung der Abkürzung »g« für »gemeinnützig« i.S.d. § 4 Satz 2 auf die UG (haftungsbeschränkt) kommt nach der hier vertretenen Auffassung indes nicht in Betracht, da diese Bestimmung zum einen explizit die GmbH in Bezug nimmt, und § 5a Abs. 1 zum anderen eine Abweichungsregelung mit Ausschlusscharakter (»abweichend von § 4«) darstellt.[93] Unter diesem 35

82 *Ring*, in: Ring/Grziwotz, GmbHG, § 13 Rn. 17.

83 Streng dogmatisch haften die Gesellschafter Gläubigern der Gesellschaft ggü. freilich überhaupt nicht, auch nicht beschränkt auf ihre Einlagen, da Letztere zum Gesellschaftsvermögen zählen, *Drinkuth*, in: BeckOKGmbHG, § 13 Rn. 10. Bei einer wirtschaftlichen Betrachtung erscheint es indes gerechtfertigt, von einer (mittelbaren) Haftung des Gesellschafters mit seiner Einlage zu sprechen.

84 Z.B. »Gesellschaft für Erdinger Weißbier mit beschränkter Haftung«, vgl. *Mock*, in: Michalski, GmbHG, § 4 Rn. 38; *Heinze*, in: MünchKommGmbHG, § 4 Rn. 16.

85 Vgl. BeckOKGmbHG-Jäger, § 4 Rn. 21 m.w.N.

86 Vgl. *Bayer*, in: Lutter/Hommelhoff, GmbHG, § 4 Rn. 23.

87 Kritisch *Heinze*, in: MünchKommGmbHG, § 4 Rn. 15, der die differenzierende Auffassung zur möglichen Zulässigkeit der Abkürzung »gmbh« i.V.m. einer durchgehend in Kleinbuchstaben geschriebenen Firma für überspitzt erachtet, der Groß- und Kleinschreibung mithin insoweit keine rechtliche Bedeutung beimisst.

88 MittBayNot 2007, 236 = NJW 2007, 1601; *Bayer*, in: Lutter/Hommelhoff, GmbHG, § 4 Rn. 26.

89 *Roth*, SteuK 2013, 136 (140).

90 Vgl. *Jaeger*, in: BeckOKGmbHG, § 4 Rn. 21a.

91 *Heinze*, in: MünchKommGmbHG, § 4 Rn. 71a.

92 *Wicke*, MittBayNot 2014, 13 (20).

93 *Jaeger*, in: BeckOKGmbHG, § 4 Rn. 43; a.A. *Heinze*, in: MünchKommGmbHG, § 4 Rn. 18a; *Mock*, in: Michalski, § 4 Rn. 86; *Wachter*, GmbHR 2013, 145 (146); *Seebach*, RNotZ 2013, 261 (264), wonach sich »in der Registerpraxis […] die Bezeichnung »gUG (haftungsbeschränkt)« durchgesetzt [habe].

Gesichtspunkt dürfte eine analoge Anwendung der Vorschrift für die Bezeichnung einer gemeinnützigen Aktiengesellschaft als »gAG« ausgeschlossen sein[94].

35a Dieser (strengen) Auslegung hat sich zunächst das OLG Karlsruhe[95] in einer aktuellen Entscheidung angeschlossen. Der BGH[96] hat nunmehr den Rechtsformzusatz »gUG (haftungsbeschränkt)« für zulässig erachtet, u.a. mit dem (fragwürdigen) Argument, der Gesetzgeber habe mit § 4 Satz 2 nicht (bewusst) die UG (haftungsbeschränkt) von dieser Firmierungsmöglichkeit ausschließen, sondern vielmehr generell die Arbeit von gemeinnützigen Körperschaften fördern und vereinfachen wollen.

3. UG (haftungsbeschränkt)

36 Zum abweichenden Rechtsformzusatz bei Gesellschaften mit einem Stammkapital von weniger als 25.000 €; vgl. Rdn. 20 ff. sowie Rdn. 35.

III. Firmenfortführung nach § 22 HGB oder nach anderen gesetzlichen Vorschriften

37 Die Firma der Gesellschaft hat den Rechtsformzusatz »Gesellschaft mit beschränkter Haftung« gem. § 4 ausdrücklich auch dann zu enthalten, wenn sie gem. § 22 HGB oder nach anderen gesetzlichen Vorschriften fortgeführt wird.

1. Erwerb eines bestehenden Handelsgeschäfts nach § 22 HGB

38 Mit der Vorschrift des § 22 HGB schützt der Gesetzgeber unter Durchbrechung des Grundsatzes der Firmenwahrheit[97] den immateriellen Firmenwert (»Goodwill«) eines Handelsgeschäfts. § 4 nimmt diesen Schutz des Firmenwertes durch die zwingende Anordnung der Führung des Rechtsformzusatzes »Gesellschaft mit beschränkter Haftung« im Interesse des Verkehrsschutzes ein Stück weit zurück. Erwirbt eine GmbH ein einzelkaufmännisches Unternehmen oder eine Personengesellschaft, so ist der Firmenzusatz »e.K.« bzw. »OHG« oder »KG« zu streichen[98] und durch den Begriff »Gesellschaft mit beschränkter Haftung« zu ersetzen.

39 Zur Beibehaltung akademischer Grade beim Erwerb eines Handelsgeschäfts s.u. Rdn. 73.

2. Firmenfortführung nach anderen gesetzlichen Vorschriften

40 Hierunter fallen insb. die Verschmelzung nach §§ 1 Abs. 1 Nr. 1, 2, 18 Abs. 1 UmwG sowie der Formwechsel nach §§ 1 Abs. 1 Nr. 4, 190, 200 UmwG. Auf die Spaltung in Form der Abspaltung und der Ausgliederung ist die Anwendbarkeit des § 18 UmwG (Sondertatbestand des § 22 HGB[99]) gem. § 125 UmwG ausgeschlossen und damit der Anwendungsbereich der allgemeinen Firmenfortführungsregelung des § 22 HGB (vgl. vorstehend Nr. 1.) eröffnet.[100]

41 Zur fehlenden Anwendbarkeit des § 24 HGB (Firmenfortführung bei Änderungen im Gesellschafterbestand) auf GmbH s.o. Rdn. 6.

---

94 A.A. *Wicke*, MittBayNot 2014, 13 (20).

95 NZG 2019, 864; kritisch hierzu *Kilian*, notar 2020, 10 (11 f.).

96 BGH Beschl. v. 28.4.2020 – II ZB 13/19, BeckRS 2020, 11367 Rn. 22.

97 So darf der Erwerber eines Handelsgeschäfts insb. eine Personen- bzw. Sachfirma beibehalten, obgleich (neue) Gesellschafter bzw. Unternehmensgegenstand von dieser abweichen (z.B. die »Berger Bau-GmbH«, deren Erwerber Manfred Müller ein Busunternehmen betreibt). Ausführlich hierzu *Heidinger*, in: MünchKommHGB, § 22 Rn. 3 ff; kritisch *Altmeppen*, in: Roth/Altmeppen, GmbHG, § 4 Rn. 23.

98 *Heidinger*, in: MünchKommHGB, § 22 Rn. 64.

99 *Heidinger*, in: MünchKommHGB, § 22 Rn. 96.

100 Kritisch differenzierend *Heinze*, in: MünchKommGmbHG, § 4 Rn. 123.

F. Allgemeine Grundsätze der Firmenbildung

Der Gesetzgeber hat sich bei der Fassung des § 4 mit der Anordnung der Führung des Rechtsformzusatzes »Gesellschaft mit beschränkter Haftung« begnügt, i.Ü. jedoch keine speziellen inhaltlichen Bestimmungen zur Bildung der Firma der GmbH getroffen. Insoweit bleibt es bei den allgemeinen Firmengrundsätzen der §§ 17 ff. HGB. Hierzu gehören neben den Prinzipien der Kennzeichnungs- und Unterscheidungskraft (§ 18 Abs. 1 HGB: »**Firmenklarheit**«) insb. das Irreführungsverbot (§ 18 Abs. 2 HGB: »**Firmenwahrheit**«) und die **Firmenausschließlichkeit** (§ 30 HGB). 42

I. Kennzeichnungs- und Unterscheidungskraft (§ 18 Abs. 1 HGB: »Firmenklarheit«)

Nach zutreffender Ansicht[101] müssen die beiden Merkmale der »Kennzeichnungseignung« i.S.v. § 18 Abs. 1, 1. Alt. HGB und der »Unterscheidungskraft« i.S.v. § 18 Abs. 1, 2. Alt. HGB **kumulativ** vorliegen. So mag eine in chinesischen Schriftzeichen verfasste Firma zwar zur Abgrenzung von den Firmen anderer Unternehmen grds. gut geeignet sein. Kennzeichnungskraft kommt einer solchen Firma indes – mangels allgemeiner Aussprechbarkeit in Deutschland[102] – nicht zu. Umgekehrt besitzt ein sog. »Allerweltsname« wie z.B. »Müller GmbH« durchaus Kennzeichnungskraft; aufgrund der einer solchen Firma immanenten Verwechslungsgefahr ist sie jedoch zur hinreichenden Unterscheidung von anderen Unternehmen ohne weitere individualisierende Zusätze nicht geeignet (str.).[103] Freilich ist die Grenze zwischen den beiden Tatbestandsmerkmalen des § 18 Abs. 1 HGB bisweilen fließend. So dürfte einer aus einer sehr langen, unübersichtlichen Buchstaben- bzw. Zahlenfolge bestehenden Firma (z.B. »AAAAB-GmbH« oder »1234567-GmbH«) mangels (vernünftiger) Aussprechbarkeit sowohl die Kennzeichnungseignung als auch die erforderliche Unterscheidungskraft fehlen.[104] 43

1. Kennzeichnungskraft (§ 18 Abs. 1, 1. Alt. HGB)

In folgenden Konstellationen bzw. Fallgruppen wird die Kennzeichnungseignung i.S.v. § 18 Abs. 1, 1. Alt. HGB, d.h. die Verständlichkeit der Firma als **aussprechbarer Name**[105] als problematisch angesehen: 44

a) Nichtlateinische Zeichen; Bilder

Die Zusammensetzung der Firma aus nichtlateinischen Zeichen ist nach allg. M. regelmäßig unzulässig, da deren Lesbarkeit und Artikulation im Rechtsverkehr nicht gewährleistet ist.[106] Eine Ausnahme gilt für allgemein bekannte nichtlateinische Zeichen wie z.B. »Ω«.[107] 45

Die Aussprache des »@«-Zeichens entweder als »modisches«[108] »a« wie z.B. in »@rtist« oder als englisches »at« in »working@home« kann jedenfalls im Jahr 2011 – anders als (womöglich) noch im Jahr 2001[109] – als im Rechtsverkehr allgemein bekannt vorausgesetzt werden. Damit ist die 46

101 *Bayer*, in: Lutter/Hommelhoff, GmbHG, § 4 Rn. 7; ausführlich zum Meinungsstand *Heinze*, in: MünchKommGmbHG, § 4 Rn. 22.

102 Vgl. *Bayer*, in: Lutter/Hommelhoff, GmbHG, § 4 Rn. 15; *Mock*, in: Michalski, GmbHG, § 4 Rn. 19, der indes fremdsprachige Wörter in lateinischen Buchstaben für zulässig erachtet.

103 *Heinze*, in: MünchKommGmbHG, § 4 Rn. 33; *Fastrich*, in: Baumbach/Hueck, GmbHG, § 4 Rn. 6b; *Wicke*, § 4 Rn. 4; Altmeppen, in: Roth/Altmeppen, GmbHG, § 4 Rn. 5; etwas unklar *Mock*, in: Michalski, GmbHG, § 4 Rn. 15

104 *Bayer*, in: Lutter/Hommelhoff, GmbHG, § 4 Rn. 15 (»kaum aussprechbar und ebensowenig unterscheidungskräftig«).

105 BGH, NJW-RR 1998, 253, 254; *Heinze*, in: MünchKommGmbHG, § 4 Rn. 22.

106 *Mock*, in: Michalski, GmbHG, § 4 Rn. 19; *Heidinger*, in: MünchKommHGB, § 18 Rn. 14.

107 *Mock*, in: Michalski, GmbHG, § 4 Rn. 19; a.A. *Lutter/Welp*, ZIP 1999, 1073, 1077, welche diese Kenntnis der Allgemeinheit offenbar abstreiten.

108 *Heidinger*, in: MünchKommHGB, § 18 Rn. 13.

109 Vgl. hierzu die Entscheidung BayObLG, NJW 2001, 2337, 2338, welche die firmenrechtliche Zulässigkeit des »@«-Zeichens verneint.

Eignung des »@-Zeichens« zur eindeutigen Namenskennzeichnung heute zu bejahen.[110] Hiervon unabhängig zu beurteilen ist freilich die Frage, ob die Gesellschaft einen Anspruch darauf hat, mit dem als »a« auszusprechenden Zeichen »@« in ihrer Firma ins Handelsregister eingetragen zu werden.[111]

47 **Bilder** repräsentieren – anders als das »@«-Zeichen – kein konkretes Schriftzeichen und können daher nicht Bestandteil der Firma sein.[112]

48 Dagegen sind gebräuchliche Sonderzeichen wie »&«, Bindestrich, Punkt, Klammern u.ä. zur Kennzeichnung geeignet,[113] solange sie nicht isoliert (z.B. »-&/-GmbH«), sondern in Kombination mit Buchstaben bzw. Zahlen (z.B. »1&1 GmbH«) verwendet werden.

b) **Buchstaben- und Zahlenkombinationen**

49 Seit der Liberalisierung des Firmenrechts durch das Handelsrechtsreformgesetz 1998 (s. Rdn. 1) ist die Zulässigkeit von Buchstaben- und Zahlenkombinationen im Rahmen sog. »Fantasiebezeichnungen«[114] mit einer gewissen Großzügigkeit zu beurteilen.[115] Nach allg. M. unzulässig sind jedenfalls **überlange Zahlen- und Buchstabenkombinationen** (vgl. Rdn. 43), da diese nicht hinreichend einprägsam bzw. aussprechbar und damit zur näheren Kennzeichnung eines Unternehmens ungeeignet sind.

50 Freilich kann die These, wonach nur aus Buchstaben bzw. Ziffern gebildete Firmen aufgrund ihrer Gestaltung »besonders einprägsam und originell«[116] sind und damit Kennzeichnungskraft besitzen, nicht verallgemeinert werden. An der Einprägsamkeit bzw. Originalität fehlt es bspw. bei einer rein mechanischen bzw. zufälligen Aneinanderreihung von Zahlen und/oder Buchstaben. Firmen wie »DEF-GmbH«, »GHI-GmbH«, »AA-AA-GmbH«[117] oder »1111-GmbH« sind daher zur Kennzeichnung eines Unternehmens grds. nicht geeignet. Etwas anders gilt freilich, falls solche Kombinationen im Einzelfall ein **Mindestmaß an Originalität und damit Einprägsamkeit** – wenngleich auch keine besondere Bedeutung – besitzen, wie z.B. die »2011-GmbH«, die »08/15-GmbH« oder die »AHA-GmbH«. Etwas anderes gilt schließlich auch für Buchstabenkombinationen, die im Sprachgebrauch übliche Abkürzungen von Unternehmensbezeichnungen darstellen (z.B. BMW oder VW).[118]

51 Der BGH[119] bejaht die firmenrechtliche Zulässigkeit der Aneinanderreihung einer Buchstabenkombination, wenn sie im Rechts- und Wirtschaftsverkehr zur Identifikation der dahinter stehenden Gesellschaft ohne Schwierigkeiten akzeptiert werden kann. Hierfür reiche als notwendige, aber zugleich hinreichende Bedingung die Aussprechbarkeit der Firma i.S.d. **Artikulierbarkeit** (»HM & A«).

---

110 Ebenso *Mock*, in: Michalski, GmbHG, § 4 Rn. 24; *Bayer*, in: Lutter/Hommelhoff, GmbHG, § 4 Rn. 19; LG Berlin, NJW-RR 2004, 835; LG Cottbus, CR 202, 134, 135; differenzierend *Zimmer*, in: Ring/Grziwotz, GmbHG, § 4 Rn. 12, der die Zulässigkeit des @-Zeichens bejaht, wenn es die Buchstaben »at« ersetzen soll, nicht jedoch, wenn es als Surrogat des Buchstabens »a« verwendet wird; ähnlich *Heidinger*, in: MünchKommHGB, § 18 Rn. 13.

111 Einen solchen Anspruch verneint *Heidinger*, in: MünchKommHGB, § 18 Rn. 13a.

112 *Mock*, in: Michalski, GmbHG, § 4 Rn. 24; *Altmeppen*, in: Roth/Altmeppen, GmbHG, § 4 Rn. 16; *Bayer*, in: Lutter/Hommelhoff, GmbHG, § 4 Rn. 19.

113 Vgl. *Meyer*, in: MünchKommGmbHG, § 4 Rn. 29.

114 *Altmeppen*, in: Roth/Altmeppen, GmbHG, § 4 Rn. 13.

115 *Mock*, in: Michalski, GmbHG, § 4 Rn. 35.

116 *Bayer*, in: Lutter/Hommelhoff, GmbHG, § 4 Rn. 18.

117 Dieses Beispiel einer unzulässigen Firma nennt *Altmeppen*, in: Roth/Altmeppen, GmbHG, § 4 Rn. 14; das OLG Celle, DB 1999, 40 und DNotZ 2007, 56 hat unter diesem Gesichtspunkt die Firmen »AAA AAA AAA AB ins Lifesex-TV.de GmbH« und »AKDV GmbH« beanstandet.

118 OLG Celle, DNotZ 2007, 56, 57.

119 DNotZ 2009, 469.

c) Slogans (Wahlsprüche)

Auch Werbeslogans wie z.B. »Nimm 2« oder »nix wie hin« wird grds. Kennzeichnungskraft attestiert.[120] Bei rein werbenden, sehr allgemein beschreibenden Wahlsprüchen wie z.B. »Perfekt in Form und Funktion« dürfte es mangels Originalität bzw. Individualisierung an der erforderlichen Unterscheidungskraft i.S.v. § 18 Abs. 1, 2. Alt. HGB fehlen.[121] 52

2. Unterscheidungskraft (§ 18 Abs. 1, 2. Alt. HGB)

An der gem. § 18 Abs. 1, 2. Alt. HGB erforderlichen, vom Prinzip der Firmenausschließlichkeit (*Konkrete* Unterscheidbarkeit der Firmen vor Ort, § 30 HGB) zu differenzierenden[122] *allgemeinen* Unterscheidungskraft können sowohl bei Personen- und Sachfirmen als auch bei sog. Fantasiefirmen unter folgenden Gesichtspunkten Zweifel aufkommen: 53

a) Allerweltsnamen

An der erforderlichen Unterscheidbarkeit mangelt es sowohl bei sog. **Allerweltsnamen** wie z.B. »Müller« oder »Meier«, als auch bei Personennamen, die mit Sachbezeichnungen identisch sind (z.B. »Hecht« oder »Wurst«). Da die Grenze zwischen »Allerwelts«- und »besonderen« Namen indes fließend ist[123] empfiehlt es sich unter praktischen Gesichtspunkten, Personenfirmen durch Beifügung von Vornamen oder Sachbezeichnungen hinreichend zu individualisieren (z.B. »Theo Müller GmbH« oder »Wurst KFZ-Betriebs GmbH«). Auf diese Weise kann insb. der Gefahr einer Sperrwirkung einer bereits eingetragenen Firma ggü. neuen Unternehmen vorgebeugt werden.[124] 54

b) Sachfirma

Bei der Darstellung der firmenrechtlichen Zulässigkeit von Slogans (Rdn. 52) wurde bereits darauf hingewiesen, dass **allgemein beschreibende Bezeichnungen** mangels Individualisierung nicht die erforderliche Unterscheidungskraft besitzen. Hierunter fallen insb. bloße Branchen- oder Gattungsnamen wie z.B. »Transportbeton GmbH«[125] »Deutsche Biogas GmbH«[126] oder »Bau GmbH«. 55

In diesen Fällen kann einer Firma auch nicht durch Anfügen einer sog. »**Top-Level-Domain**« wie z.B. ».com«, ».de« oder ».eu« Unterscheidungskraft verliehen werden.[127] Die Gegenansicht des OLG Dresden überzeugt schon allein deshalb nicht, da derzeit (Stand: April 2020) mehr als tausend Top-Level-Domains existieren.[128] Gattungsbegriffe wie »Transportbeton« könnten auf diese Weise hundertfach zu vermeintlich unterscheidungskräftigen Firmen wie »Transportbeton.de GmbH«, »Transportbeton.eu GmbH«, »Transportbeton.com GmbH« usw. geklont werden. Dem Interesse des Rechtsverkehrs und der Unternehmen selbst[129] an der Unterscheidbarkeit von anderen Unternehmen dürfte hierdurch nicht gedient sein[130]. 56

---

120 *Bayer*, in: Lutter/Hommelhoff, GmbHG, § 4 Rn. 17; *Wicke*, GmbHG, § 4 Rn. 3; kritisch *Altmeppen*, in: Roth/Altmeppen, GmbHG, § 4 Rn. 17.

121 Vgl. Harmonisierungsamt für den Binnenmarkt (HABM), Urt. v. 21.10.2005, BeckRS 2006, 01421.

122 *Altmeppen*, in: Roth/Altmeppen, GmbHG, § 4 Rn. 4; *Mock*, in: Michalski, GmbHG, § 4 Rn. 36.

123 Kritisch hierzu *Roth*, in: Roth/Altmeppen, GmbHG, 8. Aufl. 2015, § 4 Rn. 7.

124 *Heinze*, in: MünchKommGmbHG, § 4 Rn. 33.

125 OLG Hamm, NJW 1961, 2018.

126 LG Oldenburg, Beschl. v. 24.09.2009, BeckRS 2010, 05397; der Zusatz »Deutsche« sei zur hinreichenden Individualisierung nicht ausreichend.

127 OLG Frankfurt am Main, GRUR-RR 2011, 96 f. (»Outlets.de GmbH«); LG Köln, RNotZ 2008, 553 (»brillenshop.de«); a.A. OLG Dresden, GRUR-Prax 2011, 59 (»fashion-shop-germany.eu e.Kfr.«).

128 Quelle: Internet Assigned Numbers Authority (IANA; www.iana.org/domains/root/db).

129 Kritisch *Stolz*, GRURPrax 2011, 59.

130 A.A. *Mock*, in: Michalski, GmbHG, § 4 Rn. 28, auch unter Hinweis auf den internationalen Vergleich (»Apple Inc.«).

57 Die erforderliche Unterscheidungskraft kann indes – sofern in der Firma der Gesellschaft auf einen Gattungsbegriff zurückgegriffen werden soll – durch originelle Abkürzungen eines solchen Begriffs (»Transpobet GmbH«) oder durch Beifügung eines individualisierenden Zusatzes wie z.B. einer geografischen Bezeichnung (»Transportbeton Hengersberg GmbH«), eines Personennamens (»Transportbeton Meister GmbH«) oder eines Fantasiezusatzes (»Transportbeton-007 GmbH«) hergestellt werden.

58 Für **fremdsprachige Gattungsbegriffe** gelten die vorgenannten Grundsätze entsprechend, sofern diese Bezeichnungen in der Alltagssprache allgemein verwendet werden (z.B. »Fast Food« oder »Internet«).[131] Ist dies nicht der Fall, so ist Unterscheidungskraft auch dann zu bejahen, falls es sich bei der wörtlichen Übersetzung des betreffenden Begriffs um eine Gattungsbezeichnung handelt (z.B. »manufactum«, »dream car«). Anders ausgedrückt wird die Unterscheidbarkeit in diesen Fällen alleine durch die mangelnde Gebräuchlichkeit dieser Begriffe in der deutschen Sprache hergestellt.

c) **Fantasiefirma**

59 Fantasiebezeichnungen (z.B. »1 und 1 GmbH«, »STOXX GmbH«) besitzen im Hinblick auf ihre Originalität und Individualität naturgemäß eine große Unterscheidungskraft.[132] Eine Ausnahme gilt indes – wie bereits dargestellt wurde (Rdn. 49, 52) – für nicht artikulierbare bzw. mechanisch zusammengestellte Buchstaben- und Zahlenketten sowie für allgemein beschreibende Werbeslogans.

60 Bei Fantasiefirmen kann es darüber hinaus leicht zu einer Verwechslungsgefahr i.S.v. § 30 HGB zwischen ähnlich klingenden Firmen am gleichen Ort/in der gleichen Gemeinde bzw. innerhalb eines Firmenbezirks (§ 30 Abs. 4 HGB) kommen.[133]

II. Irreführungsverbot (§ 18 Abs. 2 HGB: »Firmenwahrheit«)

61 Das Verbot zur Aufnahme von Firmenangaben, die (objektiv)[134] geeignet sind »irrezuführen« (§ 18 Abs. 2 HGB) unterliegt seit Inkrafttreten des Handelsrechtsreformgesetzes (s. Rdn. 1) verschiedenen Einschränkungen:

62 Zum einen muss sich die Täuschungseignung der betreffenden Firmenangabe auf »**geschäftliche** (d.h. auf nicht lediglich rein private[135]) Verhältnisse« beziehen, »die für die angesprochenen Verkehrskreise **wesentlich** sind«. Hierunter fallen namentlich Hinweise auf Art, Umfang, Marktstufe, Spezialisierung und Größe[136] eines Unternehmens, die von einem aufmerksamen, verständigen, selbstständigen und mündigen »**Durchschnitts**verbraucher« bzw. -geschäftsmann[137] als wesentlich wahrgenommen werden. Unter diesem Gesichtspunkt sind bspw. von kleinen Unternehmen verwandte Firmenbestandteile wie »Börse«, »Center« oder »Zentrale« nach der heutigen Verkehrsanschauung nicht mehr als täuschend anzusehen,[138] auch wenn vereinzelte Adressaten von einer »Schuhbörse« oder einem »Krawattencenter« noch immer eine gewisse Größe oder Vorzugsstellung

131 *Heinze*, in: MünchKommGmbHG, § 4 Rn. 43 jeweils mit guter Darstellung der verschiedenen Ansichten; a.A. *Mock*, in: Michalski, GmbHG, § 4 Rn. 30.

132 *Heinze*, in: MünchKommGmbHG, § 4 Rn. 45.

133 *Bayer*, in: Lutter/Hommelhoff, GmbHG, § 4 Rn. 22.

134 *Heinze*, in: MünchKommGmbHG, § 4 Rn. 53; *Bayer*, in: Lutter/Hommelhoff, GmbHG, § 4 Rn. 28.

135 *Heidinger*, in: MünchKommHGB, § 18 Rn. 52. Nach Ansicht des LG Passau, Rpfleger 2000, 397 ist bspw. die Verwendung des Namens »Schwarzmüller GmbH« anstelle des tatsächlichen Doppelnamens »Hasenberger-Schwarzmüller« mangels geschäftlicher Relevanz nicht zu beanstanden.

136 *Heinze*, in: MünchKommGmbHG, § 4 Rn. 51; *a.A. Mock*, in: Michalski, GmbHG, § 4 Rn. 41, demzufolge heute kaum jemand besondere Erwartungen an Begriffe wie »Palast«, »Zentrum« oder »Fabrik« stelle.

137 *Hopt*, in: Baumbach/Hopt, HGB, § 18 Rn. 12; *Heidinger*, in: MünchKommHGB, § 18 Rn. 53; EuGH – Rs. C-470/793, WRP 1995, 677 f.

138 *Bayer*, in: Lutter/Hommelhoff, GmbHG, § 4 Rn. 29; *Hopt*, in: Baumbach/Hopt, HGB, § 18 Rn. 30 (m. umf. Darst. der Kasuistik zum Irreführungsverbot).

am Ort erwarten mögen. Etwas anderes gilt wiederum für Bezeichnungen wie »**Supermarkt**«, »**Großmarkt**«, »**Gruppe**«[139] oder »**Zentrum**«[140], die ihre ursprüngliche Bedeutung im Sprachgebrauch beibehalten haben[141] und daher insoweit mit einer entsprechenden Erwartungshaltung der betreffenden Marktteilnehmer verbunden werden, während Zusätze wie »**deutsch**«, »**Welt**«, »**inter**« oder »**Center**«[142], sofern sie in Fantasiefirmen Eingang finden (z.B. »InterhandyGames GmbH«) bzw. wenn sie zur Abgrenzung eines deutschen Tochterunternehmens von der ausländischen Muttergesellschaft dienen (z.B. »Deutsche Fiat«[143]) vom Verkehr regelmäßig nicht als Hinweis auf eine besonders international bzw. auf den deutschen Markt ausgerichtete Tätigkeit (miss-)verstanden werden.[144] Aus ähnlichen Erwägungen hat das OLG Frankfurt[145] die Firrma »X Holding UG (haftungsbeschränkt)« auch dann für zulässig erachtet, wenn die Gesellschaft zum Eintragungszeitpunkt noch keine tatsächliche Holdingstruktur aufweise, sondern deren Errichtung jedenfalls zeitnah nach ihrer Ersteintragung beabsichtige. Insbesondere vermittle der Begriff »**Holding**« nicht den Eindruck von einer besonderen Größe des Unternehmens, sondern verweise lediglich auf eine bestimmte Unternehmensstruktur[146].

I.Ü., d.h. außerhalb der Verwendung im Zusammenhang mit Fantasiebezeichnungen, ist für die vorgenannten oder für vergleichbare Zusätze wie »Euro« unter dem Gesichtspunkt der Firmenwahrheit zu fordern, dass das betreffende Unternehmen in nicht völlig unbedeutendem Umfang auf dem deutschen, europäischen bzw. internationalen Markt tätig ist.[147] 63

Zum anderen wird ein materiell-rechtlicher Verstoß gegen das Irreführungsverbot vom Registergericht gem. § 18 Abs. 2 Satz 2 HGB nur berücksichtigt, wenn er »ersichtlich« ist, d.h., wenn er sich dem Registerrichter ohne umfangreiche Beweiserhebung **aufdrängt**.[148] In diesem Sinne nicht ersichtliche Verstöße – wie z.B. die Berühmung eines lokal begrenzt tätigen Gemüsehändlers mit der Firma »Bayerischer Gemüsekontor Egon Müller GmbH« – sind daher im Registerverfahren nicht aufzugreifen. Eine entsprechende Sanktionierung bliebe einer zivilrechtlichen Unterlassungs- bzw. Schadensersatzklage (§§ 37 Abs. 2 HGB, §§ 8, 9 i.V.m. 3 UWG) vorbehalten.[149] 64

Neben den vorstehend skizzierten Fallgruppen »Größe und Bedeutung« und »geographische Bezeichnungen« eines Unternehmens finden sich in der Kasuistik u.a. folgende Beispiele irreführender Firmen: 65

1. Rechtsformzusätze

Unzulässig sind das In-Klammer-Setzen des Rechtsformzusatzes »GmbH«[150] sowie das Beifügen weiterer Zusätze, die zu Verwechslungen mit anderen Gesellschaftsformen führen können (z.B. 66

---

139 OLG Jena, NZG 2013, 1270.

140 OLG Frankfurt, NZG 2015, 1239, 1240 f.

141 Vgl. die Beschreibung eines Supermarktes im Online-Lexikon Wikipedia (Stand: April 2020) als »Lebensmitteleinzelhandelsgeschäft« mit einer »Verkaufsfläche von mindestens 400 m²«. Nach *Heinze*, in: MünchKommGmbHG, § 4 Rn. 85 erwarte der Verkehr von einem »Supermarkt« indes »keinen Größenanspruch mehr«, sondern »nur ein entsprechend breitgefasstes Angebot«.

142 OLG Frankfurt a.a.O. (in Abgrenzung zu »Zentrum«).

143 *Heidinger*, in: MünchKommHGB, § 18 Rn. 155.

144 Eine ausführliche Darstellung der firmenrechtlichen Zulässigkeit der Verwendung geografischer Bezeichnungen findet sich bspw. bei *Heinze*, in: MünchKommGmbHG, § 4 Rn. 96 ff. sowie bei *Heidinger*, in: MünchKommHGB, § 18 Rn. 147 ff. Zur Zulässigkeit von Ortszusätzen im Firmennamen vgl. OLG Hamm, NZG 2013, 996 (»Osnabrück«) sowie OLG München, DNotI-Report 2010, 115 (»Münchner Hausverwaltung GmbH«).

145 NZG 2019, 1232.

146 NZG 2019, 1232 (1234).

147 *Zimmer*, in: Ring/Grziwotz, GmbHG, § 4 Rn. 22; *Heinze*, in: MünchKommGmbHG, § 4 Rn. 103 ff.

148 *Heidinger*, in: MünchKommHGB, § 18 Rn. 58.

149 *Mock*, in: Michalski, GmbHG, § 4 Rn. 49.

150 KGJ 19, 15, 17.

»Elektro Huber & Partner[151] [zulässig wäre dagegen das Additiv »partners«[152]] KG GmbH«; »Gesellschaft für Autozubehör Bachmann mbH-AG«).[153] Sind *per se* zur Irreführung geeignete Buchstaben wie z.B. »AG« oder »KG« hingegen lediglich Bestandteil eines (Fantasie-)namens, so ist ein Verstoß gegen den Grundsatz der Firmenwahrheit aus der maßgeblichen Sicht eines verständigen Durchschnittsverbrauchers (s. Rdn. 62) zu verneinen (z.B. »MAHAG GmbH«, »OBAG GmbH«,[154] »WISAG GmbH«[155] oder »TKKG GmbH«; str.[156]).

2. Divergenz zwischen Personenfirma und tatsächlichen Gesellschafternamen

67 Die Abweichung einer Personenfirma von den tatsächlichen Namen der Gesellschafter ist firmenrechtlich im Hinblick auf den Charakter der GmbH als *Kapital*gesellschaft[157] grds. nicht als irreführend i.S. v. § 18 Abs. 2 HGB anzusehen,[158] kann jedoch einen Unterlassungsanspruch gem. § 12 BGB[159] nach sich ziehen (Newcomer berühmt sich in der Firma seines Unternehmens des Namens eines ortsbekannten, bewährten Geschäftsmannes). Ebenso wenig ist die Verwendung des Namens einer fiktiven Person in der Firma einer GmbH irreführend.[160] Des Weiteren kann die Personenfirma bei einer GmbH & Co. KG grds. mit dem Namen eines Nichtgesellschafters gebildet werden, der weder Komplementär noch Kommanditist ist.[161] Schließlich verstößt die Bildung einer Personenfirma bei einer GmbH unter Verwendung des Nachnamens eines Nicht-Gesellschafters oder Minderheitsgesellschafters weder gegen die Anforderung des § 4 GmbHG noch gegen das Irreführungsverbot aus § 18 II HGB[162].

68 Findet sich in der Firma indes der Name einer (lebenden bzw. kürzlich verstorbenen[163]) Person der Zeitgeschichte wieder, welcher vom Rechtsverkehr besonderes Vertrauen oder große Sympathie entgegengebracht wird (z.B. »Günther Jauch Unterhaltungs GmbH« oder »Heike Makatsch Fernsehproduktions GmbH«), so ist eine firmenrechtlich relevante Täuschungseignung zu bejahen.[164]

69 Zulässig ist grundsätzlich auch die Verwendung fiktiver Namen wie z.B. »E. D.«,[165] »U. Projekte GmbH«[166] oder »Obermüller«.[167]

3. Divergenz zwischen Sachfirma und Unternehmensgegenstand

70 Zwar muss seit dem Handelsrechtsreformgesetz (s. Rdn. 1) eine Sachfirma nicht mehr im Sinne einer »absoluten Firmenwahrheit« zwingend dem Unternehmensgegenstand entnommen sein bzw. das Unternehmen vollkommen zutreffend charakterisieren.[168] Gleichwohl darf eine Firma

151 Zum Zusatz »Partner« s. *Wicke*, GmbHG, § 4 Rn. 7.
152 OLG Hamburg, NZG 2019, 744 f.
153 *Bayer*, in: Lutter/Hommelhoff, GmbHG, § 4 Rn. 147.
154 OLG Dresden, NZG 2010, 1237.
155 OLG Köln, GRUR-RR 2007, 163, 165.
156 A.A. BGH, NJW 1956, 1873 [»INDROHAG GmbH«]; wie hier *Heinze*, in: MünchKommGmbHG, § 4 Rn. 70.
157 *Bayer*, in: Lutter/Hommelhoff, GmbHG, § 4 Rn. 34; *Heinze*, in: MünchKommGmbHG, § 4 Rn. 72 verlangt jedoch, dass bei einer Personenfirma grds. wenigstens der Name eines Gesellschafters angegeben wird.
158 OLG Karlsruhe, BeckRS 2013, 21611 (unter gewissen Einschränkungen); liberaler OLG Rostock, NZG 2015, 243; differenzierend *Heinze*, in: MünchKommGmbHG, § 4 Rn. 80 ff.
159 Vgl. *Bayreuther*, in: MünchKommBGB, § 12 Rn. 17.
160 OLG Jena, NZG 2010, 1354.
161 OLG Karlsruhe, RNotZ 2010, 482, 484 f.
162 OLG Rostock, NZG 2015, 243.
163 Vgl. *Bayer*, in: Lutter/Hommelhoff, GmbHG, § 4 Rn. 35.
164 *Heinze*, in: MünchKommGmbHG, § 4 Rn. 81.
165 OLG München BeckRS 2012, 23075.
166 OLG Hamburg BeckRS 2011, 07893.
167 OLG Jena DNotZ 2010, 935.
168 *Altmeppen*, in: Roth/Altmeppen, GmbHG, § 4 Rn. 10.

auch nach neuem Recht nicht mit beliebigen, unzutreffenden Angaben über verkehrswesentliche Eigenschaften eines Unternehmens (z.B. Alter, Größe, Bedeutung, vgl. o. Rdn. 62) täuschen[169]. Bei Fantasiebezeichnungen ist insoweit naturgemäß ein großzügiger Maßstab anzulegen, zumal hinter einer Firma wie z.B. »Dreamsport GmbH« zahlreiche unterschiedliche (mögliche) Unternehmensgegenstände vermutet werden können (Fitnessstudio, Autohandel, Sportartikelverkauf etc.).[170] In diese Richtung tendiert auch eine jüngere Entscheidung des OLG Stuttgart[171] (»Solar USA International-GmbH«).

Im Fall einer **wesentlichen Änderung** des Unternehmensgegenstandes (ehemalige Schreinerei verkauft nur noch Fertigmöbel), muss eine etwa verwendete Sachfirma entsprechend geändert werden (z.B. von »Schreinerei Friedmann GmbH« in »Friedmann Möbelhandels GmbH«).[172] 71

4. Akademische Grade/Amtsbezeichnungen/Titel

Aus Sicht des verständigen Durchschnittsverbrauchers spiegeln akademische Grade, namentlich der Doktortitel, sowie Amtsbezeichnungen wie z.B. »Professor« eine besondere Kompetenz bzw. Vertrauenswürdigkeit wider. Die Verwendung solcher Grade bzw. Amtsbezeichnungen in der Firma eines Unternehmens ohne entsprechende Führungsberechtigung wenigstens *eines* Gesellschafters unterliegt daher nach allg. M.[173] grds. dem Irreführungsverbot des § 18 Abs. 2 HGB. Dies soll jedenfalls dann gelten, wenn der Unternehmensgegenstand eine besondere Qualifikation oder Vertrauenswürdigkeit voraussetzt,[174] somit bspw. nicht bei einem Filmverleih (»Dr. Wirths Videothek GmbH«), ebenso wenig bei der Verwendung von Fantasienamen[175] als »Titelträger« (z.B. »Dr. Snuggles Babybedarfs GmbH«). 72

Muss nach den vorbeschriebenen Grundsätzen zumindest ein Gesellschafter titelführungsbefugt sein, so darf unter dogmatischen Gesichtspunkten bei dessen **Ausscheiden** der akademische Grad in der Firma nicht fortgeführt werden.[176] Die bislang überwiegende Ansicht[177] verneinte insoweit – entgegen dem Wortlaut des § 22 HGB – sogar die Berechtigung zur Firmenfortführung beim Erwerb eines bestehenden Handelsgeschäfts. Nach einer aktuellen Entscheidung des BGH (Beschl. v. 8.5.7.2018 – II ZB 26/17, BeckRS 2018, 15568, beck-online) sind bei Ausscheiden des promovierten Namensgebers einer als Wirtschaftsprüfungsgesellschaft anerkannten Partnerschaft die verbleibenden Partner bei Einwilligung des Ausgeschiedenen oder seiner Erben auch dann zur Fortführung des bisherigen Namens der Partnerschaft mit dem Doktortitel des Ausgeschiedenen befugt, wenn **keiner** von ihnen promoviert hat. Der BGH trägt in diesem Beschluss der Promotion als zusätzlicher Qualifikation im Vergleich zu einer (isolierten) akademischen Ausbildung indes nicht hinreichend Rechnung. 73

169 *Mock*, in: Michalski, GmbHG, § 4 Rn. 42.

170 Vgl. *Bayer*, in: Lutter/Hommelhoff, GmbHG, § 4 Rn. 36.

171 NZG 2012, 551: Firmenbestandteil »Solar« ist unbedenklich, falls die Gesellschaft ausweislich ihres Unternehmensgegenstands die Übernahme der Verwaltung von Beteiligungen an Unternehmen aller Art zum Ziel hat.

172 *Bayer*, in: Lutter/Hommelhoff, GmbHG, § 4 Rn. 36, 48.

173 *Heinze*, in: MünchKommGmbHG, § 4 Rn. 75; *Bayer*, in: Lutter/Hommelhoff, GmbHG, § 4 Rn. 33; *Altmeppen*, in: Roth/Altmeppen, GmbHG, § 4 Rn. 8.

174 OLG Köln, DNotZ 2009, 140, 142 (»Personalberatung«).

175 *Bayer*, in: Lutter/Hommelhoff, GmbHG, § 4 Rn. 32.

176 OLG Köln, a.a.O. 142; BGH, DB 1992, 519 f.

177 *Roth*, in: Roth/Altmeppen, GmbHG, 8. Aufl. 2015, § 4 Rn. 32; OLG Düsseldorf, DB 1992, 467 mit der im konkreten Fall fragwürdigen Begründung, dass »unter Maklern ein Promovierter etwas besonderes ist«; einen Nachfolgezusatz verlangen in diesem Fall BGH, NJW 1970, 704 und *Reuschle*, in: Ebenroth/Boujong/Joost/Strohn, HGB, § 22 Rn. 63 (»Dr. Merkel Immobilienverwaltungs GmbH Inhaber K.T. Guttenberg«); großzügiger *Heinrich*, in: Ulmer/Habersack/Löbbe, GmbHG, § 4 Rn. 22, 60; differenzierend *Altmeppen*, in: Roth/Altmeppen, GmbHG, § 4 Rn. 8.

74 Übertrieben erscheint schließlich die Ansicht,[178] welche bei branchenfremden akademischen Graden die Aufnahme eines Fakultätszusatzes in die Firma fordert (z.B. »Dr. jur. Müller Pharmatechnologie GmbH«). Die Aufnahme eines promovierten Gesellschafters als »Strohmann«[179] mit der Absicht, sich die Führung des akademischen Grades in der Firma zu »erschleichen«, mag zwar objektiv zur Irreführung des Rechtsverkehrs geeignet sein, wird indes im registerlichen Verfahren mangels Ersichtlichkeit (§ 18 Abs. 2 Satz 2 HGB) regelmäßig unberücksichtigt bleiben.

75 Das unbefugte Führen von Adelsprädikaten dürfte firmenrechtlich unter dem Gesichtspunkt des Täuschungsverbots grds. unbeachtlich sein, kann jedoch zivilrechtliche Unterlassungs- bzw. Schadensersatzansprüche (§§ 12, 823 BGB) nach sich ziehen.[180]

5. Gesetzlich geschützte Bezeichnungen; Sonstiges

76 Zu beachten ist schließlich, dass die unbefugte Verwendung gesetzlich geschützter Zusätze wie z.B. »(Volks-)Bank« (§ 39 Abs. 1, 2 KWG), »(Bau-)Sparkasse« (§ 40 KWG, § 16 BauSparkG), »Kapitalanlage-« bzw. »Investmentgesellschaft« (§ 3 InvG), »Versicherung« (§ 4 Abs. 1 VAG), »REIT-Aktiengesellschaft« (§ 1 REITG) sowie »Rechtsanwalts-« bzw. »Steuerberatungs-« oder »Wirtschaftsprüfungsgesellschaft« (§ 59k Abs. 2 BRAO[181], § 53 StBerG, § 31 Satz 1 WPO) grds. gegen das Irreführungsverbot des § 18 Abs. 2 HGB verstößt.[182]

77 Gleiches gilt für den Gebrauch von Bezeichnungen hoheitlicher, staatlicher bzw. kirchlicher Institutionen (z.B. »Polizei«, »Kommunal«, »Stadtwerke«[183], »bischöflich«),[184] es sei denn, diese Begriffe werden offensichtlich nicht zu dem Zweck verwendet, sich ein besonderes Vertrauen zu erschleichen (zulässig daher: »Hochschulbedarf Klug GmbH«). Ebenso können Begriffe wie »Akademie«, »Seminar« oder »Institut« in zulässiger Weise Eingang in die Firma einer Gesellschaft finden, sofern diese sich hierdurch nicht zu Unrecht einer besonderen wissenschaftlichen Qualifikation berühmt (z.B. »Café an der Akademie GmbH« oder »VIP Partnervermittlung Institut GmbH« im Gegensatz zu »Institut für Dermatologie GmbH«).[185]

III. Firmenausschließlichkeit (§ 30 HGB)

78 Während § 18 Abs. 1, 2. Alt. HGB (»Unterscheidungskraft«) die *abstrakte* Eignung der jeweiligen Firma betrifft, im Rechtsverkehr überhaupt als selbstständiger, individueller Unternehmensname wahrgenommen zu werden, enthält § 30 HGB die **zusätzliche Vorgabe**, wonach sich eine *per se* unterscheidungskräftige »neue« Firma *in concreto* von den übrigen, tatsächlich existenten – d.h. im Handelsregister eingetragenen[186] – Firmen am Ort unterscheiden muss (gemessen am »Klangbild, wie es sich Auge und Ohr einprägt«[187]). So besitzt die Firma »Strasser Bau GmbH« zwar ohne Weiteres Unterscheidungskraft i.S.d. § 18 Abs. 1, 2. Alt. HGB, vermag sich jedoch nicht hinreichend

178 *Bayer*, in: Lutter/Hommelhoff, GmbHG, § 4 Rn. 32; *Reuschle*, in: Ebenroth/Boujong/Joost/Strohn, HGB, § 18 Rn. 62; wie hier ablehnend *Zimmer*, in: Ring/Grziwotz, GmbHG, § 4 Rn. 24.

179 Vgl. hierzu *Heinze*, in: MünchKommGmbHG, § 4 Rn. 77.

180 Zur Einordnung von Adelsprädikaten als Namensbestandteil vgl. *Ellenberger*, in: Palandt, BGB, § 12 Rn. 6; *Bayreuther*, in: MünchKommBGB, § 12 Rn. 31.

181 Rechtsanwaltsgesellschaften mit beschränkter Haftung müssen demzufolge zwingend die Bezeichnung »Rechtsanwaltsgesellschaft« und gem. § 4 GmbHG den Rechtsformzusatz »mbH« als Firmenbestandteil führen (AGH Niedersachsen Gerichtsbescheid v. 6.12.2017 – AGH 33/16, BeckRS 2017, 142293, beck-online).

182 *Zimmer*, in: Ring/Grziwotz, GmbHG, § 4 Rn. 25; ausführlich *Heinze*, in: MünchKommGmbHG, § 4 Rn. 89 ff.

183 BGH, BeckRS 2012, 21647.

184 *Heinze*, in: MünchKommGmbHG, § 4 Rn. 106.

185 Vgl. *Heinze*, in: MünchKommGmbHG, § 4 Rn. 105.

186 *Roth*, in: Koller/Kindler/Roth/Morck, HGB, § 4 Rn. 4.

187 Vgl. *Heidinger*, in: MünchKommHGB, § 30 Rn. 23 m.w.N.; *Bayer*, in: Lutter/Hommelhoff, GmbHG, § 4 Rn. 20.

von der am selben Ort bereits bestehenden und damit Prioritätsschutz genießenden »Strasser Bau KG« zu unterscheiden.[188] Die Beifügung des Vornamens des Gesellschafters soll die erforderliche Firmenausschließlichkeit auch dann herstellen, falls die Firma der weiteren Gesellschaft keinen Vornamen enthält (z.B. »Günther Strasser Bau KG« und »Strasser Bau GmbH«).[189] Überzeugender scheint es, bei nachnamensgleichen Firmen *jeweils* unterschiedliche Vornamen zu fordern (»Günther Strasser Bau KG« und »Rudolf Strasser Bau GmbH«). Zur Identität von Vor- *und* Familiennamen vgl. § 30 Abs. 2 HGB.

Zur Gewährleistung der erforderlichen Unterscheidungskraft der Firmen von GmbH & Co. KG und Komplementär-GmbH durch Beifügen von Zusätzen wie »Verwaltungs-« oder »Betriebs-« s.o. Rdn. 26. **79**

Besondere Beachtung ist den Vorgaben des § 30 HGB bei der Bildung von **Sach- und Fantasiefirmen** zu schenken, da die Literatur[190] höhere Anforderungen an deren Unterscheidbarkeit stellt als bei Personenfirmen. So dürfte den Vorgaben des § 30 HGB im Verhältnis der Firmen »Handyshop 2000« und »Computerworld 2000« Genüge getan sein, nicht jedoch im Verhältnis der Firmen »Fitness 2011« und »Fit & Fun 2011«. **80**

IV. Sonstige Schranken der Firmenbildung

Bei der Firmenbildung ist schließlich – auch im registerlichen Verfahren[191] – das allgemeine Verbot von Verstößen gegen die **öffentliche Ordnung und die guten Sitten** zu beachten. Vor dem Hintergrund der Liberalisierung des Firmenrechts zu weit geht jedoch die Auffassung, die den Gebrauch religiöser Bezeichnungen wie z.B. »Jesus« oder »Mekka« *generell* für unzulässig erachtet,[192] zumal etwa der Begriff »Mekka« in der Umgangssprache durchaus (positiv) gleichbedeutend mit einem bevorzugten Ort für Liebhaber eines bestimmten Produkts gebraucht wird (»Café Huber Mekka für Kaffeefreunde GmbH«; m.E. ebenfalls zulässig: »Jesu meine Freude Musikzubehör GmbH« oder »Christshop München[193] GmbH«). Ebenso wird die (geläufige) Bezeichnung »Sex Shop« oder »Lack und Leder« heute nicht mehr dem Anstandsgefühl des Rechtsverkehrs zuwiderlaufen, während derbe, geschmacklose Bezeichnungen wie »Schlüpferstürmer«[194] gegen die guten Sitten verstoßen und damit nicht eintragungsfähig sind. **81**

Zu den (vom Registergericht grds. nicht zu prüfenden) gesetzlichen Schranken der Firmenbildung außerhalb des GmbHG und des HGB s.o. Rdn. 6. **82**

G. Rechtsfolgen eines Verstoßes gegen § 4 GmbHG

Mit § 4 normiert der Gesetzgeber lediglich in Tatbestandsform das Gebot zur Führung des Rechtsformzusatzes »Gesellschaft mit beschränkter Haftung«, ohne gleichzeitig die Rechtsfolgen eines Verstoßes gegen diese Pflicht ausdrücklich und unmittelbar zu regeln. Aufschluss ergibt insoweit eine Zusammenschau weiterer Normen des GmbHG: So gehört die (zulässige) Firma gem. § 3 **83**

---

188 Unterschiedliche Rechtsformzusätze reichen alleine nicht zur Gewährleistung der erforderlichen Firmenausschließlichkeit i.S.d. § 30 HGB, vgl. BGH, NJW 1966, 1813, 1815 f.; a.A. *Kögel*, Rpfleger 1998, 317, 320.

189 *Heidinger*, in: MünchKommHGB, § 30 Rn. 27.

190 *Heidinger*, in: MünchKommHGB, § 30 Rn. 30 ff.; *Roth*, in: Koller/Kindler/Roth/Morck, HGB, § 30 Rn. 5; ausführlich zu Phantasiebezeichnungen *Bayer*, in: Lutter/Hommelhoff, GmbHG, § 4 Rn. 21 f.

191 *Bayer*, in: Lutter/Hommelhoff, GmbHG, § 4 Rn. 39 (einschränkend auf »ersichtliche« Verstöße); *Heinze*, in: MünchKommGmbHG, § 4 Rn. 108.

192 So aber *Heinze*, in: MünchKommGmbHG, § 4 Rn. 108; *Bayer*, in: Lutter/Hommelhoff, GmbHG, § 4 Rn. 40.

193 Die Ortsangabe »München« weist nicht auf eine führende oder besondere Stellung der Gesellschaft in München hin und ist demzufolge nicht irreführend i.S.v. § 18 Abs. 2 HGB, vgl. OLG München, DNotZ 2010, 933.

194 *Bayer*, in: Lutter/Hommelhoff, GmbHG, § 4 Rn. 42.

Abs. 1 Nr. 1 zum zwingenden Inhalt des Gesellschaftsvertrags, der bei Verstößen gegen § 4 mithin entsprechend § 139 BGB nichtig sein kann.[195] Unabhängig von einer solchen (etwaigen) Nichtigkeit des Gesellschaftsvertrags (vgl. § 9c Abs. 2 Nr. 3) hat das Registergericht die **Eintragung** der Gesellschaft im Fall einer gegen § 4 verstoßenden Firma jedenfalls gem. § 9c Abs. 2 Nr. 1 **abzulehnen**, da die Firma eine ins Handelsregister einzutragende Tatsache ist, § 10 Abs. 1 Satz 1. Dies gilt auch, falls eine Gesellschaft zu Unrecht den Zusatz »gGmbH« (§ 4 Satz 2) bzw. »gemeinnützige GmbH« führen möchte.[196]

84 Wird eine Gesellschaft ins Handelsregister **eingetragen**, obwohl ihre Firma den Vorgaben des § 4 (ordnungsgemäßer Rechtsformzusatz) nicht genügt, so ist sie **wirksam entstanden.**[197] Die »Heilung« eines Verstoßes gegen § 4 durch Eintragung ist indes unter zwei Gesichtspunkten als problematisch und unvollständig anzusehen:

85 Zum einen hat das Registergericht bei anfänglicher Unzulässigkeit der Firma ein **Auflösungsverfahren** nach § 399 Abs. 4 FamFG i.V.m. § 3 Abs. 1 Nr. 1 GmbHG anzustrengen mit dem Ziel, in erster Linie eine Änderung der Firma,[198] beispielsweise durch Streichung des Zusatzes »g« bei Nicht(mehr)verfolgung steuerbegünstigter Zwecke (§ 4 Satz 2),[199] andernfalls deren Löschung herbeizuführen.

86 Zum anderen droht den Gesellschaftern der **Verlust des Privilegs der fehlenden Außenhaftung** ggü. Gläubigern der Gesellschaft, sofern diese im Handelsregister mit einem fehlenden bzw. fehlerhaften Rechtsformzusatz eingetragen ist. Schließlich dient die Vorschrift des § 4 dem Verkehrsschutz,[200] d.h. der Information der Verkehrsteilnehmer über die »beschränkte« Haftung der Gesellschaft(er).[201] Im Fall der Eintragung einer Gesellschaft ohne (zutreffenden) Rechtsformzusatz i.S.d. § 4 wird entsprechend dem Rechtsgedanken des § 15 Abs. 1 HGB von einer unbeschränkten Haftung der Gesellschafter ggü. Gläubigern auszugehen sein, es sei denn, Letzteren ist die Tatsache, dass es sich bei der Gesellschaft um eine GmbH handelt, positiv bekannt. Hiervon wird i.d.R. auszugehen sein, falls die im Handelsregister mit fehlendem bzw. fehlerhaftem Rechtsformzusatz eingetragene Gesellschaft bei Vertragsschluss unter einer i.S.d. § 4 zulässigen Firma auftritt.

87 Umgekehrt droht dem im Namen der Gesellschaft Handelnden in entsprechender Anwendung des § 179 BGB (»**Rechtsscheinhaftung**«[202]) bzw. gem. § 823 Abs. 2 BGB i.V.m. §§ 4, 35, 35a oder nach §§ 280, 311 Abs. 2, 241 Abs. 2 BGB[203] eine (unbeschränkte) Außenhaftung mit dem gesamten Vermögen, falls er durch **Weglassen des in § 4 GmbHG geforderten Firmenzusatzes** dem redlichen Vertragspartner die Tatsache der »Haftungsbeschränkung« verschweigt. Diese Haftung greift insb. auch dann, wenn die Gesellschaft mit zutreffendem Rechtsformzusatz im Handelsregister eingetragen ist. Sie kommt schließlich in Betracht, falls der im Namen der Gesellschaft Handelnde einen den Anforderungen des § 4 nicht genügenden Firmenzusatz (z.B. »Gesellschaft mit beschränkter Haftpflicht«[204]) gebraucht. Freilich wird dem Handelnden im Fall der Verwendung eines

195 *Heinze*, in: MünchKommGmbHG, § 4 Rn. 138.

196 Vgl. *Heinze*, in: MünchKommGmbHG, § 4 Rn. 71a, der dem Gericht insoweit indes nur eine eingeschränkte Prüfungskompetenz zuweist.

197 Allg.M., *Mock*, in: Michalski, GmbHG, § 4 Rn. 73; *Fastrich*, in: Baumbach/Hueck, GmbHG, § 4 Rn. 20; *Bayer*, in: Lutter/Hommelhoff, GmbHG, § 4 Rn. 47.

198 *Heinze*, in: MünchKommGmbHG, § 4 Rn. 141; *Altmeppen*, in: Roth/Altmeppen, GmbHG, § 4 Rn. 40.

199 *Heinze*, in: MünchKommGmbHG, § 4 Rn. 71b.

200 *Heinze*, in: MünchKommGmbHG, § 4 Rn. 1.

201 Rechtsdogmatisch besteht freilich eine unbeschränkte Außenhaftung der Gesellschaft neben einer fehlenden Außenhaftung der Gesellschaft*er*, vgl. Rdn. 30 und Fn. 83.

202 *Altmeppen*, in: Roth/Altmeppen, GmbHG, § 4 Rn. 33; *Mock*, in: Michalski, GmbHG, § 4 Rn. 83; BGH, NJW 1975, 1166; BGH, NJW 1991, 2627, 2628 m. grds. zust. Anm. *Canaris*; BGH, NJW 2007, 1529 ff.

203 Diesen dogmatischen Ansatz einer Haftung aus c.i.c. zieht *Haas*, NJW 1997, 2854, 2857 der von der h.M. vertretenen Rechtsscheinhaftung vor; ebenfalls kritisch *Brinkmann*, IPRax 2008, 30, 35 f.

204 Vgl. *Jaeger*, in: BeckOKGmbHG, § 4 Rn. 20.

lediglich mangelhaften Rechtsformzusatzes – anders als bei dessen völligen Fehlen – u.U. eher die Darlegung gelingen, dass der Vertragsgegner ungeachtet der unzulässigen Firmierung die Tatsache, dass es sich beim Vertragspartner um eine GmbH handelt, kannte.

H. Rechtsfolgen eines Verstoßes gegen § 5a Abs. 1 GmbHG

§ 5a Abs. 1 ordnet ebenso wenig wie § 4 eine ausdrückliche Rechtsfolge im Fall eines Verstoßes gegen die Pflicht zur Führung des Rechtsformzusatzes »Unternehmergesellschaft (haftungsbeschränkt)« an. 88

Grds. gelten die unter Abschnitt G. entwickelten Grundsätze zu den Rechtsfolgen eines Verstoßes gegen § 4 im Fall der Verwendung einer nach § 5a Abs. 1 unzulässigen Firma entsprechend (Eintragungshindernis gem. § 9c Abs. 2 Nr. 1; ggf. Anstrengung eines Auflösungsverfahrens nach § 399 Abs. 4 FamFG; Verlust des Haftungsprivilegs bzw. **Rechtsscheinhaftung**[205] der im Namen der Gesellschaft Handelnden). 89

Verwendet eine UG (haftungsbeschränkt) im Rechtsverkehr den Rechtsformzusatz »GmbH« i.S.v. § 4, oder wurde dieser Rechtsformzusatz im Handelsregister eingetragen, so dürfte grds. eine persönliche Außenhaftung der Gesellschafter (bei unzutreffender Eintragung) bzw. der im Namen der Gesellschaft Handelnden auf die Differenz zwischen dem Mindeststammkapital i.S.v. § 5 Abs. 1 (derzeit 25.000 €) und dem im Handelsregister eingetragenen Stammkapital greifen.[206] Denn bei einem Auftreten der UG (haftungsbeschränkt) unter der Firma »GmbH« wird das Vertrauen des Rechtsverkehrs darauf enttäuscht, dass die Gesellschaft mit einem Stammkapital von mindestens 25.000 € ausgestattet wurde, mag dieser Kapitalstock auch bei Vertragsschluss (teilweise) aufgezehrt sein. 90

Dieser Rechtsauffassung hat sich im Grundsatz der BGH[207] angeschlossen. Demnach greife die Rechtsscheinhaftung analog § 179 BGB auch dann ein, wenn für eine Unternehmergesellschaft (haftungsbeschränkt) mit dem unrichtigen Rechtsformzusatz »GmbH« gehandelt werde. In diesem Fall hafte der Handelnde nicht lediglich im Innenverhältnis nach den Grundsätzen der Unterbilanzhaftung, sondern dem auf den Rechtsschein vertrauenden Vertragspartner nach außen hin persönlich. Leider hat der BGH im entschiedenen Fall die – wie vorstehend dargestellt zu bejahende – Frage offenlassen können, ob die Außenhaftung des Handelnden der Höhe nach auf die Differenz zwischen dem tatsächlichen Stammkapital der betreffenden UG (haftungsbeschränkt) und dem Mindeststammkapital des § 5 Abs. 1 (25.000 €) begrenzt ist[208]. 91

Diese Rechtsscheinhaftung dürfte indes erlöschen, falls die UG (haftungsbeschränkt) ihr Stammkapital gem. § 5a Abs. 5 Halbs. 1 wirksam erhöht hat, im Handelsregister (was gem. § 5a Abs. 5 Halbs. 2 zulässig ist) weiterhin unter der bisherigen Firma eingetragen bleibt, im Rechtsverkehr jedoch unter der Bezeichnung »GmbH« auftritt. Freilich wird eine Kapitalerhöhung i.S.v. § 5a Abs. 5 Halbs. 1 gem. §§ 57 Abs. 1, 54 Abs. 3 erst mit ihrer Eintragung im Handelsregister nach außen wirksam und löst dann die positive Publizitätswirkung des § 15 Abs. 2 HGB aus. 92

Für den Fall, dass eine UG (haftungsbeschränkt) nicht mit dem unzulässigen Rechtsformzusatz »GmbH« handelt, sondern im Rechtsverkehr lediglich ohne den obligatorischen Klammerzusatz »(haftungsbeschränkt)« auftritt, kommt nach Ansicht des LG Düsseldorf[209] eine 93

205 *Fastrich*, in: Baumbach/Hueck, GmbHG, § 5a Rn. 9.

206 *Wicke*, GmbHG, § 5a Rn. 6; ähnlich *Heinze*, in: MünchKommGmbHG, § 4 Rn. 151 (»Haftung in Höhe des Mindeststammkapitals«); a.A. *Gehrlein*, Der Konzern 2007, 771, 780; *Veil*, GmbHR 2007, 1080, 1082 (keine Sanktion).

207 NJW 2012, 2871. Hiergegen *Altmeppen* NJW 2012, 2833, der eine Rechtsscheinhaftung analog § 179 BGB zugunsten einer Haftung aus c.i.c. verwirft (vgl. auch Fn. 203).

208 *Wicke*, MittBayNot 2014, 13 (20).

209 RNotZ 2014, 186, 188 ff.

Rechtsscheinhaftung der im Namen der Gesellschaft Handelnden analog § 179 BGB indes nicht generell, sondern nur bei Hinzutreten besonderer *vertrauensbegründender* Aspekte in Betracht.

I. Rechtsfolgen der Verwendung aus sonstigen Gründen unzulässiger Firmen

I. Verstoß gegen die allgemeinen firmenrechtlichen Grundsätze der §§ 17 ff. HGB

94 Für die Fallgruppe des Verstoßes gegen die firmenrechtlichen Grundsätze der §§ 17 ff. HGB können die Ausführungen unter Abschnitt G. zu den Rechtsfolgen einer gem. § 4 unzulässigen Firma im Wesentlichen entsprechend herangezogen werden (Eintragungshindernis gem. § 9c Abs. 2 Nr. 1; ggf. Anstrengung eines **Auflösungsverfahrens** nach § 399 Abs. 4 FamFG, alternativ[210] eines **Firmenmissbrauchverfahrens** gem. § 37 Abs. 1 HGB i.V.m. § 392 FamFG). Im Hinblick auf das Irreführungsverbot ist indes die verfahrensrechtliche Einschränkung der »Ersichtlichkeit« eines etwaigen Verstoßes zu beachten, § 18 Abs. 2 Satz 2 HGB (s.o. Rdn. 64).

95 Nach zutreffender Auffassung[211] ist ein Auflösungsverfahren gem. § 399 FamFG durch das Registergericht auch dann einzuleiten, wenn eine Firma zeitlich unmittelbar nach Eintragung einer gleichlautenden anderen Firma eingetragen wird. Der Prioritätsgrundsatz des § 30 HGB beansprucht als objektives Wirksamkeitskriterium nämlich unabhängig von einer subjektiven Vorhersehbarkeit Geltung.

96 **Dritte** können im Fall eines unbefugten Firmengebrauchs i.S. v. § 37 Abs. 1 HGB, d.h. bei einem Verstoß gegen die Bestimmungen der §§ 17 ff. HGB[212] nach Maßgabe des § 37 Abs. 2 HGB Unterlassungs- bzw. Schadensersatzansprüche geltend machen.[213]

97 Wird eine ursprünglich zulässige **Firma nachträglich unzulässig** (z.B. aufgrund wesentlicher Änderung des Unternehmensgegenstandes bei Sachfirmen, s.o. Rdn. 71), dürfte das Registergericht neben dem ohne Weiteres zulässigen[214] Missbrauchsverfahren (§ 37 HGB i.V.m. § 392 FamFG) auch zur Einleitung eines Auflösungsverfahrens nach § 399 Abs. 4 FamFG berechtigt sein, wenngleich der Wortlaut des § 399 Abs. 4 FamFG streng genommen wohl nur den Fall der anfänglichen Nichtigkeit der Firma betrifft.[215]

98 Wandelt die Gesellschaft im Wege der Satzungsänderung ihre ursprünglich zulässige Firma in eine unzulässige, so gelten die für die Ersteintragung einer nichtigen Firma dargestellten Grundsätze entsprechend (Eintragungshindernis aufgrund nichtigen Gesellschafterbeschlusses, § 54 Abs. 3; nach Eintragung Anstrengung eines Auflösungs- bzw. Firmenmissbrauchsverfahrens, § 399 Abs. 4 FamFG; § 37 Abs. 1 HGB i.V.m. § 392 FamFG).[216]

II. Verstoß gegen Vorschriften außerhalb des Firmenrechts

99 Verstöße gegen Vorschriften außerhalb des Firmenrechts (§ 4 GmbHG, §§ 17 ff. HGB) sind zwar im registerlichen Verfahren grds.[217] nicht zu prüfen mit der Folge, dass eine bspw. nach § 12 BGB,

---

210 *Mock*, in: Michalski, GmbHG, § 4 Rn. 74; *Fastrich*, in: Baumbach/Hueck, GmbHG, § 4 Rn. 31; differenzierend zwischen Auflösungs- und Missbrauchsverfahren *Krafka*, in: MünchKommFamFG, § 399 Rn. 5. Zum weitergehenden Amtslöschungsverfahren gem. § 395 FamFG vgl. *Heinze*, in: MünchKommGmbHG, § 4 Rn. 144 f.

211 *Altmeppen*, in: Roth/Altmeppen, GmbHG, § 4 Rn. 44; *Heinze*, in: MünchKommGmbHG, § 4 Rn. 138; *Bayer*, in: Lutter/Hommelhoff, GmbHG, § 4 Rn. 47; *Emmerich*, in: Scholz, GmbHG, § 4 Rn. 63; a.A. *Jaeger*, in: BeckOKGmbHG, § 4 Rn. 38; *Fastrich*, in: Baumbach/Hueck, GmbHG, § 4 Rn. 28.

212 *Krebs*, in: MünchKommHGB, § 37 Rn. 41.

213 *Mock*, in: Michalski, GmbHG, § 4 Rn. 67; *Heinze*, in: MünchKommGmbHG, § 4 Rn. 152.

214 *Mock*, in: Michalski, GmbHG, § 4 Rn. 74.

215 Ebenso *Mock*, in: Michalski, GmbHG § 4 Rn. 73; *Bayer*, in: Lutter/Hommelhoff, GmbHG, § 4 Rn. 48; *Fastrich*, in: Baumbach/Hueck, GmbHG, § 4 Rn. 33; a.A. BayObLG, GmbHR 1980, 11.

216 *Mock*, in: Michalski, GmbHG, § 4 Rn. 77; *Bayer*, in: Lutter/Hommelhoff, GmbHG, § 4 Rn. 49.

217 Zu beachten sind insoweit jedoch die europäischen Grundfreiheiten, insb. die Niederlassungsfreiheit (Art. 49, 54 AEUV), vgl. Rdn. 6.

§ 3 UWG oder § 15 MarkenG unzulässige Firma ins Handelsregister einzutragen ist, sofern die allgemeinen firmenrechtlichen Vorgaben gewahrt sind. Bei offensichtlichen derartigen Verstößen wird man dem Registergericht indes ein Eintragungsverweigerungsrecht im Sinne einer **Evidenzkontrolle** zubilligen müssen (z.B. »Koka-Kola GmbH«).[218]

Ungeachtet der fehlenden registerlichen Berücksichtigung ziehen Verstöße gegen Vorschriften außerhalb des Firmenrechts regelmäßig **Unterlassungs- und Schadensersatzansprüche Dritter** nach sich (s.o. Rdn. 6 und u. Rdn. 107). Im Falle einer unberechtigten Namensanmaßung i.S.d. § 12 Satz. 1 Alt. 2 BGB – etwa wenn ein Dritter unbefugt den gleichen Namen gebraucht, dadurch eine Zuordnungsverwirrung eintritt und schutzwürdige Interessen des Namensträgers verletzt werden – kann der Kläger unmittelbar durch Einreichung des vollstreckbaren Urteils (§ 894 ZPO) beim Registergericht die **Löschung** der unzulässigen Firma beantragen[219] (s.u. Rdn. 107). 100

J. Änderung der Firma

Die Änderung der eingetragenen[220] Firma kann jederzeit im Wege der Satzungsänderung gem. §§ 53, 54 erfolgen; sie wird wirksam mit Eintragung der Satzungsänderung im Handelsregister, § 54 Abs. 3, wobei die bisherige Firma erlischt. Für die Änderung der Firma gelten die gleichen Vorgaben wie bei der Ersteintragung der Gesellschaft, wobei freilich das Firmenrecht im Zeitpunkt der Änderung maßgeblich ist.[221] Während der **Insolvenz** der Gesellschaft bedarf die Firmenänderung der Zustimmung des Insolvenzverwalters.[222] Dieser ist insoweit befugt, auch ohne Einwilligung des Namensträgers und ohne Zustimmung der Gesellschaftsorgane der insolventen Gesellschaft das Unternehmen mit der Firma zu veräußern, wenn der Name des Gesellschafters in der Firma enthalten ist[223]. Ausgangspunkt dieser Entscheidung ist, dass die Firma einer Schuldnerin als »vermögenswertes« (von einer natürlichen Person eher losgelöstes) Recht in die Insolvenzmasse fällt[224]. Der Insolvenzverwalter kann im Zusammenhang mit seiner Befugnis zur Veräußerung des insolventen Unternehmens samt Firma auch für eine Ersatzfirma sorgen[225]. Hierzu darf[226] und muss er das Satzungsänderungsverfahren der §§ 53, 54 GmbHG einhalten.[227] 101

Eine **Pflicht zur Änderung** der (Sach-) Firma kann sich namentlich vor dem Hintergrund des Irreführungsverbots ergeben, falls sich der Unternehmensgegenstand nachträglich wesentlich ändert (s.o. Rdn. 71). 102

Das Recht zur Änderung einer eingetragenen Firma wird im Fall der **Firmenfortführung nach § 22 HGB** nicht aufgehoben, sondern lediglich eingeschränkt. So sind unwesentliche Änderungen (z.B. »Juwelier FRIDRICH GmbH« anstelle von »Juwelier Fridrich GmbH«; wohl auch Streichung des 103

218 Im Ergebnis ebenso *Mock*, in: Michalski, GmbHG, § 4 Rn. 49, der seine Auffassung indes damit begründet, dass bei schwerwiegenden Verstößen ohnehin § 18 Abs. 2 HGB (Täuschungsverbot) einschlägig sei; ähnlich *Bayer*, in: Lutter/Hommelhoff, GmbHG, § 4 Rn. 51.

219 KG Urt. v. 21.10.2016 – 5 U 106/13, BeckRS 2016, 128740, beck-online.

220 Vor Eintragung der Gesellschaft ist die Beurkundung eines Nachtrags zum Gesellschaftsvertrag erforderlich, *Heinze*, in: MünchKommGmbHG, § 4 Rn. 135.

221 Vgl. *Roth*, in: Roth/Altmeppen, GmbHG, 8. Aufl. 2015, § 4 Rn. 52, der in diesem Zusammenhang auf die Möglichkeit älterer Gesellschaften hinweist, durch eine Firmenänderung vom neuen, liberalisierten Firmenrecht zu profitieren (s.o. Rdn. 1). Umgekehrt muss seit dem 01.04.2003 (vgl. Art. 38 Abs. 1 EGHGB i.d.F. bis 25.04.2006) der vor dem Handelsrechtsreformgesetz entbehrliche Begriff »Gesellschaft« im Rechtsformzusatz ergänzt werden (s.o. Rdn. 2 sowie *Heinze*, in: MünchKommGmbHG, § 4 Rn. 4).

222 *Mock*, in: Michalski, GmbHG, § 4 Rn. 63; *Heinze*, in: MünchKommGmbHG, § 4 Rn. 135.

223 OLG Hamm, FD-InsR 2018, 400544.

224 BGH, NJW 1983, 755 (756).

225 Str., zum Meinungsstand vgl. *Priester*, DNotZ 2016, 892 (894).

226 A.A. *Leuering*, NJW 2016, 3265 (3268); *Mock*, in: Michalski, § 4 Rn. 63.

227 *Priester*, DNotZ 2016, 892 (898); vgl. OLG München, NZG 2016, 837.

Vornamens[228], u. U. sogar der Wechsel des Personennamens bei einer gemischten Sach- und Personenfirma[229]) ohne Weiteres[230] zulässig, wesentliche Änderungen zumindest dann, wenn sie im Interesse der Allgemeinheit sachlich gerechtfertigt bzw. wünschenswert sind (z.B. bei Einschränkung des Geschäftszweigs oder Sitzverlegung).[231] Im Hinblick auf in der Firma enthaltene **akademische Grade** wird sogar überwiegend eine Pflicht zur Firmenänderung angenommen, sofern in der Gesellschaft, deren Firma gem. §§ 22 HGB fortgeführt wird, kein titelführungsbefugter Akademiker (mehr) vorhanden ist (s.o. Rdn. 73).

104 Mit dem Grundsatz des Rechts auf freie Firmenwahl nicht vereinbar wäre schließlich eine immerwährende Bindung der Gesellschaft an die einmal gem. § 22 HGB fortgeführte Firma. Die abgeleitete Firma darf daher nach einem gewissen Zeitablauf auch ohne sachlichen Grund geändert werden.[232] In Betracht kommt insoweit eine spiegelbildliche Heranziehung des Gedankens der 5-jährigen Enthaftungsfrist des § 26 Abs. 1 Satz 1 HGB, welche den *früheren* Geschäftsinhaber vor einer »Endloshaftung«[233] schützen will. Nach Ablauf dieser Zeitspanne sollte umgekehrt der Gesellschaft das Recht zur beliebigen Änderung der nach § 22 HGB fortgeführten Firma zugebilligt werden. Hiervon unberührt bleibt freilich die ungeachtet einer solchen Firmenänderung fortbestehende *Erwerber*haftung nach § 25 Abs. 1 Satz 1 HGB.[234]

K. Erlöschen der Firma

105 Von der Liquidation (Auflösung) der Gesellschaft ist deren Beendigung, d.h. die Eintragung der Löschung der vermögenslosen[235] Gesellschaft im Handelsregister (§ 74 Abs. 1 Satz 2) zu unterscheiden. Die (lediglich) aufgelöste Gesellschaft führt ihre bisherige Firma mit einem Liquidationszusatz (§ 68 Abs. 2; z.B. »in Liquidation« oder »i.L.«) fort (s.o. Rdn. 27). Die Beendigung der Gesellschaft hat hingegen auch das Erlöschen der Firma zur Folge.[236] § 74 Abs. 1 Satz 2 gestattet als *lex specialis*[237] zu § 31 Abs. 2 HGB ebenso wie § 394 Abs. 1 FamFG (Vermögenslosigkeit) die Löschung der Gesellschaft *von Amts wegen*.

106 Die (bisherige) Firma erlischt darüber hinaus im Fall ihrer Änderung (s.o. Rdn. 101), bei Fortführung einer bestehenden Firma (§ 22 HGB)[238] oder beim Untergang der Gesellschaft durch Umwandlung,[239] nicht jedoch bei bloßer – wenngleich endgültiger[240] – Einstellung des Geschäftsbetriebs.

228 *Hopt*, in: Baumbach/Hopt, HGB, § 25 Rn. 7.
229 OLG Düsseldorf, NZG 2019, 949–950.
230 *Heidinger*, in: MünchKommHGB, § 22 Rn. 48.
231 BGH, NJW 1965, 1915 f.; *Heidinger*, in: MünchKommHGB, § 22 Rn. 54; *Bayer*, in: Lutter/Hommelhoff, GmbHG, § 4 Rn. 44.
232 Im Ergebnis ebenso *Bayer*, in: Lutter/Hommelhoff, GmbHG § 4 Rn. 44; *Heinze*, in: MünchKommGmbHG, § 4 Rn. 135.
233 *Thiessen*, in: MünchKommHGB, § 26 Rn. 1.
234 *Heinze*, in: MünchKommGmbHG, § 4 Rn. 135; *Altmeppen*, in: Roth/Altmeppen, GmbHG, § 4 Rn. 24.
235 Vgl. Baumbach/Hueck/*Haas*, § 74 Rn. 16; *Lorscheider*, in: BeckOKGmbHG, § 74 Rn. 8.
236 *Mock*, in: Michalski, GmbHG, § 4 Rn. 64; vgl. *Altmeppen*, in: Roth/Altmeppen, GmbHG, § 4 Rn. 35.
237 Vgl. *Hopt*, in: Baumbach/Hopt, HGB, § 31 Rn. 7; *Paura*, in: Ulmer/Habersack/Löbbe, GmbHG, § 74 Rn. 13 (§ 74 Abs. 1 i.V.m. § 394 Abs. 1 FamFG); a.A. *Haas*, in: Baumbach/Hueck, GmbHG § 74 Rn. 5; *Lorscheider*, in: BeckOKGmbHG, § 74 Rn. 7, die jeweils auf § 31 Abs. 2 HGB als Rechtsgrundlage für die Amtslöschung abstellen.
238 *Heinze*, in: MünchKommGmbHG, § 4 Rn. 136.
239 *Heinze*, in: MünchKommGmbHG, § 4 Rn. 136.
240 Z.T. wird vertreten, dass bei endgültiger Einstellung des Geschäftsbetriebs die Firma erlösche (so BGH, BB 1985, 1932; *Roth*, in: Koller/Kindler/Roth/Morck, HGB, § 31 Rn. 5); differenzierend *Heinze*, in: MünchKommGmbHG, § 4 Rn. 136; ablehnend *Fastrich*, in: Baumbach/Hueck, GmbHG, § 4 Rn. 27.

Der (privatrechtliche) Anspruch Dritter auf Unterlassung eines rechtswidrigen Firmengebrauchs (z.B. aus wettbewerbsrechtlichen Gründen) umfasst regelmäßig auch die Löschung der unzulässigen Firma im Handelsregister. Demnach reicht die rechtskräftige Verurteilung einer Gesellschaft – nachgewiesen durch elektronische Einreichung des Vollstreckungstitels beim Registergericht – zur Löschung ihrer Firma aus (§ 894 ZPO).[241] 107

L. Firmenbestattungen

Unter sog. »Firmenbestattungen« versteht man Verfahren zur »vereinfachten« Beseitigung insolvenzreifer Unternehmen, i.d.R. über gewerbliche Anbieter. Diese erwerben gegen ein Beratungshonorar die Anteile an der betreffenden GmbH und berufen anschließend einen neuen Geschäftsführer anstelle der bisherigen, der sodann Insolvenzantrag mit dem Ziel stellt, die Abweisung der Eröffnung des Insolvenzverfahrens mangels Masse und damit eine schnelle Liquidation der Gesellschaft zu ermöglichen[242]. Im Vordergrund steht mithin nicht lediglich die Beseitung bzw. Änderung der Firma i.S.d. § 4, sondern die Auflösung des gesamten Rechtsträgers. Von Firmenbestattungen ist aufgrund der damit verbundenen zivil- und strafrechtlichen Risiken grundsätzlich **abzuraten**[243]. 108

§ 4a Sitz der Gesellschaft

Sitz der Gesellschaft ist der Ort im Inland, den der Gesellschaftsvertrag bestimmt.

Schrifttum

Franz, Internationales Gesellschaftsrecht und deutsche Kapitalgesellschaften im In- bzw. Ausland, BB 2009, 1250; *Hellgardt/Illmer*, Wiederauferstehung der Sitztheorie?, NZG 2009, 94; *Kindler*, Ende der Diskussion über die so genannte Wegzugsfreiheit, NZG 2009, 130; *Leible/Hoffmann*, Cartesio – fortgeltende Sitztheorie, grenzüberschreitender Formwechsel und Verbote materiell-rechtlicher Wegzugsbeschränkungen, BB 2009, 58; *Lieder/Kliebisch*, Nichts Neues im Internationalen Gesellschaftsrecht: Anwendbarkeit der Sitztheorie auf Gesellschaften aus Drittstaaten?, BB 2009, 338; *Paefgen*, »Cartesio«: Niederlassungsfreiheit minderer Güte – Zum Urteil des EuGH vom 16.12.2008 (»Cartesio«), WM 2009, 529; *Peters*, Verlegung des tatsächlichen Verwaltungssitzes der GmbH ins Ausland, GmbHR 2008, 245; *Preuß*, Die Wahl des Gesellschaftssitzes im geltenden Gesellschaftsrecht und nach dem MoMiG-Entwurf, GmbHR 2007, 57; *Sethe/Weimar*, Der Umzug von Gesellschaften in Europa nach dem Cartesio-Urteil, WM 2009, 536; *Süß/Wachter*, Handbuch des internationalen GmbH-Rechts, 2. Aufl. 2011; *Teichmann*, Cartesio: Die Freiheit zum formwechselnden Wegzug, ZIP 2009, 393; *Werner*, Das deutsche Internationale Gesellschaftsrecht nach »Cartesio« und »Trabrennbahn«, GmbHR 2009, 191; *Wernicke*, Die Niederlassung der ausländischen Gesellschaft als Hauptniederlassung, BB 2006, 843; *Zimmer/Naendrup*, Das Cartesio-Urteil des EuGH: Rück- oder Fortschritt für das internationale Gesellschaftsrecht?, NJW 2009, 545.

Übersicht

241 OLG München NZG 2013, 1114; KG Urt. v. 21.10.2016 – 5 U 106/13, BeckRS 2016, 128740, beck-online.

242 *Werner*, NZWiSt 2013, 418 (419).

243 *Werner*, NZWiSt 2013, 418 (424); für Notare kann sich ein Mitwirkungsverbot an entsprechenden Beurkundungen ergeben (*Schmittmann*, NZI 2016, 124).

A. Einleitung

1 Die Vorschrift des § 4a konkretisiert den notwendigen Satzungsbestandteil »Sitz der Gesellschaft« des § 3 Abs. 1 Nr. 1. § 4a wurde 1999 nachträglich in das GmbH-Gesetz eingefügt. Beweggrund war eine liberale Rechtsprechung, die die freie Sitzwahl einer GmbH bis zur Grenze der Rechtsmissbräuchlichkeit zuließ.[1] Demgemäß bestimmte § 4a Abs. 2 in seiner ursprünglichen Fassung, dass der Gesellschaftsvertrag als Sitz der Gesellschaft regelmäßig den Ort des Betriebes, der Geschäftsleitung oder der Verwaltung zu bestimmen habe. Durch das MoMiG wurde § 4a liberalisiert und dem Rechtszustand vor seiner Einführung angenähert, freilich unter anderen Vorzeichen.

2 Die Änderung erschließt sich durch einen Vergleich mit der alten Fassung. Während diese in Abs. 2 die Freiheit der Gesellschafter zur Sitzwahl einschränkte, führt dessen Streichung zurück zur vollständigen, allerdings auf das Inland beschränkten, Satzungsautonomie der Gesellschafter.

B. Bedeutung des Sitzes

3 Die Kombination von Firma und Sitz macht wegen § 30 HGB (Unterscheidbarkeit einer Firma von allen anderen an demselben Ort) die Einzigartigkeit einer GmbH aus. Daher ist der Sitz ein Haupt-Identifikationsmerkmal einer GmbH.[2] Mithilfe von Firma und Sitz lassen sich über das Unternehmensregister das Handelsregister einsehen und weitere Informationen einholen. Daher gehört die Angabe des Sitzes auch zu den Pflichtangaben auf Geschäftsbriefen, § 35a.

4 Der Sitz ist entscheidend für die örtliche Zuständigkeit des Registergerichts, § 7 Abs. 1. Dabei gibt es eine von Bundesland zu Bundesland unterschiedlich ausgeprägte Konzentration der Handelsregister bei größeren Amtsgerichten.[3]

5 Die örtliche Zuständigkeit des Körperschaft-Finanzamts bestimmt sich ebenfalls nach dem Sitz, allerdings erst in zweiter Linie. Nach § 20 Abs. 1 AO ist in erster Linie das Finanzamt zuständig, in dessen Bezirk sich die Geschäftsleitung befindet. Nach MoMiG kann dies durchaus ein vom Satzungssitz abweichender Ort sein (s.u. Rdn. 12 ff.). Befindet sich die Geschäftsleitung im Ausland oder lässt sich der Ort der Geschäftsleitung nicht feststellen, ist das Finanzamt örtlich zuständig, in dessen Bezirk die GmbH ihren Sitz hat (§ 20 Abs. 2 AO). Und Sitz i.S.d. Abgabenordnung ist gem. § 11 AO in Übereinstimmung mit § 4a der Ort, den der Gesellschaftsvertrag bestimmt. Notare sind verpflichtet, gem. § 54 EStDV bei bestimmten Vorgängen dem nach § 20 AO zuständigen Finanzamt eine beglaubigte Abschrift der errichteten Urkunde zu übersenden. Sollte sich der Sitz der Geschäftsleitung aber weder am Satzungssitz noch an der inländischen Geschäftsanschrift befinden, erfährt der Notar im Zweifel den Sitz der Geschäftsleitung nicht. Im Ergebnis wird der Notar jedoch stets seiner Anzeigepflicht genügen, wenn er die Urkunde an das für den Satzungssitz zuständige Finanzamt sendet, da dieses dadurch in die Lage versetzt wird, eigenständig die erforderlichen Informationen herauszufinden.

6 Die IHK ist nach § 2 Abs. 1 IHKG für alle GmbH örtlich zuständig, die eine Betriebsstätte im Kammerbezirk unterhalten. Die IHK, in deren Bezirk der Satzungssitz liegt, ist also nur zuständig, wenn am Satzungssitz auch eine Betriebsstätte unterhalten wird.

7 § 17 Abs. 1 ZPO knüpft im Hinblick auf den allgemeinen Gerichtsstand an den Sitz an. Die Fiktion des Satzes 2, wonach als Sitz der Ort gilt, an dem die Verwaltung geführt wird, ist nur von Bedeutung, wenn sich nichts anderes ergibt. Die Festlegung eines in das Handelsregister einzutragenden Satzungssitzes ergibt jedoch etwas anderes, sodass nicht auf den Verwaltungsort abgestellt werden muss. Da § 3 Abs. 1 InsO auf den allgemeinen Gerichtsstand verweist, ist der Sitz auch in diesem Zusammenhang von Bedeutung. Allerdings sieht die InsO vor, dass der Sitz dann nicht

1 Z.B. BayObLG, NJW-RR 1988, 96.

2 Ausführlich *Löbbe*, in: Ulmer/Habersack/Winter, Ergänzungsband MoMiG, § 4a Rn. 9 f.

3 So sind die Handelsregister in Baden-Württemberg auf vier AG konzentriert: Freiburg, Mannheim, Stuttgart und Ulm.

entscheidend ist, wenn der Mittelpunkt einer selbstständigen wirtschaftlichen Tätigkeit des Schuldners an einem anderen Ort liegt. In diesem Fall richtet sich die örtliche Zuständigkeit nach diesem Ort. Es ist davon auszugehen, dass diese Fälle nach der Neufassung des § 4a mit dem frei wählbaren Satzungssitz zugenommen haben.

Die Anwendbarkeit der gesetzlichen Regeln über die Arbeitnehmermitbestimmung richten sich grds. nach zwei Kriterien: der Rechtsform und der Zahl der Arbeitnehmer im Inland (z.B. § 1 Abs. 1 MitBestG). Auf den Satzungssitz kommt es nicht primär an. Gleichwohl haben sich durch die Änderung des § 4a, insbesondere durch die dadurch geschaffene Möglichkeit, den Verwaltungssitz in das Ausland zu verlegen, neue Fragen ergeben.[4] 8

C. Wahl des Sitzes

Die Wahl des Sitzes der Gesellschaft unterliegt der Autonomie der Gesellschafter: Der Gesellschaftsvertrag bestimmt den Sitz. § 4a stellt nur zwei Anforderungen: es muss sich um einen Ort handeln und dieser muss im Inland liegen. 9

Ort ist eine politische Gemeinde, sodass weder größere Einheiten (z.B. Kreis) oder kleinere Einheiten (z.B. Stadtteil) ein tauglicher Sitz i.S.d. GmbH-Gesetzes sind. Zusätze dieser Art sind allerdings unschädlich, eine Eintragungspflicht besteht regelmäßig nicht. Konkretisierende Zusätze können allerdings erforderlich sein bei häufig auftretenden Ortsnamen. So verlangt etwa das AG Potsdam bei der Ortsbezeichnung Neuenhagen den Zusatz »bei Berlin«. Besteht eine Großstadt aus mehreren Gerichtsbezirken ist ein Zusatz denkbar, der die Zuordnung zu dem Gerichtsbezirk konkretisiert. Allerdings wird auch diese Notwendigkeit wegen der Zuständigkeitskonzentration der Handelsregister immer seltener. 10

Der Ort muss sich im **Inland** befinden. Dieser Zusatz ist in seiner Ausdrücklichkeit neu. Tatsächlich forderten Rechtsprechung und Literatur bereits vor dem MoMiG, dass der Satzungssitz einer GmbH nur in Deutschland liegen dürfe:[5] Der Gesellschaft sei sonst durch die Entkoppelung des Sitzes von deutschen Gerichten und Behörden die Existenzgrundlage entzogen. Mit der Ergänzung der Wörter »im Inland« hat der Gesetzgeber also lediglich die Rechtsprechung und überwiegende Literaturmeinung umgesetzt. 11

Weitere Anforderungen stellt § 4a aber nicht mehr. Weder Betrieb noch Verwaltung oder Geschäftsleitung müssen ihren Sitz am Satzungssitz haben. Mehr noch: sie müssen auch nicht an einem Ort im Inland sitzen. Bewusst hat der Gesetzgeber Abs. 2 des § 4a a.F. gestrichen, um die Möglichkeit zu eröffnen, die Gesellschaftsform der deutschen GmbH in das Ausland zu exportieren. Der Gesetzgeber wollte die Unterlegenheit der GmbH in ihrer Mobilität ggü. ausländischen Gesellschaften abschaffen. Allerdings erfordert die höhere Mobilität eine Kompensation in Form einer zwingend anzugebenden und in das Handelsregister einzutragenden inländischen Geschäftsanschrift, an die Zustellungen bewirkt werden können[6] oder wie es die Gesetzesbegründung ausdrückt: Die Neuregelungen zur Zustellung in Deutschland erhalten durch die Mobilitätserleichterungen zusätzliches Gewicht.[7] 12

Ein Beispiel macht die Möglichkeiten im Rahmen des § 4a plastisch: Der von den Gesellschaftern gewählte Sitz im Gesellschaftsvertrag ist Köln (weil das Handelsregister dort sehr schnell ist), der faktische Sitz (der Verwaltung) ist Paris (weil dort das Essen besser ist) und die inländische Geschäftsanschrift ist in Chemnitz (weil es dort preiswerte Bürodienstleister gibt). 13

---

4 Ausführlich *Waldenmaier/Ley*, BB 2009, 1694: »neuer Zündstoff«.

5 BGHZ 29, 320, 328; zuletzt: BayObLG, NJW-RR 2004, 836; *Ulmer*, in: Ulmer/Habersack/Winter, GmbHG, § 4a Rn. 10.

6 S. § 8 Abs. 4 Nr. 1 und die dortige Kommentierung.

7 RegE MoMiG, S. 12.

14 Motive für die Abweichung von Satzungssitz und faktischem Sitz im Inland können unterschiedlicher Natur sein: Ein Konzern kann seine Tochtergesellschaften bei einem Registergericht führen wollen, obwohl jede dieser Tochtergesellschaften über einen faktischen Sitz an einem anderen Ort verfügt. Hintergrund kann auch die besondere Effizienz eines Registergerichts sein. Schließlich kann die spätere Verlegung des faktischen Sitzes, die nunmehr nicht mehr zwingend eine Satzungsänderung erfordert, zu einem Auseinanderfallen von Satzungs- und faktischem Sitz führen.

15 Ob der vom reinen Satzungssitz abweichende faktische Hauptsitz im Verhältnis zum Satzungssitz wie eine Zweigniederlassung nach § 13 HGB zu bewerten ist,[8] ist zweifelhaft. Der reine Satzungssitz ist ein Rechtssitz, der keinerlei Infrastruktur am Ort des Satzungssitzes erfordert. Daher ist dort auch nicht notwendigerweise die Hauptniederlassung i.S.d. § 13 HGB. Hauptniederlassung ist vielmehr der faktische Hauptsitz.[9] Scheinbar ergeben sich dann aber Schwierigkeiten bei der Eintragung einer tatsächlich errichteten Zweigniederlassung. Diese ist nämlich nach § 13 HGB beim Gericht der Hauptniederlassung anzumelden. Dieser Wortlaut passt nicht mehr. Gemeint ist nach der Änderung des § 4a, dass die Zweigniederlassung beim Gericht des Satzungssitzes anzumelden ist. Denn weicht der faktische Hauptsitz vom Satzungssitz ab, gibt es nach hier vertretener Auffassung kein Gericht der Hauptniederlassung.

16 Auch hier konkret: De lege lata ist folgende Konstellation möglich: Satzungssitz in Düsseldorf (im Handelsregister eingetragen), faktischer Hauptsitz (= Hauptniederlassung) in Nürnberg (nicht im Handelsregister eingetragen), inländische Geschäftsanschrift in Hamburg (im Handelsregister eingetragen), Zweigniederlassung in Berlin (im Handelsregister eingetragen). Dieses Ergebnis mag verwundern, ist aber aufgrund der nicht vollständigen Harmonisierung des § 4a mit § 13 HGB hinzunehmen.

17 Grenze der Wahlfreiheit hinsichtlich des Satzungssitzes ist der Rechtsmissbrauch. Jedoch sind nach dem MoMiG weniger strenge Maßstäbe anzulegen als zuvor. Schließlich ist die Satzungsautonomie durch MoMiG in den Vordergrund getreten. Daher werden sich die Ausnahmefälle des Rechtsmissbrauchs auf die Konstellationen beschränken, in denen Dritte einen erheblichen Nachteil erleiden. Die Bevorzugung eines Gerichts, das effektiv oder auch eintragungsgeneigt arbeitet (»forum shopping«) dürfte heutzutage unbedenklich sein.[10] Es muss jedoch eine Grenzlinie gezogen werden, wenn die Wahl des Gerichts erfolgt, um eine Eintragung zu erschleichen.[11] Problematisch kann auch die Sitzverlegung im Liquidationsstadium sein.[12]

18 Doppelsitze kommen bei der GmbH seltener vor als bei der AG, bei der sie nach wie vor in Ausnahmefällen für zulässig gehalten werden.[13] Die i.d.R. geringere wirtschaftliche Bedeutung der einzelnen GmbH im Vergleich zur AG scheint der Grund dafür zu sein. So verwundert es nicht, dass ein Doppelsitz bei der GmbH teilweise für schlechthin unzulässig gehalten wird.[14] Die Rechtsprechung lässt ausnahmsweise einen Doppelsitz zu.[15] Abgesehen von der rechtlichen Möglichkeit sollten die tatsächlichen Schwierigkeiten eines Doppelsitzes bedacht werden: Alle Anmeldungen sind zu beiden Registergerichten einzureichen.[16] Dort werden sie unabhängig bewertet und es wird unabhängig über sie entschieden. Denkbar ist danach etwa, dass Umwandlungsvorgänge zu verschiedenen Zeitpunkten eingetragen werden und damit zu unterschiedlichen Zeiten wirksam werden oder fatal: von einem Gericht eingetragen werden, von dem anderen aber der Antrag zurückgewiesen wird.

8 So *Löbbe*, in: Ulmer/Habersack/Winter, Ergänzungsband MoMiG, § 4a Rn. 7; *Wicke*, GmbHG, § 4a Rn. 7.
9 Krafka/Willer/Kühn, Registerrecht, Rn. 926.
10 *Löbbe*, in: Ulmer/Habersack/Winter, Ergänzungsband MoMiG, § 4a Rn. 17; *Preuss*, GmbHR 2007, 57.
11 AG Memmingen, NZG 2006, 70.
12 LG Berlin, GmbHR 1999, 720.
13 *Hüffer*, AktG, § 5 Rn. 10.
14 *Hueck/Fastrich*, in: Baumbach/Hueck, GmbHG, § 4a Rn. 6.
15 OLG Brandenburg, NotBZ 2006, 22.
16 BayObLG, NJW 1962, 1014.

D. Sitzverlegung

Nur die Verlegung des Satzungssitzes bedarf einer Änderung des Gesellschaftsvertrages. Bedeutete die Änderung des Verwaltungs-, Betriebs- oder Geschäftsführungssitzes bisher wegen des § 4a Abs. 2 a.F. eine immanente Änderung des Gesellschaftsvertrages, so ist die Verlegung des faktischen Sitzes nunmehr weder eine Änderung des Gesellschaftsvertrages (sofern der faktische Sitz nicht Inhalt des Gesellschaftsvertrages ist[17]) noch bedarf es einer Anmeldung zum Handelsregister. Ändert sich die inländische Geschäftsanschrift, so ist diese Änderung lediglich zur Eintragung in das Handelsregister anzumelden. Auch und erst recht die Sitzverlegung darf ebenso wenig wie die Wahl des Gründungssitzes rechtsmissbräuchlich sein (s.o. Rdn. 17). 19

Das Verfahren der Sitzverlegung richtet sich nach § 13h HGB. Die Anmeldung erfolgt zum Gericht des bisherigen Sitzes. Dieses übersendet, sofern mit der Sitzverlegung der Gerichtsbezirk überschritten wird, dem Gericht des neuen Sitzes Anmeldung, bisherige Eintragungen und die Registerakten. Dieses Verfahren kann noch längere Zeit in Anspruch nehmen, so lange die Registerakten in Altfällen noch nicht vollständig elektronisch erfasst sind. Auf der anderen Seite werden Änderungen des Gesellschaftsvertrages erst wirksam mit ihrer Eintragung in das Handelsregister. Werden mit der Sitzverlegung weitere Änderungen des Gesellschaftsvertrages beschlossen, kann es sich zur Beschleunigung im Einzelfall daher empfehlen, zunächst die übrigen Änderungen noch beim Gericht des alten Sitzes zur Eintragung zu bringen und erst im zweiten Schritt die Sitzverlegung zu vollziehen. 20

E. Faktischer Sitz im Ausland

Ausdrückliches gesetzgeberisches Ziel der Streichung des § 4a Abs. 2 a.F. ist es, »den Spielraum deutscher Gesellschaften zu erhöhen, ihre Geschäftstätigkeit auch ausschließlich im Rahmen einer (Zweig-)Niederlassung, die alle Geschäftsaktivitäten erfasst, außerhalb des deutschen Hoheitsgebiets zu entfalten«.[18] Damit sollen für deutsche GmbH die gleichen Bedingungen wie für eine Reihe ausländischer Gesellschaften geschaffen werden (»level playing field«), denen es durch die europäische Rechtsprechung oder durch völkerrechtliche Verträge ermöglicht wurde, ihren faktischen Sitz ohne weitere gesetzliche Hürden im Empfängerstaat in ein anderes Land, mithin auch nach Deutschland, zu verlegen.[19] 21

Verlegt nun eine deutsche GmbH ihren faktischen Sitz in das Ausland, kommt es zu einem Auseinanderfallen von Satzungssitz und faktischem Sitz über die Grenzen hinweg. Denn der Satzungssitz lässt sich nach dem eindeutigen Wortlaut des § 4a nicht in das Ausland verlegen; die Worte »im Inland« sind durch den Gesetzgeber eingefügt worden. Dies dürfte auch europäischem Recht nach derzeitiger Lage nicht widersprechen.[20] 22

Die Ermöglichung eines ausländischen faktischen Sitzes wirft hingegen kollisionsrechtliche Fragen auf. Was passiert aus kollisionsrechtlicher Sicht mit der GmbH, wenn deren faktischer Sitz in das Ausland verlegt wird? Folgte man der bislang in der deutschen Rechtsprechung herrschenden Sitztheorie,[21] so beurteilte sich das Schicksal der GmbH mit faktischem Sitz im Ausland aufgrund des deutschen IPR nach dem ausländischen Recht einschließlich dessen IPR. Wendet das ausländische Recht wie die meisten EU-Staaten die Gründungstheorie an, so würde auf das deutsche Sachrecht, also auf das GmbH-Gesetz zurückverwiesen; weitere Probleme ergäben sich nicht. 23

17 So empfiehlt es *Wicke*, GmbHG, § 4a Rn. 5, im Interesse des Minderheitenschutzes.
18 RegE zum MoMiG, BT-Drucks. 16/6140, Rn. 12.
19 EuGH, NJW, 2002, 3614 – Überseering; EuGH, NJW 2003 – Inspire Art.
20 OLG München, NZG 2007, 915.
21 BGH, NJW 2009, 289 – Trabrennbahn: Der BGH macht deutlich, dass er außerhalb der EU weiterhin von der Sitztheorie ausgehe, nur für Gesellschaften, die in einem Mitgliedstaat der EU gegründet wurden, die Gründungstheorie anwende, S. 290.

24 Schwieriger ist die Konstellation, wenn das ausländische Recht seinerseits die Sitztheorie anwendet; dann beurteilte sich das auf die GmbH anzuwendende Sachrecht nach dem Recht des Zielstaates;[22] es käme womöglich in der Folge zu einer Auflösung der GmbH.

25 Dies war jedoch jedenfalls auf EU-Ebene offensichtlich nicht das Ziel des MoMi-Gesetzgebers. Nach dessen Gesetzesbegründung ist es das Ziel, die deutsche GmbH den vergleichbaren EU-Gesellschaften gleich zu stellen. Dieses Ziel lässt sich vollständig nur dann erreichen, wenn man in § 4a eine versteckte Kollisionsnorm sieht, die jedenfalls für den Bereich der EU bestimmt, dass eine in Deutschland eingetragene GmbH deutschem Recht unterliegt, unabhängig davon wo sie ihren faktischen Sitz hat.[23] Letztlich ist das die Anerkennung der Gründungstheorie für die deutsche GmbH im Hinblick auf die EU.[24]

26 Das Kollisionsrecht wird also weiter differenziert: Der BGH unterscheidet bereits zwischen der Geltung der Gründungstheorie für EU-Auslandsgesellschaften und der Geltung der Sitztheorie für andere Auslandsgesellschaften.[25] Man wird nun hinzufügen müssen, dass auch für deutsche GmbH mit faktischem Sitz im EU-Ausland die Gründungstheorie heranzuziehen ist. Ob dies auch für einen faktischen Sitz außerhalb der EU gilt, muss an dieser Stelle offenbleiben.

27 I.Ü. ist die Behandlung der GmbH durch das Recht des Zielstaates gesondert zu beurteilen. Innerhalb der EU sollte dies kein Problem sein, da durch die Rechtsprechung des EuGH gewährleistet ist, dass eine ordnungsgemäß in einem EU-Staat gegründete Gesellschaft ihre Rechtspersönlichkeit behält. Anders ist dies jedoch für Staaten außerhalb der EU zu beurteilen: Erkennt eine solche Rechtsordnung die GmbH nicht an, so kann es zu einer Statutenspaltung kommen.[26]

F. Zweigniederlassung

I. Einleitung

28 Die Zweigniederlassung führt neben Satzungs- und faktischem Sitz zu einem weiteren handelsrechtlich relevanten Ort, der für die Gesellschaft von Bedeutung ist. Es handelt sich um eine organisatorisch von der Hauptniederlassung in räumlicher, sachlicher und personeller Hinsicht getrennte Einheit, jedoch ohne eigene Rechtspersönlichkeit,[27] wobei die Grenzziehung zur unselbstständigen bloßen Betriebsstelle im Einzelfall schwierig sein kann.[28] Ob eine Zweigniederlassung auch über eigenes Vermögen verfügen muss, ist zweifelhaft. Alleine die Tatsache, dass die Zweigniederlassung aufgrund ihrer organisatorischen Selbstständigkeit eines gesonderten Buchungskreises bedarf, heißt nicht zwingend, dass sie auch ein eigenes Vermögen haben muss. Denn die gesondert gebuchten Geschäftsvorfälle können auch im Gesamtvermögen des Rechtsträgers aufgehen.

29 Die fehlende eigene Rechtspersönlichkeit führt dazu, dass die Zweigniederlassung nicht Träger eigener Rechte und Pflichten sein kann. Daran ändert § 21 ZPO nichts. Der Gerichtsstand der Niederlassung bedeutet lediglich, dass die GmbH – aber eben nicht die Zweigniederlassung als solche – am Ort der Zweigniederlassung und unter deren Firma verklagt werden kann; Partei ist jedoch die GmbH. Allerdings bedarf es zur Begründung des Gerichtsstands der Zweigniederlassung eines Bezugs zum Geschäftsbetrieb der Niederlassung.[29]

---

22 *Wicke*, GmbHG, § 4a Rn. 13.

23 Ausführlich *Behrens*, in: Ulmer/Habersack/Winter, Ergänzungsband MoMiG, § 4a Rn. 6 ff.; für die Annahme einer versteckten Kollisionsnorm auch *Bayer*, in: Lutter/Hommelhoff, GmbHG, § 4a Rn. 15.

24 *Tebben*, RNotZ 2008, 441, 447: »Abkehr von der Sitztheorie«, nicht unumstritten, ausführlich: *Heckschen*, in: Heckschen/Heidinger, Die GmbH in der Gestaltungs- und Beratungspraxis, § 4 Rn. 77 ff.

25 S.o. Fn. 21.

26 *Bayer*, in: Lutter/Hommelhoff, GmbHG, § 4a Rn. 15.

27 *Krafka*, in: MünchKommHGB, § 13 Rn. 9 ff.

28 *Krafka*, in: MünchKommHGB, § 13 Rn. 7.

29 So schon der Wortlaut des § 21 ZPO, bestätigt von BGH, NJW 1975, 2142.

Zweigniederlassungen sind im vorliegenden Zusammenhang in zweifacher Hinsicht von Interesse: zum einen als inländische Zweigniederlassung einer deutschen GmbH und zum anderen als inländische Zweigniederlassung einer ausländischen GmbH oder eines der GmbH vergleichbaren Rechtsträgers. Die rechtformübergreifenden Regelungen zu Zweigniederlassungen finden sich in den §§ 13 ff. HGB, wobei sich § 13 HGB mit der Errichtung einer inländischen Zweigniederlassung einer deutschen GmbH und die §§ 13d, e und g HGB mit der Errichtung einer inländischen Zweigniederlassung einer ausländischen GmbH befassen. 30

Der Regelungsinhalt der §§ 13 ff. HGB beschränkt sich auf das Registerverfahren, da die Errichtung einer Zweigniederlassung materiell-rechtlich ein faktischer Vorgang und, sofern der Gesellschaftsvertrag nichts anderes vorsieht, eine Maßnahme der Verwaltung ist.[30] Die Eintragung einer Zweigniederlassung in das Handelsregister hat also lediglich deklaratorische Wirkung.[31] 31

II. Inländische Zweigniederlassung einer deutschen GmbH

Die Zweigniederlassung – einschließlich ihrer inländischen Geschäftsanschrift – wird nur auf dem Registerblatt der Hauptniederlassung eingetragen, § 13 Abs. 2 HGB. Diese Verfahrenserleichterung hat zu einer erheblichen Beschleunigung der Eintragung einer Zweigniederlassung geführt. Befindet sich die Hauptniederlassung einer deutschen GmbH im Ausland oder weicht die Hauptniederlassung vom Satzungssitz ab, so kann die Eintragung der Zweigniederlassung nur bei dem Gericht des Satzungssitzes erfolgen. 32

Die Eintragung hat zu unterbleiben, wenn die Zweigniederlassung offensichtlich nicht errichtet wurde. Damit beschränkt sich der Prüfungsumfang des Gerichts auf offensichtliche Errichtungsmängel. In der Praxis allerdings prüfen viele Registergerichte regelmäßig positiv, häufig über die Einholung eines IHK-Gutachtens, ob eine Zweigniederlassung errichtet wurde. Diese Praxis führt zu nicht unerheblichen Verzögerungen bei der Eintragung. 33

Die Unterscheidbarkeit der Firma der Zweigniederlassung[32] ggü. Firmen am gleichen Ort i.S.d. § 30 HGB ist nicht mehr Gegenstand der Prüfung durch das Registergericht.[33] Diese Frage muss ggf. auf dem streitigen Zivilrechtsweg inter partes geklärt werden. 34

Die Geschäftsführungsbefugnis erstreckt sich auf die Zweigniederlassung; die Verantwortung der Geschäftsführer kann jedoch nicht auf eine Zweigniederlassung begrenzt werden. Die Beschränkung von Prokuren auf den Betrieb der Zweigniederlassung hingegen ist unter den Voraussetzungen des § 50 Abs. 3 HGB zulässig. Den unterschiedlichen Umfang von Prokuren kann man sich bei der Gesamtprokura zunutze machen. So kann die Vertretungsbefugnis eines auf den Betrieb einer Zweigniederlassung beschränkten Prokuristen an die Mitwirkung eines Prokuristen für das Gesamtunternehmen geknüpft werden. 35

III. Inländische Zweigniederlassung einer ausländischen »GmbH«

Die Regelungen des HGB zu den Zweigniederlassungen ausländischer Gesellschaften sind unübersichtlich, ein Umstand, der der Herkunft aus dem europäischen Recht geschuldet ist. 36

Die §§ 13d, e und g HGB, die die GmbH betreffen, beschreiten den Weg von allgemein bis speziell. § 13d HGB betrifft allgemein inländische Zweigniederlassungen ausländischer Kaufleute, § 13e HGB regelt Zweigniederlassungen ausländischer Kapitalgesellschaften und § 13g HGB stellt besondere Anforderungen an die Zweigniederlassungen ausländischer GmbH.[34] 37

30 BayObLGZ 1992, 59, 60.
31 *Hopt*, in: Baumbach/Hopt, HGB, § 13 Rn. 6.
32 Zur Firmenbildung bei der Zweigniederlassung *Krafka*, in: MünchKommHGB, § 13 Rn. 21 ff.
33 *Hopt*, in: Baumbach/Hopt, HGB, § 13 Rn. 13.
34 Überblick über der GmbH vergleichbare Auslandsgesellschaften bei *Bayer*, in: Lutter/Hommelhoff, GmbHG, Anhang I zu § 4a Rn. 9 und bei *Krafka*, in: MünchKommHGB, § 13e Rn. 5.

38 Da es bei ausländischen Gesellschaften in Deutschland kein Register der Hauptniederlassung gibt, stellt § 13d Abs. 1 HGB klar, dass die Anmeldung zu dem Gericht erfolgt, in dessen Bezirk die Zweigniederlassung errichtet wurde. Nach MoMiG ist nun auch bei der Zweigniederlassung einer ausländischen Gesellschaft eine inländische Geschäftsanschrift zu registrieren.

39 Durch § 13e Abs. 2 Satz 5 Nr. 3 HGB wird eine zentrale Figur für die Zweigniederlassungen ausländischer Kapitalgesellschaften eingeführt: der ständige Vertreter mit dem Zusatz »für die Tätigkeit der Zweigniederlassung«. Ein solcher, der allerdings nicht zwingend zu bestellen ist,[35] ist befugt, die Gesellschaft gerichtlich und außergerichtlich zu vertreten. Prokuristen und Handlungsbevollmächtigte können bei entsprechender Ausgestaltung ihrer Vertretungsmacht ständige Vertreter sein.[36] Eine Doppeleintragung als ständiger Vertreter und Prokurist kommt infrage, wenn die Vertretungsbefugnisse unterschiedlich ausgestaltet sind.[37] Bei gleicher Vertretungsbefugnis kommt eine Doppeleintragung nicht infrage.[38]

40 I.Ü. stellen die §§ 13e und g HGB hohe Anforderungen an das Eintragungsverfahren und die beizubringenden Dokumente und Erklärungen. Aufgrund unterschiedlicher Registerstandards und materiellen Rechte prallen in der Praxis häufig Rechtskulturen aufeinander, die eine zügige Abwicklung erschweren. Zur Aufrechterhaltung des hohen deutschen Registerstandards ist dies jedoch hinzunehmen.

41 Im Einzelnen muss Inhalt der Anmeldung einer Zweigniederlassung einer ausländischen GmbH sein:

42 Bezüglich der Zweigniederlassung:
- Firma
- Anschrift
- Gegenstand
- ggf. Person des ständigen Vertreters und seine Vertretungsbefugnis

43 Bezüglich der ausländischen Gesellschaft:
- Anwendbares Recht nur bei einer GmbH außerhalb EU/EWR
- Rechtsform
- Register
- Registernummer
- Unternehmensgegenstand
- Gesellschaftskapital
- Datum des Abschlusses des Gesellschaftsvertrages
- Geschäftsführer
- Vertretungsbefugnis
- Zeitdauer der Gesellschaft

44 Folgende Anlagen müssen eingereicht werden:
- Unterlagen über die Legitimation der Geschäftsführer in gehöriger Form, ggf. beglaubigter Handelsregisterauszug ggf. nebst beglaubigter deutscher Übersetzung,
- Gesellschaftsvertrag in öffentlich beglaubigter Abschrift ggf. nebst beglaubigter deutscher Übersetzung.

45 Anmeldepflichtig sind die Geschäftsführer in vertretungsberechtigter Zahl.[39] Die Geschäftsführer der ausländischen GmbH müssen die Voraussetzungen des § 6 Abs. 2 Satz 2 und 3 GmbHG erfüllen, wie § 13e Abs. 3 HGB klarstellt. Entsprechend haben sie zu versichern, dass keine Umstände

35 OLG München, DNotZ 2008, 627.
36 Ausführlich zum ständigen Vertreter *Heidinger*, MittBayNot 1998, 72.
37 *Krafka/Kühn*, Registerrecht, Rn. 317; *Hopt*, in: Baumbach/Hopt, HGB, § 13e Rn. 3.
38 OLG München, NZG 2011, 1072; insgesamt zweifelnd *Heidinger*, MittBayNot 1998, 75.
39 *Krafka*, in: MünchKommHGB, § 13e Rn. 7.

vorliegen, die der Eintragung der Geschäftsführer entgegenstehen, § 13g Abs. 2 Satz 2 HGB i.V.m. § 8 Abs. 3 GmbHG. Da diese Versicherung anders als im GmbHG nicht strafbewehrt ist, folgert *Krafka*, dass sie nicht höchst persönlich abzugeben sei.[40] Die Versicherung könnte danach von den (in vertretungsberechtigter Zahl) anmeldenden Geschäftsführern auch im Hinblick auf andere Geschäftsführer abgegeben werden; eine Praxis, der nicht alle Registergerichte folgen. Eine vorherige Absprache empfiehlt sich.

§ 5 Stammkapital; Geschäftsanteil

(1) Das Stammkapital der Gesellschaft muss mindestens fünfundzwanzigtausend Euro betragen.

(2) [1]Der Nennbetrag jedes Geschäftsanteils muss auf volle Euro lauten. [2]Ein Gesellschafter kann bei Errichtung der Gesellschaft mehrere Geschäftsanteile übernehmen.

(3) [1]Die Höhe der Nennbeträge der einzelnen Geschäftsanteile kann verschieden bestimmt werden. [2]Die Summe der Nennbeträge aller Geschäftsanteile muss mit dem Stammkapital übereinstimmen.

(4) [1]Sollen Sacheinlagen geleistet werden, so müssen der Gegenstand der Sacheinlage und der Nennbetrag des Geschäftsanteils, auf den sich die Sacheinlage bezieht, im Gesellschaftsvertrag festgesetzt werden. [2]Die Gesellschafter haben in einem Sachgründungsbericht die für die Angemessenheit der Leistungen für Sacheinlagen wesentlichen Umstände darzulegen und beim Übergang eines Unternehmens auf die Gesellschaft die Jahresergebnisse der beiden letzten Geschäftsjahre anzugeben.

Schrifttum

Blath, Einziehung und Nennbetragsanpassung – Konvergenzgebot und Konvergenzherstellung vor dem Hintergrund des MoMiG –, GmbHR 2011, 1177; *Boehme*, Sacheinlagefähigkeit von Lizenzen, GmbHR 2000, 841; *Bork*, Die Einlagefähigkeit obligatorischer Nutzungsrechte, ZHR 154 (1990), 205; *Braun*, Nochmals: Einziehung von GmbH-Geschäftsanteilen und Konvergenz nach § 5 III 2 GmbHG, NJW 2010, 2700; *Cramer*, Die Übernahme des Gründungsaufwands durch die GmbH, NZG 2015, 373; *Damian/Stürner*, Die teleologische Reduktion des Konvergenzgebots bei Einziehungsbeschlüssen in der GmbH, ZIP 2015, 1521; *Drygala*, Stammkapital heute – Zum veränderten Verständnis vom System des festen Kapitals und seinen Konsequenzen, ZGR 2006, 587; *Giedinghagen/Lakenberg*, Kapitalaufbringung durch Dienstleistungen?, NZG 2009, 201; *Güldü*, Die Einlagefähigkeit von Bitcoins und anderen Kryptowährungen nach deutschem GmbH- und Aktienrecht, GmbHR 2019, 565; *Haberstroh*, Nichtigkeit des Beschlusses zur Einziehung von Geschäftsanteilen wegen Verstoßes gegen § 5 III 2 GmbHG, NZG 2010, 1094; *Hannemann*, Zur Bewertung von Forderungen als Sacheinlagen bei Kapitalgesellschaften, DB 1995, 2055; *Heidinger/Knaier*, Die verborgenen Risiken des Sachagios bei der Bargründung und der Barkapitalerhöhung, in Festschrift 25 Jahre Deutsches Notarinstitut, 2018, 467; *Hupka*, Übernahme des Gründungsaufwands durch die GmbH im Gesellschaftsvertrag, Notar 2017, 104; *Karl*, Sacheinlagen bei der UG (haftungsbeschränkt) und GmbH, GmbHR 2020, 9; *Kleindiek*, Die Einziehung von GmbH-Geschäftsanteilen und das Konvergenzgebot aus § 5 III 2 GmbHG, NZG 2015, 489; *Koch*, Die verdeckte gemischte Sacheinlage im Spannungsfeld zwischen Kapitalaufbringung und Kapitalerhaltung, ZHR 175 (2011), 55; *Lutter*, Fehler schaffen neue Fehler, GmbHR 2010, 1177; *Lutter/Hommelhoff*, Nachrangiges Haftkapital und Unterkapitalisierung in der GmbH, ZGR 1979, 31; *Meyer*, Die Einziehung von GmbH-Anteilen im Lichte des MoMiG, NZG 2009, 1201; *Pentz*, Differenzhaftung und verdeckte Mischeinlage/verdeckte gemischte Sacheinlage, in Festschrift Alfred Bergmann, 2018, 541; *Priester*, Anteilsaufstockung nach Einziehung – Pflicht zur Einlageleistung? GmbHR 2016, 1065; *Rudorf*, Sachgründung und Kapitalerhöhung durch Sacheinlagen bei der GmbH, MittRhNotK 1988, 163; *Schneider*, Die Sicherung der Kapitalaufbringung bei Gründung der GmbH, MittRhNotK 1992, 165; *Sosnitza*, Die Einlagefähigkeit von Domain-Namen bei der Gesellschaftsgründung, GmbHR 2002, 821; *Sudhoff/Sudhoff*, Die Sacheinlage bei Gründung einer GmbH, NJW 1982, 129; *Ulmer*, Die Einziehung von GmbH-Anteilen – ein Opfer der MoMiG-Reform?, DB 2010, 321; *Wachter*, Festsetzung des Gründungsaufwands in der GmbH Satzung, NZG 2010, 734; *Wanner-Laufer*, Die Zwangseinziehung von Geschäftsanteilen nach § 34 GmbHG – Veränderungen durch die Reform des GmbH-Rechts, NJW 2010, 1499.

---

40 *Krafka*, in: MünchKommHGB, § 13g Rn. 4.

Übersicht

A. Einleitung

I. Regelungsgehalt

1 Die Vorschrift des § 5 regelt die Mindesthöhe des Stammkapitals, den Zuschnitt und die Zuordnung der Geschäftsanteile sowie die Voraussetzungen, unter denen Sacheinlagen geleistet werden können. § 5 Abs. 1 sieht ein **Mindeststammkapital** i.H.v. 25.000 Euro vor, wobei beliebige höhere Festsetzungen zulässig sind.[1] Mit der Normierung eines Mindeststammkapitals hat sich der Gesetzgeber für eine Mindestausstattung der Gesellschaft mit Eigenkapital entschieden. Vor dem Hintergrund der beschränkten Haftung der Gesellschafter (§ 13 Abs. 2) dient die Mindestkapitalausstattung als gesetzlich garantierter Haftungsfonds dem Gläubigerschutz und zusammen mit anderen Vorschriften (z.B. §§ 7 Abs. 2 und 3, 9, 19, 24, 30) der Kapitalaufbringung und der Kapitalerhaltung.[2] Zudem werden durch das Garantiekapital der Bestandsschutz und die Seriosität der Gründung gefördert.[3] Der **Geschäftsanteil** verkörpert den mitgliedschaftlichen Anteil des einzelnen Gesellschafters an der Gesellschaft als Gesamtheit der aus der Gesellschafterstellung

---

1 *Bayer*, in: Lutter/Hommelhoff, GmbHG, § 5 Rn. 5; *Fastrich*, in: Baumbach/Hueck, GmbHG, § 5 Rn. 4; *Ulmer/Casper*, in: Habersack/Casper/Löbbe, GmbHG, § 5 Rn. 1.

2 *Fastrich*, in: Baumbach/Hueck, GmbHG, § 5 Rn. 1.

3 Vgl. BGH, Urt. v. 12.06.2012 – II ZR 256/11, ZIP 2012, 1659 Rn. 17; *Bayer*, in: Lutter/Hommelhoff, GmbHG, § 5 Rn. 1; *Veil*, in: Scholz, GmbHG, § 5 Rn. 8.

fließenden Rechte und Pflichten.[4] Nach § 3 Abs. 1 Nr. 4 muss der Gesellschaftsvertrag die Zahl und die Nennbeträge der Geschäftsanteile, die jeder Gesellschafter übernimmt, enthalten. Von der Höhe des Nennbetrags hängen grds. die Rechte und Pflichten des einzelnen Gesellschafters ggü. der Gesellschaft und seinen Mitgesellschaftern ab, soweit nicht der Gesellschaftsvertrag abweichende Regelungen in zulässigem Umfang enthält.[5] Insb. ist der Nennbetrag maßgeblich für die Höhe der Einlageverpflichtung (§ 14 Satz 2), den Gewinnanteil (§ 29 Abs. 3) und für das Stimmrecht (§ 47 Abs. 2).[6] Die Summe der Nennbeträge aller Geschäftsanteile muss mit dem Stammkapital übereinstimmen (§ 5 Abs. 3 Satz 2). § 5 Abs. 4 regelt schließlich die Voraussetzungen einer **Sachgründung** und sieht dabei die Aufnahme der Sacheinlagevereinbarung in den Gesellschaftsvertrag sowie die Erstellung eines Sachgründungsberichts vor. § 5 ist zwingendes Recht.

II. Liberalisierung durch das MoMiG

§ 5 hat durch das MoMiG sowohl redaktionelle als auch inhaltliche Änderungen erfahren. In terminologischer Hinsicht wurde der Begriff der Stammeinlage durch den des Geschäftsanteils ersetzt, wodurch die Mitgliedschaft anstelle der Einlageverpflichtung hervorgehoben werden sollte.[7] In inhaltlicher Hinsicht hat das MoMiG zu einer Liberalisierung hinsichtlich des Zuschnitts und der Zuordnung der Geschäftsanteile geführt.[8] Während nach altem Recht Gründungsgesellschafter nicht mehrere Stammeinlagen übernehmen konnten, ist die Übernahme mehrerer Geschäftsanteile bei Gründung nunmehr zulässig (§ 5 Abs. 2 Satz 2). Zudem muss der Nennbetrag eines Geschäftsanteils nach neuem Recht nicht mehr mindestens 100 Euro betragen und durch 50 teilbar sein, sondern nur noch auf volle Euro lauten (§ 5 Abs. 2 Satz 1). Da § 3 EGGmbHG keine Übergangsregelung für die Neuregelungen in § 5 vorsieht, sind die Neuerungen ab dem Inkrafttreten des MoMiG am 01.11.2008 anwendbar.[9] 2

Letztlich nicht durchgesetzt hat sich im Gesetzgebungsverfahren die Absenkung des Mindeststammkapitals von 25.000 auf 10.000 Euro, da dies die Bedeutung des Stammkapitals generell infrage gestellt und möglicherweise die Reputation der Rechtsform der GmbH beschädigt hätte.[10] Da aber auch das Interesse von Existenzgründern an einer haftungsbeschränkten Rechtsform mit einem geringeren Garantiekapital berücksichtigt werden sollte, wurde in § 5a die Möglichkeit der Gründung einer Unternehmergesellschaft (haftungsbeschränkt) eingeführt. 3

B. Stammkapital

Der Betrag des Stammkapitals ist nach § 3 Abs. 1 Nr. 3 im Gesellschaftsvertrag festzusetzen und nach § 10 Abs. 1 in das Handelsregister einzutragen. Diese dem Gläubigerschutz dienende Publizität wird abgesichert durch § 75 Abs. 1, der bei fehlender Festsetzung im Gesellschaftsvertrag auch noch nach Eintragung zur Erhebung der Nichtigkeitsklage berechtigt. Das Stammkapital der Gesellschaft muss nach § 5 Abs. 1 mindestens 25.000 Euro betragen (vgl. aber zur UG haftungsbeschränkt § 5a Abs. 1). Damit das festgesetzte Stammkapital der Gesellschaft auch tatsächlich zugeführt und vonseiten der Gesellschafter nicht wieder entzogen wird, sichern mehrere Normen die reale Kapitalaufbringung (§§ 7 Abs. 2 und 3, 9, 19 bis 24) und die Kapitalerhaltung (§§ 30, 31) ab. 4

---

4 *Bayer*, in: Lutter/Hommelhoff, GmbHG, § 5 Rn. 3; *Ulmer/Löbbe*, in: Habersack/Casper/Löbbe, GmbHG, § 3 Rn. 28, 30.

5 *Bayer*, in: Lutter/Hommelhoff, GmbHG, § 5 Rn. 3; *Ulmer/Löbbe*, in: Habersack/Casper/Löbbe, GmbHG, § 3 Rn. 28.

6 *Ulmer/Löbbe*, in: Habersack/Casper/Löbbe, GmbHG, § 3 Rn. 28.

7 OLG Rostock, GmbHR 2013, 752, 753; *Ulmer/Casper*, in: Habersack/Casper/Löbbe, GmbHG, § 5 Rn. 9.

8 *Veil*, in: Scholz, GmbHG, § 5 Rn. 3.

9 *Veil*, in: Scholz, GmbHG, 10. Aufl., § 5 Rn. 3; *Schwandtner*, in: MünchKommGmbHG, § 5 Rn. 20.

10 *Ulmer/Casper*, in: Habersack/Casper/Löbbe, GmbHG, § 5 Rn. 14; *Veil*, in: Scholz, GmbHG, 10. Aufl., Nachtrag MoMiG, § 5 Rn. 3.

5 Die Höhe des Stammkapitals kann von den Gesellschaftern – unter Beachtung der Mindestkapitalziffer von 25.000 Euro – grds. frei bestimmt werden. Das Gesetz kennt keine Höchstgrenze, enthält aber auch keine Pflicht, die Gesellschaft mit dem betriebswirtschaftlich notwendigen Eigenkapital auszustatten.[11] Es gilt der Grundsatz der **Freiheit der Finanzierungsentscheidung.**[12] Das Prinzip der freien Bestimmbarkeit des Mindeststammkapitals oberhalb der in § 5 Abs. 1 gezogenen Grenze gilt nicht uneingeschränkt. Einige Unternehmen, die bestimmte erlaubnis- bzw. anerkennungspflichtige Geschäfte als Unternehmensgegenstand haben, müssen mit einem **erhöhten Mindeststammkapital** ausgestattet werden. Eine Kapitalverwaltungsgesellschaft in der Rechtsform der GmbH muss mit einem »Anfangskapital« von mindestens 300.000 Euro (bei interner Verwaltung, § 17 Abs. 2 Nr. 2, § 25 Abs. 1 Nr. 1a KAGB) bzw. 125.000 Euro (bei externer Verwaltung, § 17 Abs. 2 Nr. 1, § 25 Abs. 1 Nr. 1b KAGB) und mit zusätzlichen Eigenmitteln in Höhe von 0,02 % des 250 Mio. Euro übersteigenden verwalteten Investitionsvermögens ausgestattet sein (§ 25 Abs. 1 KAGB). Unternehmensbeteiligungsgesellschaften müssen ein voll eingezahltes Mindeststammkapital von 1.000.000 Euro haben (§ 2 Abs. 4 UBGG). Kreditinstitute und andere Finanzdienstleister müssen ein je nach Geschäftszweig unterschiedliches erhöhtes »Anfangskapital« aufweisen (§ 33 Abs. 1 Nr. 1 lit. a-g KWG).[13]

6 Diese gesetzgeberische Grundentscheidung, den Gesellschaftern vorbehaltlich der in Rdn. 5 aufgezeigten Vorgaben die Freiheit der Finanzierungsentscheidung zu überlassen, hat zur Folge, dass nicht alle Gesellschaften mit dem für ihre Geschäftstätigkeit erforderlichen Eigenkapital ausgestattet sind. Eine **formelle Unterkapitalisierung** liegt vor, wenn die Gesellschafter ihrer Gesellschaft zwar ausreichende Mittel zur Verfügung stellen, dies aber teilweise in der Form von Gesellschafterdarlehen erfolgt.[14] Das Gesetz toleriert diese Entscheidung, ordnet aber im Fall der Insolvenz die Nachrangigkeit der Rückzahlungsansprüche (§ 39 Abs. 1 Nr. 5 InsO) sowie die Anfechtbarkeit etwaiger Rückzahlungen und Besicherungen (§ 135 InsO) an. Eine **materielle Unterkapitalisierung** zeichnet sich dadurch aus, dass die Gesellschafter die erforderlichen Eigenmittel überhaupt nicht, also weder durch ausreichendes Stammkapital noch durch zusätzliche Gesellschafterdarlehen bereitstellen.[15] Umstritten ist, ob, unter welchen Voraussetzungen (verschuldensabhängig oder -unabhängig) und mit welchen Rechtsfolgen (Außen- oder Innenhaftung) es in diesen Fällen zu einer Haftung der Gesellschafter kommen kann (dazu ausführlich § 13 Rdn. 22). Während einige Stimmen in der Literatur[16] und das BSG[17] eine Haftung der Gesellschafter grds. bejahen, lehnen die zivilgerichtliche Rechtsprechung[18] und weite Teile der Literatur[19] ein eigenständiges Haftungsinstitut der materiellen Unterkapitalisierung zu Recht ab. Ob und gegebenenfalls unter welchen Voraussetzungen unter diesem Aspekt eine persönliche Haftung des Gesellschafters nach § 826 BGB in Betracht kommt, hat der BGH[20] offengelassen. Die Gestaltung der Rechtsverhältnisse ist jedenfalls dann mit den gesunden Anschauungen des Verkehrs nicht mehr zu vereinbaren und eine Haftung der Gesellschafter nach § 826 BGB zu bejahen, wenn die Gesellschafter ihre Gesellschaft – insbesondere hinsichtlich der Haftungsmasse – so ausgestaltet haben, dass die einseitige Verfolgung

11 *Fastrich*, in: Baumbach/Hueck, GmbHG, § 5 Rn. 5; *Schwandtner*, in: MünchKommGmbHG, § 5 Rn. 33.

12 *Fastrich*, in: Baumbach/Hueck, GmbHG, § 5 Rn. 5.

13 Vgl. *Wicke*, GmbHG, § 5 Rn. 4; *Veil*, in: Scholz, GmbHG, § 5 Rn 17; *Schwandtner*, in: MünchKommGmbHG, § 5 Rn. 32.

14 *Schwandtner*, in: MünchKommGmbHG, § 5 Rn. 35.

15 *Fastrich*, in: Baumbach/Hueck, GmbHG, § 5 Rn. 6; *Schwandtner*, in: MünchKommGmbHG, § 5 Rn. 36; *Leuering*, NJW-Spezial 2008, 431.

16 *Banerjea*, ZIP 1999, 1153; *Lutter/Hommelhoff*, ZGR 1979, 31, 57; *Bayer*, in: Lutter/Hommelhoff, GmbHG, § 13 Rn. 20 ff.; *Bitter*, in: Scholz, GmbHG, § 13 Rn. 143 ff., 147.

17 BSG, NJW 1984, 2117.

18 BGH, Urt. v. 28.04.2008 – II ZR 264/06, BGHZ 176, 204 = ZIP 2008, 1232 Rn. 13, 16 ff. – GAMMA; BAG, NJW 1999, 740.

19 *Fastrich*, in: Baumbach/Hueck, GmbHG, § 5 Rn. 6; *Schwandtner*, in: MünchKommGmbHG, § 5 Rn. 38; *Leitzen*, in: Michalski/Heidinger/Leible/J. Schmidt, GmbHG, § 5 Rn. 17 ff. jeweils m.w.N.

20 BGH, Urt. v. 28.04.2008 – II ZR 264/06, BGHZ 176, 204 = ZIP 2008, 1232 Rn. 13 – GAMMA.

der Interessen der Gesellschafter gegenüber ihrer Gesellschaft unmittelbar zum Nachteil der Gesellschaftsgläubiger ausschlägt, d.h. eine Gläubigergefährdung begründet. Für den nach § 826 BGB zu fordernden Schädigungsvorsatz reicht bedingter Vorsatz aus. Es genügt, wenn die Möglichkeit einer Schädigung der Gläubiger erkannt und für den Fall des Eintritts billigend in Kauf genommen worden ist. Aktivlegitimiert sind die Gesellschaftsgläubiger.[21]

Nach Eintragung der Gesellschaft ist eine Änderung des Stammkapitals nur noch durch Kapitalerhöhung bzw. -herabsetzung (§§ 55 ff., 58 ff.) als Sonderformen der Satzungsänderung möglich. Auch bei einer Kapitalherabsetzung darf das Mindeststammkapital nicht unterschritten werden (§ 58 Abs. 2 Satz 1). Eine Ausnahme gilt insoweit bei einer mit einer Barkapitalerhöhung kombinierten vereinfachten Kapitalherabsetzung (§ 58a Abs. 4 Satz 1). 7

Das Stammkapital ist nicht gleichzusetzen mit dem Eigenkapital der Gesellschaft, sondern stellt einen Teil des Eigenkapitals dar. Ebenfalls als bilanzielles Eigenkapital sind nach § 272 HGB Kapitalrücklagen (z.B. Aufgelder [Agio], Nachschüsse gem. §§ 26 ff.) und Gewinnrücklagen einzuordnen. Bilanziell wird das Stammkapital als »gezeichnetes Kapital« an der ersten Stelle der Passivseite (§ 266 Abs. 3 A. I. HGB) ausgewiesen. 8

C. Geschäftsanteil

I. Allgemeines

Der Geschäftsanteil verkörpert als **Inbegriff der Rechte und Pflichten** den mitgliedschaftlichen Anteil des jeweiligen Gesellschafters an der Gesellschaft.[22] Durch das MoMiG wurde der Begriff der Stammeinlage ersetzt durch den Begriff des Geschäftsanteils. Die damit verbundene Betonung der Mitgliedschaft anstelle der Einlageverpflichtung führt in der Sache zu keinen Änderungen.[23] Der Begriff der Stammeinlage ist nicht völlig aus dem Gesetz verschwunden, sondern wird in § 3 Abs. 1 Nr. 4 als Einlage auf das Stammkapital definiert. 9

Jeder Geschäftsanteil lautet auf einen Nennbetrag (§ 3 Abs. 1 Nr. 4) und bestimmt damit die Beteiligung der Gesellschafter am Stammkapital der Gesellschaft. In Höhe dieser Beteiligung sind die Gesellschafter zur Leistung der Einlage verpflichtet (§ 14 Satz 2). Nach dem Verhältnis der Geschäftsanteile bestimmt sich der Anteil am Jahresüberschuss (§ 29 Abs. 3 Satz 1) und das Stimmgewicht in der Gesellschafterversammlung (§ 47 Abs. 2). Unabhängig davon, ob eine Bar- oder Sacheinlage erbracht werden soll, sind die Nennbeträge der Geschäftsanteile und das Stammkapital im Gesellschaftsvertrag stets als Geldbeträge in Euro festzusetzen (§ 3 Abs. 1 Nr. 3 und 4, § 5 Abs. 1, Abs. 2 Satz 1). Die Übernahme eines Geschäftsanteils durch die Gesellschaft ist bei Gründung unwirksam, da dies wegen des fehlenden Kapitalzuflusses mit dem Grundsatz der realen Kapitalaufbringung nicht vereinbar wäre (**Verbot der Selbstzeichnung**).[24] Nach der Gründung ist der Erwerb eigener Geschäftsanteile nach Maßgabe des § 33 zulässig. 10

II. Stückelung und Mehrfachbeteiligung

Der Nennbetrag jedes Geschäftsanteils muss auf volle Euro lauten (§ 5 Abs. 2 Satz 1). Beträge, die kleiner sind als ein Euro oder eine Stückelung mit Beträgen mit Stellen nach dem Komma sind unzulässig. Diese Vorgabe ist auch bei Umwandlungen (§ 46 Abs. 1 Satz 3, § 54 Abs. 3 Satz 1 11

---

21 Vgl. BGH, Urt. v. 30.11.1978 – II ZR 204/76, NJW 1979, 2104, 2105; *Altmeppen*, in: Roth/Altmeppen, GmbHG, § 13 Rn. 145, 147.

22 *Altmeppen*, in: Roth/Altmeppen, GmbHG, § 5 Rn. 5; *Bayer*, in: Lutter/Hommelhoff, GmbHG, § 5 Rn. 3; *Ulmer/Löbbe*, in: Habersack/Casper/Löbbe, GmbHG, § 3 Rn. 28, 30.

23 Vgl. BGH, 2.12.2014 – II ZR 322/13, BGHZ 203, 303 = ZIP 2015, 579 Rn. 24; OLG Rostock, GmbHR 2013, 752, 753; *Ulmer/Casper*, in: Habersack/Casper/Löbbe, GmbHG, § 5 Rn. 9.

24 *Bayer*, in: Lutter/Hommelhoff, GmbHG, § 5 Rn. 10; *Leitzen*, in: Michalski/Heidinger/Leible/J. Schmidt, GmbHG, § 5 Rn. 36; das gilt auch bei der Kapitalerhöhung vgl. BGH. Urt. v. 20.9.2011 – II ZR 234/09, ZIP 2011, 2097 Rn. 14 (AG).

Halbs. 2, §§ 56, 243 Abs. 3 Satz 2 UmwG) sowie bei späteren Änderungen des Nennbetrags durch Kapitalerhöhung (§§ 57h Abs. 1 Satz 2, 57l Abs. 2 Satz 4) oder -herabsetzung (§ 58 Abs. 2 Satz 2, § 58a Abs. 3 Satz 2) zu berücksichtigen. Durch das MoMiG wurde das Erfordernis einer Mindesthöhe (§ 5 Abs. 1 a.F.) und der Teilbarkeit durch fünfzig (§ 5 Abs. 3 Satz 2 a.F.) aufgehoben. Die Höhe der Nennbeträge der einzelnen Geschäftsanteile kann verschieden bestimmt werden (§ 5 Abs. 3 Satz 1). Obwohl das GmbHG keine § 9 Abs. 1 AktG entsprechende Regelung enthält, entspricht es ganz herrschende Meinung, dass auch nach MoMiG für GmbH-Geschäftsanteile das **Verbot der Unterpari-Emission** gilt.[25] Danach ist die Vereinbarung einer den Nennbetrag des übernommenen Geschäftsanteils unterschreitenden Einlageleistung (Disagio) unzulässig.[26] Begründet wird dieses Verbot zutreffend mit dem in den Vorschriften der § 19 Abs. 2, § 9 zum Ausdruck kommenden Gebot der realen Kapitalaufbringung.[27] Demgegenüber sind Abreden über ein als Nebenleistung zu erbringendes Agio sowohl in statutarischer Form gem. § 3 Abs. 2 bzw. aufgrund eines formwirksamen Kapitalerhöhungsbeschlusses als auch ohne statutarische Grundlage durch rein schuldrechtlich wirkende Vereinbarung zulässig und dann auch rechtlich verbindlich.[28]

12 Das MoMiG hat die Möglichkeit geschaffen, dass ein Gesellschafter bei Errichtung der Gesellschaft **mehrere Geschäftsanteile** übernimmt (§ 5 Abs. 2 Satz 2), deren Nennbeträge unterschiedlich hoch sein dürfen (§ 5 Abs. 3 Satz 1). Der Reformgesetzgeber sah die Gründe für die bisherige Beschränkung auf die Übernahme eines Geschäftsanteils – Stärkung der persönlichen Verbundenheit der Gesellschafter und Verhinderung eines aktienähnlichen Handels mit Geschäftsanteilen – als nicht mehr stichhaltig an, zumal auch nach alter Rechtslage die Teilung sowie der Hinzuerwerb von Geschäftsanteilen nach der Gründung zulässig waren.[29] Unübersichtliche Beteiligungsverhältnisse sollen nunmehr durch die Nummerierung der Geschäftsanteile in der Gesellschafterliste (§ 8 Abs. 1 Nr. 3, § 40 Abs. 1) verhindert werden.[30] § 1 EGGmbHG enthält schließlich Übergangsregelungen für die Euro-Einführung.

III. Summe der Nennbeträge (Konvergenzgebot)

13 Die Summe der Nennbeträge aller Geschäftsanteile muss bei der Gründung mit dem Stammkapital übereinstimmen (§ 5 Abs. 3 Satz 2). Damit soll die Vollübernahme des Stammkapitals sichergestellt werden.[31] Nach § 55 Abs. 4 gilt dieses Konvergenzgebot auch bei einer Stammkapitalerhöhung.

14 Umstritten ist, ob mit der durch das MoMiG eingefügten sprachlichen Änderung im Hinblick auf den Wortlaut der Begründung des RegE eine inhaltliche Änderung verbunden ist. Nach § 5 Abs. 3 Satz 3 a.F. musste der Gesamtbetrag der Stammeinlagen mit dem Stammkapital übereinstimmen. Nach § 5 Abs. 3 Satz 2 muss die Summe der Nennbeträge aller Geschäftsanteile mit dem Stammkapital übereinstimmen. Hinsichtlich des § 5 Abs. 3 Satz 3 a.F. war anerkannt, dass eine Konvergenz lediglich bei Gründung und Kapitalerhöhung erforderlich war und eine spätere Auseinanderentwicklung – insb. bei einer Einziehung nach § 34 – nicht ausgeschlossen war.[32] Ausweislich der Gesetzesbegründung[33] soll nunmehr ein Auseinanderfallen der Summe der Nennbeträge

---

25 *Bayer*, in: Lutter/Hommelhoff, GmbHG, § 5 Rn. 8; *Leitzen*, in: Michalski/Heidinger/Leible/J. Schmidt, GmbHG, § 5 Rn. 37; *Veil*, in: Scholz, GmbHG, § 5 Rn. 28; BGH, Urt. v. 14.03.1977 – II ZR 156/75, BGHZ 68, 191, 195 zum alten Recht.

26 *Schwandtner*, in: MünchKommGmbHG, § 5 Rn. 49.

27 BGH, Urt. v. 14.03.1977 – II ZR 156/75, BGHZ 68, 191, 195; *Schwandtner*, in: MünchKommGmbHG, § 5 Rn. 49 m.w.N. Nach *Bayer*, in: Lutter/Hommelhoff, GmbHG, § 5 Rn. 8 analoge Anwendung des § 9 Abs. 1 AktG.

28 BGH, Urt. v. 15.10.2007 – II ZR 216/06, ZIP 2007, 2416 Rn. 13.

29 *Ulmer/Casper*, in: Habersack/Casper/Löbbe, GmbHG, § 5 Rn. 27 ff.

30 *Schwandtner*, in: MünchKommGmbHG, § 5 Rn. 47.

31 OLG Rostock, GmbHR 2013, 752, 753; Bayer, in: Lutter/Hommelhoff, GmbHG, § 5 Rn. 6.

32 Dazu *Ulmer/Casper*, in: Habersack/Casper/Löbbe, GmbHG, § 5 Rn. 23.

33 RegE eines Gesetzes zur Modernisierung des GmbH-Rechts und zur Bekämpfung von Missbräuchen (MoMiG), BT-Drucks. 16/6140, S. 31.

der Geschäftsanteile und des Nennbetrags des Stammkapitals unzulässig sein. Der Umstand, dass die Summe der Nennbeträge der Geschäftsanteile mit dem Stammkapital übereinstimmen muss, beziehe sich nicht nur auf das Gründungsstadium, sondern auch auf den weiteren Werdegang der Gesellschaft. Diese Auffassung wird von einigen Stimmen in der Literatur geteilt.[34] Neben der Gesetzesbegründung wird auf den Wortlaut der Neuregelung verwiesen. Anders als der Begriff der »Sacheinlage« sei der Begriff des »Geschäftsanteils« nicht auf den Gründungsprozess beschränkt.[35] Einige gerichtliche Entscheidungen gehen unter Berufung auf den angeblich klar geäußerten gesetzgeberischen Willen ebenfalls von einem erweiterten Konvergenzgebot aus.[36] Dem kann nicht gefolgt werden. Unberücksichtigt bleibt bei dieser Argumentation, dass die Gesetzesbegründung nicht gleichzusetzen ist mit dem Willen des Gesetzgebers.[37] Daneben ergibt sich aus dem Wortlaut des § 5 Abs. 3 Satz 2 nicht zwingend eine Erweiterung des Konvergenzgebots.[38] Gegen eine inhaltliche Änderung sprechen zudem die systematische Stellung der Regelung im Abschnitt »Errichtung der Gesellschaft« und der bei einer umfassenden Geltung nicht erforderliche Verweis in § 55 Abs. 4.[39] Mangels gläubigerschützender Wirkung ist eine extensive Auslegung der Neuregelung auch nicht erforderlich.[40] Ein umfassendes Konvergenzgebot würde zu erheblichen praktischen Problemen bei der Einziehung von Geschäftsanteilen nach § 34 führen und damit das gesetzgeberische Ziel der Vereinfachung des GmbH-Rechts konterkarieren.[41] Im Ergebnis ist daher mit anderen Stimmen im Schrifttum[42] und in der obergerichtlichen Rechtsprechung[43] von einer Begrenzung des Konvergenzgebots auf die Gründung und auf die Kapitalerhöhung auszugehen.

Der Bundesgerichtshof hat diesen Streit für die Auseinanderentwicklung der Summe der Nennbeträge aller Geschäftsanteile und dem Stammkapital im Fall der Einziehung eines Geschäftsanteils im Sinne der hier vertretenen Auffassung entschieden und ausgesprochen, dass der Beschluss über die Einziehung eines GmbH-Geschäftsanteils nicht deshalb nichtig ist, weil die Gesellschafterversammlung nicht gleichzeitig Maßnahmen ergriffen hat, um ein Auseinanderfallen der Summe der Nennbeträge der nach der Einziehung verbleibenden Geschäftsanteile und dem Stammkapital der Gesellschaft zu verhindern.[44] 15

Die Gesellschafter haben mehrere Möglichkeiten eine Abweichung der Summe der Nennbeträge der Geschäftsanteile vom Nennbetrag des Stammkapitals bei der Einziehung eines Geschäftsanteils zu vermeiden oder zu **korrigieren**. Sie können die Einziehung mit einer Kapitalherabsetzung verbinden, die Summe der Nennbeträge der Geschäftsanteile durch eine nominelle Aufstockung an 16

34 *Haberstroh*, NZG 2010, 1094; *Meyer*, NZG 2009, 1201; *Römermann*, NZG 2010, 96, 99; *Wanner-Laufer*, NJW 2010, 1499, 1500.

35 *Braun*, NJW 2010, 1499, 1501.

36 OLG München, Beschl. v. 21.09.2011 – 7 U 2413/11, juris; Beschl. v. 15.11.2011 – 7 U 2413/11, juris; LG Essen, NZG 2010, 867, 868.

37 *Blath*, GmbHR 2011, 1177, 1179.

38 OLG Saarbrücken, GmbHR 2012, 209, 211 (obiter); *Blath*, GmbHR 2011, 1177, 1179.

39 OLG Saarbrücken, GmbHR 2012, 209, 211 (obiter); OLG Rostock, GmbHR 2013, 752, 754 (obiter); *Ulmer*, DB 2010, 321, 322.

40 OLG Rostock, GmbHR 2013, 752, 754 f. (obiter); *Ulmer*, DB 2010, 321, 322; *Ulmer/Casper*, in: Habersack/Casper/Löbbe, GmbHG, § 5 Rn. 25 f.

41 OLG Rostock, GmbHR 2013, 752, 754 (obiter); *Fastrich*, in: Baumbach/Hueck, GmbHG, § 5 Rn. 10.

42 *Blath*, GmbHR 2011, 1177, 1178 f.; *Braun*, NJW 2010, 2700, 2701; *Lutter*, GmbHR 2010, 1177, 1179 f.; *Ulmer*, DB 2010, 321, 322 f.; *Fastrich*, in: Baumbach/Hueck, GmbHG, § 5 Rn. 10; *Bayer*, in: Lutter/Hommelhoff, GmbHG, § 5 Rn. 6; *Veil*, in: Scholz, GmbHG, § 5 Rn. 27; *Ulmer/Casper*, in: Habersack/Casper/Löbbe, GmbHG, § 5 Rn. 25 f.; *Schwandtner*, in: MünchKommGmbHG, § 5 Rn. 44a.

43 OLG Saarbrücken, GmbHR 2012, 209, 211 (obiter), nachgehend BGH, 10.07.2012 – II ZR 6/12, Nichtzulassungsbeschwerde verworfen; OLG Rostock, GmbHR 2013, 752, 753 f. (obiter) nachgehend, BGH, 03.12.2013 – II ZR 245/12, Nichtzulassungsbeschwerde zurückgewiesen.

44 Vgl. mit ausführlicher Begründung BGH, 2.12.2014 – II ZR 322/13, BGHZ 203, 303 = ZIP 2015, 579 sowie die Anm. von *Strohn*, DB 2015, 675; *Damian/Stürner*, ZIP 2015, 1521; *Kleindiek*, NZG 2015, 489.

das Stammkapital anpassen oder einen neuen Geschäftsanteil bilden.[45] Die Anpassung der Summe der Geschäftsanteile an die nach Einziehung eines Anteils unveränderte Höhe des Stammkapitals stellt keine Änderung des Gesellschaftsvertrags dar. Daher können die Nennwerte der verbleibenden Geschäftsanteile durch mit einfacher Mehrheit gefassten Beschluss der Gesellschafterversammlung aufgestockt werden.[46] Eine Verpflichtung zur Einlageleistung wird durch die Aufstockung nicht begründet.[47] (ausführlich zu Einziehung und Konvergenzgebot *Sandhaus* § 34 Rdn. 46 ff.)

D. Rechtsfolgen von Verstößen gegen § 5 Abs. 1 bis 3

17 Verstöße gegen die zwingenden Regelungen in § 5 Abs. 1 bis 3 führen zur Nichtigkeit der Festsetzung des Stammkapitals bzw. der Nennbeträge der Geschäftsanteile im Gesellschaftsvertrag nach § 134 BGB.[48] Es besteht ein vom Registergericht zu beachtendes Eintragungshindernis (§ 9c).[49] Wird die Gesellschaft trotzdem eingetragen, so richten sich die weiteren Folgen nach der Art des Verstoßes. **Fehlt**, was selten sein dürfte, **eine Regelung zur Höhe des Stammkapitals** ganz, so kann nach § 75 Nichtigkeitsklage erhoben und nach § 397 Satz 2 FamFG ein Amtslöschungsverfahren betrieben werden.[50] Ob eine Heilung durch einen satzungsändernden Beschluss entsprechend § 76 möglich ist, ist umstritten, mit der im Vordringen befindlichen Ansicht jedoch zu bejahen.[51] Diese Ansicht lässt sich zwar weder aus dem Wortlaut von § 399 Abs. 4 FamFG noch aus dem des § 76 begründen. Gegen die wortlautgetreue Auffassung spricht aber unter anderem, dass der Mangel der Nichtigkeit der Bestimmungen über die Höhe des Stammkapitals gem. § 399 Abs. 4 FamFG i.V.m. Abs. 1 Satz 1 FamFG heilbar ist. Es liegt daher nahe, beim Fehlen einer solchen Bestimmung in gleicher Weise zu verfahren.[52] Außerdem sind Sachgründe für die Ablehnung einer Erstreckung des § 76 auf den Fall des Fehlens einer Bestimmung über die Höhe des Stammkapitals ebenso wenig ersichtlich wie Gründe dafür, die Gesellschafter wegen dieses Mangels auf den steinigen Weg der Neugründung zu zwingen. Bei **allen anderen Verstößen** kommt lediglich das Amtsauflösungsverfahren gem. § 399 Abs. 4 FamFG i.V.m. § 60 Abs. 1 Nr. 6 in Betracht[53], wobei auch hier eine Heilung des Verstoßes durch Satzungsänderung möglich ist (§ 399 Abs. 1 Satz 1, Abs. 4 FamFG).[54]

18 Erreicht die Summe der Nennbeträge aller Geschäftsanteile – entgegen dem **Konvergenzgebot** des § 5 Abs. 3 Satz 2 – bei der Gründung nicht das Stammkapital, gilt zunächst das in Rdn. 17 Gesagte. Daneben treten die gleichen Rechtsfolgen wie bei einer unwirksamen Beitrittserklärung eines

45 Vgl. Begründung des RegE des MoMiG BT-Drucks. 16/6140, S. 31.

46 BGH, Urt. v. 06.06.1988 – II ZR 318/87, ZIP 1988, 1046, 1047.

47 Strittig, wie hier *Priester*, GmbHR 2016, 1065, 1067 m.N. für die andere Auffassung; *Veil*, in: Scholz, GmbHG, § 5 Rn. 27.

48 *Fastrich*, in: Baumbach/Hueck, GmbHG, § 5 Rn. 12; *Veil*, in: Scholz, GmbHG, § 5 Rn. 29; *Ulmer/Casper*, in: Habersack/Casper/Löbbe, GmbHG, § 5 Rn. 32.

49 *Fastrich*, in: Baumbach/Hueck, GmbHG, § 5 Rn. 12; *Ulmer/Casper*, in: Habersack/Casper/Löbbe, GmbHG, § 5 Rn. 32; *Schwandtner*, in: MünchKommGmbHG, § 5 Rn. 51, 53.

50 *Fastrich*, in: Baumbach/Hueck, GmbHG, § 5 Rn. 13; *Ulmer/Casper*, in: Habersack/Casper/Löbbe, GmbHG, § 5 Rn. 32.

51 *Altmeppen*, in: Roth/Altmeppen, GmbHG, § 76 Rn. 3; *Fastrich*, in: Baumbach/Hueck, GmbHG, § 5 Rn. 13; *Wicke*, GmbHG, § 76 Rn. 1; *Kleindieck*, in: Lutter/Hommelhoff, GmbHG, § 76 Rn. 1; *Lieder*, in: Michalski/Heidinger/Leible/J. Schmidt, GmbHG, § 76 Rn. 5; *Bütteröwe*, in: Henssler/Strohn, GesR, § 76 GmbHG Rn. 3; *Schwandtner*, in: MünchKommGmbHG, § 5 Rn. 52; a.A. *Rubner*, § 76 Rdn. 3; *Baukelmann*, in: Rowedder/Schmidt-Leithoff, GmbHG, § 76 Rn. 1; *Hillmann*, in: MünchKommGmbHG, § 76 Rn. 2.

52 *Wicke*, GmbHG, § 76 Rn. 1; weitere Gründe für eine teleologische Korrektur des § 76 bei *Lieder*, in: Michalski/Heidinger/Leible/J. Schmidt, GmbHG, § 76 Rn. 5.

53 *Fastrich*, in: Baumbach/Hueck, GmbHG, § 5 Rn. 13; *Schwandtner*, in: MünchKommGmbHG, § 5 Rn. 54; *Ulmer/Casper*, in: Habersack/Casper/Löbbe, GmbHG, § 5 Rn. 32.

54 *Fastrich*, in: Baumbach/Hueck, GmbHG, § 5 Rn. 13; *Schwandtner*, in: MünchKommGmbHG, § 5 Rn. 54; *Veil*, in: Scholz, GmbHG, § 5 Rn. 29.

Gesellschafters ein.[55] Der Verstoß kann dadurch geheilt werden, dass durch die Ausgabe weiterer Geschäftsanteile, die nominelle Anpassung der vorhandenen Geschäftsanteile oder durch eine Kapitalherabsetzung Konvergenz hergestellt wird. Bis zur Heilung sind Gewinnausschüttungen nach § 30 erst dann zulässig, wenn die Differenz durch stehen gelassene Gewinne ausgeglichen wurde.[56] Eine Ausfallhaftung der übrigen Gesellschafter entsprechend § 24 ist abzulehnen, da die Einlageverpflichtung von vornherein auf den Nennbetrag ihres Geschäftsanteils begrenzt war.[57]

E. Sacheinlagen und Sachübernahmen (§ 5 Abs. 4)

I. Allgemeines

Das Gesetz sieht als Regelfall die Bargründung vor. So sind im Gesellschaftsvertrag der Betrag des Stammkapitals und die Nennbeträge der Geschäftsanteile stets in Euro-Beträgen festzusetzen (§ 3 Abs. 1 Nr. 3 und 4, § 5 Abs. 1 und 2). Hierdurch wird ein objektiver Maßstab für das bei der Gründung aufzubringende Kapital geschaffen. Das Gesetz stellt es den Gesellschaftern in § 5 Abs. 4 allerdings frei, anstelle von Bar- bzw. Geldeinlagen[58] Sacheinlagen zu vereinbaren. Die Sacheinlagevereinbarung ist als eine besondere Erfüllungsvereinbarung zu verstehen, durch die die subsidiär weitergeltende Geldleistungspflicht lediglich modifiziert wird.[59] Praktische Konsequenzen ergeben sich hieraus bei der Behandlung von Mängeln der Sacheinlagevereinbarung (dazu Rdn. 57 ff.). 19

Die Vereinbarung von Sacheinlagen birgt spezifische Gefahren für die Mitgesellschafter, die Gesellschaft und ihre Gläubiger. Die Einlage überbewerteter oder mangelhafter Sachen kann dazu führen, dass das gesellschaftsvertraglich garantierte Stammkapital nicht bzw. nicht in vollem Umfang zur Verfügung steht. Zudem sind Sachen weniger liquide als Geldeinlagen. Vor diesem Hintergrund sieht das Gesetz Schutzmechanismen bei der Sachgründung vor. So müssen der Gegenstand der Sacheinlage und der Nennbetrag, auf den sich die Sacheinlage bezieht, im Gesellschaftsvertrag festgesetzt und ein Sachgründungsbericht erstellt werden (§ 5 Abs. 4). Die maßgeblichen rechtlichen Verhältnisse sind offenzulegen (§ 5 Abs. 4, § 8 Abs. 1 Nr. 4 und 5). Weiter sind die Sacheinlagen vor der Anmeldung der Gesellschaft zur Eintragung in das Handelsregister vollständig zu bewirken (§ 7 Abs. 3) und vom Registergericht daraufhin zu überprüfen, ob sie nicht unwesentlich überbewertet worden sind (§ 9c Abs. 1 Satz 2). Bei einer Überbewertung trifft den Sacheinleger nach § 9 Abs. 1 Satz 1 eine Differenzhaftung. Um Umgehungsgestaltungen zu verhindern, sieht das Gesetz in § 19 Abs. 4 Regelungen zur verdeckten Sacheinlage vor (dazu *Sirchich von Kis-Sira* § 19 Rdn. 32 ff.). § 82 stellt schließlich Falschangaben unter Strafe. Das in § 2 Abs. 1a Satz 3, § 5a Abs. 2 Satz 2, § 58a Abs. 4 Satz 1 geregelte **Sacheinlageverbot** verbietet jeden sacheinlagebezogenen Leistungsaustausch, bis die gesellschaftsrechtliche Vereinfachung des Gründungsvorgangs oder der Kapitalmaßnahme gegenstandslos ist.[60] 20

II. Begrifflichkeiten

Als **Sacheinlage** ist die »Einbringung von Sachen oder sonstigen Vermögensgegenständen gegen Ausgabe von Beteiligungsrechten«[61] zu verstehen. Gesellschaftsvertragliche Nebenleistungspflichten 21

---

55 *Fastrich*, in: Baumbach/Hueck, GmbHG, § 5 Rn. 13 i.V.m. § 2 Rn. 44; *Leitzen*, in: Michalski/Heidinger/Leible/J. Schmidt, GmbHG, § 5 Rn. 39; *Ulmer/Casper*, in: Habersack/Casper/Löbbe, GmbHG, § 5 Rn. 33.

56 *Ulmer/Casper*, in: Habersack/Casper/Löbbe, GmbHG, § 5 Rn. 33; *Schwandtner* in: MünchKommGmbHG, § 5 Rn. 55.

57 *Ulmer/Casper*, in: Habersack/Casper/Löbbe, GmbHG, § 5 Rn. 33; a.A. *Schwandtner*, in: MünchKommGmbHG, § 5 Rn. 55; *Leitzen* in Michalski/Heidinger/Leible/J. Schmidt, GmbHG, § 5 Rn. 40.

58 Das Gesetz spricht seit dem MoMiG von Geldeinlagen, vgl. § 7 Abs. 2 Satz 2, § 19 Abs. 1, Abs. 4 Satz 1 und 3 GmbHG.

59 *Altmeppen*, in: Roth/Altmeppen, GmbHG, § 5 Rn. 12; *Bayer*, in: Lutter/Hommelhoff, GmbHG, § 5 Rn. 13; im Grundsatz auch *Ulmer/Casper*, in: Habersack/Casper/Löbbe, GmbHG, § 5 Rn. 112 m.w.N.

60 Dazu *Karl*, GmbHR 2020, 9, 10 ff.; vgl. BGH, Beschl. v. 19.04.2011 – II ZB 25/10, BGHZ 189, 254; auf die jeweiligen Kommentierungen wird verwiesen.

61 *Ulmer/Casper*, in: Habersack/Casper/Löbbe, GmbHG, § 5 Rn. 37.

nach § 3 Abs. 2 können zwar auch auf die Einbringung von Sachen gerichtet sein, erfolgen aber nicht gegen Ausgabe von Geschäftsanteilen. Die Vereinbarung einer Nicht-Geldleistung als Agio ist keine Sacheinlage.[62] Deshalb sind auf das **Sachagio** die Sachgründungsvorschriften nicht anzuwenden. Es muss kein Sachgründungsbericht erstellt werden und es findet auch keine Wertprüfung durch das Registergericht statt.[63] Ob und inwieweit zur Vermeidung »negativer Wertzuflüsse« und eine damit einhergehende Aushöhlung der Geldeinlage ein Wertnachweis beizufügen ist, ist umstritten.[64] Nach der Rechtsprechung des Bundesfinanzhofs kann ungeachtet dieser gesellschaftsrechtlichen Einordnung eine **umwandlungssteuerrechtliche Sacheinlage** gemäß § 20 UmwStG 1995 auch vorliegen, wenn bei einer Bargründung oder -kapitalerhöhung der Gesellschafter zusätzlich zu der Bareinlage die korporativ als Nebenleistung im Sinne des § 3 Abs. 2 vereinbarte Verpflichtung übernimmt, als Aufgeld (Agio) einen Mitunternehmeranteil in die GmbH einzubringen.[65]

22 Bei einer **Sachübernahme** schuldet der Inferent eine Geldeinlage, auf die ein Vergütungsanspruch aus der entgeltlichen Überlassung einer Sache (z.B. Kaufpreisanspruch) angerechnet werden soll. Die Einlagepflicht wird bei der Sachübernahme daher nicht durch die Einbringung der Sache, sondern mittelbar durch die Verrechnung der Einlageschuld mit dem Vergütungsanspruch erfüllt. Die seit der GmbH-Novelle 1980 in § 5 Abs. 4 nicht mehr ausdrücklich erwähnten Sachübernahmen unterliegen denselben Einschränkungen wie die Sacheinlage (dazu Rdn. 66 ff.). Nach der Vorstellung des historischen Gesetzgebers stellt der Verrechnungsvorgang eine Sacheinlage dar.[66] Vertragspartner des schuldrechtlichen Erwerbsgeschäfts kann der Inferent, aber auch ein Dritter sein.[67]

23 Keine Sachübernahme liegt vor, wenn nach der Gründung eine Sachleistung an die Gesellschaft vereinbart wird und die dafür versprochene Vergütung nicht auf die Geldeinlagepflicht angerechnet werden soll.[68] Da das GmbHG keine § 52 AktG entsprechende Nachgründungsvorschrift enthält, bedürfen solche Vereinbarungen keiner Aufnahme in den Gesellschaftsvertrag.[69] Stets zu prüfen ist allerdings, ob die Voraussetzungen einer verdeckten Sacheinlage im Sinne des § 19 Abs. 4 vorliegen, die von der in § 5 Abs. 4 geregelten offenen Sacheinlage abzugrenzen ist.

III. Sacheinlagevereinbarung, Einbringungsvertrag, Vollzugsgeschäfte

24 Im Zusammenhang mit einer Sacheinlage sind mehrere Rechtsgeschäfte zu unterscheiden.

25 In der **Sacheinlagevereinbarung**, die nach § 5 Abs. 4 Satz 1 in den Gesellschaftsvertrag aufzunehmen und unselbstständiger Teil desselben ist, verpflichtet sich der Inferent mit körperschaftlicher Wirkung zur Einbringung der vereinbarten Sachleistung. Als unselbstständiger Teil des Gesellschaftsvertrags mit korporativem Charakter unterliegt auch die Sacheinlagevereinbarung der objektiven Auslegung (dazu *Schmitz* § 2 Rdn. 18).[70] Der Gegenstand der einzubringenden Sacheinlage

62 *Schäfer* in: Henssler/Strohn, GesR, § 5 GmbHG Rn. 12; BFH, Urt. v. 7.4.2010 – I R 55/09, BFHE 229, 518 = GmbHR 2010, 1104 Rn. 29, 31.

63 *Bayer*, in: Lutter/Hommelhoff, GmbHG, § 5 Rn. 44; BFH, Urt. v. 7.4.2010 – I R 55/09, BFHE 229, 518 = GmbHR 2010, 1104 Rn. 29, 31.

64 Vgl. *Bayer*, in: Lutter/Hommelhoff, GmbHG, § 5 Rn. 44; hierzu und zur möglichen Haftung ausführlich *Heidinger/Knaier*, FS 25 Jahre DNotI, 2018, 467 ff.; *Karl*, GmbHR 2020, 9, 13 ff.

65 BFH, Urt. v. 7.4.2010 – I R 55/09, BFHE 229, 518 = GmbHR 2010, 1104.

66 Vgl. *Rudorf*, MittRhNotK 1988, 163, 164; *Born*, HRR GmbH-Recht, 2. Aufl. 2020, Rn. 345; *Fastrich*, in: Baumbach/Hueck, GmbHG, § 5 Rn. 16; *Ulmer/Casper*, in: Habersack/Casper/Löbbe, GmbHG, § 5 Rn. 38, 123 ff.

67 *Fastrich*, in: Baumbach/Hueck, GmbHG, § 5 Rn. 16; *Schwandtner*, in: MünchKommGmbHG, § 5 Rn. 192.

68 *Ulmer/Casper*, in: Habersack/Casper/Löbbe, GmbHG, § 5 Rn. 124.

69 *Fastrich*, in: Baumbach/Hueck, GmbHG, § 5 Rn. 17; *Ulmer/Casper*, in: Habersack/Casper/Löbbe, GmbHG, § 5 Rn. 124.

70 BGH, Urt. v. 13.10.1966 – II ZR 56/64, WM 1966, 1262; *Fastrich*, in: Baumbach/Hueck, GmbHG, § 5 Rn. 21; *Schwandtner*, in: MünchKommGmbHG, § 5 Rn. 64; zur objektiven Auslegung *Born*, HRR GmbH-Recht, 2. Aufl. 2020, Rn. 15 f.

muss so genau bestimmt sein, dass über seine Identität kein Zweifel besteht. Andernfalls ist die Festsetzung der Sacheinlage im Gesellschaftsvertrag unwirksam.[71]

Neben die Sacheinlagevereinbarung tritt in der Praxis häufig ein **Einbringungsvertrag**, in dem die einzubringenden Vermögensgegenstände konkretisiert und die Abwicklungsmodalitäten festgelegt werden. Bei der Einbringung von Sach- und Rechtsgesamtheiten wie Unternehmen oder Unternehmensteilen können Regelungen zur Fälligkeit, zur zeitlichen Ergebnisabgrenzung, zur Gewährleistung und zur Mitwirkung bei der Erlangung behördlicher Genehmigungen getroffen werden.[72] Nach § 8 Abs. 1 Nr. 4 ist der Einbringungsvertrag der Anmeldung zur Eintragung in das Handelsregister beizufügen. 26

Die zur Erfüllung der Sacheinlageverpflichtung erforderlichen **Vollzugsgeschäfte** richten sich nach den für die Übertragung der einzelnen Gegenstände maßgeblichen allgemeinen Vorschriften (bei beweglichen Sachen Einigung und Übergabe nach §§ 929 ff. BGB, bei Grundstücken Auflassung und Eintragung nach §§ 873, 925 BGB sowie bei Forderungen Abtretung nach § 398 BGB).[73] Dabei kann die Übertragung im Gesellschaftsvertrag selbst, in dem Einbringungsvertrag oder gesondert erfolgen. In jedem Fall sind die für die Übertragung der einzelnen Gegenstände geltenden Formvorschriften (z.B. § 15 Abs. 3 bei Einbringung von GmbH-Geschäftsanteilen) zu beachten.[74] Nach § 7 Abs. 3 müssen die Vollzugsgeschäfte mit der Vor-GmbH bis zur Anmeldung durchgeführt sein. 27

IV. Einlagefähigkeit

1. Allgemeine Kriterien

Wie bei Geldeinlagen muss auch bei Sacheinlagen gewährleistet sein, dass der Wert der Einlage dem Nennbetrag des dafür übernommenen Geschäftsanteils entspricht. Nachdem die Einlagefähigkeit zunächst nach eher formellen Kriterien[75] wie der Bilanzfähigkeit und der Übertragbarkeit des Vermögensgegenstands beurteilt wurde, hat sich mittlerweile eine funktionale Betrachtungsweise durchgesetzt.[76] Erforderlich ist eine **»funktionale Äquivalenz der Sacheinlage«**[77] zur Geldeinlage. 28

Dies setzt erstens voraus, dass dem einzulegenden Vermögensgegenstand ein **messbarer wirtschaftlicher Wert** zukommt (§ 27 Abs. 2 AktG analog).[78] Zweitens müssen die Vermögensgegenstände so beschaffen sein, dass sie der Gesellschaft endgültig **zur freien Verfügung der Geschäftsführer** überlassen werden können (§ 7 Abs. 3).[79] Nicht erforderlich ist, dass der einzulegende Gegenstand auch ansonsten isoliert veräußerbar und in der Zwangsvollstreckung verwertbar ist.[80] Die 29

71 BGH, Urt. v. 24.07.2000 – II ZR 202/98, NZG 2000, 1226, 1227.

72 *Hoffmann-Becking*, in: MünchHdbAG, § 4 Rn. 8; *Ulmer/Casper*, in: Habersack/Casper/Löbbe, GmbHG, § 5 Rn. 145.

73 *Fastrich*, in: Baumbach/Hueck, GmbHG, § 5 Rn. 22; *Schwandtner*, in: MünchKommGmbHG, § 5 Rn. 66; *Ulmer/Casper*, in: Habersack/Casper/Löbbe, GmbHG, § 5 Rn. 41.

74 *Ulmer/Casper*, in: Habersack/Casper/Löbbe, GmbHG, § 5 Rn. 41 f.

75 Dazu *Ulmer/Casper*, in: Habersack/Casper/Löbbe, GmbHG, § 5 Rn. 53 ff.

76 *Fastrich*, in: Baumbach/Hueck, GmbHG, § 5 Rn. 23.

77 *Ulmer/Casper*, in: Habersack/Casper/Löbbe, GmbHG, § 5 Rn. 58.

78 BGH, Urt. v. 16.2.1959 – II ZR 170/57, BGHZ 29, 300, 304 = NJW 1959, 934, 935; BGH, Urt. v. 15.5.2000 – II ZR 359/98, BGHZ 144, 290 = ZIP 2000, 1163, 1164; BGH, Urt. v. 14.6.2004 – II ZR 121/02, ZIP 2004, 1642 = NZG 2004, 910, 911; *Born*, HRR GmbH-Recht, 2. Aufl. 2020, Rn. 347 ff. mit zahlreichen Nachweisen aus der Rechtsprechung des BGH; *Bayer*, in: Lutter/Hommelhoff, GmbHG, § 5 Rn. 14; *Schwandtner*, in: MünchKommGmbHG, § 5 Rn. 69; *Ulmer/Casper*, in: Habersack/Casper/Löbbe, GmbHG, § 5 Rn. 54.

79 *Ulmer/Casper*, in: Habersack/Casper/Löbbe, GmbHG, § 5 Rn. 57; *Veil*, in: Scholz, GmbHG, § 5 Rn. 39.

80 *Schwandtner*, in: MünchKommGmbHG, § 5 Rn. 75; *Ulmer/Casper*, in: Habersack/Casper/Löbbe, GmbHG, § 5 Rn. 57; *Veil*, in: Scholz, GmbHG, § 5 Rn. 39.

Gesellschaftsgläubiger sind ausreichend geschützt, wenn der Gegenstand, wie z.B. eine Firma, i.R.d. Gesamtunternehmens nutzbar ist.[81]

30 Drittens folgt aus dem Grundsatz der realen Kapitalaufbringung, dass der Gegenstand **aus dem Vermögen des Sacheinlegers ausgesondert** werden muss.[82] Dem Inferenten darf keine Einwirkungsmöglichkeit auf den Gegenstand verbleiben.[83] Relevant wird dieses Kriterium vor allem bei Forderungen gegen den Gesellschafter. Während der Gesellschafter auf dingliche Rechte (wie z.B. Grundpfandrechte, Nießbrauchrechte, Erbbaurechte) nach ihrer Einräumung nicht mehr einwirken kann, scheidet die Begründung obligatorischer Ansprüche gegen den Gesellschafter mangels hinreichender Aussonderung des Einlagegegenstands aus dem Vermögen des Inferenten als Sacheinlage aus.[84] Die Einbringung einer Forderung gegen einen Gesellschafter würde lediglich zu einem Austausch der durch die §§ 19, 24 gesetzlich abgesicherten Einlageforderung gegen einen rein schuldrechtlichen Anspruch führen und so die Umgehung der Kapitalaufbringungsvorschriften ermöglichen.[85] An dieser Rechtslage hat sich auch nach Inkrafttreten des MoMiG nichts geändert, da der neu gefasste § 19 Abs. 5 keinen allgemeinen Grundsatz enthält, sondern lediglich bestimmte Fälle des sog. Hin- und Herzahlens (vor allem Cash-Pools) erfasst.[86]

2. Einzelfälle

a) Sachen

31 **Bewegliche**[87] wie **unbewegliche** Sachen sind einlagefähig. Unerheblich ist, ob die Sache durch den Inferenten selbst oder für seine Rechnung durch einen Dritten auf die Gesellschaft übertragen wird.[88] Auch ein gutgläubiger Erwerb durch die (Vor-) GmbH ist möglich,[89] wobei nach § 166 Abs. 1 BGB die Gutgläubigkeit des Geschäftsführers maßgeblich ist.[90] Auf die Gutgläubigkeit des Sacheinlegers kommt es jedenfalls nicht an.[91] Künftige (noch herzustellende) Sachen sind wegen § 7 Abs. 3 nur einlagefähig, wenn sie spätestens im Zeitpunkt der Handelsregisteranmeldung existieren.[92] Können oder sollen die einzubringenden Sachen erst danach beschafft bzw. hergestellt werden, kann der Inferent einen Beschaffungs- bzw. Herstellungsanspruch gegen einen Dritten nach den für die Einbringung von Forderungen geltenden Grundsätzen (dazu Rdn. 32 ff.) einlegen.[93] Nicht einlagefähig ist hingegen ein gegen den Inferenten selbst gerichteter Beschaffungs- bzw. Herstellungsanspruch.[94]

81 *Fastrich*, in: Baumbach/Hueck, GmbHG, § 5 Rn. 23; *Veil*, in: Scholz, GmbHG, § 5 Rn. 39.
82 *Ulmer/Casper*, in: Habersack/Casper/Löbbe, GmbHG, § 5 Rn. 57 f.
83 *Schwandtner*, in: MünchKommGmbHG, § 5 Rn. 76.
84 BGH, Urt. v. 21.11.2005 – II ZR 140/04, BGHZ 165, 113 = ZIP 2005, 2203 Rn. 8; BGH, Urt. v. 16.2.2009 – II ZR 120/07, BGHZ 180, 38 = ZIP 2009, 713 Rn. 10 – Qivive.
85 BGH, Urt. v. 16.2.2009 – II ZR 120/07, BGHZ 180, 38 = ZIP 2009, 713 Rn. 10 – Qivive; *Fastrich*, in: Baumbach/Hueck, GmbHG, § 5 Rn. 24; *Ulmer/Casper*, in: Habersack/Casper/Löbbe, GmbHG, § 5 Rn. 58.
86 *Giedinghagen/Lakenberg*, NZG 2009, 201, 202; *Fastrich*, in: Baumbach/Hueck, GmbHG, § 5 Rn. 24; *Schwandtner*, in: MünchKommGmbHG, § 5 Rn. 110; *Ulmer/Casper*, in: Habersack/Casper/Löbbe, GmbHG, § 5 Rn. 58; zweifelnd *Wicke*, GmbHG, § 5 Rn. 11.
87 BGH, Urt. v. 21.9.1978 – II ZR 214/79, WM 1978, 1271.
88 *Ulmer/Casper*, in: Habersack/Casper/Löbbe, GmbHG, § 5 Rn. 59.
89 BGH, Urt. v. 21.10.2002 – II ZR 118/02, ZIP 2003, 30.
90 *Altmeppen*, in: Roth/Altmeppen, GmbHG, 9. Aufl., § 5 Rn. 26; *Ulmer/Casper*, in: Habersack/Casper/Löbbe, GmbHG, § 5 Rn. 60; *Veil*, in: Scholz, GmbHG, § 5 Rn. 55; a.A. noch *Roth*, in: Roth/Altmeppen, GmbHG, 8. Aufl., § 5 Rn. 41: auch Gutgläubigkeit der Mitgesellschafter erforderlich.
91 OLG Köln, GmbHR 2002, 648, 651; *Altmeppen*, in: Roth/Altmeppen, GmbHG, § 5 Rn. 26.
92 *Fastrich*, in: Baumbach/Hueck, GmbHG, § 5 Rn. 25; *Bayer*, in: Lutter/Hommelhoff, GmbHG, § 5 Rn. 16.
93 *Fastrich*, in: Baumbach/Hueck, GmbHG, § 5 Rn. 25; *Schwandtner*, in: MünchKommGmbHG, § 5 Rn. 79.
94 *Schwandtner*, in: MünchKommGmbHG, § 5 Rn. 79.

b) Forderungen

Die Sacheinlagefähigkeit von Forderungen richtet sich vorrangig nach der **Person des Schuldners.** 32
Obligatorische Ansprüche gegen den Einlageschuldner selbst sind per se nicht einlagefähig, weil es in einem derartigen Fall an einer Aussonderung des Einlagegegenstands aus dem Vermögen des Inferenten fehlt und mit der Einbringung einer solchen Forderung als »Einlageleistung« lediglich die gesellschaftsrechtliche Verpflichtung des Inferenten gegen eine schuldrechtliche ausgetauscht würde (vgl. Rdn. 30; zu Ausnahmen bei obligatorischen Nutzungsrechten Rdn. 36).[95] Entgegen der herrschenden Meinung gilt das nicht bei Forderungen des Inferenten gegen Mitgesellschafter. Diese können abgetreten (§ 399 BGB) und daher ebenso aus dem Vermögen des Inferenten ausgesondert werden, wie Forderungen gegen Dritte.[96] Einlagefähig sind auch Forderungen gegen dem Inferenten nahestehende Personen oder gegen mit ihm verbundene Unternehmen.[97] Bei Letzteren können mögliche Durchsetzungsschwierigkeiten bei der Bewertung berücksichtigt werden.[98] Auch Forderungen des Inferenten gegen abhängige Unternehmen der Gesellschaft sind einlagefähig.[99] Gegenstand einer Sacheinlage können auch Forderungen des Inferenten gegen die (Vor-) Gesellschaft sein (z.B. Auslagen der Gründer, Forderung gegen ein von anderer Seite eingebrachtes Unternehmen, nicht hingegen Gründerlohn[100]), da auch die Verringerung der Gesellschaftsverbindlichkeiten zu einem Vermögenszufluss führt.[101] Entsprechendes gilt für die Befreiung der Gesellschaft von Verbindlichkeiten ggü. Dritten durch Erfüllung oder befreiende Schuldübernahme.[102]

Der **Entstehungsgrad einer Forderung** kann Auswirkungen auf ihre Sacheinlagefähigkeit haben. 33
Unproblematisch einlagefähig sind noch nicht fällige Forderungen, da lediglich ihre Durchsetzbarkeit vorübergehend ausgeschlossen ist.[103] Nichts anderes gilt für befristete Forderungen, bei denen nur der Leistungszeitpunkt, nicht aber der Leistungsgegenstand ungewiss ist.[104] Umstritten ist die Behandlung aufschiebend bedingter oder aus sonstigen Gründen künftig erst entstehender Forderungen. Solche Forderungen sind nicht sacheinlagefähig, wenn sie nicht vor dem in § 7 Abs. 3

---

95 BGH, Urt. v. 21.11.2005 – II ZR 140/04, BGHZ 165, 113 = ZIP 2005, 2203 Rn. 8; Urt. v. 16.2.2009 – II ZR 120/07, BGHZ 180, 38 = ZIP 2009, 713 Rn. 10 – Qivive; *Fastrich*, in: Baumbach/Hueck, GmbHG, § 5 Rn. 24, 27; *Leitzen*, in: Michalski/Heidinger/Leible/J. Schmidt, GmbHG, § 5 Rn. 85; *Bayer*, in: Lutter/Hommelhoff, GmbHG, § 5 Rn. 15; *Schwandtner*, in: MünchKommGmbHG, § 5 Rn. 109; *Ulmer/Casper*, in: Habersack/Casper/Löbbe, GmbHG, § 5 Rn. 58 und 66.

96 Wie hier *Veil*, in: Scholz, GmbHG, § 5 Rn. 45; a.A. *Fastrich*, in: Baumbach/Hueck, GmbHG, § 5 Rn. 27; *Leitzen*, in: Michalski/Heidinger/Leible/J. Schmidt, GmbHG, § 5 Rn. 88; *Schmidt-Leithoff*, in: Rowedder/Schmidt-Leithoff, GmbHG, § 5 Rn. 29; *Schwandtner*, in: MünchKommGmbHG, § 5 Rn. 113; *Ulmer/Casper*, in: Habersack/Casper/Löbbe, GmbHG, § 5 Rn. 66.

97 *Gesell*, BB 2007, 2241, 2244; *Veil*, in: Scholz, GmbHG, § 5 Rn. 45; *Schwandtner*, in: MünchKommGmbHG, § 5 Rn. 115; differenzierend *Leitzen*, in: Michalski/Heidinger/Leible/J. Schmidt, GmbHG, § 5 Rn. 95; offenlassend *Bayer*, in: Lutter/Hommelhoff, GmbHG, § 5 Rn. 17.

98 *Bayer*, in: Lutter/Hommelhoff, GmbHG, § 5 Rn. 17.

99 *Leitzen*, in: Michalski/Heidinger/Leible/J. Schmidt, GmbHG, § 5 Rn. 96.

100 Str. wie hier *Bayer*, in: Lutter/Hommelhoff, GmbHG, § 5 Rn. 17; *Schwandtner*, in: MünchKommGmbHG, § 5 Rn. 125; weitergehend *Veil*, in: Scholz, GmbHG, § 5 Rn. 46.

101 *Fastrich*, in: Baumbach/Hueck, GmbHG, § 5 Rn. 28; *Bayer*, in: Lutter/Hommelhoff, GmbHG, § 5 Rn. 17; *Schwandtner*, in: MünchKommGmbHG, § 5 Rn. 124; *Ulmer/Casper*, in: Habersack/Casper/Löbbe, GmbHG, § 5 Rn. 68. Zur Behandlung von eigenkapitalersetzenden Gesellschafterforderungen nach altem Recht vgl. *Veil*, in: Scholz, GmbHG, § 5 Rn. 47; *Schwandtner*, in: MünchKommGmbHG, § 5 Rn. 131 ff.; *Ulmer/Casper*, in: Habersack/Casper/Löbbe, GmbHG, § 5 Rn. 70.

102 *Schwandtner*, in: MünchKommGmbHG, § 5 Rn. 135; *Ulmer/Casper*, in: Habersack/Casper/Löbbe, GmbHG, § 5 Rn. 83.

103 *Schwandtner*, in: MünchKommGmbHG, § 5 Rn. 116.

104 Vgl. BGH, Urt. v. 16.02.2009 – II ZR 120/07, BGHZ 180, 38 = ZIP 2009, 713 Rn. 11 – Qivive; *Fastrich*, in: Baumbach/Hueck, GmbHG, § 5 Rn. 27; *Bayer*, in: Lutter/Hommelhoff, GmbHG, § 5 Rn. 17; *Schwandtner*, in: MünchKommGmbHG, § 5 Rn. 116; *Ulmer/Casper*, in: Habersack/Casper/Löbbe, GmbHG, § 5 Rn. 67.

genannten Zeitpunkt entstehen bzw. die Bedingung vorher nicht eintritt[105]. Die Gegenauffassung, nach der eine Einbringung darüber hinaus möglich sein soll, wenn die Entstehung der Forderung sicher bzw. überwiegend wahrscheinlich ist,[106] führt zu schwierigen Abgrenzungsproblemen und ist daher abzulehnen. Der BGH hat die Sacheinlagefähigkeit bedingter Forderungen im Grundsatz verneint. Die Frage, ob dies anders zu beurteilen ist, wenn der Bedingungseintritt überwiegend wahrscheinlich ist, hat er offengelassen.[107]

34 Besondere Beachtung bedarf die **Bewertung** der einzubringenden Forderung, insb. wenn sie sich gegen die (Vor-) Gesellschaft richtet. Ein Ansatz zum Nennwert ist nur dann möglich, wenn die Forderung aufgrund der Vermögensverhältnisse der (Vor-) Gesellschaft vollwertig, fällig und liquide ist.[108] Darauf, dass die Forderung des Gesellschafters in der Bilanz der Gesellschaft als Verbindlichkeit zu ihrem Nennwert ausgewiesen ist und die Gesellschaft durch die Einbringung bilanziell zum Nennwert entlastet wird, darf im Interesse einer effektiven Kapitalaufbringung nicht abgestellt werden.[109] So sieht das auch der BGH. Eine gegen die Gesellschaft bestehende Forderung ist dann nicht vollwertig, wenn das Gesellschaftsvermögen bei Befriedigung der Forderung (in Höhe des Nennbetrags des Geschäftsanteils, auf den sich die Sacheinlage bezieht) nicht ausreichen würde, um alle (sonstigen) fälligen Forderungen der Gesellschaftsgläubiger zu erfüllen.[110] Ist der Wert der im Wege der Sacheinlage eingebrachten Forderung im maßgeblichen Zeitpunkt (vgl. Rdn. 44) geringer als der Nennbetrag des Geschäftsanteils, auf den sich die Sacheinlage bezieht, so ist der Inferent nur im Umfang des (Minder-)Werts von seiner Einlagepflicht befreit.[111] Im Übrigen greift der Differenzhaftungsanspruch nach § 9. Nicht fällige Forderungen können nur dann zum Nennwert angesetzt werden, wenn sie marktüblich zu verzinsen sind.[112] Schließlich ist ein Wertabschlag erforderlich, wenn eine Forderung bestritten und daher nicht liquide ist.[113]

c) Beschränkt dingliche Rechte; Erbbaurechte

35 Sacheinlagefähig sind beschränkt dingliche Rechte (z.B. Grundpfandrechte, Nießbrauchsrechte, Dienstbarkeiten) und Erbbaurechte.[114] Die Rechte können auch an Sachen des Inferenten bestehen, da dieser wegen der dinglichen Wirkung keine einseitige Einwirkungsmöglichkeit auf das Recht hat.[115] Wenn dingliche Rechte – wie z.B. das Nießbrauchsrecht oder die beschränkt persönliche Dienstbarkeit – nicht übertragbar sind, kann die Einbringung durch die Überlassung der Ausübung erfolgen (§ 1059 Satz 2, § 1092 Abs. 1 Satz 2 BGB).[116]

---

105 *Altmeppen*, in: Roth/Altmeppen, GmbHG, 9. Aufl., § 5 Rn. 28; *Fastrich*, in: Baumbach/Hueck, GmbHG, § 5 Rn. 27; *Bayer*, in: Lutter/Hommelhoff, GmbHG, § 5 Rn. 17; *Veil*, in: Scholz, GmbHG, § 5 Rn. 45; i.E. *Ulmer/Casper*, in: Habersack/Casper/Löbbe, GmbHG, § 5 Rn. 67; gänzlich ablehnend noch *Roth*, in: Roth/Altmeppen, GmbHG, 8. Aufl., § 5 Rn. 43.

106 *Schwandtner*, in: MünchKommGmbHG, § 5 Rn. 117.

107 BGH, Urt. v. 12.4.2011 – II ZR 17/10, ZIP 2011, 1101 Rn. 14.

108 *Ulmer/Casper*, in: Habersack/Casper/Löbbe, GmbHG, § 5 Rn. 69.

109 Wie hier *Veil*, in: Scholz, GmbHG, § 5 Rn. 46; a.A. *Schwandtner*, in: MünchKommGmbHG, § 5 Rn. 127 ff. m.z.N. für beide Auffassungen.

110 BGH, Urt. v. 21.02.1994 – II ZR 60/93, BGHZ 125, 141, 145 f. = ZIP 1994, 701; BGH Urt. v. 19.01.2016 – II ZR 61/15, ZIP 2016, 615 Rn. 33 ff.

111 BGH, Urt. v. 19.01.2016 – II ZR 61/15, ZIP 2016, 615 Rn. 33; *Veil*, in: Scholz, GmbHG, § 5 Rn. 46; *Ulmer/Casper*, in: Habersack/Casper/Löbbe, GmbHG, § 5 Rn. 69.

112 *Schwandtner*, in: MünchKommGmbHG, § 5 Rn. 129 m.w.N.

113 *Schwandtner*, in: MünchKommGmbHG, § 5 Rn. 128; *Ulmer/Casper*, in: Habersack/Casper/Löbbe, GmbHG, § 5 Rn. 69.

114 BGH, Urt. v. 02.05.1966 – II ZR 219/63, BGHZ 45, 338, 344 (Dienstbarkeit); *Altmeppen*, in: Roth/Altmeppen, GmbHG, § 5 Rn. 24; *Leitzen*, in: Michalski/Heidinger/Leible/J. Schmidt, GmbHG, § 5 Rn. 78.

115 *Schwandtner*, in: MünchKommGmbHG, § 5 Rn. 82; *Ulmer/Casper*, in: Habersack/Casper/Löbbe, GmbHG, § 5 Rn. 75.

116 *Fastrich*, in: Baumbach/Hueck, GmbHG, § 5 Rn. 25; *Altmeppen*, in: Roth/Altmeppen, GmbHG, § 5 Rn. 24; *Veil*, in: Scholz, GmbHG, § 5 Rn. 41; *Schwandtner*, in: MünchKommGmbHG, § 5 Rn. 84;

d) Obligatorische Nutzungsrechte

Obligatorische Nutzungsrechte können Gegenstand einer Sacheinlage sein. Unproblematisch ist dies bei Nutzungsrechten an Sachen **gesellschaftsfremder Dritter**, wenn die Rechte auf die Gesellschaft übertragen werden können und aufgrund einer konkret vereinbarten Mindestdauer oder festen Gesamtlaufzeit (Unkündbarkeit) einen feststellbaren wirtschaftlichen Wert haben.[117] Ein unkündbarer Anspruch auf zinslose Kapitalnutzung (Darlehen) für eine bestimmte Mindestdauer ist einlagefähig, wobei sich der Einlagewert nach der Zinsersparnis bestimmt.[118] Ein Domain-Name kann als Konnektierungsanspruch Gegenstand einer Sacheinlage sein.[119] Nach mittlerweile herrschender Meinung können auch Nutzungsrechte an **Gegenständen des Inferenten** einlagefähig sein, wenn der Besitz an der Sache auf die Gesellschaft übertragen wird.[120] Nach zutreffender Auffassung gilt dies auch für Nutzungsrechte an Immobilien des Inferenten.[121] 36

e) Ansprüche auf Dienstleistungen

Problematisch ist die Sacheinlagefähigkeit von Ansprüchen auf Dienstleistungen. Richtet sich der Anspruch gegen einen Gesellschafter, scheidet dieser nach allgemeiner Meinung mangels Aussonderungsfähigkeit als Sacheinlage aus.[122] Soll eine Dienstleistungspflicht des Gesellschafters im Gesellschaftsvertrag festgehalten werden, kann dies als Nebenleistungsverpflichtung nach § 3 Abs. 2 erfolgen.[123] Da § 27 Abs. 2 AktG im GmbH-Recht entsprechend gilt, können auch Verpflichtungen zu Dienstleistungen von Dritten nicht Gegenstand von Sacheinlagen oder Sachübernahmen sein. Der Grund dafür liegt darin, dass die Durchsetzung von Dienstleistungsverpflichtungen auf Schwierigkeiten stößt (vgl. §§ 887, 888 Abs. 3 ZPO).[124] Nichts anderes kann für stark personenbezogene Werkverträge mit dem Inferenten gelten, wohingegen Ansprüche auf Werkleistungen durch Dritte, die auf vertretbare Handlungen gerichtet und nach § 887 ZPO unschwer zu vollstrecken sind, eingebracht werden können.[125] 37

Ulmer/Casper, in: Habersack/Casper/Löbbe, GmbHG, § 5 Rn. 75; a.A. *Leitzen*, in: Michalski/Heidinger/Leible/J. Schmidt, GmbHG, § 5 Rn. 80.

117 BGH, Urt. v. 15.05.2000 – II ZR 359/98, BGHZ 144, 290 = ZIP 2000, 1163, 1164; BGH, Urt. v. 14.06.2004 – II ZR 121/02, ZIP 2004, 1642; *Born*, HRR GmbH-Recht, 2. Aufl. 2020, Rn. 349; *Fastrich*, in: Baumbach/Hueck, GmbHG, § 5 Rn. 25; *Ulmer/Casper*, in: Habersack/Casper/Löbbe, GmbHG, § 5 Rn. 64; *Leitzen*, in: Michalski/Heidinger/Leible/J. Schmidt, GmbHG, § 5 Rn. 105.

118 *Bayer*, in: Lutter/Hommelhoff, GmbHG, § 5 Rn. 23; *Veil*, in: Scholz, GmbHG, § 5 Rn. 44; *Schwandtner*, in: MünchKommGmbHG, § 5 Rn. 93; *Leitzen*, in: Michalski/Heidinger/Leible/J. Schmidt, GmbHG, § 5 Rn. 109.

119 *Sosnitza*, GmbHR 2002, 821, 826 f.; *Fastrich*, in: Baumbach/Hueck, GmbHG, § 5 Rn. 26.

120 BGH, Urt. v. 15.05.2000 – II ZR 359/98, BGHZ 144, 290 = ZIP 2000, 1163, 1164 (AG); BGH, Urt. v. 14.06.2004 – II ZR 121/02, ZIP 2004, 1642; *Fastrich*, in: Baumbach/Hueck, GmbHG, § 5 Rn. 25; *Veil*, in: Scholz, GmbHG, § 5 Rn. 42; *Ulmer/Casper*, in: Habersack/Casper/Löbbe, GmbHG, § 5 Rn. 65.

121 BGH, Urt. v. 14.06.2004 – II ZR 121/02, ZIP 2004, 1642 (Unterpachtvertrag an einem Betriebsgrundstück); *Bork*, ZHR 154 (1990), 205, 217 f.; *Schwandtner*, in: MünchKommGmbHG, § 5 Rn. 88; *Veil*, in: Scholz, GmbHG, § 5 Rn. 43; a.A. *Leitzen*, in: Michalski/Heidinger/Leible/J. Schmidt, GmbHG, § 5 Rn. 103.

122 BGH, Urt. v. 16.02.2009 – II ZR 120/07, BGHZ 180, 38 = ZIP 2009, 713 Rn. 10 – Qivive; *Bayer*, in: Lutter/Hommelhoff, GmbHG, § 5 Rn. 15 und 18; *Fastrich*, in: Baumbach/Hueck, GmbHG, § 5 Rn. 24; *Ulmer/Casper*, in: Habersack/Casper/Löbbe, GmbHG, § 5 Rn. 73.

123 *Ulmer/Casper*, in: Habersack/Casper/Löbbe, GmbHG, § 5 Rn. 73.

124 BGH, Urt. v. 16.02.2009 – II ZR 120/07, BGHZ 180, 38 = ZIP 2009, 713 Rn. 9 – Qivive; BGH, Urt. v. 01.02.2010 – II ZR 173/08, BGHZ 184, 158 = ZIP 2010, 423 Rn. 13 – EUROBIKE (AG); *Born*, HRR GmbH-Recht, 2. Aufl. 2020, Rn. 349; *Bayer*, in: Lutter/Hommelhoff, GmbHG, § 5 Rn. 18; *Fastrich*, in: Baumbach/Hueck, GmbHG, § 5 Rn. 27; *Ulmer/Casper*, in: Habersack/Casper/Löbbe, GmbHG, § 5 Rn. 74; a.A. *Schwandtner*, in: MünchKommGmbHG, § 5 Rn. 122; *Leitzen*, in: Michalski/Heidinger/Leible/J. Schmidt, GmbHG, § 5 Rn. 112.

125 *Bayer*, in: Lutter/Hommelhoff, GmbHG, § 5 Rn. 18; *Ulmer/Casper*, in: Habersack/Casper/Löbbe, GmbHG, § 5 Rn. 91 f.

f) Mitgliedschaftsrechte

38 Als Mitgliedschaftsrechte sind insb. Aktien und GmbH-Geschäftsanteile sacheinlagefähig.[126] Geschäftsanteile der Gesellschaft selbst können mangels realen Vermögenszuflusses nicht Gegenstand einer Sacheinlage sein.[127] Beteiligungen an Personengesellschaften sind nur dann übertragbar und damit sacheinlagefähig, wenn der Gesellschaftsvertrag die Übertragung zulässt oder die Mitgesellschafter zustimmen.[128] Eine stille Beteiligung kann als Sacheinlage in eine GmbH eingebracht werden. Sie kann trotz des Umstands, dass das vom stillen Gesellschafter einzubringende Kapital nicht Gesellschaftsvermögen wird, nicht nur vermögensrechtliche Ansprüche, sondern ein Mitgliedschaftsrecht begründen. Die stille Beteiligung ist dann als eigenständiges Wirtschaftsgut anzusehen und kann mit allen Rechten und Pflichten auf Dritte übertragen und zum Gegenstand einer Sacheinlage gemacht werden, jedenfalls wenn eine atypische stille Gesellschaft begründet worden ist.[129]

g) Sonstige Rechte und Rechtspositionen

39 Gegenstand einer Sacheinlage können auch andere auf die Gesellschaft übertragbare Rechte und Rechtspositionen sein. Dies betrifft in erster Linie sonstige absolute Rechte wie Immaterialgüterrechte (Patent-, Urheber-,[130] Geschmacksmuster-, Gebrauchsmuster-,[131] Verlags- und Markenrechte).[132] Auch Lizenzen an diesen Rechten sind einlagefähig.[133] Da die Sacheinlagefähigkeit eines Gegenstands nicht von dessen Rechtsnatur abhängt, können auch nicht geschützte Erfindungen, Fertigungstechniken und gewerblich verwertbares Know-how Gegenstand einer Sacheinlage sein, wenn ihnen ein feststellbarer wirtschaftlicher Wert zukommt.[134] Die Firma eines Unternehmens kann nicht isoliert (vgl. § 23 HGB), sondern nur zusammen mit dem Unternehmen bzw. mit einem Betriebsteil eines Unternehmens eingebracht werden, wenn dieser für sich allein als Unternehmen geführt wird und somit selbstständig am Wirtschaftsleben teilnehmen kann. Entsprechendes gilt für den sog. Goodwill.[135] Bitcoins und andere **Kryptowährungen** stellen entgegen ihrer Bezeichnung als Währung keine Geldzahlungsmittel im klassischen Sinn dar, die in einem Währungsraum kraft Gesetzes von jedermann zur rechtswirksamen Erfüllung geschuldeter Leistungen akzeptiert werden.[136] Sie können daher allenfalls als Sacheinlage eingebracht werden. Ihre Einlagefähigkeit ist grundsätzlich zu bejahen.[137]

126 *Fastrich*, in: Baumbach/Hueck, GmbHG, § 5 Rn. 26; *Bayer*, in: Lutter/Hommelhoff, GmbHG, § 5 Rn. 19; *Ulmer/Casper*, in: Habersack/Casper/Löbbe, GmbHG, § 5 Rn. 77; *Leitzen*, in: Michalski/Heidinger/Leible/J. Schmidt, GmbHG, § 5 Rn. 117.

127 BGH, Urt. v. 20.09.2011 – II ZR 234/09, ZIP 2011, 2097 Rn. 14 (AG); *Fastrich*, in: Baumbach/Hueck, GmbHG, § 5 Rn. 26; *Leitzen*, in: Michalski/Heidinger/Leible/J. Schmidt, GmbHG, § 5 Rn. 117.

128 *Fastrich*, in: Baumbach/Hueck, GmbHG, § 5 Rn. 26; *Ulmer/Casper*, in: Habersack/Casper/Löbbe, GmbHG, § 5 Rn. 77.

129 BGH, Urt. v. 03.11.2015 – II ZR 13/14, ZIP 2015, 2315 Rn. 18.

130 BGH, Urt. v. 16.02.1959 – II ZR 170/57, BGHZ 29, 300, 304 = NJW 1959, 934, 935.

131 BGH, Urt. v. 12.10.1998 – II ZR 164/97, NJW 1999, 143; OLG Köln, GmbHR 1998, 42.

132 *Ulmer/Casper*, in: Habersack/Casper/Löbbe, GmbHG, § 5 Rn. 76.

133 BGH, Urt. v. 15.05.2000 – II ZR 359/98, BGHZ 144, 290, 294 = ZIP 2000, 1163; *Ulmer/Casper*, in: Habersack/Casper/Löbbe, GmbHG, § 5 Rn. 76.

134 *Fastrich*, in: Baumbach/Hueck, GmbHG, § 5 Rn. 26; *Ulmer/Casper*, in: Habersack/Casper/Löbbe, GmbHG, § 5 Rn. 82.

135 Vgl. BGH, Urt. v. 18.09.2000 – II ZR 365/98, BGHZ 145, 150, 156 f. = ZIP 2000, 2021; *Fastrich*, in: Baumbach/Hueck, GmbHG, § 5 Rn. 26; *Altmeppen*, in: Roth/Altmeppen, GmbHG, § 5 Rn. 31; *Ulmer/Casper*, in: Habersack/Casper/Löbbe, GmbHG, § 5 Rn. 82; zum Erwerb aus der *Insolvenz* vgl. BGH, Urt. v. 26.11.2019 – II ZB 21/17, BGHZ 224, 72 = ZIP 2020, 266.

136 Vgl. KG, NJW 2018, 3734, 3735 mwN; *Güldü*, GmbHR 2019, 565, 566 f.; *Lehmann*, NJW 2018, 3736, 3737.

137 Ausführlich *Güldü*, GmbHR 2019, 565 ff.; *Koch*, in: Hüffer/Koch, AktG, § 27 Rn. 16.

h) Sach- und Rechtsgesamtheit; Unternehmen

Einlagefähig sind auch **Sach- und Rechtsgesamtheiten.**[138] Die erfassten Fallgruppen zeichnen sich dadurch aus, dass verschiedene Einzelgegenstände räumlich oder sachlich zu einer Einheit verbunden sind und vom Rechtsverkehr als Einheit wahrgenommen werden.[139] Dies trifft insb. auf Handelsgeschäfte (Unternehmen) oder Teile davon, Insolvenzmassen, Warenlager, Wertpapierdepots, Fuhrparks, Produktionsanlagen und Geschäftsausstattungen zu.[140] Auch Erbschaften und Miterbenanteile können eingelegt werden.[141] Zur Individualisierung in der Sacheinlagevereinbarung reicht die Verwendung einer Sammelbezeichnung aus; eine Aufzählung der Einzelgegenstände ist grds. nicht erforderlich.[142] Die zur Erfüllung der Einlageverpflichtung vorzunehmenden Vollzugsgeschäfte haben dagegen dem sachenrechtlichen Bestimmtheitsgrundsatz zu genügen.[143] 40

Bereits aus der ausdrücklichen Erwähnung in § 5 Abs. 4 Satz 2 ergibt sich seit der GmbH-Novelle 1980 die Zulässigkeit der Einbringung eines Unternehmens.[144] Der Gegenstand der einzubringenden Sacheinlage muss in der in den Gesellschaftsvertrag aufzunehmenden Sacheinlagevereinbarung so genau bestimmt sein, dass über die Identität des einzubringenden Unternehmens kein Zweifel besteht.[145] Bei der Einbringung von **Unternehmen oder Unternehmensteilen** sind konkretisierende Regelungen in der Sacheinlagevereinbarung und/oder im Einbringungsvertrag (dazu Rdn. 24 ff.) jedenfalls ratsam.[146] Neben den einzelnen zu übertragenden bzw. zurückbleibenden Vermögensgegenständen sollte insb. festgelegt werden, ob auch die Verbindlichkeiten und die Firma übergehen sollen. Fehlt es an einer solchen Regelung, so ist im Zweifel davon auszugehen, dass jedenfalls die dem Unternehmen bzw. Unternehmensteil wirtschaftlich zuzuordnenden Aktiva einschließlich der immateriellen Werte (z.B. Goodwill, Kundenstamm usw.) eingebracht werden sollen.[147] Von der Übertragung der Firma ist wegen § 22 HGB nur bei ausdrücklicher Einwilligung des bisherigen Geschäftsinhabers auszugehen.[148] Fehlt eine Regelung zur Übernahme der Verbindlichkeiten ist zu differenzieren. Wird die Firma fortgeführt und haftet die Gesellschaft daher im Außenverhältnis nach § 25 HGB, ist im Zweifel auch von einer Übernahme der Verbindlichkeiten im Innenverhältnis auszugehen.[149] Ohne Firmenfortführung können zur Auslegung der Sacheinlagevereinbarung die Wertansätze für die Sacheinlage und die Einbringungsbilanz herangezogen werden.[150] Werden insolvente Unternehmen in eine Auffanggesellschaft eingebracht, werden im Zweifel nur die Aktiva übertragen.[151] 41

138 *Fastrich*, in: Baumbach/Hueck, GmbHG, § 5 Rn. 29; *Bayer*, in: Lutter/Hommelhoff, GmbHG, § 5 Rn. 20; *Ulmer/Casper*, in: Habersack/Casper/Löbbe, GmbHG, § 5 Rn. 79.

139 *Schwandtner*, in: MünchKommGmbHG, § 5 Rn. 99; *Ulmer/Casper*, in: Habersack/Casper/Löbbe, GmbHG, § 5 Rn. 79.

140 *Fastrich*, in: Baumbach/Hueck, GmbHG, § 5 Rn. 29; *Schwandtner*, in: MünchKommGmbHG, § 5 Rn. 99; *Ulmer/Casper*, in: Habersack/Casper/Löbbe, GmbHG, § 5 Rn. 80.

141 *Schwandtner*, in: MünchKommGmbHG, § 5 Rn. 107 f.; *Ulmer/Casper*, in: Habersack/Casper/Löbbe, GmbHG, § 5 Rn. 81.

142 *Fastrich*, in: Baumbach/Hueck, GmbHG, § 5 Rn. 29.

143 *Schwandtner*, in: MünchKommGmbHG, § 5 Rn. 100.

144 Schon vor der gesetzlichen Regelung anerkannt vgl. BGH, Urt. v. 2.5.1966 – II ZR 219/63, BGHZ 45, 338, 342.

145 Vgl. BGH, Urt. v. 24.07.2000 – II ZR 202/98, NZG 2000, 1226, 1227.

146 Zu weitgehend OLG Düsseldorf, NJW 1993, 2123, 2124 und ihm folgend *Schwandtner*, in: MünchKommGmbHG, § 5 Rn. 104, nach denen die Festsetzungen nach § 5 Abs. 4 Satz 1 eine ausdrückliche Regelung zur Übernahme von Verbindlichkeiten enthalten müssen.

147 *Fastrich*, in: Baumbach/Hueck, GmbHG, § 5 Rn. 30; *Schwandtner*, in: MünchKommGmbHG, § 5 Rn. 102.

148 *Fastrich*, in: Baumbach/Hueck, GmbHG, § 5 Rn. 30; *Schwandtner*, in: MünchKommGmbHG, § 5 Rn. 102.

149 *Fastrich*, in: Baumbach/Hueck, GmbHG, § 5 Rn. 30; *Veil*, in: Scholz, GmbHG, § 5 Rn. 54; *Ulmer/Casper*, in: Habersack/Casper/Löbbe, GmbHG, § 5 Rn. 88; a.A. *Schwandtner*, in: MünchKommGmbHG, § 5 Rn. 104.

150 *Schwandtner*, in: MünchKommGmbHG, § 5 Rn. 103; *Ulmer/Casper*, in: Habersack/Casper/Löbbe, GmbHG, § 5 Rn. 89.

151 *Fastrich*, in: Baumbach/Hueck, GmbHG, § 5 Rn. 30; *Veil*, in: Scholz, GmbHG, § 5 Rn. 54.

42 Als Alternative zur Einbringung eines Unternehmens in eine GmbH im Wege der Sachgründung stellt das **UmwG** für Gesellschaften den Formwechsel (§§ 190 ff. UmwG) und für Einzelkaufleute die Ausgliederung zur Neugründung (§§ 152, 158 ff. UmwG) zur Verfügung. Umwandlungen bieten unter anderem den Vorteil der Gesamtrechtsnachfolge im Gegensatz zu den bei der Sachgründung erforderlichen Einzelübertragungen.

V. Bewertung

1. Allgemeines

43 Aus dem Verbot der Unterpari-Emission und den Vorschriften der § 8 Abs. 1 Nr. 5, § 9c folgt, dass Sacheinlagen höchstens mit ihrem **Zeitwert** auf den Nennbetrag des Geschäftsanteils angerechnet werden dürfen.[152] Ist die Sacheinlage »nicht unwesentlich überbewertet« worden, darf das Registergericht die Gesellschaft nicht eintragen (§ 9c Abs. 1 Satz 2). Kommt es dennoch zur Eintragung, hat der Inferent i.H.d. Differenz zwischen dem Nennbetrag des übernommenen Geschäftsanteils und dem Wert der Sacheinlage eine Einlage in Geld zu leisten (Differenzhaftung nach § 9 Abs. 1 Satz 1). Daneben kommt bei schuldhaft unrichtigen Angaben im Sachgründungsbericht ein Schadensersatzanspruch gegen die Gründer und Geschäftsführer nach § 9a in Betracht. Auch Schadensersatzansprüche aus allgemeinen Vorschriften wie § 826 BGB oder § 823 Abs. 2 BGB i.V.m. § 263 StGB können gegeben sein.[153] In einem älteren Urteil hat der Bundesgerichtshof entschieden, die Überbewertung einer Sacheinlage mache ein Sacheinlageversprechen nichtig, wenn darin ein grober, offensichtlicher Verstoß gegen gesunde kaufmännische Grundsätze liege.[154] Die Anordnung der Nichtigkeit der Sacheinlagevereinbarung war mit der Entwicklung der Differenzhaftung durch den Bundesgerichtshof überholt und hat sich mit der gesetzlichen Einführung der Differenzhaftung in § 9 Abs. 1 endgültig erübrigt[155].

2. Bewertungszeitpunkt

44 Aus § 9 ergibt sich, dass der maßgebliche Bewertungszeitpunkt grds. die Anmeldung der Gesellschaft zur Eintragung in das Handelsregister ist.[156] Da der Inferent die Sache nach § 7 Abs. 3 bereits vor Anmeldung einbringen muss, trägt er bis zur Anmeldung das Wertminderungsrisiko.[157] Nach zutreffender Meinung hat das Registergericht aber auch Wertminderungen zwischen Anmeldung und Eintragung zu berücksichtigen (dazu *Link* § 9c Rdn. 30).[158]

3. Bewertungsmethoden

45 Der für die Bewertung des Sacheinlagegegenstands maßgebliche Zeitwert entspricht dem Wert, um den nach objektivem Maßstab das Gesellschaftsvermögen erhöht wird.[159] Er stimmt mit dem

---

152 *Born*, HRR GmbH-Recht, 2. Aufl. 2020, Rn. 352; *Bayer*, in: Lutter/Hommelhoff, GmbHG, § 5 Rn. 25; *Veil*, in: Scholz, GmbHG, § 5 Rn. 58; *Ulmer/Casper*, in: Habersack/Casper/Löbbe, GmbHG, § 5 Rn. 93.

153 *Fastrich*, in: Baumbach/Hueck, GmbHG, § 5 Rn. 35; *Ulmer/Casper*, in: Habersack/Casper/Löbbe, GmbHG, § 5 Rn. 108.

154 BGH, Urt. v. 16.02.1959 – II ZR 170/57, BGHZ 29, 300.

155 Vgl. BGH, Urt. v. 14.06.2004 – II ZR 121/02, ZIP 2004, 1642, 1644 unter IV. 1.

156 *Bayer*, in: Lutter/Hommelhoff, GmbHG, § 5 Rn. 28; *Fastrich*, in: Baumbach/Hueck, GmbHG, § 5 Rn. 34; *Ulmer/Casper*, in: Habersack/Casper/Löbbe, GmbHG, § 5 Rn. 96.

157 *Fastrich*, in: Baumbach/Hueck, GmbHG, § 5 Rn. 34; *Ulmer/Casper*, in: Habersack/Casper/Löbbe, GmbHG, § 5 Rn. 96.

158 BGH, Urt. v. 09.03.1981 – II ZR 54/80, BGHZ 80, 129, 136 f. = NJW 1981, 1373, 1375; *Ulmer/Habersack*, in: Habersack/Casper/Löbbe, GmbHG, § 9c Rn. 21; a.A. *Fastrich*, in: Baumbach/Hueck, GmbHG, § 5 Rn. 34, § 9c Rn. 8; *Wicke*, in: MünchKommGmbHG, § 9c Rn. 42; *Veil*, in: Scholz, GmbHG, § 9c Rn. 33.

159 OLG Düsseldorf, NJW-RR 1992, 426; *Schwandtner*, in: MünchKommGmbHG, § 5 Rn. 145; *Ulmer/Casper*, in: Habersack/Casper/Löbbe, GmbHG, § 5 Rn. 95.

in der Eröffnungsbilanz zulässigen Höchstwert überein.[160] Da sich für die Gesellschaft der Wert eines Gegenstands nach seiner Verwendungsmöglichkeit richtet, ist nach der Zweckbestimmung zu differenzieren.[161] Gegenstände des **Anlagevermögens** sind dazu bestimmt, dauernd dem Geschäftsbetrieb zu dienen (§ 247 Abs. 2 HGB). Deshalb ist ihr Nutzwert für die Gesellschaft maßgeblich. Dieser entspricht häufig dem Wiederbeschaffungs- oder Reproduktionswert.[162] Kann ein solcher Wert wegen der einmaligen Natur des Gegenstands (z.B. Firma, Goodwill, Patente, Know-how) nicht ermittelt werden, ist unter Berücksichtigung des Vorsichtsprinzips der Ertragswert zu schätzen.[163] Gegenstände des **Umlaufvermögens** sind entsprechend ihrer Zweckbestimmung grds. mit ihrem Einzelveräußerungswert abzüglich zu erwartender Veräußerungsaufwendungen und wahrscheinlicher Erlöseinbußen anzusetzen.[164] Zur Bewertung von Forderungen Rdn. 34.

Besondere Bedeutung kommt der Bewertung bei der Einbringung von Sach- und Rechtsgesamtheiten wie **Unternehmen** zu. Anerkannt sind die **Ertragswertmethode** und das **Discounted-Cash-Flow-Verfahren** (DCF-Verfahren). Der Bundesgerichtshof hält das Ertragswertverfahren für im Regelfall geeignet, um den Wert eines Unternehmens im Rechtsstreit zu ermitteln, ohne dieses Verfahren dem Tatrichter vorzuschreiben. Entscheidend ist, dass die jeweilige Methode in der Wirtschaftswissenschaft oder Betriebswirtschaftslehre anerkannt und in der Praxis gebräuchlich ist.[165] Im Rahmen der Ertragswertmethode wird die Summe aller zukünftigen Erträge des fortgeführten Unternehmens ermittelt (Zukunftserfolgswert), und zwar durch eine Rückschau auf die Erträge des Unternehmens in den letzten Jahren. Auf dieser Grundlage wird eine Prognose zur Ertragslage der nächsten Jahre erstellt. Damit wird das Unternehmen in seiner Gesamtheit bewertet. Der Wert der einzelnen Gegenstände ist insoweit ohne Bedeutung. Der Ertragswert eines Unternehmens ist nach betriebswirtschaftlichen Grundsätzen allein aus seiner Eigenschaft abzuleiten, nachhaltig ausschüttbare Überschüsse zu produzieren. Diese werden kapitalisiert und auf den Bewertungsstichtag bezogen. Verbindliche Regelungen darüber, welcher Zeitraum bei der Unternehmensbewertung zugrunde zu legen ist, gibt es nicht. Der Durchschnittsertrag wird in der Regel auf Basis der letzten drei bis fünf Jahre ermittelt, wobei die jüngeren Erträge stärker gewichtet werden können als die älteren.[166] 46

Praktische Probleme bei der Einbringung von Unternehmen resultieren daraus, dass sich der Wert eines Unternehmens laufend und daher auch zwischen Abschluss des Gesellschaftsvertrags, tatsächlicher Einbringung, Anmeldung und Eintragung ändert. Zur Lösung dieses Problems kann im Gesellschaftsvertrag vereinbart werden, dass eine etwaige Unterdeckung durch eine Geldleistung ausgeglichen wird (sog. **Differenzschuld**).[167] Da diese Regelung als eine auf die Sacheinlage bezogene Wertgarantie und nicht als Mischeinlage (dazu Rdn. 70) qualifiziert wird, hat der Sacheinleger auch den Differenzbetrag bis zur Anmeldung (§ 7 Abs. 3) zu leisten.[168] Durch schuldrechtliche Nebenabreden kann ein interner Ausgleich zwischen den Gesellschaftern hergestellt werden.[169] Für den Fall einer Überdeckung kann gesellschaftsvertraglich eine Ausgleichszahlung an den Sacheinleger 47

160 *Veil*, in: Scholz, GmbHG, § 5 Rn. 57.
161 *Fastrich*, in: Baumbach/Hueck, GmbHG, § 5 Rn. 34.
162 OLG Düsseldorf, NJW-RR 1992, 426; *Fastrich*, in: Baumbach/Hueck, GmbHG, § 5 Rn. 34; *Schwandtner*, in: MünchKommGmbHG, § 5 Rn. 146; *Ulmer/Casper*, in: Habersack/Casper/Löbbe, GmbHG, § 5 Rn. 95; *Veil*, in: Scholz, GmbHG, § 5 Rn. 57.
163 *Bayer*, in: Lutter/Hommelhoff, GmbHG, § 5 Rn. 25; *Schwandtner*, in: MünchKommGmbHG, § 5 Rn. 147; *Ulmer/Casper*, in: Habersack/Casper/Löbbe, GmbHG, § 5 Rn. 95; einschränkend *Veil*, in: Scholz, GmbHG, § 5 Rn. 57.
164 OLG München, GmbHR 1994, 712; *Schwandtner*, in: MünchKommGmbHG, § 5 Rn. 148; *Veil*, in: Scholz, GmbHG, § 5 Rn. 57.
165 BGH, Beschl. v. 29.09.2015 – II ZB 23/14, BGHZ 207, 114 = WM 2016, 157 Rn. 33 ff. mwN.
166 BGH, Beschl. v. 13.04.2016 – XII ZB 578/14, NJW-RR 2016, 1217 Rn. 42; BGH, Urt. v. 8.11.2017 – XII ZR 108/16, NJW 2018, 61 Rn. 17 jeweils mwN.
167 BGH, Urt. v. 12.10.1998 – II ZR 164/97, ZIP 1999, 84; *Bayer*, in: Lutter/Hommelhoff, GmbHG, § 5 Rn. 26.
168 *Schwandtner*, in: MünchKommGmbHG, § 5 Rn. 153; *Veil*, in: Scholz, GmbHG, § 5 Rn. 58.
169 *Ulmer/Casper*, in: Ulmer/Habersack/Löbbe, GmbHG, § 5 Rn. 92; *Veil*, in: Scholz, GmbHG, § 5 Rn. 58.

geregelt werden (sog. gemischte Sacheinlage, dazu Rdn. 69).[170] Bei Fehlen einer solchen Vereinbarung ist umstritten, ob der wirkliche Wert wie ein echtes Agio durch Ausweis des Differenzbetrags in der Kapitalrücklage (§ 272 Abs. 2 Nr. 1 HGB) offenzulegen ist.[171]

VI. Festsetzung im Gesellschaftsvertrag (§ 5 Abs. 4 Satz 1)

1. Allgemeines

48 § 5 Abs. 4 Satz 1 beschreibt Inhalt und Form der Sacheinlagenvereinbarung und bestimmt, dass der Gegenstand der Sacheinlage und der Nennbetrag des Geschäftsanteils, auf den sich die Sacheinlage bezieht, im Gesellschaftsvertrag festzusetzen sind. Mit dieser Offenlegungspflicht wird bezweckt, Dritte (insb. Gesellschaftsgläubiger) über die Art und Weise der Kapitalaufbringung zu informieren und dem Registergericht eine Kontrolle der Sachgründung nach § 9c Abs. 1 Satz 2 zu ermöglichen.[172] Ausreichend sind insoweit auch Angaben in einer mitbeurkundeten Anlage zum Gesellschaftsvertrag (§ 9 Abs. 1 Satz 2 BeurkG), nicht hingegen im Gründungsprotokoll.[173] Gesetzlich nicht geregelt ist, wie lange die Festsetzungen hinsichtlich der Sacheinlage im Gesellschaftsvertrag verbleiben müssen. In Anlehnung an die für die Differenzhaftung geltende Verjährungsfrist (§ 9 Abs. 2) ist von einer Frist von 10 Jahren seit der Eintragung auszugehen.[174]

2. Erforderliche Angaben

49 Erforderlich sind Angaben zur Person des Inferenten, zum Gegenstand der Sacheinlage, zum Anrechnungsbetrag und ggf. zu getroffenen Nebenabreden.

50 Angaben zur **Person des Inferenten** werden zwar von § 5 Abs. 4 Satz 1 seit der GmbH-Novelle 1980 nicht mehr ausdrücklich gefordert, sind aber nach ganz herrschender Meinung zum Verständnis der anderen Angaben zwingend erforderlich.[175] Ausreichend ist jede individualisierende Bezeichnung, die es – auch durch Auslegung – ermöglicht, den Sacheinleger eindeutig zu bestimmen.[176]

51 Die Angaben zum **Gegenstand der Sacheinlage** müssen so beschaffen sein, dass über seine Identität kein Zweifel besteht.[177] Die sich daraus ergebenden Anforderungen hängen von der Art des Gegenstands ab. Während vertretbare Sachen (auch Wertpapiere) mit ihrer Gattungsbezeichnung und einer Zahl- oder Mengenangabe festgesetzt werden können, müssen unvertretbare Sachen (auch Immobilien) ausreichend individualisierend gekennzeichnet werden.[178] Bei Forderungen sind grds. Angaben zur Person des Schuldners, zum Schuldinhalt und zur Schuldursache erforderlich.[179] Bei

170 *Veil*, in: Scholz, GmbHG, § 5 Rn. 58.

171 Für Offenlegungspflicht *Bayer*, in: Lutter/Hommelhoff, GmbHG, § 5 Rn. 27; *Fastrich*, in: Baumbach/Hueck, GmbHG, § 5 Rn. 33; *Schwandtner*, in: MünchKommGmbHG, § 5 Rn. 152. Gegen Offenlegungspflicht *Ulmer/Casper*, in: Habersack/Casper/Löbbe, GmbHG, § 5 Rn. 94 die allerdings eine gezielte Unterbewertung zur Bildung stiller Reserven für unzulässig halten; *Veil*, in: Scholz, GmbHG, § 5 Rn. 56.

172 *Fastrich*, in: Baumbach/Hueck, GmbHG, § 5 Rn. 43; *Ulmer/Casper*, in: Habersack/Casper/Löbbe, GmbHG, § 5 Rn. 141.

173 *Fastrich*, in: Baumbach/Hueck, GmbHG, § 5 Rn. 43; *Schwandtner*, in: MünchKommGmbHG, § 5 Rn. 233; *Ulmer/Casper*, in: Habersack/Casper/Löbbe, GmbHG, § 5 Rn. 140.

174 *Fastrich*, in: Baumbach/Hueck, GmbHG, § 5 Rn. 49; *Veil*, in: Scholz, GmbHG, § 5 Rn. 86; *Schwandtner*, in: MünchKommGmbHG, § 5 Rn. 220; *Ulmer/Casper*, in: Habersack/Casper/Löbbe, GmbHG, § 5 Rn. 144; zweifelnd *Wicke*, GmbHG, § 5 Rn. 13.

175 *Fastrich*, in: Baumbach/Hueck, GmbHG, § 5 Rn. 44; *Bayer*, in: Lutter/Hommelhoff, GmbHG, § 5 Rn. 31; *Ulmer/Casper*, in: Habersack/Casper/Löbbe, GmbHG, § 5 Rn. 147; *Veil*, in: Scholz, GmbHG, § 5 Rn. 87.

176 *Fastrich*, in: Baumbach/Hueck, GmbHG, § 5 Rn. 44; *Veil*, in: Scholz, GmbHG, § 5 Rn. 87.

177 BGH, Urt. v. 24.07.2000 – II ZR 202/98, NZG 2000, 1226, 1227.

178 *Veil*, in: Scholz, GmbHG, § 5 Rn. 88; *Ulmer/Casper*, in: Habersack/Casper/Löbbe, GmbHG, § 5 Rn. 149 f.

179 *Schwandtner*, in: MünchKommGmbHG, § 5 Rn. 226; *Ulmer/Casper*, in: Habersack/Casper/Löbbe, GmbHG, § 5 Rn. 152.

Sachgesamtheiten wie Unternehmen reicht die Angabe der im Verkehr üblichen Bezeichnung (z.B. Firma, Handelsregisternummer). Die Formulierung »mit allen Aktiva und Passiva« ist nicht zwingend erforderlich, wird aber häufig empfohlen.[180] Auf die Aufzählung der einzelnen Gegenstände kann grds. genauso verzichtet werden wie auf die Beifügung einer Einbringungsbilanz, auch wenn diese vielfach üblich ist.[181] Sollen einzelne Aktiva oder Passiva nicht eingebracht werden, sind sie genau zu bezeichnen.[182]

§ 5 Abs. 4 Satz 1 fordert weiter die Festsetzung des Nennbetrags des Geschäftsanteils, auf den sich 52 die Sacheinlage bezieht (**Anrechnungsbetrag**). Aus dieser Formulierung wird geschlossen, dass nicht der Wert des einzubringenden Gegenstands, sondern der Betrag, mit dem der Gegenstand auf den Geschäftsanteil angerechnet wird, festzusetzen ist.[183] Daher muss bei der Einbringung mehrerer Gegenstände der Anrechnungsbetrag auch nicht auf die verschiedenen Gegenstände verteilt werden.[184]

Schließlich bedarf es auch der Angabe etwaiger **Nebenabreden** im Gesellschaftsvertrag oder seiner 53 Anlage, soweit diese für die Identifizierung des einzubringenden Gegenstands von Bedeutung sind oder Auswirkungen auf den Wert des einzubringenden Gegenstands haben.[185] Das Fehlen solcher Angaben hat keine Auswirkungen auf die Wirksamkeit der Sacheinlagevereinbarung, sondern führt lediglich dazu, dass sich der Inferent der Gesellschaft gegenüber nicht auf die ihn begünstigende Nebenabrede berufen kann.[186]

VII. Sachgründungsbericht (§ 5 Abs. 4 Satz 2)

1. Allgemeines

Nach dem durch die GmbH-Novelle 1980 eingeführten § 5 Abs. 4 Satz 2 haben die Gesellschafter 54 in einem Sachgründungsbericht die für die Angemessenheit der Leistungen für Sacheinlagen wesentlichen Umstände darzulegen. Hierdurch soll die Kontrolle durch das Registergericht nach § 9c Abs. 1 Satz 2 erleichtert und der Schutz der Gesellschaftsgläubiger vor überbewerteten Sacheinlagen verbessert werden.[187] Nach § 8 Abs. 1 Nr. 4 ist der Sachgründungsbericht der Anmeldung zum Handelsregister beizufügen. Hieraus folgt, dass der Sachgründungsbericht schriftlich abzufassen ist.[188] Er ist nicht nach § 2 Abs. 1 zu beurkunden, da er nicht Teil des Gesellschaftsvertrags ist.[189] Er ist von allen Gründern persönlich zu unterzeichnen; eine rechtsgeschäftliche Vertretung ist nicht möglich.[190] Die Berichtspflicht trifft grds. nur Gründer, die der Vor-Gesellschaft im Zeitpunkt der

180 Vgl. BGH, Urt. v. 24.07.2000 – II ZR 202/98, NZG 2000, 1226, 1227; *Fastrich*, in: Baumbach/Hueck, GmbHG, § 5 Rn. 45; *Veil*, in: Scholz, GmbHG, § 5 Rn. 88; *Ulmer/Casper*, in: Habersack/Casper/Löbbe, GmbHG, § 5 Rn. 155; *Bayer*, in: Lutter/Hommelhoff, GmbHG, § 5 Rn. 31.

181 *Fastrich*, in: Baumbach/Hueck, GmbHG, § 5 Rn. 45; *Veil*, in: Scholz, GmbHG, § 5 Rn. 88; *Ulmer/Casper*, in: Habersack/Casper/Löbbe, GmbHG, § 5 Rn. 155.

182 *Fastrich*, in: Baumbach/Hueck, GmbHG, § 5 Rn. 45; *Bayer*, in: Lutter/Hommelhoff, GmbHG, § 5 Rn. 31; *Ulmer/Casper*, in: Habersack/Casper/Löbbe, GmbHG, § 5 Rn. 155.

183 *Fastrich*, in: Baumbach/Hueck, GmbHG, § 5 Rn. 46; *Ulmer/Casper*, in: Habersack/Casper/Löbbe, GmbHG, § 5 Rn. 156.

184 *Fastrich*, in: Baumbach/Hueck, GmbHG, § 5 Rn. 46; *Ulmer/Casper*, in: Habersack/Casper/Löbbe, GmbHG, § 5 Rn. 159.

185 *Schwandtner*, in: MünchKommGmbHG, § 5 Rn. 219; *Ulmer/Casper*, in: Habersack/Casper/Löbbe, GmbHG, § 5 Rn. 143.

186 *Schwandtner*, in: MünchKommGmbHG, § 5 Rn. 219; *Ulmer/Casper*, in: Habersack/Casper/Löbbe, GmbHG, § 5 Rn. 143.

187 *Veil*, in: Scholz, GmbHG, § 5 Rn. 98.

188 *Fastrich*, in: Baumbach/Hueck, GmbHG, § 5 Rn. 54; *Bayer*, in: Lutter/Hommelhoff, GmbHG, § 5 Rn. 34.

189 *Veil*, in: Scholz, GmbHG, § 5 Rn. 102.

190 *Fastrich*, in: Baumbach/Hueck, GmbHG, § 5 Rn. 54; *Bayer*, in: Lutter/Hommelhoff, GmbHG, § 5 Rn. 34; *Veil*, in: Scholz, GmbHG, § 5 Rn. 100.

Anmeldung angehören.[191] Gründer, die zwischen Anmeldung und Eintragung hinzukommen, haben nur dann einen von allen jetzt beteiligten Gesellschaftern zu unterzeichnenden Gründungsbericht zu erstellen, wenn sie ebenfalls eine Sacheinlage erbringen sollen.[192] Falsche Angaben können nach § 9a Ersatzansprüche der Gesellschaft begründen und sind nach § 82 Abs. 1 Nr. 2 strafbewehrt. Ist der Sachgründungsbericht mangelhaft oder fehlt er vollständig, darf die Gesellschaft nach § 9c Abs. 1 Satz 1 nicht eingetragen werden. Wird sie dennoch eingetragen, führen die Mängel nicht zur Unwirksamkeit der Sachgründung oder der Sacheinlagevereinbarung.[193]

2. Inhalt

55 Außer bei Einbringung eines Unternehmens wird der konkrete Inhalt des Sachgründungsberichts – anders als in § 32 AktG – vom Gesetz nicht festgelegt. In jedem Fall muss er entsprechend seinem Zweck Informationen enthalten, anhand derer der Wert des Einbringungsgegenstands beurteilt werden kann. Dies kann je nach Art des Gegenstands durch unterschiedliche Angaben bzw. Unterlagen erfolgen. Als nicht bindende Orientierungshilfe kann § 32 Abs. 2 AktG dienen.[194] Je nach Einbringungsgegenstand können Angaben zu Art, Alter, Beschaffenheit, Menge, Zustand, Anschaffungs- oder Herstellungskosten, Markt- oder Börsenpreis erforderlich sein.[195] Dabei kann auf beigefügte Unterlagen (z.B. Inventarverzeichnis, Einbringungsbilanz, Gutachten) Bezug genommen werden.[196] Auch die angewendeten Bewertungsmethoden sind anzugeben.[197]

3. Besonderheiten bei Unternehmen

56 Soll ein Unternehmen oder Unternehmensteil eingebracht werden, haben die Gesellschafter nach § 5 Abs. 4 Satz 2 Halbs. 2 zudem die Jahresergebnisse der beiden letzten Geschäftsjahre anzugeben. Die Pflicht gilt unabhängig davon, ob das Unternehmen selbst als Sach- und Rechtsgesamtheit oder die Anteile an dem Unternehmensträger eingebracht werden sollen.[198] Der Begriff »Jahresergebnisse« erfasst nach herrschender Meinung die Jahresüberschüsse oder -fehlbeträge nach § 266 Abs. 3 A. V. HGB, § 275 Abs. 2 Nr. 17 bzw. Abs. 3 Nr. 16 HGB.[199] Daneben ist die Einreichung vollständiger Jahresabschlüsse nicht vorgeschrieben, aber häufig sinnvoll.[200] Existiert das Unternehmen noch keine 2 Jahre, sind die bislang erzielten Ergebnisse offenzulegen.[201]

VIII. Mängel der Sacheinlagevereinbarung, Leistungsstörungen

1. Allgemeines

57 Das Sachgründungsrecht enthält keine eigenen Regeln für Mängel und Leistungsstörungen im Zusammenhang mit der Sacheinlagevereinbarung. Da diese körperschaftlichen Charakter hat und

---

191 *Fastrich*, in: Baumbach/Hueck, GmbHG, § 5 Rn. 54.

192 *Wicke*, GmbHG, § 5 Rn. 18; *Altmeppen*, in: Roth/Altmeppen, GmbHG, § 5 Rn. 39; *Bayer*, in: Lutter/Hommelhoff, GmbHG, § 5 Rn. 34; *Ulmer/Casper*, in: Habersack/Casper/Löbbe, GmbHG, § 5 Rn. 172, 174.

193 BGH, Urt. v. 14.06.2004 – II ZR 121/02, ZIP 2004, 1642, 1643 f. unter III. 1.; *Schwandtner*, in: MünchKommGmbHG, § 5 Rn. 242.

194 *Fastrich*, in: Baumbach/Hueck, GmbHG, § 5 Rn. 55; *Schwandtner*, in: MünchKommGmbHG, § 5 Rn. 248.

195 *Bayer*, in: Lutter/Hommelhoff, GmbHG, § 5 Rn. 33; *Schwandtner*, in: MünchKommGmbHG, § 5 Rn. 249; *Veil*, in: Scholz, GmbHG, § 5 Rn. 104.

196 *Bayer*, in: Lutter/Hommelhoff, GmbHG, § 5 Rn. 33; *Schwandtner*, in: MünchKommGmbHG, § 5 Rn. 249; *Veil*, in: Scholz, GmbHG, § 5 Rn. 104.

197 *Schwandtner*, in: MünchKommGmbHG, § 5 Rn. 249; *Veil*, in: Scholz, GmbHG, § 5 Rn. 104.

198 Vgl. *Schwandtner*, in: MünchKommGmbHG, § 5 Rn. 251.

199 *Bayer*, in: Lutter/Hommelhoff, GmbHG, § 5 Rn. 33; *Schwandtner*, in: MünchKommGmbHG, § 5 Rn. 252; *Veil*, in: Scholz, GmbHG, § 5 Rn. 105.

200 *Fastrich*, in: Baumbach/Hueck, GmbHG, § 5 Rn. 55.

201 *Veil*, in: Scholz, GmbHG, § 5 Rn. 105.

stets der Grundsatz der realen Kapitalaufbringung zu beachtet ist, können die allgemeinen Regeln des BGB nur mit gewissen Einschränkungen Anwendung finden.[202] Weitere Besonderheiten ergeben sich daraus, dass die Sacheinlagevereinbarung als eine Erfüllungsvereinbarung anzusehen ist, durch die die subsidiär weiterbestehende Barleistungspflicht lediglich modifiziert wird (dazu Rdn. 19). Schließlich ist das durch die Eintragung hervorgerufene öffentliche Vertrauen in den Bestand der Gesellschaft zu berücksichtigen. Damit hängen die Fehlerfolgen auch davon ab, ob die Gesellschaft bereits eingetragen ist oder nicht.[203]

2. Formmängel

Entspricht die gesellschaftsvertragliche Festsetzung der Sacheinlage nicht den Anforderungen des § 5 Abs. 4 Satz 1 (dazu Rdn. 48 ff.) oder fehlt sie vollständig, so ist die Sacheinlagevereinbarung **formnichtig** (§ 125 Satz 1 BGB).[204] Das Registergericht darf die Gesellschaft nicht eintragen (§ 9c Abs. 1 Satz 1). Das Eintragungshindernis ist erst behoben, wenn entweder die Gesellschafter den Formmangel durch Änderung des Gesellschaftsvertrags beseitigen oder der betroffene Inferent seine Einlage durch Barzahlung erbringt.[205] Letzteres ist möglich, da die Barleistungspflicht subsidiär weiterbesteht. Mit weiteren Stimmen im Schrifttum ist davon auszugehen, dass sich auch im Zeitraum vor der Eintragung die Unwirksamkeit der Sacheinlagevereinbarung nicht auf die Wirksamkeit der Beitrittserklärung des betroffenen Inferenten auswirkt.[206] Eine Anrechnung des Werts des trotz Formmangels bereits eingebrachten Gegenstands kann vor der Eintragung der Gesellschaft nicht erfolgen (vgl. § 19 Abs. 4 Satz 4).[207] 58

Wird die Gesellschaft trotz formnichtiger Sacheinlagevereinbarung eingetragen, bleibt der Inferent zur Geldeinlage verpflichtet. Unabhängig davon, ob die gesellschaftsvertragliche Sacheinlagevereinbarung vollständig fehlt oder lediglich fehlerhaft ist, wird der Wert des bereits eingebrachten Gegenstands entsprechend § 19 Abs. 4 Satz 3 auf die Geldeinlageverpflichtung angerechnet.[208] Die Übertragung der Einbringungsgegenstände ist wirksam (§ 19 Abs. 4 Satz 2). Eine Rückabwicklung scheidet aus.[209] 59

3. Willensmängel

Auch bei Vorliegen von Willensmängeln, die nach den allgemeinen Regeln zur Anfechtung der Sacheinlagevereinbarung nach §§ 119, 123 BGB berechtigen würden, ist entscheidend, ob die Gesellschaft bereits eingetragen worden ist. Vor Eintragung ist eine **Anfechtung** der Sacheinlagevereinbarung stets möglich, wobei § 139 BGB den Maßstab dafür bildet, ob der Beitritt insgesamt unwirksam ist. Von einer Gesamtnichtigkeit ist auszugehen, wenn der betroffene Inferent ohne die Sacheinlagevereinbarung nicht beigetreten wäre oder die anderen Gesellschafter ihn nicht aufgenommen hätten.[210] Ansonsten ist eine Teilanfechtung mit der Folge des Wiederauflebens der Geldeinlagepflicht 60

202 Statt vieler *Fastrich*, in: Baumbach/Hueck, GmbHG, § 5 Rn. 36; zur Kapitalerhöhung vgl. BGH, Urt. v. 03.11.2015 – II ZR 13/14, ZIP 2015, 2315 Rn. 16.

203 *Ulmer/Casper*, in: Habersack/Casper/Löbbe, GmbHG, § 5 Rn. 109.

204 *Bayer*, in: Lutter/Hommelhoff, GmbHG, § 5 Rn. 32; *Veil*, in: Scholz, GmbHG, § 5 Rn. 93.

205 *Bayer*, in: Lutter/Hommelhoff, GmbHG, § 5 Rn. 32; *Schwandtner*, in: MünchKommGmbHG, § 5 Rn. 234; *Ulmer/Casper*, in: Habersack/Casper/Löbbe, GmbHG, § 5 Rn. 114.

206 *Bayer*, in: Lutter/Hommelhoff, GmbHG, § 5 Rn. 32; *Ulmer/Casper*, in: Habersack/Casper/Löbbe, GmbHG, § 5 Rn. 114; für die Anwendung des § 139 BGB *Leitzen*, in: Michalski/Heidinger/Leible/J. Schmidt, GmbHG, § 5 Rn. 137; *Veil*, in: Scholz, GmbHG, § 5 Rn. 94; *Schwandtner*, in: MünchKommGmbHG, § 5 Rn. 236.

207 *Ulmer/Casper*, in: Habersack/Casper/Löbbe, GmbHG, § 5 Rn. 114 m.w.N.; a.A. wohl *Bayer*, in: Lutter/Hommelhoff, GmbHG, § 5 Rn. 32.

208 *Altmeppen*, in: Roth/Altmeppen, GmbHG, § 5 Rn. 38; *Bayer*, in: Lutter/Hommelhoff, GmbHG, § 5 Rn. 32; *Schwandtner*, in: MünchKommGmbHG, § 5 Rn. 240; *Veil*, in: Scholz, GmbHG, § 5 Rn. 94.

209 *Wicke*, GmbHG, § 5 Rn. 15; *Bayer*, in: Lutter/Hommelhoff, GmbHG, § 5 Rn. 32.

210 *Fastrich*, in: Baumbach/Hueck, GmbHG, § 5 Rn. 37; *Veil*, in: Scholz, GmbHG, § 5 Rn. 94; *Schwandtner*, in: MünchKommGmbHG, § 5 Rn. 157; *Ulmer/Casper*, in: Habersack/Casper/Löbbe, GmbHG, § 5 Rn. 116.

möglich.[211] Nach der Eintragung ist wegen des öffentlichen Vertrauens in den Bestand der Gesellschaft eine Anfechtung nur ausnahmsweise möglich, wenn die eben beschriebenen Voraussetzungen einer Teilanfechtung vorliegen. Dann ist lediglich die Sacheinlagevereinbarung nichtig mit der Folge, dass der bereits eingebrachte Gegenstand Zug um Zug gegen Geldeinlage herauszugeben ist.[212] Der Gesellschafter wird nicht entsprechend § 19 Abs. 4 Satz 3 i.H.d. Werts des anfechtbar eingebrachten Vermögensgegenstands von seiner wiederauflebenden Geldeinlagepflicht frei. Denn die wirksame Anfechtung führt entgegen § 19 Abs. 4 Satz 2 zur Rückabwicklung, mit der Folge, dass die Sacheinlage zur Anrechnung nicht mehr zur Verfügung steht.[213] Der Grundsatz der realen Kapitalaufbringung verbietet die Anfechtung, wenn der Gesellschafter zur Barzahlung nicht in der Lage ist.[214]

4. Unmöglichkeit, Verzug

61 Im Fall der objektiven oder subjektiven, der anfänglichen oder der nachträglichen **Unmöglichkeit** entfällt die Pflicht zur Leistung der Sacheinlage nach § 275 Abs. 1 BGB, wobei der Beitritt des Inferenten i.Ü. – auch bei anfänglicher objektiver Unmöglichkeit (§ 311a Abs. 1 BGB) – wirksam bleibt.[215] Der Inferent ist zur Geldeinlage verpflichtet.[216] Ein weitergehender Schaden der Gesellschaft kann unter den Voraussetzungen des § 283 BGB (nachträgliche Unmöglichkeit) oder des § 311a Abs. 2 BGB (anfängliche Unmöglichkeit) geltend gemacht werden.[217] Stellt sich die Unmöglichkeit bereits vor Eintragung der Gesellschaft heraus, so kann ausnahmsweise der gesamte Beitritt des Inferenten unwirksam sein, wenn er ohne die Möglichkeit der Sacheinlage nicht beigetreten wäre bzw. nicht aufgenommen worden wäre.[218]

62 Kommt der Inferent mit der Bewirkung der Sacheinlage in **Verzug**, kann die Gesellschaft nach § 280 Abs. 1, Abs. 2, § 286 BGB den Verzögerungsschaden geltend machen, der sich vor allem daraus ergibt, dass die Gesellschaft wegen § 7 Abs. 3 nicht eingetragen werden kann.[219] Unter den Voraussetzungen des § 280 Abs. 1, Abs. 3, § 281 BGB – fruchtloser Ablauf einer dem Inferenten zur Leistung der Sacheinlage gesetzten Frist – kann die Gesellschaft wahlweise die wiederauflebende Geldeinlageforderung oder Schadensersatz statt der Leistung geltend machen.[220]

5. Sach- und Rechtsmängel

63 Da die Einbringung einer Sache gegen Ausgabe von Geschäftsanteilen kein kaufähnliches Austauschgeschäft, sondern ein körperschaftlicher Akt ist, kann das kaufrechtliche Gewährleistungsrecht allenfalls analog auf mangelbehaftete Einbringungsgegenstände angewendet werden. Zudem ist zu beachten, dass das Sachgründungsrecht eine spezialgesetzliche Differenzhaftung (§ 9) bei der Überbewertung von Sacheinlagen vorsieht, der allerdings die kaufrechtlichen Gewährleistungsvorschriften nicht gänzlich sperrt.[221]

---

211 *Schwandtner*, in: MünchKommGmbHG, § 5 Rn. 158.

212 *Fastrich*, in: Baumbach/Hueck, GmbHG, § 5 Rn. 37; *Schwandtner*, in: MünchKommGmbHG, § 5 Rn. 160.

213 AA *Veil*, in: Scholz, GmbHG, § 5 Rn. 95.

214 *Fastrich*, in: Baumbach/Hueck, GmbHG, § 5 Rn. 37; *Ulmer/Casper*, in: Habersack/Casper/Löbbe, GmbHG, § 5 Rn. 116; a.A. *Schwandtner*, in: MünchKommGmbHG, § 5 Rn. 161: Fristsetzung mit Ablehnungsandrohung entsprechend § 321 Abs. 2 BGB.

215 *Fastrich*, in: Baumbach/Hueck, GmbHG, § 5 Rn. 38; *Veil*, in: Scholz, GmbHG, § 5 Rn. 63.

216 *Bayer*, in: Lutter/Hommelhoff, GmbHG, § 5 Rn. 30; *Veil*, in: Scholz, GmbHG, § 5 Rn. 63.

217 *Fastrich*, in: Baumbach/Hueck, GmbHG, § 5 Rn. 38; *Veil*, in: Scholz, GmbHG, § 5 Rn. 64; *Ulmer/Casper*, in: Habersack/Casper/Löbbe, GmbHG, § 5 Rn. 119.

218 *Schwandtner*, in: MünchKommGmbHG, § 5 Rn. 170 f.; *Veil*, in: Scholz, GmbHG, § 5 Rn. 67.

219 *Fastrich*, in: Baumbach/Hueck, GmbHG, § 5 Rn. 38; *Veil*, in: Scholz, GmbHG, § 5 Rn. 68.

220 *Schwandtner*, in: MünchKommGmbHG, § 5 Rn. 173; *Ulmer/Casper*, in: Habersack/Casper/Löbbe, GmbHG, § 5 Rn. 120.

221 Vgl. BGH, Urt. v. 02.05.1966 – II ZR 219/63, BGHZ 45, 338, 345; *Ulmer/Casper*, in: Habersack/Casper/Löbbe, GmbHG, § 5 Rn. 121; a.A. *Schwandtner*, in: MünchKommGmbHG, § 5 Rn. 179; *Veil*, in: Scholz, GmbHG, § 5 Rn. 70.

Einzelne Gewährleistungsrechte können Anwendung finden. Dies betrifft in erster Linie das Recht der Gesellschaft auf **Nacherfüllung** (§ 437 Nr. 1, § 439 BGB), durch welches dem Interesse der Gesellschaft an einer mangelfreien Sache Rechnung getragen werden kann.[222] Dieses Interesse an der Primärleistung würde bei der ausschließlichen Geltung der Differenzhaftung (§ 9) nicht ausreichend berücksichtigt. Zudem ist es interessengerecht, der Gesellschaft die Geltendmachung eines **weitergehenden Schadens** unter den Voraussetzungen des § 437 Nr. 3 BGB i.V.m. den §§ 280 ff. BGB zu ermöglichen, wenn der Inferent den Mangel zu vertreten hat.[223] Es bleibt die Frage, ob der Gesellschaft auch ein **Rücktrittsrecht** nach § 437 Nr. 2, § 323 BGB zustehen kann. Wegen des Bestandsschutzes kann sich das Rücktrittsrecht jedenfalls nach der Eintragung nur auf die Sacheinlagevereinbarung und nicht auf den gesamten Beitritt des Inferenten beziehen. Dies hätte in Übereinstimmung mit dem Grundsatz der realen Kapitalaufbringung zur Folge, dass die Geldeinlagepflicht des Inferenten wiederauflebt und Zug um Zug gegen Rückgabe der mangelhaften Sache zu erfüllen wäre.[224] Den in der Literatur[225] geäußerten Bedenken hinsichtlich eines Rücktrittsrechts bei nicht erheblichen Mängeln kann über die Anwendung des § 323 Abs. 5 Satz 2 BGB angemessen begegnet werden. Schließlich besteht auch ein Bedürfnis für ein Rücktrittsrecht. Denn die subsidiär weiterbestehende Geldeinlagepflicht lebt im Fall eines behebbaren Sachmangels nicht bereits kraft Gesetzes wieder auf, da die Sacheinlagevereinbarung – anders als im Fall eines Formmangels (§ 125 Satz 1 BGB) oder der Unmöglichkeit (§ 275 Abs. 1 BGB) – nicht kraft Gesetzes unwirksam ist, sondern erst durch Ausübung des Rücktrittsrechts erlischt. **§ 377 HGB** ist nicht anwendbar.[226] Die **Verjährung** der Gewährleistungsansprüche richtet sich – unabhängig von der für die Differenzhaftung geltenden Verjährung (§ 9 Abs. 2) – nach § 438 BGB.[227] 64

IX. Sachübernahme

1. Allgemeines

Bei einer **Sachübernahme** schuldet der Inferent eine Geldeinlage, auf die ein Vergütungsanspruch aus der entgeltlichen Überlassung einer Sache (z.B. Kaufpreisanspruch) angerechnet werden soll. Die Einlagepflicht wird bei der Sachübernahme daher nicht durch die Einbringung der Sache, sondern mittelbar durch die Verrechnung der Einlageschuld mit dem Vergütungsanspruch erfüllt. Auf Sachübernahmen sind die für Sacheinlagen im engeren Sinne geltenden Sachgründungsvorschriften entsprechend anzuwenden.[228] Denn aus wirtschaftlicher Sicht macht es keinen Unterschied, ob von vornherein eine Sache eingebracht werden soll oder die Verrechnung der Geldeinlageschuld mit einer gegen die Gesellschaft gerichteten Vergütungsforderung (z.B. aus einem Kaufvertrag) vereinbart wird.[229] An der früher in § 19 Abs. 5 a.F. ausdrücklich angeordneten Gleichbehandlung hat sich auch durch die Aufhebung dieser Regelung durch das MoMiG in der Sache nichts geändert.[230] 65

---

222 *Fastrich*, in: Baumbach/Hueck, GmbHG, § 5 Rn. 39; *Ulmer/Casper*, in: Habersack/Casper/Löbbe, GmbHG, § 5 Rn. 121.

223 *Fastrich*, in: Baumbach/Hueck, GmbHG, § 5 Rn. 39; *Ulmer/Casper*, in: Habersack/Casper/Löbbe, GmbHG, § 5 Rn. 121. Einschränkend auf Mängel, die die Funktionstauglichkeit der Sache erheblich beeinträchtigen *Schwandtner*, in: MünchKommGmbHG, § 5 Rn. 181 und *Veil*, in: Scholz, GmbHG, § 5 Rn. 70.

224 So auch *Fastrich*, in: Baumbach/Hueck, GmbHG, § 5 Rn. 39; *Schmidt-Leithoff* in Rowedder/Schmidt-Leithoff, § 5 Rn. 41; a.A. *Ulmer/Casper*, in: Habersack/Casper/Löbbe, GmbHG, § 5 Rn. 121; *Veil*, in: Scholz, GmbHG, § 5 Rn. 70.

225 *Schwandtner*, in: MünchKommGmbHG, § 5 Rn. 180.

226 A.A. noch *Roth*, in: Roth/Altmeppen, GmbHG, 8. Aufl., § 5 Rn. 67.

227 *Fastrich*, in: Baumbach/Hueck, GmbHG, § 5 Rn. 39.

228 *Born*, HRR GmbH-Recht, 2. Aufl. 2020, Rn. 345; *Fastrich*, in: Baumbach/Hueck, GmbHG, § 5 Rn. 40.

229 *Schwandtner*, in: MünchKommGmbHG, § 5 Rn. 187.

230 *Fastrich*, in: Baumbach/Hueck, GmbHG, § 5 Rn. 16.

2. Gesellschaftsvertragliche Festsetzung

66 Bei einer Sachübernahme sind zu unterscheiden die sich aus dem Gesellschaftsvertrag ergebende **Geldeinlageverpflichtung**, das **schuldrechtliche Erwerbsgeschäft**, welches die Grundlage für den Vergütungsanspruch bildet, und die richtigerweise als **Sachübernahmevereinbarung** bezeichnete Anrechnungsabrede.[231] Einigkeit besteht darin, dass jedenfalls die Sachübernahmevereinbarung nach § 5 Abs. 4 Satz 1 in den Gesellschaftsvertrag aufgenommen werden muss. Ob dies auch für das schuldrechtliche Verpflichtungsgeschäft gilt, ist umstritten, mit der überwiegenden Literaturauffassung aber abzulehnen, da allein die Sachübernahmevereinbarung die Gleichstellung mit einer Sacheinlage rechtfertigt.[232] Aus praktischer Sicht ist die Aufnahme des schuldrechtlichen Verpflichtungsgeschäfts in den Gesellschaftsvertrag häufig allerdings sinnvoll, da die Sachübernahmevereinbarung ohnehin die wesentlichen Angaben zur Sachübernahme enthalten muss.[233] I.Ü. gelten für das Verpflichtungsgeschäft die allgemeinen Formvorschriften (z.B. § 311b Abs. 1 BGB, § 15 Abs. 4).[234]

3. Anwendung der Sachgründungsvorschriften

67 Auch sonst sind die Sachgründungsvorschriften zu beachten. So muss es sich bei der auf die Gesellschaft zu übertragenden Sache um einen sacheinlagefähigen Gegenstand handeln (vgl. Rdn. 28 ff.).[235] Wegen § 7 Abs. 3 ist die Sache vor der Anmeldung auf die Gesellschaft zu übertragen und der Vergütungsanspruch ist vor der Anmeldung mit der Geldeinlageschuld zu verrechnen.[236] Erst nach der Anmeldung entstehende Sachen können daher auch nicht Gegenstand einer Sachübernahme sein.[237] Der Anrechnungsbetrag muss dem objektiven Zeitwert des Sachübernahmegegenstands entsprechen. Ist der Anrechnungsbetrag höher als der objektive Zeitwert trifft den Inferenten die Differenzhaftung nach § 9.[238] Bei nicht unwesentlicher Überbewertung darf nach § 9c Abs. 1 Satz 2 nicht eingetragen werden. Schließlich ist nach § 5 Abs. 4 Satz 2 ein Sachgründungsbericht zu erstellen. Aus dem fehlenden Verweis in § 19 Abs. 2 Satz 2 auf § 5 Abs. 4 Satz 2 lässt sich nicht der gesetzgeberische Wille ableiten, bei Sachübernahmen auf einen Sachgründungsbericht verzichten zu wollen.[239]

4. Mängel und Leistungsstörungen

68 Hinsichtlich der Auswirkungen von Mängeln und Leistungsstörungen ist zu differenzieren. Unterliegt die Sachübernahmevereinbarung einem Form- oder Willensmangel, so gelten die Regeln für Sacheinlagen im engeren Sinne (dazu Rdn. 58 ff.) entsprechend.[240] Insb. bleibt im Fall einer unwirksamen Sachübernahmevereinbarung die Geldeinlagepflicht bestehen.[241] Das schuldrechtliche

231 *Ulmer/Casper*, in: Habersack/Casper/Löbbe, GmbHG, § 5 Rn. 123.

232 *Schwandtner*, in: MünchKommGmbHG, § 5 Rn. 194; *Ulmer/Casper*, in: Habersack/Casper/Löbbe, GmbHG, § 5 Rn. 128; *Veil*, in: Scholz, GmbHG, § 5 Rn. 79; a.A. *Schmidt-Leithoff*, in: Rowedder/Schmidt-Leithoff, GmbHG, § 5 Rn. 44 unter Berufung auf die insoweit nicht eindeutige Entscheidung des BGH, Urt. v. 02.05.1966 – II ZR 219/63, BGHZ 45, 338, 343.

233 *Fastrich*, in: Baumbach/Hueck, GmbHG, § 5 Rn. 40.

234 *Ulmer/Casper*, in: Habersack/Casper/Löbbe, GmbHG, § 5 Rn. 128.

235 *Bayer*, in: Lutter/Hommelhoff, GmbHG, § 5 Rn. 39.

236 *Fastrich*, in: Baumbach/Hueck, GmbHG, § 5 Rn. 41; *Schwandtner*, in: MünchKommGmbHG, § 5 Rn. 197.

237 *Bayer*, in: Lutter/Hommelhoff, GmbHG, § 5 Rn. 39.

238 *Ulmer/Casper*, in: Habersack/Casper/Löbbe, GmbHG, § 5 Rn. 127.

239 *Schwandtner*, in: MünchKommGmbHG, § 5 Rn. 198; *Ulmer/Casper*, in: Habersack/Casper/Löbbe, GmbHG, § 5 Rn. 127; *Veil*, in: Scholz, GmbHG, § 5 Rn. 78; a.A. noch *Roth*, in: Roth/Altmeppen, GmbHG, 8. Aufl., § 5 Rn. 33; differenzierend *Bayer*, in: Lutter/Hommelhoff, GmbHG, § 5 Rn. 40.

240 *Ulmer/Casper*, in: Habersack/Casper/Löbbe, GmbHG, § 5 Rn. 128 f.

241 *Veil*, in: Scholz, GmbHG, § 5 Rn. 77; *Ulmer/Casper*, in: Habersack/Casper/Löbbe, GmbHG, § 5 Rn. 128 f.

Erwerbsgeschäft unterliegt den allgemeinen Regeln des BGB.[242] Soweit der Vergütungsanspruch nach diesen Regeln erlischt oder gekürzt wird, bleibt die Geldeinlagepflicht des Inferenten mangels verrechenbarer Forderung bestehen.[243] Wegen des Grundsatzes der realen Kapitalaufbringung entfällt die Anrechnungsmöglichkeit i.H.d. Minderwerts der Sache auch dann, wenn die Gewährleistungsansprüche nach §§ 444, 442 oder 326 Abs. 2 BGB ausgeschlossen sind.[244]

X. Gemischte Sacheinlage und Mischeinlage

Bei der **gemischten Sacheinlage** überträgt der Gesellschafter einen den Betrag seiner Einlageverpflichtung übersteigenden Sachwert z.T. gegen Gewährung von Geschäftsanteilen, z.T. gegen ein sonstiges Entgelt auf die Gesellschaft.[245] Die Vergütung kann bspw. durch Verrechnung mit einer Gegenforderung, durch Gutschrift als Darlehen oder durch Übernahme einer Schuld des Inferenten erfolgen.[246] Handelt es sich um eine kraft Parteivereinbarung unteilbare Leistung, so unterliegt das Rechtsgeschäft insgesamt den für Sacheinlagen geltenden Regelungen.[247] Demnach muss auch die Vergütungsregelung im Gesellschaftsvertrag festgesetzt werden, wobei der zu vergütende Betrag nicht beziffert werden muss. Insb. bei der Einbringung von Unternehmen, welche regelmäßig nicht unerheblichen Wertschwankungen unterliegen, reicht es aus, wenn der auf den Nennbetrag des Geschäftsanteils anzurechnende Betrag angegeben und bestimmt wird, dass der den Anrechnungsbetrag übersteigende Wert dem Inferenten zu vergüten ist.[248] Fehlt es an einer Regelung der den Geschäftsanteil übersteigenden Vergütung im Gesellschaftsvertrag und lässt sich eine Vergütungsabrede auch nicht durch Auslegung ermitteln, scheidet ein Ausgleichsanspruch des Inferenten gegen die Gesellschaft aus.[249] 69

Eine **Mischeinlage** stellt eine Kombination von Sach- und Geldeinlage dar. Auch sie wird als ein einheitliches Rechtsgeschäft angesehen und bedarf der Aufnahme in den Gesellschaftsvertrag.[250] 70

XI. Nachträgliche Änderung der Einlagevereinbarung und Wahlrechte

1. Nachträgliche Änderung der Einlagevereinbarung

Der Übergang von einer Bar- zur Sachgründung oder umgekehrt sowie die Auswechslung des Sacheinlagegegenstands sind **bis zur Eintragung** der Gesellschaft unproblematisch möglich. Erforderlich 71

---

242 *Bayer*, in: Lutter/Hommelhoff, GmbHG, § 5 Rn. 40; *Fastrich*, in: Baumbach/Hueck, GmbHG, § 5 Rn. 42.

243 *Fastrich*, in: Baumbach/Hueck, GmbHG, § 5 Rn. 42; *Schwandtner*, in: MünchKommGmbHG, § 5 Rn. 204; *Ulmer/Casper*, in: Habersack/Casper/Löbbe, GmbHG, § 5 Rn. 130.

244 *Fastrich*, in: Baumbach/Hueck, GmbHG, § 5 Rn. 42; *Schwandtner*, in: MünchKommGmbHG, § 5 Rn. 206; *Veil*, in: Scholz, GmbHG, § 5 Rn. 79.

245 BGH, Urt. v. 20.11.2006 – II ZR 176/05, BGHZ 170, 47 = ZIP 2007, 178 Rn. 17; BGH, Urt. v. 09.07.2007 – II ZR 62/06, BGHZ 173, 145 = ZIP 2007, 1751 Rn. 15 f. – Lurgi; BGH, Urt. v. 18.02.2008 – II ZR 132/06, BGHZ 175, 265 = ZIP 2008, 788 Rn. 14 – Rheinmöve; BGH, Urt. v. 06.12.2011 – II ZR 149/10, BGHZ 191, 364 = ZIP 2012, 73 Rn. 48.

246 *Fastrich*, in: Baumbach/Hueck, GmbHG, § 5 Rn. 20; *Schwandtner*, in: MünchKommGmbHG, § 5 Rn. 212.

247 BGH, Urt. v. 20.11.2006 – II ZR 176/05, BGHZ 170, 47 = ZIP 2007, 178 Rn. 17; BGH, Urt. v. 09.07.2007 – II ZR 62/06, BGHZ 173, 145 = ZIP 2007, 1751 Rn. 15 f. – Lurgi; BGH, Urt. v. 18.02.2008 – II ZR 132/06, BGHZ 175, 265 = ZIP 2008, 788 Rn. 14 – Rheinmöve; BGH, Urt. v. 06.12.2011 – II ZR 149/10, BGHZ 191, 364 = ZIP 2012, 73 Rn. 48.

248 *Bayer*, in: Lutter/Hommelhoff, GmbHG, § 5 Rn. 41; *Schwandtner*, in: MünchKommGmbHG, § 5 Rn. 213; *Ulmer/Casper*, in: Habersack/Casper/Löbbe, GmbHG, § 5 Rn. 135 f.

249 *Schwandtner*, in: MünchKommGmbHG, § 5 Rn. 210; *Ulmer/Casper*, in: Habersack/Casper/Löbbe, GmbHG, § 5 Rn. 137; a.A. § 19 Abs. 4 analog *Bayer*, in: Lutter/Hommelhoff, GmbHG, § 5 Rn. 41; zu möglichen Ansprüchen aus § 812 Abs. 1 Satz 1, 1. Alt. BGB vgl. *Koch*, ZHR 175 (2011), 55, 80 f.

250 *Fastrich*, in: Baumbach/Hueck, GmbHG, § 5 Rn. 20; *Schwandtner*, in: MünchKommGmbHG, § 5 Rn. 216.

ist eine entsprechende einstimmige Satzungsänderung in der Form des § 2.[251] Bei einem Wechsel zur Sachgründung sowie bei einem Austausch des Sacheinlagegegenstands sind sämtliche Sachgründungsvorschriften einzuhalten. Wurde die Gesellschaft bereits angemeldet, so ist die Anmeldung unter Beachtung der Satzungsänderung zu wiederholen.[252]

72 **Nach Eintragung** der Gesellschaft ist der Übergang von einer Sach- zur Geldeinlage nach herrschender Meinung möglich, da bei einer Sachgründung die Geldeinlageverpflichtung subsidiär weiter besteht und kein schutzwürdiges Interesse der Gesellschaftsgläubiger an der Ausstattung der Gesellschaft mit bestimmten Vermögensgegenständen besteht.[253] Für die Änderung bedarf es eines satzungsändernden Beschlusses, wobei umstritten ist, ob es hierzu vor dem Hintergrund einer drohenden Ausfallhaftung der Mitgesellschafter nach § 24 eines einstimmigen Beschlusses bedarf. Der argumentative Rückgriff auf § 24 ist nicht überzeugend, weil es zu einer Ausfallhaftung auch bei der Sacheinlage kommen kann, sodass – vorbehaltlich einer abweichenden Satzungsregelung – die in § 53 Abs. 2 Satz 1 vorgesehene Mehrheit von »drei Vierteilen« der abgegebenen Stimmen ausreicht.[254] Die nachträgliche Umwandlung einer Bar- in eine Sacheinlage wurde lange Zeit kritisch gesehen.[255] Sie wird nunmehr aber überwiegend anerkannt. Da nach der Rechtsprechung des BGH[256] eine verdeckte Sacheinlage durch satzungsändernden Mehrheitsbeschluss geheilt werden kann und hieran auch die Kodifizierung der verdeckten Sacheinlage durch das MoMiG nichts geändert hat,[257] ist es nur konsequent, auch außerhalb von verdeckten Sacheinlagen eine nachträgliche Änderung der Einlagevereinbarung zuzulassen.[258] Gleiches gilt für den Austausch des Sacheinlagegegenstands.[259] Das Schrifttum hat die einzuhaltenden Vorgaben für eine solche Änderung in enger Anlehnung an die vom BGH für die Heilung verdeckter Sacheinlagen aufgestellten Anforderungen entwickelt.[260] Voraussetzung ist ein satzungsändernder Beschluss, wobei Einstimmigkeit grds. nicht erforderlich ist.[261] Der Beschluss muss den Anforderungen an eine Sacheinlagevereinbarung nach § 5 Abs. 4 Satz 1 gerecht werden.[262] Weiterhin ist ein Bericht nach den Vorgaben des § 5 Abs. 4 Satz 2 zu erstellen und von allen Geschäftsführern sowie den betroffenen Gesellschaftern zu

251 *Bayer*, in: Lutter/Hommelhoff, GmbHG, § 5 Rn. 37; *Schwandtner*, in: MünchKommGmbHG, § 5 Rn. 254.

252 *Fastrich*, in: Baumbach/Hueck, GmbHG, § 5 Rn. 52.

253 *Bayer*, in: Lutter/Hommelhoff, GmbHG, § 5 Rn. 37; *Schwandtner*, in: MünchKommGmbHG, § 5 Rn. 263; *Veil*, in: Scholz, GmbHG, § 5 Rn. 109.

254 Ebenso *Schwandtner*, in: MünchKommGmbHG, § 5 Rn. 264; *Veil*, in: Scholz, GmbHG, § 5 Rn. 109; *Ulmer/Casper*, in: Habersack/Casper/Löbbe, GmbHG, § 5 Rn. 46; für Einstimmigkeit *Bayer*, in: Lutter/Hommelhoff, GmbHG, § 5 Rn. 37; *Fastrich*, in: Baumbach/Hueck, GmbHG, § 5 Rn. 53.

255 BayObLG, DB 1978, 337; OLG Frankfurt am Main, DB 1983, 1249.

256 BGH, Beschl. v. 04.03.1996 – II ZB 8/95, BGHZ 132, 141, 148 f. = ZIP 1996, 668, 673 f.; BGH, Urt. v. 07.07.2003 – II ZR 235/01, BGHZ 155, 329, 333 = ZIP 2003, 1540.

257 *Born*, HRR GmbH-Recht, 2. Aufl. 2020, Rn. 420 f.; Vgl. Begr. RegE des Gesetzes zur Modernisierung des GmbH-Rechts und zur Bekämpfung von Missbräuchen (MoMiG) vom 25.06.2007, BT-Drucks. 16/6140, S. 40.

258 OLG Hamburg, ZIP 2005, 988, 989; *Fastrich*, in: Baumbach/Hueck, GmbHG, § 5 Rn. 53; *Schwandtner*, in: MünchKommGmbHG, § 5 Rn. 256; *Veil*, in: Scholz, GmbHG, § 5 Rn. 106; *Ulmer/Casper*, in: Habersack/Casper/Löbbe, GmbHG, § 5 Rn. 48.

259 *Fastrich*, in: Baumbach/Hueck, GmbHG, § 5 Rn. 53; *Schwandtner*, in: MünchKommGmbHG, § 5 Rn. 262 m.w.N.

260 Vgl. hierzu *Born*, HRR GmbH-Recht, 2. Aufl. 2020, Rn. 410 ff.; ebenso *Ulmer/Casper*, in: Habersack/Casper/Löbbe, GmbHG, § 5 Rn. 48.

261 *Fastrich*, in: Baumbach/Hueck, GmbHG, § 5 Rn. 53; *Schwandtner*, in: MünchKommGmbHG, § 5 Rn. 257; *Veil*, in: Scholz, GmbHG, § 5 Rn. 107; a.A. noch *Roth*, in: Roth/Altmeppen, GmbHG,8. Aufl., § 5 Rn. 64.

262 *Fastrich*, in: Baumbach/Hueck, GmbHG, § 5 Rn. 53; *Schwandtner*, in: MünchKommGmbHG, § 5 Rn. 257; *Veil*, in: Scholz, GmbHG, § 5 Rn. 107.

unterzeichnen.[263] Auch ein Wertnachweis durch eine von einem Wirtschaftsprüfer testierte Bilanz kann erforderlich sein.[264]

2. Wahlrechte

Dem Inferenten oder der Gesellschaft kann ein Wahlrecht zwischen Bar- oder Sacheinlage gewährt werden.[265] Die zur Wahl stehenden Sacheinlagegegenstände müssen nach § 5 Abs. 4 Satz 1 im Gesellschaftsvertrag festgesetzt werden. Das Wahlrecht muss bis zur Anmeldung ausgeübt werden, da das Registergericht andernfalls die Voraussetzungen der § 7 Abs. 2, 3 nicht überprüfen kann.[266] 73

F. Gründungsaufwand; Sondervorteile

Der Begriff **Gründungsaufwand** erfasst Kosten im Zusammenhang mit der Gründung, die von Gesetzes wegen entstehen, wie Notarkosten und Kosten der Handelsregisteranmeldung, aber auch Vergütungen für i.R.d. Gründung erbrachte Beratungsleistungen oder sonstige Dienste durch Dritte oder Gründer (sog. Gründerlohn).[267] Die Vergütung des im Gründungsstadium berufenen ersten Geschäftsführers zählt ebenso wenig hierzu,[268] wie Kosten, die ihre Ursache bereits im Betrieb des Unternehmens der künftigen GmbH haben (z.B. Miet- oder Pachtzinszahlungen, Lohnkosten).[269] Der Übergang von einer UG (haftungsbeschränkt) zur Voll-GmbH durch Kapitalerhöhung stellt keinen Fall der Gründung eines Rechtsträgers dar. Mit der Kapitalerhöhung verbundene Kosten können deshalb nicht als »Gründungs«-Aufwand auf die GmbH abgewälzt werden.[270] 74

§ 26 Abs. 2 AktG bestimmt für die AG, dass der Gründungsaufwand **in der Satzung gesondert festzusetzen ist.** Hierdurch soll im Interesse des Gläubiger- und Gesellschafterschutzes sichergestellt werden, dass offengelegt wird, in welcher Höhe das Grundkapital durch Gründungsaufwand vorbelastet ist.[271] Obwohl es im GmbHG an einer entsprechenden Regelung fehlt, ist auch für die GmbH von dem Erfordernis einer gesellschaftsvertraglichen Festsetzung des Gründungsaufwands auszugehen (§ 26 Abs. 2 AktG analog, vgl. auch §§ 9a, 82 Abs. 1 Nr. 1).[272] Die Einhaltung des § 26 Abs. 2 AktG analog unterliegt der Registerkontrolle nach § 9c Abs. 2 Nr. 2.[273] Das Ziel des § 26 Abs. 2 AktG kann nur erreicht werden, wenn der gesamte Aufwand ausgewiesen wird. Das macht den Ausweis der einzelnen Kosten, zusammengefasst als Gesamtbetrag, erforderlich, wobei Beträge, die noch nicht genau beziffert werden können, geschätzt werden müssen. Eine betragsmäßige Festsetzung erübrigt 75

263 *Fastrich*, in: Baumbach/Hueck, GmbHG, § 5 Rn. 53; *Schwandtner*, in: MünchKommGmbHG, § 5 Rn. 258; *Veil*, in: Scholz, GmbHG, § 5 Rn. 107.

264 *Fastrich*, in: Baumbach/Hueck, GmbHG, § 5 Rn. 53; *Schwandtner*, in: MünchKommGmbHG, § 5 Rn. 259.

265 *Bayer*, in: Lutter/Hommelhoff, GmbHG, § 5 Rn. 37; *Fastrich*, in: Baumbach/Hueck, GmbHG, § 5 Rn. 48; *Schwandtner*, in: MünchKommGmbHG, § 5 Rn. 266; *Ulmer/Casper*, in: Habersack/Casper/Löbbe, GmbHG, § 5 Rn. 49; *Veil*, in: Scholz, GmbHG, § 5 Rn. 110.

266 *Ulmer/Casper*, in: Habersack/Casper/Löbbe, GmbHG, § 5 Rn. 49; *Veil*, in: Scholz, GmbHG, § 5 Rn. 110.

267 *Schwandtner*, in: MünchKommGmbHG, § 5 Rn. 272, 273; *Ulmer/Casper*, in: Habersack/Casper/Löbbe, GmbHG, § 5 Rn. 211; *Veil*, in: Scholz, GmbHG, § 5 Rn. 111.

268 BGH, Urt. v. 14.06.2004 – II ZR 47/02, ZIP 2004, 1409, 1410 (AG); *Fastrich*, in: Baumbach/Hueck, GmbHG, § 5 Rn. 57; *Schwandtner*, in: MünchKommGmbHG, § 5 Rn. 274.

269 *Schwandtner*, in: MünchKommGmbHG, § 5 Rn. 274; *Ulmer/Casper*, in: Habersack/Casper/Löbbe, GmbHG, § 5 Rn. 212; *Veil*, in: Scholz, GmbHG, § 5 Rn. 111.

270 OLG Celle, Beschl. v. 12.12.2017 – 9 W 134/17, NZG 2018, 261.

271 BGH, Beschl. v. 20.02.1989 – II ZB 10/88, BGHZ 107, 1, 4 ff. = ZIP 1989, 448, 449 f.; BGH, Urt. v. 29.09.1997 – II ZR 245/96, ZIP 1997, 2008.

272 BGH, Beschl. v. 20.02.1989 – II ZB 10/88, BGHZ 107, 1 = ZIP 1989, 448; OLG Oldenburg, Beschl. v. 22.08.2016 – 12 W 121/16 (HR), AG 2017, 43, 44; *Fastrich*, in: Baumbach/Hueck, GmbHG, § 5 Rn. 57; *Schwandtner*, in: MünchKommGmbHG, § 5 Rn. 271; *Ulmer/Casper*, in: Habersack/Casper/Löbbe, GmbHG, § 5 Rn. 213; *Veil*, in: Scholz, GmbHG, § 5 Rn. 112.

273 OLG Oldenburg, Beschl. v. 22.08.2016 – 12 W 121/16 (HR), AG 2017, 43, 44 m.w.N.

sich auch nicht in den Fällen, in denen sich die Kosten ohne weiteres, wie z.B. anhand des Gerichts- und Notarkostengesetzes oder anhand von Steuertabellen ermitteln lassen.[274] Nicht ausreichend ist es, wenn lediglich eine Obergrenze für die »Gründungskosten« i.H.e. Bruchteils des Stammkapitals oder eines Betrags festgesetzt wird.[275] Bei ordnungsgemäßer Festsetzung haben die Gesellschafter hinsichtlich des von ihnen getragenen Gründungsaufwands einen **Erstattungsanspruch** gegen die Gesellschaft.[276] Ohne eine ordnungsgemäße gesellschaftsvertragliche Festsetzung ist der Gründungsaufwand von den Gesellschaftern zu tragen und ggf. zu erstatten.[277] Eine nachträgliche Heilung durch Satzungsänderung scheidet nach Eintragung aus.[278] Die gesonderte Festsetzung des zu Lasten der Gesellschaft gehenden Gründungsaufwands in der Satzung ist erst nach Ablauf einer Sperrfrist von fünf Jahren nach Eintragung der Gesellschaft änderbar (§ 26 Abs. 4 AktG analog). Ein Verbot rein sprachlich-redaktioneller Änderungen gebietet der Schutzzweck des § 26 AktG indes nicht.[279] Eine vollständige Streichung der Festsetzung ist erst zehn Jahre ab Eintragung der Gesellschaft möglich.[280]

76 Die Vorschrift des § 30 steht der Zahlung des Gründungsaufwands durch die Gesellschaft jedenfalls insoweit nicht entgegen, als es sich um notwendigen Gründungsaufwand handelt.[281] Aber auch bei der Behandlung nicht notwendigen Gründungsaufwands, also bei einer für unangemessen hohen Aufwand oder bei einer für die zur Errichtung einer GmbH nicht erforderlichen Vorbereitungs- oder Beratungstätigkeit gezahlten Vergütung, begegnet die überwiegend befürwortete Anwendung des § 30 Bedenken. Zunächst darf nicht aus den Augen verloren werden, dass § 30 grundsätzlich nur Zahlungen an die Gesellschafter oder gleichgestellte Normadressaten erfasst. Zahlungen an die Gründer im Zusammenhang mit der Gründung sind vorrangig an den Vorschriften über die **Sicherung der Kapitalaufbringung** zu messen, vor allem an § 19, allenfalls danach an § 30.[282] Für eine **feste Höchstgrenze** des Gründungsaufwands, bisweilen gezogen bei 10 % des Stammkapitals,[283] gibt es keine gesetzliche Grundlage; eine solche Höchstgrenze ist abzulehnen, sofern das statutarische Stammkapital der Gesellschaft nicht überschritten wird.[284]

---

274 BGH, Beschl. v. 20.02.1989 – II ZB 10/88, BGHZ 107, 1, 4 ff. = ZIP 1989, 448, 449 f.; BGH, Urt. v. 29.09.1997 – II ZR 245/96, ZIP 1997, 2008; *Schwandtner*, in: MünchKommGmbHG, § 5 Rn. 275; *Veil*, in: Scholz, GmbHG, § 5 Rn. 113.

275 OLG Zweibrücken, ZIP 2014, 623, 624: »Die Gesellschaft trägt die mit ihrer Gründung verbundenen Kosten bei Notar, Gericht und Behörden bis zu einem Betrag in Höhe von maximal 10 vom Hundert des Stammkapitals. Etwa darüber hinausgehende Gründungskosten gehen zu Lasten des Gründungsgesellschafters.«; OLG Celle, ZIP 2016, 618 »Die Kosten der Gründung der Gesellschaft bis zu einem Betrag von 3.000 Euro trägt die Gesellschaft.«.

276 *Schwandtner*, in: MünchKommGmbHG, § 5 Rn. 276; *Ulmer/Casper*, in: Habersack/Casper/Löbbe, GmbHG, § 5 Rn. 215.

277 *Fastrich*, in: Baumbach/Hueck, GmbHG, § 5 Rn. 57.

278 *Fastrich*, in: Baumbach/Hueck, GmbHG, § 5 Rn. 57; *Veil*, in: Scholz, GmbHG, § 5 Rn. 113; *Leitzen*, in: Michalski/Heidinger/Leible/J. Schmidt, GmbHG, § 5 Rn. 202; a.A. noch *Roth*, in: Altmeppen/Roth, GmbHG, 8. Aufl., § 5 Rn. 71.

279 OLG München, Beschl. v. 6.10.2010 – 31 Wx 143/10, NZG 2010, 1302.

280 Streitig, wie hier OLG Celle, Beschl. v. 2.2.2018 – 9 W 15/18, GmbHR 2018, 372; in der Tendenz ebenso OLG Oldenburg, Beschl. v. 22.08.2016 – 12 W 121/16 (HR), AG 2017, 43 mit ausführlicher Darstellung des Streitstands.

281 *Fastrich*, in: Baumbach/Hueck, GmbHG, § 5 Rn. 57; *Schwandtner*, in: MünchKommGmbHG, § 5 Rn. 277; *Veil*, in: Scholz, GmbHG, § 5 Rn. 114; *Ulmer/Casper*, in: Habersack/Casper/Löbbe, GmbHG, § 5 Rn. 218 f.

282 Ebenso *Wachter*, GmbHR 2015, 140, 142; a.A. die h.M. OLG Celle, GmbHR 2015, 139, 140; *Schwandtner*, in: MünchKommGmbHG, § 5 Rn. 277 m.w.N.; *Ulmer/Casper*, in: Habersack/Casper/Löbbe, GmbHG, § 5 Rn. 219 m.w.N.

283 Vgl. OLG Celle, GmbHR 2015, 139, 140 (jedenfalls bei 60 %); OLG Zweibrücken, ZIP 2014, 623, 624. Teils nur als Beanstandungsgrenze für das Registergericht vgl. *Cramer*, NZG 2015, 373, 376; *Wicke*, GmbHG, § 5 Rn. 19; *Ulmer/Casper*, in: Habersack/Casper/Löbbe, GmbHG, § 5 Rn. 214.

284 Vgl. KG, ZIP 2015, 1923, 1924; *Wachter*, GmbHR 2015, 143; *Cramer*, NZG 2015, 373, 376; *ders.*, EWiR 2016, 11, 12.

Sondervorteile sind abzugrenzen vom Gründungsaufwand und von Vorzugsrechten. Sie unterscheiden sich vom Gründungsaufwand dadurch, dass der Leistung der Gesellschaft keine Gegenleistung des begünstigten Gesellschafters oder Dritten gegenübersteht.[285] Anders als Vorzugsrechte sind Sondervorteile nicht an die Gesellschafterstellung gebunden und können selbstständig übertragen werden.[286] Als Sondervorteile kommen Vermögensrechte wie Ansprüche auf besondere Gewinnanteile oder Umsatzprovisionen sowie Kontroll- oder Herrschaftsrechte in Betracht.[287] Da die Einräumung von Sondervorteilen zu einer Belastung des Gesellschaftsvermögens führen kann, bedarf es analog § 26 Abs. 1 AktG einer Aufnahme in den Gesellschaftsvertrag.[288] Die Auszahlung von Sondervorteilen an einen Gesellschafter ist nur dann zulässig, wenn nicht gegen § 30 verstoßen wird.[289] 77

§ 5a Unternehmergesellschaft

(1) Eine Gesellschaft, die mit einem Stammkapital gegründet wird, das den Betrag des Mindeststammkapitals nach § 5 Abs. 1 unterschreitet, muss in der Firma abweichend von § 4 die Bezeichnung »Unternehmergesellschaft (haftungsbeschränkt)« oder »UG (haftungsbeschränkt)« führen.

(2) [1]Abweichend von § 7 Abs. 2 darf die Anmeldung erst erfolgen, wenn das Stammkapital in voller Höhe eingezahlt ist. [2]Sacheinlagen sind ausgeschlossen.

(3) [1]In der Bilanz des nach den §§ 242, 264 des Handelsgesetzbuchs aufzustellenden Jahresabschlusses ist eine gesetzliche Rücklage zu bilden, in die ein Viertel des um einen Verlustvortrag aus dem Vorjahr geminderten Jahresüberschusses einzustellen ist. [2]Die Rücklage darf nur verwandt werden

1. **für Zwecke des § 57c;**
2. **zum Ausgleich eines Jahresfehlbetrags, soweit er nicht durch einen Gewinnvortrag aus dem Vorjahr gedeckt ist;**
3. **zum Ausgleich eines Verlustvortrags aus dem Vorjahr, soweit er nicht durch einen Jahresüberschuss gedeckt ist.**

(4) Abweichend von § 49 Abs. 3 muss die Versammlung der Gesellschafter bei drohender Zahlungsunfähigkeit unverzüglich einberufen werden.

(5) Erhöht die Gesellschaft ihr Stammkapital so, dass es den Betrag des Mindeststammkapitals nach § 5 Abs. 1 erreicht oder übersteigt, finden die Absätze 1 bis 4 keine Anwendung mehr; die Firma nach Absatz 1 darf beibehalten werden.

Schrifttum

Vgl. zunächst die Angaben bei § 2; *ferner Bayer/Hoffmann*, Die Unternehmergesellschaft (haftungsbeschränkt) des MoMiG zum 01.01.2009 – eine erste Bilanz, GmbHR 2009, 124; *Cannivé/Seebach*, Unternehmergesellschaft (haftungsbeschränkt) versus Europäische Privatgesellschaft (SPE): Wettbewerb der Ein-Euro-Gesellschaften, GmbHR 2009, 519; *Heinemann*, Die Unternehmergesellschaft als Zielgesellschaft von Formwechsel, Verschmelzung und Spaltung nach dem Umwandlungsgesetz, NZG 2008, 820; *Joost*,

285 *Schwandtner*, in: MünchKommGmbHG, § 5 Rn. 278; *Ulmer/Casper*, in: Habersack/Casper/Löbbe, GmbHG, § 5 Rn. 199.

286 *Leitzen*, in: Michalski/Heidinger/Leible/J. Schmidt, GmbHG, § 5 Rn. 204; *Schwandtner*, in: MünchKommGmbHG, § 5 Rn. 278; *Ulmer/Casper*, in: Habersack/Casper/Löbbe, GmbHG, § 5 Rn. 199.

287 *Schwandtner*, in: MünchKommGmbHG, § 5 Rn. 279; *Ulmer/Casper*, in: Habersack/Casper/Löbbe, GmbHG, § 5 Rn. 202.

288 BGH, Urt. v. 04.11.1968 – II ZR 63/67, NJW 1969, 131; *Veil*, in: Scholz, GmbHG, § 5 Rn. 116; *Ulmer/Casper*, in: Habersack/Casper/Löbbe, GmbHG, § 5 Rn. 206 m.w.N.

289 *Fastrich*, in: Baumbach/Hueck, GmbHG, § 5 Rn. 57; *Leitzen*, in: Michalski/Heidinger/Leible/J. Schmidt, GmbHG, § 5 Rn. 204; *Veil*, in: Scholz, GmbHG, § 5 Rn. 117; *Ulmer/Casper*, in: Habersack/Casper/Löbbe, GmbHG, § 5 Rn. 209.

Unternehmergesellschaft, Unterbilanz und Verlustanzeige, ZIP 2007, 2242; *Katschinski/Rawert*, Stangenware statt Maßanzug: Vertragsgestaltung im GmbH-Recht nach Inkrafttreten des MoMiG, ZIP 2008, 1993; *Kleindiek*, Aspekte der GmbH-Reform, DNotZ 2007, 200; *Klose*, Stammkapitalerhöhung bei der Unternehmergesellschaft (haftungsbeschränkt), GmbHR 2009, 294; *Miras*, Die neue Unternehmergesellschaft, 2008; *Römermann/Passarge*, Die GmbH & Co. KG ist tot – es lebe die UG & Co. KG!, ZIP 2009, 1497; *Seebach*, Die Unternehmergesellschaft (haftungsbeschränkt) in der notariellen Praxis, RNotZ 2013, 261; *Veil*, Die Unternehmergesellschaft im System der Kapitalgesellschaften, ZGR 2009, 623; *Waldenberger/Sieber*, Die Unternehmergesellschaft (haftungsbeschränkt) jenseits der »Existenzgründer«. Rechtliche Besonderheiten und praktischer Nutzen, GmbHR 2009, 114; *Kessel*, Unternehmergesellschaft (haftungsbeschränkt): Umgehungsmöglichkeiten der Thesaurierungsverpflichtung – und wie man ihnen begegnet, GmbHR 2016, 199; *Ries/Schulte*, Die UG wird erwachsen: Das Erstarken der Unternehmergesellschaft zur Voll-GmbH, NZG 2018, 571.

Übersicht

A. Einleitung

1 Die systematische Stellung des § 5a nach § 5, der sich mit dem Stammkapital befasst, macht deutlich, worum es bei der Unternehmergesellschaft geht: um geringere Anforderungen an die Höhe des Stammkapitals (Abs. 1), die jedoch nur um den Preis höherer Anforderungen an die Erbringung des Stammkapitals (Abs. 2) und die verpflichtende Stärkung des Eigenkapitals im weiteren Leben der Gesellschaft (Abs. 3) zu haben sind. Abs. 4 sieht eine erforderliche Modifizierung der Pflicht zur Einberufung der Gesellschafterversammlung vor, Abs. 5 beschäftigt sich mit dem weiteren Schicksal der Gesellschaft, wenn diese das Mindeststammkapital des § 5 erreicht.

2 Die Unternehmergesellschaft ist die deutsche Antwort auf die Limited,[1] jedenfalls in ihrer Erscheinungsform als Rechtsform für junge Unternehmensgründer wie Handwerker oder Unternehmer in der Informationstechnologie. Für diese war die Limited mit der für den Laien unüberschaubaren Geltung des englischen Rechts ungeeignet. Mit den Folgen von Limited-Altfällen hat sich die Rechtsprechung immer noch zu beschäftigen.[2]

3 Mit Stand zum 01.11.2018 gab es 141.553 Unternehmergesellschaften in Deutschland.[3] Man kann also von einer gewissen Beliebtheit der GmbH-Variante ausgehen. Die gleiche Untersuchung ergibt: Der Sprung in die »Voll-GmbH« wird (noch) selten vollzogen. Zum vorgenannten Stichtag gab es lediglich 18.850 eingetragene GmbH, die aus der Unternehmergesellschaft entstanden sind. Die Tendenz ist jedoch steigend.[4]

4 Die Unternehmergesellschaft ist keine eigene Rechtsform, es handelt sich um eine Variante der GmbH.[5] Dies ergibt sich unzweifelhaft aus dem Wortlaut (»Stammkapital«), aus der Systematik (Bezugnahme auf Mindeststammkapital nach § 5 und andere Teile des GmbHG) und aus dem historischen Zusammenhang.[6]

1 *Wicke*, GmbHG, § 5a Rn. 1.
2 *Heckschen/Strnad*, notar 2017, 392 f.
3 Forschungsprojekt Unternehmergesellschaft an der Universität Jena: www.rewi.uni-jena.de/Forschungsprojekt_Unternehmergesellschaft.html.
4 S. dazu auch *Ries/Schulte*, NZG 2018, 571.
5 *Paura*, in: GroßKomm, Ergänzungsband MoMiG, § 5a Rn. 1.
6 Amtl. Begründung, BT-Drucks. 16/6140, S. 31.

Soweit § 5a nicht ausdrücklich von Regelungen des GmbHG abweicht, gelten das GmbHG und alle Regelungen des deutschen Rechts, soweit sie die GmbH treffen, in vollem Umfang.[7] 5

So folgt etwa die Errichtung der Unternehmergesellschaft den Regelungen des 1. Abschnitts des GmbHG. Häufig wird für die Errichtung der Unternehmergesellschaft das Musterprotokoll des § 2 Abs. 1a gewählt. Zwingend ist dies indes nicht, bei mehr als drei Gesellschaftern und mehreren Geschäftsführern auch gar nicht möglich. Allerdings tendiert ein Gründer, der das Mindeststammkapital des § 5 nicht aufbringen kann oder will, i.d.R. dahin, auch beim Gründungsvorgang Kosten zu sparen und unter Verwendung des Musterprotokolls zu gründen, um so in den Genuss der Kostenprivilegierung der §§ 105 Abs. 6 und 107 Abs. 1 GNotKG zu kommen. 6

Die Unternehmergesellschaft ist juristische Person. Es gelten die Regelungen über die Organe der Gesellschaft und die Änderungen des Gesellschaftsvertrages unterliegen den Anforderungen des GmbH-Gesetzes. 7

Das Anwendungsspektrum der Unternehmergesellschaft ist weit: sie dient z.B. als schlank aufgestellte Beteiligungsgesellschaft. Die Verwendung etwa für Rechtsanwaltsgesellschaften wird erwogen[8], jedoch wird die seit dem Jahre 2013 mögliche Partnerschaftsgesellschaft mit beschränkter Berufshaftung attraktiver sein. Die weit überwiegende Anzahl sind Träger von kleinen Unternehmen. In der Praxis lässt sich beobachten, dass die letztgenannten Unternehmergesellschaften kein hohes Ansehen bei Dritten, vor allem Banken und Lieferanten, genießen, ein Umstand, der sich nachteilig auf die Kreditmöglichkeiten einer Unternehmergesellschaft auswirkt. 8

B. Gründung

Der Wortlaut des § 5a sieht nur die **Gründung** einer Gesellschaft vor, die das Mindeststammkapital nach § 5 unterschreitet. Damit scheidet die Erreichung dieses Ziels durch Kapitalherabsetzung bei einer normalen GmbH aus.[9] Eine Kapitalherabsetzung unter die Schwelle des § 5 Abs. 1 zwecks Schaffung einer Unternehmergesellschaft scheitert nicht nur am Wortlaut des § 5a, sondern auch an § 58 Abs. 2. Auch Umwandlungen in eine noch nicht bestehende Unternehmergesellschaft sind nicht möglich, weder durch Formwechsel, noch im Wege der Umwandlung zur Neugründung.[10] Letzteres scheitert nicht zuletzt auch am Sacheinlagenverbot des 5a Abs. 2. 9

C. Niedrige Einstiegsschwelle

Als Stammkapital der Unternehmergesellschaft reicht bei einem Gesellschafter 1,00 €. Dieser Betrag muss wegen der Regelung des § 5 Abs. 2 (Nennbetrag jedes Geschäftsanteils muss auf volle Euro lauten) mindestens aufgebracht werden.[11] Das bedeutet, dass bei mehr als einem Gründer ein entsprechendes Vielfaches von 1,00 € als Stammkapital vereinbart werden muss. Höchstens darf das Stammkapital allerdings 24.999,00 € betragen, denn anderenfalls ist der Tatbestand des § 5a Abs. 1 nicht gegeben und die Gesellschaft muss zwingend den Rechtsformzusatz gem. § 4 (»Gesellschaft mit beschränkter Haftung« oder entsprechende Abkürzung) enthalten. 10

Es sind in der Praxis jedoch kaum Unternehmergesellschaften mit einem 5-stelligen Betrag des Stammkapitals anzutreffen. Dies mag vor allem daran liegen, dass im Hinblick auf die neuerdings auch bei einer Ein-Personengesellschaft zunächst mögliche hälftige Stammkapitaleinzahlung die Gründung einer normalen GmbH nahe liegt, wenn man einen fünfstelligen Betrag aufbringen kann; es reicht dann unmittelbar die Einzahlung von 12.500,00 €. 11

---

7 Amtl. Begründung, BT-Drucks. 16/6140, S. 31; *Lutter/Kleindiek*, in: Lutter/Hommelhoff, GmbHG, § 5a Rn. 7.

8 *Axmann/Deister*, NJW 2009, 2941.

9 *Gehrlein*, Das neue GmbH-Recht, Rn. 26.

10 *Gehrlein*, Das neue GmbH-Recht, Rn. 26; BGH, NJW 2011, 1883.

11 Die Einführung einer stammkapitallosen Gesellschaft ist laut BT-Drucks. 16/6140, S. 31, nicht »auf ungeteilte Zustimmung gestoßen«.

12 Der Schwerpunkt der UG-Gründungen wird bei einem Stammkapital zwischen 100,00 und 5.000,00 € liegen.[12] Viele Gründer erkennen, dass das Kriterium »Seriositätsschwelle«[13] durchaus eine Rolle im Rechtsverkehr spielt und eine solche bei einem Stammkapital von 1,00 € schwerlich überschritten wird.

13 Zudem wird zu Recht darauf hingewiesen, dass die Gefahr der Überschuldung bei einem Stammkapital von nur 1,00 € droht mit der Folge, dass der Geschäftsführer verpflichtet wäre, einen Insolvenzantrag zu stellen.[14] Ein Berater sollte auf diese mit einem zu niedrigen Stammkapital einhergehenden Probleme hinweisen.[15]

D. Erbringung des Stammkapitals

14 Der niedrigen wertmäßigen Einstiegsschwelle wird durch höhere Anforderungen an die Erbringung des Stammkapitals begegnet. § 5a Abs. 2 postuliert:

– die Volleinzahlung des Stammkapitals,

– das Verbot von Sacheinlagen.

15 Bei der Unternehmergesellschaft wird die Bareinlage häufig nicht durch Einzahlung auf ein Konto, sondern durch Hingabe von Bargeld erbracht. Schon dieser Akt wird bei der Übergabe von 1,00 € von der rechten Hand des Gesellschafters in die linke Hand derselben Person nunmehr in seiner Funktion als Geschäftsführer von diesem häufig als lächerlich angesehen. Obwohl die Hingabe von Bargeld auch bei der Unternehmergesellschaft grds. möglich ist,[16] sollte ein Berater, insb. der die Errichtung beurkundende Notar, darauf hinweisen, dass vor allem bei einer Ein-Personen-Gründung darauf zu achten ist, die Einzahlung in das Sondervermögen der Vorgesellschaft für Außenstehende erkennbar vorzunehmen[17] und damit auch für die Zukunft zu dokumentieren. Auch bei einem geringen Stammkapital sollte also ein Konto unter der Firma der zu gründenden Unternehmergesellschaft eröffnet und auf dieses eingezahlt werden. Ob die satzungsmäßig übernommenen Gründungskosten für die Unternehmergesellschaft auch bei einer Gründung außerhalb des Musterprotokolls das Stammkapital erreichen dürfen, ist zweifelhaft. Das Kammergericht bejahte dies bei einem Stammkapital von 1.000 EUR (KG, ZIP 2015, 1923 = RNotZ 2016, 56).

16 Erhöht die Unternehmergesellschaft ihr Kapital, so sind ebenfalls das Volleinzahlungsgebot und das Verbot von Sacheinlagen zu beachten. Bis zu einer Entscheidung des BGH aus dem Jahre 2011 war streitig, ob die Beschränkungen des § 5a Abs. 2 (Volleinzahlung, Sachkapitalerhöhung) auch dann gelten, wenn die Gesellschaft ihr Stammkapital auf 25.000,00 € oder mehr erhöht. Die widerstreitenden Ansichten argumentierten beide mit dem Wortlaut des § 5a Abs. 5. Danach fielen nach der Ansicht, die auch für die Kapitalerhöhung auf 25.000,00 € die Volleinzahlung fordert, die Beschränkungen der Abs. 1 bis 4 erst mit wirksamer, also eingetragener Kapitalerhöhung, fort.[18] Denn die Gesellschaft habe ihr Stammkapital erst erhöht, wenn diese im Handelsregister eingetragen sei. Demgegenüber argumentiert die Gegenansicht, dass § 5a Abs. 5 eben nicht fordere: »Hat die Gesellschaft ihr Stammkapital erhöht«, sondern »Erhöht die Gesellschaft ihr Stammkapital«. Damit sei also der Erhöhungsvorgang gemeint, sodass die Beschränkungen der Abs. 1 bis 4 schon im Vorgang der Erhöhung auf 25.000,00 € wegfielen.[19] Danach müsste bei einer Kapitalerhöhung,

12 Vgl. *Bayer/Hoffmann*, GmbHR 2009, 124, 125.

13 BT-Drucks. 16/6140, S. 31.

14 *Drygala*, NZG 2007, 561.

15 Zur Frage der weiter bestehenden Anmeldepflicht des Geschäftsführers nach Eröffnung des Insolvenzverfahrens: OLG Hamm, NJW-Spezial 2017, 369.

16 Allgemein: *Bayer*, in: Lutter/Hommelhoff, § 7 Rn. 11.

17 OLG Oldenburg, NZG 2008, 32.

18 OLG München, NZG 2010, 1303; *Fastrich*, in: Baumbach/Hueck, GmbHG, § 5a Rn. 33 (19. Auflage; in 20. Aufl. entsprechend der BGH-Rechtsprechung geändert).

19 OLG Hamm, GmbHR 2011, 655; *Lange*, NJW 2010, 3686.

mit der das Stammkapital von 25.000,00 € erreicht werden soll, zwar nach der Erhöhung ein Betrag von insgesamt mindestens 12.500 € eingezahlt sein, i.Ü. würden für die Einzahlung i.R.d. Kapitalerhöhung jedoch die allgemeinen Regeln der §§ 56a und 7 Abs. 2 gelten. Der zuletzt genannten Ansicht hat sich der BGH jedenfalls in der Frage der Zulässigkeit von Sacheinlagen angeschlossen.[20] Nach wohl überwiegender Ansicht und nach Ansicht einer Reihe von Obergerichten gelte für die Frage des Volleinzahlungsgebots nichts anderes.[21] Das OLG Celle hat in diesem Zusammenhang eine weitere Facette beleuchtet: Eine mit 2.000 EUR Stammkapital gegründete UG erhöhte ihr Kapital um 23.000 EUR auf 25.000 EUR. In der Anmeldung versicherte der Geschäftsführer, dass auf den neuen Anteil dem Beschluss entsprechend ein Betrag von 10.500 EUR eingezahlt wurde. Halbaufbringungsgrundsatz erfüllt oder nicht? Das OLG Celle bejaht und führ aus, dass die Summe des ursprünglichen, der Volleinzahlung unterliegenden Stammkapitals und des auf den neuen Anteil gezahlten Betrages genügen.[22]

17 Überzeugend für die Halbaufbringung bei der Erstarkung zur GmbH spricht der Vergleich mit der Neugründung einer GmbH. Bei dieser reicht die hälftige Einzahlung aus. Es ist kein Grund erkennbar, insb. nicht im Hinblick auf den Schutz Dritter, der eine Ungleichbehandlung rechtfertigen würde. Schon gar kein Grund kann eine Art »Bestrafung« derjenigen sein, die den Weg der Unternehmergesellschaft gewählt haben.[23]

18 Wo eine Bareinzahlung stattfindet, lauert die verdeckte Sacheinlage. Deren Folgen sind durch § 19 Abs. 4 gemildert worden. Ob diese Abmilderungen auch für die Unternehmergesellschaft gelten, ist sehr umstritten. Die einen argumentieren damit, dass Sacheinlagen schlechthin verboten sind und damit auch verdeckte Sacheinlagen.[24] Andere sind der Ansicht, dass die früheren Rechtsfolgen der verdeckten Sacheinlage nicht ausgerechnet bei der gerade von unerfahrenen Gründern genutzten Unternehmergesellschaft fortwirken könnten.[25] Bis zu einer höchstrichterlichen Entscheidung zu dieser Frage sollten die Gründer durch ihre Berater ausreichend sensibilisiert werden.[26]

E. Firma

19 § 5a Abs. 1 bestimmt, dass in der Firma die Bezeichnung Unternehmergesellschaft (haftungsbeschränkt) oder UG (haftungsbeschränkt) geführt werden muss. Mit dem Begriff der Bezeichnung knüpft Abs. 1 an § 4 an. Die bloße Bezeichnung als Unternehmergesellschaft hätte leicht in die Irre führen können. Der Rechtsverkehr hätte annehmen können, dass ein oder mehrere Unternehmer hinter der Gesellschaft stehen und persönlich für die Verbindlichkeiten der Gesellschaft einstehen. Daher ist der ausdrückliche Hinweis auf die Haftungsbeschränkung, der sich bei der Abkürzung GmbH nur versteckt findet, aber eingebürgert ist, bei der Unternehmergesellschaft ausgeschrieben erforderlich. Dieser sonst im deutschen Recht nicht anzutreffende zwingend auszuschreibende Zusatz macht die Firma allerdings sperrig und nicht sonderlich attraktiv.

---

20 BGH, NJW 2011, 1881.

21 OLG München, NZG 2012, 104; OLG Stuttgart NZG 2012, 22; *Seebach*, RNotZ 2013, 277; jetzt auch *Fastrich*, in: Baumbach/Hueck, § 5a Rn. 33; a.A. *Heckschen* in: Heckschen/Heidinger, Die GmbH in der Gestaltungspraxis, § 5 Rn. 72.

22 OLG Celle, GWR 2017, 340; *Heckschen/Strnad* melden Bedenken vor dem Hintergrund der Kapitalaufbringungsvorschriften an: *Hekschen/Strnad*, notar 2017, 407 f.; einen guten Überblick über das Thema geben *Ries/Schulte*, NZG 2018, 571.

23 In diese Richtung *Fastrich*, in: Baumbach/Hueck, GmbHG, § 5a Rn. 33 (19. Aufl.): »Preis für die Wahl des Einstiegsmodells«.

24 *Heckschen*, in: Heckschen/Heidinger, GmbH in der Gestaltungspraxis, § 5 Rn. 52 f.; *Wicke*, GmbHG, § 5a Rn. 8: Verstoß gegen ein gesetzliches Verbot, § 134 BGB; *Fastrich*, in: Baumbach/Hueck, § 5a Rn. 12.

25 *Lutter/Kleindiek*, in: Lutter/Hommelhoff, § 5a Rn. 27 ff., ausführlich *Paura*, in: GroßKomm, Ergänzungsband MoMiG, § 5a Rn. 50.

26 *Seebach*, RNotZ 2013, 268; *Miras*, NJW 2013, 213.

20 Die Firma mit der Bezeichnung UG (haftungsbeschränkt) oder Unternehmergesellschaft (haftungsbeschränkt) darf aufgrund der Anordnung des Abs. 5 auch nach der Erhöhung des Stammkapitals auf 25.000,00 € beibehalten werden.

21 Auch bei der Unternehmergesellschaft gilt wie i.R.d. § 4, dass bei Fortlassen des Rechtsformzusatzes der für die Gesellschaft Auftretende nach den Grundsätzen des § 179 BGB haftet.[27] Dies gilt wohl auch schon dann, wenn der Zusatz (haftungsbeschränkt) abgekürzt wird.

22 Der BGH hat entschieden, dass auch dann eine (Außen-) Haftung besteht, wenn statt der in § 5a Abs. 1 geforderten Bezeichnung fälschlich der Zusatz GmbH gewählt wird.[28]

23 I.Ü. gelten bei der Firma der Unternehmergesellschaft die allgemeinen Grundsätze des GmbH-Gesetzes und des Handelsgesetzbuches zur Firmenbildung (s. Kommentierung zu § 4).

F. Gesetzliche Rücklage (Thesaurierungspflicht)

24 Abs. 3 fordert die Bildung einer gesetzlichen Rücklage i.H.e. Viertels des um einen Verlustvortrag aus dem Vorjahr geminderten Jahresüberschusses. Dies gilt so lange, bis die Voraussetzungen des Abs. 5 vorliegen, also bis zu einer Erhöhung des Stammkapitals auf 25.000,00 €. Das bedeutet, dass auch nach Ansammlung eines Betrages von 25.000,00 € in der nach Abs. 3 zu bildenden Rücklage weiterhin nach Abs. 3 vorzugehen ist, wenn keine Stammkapitalerhöhung auf 25.000,00 € erfolgt.[29] Erreicht die Rücklage also den Betrag von 25.000,00 €, können sich die Gesellschafter für eine Stammkapitalerhöhung mit den Folgen des Abs. 5 entscheiden oder aber auch nicht; dann bleibt es bei den Restriktionen der Abs. 1 bis 4. Der Gesetzgeber macht damit deutlich, dass die Unternehmergesellschaft nicht ausschließlich als Zwischenstadium zur vollwertigen GmbH dienen muss.[30] Vielmehr kann sie auch als endgültig gewählte Rechtsform bestehen bleiben.[31] Die Zukunft wird zeigen, in welchem Umfang Unternehmergesellschaften zu normalen GmbH werden. Bisher (Stand November 2018) jedenfalls stehen etwa 140.000 eingetragenen Unternehmergesellschaften lediglich ca. 18.000 aus Unternehmergesellschaften entstandenen »Voll-GmbH« gegenüber.[32]

25 Auf der anderen Seite macht der Gesetzgeber deutlich, dass er die mit wenig Kapital ausgestattete Unternehmergesellschaft zwar bewusst geschaffen hat, er aber mithilfe der Rücklagenbildung die dünne Eigenkapitalausstattung der Unternehmergesellschaft durch gesetzliche Anordnung verbessern will. Freilich setzt die Bildung der Rücklagen voraus, dass ein Jahresüberschuss erwirtschaftet wird. In diesem Zusammenhang lässt sich manches steuern (zu Umgehungsmöglichkeiten und wie man ihnen begegnet: Kessel, GmbHR 2016, 199); als Beispiel wird immer wieder die Auszahlung eines Geschäftsführergehalts angeführt,[33] das dann mehr oder weniger üppig ausfällt und so den Jahresüberschuss mindert oder gar aufzehrt. Die Folgen eines solchen Handelns werden nicht einheitlich beurteilt. Ein Teil der Literatur folgt der steuerlichen Beurteilung, nach der ein überhöhtes Gesellschafter-Geschäftsführergehalt als verdeckte Gewinnausschüttung gewertet wird mit der Folge, dass i.R.d. § 5a entsprechend der Jahresüberschuss höher ausfallen müsste mit möglichen Folgen für die Rücklagenbildung nach Abs. 3.[34] Dem wird entgegengehalten, dass die steuerliche Figur der verdeckten Gewinnausschüttung nicht ohne Weiteres in das Gesellschaftsrecht transportiert

27 Zu den Grundsätzen zuletzt BGH, NZG 2007, 426 = NJW 2007, 1529; *Gehrlein*, Der Konzern 2007, 771, 780.

28 BGH, NJW 2013, 54.

29 *Heckschen*, in: Heckschen/Heidinger, Die GmbH in der Gestaltungspraxis, § 5 Rn. 55 ff. mit dem Hinweis in Rn. 55d, dass dadurch auch Fehlanreize gesetzt werden könnten; a.A. *Kallmeyer*, DB 2007, 2755.

30 In diese Richtung aber Handelsrechtsausschuss des DAV, NZG 2007, 735, 737: »GmbH in der Startphase«.

31 *Paura*, in: GroßKomm, Ergänzungsband MoMiG, § 5a Rn. 8.

32 S. o. Rdn. 2.

33 *Westermann*, in: Scholz, GmbHG, Nachtrag MoMiG § 5a Rn. 25; *Wicke*, GmbHG, § 5a Rn. 11; *Römermann*, NJW 2010, 905, 908 mit weiteren Umgehungsbeispielen.

34 *Wicke*, GmbHG, § 5a Rn. 11; *Fastrich*, in: Baumbach/Hueck, GmbHG,§ 5a Rn. 23.

werden könne und dass sich dafür keine Anhaltspunkte im Gesetz ergäben.[35] In jedem Fall sollten der Tätigkeit angemessene Geschäftsführervergütungen auch dann uneingeschränkt zulässig sein, wenn sie den Gewinn aufzehren.[36]

Ein Verstoß gegen das Thesaurierungsgebot des Abs. 3 führt nach der Gesetzesbegründung entsprechend § 256 AktG zur Nichtigkeit des Jahresabschlusses und damit entsprechend § 253 AktG zur Nichtigkeit eines darauf basierenden Gewinnverwendungsbeschlusses[37] mit der Folge, dass Ansprüche der Gesellschaft nach §§ 30 und 31 bestehen. Die Gesetzesbegründung regt Letzteres an[38] und die überwiegende Literaturmeinung folgt;[39] die systematische Einordnung ist jedoch durchaus skeptisch zu sehen.[40] 26

Abs. 3 legt außerdem die ausschließlich erlaubte Verwendung der Rücklage fest. 27

Zum einen kann sie zur Kapitalerhöhung aus Gesellschaftsmitteln verwendet werden. Das entspräche dem Idealbild der transitorischen Unternehmergesellschaft, die über die gesetzliche Rücklage Eigenkapital bis zur Höhe von 25.000,00 € anspart und diese Rücklage dann im Sinne des Abs. 5 in Stammkapital umwandelt. 28

Außerdem können Verluste ausgeglichen werden und zwar ein aktueller Jahresfehlbetrag, der nicht durch einen Gewinnvortrag aus dem Vorjahr gedeckt ist oder ein Verlustvortrag, sofern er nicht durch einen aktuellen Jahresüberschuss gedeckt ist. 29

G. Einberufungspflicht bei drohender Zahlungsunfähigkeit

Wo kein Stammkapital ist, kann auch nicht die Hälfte verloren gehen. Da die Unternehmergesellschaft nahezu ohne Kapitalausstattung auskommen kann, statuiert Abs. 4 abweichend von § 49 Abs. 3 die Pflicht der Geschäftsführer, bei drohender Zahlungsunfähigkeit eine Gesellschafterversammlung einzuberufen. § 49 Abs. 3 bestimmt dagegen, dass eine solche Einberufungspflicht besteht, wenn die Hälfte des Stammkapitals verloren ist. Kann in einem solchen Fall das Ruder möglicherweise noch herumgerissen werden, ist dies bei bereits drohender Zahlungsunfähigkeit unwahrscheinlicher. Denn nach § 18 Abs. 2 InsO droht die Zahlungsunfähigkeit, wenn der Schuldner voraussichtlich nicht in der Lage sein wird, die bestehenden Zahlungspflichten im Zeitpunkt der Fälligkeit zu erfüllen. Bei Eigenantrag des Schuldners auf Eröffnung des Insolvenzverfahrens ist die drohende Zahlungsunfähigkeit sogar Eröffnungsgrund für ein Insolvenzverfahren. Daher scheint eine Einberufung unter den Voraussetzungen des Abs. 4 zu spät.[41] 30

Der Vorschlag, stattdessen die Einberufungspflicht an die Krise der Gesellschaft zu knüpfen,[42] wurde vom Gesetzgeber erwogen, jedoch von der Bundesregierung ausdrücklich abgelehnt[43] und ist nicht Gesetz geworden. 31

---

35 *Römermann*, NJW 2010, 905, 908.

36 So auch *Paura*, in: GroßKomm, Ergänzungsband MoMiG, § 5a Rn. 8; *Fastrich*, in: Baumbach/Hueck, GmbHG, § 5a Rn. 23.

37 BT-Drucks. 16/6140, S. 32; dem folgend *Gehrlein*, Das neue GmbH-Recht, Rn. 29; *Fastrich*, in: Baumbach/Hueck, GmbHG, § 5a Rn. 26; *Lutter/Kleindiek*, in: Lutter/Hommelhoff, GmbHG, § 5a Rn. 48; kritisch im Hinblick auf die Wirksamkeit dieser Sanktion: *Westermann*, in: Scholz, GmbHG, Nachtrag MoMiG, § 5a Rn. 25.

38 BT-Drucks. 16/6140, S. 32.

39 *Gehrlein*, Das neue GmbH-Recht, Rn. 29, *Fastrich*, in: Baumbach/Hueck, GmbHG, § 5a Rn. 26; *Lutter*, in: Lutter/Hommelhoff, GmbHG, § 5a Rn. 16; *Wicke*, GmbHG, § 5a Rn. 12, a.A. *Noack*, DB 2007, 1395, 1396.

40 *Paura*, in: GroßKomm, Ergänzungsband MoMiG, § 5a Rn. 55.

41 *Heckschen*, in: Heckschen/Heidinger, Die GmbH in der Gestaltungs- und Beratungspraxis, § 5 Rn. 66; *Wicke*, GmbHG, § 5a Rn. 13.

42 *Veil*, GmbHR 2007, 1080, 1083.

43 BT-Drucks. 16/6140, S. 75.

32 In der Literatur wird jedoch zu Recht darauf hingewiesen,[44] dass die Krise der Gesellschaft i.d.R. den Einberufungsgrund des 49 Abs. 2 auslösen wird (Einberufung im Interesse der Gesellschaft), der auch bei einer Unternehmergesellschaft zu beachten ist.[45]

33 Anders als der Verstoß gegen § 49 Abs. 3 ist der Verstoß gegen die Einberufungs- und Unterrichtungspflicht des § 5a Abs. 4 nicht strafbewehrt. Ob es sich dabei um ein Versehen des Gesetzgebers handelt oder nicht, ist gleichgültig: Das strafrechtliche Analogieverbot steht einer Bestrafung eines unterlassenden Geschäftsführers entgegen.[46]

34 Ein Verstoß gegen die Vorschrift des § 5a Abs. 4 kann jedoch Schadenersatzansprüche auf Grundlage des § 43 Abs. 2 nach sich ziehen.

H. Wegfall der für die Unternehmergesellschaft geltenden Beschränkungen

35 Erhöht die Unternehmergesellschaft ihr Stammkapital auf 25.000,00 € oder mehr, so entfallen die Beschränkungen der Abs. 1 bis 4 automatisch. Der Rechtsformzusatz UG (haftungsbeschränkt) oder Unternehmergesellschaft (haftungsbeschränkt) darf beibehalten werden, wobei sich die Frage stellt, ob dies nicht Theorie bleiben wird. Es ist kaum vorstellbar, dass die doch eher sperrige und deutlich weniger Seriosität ausstrahlende Bezeichnung der Unternehmergesellschaft der im Vergleich dazu gleichsam als »Gütesiegel« scheinenden Bezeichnung GmbH vorgezogen wird.

36 Die Erhöhung des Stammkapitals kann aus Gesellschaftsmitteln, nämlich vor allem aus der nach Abs. 3 angesparten Rücklage erfolgen – für diesen Zweck sieht das Gesetz die Rücklage nach Abs. 3 Satz 2 Nr. 1 ausdrücklich vor-, oder auch als Barkapitalerhöhung erfolgen. Zur Frage der Höhe der Einzahlung und der Möglichkeit einer Sachkapitalerhöhung s.o. Rdn. 16 ff. Im Gegensatz zur Kapitalerhöhung aus Gesellschaftsmitteln (hier ist auch die 8-Monatsfrist im Hinblick auf die zugrunde gelegte Bilanz zu beachten, § 57i Abs. 2) lässt die Barkapitalerhöhung auch die Beteiligung Dritter zu und kann daher als Alternative reizvoll sein.[47]

37 Erhöht die Gesellschaft ihr Stammkapital nicht auf das nach § 5 geforderte Mindeststammkapital, bleibt es bei den Einschränkungen nach Abs. 1 bis 4, auch wenn die nach Abs. 3 gebildete Rücklage noch so groß ist; eine Pflicht zur Kapitalerhöhung bei ausreichender Rücklage besteht nicht.[48]

I. Unternehmergesellschaft ohne Gewinnstreben

38 Aus § 5a Abs. 3 und der darin geregelten Thesaurierungspflicht wird teilweise geschlossen, dass eine Unternehmergesellschaft stets die Erzielung von Gewinnen anstreben müsse, ansonsten die die Thesaurierungspflicht leerlaufe.[49] Davon wären unterschiedliche Bereiche betroffen:

39 Die Beteiligung der Unternehmergesellschaft als nicht kapitalbeteiligte persönlich haftende Gesellschafterin einer UG (haftungsbeschränkt) & Co. KG wäre zweifelhaft.[50]

---

44 *Wachter*, GmbHR-Sonderheft Oktober 2008 (GmbH-Beratung nach dem MoMiG), 35; *Joost*, ZIP 2007, 2242, 2248.

45 *Lutter/Kleindiek*, in: Lutter/Hommelhoff, GmbHG, § 5a Rn. 67.

46 *Fastrich*, in: Baumbach/Hueck, GmbHG, § 5a Rn. 28 mit der Erwägung, dann jedoch entsprechend dem Wortlaut des § 84 eine Strafbarkeit anzunehmen, wenn der Verlust der Hälfte des Stammkapitals nicht angezeigt wird.

47 S. *Heckschen*, in: Heckschen/Heidinger, Die GmbH in der Gestaltungs- und Beratungspraxis, § 5 Rn. 71.

48 *Wicke*, GmbHG, § 5a Rn. 14.

49 So im Zusammenhang mit der UG (haftungsbeschränkt) & Co. KG: *Wachter*, GmbHR-Sonderheft Oktober 2008 (GmbH-Beratung nach dem MoMiG), 89.

50 *Wachter*, GmbHR-Sonderheft Oktober 2008 (GmbH-Beratung nach dem MoMiG), 89; *Wicke*, § 5a Rn. 19 mit dem Rat zur Vorsicht.

Die Gründung einer gemeinnützigen Unternehmergesellschaft, deren Zweck ebenfalls nicht die Gewinnerzielung ist, würde Bedenken begegnen.[51] 40

Schließlich würde der Abschluss von Gewinnabführungsverträgen ein Problem darstellen.[52] 41

Einen Zwang zum Gewinnstreben anzunehmen, hieße jedoch zu viel in den Abs. 3 hineinzuinterpretieren. Prämisse einer Pflicht zur Gewinnerzielung ist der Gedanke, dass die Unternehmergesellschaft stets ein transitorischer Zustand sei. Das lässt sich dem Gesetz jedoch nicht entnehmen. Der Gesetzgeber hat mit § 5a die Möglichkeit geschaffen, dass die Unternehmergesellschaft dauerhaft mit einer geringen Eigenkapitalausstattung bestehen bleibt. Abs. 3 setzt Gewinne voraus, Gewinne sind aber keine Voraussetzung für die Unternehmergesellschaft und deren spezifische Verwendung. 42

Allenfalls ist zu erwägen, ob bei einer beherrschten Unternehmergesellschaft, die ihren Gewinn an die Obergesellschaft abführen muss, zunächst, also vor Abführung, ein Viertel des Gewinns der Rücklage i.S.d. § 5 Abs. 3 zuzuführen ist.[53] 43

J. Unternehmergesellschaft und Umwandlung

Als bloße Variante der GmbH ist die Unternehmergesellschaft prinzipiell taugliches Umwandlungsobjekt.[54] Allerdings ergeben sich Einschränkungen daraus, dass eine Unternehmergesellschaft nur durch Gründung entstehen kann. Damit scheidet ein Formwechsel in die Unternehmergesellschaft aus, während die Unternehmergesellschaft selbst formwechselnder Rechtsträger sein kann. Der Übergang in die normale GmbH nach Abs. 5 freilich ist kein Formwechsel. 44

Die Gründung durch Spaltung zur Neugründung scheidet ebenfalls aus. Da die Umwandlung zur Neugründung Sachgründung ist, steht dieser Möglichkeit das Sacheinlagenverbot des § 5a Abs. 2 Satz 2 entgegen.[55] 45

Nichts anderes gilt für eine Umwandlung, bei der die aufnehmende Unternehmergesellschaft ihr Kapital (eben durch Sacheinlage) erhöhen müsste, es sei denn, dass das Stammkapital von 25.000 EUR erreicht wird. Ist eine Kapitalerhöhung jedoch i.R.d. § 54 UmwG ausgeschlossen, kann bspw. die Verschmelzung auf die Unternehmergesellschaft reizen, um auf diesem Wege eine Kapitalherabsetzung bei der oder den übertragenden Gesellschaften unter Umgehung der §§ 58 ff. zu erreichen.[56] 46

§ 6 Geschäftsführer

(1) Die Gesellschaft muss einen oder mehrere Geschäftsführer haben.

(2) [1]Geschäftsführer kann nur eine natürliche, unbeschränkt geschäftsfähige Person sein. [2]Geschäftsführer kann nicht sein, wer

1. als Betreuter bei der Besorgung seiner Vermögensangelegenheiten ganz oder teilweise einem Einwilligungsvorbehalt (§ 1903 des Bürgerlichen Gesetzbuchs) unterliegt,

2. aufgrund eines gerichtlichen Urteils oder einer vollziehbaren Entscheidung einer Verwaltungsbehörde einen Beruf, einen Berufszweig, ein Gewerbe oder einen Gewerbezweig nicht

---

51 Die Bedenken aber verwerfend *Heckschen*, in: Heckschen/Heidinger, Die GmbH in der Gestaltungs- und Beratungspraxis, § 5 Rn. 87.

52 *Veil*, GmbHR 2007, 1080, 1084.

53 So *Heckschen*, in: Heckschen/Heidinger, Die GmbH in der Gestaltungs- und Beratungspraxis, § 5 Rn. 90.

54 S. *Ries/Schulte*, NZG 2018, 215.

55 S. o. Rdn. 9; BGH, NJW 2011, 1883; *Tettinger*, Der Konzern 2008, 75; *Wicke*, GmbHG, § 5a Rn. 15 ff.; *Meister*, NZG 2008, 767; *Heckschen*, in: Heckschen/Heidinger, Die GmbH in der Gestaltungs- und Beratungspraxis, § 5 Rn. 106.

56 *Heckschen*, in: Heckschen/Heidinger, Die GmbH in der Gestaltungs- und Beratungspraxis, § 5 Rn. 104; *Wicke*, GmbHG, § 5a Rn. 16.

ausüben darf, sofern der Unternehmensgegenstand ganz oder teilweise mit dem Gegenstand des Verbots übereinstimmt,

3. wegen einer oder mehrerer vorsätzlich begangener Straftaten

a) des Unterlassens der Stellung des Antrags auf Eröffnung des Insolvenzverfahrens (Insolvenzverschleppung),

b) nach den §§ 283 bis 283d des Strafgesetzbuchs (Insolvenzstraftaten),

c) der falschen Angaben nach § 82 dieses Gesetzes oder § 399 des Aktiengesetzes,

d) der unrichtigen Darstellung nach § 400 des Aktiengesetzes, § 331 des Handelsgesetzbuchs, § 313 des Umwandlungsgesetzes oder § 17 des Publizitätsgesetzes oder

e) nach den §§ 263 bis 264a oder den §§ 265b bis 266a des Strafgesetzbuchs zu einer Freiheitsstrafe von mindestens einem Jahr

verurteilt worden ist; dieser Ausschluss gilt für die Dauer von fünf Jahren seit der Rechtskraft des Urteils, wobei die Zeit nicht eingerechnet wird, in welcher der Täter auf behördliche Anordnung in einer Anstalt verwahrt worden ist.

[3]Satz 2 Nr. 3 gilt entsprechend bei einer Verurteilung im Ausland wegen einer Tat, die mit den in Satz 2 Nr. 3 genannten Taten vergleichbar ist.

(3) [1]Zu Geschäftsführern können Gesellschafter oder andere Personen bestellt werden. [2]Die Bestellung erfolgt entweder im Gesellschaftsvertrag oder nach Maßgabe der Bestimmungen des dritten Abschnitts.

(4) Ist im Gesellschaftsvertrag bestimmt, dass sämtliche Gesellschafter zur Geschäftsführung berechtigt sein sollen, so gelten nur die der Gesellschaft bei Festsetzung dieser Bestimmung angehörenden Personen als die bestellten Geschäftsführer.

(5) Gesellschafter, die vorsätzlich oder grob fahrlässig einer Person, die nicht Geschäftsführer sein kann, die Führung der Geschäfte überlassen, haften der Gesellschaft solidarisch für den Schaden, der dadurch entsteht, dass diese Person die ihr gegenüber der Gesellschaft bestehenden Obliegenheiten verletzt.

Schrifttum

Altmeppen, Zur vorsätzlichen Gläubigerschädigung, Existenzvernichtung und materiellen Unterkapitalisierung in der GmbH, ZIP 2008, 1201; *Bauer/Arnold*, AGG-Probleme bei vertretungsberechtigten Organmitgliedern, ZIP 2008, 993; *Bauer/Großerichter*, Zur Durchsetzung deutscher Bestellungshindernisse von Geschäftsleitern gegenüber ausländischen Gesellschaften, NZG 2008, 253; *Böttcher/Hassner*, Inhabilität des strafrechtlich verurteilten Geschäftsführers nach MoMiG, GmbHR 2009, 1321; *Brand*, Neuere Anwendungsprobleme der gesellschaftsrechtlichen Inhabilitätsvorschriften, ZNotP 2019, 321; *Fedke*, Rechtsfragen der Bestellung von Geschäftsführern in der mitbestimmungspflichtigen GmbH, NZG 2017, 848; *Gundlach/Müller*, Die Verurteilung wegen Insolvenzverschleppung als Hindernis der Geschäftsführerbestellung, NZI 2011, 480; *Kögel*, Die Not mit der Notgeschäftsführung bei der GmbH, NZG 2000, 20; *Kögel*, Neues bei der GmbH-Notgeschäftsführung, GmbHR 2012, 772; *Reufels/Molle*, Diskriminierungsschutz von Organmitgliedern, NZA-RR 2011, 281; *Satzger/Endler*, Zur Inhabilität gemäß § 6 II 2 Nr. 3e GmbHG bei Gesamtstrafenbildung aus Katalog- und Nichtkatalogtaten, NZG 2019, 1201; *U.H. Schneider/S.H. Schneider*, Die persönliche Haftung der GmbH-Gesellschafter bei Überlassung der Geschäftsführung an Personen, die nicht Geschäftsführer sein können – Ein Beitrag zu § 5 Abs. 5 GmbHG, GmbHR 2012, 365; *Schulte*, Der strafrechtlich »inhabile« GmbH-Geschäftsführer, NZG 2019, 646; *Weyand*, Strafrechtliche Aspekte des MoMiG im Zusammenhang mit juristischen Personen, ZInsO 2008, 702.

Übersicht

A. Einführung

§ 6 enthält eine Regelung zur **Auswahl** und **Bestellung** des Geschäftsführers und bezieht sich auf die Gewährleistung der Handlungsfähigkeit der Vor-Gesellschaft.[1] Eine GmbH muss schon für die Gründung (**Vor-GmbH**) zwingend einen oder mehrere Geschäftsführer haben (Abs. 1), welche die Gesellschaft zum Handelsregister anmelden.[2] Abs. 2 regelt die Ausschlussgründe bzgl. einer Geschäftsführung. Der Geschäftsführer hat nach § 8 Abs. 3 bei der Anmeldung der Gesellschaft das Nichtvorliegen von Bestellungshindernissen nach § 6 Abs. 2 Satz 2 Nr. 2 und Nr. 3 sowie Satz 3 zu versichern. Die Art der Bestellung des Geschäftsführers sowie die Gestaltungsmöglichkeiten des Gesellschaftsvertrags sind in Abs. 3 geregelt. Die Rechtsstellung und Aufgaben der Geschäftsführung sind in den §§ 35 ff. festgelegt. Die Regelung erfuhr i.R.d. MoMiG eine Erweiterung in Abs. 2 (zwingende persönliche Voraussetzungen für die Bestellung zum Geschäftsführer sowie Ausschlussgründe), neu aufgenommen wurde Abs. 5 (besonderer Haftungstatbestand für Gesellschafter, die eine ausgeschlossene Person zum Geschäftsführer bestellen bzw. nicht abberufen). Die Bestellung zum Organmitglied der GmbH ist vom schuldrechtlichen Anstellungsvertrag zu unterscheiden. Regelmäßig ist dieser von der organschaftlichen Stellung unabhängig (näher Anhang § 6). 1

B. Erforderlichkeit von Geschäftsführern (Abs. 1, Abs. 3 Satz 1)

Der Geschäftsführer ist neben den Gesellschaftern (§§ 45 ff.) und ggf. dem obligatorischen Aufsichtsrat (§ 52) zwingendes Organ der GmbH (Abs. 1). Die **Anzahl der Geschäftsführer** kann im Gesellschaftsvertrag bzw. von der Gesellschafterversammlung (§ 46 Nr. 5) frei festgelegt werden. Nur in Einzelfällen ist zwingend ein Arbeitsdirektor als Geschäftsführer zu bestellen (§ 33 MitbestG, § 13 MontanMitbestG, § 13 MitbestErgG) oder sind zwei Geschäftsführer vorzusehen (§ 33 Abs. 1 Nr. 5 KWG). In der Satzung kann eine Höchst- oder Mindestanzahl an Geschäftsführern festgelegt werden. Gibt der Gesellschaftsvertrag eine bestimmte Höchstzahl von Geschäftsführern vor und geht der Gesellschafterbeschluss darüber hinaus, ist er anfechtbar.[3] 2

Geschäftsführer kann nicht nur eine dritte Person (**Fremdorganschaft**), sondern auch ein Gesellschafter sein (Gesellschafter-Geschäftsführer). Gesellschaftsrechtlich sind beide gleichgestellt. Im Steuer-, Sozialversicherungs- und Altersversorgungsrecht können Unterschiede bestehen.[4] Auch der Alleingesellschafter kann (Allein-) Geschäftsführer sein.[5] 3

1 *Schäfer*, in: Bork/Schäfer, GmbHG, § 6 Rn. 1.
2 BGHZ 80, 212, 214 f.
3 OLG Stuttgart, GmbHR 1999, 537, 538.
4 *Altmeppen*, in: Roth/Altmeppen, GmbHG, § 6 Rn. 2.
5 *Beurskens*, in: Baumbach/Hueck, GmbHG, § 6 Rn. 37.

4 Die **Bezeichnung** »Geschäftsführer« ist sowohl bei der Eintragung im Handelsregister als auch für die Angabe auf Geschäftsbriefen gem. § 35a zwingend. Umstritten ist, inwiefern die Gesellschafter im Gesellschaftsvertrag oder durch Gesellschafterbeschluss[6] eine andere Bezeichnung vorsehen können. Zulässig sollen Benennungen wie »Direktor«, »Unternehmensleiter«[7] oder »CEO« sein. Entscheidend soll es darauf ankommen, dass sie nicht irreführend sind. Abzulehnen ist daher regelmäßig das Auftreten als »Vorstand«.[8] Der Geschäftsführer selbst ist kein Kaufmann i.S.d. § 1 HGB.[9] Daran ändert auch eine Eintragung dieser Bezeichnung ins Handelsregister nichts.[10] Er ist aufgrund seiner Angestelltentätigkeit auch kein Unternehmer i.S.d. § 14 BGB.[11]

C. Ausschluss von der Geschäftsführung (Inhabilität, Abs. 2)

I. Ausschluss nach Abs. 2 Satz 1, Abs. 3

5 Zwar können die Gesellschafter grds. frei darüber bestimmen, wen sie zum Geschäftsführer haben wollen, nach Abs. 2 Satz 1 kann diese Position aber nur eine **natürliche, uneingeschränkt geschäftsfähige Person** einnehmen. Damit scheidet eine juristische Person oder eine Personengesellschaft als Geschäftsführer aus. Eine entsprechende Bestellung ist unwirksam.[12] Selbst bei einer Ermächtigung nach §§ 112, 113 BGB oder einer Einwilligung des gesetzlichen Vertreters sowie einer familiengerichtlichen Genehmigung sind beschränkt Geschäftsfähige von der Geschäftsführung ausgeschlossen.[13]

6 Dagegen stellt etwa eine Privatinsolvenz noch keinen zwingenden Ausschlussgrund dar.[14] Zudem ergibt sich aus Abs. 3, dass nur Gesellschafter oder andere Personen als Geschäftsführer bestellt werden können. Aufsichtsratsmitglieder können nicht Geschäftsführer der von ihnen zu beaufsichtigenden Gesellschaft sein (§ 52 Abs. 1 GmbHG i.V.m. § 105 AktG). Dies ist auch nicht in der Satzung abdingbar.[15]

II. Ausschluss nach Abs. 2 Satz 2

1. Betreuung, Berufs- oder Gewerbeverbot

7 Nach Abs. 2 Satz 2 Nr. 1 kann ein **Betreuter** nicht Geschäftsführer sein, sofern er ganz oder teilweise einem Einwilligungsvorbehalt gem. § 1903 BGB unterliegt.[16] Allerdings ändert die Bestellung eines Betreuers grds. nichts an einer bereits bestehenden Geschäftsführerstellung, sofern der Betreuer nicht ausdrücklich auch für die Geschäftsführertätigkeit zuständig sein soll.[17]

8 Nicht Geschäftsführer werden kann jemand, dem ein gerichtliches oder behördliches **Berufs- oder Gewerbeverbot** auferlegt ist (Abs. 2 Satz 2 Nr. 2).[18] Als Beispiel kann ein Verbot nach § 35 GewO, § 36 Abs. 1 KWG oder § 70 StGB angeführt werden. Dies soll aber nicht für Berufsverbote nach

---

6 Letzteres bejahend *Wicke*, GmbHG, § 6 Rn. 2; *Schmidt-Leithoff*, in: Rowedder/Schmidt-Leithoff, GmbHG, § 6 Rn. 4.

7 *Füller*, in: Ensthaler/Füller/Schmidt, GmbHG, § 6 Rn. 3.

8 *Altmeppen*, in: Roth/Altmeppen, GmbHG, § 6 Rn. 3; *U.H. Schneider/S.H. Schneider*, in: Scholz, GmbHG, § 6 Rn. 6; *Wicke*, GmbHG, § 6 Rn. 2; großzügiger *Kleindiek*, in: Lutter/Hommelhoff, GmbHG, § 6 Rn. 4; bejahend aber *Lenz*, in: Michalski/Heidinger/Leible/J. Schmidt, GmbHG, § 35 Rn. 12.

9 BGH, NJW 1996, 1467, 1468.

10 OLG Düsseldorf, BB 1994, 2101, 2102.

11 BGH, NJW 2004, 3039, 3040; BGH, NJW 2006, 431, 432.

12 *Füller*, in: Ensthaler/Füller/Schmidt, GmbHG, § 6 Rn. 6.

13 OLG Hamm, NJW-RR 1992, 1253.

14 BGHZ 49, 11, 16 f.; *Füller*, in: Ensthaler/Füller/Schmidt, GmbHG, § 6 Rn. 6.

15 OLG Frankfurt am Main, BB 1981, 1542 f.; OLG Frankfurt am Main, NJW-RR 1987, 482, 483.

16 *Deutler*, GmbHR 1992, 252, 253; *Jäger*, DStR 1996, 108 f.

17 *Schäfer*, in: Bork/Schäfer, GmbHG, § 6 Rn. 7; *Paefgen*, in: Ulmer/Habersack/Löbbe, GmbHG, § 6 Rn. 19.

18 OLG Frankfurt am Main, GmbHR 2011, 1156 ff. (zur Formulierung der Versicherung des Geschäftsführers).

§ 132a StPO[19] oder § 16 Abs. 3 HandwO[20] gelten. Das Verbot muss sich ganz oder teilweise auf den gesellschaftsvertraglichen oder tatsächlichen **Unternehmensgegenstand** beziehen,[21] jedoch nicht notwendig auf die Tätigkeit gerade als Geschäftsführer.[22] Voraussetzung ist, dass die behördliche Anordnung unanfechtbar oder sofort vollziehbar ist, d.h. Rechtsmittel dürfen keine aufschiebende Wirkung haben.[23] Unterliegt der Geschäftsführer einem Bestellungshindernis, kann eine inländische Zweigniederlassung einer ausländischen Kapitalgesellschaft nicht in das Handelsregister eingetragen werden (§ 13a Abs. 3 HGB). Da die Rechtsprechung die registerrechtliche Anknüpfung auf die gesellschaftsrechtliche Bestellung übertragen hat, ist in diesem Fall auch die Bestellung als Geschäftsführer der Zweigniederlassung unwirksam.[24] Die Dauer des Ausschlusses nach Abs. 2 Satz 2 Nr. 2 bemisst sich nach der Dauer des Verbots. Die Nichtigkeit entfällt nicht analog Satz 2 Nr. 3 mit Ablauf von fünf Jahren.[25]

2. Rechtskräftige Verurteilung

Weiterer Ausschlussgrund für die Bestellung zum Geschäftsführer ist das Vorliegen einer oder mehrerer der in Abs. 2 Satz 2 Nr. 3 genannten **vorsätzlich begangenen Straftaten**. Wegen Art. 12 GG und dem rechtsstaatlichen Grundsatz der Unschuldsvermutung wird an eine rechtskräftige Verurteilung angeknüpft.[26] Nicht ausreichend ist daher, wenn der Geschäftsführer in seiner Versicherung nur auf den Zeitpunkt der Verurteilung abstellt.[27] Diese Regelung wurde durch das MoMiG insb. durch die Aufnahme der allgemeinen Vermögensdelikte (Abs. 2 Satz 2 Nr. 3 Buchst. e)) erweitert.[28] Daneben finden sich auch in Abs. 2 Satz 2 Nr. 3 Buchst. a), c) und d) neue Gründe für die Amtsunfähigkeit als Geschäftsführer. Diese Bestimmungen erlangen aufgrund der Übergangsregelung des § 3 Abs. 2 EGGmbHG für nach dem 01.11.2008 bestellte Geschäftsführer Geltung, wenn die Verurteilung nach Inkrafttreten des MoMiG rechtskräftig wurde.[29] Beginnend mit dem Eintritt der Rechtskraft[30] darf eine verurteilte Person für die **Dauer von 5 Jahren** nicht zum Geschäftsführer bestellt werden (§§ 314, 341 StPO).[31] Wer vor dem Stichtag als Geschäftsführer bestellt und nach einer der neu genannten Straftaten verurteilt worden ist, genießt Vertrauensschutz.[32] 9

Als ausschließende Straftat gilt erstens die **Insolvenzverschleppung** (Abs. 2 Satz 2 Nr. 3 Buchst. a)) nach § 15a Abs. 4 InsO,[33] § 84 Abs. 1 Nr. 2 GmbHG, § 401 Abs. 1 Nr. 2 AktG und §§ 130b, 177a HGB.[34] Hierzu zählt auch die Verurteilung wegen nicht rechtzeitiger Stellung eines Insolvenzeröffnungsantrags.[35] Erforderlich ist nicht die Verhängung einer Geld- oder Freiheitsstrafe wegen 10

19 *Paefgen*, in: Ulmer/Habersack/Löbbe, GmbHG, § 6 Rn. 20.
20 *Wicke*, GmbHG, § 6 Rn. 4.
21 Vgl. OLG Düsseldorf, GmbHR 1997, 71.
22 OLG Frankfurt am Main, GmbHR 1994, 802, 803.
23 Vgl. BGH, NJW 2007, 2328, 2329 (zur Zweigniederlassung einer Limited); *Bauer/Großerichter*, NZG 2008, 253 ff.; *Eidenmüller/Rehberg*, NJW 2008, 28, 29.
24 BGHZ 172, 200, 204.
25 KG, GmbHR 2012, 91, 92.
26 BGH, GmbHR 2011, 864 f.; zu den Inhabilitätsregelungen ausführlich *Brand*, ZNotP 2019, 321 ff.; *Schulte*, NZG 2019, 646 ff.
27 BGH, GmbHR 2011, 864 f., Rn. 10 ff.; OLG Oldenburg, 8.6.2015 – 12 W 107/15, juris Rn. 5.
28 Dazu *Böttcher/Hassner*, GmbHR 2009, 1321 ff.
29 *Altmeppen*, in: Roth/Altmeppen, GmbHG, § 6 Rn. 11; *Schäfer*, in: Bork/Schäfer, GmbHG, § 6 Rn. 2.
30 BGH, NJW-RR 2011, 1257 f. (nicht Zeitpunkt der Verurteilung).
31 Zu verfassungsrechtlichen Bedenken bzgl. der Länge der Ausschlussfrist *Koch*, in: Hüffer/Koch, AktG, 20. Aufl., 2020, § 76 Rn. 62 (für die AG); die Bedenken für das GmbH-Recht ablehnend BGH, WM 2020, 133, Rn. 19.
32 S.a. MünchKommGmbHG/*Goette*, § 6 Rn. 38.
33 OLG Celle, GmbHR 2013, 1140; zum Umfang der Berücksichtigung von Insolvenzverschleppungstatbeständen *Gundlach/Müller*, NZI 2011, 480 ff.
34 Jeweils a.F.; so *Altmeppen*, in: Roth/Altmeppen, GmbHG, § 6 Rn. 12.
35 OLG Celle, GmbHR 2013, 1140, Rn. 2 f.

vorsätzlicher Insolvenzverschleppung, sondern es reicht, dass der Geschäftsführer deswegen unter Vorbehalt der Verhängung einer Geldstrafe i.S. des § 59 Abs. 1 StGB **verwarnt** wurde.[36] Auch eine Verurteilung durch Strafbefehl genügt.[37] Als ausschließende Straftaten gelten zweitens vorsätzliche Insolvenzdelikte nach §§ 283 bis 283d StGB (Abs. 2 Satz 2 Nr. 3 Buchst. b)), drittens die Strafbarkeit wegen falscher Angaben nach § 82 GmbHG oder § 399 AktG (Abs. 2 Satz 2 Nr. 3 Buchst. c)), viertens diejenige wegen vorsätzlicher unrichtiger Darstellung nach § 400 AktG, § 331 HGB, § 313 UmwG und § 17 PublG) und fünftens wegen der allgemeinen Vermögensdelikte der §§ 263 bis 266a, §§ 265b bis 266a StGB.[38] Bei Letzteren erfolgt eine Beschränkung auf eine mindestens einjährige Freiheitsstrafe, da **Bagatelldelikte ausgenommen** sein sollen. Eine entsprechende Anwendung dieser Vorschrift auf nicht im Gesetz genannte Tatbestände ist ausgeschlossen.[39] Allerdings soll es sich bei der Bezugnahme in § 6 Abs. 2 Satz 2 Nr. 3e um eine dynamische Verweisung handeln, sodass auch die mit dem Inkrafttreten des 51. Strafrechtsänderungsgesetzes vom 12.4.2017 **neu eingefügten §§ 265c ff.** (v.a. Sportwettenbetrug) nach dem Wortlaut der Norm eingeschlossen sind.[40]

11 Abs. 2 Satz 3 wurde ebenfalls durch das MoMiG neu gefasst. Danach bildet die Verurteilung wegen mit Satz 2 Nr. 3 vergleichbarer **ausländischer Straftaten** ein Bestellungshindernis. Dabei kann das Registergericht die Gleichwertigkeit im Zweifel mithilfe eines Rechtsgutachtens feststellen.[41] Der Gesetzgeber hat sich ausdrücklich dagegen entschieden, die Bestellungsverbote entsprechend Abs. 2 Satz 2 Nr. 2 auf ausländische Behördenentscheidungen zu erstrecken.[42] Im Ausland lediglich als Ordnungswidrigkeit geahndete Sachverhalte führen daher nicht zu einem Bestellungshindernis.[43] Umstritten war, ob von der Norm nur eine Verurteilung als Täter (§ 25 StGB) erfasst ist.[44] Der BGH geht inzwischen aber zu Recht davon aus, dass **auch die bloße Teilnahme** (§§ 26, 27 StGB) ausreicht, dh die beiden Regelungsformen gleich behandelt werden. Dafür sprechen sowohl der Wortlaut als auch der Sinn und Zweck der Regelung.[45]

III. Rechtsfolgen eines Verstoßes gegen Abs. 2

1. Nichtigkeit der Bestellung

12 Ein Verstoß gegen Abs. 2 stellt einen absoluten Eignungsmangel dar und hat die Nichtigkeit der Geschäftsführerbestellung zur Folge.[46] **Unerheblich** ist daher, ob eine **Kenntnis** von diesem Einigungsmangel gegeben ist. Auch der **Zeitpunkt** des Eintritts eines solchen Einigungsmangels ist nicht relevant. Bei einem späteren Eintritt (z.B. rechtskräftige Verurteilung) verliert der Geschäftsführer in diesem Moment seine Eignung als Geschäftsführer und damit sein Amt kraft Gesetzes. Tritt ein solcher Eignungsmangel nachträglich ein, endet das Geschäftsführeramt automatisch in diesem Zeitpunkt, ohne dass es einer Abberufung bedarf.[47] Die Eintragung als Geschäftsführer ist dann grds. bereits **von Amts wegen im Handelsregister zu löschen.**[48] Damit bedarf es keiner

---

36 OLG Naumburg, GmbHR 2017, 403 f., Rn. 11.

37 BGH, WM 2020, 133, Rn. 11.

38 Kritisch *Altmeppen*, in: Roth/Altmeppen, GmbHG, § 6 Rn. 16.

39 RegE MoMiG S. 74.

40 KG Berlin, NJW-RR 2019, 1514 Rn. 9; OLG Oldenburg, ZIP 2018, 278 ff., Rn. 10 ff.; a.A. OLG Hamm, 27.9.2018 – 27 W 93/18, juris Rn. 19 ff.; s. dazu *Satzger/Endler*, NZG 2019, 1201 ff.

41 *Weyand*, ZInsO 2008, 702, 703.

42 Vgl. BT-Drucks. 16/6140, Anlage 3 S. 4.

43 OLG München, GmbHR 2014, 869, Rn. 3.

44 So etwa *Ahlbrecht*, wistra 2018, 241 ff.

45 BGH, WM 2020, 133, Rn. 13 ff. m.w.N.

46 OLG Naumburg, GmbHR 2000, 378, 380; OLG Frankfurt am Main, NJW-RR, 1995, 298; *Altmeppen*, in: Roth/Altmeppen, GmbHG, § 6 Rn. 25; MünchKommGmbHG/*Goette*, § 6 Rn. 43.

47 BGHZ 115, 78, 80; OLG Karlsruhe, NZG 2014, 1238, Rn. 12; OLG Naumburg, GmbHR 2017, 403 f., Rn. 10.

48 BGH, WM 2020, 133, Rn. 10; OLG Naumburg, GmbHR 2000, 378, 380; OLG Zweibrücken, NZG 2001, 857; OLG München, GmbHR 2011, 430 f., Rn. 6 f.; OLG Karlsruhe, NZG 2014, 1238, Rn. 12; OLG Naumburg, GmbHR 2017, 403 f., Rn. 10.

gesonderten Abberufung durch die Gesellschafterversammlung. Auch wenn der unentdeckte Mangel später wegfällt, wird dadurch eine unwirksame Bestellung nicht nachträglich geheilt. Erforderlich ist eine **Neubestellung** des Geschäftsführers i.S.d. Abs. 3 Satz 2.[49]

2. Rechtsscheinhaftung

Führt ein Geschäftsführer trotz nichtiger Bestellung die Geschäfte der Gesellschaft, sind Dritte 13
in ihrem Vertrauen auf die Eintragung der Bestellung aufgrund § 15 Abs. 1, 3 HGB sowie den Grundsätzen der Rechtsscheinhaftung geschützt. Das Vertrauen Dritter in die Geschäftsfähigkeit des Geschäftsführers erfasst § 15 HGB nicht, da es sich hierbei nicht um eine eintragungspflichtige Tatsache handelt.[50] Geholfen wird dem Dritten jedoch damit, dass ggf. eine Zurechnung des Geschäftsführerverhaltens nach allgemeinen Rechtsscheingrundsätzen stattfindet.[51] Dagegen wird im Schrifttum eingewandt, dass mit dieser Figur allein die Scheinvertretungsmacht, aber nicht eine Scheingeschäftsführung herbeigeführt werden kann.[52]

3. Gesellschafterhaftung (Abs. 5)

a) Allgemeines

Nach dem durch das MoMiG eingefügten Abs. 5 kommt eine – dem § 43 Abs. 2 nachempfun- 14
dene[53] – Haftung der Gesellschafter in Betracht, wenn die Führung der Geschäfte einer Person überlassen wird, die nicht Geschäftsführer sein kann.[54] Die Haftung auf Schadensersatz besteht ggü. der Gesellschaft. Für die Geltendmachung der Ersatzansprüche ist nach § 46 Nr. 8 die Gesellschafterversammlung zuständig, wobei der Gesellschafter, der einer amtsunfähigen Person die Geschäftsführung überlassen hat, gem. § 47 Abs. 4 sein Stimmrecht nicht ausüben darf. Durch die Haftung nach Abs. 5 soll den Gesellschaftern der Anreiz genommen werden, Geschäftsführer unter Verstoß gegen Abs. 2 einzusetzen.[55] Dies gilt auch für den Fall, dass sich ein Mehrheitsgesellschafter zum Geschäftsführer bestellt, obwohl dies nach Abs. 2 nicht möglich ist.

b) Voraussetzungen

Für eine Haftung aus Abs. 5 muss der jeweilige Gesellschafter eine vorsätzliche oder grob fahr- 15
lässige Pflichtverletzung durch Überlassen der Geschäftsführung begangen haben. Aufgrund des Begriffs »**Überlassen**« ist es unerheblich, ob die Amtsunfähigkeit von vornherein bestand oder erst nachträglich eingetreten ist.[56] Das gilt auch für die Duldung von Handlungen eines faktischen Geschäftsführers.[57]

Zudem muss die Überlassung der Geschäftsführung **schuldhaft**, d.h. vorsätzlich oder grob fahr- 16
lässig geschehen. Es muss sich dem Gesellschafter mindestens aufdrängen, weitere Erkundigungen einzuholen.[58] Die Beweislast für einen Mangel an Verschulden trägt der Gesellschafter.[59] Die Haftung nach Abs. 5 setzt weiter voraus, dass der Gesellschaft durch eine Pflichtverletzung des Geschäftsführers ein Schaden entstanden ist.

---

49 BayObLG, NJW-RR 1993, 612, 613 (in Bezug auf die Wiedererlangung der Geschäftsfähigkeit); *Schäfer*, in: Bork/Schäfer, GmbHG, § 6 Rn. 4.

50 BGHZ 115, 78, 83; a.A. OLG München, JZ 1990, 1029 f. m. Anm. *Roth*.

51 So BGHZ 115, 78, 83; s.a. BGH, GmbHR 2002, 972, Rn. 13 ff.

52 *Altmeppen*, in: Roth/Altmeppen, GmbHG, § 6 Rn. 27.

53 *Altmeppen*, in: Roth/Altmeppen, GmbHG, § 6 Rn. 29; MünchKommGmbHG/*Goette*, § 6 Rn. 49.

54 *U.H. Schneider/S.H. Schneider*, GmbHR 2012, 365 ff.

55 BR-Drucks. 354/07, S. 10; s.a. BT-Drucks. 16/6140, S. 64.

56 *Altmeppen*, in: Roth/Altmeppen, GmbHG, § 6 Rn. 29; *Schäfer*, in: Bork/Schäfer, GmbHG, § 6 Rn. 20.

57 *Altmeppen*, in: Roth/Altmeppen, GmbHG, § 6 Rn. 34; *Schäfer*, in: Bork/Schäfer, GmbHG, § 6 Rn. 20; *Wicke*, GmbHG, § 6 Rn. 21 m.w.N.

58 So *Schäfer*, in: Bork/Schäfer, GmbHG, § 6 Rn. 22.

59 *Kleindiek*, in: Lutter/Hommelhoff, GmbHG, § 6 Rn. 60; *Schäfer*, in: Bork/Schäfer, GmbHG, § 6 Rn. 20.

17 Umstritten ist, ob bei einem mehrköpfigen Gremium auch diejenigen Gesellschafter haften, welche als **Minderheitsgesellschafter** gegen die Geschäftsführung einer Person, die nach Abs. 2 ausgeschlossen ist, gestimmt haben.[60] Allein die Berufung darauf, dass man gegen einen entsprechenden Beschluss votiert hat, vermag nach Sinn und Zweck der Norm nicht auszureichen. Schließlich genügt es, wenn der Gesellschafter grob fahrlässig gehandelt hat. Darüber hinaus wird darauf abgehoben, dass die unterlegenen Gesellschafter die Möglichkeit haben, in solchen Fällen geeignete Schritte zu unternehmen.[61] So wird etwa darauf hingewiesen, dass die Minderheitsgesellschafter auf die Einberufung einer Gesellschafterversammlung hinwirken müssen.[62] Welche Handlungen vom Minderheitsgesellschafter darüber hinaus aber zu verlangen sind, damit die Haftung des Abs. 5 nicht eintritt, wird im Schrifttum bislang kaum erörtert.

18 Da die actio pro socio ausschließlich auf mitgliedschaftliche Ansprüche der Gesellschaft ggü. ihren Gesellschaftern Anwendung findet,[63] scheidet eine Unterlassungsklage des Minderheitsgesellschafters für die GmbH gegen den amtsunfähigen Geschäftsführer aus. Zu überlegen ist jedoch, ob der Minderheitsgesellschafter aufgrund der mitgliedschaftlichen Treuepflicht einen Erfüllungsanspruch gegen seine Mitgesellschafter hat, einer Abberufung des Geschäftsführers zuzustimmen.[64] Ob eine Verpflichtung des Minderheitsgesellschafters besteht, diesen Anspruch notfalls klageweise geltend zu machen, um seiner Haftung nach Abs. 5 zu entgehen, ist jedoch zurückhaltend zu bewerten.

19 **Rechtsfolge** ist bei Vorliegen der Voraussetzungen eine Haftung der Gesellschafter nach Abs. 5 als Gesamtschuldner i.S.d. § 426 BGB.[65] Die Verjährung beträgt 5 Jahre (§ 43 Abs. 4).[66]

c) Haftung des Aufsichtsrats

20 Für den Fall, dass anstelle der Gesellschafter ein Aufsichtsrat für die Bestellung des Geschäftsführers zuständig ist, wird z.T. unzutreffend eine Haftung der Aufsichtsratsmitglieder in analoger Anwendung des Abs. 5 befürwortet.[67] Hierdurch soll in erster Linie der Gefahr begegnet werden, dass sich die Gesellschafter durch die Einrichtung eines Aufsichtsrats der Haftung nach Abs. 5 entziehen. Sofern ein fakultativer Aufsichtsrat handelt, sollen die Gesellschafter neben diesem ebenfalls aus Abs. 5 haften, wenn sie vorsätzlich oder grob fahrlässig nicht dagegen einschreiten, dass der Aufsichtsrat seine (Überwachungs-)Pflichten ggü. den Geschäftsführern verletzt. Für eine analoge Anwendung des Abs. 5 auf die Aufsichtsratsmitglieder besteht indes keine Notwendigkeit, da sich ihre Haftung bereits aus § 52 i.V.m. §§ 93, 116 AktG ergibt und es daher an einer Regelungslücke fehlt.[68]

d) Dritthaftung

21 Bei schuldhafter Bestellung eines geschäftsunfähigen Geschäftsführers kommt eine Haftung der Gesellschafter ggü. Dritten aus §§ 280 Abs. 1, 311 Abs. 2 BGB (culpa in contrahendo), weil die Gesellschafter die Geschäftsunfähigkeit des Geschäftsführers erkannt haben oder hätten erkennen

---

60 Bejahend *Wicke*, GmbHG, § 6 Rn. 22; ablehnend *Altmeppen*, in: Roth/Altmeppen, GmbHG, § 6 Rn. 32; *Kleindiek*, in: Lutter/Hommelhoff, GmbHG, § 6 Rn. 48; *Schäfer*, in: Bork/Schäfer, GmbHG, § 6 Rn. 21.

61 *Altmeppen*, in: Roth/Altmeppen, GmbHG, § 6 Rn. 32; MünchKommGmbHG/*Goette*, § 6 Rn. 53.

62 *Altmeppen*, in: Roth/Altmeppen, GmbHG, § 6 Rn. 32; *Schäfer*, in: Bork/Schäfer, GmbHG, § 6 Rn. 21; *Wicke*, GmbHG, § 6 Rn. 21.

63 BGH, WM 1982, 928, 929; *Fastrich*, in: Baumbach/Hueck, GmbHG, § 13 Rn. 38; a.A. *Altmeppen*, in: Roth/Altmeppen, GmbHG, § 13 Rn. 27.

64 Zur Durchsetzung einer Stimmpflicht BGHZ 48, 163 ff.; *Seibt*, in: Scholz, GmbHG, § 14 Rn. 61.

65 *U.H. Schneider/S.H. Schneider*, GmbHR 1012, 365 ff. (auch zum Verschulden und Schaden).

66 *Schäfer*, in: Bork/Schäfer, GmbHG, § 6 Rn. 24.

67 *Altmeppen*, in: Roth/Altmeppen, GmbHG, § 6 Rn. 36; *Wicke*, GmbHG, § 6 Rn. 22; MünchKommGmbHG/*Goette*, § 6 Rn. 54.

68 *Beurskens*, in: Baumbach/Hueck, GmbHG, § 6 Rn. 26; *Tebben*, in: Michalski/Heidinger/Leible/J. Schmidt, GmbHG, § 6 Rn. 99.

müssen[69] oder bei vorsätzlichem sittenwidrigen Verhalten aus § 826 BGB[70] in Betracht. Hat die GmbH insoweit nach §§ 31, 278 BGB für das schädigende Verhalten des Geschäftsführers einzustehen, kann der Geschädigte die GmbH, die Gesellschafter und den deliktisch handelnden Geschäftsführer als Gesamtschuldner in Anspruch nehmen. Dies gilt in Bezug auf die Gesellschafter selbst dann, wenn diese der GmbH nach Abs. 5 im Innenverhältnis haften.[71]

Anders liegt der Fall, wenn der unqualifizierte (faktische) Geschäftsführer das Vermögen der GmbH schädigt, während die Gläubiger der (insolventen) GmbH deshalb nur einen Reflexschaden erleiden. Dann hat die Haftung nach Abs. 5 den Vorrang: Gläubiger einer Kapitalgesellschaft, die nur einen Reflexschaden erleiden, weil ihre insolvente Schuldnerin von Gesellschaftern, Geschäftsführern etc. geschädigt wurde, haben niemals einen Direktanspruch gegen diese Schädiger, weil anderenfalls der Kapitalerhaltungsgrundsatz verletzt würde (arg. §§ 117 Abs. 1 Satz 2, 317 Abs. 1 Satz 2 AktG).[72] 22

IV. Ausschluss durch Gesellschaftsvertrag

Im Gesellschaftsvertrag können neben den in Abs. 2 genannten, weitere persönliche oder sachliche **Voraussetzungen** für eine Geschäftsführerposition vorgesehen sein. Aufgrund der Verbandsautonomie sollten lange Zeit selbst geschlechtsspezifische Vorgaben möglich sein, was aber angesichts der Umsetzung der Antidiskriminierungsrichtlinie so regelmäßig nicht mehr vertretbar sein dürfte.[73] Das **Allgemeine Gleichbehandlungsgesetz** (AGG) schränkt die Möglichkeiten, die Bestellung als Geschäftsführer von spezifischen Kriterien abhängig zu machen, erheblich ein. Gem. § 6 Abs. 3 AGG finden die Benachteiligungsverbote auch auf Organmitglieder, insb. Geschäftsführer, entsprechende Anwendung (s. auch Anh. § 6 Rdn. 36 f.).[74] Dies gilt auch für den Fall, dass ein Geschäftsführer nach Auslaufen eines Vertrags von der dort vorgesehenen Regelung Gebrauch macht und Verhandlungen über eine Fortsetzung seiner Tätigkeit aufnehmen will.[75] Ob aufgrund der lediglich »entsprechenden« Anwendung des § 6 Abs. 3 AGG in Bezug auf Organe von juristischen Personen ein großzügigerer Ermessensspielraum bei der Beurteilung einzuräumen ist, wird unterschiedlich beurteilt.[76] 23

Daher müssen statutarische Bestellungsvoraussetzungen grds. sachlich gerechtfertigt sein.[77] Die Auswahl des Geschäftsführers nach fachlicher Qualifikation und Berufserfahrung unterliegt hierbei keinen Bedenken. Einschränkungen aufgrund ethnischer Herkunft, Geschlecht, Religion oder Weltanschauung sind jedoch faktisch ausgeschlossen, da nur selten gesellschaftsspezifische Gründe vorliegen werden, die eine solche Benachteiligung rechtfertigen könnten.[78] **Altersklauseln** sollten nach einer Ansicht als vertragliche Bestellungsvoraussetzung prinzipiell möglich sein.[79] Dem hat der BGH nunmehr zu Recht widersprochen, sodass eine altersbedingte Benachteiligung nicht (mehr) zulässig ist (s. auch Anh. § 6 Rdn. 36 f.).[80] 24

69 BGHZ 115, 78, 83.
70 BGH, NZG 2006, 350, 353.
71 *Altmeppen*, in: Roth/Altmeppen, GmbHG, § 6 Rn. 39.
72 *Altmeppen*, ZIP 2008, 1201, 1203.
73 *Kleindiek*, in: Lutter/Hommelhoff, GmbHG, § 6 Rn. 34 f.; MünchKommGmbHG/*Goette*, § 6 Rn. 40.
74 BGH, NJW 2012, 2346 ff.; *Horstmeier*, GmbHR 2007, 125, 126; *Eßer/Baluch*, NZG 2007, 321 f.; *Reufels/Molle*, NZA-RR 2011, 281 ff.
75 OLG Köln, DB 2010, 1878 ff.
76 OLG Köln, DB 2010, 1878, 1882, Rn. 76 ff. m.w.N.
77 *Tebben*, in: Michalski/Heidinger/Leible/J. Schmidt, GmbHG, § 6 Rn. 37.
78 *Schäfer*, in: Bork/Schäfer, GmbHG, § 6 Rn. 13.
79 *Bauer/Arnold*, ZIP 2008, 993, 1000; s. aber BGH, NJW 2012, 2346.
80 BGH, NJW 2012, 2346, Rn. 24 ff.

25 Wird ein Geschäftsführer bestellt, obwohl er die im Gesellschaftsvertrag festgelegten Voraussetzungen nicht erfüllt, kann er zwar aus wichtigem Grund abberufen werden. Der Beschluss zur Bestellung des Geschäftsführers ist gleichwohl wirksam und lediglich anfechtbar.[81]

V. Sonstige Ausschlussgründe?

1. Genehmigungserfordernis, berufsständische/gewerberechtliche Voraussetzungen

26 Die Wirksamkeit der Bestellung wird weder durch beamtenrechtliche Genehmigungserfordernisse[82] noch durch berufsständische oder gewerberechtliche Voraussetzungen in Bezug auf die Stellung als Geschäftsführer (z.B. § 59i Abs. 1 BRAO, § 50 Abs. 1 Satz 2 StBerG, § 28 Abs. 1 Satz 4 WPO)[83] beeinflusst. Umstritten ist, ob die Stellung als **Aufsichtsratsmitglied** des Unternehmens einer Bestellung zum Geschäftsführer entgegensteht. Da der Aufsichtsrat die Geschäftsführer überwachen soll, ist das grds. abzulehnen.[84] Für die mitbestimmte GmbH enthält § 6 Abs. 2 MitbestG ausdrücklich ein grds. Bestellungshindernis. Das gilt auch für einen Beirat, sofern er nicht nur Beratungs-, sondern auch Überwachungsbefugnisse (§ 52 GmbHG) innehat.

2. Ausländische Geschäftsführer

27 Da für eine Geschäftsführerbestellung die Staatsangehörigkeit des Geschäftsführers, dessen Wohnsitz oder gewöhnlicher Aufenthalt sowie dessen deutsche Sprachkenntnisse unerheblich sind,[85] können auch Ausländer Geschäftsführer sein. Umstritten ist allerdings, ob nicht eine Bestellung nur dann in Betracht kommt, wenn der Geschäftsführer jederzeit nach Deutschland einreisen kann bzw. wenn er jederzeit in der Lage ist, seine gesetzlichen Mindestpflichten (z.B. §§ 7 ff., 30 f., 41, 43 Abs. 3, 49 Abs. 3, 51a, 64, 78 ff. GmbHG, § 15a InsO) zu erfüllen.[86]

28 Unproblematisch erscheint die Lage bei **EU-Ausländern** und Angehörigen von Nicht-EU-Staaten, wenn sie für eine Dauer von bis zu 3 Monaten ohne Visum nach Deutschland einreisen dürfen.[87] Von Nicht-EU-Ausländern wird dagegen teilweise der Nachweis verlangt, dass sie jederzeit zur Erfüllung ihrer gesetzlichen Aufgaben einreisen können. Sofern dieser nicht erbracht werden kann, soll der Bestellungsakt zum Geschäftsführer unwirksam sein.[88] Formal könnte dann ein Bestellungshindernis analog Abs. 2 vorliegen, indem die Nichterteilung oder Einschränkung der ausländerrechtlichen Aufenthaltserlaubnis einem Verbot i.S.d. Abs. 2 gleichsteht. Ob eine Vergleichbarkeit möglich ist, wird teilweise angezweifelt.[89]

---

81 *Baukelmann*, in: Rowedder/Schmidt-Leithoff, GmbHG, § 35 Rn. 75; *Tebben*, in: Michalski/Heidinger/Leible/J. Schmidt, GmbHG, § 6 Rn. 39;.

82 *Beurskens*, in: Baumbach/Hueck, GmbHG, § 6 Rn. 12; zu Mitgliedern der Bundesregierung und Landesministern vgl. *Schmidt-Leithoff*, in: Rowedder/Schmidt-Leithoff, GmbHG, § 6 Rn. 31.

83 *Füller*, in: Ensthaler/Füller/Schmidt, GmbHG, § 6 Rn. 13; *Tebben*, in: Michalski/Heidinger/Leible/J. Schmidt, GmbHG, § 6 Rn. 33.

84 *Tebben*, in: Michalski/Heidinger/Leible/J. Schmidt, GmbHG, § 6 Rn. 30; MünchKommGmbHG/*Goette*, § 6 Rn. 39.

85 LG Hildesheim, GmbHR 1995, 655.

86 Vgl. OLG Hamm, NJW-RR 2000, 37; OLG Köln, NZG 1999, 269, 270; OLG Zweibrücken, NJW-RR 2001, 1689; OLG Frankfurt am Main, NJW-RR 2001, 1616 f.; OLG Stuttgart, NZG 2006, 789; OLG Celle, NJW-RR 2007, 1673, 1675; *Wicke*, GmbHG, § 6 Rn. 7; *Heidel*, in: Heidel/Pauly/Amend, § 15 Rn. 97.

87 Vgl. OLG Frankfurt am Main, NZG 2001, 757; OLG Stuttgart, NZG 2006, 789.

88 Bejahend OLG Hamm, NJW-RR 2000, 37, 38; OLG Zweibrücken, NJW-RR 2001, 1689; OLG Celle, NJW-RR 2007, 1679 f.; *Schmidt-Leithoff*, in: Rowedder/Schmidt-Leithoff, GmbHG, § 6 Rn. 13; *U.H. Schneider/S.H. Schneider*, in: Scholz, GmbHG, § 6 Rn. 19; *Wicke*, GmbHG, § 6 Rn. 7; verneinend OLG Dresden, NZG 2003, 628, 629; *Altmeppen*, in: Roth/Altmeppen, GmbHG, § 6 Rn. 43; *Paefgen*, in: Ulmer/Habersack/Löbbe, GmbHG, § 6 Rn. 56 f.; offengelassen bei OLG Stuttgart, NZG 2006, 789.

89 Vgl. *Melchior*, DB 1997, 413, 415.

Eine a.A. lehnt eine solche Unterscheidung zulasten bestimmter Nicht-EU-Ausländer ab. Sie sei zum einen vom Gesetz nicht gedeckt, da auch eine Delegation von Leitungsaufgaben in Betracht kommt, und zum anderen verkenne sie die praktischen Erfordernisse und realen Möglichkeiten moderner Kommunikationsmittel.[90] Dem ist insb. angesichts der technischen Möglichkeiten (z.B. Internet), die Geschäftsführerpflichten wahrzunehmen, aber auch unter Berücksichtigung der Änderungen durch das MoMiG, zuzustimmen.[91] 29

D. Bestellung des Geschäftsführers (Abs. 3 Satz 2, Abs. 4)

I. Allgemeines

Die Bestellung des Geschäftsführers ist unabhängig vom Anstellungsverhältnis (Trennungsprinzip). 30 Der Geschäftsführer ist entweder im Gesellschaftsvertrag oder durch einfachen Beschluss (vgl. § 47 Abs. 1) zu bestellen (Abs. 3 Satz 2). Der Widerruf der Bestellung ist in § 38 normiert.

Regelmäßig ist die Gesellschafterversammlung zuständig (§ 46 Nr. 5). Allerdings kann die **Zuständigkeit** für die Bestellung im Gesellschaftsvertrag auf den Aufsichtsrat oder einzelne Gesellschafter verlagert werden.[92] Ob der Gesellschaftsvertrag die Bestellungskompetenz auch auf außenstehende Dritte delegieren kann, ist umstritten. Dies ist zu bejahen, da die Gesellschafter die Möglichkeit haben, den Geschäftsführer abzuberufen und im Wege der Satzungsänderung die Zuständigkeit wieder an sich ziehen können.[93] In der mitbestimmten GmbH ist, sofern nicht das DrittelBG gilt, der Aufsichtsrat für die Bestellung der Geschäftsführer zuständig (§ 84 AktG i.V.m. §§ 31 Abs. 1 MitbestG, 12 MontanMitbestG, 13 MitbestErgG).[94] Schon im Gründungsstadium muss die Gesellschaft einen oder mehrere Geschäftsführer bestellt haben,[95] die dann bei der Anmeldung der Gesellschaft auftreten (vgl. § 8 Abs. 1 Nr. 2, Abs. 3, Abs. 4 Nr. 2). 31

Die **Beschlussfassung** über die Bestellung kann schon vor Eintragung der GmbH mit einfacher Mehrheit erfolgen, da für die Vor-GmbH grds. die Regeln der GmbH gelten.[96] Auch derjenige Gesellschafter, der Geschäftsführer werden will, ist stimmberechtigt, da er mit der Stimmabgabe nur sein Mitgliedschaftsrecht ausübt.[97] 32

Die Bestellung ist dem Geschäftsführer ggü. rechtsgeschäftlich zu erklären (**Bestellungserklärung**). 33 Erforderlich ist zudem die (formfreie) Annahme durch den Geschäftsführer, die wiederum der Gesellschaft und damit dem Geschäftsführer oder den Geschäftsführern als Vertreter (§ 35 Abs. 2) zugehen muss. Eine konkludente Annahme ergibt sich für Fremd-Geschäftsführer aus der Anmeldung zum Handelsregister bzw. aus der Aufnahme der Tätigkeit,[98] für Gesellschafter-Geschäftsführer grds. aus der Unterzeichnung des Gesellschaftsvertrags, sofern dieser die Bestellung vorsieht. Zu

---

90 OLG Dresden, NZG 2003, 628, 629; LG Berlin, GmbHR 2004, 951; s.a. Frankfurt am Main, Urt. v. 12.11.2010 – 20 W 370/10, juris, Rn. 15 ff.; *Altmeppen*, in: Roth/Altmeppen, GmbHG, § 6 Rn. 43; *Kleindiek*, in: Lutter/Hommelhoff, GmbHG, § 6 Rn. 15; *Beurskens*, in: Baumbach/Hueck, GmbHG, § 6 Rn. 11; *Schäfer*, in: Bork/Schäfer, GmbHG, § 6 Rn. 5; *Paefgen*, in: Ulmer/Habersack/Löbbe, GmbHG, § 6 Rn. 53 ff.

91 So auch OLG München, NJW-RR 2010, 338 f.; OLG Düsseldorf, NZG 2009, 678 f.; MünchKommGmbHG/*Goette*, § 6 Rn. 20.

92 OLG Stuttgart, GmbHR 1999, 537, 538; *Altmeppen*, in: Roth/Altmeppen, GmbHG, § 6 Rn. 61; *Tebben*, in: Michalski/Heidinger/Leible/J. Schmidt, GmbHG, § 6 Rn. 44.

93 Wie hier *Beurskens*, in: Baumbach/Hueck, GmbHG, § 6 Rn. 47; *Schmidt-Leithoff*, in: Rowedder/Schmidt-Leithoff, GmbHG, § 6 Rn. 39; *Tebben*, in: Michalski/Heidinger/Leible/J. Schmidt, GmbHG, § 6 Rn. 63; MünchKommGmbHG/*Goette*, § 6 Rn. 61; a.A. *Hüffer/Schürnbrand*, in: Ulmer/Habersack/Löbbe, GmbHG, § 46 Rn. 87; *U.H. Schneider/S.H. Schneider*, in: Scholz, GmbHG, § 6 Rn. 87 ff., § 38 Rn. 24 f.

94 *Fedke*, NZG 2017, 848 ff.

95 BGHZ 80, 212, 214 f.

96 BGHZ 80, 212, 214 f.

97 BGHZ 18, 205, 210.

98 *Füller*, in: Ensthaler/Füller/Schmidt, GmbHG, § 6 Rn. 16.

berücksichtigen ist, dass die Wirksamkeit der Bestellung bereits mit der Annahme eintritt, sodass es hierfür nicht auf die (rein deklaratorische) Eintragung im Handelsregister ankommt.[99]

34 Liegt **Unwirksamkeit** der Bestellung vor,[100] weil etwa in der mitbestimmten GmbH die Geschäftsführer von der Gesellschafterversammlung und nicht vom Aufsichtsrat bestellt wurden (**fehlerhaftes Bestellungsverhältnis**),[101] gelten die Regeln über die fehlerhafte Gesellschaft. Der Geschäftsführer ist daher bis zur Geltendmachung des Mangels mit den Rechten und Pflichten eines wirksam bestellten Geschäftsführers ausgestattet.[102] Wird der Geschäftsführer ohne Bestellungsakt tätig (**faktischer Geschäftsführer**), ist sein Handeln der Gesellschaft nur über Rechtsscheingrundsätze zurechenbar.[103]

35 Erfolgt die Geschäftsführerbestellung im Gesellschaftsvertrag, ist dies regelmäßig kein echter **Satzungsbestandteil**. Sofern im Vertrag nichts anderes vorgesehen ist, kann daher eine spätere Abberufung auch ohne Satzungsänderung durchgeführt werden.[104] Allein die im Gesellschaftsvertrag erfolgende Bestellung eines Gesellschafters zum Geschäftsführer ist regelmäßig nicht als **Sonderrecht** i.S.d. § 35 BGB zu verstehen. Eine Abberufung des Betreffenden ohne seine Zustimmung bedarf daher grds. eines wichtigen Grundes.[105] Zugleich beinhaltet die Vereinbarung eines Sonderrechts keine Nebenpflicht zur Geschäftsführung gem. § 3 Abs. 2.[106]

36 Eine **Amtsniederlegung** beeinträchtigt den Fortbestand eines satzungsmäßig eingeräumten Sonderrechts zur Geschäftsführung nicht. Der sonderberechtigte Gesellschafter kann vielmehr nach der Rechtsprechung ohne Gesellschafterbeschluss durch einseitige Erklärung seine Stellung als Geschäftsführer wieder einnehmen.[107]

II. Selbstbestellung

37 Der Alleingesellschafter einer **Einpersonen-GmbH** kann sich ohne Beachtung des § 35 Abs. 3 GmbHG i.V.m. § 181 BGB selbst zum Geschäftsführer bestellen.[108] Den Beschluss hat er zu protokollieren (§ 48 Abs. 3). Besteht ein Konzernverhältnis zwischen der GmbH (Tochtergesellschaft) und dem Alleingesellschafter (Muttergesellschaft), kann sich der organschaftliche Vertreter der Muttergesellschaft nur dann zum Geschäftsführer der GmbH bestellen, wenn er vom Verbot des § 181 BGB befreit ist.[109] Ist die Muttergesellschaft eine AG, ist umstritten, ob der Aufsichtsrat mitwirken muss (§ 112 AktG).[110]

III. Sonderrecht zur Geschäftsführung

38 Im Gesellschaftsvertrag kann einzelnen oder allen Gesellschaftern ein unentziehbares Sonderrecht zur Geschäftsführung zugesprochen werden. Die Gesellschafter können auch ein **Benennungsrecht** erhalten.[111] Sieht der Gesellschaftsvertrag vor, dass sämtliche Gesellschafter zur Geschäftsführung berechtigt sind, sind hiervon nur die Gründungsgesellschafter erfasst (Abs. 4). Hieraus wird abgeleitet, dass entsprechende Satzungsbestimmungen restriktiv auszulegen sind.[112]

99 BGH, NJW 1996, 257, 259.
100 Zur Wirksamkeit im Rahmen einer »Firmenbestattung« OLG Karlsruhe, NJW-RR 2013, 939.
101 *Bayer/Lieder*, NZG 2012, 1 ff.
102 *Schmidt*, in: Ensthaler/Füller/Schmidt, GmbHG, § 35 Rn. 5.
103 *Beurskens*, in: Baumbach/Hueck, GmbHG, § 35 Rn. 27.
104 BGHZ 18, 205, 207 f.; *Altmeppen*, in: Roth/Altmeppen, GmbHG, § 6 Rn. 66.
105 *Wicke*, GmbHG, § 6 Rn. 12; *Altmeppen*, in: Roth/Altmeppen, GmbHG, § 6 Rn. 68.
106 OLG Hamm, NZG 2002, 421 f.
107 OLG Düsseldorf, DNotZ 2007, 394; a.A. *Altmeppen*, in: Roth/Altmeppen, GmbHG, § 6 Rn. 71.
108 *Altmeppen*, in: Roth/Altmeppen, GmbHG, § 6 Rn. 67; *Beurskens*, in: Baumbach/Hueck, GmbHG, § 6 Rn. 63; *Schmidt-Leithoff*, in: Rowedder/Schmidt-Leithoff, GmbHG, § 6 Rn. 38.
109 BayObLG, GmbHR 2001, 72; LG Berlin, NJW-RR 1997, 1534 f.; a.A. LG Nürnberg, AG 2001, 152.
110 Ablehnend OLG München, ZIP 2012, 1122 f., Rn. 11 m.w.N.
111 BGH, WM 1973, 1295, 1296; BGH, NZG 2004, 516, 517.
112 *Altmeppen*, in: Roth/Altmeppen, GmbHG, § 6 Rn. 69.

Ist der Gesellschafter aufgrund eines als unentziehbar bezeichneten **Sonderrechts** zur Geschäftsführung berechtigt, bleibt dennoch seine Abberufung aus wichtigem Grund (§ 38 Abs. 2) stets möglich. Ob und in welchem Umfang der Gesellschaftsvertrag ein solches Sonderrecht einräumt, ist Auslegungsfrage. Dies gilt insb., wenn die Satzung lediglich eine Regelung zur Geschäftsführerbestellung enthält und zugleich für den Beschluss über das Anstellungsverhältnis Einstimmigkeit verlangt.[113] Ist die nach Satzung oder Gesellschafterbeschluss zulässige Gesamtzahl der Geschäftsführer bereits ausgeschöpft, ist einer der Geschäftsführer notfalls abzuberufen, um das Sonderrecht auf Bestellung verwirklichen zu können.[114] 39

IV. Bedingung oder Befristung

Die Bestellung des Geschäftsführers erfolgt zwar grds. unbefristet (bei freiem Widerrufsrecht nach § 38 Abs. 1), sie kann aber auch, etwa auf eine Amtsperiode, **befristet** werden. In der mitbestimmten GmbH ist die Bestellung zwingend auf 5 Jahre beschränkt (§ 84 Abs. 1 AktG, § 31 Abs. 1 MitbestG, § 12 MontanmitbestG, § 13 MitbestErgG).[115] Auch eine **auflösend bedingte** Bestellung (§ 158 BGB) ist nach der Rechtsprechung möglich.[116] Die Rechtssicherheit sei hierdurch nicht stärker als bei einer anderen Form der Abberufung berührt. Andere sehen für eine auflösende Bedingung der Geschäftsführerstellung kein Bedürfnis, da die Bestellung nach § 38 Abs. 1 frei widerruflich ist.[117] Die Bestellung eines Geschäftsführers unter aufschiebender Bedingung wird regelmäßig, da die Eintragung zukünftiger Ereignisse registerrechtlich nicht möglich ist, für unzulässig gehalten.[118] 40

E. Notgeschäftsführung

I. Grundsatz

Fehlt ein für die organschaftliche Vertretung der GmbH unentbehrlicher Geschäftsführer oder ist er rechtlich oder tatsächlich verhindert, erfolgt in dringenden Fällen die **gerichtliche Bestellung** eines Notgeschäftsführers nach § 29 BGB analog im Verfahren nach dem FamFG.[119] Gegen die Entscheidung des Registergerichts über die Bestellung ist binnen eines Monats Beschwerde möglich (§§ 58 Abs. 1, 63 Abs. 1 FamFG).[120] Bei der Mitbestimmung unterliegenden Gesellschaften richtet sich die Notbestellung nach § 85 AktG, § 31 Abs. 1 MitbestG. **Antragsberechtigt** sind die Beteiligten, d.h. die Gesellschafter, ein Geschäftsführer, sofern zur Vertretung ein weiterer Geschäftsführer erforderlich oder zweifelhaft ist, ob eine Abberufung wirksam erfolgte.[121] Auch eine Verwaltungsbehörde[122] oder die Gläubiger[123] sollen antragsbefugt sein, nicht aber die Staatsanwaltschaft.[124] Die Gesellschafter können Vorschläge hinsichtlich des Notgeschäftsführers machen.[125] 41

---

113 BGH, NJW 1969, 131; BGH, NJW-RR 1989, 542; BGH, ZIP 2004, 80.

114 OLG Stuttgart, GmbHR 1999, 537.

115 BGH, WM 1962, 109.

116 BGH, NZG 2006, 62, 63 f. m.w.N. auch zur a.A.; OLG Stuttgart, ZIP 2004, 951, 953.

117 *Altmeppen*, in: Roth/Altmeppen, GmbHG, § 6 Rn. 73; *Hommelhoff/Kleindiek*, in: Lutter/Hommelhoff, GmbHG, § 6 Rn. 25; *U.H. Schneider/S.H. Schneider*, in: Scholz, GmbHG, § 6 Rn. 74.

118 *Altmeppen*, in: Roth/Altmeppen, GmbHG, § 6 Rn. 68; *Füller*, in: Ensthaler/Füller/Schmidt, GmbHG, § 6 Rn. 16; a.A. *Schumacher*, GmbHR 2006, 925, 927; wohl auch *Wicke*, GmbHG, § 6 Rn. 14, der allein darauf abhebt, dass ein solcher Umstand nicht eintragungsfähig wäre.

119 BGH, NJW-RR 2004, 1408, 1409; BayObLG, NZG 1998, 73, 74; OLG Hamm, NJW-RR 1996, 996; OLG Zweibrücken, NJW-RR 2001, 1058; OLG Düsseldorf, GmbHR 2016, 1032 ff., Rn. 24; *Kögel*, GmbHR 2012, 772 ff.; *U.H. Schneider/S.H. Schneider*, in: Scholz, GmbHG, § 6 Rn. 94 ff.; *Paefgen*, in: Ulmer/Habersack/Löbbe, GmbHG, § 6 Rn. 82 ff.; MünchKommGmbHG/*Goette*, § 6 Rn. 77; a.A. *Kögel*, NZG 2000, 20, 23 (§ 85 AktG analog).

120 OLG Düsseldorf, GmbHR 2016, 1032 ff., Rn. 19 (nach Eintragung mit dem Ziel eines Amtslöschungsverfahrens).

121 BayObLG, NJW-RR 1999, 1259, 1261.

122 *U.H. Schneider/S.H. Schneider*, in: Scholz, GmbHG, § 6 Rn. 99.

123 OLG Frankfurt am Main, ZIP 2014, 1226 ff., Rn. 23 nach juris.

124 OLG Frankfurt am Main, ZIP 2014, 1226, 1228, Rn. 31 ff. nach juris.

125 BayObLG, NJW-RR 2000, 254, 255.

42 Die Geschäftsführungsbefugnis des Notgeschäftsführers muss auf das sachlich Notwendige beschränkt werden.[126] Die organschaftliche Vertretungsbefugnis ist nicht eingrenzbar (§ 37 Abs. 2).[127] Allerdings kann seine Geschäftsführungsbefugnis beschränkt werden.[128] Das Registergericht ist an die satzungsmäßigen Vorgaben gebunden.[129] Sofern in der Satzung eine Ermächtigung zur Erteilung von Einzelvertretungsbefugnis[130] oder eine solche zur Befreiung von § 181 BGB enthalten ist, darf das Gericht bei Vorliegen eines sachlichen Grundes davon Gebrauch machen.[131] Ein Notgeschäftsführer kann nicht gegen seinen Willen bestellt werden.[132]

43 Ein **Vergütungsanspruch** des gerichtlich bestellten Notgeschäftsführers besteht nur ggü. der GmbH.[133] Dessen dogmatische Grundlage ist umstritten.[134] Jedenfalls handelt das Registergericht an Stelle der Gesellschafterversammlung.[135] Da sich der Anspruch gegen die (häufig notleidende) GmbH richtet, wird sich nur schwer eine dazu bereite Person finden. Ein Zwang, die Bestellung anzunehmen, besteht nicht.[136] Derjenige, der den Antrag auf Bestellung eines Notgeschäftsführers stellt, kann eine entsprechende Person vorschlagen, wobei das Registergericht nicht an diesen Vorschlag gebunden ist.[137] Das Gericht kann den Antrag auf Bestellung eines Notgeschäftsführers ablehnen, wenn keine hierfür geeignete und bereite Person vorgeschlagen wurde und trotz Beteiligung der Organe des Handelsstandes eine solche Person nicht zu finden ist.[138]

II. Dringender Fall i.S.d. § 29 BGB

44 Da die Ernennung eines Notgeschäftsführers ein wesentlicher Eingriff in das Bestellungsrecht der Gesellschaft ist, ist sie nur in dringenden Fällen möglich. Ein dringender Fall i.S.d. § 29 BGB liegt vor, wenn die Bestellung des Notgeschäftsführers unumgänglich ist, um einen drohenden Schaden der Gesellschaft oder eines Beteiligten[139] abzuwenden. Das ist vor allem dann gegeben, wenn die Gesellschaftsorgane selbst mangels Einigung keine Lösung finden,[140] d.h. den Mangel nicht innerhalb einer angemessenen Frist beseitigen können.[141]

45 Als einfacherer Weg ist teilweise die Bestellung eines Prozesspflegers nach § 57 ZPO möglich.[142] Abzulehnen ist ein dringender Fall, sofern durch den für das Insolvenzverfahren der Gesellschaft bestellten Prozess-/Verfahrenspfleger drohende Schäden abgewendet werden können.[143] Ein

126 BayObLG, NJW-RR 1999, 1259, 1261; OLG München, BB 2007, 2311, 2312; OLG Düsseldorf, GmbHR 2016, 1032 ff., Rn. 25.

127 BayObLG, GmbHR, 1998, 1123, 1125; BayObLG, GmbHR 1999, 1291.

128 BayObLG, NJW-RR 1986, 523; BayObLG, NJW-RR 1999, 1259, 1260.

129 BayObLG, NJW 1981, 995, 996.

130 BayObLG, GmbHR, 1998, 1123, 1125.

131 OLG Düsseldorf, NZG 2002, 338, 339.

132 OLG München, BB 2007, 2311, 2313; KG, BB 2000, 998, 999.

133 BGH, NJW 1985, 637; *U.H. Schneider/S.H. Schneider*, in: Scholz, GmbHG, § 6 Rn. 104; *Wicke*, GmbHG, § 6 Rn. 18.

134 *Altmeppen*, in: Roth/Altmeppen, GmbHG, § 6 Rn. 58.

135 OLG Frankfurt am Main, GmbHR 2006, 204, Rn. 13.

136 OLG Hamm, DB 1996, 369, 370; vgl. auch *Beurskens*, in: Baumbach/Hueck, GmbHG, § 6 Rn. 49.

137 *Füller*, in: Ensthaler/Füller/Schmidt, GmbHG, § 6 Rn. 28; *U.H. Schneider/S.H. Schneider*, in: Scholz, GmbHG, § 6 Rn. 99.

138 OLG Frankfurt am Main, GmbHR 2006, 204, 205.

139 OLG München, DStR 2007, 1925; OLG Zweibrücken, NJW-RR 2001, 1057, 1058; OLG Frankfurt am Main, GmbHR 2001, 436.

140 BayObLG, ZIP 1997, 1785; BayObLG, NZG 1998, 944, 945; BayObLG, NJW-RR 2000, 409, 410; OLG Frankfurt am Main, GmbHR 2006, 204, 205; OLG Frankfurt am Main, GmbHR 2014, 929, Rn. 28.

141 OLG Düsseldorf, GmbHR 2016, 1032 ff., Rn. 25 f.

142 OLG München, NZG 2008, 160; *Beurskens*, in: Baumbach/Hueck, GmbHG, § 6 Rn. 42.

143 OLG Zweibrücken, ZIP 2001, 973, 974; ähnlich auch OLG Zweibrücken, GmbHR 2007, 544, 545; OLG München, GmbHR 2007, 1108; a.A. OLG Köln, ZIP 2000, 280, 283.

dringender Fall soll auch dann nicht vorliegen, wenn der einzige Geschäftsführer während des Insolvenzeröffnungsverfahrens stirbt, die GmbH aber anwaltlich vertreten ist.[144] Die Bestellung eines Notgeschäftsführers ist bei einer unwirksamen Abberufung unzulässig.[145] Unwirksamkeit liegt auch dann vor, wenn der einzige Alleingesellschafter-Geschäftsführer rechtsmissbräuchlich sein Amt niederlegt.[146]

III. Beendigung

Das Notgeschäftsführeramt endet mit der Bestellung eines neuen Geschäftsführers durch das zuständige Gesellschaftsorgan.[147] Beendigung tritt auch ein, wenn die Frist einer zulässigen Befristung abgelaufen ist.[148] Der Notgeschäftsführer kann nicht durch die Gesellschafter abberufen werden, sondern es kann lediglich ein Antrag beim Registergericht auf **Abberufung** aus wichtigem Grund gestellt werden mit der Begründung, es liege ein wichtiger Grund in der Person des Notgeschäftsführers oder seinem Verhalten vor, oder es liege eine der Bestellungsvoraussetzungen nicht mehr vor.[149] Gegen die Entscheidung des Registergerichts über die Abberufung ist Beschwerde binnen eines Monats möglich (§§ 58 Abs. 1, 63 Abs. 1 FamFG). 46

Anhang zu § 6 Anstellungsverhältnis

Schrifttum

Bachmann, Die Beschränkung der Organhaftung nach den Grundsätzen des Arbeitsrechts, ZIP 2017, 841; *Bauer/Arnold,* Kann die Geltung des KSchG für GmbH-Geschäftsführer vereinbart werden?, ZIP 2010, 709; *Born,* Die neure Rechtsprechung des Bundesgerichtshofs zur Gesellschaft mit beschränkter Haftung, WM 2013, Sonderbeil. 1; *Born,* Die neuere Rechtsprechung des Bundesgerichtshofs zur Gesellschaft mit beschränkter Haftung, WM 2017, Sonderbeil. 3; *Bross,* Sozialversicherungsfreiheit von Geschäftsführern in Familiengesellschaften, DB 2014, 2651; *Erb/Seulen,* Zur Reichweite des gesellschaftsvertraglichen Wettbewerbsverbots eines Gesellschafter-Geschäftsführers einer GmbH, DB 2017, 1502; *Fichtelmann,* Die Rechtsstellung des Geschäftsführers der GmbH in der Insolvenz der Gesellschaft, GmbHR 2008, 76; *Fischer,* Die Fremdgeschäftsführerin und andere Organvertreter auf dem Weg zur Arbeitnehmereigenschaft, NJW 2011, 2329; *Freckmann,* Der GmbH-Geschäftsführer im Arbeits- und Sozialversicherungsrecht, DStR 2008, 52; *Geißler,* Herabsetzung der Vergütung des Fremdgeschäftsführers in der Krise der GmbH – eine dogmatische Systemwidrigkeit?, GmbHR 2017, 1195; *Gravenhorst,* Das Anstellungsverhältnis des GmbH-Geschäftsführers nach seiner Abberufung, GmbHR 2007, 417; *Harbarth,* Gesellschaftsrechtliche Anforderungen an die Kündigung von Geschäftsführerverträgen, BB 2015, 707; *Kielkowski,* Zur Problematik von nachvertraglichen Wettbewerbsverboten für Geschäftsführer, NZG 2015, 900; *Koehler,* Koppelungsklauseln in Geschäftsführeranstellungsverträgen, NZG 2019, 1406; *Kruse/Welskop,* Grundsätze zum fehlerhaften Arbeitsverhältnis: Übertragung auf Anstellungsverträge von Organmitgliedern, DStR 2020, 173; *Kühn,* Kündigung des Geschäftsführer-Dienstvertrags – Zulässigkeit und Grenzen der Genehmigung durch Gesellschafterbeschluss, BB 2011, 954; *Leitzen,* Auswirkungen des VorstAG auf die Geschäftsführervergütung in mitbestimmten GmbHs, Der Konzern 2010, 87; *Lau,* Sozialversicherungspflicht von GmbH-Geschäftsführern, NZS 2019, 452; *Lembke,* Nachvertragliche Wettbewerbsverbote in der Praxis, BB 2020, 52; *Leuering/Dornhegge,* Geschäftsverteilung zwischen GmbH-Geschäftsführern, NZG 2010, 13; *Lunk,* GmbH-Geschäftsführer und die Arbeitsgerichtsbarkeit – ein Zwischenbericht, NZA-RR

144 AG Hamburg, ZIP 2006, 1880, 1881.

145 BayObLG, ZIP 1999, 1845 f.

146 BayObLG, ZIP 1999, 1599; OLG Düsseldorf, ZIP 2001, 25, 26.

147 BGH, NJW 1981, 1041; *Altmeppen,* in: Roth/Altmeppen, GmbHG, § 6 Rn. 56; *U.H. Schneider/S.H. Schneider,* in: Scholz, GmbHG, § 6 Rn. 107; *Tebben,* in: Michalski/Heidinger/Leible/J. Schmidt, GmbHG, § 6 Rn. 82.

148 OLG München, BB 2007, 2311, 2312.

149 OLG München, GmbHR 1994, 259; OLG Düsseldorf, ZIP 1997, 846, 847; OLG Düsseldorf, GmbHR 2002, 158, 159; *Altmeppen,* in: Roth/Altmeppen, GmbHG, § 6 Rn. 56; *Schmidt,* in: Ensthaler/Füller/Schmidt, GmbHG, § 35 Rn. 8; *Beurskens,* in: Baumbach/Hueck, GmbHG, § 6 Rn. 39.

2019, 406; *Lunk/Hildebrand*, Konsequenzen der Balkaya-Entscheidung des EuGH für Geschäftsführer, Arbeitnehmer und Gesellschafter, NZA 2016, 129; *Mohr*, Die Angemessenheit der Gesamtvergütung des GmbH-Geschäftsführers im Gesellschaftsrecht, GmbHR 2011, 402; *Mohr*, Die Auswirkungen des arbeitsrechtlichen Verbots von Altersdiskriminierungen auf Gesellschaftsorgane, ZHR 178 (2014), 326; *Mohr/Bourazeri*, GmbH-Geschäftsführer als arbeitgeberähnliche Personen, NZA 2019, 595; *Peetz*, Rentenversicherungspflicht des GmbH-Geschäftsführers, GmbHR 2017, 230; *Picker*, Die krankheitsbedingte Kündigung des Dienstvertrags eines GmbH-Geschäftsführers, GmbHR 2011, 629; *Preis/Sagan*, Der GmbH-Geschäftsführer in der arbeits- und diskriminierungsrechtlichen Rechtsprechung, ZGR 2013, 26; *Reichold/Heinrich*, Zum Diskriminierungsschutz des GmbH-Geschäftsführers, in: FS Westermann, 2008, S. 1315; *Reiserer*, Arbeitnehmerschutz für Geschäftsführer? – EuGH und BAG leisten Schützenhilfe, BB 2016, 1141; *Reiserer/Fallenstein*, Neues zur Statusfeststellung von GmbH-Geschäftsführern, DStR 2010, 2085; *Reiserer/Skupin*, Rechtsprechungsentwicklung zur Sozialversicherungspflicht von (Gesellschafter-)Geschäftsführern einer GmbH, BB 2019, 505; *Rüppell/Hoffmann*, Abberufung und Kündigung eines (Gesellschafter-) Geschäftsführers aus wichtigem Grund, BB 2016, 645; *Schiefer/Worzalla*, Der Anstellungsvertrag des GmbH-Geschäftsführers, ZfA 2013, 41; *Sedlmaier/Rüppell*, Verletzung von Wettbewerbsverboten durch den Gesellschafter-Geschäftsführer in der GmbH, BB 2017, 1923; *Van Kann/Keiluweit*, Nachvertragliches Wettbewerbsverbot und Karenzentschädigung bei Organmitgliedern einer Gesellschaft – ein Überblick, BB 2010, 2050; *v. Westphalen*, Koppelungsklauseln in Geschäftsführer- und Vorstandsverträgen – das scharfe Schwert von § 307 BGB, BB 2015, 834; *Werner*, Koppelungsklauseln in Geschäftsführerdienstverträgen und ihre rechtlichen Rahmenbedingungen, NZA 2015, 1234; *Wirbelauer*, Die Gestaltung eines vertraglichen Wettbewerbsverbots des GmbH-Geschäftsführers, MDR 2018, 61.

Übersicht

A. Anstellungsvertrag und Bestellung

Rechtlich ist zwischen der Organstellung des Geschäftsführers und dem zugrunde liegenden Anstellungsvertrag zu unterscheiden (**Trennungsprinzip**).[1] Während die Bestellung zum Geschäftsführer zahlreiche organschaftliche Rechte und Pflichten ggü. der Gesellschaft begründet, werden im Anstellungsvertrag die internen Rechtsbeziehungen zwischen Gesellschaft und Geschäftsführer näher ausgestaltet. Auch mit einem Gesellschafter-Geschäftsführer kann ein Anstellungsvertrag geschlossen oder ein Auftrag erteilt werden. Das Geschäftsführungsverhältnis kann jedoch auch mitgliedschaftsrechtlich ausgestaltet werden.[2] 1

Der Anstellungsvertrag oder zumindest ein entsprechender Vorvertrag können im Ausnahmefall auch stillschweigend abgeschlossen werden. Dies setzt voraus, dass sich die Beteiligten bereits vor der Bestellung über die wesentlichen Bedingungen der Tätigkeit geeinigt haben.[3] Durch den Verlust der Organstellung, etwa durch Abberufung, ändert sich grds. nichts am Anstellungsverhältnis.[4] 2

Auch die Organstellung ist unabhängig vom Zustandekommen des Anstellungsvertrags wirksam. Da es aber für den Geschäftsführer problematisch sein kann, ohne schuldrechtlichen Vertrag die Organpflichten auszuüben, wird, sofern eine Auslegung der getroffenen Regelungen nichts anderes ergibt und ein Anstellungsvertrag in angemessenem Zeitraum nicht zustande kommt, dem Geschäftsführer ein Recht zur Amtsniederlegung bzgl. der Organstellung zuzugestehen sein.[5] 3

Trotz der grundsätzlichen Trennung zwischen Anstellung und Bestellung sind Überschneidungen möglich.[6] Im Gesellschaftsvertrag kann eine **Koppelung** von Anstellungs- und Organverhältnis im Fall der Abberufung oder Amtsniederlegung vorgesehen werden.[7] Es empfiehlt sich, eine solche Koppelung im Anstellungsvertrag zu vereinbaren, damit Nachteile für die Gesellschaft vermieden werden. Zu beachten ist allerdings, dass die Kündigungsfristen aus dem Anstellungsvertrag nicht durch eine solche Koppelung ausgehöhlt werden können.[8] Der Anstellungsvertrag kann durch auflösende Bedingung von der Organstellung des Geschäftsführers abhängig sein, sodass er grds. mit der Abberufung bzgl. der Organstellung enden kann.[9] Teilweise wird eine solche Verknüpfung bei einem Anstellungsverhältnis von längerer Dauer oder mit langer Kündigungsfrist zutreffend nur dann als zulässig angesehen, wenn eine angemessene Kompensation geboten wird.[10] Fehlen wichtige Gründe, bleibt dem Betroffenen der **Mindestschutz des § 622 BGB**,[11] d.h. der Anstellungsvertrag endet (trotz Koppelungsklausel) nicht schon mit der Abberufung als Geschäftsführer, sondern erst mit Ablauf der Kündigungsfristen des § 622 Abs. 2 BGB. Begründet wird das überzeugend damit, dass eine zwingende Regelung, welche die Ausgestaltung des (jederzeit beendbaren) Organverhältnisses nicht beeinträchtigt, nicht durch eine vertraglich vereinbarte Koppelung des Anstellungsverhältnisses an das Organverhältnis beseitigt werden kann.[12] Wurde einzelvertraglich 4

---

1 BGHZ 89, 48, 51 ff.; BAG, DB 2008, 355, 356.

2 *U.H. Schneider/Hohenstatt*, in: Scholz, GmbHG, § 35 Rn. 253 ff.; *Beurskens*, in: Baumbach/Hueck, GmbHG, § 6 Rn. 54.

3 So *Beurskens*, in: Baumbach/Hueck, GmbHG, § 6 Rn. 56.

4 BGH, NJW 2000, 1864, 1865; BAG, NJW 2003, 2473, 2475; anders OLG Frankfurt am Main, NZA-RR 2000, 385.

5 *Zöllner/Noack*, in: Baumbach/Hueck, GmbHG, 21. Aufl. 2017, § 35 Rn. 16.

6 BGH, NJW-RR 1990, 1123, 1124; BGH, ZIP 1999, 1669 f.; *U.H. Schneider/Hohenstatt*, in: Scholz, GmbHG, § 35 Rn. 251 f.; gegen eine strikte Trennung von Organstellung und Anstellungsverhältnis, *Reuter*, FS Zöllner, 1998, Bd. 2, S. 487 ff.

7 BGH, NJW 1999, 3263 f.; BGH, NJW 1998, 1480; *Flatten*, GmbHR 2000, 922, 924 f.; *Werner*, NZA 2015, 1234 ff.; *Koehler*, NZG 2019, 1406 ff.; siehe aber *v. Westphalen*, BB 2015, 834 ff., der solche Klauseln als unwirksam ansieht.

8 BGH, NJW 1998, 1480; BGH, NJW 2019, 3718, Rn. 34.

9 OLG München, GmbHR 2016, 875 ff., Rn. 84.

10 *Bauer/Diller*, GmbHR 1998, 809 ff.

11 BGHZ 112, 103, 115.

12 BGH, NJW 2019, 3718, Rn. 34.

eine kürzere Kündigungsfrist vereinbart, ist dann die nach § 622 Abs. 5 Nr. 2 BGB einzuhaltende vierwöchige Frist zwingend zu beachten.[13]

5 Aufgrund der Trennung von Anstellung und Bestellung führt die Abberufung eines Geschäftsführers nicht automatisch zur Beendigung des Anstellungsverhältnisses. Ob eine Kündigung des Anstellungsvertrags grds. dahin auszulegen ist, dass zugleich die Abberufung erklärt wird, ist höchstrichterlich nicht entschieden.[14] Anstellungsverhältnis und Organstellung stehen zwar in einem engen tatsächlichen Zusammenhang, sind rechtlich aber voneinander zu trennen. Daher ist es vorzugswürdig anzunehmen, dass die Organstellung des Geschäftsführers durch die Kündigung des Anstellungsvertrags unberührt bleibt,[15] dem Geschäftsführer aber das Recht zusteht, im Fall der Kündigung sein Amt niederzulegen.

6 Möglich ist es auch, im Geschäftsführervertrag Fragen des Organverhältnisses zu regeln.[16] Stehen Vereinbarungen im Anstellungsvertrag in **Widerspruch zur Satzung**, hat Letztere aufgrund der Publizität des Gesellschaftsvertrags als Organisationsverfassung grundsätzlich Vorrang.[17] Dennoch sind die satzungswidrigen Bestimmungen im Verhältnis zwischen Gesellschaft und Geschäftsführer schuldrechtlich wirksam. Zugleich muss der Geschäftsführer die Pflichten, die für ihn aus der Satzung erwachsen, einhalten. Aus diesem Grund kann der Geschäftsführer bei einer Abweichung des Anstellungsvertrags vom Organisationsrecht sein Amt niederlegen, den Anstellungsvertrag ggf. aus wichtigem Grund kündigen (§ 626 BGB) und Schadensersatz (§ 628 Abs. 2 BGB) von der Gesellschaft verlangen.[18]

7 **Schadensersatzansprüche** der GmbH gegen den Geschäftsführer wegen Verletzung der Pflichten aus dem Anstellungsvertrag scheiden aus.[19] Ob die GmbH ihrerseits berechtigt ist, den Geschäftsführer abzuberufen und den Anstellungsvertrag außerordentlich zu kündigen sowie Schadensersatzansprüche gem. § 43 Abs. 2 geltend zu machen, wenn der Geschäftsführer sich zwar an die Pflichten aus seinem Anstellungsvertrag hält, aber gleichzeitig die vorrangigen Satzungsregelungen verletzt, wird unterschiedlich beurteilt.[20] Ob dem Geschäftsführer ein Erfüllungsanspruch ggü. der Gesellschaft auf Einräumung des vertraglich vereinbarten Zuständigkeitsbereichs zuzubilligen ist, wenn sich sämtliche Gesellschafter einer Stimmbindung zugunsten der organisationsrechtlichen Einräumung des Geschäftsbereichs unterworfen haben, ist umstritten. Dies wird im Ergebnis jedoch abzulehnen sein.[21]

8 Um den Vorrang der Satzung zu gewährleisten, ist eine entsprechende Haftung des Geschäftsführers sowie ein Recht der GmbH zur Abberufung und außerordentlichen Kündigung zu bejahen. Damit empfiehlt es sich, in den Anstellungsvertrag eine sog. **Öffnungsklausel** aufzunehmen, wonach der Geschäftsführer auf Verlangen der Gesellschaft auch andere als die ihm bereits zugewiesenen

13 OLG Karlsruhe, GmbHR 2017, 295 ff., Rn. 102 ff.

14 Offen gelassen in BGH, NJW 1981, 757, 758.

15 *Beurskens*, in: Baumbach/Hueck, GmbHG, § 38 Rn. 103, 155.

16 BGH, NJW 2002, 3777, 3778.

17 *Kleindiek*, in: Lutter/Hommelhoff, GmbHG, Anh. § 6 Rn. 13 ff.; *Paefgen*, in: Ulmer/Habersack/Löbbe, GmbHG, § 35 Rn. 228 ff.; *U.H. Schneider/Hohenstatt*, in: Scholz, GmbHG, § 35 Rn. 296; MünchKommGmbHG/*Jaeger*, § 35 Rn. 274.

18 OLG Frankfurt am Main, NJW-RR 1993, 1259; *Altmeppen*, in: Roth/Altmeppen, GmbHG, § 6 Rn. 49; *Leuering/Dornhegge*, NZG 2010, 13, 16 f.; *Marsch-Barner/Diekmann*, in: MünchHdbGmbHG, § 43 Rn. 7; *Tebben*, in: Michalski/Heidinger/Leible/J. Schmidt, GmbHG, § 6 Rn. 108.

19 *Tebben*, in: Michalski/Heidinger/Leible/J. Schmidt, GmbHG, § 6 Rn. 117; *Kleindiek*, in: Lutter/Hommelhoff, GmbHG, Anh. § 6 Rn. 17.

20 Bejahend *Kleindiek*, in: Lutter/Hommelhoff, GmbHG, Anh. § 6 Rn. 17; *Tebben*, in: Michalski/Heidinger/Leible/J. Schmidt, GmbHG, § 6 Rn. 117; *Marsch-Barner/Diekmann*, in: MünchHdbGmbHG, § 43 Rn. 7; a.A. OLG Düsseldorf, ZIP 1984, 1476, 1478 f.

21 So auch *Leuering/Dornhegge*, NZG 2010, 13, 17.

Zuständigkeiten übernehmen muss bzw. auf Anweisung der Gesellschaft auch eine Einschränkung der zugewiesenen Zuständigkeitsbereiche hinzunehmen hat.[22]

Da Vereinbarungen im Anstellungsvertrag, die dem Gesellschaftsvertrag widersprechen können, den Geschäftsführer nicht »schützen«, empfiehlt sich eine entsprechende **Satzungsänderung.** Selbst wenn im Zeitpunkt des Vertragsschlusses noch kein Widerspruch zum Gesellschaftsvertrag vorliegt, können sich die Gesellschafter später durch Einzelweisungen oder eine Geschäftsordnung über den Anstellungsvertrag hinwegsetzen. Zur Absicherung des Geschäftsführers empfiehlt sich daher eine Verankerung der Absprachen im Anstellungsvertrag auch in der Satzung.[23] 9

B. Rechtliche Einordnung des Anstellungsverhältnisses

I. Abschluss des Vertrags

1. Rechtliche Einordnung des Vertrags

Der Anstellungsvertrag zur Geschäftsführung ist bei Unentgeltlichkeit ein Auftrag i.S.d. § 662 BGB, bei Entgeltlichkeit ein **Dienstvertrag**[24] in Gestalt eines Geschäftsbesorgungsvertrags mit dienstvertragsrechtlichen, evtl. auch arbeitsrechtlichen Bestimmungen (§§ 675, 611 BGB). Dies bedeutet etwa, dass der Geschäftsführer Anspruch auf ein Arbeitszeugnis nach § 630 BGB hat.[25] Der Dienstvertrag kann auch mündlich oder konkludent zustande kommen, da **kein Formzwang** besteht.[26] Sofern der Anstellungsvertrag für Änderungen die Schriftform vorsieht, kann eine mündliche Vertragsänderung dennoch Wirksamkeit erlangen, sofern die Parteien den nur mündlich geschlossenen Vertrag einverständlich durchführen.[27] Abgesehen davon kann die Berufung auf einen Formmangel auch gegen Treu und Glauben verstoßen. 10

Wird der Anstellungsvertrag nur **mündlich** geschlossen, fehlt es wegen der nach § 623 BGB erforderlichen Schriftform der Kündigung an einer Beendigung des Arbeitsverhältnisses.[28] Dieses ruht vielmehr und wird nach Beendigung der Organstellung fortgesetzt.[29] 12

Neben dem Anstellungsvertrag kann noch ein **Beratervertrag** geschlossen werden, sofern die Beratungstätigkeit des Geschäftsführers gesondert geregelt werden soll.[30] In Sonderfällen kann auch der Beratervertrag statt eines Anstellungsvertrags die Rechtsstellung des Geschäftsführers bestimmen.[31] 13

2. Inhalt des Anstellungsvertrags

Der Inhalt des Anstellungsvertrags[32] bezieht sich grds. auf alle Materien, die nicht die Organstellung betreffen. Letztere können nämlich, sofern sie nicht im Gesetz festgeschrieben sind, nur durch die Satzung festgelegt werden. Anderes gilt lediglich dann, wenn die Gesellschafterversammlung in der Satzung dazu ermächtigt wird.[33] Damit dürfen dienstvertragliche Abreden aufgrund der 14

22 *Leuering/Dornhegge*, NZG 2010, 13, 17.

23 *Marsch-Barner/Diekmann*, in: MünchHdbGmbHG, § 43 Rn. 6.

24 OLG Hamm, 12.9.2016 – 8 U 25/16, juris, Rn. 83; *Lenz*, in: Michalski/Heidinger/Leible/J. Schmidt, GmbHG, § 35 Rn. 120; *U.H. Schneider/Hohenstatt*, in: Scholz, GmbHG, § 35 Rn. 260 ff.; *Beurskens*, in: Baumbach/Hueck, GmbHG, § 6 Rn. 54.

25 BGHZ 49, 30, 31.

26 BGH, NJW-RR 1997, 669; *Altmeppen*, in: Roth/Altmeppen, GmbHG, § 6 Rn. 78; *Lenz*, in: Michalski/Heidinger/Leible/J. Schmidt, GmbHG, § 35 Rn. 127.

27 BGH, NJW-RR 1997, 669, 670.

28 Vgl. *Lenz*, in: Michalski/Heidinger/Leible/J. Schmidt, GmbHG, § 35 Rn. 121.

29 BAG, GmbHR 1986, 263, 265; BAG, GmbHR 2000, 1092, 1093; *Lenz*, in: Michalski/Heidinger/Leible/J. Schmidt, GmbHG, § 35 Rn. 121; *Beurskens*, in: Baumbach/Hueck, GmbHG, § 6 Rn. 55.

30 BGH, NJW-RR 1996, 145.

31 BGH, NJW-RR 1997, 984.

32 Muster etwa bei *Heidel*, in: Heidel/Pauly/Amend, § 15 Rn. 132.

33 *Zöllner/Noack*, in: Baumbach/Hueck, GmbHG, 21. Aufl. 2017, § 35 Rn. 171 (mit Verweis auf eine Haftungsminderungsklausel für den Geschäftsführer, die allein in der Satzung vorgesehen werden kann).

Nachrangigkeit des Anstellungsverhältnisses ggü. der Organstellung nicht in die gesetzliche oder statutarische Ausgestaltung des Organverhältnisses eingreifen.[34]

15 **Typischer Inhalt** für einen Anstellungsvertrag sind u.a. die Regelung von Vergütungsfragen, Fragen der Altersvorsorge sowie eines Wettbewerbsverbots.[35] Zudem bietet es sich an, nicht nur die Tätigkeitsfelder des Geschäftsführers und seine Pflichten detailliert festzulegen, sondern auch einen Katalog von zustimmungspflichtigen Geschäften aufzunehmen, bei denen ohne die vorherige Zustimmung der Gesellschafter dem Geschäftsführer eine außerordentliche Kündigung durch die Gesellschafter droht. Für den Geschäftsführer vorteilhaft ist eine Regelung des Einsichtsrechts in Unterlagen der Gesellschaft im Falle seines Ausscheidens.[36]

16 Die **Laufzeit** des Anstellungsvertrags ist frei vereinbar. Anders als § 84 Abs. 1 Satz 5 AktG, enthält das GmbH-Gesetz keine gesetzliche Regelung der maximalen Laufzeit.

17 Es empfiehlt sich, auch eine **Verfallsklausel** in den Vertrag aufzunehmen, da die Gesellschaft, außer in den Fällen des § 43 Abs. 3, frei darüber entscheiden kann, ob sie Ansprüche gegen den Geschäftsführer aus § 43 Abs. 2 geltend machen will (§ 46 Nr. 8). Insofern kann die Frist für die Verjährung dieses Anspruchs abgekürzt werden. Das gilt auch für jede Änderung des Anstellungsvertrags wie z.B. die Erhöhung der vertraglich festgelegten Bezüge.[37] Als vorteilhaft wird eine Verfallsklausel insb. für Gesellschafter-Geschäftsführer oder familiär verbundene Fremdgeschäftsführer angesehen. Hier macht regelmäßig nur der Insolvenzverwalter Ansprüche gegen die Geschäftsführer geltend, sodass eine solche Klausel, zumindest eingeschränkt, vor Ansprüchen durch den Insolvenzverwalter schützt.[38]

3. Zuständigkeit für den Vertragsabschluss

18 Zustande kommt der Dienstvertrag grds. zwischen dem Geschäftsführer und der GmbH. Rechtsbeziehungen zu den Gesellschaftern oder zu Dritten werden dadurch nicht begründet.[39] Die Zuständigkeit für den Abschluss des Anstellungsvertrags liegt grds. bei der **Gesellschafterversammlung** (Annexkompetenz zu § 46 Nr. 5).[40] Sowohl individualvertraglich ausgehandelt als auch in AGB zulässig soll etwa eine Klausel sein, wonach alle beiderseitigen Ansprüche aus dem Arbeitsverhältnis und solche, die mit dem Arbeitsverhältnis in Verbindung stehen, verfallen, wenn sie nicht innerhalb von 6 Monaten geltend gemacht werden.[41] Die Verfallklausel kann sich auch auf Organhaftungsansprüche erstrecken.[42]

19 Im Gesellschaftsvertrag kann abweichend ein Beirat oder **Aufsichtsrat** für zuständig erklärt werden.[43] In der mitbestimmten GmbH ist zwingend der Aufsichtsrat zuständig (§§ 31 MitbestG, 12 MontanMitbestG, 13 MitbestErgG, jeweils i.V.m. § 84 AktG).[44] Anders verhält sich das gem. § 1 Abs. 1 Nr. 3 DrittelbG, wo die Gesellschafter nicht nur für die Bestellung, sondern auch für den Abschluss des Anstellungsvertrags zuständig sind.[45] Das Gleiche gilt für die Änderung oder

34 BGH, NJW 2010, 2343, 2344; s. aber BGH, NJW 2012, 1656 (zur Beschränkung des Aufgabenbereichs).
35 Näher *Heidel*, in: Heidel/Pauly/Amend, § 15 Rn. 113.
36 Vgl. *Meckbach*, NZG 2015, 580, 582 ff.
37 OLG München, 29.3.2012 – 23 U 4344/11, juris, Rn. 16.
38 *Karsten*, GmbH-Recht, 2009, § 5 Rn. 248.
39 BGH, NJW-RR 1997, 669 f.
40 BGH, NJW 1999, 3263, 3264; BGH, NJW 2000, 2983; BGH, NJW-RR 2008, 484; BGH, NZG 2018, 107 Rn. 10; BGH, NZG 2019, 861, Rn. 18 ff.
41 OLG Hamm, 12.9.2016 – 8 U 25/16, juris, Rn. 62 ff.
42 OLG Hamm, 12.9.2016 – 8 U 25/16, juris, Rn. 79, 114.
43 BGH, NJW 2019, 3718, Rn. 21; BGH, NJW 2000, 2983; BGH, NJW-RR 2008, 484; BGH, WM 2019, 1748, Rn. 21; OLG Düsseldorf, NZG 2004, 478, 479.
44 BGHZ 89, 48, 57; *Lenz*, in: Michalski/Heidinger/Leible/J. Schmidt, GmbHG, § 35 Rn. 123; *Zöllner/Noack*, in: Baumbach/Hueck, GmbHG, § 52 Rn. 303 m.w.N.
45 BGHZ 89, 48, 50 ff.

Aufhebung des Anstellungsvertrags.[46] Bestellung und Anstellung können in der Satzung auch unterschiedlichen Organen zugewiesen werden.[47] War der Geschäftsführer bislang Arbeitnehmer, steht dem für den Abschluss des Anstellungsvertrags zuständigen Organ auch die Annexkompetenz hinsichtlich des Aufhebungsvertrags in Bezug auf das Arbeitnehmerverhältnis zu.[48]

Überträgt die Satzung die Bestellung einem anderen Organ als der Gesellschafterversammlung, wird, sofern keine andere Auslegung geboten ist, auch von der Kompetenz zum Abschluss des Anstellungsvertrags auszugehen sein.[49] Möglich ist auch eine sog. **Drittanstellung**, d.h. dass der Geschäftsführer von einer anderen Institution angestellt wird.[50] In Betracht kommt hier die Anstellung bei einer Muttergesellschaft als Dritter.[51] Die Gesellschaft muss nicht zwingend eigene Ansprüche aus dem Anstellungsvertrag haben.[52] Allerdings bedarf dies entweder einer Grundlage in der Satzung oder der Zustimmung des für die Anstellung zuständigen Gesellschaftsorgans.[53] Liegt der entsprechende Gesellschafterbeschluss nicht vor, ist der Anstellungsvertrag schwebend unwirksam (§ 177 BGB analog).[54] Denkbar ist bei einer GmbH & Co. KG der Vertragsschluss mit der KG.[55] 20

In der **Einpersonen-GmbH**, in der der einzige Gesellschafter Geschäftsführer sein soll, ist umstritten, ob bei Zuständigkeit der Gesellschafterversammlung der Gesellschafter den Anstellungsvertrag mit sich selbst abschließen kann oder auch insoweit dem Verbot des Selbstkontrahierens unterliegt. Nach der herrschenden Meinung findet § 181 BGB über § 35 Abs. 3 Satz 1 auf den Abschluss des Anstellungsvertrags ebenfalls Anwendung, sodass der Alleingesellschafter sich auch diesbezüglich vom Verbot des Selbstkontrahierens befreien müsste.[56] Der Schutzzweck des § 35 Abs. 3 Satz 1 liege im Publizitätsschutz des Rechtsverkehrs. Wegen der besonderen Missbrauchsgefahr sollen Rechtsgeschäfte zwischen dem Alleingesellschafter als Geschäftsführer und der Gesellschaft nur wirksam sein, wenn die Befreiung vom Verbot des Selbstkontrahierens im Handelsregister offengelegt ist.[57] 21

Die Gegenauffassung sieht in dem Erfordernis, eine Befreiung in die Satzung aufzunehmen oder ein Notorgan zu bestellen, einen unnötigen Formalismus, der vom Gesetzeszweck nicht gedeckt sei.[58] Daher gelte § 35 Abs. 3 Satz 1 nicht für den Abschluss des Anstellungsvertrags, sodass der Alleingesellschafter insofern nicht dem Verbot des § 181 BGB unterliege.[59] Die Vorschrift des § 35 Abs. 3 Satz 1 soll im Fall der Einpersonen-GmbH ausschließlich den Rechtsverkehr und nicht die Gesellschaft selbst schützen, da Gesellschaft und Alleingesellschafter wirtschaftlich identisch, 22

46 BGH, ZIP 2008, 117, 118; *Wicke*, GmbHG, Anh. § 6 Rn. 8.
47 *Beurskens*, in: Baumbach/Hueck, GmbHG, § 6 Rn. 62.
48 *Altmeppen*, in: Roth/Altmeppen, GmbHG, § 35 Rn. 97.
49 BGHZ 113, 237, 241 f.
50 BAG, DB 1972, 2358; BAG, NJW 2003, 3290, 3291.
51 *Jacoby*, in: Bork/Schäfer, GmbHG, § 35 Rn. 14; *U.H. Schneider/Hohenstatt*, in: Scholz, GmbHG, § 35 Rn. 308 ff.
52 *Baukelmann*, in: Rowedder/Schmidt-Leithoff, GmbHG, § 35 Rn. 80; *Paefgen*, in: Ulmer/Habersack/Löbbe, GmbHG, § 35 Rn. 322.
53 *Kleindiek*, in: Lutter/Hommelhoff, GmbHG, Anh. § 6 Rn. 9; *Baukelmann*, in: Rowedder/Schmidt-Leithoff, GmbHG, § 35 Rn. 80; *Schmidt*, in: Ensthaler/Füller/Schmidt, GmbHG, § 35 Rn. 59; *Beurskens*, in: Baumbach/Hueck, GmbHG, § 6 Rn. 47; *U.H. Schneider/Hohenstatt*, in: Scholz, GmbHG, § 35 Rn. 309; a.A. *Paefgen*, in: Ulmer/Habersack/Löbbe, GmbHG, § 35 Rn. 324.
54 *Kleindiek*, in: Lutter/Hommelhoff, Anh. § 6 Rn. 9; *Schmidt*, in: Ensthaler/Füller/Schmidt, GmbHG, § 35 Rn. 59.
55 *Terlau/Hürten*, in: Römermann, MünchAnwHdbGmbHR, 3. Aufl., 2014, § 9 Rn. 13.
56 *Ganzer*, in: Rowedder/Schmidt-Leithoff, GmbHG, § 46 Rn. 20; *Lenz*, in: Michalski/Heidinger/Leible/J. Schmidt, GmbHG, § 35 Rn. 124; *Paefgen*, in: Ulmer/Habersack/Löbbe, GmbHG, § 35 Rn. 78; *U.H. Schneider/S.H. Schneider*, in: Scholz, GmbHG, § 35 Rn. 168 ff.
57 *Paefgen*, in: Ulmer/Habersack/Löbbe, GmbHG, § 35 Rn. 78.
58 *Beurskens*, in: Baumbach/Hueck, GmbHG, § 6 Rn. 63.
59 *Altmeppen*, in: Roth/Altmeppen, GmbHG, § 35 Rn. 99; *Marsch-Barner/Diekmann*, in: MünchHdbGmbHG, § 43 Rn. 13; *Beurskens*, in: Baumbach/Hueck, GmbHG, § 6 Rn. 63.

Interessenkonflikte demnach ausgeschlossen sind.[60] Der Anstellungsvertrag regelt in erster Linie das interne Verhältnis zwischen Gesellschaft und Geschäftsführer, sodass der Gesetzeszweck des § 35 Abs. 3 Satz 1 eine Anwendung des § 181 BGB nicht erfordert. Aus diesem Grund erscheint die Gegenansicht vorzugswürdig. In der Praxis kommt es jedoch hierauf zumeist nicht an, da nahezu alle Gesellschaftsverträge einer Einpersonen-GmbH formularmäßig eine entsprechende Befreiung vom Verbot des Selbstkontrahierens vorsehen.[61]

II. Fehlerhaftigkeit des Anstellungsverhältnisses

1. Grundsatz

23 Der Anstellungsvertrag wird in sinngemäßer Heranziehung der Grundsätze zum fehlerhaften Arbeitsverhältnis für die Dauer der Tätigkeit des »Geschäftsführers« als wirksam behandelt. Sobald der »Geschäftsführer« seine Tätigkeit aufgenommen hat und das mit dem Willen des zuständigen Gesellschaftsorgans geschah, ist die getroffene (unwirksame) Vereinbarung für die tatsächliche Dauer der Geschäftsführungstätigkeit so zu behandeln, als wäre diese mit allen Rechten und Pflichten wirksam.[62] Dies liegt vor allem im Interesse der GmbH, denn anderenfalls wäre der Geschäftsführer nicht verpflichtet, die Sorgfalt eines ordentlichen Geschäftsmannes anzuwenden und müsste bei Verletzung seiner Pflichten nicht gemäß § 43 Abs. 2 haften.[63] Hat der Geschäftsführer seine Tätigkeit aufgenommen, kann die **Fehlerhaftigkeit** oder **Unwirksamkeit** des Anstellungsvertrags jedoch nach den Regeln über die faktischen Vertragsverhältnisse von beiden Seiten jederzeit, allerdings nur mit ex-nunc-Wirkung, durch einseitige Erklärung geltend gemacht werden.[64] Eine Auflösung des Anstellungsverhältnisses ist damit für die Zukunft grds. jederzeit ohne Vorliegen eines wichtigen Grunds möglich.[65]

24 Wie der Abschluss eines fehlerhaften Anstellungsverhältnisses soll auch der Fall einer aufgrund von § 181 BGB **unzulässigen Gehaltserhöhung** zu beurteilen sein. Die Schwierigkeiten einer Rückabwicklung sind hier ähnlich, da auch dort über § 812 BGB keine sachgerechte Lösung möglich ist.[66]

2. Ausnahmen

25 Ausnahmsweise wird ein fehlerhafter Anstellungsvertrag dann **nicht als wirksam** behandelt, wenn es im Allgemeininteresse liegt oder um den Schutz gesetzlich privilegierter Personen (Geschäftsunfähige, Minderjährige usw.) geht.[67] Eine Beendigung des Anstellungsvertrags ex nunc soll wegen Verwirkung ausgeschlossen sein können, wenn ein unzuständiges Organ den Vertrag abgeschlossen und der Geschäftsführer seine Tätigkeit bereits eine bestimmte Zeit ausgeübt hat.[68] Ein unwirksamer Anstellungsvertrag wird auch für die Zukunft als wirksam angesehen, »wenn beide Parteien ihn jahrelang als Grundlage ihrer Rechtsbeziehung betrachtet und durchgeführt haben und die Gesellschaft ihren Vertragspartner durch weitere Handlungen in seinem **Vertrauen auf die Rechtsbeständigkeit** des Vertrags bestärkt haben«.[69]

---

60 *Paefgen*, in: Ulmer/Habersack/Löbbe, GmbHG, § 35 Rn. 78.
61 Vgl. BGH, NJW-RR 2004, 1035, 1036.
62 BGH, NJW 2019, 3718, Rn. 26.
63 KG, NZG 2000, 43, 44.
64 BGH, NJW 1995, 1158 f.; BGH, NJW 2000, 2983 f.; KG, NZG 2000, 43, 44; *Altmeppen*, in: Roth/Altmeppen, GmbHG, § 6 Rn. 88; *Kleindiek*, in: Lutter/Hommelhoff, GmbHG, Anh. § 6 Rn. 73 f.; *Baukelmann*, in: Rowedder/Schmidt-Leithoff, GmbHG, § 35 Rn. 108; *U.H. Schneider/Hohenstatt*, in: Scholz, GmbHG, § 35 Rn. 347; *Beurskens*, in: Baumbach/Hueck, GmbHG, § 6 Rn. 58; s. auch *Kruse/Welskop*, DStR 2020, 173 ff.
65 BGH, NJW 2019, 3718, Rn. 27 m.w.N.
66 BGH, GmbHR 2014, 817, Rn. 14 ff.
67 *Marsch-Barner/Diekmann*, in: MünchHdbGmbHG, § 43 Rn. 21; *U.H. Schneider/Hohenstatt*, in: Scholz, GmbHG, § 35 Rn. 347.
68 BGHZ 65, 190, 194; OLG Hamm, GmbHR 1991, 466.
69 BGH, NJW 2019, 3718, Rn. 30 (Hervorh. v. Verf.).

III. Arbeitsrechtliche Stellung

Der Geschäftsbesorgungsvertrag unterliegt nach der Rechtsprechung des **BGH nicht den Regeln des Arbeitsvertrags.**[70] Der GmbH-Geschäftsführer ist grds. kein Arbeitnehmer, da er aufgrund seiner Organstellung den Arbeitnehmern ggü. (für die Gesellschaft) die Arbeitgeberfunktion wahrnimmt.[71] Daran ändert auch der 2017 eingeführte § 611a BGB mit seiner Definition des Arbeitsvertrags nichts. Bestimmte soziale Schutzvorschriften, wie etwa bezüglich des Zugangs zur Arbeitsgerichtsbarkeit (§ 5 Abs. 1 Satz 3 ArbGG) und der Kündigungsschutzvorschriften (§ 14 Abs. 1 Nr. 1 KSchG), gelten ausdrücklich nicht für den Geschäftsführer.[72] 26

Allerdings ist es möglich, im Anstellungsvertrag die Geltung der materiellen Regeln des Kündigungsschutzgesetzes zu vereinbaren.[73] Im Fall eines Betriebsübergangs findet § 613a BGB keine Anwendung.[74] Ebenso wenig unterfällt der Geschäftsführer dem Betriebsverfassungsgesetz (§ 5 Abs. 2 Nr. 1 BetrVG), dem Arbeitszeitgesetz (§ 18 Abs. 1 Nr. 1 ArbZG), dem Arbeitnehmererfindungsgesetz,[75] dem Gesetz zur Einführung des Elterngelds[76] oder dem Gesetz über die Rehabilitation und Teilhabe behinderter Menschen[77] bzw. § 85 SGB IX.[78] Dies sollte nach herrschender Meinung auch für das Mutterschutzgesetz gelten,[79] der EuGH stellt hierbei jedoch auf das Vorliegen eines Unterordnungsverhältnisses ab.[80] 27

Im Gegensatz zum BGH vertritt das **Bundesarbeitsgericht (BAG)** die Auffassung, dass der Geschäftsführer zwar grds. Arbeitgeberfunktionen wahrnimmt und deshalb der Rechtsweg zu den Arbeitsgerichten nicht eröffnet ist,[81] dass aber das Anstellungsverhältnis in eng begrenzten Ausnahmefällen doch ein Arbeitsverhältnis sein kann.[82] Da Organstellung und Anstellungsverhältnis des Geschäftsführers strikt voneinander zu trennen sind, seien die allgemeinen Abgrenzungskriterien zwischen freiem Dienstverhältnis und abhängigem Arbeitsverhältnis auch auf den Anstellungsvertrag des Geschäftsführers anzuwenden. Demnach kommt es darauf an, ob der Geschäftsführer derart in die Arbeitsorganisation der GmbH eingebunden ist, dass er einem umfassenden Weisungsrecht unterliegt, sodass ihm insb. Inhalt, Zeit, Dauer, Ort sowie Art und Weise seiner Tätigkeit vorgegeben sind. Angesichts des Trennungsprinzips reicht hierfür die gesellschaftsrechtliche Weisungsgebundenheit des Geschäftsführers nicht aus. Vielmehr muss der Gesellschaft allein aufgrund des Anstellungsvertrags ein darüber hinausgehendes arbeitsrechtliches Weisungsrecht zustehen. Daher ist nach Ansicht des BAG ein **Arbeitsverhältnis ausnahmsweise zu bejahen**, wenn die GmbH die konkreten Modalitäten der Leistungserbringung bestimmen kann, indem sie 28

---

70 BGH, NJW 2000, 1638 f.; BGH, NJW-RR 2002, 173, 174; BGH, ZIP 2003, 485, 487; s.a. *Born*, WM 2013, Sonderbeil. 1, S. 32; *v. Alvensleben/Haug/Schnabel*, BB 2012, 774 ff.; *Preis/Sagan*, ZGR 2013, 26 ff.; vgl. auch *Reiserer*, BB 2016, 1141 ff.; *Kleindiek*, in: Lutter/Hommelhoff, GmbHG, Anh. § 6 Rn. 3; *Beurskens*, in: Baumbach/Hueck, GmbHG, § 6 Rn. 54.

71 OLG Jena, GmbHR 2001, 673, 674.

72 BGH, NJW 2002, 3104, 3105; BAG, NJW 2008, 1018 f. (bei Arbeitsvertrag mit Konzernobergesellschaft); BAG, GmbHR 2017, 748 ff., Rn. 21; BAG, DB 2018, 452 ff., Rn. 28 ff.

73 BGH, NJW 2010, 2343, 2345; anders noch *Bauer/Arnold*, ZIP 2010, 709 ff.; vgl. zur Beschränkung nach den Grundsätzen des Arbeitsrechts *Bachmann*, ZIP 2017, 841 ff.; s. auch *Wilhelmi*, NZG 2017, 681 ff.

74 BGH, NJW 2003, 2473; OLG Hamm, GmbHR 1991, 466.

75 BGH, GRUR 1965, 302, 304; BGH, NJW-RR 1990, 349.

76 *Paefgen*, in: Ulmer/Habersack/Löbbe, GmbHG, § 35 Rn. 247.

77 BGH, NJW 1978, 1435 (noch zum Schwerbehindertengesetz); *U.H. Schneider/Hohenstatt*, in: Scholz, GmbHG, § 35 Rn. 505.

78 OLG Düsseldorf, GmbHR 2012, 1347 ff.

79 *Freckmann*, DStR 2008, 52, 56; kritisch *Lunk*, FS Jobst Hubertus Bauer, 2010, S. 705 ff. (zur Vereinbarkeit mit dem Verfassungs- und dem Europarecht); s. auch *Lunk*, NZA-RR 2019, 406 ff.

80 EuGH, NJW 2011, 2343 ff.; dazu *Fischer*, NJW 2011, 2329 ff.; s.a. *Kruse/Stenslik*, NZA 2013, 596 ff.

81 BAG, BB 2019, 1683 ff.; zustimmend *Haase*, BB 2019, 1683 f.

82 BAG, NZA 1999, 987; BAG, NZA 2006, 366; zu den divergierenden Auffassungen *Lücke*, NJOZ 2009, 3469 ff.; *Reiserer*, BB 2016, 1141 ff.; *Baumert*, NZG 2018, 536 ff.; *Mohr/Bourazeri*, NZA 2019, 595 ff.; zur Herausnahme aus dem allgemeinen Kündigungsschutz aber BAG, DB 2018, 452 ff.

ihrem Geschäftsführer arbeitsbegleitende und verfahrensorientierte Weisungen erteilt.[83] Auch ein Gesellschafter-Geschäftsführer soll nach einer Ansicht Arbeitnehmer sein können, wenn ihm nicht mehr als 50 % der Stimmrechte[84] oder eine Sperrminorität zustehen.[85] Nach § 5 Abs. 1 Satz 3 ArbGG sind für Ansprüche aus einem der Geschäftsführertätigkeit zugrunde liegenden Vertrag die ordentlichen Gerichte zuständig.[86]

29 Der **EuGH** stellt in Bezug auf den Arbeitnehmerbegriff darauf ab, ob jemand für einen anderen nach dessen Weisung Leistungen erbringt, für die er als Gegenleistung eine Vergütung erhält.[87] In einer neueren Entscheidung sieht er Geschäftsführer im Rahmen der sog. Massenentlassungs-Richtlinie als bei der Zahl der Arbeitnehmer zu berücksichtigen an.[88] Diese sollen, insbesondere wenn sie kleineren und mittleren Unternehmen angehören, ebenfalls des Schutzes vor Massenentlassungen bedürfen.

30 Aufgrund von § 17 Abs. 1 BetrAVG sind Geschäftsführer jedenfalls in das Betriebsrentengesetz einbezogen. Ob auf sie der Gleichbehandlungsgrundsatz anwendbar ist, ist umstritten. Dies wird, außer es handelt sich um einen unselbstständigen Geschäftsführer,[89] abzulehnen sein.

31 War der Geschäftsführer vor seiner Bestellung und dem Abschluss des Anstellungsvertrags bereits als Arbeitnehmer in der GmbH beschäftigt, ist im Regelfall davon auszugehen, dass das bisherige Arbeitsverhältnis einvernehmlich endet, sobald der Geschäftsführer den schriftlichen Dienstvertrag abschließt und zum Geschäftsführer bestellt wird.[90] Durch einen schriftlichen Geschäftsführerdienstvertrag ist dabei dem Schriftformerfordernis des § 623 BGB im Hinblick auf den Auflösungsvertrag genüge getan.[91]

32 Besteht das Anstellungsverhältnis bei einer **GmbH & Co. KG** nicht mit der Komplementär-GmbH, sondern mit der KG, macht dies den Geschäftsführer trotz seiner Drittanstellung nicht zum Arbeitnehmer.[92] So beinhaltet die Tätigkeit der Komplementär-GmbH und hierdurch ihres Geschäftsführers die Geschäftsführung der KG, sodass beide Aufgabenbereiche identisch sind.[93]

33 Ist die GmbH Tochtergesellschaft in einem **Konzern**, ist wie folgt zu unterscheiden: Bestellt die Muttergesellschaft einen ihrer Arbeitnehmer zum Geschäftsführer der abhängigen GmbH und übt dieser seine Geschäftsführertätigkeit zusätzlich zu seinen bisherigen Aufgaben bei der Muttergesellschaft aus, besteht das Arbeitsverhältnis zwischen dem Geschäftsführer und dem beherrschenden Unternehmen unverändert fort. Die Geschäftsführertätigkeit bei der Tochtergesellschaft ist lediglich unselbständiger Teil des Arbeitsvertrags mit der Muttergesellschaft, sodass der Geschäftsführer auch weiterhin Arbeitnehmer des herrschenden Unternehmens ist.[94]

34 Wird der bislang bei der Muttergesellschaft beschäftigte Arbeitnehmer nach seiner Bestellung zum Geschäftsführer nur noch oder fast ausschließlich für die abhängige GmbH tätig, ruht sein bisheriges Arbeitsverhältnis. Zwischen dem Geschäftsführer und der Tochtergesellschaft kommt ein

83 BAG, NZA 1999, 987, 989.
84 *Wicke*, GmbHG, Anh. § 6 Rn. 4; BAG, GmbHR 2015, 30, Rn. 22.
85 BAG, GmbHR 2015, 30, Rn. 22, 24.
86 BAG, ZIP 2013, 539, Rn. 9.
87 EuGH, NJW 2011, 2343 ff.; zu einer Differenzierung auch MünchKommGmbHG/*Jaeger*, § 35 Rn. 281 ff.
88 EuGH, GmbHR 2015, 979, Rn. 48 (»Balkaya«); siehe dazu *Lunk/Hildebrand*, NZA 2016, 129 ff.
89 BGH, NJW-RR 1990, 1313; BGH, NJW-RR 1994, 1055, 1056; a.A. *Lenz*, in: Michalski/Heidinger/Leible/J. Schmidt, GmbHG, § 35 Rn. 122.
90 BAG, NJW 2007, 3228; s.a. BAG, NJW 2008, 1018.
91 BAG, NJW 2007, 3228, 3229 Tz. 20 ff.
92 BAG, NJW 2003, 3290 (zu § 5 Abs. 1 Satz 3 ArbGG); OLG Hamm, GmbHR 1991, 466; *Tebben*, in: Michalski/Heidinger/Leible/J. Schmidt, GmbHG, § 6 Rn. 133; a.A. BAGE 39, 16; BAG, NJW 1983, 2405, 2407.
93 *Tebben*, in: Michalski/Heidinger/Leible/J. Schmidt, GmbHG, § 6 Rn. 133.
94 BAG, GmbHR 1994, 547, 549; BAG, GmbHR 1996, 289 f.; OLG Frankfurt am Main, GmbHR 1997, 1106; *Tebben*, in: Michalski/Heidinger/Leible/J. Schmidt, GmbHG, § 6 Rn. 130.

Anstellungsvertrag zustande, der neben den ruhenden Arbeitsvertrag tritt. Bei diesem Anstellungsvertrag handelt es sich nicht um einen Arbeitsvertrag.[95] Sobald die Stellung als Geschäftsführer endet, lebt das bisherige Arbeitsverhältnis mit der Muttergesellschaft wieder auf.[96]

Ist der bisherige Arbeitnehmer nach seiner Bestellung zum Geschäftsführer nicht nur für die Tochtergesellschaft, sondern weiterhin für die Muttergesellschaft tätig und hat er zu diesem Zweck neben seinem Arbeitsvertrag auch einen Anstellungsvertrag mit der Tochter-GmbH, ist festzustellen, ob beide Verträge eine Einheit bilden. Liegt ein einheitliches Vertragsverhältnis vor, ist die Abgrenzung zwischen Dienstverhältnis und Arbeitsvertrag nach dem Schwerpunkt der Tätigkeit vorzunehmen.[97] Anderenfalls sind beide Verträge getrennt zu beurteilen.[98] 35

IV. AGG und AGB

Das **Allgemeine Gleichbehandlungsgesetz** (AGG) ist nach § 6 Abs. 3 AGG hinsichtlich des Zugangs zur Erwerbstätigkeit und des beruflichen Aufstiegs anwendbar.[99] Ob es auch bezüglich der Kündigung und der Höchstaltersgrenze gilt, ist umstritten und wird im Schrifttum überwiegend aufgrund des eindeutigen Wortlauts des § 6 Abs. 3 AGG abgelehnt.[100] Allerdings führt dies insofern zu einem Widerspruch, als eine Altershöchstgrenze bezüglich der Begründung eines Arbeitsverhältnisses nicht zulässig ist, im Hinblick auf die Beendigung des Organverhältnisses aber möglich sein soll, sodass das Verhältnis jederzeit beendet werden kann. Dieser Wertungswiderspruch lässt sich nur dadurch beheben, dass das AGG grds. auch für die Beendigung von Organstellung und Anstellungsverhältnis durch Kündigung oder Überschreiten einer Höchstaltersgrenze gilt.[101] 36

Dabei ist zu differenzieren. Die Vereinbarung einer Beendigung des Dienstvertrags bei Erreichen der gesetzlichen Regelaltersgrenze ist i.d.R. nach § 10 Satz 3 Nr. 5 AGG gerechtfertigt. Umstritten ist, ob das Festlegen einer Altersgrenze unter dem gesetzlichen Renteneintrittsalter zulässig ist.[102] Überwiegend wird das bejaht, wenn dem Geschäftsführer ab dem Ausscheiden eine betriebliche Altersvorsorge zusteht.[103] Dagegen hat der BGH den Fremdgeschäftsführer bei europarechtskonformer Auslegung des § 6 Abs. 1 S. 1 Nr. 1 AGG jedenfalls insoweit als **Arbeitnehmer** angesehen, als bei einer Vertragskündigung der sachliche Anwendungsbereich des AGG über § 2 Abs. 1 Nr. 2 AGG (Entlassungsbedingung) eröffnet ist.[104] 36a

Beim Abschluss eines Anstellungsvertrags sind die **§§ 305 ff. BGB** bezüglich der Allgemeinen Geschäftsbedingungen (**AGB**) zu beachten.[105] Als **Verbraucher** i.S.d. § 13 BGB wird der Geschäftsführer (nach Ansicht des BAG) jedenfalls dann angesehen, wenn er zumindest über eine Sperrminorität verfügt bzw. Leitungsmacht über die GmbH ausüben kann.[106] Der BGH geht davon aus, dass der GmbH-Geschäftsführer auch dann noch Verbraucher ist, wenn er alle oder einige 37

---

95 BAG, GmbHR 1994, 547, 549.
96 BAG, GmbHR 1997, 837 ff.; BAG, GmbHR 1994, 547 ff.; BAG, NZA 1986, 792, 794.
97 BAG, DB 1972, 2358 f.; *Marsch-Barner/Diekmann*, in: MünchHdbGmbHG, § 43 Rn. 2; *Tebben*, in: Michalski, GmbHG, § 6 Rn. 132.
98 *Freckmann*, DStR 2008, 52, 55.
99 BGH, NJW 2012, 2346 ff.; *Born*, WM 2013, Sonderbeil. 1, S. 32.
100 Eine Anwendbarkeit verneinend *Beurskens*, in: Baumbach/Hueck, GmbHG, § 6 Rn. 25; bejahend *Marsch-Barner/Diekmann*, in: MünchHdbGmbHG, § 43 Rn. 16; *Reichold/Heinrich*, in: FS Westermann, 2008, S. 1315, 1330.
101 MünchKommGmbHG/*Stephan/Tieves*, § 35 Rn. 8; vgl. auch MünchKommGmbHG/*Jaeger*, § 35 Rn. 263d; s. aber BGH, NJW 2012, 2346, Rn. 24 ff.; dazu auch *Mohr*, ZHR 178 (2014), 326 ff.
102 Ablehnend *Kort*, WM 2013, 1049, 1057; *Wilsing/Meyer*, DB 2011, 341, 343 f.
103 So noch OLG Hamm, GmbHR 2017, 1037 ff., Rn. 38 ff. m.w.N. (als Vorinstanz).
104 BGHZ 221, 325 ff. = NJW 2019, 2086 ff.
105 *Freckmann*, DStR 2008, 52, 56.
106 BAG, GmbHR 2010, 1142, Rn. 23.

GmbH-Anteile innehat. Schließlich stellt die Geschäftsführung für ihn i.d.R. keine gewerbliche Tätigkeit dar, wenn er im Angestelltenverhältnis tätig wird.[107]

38 Sofern also der Geschäftsführer bestreitet, dass er auf die Vergütungsregelung Einfluss nehmen konnte (§ 310 Abs. 3 Nr. 2 BGB), liegt es bei der Gesellschaft darzutun, aus welchen Umständen auf eine Einflussnahme des Fremdgeschäftsführers geschlossen werden kann. So soll es nicht ausreichend sein, dass die Parteien die Laufzeit und Vergütung ggü. dem ursprünglichen Vertragsentwurf geändert haben. Dies lasse nicht den Rückschluss darauf zu, dass die Gesellschaft auch die Regelung der Verfallsfristen ernsthaft zur Disposition gestellt habe.[108] Ein **Aushandeln** und damit keine AGB liegen nur dann vor, wenn sich die Gesellschaft deutlich und ernsthaft zur vom künftigen Geschäftsführer gewünschten Klauseländerung bereit erklärt hat. Der Geschäftsführer muss sodann nach einer gründlichen Erörterung von der sachlichen Notwendigkeit der Klausel überzeugt sein.[109] Die Beweislast trägt hierbei die Gesellschaft. Problematisch können v.a. Vertragsstrafenregelungen, etwa bei Verstoß gegen Verschwiegenheitspflichten oder ein Wettbewerbsverbot, sein, bei denen eine angemessene Höhe festgesetzt sein muss.[110] »Freiwillige« Leistungen können entweder als echt freiwillig oder als widerruflich bezeichnet werden. Eine Klausel, die beides vorsieht, ist, da widersprüchlich, unzulässig.[111]

C. Rechte und Pflichten des Geschäftsführers

I. Pflichten des Geschäftsführers

1. Allgemeine Pflichten

39 Durch den Anstellungsvertrag obliegt dem Geschäftsführer die Pflicht zur Übernahme der Organstellung und zur höchstpersönlichen Wahrnehmung der sich aus dieser sowie aus dem Anstellungsvertrag ergebenden Pflichten.[112] Ist im Anstellungsvertrag nichts anderes vereinbart, hat er dem Unternehmen seine gesamte Arbeitskraft zur Verfügung zu stellen. Dem Geschäftsführer obliegt aufgrund seiner Organstellung eine organschaftliche Treuepflicht (s. § 43 Rdn. 29 ff.), die ihn vor allem zu einem ggü. der Gesellschaft loyalen Verhalten sowie dazu verpflichtet, zum Wohlergehen der Gesellschaft beizutragen und Schaden von ihr abzuwenden.[113] Näher zu den Pflichten s. die Kommentierung von § 43. Die Pflichten gelten auch dann, wenn der Geschäftsführer lediglich »Strohmann« ist und die ihm zustehenden Kompetenzen anderen überlässt.[114]

2. Wettbewerbsverbot

a) Allgemeines Wettbewerbsverbot

40 Das Wettbewerbsverbot des Geschäftsführers wird aus der allgemeinen, aus der Organstellung resultierenden Treuepflicht ggü. der GmbH hergeleitet.[115] Daher gilt eine Entschädigung für dessen Einhaltung als nicht interessengerecht.[116] Die §§ 87 ff. AktG können aufgrund der Unterschiede zur GmbH, die nicht von öffentlichem Interesse geprägt ist, nur teilweise herangezogen werden. Vereinbarungen im Anstellungsvertrag können nur eine konkretisierende bzw. **ergänzende** Funktion haben.

---

107 BGHZ 165, 43 ff.; OLG Naumburg, 13.12.2017 – 4 U 4/17, juris, Rn. 29.

108 BAG, GmbHR 2010, 1142.

109 BAG, GmbHR 2010, 1142.

110 BAG, NZA 2009, 375.

111 BAG, NJW 2011, 2314.

112 *Schmidt*, in: Ensthaler/Füller/Schmidt, GmbHG, § 35 Rn. 64.

113 BGH, NJW 1989, 26, 27.

114 OLG Celle, GmbHR 2017, 825 f., Rn. 4.

115 Zur Zulässigkeit einer kapitalistischen Minderheitsbeteiligung OLG Stuttgart, GmbHR 2017, 913 ff., Rn. 174 (Nichtzulassungsbeschwerde vom BGH unter AZ II ZR 136/17 zurückgewiesen); dazu auch *Erb/Seulen*, DB 2017, 1502 ff.; s. auch § 43 Rdn. 34 ff.

116 OLG München, 24.11.2016 – 23 U 1794/16, juris, Rn. 65 ff.

Die Einhaltung des Wettbewerbsverbots kann insb. bei Fremdgeschäftsführern im Anstellungsvertrag durch eine **Vertragsstrafe** abgesichert werden.[117] Dabei ist jedoch die Verbraucherstellung des Geschäftsführers und damit die Anwendbarkeit der Inhaltskontrolle nach den §§ 305 ff. zu beachten, sodass eine solche Vertragsstrafe nicht unangemessen hoch sein darf. Ein Alleingesellschafter-Geschäftsführer unterliegt dagegen seiner Gesellschaft ggü. keinem Wettbewerbsverbot.[118] Er ist jedoch auch persönlich an ein vertragliches Wettbewerbsverbot seiner Gesellschaft gebunden, sofern er allein das gewerbliche Handeln der Gesellschaft bestimmt.[119] 41

b) Nachvertragliches Wettbewerbsverbot

Ein gesetzliches Wettbewerbsverbot für die Zeit nach dem Ausscheiden des Geschäftsführers existiert nicht, sodass sich eine ausdrückliche **Vereinbarung** im Anstellungsvertrag empfiehlt.[120] Selbst wenn sich ein nachvertragliches Verbot auch aus einer ergänzenden Vertragsauslegung ergeben könnte, wird es häufig zu unpräzise sein.[121] 42

Neben einer vertraglichen Wettbewerbsverbotsklausel hat die allgemeine **Treuepflicht** nach dem Ausscheiden weiter Bedeutung, sodass der Geschäftsführer auch unter diesem Gesichtspunkt nicht auf Kosten der Gesellschaft persönlichen Nutzen aus seinem Wissen ziehen darf.[122] Nicht von einem nachvertraglichen Wettbewerbsverbot erfasst sein sollen bloße Vorbereitungshandlungen zum Aufbau eines eigenen Unternehmens oder zur Mithilfe am Aufbau eines fremden und zum Zeitpunkt der Vorbereitung noch nicht im Wettbewerb stehenden Konkurrenzbetriebs.[123] Zum Wettbewerbsverbot s.a. § 43 Rdn. 34. 43

Die **§§ 74 ff. HGB** sind nach der Rechtsprechung und der herrschenden Meinung auf Wettbewerbsverbote für Geschäftsführer nicht, auch nicht entsprechend, anwendbar.[124] Vertraglich kann die Geltung dieser Normen jedoch vereinbart werden. Zu berücksichtigen ist aber, dass die Rechtsprechung dennoch der Wahrung der Interessen der Gesellschaft dienende Regelungen insofern inkonsequent[125] analog anwendet[126] bzw. das Verbot durch die in den §§ 74 ff. HGB enthaltenen Wertungen konkretisiert wird.[127] Sofern man die §§ 74 ff. HGB nicht für anwendbar hält,[128] scheidet grds. das Erfordernis der Schriftform aus. Aus praktischen Erwägungen ist aber die Schriftform zu empfehlen. 44

Die Vereinbarung eines vertraglichen Wettbewerbsverbots unterliegt strengen Regeln. So bestimmt sich dessen **Nichtigkeit** nach **§ 138 BGB**. Zulässig ist eine solche Klausel daher nur dann, wenn das Wettbewerbsverbot dem berechtigten geschäftlichen Interesse der Gesellschaft dient und wenn 45

117 MünchKommGmbHG/*Jaeger*, § 35 Rn. 390.
118 BGH, NZG 2008, 187, 188, Rn. 15.
119 BGH, WM 2005, 391.
120 OLG Frankfurt am Main, GmbHR 1998, 376; OLG Düsseldorf, DB 1990, 1960; OLG Düsseldorf, GmbHR 1993, 581; OLG Düsseldorf, GmbHR 1999, 120 f.; näher *Kielkowski*, NZG 2015, 900 ff.; *Wirbelauer*, MDR 2018, 61 ff.; *Lembke*, BB 2020, 52 ff.
121 *Beurskens;* in: Baumbach/Hueck, GmbHG, § 37 Rn. 116.
122 BGH, GmbHR 1977, 43, 44; BGH, NJW 1986, 585, 586; OLG Oldenburg, NZG 2000, 1038 f.
123 OLG Oldenburg, NZG 2000, 1038, 1039.
124 BGHZ 91, 1, 3 ff.; BGH, NJW 2002, 1875 f.; BGH, DStR 2008, 1394, 1395; BGH, NZG 2008, 753; *Kleindiek*, in: Lutter/Hommelhoff, GmbHG, Anh. § 6 Rn. 25; differenzierend für eine analoge Anwendbarkeit auf sozial abhängige oder arbeitnehmerähnliche Geschäftsführer *Baukelmann*, in: Rowedder/Schmidt-Leithoff, GmbHG, § 35 Rn. 106 und *U.H. Schneider*, in: Scholz, GmbHG, § 43 Rn. 182; s.a. *Altmeppen*, in: Roth/Altmeppen, GmbHG, § 6 Rn. 92; *Paefgen*, in: Ulmer/Habersack/Löbbe, GmbHG, § 35 Rn. 484 sowie *Beurskens*, in: Baumbach/Hueck, GmbHG, § 37 Rn. 116 (einzelne den §§ 74 ff. HGB nachgebildete Grundsätze können zur Anwendung kommen).
125 BGH, NZG 2008, 664 (§ 74c HGB nicht analog).
126 BGH, NJW 1992, 1892, 1893.
127 BGHZ 91, 1, 5.
128 BGHZ 91, 1, 3 ff.; BGH, DStR 2008, 1842, 1843, Rn. 3.

es nicht nach Ort, Zeit und Gegenstand die Berufsausübung und die wirtschaftliche Tätigkeit des Geschäftsführers unbillig erschwert.[129] Daraus ergibt sich, dass ein nachvertragliches Wettbewerbsverbot gegenständlich, räumlich und zeitlich beschränkt sein muss. Ein schutzwürdiges Interesse an einem umfassenden (Konkurrenz-) Tätigkeitsverbot besteht nicht.[130] Das Wettbewerbsverbot muss also dem Schutz von in der Gesellschaft erworbenen Kenntnissen und Informationen dienen.[131]

46 Sog. **Mandantenschutzklauseln** sind daher nur dann zulässig, wenn sie gegenständlich begrenzt werden.[132] Das Wettbewerbsverbot erstreckt sich nur dann auf nach dem Ausscheiden des Geschäftsführers aufgenommene Wettbewerbstätigkeiten der Gesellschaft, wenn diese schon während der Beschäftigung des Geschäftsführers in der Gesellschaft geplant worden sind, da nur dann entsprechende Kenntnisse und ein schützenswertes Interesse der Gesellschaft vorliegen können.[133]

47 Bei einer Tätigkeit des Geschäftsführers im **herrschenden Unternehmen** ist eine Erstreckung des Wettbewerbsverbots auf die Tätigkeitsbereiche einer Tochtergesellschaft möglich, sofern der Geschäftsführer umfassend Kenntnis von den Vorgängen bei der Tochtergesellschaft hatte, weil er auf deren Leitung Einfluss und daher zu den relevanten Informationen Zugang hatte. Dann ist eine gegenständliche und örtliche Ausdehnung eines nachvertraglichen Wettbewerbsverbots gerechtfertigt.[134] Damit wird zu Recht die Zulässigkeit einer Kundenschutzklausel als unzulässig, weil zu weit, abgelehnt, die sich auf Kunden anderer – auch konzernmäßig verbundener – Gesellschaften bezieht, zu denen der ehemalige Geschäftsführer keinen Kontakt hatte.[135] Das nachvertragliche Wettbewerbsverbot soll jedoch nicht auf die Tätigkeit aller Konzernunternehmen ausgedehnt werden können, wenn diese in unterschiedlichen gegenständlichen oder örtlichen Bereichen tätig sind.[136]

48 Ein nachvertragliches Wettbewerbsverbot hält der Wirksamkeitskontrolle nur bei einer **Beschränkung auf das notwendige Maß** stand.[137] Darüber hinaus besteht kein schutzwürdiges Interesse der Gesellschaft.[138] Das Wettbewerbsverbot muss **örtlich beschränkt** sein. Daher kann eine nur in einer bestimmten Region tätige Gesellschaft kein weltweites Wettbewerbsverbot aussprechen.[139] Es muss auch **gegenständlich beschränkt**, d.h. mit der wirtschaftlichen Betätigung der Gesellschaft identisch sein. Andernfalls besteht kein schützenswertes Interesse für ein nachvertragliches Wettbewerbsverbot.[140] Als unzulässig angesehen wurde daher ein Wettbewerbsverbot für »jede Art von Tätigkeit für ein Konkurrenzunternehmen«, da hierunter auch eine Tätigkeit fallen würde, die keinen Bezug zur früheren Tätigkeit hat.[141]

49 Das Wettbewerbsverbot muss auch **zeitlich beschränkt** sein. Über das Ob dieser Beschränkung besteht Einigkeit. Umstritten ist, inwiefern sich das aus § 74a Abs. 1 Satz 3 HGB analog, dem daraus resultierenden Grundgedanken oder anderweitig herleiten lässt. Als **Höchstgrenze** wird von der Rechtsprechung der Zeitraum von 2 Jahren angenommen.[142] Dann soll der Geschäftsführer nicht mehr über besondere, zum Nachteil der Gesellschaft verwendbare Kenntnisse verfügen. Andere

129 BGHZ 91, 1, 5; OLG Düsseldorf, DB 1990, 1959, 1960; BGHZ 91, 1, 5; *Altmeppen*, in: Roth/Altmeppen, GmbHG, § 6 Rn. 93; *Kleindiek*, in: Lutter/Hommelhoff, GmbHG, Anh. § 6 Rn. 25; *U.H. Schneider*, in: Scholz, GmbHG, § 43 Rn. 175; *Beurskens*, in: Baumbach/Hueck, GmbHG, § 37 Rn. 118.
130 BGHZ 91, 1, 7; OLG Düsseldorf, GmbHR 1999, 120, 121.
131 *Zöllner/Noack*, in: Baumbach/Hueck, GmbHG, § 35 Rn. 198.
132 BGHZ 91, 1, 6; BGH, NJW 1986, 2945, 2946; BGH, NJW-RR 1990, 226, 227.
133 *U.H. Schneider*, in: Scholz, GmbHG, § 43 Rn. 180.
134 *U.H. Schneider*, in: Scholz, GmbHG, § 43 Rn. 181; *Beurskens*, in: Baumbach/Hueck, GmbHG, § 37 Rn. 119; vorsichtiger *Altmeppen*, in: Roth/Altmeppen, GmbHG, § 6 Rn. 93.
135 OLG Nürnberg, GmbHR 2010, 141 ff.
136 *U.H. Schneider*, in: Scholz, GmbHG, § 43 Rn. 181.
137 Siehe etwa BGH, GmbHR 2002, 431 f., Rn. 9.
138 OLG Hamm, GmbHR 2017, 245 ff., Rn. 33.
139 *U.H. Schneider*, in: Scholz, GmbHG, § 43 Rn. 179.
140 BGH, NJW 1997, 3089.
141 OLG München, GmbHR 2018, 1310, Rn. 9.
142 BGH, NJW 2000, 2584; BGH, NJW 2005, 3062; OLG Düsseldorf, DStR 2016, 269, Rn. 60.

wiederum wollen die Grenze an den konkreten Umständen festmachen und sehen als Höchstgrenze 4 Jahre an.[143] Jedenfalls sind längere Fristen als 2 Jahre nur dann möglich, wenn ausnahmsweise darüber hinaus ein schützenswertes Interesse der Gesellschaft besteht.[144]

Beenden Gesellschaft und Geschäftsführer **einvernehmlich** den Anstellungsvertrag, kann fraglich sein, ob vom Aufhebungsvertrag auch das nachvertragliche Wettbewerbsverbot erfasst wird. Dies muss im Einzelfall der Aufhebungsvereinbarung durch Auslegung entnommen werden. Denn auch wenn die Wettbewerbsvereinbarung im Anstellungsvertrag enthalten ist, werden das Wettbewerbsverbot und die Karenzentschädigung erst nach Beendigung des Anstellungsverhältnisses fällig. Daher ist grds. davon auszugehen, dass der einvernehmliche Aufhebungsvertrag das nachvertragliche Wettbewerbsverbot unberührt lässt.[145] 50

Erfolgt aufgrund einer Freistellungsklausel im Anstellungsvertrag eine **Freistellung** des Geschäftsführers bis zur rechtlichen Beendigung des Anstellungsverhältnisses, so gilt für diesen Zeitraum ein umfassendes Wettbewerbsverbot.[146] Da für diese Zeit die strengen Anforderungen, die an das nachvertragliche Wettbewerbsverbot gestellt werden, nicht gelten, hat die Gesellschaft während der Freistellung die Bezüge des Geschäftsführers fortzuzahlen. Daher empfiehlt es sich, in den Anstellungsvertrag eine Klausel hinsichtlich der Reduzierung der Bezüge im Freistellungszeitraum aufzunehmen. 51

c) **Entschädigung des Geschäftsführers**

Ob der vom (nachvertraglichen) Wettbewerbsverbot betroffene Geschäftsführer für die Dauer des Verbots einen Anspruch auf angemessenen Ausgleich hat (**Karenzentschädigung**), wird unterschiedlich gesehen.[147] Dem Fremdgeschäftsführer soll dabei prinzipiell eine Entschädigung i.H.v. mindestens der Hälfte seiner zuletzt bezogenen Vergütung zu zahlen sein (vgl. § 74 Abs. 2 HGB). Allerdings soll dies bei einem Gesellschafter-Geschäftsführer, dem auch nach Beendigung seiner Geschäftsführerstellung die Beteiligung und Gewinnanteile an der Gesellschaft verbleiben, überflüssig sein können, sofern diese Beträge höher sind als die Geschäftsführervergütung. 52

Nach einer Ansicht im Schrifttum soll das **Fehlen** einer Entschädigungsvereinbarung das Wettbewerbsverbot prinzipiell unverbindlich machen.[148] Der BGH geht dagegen zutreffend davon aus, dass ein nachvertragliches Wettbewerbsverbot mit einem Geschäftsführer auch ohne **Karenzentschädigung** vereinbart werden kann, da ihm ggü. die gesetzliche Regelung für Handlungsgehilfen des § 74 Abs. 2 HGB nicht gelte.[149] Daher muss ihm weder eine Karenzentschädigung versprochen noch eine solche später gezahlt werden.[150] Damit kann eine Karenzentschädigung im Anstellungsvertrag nicht nur für Fälle, wie etwa eine fristlose Kündigung, ausgeschlossen werden,[151] sondern grds. für sämtliche Fälle.[152] Die Überlegung, dass sich ein ehemaliger Geschäftsführer einen Erwerb durch eine anderweitige Tätigkeit analog § 74c HGB auf die Karenzentschädigung anrechnen lassen muss, ist daher hinfällig.[153] Entweder man scheidet dies richtigerweise schon von vornherein 53

143 *Kleindiek*, in: Lutter/Hommelhoff, GmbHG, Anh. § 6 Rn. 25; *Beurskens*, in: Baumbach/Hueck, GmbHG, § 37 Rn. 120.
144 *U.H. Schneider*, in: Scholz, GmbHG, § 43 Rn. 178.
145 OLG Köln, GmbHR 1997, 743; OLG Schleswig, NZG 2000, 894.
146 OLG Oldenburg, NZG 2000, 1038, 1039 f.; s.a. *van Kann/Keiluweit*, BB 2010, 2050, 2052.
147 Bejahend OLG Düsseldorf, NJW-RR 1994, 35, 36; OLG Düsseldorf, GmbHR 1998, 180 f.; s.a. BGH, GmbHR 2002, 431 f.
148 *U.H. Schneider*, in: Scholz, GmbHG, § 43 Rn. 183; *Beurskens*, in: Baumbach/Hueck, GmbHG, § 37 Rn. 121 (§ 74 Abs. 2 HGB analog); a.A. BGHZ 91, 1, 5; BGH, NJW 2002, 1875, 1876; BGH, NJW-RR 2008, 1421, 1422; *Paefgen*, in: Ulmer/Habersack/Löbbe, GmbHG, § 35 Rn. 498.
149 BGH, NJW 2002, 1875, 1876.
150 BGH, NJW-RR 2008, 1421, 1422.
151 BGH, NJW-RR 2008, 1421, 1422; OLG Köln, DB 2008, 1791, 1792.
152 BGH, NJW-RR 2008, 1421, 1422.
153 BGH, DStR 2008, 1394, 1395; *Beurskens*, in: Baumbach/Hueck, GmbHG, § 37 Rn. 121; *Paefgen*, in: Ulmer/Habersack/Löbbe, GmbHG, § 35 Rn. 499.

mangels analoger Anwendung dieser Regelung aus, oder man begründet das damit, dass der Zweck des § 74c HGB, den Arbeitnehmer nicht nur wegen einer Entschädigung zur Kündigung zu verleiten, für den Geschäftsführer nicht passt.[154]

54 Ob und mit welchen Auswirkungen sich die Gesellschaft ihrerseits vom nachvertraglichen Wettbewerbsverbot lösen kann, ist umstritten. Die herrschende Meinung bejaht eine **»Verzichtsmöglichkeit«** analog § 75a HGB,[155] wohingegen eine a.A. dies ablehnt, wenn kein Rücktrittsrecht vom nachvertraglichen Wettbewerbsverbot vereinbart wurde.[156] Folgt man der herrschenden Meinung, so ist jedoch dem Geschäftsführer eine angemessene Dispositionsfrist zuzugestehen und in dieser Zeit eine Entschädigung zu leisten.[157] Bei einem Verzicht soll die Gesellschaft nach überwiegender Ansicht eine Karenzentschädigung für eine Frist von 3 Monaten bezahlen.[158] Eine starre Bestimmung wird jedoch zugunsten einer Auslegung im Einzelfall zurücktreten müssen. Der Verzicht muss dann aber nach einer Ansicht entsprechend der Regelung des § 75a HGB vor Beendigung des Dienstverhältnisses erklärt werden.[159] Die Gegenauffassung lehnt zu Recht eine analoge Anwendung des § 75a HGB auf den GmbH-Geschäftsführer ab, sodass der Verzicht nicht, wie in § 75a HGB gefordert, vor Beendigung des Dienstverhältnisses erklärt zu werden braucht.[160]

d) Rechtsfolgen eines unzulässigen Wettbewerbsverbots

55 Liegen die Voraussetzungen für ein nachvertragliches Wettbewerbsverbot bzw. für dessen konkrete Ausgestaltung nicht vor, da ein berechtigtes Interesse der Gesellschaft hieran fehlt, hat dies regelmäßig dessen **Unwirksamkeit**, d.h. dessen Nichtigkeit zur Folge.[161] Dies gilt unabhängig davon, ob eine Karenzentschädigung versprochen wurde.[162] Eine teleologische Reduktion oder eine Umdeutung der fraglichen Klausel kommt grds. nicht in Betracht. Lediglich bei fehlerhafter zeitlicher Beschränkung des Verbots bejaht der BGH ausnahmsweise eine **geltungserhaltende Reduktion** auf die zulässige Frist.[163] Bei überlanger Bindungsdauer kann damit das Wettbewerbsverbot auf die maximal zulässige Laufzeit reduziert werden.[164] Eine bloße Teilnichtigkeit soll uU auch im Sinne der Einschränkung des örtlichen Geltungsbereichs möglich sein. Eine Aufrechterhaltung eines zu weit gefassten Wettbewerbsverbots scheidet aber dann aus, wenn dieses dem Gegenstand nach das zulässige Maß überschreitet.[165] Eine vertraglich auferlegte Unterlassungspflicht ist im Fall ihrer Unwirksamkeit Kondiktionsgegenstand.[166]

e) Rechtsfolgen eines Verstoßes gegen das Wettbewerbsverbot

56 Verstößt der ehemalige Geschäftsführer gegen das Wettbewerbsverbot, hat die Gesellschaft gegen ihn einen Anspruch auf Unterlassung und Schadensersatz. Der einstweilige Rechtsschutz ist möglich.[167]

---

154 BGH, DStR 2008, 1394, 1395; *Beurskens*, in: Baumbach/Hueck, GmbHG, § 37 Rn. 121.

155 BGH, NJW 1992, 1892 f.; bestätigt durch BGH, NJW 2002, 1875 f.; OLG Koblenz, NZG 2000, 653, 654; *Beurskens*, in: Baumbach/Hueck, GmbHG, § 37 Rn. 121.

156 OLG Koblenz, NZG 2000, 653, 654; *Altmeppen*, in: Roth/Altmeppen, § 6 Rn. 94.

157 Vgl. BGH, NJW 2002, 1875, 1876.

158 OLG Düsseldorf, DB 1996, 2273, 2274; offengelassen in BGH, NJW-RR 1990, 1312 f.

159 *Ziemons*, in: Michalski/Heidinger/Leible/J. Schmidt, GmbHG, § 43 Rn. 289; *Beurskens*, in: Baumbach/Hueck, GmbHG, § 37 Rn. 122; abweichend OLG Düsseldorf, DB 1996, 2273; *Paefgen*, in: Ulmer/Habersack/Löbbe, GmbHG, § 35 Rn. 502.

160 OLG Düsseldorf, DB 1996, 2273.

161 BGH, NJW 1968, 1717 f.; BGH, DB 1989, 1620, 1621; BGH, ZIP 2000, 1452 f.; OLG Düsseldorf, GmbHR 1999, 120, 122; a.A. *Beurskens*, in: Baumbach/Hueck, GmbHG, § 37 Rn. 117.

162 BGHZ 91, 1, 6; BGH, NJW 2002, 1875 f.; OLG Düsseldorf, GmbHR 1999, 120, 122.

163 Vgl. BGH, NJW 2000, 2584 ff. (für Gesellschafter einer Freiberuflersozietät).

164 BGH, GmbHR 1991, 15, 17; BGH, NJW 1997, 3089; BGH, DStR 1997, 2038; BGH, NJW 2000, 2584, 2585; *U.H. Schneider*, in: Scholz, GmbHG, § 43 Rn. 184.

165 OLG München, GmbHR 2018, 1310, Rn. 14.

166 OLG Hamm, GmbHR 2017, 245 ff., Rn. 36.

167 *Zöllner/Noack*, in: Baumbach/Hueck, GmbHG, 21. Aufl. 2017, § 35 Rn. 205.

Um Wettbewerbsverstöße durch ausgeschiedene Geschäftsführer zu vermeiden, empfiehlt es sich, in den Anstellungsvertrag für den Fall einer Zuwiderhandlung eine Vertragsstrafe aufzunehmen.[168]

f) Befreiung vom Wettbewerbsverbot

Eine anfängliche oder nachträgliche Befreiung vom Wettbewerbsverbot durch die **Satzung** ist aufgrund der internen Gestaltungsfreiheit der Gesellschafter möglich.[169] Da das Unterlassen von Wettbewerb zu den organisationsrechtlichen Pflichten des Geschäftsführers gehört, sind für eine Befreiung die Gesellschafter zuständig. Eine Befreiung nur im Anstellungsvertrag soll, da es hier um Organisationsrecht geht, nicht genügen.[170] Ausreichend soll jedoch eine sog. Öffnungsklausel in der Satzung sein, wonach die Gesellschafter im Einzelfall über eine Befreiung – regelmäßig durch einfachen Gesellschafterbeschluss – entscheiden können.[171] 57

Sofern die Satzung nichts vorsieht, muss aber auch eine Befreiung durch **Gesellschafterbeschluss** möglich sein,[172] da die Pflichten des Geschäftsführers auch hierdurch ausgestaltet werden können. Überwiegend wird angenommen, dass dafür ebenfalls eine einfache Mehrheit ausreichend ist.[173] Der Gesellschafter-Geschäftsführer kann zusätzlich einem Wettbewerbsverbot aufgrund seiner Stellung als Gesellschafter unterliegen. Sieht die Satzung nicht die Möglichkeit vor, den Gesellschafter vom Wettbewerbsverbot zu befreien, kommt zwar eine Befreiung mittels eines Gesellschafterbeschlusses in Betracht, doch setzt dies voraus, dass der Beschluss als Satzungsdurchbrechung mit satzungsändernder Mehrheit gefasst wird.[174] 58

Ob der Gesellschafterbeschluss neben der notariellen Beurkundung auch der Eintragung im Handelsregister bedarf, hängt davon ab, ob der Gesellschafter generell oder nur für einen einzelnen Vorgang vom satzungsmäßigen Wettbewerbsverbot befreit werden soll.[175] Da es sich im ersten Fall um eine zustandsändernde Satzungsdurchbrechung handelt, ist eine Eintragung im Handelsregister zum Schutz des Rechtsverkehrs notwendig.[176] Im zweiten Fall ist die Satzungsdurchbrechung punktuell und erschöpft sich daher in der einzelnen Maßnahme, sodass Publizitätsgründe eine Registereintragung nicht erfordern. 59

Entbehrlich ist eine Befreiung bei einem Gesellschafter-Geschäftsführer der Einpersonen-GmbH, da hier nach überwiegender Ansicht kein Wettbewerbsverbot besteht. Auch wenn die Gesellschafter bei der Bestellung des Geschäftsführers von dessen unternehmerischer Tätigkeit wussten und er diese nach seiner Bestellung fortführen will, ist keine Befreiung erforderlich.[177] Das muss im Hinblick auf das gesellschafterliche Wettbewerbsverbot selbst dann gelten, wenn den Gesellschaftern bei der Gesellschaftsgründung die Tätigkeit eines Mitgesellschafters und dessen Fortführungsbegehren bekannt ist.[178] Allerdings soll eine Befreiung notwendig werden, wenn ein neuer Gesellschafter 60

---

168 Vgl. OLG Oldenburg, NZG 2000, 1038, 1039 f.

169 *Kleindiek*, in: Lutter/Hommelhoff, GmbHG, Anh. § 6 Rn. 23; *U.H. Schneider*, in: Scholz, GmbHG, § 43 Rn. 185.

170 *U.H. Schneider*, in: Scholz, GmbHG, § 43 Rn. 187.

171 *Paefgen*, in: Ulmer/Habersack/Löbbe, GmbHG, § 43 Rn. 103; *U.H. Schneider*, in: Scholz, GmbHG, § 43 Rn. 189.

172 *Altmeppen*, in: Roth/Altmeppen, GmbHG, § 43 Rn. 31; *Kleindiek*, in: Lutter/Hommelhoff, GmbHG, Anh. § 6 Rn. 23; *U.H. Schneider*, in: Scholz, GmbHG, § 43 Rn. 191; *Beurskens*, in: Baumbach/Hueck, GmbHG, § 37 Rn. 90; a.A. *Lenz*, in: Michalski/Heidinger/Leible/J. Schmidt, GmbHG, § 35 Rn. 136.

173 *Altmeppen*, in: Roth/Altmeppen, GmbHG, § 43 Rn. 31; *Ziemons*, in: Michalski, GmbHG, § 43 Rn. 247; *Kleindiek*, in: Lutter/Hommelhoff, GmbHG, Anh. § 6 Rn. 23; a.A. *U.H. Schneider*, in: Scholz, GmbHG, § 43 Rn. 192.

174 So *U.H. Schneider*, in: Scholz, GmbHG, § 43 Rn. 193.

175 *Hoffmann*, in: Michalski/Heidinger/Leible/J. Schmidt, GmbHG, § 53 Rn. 35; *Zöllner/Noack*, in: Baumbach/Hueck, GmbHG, § 53 Rn. 45.

176 Vgl. BGHZ 123, 15, 19.

177 BGH, GmbHR 1987, 302, 303.

178 BGH, GmbHR 1987, 302, 303.

hinzutritt und für diesen die Befreiung nicht erkennbar war.[179] Haben die Gesellschafter in der Satzung ein Wettbewerbsverbot i.S.d. § 112 HGB vereinbart, ist für die von § 112 HGB geforderte Einwilligung weder eine besondere Befreiung in der Satzung noch ein förmlicher Gesellschafterbeschluss erforderlich. Vielmehr reicht es aus, dass alle Gesellschafter formlos ihre Einwilligung in die Wettbewerbshandlung erklären.[180]

II. Rechte des Geschäftsführers

1. Bestellung

61 Aus dem Anstellungsvertrag folgt kein Anspruch ggü. der GmbH auf Berufung zum Geschäftsführer (Trennungsprinzip).[181] Die Bestellung kann nämlich jederzeit widerrufen werden (§ 38). Umgekehrt kann aber in der Bestellung oder in Vorgesprächen ein Vorvertrag bezüglich des Abschlusses eines Anstellungsvertrags liegen.[182] Unterbleibt eine Bestellung, kann der Geschäftsführer fristlos kündigen und ggf. Schadensersatzansprüche geltend machen. Zudem hat der Geschäftsführer aus dem Anstellungsvertrag einen Anspruch darauf, seine Tätigkeit in angemessener leitender Stellung tatsächlich auszuüben, es sei denn, die GmbH hat ausnahmsweise ein anerkennenswertes Interesse daran, den Geschäftsführer nicht zu beschäftigen.[183]

2. Vergütung

a) Vergütungsanspruch

62 Ein Anspruch des Geschäftsführers auf Zahlung einer Vergütung ergibt sich aus dem Anstellungsvertrag,[184] nicht aus dem Organverhältnis, da grds. auch eine Organtätigkeit ohne Vergütung denkbar ist.[185] Die Treuepflicht gilt bei der Aushandlung der Vergütung grds. nicht.[186] Fehlt im Anstellungsvertrag eine Vergütungsregelung, besteht ein Anspruch auf **angemessene** Vergütung i.S.d. § 612 BGB,[187] wobei insb. bei einem Gesellschafter-Geschäftsführer festgestellt werden muss, ob er nur gegen Entgelt tätig sein wollte.[188] Für Überstunden kann eine Vergütung nur bei Vereinbarung verlangt werden.[189] Da der Vergütungsanspruch ein Anspruch auf Geldzahlung ist, der i.d.R. durch den schriftlichen Anstellungsvertrag und damit durch Urkunden bewiesen wird, kann der Geschäftsführer seinen Vergütungsanspruch im Wege des Urkundenprozesses (§§ 592 ff. ZPO) geltend machen.[190]

63 Regelmäßig teilt sich der Vergütungsanspruch auf in ein festes Gehalt, Sachleistungen (private Nutzung eines Telefons oder Geschäftswagens, zinsgünstige Darlehen[191]), Gewinnbeteiligungen

---

179 *U.H. Schneider*, in: Scholz, GmbHG, § 43 Rn. 196.
180 BFH, NJW 1998, 3663.
181 *U.H. Schneider/Hohenstatt*, in: Scholz, GmbHG, § 35 Rn. 408; *Wicke*, GmbHG, Anh. § 6 Rn. 10.
182 *Zöllner/Noack*, in: Baumbach/Hueck, GmbHG, 21. Aufl. 2017, § 35 Rn. 60.
183 *Leuchten*, GmbHR 2001, 750, 751.
184 *Paefgen*, in: Ulmer/Habersack/Löbbe, GmbHG, § 35 Rn. 346 ff.; *U.H. Schneider/Hohenstatt*, in: Scholz, GmbHG, § 35 Rn. 350 ff.
185 *Leitzen*, Der Konzern 2010, 87 ff. (zur Frage, welche Auswirkungen das VorstAG auf die Geschäftsführer-Vergütungsregelung in der mitbestimmten GmbH hat).
186 Siehe § 43 Rdn. 33; zur existenzbedrohenden Verschlechterung siehe Anh. § 6 Rdn. 72.
187 *Altmeppen*, in: Roth/Altmeppen, GmbHG, § 6 Rn. 100; *Tebben*, in: Michalski/Heidinger/Leible/J. Schmidt, GmbHG, § 6 Rn. 158, 160; *Kleindiek*, in: Lutter/Hommelhoff, GmbHG, Anh. § 6 Rn. 31; *Paefgen*, in: Ulmer/Habersack/Löbbe, GmbHG, § 35 Rn. 364; vgl. OLG München, WM 1984, 896 ff.
188 OLG Frankfurt am Main, GmbHR 1993, 358, 359 f.; LG Essen, DB 2000, 2421; BGH, NZG 2008, 783, 785 (zur angemessenen Vergütung).
189 OLG Dresden, NJW-RR 1997, 1535 f.; *Altmeppen*, in: Roth/Altmeppen, GmbHG, § 6 Rn. 100; *Beurskens*, in: Baumbach/Hueck, GmbHG, § 37 Rn. 123.
190 Ebenso *Zöllner/Noack*, in: Baumbach/Hueck, GmbHG, 21. Aufl. 2017, § 35 Rn. 60.
191 Hierbei ist § 43a zu beachten.

(Tantiemen)[192] und evtl. auch freiwillige Leistungen zu besonderen Anlässen (Gratifikationen).[193] Ist eine **Tantieme** zwar vertraglich zugesagt, deren Höhe aber nicht bestimmt, erfolgt eine Festlegung nach billigem Ermessen (§ 315 BGB analog). Sofern die Bemessungsgrundlage nicht geregelt wurde, wird empfohlen § 86 Abs. 2 Satz 1 AktG a.F.[194] heranzuziehen.[195] Soweit diese Grundlage jedoch erkennbar nicht maßgebend sein soll, erfolgt ebenfalls eine Bestimmung nach billigem Ermessen.[196]

Bei der Zahlung von **Gewinnbeteiligungen** an einen beherrschenden Gesellschafter-Geschäftsführer 64
besteht die Gefahr von unzulässigen verdeckten Gewinnausschüttungen. Um dies zu vermeiden, muss sich die Höhe der Gewinnbeteiligung allein rechnerisch auf der Grundlage der Tantiemenvereinbarung ermitteln lassen. Die Tantiemen müssen nicht nur der Höhe nach, sondern auch zeitlich beschränkt sein. Daher reicht es nicht aus, wenn die Vereinbarung über die Gewinnbeteiligung erst kurz vor der Auszahlung der Tantiemen getroffen wird. Vielmehr muss die vertragliche Abrede bereits vor Beginn des Zeitraums zustande gekommen sein, der für die Berechnung der Tantiemen maßgeblich ist.[197]

Im Hinblick auf **Überstundenvergütungen**, Feiertagszuschläge usw. hat der BFH in Bezug auf 65
den Gesellschafter-Geschäftsführer entschieden, dass diese Zahlungen nicht mit dem Aufgabenbild eines Geschäftsführers vereinbar sind, sodass sie als verdeckte Gewinnausschüttungen anzusehen sind.[198] Für Fremdgeschäftsführer ist ein Anspruch auf Überstundenvergütung ebenfalls auszuschließen.[199]

Eine **Verjährung** von Vergütungsansprüchen des Geschäftsführers tritt nach 3 Jahren ein (§ 195 66
BGB). Die Frist beginnt mit dem Ende des Jahres zu laufen, in dem der Anspruch entstanden ist (§ 199 Abs. 1 BGB).

b) Unangemessene Vergütung

Die Höhe der Geschäftsführervergütung ist grds. frei vereinbar. Allerdings sind dem Grenzen ge- 67
setzt.[200] Bei einem besonders krassen Missverhältnis zwischen Leistung und Gegenleistung kann die Vereinbarung nach § 138 Abs. 1 BGB **nichtig** sein.[201] Eine unangemessen hohe Vergütung an einen Gesellschafter-Geschäftsführer kann auch nach § 30 unzulässig sein, wenn die Zahlung aus dem gebundenen Vermögen erfolgt.[202] Erfolgt die Zahlung aus dem freien Vermögen, kann eine erhöhte Vergütung gegen den gesellschaftsrechtlichen Grundsatz der Treuepflicht und gegen das Gleichbehandlungsgebot verstoßen.[203] Jedenfalls führt die Treuepflicht auch des beherrschenden Gesellschafters dazu, dass er seine Stimmrechtsmacht bei der Festsetzung seiner Bezüge nicht rücksichtslos im eigenen Interesse ausnutzen darf.[204] Andernfalls ist die gesellschaftsrechtliche Anfechtung des betreffenden Beschlusses möglich. Hinzu kommt, dass überhöhte Bezüge von

192 OLG Celle, NZG 2008, 79.
193 Vgl. BGH, NJW-RR 1990, 1313.
194 Aufgehoben durch Art. 1 Nr. 4 TransPubG vom 19.7.2002, BGBl. I, S. 2681.
195 Ablehnend BGH, GmbHR 2003, 584, 585; *Paefgen*, in: Ulmer/Habersack/Löbbe, GmbHG, § 35 Rn. 406; *U.H. Schneider/Hohenstatt*, in: Scholz, GmbHG, § 35 Rn. 359.
196 *Beurskens*, in: Baumbach/Hueck, GmbHG, § 37 Rn. 124 mit Verweis auf BGH, GmbHR 1994, 546 und OLG Oldenburg, NZG 2000, 939.
197 Vgl. *Beurskens*, in: Baumbach/Hueck, GmbHG, § 37 Rn. 124; *Altmeppen*, in: Roth/Altmeppen, GmbHG, § 6 Rn. 115.
198 *Axhausen*, in: BeckHdbGmbHG, § 35 Rn. 86.
199 *Schmidt*, in: Ensthaler/Füller/Schmidt, GmbHG, § 35 Rn. 66.
200 Vgl. *Mohr*, GmbHR 2011, 402 ff.
201 MünchKommGmbHG/*Jaeger*, § 35 Rn. 302.
202 BGH, NJW 1992, 2894, 2895.
203 BGH, NJW-RR 1990, 1313.
204 *U.H. Schneider/Hohenstatt*, in: Scholz, GmbHG, § 35 Rn. 353 ff.

Gesellschafter-Geschäftsführern steuerrechtlich als verdeckte Gewinnausschüttungen angesehen werden können.[205]

68 Ob eine Vergütung angemessen ist oder nicht, hat das Anstellungsorgan, dem ein weiter **Ermessensspielraum** zugebilligt wird, zu entscheiden.[206] Bei der Festlegung der Vergütung wird bei der nicht mitbestimmten GmbH die analoge Heranziehung des § 87 AktG abgelehnt.[207] Das gilt nach überzeugender h.M. auch für die mitbestimmte GmbH.[208] Ob für die Frage nach der Unangemessenheit einer Gesellschafter-Geschäftsführer-Vergütung neben deren gesellschaftsrechtlicher Zulässigkeit und der Ertragsaussicht der Gesellschaft auch ein Vergleich mit der Vergütung eines Fremdgeschäftsführers möglich ist, wird unterschiedlich beurteilt. Jedenfalls soll diese nicht als alleiniges Kriterium herangezogen werden können.[209] Als Vergleichsmaßstab soll der Betrag gelten, den die Gesellschaft bzw. eine vergleichbare Gesellschaft einem Dritten gezahlt hätte. Ein »interner Betriebsvergleich« soll dagegen nicht zulässig sein.[210]

69 Da die Gesellschafter-Geschäftsführer regelmäßig eine **verdeckte Gewinnausschüttung** vermeiden wollen, stellt sich die Frage, ob und wie der Betrag der »richtigen« Vergütung exakt zu ermitteln ist. Der BFH sieht bei einer geringfügigen Überschreitung der Angemessenheitsgrenze noch keine verdeckte Gewinnausschüttung, sondern erst dann, wenn die Angemessenheitsgrenze um mehr als 20 % überschritten ist.[211]

70 Eine **Entgeltfortzahlung** bei Krankheit ergibt sich aus § 616 Satz 1 BGB, wenn der Geschäftsführer für eine verhältnismäßig nicht erhebliche Zeit durch einen in seiner Person liegenden Grund ohne sein Verschulden an der Dienstleistung verhindert wird.[212] Es empfiehlt sich, im Anstellungsvertrag genau zu regeln, was unter »verhältnismäßig nicht erhebliche Zeit« zu verstehen ist, d.h. für welchen Zeitraum eine Entgeltfortzahlung erfolgt. Es bietet sich auch an, im Anstellungsvertrag zu regeln, unter welchen Voraussetzungen bei einer langfristigen Erkrankung die dauernde Dienstunfähigkeit festgestellt wird und das Anstellungsverhältnis endet.[213]

c) Anpassung der Vergütung

71 Eine Anpassung von Geschäftsführerbezügen an veränderte Umstände der Gesellschaft kann die GmbH nur dann verlangen, wenn der Anstellungsvertrag eine entsprechende Klausel enthält.[214] Ansonsten bleibt lediglich die Möglichkeit, eine Störung der Geschäftsgrundlage (§ 313 BGB) geltend zu machen.[215] Dies wird nur dann anzunehmen sein, wenn beide Parteien bestimmte Erwartungen hinsichtlich der Entwicklung der Gesellschaft zur Grundlage des Anstellungsvertrags gemacht haben und diese nicht eintreten. Voraussetzung ist, dass sich der Geschäftsführer bei Kenntnis redlicherweise auf einen den tatsächlichen Umständen entsprechenden Vertrag eingelassen hätte.[216]

72 Tritt eine die Existenz bedrohende Verschlechterung der wirtschaftlichen Verhältnisse der Gesellschaft ein, kann die Treuepflicht des Geschäftsführers diesen ggü. der Gesellschaft verpflichten, einer **Herabsetzung** seiner Bezüge zuzustimmen.[217] Das geschieht regelmäßig durch einen Änderungsvertrag.

205 BFH, NJW-RR 2007, 915, 917; BFH, GmbHR 2006, 1339, 1340; BFH, GmbHR 2006, 1163 f.
206 BGHZ 111, 224, 227 f.; BGH, NJW 1992, 2894, 2895.
207 MünchKommGmbHG/*Jaeger*, § 35 Rn. 34; *Beurskens*, in: Baumbach/Hueck, GmbHG, § 37 Rn. 128.
208 *Habersack*, ZHR 174 (2010), 2, 7 f.; MünchKommGmbHG/*Jaeger*, § 35 Rn. 305; *Mohr*, GmbHR 2011, 402.
209 BGHZ 111, 224, 227 f.; BGH, NJW 1992, 2894, 2895; *Axhausen*, in: BeckHdbGmbHG, § 5 Rn. 43.
210 *Axhausen*, in: BeckHdbGmbHG, § 5 Rn. 46.
211 BFH, DB 1989, 2049, 2050.
212 BSG, NZS 1996, 343.
213 *Karsten*, GmbH-Recht, 2009, § 5 Rn. 213.
214 Vgl. *Geißler*, GmbHR 2017, 1195 ff.
215 So auch *Altmeppen*, in: Roth/Altmeppen, GmbHG, § 6 Rn. 103.
216 *U.H. Schneider/Hohenstatt*, in: Scholz, GmbHG, § 35 Rn. 370 f.
217 BGH, NJW 1992, 2894, 2896; *Altmeppen*, in: Roth/Altmeppen, GmbHG, § 6 Rn. 102; dezidierter OLG Köln, ZIP 2009, 36, 37, und *Marsch-Barner/Diekmann*, in: MünchHdbGmbHG, § 43 Rn. 26

Das Gesagte gilt jedoch auch, wenn sich die Lage der Gesellschaft positiv so verändert, dass die vereinbarte Vergütung aufgrund der Veränderung unangemessen niedrig ist. Dann sind die Gesellschafter ggf. auch unter dem Gesichtspunkt des Wegfalls der Geschäftsgrundlage zur **Erhöhung** der Tätigkeitsvergütung verpflichtet.[218] Ist der Geschäftsführer zugleich Gesellschafter, kann er von seinen Mitgesellschaftern verlangen, dass diese einer Gehaltsanpassung zustimmen. Das setzt jedoch voraus, dass sich nur auf diese Weise die gebotene Gleichbehandlung untern den Gesellschaftern verwirklichen lässt.[219] Hierbei kann auf die für Personengesellschaften aufgestellten Prinzipien sinngemäß zurückgegriffen werden.[220] 73

Unter den entsprechenden Voraussetzungen hat auch der Fremdgeschäftsführer einen Anpassungsanspruch gegen die Gesellschaft. Dies soll insb. gelten, wenn es für den Geschäftsführer tatsächlich oder rechtlich ausgeschlossen bzw. unzumutbar ist, seine Anstellung bei der GmbH zu beenden, etwa weil er in Kürze die Altersgrenze erreicht. Ebenso soll er eine Gehaltsanpassung verlangen können, wenn er die GmbH in deren Aufbauphase geleitet hat und in dem Vertrauen schützenswert ist, im Fall der Erholung und Konsolidierung eine entsprechend erhöhte Vergütung zu erhalten.[221] 74

d) Vergütung für Erfindungen

Eine Vergütung für Erfindungen des Geschäftsführers hat regelmäßig zu erfolgen, außer es ist im Anstellungsvertrag oder anderweitig Abweichendes vereinbart.[222] Das Arbeitnehmererfindungsgesetz ist nicht anwendbar.[223] Daher hat der Geschäftsführer das Recht, über seine Erfindung eigenständig zu verfügen. Ungeachtet dessen ist er aber verpflichtet, der Gesellschaft die Erfindung anzubieten, sofern diese in den Geschäftsbereich der Gesellschaft fällt.[224] Empfehlenswert ist, sofern aufgrund der Tätigkeit des Geschäftsführers Erfindungen möglich sind, eine Regelung im Anstellungsvertrag. 75

Haben Gesellschaft und Geschäftsführer keine entsprechende Abrede im Anstellungsvertrag getroffen, bemisst sich die Höhe der Vergütung nach **§ 612 Abs. 2 BGB**.[225] Der Begriff der üblichen Vergütung ist nicht generell mit der Lizenzgebühr gleichzusetzen, die ein freier Erfinder erhalten würde. Ebenso wenig bestimmt sich die Vergütungshöhe entsprechend den Vergütungsrichtlinien des Arbeitnehmererfindungsgesetzes.[226] Ausgangspunkt für die Bemessung der Vergütungshöhe ist daher die übliche Vergütung eines freien Erfinders. Hiervon ist ein angemessener Betrag in Abzug zu bringen, der sich vor allem danach bemisst, ob und inwieweit für die erfinderische Tätigkeit des Geschäftsführers betriebliche Mittel und Einrichtungen benutzt wurden und in welchem Ausmaß die Tätigkeit des Geschäftsführers an Vorarbeiten oder laufende Projekte im Betrieb der Gesellschaft anknüpft.[227] Ist der Geschäftsführer gerade mit dem Ziel in der GmbH beschäftigt, durch seine persönliche Tätigkeit auf Neuerungen hinzuarbeiten, die zwangsläufig zu Schutzrechten führen, kann ein Vergütungsanspruch ausgeschlossen oder jedenfalls gemindert sein.[228] 76

(§ 87 AktG analog); s.a. *Beurskens*, in: Baumbach/Hueck, GmbHG, § 37 Rn. 130 (§ 87 Abs. 2 AktG zur Konkretisierung).

218 *Paefgen*, in: Ulmer/Habersack/Löbbe, GmbHG, § 35 Rn. 379; *Schmidt*, in: Ensthaler/Füller/Schmidt, GmbHG, § 35 Rn. 67.

219 BGHZ 111, 224, 226; *Schmidt*, in: Ensthaler/Füller/Schmidt, GmbHG, § 35 Rn. 67.

220 *Beurskens*, in: Baumbach/Hueck, GmbHG, § 37 Rn. 129.

221 *Beurskens*, in: Baumbach/Hueck, GmbHG, § 37 Rn. 129.

222 BGH, NJW-RR 2007, 103; OLG München, NJOZ 2007, 4716, 4721 f.

223 BGH, NJW-RR 1990, 349; OLG Düsseldorf, GmbHR 1999, 1093, 1094.

224 *Beurskens*, in: Baumbach/Hueck, GmbHG, § 37 Rn. 79, 110; *U.H. Schneider/Hohenstatt*, in: Scholz, GmbHG, § 35 Rn. 379.

225 BGH, NJW-RR 2007, 103.

226 BGH, NJW-RR 1990, 349; OLG Düsseldorf, GmbHR 1999, 1093, 1094.

227 BGH, NJW-RR 2007, 103; BGH, NJW-RR 1990, 349; OLG Düsseldorf, GmbHR 1999, 1093, 1094.

228 BGH, NJW-RR 2007, 103; BGH, NJW-RR 2001, 472.

e) Ansprüche bei Insolvenz der Gesellschaft

77 Bezüge, die bei Insolvenzeröffnung bereits bestanden, aber noch nicht gezahlt worden sind, kann der Geschäftsführer als einfache Insolvenzforderungen geltend machen (§ 38 InsO). Vergütungsansprüche, die erst nach Insolvenzeröffnung entstanden sind, sind dagegen Masseverbindlichkeiten (§ 55 Abs. 1 Nr. 2 InsO). Der Insolvenzverwalter ist nach § 113 InsO berechtigt, den Anstellungsvertrag mit einer Höchstfrist von 3 Monaten zum Monatsende zu kündigen. Soweit kürzere Fristen für eine ordentliche Kündigung im Einzelfall maßgeblich sind, gelten diese (§ 113 Abs. 1 Satz 2 HS. 2 InsO).[229] Längere Kündigungsfristen sind für den Insolvenzverwalter ebenso unbeachtlich wie ein Ausschluss der ordentlichen Kündigung.[230] In diesem Fall kann der Geschäftsführer jedoch als Insolvenzgläubiger Schadensersatz von der Gesellschaft verlangen (§ 113 Satz 3 InsO).

78 Soweit die Voraussetzungen für einen wichtigen Grund i.S.d. § 626 BGB erfüllt sind, kann der Insolvenzverwalter den Anstellungsvertrag außerordentlich kündigen. Die Insolvenz der GmbH allein reicht für eine solche Kündigung jedoch nicht aus,[231] wohl aber eine schuldhafte Insolvenzverschleppung.[232]

79 Fremdgeschäftsführer gelten insolvenzrechtlich als Arbeitnehmer.[233] Daher haben sie gem. § 165 SGB III einen Anspruch auf Zahlung von Insolvenzgeld für die letzten drei Monate vor Eröffnung des Insolvenzverfahrens.[234] Ob dies in gleicher Weise für Gesellschafter-Geschäftsführer gilt, wird von den Zivil- und Sozialgerichten unterschiedlich beurteilt. Zumindest dann, wenn die Kapitalbeteiligung unter 10 % liegt, kann davon ausgegangen werden, dass der Gesellschafter-Geschäftsführer Zahlung von Insolvenzgeld verlangen kann.[235] Verfügt er dagegen über eine Mehrheitsbeteiligung oder eine Sperrminorität, scheidet ein solcher Anspruch aus.[236]

f) Pfändungsschutz

80 Da § 850 Abs. 2 ZPO nach seinem eindeutigen Wortlaut auch sonstige Vergütungen für Dienstleistungen aller Art erfasst, die die Erwerbstätigkeit des Schuldners vollständig oder zu einem wesentlichen Teil in Anspruch nehmen, fallen die Bezüge des Geschäftsführers unter den Pfändungsschutz der §§ 850 ff. ZPO.[237] Dies gilt in gleicher Weise für Gewinnbeteiligungen und sonstige Nebenleistungen als Teil der Tätigkeitsvergütung des Geschäftsführers[238] sowie für Karenzentschädigungen aus einem nachvertraglichen Wettbewerbsverbot.[239] Pfändungsschutz genießt selbst der Gesellschafter-Geschäftsführer, der als Unternehmer einzuordnen ist.[240]

229 BAG, NJW 2001, 317.

230 *Altmeppen*, in: Roth/Altmeppen, GmbHG, § 6 Rn. 135; *Beurskens*, in: Baumbach/Hueck, GmbHG, § 37 Rn. 138; a.A. *Fichtelmann*, GmbHR 2008, 76, 81.

231 OLG Düsseldorf, NZG 2000, 1044, 1045; OLG Naumburg, GmbHR 2004, 423 f.; *Fichtelmann*, GmbHR 2008, 76, 81.

232 BGH, NJW 2005, 3069.

233 BGH, NZG 2003, 327, 328.

234 *Altmeppen*, in: Roth/Altmeppen, GmbHG, § 6 Rn. 120; *Marsch-Barner/Diekmann*, in: MünchHdbGmbHG, § 43 Rn. 61; *U.H. Schneider/Hohenstatt*, in: Scholz, GmbHG, § 35 Rn. 526; *Beurskens*, in: Baumbach/Hueck, GmbHG, § 37 Rn. 139.

235 BGH, NZG 2003, 1020, 1021.

236 BSG, GmbHR 2007, 1324.

237 BGH, NJW 1978, 756; OLG Rostock, NJW-RR 1995, 173; *Beurskens*, in: Baumbach/Hueck, GmbHG, § 37 Rn. 136.

238 BGH, NJW 1978, 756.

239 OLG Rostock, NJW-RR 1995, 173.

240 *Kleindiek*, in: Lutter/Hommelhoff, GmbHG, Anh. § 6 Rn. 35; *Paefgen*, in: Ulmer/Habersack/Löbbe, GmbHG, § 35 Rn. 314; *U.H. Schneider/Hohenstatt*, in: Scholz, GmbHG, § 35 Rn. 373; *Beurskens*, in: Baumbach/Hueck, GmbHG, § 37 Rn. 136.

3. Ruhegehalt, Hinterbliebenenversorgung

Das Ruhegehalt sowie die Hinterbliebenenversorgung werden üblicherweise im Anstellungsvertrag vereinbart. Die Ruhegehaltszusage ist auch **formlos** möglich.[241] Teilweise wird angenommen, dass sich Versorgungsbezüge des Geschäftsführers auch aus der Unternehmensüblichkeit herleiten lassen.[242] Dies wird jedoch überwiegend verneint.[243] Daher empfiehlt es sich, zur Sicherheit in den Anstellungsvertrag eine entsprechende Regelung aufzunehmen. 81

Sofern das Ruhegehalt das letzte Einkommen als **Bezugsgröße** hat, ist regelmäßig das Gesamteinkommen gemeint. Dagegen sollen Provisionen, Gratifikationen und Naturalleistungen keine Berücksichtigung finden. Sofern etwas anderes gewollt ist, empfiehlt sich eine entsprechende Regelung im Anstellungsvertrag. 82

Auf Ruhegehaltszusagen findet grds. das Gesetz zur Verbesserung der betrieblichen Altersversorgung (**Betriebsrentengesetz** – BetrAVG) Anwendung (§ 17 Abs. 1 Satz 2 BetrAVG),[244] es sei denn, es handelt sich um einen Gesellschafter-Geschäftsführer.[245] Daher sind bei arbeitnehmerähnlichen Geschäftsführern, vor allem bei Fremdgeschäftsführern, die Ansprüche auf Ruhegehalt gem. § 7 BetrAVG insolvenzgesichert.[246] Bis zu welcher Unternehmensbeteiligung ein Gesellschafter-Geschäftsführer gleichfalls noch als arbeitnehmerähnlich i.S.d. § 17 Abs. 1 Satz 2 BetrAVG gilt, sodass auch seine Ansprüche auf Ruhegehalt im Fall der Insolvenz der GmbH geschützt sind, lässt sich der höchstrichterlichen Rechtsprechung nicht eindeutig entnehmen. Es kann bereits eine Beteiligung von 10 % an der GmbH ausreichen, um den Gesellschafter-Geschäftsführer als (Mit-)Unternehmer zu qualifizieren, zumindest wenn er gemeinsam mit anderen Gesellschafter-Geschäftsführern in der Gesellschafterversammlung die Kapital- und Stimmenmehrheit besitzt.[247] Demnach kommt es entscheidend darauf an, ob der Gesellschafter-Geschäftsführer allein oder mit anderen aufgrund der Mehrheitsbeteiligung die Geschicke der Gesellschaft bestimmen kann. Ein Minderheitsgesellschafter kann demgegenüber das Handeln der Gesellschaft nicht maßgeblich beeinflussen und übt daher seine Dienste als Geschäftsführer für die GmbH arbeitnehmerähnlich aus. Er kann somit auf die Ausgestaltung der Ruhegehaltsansprüche keinen wesentlichen Einfluss nehmen.[248] Umstritten ist, ob das bei Gesellschafter-Geschäftsführern anders ist.[249] Jedenfalls bei einer **50 %igen Beteiligung** des Gesellschafter-Geschäftsführers ist dieser nach Ansicht des BGH keine arbeitnehmerähnliche Person und unterfällt damit nicht dem Betriebsrentengesetz.[250] Bei einer geringeren Beteiligung soll dagegen das Betriebsrentengesetz heranzuziehen sein. 83

Eine **Verwirkung** des Ruhegehaltsanspruchs kommt in Betracht, wenn eine entsprechende vertragliche Vereinbarung zwischen den Parteien vorliegt (Widerrufsvorbehalt).[251] Ansonsten ist eine 84

---

241 BGH, NJW-RR 1994, 357 f.

242 BGH, WM 1973, 506, 507; *Kleindiek*, in: Lutter/Hommelhoff, GmbHG, § 6 Rn. 36; *Beurskens*, in: Baumbach/Hueck, GmbHG, § 37 Rn. 142.

243 *Altmeppen*, in: Roth/Altmeppen, GmbHG, § 6 Rn. 104; *Baukelmann*, in: Rowedder/Schmidt-Leithoff, GmbHG, § 35 Rn. 93; *Paefgen*, in: Ulmer/Habersack/Löbbe, GmbHG, § 35 Rn. 421; *U.H. Schneider/Hohenstatt*, in: Scholz, GmbHG, § 35 Rn. 382.

244 *Kleindiek*, in: Lutter/Hommelhoff, GmbHG, Anh. § 6 Rn. 37; *Beurskens*, in: Baumbach/Hueck, GmbHG, § 35 Rn. 142.

245 BGHZ 77, 94 ff.; vgl. auch BGHZ 77, 233, 242; BGHZ 108, 330 ff.; BGH, NJW-RR 2003, 1474, 1476; BGH, DB 2008, 287, 288.

246 *Beurskens*, in: Baumbach/Hueck, GmbHG, § 37 Rn. 142; s.a. BGH, NJW 1998, 312, 313.

247 BGHZ 77, 233, 242 f.; BGH, NJW 1990, 49, 50 f.; BAG, GmbHR 1998, 84, 86; BGH, NZG 2003, 1020 f.

248 *Altmeppen*, in: Roth/Altmeppen, GmbHG, § 6 Rn. 108.

249 BGH, GmbHR 2020, 88, Rn. 19 m.w.N.

250 BGH, GmbHR 2020, 88, Rn. 20 ff.

251 *Paefgen*, in: Ulmer/Habersack/Löbbe, GmbHG, § 35 Rn. 450 f.

Verwirkung nur bei schwersten Verfehlungen des Geschäftsführers möglich.[252] Der Rechtsmissbrauchseinwand greift, wenn die Pflichtverletzung in so grober Weise erfolgte, dass sich die Betriebstreue des Geschäftsführers nachträglich als erheblich entwertet oder gar wertlos herausstellt. Nicht ausreichend hierfür ist ein wichtiger Grund für die sofortige Beendigung des Anstellungsverhältnisses oder ein Verstoß gegen strafrechtliche Vorschriften. Der Geschäftsführer muss die Gesellschaft in eine ihre Existenz bedrohende Lage gebracht haben.[253] Fraglich ist, ob in diesem Fall auch lediglich eine Kürzung der Altersversorgungszusage in Betracht kommt.[254] Hat die Gesellschaft ihrem Geschäftsführer wegen Insolvenzverschleppung fristlos gekündigt, bedeutet dies nicht zwingend, dass auch die Ansprüche des Geschäftsführers auf Ruhegehalt entfallen. Vielmehr kommt es entscheidend auf die konkrete Gestaltung der Versorgungszusage an.[255]

4. Aufwendungsersatz

85 Der Geschäftsführer kann Ersatz der Aufwendungen bezüglich der Geschäftsführung verlangen (§§ 675, 670 BGB). Erfasst sind hiervon nicht nur Reise- und Übernachtungskosten etc., sondern auch Ersatz für Schäden, die im Zusammenhang mit der Geschäftsführung entstanden sind. Sofern ein Aufwendungsersatz nicht erfolgen soll, empfiehlt sich eine entsprechende Regelung im Anstellungsvertrag.[256]

86 Ob im Zusammenhang mit der Geschäftsführertätigkeit entstandene Gerichtsverfahrenskosten und **Strafverteidigergebühren** geltend gemacht werden können, ist umstritten. Dies wird zu bejahen sein, wenn zum einen der Geschäftsführer die Aufwendungen für erforderlich halten durfte und zum anderen ein solcher Ersatzanspruch nicht eingeschränkt oder ausgeschlossen ist.[257] Der Geschäftsführer darf solche Aufwendungen nicht für erforderlich halten, die die Rechtsordnung wegen §§ 134, 138 BGB missbilligt.

87 Konsequenterweise besteht damit kein Anspruch auf Erstattung von im Zusammenhang mit der Geschäftsführertätigkeit verhängten **Geldbußen** oder -strafen.[258] Ob die Gesellschaft befugt ist, diese freiwillig zu erstatten, ist **umstritten**. Teilweise wird hierbei ein Verstoß gegen § 134 BGB ebenso verneint[259] wie ein solcher gegen § 138 BGB.[260] Andere sehen hierin unter bestimmten Voraussetzungen einen Verstoß gegen § 134 BGB.[261] Zumeist wird eine Erstattungszusage vor der Tat bei fahrlässigen Ordnungswidrigkeiten als zulässig angesehen. Bei vorsätzlicher Begehung ist diese unzulässig,[262] da die Gesellschaft im Voraus auf eine Haftung des Geschäftsführers wegen Vorsatzes nicht verzichten kann (§ 276 Abs. 3 BGB).

88 Daher ist es auch konsequent, **Schmiergeldzahlungen** als nicht ersatzfähig anzusehen.[263] Wenn früher eine Ersatzfähigkeit bei Üblichkeit von Schmiergeldzahlungen im Ausland bejaht wurde,

---

252 BGH, ZIP 2000, 1452, 1454; OLG Jena, NZG 1999, 1069, 1071 (bzgl. Vorstand einer AG); OLG Stuttgart, GmbHR 1998, 1034, 1036; OLG Düsseldorf, GmbHR 2000, 666.

253 BGH, ZIP 2002, 364 f.; BGH, DB 2002, 1206, 1207.

254 Vgl. *Axhausen*, in: BeckHdbGmbHG, § 35 Rn. 77.

255 BGH, ZIP 2008, 267.

256 *Terlau/Hürten*, in: Römermann, MünchAnwHdbGmbHR, 3. Aufl., 2014, § 9 Rn. 26.

257 *Schmidt*, in: Ensthaler/Füller/Schmidt, GmbHG, § 35 Rn. 70; *U.H. Schneider/Hohenstatt*, in: Scholz, GmbHG, § 35 Rn. 377; s.a. *Paefgen*, in: Ulmer/Habersack/Löbbe, GmbHG, § 35 Rn. 469.

258 *Kleindiek*, in: Lutter/Hommelhoff, GmbHG, Anh. § 6 Rn. 30; *Schmidt*, in: Ensthaler/Füller/Schmidt, GmbHG, § 35 Rn. 71.

259 *Schmidt*, in: Ensthaler/Füller/Schmidt, GmbHG, § 35 Rn. 71; a.A. *Kleindiek*, in: Lutter/Hommelhoff, Anh. § 6 Rn. 30.

260 *Schmidt*, in: Ensthaler/Füller/Schmidt, GmbHG, § 35 Rn. 71.

261 *Kleindiek*, in: Lutter/Hommelhoff, GmbHG, Anh. § 6 Rn. 30.

262 *Kleindiek*, in: Lutter/Hommelhoff, GmbHG, Anh. § 6 Rn. 30; *Schmidt*, in: Ensthaler/Füller/Schmidt, GmbHG, § 35 Rn. 71.

263 BGH, NJW 2001, 1065, 1067 (zur Sittenwidrigkeit); *Paefgen*, in: Ulmer/Habersack/Löbbe, GmbHG, § 43 Rn. 66; *Schmidt*, in: Ensthaler/Füller/Schmidt, GmbHG, § 35 Rn. 70; zur Untreue BGHSt 52, 323 ff.

so dürfte sich dies mit den Änderungen bzgl. der Amtsträgerbestechung und der Ausdehnung der Strafbarkeit der Angestelltenbestechung auf den Weltmarkt erledigt haben.[264]

5. Urlaub

Das Bundesurlaubsgesetz findet auf den Geschäftsführer keine Anwendung.[265] Sofern eine aus- 89
drückliche Regelung des Urlaubs im Anstellungsvertrag fehlt, besteht dennoch ein Anspruch des Geschäftsführers auf einen angemessenen Erholungsurlaub. Ein solcher Anspruch ergibt sich aus der Treue- und Fürsorgepflicht der Gesellschaft.[266] Kann der Urlaub aus betrieblichen Gründen oder wegen Beendigung des Anstellungsverhältnisses nicht angetreten werden, soll der Geschäftsführer einen Ausgleich in Geld verlangen können (Anspruch auf **Abgeltung**), unabhängig davon, ob der Anstellungsvertrag eine entsprechende Regelung enthält.[267] In anderen Fällen ist ein finanzieller Ausgleich nicht möglich.

6. Sozialversicherung

Selbst wenn der Geschäftsführer kein Arbeitnehmer ist, kann er unter bestimmten Voraussetzungen 90
sozialversicherungspflichtig sein und der Renten-, Kranken-, Pflege-, Unfall- und Arbeitslosenversicherung unterliegen.[268] Dies ist der Fall bei Bestehen eines abhängigen Beschäftigungsverhältnisses i.S.d. § 7 Abs. 1 SGB IV. Der Geschäftsführer ist nur dann nicht in die Sozialversicherungspflicht einbezogen, wenn er **durch seine Kapitalbeteiligung** über maßgeblichen Einfluss verfügt oder aus anderen Gründen eine selbstbestimmte Tätigkeit ausübt.[269] Ein Fremdgeschäftsführer ist daher regelmäßig abhängig Beschäftigter, ebenso ein Geschäftsführer, der in seiner gleichzeitigen Position als Gesellschafter weder über die Mehrheit der Geschäftsanteile noch über eine sog. Sperrminorität verfügt.[270] Das gilt nach der neuen Rechtsprechung des BSG auch für Minderheitsgeschäftsführer in sog. Familiengesellschaften.[271] Nur wenn ein Gesellschafter-Geschäftsführer **maßgeblichen Einfluss** auf die Entscheidungen der Gesellschaft hat, unterliegt er mangels Beschäftigteneigenschaft nicht mehr der Sozialversicherungspflicht.[272] Dies soll etwa bei einer mehr als 50 %igen Kapitalbeteiligung eines Gesellschafter-Geschäftsführers oder dann der Fall sein, wenn eine gesellschaftsrechtliche Sperrminorität besteht.[273] Daran ändert sich auch durch das gemeinsame Rundschreiben der Spitzenorganisationen der Sozialversicherung vom 13.4.2010 grds. nichts.[274] Nicht ausreichend ist allerdings ein Vetorecht außerhalb des Gesellschaftsvertrags.[275]

---

264 *Paefgen*, in: Ulmer/Habersack/Löbbe, GmbHG, § 43 Rn. 66; *Schmidt*, in: Ensthaler/Füller/Schmidt, GmbHG, § 35 Rn. 70; vgl. auch BGH, WM 2010, 1957 ff.

265 OLG Düsseldorf, NJW-RR 2000, 768, 769.

266 *Schmidt*, in: Ensthaler/Füller/Schmidt, GmbHG, § 35 Rn. 73; *Paefgen*, in: Ulmer/Habersack/Löbbe, GmbHG, § 35 Rn. 472; *U.H. Schneider/Hohenstatt*, in: Scholz, GmbHG, § 35 Rn. 380; *Wicke*, GmbHG, Anh. § 6 Rn. 11.

267 *Baukelmann*, in: Rowedder/Schmidt-Leithoff, GmbHG, § 35 Rn. 105; *Paefgen*, in: Ulmer/Habersack/Löbbe, GmbHG, § 35 Rn. 472.

268 BSG, BB 2000, 674, 675; *Freckmann*, DStR 2008, 52, 57; *Reichold/Heinrich*, in: FS Westermann, 2008, S. 1315, 1317; *Grimm*, DB 2012, 175 ff.; *Beurskens*, in: Baumbach/Hueck, GmbHG, § 37 Rn. 143; *Peetz*, GmbHR 2017, 230 ff.; *Lau*, NZS 2019, 452 ff.; *Reiserer/Skupin*, BB 2019, 505 ff.

269 S. nur etwa BSG, 29.8.2012 – B 12 R 14/10 R, juris Rn. 36; BSG, WS 2014, 262; *Freckmann*, DStR 2008, 52, 57 f.

270 BSG, GmbHR 2002, 324; BSG, GmbHR 2004, 494, 496; BSG, GmbHR 2007, 1324.

271 BSGE 111, 257 ff.; dazu *Bross*, DB 2014, 2651 ff.

272 *Baukelmann*, in: Rowedder/Schmidt-Leithoff, GmbHG, § 35 Rn. 110; *U.H. Schneider/Hohenstatt*, in: Scholz, GmbHG, § 35 Rn. 515.

273 *Freckmann*, DStR 2008, 52, 57.

274 *Reiserer/Fallenstein*, DStR 2010, 2085, 2090 (auch zu den Ausnahmen).

275 BSGE 125, 183 ff.; BSG, GmbHR 2016, 533 ff.; LSG Baden-Württemberg, 17.10.2019 – L 7 BA 2028/18, juris, Rn. 102; s. auch *Lau*, NZS 2019, 452 ff.; zur Änderung in den Beteiligungsverhältnissen LSG Berlin-Brandenburg, 14.11.2019 – L 1 BA 101/18, juris, Rn. 33.

91 Eine **Rentenversicherungspflicht** besteht ferner nach § 2 Satz 1 Nr. 9 SGB VI für arbeitnehmerähnliche Selbständige (»Scheinselbständige«). Von diesem Begriff sind nach der Legaldefinition solche Personen erfasst, die im Zusammenhang mit ihrer selbständigen Tätigkeit keinen versicherungspflichtigen Arbeitnehmer beschäftigen, dessen regelmäßiges monatliches Entgelt also nicht die 400 €-Schwelle übersteigt, und die auf Dauer und im Wesentlichen nur für einen Auftraggeber tätig sind. Angesichts eines Urteils des BSG aus dem Jahr 2005 sah sich der Gesetzgeber gezwungen, die Regelung des § 2 Satz 1 Nr. 9 SGB VI zu ergänzen und § 2 Satz 4 SGB VI hinzuzufügen. Das BSG hatte entschieden, dass selbst ein Geschäftsführer, der zugleich Alleingesellschafter der GmbH ist, dem § 2 Satz 1 Nr. 9 SGB VI unterfällt, sofern er ausschließlich für die Gesellschaft tätig ist.[276]

92 Durch die Neuregelung ist nunmehr klargestellt, dass es für die Versicherungspflicht darauf ankommt, ob die Gesellschaft nur für einen Auftraggeber tätig ist (§ 2 Satz 1 Nr. 9b SGB VI). Damit müssen die Voraussetzungen für eine Versicherungspflicht bei der GmbH und nicht in der Person des Gesellschafters erfüllt sein.[277] Dementsprechend unterliegt der Gesellschafter-Geschäftsführer dann nicht der Rentenversicherungspflicht, wenn die GmbH zumindest einen versicherungspflichtigen Arbeitnehmer im Zusammenhang mit ihrer selbstständigen Tätigkeit beschäftigt oder die Gesellschaft auf Dauer und im Wesentlichen für mehr als einen Auftraggeber tätig ist. Geschäftsführer sind in der Praxis zumeist nicht in der gesetzlichen Krankenversicherung pflichtversichert, da ihr Jahresarbeitsentgelt nicht selten die Versicherungsgrenze überschreitet. Daher kommt vielfach nur eine Versicherungspflicht des Geschäftsführers in der Renten- und Arbeitslosenversicherung in Betracht.[278]

D. Beendigung des Anstellungsvertrags

I. Beendigungsgründe

93 Da der Bestand des Anstellungsvertrags grds. unabhängig von der Organstellung ist, führt die Beendigung der **Organstellung** nicht automatisch zur Beendigung des Anstellungsvertrags.[279] Nur ausnahmsweise soll schon im Abberufungsbeschluss konkludent die Kündigung des Anstellungsverhältnisses liegen können.[280] Ansonsten ist gleichzeitig mit der Abberufung eine außerordentliche Kündigung des Anstellungsvertrags erforderlich, d.h. das Anstellungsverhältnis muss aus wichtigem Grund fristlos gekündigt werden können.[281] Daher empfiehlt es sich, im Anstellungsvertrag eine Verknüpfung zwischen Organstellung und Anstellungsvertrag vorzunehmen, indem der Anstellungsvertrag durch die Beendigung der Organstellung auflösend bedingt wird.[282] Zur **Koppelung** s. oben Rdn. 4.

94 Das Anstellungsverhältnis endet durch ordentliche oder außerordentliche Kündigung, durch einvernehmliche Aufhebung oder durch Tod des Geschäftsführers (§§ 675, 673 BGB), bei Befristung oder Bedingung nach Ablauf der Frist oder mit Eintritt der Bedingung. Eine Beendigung des Anstellungsvertrags findet jedoch nicht schon mit der Auflösung der Gesellschaft oder der Eröffnung des Insolvenzverfahrens statt.[283]

---

276 BSG, NJW 2006, 1162; zur Rentenversicherungspflicht auch *Peetz*, GmbHR 2017, 230 ff.

277 *Zöllner/Noack*, in: Baumbach/Hueck, GmbHG, 21. Aufl. 2017, § 35 Rn. 181a.

278 *Reichold/Heinrich*, in: FS Westermann, 2008, S. 1315, 1317.

279 BGH, NJW 2000, 1864, 1865; *Gravenhorst*, GmbHR 2007, 417 ff. (zum Anstellungsverhältnis nach Abberufung).

280 OLG Düsseldorf, NZG 2004, 478, 479 f. (wo die Gesellschaft selbst nicht zwischen Anstellung und Bestellung unterschieden hatte).

281 BGHZ 79, 38, 41; OLG München, GmbHR 2012, 852, Rn. 20; OLG München, GmbHR 2016, 875 ff., Rn. 70 ff.; *U.H. Schneider/S.H. Schneider*, in: Scholz, GmbHG, § 38 Rn. 35 f.; *Kleindiek*, in: Lutter/Hommelhoff, GmbHG, Anh. § 6 Rn. 45; *Marsch-Barner/Diekmann*, in: MünchHdbGmbHG, § 43 Rn. 81.

282 OLG München, GmbHR 2016, 875 ff., Rn. 84; *U.H. Schneider/Hohenstatt*, in: Scholz, GmbHG, § 35 Rn. 433; *Beurskens*, in: Baumbach/Hueck, GmbHG, § 6 Rn. 53; zur (bejahten) Zulässigkeit einer solchen Regelung OLG Saarbrücken, ZIP 2013, 1821 ff.

283 BGH, NJW 2005, 3069, 3070.

Haben der Geschäftsführer und die GmbH einen Anstellungsvertrag mit einer Befristung auf 5 Jahre abgeschlossen und hat sich die Gesellschaft hierin das einseitige Recht vorbehalten, innerhalb der ersten 12 Monate mit einer Frist von 12 Monaten ordentlich zu kündigen, ist der Geschäftsführer während dieser einjährigen Probezeit ggü. der GmbH benachteiligt. Diese Ungleichbehandlung kann auf zwei Wegen behoben werden. So kann in analoger Anwendung des § 89 Abs. 2 Satz 2 HGB (i.V.m. § 622 Abs. 6 BGB) das einseitige Kündigungsrecht der Gesellschaft unwirksam sein, sodass für beide Teile die 5-jährige Laufzeit gilt.[284] Vorzugswürdig ist demgegenüber eine ergänzende Vertragsauslegung dahin, dass auch der Geschäftsführer innerhalb der ersten 12 Monate zur ordentlichen Kündigung berechtigt ist.[285] 95

II. Kündigung

1. Kündigungserklärung

Für die Kündigung durch die Gesellschaft ist ein Beschluss der **Gesellschafterversammlung** erforderlich,[286] sofern nicht dem Aufsichtsrat oder einem Beirat die Zuständigkeit für das Anstellungsverhältnis übertragen ist.[287] Fehlt ein wirksamer Beschluss, ist die Kündigung unwirksam. Sofern in der Satzung einem anderen Organ als der Gesellschafterversammlung die Bestellung übertragen wurde, besteht im Zweifel Annexkompetenz für die Abberufung sowie den Abschluss und die Kündigung des Anstellungsvertrags.[288] Die Befugnis zur Kündigung kann nicht nur im Gesellschaftsvertrag, sondern auch durch die Gesellschafter auf Dritte übertragen werden.[289] 96

Ist hiernach der **Aufsichtsrat** für die Kündigung des Anstellungsvertrags zuständig, vertritt er gem. § 52 GmbHG i.V.m. § 112 AktG die Gesellschaft auch gerichtlich, es sei denn, der Gesellschaftsvertrag trifft insoweit eine abweichende Regelung oder die Gesellschafterversammlung hat etwas anderes beschlossen.[290] Ansonsten ist es gem. § 46 Nr. 8 allein Aufgabe der Gesellschafter, über die Prozessvertretung zu entscheiden. Die Kündigung entfaltet nur dann ggü. dem Geschäftsführer Wirkung, wenn das zuständige Organ einen entsprechenden Beschluss gefasst hat. Fehlt ein solcher Beschluss, ist die Kündigung unwirksam. Eine rückwirkende Genehmigung ist ausgeschlossen.[291] 97

Die Kündigungserklärung muss als empfangsbedürftige Willenserklärung dem Geschäftsführer zugehen (§ 130 BGB). War der Geschäftsführer bei der Beschlussfassung des zuständigen Organs anwesend, wird die Kündigung bereits wirksam, wenn der Geschäftsführer das Beschlussprotokoll unterzeichnet. Einer Beurkundung bedarf es dafür nicht.[292] 98

Wird die Kündigungserklärung dem Geschäftsführer durch einen Vertreter oder Boten übermittelt, kann der Geschäftsführer gem. § 174 BGB die Erklärung zurückweisen, wenn nicht zugleich eine entsprechende Vollmachtsurkunde vorgelegt wird oder der Geschäftsführer zuvor von der Bevollmächtigung in Kenntnis gesetzt worden ist.[293] Handelt es sich um eine mitbestimmte GmbH, ist der Aufsichtsrat zwingend für die Kündigung des Anstellungsvertrags zuständig, wobei für den erforderlichen Beschluss gem. § 29 MitbestG die einfache Mehrheit ausreicht.[294] 99

284 Vgl. BAG, NJW 2005, 3230 (für einen Arbeitnehmer).
285 OLG Hamm, GmbHR 2008, 542.
286 S. nur etwa OLG München, GmbHR 2016, 875 ff., Rn. 63 ff.; *Harbarth*, BB 2015, 707 ff. zu problematischen Konstellationen.
287 BGHZ 91, 217, 218 f.; BGH, NJW 1997, 2055.
288 BGHZ 113, 237, 241 f.; *Paefgen*, in: Ulmer/Habersack/Löbbe, GmbHG, § 38 Rn. 144; *U.H. Schneider/Hohenstatt*, in: Scholz, GmbHG, § 35 Rn. 427.
289 BHGZ 91, 217, 218 ff.; BGH, NJW 2013, 2425, Rn. 13.
290 BGH, NJW-RR 2004, 330; BGH, DStR 2007, 1358, 1359.
291 OLG Köln, GmbHR 1993, 734; vgl. auch *Kühn*, BB 2011, 954 ff.
292 OLG Nürnberg, NZG 2001, 810, 811.
293 OLG Düsseldorf, DB 2004, 920, 922; *Beurskens*, in: Baumbach/Hueck, GmbHG, § 38 Rn. 44.
294 *Schmidt*, in: Ensthaler/Füller/Schmidt, GmbHG, § 35 Rn. 78.

100 Kündigt der Geschäftsführer, so kann er dies entweder ggü. einem Mitgeschäftsführer oder den Gesellschaftern oder einem einzelnen Gesellschafter erklären. Sofern der Aufsichtsrat für die Eingehung und Beendigung des Anstellungsverhältnisses zuständig ist, kann die Erklärung einem Aufsichtsratsmitglied ggü. erfolgen. Die Kündigungserklärung bedarf keiner bestimmten Form. Sie ist daher auch mündlich möglich. Da kein Arbeitsverhältnis vorliegt, gilt § 623 BGB nicht.[295] Eine Begründung oder die Angabe eines Kündigungsgrunds sind nicht erforderlich.[296] Allerdings muss aus der Kündigungserklärung deutlich werden, wenn eine Kündigung aus wichtigem Grund ausgesprochen werden soll.[297] Nach § 626 Abs. 2 Satz 3 BGB hat der Kündigende bei einer **außerordentlichen** Kündigung dem Gekündigten die Kündigungsgründe unverzüglich schriftlich mitzuteilen.

101 Eine außerordentliche Kündigung, die mangels Vorliegens eines wichtigen Grundes unwirksam ist, kann in eine ordentliche Kündigung umgedeutet werden (§ 140 BGB), sofern anzunehmen ist, dass eine ordentliche Kündigung dem Willen des Kündigenden entspricht und dieser Wille auch in seiner Kündigungserklärung erkennbar zum Ausdruck kommt.[298] Da eine solche Möglichkeit der **Umdeutung** mit Unsicherheiten behaftet ist, empfiehlt es sich, in der Gesellschafterversammlung gleichzeitig mit der außerordentlichen Kündigung vorsorglich auch eine ordentliche Kündigung zum nächstmöglichen Zeitpunkt zu beschließen und dies dem Gekündigten in der Kündigungserklärung auch darzutun.[299]

2. Ordentliche Kündigung

102 Die **Kündigungsfrist** für die ordentliche Kündigung eines Fremdgeschäftsführers oder eines nicht beherrschenden Gesellschafter-Geschäftsführers ergibt sich zumeist aus dem Anstellungsvertrag.[300] Hier ist auch eine **Verkürzung** der Frist nach § 622 Abs. 1 Satz 2 BGB auf einen Monat zum Ende eines Kalendermonats möglich.[301] Ist dies nicht der Fall, soll jedenfalls für den entgeltlich tätigen Geschäftsführer bzw. den nicht beherrschenden Gesellschafter § 622 BGB entweder direkt oder analog anwendbar sein.[302] Eine Kündigung kann damit bei Beschäftigungsverhältnissen, die mindestens 2 Jahre bestanden haben, mit einer Frist von 4 Wochen zum Ende eines Kalendermonats erfolgen (§ 622 Abs. 2 BGB). Hat das Beschäftigungsverhältnis noch nicht die Grenze von 2 Jahren erreicht, findet § 622 Abs. 1 BGB Anwendung, sodass eine Kündigung mit einer Frist von 4 Wochen zum 15. oder zum Ende des Kalendermonats möglich ist. Bei einer Vertragsdauer von mehr als 5 Jahren oder auf Lebenszeit ist § 624 BGB zu beachten.

103 Der Anstellungsvertrag mit einem beherrschenden Gesellschafter-Geschäftsführer soll dagegen, sofern nicht im Anstellungsvertrag etwas anderes geregelt ist, nach § 621 Nr. 3 BGB spätestens am 15. eines Monats für den Schluss des Kalendermonats zulässig sein.[303] Im Insolvenzfall soll, wenn nicht der Anstellungsvertrag eine anderweitige Regelung enthält, die in § 113 InsO bestimmte Kündigungsfrist von 3 Monaten zum Monatsende auch für den GmbH-Geschäftsführer gelten.[304] Das Kündigungsschutzgesetz findet auf Geschäftsführer keine Anwendung (§ 14 Abs. 1 Nr. 1 KSchG), allerdings kann im Anstellungsvertrag die Geltung der materiellen Regeln des Kündigungsschutzgesetzes vereinbart werden.[305]

---

295 *Altmeppen*, in: Roth/Altmeppen, GmbHG, § 6 Rn. 129; *Schmidt*, in: Ensthaler/Füller/Schmidt, GmbHG, § 35 Rn. 81.

296 BGH, NJW-RR 1995, 416, 417; BGH, WM 2004, 127, 128; BGH, NJW 2005, 3069, 3070.

297 OLG Hamm, NJW-RR 1993, 493.

298 BGH, NJW 1998, 1551; BGH, NJW-RR 2000, 987, 988; BAG, NJW 2002, 2972, 2973 f.; MünchKommGmbHG/*Jaeger*, § 35 Rn. 408.

299 BGH, NJW 1998, 76.

300 *U.H. Schneider/Hohenstatt*, in: Scholz, GmbHG, § 35 Rn. 446.

301 *Axhausen*, in: BeckHdbGmbHG, § 5 Rn. 109.

302 BGHZ 91, 217, 220; BGH, NJW 1987, 2073, 2074; OLG Düsseldorf, NZG 2004, 478, 481; *U.H. Schneider/Hohenstatt*, in: Scholz, GmbHG, § 35 Rn. 447 ff.

303 OLG Hamm, NJW-RR 1993, 493; a.A. *U.H. Schneider/Hohenstatt*, in: Scholz, GmbHG, § 35 Rn. 448.

304 OLG Hamm, NJW-RR 2000, 1651; *Fichtelmann*, GmbHR 2008, 76, 82.

305 BGH, NJW 2010, 2343, 2345.

Die ordentliche Kündigung des Anstellungsverhältnisses ist auch wirksam, wenn sie keine Begründung enthält.[306] Die Motive der Gesellschafter für die Kündigung sind unerheblich. Der BGH verneint diesbezüglich eine besondere Schutzbedürftigkeit des Geschäftsführers mit Verweis auf die ihm zukommende organschaftliche Leitungsfunktion.[307] 104

3. Außerordentliche Kündigung

a) Allgemeines

Bei einer wirksamen außerordentlichen Kündigung ist das Anstellungsverhältnis grds. mit sofortiger Wirkung beendet. Geboten kann es sein, eine solche Kündigung mit einer Auslauffrist auszusprechen, wenn dies die mildere Maßnahme darstellt. Der Gekündigte braucht sich auf eine solche jedoch nicht einzulassen.[308] 105

Eine fristlose Kündigung ist gem. § 626 Abs. 1 BGB nur zulässig, wenn ein **wichtiger Grund** im Zeitpunkt der Beschlussfassung vorliegt.[309] Das ist dann der Fall, wenn dem Kündigenden unter Berücksichtigung aller Umstände und Abwägung der Interessen beider Vertragsparteien die Fortsetzung des Anstellungsvertrags bis zu dessen ordentlichen Ablauf **unzumutbar** ist.[310] Ein Verschulden ist nicht erforderlich.[311] Das Kriterium der Unzumutbarkeit bedeutet, dass bei der **Abwägung** hinsichtlich einer fristlosen Kündigung etwa die noch ausstehende Dauer des Anstellungsverhältnisses bei ordentlichem Ablauf zu berücksichtigen ist.[312] Zwar sind die Gesamtumstände zu würdigen, die Interessen der Gesellschaft stehen dabei aber im Vordergrund.[313] Als Maßstab gilt nicht das subjektive Empfinden des kündigenden Teils. Vielmehr ist eine objektive Beurteilung aus der Sicht eines verständigen Betrachters vorzunehmen, die ergibt, dass unter Berücksichtigung der beiderseitigen Interessen einer weiteren Zusammenarbeit die Grundlage entzogen ist.[314] Die Beweislast liegt bei demjenigen, der sich auf die Wirksamkeit der Kündigung beruft.[315] 106

Anders als bei der Abberufung ist es nicht ausreichend, dass die Gesellschafter dem Geschäftsführer ihr Vertrauen entziehen.[316] Die Maßstäbe für das Vorliegen eines wichtigen Grundes nach § 38 Abs. 2 (für die Abberufung) und § 626 Abs. 1 BGB (für die Kündigung) sind nicht völlig deckungsgleich.[317] Der Kündigende trägt die Darlegungs- und Beweislast für das Vorliegen eines wichtigen Grundes.[318] 107

Empfehlenswert ist es, im **Anstellungsvertrag** einzelne Punkte, die eine außerordentliche Kündigung rechtfertigen, aufzulisten. Insb. sollte vorgesehen werden, dass die Abberufung vom Amt des Geschäftsführers einen wichtigen Grund zur Kündigung darstellt.[319] Dann jedoch endet das Anstellungsverhältnis nicht sofort, sondern erst nach Ablauf der in den §§ 621, 622 Abs. 1 BGB vorgesehenen Mindestfristen.[320] Geschäftsführer und Gesellschaft können das Recht, aus wichtigem Grund gem. § 626 BGB außerordentlich fristlos zu kündigen, nicht durch Vereinbarung ausschließen oder wesentlich erschweren.[321] Eine solche Vereinbarung ist gem. § 134 BGB 108

---

306 BGHZ 27, 220, 225.
307 BGH, NJW-RR 2004, 540 f.
308 BAG, GmbHR 2003, 105, 111.
309 BGH, GmbHR 2017, 701 ff., Rn. 14 f.; s.a. *Born*, WM 2017, Sonderbeil. 3, S. 3, 21.
310 BGHZ 15, 75, 76; BGH, GmbHR 2017, 701 ff.; OLG München, GmbHR 2012, 852, Rn. 24.
311 OLG München, GmbHR 2017, 1099 ff., Rn. 35.
312 OLG Celle, GmbHR 2005, 541, 542.
313 OLG München, 29.3.2012 – 23 U 4344/11, Rn. 9.
314 OLG München, GmbHR 2017, 1099 ff., Rn. 35.
315 BGH, GmbHR 2017, 701 ff., Rn. 14; BGH, GmbHR 2003, 33 ff.
316 BGHZ 15, 71, 75; BGH, DB 1975, 1548.
317 *Paefgen*, in: Ulmer/Habersack/Löbbe, GmbHG, § 38 Rn. 87.
318 BGH, NJW-RR 1995, 669, 670; BGH, NJW 2003, 431, 432.
319 BGHZ 112, 103, 115; BGH, NJW 1999, 3263, 3264.
320 BGH, NJW 1989, 2683, 2684.
321 BGH, NJW-RR 1995, 416, 417.

unwirksam.[322] Vor allem können die Beteiligten nicht vereinbaren, dass eine außerordentliche Kündigung von der Zahlung einer Abfindung abhängig gemacht wird, da die Ausübung des Kündigungsrechts sonst unzumutbar erschwert würde.[323]

109 Die außerordentliche Kündigung durch die Gesellschaft bedarf nach Ansicht des BGH **keiner vorherigen Abmahnung** des Geschäftsführers.[324] § 314 Abs. 2 Satz 1 BGB ist nicht anwendbar, weil § 626 BGB als lex specialis vorgeht. Teilweise wird jedoch angenommen, dass eine Abmahnung dann dem Ausspruch einer außerordentlichen Kündigung vorauszugehen hat, wenn der Geschäftsführer mit vertretbaren Gründen annehmen konnte, sein Tun sei nicht vertragswidrig oder werde von den Gesellschaftern als nicht kündigungserheblich angesehen.[325] Es ist auch nicht zwingend, dass der Geschäftsführer vorher angehört wird.[326] Er kann aber verlangen, dass ihm die Gründe für die fristlose Kündigung unverzüglich schriftlich mitgeteilt werden (§ 626 Abs. 2 Satz 3 BGB).

b) Außerordentliche Kündigung durch die Gesellschaft

110 Eine fristlose Kündigung durch die Gesellschaft ist aus personenbedingten, verhaltensbedingten und betriebsbedingten Gründen möglich. Sofern der Kündigungsgrund in der Person des Geschäftsführers liegt (**personenbedingte Kündigung**), ist nicht dessen schuldhaftes Verhalten erforderlich.[327] Insgesamt ist eine Abwägung aller Faktoren vorzunehmen, d.h. der Schwere der Verfehlung, der Folgen dieser Verfehlung für die Gesellschaft, das Maß eines möglichen Verschuldens, die sozialen Folgen für den Geschäftsführer usw.[328] Einzubeziehen ist zudem die Dauer des Anstellungsverhältnisses für den Fall einer ordentlichen Kündigung.[329] Als ausreichend für eine personenbedingte Kündigung wird die dauerhafte Erkrankung des Geschäftsführers angesehen, der aufgrund der Krankheit zu einer ordnungsgemäßen Geschäftsführung nicht mehr in der Lage ist.[330]

111 Eine **verhaltensbedingte Kündigung** ist etwa bei vorsätzlich begangenen Straftaten möglich (z.B. Annahme von Schmiergeldern).[331] Auch fahrlässig begangene Straftaten können in bestimmten Fällen eine Kündigung aus wichtigem Grund rechtfertigen. Eine Verletzung der Verschwiegenheitspflicht[332] oder der Buchführungspflicht,[333] grobe Nachlässigkeiten bei der Vorbereitung des Jahresabschlusses,[334] die Weigerung zur Erfüllung der Informationsrechte nach § 51a,[335] die Weigerung der Zusammenarbeit mit dem Aufsichtsrat oder einem anderen Geschäftsführer,[336] die Weigerung, Gesellschafterweisungen nachzukommen,[337] die Nichteinrichtung eines Kontrollsystems[338] oder gravierende Compliance-Verstöße[339] können ein wichtiger Grund sein. Eine außerordentliche Kündigung ist möglich bei Ausnutzung von Erwerbschancen des Unternehmens durch den

322 BGH, NJW 2000, 2983; BGH, NJW-RR 2008, 1488.
323 BGH, NJW 2000, 2983; BGH, NJW-RR 2008, 1488.
324 BGH, NJW 2000, 1638; BGH, NJW-RR 2002, 173; BGH, NJW-RR 2007, 1520; OLG Saarbrücken, WM 2006, 2364, 2366; s.a. OLG Düsseldorf, 6.11.2014 – 6U 68/14, juris, Rn. 70; OLG Hamm, GmbHR 2019, 1060, Rn. 67.
325 *Schmidt*, in: Ensthaler/Füller/Schmidt, GmbHG, § 35 Rn. 91.
326 *U.H. Schneider/Hohenstatt*, in: Scholz, GmbHG, § 35 Rn. 431.
327 BGH, WM 1975, 761; s.a. OLG München, GmbHR 2017, 1099 ff., Rn. 35.
328 *Schmidt*, in: Ensthaler/Füller/Schmidt, GmbHG, § 35 Rn. 89.
329 Siehe OLG München, 29.7.2015 – 7 U 39/15, juris, Rn. 52 ff. (Gesamtschau).
330 OLG Zweibrücken, NJW-RR 2003, 1398; s.a. *Picker*, GmbHR 2011, 629 ff.
331 BAG, NJW 1973, 533.
332 OLG Hamm, GmbHR 1985, 157, 158.
333 BGH, DB 2009, 557, 558.
334 OLG Bremen, NJW-RR 1998, 468, 469.
335 OLG Frankfurt am Main, NJW-RR 1994, 498, 499.
336 LG Berlin, GmbHR 2004, 741, 743.
337 BGH, NJW 2019, 3718, Rn. 37.
338 OLG Jena, GmbHR 2010, 483, Rn. 41.
339 OLG Hamm, GmbHR 2019, 1060, Rn. 52 ff.

Geschäftsführer zur Verfolgung privater Zwecke,[340] bei die Gesellschaft schädigenden Geschäften mit Unternehmen, bei denen der Geschäftsführer eine Beteiligung hält,[341] bei Vermischung privater und dienstlicher Gelder,[342] bei unerlaubter Verwendung von Materialien oder Arbeitskräften der Gesellschaft für private Zwecke[343] bzw. der privaten Verwendung der Firmenkreditkarte.[344] Grds. nicht möglich ist eine außerordentliche Kündigung des Anstellungsvertrags, wenn der Geschäftsführer **organschaftliche Pflichten** verletzt hat. Ausnahmsweise kann das aber bei besonderer Schwere der Verletzung einer organschaftlichen Pflicht möglich sein.[345]

Ein **wichtiger Grund** ist auch ein Vertrauensbruch[346] und eine schwere Loyalitätspflichtverletzung.[347] Dies gilt gleichfalls bei Überschreitung der Geschäftsführerbefugnis,[348] bei einer (ständigen) Nichtbefolgung von Weisungen der Gesellschafterversammlung[349] oder der Nichtumsetzung von Gesellschafterbeschlüssen,[350] bzw. einem schwerwiegenden Verstoß gegen die innergesellschaftliche Kompetenzordnung[351] oder bei Ankündigung eines Boykotts bestimmter geschäftlicher Angelegenheiten der Gesellschaft.[352] Ein wichtiger Grund liegt ferner vor bei einer schuldhaften Insolvenzverschleppung[353] sowie bei unberechtigter Amtsniederlegung,[354] zudem bei sexueller Belästigung[355] bzw. Nichteinschreiten gegen sexuelle Belästigungen von Mitarbeitern.[356] Ausreichend kann auch ein längerfristiges geschäftliches Versagen sein.[357] Auch ein tief greifendes Zerwürfnis kann ein wichtiger Grund sein, wenn der Geschäftsführer dazu beigetragen hat,[358] ebenso ehrverletzende Äußerungen über einen Gesellschafter[359] und Gewalttätigkeiten ggü. Gesellschaftern.[360] Damit ist eine außerordentliche Kündigung nicht durch jede fehlerhafte Leistungserbringung gerechtfertigt.[361] 112

Auch eine **Verdachtskündigung** ist möglich. Der bloße dringende Verdacht eines strafbaren oder vertragswidrigen Verhaltens kann als Kündigungsgrund in bestimmten Fällen ausreichen. Es müssen aber objektive Anzeichen vorliegen, welche die Überzeugung rechtfertigen, die fragliche Handlung sei tatsächlich begangen worden, sodass die Fortsetzung des Anstellungsverhältnisses wegen zerstörten Vertrauens unzumutbar geworden ist.[362] Hierbei sind die Grundsätze, die das BAG zur Verdachtskündigung im Arbeitsverhältnis entwickelt hat, auch für das Anstellungsverhältnis des Geschäftsführers zu berücksichtigen. Die Gesellschaft ist daher vor einer Kündigung verpflichtet, 113

---

340 BGH, NJW-RR 1989, 1255, 1257 f.
341 OLG Brandenburg, NZG 2000, 143, 145.
342 BGH, DStR 1993, 1752, 1753.
343 BGH, GmbHR 1997, 998, 999.
344 OLG Brandenburg, GmbHR 2007, 874, 875.
345 BGH, NJW 2019, 3718, Rn. 37.
346 BGH, DStR 1995, 695 f.
347 BGH, GmbHR 2000, 431.
348 BGH, NJW-RR 2002, 173.
349 BGH, WM 2019, 2232, Rn. 37 m.w.N.; BGH, NJW 1995, 1358, 1359; OLG Frankfurt am Main, NJW-RR 1997, 736, 737; OLG Nürnberg, NZG 2000, 154 ff.
350 OLG Celle, GmbHR 2004, 425 ff.
351 BGH, NJW-RR 2008, 774; OLG München, DB 2009, 1231, 1233.
352 BGH, DStR 2007, 1923, 1924.
353 BGH, NJW 2005, 3069, 3070.
354 BGHZ 78, 82, 85; OLG Celle, GmbHR 2004, 425 ff.
355 BGH, GmbHR 2009, 488 ff.
356 OLG Hamm, GmbHR 2007, 823 f.
357 BGH, WM 1976, 379, 380.
358 BGH, WM 1984, 29 f.; BGH, NJW-RR 1992, 993, 994; BGH, DB 2009, 557, 559; OLG Saarbrücken, GmbHR 2007, 143, 147.
359 BGH, NJW 1998, 3274, 3276.
360 BGH, DStR 1994, 1746, 1747.
361 OLG München, GmbHR 2017, 1099 ff., Rn. 35.
362 BAGE 92, 184, 190; OLG Celle, GmbHR 2003, 773, 774.

i.R.d. Zumutbaren zur Aufklärung des Sachverhalts beizutragen.[363] Dies umfasst insb. die Verpflichtung, den betroffenen Geschäftsführer zu den konkreten Vorwürfen anzuhören, um ihm auf diese Weise zu ermöglichen, die gegen ihn bestehenden Verdachtsmomente auszuräumen.[364]

114 **Kein wichtiger Grund** ist die bloße Gefahr der Insolvenz,[365] die Eröffnung des Insolvenzverfahrens oder die Betriebsstilllegung wegen geänderter Geschäftspolitik des Alleingesellschafters[366] oder sonstige dringende betriebliche Erfordernisse.[367] Auch lediglich unzureichende Arbeitsleistungen genügen nicht.[368] Ein Vertrauensentzug durch die Gesellschafterversammlung ohne sachlichen Grund vermag ebenfalls keine außerordentliche Kündigung zu rechtfertigen.[369]

c) Außerordentliche Kündigung durch den Geschäftsführer

115 Ein wichtiger Grund zur fristlosen Kündigung durch den Geschäftsführer ist in erster Linie der unzulässige **Widerruf** seiner Bestellung durch die Gesellschaft.[370] Weitere wichtige Gründe sollen sein die vertragswidrig nicht erfolgte Bestellung zum Geschäftsführer,[371] die ungerechtfertigte fristlose Kündigung durch die Gesellschaft,[372] das Verlangen von ungesetzlichem Verhalten.[373] Ein wichtiger Grund soll auch bestehen bei grundloser Beschränkung der anstellungsvertraglich eingeräumten Geschäftsführungs- und Vertretungsbefugnis,[374] Vorenthaltung von Dienstbezügen in erheblicher Höhe oder über einen erheblichen Zeitraum hinweg,[375] systematischer Vorenthaltung von Informationen zur Buchführung,[376] Verweigerung der Entlastung durch die Gesellschafter aus sachfremden Erwägungen,[377] grob beleidigenden Äußerungen oder unberechtigten Vorwürfen ggü. seiner Person.[378] Ein Kündigungsgrund soll auch dann vorliegen, wenn die Gesellschaft liquidiert wird und die Übernahme des Liquidatorenamts unzumutbar ist.[379]

116 **Nicht** ausreichen für das Vorliegen eines wichtigen Grundes sollen die zulässige, nicht dem Anstellungsvertrag widersprechende Abberufung als Geschäftsführer,[380] die Verweigerung der Entlastung des Geschäftsführers an sich[381] sowie kritische, auf tatsächlichen Grundlagen beruhende Beurteilungen und Äußerungen der Gesellschafter sein.[382]

117 Wegen Verstoßes gegen § 134 BGB ist es nicht möglich, das Recht des Geschäftsführers zur fristlosen Kündigung durch eine Klausel im Anstellungsvertrag, etwa im Hinblick auf eine Abfindung, einzuschränken.[383]

---

363 BGH, WM 1984, 1187; LAG Berlin, GmbHR 1997, 839, 841.
364 BAGE 49, 39, 54 f.; *Rüppell/Hoffmann*, BB 2016, 645, 650.
365 OLG Naumburg, GmbHR 2004, 423.
366 BGH, NJW 2003, 431, 433.
367 BAG, ZIP 2008, 2376, 2381.
368 OLG Düsseldorf, BB 1987, 567, 568.
369 Vgl. BGH, NJW 1989, 2683.
370 BGH, NJW 2003, 351 f.; *Baukelmann*, in: Rowedder/Schmidt-Leithoff, GmbHG, § 35 Rn. 57; *U.H. Schneider/S.H. Schneider*, in: Scholz, GmbHG, § 38 Rn. 34.
371 BAG, GmbHR 2003, 105, 109.
372 BGH, NJW 1994, 443, 444.
373 BGH, NJW 1978, 1435, 1436.
374 OLG Karlsruhe, WM 2011, 1856 ff.
375 BAG, GmbHR 2003, 105, 109.
376 BGH, NJW 1995, 2850, 2851.
377 BGHZ 94, 324, 327.
378 BGH, NJW-RR 1992, 992, 993; BGH, NJW 1995, 2850, 2851; LG Frankfurt am Main, NJW-RR 1988, 221 (herabwürdigende Äußerungen).
379 *Schulze-Osterloh/Noack*, in: Baumbach/Hueck, GmbHG, § 66 Rn. 12.
380 BGH, NJW 2003, 351, 352.
381 *Hüffer/Schürnbrand*, in: Ulmer/Habersack/Löbbe, GmbHG, § 46 Rn. 83.
382 BGH, NJW 2003, 351, 352.
383 BGH, NJW 2000, 2983 f.

d) Frist für die außerordentliche Kündigung

Die außerordentliche Kündigung aus wichtigem Grund kann nach § 626 Abs. 2 BGB lediglich innerhalb von **2 Wochen** erfolgen.[384] Die Frist beginnt in dem Zeitpunkt zu laufen, in dem die Gesellschaft von den für die Kündigung maßgeblichen Umständen sicher und umfassend Kenntnis erlangt.[385] Grob fahrlässige Unkenntnis kann nicht ausreichen.[386] Die Darlegungs- und Beweislast für die Einhaltung der Kündigungsfrist liegt beim Kündigenden.[387] 118

Eine **Hemmung** der Frist besteht so lange, wie der Kündigungsberechtigte aus verständlichen Gründen und mit der gebotenen Eile die für die Sachverhaltsklärung erforderlichen Ermittlungen durchführt.[388] Dazu soll auch gehören, dem Geschäftsführer Gelegenheit zur Stellungnahme zu geben.[389] Jedenfalls aber ist der Gesellschaft zuzubilligen, zunächst den Ausgang eines Strafverfahrens abzuwarten, sofern nicht, etwa aufgrund eines Geständnisses des Geschäftsführers, ein klares Bild vom Sachverhalt möglich ist.[390] Schwierig ist die Bestimmung der Kündigungsfrist, wenn ein fortdauernder Kündigungsgrund besteht. Hier soll es für die Fristeinhaltung ausreichen, wenn ein nicht ganz unbedeutender Teil des Sachverhalts in die Kündigungsfrist fällt.[391] 119

Bei einer Kündigung durch die Gesellschaft kommt es auf die **Kenntnis** des für die Kündigung zuständigen Organs in seiner Gesamtheit an.[392] Regelmäßig ist dies die **Gesellschafterversammlung**, d.h. alle abstimmungsberechtigten anwesenden Gesellschafter.[393] Kenntnis der Gesellschafterversammlung liegt erst dann vor, wenn ihr die für die Kündigung maßgeblichen Tatsachen unterbreitet werden.[394] Dass die einzelnen Gesellschafter möglicherweise schon vor der Sitzung von den Umständen Kenntnis erlangen, ist unerheblich. 120

Damit verbunden ist, dass eine Gesellschafterversammlung, sofern die Frage der fristlosen Kündigung im Raum steht, mit zumutbarer Beschleunigung **einzuberufen** ist.[395] Dabei wird eine Frist von zehn Wochen bis zur Abhaltung der Gesellschafterversammlung als noch akzeptabel angesehen, wenn sich eine zeitgleiche Befragung mehrerer Personen wegen urlaubs- und dienstlicher Abwesenheit verzögert und sich sodann auf deren Basis weiterer Ermittlungsbedarf ergibt.[396] Bei einer Verzögerung hat sich die Gesellschaft so behandeln zu lassen, als sei die Gesellschafterversammlung in zumutbarer Eile einberufen worden.[397] Sofern die Ermittlungen der Gesellschafter mehr als 2 Wochen stillstehen, soll dies ein Indiz für die unangemessene Verzögerung der Einberufung der Gesellschafterversammlung sein.[398] 120a

Sofern es auf die Kenntnis des **Aufsichtsrats** als für die Kündigung zuständigem Organ ankommt, gilt Vergleichbares. Auch hier ist die Kenntnisnahme der Mitglieder in ihrer Eigenschaft als Mitwirkende an der kollektiven Willensbildung dieses Organs entscheidend. Die private oder dienstliche 121

384 BGH, NJW 1991, 1681, 1682.
385 BGH, GmbHR 1997, 998, 999; BGH, NJW 2013, 931, Rn. 15.
386 BAG, NJW 1994, 3117, 3118.
387 BGH, GmbHR 1997, 998, 999.
388 BAG, NJW 1994, 3117, 3118.
389 *Schmidt*, in: Ensthaler/Füller/Schmidt, GmbHG, § 35 Rn. 96.
390 BAG, NJW 1976, 1766; BGH, WM 1984, 1187.
391 BGH, NJW 1995, 2850, 2851; BGH, NJW 2005, 3069, 3070.
392 BGH, NJW-RR 2002, 173, 174; BGH, NJW 2013, 2425, Rn. 12.
393 BGH, GmbHR 1997, 998, 999; BGH, NJW-RR 2002, 173, 174; BGH, WM 2013, 931 ff.; s.a. *Buck*, Wissen und juristische Person, 2001, S. 294 ff.
394 OLG München, ZIP 2009, 1377, 1379; s.a. BGH, NJW 2013, 2425, Rn. 15.
395 BGH, NJW 1998, 3274, 3275; *Buck*, Wissen und juristische Person, 2001, S. 298.
396 OLG Hamm, GmbHR 2019, 1060, Rn. 84 ff. und LS 4.
397 BGHZ 139, 89, 92; BGH, NJW 2013, 2425, Rn. 14; OLG München, ZIP 2005, 1781, 1784; OLG Saarbrücken, WM 2006, 2364, 2366; OLG München, ZIP 2009, 1377, 1379.
398 OLG München, ZIP 2009, 1377, 1379.

Kenntnisnahme durch einzelne Aufsichtsratsmitglieder soll nicht ausreichend sein.[399] Die Befugnis zur Kündigung kann entweder im Gesellschaftsvertrag oder durch die Gesellschafter auf andere Personen übertragen werden (**Delegation**).[400]

122 Ein **Nachschieben** von Kündigungsgründen nach Ablauf der Ausschlussfrist des § 626 Abs. 2 BGB soll möglich sein, wenn der Kündigende von diesen nicht länger als 2 Wochen vor der Kündigungserklärung Kenntnis hatte.[401] Allerdings hat das für die Kündigung zuständige Organ, sofern es die Gesellschaft nicht selbst im Prozess vertritt und den neuen Umständen selbständige Bedeutung zukommt, hierüber Beschluss zu fassen, da ansonsten der Sachverhalt der Beurteilung durch das oberste Willensbildungsorgan entzogen wird.[402] In der Zweipersonen-GmbH soll eine solche Beschlussfassung jedoch entbehrlich sein.[403]

III. Folgen der Beendigung des Anstellungsvertrags

123 Sobald das Anstellungsverhältnis beendet ist, hat der Geschäftsführer, da eine **Vergütung** nur für geleistete Dienste zu zahlen ist, für die Zukunft keine Vergütungsansprüche mehr. Bei einer unberechtigten Kündigung durch die Gesellschaft bleibt der Vergütungsanspruch nur dann erhalten, wenn der Geschäftsführer die Gesellschaft in **Annahmeverzug** setzt.

124 Hierfür ist es an sich erforderlich, dass der Geschäftsführer der GmbH seine Dienste tatsächlich anbietet (§ 294 BGB). Ein wörtliches Angebot kann gem. § 295 BGB ausreichen, wenn die Gesellschaft deutlich gemacht hat, sie werde eine weitere Tätigkeit des gekündigten Geschäftsführers ablehnen. Dies ist insb. der Fall, wenn die Gesellschaft den Anstellungsvertrag aus wichtigem Grund gekündigt hat. Widerspricht der Geschäftsführer in dieser Situation der Kündigung[404] oder verlangt er die Weiterzahlung seines Gehalts,[405] liegt hierin bereits das erforderliche wörtliche Angebot. Hat die Gesellschaft einen neuen Geschäftsführer eingesetzt,[406] bringt die GmbH zum Ausdruck, dass sie die Dienste des gekündigten Geschäftsführers endgültig nicht mehr annehmen wird. Selbst ein wörtliches Angebot ist in diesem Fall gem. § 296 BGB entbehrlich, sodass sich die Gesellschaft unmittelbar in Annahmeverzug befindet.[407] Soweit der Geschäftsführer Einkünfte aus einer anderen beruflichen Tätigkeit erzielt, sind diese gem. § 615 Satz 2 BGB auf das von der Gesellschaft geschuldete Geschäftsführergehalt anzurechnen.[408]

125 In Bezug auf noch ausstehende Vergütungen hat der Geschäftsführer **kein Zurückbehaltungsrecht** i.S.d. § 273 BGB an geschäftlichen Unterlagen oder anderen Gegenständen, welche die Gesellschaft zur Fortführung ihrer Tätigkeit benötigt.[409] Er kann jedoch bei Vorliegen eines rechtlichen Interesses und unter Nennung konkreter Urkunden nach § 810 BGB **Einsicht** in die Geschäftsunterlagen verlangen.[410] Außerdem hat er Anspruch auf die Ausstellung eines Zeugnisses.[411]

126 Die Gesellschaft kann nach Abberufung und Kündigung des Anstellungsverhältnisses bis zum Ablauf des Vertrags grds. eine **Weiterbeschäftigung** des Geschäftsführers in einem anderen Aufgabenbereich

399 BGH, NJW 1981, 166.
400 BGH, WM 2013, 931 ff.
401 BGH, WM 2004, 127, 128; BGH, NJW 2005, 3069, 3070.
402 BGHZ 60, 333, 336 (für Genossenschaft); BGH, NJW-RR 1998, 1409, 1410.
403 BGH, NJW-RR 1992, 292, 294.
404 OLG Koblenz, NJW-RR 1994, 1058.
405 BGH, NJW 2001, 287, 288.
406 BGH, NJW-RR 1997, 537, 538; BGH, NJW 2001, 287, 288.
407 BGH, NJW 2001, 287, 288.
408 BGH, NJW 2001, 287, 288.
409 BGH, NJW 1977, 2944, 2946.
410 *Buck-Heeb*, in: Prütting/Wegen/Weinreich, 14. Aufl., 2019, § 810 BGB Rn. 7; zum Umfang des Einsichtsrechts BGH, BKR 2014, 383 ff.; dazu *Buck-Heeb*, WuB IV A § 810 BGB 1.14; s.a. noch *Tauth/Roeder*, BB 2013, 1333, 1334 f.; vgl. auch *Werner*, GmbHR 2013, 68 ff.
411 BGHZ 49, 30, 31.

vorsehen. Erforderlich ist jedoch, dass es sich dabei um eine andere, den Kenntnissen und Fähigkeiten des Geschäftsführers entsprechende, angemessene leitende Funktion handelt.[412] Jedenfalls kann der Geschäftsführer nicht verlangen, in einer leitenden Funktion, die mit einer früheren Tätigkeit vergleichbar ist, beschäftigt zu werden, da der Anstellungsvertrag regelmäßig lediglich die Beschäftigung als Geschäftsführer vorsieht. Auch eine Tätigkeit unterhalb der Organebene ist damit typischerweise nicht vereinbart, sodass der Geschäftsführer eine solche Beschäftigung nicht einfordern kann.[413] Etwas anderes kann nur gelten, wenn der Anstellungsvertrag die Möglichkeit einer anderen Beschäftigung vorsieht. Ist keine geeignete Weiterbeschäftigung des Geschäftsführers möglich, ist die Gesellschaft immerhin durch § 615 Satz 2 BGB geschützt.[414] Zudem kann der Geschäftsführer der Gesellschaft ggü. rechnungslegungspflichtig sein (§§ 675, 666 BGB).[415]

Sofern mit der Kündigung gleichzeitig eine **Freistellung** des Geschäftsführers von seiner bisherigen Tätigkeit erfolgt, bleibt dessen Beschäftigungsanspruch dennoch grds. erhalten. Anders kann dies nur sein, wenn die Gesellschaft ein schützenswertes Interesse an der Freistellung hat. Zur Sicherheit empfiehlt sich die Aufnahme einer **Klausel** in den Anstellungsvertrag, dass eine Freistellung im Kündigungsfall möglich ist.[416] 127

E. Rechtsstreitigkeiten aus dem Anstellungsverhältnis

Die **Rechtswegzuständigkeit** für Streitigkeiten aus dem Anstellungsvertrag liegt bei den ordentlichen Gerichten, nicht bei den ArbG (§ 5 Abs. 1 Satz 3 ArbGG). Dies gilt selbst dann, wenn aufgrund der intensiven Weisungsabhängigkeit des Geschäftsführers ein Anstellungsverhältnis vorliegt bzw. ein solches von einer der Parteien behauptet wird.[417] Eine Zuständigkeit der ArbG ergibt sich auch nicht aus dem Gesichtspunkt der Arbeitnehmerähnlichkeit wegen wirtschaftlicher Unselbstständigkeit (§ 5 Abs. 1 Satz 2 ArbGG).[418] Für Streitigkeiten zwischen Gesellschaft und Geschäftsführer kann sich die Zuständigkeit des ArbG aber aus einer rügelosen Einlassung des Beklagten zur Hauptsache ergeben (§ 39 ZPO).[419] 128

War der Geschäftsführer vor seiner Bestellung als Arbeitnehmer beschäftigt und wurde das Arbeitsverhältnis nicht durch den Anstellungsvertrag ersetzt, sodass der alte Arbeitsvertrag nach der Abberufung des Geschäftsführers wieder auflebt, kann dies ebenfalls ausnahmsweise eine Zuständigkeit des ArbG begründen.[420] Gleiches gilt, wenn der Geschäftsführer nach dem Widerruf seiner Bestellung seine Tätigkeit nunmehr in unselbstständiger Stellung ausübt. In diesem Fall ist von einer stillschweigenden Vertragsänderung auszugehen.[421] 129

Die Zuständigkeit der ordentlichen Gerichte führt dazu, dass diese ggf. materielles Arbeitsrecht anwenden müssen.[422] Sofern das von den Parteien nicht gewollt ist, empfiehlt es sich, im Anstellungsvertrag die Arbeitsgerichtsbarkeit als zuständig zu vereinbaren (§ 2 Abs. 4 ArbGG).[423] Ist nicht das 130

---

412 BGH, WM 1966, 968, 969; BGH, NJW 1978, 1435, 1436.

413 BGH, WM 2011, 38 ff.

414 BGH, NJW 1978, 1435, 1436.

415 *Baukelmann*, in: Rowedder/Schmidt-Leithoff, GmbHG, § 38 Rn. 45.

416 *Schmidt*, in: Ensthaler/Füller/Schmidt, GmbHG, § 35 Rn. 77.

417 BAG, NJW 2003, 3290, 3291; BAG, NJW 2007, 3228.

418 *Marsch-Barner/Diekmann*, in: MünchHdbGmbHG, § 43 Rn. 117; *Beurskens*, in: Baumbach/Hueck, GmbHG, § 37 Rn. 103 (mit Nachweisen zur Rechtsprechung); s.a. MünchKommGmbHG/*Jaeger*, § 35 Rn. 296 f.

419 *Beurskens*, in: Baumbach/Hueck, GmbHG, § 37 Rn. 106.

420 BAG, ZIP 1988, 91; BAG, NJW 1995, 675, 676.

421 OLG Frankfurt am Main, GmbHR 1999, 859; *Beurskens*, in: Baumbach/Hueck, GmbHG, § 37 Rn. 106.

422 *Schmidt*, in: Ensthaler/Füller/Schmidt, GmbHG, § 35 Rn. 98.

423 *Paefgen*, in: Ulmer/Habersack/Löbbe, GmbHG, § 35 Rn. 514; *Beurskens*, in: Baumbach/Hueck, GmbHG, § 37 Rn. 106.

Amts-, sondern das LG zuständig, liegt dort die Zuständigkeit nach § 95 Abs. 1 Nr. 4a GVG bei den Kammern für Handelssachen.

131 **Vertreten** wird die Gesellschaft im Prozess gegen den Geschäftsführer vom Aufsichtsrat, wenn ein solcher gebildet worden ist (s. § 112 AktG).[424] Allerdings kann, sofern es sich nicht um eine mitbestimmte GmbH handelt, der Gesellschaftsvertrag dies auch anders regeln (§ 52 Abs. 1). Ansonsten ist es Aufgabe der Gesellschafter, über die Vertretung der Gesellschaft im Prozess gegen den Geschäftsführer zu beschließen (§ 46 Nr. 8).

132 Will der Geschäftsführer gegen eine **unberechtigte Kündigung** vorgehen, kann er erstens einen Antrag auf Zahlung der Vergütung stellen und zweitens die Feststellung begehren, dass der Anstellungsvertrag aufgrund unwirksamer Kündigung nicht beendet ist.[425] Bei Nichtigkeit des Gesellschafterbeschlusses ist eine Feststellungsklage möglich.[426] Die Möglichkeit einer Anfechtungs- bzw. Nichtigkeitsklage analog §§ 241 ff. AktG wird überwiegend abgelehnt.[427] Der Vergütungsanspruch des Geschäftsführers kann als Anspruch auf Geldzahlung im Wege des Urkundenprozesses (§§ 592 ff. ZPO) geltend gemacht werden. Der Anspruch wird durch den schriftlichen Anstellungsvertrag als Urkunde bewiesen.[428] Als vorteilhaft wird dieser Weg insb. bei einer außerordentlichen Kündigung durch die Gesellschaft angesehen, da die Gesellschaft den Kündigungsgrund kaum durch Urkunden wird beweisen können.[429]

§ 7 Anmeldung der Gesellschaft

(1) Die Gesellschaft ist bei dem Gericht, in dessen Bezirk sie ihren Sitz hat, zur Eintragung in das Handelsregister anzumelden.

(2) [1]Die Anmeldung darf erst erfolgen, wenn auf jeden Geschäftsanteil, soweit nicht Sacheinlagen vereinbart sind, ein Viertel des Nennbetrags eingezahlt ist. [2]Insgesamt muss auf das Stammkapital mindestens soviel eingezahlt sein, dass der Gesamtbetrag der eingezahlten Geldeinlagen zuzüglich des Gesamtnennbetrags der Geschäftsanteile, für die Sacheinlagen zu leisten sind, die Hälfte des Mindeststammkapitals gemäß § 5 Abs. 1 erreicht.

(3) Die Sacheinlagen sind vor der Anmeldung der Gesellschaft zur Eintragung in das Handelsregister so an die Gesellschaft zu bewirken, dass sie endgültig zur freien Verfügung der Geschäftsführer stehen.

Schrifttum

Cavin, Mischeinlagen: Umfang der Geldeinzahlung vor der Anmeldung, NZG 2016, 734; *Haverkamp*, Zeitenwende im Recht der Kapitalaufbringung – Die Einzahlung von GmbH Stammeinlagen auf ein debitorisches Konto ist wirksam, ZInsO 2008, 1126; *Ihrig*, Die endgültig freie Verfügung über die Einlage von Kapitalgesellschaften, 1991; *Leitzen*, Die Geltendmachung von Einlageansprüchen durch den Insolvenzverwalter – Haftungsrisiken für (Ex-)GmbH-Gesellschafter im Lichte der jüngeren Rechtsprechung, RNotZ 2010, 254; *Lubberich*, Sachagio bei GmbH-Gründungen und Kapitalerhöhungen, DNotZ 2016, 164; *Pluskat/Marquardt*, Keine verdeckte Sacheinlage bei der Erbringung von entgeltlichen Dienstleistungen durch Gesellschafter nach Bareinlageleistung, NJW 2009, 2353; *Priester*, Kaskaden-Gründung im GmbH-Recht, DStR 2016, 1555; *Rezori*, Die Kapitalaufbringung bei der GmbH-Gründung – Ausgewählte Gesichtspunkte und Neuregelung der §§ 19 Abs. 4 und Abs. 5 GmbHG, RNotZ 2011, 125; *Rohles-Puderbach*, Vorrats- und Mantelgesellschaften: Entwicklung, Haftungsrisiken und Umsetzung in der Praxis, RNotZ 2006, 274; *Roth*, Die wertgleiche Deckung als Eintragungsvoraussetzung, ZHR 167, 2003; *Sammet*, Die notwendige

424 BGH, DStR 2007, 1358, 1359.
425 BGH, GRUR 1992, 112, 114.
426 BGH, NJW-RR 2008, 706, 709.
427 Vgl. *Rüppell/Hoffmann*, BB 2016, 645, 651 m.w.N.
428 KG, NJW-RR 1997, 1059.
429 *Schmidt*, in: Ensthaler/Füller/Schmidt, GmbHG, § 35 Rn. 101.

Einlageleistung auf eine »Mischeinlage«, NZG 2016, 344; *Schulte*, Zwei Jahre MoMiG – aktuelle Problemfelder im Handelsregisterverfahren, GmbHR 2010, 1128; *Servatius*, Die besondere Zweckbindung des Stammkapitals bei Drittgeschäften mit Gesellschaftern, DStR 2004, 1176.

Übersicht

A. Bedeutung der Vorschrift

1 Aus § 7 Abs. 1 folgt, dass die Eintragung einer GmbH in das Handelsregister und somit die Entstehung der GmbH als juristische Person (§ 11 Abs. 1) eine entsprechende Handelsregisteranmeldung voraussetzt. Ferner wird in § 7 Abs. 1 das zuständige Registergericht festgelegt. Der Inhalt und die Anlagen der Anmeldung richten sich grds. nach § 8 GmbHG, die Form der Errichtung und Einreichung der Anmeldeurkunde nach § 12 HGB. § 29 HGB (allgemeine Anmeldepflicht für Kaufleute) wird durch § 7 Abs. 1 verdrängt.[1] § 7 Abs. 2 und Abs. 3 regeln, welche Mindesteinlagen die Gesellschafter leisten müssen, bevor die Geschäftsführer die Handelsregisteranmeldung abgeben dürfen. § 5a Abs. 2 enthält insoweit eine Sonderregelung für die UG (haftungsbeschränkt).

B. Handelsregisteranmeldung (Abs. 1)

I. Anmeldebefugte Personen

2 Die Gesellschaft ist durch sämtliche Geschäftsführer zur Eintragung in das Handelsregister anzumelden (§ 78). Die Anmeldung muss im Namen der GmbH i. Gr. erfolgen,[2] wovon im Zweifel auch dann auszugehen ist, wenn die Geschäftsführer nicht ausdrücklich in deren Namen handeln.[3] Die Versicherungen nach § 8 Abs. 2/3 müssen durch die Geschäftsführer höchstpersönlich abgegeben werden; ob dies auch für die eigentliche Anmeldung nach § 7 Abs. 1 gilt, ist umstritten.[4] Weder die Gesellschafter noch die Mitglieder eines etwaigen Aufsichtsrats müssen die Handelsregisteranmeldung mitunterzeichnen (anders im Aktienrecht, § 36 Abs. 1 AktG). Eine Anmeldung durch den Notar gemäß § 378 FamFG spielt praktisch keine Rolle, da er die Versicherungen im Sinne von § 8 Abs. 2/3 nicht abgeben kann.

3 Erfolgt die Anmeldung nicht durch alle Geschäftsführer oder durch Unbefugte, hat das Registergericht die Eintragung abzulehnen, wenn die Anmeldungen der Zuständigen nicht nachgeholt werden (§ 9c);[5] dies gilt ebenfalls, wenn vor Eintragung der Gesellschaft auch nur ein Geschäftsführer

1 *Servatius*, in: Baumbach/Hueck, GmbHG, § 7 Rn. 1.

2 BGHZ 105, 327.

3 OLG Naumburg, GmbHR 1998, 236; *Servatius*, in: Baumbach/Hueck, GmbHG, § 7 Rn. 2.

4 Höchstpersönlichkeit ablehnend: OLG Köln, GmbHR 1987, 394; *Roth*, in: Roth/Altmeppen, GmbHG, § 7 Rn. 7; befürwortend: *Servatius*, in: Baumbach/Hueck, GmbHG, § 7 Rn. 3; *Ulmer/Casper*, in: Habersack/Casper/Löbbe, GmbHG, § 7 Rn. 14.

5 *Ulmer/Casper*, in: Habersack/Casper/Löbbe, GmbHG, § 7 Rn. 11.

die Anmeldung zurücknimmt.[6] Wird die Gesellschaft dementgegen in das Handelsregister eingetragen, ist die Gründung gleichwohl wirksam; ein Recht zur Löschung (§ 395 FamFG) besteht nur dann, wenn zusätzlich nachgewiesen wird, dass Eintragung dem Willen der nicht mitwirkenden Geschäftsführer widersprach (wobei der Wille der Gesellschafter insoweit unerheblich ist).[7]

II. Form der Anmeldung, zuständiges Gericht

4 Die Form der Registereinreichung – und mittelbar die Form der Errichtung – der Anmeldung ergibt sich aus § 12 Abs. 1 HGB: Die Anmeldung muss in öffentlich beglaubigter Form existieren und ist daher von den Geschäftsführern schriftlich (unstreitig nicht elektronisch) abzufassen,[8] wobei die Unterschriften von einem Notar zu beglaubigen sind (§ 129 BGB). Umstritten ist dabei, ob der notarielle Vermerk über die Unterschriftsbeglaubigung auch elektronisch errichtet werden kann (§ 39a BeurkG).[9] Unstreitig ist wiederum, dass die Einreichung der Anmeldung nicht in Papierform erfolgen darf (Ausnahme: Ausfall des Computersystems, § 54 Abs. 3 HRV):[10] Die Einreichung muss elektronisch in öffentlich beglaubigter Form erfolgen (§ 12 Abs. 1 Satz 1 HGB). Dies bedeutet, dass das mit einer Unterschriftsbeglaubigung versehene Papierdokument eingescannt (ob es auch genügt, dass der notarielle Beglaubigungsvermerk ausschließlich elektronisch erfolgt, ist streitig) und der Scan von einem Notar mit einer qualifizierten elektronischen Signatur nach dem Signaturgesetz versehen werden muss (§ 39a BeurkG). Nach den Verordnungen der Länder gem. § 8a Abs. 2 HGB ist die Einreichung per einfacher E-Mail nicht zulässig, sie erfolgt vielmehr über das Elektronische Gerichts- und Verwaltungspostfach (EGVP).

5 Wenn die Gesellschaft mehrere Geschäftsführer hat, muss zwar jeder die Anmeldung unterzeichnen (§ 78), es muss aber nicht dasselbe Papierdokument von allen unterzeichnet werden, solange sich die unterzeichneten Anmeldungen nur inhaltlich entsprechen.[11] Unterzeichnung und Beglaubigung kann auch im Ausland erfolgen; ggf. ist eine Apostille oder eine Legalisation erforderlich. Die elektronische Handelsregistereinreichung (§ 12 HGB) kann dann durch einen deutschen Notar erfolgen (was insb. praktisch wird, wenn der ausländische Notar nicht über die technischen Voraussetzungen für die qualifizierte elektronische Signatur sowie die Einreichung über EGVP verfügt).

6 Die Anmeldung ist an dasjenige Registergericht zu richten, in dessen Bezirk die Gesellschaft den im Gesellschaftsvertrag genannten Sitz hat (§ 376 FamFG). Anmeldung bei einem unzuständigen Gericht ist von diesem zurückzuweisen (§ 9c); eine gleichwohl erfolgte Eintragung durch ein unzuständiges Gericht hindert die Gründung allerdings nicht (§ 2 Abs. 3 FamFG).[12]

III. Zugang, Widerruflichkeit, Bedingungen, Befristungen

7 Die Handelsregisteranmeldung ist eine empfangsbedürftige Erklärung, die mit ihrem Zugang beim zuständigen Registergericht wirksam wird (entsprechend § 130 Abs. 1 BGB). Es ist anerkannt, dass die Anmeldung bis zur Eintragung in das Register frei und formlos von jedem Geschäftsführer – unabhängig von seiner sonstigen Vertretungsbefugnis – widerrufen werden kann.[13]

Die Handelsregisteranmeldung ist bedingungs- und befristungsfeindlich.

---

6 *Bayer*, in: Lutter/Hommelhoff, GmbHG, § 7 Rn. 1; *Ulmer/Casper*, in: Habersack/Casper/Löbbe, GmbHG, § 7 Rn. 21.

7 *Ulmer/Habersack*, in: Habersack/Casper/Löbbe, GmbHG, § 7 Rn. 11/15; *Servatius*, in: Baumbach/Hueck, GmbHG, § 7 Rn. 4.

8 Vgl. nur *Preuß*, in: Oetker, HGB, § 12, Rn. 25.

9 *Preuß*, in: Oetker, HGB, § 12, Rn. 28 m.w.N.

10 Vgl. nur *Preuß*, in: Oetker, HGB, § 12, Rn. 58 ff.

11 *Schmidt-Leithoff*, in: Rowedder/Schmidt-Leithoff, GmbHG, § 7 Rn. 9.

12 *Ulmer/Casper*, in: Habersack/Casper/Löbbe, GmbHG, § 7 Rn. 17 m.w.N.

13 *Herrler*, in: MünchKommGmbHG, § 7 Rn. 14 f.

IV. Veränderungen zwischen Anmeldung und Eintragung

Wenn die Gesellschafter vor Eintragung der Gesellschaft in das Handelsregister eine Änderung des Gesellschaftsvertrags vereinbaren, ist die Änderungsvereinbarung nebst vollständigem Wortlaut des Gesellschaftsvertrages (einschließlich Bescheinigung des Notars nach § 54) dem Registergericht einzureichen. Einer weiteren Handelsregisteranmeldung bedarf es grds. nicht (zu Einzelheiten s. Kommentierung bei § 8 Rdn. 7). 8

Wird nach Zugang der Anmeldung beim Registergericht ein neuer Geschäftsführer bestellt, ist eine erneute Anmeldung der Gesellschaft als solche nicht erforderlich;[14] allerdings ist die Änderung in den Personen der Geschäftsführer gem. § 39 anzumelden. Ob und unter welchen Voraussetzungen der neu bestellte Geschäftsführer die Versicherung nach § 8 Abs. 2 abgeben muss, ist streitig.[15] 9

V. Pflicht zur Anmeldung?

Da die Anmeldung der Gesellschaft ebenso wie ihre Errichtung dem freien Belieben der Gesellschafter obliegt, besteht keine öffentlich-rechtliche Anmeldepflicht (§ 79 Abs. 2). Die Anmeldung ist daher vom Registergericht nicht erzwingbar. Allerdings ergibt sich aus § 7 Abs. 1 eine zivilrechtliche Pflicht der Geschäftsführer zur Anmeldung, wenn deren Bestellung durch Amtsannahme wirksam geworden ist:[16] Die Pflicht besteht ggü. den Gesellschaftern (sie besteht hingegen nicht bei entgegenstehenden Weisungen der Gesellschafter). 10

C. Voraussetzungen der Anmeldung (Abs. 2)

I. Einordnung in die Praxis

Ohne die Mindesteinzahlungen auf jeden einzelnen Geschäftsanteil (Abs. 2 Satz 1) und ohne die Mindestgesamteinlageleistung (Abs. 2 Satz 2) dürfen die Geschäftsführer die Anmeldung nicht beim Handelsregister einreichen und nicht die straf- (§ 82 Abs. 1 Nr. 1) und haftungsbewehrte (§ 9a) Versicherung i.S.d. § 8 Abs. 2 abgeben. Die Regelungen in Abs. 2 sind zwingend, das Registergericht kann keine Befreiung erteilen. Hierdurch werden die Gesellschafter im Interesse der Seriosität der Rechtsform gezwungen, ihren »Worten« (Einlageversprechen) »Taten« (Erfüllung des Versprechens in dem in § 8 Abs. 2 vorgegebenen Umfang) folgen zu lassen. 11

In der Praxis ist es üblich, dass die Geschäftsführer in dem Notartermin, in dem die Gesellschaft errichtet wird (Beurkundung des Gesellschaftsvertrags), auch die Handelsregisteranmeldung einschließlich der Versicherungen i.S.d. § 8 Abs. 2/3 unterzeichnen, obwohl zu diesem Zeitpunkt die Einlageleistungen noch nicht bewirkt sind. Dabei wird zwischen den Geschäftsführern und dem Notar die (häufig mündliche) Treuhandvereinbarung getroffen, dass der Notar die Anmeldung dem Registergericht erst dann übersendet, wenn die Geschäftsführer dem Notar die Einlageleistung bestätigt bzw. nachgewiesen (z. B. durch einen Beleg über die Zahlungsgutschrift) haben. Dieses Verfahren ist nach ganz herrschender Meinung zulässig,[17] da es nach dieser für den Zeitpunkt der Richtigkeit der Angaben auf den Zugang beim Registergericht ankommt,[18] und die Unterzeichnung als solche nur vorbereitenden Charakter besitzt.[19] Zwar ist der Notar gem. § 53 BeurkG grds. 12

14 *Ulmer/Casper*, in: Habersack/Casper/Löbbe, GmbHG, § 7 Rn. 10; *Schmidt-Leithoff*, in: Rowedder/Schmidt-Leithoff, GmbHG, § 7 Rn. 9.

15 *Schmidt-Leithoff*, in: Rowedder/Schmidt-Leithoff, GmbHG, § 8 Rn. 16; *Servatius*, in: Baumbach/Hueck, GmbHG, § 8 Rn. 11 m.w.N.

16 *Herrler*, in: MünchKommGmbHG, § 7 Rn. 33.

17 *Heidinger*, in: Heckschen/Heidinger, Die GmbH in der Gestaltungs- und Beratungspraxis, § 2 Rn. 117 f; Einzelheiten streitig vgl. *Herrler*, in MünchkommGmbHG, § 7 Rnr. 46 m.w.N.

18 BayObLG, GmbHR 1992, 109, 110; *Servatius*, in: Baumbach/Hueck, GmbHG, § 8 Rn. 12; *Winter/Veil*, in: Scholz, GmbHG, § 7 Rn. 21; *Roth*, in: Roth/Altmeppen, GmbHG, § 7 Rn. 20.

19 *Ulmer/Casper*, in: Habersack/Casper/Löbbe, GmbHG, § 7 Rn. 20.

zur unverzüglichen Einreichung der Urkunden zum Registergericht verpflichtet; dies gilt aber nicht bei abweichenden Anweisungen der Beteiligten.

13 Der Notar ist grds. berechtigt, übereinstimmenden Erklärungen tatsächlicher Art der Beteiligten ohne eigene Sachprüfung zu vertrauen. Wenn der Notar aber positive Kenntnis davon hat, dass die Einlageleistung noch nicht in gesetzmäßiger Weise erfolgt ist, darf er die Handelsregisteranmeldung dem Registergericht nicht zum Vollzug einreichen, selbst wenn die Beteiligten ihn hierzu einvernehmlich anweisen (§ 14 Abs. 2 BNotO).

14 Ist für die Einlagen, die über die Mindesteinlageleistungen i.S.d. Abs. 2 hinausgehen, im Gesellschaftsvertrag kein bestimmter Fälligkeitstermin vereinbart, sind diese nach ganz herrschender Meinung erst fällig, wenn die Einlagen durch einen Gesellschafterbeschluss gem. § 46 Nr. 2 nebst Zahlungsaufforderung durch die Geschäftsführer eingefordert werden.[20] I.Ü. gelten für die Leistung der ausstehenden Einlagen die §§ 19 ff.

II. Mindesteinzahlung auf einzelne Geschäftsanteile

15 Da auf jeden Geschäftsanteil, soweit nicht Sacheinlagen vereinbart sind (Sacheinlagen sind stets vollständig zu bewirken, Abs. 3), ein Viertel des Nennbetrags einzuzahlen ist (Abs. 2 Satz 1), beträgt der kleinstmögliche Einzahlungsbetrag 25 ct (bei dem Nennbetrag eines Geschäftsanteils von 1,– €, § 5 Abs. 2 Satz 1). Mehrzahlungen auf Geschäftsanteile eines Gesellschafters können den Umstand, dass auf die Geschäftsanteile eines anderen Gesellschafters weniger als ein Viertel eingezahlt worden sind, nicht kompensieren. Wenn ein Gesellschafter mehrere Geschäftsanteile übernommen hat, muss jede einzelne Stammeinlage i.H.d. gesetzlichen Mindestbetrags eingezahlt sein. Bei der Zahlung auf die Mindesteinlage werden Agiozahlungen (Beträge, die über den Nennbetrag hinaus zu leisten sind) und andere Zuzahlungen, die Gesellschafter in das Eigenkapital leisten, nicht berücksichtigt. Wenn auf einen Geschäftsanteil gemäß den Festsetzungen im Gesellschaftsvertrag sowohl eine Geld- als auch eine Sacheinlage zu erbringen ist (sogenannte Mischeinlage), muss der Viertel des Geldanteils auch dann eingezahlt werden, wenn der Sachteil ein Viertel des Geschäftsanteilnennbetrags übersteigt.[21]

16 Auf welche Einlageforderung bzw. sonstige Verbindlichkeit eine Zahlung des Gesellschafters anzurechnen ist, bestimmt sich nach § 366 BGB.[22] Ob eine Zahlung eines Gesellschafters eine Leistung auf eine bestimmte Stammeinlageverpflichtung oder auf eine Agio- oder sonstige Verpflichtung darstellt, richtet sich dementsprechend grds. nach der Tilgungsbestimmung des Gesellschafters (z.B. nach Angabe des Verwendungszwecks bei der Überweisung). Liegt keine eindeutige Tilgungsbestimmung vor, kann unterstellt werden, dass der Gesellschafter zunächst seine Mindesteinlageverpflichtung und erst dann seine sonstigen Verbindlichkeiten erfüllen will.[23] Bei der Übernahme mehrerer Geschäftsanteile durch einen Gesellschafter, ist seine Zahlung anteilig auf alle Geschäftsanteile anzurechnen.[24]

III. Mindestgesamteinlage

17 Insgesamt muss mindestens ein Stammkapital von 12.500,– € aufgebracht werden; bei einer UG (haftungsbeschränkt) ist die Volleinzahlung des Stammkapitals erforderlich, wobei Sacheinlagen ausgeschlossen sind (§ 5a Abs. 2). Die frühere Sonderregelung für die Einpersonengründung ist im Jahr 2008 (durch das MoMiG) aufgehoben worden. Wenn die Gesellschaft mit einem Stammkapital von mehr als 25.000,– € gegründet wird, steigt lediglich die Mindesteinzahlungen auf jeden einzelnen Geschäftsanteil (Abs. 2 Satz 1), nicht jedoch die Mindestgesamteinlageleistung (Abs. 2 Satz 2). Wenn das

20 *Bayer*, in: Lutter/Hommelhoff, GmbHG, § 19 Rn. 9.
21 OLG Celle NZG 2016, 300; *Sammet*, NZG 2016, 344; a.A. *Cavin*, NZG 2016, 734.
22 OLG Hamm, RNotZ 2011, 437, 439.
23 *Herrler*, in: MünchKommGmbHG, § 7 Rn. 66.
24 OLG Hamm, RNotZ 2011, 437, 439.

Stammkapital geringer ist als 50.000,– €, muss aufgrund Abs. 2 Satz 2 mindestens ein Gesellschafter mehr als das in Abs. 2 Satz 1 vorgesehene Viertel des Nennbetrages der von ihm übernommenen Geschäftsanteile aufbringen. Haben die Gesellschafter keiner Vereinbarung darüber getroffen, wer diese Mehrleistung erbringen muss, sind die erforderlichen Zahlungen von allen Gesellschaftern nach dem Verhältnis ihrer Geldeinlagen zu leisten (§ 19 Abs. 1), es sei denn die Gesellschafterversammlung beschließt etwas anderes.

IV. Leistungsempfängerin

18 Die Einlageleistung muss an die Vor-GmbH – die erst durch Beurkundung des Gesellschaftsvertrages entsteht – bewirkt werden. In der Praxis wird hierzu regelmäßig unter Vorlage der notariellen Gründungsdokumente ein Bankkonto der Vor-GmbH eröffnet. Ausreichend ist auch die Zahlung auf ein Konto eines Geschäftsführers, das dieser treuhänderisch für die Vor-GmbH führt;[25] nur im Ausnahmefall ausreichend ist die Zahlung auf ein von den Gründungsgesellschaftern eröffnetes Treuhandkonto.[26] Zahlt ein Gesellschafter auf ein eigenes Konto, das zugleich als Geschäftskonto der Vorgesellschaft genutzt wird, ist die Einlageschuld grds. erst dann getilgt, wenn und soweit der Geschäftsführer im Interesse der Vor-GmbH über den Einlagebetrag verfügt, insb. zur Befriedigung von Gesellschaftsgläubigern.[27]

19 Gesellschaftsrechtlich wird auch die Einzahlung auf ein Notaranderkonto als ausreichend erachtet;[28] es ist allerdings stets im Einzelfall zu prüfen, ob ein berechtigtes Sicherungsinteresse der Gründer, das gem. § 54a Abs. 2 Nr. 1 BeurkG Voraussetzung für die Errichtung eines Notaranderkontos ist, vorliegt.

20 Eine Leistung an die Vorgründungsgesellschaft (vor Beurkundung des Gesellschaftsvertrags) reicht nicht aus; in diesem Fall liegt eine Einzahlung in Sinne des Abs. 2 erst vor, wenn die erhaltenen Leistungen an die Vor-GmbH weitergeleitet worden sind. Das Gleiche gilt, wenn im Fall einer GmbH & Co. KG an die KG geleistet wird. Ob die Leistung an einen GmbH-Gläubiger auf Veranlassung der Vor-GmbH eine Einzahlung i.S.d. Abs. 2 darstellt, ist umstritten und wird von der herrschenden Meinung verneint.[29]

V. Zahlungsmodalitäten

21 Eine Einzahlung i.S.d. Abs. 2 liegt nur insoweit vor, als die Beschränkungen des § 19 zu berücksichtigt werden. I.Ü. gilt Folgendes:

22 Die Bewirkung von Geldeinlagen erfolgt grds. durch die Leistung von Buchgeld oder die Übereignung von Bargeld.[30] In der Praxis üblich ist die Überweisung auf ein Bankkonto der Vor-GmbH, das nach der Beurkundung der Gesellschaftsgründung eröffnet wird (Vor-GmbH ist kontofähig). Wie die Gesellschaft in dem Kontoeröffnungsunterlagen bezeichnet wird (»GmbH«, »GmbH i.Gr.«, »Vor-GmbH« etc.) ist regelmäßig ohne Belang, da sich grds. aus der Auslegung ergeben wird, dass Kontoinhaber die Vor-GmbH ist. Kontoführende Stelle muss ein inländisches Kreditinstitut, die inländische Zweigniederlassung eines ausländischen Kreditinstituts oder ein ausländisches Kreditinstitut mit Sitz in einem EWR-Mitgliedstaat sein; erforderlich ist, dass das Stammkapital ohne Wechselkursrisiko ausgezahlt werden kann.[31]

23 Abs. 2 erfordert bei ausländischen Zahlungsmitteln sowie bei der Hingabe von Schecks und Wechseln, dass die Vorgesellschaft aufgrund Umtausch bzw. Einlösung den entsprechenden Eurobetrag

---

25 *Servatius*, in: Baumbach/Hueck, GmbHG, § 7 Rn. 8.

26 Vgl. hierzu OLG Naumburg, NJW-RR 1998, 1648.

27 BGH, NJW 2001, 1647.

28 *Servatius*, in: Baumbach/Hueck, GmbHG, § 7 Rn. 8.

29 *Bayer*, in: Lutter/Hommelhoff, GmbHG, § 8 Rn. 16.

30 *Ulmer/Casper*, in: Habersack/Casper/Löbbe, GmbHG, § 7 Rn. 59; *Bayer*, in: Lutter/Hommelhoff, GmbHG, § 7 Rn. 11.

31 *Herrler*, in: MünchKommGmbHG, § 7 Rn. 85.

als Bar- oder Buchgeld zur freien Verfügung erhält.[32] Eine Annahme an Erfüllungs statt ist keine Einzahlung i.S.d. Abs. 2 (möglich bleibt die Behandlung der Einlage als Sacheinlage). Das Gleiche gilt, wenn ein Gesellschafter zur Erbringung der Bareinlage eine Forderung an die Vorgesellschaft abtritt; Einzahlung i.S.d. Abs. 2 liegt in diesem Fall also erst vor bei Zahlung des Schuldners an die Vorgesellschaft.[33] Bei verdeckter Sacheinlage liegen die Voraussetzungen des Abs. 2 nicht vor; eine Anrechnung gem. § 19 Abs. 4 Satz 3 erfolgt gem. § 19 Abs. 4 Satz 4 vor Eintragung der Gesellschaft in das Handelsregister nicht. Für Fälle des »Hin- und Herzahlens« (insb. Cash Pool) gilt die Sonderregelung des § 19 Abs. 5.

24 Die Einzahlung kann auch durch Dritte erfolgen (§ 267 BGB), allerdings nicht aus Mitteln der Vorgesellschaft und auch nicht, soweit dem Leistendem aufgrund einer von der Vorgesellschaft gewährten Sicherheit ein Darlehen gewährt wurde.[34]

25 Die Leistung von Bargeld hat in der Praxis eine gewisse Bedeutung bei der Gründung von Unternehmergesellschaften (haftungsbeschränkt). Vorzeigen von Bargeld beim Notar genügt aber nicht.[35] Die Aussonderung des Bargelds aus dem Vermögen des Gesellschafters und die Zuführung zum Gesellschaftsvermögen muss für Dritte objektiv erkennbar sein (z.B. Übergabe an den Geschäftsführer, wenn dieser nicht mit dem Gesellschafter personenidentisch ist; Einlage in eine Barkasse der Gesellschaft).

VI. Leistung zur endgültig freien Verfügung

26 Aus § 8 Abs. 2 Satz 1 ergibt sich, dass die Mindesteinlagen nicht nur an die Vor-GmbH bewirkt sein müssen, sondern sich der Gegenstand der Leistungen auch »endgültig in der freien Verfügung der Geschäftsführer« befinden muss. Dies bedeutet, dass der Gegenstand der Einlage aus dem Herrschaftsbereich des Einlegers ausgesondert und der Gesellschaft vollständig – insb. ohne Abzug von Bankarbeitsgebühren – auf Dauer und ohne Beschränkungen zugeflossen sein muss.[36] Die Einzahlung i.S.d. Abs. 2 setzt also grds. über die Überweisung von Buchgeld bzw. Übereignung von Bargeld voraus, dass weder Rückzahlungs- oder Verrechnungsanweisungen erteilt noch entsprechende Vereinbarungen zwischen der Gesellschaft und dem Einleger getroffen worden sind.[37] Eine Ausnahme hiervon gilt lediglich unter den Voraussetzungen des § 19 Abs. 5. Schädlich sind daher regelmäßig alle Weisungen der Gesellschafter und Vereinbarungen mit ihnen, soweit sie darauf abzielen, dass die Einlagen unmittelbar oder mittelbar zugunsten des Inferenten verwendet werden. Auf die Wirksamkeit der Weisungen und Vereinbarungen kommt es nicht an.[38] Die der Gesellschaft zugeflossenen Mindesteinlagen müssen in dem Zeitpunkt, in dem die Handelsregisteranmeldung beim Registergericht eingeht, allerdings nicht mehr gegenständlich vorhanden sein; die Anmeldung der Gesellschaft zur Eintragung in das Handelsregister ist daher auch dann zulässig, wenn die Einlagen bereits für den Erwerb bestimmter Gegenstände von Dritten (den Gesellschaftern nicht nahestehenden Personen) verwendet worden sind, oder wenn entsprechende Weisungen oder Vereinbarungen vorliegen; dies gilt jedenfalls dann, wenn der Gesellschaft ein den verwendeten Mitteln entsprechender Gegenwert zufließt.

27 Soll eine GmbH & Co. KG gegründet werden und soll die an die (Vor-) GmbH geleistete Einlage der KG als Darlehen zur Verfügung gestellt werden (wie der Praxis üblich), ist diese Abrede gem. § 19 Abs. 5 in der Anmeldung nach § 8 anzugeben.

---

32 *Roth*, in: Roth/Altmeppen, GmbHG, § 7 Rn. 26; *Ulmer/Casper*, in: Habersack/Casper/Löbbe, GmbHG, § 7 Rn. 33.

33 *Bayer*, in: Lutter/Hommelhoff, GmbHG, § 7 Rn. 13.

34 *Bayer*, in: Lutter/Hommelhoff, GmbHG, § 7 Rn. 13; *Ulmer/Casper*, in: Habersack/Casper/Löbbe, GmbHG, § 7 Rn. 33.

35 OLG Oldenburg, NZG 2008, 32.

36 *Ulmer/Casper*, in: Habersack/Casper/Löbbe, GmbHG, § 7 Rn. 53; BGHZ 113, 335, 347.

37 *Ulmer/Casper*, in: Habersack/Casper/Löbbe, GmbHG, § 7 Rn. 54.

38 *Ulmer/Casper*, in: Habersack/Casper/Löbbe, GmbHG, § 7 Rn. 61.

Wenn der Gesellschaftsvertrag den Gründungsaufwand in zulässiger Weise der Gesellschaft auferlegt, gelten die Voraussetzungen des Abs. 2 auch dann als erfüllt, wenn die entsprechenden Verbindlichkeiten vor Anmeldung der Gesellschaft zulasten der Mindesteinlagen beglichen worden sind.[39] Allerdings ist dies in der Versicherung über die Einlageleistungen offenzulegen. 28

Die Leistung auf ein debitorisches Bankkonto der Vor-GmbH steht zur freien Verfügung der Geschäftsführer, wenn die Geschäftsführer innerhalb einer nicht gekündigter Kreditlinie oder eines Überziehungskredits über Einlageleistung verfügen können. I.Ü. ist die Leistung auf ein debitorisches Bankkonto grds. nicht ausreichend.[40] Hintergrund ist, dass das kontoführende Kreditinstitut gleichzeitig Kontoführer und Gläubiger der GmbH ist sowie dass eine Leistung an einen Gläubiger der Vor-GmbH grds. nicht ausreichend ist.[41] Wenn das Kreditinstitut die Einlage mit dem Debetsaldo verrechnet, wird der Einleger so behandelt, als habe er an das Kreditinstitut, nicht an die Vor-Gesellschaft geleistet. 29

Umstritten und wohl zu bejahen ist die Zulässigkeit einer sog. »Kaskaden-«, »Stafetten-« bzw. »Pyramidengründung«.[42] In diesen Fällen ist von vornhinein beabsichtigt, dass die neu gegründete GmbH eine weitere GmbH oder AG errichtet und dieser aus ihrem Stammkapital dann das zur Gründung erforderliche Kapital zur Verfügung stellt. Im Ergebnis wird hierbei das Stammkapital nur einmal aufgebracht, aber gleichwohl eine weitere oder gar eine Vielzahl von Tochtergesellschaften gegründet. Der neu gegründeten (Mutter-) Gesellschaft verbleiben letztlich keine baren Einlagemittel, sondern die Beteiligung an einer weiteren neu gegründeten Gesellschaft. Die Einlage wird allerdings nicht an den Inferenten zurückgewährt. 30

D. Erbringung einer Sacheinlage (Abs. 3)

Da bei Sacheinlagen die Gefahr besteht, dass die Sacheinlage später nicht mehr eingebracht werden kann, sind Sacheinlagen vollständig vor der Anmeldung der Gesellschaft zum Handelsregister zu bewirken. Wenn als Sacheinlage die Eigentumsverschaffung vereinbart worden ist, müssen die betreffenden Gegenstände übereignet sein, Rechte müssen übertragen sein, bei vereinbarter Gebrauchsüberlassung müssen Geschäftsführer die entsprechende Nutzungsmöglichkeit eingeräumt erhalten haben, etc. Bei Einbringung von Kfz-Eigentum muss dem Geschäftsführer auch der Kfz-Brief übergeben worden sein.[43] Bei einer Unternehmergesellschaft (haftungsbeschränkt) sind Sacheinlagen ausgeschlossen (§ 5a Abs. 2 Satz 2). 31

Bei der Einbringung eines Grundstücks ist umstritten, ob dieses erst dann zur freien Verfügung der Geschäftsführer steht, wenn die Vor-GmbH im Grundbuch als Eigentümerin eingetragen ist. Teilweise wird vertreten, dass es genüge, wenn der (vollzugsreife) Antrag auf Eigentumsumschreibung beim Grundbuchamt eingereicht worden ist und diesem keine anderen Anträge vorangehen.[44] Teilweise wird auch die Eintragung einer Eigentumsvormerkung zugunsten der Vor-GmbH als für die Anmeldung der Gesellschaft hinreichende Einbringung angesehen.[45] Dass hiernach bei Grundstücken abweichend von anderen Einlagegegenständen kein abgeschlossener Erwerbstatbestand erforderlich sein soll, wird insb. damit begründet, dass sich das Eintragungsverfahren beim Handelsregister auf diese Weise beschleunige und die Notwendigkeit entfalle, eine auf die Vor-GmbH lautende Grundbucheintragung nach Eintragung der GmbH in das Handelsregister zu berichtigen. Ob diese praktischen Erwägungen eine Privilegierung von Immobiliarvermögen rechtfertigen, erscheint allerdings zweifelhaft. Ggf. ist als Einlagegegenstand nicht das Volleigentum an dem Grundbesitz, sondern das entsprechende Anwartschaftsrecht zu definieren. 32

39 *Herrler*, in: MünchKommGmbHG, § 7 Rn. 139.
40 *Servatius*, in: Baumbach/Hueck, GmbHG, § 7 Rn. 11; s. zu Sonderkonstellationen auch OLG Oldenburg, NZG 2008, 951.
41 *Roth*, in: Roth/Altmeppen, GmbHG, § 7 Rn. 27c.
42 Überblick bei *Wälzholz/Bachner*, NZG 2006, 361; *Priester*, DStR 2016, 1555.
43 *Servatius*, in: Baumbach/Hueck, GmbHG, § 7 Rn. 13.
44 *Roth*, in: Roth/Altmeppen, GmbHG, § 7 Rn. 34.
45 *Ulmer/Casper*, in: Habersack/Casper/Löbbe, GmbHG, § 7 Rn. 51.

33 In der Praxis können bei der Einbringung von Grundbesitz weitere nicht unerhebliche Schwierigkeiten entstehen:[46] Zwar ist anerkannt, dass die Vor-GmbH grundbuchfähig ist; auch besteht Einigkeit, dass die Geschäftsführer für den Erwerb einer Sacheinlage hinreichende Vertretungsmacht besitzen (nur wenn der Erwerb nicht für Zwecke der Gründung erfolgt, muss die Vertretungsmacht zunächst durch Zustimmung aller Gesellschafter gesondert begründet werden). Die Vertretungsmacht muss aber ggü. dem Grundbuchamt in der Form des § 29 GBO nachgewiesen werden, wobei vor Eintragung der Gesellschaft in das Handelsregister ein Zeugnis des Registergerichts i.S.d. § 32 GBO noch nicht erteilt werden kann und auch eine notarielle Vertretungsbescheinigung im Sinne des § 21 Abs. 1 BNotO ausscheidet. Im Einzelfall kommt eine Bescheinigung entsprechend § 21 Abs. 3 BNotO in Betracht. Das Grundbuchamt kann für die Eigentumsumschreibung auch einen Nachweis dafür verlangen, dass die Eintragung in das Handelsregister weiterhin betrieben wird (die Vertretungsmacht der Geschäftsführer entfällt und geht auf die Gesellschafter über, wenn die Eintragungsabsicht aufgegeben wird). Sollte allerdings zwischen dem (in den Gründungsdokumenten notariell beurkundeten) Beschluss über die Bestellung der Geschäftsführer und der Auflassung nebst Beantragung der Eigentumsumschreibung im Grundbuch nur ein üblicher Zeitraum liegen, besteht für das Grundbuchamt richtigerweise kein Anlass für die Anforderung weiterer Nachweise.

34 Wenn beabsichtigt ist, eine GmbH durch Einbringung eines Unternehmens zu errichten, wird die GmbH aus praktischen und steuerlichen Gründen regelmäßig nicht im Wege einer entsprechenden einfachen Sachgründung errichtet. Häufig bietet sich vielmehr eine Einbringung durch eine Umwandlungsmaßnahme nach dem UmwG an, z.B. ein Formwechsel oder eine Ausgliederung. Denkbar sind auch Ab- und Aufspaltungen, jeweils zur Neugründung oder zur Aufnahme durch eine bestehende GmbH. Kleinere Unternehmen werden auch häufig gegen Erhöhung der Rücklage in eine durch Bargründung errichtete GmbH eingebracht.

E. Beweislast für Erfüllung der Einlageforderung

35 Die Frage nach der Beweislast für die Erbringung der Stammeinlage stellt sich in der Praxis vor allem in der Insolvenz der Gesellschaft: Wird über das Vermögen einer GmbH das Insolvenzverfahren eröffnet, wird von dem Insolvenzverwalter standardmäßig geprüft, ob sämtliche Einlagen ordnungsgemäß geleistet worden sind. Für die Erfüllung der Einlageforderung trägt grds. der Gesellschafter die Darlegungs- und Beweislast. Der BGH hat klargestellt, dass den Gesellschafter auch dann die Beweislast für die Erfüllung trifft, wenn die Zahlungsvorgänge sehr lange Zeit zurückliegen.[47] Es obliege der Entscheidung des Tatrichters, welche Umstände dargelegt und bewiesen werden müssen, um die Zahlung zu seiner Überzeugung nachzuweisen. Der Nachweis kann dabei nicht nur durch einen Bankbeleg erbracht werden. Denkbar ist z.B. eine Zeugenvernehmung des Steuerberaters der Gesellschaft. Der Beweis soll aber nicht schon allein dadurch erbracht sein, dass der Geschäftsführer bei der Gründung i.R.d. Handelsregisteranmeldung die Einlageleistung versichert hat und in dem ersten Jahresabschluss der Gesellschaft die Zahlung berücksichtigt ist. Der BGH räumt dem im Einzelfall zuständigen Tatrichter insoweit ein erhebliches Ermessen ein.

§ 8 Inhalt der Anmeldung

(1) Der Anmeldung müssen beigefügt sein:

1. **der Gesellschaftsvertrag und im Fall des § 2 Abs. 2 die Vollmachten der Vertreter, welche den Gesellschaftsvertrag unterzeichnet haben, oder eine beglaubigte Abschrift dieser Urkunden,**
2. **die Legitimation der Geschäftsführer, sofern dieselben nicht im Gesellschaftsvertrag bestellt sind,**
3. **eine von den Anmeldenden unterschriebene Liste der Gesellschafter nach den Vorgaben des § 40,**

46 Eingehend *Heckschen*, in: Heckschen/Heidinger, Die GmbH in der Gestaltungs- und Beratungspraxis, § 3 Rn. 12 ff.

47 BGH, NZG 2005, 261; eingehend zu der Thematik *Leitzen*, RNotZ 2010, 254 ff.

4. im Fall des § 5 Abs. 4 die Verträge, die den Festsetzungen zu Grunde liegen oder zu ihrer Ausführung geschlossen worden sind, und der Sachgründungsbericht,
5. wenn Sacheinlagen vereinbart sind, Unterlagen darüber, dass der Wert der Sacheinlagen den Nennbetrag der dafür übernommenen Geschäftsanteile erreicht.

(2) [1]In der Anmeldung ist die Versicherung abzugeben, dass die in § 7 Abs. 2 und 3 bezeichneten Leistungen auf die Geschäftsanteile bewirkt sind und dass der Gegenstand der Leistungen sich endgültig in der freien Verfügung der Geschäftsführer befindet. [2]Das Gericht kann bei erheblichen Zweifeln an der Richtigkeit der Versicherung Nachweise (unter anderem Einzahlungsbelege) verlangen.

(3) [1]In der Anmeldung haben die Geschäftsführer zu versichern, dass keine Umstände vorliegen, die ihrer Bestellung nach § 6 Abs. 2 Satz 2 Nr. 2 und 3 sowie Satz 3 entgegenstehen, und dass sie über ihre unbeschränkte Auskunftspflicht gegenüber dem Gericht belehrt worden sind. [2]Die Belehrung nach § 53 Abs. 2 des Bundeszentralregistergesetzes kann schriftlich vorgenommen werden; sie kann auch durch einen Notar oder einen im Ausland bestellten Notar, durch einen Vertreter eines vergleichbaren rechtsberatenden Berufs oder einen Konsularbeamten erfolgen.

(4) In der Anmeldung sind ferner anzugeben:
1. eine inländische Geschäftsanschrift,
2. Art und Umfang der Vertretungsbefugnis der Geschäftsführer.

(5) Für die Einreichung von Unterlagen nach diesem Gesetz gilt § 12 Abs. 2 des Handelsgesetzbuchs entsprechend.

Schrifttum

Böhringer, Neue Pflichtangaben für Gesellschaftslisten einer GmbH, BWNotZ 2017, 61; *Heidenhain,* Anwendung der Gründungsvorschriften des GmbH-Gesetzes auf die wirtschaftliche Neugründung einer Gesellschaft, NZG 2003, 1051; *Heidinger,* Die wirtschaftliche Neugründung, ZGR 2005, 101; *ders.,* Der Zeitpunkt der Richtigkeit der Geschäftsführerversicherung, RPfleger 2003, 545; *Heinze,* »Präventivkontrolle« der Kapitalaufbringung bei der wirtschaftlichen Neugründung?, GmbHR 2011, 962; *Hüffer,* Die Haftung bei wirtschaftlicher Neugründung unter Verstoß gegen die Offenlegungspflicht, NJW 2011, 1772; *Komo,* Kapitalaufbringung im Cash Pool – aktuelle Entwicklungen in Rechtsprechung und Literatur, BB 2011, 2307; *Leitzen,* Die GmbH mit Verwaltungssitz im Ausland, NZG 2009, 728; *Ries,* Der ausländische Geschäftsführer, NZG 2010, 298; *Schall,* »Cessante ratione legis« und das Richterrecht zur wirtschaftlichen Neugründung, NZG 2011, 656; *Wicke,* GmbH-Gesellschafterliste und Transparenzregister, DB 2017, 2528.

Übersicht

A. Bedeutung der Vorschrift

1 § 8 enthält Regelungen zum Inhalt und den Anlagen einer gem. § 7 abzugebenden Handelsregisteranmeldung. Abs. 1 führt die im Rahmen einer solchen Anmeldung einzureichenden Unterlagen

auf. Aus Abs. 2 und 3 ergibt sich, dass die Geschäftsführer in der Anmeldung bestimmte Versicherungen über die Einlageleistungen und die Geschäftsführerbestellung abzugeben haben. Abs. 4 gibt weiteren zwingenden Inhalt der Anmeldung vor (inländische Geschäftsanschrift; Art und Umfang der Vertretungsbefugnis der Geschäftsführer). Weder Inhalt noch Anlagen der Handelsregisteranmeldung werden in § 8 abschließend geregelt (vgl. etwa die Pflicht zur Angabe von Rückzahlungsvereinbarungen in § 19 Abs. 5 Satz 2 oder etwa die Pflicht zur Beifügung der Urkunden über die Bestellung der Mitglieder eines etwaigen Aufsichtsrats nebst Liste der Aufsichtsratsmitglieder, § 52 Abs. 2 i.V.m. § 37 Abs. 4 Nr. 3, 3a AktG).

2 Schließlich folgt aus der Verweisung in Abs. 5, dass Unterlagen nur elektronisch zum Handelsregister eingereicht werden können.

3 Ist die Gesellschaft nicht ordnungsgemäß angemeldet, so hat das Registergericht bei behebbaren Mängeln eine Zwischenverfügung zu erlassen (§ 382 Abs. 4 FamFG) und bei unbehebbaren – sowie bei trotz Zwischenverfügung nicht beseitigten Mängeln – die Eintragung abzulehnen (§ 9c Abs. 1 Satz 1).

B. Anlagen der Handelsregisteranmeldung (Abs. 1)

I. Gesellschaftsvertrag und Vollmachten (Nr. 1)

4 Als »Gesellschaftsvertrag« ist der Handelsregisteranmeldung nach herrschender Meinung nicht nur der eigentliche Satzungstext einschließlich fakultativer Satzungsbestimmungen, sondern auch die notarielle Mantelurkunde, dem die Satzung in der Praxis regelmäßig als Anlage beigefügt ist (§ 9 Abs. 1 Satz 2 BeurkG), beizufügen.[1] Das Registergericht soll die Feststellung der Satzung und die Übernahme der Geschäftsanteile prüfen können. Auch etwaige Anlagen des Satzungstextes sind einzureichen (z.B. Anlagen, die Sacheinlagen näher beschreiben).

5 Ist die Gesellschaft durch die Beurkundung des Musterprotokolls errichtet worden, ist dieses der Anmeldung beizufügen (vgl. § 2 Abs. 1a Satz 5).

6 Schuldrechtliche Vereinbarungen, die anlässlich der Gründung der Gesellschaft zwischen den Gesellschaftern geschlossen werden (z.B. Gesellschaftervereinbarungen, Treuhandabreden, Optionsverträge) müssen selbst dann nicht zum Handelsregister eingereicht werden, wenn sie beurkundungspflichtig sind, da sie für die Wirksamkeit der Gesellschaftserrichtung und die Eintragungsfähigkeit der Gesellschaft ohne Bedeutung sind.[2] Allerdings darf die Versicherung gem. § 8 Abs. 2 nicht abgegeben werden, wenn mit der Gesellschaft oder den Geschäftsführern Vereinbarungen über die Einlageleistung getroffen worden sind, die dazu führen, dass der Gegenstand der Leistungen sich nicht endgültig in der freien Verfügung der Geschäftsführer befindet. Ist die Errichtung der Gesellschaft mit weiteren Erklärungen (z.B. Gründung weiterer Gesellschaften) in einer Urkunde verbunden (selten), genügt die Einreichung einer auszugsweisen beglaubigten Ablichtung (mit dem Vermerk des Notars, dass die Urkunde über den in dem Auszug wiedergegebenen Gegenstand keine weiteren Bestimmungen enthält, § 42 Abs. 3 BeurkG).

7 Wenn der Gesellschaftsvertrag zwischen seiner Beurkundung und der Eintragung der Gesellschaft im Handelsregister geändert wird (wozu auch der Ein- und Austritt von Gesellschaftern gehört), ist § 54 Abs. 1 Satz 2 analog anzuwenden. Dem Handelsregister ist neben der Änderungsvereinbarung dementsprechend ein neuer vollständiger Gesellschaftsvertrag vorzulegen mit der notariellen Bescheinigung, dass die geänderten Bestimmungen mit der Vereinbarung über die Änderung des Gesellschaftsvertrags (nicht mit einem »Beschluss«, da – so jedenfalls die herrschende Meinung – Änderungen im Gründungsstadium von allen Gesellschaftern zu vereinbaren, nicht von der Mehrheit zu beschließen sind) und i.Ü. mit dem zuletzt zum Handelsregister eingereichten

---

1 *Servatius*, in: Baumbach/Hueck, GmbHG, § 8 Rn. 4; *Herrler*, in: MünchKommGmbHG, § 8 Rn. 8; *Tebben*, in: Michalski, GmbHG, § 8 Rn. 3.

2 *Tebben*, in: Michalski, GmbHG, § 8 Rn. 3.

Gesellschaftsvertrag übereinstimmen.[3] Nach herrschender Meinung ist in diesem Fall eine weitere förmliche Handelsregisteranmeldung grds. nicht erforderlich, wenn die Gründung der Gesellschaft bereits zur Eintragung in das Handelsregister angemeldet ist.[4] Die Vorlage der Änderungsvereinbarung und des geänderten Gesellschaftsvertrags kann auch durch ein einfaches Begleitschreiben erfolgen (allerdings nicht auf dem Postwege, sondern zwingend elektronisch mit qualifizierter Signatur, § 12 Abs. 2 HGB); dabei können sich die Geschäftsführer eines Bevollmächtigten bedienen, bspw. der Mitwirkung des beurkundenden Notars (vgl. § 378 FamFG).[5] Dass keine förmliche ergänzende Handelsregisteranmeldung erforderlich ist, lässt sich damit begründen, dass die Erstanmeldung auch etwaige Nachträge abdeckt. Die Registerpraxis ist allerdings nicht einheitlich.[6] Richtigerweise dürfte lediglich dann eine ergänzende Handelsregisteranmeldung verlangt werden dürfen, wenn eintragungspflichtige Tatsachen wie die Höhe des Stammkapitals, der Sitz, der Unternehmensgegenstand oder die Vertretungsbefugnis der Geschäftsführer geändert werden.[7]

Wenn ein Gründer bei der Beurkundung der Gesellschaftserrichtung durch einen Bevollmächtigten vertreten wird, ist dessen Vollmacht der Handelsregisteranmeldung beizufügen. Üblicherweise ist die Vollmacht – urschriftlich oder in Ausfertigung (oder in beglaubigter Abschrift der Urschrift/Ausfertigung) – bereits Anlage der notariellen Niederschrift des Gesellschaftsvertrags; die Vollmacht muss dann der Handelsregisteranmeldung nicht nochmals zusätzlich beigefügt werden. Ist ein Gründer vollmachtlos oder aufgrund einer (form-)unwirksamen Vollmacht (vgl. § 2 Abs. 2) vertreten worden und wurden die Erklärungen des Bevollmächtigten durch den Gründer genehmigt (wobei nach h.M. das vollmachtlose Vertreterhandeln nur bei der Mehrpersonengründung, nicht bei der Einpersonengründung genehmigungsfähig ist[8]), ist der Handelsregisteranmeldung die – nach h.M. gem. § 2 Abs. 2 beglaubigungsbedürftige[9] – Genehmigungserklärung beizufügen. **8**

Auch gesetzliche Vertreter müssen ihre Vertretungsbefugnis im Zweifel ggü. dem Handelsregister nachweisen (§ 10 f. FamFG). Die im (deutschen) Handels-, Genossenschafts-, Partnerschafts- oder Vereinsregister eingetragenen Vertretungsberechtigungen können auch durch die Bezugnahme auf das jeweilige Register nachgewiesen werden (entsprechend § 32 Abs. 2 GBO), wobei jeweils das Registergericht und das Registerblatt anzugeben sind. Möglich ist auch z.B. die Vorlage eines (beglaubigten) Handelsregisterauszugs oder eine Notarbescheinigung gem. § 21 BNotO. Die Existenz und die Vertretung ausländischer Rechtsträger ist grds. ebenfalls durch öffentliche Urkunden nachzuweisen, allerdings nur soweit dies nach der jeweiligen Rechtsordnung möglich ist. Wenn der ausländische Rechtsträger mit einer Zweigniederlassung im deutschen Handelsregister eingetragen ist, kann der Nachweis mithilfe dieser Eintragung geführt werden. Welche Unterlagen in anderen Fällen erforderlich sind, ist weitgehend ungeklärt und von den jeweils betroffenen Rechtsordnungen abhängig.[10] Jedenfalls ist auch ein deutscher Notar grundsätzlich zuständig, unter Einsichtnahme in ausländische Register Bescheinigungen über eine Vertretungsberechtigung auszustellen, die sich auf eine ausländische Gesellschaft bezieht.[11] **9**

Die Abfassung des Gesellschaftsvertrags einer GmbH in einer fremden Sprache ist zulässig; die Gesellschaft hat jedoch der Anmeldung zur Eintragung in das Handelsregister eine deutsche **10**

3 KG, NJW-RR 1997, 794; *Heinze*, in: MünchKommGmbHG, § 2 Rn. 58.

4 OLG Zweibrücken, DNotZ 2001, 411; BayObLG, Rpfleger 1978, 143; BayObLG, MittBayNot 1974, 228.

5 *Krafka*, in: Krafka, Registerrecht, 11. Auflage 2019, Rn. 972.

6 Diese Beobachtung macht auch *Heidinger*, in: Heckschen/Heidinger, Die GmbH in der Gestaltungs- und Beratungspraxis, § 3 Rn. 85.

7 *Herrler*, in: MünchKommGmbHG, § 8 Rn. 11.

8 *Heinze*, in: MünchKommGmbHG, § 2 Rn. 72, 74.

9 OLG Düsseldorf, NJW-RR 1996, 550.

10 S. hierzu etwa *Heckschen*, in: Heckschen/Heidinger, Die GmbH in der Gestaltungs- und Beratungspraxis, § 2 Rn. 84 ff.; *Herrler*, in: MünchKommGmbHG, § 8 Rn. 14.

11 LG Aachen, MittRhNotK 1988, 157; für das Grundbuchverfahren: *Schöner/Stöber*, Grundbuchrecht, 16. Aufl. 2020, Rn. 3636b.

Übersetzung des Gesellschaftsvertrags beizufügen, wobei die Übersetzung durch einen öffentlich bestellten und allgemein vereidigten Dolmetscher oder durch den beurkundenden Notar (§ 50 Abs. 1 BeurkG) zu erfolgen hat.[12]

II. Legitimation der Geschäftsführer (Nr. 2)

11 Mit der »Legitimation« der Geschäftsführer ist der Nachweis ihrer Bestellung durch Vorlage der Niederschrift über den Bestellungsbeschluss gemeint (einfache Schriftform genügt); der Anstellungsvertrag ist dem Registergericht nicht vorzulegen. In der Praxis werden die Geschäftsführer regelmäßig in der notariellen Mantelurkunde des Gesellschaftsvertrags bestellt. Dann hat § 8 Nr. 2 keine eigenständige Bedeutung. Bei einer Gründung im vereinfachten Verfahren (§ 2 Abs. 1a) genügt die Vorlage des beurkundeten Musterprotokolls.

12 In jedem Fall sind die Geschäftsführer mit Vor- und Zunamen sowie Geburtsdatum und Wohnort in der Handelsregisteranmeldung zu nennen (s. hierzu Rdn. 46).[13]

13 Ein Nachweis darüber, dass die Gründer nicht nur die Bestellung beschlossen, sondern die Gründer die Bestellung auch den Geschäftsführern bekannt gemacht und die Bestellung von diesen angenommen wurde, bedarf es grds. nicht; der Umstand, dass die Geschäftsführer die Handelsregisteranmeldung unterzeichnet haben, belegt dies mittelbar.[14] Dass keine Tatsachen vorliegen, die der Bestellung der Geschäftsführer nach § 6 Abs. 2 Satz 2 Nr. 2 und 3 vorliegen, wird hinreichend durch die Versicherung nach § 8 Abs. 3 nachgewiesen.

14 Wenn ein Gründer bei der Gesellschaftserrichtung durch einen Bevollmächtigten vertreten wird und die Vollmacht die Befugnis zur Bestellung der ersten Geschäftsführer nicht ausdrücklich enthält, besteht hierfür im Zweifel gleichwohl hinreichende Vertretungsmacht, da der Wille des Vollmachtgebers regelmäßig dahin geht, dass der Bevollmächtigte alle zur Gründung notwendigen Schritte umsetzen kann.

III. Liste der Gesellschafter (Nr. 3)

15 Seit einer am 26.6.2017 in Kraft getretenen Neuregelung verweist § 8 Abs. 1 Nr. 3 hinsichtlich der von den Anmeldenden zu unterschreibenden Liste der Gesellschafter vollständig auf die Vorgaben des § 40. Der geforderte Inhalt der Gesellschafterliste ergibt sich somit aus § 40 Abs. 1 Satz 1 bis 3. Das Bundesministerium der Justiz und für Verbraucherschutz hat ferner mit Wirkung zum 1.7.2018 von der neu eingeführten Ermächtigung in § 40 Abs. 4 Gebrauch gemacht und eine Verordnung über die Ausgestaltung der GmbH-Gesellschafterliste (GesLV) erlassen; die Gesellschafterlistenverordnung macht insbesondere hinsichtlich der Nummerierung der Geschäftsanteile (§ 1 GesLV) und der Angabe der prozentualen Beteiligung (§ 4 GesLV) weitgehend zwingende Vorgaben. Weitere Einzelheiten ergeben sich aus der Kommentierung zu § 40.

16 Nennbeträge müssen ausdrücklich angegeben werden. Eine bloße Verweisung auf die übrigen Gründungsunterlagen genügt nicht. Die Vergabe der Nummern für die einzelnen Geschäftsanteile ist den Geschäftsführern überlassen, jedenfalls soweit die Gründer die Nummerierung nicht selbst festgelegt haben. Wie sich aus dem gesetzlichen Musterprotokoll für die Gründung einer Einpersonengesellschaft ergibt (Anlage zu § 2 Abs. 1a), geht der Gesetzgeber davon aus, dass auch bei der Existenz nur eines Geschäftsanteils eine Nummer zu vergeben ist (nämlich die Nr. 1). Bei der Nummerierung muss nicht jeder Geschäftsanteil einzeln aufgeführt werden; die Geschäftsanteile können vielmehr zusammengefasst werden (z.B. »Gesellschafter A, Nummern 1–10 000, Nennbeträge je EUR 1«).

---

12 LG Düsseldorf, NZG 1999, 730; *Herrler*, in: MünchKommGmbHG, § 8 Rnr. 9.

13 *Tebben*, in: Michalski, GmbHG, § 8 Rn. 10.

14 *Wicke*, in: MünchKommGmbHG, § 9c Rn. 31.

Die Gesellschafterliste ist ausweislich des Gesetzeswortlauts von allen Geschäftsführern zu unterschreiben (trotz der Beurkundung des Gesellschaftsvertrags durch den Notar nicht von diesem; anders bei einer späteren Veränderung in den Personen der Gesellschafter oder des Umfangs ihrer Beteiligung unter Mitwirkung eines Notars, vgl. § 40 Abs. 2).[15] 17

Bei Gründung im vereinfachten Verfahren muss keine eigenständige Gesellschafterliste eingereicht 18 werden. Es genügt die Vorlage des Musterprotokolls (§ 2 Abs. 1a Satz 4).

IV. Einbringungsverträge und Sachgründungsbericht (Nr. 4)

Wenn eine Sacheinlage geleistet werden soll, sind der Handelsregisteranmeldung alle Verträge zwi- 19 schen Einleger und Gesellschaft beizufügen, die schuldrechtliche oder dingliche Vereinbarungen betreffend die Einbringung enthalten. Dies sind z.B. Verträge betreffend die Übereignung beweglicher oder unbeweglicher Sachen, die Abtretung von Forderungen oder die Übertragung bestimmter Rechte (z.B. gewerblicher Schutzrechte). Solche Verträge enthalten häufig auch z.B. Bestimmungen über eine Gewährleistung oder den Zeitpunkt des wirtschaftlichen Übergangs. Sind mündliche oder konkludente Einbringungsabreden getroffen worden, müssen diese Rechtsgeschäfte in der Anmeldung genannt werden (nebst Angabe, dass Aufzeichnungen nicht vorliegen).[16]

Nr. 4 gilt auch, wenn im Gesellschaftsvertrag zwar eine Bareinlage vorgesehen ist, die Einlageschuld 20 aber durch Verrechnung mit einer gegen die Gesellschaft gerichteten Vergütungsforderung getilgt werden darf, die aus einem Vertrag (z.B. Kaufvertrag) über die Übertragung eines bestimmten Gegenstands resultiert (sog. Sachübernahme).[17]

Auch der Sachgründungsbericht (§ 5 Abs. 4 Satz 2) ist dem Registergericht vorzulegen. Verträge 21 über den Gründungsaufwand, der von der Gesellschaft zu tragen ist, müssen der Handelsregisteranmeldung hingegen grds. nicht beigefügt werden (anders § 37 Abs. 4 Nr. 2 AktG).[18]

Wenn weder eine Sacheinlage noch eine Sachübernahme vereinbart wird, ist Nr. 4 nicht anwend- 22 bar.

V. Nachweis der Werthaltigkeit von Sacheinlagen (Nr. 5)

Wenn Sacheinlagen nicht unwesentlich überbewertet worden sind, hat das Registergericht die Ein- 23 tragung der Gesellschaft grundsätzlich abzulehnen (§ 9c Abs. 1 Satz 2). Die nach § 8 Abs. 1 Nr. 5 der Anmeldung beizufügenden Unterlagen sollen dem Registergericht die danach erforderliche Wertprüfung ermöglichen. Welche Anforderungen an die Werthaltigkeitsunterlagen zu stellen sind, ist von der jeweiligen Sacheinlage abhängig. Bei vom Inferenten neu angeschafften oder neu hergestellten Vermögensgegenständen genügt es grds., wenn die Anschaffungs- oder Herstellungskosten durch Ablichtungen der Kaufverträge, der Rechnungen etc. belegt werden.[19] I.Ü. sind regelmäßig Wertgutachten eines Sachverständigen vorzulegen. Entsprechend § 33a Abs. 1 Nr. 2 AktG hat das Gutachten eine Bewertung zu enthalten, die ein unabhängiger, ausreichend vorgebildeter und erfahrener – nicht notwendig öffentlich bestellter – Sachverständiger nach allgemein anerkannten Bewertungsgrundsätzen vorgenommen hat, wobei der Bewertungsstichtag grds. nicht mehr als 6 Monate vor der tatsächlichen Einbringung liegen darf. Bei der Einbringung eines KfZ können auch Vertragswerkstätten als Sachverständige herangezogen werden. In der Praxis weit verbreitet und stets ausreichend ist die Bestätigung eines Wirtschaftsprüfers, dass die Sacheinlage mindestens den Nennbetrag des entsprechenden Geschäftsanteils erreicht.[20]

15 OLG Hamm, RNotZ 2010, 144.
16 *Servatius*, in: Baumbach/Hueck, GmbHG, § 8 Rn. 8.
17 S. zur Sachübernahme *Schwandtner*, in: MünchKommGmbHG, § 5 Rn. 187 ff.
18 *Herrler*, in: MünchKommGmbHG, § 8 Rn. 29.
19 *Wicke*, in: MünchKommGmbHG, § 9c Rn. 35.
20 *Tebben*, in: Michalski, GmbHG, § 8 Rn. 18.

24 Bei der Einbringung von Unternehmen – Beteiligungen oder (Teil-) Betrieben – kann die Werthaltigkeit grds. durch eine von einem Wirtschaftsprüfer testierte oder einem Steuerberater bescheinigte Einbringungsbilanz, die auf einen höchstens 8 Monate vor der Anmeldung liegenden Stichtag bezogen ist (analog § 17 UmwG), nachgewiesen werden (wenn das ausgewiesene Eigenkapital die Einlageschuld übersteigt).[21] Wenn bis zur Anmeldung außerordentliche Wertminderungen eingetreten sind, ist dies anzugeben. Für die Vorjahre müssen gem. § 5 Abs. 4 Satz 2 lediglich die Jahresergebnisse angegeben, aber grds. nicht belegt werden.

25 Wenn weder eine Sacheinlage noch eine Sachübernahme vereinbart wird, ist Nr. 5 nicht anwendbar.

VI. Weitere Anlagen

26 Belege über die Einzahlung der Bareinlagen kann das Registergericht gem. § 8 Abs. 2 Satz 2 nur bei erheblichen Zweifeln an der Richtigkeit der nach § 8 Abs. 2 Satz 1 abzugebenden Versicherung verlangen. Einzahlungsbelege müssen daher der Anmeldung grds. nicht beigefügt werden.

27 Wenn die Gründer meinen, das Registergericht könnte an der Zulässigkeit der gewählten Firmierung zweifeln, wird der Anmeldung zur Beschleunigung des Registerverfahrens häufig eine vorab eingeholte Stellungnahme der örtlich zuständigen Industrie- und Handelskammer beigefügt. Wenn im Einzelfall objektiv ein zweifelhafter Fall vorliegt, kann das Registergericht eine solche Stellungnahme auch gem. § 380 Abs. 2 FamFG anfordern. Eine routinemäßige Anforderung ist hingegen nicht zulässig.

28 Der Unternehmensgegenstand der Gesellschaft kann eine öffentlich-rechtliche Genehmigung erforderlich machen (z.B. Betrieb einer Gaststätte oder eines zulassungspflichtigen Handwerks, Tätigkeit als Makler oder Bauträger). Diese Genehmigung muss dem Registergericht aber i.R.d. Gründung grds. nicht vorgelegt werden (abweichend von der früheren Gesetzeslage). Etwas anders gilt nur, soweit dies spezialgesetzlich angeordnet ist (z.B. § 43 Abs. 1 KWG). Für Rechtsanwalts-, Steuerberatungs- und Wirtschaftsprüfungsgesellschaften gilt die Besonderheit, dass eine Bezeichnung der Berufszugehörigkeit in die Firma aufzunehmen ist (vgl. etwa §§ 59c, 59g, 59k BRAO, § 53 StBerG, § 31 WPO). Hierfür ist die Anerkennung durch die zuständige berufsständige Kammer erforderlich. Solange diese Anerkennung dem Registergericht nicht nachgewiesen ist, wird in der Registerpraxis teilweise die Eintragung der Gesellschaft wegen »ersichtlicher Unzulässigkeit der Firmierung« nicht vollzogen (§ 18 Abs. 2 Satz 2 HGB).

29 Wenn im Gesellschaftsvertrag (oder aufgrund einer im Gesellschaftsvertrag enthaltenen Ermächtigung) ein gesetzlich nicht vorgeschriebener Aufsichtsrat gebildet wurde und dessen Mitglieder bereits vor der Anmeldung bestellt worden sind, müssen der Anmeldung gem. § 37 Abs. 4 Nr. 3 AktG i.V.m. § 52 Abs. 2 GmbHG Nachweise über die Bestellung der Aufsichtsratsmitglieder (z.B. Ablichtung des Bestellungsbeschlusses beigefügt werden; häufig bereits in der notariellen Gründungsurkunde enthalten). Ferner muss dem Registergericht gem. § 37 Abs. 4 Nr. 3a AktG i.V.m. § 52 Abs. 2 GmbHG eine Liste der Aufsichtsratsmitglieder vorgelegt werden, aus der sich Name, Vorname, Beruf und Wohnort (politische Gemeinde genügt, Wohnanschrift muss grundsätzlich nicht angegeben werden) ergibt. Wenn zwar ein Aufsichtsrat gebildet werden soll, dessen Mitglieder im Zeitpunkt der Anmeldung der Gesellschaft aber noch nicht bestellt wurden, sollte dies dem Registergericht anlässlich der Anmeldung der Gesellschaft mitgeteilt werden. Ein Eintragungshindernis besteht dann nicht, da es den Gesellschaftern im Fall eines freiwillig gebildeten Aufsichtsrats freisteht, ob sie auf eine Bestellung von Aufsichtsratsmitgliedern verzichten. Die Mitglieder eines gesetzlich zwingend zu bildenden Aufsichtsrats (z.B. im Anwendungsbereich des Drittelbeteiligungsgesetzes oder des MitbestimmungsG) müssen erst nach Eintragung der Gesellschaft in das Handelsregister bestellt werden, sodass der Anmeldung weder Bestellungsnachweise noch eine Liste der Aufsichtsratsmitglieder beigefügt werden müssen.

---

21 *Herrler*, in: MünchKommGmbHG, § 8 Rn. 34.

C. Versicherungen der Geschäftsführer (Abs. 2 und 3)

I. Abgabe der Versicherungen

Die nach Abs. 2 und 3 von den Geschäftsführern abzugebenden Versicherungen dienen dem Registergericht als Nachweis, dass die in § 7 Abs. 2 und 3 sowie in § 6 Abs. 2 Satz 2 Nr. 2 und 3 sowie Satz 3 genannten Voraussetzungen der Anmeldung bzw. der Geschäftsführerbestellung erfüllt sind. Weitere Versicherungen und weitere sonstige Nachweise darf das Registergericht insoweit grds. nicht – auch nicht stichprobenartig – verlangen (es sei denn es bestehen erhebliche Zweifel an der Richtigkeit der Versicherungen, vgl. § 8 Abs. 2 Satz 2).[22] Da die Versicherungen haftungs- (§ 9a Abs. 1) und strafbewehrt (§ 82 Abs. 1 Nr. 1 und 5) sind und der Notar bei der Gründung über die gravierenden Folgen einer falschen Versicherung aufklärt,[23] hat das Registergericht regelmäßig auf deren Richtigkeit zu vertrauen. Dies gilt auch bei einer Einpersonengründung.[24] 30

Die Versicherungen sind von allen Geschäftsführern abzugeben (§ 78), auch wenn i.Ü. eine organschaftliche Vertretung der Gesellschaft durch Einzelne vorgesehen ist. Eine Stellvertretung ist bei der Abgabe der Versicherungen nicht zulässig,[25] da es sich bei ihnen um Wissenserklärungen – nicht um Willenserklärungen – handelt. Die Begriffe »Versicherung« und »versichern« müssen in den Erklärungen der Geschäftsführer nicht ausdrücklich verwendet werden.[26] Die Versicherung hat bei mehreren Geschäftsführern jeder für sich abzugeben; die Formulierung »Wir versichern, …« soll nicht genügen.[27] 31

Auch wenn die Versicherungen nach dem Gesetzeswortlaut »in der Anmeldung« abzugeben sind, ist anerkannt, dass sie auch in einem gesonderten Dokument enthalten sein können. Die Unterschriften unter diesem gesonderten Dokument sind dann wie die Unterschriften unter der eigentlichen Anmeldung öffentlich zu beglaubigen (§ 12 Abs. 1 Satz 1 HGB).[28] 32

II. Zeitpunkt

Die Versicherungen müssen zum Zeitpunkt des Eingangs beim Registergericht zutreffend sein;[29] in diesem Zeitpunkt »erfolgt« die Anmeldung i.S.d. § 7 Abs. 2 und 3. Stellen die Geschäftsführer nachträglich fest, dass eine Versicherung zu diesem Zeitpunkt unrichtig war, müssen sie das Registergericht unverzüglich informieren;[30] eine Mitteilungspflicht besteht nicht, wenn eine Versicherung bei ihrem Eingang beim Registergericht zutreffend war und sie es lediglich zu einem späteren Zeitpunkt (auch wenn dieser vor der Eintragung der Gesellschaft in das Handelsregister liegt) nicht mehr ist. Hat das Registergericht eine Anmeldung zu Recht beanstandet und muss diese daher wiederholt – nicht lediglich geändert oder ergänzt – werden, muss auch eine neue Versicherung bezogen auf den Zeitpunkt des Eingangs der neuen Anmeldung beim Registergericht abgegeben werden.[31] 33

Statthaft ist die übliche Praxis, dass die Geschäftsführer die – normalerweise in der Anmeldung enthaltenen – Versicherungen unmittelbar nach Beurkundung des Gesellschaftsvertrags unterzeichnen, obwohl zu diesem Zeitpunkt die Einlagen noch nicht geleistet worden sind (die Abgabe der Versicherung vor dem Beschluss über die Bestellung der Geschäftsführer wäre allerdings unzulässig).[32] Regelmäßig wird der Notar (mündlich) angewiesen, die Versicherung dem Registergericht 34

22 Im Einzelnen *Wicke*, in: MünchKommGmbHG, § 9c Rn. 33.
23 *Herrler*, in: MünchKommGmbHG, § 8 Rn. 73.
24 LG Erfurt, Rpfleger 1994, 420; *Böhringer*, Rpfleger 2002, 551, 552.
25 *Servatius*, in: Baumbach/Hueck, GmbHG, § 8 Rn. 11.
26 OLG Karlsruhe, GmbHR 2012, 797.
27 OLG Frankfurt, DNotZ 2016, 554.
28 OLG München, NZG 2010, 1036.
29 OLG Köln, GmbHR 1988, 227; BayObLG, GmbHR 1992, 109.
30 *Herrler*, in: MünchKommGmbHG, § 8 Rn. 45.
31 LG Gießen, GmbHR 1986, 162.
32 *Tebben*, in: Michalski, GmbHG, § 8 Rn. 30; *Herrler*, in: MünchKommGmbHG, § 8 Rn. 46.

erst vorzulegen, wenn einer der Geschäftsführer die tatsächlich erfolgte Einlageleistung bestätigt oder diese z.B. durch Vorlage der Ablichtung eines Bankkontenauszugs der Gesellschaft belegt hat.

35 Dauert das Verfahren zur Eintragung einer neu gegründeten GmbH mehr als 3 Monate oder wird die bereits bei Gesellschaftsvertragsbeurkundung unterzeichnete Anmeldung erst nach einem solchen Zeitraum zum Handelsregister eingereicht, so sollen die Geschäftsführer auf Anforderung des Registergerichts eine erneute bzw. ergänzende Versicherung nach Abs. 2 und 3 bzw. ggfls. über das z.Zt. vorhandene Eigenkapital und eine aktuelle Bilanz vorlegen müssen.[33]

III. Mindesteinlageleistungen (Abs. 2)

36 Für die Versicherung nach § 8 Abs. 2 Satz 1 verlangt die Rechtsprechung grundsätzlich Angaben über die konkreten ziffernmäßigen Beträge der Zahlungen jedes Gesellschafters; übernimmt ein Gesellschafter mehrere Geschäftsanteile ist die Einlageleistung für jeden Geschäftsanteil gesondert zu beziffern. Dies ist entbehrlich, wenn die Volleinzahlung versichert wird (bei Gründung einer UG [haftungsbeschränkt] ist eine Volleinzahlung zwingend, § 5a Abs. 2 Satz 1).[34] Ein Erfordernis, stets auch die Art und Weise der Einlageleistung zu versichern, wird heute überwiegend zu Recht abgelehnt, da sie für die Prüftätigkeit des Registergerichts nicht relevant ist.[35]

37 Die Versicherung darf sich nicht darauf beschränken, dass die Leistungen auf die Geschäftsanteile bewirkt sind, sondern hat auch die Erklärung zu umfassen, dass der Gegenstand der Leistungen sich endgültig in der freien Verfügung der Geschäftsführer befindet. Nach h.M. ist eine ausdrückliche weitere Versicherung erforderlich, dass das Anfangskapital über den satzungsmäßigen Gründungsaufwand hinaus nicht belastet ist.[36] Bei einer Bargründung muss der Gesellschaft, der Mindesteinlagebetrag als Bar- oder Buchgeld effektiv zufließen, d.h. die Geschäftsführer müssen rechtlich und tatsächlich in der Lage sein, die eingezahlten Mittel uneingeschränkt für die Gesellschaft zu verwenden.[37] Dabei müssen die eingezahlten Mindestbeträge bei Eingang der Anmeldung beim Registergericht nicht mehr gegenständlich, sondern lediglich als Eigenkapital noch zur Verfügung stehen.[38] Ist das Eigenkapital bei der Anmeldung bereits unter das mindestens aufzubringende Stammkapital gesunken, darf die erforderliche Versicherung nicht abgegeben werden. Vielmehr sind die Vorbelastungen bis zu den Mindestbeträgen wieder auszugleichen; auf welche Weise dies geschehen ist, muss in der Versicherung dargelegt werden.[39] Es ist auch anzugeben, wenn vor der Anmeldung bereits Gründungskosten angefallen sind; die Gründungskosten müssen dabei allerdings nicht konkret beziffert werden. Soweit der Gesellschaftsvertrag den (geschätzten) Gesamtbetrag der von der Gesellschaft zu übernehmenden Gründungskosten angibt, müssen die entsprechenden Aufwendungen nicht ausgeglichen werden.

38 Einzahlungsbelege oder andere weitere Nachweise kann das Registergericht gem. § 8 Abs. 2 Satz 2 nur ausnahmsweise bei erheblichen Zweifeln verlangen. Nachweise können z.B. verlangt werden, wenn das Registergericht wegen gerichtsbekannter Zwangsvollstreckungsmaßnahmen von nachhaltigen Liquiditätsschwierigkeiten des alleinigen Gesellschafters/Geschäftsführers Kenntnis hat.

39 Bei Sacheinlagen ist unter konkreter Bezeichnung des Einlagegegenstands zu versichern, dass die Sacheinlagen ordnungsgemäß – in vollem Umfang – so an die Gesellschaft bewirkt sind, dass sie endgültig zur freien Verfügung der Geschäftsführer stehen.

---

33 OLG Hamm, BeckRS 2016, 117126; OLG Düsseldorf, NJW-RR 1998, 898.
34 *Servatius*, in: Baumbach/Hueck, GmbHG, § 8 Rn. 12.
35 Vgl. etwa *Herrler*, in: MünchKommGmbHG, § 8 Rn. 50.
36 *Bayer*, in: Lutter/Hommelhoff, GmbHG, § 8 Rn. 12 m.w.N.
37 OLG Dresden, GmbHR 2000, 34.
38 *Herrler*, in: MünchKommGmbHG, § 8 Rn. 55.
39 *Ulmer/Casper*, in: Habersack/Casper/Löbbe, GmbHG, § 8 Rn. 31.

IV. Keine Bestellungshindernisse (Abs. 3)

Die Versicherung nach Abs. 3 hat jeder Geschäftsführer für sich abzugeben, eine Versicherung hinsichtlich der Mitgeschäftsführer ist nicht erforderlich. Nach der Anmeldung bestellte Geschäftsführer haben die Versicherung ebenfalls abzugeben (vgl. § 39 Abs. 1 und 3). 40

Die Versicherung, dass die Geschäftsführer über ihre unbeschränkte Auskunftspflicht ggü. dem Gericht belehrt worden sind, bezieht sich auf die in § 8 Abs. 3 Satz 2 genannte Belehrung nach § 53 Abs. 2 BZRG. Diese Belehrung eröffnet dem Registergericht das unbeschränkte Auskunftsrecht nach § 41 Abs. 1 Nr. 1 BZRG. Die Belehrung hat zur Folge, dass eine unter § 6 Abs. 2 Satz 2 und 3 fallende Verurteilung auch dann angegeben werden muss, wenn sie nicht mehr in das Führungszeugnis oder nur noch in ein Führungszeugnis für Behörden aufgenommen wird; mit der Belehrung entfällt das Recht, eine nicht in das Führungszeugnis aufzunehmende Verurteilung zu verschweigen.[40] In der Praxis erfolgt die Belehrung regelmäßig mündlich durch den die Geschäftsführerunterschrift unter der Handelsregisteranmeldung beglaubigenden Notar. Sie kann auch durch einen anderen Notar (auch einen im Ausland bestellten), das Registergericht oder einen Konsularbeamten erfolgen. Das Gesetz sieht ferner eine Belehrung durch einen Vertreter eines dem Notar vergleichbaren rechtsberatenden Berufs vor. Dies soll insb. Rechtsanwälte meinen.[41] Wirtschaftsprüfer, Steuer- und Unternehmensberater gehören nicht dazu. Es ist nicht erforderlich, dass der Geschäftsführer vor demjenigen, der die Belehrung vornimmt, erscheint; auch eine schriftliche Belehrung ist gemäß des Wortlauts des § 8 Abs. 3 S. 2 zulässig; eine Belehrung per Fax, E-Mail oder Telefon dürfte ebenfalls zulässig sein (streitig). Häufig wird von dem Geschäftsführer ein Belehrungsschreiben zu Nachweiszwecken gegengezeichnet und urschriftlich an den die Belehrung vornehmenden Notar zurückgesandt, der das Schreiben verwahrt. Erforderlich ist dies nicht. Da sich das Registergericht mit der Versicherung nach § 8 Abs. 3 begnügen muss, braucht das gegengezeichnete Belehrungsschreiben dem Gericht nicht vorgelegt zu werden. 41

Wenn eine Belehrung nicht oder nicht ordnungsgemäß erfolgt, darf die Versicherung nach § 8 Abs. 3 nicht abgegeben werden. Eine gleichwohl abgegebene Versicherung macht weder die Gesellschaftsgründung noch die Geschäftsführerbestellung unwirksam.[42] Sie kann allerdings strafrechtliche Folgen haben (§ 82 Abs. 1 Nr. 5). Wurde die ausdrückliche Versicherung zur Belehrung zunächst vergessen, müssen die Geschäftsführer in einer weiteren unterschriftsbeglaubigten Erklärung bestätigen, dass sie vor Abgabe der Versicherung über die unbeschränkte Auskunftspflicht belehrt worden sind; es genügt nicht, dass die ursprüngliche Versicherung nachträglich in derselben Urkunde ohne erneute Unterschriftsbeglaubigung ergänzt wird.[43] 42

Früher hat die ganz herrschende Meinung in Rechtsprechung und Literatur verlangt, dass jedes einzelne Bestellungshindernis einzeln aufgeführt und dessen Fehlen versichert werden muss; der BGH ist dieser Auffassung zu Recht nicht gefolgt und hat klargestellt, dass z.B. hinsichtlich der in § 6 Abs. 2 Satz 2 und 3 genannten Straftatbestände die von einem Geschäftsführer abgegebene Versicherung »noch nie, weder im Inland noch im Ausland, wegen einer Straftat verurteilt« worden zu sein, genügt.[44] Es genügt auch eine Versicherung, wonach »keine Umstände vorliegen, die der Bestellung nach § 6 Abs. 2 Satz 2 und 3 entgegenstehen«.[45] Wenn allerdings einzelne Bestellungshindernisse aufgezählt werden, darf die Aufzählung nicht unvollständig sein. Seit der Gesetzgeber (im Jahr 2017) in § 265c StGB den Sportwettbetrug und in § 265d StGB die Manipulation von berufssportlichen Wettbewerben unter Strafe gestellt hat, wird von den Registergerichten in den 43

40 OLG München, NZG 2010, 1036.
41 Kritisch *Preuss*, RNotZ 2009, 529, 532.
42 *Herrler*, in: MünchKommGmbHG, § 8 Rn. 92.
43 OLG München, NZG 2010, 1036.
44 BGH, NZG 2010, 829.
45 OLG Stuttgart, GmbHR 2013, 91.

Fällen, in denen Bestellungshindernisse aufgezählt werden, auch die Nennung dieser Straftatbestände verlangt.[46]

44 Um dem Registergericht eine Prüfung in eigener Verantwortung zu ermöglichen, müssen Berufsverbote nach herrschender Meinung auch dann angegeben werden, wenn der Anmeldende der Auffassung ist, dass der Unternehmensgegenstand weder ganz noch teilweise mit dem Gegenstand des Verbots übereinstimmt.[47]

D. Weitere Angaben in der Handelsregisteranmeldung

I. Inländische Geschäftsanschrift

45 Die nach § 8 Abs. 4 Nr. 1 anzumeldende inländische Geschäftsanschrift hat Straße, Hausnummer sowie Gemeinde nebst Postleitzahl zu beinhalten. Ohne Anmeldung einer solchen Anschrift wird die Gesellschaft nicht in das Handelsregister eingetragen und entsteht somit nicht. Die Eintragung der inländischen Geschäftsanschrift in das Handelsregister (§ 10 Abs. 1 Satz 1) soll es Dritten ermöglichen, den Zugang von Erklärungen bei der Gesellschaft, einschließlich förmlicher Zustellungen, zu bewirken. Mehrere Geschäftsanschriften können nicht angemeldet werden (möglich ist allerdings die zusätzliche Anmeldung eines besonderen Empfangsberechtigten, § 10 Abs. 2 Satz 2).[48] Die inländische Geschäftsanschrift kann von dem Verwaltungssitz (Ort der tatsächlichen Geschäftsführung) und dem Satzungssitz (§ 4a) abweichen und somit frei gewählt werden. Es müssen sich noch nicht einmal Räumlichkeiten der Gesellschaft an der angemeldeten Anschrift befinden, vielmehr genügt die Anmeldung einer c/o-Anschrift (z.B. Anschrift eines Gesellschafters, Rechtsanwalts oder Steuerberaters);[49] unter der Anschrift muss lediglich ein Vertreter oder Bevollmächtigter der Gesellschaft erreichbar sein, wobei die Bevollmächtigung oder Beauftragung dem Registergericht grds. nicht dargelegt oder gar nachgewiesen werden muss (anders nur, wenn das Registergericht erhebliche Zweifel an der Zulässigkeit der angemeldeten inländischen Geschäftsanschrift haben muss, z.B. wenn davon ausgegangen werden muss, dass die Anschrift der Verschleierung der Zustellmöglichkeiten oder deren Vortäuschen dient). Wenn eine Bevollmächtigung oder Beauftragung nicht vorliegt, besteht für einen Gläubiger die Möglichkeit einer erleichterten öffentlichen Zustellung.

II. Person der Geschäftsführer; Art und Umfang der Vertretungsbefugnis

46 Die Eintragung der Personen der Geschäftsführer in das Handelsregister muss nicht ausdrücklich beantragt werden. Nach § 7 Abs. 1 genügt es, wenn »die Gesellschaft« zur Eintragung angemeldet wird. Das Registergericht hat allerdings bei der Eintragung der Gesellschaft nach § 10 Abs. 1 auch die Personen der Geschäftsführer anzugeben; zu diesem Zweck sind in der Anmeldung Vornamen, Familiennamen, Geburtsdatum und Wohnort (nicht Ort einer beruflichen Tätigkeit) der Geschäftsführer zu nennen (vgl. §§ 24 Abs. 1, 43 Nr. 4 HRV). Eine Berufsangabe wird nicht gefordert, auch nicht die eine Straßenangabe enthaltende Wohnanschrift (Angabe der politischen Gemeinde genügt; allerdings hat der Notar im Beglaubigungsvermerk eine vollständige Anschrift zu vermerken, wobei dies auch die Geschäftsanschrift sein kann).[50]

47 Aufgrund von § 8 Abs. 4 Nr. 2 sind sowohl die sich aus dem Gesellschaftsvertrag ergebende allgemeine Vertretungsregelung als auch eine etwaige aufgrund eines bestimmten Gesellschafterbeschlusses abweichende besondere Vertretungsregelung anzumelden. Trifft der Gesellschaftsvertrag

---

46 OLG Oldenburg NfW-RR 2018, 484; anders z. B. OLG Hamm NZG 2019, 29; kritisch DNotI-Report 2017, 73 ff. m.w.N.

47 OLG Frankfurt am Main, RNotZ 2010, 591; BayObLG, DNotZ 1982; Überblick über den Streitstand bei *Wachter*, ZNotP 2009, 82, 87 f.

48 *Herrler*, in: MünchKommGmbHG, § 8 Rn. 76.

49 OLG Hamm, NZG 2016, 386; OLG Naumburg, DB 2009, 1698 unter Bezugnahme die Gesetzesbegründung BT-Drucks. 16/6140, S. 35 f.

50 DNotI-Report 2004, 89.

keine Regelung zu der allgemeinen Vertretungsregelung (z.B. im Fall einer Gründung im vereinfachten Verfahren nach § 2 Abs. 1a) muss die sich aus § 35 Abs. 2 ergebende Gesamtvertretung angegeben werden. Hintergrund ist, dass die Vertretungsbefugnis von Gesellschaftsorganen nach der 1. gesellschaftsrechtlichen EG-Richtlinie vom 09.03.1968 unmittelbar aus dem zuständigen Register ersichtlich sein soll.

Die Vertretungsbefugnis eines bestimmten Geschäftsführers muss nur bei einer Abweichung von 48 der allgemeinen Vertretungsregelung (»besondere Vertretungsregelung«) angegeben werden (die in der Praxis verbreitete Mitteilung, der Geschäftsführer vertrete »satzungsgemäß«, ist nicht erforderlich).[51] Ergibt sich aus dem Gesellschaftsvertrag, dass die Gesellschaft einen oder mehrere Geschäftsführer haben kann, darf – im Interesse weitgehender Transparenz der Beteiligungsverhältnisse – auf die ausdrückliche Angabe nicht verzichtet werden, dass die Gesellschaft durch einen Geschäftsführer einzeln vertreten wird, wenn dieser einziger Geschäftsführer ist (es sei denn, es wird ohnehin allgemein Einzelvertretungsbefugnis angemeldet).[52] Umgekehrt ist bei der Anmeldung von Einzelvertretungsbefugnis ausdrücklich klarzustellen, ob dies auch gilt, wenn mehrere Geschäftsführer bestellt sind.

Wenn in der allgemeinen oder in der besonderen Vertretungsregelung eine Befreiung von den Be- 49 schränkungen des § 181 BGB enthalten ist, muss auch diese angemeldet werden.[53] Dabei kann sich die Befreiung auf Fälle der Mehrfachvertretung, der Selbstkontrahierung oder bestimmte Arten von Geschäften beschränken. Eine Anmeldung, die – ohne weiteren Hinweis – nur eine »Befreiung von den Beschränkungen des § 181 BGB« anführt, soll unzulässig sein[54]; es soll im Beschluss und in der Anmeldung erkennbar sein, ob von den Beschränkungen der Mehrfachvertretung und/oder des Selbstkontrahierens befreit wird. Der Umfang der Vertretungsbefugnis muss immer aus dem Handelsregister ersichtlich sein. Daher ist z.B. eine Befreiung von den Beschränkungen des § 181 BGB, die auf Rechtsgeschäfte mit verbundenen Unternehmen beschränkt ist, nicht eintragungsfähig, solange die verbundenen Unternehmen nicht abschließend durch Firma und Sitz bzw. Handelsregisternummer bezeichnet sind.[55]

Eine im Gesellschaftsvertrag enthaltene Ermächtigung der Gesellschafterversammlung, eine von 50 der allgemeinen Vertretungsbefugnis abweichende besondere Vertretungsbefugnis zu beschließen, muss nicht angemeldet werden.

E. Elektronische Einreichung von Unterlagen (Abs. 5)

Der in § 8 Abs. 5 enthaltene Verweis auf § 12 Abs. 2 HGB ist deklaratorischer Natur. Die Handels- 51 registeranmeldung, das Gründungsprotokoll (Gesellschaftervertrag mit Mantelurkunde) sowie alle sonstigen beurkundeten oder beglaubigten Anlagen sind mit einer qualifizierten elektronischen Signatur – verbunden mit der Bestätigung der Notareigenschaft (»Notarattribut«) – zu versehen (§ 12 Abs. 2 Satz 2 HGB). Für die von den Geschäftsführern unterzeichnete Gesellschafterliste sowie alle etwaigen sonstigen nicht beurkundungs- oder beglaubigungsbedürftigen Anlagen (z.B. Sachgründungsbericht) genügt die Übermittlung einer einfachen elektronischen Aufzeichnung (Scan). Die Einreichung erfolgt über das Elektronische Gerichts- und Verwaltungspostfach »EGVP« (vgl. z.B. § 9 ERegister-VO NW). Eine Übersendung in Papierform oder als E-Mail-Anhang ist nicht zulässig (vgl. die entsprechenden Bestimmungen in den Verordnungen der Bundesländer gem. § 8a Abs. 2 HGB).

51 *Krafka/*, in: Krafka, Registerrecht, Rn. 995.
52 BGHZ 63, 261.
53 BGHZ 87, 59; OLG Stuttgart, NZG 2008, 36.
54 OLG Naumburg, NZG 2015, 886.
55 *Krafka*, in: Krafka, Registerrecht, Rn. 1000, 1002.

§ 9 Überbewertung der Sacheinlagen

(1) [1]Erreicht der Wert einer Sacheinlage im Zeitpunkt der Anmeldung der Gesellschaft zur Eintragung in das Handelsregister nicht den Nennbetrag des dafür übernommenen Geschäftsanteils, hat der Gesellschafter in Höhe des Fehlbetrags eine Einlage in Geld zu leisten. [2]Sonstige Ansprüche bleiben unberührt.

(2) Der Anspruch der Gesellschaft nach Absatz 1 Satz 1 verjährt in zehn Jahren seit der Eintragung der Gesellschaft in das Handelsregister.

Schrifttum

Berge, Der Gründungsaufwand bei der GmbH, GmbHR 202, 82; *Berkefeld,* Ungelöste Probleme auf der Rechtsfolgenseite bei der wirtschaftlichen Neugründung von Vorrats- und Mantelgesellschaften, GmbHR 2018, 337; *Cranshaw,* Verschmelzung einer insolvenzreifen bzw. insolvenznahen GmbH als übertragender Rechtsträger mit anderer GmbH durch Aufnahme mit Kapitalerhöhung (zugl. Anm. zu BGH, Urt. v. 06.11.2018 – II ZR 199/17), AnwZert InsR 11/2019 Anm 2; *Gienow,* Zur Differenzhaftung nach § 9 GmbHG, FS Semler, 1993, S. 175; *Heckschen,* Differenzhaftung und existenzvernichtender Eingriff bei der Verschmelzung in der Krise, NZG 2019, 561; *Heidinger,* Die wirtschaftliche Neugründung, ZGR 2005, 101; *Herchen,* Agio und verdecktes Agio im Recht der Kapitalgesellschaften, 2004; *Hirte,* Die »Große GmbH-Reform« – Ein Überblick über das Gesetz zur Modernisierung des GmbH Rechts und zur Bekämpfung von Missbräuchen (MoMiG), NZG 2008, 761, 763; *Ihrig,* Gläubigerschutz durch Kapitalaufbringung bei Verschmelzung und Spaltung nach neuem Umwandlungsrecht, GmbHR 1995, 622, 634 f.; *Kallmeyer,* Differenzhaftung bei Verschmelzung mit Kapitalerhöhung und Verschmelzung im Wege der Neugründung, GmbHR 2007, 1121; *Karl,* Sacheinlagen bei der UG (haftungsbeschränkt) und GmbH, GmbHR 2020, 9; *Kerschbaum,* Praktische Probleme bei der Anwendung der GmbH-Gründungsvorschriften beim Formwechsel von der AG in die GmbH nach § 197 UmwG, NZG 2011, 892; *Lieb,* Zum Spannungsverhältnis zwischen Vorbelastungshaftung und Differenzhaftung – Versuch einer Harmonisierung, in FS Zöllner, 1998, S. 347; *Lieder/Bialluch,* Differenzhaftung und Existenzvernichtungshaftung bei Verschmelzung – Zugleich Besprechung von BGH v. 6.11.2018 – II ZR 199/17 –, ZGR 2019, 760; *Neuberger,* Existenzvernichtungshaftung aufgeben und Kapitalerhaltung sowie Differenzhaftung mit den richtigen Werten anwenden – Zugleich Fortsetzung des Beitrags ZIP 2019, 1541 und Überlegungen zu BGH v. 6.11.2018 – II ZR 199/17, ZIP 2019, 114 –, ZIP 2020, 153; *Priester,* Eine Lanze für die Differenzhaftung bei Verschmelzung von GmbH – Zugleich Besprechung BGH v. 6. 11. 2018 – II ZR 199/17, ZIP 2019, 114 –, ZIP 2019, 646; *Porzelt,* Die Überbewertung der Sacheinlagen und die Rechtsfolgen für die Gesellschafter, GmbHR 2018, 1251 – 1256; *Schmidt,* Zur Differenzhaftung des Sacheinlegers nach gegenwärtigem Stand von Gesetzgebung, Rechtsprechung und Lehre, GmbHR 1978, 5; *Theusinger/Andrä,* Die Aktivierung unternehmensloser Gesellschaften – Praktische Hinweise zur Verwendung von Vorrats- und Mantelgesellschaften, ZIP 2014, 1916; *Thoß,* Differenzhaftung bei der Kapitalerhöhung zur Durchführung einer Verschmelzung, NZG 2006, 376; *Trölitzsch,* Differenzhaftung für Sacheinlagen in Kapitalgesellschaften, 1998; *Urban,* Die Differenzhaftung des GmbH-Gesellschafters im Zusammenhang mit der Überbewertung von Sacheinlagen, FS Sandrock, 2000, S. 305; *Wachter,* Keine Streichung der Satzungsregelungen über die Tragung des Gründungsaufwands vor Ablauf von zehn Jahren nach erstmaliger Eintragung der GmbH, EWiR 2018, 265; *Wälzholz,* Aktuelle Probleme der Unterbilanz- und Differenzhaftung bei Umwandlungsvorgängen, AG 2006, 474; *Weiß,* Gesellschafterhaftung bei Verschmelzung mit insolventer Gesellschaft, GmbHR 2017, 1017; *Wiedemann,* Sacheinlagen in der GmbH, FS E. Hirsch (1968), S. 257; *Wicke,* Sanierungsfusion und Existenzvernichtungshaftung – Zugleich Anmerkungen zum Teilversäumnis- und Teilendurt. des BGH v. 6.11.2018 – II ZR 199/17 –, DNotZ 2019, 405; *Wieneke,* Die Differenzhaftung des Inferenten und die Zulässigkeit eines Vergleiches über ihre Höhe, NZG 2012, 136.

Übersicht

A. Allgemeines

I. Entstehungsgeschichte

§ 9 in seiner heutigen inhaltlichen Ausgestaltung wurde vom Grundsatz her i.R.d. GmbH-Novelle[1] aus dem Jahr 1980 eingeführt. Er fasst die in Rechtsprechung und Lehre bis dato gewonnenen Erkenntnisse im Bereich der Kapitalsicherung zusammen.[2] Seine letzte Änderung erfuhr § 9 durch das MoMiG.[3] 1

II. Regelungszweck und Anwendungsbereich

§ 9 verpflichtet den Sacheinleger zur Leistung einer Geldeinlage i.H.e. etwaigen Differenz zwischen dem Nennbetrag des übernommenen Geschäftsanteils und dem objektiven Wert des Gegenstands der Sacheinlage, sofern der Nennbetrag des übernommenen Geschäftsanteils den Wert der Sacheinlage im Zeitpunkt der Anmeldung der Gesellschaft übersteigt. Sinn und Zweck dieser Verpflichtung ist die Sicherung der Kapitalaufbringung bei Vereinbarung von Sacheinlagen. Damit wird das im Aktiengesetz in § 9 Abs. 1 AktG ausdrücklich verankerte Verbot der Unterpari-Emission materiell auch für das GmbH-Recht abgebildet.[4] 2

Anwendung findet die Vorschrift sowohl im Stadium der **Gründung** als auch im Rahmen späterer **Kapitalerhöhungen** gegen Sacheinlagen über die Verweisung in § 56 Abs. 2. 3

Unterschreitet das Reinvermögen der Gesellschaft den Betrag des Stammkapitals im Zeitpunkt der (Re-)Aktivierung, ist umstritten, nach welchen Regeln die Unterbilanz zu behandeln ist. Nach einer Ansicht in der Literatur sollen die Gesellschafter entsprechend § 9 einer allgemeinen Differenzhaftung unterliegen.[5] Gegen die Anwendbarkeit des § 9 spricht allerdings die Beschränkung auf die Wertdifferenz zwischen Sachwert und Anteil am Stammkapital.[6] Die überwiegende Ansicht wendet daher mit dem BGH[7] die Gründungsvorschriften einschließlich der formellen Kapitalaufbringungskontrolle, § 5 Abs. 4 S. 1 und § 19 GmbHG, an.[8] 4

Im Umwandlungsrecht ist umstritten, ob im Rahmen einer **verschmelzungs- oder spaltungsbedingten Neugründung oder Kapitalerhöhung** beim aufnehmenden Rechtsträger und Zurückbleiben des Wertes der Sacheinlage hinter den Nennwert der ausgegebenen Geschäftsanteile § 9 zur Anwendung gelangt. Nach der wohl herrschenden Ansicht in der Literatur[9] trifft die Anteilsinhaber eines übertragenden Rechtsträgers eine entsprechende Differenzhaftung gem. § 9, wenn der tatsächliche Wert des Vermögens des übertragenden Rechtsträgers den Gesamtnennbetrag der seinen 5

1 BGBl. I 1980, S. 836.

2 Vgl. BGHZ 68, 191, 195 f. = NJW 1977, 1196; *Boesebeck*, DR 1939, 436; *Fischer*, LM Nr. 1 zu § 5 GmbHG; *Schmidt*, GmbHR 1978, 5.

3 Gesetz zur Modernisierung des GmbH-Rechts und zur Bekämpfung von Missbräuchen vom 23.10.2008, BGBl. I 2008, S. 2026.

4 *Ulmer/Habersack*, in: Habersack/Casper/Löbbe, GmbHG, § 9 Rn. 1.

5 *Berkefeld*, GmbHR 2018, 337, 340f; Heidinger, ZGR 2005, 101, 126 ff.

6 *C. Schmidt-Leithoff*, in: Rowedder/Schmidt-Leithoff, GmbHG § 3 Rn. 17.

7 BGH, GmbHR 2003, 227; BGH, GmbHR 2003, 1125; BGH, GmbHR 2012, 630.

8 *C. Schmidt-Leithoff*, in: Rowedder/Schmidt-Leithoff, GmbHG § 3 Rn. 17; *Theusinger/Andrä*, ZIP 2014, 1916, 1919; Wicke, in MünchKommGmbHG, § 3 Rn. 38; J. Schmidt, in: Michalski, GmbHG, § 3 Rn. 126.

9 *Westerburg*, in: Schmitt/Hörtnagl/Stratz, UmwG, § 55 Rn. 5; *Mayer*, in: Widmann/Mayer, UmwG, § 55 Rn. 80; *Kocher*, in: Kallmeyer, UmwG, § 55 Rn. 13; *Reichert*, in: Semler/Stengel, UmwG, § 55 Rn. 11; *Winter/Vetter*, in Lutter, UmwG, § 55 Rn. 35; *Ihrig*, GmbHR 1995, 622, 634 f.; a.A. *Schnorbus*, in: Rowedder/Schmidt-Leithoff, GmbHG, 6. Aufl., Anh. Nach § 77 Rn. 154; *Kleindiek*, in: Böttcher/Habighorst/Schulte, UmwG, § 55 Rn. 17.

Anteilsinhabern gewährten Anteile (ggf. zuzüglich etwaiger barer Zuzahlungen) unterschreitet. Begründet wird dies mit der Erwägung, dass die neuen Geschäftsanteile den Anteilsinhabern des übertragenden Rechtsträgers als Gegenleistung für die Einbringung des Vermögens des übertragenden Rechtsträgers gewährt werden. Die Anteilsinhaber erhielten die Geschäftsanteile, die dem Wert des Vermögens des übertragenden Rechtsträgers entsprechen, das die übernehmende GmbH mit der Eintragung der Verschmelzung erwirbt (§ 20 Abs. 1 Nr. 1 UmwG). Deshalb müssten sie auch für etwaige Fehlbeträge einstehen. Nach Ansicht des BGH[10] rechtfertigt sich die Differenzhaftung jedoch aus der mit der Übernahme des Geschäftsanteils bzw. der Zeichnung von Aktien in einem bestimmten Nennbetrag zwangsläufig verbundenen Kapitaldeckungszusagen i.V.m. dem Verbot einer Unterpari-Emission.[11] Jedenfalls für den Fall einer Verschmelzung von AGs mit Kapitalerhöhung bei der übernehmenden Gesellschaft (§ 69 UmwG) folgt nach Auffassung des BGH daraus, dass eine Differenzhaftung nicht besteht und zwar u.a. deshalb, da § 69 Abs. 1 UmwG die Anwendung des § 185 AktG ausschließt. Dieser betrifft den Zeichnungsschein, der Grundlage für eine Einlageverpflichtung des zeichnenden Aktionärs ist. Nach Auffassung des BGH trägt der Ausschluss des § 185 AktG dem Umstand Rechnung, dass die Anteilsinhaber des übertragenden Rechtsträgers ihre Mitgliedschaft an der übernehmenden AG nicht durch die Zeichnung der neuen Aktien, sondern durch den Verschmelzungsvertrag erlangen und dass sie insb. auch keine persönliche Leistungspflicht hinsichtlich der »Sacheinlage« übernehmen. Weder der Verschmelzungsbeschluss noch der Kapitalerhöhungsbeschluss enthielten eine Deckungszusage der Aktionäre, die als Grundlage für eine Differenzhaftung dienen könnte. Der BGH lehnt inzwischen auch, anknüpfend an seine Rechtsprechung zur Verschmelzung von Aktiengesellschaften mit Kapitalerhöhung, eine Differenzhaftung der Anteilsinhaber im Fall einer GmbH-Verschmelzung mit Kapitalerhöhung ab.[12] Dies ist konsequent,[13] denn auch hier fehlt es an einer Übernahmeerklärung der Anteilsinhaber des übertragenden Rechtsträgers. § 55 Abs. 1 UmwG schließt explizit den § 55 Abs. 1 aus, der bei einer Kapitalerhöhung eine Übernahmeerklärung des neuen Gesellschafters fordert. Die Übernahmeerklärung des § 55 Abs. 1 hat im Ergebnis die gleiche Funktion wie der Zeichnungsschein nach § 185 AktG. Darüber hinaus spricht auch § 9 von einer *übernommenen* Stammeinlage, setzt also voraus, dass der Anteilsinhaber die Anteile nicht nur »bekommen« hat.[14] Auch die Begründung der Kapitalverantwortung aus dem Erhalt der neuen Anteile geht fehl. Die Anteile sind aus Sicht der Gesellschafter keine Gegenleistung für das eingebrachte Gesellschaftsvermögen der übertragenden GmbH, sondern ein Ausgleich für den Verlust der Anteile der übertragenden Gesellschaft, für die bereits eine Einlagenpflicht bestand.[15]

6 Bei einem **Formwechsel** kommt eine Differenzhaftung nach § 9 jedenfalls dann nicht in Betracht, wenn der formwechselnde Rechtsträger eine andere Kapitalgesellschaft war. Für diese Konstellation ist anerkannt, dass weder der Grundsatz der Kapitalaufbringung noch eine Differenzhaftung für überbewertete Sacheinlagen bestehen.[16] Dies wird aus dem fehlenden Verweis in § 245 Abs. 4 UmwG auf § 220 UmwG, der den Kapitalschutz bei einem Formwechsel unter Beteiligung einer Personenhandelsgesellschaft in eine Kapitalgesellschaft regelt, hergeleitet. Bei einem Rechtsformwechsel einer Personengesellschaft in eine GmbH soll dagegen § 9 Anwendung finden.[17] Allerdings stellt sich auch in dieser Konstellation die Frage, ob auf Basis der BGH-Rechtsprechung[18] mangels entsprechender Übernahmeerklärung der Gesellschafter eine Differenzhaftung bestehen kann.

10 BGH, ZIP 2007, 1104 ff.; s. als Vorinstanz auch OLG München, ZIP 2005, 2108.
11 Vgl. dazu BGHZ 64, 52, 62; BGHZ 68, 191, 195.
12 BGH, Teilversäumnis- und Teilendurteil v. 6.11.2018 – II ZR 199/17, NZG 2019, 187, 188.
13 A.A. *Kallmeyer*, GmbHR 2007, 1121; zur Vorinstanz auch *Thoß*, NZG 2006, 376; *Wälzholz*, AG 2006, 474.
14 Vgl. dazu ausführlich *Simon/Nießen*, in: KK-UmwG, § 55 Rn. 22 ff.
15 Vgl. *Weiß*, GmbHR 2017, 1017, 1022 f.
16 *Blasche*, in: Kallmeyer, UmwG, § 245 Rn. 8; *Göthel*, in: Lutter, UmwG, § 245 Rn. 26; *Rieger*, in: Widmann/Mayer, UmwG, § 245 Rn. 46 ff.
17 Vgl. § 219 Satz 1 UmwG.
18 BGH, ZIP 2007, 1104 ff.; s. als Vorinstanz auch OLG München, ZIP 2005, 2108.

Selbst wenn man mit der dargestellten Ansicht davon ausgeht, dass der Gesellschaft ein Differenzhaftungsanspruch gegen die Inferenten zusteht, hat das Registergericht eine Unterdeckung des im Gesellschaftsvertrag vereinbarten Nennbetrages durch Überbewertung der Sacheinlage als **Eintragungshindernis** gem. § 9c Abs. 1 Satz 2 zu berücksichtigen.[19] Die Eintragung kann dann nur vorgenommen werden, wenn die Sacheinlagen nur unwesentlich überbewertet worden sind oder die Gründer den Differenzbetrag vor Eintragung ausgleichen.[20] 7

B. Voraussetzungen der Differenzhaftung

I. Vorliegen einer Sacheinlage

Eine Differenzhaftung kommt nur bei Vorliegen einer Sacheinlage in Betracht. Maßgeblich ist der in § 5 Abs. 4 Satz 1 verwendete Begriff der Sacheinlage. Er ist weit auszulegen und umfasst neben der **Sacheinlage im engeren Sinne** auch die **Sachübernahme**, die **gemischte Sacheinlage** und den **Sachleistungsteil bei der Mischeinlage.**[21] 8

Nicht erfasst ist hingegen die **verdeckte Sacheinlage**, bei der die Sacheinlage gesellschaftsrechtlich nicht oder nicht wirksam vereinbart wurde.[22] Diesbezüglich regelt § 19 Abs. 4, dass auf die fortbestehende Geldeinlagepflicht des Gesellschafters der Wert des Vermögensgegenstandes im Zeitpunkt der Anmeldung der Gesellschaft zur Eintragung in das Handelsregister oder im Zeitpunkt seiner Überlassung an die Gesellschaft, falls diese später erfolgt, angerechnet wird. Daneben besteht keine »weitere« Differenzhaftung nach § 9, da es sich bei einer verdeckten Sacheinlage im Ergebnis nicht um eine Sach-, sondern um eine Bareinlage handelt. 9

II. Unterdeckung

1. Wert der Sacheinlage

Weitere Voraussetzung einer Differenzhaftung nach § 9 ist ein Unterschreiten des Wertes der Sacheinlage im Verhältnis zum Nennbetrag des dafür übernommenen Geschäftsanteils. Im Gegensatz zur Regelung des § 9c, wonach eine Eintragung der Gesellschaft nur dann abzulehnen ist, wenn die Sacheinlagen *nicht unwesentlich* überbewertet worden sind, kommt es i.R.d. § 9 auf eine **vollständige Deckung des Nennbetrags** des übernommenen Geschäftsanteils durch den Wert der Sacheinlage an. Auch eine unwesentliche Unterschreitung des Nennbetrags löst daher eine Differenzhaftung nach § 9 aus. Dabei steht den Gesellschaftern bei der Wertfeststellung kein Beurteilungsspielraum zu,[23] sodass ausschließlich die **objektiven Wertverhältnisse**, die nach angemessenen und sachgerechten Bewertungsmethoden zu ermitteln sind,[24] maßgeblich sind. Ist der Wert der geleisteten Sacheinlage negativ, was z.B. bei einem Unternehmen mit negativem Ertrags- und Liquidationswert 10

---

19 *Ulmer/Habersack*, in: Habersack/Casper/Löbbe, GmbHG, § 9 Rn. 18; *Veil*, in: Scholz, GmbHG, § 9 Rn. 26.

20 *Schwandtner*, in: MünchKommGmbHG, § 9 Rn. 32; *Ulmer/Habersack*, in: Habersack/Casper/Löbbe, GmbHG, § 9 Rn. 19; *Veil*, in: Scholz, GmbHG, § 9 Rn. 22.

21 *Schwandtner*, in: MünchKommGmbHG, § 9 Rn. 8; *Ulmer/Habersack*, in: Habersack/Casper/Löbbe, GmbHG, § 9 Rn. 5; *Veil*, in: Scholz, GmbHG, § 9 Rn. 6; *Tebben*, in: Michalski, GmbHG, § 9 Rn. 5.

22 *Schwandtner*, in: MünchKommGmbHG, § 9 Rn. 8; *Trölitzsch*, Differenzhaftung für Sacheinlagen in Kapitalgesellschaften, 1998, S. 194; *Ulmer/Habersack*, in: Habersack/Casper/Löbbe, GmbHG, § 9 Rn. 5; *Veil*, in: Scholz, GmbHG, § 9 Rn. 3.

23 *K. Schmidt*, GmbHR 1978, 5, 8; *Wiedemann*, in: FS E. Hirsch (1968), S. 257, 261; *Trölitzsch*, Differenzhaftung für Sacheinlagen in Kapitalgesellschaften, 1998, S. 205; *Ulmer/Habersack*, in: Habersack/Casper/Löbbe, GmbHG, § 9 Rn. 13; *Veil*, in: Scholz, GmbHG, § 9 Rn. 12; diesbezüglich noch großzügiger: BGHZ 68, 191, 196 = NJW 1977, 1196.

24 *Schwandtner*, in: MünchKommGmbHG, § 9 Rn. 15; *Ulmer/Habersack*, in: Habersack/Casper/Löbbe, GmbHG, § 9 Rn. 13; *Veil*, in: Scholz, GmbHG, § 9 Rn. 11 f.

oder Altlastengrundstücken der Fall sein kann, kann der Differenzhaftungsanspruch den Wert des Geschäftsanteils sogar übersteigen.[25]

11 Bewertungsstichtag für die Feststellung der Differenz zwischen Nennbetrag des übernommenen Geschäftsanteils und (Zeit-) Wert des geleisteten Sacheinlagegegenstandes ist gem. § 9 Abs. 1 Satz 1 der **Zeitpunkt der Anmeldung der Gesellschaft** zum Handelsregister. Wertverluste des Einlagegegenstandes vor dem Zeitpunkt der Anmeldung sind somit rechtzeitig auszugleichen, nach Anmeldung eintretende negative Werteinflüsse begründen keinen Anspruch aus § 9.[26] Eine Differenzhaftung kann also auch dann entstehen, wenn sich noch vor der Anmeldung zum Zeitpunkt der Beschlussfassung nicht erkennbare Sachmängel zeigen oder der Gegenstand aufgrund anderer Umstände, z.B. sonstige Verschlechterungen oder Abnutzungen oder aufgrund veränderter Bewertungsmaßstäbe, an Wert verliert.[27] Dies gilt auch dann, wenn sich der Wert des einzulegenden Gegenstandes durch das Verschulden eines Dritten oder aber auch von Organen der Gesellschaft selbst oder Mitgesellschaftern reduziert. Der Gesellschaft steht auch in diesem Fall der Anspruch nach § 9 Abs. 1 gegen den Inferenten zu, der jedoch im Gegenzug verlangen kann, dass etwaige Ersatzansprüche der Gesellschaft gegen den Schädiger an ihn abgetreten werden.[28] Hat die Gesellschaft ggü. dem Inferenten selbst Schadensersatz- oder Garantieansprüche, so treten diese neben den Anspruch aus § 9 und die Gesellschaft hat insoweit ein Wahlrecht, welchen der Ansprüche sie geltend machen will.[29] Werterhöhungen bis zum Zeitpunkt der Anmeldung können vorher bestehende Fehlbeträge ausgleichen und insofern dem Inferenten zugutekommen.

12 Werden **mehrere Sacheinlagegegenstände** im Rahmen einer Sachkapitalerhöhung eingebracht, so ist deren Gesamtwert für die Ermittlung eines Differenzhaftungsanspruchs aus § 9 Abs. 1 maßgeblich.[30] Der Wert der Sacheinlage i.S.d. § 9 besteht in diesen Fällen aus dem Gesamtwert der eingebrachten Gegenstände, sodass (veranschlagte) Überbewertungen einzelner Gegenstände durch die Unterbewertung anderer Gegenstände ausgeglichen werden können.[31] Dies ergibt sich daraus, dass der Inferent nicht für jeden einzelnen eingebrachten Gegenstand einen Geschäftsanteil erhält, sondern nur einen oder mehrere Geschäftsanteile für die Einbringung sämtlicher Gegenstände insgesamt. Entspricht daher die Summe der Werte der inferierten Gegenstände dem Nennbetrag des übernommenen Geschäftsanteils, ist der Grundsatz der vollen Kapitalaufbringung nicht gefährdet und § 9 Abs. 1 nicht anwendbar.

13 **Übersteigt der Wert der Sacheinlage den Nennbetrag** des dafür übernommenen Geschäftsanteils, kann der Gesellschafter den überschießenden Betrag von der Gesellschaft erstattet verlangen, wenn dies entsprechend vereinbart ist. In diesem Fall ist für die Bestimmung des Werts der Sacheinlage ein ggf. vereinbarter Erstattungsanspruch zu berücksichtigen. Besteht keine entsprechende

---

25 H.M. *Urban*, in: FS Sandrock, 2000, S. 305, 312 f.; *Veil*, in: Scholz, GmbHG, § 9 Rn. 17; *Ulmer/Habersack*, in: Habersack/Casper/Löbbe, GmbHG, § 9 Rn. 11; *Bayer*, in: Lutter/Hommelhoff, GmbHG, § 9 Rn. 4; a.A. *Lutter*, in: KK-AktG, § 188 Rn. 66; *Hohner*, DB 1975, 629, 631; *Trölitzsch*, Differenzhaftung für Sacheinlagen in Kapitalgesellschaften, 1998, S. 228 ff.

26 OLG Köln, GmbHR 1998, 42, 43; *Trölitzsch*, Differenzhaftung für Sacheinlagen in Kapitalgesellschaften, 1998, S. 202 f.; *Ulmer/Habersack*, in: Habersack/Casper/Löbbe, GmbHG, § 9 Rn. 16; *Veil*, in: Scholz, GmbHG, § 9 Rn. 14; *Schmidt-Leithoff*, in: Rowedder/Schmidt-Leithoff, GmbHG, § 9 Rn. 5; *Tebben*, in: Michalski, GmbHG, § 9 Rn. 10; *Bayer*, in: Lutter/Hommelhoff, GmbHG, § 9 Rn. 5; a.A. *Lieb*, in: FS Zöllner, 1998, S. 347, 359 f.

27 *Veil*, in: Scholz, GmbHG, § 9 Rn. 13; *Ulmer/Habersack*, in: Habersack/Casper/Löbbe, GmbHG, § 9 Rn. 15; *Bayer*, in: Lutter/Hommelhoff, GmbHG, § 9 Rn. 5.

28 *Veil*, in: Scholz, GmbHG, § 9 Rn. 13.

29 *Schwandtner*, in: MünchKommGmbHG, § 9 Rn. 35; *Ulmer/Habersack*, in: Habersack/Casper/Löbbe, GmbHG, § 9 Rn. 21; *Veil*, in: Scholz, GmbHG, § 9 Rn. 28.

30 OLG Düsseldorf, NJW-RR 1992, 426, 427; *Bayer*, in: Lutter/Hommelhoff, GmbHG, § 9 Rn. 5; *Schmidt-Leithoff*, in: Rowedder/Schmidt-Leithoff, GmbHG, § 9 Rn. 5.

31 *Schwandtner*, in: MünchKommGmbHG, § 9 Rn. 16; *Bayer*, in: Lutter/Hommelhoff, GmbHG, § 9 Rn. 5.

Vereinbarung unter den Gesellschaftern, findet eine Erstattung des überschießenden Betrages nicht statt.[32] In der Praxis wird häufig zwischen den Gesellschaftern explizit vereinbart, dass ein überschießender Betrag ohne Ausgleich in die freie Kapitalrücklage der Gesellschaft gebucht wird.

2. Nennbetrag des Geschäftsanteils

Zur Berechnung der Differenzhaftung ist der im Gesellschaftsvertrag nach § 5 Abs. 4 Satz 1 vereinbarte Nennbetrag, der sich auf die Sacheinlage bezieht, zugrunde zu legen. Ist eine Mischeinlage mit Sach- und Barleistungsbestandteilen vereinbart, so ist nur der Teil des Nennbetrags maßgeblich, der nach der Sacheinlagevereinbarung nicht durch eine Barleistung erbracht werden soll.[33] 14

Bei der Sachübernahme ist entscheidend, ob und inwieweit der Wert des an die Gesellschaft veräußerten Gegenstandes hinter dem Betrag der dafür vereinbarten, auf die Stammeinlageverpflichtung anzurechnenden Vergütung zurückbleibt. Erfolgt die Aufrechnung oder Verrechnung später tatsächlich mit einem geringeren als dem vereinbarten Betrag, so ist der Betrag, mit dem die Verrechnung tatsächlich vorgenommen wurde und nicht der im Gesellschaftsvertrag festgesetzte Stammeinlagebetrag maßgeblich.[34] 15

Nach der herrschenden Ansicht in der Literatur ist ein vereinbartes **Aufgeld (Agio)** bei der Ermittlung des für den Differenzhaftungsanspruch nach § 9 Abs. 1 maßgeblichen Betrages nicht zu berücksichtigen.[35] Dem ist zuzustimmen, da § 9 lediglich das gesellschaftsvertraglich fixierte Stammkapital sichern soll, nicht hingegen zusätzlich übernommene Nebenleistungspflichten der Gesellschafter untereinander.[36] Für diese Auslegung spricht auch die i.R.d. MoMiG erfolgte Ergänzung des § 9 Abs. 1 um den neu angefügten Satz 2, wonach »sonstige Ansprüche« unberührt bleiben. Bei diesen handelt es sich vornehmlich um zusätzliche Ansprüche der Gesellschaft wegen vereinbarten Aufgeldes, die die Gesellschaft neben dem Differenzhaftungsanspruch geltend machen können soll.[37] 16

3. Verschulden des Inferenten

Als Anspruch gesellschaftsrechtlicher Prägung stellt § 9 Abs. 1 eine Garantiehaftung dar, die unabhängig von einem ggf. fehlenden Verschulden des Inferenten besteht.[38] Selbst wenn eine Verschlechterung oder der Untergang des Sacheinlagegegenstandes nachweislich von einem Dritten verschuldet ist, trifft den Einleger die Differenzhaftung aus § 9 Abs. 1, die sich im Fall des Untergangs zu einer vollen Barleistungsverpflichtung auswachsen kann.[39] Der nach § 9 Abs. 1 in Anspruch genommene Gesellschafter kann aber ggf. Zug um Zug gegen Erfüllung der eigenen Verbindlichkeiten von der Gesellschaft Abtretung ihrer Ansprüche gegen den Drittschädiger verlangen. 17

---

32 *Veil*, in: Scholz, GmbHG, § 9 Rn. 14; *Schwandtner*, in: MünchKommGmbHG, § 9 Rn. 17.

33 *Veil*, in: Scholz, GmbHG, § 9 Rn. 8; *Schwandtner*, in: MünchKommGmbHG, § 9 Rn. 11; *Ulmer/Habersack*, in: Habersack/Casper/Löbbe, GmbHG, § 9 Rn. 11.

34 *Veil*, in: Scholz, GmbHG, § 9 Rn. 8; *Schwandtner*, in: MünchKommGmbHG, § 9 Rn. 12; *Tebben*, in: Michalski, GmbHG, § 9 Rn. 7.

35 *Veil*, in: Scholz, GmbHG, § 9 Rn. 9; *Schwandtner*, in: MünchKommGmbHG, § 9 Rn. 13; *Bayer*, in: Lutter/Hommelhoff, GmbHG, § 9 Rn. 4; *Freitag*, in: MünchHdbGmbH, § 9 Rn. 82; a.A. LG Bonn, GmbHR 1999, 1291; *Gienow*, in: FS Semler, 1993, S. 175; *Herchen*, Agio und verdecktes Agio im Recht der Kapitalgesellschaften, 2004, S. 161.

36 *Schwandtner*, in: MünchKommGmbHG, § 9 Rn. 13.

37 Vgl. dazu RegE, BT-Drucks. 16/6140, S. 36; *Schwandtner*, in: MünchKommGmbHG, § 9 Rn. 13.

38 Begr. RegE, BT-Drucks. 8/1347, S. 35; OLG Köln, GmbHR 1998, 42, 43; *Servatius*, in: Baumbach/Hueck, GmbHG, § 9 Rn. 6; *Ulmer/Habersack*, in: Habersack/Casper/Löbbe, GmbHG, § 9 Rn. 10; *Veil*, in: Scholz, GmbHG, § 9 Rn. 19; *Tebben*, in: Michalski, GmbHG, § 9 Rn. 12.

39 *Ulmer/Habersack*, in: Habersack/Casper/Löbbe, GmbHG, § 9 Rn. 15; *Schwandtner*, in: MünchKommGmbHG, § 9 Rn. 19.

III. Entstehung und Fälligkeit des Anspruchs aus Differenzhaftung

18 Die Frage der **Anspruchsentstehung** wird nicht einheitlich beantwortet. Vereinzelt wird auf die **Eintragung** als Entstehungszeitpunkt abgestellt.[40] Die Wahl des Zeitpunkts der Anmeldung als Bewertungsstichtag sei lediglich ein vom Gesetzgeber gefundener Kompromiss zwischen dem Zeitpunkt der Einbringung der Sache einerseits und dem Zeitpunkt der Eintragung andererseits. Damit habe der Gesetzgeber einerseits dem Risiko nachträglicher Entwertung zwischen Einbringung und Anmeldung, das zulasten des Inferenten geht und andererseits der ab Anmeldung fehlenden Einflussnahmemöglichkeit des Inferenten hinsichtlich der Eintragungsgeschwindigkeit durch das Registergericht Rechnung tragen wollen. Dies ändere aber nichts daran, dass ein schützenswertes öffentliches Vertrauen in die volle Kapitalaufbringung erst mit der Eintragung der Gesellschaft begründet werde.[41]

19 Nach einer anderen Ansicht entsteht der Anspruch bereits **mit Bewirkung der Sacheinlage**,[42] wobei innerhalb dieser Auffassung z.T. differenzierend von der Fälligkeit des Anspruchs erst im Zeitpunkt der Anmeldung ausgegangen wird.[43]

20 Nach der wohl herrschenden Meinung kommt es hingegen für die **Entstehung** des Differenzhaftungsanspruchs wie auch für dessen **Fälligkeit** ausschließlich auf den Zeitpunkt der **Anmeldung** an.[44] Der Wortlaut des § 9 sehe keine weiteren Entstehungserfordernisse als die Anmeldung vor.[45] Dabei wird z.T. jedoch zwischen der Entstehung des Anspruchs dem Grunde und der Höhe nach differenziert. **Dem Grunde nach** entstehe der Anspruch bereits zum Zeitpunkt der **Gründung** der Gesellschaft durch notarielle Beurkundung der Satzung. Die **Höhe** der i.R.d. Anspruchs auszugleichenden Wertdifferenz ließe sich allerdings erst zum **Zeitpunkt der Anmeldung** als gesetzlicher Stichtag feststellen.[46]

21 Der herrschenden Meinung ist zu folgen, nach der der Anspruch vollumfänglich erst bzw. schon im Zeitpunkt der Anmeldung entsteht und fällig wird. Zum einen spricht hierfür der klare Wortlaut des § 9 Abs. 1 Satz 1, zum anderen stellt dies auch den maßgeblichen Bewertungszeitpunkt dar. Würde man dagegen auf das Bewirken der Sacheinlage oder die Eintragung abstellen, würde Bewertungs- und Entstehungszeitpunkt des Anspruchs auseinanderfallen, ohne dass hierfür ein Anhaltspunkt im Gesetz zu finden wäre. Das gilt auch für die Kapitalerhöhung.[47]

Wird die angemeldete Gesellschaft nicht eingetragen, bleibt der Anspruch – maximal in zur Befriedigung etwaiger »Gesellschaftsgläubiger« erforderlicher Höhe – bestehen.[48]

---

40 *Freitag*, MünchHdbGmbH, § 9 Rn. 84; *Schwandtner*, in: MünchKommGmbHG, § 9 Rn. 26 ff.; vgl. auch *Trölitzsch*, Differenzhaftung für Sacheinlagen in Kapitalgesellschaften, 1998, S. 152 ff.: Fälligkeit erst ab Eintragung; Porzelt, GmbHR 2018, 1251, 1253.

41 *Schwandtner*, in: MünchKommGmbHG, § 9 Rn. 26 ff.

42 *Servatius*, in: Baumbach/Hueck, GmbHG, § 9 Rn. 8; *Altmeppen*, in: Roth/Altmeppen, GmbHG, § 9 Rn. 13.

43 *Schmidt-Leithoff*, in: Rowedder/Schmidt-Leithoff, GmbHG, § 9 Rn. 6 ff.

44 *Veil*, in: Scholz, GmbHG, § 9 Rn. 20; *Tebben*, in: Michalski, GmbHG, § 9 Rn. 18; *Bayer*, in: Lutter/Hommelhoff, GmbHG, § 9 Rn. 7; *Ulmer/Habersack*, in: Habersack/Casper/Löbbe, GmbHG, § 9 Rn. 7.

45 *Bayer*, in: Lutter/Hommelhoff, GmbHG, § 9 Rn. 7.

46 *Ulmer/Habersack*, in: Habersack/Casper/Löbbe, GmbHG, § 9 Rn. 7.

47 *Ziemons*, in: Ziemons/Jaeger/Pöschke, GmbHG, § 9 Rn. 24a; a.A. *Priester*, in: Scholz, GmbHG, § 56 Rn. 46; *Ulmer/Habersack*, in: Habersack/Casper/Löbbe, GmbHG § 9 Rn. 7.

48 *Bayer*, in: Lutter/Hommelhoff, GmbHG, § 9 Rn. 11; *Schmidt-Leithoff*, in: Rowedder/Schmidt-Leithoff, GmbHG, § 9 Rn. 6; *Tebben*, in: Michalski/Heidinger/Leible/J. Schmidt, GmbHG, § 9 Rn. 18; *Altmeppen*, in: Roth/Altmeppen, GmbHG, § 9 Rn. 16; *Servatius* in: Baumbach/Hueck, GmbHG, § 9 Rn. 9; a.A. *Ulmer/Habersack*, in: Habersack/Casper/Löbbe, GmbHG § 9 Rn. 8; *Ziemons*, in: Ziemons/Jaeger/Pöschke, GmbHG, § 9 Rn. 27; *Veil*, in: Scholz, GmbHG, § 9 Rn. 21: Gläubigerschutz durch Handelnden- und Gründerhaftung reiche aus.

Als die Sacheinlage ergänzender, auf Geld gerichteter Anspruch unterliegt der Anspruch auf Differenzhaftung – abgesehen von Entstehen und Fälligkeit – **i.Ü. denselben Regeln wie der Anspruch auf Erbringung von Bareinlagen.**[49] Er kann daher weder erlassen noch durch Aufrechnung getilgt werden (vgl. § 19 Abs. 2 und 3). Ein Vergleich über den aus § 9 Abs. 1 Satz 1 resultierenden Anspruch auf ergänzende Geldeinlage erscheint unter engen Voraussetzungen dann zulässig, soweit tatsächliche oder rechtliche Ungewissheit über Bestand oder Umfang des Anspruchs besteht und der Vergleich faktisch nicht nur eine Befreiung darstellt.[50] Ferner sind die Regelungen zur Kaduzierung (§ 21) sowie zur Ausfallhaftung (§ 24) anwendbar.[51] Im Fall der Anteilsveräußerung bleibt der Veräußerer nach § 16 Abs. 2 neben dem Erwerber zur Leistung verpflichtet.[52] 22

IV. Durchsetzung des Anspruchs auf Differenzhaftung

Der **Anspruch** aus § 9 steht – wie sich aus § 9 Abs. 2 ergibt – **der Gesellschaft** zu, die diesen auch klageweise gegen den Gesellschafter geltend machen kann. In diesem Fall trifft die Darlegungs- und Beweislast im Hinblick auf die Unterdeckung vor Gericht die Gesellschaft. Ist sie insolvent, trifft sie den Insolvenzverwalter als gesetzlichen Prozessstandschafter.[53] Im Schrifttum wird – z.T. mit der Begründung der Kapitalsicherungsfunktion der Differenzhaftung[54] – teilweise eine **Beweislastumkehr** zugunsten der Gesellschaft gefordert, wenn diese Umstände vorträgt, aus denen sich der Verdacht einer Überbewertung ergeben könnte.[55] Es sei dann Sache des Gesellschafters, Zweifel an der Werthaltigkeit des Sacheinlagegegenstandes auszuräumen. Die inzwischen wohl überwiegende Gegenauffassung[56] lehnt eine solche Beweislastumkehr im Hinblick auf die vorangegangene Werthaltigkeitsprüfung durch die Gesellschaft (vgl. § 8 Abs. 1 Nr. 4 und 5) und das Registergericht (§ 9c Abs. 1 Satz 2) sowie die ausdrückliche Anordnung für die verdeckte Sacheinlage (§ 19 Abs. 4 Satz 5) ab. Auch der Gesetzgeber hat bereits zum Ausdruck gebracht, dass er einer solchen Beweislastumkehr ablehnend ggü. steht,[57] sodass in der Praxis die Gesellschaft die fehlende Deckung darzulegen und zu beweisen hat. Für den Fall der Differenzhaftung im Rahmen von insolvent gewordenen Einpersonengesellschaften sollen nach Auffassung des Gesetzgebers[58] dagegen die in der Rechtsprechung entwickelten **Grundsätze der sekundären Behauptungslast**[59] zur Anwendung kommen, wenn sich der Insolvenzverwalter tatsächlich dem Gründer und langjährigen Gesellschaftergeschäftsführer gegenüber sieht. Dies entspricht auch der herrschenden Auffassung in der 23

49 So Begr. RegE, BT-Drucks. 8/1347, S. 35; allg. M.: *Veil*, in: Scholz, GmbHG, § 9, Rn. 5; *Ulmer/Habersack*, in: Habersack/Casper/Löbbe, GmbHG, § 9 Rn. 4; *Schmidt-Leithoff*, in: Rowedder/Schmidt-Leithoff, GmbHG, § 9 Rn. 7.

50 Für die AG BGHZ 191, 364, 374; *Wieneke*, NZG 2012, 136, 138.

51 *Bayer*, in: Lutter/Hommelhoff, GmbHG, § 9 Rn. 9; *Veil*, in: Scholz, GmbHG, § 9, Rn. 5; *Servatius*, in: Baumbach/Hueck, GmbHG, § 9 Rn. 7.

52 *Bayer*, in: Lutter/Hommelhoff, GmbHG, § 16 Rn. 54; *Ebbing*, in: Michalski, GmbHG, § 16 Rn. 146.

53 OLG München, GmbHR 1994, 712; OLG Köln, GmbHR 1998, 42, 43; *Servatius*, in: Baumbach/Hueck, GmbHG, § 9 Rn. 10.

54 So *Ulmer/Habersack*, in: Habersack/Casper/Löbbe, GmbHG, § 9 Rn. 14.

55 OLG Naumburg, GmbHR 1998, 385, 386; *Trölitzsch*, Differenzhaftung für Sacheinlagen in Kapitalgesellschaften, 1998, S. 288; *Wachter*, in: Bork/Schäfer, GmbHG, § 9 Rn. 12; Beweislastumkehr nur ausnahmsweise *Bayer*, in: Lutter/Hommelhoff, GmbHG, § 9 Rn. 10.

56 So insb. *Veil*, in: Scholz, GmbHG, § 9 Rn. 18; *Schwandtner*, in: MünchKommGmbHG, § 9 Rn. 20; *Servatius*, in: Baumbach/Hueck, GmbHG, § 9 Rn. 10; *Schmidt-Leithoff*, in: Rowedder/Schmidt-Leithoff, GmbHG, § 9 Rn. 9; *Ulmer/Habersack*, in: Habersack/Casper/Löbbe, GmbHG, § 9 Rn. 14; *Freitag/Riemenschneider*, in: MünchHdbGmbH, § 9 Rn. 82.

57 Begr. RegE zum Gesetz zur Anpassung von Verjährungsvorschriften an das Gesetz zur Modernisierung des Schuldrechts, BT-Drucks. 15/3653, S. 24 f.

58 BT-Drucks. 15/3653, S. 25.

59 St. Rspr. BGHZ 86, 23, 29; 100, 190, 195; NJW 1990, 3151. Zu Fällen sekundärer Behauptungslast aufgrund Informationsgefällen zwischen den Parteien *Meyke*, NJW 2000, 2232.

Literatur, die die Grundsätze der sekundären Behauptungslast des Gesellschafters auf weitere Fälle erstreckt, in denen die Gesellschaft nicht über aussagekräftige Unterlagen verfügt.[60]

C. Verhältnis zu sonstigen Ansprüchen (Abs. 1 Satz 2)

24 Abs. 1 Satz 2 stellt klar, dass der Gesellschaft neben der Differenzhaftung aus § 9 auch andere Ansprüche zustehen können.[61] Der Gesetzgeber hatte mit dieser Klarstellung insb. Ansprüche auf ein durch den Wert der Sacheinlage nicht vollständig gedecktes Agio im Blick.[62] Insofern werden durch § 9 keine anderweitig bestehenden Ansprüche der Gesellschaft verdrängt oder eingeschränkt.

I. Verhältnis zur Gründungshaftung, § 9a

25 Neben den Differenzhaftungsanspruch aus § 9 können auch Schadensersatzansprüche gegen Gesellschafter und Geschäftsführer aus § 9a Abs. 1 und 2 treten. Zwischen den Ansprüchen aus § 9 und § 9a Abs. 1 und 2 besteht nach herrschender Meinung kein Gesamtschuldverhältnis.[63]

26 Der Schaden i.R.d. § 9a entfällt nicht bereits durch das bloße Bestehen eines Differenzhaftungsanspruchs nach § 9. Erforderlich für die Beseitigung eines Schadens ist vielmehr, dass der Inferent tatsächlich auf den Differenzhaftungsanspruch zahlt und der Gesellschaft durch die Überbewertung sonstiger Schaden nicht entstanden ist.[64] Im Fall der Zahlung auf den Schadensersatzanspruch nach § 9a können die Schadensersatzschuldner von der Gesellschaft die Abtretung der Differenzhaftungsansprüche verlangen.[65]

II. Verhältnis zum Leistungsstörungsrecht

27 Bei zu vertretenden Leistungsstörungen oder Garantiezusagen des Inferenten sind neben einem ggf. bestehenden Differenzhaftungsanspruch Schadensersatzansprüche der Gesellschaft gegeben. Soweit sich eingetretener Schaden und Differenz zwischen Wert der Sacheinlage und Sacheinlageanspruch decken, hat die Gesellschaft ein Wahlrecht, welchen Anspruch sie geltend machen will. Betragsmäßig relevant wird ein zusätzlicher Schadensersatzanspruch, wenn die Sacheinlage auf ein vereinbartes Agio geleistet wurde oder wenn der Gesellschaft adäquat-kausal durch die zu vertretende Unterdeckung in Form der Leistungsstörung ein weiterer Schaden entsteht.[66]

III. Verhältnis zur Unterbilanzhaftung

28 Die von der Rechtsprechung in Analogie zu § 9 entwickelte Unterbilanzhaftung besteht unabhängig von der aus der unmittelbaren Anwendung des § 9 folgenden Differenzhaftung. Die Unterbilanzhaftung

---

60 *Schwandtner*, in: MünchKommGmbHG, § 9 Rn. 20; *Servatius*, in: Baumbach/Hueck, GmbHG, § 9 Rn. 10; *Ulmer/Habersack*, in: Habersack/Casper/Löbbe, GmbHG, § 9 Rn. 14; allgemeiner für Beweiserleichterungen *Schmidt-Leithoff*, in: Rowedder/Schmidt-Leithoff, GmbHG, § 9 Rn. 9; vgl. auch *Bayer*, in: Lutter/Hommelhoff, GmbHG, § 9 Rn. 10.

61 *Servatius*, in: Baumbach/Hueck, GmbHG, § 9 Rn. 11; *Hirte*, NZG 2008, 761, 763.

62 Begr. RegE, BT-Drucks. 16/6140, S. 36.

63 *Trölitzsch*, Differenzhaftung für Sacheinlagen in Kapitalgesellschaften, 1998, S. 282 f.; *Ulmer/Habersack*, in: Habersack/Casper/Löbbe, GmbHG, § 9 Rn. 20 – insoweit jedoch widersprüchlich in § 9a Rn. 55; dort wird das Verhältnis als unechte Gesamtschuld skizziert; *Schmidt-Leithoff*, in: Rowedder/Schmidt-Leithoff, GmbHG, § 9 Rn. 12; *Schäfer*, in: Henssler/Strohn, GesR, GmbHG § 9 Rn. 16; a.A. *Veil*, in: Scholz, GmbHG, § 9 Rn. 29; *Schwandtner*, in: MünchKommGmbHG, § 9 Rn. 34.

64 *Ulmer/Habersack*, in: Habersack/Casper/Löbbe, GmbHG, § 9 Rn. 20; *Schwandtner*, in: MünchKommGmbHG, § 9 Rn. 34.

65 So noch in der Vorauflage *Märtens*, in: MünchKommGmbHG, 1. Aufl. 2010, § 9 Rn. 34; *Tebben*, in: Michalski, GmbHG, § 9 Rn. 16; a.A. nunmehr *Schwandtner*, in: MünchKommGmbHG, § 9 Rn. 34, der einen Forderungsübergang nach § 426 Abs. 2 Satz 1 BGB annimmt.

66 *Ulmer/Habersack*, in: Habersack/Casper/Löbbe, GmbHG, § 9 Rn. 21; *Schwandtner*, in: MünchKommGmbHG, § 9 Rn. 35; *Veil*, in: Scholz, GmbHG, § 9 Rn. 28; *Trölitzsch*, Differenzhaftung für Sacheinlagen in Kapitalgesellschaften, 1998, S. 277 ff.

unterscheidet sich von der Haftung des § 9 vor allem dadurch, dass die Haftung für jegliche Unterschreitung der Stammkapitalziffer gilt (und nicht nur für die auf einer Überbewertung des Sacheinlagegegenstandes beruhenden), dass sie alle Gesellschafter trifft (und nicht nur den jeweiligen Inferenten der überbewerteten Sacheinlage) und dass sie erst zum Zeitpunkt der Eintragung entsteht (und nicht schon zum Zeitpunkt der Anmeldung).[67] Beruht die Unterbilanz auf einem Minderwert der Sacheinlage, ist zu unterscheiden: Steht die Wertminderung im Zusammenhang mit einer Geschäftsaufnahme oder -fortführung durch die Vorgesellschaft vor Eintragung, im Zuge derer sich der Wert des Einlagegegenstandes durch Beschädigung oder Nutzung vermindert oder der Wert des als Sacheinlage eingebrachten Unternehmens bis zur Eintragung sinkt, gelangt allein die allgemeine Unterbilanzhaftung zur Anwendung.[68] Treten diese Wertminderungen bereits vor der Anmeldung auf, steht daneben ein Anspruch aus § 9.[69] In diesem Fall kann aber der Sacheinleger bei Inanspruchnahme durch die Gesellschaft von den übrigen Gesellschaftern Ausgleich nach Maßgabe der Beteiligungsquoten am Stammkapital verlangen.[70] Die Geschäftsaufnahme vor Eintragung fällt nämlich insofern in die Risiko- und somit auch Haftungssphäre aller Gesellschafter.[71] Tritt die Wertminderung hingegen unabhängig von Geschäftsaufnahme oder -fortführung und vor der Anmeldung ein, so haftet allein der Sacheinleger nach § 9.

D. Verjährung des Anspruchs (Abs. 2)

Nach Abs. 2 verjährt der Anspruch aus § 9 Abs. 1 Satz 1 in 10 Jahren seit der Eintragung der Gesellschaft. Nach § 187 Abs. 1 BGB beginnt die Frist mit dem auf die Eintragung folgenden Tag und endet nach § 188 Abs. 2 Halbs. 1 BGB mit Ablauf desjenigen Tages des letzten Monats der Frist, dessen Zahl dem Tag der Eintragung entspricht. Die §§ 203 ff. BGB über Hemmung, Ablaufhemmung und Neubeginn der Verjährung sind anwendbar.[72] 29

§ 9 Abs. 2 ist durch das Gesetz zur Anpassung von Verjährungsvorschriften an das Gesetz zur Modernisierung des Schuldrechts vom 09.12.2004 geändert worden, wobei Ziel der Gesetzesänderung die Harmonisierung der Fristen im Bereich der Kapitalaufbringung und -erhaltung war.[73] Im Zuge dessen ist die Verjährungsfrist für den Anspruch aus § 9 Abs. 1 von fünf auf zehn Jahre erhöht worden. Die maßgeblichen Übergangsvorschriften befinden sich in Art. 229 § 12 Abs. 1 i.V.m. § 6 EGBGB. Danach gilt die neue Verjährungsfrist lediglich für Ansprüche, die seit dem 15.12.2004 »entstanden« sind.[74] Mit dem Begriff der »Entstehung« des konkreten Anspruchs auf Differenzhaftung ist dabei das zugrunde liegende Rechtsverhältnis, also die Gründung der GmbH, gemeint.[75] Maßgeblich ist also der Abschluss des jeweiligen Gesellschaftsvertrages.[76] 30

Die Regelung des § 9 Abs. 2 wird für die Beibehaltungsdauer der Satzungsregelungen über den Gründungsaufwand der GmbH analog angewandt.[77] Durch die Gesetzesänderung beträgt die Beibehaltungsdauer nunmehr 10 Jahre.[78] 31

---

67 *Schwandtner*, in: MünchKommGmbHG, § 9 Rn. 36.

68 *Veil*, in: Scholz, GmbHG, § 9 Rn. 30; *Schwandtner*, in: MünchKommGmbHG, § 9 Rn. 37.

69 *Veil*, in: Scholz, GmbHG, § 9 Rn. 30; a.A. für eine alleinige Haftung des Sacheinlegers: *Stimpel*, in: FS Fleck, 1988; *Schmidt-Leithoff*, in: Rowedder/Schmidt-Leithoff, GmbHG, § 11 Rn. 30.

70 BGHZ 80, 129, 141.

71 *Schmidt*, in: Scholz, GmbHG, § 11 Rn. 148; *Veil*, in: Scholz, GmbHG, § 9 Rn. 30.

72 *Ulmer/Habersack*, in: Habersack/Casper/Löbbe, GmbHG, § 9 Rn. 17; *Bayer*, in: Lutter/Hommelhoff, GmbHG, § 9 Rn. 8; *Veil*, in: Scholz, GmbHG, § 9 Rn. 25.

73 Begr. RegE, BT-Drucks. 15/3653, S. 20.

74 *Schwandtner*, in: MünchKommGmbHG, § 9 Rn. 41.

75 BGHZ 129, 282, 287; a.A. *Wagner*, ZIP 2005, 558.

76 *Schwandtner*, in: MünchKommGmbHG, § 9 Rn. 42.

77 LG Berlin, GmbHR 1993, 590.

78 OLG Celle, GmbHR 2018, 372; *Veil*, in: Scholz, GmbHG, § 5 Rn. 112; *Fastrich*, in: Baumbach/Hueck, GmbHG, § 5 Rn. 57; vgl. auch OLG Oldenburg, NZG 2016, 1265, das eine Frist von mindestens 10 Jahren verlangt, zugleich die entsprechende Anwendbarkeit des § 26 Abs. 5 AktG mit einer 30 jährigen Frist aber offenlässt; a.A. *Berge*, GmbHR 2020, 82–88, 87 f.; *Walter*, EWiR 2018, 265, 265 f.

§ 9a Ersatzansprüche der Gesellschaft

(1) Werden zum Zweck der Errichtung der Gesellschaft falsche Angaben gemacht, so haben die Gesellschafter und Geschäftsführer der Gesellschaft als Gesamtschuldner fehlende Einzahlungen zu leisten, eine Vergütung, die nicht unter den Gründungsaufwand aufgenommen ist, zu ersetzen und für den sonst entstehenden Schaden Ersatz zu leisten.

(2) Wird die Gesellschaft von Gesellschaftern durch Einlagen oder Gründungsaufwand vorsätzlich oder aus grober Fahrlässigkeit geschädigt, so sind ihr alle Gesellschafter als Gesamtschuldner zum Ersatz verpflichtet.

(3) Von diesen Verpflichtungen ist ein Gesellschafter oder ein Geschäftsführer befreit, wenn er die die Ersatzpflicht begründenden Tatsachen weder kannte noch bei Anwendung der Sorgfalt eines ordentlichen Geschäftsmannes kennen musste.

(4) [1]Neben den Gesellschaftern sind in gleicher Weise Personen verantwortlich, für deren Rechnung die Gesellschafter Geschäftsanteile übernommen haben. [2]Sie können sich auf ihre eigene Unkenntnis nicht wegen solcher Umstände berufen, die ein für ihre Rechnung handelnder Gesellschafter kannte oder bei Anwendung der Sorgfalt eines ordentlichen Geschäftsmannes kennen musste.

Schrifttum

Burgard/Heimann, Haftungsrisiken des Alleingesellschafter-Geschäftsführers einer Ein-Personen-GmbH, NZG 2018, 601; *Dreher,* Die Gründungshaftung bei der GmbH, DStR 1992, 33; *Ihrig,* Gläubigerschutz durch Kapitalaufbringung bei Verschmelzung und Spaltung nach neuem Umwandlungsrecht, GmbHR 1995, 622; *Foerster,* Die Zuordnung der Mitgliedschaft (2018); *Lowin,* Die Gründungshaftung bei der GmbH nach § 9a GmbHG, 1987; *Schmidt,* Grundzüge der GmbH-Novelle, NJW 1980, 1771; *Strohn/Simon,* Haftungsfallen für Gesellschafter und Geschäftsführer im Recht der GmbH, GmbHR 2010, 1181; *Trölitzsch,* Differenzhaftung für Sacheinlagen in Kapitalgesellschaften, 1998; *van Venrooy,* Vertrauen des Geschäftsführers bei der Anmeldung einer Sachkapitalerhöhung und die Folgen enttäuschten Vertrauens, GmbHR 2002, 701; *Wälzholz,* Aktuelle Probleme der Unterbilanz- und Differenzhaftung bei Umwandlungsvorgängen, AG 2006, 474.

Übersicht

A. Allgemeines

I. Entstehungsgeschichte

1 Die in § 9a geregelte sog. Gründerhaftung wurde i.R.d. GmbHG-Novelle 1980 eingeführt und orientierte sich an den §§ 46 ff. AktG. Mit Einführung des § 9a wurde die bis dahin geltende Rechtslage der »Anmelderhaftung« nach § 9a.F. vor dem Hintergrund der Verstärkung des

Gläubigerschutzes deutlich ausgebaut. Zuletzt wurde § 9a durch das MoMiG[1] geändert, wobei die Änderungen jedoch rein redaktioneller Art waren. Der Begriff »Stammeinlage« wurde ohne sachliche Änderung durch den Terminus »Geschäftsanteil« ersetzt.

II. Regelungszweck und Anwendungsbereich

Abs. 1 begründet eine zwingende,[2] verschuldensabhängige Haftung der Gesellschafter und Geschäftsführer für falsche Angaben zum Zwecke der Errichtung der Gesellschaft,[3] Abs. 2 eine ergänzende Gesellschafterhaftung bei vorsätzlicher oder grob fahrlässiger Schädigung der Gesellschaft durch Einlagen oder Gründungsaufwand. Insofern ergänzt die Regelung die sonstigen Kapitalaufbringungsvorschriften des GmbHG, insb. § 9 und § 24, und dient damit dem Schutz der Gesellschaft und damit mittelbar dem Gläubigerschutz.[4] Darüber hinaus ist § 9a auch im Zusammenhang mit der Strafbarkeit der Gesellschafter/des Geschäftsführers wegen falscher Angaben gem. § 82 Abs. 1 zu sehen. Um eine Umgehung i.R.d. Gründung zu vermeiden, erweitert Abs. 4 die Haftung auf Personen, für deren Rechnung Gesellschafter Geschäftsanteile übernommen haben. Dies betrifft vor allem Treuhänder bei Strohmanngründungen. Neben der Haftung der Gesellschafter und Geschäftsführer i.R.d. Gründung einer GmbH aus § 9a besteht analog § 37 Abs. 1 Satz 4 AktG eine Haftung der Kreditinstitute für die Richtigkeit einer Bestätigung über die Einzahlung auf die Einlage.[5] Im Anwendungsbereich des § 9a ist die Geschäftsführerhaftung für unzutreffende Angaben gegenüber dem Registergericht gem. § 43 Abs. 1 und Abs. 2 subsidiär.[6] Dies gilt aufgrund der Verweisung in § 57 Abs. 4 auch im Falle falscher Angaben bei einer beschlossenen Erhöhung des Stammkapitals. 2

Der Anwendungsbereich des § 9a ist nicht auf die klassische GmbH-Gründung beschränkt. Gem. § 57 Abs. 4 findet § 9a Abs. 1 und 3 entsprechende Anwendung auf die Verantwortlichkeit der Geschäftsführer bei Kapitalerhöhungen. Darüber hinaus haftet der Geschäftsführer analog § 9a Abs. 1, wenn er bei der Offenlegung der wirtschaftlichen Neugründung der Wahrheit zuwider versichert, dass sich das Stammkapital endgültig in seiner freien Verfügung befindet.[7] 3

Auch im Rahmen von Umwandlungsmaßnahmen bei der Verschmelzung oder Spaltung zur Neugründung (§§ 36 Abs. 2, 135 Abs. 2 UmwG)[8] oder beim Formwechsel (§ 197 Satz 1 UmwG) stellt sich die Frage der entsprechenden Anwendung des § 9a. 4

Der BGH hat *obiter dictum* eine solche Haftung der *Anteilseigner* eines übertragenden Rechtsträgers für den Fall der Verschmelzung zur Neugründung einer AG abgelehnt.[9] Obwohl bei einer Verschmelzung durch Neugründung die übertragenden Rechtsträger erlöschen, bestimmt § 36 Abs. 2 5

---

1 Gesetz zur Modernisierung des GmbH-Rechts und zur Bekämpfung von Missbräuchen v. 23.10.2008, BGBl. I S. 2026.

2 Allg.M.; vgl. *Ulmer/Habersack*, in: Habersack/Casper/Löbbe, GmbHG, § 9a Rn. 4; *Servatius*, in: Baumbach/Hueck, GmbHG, § 9a Rn. 1; *Veil*, in: Scholz, GmbHG, § 9a Rn. 7; im Hinblick auf einen nachträglichen Verzicht, Vergleich o.ä. sind die Vorgaben des § 9b Abs. 1 zu beachten.

3 Str. ist, ob es sich hierbei um eine gesellschaftsrechtliche (so z.B. *Ulmer/Habersack*, in: Habersack/Casper/Löbbe, GmbHG, § 9a Rn. 11; *Veil*, in: Scholz, GmbHG, § 9a Rn. 6; *Servatius*, in: Baumbach/Hueck, GmbHG, § 9a Rn. 1) oder um eine deliktische (z.B. *Schmidt-Leithoff*, in: Rowedder/Schmidt-Leithoff, GmbHG, § 9a Rn. 34) Haftung handelt, was sich insb. bei der Frage des Gerichtsstands (§§ 22, 32 ZPO) auswirkt.

4 Begr. RegE, BT-Drucks. 8/1347, S. 27.

5 BGH, NJW 1991, 1754; BGH, NJW 1992, 3300; *Herrler*, in: MünchKommGmbHG, § 9a Rn. 93; *Tebben*, in: Michalski, GmbHG § 9a Rn. 18.

6 OLG Brandenburg, GmbHR 2018, 474.

7 BGH, AG 2011, 751.

8 Bei der Verschmelzung durch Aufnahme ist die Gründerhaftung unanwendbar (vgl. dazu den fehlenden Verweis in § 56 Abs. 2).

9 BGH, ZIP 2007, 1104 ff., für den Fall einer Verschmelzung durch Neugründung einer AG; ebenso die Vorinstanz OLG München, AG 2006, 209 zur Verschmelzung durch Aufnahme.

Satz 2 UmwG,[10] dass als Gründer des neuen Rechtsträgers allein die übertragenden Rechtsträger anzusehen sind. Nur sie treffen daher die Gründerpflichten.[11] Deshalb sollen ihre Gesellschafter auch nicht einer Gründerhaftung nach § 9a unterliegen, obgleich sie es sind, die – wie sonst die Gründer – die Anteile des neuen Rechtsträgers erwerben.[12] Die Haftung aus § 9a trifft in diesen Fällen die übertragenden Rechtsträger als solche[13]sowie die Geschäftsführer der neuen Gesellschaft. Zu beachten gilt es jedoch, dass die übertragenden Rechtsträger im Rahmen der Verschmelzung erlöschen. Eine Ausnahme gilt nur im Fall der Ausgliederung zur Neugründung aus dem Vermögen eines Einzelkaufmanns, der Gesellschafter der neugegründeten Gesellschaft wird. Im Hinblick auf § 160 Abs. 1 UmwG trifft hier auch den ausgliedernden Einzelkaufmann eine entsprechende persönliche Haftung.[14] Beim Formwechsel einer Personenhandelsgesellschaft in eine GmbH unterliegen neben den Geschäftsführern der neuen Gesellschaft im Hinblick auf § 219 UmwG die der Umwandlung zustimmenden Gesellschafter des formwechselnden Rechtsträgers der Gründungshaftung,[15] während beim Formwechsel einer AG oder KGaA in eine GmbH eine Gründerhaftung der Gesellschafter entfällt und eine Haftung nach § 9a nur im Hinblick auf die Geschäftsführer der neuen GmbH in Betracht kommt.[16]

B. Haftung für falsche Angaben (Abs. 1)

6 Gesellschafter und Geschäftsführer haften als Gesamtschuldner, wenn zum Zweck der Errichtung der Gesellschaft falsche Angaben gemacht werden.

I. Angaben zum Zweck der Errichtung

7 § 9a Abs. 1 gilt für alle Angaben, die im Zusammenhang mit der Errichtung ggü. dem Registergericht gemacht oder diesem sonst offengelegt werden. Anders als § 46 AktG enthält die Vorschrift keinen Katalog der umfassten Angaben. Insofern ist der Anwendungsbereich des § 9a weit, da unter »Errichtung« der gesamte Gründungsvorgang bis zur Eintragung der GmbH im Handelsregister zu verstehen ist.[17]

8 Erfasst werden solche Angaben, die i.R.d. konkreten Anmeldung ggü. dem Registergericht zu erklären sind. Hauptanwendungsfall sind dabei die Angaben und Versicherungen nach § 8. Dazu zählen ferner aber z.B. auch Angaben über die Übernahme von Geschäftsanteilen, über die Einlageleistungen, die für die Sacheinlage maßgeblichen Umstände und den Gründungsaufwand. § 9a erfasst dabei nicht nur Angaben, die zwingend erforderlich sind, sondern eine Haftung kann vielmehr auch aufgrund falscher (freiwilliger) Zusatzangaben ausgelöst werden. Dies gilt sogar dann, wenn die Angaben außerhalb des eigentlichen Eintragungsverfahrens als solchem gemacht wurden, also z.B. ggü. einem sachverständigen Gründungsprüfer,[18] solange nur ein enger sachlicher

---

10 Für die Spaltung gilt über § 135 Abs. 2 Satz 2 UmwG Entsprechendes.

11 *Ihrig*, GmbHR 1995, 622, 634.

12 *Bärwaldt*, in: Semler/Stengel, UmwG, § 36 Rn. 56; *Simon/Nießen*, in: KK-UmwG, § 36 Rn. 50 und § 135 Rn. 38; *Ihrig*, GmbHR 1995, 622, 634; *Marsch-Barner*, in: Kallmeyer, UmwG, § 36 Rn. 8; *Mayer*, in: Widmann/Mayer, UmwG, § 36 Rn. 160; *Wälzholz*, AG 2006, 469, 471; *Kallmeyer*, ZIP 1994, 1746, 1753; *Winter/Vetter*, in: Lutter, UmwG, § 56 Rn. 52.

13 A.A. *Veil*, in: Scholz, GmbHG, § 9a Rn. 25, der auf die Mitglieder des Vertretungsorgans des übertragenden Rechtsträgers abstellen will. Dagegen spricht jedoch, dass § 9a auf die Gesellschafter oder Geschäftsführer der *neuen* GmbH abstellen.

14 *Veil*, in: Scholz, GmbHG, § 9a Rn. 25.

15 *Vossius*, in: Widmann/Mayer, UmwG, § 219 Rn. 21; vgl. zu der umstrittenen Frage, ob dies auch für Kommanditisten gilt *Petersen*, in: KK-UmwG, § 219 Rn. 3.

16 Vgl. dazu auch *Petersen*, in: KK-UmwG, § 245 Rn. 22; *Veil*, in: Scholz, GmbHG, § 9a Rn. 25.

17 *Herrler*, in: MünchKommGmbHG § 9a Rn. 38; *Wachter*, in: Bork/Schäfer, GmbHG, § 9a GmbHG Rn. 9; *Veil*, in: Scholz, GmbHG, § 9a Rn. 13 ff.

18 Vgl. dazu BGH, NJW 1999, 143; *Veil*, in: Scholz, GmbHG, § 9a Rn. 11; *Herrler*, in: MünchKommGmbHG, § 9a Rn. 57.

Zusammenhang der Angaben mit dem Gründungsverfahren besteht.[19] Angaben ggü. Mitgesellschaftern, die keinen unmittelbaren Bezug zur Eintragung der Gesellschaft haben, sind dagegen nicht erfasst.[20]

Eine Haftung nach § 9a setzt dabei nicht voraus, dass die Angabe für die Eintragung ursächlich ist. Aus dem Wortlaut der Norm (»zum Zwecke der Errichtung der Gesellschaft«) und dem Gesetzeszweck ergibt sich aber, dass die Angaben für die Ordnungsmäßigkeit der Gründung von Relevanz sein müssen.[21] Auf der anderen Seite werden durch die Vorschrift aber auch nur solche Angaben erfasst, die vor Eintragung der Gesellschaft gemacht wurden.[22] 9

II. Falsche Angaben

Voraussetzung für einen Anspruch nach § 9a ist, dass die Angaben falsch sind. Falsch in diesem Sinne sind zum einen inhaltlich unrichtige oder unvollständige Angaben, zum anderen aber auch solche, die unterlassen wurden, obwohl sie gesetzlich zwingend hätten erklärt werden müssen.[23] Ob eine Angabe falsch ist, ist objektiv, also unabhängig von der Vorstellung der Gesellschafter oder Geschäftsführer, zu beurteilen.[24] Dabei ist aber der Gesamtzusammenhang der Angaben zu berücksichtigen. Ergibt sich hieraus, dass eine konkrete Angabe nur missverständlich oder falsch ausgedrückt wurde, ergibt sich die richtige Angabe aber aus dem Gesamtzusammenhang, scheidet eine Haftung aus.[25] In der Praxis von besonderer Relevanz sind falsche Angaben hinsichtlich der Kapitalaufbringung. Dies betrifft insb. die Versicherung des Geschäftsführers nach § 8 Abs. 2. Die entsprechenden Angaben des Geschäftsführers sind z. B. falsch, wenn sich die Bareinlage nicht endgültig zur freien Verfügung der Geschäftsführer befindet (§ 8 Abs. 2). Dies ist insb. dann der Fall, wenn eine verdeckte Sacheinlage vorliegt und dies in der Anmeldung nicht entsprechend offengelegt ist.[26] Gleiches gilt für die Angaben zum Hin- und Herzahlen nach § 19 Abs. 5 Satz 2. Falsche Angaben liegen ferner dann vor, wenn bei Sacheinlagen im Sachgründungsbericht die Eigenschaften der Sacheinlage unrichtig dargestellt oder Mängel verschwiegen werden (§§ 8 Abs. 1 Nr. 4 und 5, 5 Abs. 4 Satz 2).[27] Es ist unerheblich, ob die Angaben freiwillig oder aufgrund einer gesetzlichen Verpflichtung gemacht werden.[28] 10

Für die Beurteilung, ob die Angabe falsch ist, kommt es auf die Verhältnisse zum **Zeitpunkt der Mitteilung** an.[29] Dies ist i.d.R. der Zeitpunkt der Anmeldung. Wird eine falsche Angabe bis zur 11

19 *Servatius*, in: Baumbach/Hueck, GmbHG, § 9a Rn. 11; *Tebben*, in: Michalski, GmbHG, § 9a Rn. 10.
20 *Servatius*, in: Baumbach/Hueck, GmbHG, § 9a Rn. 11; *Tebben*, in: Michalski, GmbHG, § 9a Rn. 10; *Ulmer/Habersack*, in: Habersack/Casper/Löbbe, GmbHG, § 9a Rn. 13.
21 *Veil*, in: Scholz, GmbHG, § 9a Rn. 9; *Ulmer/Habersack*, in: Habersack/Casper/Löbbe, GmbHG, § 9a Rn. 12; *Bayer*, in: Lutter/Hommelhoff, GmbHG, § 9a Rn. 3; eine Aufzählung relevanter Konstellationen findet sich bei *Herrler*, in: MünchKommGmbHG, § 9a Rn. 43 bis 52.
22 *Veil*, in: Scholz, GmbHG, § 9a Rn. 9; *Schmidt-Leithoff*, in: Rowedder/Schmidt-Leithoff, GmbHG, § 9a Rn. 6.
23 Bericht des Rechtsausschusses BT-Drucks. 8/3908, S. 71.
24 *Ulmer/Habersack*, in: Habersack/Casper/Löbbe, GmbHG, § 9a Rn. 16; *Herrler*, in: MünchKommGmbHG, § 9a Rn. 60 f.
25 RGZ 127, 186, 193 f.; *Veil*, in: Scholz, GmbHG, § 9a Rn. 20; *Herrler*, in: MünchKommGmbHG § 9a Rn. 61.
26 OLG Celle, GmbHR 2001, 243; OLG Köln, NZG 1999, 459; *Roth*, in: Roth/Altmeppen, GmbHG, § 9a Rn. 7; *Veil*, in: Scholz, GmbHG, § 9a Rn. 20; *Tebben*, in: Michalski, GmbHG, § 9a Rn. 11.
27 *Veil*, in: Scholz, GmbHG, § 9a Rn. 17; *Ulmer/Habersack*, in: Habersack/Casper/Löbbe, GmbHG, § 9a Rn. 25; *Herrler*, in: MünchKommGmbHG, § 9a Rn. 62.
28 OLG Brandenburg, GmbHR 2018, 474.
29 OLG Bremen, GmbHR 1998, 40; *Veil*, in: Scholz, GmbHG, § 9a Rn. 21; *Herrler*, in: MünchKommGmbHG, § 9a Rn. 64; *Servatius*, in: Baumbach/Hueck, GmbHG, § 9a Rn. 12; *Bayer*, in: Lutter/Hommelhoff, GmbHG, § 9a Rn. 5; a.A. OLG Rostock, GmbHR 1995, 658; *Roth*, in: Roth/Altmeppen, GmbHG, § 9a Rn. 12; differenzierend nach Berichtigungsmöglichkeit bis zur Eintragung *Schmidt-Leithoff*, in: Rowedder/Schmidt-Leithoff, GmbHG, § 9a Rn. 12, die als maßgeblichen Zeitpunkt die Eintragung ansehen.

Eintragung korrigiert, besteht keine Haftung nach § 9a.[30] Wird eine zum Zeitpunkt der Mitteilung richtige Angabe vor der Eintragung der Gesellschaft falsch, besteht keine Berichtigungspflicht.

III. Haftungsschuldner

1. Gesellschafter und Geschäftsführer

12 Gem. § 9a Abs. 1 haften sämtliche Gesellschafter und Geschäftsführer der Gesellschaft als Gesamtschuldner. Dabei kommt es – vorbehaltlich der Regelung des Abs. 3 – nicht darauf an, dass der jeweilige Geschäftsführer bzw. Gesellschafter die falschen Angaben selbst erklärt hat. Ausreichend ist vielmehr, dass falsche Angaben zum Zweck der Errichtung der Gesellschaft gemacht worden sind, sei es z.B. auch von einem sachverständigen Dritten i.R.d. Sachgründungsberichts/Bewertungsgutachtens.[31] Die strenge Zurechnung soll die Prüfung der Ordnungsmäßigkeit der Gründung durch alle Verantwortlichen gewährleisten.[32] Maßgeblicher Zeitpunkt für die Haftung ist dabei nach herrschender Meinung die Eintragung. Scheidet ein Gesellschafter oder Geschäftsführer vor Eintragung der Gesellschaft aus, haftet er – trotz ggf. erklärter falscher Angaben – nicht gem. § 9a, da der Anspruch erst mit Eintragung entsteht.[33] Umgekehrt haftet nach überwiegender Ansicht auch ein Geschäftsführer, der nach Anmeldung, aber vor Eintragung der Gesellschaft bestellt wird, uneingeschränkt.[34] Ebenso haften auch die Gesellschafter, die zwar nicht Gründer der Gesellschaft waren, aber vor Eintragung der Gesellschaft durch Eintritt bzw. Gesellschafterwechsel hinzukommen.[35] Korrektiv ist in diesen Fällen Abs. 3.

a) Geschäftsführer

13 Die Haftung nach § 9a Abs. 1 trifft nicht nur diejenigen Geschäftsführer, die selbst falsche Angaben gemacht haben oder i.R.d. Gründung aktiv beteiligt waren, sondern sämtliche Geschäftsführer. Sie erfasst auch einen fehlerhaft/unwirksam bestellten Geschäftsführer, der sein Amt tatsächlich ausübt.[36]

b) Gesellschafter

14 Im Hinblick auf die Haftung der Gesellschafter ist umstritten, ob die Haftung der nicht maßgeblich beteiligten Gesellschafter auf solche Angaben zu beschränken ist, die sie selbst gemacht oder veranlasst haben.[37] Dem tritt die ganz überwiegende Ansicht zu Recht entgegen.[38] Es entspricht der Konzeption des § 9a, dass durch eine strenge Zurechnung sichergestellt werden soll, dass alle Beteiligten die Ordnungsmäßigkeit der Gründung prüfen. Der Wortlaut des § 9a sieht insofern auch keine Einschränkung vor. Der Gesetzgeber hat als Korrektiv für die strenge Haftung das Verschuldenserfordernis nach Abs. 3 aufgestellt.

---

30 *Servatius*, in: Baumbach/Hueck, GmbHG, § 9a Rn. 12; *Ulmer/Habersack*, in: Habersack/Casper/Löbbe, GmbHG, § 9a Rn. 18; *Tebben*, in: Michalski, GmbHG, § 9a Rn. 15.

31 *Veil*, in: Scholz, GmbHG, § 9a Rn. 10; *Altmeppen*, in: Roth/Altmeppen, GmbHG, § 9a Rn. 7.

32 *Herrler*, in: MünchKommGmbHG, § 9a Rn. 22.

33 OLG Rostock, GmbHR 1995, 658; *Ulmer/Habersack*, in: Habersack/Casper/Löbbe, GmbHG, § 9a Rn. 32; *Veil*, in: Scholz, GmbHG, § 9a Rn. 24; *Schmidt-Leithoff*, in: Rowedder/Schmidt-Leithoff, GmbHG, § 9a Rn. 13; a.A. *Herrler*, in: MünchKommGmbHG, § 9a Rn. 17; *Altmeppen*, in: Roth/Altmeppen, GmbHG, § 9a Rn. 16.

34 *Schmidt-Leithoff*, in: Rowedder/Schmidt-Leithoff, GmbHG, § 9a Rn. 13; *Herrler*, in: MünchKommGmbHG, § 9a Rn. 19; einschränkend *Ulmer/Habersack*, in: Habersack/Casper/Löbbe, GmbHG, § 9a Rn. 32; *Tebben*, in: Michalski, GmbHG, § 9a Rn. 16.

35 *Servatius*, in: Baumbach/Hueck, GmbHG, § 9a Rn. 2; *Veil*, in: Scholz, GmbHG, § 9a Rn. 23 f.; *Tebben*, in: Michalski, GmbHG, § 9a Rn. 16.

36 *Ulmer/Habersack*, in: Habersack/Casper/Löbbe, GmbHG, § 9a Rn. 32; *Veil*, in: Scholz, GmbHG, § 9a Rn. 23; *Bayer*, in: Lutter/Hommelhoff, GmbHG, § 9a Rn. 2.

37 So *Ulmer/Habersack*, in: Habersack/Casper/Löbbe, GmbHG, § 9a Rn. 33 mit weiteren Differenzierungen.

38 *Herrler*, in: MünchKommGmbHG, § 9a Rn. 21 f.; *Servatius*, in: Baumbach/Hueck, GmbHG, § 9a Rn. 2; *Schmidt-Leithoff*, in: Rowedder/Schmidt-Leithoff, GmbHG, § 9a Rn. 13; *Veil*, in: Scholz, GmbHG, § 9a Rn. 10.

2. Hintermänner (Abs. 4)

Nach Abs. 4 sind in gleicher Weise Personen verantwortlich, für deren Rechnung die Gesellschafter Geschäftsanteile übernommen haben. Diese Personen haften gesamtschuldnerisch als dritte Gruppe neben den Geschäftsführern und den Gesellschaftern. Hierdurch soll die Umgehung der Gründerhaftung durch Vorschieben vermögensloser formeller Gründer verhindert werden. Erfasst werden insb. Treugeber im Rahmen von Treuhandverhältnissen. 15

Diese »Hintermänner« haften gemäß Abs. 4 Satz 2 nicht nur für eigenes Verschulden, sondern auch für die Kenntnis bzw. die Anwendung der Sorgfalt eines ordentlichen Geschäftsmanns des für sie handelnden Gesellschafters. Umstritten ist hierbei, ob die Haftung voraussetzt, dass der Hintermann eine beherrschende Stellung innehat, die ihm Einflussmöglichkeiten auf das Gründungsverfahren einräumt.[39] Diese Einschränkung findet – ebenso wie bei den Gesellschaftern – im Gesetz keine Stütze, würde zu erheblichen Abgrenzungsschwierigkeiten führen und ist abzulehnen. Auch im Hinblick auf diese Hintermänner bietet das Gesetz mit der Exkulpationsmöglichkeit nach Abs. 3 ein ausreichendes Korrektiv, wobei sie sich jedoch die Kenntnis und das Kennen des für sie handelnden Gesellschafters zurechnen lassen müssen. 16

3. Sonstige Dritte

Die Regelung des § 9a ist abschließend. Eine Gründerhaftung auch z.B. für Aufsichtsratsmitglieder besteht daher, selbst bei einem zwingenden Aufsichtsrat, nicht. Gleiches gilt für sonstige i.R.d. Gründungsverfahrens beteiligte Dritte, z.B. Gutachter oder sachverständige Prüfer. Diese haften lediglich nach den allgemeinen Regeln. Falsche Angaben durch solche dritten Personen können aber eine Haftung nach § 9a der Gesellschafter und der Geschäftsführer auslösen, sofern diese ein Verschulden trifft. 17

IV. Anspruchsberechtigter

Anspruchsberechtigter ist allein die Gesellschaft, auch wenn diese im Zeitpunkt der Schädigungshandlung noch nicht bestand.[40] Die Entstehung des Anspruchs setzt aber die Eintragung der Gesellschaft voraus.[41] Die Haftung scheidet folglich aus, wenn das Registergericht die Eintragung ablehnt oder der Eintragungsantrag zurückgenommen wird.[42] 18

In Betracht kommen ferner Ansprüche der (Vor-) Gesellschaft oder Dritter nach § 826 BGB und § 823 Abs. 2 BGB i.V.m. § 82 sowie gegen die Gründer aus Vertragsverletzung oder gegen die Geschäftsführer aus § 43.[43] Soweit eine Eintragung der Gesellschaft erfolgt, gehen Ansprüche aus § 9a diesen Ansprüchen vor. 19

V. Verschulden (Abs. 3)

Gemäß Abs. 3 ist ein Geschäftsführer/Gesellschafter von der Gründerhaftung befreit, wenn er die die Ersatzpflicht begründenden Tatsachen weder kannte noch bei Anwendung der Sorgfalt eines ordentlichen Geschäftsmannes kennen musste. Die Gründerhaftung ist daher vom Grundsatz als 20

---

39 So *Schmidt*, NJW 1980, 1771; *Ulmer/Habersack*, in: Habersack/Casper/Löbbe, GmbHG, § 9a Rn. 36; *Veil*, in: Scholz, GmbHG, § 9a Rn. 26; *Servatius*, in: Baumbach/Hueck, GmbHG, § 9a Rn. 4, a.A. *Herrler*, in: MünchKommGmbHG, § 9a Rn. 28; *Schmidt-Leithoff*, in: Rowedder/Schmidt-Leithoff, GmbHG, § 9a Rn. 28; *Bayer*, in: Lutter/Hommelhoff, GmbHG, § 9a Rn. 13; *Tebben*, in: Michalski, GmbHG, § 9a Rn. 17.

40 BGH, NJW 1975, 974; *Servatius*, in: Baumbach/Hueck, GmbHG, § 9a Rn. 1; *Bayer*, in: Lutter/Hommelhoff, GmbHG, § 9a Rn. 1.

41 *Ulmer/Habersack*, in: Habersack/Casper/Löbbe, GmbHG, § 9a Rn. 9; *Veil*, in: Scholz, GmbHG, § 9a Rn. 4; *Altmeppen*, in: Roth/Altmeppen, GmbHG, § 9a Rn. 12; *Herrler*, in: MünchKommGmbHG, § 9a Rn. 9.

42 *Ulmer/Habersack*, in: Habersack/Casper/Löbbe, GmbHG, § 9a Rn. 9; *Herrler*, in: MünchKommGmbHG, § 9a Rn. 9.

43 *Veil*, in: Scholz, GmbHG, § 9a Rn. 4.

Verschuldenshaftung aufgebaut, wobei im Hinblick auf das Verschulden eine Beweislastumkehr besteht. Der Haftungsschuldner muss den Beweis erbringen, dass er (bzw. im Fall des Abs. 4 zusätzlich der für ihn handelnde Gesellschafter) die Unrichtigkeit der Angabe weder kannte noch kennen musste. Haftungsmaßstab ist die Sorgfalt eines ordentlichen Geschäftsmanns. Insofern kann bereits leichte Fahrlässigkeit bzw. leicht fahrlässige Unkenntnis der haftungsbegründenden Handlung eines anderen die Haftung nach § 9a auslösen.[44] Da der Haftungsmaßstab rein objektiv ausgerichtet ist, kann sich der Schuldner auch nicht damit entlasten, ihm habe die erforderliche Ausbildung oder Erfahrung gefehlt.[45] Gesellschafter und Geschäftsführer müssen sich auch das Verschulden von Vertretern oder Gehilfen zurechnen lassen.[46]

21 Der Haftende kann sich nicht auf mitwirkendes Verschulden der Gesellschaft gem. §§ 254 Abs. 1, 31 BGB berufen. Die Berücksichtigung des Verschuldens der Geschäftsführer oder anderer Gesellschafter zulasten der Gesellschaft würde dem Schutzzweck der Vorschrift zuwiderlaufen.[47] Dagegen ist die Tatsache, dass ein Geschäftsführer nach Eintragung der Gesellschaft seiner Schadensminderungspflicht nicht nachkommt, beachtlich,[48] da insofern ein zweites, der Gesellschaft zurechenbares Verhalten ausgelöst worden ist.

VI. Beschlussfassung der Gesellschafter

22 Die Geltendmachung des Anspruchs gegen Geschäftsführer und Gesellschafter setzt gem. § 46 Nr. 8 einen Beschluss der Gesellschafter voraus. Ohne einen entsprechenden Gesellschafterbeschluss besteht kein Anspruch und eine entsprechende Klage ist als unbegründet abzuweisen.[49] Dies gilt nicht für den Fall, dass der Anspruch durch einen Insolvenzverwalter,[50] einen Pfändungsgläubiger[51] oder gegen einen Hintermann[52] nach Abs. 4 erhoben wird.

Der Anspruch verjährt gem. § 9b Abs. 2 Satz 1 in 5 Jahren. Dabei stellt § 9a Abs. 1 auf die falschen Angaben ab und nicht darauf, wann z.B. eine verdeckte Sacheinlage geheilt wird bzw. werden soll. Falsche Angaben im Rahmen eines Heilungsversuchs stellen auch keine zweite Verletzungshandlung i.S.d. § 9a Abs. 1 dar.[53]

C. Anspruchsinhalt und Innenausgleich

I. Anspruchsinhalt

23 Der Anspruch richtet sich auf Ersatz des gesamten kausal entstandenen Schadens. Die Gesellschaft ist so zu stellen, wie sie stünde, wenn die Angaben zutreffend gewesen wären. Nicht erheblich ist dagegen, wie sie stünde, wenn die falschen Angaben nicht gemacht worden wären. Der Schuldner kann sich folglich nicht darauf berufen, es fehle an einem Schaden, da ohne seine Falschangabe

44 *Servatius*, in: Baumbach/Hueck, GmbHG, § 9a Rn. 17; *Tebben*, in: Michalski, GmbHG, § 9a Rn. 20.
45 *Bayer*, in: Lutter/Hommelhoff, GmbHG, § 9a Rn. 6; *Ulmer/Habersack*, in: Habersack/Casper/Löbbe, GmbHG, § 9a Rn. 38; *Veil*, in: Scholz, GmbHG, § 9a Rn. 27.
46 *Herrler*, in: MünchKommGmbHG, § 9a Rn. 23; *Schmidt-Leithoff*, in: Rowedder/Schmidt-Leithoff, GmbHG, § 9a Rn. 15.
47 BGH, NJW 1975, 974; *Ulmer/Habersack*, in: Habersack/Casper/Löbbe, GmbHG, § 9a Rn. 45; *Servatius*, in: Baumbach/Hueck, GmbHG, § 9a Rn. 21; *Tebben*, in: Michalski, GmbHG, § 9a Rn. 23.
48 Zur AG: RZ 154, 285 f.; BGHZ 64, 61 f.; für die GmbH auch *Veil*, in: Scholz, GmbHG, § 9a Rn. 34; *Bayer*, in: Lutter/Hommelhoff, GmbHG, § 9a Rn. 8; zweifelnd *Ulmer/Habersack*, in: Habersack/Casper/Löbbe, GmbHG, § 9a Rn. 45.
49 BGH, NJW 1959, 194; *Veil*, in: Scholz, GmbHG, § 9a Rn. 5; *Herrler*, in: MünchKommGmbHG, § 9a Rn. 13.
50 OLG Schleswig, NZG 2001, 84; *Veil*, in: Scholz, GmbHG, § 9a Rn. 5; *Tebben*, in: Michalski, GmbHG, § 9a Rn. 25.
51 *Herrler*, in: MünchKommGmbHG, § 9a Rn. 14; *Veil*, in: Scholz, GmbHG, § 9a Rn. 5.
52 *Veil*, in: Scholz, GmbHG, § 9a Rn. 5; *Tebben*, in: Michalski, GmbHG, § 9a Rn. 25.
53 KG Berlin, GmbHR 2011, 821.

die Gesellschaft nicht entstanden wäre.[54] Zu ersetzen sind auch Folgeschäden, einschließlich entgangenen Gewinns.[55]

Als eine Art Mindestschaden sind nach § 9a explizit fehlende Einzahlungen und nicht unter den Gründungsaufwand aufgenommene Vergütungen zu ersetzen. Trotz des Wortlauts »Einzahlung« gilt die Vorschrift nicht nur für Bar-, sondern auch für Sacheinlagen.[56] Ansprüche aus § 9a stehen neben Ansprüchen aus noch offenen Einlagepflichten (§§ 9, 24), soweit sie nach Inhalt und Höhe deckungsgleich sind.[57] Die Forderungen stehen im Verhältnis einer (unechten) Gesamtschuld zueinander.[58] Insofern entfällt der Schaden i.S.d. § 9a nicht, wenn ein Anspruch auf Einlageschuld noch besteht. Die Gesellschaft kann folglich die Einlage- und Haftungsschuldner nebeneinander in Anspruch nehmen. Im Innenverhältnis zwischen Einlageschuldner und Schuldner aus § 9a trifft in diesen Fällen aber auf Grundlage der gesellschaftsvertraglichen Verpflichtungen alleine den Einlageschuldner die Ausgleichspflicht.[59] 24

Im Hinblick auf die ausdrückliche Nennung von »Vergütungen, die nicht unter den Gründungsaufwand aufgenommen sind« können Ansprüche in diesem Zusammenhang nur im Gesellschaftsvertrag begründet werden.[60] Andernfalls sind sie der Gesellschaft zu erstatten. Der Gesellschaft steht die Möglichkeit offen, die entsprechenden Vergütungen auch auf Basis von § 9a von den Geschäftsführern oder Gesellschaftern zu verlangen. 25

II. Innenausgleich

Mehrere für denselben Schaden verantwortliche Personen haften als Gesamtschuldner, sodass die Gesellschaft – unabhängig von der Frage, wer die falschen Angaben gemacht hat – alle Schuldner in voller Höhe in Anspruch nehmen kann. Die Ausgleichsansprüche der Haftpflichtigen zueinander bestimmen sich nach § 426 BGB. Maßgebend sind daher primär ggf. bestehende vertragliche Vereinbarungen und der Grad des Verschuldens entsprechend § 254 BGB. Unerheblich ist im Hinblick auf den Rechtsgrund der Haftung die jeweilige Beteiligungshöhe des Gesellschafters.[61] 26

D. Haftung für Schädigung durch Einlagen oder Gründungsaufwand (Abs. 2)

Abs. 2 ergänzt die Regelung des Abs. 1 im Hinblick auf Fälle, in denen Gesellschafter die Gesellschaft durch Einlagen oder Gründungsaufwand schädigen. Im Gegensatz zu Abs. 1 sind daher potenzielle Haftungsschuldner alleine die Gesellschafter bzw. über Abs. 4, der auch im Hinblick auf Abs. 2 Anwendung findet, die jeweiligen Hintermänner, nicht jedoch die Geschäftsführer der Gesellschaft. Anders als bei Abs. 1 kann die Schädigungshandlung auch noch nach der Eintragung der GmbH erfolgen.[62] 27

---

54 BGH, NJW 1975, 974; RG RGZ 144, 348; *Veil*, in: Scholz, GmbHG, § 9a Rn. 30.

55 *Herrler*, in: MünchKommGmbHG, § 9a Rn. 82; *Bayer*, in: Lutter/Hommelhoff, GmbHG, § 9a Rn. 8; *Tebben*, in: Michalski, GmbHG, § 9a Rn. 26.

56 *Ulmer/Habersack*, in: Habersack/Casper/Löbbe, GmbHG, § 9a Rn. 42; *Veil*, in: Scholz, GmbHG, § 9a Rn. 32; *Altmeppen*, in: Roth/Altmeppen, GmbHG, § 9a Rn. 17.

57 OLG Hamm, GmbHR 1994, 399, 401; OLG Celle, NZG 2000, 1178, 1179; *Bayer*, in: Lutter/Hommelhoff, GmbHG, § 9a Rn. 15; *Tebben*, in: Michalski, GmbHG, § 9a Rn. 27.

58 KG, NZG 2000, 841; *Herrler*, in: MünchKommGmbHG, § 9a Rn. 33; *Servatius*, in: Baumbach/Hueck, GmbHG, § 9a Rn. 6.

59 *Servatius*, in: Baumbach/Hueck, GmbHG, § 9a Rn. 6.

60 *Fastrich*, in: Baumbach/Hueck, GmbHG, § 5 Rn. 57.

61 *Tebben*, in: Michalski, GmbHG, § 9a Rn. 19; *Servatius*, in: Baumbach/Hueck, GmbHG, § 9a Rn. 5; a.A. *Ulmer/Habersack*, in: Habersack/Casper/Löbbe, GmbHG, § 9a Rn. 53.

62 *Schmidt-Leithoff*, in: Rowedder/Schmidt-Leithoff, GmbHG, § 9a Rn. 22; *Veil*, in: Scholz, GmbHG, § 9a Rn. 36; *Ulmer/Habersack*, in: Habersack/Casper/Löbbe, GmbHG, § 9a Rn. 48 zur verdeckten Sacheinlage.

28 Fälle, in denen eine Haftung nach Abs. 2 einschlägig ist, sind in der Praxis eher selten. Denkbar ist eine Haftung wegen einer Schädigung durch Einlagen z.B. dann, wenn die Einlage zwar zutreffend bewertet wurde, aber für die Gesellschaft unbrauchbare oder mit hohen Folgekosten verbundene Gegenstände eingelegt werden.[63] Eine Schädigung durch Gründungsaufwand kommt bspw. in Betracht, wenn dieser zwar formal ordnungsgemäß in der Satzung festgesetzt wurde, aber unangemessen hoch ist.[64] Vom Haftungsumfang sind auch Folgeschäden erfasst.

29 Die Haftung nach Abs. 2 setzt ein qualifiziertes Verschulden voraus. Die Schädigung muss auf einem vorsätzlichen oder grob fahrlässigen Handeln eines Gesellschafters beruhen. Die Beweislast hierfür trägt die Gesellschaft.[65] Liegen diese Voraussetzungen vor, haften die übrigen Haftpflichtigen aber bereits bei leicht fahrlässiger Unkenntnis des objektiven Schädigungstatbestandes.[66] Insoweit ist die Verschuldensvermutung nach Abs. 3 einschlägig.

§ 9b Verzicht auf Ersatzansprüche

(1) [1]Ein Verzicht der Gesellschaft auf Ersatzansprüche nach § 9a oder ein Vergleich der Gesellschaft über diese Ansprüche ist unwirksam, soweit der Ersatz zur Befriedigung der Gläubiger der Gesellschaft erforderlich ist. [2]Dies gilt nicht, wenn der Ersatzpflichtige zahlungsunfähig ist und sich zur Abwendung des Insolvenzverfahrens mit seinen Gläubigern vergleicht oder wenn die Ersatzpflicht in einem Insolvenzplan geregelt wird.

(2) [1]Ersatzansprüche der Gesellschaft nach § 9a verjähren in fünf Jahren. [2]Die Verjährung beginnt mit der Eintragung der Gesellschaft in das Handelsregister oder, wenn die zum Ersatz verpflichtende Handlung später begangen worden ist, mit der Vornahme der Handlung.

Schrifttum

Cahn, Vergleichsverbote im Gesellschaftsrecht, 1996; *Haas*, Der Verzicht und Vergleich auf Haftungsansprüche gegen den GmbH-Geschäftsführer, ZInsO 2007, 464; *Meul/Ritter*, § 9b I GmbHG – Freifahrtschein oder Beschränkung für den Insolvenzverwalter, NZI 2017, 689; *Podewils*, Schutz des GmbH-Geschäftsführers vor uferlosen Haftungsrisiken?, GmbH-StB 208, 408; *Scholz*, Recht des Insolvenzverwalters zur Abtretung von Ersatzansprüchen des Schuldners an einen Dritten, BBP 2018, 265.

Übersicht

63 *Herrler*, in: MünchKommGmbHG, § 9a Rn. 88; *Tebben*, in: Michalski, GmbHG, § 9a Rn. 30.

64 Bericht des Rechtsausschusses BT-Drucks. 8/3908, S. 72; *Altmeppen*, in: Roth/Altmeppen, GmbHG, § 9a Rn. 19; *Bayer*, in: Lutter/Hommelhoff, GmbHG, § 9a Rn. 9; *Ulmer/Habersack*, in: Habersack/Casper/Löbbe, GmbHG, § 9a Rn. 49; *Herrler*, in: MünchKommGmbHG, § 9a Rn. 88.

65 *Herrler*, in: MünchKommGmbHG, § 9a Rn. 90; *Veil*, in: Scholz, GmbHG, § 9a Rn. 37.

66 *Ulmer/Habersack*, in: Habersack/Casper/Löbbe, GmbHG, § 9a Rn. 51; *Servatius*, in: Baumbach/Hueck, GmbHG, § 9a Rn. 18; *Veil*, in: Scholz, GmbHG, § 9a Rn. 38; *Altmeppen*, in: Roth/Altmeppen, GmbHG, § 9a Rn. 19.

A. Allgemeines

I. Regelungszweck und Entstehungsgeschichte

§ 9b dient dem Schutz der Gesellschaftsgläubiger. Er schränkt für die Gesellschaft die nach allgemeinen zivilrechtlichen Grundsätzen gegebenen Möglichkeiten ein, auf bestimmte Ansprüche zu verzichten oder sich über sie zu vergleichen.[1] § 9b sichert somit die Durchsetzbarkeit gläubigerschützender Ersatzansprüche. Die Gesellschaft selbst hingegen oder Minderheitsgesellschafter fallen nicht in den Schutzbereich der Norm.[2] Insofern beschränkt sich der durch das GmbHG vermittelte Schutz überstimmter Gesellschafter auf die allgemeinen Stimmrechtsschranken, insb. das Verbot treupflichtwidrigen Abstimmungsverhaltens.[3] 1

Eingefügt wurde § 9b unter geringfügiger Abänderung der Vorgängervorschrift des § 9 Abs. 2 und 3 a.F. durch die GmbH-Novelle 1980.[4] Im Zuge der Neuordnung des Insolvenzverfahrens wurde Abs. 1 Satz 2 durch Art. 48 Nr. 1 i.V.m. 110 Abs. 1 EGInsO angepasst. 2

II. Anwendungsbereich

§ 9b gilt zunächst i.R.d. Gründung von GmbHs. Allerdings erklärt § 57 Abs. 4 die §§ 9a Abs. 1 und 3 und 9b für entsprechend anwendbar und bezieht somit Ersatzansprüche der Gesellschaft gegen die Geschäftsführer im Zusammenhang mit falschen Erklärungen bei Bar- bzw. Sachkapitalerhöhungen in den Kreis der Ansprüche ein, hinsichtlich derer Vergleich und Verzicht seitens der Gesellschaft nur in den Grenzen des Abs. 1 zulässig sind.[5] Darüber hinaus gilt die Regelung des § 9b auch im Rahmen von Umwandlungsmaßnahmen, sofern in diesen Fällen § 9a Anwendung findet. Schließlich greift § 9b auch aufgrund Inbezugnahme im Hinblick auf andere zwingende Ersatzansprüche der Gesellschaft. Dies gilt namentlich für § 43 Abs. 3 sowie für § 64 Satz 1 und 3. 3

B. Unwirksamkeit von Verzicht und Vergleich (Abs. 1 Satz 1)

Gem. § 9b Abs. 1 Satz 1 ist unter bestimmten Voraussetzungen ein Verzicht oder ein Vergleich der Gesellschaft auf Ersatzansprüche nach § 9a unwirksam. 4

I. Erfasste Rechtsgeschäfte

1. Verzicht

»Verzicht« i.S.d. § 9b Abs. 1 ist entsprechend seinem gläubigerschützenden Zweck weit auszulegen. Er betrifft zunächst die materiell-rechtlichen Institute des Erlassvertrages nach § 397 Abs. 1 BGB sowie des negativen Schuldanerkenntnisses nach § 397 Abs. 2 BGB. Erfasst werden auch ein Teilverzicht bezüglich eines Teils des Regressanspruchs sowie ein Verzicht ggü. einzelnen, also nicht allen Gesamtschuldnern.[6] 5

Neben dem Verzicht im materiellrechtlichen Sinne unterliegen auch der prozessuale Verzicht nach § 306 ZPO und das prozessuale Anerkenntnis nach § 307 ZPO als Prozesshandlungen den durch § 9b Abs. 1 gezogenen Schranken.[7] Grds. kann der Kläger zwar über den Gegenstand des Verzichts 6

1 *Ulmer/Habersack*, in: Habersack/Casper/Löbbe, GmbHG, § 9b Rn. 1; *Herrler*, in: MünchKommGmbHG, § 9b Rn. 1.

2 Begr. RegE, BT-Drucks. 8/1347, S. 36; *Ulmer/Habersack*, in: Habersack/Casper/Löbbe, GmbHG, § 9b Rn. 2; *Veil*, in: Scholz, GmbHG, § 9b Rn. 1.

3 *Ulmer/Habersack*, in: Habersack/Casper/Löbbe, GmbHG, § 9b Rn. 2; *Veil*, in: Scholz, GmbHG, § 9b Rn. 2; *Herrler*, in: MünchKommGmbHG, § 9b Rn. 2.

4 Gesetz v. 04.07.1980, BGBl. I S. 836.

5 *Herrler*, in: MünchKommGmbHG, § 9b Rn. 4; *Veil*, in: Scholz, GmbHG, § 9b Rn. 2.

6 *Veil*, in: Scholz, GmbHG, § 9b Rn. 6; *Schmidt-Leithoff*, in: Rowedder/Schmidt-Leithoff, GmbHG, § 9b Rn. 5; *Tebben*, in: Michalski, GmbHG, § 9b Rn. 2.

7 *Herrler*, in: MünchKommGmbHG, § 9b Rn. 14; *Ulmer/Habersack*, in: Habersack/Casper/Löbbe, GmbHG, § 9b Rn. 11; *Tebben*, in: Michalski, GmbHG, § 9b Rn. 2.

verfügen, jedoch nur insoweit wie der Verzicht nicht im Widerspruch zu zwingenden Vorschriften des materiellen Rechts steht.[8] Sind die Ersatzansprüche zur Befriedigung der Gläubiger erforderlich, so widerspricht ein Verzicht im Rahmen einer Prozesshandlung der materiellrechtlichen Vorschrift des § 9b Abs. 1.

7 Auch eine Entlastung von Geschäftsführern nach § 46 Nr. 5 kann nach Ansicht des BGH einen Verzicht i.S.d. Abs. 1 darstellen,[9] sofern dieser Bezug zu haftungsbegründenden Vorgängen nach §§ 9a, 43 Abs. 3, 64 hat. Der in § 9b verankerte Gläubigerschutz mittels eingeschränkter Dispositionsbefugnis greift insofern auch ein, wenn ein gesellschaftsrechtliches Institut dieselben Wirkungen zeitigt wie ein zivilrechtlicher oder prozessualer Verzicht.

2. Vergleich

8 Maßgeblich für den »Vergleich« i.S.d. Abs. 1 ist der materiellrechtliche Begriff des § 779 BGB. Es muss also die Beseitigung eines Streits oder einer Ungewissheit der Parteien über ein Rechtsverhältnis im Wege gegenseitigen Nachgebens vorliegen.[10] Auch der Prozessvergleich unterliegt den Beschränkungen des Abs. 1, da er zugleich materielles Rechtsgeschäft ist.[11] Vergleiche i.S.d. Abs. 1 sind auch Teilerlass, pactum de non petendo, Stundung oder Gewährung einer Ratenzahlung, wenn sie unter gegenseitigem Nachgeben vereinbart wurden, z.B. weil der Schuldner im Gegenzug seine Ersatzpflicht anerkannt hat.[12]

3. Sonstige Rechtsgeschäfte

9 Im Rahmen des Ersatzanspruchs nach § 9a sind Erfüllungssurrogate zu berücksichtigen. Bei einer Leistung an Erfüllungs statt nach § 364 Abs. 1 BGB darf jedoch der Wert des Erfüllungssurrogats die Höhe des Anspruchs der Gesellschaft nicht unterschreiten und aus diesem Grund die Gläubiger benachteiligen.[13] Andernfalls würde eine entsprechende Vereinbarung zwischen Gesellschaft und Gesellschafter/Geschäftsführer vor dem Hintergrund des § 9b Abs. 1 Satz 1 unwirksam sein. Ebenfalls von den Schranken des § 9b Abs. 1 erfasst wird nach herrschender Meinung die Abtretung des Regressanspruchs der Gesellschaft an einen Dritten ohne vollwertige Gegenleistung.[14] Im Ergebnis sind von Satz 1 daher auch sämtliche Rechtsgeschäfte erfasst, durch die eine vollwertige Schadensersatzleistung i.S.d. § 9a vereitelt wird.

II. Unwirksamkeit eines Verzichts/Vergleichs

10 Ein Verzicht oder ein Vergleich im Hinblick auf einen Anspruch nach § 9a ist jedoch nicht *per se* unwirksam, sondern nur dann, wenn und soweit die erlassenen Mittel zur Befriedigung der Gesellschaftsgläubiger erforderlich sind. Die Eröffnung des Insolvenzverfahrens nach § 27 InsO über

---

8 *Musielak*, in: Musielak/Voit, ZPO, 16. Aufl. 2019, § 306 Rn. 3.

9 BGHZ 94, 324, 327; BGHZ 97, 382, 384; BGH, NJW 1959, 192; *Herrler*, in: MünchKommGmbHG, § 9b Rn. 13; *Tebben*, in: Michalski, GmbHG, § 9b Rn. 2.

10 *Veil*, in: Scholz, GmbHG, § 9b Rn. 7; *Ulmer/Habersack*, in: Habersack/Casper/Löbbe, GmbHG, § 9b Rn. 10; *Herrler*, in: MünchKommGmbHG, § 9b Rn. 15.

11 Näher *Ulmer/Habersack*, in: Habersack/Casper/Löbbe, GmbHG, § 9b Rn. 11; *Roth*, in: Roth/Altmeppen, GmbHG, § 9b Rn. 2; *Schmidt-Leithoff*, in: Rowedder/Schmidt-Leithoff, GmbHG, § 9b Rn. 6; *Tebben*, in: Michalski, GmbHG, § 9b Rn. 4.

12 *Ulmer/Habersack*, in: Habersack/Casper/Löbbe, GmbHG, § 9b Rn. 10; *Herrler*, in: MünchKommGmbHG, § 9b Rn. 15; a.A. *Veil*, in: Scholz, GmbHG, § 9b Rn. 7 für kurzfristig geltende pactum de non petendo oder Stundungen.

13 OLG Hamm, NZG 2001, 1144; *Veil*, in: Scholz, GmbHG, § 9b Rn. 5; *Schmidt-Leithoff*, in: Rowedder/Schmidt-Leithoff, GmbHG, § 9b Rn. 8; *Bayer*, in: Lutter/Hommelhoff, GmbHG, § 9b Rn. 1; *Herrler*, in: MünchKommGmbHG, § 9b Rn. 18; *Tebben*, in: Michalski, GmbHG, § 9b Rn. 5.

14 *Veil*, in: Scholz, GmbHG, § 9b Rn. 5; *Schmidt-Leithoff*, in: Rowedder/Schmidt-Leithoff, GmbHG, § 9b Rn. 8; *Bayer*, in: Lutter/Hommelhoff, GmbHG, § 9b Rn. 1; anders *Ulmer/Habersack*, in: Ulmer/Habersack/Löbbe, GmbHG, § 9b Rn. 12.

das Vermögen der Gesellschaft oder die Ablehnung der Eröffnung mangels Masse[15] ist hierfür nicht zwingend, da die erlassenen Mittel auch dann als zur Befriedigung der Gesellschaftsgläubiger erforderlich anzusehen sind, wenn ein materieller, die Insolvenzantragspflicht nach §§ 15a, 17 ff. InsO auslösender Insolvenzgrund vorliegt (Zahlungsunfähigkeit oder Überschuldung). Ausreichend sind bereits ernsthafte, nicht nur vorübergehende Zahlungsschwierigkeiten in Form von Zahlungsstockungen.[16] Für die Unwirksamkeit des Verzichts genügt es, wenn die in § 9b Abs. 1 S. 1 genannten Voraussetzungen erst nach dem Abschluss des Verzichts eintreten.[17] Eine Grenze bildet jedoch die Verjährungsfrist des § 9b Abs. 2 S. 1.

Die Beweislast für die Unwirksamkeit von Verzicht oder Vergleich obliegt der Gesellschaft als sich darauf berufender Teil bzw. dem Ansprüche nach § 9a pfändenden Gläubiger.[18] 11

Ein vereinbarter Verzicht oder Vergleich ist dadurch »auflösend« bedingt, dass das Vermögen der Gesellschaft im Zeitpunkt des Abschlusses nicht zur Befriedigung der Gläubiger der Gesellschaft ausreicht. Die Unwirksamkeit tritt dabei von selbst ein und muss nicht durch Ausübung eines Gestaltungsrechts herbeigeführt werden.[19] Es genügt, wenn sich einer der Beteiligten auf die Unwirksamkeit beruft. Dies kann – vorbehaltlich der bestehenden gesellschaftsrechtlichen Treuepflicht – auch der Schuldner sein, wenn er sich etwa aus anderen Gründen ohnehin von dem mit der Gesellschaft geschlossenen Vergleich lösen möchte. Pfändende Gesellschaftsgläubiger können sich auf die Unwirksamkeit berufen, indem sie die Zwangsvollstreckung in den Ersatzanspruch nach den §§ 829 ff. ZPO betreiben.[20] 12

C. Wirksamkeit eines Verzichts/Vergleichs

I. Nichtvorliegen der Voraussetzungen nach Abs. 1 Satz 1

Gemäß Abs. 1 Satz 1 ist ein Verzicht oder ein Vergleich über Ansprüche gem. § 9a nur dann unwirksam, wenn der Ersatz zur Befriedigung der Gläubiger der Gesellschaft erforderlich ist. Ist dies nicht der Fall, kann sich die Gesellschaft auch über Ansprüche nach § 9a vergleichen bzw. auf diese verzichten. Voraussetzung ist entsprechend § 46 Nr. 8 ein entsprechender Beschluss der Gesellschafterversammlung,[21] wobei betroffene Gesellschafter bei der Abstimmung gem. § 47 Abs. 4 nicht stimmberechtigt sind.[22] 13

Erfolgt der Verzicht oder Vergleich nur mit einem Teil der Regresspflichtigen, so entfaltet er nach §§ 423, 425 BGB nur Einzelwirkung ggü. dem konkret beteiligten Schuldner. Ob eine Schuld befreiende Verfügung Einzel- oder Gesamtwirkung entfaltet, hängt dabei von der konkreten Abrede 14

---

15 *Veil*, in: Scholz, GmbHG, § 9b Rn. 8; *Schmidt-Leithoff*, in: Rowedder/Schmidt-Leithoff, GmbHG, § 9b Rn. 9; *Herrler*, in: MünchKommGmbHG, § 9b Rn. 21; *Roth*, in: Roth/Altmeppen, GmbHG, § 9b Rn. 3.

16 *Ulmer/Habersack*, in: Habersack/Casper/Löbbe, GmbHG, § 9b Rn. 13; *Veil*, in: Scholz, GmbHG, § 9b Rn. 8; *Fastrich*, in: Baumbach/Hueck, GmbHG, § 9b Rn. 2; *Bayer*, in: Lutter/Hommelhoff, GmbHG, § 9b Rn. 2; *Tebben*, in: Michalski, GmbHG, § 9b Rn. 7.

17 OLG Brandenburg, GmbHR 2018, 474; *Veil*, in: Scholz, GmbHG, § 9b Rn. 10; *Herrler*, in: MüKoGmbHG, § 9b Rn. 20.

18 *Veil*, in: Scholz, GmbHG, § 9b Rn. 9; *Tebben*, in: Michalski, GmbHG, § 9b Rn. 9; *Herrler*, in: MünchKommGmbHG, § 9b Rn. 23.

19 *Veil*, in: Scholz, GmbHG, § 9b Rn. 10; *Schmidt-Leithoff*, in: Rowedder/Schmidt-Leithoff, GmbHG, § 9b Rn. 9; *Bayer*, in: Lutter/Hommelhoff, GmbHG, § 9b Rn. 2; *Fastrich*, in: Baumbach/Hueck, GmbHG, § 9b Rn. 2.

20 *Herrler*, in: MünchKommGmbHG, § 9b Rn. 26; *Schmidt-Leithoff*, in: Rowedder/Schmidt-Leithoff, GmbHG, § 9b Rn. 10.

21 *Ulmer/Habersack*, in: Habersack/Casper/Löbbe, GmbHG, § 9b Rn. 6; *Veil*, in: Scholz, GmbHG, § 9b Rn. 4; *Herrler*, in: MünchKommGmbHG, § 9b Rn. 8; *Fastrich*, in: Baumbach/Hueck, GmbHG, § 9b Rn. 2; *Schmidt-Leithoff*, in: Rowedder/Schmidt-Leithoff, GmbHG, § 9b Rn. 4.

22 *Ulmer/Habersack*, in: Habersack/Casper/Löbbe, GmbHG, § 9b Rn. 6; *Veil*, in: Scholz, GmbHG, § 9b Rn. 4; *Herrler*, in: MünchKommGmbHG, § 9b Rn. 8.

ab. Der BGH geht im Zweifel von Einzelwirkung aus.[23] Allerdings verbleiben in diesem Fall den nicht von der Schuldbefreiung begünstigten Gesellschaftern bzw. Geschäftsführern i.R.d. Gesamtschuld interne Ausgleichsansprüche gegen die befreite Person.[24] Machen die nicht befreiten Schuldner geltend, dass der Verzicht bzw. der Vergleich über den Ersatzanspruch Gesamtwirkung für alle Gesamtschuldner haben sollte, so trifft sie wegen des umgekehrten Regel-Ausnahme-Verhältnisses die Beweislast für diese Tatsache.[25]

15 Nach bisher nahezu einhelliger Ansicht in der Literatur gilt die Beschränkung des § 9b Abs. 1 S. 1 nicht für den Insolvenzverwalter, wenn über das Vermögen der Gesellschaft das Insolvenzverfahren eröffnet wurde.[26] Eine Ansicht in der Literatur lehnt diese Ausnahme jedoch ab.[27] Es entspräche dem Willen des Gesetzgebers jegliche Disposition über Haftungsansprüche aus § 9a durch § 9b zu unterbinden, wenn und soweit die Erfüllung dieser Ansprüche zur Befriedigung der Gesellschaftsgläubiger erforderlich ist. Die Norm diene ausschließlich dem Gläubigerschutz. Dieser Normzweck gelte auch nach Eröffnung des Insolvenzverfahrens weiter. Zudem sei kein Grund ersichtlich, wieso bei der Parallelvorschrift des § 19 Abs. 2 S. 1 nach ganz herrschender Meinung ein Verzicht des Insolvenzverwalters nicht möglich sei, im Rahmen des § 9b Abs. 1 S. 1 hingegen wohl. Der Ansicht kann jedoch nicht gefolgt werden. Der Zweck des Gläubigerschutzes wird durch die allgemeinen Regelungen des Insolvenzrechts bereits erfüllt.[28] Durch § 60 InsO besteht eine Eigenhaftung des Insolvenzverwalters, wenn er nicht die Sorgfalt eines ordentlichen und gewissenhaften Insolvenzverwalters einhält. Nach den Grundsätzen über das insolvenzzweckwidrige Verhalten[29] können Rechtsgeschäfte sogar nichtig sein. Zudem muss der Insolvenzverwalter gem. § 160 InsO für das Verfahren bedeutsamer Rechtshandlungen, wozu auch ein Verzicht zählen kann,[30] die Zustimmung des Gläubigerausschusses einholen. Besteht allerdings bereits ein wirksamer Gläubigerschutz und soll der Insolvenzverwalter die Insolvenzmasse bestmöglich verwerten[31], besteht kein Grund ihm zu versagen, einen Vergleich bzw. Verzicht mit den Geschäftsführern nicht abzuschließen, wenn dies wirtschaftlicher erscheint. Abweichendes ergibt sich auch nicht aus einem Vergleich mit § 19 Abs. 2 S. 1. Anders als bei § 19 Abs. 2 S. 1 handelt es sich bei Ersatzansprüchen nach § 9a gerade nicht um den zentralen Baustein der realen Kapitalaufbringung. Dieser Unterschied zeigt sich auch bereits in § 9b selbst, der bestimmt, dass ein Verzicht nur soweit unwirksam ist wie die Voraussetzungen des § 9b vorliegen. § 19 Abs. 2 S. 1 kennt hingegen nur die unbedingte Unwirksamkeit eines Verzichts bzw. Vergleichs.[32] Beide Normen können daher nicht gleich behandelt werden. Der überwiegenden Ansicht in der Literatur hat sich auch der BGH angeschlossen.[33] Dieser stellte in seiner Entscheidnug fest, dass ein Insolvenzverwalter nicht gehindert ist, die der Gesellschaft in diesem Zusammenhang zustehenden Ersatzansprüche im Rahmen eines Vergleichs an einen Dritten abzutreten. § 9b Abs. 1 S. 1 stehe demnach auch der Wirksamkeit einer Abtretungsvereinbarung in diesem Zusammenhang nicht entgegen.[34]

---

23 BGH, NJW 2000, 1942.

24 BGHZ 11, 170, 174; BGH, NJW 1992, 2286, 2287.

25 *Herrler*, in: MünchKommGmbHG, § 9b Rn. 9.

26 *Servatius*, in: Baumbach/Hueck, GmbHG, § 9b Rn. 2; *Oetker*, in: Henssler/Strohn, § 43 GmbHG Rn. 68; *Dietrich*, in: Boecken/Düwell/Diller/Hanau, § 43 GmbHG Rn. 19; *Schneider*, in: Scholz, GmbHG, § 43 Rn. 267; *Haas*, in: Baumbach/Hueck, GmbHG § 64 Rn. 40a; *Kleindiek*, in: Lutter/Hommelhoff, GmbHG, § 64 Rn. 69; *Wicke*, GmbHG, § 64 Rn. 24.

27 *Meul/Ritter*, NZI 2017, 689 ff.

28 *Haas/Wigand*, Verzicht, Vergleich und sonstige Fälle der Haftungsbeschränkung, in: Krieger/Schneider, Handbuch Managerhaftung, 3. Aufl. 2017, § 20 Rn. 19.

29 *Vuia*, in: MünchKommInsO, § 80 InsO, Rn. 62 f.; *Mock*, in: Uhlenbruck, § 80 InsO, Rn. 82.

30 *Haas/Wigand*, Verzicht, Vergleich und sonstige Fälle der Haftungsbeschränkung, in: Krieger/Schneider, Handbuch Managerhaftung, 3. Aufl. 2017, § 20 Rn. 19.

31 Vgl. § 159 InsO; *Zipperer*, in: Uhlenbruck, § 159, Rn. 2.

32 *Fastrich*, in: Baumbach/Hueck, GmbHG, § 19 Rn. 16 ff.

33 BGH, Urteil v. 14.06.2018 – IX ZR 232/17; NJW 2018, 2494 ff.

34 BGH, Urteil v. 14.06.2018 – IX ZR 232/17; NJW 2018, 2494 ff.

II. Ausnahmen (Abs. 1 Satz 2)

16 Von der Unwirksamkeitsfolge des Abs. 1 Satz 1 macht Satz 2 eine Ausnahme, wenn der Schuldner des Ersatzanspruchs im Sinne von § 17 Abs. 2 Satz 1 InsO zahlungsunfähig ist und sich zur Abwendung oder Beendigung des Insolvenzverfahrens mit seinen Gläubigern vergleicht oder wenn die Ersatzpflicht in einem Insolvenzplan geregelt wird (§§ 217 ff. InsO).

17 Nach z.T. vertretener Auffassung soll auch bereits die drohende Zahlungsunfähigkeit den Ausnahmetatbestand des Satzes 2 erfüllen können, allerdings nur wenn sie aufgrund eines Antrags des Schuldners zur Eröffnung des Insolvenzverfahrens geführt hat.[35] Dem steht jedoch zum einen der Wortlaut des Abs. 1 Satz 2 entgegen, zum anderen dürfte auch eine Analogie mangels vergleichbarer Interessenlage nicht möglich sein, da die drohende Zahlungsunfähigkeit lediglich einen optionalen Insolvenzgrund darstellt. In der Praxis dürfte hierfür auch kein Bedürfnis bestehen, da in der Regel bei Eröffnung des Insolvenzverfahrens Zahlungsunfähigkeit gegeben ist.

1. Abwendungsvergleich

18 Da infolge der Insolvenzrechtsreform das gerichtliche Vergleichsverfahren entfallen ist, kann es sich bei dem in Satz 2 genannten Vergleich nur um einen Vergleich, in dem die (wesentlichen) Gläubiger der Gesellschaft eine außergerichtliche Sanierung der Gesellschaft vereinbaren, handeln.[36] Als Insolvenzgrund kommt dabei neben der ausdrücklich genannten Zahlungsunfähigkeit auch die Überschuldung in Betracht.[37] Wird nach Eröffnung des Insolvenzverfahrens ein Vergleich im Sinne von § 9b Abs. 1 Satz 2 geschlossen, müssen entweder nach § 212 InsO die Insolvenzgründe beseitigt worden sein oder nach § 213 InsO alle Gläubiger zustimmen.[38]

2. Insolvenzplan

19 Der in §§ 217 ff. InsO geregelte Insolvenzplan sieht im Hinblick auf die Ersatzforderung aus § 9a regelmäßig die Kürzung, Stundung oder anderweitige Modifizierungen vor. Der Plan erlangt durch mehrheitliche Annahme durch die Gläubiger (§ 244 InsO) sowie rechtskräftige Bestätigung durch das Insolvenzgericht (§§ 248, 254 InsO) Wirksamkeit.

D. Verjährung (Abs. 2)

20 Abs. 2 regelt Beginn und Dauer der Verjährung des Anspruchs aus § 9a. I.Ü. – etwa bzgl. der Hemmung und Unterbrechung – gelten die allgemeinen zivilrechtlichen Vorschriften.[39] Eine vertragliche Verkürzung der Verjährungsfrist ist wegen des zwingenden Charakters des Abs. 2 ausgeschlossen.[40]

21 Die Verjährungsfrist für Ersatzansprüche nach § 9a beträgt fünf Jahre und beginnt mit der Eintragung der Gesellschaft im Handelsregister. Irrelevant ist dabei einerseits, dass anspruchsbegründende Tatsachen bereits vor Eintragung vorliegen,[41] andererseits, dass ein Schaden sich erst nach Eintragung realisiert.[42] Wurde die zum Ersatz verpflichtende Handlung erst nach Eintragung der

35 *Veil*, in: Scholz, GmbHG, § 9b Rn. 13; *Herrler*, in: MünchKommGmbHG, § 9b Rn. 30.
36 *Veil*, in: Scholz, GmbHG, § 9b Rn. 14; *Herrler*, in: MünchKommGmbHG, § 9b Rn. 31.
37 In analoger Anwendung, vgl. zutreffend *Ulmer/Habersack*, in: Habersack/Casper/Löbbe, GmbHG, § 9b Rn. 13; *Veil*, in: Scholz, GmbHG, § 9b Rn. 13; *Tebben*, in: Michalski, GmbHG, § 9b Rn. 10; *Bayer*, in: Lutter/Hommelhoff, GmbHG, § 9b Rn. 3; *Herrler*, in: MünchKommGmbHG, § 9b Rn. 30.
38 *Ulmer/Habersack*, in: Habersack/Casper/Löbbe, GmbHG, § 9b Rn. 20; *Veil*, in: Scholz, GmbHG, § 9b Rn. 14; *Schmidt-Leithoff*, in: Rowedder/Schmidt-Leithoff, GmbHG, § 9b Rn. 7.
39 *Herrler*, in: MünchKommGmbHG, § 9b Rn. 35; *Veil*, in: Scholz, GmbHG, § 9b Rn. 16; *Tebben*, in: Michalski, GmbHG, § 9b Rn. 16.
40 *Herrler*, in: MünchKommGmbHG, § 9b Rn. 34; *Tebben*, in: Michalski, GmbHG, § 9b Rn. 14.
41 *Ulmer/Habersack*, in: Habersack/Casper/Löbbe, GmbHG, § 9b Rn. 25.
42 *Veil*, in: Scholz, GmbHG, § 9b Rn. 17; *Servatius*, in: Baumbach/Hueck, GmbHG, § 9b Rn. 4.

Gesellschaft begangen, beginnt nach der Ausnahmeregelung des Abs. 2 Satz 2, 2. Alt. der Fristenlauf erst mit Vornahme der Handlung. Zum Tragen kann dies bei der Haftung nach § 9a Abs. 2[43] sowie im Rahmen wirtschaftlicher Neugründungen bei der Verwendung und Aktivierung von Vorrats- oder Mantelgesellschaften kommen.[44]

22 Durch den Abschluss eines wirksamen außergerichtlichen Vergleichs wird regelmäßig eine neue 5-jährige Verjährungsfrist in Gang gesetzt.[45] Dies gilt jedoch nicht, soweit das ursprüngliche Schuldverhältnis durch ein neues Rechtsverhältnis, z.B. bei Abgabe eines abstrakten Schuldanerkenntnisses, ersetzt wird. Für dieses gilt dann die Regelverjährung des § 195 BGB.[46] Bei Abschluss eines Prozessvergleichs bzw. nach rechtskräftiger Feststellung der Forderung ersetzt die 30-jährige Verjährungsfrist (§ 197 Abs. 1 Nr. 4 bzw. § 197 Abs. 1 Nr. 3 BGB) die Verjährungsfrist des Abs. 2.[47]

§ 9c Ablehnung der Eintragung

(1) [1]Ist die Gesellschaft nicht ordnungsgemäß errichtet und angemeldet, so hat das Gericht die Eintragung abzulehnen. [2]Dies gilt auch, wenn Sacheinlagen nicht unwesentlich überbewertet worden sind.

(2) Wegen einer mangelhaften, fehlenden oder nichtigen Bestimmung des Gesellschaftsvertrages darf das Gericht die Eintragung nach Absatz 1 nur ablehnen, soweit diese Bestimmung, ihr Fehlen oder ihre Nichtigkeit

1. **Tatsachen oder Rechtsverhältnisse betrifft, die nach § 3 Abs. 1 oder auf Grund anderer zwingender gesetzlicher Vorschriften in dem Gesellschaftsvertrag bestimmt sein müssen oder die in das Handelsregister einzutragen oder von dem Gericht bekanntzumachen sind,**
2. **Vorschriften verletzt, die ausschließlich oder überwiegend zum Schutze der Gläubiger der Gesellschaft oder sonst im öffentlichen Interesse gegeben sind, oder**
3. **die Nichtigkeit des Gesellschaftsvertrages zur Folge hat.**

Schrifttum

Ammon, Die Prüfungsbefugnisse des Registergerichts bei GmbH-Anmeldungen, Besteht Reformbedarf?, DStR 1995, 1311; *Haslinger*, Die Prüfungskompetenz des Registergerichts bei der Bildung von Kapitalrücklagen im Zusammenhang mit Sachgründungen oder Sachkapitalerhöhungen, MittBayNot 1996, 278; *Keilbach*, Die Prüfungsaufgaben der Registergerichte, MittRhNotK 2000, 365; *Müther*, Die Prüfungspflichten des Registergerichts im elektronischen Handelsregister, Rpfleger 2008, 233; *Priester*, Registersperre kraft Richterrechts?, GmbHR 2007, 296.

Übersicht

43 *Schmidt-Leithoff*, in: Rowedder/Schmidt-Leithoff, GmbHG, § 9b Rn. 13; *Altmeppen*, in: Roth/Altmeppen, GmbHG, § 9b Rn. 6; *Herrler*, in: MünchKommGmbHG, § 9b Rn. 37.

44 *Schaub*, in: MünchKommGmbHG, 1. Aufl. 2010, § 9b Rn. 32; *Ulmer/Habersack*, in: Habersack/Casper/Löbbe, GmbHG, § 9b Rn. 25.

45 *Ulmer/Habersack*, in: Habersack/Casper/Löbbe, GmbHG, § 9b Rn. 26; *Tebben*, in: Michalski, GmbHG, § 9b Rn. 15; a.A. *Altmeppen*, in: Roth/Altmeppen, GmbHG, § 9b Rn. 7 (nur beim Prozessvergleich).

46 *Ulmer/Habersack*, in: Habersack/Casper/Löbbe, GmbHG, § 9b Rn. 26; *Herrler*, in: MünchKommGmbHG, § 9b Rn. 36 Fn. 74 mit Hinweis auf *Ulmer/Habersack* a.a.O.; a.A. *Roth*, in: Roth/Altmeppen, GmbHG, § 9b Rn. 7.

47 *Herrler*, in: MünchKommGmbHG, § 9b Rn. 36; *Schmidt-Leithoff*, in: Rowedder/Schmidt-Leithoff, GmbHG, § 9b Rn. 14; *Ulmer/Habersack*, in: Habersack/Casper/Löbbe, GmbHG, § 9b Rn. 26.

A. Bedeutung der Vorschrift

Die Existenz einer GmbH ist grds. davon abhängig, dass der Registerrichter die ordnungsgemäße Errichtung und Anmeldung der Gesellschaft feststellt. Die Haftung ggü. den Gesellschaftsgläubigern soll nur dann auf das Gesellschaftsvermögen beschränkt sein, wenn die Einhaltung der rechtlichen Anforderungen durch das Registergericht nachgeprüft worden ist. Dies bringt § 9c Abs. 1 zum Ausdruck. 1

§ 9c Abs. 2 trägt dem Interesse der Gründer – und auch der Allgemeinheit – an einem unverzüglichen und kostengünstigen Abschluss des Gründungsverfahrens Rechnung. 2

B. Grundsätze der registergerichtlichen Prüfung

Das Registergericht ist nicht nur zur Prüfung der Gesellschaftserrichtung und -anmeldung berechtigt, sondern auch verpflichtet. Nach herrschender Meinung entsprechenden sich der Umfang des Prüfungsrechts und der Prüfungspflicht; Prüfungsbefugnisse bestehen danach nur insoweit, wie auch eine Prüfungspflicht besteht.[1] Insb. darf das Registergericht nur die Einhaltung rechtlicher Vorgaben, nicht aber etwa die Zweckmäßigkeit, Klarheit oder sprachliche Fassung einzelner Satzungsbestimmungen oder deren wirtschaftlichen Auswirkungen überprüfen. Das Registergericht hat nicht die Beratung der Beteiligten zur Aufgabe; diese Aufgabe obliegt vielmehr dem Notar i.R.d. Beurkundung des Gesellschaftsvertrags (Notar als »Außenstelle der Justiz«, doppelstöckige Überprüfung durch Notar und Richter, vgl. auch § 17 Abs. 1 BeurkG). Dabei kann und muss sich das Registergericht im Übrigen darauf verlassen, dass die Anmeldung der Gesellschaft vor ihrer Einreichung bereits für das Registergericht von dem Notar auf Eintragungsfähigkeit geprüft wurde (vgl. § 378 Abs. 3 S. 1 FamFG). Soweit die vom Registergericht zu prüfenden Anforderungen erfüllt sind, besteht ein Anspruch der Gründer auf unverzügliche Eintragung der Gesellschaft in das Handelsregister. Das Registergericht darf den Beteiligten Bedenken gegen die Zweckmäßigkeit der Satzungsgestaltung zwar mitteilen; durch die entsprechende Prüfung und Mitteilung dürfen allerdings keine Verzögerungen eintreten.[2] 3

Das Registergericht muss grds. umfassend prüfen, ob sämtliche formell- und materiellrechtlichen Anforderungen an die Gesellschaftsgründung erfüllt sind.[3] Die Prüfungspflicht beschränkt sich nicht lediglich z.B. auf die in das Handelsregister einzutragenden Umstände. Die Gründung ist auch auf Mängel zu prüfen, die durch die Eintragung der Gesellschaft in das Handelsregister geheilt würden. Allerdings nimmt § 9c Abs. 2 bestimmte Umstände von dem Prüfungsumfang aus (s. dazu im Einzelnen unten Rdn. 12 ff.). 4

Das Registergericht darf grundsätzliche keine Angaben und Nachweise fordern, die über den gesetzlich vorgegebenen Inhalt der Anmeldung und ihrer Anlagen (insb. § 8) hinausgehen. Sonstige Überprüfungen oder ein routinemäßiges oder stichprobenartiges[4] Anfordern von Nachweisen, die über die gesetzlichen Anmeldeunterlagen hinausgehen, sind unzulässig. Beispielsweise dürfte es auch nicht statthaft sein, wenn das Handelsregister trotz »Kostenstarksagung« des Notars (§ 16 Nr. 3 GNotKG) standardmäßig einen Kostenvorschuss bei der Gesellschaft anfordert, um zu 5

1 *Ulmer/Habersack*, in: Habersack/Casper/Löbbe, GmbHG, § 9c Rn. 8; *Bayer*, in: Lutter/Hommelhoff, GmbHG, § 9c Rn. 14.
2 *Wicke*, in: MünchKommGmbHG, § 9c Rn. 8; ähnlich *Tebben*, in: Michalski, GmbHG, § 9c Rn. 14.
3 BGH, NJW 1991, 1754, 1757; BayObLG, BB 1983, 83.
4 *Wolf*, Rpfleger 2010, 453, 455.

prüfen, ob die Gesellschaft unter der angegebenen Geschäftsanschrift tatsächlich erreichbar ist. Das Gericht darf grds. auch nicht die Vorlage schuldrechtlicher Nebenabreden verlangen, selbst wenn das Gericht von der Existenz von Nebenabreden weiß.[5] Das Interesse an einem unverzüglichen und kostengünstigen Abschluss des Gründungsverfahrens gebietet es, dass das Registergericht die Gesellschaft in das Handelsregister einzutragen hat, wenn als Ergebnis einer Plausibilitätsprüfung keine sachlich begründeten Zweifel an der Richtigkeit der Angaben und Nachweise verbleiben.[6] Es ist daher nicht Voraussetzung der Eintragung, dass das Registergericht zu einer vollen Überzeugung oder Gewissheit hinsichtlich der Richtigkeit aller relevanten Tatsachen gelangt.

6 Wenn das Registergericht durch besondere Umstände begründete Zweifel an der Richtigkeit oder Vollständigkeit der angemeldeten Tatsachen oder der vorgelegten Nachweise hat, ist es zu einer weiteren Sachverhaltsaufklärung verpflichtet. Dabei steht die Art und Weise der Aufklärung im pflichtgemäßen Ermessen des Registergerichts. Die Sachverhaltsaufklärung darf das Interesse der Beteiligten, eine zügige Handelsregistereintragung bei möglichst geringem Kostenaufwand zu erreichen, nicht unverhältnismäßig beeinträchtigten. Ein unaufklärbarer Sachverhalt geht allerdings zulasten der Gesellschafter.

C. Prüfungsgegenstände im Einzelnen

I. Wirksame Erklärungen der Gründer

7 Aus den dem Registergericht vorgelegten Unterlagen dürfen sich keine begründeten Zweifel daran ergeben, dass die Beteiligten bei der Errichtung der Gesellschaft wirksame Erklärungen abgegeben haben.[7] Weder aus § 9c Abs. 2 noch aus dem Umstand, dass auch der den Gründungsakt beurkundende Notar die Wirksamkeit des Rechtsaktes zu prüfen hat, ergeben sich insoweit Einschränkungen der registergerichtlichen Prüfungspflichten.[8]

8 Der Gesellschaftsvertrag muss wirksam beurkundet worden sein (§ 2 Abs. 1). Etwaige Mängel des Beurkundungsverfahrens, die die Wirksamkeit der Urkunde nicht beeinträchtigen (z.B. Verstoß des Notars gegen seine gem. § 17 Abs. 1 BeurkG bestehenden Belehrungspflichten), sind vom Registergericht allerdings nicht zu prüfen, auch wenn solche Mängel für den Notar aufsichtsrechtliche und haftungsrechtliche Konsequenzen haben können. Der gesamte Gesellschaftsvertrag muss in einem in sich geschlossenen Schriftstück enthalten sein (Prinzip der urkundlichen Einheit, vgl. auch § 54 Abs. 1 Satz 2).[9] Beitrittserklärungen dürfen nicht bedingt oder befristet abgegeben oder zwischenzeitlich angefochten werden sein. Vollmachten und Genehmigungen vollmachtlosen Handelns (nach herrschender Meinung nur bei der Mehrpersonengesellschaft zulässig) müssen formgerecht abgegeben worden sein (§ 2 Abs. 2) und inhaltlich die abgegebenen Erklärungen decken. Wenn eine Person im Namen mehrerer Gründer gehandelt hat, muss er von den entsprechenden Beschränkungen des § 181 BGB befreit sein (und zwar in der Form des § 2 Abs. 2). Auch bei gesetzlicher Vertretung ist die Vertretungsmacht zu überprüfen (z.B. bei juristischen Personen, Minderjährigen, Betreuten).

9 Ob die Gesellschaft aufgrund ihres Unternehmensgegenstands einer öffentlich-rechtlichen Genehmigung bedarf (z.B. Betrieb einer Gaststätte oder eines zulassungspflichtigen Handwerks, Tätigkeit als Makler oder Bauträger), betrifft nicht die Wirksamkeit des Gründungsakts und ist daher von dem Registergericht grds. nicht zu prüfen. Etwas anders gilt nur, soweit dies spezialgesetzlich angeordnet ist (z.B. § 43 Abs. 1 KWG).[10] Ob die sondergesetzlichen Vorgaben für die Gründung einer GmbH durch Angehörige eines freien Berufs im Gründungsverfahren zu prüfen sind, ist streitig.[11]

5 *Bayer*, in: Lutter/Hommelhoff, GmbHG, § 9c Rn. 2.

6 BGH, NJW 1991, 1754, 1758; *Wicke*, in: MünchKommGmbHG, § 9c Rn. 12 m.w.N.

7 *Servatius*, in: Baumbach/Hueck, GmbHG, § 9c Rn. 4.

8 *Winter/Veil*, in: Scholz, GmbHG, § 9c Rn. 9.

9 *Wicke*, in: MünchKommGmbHG, § 9c Rn. 16.

10 *Wicke*, in: MünchKommGmbHG, § 9c Rn. 29.

11 S. hierzu *Leitzen*, GmbHR 2009, 480.

Bei der Gründung einer Gesellschaft unter Verwendung des Musterprotokolls dürfen keine vom Gesetz abweichenden Bestimmungen getroffen worden sein (§ 2 Abs. 1a Satz 3). Sind solche abweichenden Bestimmungen getroffen worden, kann das Musterprotokoll keine Grundlage für den Nachweis der darin zusammengefassten Dokumente sein.[12] 10

Vereinbaren die Gesellschafter vor der Eintragung der Gesellschaft in das Handelsregister eine Änderung des Gesellschaftsvertrages (auch bei Änderungen im Mitgliederbestand der Gesellschaft), muss dem Registergericht eine Zustimmung aller Gesellschafter vorgelegt werden[13] sowie die Form des § 2 Abs. 1 gewahrt sein. Fehlt es im Zeitpunkt der Eintragung der Gesellschaft in das Handelsregister an diesen Voraussetzungen, entsteht die Gesellschaft mit dem ursprünglich vereinbarten Gesellschaftsvertrag; die Eintragung darf daher nicht wegen einer mangelhaften Änderungsvereinbarung abgelehnt werden. 11

II. Inhalt des Gesellschaftsvertrags

Wegen einer mangelhaften, fehlenden oder nichtigen Bestimmung des Gesellschaftsvertrages darf die Eintragung der Gesellschaft nur aus den in § 9c Abs. 2 genannten Gründen abgelehnt werden (anders bei Satzungsänderungen nach Eintragung der Gesellschaft in das Handelsregister, da § 57a nicht auf § 9c Abs. 2 verweist). Der Gesetzgeber wollte mit dieser Beschränkung der registergerichtlichen Prüfzuständigkeit das Eintragungsverfahren beschleunigen.[14] Ferner wird § 9c Abs. 2 von dem Gedanken getragen, dass eine staatliche Vorab-Verhütung unzulässiger, das Innenverhältnis der Gesellschafter betreffender Vertragsklauseln nicht die Gründung von Unternehmen behindern soll.[15] Die Wirksamkeit solcher Vertragsklauseln soll nicht im Registerverfahren, sondern ggf. in einem Rechtsstreit zwischen den Beteiligten geklärt werden. Da der Notar bei der Beurkundung des Gründungsakts sämtliche Vereinbarungen auf ihre Übereinstimmung mit zwingendem Recht überprüfen muss (§ 17 Abs. 2 BeurkG), besteht eine hinreichende präventive Inhaltskontrolle des Gesellschaftsvertrags. 12

1. Pflichtinhalt des Gesellschaftsvertrags und des Handelsregisters (Abs. 2 Nr. 1)

Das Registergericht ist nach § 9c Abs. 2 Nr. 1 gehalten, z.B. die folgenden Umstände zu prüfen (s. im Einzelnen die Kommentierung der jeweils genannten Vorschriften): 13

Der Gesellschaftsvertrag muss die in § 3 genannten Bestimmungen enthalten, wobei diese den jeweiligen rechtlichen Vorgaben entsprechen müssen. Es muss daher eine zulässige Firma (vgl. §§ 17 ff. HGB) mit einem Rechtsformzusatz entsprechend §§ 4, 5a Abs. 1 und ein Gesellschaftssitz im Inland (§ 4a) gewählt worden sein. Die mögliche Irreführung über Verhältnisse, die für die angesprochenen Verkehrskreise wesentlich sind, wird von dem Registergericht allerdings nur berücksichtigt, wenn sie für dieses ersichtlich ist (§ 18 Abs. 2 HGB); damit ist die richterliche Prüfung insoweit auf ein Grobraster beschränkt. Der Unternehmensgegenstand hat hinreichende individualisiert zu sein. Gesetzes- oder sittenwidrige Unternehmensgegenstände führen ebenfalls zur Ablehnung der Handelsregistereintragung. Der Betrag des Stammkapitals, die Zahl und die Nennbeträge der Geschäftsanteile sowie die auf etwaige Sacheinlagen bezogenen Bestimmungen müssen den Anforderungen des § 5 entsprechen. 14

Der Gesellschaftsvertrag ist auch insoweit zu prüfen, als Tatsachen oder Rechtsverhältnisse betroffen sind, die in das Handelsregister einzutragen oder von dem Gericht bekannt zu machen sind (vgl. Wortlaut des § 9c Abs. 2 Nr. 1). Daher sind auch die gem. § 10 in das Handelsregister 15

12 OLG München, NZG 2010, 795.

13 Streitig, im Einzelnen hierzu *Heidinger*, in: *Heckschen/Heidinger*, Die GmbH in der Gestaltungs- und Beratungspraxis, § 3 Rn. 79 ff.

14 Begr. RegE, BT-Drucks. 13/8444, S. 75 ff. = ZIP 1997, 997.

15 Begr. RegE, BT-Drucks. 13/8444, S. 75 ff. = ZIP 1997, 997; *Wicke*, in: MünchKommGmbHG, § 9c Rn. 19; *Gustavus*, GmbHR 1993, 259, 264.

einzutragende Bestimmungen über Art und Umfang der Vertretung durch die Geschäftsführer sowie Klauseln über die Zeitdauer der Gesellschaft und über genehmigtes Kapital zu kontrollieren.

2. Schutz der Gläubiger und öffentlicher Interessen (Abs. 2 Nr. 2)

16 Als gläubigerschützende Vorschriften i.S.d. § 9c Abs. 2 Nr. 2 gelten insb. die gesetzlichen Regelungen über die Aufbringung und Erhaltung des Stammkapitals. Es ist anerkannt, dass Bestimmungen des Gesellschaftsvertrages zu beanstanden sind, wenn sie im Widerspruch zu einer in §§ 7, 9 ff., 16 Abs. 2, 18 Abs. 2, 19, 21–24, 30 ff. enthaltenen Regelungen oder zu bestimmten insolvenzrechtlichen Vorschriften steht.[16] Das Schrifttum geht auch davon aus, dass die Eintragung einer extrem unterkapitalisierten Gesellschaft abzulehnen ist, um eine sittenwidrige Gläubigerschädigung zu verhindern.[17] In der Registerpraxis spielt dieser Gesichtspunkt allerdings nahezu keine Rolle. Es werden auch Unternehmergesellschaften (haftungsbeschränkt) mit sehr niedrigem Stammkapital (1,– €) unabhängig von ihrem Unternehmensgegenstand regelmäßig ohne Thematisierung einer Unterkapitalisierung in das Handelsregister eingetragen. Ob die Eintragung einer Gesellschaft abgelehnt werden kann, weil für den Fall der Pfändung eines Geschäftsanteils oder der Insolvenz einer Gesellschaft ein unzulässig niedriges Einziehungsentgelt vorgesehen wurde, ist umstritten.[18] Dass der Gesellschaftsvertrag keine Bestimmung zum Gründungsaufwand enthält, kann nicht beanstandet werden, da das Gesetz (insb. § 3 Abs. 1) eine solche Bestimmung nicht zum zwingenden Bestandteil des Gesellschaftsvertrags zählt;[19] eine unzulässige Bestimmung zum Gründungsaufwand – etwa wenn der von der Gesellschaft zu tragende Gründungsaufwand nicht der Höhe nach begrenzt ist – stellt hingegen ein Eintragungshindernis dar. Bestimmt die Satzung das Veröffentlichungsorgan der Gesellschaft nicht hinreichend eindeutig, kann das Registergericht diese Satzungsbestimmung beanstanden.[20]

17 Zu den Vorschriften, die im öffentlichen Interesse gegeben sind, werden neben den gläubigerschützenden Vorschriften die Straftats- und Ordnungswidrigkeitstatbestände, bestimmte Rechnungslegungs- und Bilanzierungsvorschriften sowie die zwingenden Vorschriften des Gewerbe-, Kartell- und Mitbestimmungsrechts gezählt, aber auch zwingende Vorschriften des GmbHG, die nicht ausschließlich oder überwiegend dem Individual- oder Minderheitenschutz oder anderen innergesellschaftlichen Interessen dienen. Normen über Verbandsstruktur und Mitgliedschaft stehen – anders als im Aktienrecht – nicht automatisch im öffentlichen Interesse.[21] Im öffentlichen Interesse stehen z.B. die Eignungsvoraussetzungen für die Geschäftsführer (§ 6 Abs. 2), nicht aber die in §§ 48, 51a, 50 Abs. 1 und 2, 61 Abs. 2, 66 Abs. 2 und 3 genannten Individual- und Minderheitenrechte (obwohl sie unentziehbar sind).

3. Nichtigkeit des Gesellschaftsvertrages (Abs. 2 Nr. 3)

18 Eine mangelhafte, fehlende oder nichtige Satzungsbestimmung, die das Registergericht nach § 9c Abs. 2 Nr. 1 und 2 nicht unmittelbar zur Ablehnung der Eintragung berechtigt, kann zu einer Gesamtnichtigkeit des Gesellschaftsvertrags und somit zu einer Ablehnung der Eintragung nach § 9c Abs. 2 Nr. 3 führen.[22] Das Registergericht bleibt daher trotz der mit § 9c Abs. 2 bezweckten Einschränkung der Prüfungspflichten verpflichtet, den gesamten Gesellschaftsvertrag durchzusehen. In diesem Zusammenhang ist umstritten, ob die Nichtigkeitsvermutung des § 139 BGB anwendbar ist und daher bei einer nichtigen Einzelregelung grundsätzlich Gesamtnichtigkeit des

16 *Wicke*, in: MünchKommGmbHG, § 9c Rn. 23.
17 *Wicke*, in: MünchKommGmbHG, § 9c Rn. 23; *Tebben*, in: Michalski, GmbHG, § 9c Rn. 45.
18 *Tebben*, in: Michalski, GmbHG, § 9c Rn. 19.
19 OLG Frankfurt am Main, NZG 2010, 593.
20 OLG München, NZG 2006, 35.
21 OLG München, DNotZ 2010, 937.
22 *Servatius*, in: Baumbach/Hueck, GmbHG, § 9c Rn. 5.

Gesellschaftsvertrags anzunehmen ist.[23] Dabei ist auch nicht abschließend geklärt, ob Mängel unechter Satzungsbestandteile die Wirksamkeit des gesamten Gesellschaftsvertrags infrage stellen können.[24] Auf diese Fragen kommt es allerdings nur dann an, wenn nicht im konkreten Einzelfall aufgrund der Existenz einer salvatorischen Klausel oder durch Auslegung der weiteren Erklärungen ermittelt werden kann, ob die Gesellschafter bei Nichtigkeit bestimmter Klauseln eine Nichtigkeit des gesamten Gesellschaftsvertrages gewollt haben. Dies dürfte regelmäßig nur der Fall sein, wenn die betroffene Klausel erkennbar zentrale Bedeutung für zumindest einzelne Gesellschafter hat.

III. Handelsregisteranmeldung

Das Registergericht ist im Hinblick auf die ordnungsgemäße Anmeldung der Gesellschaft verpflichtet, z.B. die Einhaltung der sich aus §§ 7, 8, 78 GmbHG sowie § 12 HGB ergebenden Vorgaben zu prüfen (s. im Einzelnen die Kommentierung der genannten Vorschriften): 19

Die Anmeldung muss durch sämtliche Geschäftsführer bei dem zuständigen Registergericht (§§ 376, 377 FamFG) mit den in § 8 Abs. 1 genannten Unterlagen erfolgt sein; einer einzureichenden Gesellschafterliste müssen die von § 40 Abs. 1 geforderten Informationen entnommen werden können und sie muss die nach der GesLV vorgegebene Gestaltung aufweisen[25]. Die in § 8 Abs. 2, 3 genannten Versicherungen müssen abgegeben worden sein. Die Anmeldung hat die in § 8 Abs. 4 aufgeführten Angaben zu enthalten. 20

Die Anmeldung muss elektronisch in öffentlich beglaubigter Form eingereicht worden sein (§ 12 Abs. 1 Satz 1 HGB), d.h. das mit einer Unterschriftsbeglaubigung versehene Papierdokument muss eingescannt und der Scan von einem Notar mit einer qualifizierten elektronischen Signatur nach dem Signaturgesetz versehen worden sein (§ 39a BeurkG). Die Formerfordernisse hinsichtlich der Anlagen ergeben sich aus § 12 Abs. 2 HGB. Die Übermittlung per einfacher E-Mail ist unzulässig, sie erfolgt vielmehr über das Elektronische Gerichts- und Verwaltungspostfach (EGVP), vgl. die Verordnungen der Länder gem. § 8a Abs. 2 HGB. 21

Bei Unterzeichnung der Handelsregisteranmeldung nebst Beglaubigung der Unterschriften im Ausland ist ggf. eine Apostille oder eine Legalisation erforderlich (Länderübersicht unter www.dnoti.de). 22

IV. Bestellung der Geschäftsführer

Da nur wirksam bestellte Geschäftsführer die Gesellschaft anmelden dürfen und bei der Eintragung der Gesellschaft in das Handelsregister auch die Personen der Geschäftsführer anzugeben sind (§ 10 Abs. 1), hat sich die Prüfung des Registergerichts auch auf den hinreichenden Nachweis der Geschäftsführerbestellung zu erstrecken. Es muss eine ordnungsgemäße Bestellung im Gesellschaftsvertrag oder durch Gesellschafterbeschluss erfolgt sein (§ 6 Abs. 2 Satz 3). Die Bestellungsvoraussetzungen gem. § 6 Abs. 2 müssen erfüllt sein. Allerdings darf des Registergericht grds. keine Nachweise fordern, die über die gem. § 8 Abs. 1 Nr. 2 einzureichenden Unterlagen und die gem. § 8 Abs. 3 abzugebende Versicherung hinausgehen. Auch die für die Begründung der Organstellung konstitutive Annahme der Bestellung durch die Geschäftsführer muss daher regelmäßig nicht gesondert belegt werden (sie ist durch den Umstand, dass der Geschäftsführer die Anmeldung unterzeichnet hat, regelmäßig nicht zweifelhaft). Umstände, die die Bestellung anfechtbar, aber nicht nichtig machen (z.B. Anforderungen des Gesellschaftervertrags an die Personen der Geschäftsführer), dürfen – solange keine konkreten Anhaltspunkte für eine Anfechtung erkennbar sind – vom Registergericht nicht beanstandet werden.[26] Nach der inzwischen überwiegend in 23

---

23 *Wicke*, in: MünchKommGmbHG, § 9c Rn. 26 m.w.N.
24 *Wicke*, in: MünchKommGmbHG, § 9c Rn. 27 m.w.N.
25 KG, DNotZ 2020, 555.
26 *Wicke*, in: MünchKommGmbHG, § 9c Rn. 31.

der Rechtsprechung vertretenen Auffassung, ist auch die Bestellung eines Nicht-EU-Ausländers nicht von weiteren, als den ausdrücklich in § 6 Abs. 2 gestellten Anforderungen abhängig, insb. nicht von einer jederzeitigen Einreisemöglichkeit des Geschäftsführers in die BRD.[27] Sofern eine besondere Vertretungsbefugnis eines Geschäftsführers angemeldet wurde, darf diese weder zu dem Bestellungsbeschluss noch zu der Satzung noch zum Gesetz im Widerspruch stehen.

V. Leistung der Einlagen

24 Das Registergericht hat zu prüfen, ob die gesetzlichen Bestimmungen über die Einlageleistungen erfüllt sind. Es sind z.B. die folgenden Umstände zu prüfen (s. im Einzelnen die Kommentierung der jeweils genannten Vorschriften):

25 Bei vereinbarten Bareinlagen muss auf jeden Geschäftsanteil ein Viertel des Nennbetrags eingezahlt ist (§ 7 Abs. 2 Satz 1). Insgesamt muss auf das Stammkapital mindestens so viel eingezahlt sein, dass der Gesamtbetrag der eingezahlten Geldeinlagen zuzüglich des Gesamtnennbetrags der Geschäftsanteile, für die Sacheinlagen zu leisten sind, die Hälfte des Mindeststammkapitals gem. § 5 Abs. 1 erreicht (§ 7 Abs. 2 Satz 2). Ob eine Verpflichtung der Gesellschafter zu einer unverzüglichen Leistung eines höheren Betrags auf die Einlageverpflichtung oder zur Leistung eines Agios erfüllt sind, hat das Registergericht nach herrschender Meinung nicht zu prüfen.[28] Bei der Gründung einer Unternehmergesellschaft (haftungsbeschränkt) ist eine Volleinzahlung des Stammkapitals erforderlich (§ 5a Abs. 2 Satz 1).

26 Sacheinlagen müssen in zulässiger Weise vereinbart (vgl. insb. §§ 5 Abs. 4; 5a Abs. 2 Satz 2) und vollständig an die Gesellschaft bewirkt sein (§ 7 Abs. 3). Auch eine nicht unwesentliche Überbewertung der Sacheinlagen hindert eine Eintragung der Gesellschaft (§ 9c Abs. 1 Satz 2). Im Interesse eines zeit- und kosteneffizienten Eintragungsverfahrens hat das Gericht zu der Frage, ob der Wert der Sacheinlagen den Nennbetrag der Geschäftsanteile deckt, nur eine Plausibilitätsprüfung vorzunehmen (ohne allerdings an gutachterliche Schlussfolgerungen eines Sachverständigen oder der Gesellschafter gebunden zu sein). Soweit keine konkreten Anhaltspunkte für eine nicht unwesentliche Überbewertung vorliegen, ist eine weiter gehende Prüfung nicht veranlasst.[29]

27 Der Gegenstand der Einlagen muss sich endgültig in der freien Verfügung der Geschäftsführer befinden (§ 8 Abs. 2 Satz 1). § 19 Abs. 2, 4 und 5 müssen beachtet worden sind.

28 Das Registergericht hat die vorstehenden Umstände grds. ausschließlich anhand der gem. § 8 Abs. 2 Satz 1 von sämtlichen Geschäftsführern abzugebenden Versicherung und – im Fall von Sacheinlagen – anhand der gesellschaftsvertraglichen Festsetzungen (§ 5 Abs. 4) sowie der gem. § 8 Abs. 1 Nrn. 4, 5 der Anmeldung beizufügenden Unterlagen zu prüfen. Weitergehende Nachweise (insb. Einzahlungsbelege) dürfen regelmäßig nicht verlangt werden. Etwas anderes gilt nur bei erheblichen Zweifeln an der Richtigkeit der Versicherung (vgl. § 8 Abs. 2 Satz 2).

29 Nimmt das Registergericht an, dass Sacheinlagen nicht unwesentlich überbewertet worden sind und daher die Einlagen auf das Stammkapital nicht ordnungsgemäß erbracht worden sind, haben die Gesellschafter – wenn sie das Stammkapital nicht durch Änderung des Gesellschaftsvertrags herabsetzen können oder wollen – nach herrschender Meinung die Möglichkeit, die Differenz in bar auszugleichen; eine Änderung des Gesellschaftsvertrags ist diesem Fall nicht erforderlich, wohl aber eine zusätzliche Versicherung entsprechend § 8 Abs. 2.[30] Es genügt auch, wenn der Einlagegegenstand nach der Anmeldung im Wert steigt.

27 OLG Düsseldorf, MittBayNot 2009, 483; OLG München, BB 2010, 268; anders noch OLG Celle, DStR 2007, 1314.

28 *Winter/Veil*, in: Scholz, GmbHG, § 9c Rn. 30.

29 *Wicke*, in: MünchKommGmbHG, § 9c Rn. 35.

30 OLG Naumburg, MittBayNot 2019, 72; *Wicke*, in: MünchKommGmbHG, § 9c Rn. 37.

VI. Relevanter Zeitpunkt

Dem Registergericht liegen regelmäßig nur auf den Anmeldezeitpunkt bezogene Erklärungen und Nachweise vor. Wenn dem Registergericht zwischen Anmeldung und Eintragung weitere relevante Umstände bekannt werden, hat das Registergericht diese aber nach herrschender Meinung zu berücksichtigen, z.B. soll bei nicht ausgeglichenem Wertverfall der Sacheinlage zwischen Anmeldung und Eintragung ein Eintragungshindernis bestehen.[31] 30

D. Entscheidung des Registergerichts

Das Registergericht hat unverzüglich nach Eingang der Anmeldung über den Eintragungsantrag zu entscheiden (§ 25 Abs. 1 Satz 2, 3 HRV). Wenn alle Eintragungsvoraussetzungen erfüllt sind, wird die Gesellschaft in das Handelsregister eingetragen (s. zum Verfahren § 27 HRV) und die Eintragung gem. § 10 HGB bekannt gemacht. Nach § 383 Abs. 1 FamFG ist dem Anmeldenden eine Eintragungsnachricht zu übersenden; in der Praxis wird die Eintragungsnachricht regelmäßig dem den Eintragungsantrag stellenden Notar zur Weiterleitung an die Beteiligten übermittelt. 31

Stellt das Registergericht fest, dass der Eintragung der Gesellschaft ein durch den Antragsteller behebbares Hindernis entgegensteht, hat das Registergericht durch eine Zwischenverfügung Gelegenheit zur Beseitigung dieses Hindernisses zu geben (§ 382 Abs. 4 Satz 1 FamFG). In der Zwischenverfügung hat das Registergericht das Eintragungshindernis konkret zu bezeichnen und eine angemessene Frist zur Erledigung einzuräumen. Möglich ist schließlich, dass das Registergericht i.R.d. Amtsermittlung selbst – auf Kosten der Gesellschaft – weitere Ermittlungen anstellt, z.B. Einholung von Auskünften des Bundeszentralregisters über die Geschäftsführer oder eines – für das Registergericht allerdings nicht bindenden – Gutachtens der örtlichen Industrie- und Handelskammer bei Zweifeln an der Zulässigkeit der Firmierung (§ 380 Abs. 2 FamFG, § 23 HRV). 32

Stellt das Registergericht nicht behebbare Mängel der Errichtung oder Anmeldung fest oder werden in einer Zwischenverfügung mitgeteilten Eintragungshindernisse nicht innerhalb der gesetzten Frist beseitigt (wobei eine Fristverlängerung nach Ermessen des Gerichts zulässig ist), ist die Eintragung der Gesellschaft abzulehnen. Das Registergericht kann dem Antragsteller auch zunächst die Rücknahme des Antrags nahelegen. Das Registergericht kann ferner das Eintragungsverfahren aus wichtigem Grund aussetzen (§ 381 FamFG), z.B. wenn einer der Gründer seine i.R.d. Gesellschaftserrichtung abgegebenen Erklärungen angefochten hat. 33

§ 10 Inhalt der Eintragung

(1) [1]Bei der Eintragung in das Handelsregister sind die Firma und der Sitz der Gesellschaft, eine inländische Geschäftsanschrift, der Gegenstand des Unternehmens, die Höhe des Stammkapitals, der Tag des Abschlusses des Gesellschaftsvertrages und die Personen der Geschäftsführer anzugeben. [2]Ferner ist einzutragen, welche Vertretungsbefugnis die Geschäftsführer haben.

(2) [1]Enthält der Gesellschaftsvertrag Bestimmungen über die Zeitdauer der Gesellschaft oder über das genehmigte Kapital, so sind auch diese Bestimmungen einzutragen. [2]Wenn eine Person, die für Willenserklärungen und Zustellungen an die Gesellschaft empfangsberechtigt ist, mit einer inländischen Anschrift zur Eintragung in das Handelsregister angemeldet wird, sind auch diese Angaben einzutragen; Dritten gegenüber gilt die Empfangsberechtigung als fortbestehend, bis sie im Handelsregister gelöscht und die Löschung bekannt gemacht worden ist, es sei denn, dass die fehlende Empfangsberechtigung dem Dritten bekannt war.

---

31 BGHZ 80, 136; a.A. etwa *Servatius*, in: Baumbach/Hueck, GmbHG, § 9c Rn. 8.

Übersicht

A. Bedeutung der Vorschrift

1 Wenn das Registergericht keine Gründe feststellt, die Eintragung gem. § 9c abzulehnen, hat es die Gesellschaft unverzüglich in Abteilung B des Handelsregisters einzutragen (§§ 3 Abs. 3, 43 ff. HRV). § 10 Abs. 1 beschreibt den stets zwingenden Inhalt der Eintragung. Die in § 10 Abs. 2 vorgesehenen Umstände sind hingegen nur dann in das Handelsregister einzutragen, wenn der Gesellschaftsvertrag entsprechende Bestimmungen enthält.

2 Die Eintragung soll auch das Eintragungsdatum und die – elektronisch signierte – Unterschrift des zuständigen Registerrichters enthalten (§§ 27 Abs. 4, 28 HRV). Der in § 10 vorgesehene Eintragungsinhalt ist i.Ü. abschließend; insb. werden weder die Personen der Gesellschafter (diese ergeben sich vielmehr aus der Gesellschafterliste, §§ 8 Abs. 1 Nr. 3, 40) noch der Gegenstand einer etwaigen Sacheinlage (dieser ergibt sich aus dem Gesellschaftsvertrag, § 5 Abs. 4) in das Handelsregister eingetragen.

3 § 10 gilt auch, wenn eine GmbH durch Umwandlung entsteht (§§ 36 Abs. 2 Satz 1; 135 Abs. 2 Satz 1; 197 S. 1 UmwG).

4 Die Eintragungen im Handelsregister werden elektronisch veröffentlicht (§ 10 HGB).

B. Eintragungen, die stets erforderlich sind (Abs. 1)

I. Firma

5 Die Firma ist in Spalte 2 unter Buchst. a) einzutragen (§ 43 Nr. 2 Buchst. a) HRV). Der Wortlaut der Firma ist dem Gesellschaftsvertrag zu entnehmen.

6 Die Zulässigkeit einer Firma ergibt sich aus den §§ 17 ff. HGB sowie aus § 4. Danach muss die Firma Kennzeichnungseignung und Unterscheidungskraft besitzen (§ 18 Abs. 1 HGB). Erforderlich ist ferner die Unterscheidbarkeit der Firma (§ 30 Abs. 1 HGB) sowie die Beachtung des Täuschungsverbots (§ 18 Abs. 2 HGB). Die Firma muss den vorgeschriebenen Rechtsformzusatz (§§ 4, 5a Abs. 1) beinhalten.

7 Zwar ist der Richter i.Ü. (z.B. Schriftbild, Groß- und Kleinschreibung einzelner Buchstaben) nicht an den Formulierungsvorschlag der Beteiligten gebunden (vgl. § 27 Abs. 2 HRV), aber der Richter hat über die Eintragung nach pflichtgemäßen Ermessen zu entscheiden.[1] Das Registergericht hat auf das Interesse des Rechtsträgers an einer Übereinstimmung der von ihm gewählten Schreibweise mit der Eintragung Rücksicht zu nehmen.[2] Ein Anspruch des Rechtsträgers auf Eintragung einer bestimmten grafischen Gestaltung besteht nicht.

1 *Melchior/Schulte*, Handelsregisterverordnung, 2. Aufl. 2009, § 27 Rn. 6.

2 KG, GmbHR 2000, 1101.

Wenn die Firma im Gesellschaftsvertrag oder in der Handelsregisteranmeldung in Anführungszeichen gesetzt ist, dürfte dies im Zweifel dahin gehend auszulegen sein, dass die Anführungszeichen nicht Bestandteil der Firma sind, sodass die Firma ohne Anführungszeichen in das Handelsregister einzutragen ist. Endet im Gesellschaftsvertrag oder der Handelsregisteranmeldung der Satz über die Bestimmung der Firma unmittelbar nach Wiedergabe ihres Wortlauts, ist ein unmittelbar anschließender Punkt i.d.R. als Satzzeichen, also nicht als Firmenbestandteil zu werten und daher ebenfalls nicht in das Handelsregister einzutragen. 8

II. Sitz der Gesellschaft, inländische Geschäftsanschrift

Der im Gesellschaftsvertrag bestimmte Gesellschaftssitz (Satzungssitz, § 4a) und die in der Handelsregisteranmeldung angegebene inländische Geschäftsanschrift (§ 8 Abs. 4 Nr. 1) sind in Spalte 2 unter Buchst. b) in das Handelsregister einzutragen (§ 43 Nr. 2 Buchst. b) HRV). Als inländische Geschäftsanschrift ist die gesamte postalische Anschrift, einschließlich Straße, Hausnummer, Postleitzahl und politischer Gemeinde in die Eintragung zu übernehmen, bei einer c/o-Adresse[3] auch der Namen der entsprechenden natürlichen oder juristischen Person. 9

III. Unternehmensgegenstand

Der Unternehmensgegenstand ist in Spalte 2 unter Buchst. c) einzutragen (§ 43 Nr. 2 Buchst. c) HRV). Das Registergericht darf den im Gesellschaftsvertrag niedergelegten Wortlaut des Unternehmensgegenstands (der dem aus der Handelsregisteranmeldung ersichtlichen Wortlaut entsprechen muss) nicht verändern oder kürzen.[4] Bloße Leerfloskeln (z.B. der Unternehmensgegenstand umfasse auch »alle sonstigen Geschäfte, die dem Zweck der GmbH zu dienen geeignet sind«) müssen nicht in das Handelsregister eingetragen werden.[5] Zu diesen Leerfloskeln zählt aber nicht, dass bestimmte genehmigungsbedürftige Geschäfte von der Gesellschaft nicht ausgeübt werden.[6] 10

IV. Höhe des Stammkapitals

Die Höhe des Stammkapitals wird als Gesamtsumme in Spalte 3 eingetragen (§ 43 Nr. 3 HRV). Die Eintragung erfolgt mit Angabe der Euro-Währung (die Spaltenüberschrift enthält keine Währungsangabe); amtliche Abkürzungen (»EUR«, »€«) sind zulässig. Die Zahl der Geschäftsanteile, ihre Nennbeträge und laufenden Nummern sowie ihre Inhaber (Gesellschafter) sind hingegen nicht in das Handelsregister einzutragen. Diese Informationen können Dritte der in das Handelsregister aufzunehmenden Gesellschafterliste (§§ 8 Abs. 1 Nr. 3, 40) entnehmen. 11

V. Tag des Abschlusses des Gesellschaftsvertrags

Der Tag des Abschlusses des Gesellschaftsvertrags ist in Spalte 6 unter Buchst. a) einzutragen (§§ 43 Nr. 6 Buchst. a) HRV). Dies meint das Datum der notariellen Beurkundung, die sich aus dem Rubrum der notariellen Niederschrift ergibt. Das Datum der Beurkundung ist auch dann einzutragen, wenn etwa erforderliche Genehmigungen (z.B. wenn ein Gründer vollmachtlos vertreten wurde) erst zu einem späteren Zeitpunkt erteilt werden; der Genehmigungszeitpunkt wird aufgrund der Rückwirkung gem. § 184 BGB nicht vermerkt.[7] Wurde der Gesellschaftsvertrag nach seiner Beurkundung geändert und wurde die Änderungsurkunde dem Registergericht vor Eintragung der Gesellschaft vorgelegt, wird das Datum der Nachtragsbeurkundung zusätzlich vermerkt.[8] 12

3 Deren Zulässigkeit bestätigt OLG Naumburg, DB 2009, 1698.
4 LG Bielefeld, RNotZ 2001, 594.
5 BayObLG, GmbHR 1994, 60, 62.
6 BayObLG, a.a.O.
7 *Herrler*, in: MünchKommGmbHG, § 10 Rn. 12.
8 *Melchior/Schulte*, Handelsregisterverordnung, 2. Aufl. 2009, § 27 Rn. 28.

VI. Personen der Geschäftsführer, Vertretungsbefugnis

13 Die Personen der Geschäftsführer (und ihrer Stellvertreter) sind mit Familiennamen, Vornamen, Geburtsdatum und Wohnort (nicht Ort einer beruflichen Tätigkeit) in Spalte 4 unter Buchst. b) einzutragen (vgl. § 43 Nr. 4 Buchst. b) HRV). Der Beruf ist in der Eintragung nicht anzugeben, auch nicht die eine Straßenangabe enthaltende Wohnanschrift (nur Angabe der politischen Gemeinde erforderlich).

14 Die Vertretungsbefugnis der Geschäftsführer wird grds. in Spalte 4 unter Buchst. a) eingetragen (vgl. § 43 Nr. 4 Buchst. a) HRV). Dabei ist – selbst wenn nur ein Geschäftsführer bestellt worden ist – die sich aus dem Gesellschaftsvertrag ergebende allgemeine, grds. für alle Geschäftsführer geltende Vertretungsregelung wiederzugeben. Wenn der Gesellschaftsvertrag keine allgemeine Bestimmung zur Vertretungsbefugnis enthält, muss die sich aus § 35 Abs. 2 Satz 2 ergebende Gesamtvertretung wiedergegeben werden. Hintergrund ist, dass sich die Vertretungsbefugnis von Gesellschaftsorganen nach der 1. gesellschaftsrechtlichen EG-Richtlinie vom 09.03.1968 stets unmittelbar aus dem zuständigen Register ersichtlich sein soll, auch wenn die gesetzliche Vertretungsregelung nicht modifiziert worden ist.

15 Wenn für einen bestimmten Geschäftsführer eine Vertretungsregelung, die von der in Spalte 4 unter Buchst. a) einzutragenden allgemeinen Regelung abweicht, beschlossen oder vereinbart worden ist, muss diese »besondere Vertretungsregelung« bei der Person des Geschäftsführers vermerkt werden (§§ 43 Nr. 4 Satz 2 HRV). Die konkrete Vertretungsbefugnis eines Geschäftsführers soll hingegen nicht ausdrücklich angegeben werden, wenn sie aus der allgemeinen Vertretungsregelung folgt.[9]

16 Wenn in der allgemeinen oder in der besonderen Vertretungsregelung eine Befreiung von den Beschränkungen des § 181 BGB enthalten ist, muss auch diese – im Interesse der vollständigen Verlautbarung der Vertretungsverhältnisse im Handelsregister – eingetragen werden, es sei denn die Befreiung bezieht sich nur auf bestimmte konkrete Geschäfte im Einzelfall (»ad-hoc-Befreiung«).[10] Dabei kann sich die Befreiung auf Fälle der Mehrfachvertretung, der Selbstkontrahierung oder bestimmte Arten von Geschäften beschränken. Ob sich die Befreiung aus dem Gesellschaftsvertrag oder aus einem einfachen Gesellschafterbeschluss (nur auf Grundlage einer Ermächtigung im Gesellschaftsvertrag zulässig) ergibt, ist für die Eintragungspflichtigkeit unerheblich. Der Umfang der Vertretungsbefugnis muss dabei immer unmittelbar aus dem Handelsregister ersichtlich sein. Daher ist z.B. eine Befreiung von den Beschränkungen des § 181 BGB, die auf Rechtsgeschäfte mit verbundenen Unternehmen beschränkt ist, nicht eintragungsfähig, solange die verbundenen Unternehmen nicht abschließend durch Firma und Sitz bzw. Handelsregisternummer bezeichnet sind. Auch ist es unzulässig, im Fall einer Befreiung von den Beschränkungen des § 181 BGB lediglich auf diese Vorschrift zu verweisen, ohne deren Inhalt ausdrücklich wiederzugeben.[11]

17 Eine im Gesellschaftsvertrag enthaltene Ermächtigung der Gesellschafterversammlung, eine von der allgemeinen Vertretungsbefugnis abweichende besondere Vertretungsbefugnis zu beschließen, muss als solche nicht in das Handelsregister eingetragen werden.[12]

18 Das Registergericht ist befugt, den zur Eintragung in das Handelsregister angemeldeten Wortlaut der allgemeinen oder der etwaigen besonderen Vertretungsregelungen redaktionell anders zu fassen, soweit dies unzweifelhaft keine inhaltliche Änderung zur Folge hat.[13] Das Registergericht darf z.B. die Begriffe »Alleinvertretungsbefugnis« und »Einzelvertretungsbefugnis« synonym verwenden.[14]

9 BGHZ 87, 59; OLG Frankfurt am Main, GmbHR 1994, 117.
10 BGHZ 87, 59; 114, 67.
11 *Herrler*, in: MünchKommGmbHG, § 10 Rn. 19.
12 BayObLG, GmbHR1990, 213; OLG Frankfurt am Main, GmbHR 1994, 118.
13 *Tebben*, in: *Michalski*, GmbHG, § 10 Rn. 10.
14 BGH, NJW 2007, 3287.

Bei einer durch Musterprotokoll (§ 2 Abs. 1a) gegründeten Gesellschaft muss die angemeldete allgemeine Vertretungsregelung der gesetzlichen Vertretungsregelung (§ 35 GmbHG) entsprechen. 19

C. Eintragungen, die nur ausnahmsweise erforderlich sind (Abs. 2)

I. Zeitdauer der Gesellschaft

Vereinbarungen, wonach das Unternehmen auf eine gewisse Zeit beschränkt sein soll, bedürfen 20 zu ihrer Wirksamkeit einer Aufnahme in den Gesellschaftsvertrag (§ 3 Abs. 2). Sie sind in Spalte 6 unter Buchst. b) einzutragen (vgl. § 43 Nr. 6 Buchst. b) aa) HRV). Dies gilt allerdings nur für Vereinbarungen, die in der Weise auszulegen sind, dass der Eintritt des Endtermins unmittelbar die Auflösung der Gesellschaft zur Folge haben soll (§ 60 Abs. 1 Nr. 1). Möglich sind auch schuldrechtliche Zeitbestimmungen, die z.B. die Gesellschafter lediglich verpflichten, einen Auflösungsbeschluss zu fassen; solche schuldrechtlichen Zeitbestimmungen dürfen nicht in das Handelsregister eingetragen werden. Ebenso nicht eintragungsfähig ist der Umstand, dass die Zeitdauer der Gesellschaft – dem praktischen Regelfall entsprechend – nicht beschränkt ist.

Eine Beschränkung der Zeitdauer liegt nicht nur vor, wenn der Endtermin durch ein kalendermä- 21 ßig angegebenes Datum oder durch eine kalendermäßig angegebene Frist bestimmt ist, sondern immer dann, wenn der Endtermin des Unternehmens an ein Ereignis anknüpft, dessen Eintritt sicher ist (wobei der genaue Zeitpunkt noch nicht feststehen muss). So ist die Zeitdauer der Gesellschaft etwa dann i.S.d. § 10 Abs. 2 beschränkt, wenn das Unternehmen beim Tode eines Gesellschafters oder einer anderen natürlichen Person beendet sein soll. Ist hingegen der Eintritt eines vereinbarten Endtermins ungewiss und liegt daher keine Befristung, sondern eine Bedingung vor, darf die entsprechende Vereinbarung nicht in das Handelsregister eingetragen werden. Dementsprechend ist auch ein Kündigungsrecht nicht eintragungsfähig.[15]

Ist eine im Gesellschaftsvertrag enthaltene (§ 3 Abs. 2) Bestimmung, die die Zeitdauer der Ge- 22 sellschaft beschränkt, entgegen § 10 Abs. 2 Satz 1 nicht in das Handelsregister eingetragen, ist die Zeitdauer gleichwohl wirksam beschränkt.[16]

II. Genehmigtes Kapital

Wenn der Gesellschaftsvertrag die Geschäftsführer ermächtigt, das Stammkapital durch Ausgabe 23 neuer Geschäftsanteile gegen Einlage zu erhöhen (genehmigtes Kapital i.S.d. § 55a), so sind diese Bestimmungen in Spalte 6 unter Buchst. b) (vgl. § 43 Nr. 6 Buchst. b) hh) HRV) in das Handelsregister einzutragen. In der Eintragung sind die Beschlüsse der Gesellschafterversammlung betreffend die Einführung des genehmigten Kapitals bzw. die Feststellung der Gründungssatzung, die Höhe des genehmigten Kapitals und der Zeitpunkt, bis zu dem die Ermächtigung besteht, anzugeben.

III. Empfangsberechtigte Person

Eine empfangsberechtigte Personen kann zur Eintragung in das Handelsregister angemeldet werden 24 (fakultative Eintragung). Eine Eintragung erfolgt dann mit Familien- und Vornamen sowie einer inländischen Anschrift in Spalte 2 unter Buchst. b) (vgl. § 43 Nr. 2 Buchst. b) HRV). Die Pflicht zur Anmeldung einer inländischen Geschäftsanschrift der Gesellschaft (§ 8 Abs. 4 Nr. 1) bleibt bestehen, auch wenn eine empfangsberechtigte Person in das Handelsregister eingetragen werden soll.[17] In das Handelsregister kann jeweils nur eine empfangsberechtigte Person i.S.d. § 10 Abs. 2 Satz 2 eingetragen werden;[18] andernfalls würde für die Dritte die Möglichkeit der öffentlichen Zustellung, die einen vergeblichen Zustellversuch bei den empfangsberechtigten Personen voraussetzt,

15 BayObLG, BB 1975, 249; *Tebben*, in: *Michalski*, GmbHG, § 10 Rn. 12 m.w.N. auch zur Gegenansicht.
16 OLG Hamm, GmbHR 1971, 57.
17 *Wachter*, NotBZ 2008, 361, 383.
18 *Tebben*, in: *Michalski*, GmbHG, § 10 Rn. 13.

unangemessen erschwert. Juristische Personen können nicht empfangsberechtigte Person i.S.d. § 10 Abs. 2 Satz 2 sein.[19]

D. Wirkung der Eintragung

I. Entstehung der Gesellschaft und Heilung von Errichtungsmängeln

25 Durch die Eintragung der Gesellschaft in das Handelsregister – nicht erst durch die Bekanntmachung (§ 10 HGB) – wird die Vor-GmbH zur GmbH und entsteht somit die GmbH als solche (§ 11 Abs. 1). Diese Wirkungen treten auch dann mit dem Tag der tatsächlichen Eintragung ein, wenn das Eintragungsdatum abweichend (also fehlerhaft) vermerkt ist.

26 Die Eintragung heilt grds. alle Errichtungsmängel.[20] Dies gilt allerdings nicht bei besonders schwerwiegenden Mängeln, insb. im Fall der Nichtigkeitsgründe des § 75 Abs. 1, die eine Nichtigkeitsklage oder Amtslöschung zur Folge haben können. Bei Mängeln, die keine Nichtigkeitsgründe darstellen, ist unter bestimmten Voraussetzungen eine Amtsauflösung (§ 399 FamFG) möglich. Eine Besonderheit gilt in Fällen, in denen bei der Errichtung der Gesellschaft Vorschriften, die im Interesse besonders schutzwürdiger Personen – z.B. geschäftsunfähiger Personen – unbedingt beachtet werden müssen, verletzt worden sind. Hier ist die Gründung der Gesellschaft regelmäßig nicht unwirksam; es kann lediglich geltend gemacht werden, dass die schutzwürdige Person nicht der Gesellschafter der i.Ü. wirksam gegründeten Gesellschaft ist.[21] Wenn alle Gesellschafter die Unwirksamkeit ihrer Beitrittserklärungen in diesem Sinne geltend machen, ist die dann bestehende Scheingesellschaft von Amts wegen zu löschen (§ 397 FamFG).

II. Fehlende und fehlerhafte Bestandteile der Eintragung

27 Ist die Eintragung der Gesellschaft fehlerhaft oder unvollständig, hat das Registergericht die Eintragung von Amts wegen zu berichtigen. Die Beteiligten können die Berichtigung durch einen formlosen Antrag oder eine Beschwerde (§ 59 Abs. 2 FamFG) herbeiführen. Fehlerhafte oder unvollständige Bestandteile der Eintragung hindern die Entstehung der GmbH nur dann, wenn sie ernsthafte Zweifel an der Identität der Gesellschaft begründen, etwa wenn die Eintragungen der Firma oder des Sitzes fehlen oder mit erheblichen Mängeln behaftet sind. Mangelhafte Eintragungen können Amtshaftungsansprüche (§ 839 BGB i.V.m. Art. 34 GG) auslösen, und zwar selbst dann, wenn die Gesellschaft wirksam entstanden ist.

§ 11 Rechtszustand vor der Eintragung

(1) Vor der Eintragung in das Handelsregister des Sitzes der Gesellschaft besteht die Gesellschaft mit beschränkter Haftung als solche nicht.

(2) Ist vor der Eintragung im Namen der Gesellschaft gehandelt worden, so haften die Handelnden persönlich und solidarisch.

Schrifttum

Altmeppen, Das unvermeidliche Scheitern des Innenhaftungskonzepts in der Vor-GmbH, NJW 1997, 3272; *Beuthien*, Haftung der Vorgesellschafter: Warum so umständlich? Warum so milde? WM 2013, 1485; *Bergmann*, Die Handelndenhaftung als Ausgleich fehlender Registerpublizität, GmbHR 2003, 563; *Gehrlein*, Von der Differenz- zur Verlustdeckungshaftung, NJW 1996, 1193; *Heidinger/Blath*, Die Unterbilanzhaftung im Kapitalaufbringungssystem der GmbH, ZNotP 2007, 42; *Luttermann/Lingl*, Unterbilanzhaftung, Organisationseinheit der Vor-GmbH und Haftungskonzept, NZG 2006, 454; *Kersting*, Europäische Vorgaben zur Handelnden Haftung und zur Haftung in der Vorgesellschaft, GmbHR 2003, 1466; *Peetz*, Die Vor GmbH

19 *Tebben*, in: *Michalski*, GmbHG, § 10 Rn. 15.
20 *Haas*, in: Baumbach/Hueck, GmbHG, § 75 Rn. 1.
21 *Herrler*, in: MünchKommGmbHG, § 10 Rn. 35.

und der gewissenhafte Gründer, GmbHR 2003, 933; *Wiedenmann*, Zur Haftungsverfassung der Vor AG – Der Gleichlauf von Gründerhaftung und Handelnden-Regress, ZIP 1997, 2029.

Übersicht

A. Bedeutung der Vorschrift

Die rechtlichen Verhältnisse der Gesellschaft vor ihrer Eintragung in das Handelsregister werden in § 11 nur rudimentär geregelt. Aus § 11 Abs. 1 folgt, dass die Eintragung für die Existenz der GmbH konstitutiv ist. Allerdings ist anerkannt, dass schon vor der Eintragung – und zwar ab Beurkundung des GmbH-Gesellschaftsvertrags – ein eigenständiges Rechtsgebilde in Form der sog. Vor-GmbH besteht. Der Gesetzgeber hat die Ausgestaltung der die Vor-GmbH betreffenden Rechtsverhältnisse ausdrücklich der Rechtsfortbildung durch Rechtsprechung und Schrifttum überlassen.[1] 1

§ 11 Abs. 2 begründet die sog. Handelndenhaftung. Diese Haftung soll für den Fall, dass im Namen der Gesellschaft vor ihrer Eintragung in das Handelsregister gehandelt worden ist, ein Korrelat dafür schaffen, dass im Zeitpunkt der Handlung die Aufbringung des Stammkapitals noch nicht durch das Registergericht überprüft werden konnte und die Kapitalerhaltung noch nicht hinreichend gesichert ist. 2

B. Vor-GmbH und Vorgründungsgesellschaft in Grundzügen

Die Vor-GmbH (»GmbH i.G.«) ist die Gesellschaft, die zwischen der Beurkundung des GmbH-Gesellschaftsvertrags – der sog. Errichtung der Gesellschaft – und der Eintragung der GmbH in das Handelsregister – dem Zeitpunkt, in dem die GmbH gem. § 11 Abs. 1 »als solche« entsteht – existiert. Jede GmbH, die nicht durch eine Umwandlung nach dem UmwG entsteht, durchläuft das Stadium der Vor-GmbH als notwendige Vorstufe zur juristischen Person.[2] Die Rechtsnatur der Vor-GmbH ist umstritten. Die heute herrschende Meinung nimmt an, dass sie sich nicht in den Kanon der gesetzlich geregelten Gesellschaftsformen einordnen lässt, sondern eine Gesellschaftsform sui generis darstellt, die sich von der GmbH »als solche« nur durch die fehlende Handelsregistereintragung – einschließlich der vorangehenden registerlichen Prüfung – unterscheidet. Dieser 3

1 BT-Drucks. VI/3088, S. 96.
2 BGH, NJW 1983, 2822.

Unterschied rechtfertigt das von Rechtsprechung und Schrifttum für die Vor-GmbH entwickelten Sonderrecht; i.Ü. – d.h. soweit die fehlende Handelsregistereintragung ein Sonderrecht nicht zu rechtfertigen vermag – gilt das Recht der GmbH (vorrangig der GmbH-Gesellschaftsvertrag, i.Ü. das GmbHG).[3]

4 Die Vor-GmbH ist zwar noch keine GmbH »als solche«, die Verbandsorganisation und die vermögensrechtliche Struktur der Vor-GmbH sind aber derjenigen der GmbH angenähert. Die Vor-Gesellschaft ist teilrechtsfähig und besitzt eine körperschaftsrechtliche Struktur.[4] Ihr Zweck besteht vorrangig darin, die Eintragung der Gesellschaft in das Handelsregister herbeizuführen und so die GmbH »als solche« entstehen zu lassen. Der Umfang der Geschäftsführungs- und nach herrschender Meinung auch der Vertretungsbefugnis der Geschäftsführer ist durch diesen Zweck beschränkt und umfasst nur die gründungsnotwendigen Geschäfte, es sei denn die Gesellschafter haben die Geschäftsführer im Einzelfall zu weiter gehenden Geschäften ermächtigt.[5] Die Existenz der Vor-GmbH endet, wenn die GmbH durch Eintragung in das Handelsregister entsteht. Die Rechte und Pflichten der Vor-GmbH gehen dann kraft Gesetzes auf die GmbH über.[6]

5 Von der Vor-GmbH abzugrenzen ist die sog. Vorgründungsgesellschaft. Damit wird die Gesellschaft bezeichnet, die in dem Stadium zwischen dem Zeitpunkt, in dem die Gesellschafter erstmals die Gründung der Gesellschaft ernsthaft planen oder verhandeln, und dem Zeitpunkt des notariell beurkundeten Abschlusses des GmbH-Gesellschaftsvertrags besteht. Die Vorgründungsgesellschaft ist regelmäßig als GbR (§§ 705 ff. BGB) einzuordnen, in der sich die Gesellschafter zum Zwecke der Gründung einer GmbH zusammengeschlossen haben.[7] Sollten die Gesellschafter schon vor Beurkundung des GmbH-Gesellschaftsvertrages den Geschäftsbetrieb aufnehmen und dieser ein Handelsgewerbe darstellen, liegt eine offene Handelsgesellschaft vor.[8] Das für die Vor-GmbH entwickelte Verbandsrecht gilt für die Vorgründungsgesellschaft nicht; im Stadium der Vorgründungsgesellschaft gibt es auch keine Handelndenhaftung i.S.d. § 11 Abs. 2. Vielmehr sind die §§ 705 ff. BGB bzw. §§ 105 ff. HGB anzuwenden. Die Vorgründungsgesellschaft erlischt regelmäßig mit der Beurkundung des GmbH-Gesellschaftsvertrags wegen Zweckerreichung (§ 726 BGB).[9] Die Vorgründungsgesellschaft setzt sich weder in der Vor-GmbH noch später in der GmbH fort, da es sich bei der Vorgründungsgesellschaft einerseits und der Vor-GmbH bzw. der GmbH andererseits nicht um identische Rechtsträger handelt;[10] existieren ausnahmsweise Rechte oder Pflichten der Vorgründungsgesellschaft, bleibt die Vorgründungsgesellschaft als Liquidationsgesellschaft trotz Entstehung der Vor-GmbH bestehen; die Rechte oder Pflichten der Vorgründungsgesellschaft gehen nicht auf die Vor-GmbH oder die GmbH über, es sei denn eine Übertragung wird gesondert vereinbart.[11]

C. Die Vor-GmbH im Einzelnen

I. Allgemeines

6 Die Vor-GmbH kann Trägerin von Rechten und Pflichten sein.[12] Die Vor-GmbH genießt Namens- und Firmenschutz, wobei der Name bzw. die Firma der Firma der zukünftigen GmbH entspricht. Die Vor-GmbH hat zur Information des Rechtsverkehrs einen auf das Gründungsstadium hindeutenden Zusatz zu führen (»in Gründung«, »i.Gr.«, »i.G.«).[13] Die Vor-GmbH kann schuldrechtliche

3 S. *Merkt*, in: MünchKommGmbHG, § 11 Rn. 12.
4 BGHZ 80, 129, 132; 117, 323, 326.
5 BGHZ 53, 210, 212; 65, 378, 383; 72, 45, 49; 80, 129, 139; a.A. *K. Schmidt*, in: Scholz, GmbHG, § 11 Rn. 26, 63 (es bestehe im Außenverhältnis unbeschränkte Vertretungsmacht).
6 BGHZ 80, 129.
7 BGHZ 91, 148, 151.
8 *Merkt*, in: MünchKommGmbHG, § 11 Rn. 100.
9 *Merkt*, in: MünchKommGmbHG, § 11 Rn. 111; *Fastrich*, in: Baumbach/Hueck, GmbHG, § 11 Rn. 39.
10 BGHZ 91, 148, 150 f.
11 BGH, a.a.O.
12 BGHZ 80, 129, 132; 117, 323, 326; *Merkt*, in: MünchKommGmbHG, § 11 Rn. 47.
13 *Merkt*, in: MünchKommGmbHG, § 11 Rn. 48; *Fastrich*, in: Baumbach/Hueck, GmbHG, § 11 Rn. 13.

Verträge schließen sowie Eigentümerin von Gegenständen sein. Sie kann Trägerin eines Unternehmens sowie Gesellschafterin einer Gesellschaft (auch persönlich haftende Gesellschafterin) sein; sie ist konten-, wechsel- und scheckfähig. Die Vor-GmbH kann Anträge im Handelsregisterverfahren stellen, sie ist allerdings nicht Formkaufmann (anders als die GmbH nach Handelsregistereintragung, vgl. § 13 Abs. 3), sie unterliegt dem Handelsrecht daher nur dann, wenn sie bereits ein Handelsgewerbe i.S.d. § 1 Abs. 2 HGB betreibt; sie kann nicht als solche in das Handelsregister eingetragen werden. Die Vor-GmbH ist aktiv und passiv parteifähig sowie insolvenzfähig.[14] Die Zwangsvollstreckung in das Vermögen einer Vor-GmbH setzt einen gegen die Vor-GmbH gerichteten Titel voraus.[15]

Die Vor-GmbH ist auch grundbuchfähig. Sie kann somit Grundstückseigentümerin und Inhaberin dinglicher Rechte sein.[16] Dies darf allerdings nicht darüber hinwegtäuschen, dass es erhebliche praktische Schwierigkeiten bei Verfügungen zugunsten oder zulasten der Vor-GmbH geben kann, soweit die Vertretungsmacht der Geschäftsführer ggü. dem Grundbuchamt in der Form des § 29 GBO nachzuweisen ist.[17] 7

Zu der »unechten Vor-GmbH«, bei der keine Eintragungsabsicht (mehr) besteht s.u. Rdn. 25. 8

II. Mitgliedschaft, Gesellschafterrechte und -pflichten

Durch den notariell beurkundeten Abschluss des Gesellschaftsvertrags werden die Gründer Gesellschafter der Vor-GmbH. Wird der Gesellschaftsvertrag zwar beurkundet, ist der Vertragsschluss jedoch noch (schwebend) unwirksam (etwa mangels hinreichender Vertretungsbefugnis eines Bevollmächtigten), so entsteht keine Vor-GmbH, sondern die Gründung verbleibt im Stadium der Vorgründungsgesellschaft.[18] 9

Wenn eine Vor-GmbH entstanden ist, sind die Gesellschafter verpflichtet, die vereinbarten Einlagen zu erbringen, einen Geschäftsführer zu bestellen (was in der Praxis in aller Regel im Zusammenhang mit der Beurkundung des Gesellschaftsvertrags erfolgt) und ggf. weitere zur Eintragung der Gesellschaft in das Handelsregister notwendige Maßnahmen (z.B. Erstellung Sachgründungsbericht, Erteilung von Auskünften ggü. dem Registergericht) zu ergreifen.[19] Wenn der Gesellschaftsvertrag Unklarheiten oder Mängel aufweist, die vom Registergericht als Eintragungshindernis bewertet werden, können die Gesellschafter verpflichtet sein, an einer zumutbaren Modifizierung des Gesellschaftsvertrags (Klarstellung) mitzuwirken.[20] 10

Den Gesellschaftern der Vor-GmbH stehen die gleichen Teilhabe- und Mitwirkungsrechte wie den Gesellschaftern einer in das Handelsregister eingetragenen GmbH zu.[21] 11

III. Organe

1. Geschäftsführung und Vertretung durch Geschäftsführer

Die vor Eintragung der Gesellschaft in das Handelsregister bestellten Geschäftsführer der GmbH sind automatisch auch organschaftliche Vertreter der Vor-GmbH. Die Bestellung erfolgt gem. § 6 Abs. 3 Satz 2 entweder im Gesellschaftsvertrag (praktische Ausnahme) oder durch einen Beschluss 12

14 *Merkt*, in: MünchKommGmbHG, § 11 Rn. 53 ff.

15 *Merkt*, in: MünchKommGmbHG, § 11 Rn. 53; *Ulmer/Habersack*, in: Habersack/Casper/Löbbe, GmbHG, § 11 Rn. 64; *Fastrich*, in: Baumbach/Hueck, GmbHG, § 11 Rn. 17.

16 BayObLG, Rpfleger 1979, 303; *Schöner/Stöber*, Grundbuchrecht, 16. Aufl. 2020, Rn. 990 ff.

17 Im Einzelnen *Heckschen*, in: Heckschen/Heidinger, Die GmbH in der Gestaltungs- und Beratungspraxis, 4. Aufl. 2018, § 3 Rn. 14 ff.

18 *Heidinger*, in: Heckschen/Heidinger, Die GmbH in der Gestaltungs- und Beratungspraxis, § 3 Rn. 8.

19 *Merkt*, in: MünchKommGmbHG, § 11 Rn. 19.

20 *Ulmer/Habersack*, in: Habersack/Casper/Löbbe, GmbHG, § 11 Rn. 40; *Fastrich*, in: Baumbach/Hueck, GmbHG, § 11 Rn. 8.

21 *Merkt*, in: MünchKommGmbHG, § 11 Rn. 20.

der Gesellschafter (praktischer Regelfall, häufig bereits im notariellen Gründungsprotokoll). Für den Bestellungsbeschluss genügt eine einfache Stimmenmehrheit.[22] Die Geschäftsführer haben die Einlagen der Gesellschafter entgegenzunehmen und die Gesellschaft zur Eintragung in das Handelsregister anzumelden (§ 7 Abs. 1). Verletzen die Geschäftsführer ihre Pflichten, kann eine Haftung aus §§ 9a Abs. 1, 43 entstehen.

13 Die Geschäftsführungs- und nach herrschender Meinung auch die Vertretungsbefugnis der Geschäftsführer sind grds. durch den Zweck der Vor-GmbH, die Eintragung der Gesellschaft in das Handelsregister herbeizuführen, beschränkt; der in § 37 Abs. 2 verankerte Grundsatz der im Außenverhältnis unbeschränkbaren Vertretungsmacht gilt für die Vor-GmbH nicht.[23] Die Geschäftsführer dürfen und können daher grds. nur Rechtsgeschäfts, die für die Vollendung der Gründung erforderlich sind, vornehmen. Die Geschäftsführungs- und Vertretungsbefugnis kann allerdings von den Gesellschaftern – auch bereits im Gesellschaftsvertrag – erweitert werden (Einstimmigkeit erforderlich). Im Fall einer Sacheinlage wird regelmäßig von einer konkludenten Ermächtigung, die eingebrachten Gegenstände zu verwalten und zu erhalten, auszugehen sein. Bei Überschreitung der Vertretungsmacht kann eine Rechtsscheinhaftung eingreifen (insb. wenn die Gesellschafter das Handeln der Geschäftsführer geduldet haben).[24] Die Ermächtigung zur Aufnahme der Geschäfte ist grds. widerruflich. Unklar ist dabei, ob bereits der Widerruf eines einzelnen Gesellschafters genügt.[25]

14 Die von der Rechtsprechung entwickelten Grundsätze des unternehmensbezogenen Vertreterhandelns gelten auch i.R.d. GmbH-Gründung.[26] Nach diesen Grundsätzen wird das Handeln eines Vertreters grds. dem Inhaber des Unternehmens zugerechnet, auch wenn das Unternehmen nicht richtig bezeichnet wurde. Für das Gründungsstadium einer GmbH bedeutet dies, dass bei einem Handeln vor Beurkundung des Gesellschaftsvertrags im Zweifel die Vorgründungsgesellschaft berechtigt verpflichtet wird (auch wenn ausdrücklich im Namen einer »GmbH i. Gr.« gehandelt wird). Bei einem Handeln zwischen Beurkundung des Gesellschaftsvertrags und Eintragung der Gesellschaft in das Handelsregister gilt die Erklärung im Zweifel als für die Vor-GmbH abgegeben (deren Rechte und Pflichten mit Eintragung automatisch auf die GmbH übergehen); ob dabei z.B. ausdrücklich im Namen der »GmbH«, der »GmbH i. Gr.« oder »Firma X« gehandelt wurde, ist unerheblich.

2. Gesellschafterversammlung

15 Die Gesellschafter üben ihren Willen durch Beschlussfassungen in der Gesellschafterversammlung aus. Die Gesellschafterversammlung ist bzw. im Fall einer Ein-Mann-Gesellschafter der alleinige Gesellschafter ist ggü. den Geschäftsführern weisungsbefugt. Es gelten die in dem GmbH-Gesellschaftsvertrag für die Gesellschafterversammlung getroffenen Bestimmungen bzw. subsidiär die §§ 45 ff. entsprechend. Damit gilt auch grds. das in § 47 Abs. 1 verankerte Mehrheitsprinzip (soweit der Gesellschaftsvertrag nichts abweichendes regelt),[27] Satzungsänderungen bedürfen im Gründungsstadium allerdings der Zustimmung aller Gesellschafter (s. im Einzelnen Rdn. 17 f.). Das Beschlussmängelrecht der GmbH – insb. die Unterscheidung zwischen nichtigen und anfechtbaren Beschlüssen – gilt ebenfalls bereits für die Vor-GmbH.[28]

---

22 BGHZ 80, 212, 214.

23 BGHZ 53, 210, 212; 80, 129, 139; *Ulmer/Habersack*, in: Habersack/Casper/Löbbe, GmbHG, § 11 Rn. 35, 68; *Fastrich*, in: Baumbach/Hueck, GmbHG, § 11 Rn. 19; a.A. *K. Schmidt*, in: Scholz, GmbHG, § 11 Rn. 63.

24 *Heidinger*, in: Heckschen/Heidinger, Die GmbH in der Gestaltungs- und Beratungspraxis, § 3 Rn. 9.

25 *Heidinger*, a.a.O.

26 *Merkt*, in: MünchKommGmbHG, § 11 Rn. 68; *Fastrich*, in: Baumbach/Hueck, GmbHG, § 11 Rn. 18.

27 BGHZ 80, 212, 214; *Ulmer/Habersack*, in: Habersack/Casper/Löbbe, GmbHG, § 11 Rn. 45; a.A. *Zöllner*, FS Wiedemann, 2002, S. 1421.

28 BGHZ 80, 212, 215; *K. Schmidt*, in: Scholz, GmbHG, § 11 Rn. 46; a.A. *Ulmer/Habersack*, in: Habersack/Casper/Löbbe, GmbHG, § 11 Rn. 46.

3. Aufsichtsrat

16 Ob ein im Gesellschaftsvertrag vorgesehener Aufsichtsrat bereits im Stadium der Vor-GmbH gebildet bzw. besetzt werden muss, richtet sich vorrangig nach den Bestimmungen in dem Gesellschaftsvertrag selbst. Im Zweifel ist er bereits in der Vor-GmbH zu bestellen.[29] Dass die für die obligatorische Bildung eines Aufsichtsrats (§§ 1, 6 MitbestG, §§ 1, 4 DrittelbG) vorausgesetzte Mindestarbeitnehmerzahl bereits im Gründungsstadium erreicht wird, ist in der Praxis sehr selten, kann aber z.B. bei einer Sachgründung (Einbringung eines Unternehmens mit mehr als 500 oder gar mehr als 2.000 Arbeitnehmern) der Fall sein. Ob dann der Aufsichtsrat bereits im Gründungsstadium zu bilden ist bzw. ob § 31 AktG analog anzuwenden ist, wird nicht einheitlich beurteilt.[30]

IV. Änderungen des Gesellschaftsvertrags

17 Bis zur Eintragung der Gesellschaft in das Handelsregister bedürfen Änderungen des Gesellschaftsvertrags der Zustimmung aller Gesellschafter. Eine Satzungsänderung durch (qualifizierten) Mehrheitsbeschluss (§ 53) ist im Gründungsstadium nach herrschender Meinung nicht möglich, die Änderung erfolgt vielmehr durch Vereinbarung. Dies gilt auch dann, wenn der Gesellschaftsvertrag eine allgemeine Bestimmung enthält, wonach Satzungsänderungen durch (qualifizierten) Mehrheitsbeschluss erfolgen[31] (anders allerdings wohl, wenn sich diese Bestimmung ausdrücklich auch auf das Gründungsstadium bezieht, sehr selten).[32] Die Vereinbarung der Vertragsänderung bedarf gem. § 2 Abs. 1 der notariellen Beurkundung; die Unterzeichnung durch Bevollmächtigte ist gem. § 2 Abs. 2 nur aufgrund einer beurkundeten oder unterschriftsbeglaubigten Vollmacht möglich.

18 Dem Registergericht ist entsprechend § 54 Abs. 1 Satz 2 eine mit Notarbescheinigung versehene – elektronisch signierte (§ 12 Abs. 2 Satz 2 HGB) – vollständige Fassung des Gesellschaftsvertrags vorzulegen.[33] Nicht abschließend geklärt ist, ob die Neufassung in dem Stadium, in dem die Gesellschaft bereits zur Eintragung in das Handelsregister angemeldet, die Eintragung aber noch nicht erfolgt ist, dem Registergericht zwingend mit einer förmlichen Handelsregisteranmeldung der Geschäftsführer vorzulegen ist oder ob auch eine formlose Nachreichung genügt.[34]

V. Gesellschafterwechsel

19 Bis zur Eintragung der Gesellschaft in das Handelsregister bestehen nach herrschender Meinung keine übertragbaren Geschäftsanteile. Eine Anteilsübertragung im technischen Sinne, die bereits im Gründungsstadium wirksam sein soll, ist nicht möglich; sie ist vielmehr unwirksam (die Grundsätze der fehlerhaften Gesellschaft sind nicht anwendbar).

20 Zulässig ist lediglich eine rechtsgeschäftliche Änderung in den Personen der Gesellschafter durch eine Änderung des Gesellschaftsvertrags, wobei die unter Rdn. 17 f. genannten Förmlichkeiten zu beachten sind. Der Ein- und der Austritt von Gesellschaftern bedarf daher bis zur Eintragung der Gesellschaft in das Handelsregister der Mitwirkung aller Gründer. Die »Übertragung« eines Geschäftsanteils auf den letzten verbleibenden Gründungsgesellschafter kann im Gründungsstadium unter Umständen als Änderung des Gesellschaftsvertrages ausgelegt werden. Unstreitig zulässig ist es ferner, dass die zukünftig entstehenden Geschäftsanteile unter der aufschiebenden Bedingung der Eintragung der Gesellschaft in das Handelsregister abgetreten werden.

21 In der Vor-GmbH ist der Ausschluss eines Gesellschafters aus wichtigem Grund möglich, nicht hingegen eine Kaduzierung (§ 21) und Einziehung (§ 34) von Geschäftsanteilen.

---

29 *Michalski/Funke*, in: Michalski, GmbHG, § 11 Rn. 57.
30 Weitere Nachweise bei *Zöllner/Noack*, in: Baumbach/Hueck, GmbHG, § 52 Rn. 158.
31 *Merkt*, in: MünchKommGmbHG, § 11 Rn. 33.
32 *Ulmer/Habersack*, in: Habersack/Casper/Löbbe, GmbHG, § 11, § 2 Rn. 20.
33 OLG Köln, GmbHR 1973, 11; OLG Hamm, GmbHR 1986, 311; BayObLG, DB 1988, 2354.
34 *Heidinger*, in: Heckschen/Heidinger, Die GmbH in der Gestaltungs- und Beratungspraxis, § 3 Rn. 85.

22 Stirbt ein Gesellschafter vor Eintragung der Gesellschaft in das Handelsregister, rückt dessen Erbe bzw. bei mehreren Erben die Erbengemeinschaft in die Position des Verstorbenen ein; eine Sondererbfolge nach personengesellschaftsrechtlichen Grundsätzen findet in der Vor-GmbH nicht statt.

VI. Haftung der Gründer für Verbindlichkeiten der Vor-GmbH (Verlustdeckungshaftung)

23 Die Rechtsprechung zu der Frage, ob, unter welchen Voraussetzungen und in welchem Umfang die Gesellschafter für die Verbindlichkeiten der Vor-GmbH mit ihrem Privatvermögen haften, hat sich in den letzten Jahrzehnten mehrfach grundlegend geändert und weiterentwickelt. Das Schrifttum zu dieser Frage ist kaum zu übersehen. Aus Sicht der Rechtsprechung des BGH und der heute herrschenden Meinung im Schrifttum gilt Folgendes:

24 Die Gesellschafter haften unbeschränkt mit ihren Privatvermögen für Verluste der Vor-GmbH (»Verlustdeckungshaftung«). Dies gilt unabhängig davon, ob die Verluste auf rechtsgeschäftlichen oder gesetzlichen Verbindlichkeiten basieren.[35] Allerdings besteht grds. keine unmittelbare Außenhaftung der Gründer ggü. den Gläubigern der Gesellschaft. Vielmehr besteht regelmäßig lediglich eine Innenhaftung der Gesellschafter ggü. der Gesellschaft (wobei die Gesellschaftsgläubiger Ansprüche der Gesellschaft gegen die Gesellschafter pfänden und sich überweisen lassen können). Die Gesellschafter haften dabei nicht gesamtschuldnerisch, sondern nur anteilig entsprechend dem Verhältnis der Nennbeträge ihrer Geschäftsanteile; allerdings besteht eine Ausfallhaftung gem. § 24.

25 Die Beschränkung der Gründerhaftung auf eine Binnenhaftung ggü. der Gesellschaft gilt nicht ausnahmslos. Vielmehr haben Rechtsprechung und herrschende Meinung im Schrifttum aufgrund einer Abwägung der Gesellschafter- und der Gläubigerinteressen folgende Fallgruppen anerkannt, in denen eine unmittelbare Außenhaftung der Gründer ggü. den Gesellschaftsgläubigern befürwortet wird (wobei es allerdings mit Ausnahme des Falls der unechten Vor-GmbH bei einer bloß anteiligen Haftung verbleibt):

- Unechte Vor-GmbH: Wenn die Gesellschafter die Eintragungsabsicht aufgegeben haben – oder gar von vornherein keine Eintragungsabsicht besessen haben – und die Geschäftstätigkeit der Vor-GmbH gleichwohl fortsetzen (oder erstmals aufnehmen), besteht keine Vorgesellschaft im eigentlichen Sinne, sondern vielmehr eine GbR oder eine oHG (je nachdem, ob die Gesellschaft ein Handelsgewerbe i.S.d. § 1 Abs. 2 HGB betreibt oder nicht). Diese Gesellschaft wird auch als »unechte Vor-GmbH« bezeichnet. Die Grundsätze der Verlustdeckungshaftung gelten dann nicht, vielmehr besteht eine unmittelbare gesamtschuldnerische Außenhaftung der Gesellschafter gem. § 128 HGB (im Fall der GbR analog).[36] Diese Haftung gilt auch für Verbindlichkeiten, die bereits vor Scheitern der Eintragung entstanden sind;[37] für diese Verbindlichkeiten entsteht also eine rückwirkende Außenhaftung. Diese rückwirkende Außenhaftung können die Gründer nur vermeiden, wenn sie sich ab Scheitern der Eintragung jeder weiteren Geschäftstätigkeit enthalten und umgehend die Liquidation der Gesellschaft betreiben.[38] Für die vor Aufgabe der Eintragungsabsicht ausgeschiedenen Gesellschafter bleibt es hingegen bei der Verlustdeckungshaftung als Innenhaftung.[39]
- Einpersonen-Vor-GmbH: Wenn die Vor-GmbH nur einen Gesellschafter besitzt, trifft diesen eine unmittelbare Außenhaftung für Verbindlichkeiten der Gesellschaft.
- Nur ein Gläubiger der Vor-GmbH: Wenn die Vor-GmbH nur einen Gläubiger besitzt, besteht nicht das Risiko eines Gläubigerwettlaufs. Daher soll auch in diesem Fall ein unmittelbarer Anspruch des Gläubigers gegen die Gesellschafter besteht.
- Vermögenslosigkeit der Vor-GmbH: Von dem Grundsatz der Binnenhaftung wird auch dann abgewichen, wenn ein Insolvenzverfahren über das Vermögen der Vor-GmbH mangels Masse

35 *Merkt*, in: MünchKommGmbHG, § 11 Rn. 91 m.w.N.
36 BGHZ 152, 291, 294.
37 BGHZ 152, 291; eingehend *Merkt*, in: MünchKommGmbHG, § 11 Rn. 179.
38 OLG Bremen, GmbHR 2001, 25.
39 OLG Düsseldorf, GmbHR 1995, 824.

nicht eröffnet oder nach Eröffnung eingestellt wird oder würde und keine Anhaltspunkte bestehen, dass die Vor-GmbH trotzdem noch über Vermögen verfügt. Verlustdeckungsansprüche gegen die Gesellschafter sind bei der Feststellung dieser Voraussetzungen außer Betracht zu lassen.

Die Voraussetzungen dieser Ausnahmetatbestände sind von dem Gläubiger darzulegen und zu beweisen,[40] was – mit Ausnahme des Falls der Einpersonen-Vor-GmbH – praktisch häufig nur schwer möglich ist. Die für das Bestehen einer unechten Vor-GmbH erforderliche Aufgabe der Eintragungsabsicht soll ggf. dadurch nachgewiesen werden können, dass den Beanstandungen des Registergerichts nicht umgehend abgeholfen wird,[41] dass die Gesellschafter die Auflösung der Gesellschaft beschließen[42] oder das die Geschäftsführer einen Insolvenzantrag stellen.[43] Eine überdurchschnittliche lange Dauer des Eintragungsverfahrens reicht hingegen alleine – ohne Hinzutreten weiterer Umstände – nicht aus, um auf die Aufgabe des Eintragungswillens schließen zu können.[44] 26

Die Verlustdeckungshaftung kann weder durch eine Bestimmung im Gesellschaftsvertrag noch dadurch ausgeschlossen werden, dass der Geschäftsführer ausdrücklich im Namen der Vor-GmbH auftritt.[45] Durch eine gesonderte Vereinbarung mit den jeweiligen Gläubigern ist allerdings eine Beschränkung der Haftung möglich.[46] 27

Die Verlustdeckungshaftung entsteht in jedem Fall erst bzw. wird jedenfalls erst fällig in dem Zeitpunkt, in dem die Eintragung endgültig scheitert.[47] Zu der sog. Unterbilanzhaftung, die eintritt, wenn die Gesellschaft in das Handelsregister eingetragen wird, s. Rdn. 34 ff. 28

Auch in den Fällen der sog. Vorratsgründung und der sog. Mantelverwendung sind die Grundsätze der Verlustdeckungshaftung anwendbar.[48] 29

VII. Eintragung der Gesellschaft und Beendigung der Vor-GmbH

Mit Eintragung der Gesellschaft in das Handelsregister geht die Vor-GmbH in der GmbH auf und erlischt. Die bisherigen Rechte und Pflichten der Vor-GmbH sind nun solche der GmbH. 30

Wenn die Gesellschafter der Vor-GmbH hingegen die Eintragung der Gesellschaft nicht mehr weiter betreiben wollen und gleichwohl die Geschäftstätigkeit der Gesellschaft fortsetzen oder aufnehmen, wird die Gesellschaft zu einer sog. unechten Vor-GmbH, die als GbR oder – wenn ein Handelsgewerbe vorliegt – als oHG einzuordnen ist (s. zur unechten Vor-GmbH auch Rdn. 25). 31

In den Fällen des §§ 60 Abs. 1, 61 (insb. Beschluss der Auflösung mit qualifizierter Mehrheit, Eröffnung des Insolvenzverfahrens über das Vermögen der Vor-GmbH, Ablehnung der Eröffnung des Insolvenzverfahrens mangels Masse) oder wenn der Antrag auf Eintragung der Gesellschaft in das Handelsregister rechtskräftig abgelehnt worden ist, wird die Gesellschaft aufgelöst. 32

Muss die Gesellschaft im Fall ihrer Auflösung noch abgewickelt werden, ist sie durch den Eintritt in das Auflösungsstadium noch nicht beendet. Die Auflösung der Vor-GmbH erfolgt dann grds. durch Liquidation analog §§ 66 ff. Bei der Einpersonen-Vor-GmbH erlischt im Fall eines Auflösungstatbestands die Gesellschaft hingegen automatisch und alle Rechte sowie Pflichten fallen ohne Durchführung eines Liquidationsverfahrens dem Gesellschafter zu. War die Einpersonen-Vor-GmbH 33

40 *Merkt*, in: MünchKommGmbHG, § 11 Rn. 86.
41 BFH, NJW 1998, 2926, 2927.
42 BAG, NZG 1998, 103, 104.
43 BAG, NJW 2000, 2915, 2916.
44 BGHZ 152, 290, 296; a.A. *Drygala*, ZIP 2002, 2311, 2312 f.
45 BGH, NJW 1997, 1507.
46 *Merkt*, in: MünchKommGmbHG, § 11 Rn. 94.
47 BGHZ 134, 333, 387; *Merkt*, in: MünchKommGmbHG, § 11 Rn. 90 m.w.N. auch zur Gegenansicht.
48 BGHZ 153, 158, 160; 155, 318, 323; *Merkt*, in: MünchKommGmbHG, § 11 Rn. 86; *Ulmer/Habersack*, in: Habersack/Casper/Löbbe, GmbHG, § 11, § 3 Rn. 140 ff. m.w.N. auch zur Gegenansicht.

Grundstückseigentümerin, ist das Grundbuch dahin gehend zu berichtigen, dass der Gesellschafter als Eigentümer eingetragen wird, wenn er dem Grundbuchamt die endgültige Aufgabe der Eintragungsabsicht durch öffentlich beglaubigte Erklärung nachgewiesen hat.

VIII. Unterbilanzhaftung

1. Unterbilanz: Eintragungshindernis und Auslöser einer Haftung

34 Wenn die Eintragung der Gesellschaft endgültig scheitert, besteht eine Verlustdeckungshaftung der Gesellschafter (s. dazu unter Rdn. 23 ff.). Soll die Gesellschaft hingegen in das Handelsregister eingetragen werden und weiß das Registergericht, dass das Stammkapital nicht durch Aktiva gedeckt ist, darf das Registergericht nach herrschender Meinung die Eintragung nicht vornehmen.[49] Kommt es gleichwohl zur Eintragung tritt anstelle der Verlustdeckungshaftung grds. die sog. Unterbilanzhaftung (auch Vorbelastungshaftung genannt). Sie ähnelt weitgehend der Verlustdeckungshaftung. Unterschiede bestehen vor allem in Folgendem:

- Bei der Verlustdeckungshaftung müssen die Gründer nur die nach Verbrauch des Stammkapitals verbleibenden Verluste persönlich tragen (»Auffüllung des Eigenkapitals bis auf 0«), da die Stammkapitalaufbringung bei Scheitern der Eintragung nicht gewährleistet sein muss.[50] Im Fall der Unterbilanzhaftung haben die Gesellschafter hingegen den Betrag auszugleichen, um den das tatsächliche Eigenkapital der Gesellschaft das Stammkapital unterschreitet (»Auffüllung des Eigenkapitals bis zur Höhe des Stammkapitals«).
- Im Fall der Unterbilanzhaftung besteht auch dann nur eine reine Binnenhaftung, wenn die Gesellschaft vermögenslos ist oder nur über einen Gesellschafter verfügt.[51]

2. Voraussetzungen und Rechtsfolgen der Unterbilanzhaftung

35 Eine Unterbilanzhaftung entsteht nur, soweit eine wirksame Verbindlichkeit der Gesellschaft entstanden ist, also im Fall von rechtsgeschäftlichen Verbindlichkeiten nur, soweit die Gesellschafter zugestimmt haben, dass die Gesellschaft vor ihrer Eintragung die Geschäftstätigkeit aufnimmt. Die Haftung besteht in der Höhe, in der das Gesellschaftsvermögen (Aktiva abzüglich Passiva) im Zeitpunkt der Eintragung der Gesellschaft das Stammkapital unterschreitet (sog. Unterbilanz); auf die Ursache der Unterbilanz kommt es nicht an, eine Haftung besteht nach herrschender Meinung z.B. auch für den Wertverlust von Sacheinlagen.[52] Eine Haftungsbegrenzung auf die Höhe des Stammkapitals (z.B. wenn die Gesellschaft mehr Verbindlichkeiten als Gesellschaftsvermögen besitzt, also überschuldet ist) oder auf die Einlageverpflichtungen der Gesellschafter besteht nicht; es könnte daher z.B. auch bei einer UG (haftungsbeschränkt) mit einem Stammkapital von nur 1,– € die persönliche Haftung eines Gesellschafters in Millionenhöhe entstehen. Darlehen eines Gesellschafters oder eines Dritten reduzieren die Unterbilanz (und die Haftung der Gesellschafter) nicht, auch nicht im Fall eines Rangrücktritts.[53] Die Gesellschafter haften dabei nicht gesamtschuldnerisch, sondern nur anteilig entsprechend dem Verhältnis der Nennbeträge ihrer Geschäftsanteile; allerdings besteht eine Ausfallhaftung gem. § 24.[54] Die Unterbilanzhaftungsforderungen sind – ohne Einforderungsbeschluss der Gesellschafter – sofort fällig.[55] Für die Verjährung gilt § 9 Abs. 2 analog. Es gelten ferner die §§ 19 ff.

36 Zur Feststellung, ob und in welcher Höhe eine Unterbilanz besteht, ist eine Vermögensbilanz zu erstellen (Stichtag: Eintragung der Gesellschaft in das Handelsregister). Dabei sind die

49 *Merkt*, in: MünchKommGmbHG, § 11 Rn. 171 f.
50 *Ulmer/Habersack*, in: Habersack/Casper/Löbbe, GmbHG, § 11 Rn. 120; a.A. wohl *Meister*, FS Werner (1984), S. 549.
51 BGH, BB 2005, 2773, 2774 m. Anm. *Gehrlein*.
52 Streitig; Nachweise bei *Merkt*, in: MünchKommGmbHG, § 11 Rn. 163.
53 BGHZ 124, 282, 284.
54 BGHZ 124, 282, 283.
55 *Merkt*, in: MünchKommGmbHG, § 11 Rn. 166.

Vermögensgegenstände grds. mit Fortführungswerten zu bewerten. Betreibt die Gesellschaft bereits ein Unternehmen, ist dieses nach dem Ertragswert zu bewerten (einschließlich Firmenwert).[56] Ist die Gesellschaft im Zeitpunkt der Handelsregistereintragung allerdings bereits überschuldet und kann nicht fortgeführt werden, so sind Veräußerungswerte anzusetzen.[57]

Nach Auffassung des BGH erlischt die Unterbilanzhaftung in dem Fall, dass die Unterbilanz nachträglich durch aufgelaufene Gewinne oder Aufgelder beseitigt wird, nicht automatisch.[58] Danach erlöschen die aus der Unterbilanzhaftung entstehenden Ansprüche nur durch Erfüllung. 37

Grds. reduzieren Ansprüche der Gesellschaft aus einer Differenzhaftung des Sacheinlegers (§ 9) die Unterbilanz und die korrespondierende Haftung. Einzelheiten zu dem Verhältnis der beiden Haftungsinstitute sind umstritten.[59] 38

Auch in den Fällen der sog. Vorratsgründung und der sog. Mantelverwendung sind die Grundsätze der Unterbilanzhaftung nach der Rechtsprechung des BGH anwendbar.[60] 39

D. Die Vorgründungsgesellschaft im Einzelnen

I. Entstehung der Vorgründungsgesellschaft und Rechtsnatur

Vor der Beurkundung des GmbH-Gesellschaftervertrags besteht noch keine Vor-GmbH, sondern vielmehr grds. die sog. Vorgründungsgesellschaft. Diese entsteht, sobald sich mehrere Gesellschafter mit dem Ziel, eine GmbH zu gründen, zusammenschließen.[61] Dieser Zusammenschluss erfolgt in der Praxis regelmäßig formlos und manifestiert sich darin, dass mit den Vorbereitungen der Gründung begonnen wird, z.B. ernsthaft Einzelheiten des Gesellschaftsvertrags (etwa Unternehmensgegenstand, Beteiligungsverhältnisse, Firma) unter den Gesellschaftern abgestimmt werden. Dieser Zusammenschluss der Gesellschafter bedarf nicht der in § 2 Abs. 1 vorgegebenen notariellen Form, wenn – wie i.d.R. – nicht davon auszugehen ist, dass sich die Gründer bindend zum Abschluss des GmbH-Gesellschaftsvertrags verpflichten wollen.[62] 40

Nach ganz herrschender Auffassung handelt es sich bei der Vorgründungsgesellschaft grds. um eine GbR.[63] Wenn die Gesellschaft bereits vor Beurkundung des GmbH-Gesellschaftsvertrags unternehmerisch tätig wird und das entsprechende Unternehmen bereits als Handelsgewerbe (§ 1 Abs. 2 HGB) einzuordnen ist, stellt die Vorgründungsgesellschaft eine offene Handelsgesellschaft dar. Sämtliche Rechtsverhältnisse der Vorgründungsgesellschaft bestimmen sich daher anhand der §§ 705 ff. BGB und ggf. anhand der §§ 105 ff. HGB; das GmbHG und die Grundsätze der Vor-GmbH gelten für die Vorgründungsgesellschaft nicht.[64] 41

Wenn die GmbH mit nur einem Gesellschafter gegründet werden soll, entsteht keine Vorgründungsgesellschaft, da es weder eine GbR noch eine oHG mit nur einem Gesellschafter gibt.[65] 42

---

56 BGH, NZG 1999, 70.
57 *Merkt*, in: MünchKommGmbHG, § 11 Rn. 165.
58 BGHZ 165, 391, 396.
59 *Merkt*, in: MünchKommGmbHG, § 11 Rn. 170 m.w.N.
60 BGHZ 155, 318.
61 *Merkt*, in: MünchKommGmbHG, § 11 Rn. 103.
62 *Ulmer/Habersack*, in: Habersack/Casper/Löbbe, GmbHG, § 11, § 2 Rn. 45; *Fastrich*, in: Baumbach/Hueck, GmbHG, § 11 Rn. 35; *Bayer*, in: Lutter/Hommelhoff, GmbHG, § 11 Rn. 3; *Merkt*, in: MünchKommGmbHG, § 11 Rn. 100.
63 BGHZ 91, 148, 151; *Fastrich*, in: Baumbach/Hueck, GmbHG, § 11 Rn. 36; *Bayer*, in: Lutter/Hommelhoff, GmbHG, § 11 Rn. 2; *Merkt*, in: MünchKommGmbHG, § 11 Rn. 100; differenzierend *K. Schmidt*, GmbHR 1982, 6.
64 *Ulmer/Habersack*, in: Habersack/Casper/Löbbe, GmbHG, § 11, § 2 Rn. 50; *Merkt*, in: MünchKommGmbHG, § 11 Rn. 105; differenzierend *Roth*, in: Roth/Altmeppen, GmbHG, § 11 Rn. 74.
65 BGHZ 65, 79, 82; *Merkt*, in: MünchKommGmbHG, § 11 Rn. 104.

II. Rechtsgeschäfte im Vorgründungsstadium und Haftungsverhältnisse

43 Die Vorgründungsgesellschaft ist als GbR oder oHG teilrechtsfähig und kann daher Trägerin von Rechten und Pflichten sein. Wird im Vorgründungsstadium ein Rechtsgeschäft im Namen einer »GmbH«, einer »GmbH in Gründung« oder einer »Vor-GmbH« getätigt, wird nach den Grundsätzen des unternehmensbezogenen Geschäfts grds. die Vorgründungsgesellschaft, nicht die zukünftige Vor-GmbH oder GmbH berechtigt und verpflichtet.[66]

44 Die Gesellschafter der Vorgründungsgesellschafter haften für deren Verbindlichkeiten gem. § 128 HGB (im Fall der GbR analog) persönlich, unbeschränkt und gesamtschuldnerisch. Diese Haftung besteht auch dann fort, wenn später der GmbH-Gesellschaftsvertrag beurkundet wird (also die Vor-GmbH entsteht) oder die Gesellschaft in das Handelsregister eingetragen (also die GmbH entsteht) wird.[67] Auch eine Genehmigung des Rechtsgeschäfts durch die Vor-GmbH oder die GmbH lässt die Haftung der Vorgründungsgesellschaft und daher auch die Haftung der Gründer nicht entfallen.[68] Vermieden werden kann die Haftung durch eine Vereinbarung mit dem Gläubiger, dass nur das Gesellschaftsvermögen haftet, oder dadurch dass das Rechtsgeschäft unter die aufschiebende Bedingung der Beurkundung des Gründungsaktes (dann Haftung der Vor-GmbH) oder der Handelsregistereintragung (dann Haftung der GmbH) gestellt wird.[69] Die Gründer können den anderen des Rechtsgeschäfts auch veranlassen, ein Angebot zu erteilen, das die Vor-GmbH nach Beurkundung der Satzung oder die GmbH nach Handelsregistereintragung annimmt.[70] Schließlich ist denkbar, dass die Vor-GmbH oder die GmbH mit den betreffenden Gläubigern eine befreiende Schuldübernahme vereinbart.

45 Eine Handelndenhaftung entsprechend § 11 Abs. 2 gibt es im Stadium der Vorgründungsgesellschaft nicht;[71] es bedarf einer solchen Haftung auch nicht, da ohnehin die Gesellschafter nach personengesellschaftsrechtlichen Grundsätzen bzw. etwaige Vertreter ohne Vertretungsmacht nach § 179 BGB persönlich haften.

III. Beendigung der Vorgründungsgesellschaft

46 Die Beendigung der Vorgründungsgesellschaft richtet sich nach personengesellschaftsrechtlichen Grundsätzen. Wenn der GmbH-Gesellschaftsvertrag notariell beurkundet wird, wird die Vorgründungsgesellschaft regelmäßig gem. § 726 BGB wegen Zweckerreichung aufgelöst. Wenn die Gesellschaft Rechte oder Pflichten ggü. Dritten begründet hat, ist die Gesellschaft gem. §§ 730 ff. BGB zu liquidieren. Diese Rechte und Pflichte gehen weder automatisch auf die Vor-GmbH noch auf die spätere GmbH über. Vermögensgegenstände müssen ggf. von der Vorgründungsgesellschaft auf die (Vor-)GmbH übertragen werden. Verbindlichkeiten sind – wenn ein Übergang auf die (Vor-)GmbH gewollt ist – entweder durch eine Schuldübernahme nach §§ 414, 415 BGB oder durch eine Vertragsübernahme zu übertragen, wobei jeder betroffener Gläubiger zustimmen muss, wenn die Vorgründungsgesellschaft und die Gründer von einer Haftung befreit werden sollen. Möglich ist es auch, sämtliche Gesellschaftsanteile der Vorgründungsgesellschaft in die (Vor-)GmbH einzubringen (Sachgründung, oder -kapitalerhöhung oder Einbringung in die Rücklage).[72] Dann erlischt die Vorgründungsgesellschaft, da sich alle Anteile in der Hand eines Gesellschafters vereinigen, und deren Vermögen geht auf die (Vor-)GmbH über; eine einmal entstandene Gründerhaftung besteht in diesem Fall allerdings fort.

---

66 BGHZ 91, 148, 152; BGH, GmbHR 1992, 164, 165; *Fastrich*, in: Baumbach/Hueck, GmbHG, § 11 Rn. 36; *Merkt*, in: MünchKommGmbHG, § 11 Rn. 106.

67 BGH, NJW 1983, 2822; NJW-RR 2001, 1042; *Merkt*, in: MünchKommGmbHG, § 11 Rn. 108.

68 BGH, NJW 1998, 1645; *Merkt*, in: MünchKommGmbHG, § 11 Rn. 108.

69 *Merkt*, in: MünchKomm, GmbHG, a.a.O.

70 *Heidinger*, in: Heckschen/Heidinger, Die GmbH in der Gestaltungs- und Beratungspraxis, § 3 Rn. 5.

71 BGHZ 91, 148, 150 f.

72 *Heidinger*, a.a.O.

Die Gesellschaft wird auch bei Unmöglichkeit der Zweckerreichung aufgelöst und ist – wenn eine Auseinandersetzung erforderlich ist – zu liquidieren. 47

E. Handelndenhaftung (Abs. 2)

I. Bedeutung und Anwendungsbereich

Die in § 11 Abs. 2 vorgesehene Handelndenhaftung soll den Gläubigern vor allem einen Ausgleich dafür verschaffen, dass die Aufbringung des Stammkapitals im Gründungsstadium noch nicht durch das Registergericht überprüft werden konnte und die Vorschriften über die Kapitalerhaltung noch nicht gelten.[73] Den Gläubigern wird mit dem Handelnden ein weiterer, häufig leichter in Anspruch zu nehmender Schuldner zur Verfügung gestellt.[74] 48

Der Anwendungsbereich der Handelndenhaftung ist nur eröffnet, wenn zwischen Beurkundung des GmbH-Gesellschaftsvertrags und der Eintragung der Gesellschaft in das Handelsregister für die Vor-GmbH gehandelt wurde. Für Handlungen vor und nach diesem Zeitraum gilt § 11 Abs. 2 nicht. 49

Ob die Haftung nach § 11 Abs. 2 auch bei Handlungen für Vorrats- oder Mantelgesellschaften gilt, ist umstritten; von der Rechtsprechung wird dies grds. befürwortet.[75] 50

II. Begriff des Handelnden und der Handlung

Als »Handelnde« kommen nach heutigem Verständnis lediglich die Geschäftsführer in Betracht,[76] allerdings einschließlich sog. faktischer Geschäftsführer, die nicht wirksam bestellt sind, aber als Geschäftsführer auftreten.[77] Zu den Handelnden zählen i.Ü. weder die Gesellschafter – auch wenn sie dem vom Geschäftsführer getätigten Geschäft ausdrücklich zugestimmt haben – noch etwaige rechtsgeschäftlich Bevollmächtigte[78] (es haften die Geschäftsführer, soweit sich ein rechtsgeschäftlich Bevollmächtigter nach deren Weisungen richtet).[79] 51

Eine nach § 11 Abs. 2 haftungsbegründende »Handlung« liegt nur im Fall von rechtsgeschäftlichen Erklärungen vor, die von dem Geschäftsführer abgegeben worden oder diesem zurechenbar sind; in diesem Fall besteht eine Haftung für Primär- und Sekundäransprüche.[80] Die Haftung erfasst hingegen nicht gesetzliche Verbindlichkeiten. Auch deliktische Ansprüche fallen nicht unter § 11 Abs. 2.[81] 52

Es haftet nur derjenige Geschäftsführer, der die Erklärungen selbst oder zurechenbar durch einen Dritten abgibt. Dass ein Geschäftsführer das Handeln eines anderen Geschäftsführers lediglich duldet, genügt hingegen für eine Haftung nicht.[82] 53

Eine Haftung nach § 11 Abs. 2 setzt ferner voraus, dass im Namen der Gesellschaft gehandelt wird. Dabei kommt es nicht darauf an, wie die Gesellschaft bezeichnet wird (etwa als »GmbH i.Gr.« oder in anderer Weise); auch eine Erklärung ausdrücklich im Namen der zukünftigen GmbH lässt eine Handelndenhaftung entstehen, es sei denn, das Rechtsgeschäft steht ausnahmsweise unter der aufschiebenden Bedingung der Gesellschaftseintragung in das Handelsregister.[83] Ob die Handelndenhaftung eine 54

---

73 BGHZ 80, 129, 133; 91, 148, 152.
74 *Merkt*, in: MünchKommGmbHG, § 11 Rn. 121.
75 BGHZ 155, 318, 321; a.A. *Merkt*, in: MünchKommGmbHG, § 11 Rn. 124 m.w.N.
76 BGHZ 47, 25, 28; 65, 378, 381.
77 BGHZ 65, 378, 380; 66, 359, 360; *Merkt*, in: MünchKommGmbHG, § 11 Rn. 129.
78 *Merkt*, in: MünchKommGmbHG, § 11 Rn. 128, 130; *Ulmer/Habersack*, in: Habersack/Casper/Löbbe, GmbHG, § 11 Rn. 134.
79 BGHZ 53, 206, 208.
80 *Merkt*, in: MünchKommGmbHG, § 11 Rn. 131; *K. Schmidt*, in: Scholz, GmbHG, § 11 Rn. 111.
81 *Merkt*, in: MünchKommGmbHG, § 11 Rn. 131.
82 *Merkt*, in: MünchKommGmbHG, § 11 Rn. 132.
83 *Ulmer/Habersack*, in: Habersack/Casper/Löbbe, GmbHG, § 11 Rn. 137; *Schmidt-Leithoff*, in: Rowedder/Schmidt-Leithoff, GmbHG, § 11 Rn. 118.

hinreichende Vertretungsmacht des handelnden Geschäftsführer voraussetzt oder ob bei fehlender Vertretungsmacht eine Haftung nur nach den §§ 177 ff. BGB in Betracht kommt, ist umstritten.[84]

55 Gesellschafter können sich ggü. den Geschäftsführern nicht auf eine Haftung nach § 11 Abs. 2 berufen, da diese Haftung nur bei ggü. Dritten abgegebenen Erklärungen gilt.[85]

III. Haftungsumfang

56 Wenn die Voraussetzungen des § 11 Abs. 2 erfüllt sind, haften die Handelnden persönlich und unbeschränkt (insb. nicht beschränkt auf das Stammkapital). Die Haftung entspricht nach Inhalt und Umfang der Verbindlichkeit der Gesellschaft.[86] Die Handelndenhaftung ist akzessorisch zu der Haftung der Gesellschaft; ggü. einer Inanspruchnahme aufgrund der Handelndenhaftung können die der Gesellschaft zustehenden Einwendungen und Einreden geltend gemacht werden. Die Handelndenhaftung tritt grds. neben die Haftung der Gesellschaft; ist die Gesellschaft mangels hinreichender Vertretungsmacht nicht verpflichtet worden, besteht die Handelndenhaftung ausnahmsweise ohne eine gleichzeitige Haftung der Gesellschaft (in diesem Fall kann der Handelnde die Einwendungen und Einreden geltend machen, die der Gesellschaft zustünden, wenn sie wirksam verpflichtet worden wäre).[87] Mehrere Handelnde haften gesamtschuldnerisch.

57 Ein Haftungsausschluss aufgrund einer Vereinbarung des Handelnden und des Gläubigers ist möglich, aber regelmäßig nur anzunehmen, wenn die Vereinbarung ausdrücklich erfolgt ist oder im Einzelfall konkrete Anhaltspunkte für eine konkludente Vereinbarung vorliegen.[88]

IV. Regressansprüche und Erlöschen der Haftung

58 Der in Anspruch genommene Handelnde besitzt einen Freistellungsanspruch gegen die Gesellschaft, wenn seine im Außenverhältnis haftungsbegründenden Erklärungen im Innenverhältnis nicht als pflichtwidrig zu bewerten sind (§§ 675, 670 BGB). Ob der Handelnde im Fall eines pflichtgemäßen Handelns auch einen direkten Regressanspruch gegen die Gründer besitzt (wobei die Gründer jedenfalls ggü. der Gesellschaft auf Ausgleich der Verluste haften), ist noch nicht abschließend geklärt.[89] Bestand keine Befugnis zur Abgabe der Erklärungen, können Regressansprüche nach den Grundsätzen der Geschäftsführung ohne Auftrag bestehen (§§ 677, 683, 670 BGB).

59 Mit Eintragung der Gesellschaft in das Handelsregister erlischt die Haftung aus § 11 Abs. 2 automatisch, da der Haftungszweck ab diesem Zeitpunkt entfallen ist (jedenfalls dann, wenn die Gesellschaft durch die Erklärungen des Handelnden wirksam verpflichtet worden ist):[90] Die Gesellschaft stellt nun ein Haftungsobjekt dar, dessen Kapitalausstattung durch das Registergericht überprüft worden ist. Im Fall einer UG (haftungsbeschränkt) mit sehr geringem Stammkapital (»1-Euro-GmbH«) mag dies dem Gläubiger zwar wenig helfen, dies liegt aber in der Zulassung einer solchen Gesellschaft durch den Gesetzgeber begründet.

F. Besonderheiten der Einpersonen-Vor-GmbH

60 Wenn eine Person alleine eine GmbH gründet, ist umstritten, ob mit der Beurkundung des Gesellschaftsvertrags eine Vorgesellschaft entsteht, die selbst Trägerin von Rechten und Pflichten sein kann. Überwiegend wird dies befürwortet. Teilweise wird allerdings hingegen angenommen, dass

84 *A. Meyer*, GmbHR 2002, 1176, 1185 ff.
85 BGHZ 76, 320, 325; *Merkt*, in: MünchKommGmbHG, § 11 Rn. 136.
86 BGHZ 68, 95, 104; *Merkt*, in: MünchKommGmbHG, § 11 Rn. 137 f.
87 *Merkt*, in: MünchKommGmbHG, § 11 Rn. 141.
88 *Ulmer/Habersack*, in: Habersack/Casper/Löbbe, GmbHG, § 11 Rn. 148.
89 Befürwortend *K. Schmidt*, in: Scholz, GmbHG, § 11 Rn. 115 f.
90 Besteht keine wirksame Verpflichtung der Gesellschaft, ist streitig, ob die Handelndenhaftung mit Eintragung der Gesellschaft in das Handelsregister erlischt; vgl. die Nachweise bei *Ulmer/Habersack*, in: Habersack/Casper/Löbbe, GmbHG, § 11 Rn. 147.

ein dem Einpersonen-Gründer zugeordnetes Sondervermögen mit eigenständiger Organisation entsteht, ohne dass es sich dabei um einen (teil-)rechtsfähigen Rechtsträger handeln würde.

Wenn man der herrschenden Meinung folgt und somit die Einpersonen-Vorgesellschaft grds. mit der Mehrpersonengesellschaft gleichstellt, gibt es nur wenige Besonderheiten. Allerdings soll die Einpersonen-Vorgesellschaft im Fall des Scheiterns der Gründung abweichend von der Rechtslage bei der Mehrpersonen-Vorgesellschaft automatisch erlöschen, sodass alle Rechte und Pflichten der Gesellschaft ohne Auflösung und Liquidation auf den Gründer übergehen.[91] Dementsprechend besteht die Verlustdeckungshaftung im Fall der Einpersonengründung auch nicht in einer bloßen Innenhaftung, vielmehr kann der Gläubiger ab Scheitern der Gründung seine gegen die Gesellschaft bestehenden Ansprüche und sonstigen Rechte unmittelbar ggü. dem Gründer geltend machen. Führt der Gründer die Geschäfte der Vorgesellschaft trotz Scheitern der Gründung fort, so werden die Geschäfte als Eigengeschäfte des Gründers bzw. bei unternehmerischer Organisation als Geschäfte des – nicht rechtsfähigen – Einzelunternehmens gewertet. 61

§ 12 Bekanntmachungen der Gesellschaft

[1]Bestimmt das Gesetz oder der Gesellschaftsvertrag, dass von der Gesellschaft etwas bekannt zu machen ist, so erfolgt die Bekanntmachung im Bundesanzeiger (Gesellschaftsblatt). [2]Daneben kann der Gesellschaftsvertrag andere öffentliche Blätter oder elektronische Informationsmedien als Gesellschaftsblätter bezeichnen.

Apfelbaum, Wichtige Änderungen für Notare durch das EHUG jenseits der elektronischen Handelsregisteranmeldung, DNotZ 2007, 166; *Deilmann/Messerschmidt*, Erste Erfahrungen mit dem elektronischen Bundesanzeiger, NZG 2003, 616; *Krafka*, Gesellschaftsrechtliche Auswirkungen des Justizkommunikationsgesetzes, MittBayNot 2005, 293; *Noack*, Pflichtbekanntmachungen bei der GmbH: Neuerungen durch das Justizkommunikationsgesetz, DB 2005, 599; *Oppermann*, Bekanntmachungen der GmbH und der AG im »Bundesanzeiger«, RNotZ 2005, 597; *Priester*, Registersperre kraft Registerrechts?, GmbHR 2007, 296; *Spindler/Kramski*, Der elektronische Bundesanzeiger als zwingendes Gesellschaftsblatt für Pflichtbekanntmachungen der GmbH, NZG 2005, 746; *Stuppi*, Bekanntmachungen der GmbH nach § 12 GmbHG, GmbHR 2006, 138; *Terbrack*, Neuregelung der Bekanntmachung bei der GmbH, DStR 2005, 2045.

Übersicht

A. Rechts- und Normentwicklung

Nachdem § 12 GmbHG in seiner ursprünglichen Fassung von 1892 Regelungen zur Anmeldung und Eintragung der Errichtung von Zweigniederlassungen enthalten hatte, war die Vorschrift nach dem Außerkrafttreten dieser Regelungen zum 01.11.1993 zwischenzeitlich nicht besetzt, bevor ihr durch das JKomG mit Wirkung zum 01.04.2005 in Gestalt der aktuellen Sätze 1 und 2 (in Anlehnung an die Änderung von § 25 AktG durch das TransPuG vom 19.07.2002[1]) neues Leben eingehaucht wurde. Durch das EHUG wurde dann zum 01.01.2007 Satz 3 hinzugefügt, der mit Wirkung zum 01.04.2012 durch das BAnzDiG (Art. 2 Abs. 51) dann aber infolge der Aufgabe des Parallelbetriebs von Bundesanzeiger und elektronischem Bundesanzeiger wieder aufgehoben wurde; 1

91 *K. Schmidt*, in: Scholz, GmbHG, § 11 Rn. 148.
1 Hierzu etwa *Noack*, DB 2002, 2025 ff.

des Weiteren wurde durch das BAnzDiG das Attribut »elektronisch« in Satz 1 a.F. gestrichen. Im Übrigen ist die Vorschrift unverändert, mit Ausnahme der Einfügung der amtlichen Überschrift durch das MoMiG. Besondere Übergangsvorschriften existieren zu den Vorschriften nicht.

B. Regelungsgegenstand

2 Die **Veröffentlichung bestimmter Angelegenheiten der Gesellschaft** in den »Gesellschaftsblättern« ist, nicht erst seit Einführung von § 12n.F., teils gesetzlich vorgeschrieben (näher unten Rdn. 6), teils statutarisch bestimmt. **§ 12 regelt nicht das Bestehen von Bekanntmachungspflichten, sondern setzt diese voraus** und regelt lediglich Einzelheiten zu den Modalitäten von Pflichtbekanntmachungen. **Bis 2005 war dem GmbH-Recht ein zwingendes Basis-Gesellschaftsblatt fremd.**[2] Die gesetzlichen Bekanntmachungspflichten dienen insb. dem Gläubigerschutz. Es handelt sich dabei um Pflichten der Gesellschaft, die grds. nichts mit der Verpflichtung der entsprechenden öffentlichen Stellen zur Bekanntmachung von Handelsregistereintragungen (§ 10 HGB) zu tun haben. Von den Pflichtbekanntmachungen der Gesellschaft zu unterscheiden sind auch die Publizitätspflichten nach § 325 HGB.[3] Streng genommen nicht zu § 12 gehören auch gesetzliche Bekanntmachungspflichten der GmbH, die nicht durch Veröffentlichung in den Gesellschaftsblättern, sondern explizit durch Veröffentlichung im elektronischen Bundesanzeiger zu erfüllen sind (§ 19 MitbestG, § 8 DrittelbG, vgl. auch § 37 Abs. 2 InvG).

3 Auf **fakultative Bekanntmachungen der Gesellschaft** findet **§ 12 keine Anwendung,**[4] wohl aber auf statutarische Bekanntmachungspflichten.[5]

C. Regelungszweck

4 Die Bezeichnung des elektronischen Bundesanzeigers als »Basis-Gesellschaftsblatt« dient zugleich der **Vereinfachung (Deregulierung) und Vereinheitlichung der Bekanntmachungen,**[6] daneben auch der Erleichterung der Kenntnisnahme durch die Öffentlichkeit.[7] Der Bundesanzeiger wird heute nur noch als elektronischer Bundesanzeiger (kurz: eBAnz) herausgegeben, die Papierform gehört seit dem Inkrafttreten des BAnzDiG v. 22.12.2011 der Vergangenheit an.

5 Zweck von Satz 1 ist die **Festlegung des (heute ausschließlich elektronischen, s.o.) Bundesanzeigers als zwingendem Bekanntmachungsmedium** (aus den in Rdn. 4 genannten Gründen). Satz 2 ermöglicht es der Gesellschaft, daneben (fakultativ) noch andere Bekanntmachungsmedien (als weitere Pflichtorgane, s. Rdn. 2 a.E.) vorzusehen. **Die Gesellschaft kann hierdurch** im Interesse der jeweils Betroffenen **über den gesetzlichen Mindeststandard hinausgehen,**[8] wovon in der Praxis allerdings nur selten Gebrauch gemacht wird. **Satz 3 a.F. diente schließlich der Klarstellung** im Interesse der Beseitigung aufgetretener Rechtsunsicherheiten bei der Auslegung bestehender Satzungsbestimmungen.[9] Die Einfügung wurde für notwendig befunden, nachdem das OLG München entsprechende Satzungsklauseln als unklar beanstandet hatte[10] und hierdurch in der Praxis Zweifel aufgekommen waren. Stellungnahmen in der Literatur aus der Zeit vor Einfügung von Satz 3 sind durch die Gesetzesänderung teilweise überholt.[11]

---

2 Näher *Spindler/Kramski*, NZG 2005, 746, 747.

3 S. hierzu auch § 4 eBAnzV v. 15.12.2006, BGBl. I 2006, S. 3202.

4 *Arnold*, in: KK-AktG, § 25 Rn. 3.

5 Ganz h.M., *Servatius*, in: Baumbach/Hueck, GmbHG, § 12 Rn. 5; *Roth*, in: Roth/Altmeppen, § 12 Rn. 5; a.A. *Wicke*, in: MünchKommGmbHG, § 12 Rn. 11.

6 BR-Drucks. 609/04, S. 137 f.

7 *Spindler/Kramski*, NZG 2005, 746, 747.

8 *Spindler/Kramski*, NZG 2005, 746, 749.

9 BT-Drucks. 16/2781, S. 88 f. und BR-Drucks. 942/05, S. 168 f.

10 NZG 2006, 35 = NotBZ 2005, 446 m. Anm. *Melchior*; anders LG Bielefeld, Rpfleger 2007, 32 sowie LG Darmstadt, NotBZ 2006, 63; zu § 25 AktG OLG Köln, Der Konzern 2004, 30, 33.

11 Vgl. etwa die Erörterungen bei *Spindler/Kramski*, NZG 2005, 746, 748; Gutachten DNotI-Report 2005, 81 ff.

D. Basis-Gesellschaftsblatt (Satz 1)

6 Die **Pflicht zur Bekanntmachung im (elektronischen) Bundesanzeiger gilt für alle Bekanntmachungspflichten, gleich ob gesetzlicher oder statutarischer Natur** (s. schon oben Rdn. 2). Im GmbHG sind Bekanntmachungspflichten in den §§ 30 Abs. 2 Satz 2, 58 Abs. 1 Nr. 1, 65 Abs. 2 Satz 1, 75 Abs. 2 (i.V.m. §§ 246 Abs. 4, 249 Abs. 1 AktG) enthalten, andere für GmbHs relevante Bekanntmachungspflichten enthalten §§ 97, 99 AktG (i.V.m. § 27 EGAktG), § 20 Abs. 6 AktG,[12] § 267 Abs. 2 UmwG (vgl. auch § 231 Satz 2 UmwG).

7 Da **Satz 1 zwingendes Recht** ist, kann der Gesellschaftsvertrag kein abweichendes Publikationsmedium als Basismedium bestimmen,[13] sondern nur die Pflicht (oder das Recht) zur weiteren Bekanntmachung in einem anderen Medium regeln. Satzungsbestimmungen, die hiergegen verstoßen, sind nichtig. Ob ein zweites Bekanntmachungsmedium bestimmt werden soll, ist Frage der Auslegung (s.a. unten Rdn. 11 f.).

8 Die **Bekanntmachung erfolgt im Teil »Gesellschaftsbekanntmachungen«**. Über die Internet-Präsenz des eBAnz (www.ebundesanzeiger.de) sind die Bekanntmachungen grds. unbefristet abrufbar (§§ 1, 5 VkBkmG). Herausgeber des eBAnz ist das BMJ, für den technischen Betrieb des eBAnz ist die Bundesanzeiger Verlagsgesellschaft mbH mit Sitz in Köln zuständig.[14] Die Bekanntmachung ist erfolgt, sobald sie auf der Internetseite des BAnz abrufbar ist.[15] Die erforderliche Dauer der Veröffentlichung richtet sich nach Sinn und Zweck der jeweiligen Norm.[16] Zum Nachweis unten Rdn. 18.

E. Mehrfachbekanntmachungen (Satz 2)

9 Zwar legt Satz 1 das Basis-Gesellschaftsblatt nunmehr zwingend fest, jedoch steht es der Gesellschaft offen, weitere Gesellschaftsblätter zu bestimmen. Dies ist für nach dem 31.03.2005 gefasste Satzungsregelungen schon dann anzunehmen, wenn diese sich darauf beschränken, ein anderes Medium als das Gesellschaftsblatt zu bezeichnen.[17] Der Zusatz »neben dem elektronischen Bundesanzeiger« ist also nicht zwingend (wenn auch zur Klarstellung empfehlenswert). **»Andere öffentliche Blätter« sind insb. (auch regionale) Printmedien.** »Andere elektronische Informationsmedien« sind neben **Websites** (nicht zwingend diejenige des Unternehmens) insb. elektronische Periodika oder Nachrichtendienste.[18] Dabei muss es sich nicht um deutschsprachige Medien handeln.

10 **Ordnet die Satzung zwingend eine Mehrfachbekanntmachung vor, werden die Folgen der vorgeschriebenen Bekanntmachung erst mit der letzten Bekanntmachung ausgelöst.**[19] Anderes gilt, wenn die gesetzliche Vorschrift von vornherein nicht auf die »Gesellschaftsblätter« abstellt, sondern ausdrücklich auf den eBAnz (§ 19 MitbestG, s.o. Rdn. 2).[20] Ist das Erscheinen des Zweitmediums eingestellt worden, genügt die Veröffentlichung im elektronischen Bundesanzeiger.[21]

11 **In praktischer Hinsicht** ist eine Mehrfachbekanntmachung **in aller Regel nicht empfehlenswert.** Dementsprechend selten sind entsprechende Satzungsregelungen. In jedem Fall zu empfehlen ist die Klarstellung ggf. auslegungsbedürftiger (s. Rdn. 12 ff.) Satzungsregelungen. Wegen § 12

12 Hierzu LG Bonn, Der Konzern 2004, 491.
13 Allg. M., OLG Stuttgart, NZG 2011, 29; *Spindler/Kramski*, NZG 2005, 746, 747; *Fastrich*, in: Baumbach/Hueck, GmbHG, § 12 Rn. 7.
14 Näher *Seibert*, NZG 2002, 608, 609.
15 *Blath*, in: Michalski, GmbHG, § 12 Rn. 8.
16 Näher *Wicke*, in: MünchKommGmbHG, § 12 Rn. 4.
17 *Bayer*, in: Lutter/Hommelhoff, GmbHG, § 12 Rn. 8.
18 *Ulmer*, in: Ulmer/Habersack/Winter, GmbHG, § 12 Rn. 8.
19 *Wicke*, in: MünchKommGmbHG, § 12 Rn. 8, 16; *Ulmer*, in: Ulmer/Habersack/Winter, GmbHG, § 12 Rn. 8; vgl. zu § 25 AktG *Arnold*, in: KK-AktG, § 25 Rn. 14; LG Düsseldorf, EWiR 2008, 67.
20 *Pentz*, in: MünchKommAktG, § 25 Rn. 13; *Wicke*, in: MünchKommGmbHG, § 12 Rn. 16.
21 *Wicke*, in: MünchKommGmbHG, § 12 Rn. 16.

Satz 1 n.F. kann auf eine Satzungsregelung zu Bekanntmachungen aber auch gänzlich verzichtet werden.

F. Auslegung von Satzungsbestimmungen

I. Bezugnahme auf Bundesanzeiger (Satz 3 a.F.)

12 Für die einfache Bezugnahme auf den »Bundesanzeiger« in GmbH-Satzungen enthielt **Satz 3 für Fälle vor und nach dem Inkrafttreten von § 12n.F. zum 01.04.2005 eine Auslegungsregel.**[22] Da nach Inkrafttreten des BAnzDiG nur noch der elektronische Bundesanzeiger als Veröffentlichungsmedium in Betracht kommt, kann sich die Frage, in welcher Art des Bundesanzeigers zu veröffentlichen ist, für seitdem vorzunehmende Veröffentlichungen nicht mehr stellen.[23]

II. Anderes Pflichtorgan

13 Wie oben (Rdn. 7) ausgeführt wurde, können Satzungsregelungen den BAnz als Pflichtorgan nie verdrängen, sondern nur daneben weitere Medien vorsehen.

- **Unproblematisch** sind die **Fälle der ausdrücklichen Mehrfachveröffentlichung** im Bundesanzeiger und in einem anderen Medium. Hier sind **nach wie vor zwei Bekanntmachungen erforderlich.**[24]

14 – **Problematisch** sind hingegen diejenigen Fälle, in denen als einziges Medium ein anderes Organ als der Bundesanzeiger bezeichnet wird. In diesen Fällen muss entschieden werden, ob – im Sinne einer dynamischen Verweisung – nur das jeweils geltende Pflichtmedium gemeint ist und keine weitere Bekanntmachung (neben derjenigen im elektronischen Bundesanzeiger) stattfinden soll[25] oder ob dem anderen Medium eigenständige Bedeutung zukommen soll, mit der Folge, dass es nach neuem Recht zweites Pflichtmedium ist. Dies ist zwar Auslegungsfrage; jedoch wird in aller Regel eine weitere Veröffentlichung in dem genannten Organ zwingend sein, weil das Vertrauen von Gesellschaftern und Öffentlichkeit in die Veröffentlichung in dem anderen Organ schutzwürdig ist.[26] Ein automatisches Außerkrafttreten kann als Regelfall also nicht angenommen werden.[27]

G. Rechtsfolgen; Fehlerfolgen; Nachweis

I. Folgen der ordnungsgemäßen Veröffentlichung

15 Wird durch die Veröffentlichung in den Gesellschaftsblättern eine Frist ausgelöst, ist **der Tag der ordnungsgemäßen Veröffentlichung** – bei Mehrfachbekanntmachung der letzte Tag – **Ereignis i.S.d. § 187 BGB** (vgl. oben Rdn. 10).[28]

II. Verstöße

16 **Verstößt eine Bekanntmachung gegen die gesetzlichen oder auch nur** – im Fall der Mehrfachveröffentlichung – **gegen die statutarischen Vorgaben, löst sie die an die Bekanntmachung geknüpften Rechtsfolgen grds. nicht aus.** Insoweit kann von einer »konstitutiven Wirkung« der

22 *Bayer*, in: Lutter/Hommelhoff, GmbHG, § 12 Rn. 5: *Altmeppen*, in: Roth/Altmeppen, GmbHG, § 12 Rn. 8.

23 *Servatius*, in: Baumbach/Hueck, GmbHG, § 12 Rn. 6.

24 *Spindler/Kramski*, NZG 2005, 746, 749.

25 Angedacht von *Spindler/Kramski*, NZG 2005, 746, 749.

26 OLG Stuttgart, NZG 2011, 29; *Spindler/Kramski*, NZG 2005, 746, 749; *Stuppi*, GmbHR 2006, 138, 139; *Blath*, in: Michalski, GmbHG, § 12 Rn. 12; *Servatius*, in: Baumbach/Hueck, GmbHG, § 12 Rn. 6; ausf. *Bayer*, in: Lutter/Hommelhoff, GmbHG § 12 Rn. 6 ff.

27 A.A. *Krafka*, MittBayNot 2005, 293, 294.

28 *Pentz*, in: MünchKommAktG, § 25 Rn. 13.

formgerechten und richtigen Bekanntmachung gesprochen werden.[29] Insb. **werden Fristen nicht in Gang gesetzt.**[30] Entsprechendes gilt für die zwar formgerechte, aber unrichtige Bekanntmachung sowie dann, wenn die Bekanntmachung gänzlich unterbleibt. Unwirksam ist auch eine verfrühte Bekanntmachung, was im Fall der aufschiebend befristeten Auflösung besondere Bedeutung erlangt.[31] Unschädlich sind nicht Sinn verändernde Schreibfehler.[32]

I.Ü. lassen sich allgemeingültige Aussagen nicht treffen. Sieht eine GmbH-Satzung eine Bekannt- 17
machung der Gesellschafterversammlung vor, kann auf die Grundsätze zu §§ 121 ff. AktG zurückgegriffen werden. **Verstöße gegen § 20 Abs. 6 AktG** ziehen **keine unmittelbare Sanktion** nach sich.[33] Hier wie auch in den übrigen Fällen von Bekanntmachungspflichten sind bei Verstößen, sei es auch nur in Gestalt von Verspätungen, Schadensersatzansprüche nach § 823 Abs. 2 BGB denkbar.[34]

III. Nachweis der Bekanntmachung

Soweit, insb. in Registerverfahren, die Bekanntmachung nachzuweisen ist, genügt als Nachweis ent- 18
weder ein (unbeglaubigter) Ausdruck der entsprechenden Seite[35] oder ein Hinweis auf die Online-Fundstelle.[36]

Zweiter Abschnitt Rechtsverhältnisse der Gesellschaft und der Gesellschafter

§ 13 Juristische Person; Handelsgesellschaft

(1) Die Gesellschaft mit beschränkter Haftung als solche hat selbstständig ihre Rechte und Pflichten; sie kann Eigentum und andere dingliche Rechte an Grundstücken erwerben, vor Gericht klagen und verklagt werden.

(2) Für die Verbindlichkeiten der Gesellschaft haftet den Gläubigern derselben nur das Gesellschaftsvermögen.

(3) Die Gesellschaft gilt als Handelsgesellschaft im Sinne des Handelsgesetzbuchs.

Schrifttum

Albrecht, Offene Fragen zur Schiedsfähigkeit II, NZG 2010, 486; *Altmeppen*, Zur vorsätzlichen Gläubigerschädigung, Existenzvernichtung und materiellen Unterkapitalisierung in der GmbH, ZIP 2009, 1201; *Cohn*, Der Grundsatz der gleichmäßigen Behandlung aller Mitglieder im Verbandsrecht, AcP 132 (1930), 129; *Ehricke*, Zur Begründbarkeit der Durchgriffshaftung in der GmbH, AcP 199 (1999), 257; *Emde*, Die GmbH als Handelsvertreter, GmbHR 1999, 1005; *Flume*, Juristische Person, 1983; *Griebel*, Die Einmanngesellschaft, 1933; *Grundmann*, Der Treuhandvertrag, 1997; *Haas*, Beruhen Schiedsabreden in Gesellschaftsverträgen nicht auf Vereinbarungen i.S.d. § 1066 ZPO oder vielleicht doch?, SchiedsvZ 2007, 1, 4; *Häuser*, Unbestimmte Maßstäbe als Begründungselement richterlicher Entscheidungen, 1981; *Happ*, Die GmbH im Prozess, 1997; *Heermann*, Lizenzentzug und Haftungsfragen im Sport, in: Theobald, Entwicklungen zur Durchgriffs- und Konzernhaftung, 2002, S. 11; *Hennrichs*, Treupflichten im Aktienrecht, AcP 195 (1995), 221; *G. Hueck*, Der Grundsatz der gleichen Behandlung im Privatrecht, 1958; *Hüffer*, Zur gesellschaftsrechtlichen Treupflicht als richterrechtlicher Generalklausel, FS Steindorff, 1999, 59; *Kleindiek*, Materielle Unterkapitalisierung,

29 So *Arnold*, in: KK-AktG, § 25 Rn. 12.
30 *Servatius*, in: Baumbach/Hueck, GmbHG, § 12 Rn. 9; *Ulmer*, in: Ulmer/Habersack/Winter, GmbHG, § 12 Rn. 8.
31 *Paura*, in: Ulmer/Habersack/Winter, GmbHG, § 65 Rn. 38.
32 *Servatius*, in: Baumbach/Hueck, GmbHG, § 12 Rn. 9; s.a. LG Düsseldorf, EWiR 2008, 67.
33 *Koppensteiner*, in: KK-AktG, § 20 Rn. 88.
34 Zu § 20 Abs. 6 AktG *Koppensteiner*, in: KK-AktG, § 20 Rn. 90.
35 *Kubis*, in: MünchKommAktG, § 121 Rn. 63; *Wicke*, in: MünchKommGmbHG, § 12 Rn. 4.
36 *Altmeppen*, in: Roth/Altmeppen, GmbHG, § 12 Rn. 4; *Limmer*, in: Spindler/Stilz, AktG, § 25 Rn. 4.

Existenzvernichtung und Deliktshaftung – Gamma, NZG 2008, 686; *Kuhn*, Strohmanngründung bei Kapitalgesellschaften, 1964; *Lutter*, Die zivilrechtliche Haftung in der Unternehmensgruppe, ZGR 1982, 244; *Müller-Erzbach*, Das private Recht der Mitgliedschaft als Prüfstein des kausalen Rechtsdenkens, 1948; *Müller-Freienfels*, Zur Lehre vom sog. »Durchgriff« bei juristischen Personen im Privatrecht, ACP 1956 (1957), 522; *Pentz*, Cash-Pooling im Konzern, S. 23 ff.; *L. Raiser*, Der Gleichbehandlungsgrundsatz im Privatrecht, ZHR 111, (1946), 75; *Th. Raiser*, Die Haftungsbeschränkung ist kein Wesensmerkmal der juristischen Person, in: FS Lutter, 2000, 637; *Rehbinder*, Konzernaußenrecht und allgemeines Privatrecht, 1969; *ders.*, Zehn Jahre Rechtsprechung zum Durchgriff im Gesellschaftsrecht, in FS R. Fischer 1979, 579; *Reichert/Winter*, Vinkulierungsklauseln und gesellschafterliche Treupflicht, in FS 100 Jahre GmbHG, 209; *Riegger/Wilske*, Auf dem Weg zu einer allgemeinen Schiedsfähigkeit von Beschlussmängelstreitigkeiten, ZGR 2010, 733; *Schanze*, Einmanngesellschaft und Durchgriffshaftung, 1975; *Serick*, Rechtsform und Realität juristischer Personen, 1955; *Tröger*, Treupflicht im Konzernrecht, 1999; *Vogel*, GmbHG, 2. Aufl., 1956; *M. Weber*, Vormitgliedschaftliche Treubindungen, 1999; *Wilhelm*, Rechtsform und Haftung bei der juristischen Person, 1981; *M. Winter*, Mitgliedschaftliche Treubindungen im GmbH-Recht, 1988; *ders.*, Verdeckte Gewinnausschüttungen im GmbH-Recht, ZHR 148 (1948), 579; *Witte/Hafner*, Schiedsfähigkeit von Beschlussmängelstreitigkeiten im Recht der GmbH als Maßstab der neuen BGH-Rechtsprechung und ihre Auswirkungen, DStR 2009, 2052; *Wittkowski*, Haftung und Haftungsvermeidung bei Management Buy-Out einer GmbH, GmbHR 1990, 544.

Übersicht

A. Allgemeines

1 **Abs. 1** spricht der GmbH eine eigene Rechtspersönlichkeit zu und bestimmt damit die ihr zustehenden Rechte und ihr obliegenden Pflichten im Rechtsverkehr (s. Rdn. 2 ff.). **Abs. 2** beschränkt die Haftung der Gesellschaft auf das Gesellschaftsvermögen, was dem Trennungsprinzip, welches auch für andere juristische Personen zur Anwendung gelangt, entspricht (s. Rdn. 16 ff.). Allerdings

existiert in besonderen Fallgestaltungen die Möglichkeit, dieses Prinzip zu durchbrechen, etwa bei materieller Unterkapitalisierung, Vermögensvermischung oder Institutsmissbrauch (s. Rdn. 22 ff.). **Abs. 3** legt fest, dass die GmbH als Handelsgesellschaft gilt (s. Rdn. 59).

B. Rechtspersönlichkeit

Die GmbH ist eigenes **Zuordnungsobjekt von Rechten und Pflichten.** Sie hat – wie die AG – eine eigene Rechtspersönlichkeit, welche sie durch Eintragung in das Handelsregister erlangt (§ 11 Abs. 1) und durch Vollbeendigung verliert (§ 60). Diese Rechtspersönlichkeit führt neben dem Umstand, dass die GmbH Trägerin eigener Rechte und Pflichten ist, dazu, dass eine strikte **Trennung** zwischen ihrem **Vermögen** und demjenigen der Gesellschafter besteht.[1] Die Gesellschafter haften im Grundsatz nicht für die Verbindlichkeiten der Gesellschaft (§ 13 Abs. 2, s. aber Rdn. 19 ff. sowie Anh. 2 Rdn. 68). Zudem ist sie in ihrem **Rechtsbestand unabhängig von ihren Gesellschaftern**; der Eintritt neuer Gesellschafter oder das Ausscheiden bisheriger ändern am Bestehen der GmbH nichts. Möglich ist sogar eine sog. »Kein-Mann-Gesellschaft«, bei der die GmbH sämtliche Anteile an sich selbst hält.[2] 2

I. Stellung im Rechtsverkehr

1. Privatrecht

Die GmbH hat alle Rechte und Pflichten, die sie als juristische Person des Privatrechts haben kann. Ihre **Rechtsfähigkeit** ist insoweit umfassend und erfasst alle privatrechtlichen Rechte und Pflichten, soweit sie nicht alleine natürlichen Personen zustehen. Dem steht auch Abs. 1 Halbs. 2 nach allgemeiner Auffassung nicht entgegen, da er lediglich eine beispielhafte Aufzählung beinhaltet.[3] 3

► **Beispiele:**

Die GmbH ist **über ihre Organe** (insb. § 35) im Geschäftsverkehr **handlungsfähig**; für das rechtswidrige Handeln ihrer Organe **haftet** sie nach **§ 31 BGB**. Sie kann bevollmächtigt werden und kann **Handelsvertreter**[4] sein; nicht aber Handlungsbevollmächtigter (streitig),[5] **Prokurist**, Handlungsgehilfe oder **Arbeitnehmer.**[6] Jedoch ist es ihr möglich, sich zu Dienst- und Werkleistungen zu verpflichten.[7] Auch kann die GmbH **Gesellschafter** von anderen Gesellschaften (GbR, OHG, KG GmbH, GmbH & Co. KG, AG sowie KGaA) sowie Mitglied eines Vereins oder einer Genossenschaft sein.[8] 4

Die GmbH schließt im eigenen Namen **Verträge** ab, erwirbt eigene Ansprüche und übernimmt eigene Verbindlichkeiten. Sie kann auch Verträge mit ihren Gesellschaftern eingehen, wobei Letztere zur Vermeidung **verdeckter Gewinnausschüttungen** i.S.d. Steuerrechts Drittcharakter aufweisen müssen (§ 29 GmbHG Rdn. 54 ff.). Beim Abschluss von Darlehnsverträgen mit Gesellschaftern ist § 135 InsO zu beachten. Zudem sind i.R.d. Gründung und bei Kapitalerhöhungen die Regeln der verdeckten Sacheinlage zu berücksichtigen (§ 19 GmbHG Rdn. 32 ff.). 5

Die GmbH kann Inhaberin von **gewerblichen Schutzrechten** sein (u.a. Marken, Gebrauchsmuster und Patente) sowie Rechte an geschützten Werken erwerben; jedoch kann sie nicht Urheber 6

---

1 *Pentz*, in: Rowedder/Schmidt-Leithoff, GmbHG, § 13 Rn. 4.

2 *Pentz*, in: Rowedder/Schmidt-Leithoff, GmbHG, § 13 Rn. 4; *Raiser*, in: Habersack/Casper/Löbbe, GmbHG, § 13 Rn. 5, einschränkend *Bitter*, in: Scholz, GmbHG, § 13 Rn. 13, der den rechtsgeschäftlichen Erwerb des letzten Anteils durch die Gesellschaft als nichtig behandelt.

3 *Fastrich*, in: Baumbach/Hueck, GmbHG, § 13 Rn. 3.

4 *Fastrich*, in: Baumbach/Hueck, GmbHG, § 13 Rn. 3.

5 *Fastrich*, in: Baumbach/Hueck, GmbHG, § 13 Rn. 3.

6 *Fastrich*, in: Baumbach/Hueck, GmbHG, § 13 Rn. 3.

7 *Fastrich*, in: Baumbach/Hueck, GmbHG, § 13 Rn. 3.

8 *Fastrich*, in: Baumbach/Hueck, GmbHG, § 13 Rn. 3.

oder Erfinder sein (§ 7 UrhG).[9] Die GmbH kann **Eigentum** erwerben und übt **Besitz** durch ihre Geschäftsführer aus.[10] Sie genießt **Firmen- und Namensschutz** (§ 4 GmbHG Rdn. 7 ff.) sowie zivil- und strafrechtlichen **Ehrenschutz.**[11] Das allgemeine **Persönlichkeitsrecht** steht ihr nur in eingeschränktem Umfang zu. Anerkannt ist der Schutz des Namens- und Zeichenrechts. Im Hinblick auf den Ehrenschutz hat sich die Rechtsprechung indessen bisher zurückhaltend gezeigt und einen Anspruch nur bejaht, wenn die Gesellschaft in ihrem sozialen Geltungsbereich als Arbeitgeber oder als Wirtschaftsunternehmen infrage gestellt wird.[12] Demgegenüber untersteht sie den Regeln des **Datenschutzes** für ihre nicht veröffentlichungspflichtigen internen Vorgänge in vollem Umfang.[13]

7 Die GmbH kann nicht selbst vererben (§ 1922 BGB), kann aber **Erbe** und **Vermächtnisnehmer** sowie Partei eines Erbvertrages sein, soweit sich nicht verfügt.[14] Sie kann **Testamentsvollstrecker** oder **Nachlasspfleger** sein, nicht aber **Nachlassverwalter** (Letzteres h.M., aber streitig),[15] **Insolvenzverwalter, Vormund** oder **Pfleger** für natürliche Personen.[16] Möglich ist die Stellung der GmbH demgegenüber als **Liquidator** (§ 66). Die GmbH kann keine **öffentlichen Ämter** einnehmen und kann sich in bestimmten Geschäftszweigen nicht betätigen; sie kann kein Versicherungs-, Apotheken- oder Versteigerungsunternehmen betreiben.

2. Strafrecht

8 Unter dem Blickwinkel des Strafrechts können nur die für die GmbH handelnden Organmitglieder zur Verantwortung gezogen werden. Demgegenüber kann die GmbH für **Ordnungswidrigkeiten**, die ein Organmitglied für diese begangen hat, herangezogen werden; gegen sie kann eine Geldbuße ausgesprochen werden (**§ 30 OWiG**). Andererseits ist die GmbH vor Straftaten anderer geschützt und kann Strafanzeige stellen (§ 77 StGB).

3. Öffentliches Recht

9 Die GmbH ist **grundrechtsfähig.** Auf sie sind die Grundrechte anwendbar, die für juristische Personen gelten (Art. 19 Abs. 3 GG).[17] Im Verwaltungsverfahren und vor den VG ist die GmbH beteiligungsfähig und ist durch ihre Geschäftsführer zu vertreten (§§ 11 Nr. 1, 12 Abs. 1 Nr. 3 VwVfG, §§ 61 Nr. 1, 62 Nr. 2 VwGO). Gleiches gilt vor dem BVerfG (§ 90 BVerfGG).

4. Steuerrecht

10 Im Steuerrecht ist die GmbH selbst **Steuerschuldnerin.**[18] Sie haftet für **Steuerstrafen** (§§ 33, 377 AO, § 30 OWiG).

II. Stellung im Prozess

11 Die GmbH ist **parteifähig.** Sie kann vor Gericht klagen und verklagt werden (§ 13 Abs. 1). Für die GmbH handeln im Prozess ihre **Geschäftsführer**, wobei umstritten ist, auf welcher rechtlichen

9 *Pentz*, in: Rowedder/Schmidt-Leithoff, GmbHG, § 13 Rn. 13.
10 BGHZ 56, 73, 77 = NJW 1971, 1358; *Bitter*, in: Scholz, GmbHG, § 13 Rn. 24.
11 BGHSt 6 186.
12 BGHZ 98, 94, 97 ff. = NJW 1986, 1951; BGHZ 78, 24, 25 f. = NJW 1980, 2807; für einen umfassenden Ehrschutz: *Bitter*, in: Scholz, GmbHG, § 13 Rn. 23; *Lieder*, in: Michalski, GmbHG, § 13 Rn. 37.
13 BGH, WM 1986, 189, 190.
14 *Bayer*, in: Lutter/Hommelhoff, GmbHG, § 13 Rn. 2; *Pentz*, in: Rowedder/Schmidt-Leithoff, GmbHG, *§ 13* Rn. 14.
15 A.A. *Vogel*, Anm. 3; zur h.M. vgl. *Bitter*, in: Scholz, GmbHG, § 13 Rn. 28; *Pentz*, in: Rowedder/Schmidt-Leithoff, GmbHG, § 13 Rn. 14, 15.
16 *Fastrich*, in: Baumbach/Hueck, GmbHG, § 13 Rn. 4.
17 BVerfGE 3, 359; s. im Einzelnen *Raiser*, in: Habersack/Casper/Löbbe, GmbHG, § 13 Rn. 42; *Pentz*, in: Rowedder/Schmidt-Leithoff, GmbHG, § 13 Rn. 20;*Bitter*, in: Scholz, GmbHG, § 13 Rn. 32.
18 *Fastrich*, in: Baumbach/Hueck, GmbHG, § 13 Rn. 3; *Weller*, in: Bork/Schäfer, GmbHG, § 13 Rn. 3.

Grundlage diese tätig werden. Nach h.A. ist die GmbH selbst **nicht prozessfähig**, sodass die Geschäftsführer i.R.d. Prozesses in gesetzlicher Vertretung zu handeln haben (§ 51 Abs. 1 ZPO).[19] Nach a.A. wird die GmbH selbst als **prozessfähig** angesehen, sodass die Geschäftsführer die GmbH ohne den Umweg über § 51 Abs. 1 ZPO im Prozess verpflichten können.[20] Letzteres überzeugt, da die Organe Teil der Gesellschaft sind und nicht ersichtlich ist, warum dies im Prozess – anders als beim Abschluss von Verträgen (§ 52 Abs. 1 ZPO) – außer Acht gelassen werden soll. Die **Vertretung im Prozess** hat durch **sämtliche Geschäftsführer** zu erfolgen, wenn nicht der Gesellschaftsvertrag etwas Abweichendes vorsieht (z.B. Vertretung durch zwei Geschäftsführer oder unechte Gesamtvertretung).[21] Gesellschafter sind nicht vertretungsbefugt. Eine Ausnahme gilt nur, soweit es sich um einen Fall des § 46 Nr. 8 handelt und ein Gesellschafter als **besonderer Vertreter** bestellt wird (§ 46 GmbHG Rdn. 47 ff.). Beim Fehlen eines Geschäftsführers kann bei Passivprozessen, soweit Gefahr im Verzug vorliegt, insoweit Abhilfe geschaffen werden, als ein Prozesspfleger bestellt wird (§ 57 Abs. 1 ZPO). Bei mitbestimmten Gesellschaften ist § 112 AktG analog anzuwenden (Vertretung durch den Aufsichtsrat). **Zustellungen** im Prozess haben grds. ggü. der GmbH zu erfolgen. Wegen § 35 Abs. 2 Satz 3 ist es aber ausreichend, wenn Zustellungen an einen Geschäftsführer bewirkt werden. **PKH** kann durch die GmbH beantragt werden. Sie ist aber nur zu gewähren, wenn die Kosten weder durch die GmbH noch von den Gesellschaftern als wirtschaftlich Beteiligten aufgebracht werden können und das Unterlassen der Rechtsverfolgung oder -verteidigung allgemeinen Interessen zuwiderlaufen würde (§ 116 ZPO).[22]

Im Prozess sind die Geschäftsführer als **Partei zu vernehmen** (§§ 445 ff., 455 ZPO)[23] und haben 12 ggf. erforderliche **eidesstattliche Versicherungen** abzugeben (§§ 807, 883 Abs. 2, 889 ZPO).[24] Demgegenüber können die Geschäftsführer als Zeugen vernommen werden, wenn sie nicht mehr im Amt sind, was bei der Vorbereitung des Prozesses zu berücksichtigen ist und ggf. eine Abberufung als sinnvoll erscheinen lassen kann. **Gesellschafter** (auch einer Einpersonen-GmbH) sind demgegenüber taugliche Zeugen, wenn sie nicht zugleich Geschäftsführer sind.[25] Ihr wirtschaftliches Interesse ist ggf. bei der Beweiswürdigung durch das Gericht zu berücksichtigen. Es begründet indessen kein **Zeugnisverweigerungsrecht.**[26]

Der allgemeine **inländische Gerichtsstand** der GmbH richtet sich nach § 17 Abs. 1 ZPO und be- 13 findet sich am statutarischen Sitz der Gesellschaft, d.h. dem Sitz, der sich aus der Satzung ergibt. Zu beachten ist, dass die Satzung einen besonderen Gerichtsstand begründen kann (§ 17 Abs. 3 ZPO). Soweit Klagen betroffen sind, die das Gesellschaftsverhältnis betreffen, kann auch ein ausschließlicher Gerichtsstand vereinbart werden.[27]

Für Streitigkeiten zwischen der Gesellschaft und den Gesellschaftern oder zwischen Letzteren unter- 14 einander kann die Satzung nach herrschender Meinung die Zuständigkeit eines **Schiedsgerichts**

19 BGHZ 38, 71, 75 = NJW 1963, 441; BGHZ 36, 207; *Hüßtege*, in: Thomas/Putzo, ZPO, § 51 Rn. 6, § 52 Rn. 4; *Bork*, in: Stein/Jonas, ZPO, § 51 Rn. 12; die a.A. *Vollkommer*, in: Zöller, ZPO § 52 Rn. 2 ist in der Neuauflage durch Althammer/Zöller § 52 Rn. 6a aufgegeben worden.

20 BGHZ 94, 108 = NJW 1985, 1836; BGH, NJW 1965, 1666; *Altmeppen*, in: Roth/Altmeppen, GmbHG, § 13 Rn. 6; *Fastrich*, in: Baumbach/Hueck, GmbHG, § 13 Rn. 8; *Pentz*, in: Rowedder/Schmidt-Leithoff, GmbHG, § 13 Rn. 24; *Bitter*, in: Scholz, GmbHG, § 13 Rn. 35; *Raiser*, in: Habersack/Casper/Löbbe, GmbHG, § 13 Rn. 34; Althammer/Zöller, ZPO § 52 Rn. 2.

21 *Raiser*, in: Habersack/Casper/Löbbe, GmbHG, § 13 Rn. 34 f.; *Bitter*, in: Scholz, GmbHG, § 13 Rn. 36.

22 BGH, NJW 1986, 2059; OLG Hamburg, MDR 1988, 782.

23 *Fastrich*, in: Baumbach/Hueck, GmbHG, § 13 Rn. 8; Bitter, in: Scholz, GmbHG, § 13 Rn. 25.

24 *Raiser*, in: Habersack/Casper/Löbbe, GmbHG, § 13 Rn. 35; *Pentz*, in: Rowedder/Schmidt-Leithoff, GmbHG, § 13 Rn. 26.

25 *Fastrich*, in: Baumbach/Hueck, GmbHG, § 13 Rn. 6; *Pentz*, in: Rowedder/Schmidt-Leithoff, GmbHG, § 13 Rn. 26; *Bitter*, in: Scholz, GmbHG, § 13 Rn. 37.

26 *Fastrich*, in: Baumbach/Hueck, GmbHG, § 13 Rn. 6; *Pentz*, in: Rowedder/Schmidt-Leithoff, GmbHG, § 13 Rn. 26.

27 *Pentz*, in: Rowedder/Schmidt-Leithoff, GmbHG, § 13 Rn. 28.

vorsehen (§ 1066 ZPO).[28] Dies gilt dabei auch für Einlage- sowie Rückzahlungsansprüche aus § 31,[29] nicht jedoch für Individualrechte.[30] Sieht die Satzung keine Klausel vor, kann ein Schiedsgericht nur bei Einhaltung der allgemeinen Regeln, die ein Abfassen der Schiedsklausel in einer allgemeinen Urkunde verlangen (§ 1029 ZPO), berufen werden. Soweit die Schiedsklausel bereits in der Gründungssatzung enthalten ist, bindet sie alle Gesellschafter – auch später eintretende. Ist die Schiedsklausel später Teil des Gesellschaftsvertrages geworden, müssen alle neu aufgenommenen Gesellschafter der Schiedsklausel zustimmen (Art. 101 Abs. 1 Satz 2 GG).[31]

15 Nach neuerer Rechtsprechung[32] sind auch **Anfechtungs- und Nichtigkeitsklagen** gegen Beschlüsse der Gesellschafterversammlung der schiedsgerichtlichen Entscheidung zugänglich, soweit ein Mindeststandard rechtsstaatlicher Verfahrensgarantien gewährleistet wird, welcher sich in folgenden Voraussetzungen niederschlägt: (1) Die Schiedsabrede ist mit **Zustimmung aller Gesellschafter** in der Satzung oder einer gesonderten Abrede statuiert worden; (2) jeder Gesellschafter ist (neben den Gesellschaftsorganen) über die **Einleitung des Schiedsverfahrens und dessen Verlauf informiert,** sodass er dem Verfahren als Nebenintervenient beitreten kann; (3) an der **Auswahl und Bestellung der Schiedsrichter** können alle Gesellschafter mitwirken oder die Auswahl und Bestellung erfolgt durch eine neutrale Stelle, wobei i.R.d. Auswahlvorgangs, soweit auf einer Seite mehrere Gesellschafter vertreten sind, das Mehrheitsprinzip zur Anwendung gelangen kann; (4) die **Konzentration** aller Beschlussmängelstreitigkeiten, die denselben Streitgegenstand betreffen, bei einem Schiedsgericht ist gewährleistet. Diese verfahrensrechtlichen Grundsätze sind bei der Abfassung von Schiedsklauseln in Gesellschaftsverträgen oder Änderungen derselben zwingend zu berücksichtigen. Ob die Gesellschafter gehalten sind, der Änderung von Schiedsklauseln in dem obigen Sinne aus Treupflicht zuzustimmen, hat der BGH offengelassen, s. hierzu auch unter Rdn. 14.

C. Haftung für Gesellschaftsschulden

I. Gesellschaft

16 Nach § 13 Abs. 2 ist die Haftung für Gesellschaftsschulden auf das **Vermögen der Gesellschaft** beschränkt. Diese **Haftung** der GmbH mit dem von ihren Gesellschaftern getrennten Vermögen entspricht der im deutschen Recht typischen Regelung für juristische Personen (sog. **Trennungsprinzip**). Das **Vermögen der GmbH** setzt sich aus Einlagen, Agio und Zuschüssen sowie allen weiteren Positionen auf der Aktivseite der Bilanz zusammen. Erfasst werden auch Ansprüche gegen Gesellschafter, welche über eine Zwangsvollstreckung in das Gesellschaftsvermögen gepfändet werden können (§§ 829, 835 ff. ZPO). Bei ausstehenden Stammeinlagen ist kein Gesellschafterbeschluss erforderlich. Anders gilt hingegen bei Ansprüchen auf Nachschusszahlung, wo der Anspruch mit einem entsprechenden Gesellschafterbeschluss entsteht (§ 26).

17 Die Gesellschafter haften den Gesellschaftsgläubigern daher ganz regelmäßig nicht gem. § 13 Abs. 2. Auch dann nicht, wenn noch Einlagen, Nachschüsse, Beträge aus Gründerhaftung oder Vorbelastungshaftung oder Erstattung aufgrund von verbotswidrigen Auszahlungen offen stehen.[33] Ihre Haftung ist lediglich unter den unter Rdn. 18 ff. dargestellten Grundlagen möglich.

---

28 *Raiser,* in: Habersack/Casper/Löbbe, GmbHG, § 13 Rn. 37; *Pentz,* in: Rowedder/Schmidt-Leithoff, GmbHG, § 13 Rn. 29; *Bitter,* in: Scholz, GmbHG, § 13 Rn. 43; *Seiler,* in: Thomas/Putzo, ZPO, § 1066 Rn. 1 alle m.w.N.; jetzt auch *Schlosser,* in: Stein/Jonas, ZPO, § 1066 Rn. 10 ff.; ausführlich *Haas,* SchiedsVZ 2007, 1, 4, 7 f.

29 BGHZ 160, 127 = NJW 2004, 2899.

30 BGHZ 38, 155.

31 *Raiser,* in: Habersack/Casper/Löbbe, GmbHG, § 13 Rn. 37; *Pentz,* in: Rowedder/Schmidt-Leithoff, GmbHG, § 13 Rn. 29; *Bitter,* in: Scholz, GmbHG, § 13 Rn. 45.

32 BGHZ 180, 221 = NJW 2009, 1962 – in Abweichung von seiner bisheriger Rechtsprechung BGHZ 132, 278 = NJW 1996, 1753; zu der Entscheidung s. *Bitter,* in: Scholz, GmbHG, § 13 Rn. 45; *Raiser,* in: Habersack/Casper/Löbbe, § 13 Rn. 39; *Albrecht,* NZG 2010, 486; *Riegger/Wilske,* ZGR 2010, 733; *Wittel Hafner,* DStR 2009, 2052.

33 *Fastrich,* in: Baumbach/Hueck, GmbHG, § 13 Rn. 7.

II. Gesellschafter, Geschäftsführer

Zu einer Haftung der Gesellschafter und Geschäftsführer kommt es ohne Weiteres bei Vorliegen eines selbstständigen Verpflichtungsgrundes. Ein solcher kann zunächst in einer eigenen **vertraglichen Verpflichtung** liegen. Häufig anzutreffen sind eigene Verpflichtungen aus Bürgschaft oder Garantieversprechen.[34] Möglich ist auch ein Beitritt zu einem Vertrag. Hinzu treten können eigene Verpflichtungen der Gesellschafter bzw. Geschäftsführer aus eigener **unerlaubter Handlung.** Neben solchen der Gesellschaft aus § 823 BGB, bei denen die Gesellschafter nach § 31 BGB hinzutreten, sind nur die Gesellschafter treffende unerlaubte Handlungen nach § 826 BGB möglich (s. Rdn. 22 ff. sowie Anh. 2 Rdn. 68 ff.). Eine persönliche Haftung kann Geschäftsführer, aber auch Gesellschafter, aus **Rechtsscheinhaftung** treffen, wenn sie ggü. einem gutgläubigen Partner den Eindruck einer persönlichen Haftung erweckt haben (bspw. durch Weglassen des Rechtsformzusatzes, s. § 4 GmbHG Rdn. 87).[35] Eine Haftung kann vorgenannte auch aus **culpa in contrahendo** treffen, falls sie bei Vertragsanbahnung in besonderem Maße Vertrauen in Anspruch genommen haben.[36] Inwieweit es heute noch aufgrund der »**Durchgriffslehre**« zu einer Verpflichtung der Gesellschafter kommen kann, s. sogleich Rdn. 19 ff. und Rdn. 23. 18

D. Durchgriff

Hinter dem Begriff des Durchgriffs steht zunächst die für die Gesellschafter wesentliche Frage, inwieweit die Anordnung des § 13 Abs. 2 durchbrochen werden kann und Verbindlichkeiten über die GmbH hinaus auch den Gesellschaftern zugerechnet werden können (so gen. **Durchgriffshaftung**). Darüber hinaus geht es um die Frage, unter welchen Umständen Kenntnisse der GmbH den Gesellschaftern zugerechnet werden können und ob dies auch für den umgekehrten Fall gilt (so gen. **Zurechnungsdurchgriff**). 19

I. Durchgriffshaftung/Haftung wegen sittenwidriger Schädigung

1. Meinungsstand

In der **Literatur** herrschte bis zu der Gamma-Entscheidung des BGH im Jahr 2008 Einigkeit, dass unter bestimmten Bedingungen eine Durchbrechung des Prinzips des § 13 Abs. 2 möglich sein muss, auch wenn sich insoweit kein einheitlicher Ansatz herausgebildet hat. Im Wesentlichen lassen sich die unterschiedlichen Auffassungen in folgende Richtungen aufteilen: Die **institutionelle Missbrauchslehre** durchbricht das Trennungsprinzip, wenn die Verwendung der juristischen Person nicht der Rechtsordnung entspricht, insb. missbraucht wird.[37] Die subjektive Variante dieser Lehre setzt demgegenüber einen subjektiven Missbrauch der juristischen Person voraus, welcher dazu führt, dass eine Berufung auf die Trennung gegen Treu und Glauben verstoßen würde.[38] Die Lehre vom Durchgriff als Normanwendung (**Normanwendungstheorien**) setzt nicht bei der juristischen Person als solcher, sondern bei der jeweils anzuwendenden Norm an, deren Zweck ggf. eine entsprechende Zurechnung auf andere Personen (Gesellschafter) erfordere. Im Rahmen der Normanwendungstheorie gibt es wiederum unterschiedliche Strömungen, die der Selbstständigkeit der juristischen Person ein unterschiedliches Gewicht beimessen. Manche sehen die juristische Person und die Gesellschafter als nebeneinanderstehend an und rechtfertigen mit diesem Näheverhältnis die Einbeziehung der Gesellschafter in den Haftungskreis oder die Zurechnung bestimmter Sachverhalte.[39] Andere wiederum lassen den Durchgriff zu, wenn die Regelung, die 20

34 BGHZ 31, 271; WM 77, 73; NJW 1986, 580; *Bitter*, in: Scholz, GmbHG, § 13 Rn. 55 ff.

35 *Bitter*, in: Scholz, GmbHG, § 13 Rn. 94; *Altmeppen*, in: Roth/Altmeppen, GmbHG, § 13 Rn. 70.

36 St. Rechtsprechung BGHZ 87, 27; BGH, NJW 1978, 1374; BGH, NJW 1983, 676; BGH, NJW 1990, 389; BGH, DB 1990, 2313; BGH, 1991, 1765.

37 *Reuter*, in: MünchKommBGB, Vor. § 21 Rn. 20; *Kuhn*, Strohmanngründung bei Kapitalgesellschaften, S. 35 ff., 146 ff., 199; *Rehbinder*, Konzernaußenrecht und allgemeines Privatrecht, S. 119 f.

38 *Serick*, Rechtsform und Realität juristischer Personen, 1955, S. 14 ff.

39 *K. Schmidt*, GesR, § 9 II, III m.w.N.; *Schanze*, Einmanngesellschaft und Durchgriffshaftung, S. 102 ff.

den Zurechnungsumfang festlegt, auf den konkreten Sachverhalt nicht passt; die dann entstehende Lücke ist nach dieser Auffassung durch die Anwendung einer anderen Regelung zu schließen.[40] Im Hinblick auf die Rechtsfolgen wird teilweise davon ausgegangen, dass es sich um eine ggü. der Gesellschaft bestehende, auf den Ausgleich des Gläubigerausfalls gerichtete Innenhaftung der Gesellschafter handelt, die mit der objektiven Erfüllung des Tatbestandes (bspw. der Unterkapitalisierung) entsteht.[41] Nach a.A., die auch in der Rechtsprechung ihren Niederschlag gefunden hat, sind die §§ 128, 129 HGB entsprechend heranzuziehen, sodass es zu einer persönlichen Haftung der Gesellschafter für die Schulden der Gesellschaft kommt.[42] Wegen § 31 Abs. 3 wird indessen bezweifelt, ob es zu einer Haftung der Gesellschafter kommen kann, die an der den Durchgriff auslösenden Situation nicht mitgewirkt haben.[43]

21 **Die Rechtsprechung** ist einer Durchgriffshaftung stets zurückhaltend ggü. gestanden und hat sich keinem der in der Literatur entwickelten Ansätze angeschlossen. Die **ältere Rechtsprechung**, die am ehesten der institutionellen Missbrauchslehre nahe stand, hat ihre Entscheidungen entweder auf ein treuwidriges Verhalten, Rechtsmissbrauch oder einen Verstoß gegen Treu und Glauben gestützt,[44] wobei betont wurde, dass über die Rechtsfigur der juristischen Person nicht leichtfertig und schrankenlos hinweggegangen werden dürfe.[45] Die **jüngere Rechtsprechung** hat die Zurückhaltung ggü. der Durchgriffshaftung – mit Ausnahme der Fallgruppe der Vermögensvermischung (s. Rdn. 23) – beibehalten, aber in Abwendung von den bisherigen Begründungen unter Relativierung des insoweit notwendigen Vorsatzes auf § 826 BGB abgestellt. 2008 hat der BGH in der *Gamma-Entscheidung*[46] der **Durchgriffshaftung** für eine **materielle Unterkapitalisierung** unter Hinweis, dass es für eine allgemeine gesellschaftsrechtliche Haftung an einer Gesetzeslücke fehle, **eine klare Absage erteilt** und ist dem Ansatz des § 826 BGB gefolgt, wobei er im konkreten Fall offengelassen hat, unter welchen Voraussetzungen eine Haftung nach **§ 826 BGB** in Betracht kommt. Betrachtet man die weitere Entscheidungspraxis des BGH – auch zur Existenzvernichtungshaftung (s. ausführlich Anh. 2 Rdn. 68 ff.) – so stellt sich die Frage, ob zukünftig vom Konzept der Durchgriffshaftung gänzlich zugunsten einer Haftung nach § 826 BGB abgerückt wird, was u.a. auch die Fallgruppe der Vermögensvermischungshaftung einschließen würde, bei der der BGH bisher von einer Durchgriffshaftung des Gesellschafters entsprechend § 128 BGB ausgegangen ist (s. Rdn. 23). Gänzlich ausgeschlossen erscheint dies nicht, da der BGH an den Tatbestand einer sittenwidrigen Schädigung in seiner jüngeren Entscheidungspraxis relativ geringe Anforderungen stellt (s. Anh. 2 Rdn. 77).

2. Einzelfälle

a) Materielle Unterkapitalisierung

22 Eine Haftung der Gesellschafter für Gesellschaftsverbindlichkeiten kann der Tatbestand der **qualifizierten materiellen Unterkapitalisierung** auslösen. Dies setzt voraus, dass die Kapitalausstattung der Gesellschaft unter Berücksichtigung etwaiger Gesellschafterdarlehen eindeutig unzureichend ist und sie deshalb einen wirtschaftlichen Misserfolg zulasten der Gläubiger bei normalem

---

40 *Müller-Freienfels*, ACP 1956 (1957), 522; *Rehbinder*, in: FS R. Fischer, 1979, 579, 580; s.a. *Ulmer*, in: Hachenburg, GmbHG, Anh. § 30 Rn. 38 ff. m.w.N.

41 *K. Schmidt*, GesR, § 9 IV m.w.N.; *Schanze*, Einmanngesellschaft und Durchgriffshaftung, S. 102 ff.; *Heermann*, in: Theobald, Entwicklungen zur Durchgriffs- und Konzernhaftung, S. 11.

42 S. *Bayer*, in: Lutter/Hommelhoff, GmbHG, § 13 Rn. 11; *Pentz*, in: Rowedder/Schmidt-Leithoff, GmbHG, § 13 Rn. 153; s.a. BGHZ 95, 330, 332; BGHZ 165, 85 = NJW 2006, 1344, 1345 f. s.a. Rn. 23.

43 *Pentz*, in: Rowedder/Schmidt-Leithoff, GmbHG, § 13 Rn. 153.

44 BGHZ 20, 4, 13 = NJW 1956, 785; BGHZ 22, 226, 230 = NJW 1957, 181; BGHZ 68, 312, 315 = NJW 1977, 1449.

45 BGHZ 20, 4, 11 = NJW 1956, 785; BGHZ 26, 31, 37 = NJW 1958, 98; BGHZ 54, 222, 224 = NJW 1970, 2015; großzügiger demgegenüber BSG, NJW 1984, 2117 m. abl. Anm. *Kahler*, GmbHR 1985, 294; BSG, NJW-RR 1997, 94.

46 BGHZ 176, 204 = NJW 2008, 2437 – Gamma.

Geschäftsverlauf mit hoher Wahrscheinlichkeit erwarten lässt.[47] Der BGH hat seit den 80iger Jahren die Haftung der Gesellschafter für die Verbindlichkeiten der Gesellschaft mit § 826 BGB begründet, wobei er den zumindest bedingten Vorsatz bereits aus dem Vorliegen der objektiven Tatbestandsmerkmale gefolgert hat.[48] Durch die *Gamma-Entscheidung* des BGH,[49] welche in dem zu entscheidenden Fall offengelassen hat, ob die Voraussetzungen des § 826 erfüllt sind, ist diese Linie noch insoweit verdeutlicht worden, als der BGH eine allgemeine Gesellschafterhaftung auf der **Grundlage des Durchgriffs** für den Fall der Unterkapitalisierung wegen des **Fehlens einer gesetzlichen Regelungslücke** im Grundsatz abgelehnt hat. Auch zukünftig muss daher davon ausgegangen werden, dass die Rechtsprechung die Fälle der qualifizierten materiellen Unterkapitalisierung unter Heranziehung von **§ 826 BGB** lösen wird, wobei die herrschende Meinung in der Literatur dieser Vorgehensweise zwischenzeitlich folgt.[50] Der die sittenwidrige Handlung begehende Gesellschafter – wobei dies für jeden einzeln zu prüfen ist – hat daher bei Nachweis des bedingten Vorsatzes (Rdn. 21) den Gläubigern entstandenen Schaden gem. §§ 249 ff. BGB zu ersetzen. Für die Verjährung gelten die allgemeinen Regelungen der §§ 195, 199 Abs. 1 BGB.

b) Vermögensvermischung

Eine Haftung der Gesellschafter für Gesellschaftsverbindlichkeiten kann wegen **Vermischung von** 23
Privat- und Gesellschaftsvermögen begründet sein, wenn nicht mehr festgestellt werden kann, welcher Gegenstand der Gesellschaft und welcher dem Gesellschafter zuzuordnen ist. Dies kann insb. der Fall sein, wenn es an einer **Buchführung fehlt** oder Letztere die Vermögenstrennung verschleiert.[51] Dass einzelne Gegenstände nicht zugeordnet werden können, ist für den Haftungstatbestand nicht ausreichend.[52] Der BGH hat den Tatbestand der Vermögensvermischung an eine verhaltensbedingte Haftung geknüpft, die nur den Alleingesellschafter, den Mehrheitsgesellschafter oder den wirtschaftlichen Träger der GmbH[53] treffen kann, nicht aber den Minderheitsgesellschafter.[54] Bei dieser Haftung handelt es sich nach der bisherigen Entscheidungspraxis des BGH um eine Durchgriffshaftung, welche sich aus einer entsprechenden Anwendung des § 128 HGB ergibt. Ob dieses Konzept durch den BGH in Zukunft noch beibehalten wird, ist allerdings nicht zweifelsfrei, s.o. Rdn. 21.

c) Institutsmissbrauch

Von einem **Institutsmissbrauch** ist auszugehen, wenn die GmbH zur Verfolgung rechtswidriger 24
Ziele verwendet wird.[55] Beispiele aus der früheren Judikatur bilden das Vorschieben der Gesellschaft zum Empfang von Schmiergeldern[56] oder zur Beauftragung für Sanierungsarbeiten am Hausgrundstück des Gesellschafters.[57] Genannt werden auch sogen. **Aschenputtelkonstellationen**, bei denen eine Aufteilung dergestalt stattfindet, dass die Gesellschaft alle Risiken trägt und sämtliche Gewinne

47 *Ulmer*, in: Hachenburg, GmbHG, § 30 Rn. 23; *Michalski/Funke*, in: Michalski, GmbHG, § 13 Rn. 381.
48 BGH, NJW 1979, 2104; DB 1988, 1848; NJW-RR 1991, 1312.
49 BGHZ 176, 204 = NJW 2008, 2437, 2440.
50 *Altmeppen*, ZIP 2009, 1201 ff.; *Kleindiek*, NZG 2008, 686 ff.; *Weller/Discher*, in: Bork/Schäfer, GmbHG, § 13 Rn. 38; kritisch: *Pentz*, in: Rowedder/Schmidt-Leithoff, GmbHG, § 13 Rn. 151.
51 BGHZ 165, 85 = NJW 2006, 1344, 1345 f.; BGHZ 125, 366 = NJW 1994, 1801, 1802; OLG Karlsruhe, DR 1943, 811; OLG Nürnberg, WM 55, 1566.
52 BGH, BB 85, 77; *Fastrich*, in: Baumbach/Hueck, GmbHG, § 13 Rn. 45; *Weller/Discher*, in: Bork/Schäfer, GmbHG, Rn. 36.
53 KG, ZIP 2008, 1535 = NZG 2008, 344, 345.
54 BGHZ 165, 85 = NJW 2006, 1344, 1346 f.; *Fastrich*, in: Baumbach/Hueck, GmbHG, § 13 Rn. 45.
55 *Fastrich*, in: Baumbach/Hueck, GmbHG, § 13 Rn. 51; *Lutter*, ZGR 1982, 244, 253; *Pentz*, in: Rowedder/Schmidt-Leithoff, GmbHG, § 13 Rn. 146; a.A., diese Fallgruppe nicht anerkennend *Ehricke*, AcP 199 (1999), 257, 301 ff.; zweifelnd auch *Raiser*, in: FS Lutter, 2000, 637, 650.
56 RG, DR 40, 580.
57 BGH, DB 88, 1848.

bei den Gesellschaftern anfallen.[58] Es spricht vieles dafür, dass diese Fälle, von denen Letzterer eher in die Fallgruppe der materiellen Unterkapitalisierung einzuordnen ist, durch den BGH künftig nicht mehr auf der Grundlage der Durchgriffslehre, sondern an dem Maßstab des § 826 BGB gemessen werden (s.o. Rdn. 21).

d) Sphärenvermischung

25 In der Literatur wird für das Vorliegen einer Sphärenvermischung verlangt, dass es zu keiner ausreichenden Trennung zwischen Gesellschaft und Gesellschaftern bzw. von diesen weiter gegründeten Gesellschaften im organisatorischen Bereich kommt, bspw. durch den Nutzen gleicher Geschäftsräume, gleicher Mitarbeiter oder ähnlicher Namen.[59] Nach zutreffender Ansicht handelt es sich insoweit nicht um einen Fall der Durchgriffshaftung, sondern um einen solchen der **Rechtsscheinhaftung.**[60]

e) Konzerntatbestände/Weisungen

26 Konstellationen des Konzernrechts und der Weisungen sind nicht der Gruppe des Haftungsdurchgriffs zuzurechnen. S. insoweit die Ausführungen unter Anh. 2.

II. Zurechnungsdurchgriff

1. Allgemeines

27 Von dem Oberbegriff des **Zurechnungsdurchgriffs** werden Fälle erfasst, in denen sich die Gesellschaft Verhaltensweisen, Fähigkeiten oder Kenntnisse der Gesellschafter zurechnen lassen muss bzw. eine Zurechnung in umgekehrter Weise erfolgt.[61] Der Zurechnungsdurchgriff wird in der Literatur mit der oben dargestellten Normzwecklehre begründet (s. Rdn. 20), wonach der Zweck bestimmter Vorschriften eine Zurechnung gebietet, wenn sie ihrem Sinngehalt nur so vollzogen werden kann. Noch klarer formuliert geht es bei der Frage des Zurechnungsdurchgriffs um das Erfordernis der Auslegung von Gesetzen und vertraglichen Regelungen[62] unter Beachtung der besonderen Konstellation von juristischen Personen des Gesellschaftsrechts.

2. Einzelfälle

28 Zu den Anwendungsfällen des Zurechnungsdurchgriffs zählen etwa:

a) Anfechtung

29 Die Möglichkeit der **Anfechtung nach § 119 Abs. 2 BGB** eines mit der Gesellschaft geschlossenen Vertrages besteht, wenn sich der Vertragsschließende über die Zuverlässigkeit des Alleingesellschafters und faktischen Geschäftsführers geirrt hat.[63] Im Rahmen einer **Anfechtung wegen Täuschung nach § 123 BGB** gilt der Alleingesellschafter nicht als Dritter i.S.v. § 123 Abs. 2 BGB, mit der Folge, dass eine Anfechtung nach § 123 Abs. 1 BGB möglich ist.[64]

---

58 BGH, NJW-RR 1992, 1061; NJW 1979, 2104; NJW-RR 1988, 1188; OLG Karlsruhe, GmbHR 1990, 303.

59 *Bayer*, in: Lutter/Hommelhoff, GmbHG, § 13 Rn. 24; *Lutter*, ZGR 1982, 244, 251.

60 *Brändel*, in: GroßKommAktG, § 1 Rn. 114; *Schissl/Böhm*, in: MünchHdB GesR III, § 35 Rn. 20; *Ehricke*, AcP 199 (1999), 257, 299 ff.; s.a. *Wiedemann*, Gesellschaftsrecht, S. 224; s.a. BGH, NJW-RR 1987, 335, 336; NJW 2001, 2716, 2718; *Fastrich*, in: Baumbach/Hueck, GmbHG, § 13 Rn. 46.

61 *Fastrich*, in: Baumbach/Hueck, GmbHG, § 13 Rn. 15.

62 *Fastrich*, in: Baumbach/Hueck, GmbHG, § 13 Rn. 15; *Pentz*, in: Rowedder/Schmidt-Leithoff, GmbHG, § 13 Rn. 160; *K. Schmidt*, GesR III, § 9; *Bitter*, in: Scholz, GmbHG, § 13 Rn. 70, 75; *Wiedemann*, Gesellschaftsrecht, S. 230 ff.

63 RGZ 143, 429, 431.

64 BGH, NJW 1990, 1915.

b) Verträge/Schenkungen

Ist durch die Gesellschafter ein Geschäft veranlasst worden, wird die Kenntnis bzw. fahrlässige Unkenntnis der Gesellschafter der Gesellschaft gem. **§ 166 Abs. 2 BGB** zugerechnet.[65] Bei der Vermittlung eines Geschäfts durch einen **Makler** an eine Gesellschaft, an der Letzterer maßgeblich beteiligt ist, entsteht kein Lohnanspruch gem. **§ 654 BGB.**[66] Ist der GmbH das Grundstück vermittelt worden, erwerben aber tatsächlich die Gesellschafter das Grundstück, ist ein Anspruch auf Maklerprovision zugebilligt worden.[67] Die Überlassung eines Darlehns durch eine dritte Gesellschaft an eine GmbH wird als **Gesellschafterdarlehn** qualifiziert, wenn ein Gesellschafter der Darlehnsnehmerin alle Anteile an der Darlehnsgeberin hält.[68] Bei Vorhandensein eines **Versicherungs**vertrages mit der GmbH ist streitig, ob ihr die vorsätzliche oder grob fahrlässige Vorgehensweise (§ 91 VVG) des Alleingesellschafters oder der gemeinsam handelnden Gesellschafter bzw. des maßgeblich beteiligten Gesellschafters[69] zugerechnet werden kann.[70] Eine **Schenkung** an die GmbH kann durch den Schenker nach **§ 530 BGB** widerrufen werden, wenn sich alle Gesellschafter undankbar zeigen (streitig).[71] Demgegenüber zählen Sachmängelfragen beim Anteilskauf nicht zum Durchgriffstatbestand[72] (s. aber zu Möglichkeiten der Anfechtung oben Rdn. 29). 30

c) Hypotheken/Vorkaufsrechte

Streitig ist, ob eine **Bauhandwerker-Sicherungshypothek** am Grundstück des Gesellschafters verlangt werden kann, wenn die Gesellschaft Auftraggeber ist.[73] Der BGH hat eine Zurechnung als solche abgelehnt; vielmehr hat er dem Verlangen nur stattgegeben, soweit der Grundstückseigentümer aus Durchgriff (s.o. Rdn. 19 ff.) oder aus eigener Verpflichtung für die Werklohnforderung haftete. Die Frage, ob auch ein Rechtsgeschäft zwischen der GmbH und ihrem Alleingesellschafter ein **Vorkaufsrecht** auslösen kann, wird von Teilen der Literatur zu Recht bejaht;[74] teilweise wird demgegenüber davon ausgegangen, dass erst eine Weiterveräußerung an einen Dritten zur Auslösung des Vorkaufsrechts führt.[75] 31

d) Rechtsscheinerwerb

Auf Geschäfte zwischen der Gesellschaft und dem alleinigen Gesellschafter bzw. allen Gesellschaftern finden die Regelungen über den **gutgläubigen Erwerb (§§ 892, 932 ff. BGB, § 366 HGB, Art. 16, 17 WG, Art. 21, 22 ScheckG)** keine Anwendung.[76] 32

---

65 *Bitter*, in: Scholz, GmbHG, § 13 Rn. 77; s.a. BGHZ 132, 30 = NJW 1996, 1339.
66 BGH, NJW 1985, 2473.
67 BGH, NJW 1995, 3311; kritisch *Pentz*, in: Rowedder/Schmidt-Leithoff, GmbHG, § 13 Rn. 163.
68 BGHZ 81, 311.
69 Hierfür *Raiser*, in: Habersack/Casper/Löbbe, GmbHG, § 13 Rn. 122.
70 *Michalski/Funke*, in: Michalski, GmbHG, § 13 Rn. 329 m.w.N.
71 Offen gelassen durch OLG Düsseldorf, NJW 1966, 550; *Pentz*, in: Rowedder/Schmidt-Leithoff, GmbHG, § 13 Rn. 163; a.A. *Emmerich*, in: Scholz, GmbHG, 10. Aufl., § 13 Rn. 73.
72 *Fastrich*, in: Baumbach/Hueck, GmbHG, § 13 Rn. 15.
73 Dagegen zutreffend BGHZ 102, 95, 100 ff., jedoch ggf. Durchgriff auf der Grundlage von § 242 BGB; dafür OLG München, NJW 1975, 220; zum Streitstand s. *Pentz*, in: Rowedder/Schmidt-Leithoff, GmbHG, § 13 Rn. 163; *Merkt*, in: MünchKommGmbHG, § 13 Rn. 354; *Weller/Discher*, in: Bork/Schäfer, GmbHG, § 13 Rn. 60.
74 *Pentz*, in: Rowedder/Schmidt-Leithoff, GmbHG, § 13 Rn. 163; *Griebel*, Die Einmanngesellschaft, S. 120.
75 *Raiser*, in: Habersack/Casper/Löbbe, GmbHG, § 13 Rn. 101.
76 BGHZ 78, 318 = NJW 1981, 525; *Bitter*, in: Scholz, GmbHG, § 13 Rn. 78; *Merkt*, in: MünchKommGmbHG, § 13 Rn. 351 ff.; *Fastrich*, in: Baumbach/Hueck, GmbHG, § 13 Rn. 15; a.A. *Wilhelm* Rechtsform und Haftung bei der juristischen Person, S. 266 ff.; im Fall des Erwerbs durch die Gesellschaft auch *Flume*, Juristische Person, S. 71.

e) Stimmverbote

33 **Stimmverbote (§ 47 Abs. 4, 136 AktG)** können auch den maßgeblich beteiligten Gesellschafter einer an der GmbH beteiligten Gesellschaft treffen. Erforderlich ist insoweit, dass ihn selbst, soweit er an der GmbH beteiligt wäre, ein Stimmverbot treffen würde (s. im Einzelnen § 47 GmbHG Rdn. 32 ff.). Auch zu einem Stimmverbot kann es kommen, wenn eine natürliche Person an zwei GmbHs Anteile hält und es um die Zustimmung zu einem Geschäft der ersten GmbH mit der zweiten geht (s. § 47 GmbHG Rdn. 32 ff.)

f) Insolvenz

34 In der Insolvenz gelten die Gesellschafter und deren nahe Angehörige als **»nahe Angehörige« der GmbH** i.S.v. § 138 Abs. 2 Nr. 1 InsO, § 3 Abs. 2 AnfG.

g) Wettbewerbsverbote/Auskunftspflichten

35 Soweit Verträge zwischen Dritten und der GmbH bestehen, können Verpflichtungen aufgrund einer Vertragsauslegung nach Treu und Glauben (insb. bei einer personalistischen Struktur) auch die Gesellschafter der GmbH treffen.[77] Dies gilt u.a. bei **Wettbewerbsverboten, Auskunfts-**[78] **und Unterlassungspflichten**. Auch können solche vertraglichen Verpflichtungen nicht durch das Dazwischenschalten einer Gesellschaft umgangen werden.[79]

E. Die GmbH als Verbandsperson

I. Treupflicht

1. Allgemeines

36 Die Treupflicht ist heute in der GmbH als verbandsrechtliches Instrument anerkannt,[80] wobei auf die zum **Personengesellschaftsrecht** entwickelten Grundsätze zurückgegriffen werden kann. Die durch sie zu beachtenden Bindungen bestehen einerseits in Form einer Treupflicht der Gesellschafter ggü. der GmbH und andererseits in Form einer Treupflicht unter den Mitgesellschaftern.[81] Herzuleiten sind diese Bindungen aus dem Umstand, dass die Gesellschafter einer GmbH Partner unter einem gemeinsamen Zweck sind (§ 705 BGB) und es der Mehrheit der Gesellschafter aufgrund ihrer Rechtsstellung möglich ist, durch ihre Beschlüsse oder den von ihnen ausgeübten Einfluss auf die Geschäftsführung in die Rechte der Minderheitsgesellschafter einzugreifen (im Einzelnen streitig).[82]

37 Die Treupflicht bildet den Oberbegriff für verschiedene Pflichten der Gesellschafter. Soweit das **Verhältnis zur Gesellschaft** betroffen ist, verpflichtet die Treupflicht zur Förderung und Verwirklichung des gemeinsamen Zwecks[83] und zum Unterlassen schädlicher Eingriffe.[84] Im **Verhältnis der**

---

77 S. ausführlich *Wiedemann*, Gesellschaftsrecht, S. 230 ff.

78 Zur Vorlage von Bilanzen s. BGHZ 25, 115, 117 = NJW 1957, 1555; RGZ 99, 232, 234.

79 BGHZ 89, 162, 165.

80 Zur umfassenden Rechtsprechung s. Rdn. 40 ff.; zur Lit. bspw.: *Weller/Discher*, in: Bork/Schäfer, GmbHG, § 13 Rn. 7 ff.; *Bayer*, in: Lutter/Hommelhoff, GmbHG, § 14 Rn. 29 ff.; *Merkt*, in: MünchKommGmbHG, § 13 Rn. 88 ff.; *Pentz*, in: Rowedder/Schmidt-Leithoff, GmbHG, § 13 Rn. 36 ff.; *Altmeppen*, in: Roth/Altmeppen, GmbHG, § 13 Rn. 29 ff.; *K. Schmidt*, Gesellschaftsrecht, § 20 IV; *Bitter*, in: Scholz, GmbHG, § 13 Rn. 50 ff.; *Raiser*, in: Habersack/Casper/Löbbe, GmbHG, § 14 Rn. 76 ff.

81 BGHZ 65, 15, 18 = NJW 1976, 191.

82 *Häuser*, Unbestimmte Maßstäbe als Begründungselement richterlicher Entscheidungen, S. 176 ff.; *M. Winter*, Mitgliedschaftliche Treubindungen im GmbH-Recht, S. 13 ff. S. zu den einzelnen Ansätzen auch: *Henrichs*, AcP 195 (1995), 221, 225 ff.; *Hüffer*, in: FS Steindorff, 1990, S. 59, 61 ff.; *Grundmann*, Der Treuhandvertrag, S. 133 f.; *M. Weber*, Vormitgliedschaftliche Treubindungen, §§ 3 ff.; s.a. *Raiser*, in: Habersack/Casper/Löbbe, GmbHG, § 14 Rn. 77 ff.; *Michalski/Funke*, in: Michalski, GmbHG, § 13 Rn. 140.

83 BGH, DStR 1994, 214.

84 BGHZ 14, 25, 38 = NJW 1954, 1401.

Gesellschafter untereinander verpflichtet die Treupflicht zur Rücksichtnahme auf die unterschiedlichen Interessen der Mitgesellschafter.[85] Im Hinblick auf die Frage der Ausprägung ist die jeweilige Funktion des auszuübenden Rechts von Bedeutung. Zu unterscheiden ist zwischen **uneigennützigen** (gesellschaftsbezogenen) **Rechten** (z.B. Stimmrecht) und **eigennützigen Rechten** (z.B. Dividendenrecht). Im Hinblick auf die uneigennützigen Rechte kann die Treupflicht bestimmte Handlungs- und Unterlassungspflichten, namentlich positive und negative Stimmpflichten zur Folge haben. Die Treupflicht kann sich aber auch dahin gehend verdichten, dass der jeweilige Gesellschafter einer **Satzungsänderung zuzustimmen** hat (**Zustimmungspflicht**). Nach der Rechtsprechung muss die Änderung der Satzung dabei mit Rücksicht auf das bestehende Gesellschaftsverhältnis oder im Hinblick auf die Rechtsbeziehungen der Gesellschafter untereinander, etwa zum Erhalt wesentlicher Werte oder zur Vermeidung erheblicher Verluste, die die Gesellschaft oder einer der Gesellschafter erleiden können, erforderlich sein.[86] Bejaht wurde dies bspw. bei Sanierungsfällen,[87] einem Auflösungsbegehren bei fataler wirtschaftlicher Lage,[88] bei einem Austrittswunsch aufgrund finanzieller Notlage,[89] bei vorgeschlagenen und sinnvollen Nachfolgeklauseln[90] oder bei Kapitalerhöhungen, die aufgrund einer GmbH-Novelle (Auflösungsgefahr) erforderlich waren.[91] Zudem stützt sich die Rechtsprechung zur Begründung der Haftung der Gesellschafter nach Einziehung der Anteile auf die Treupflicht.[92] Im Hinblick auf die **eigennützigen Rechte** kommt der Berücksichtigung der Gesellschaftsinteressen demgegenüber nur dann eine Rolle zu, wenn die Rechtsausübung durch den Gesellschafter willkürlich und ohne Rücksicht auf die Gesellschaft oder die Gesellschafter ist oder in unverhältnismäßiger Weise erfolgt (Schrankenfunktion der Treupflicht).

Bei der **Einmann-GmbH** scheidet eine Treupflicht ggü. den Mitgesellschaftern naturgemäß aus. 38
Auch eine Treupflicht des Gesellschafters ggü. der GmbH existiert aufgrund des Interessengleichlaufs nicht. Ebenfalls kann nicht von einer Treupflichtverletzung ausgegangen werden, wenn **alle Gesellschafter** der Maßnahme zustimmen. Zu verbundenen Unternehmen s. Rdn. 52 sowie im Einzelnen Anh. 2.

Ob auch **vormitgliedschaftliche Treupflichten** bestehen können, etwa bei einer Anbahnung zum 39
Erwerb von Anteilen (namentlich den dort erhaltenen Informationen), ist durch die Rechtsprechung bislang noch nicht entschieden worden. Jedenfalls dürfte es die Treupflicht verbieten, dass auf diese Weise erlangte Kenntnisse zum Nachteil der Gesellschaft oder der Gesellschafter verwendet werden.[93] Auch von **nachmitgliedschaftlichen** Treupflichten (etwa nach dem Ausscheiden des Gesellschafters) ist auszugehen. So ist es einem ausgeschiedenen Gesellschafter etwa untersagt, durch seine Mitgliedschaft gewonnene Erkenntnisse (Betriebsgeheimnisse) zum Nachteil der Gesellschaft oder der Gesellschafter zu verwerten.[94]

2. Einzelfälle

Die Ausfüllung des Rechtsbegriffs der Treupflicht ist in der Praxis durch zahlreiche Einzelfallent- 40
scheidungen erfolgt, die im Folgenden kurz zusammengefasst werden:

85 BGHZ 103, 184 = NJW 1988, 1579 – Linotype; BGH, NJW 1992, 3167, 3171 – IHB; BGHZ 129, 136, 142 = NJW 1995, 1739 – Girmes.
86 BGH, BB 1954, 456; BGH, NJW 1960, 434; BGH, NJW 1961, 724; BGH, NJW 1975, 1410, 1411; BGH, NJW 1976, 191 – ITT; BGH, NJW 1987, 189; BGH, NJW 1987, 952, 953; BGH, NJW 1987, 3192; BGHZ 129, 136, 142 = NJW 1995, 1739 – Girmes.
87 BGH, NJW 2010, 65, 67; BGH, NJW 1987, 189; BGH, NJW 1987, 3192.
88 BGH, NJW 1960, 434.
89 NJW 1961, 714.
90 NJW 1987, 952.
91 BGH, NJW 1987, 190; BGH, NJW 1987, 3192, 3193.
92 BGH NZG 2016, 742.
93 *Pentz*, in: Rowedder/Schmidt-Leithoff, GmbHG, § 13 Rn. 39; *Tröger*, Treupflicht im Konzernrecht, S. 61 f.
94 *Wittkowski*, GmbHR 1990, 544, 549; *Pentz*, in: Rowedder/Schmidt-Leithoff, GmbHG, § 13 Rn. 39; *K. Schmidt*, Gesellschaftsrecht, § 20 IV 1 b.

a) Krise

41 Im Rahmen der Krise der GmbH ist in der Rechtsprechung von einer Treupflichtverletzung u.a. ausgegangen worden, wenn:

- eine Minderheit, die eine gewisse Einflussposition erlangt hat, ein mehrheitlich befürwortetes **Sanierungskonzept** – einschließlich einer Kapitalherabsetzung – aus eigennützigen Gründen ablehnt (Rechtsfolge: Zustimmungspflicht, s. Rdn. 37; Schadensersatz, s. Rdn. 53);[95]
- ein Beschluss zur **Sanierung** der Gesellschaft, indem das Kapital herabgesetzt wird und jedem Gesellschafter freigestellt wird, eine neue Beitragspflicht einzugehen, und nicht zahlungswillige Gesellschafter aus der Gesellschaft ausscheiden müssen, abgelehnt wird (Rechtsfolge: die nicht zahlungswilligen Gesellschafter trifft eine Zustimmungspflicht [s. Rdn. 37], wenn sie mit der durch das Ausscheiden verbundenen Pflicht, den Auseinandersetzungsfehlbetrag zu leisten, finanziell nicht schlechter stehen als bei der sofortigen Liquidation);[96]
- die Gesellschafter einen **Kapitalerhöhungsbeschluss** ablehnen, der aufgrund einer GmbH-Novelle notwendig ist und keine Nachteile für die zustimmungsunwilligen Gesellschafter eintreten (Zustimmungspflicht, s. Rdn. 37);[97]
- die Zustimmung in der Gläubigerversammlung zu einem Insolvenzplan, der die Umwandlung der Gesellschaft von einer GmbH & Co. KG in eine AG vorsieht (hier; Versuch, die Untersagung der Stimmabgabe per einstweiliger Verfügung zu erwirken);[98]
- die Gesellschafter einen **Auflösungsbeschluss** zur Aufgabe des Geschäftsbetriebes ablehnen, obwohl die wirtschaftliche Lage der Gesellschaft unhaltbar ist (Rechtsfolge: Zustimmungspflicht zur Auflösung der Gesellschaft [s. Rdn. 37] und Abschluss des Kaufvertrages, s.a. Rdn. 53);[99]
- die Gesellschafter ein Gesellschafterdarlehn kündigen, obwohl dies zur **Liquiditätskrise** der GmbH führt;[100]
- die Gesellschafter die Pflicht zur Verzinsung von Kapitaleinlagen aufheben, obwohl sie zur **Erhaltung der Gesellschaft** erforderlich ist[101] (Rechtsfolge: Zustimmungspflicht, s. Rdn. 37).
- die Gesellschafter einer neu gegründeten Gesellschaft (Neugesellschaft) gegenüber einem ehemaligen Mitgesellschafter einer zuvor gemeinsam betriebenen Gesellschaft (Altgesellschaft) eine abgetretene Darlehensforderung gem. § 128 HGB, die gegenüber der Altgesellschaft besteht, geltend machen, wenn der Altgesellschafter von der Sanierung und der Beteiligung am Erwerb der Darlehnsforderung gegen die Altgesellschaft ausgeschlossen wurde (d. h. keine Aushebelung der Treupflicht bei Neugründung einer Gesellschaft durch einzelne Gesellschafter der Altgesellschaft).[102]

b) Nachfolgeklausel

42 Von einer Zustimmungspflicht (s. Rdn. 37) im Hinblick **auf die Einführung einer Nachfolgeklausel** in den Gesellschaftsvertrag ist ausgegangen worden, wenn der persönlich haftende Gesellschafter einer OHG vorgeschlagen hatte, dass diese Stellung auf einen von ihm bestimmten Nachfolger als Erben übergehen soll und dies ohne ersichtlichen Grund abgelehnt wurde.[103] Zudem wurde eine Zustimmungspflicht bei einer erforderlichen **Änderung der Nachfolgeklausel** nach Scheidung der Ehe befürwortet.[104]

95 BGHZ 129, 136, 142 = NJW 1995, 1739 – Girmes; NJW 1976, 191 – ITT.
96 BGH, NJW 2010, 65, 67.
97 BGH, NJW 1987, 189, 190.
98 LG Frankfurt am Main, NZG 2013, 1315, 1317 – zur KG.
99 BGH, NJW 1960, 434 f.
100 RG, JW 1937, 1986.
101 BGH, WM 1985, 195, 196.
102 BGH, NJW 2014, 1107, 1109 zur GbR; s. Servatius, NZG 2014, 537 ff.
103 BGH, NJW 1987, 952, 953.
104 BGH, NJW 1974, 1656 f.

c) Abberufung Organe/Wirtschaftsprüfer

Ein Treupflichtverstoß bei der Beschlussfassung über die Abberufung von Organen bzw. von Abschlussprüfern ist u.a. angenommen worden, wenn: 43
- die Gesellschafter nicht der **Abberufung eines Geschäftsführers** zustimmen, obwohl in der Person des Geschäftsführers wichtige Gründe vorliegen (hier: Verfolgen eigener Interessen zum Nachteil der Gesellschaft);[105] (Rechtsfolge: Zustimmungspflicht, s. Rdn. 37 und abgegebene Stimmen nichtig);
- die Gesellschaftermehrheit den **Abschlussprüfer** ohne sachlichen Grund auswechselt (hier: bisheriger Abschlussprüfer hatte sich geweigert, einen nichtigen Jahresabschluss zu prüfen und zu testieren, während der neu bestellte Abschlussprüfer hierzu bereit war);[106]
- die Gesellschaftermehrheit einen **Entlastungsbeschluss** für den Aufsichtsrat fasst, obwohl der Gegenstand des Entlastungsbeschlusses einen schwerwiegenden Gesetzes- oder Satzungsverstoß darstellt (hier: in dem Bericht des Aufsichtsrats kommt nicht gem. § 314 Abs. 2 Satz 1 AktG zum Ausdruck, dass der Aufsichtsrat den Abhängigkeitsbericht geprüft hat und der Bestätigungsvermerk ist nicht in den Bericht des Aufsichtsrats gem. § 314 Abs. 2 Satz 3 AktG aufgenommen worden).[107]

Demgegenüber muss kein Treupflichtverstoß bei der **Entsendung eines Konkurrenten in den Aufsichtsrat** gegeben sein (s.a. Rdn. 49).[108]

d) Ausschluss/Ausscheiden Gesellschafter

Im Hinblick auf den Ausschluss eines Gesellschafters oder seines Ausscheidens ist die Stimmabgabe als treuwidrig angesehen worden, wenn: 44
- durch den Mehrheitsgesellschafter (51 %) geringe Vorfälle genutzt werden (hier: behauptete Fehler bei der kaufmännischen Abwicklung von Garantiereparaturen der Kfz-Hersteller), um den anderen Gesellschafter (49 %) auszuschließen und um seine Lebensgrundlage zu bringen;[109]
- ein Gesellschafter nicht der Ausschließung eines Mitgesellschafters zustimmt (Klage nach § 140 HGB), obwohl ein Ausschließungsgrund vorliegt (**Zustimmungspflicht**, s. Rdn. 37);[110]
- das vorzeitige Ausscheiden eines in **persönliche Zahlungsschwierigkeiten** geratenen Gesellschafters abgelehnt wird;[111]
- der Einziehungsbeschluss auf der Grundlage eines erschlichenen Schuldanerkenntnisses, dem die Pfändung des Anteils folgt, gefasst wird.[112]

Zudem wurde die Berufung auf den Ausschluss eines Mitgesellschafters bei der vertraglich vorgesehenen Fortsetzung der Gesellschaft als treuwidrig angesehen, wenn ein Gesellschafter einen Privatgläubiger in arglistiger Weise veranlasst hatte, gegen seinen Mitgesellschafter einen Pfändungs- und Überweisungsbeschluss zu erwirken und die Gesellschaft zu kündigen, obwohl der Privatgläubiger zwischenzeitlich anderweitig befriedigt war und der Pfändungs- und Überweisungsbeschluss gegenstandslos war.[113]

e) Gehalt Geschäftsführer

Im Hinblick auf das Gehalt des Geschäftsführers wurde: 45

---

105 BGH, NJW 1991, 846 f.
106 BGH, NJW-RR 1992, 167.
107 BGH, NJW 2003, 1032, 1033 – Macroton; hier auch Anfechtung des Entlastungsbeschlusses bejaht; s.a. BGH, NJW 1988, 1579 – Linotype.
108 RGZ 165, 68, 80 ff.
109 BGH, DStR 1994, 214, 216 m. Anm. *Goette*.
110 BGH, NJW 1975, 1410, 1411.
111 BGH, NJW 1961, 724 f.
112 BGHZ 101, 113, 118; auch nach Ablauf der Anfechtungsfrist.
113 BGH, NJW 1959, 1683, 1685.

- keine Zustimmungspflicht zur Erhöhung desselben angenommen, wenn es sich bei dem die Geschäfte Führenden zugleich um einen Gesellschafter handelt (hier OHG), auch wenn Letzterer nur eine geringe Tätigkeitsvergütung erhält, aber am Gewinn und der Gewinnsteigerung beteiligt ist;[114]
- die Auszahlung desselben an einen Gesellschafter-Geschäftsführer ohne Wissen eines Gesellschafters nur dann als zu einem Schadensersatz führend angesehen, wenn der Gesellschafter nicht aus Treupflicht verpflichtet war, die Zahlung zu genehmigen (das ist der Fall, wenn der Gesellschafter-Geschäftsführer eine Arbeitsleistung erbringt, die nur gegen eine Vergütung zu erwarten ist).[115]

f) Benachteiligung Mitgesellschafter/Gesellschaft

46 Von einer treuwidrigen Behandlung der Mitgesellschafter bzw. der Gesellschaft wurde ausgegangen, wenn:
- verdeckt **unberechtigte Vorteile an einen Gesellschafter** zum Nachteil der anderen Gesellschafter (hier: Verlust der Möglichkeit Körperschaft- und Kapitalertragsteuern in gleichem Umfang auf die persönlichen Steuern anzurechnen) gewährt wurden (Rechtsfolge: Schadensersatz, s. Rdn. 53);[116]
- der Mehrheitsgesellschafter einen Kapitalerhöhungsbeschluss – ohne dass den Gesellschaftern Bezugsrechte zustehen – fasst und die neuen Anteile praktisch ohne Gegenleistung in die Hand eines Unternehmens fallen, das dem Mehrheitsgesellschafter gehört;[117]
- der Mehrheitsgesellschafter einen **Auflösungsbeschluss** fasst und entsprechend seinem zuvor gefassten Plan das gesamte Personal abwirbt, um es auf eine neu gegründete Gesellschaft zu übertragen, sodass der Gesellschaft die Existenzgrundlage entzogen wird;[118]
- der Gesellschafter einen Kapitalerhöhungsbeschluss ablehnt, der aufgrund der GmbH-Novelle 1980 notwendig geworden ist, und ansonsten die **Zwangsauflösung** droht (Zustimmungspflicht, s. Rdn. 37).[119] Der Gesellschafter darf in diesem Fall seine Zustimmung nicht von der Erfüllung einer Forderung abhängig machen, die nicht in Zusammenhang mit der Kapitalerhöhung steht, auch wenn die Forderung als solche berechtigt ist;[120]
- ein Gesellschafter ein Geschäft an sich zieht (**Geschäftschance**), das in den Zuordnungsbereich der Gesellschaft fällt (hier: Gesellschafter hatte zunächst für Gesellschaft Verhandlungen über den Ankauf eines Grundstücks geführt, ein Grundstück ankaufen wollen und es schließlich persönlich erworben).[121]

Auch unterliegt die **Feststellung des Jahresabschlusses** der Treupflichtkontrolle (hier: Minderheitsgesellschafter beweisfällig geblieben, ob die Einstellung von 40 % des Gewinns in die Rücklage treupflichtwidrig ist).[122] Demgegenüber ist der Beschluss, die Gesellschaft **aufzulösen**, als solcher nicht treurechtswidrig.[123] Die persönliche Haftung der Gesellschafter aufgrund des Einziehungsbeschlusses entsteht erst ab dem Zeitpunkt, ab dem die Fortsetzung der Gesellschaft unter Verzicht auf Maßnahmen zur Befriedigung des Abfindungsanspruchs des ausgeschiedenen Gesellschafters als treuwidrig anzusehen ist, wobei dies grundsätzlich nicht der Fall ist, wenn über das Vermögen der Gesellschaft das Insolvenzverfahren eröffnet wurde oder die Gesellschaft jedenfalls insolvenzreif ist und die Auszahlung nicht treuwidrig verzögert wird.[124]

114 BGH, NJW 1965, 1960 f.
115 BGH, NJW 2007, 917, 918.
116 BGH, NJW 1992, 368 f.
117 RGZ 122, 159, 165.
118 BGH, NJW 1980, 1278.
119 BGH, NJW 1987, 190; BGH, NJW 1987, 3192, 3193.
120 BGH, NJW 1987, 3192, 3193.
121 BGH, NJW 1989, 2687, 2688; BGH, GmbHR 1977, 129; BGH, GmbHR 1985, 1482.
122 BGH, NJW 2007, 1685 – Otto; s. BGH, DStR 2009, 1544.
123 BGH, NJW 1980, 1278 f.
124 BGH II ZR 342/14 = BB 2016, 1426.

g) **Kapitalerhöhungen**

Im Hinblick auf Kapitalerhöhungen begründet die Treupflicht ein **Bezugsrecht** der Gesellschafter.[125] Zudem kann sich aus der Treupflicht die Pflicht zur Zustimmung zu einem Kapitalerhöhungsbeschluss (hier: aufgrund GmbH-Novelle 1980) ergeben (s. Rdn. 41). 47

h) **Informationsrechte und -pflichten**

Im Hinblick auf **Informationsrechte** kann die Treupflicht eine **Einschränkung** derselben durch Beschluss der Gesellschafter untersagen, auch wenn es um die Aufnahme einer Konkurrenztätigkeit eines Gesellschafters (hier: Kommanditist) geht. Insoweit wurde eine Einschränkung hinsichtlich bestimmter besonders missbrauchsgefährdeter Unterlagen als ausreichend angesehen.[126] Aus der Treupflicht ergibt sich weiter, dass ein GmbH-Gesellschafter grds. ver**pflichtet** ist, seinen Mitgesellschafter über Vorgänge, die dessen mitgliedschaftliche Vermögensinteressen berühren und ihm nicht bekannt sein können (hier: Gewährung von etwaigen Sondervorteilen in Form eines Geschäftsführergehalts ohne zugrunde liegenden Gesellschafterbeschluss), **vollständig und zutreffend zu informieren** (Rechtsfolge: Schadensersatz, s. Rdn. 53, s.a. Anh. 2 Rdn. 58).[127] 48

i) **Wettbewerber**

In Bezug auf einen Wettbewerber kann 49
- ein Beschluss über die **Befreiung** vom satzungsmäßigem **Wettbewerbsverbot**, der zugleich in die Abhängigkeit i.S.d. § 17 Abs. 1 AktG führt, treuwidrig sein, wenn er nicht durch sachliche Gründe im Interesse der Gesellschaft gerechtfertigt ist (s. ausführlich Anh. 2 Rdn. 56);[128]
- eine Pflicht der Gesellschafter zum **Ausschluss** bestehen (s. Rdn. 44);
- die Einräumung einer **Unterbeteiligung** am Geschäftsanteil ohne Zustimmung der Gesellschafter (Offenlegung) treuwidrig sein.[129]

Zudem kann ein Gesellschafter, der über seinen Einfluss die Geschicke der Gesellschaft bestimmt, auch ohne Regelung in der Satzung einem sich aus der Treupflicht ergebenden Wettbewerbsverbot unterliegen, das sich auch auf mit ihm verbundene Unternehmen erstrecken kann (s.a. Anh. 2 Rdn. 59).[130]

j) **Übertragung von Geschäftsanteilen**

Bei **vinkulierten Anteilen** kann sich aus Treupflicht ggf. eine Pflicht zur Zustimmung zur Übertragung der Anteile ergeben, wenn die Gesellschafterin zur Tilgung ihrer persönlichen Schulden die Anteile verkaufen muss (hier: offengelassen, da Gesellschafter selbst ein Angebot abgegeben hatten).[131] Demgegenüber kann sich aus der Treupflicht auch eine Pflicht ergeben, die Zustimmung zur Übertragung zu verweigern, bspw. bei einer Übertragung an einen **Konkurrenten.**[132] 50

k) **Gesellschafterbeschlüsse**

Soweit es um die Abfassung von Gesellschafterbeschlüssen geht, kann sich aus der Treupflicht die Pflicht ergeben: 51

125 *Merkt*, in: MünchKommGmbHG, § 13 Rn. 149; *Pentz*, in: Rowedder/Schmidt-Leithoff, GmbHG, § 13 Rn. 67; *Raiser*, in: Habersack/Casper/Löbbe, GmbHG, § 13 Rn. 97.
126 BGH, NJW 1995, 196, 197.
127 BGH, NJW 2007, 917, 918; zur GbR s. BGH, NJW-RR 2003, 169.
128 BGH, NJW 1981, 1513, 1514.
129 OLG Frankfurt am Main, DB 1992, 2489 f.
130 BGH, NJW 1984, 1351 zur KG.
131 BGH, NJW 1987, 1019; s.a. *Reichert/Winter*, in: FS 100 Jahre GmbHG, 1992, 209 ff.
132 *Pentz*, in: Rowedder/Schmidt-Leithoff, GmbHG, § 13 Rn. 54; *Raiser*, in: Habersack/Casper/Löbbe, GmbHG, § 13 Rn. 98.

- auf eine bekannte **Verhinderung eines Gesellschafters** Rücksicht zu nehmen und die Gesellschafterversammlung so anzusetzen, dass der Gesellschafter teilnehmen kann;[133]
- **unerfahrenen Gesellschaftern** (19 und 20 Jahre alt) den Beschluss zu erläutern, wobei dies insb. auch dann gilt, wenn ein persönliches Vertrauensverhältnis besteht (Onkel);[134]
- bei der Behandlung schwerwiegender Fragen die **Zuziehung** eines bestimmten **Rechtsanwalts** auch dann nicht zu verbieten, wenn es zwischen diesem und dem Mehrheitsgesellschafter zu erheblichen Auseinandersetzungen gekommen ist;[135]
- an der Gesellschafterversammlung teilzunehmen, soweit hiervon die Beschlussfähigkeit der Gesellschafterversammlung abhängt.[136]

Demgegenüber besteht nach der Rechtsprechung des Bundesgerichtshofs keine Pflicht aus Treuepflicht, einer Standartmaßnahme zuzustimmen, soweit dies nicht zur Erhaltung der geschaffenen Werte objektiv unabweisbar erforderlich ist.[137]

Aus Treupflicht folgt zudem die Pflicht zur **Umsetzung von Gesellschafterbeschlüssen** (Rechtsfolge bei Missachtung: Schadensersatz).[138] Weiter folgt aus dieser, dass **Anfechtungsklagen**, die u.a. mit dem Ziel geführt werden, sich die Rechtsposition abkaufen zu lassen, rechtsmissbräuchlich sind[139] und zugleich Schadensersatzansprüche aus Treupflichtverletzung begründen.[140]

l) Verbundene Unternehmen/Konzerne

52 Treupflichten spielen eine tragende Rolle im Rahmen von Unternehmensverbindungen, nachdem die Muttergesellschaft im Rahmen einfach faktischer Abhängigkeitsverhältnisse ggü. der Tochtergesellschaft ein **Schädigungsverbot** aus Treupflicht trifft (s. hierzu ausführlich im Anh. 2 Rdn. 62 ff.).[141] Hinzu kommen Mitteilungspflichten zur Offenlegung des Beteiligungsbesitzes aus Treupflicht (Anh. 2 Rdn. 58). Inwieweit ein durch die Mehrheit erreichter zustimmender Beschluss zur Begründung eines faktischen Abhängigkeitsverhältnisses (zu den damit verbundenen Gefahren s. Anh. 2 Rdn. 52) zu einer Treupflichtverletzung führen kann, ist durch die Rechtsprechung in dieser Allgemeinheit noch nicht entschieden. Jedenfalls aber, wenn das Eingehen der faktischen Abhängigkeit dadurch begründet wird, dass ein Mitgesellschafter von einem Wettbewerbsverbot befreit wird, kann dies treuwidrig sein (s. Anh. 2 Rdn. 56).[142] Demgegenüber werden die Vorgänge, die unter dem Begriff der **Existenzvernichtungshaftung** zusammengefasst werden, nicht auf der Grundlage der Treupflicht entschieden (s. hierzu Anh. 2 Rdn. 68). Jedoch kann der Treupflicht im Vorfeld des Abschlusses von Unternehmensverträgen eine Rolle zukommen. Denn dort spielen die Treupflichten bei der Fassung der Beschlüsse zum Abschluss des Unternehmensvertrages eine Rolle, soweit für sie nicht – wie üblich – ein einstimmiger Beschluss erforderlich ist, sondern die Satzung eine qualifizierte 3/4-Mehrheit ausreichen lässt (s. Anh. 2 Rdn. 16). Handelt es sich um die Obergesellschaft, können **Ausgliederungen** außerhalb des Umwandlungsrechts, soweit den Minderheitsgesellschaftern das Einflussrecht entzogen wird, eine Treupflichtverletzung darstellen.[143]

---

133 BGH, WM 1985, 567, 568 (Kindstaufe); s.a. BGH, NJW-RR 2006, 831 (Nichtigkeit).
134 NJW 1992, 300, 301.
135 OLG Düsseldorf, GmbHR 2002, 67.
136 S. *Pentz*, in: Rowedder/Schmidt-Leithoff, GmbHG, § 13 Rn. 54; *Merkt*, in: MünchKommGmbHG, § 13 Rn. 78; s. dort auch zur Stimmpflicht.
137 BGH II ZR 275/14; BeckRS 2016, 07664.
138 BGH, NJW 1999, 781; *Pentz*, in: Rowedder/Schmidt-Leithoff, GmbHG, § 13 Rn. 60.
139 BGH, NJW 1989, 2689; BGH-RR 1992, 1388.
140 *Pentz*, in: Rowedder/Schmidt-Leithoff, GmbHG, § 13 Rn. 60; *K. Schmidt*, in: Scholz, GmbHG, § 45 Rn. 137.
141 BGHZ 65, 15, 18 ff. = BGH, NJW 1976, 191 f.
142 BGH, NJW 1981, 1512, 1513 f.; weiter gehend *Pentz*, in: Rowedder/Schmidt-Leithoff, GmbHG, § 13 Rn. 71.
143 Zum Aktienrecht: BGHZ 83, 122 = NJW 1982, 1703 – Holzmüller; BGHZ 159, 30 = NJW 2004, 1860 – Gelatine; s. zu den Unterschieden zum GmbH-Recht: *Pentz*, in: Rowedder/Schmidt-Leithoff, GmbHG, § 13 Rn. 75.

3. Rechtsfolgen

Bei den Rechtsfolgen der Treupflichtverletzung ist wie folgt zu unterscheiden: Verletzt eine **Stimmrechtsausübung** die Treupflicht, so ist die Stimmabgabe unwirksam und die Stimme ist bei der Beschlussfassung nicht mitzuzählen.[144] Ist die Stimme dennoch abgegeben worden, kann der Beschluss **angefochten** werden (§ 243 Abs. 1 AktG).[145] Besteht aufgrund der Treupflicht die Pflicht zur Stimmabgabe, so sind pflichtwidrig nicht abgegebene Stimmen so zu behandeln, als ob sie abgegeben worden wären.[146] Eine solche **Zustimmungspflicht** (s.a. Rdn. 37) kann durch die Mitgesellschafter im Wege der Leistungsklage eingefordert werden.[147] Bei drohenden Treupflichtverletzungen (z.B. drohende treuwidrige Stimmabgabe) ist zudem die Beantragung einer einstweiligen Verfügung möglich.[148] Handelt es sich um außerhalb von Beschlüssen ausgeübte Maßnahmen, etwa ein treuwidrig ausgeübtes **Auskunftsverlangen** oder treuwidrig ausgeübte **Erwerbsrechte**, so ist dieses Verlangen als unzulässig zu bewerten und die GmbH bzw. die Geschäftsführer können die Auskunft verweigern bzw. ist der Erwerb als unbeachtlich zu behandeln.[149] Zudem kann eine Treupflichtverletzung **Schadensersatzansprüche** gem. §§ 249 ff. BGB auslösen. Ist die Gesellschaft geschädigt worden, können neben dieser die Gesellschafter den Schaden im Wege der **actio pro socio** geltend machen. Haben die Gesellschafter einen eigenen Schaden erlitten, der über den Reflexschaden der Gesellschaft hinausgeht, so können sie diesen Schaden ggü. der Gesellschaft bzw. den Mitgesellschaftern geltend machen.[150] Außerdem können (wiederholte) Treupflichtverletzungen den **Ausschluss** eines Gesellschafters, die **Einziehung** seiner Geschäftsanteile (soweit in der Satzung zugelassen) oder die **Auflösung** der Gesellschaft begründen, wenn nicht mildere Mittel erfolgsversprechend sind.[151] 53

II. Gleichbehandlungsgrundsatz

1. Allgemeines

Der Grundsatz der Gleichbehandlung stellt ebenso wie derjenige der Treupflicht einen verbandsübergreifenden allgemeinen Grundsatz dar. Im GmbH-Recht erfährt er – anders als im Aktienrecht – keine ausdrückliche Regelung. Jedoch widerspiegelt er sich in verschiedenen Vorschriften (§§ 14, 19 Abs. 1, 24, 26 Abs. 3, 29 Abs. 3, 31 Abs. 3, 37 Abs. 2, 53 Abs. 3 und 72) und ist heute als allgemeines Prinzip des GmbH-Rechts anerkannt.[152] Seine Grundlage findet der Gleichbehandlungsgrundsatz in dem Bedürfnis, Vertretungsmacht zu regulieren, denn zu einer Ungleichbehandlung kommt es regelmäßig nur dann, wenn Macht ohne Rücksicht auf einen Konsens der Betroffenen durchgesetzt wird (streitig).[153] 54

Der Gleichbehandlungsgrundsatz, der nicht durch die **Satzung** abbedungen werden kann, beinhaltet einerseits das **Gebot**, Gesellschafter unter gleichen Voraussetzungen gleichzubehandeln, und andererseits das **Verbot**, Gesellschafter ohne genügende sachliche Rechtfertigung ungleich zu behandeln. **Adressat** des Gleichbehandlungsgrundsatzes ist die Gesellschaft; untereinander können 55

---

144 *Schäfer*, in: MünchKommBGB, § 705 Rn. 239; *Winter*, Treubindungen, S. 123.

145 BGH, NJW 1988, 969.

146 BGH, WM 1985, 195, 196.

147 BGHZ 64, 253, 258 = NJW 1975, 1410; BGHZ 68, 81, 82 = NJW 1977, 1013.

148 *Happ*, Die GmbH im Prozess, §§ 24 ff.; *Raiser*, in: Habersack/Casper/Löbbe, GmbHG, § 14 Rn. 99; Anh. § 47 Rn. 286 f.; *Merkt*, in: MünchKommGmbHG, § 13 Rn. 193.

149 *Winter*, Treubindungen, S. 123.

150 BGHZ 105, 121, 130 = NJW 1988, 2794; BGH, NJW 1992, 369 f.; BGH, NJW 1995, 1739, 1746; *Raiser*, in: Habersack/Casper/Löbbe, GmbHG, § 13 Rn. 101; *Pentz*, in: Rowedder/Schmidt-Leithoff, GmbHG, § 13 Rn. 84.

151 BGHZ 16, 316, 322 = NJW 1955, 667; RGZ 164, 257, 262; RGZ 169, 330, 333 f.; *Bayer*, in: Lutter/Hommelhoff, GmbHG, § 14 Rn. 44; *Raiser*, in: Habersack/Casper/Löbbe, § 13 Rn. 93.

152 BGH, NJW 1992, 892, 895 f.

153 So *Müller-Erzbach*, Das private Recht der Mitgliedschaft als Prüfstein des kausalen Rechtsdenkens, 1948, S. 68 ff.; *L. Raiser*, ZHR 111 (1946), 75 ff.; *Pentz*, in: Rowedder/Schmidt-Leithoff, GmbHG, § 13

sich die Gesellschafter nicht auf das Gleichbehandlungsgebot berufen. Erfasst werden von dem Gleichbehandlungsgrundsatz alle Maßnahmen durch die Gesellschaft. Dies schließt sog. vorgebliche Drittgeschäfte mit Gesellschaftern, die eine **verdeckte Gewinnausschüttung** nach sich ziehen, mit ein (s.a. gleich unten Rdn. 58). Demgegenüber besteht kein Grundsatz der Gleichbehandlung aller Gesellschafter. Es ist daher möglich, dass durch die Satzung Gesellschafterrechte mit unterschiedlichem Inhalt festgelegt werden (z.B. Gewinnvorrechte, Mehrstimmrechte, Entsendungsrechte).[154] Voraussetzung ist insoweit jedoch, dass die Gewährung unterschiedlicher Rechte sachlich berechtigt ist und nicht den Charakter der Willkür trägt.[155] So verletzt ein in der Satzung niedergelegtes Vorerwerbsrecht, das bei Erwerb durch einen Gesellschafter verloren geht, nicht den Gleichbehandlungsgrundsatz, auch wenn ein Gesellschafter in der Folge keine Sperrminorität aufbauen kann.[156] Der einzelne Gesellschafter kann auf die Gleichbehandlung verzichten, indem er etwa der Errichtung der Gesellschaft oder später einem (satzungsändernden) Gesellschafterbeschluss zustimmt, der ihm sein Mitgliedschaftsrecht entzieht.

2. Maßstab für die Gleichbehandlung

56 Der Maßstab für die Gleichbehandlung richtet sich vorrangig nach der Satzung; ggf. auch nach einem vorhandenen Unternehmensvertrag. Ansonsten ist zwischen Haupt- und Nebenrechten zu unterscheiden. Im Hinblick auf die **Hauptrechte**[157], namentlich das Stimmrecht, das Gewinnrecht, das Recht auf den Liquidationserlös gem. §§ 47 Abs. 2, 29 Abs. 3, 72 richtet sich die Gleichbehandlung der Gesellschafter nach dem Verhältnis ihrer Geschäftsanteile. Für die **Hilfsrechte**, im Einzelnen das Recht zur Teilnahme an der Gesellschafterversammlung, das Rederecht, das Auskunftsrecht gem. § 51a und das Recht auf Geltendmachung von Beschlussmängeln richtet sich die Gleichbehandlung nach Köpfen, sodass jedem Gesellschafter, ohne dass die Höhe seiner Beteiligung maßgeblich wäre, dieses Recht zusteht.

3. Verstoß

57 Ein Verstoß gegen das Gleichbehandlungsgebot setzt zunächst voraus, dass die von der Geschäftsführung vorgeschlagene Maßnahme oder ein Gesellschafterbeschluss nicht dem jeweiligen Gleichbehandlungsmaßstab entspricht und dass diese Ungleichbehandlung zudem nicht sachlich gerechtfertigt ist, also willkürlich ist.[158] Von einer sachlichen Rechtfertigung ist auszugehen, wenn der Eingriff in die Mitgliedschaft geeignet und erforderlich ist, ein bestimmtes Interesse der GmbH zu wahren und auch aus der Sicht der Gesellschafterinteressen verhältnismäßig erscheint.[159] Z.B. keine Willkür bei der Verweigerung der Zustimmung zur Übertragung vinkulierter Anteile, wenn der Erwerb eine Sperrminorität begründet.[160]

4. Folgen eines Verstoßes

58 Bei den Folgen eines Verstoßes ist wie folgt zu unterscheiden: Gesellschafterbeschlüsse, die gegen das Gleichbehandlungsgebot verstoßen, sind entsprechend § 243 AktG **anfechtbar** (nicht nichtig).[161]

Rn. 96; *K. Schmidt*, Gesellschaftsrecht, § 16 II. 4, b) aa); *Wiedemann*, Gesellschaftsrecht I S. 428 f.; demgegenüber auf das Gemeinschaftsverhältnis abstellend: *G. Hueck*, Der Grundsatz der gleichen Behandlung im Privatrecht, S. 222 ff.; auf einen den Beteiligten zu unterstellenden Willen abstellend: *Cohn*, AcP 132 (1930), 129, 154 ff.

154 BGH, NJW 1992, 892, 896; BGH, DStR 1993, 1566, 1567; *Altmeppen*, in: Roth/Altmeppen, GmbHG, § 13 Rn. 61; *Fastrich*, in: Baumbach/Hueck, GmbHG, § 13 Rn. 33; *Pentz*, in: Rowedder/Schmidt-Leithoff, GmbHG, § 13 Rn. 98.

155 BGH, NJW 1992, 892, 896.

156 BGH, DStR 1993, 1566, 1567.

157 *Emmerich/Habersack*, Konzernrecht, § 32 Rn. 46; *Emmerich/Habersack*, Konzernrecht, § 32 Rn. 46.

158 BGH, NJW 1992, 892, 896; BGH, NJW 1961, 26; BGH, NJW 1978, 1316; *Hueck*, Der Grundsatz der gleichmäßigen Behandlung im Privatrecht, S. 341.

159 BGH, NJW 1961, 26; BGH, NJW 1978, 1316 – Kali und Salz; BGH, NJW 1999, 1579.

160 LG Aachen, AG 1992, 410, 412 – zur AG.

161 Vgl. BGH, NJW 1992, 892, 896 auch zur Auslegung eines Antrages; BGH, NJW 1990, 2625.

Wird der Gleichbehandlungsgrundsatz durch andere Maßnahmen verletzt, kann dies zur Unwirksamkeit der entsprechenden Handlung führen oder ihre Rechtswirkungen beeinträchtigen. So kann der Gesellschafter bei der Verweigerung der Zustimmung zur **Übertragung vinkulierter Anteile** die Zustimmung der Gesellschaft verlangen. Geht es um ungleiche **Einforderungen**, steht dem Gesellschafter ein Leistungsverweigerungsrecht zu. Bei der Zuwendung eines geldwerten Vorteils der Gesellschaft unter Verstoß gegen das Gleichbehandlungsgebot (**verdeckte Gewinnausschüttung**) hat die **Gesellschaft Rückgewähransprüche** zu verfolgen;[162] ein Anspruch auf eine verdeckte Gewinnausschüttung eines nicht bedienten Gesellschafters besteht nicht (kein Recht im Unrecht).[163] Zudem kann bei einer Pflichtverletzung der Organe **Schadensersatz** verlangt werden.

III. GmbH als Handelsgesellschaft

Gemäß Abs. 3 gilt die GmbH als Handelsgesellschaft i.S.d. HBG (§ 61 HGB). Sie ist **Formkaufmann** (§ 6 Abs. 2 HGB). Auf das von ihr betriebene Gewerbe kommt es nicht an. Aufgrund ihrer Kaufmannseigenschaft finden auf die GmbH das 1., 3. und 4. Buch des HGB Anwendung. Ihre Geschäfte sind daher Handelsgeschäfte i.S.d. § 343 HBG.[164] Aufgrund der Verweisung auf das für die Kaufleute geltende Recht finden auf die GmbH u.a. die Regelungen des § 95 Abs. 1 Nr. 1 GVG, die bei Streitigkeiten die Zuständigkeit der **Kammer für Handelssachen** begründen, wenn auch die andere Seite Kaufmann ist, sowie die Rechnungslegungsvorschriften der §§ 238 ff., §§ 264 bis 335 HGB Anwendung. Ob auch Regelungen außerhalb des HGBs, die sich auf Kaufleute beziehen, auf die GmbH Anwendung finden, ist durch Auslegung zu ermitteln und regelmäßig zu bejahen.[165] So ist die GmbH ein **Unternehmen i.S.v. § 14 BGB** und finden auf sie das AGB-Recht nur eingeschränkt Anwendung (§ 310 BGB). Nach altem Recht galt die längere 4-jährige **Verjährungsfrist** (§ 196 BGB), auf die heute indessen nicht mehr zurückgegriffen werden kann. Ob die GmbH **Gewerbebetrieb** i.S.d. GewO ist, hängt davon ab, ob sie tatsächlich ein entsprechendes Gewerbe betreibt.[166] 59

§ 14 Einlagepflicht

[1]Auf jeden Geschäftsanteil ist eine Einlage zu leisten. [2]Die Höhe der zu leistenden Einlage richtet sich nach dem bei der Errichtung der Gesellschaft im Gesellschaftsvertrag festgesetzten Nennbetrag des Geschäftsanteils. [3]Im Fall der Kapitalerhöhung bestimmt sich die Höhe der zu leistenden Einlage nach dem in der Übernahmeerklärung festgesetzten Nennbetrag des Geschäftsanteils.

Schrifttum

Armbrüster, Wettbewerbsverbote im Kapitalgesellschaftsrecht, ZIP 1997, 1269; *Cramer*, Abschluss der GmbH-Geschäftsführerverträge bei satzungsmäßigen Sonderrechten, NZG 2011, 171; *Lutter*, Treupflicht und ihre Anwendungsprobleme, ZHR 162 (1998), 164; *Nentwig*, Durchsetzung von Sanierungsmaßnahmen in der GmbH, GmbHR 2012, 664; *Schäfer*, Interessenkonflikte und Unabhängigkeit im Recht der GmbH und der Personengesellschaften, ZGR 2014, 731; *Tiedchen*, Wettbewerbsverbote im GmbH-Konzern, GmbHR 1993, 616; *Waldenberger*, Sonderrechte der Gesellschafter einer GmbH, GmbHR 1997, 49; *Wichmann*, Die Geschäftschance – grundsätzliche Betrachtung der zivil- und steuerrechtlichen Beachtlichkeit, DStZ 2016, 337; *Wiedemann*, Gedanken zur Mitgliedschaft und zu den mitgliedschaftlichen Rechtsverhältnissen, in: FS Goette, 2011, S. 617; *Martin Winter*, Mitgliedschaftliche Treuebindungen im GmbH-Recht,

162 BGH, WM 1972, 931; *Fastrich*, in: Baumbach/Hueck, GmbHG, § 13 Rn. 35; *Raiser*, in: Habersack/Casper/Löbbe, GmbHG, § 14 Rn. 119.

163 Ausführlich *Pentz*, in: Rowedder/Schmidt-Leithoff, GmbHG, § 13 Rn. 107; *M. Winter*, ZHR 148 (1984), 579, 598 ff.

164 *Bitter*, in: Scholz, GmbHG, § 13 Rn. 47.

165 *Bitter*, in: Scholz, GmbHG, § 13 Rn. 48.

166 *Fastrich*, in: Baumbach/Hueck, GmbHG, § 13 Rn. 73; *Pentz*, in: Rowedder/Schmidt-Leithoff, GmbHG, § 13 Rn. 34.

1988; *Witte/Rousseau*, Stammeinlage: Einlage auf das Stammkapital oder Nennbetrag des Geschäftsanteils, GmbHR 2009, R 321.

Übersicht

A. Überblick

1 § 14 GmbHG definiert, aufbauend auf dem Begriff des Geschäftsanteils, die **Einlagepflicht:** Die Einlagepflicht ergibt sich sowohl dem Grunde (Satz 1) als auch der Höhe nach (Sätze 2 und 3) aus dem Geschäftsanteil.

2 Der **Geschäftsanteil** vermittelt die Mitgliedschaft in einer GmbH: Gesellschafter ist, wer einen oder mehrere Geschäftsanteile an der GmbH hält. Vor der GmbH-Reform durch das MoMiG führte erst § 14 GmbHG a.F. diesen zentralen Begriff des Geschäftsanteils ein, indem es den Geschäftsanteil eines Gesellschafters aus dem Betrag der von ihm übernommenen Stammeinlage ableitete (die Stammeinlage ergab den Geschäftsanteil). Dies geschah im Anschluss an § 3 Abs. 1 Nr. 4 a.F. und § 5 GmbHG a.F., die jeweils nur von der übernommenen »Stammeinlage« sprachen und so die Einlageverpflichtung des Gesellschafters in den Vordergrund rückten. Nachdem der modernere Begriff des Geschäftsanteils heute bereits in § 3 Abs. 1 Nr. 4 und § 5 GmbHG verwendet wird, ergibt gem. § 14 GmbHG heute der Geschäftsanteil die zu leistende (Stamm-) Einlage.

B. Einlagepflicht

3 Die Einlagepflicht wird dem Grunde nach primär durch Satz 1, der Höhe nach durch die Sätze 2 und 3 geregelt. Zu den Modalitäten der Einlageleistung s. die Kommentierungen zu § 5 Abs. 4, § 7 und § 19 GmbHG.

I. Dem Grunde nach (Satz 1)

4 Da schon § 3 Abs. 1 Nr. 4 GmbHG erkennen lässt, dass der Gesellschafter auf den übernommenen Geschäftsanteil eine Einlage zu leisten hat, hält die Regierungsbegründung Satz 1 lediglich für klarstellend.[1] Richtigerweise ist die Norm – nach ihrer Neufassung und passend zu ihrer Überschrift – jedoch die eigentliche **Anspruchsgrundlage für die Leistung der Einlagen.**[2]

5 Diese Einlageleistung ist schon deshalb zwingend, weil die GmbH Kapitalgesellschaft ist und die Haftung für Gesellschaftsschulden auf ihr Gesellschaftsvermögen beschränkt ist (§ 13 Abs. 2 GmbHG). Dieser **Haftungsfonds** muss zunächst aufgebracht werden, und zwar i.d.R. durch eine Einlage des Gesellschafters entweder schon bei Gründung der GmbH (dazu Satz 2 und § 3 Abs. 1 Nr. 4 GmbHG) oder im Rahmen einer späteren (effektiven) Kapitalerhöhung (dazu Satz 3 und § 55 GmbHG). Ausnahmsweise genügt jedoch auch die Umwandlung von Rücklagen der

1 BegrRegE MoMiG zu § 14, BT-Drucks. 16/6140, S. 37.

2 *Reichert/Weller*, in: MünchKommGmbHG, § 14 Rn. 4; *Weller/Discher*, in: Bork/Schäfer, GmbHG, § 14 Rn. 1; *Seibt*, in: Scholz, GmbHG, § 14 Rn. 5 hält Satz 1 dagegen nur für einen »programmatischen Einleitungssatz«.

Gesellschaft im Rahmen einer Kapitalerhöhung aus Gesellschaftsmitteln (§§ 57c ff. GmbHG, dazu noch Rdn. 7).

II. Der Höhe nach (Sätze 2 und 3)

Die durch das MoMiG neu hinzugekommenen Sätze 2 und 3 sollen deutlich machen, dass die Einlagepflicht gerade in der Höhe entsteht, in welcher der Nennbetrag des jeweiligen Geschäftsanteils festgesetzt wird.[3] Die Bestimmungen schließen damit eine Unter-Pari-Emission aus, d.h. die Höhe der zu leistenden Einlage darf den Nennbetrag nicht unterschreiten; sie hindern aber selbstverständlich nicht die Vereinbarung eines zusätzlichen Aufgeldes (**Agio**) i.S.v. § 272 Abs. 2 Nr. 1 HGB. Zum Zeitpunkt der Einlageleistung vgl. § 7 Abs. 2 und 3 sowie § 56a GmbHG. 6

Die Verknüpfung von Einlagenhöhe und Nennbetrag gilt im Fall der **Gründung** (Satz 2) und der in Satz 3 allein angesprochenen **effektiven Kapitalerhöhung**[4] (bei der Kapitalerhöhung aus Gesellschaftsmitteln entfällt die in Satz 3 vorausgesetzte Übernahmeerklärung, vgl. § 57c Abs. 3 GmbHG). Das Gesetz greift diese beiden Fälle gezielt auf, um i.Ü. einen Umkehrschluss zu ermöglichen: »Dadurch wird klargestellt, dass z.B. die Erhöhung des Nennbetrags der Geschäftsanteile nach § 57h Abs. 1 GmbHG im Rahmen einer Kapitalerhöhung aus Gesellschaftsmitteln oder die Erhöhung des Nennbetrags der Geschäftsanteile im Zuge einer Einziehung gemäß § 34 GmbHG keine Erhöhung der Einlageverpflichtung zur Folge hat.«[5] Damit begrenzen die Sätze 2 und 3, die vordergründig nur die Höhe der Einlagepflicht regeln, die Einlagepflicht in Randbereichen auch dem Grunde nach. Denn wenn im Zuge einer Kapitalerhöhung aus Gesellschaftsmitteln neue Geschäftsanteile gebildet werden (zulässig gem. § 57h Abs. 1 GmbHG), leistet der Gesellschafter hierauf – technisch gesehen – gar keine Einlage. 7

C. Geschäftsanteil

I. Entstehung und Erlöschen

Der Geschäftsanteil **verkörpert die Mitgliedschaft** in der GmbH als Inbegriff der Rechte und Pflichten des jeweiligen Gesellschafters aus dem Gesellschaftsverhältnis (vgl. Rdn. 2).[6] Die Mitgliedschaft kann sowohl originär erworben werden – durch die Übernahme eines Geschäftsanteils gegen Einlage auf das Stammkapital bei Gründung der GmbH (§ 3 Abs. 1 Nr. 4 GmbHG) bzw. im Rahmen einer Kapitalerhöhung (§ 55 GmbHG) – als auch derivativ – durch nachträglichen Erwerb eines bestehenden Geschäftsanteils im Wege der Einzel- (§ 15 Abs. 3 GmbHG) oder Gesamtrechtsnachfolge (z.B. Erbfall, Umwandlung). Da die GmbH Kapitalgesellschaft mit einem aufzubringenden und zu erhaltenden Haftungsfonds ist (Rdn. 5), können Geschäftsanteile und damit auch die Mitgliedschaft nicht einfach (durch den Neueintritt eines Gesellschafters) aus dem Nichts entstehen oder sich (durch den Austritt eines Gesellschafters) in Nichts auflösen. 8

Der **Geschäftsanteil entsteht** wie bisher erst mit der Eintragung im Handelsregister und nicht schon mit der Errichtung der Gesellschaft, d.h. mit der notariellen Beurkundung des Gesellschaftsvertrages.[7] Aus dem Wortlaut des § 3 Abs. 1 Nr. 4 GmbHG n.F. folgt insoweit nichts anderes: Im Gesellschaftsvertrag verpflichtet sich der Gesellschafter lediglich zur Übernahme des Geschäftsanteils »gegen« die erst noch zu leistende Einlage; es ist daher nicht ersichtlich, wieso er ihn ohne Einlageleistung sofort erhalten sollte. Hierin läge auch ein Wertungswiderspruch zum Fall einer Kapitalerhöhung (§ 55 GmbHG), bei welcher der Geschäftsanteil ebenfalls erst mit der Eintragung entsteht.[8] Im 9

3 BegrRegE MoMiG zu § 14, BT-Drucks. 16/6140, S. 37.
4 Formulierungsvorschläge hierfür bei *Witte/Rousseau*, GmbHR 2009, R321.
5 BegrRegE MoMiG zu § 14, BT-Drucks. 16/6140, S. 37.
6 *Ebbing*, in: Michalski, GmbHG, § 14 Rn. 2; *Altmeppen*, in: Roth/Altmeppen, GmbHG, § 14 Rn. 2.
7 So aber *Reichert/Weller*, in: MünchKommGmbHG, § 14 Rn. 11; *Weller/Discher*, in: Bork/Schäfer, GmbHG, § 14 Rn. 2; wie hier *Bayer*, in: Lutter/Hommelhoff, GmbHG, § 14 Rn. 4.
8 Vgl. hierzu *Reichert/Weller*, in: MünchKommGmbHG, § 15 Rn. 39.

Fall einer wirksamen Teilung oder Zusammenlegung von Geschäftsanteilen (§ 46 Nr. 4 GmbHG) entsteht der neue Geschäftsanteil sofort, d.h. nicht erst mit Aufnahme der korrigierten Gesellschafterliste in das Handelsregister (vgl. § 16 GmbHG).

10 Der **Geschäftsanteil geht unter** mit der Löschung der GmbH im Handelsregister (§ 74 Abs. 1 Satz 2 GmbHG), durch eine gezielte Kapitalherabsetzung nur dieses Geschäftsanteils oder durch Einziehung (§ 34), nach herrschender Meinung hingegen nicht durch Kaduzierung (§ 21 Abs. 2 GmbHG).[9]

II. Nennbetrag

11 Jeder Geschäftsanteil hat einen festen Nennbetrag (vgl. § 3 Abs. 1 Nr. 4 und § 5 Abs. 2 ff. GmbHG). Dieser bildet grds. den **Maßstab** für die Rechte und Pflichten des Anteilsinhabers im Verhältnis zu den Mitgesellschaftern. Insb. entscheidet das Verhältnis der Geschäftsanteile (ihrer Nennbeträge) im Regelfall über die Stimmrechte in der Gesellschafterversammlung (§ 47 Abs. 2 GmbHG) und die Gewinnverteilung (§ 29 Abs. 3 GmbHG), ferner auch über die Einzahlung von Nachschüssen (§ 26 Abs. 2 GmbHG); »im Regelfall« deshalb, weil alle genannten Vorschriften jedenfalls satzungsdispositiv sind. So können insb. auch **Vorzugs-Geschäftsanteile** z.B. mit einem Mehrstimmrecht oder Gewinnvoraus geschaffen werden.

12 Wie sich bereits aus § 5 Abs. 2 Satz 1 GmbHG ergibt, ist der Nennbetrag nicht in Form einer Beteiligungsquote, sondern als **Betrag** in vollen Euro festzulegen. Hierbei kann die Höhe der Nennbeträge der einzelnen Geschäftsanteile verschieden bestimmt werden; sie muss in der Summe jedoch mit dem Stammkapital übereinstimmen (§ 5 Abs. 3 GmbHG). Der Nennbetrag kann bzw. muss sich **ändern** durch Teilung oder Zusammenlegung von Geschäftsanteilen (§ 46 Nr. 4 GmbHG) sowie durch Kapitalerhöhung (§§ 55 ff. GmbHG) oder -herabsetzung (§ 58 GmbHG). Im Fall der Einziehung eines Geschäftsanteils (§ 34 GmbHG) erlischt dieser ohne Änderung des Stammkapitals. Dies kann zu praktischen Problemen führen, weil § 5 Abs. 3 Satz 2 GmbHG ein Auseinanderfallen der Nennbeträge der verbleibenden Geschäftsanteile und des Stammkapitals für unzulässig erklärt.[10] Jedoch ist der Beschluss über die Einziehung des Geschäftsanteils nicht deshalb nichtig, weil die Gesellschafterversammlung nicht gleichzeitig Maßnahmen ergriffen hat, um ein Auseinanderfallen der Summe der Nennbeträge der nach der Einziehung verbleibenden Geschäftsanteile und dem Stammkapital der Gesellschaft zu verhindern.[11]

13 Dem Nennbetrag kam früher auch die Funktion zu, die Geschäftsanteile im Rechtsverkehr zu bezeichnen. Mit der nunmehr zumindest für die Gesellschafterliste zwingenden Nummerierung der Geschäftsanteile (vgl. §§ 8 Abs. 1 Nr. 3, 40 Abs. 1 Satz 1 GmbHG einerseits sowie den nur auf Anzahl und Nennbeträge der Geschäftsanteile abstellenden § 3 Abs. 1 Nr. 4 GmbHG andererseits) tritt diese **Identifizierungsfunktion** jedoch in den Hintergrund.

III. Wert des Geschäftsanteils

14 Vom Nennbetrag bzw. -wert zu unterscheiden ist der **wirtschaftliche Wert** des Geschäftsanteils. Dieser ist in aller Regel mit dem Nennwert nicht identisch, sondern kann schon bei Gründung über oder unter diesem liegen. Denn der Wert eines Unternehmens wird regelmäßig durch den Barwert der mit dem Eigentum an dem Unternehmen verbundenen Nettozuflüsse an die Unternehmenseigner bestimmt. Zur Ermittlung dieses Barwerts wird ein Kapitalisierungszinssatz verwendet, der die Rendite aus einer zur Investition in das zu bewertende Unternehmen adäquaten Alternativanlage repräsentiert. Demnach wird der Wert des Unternehmens allein aus seiner **Ertragskraft**, d.h. seiner Eigenschaft, finanzielle Überschüsse für die Unternehmenseigner zu erwirtschaften, abgeleitet; entscheidend sind hierbei die bei Fortführung des Unternehmens und Veräußerung etwaigen nicht

9 *Kersting*, in: Baumbach/Hueck, GmbHG, § 21 Rn. 12; vgl. auch BGHZ 42, 89, 92.
10 Vgl. Begr. RegE MoMiG zu § 5, BT-Drucks. 16/6140, S. 31.
11 BGHZ 203, 303.

betriebsnotwendigen Vermögens zu erwartenden Überschüsse.[12] Der Geschäftsanteil repräsentiert sodann einen entsprechenden Bruchteil des so ermittelten Ertragswertes des Unternehmens. Demgegenüber haben der **Substanzwert**, der sich aus einer Gegenüberstellung und Bewertung der Aktiva und Passiva des Unternehmens ergibt, sowie der **Liquidationswert** als der Barwert der finanziellen Überschüsse bei Liquidation des gesamten Unternehmens für Bewertungszwecke in aller Regel keine eigenständige Bedeutung. Gleiches gilt für den **Buchwert**, mit dem der Geschäftsanteil ggf. in einer Handels- oder Steuerbilanz angesetzt ist.

Im **gesellschaftsrechtlichen** Bereich ist der Wert des Geschäftsanteils bedeutsam für die Berechnung 15 der Höhe von Abfindungszahlungen insb. bei der Einziehung eines Geschäftsanteils (§ 34 GmbHG), bei in der Satzung ggf. vorgesehenen Abtretungs- oder Übernahmepflichten, in Umwandlungsfällen (vgl. etwa §§ 5 Abs. 1 Nr. 3, 29 UmwG) oder auch beim Abschluss von Beherrschungs- und Gewinnabführungsverträgen (vgl. §§ 304 ff. AktG). Aus dem übrigen Zivilrecht sind vor allem Unternehmenskäufe, aber auch Erbauseinandersetzungen sowie die Berechnung von Pflichtteilen oder Zugewinnausgleich zu nennen.

IV. Anteilsscheine, Genussrechte

Eine **Verbriefung** von Geschäftsanteilen ist unüblich, aber zulässig. Das Gesetz schweigt zur Ausga- 16 be von **Anteilsscheinen** (vgl. demgegenüber §§ 10, 13 AktG); erforderlich und ausreichend ist eine entsprechende Regelung in der Satzung oder durch Gesellschafterbeschluss.[13] Der Anteilsschein ist kein Wertpapier, sondern bloße Beweisurkunde.[14] Die Übertragung des Geschäftsanteils findet daher weiterhin nach § 15 GmbHG statt; die Satzung kann ihre Wirksamkeit jedoch an die Übergabe des Anteilsscheins knüpfen (§ 15 Abs. 5 GmbHG).[15] Auch für einen Gutglaubenserwerb bleibt nach § 16 Abs. 3 GmbHG die Gesellschafterliste der Rechtsscheinsträger, nicht der Anteilsschein.[16] Ferner bestehen auch keine Bedenken, die Ansprüche der Gesellschafter auf den festgestellten verteilbaren Jahresüberschuss (§ 29 Abs. 1 GmbHG) in **Dividendenscheinen** zu verbriefen. Diese können als bloße Beweisurkunden ausgestaltet sein oder als Rekta- bzw. Inhaber- (§ 793 BGB) oder Orderpapiere (§ 363 HGB) ausgegeben werden.[17] Ein Bedürfnis hierfür ist jedoch kaum je gegeben.

Genussrechte gewähren aufgrund eines schuldrechtlichen Verhältnisses Vermögensansprüche 17 gegen die Gesellschaft (z.B. als Element einer Venture Capital-Finanzierung oder einer Mitarbeiter-Kapitalbeteiligung[18]), jedoch keine Mitgliedschaftsrechte.[19] Die satzungsmäßige Festlegung der Bedingungen eines Genussrechts ist nur erforderlich, wenn es den Gesellschaftern i.R.d. Gesellschaftsverhältnisses, z.B. als Gründervorteil, als Teilentgelt für eine gemischte Sacheinbringung oder als Entgelt für die Nebenleistungspflicht eines Gesellschafters gewährt werden soll. Das Genussrecht wird i.d.R. in Form eines Genussscheins verbrieft und ist, sofern nicht anders vereinbart (§§ 399, 413 BGB), frei veräußerlich und vererblich.[20]

12 Näher IDW Standard: »Grundsätze zur Durchführung von Unternehmensbewertungen« (IDW S. 1 i.d.F. 2008), WPg Supplement 3/2008, S. 68 ff.; jeweils instruktiv auch für Juristen *Simon/Leverkus*, in: Simon, SpruchG, 2007, Anh § 11; *Großfeld/Egger/Tönnes*, Recht der Unternehmensbewertung *Kruschwitz/Löffler/Essler*, Unternehmensbewertung für die Praxis, 2009; *Piltz*, Die Unternehmensbewertung in der Rechtsprechung, 3. Aufl. 1994.

13 *Reichert/Weller*, in: MünchKommGmbHG, § 14 Rn. 42.

14 OLG Köln, GmbHR 1995, 293.

15 Allg. Meinung, s. *Bayer*, in: Lutter/Hommelhoff, GmbHG, § 14 Rn. 13.

16 *Altmeppen*, in: Roth/Altmeppen, GmbHG, § 14 Rn. 9; *Seibt*, in: Scholz, GmbHG, § 14 Rn. 132.

17 *Seibt*, in: Scholz, GmbHG, § 14 Rn. 134.

18 *Sieg*, NZA 2015, 784.

19 BGHZ 119, 305.

20 Ausführlich zu Genussrechten *Seibt*, in: Scholz, GmbHG, § 14 Rn. 135 ff.

D. Mitgliedschaft

I. Rechtsnatur, Dauer, Schutz

18 Mitgliedschaft ist zuallererst Teilhabe an einem Verband; aus dieser Teilhabe entspringt zum einen eine **Dauerrechtsbeziehung** zum Verband und zu dessen übrigen Mitgliedern,[21] zum anderen auch ein komplexes, **subjektives Recht** des einzelnen Mitglieds.[22] Als Dauerrechtsbeziehung begründet die Mitgliedschaft Rechte und Pflichten, insb. Treuepflichten, deren Verletzung zum Schadensersatz verpflichten kann. Als subjektives Recht ist die Mitgliedschaft veräußerlich und vererblich (§ 15 GmbHG); gegen den Willen des Gesellschafters kann sie nur in den durch Gesetz und Satzung bestimmten Grenzen verändert werden.[23]

19 Die Mitgliedschaft in der GmbH wird durch das Innehaben eines oder mehrerer Geschäftsanteile vermittelt. Die Mitgliedschaft **entsteht** daher mit dem originären oder derivativen Erwerb eines Geschäftsanteils (oben Rdn. 8 f.); sie **endet** mit dem Untergang (Rdn. 10) bzw. dem sonstigen Verlust des Geschäftsanteils, etwa durch Veräußerung. Mit Errichtung der GmbH wird ein Gesellschafter zunächst Mitglied der bis zur Eintragung bestehenden Vorgesellschaft; diese Mitgliedschaft setzt sich sodann bei Eintragung der GmbH in das Handelsregister automatisch fort, nunmehr als Mitgliedschaft in der GmbH.[24]

20 **Schutz** genießt die Mitgliedschaft zunächst verfassungsrechtlich nach Art. 14 GG.[25] Deliktisch ist die Mitgliedschaft als sonstiges Recht i.S.v. § 823 Abs. 1 BGB zumindest gegen Eingriffe Außenstehender geschützt. Ein solcher Eingriff kann etwa darin liegen, dass ein Dritter den Geschäftsanteil zu Unrecht zur Zwangsversteigerung bringt; unzureichend ist eine Schädigung nur der GmbH (mit entsprechendem Reflexschaden des Gesellschafters).[26] Für das Vereinsrecht hat der BGH überdies entschieden, dass eine Verletzung der Mitgliedschaft auch durch Vereinsmitglieder oder Vereinsorgane möglich ist und der deliktische Schutzbereich auch bei solchen Schädigungen im Innenverhältnis eröffnet ist.[27] Für die GmbH wird eine solche Anspruchskonkurrenz zu gesellschaftsrechtlichen Ansprüchen überwiegend abgelehnt.[28]

II. Mitgliedschaftsrechte

21 Die gesellschaftsrechtlich begründeten Mitgliedschaftsrechte und -pflichten (zu Letzteren Rdn. 38 ff.) sind von **schuldrechtlichen Beziehungen** zu unterscheiden, wie sie zwischen einem Gesellschafter und der Gesellschaft (z.B. auf der Grundlage eines Darlehensvertrages) oder zwischen Gesellschaftern (z.B. auf der Grundlage einer Stimmbindungsvereinbarung) bestehen können (dazu Rdn. 49).

22 **Mitgliedschaftsrechte** sind akzessorisch zur Mitgliedschaft, können nicht von ihr abgespalten werden und inhaltlich nur durch die Satzung modifiziert werden.[29] Während allgemeine Mitgliedschaftsrechte allen Gesellschaftern gleichmäßig zustehen, gewähren Sonderrechte (Rdn. 28 ff.) einzelnen Gesellschaftern Vorrechte ggü. den übrigen Gesellschaftern.

21 Letzteres noch offen gelassen in BGHZ 65, 15, 18 »ITT«.

22 So *K. Schmidt*, Gesellschaftsrecht, 4. Aufl. 2002, 549; zustimmend *Ebbing*, in: Michalski, GmbHG, § 14 Rn. 39.

23 Vgl. *Raiser*, in: Habersack/Casper/Löbbe, GmbHG, § 14 Rn. 22.

24 *Bayer*, in: Lutter/Hommelhoff, GmbHG, § 14 Rn. 3.

25 BVerfGE 14, 263, 276 (Feldmühle), vgl. BGHZ 83, 123 (Holzmüller); näher *Wiedemann*, in: FS Goette, 2001, 617.

26 Vgl. BGH, GmbHR 2013, 931, 932; *Ebbing*, in: Michalski, GmbHG, § 14 Rn. 43.

27 BGHZ 110, 323, 334 »Schärenkreuzer«; zustimmend *Reichert/Weller*, in: MünchKommGmbHG, § 14 Rn. 58.

28 *Ebbing*, in: Michalski, GmbHG, § 14 Rn. 44; *Beurskens*, in: Baumbach/Hueck, GmbHG, § 43 Rn. 118 mwN.

29 *Reichert/Weller*, in: MünchKommGmbHG, § 14 Rn. 74.

1. Allgemeine Mitgliedschaftsrechte

23 Funktional lassen sich Vermögens- und Verwaltungsrechte unterscheiden. **Vermögensrechte** sind insb. Ansprüche auf Teilhabe am Gewinn (§ 29 GmbHG) und am Liquidationserlös (§ 72 GmbHG) sowie auf Abfindung bei vorzeitigem Ausscheiden, ferner das Bezugsrecht im Rahmen einer Kapitalerhöhung.[30] **Verwaltungsrechte** sind das Recht zur Teilnahme an der Gesellschafterversammlung (§ 48 GmbHG), das Stimmrecht (§ 47 GmbHG), das Auskunfts- und Einsichtsrecht nach §§ 51a, b GmbHG, das Recht zur Anfechtung von Gesellschafterbeschlüssen sowie die in §§ 50, 61 Abs. 2 und § 66 Abs. 2 GmbHG verankerten Minderheitsrechte.[31]

24 Aufgrund der im GmbH-Recht geltenden weitgehenden **Satzungsautonomie** (vgl. § 45 GmbHG) können diese Mitgliedschaftsrechte im Grundsatz frei ausgestaltet, beschränkt oder auch ausgeschlossen werden. Grenzen ergeben sich zum einen aus den allgemeinen Gesetzen, namentlich den §§ 134, 138 BGB, zum anderen aus dem Gedanken, dass dem Gesellschafter jedenfalls ein solcher **Kernbereich** an Einzel- und Minderheitsrechten verbleiben muss, dass die Beteiligung nicht völlig sinnentleert wird und eine Teilnahme am Leben der Gesellschaft möglich bleibt.[32]

25 **Absolut unentziehbar** (= unverzichtbar) sind daher das Recht zur Einberufung der Gesellschafterversammlung und zur Aufnahme von Anträgen in die Tagesordnung (§ 50 GmbHG), das Recht auf Teilnahme an der Gesellschafterversammlung, die Auskunfts- und Einsichtsrechte nach § 51a, b GmbHG, das Recht zur Geltendmachung der Nichtigkeit und zur Anfechtung von Gesellschafterbeschlüssen sowie das Recht zum Austritt aus wichtigem Grund; Gleiches gilt auch für das Abandonrecht nach § 27 Abs. 4 GmbHG und die Rechte aus §§ 61, 66 GmbHG.[33] Gesellschafterbeschlüsse, durch die solche absolut unentziehbaren Mitgliedschaftsrechte entzogen oder eingeschränkt werden sollen, sind in entsprechender Anwendung des § 241 Nr. 3 AktG nichtig.[34]

26 **Relativ unentziehbare Rechte** können hingegen mit Zustimmung des betroffenen Gesellschafters entzogen werden. Darunter fallen die Mitgliedschaft selbst und die regulären Rechte wie das Stimmrecht (§ 47 GmbHG), das Recht auf Beteiligung am Gewinn (§ 29 GmbHG) und das Recht auf den Liquidationsanteil.[35] Mit Zustimmung des Betroffenen können daher insb. **stimmrechtslose Geschäftsanteile** geschaffen werden. Nach einer BGH-Entscheidung von 1954 soll es allerdings nicht möglich sein, gleichzeitig das Stimmrecht und das Recht auf Beteiligung an Gewinn und Liquidationserlös auszuschließen.[36] Dagegen spricht jedoch, dass das erforderliche Mindestmaß an Teilhabe bereits i.R.d. absolut unentziehbaren Rechte gewährleistet ist und i.Ü. – vorbehaltlich völliger Sinnentleerung der Beteiligung im Einzelfall – Gestaltungsfreiheit herrschen sollte.[37] Die Zustimmung des Betroffenen ist ausnahmsweise dann nicht erforderlich, wenn ein **wichtiger Grund** für die Beschränkung oder den Entzug eines relativ unentziehbaren Rechts vorliegt.[38] So kann auch die Mitgliedschaft durch Ausschluss aus wichtigem Grund[39] oder durch Kaduzierung nach § 21 Abs. 2 GmbHG entzogen werden. Ohne Zustimmung und ohne Vorliegen eines wichtigen Grundes ist ein entsprechender Beschluss unwirksam.

30 *Reichert/Weller*, in: MünchKommGmbHG, § 14 Rn. 77.
31 *Raiser*, in: Habersack/Casper/Löbbe, GmbHG, § 14 Rn. 24.
32 Vgl. *Raiser*, in: Habersack/Casper/Löbbe, GmbHG, § 14 Rn. 37; vgl. im Zusammenhang mit Personengesellschaften BGHZ 170, 283 »OTTO« und BGHZ 179, 13 »Schutzgemeinschaft II«.
33 *Ebbing*, in: Michalski, GmbHG, § 14 Rn. 60.
34 *Seibt*, in: Scholz, GmbHG, § 14 Rn. 42.
35 *Raiser*, in: Habersack/Casper/Löbbe, GmbHG, § 14 Rn. 39; *Ebbing*, in: Michalski, GmbHG, § 14 Rn. 64.
36 BGHZ 14, 264, 273; zustimmend *Bayer*, in: Lutter/Hommelhoff, GmbHG, § 14 Rn. 17.
37 Vgl. *Raiser*, in: Habersack/Casper/Löbbe, GmbHG, § 14 Rn. 37; *Fastrich*, in: Baumbach/Hueck, GmbHG, § 14 Rn. 15.
38 Vgl. BGH, DStR 1995, 226 zur Einschränkung des Informationsrechts wegen Aufnahme einer Konkurrenztätigkeit.
39 Der Ausschluss bleibt als – ungeregelte – *ultima ratio* zulässig, vgl. BGHZ 9, 157, 161 ff.

27 Der Gesellschafter kann ihm aus der Mitgliedschaft zustehende Ansprüche im Wege der **Leistungsklage** gegen die Gesellschaft einklagen (etwa den Gewinnanspruch). Für das Auskunfts- und Einsichtsrecht verweist § 51b GmbHG auf das Verfahren nach § 132 AktG. Innerverbandliche Meinungsverschiedenheiten i.Ü. lassen sich mit einer Feststellungsklage (durch oder gegen die Gesellschaft) klären.

2. Sonderrechte

28 **Sonderrechte** gewähren einem einzelnen Gesellschafter oder einer Gesellschaftergruppe Vorrechte ggü. den übrigen Gesellschaftern. Das Vorrecht kann in vermögensrechtlicher Hinsicht etwa in einem Gewinnvorzug (abweichende Gewinnverteilung nach § 29 Abs. 3 Satz 2 GmbHG), einem Vorkaufsrecht oder auch einem Belieferungs- oder Benutzungsrecht bestehen. Im Verwaltungsbereich sind z.B. ein Recht auf Geschäftsführung, ein Benennungs- oder Entsenderecht (für Geschäftsführung, Beirat oder Aufsichtsrat) sowie ein Mehrstimmrecht, Zustimmungsvorbehalt oder Vetorecht bei Gesellschafterbeschlüssen denkbar.[40] Es herrscht weitgehende Gestaltungsfreiheit (§ 45 GmbHG), die ihre **Grenzen** zum einen in den allgemeinen Gesetzen (§§ 134, 138 BGB), zum anderen im zwingenden GmbH-Recht findet. So dürfen auch Sonderrechte nicht gegen § 30 GmbHG verstoßen, absolut unentziehbare Rechte anderer Gesellschafter (Rdn. 25) beeinträchtigen oder zwingende Kompetenzvorschriften verletzen; namentlich dürfen Entsenderechte für Geschäftsführung oder Aufsichtsrat bei mitbestimmungspflichtigen Gesellschaften nicht in Konflikt zu den einschlägigen Vorschriften des MitbestG oder DrittelbG geraten.

29 Sonderrechte können nur im Gesellschaftsvertrag bzw. später im Rahmen einer Satzungsänderung **begründet** werden. Sie können entweder (als höchstpersönliches Recht) nur einem bestimmten Gesellschafter zugestanden werden, so üblicherweise beim Sonderrecht auf Geschäftsführung (etwa für den Unternehmensgründer)[41], oder mit einem bestimmten Geschäftsanteil verbunden werden; ein solcher mit Sonderrechten ausgestatteter Geschäftsanteil wird als **Vorzugsgeschäftsanteil** bezeichnet. Die Einräumung kann zeitlich begrenzt oder dauerhaft sein; auch eine aufschiebende oder auflösende Bedingung kann vereinbart werden.[42] Da die Einräumung von Sonderrechten die Rechtsposition der nicht bevorrechtigten Gesellschafter nachteilig berührt, ist im Hinblick auf den **Gleichbehandlungsgrundsatz** (s.u. Rdn. 46 ff.) deren Zustimmung erforderlich (vgl. § 53 Abs. 3 GmbHG). Falls das vorgesehene Recht ein bestehendes, aber verzichtbares Sonderrecht eines anderen Gesellschafters beeinträchtigt, muss auch dieser zustimmen.[43]

30 Ein Sonderrecht kann nur auf Grundlage eines satzungsändernden Beschlusses und nur mit Zustimmung des Berechtigten (§ 35 BGB)[44] **entzogen** oder **beschränkt** werden. Bei Vorliegen eines wichtigen Grundes kann entgegen § 35 BGB das Sonderrecht auch ohne Zustimmung des Berechtigten entzogen werden. Ein wichtiger Grund ist gegeben, wenn bei Abwägung der gegenseitigen Interessen das Fortbestehen des Sonderrechts für die Gesellschaft auf Dauer persönlich, wirtschaftlich oder organisatorisch unzumutbar erscheint.[45]

31 Das Sonderrecht ist Bestandteil der Mitgliedschaft und kann daher, wenn überhaupt, nur mit dem Geschäftsanteil **übertragen** werden. Ist das Sonderrecht nur einem bestimmten Gesellschafter zugestanden, wie z.B. ein höchstpersönliches Sonderrecht auf Geschäftsführung, so erlischt es mit dem Verlust der Gesellschafterstellung; i.Ü. geht es grds. mit dem Geschäftsanteil auf den Erwerber über.

---

40 Weitere Beispiele bei *Reichert/Weller*, in: MünchKommGmbHG, § 14 Rn. 97 ff.

41 Zum Abschluss von Geschäftsführungsverträgen bei satzungsmäßigen Bestellungsrechten *Cramer*, NZG 2011, 171.

42 *Seibt*, in: Scholz, GmbHG, § 14 Rn. 31.

43 *Raiser*, in: Habersack/Casper/Löbbe, GmbHG, § 14 Rn. 31.

44 BGH, NJW-RR 1989, 542.

45 *Reichert/Weller*, in: MünchKommGmbHG, § 14 Rn. 112.

Ein Beschluss, der ohne die erforderliche Mehrheit gefasst wird oder ohne wichtigen Grund in ein Sonderrecht eingreift, ist (**relativ**) **unwirksam**.[46] Der Berechtigte kann sich jederzeit auf die Unwirksamkeit des Beschlusses berufen, ohne ihn anfechten zu müssen; er kann nach § 256 ZPO das Fortbestehen seines Rechts oder die Unwirksamkeit des beeinträchtigenden Beschlusses feststellen lassen; er kann den Beschluss aber auch nachträglich genehmigen (§ 184 BGB) und ihn so wirksam werden lassen.[47] 32

3. Abspaltungsverbot

Einzelne Elemente der Mitgliedschaft können von ihr nicht abgespalten und isoliert auf Dritte oder auch Mitgesellschafter übertragen werden (**Abspaltungsverbot**).[48] Durch die Übertragung auf Dritte würde die Gesellschaft ihre durch die Mitgliedschaftsrechte gewährleistete Autonomie ganz oder teilweise verlieren. Durch die Übertragung auf Mitgesellschafter könnten Gesellschafter durch Einzelabreden untereinander die durch die Satzung festgelegte Verbandsstruktur verändern.[49] 33

Das Abspaltungsverbot gilt zunächst für sämtliche **Verwaltungsrechte** (vgl. Rdn. 23). Unzulässig ist damit insb. die Abtretung des Stimmrechts an einen gesellschaftsfremden Dritten, aber z.B. auch die Übertragung der Auskunfts- und Einsichtsrechte nach § 51a GmbHG. Unzulässig sind auch Konstruktionen, die der Umgehung des Abspaltungsverbots dienen. Dies gilt namentlich für die Erteilung einer **unwiderruflichen Vollmacht** zur Ausübung von Verwaltungsrechten, die den Gesellschafter entweder schon »dinglich« verdrängen soll oder doch mit dessen Verzicht auf die eigene Wahrnehmung dieser Rechte einhergeht.[50] Ob Gleiches auch für die sog. Legitimationszession gilt, bei der ein Dritter ermächtigt wird, die dem Gesellschafter weiterhin zustehenden Rechte im eigenen Namen auszuüben, hat der BGH offen gelassen.[51] Hilfsweise kann eine unzulässige verdrängende Stimmrechtsvollmacht oder Legitimationszession nach der Interessenlage der Beteiligten jedenfalls in eine (nicht verdrängende, widerrufliche) Stimmrechtsvollmacht umgedeutet werden.[52] 34

Weitergehend umfasst das Abspaltungsverbot auch **Vermögensrechte** (vgl. Rdn. 23), hier jedoch nur die mit der Mitgliedschaft untrennbar verbundenen sog. **Stammrechte**. Das Gewinnstammrecht als solches kann daher nicht isoliert abgetreten werden; der konkrete schuldrechtliche Anspruch auf Auszahlung des (festgestellten oder auch künftigen) Gewinns kann hingegen (als sog. Gläubigerrecht, s.u. Rdn. 50) isoliert abgetreten werden.[53] 35

Zulässig bleibt es, Geschäftsanteile in der Satzung so mit Sonderrechten (vorstehend Rdn. 28 ff.) zu versehen, dass im Einzelfall ganz ähnliche Ergebnisse wie im Fall einer (verbotenen) Abspaltung erreicht werden. Bspw. kann der eine Geschäftsanteil mit einem Mehrstimmrecht bzw. Gewinnvorzug ausgestattet, der andere hingegen stimmrechtslos gestellt bzw. von der Gewinnverteilung ausgeschlossen werden (vgl. Rdn. 26). Sofern der Gesellschaftsvertrag nicht entgegensteht, bleiben selbstverständlich auch Gestaltungen zulässig, die dem Gesellschafter Weisungs- und Widerrufsrechte hinsichtlich der Ausübung des Rechts belassen, etwa die einfache Bevollmächtigung.[54] 36

46 BGHZ 15, 177, 181.
47 *Reichert/Weller*, in: MünchKommGmbHG, § 14 Rn. 116 f.
48 Ganz h.M., BGHZ 43, 261, 267; *Bayer*, in: Lutter/Hommelhoff, GmbHG, § 14 Rn. 22; *Raiser*, in: Habersack/Casper/Löbbe, GmbHG, § 14 Rn. 45 ff.; *Ebbing*, in: Michalski, GmbHG, § 14 Rn. 70 ff.
49 *Ebbing*, in: Michalski, GmbHG, § 14 Rn. 70; vgl. *Raiser*, in: Habersack/Casper/Löbbe, GmbHG, § 14 Rn. 46.
50 BGHZ 3, 354, 358 f.; BGH, GmbHR 1977, 244; OLG Hamburg, AG 1989, 327, 329.
51 BGH, GmbHR 2008, 702; für Unzulässigkeit *Raiser*, in: Habersack/Casper/Löbbe, GmbHG, § 14 Rn. 48.
52 OLG Hamburg, AG 1989, 327, 329.
53 *Bayer*, in: Lutter/Hommelhoff, GmbHG, § 14 Rn. 25; *Fastrich*, in: Baumbach/Hueck, GmbHG, § 14 Rn. 29.
54 BGH, GmbHR 1977, 244.

37 Nicht unter das Abspaltungsverbot fällt die Ausübung des Stimmrechts durch einen **gesetzlichen Vertreter** oder durch eine **Partei kraft Amtes** (Insolvenzverwalter, Testamentsvollstrecker).[55] Gleiches gilt für die dingliche Belastung des Geschäftsanteils mit einem Nießbrauch oder Pfandrecht. Umstritten ist, ob das Abspaltungsverbot auch im Fall der **Treuhand** eingreift, wenn der Treugeber als wirtschaftlich Berechtigter sich das Stimmrecht vorbehält.[56] Die Praxis behilft sich mit der Erteilung von Stimmrechtsvollmachten oder dem Abschluss von Stimmbindungsverträgen.[57]

III. Mitgliedschaftspflichten

38 Auch bei den Mitgliedschaftspflichten lässt sich systematisch zwischen allgemeinen und Sonderpflichten (dazu Rdn. 45) sowie funktional zwischen Vermögens- und Verhaltenspflichten unterscheiden.

1. Allgemeine Pflichten, insb. Treuepflicht

39 Gesetzliche **Vermögenspflichten** (Beitragspflichten) sind v.a. die Einlagepflicht nach § 14 GmbHG, flankiert durch die Differenz- und Ausfallhaftung nach §§ 9, 9a, 24, 31 Abs. 3 GmbHG, und die Pflicht zur Erstattung verbotener Rückzahlungen nach § 31. Die Satzung kann weitere Nebenleistungs- (§ 3 Abs. 2 GmbHG) und Nachschusspflichten (§ 26 GmbHG) vorsehen.

40 Bei den **Verhaltenspflichten** steht die Treuepflicht im Vordergrund. Daneben existiert, anders als bei Personengesellschaften, keine allgemeine Mitwirkungspflicht: Das Halten eines Geschäftsanteils geht nicht zwingend mit Pflichten bspw. zur Geschäftsführung, Rechnungslegung oder Teilnahme an Gesellschafterversammlungen einher. Im Einzelfall können sich derartige Pflichten jedoch aus der Satzung oder aus der Treuepflicht ergeben.[58] Die **Treuepflicht** hat ihren Grund in der Dauerrechtsbeziehung zur Gesellschaft und den übrigen Gesellschaftern (oben Rdn. 18) und den damit einhergehenden, mitgliedschaftlich vermittelten Einwirkungsmöglichkeiten jedes Gesellschafters auf die Interessen der anderen.[59] Daher gilt die Treuepflicht nicht nur im Verhältnis zur Gesellschaft, sondern auch unmittelbar unter den Gesellschaftern.[60] Weitergehend unterliegen der Treuepflicht auch ausgeschiedene Gesellschafter sowie ausnahmsweise auch Nichtgesellschafter wie der Treugeber, nach dessen Weisung und auf dessen Rechnung der Treuhänder den Geschäftsanteil hält. Eine wechselseitige Zurechnung findet u.U. auch in Konzernbeziehungen zwischen herrschendem und abhängigem Unternehmen,[61] regelmäßig jedoch nicht zwischen Schwestergesellschaften[62] statt. Die Treuepflichte beginnt grds. mit der Gründung der Gesellschaft und dauert jedenfalls bis zur Auflösung der Gesellschaft bzw. bis zum Ausscheiden eines Gesellschafters fort, kann ggf. jedoch darüber hinaus nachwirken.[63] Die Treuepflicht der Gesellschafter wirkt auch im Insolvenzverfahren grds. fort; die Intensität der Treuepflicht im Insolvenzverfahren richtet sich maßgeblich danach, ob die Fortführung der Gesellschaft als wahrscheinlich zu bewerten ist. Die Gesellschaft kann von den Gesellschaftern kein Mehr an Treue einfordern, als sich aus den Interessen der in ihr verbundenen Gesellschafter herleiten lässt. Die Treuepflicht erstreckt sich daher nicht auf den Erhalt der Insolvenzmasse oder den Schutz der Gläubiger der Gesellschaft.[64]

---

55 *Ebbing*, in: Michalski, GmbHG, § 14 Rn. 73.

56 Ablehnend *Raiser*, in: Habersack/Casper/Löbbe, GmbHG, § 14 Rn. 49; für die Kapitalgesellschaft offengelassen in BGH, GmbHR 1977, 244, für die Personengesellschaft ablehnend BGHZ 3, 354; vgl. näher *Walch*, NZG 2015, 1259.

57 *Schaub*, DStR 1995, 1634.

58 Vgl. *Reichert/Weller*, in: MünchKommGmbHG, § 14 Rn. 131.

59 Vgl. *Raiser*, in: Habersack/Casper/Löbbe, GmbHG, § 14 Rn. 76; *Bayer*, in: Lutter/Hommelhoff, GmbHG, § 14 Rn. 29; grundlegend zur gesellschafterlichen Treuepflicht *Martin Winter*, Mitgliedschaftliche Treuebindungen im GmbH-Recht, 1988.

60 *Lutter*, ZHR 162 (1998), 164; noch offen gelassen in BGHZ 65, 15, 18 »ITT«.

61 *Seibt*, in: Scholz, GmbHG, § 14 Rn. 73.

62 Dazu *Michael Winter*, Horizontale Haftung im Konzern, 2005, insb. S. 53 ff.

63 *Bayer*, in: Lutter/Hommelhoff, GmbHG, § 14 Rn. 32; zur nachwirkenden Treuepflicht zuletzt OLG Stuttgart, GmbHR 2019, 779, 784.

64 BGH, NJW 2019, 1289, 1290 f.

Die Treuepflicht beinhaltet v.a. das **Gebot zu redlichem und loyalem Verhalten**, wie es von einem Gesellschafter aufgrund seiner Teilhabe an dem auf einen satzungsmäßigen Zweck ausgerichteten Gemeinschaftsverhältnis erwartet werden kann. Grundlage der gesellschaftsrechtlichen Treuepflichten ist daher stets nur die auf dem konkreten Gesellschaftsverhältnis beruhende berechtigte Erwartungshaltung der übrigen Gesellschafter.[65] Inhalt, Intensität und Tragweite der Treuepflicht hängen dabei von den Umständen, insb. der Art und dem Gegenstand der ausgeübten Rechtsmacht, v.a. davon ab, ob es im konkreten Fall um die Wahrnehmung eigen- oder fremdnütziger Mitgliedschaftsrechte geht.[66] Allgemein beschränkt die Treuepflicht v.a. unter dem Gesichtspunkt des **Minderheitenschutzes** die Ausübung von Gesellschafterrechten und Befugnissen der Organe.[67] 41

In der konkreten Ausgestaltung kann die Treuepflicht für den Gesellschafter eine **aktive Förderpflicht** i.S.v. § 705 BGB begründen, d.h. eine Pflicht zur Mitwirkung an allen Maßnahmen, die zur Erhaltung des in der Gesellschaft Geschaffenen und zur Erreichung des Zwecks dringend geboten und den Gesellschaftern unter Berücksichtigung ihrer eigenen schutzwerten Belange zumutbar sind.[68] Dazu können gehören die Mitwirkung an Entscheidungen wie der Feststellung des Jahresabschlusses, die Änderung einer unzureichenden Satzung, die Sanierung der Gesellschaft, die Liquidation bei unbehebbaren finanziellen Schwierigkeiten sowie die Ausübung des Stimmrechts in Angelegenheiten der Gesellschaft.[69] Die Treuepflicht kann sich zur positiven Stimmpflicht verdichten[70] und den zeitweisen Verzicht auf Vermögensrechte gebieten.[71] 42

Den Gesellschafter treffen ggü. der GmbH und den Mitgesellschaftern auch bestimmte **Loyalitäts- und Unterlassungspflichten**. So darf er die GmbH Dritten gegenüber nicht diskreditieren, sich nicht in Geschäftschancen der GmbH drängen[72] und die GmbH nicht unter Einsatz der eigenen Stimmkraft schädigen.[73] Ein ausdrückliches **Wettbewerbsverbot** für Gesellschafter der GmbH kennt das Gesetz nicht (anders bei Personengesellschaften, § 112 HGB). Ein Wettbewerbsverbot kann sich jedoch aus vertraglicher Vereinbarung oder im Einzelfall aus der Treuepflicht ergeben, wenn nämlich das Gesellschaftsverhältnis auf enge persönliche Bindung ausgelegt ist oder der Gesellschafter bestimmenden Einfluss auf die Gesellschaft ausüben kann.[74] 43

Jeder Gesellschafter kann einen treuwidrig handelnden Mitgesellschafter im Wege der **actio pro socio** in Anspruch nehmen und von diesem im eigenen Namen den Ersatz des Schadens verlangen, welcher der Gesellschaft durch eine schuldhafte Verletzung der gesellschaftsrechtlichen Treuepflicht entstanden ist, wobei der Schadensausgleich ggf. im Gesellschaftsvermögen vorzunehmen ist.[75] Bei unmittelbarer Schädigung der Mitgliedschaft durch treuwidriges Handeln eines Mitgesellschafters kann gegen diesen auch ein **eigener Anspruch** des Gesellschafters begründet sein.[76] Eine Satzungsklausel, wonach an einen wegen grober Pflichtverletzung ausgeschlossenen Gesellschafter keine Abfindung zu leisten ist, hat der BGH als sittenwidrig und auch nicht als Vertragsstrafe zulässig angesehen.[77] 44

65 BGH, NJW 2019, 1989, 1290.
66 OLG Düsseldorf, GmbHR 1996, 1083, 1087; OLG Braunschweig, GmbHR 2009, 1276 m. Anm. *Michael Winter*.
67 *Seibt*, in: Scholz, GmbHG, § 14 Rn. 78.
68 BGHZ 64, 253, 257; vgl. *Nentwig*, GmbHR 2012, 664 zur Treuepflicht bei Sanierungsmaßnahmen.
69 *Bayer*, in: Lutter/Hommelhoff, GmbHG, § 14 Rn. 33; vgl. BGH, GmbHR 2016, 759 »Media-Saturn« zur Neinstimme/Enthaltung aus formalen Gründen.
70 OLG München, NZG 2015, 66; OLG Hamm, GmbHR 1992, 612; vgl. OLG Braunschweig, GmbHR 2009, 1276 m. Anm. *Winter*. Es ist nicht *per se* treuwidrig, wenn der Mehrheitsgesellschafter an einem Geschäftsführer auch nach dessen Pflichtverletzung festhält.
71 BGH, GmbHR 1985, 153 (zur Publikums-KG).
72 Näher *Wichmann*, DStZ 2016, 337.
73 *Bayer*, in: Lutter/Hommelhoff, GmbHG, § 14 Rn. 35.
74 *Seibt*, in: Scholz, GmbHG, § 14 Rn. 113; vgl. BGHZ 89, 162, 166; 122, 333, 336; *Armbrüster*, ZIP 1997, 1269; *Tiedchen*, GmbHR 1993, 616; *Henze*, ZHR 175 (2011), 1.
75 BGH, GmbHR 2013, 931, 932; BGHZ 65, 15 »ITT«.
76 *Ebbing*, in: Michalski, GmbHG, § 14 Rn. 106.
77 BGHZ 201, 65.

2. Sonderpflichten

45 Die Sonderbelastung **einzelner** Gesellschafter bedarf einer Festsetzung in der Satzung, wobei durch Auslegung zwischen mitgliedschaftlichen Sonderpflichten und schuldrechtlich gemeinten Pflichten zu differenzieren ist.[78] Beispiele für Sonderpflichten sind Aufgeld-, Nachschuss- und sonstige Leistungspflichten einzelner Gesellschafter oder Wettbewerbsverbote für einzelne Gesellschafter.[79] Eine Erweiterung der Sonderpflichten ohne Zustimmung des betroffenen Gesellschafters ist nicht zulässig, § 53 Abs. 3 GmbHG. Mit einem Geschäftsanteil verbundene Sonderpflichten gehen auf den Erwerber über, höchstpersönliche Sonderpflichten (z.B. zur Erbringung von Beratungsleistungen) erlöschen hingegen (vgl. Rdn. 31).

IV. Gleichbehandlungsgrundsatz

46 Die Geltung des Gleichbehandlungsgrundsatzes ist von Rechtsprechung und Literatur auch für die GmbH seit Langem anerkannt,[80] auch wenn er hier (anders als für die AG in § 53a AktG) nicht ausdrücklich festgeschrieben ist. Er kann nicht generell ausgeschlossen werden, spezielle Abweichungen im Gesellschaftsvertrag oder mit Zustimmung des Betroffenen sind jedoch im Hinblick auf den Vorrang der Vertragsfreiheit immer möglich.[81]

47 Verboten ist die **willkürliche Differenzierung** zwischen den Gesellschaftern, also eine Bevorzugung oder Benachteiligung (nur) einzelner Gesellschafter. Eine verschiedene Behandlung von Gesellschaftern ist dann gegeben, wenn der nach Gesetz oder Gesellschaftsvertrag für den Gegenstand des betreffenden gesellschaftlichen Rechtsakts geltende Maßstab der Beteiligung der Gesellschafter in ihrem Verhältnis zueinander nicht für alle gewahrt ist.[82] Liegt eine solche Verschiedenbehandlung von Gesellschaftern vor, kann diese durch hinreichende **sachliche Gründe** im Gesellschaftsinteresse gerechtfertigt sein. Beweispflichtig für das Eingreifen solcher sachlicher Gründe ist der Urheber des Rechtsakts.[83]

48 Ein unter Verstoß gegen den Gleichbehandlungsgrundsatz gefasster Beschluss ist **anfechtbar**. Für die Rechtsfolgen bei anderen Rechtsakten ist maßgeblich, was im Einzelfall erforderlich ist, um einen der Gleichbehandlung entsprechenden Zustand herzustellen.[84] Als Maßnahmen kommen somit in Betracht Rückgängigmachung, Gewähr in gleicher Weise ggü. dem Benachteiligten oder Ausgleich in bar.[85]

V. Rechte und Pflichten außerhalb der Mitgliedschaft

49 Von den mitgliedschaftlichen Rechten und Pflichten, die in der Mitgliedschaft als solcher wurzeln, sind **schuldrechtliche Beziehungen** zu unterscheiden. Diese können im Verhältnis der Gesellschafter zur Gesellschaft (sog. **Drittgeschäfte** wie z.B. Kauf-, Miet-, Dienst- oder Darlehensvertrag) ebenso bestehen wie im Verhältnis der Gesellschafter untereinander (z.B. Stimmbindungsverträge, Vorkaufs- und Ankaufsrechte). Sie unterliegen nicht dem GmbH-, sondern dem Schuldrecht.[86] Anderes kann nur dann gelten, wenn das Geschäft auch einen gesellschaftsrechtlichen Gehalt hat, weil etwa der Gesellschafter als solcher zur Darlehensgewährung verpflichtet ist; in diesem Fall können ausnahmsweise die gesellschafterliche Treuepflicht und der Gleichbehandlungsgrundsatz zum Tragen kommen.[87] Pflichten aus Drittgeschäften können daher zwar im Wege der

78 *Reichert/Weller*, in: MünchKommGmbHG, § 14 Rn. 133.
79 *Seibt*, in: Scholz, GmbHG, § 14 Rn. 37.
80 *Seibt*, in: Scholz, GmbHG, § 14 Rn. 51 ff. m.w.N.
81 *Bayer*, in: Lutter/Hommelhoff, GmbHG, § 14 Rn. 47.
82 *Seibt*, in: Scholz, GmbHG, § 14 Rn. 57.
83 *Seibt*, in: Scholz, GmbHG, § 14 Rn. 58.
84 *Seibt*, in: Scholz, GmbHG, § 14 Rn. 62.
85 *Bayer*, in: Lutter/Hommelhoff, GmbHG, § 14 Rn. 48.
86 BGH, NJW 1989, 166.
87 Vgl. BGH, GmbHR 2013, 464, 468 m. Anm. *Bormann*; *Fastrich*, in: Baumbach/Hueck, GmbHG, § 14 Rn. 12.

Gesamtrechtsnachfolge auf einen Erben übergehen, die rechtsgeschäftliche Nachfolge erfordert hingegen eine (mindestens stillschweigende) Abtretung oder Schuldübernahme (§§ 398, 414 BGB).[88]

Gläubigerrechte stehen zwischen den mitgliedschaftlichen und schuldrechtlichen Rechten. Sie sind aus dem Gesellschaftsverhältnis entstanden, haben sich in der Folge jedoch soweit verselbstständigt, dass sie insb. selbstständig (d.h. ohne die Mitgliedschaft) abtretbar und pfändbar sind. Hauptbeispiel ist der konkrete schuldrechtliche Anspruch auf Auszahlung eines (festgestellten oder auch künftigen) Gewinns (im Gegensatz zum Gewinnstammrecht, vgl. oben Rdn. 35). Anders als Rechte aus reinen Drittgeschäften unterliegen die Gläubigerrechte aufgrund ihrer Herkunft jedoch noch gewissen gesellschaftsrechtlichen Bindungen, insb. der Treuepflicht und dem Gleichbehandlungsgrundsatz.[89] 50

§ 15 Übertragung von Geschäftsanteilen

(1) Die Geschäftsanteile sind veräußerlich und vererblich.

(2) Erwirbt ein Gesellschafter zu seinem ursprünglichen Geschäftsanteil weitere Geschäftsanteile, so behalten dieselben ihre Selbständigkeit.

(3) Zur Abtretung von Geschäftsanteilen durch Gesellschafter bedarf es eines in notarieller Form geschlossenen Vertrages.

(4) [1]Der notariellen Form bedarf auch eine Vereinbarung, durch welche die Verpflichtung eines Gesellschafters zur Abtretung eines Geschäftsanteils begründet wird. [2]Eine ohne diese Form getroffene Vereinbarung wird jedoch durch den nach Maßgabe des vorigen Absatzes geschlossenen Abtretungsvertrag gültig.

(5) Durch den Gesellschaftsvertrag kann die Abtretung der Geschäftsanteile an weitere Voraussetzungen geknüpft, insbesondere von der Genehmigung der Gesellschaft abhängig gemacht werden.

Schrifttum

Albers, Kauf und Übertragung von GmbH-Anteilen im Ausland, GmbHR 2011, 1078; *ders.*, Kauf und Übertragung von Anteilen an ausländischen »Quasi-GmbH«, GmbHR 2011, 1266; *Armbrüster*, Treuhänderische GmbH-Beteiligungen, GmbHR 2001, 941 und 1021; *ders.*, Die treuhänderische Beteiligung an Gesellschaften, 2001; *Bayer*, Übertragung von GmbH-Geschäftsanteilen im Ausland nach der MoMiG-Reform, GmbHR 2013, 897; *Binz/Mayer*, Beurkundungspflichten bei der GmbH & Co. KG, NJW 2002, 3054; *dies.*, Anteilsvinkulierung bei Familienunternehmen, NZG 2012, 201; *Blasche*, Vinkulierungsklauseln in GmbH-Gesellschaftsverträgen, RNotZ 2013, 515; *ders.*, Die Ausgestaltung schuldrechtlicher Vorerwerbsrechte bei GmbH-Geschäftsanteilen, NZG 2016, 173; *Binz/Rosenbauer*, Beurkundungspflicht bei der Veräußerung von Anteilen an einer GmbH & Co. KG?, NZG 2015, 1136; *Brandi/Mühlmeier*, Übertragung von Gesellschaftsanteilen im Wege vorweggenommener Erbfolge und Vorbehaltsnießbrauch, GmbHR 1997, 734; *Bruhns*, Verpfändung von GmbH-Anteilen in der Finanzierungspraxis, GmbHR 2006, 587; *Bürger*, Die Beteiligung Minderjähriger an Gesellschaften mit beschränkter Haftung, RNotZ 2006, 156; *Burg/Marx*, Vinkulierungen und Konsortialverträge in Umwandlungsfällen, NZG 2013, 127; *Carlé*, Unterbeteiligungen bei Personen- und Kapitalgesellschaften, KÖSDI 2008, 16166; *ders.*, Unterbeteiligungen: Zivil- und steuerrechtliche Hinweise, KÖSDI 2005, 14475; *Cramer*, Die Beurkundung der GmbH-Gründung durch einen in der Schweiz zugelassenen Notar mit Amtssitz im Kanton Bern, DStR 2018, 746; *Cziupka*, Zur Beurkundung der Gründung einer deutschen GmbH durch einen Schweizer Notar mit Amtssitz im Kanton Bern, EWiR 2018, 137; *Erbacher/Klarmann*, Beurkundungspflichten beim Unternehmenskauf, Corporate Finance Law 2011, 151; *Fetsch*, Zur Beurkundungsbedürftigkeit von Kaufverträgen über eine englische Private Limited Company, GmbHR 2008, 133; *Frank*, Der Nießbrauch an Gesellschaftsanteilen, MittBayNot 2010, 96; *Frenzel*, Nachträgliche Vinkulierung von Geschäftsanteilen, GmbHR 2008, 983; *Fricke*, Der Nießbrauch an einem GmbH-Geschäftsanteil – Zivil- und Steuerrecht, GmbHR 2008, 739; *Fröhlich/Primaczenko*, Veräußerung und Belastung künftiger GmbH-Geschäftsanteile, NZG 2016, 133; *Gebele*, Die Vertretung Minderjähriger bei der Schenkung von

88 *Bayer*, in: Lutter/Hommelhoff, GmbHG, § 14 Rn. 21.
89 *Ebbing*, in: Michalski, GmbHG, § 14 Rn. 54.

Gesellschaftsanteilen, BB 2012, 728; *Gebke*, Die Treuhand im Gesellschaftsrecht, GmbHR 2014, 1128; *Geißler*, Statuarische Vorsorge bei der Pfändung eines GmbH-Anteils und der Insolvenz eines Gesellschafters, GmbHR 2012, 370; *Götze/Mörtel*, Zur Beurkundung von GmbH-Anteilsübertragungen in der Schweiz, NZG 2011, 727; *Grage*, Ausgewählte Aspekte der Verwaltungstreuhand an Geschäftsanteilen, RNotZ 2005, 251; *Greitermann*, Die Formbedürftigkeit der Erwerbstreuhand an GmbH-Anteilen, GmbHR 2005, 577; *Hadding*, Zum gesetzlich notwendigen Umfang der notariellen Beurkundung der »Vereinbarung«, einen GmbH-Geschäftsanteil zu übertragen, ZIP 2003, 2133; *Heckschen*, Die Gründung der GmbH im Ausland, DB 2018, 685; *Heckschen/Weitbrecht*, Überfremdungsschutz im GmbH- und Aktienrecht, NZG 2019, 721; *Hermanns*, Beurkundungspflichten, Beurkundungsverfahren und Beurkundungsmängel unter besonderer Berücksichtigung des Unternehmenskaufvertrages, DNotZ 2013, 9; *Heuer*, Der GmbH-Anteil in der Zwangsvollstreckung, ZIP 1998, 405; *Ivens*, Leitlinien zur Unternehmensnachfolge: Die Vererbung von Kapitalgesellschaftsbeteiligungen, ZEV 2011, 177; *Ivo*, Die Vererbung von GmbH-Geschäftsanteilen, ZEV 2006, 252; *ders.*, Der minderjährige Gesellschafter, ZNotP 2007, 210; *Kaya*, Erbengemeinschaft und Gesellschafterversammlung, ZEV 2013, 593; *Kindler*, Beurkundungsbedürftigkeit von Schiedsordnungen beim GmbH-Beteiligungskauf, NZG 2014, 961; *König/Götte/Bormann*, Das Formstatut für die dingliche Abtretung von GmbH-Geschäftsanteilen nach geltendem und künftigem Recht, NZG 2009, 881; *Kühne/Rehm*, Die Unterbeteiligung als Gestaltungsinstrument der Unternehmensnachfolge, NZG 2013, 561; *König/Steffes-Holländer*, Beurkundung der Gründung einer deutschen GmbH durch Schweizer Notar, DB 2018, 625; *Langner/Heydel*, Nachfolgeklauseln im GmbH-Gesellschaftsvertrag, GmbHR 2006, 291; *Leuering/Rubner*, Die Umgehungsfestigkeit von Vinkulierungsklauseln, NJW-Spezial 2018, 399; *Leuering/Simon*, Die Verpfändung von GmbH-Geschäftsanteilen, NJW-Spezial 2005, 171; *Leuschner*, Die Teilverpfändung von GmbH-Anteilen, WM 2005, 2161; *Leutner/Stenzel*, Beurkundungsbedürftigkeit der Verknüpfungsabrede beim Geschäftsanteilskaufvertrag?, NZG 2012, 1406; *Leyendecker/Mackensen*, Beurkundung des Equity Commitment Letter beim Unternehmenskauf, NZG 2012, 129; *Liebscher/Lübke*, Die zwangsweise Verwertung vinkulierter Anteile, ZIP 2004, 241; *Lieder*, Beurkundung der Gesellschaftsgründung durch einen schweizerischen Notar, ZIP 2018, 805; *Lieder/Pommerening*, Nießbrauchsrechte und Kapitalgesellschaftsanteile im Erbfall, ZEV 2019, 564; *Lieder/Scholz*, Vinkulierte Forderungen und Gesellschaftsanteile in der umwandlungsrechtlichen Universalsukzession, ZIP 2015, 1705; *Lieder/Villegas*, Treuhandverträge über GmbH-Geschäftsanteile, GmbHR 2018, 169; *Liese*, Die Beurkundungspflicht von Änderungsvereinbarungen zu Geschäftsanteilskaufverträgen, GmbHR 2010, 1256; *Link*, Formerfordernisse des § 15 GmbHG bei internationalen Transaktionen, BB 2014, 579; *Loritz*, Die Reichweite von Vinkulierungsklauseln in GmbH-Gesellschaftsverträgen, NZG 2007, 361; *Lutter/Grunewald*, Zur Umgehung von Vinkulierungsklauseln in Satzungen von Aktiengesellschaften und Gesellschaften mbH, AG 1989, 109; *Maier-Reimer*, Vorwirkung von Formvorschriften – Formzwang aus nicht abgeschlossenen Verträgen?, NJW 2015, 273; *Mankowski*, Änderungen bei der Auslandsbeurkundung von Anteilsübertragungen durch das MoMiG oder durch die Rom I-VO?, NZG 2010, 201; *Meichelbeck/Krauß*, Neues zur Auslandsbeurkundung im Gesellschaftsrecht, DStR 2014, 752; *Mertens*, Typische Probleme bei der Verpfändung von GmbH-Anteilen, ZIP 1998, 1787; *Mohr/Jainta*, Nießbrauch an GmbH-Geschäftsanteilen, GmbH-StB 2010, 269; *Mühlhaus*, Die Unterbeteiligung als Gestaltungsmittel bei Familiengesellschaften, ErbStB 2009, 276; *Nodoushani*, Die Pauschalzustimmung zur Übertragung vinkulierter Anteile, ZGR 2014, 809; *Odendahl*, Die Abtretung von GmbH-Geschäftsanteilen vor ausländischen Notaren, RIW 2014, 189; *Olk*, Beurkundungserfordernisse nach deutschem GmbH-Recht bei Verkauf und Abtretung von Anteilen an ausländischen Gesellschaften, NJW 2010, 1639; *Olk/Nikoleyczik*, Beurkundungserfordernisse nach deutschem GmbH-Recht bei Verkauf und Abtretung von Anteilen an ausländischen Gesellschaften, DStR 2010, 1576; *Oppermann/Berthold*, Korporativ wirkende Verfügungsermächtigungen?, ZIP 2017, 1929; *Perzborn*, Gesellschaftsvertragliche Nachfolgeregelungen bei Gesellschaften mit beschränkter Haftung und Aktiengesellschaften, RNotZ 2017, 405; *Reichert*, Vinkulierung von GmbH-Geschäftsanteilen – Möglichkeiten der Vertragsgestaltung, GmbHR 2012, 713; *Reichert/Schlitt*, Nießbrauch an GmbH-Geschäftsanteilen, in: FS Flick, 1997, S. 217 ff.; *Reichert/Schlitt/Düll*, Die gesellschafts- und steuerrechtliche Gestaltung des Nießbrauchs an GmbH-Anteilen, GmbHR 1998, 565; *Reichert/Weller*, Geschäftsanteilsübertragung mit Auslandsberührung, DStR 2005, 250 und 292; *Reymann*, Die Verpfändung von GmbH-Geschäftsanteilen, DNotZ 2005, 425; *von Rom*, Zum Umfang der Beurkundungspflicht bei der Verpfändung von GmbH-Geschäftsanteilen, WM 2007, 2223; *Roth*, Pfändung und Verpfändung von Gesellschaftsanteilen, ZGR 2000, 187; *Schaub*, Treuhand an GmbH-Anteilen, DStR 1995, 1634; *ders.*, Treuhand an GmbH-Anteilen – Treuhandgefahren für den Treugeber, DStR 1996, 65; *Schindhelm/Pickhardt-Poremba/Hilling*, Das zivil- und steuerrechtliche Schicksal der Unterbeteiligung bei »Umwandlung« der Hauptgesellschaft, DStR 2003, 1444 und 1469; *Schneider*, Verpfändete GmbH-Anteile … und der Gläubigerschutz?, ZIP 2018, 1113; *Christian Schmitz*, Mängelhaftung beim Unternehmenskauf nach der Schuldrechtsreform, RNotZ 2006, 551; *Erich Schmitz*, Vinkulierungs- und Ausschließungsklauseln, in: FS Wiedemann, 2002, S. 1223; *Seelinger*, Abtretung identischer GmbH-Geschäftsanteile und Bestimmtheitsgrundsatz,

GmbHR 2014, 119; *Skauradszun*, Die Übertragung vinkulierter Gesellschaftsanteile in der Insolvenz des Gesellschafters, NZG 2012, 1244; *Stelmaszczyk*, Beurkundung einer GmbH-Gründung im Ausland, GWR 2018, 103; *Stenzel*, Formfragen des internationalen Gesellschaftsrechts, GmbHR 2014, 1024; *Stoppel*, Reichweite der Heilung bei fehlender Beurkundung von Anteilsverkäufen, GmbHR 2010, 225; *Tebben*, Gesellschaftsvertraglicher Schutz gegen Treuhand- und Unterbeteiligungen an Geschäftsanteilen, GmbHR 2007, 63; *Teichmann*, Vinkulierte Gesellschaftsanteile im Vermögen zu spaltender Rechtsträger, GmbHR 2014, 393; *Ternick*, Der Vorvertrag beim Unternehmenskauf, GmbHR 2015, 627; *Transfeld*, Anteilsübertragung trotz Vinkulierung – ein vermeintlicher Widerspruch?, GmbHR 2010, 185; *von Morgen*, Verwaltung von Unternehmensbeteiligungen in der Erbengemeinschaft, ErbStB 2014, 311; *Wachter*, GmbH-Geschäftsanteile im Erbfall, 2013; *Walch*, Treuhandbeteiligung und die Transparenz der Anteilseignerstrukturen im GmbH-Recht, NZG 2015, 1259; *Walz/Fembacher*, Zweck und Umfang der Beurkundung nach § 15 GmbHG, NZG 2003, 1134; *Wälzholz*, Rückforderungsrechte an Gesellschaftsanteilen für den Fall von Insolvenz und Zwangsvollstreckung, GmbHR 2007, 1319; *Weitnauer*, Der Unternehmenskauf nach neuem Kaufrecht, NJW 2002, 2511; *Weller*, GmbH-Anteilsabtretungen in Basel, ZGR 2014, 865; *Werner*, Treuhandverhältnisse an GmbH-Anteilen, GmbHR 2006, 1248; *ders.*, Beteiligung Minderjähriger an gesellschaftsrechtlichen Transaktionen im Recht der GmbH und GmbH & Co.KG, GmbHR 2006, 737; *ders.*, Zur Beachtlichkeit gesellschaftsvertraglicher Vinkulierung im Rahmen von Pfand- und Insolvenzverwertung, GmbHR 2020, 195; *Westermann*, Vinkulierung von GmbH-Geschäftsanteilen und Aktien: Ermessensfreiheit der Zustimmungsentscheidung, in: FS Huber, 2005, S. 997; *Wicke*, Auslandsbeurkundung: Eintragung einer deutschen GmbH nach Beurkundung der Gründung durch schweizerischen Notar aus dem Kanton Bern, GmbHR 2018, 376; *Winter*, Die Unternehmensübergabe gegen Versorgungsleistungen, NJW-Spezial 2010, 399; *Wolf/Kaiser*, Die Mängelhaftung beim Unternehmenskauf nach neuem Recht, DB 2002, 411.

Übersicht Rdn.

A. Überblick

1 § 15 GmbHG regelt die Übertragung von Geschäftsanteilen und damit die **Übertragung der Mitgliedschaft** an einer GmbH. Die GmbH nimmt insoweit eine Mittelstellung zwischen den Personengesellschaften und der AG ein. Während sich bei den Personengesellschaften die Übertragbarkeit der Mitgliedschaft erst relativ spät herausgebildet hat und zudem der Zustimmung aller Gesellschafter bzw. einer entsprechenden gesellschaftsvertraglichen Disposition bedarf, gilt im Aktienrecht der Grundsatz der freien Übertragbarkeit der Mitgliedschaft; außer durch die Vinkulierung bei Namensaktien (§ 68 Abs. 2 AktG) darf sie nicht erschwert werden. Abs. 1 erklärt GmbH-Geschäftsanteile ebenfalls für im Grundsatz frei übertragbar, sowohl unter Lebenden (»veräußerlich«) als auch von Todes wegen (»vererblich«). Anders als Aktien sollen Geschäftsanteile jedoch nicht zum Gegenstand des Börsenverkehrs und des spekulativen Handels werden können. Die Abs. 3 und 4 schreiben daher sowohl für die Abtretung von Geschäftsanteilen als auch schon für das zugrunde liegende Verpflichtungsgeschäft die notarielle Form vor. Nach Abs. 5 kann der Gesellschaftsvertrag die Abtretung zudem noch an weitere Voraussetzungen knüpfen, sie namentlich von der Zustimmung der Gesellschaft abhängig machen.

2 Die Vorschrift ist seit 1892 im Wesentlichen unverändert. Die i.R.d. GmbH-Reform geäußerte Empfehlung, auf das Beurkundungserfordernis der Abs. 3 und 4 etwa zugunsten eines privatschriftlichen Vertrages mit Beglaubigung der Unterschriften zu verzichten,[1] wurde nicht umgesetzt.

B. Freie Übertragbarkeit von Geschäftsanteilen (Abs. 1)

I. Veräußerlichkeit (1. Alt.)

1. Allgemeines

3 Es gehört zu den Grundprinzipien des deutschen Schuldrechts, das schuldrechtliche Verpflichtungsgeschäft, z.B. einen Kaufvertrag, von dem dinglichen Verfügungsgeschäft zur Erfüllung der übernommenen Pflichten zu trennen (**Trennungsprinzip**). Entsprechend unterscheidet § 15 in den Abs. 4 und 3 GmbHG zwischen der Vereinbarung, durch welche die Abtretungsverpflichtung begründet wird, und der Abtretung selbst. Die Grundaussage des Abs. 1, 1. Alt., dass Geschäftsanteile **»veräußerlich«** sind, ist demgegenüber auf das Verpflichtungs- *und* das Verfügungsgeschäft zu beziehen: Gesellschafter einer GmbH können ihre Geschäftsanteile »veräußern«, nämlich insb. verkaufen und abtreten. Diese Aussage ist deshalb bedeutsam, weil das GmbH-Gesetz im Grundsatz, d.h. von den in §§ 21, 27, 34 GmbHG geregelten Sonderfällen abgesehen, keinen Austritt und Ausschluss von Gesellschaftern kennt.[2] Die Veräußerung ist somit »das« Mittel, um die Mitgliedschaft in einer GmbH zu beenden und ggf. zu Geld zu machen.

4 »**Veräußerung**« meint jedes auf die Übertragung eines Geschäftsanteils gerichtete Rechtsgeschäft,[3] und zwar (vgl. Rdn. 3) das Verpflichtungsgeschäft ebenso wie das Verfügungsgeschäft. Das Verfügungsgeschäft besteht in der Abtretung. Für das Verpflichtungsgeschäft kommen unterschiedliche Vertragstypen in Betracht – neben dem Verkauf (an Dritte, Mitgesellschafter oder auch die Gesellschaft selbst, § 33 GmbHG) bspw. auch die Schenkung, Einbringung oder Begründung einer Treuhand. Die **Gesamtrechtsnachfolge** wird hingegen regelmäßig aus dem Veräußerungsbegriff ausgeklammert.[4] Dies ist insofern zutreffend, als die Gesamtrechtsnachfolge (z.B. durch Erbfolge oder Verschmelzung des Gesellschafters) ohne Abtretung der Geschäftsanteile auskommt (vgl. § 1922 Abs. 1 BGB, § 20 Abs. 1 Nr. 1 UmwG) und die Abs. 3 bis 5 folglich keine Anwendung finden. Die

---

1 Empfehlung Nr. 17 des Rechts-, Finanz- und Wirtschaftsausschusses, BR-Drucks. 354/1/07, S. 18; vgl. auch *DAV*, NZG 2007, 735, 738.

2 Als – ungeregelte – *ultima ratio* bleiben Austritt und Ausschluss gleichwohl zulässig, vgl. RGZ 128, 1, 16 (Austritt); BGHZ 9, 157, 161 ff. (Ausschluss); BGH, GmbHR 2003, 1062 (Austritt aufgrund Satzungsregelung) m. Anm. *Blöse/Kleinert*.

3 *Reichert/Weller*, in: MünchKommGmbHG, § 15 Rn. 11.

4 Vgl. *Reichert/Weller*, in: MünchKommGmbHG, § 15 Rn. 14 sowie die Lit. zu § 16 a.F.

Grundaussage des Abs. 1, dass Geschäftsanteile »veräußerlich« im Sinne von »übertragbar« sind, ist jedoch auch für die Gesamtrechtsnachfolge wichtig (vgl. etwa § 132 UmwG a.F.); dies belegt auch der Umstand, dass die »Vererblichkeit« in der 2. Alt. nochmals gesondert angesprochen wird.

Die freie Veräußerlichkeit kann durch Gesellschaftsvertrag (Abs. 5, dazu Rdn. 53 ff.) oder durch Gesetz beschränkt werden. Solche gesetzlichen Einschränkungen bestehen namentlich für Freiberufler-GmbHs. 5

2. Freiberufler-GmbH

Für Freiberufler-GmbHs (vgl. auch § 1 Rdn. 20 ff.) fordern berufsrechtliche Vorschriften einen berufsspezifischen Gesellschafterkreis (§§ 59e Abs. 1 BRAO, 50a Abs. 1 Nr. 1, 3 StBerG, 28 Abs. 4 Satz 1 Nr. 1 WPO).[5] Hier ist zu differenzieren: Gesellschafter einer Rechtsanwaltsgesellschaft »können« nach dem Gesetzeswortlaut nur Rechtsanwälte sein (sowie mit ihnen verbundene Steuerberater etc., § 59e Abs. 1 Satz 1 BRAO); die Abtretung eines Geschäftsanteils an eine nicht sozietätsfähige Person ist daher nichtig (§ 134 BGB).[6] Bestimmungen anderer Berufsordnungen regeln dagegen nur Anerkennungsvoraussetzungen (§§ 50a Abs. 1 Nr. 1, 3 StBerG, 28 Abs. 4 Satz 1 Nr. 1 WPO); die Abtretung an einen Berufsfremden ist damit wirksam[7] (daher auch das Vinkulierungserfordernis nach § 28 Abs. 5 WPO), sie führt aber ggf. zum Widerruf der Anerkennung. Durch **Vererbung** können dagegen auch Berufsfremde Gesellschafter werden, auch bei der Rechtsanwalts-GmbH;[8] in diesem Fall droht nach Ablauf einer Übergangsfrist aber ebenfalls der Widerruf der Zulassung (vgl. § 59h Abs. 3 BRAO). 6

II. Vererblichkeit (2. Alt.)[9]

1. Allgemeines

Abs. 1, 2. Alt. erklärt Geschäftsanteile und damit die Mitgliedschaft in der GmbH auch für »vererblich«.Wenn ein Gesellschafter stirbt, gehören seine Geschäftsanteile daher zum Nachlass. Sie gehen nach § 1922 BGB auf den Erben bzw. auf die Erbengemeinschaft über, und zwar einschl. aller damit verbundenen Sonderrechte und Nebenleistungspflichten, soweit diese nicht höchstpersönlicher Natur sind[10]. Eine Sonderrechtsnachfolge einzelner Erben, wie sie bei Personengesellschaften mittels »qualifizierter Nachfolgeklausel« möglich ist, findet nicht statt.[11] Miterben fällt der Geschäftsanteil daher zur gesamten Hand zu (§ 2032 Abs. 1 BGB), die Rechtsbeziehungen der Erben untereinander richten sich nach den §§ 2038 ff. BGB[12]; Gesellschafterin wird die **Erbengemeinschaft** (vgl. § 18 GmbHG). Die Mitteilungs- und Eintragungserfordernisse nach §§ 16, 40 GmbHG gelten auch im Erbfall; zu Abs. 5 vgl. Rdn. 56. 7

2. Vorsorge gegen »unerwünschte Erben«

Der Gesellschaftsvertrag kann die **Vererblichkeit** von Geschäftsanteilen **weder ausschließen noch beschränken:**[13] § 15 Abs. 1, 2. Alt. GmbHG ist zwingend, Abs. 5 ist (wie auch die Abs. 3 und 4) schon mangels »Abtretung« nicht anwendbar. 8

5 Näher zur Ärzte-GmbH *Klose*, BB 2003, 2702.

6 *Henssler*, in: Henssler/Prütting, BRAO, 4. Aufl. 2014, § 59e Rn. 12; a.A *Brüggemann*, in: Weyland, BRAO, 10. Aufl. 2020, § 59e Rn. 2, jedoch mit der Folge des Widerrufs der Zulassung der RA-GmbH.

7 Str., stets für Unwirksamkeit nach § 134 BGB *Reichert/Weller*, in: MünchKommGmbHG, § 15 Rn. 8.

8 *Kleine-Cosack*, BRAO, 7. Aufl. 2015, § 59e Rn. 8.

9 Näher hierzu *Ivens*, ZEV 2011, 177; *Ivo*, ZEV 2006, 252; *Langner/Heydal*, GmbHR 2006, 291; *von Morgen*, ErbStB 2014, 311.

10 *Lieder/Pommerening*, ZEV 2019, 564, 567; *Perzborn*, RNotZ 2017,405, 407.

11 OLG Koblenz, GmbHR 1995, 586, 587.

12 Vgl. zur Veräußerung des in den Nachlass fallenden Geschäftsanteils durch die Erbenmehrheit als notwendige Verwaltungsmaßnahme nach § 2038 Abs. 1 S. 2 Hs. 2 BGB gegen den Willen einer Erbenminderheit *Lieder/Pommerening*, ZEV 2019, 564, 567.

13 *Löbbe*, in: Habersack/Casper/Löbbe, GmbHG, § 15 Rn. 11; *Kaya*, ZEV 2013, 593.

9 Gesellschafter können jedoch auf unterschiedliche Weise Vorsorge gegen ein Eindringen »unerwünschter« Erben treffen. So kann ein Gesellschafter seine Geschäftsanteile bspw. schon zu Lebzeiten im Rahmen einer **vorweggenommenen Erbfolge** an geeignete Nachfolger übertragen; dabei kann er sich etwa durch die Bestellung eines Nießbrauchs (dazu Rdn. 90 ff.) oder durch die Vereinbarung von Versorgungsleistungen[14] finanziell absichern. Ein Gesellschafter kann seine Geschäftsanteile dem Nachlass auch dadurch entziehen, dass er sie aufschiebend befristet **auf seinen Tod abtritt** (unter der zusätzlichen Bedingung des Längerlebens des Begünstigten); dadurch unterwirft er sich allerdings bereits den aus §§ 160, 161 BGB folgenden Einschränkungen seiner Verfügungsbefugnis.[15] Ordnet der Gesellschafter für seine Geschäftsanteile **Testamentsvollstreckung** an, so ist der Testamentsvollstrecker im Allgemeinen berechtigt und verpflichtet, alle Rechte aus den Anteilen, auch das Stimmrecht, wahrzunehmen.[16]

10 **Gesellschaftsvertragliche Nachfolgeklauseln** können die Gesellschafter nicht wirksam verpflichten, in bestimmter Weise zu testieren (§ 2302 BGB),[17] und auch nicht verhindern, dass »unerwünschte« Erben zunächst Gesellschafter werden (Rdn. 7). Sie können jedoch verhindern, dass solche Erben auf Dauer Gesellschafter bleiben. Gesellschaftsvertraglich kann zunächst die Einziehung des Geschäftsanteils angeordnet oder ermöglicht werden. Eine Einziehungsklausel kann inhaltlich unbeschränkt vereinbart werden oder vorsehen, dass sie bei nachfolgeberechtigten Personen nicht greift. Zudem kann gesellschaftsvertraglich die Pflicht zur Geschäftsanteilsübertragung (Zwangsabtretung) angeordnet oder ermöglicht werden; im Hinblick auf den Begünstigten, den Berechtigten und den Verpflichteten der Zwangsabtretung besteht grds. Gestaltungsfreiheit.[18] Vorsorglich sollte sowohl die Einziehung als auch die Zwangsabtretung von Geschäftsanteilen ermöglicht werden.

11 Die **Einziehung** (§ 34 GmbHG) bewirkt die Vernichtung der eingezogenen Geschäftsanteile. Diese Wirkung tritt mit der Mitteilung des Einziehungsbeschlusses unabhängig von der Zahlung einer etwaigen Abfindung ein.[19] Da die Einziehung die Aufbringung und Erhaltung des Stammkapitals nicht beeinträchtigen darf, muss der einzuziehende Geschäftsanteil voll eingezahlt sein und darf die Zahlung des Einziehungsentgelts das zur Erhaltung des Stammkapitals erforderliche Vermögen nicht berühren (§§ 34 Abs. 3, 30 Abs. 1 GmbHG). Die Einziehung kann daher nicht automatisch erfolgen,[20] sondern setzt – neben der Zulassung im Gesellschaftsvertrag – einen entsprechenden Gesellschafterbeschluss voraus (§ 46 Nr. 4 GmbHG).[21]

Die Einziehungsklausel kann, sofern die Nachfolgeberechtigten anderweitig konkret oder abstrakt (z.B. »Mitgesellschafter, Ehegatten und Abkömmlinge«) bezeichnet sind, bspw. wie folgt lauten: *»Ein Geschäftsanteil kann ohne Zustimmung des betroffenen Gesellschafters durch Gesellschafterbeschluss eingezogen werden, wenn der Geschäftsanteil von Todes wegen auf einen oder mehrere nicht nachfolgeberechtigte Gesellschafter übergegangen ist. Der betroffene Gesellschafter ist hierbei nicht stimmberechtigt. Über die Einziehung ist binnen 12 Monaten nach Kenntniserlangung der Gesellschaft vom Erbfall und von den Erben zu beschließen.«*[22] Zweckmäßig ist es, nicht nachfolgeberechtigte Gesellschafter zusätzlich auch zur **Abtretung** der Geschäftsanteile zu verpflichten, sodass die Geschäftsanteile erhalten bleiben: *»Statt der Einziehung kann beschlossen werden, dass der Geschäftsanteil an die Gesellschaft oder auf einen oder mehrere von ihr benannte Nachfolgeberechtigte zu übertragen ist.«* Die Abtretungsklausel

14 *Winter*, NJW-Spezial 2010, 399.

15 *Langner/Heydel*, GmbHR 2006, 291, 292.

16 Vgl. *Bayer*, in: Lutter/Hommelhoff, GmbHG, § 15 Rn. 21; *Brandes*, in: Bork/Schäfer, GmbHG, § 15 Rn. 71.

17 *Ivo*, ZEV 2006, 252, 253.

18 Vgl. auch *Perzborn*, RNotZ 2017,405, 413 ff.

19 BGHZ 192, 236.

20 *Brandes*, in: Bork/Schäfer, GmbHG, § 15 Rn. 66.

21 H.M., etwa *Löbbe*, in: Habersack/Casper/Löbbe, GmbHG, § 15 Rn. 12; *Servatius*, in: Baumbach/Hueck, GmbHG, § 15 Rn. 12.

22 Vgl. *Langner/Heydel*, GmbHR 2006, 291, 293; BGH, BB 1977, 563, 564 (Stimmrechtsausschluss der Erben).

kann die Gesellschaft gem. § 185 BGB ermächtigen, die Abtretung des Geschäftsanteils auch selbst vorzunehmen.[23] Die Kombination von Einziehungs- und Abtretungsklausel bietet u.a. den Vorteil, dass die Gesellschaft den Abtretungsanspruch nicht einklagen muss und sie nicht durch § 34 Abs. 3 GmbHG eingeschränkt ist.[24] Bei Einziehung schuldet die Gesellschaft, bei Abtretung der Abtretungsempfänger eine **Abfindung**, grds. i.H.d. Verkehrswertes des Geschäftsanteils.[25] Sofern Abtretungsempfänger die Gesellschaft ist, ist § 33 GmbHG zu beachten. Gesellschaftsvertraglich kann die Abfindung begrenzt[26] und für den Todesfall auch ganz ausgeschlossen werden.[27] Zulässig ist ein solcher Abfindungsausschluss insb. bei Vererbung der Geschäftsanteile an nicht nachfolgeberechtigte Personen.[28]

Erbschaftsteuerlich ist eine Einziehung regelmäßig nachteilig: Sie führt nach § 7 Abs. 7 ErbStG zu einer steuerpflichtigen Bereicherung der verbleibenden Gesellschafter, wenn die Abfindung den Steuerwert unterschreitet (der seit dem 01.01.2009 dem Verkehrswert entspricht). Bei einer Einziehung können die Mitgesellschafter zudem nicht die Begünstigungen der §§ 13a, b, 19a ErbStG erhalten, weil die Einziehung zivilrechtlich keinen Anteilserwerb bewirkt und ein solcher wohl auch nicht nach § 7 Abs. 7 ErbStG fingiert wird.[29] Erbschaftsteuerlich ist daher eine Zwangsabtretung vorzugswürdig, besser noch ein Verkauf der Geschäftsanteile durch die nicht nachfolgeberechtigten Erben (mit der Folge, dass ein Kaufpreis, keine Abfindung gezahlt wird).[30] 12

C. Selbstständigkeit jedes Geschäftsanteils (Abs. 2)

Bei Personengesellschaften gilt der Grundsatz der Einheitlichkeit der Mitgliedschaft; er verhindert dort eine Mehrfachmitgliedschaft oder uneinheitliche Ausgestaltung der Beteiligung. Bei der GmbH kann dagegen (seit der GmbH-Reform) ein Gesellschafter bereits bei der Errichtung der Gesellschaft mehrere Geschäftsanteile übernehmen (§ 5 Abs. 2 Satz 2 GmbHG). Ebenso kann er später durch Abtretung, Erbfolge oder im Rahmen einer Kapitalerhöhung (§ 55 Abs. 3 GmbHG) weitere Geschäftsanteile hinzu erwerben. In all diesen Fällen »vereinigen« sich die Geschäftsanteile nicht etwa zu einem einzigen Geschäftsanteil, sondern bleiben nach § 15 Abs. 2 GmbHG selbstständig. Die **Gesellschaftsanteile** bleiben damit **rück- und weiterverfolgbar**. Dies erleichtert zunächst – unter dem Gesichtspunkt der Kapitalaufbringung – die Durchsetzung der in §§ 22, 28 GmbHG angeordneten Haftung von Rechtsvorgängern für nicht geleistete Stammeinlagen oder Nachschüsse: Der Rechtsvorgänger soll gegen Zahlung des rückständigen Betrags den Geschäftsanteil des säumigen (und deshalb nach § 21 GmbHG ausgeschlossenen) Gesellschafters erwerben können.[31] In der Folge können die Geschäftsanteile auch unterschiedlich z.B. mit Pfand- oder Nießbrauchsrechten dinglich belastet oder veräußert werden; dabei ist jeweils (durch eindeutige Bezeichnung des betroffenen Geschäftsanteils) der **Bestimmtheitsgrundsatz** zu beachten.[32] 13

§ 15 Abs. 2 GmbHG ist eingeschränkt dispositiv: Wie § 46 Nr. 4 GmbHG zeigt, können Geschäftsanteile sehr wohl durch Gesellschafterbeschluss **zusammengelegt** werden. Die Satzung kann 14

---

23 BGH, GmbHR 1984, 74; vgl. OLG Koblenz, GmbHR 1995, 586; *Bayer* in: Lutter/Hommelhoff, GmbHG, § 15 Rn. 16; zur Wirksamkeit einer Zwangsabtretung gegenüber Rechtsnachfolgern: *Oppermann/Berthold*, ZIP 2017, 1929 ff.
24 *Lieder/Pommerening*, ZEV 2019, 564, 570.
25 BGHZ 116, 359, 365, 375.
26 Vgl. BGHZ 116, 359; BGHZ 123, 281 (KG); *Winter*, Ubg 2009, 822, 826 f.
27 BGH, BB 1977, 563, 564; *Kleindiek*, in: Lutter/Hommelhoff, GmbHG, § 34 Rn. 182.
28 BGH, BB 1977, 563, 564.
29 Vgl. *Jülicher*, in: Troll/Gebel/Jülicher/Gottschalk, ErbStG, Stand November 2019, § 13a Rn. 311.
30 Vgl. *Winter*, Ubg 2009, 822, 828; *Hübner/Maurer*, ZEV 2009, 361 und 428.
31 Vgl. BGHZ 42, 89, 91 f.
32 Vgl. BGH, DB 2010, 1636; OLG Brandenburg, NZG 1998, 951; KG, NJW-RR 1997, 1259; zur unschädlichen zusammenfassenden Fehlbezeichnung BGH, NJW-RR 1987, 807 f.

insoweit auch vorsehen (vgl. § 45 Abs. 2 GmbHG), dass die Zusammenlegung – zusätzlich oder anstelle eines Gesellschafterbeschlusses – der Zustimmung des von der Zusammenlegung betroffenen Gesellschafters bedarf.[33] Entsprechend dem Zweck des § 15 Abs. 2 GmbHG, in bestimmten Fällen die Rück- und Weiterverfolgbarkeit von Geschäftsanteilen zu sichern (vorstehend Rdn. 13), darf eine Zusammenlegung jedoch nur erfolgen, soweit die Stammeinlagen voll eingezahlt sind, keine Nachschusspflicht besteht[34] und die Geschäftsanteile nicht unterschiedlich ausgestaltet (Sonderrechte) oder belastet sind (Pfandrecht, Nießbrauch).[35]

D. Notarielle Abtretung von Geschäftsanteilen (Abs. 3)

15 Die Abtretung von Geschäftsanteilen erfolgt nach §§ 398, 413 BGB, bedarf jedoch nach Abs. 3 zusätzlich der notariellen Beurkundung. Die notarielle Form soll zum einen den leichten und spekulativen **Handel mit Geschäftsanteilen erschweren**; die Anteilsrechte an einer GmbH sollen (im Unterschied zu Aktien) nicht Gegenstand des freien Handelsverkehrs sein (vgl. Rdn. 1). Zum anderen soll die Formbedürftigkeit der Rechtsübertragung den **Beweis der Anteilsinhaberschaft erleichtern**, da das Mitgliedschaftsrecht in einer GmbH regelmäßig nicht (in Form von Anteilsscheinen, § 14 Rdn. 16) verbrieft ist.[36] Weitergehende Zwecke werden nicht verfolgt; insb. soll die notarielle Form (anders als bei § 311b Abs. 1 BGB) nicht vor Übereilung schützen.[37]

I. Abtretung

16 Der Begriff der Abtretung (§§ 398, 413 BGB) meint nur die **rechtsgeschäftliche Einzelrechtsnachfolge.** Die Abtretung kann auch befristet (§ 163 BGB) oder bedingt (§ 158 BGB) erfolgen, z.B. unter der aufschiebenden Bedingung der vollständigen Kaufpreiszahlung.[38] Eine Rückbeziehung auf einen Zeitpunkt vor Vertragsschluss ist dagegen nur mit schuldrechtlicher, nicht auch mit dinglicher Wirkung möglich.[39] Keine Abtretung – und somit nicht nach Abs. 3 formbedürftig – sind der Übergang kraft Gesetzes, insb. durch Gesamtrechtsnachfolge im Erbfall (§ 1922 BGB)[40] oder nach dem UmwG[41], und die Übertragung durch Hoheitsakt im Rahmen einer Zwangsversteigerung. Auch die Einziehung (§ 34 GmbHG) ist keine Abtretung.[42]

17 Das **Trennungsprinzip** (Rdn. 3) gestattet es, das Verpflichtungs- und Verfügungsgeschäft unabhängig voneinander zu schließen. Es kann daher unklar sein, ob eine Urkunde neben dem Verpflichtungsgeschäft auch bereits die Abtretung enthält (»A verkauft seinen Geschäftsanteil an B«).[43] In diesem Fall ist die Vereinbarung auszulegen.

---

33 BegrRegE MoMiG zu § 46, BT-Drucks. 16/6140, S. 45 hält die Zustimmung des betroffenen Gesellschafters nicht für (kraft Gesetzes) erforderlich; vgl. *Lohr*, GmbH-StB 2010, 212.

34 Vgl. BGHZ 42, 89, 91.

35 Wie hier *Reichert/Weller*, in: MünchKommGmbHG, § 15 Rn. 185; näher *Jasper/Rust*, DB 2000, 1549.

36 BGH, GmbHR 2008, 589, 590; BGHZ 141, 207, 221 f. (jeweils zu § 15 Abs. 4); BGH, NJW 1996, 3338, 3339; BegrRegE MoMiG zu § 5, BT-Drucks. 16/6140, S. 30.

37 Vgl. BGH, ZIP 2011, 2141; vgl. BGHZ 141, 207, 221 f.; BGH, BB 1996, 2427, 2428; BGH, GmbHR 1997, 605, 606; a.A. OLG Stuttgart, DB 1989, 1817.

38 Vgl. zum späteren (formlosen) Verzicht auf eine solche Bedingung BGHZ 127, 129, 133; 138, 195; zum Anwartschaftsrecht des Erwerbers BGH, DStR 1996, 1903.

39 BGH, NJW-RR 1987, 807, 808.

40 Näher zur Übertragung von Geschäftsanteilen in Erfüllung einer Teilungsanordnung oder eines Vermächtnisses OLG Düsseldorf, NJW-RR 1987, 732; *Lessmann*, GmbHR 1986, 409, 414 ff. einerseits sowie OLG Düsseldorf, GmbHR 1990, 504, 508; *Petzoldt*, GmbHR 1977, 25, 27; *Schmitz*, FS Wiedemann, 2002, S. 1223, 1237 andererseits.

41 Zur Übertragbarkeit vinkulierter Anteile durch Umwandlung *Burg/Marx*, NZG 2013, 127.

42 OLG Karlsruhe, GmbHR 2003, 1482, 1483; zum Austritt aufgrund Satzungsregelung vgl. BGH, GmbHR 2003, 1062 m. Anm. *Blöse/Kleinert*.

43 Vgl. *Seibt*, in: Scholz, GmbHG, § 15 Rn. 89.

II. Geschäftsanteil

Die Abtretung muss dem sachenrechtlichen **Bestimmtheitsgrundsatz** genügen und daher insb. bei mehreren Geschäftsanteilen zumindest durch Auslegung erkennen lassen, welcher hiervon (ganz oder teilweise) abgetreten werden soll.[44] Die Identifizierung wird dadurch erleichtert, dass gem. § 8 Abs. 1 Nr. 3 GmbHG in der Gesellschafterliste neben den Nennbeträgen auch die laufenden Nummern der Geschäftsanteile anzugeben sind. Eine zusammenfassende Falschbezeichnung mehrerer Geschäftsanteile ist unschädlich, wenn gleichwohl keine ernstlichen Zweifel am Gegenstand der Abtretung entstehen, z.B. weil ohnehin die gesamte Beteiligung abgetreten wird.[45] Eine Abtretung, die dem Bestimmtheitsgrundsatz nicht genügt, ist hingegen nichtig. Sie kann ggf. in ein wirksames Verpflichtungsgeschäft umgedeutet werden (§ 141 BGB), das nicht dem engen sachenrechtlichen Bestimmtheitsgrundsatz unterliegt.[46] 18

Bestehende Geschäftsanteile können (gerade auch zwecks Abtretung) **geteilt**[47] **und zusammengelegt** werden; die früher für die Teilung in § 17 GmbHG enthaltenen Beschränkungen sind aufgehoben. Über die Teilung und Zusammenlegung entscheidet, soweit nicht im Gesellschaftsvertrag anders geregelt, nicht der einzelne Gesellschafter, sondern die Gesellschafterversammlung (§ 46 Nr. 4 GmbHG). 19

Bei der **Vor-GmbH**, d.h. im Zeitraum zwischen dem notariellen Vertragsschluss (§ 2 GmbHG) und der Eintragung der GmbH in das Handelsregister (§ 11 Abs. 1 GmbHG), bestehen noch keine Geschäftsanteile. In diesem Stadium ist ein Mitgliederwechsel nach herrschender Meinung nur durch einstimmige Änderung des Gesellschaftsvertrags möglich, nicht auch durch Abtretung von Vorgesellschaftsanteilen (vgl. § 11 Rdn. 19).[48] Zwar wird vertreten, dass der Geschäftsanteil nach dem neuen Wortlaut des § 3 Abs. 1 Nr. 4 GmbHG bereits mit dem Vertragsschluss entstehe und deshalb bereits nach § 15 GmbHG abgetreten werden könne.[49] Diese Interpretation überzeugt aber weder sprachlich noch systematisch: Nach § 3 Abs. 1 Nr. 4 GmbHG verpflichtet sich der Gesellschafter lediglich zur Übernahme des Geschäftsanteils »gegen« die erst noch zu leistende Einlage, nicht anders als im Fall einer Kapitalerhöhung (§ 55 GmbHG), bei welcher der Geschäftsanteil auch erst mit Eintragung entsteht.[50] Möglich ist es jedoch, die **künftigen Geschäftsanteile** abzutreten;[51] denn das GmbH-Gesetz kennt kein dem § 41 Abs. 4 Satz 1 AktG entsprechendes Verbot. 20

Über den Wortlaut hinaus kann auch die **Abtretung eines Anspruchs** auf Übertragung eines Geschäftsanteils nach Abs. 3 formbedürftig sein (vgl. zu Treuhandfällen Rdn. 101). Die Übertragung von **GbR-Anteilen** bedarf dagegen auch dann nicht der notariellen Beurkundung, wenn sich der Zweck der GbR im Halten und Verwalten von GmbH-Geschäftsanteilen erschöpft. Der BGH hat daher für eine Mitarbeiterbeteiligungs-GbR Formbedürftigkeit verneint; im Fall einer (auf den freien Handelsverkehr zielenden) »Umgehung der Formvorschrift des § 15 Abs. 4 GmbHG unter Ausnutzung der personengesellschaftsrechtlichen Gestaltungsmöglichkeiten« würde er jedoch ggf. anders entscheiden.[52] 21

---

44 BGH, DB 2010, 1636; OLG Oldenburg, GmbHR 2008, 259; OLG Brandenburg, NZG 1998, 951; KG, NJW-RR 1997, 1259; zur Abtretung identischer, nicht nummerierter Anteile *Seelinger*, GmbHR 2014, 119.

45 BGH, NJW-RR 1987, 807 f.; a.A. *Ebbing*, in: Michalski, GmbHG, § 15 Rn. 116.

46 *Reichert/Weller*, in: MünchKommGmbHG, § 15 Rn. 26; vgl. OLG Oldenburg, GmbHR 2008, 259.

47 Zur Bestimmtheit der Teilungserklärung im Rahmen einer Veräußerung BGH, GmbHR 2014, 198.

48 Vgl. BGH, BB 2005, 400; OLG Jena, GmbHR 2013, 1258 m. Anm. *Heinze*; OLG Jena, GmbHR 2013, 145; *Heinze*, in: MünchKommGmbHG, § 2 Rn. 57a.

49 So jetzt *Reichert/Weller*, in: MünchKommGmbHG, § 14 Rn. 11.

50 Vgl. hierzu *Reichert/Weller*, in: MünchKommGmbHG, § 15 Rn. 39.

51 BGH, BB 1994, 2373, 2374; BGH, NZG 2005, 263; OLG Jena, GmbHR 2013, 1258 m. Anm. *Heinze*; OLG Jena, GmbHR 2013, 145; *Fröhlich/Primaczenko*, NZG 2016, 133.

52 BGH, GmbHR 2008, 589, 590 m. Anm. *Werner*.

III. Notarielle Form

22 Zu beurkunden ist der **Abtretungsvertrag**, damit die Abtretungserklärung des Veräußerers ebenso wie die Annahme durch den Erwerber.[53] Veräußerer und Erwerber müssen hierfür nicht gleichzeitig anwesend sein; möglich ist auch die sukzessive Beurkundung der beiden Willenserklärungen, auch vor verschiedenen Notaren (§§ 128, 152 Satz 1 BGB). Die notarielle Beurkundung kann ersetzt werden durch Prozessvergleich (§ 127a BGB), Schiedsvergleich (§ 1053 Abs. 3 ZPO) oder rechtskräftiges Urteil nach § 894 ZPO. Wird die Form nicht eingehalten, ist die Abtretung nichtig (§ 125 Satz 1 BGB).[54]

23 Vertretung durch Bevollmächtigte ist möglich. Die **Vollmacht** bleibt gem. § 167 Abs. 2 BGB formfrei,[55] d.h. weder § 15 Abs. 3 oder 4 noch § 2 Abs. 2 GmbHG finden entsprechende Anwendung. Da das Beurkundungserfordernis nach § 15 Abs. 3 und 4 GmbHG nicht vor Übereilung schützen soll (Rdn. 15), gilt dies selbst bei Unwiderruflichkeit der Vollmacht.[56]

IV. Rechtsfolgen der Abtretung

24 Sofern keine Befristung oder Bedingung vereinbar ist, geht der Geschäftsanteil unmittelbar mit Vertragsschluss mit allen mitgliedschaftlichen Rechten auf den Erwerber über (§§ 413, 398 Satz 2 BGB). Im Verhältnis zur Gesellschaft gilt der Erwerber jedoch erst als Gesellschafter, wenn die geänderte Gesellschafterliste im Handelsregister aufgenommen ist (§§ 16, 40 GmbHG); für die Interimszeit empfiehlt sich daher eine Bevollmächtigung des Erwerbers durch den Veräußerer, vgl. § 16 Rdn. 16.

25 Mit dem Geschäftsanteil gehen auch **Nebenrechte** und -pflichten auf den Erwerber über (§§ 413, 401 BGB), namentlich das Gewinnstammrecht (vgl. § 14 Rdn. 33 ff. zum Abspaltungsverbot). Soweit sich die aus dem Stammrecht resultierenden Gewinnansprüche nicht bereits durch Gewinnverwendungsbeschluss in der Person des Veräußerers zu Gewinnauszahlungsansprüchen verselbstständigt haben, stehen sie dem Erwerber auch für zurückliegende Zeiträume zu.[57] Der Veräußerer kann jedoch, sofern nicht anders vereinbart, vom Erwerber im Innenverhältnis den Anteil am Gewinn verlangen, der auf die Zeit seiner Beteiligung an der GmbH entfällt (§ 101 Nr. 2 BGB). Mit der Abtretung gehen regelmäßig auch die Rechte und Pflichten aus einer **Schiedsvereinbarung** auf den Erwerber über, ohne dass es des gesonderten Beitritts des Erwerbers zur Schiedsvereinbarung in der Form des § 1031 ZPO bedarf.[58] **Höchstpersönliche Rechte** und Pflichten des Veräußerers gehen dagegen nicht auf den Erwerber über.

V. Steuerfolgen der Abtretung

26 Ist der Veräußerer eine **natürliche Person**, ist ein Gewinn aus der Veräußerung von Geschäftsanteilen einkommensteuerpflichtig. Insoweit gilt grds. das **Teileinkünfteverfahren**, wenn (1.) der Geschäftsanteil im steuerlichen Betriebsvermögen gehalten wurde oder (2.) der Geschäftsanteil zwar im steuerlichen Privatvermögen gehalten wurde, der Veräußerungsgewinn jedoch nach § 17 EStG als Gewinn aus Gewerbebetrieb gilt. Das ist insb. der Fall, wenn der Gesellschafter zu einem Zeitpunkt innerhalb der letzten 5 Jahre zu mindestens 1 % am Nennkapital der GmbH beteiligt war. Auf der Grundlage des Teileinkünfteverfahrens ist ein Veräußerungsgewinn zu 60 %[59] dem individuellen Steuersatz des Gesellschafters (max. 45 %) zu unterwerfen. Wenn die natürliche Person (3.)

---

53 BGHZ 21, 242, 247.

54 Zur Umdeutung einer formunwirksamen Abtretung in eine Abtretung des Gewinnstammrechts BGH, ZIP 2013, 118.

55 BGHZ 13, 49, 51 ff. (mit Einschränkung für den Fall der Blankovollmacht).

56 *Reichert/Weller*, in: MünchKommGmbHG, § 15 Rn. 62; a.A. *Rösler*, NJW 1999, 1150, 1153.

57 BGH, NJW 1998, 1314; *Bascope/Hering*, GmbHR 2006, 183, 184.

58 BGH, NJW 1979, 2567 f.

59 § 3 Nr. 40 EStG.

den Geschäftsanteil im steuerlichen Privatvermögen gehalten hat, ohne dass die Voraussetzungen des § 17 EStG erfüllt waren (Beteiligung < 1 %), unterliegt ein Veräußerungsgewinn statt dessen einer 25 %igen **Abgeltungsteuer**.[60]

Ist der Veräußerer eine **Kapitalgesellschaft**, ist ein Gewinn aus der Veräußerung des Geschäftsanteils grds. körperschaftsteuerfrei, jedoch werden i.H.v. 5 % des Veräußerungsgewinns nicht abziehbare Betriebsausgaben fingiert.[61] Im Ergebnis ist der Veräußerungsgewinn damit nur zu **95 % steuerfrei**, bei voller Abzugsfähigkeit etwaiger Aufwendungen. Die Steuerfreiheit gilt auch für die Gewerbesteuer.[62] Veräußerungsverluste sind nicht abziehbar.[63] 27

Der **unentgeltliche Erwerb** von Geschäftsanteilen unterliegt der Erbschaft- und Schenkungsteuer. Die Bewertung erfolgt mit dem gemeinen Wert (Ertragswert, mindestens Substanzwert).[64] Geschäftsanteile können begünstigt übertragen werden, wenn die Beteiligung mehr als 25 % beträgt oder der Schenker mit anderen Gesellschaftern einen Poolvertrag geschlossen hat, der mehr als 25 % der Anteile umfasst.[65] In diesem Fall ist ein 85 %iger Verschonungsabschlag möglich, wenn die sog. Verwaltungsvermögensquote höchstens 50 % beträgt; darüber hinaus ist auch eine Option zur Vollverschonung möglich, wenn die Verwaltungsvermögensquote höchstens 10 % beträgt.[66] Bei Inanspruchnahme dieser Vergünstigungen sind die 5- bzw. im Fall der Vollverschonung 7-jährige Behaltefrist und die Lohnsummenregelung zu beachten. 28

Die Übertragung von Geschäftsanteilen an einer GmbH mit Grundbesitz kann **Grunderwerbsteuer** auslösen. § 1 Abs. 3 GrEStG fingiert insb. dann einen Grundstückserwerb, wenn sich alle bzw. mindestens 95 % der Anteile in der Hand eines Gesellschafters vereinigen. Die Übertragung von Geschäftsanteilen ist von der USt befreit.[67] 29

Notare sind gem. § 54 **EStDV** verpflichtet, dem zuständigen Finanzamt eine beglaubigte Abschrift aller aufgenommenen oder beglaubigten Urkunden zu übersenden, die insb. »die Verfügung über Anteile an Kapitalgesellschaften zum Gegenstand haben«. Nach Auffassung der Finanzverwaltung unterliegen der Mitteilungspflicht neben den Verfügungsgeschäften auch Verpflichtungsgeschäfte, soweit die Verpflichtung eine Verfügung über Anteile an Kapitalgesellschaften zum Gegenstand hat.[68] 30

E. Notarielle Form und Heilung des Verpflichtungsgeschäfts (Abs. 4)

Das der Abtretung zugrunde liegende Verpflichtungsgeschäft bedarf nach Abs. 4 Satz 1 ebenfalls der notariellen Form. Ein formnichtiges Verpflichtungsgeschäft kann jedoch durch formgerechte Abtretung geheilt werden, Abs. 4 Satz 2. Damit tritt das Formerfordernis nach Abs. 4 ggf. hinter dasjenige nach Abs. 3 zurück. Dies impliziert, dass der **Formzweck** des Abs. 4 jedenfalls nicht weiterreicht als derjenige des Abs. 3 (vgl. dazu Rdn. 15): Auch hier soll die notarielle Form den Handel mit Geschäftsanteilen erschweren und den Beweis (vor allem) der Anteilsinhaberschaft erleichtern, aber nicht vor Übereilung schützen (vgl. zur Beweisfunktion noch Rdn. 43).[69] Der Vorschlag des DAV, den Beurkundungszwang zumindest für das Verpflichtungsgeschäft ersatzlos zu streichen,[70] wurde vom Gesetzgeber nicht aufgegriffen. 31

60 § 20 Abs. 2 Satz 2 Nr. 1, Abs. 8 EStG.
61 § 8b Abs. 2, Abs. 5 Satz 1 KStG.
62 § 7 Satz 1 GewStG.
63 § 8b Abs. 3 Satz 3 KStG.
64 § 12 Abs. 2 ErbStG, § 11 Abs. 2 BewG. Das frühere »Stuttgarter Verfahren« ist überholt.
65 § 13b Abs. 1 Nr. 3 ErbStG.
66 § 13a Abs. 8 ErbStG.
67 § 4 Nr. 7 f. UStG.
68 Vgl. etwa OFD Karlsruhe v. 23.11.2009 – S 4540/22-St 345, S 3840/1-St 341, S 2500/37-St 111; zuvor schon BMF, DStR 1997, 822 m. Anm. *Heidinger*; a.A. *Küperkoch*, RNotZ 2002, 298, 308.
69 Enger *Löbbe*, in: Habersack/Casper/Löbbe, GmbHG, § 15 Rn. 43, der dem Abs. 4 auch die Beweisfunktion abspricht.
70 *DAV*, NZG 2007, 735, 738, Rn. 35 f.

I. Notarielle Form des Verpflichtungsgeschäfts (Satz 1)

1. Vereinbarung

32 Formbedürftig ist jede »**Vereinbarung**, durch welche die Verpflichtung eines Gesellschafters zur Abtretung eines Geschäftsanteils begründet wird«. Da das Gesetz auf die gesamte Vereinbarung, nicht nur auf die Verpflichtung abstellt, sind die Erklärungen beider Vertragsparteien beurkundungsbedürftig.[71] Dies gilt auch bei der Schenkung eines Geschäftsanteils, sodass es nicht genügt, nach § 518 Abs. 1 Satz 1 BGB nur das Schenkungsversprechen zu beurkunden.[72] Dispositiv ist jedoch der **Zugang** der formbedürftigen Willenserklärung. Damit können zumindest Zugangserleichterungen ggü. den gesetzlichen Vorschriften (§§ 130, 132 BGB) vereinbart werden.[73]

33 **Mangels** »**Vereinbarung**« nicht nach Abs. 4 Satz 1 beurkundungspflichtig sind Verpflichtungen, die durch Vermächtnis (§ 2174 BGB), Auflage (§ 1940 BGB) oder Teilungsanordnung (§ 2048 BGB) eines Erblassers, durch einen vom Testamentsvollstrecker aufgestellten Auseinandersetzungsplan (§ 2204 Abs. 2 BGB) oder durch Stiftungsgeschäft (§ 81 BGB) begründet werden.[74] Die Abtretungsverpflichtung kann damit formfrei entstehen; die Abtretung selbst bleibt allerdings formbedürftig nach Abs. 3.

34 **Vertretung** durch Bevollmächtigte ist möglich. Die Vollmacht bleibt gem. § 167 Abs. 2 BGB formfrei,[75] ebenso die Genehmigung eines unter Genehmigungsvorbehalt abgeschlossenen Vertrages (§ 182 Abs. 2 BGB)[76] (vgl. zu beidem noch Rdn. 45).

2. Abtretungsverpflichtung

35 Die **Abtretungsverpflichtung** muss den **eigentlichen Vertragsgegenstand** bilden. Nicht erforderlich ist, dass sie den einzigen oder hauptsächlichen Vertragsgegenstand bildet. So ist etwa auch ein *Asset Deal*, bei dem neben zahlreichen anderen Vermögensgegenständen auch GmbH-Geschäftsanteile veräußert werden sollen, nach Abs. 4 Satz 1 beurkundungspflichtig (näher Rdn. 44). Gleiches gilt für Vereinbarungen, in denen sich der Gesellschafter zur Abtretung nur unter einer Bedingung oder an Dritte verpflichtet.[77] Ein Gegenbeispiel bildet der Maklervertrag zur Vermittlung von Geschäftsanteilen; dieser bleibt selbst dann formfrei, wenn auch bei Nichtzustandekommen des Geschäfts eine Provisionspflicht besteht.[78]

36 Schwieriger zu beurteilen sind Verträge, die zwar nicht unmittelbar, aber doch **mittelbar** zur Abtretung von Geschäftsanteilen verpflichten. So bleibt nach einer BGH-Entscheidung von 1955 die Verpflichtung zur Abtretung formfrei, soweit sie sich bereits aus dem Gesetz (z.B. aus § 667 BGB) oder nur mittelbar aus einem Vertrag ergibt, dessen wesentlicher Inhalt nicht die Abtretungsverpflichtung ist.[79] Diese einschränkende Auslegung hat zwar den Wortlaut für sich, wonach gerade die Vereinbarung die Abtretungsverpflichtung begründen muss. Sie führt aber zu Abgrenzungsproblemen und wird namentlich auch bei Treuhandverhältnissen nicht immer durchgehalten. So hat der BGH 1999 eine Erwerbstreuhand für nach Abs. 4 formbedürftig erklärt, weil sie den Treuhänder für den Fall der Beendigung des Treuhandverhältnisses bereits zur Herausgabe des erworbenen Geschäftsanteils an den Treugeber verpflichtet (Rdn. 99).[80] Auch **Vorverträge**, aus denen auf Abschluss eines Hauptvertrages geklagt werden kann und die deshalb mittelbar bereits zur Abtretung

71 BGH, NZG 2007, 547, 548 Rn. 9.
72 BGH, GmbHR 1963, 188, 189.
73 BGH, NJW 1995, 2217: Übersendung einer beglaubigten Abschrift anstelle einer Ausfertigung.
74 Vgl. *Reichert/Weller*, in: MünchKommGmbHG, § 15 Rn. 83.
75 BGHZ 13, 49, 51 ff. (mit Einschränkung für den Fall der Blankovollmacht).
76 BGH, NJW 1996, 3338, 3339.
77 OLG Karlsruhe, GmbHR 1991, 19, 20 (Option).
78 BGH, GmbHR 1997, 605, 606.
79 BGHZ 19, 69, 70.
80 BGHZ 141, 207, 211 f.

eines Geschäftsanteils verpflichten, sind nach h.M. formbedürftig, weil sonst durch Abschluss eines Vorvertrages die Erschwernisfunktion des § 15 ausgehebelt werden könnte.[81] Ein bloßer Letter of Intent (ggf. auch mit der Verpflichtung einer Partei, bei einem Scheitern der Verhandlungen die Kosten einer Due Diligence zu tragen) ist dagegen nicht formbedürftig;[82] anderes gilt ggf. bei Vereinbarung einer substanziellen Break-Up-Fee.[83]

Bei **Optionen** ist zu unterscheiden, ob die Option durch ein einseitiges Angebot oder einen zweiseitigen Vertrag begründet wird. Im ersten Fall gibt der eine Teil ein Angebot ab, das erst noch der Annahme durch den anderen Teil bedarf (§§ 145 ff. BGB); hier sind beide Erklärungen schon deshalb formbedürftig, weil sie erst zusammen die ganze Vereinbarung ergeben. Im zweiten Fall kann der Vertrag bereits die gesamte Vereinbarung i.S.d. Abs. 4 Satz 1 enthalten mit der Folge, dass zwar dieser Vertrag formbedürftig ist, nicht jedoch die spätere **Ausübungserklärung**. Offensichtlich ist dies bei Vereinbarung einer *Call-Option*, die den Gesellschafter verpflichtet, den Geschäftsanteil auf Verlangen des anderen Teils abzutreten. Es gilt nach herrschender Meinung aber auch für die *Put-Option*, die den Gesellschafter zur Abtretung lediglich berechtigt, aber nicht verpflichtet. Die Ausübungserklärung aktualisiert dann jeweils nur diese Abtretungsverpflichtung und bleibt selbst formfrei.[84] 37

Über den Wortlaut des Abs. 4 Satz 1 hinaus sind damit auch bloße **Abnahmeverpflichtungen** (z.B. aus *Put-Optionen*) formbedürftig. Denn zum einen korrespondiert mit der Erwerbspflicht, sofern sie ausgeübt wird, mittelbar eine Abtretungsverpflichtung. Zum anderen ist auch hier der Normzweck des Abs. 4 Satz 1, den Handel mit Geschäftsanteilen zu erschweren, einschlägig.[85] 38

Auch der **Gesellschaftsvertrag** der GmbH kann bereits unter bestimmten Voraussetzungen die Verpflichtung zur Abtretung von Geschäftsanteilen vorsehen. So können sich die Gesellschafter bspw. verpflichten, ihren Geschäftsanteil im Fall der Kündigung auf Verlangen der Gesellschaft an einen zur Übernahme bereiten anderen Gesellschafter abzutreten.[86] Der Gesellschaftsvertrag einer Personengesellschaft wird formbedürftig, wenn sich ein Gesellschafter darin zur Einbringung von GmbH-Geschäftsanteilen verpflichtet (vgl. Rdn. 86 zur GmbH & Co. KG). Nicht formbedürftig ist dagegen die Verpflichtung, den Anteil an einer Personengesellschaft zu übertragen, in deren Gesamthandsvermögen sich ein GmbH-Geschäftsanteil befindet.[87] Beherrschungs- und/oder Gewinnabführungsverträge mit einer abhängigen GmbH schließlich sind beurkundungsbedürftig, sofern sie zugunsten außenstehender Gesellschafter ein Abfindungsangebot enthalten müssen (analog § 305 AktG; vgl. zur Annahme des Angebots § 128 BGB).[88] 39

Die **Aufhebung** einer noch nicht erfüllten Abtretungsverpflichtung wird von Wortlaut und Zweck des Abs. 4 nicht erfasst und ist daher formfrei möglich. 40

3. Vollständigkeitsgrundsatz[89]

Das Formerfordernis des Abs. 4 Satz 1 bezieht sich nach herrschender Meinung auf die gesamte Vereinbarung, durch die die Abtretungsverpflichtung begründet wird, unter Einschluss aller mit 41

81 *Reichert/Weller*, in: MünchKommGmbHG, § 15 Rn. 91; vgl. BGH, NJW 1986, 1983 (Grundstück); a.A. *Ternick*, GmbHR 2015, 627, 630 f.: kein Übereilungsschutz bezweckt.

82 OLG München, NZG 2013, 257.

83 *Wicke*, MittBayNot 2014, 13, 15.

84 OLG München, BB 1995, 427; *Brandes*, in: Bork/Schäfer, GmbHG, § 15 Rn. 25; *Löbbe*, in: Habersack/Casper/Löbbe, GmbHG, § 15 Rn. 52; *Reichert/Weller*, in: MünchKommGmbHG, § 15 Rn. 94 ff.; *Blasche*, NZG 2016, 173, 174 (zu schuldrechtlichen Vorerwerbsrechten).

85 OLG München, BB 1995, 427; *Löbbe*, in: Habersack/Casper/Lübbe, GmbHG, § 15 Rn. 68.

86 BGH, NJW 1969, 2049; NJW 1986, 2642.

87 BGH, GmbHR 2008, 589, 590 m. Anm. *Werner*; BGHZ 86, 367, 369 ff.

88 *Liebscher*, in: MünchKommGmbHG, Anh § 13 Rn. 727.

89 Näher hierzu *Erbacher/Klarmann*, Corporate Finance Law 2011, 151; *Hadding*, ZIP 2003, 2133; *Hermanns*, DNotZ 2013, 9; *Leutner/Stenzel*, NZG 2012, 1406; *Leyendecker/Mackensen*, NZG 2012, 129; *Maier-Reimer*, NJW 2015, 273; *Walz/Fembacher*, NZG 2003, 1134.

ihr verbundenen Abreden, insb. derjenigen über die Gegenleistung (»**Vollständigkeitsgrundsatz**« bzw. »Einheitslösung«).[90] Der **BGH** stützt diese Erstreckung des Formzwangs primär auf die effektive Erschwerung des spekulativen Handels mit GmbH-Anteilen sowie die Beweissicherung (vgl. Rdn. 31). Daneben wird häufig der Verlust von Rechtssicherheit angeführt, der aus einer unnötigen Aufspaltung des Verpflichtungsgeschäfts resultiere.[91]

42 Nach der **Gegenansicht** beschränkt sich das Beurkundungserfordernis allein auf die Vereinbarung über die **Abtretungsverpflichtung** als solche.[92] Eine Erstreckung auf Nebenabreden sei nicht erforderlich, um die mit der Beurkundungspflicht verfolgten Zwecke zu verwirklichen. So werde der spekulative Handel mit GmbH-Anteilen auch dann effektiv erschwert, wenn lediglich die Abtretungsverpflichtung als solche beurkundet werden müsse.[93] Auch eine Beweissicherung sei nur im Hinblick auf den Übertragungsakt gemäß Abs. 3 erforderlich, weil angesichts der unkörperlichen Natur des Geschäftsanteils Klarheit darüber geschaffen werden müsse, wer objektiv Inhaber des Geschäftsanteils ist.[94] Schließlich könne auch das Argument einer gesteigerten Rechtssicherheit in Bezug auf Nebenabreden nur für das Verhältnis zwischen Veräußerer und Erwerber gelten, nicht jedoch für das Außenverhältnis zu Dritten und zur GmbH.[95]

43 *De lege lata* erscheint diese Kritik nicht durchgreifend. Sie berücksichtigt nicht hinreichend, dass der Zweck einer Vorschrift durch neue Verfahrensnormen verändert werden kann und bei der Auslegung ggf. auch Überlegungen, die außerhalb des historischen Zweckes einer Norm liegen, Berücksichtigung finden müssen.[96] Dies dürfte insb. für **§ 54 EStDV** gelten, der den deutschen Notar im **Fiskalinteresse** verpflichtet, dem zuständigen Finanzamt eine beglaubigte Abschrift aller Urkunden zu übersenden, die ein Verfügungsgeschäft oder (nach Auffassung der Finanzverwaltung:) Verpflichtungsgeschäft über Geschäftsanteile zum Gegenstand haben (vgl. Rdn. 30). Dieses Fiskalinteresse bezieht sich ersichtlich nicht nur auf die Tatsache der Anteilsabtretung als solche, sondern gerade auch auf die Gegenleistung und etwaige Nebenabreden.[97] Im Einklang damit wertet der BFH die Nichteinhaltung der Form des § 15 Abs. 4 GmbHG als Beweisanzeichen, das gegen die steuerliche Anerkennung der Vereinbarung spricht.[98] Schließlich gehen auch die Verfasser des MoMiG vom Bestehen des Vollständigkeitsgrundsatzes aus – im Bewusstsein der daraus resultierenden Erschwernisse für die Praxis,[99] die jedoch erst mit einer Novellierung des Beurkundungsgesetzes beseitigt werden sollen.[100]

44 Der Vollständigkeitsgrundsatz bringt es mit sich, dass etwa bei einem **Unternehmenskauf**, der auch die Abtretung von GmbH-Geschäftsanteilen enthält, der gesamte Unternehmenskaufvertrag einschließlich aller Nebenverträge (z.B. Miet-, Pacht-, Lizenz-, Lieferverträge) beurkundet werden muss.[101] Dies gilt bei der Veräußerung einer **GmbH & Co. KG** auch für die schuldrechtlichen

---

90 BGH, NJW 1983, 1843; NJW 1986, 2642; NJW 2002, 142, 143; OLG Düsseldorf, NJW-RR 1998, 756, 75.

91 *Ebbing*, in: Michalski, GmbHG, § 15 Rn. 89; *Servatius*, in: Baumbach/Hueck, GmbHG, § 15 Rn. 30.

92 *Hadding*, ZIP 2003, 2133, 2138; *Reichert/Weller*, in: MünchKommGmbHG, § 15 Rn. 113 ff.

93 *Hadding*, ZIP 2003, 2133, 2138; *Pohlmann*, GmbHR 2002, 41, 43.

94 *Reichert/Weller*, in MünchKommGmbHG, § 15 Rn. 114; ähnlich *Duhnkrack/Hellmann*, ZIP 2003, 1425, 1429.

95 *Pohlmann*, GmbHR 2002, 41, 43.

96 Vgl. *Walz/Fembacher*, NZG 2003, 1134, 1141.

97 Vgl. *Walz/Fembacher*, NZG 2003, 1134, 1138 f. und 1142.

98 BFH, DStR 2010, 1514, 1515 f.

99 Begr. RegE MoMiG, BT-Drucks. 16/6140, S. 25, nennt das »stundenlange Verlesen von Unterlagen, das von den Beteiligten als leere Förmelei empfunden wird, zumal es sich um Unterlagen handelt, die von den Vertragsparteien ohnehin nicht oder nicht mehr geändert werden können«.

100 Begr. RegE MoMiG, BT-Drucks. 16/6140, S. 26.

101 Zu der Frage, ob bei separater Beurkundung solcher Verträge auch die Abrede zwischen den Parteien über die Verknüpfung dieser Verträge beurkundet werden muss, *Leutner/Stenzel*, NZG 2012, 1406 (verneinend); zur Vorwirkung von Formvorschriften auf vorausgehende, an sich formfreie Verträge *Maier-Reimer*, NJW 2015, 273.

Vereinbarungen bezüglich der Kommanditanteile (vgl. Rdn. 85), beim kombinierten Share-/Asset-Deal auch für solche bezüglich der Assets (zum Unternehmenskauf noch Rdn. 71 ff.). Essenzieller Bestandteil des Kaufvertrages und damit der notariellen Urkunde ist auch das Versprechen eines zusätzlichen Entgelts. Entspricht der in der notariellen Urkunde angegebene **Kaufpreis** nicht der tatsächlich vereinbarten Höhe, so ist der notarielle Kaufvertrag als Scheingeschäft nichtig (§ 117 Abs. 1 BGB).[102] Als **beurkundungspflichtige Bestandteile** eines einheitlichen Vertrages wurden ferner angesehen:[103] eine Freistellungsvereinbarung, die »Bedingung« für die Anteilsübertragung sein soll;[104] etwaige Zusicherungen über Eigenschaften des Geschäftsanteils sowie die Regelung zur Kostentragung;[105] eine Vertragsstrafe, welche die Erwerbs- oder Abtretungspflicht flankiert;[106] eine Vereinbarung über den Übergang der Geschäftsführung;[107] eine abweichend von der Satzung vereinbarte Berechnung der Abfindung bei Kündigung und Abtretung des Geschäftsanteils an einen zur Übernahme bereiten anderen Gesellschafter.[108] Spätere **Vertragsänderungen** sind mindestens bis zum Vollzug der Abtretung beurkundungspflichtig.[109]

Die Rechtsprechung beschränkt die Beurkundungspflicht allerdings auf solche Nebenabreden, die nach dem Willen der Beteiligten **Bestandteil der Vereinbarung** über die Verpflichtung zur Abtretung sein sollen.[110] Damit ist entsprechend § 139 BGB zu prüfen, ob die übrigen Abreden jeweils auch isoliert vereinbart worden wären.[111] Infolgedessen fallen jedenfalls Nebenabreden nicht unter die Vorschrift, die mit der Geschäftsanteilsübertragung in keinem rechtlichen Zusammenhang stehen, wie z.B. die Vollmachtserteilung (Rdn. 34), ein im Vorfeld abgegebener Letter Letter of Intent[112] oder die Genehmigung eines vom Nichtberechtigten geschlossenen Abtretungsvertrages.[113] Für eine separate **Schiedsvereinbarung** genügt gemäß § 1031 ZPO Schriftform, auch wenn der Hauptvertrag selbst beurkundungsbedürftig ist; auch wenn die Schiedsvereinbarung als Schiedsklausel in den notariellen Vertrag selbst aufgenommen wird (§ 1029 Abs. 2, 2. Alt. ZPO), muss deshalb nicht die in Bezug genommene Schiedsordnung mitbeurkundet werden.[114] Schwieriger fällt die Abgrenzung, wenn untergeordnete oder »**technische**« **Fragen der Abwicklung** des Geschäfts betroffen sind. Nicht beurkundungspflichtig sollen jedenfalls einzelne Rechnungsposten in einer dem notariellen Vertrag beigefügten Anlage sein.[115] Zu weit dürfte es gehen, auch »Zahlungsmodalitäten« pauschal von der Beurkundungspflicht auszunehmen.[116] Nicht durchgesetzt, da zu unbestimmt, hat sich auch die zwischenzeitlich vom OLG München vertretene Beschränkung des Abs. 4 Satz 1 auf *wesentliche Vereinbarungen*, aus denen sich die Abtretung und/oder die Verpflichtung zur Abtretung ergibt.[117] 45

---

102 BGH, NJW 1983, 1843, 1844: Beratungshonorar als verdeckter Teil des Kaufpreises; BGHZ 127, 129.
103 Zur Beurkundungspflicht von Zusatzvereinbarungen mit Dritten (insb. Equity Commitment Letter zugunsten des Akquisitionsvehikels) *Leyendecker/Mackensen*, NZG 2012, 129 (verneinend).
104 BGH, NJW 2002, 142, 143; OLG Hamburg, ZIP 2007, 1008, 1010.
105 *Reichert/Weller*, in MünchKommGmbHG, § 15 Rn. 107.
106 OLG München, BB 1995, 427, 428.
107 OLG Düsseldorf, NJW-RR 1997, 756.
108 BGH, NJW 1969, 2049.
109 Nach *Reichert/Weller*, in MünchKommGmbHG, § 15 Rn. 109 soll danach die Beurkundungspflicht entfallen können, weil ab diesem Zeitpunkt der primäre Zweck des Beurkundungserfordernisses, den Handel mit Geschäftsanteilen zu unterbinden, mangels weiterer Übertragung ins Leere laufe; näher zum Ganzen *Liese*, GmbHR 2010, 1256.
110 BGH, NJW 1986, 2642, 2643; BGH, NJW 2002, 142, 143; OLG Hamburg, ZIP 2007, 1008, 1010.
111 *Reichert/Weller*, in MünchKommGmbHG, § 15 Rn. 110.
112 OLG München, NZG 2013, 257: Verpflichtung zur Tragung von Due Diligence-Kosten nicht formbedürftig.
113 *Seibt*, in: Scholz, GmbHG, § 15 Rn. 66a; zur Formfreiheit der Verpflichtung zur Genehmigung eines unter Genehmigungsvorbehalt abgeschlossenen Vertrages BGH, NJW 1996, 3338, 3339.
114 BGH, BB 2014, 2577; dazu *Kindler*, NZG 2014, 961.
115 BGH, DStR 2000, 1272, 1273: Anderenfalls würde jeder Rechenfehler in einer derartigen Anlage den gesamten Vertrag unwirksam machen.
116 Dafür in einem Sonderfall OLG Hamm, GmbHR 1979, 59, 60.
117 So noch OLG München, NJW 1967, 1326, 1328; vgl. demgegenüber OLG München, BB 1995, 427, 428.

46 Nicht von Abs. 4 Satz 1 erfasst sind **einseitig abhängige Abreden.** Darunter werden Abreden verstanden, von denen zwar nicht die Abtretungsverpflichtung abhängt, die aber umgekehrt selbst nur im Hinblick auf die Abtretungsverpflichtung vereinbart wurden. Wollen die Parteien die Abreden zu einer rechtlichen Einheit verbinden und sind diese in verschiedenen Urkunden niedergelegt, so muss die wechselseitige Verknüpfung in den Urkunden selbst zum Ausdruck kommen.[118]

II. Heilung des Verpflichtungsgeschäfts (Satz 2)[119]

47 Der Formmangel des Verpflichtungsgeschäfts hat grds. die Nichtigkeit des ganzen Vertrages zur Folge (§ 125 Satz 1 BGB). Nach Abs. 4 Satz 2 kann ein formnichtiges Verpflichtungsgeschäft jedoch durch ein formwirksames Verfügungsgeschäft geheilt werden. Dies gilt auch dann, wenn beide Geschäfte in derselben Urkunde enthalten sind.[120] Das Gesetz will so aus Gründen der Rechtssicherheit die formgerecht vollzogene **Abtretung kondiktionsfest** machen.[121]

48 Voraussetzung ist daher zunächst eine endgültig wirksame Abtretung. Erfolgt die Abtretung hingegen **aufschiebend bedingt**, so wird das Verpflichtungsgeschäft erst geheilt, wenn die Bedingung eingetreten ist oder der Begünstigte auf sie wirksam verzichtet hat.[122] Weiter muss sich die Abtretung inhaltlich gerade **auf die nichtige Verpflichtung beziehen.** So wird eine im Vorfeld einer GmbH-Gründung formunwirksam getroffene Vereinbarung, die auf die Abtretung eines Geschäftsanteils gerichtet ist, nicht allein durch die notarielle Gründung der GmbH wirksam.[123] Ebenso wenig kommt es zur Heilung, wenn der Abtretungsvertrag später mit anderen Personen auf der Erwerberseite geschlossen wird. Der BGH lässt es insoweit nicht genügen, dass es den Beteiligten des Verpflichtungsgeschäfts wirtschaftlich auf eine Abtretung an eine bestimmte Unternehmensgruppe ankam (für die dann später ein anderer Erwerber auftrat). Unschädlich wäre hingegen – bei zwischenzeitlichem Weiterverkauf – eine »abgekürzte Lieferung« des Veräußerers direkt an den Enderwerber, sofern alle Parteien der dazwischen liegenden Kaufverträge der Direktabtretung zustimmen.[124] Schließlich muss die **Willensübereinstimmung der Vertragsparteien** über den Inhalt des formunwirksamen Verpflichtungsgeschäfts noch in dem Zeitpunkt fortbestehen, in dem die Bindung an das Verfügungsgeschäft eintritt.[125] Insoweit besteht eine unwiderlegliche Vermutung für das Fortbestehen dieser Willensübereinstimmung, wenn keine Partei des Verpflichtungsgeschäfts erkennbar einen abweichenden Willen geäußert hat.[126]

49 Bei Geschäften mit **Auslandsbezug** (Rdn. 75 ff.) kann der Fall eintreten, dass das Verpflichtungsgeschäft wegen Nichtbeachtung des deutschen Formstatuts nichtig ist, die Abtretung hingegen unter Beachtung des ausländischen Gesellschaftsstatuts nach Art. 11 Abs. 1, 1. Alt. EGBGB wirksam ohne Beurkundung vorgenommen werden konnte. Aufgrund des eindeutigen Wortlauts des § 15 Abs. 4 Satz 2, der eine Abtretung »nach Maßgabe« des Abs. 3 voraussetzt, bedarf es zur Heilung einer teleologischen Reduktion der Vorschrift.[127] Dafür sprechen sich Rechtsprechung und Literatur auch im vergleichbaren Fall des § 311b Abs. 1 Satz 2 BGB aus.[128]

---

118 BGH, NJW 2001, 226 unter Berufung auf die Rechtsprechung zu § 313 Satz 1 BGB a.F., BGH, NJW 2000, 951; so auch *Pohlmann*, GmbHR 2002, 41, 43.

119 Näher hierzu *Binz/Rosenbauer*, NZG 2015, 1136; *Stoppel*, GmbHR 2010, 225.

120 BGH, GmbHR 1993, 106; OLG Frankfurt am Main, GmbHR 2012, 513, 515 m. Anm. *Heinze*.

121 BGHZ 127, 129, 136; *Stoppel*, GmbHR 2010, 225, 228; *Seibt*, in: Scholz, GmbHG, § 15 Rn. 69.

122 BGHZ 127, 129, 133; 138, 195, 203; *Löbbe*, in: Habersack/Casper/Löbbe, GmbHG, § 15 Rn. 99; a.A. *Schnorbus*, MDR 1995, 678, 681.

123 OLG Brandenburg, NJW-RR 1996, 291; *Ebbing*, in: Michalski, GmbHG, § 15 Rn. 102.

124 RGZ 71, 402; RGZ 132, 287, 290; BGH, NJW 2002, 142, 143; *Bayer*, in: Lutter/Hommelhoff, GmbHG, § 15 Rn. 66: Gedanke des § 362 Abs. 2 i.V.m. § 185 BGB.

125 BGHZ 127, 129, 135; OLG München, GmbHR 1996, 607, 609; OLG Hamburg, ZIP 2007, 1008, 1011; *Servatius*, in: Baumbach/Hueck, GmbHG, § 15 Rn. 36.

126 *Reichert/Weller*, in: MünchKommGmbHG, § 15 Rn. 123; *Seibt*, in: Scholz, GmbHG, § 15 Rn. 71; zu § 313 BGB a.F. BGH, NJW-RR 1994, 317, 318.

127 *Olk*, NJW 2010, 1639, 1643; ähnlich *Wrede*, GmbHR 1995, 365, 368.

128 *Grüneberg*, in: Palandt, BGB, § 311b Rn. 53; zu § 313 Satz 2 BGB a.F. vgl. BGHZ 73, 391, 397.

Geheilt werden nur **Formmängel**, nicht alle sonstigen Mängel des Verpflichtungsgeschäfts.[129] Die Heilungswirkung erstreckt sich dem Vollständigkeitsgrundsatz entsprechend auch auf die nur in dem privatschriftlichen Verpflichtungsgeschäft enthaltenen (d.h. in dem notariellen Vertrag nicht wiederholten) **Nebenabreden**, etwa zur Stundung eines Teils des Kaufpreises.[130] Auch werden solche Bestandteile des Vertrages geheilt, die einer anderen, minderen Form bedürfen, z.B. eine Bürgschaftserklärung, die einer der beiden Vertragspartner in einem formunwirksamen schuldrechtlichen Vertrag über die Verpflichtung zur Abtretung eines Geschäftsanteils übernommen hat.[131] Hingegen ist die Heilung eines formlosen obligatorischen Vertrages, in dem als wesentlicher Bestandteil die Verpflichtung zur Auflassung eines Grundstücks übernommen wird, nicht nach Abs. 4 Satz 2 möglich: Da die Norm die Heilungswirkung allein an die formgerechte Übertragung des Geschäftsanteils koppelt, würde anderenfalls der Zweck des § 311b Abs. 1 Satz 2 BGB vernachlässigt.[132] Ausgeschlossen ist in jedem Fall die Heilung eines unwirksamen Verfügungsgeschäftes.[133] 50

Gemäß dem Wortlaut der Vorschrift wirkt die Heilung nicht zurück, sondern erfolgt ***ex nunc*** im Zeitpunkt der formgerechten Abtretung.[134] In schuldrechtlicher Hinsicht ist jedoch an eine entsprechende Anwendung des § 141 Abs. 2 BGB zu denken.[135] Danach sind die Vertragsparteien im Zweifel verpflichtet, einander zu gewähren, was sie haben würden, wenn der Vertrag von Anfang an gültig gewesen wäre. 51

Ausnahmsweise kann ein Formmangel wegen **unzulässiger Rechtsausübung** (§ 242 BGB) unbeachtlich sein, wenn das Scheitern des Geschäfts an der Formnichtigkeit zu einem für die betroffene Partei schlechthin untragbaren Ergebnis führt, so bei Existenzgefährdung und besonders schwerer Treuepflichtverletzung des anderen Teils.[136] Letzteres hat der BGH in einem Fall bejaht, in dem ein formnichtiges Treuhandverhältnis über einen Geschäftsanteil über 20 Jahre praktiziert wurde;[137] damit ist eine Rückforderung auch auf der Grundlage von § 812 BGB ausgeschlossen. I.Ü. ist es aber grds. nicht treuwidrig, wenn sich der Gesellschafter weigert, den formunwirksamen Vertrag durch Vornahme der Abtretung zu erfüllen und zugleich zu heilen.[138] 52

F. Gesellschaftsvertragliche Beschränkung der freien Abtretbarkeit (Abs. 5)[139]

Abs. 5 erlaubt es, durch gesellschaftsvertragliche Regelung die nach den Abs. 1 (1. Alt.) und 3 grds. bestehende freie Abtretbarkeit der Geschäftsanteile einzuschränken. Die somit mögliche **Vinkulierung** (lat. für »Fesselung«) eines Geschäftsanteils beschränkt dessen Übertragbarkeit mit dinglicher Wirkung und damit weiter gehend als ein nur schuldrechtlich vereinbartes Zustimmungserfordernis oder Vorkaufsrecht. Abs. 5 ist somit eine gesetzliche Ausnahme zu dem Grundsatz des § 137 Abs. 1 BGB, dass die Befugnis zur Verfügung über ein veräußerliches Recht nicht durch Rechtsgeschäft ausgeschlossen oder beschränkt werden kann. Ein aktienrechtliches Pendant findet sich in § 68 53

---

129 *Bayer*, in: Lutter/Hommelhoff, § 15 Rn. 54 m.w.N.

130 BGH, NJW-RR 1987, 807.

131 *Seibt*, in: Scholz, GmbHG, § 15 Rn. 74; *Löbbe*, in: Habersack/Casper/Löbbe, GmbHG, § 15 Rn. 105; a.A. *Ebbing*, in: Michalski, GmbHG, § 15 Rn. 109, weil der Warnfunktion des § 766 Abs. 1 BGB nicht genügt werde.

132 *Reichert/Weller*, in: MünchKommGmbHG, § 15 Rn. 128; *Seibt*, in: Scholz, GmbHG, § 15 Rn. 74.

133 KG, GmbHR 1997, 603, 605.

134 BGHZ 138, 195, 203.

135 *Servatius*, in: Baumbach/Hueck, GmbHG, § 15 Rn. 36; *Löbbe*, in: Habersack/Casper/Löbbe, GmbHG, § 15 Rn. 108.

136 BGH, NJW 2004, 3330, 3331 (formnichtiger Grundstückskaufvertrag, im konkreten Fall verneint).

137 BGH, NZG 2006, 590.

138 *Bayer*, in: Lutter/Hommelhoff, GmbHG, § 15 Rn. 56.

139 Näher hierzu *Armbrüster*, GmbHR 2001, 941; *Binz/Mayer*, NZG 2012, 201; *Blasche*, RNotZ 2013, 515; *Frenzel*, GmbHR 2008, 983; *Loritz*, NZG 2007, 361; *Lutter/Grunewald*, AG 1989, 109; *Reichert*, GmbHR 2012, 713; *Erich Schmitz*, in: FS Wiedemann, 2002, S. 1223; *Transfeld*, GmbHR 2010, 185; *H.P. Westermann*, in: FS Huber, 2005, S. 997.

Abs. 2 AktG, wonach die Übertragung von Namensaktien an die Zustimmung der Gesellschaft gebunden werden kann. Neben gesellschaftsvertraglichen Beschränkungen der freien Abtretbarkeit haben die Gesellschafter die Möglichkeit, sich in schuldrechtlichen (nicht dinglich wirkenden) Nebenabreden zum Gesellschaftsvertrag dazu zu verpflichten, ihre Geschäftsanteile nicht oder nur unter bestimmten Voraussetzungen zu veräußern und zu übertragen.[140]

54 Die für die Vinkulierung erforderliche gesellschaftsvertragliche Regelung kann **nachträglich** im Wege der Satzungsänderung **nur mit Zustimmung aller Gesellschafter** eingeführt werden. Es wird nämlich in die freie Veräußerlichkeit und damit in ein relativ unentziehbares Mitgliedschaftsrecht eingegriffen (vgl. § 14 Rdn. 26).[141] Bestätigt wird diese Sicht durch das Aktienrecht: Dort bedarf nach § 180 Abs. 2 AktG ein Beschluss, durch den die Übertragung von Namensaktien an die Zustimmung der Gesellschaft gebunden wird, der Zustimmung aller Aktionäre.[142] Hingegen bedarf eine Satzungsänderung, welche die Vinkulierung **nachträglich aufhebt** oder erleichtert, nur der gesetzlich oder statutarisch vorgeschriebenen Mehrheit.[143] Keiner nachträglichen Einführung bedarf es im Fall einer Kapitalerhöhung, denn die neuen Geschäftsanteile werden von einer bestehenden Vinkulierung stets erfasst;[144] dies gilt ebenso für eine Abtretung des Bezugsrechts.[145]

I. Ziele der Vinkulierung

55 Eine gesellschaftsvertragliche Klausel, welche die Abtretung von Geschäftsanteilen an die Zustimmung der Gesellschaft oder der Gesellschafter knüpft, kann unterschiedliche Zwecke verfolgen: Eher selten wird es den Beteiligten darum gehen, ein Eindringen Fremder in die Gesellschaft gänzlich zu verhindern (**Schutz vor Überfremdung**); dieses Motiv mag aber etwa in Familienunternehmen oder Unternehmen, in denen alle Gesellschafter persönlich mitarbeiten, eine Rolle spielen. Häufiger soll eine Vinkulierung die Veräußerung nicht grds. verhindern, den verbleibenden Gesellschaftern jedoch die Möglichkeit geben, ein **Vorkaufsrecht** auszuüben, ein **Veto gegen ungeeignete Erwerber** (z.B. Wettbewerber) einzulegen[146] oder **Beteiligungsquoten aufrechtzuerhalten**, insb. den Aufbau einer Mehrheitsbeteiligung zu verhindern. Im Gesellschaftsvertrag einer Einmann-GmbH kann eine Vinkulierungsklausel allenfalls vor dem Hintergrund Sinn machen, dass beim späteren Hinzutreten weiterer Gesellschafter (z.B. infolge Erbfalls) die nachträgliche Einführung der Vinkulierung nur mit Zustimmung aller betroffenen Gesellschafter möglich wäre (Rdn. 54). Im Gesellschaftsvertrag einer 100 %igen Konzerngesellschaft ist eine Vinkulierung sinnlos, in der Praxis aber gleichwohl anzutreffen.

II. Geltungsbereich (»Abtretung«)

56 Der Geltungsbereich der Vinkulierung ist durch **Auslegung** der Klausel sowie des Gesellschaftsvertrages insgesamt zu bestimmen. Knüpft die Klausel z.B. nur ein konkretes Rechtsgeschäft (etwa die »Veräußerung« des Geschäftsanteils) an weitere Voraussetzungen, so ist zu fragen, ob nach ihrem objektiven Zweck auch andere Rechtsgeschäfte genehmigungsbedürftig sind. So erfasst nach herrschender Meinung eine Vinkulierungsklausel grds., selbst wenn sie dies nicht explizit anordnet,

140 Vgl. hierzu etwa *Heckschen/Weitbrecht*, NZG 2019, 721, 724.

141 OLG München, GmbHR 2008, 541, 542; *Altmeppen*, in: Roth/Altmeppen, GmbHG, § 15 Rn. 98; *Ebbing*, in: Michalski, GmbHG, § 15 Rn. 133; *Löbbe*, in: Habersack/Casper/Löbbe, GmbHG, § 15 Rn. 228; zweifelnd *Frenzel*, GmbHR 2008, 983, 984 ff.

142 So schon OLG München, GmbHR 2008, 541, 542.

143 OLG Hamm, NZG 2002, 783, 784 f.; OLG Stuttgart, NJW 1974, 1566, 1567; abweichend für den Fall, dass die Zustimmung zur Abtretung eines einstimmigen Gesellschafterbeschlusses bedarf, OLG Düsseldorf, GmbHR 1964, 250; OLG Stuttgart, NZG 2000, 159, 165.

144 *Bayer*, in: Lutter/Hommelhoff, GmbHG, § 15 Rn. 73; *Reichert/Weller*, in: MünchKommGmbHG, § 15 Rn. 395.

145 *Servatius*, in: Baumbach/Hueck, GmbHG, § 15 Rn. 39; *Seibt*, in: Scholz, GmbHG, § 15 Rn. 110.

146 Vgl. *Loritz*, NZG 2007, 361.

auch den Abschluss von Treuhandverträgen hinsichtlich des Geschäftsanteils.[147] Hingegen ist i.R.d. Auseinandersetzung einer Erbengemeinschaft davon auszugehen, dass eine im Gesellschaftsvertrag enthaltene Vinkulierungsklausel nicht anzuwenden ist.[148] Nicht anzuwenden ist eine Vinkulierungsklausel auf Verfügungen über Miterbenanteilen nach § 2033 Abs. 1 BGB, und zwar selbst dann nicht, wenn ein vinkulierter Geschäftsanteil zum Nachlass gehört.[149] Häufig sind auch Veräußerungen an Mitgesellschafter, innerhalb eines Familienstammes oder an verbundene Unternehmen im Sinne von § 15 AktG ausgenommen (sog. »**Konzernklausel**«).

1. Abtretung

57 Abs. 5 erlaubt es nur, die »Abtretung« an weitere Voraussetzungen zu knüpfen. Die Vinkulierung kann damit nur das in Abs. 3 angesprochene **Verfügungsgeschäft**, nicht auch das Verpflichtungsgeschäft nach Abs. 4, erfassen.[150] Wie Abs. 3 setzt Abs. 5 einen rechtsgeschäftlichen Erwerb voraus (Rdn. 16); auf Fälle nicht rechtsgeschäftlichen Erwerbs, insb. durch Gesamtrechtsnachfolge, ist Abs. 5 nicht anwendbar (beachte bei **Umwandlungen** § 13 Abs. 2 UmwG).[151] Daneben kann das Verfügungsgeschäft (als »Minus« zur Abtretung) auch in der dinglichen Belastung durch die Bestellung eines **Nießbrauchs** (Rdn. 93) oder eines **Pfandrechts** (Rdn. 108) bestehen.[152]

58 Abs. 5 ist **teleologisch zu reduzieren**, soweit eine Abtretung *ausnahmsweise* den Vinkulierungszweck (Rdn. 55) nicht berührt. Der BGH hat dies insb. für die **Einmann-GmbH** angenommen, sodass eine Vinkulierungsklausel dort keine Wirkung hat.[153] Gleiches gilt in der **Zweimann-GmbH**, wenn der eine Gesellschafter dem anderen seine Geschäftsanteile überträgt.[154] Eine zwischenzeitlich schwebend unwirksame Erstabtretung an einen Dritten wird dann in analoger Anwendung von § 185 Abs. 2 BGB wirksam.[155] Erwirbt die Gesellschaft einen Geschäftsanteil, so gilt die Vinkulierung nur dann nicht, wenn sie ausschließlich dem Schutz vor Überfremdung dient.[156]

2. Mittelbare Vinkulierung

59 Unter dem Schlagwort der »**mittelbaren Vinkulierung**« wird erörtert, inwieweit eine im Gesellschaftsvertrag der Untergesellschaft enthaltene Vinkulierungsklausel auch auf die Ebene der Obergesellschaft »durchschlagen« und dort einer Anteilsübertragung entgegenstehen kann. Denn wenn Anteile an der Obergesellschaft übertragen werden, wechseln zwar nicht unmittelbar, wohl aber »mittelbar« bzw. wirtschaftlich auch die Gesellschafter der Untergesellschaft mit der Folge, dass die Ziele der Vinkulierung (Rdn. 55) u.U. gefährdet sind.

60 Im Ausgangspunkt muss derjenige, der eine **Holdinggesellschaft** als Mitgesellschafter akzeptiert, auch mit einem Wechsel in deren Mitgliederbestand rechnen.[157] Eine gewisse Absicherung lässt

---

147 OLG Köln, BeckRS 2007, 15125; *Löbbe*, in: Habersack/Casper/Löbbe, GmbHG, § 15 Rn. 263 m.w.N.; a.A. *Armbrüster*, Die treuhänderische Beteiligung an Gesellschaften, 2001, 117 ff.

148 *Lange*, GmbHR 2014, 281; *Langner/Heydel*, GmbHR 2006, 291, 296; OLG Düsseldorf, GmbHR 1990, 504, 507 f.; a.A. OLG Düsseldorf, GmbHR 1987, 475, 476; danach differenzierend, ob der Gesellschaftsvertrag eine Nachfolgeklausel vorsieht oder nicht, *Lieder/Pommerening*, ZEV 2019, 564, 568.

149 BGHZ 92, 386.

150 RGZ 159, 272, 281; 160, 225, 231; *Servatius*, in: Baumbach/Hueck, GmbHG, § 15 Rn. 37.

151 OLG Hamm, ZIP 2014, 1479 (Abspaltung); dazu *Sickinger*, BB 2014, 1976; *Lieder/Scholz*, ZIP 2015, 1705; *Teichmann*, GmbHR 2014, 393.

152 Vgl. auch *Werner*, GmbHR 2020, 195, zur Beachtlichkeit gesellschaftsvertraglicher Vinkulierung im Rahmen von Pfand- und Insolvenzverwertung.

153 BGH, BB 1991, 1071.

154 OLG Hamm, NZG 1999, 600 f.

155 OLG Hamm, GmbHR 1985, 22; *Reichert/Weller*, in: MünchKommGmbHG, § 15 Rn. 367.

156 BGH, WM 1976, 204, 205; *Seibt*, in: Scholz, GmbHG, § 15 Rn. 134.

157 *Reichert*, GmbHR 2012, 713, 722 differenziert danach, ob die Holdinggesellschaft i.W. nur die vinkulierte Beteiligung hält oder noch andere bzw. selbst operativ tätig ist; (nur) im ersten Fall stehe der Wechsel des mittelbaren Gesellschafters dem des unmittelbaren gleich.

sich erreichen, indem man insb. für *Change-of-Control*-Fälle besondere Informationspflichten und eine Ausschließungs-, Einziehungs- oder Zwangsabtretungsklausel in den Gesellschaftsvertrag aufnimmt, die neben dem Kontrollwechsel durch formelle Veränderungen im Mitgliederbestand (durch Einzel- oder Gesamtrechtsnachfolge) auch die Verschiebung von Mehrheitsverhältnissen sowie den Abschluss von Treuhand- bzw. Stimmbindungsvereinbarungen berücksichtigt.[158]

61 Problematischer ist der Fall, dass eine zur Abtretung von Geschäftsanteilen erforderliche Zustimmung (voraussichtlich) nicht erteilt wird und der veräußerungswillige Gesellschafter deshalb eine »**Zwischengesellschaft**« einschaltet:[159] Der Gesellschafter überträgt seine Geschäftsanteile auf eine Tochtergesellschaft, wozu entweder die Zustimmung bereits nicht erforderlich ist (so bei Bestehen einer Konzernklausel, vgl. Rdn. 56) oder aber erteilt wird; anschließend veräußert er die Anteile an dieser Zwischengesellschaft. Das OLG Köln hat hierin eine unzulässige Umgehung gesehen und die Übertragung der vinkulierten Anteile auf die Tochtergesellschaft als unwirksam erachtet.[160] Andere messen einem Verstoß nur bei Sittenwidrigkeit der Anteilsübertragung dingliche Wirkung bei und plädieren i.Ü. für eine Schadensersatzpflicht wegen Verletzung der Treuepflicht.[161] Nach zutreffender Ansicht greift auch hier die Vinkulierungsklausel nicht mit dinglicher Wirkung, da eine dingliche Bindung der Mitglieder in Drittgesellschaften wegen § 137 BGB von der Ermächtigung des § 15 Abs. 5 nicht gedeckt ist. Aufgrund von § 15 Abs. 5 können durch den Gesellschaftsvertrag nur die Geschäftsanteile an der Gesellschaft selbst mit dinglicher Wirkung vinkulieren werden, nicht aber Geschäftsanteile an anderen Gesellschaften. Wie alle schuldrechtlichen Vereinbarungen können Vinkulierungsklauseln nur zwischen den jeweiligen Vertragspartnern wirken (und diese bei Verletzung ggf. zum Schadensersatz verpflichten).[162]

3. »Umgehung« der Vinkulierung

62 Sofern eine zur Abtretung von Geschäftsanteilen erforderliche Zustimmung (voraussichtlich) nicht erteilt wird, kommt ersatzweise in Betracht, auf einen Wechsel des Gesellschafters im Außenverhältnis zu verzichten und den veräußerungswilligen Gesellschafter im Innenverhältnis rein schuldrechtlich zu binden, etwa durch die Begründung einer Unterbeteiligung oder Treuhand. Derartige **schuldrechtliche Vereinbarungen** sind, ohne Beachtung der Vinkulierungsklausel geschlossen, nach überwiegender Ansicht jedoch kaum zielführend.[163] Den größten Erfolg verspricht noch die Begründung einer **Unterbeteiligung**, bei der die Vinkulierung nur im (Grenz-) Fall der verdeckten Treuhand greifen soll (Rdn. 104). Begründet der veräußerungswillige Gesellschafter mit dem Erwerbsinteressenten hingegen von vornherein eine **Vereinbarungstreuhand**, soll die Vinkulierungsklausel auch für eine solche Treuhandabrede gelten – obwohl der Wortlaut des Abs. 5 nur Anteilsabtretungen, nicht aber schuldrechtliche Rechtsgeschäfte erfasst (näher Rdn. 94 ff.).[164] Ein der Veräußerung des Geschäftsanteiles nahekommendes Ergebnis ließe sich auch durch Abschluss eines **Stimmbindungsvertrages** erzielen. Darin verpflichten sich die Gesellschafter untereinander oder ggü. Dritten, das Stimmrecht in bestimmter Weise auszuüben oder nicht wahrzunehmen. Jedoch will die überwiegende Ansicht Vinkulierungsklauseln auch auf solche Stimmbindungsverträge

---

158 OLG Naumburg, NZG 2004, 775, 778; *Heckschen/Weitbrecht*, NZG 2019, 721, 731.

159 Vgl. *Blasche*, RNotZ 2013, 515, 530 ff.; *Transfeld*, GmbHR 2010, 185.

160 OLG Köln, BeckRS 2005, 13618; *Liebscher*, ZIP 2003, 825, 832; *Seibt* in Scholz, GmbHG, § 15 Rn. 111a.

161 *Altmeppen*, in: Roth/Altmepen, GmbHG, § 15 Rn. 116; *Bayer*, in: Lutter/Hommelhoff, GmbHG, § 15 Rn. 82; *Seibt*, in: Scholz, GmbHG, § 15 Rn. 111a.

162 *Leuering/Rubner*, NJW-Spezial 2018, 399; *Loritz*, NZG 2007, 361, 366; *Altmeppen*, in: Roth/Altmeppen, GmbHG, § 15 Rn. 116; ähnlich OLG Karlsruhe, BeckRS 2008, 12851.

163 *Leuering/Rubner*, NJW-Spezial 2018, 399.

164 BGH, NZG 2006, 590; OLG Frankfurt am Main, GmbHR 1992, 668; OLG Hamburg, GmbHR 1993, 507; *Heckschen/Weitbrecht*, NZG 2019, 721, 729; *Servatius*, in: Baumbach/Hueck, GmbHG, § 15 Rn. 58.

entsprechend anwenden (als Umgehungsgeschäft).[165] Ähnlich stellt sich das Meinungsbild hinsichtlich einer **Stimmrechtvollmacht** dar, die es einem Dritten ermöglicht, einen Gesellschafter in der Gesellschaftersammlung zu vertreten. Hier soll eine Umgehung der Vinkulierungsklausel vorliegen, wenn nach den Gesamtumständen offensichtlich ist, dass die Stimmrechtsvollmacht dem Dritten die Stellung eines Gesellschafters vermitteln soll.[166] Ein Indiz kann z.B. die Vertretung durch einen zunächst abgewiesenen Erwerber sein.

Dogmatisch ist das jeweils bemühte **Umgehungsargument wenig überzeugend.** Denn das Verbot der Gesetzesumgehung kann die Ausweitung einer Norm nur auf der Tatbestandsseite rechtfertigen, nicht auch auf der Rechtsfolgenseite: § 15 Abs. 5 GmbHG ermöglicht es, Geschäftsanteile so auszugestalten, dass sie nur noch unter bestimmten Voraussetzungen abtretbar sind; die Norm trifft hingegen keine Bestimmungen zur Einschränkung der grds. bestehenden Vertragsfreiheit.[167] 63

III. »Weitere Voraussetzungen«, insb. Genehmigungsvorbehalt

Als praktisch bedeutsamen Vorbehalt nennt das Gesetz exemplarisch die **Genehmigung der Gesellschaft.** Gemeint ist die Zustimmung i.S.d. §§ 182 ff. BGB, damit auch die (vorherige) Einwilligung.[168] Jedoch genügt die (nachträgliche) Genehmigung selbst dann, wenn der Gesellschaftsvertrag eine vorherige Zustimmung fordert.[169] Die Zustimmung ist als empfangsbedürftige Erklärung im Außenverhältnis durch den Geschäftsführer abzugeben[170] – der im Innenverhältnis jedoch im Zweifel einen Gesellschafterbeschluss einzuholen hat (arg e § 46 Nr. 4 GmbHG).[171] Der Gesellschaftsvertrag bestimmt, welche Anforderungen an diesen **Gesellschafterbeschluss** zu stellen sind; er kann insb. qualifizierte Mehrheitserfordernisse bis hin zur Einstimmigkeit vorsehen. Das Stimmrecht des betroffenen Gesellschafters ist bei der Abstimmung nicht gem. § 47 Abs. 4 GmbHG ausgeschlossen.[172] 64

Sofern die Erklärung des Geschäftsführers nicht von einem Beschluss der Gesellschafterversammlung gedeckt ist, misst dem die überwiegende Auffassung grds. keine Außenwirkung bei, § 37 Abs. 2 GmbHG.[173] Daraus kann der abtretungswillige Gesellschafter in der Praxis aber wenig Nutzen ziehen, weil stets auch die Grundsätze über den **Missbrauch der Vertretungsmacht** Anwendung finden. Selbst wenn man nämlich annähme, dass sich der abtretungswillige Gesellschafter überhaupt wie ein Dritter auf § 37 Abs. 2 GmbHG berufen kann, wird regelmäßig ein evidenter Missbrauch der Vertretungsmacht vorliegen.[174] 65

Der Gesellschaftsvertrag kann auch jede andere Art von Zustimmung vorsehen. Dabei ist besonders auf die Eindeutigkeit der Regelung zu achten. Verlangt der Gesellschaftsvertrag die Zustimmung der **Gesellschafterversammlung,** so misst die herrschende Meinung dem Beschluss Außenwirkung bei.[175] 66

---

165 *Lutter/Grunewald,* AG 1989, 109, 111 f.; *Bayer,* in: Lutter/Hommelhoff, GmbHG, § 15 Rn. 80; *Löbbe,* in: Habersack/Casper/Löbbe, GmbHG, § 15 Rn. 263; *Ebbing,* in: Michalski, GmbHG, § 15 Rn. 164; a.A. *Zöllner/Noack,* in: Baumbach/Hueck, GmbHG, § 47 Rn. 113.

166 *Seibt,* in: Scholz, GmbHG, § 15 Rn. 111.

167 Vgl. *Tebben,* GmbHR 2007, 63, 66.

168 BGHZ 13, 179, 184 f.; zur Zulässigkeit einer Pauschalzustimmung *Nodoushani,* ZGR 2014, 809.

169 BGH, NJW 1965, 1366, 1377; OLG Celle, NZG 1999, 447, 448.

170 *Löbbe,* in: Habersack/Casper/Löbbe, GmbHG, § 15 Rn. 242 m.w.N.

171 BGH, WM 1988, 704, 706; OLG Hamburg, GmbHR 1992, 609, 610; *Bayer,* in: Lutter/Hommelhoff, GmbHG, § 15 Rn. 77.

172 *Altmeppen,* in: Roth/Altmeppen, GmbHG, § 47 Rn. 113.

173 RGZ 104, 413, 414 f.; 160, 225, 231 ff.; BGH, NJW 1988, 2241; OLG Hamburg, DB 1992, 1628; *Servatius,* in: Baumbach/Hueck, GmbHG, § 15 Rn. 42; a.A. *Immenga,* Die personalistische Kapitalgesellschaft, S. 80, der eine spezielle Ermächtigung durch Gesellschafterbeschluss annimmt.

174 BGH, WM 1988, 704, 706; *Altmeppen,* in: Roth/Altmeppen, GmbHG, § 15 Rn. 100 ff.; *Bayer,* in: Lutter/Hommelhoff, GmbHG, § 15 Rn. 77.

175 OLG Koblenz, ZIP 1989, 301, 302; *Servatius,* in: Baumbach/Hueck, GmbHG, § 15 Rn. 43; a.A. *Altmeppen,* in: Roth/Altmeppen, GmbHG, § 15 Rn. 109 in Parallele zum Aktienrecht.

Im Zweifel meint die Zustimmung »der Gesellschafter« kein individuelles Zustimmungsrecht aller Mitgesellschafter, sondern lediglich einen Gesellschafterbeschluss; anders ist dies, wenn nach dem Gesellschaftsvertrag **»alle Gesellschafter«** zustimmen müssen.[176] Die Zustimmungserteilung kann schließlich auch in die Hände eines **Geschäftsführers**, des **Aufsichtsrates/Beirates**,[177] oder sogar eines gesellschaftsfremden **Dritten** gelegt werden. Letzteres lässt sich mit dem weit gefassten Wortlaut (»weitere Voraussetzungen«) und dem Umstand rechtfertigen, dass die Zustimmungsbefugnis nicht zu den unabdingbaren Zuständigkeiten der Gesellschafterversammlung zählt.[178]

67 Darüber hinaus kann die Satzung **Gründe für die Erteilung oder Versagung** der Zustimmung regeln. Die Gesellschafter können die Zustimmung bis zur Grenze der Treuwidrigkeit oder der Sittenwidrigkeit verweigern.[179] Insb. kann die ablehnende Stimmabgabe eines Gesellschafters, der zu diesem Zeitpunkt bereits auszuscheiden beabsichtigt, rechtsmissbräuchlich und unbeachtlich sein.[180] Stets ist eine Abwägung zwischen dem Wohl der Gesellschaft und den Interessen des betroffenen Gesellschafters vorzunehmen, die durchaus auch außergesellschaftlicher Natur sein dürfen.[181] Erfolgt die Entscheidung über die Zustimmung nicht in angemessener Frist, gelten die §§ 177, 178 BGB analog, da der Zustand der Schwebelage i.R.d. §§ 182 ff. BGB nicht geregelt worden ist und die Interessenlage vergleichbar ist.[182] Im Fall der Verweigerung kann der veräußerungswillige Gesellschafter klagen; passivlegitimiert ist die GmbH jedenfalls dann, wenn nur ihre Zustimmung erforderlich ist.[183] Das rechtskräftige Urteil ersetzt die fehlende Genehmigung (§ 894 ZPO).[184]

68 Die Abtretungsbeschränkung i.S.v. Abs. 5 muss nicht in einem Zustimmungsvorbehalt, sondern kann z.B. auch in einer Satzungsbestimmung bestehen, nach der die Wirkung einer Abtretung erst zum Ende des Geschäftsjahres eintritt.[185] Schließlich kann die **Abtretung** auch ganz **ausgeschlossen** werden (§ 399 BGB).[186] Dies steht nur scheinbar in Widerspruch zu Abs. 1, weil die Wiedereröffnung der Abtretungsmöglichkeit mittels einer späteren Satzungsänderung stets möglich bleibt und die Anforderungen an eine Satzungsänderung genauso hoch sein können wie an eine Genehmigung der Abtretung. Im Ergebnis machen dann allein die formellen Erschwernisse der §§ 53 Abs. 2, 54 GmbHG den Unterschied. Zu beachten ist jedoch, dass dem Gesellschafter dann ein Austrittsrecht aus wichtigem Grund zusteht.[187]

IV. Rechtsfolgen der Vinkulierung

69 Ohne die entsprechende Zustimmung ist die dingliche Übertragung des Geschäftsanteils **schwebend unwirksam.**[188] Wird die Zustimmung versagt, ist die Übertragung endgültig unwirksam. Die Vinkulierungswirkung tritt jedoch dann nicht ein, wenn die Nichterteilung der Genehmigung

176 Vgl. *Reichert*, GmbHR 2012, 713, 715.

177 Dann soll der betroffene Gesellschafter aber einem Stimmverbot unterliegen, vgl. OLG Schleswig, NZG 2003, 821, 823 f.

178 *Servatius*, in: Baumbach/Hueck, GmbHG, § 15 Rn. 38; *Reichert/Weller*, in: MünchKommGmbHG, § 15 Rn. 429; *Blasche*, RNotZ 2013, 515, 527; a.A. *Löbbe*, in: Habersack/Casper/Löbbe, GmbHG, § 15 Rn. 251.

179 OLG München, DB 2008, 923, 924.

180 BGH, NZG 2006, 627, 628.

181 *Altmeppen*, in: Roth/Altmeppen, GmbHG, § 15 Rn. 104; a.A. offenbar OLG Brandenburg, NZG 2002, 872, 873; ausführlich *Westermann*, FS Huber, 2005, S. 997, 1005 ff.

182 *Altmeppen*, in: Roth/Altmeppen, GmbHG, § 15 Rn. 105; a.A. KG, GmbHR 1998, 641: Die Zustimmung gilt als verweigert.

183 Näher zu den übrigen Fällen *Reichert/Weller*, in: MünchKommGmbHG, § 15 Rn. 431.

184 LG Düsseldorf, DB 1989, 33.

185 So im Fall von BGH, NZG 2000, 647.

186 RGZ 80, 175, 179; BayObLG, DB 1989, 214, 215; *Bayer*, in: Lutter/Hommelhoff, GmbHG, § 15 Rn. 68.

187 *Bayer*, in: Lutter/Hommelhoff, GmbHG, § 15 Rn. 68; *Reichert/Weller*, in: MünchKommGmbHG, § 15 Rn. 393.

188 BGHZ 13, 179, 186; BGH, NZG 2006, 627, 628 (Treuhandvertrag).

oder Einwilligung sittenwidrig bzw. rechtmissbräuchlich wäre, oder gegen Treu und Glauben, das Willkürverbot oder das Gleichheitsgebot verstieße.[189]

Bei einem Verstoß gegen die Vinkulierungsklausel, etwa durch die Begründung eines Treuhandverhältnisses, kommen zugunsten von Mitgesellschaftern folgende **Ansprüche** in Betracht: (i) ein Unterlassungsanspruch (gegen die Begründung und – als milderes Mittel zur Ausschließung – auch gegen die Durchführung des Treuhandverhältnisses), der ggf. auch im Wege des einstweiligen Rechtsschutzes durchgesetzt werden könnte;[190] (ii) ein Auskunftsanspruch;[191] (iii) ein Schadensersatzanspruch, für den es jedoch i.d.R. an einem Schaden fehlen dürfte; (iv) ein Ausschließungsanspruch, wobei ein Ausschluss jedoch nur als *ultima ratio* zulässig wäre.[192] 70

G. Besondere Verpflichtungs- und Verfügungsgeschäfte

I. Anteils- und Unternehmenskauf[193]

Der Kauf eines Unternehmens vollzieht sich i.d.R. als Asset Deal oder Share Deal. Beim **Asset Deal** werden die Einzelwirtschaftsgüter des Unternehmens (Anlage- und Umlaufvermögen, Verbindlichkeiten) ohne den Rechtsträger übertragen. Kaufgegenstand ist das Unternehmen als Ganzes, als »sonstiger Gegenstand« i.S.d. § 453 Abs. 1 BGB. Beim **Share Deal** werden die Geschäftsanteile am Rechtsträger selbst veräußert und abgetreten. Bei komplexeren Transaktionen hat sich eine Veräußerung in zwei Schritten durchgesetzt: Die Parteien schließen zunächst nur das Verpflichtungsgeschäft über den Kauf der Anteile und die Abwicklung der Transaktion ab (»Signing«, § 15 Abs. 4 GmbHG); der dingliche Vollzug, insb. die Abtretung der Anteile (»Closing«, § 15 Abs. 3 GmbHG), findet erst zu einem späteren Zeitpunkt statt, zu dem dann auch erforderliche Gremienzustimmungen, Finanzierungsnachweise und ggf. die Kartellfreigabe vorliegen. Zum **Vollständigkeitsgrundsatz**, der für die Beurkundung des Verpflichtungsgeschäfts gilt, bereits Rdn. 41 ff. 71

Unternehmenskaufverträge enthalten regelmäßig ein eigenes Haftungsregime unter weitgehendem Ausschluss der gesetzlichen Haftungsbestimmungen. Wo dies nicht der Fall ist, ist der **Share Deal** Rechtskauf i.S.d. § 453 Abs. 1 BGB mit der Folge, dass der Verkäufer sowohl für Rechtsmängel als auch für Sachmängel haftet. Ein **Rechtsmangel** liegt vor, wenn Dritte in Bezug auf die gekauften Geschäftsanteile entgegen den Angaben des Verkäufers Rechte geltend machen können (§ 435 Satz 1 BGB), z.B. weil die Anteile dem Verkäufer gar nicht zustehen oder mit einem Pfandrecht oder Nießbrauch belastet sind. Ein **Sachmangel** besteht zunächst, wenn die Parteien eine bestimmte, tatsächlich jedoch nicht gegebene Beschaffenheit der Anteile oder des Unternehmens vereinbart haben (§ 434 Abs. 1 Satz 1 BGB); Beschaffenheiten des Unternehmens, etwa dessen Ertragsfähigkeit in Vergangenheit oder Zukunft, lassen sich damit auch als Beschaffenheiten der zu kaufenden Anteile vereinbaren.[194] Auch ohne eine solche Beschaffenheitsangabe sind die Geschäftsanteile mangelhaft, wenn sie sich nicht für die vorausgesetzte oder die gewöhnliche Verwendung eignen (§ 434 Abs. 1 Satz 2 BGB). In diesem Zusammenhang kommt es entscheidend darauf an, ob der Käufer nur einzelne Anteile oder aber eine so maßgebliche Beteiligung erwirbt, dass der Anteilskauf wirtschaftlich dem Kauf des Unternehmens gleichzusetzen ist; denn nur im letzten Fall gilt ein Mangel des Unternehmens (dessen Nicht-Eignung zur vorausgesetzten oder gewöhnlichen Verwendung) zugleich auch als Mangel der erworbenen Anteile. 72

---

189 *Heckschen/Weitbrecht*, NZG 2019, 721, 724; *Blasche*, RNotZ 2103, 515, 529.

190 *Löbbe*, in: Habersack/Casper/Löbbe, GmbHG, § 15 Rn. 272.

191 OLG Hamburg, BB 1993, 1030.

192 OLG Köln, BeckRS 2007, 15125.

193 Näher hierzu *Hermanns*, DNotZ 2013, 9; *Leyendecker/Mackensen*, NZG 2012, 129 (speziell zum Equity Commitment Letter); *Christian Schmitz*, RNotZ 2006, 551; *Ternick*, GmbHR 2015, 627 (zum Vorvertrag); *Weitnauer*, NJW 2002, 2511; *Wolf/Kaiser*, DB 2002, 411.

194 *Holzapfel/Pöllath*, Unternehmenskauf in Recht und Praxis, 13. Aufl. 2008, Rn. 768; *Wolf/Kaiser*, DB 2002, 411, 416.

73 Der Anteilskauf ist jedenfalls dann **Unternehmenskauf**, wenn Gegenstand des Kaufvertrags der Erwerb sämtlicher oder nahezu sämtlicher Anteile an dem Unternehmen ist und sich der Anteilskauf damit sowohl nach der Vorstellung der Vertragsparteien als auch objektiv bei wirtschaftlicher Betrachtungsweise als Kauf des Unternehmens selbst und damit als Sachkauf darstellt.[195] Dies soll auch gelten, wenn der Käufer zumindest 75 % der Geschäftsanteile erwirbt.[196] Die Übernahme von nur 60 % des Stammkapitals soll nach dem BGH dagegen nicht ausreichen.[197] Ein Unternehmenskauf liegt auch dann vor, wenn sich mehrere Verkäufer *gemeinsam* zum Verkauf ihrer Anteile entschließen und der Käufer die maßgebliche Beteiligungsschwelle erst durch Zusammenrechnung der parallel erworbenen Anteile erreicht; vom Käufer bereits zuvor gehaltene Anteile sind hierbei jedoch nicht mitzurechnen.[198]

74 Die **Rechtsfolgen** bei Vorliegen eines Sach- oder Rechtsmangels regelt § 437 BGB einheitlich durch Weiterverweisung auf Nacherfüllung (§ 439 BGB), Rücktritt (§§ 440, 323 Abs. 1 BGB), Minderung (§ 441 BGB), Schadensersatz (§§ 440, 281 BGB) und Aufwendungsersatz (§ 284 BGB). Daneben bestehen i.d.R. keine Ansprüche aus *culpa in contrahendo* wegen unrichtig erteilter Informationen, weil das Kaufrecht insoweit eine abschließende Regelung enthält; anwendbar bleibt die Haftung aus c.i.c. aber jedenfalls bei Vorsatz des Verkäufers bzw. arglistiger Täuschung.[199] § 313 BGB ist jedenfalls dann unanwendbar, wenn sich durch die Störung der Geschäftsgrundlage ein Risiko verwirklicht, das nach den vertraglichen Vereinbarungen in den Risikobereich einer der Parteien fällt.[200]

II. Auslandsbezogene Geschäfte[201]

75 Eine Geschäftsanteilsübertragung hat **Auslandsbezug**, wenn (i) eine Partei ihren gewöhnlichen Aufenthaltsort oder Sitz im Ausland hat, (ii) ein Vertrag über Geschäftsanteile an einer deutschen GmbH im Ausland geschlossen wird oder (iii) ein Vertrag über Anteile an einer ausländischen Gesellschaft im Inland. In diesen Fällen bestimmt jeweils das Internationale Privatrecht (IPR), welches nationale materielle Recht anwendbar ist.

76 Auch für die kollisionsrechtliche Anknüpfung ist zwischen dem Verfügungs- und dem Verpflichtungsgeschäft zu unterscheiden. Das auf die dingliche Abtretung anwendbare Recht unterliegt nicht der (im IPR grds. geltenden) Parteiautonomie und kann daher nicht frei gewählt werden; die Abtretung ist vielmehr als gesellschaftsrechtliche Frage zu qualifizieren mit der Folge, dass sich das auf die Abtretung anwendbare Recht nach dem **Gesellschaftsstatut** richtet.[202] Das Verpflichtungsgeschäft richtet sich demgegenüber nach dem **Schuldvertragsstatut**, welches von den Parteien grds. frei gewählt werden kann.[203] Das auf die **Form** des Rechtsgeschäfts anwendbare Recht schließlich wird im Wege einer Sonderanknüpfung bestimmt. Insoweit bestimmt sich die Formwirksamkeit der Abtretung weiterhin nach dem EGBGB (vgl. Art. 3 EGBGB, Art. 1 Abs. 2 Buchst. f) Rom I-VO), diejenige des Verpflichtungsgeschäfts dagegen neuerdings nach der Rom I-VO.[204] Durch die

195 BGH, NJW 2019, 145.

196 OLG München, DB 1998, 1321; *Seibt*, in: Scholz, GmbHG, § 15 Rn. 153; vgl. auch *Weidenkaff*, in: Palandt, BGB, § 453 Rn. 23.

197 BGH, NJW 2019, 145, für den Fall des Hinzuerwerbs weiterer 50 % der Geschäftsanteile; BGH, NJW 1980, 2410, 2411 (III. Senat).

198 OLG Naumburg, NJW-RR 1995, 799, 800; vgl. auch *Grunewald*, in: Erman, BGB, 15. Aufl. 2017, § 453 Rn. 21.

199 BGH, NJW 2009, 2120; *Grüneberg*, in: Palandt, BGB, § 311 Rn. 13 ff.

200 BGH, NJW 2019, 145, 150.

201 Näher hierzu *Albers*, GmbHR 2011, 1078; *Bayer*, GmbHR 2013, 897; *Fetsch*, GmbHR 2008, 133; *Götze/Mörtel*, NZG 2011, 727; *König/Götte/Bormann*, NZG 2009, 881; *Link*, BB 2014, 579; *Mankowski*, NZG 2010, 201; *Meichelbeck/Krauß*, DStR 2014, 752; *Odendahl*, RIW 2014, 189; *Olk*, NJW 2010, 1639; *Olk/Nikoleyzik*, DStR 2010, 1576; *Reichert/Weller*, DStR 2005, 250 und 292; *Stenzel*, GmbHR 2014, 1024.

202 *Reichert/Weller*, DStR 2005, 250; *dies.*, DStR 2005, 292, 293.

203 *Reichert/Weller*, DStR 2005, 292, 294.

204 Art. 28 VO (EG) Nr. 593/2008, ABl. EU Nr. L 177 v. 04.07.2008, S. 6.

Rom I-VO ist das Internationale Vertragsrecht zum 17.12.2009 neu geregelt worden. Vertragliche Schuldverhältnisse, die nach diesem Stichtag geschlossen werden, unterliegen seitdem der Rom I-VO (anstelle der Art. 27 bis 37 EGBGB a.F.). Sie gilt unmittelbar in allen EU-Mitgliedstaaten außer Dänemark.[205]

1. Formwirksame Übertragung deutscher Anteile im Ausland

Geschäftsanteile an einer deutschen GmbH können im Ausland unter Beachtung des § 15 Abs. 3 GmbHG oder alternativ einer weniger strengen Ortsform formwirksam abgetreten werden (h.M., jedoch beides str.). Entsprechend ist für das Verpflichtungsgeschäft § 15 Abs. 4 GmbHG oder alternativ eine weniger strenge Ortsform einzuhalten. 77

a) Abtretung

Die Abtretung ist nach Art. 11 Abs. 1 EGBGB formgültig, wenn sie die Formerfordernisse des Geschäftsrechts oder diejenigen des Ortsrechts erfüllt. 78

Da die Abtretung unmittelbaren Einfluss auf die Mitgliedsstruktur hat, ist **Geschäftsrecht** zwingend das **Gesellschaftsstatut**; bei einer deutschen GmbH ist also deutsches Recht und damit § 15 Abs. 3 GmbHG maßgebend.[206] Eine Auslandsbeurkundung ist daher nur zulässig, soweit die dort vorgesehene Beurkundung seitens eines deutschen Notars[207] durch diejenige eines ausländischen Notars **substituiert** werden kann. Dies ist der Fall, wenn der ausländische Notar dem deutschen Notar nach Befähigung und Funktion gleichwertig ist und ebenso auch das ausländische Beurkundungsverfahren den tragenden Grundsätzen des deutschen entspricht.[208] Beides hat die Rechtsprechung insb. für die praktisch wichtigen Fälle einer Beurkundung vor einem Notar mit Amtssitz in Basel-Stadt oder Zürich-Altstadt bejaht.[209] Das Kammergericht hat jüngst sogar für die Gründung einer deutschen GmbH die Beurkundung durch einen Notar mit Amtssitz in Bern genügen lassen, wenn die Niederschrift in Gegenwart des Notars den Beteiligten vorgelesen, von ihnen genehmigt und eigenhändig unterschrieben wurde.[210] Bejaht wurde die Gleichwertigkeit auch für Österreich,[211] verneint dagegen für die Beglaubigung durch einen amerikanischen *notary public*.[212] An der Praxis der Auslandsbeurkundung wurden Zweifel im Hinblick auf die Reform sowohl des **Schweizer Obligationenrechts** als auch des deutschen GmbH-Rechts (MoMiG) geäußert. So genügt seit dem 01.01.2008 für die Abtretung von Stammanteilen an einer Schweizer GmbH die Schriftform (Art. 785 Abs. 1 OR); da das Beurkundungsverfahren als solches fortbesteht, wirkt sich diese erleichterte Ortsform nicht auf die Gleichwertigkeit der Beurkundung i.R.d. Geschäftsform aus.[213] Seit Inkrafttreten des **MoMiG** gehört es zu den Amtspflichten eines deutschen Notars, gem. § 40 Abs. 2 GmbHG eine aktualisierte Gesellschafterliste zum Handelsregister einzureichen; hierbei handelt es sich um 79

205 Vgl. Erwägungsgrund Nr. 45, zu Großbritannien *Martiny*, in: MünchKommBGB, 6. Aufl. 2015, Art. 1 Rom I-VO Rn. 79.

206 *Löbbe*, in: Habersack/Casper/Löbbe, GmbHG, § 15 Rn. 139; *Olk/Nikoleyczik*, DStR 2010, 1576, 1577. Allgemein zur Anwendung der Geschäftsform bei Strukturmaßnahmen: KG Berlin, ZIP 2018, 323; *Cramer*, DStR 2018, 746; *Heckschen*, DB 2018, 685; *Lieder*, ZIP 2018, 805.

207 Ein deutscher Notar darf nicht im Ausland beurkunden, vgl. BGHZ 138, 359, 361 und § 2 BeurkG.

208 BGHZ 80, 76, 78.

209 BGHZ 199, 270 (Basel); dazu *Weller*, ZGR 2014, 865; BGHZ 80, 76 (Zürich-Altstadt); BGH, NJW-RR 1989, 1259, 1261; OLG Frankfurt am Main, GmbHR 2005, 764, 766 f. (Basel).

210 KG Berlin, ZIP 2018, 323; dazu *Cramer*, DStR 2018, 746; *Cziupka*, EWiR 2018, 137; *König/Steffes-Holländer*, DB 2018, 625; *Lieder*, ZIP 2018, 805; *Wicke*, GmbHR 2018, 376; anders noch die Vorinstanz AG Charlottenburg, RNotZ 2016, 119.

211 BayObLG, NJW 1978, 500.

212 OLG Stuttgart, NZG 2001, 40.

213 OLG Düsseldorf, BB 2011, 785 m. zust. Anm. *Stabenau*; *Olk/Nikoleyczik*, DStR 2010, 1576, 1579; a.A. *Hermanns*, RNotZ 2010, 38, 41 f.

eine »Folgeformalie« zur Beurkundung.[214] Dass der deutsche Gesetzgeber einen ausländischen Notar nicht in gleicher Weise verpflichten kann, hindert diesen weder an der Beurkundung der Anteilsabtretung[215] noch an der Einreichung der neuen Gesellschafterliste.[216]

80 Alternativ genügt nach dem klaren Wortlaut des Art. 11 Abs. 1, 2. Alt. EGBGB auch die Einhaltung der **Ortsform**, sofern das ausländische Recht eine der GmbH entsprechende Gesellschaftsform kennt (sonst Fall der »Formenleere«).[217] Deutsche Geschäftsanteile können daher z.B. in der Schweiz auch privatschriftlich abgetreten werden. Die Praxis ist insoweit mit Blick auf einige Gegenstimmen[218] bisher gleichwohl zurückhaltend (vgl. Rdn. 79).

b) Verpflichtungsgeschäft

81 Die Formwirksamkeit des Verpflichtungsgeschäfts beurteilt sich nach Art. 11 Abs. 1 Rom I-VO, sodass es entweder der Geschäftsform oder der Ortsform genügen muss. Die **Geschäftsform** richtet sich insoweit jedoch nicht nach dem Gesellschaftsstatut, sondern nach dem Recht des Verpflichtungsgeschäfts. Dieses können die Parteien frei wählen (Art. 3 Rom I-VO). Nur wenn deutsches Recht von den Parteien gewählt wird oder (mangels Rechtswahl) nach objektiver Anknüpfung anzuwenden ist (Art. 4 Rom I-VO), ist die Vereinbarung nach § 15 Abs. 4 GmbHG beurkundungsbedürftig. Zur Substituierbarkeit gelten die Ausführungen oben Rdn. 79 entsprechend – ohne dass es insoweit jedoch auf den Streit um § 40 Abs. 2 GmbHG ankäme.[219] Bis zur endgültigen Klärung dieses Streits kann es sich daher empfehlen, vorab (nur) das Verpflichtungsgeschäft in der Schweiz zu beurkunden, damit für die nachfolgende Beurkundung der Abtretung in Deutschland zumindest das Kostenprivileg des § 34 GNotKG i.V.m. Nr. 21101 KV GNotKG genutzt werden kann. Für das Verpflichtungsgeschäft genügt alternativ auch die **Ortsform.**[220]

2. Formwirksame Übertragung ausländischer Anteile in Deutschland

82 Anteile an einer ausländischen Gesellschaft, die der deutschen GmbH vergleichbar ist, können in Deutschland unter Beachtung der Formerfordernisse ihres Gesellschaftsstatuts oder alternativ nach deutschem Ortsrecht, d.h. gem. § 15 Abs. 3 GmbHG, abgetreten werden. Entsprechend ist für das Verpflichtungsgeschäft das (gewählte) Geschäftsrecht oder alternativ die deutsche Ortsform, d.h. § 15 Abs. 4 GmbHG, einzuhalten.

a) Abtretung

83 Die Abtretung ist nach Art. 11 Abs. 1 EGBGB formgültig, wenn sie die Formerfordernisse des Geschäftsrechts oder diejenigen des Ortsrechts erfüllt. **Geschäftsrecht** ist das Gesellschaftsstatut, das sich für Gesellschaften aus der EU, dem EWR oder den USA nach der Gründungstheorie bestimmt, für Gesellschaften aus Drittstaaten dagegen nach der Sitztheorie.[221] Eine nach ausländischem Recht

214 BegrRegE MoMiG zu § 40, BT-Drucks. 16/6140, S. 44.

215 BGH, NZG 2014, 219; a.A. noch LG Frankfurt am Main, GmbHR 2010, 96 (obiter) m. zust. Anm. *Gerber*; *König/Götte/Bormann*, NZG 2009, 881, 884.

216 BGH, NZG 2014, 219; OLG Düsseldorf, BB 2011, 785 m. zust. Anm. *Stabenau*; *Mankowski*, NZG 2010, 201, 204; *Olk/Nikoleyczik*, DStR 2010, 1576.

217 BGH, BB 2004, 2707, 2708 (polnische GmbH); BayObLG, NJW 1978, 500; *Löbbe*, in: Habersack/Casper/Löbbe, GmbHG, § 15 Rn. 141; im Fall des OLG Stuttgart, NZG 2001, 40, 43 scheiterte die Einhaltung der kalifornischen Ortsform auch an der fehlenden Übergabe von Anteilsscheinen.

218 Etwa *Kindler*, BB 2010, 74, 76; *Bayer*, GmbHR 2013, 897; ders., in: Lutter/Hommelhoff, GmbHG, § 15 Rn. 29.

219 *Bayer*, in: Lutter/Hommelhoff, GmbHG, § 15 Rn. 51; *Olk/Nikoleyczik*, DStR 2010, 1576, 1581 f.; *Gerber*, GmbHR 2010, 97, 98 f.

220 *Bayer*, in: Lutter/Hommelhoff, GmbHG, § 15 Rn. 51; *Olk/Nikoleyczik*, DStR 2010, 1576, 1582; *Reichert/Weller*, DStR 2005, 292, 294.

221 Vgl. BGH, DStR 2009, 59 m. Anm. *Goette*; BGHZ 151, 204; *Löbbe*, in: Habersack/Casper/Löbbe, GmbHG, § 15 Rn. 147; ausführlich *Leible*, in: Michalski, GmbHG, Syst. Darst. 2 Rn. 3 ff.

vorgesehene Beurkundung kann ggf. durch eine deutsche Beurkundung substituiert werden (vgl. Rdn. 79).[222] Alternativ ist deutsches **Ortsrecht** zu beachten und damit § 15 Abs. 3 GmbHG, sofern die ausländische Gesellschaft der deutschen GmbH vergleichbar ist.[223]

b) Verpflichtungsgeschäft

Die Formwirksamkeit des Verpflichtungsgeschäfts beurteilt sich nach Art. 11 Abs. 1 Rom I-VO, 84
sodass es entweder der Geschäftsform oder der Ortsform genügen muss. Die **Geschäftsform** können die Parteien frei wählen (Art. 3 Rom I-VO). Wenn deutsches Recht entweder gewählt wird oder nach objektiver Anknüpfung anzuwenden ist und die ausländische Gesellschaft der deutschen GmbH vergleichbar ist, ist die Vereinbarung gem. § 15 Abs. 4 GmbHG beurkundungsbedürftig.[224] Gleiches gilt, wenn alternativ die deutsche **Ortsform** gewählt wird.

III. GmbH & Co. KG

Bei der **beteiligungsidentischen GmbH & Co. KG** sind die Kommanditisten zugleich auch mit 85
identischen Beteiligungsquoten an der (als Herrschaftsinstrument dienenden) Komplementär-GmbH beteiligt. Zur Wahrung dieser Beteiligungsidentität ist regelmäßig (i) im Gesellschaftsvertrag der Komplementär-GmbH geregelt, dass der Gesellschafter mit dem Kommanditanteil auch einen entsprechenden Geschäftsanteil an der GmbH abtreten muss, dieser anderenfalls eingezogen werden kann oder zwangsweise abzutreten ist, und (ii) im Gesellschaftsvertrag der KG, dass die Übertragung des Kommanditanteils nur wirksam ist, wenn auch der korrespondierende GmbH-Geschäftsanteil übertragen wird. Bei dieser Gestaltung ist der KG-Vertrag nicht nach § 15 Abs. 4 GmbHG beurkundungspflichtig, da die Abtretungs*verpflichtung* ausschließlich in der Satzung der GmbH normiert ist. Veräußert der Gesellschafter später mit der Kommanditbeteiligung auch den zugehörigen GmbH-Geschäftsanteil, so sind – nach dem Vollständigkeitsgrundsatz (oben Rdn. 41 ff.) – beide Vereinbarungen nach § 15 Abs. 4 GmbHG beurkundungspflichtig. Denn nach dem anzunehmenden Parteiwillen sollen sie nur gemeinsam gelten; das gilt unabhängig davon, ob sie in einer Urkunde zusammengefasst oder in getrennten Urkunden geregelt sind.[225]

Bei der **Einheits-GmbH & Co. KG** werden die Anteile an der Komplementär-GmbH nicht von 86
den Kommanditisten, sondern von der KG selbst gehalten (zulässig, vgl. §§ 172 Abs. 6, 264c Abs. 4 HGB). Regelungen zur Wahrung der Beteiligungsidentität sind damit entbehrlich; im Gegenzug ist jedoch Vorsorge für die Rechtsausübung in der Gesellschafterversammlung der Komplementär-GmbH (durch die Kommanditisten) zu treffen.[226] In der Praxis gründen die Kommanditisten regelmäßig zunächst die GmbH und legen die Geschäftsanteile sodann – durch Abtretung – in die KG ein. Sofern sich die Gesellschafter daher im KG-Vertrag zur Abtretung der Geschäftsanteile an die KG verpflichten, bedarf der KG-Vertrag der notariellen Beurkundung nach § 15 Abs. 4 GmbHG. Bei nachfolgenden Veräußerungen muss hingegen nur noch der jeweilige Kommanditanteil veräußert werden. Auch wenn der im KG-Vermögen befindliche GmbH-Geschäftsanteil dadurch mittelbar (anteilig) mitbewegt wird, bleibt die Veräußerung des Kommanditanteils formfrei möglich;[227] zu Nachweiszwecken empfiehlt sich aber selbstverständlich Schriftform.

---

222 ÖstOGH, IPRax 1990, 500: Die deutsche Beurkundung ist der österreichischen gleichwertig.

223 Nicht vergleichbar ist z.B. die kanadische Ltd. (OLG München, NJW-RR 1993, 998, 999), streitig ist dies für die amerikanische *close corporation* (OLG Stuttgart, NZG 2001, 40, 43).

224 OLG Celle, NJW-RR 1992, 1126, 1127 f.; *Fetsch*, GmbHR 2008, 133 zur englischen Limited; offen gelassen von BGH, BB 2004, 2707, 2709; nach Ansicht des LG Oldenburg, RNotZ 2018, 500, 503, sei § 15 Abs. 4 GmbHG dann analog anzuwenden, wenn Anteile einer ausländischen Kapitalgesellschaft von gleicher Struktur zu einer personalistisch strukturierten Kapitalgesellschaft in Deutschland übertragen werden sollen.

225 BGHZ 183, 28, 34 Tz. 18; OLG Düsseldorf, NZG 2005, 507; *Binz/Mayer*, NJW 2002, 3054, 3059; zur Heilung durch formwirksame Abtretung nur der GmbH-Anteile *Binz/Rosenbauer*, NZG 2015, 1136.

226 Näher *Binz/Sorg*, Die GmbH & Co. KG, 12. Aufl. 2018, § 8 Rn. 8 ff.

227 *Binz/Mayer*, NJW 2002, 3054, 3061.

IV. Minderjährige[228]

87 Der Erwerb oder die Veräußerung von Geschäftsanteilen durch Minderjährige bedarf (nur) dann einer **Genehmigung des Familiengerichts**, wenn die Beteiligung über eine bloße Kapitalbeteiligung hinausgeht und wirtschaftlich als Beteiligung an dem von der GmbH betriebenen Erwerbsgeschäft anzusehen ist (§ 1822 Nr. 3 BGB). Der BGH bejaht dies etwa dann, wenn die Beteiligung des Minderjährigen 50 % übersteigt oder nur Minderjährige beteiligt sind, die sämtliche Anteile und damit das Unternehmen insgesamt veräußern.[229] Auch unterhalb dieser Schwelle kann der Erwerb eines Geschäftsanteils nach § 1822 Nr. 10 BGB genehmigungsbedürftig sein, wenn nämlich die Gefahr einer Haftung für rückständige Einlageverpflichtungen (§ 16 Abs. 2 GmbHG) oder einer Ausfallhaftung (§§ 24, 31 Abs. 3) besteht.[230] Durch Erbfolge, auch Vermächtnis, wird ein Minderjähriger auch ohne familiengerichtliche Genehmigung Anteilsinhaber; § 1822 Nr. 3 BGB ist insoweit nicht anwendbar.[231]

88 Wenn der Minderjährige den Geschäftsanteil von seinen Eltern erhält, sind diese nach §§ 1629 Abs. 2, 1795 Abs. 1 Nr. 1, 1795 Abs. 2, 181 BGB regelmäßig an der Vertretung ihres Kindes gehindert mit der Folge, dass nach § 1909 BGB ein **Ergänzungspfleger** zu bestellen ist. Anders wäre dies nur, soweit der schenkweise Erwerb des GmbH-Geschäftsanteils als lediglich rechtlich vorteilhaft i.S.d. § 107 BGB zu qualifizieren sein sollte. Die Schenkung jedenfalls einer Kommandit- oder GbR-Beteiligung beurteilt die Rechtsprechung als rechtlich nachteilhaft.[232] Ob der Erwerb einer GmbH-Beteiligung demgegenüber ausschließlich rechtlich vorteilhaft ist, ist streitig[233] und wegen der Haftungsrisiken aus §§ 16 Abs. 2, 24, 31 Abs. 3 GmbHG wohl zu verneinen.

89 Fehlt es an der erforderlichen Genehmigung des Familiengerichts oder an der erforderlichen Mitwirkung des Ergänzungspflegers, so ist das Rechtsgeschäft schwebend unwirksam, kann aber noch genehmigt werden. Möglich ist auch eine Genehmigung durch den Betroffenen selbst nach Eintritt der Volljährigkeit (§§ 108 Abs. 3, 1829 Abs. 3 BGB).[234] Besondere Vorsicht ist bei **Schenkungen** im Familienkreis geboten, da ein nachlässiger Umgang mit Genehmigungs- und Vertretungserfordernissen hier die steuerliche Anerkennung der Schenkung gefährden kann.[235]

V. Nießbrauch[236]

90 An einem Geschäftsanteil (oder einem Teil davon) kann gem. §§ 1068 ff. BGB ein Nießbrauch bestellt werden, sodass der Nießbrauchsbesteller zwar Gesellschafter bleibt,[237] dem Nießbrauchsberechtigten jedoch die Nutzungen des Geschäftsanteils zustehen (§ 1030 BGB).[238] Der Nießbrauch eignet sich damit vor allem als Instrument i.R.d. (vorweggenommenen) Erbfolge. Insoweit und für Steuerzwecke[239] wird zwischen Vorbehalts-, Zuwendungs- und Vermächtnisnießbrauch

228 Näher hierzu *Bürger*, RNotZ 2006, 156; *Gebele*, BB 2012, 728; *Ivo*, ZNotP 2007, 210; *Werner*, GmbHR 2006, 737.

229 BGH, DNotZ 2004, 152, 153 (X. Senat).

230 BGHZ 107, 23.

231 *Bürger*, RNotZ 2006, 156, 167.

232 LG Köln, Rpfleger 1970, 245 (KG); LG Aachen, NJW-RR 1994, 1319 (GbR).

233 Dafür *Knothe*, in: Staudinger, BGB, 2012, § 107 Rn. 29; dagegen aber nun *Klumpp*, in: Staudinger, BGB, 2017, Rn. 60; ferner dagegen *Bürger*, RNotZ 2006, 156, 162.

234 BGH, DB 1980, 1885.

235 Vgl. BFH, NJW 2006, 3743; dazu BMF, DB 2007, 945 (Nichtanwendungserlass).

236 Näher hierzu *Brandi/Mühlmeier*, GmbHR 1997, 734; *Frank*, MittBayNot 2010, 96; *Fricke*, GmbHR 2008, 739; *Mohr/Jainta*, GmbH-StB 2010, 269; *Reichert/Schlitt/Düll*, GmbHR 1998, 565; *Reichert/Schlitt*, in: FS Flick, 1997, S. 217 ff.

237 Ganz h.M., etwa *Reichert/Weller*, in: MünchKommGmbHG, § 15 Rn. 334.

238 Vgl. die Vertragsmuster von *Streck/Schwedhelm*, in: Formularbuch Recht und Steuern, A. 6.40 f.; *Pfisterer*, in: Beck'sches Formularbuch GmbH-Recht, D.IV.

239 Vgl. dazu BMF v. 23.11.1983, BStBl. I S. 508; *Kraus*, in: MünchHdbGmbH, § 26 Rn. 90 ff.; *Mohr/Jainta*, GmbH-StB 2010, 269.

unterschieden: Beim **Vorbehaltsnießbrauch** überträgt der bisherige Gesellschafter seinen Geschäftsanteil bereits zu Lebzeiten schenkweise auf einen Dritten, behält sich jedoch die Erträge (und ggf. gewisse Mitspracherechte) vor. Beim **Zuwendungsnießbrauch** behält der Gesellschafter die Gesellschafterstellung, wendet jedoch einem Dritten (i.d.R. schenkweise) die Erträge zu. Beim **Vermächtnisnießbrauch** schließlich geht der Geschäftsanteil durch letztwillige Verfügung auf den Erben über, während der Nießbrauch einem Dritten (z.B. dem Ehegatten) vermacht wird.

Der Nießbrauch erfasst (nur) die **vermögensrechtlichen Ansprüche**. Der Nießbrauchsberechtigte kann daher, sobald die Ergebnisverwendung beschlossen ist, aufgrund seines dinglichen Rechts unmittelbar von der GmbH den auf ihn entfallenden Gewinnanteil verlangen;[240] zum Innenverhältnis mit dem Nießbrauchsbesteller vgl. § 101 Nr. 2 BGB. Die **Verwaltungsrechte**, insb. das Stimmrecht, verbleiben dagegen beim Gesellschafter;[241] der Nießbrauchsberechtigte kann aber z.B. ein Weisungsrecht und/oder Stimmrechtsvollmacht erhalten. 91

Der Nießbrauch erstreckt sich ferner auf **Surrogate** des Geschäftsanteils, namentlich auf ein Einziehungsentgelt (§ 34 GmbHG), ein Abfindungsguthaben sowie auf im Zuge einer Umwandlung gewährte Anteile des übernehmenden bzw. neuen Rechtsträgers (vgl. §§ 20 Abs. 1 Nr. 3 Satz 2, 131 Abs. 1 Nr. 3 Satz 2, 202 Abs. 1 Nr. 2 Satz 2 UmwG). Im Fall einer **Kapitalerhöhung** steht das Bezugsrecht aus dem Geschäftsanteil dem Gesellschafter zu; erfolgt die Kapitalerhöhung aus Gesellschaftsmitteln (§§ 57c, h GmbHG), erstreckt sich der Nießbrauch jedoch (automatisch kraft Surrogation oder aufgrund eines schuldrechtlichen Anspruchs) auch auf die neuen Anteile.[242] 92

Abtretung (Abs. 3): Die dingliche Bestellung des Nießbrauchs bedarf nach § 1069 Abs. 1 BGB i.V.m. § 15 Abs. 3 GmbHG der notariellen Beurkundung.[243] Der Nießbrauch ist sodann weder übertragbar (§ 1059 Satz 1 BGB; Ausnahme: § 1059a BGB) noch vererblich (§ 1061 BGB), kann einem anderen jedoch – schuldrechtlich[244] und damit formfrei – zur Ausübung überlassen werden (§ 1059 Satz 2 BGB). Die Aufhebung ist formfrei möglich (§§ 1072, 1064 BGB). **Verpflichtungsgeschäft (Abs. 4)**: Die Verpflichtung zur Nießbrauchsbestellung ist formfrei möglich.[245] Bei Schenkung ist § 518 Abs. 1 BGB zu beachten, bei Minderjährigen die etwaige Notwendigkeit eines Ergänzungspflegers (§§ 1909, 1795 Abs. 2, 181, 1629 BGB).[246] **Vinkulierung (Abs. 5)**: Eine Vinkulierungsklausel ist wegen § 1069 BGB, insb. dessen Abs. 2, einzuhalten.[247] 93

VI. Treuhand[248]

Bei der **Vollrechtstreuhand** wird dem Treuhänder nach außen die Stellung eines Vollberechtigten eingeräumt, während er im Innenverhältnis zum Treugeber gehalten ist, über das Treugut nur in bestimmter Weise zu verfügen.[249] Der Treuhänder hält den Geschäftsanteil **im eigenen Namen, jedoch für Rechnung des Treugebers**. Gesellschafter ist daher zivilrechtlich der Treuhänder, wirtschaftlich und damit auch handelsbilanziell (§ 246 Abs. 1 Satz 2 Halbs. 2 HGB) und steuerlich 94

240 Vgl. *Heinze*, in: Staudinger, BGB, Anh zu §§ 1068 ff. Rn. 103.
241 H.M., vgl. OLG Koblenz, NJW 1992, 2163, 2164; *Reichert/Weller*, in: MünchKommGmbHG, § 15 Rn. 335 ff.; *Fricke*, GmbHR 2008, 739, 744; für Grundlagengeschäfte bei einer GbR auch BGH, NJW 1999, 571, 572.
242 Vgl. *Brandi/Mühlmeier*, GmbHR 1997, 734, 735; *Fricke*, GmbHR 2008, 739, 741.
243 OLG Koblenz, NJW 1992, 2163, 2164.
244 Vgl. BGHZ 55, 111, 115 (Grundstücksnießbrauch).
245 *Löbbe*, in: Habersack/Casper/Löbbe, GmbHG, § 15 Rn. 180.
246 Vgl. OLG Saarbrücken, DNotZ 1980, 113, 114.
247 OLG Koblenz, NJW 1992, 2163, 2164.
248 Näher hierzu *Armbrüster*, GmbHR 2001, 941 und 1021; *ders.*, Die treuhänderische Beteiligung an Gesellschaften, 2001; *Gebke*, GmbHR 2014, 1128; *Grage*, RNotZ 2005, 251; *Greitermann*, GmbHR 2005, 577; *Schaub*, DStR 1995, 1634; *ders.*, DStR 1996, 65; *Tebben*, GmbHR 2007, 63; *Walch*, NZG 2015, 1259, *Werner*, GmbHR 2006, 1248.
249 RGZ 153, 366, 368.

(§ 39 Abs. 2 Nr. 1 Satz 2 AO)[250] jedoch der Treugeber. Damit die Treuhand steuerlich als solche anerkannt wird, muss die mit der Gesellschafterstellung verbundene Verfügungsmacht im Innenverhältnis so zugunsten des Treugebers eingeschränkt werden, dass sie nur noch als »leere Hülle« erscheint: Die Treuhandabrede muss klar erkennen lassen, dass der Treuhänder (i) den Geschäftsanteil ausschließlich auf Rechnung und Gefahr des Treugebers, d.h. im fremden Interesse, hält, dass er (ii) ggü. dem Treugeber strikt weisungsgebunden ist und (iii) im Grundsatz zur jederzeitigen Rückgabe des Geschäftsanteils verpflichtet ist (wobei die Vereinbarung einer angemessenen Kündigungsfrist unschädlich ist).[251] Das Gegenstück zur Vollrechtstreuhand bildet die bloße **Ermächtigungstreuhand**, bei welcher der Treuhänder lediglich i.S.v. § 185 BGB ermächtigt wird, neben dem Treugeber über ein bestimmtes Gut zu verfügen.[252]

95 Nach der Interessenlage unterscheidet man (jeweils aus der Perspektive des Treuhänders) die eigen- und die fremdnützige Treuhand. Die eigennützige Treuhand dient primär den Interessen des Treuhänders (**Sicherungstreuhand**). Die fremdnützige Treuhand dient umgekehrt den Interessen eines Treugebers, der seine Rechte nicht selbst ausüben kann oder will (**Verwaltungstreuhand**).

96 Nach der Herkunft des Geschäftsanteils unterscheidet man die Übertragungstreuhand, die Erwerbstreuhand und die Vereinbarungstreuhand:

- Bei der **Übertragungstreuhand** erwirbt der Treuhänder den Geschäftsanteil unmittelbar vom Treugeber. Der Gesellschafter wechselt dinglich, aber nicht wirtschaftlich.
- Bei der **Erwerbstreuhand** erwirbt der Treuhänder den Geschäftsanteil nicht vom Treugeber, sondern im Auftrag des Treugebers unmittelbar von einem Dritten bzw. (durch Beteiligung an der Gesellschaftsgründung oder einer Kapitalerhöhung nach § 55 GmbHG) von der Gesellschaft.
- Bei der **Vereinbarungstreuhand** verpflichtet sich ein Gesellschafter, seinen Geschäftsanteil künftig nicht mehr für eigene Rechnung, sondern für den Treugeber zu halten. Der Gesellschafter wechselt wirtschaftlich, aber nicht dinglich.

97 Einen gesetzlichen Vertragstypus »Treuhandvertrag« gibt es nicht.[253] Die schuldrechtliche Treuhandabrede ist regelmäßig ein Auftrag oder Geschäftsbesorgungsvertrag (§§ 675, 662 ff. BGB) und kann nach § 15 Abs. 4 GmbHG formbedürftig sein. Soweit eine Abtretung von Geschäftsanteilen erforderlich ist, sind auch die Abs. 3 und 5 zu beachten. Zur Absicherung des Treugebers enthalten Treuhandverträge häufig eine aufschiebend bedingte (Rück-) Abtretung auf den Treugeber und/oder eine Vollmacht, wonach der Treugeber (unter Befreiung von den Beschränkungen des § 181 BGB) unwiderruflich bevollmächtigt wird, den Geschäftsanteil jederzeit auf sich oder einen Dritten zu übertragen.

1. Übertragungstreuhand

98 Bei der Übertragungstreuhand erwirbt der Treuhänder den Geschäftsanteil unmittelbar vom Treugeber. **Abtretung (Abs. 3)**: Der Treugeber muss den Geschäftsanteil formgerecht nach Abs. 3 an den Treuhänder abtreten. Ebenso ist auch die spätere Rückabtretung formbedürftig.[254] Wenn der Treuhänder die Treuhandanteile bereits beim Erwerb aufschiebend bedingt auf die Beendigung des Treuhandverhältnisses an den Treugeber zurückabtritt, entfällt bei Vertragsende die Notwendigkeit für eine solche gesonderte, formbedürftige Rückabtretung. **Verpflichtungsgeschäft (Abs. 4)**: Die Treuhandabrede ist formbedürftig nach Abs. 4, schon weil sie die Abtretungsverpflichtung des Treugebers beinhaltet.[255] **Vinkulierung (Abs. 5)**: Sofern die Übertragungstreuhand offengelegt

---

250 Zur Zurechnung von Geschäftsanteilen trotz formunwirksamer Treuhandvereinbarung BGHSt 58, 1 (I. Strafsenat).

251 BFH, BStBl. II 2010, S. 590; BFH, BStBl. II 1998, S. 152 (Vereinbarungstreuhand).

252 Dazu *Löbbe*, in: Habersack/Casper/Löbbe, GmbHG, § 15 Rn. 199.

253 Vgl. die Vertragsmuster von *Streck/Schwedhelm*, in: Formularbuch Recht und Steuern, Formular A 6.47; *Gerber*, in: Beck'sches Formularbuch GmbH-Recht, D.VI.

254 BGH, GmbHR 1965, 155 (Sicherungsabtretung).

255 A.A. *Löbbe*, in: Habersack/Casper/Löbbe, GmbHG, § 15 Rn. 206: teleologische Reduktion, sofern die Treuhand auf spätere Rückübertragung angelegt ist; ebenso *Lieder/Villegas*, GmbHR 2018, 169, 173.

wird, ist die Genehmigung der Rückabtretung regelmäßig schon in der Genehmigung der zur Begründung erforderlichen Abtretung enthalten.[256]

2. Erwerbstreuhand

99 Bei der Erwerbstreuhand erwirbt der Treuhänder den Geschäftsanteil im Auftrag des Treugebers unmittelbar von einem Dritten bzw. von der Gesellschaft. **Abtretung (Abs. 3)**: Damit fehlt es im Verhältnis zwischen Treugeber und Treuhänder schon an einer Abtretung; formbedürftig nach Abs. 3 sind der Erwerb vom Dritten und die spätere Weiterabtretung an den Treugeber. **Verpflichtungsgeschäft (Abs. 4)**: Insoweit ist zu differenzieren, ob die Treuhandabrede den derivativen Erwerb bereits bestehender Geschäftsanteile oder aber die originäre Beteiligung an einer GmbH-Gründung (oder Kapitalerhöhung) zum Gegenstand hat. Im ersten Fall ist die Treuhandabrede (nur) nach Abs. 4 formbedürftig, weil sie den Treuhänder für den Fall der Beendigung des Treuhandverhältnisses bereits zur Herausgabe des erworbenen Geschäftsanteils an den Treugeber verpflichtet.[257] Jedoch bleibt der Treuhänder auch dann, wenn die Form nicht beachtet wird, zur Herausgabe verpflichtet, dann nach dem Recht der Geschäftsführung ohne Auftrag (§§ 667, 681 Satz 2 BGB).[258] Im zweiten Fall, der »**Gründungstreuhand**«, bejaht der BGH demgegenüber traditionell Formfreiheit,[259] offenbar, weil die Abrede weniger auf den künftigen Geschäftsanteil als auf die Beteiligung an der GmbH-Gründung (oder Kapitalerhöhung)[260] zielt. **Vinkulierung (Abs. 5)**: Die Vinkulierung betrifft nur den Erwerb bestehender Geschäftsanteile durch Abtretung, nicht durch Beteiligung an einer GmbH-Gründung[261] oder Kapitalerhöhung.

3. Vereinbarungstreuhand

100 Bei der Vereinbarungstreuhand verpflichtet sich ein Gesellschafter, seinen Geschäftsanteil künftig nicht mehr für eigene Rechnung, sondern für den Treugeber zu halten. **Abtretung (Abs. 3)**: Im Verhältnis zwischen Treugeber und Treuhänder fehlt es zunächst an einer Abtretung. Gleichwohl wird vertreten, dass die Vereinbarungstreuhand wirtschaftlich der Anteilsabtretung gleichstehe und deshalb analog Abs. 3 formbedürftig sei.[262] Das Ergebnis – Formbedürftigkeit der Vereinbarungstreuhand – ist richtig, sollte wegen der Trennung von Verfügungs- und Verpflichtungsgeschäft jedoch ausschließlich auf Abs. 4 gestützt werden.[263] Selbstverständlich nach Abs. 3 formbedürftig ist die spätere Herausgabe an den Treugeber. **Verpflichtungsgeschäft (Abs. 4)**: Die Vereinbarungstreuhand verpflichtet den Gesellschafter, den Geschäftsanteil später an den Treugeber herauszugeben, und unterfällt deshalb (nur) Abs. 4.[264] **Vinkulierung (Abs. 5)**: Die Vereinbarungstreuhand kommt zwar (zunächst) ohne Anteilsabtretung aus, die herrschende Meinung, implizit auch der BGH, unterstellt sie zur Abwehr des drohenden Fremdeinflusses aber gleichwohl dem Abs. 5 (analog bzw. unter Umgehungsgesichtspunkten).[265] Ein etwaiger Verstoß der Vereinbarungstreuhand gegen die Vinkulierung soll bis zur Erteilung der Genehmigung nach Abs. 5 zunächst die schwebende Unwirksamkeit der Treuhandabrede, nach Verweigerung der Genehmigung sodann deren endgültige

256 BGHZ 77, 392, 395 f. (Kommanditanteil); BGH, GmbHR 1965, 155 (Sicherungsabtretung).

257 BGHZ 141, 207, 211 f.

258 BGH, BB 2004, 2707, 2709 (polnische GmbH).

259 BGHZ 19, 69, 70 f.; BGHZ 141, 207, 213; BGH, NZG 2006, 590 verlangt eine Treuhandabrede im Vorgründungsstadium, die sich weder auf bestehende noch künftig entstehende Geschäftsanteile beziehen darf; kritisch *Kraus*, in: MünchHdbGmbH, § 26 Rn. 18 f.

260 OLG Köln, NZG 2001, 810 (LS).

261 Vgl. zum Auskunftsanspruch der Mitgesellschafter OLG Hamburg, GmbHR 1993, 507.

262 *Servatius*, in: Baumbach/Hueck, GmbHG, § 15 Rn. 57; *Reichert/Weller*, in: MünchKommGmbHG, § 15 Rn. 215.

263 Wie hier *Löbbe*, in: Habersack/Casper/Löbbe, GmbHG, § 15 Rn. 204; *Bayer*, in: Lutter/Hommelhoff, GmbHG, § 15 Rn. 92; *Lieder/Villegas*, GmbHR 2018, 169, 174.

264 BGH, NZG 2006, 590; OLG Bamberg, NZG 2001, 509, 510 f.

265 BGH, GmbHR 2006, 875; *Servatius*, in: Baumbach/Hueck, GmbHG, § 15 Rn. 58; ausführlich *Löbbe*, in: Habersack/Casper/Löbbe, GmbHG, § 15 Rn. 209.

Unwirksamkeit bewirken.[266] Dogmatisch überzeugt das nicht, denn die schuldrechtliche Treuhandabrede stellt schon keine Verfügung über Geschäftsanteile dar.[267] Das OLG Hamm hat dies 1992 bereits ausgesprochen, allerdings für den Sonderfall der Treuhand gerade zugunsten eines Mitgesellschafters.[268] Vgl. auch Rdn. 104 zur wirtschaftlich ähnlichen Unterbeteiligung.

4. Wechsel des Treugebers/Treuhänders

101 Bei der – vom Wortlaut des Abs. 3 nicht erfassten – **Abtretung eines Anspruchs** auf Übertragung eines Geschäftsanteils ist zu differenzieren: Der Wechsel des Treugebers ist formbedürftig, weil anderenfalls über den Handel mit solchen Ansprüchen ein vom Gesetz missbilligter Markt (oben Rdn. 15) aufgebaut werden könnte.[269] Wenn der Treugeber dagegen den Treuhänder auswechseln will und dem neuen Treuhänder deshalb den Anspruch auf Übertragung gegen den bisherigen Treuhänder abtritt, ist diese Abtretung formfrei; denn der Treuhänderwechsel kann den Handel mit Geschäftsanteilen nicht fördern.[270]

VII. Unterbeteiligung[271]

102 Bei der Unterbeteiligung geht ein Gesellschafter (der Hauptbeteiligte) mit einem oder mehreren Außenstehenden (den Unterbeteiligten) eine Innengesellschaft ein, um den oder die Unterbeteiligten an dem Gewinn, ggf. auch an der Substanz, seines Geschäftsanteils an der Hauptgesellschaft partizipieren zu lassen (»**Beteiligung an der Beteiligung**«).[272]

103 Die **Innengesellschaft** ist eine GbR (§§ 705 ff. BGB sowie ggf. §§ 230 ff. HGB analog) und bezweckt wirtschaftlich das gemeinsame Halten und Nutzen des Geschäftsanteils. Dinglich wird der Geschäftsanteil nicht in die GbR eingebracht, sondern weiter allein durch den Hauptbeteiligten gehalten. Rechtsbeziehungen bestehen damit nur zwischen GmbH und Hauptbeteiligtem einerseits sowie zwischen Haupt- und Unterbeteiligten andererseits. Im Rahmen der GbR ist der Unterbeteiligte an dem Geschäftsanteil quotal schuldrechtlich beteiligt, und zwar je nach Vereinbarung nur an dem darauf entfallenden Gewinnanteil (**typische Unterbeteiligung**) oder auch an Wertveränderungen des Geschäftsanteils (**atypische Unterbeteiligung**).[273] Der Unterschied zeigt sich vor allem, wenn der Unterbeteiligte aus der GbR ausscheidet, weil er dann als Abfindung im ersten Fall regelmäßig nur eine von ihm ggf. erbrachte Einlage, im zweiten Fall dagegen auch einen Anteil an den offenen und stillen Reserven der GmbH erhält (»als ob« er Gesellschafter der GmbH wäre). Die Unterbeteiligung kann sich daher dort anbieten, wo eine unmittelbare Beteiligung an der GmbH nicht möglich ist (z.B. wegen Vinkulierung) oder (zunächst) nicht erwünscht ist (z.B. i.R.d. vorweggenommenen Erbfolge, zur Vermeidung von Splitterbeteiligungen oder zwecks Geheimhaltung).

104 **Abtretung (Abs. 3)**: Da der Geschäftsanteil beim Hauptbeteiligten verbleibt, ist Abs. 3 nicht einschlägig. **Verpflichtungsgeschäft (Abs. 4)**: Die Begründung der Unterbeteiligungs-GbR ist formfrei möglich. Abs. 4 ist daher nur ausnahmsweise dann einschlägig, wenn der Geschäftsanteil z.B. bei Beendigung der Unterbeteiligung auf den Unterbeteiligten (anteilig) zu übertragen ist.[274]

---

266 BGH, GmbHR 2006, 875; *Löbbe*, in: Habersack/Casper/Löbbe, GmbHG, § 15 Rn. 265.

267 Zutreffende Kritik bei *Armbrüster*, GmbHR 2001, 941, 947; *Tebben*, GmbHR 2007, 63; *Heckschen/Weitbrecht*, NZG 2019, 721, 729.

268 OLG Hamm, GmbHR 1993, 656, 658.

269 BGHZ 75, 352, 354 f.

270 BGHZ 19, 69.

271 Näher hierzu *Carlé*, KÖSDI 2008, 16166; *ders.*, KÖSDI 2005, 14475; *Kühne/Rehm*, NZG 2013, 561; *Mühlhaus*, ErbStB 2009, 276; *Schindhelm/Pickhardt-Poremba/Hilling*, DStR 2003, 1444 und 1469; *Tebben*, GmbHR 2007, 63.

272 Vgl. das Vertragsmuster von *Streck/Schwedhelm*, in: Formularbuch Recht und Steuern, Formular A 6.48.

273 Vgl. *Pupeter*, GmbHR 2006, 910.

274 Vgl. BFH/NV 2008, 2004; *Kühne/Rehm*, NZG 2013, 561, 564.

Bei Schenkung der Unterbeteiligung ist zudem § 518 Abs. 1 BGB zu beachten.[275] Bei Minderjährigen kann sich die Notwendigkeit eines Ergänzungspflegers (§§ 1909, 1795 Abs. 2, 181, 1629 BGB) sowie einer familiengerichtlichen Genehmigung (§ 1822 Nr. 3 BGB) ergeben. **Vinkulierung (Abs. 5)**: Gesellschaftsvertragliche Abtretungsbeschränkungen hindern eine Unterbeteiligung nicht.[276] Dies gilt selbst dann, wenn die Vinkulierungsklausel die Einräumung einer Unterbeteiligung ausdrücklich verbietet; in diesem Fall kann jedoch der Satzungsverstoß zum Ausschluss des Hauptbeteiligten aus wichtigem Grund führen.[277] Greifen soll die Vinkulierung jedoch im Fall einer verdeckten Treuhand, bei welcher der Geschäftsanteil im Innenverhältnis völlig dem Unterbeteiligten zugeordnet wird und der Hauptbeteiligte somit praktisch nur noch die Stellung eines Treuhänders hat.[278]

VIII. Verpfändung[279]

Die **Verpfändung** eines Geschäftsanteils[280] (oder eines Teils davon[281]) nach §§ 1273 ff. BGB soll eine Forderung sichern, die gegen den Inhaber des Geschäftsanteils oder einen Dritten besteht, häufig aus Anlass einer Kreditgewährung oder Akquisitionsfinanzierung.[282] Die Verpfändung ist gebräuchlicher als die **Sicherungsabtretung** (oben Rdn. 95), da der Gesellschafter in diesem Fall seine Gesellschafterstellung behält und der Sicherungsnehmer sie nicht übernehmen muss (was wegen der damit verbundenen Pflichten unerwünscht sein kann). **105**

Durch die Verpfändung erhält der Pfandgläubiger nur das Recht, sich aus dem Geschäftsanteil durch dessen Verwertung nach den für die Zwangsvollstreckung geltenden Vorschriften zu befriedigen (§ 1277 BGB). Das Pfandrecht erstreckt sich daher, soweit nicht anders vereinbart, **nicht** auf **Gewinnbezugs- und Mitgliedschaftsrechte**; insb. bleibt der verpfändende Gesellschafter in der Ausübung seines Stimmrechts frei.[283] Bei abweichender Vereinbarung ist das Abspaltungsverbot zu beachten (§ 14 Rdn. 33 ff.).[284] Nicht abschließend geklärt ist, inwieweit gem. § 1276 BGB die **Zustimmung des Pfandgläubigers** erforderlich wird, wenn eine gesellschaftsrechtliche Maßnahme zum Untergang des verpfändeten Geschäftsanteils führt oder das Pfandrecht beeinträchtigt. Die Bestimmung wird zu Recht restriktiv ausgelegt;[285] insb. kann dem Pfandgläubiger bei Maßnahmen, welche die übrigen Gesellschafter auch gegen den Anteilsinhaber beschließen können (z.B. dessen Ausschließung aus wichtigem Grund) oder die zuvorderst die Gesellschaftsverfassung betreffen (z.B. Satzungsänderung, Umwandlung[286]), kein Vetorecht zustehen. **106**

Das Pfandrecht erstreckt sich ferner auf **Surrogate** des Geschäftsanteils, namentlich auf ein Einziehungsentgelt (§ 34 GmbHG), ein Abfindungsguthaben sowie auf im Zuge einer Umwandlung gewährte Anteile des übernehmenden bzw. neuen Rechtsträgers (vgl. §§ 20 Abs. 1 Nr. 3 Satz 2, 131 **107**

275 Auf die Heilungswirkung des § 518 Abs. 2 BGB darf man sich nicht verlassen, vgl. *Karsten Schmidt*, DB 2002, 829 und *Wacker*, in: L. Schmidt, EStG, § 15 Rn. 773.

276 OLG Frankfurt am Main, GmbHR 1992, 668; *Servatius*, in: Baumbach/Hueck, GmbHG, § 15 Rn. 59.

277 *Reichert/Weller*, in: MünchKommGmbHG, § 15 Rn. 254; vgl. LG Bremen, GmbHR 1991, 269.

278 BGH, DStR 1992, 1661, 1662 (*Ge*); OLG Schleswig, GmbHR 2002, 652, 654.

279 Näher hierzu *Bruhns*, GmbHR 2006, 587; *Leuering/Simon*, NJW Spezial 2005, 171; *Leuschner*, WM 2005, 2161; *Martens*, ZIP 1998, 1787; *Reymann*, DNotZ 2005, 425; *von Rom*, WM 2007, 2223; *Roth*, ZGR 2000, 187.

280 Zur Verpfändung künftiger Geschäftsanteile *Fröhlich/Primaczenko*, NZG 2016, 133, 136.

281 Dazu *Wiegand*, in: Staudinger, BGB, § 1274 Rn. 53.

282 Vgl. die Vertragsmuster von *Streck/Schwedhelm*, in: Formularbuch Recht und Steuern, Formular A 6.12; *Gerber*, in: Beck'sches Formularbuch GmbH-Recht, D.V.1.

283 BGHZ 119, 191, 194 f.

284 Vgl. BGHZ 43, 261, 267.

285 Vgl. *Löbbe*, in: Habersack/Casper/Löbbe, GmbHG, § 15 Rn. 169 f.; *Wiegand*, in: Staudinger, BGB, § 1274 Rn. 60; kritisch *Roth*, ZGR 2000, 187, 217; vgl. auch *Schneider*, ZIP 2018, 1113, 1117 f., der § 1276 BGB vorbehaltlich der gesellschafterlichen Treuepflicht extensiv auslegt.

286 Vgl. dazu *Simon*, in: KK-UmwG, § 13 Rn. 70.

Abs. 1 Nr. 3 Satz 2, 202 Abs. 1 Nr. 2 Satz 2 UmwG).[287] Erfolgt eine **Kapitalerhöhung** aus Gesellschaftsmitteln (§§ 57c, h), so erstreckt sich das Pfandrecht auch auf die neuen Anteile, nicht dagegen bei einer Kapitalerhöhung gegen Einlagen (§ 55 GmbHG).[288] Unberührt bleibt die Möglichkeit, solche künftigen Geschäftsanteile (unter Beachtung des Bestimmtheitsgrundsatzes, Rdn. 18) explizit mitzuverpfänden.[289]

108 **Abtretung (Abs. 3)**: Die Verpfändung bedarf nach § 1274 Abs. 1 Satz 1 BGB i.V.m. § 15 Abs. 3 GmbHG der notariellen Beurkundung.[290] Da die Pfandrechtsbestellung eine zu sichernde Forderung voraussetzt (**Akzessorietät**), ist auch diese individualisierbar in die notarielle Urkunde aufzunehmen.[291] Ggü. der Gesellschaft muss die Verpfändung nicht offengelegt werden; insb. ist § 1280 BGB nicht einschlägig, da keine Forderung, sondern das Mitgliedschaftsrecht verpfändet wird.[292] Das Pfandrecht kann sodann, da akzessorisch, nur durch Abtretung der gesicherten Forderung übertragen werden (§ 1250 BGB). Wird der Geschäftsanteil bei Pfandreife durch öffentliche Versteigerung verwertet, unterliegt der Zuschlag als Hoheitsakt nicht den Abs. 3, 4 und 5;[293] die Verwertung durch freihändigen Verkauf unterfällt dagegen Abs. 3.[294] Das Pfandrecht erlischt mit der gesicherten Forderung (§ 1252 BGB); seine Aufhebung ist formfrei möglich (§ 1255 Abs. 1 BGB). **Verpflichtungsgeschäft (Abs. 4)**: Die schuldrechtliche Verpflichtung zur Bestellung eines Pfandrechts ist formfrei möglich,[295] sodass aus einer derartigen Zusage auf Verpfändung geklagt werden kann. **Vinkulierung (Abs. 5)**: Eine Vinkulierungsklausel ist wegen § 1274 BGB, insb. dessen Abs. 2, einzuhalten. In der Zustimmung zur Verpfändung liegt zugleich die Zustimmung zur Verwertung.[296]

IX. Zwangsvollstreckung und Insolvenz

1. Zwangsvollstreckung in den Geschäftsanteil[297]

109 Der Geschäftsanteil (oder ein Teil davon) kann nach §§ 857 Abs. 1, 829 ZPO gepfändet werden, indem das Vollstreckungsgericht einen Pfändungsbeschluss erlässt und dieser der GmbH als Drittschuldnerin[298] zugestellt wird. Die Pfändung verschafft dem Gläubiger ein **Pfändungspfandrecht** am Geschäftsanteil. Das damit einhergehende Verfügungsverbot (§ 829 Abs. 1 Satz 2 ZPO) wird jedoch restriktiv ausgelegt und hindert den Gesellschafter nur an solchen Verfügungen, welche die Stellung des Gläubigers unmittelbar beeinträchtigen.[299] So verbleiben die **Verwaltungsrechte**, insb. das Stimmrecht, (bis zur Pfandverwertung) dem Gesellschafter. Er muss zur Ausübung seiner Mitgliedschaftsrechte auch nicht die Zustimmung des Gläubigers einholen. § 829 Abs. 1 Satz 2 ZPO ist insoweit mangels »Verfügung« nicht unmittelbar einschlägig; im Ausnahmefall, nämlich bei freiwilliger Einziehung des Geschäftsanteils (§ 34 GmbHG) oder Kündigung ohne wichtigen Grund, kann sich ein Zustimmungserfordernis des Gläubigers jedoch aus einer entsprechenden Anwendung der Vorschrift ergeben (vgl. oben Rdn. 106

---

287 *Reichert/Weller*, in: MünchKommGmbHG, § 15 Rn. 304 ff.

288 *Reichert/Weller*, in: MünchKommGmbHG, § 15 Rn. 307 f.

289 *Martens*, ZIP 1998, 1787, 1789.

290 OLG Koblenz, NJW 1992, 2163, 2164.

291 *Heidenhain*, GmbHR 1996, 275; *v. Rom*, WM 2007, 2223, 2226.

292 RGZ 57, 414; *Reichert/Weller*, in: MünchKommGmbHG, § 15 Rn. 287.

293 *Reichert/Weller*, in: MünchKommGmbHG, § 15 Rn. 320.

294 RGZ 164, 162, 169 ff.

295 RGZ 58, 223, 225 f.; *v. Rom*, WM 2007, 2223, 2224 f.; zweifelnd *Leuering/Simon*, NJW Spezial 2005, 171.

296 *Reichert/Weller*, in: MünchKommGmbHG, § 15 Rn. 322.

297 Näher hierzu *Geißler*, GmbHR 2012, 370; *Heuer*, ZIP 1998, 405; *Liebscher/Lübke*, ZIP 2004, 241; *Wälzholz*, GmbHR 2007, 1319.

298 *Löbbe*, in: Habersack/Casper/Löbbe, GmbHG, § 15 Rn. 312 m.w.N.

299 *Servatius*, in: Baumbach/Hueck, GmbHG, § 15 Rn. 62; *Löbbe*, in: Habersack/Casper/Löbbe, GmbHG, § 15 Rn. 318.

zu § 1276 BGB).[300] Die **Veräußerung des Geschäftsanteils** bleibt – wegen des fortbestehenden Pfandrechts – zustimmungsfrei.[301]

Das Pfandrecht erfasst auch **Surrogate** des Geschäftsanteils, insb. eine Abfindung[302] oder ein Einziehungsentgelt (§ 34 GmbHG) (zur Umwandlung und Kapitalerhöhung s. Rdn. 107). Offen ist, ob auch der **Gewinnanspruch** des Gesellschafters mit dem Geschäftsanteil automatisch mitgepfändet wird[303] oder als Geldforderung gesondert nach § 829 ZPO gepfändet werden muss;[304] in der Praxis wird man daher den Gewinnanspruch ausdrücklich mitpfänden. **110**

Die **Verwertung** des Geschäftsanteil erfolgt nach §§ 857 Abs. 5, 844 ZPO durch Veräußerung (öffentliche Versteigerung oder freihändiger Verkauf); sie gestaltet sich allerdings dann schwierig, wenn Gesellschafter und Gesellschaft die erforderlichen Informationen nicht erteilen.[305] **111**

Abtretung (Abs. 3): Nur beim freihändigen Verkauf bedarf die dann erforderliche Abtretung der Form des Abs. 3. **Vinkulierung (Abs. 5)**: Abs. 5 gilt nur für die freiwillige Veräußerung (Abtretung, Verpfändung); nach dem Rechtsgedanken der §§ 851 Abs. 2, 857 Abs. 3 ZPO können zudem Satzungsbestimmungen die Pfändung und Verwertung des Geschäftsanteils nicht erschweren.[306] Die Gesellschafter können ein Eindringen Dritter in die Gesellschaft gleichwohl verhindern, indem sie für den Fall der Pfändung die **Einziehung (oder Zwangsabtretung)** des Geschäftsanteils vorsehen; das Entgelt muss aber entweder vollwertig sein oder jedenfalls auch für vergleichbare Fälle gelten, etwa für die Ausschließung aus wichtigem Grund.[307] Die Vereinbarung eines Vorkaufsrechts scheitert an § 471 BGB. **112**

2. Insolvenz des Gesellschafters

Mit der Eröffnung des Insolvenzverfahrens über das Vermögen des Gesellschafters fällt der Geschäftsanteil in die Insolvenzmasse, ohne Abtretung nach Abs. 3 und ungeachtet einer Vinkulierung nach Abs. 5 (allgemeine Meinung). Der Gesellschafter bleibt zwar Inhaber des Geschäftsanteils; der Insolvenzverwalter erhält aber die ausschließliche Verwaltungs- und Verfügungsbefugnis über den Anteil (§ 80 Abs. 1 InsO) und übt daher auch die Gesellschafterrechte, insb. das Stimmrecht, aus. Veräußert der Insolvenzverwalter den Anteil, sind selbstverständlich Abs. 3 und 4 zu beachten. Eine Vinkulierung (Abs. 5) kann die Verwertung dagegen nicht hindern (vgl. oben Rdn. 112).[308] Die Zustimmung zur Veräußerung des Geschäftsanteils eines anderen Gesellschafters erklärt nicht der insolvente Gesellschafter, sondern der Insolvenzverwalter.[309] **113**

3. Insolvenz der Gesellschaft

Wird der Geschäftsanteil in der Insolvenz der Gesellschaft veräußert, sind Abs. 3, 4 und 5 zu beachten. Eine gemäß Abs. 5 etwa erforderliche Zustimmung wird weiterhin vom Geschäftsführer, nicht vom Insolvenzverwalter, erklärt.[310] **114**

---

300 *Reichert/Weller*, in: MünchKommGmbHG, § 15 Rn. 532 ff.; *Löbbe*, in: Habersack/Casper/Löbbe, GmbHG, § 15 Rn. 318.

301 *Servatius*, in: Baumbach/Hueck, GmbHG, § 15 Rn. 62; *Löbbe*, in: Habersack/Casper/Löbbe, GmbHG, § 15 Rn. 318; a.A. *Heuer*, ZIP 1998, 405, 408.

302 BGHZ 104, 351, 354.

303 So *Löbbe*, in: Habersack/Casper/Löbbe, GmbHG, § 15 Rn. 315; *Stöber*, in: Zöller, ZPO, § 859 Rn. 13.

304 Dafür *Reichert/Weller*, in: MünchKommGmbHG, § 15 Rn. 522.

305 Vgl. zur Hilfspfändung von Informationsrechten des Gesellschafters nach § 836 Abs. 3 ZPO *Heuer*, ZIP 1998, 405, 411 f.

306 BGHZ 32, 151, 155 f.; 65, 22, 24 f.; a.A. *Liebscher/Lübke*, ZIP 2004, 241; *Bayer*, in: Lutter/Hommelhoff, GmbHG, § 15 Rn. 97; *Blasche*, RNotZ 2013, 515, 520.

307 BGHZ 32, 151, 155 f.; 65, 22, 24 f.; zu Rückforderungsrechten vgl. *Wälzholz*, GmbHR 2007, 1319.

308 BGHZ 32, 151, 155; a.A. *Liebscher/Lübke*, ZIP 2004, 241; *Skauradszun*, NZG 2012, 1244; *Bayer*, in: Lutter/Hommelhoff, GmbHG, § 15 Rn. 102.

309 DNotI-Report 2014, 89.

310 *Reichert/Weller*, in: MünchKommGmbHG, § 15 Rn. 563.

§ 16 Rechtsstellung bei Wechsel der Gesellschafter oder Veränderung des Umfangs ihrer Beteiligung; Erwerb vom Nichtberechtigten

(1) [1]Im Verhältnis zur Gesellschaft gilt im Fall einer Veränderung in den Personen der Gesellschafter oder des Umfangs ihrer Beteiligung als Inhaber eines Geschäftsanteils nur, wer als solcher in der im Handelsregister aufgenommenen Gesellschafterliste (§ 40) eingetragen ist. [2]Eine vom Erwerber in Bezug auf das Gesellschaftsverhältnis vorgenommene Rechtshandlung gilt als von Anfang an wirksam, wenn die Liste unverzüglich nach Vornahme der Rechtshandlung in das Handelsregister aufgenommen wird.

(2) Für Einlageverpflichtungen, die in dem Zeitpunkt rückständig sind, ab dem der Erwerber gemäß Absatz 1 Satz 1 im Verhältnis zur Gesellschaft als Inhaber des Geschäftsanteils gilt, haftet der Erwerber neben dem Veräußerer.

(3) [1]Der Erwerber kann einen Geschäftsanteil oder ein Recht daran durch Rechtsgeschäft wirksam vom Nichtberechtigten erwerben, wenn der Veräußerer als Inhaber des Geschäftsanteils in der im Handelsregister aufgenommenen Gesellschafterliste eingetragen ist. [2]Dies gilt nicht, wenn die Liste zum Zeitpunkt des Erwerbs hinsichtlich des Geschäftsanteils weniger als drei Jahre unrichtig und die Unrichtigkeit dem Berechtigten nicht zuzurechnen ist. [3]Ein gutgläubiger Erwerb ist ferner nicht möglich, wenn dem Erwerber die mangelnde Berechtigung bekannt oder infolge grober Fahrlässigkeit unbekannt ist oder der Liste ein Widerspruch zugeordnet ist. [4]Die Zuordnung eines Widerspruchs erfolgt aufgrund einer einstweiligen Verfügung oder aufgrund einer Bewilligung desjenigen, gegen dessen Berechtigung sich der Widerspruch richtet. [5]Eine Gefährdung des Rechts des Widersprechenden muss nicht glaubhaft gemacht werden.

Schrifttum

Barthel, § 16 Abs. 1 Satz 2 GmbHG n.F. – Ein neuer Anwendungsbereich für eine wirksame Verpflichtung einer GmbH im Außenverhältnis nach den Grundsätzen der fehlerhaften Organstellung, GmbHR 2009, 569; *Battke,* Haftungsrisiken bei Erwerb von GmbH-Geschäftsanteilen und kein Ende?, GmbHR 2014, 747; *Bayer,* Gesellschafterliste: Einreichungspflichtige Veränderungen der Beteiligungsverhältnisse, GmbHR 2012, 1; *Blasche,* Aktuelle Praxisfragen zur Gesellschafterliste, RNotZ 2014, 34; *Böttcher/Blasche,* Gutgläubiger Erwerb von Geschäftsanteilen entsprechend der in der Gesellschafterliste eingetragenen Stückelung nach dem MoMiG, NZG 2007, 565; *Cramer/Koch,* Die Grenzen der formellen Legitimationswirkung der GmbH-Gesellschafterliste, DStR 2020, 664; *Dittert,* Einstweiliger Rechtsschutz gegen falsche GmbH-Gesellschafterliste, NZG 2015, 221; *Gasteyer/Goldschmidt,* Der schwebend unwirksam bestellte Geschäftsführer nach einem Gesellschafterwechsel, ZIP 2008, 1906; *Götze/Bressler,* Praxisfragen der Gesellschafterliste und des gutgläubigen Erwerbs von Geschäftsanteilen nach dem MoMiG, NZG 2007, 894; *Hasselmann,* Die Gesellschafterliste nach § 40 GmbHG: Inhalt und Zuständigkeit, NZG 2009, 449; *ders.,* Die Zuordnung des Widerspruchs zur Gesellschafterliste, NZG 2010, 207; *Heckschen,* Die Legitimationswirkung der Gesellschafterliste und der Rechtsschutz gegen diese Wirkung, NZG 2019, 1097; *Hellfeld,* Ausschluss des gutgläubigen Zwischenerwerbs bei GmbH-Anteilen, NJW 2010, 411; *Krafczyk/Gerlach,* Keine Haftung des arglistig getäuschten Anteilskäufers für rückständige Stammeinlage, GmbHR 2006, 1038; *Frank Holger Lange,* Gesellschafterbeschlüsse mit unbekannten oder unerreichbaren Gesellschaftern in der GmbH, NJW 2016, 1852; *Knut Werner Lange,* Vererbung von GmbH-Anteilen und Gesellschafterliste, GmbHR 2012, 986; *Leyendecker-Langner,* Unklare Beteiligungsverhältnisse in der GmbH – Die »Wegverschmelzung« des tatsächlichen Gesellschafters als Gestaltungsoption, ZGR 2015, 516; *Lieder,* Rechtsschutz gegen die Gesellschafterliste im Hauptsacheverfahren, GmbHR 2016, 189; *ders.,* Einstweiliger Rechtsschutz gegen die Gesellschafterliste, GmbHR 2016, 271; *Lieder/Becker,* Gesellschafterliste und Zwangseinziehung, GmbHR 2019, 441; *Lieder/Pommerening,* Nießbrauchsrechte und Kapitalgesellschaftsanteile im Erbfall, ZEV 2019, 564; *Link,* Gesellschafterliste und gutgläubiger Erwerb von GmbH-Anteilen aus Sicht der Notarpraxis, RNotZ 2009, 193; *Löbbe,* Die GmbH-Gesellschafterliste, GmbHR 2015, 141; *Mayer,* Probleme rund um die Gesellschafterliste, MittBayNot 2014, 24 und 114; *Mayer/Färber,* Gutgläubiger Erwerb von GmbH-Geschäftsanteilen bei aufschiebend bedingter Anteilsabtretung?, GmbHR 2011, 785; *Miller,* Negative Legitimationswirkung im GmbH-Recht, ZIP 2020, 62; *Müller/Federmann,* Praktische Hinweise zum Erwerb einer Vorrats-GmbH nach dem MoMiG, BB 2009, 1375; *Nolting,* Mitwirkung des Anteilserwerbers bei Gesellschafterbeschlüssen der GmbH vor Aufnahme in die Gesellschafterliste, GmbHR 2010, 584; *Reymann,* Gutgläubiger Erwerb und

Rechte an GmbH-Geschäftsanteilen, WM 2008, 2095; *Ries*, Aktuelle Fragen der Praxis zur Gesellschafterliste, GWR 2011, 54; *Saenger/Sandhaus*, Nicht aktualisierte Gesellschafterlisten, DNotZ 2012, 346; *Schmich/Schnabelrauch*, Die Relevanz der GmbH-Gesellschafterliste für die steuerliche Zurechnung bei Anteilsübertragungen, GmbHR 2015, 516; *Karsten Schmidt*, Geschäftsanteilsabtretung und Kartellverbot, GmbHR 2015, 505; *Schniepp/Hensel*, Probleme mit der Chain of Title, NZG 2014, 857; *Stadler/Bindl*, Gesellschafterliste und finanzielle Eingliederung bei der Organschaft, GmbHR 2010, 412; *Stenzel*, Prüfung der Anteilskette nach dem MoMiG, BB 2012, 337; *Walch*, Treuhandbeteiligung und die Transparenz der Anteilseignerstrukturen im GmbH-Recht, NZG 2015, 1259; *Weigl*, Gesellschafterliste und Gutglaubenserwerb bei aufschiebend bedingten Geschäftsanteilsabtretungen, NZG 2009, 1173; *Wiersch*, Relative Gesellschafterstellung im Kapitalgesellschaftsrecht und Gesamtrechtsnachfolge, NZG 2015, 1336; *ders.*, Die Vermutungswirkung von Gesellschafterliste und Aktienregister, ZGR 2015, 591; *Wolff*, Die Verbindlichkeit der Gesellschafterliste für Stimmrecht und Beschlussverfahren, BB 2010, 454.

Übersicht

A. Überblick

Aufbauend auf der deutlich aufgewerteten Gesellschafterliste (§ 40 GmbHG) regelt § 16 in Abs. 1 GmbHG zunächst die **Legitimation neuer Gesellschafter** ggü. der Gesellschaft: Im Verhältnis zur Gesellschaft gilt als Gesellschafter nur, wer also solcher in der im Handelsregister aufgenommenen Gesellschafterliste eingetragen ist (Satz 1). Die Aufnahme dieser Liste im Handelsregister, nicht der vorausgegangene dingliche Erwerb des Geschäftsanteils, markiert damit den Zeitpunkt, ab dem ein Erwerber die mit dem Geschäftsanteil verbundenen Gesellschafterrechte ausüben kann. Dies führt zu Problemen, wenn sofort nach dem Erwerb eine Gesellschafterversammlung abgehalten werden soll, um z.B. notwendige Satzungsänderungen oder einen Geschäftsführerwechsel zu beschließen. Satz 2 kommt der Praxis entgegen, indem er solche Rechtshandlungen ausnahmsweise für von Anfang an wirksam erklärt, wenn die Liste jedenfalls unverzüglich im Anschluss in das Handelsregister aufgenommen wird. 1

Der Ausweis der Gesellschafterstellung in der Gesellschafterliste hat für den Erwerber die weitere Konsequenz, dass er nach Abs. 2 für auf den Geschäftsanteil **rückständige Einlageverpflichtungen** haftet, und zwar gesamtschuldnerisch neben dem Veräußerer. 2

Abs. 3 erhebt die Gesellschafterliste zum Rechtsscheinträger, der einen **gutgläubigen Erwerb von Geschäftsanteilen** ermöglicht. Geschützt wird der gute Glauben des Erwerbers an die Verfügungsbefugnis des in der Liste eingetragenen Veräußerers: Der Erwerber kann den Geschäftsanteil auch von einem Nichtberechtigten erwerben, wenn die Liste entweder schon 3 Jahre lang unrichtig ist oder die Unrichtigkeit dem nicht eingetragenen, wahren Berechtigten zuzurechnen ist. Nicht geschützt ist dagegen der gute Glaube an die Existenz oder die Lastenfreiheit eines Geschäftsanteils. 3

4 Nach **altem Recht**, d.h. bis zur Reform durch das MoMiG, war ein solcher gutgläubiger Erwerb nicht möglich und legitimierte die Gesellschafterliste auch nicht zur Ausübung von Gesellschafterrechten. Die Befugnis zur Ausübung von Gesellschafterrechten hing im Fall der Veräußerung eines Anteils vielmehr allein von der **Anmeldung** des Anteilserwerbs bei der Gesellschaft ab (§ 16 Abs. 1 GmbHG a.F.).[1]

B. Legitimation im Verhältnis zur Gesellschaft (Abs. 1)

I. Rechtsstellung ab Aufnahme (Satz 1)

5 § 16 Abs. 1 Satz 1 GmbHG regelt die Legitimation von Gesellschaftern relativ zur Gesellschaft und will **klare Verhältnisse** zwischen GmbH und Gesellschaftern schaffen.[2] Denn der Gesellschafterbestand kann sich ändern, ohne dass die GmbH oder ihre Geschäftsführer davon erfahren. Deshalb wird insoweit nicht auf die materielle Rechtslage, sondern auf den Inhalt der im Handelsregister aufgenommenen Gesellschafterliste abgestellt.[3]

6 Die Liste ist **»im Handelsregister der Gesellschaft aufgenommen«**, sobald sie in den für das entsprechende Registerblatt bestimmten, elektronisch geführten Registerordner eingestellt und so zur Einsichtnahme freigegeben worden ist (§ 9 Abs. 1 Sätze 1 und 2 HRV, näher § 40 Rdn. 32).[4] Die Eintragung in der Liste und ihre Aufnahme in das Handelsregister sind weder Voraussetzung noch Ersatz für den materiell wirksamen Erwerb eines Geschäftsanteils; dieser erfolgt nach wie vor namentlich durch formgerechte Abtretung (§ 15 Abs. 3 und 5 GmbHG). Die Aufnahme der geänderten Liste im Handelsregister markiert jedoch den Zeitpunkt, ab dem der Erwerber im Verhältnis zur Gesellschaft als Inhaber des Geschäftsanteils »gilt« und deshalb die Gesellschaft sowohl berechtigt wie auch verpflichtet ist, ihn als solchen zu behandeln.[5] Seit 2010 wird das Aufnahmedatum zwar nicht auf der abgerufenen Gesellschafterliste selbst, aber immerhin beim Anklicken der entsprechenden Datei im elektronischen Handelsregister angegeben.

1. Veränderung in den Personen oder des Beteiligungsumfangs

7 § 16 Abs. 1 Satz 1 GmbHG knüpft wie § 40 an eine »Veränderung in den Personen der Gesellschafter oder des Umfangs ihrer Beteiligung« an. Eine **»Veränderung in den Personen der Gesellschafter«** liegt vor, wenn sich der Gesellschafterkreis in seiner Zusammensetzung ändert bzw. – bei Gründung der GmbH – erstmalig konstituiert.[6] I.Ü. kann die Änderung sowohl auf Einzelrechtsnachfolge (Abtretung, Versteigerung, Kaduzierung) als auch auf Gesamtrechtsnachfolge[7] (Erbfall, Verschmelzung, Spaltung, Begründung einer Gütergemeinschaft, Anwachsung) beruhen. § 16 GmbHG a.F. erfasste demgegenüber nach herrschender Meinung im Wesentlichen nur die rechtsgeschäftliche Übertragung durch Einzelrechtsnachfolge, nicht auch den Übergang durch Erbfall oder Umwandlung.[8]

---

1 Zur Anwendbarkeit des § 16 Abs. 1 auf Altfälle *Saenger/Sandhaus*, DNotZ 2012, 346; für eine Behandlung der zuletzt zum Handelsregister aufgenommenen Gesellschafterliste nach § 16 Abs. 1 Satz 1 GmbHG n.F. jedenfalls soweit das Registerverfahren betroffen ist KG, NZG 2020; für eine Behandlung bei der Gesellschaft angemeldeter Veränderungen nach § 16 Abs. 1 GmbH a.F. OLG Dresden, RNotZ 2017, 322.

2 *Bayer*, in: Lutter/Hommelhoff, GmbHG, § 16 Rn. 5; *Heidinger*, in: MünchKommGmbHG, § 16 Rn. 10 (unter [3]), 13, 18.

3 KG, NZG 2020, 235.

4 Begr. RegE MoMiG, BT-Drucks. 16/6140, S. 37.

5 OLG Bremen, GmbHR 2012, 687.

6 Damit sind auch die Gründungsgesellschafterliste nach § 8 Abs. 1 Nr. 3 und das als Gesellschafterliste geltende Musterprotokoll (§ 2 Abs. 1a Satz 4) Gesellschafterlisten i.S.d. § 16, *Bayer* in: Lutter/Hommelhoff, GmbHG, § 16 Rn. 10.

7 Hierzu *Wiersch*, NZG 2015, 1336.

8 Näher *Hueck/Fastrich*, in: Baumbach/Hueck, GmbHG, 18. Aufl. 2006, § 16 Rn. 2.

Wechseln Gesellschafter ihren **Namen** (durch Heirat) oder **Wohnort** (durch Umzug), so ändern sich zwar die in der Gesellschafterliste anzugebenden gesellschafterbezogenen Daten und besteht insoweit i.R.d. § 40 GmbHG Aktualisierungsbedarf (vgl. § 40 Rdn. 17). Darin liegt aber keine »Veränderung in den Personen der Gesellschafter« i.S.d. § 16 Abs. 1 Satz 1 GmbHG:[9] Solange zu Gesellschafterversammlungen der »alte« Gesellschafter erscheint, sind die klaren Verhältnisse, für die die Vorschrift sorgen will (Rdn. 5), nicht tangiert und wäre es insoweit vielmehr kontraproduktiv, Gesellschaftern z.B. unter Hinweis auf deren noch nicht eingetragenen Wohnortwechsel das Stimmrecht absprechen zu wollen. Der Zweck des § 16 GmbHG ist insoweit (trotz gleicher Formulierung) enger als derjenige des § 40 GmbHG, der zusätzlich auch die Information Dritter sicherstellen möchte und deshalb erweiternd auszulegen ist. Hierfür ist bei § 16 GmbHG kein Raum. Dies zeigt auch ein Blick auf die Rechtsfolge: Wechselt der Gesellschafter, erlaubt § 16 eine klare Abgrenzung, bis wann der alte Gesellschafter und ab wann der neue Gesellschafter berechtigt ist; bleibt der Gesellschafter hingegen identisch, hat dieser weiterhin »als Inhaber des Geschäftsanteils« zu gelten. Gleich zu stellen ist der Fall des identitätswahrenden,[10] jedoch mit einer Änderung der Firma verbundenen **Formwechsels eines Gesellschafters**: Auch hier ist die Gesellschafterliste zu aktualisieren (§ 40 GmbHG), dem Gesellschafter jedoch nicht nach § 16 Abs. 1 Satz 1 GmbHG die Anteilsinhaberschaft abzusprechen.[11] 8

Zu einer »**Veränderung des Umfangs ihrer Beteiligung**« kommt es, wenn sich für einen Gesellschafter die geschäftsanteilsbezogenen Angaben ändern (lfd. Nr. oder Nennbetrag, vgl. § 40 Rdn. 9 ff., 18). Die Schnittmenge dieser zweiten Variante mit der ersten, der »Veränderung in den Personen der Gesellschafter«, ist recht groß. Veräußert oder vererbt z.B. ein Gesellschafter seinen Anteil vollständig an einen dadurch neu in die Gesellschaft eintretenden Dritten, ändert sich sowohl der Kreis der Gesellschafter als auch der Umfang ihrer jeweiligen Beteiligung. Veräußert der Gesellschafter dagegen lediglich einen Teil-Anteil an einen Mitgesellschafter, bleibt der Kreis der Gesellschafter unverändert, jedoch ändert sich der Umfang ihrer Beteiligung.[12] 9

Die **dingliche Belastung** eines Geschäftsanteils (durch Pfändung, Verpfändung oder Nießbrauch) ist schon nicht in der Gesellschafterliste anzugeben (§ 40 Rdn. 12). Sie fällt auch nicht isoliert in den Regelungsbereich des § 16 Abs. 1 Satz 1, der aus Sicht der Gesellschaft den »Inhaber eines Geschäftsanteils« ermitteln möchte. Bei Verpfändung oder Nießbrauch sollte jedoch ggü. der Gesellschaft weiterhin eine entsprechende Anzeige erfolgen, auch nach Wegfall des § 16 Abs. 2 GmbHG a.F. (vgl. § 407 BGB).[13] 10

2. Aufgenommene Gesellschafterliste als Legitimationsgrundlage

Die **Legitimationswirkung** der in das Handelsregister aufgenommen Gesellschafterliste wird verbreitet davon abhängig gemacht, dass die nach § 40 GmbHG zuständigen Personen gehandelt haben und die dort geregelten wesentlichen Verfahrensabläufe eingehalten worden sind.[14] Dafür lässt sich zwar die ausdrückliche Legalverweisung in § 16 Abs. 1 Satz 1 GmbHG auf § 40 GmbHG anführen. Dagegen spricht jedoch, dass zu § 40 GmbHG zahlreiche Fragen etwa zur Abgrenzung der Zuständigkeiten von Notar und Geschäftsführern und zu Inhalt und Form des jeweils erforderlichen Nachweises noch ungeklärt sind und die i.R.d. § 40 GmbHG bestehende erhebliche 11

---

9 Vgl. *Bayer*, in: Lutter/Hommelhoff, GmbHG, § 40 Rn. 8; *ders.*, GmbHR 2012, 1, 4; *Löbbe*, in: Habersack/Casper/Löbbe, GmbHG, § 16 Rn. 29.

10 Vgl. § 202 Abs. 1 Nr. 1 UmwG; BT-Drucks. 12/6699, S. 136.

11 *Löbbe*, in: Habersack/Casper/Löbbe, GmbHG, § 16 Rn. 29; *Seibt*, in: Scholz, § 16 Rn. 18; im Ergebnis auch *Mayer*, MittBayNot 2014, 24, 28.

12 A.A. *Löbbe*, in: Habersack/Casper/Löbbe, GmbHG, § 16 Rn. 33, der auch insoweit bereits die 1. Alt. bejaht; siehe aber *Löbbe*, aaO, Rn 34.

13 Im Fall der Pfändung genügt die Zustellung des Pfändungsbeschlusses an die GmbH; vgl. *Seibt*, in: Scholz, GmbHG, § 16 Rn. 20 f.

14 Ausführlich *Löbbe*, in: Habersack/Casper/Löbbe, GmbHG, § 16 Rn. 42 ff. mit Differenzierungen im Detail; *Seibt*, in: Scholz, GmbHG, § 16 Rn. 23.

Rechtsunsicherheit somit auch auf § 16 GmbHG »durchschlagen« würde.[15] Streitige Rechtsfragen werden im Vorfeld der Aufnahme nach § 40 GmbHG zudem häufig i.S.d. jeweiligen Registergerichts »geklärt«, um eine schnelle Aufnahme der Liste im Handelsregister zu erreichen; der mit dem Registergericht ausgefochtene Streit sollte sodann nicht auch noch zwischen Gesellschaftern und Gesellschaft fortgeführt werden (können).

12 Es genügt daher, dass eine für die Erstellung und Einreichung der Liste **abstrakt zuständige Person** sich für zuständig gehalten und daher die Gesellschafterliste erstellt und eingereicht hat und das Registergericht sie aufgenommen hat. Abstrakt zuständig sind die Geschäftsführer sowie deutsche und ausländische Notare (Letztere nur, soweit sie einen deutschen Notar nach Befähigung und Funktion substituieren können, vgl. § 15 Rdn. 79[16]). Es kommt nicht darauf an, ob nach der im Fluss befindlichen Rechtsauffassung auch gerade im konkreten Fall die Geschäftsführung oder dieser Notar als zuständig anzusehen war.[17] **Keine Legitimationswirkung** hätte demgegenüber eine Gesellschafterliste, die vom Gesellschafter selbst (z.B. dem Veräußerer oder Erwerber) oder sonst von einem unbefugten Dritten eingereicht oder gar gefälscht wurde.[18]

13 Geschäftsführer dürfen nicht eigenmächtig, sondern müssen aufgrund der **Mitteilung** eines Mitteilungsbefugten gehandelt[19] bzw. den Betroffenen zumindest die Möglichkeit zur Stellungnahme gegeben haben (§ 40 Rdn. 27 und 30). Auf die Vorlage des in § 40 Abs. 1 Satz 2 GmbHG ebenfalls vorgeschriebenen Nachweises kommt es dagegen nicht an. Etwaige Versäumnisse insoweit sind für Mitgesellschafter, die sich z.B. bei Abstimmungen auf die Angaben in der im Handelsregister aufgenommenen Gesellschafterliste verlassen müssen, regelmäßig nicht erkennbar. Die unmittelbar von der Änderung betroffenen Gesellschafter dagegen sind, wie auch die Gläubiger der Gesellschaft, immerhin durch Schadensersatzansprüche nach § 40 Abs. 3 GmbHG geschützt.

14 Solange die in der Liste genannten Gesellschafter identifizierbar bleiben, ist es im Hinblick auf die Legitimationswirkung unschädlich, wenn einzelne **Angaben** (z.B. das Geburtsdatum oder der Wohnort) **fehlen oder falsch** sind.[20]

3. Rechtsfolge

15 Ab Aufnahme der geänderten Liste im Handelsregister »gilt« der Erwerber – im Sinne einer **unwiderleglichen Vermutung**[21] – im Verhältnis zur Gesellschaft als Inhaber des Geschäftsanteils. Erst ab diesem Zeitpunkt ist die Gesellschaft sowohl berechtigt wie auch verpflichtet, den Erwerber als Inhaber des Geschäftsanteils zu behandeln.[22] Der Erwerber ist daher z.B. auf einer unmittelbar nachfolgenden Gesellschafterversammlung teilnahme- und stimmberechtigt; ging die Ladung zutreffend noch an seinen Rechtsvorgänger, haben sowohl dieser als auch die Geschäftsführer den Erwerber zu informieren, um eine Verkürzung seiner Rechte zu verhindern.[23] Sofern der Erwerber eine AG ist,

---

15 Vgl. *Hasselmann*, NZG 2009, 449, 455 f.; *Bayer*, in: Lutter/Hommelhoff, GmbHG, § 16 Rn. 11, 14; zurückhaltend OLG Frankfurt, GmbHR 2017, 868, 871.

16 BGH, GmbHR 2014, 248.

17 Jetzt auch *Seibt*, in: Scholz, GmbHG, § 16 Rn. 23.

18 *Löbbe*, in: Habersack/Casper/Löbbe, GmbHG, § 16 Rn. 46; weiter gehend aber wohl *Hasselmann*, NZG 2009, 449, 456.

19 *Löbbe*, in: Habersack/Casper/Löbbe, GmbHG, § 16 Rn. 51 ff.

20 *Löbbe*, in: Habersack/Casper/Löbbe, GmbHG, § 16 Rn. 45; zu Formwechsel und Verschmelzung *Mayer*, MittBayNot 2014, 24, 28.

21 *Löbbe*, in: Habersack/Casper/Löbbe, GmbHG, § 16 Rn. 18; *Wiersch*, ZGR 2015, 591, 596 ff.; zu § 67 Abs. 2 *Cahn*, in: Spindler/Stilz, AktG, § 67 Rn. 30; für gesetzliche Fiktion BGH, NJW 2009, 229 Rn. 7 (zu § 16 a.F.) und *Seibt*, in: Scholz, GmbHG, § 16 Rn. 6.

22 Nach BGH, NZG 2015, 478 (zu § 16 a.F.) gilt dies auch bei Nichtigkeit der Geschäftsanteilsübertragung wegen eines Kartellrechtsverstoßes: dazu *Karsten Schmidt*, GmbHR 2015, 505; vgl. auch BGH, NJW 1969, 133 (zu § 16 a.F.); OLG Bremen, GmbHR 2012, 687.

23 *Wolff*, BB 2010, 454, 457; nach *Mayer*, MittBayNot 2014, 24, 29 soll die Geschäftsführung daher vor jedem (auch formfreien) Gesellschafterbeschluss die im Handelsregister aufgenommene Liste einzusehen haben.

ist ggf. zusätzlich die Mitteilungspflicht nach **§ 21 AktG** zu beachten. Vorsicht ist im Hinblick auf § 14 Abs. 1 Satz 1 Nr. 1 KStG auch angebracht, wenn mit der Gesellschaft eine ertragsteuerliche Organschaft begründet werden soll und es hierfür auf den Zeitpunkt der finanziellen Eingliederung ankommt.[24] In den Fällen des Ausschlusses und der Einziehung bleibt dem Betroffenen jedoch die Anfechtungsbefugnis für eine Klage gegen seinen Ausschluss oder die Einziehung seines Geschäftsanteils trotz sofortiger Wirksamkeit erhalten, um der verfassungsrechtlich gebotenen Rechtsschutzmöglichkeit Geltung zu verschaffen, und zwar auch dann, wenn schon vor Erhebung der Klage eine von der Gesellschaft eingereichte geänderte Gesellschafterliste, in der der betroffene Gesellschafter nicht mehr eingetragen ist, im Handelsregister aufgenommen worden ist.[25]

Solange in der im Handelsregister aufgenommenen Liste noch der Rechtsvorgänger eingetragen ist, darf dieser weiterhin an Gesellschafterbeschlüssen mitwirken und Dividendenzahlungen entgegennehmen; ihm stehen weiterhin sämtliche Mitgliedschaftsrechte zu; seine Mitwirkung macht die Beschlüsse weder anfechtbar noch fehlt Dividendenzahlungen der Rechtsgrund.[26] Die Legitimationswirkung des § 16 Abs. 1 setzt nicht einen (noch) existierenden Geschäftsanteil voraus, sondern greift auch bei eingezogenen Geschäftsanteilen.[27] Beruht der Rechtsübergang auf einem Kausalgeschäft, etwa einem Anteilskaufvertrag, sollte daher in diesem geregelt werden, dass der Veräußerer seine Gesellschafterrechte in der Interimszeit nicht oder nur noch mit Zustimmung des Erwerbers ausüben darf und dass der Erwerber bereits entsprechend informiert und **bevollmächtigt** wird, Letzteres z.B. wie folgt: *»Im Hinblick auf § 16 Abs. 1 GmbHG bevollmächtigt hiermit der Veräußerer den Erwerber unter Befreiung von den Beschränkungen des § 181 BGB, ihn bei der Ausübung der Gesellschafterrechte aus den veräußerten Geschäftsanteilen gegenüber der Gesellschaft und Mitgesellschaftern in vollem Umfang zu vertreten, insbesondere das Stimmrecht in der Gesellschafterversammlung auszuüben.«* 16

Die grundsätzlich volle positive und negative Legitimationswirkung der in der Gesellschafterliste eingetragenen Gesellschafter findet ihre Grenze in § 242 BGB.[28] Der Gesellschaft kann die Berufung auf § 16 Abs. 1 S. 1 nach Treu und Glauben ausnahmsweise verwehrt sein, wenn sie selbst durch unredliches Verhalten die Aufnahme der Gesellschafterliste im Handelsregister herbeigeführt hat.[29] Dies hat die Rechtsprechung in einem Fall angeommen, in dem der Gesellschaft nach Einziehung eines Geschäftsanteils durch eine einstweilige Verfügung untersagt wurde, eine neue Gesellschafterliste, die den von der Einziehung Betroffenen nicht mehr als Gesellschafter ausweist, beim Amtsgericht zur Veröffentlichung im Handelsregister einzureichen, und entgegen der gerichtlichen Anordnung eine veränderte Gesellschafterliste zum Handelsregister eingereicht und im Registerordner aufgenommen worden ist.[30] In Anlehnung daran und vor dem Hintergrund des Regelungsziels des § 16 Abs. 1 S. 1 (Rdn. 5) wird man einen die Berufung auf die Legitimationswirkung hindernden Verstoß gegen Treu und Glauben nur annehmen können, wenn sonst schlechthin untragbare Ergebnisse die Folge wären.[31] 16a

24 Näher *Stadler/Bindl*, GmbHR 2010, 412; allgemein zur steuerlichen Relevanz der Gesellschafterliste *Schmich/Schnabelrauch*, GmbHR 2015, 516.

25 BGH, BeckRS 2019, 2668.

26 BGH, NZG 2019, 269, 272; *Seibt*, in: Scholz, GmbHG, § 16 Rn. 36; zur Möglichkeit der »Wegverschmelzung« des tatsächlichen Gesellschafters bei unklaren Beteiligungsverhältnissen *Leyendecker-Langner*, ZGR 2015, 516 und *Schniepp/Hensel*, NZG 2014, 857.

27 BGH, NZG 2019, 269, 272, offen gelassen für einen ausgewiesenen Geschäftsanteil, der zu keinem Zeitpunkt existiert hat.

28 *Heckschen*, NZG 2019, 1097, 1098; *Lieder/Becker*, GmbHR 2019, 441, 447.

29 Vgl. *Cramer/Koch*, DStR 2020, 664, 670, zur Zurechnungsproblematik.

30 BGH, NJW 2019, 3155; aus der Entscheidung folgt zudem, dass die Gesellschaft selbst Gegenerin der Verfügung ist, vgl. zum Rechtsschutz gegen die Legitimationswirkung der Gesellschafterliste auch *Heckschen*, NZG 2019, 1097, 1099, sowie *Cramer/Koch*, DStR 2020, 664, 670.

31 Ähnlich *Cramer/Koch*, DStR 2020, 664, 670, nach denen an eine Ausnahme von der formellen Legitimationswirkung hohe Hürden zu stellen sind; vgl. auch *Lieder/Becker*, GmbHR 2019, 441, 447, die eine Parallelwertung zur Einschränkung von Formvorschriften vornehmen; nach *Miller*, ZIP 2020, 62, 67, seien

17 Auch **Erben** sind ggü. der Gesellschaft nicht bereits mit der Vorlage eines entsprechenden Nachweises, sondern erst mit der Aufnahme der geänderten Liste in das Handelsregister legitimiert.[32] Bis dahin steht der Geschäftsanteil aus Sicht der Gesellschaft noch dem (verstorbenen) Erblasser zu.[33] Die Erben haften jedoch für Verbindlichkeiten des Erblassers ggü. der Gesellschaft gem. §§ 1922, 1967 BGB auch ohne Eintragung, allerdings mit der Möglichkeit der Haftungsbeschränkung nach §§ 1975 ff. BGB. Ab Aufnahme der geänderten Liste in das Handelsregister entfällt wegen § 16 Abs. 2 für rückständige Einlageverpflichtungen auch diese Möglichkeit der Haftungsbeschränkung.[34]

II. Rückwirkung (Satz 2)

18 Die Abhängigkeit von der Aufnahme der geänderten Liste in das Handelsregister führt zu Problemen, wenn sofort nach dem Erwerb der Anteile eine Gesellschafterversammlung abgehalten werden soll, um z.B. notwendige Satzungsänderungen oder einen Geschäftsführerwechsel zu beschließen; praktisch wird dies etwa beim Kauf einer Vorratsgesellschaft.[35] Satz 2 will in derartigen Fällen die **sofortige Handlungsfähigkeit des Erwerbers** sicherstellen. Er erklärt daher eine vom Erwerber in Bezug auf das Gesellschaftsverhältnis vorgenommene Rechtshandlung für *ex tunc* wirksam, wenn die Liste unverzüglich nach Vornahme der Rechtshandlung in das Handelsregister aufgenommen wird. Dennoch verbleiben **Rechtsunsicherheiten**; diese lassen sich bei einer Anteilsabtretung vermeiden, indem (i) noch der Rechtsvorgänger die nötigen Beschlüsse fasst, (ii) der Rechtsvorgänger den Erwerber entsprechend bevollmächtigt (Rdn. 16) oder (iii) Beschlüsse doppelt, nämlich sowohl durch den Rechtsvorgänger als auch durch den Erwerber, gefasst werden.

1. Rechtshandlungen des Erwerbers

19 Satz 2 enthält keine Generalausnahme zu Satz 1, sondern eine **Sonderregelung (nur) für Rechtshandlungen des Erwerbers** in Bezug auf das Gesellschaftsverhältnis. Einschlägige »Rechtshandlungen« sind insb. die Wahrnehmung des Teilnahme-, Rede- und Fragerechts auf Gesellschafterversammlungen, die Ausübung des Stimmrechts und des Anfechtungsrechts bezogen auf Gesellschafterbeschlüsse sowie die Ausübung des Informationsrechts nach § 51a GmbHG.[36] Die Regierungsbegründung nennt als Beispiele, dass der Erwerber an einem satzungsändernden Gesellschafterbeschluss oder einer Bestellung neuer Geschäftsführer »mitwirkt«.[37] Die Rechtshandlung besteht in diesen Fällen in der Stimmabgabe des Erwerbers und ist vom Beschluss der Gesellschafter zu trennen, auch in Bezug auf etwaige Fehlerfolgen. So zieht die (schwebende) Unwirksamkeit der Stimmabgabe nicht zwingend auch die (schwebende) Unwirksamkeit des Beschlusses nach sich (vgl. §§ 241 ff. AktG).[38] Der Rechtsgrund des Erwerbs ist unerheblich: Auch wenn der Gesetzgeber vorrangig den Erwerb eines (maßgeblichen) Geschäftsanteils durch eine sofort wirksame Abtretung vor Augen hatte, muss Satz 2 nach Sinn und Zweck für jede von Satz 1 erfasste Art des Erwerbs gelten, damit z.B. auch für die Gesamtrechtsnachfolge durch Erbfall (Rdn. 7).

---

die Verkehrsschutzinteressen gegen die Individualinteressen der Gesellschaft sowie der beteiligten formellen und vermeintlichen materiellen Gesellschafter abzuwägen..

32 OLG Naumburg, ZIP 2016, 2217, 2219; *Bayer*, in: Lutter/Hommelhoff, GmbHG, § 16 Rn. 43; *Wiersch*, NZG 2015, 1336; a.A. *Altmeppen*, in: Roth/Altmeppen, GmbHG, § 16 Rn. 22 f.; vgl zum Fall des Todes des alleinigen Gesellschafter-Geschäftsführers *Lieder/Pommerening*, ZEV 2019, 564, 569.

33 Zu Konsequenzen für die Ladung und die Möglichkeit einer (ggf. postmortalen) Vollmacht *Lange*, NJW 2016, 1852; *Wolff*, BB 2010, 454, 455 f.; zur Bestellung eines Notgeschäftsführers, wenn der Erblasser zugleich der Alleingeschäftsführer war, *Mayer*, MittBayNot 2014, 114, 124.

34 *Bayer*, in: Lutter/Hommelhoff, GmbHG, § 16 Rn. 44; a.A. *Altmeppen*, in: Roth/Altmeppen, GmbHG, § 16 Rn. 24.

35 Dazu *Müller/Federmann*, BB 2009, 1375.

36 *Seibt* in: Scholz, § 16 Rn. 46; a.A. für die Teilnahme als rein faktische Ausübung von Mitwirkungsrechten *Nolting*, GmbHR 2010, 584, 585.

37 RegBegr. MoMiG, BT-Drucks. 16/6140, 37 f.

38 *Wolff*, BB 2010, 454, 458 f.; vgl. für den Alleingesellschafter BayObLG, NZG 2001, 128.

Rechtshandlungen der Gesellschaft ggü. dem Erwerber wie z.B. die Auszahlung der Dividende sind (vorbehaltlich Rdn. 27) nicht erfasst; der Ausnahmecharakter der Vorschrift spricht hier gegen eine erweiternde Auslegung.[39] 20

2. Unverzüglichkeit der Aufnahme

Die nachfolgende Aufnahme der Liste in das Handelsregister (dazu § 40 Rdn. 32) entfaltet nur dann Rückwirkung, wenn sie **unverzüglich** nach Vornahme der Rechtshandlung erfolgt. »Unverzüglich« bedeutet nach der Legaldefinition des § 121 Abs. 1 Satz 1 BGB »ohne schuldhaftes Zögern«; insoweit wird einerseits eine angemessene Prüfungs- und Überlegungsfrist zugestanden, andererseits (zu § 121 BGB) oft eine Obergrenze von 2 Wochen genannt.[40] Da § 16 Abs. 1 Satz 2 GmbHG nicht auf die Einreichung, sondern auf die Aufnahme der Liste in das Handelsregister abstellt, können nach dem Wortlaut sogar Verzögerungen im Gerichtsablauf das Wirksamwerden der Rechtshandlungen vereiteln.[41] Dem liegt die in der Regierungsbegründung geäußerte Annahme zugrunde, dass die Aufnahme »regelmäßig ebenfalls binnen sehr kurzer Zeit« nach Übermittlung erfolge.[42] Diese Annahme hat sich in der Praxis jedoch als unzutreffend erwiesen, schon wegen der mangelnden Personalausstattung vieler Gerichte, aber auch wegen Rückfragen aufgrund der zu § 40 GmbHG bestehenden Rechtsunsicherheit (§ 40 Rdn. 32). Daher ist die Obergrenze i.R.d. § 16 Abs. 1 Satz 2 GmbHG um diese (vom Gesetzgeber so nicht vorhergesehenen) Gerichtslaufzeiten angemessen auf jedenfalls 4 Wochen zu verlängern.[43] Kürzere Fristen sind nur dann akzeptabel, wenn man – entsprechend dem Rechtsgedanken des § 167 ZPO – für den Fristenlauf Verzögerungen im Verantwortungsbereich des Registergerichts ausklammert.[44] Nicht mit dem Gesetz vereinbar ist der weitergehende Vorschlag, auch Verzögerungen im Bereich der Geschäftsführer oder des Notars für unbeachtlich zu erklären.[45] 21

Der **Fristbeginn** wird oft nicht oder nur sehr ungenau angegeben,[46] steht jedoch eindeutig im Gesetz: Anders als bei § 40 GmbHG ist Bezugspunkt für die Unverzüglichkeit nicht das »Wirksamwerden jeder Veränderung«, sondern die spätere »Vornahme der Rechtshandlung«.[47] Es ist daher unschädlich, wenn die Korrektur der Liste nach einer Veränderung in den Personen der Gesellschafter oder ihres Beteiligungsumfangs zunächst versäumt wird, jedoch im Anschluss an die zu beurteilende Rechtshandlung unverzüglich nachgeholt wird. Denn die Unverzüglichkeit ist angeordnet, damit nach Vornahme einer Rechtshandlung schnellstmöglich Gewissheit über ihre Wirksamkeit besteht, nicht dagegen zur Sanktionierung vorausgegangener Säumigkeit. Deshalb ist die Unverzüglichkeit auch mit Blick auf jede Rechtshandlung gesondert zu prüfen. 22

Wird der Geschäftsanteil unter einer **aufschiebenden Bedingung** (z.B. Kaufpreiszahlung) abgetreten, so gehen Rechtshandlungen, die der Erwerber *vor* Eintritt der Bedingung vornimmt, ins Leere. § 16 Abs. 1 Satz 2 GmbHG greift nicht, weil es sich nicht um eine »vom Erwerber« vorgenommene Rechtshandlung, sondern um die Rechtshandlung eines materiell Noch-Nicht-Berechtigten handelt. Die Vorschrift will lediglich die Interimszeit zwischen dem materiell wirksamen Erwerb des Geschäftsanteils und der formellen Legitimation des Erwerbers überbrücken. 23

39 *Löbbe*, in: Habersack/Casper/Löbbe, GmbHG, § 16 Rn. 87.
40 *Ellenberger*, in: Palandt, BGB, § 121 Rn. 3; *Ebbing*, in: Michalski, GmbHG, § 16 Rn. 129.
41 So *Ebbing*, in: Michalski, GmbHG, § 16 Rn. 130; *Heidinger*, in: MünchKommGmbHG, § 16 Rn. 163; *Löbbe*, in: Habersack/Casper/Löbbe, GmbHG, § 16 Rn. 89; *Gasteyer/Goldschmidt*, ZIP 2008, 1906, 1909.
42 Begr. RegE zu § 16, BT-Drucks. 16/6140, S. 38.
43 Vgl. *Seibt*, in: Scholz, GmbHG, § 16 Rn. 47: 4 Wochen bis Einreichung; a.A. *Bayer*, in: Lutter/Hommelhoff, GmbHG, § 16 Rn. 49: 1–2 Monate wesentlich zu lang.
44 Vgl. *Krafka/Kühn*, Registerrecht, Rn. 1102a; *Mayer*, MittBayNot 2014, 24, 29.
45 Dafür *Link*, RNotZ 2009, 193, 212; *Nolting*, GmbHR 2010, 584, 586.
46 Vgl. etwa *Seibt*, in: Scholz, GmbHG, § 16 Rn. 47, der die Frist »vom Eintritt der Veränderung« an rechnet.
47 Zutreffend *Nolting*, GmbHR 2010, 584, 586, Fn. 21.

3. Rechtsfolge

24 Die vor Aufnahme der geänderten Liste in das Handelsregister vorgenommene Rechtshandlung (Rdn. 19) ist zunächst **schwebend unwirksam**. Sie wird rückwirkend (*ex tunc*) wirksam, wenn die geänderte Liste unverzüglich aufgenommen wird; sonst ist sie endgültig unwirksam.[48] In der Literatur werden daher Parallelen zur ebenfalls rückwirkenden Genehmigung nach § 184 Abs. 1 BGB gezogen.[49]

25 Diese **Rückwirkung** kann, **umfassend verstanden**, teilweise absonderliche Konsequenzen haben. Dies gilt insb. in dem praktisch wichtigen Fall, dass dem noch nicht eingetragenen Erwerber E bereits die Teilnahme an einer Gesellschafterversammlung erlaubt wird, in der z.B. über eine Satzungsänderung abgestimmt werden soll; die hierfür erforderliche Dreiviertelmehrheit mag nur erreicht werden, wenn man die Stimmen des E mitzählt, sonst verfehlt werden. Der Versammlungsleiter gerät hierdurch in eine »Zwickmühle«: Wenn er die Stimmen des E nicht mitzählt, entspricht das der Rechtslage (§ 16 Abs. 1 Satz 1 GmbHG) und ist ein entsprechend festgestellter Beschluss zunächst fehlerfrei; falls die den E ausweisende Liste unverzüglich danach in das Handelsregister aufgenommen wird, soll der Beschluss wegen der in Satz 2 angeordneten Rückwirkung jedoch nachträglich anfechtbar werden.[50] Wenn er die Stimmen des E dagegen mitzählt, ist der Beschluss zunächst anfechtbar; nach unverzüglicher Aufnahme der Liste wäre eine etwaige Anfechtungsklage jedoch für erledigt zu erklären. Als Ausweg wird vorgeschlagen, dass der Versammlungsleiter den Beschlussinhalt nicht förmlich feststellt, sondern nur die Stimmverhältnisse aufnimmt, sodass sich der Beschlussinhalt nach der endgültigen materiellen Rechtslage richtet.[51]

26 Ein solches **rückwirkendes Umschlagen** eines fehlerfreien Beschlusses in einen fehlerhaften Beschluss ist unter dem Gesichtspunkt der Rechtssicherheit kaum akzeptabel und zu vermeiden, indem man Satz 2 als bloße **Heilungsvorschrift** versteht: Vielfach liegt es im Interesse aller Beteiligten, einen Erwerber in Erwartung »seiner« bevorstehenden Aufnahme in das Handelsregister bereits als Gesellschafter behandeln zu können, um insb. von diesem gewünschte oder sonst erforderliche Änderungen der Satzung oder Geschäftsführung zu beschließen. Typische Beispiele sind der Verkauf des gesamten Unternehmens, der Einstieg eines dringend benötigten Investors, die Begründung eines Joint Venture oder der Erwerb einer Vorratsgesellschaft. Daneben wird es Fälle geben, in denen die Gesellschafterliste aus Rechtsunkenntnis, wegen eines Versäumnisses der betroffenen Gesellschafter oder Geschäftsführer oder auch ganz einfach aufgrund der zeitlichen Abläufe (z.B. bei einem plötzlichen Erbfall) nicht rechtzeitig geändert wurde. In all diesen Fällen kann Satz 2 einen Verstoß gegen Satz 1 heilen und einen zunächst (gewollt oder ungewollt) fehlerhaft festgestellten Beschluss *ex tunc* in einen fehlerfreien Beschluss verwandeln. Ein vergleichbares Bedürfnis, umgekehrt auch Beschlüsse, die nach Recht und Gesetz (§ 16 Abs. 1 Satz 1 GmbHG) zunächst fehlerfrei gefasst worden sind, nachträglich für *ex tunc* fehlerhaft erklären zu können, besteht m.E. nicht. Denn abgesehen davon, dass in vielen Fällen noch der Rechtsvorgänger an der Beschlussfassung teilnehmen oder Vollmacht erteilen kann (Rdn. 18), geht bei derivativem Erwerb auch dessen etwaiges Anfechtungsrecht auf den Erwerber über;[52] in den danach verbleibenden Fällen dürfte das Interesse der übrigen Gesellschafter an Rechtssicherheit das Schutzinteresse des Erwerbers regelmäßig überwiegen.

27 Der **Erbe des einzigen Gesellschafter-Geschäftsführers** kann sich die Rückwirkung nach Satz 2 zunutze machen, indem er sich selbst oder einen Dritten zum Geschäftsführer bestellt und sodann eine korrigierte Gesellschafterliste einreicht bzw. einreichen (lässt). Der neu bestellte Geschäftsführer ist, auch wenn man seine Bestellung für schwebend unwirksam hält (vgl. Rdn. 24),[53] jedenfalls

48 Begr. RegE zu § 16, BT-Drucks. 16/6140, S. 38.
49 *Gasteyer/Goldschmidt*, ZIP 2008, 1906, 1907 f.
50 *Nolting*, GmbHR 2010, 584, 585; ähnlich *Wolff*, BB 2010, 454, 459.
51 *Nolting*, GmbHR 2010, 584, 586.
52 Vgl. *K. Schmidt*, in: Scholz, GmbHG, § 45 Rn. 130, 132.
53 Vgl. BayObLG, NZG 2001, 128.

legitimiert, die neue Gesellschafterliste einzureichen (im Fall der Anteilsabtretung kann sich das Problem wegen der verdrängenden Zuständigkeit des Notars, § 40 Abs. 2 GmbHG, nur bei Auslandsbeurkundung stellen).[54] Auch andere **Rechtshandlungen eines neu bestellten Geschäftsführers** werden nach Satz 2 zusammen mit den Rechtshandlungen des ihn bestellenden Erwerbers rückwirkend wirksam.[55] Wenn die Voraussetzungen des Satz 2 dagegen nicht eintreten, insb. die geänderte Liste nicht unverzüglich aufgenommen wird, gelten die allgemeinen Regeln. Ab Eintragung des neuen Geschäftsführers im Handelsregister wären Dritte daher durch § 15 Abs. 3 HGB geschützt;[56] regelmäßig wird das Registergericht die Eintragung des Geschäftsführerwechsels mit der Aufnahme der geänderten Liste verbinden bzw. von dieser abhängig machen. Größere Relevanz dürften daher die Annahme einer Anscheins- oder Duldungsvollmacht sowie die Grundsätze der fehlerhaften Organstellung haben.[57]

C. Haftung für rückständige Einlageverpflichtungen (Abs. 2)

§ 16 Abs. 3 GmbHG a.F. bestimmte, dass der Erwerber für die z.Zt. der (damals maßgeblichen) Anmeldung auf den Geschäftsanteil rückständigen Leistungen neben dem Veräußerer haftet. Abs. 2 schreibt diese Regelung fort, ersetzt jedoch – Abs. 1 folgend – die Anmeldung bei der Gesellschaft durch den Zeitpunkt der Aufnahme der entsprechend geänderten Liste in das Handelsregister und den Begriff der »auf den Geschäftsanteil rückständigen Leistungen« durch den der rückständigen »Einlageverpflichtungen«. Mit Aufnahme der geänderten Liste in das Handelsregister tritt der Erwerber grds. in alle Mitgliedschaftsrechte und -pflichten ein und wird der Veräußerer entsprechend von allen Verpflichtungen ggü. der Gesellschaft befreit. Jedoch soll sich der Veräußerer seiner Haftung für fällige Einlageleistungen nicht durch Veräußerung seines Anteils entziehen können.[58] Für rückständige Einlageverpflichtungen ordnet Abs. 2 daher die gesamtschuldnerische Haftung von Erwerber und Veräußerer an. 28

Rückständig sind Einlageverpflichtungen, die fällig geworden, aber nicht bewirkt sind.[59] Die Fälligkeit richtet sich nach dem Gesellschaftsvertrag. Sofern dieser lediglich bestimmt, dass Einlagen in bar zu leisten sind, aber nicht die sofortige Leistung anordnet, müssen die Gesellschafter diese erst noch einfordern (§ 46 Nr. 2 GmbHG).[60] Häufig erlaubt die Satzung auch die Anforderung durch den Geschäftsführer; dann tritt Fälligkeit erst mit deren Zugang beim Gesellschafter ein. Hat der Veräußerer die Einlage ordnungsgemäß bewirkt, haftet er nicht, wenn der Erwerber diese nach Aufnahme der geänderten Liste wieder entnimmt.[61] 29

Die Verengung des Wortlauts auf »**Einlageverpflichtungen**« durch das MoMiG sollte den früheren Haftungsumfang offenbar nicht einschränken; Veräußerer und Erwerber haften daher gesamtschuldnerisch auch für andere »auf den Geschäftsanteil bezogene rückständige Leistungen«.[62] Dies betrifft neben der Differenzhaftung nach § 9 GmbHG[63] auch Nachschüsse (§ 26 GmbHG) und Nebenleistungspflichten (§ 3 Abs. 2 GmbHG) sowie Einstandspflichten nach § 24 GmbHG[64] und § 31 Abs. 3 GmbHG. Auch die Verpflichtung des Gesellschafters, eine zum Zeitpunkt einer 30

54 *Löbbe*, in: Habersack/Casper/Löbbe, GmbHG, § 16 Rn. 92; *Seibt*, in: Scholz, GmbHG, § 16 Rn. 49.
55 *Löbbe*, in: Habersack/Casper/Löbbe, GmbHG, § 16 Rn. 92; *Seibt*, in: Scholz, GmbHG, § 16 Rn. 49.
56 *Löbbe*, in: Habersack/Casper/Löbbe, GmbHG, § 16 Rn. 92; *Seibt*, in: Scholz, GmbHG, § 16 Rn. 49.
57 Ausführlich *Barthel*, GmbHR 2009, 569.
58 BGH, DStR 2015, 1983, 1985 (Tz. 19).
59 Auch ein Erwerber ist (im Verhältnis zur Gesellschaft) für die Erbringung der Einlage darlegungs- und beweispflichtig; er kann ggf. bei den Vorinhabern nachforschen oder diesen den Streit verkünden, OLG Karlsruhe, GmbHR 2014, 144.
60 BGH, GmbHR 1961, 144, 145 (zu § 16 Abs. 3 a.F.).
61 BGHZ 165, 352 (zu § 16 Abs. 3 a.F.).
62 BGH, NZG 2018, 1344, 1347; *Battke*, GmbHR 2014, 747. 749 f.; *Servatius*, in: Baumbach/Hueck, GmbHG, § 16 Rn. 22 f.; *Seibt*, in: Scholz, GmbHG, § 16 Rn. 52.
63 BGHZ 68, 191, 196 (zu § 16 Abs. 3 a.F.); obiter auch BGHZ 192, 341 Rn. 31 (zu § 16 Abs. 3 a.F.).
64 BGH, NZG 2018, 1344, 1345.

wirtschaftlichen Neugründung bestehende Unterbilanz auszugleichen, sieht der BGH (nach altem Recht) als »rückständige Leistung« an, für die der Erwerber haftet.[65] Die Rückgewährpflicht nach § 31 Abs. 1 GmbHG, die den Veräußerer im Fall einer verbotenen Stammkapitalauszahlung treffen kann, dürfte dagegen keine rückständige Einlageverpflichtung sein, sodass der Erwerber hierfür (über § 31 Abs. 3 GmbHG hinaus) nicht haftet.[66]

31 Die **gesamtschuldnerische Haftung von Veräußerer und Erwerber** kann weder durch die Satzung noch durch vertragliche Vereinbarung zulasten der Gesellschaft ausgeschlossen oder beschränkt werden. Im Innenverhältnis zwischen Veräußerer und Erwerber wird das Risiko jedenfalls beim Anteilskauf durch die Vereinbarung entsprechender Zusicherungen regelmäßig dem Veräußerer zugewiesen. Insoweit ist streitig, inwieweit auch ein **arglistig getäuschter (Schein-) Erwerber** für rückständige Einlageverpflichtungen haften muss. Nach dem BGH kann sich der Erwerber der Haftung auch durch Anfechtung gem. § 123 BGB nicht rückwirkend entziehen.[67] Das OLG Hamm und eine neuere Meinung in der Literatur will den Abs. 3 a.F. bzw. Abs. 2 n.F. dagegen auf bereits abgeschlossene Sachverhalte teleologisch reduzieren. Damit bildet die Anmeldung bzw. heute Aufnahme der Liste einen Rechtsgrund nur für bis dahin erbrachte Zahlungen des Scheinerwerbers; nach dem Widerruf der Anmeldung bzw. der Korrektur der Liste sei es jedoch nicht mehr gerechtfertigt, den nur vorübergehend legitimierten Scheinerwerber für rückständige Leistungen weiterhin in Anspruch zu nehmen.[68] Angesichts der zwischenzeitlichen Aufwertung der im Handelsregister aufgenommenen Gesellschafterliste durch das MoMiG ist offen, ob der BGH dem folgen würde.

32 Für eine vom Veräußerer nicht bewirkte Sacheinlage haftet der Erwerber in bar. Für Leistungen, die erst nach der Aufnahme der Liste fällig werden, haftet der Veräußerer nicht mehr.

D. Erwerb vom Nichtberechtigten (Abs. 3)

33 Der durch das MoMiG neu eingeführte Abs. 3 ermöglicht in Anlehnung an § 892 BGB den gutgläubigen Erwerb vom Nichtberechtigten: Wer einen Geschäftsanteil oder ein Recht daran durch Rechtsgeschäft erwirbt, soll grds. auf die Verfügungsbefugnis des Veräußerers vertrauen dürfen, wenn dieser in der im Handelsregister aufgenommenen Gesellschafterliste als Inhaber des Geschäftsanteils eingetragen ist. Die Gesellschafterliste wird damit zum **Rechtsscheinträger.** Ziel ist die Minderung unnötig hoher Transaktionskosten und sonst bestehender Rechtsunsicherheiten.[69] Denn während Aktien, sofern sie verbrieft sind, seit jeher auch gutgläubig vom Nichtberechtigten erworben werden können (durch Übereignung nach §§ 929 ff., 932 ff. BGB bzw. Indossament nach § 68 AktG i.V.m. Art. 16 WG), war dies bei GmbH-Geschäftsanteilen bisher nur in einem Ausnahmefall möglich: Möglich war und ist der gutgläubige Erwerb vom »**Scheinerben**« auf der Grundlage eines Erbscheins (§ 2366 BGB). In allen übrigen Fällen ging die Abtretung von Geschäftsanteilen nach §§ 398, 413 BGB dagegen ins Leere, wenn der in die Gesellschafterliste eingetragene Veräußerer in Wahrheit gar nicht verfügungsbefugt war. In der Folge musste bei der Veräußerung von Geschäftsanteilen i.R.d. Due Diligence jeweils die gesamte bisherige **Anteilshistorie** nachvollzogen werden und der Veräußerer zudem garantieren, dass ihm der Geschäftsanteil auch tatsächlich zustand. Völlige Rechtssicherheit war auf diese Weise jedoch nicht zu erlangen, da Zwischenverfügungen weiterhin unerkannt bleiben konnten und auch die Rechtsmängelhaftung des Veräußerers keinen Anteilserwerb gegen den Willen des wahren Berechtigten ermöglichte.[70]

---

65 BGH, GmbHR 2014, 317; BGHZ 192, 341 Rn. 31 ff. (jeweils zu § 16 Abs. 3 a.F.).

66 Früher sehr str.; a.A. OLG Köln, NZI 2011, 376, 377 f. (zu § 16 Abs. 3 a.F.); wie hier *Altmeppen*, in: Roth/Altmeppen, GmbHG, § 16 Rn. 30 ff.; ggf. für eine analoge Anwendung des Abs. 2 *Löbbe*, in: Habersack/Casper/Löbbe, GmbHG, § 16 Rn. 100 f.

67 BGHZ 84, 47; BGH, NJW 2007, 1058, 1059 Rn. 20 (VIII. Senat); *Battke*, GmbHR 2014, 747. 749.

68 OLG Hamm, GmbHR 2006, 252 m. zust. Anm. *K.J. Müller*, *Krafczyk/Gerlach*, GmbHR 2006, 1038; *Bayer*, in: Lutter/Hommelhoff, GmbHG, § 16 Rn. 61.

69 Begr. RegE MoMiG zu § 16, BT-Drucks. 16/6140, S. 38.

70 Vgl. Begr. RegE MoMiG zu § 16, BT-Drucks. 16/6140, S. 38.

I. Grundsatz (Satz 1)

1. Erwerb eines Geschäftsanteils oder Rechts daran

Gegenstand des gutgläubigen Erwerbs kann nur ein tatsächlich bestehender »Geschäftsanteil oder ein Recht daran« sein. Da die Vorschrift nur den guten Glauben an die Verfügungsbefugnis schützen will, können in der Liste zwar aufgeführte, jedoch **nicht existente Geschäftsanteile** nicht gutgläubig erworben werden. Die Regierungsbegründung ist insoweit eindeutig;[71] relevant wird dies etwa im Fall einer (unerkannt) nichtigen Kapitalerhöhung.[72] 34

Streitig ist, ob deshalb auch bereits ein gutgläubiger Erwerb von »so nicht existenten«, nämlich in der Gesellschafterliste **unrichtig gestückelten Geschäftsanteilen** ausscheidet. Hierzu kann es schon kommen, wenn die Teilung oder Zusammenlegung von Anteilen in der Gesellschafterliste nicht zutreffend abgebildet ist; so mag der Veräußerer statt der beiden ausgewiesenen Anteile zu je 250 € einen einheitlichen Anteil zu 500 € halten bzw. umgekehrt. Schon früher hat die Rechtsprechung in Fällen einer zusammenfassenden Falschbezeichnung von Anteilen gelegentlich durch Auslegung geholfen, wenn nämlich keine ernstlichen Zweifel am Gegenstand der Abtretung entstehen, weil z.B. die gesamte Beteiligung abgetreten wird.[73] Der überwiegende Teil des Schrifttums geht nunmehr zutreffend weiter und erlaubt den gutgläubigen Erwerb von Anteilen in der in der Gesellschafterliste (unrichtig) ausgewiesenen Stückelung, mit der Folge einer Teilung oder Zusammenlegung *ex lege*: Wer einen Geschäftsanteil von einem Nichtberechtigten erwerben kann, sollte dies erst recht von einem »Nicht-so-Berechtigten« können, sofern diesem in Summe entsprechende Geschäftsanteile gehören. Die Zulassung einer »Neustückelung« *ex lege* greift dann lediglich in die Kompetenz der Gesellschafterversammlung zur Teilung und Zusammenlegung von Anteilen (§ 46 Nr. 4 GmbHG) ein.[74] Weitergehend sollte man (insoweit entgegen der h.M.) einen gutgläubigen Erwerb auch dann zulassen, wenn der Veräußerer z.B. nur Inhaber eines Anteils zu 500 € ist, die Liste diesen jedoch – zulasten eines anderen Gesellschafters – mit 600 € ausweist; in diesem Fall existiert der überschießende Betrag immerhin als Teil eines anderen Geschäftsanteils (im Unterschied zu Rdn. 34).[75] Die Sätze 2 ff. enthalten die insoweit notwendigen Restriktionen. 35

Von einem Nichtberechtigten kann nicht nur der Geschäftsanteil selbst, sondern auch ein **(dingliches) Recht an dem Geschäftsanteil**, namentlich ein Pfandrecht (§ 1274 BGB) oder Nießbrauch (§ 1068 BGB), gutgläubig erworben werden. Die Unterbeteiligung fällt als rein schuldrechtliche Position nicht unter Abs. 3. 36

Davon zu trennen ist der **gutgläubig lastenfreie Erwerb** eines in Wahrheit (mit einem Pfandrecht oder Nießbrauch) belasteten Geschäftsanteils. Dieser ist – nachdem diese Möglichkeit im Gesetzgebungsverfahren umfassend diskutiert, aber nicht umgesetzt wurde – *de lege lata* nicht möglich.[76] Die Gesellschafterliste hat hierzu ohnehin keine Eintragungen zu enthalten. Gleiches gilt für das (Nicht-) Bestehen von Verfügungsbeschränkungen über Geschäftsanteile aufgrund satzungsmäßiger **Vinkulierungsklauseln** (§ 15 Abs. 5).[77] 37

Bei einer **aufschiebend bedingten Anteilsabtretung** schützt § 161 Abs. 1 Satz 1 BGB den Erst-Erwerber vor Zwischenverfügungen des Veräußerers – diese werden mit Bedingungseintritt 38

---

71 Begr. RegE MoMiG zu § 16, BT-Drucks. 16/6140, S. 39.

72 Näher *Seibt*, in: Scholz, GmbHG, § 16 Rn. 69.

73 BGH, NJW-RR 1987, 807 f.

74 *Wicke*, GmbHG, § 16 Rn. 15; *Böttcher/Blasche*, NZG 2007, 565; *Götze/Bressler*, NZG 2007, 894, 897; mit Differenzierungen *Seibt*, in: Scholz, GmbHG, § 16 Rn. 70 ff.; *Löbbe*, in: Habersack/Casper/Löbbe, GmbHG, § 16 Rn. 128 ff.; a.A. *Bayer*, in: Lutter/Hommelhoff, GmbHG, § 16 Rn. 73; *Heidinger*, in: MünchKommGmbHG, § 16 Rn. 323 ff.

75 So schon *Wicke*, GmbHG, § 16 Rn. 15.

76 *Seibt*, in: Scholz, GmbHG, § 16 Rn. 73 f. (befürwortend *de lege ferenda*); a.A. *Reymann*, WM 2008, 2095, 2098 ff.

77 Dazu *Seibt*, in: Scholz, GmbHG, § 16 Rn. 76; *Brandes*, in: Bork/Schäfer, GmbHG, § 16 Rn. 39.

unwirksam. Nach § 161 Abs. 3 BGB kommen jedoch Gutglaubensvorschriften zur Anwendung. Ob und in welchem Umfang § 161 Abs. 3 BGB auf § 16 Abs. 3 GmbHG verweist und dies den Schutz des Erst-Erwerbers relativiert, wird unterschiedlich beurteilt. § 16 Abs. 3 GmbHG regelt explizit den Erwerb des Geschäftsanteils vom Nichtberechtigten und stellt damit zwar eine Vorschrift i.S. von § 161 Abs. 3 BGB dar.[78] Etwaige aufschiebend bedingte Verfügungen sind in der Gesellschafterliste jedoch nicht zu vermerken. Nach dem BGH kann daher die Gesellschafterliste auch keinen Rechtsschein setzen, dass der in der Liste eingetragene Inhaber des Geschäftsanteils über diesen nicht bereits aufschiebend bedingt verfügt hat. Aus diesem fehlenden Rechtsschein schließt der BGH, dass § 16 Abs. 3 GmbHG vor Bedingungseintritt auch keinen gutgläubigen Zweiterwerb ermöglicht.[79] Diese Nichtanwendung von § 16 Abs. 3 GmbHG dürfte dem Grundgedanken des § 161 Abs. 3 BGB zuwiderlaufen; danach ist ein Erwerber, der ein Recht kraft guten Glaubens auch vom Nichtberechtigten hätte erwerben können, *erst recht* schutzwürdig, wenn er es vom (noch) Berechtigten erwirbt.[80] Zur Möglichkeit der Absicherung des Erwerbers durch Zuordnung eines Widerspruchs s. Rdn. 55.

2. Erwerb durch Rechtsgeschäft

39 Wie bei § 892 BGB wird der Gutglaubensschutz nur im Zusammenhang mit einem **rechtsgeschäftlichen Erwerb** gewährt. Daher kann ein Geschäftsanteil weder i.R.d. Zwangsvollstreckung noch im Wege der Gesamtrechtsnachfolge (durch Erbfall, Umwandlung, Anwachsung) gutgläubig erworben werden.[81] Dem Erwerb muss zudem ein **Verkehrsgeschäft** zugrunde liegen, d.h. Veräußerer und Erwerber dürfen nicht rechtlich oder wirtschaftlich identisch sein. Diese auch zu § 892 BGB anerkannte teleologische Reduktion verhindert, dass sich der Nichtberechtigte das zu Unrecht eingetragene Recht selbst verschafft. Daher ist ein gutgläubiger Erwerb z.B. ausgeschlossen bei der Schenkung an ein Kind, das durch den Nichtberechtigten vertreten wird, und bei der Einbringung in eine Gesellschaft, deren Allein- oder Mehrheitsgesellschafter der Berechtigte ist.[82]

3. Erwerb vom eingetragenen Nichtberechtigten

40 Schließlich muss der Nichtberechtigte in der im Handelsregister aufgenommenen Gesellschafterliste als Inhaber des Geschäftsanteils eingetragen sein. Der parallele Wortlaut in Abs. 1 Satz 1 und Abs. 3 Satz 1 spricht dafür, an die **Tauglichkeit einer Gesellschafterliste als Rechtsscheinsträger** in beiden Regelungsbereichen grds. gleiche Anforderungen zu stellen: Wer nach Abs. 1 Satz 1 im Verhältnis zur Gesellschaft als Inhaber eines Geschäftsanteils gilt (Rdn. 11 ff.), von dem sollte ein Dritter eben diesen Geschäftsanteil unter den Voraussetzungen des Abs. 3 auch gutgläubig erwerben können, und umgekehrt. Während i.R.d. Abs. 1 jedoch Unstimmigkeiten im Innenverhältnis zur Gesellschaft zeitnah geklärt werden können und deshalb einer sofortigen Legitimationswirkung entgegenstehen, hat Abs. 3 deutlich längere Zeiträume (vgl. Satz 2) und zudem das Außenverhältnis zu gesellschaftsfremden Dritten im Blick. Für den gutgläubigen Erwerb nach Abs. 3 genügt daher weitergehend schon eine *scheinbar* ordnungsgemäß zustande gekommene Liste. Die Einreichung durch einen (abstrakt) Unzuständigen, fehlende Mitteilung nach § 40 Abs. 1 Satz 2 GmbHG oder gar Fälschung hindern den Erwerb vom Nichtberechtigten daher nur, wenn der Erwerber diesen Mangel erkannt hat oder erkennen musste (Satz 3).[83]

---

78 BGHZ 191, 84 Rn. 19; dazu *Löbbe*, in: Habersack/Casper/Löbbe, GmbHG, § 16 Rn. 136 ff.; abl. *Bayer*, in: Lutter/Hommelhoff, GmbHG, § 16 Rn. 80; LG Köln, ZIP 2009, 1915; dazu *Oppermann*, DB 2009, 2306.

79 BGHZ 191, 84; OLG Hamburg, ZIP 2010, 2097; *Mayer/Färber*, GmbHR 2011, 785, 791 f.

80 Vgl. *Ellenberger*, in: Palandt, BGB, § 161 Rn. 3.

81 *Löbbe*, in: Habersack/Casper/Löbbe, GmbHG, § 16 Rn. 145.

82 *Seibt*, in: Scholz, GmbHG, § 16 Rn. 65; *Bayer*, in: Lutter/Hommelhoff, GmbHG, § 16 Rn. 87; vgl. zu § 892 BGB BGH, NJW 2007, 3204 Rn. 21 f.

83 Ähnlich *Löbbe*, in: Habersack/Casper/Löbbe, GmbHG, § 16 Rn. 148 ff.; a.A. *Altmeppen*, in: Roth/Altmeppen, GmbHG, § 16 Rn. 80: Unrichtigkeit müsse dem wahren Rechtsinhaber zuzurechnen sein.

II. Ausschlussgründe (Satz 2 ff.)

Auch wenn der Veräußerer in der im Handelsregister aufgenommenen Gesellschafterliste als Inhaber des Geschäftsanteils eingetragen ist, scheidet ein Erwerb vom Nichtberechtigten aus, wenn 41

- die Unrichtigkeit dem Berechtigten nicht zuzurechnen und die Liste hinsichtlich des Geschäftsanteils weniger als 3 Jahre unrichtig ist;
- der Erwerber die mangelnde Berechtigung kennt oder infolge grober Fahrlässigkeit nicht kennt; oder
- der Liste insoweit ein Widerspruch zugeordnet ist.

Ins Positive gewendet ist ein *gutgläubiger* Erwerb also möglich, wenn die Liste seit mindestens 3 Jahren unrichtig ist oder sogar ohne diese Dreijahresfrist, wenn die Unrichtigkeit dem Berechtigten zuzurechnen ist. Die kompliziertere Formulierung des Gesetzes ist der Beweislastverteilung geschuldet. Sie soll deutlich machen, dass jeweils der Berechtigte die **Beweislast** für die noch laufende Dreijahresfrist, die fehlende Zurechenbarkeit und die fehlende Gutgläubigkeit des Erwerbers trägt.

Diese den Gutglaubensschutz erheblich einschränkenden Bestimmungen finden keine Entsprechung bei § 892 BGB. 42

1. Dreijahresfrist

Ein Geschäftsanteil kann gutgläubig erworben werden, wenn die Liste hinsichtlich dieses Geschäftsanteils bereits seit 3 Jahren unrichtig ist. Es empfiehlt sich daher für Gesellschafter, die in das Handelsregister aufgenommene Liste in regelmäßigen Abständen online auf ihre Richtigkeit hin zu überprüfen bzw. die Geschäftsführer zu verpflichten, in regelmäßigen Abständen (z.B. mit dem jeweiligen Jahresabschluss) die aktuelle Gesellschafterliste zu übersenden.[84] 43

Die **Dreijahresfrist beginnt** in dem Zeitpunkt, in dem eine unrichtige Liste in das Handelsregister aufgenommen wird oder in dem eine bei Aufnahme zunächst noch richtige Liste unrichtig wird. Dass der Veräußerer seit 3 Jahren in die Liste eingetragen ist, ermöglicht daher nicht in jedem Fall einen gutgläubigen Erwerb vom Nichtberechtigten. 44

▶ **Beispiel:**[85]

A ist seit 2008 als Gesellschafter in die Liste eingetragen und veräußert seinen Geschäftsanteil 2010 an B; die Einreichung einer neuen Liste unterbleibt. 2012 veräußert A den Geschäftsanteil erneut an den gutgläubigen C. – Die Liste war 2012 erst 2 Jahre unrichtig, ein gutgläubiger Erwerb von dem dort seit 3 Jahren eingetragenen A somit nicht möglich. 45

Bei **Erwerbsketten** ist entscheidend, dass der- oder diejenigen, die im Laufe der vorangegangenen 3 Jahre als Inhaber in der Gesellschafterliste eingetragen waren, durchgehend nicht die wahren Berechtigten waren. Unerheblich ist, ob mehrere Listen eingereicht wurden, die den Geschäftsanteil verschiedenen Personen zuweisen; sämtliche im Handelsregister aufgenommenen Listen werden insoweit als eine fortgeschriebene Liste behandelt.[86] 46

▶ **Beispiel:**[87]

A veräußert in 2008 einen Geschäftsanteil an B, der ihn 2010 an C weiterveräußert. Sowohl B als auch anschließend C werden in die Liste eingetragen. Beide Veräußerungen waren wegen Nichtbeachtung einer Vinkulierungsklausel unwirksam. Nach Abschaffung der Vinkulierungsklausel veräußert C den Geschäftsanteil 2012 an den gutgläubigen D. – Obwohl die Liste 2012 erst seit 2 Jahren den C als Gesellschafter auswies, war sie doch bereits seit 4 Jahren unrichtig und somit ein gutgläubiger Erwerb möglich. 47

84 Vgl. *Wachter*, ZNotP 2008, 378, 395; *Brandes*, in: Bork/Schäfer, GmbHG, § 16 Rn. 48.
85 Vgl. *Grunewald*, Der Konzern 2007, 13, 15.
86 Begr. RegE MoMiG zu § 16, BT-Drucks. 16/6140, S. 39.
87 Vgl. *Götze/Bressler*, NZG 2007, 894, 897.

48 Nur wenn zwischenzeitlich eine hinsichtlich des betreffenden Geschäftsanteils richtige Liste eingereicht wird, anschließend aber erneut eine unrichtige Liste aufgenommen wird, beginnt die Dreijahresfrist erneut.[88]

2. Zurechenbare Unrichtigkeit

49 Ist die Unrichtigkeit dem Berechtigten sogar zuzurechnen, kann der Geschäftsanteil sofort, d.h. ohne Rücksicht auf die Dreijahresfrist, gutgläubig erworben werden. **Nicht zuzurechnen** ist etwa der Fall, dass der Geschäftsführer ohne Wissen des Gesellschafters eine falsche Liste einreicht, in der dessen Rechtsstellung nicht mehr vollständig aufgeführt ist.[89] In diesem Fall könnte daher ein Dritter erst nach Ablauf der Dreijahresfrist gutgläubig erwerben. **Dem Berechtigten zuzurechnen** soll demgegenüber nach der Regierungsbegründung der Fall sein, dass zunächst ein Scheinerbe des früheren Gesellschafters in der Liste eingetragen wird und der wahre Erbe es unterlässt, die Geschäftsführer zur Einreichung einer korrigierten Liste zu veranlassen.[90]

3. Bösgläubigkeit

50 Stets ausgeschlossen ist ein gutgläubiger Erwerb, wenn dem Erwerber die mangelnde Berechtigung bekannt oder infolge grober Fahrlässigkeit unbekannt ist (Abs. 3 Satz 3). Eine solche **grob fahrlässige Unkenntnis** hat der BGH zu § 932 Abs. 2 BGB angenommen, »wenn ganz naheliegende Überlegungen nicht angestellt oder beiseite geschoben wurden und dasjenige unbeachtet geblieben ist, was im gegebenen Fall sich jedem aufgedrängt hätte.«[91] Da die Möglichkeit des gutgläubigen Erwerbs Transaktionskosten gerade mindern und den mit einer Due Diligence verbundenen Aufwand begrenzen soll (oben Rdn. 33), rechtfertigt der Verzicht auf eine Due Diligence nicht den Vorwurf grober Fahrlässigkeit. Es kommt vielmehr darauf an, ob dem Erwerber auch ohne nähere Untersuchung Hinweise auf die fehlende Inhaberschaft des Veräußerers vorliegen.[92]

51 Den **Zeitpunkt** des guten Glaubens legt Abs. 3 Satz 3 nicht besonders fest, doch ist dies grds. auch hier die Vollendung des Rechtserwerbs. Bei Vereinbarung einer aufschiebenden Bedingung wird verbreitet danach unterschieden, ob diese noch in den Händen der Parteien liegt (z.B. Kaufpreiszahlung) oder nicht (so u.U. bei der kartellrechtlichen Genehmigung); im ersten Fall soll auf den Zeitpunkt des Bedingungseintritts, im zweiten bereits auf den der Einigung abgestellt werden (arg. § 892 Abs. 2 BGB).[93] Der zweite Fall, damit die Ausnahme, hat allerdings keine große Bedeutung, da die Kaufpreiszahlung regelmäßig erst nach Vorliegen aller übrigen, von den Parteien möglicherweise nicht beeinflussbaren Bedingungen erfolgen wird.

4. Zuordnung eines Widerspruchs

52 Ein gutgläubiger Erwerb ist ferner ausgeschlossen, wenn der Gesellschafterliste ein **Widerspruch** zugeordnet ist (Abs. 3 Satz 3 ff.). Der Widerspruch ist für Jedermann online einsehbar und zerstört den guten Glauben. Er beeinträchtigt dagegen nicht die relative Berechtigung nach § 16 Abs. 1 GmbHG und bewirkt auch keine Veräußerungssperre; der tatsächlich Berechtigte kann somit weiterhin über den Geschäftsanteil wirksam verfügen.[94]

53 Ein solcher Widerspruch kann der Liste auf Initiative desjenigen, der vorgibt, wahrer **Anteilsinhaber** zu sein, oder auch des **Geschäftsführers** zugeordnet werden. Ersteres ergibt sich daraus, dass

---

88 Vgl. Begr. RegE MoMiG zu § 16, BT-Drucks. 16/6140, S. 39.
89 Begr. RegE, BT-Drucks. 16/6140, S. 39.
90 Begr. RegE, BT-Drucks. 16/6140, S. 39.
91 BGH, NJW-RR 2000, 576.
92 *Brandes*, in: Bork/Schäfer, GmbHG, § 16 Rn. 60; *Götze/Bressler*, NZG 2007, 894, 898.
93 *Bayer*, in: Lutter/Hommelhoff, GmbHG, § 16 Rn. 89 f.; *Heidinger*, in: MünchKommGmbHG, § 16 Rn. 278.
94 Begr. RegE, BT-Drucks. 16/6140, S. 39.

Antragsteller in dem in Satz 4 angesprochenen einstweiligen Verfügungsverfahren[95] nur derjenige sein kann, der wahrer »Berechtigter« ist bzw. dies zumindest behauptet.[96] Letzteres folgt aus § 40 GmbHG, der den Geschäftsführern in Abs. 1 die Verantwortung für die Gesellschafterliste zuweist und sie in Abs. 3 für Verletzungen ihrer diesbezüglichen Pflichten überdies in Haftung nimmt.[97] **Mitgesellschafter** sind dagegen nicht widerspruchsbefugt, i.Ü. ja auch nicht zur Einreichung einer Gesellschafterliste berechtigt (§ 40 Rdn. 25).

Der Widerspruch ist elektronisch einzureichen (§ 12 Abs. 2 Satz 1 HGB). Er wird der Liste **zugeordnet**, indem er mit dem entsprechenden tiff-Dokument der Gesellschafterliste im dafür vorgesehenen Registerordner verbunden wird.[98] Die Zuordnung erfolgt damit zwar technisch zur Liste insgesamt, inhaltlich richtet sich der Widerspruch jedoch nur gegen eine (bestimmte) Eintragung in der Gesellschafterliste (vgl. § 9 Abs. 1 Satz 3 HRV).[99] Der Widerspruch ist also so **zu konkretisieren**, dass – bei Vorhandensein mehrerer Geschäftsanteile – der betroffene Geschäftsanteil genau bezeichnet wird, etwa durch Angabe der laufenden Nummer. Unvollständig wäre daher eine Formulierung, wonach lediglich allgemein »die Zuordnung eines Widerspruchs zu der Gesellschafterliste der XY GmbH bewilligt und beantragt« wird.[100] 54

Im Fall der **aufschiebend bedingten Abtretung** von Geschäftsanteilen sollte der Anwartschaftsberechtigte seine Rechtsstellung auch durch Widerspruch gegen die an sich richtige Liste absichern können.[101] Hierfür besteht jedoch kein praktisches Bedürfnis mehr, nachdem der BGH[102] die Möglichkeit eines gutgläubigen Zweiterwerbs bei aufschiebend bedingter Abtretung verneint hat (s. Rdn. 38). 55

In Anlehnung an § 892 Abs. 1 Satz 1 i.V.m. 899 Abs. 2 BGB erfolgt die Zuordnung entweder aufgrund einer **Bewilligung** desjenigen, gegen dessen Berechtigung sich der Widerspruch richtet, oder – praktisch häufiger – aufgrund einer **einstweiligen Verfügung** (Satz 4).[103] Antragsgegner im einstweiligen Verfügungsverfahren ist, wie auch im Hauptsacheverfahren, der (angeblich) zu Unrecht als Anteilsinhaber Ausgewiesene.[104] Eine Gefährdung des Rechts des Widersprechenden muss nicht glaubhaft gemacht werden (Satz 5). Erweist sich die Anordnung einer einstweiligen Verfügung jedoch als ungerechtfertigt, ist ggf. Schadensersatz nach § 945 ZPO zu leisten; ein Schaden kann – auch ohne Übertragungssperre (s. Rdn. 52) – z.B. daraus entstehen, dass eine beabsichtigte Veräußerung infolge des aus dem Register ersichtlichen Widerspruchs scheitert.[105] 56

Die **Löschung** des Widerspruchs erfolgt nicht automatisch, sondern bedarf (als »actus contrarius« zur Zuordnungsmöglichkeit des § 16 Abs. 3 Satz 4 GmbHG) einer Bewilligung des Widersprechenden oder einer Aufhebung der Widerspruchszuordnung im Wege einstweiliger Verfügung.[106] Der Eingetragene kann, auch wenn er den Widerspruch zuvor bewilligt hat, nicht einseitig dessen Löschung beantragen.[107] 57

III. Übergangsregelung

§ 3 Abs. 3 EGGmbHG trifft nur für § 16 Abs. 3 GmbHG die folgende Übergangsregelung: 58

95 Dazu OLG Nürnberg, NZG 2014, 1347; *Dittert*, NZG 2015, 221; *Lieder*, GmbHR 2016, 271.
96 *DAV*, NZG 2007, 735, 739.
97 *Brandes*, in: Bork/Schäfer, GmbHG, § 16 Rn. 68.
98 *Löbbe*, in: Habersack/Casper/Löbbe, GmbHG, § 16 Rn. 179.
99 *Brandes*, in: Bork/Schäfer, GmbHG, § 16 Rn. 66.
100 Formulierungsbeispiele bei *Hasselmann*, NZG 2010, 207, 209.
101 Dafür LG Köln, ZIP 2009, 1915; *Altmeppen*, in: Roth/Altmeppen, GmbHG, § 16 Rn. 86.
102 BGHZ 191, 84; dazu *Mayer*, MittBayNot 2014, 114, 123 f.
103 OLG München, GmbHR 2015, 1214. m. Anm. *Römermann*.
104 OLG Brandenburg v. 10.09.2012 – 7 U 125/12 (juris).
105 *DAV*, NZG 2007, 735, 739.
106 KG, GmbHR 2013, 762; *Löbbe*, in: Habersack/Casper/Löbbe, GmbHG, § 16 Rn. 186.
107 *Bayer*, in: Lutter/Hommelhoff, GmbHG, § 16 Rn. 100.

Bei Gesellschaften, die vor dem 01.11.2008 gegründet worden sind, findet § 16 Abs. 3 GmbHG in der ab dem 01.11.2008 geltenden Fassung für den Fall, dass die Unrichtigkeit in der Gesellschafterliste bereits vor dem 01.11.2008 vorhanden und dem Berechtigten zuzurechnen ist, hinsichtlich des betreffenden Geschäftsanteils frühestens auf Rechtsgeschäfte nach dem 01.05.2009 Anwendung. Ist die Unrichtigkeit dem Berechtigten im Fall des Satzes 1 nicht zuzurechnen, so ist abweichend von dem 01.05.2009 der 01.11.2011 maßgebend.

59 Die Übergangsregelung soll nach der Gesetzesbegründung den Altgesellschaftern ein **allmähliches Hineinwachsen** in die Möglichkeit des gutgläubigen Erwerbs nach § 16 GmbHG ermöglichen, ohne sie mit Verwaltungsaufwand zu belasten und ohne unangemessene Härten aufgrund nachlässiger Führung der Gesellschafterlisten in der Vergangenheit eintreten zu lassen.[108]

§ 17 GmbHG

(aufgehoben)

§ 18 Mitberechtigung am Geschäftsanteil

(1) Steht ein Geschäftsanteil mehreren Mitberechtigten ungeteilt zu, so können sie die Rechte aus demselben nur gemeinschaftlich ausüben.

(2) Für die auf den Geschäftsanteil zu bewirkenden Leistungen haften sie der Gesellschaft solidarisch.

(3) [1]Rechtshandlungen, welche die Gesellschaft gegenüber dem Inhaber des Anteils vorzunehmen hat, sind, sofern nicht ein gemeinsamer Vertreter der Mitberechtigten vorhanden ist, wirksam, wenn sie auch nur gegenüber einem Mitberechtigten vorgenommen werden. [2]Gegenüber mehreren Erben eines Gesellschafters findet diese Bestimmung nur in bezug auf Rechtshandlungen Anwendung, welche nach Ablauf eines Monats seit dem Anfall der Erbschaft vorgenommen werden.

Schrifttum

Apfelbaum, Gütergemeinschaft und Gesellschaftsrecht, MittBayNot 2006, 185; *Berner/Stadler*, Die uneinheitliche Stimmabgabe beim GmbH-Geschäftsanteil, GmbHR 2003, 1407; *Kaya*, Erbengemeinschaft und Gesellschafterversammlung, ZEV 2013, 593; *Klein*, Stimmrechtsausübung einer Erbengemeinschaft in der Gesellschafterversammlung einer GmbH, BWNotZ 2018, 84; *Lange*, Die Teilung eines GmbH-Anteils zur Auseinandersetzung einer Erbengemeinschaft, GmbHR 2014, 281; *ders.*, Erbengemeinschaft an einem GmbH-Geschäftsanteil, 2013, 113; *Jessica Schmidt*, Die gemeinschaftliche Ausübung von Rechten aus einem GmbH-Anteil, NZG 2015, 1049; *Schürnbrand*, Die Ausübung von Gesellschafterrechten in der GmbH durch Erbengemeinschaften, NZG 2016, 214.

Übersicht

A. Überblick

1 Die seit 1892 unveränderte Norm schützt die Gesellschaft vor Nachteilen und Erschwernissen, die sich anderenfalls aus der **Mitberechtigung mehrerer Rechtssubjekte** an einem Geschäftsanteil

108 Begr. RegE, BT-Drucks. 16/6140, S. 48.

(durch Bruchteilsgemeinschaft oder Gesamthand) ergeben könnten. Die Abs. 1 und 3 sollen der Gesellschaft den Rechtsverkehr mit den Mitberechtigten erleichtern: Nach Abs. 1 können die Mitberechtigten ihre Rechte aus dem Geschäftsanteil nur gemeinschaftlich, d.h. einheitlich, ausüben. Für den umgekehrten Fall, dass die Gesellschaft Rechtshandlungen ggü. den Mitberechtigten vornimmt, lässt Abs. 3 die Vornahme ggü. einem Mitberechtigten genügen. Die Bestellung eines gemeinsamen Vertreters ist zwar möglich (vgl. Abs. 3 Satz 1), anders als bei der aktienrechtlichen Parallelvorschrift § 69 AktG jedoch nicht zwingend erforderlich. Abs. 2 schließlich ordnet für bestehende Leistungspflichten die gesamtschuldnerische Haftung der Mitberechtigten an; diese können sich also nicht schon dadurch von ihren Leistungspflichten befreien, dass sie die nach dem Innenverhältnis der Rechtsgemeinschaft geschuldeten Teilleistungen erbringen.

B. Mitberechtigung mehrerer an einem Geschäftsanteil

I. Formen der Mitberechtigung

Eine **Mitberechtigung mehrerer** i.S.d. § 18 GmbHG liegt nur vor, wenn mehrere Rechtssubjekte 2
gemeinsam dingliche Inhaber eines Geschäftsanteils sind. Das BGB stellt für ein solches gemeinschaftliches Halten abschließend die beiden Rechtsinstitute der Bruchteilsgemeinschaft und der Gesamthand zur Verfügung.

Die **Bruchteilsgemeinschaft** (§§ 741 ff. BGB) an einem Geschäftsanteil ist stets eine Mitberechti- 3
gung mehrerer i.S.d. § 18 GmbHG. Eine Bruchteilsgemeinschaft entsteht, wenn mehrere Rechtssubjekte (ohne bereits eine Gesamthand zu bilden) bei der Gründung oder einer Kapitalerhöhung gemeinschaftlich einen Geschäftsanteil übernehmen; sie kann auch später noch entstehen, indem – ohne reale Teilung – ein ideeller Anteil an einen weiteren Berechtigten oder auch der gesamte Geschäftsanteil ungeteilt an mehrere Berechtigte abgetreten wird.[1]

Bei der **Gesamthand** ist jeweils zu prüfen, ob diese soweit rechtlich verselbstständigt ist, dass sie 4
selbst die (alleinige) dingliche Inhaberin des Geschäftsanteils ist, oder ob ihre Mitglieder den Geschäftsanteil gemeinsam (in gesamthänderischer Verbundenheit) innehaben. Im ersten Fall ist nur ein einziges Rechtssubjekt dinglicher Inhaber des Geschäftsanteils, sodass sich die von § 18 GmbHG in den Blick genommenen Probleme schon nicht stellen und es an einer Mitberechtigung mehrerer fehlt (Rdn. 1). Im zweiten Fall sind mehrere Rechtssubjekte i.S.d. § 18 GmbHG an einem Geschäftsanteil mitberechtigt.

§ 18 GmbHG ist daher **nicht anwendbar**, wenn der Geschäftsanteil zum Gesellschaftsvermögen 5
einer **Außen-GbR, OHG, KG, Partnerschaftsgesellschaft, EWIV, Vorgesellschaft**, eines nichtrechtfähigen Vereins oder gar einer juristischen Person gehört. Die Außen-GbR ist nach einem Grundsatzurteil des BGH von 2001[2] ein ggü. ihren Mitgesellschaftern verselbstständigtes Rechtssubjekt, vergleichbar den Personenhandelsgesellschaften OHG und KG.[3] Diese sind gem. §§ 124, 161 Abs. 2 HGB (als Übergangsform zur juristischen Person) selbst Träger von Rechten und Pflichten. Gleiches gilt für Partnerschaftsgesellschaften (§ 7 Abs. 2 PartGG i.V.m. § 124 HGB) und die EWIV (§ 1 EWIV-AusfG). Auch die Vorgesellschaft kann Gesellschafterin, insb. Gründerin, einer GmbH sein[4] (vgl. § 11 Rdn. 6) und ist dann eigenständiges Zuordnungssubjekt. Entsprechendes gilt aufgrund seiner körperschaftlichen Struktur auch für den nichtrechtsfähigen Verein (§ 54 BGB).

Anwendbar ist § 18 GmbHG dagegen vor allem auf die (ungeteilte) **Erbengemeinschaft** nach 6
§§ 2032 ff. BGB;[5] dies ergibt sich schon aus Abs. 3 Satz 2. Die Erbengemeinschaft entsteht kraft

1 *Reichert/Weller*, in: MünchKommGmbHG, § 18 Rn. 14 f.
2 BGHZ 146, 341.
3 Nach BGHZ 78, 311 kann die GbR auch als Gründerin einer GmbH auftreten; die dortige Anwendung noch des § 18 ist überholt. Näher zur GbR § 1 Rdn. 69 f.
4 *Fastrich*, in: Baumbach/Hueck, GmbHG, § 1 Rn. 31.
5 OLG Jena, NZG 2012, 782; *Lange*, GmbHR 2013, 113; zur Teilung von Geschäftsanteilen zwecks Auseinandersetzung einer Erbengemeinschaft ders., GmbHR 2014, 281.

Gesetzes, wenn ein Gesellschafter stirbt und mehrere Erben hinterlässt; der Geschäftsanteil wird dann gemeinschaftliches Vermögen der Erben (§ 15 Abs. 1, 2. Alt. GmbHG i.V.m. § 2032 Abs. 1 BGB). Eine Sonderrechtsnachfolge, wie sie bei Personengesellschaften durch qualifizierte Nachfolgeklausel möglich ist, kommt bei GmbH-Geschäftsanteilen nicht in Betracht (§ 15 Rdn. 7). Die Erbengemeinschaft kann sich als solche auch (mit Mitteln des Nachlasses, § 2041 BGB) an der Gründung der GmbH[6] oder an einer Kapitalerhöhung[7] beteiligen. Anwendbar ist § 18 GmbHG schließlich auch auf die letzte im BGB geregelte Form der Gesamthand, die eheliche **Gütergemeinschaft** (§§ 1415 ff. BGB) – vorausgesetzt, der Geschäftsanteil gehört zum Gesamtgut, nicht zum Vorbehaltsgut eines Ehegatten.[8]

7 Die **Unterbeteiligung** (§ 15 Rdn. 102 ff.) führt nicht zur Mitberechtigung i.S.d. § 18 GmbHG, weil der Unterbeteiligte nicht dinglich am Geschäftsanteil beteiligt ist. **Nießbraucher** (§ 15 Rdn. 90 ff.) und **Pfandgläubiger** (§ 15 Rdn. 105 ff.) sind zwar neben dem Vollrechtsinhaber dinglich am Geschäftsanteil beteiligt, nach allgemeiner Meinung aber gleichwohl nicht als Mitberechtigte i.S.d. § 18 GmbHG anzusehen: Die Vorschrift umfasst nur die *gleichstufige* dingliche Beteiligungspluralität, weil nur in diesem Fall die Gefahr einer uneinheitlichen Ausübung von Mitgliedschaftsrechten, insb. des Stimmrechts, besteht.[9]

II. Gesellschafterstellung der Mitberechtigten

8 Da der Geschäftsanteil den Mitberechtigten »ungeteilt zusteht«, ist auch **jeder Mitberechtigte je für sich Gesellschafter** der GmbH[10] und als solcher insb. zur Teilnahme an Gesellschafterversammlungen berechtigt. Denn nur dies gewährleistet eine gemeinschaftliche Rechtsausübung auch ohne die – von § 18 GmbHG nicht geforderte – Bestellung eines gemeinsamen Vertreters.[11] I.Ü. schließt das Vorhandensein eines gemeinsamen Vertreters die unmittelbare gemeinsame Rechtsausübung nur aus, wenn das einschlägige Gemeinschaftsrecht oder der Gesellschaftsvertrag dies bestimmt (vgl. Rdn. 11).[12] Die Mitberechtigten sind in der **Gesellschafterliste** (§ 40 GmbHG) aufzuführen. Ggü. der Gesellschaft gilt die Mitberechtigung nur nach Maßgabe des § 16 Abs. 1 GmbHG.

C. Gemeinschaftliche Ausübung der Mitgliedschaftsrechte (Abs. 1)

I. Gemeinschaftliche Ausübung

9 § 18 GmbHG soll verhindern, dass einzelne Mitberechtigte an einem Geschäftsanteil die Rechte hieraus jeweils unterschiedlich ausüben und so den Rechtsverkehr zwischen ihnen und der Gesellschaft erschweren, insb. etwaige interne Streitigkeiten in die Gesellschaft hineintragen. Nach Abs. 1 können die Mitberechtigten ihre Rechte aus dem Geschäftsanteil ggü. der Gesellschaft daher nur gemeinschaftlich, d.h. **einheitlich ausüben**. Insb. kann (jedenfalls bei Fehlen einer entsprechenden Satzungsregelung) aus einem ungeteilten Geschäftsanteil das Stimmrecht nicht unterschiedlich, entsprechend den ideellen Anteilen der einzelnen Mitberechtigten, ausgeübt werden.[13] Dies gilt auch für die Ausübung der übrigen **Mitverwaltungsrechte** (etwa des Informationsrechts nach § 51a GmbHG, des Rechts zur Anfechtung von Gesellschafterbeschlüssen und der Befugnis zur Einberufung von Gesellschafterversammlungen) und für die Geltendmachung von **Vermögensrechten** (insb. auf Auszahlung des Gewinnanteils).[14]

---

6 *Fastrich*, in: Baumbach/Hueck, GmbHG, § 1 Rn. 36; vgl. § 1 Rdn. 71.

7 OLG Hamm, OLGZ 1975, 164.

8 Vgl. näher *Apfelbaum*, MittBayNot 2006, 185.

9 *Reichert/Weller*, in: MünchKommGmbHG, § 18 Rn. 10.

10 *Löbbe*, in: Habersack/Casper/Löbbe, GmbHG, § 18 Rn. 9.

11 *Reichert/Weller*, in: MünchKommGmbHG, § 18 Rn. 42 f.

12 *Seibt*, in: Scholz, GmbHG, § 18 Rn. 21.

13 OLG Karlsruhe, NJW-RR 1995, 1189, 1190; *Reichert/Weller*, in: MünchKommGmbHG, § 18 Rn. 50; zur Nichtigkeit eines entgegenstehenden Treuhandvertrags LG Berlin, BeckRS 2010, 19606; a.A. bei entsprechender Satzungsregelung LG München I, GmbHR 2006, 431 m. Anm. *Schüppen/Gahn*; *Berner/Stadler*, GmbHR 2003, 1407.

14 *Löbbe*, in: Habersack/Casper/Löbbe, GmbHG, § 18 Rn. 21.

10 Können sich die Mitberechtigten **nicht einigen**, ist zwischen der internen Willensbildung in der jeweiligen Rechtsgemeinschaft und deren externer Umsetzung ggü. der Gesellschaft zu unterscheiden. Das gemeinschaftliche Recht aus dem Geschäftsanteil kann in diesem Fall grds. nicht ausgeübt werden. Ausnahmen gelten für Handlungsbefugnisse einzelner Mitberechtigter und Mehrheitsentscheidungen nach den für die jeweilige Rechtsgemeinschaft anwendbaren Regeln, wenn diese zum **wirksamen Handeln im Außenverhältnis** berechtigen.[15] Denn Ziel des § 18 GmbHG ist es nur, zu verhindern, dass Mitberechtigte das Mitgliedschaftsrecht aus dem ungeteilten Geschäftsanteil unterschiedlich ausüben; diese Gefahr besteht nicht, wenn nur einer oder ein Teil der Mitberechtigten das Recht mit Wirkung für alle ausübt. Zu denken ist hier insb. an § 744 Abs. 2 BGB (Handeln bei notwendigen Erhaltungsmaßnahmen), § 745 Abs. 1 BGB (Ordnungsgemäße Verwaltung des gemeinschaftlichen Rechts)[16], § 2038 Abs. 1 Satz 2 und Abs. 2 BGB (Mehrheitsentscheidung bei Maßnahmen der laufenden Verwaltung, Alleinentscheidung im Rahmen eines Notverwaltungsrechts)[17]. Denkbar ist ferner ein gesellschaftsvertragliches Vorabstimmungsverfahren zur internen Willensbildung der Mitberechtigten.[18]

II. Gemeinsamer Vertreter

11 Eine einheitliche Rechtsausübung lässt sich – **alternativ** zum gemeinsamen Handeln aller Berechtigten – auch durch das Handeln eines **gemeinsamen Vertreters** erreichen (vgl. Abs. 3 Satz 1).[19] Z.T. müssen die Mitberechtigten ihre Rechte sogar auf diese Weise ausüben, wenn nämlich nach dem Recht der jeweiligen Rechtsgemeinschaft nur eine bestimmte Person mit Wirkung für die Mitberechtigten handeln kann: Sofern eine Verwaltungstestamentsvollstreckung (§ 2205 BGB), eine Nachlassverwaltung (§ 1984 BGB) oder die Eröffnung des Nachlassinsolvenzverfahrens (§ 80 InsO) angeordnet ist, übt der jeweilige Testamentsvollstrecker, Nachlassverwalter bzw. Nachlassinsolvenzverwalter die Rechte aus dem im Nachlass befindlichen Geschäftsanteil aus; dieser ist dann **kraft Amtes** der gemeinsame Vertreter i.S.d. § 18 GmbHG.[20] Entsprechendes gilt für die eheliche Gütergemeinschaft, wenn die Verwaltung durch den Ehevertrag einem Ehegatten übertragen worden ist (§ 1421 Satz 1 BGB). I.Ü. lässt das Gesetz den Mitberechtigten die Wahl, ob sie (nach Maßgabe des jeweiligen Gemeinschaftsrechts) einen gemeinsamen Vertreter bestellen wollen; jedoch kann der Gesellschaftsvertrag, abweichend von Abs. 1 und in Anlehnung an § 69 AktG, die Rechtsausübung durch einen gemeinsamen Vertreter auch festschreiben:[21] *»Sofern ein Geschäftsanteil mehreren Erben oder Vermächtnisnehmern zusteht, können sie ihre Rechte aus dem Geschäftsanteil nur durch einen gemeinsamen Vertreter ausüben.«* Der Gesellschaftsvertrag kann weitere Bestimmungen treffen und insbesondere auch Einschränkungen enthalten.[22] Der gemeinsame Vertreter kann, muss aber nicht selbst Mitberechtigter sein.[23]

12 Im Fall der ungeteilten **Erbengemeinschaft** gehört die Bestellung eines gemeinsamen Vertreters zur ordnungsgemäßen Verwaltung des Geschäftsanteils. Für die Bestellung genügt daher gem. § 2038

15 BGHZ 108, 21; OLG Karlsruhe, GmbHR 2014, 254; OLG Jena, NZG 2012, 782; dazu *Kaya*, ZEV 2013, 593; *Goette*, DStR 1995, 1395, 1397; *Lange*, GmbHR 2013, 113, 116; *Servatius*, in: Baumbach/Hueck, GmbHG, § 18 Rn. 4; a.A. *Seibt*, in: Scholz, GmbHG, § 18 Rn. 20; nur für Anfechtungsklagen von einzelnen Mitgliedern *Ebbing*, in: Michalski, GmbHG, § 18 Rn. 45.

16 OLG München, BeckRS 2017, 130751; OLG Karlsruhe, GmbHR 2014, 254 (für das Auskunftsrecht nach § 51a).

17 Vgl. hierzu die Darstellung des Meinungsstands zur Bestimmung einer Maßnahme als solche der laufenden Verwaltung bei *Klein*, BWNotZ 2018, 84, 86 ff.

18 Vgl. VG Magdeburg, NZG 2018, 382, das die Zulässigkeit eines solchen Verfahrens für den Fall von Gesamtbevollmächtigten an § 18 gemessen hat.

19 BGHZ 49, 183, 191.

20 OLG Jena, NZG 2012, 782, 783 (wobei das OLG die Klausel im konkreten Fall anders ausgelegt hat); *Kaya*, ZEV 2013, 593, 596 f.; *Reichert/Weller*, in: MünchKommGmbHG, § 18 Rn. 71 f.

21 *Reichert/Weller*, in: MünchKommGmbHG, § 18 Rn. 52 f.

22 *Bayer*, in: Lutter/Hommelhoff, GmbHG, § 18 Rn. 10.

23 *Brandes*, in: Bork/Schäfer, GmbHG, § 18 Rn. 7.

Abs. 2 Satz 1, 745 Abs. 1 Satz 1 BGB ein Mehrheitsbeschluss der Mitglieder der Erbengemeinschaft (wobei sich die Stimmenmehrheit nicht nach Köpfen, sondern nach der Größe der Anteile berechnet, § 745 Abs. 1 Satz 2 BGB).[24] Der gemeinsame Vertreter kann sodann bspw. beauftragt werden, in Gesellschafterversammlungen das Stimmrecht auszuüben und Beschlussmängelklage zu erheben. Auch hierfür hat das OLG Nürnberg jeweils einen Mehrheitsbeschluss der Erbengemeinschaft genügen lassen (die vom überstimmten Miterben erklärte Klagerücknahme war demgegenüber wirkungslos).[25]

D. Gesamtschuldnerische Haftung (Abs. 2)

13 Abs. 2 lässt die Mitberechtigten für die auf den Geschäftsanteil zu bewirkenden Leistungen der Gesellschaft solidarisch, d.h. **gesamtschuldnerisch** nach § 421 BGB, nicht nur teilschuldnerisch (§ 420 BGB), haften. Diese gesamtschuldnerische Haftung umfasst neben der Verpflichtung zur Leistung der Einlage (§ 19 GmbHG) und diesbezüglichen Gewährleistungspflichten insb. auch etwaige Nachschusspflichten (§§ 26 ff. GmbHG) und Nebenleistungspflichten (§ 3 Abs. 2 GmbHG), sofern Letztere nicht – wie z.B. die Verpflichtung zur Übernahme der Geschäftsführung – höchstpersönlicher Natur sind.

14 Im Verhältnis zur GmbH geht Abs. 2 als **Spezialregelung** der allgemeinen Haftungsverfassung der betreffenden Rechtsgemeinschaft (Bruchteilsgemeinschaft bzw. Gesamthand) vor; die für diese sonst geltenden, ggf. abweichenden Regelungen zur Haftungsaufteilung im Innenverhältnis und zum Umfang der Außenhaftung sind insoweit unerheblich.[26] Für die **Bruchteilsgemeinschaft** fehlt es insoweit in den §§ 741 ff. BGB ohnehin an einer besonderen Außenhaftungsregelung. Bei der **Erbengemeinschaft** würden die einzelnen Miterben für Nachlassverbindlichkeiten auch nach § 2058 BGB gesamtschuldnerisch haften, sofern sie die Erbschaft nicht fristgemäß ausschlagen (§§ 1942, 1953 BGB). Der in Anspruch genommene Miterbe kann seine Haftung nach § 2059 Abs. 1 Satz 1 BGB jedoch bis zur Nachlassteilung auf den Nachlass beschränken; § 18 GmbHG hindert dies nicht.[27] Bei der ehelichen **Gütergemeinschaft** entscheidet die gewählte Verwaltungsform (vgl. § 1421 BGB) über die Haftungsmasse, mit denen die Mitberechtigten nach § 18 GmbHG jeweils haften.[28]

E. Rechtshandlungen der Gesellschaft (Abs. 3)

15 Nach Abs. 3 Satz 1 genügt es, wenn die Gesellschaft eine Rechtshandlung nur ggü. einem Mitberechtigten vornimmt; diese wirkt dann gegen alle Mitberechtigten (vgl. § 1450 Abs. 2 BGB, § 125 Abs. 2 Satz 3 HGB). Eine Ausnahme gilt, wenn die Mitberechtigten einen **gemeinsamen Vertreter** haben (Rdn. 11); dann ist die Rechtshandlung gerade diesem ggü. vorzunehmen. Dadurch wird die Gesamtheit der Mitberechtigten nicht verdrängt; sie ist weiterhin zum gemeinsamen Handeln bzw. zur gemeinsamen Entgegennahme von Erklärungen berechtigt.[29]

16 **Rechtshandlungen** in diesem Sinne sind grds. alle im Hinblick auf den Geschäftsanteil erfolgenden Rechtsgeschäfte und rechtsgeschäftsähnlichen Handlungen der Gesellschaft. Hierzu gehören bspw. die Einforderung von Leistungen auf die Stammeinlage, Mahnungen wegen ausstehender Leistungen, Einladungen zur Gesellschafterversammlung und die Mitteilung über die Einziehung des Geschäftsanteils nach § 34 GmbHG.[30] Auch wenn die Vorschrift der Gesellschaft damit vor allem

---

24 OLG Nürnberg, GmbHR 2014, 1147; OLG Stuttgart, GmbHR 2015, 192; vgl. *Jessica Schmidt*, NZG 2015, 1049; *Schürnbrand*, NZG 2016, 241.

25 OLG Nürnberg, GmbHR 2014, 1147; dazu *Jänig/Schiemzik*, EWiR 2015, 175.

26 *Reichert/Weller*, in: MünchKommGmbHG, § 18 Rn. 86.

27 Nach *Reichert/Weller*, in: MünchKommGmbHG, § 18 Rn. 89 wäre eine unbeschränkte Haftung der Miterben auch mit ihrem Privatvermögen für die GmbH ein unverdienter Glücksfall.

28 *Reichert/Weller*, in: MünchKommGmbHG, § 18 Rn. 96; a.A. *Seibt*, in: Scholz, GmbHG, § 18 Rn. 30.

29 *Bayer*, in: Lutter/Hommelhoff, GmbHG, § 18 Rn. 12; *Servatius*, in: Baumbach/Hueck, GmbHG, § 18 Rn. 10.

30 *Reichert/Weller*, in: MünchKommGmbHG, § 18 Rn. 105.

die Abgabe von i.R.d. Verwaltung erforderlichen Erklärungen erleichtern will, besteht kein Grund, beim Abschluss von Verträgen anders zu verfahren; vielmehr kann die Gesellschaft nach Abs. 3 z.B. auch ein Vertragsangebot oder eine Vertragsannahme ggü. einem Mitberechtigen mit Wirkung ggü. allen erklären.[31] Nicht erfasst sind hingegen **Zahlungen** der Gesellschaft; diese müssen nach allgemeiner Ansicht an sämtliche Mitberechtigte erfolgen (vgl. § 432 BGB).[32] Kenntnis oder **Bösgläubigkeit** eines Mitberechtigten wirkt (z.B. bei § 16 Abs. 3) gegen alle Mitberechtigten.[33]

Für **Erben** gilt nach Abs. 3 Satz 2 zunächst eine »**Schonfrist**«:[34] Die Erben sollen sich innerhalb des ersten Monats nach dem Todesfall einen Überblick verschaffen und ggf. einen gemeinsamen Vertreter bestellen können (vgl. auch die Überlegungsfristen nach §§ 1958, 2014 BGB).[35] Während dieses Zeitraums entfalten Rechtshandlungen der Gesellschaft ggü. der Erbengemeinschaft nur dann Wirkung, wenn sie allen Erben ggü. vorgenommen werden. Sobald ein Testamentsvollstrecker, Nachlassverwalter oder Nachlassinsolvenzverwalter ernannt ist, sind die Rechtshandlungen diesem ggü. vorzunehmen (Rdn. 11). 17

§ 19 Leistung der Einlagen

(1) Die Einzahlungen auf die Geschäftsanteile sind nach dem Verhältnis der Geldeinlagen zu leisten.

(2) [1]Von der Verpflichtung zur Leistung der Einlagen können die Gesellschafter nicht befreit werden. [2]Gegen den Anspruch der Gesellschaft ist die Aufrechnung nur zulässig mit einer Forderung aus der Überlassung von Vermögensgegenständen, deren Anrechnung auf die Einlageverpflichtung nach § 5 Abs. 4 Satz 1 vereinbart worden ist. [3]An dem Gegenstand einer Sacheinlage kann wegen Forderungen, welche sich nicht auf den Gegenstand beziehen, kein Zurückbehaltungsrecht geltend gemacht werden.

(3) Durch eine Kapitalherabsetzung können die Gesellschafter von der Verpflichtung zur Leistung von Einlagen höchstens in Höhe des Betrags befreit werden, um den das Stammkapital herabgesetzt worden ist.

(4) [1]Ist eine Geldeinlage eines Gesellschafters bei wirtschaftlicher Betrachtung und aufgrund einer im Zusammenhang mit der Übernahme der Geldeinlage getroffenen Abrede vollständig oder teilweise als Sacheinlage zu bewerten (verdeckte Sacheinlage), so befreit dies den Gesellschafter nicht von seiner Einlageverpflichtung. [2]Jedoch sind die Verträge über die Sacheinlage und die Rechtshandlungen zu ihrer Ausführung nicht unwirksam. [3]Auf die fortbestehende Geldeinlagepflicht des Gesellschafters wird der Wert des Vermögensgegenstandes im Zeitpunkt der Anmeldung der Gesellschaft zur Eintragung in das Handelsregister oder im Zeitpunkt seiner Überlassung an die Gesellschaft, falls diese später erfolgt, angerechnet. [4]Die Anrechnung erfolgt nicht vor Eintragung der Gesellschaft in das Handelsregister. [5]Die Beweislast für die Werthaltigkeit des Vermögensgegenstandes trägt der Gesellschafter.

(5) [1]Ist vor der Einlage eine Leistung an den Gesellschafter vereinbart worden, die wirtschaftlich einer Rückzahlung der Einlage entspricht und die nicht als verdeckte Sacheinlage im Sinne von Absatz 4 zu beurteilen ist, so befreit dies den Gesellschafter von seiner Einlageverpflichtung nur dann, wenn die Leistung durch einen vollwertigen Rückgewähranspruch gedeckt ist, der jederzeit fällig ist oder durch fristlose Kündigung durch die Gesellschaft fällig werden kann. [2]Eine solche Leistung oder die Vereinbarung einer solchen Leistung ist in der Anmeldung nach § 8 anzugeben.

---

31 *Reichert/Weller*, in: MünchKommGmbHG, § 18 Rn. 110 f.; *Löbbe*, in: Habersack/Casper/Löbbe, GmbHG, § 18 Rn. 34; a.A. *Bayer*, in: Lutter/Hommelhoff, GmbHG, § 18 Rn. 8.

32 *Reichert/Weller*, in: MünchKommGmbHG, § 18 Rn. 109.

33 *Brandes*, in: Bork/Schäfer, GmbHG, § 18 Rn. 15.

34 *Bayer*, in: Lutter/Hommelhoff, GmbHG, § 18 Rn. 9.

35 *Reichert/Weller*, in: MünchKommGmbHG, § 18 Rn. 116.

(6) [1]Der Anspruch der Gesellschaft auf Leistung der Einlagen verjährt in zehn Jahren von seiner Entstehung an. [2]Wird das Insolvenzverfahren über das Vermögen der Gesellschaft eröffnet, so tritt die Verjährung nicht vor Ablauf von sechs Monaten ab dem Zeitpunkt der Eröffnung ein.

Schrifttum

Altmeppen, Cash Pooling und Kapitalaufbringung, NZG 2010, 441; *Avvento*, Hin- und Herzahlen: Offenlegung als konstitutive Voraussetzung des Eintritts der Erfüllungswirkung?, BB 2010, 202; *Bayer/Illhardt*, Darlegungs- und Beweislast im Recht der GmbH anhand praktischer Fallkonstellationen, GmbHR 2011, 505; *Ekkenga*, Vom Umgang mit überwertigen Sacheinlagen im Allgemeinen und mit gemischten (verdeckten) Sacheinlagen im Besonderen, ZIP 2013, 541; *Eßers/Sirchich von Kis-Sira*, Haftungs-Fallen – GmbH-Reform: Neue Haftungsrisiken für Geschäftsführer und Gesellschafter, GmbH-Stpr. 2009, 14; *dies.*, MoMiG-Synopse, GmbH-Stpr. 2009, 48; *Göhmann*, Sind bei der wirtschaftlichen Neugründung einer GmbH die Sacheinlagevorschriften und § 19 Abs. 5 GmbHG zu beachten?, RNotZ 2011, 290; *Heidinger/Knaier*, Die Heilung einer verdeckten Sacheinlage und der Austausch des Einlagegegenstandes nach dem MoMiG, GmbHR 2015, 1; *Henkel*, Kapitalaufbringung bei der GmbH nach dem MoMiG – Hin- und Herzahlen, NZI 2010, 84; *Hermanns*, Grauzonen im Kapitalaufbringungsrecht der GmbH – die Abgrenzung der verdeckten Sacheinlage vom Hin- und Herzahlen, DNotZ 2011, 325; *Herrler*, Erleichterung der Kapitalaufbringung durch § 19 Abs. 5 GmbHG (sog. Hin- und Herzahlen)? Zweifelsfragen und Ausblick, DStR 2011, 2255; *ders.*, Heilung einer nicht erfüllungstauglichen Einlagenrückzahlung, GmbHR 2010, 785; *Hülsmann*, Kapitalaufbringung in der GmbH im Spiegel aktueller BGH-Rechtsprechung, GmbHR 2019, 377; *Jordans*, Die verdeckte Sacheinlage und die verdeckte Finanzierung nach dem MoMiG, 2011; *Karl*, Sacheinlagen bei der UG (haftungsbeschränkt) und GmbH, GmbHR 2020, 9; *Klein*, Pflichten und Haftungsrisiken der Geschäftsleitung beim Cash-Pooling, ZIP 2017, 258; *Kollrus*, Cash-Pooling – Strategien zur Vermeidung der Haftungsgefahren, MDR 2011, 208; *Merkner/Schmidt-Bendun*, Haftung von Rechtsanwälten und Steuerberatern nach Empfehlung einer (verdeckten) gemischten Sacheinlage, NZG 2009, 1054; *Pentz*, Die Anrechnung bei der verdeckten (gemischten) Sacheinlage, GmbHR 2010, 673; *ders.*, Die Bedeutung der Sacheinlagefähigkeit für die verdeckte Sacheinlage und den Kapitalersatz sowie erste höchstrichterliche Aussagen zum Hin- und Herzahlen nach MoMiG, GmbHR 2009, 505; *Priester*, Kaskaden-Gründung im GmbH-Recht, DStR 2016, 1555; *v. Schnurbein*, Verdeckte Sacheinlage im Konzern – Vereinfachung durch das MoMiG?, GmbHR 2010, 568; *Sernetz*, Anrechnung und Bereicherung bei der verdeckten Sacheinlage, ZIP 2010, 2173; *Theiselmann*, Die Kapitalaufbringung in der GmbH & Co. KG, GmbHR 2008, 521; *Ulmer*, Sacheinlageverbote im MoMiG – umgehungsfest?, GmbHR 2010, 1298; *Veil/Werner*, Die Regelung der verdeckten Sacheinlage – eine gelungene Rechtsfortbildung des GmbH-Rechts und bürgerlich-rechtlichen Erfüllungsregimes?, GmbHR 2009, 729; *Wachter*, Leitlinien der Kapitalaufbringung in der neueren Rechtsprechung des Bundesgerichtshofs, DStR 2010, 1240; *Wanner*, GmbH und Co. KG – Einlagenrückkehr durch Darlehen der GmbH an die KG, NJW 2014, 36; *Wansleben/Niggemann*, Verdeckte Sacheinlagen und das Sacheinlagenverbot in der Unternehmergesellschaft, NZG 2012, 1412; *Weiß*, Vermeidung von Haftungsrisiken bei der Buchung und Bilanzierung verdeckter Sacheinlagen, BB 2012, 1975; *Wicke*, Eilige Kapitalerhöhungen, DStR 2016, 1115; *Wilk*, Einlagefinanzierung durch die GmbH: Verbote, Rechtsfolgen, Heilung, DStR 2013, 145.

Übersicht

A. Überblick

1 § 19 befasst sich mit den Erfüllungsvoraussetzungen und Modalitäten des Einlageanspruchs der Gesellschaft. In erster Linie verfolgt die Regelung den Zweck, den **Grundsatz der realen Kapitalaufbringung** in materieller Hinsicht sicherzustellen,[1] und ist insoweit als flankierende Norm zu den formellen Schutzvorschriften wie insb. § 7 Abs. 2 und 3 und § 8 Abs. 2 zu begreifen. Der Grundsatz der realen Kapitalaufbringung beinhaltet, dass die von den Gesellschaftern übernommenen Einlagen unverkürzt und in der Form erfüllt werden, wie sie von ihnen zugesagt und in der Satzung festgesetzt wurden.[2]

2 Jegliche Vereinbarung, die diesem Grundsatz zuwiderläuft und geeignet ist, den Einlageanspruch der Gesellschaft auszuhöhlen, ist nach § 19 **unzulässig.**[3] Dies gilt namentlich für die Aufrechnung mit der Einlageforderung (Abs. 2 Satz 2), die verdeckte Sacheinlage (Abs. 4) und die Konstruktion des Hin- und Herzahlens ohne vollwertigen und jederzeit fälligen oder durch fristlose Kündigung fällig stellbaren Rückgewähranspruch der Gesellschaft (Abs. 5). Darüber hinaus dient die Vorschrift auch dem **Gläubigerschutz.** Die Haftungsbeschränkung auf das Gesellschaftsvermögen erfordert zum Schutz der Gläubiger, dass ihnen die Haftsumme tatsächlich zur Verfügung steht und das in der Satzung festgelegte Stammkapital real aufgebracht wird.[4] Der Erhalt des Stammkapitals gewährleistet den Gesellschaftsgläubigern eine Mindesthaftsumme.[5] Aufgrund dieses drittschützenden Charakters bilden die Abs. 2 bis 6 **zwingendes Recht** und sind einer abweichenden Regelung zum Nachteil der Gläubiger nicht zugänglich.[6]

3 Die Vorschrift hat durch das **MoMiG** insgesamt tief greifende Änderungen erfahren.[7] Inhaltlich unverändert blieb dabei Abs. 1, der lediglich insoweit eine redaktionelle Anpassung erfuhr als er mit Blick auf die Neufassung der §§ 5 und 14 nun nicht mehr von Stammeinlagen, sondern von Geschäftsanteilen spricht.[8] Unverändert beibehalten bzw. geringfügig redaktionell modifiziert wurden Abs. 2 und Abs. 3. Der ehemalige Abs. 5, 2. Alt. a.F. wurde im Zuge der Reform in Abs. 2 Satz 2 überführt, ohne dass damit eine Änderung in der Sache verbunden wäre. Abs. 6, der die

1 Vgl. *Altmeppen*, in: Roth/Altmeppen, GmbHG, § 19 Rn. 1; *Ebbing*, in: Michalski/Heidinger/Leible/Schmidt, GmbHG, § 19 Rn. 1.
2 BGH, NJW 1991, 1754, 1755.
3 Vgl. *Jordans*, S. 12.
4 *Theiselmann*, GmbHR 2008, 521, 522.
5 *Ebbing*, in: Michalski/Heidinger/Leible/Schmidt, GmbHG, § 19 Rn. 1; *Casper*, in: Ulmer/Habersack/Winter, GmbHG, Erg.band MoMiG, § 19 Rn. 1; kritisch zur Gläubigerschutzfunktion *Jordans*, S. 10, der das Mindestkapital lediglich als »Seriositätssignal im ordnungspolitischen Sinne« versteht.
6 *Ebbing*, in: Michalski/Heidinger/Leible/Schmidt, GmbHG, § 19 Rn. 1; *Schwandtner*, in: MünchKommGmbHG, § 19 Rn. 3; vgl. auch *Bayer*, in: Lutter/Hommelhoff, GmbHG, § 19 Rn. 1.
7 Für einen synoptischen Überblick über alle Änderungen s. *Eßers/Sirchich von Kis-Sira*, GmbH-Stpr. 2009, 48.
8 *Casper*, in: Ulmer/Habersack/Winter, GmbHG Erg.band, § 19 Rn. 8; *Veil*, in: Scholz, GmbHG, Nachtrag MoMiG § 19 Rn. 1.

Verjährung regelt, blieb unberührt. Der generelle Wegfall von Sonderregelungen für die Ein-Personen-GmbH führte zur ersatzlosen Streichung von Abs. 4 a.F. Die entscheidende Neuregelung brachte die Gestaltung von Abs. 4 (gesetzliche Regelung der verdeckten Sacheinlage) und Abs. 5 (gesetzliche Regelung des Hin- und Herzahlens). Zu Recht werden diese beiden Regelungen als das »**Herzstück**« der Reform bezeichnet.[9] Vor der Reform führte nach der Rechtsprechung weder die verdeckte Sacheinlage noch das Hin- und Herzahlen zu einer Erfüllung der Einlagepflicht: Das zugrunde liegende Rechtsgeschäft war **nichtig** und die verdeckte Sacheinlage **nicht wirksam** erbracht, sodass die Bareinlagepflicht fortbestand. Ebenso wenig befreite das Hin- und Herzahlen i.R.d. Kapitalaufbringung von der Bareinlagepflicht. Der Reformgesetzgeber sorgte bei beiden Fallvarianten für eine deutliche **Abmilderung** der vielfach als zu hart kritisierten Rechtsfolgen,[10] hat gleichzeitig aber auch das Pflichtenprogramm insb. für Geschäftsführer verschärft (s. Rdn. 53).

B. Leistung von Einzahlungen auf die Geschäftsanteile (Abs. 1)

I. Anspruch und Fälligkeit

4 Abs. 1 verlangt von den Gesellschaftern Einzahlungen auf die Geschäftsanteile (früher: Stammeinlagen). Eine eigenständige **Anspruchsgrundlage** stellt die Vorschrift jedoch nicht dar; denn anders als bei der AG (§§ 54, 185 AktG) werden Einlageforderungen der Gesellschaft nicht durch Gesetz begründet, sondern durch rechtsgeschäftliche Verpflichtung, sei es im **Gesellschaftsvertrag** (Neugründung) oder in einem **Übernahmevertrag** (Kapitalerhöhung, § 55 Abs. 1).[11] Der Wortlaut des Abs. 1 bezieht sich zunächst auf alle **Bareinlagen**, unabhängig davon, ob sie vor oder nach der Handelsregistereintragung zu leisten sind.[12] Für **Sacheinlagen** schreibt das Gesetz in § 7 Abs. 3 hingegen ausdrücklich vor, dass sie schon vor Anmeldung der Gesellschaft zur Eintragung in das Handelsregister vollständig zu erbringen sind. Über die Verweisung in § 56a gilt dies auch bei Kapitalerhöhungen. Anerkannt ist im Schrifttum die Anwendbarkeit von Abs. 1 auch für alle Fälle von Zahlungsverpflichtungen, die wie Einzahlungen auf Geschäftsanteile gleichmäßig auf alle Gesellschafter verteilt werden sollen, also für ein vereinbartes **Agio**,[13] für **Nachschüsse** (§ 26 Abs. 1) und Zahlungsverpflichtungen aus einer Ausfall- bzw. Rechtsvorgängerhaftung (§§ 16 Abs. 2, 21 Abs. 3, 22, 24) oder aus einer Vorbelastungshaftung.[14] Insoweit handelt es sich um **Surrogate** der Einlagen auf die Geschäftsanteile.[15]

5 Die **Mindesteinlage** nach § 7 Abs. 2 können die Geschäftsführer vorbehaltlich abweichender Satzungsregelungen sofort und ohne Gesellschafterbeschluss anfordern.[16]

6 Maßgeblich für den Eintritt der Fälligkeit der **Resteinlage** ist vorrangig ein im Gesellschaftsvertrag oder im Kapitalerhöhungsbeschluss festgesetzter fester Zahlungstermin.[17] Die Einforderung der Einlage auf die Geschäftsanteile bedarf ansonsten bei einem offenen Zahlungstermin nach § 46 Nr. 2 eines **Beschlusses der Gesellschafterversammlung** (1. Stufe), sofern sie in der Satzung oder im Beschluss über die Kapitalerhöhung nicht gem. § 45 Abs. 2 etwa durch Übertragung auf ein anderes Gesellschaftsorgan abweichend geregelt wird. Das Stimmverbot des § 47 Abs. 4 Satz 2,

---

9 *Bormann/Urlichs*, GmbHR Sonderheft Oktober 2008, 37.

10 Zur Reformdiskussion s. bspw. *Casper*, in: Ulmer/Habersack/Winter, GmbHG, Erg.band MoMiG, § 19 Rn. 4 ff., *Jordans*, S. 33 ff.

11 *Ebbing*, in: Michalski/Heidinger/Leible/Schmidt, GmbHG, § 19 Rn. 3.

12 *Bayer*, in: Lutter/Hommelhoff, GmbHG, § 19 Rn. 2.

13 Vgl. hierzu auch BGH, NZG 2008, 73; *Bayer*, in: Lutter/Hommelhoff, GmbHG, § 19 Rn. 2, a.A. *Fastrich*, in: Baumbach/Hueck, GmbHG, § 19 Rn. 5.

14 *Ebbing*, in: Michalski/Heidinger/Leible/Schmidt, GmbHG, § 19 Rn. 7; *Altmeppen*, in: Roth/Altmeppen, GmbHG, § 19 Rn. 1 (der auch die Differenzhaftung miteinbezieht).

15 *Altmeppen*, in: Roth/Altmeppen, GmbHG, § 19 Rn. 1.

16 *Schwandtner*, in: MünchKommGmbHG, § 19 Rn. 14.

17 BGH, GmbHR 1991, 311, 313; *Ebbing*, in: Michalski/Heidinger/Leible/Schmidt, GmbHG, § 19 Rn. 15; *Fastrich*, in: Baumbach/Hueck, GmbHG, § 19 Rn. 6.

1. Alt. kommt nicht zur Anwendung.[18] Eines Beschlusses bedarf es nicht im Fall der **Insolvenz** und der **Zwangsvollstreckung.**[19] Gleiches gilt für das Stadium der Liquidation; für den Insolvenzverwalter und den Liquidator besteht keine Bindung an die im Gesellschaftsvertrag oder durch Gesellschafterbeschluss bestimmten Fälligkeitstermine. Grenzen ergeben sich nur aus dem Zweck der Liquidation bzw. des Liquidationsverfahrens.[20] Zu Einzelheiten s. § 46 Rdn. 18 ff.

Die konkrete Anforderung der Einlagen auf ein Konto der Gesellschaft obliegt dann dem **Geschäftsführer** (2. Stufe). Die Ermächtigung hierfür bildet der Gesellschafterbeschluss über die Einforderung. Eine davon nicht gedeckte Anforderung macht diese nichtig.[21] Dies gilt aufgrund der auch in der Krise maßgeblichen Kompetenzzuweisung der Finanzierungsverantwortung an die Gesellschafter auch bei **dringendem Kapitalbedarf** der Gesellschaft.[22] Zur Verletzung des Gleichbehandlungsgebots s. Rdn. 9. 7

Die Darlegungs- und Beweislast für die erfüllungswirksame Einlageleistung, also nicht nur den Mittelzufluss, trägt der einlagepflichtige Gesellschafter.26 7a

II. Grundsatz der Gleichbehandlung

Nach Abs. 1 sind alle Gesellschafter bei Geldeinlagen im Hinblick auf Einzahlungsbetrag und -zeitpunkt gleich zu behandeln;[23] insoweit ergeben sich keine Änderungen durch das MoMiG. Ob die Einlagepflicht durch den Gründungsvertrag oder durch eine Kapitalerhöhung begründet wurde, ist unerheblich.[24] Eine Differenzierung zwischen den Gesellschaftern erfolgt lediglich hinsichtlich des **Nennbetrags** ihrer Geschäftsanteile. Zahlungsunfähigkeit oder Zahlungsunwilligkeit eines Gesellschafters stehen der Heranziehung der übrigen Gesellschafter nicht entgegen.[25] 8

Die Verletzung des Gleichbehandlungsgebots macht den Einforderungsbeschluss **anfechtbar.** Die disproportionale Anforderung begründet darüber hinaus ein **Leistungsverweigerungsrecht** des benachteiligten Gesellschafters bis zur Festsetzung der Anforderung ggü. den anderen Gesellschaftern; flankierend steht dem benachteiligten Gesellschafter ein **Auskunftsanspruch** über alle Anforderungen zu.[26] Abs. 1 hat dispositiven Charakter und lässt eine abweichende Regelung durch die Gesellschafter etwa für Quoten für die einzelnen Gesellschafter oder eine Zahlung zu unterschiedlichen Zeitpunkten zu.[27] 9

III. Abtretung, Verpfändung, Pfändung

Die Möglichkeit der **Abtretung** der Einlageforderung (§ 398 BGB) – unabhängig davon, ob es sich um die Mindest- oder die Resteinlage handelt – besteht nur unter der Voraussetzung, dass der Forderung ein vollwertiger Erlös gegenübersteht.[28] Diese Einschränkung der Verfügungsfreiheit 10

18 BGH, NJW 1991, 172, 173; *Ebbing*, in: Michalski/Heidinger/Leible/Schmidt, GmbHG, § 19 Rn. 11; *Bayer*, in: Lutter/Hommelhoff, GmbHG, § 19 Rn. 9.

19 *Bayer*, in: Lutter/Hommelhoff, GmbHG, § 19 Rn. 9.

20 *Ebbing*, in: Michalski/Heidinger/Leible/Schmidt, GmbHG, § 19 Rn. 16 f.

21 *Ebbing*, in: Michalski/Heidinger/Leible/Schmidt, GmbHG, § 19 Rn. 12.

22 *Ebbing*, in: Michalski/Heidinger/Leible/Schmidt, GmbHG, § 19 Rn. 13; *Fastrich*, in: Baumbach/Hueck, GmbHG, § 19 Rn. 8 (Stimmpflicht für Einforderungsbeschluss).

23 Im Aktienrecht ist dieser Grundsatz in § 53a AktG positiv geregelt. Die ausdrückliche Regelung beruht dort auf der Umsetzung europarechtlicher Vorgaben der EG-Kapitalrichtlinie (ABl. EG 1977 Nr. L 26 S. 1).

24 *Ebbing*, in: Michalski/Heidinger/Leible/Schmidt, GmbHG, § 19 Rn. 10.

25 *Bayer*, in: Lutter/Hommelhoff, GmbHG, § 19 Rn. 5; *Schwandtner*, in: MünchKommGmbHG, § 19 Rn. 32; *Veil*, in: Scholz, GmbHG, § 19 Rn. 22.26 OLG München, GmbHR 2017, 39.

26 *Bayer*, in: Lutter/Hommelhoff, GmbHG, § 19 Rn. 7; *Schwandtner*, in: MünchKommGmbHG, § 19 Rn. 44; *Veil*, in: Scholz, GmbHG, § 19 Rn. 25.

27 *Veil*, in: Scholz, GmbHG, § 19 Rn. 24.

28 *Bayer*, in: Lutter/Hommelhoff, GmbHG, § 19 Rn. 42; *Ebbing*, in: Michalski/Heidinger/Leible/Schmidt, GmbHG, § 19 Rn. 126.

rechtfertigt sich aus dem Gedanken, dass die Aufbringung des Stammkapitals nicht durch nachteilige Rechtsgeschäfte gefährdet werden soll.[29] Wirksam wird die Abtretung, sobald die Gesellschaft die Gegenleistung erworben hat. In der Folge verliert die Einlagenforderung ihren Eigenkapitalcharakter und ist in der Hand des neuen Inhabers keinen Sonderregelungen mehr unterworfen; insb. entfällt die Bindung an § 19 Abs. 2.[30] I.Ü. finden die allgemeinen Regeln Anwendung; dies gilt etwa für den Ausschluss der Abtretung nach § 399 BGB und den Schuldnerschutz nach § 404 BGB.

11 Für die **Verpfändung** der Einlageforderung (§ 1274 BGB) gelten dieselben Voraussetzungen, Maßstäbe und Rechtsfolgen wie für die Abtretung (Rdn. 10).

12 Nach der Rechtsprechung und im Schrifttum überwiegend vertretener Ansicht unterliegt auch die **Pfändung** der Einlageforderung (§ 851 ZPO) der Voraussetzung eines vollwertigen Anspruchs des Gläubigers gegen die Gesellschaft.[31] Anderes gilt nur, wenn nach Einstellung des Geschäftsbetriebs das Vermögen der Gesellschaft sich in der Einlageforderung erschöpft und wenn entweder keine weiteren Gläubiger vorhanden sind oder diese ihre Ansprüche nicht weiterverfolgen und die Gesellschaft die Mittel für einen Prozess gegen den Einlageschuldner weder besitzt noch von einem dieser Gläubiger vorgeschossen erhält.[32] Folge der Pfändung ist, dass die Einlageforderung sofort auch ohne Einforderungsbeschluss fällig wird; der Gleichbehandlungsgrundsatz tritt insoweit hinter den Gläubigerinteressen zurück.[33]

C. Verbot der Befreiung von der Einlageverpflichtung (Abs. 2 Satz 1, Abs. 3)

I. Tatbestände

13 Im Interesse der Gesellschaftsgläubiger beschränkt Abs. 2 Satz 1 die **Verfügungsmacht** der Gesellschafter und Geschäftsführer über den Einlageanspruch der Gesellschaft.[34] Nach dieser Vorschrift ist – vorbehaltlich des Eingreifens von Ausnahmetatbeständen wie Abs. 4 oder 5 – jede rechtsgeschäftliche Befreiung von der Pflicht zur Leistung der Einlage verboten und zieht die Nichtigkeitsfolge des § 134 BGB nach sich. Dies gilt namentlich für **Erlass** (§ 397 BGB) und **Stundung.**[35] Beides entspricht im Ergebnis einer unzulässigen Kapitalherabsetzung ohne Beachtung der dafür vorgesehenen Publizitäts- und Verfahrensvorschriften; Gleiches gilt für ein **negatives Schuldanerkenntnis** (§ 397 Abs. 2 BGB)[36] und die Annahme einer anderen **Leistung an Erfüllungs statt** (§ 364 Abs. 1 BGB).[37] Nach allgemeiner Meinung erfasst der Begriff der Befreiung in der gebotenen weiten Auslegung auch jede sonstige Vereinbarung, die mit formal anderen Mitteln wirtschaftlich zum gleichen Ergebnis führt, wie etwa eine **befreiende Schuldübernahme** nach §§ 414, 415 BGB, ein **pactum de non petendo**, die Annahme einer fehlerhaften Sacheinlage oder der Verzicht auf eine Garantie, die Bestandteil der Sacheinlage ist.[38] Gleiches gilt im Fall der Teilsacheinlage (Mischeinlage), wenn der Gesellschaftsvertrag neben der Sacheinlage keine Verpflichtung zur Bareinlage vorsieht.[39]

---

29 *Ebbing*, in: Michalski/Heidinger/Leible/Schmidt, GmbHG, § 19 Rn. 126.
30 *Ebbing*, in: Michalski/Heidinger/Leible/Schmidt, GmbHG, § 19 Rn. 128.
31 BGH, NJW 1992, 2229; BGH, WM 1970, 160; OLG Celle, NZG 2001, 228; *Bayer*, in: Lutter/Hommelhoff, GmbHG, § 19 Rn. 49; *Veil*, in: Scholz, GmbHG, § 19 Rn. 105; *Fastrich*, in: Baumbach/Hueck, GmbHG, § 19 Rn. 42; a.A. *Ebbing*, in: Michalski/Heidinger/Leible/Schmidt, GmbHG, § 19 Rn. 114 ff.; *Schwandtner*, in: MünchKommGmbHG, § 19 Rn. 135 (auch ausführlich zum Meinungsstand).
32 BGH, NJW 1992, 2229; BGH, NJW 1968, 398, 399; BGH, NJW 1963, 102.
33 *Schwandtner*, in: MünchKommGmbHG, § 19 Rn. 141; *Ebbing*, in: Michalski/Heidinger/Leible/Schmidt, GmbHG, § 19 Rn. 120.
34 *Ebbing*, in: Michalski/Heidinger/Leible/Schmidt, GmbHG, § 19 Rn. 57.
35 Begr. RegE BT-Drucks. 8/1347, S. 38.
36 *Ebbing*, in: Michalski/Heidinger/Leible/Schmidt, GmbHG, § 19 Rn. 46.
37 Kritisch: *Veil*, in: Scholz, GmbHG, Nachtrag MoMiG, § 19 Rn. 13.
38 *Bayer*, in: Lutter/Hommelhoff, GmbHG, § 19 Rn. 18.
39 OLG Celle, NZG 2016, 300.

Als unzulässig angesehen wird des Weiteren die Umwandlung der Einlageforderung in eine gewöhnliche schuldrechtliche Forderung (**Novation**).[40] Eine solche schuldrechtliche Forderung stellt schon mangels Bindung an die Grundsätze von Kapitalaufbringung und -erhaltung ein nicht gleichwertiges Minus zur Einlageforderung dar. 14

Auch der Fall, dass die Einlage direkt oder indirekt mit Mitteln aus dem **Gesellschaftsvermögen** geleistet wird, stellt einen anerkannten Verstoß gegen Abs. 2 Satz 1 dar. Dies kann zum einen dadurch geschehen, dass die Gesellschaft dem Gesellschafter zur Einlagenfinanzierung ein Darlehen gewährt, und zum anderen dadurch, dass die Gesellschaft einem Dritten Sicherheiten für einen Kredit an den Gesellschafter stellt, mit dem dieser seine Einlageleistung erbringt.[41] 15

Der Fall der konzerninternen Finanzierung durch **Cash Pool** ist nunmehr in Abs. 5 geregelt. 16

Die Möglichkeit eines **Vergleichs** gem. § 779 BGB dürfte nicht von vornherein ausgeschlossen sein.[42] Jedoch sind die engen Voraussetzungen zu beachten, was die praktische Relevanz mindert: Über die Tatsachen- oder Rechtslage muss Unklarheit in so hohem Maße bestehen, dass unter Berücksichtigung der Erfolgsaussichten einer Klage und des Prozesskostenrisikos die vergleichsweise Beilegung der Streitigkeit ggü. der Durchsetzung im streitigen Verfahren vorzugswürdig ist.[43] In jedem Fall unzulässig ist ein Verzicht auf die Einlageforderung im Vergleichswege bei drohender **Zahlungsunfähigkeit** des Gesellschafters; das vorrangige Instrument bildet hier die Möglichkeit der **Kaduzierung** (§ 21).[44] Der Vergleich bedarf entsprechend § 46 Nr. 2 der Zustimmung der **Gesellschafterversammlung.**[45] 17

In einer rechtlichen Auseinandersetzung über Bestand und Inhalt der Einlageforderung kann die Entscheidung auf ein **Schiedsgericht** übertragen werden (vgl. § 1030 ZPO).[46] 18

II. Ausnahme: Kapitalherabsetzung

Eine Ausnahme vom Verbot der Befreiung von der Einlageverpflichtung sieht Abs. 3 ausschließlich für den Fall der wirksamen **Kapitalherabsetzung** vor. Sofern die strengen Vorschriften für die Kapitalherabsetzung (die Publizitätsregeln des § 58 Abs. 1 Nr. 1, die Sperrfrist des § 58 Abs. 1 Nr. 3 und die Befriedigungs- bzw. Sicherungspflicht des § 58 Abs. 1 Nr. 2) gewahrt sind, besteht kein entsprechendes Schutzbedürfnis der Gesellschaftsgläubiger im Hinblick auf den Kapitalaufbringungsgrundsatz.[47] 19

Über die Kapitalherabsetzung hinaus bedarf der Erlass der Einlageforderung eines wirksamen **Erlassvertrages** (§ 397 BGB) zwischen den Geschäftsführern und den Gesellschaftern, der nicht vor vollständiger Durchführung der Kapitalherabsetzung geschlossen werden darf.[48] Die Voraussetzungen 20

40 *Ebbing*, in: Michalski/Heidinger/Leible/Schmidt, GmbHG, § 19 Rn. 59; *Fastrich*, in: Baumbach/Hueck, GmbHG, § 19 Rn. 19.

41 *Ebbing*, in: Michalski/Heidinger/Leible/Schmidt, GmbHG, § 19 Rn. 62.

42 So auch *Ebbing*, in: Michalski/Heidinger/Leible/Schmidt, GmbHG, § 19 Rn. 71; *Altmeppen*, in: Roth/Altmeppen, GmbHG, § 19 Rn. 30. Im Ergebnis genauso, aber für grundsätzliche Unzulässigkeit vorbehaltlich des Vorliegens sämtlicher Vergleichsvoraussetzungen plädierend *Bayer*, in: Lutter/Hommelhoff, GmbHG, § 19 Rn. 20; *Fastrich*, in: Baumbach/Hueck, GmbHG, § 19 Rn. 20 (»im Hinblick auf Kapitalerhaltungsgrundsatz bedenklich«); im Ergebnis kritisch auch *Veil*, in: Scholz, GmbHG, § 19 Rn. 65.

43 *Bayer*, in: Lutter/Hommelhoff, GmbHG, § 19 Rn. 20.

44 *Bayer*, in: Lutter/Hommelhoff, GmbHG, § 19 Rn. 20.

45 *Altmeppen*, in: Roth/Altmeppen, GmbHG, § 19 Rn. 31; *Bayer*, in: Lutter/Hommelhoff, GmbHG, § 19 Rn. 20; im Ergebnis auch *Veil*, in: Scholz, GmbHG, § 19 Rn. 69, der allerdings die entsprechende Anwendung von § 46 Nr. 2 ablehnt.

46 *Bayer*, in: Lutter/Hommelhoff, GmbHG, § 19 Rn. 22; *Altmeppen*, in: Roth/Altmeppen, GmbHG, § 19 Rn. 30.

47 *Schwandtner*, in: MünchKommGmbHG, § 19 Rn. 159; *Ebbing*, in: Michalski/Heidinger/Leible/Schmidt, GmbHG, § 19 Rn. 106.

48 *Ebbing*, in: Michalski/Heidinger/Leible/Schmidt, GmbHG, § 19 Rn. 107; *Schwandtner*, in: MünchKommGmbHG, § 19 Rn. 160.

des § 58, insb. die Einhaltung des Sperrjahrs, müssen also erfüllt sein. Die Zustimmung zur Kapitalherabsetzung und deren Entgegennahme durch die Geschäftsführer gilt dabei als konkludenter Vertragsabschluss.[49]

21 Der **Höhe** nach ist der Erlass der Einlageforderung auf den Betrag der Kapitalherabsetzung beschränkt, ein weitergehender Erlass ist i.H.d. überschießenden Betrags nichtig.[50]

D. Aufrechnung und Zurückbehaltungsrecht (Abs. 2)

I. Aufrechnung durch den Gesellschafter

22 Das einseitige Aufrechnungsverbot schließt die Aufrechnung durch den Gesellschafter (Schuldner der Einlageforderung) mit einer eigenen Forderung gegen die Einlageforderung aus. Auch das Aufrechnungsverbot ist Ausfluss des Grundsatzes der realen Kapitalaufbringung; es soll verhindert werden, dass der Gesellschafter seine Einlageverpflichtung anstatt durch Barzahlung durch Aufrechnung mit einer Gegenforderung zum Erlöschen bringen kann. Andernfalls hätte der Gesellschafter, der seine Forderung gegen die Gesellschaft schnell, einfach und kostengünstig vollstrecken könnte, auch einen strukturellen Vorteil ggü. außenstehenden Gläubigern.[51] Darüber hinaus soll sichergestellt werden, dass die Gesellschafter bei einer Einbringung anderer Vermögenswerte als Geld die strengen Sacheinlagevorschriften nicht umgehen. Der Einwand von **Treu und Glauben** gegen die Unzulässigkeit der Aufrechnung ist ausgeschlossen.[52]

23 Das Aufrechnungsverbot umfasst jede Gegenforderung;[53] insb. kommt es auf deren **Rechtsnatur** und **Werthaltigkeit** nicht an. Ohne Bedeutung ist auch, ob es sich um eine originäre Forderung des Gesellschafters oder eine durch Abtretung erworbene Forderung handelt.[54] Abs. 2 Satz 2 steht der **Pfändung** der gegen ihn gerichteten Einlageforderung durch den Gesellschafter entgegen, da diese aufgrund des Untergangs der Forderung durch Konfusion mit Überweisung an den Gesellschafter zur Einziehung im Ergebnis einer Aufrechnung gleichstünde.[55] Auch die Verrechnung mit Ansprüchen auf Rückzahlung von zuvor an die Gesellschaft darlehenshalber geleisteten Beträgen ist als Aufrechnung gegen den Anspruch der Gesellschaft auf Leistung einer Bareinlage zu qualifizieren und nach Abs. 2 Satz 2 unzulässig.[56]

24 Eine Ausnahme vom Aufrechnungsverbot besteht nur bei einer Forderung aus der Überlassung von Vermögensgegenständen, deren Anrechnung auf die Einlageverpflichtung nach § 5 Abs. 4 Satz 1 vereinbart worden ist. Dies meint also den Fall der ordnungsgemäß gesellschaftsvertraglich festgesetzten **Sachübernahme** oder den Fall der **Sachkapitalerhöhung** unter Einhaltung der dafür vorgesehenen Voraussetzungen der §§ 56 Abs. 2, 5 Abs. 4. Mangels Verstoß gegen die Sacheinlagevorschriften bedarf es des Verbotes hier nicht.

II. Aufrechnung durch die Gesellschaft

25 Eine ausdrückliche Regelung der Aufrechnung durch die Gesellschaft enthält das Gesetz nicht. Daraus folgt jedoch nicht, dass eine Aufrechnung durch die Gesellschaft keinen Beschränkungen unterliegt. **Zulässig** ist die Aufrechnung durch die Gesellschaft ebenso wie die Aufrechnung durch

---

49 *Schwandtner*, in: MünchKommGmbHG, § 19 Rn. 160.

50 *Ebbing*, in: Michalski/Heidinger/Leible/Schmidt, GmbHG, § 19 Rn. 108; *Schwandtner*, in: MünchKommGmbHG, § 19 Rn. 160.

51 *Ebbing*, in: Michalski/Heidinger/Leible/Schmidt, GmbHG, § 19 Rn. 78.

52 BGH, GmbHR 1983, 194; *Schwandtner*, in: MünchKommGmbHG, § 19 Rn. 81; *Fastrich*, in: Baumbach/Hueck, GmbHG, § 19 Rn. 30; *Bayer*, in: Lutter/Hommelhoff, GmbHG, § 19 Rn. 25.

53 *Schwandtner*, in: MünchKommGmbHG, § 19 Rn. 82; *Bayer*, in: Lutter/Hommelhoff, GmbHG, § 19 Rn. 25; *Ebbing*, in: Michalski/Heidinger/Leible/Schmidt, GmbHG, § 19 Rn. 81.

54 *Schwandtner*, in: MünchKommGmbHG, § 19 Rn. 82; *Bayer*, in: Lutter/Hommelhoff, GmbHG, § 19 Rn. 24.

55 *Ebbing*, in: Michalski/Heidinger/Leible/Schmidt, GmbHG, § 19 Rn. 82.

56 OLG Celle, GmbHR 2006, 433.

den Gesellschafter im Hinblick auf Sachübernahmen, die im Gesellschaftsvertrag oder im Kapitalerhöhungsbeschluss festgelegt worden sind.

Darüber hinaus ist eine Aufrechnung der Gesellschaft mit ihrer Einlageforderung gegen eine Gesellschafterforderung jedenfalls dann zulässig (und keine Umgehung des Abs. 2), wenn die Gesellschafterforderung **fällig**, **liquide** und **vollwertig** ist.[57] Die Gesellschaft darf also nur aufrechnen, wenn sie den vollen wirtschaftlichen Wert der geschuldeten Leistung tatsächlich erhält.[58] Dies entspricht dem Grundsatz der realen Kapitalaufbringung, der durch die Reform unangetastet geblieben ist. Das Erfordernis der **Liquidität** ist erfüllt, wenn die Gesellschafterforderung nach Grund und Höhe unzweifelhaft feststeht und der Durchsetzung keine Einwendungen und Einreden entgegenstehen.[59] **Vollwertigkeit** setzt voraus, dass die Gesellschaft in der Lage ist, alle gegen sie gerichteten Forderungen (einschließlich der Gesellschafterforderung) zu begleichen.[60] Die Gesellschaft muss also uneingeschränkt zahlungsfähig und darf nicht überschuldet sein.[61] Ein kurzfristiger Liquiditätsengpass ist unschädlich.[62] Den maßgeblichen Zeitpunkt, in dem die Kriterien vorliegen müssen, bildet nach objektiven Maßstäben die Erklärung der Aufrechnung, auf eine subjektive Sichtweise kommt es nicht an.[63] Darlegungs- und beweisbelastet für das Vorliegen der Aufrechnungsvoraussetzungen ist nach herrschender Meinung der Einlageschuldner.[64] 26

Diese Grundsätze gelten auch uneingeschränkt für die **Ein-Personen-GmbH**.[65] 27

Für **Altforderungen**, also bereits vor Entstehung der Einlageschuld existente Gesellschafterforderungen, wird insb. von der Rechtsprechung die Unzulässigkeit der Aufrechnung angenommen.[66] 28

Die **Rechtsfolge** einer unzulässigen Aufrechnung durch die Gesellschaft entnimmt die überwiegende Auffassung im Schrifttum Abs. 4 Satz 3 in analoger Anwendung, um den Gesellschafter nicht auf den Umweg der verdeckten Sacheinlage zu verweisen.[67] 29

III. Zurückbehaltungsrecht

Gemäß Abs. 2 Satz 3 steht dem Gesellschafter ein Zurückbehaltungsrecht an **Sacheinlagen** nur zu, soweit sich die Gegenforderung, mit der er das Zurückbehaltungsrecht geltend macht, unmittelbar auf den Gegenstand der Sacheinlage bezieht. Dies gilt namentlich für fällige Ansprüche auf **Verwendungsersatz** nach §§ 1000 Satz 1, 1001 BGB oder **Schadensersatz** nach § 273 Abs. 2 BGB.[68] Als lex specialis verdrängt Abs. 2 Satz 3 die Vorschrift des § 273 Abs. 1 BGB. 30

57 BGH, NZG 2009, 427, 428; BGH, NZG 2003, 168, 170; BGH, NZG 2002, 1172, 1173; *Bayer*, in: Lutter/Hommelhoff, GmbHG, § 19 Rn. 28; *Altmeppen*, in: Roth/Altmeppen, § 19 Rn. 41.

58 *Bayer*, in: Lutter/Hommelhoff, GmbHG, § 19 Rn. 27; vgl. *Casper*, in: Ulmer/Habersack/Winter, GmbHG, Erg.band MoMiG, § 19 Rn. 20 (»Gegenanspruch, der so gut wie Bargeld ist«).

59 *Bayer*, in: Lutter/Hommelhoff, GmbHG, § 19 Rn. 31; *Altmeppen*, in: Roth/Altmeppen, GmbHG, § 19 Rn. 44.

60 BGH, NZG 2003, 168, 170.

61 *Bayer*, in: Lutter/Hommelhoff, GmbHG, § 19 Rn. 31.

62 OLG Köln, WM 1987, 537.

63 *Bayer*, in: Lutter/Hommelhoff, GmbHG, § 19 Rn. 34.

64 OLG Köln, ZIP 1986, 569; OLG Düsseldorf, DB 1993, 1714; *Bayer*, in: Lutter/Hommelhoff, GmbHG, § 19 Rn. 37; *Altmeppen*, in: Roth/Altmeppen, GmbHG, § 19 Rn. 45.

65 OLG München, Urt. v. 30.04.2009 – 8 U 4778/08, [juris].

66 BGH, NZG 2002, 1172; OLG Celle, GmbHR 2006, 433; *Ebbing*, in: Michalski/Heidinger/Leible/Schmidt, GmbHG, § 19 Rn. 87; *Casper*, in: Ulmer/Habersack/Winter, GmbHG, Erg.band MoMiG, § 19 Rn. 21; a.A. *Scholz/Veil*, in: GmbHG Nachtrag MoMiG, § 19 Rn. 9.

67 *Casper*, in: Ulmer/Habersack/Winter, GmbHG, Erg.band MoMiG, § 19 Rn. 22; *Bayer*, in: Lutter/Hommelhoff, GmbHG, § 19 Rn. 36; *Fastrich*, in: Baumbach/Hueck, GmbHG, § 19 Rn. 39.

68 Allg. Meinung, s. *Ebbing*, in: Michalski/Heidinger/Leible/Schmidt, GmbHG, § 19 Rn. 104; *Bayer*, in: Lutter/Hommelhoff, GmbHG, § 19 Rn. 41.

31 Ein Zurückbehaltungsrecht an **Bareinlagen** können Gesellschafter generell nicht geltend machen. Dies folgt aufgrund vergleichbarer Interessenlage aus analoger Anwendung von Abs. 2 Satz 2.[69] Der Ausschluss erstreckt sich auch auf das kaufmännische Zurückbehaltungsrecht nach § 369 HGB.[70]

E. Verdeckte Sacheinlage (Abs. 4)

I. Problemstellung

32 Die gesetzliche Unterscheidung zwischen **Bareinlagen** und **Sacheinlagen** hat der Reformgesetzgeber nicht angetastet. Regelmäßig erbringen die Gesellschafter Bareinlagen durch bare Zahlung von Geld, meistens durch Überweisung auf ein Bankkonto der Vor-GmbH. Die ausnahmsweise Erbringung von Sacheinlagen (alle Vermögenswerte außer Geld) gegen Gewährung von Gesellschaftsanteilen setzt eine wirksame Vereinbarung im Gesellschaftsvertrag voraus (§ 5 Abs. 4) und unterliegt zusätzlich in formeller Hinsicht strengen Anforderungen wie der Kontrolle der Werthaltigkeit durch das Registergericht (§§ 7 Abs. 3, 9c Abs. 1 Satz 2) und der Notwendigkeit, einen Sachgründungsbericht zu erstellen (§ 5 Abs. 4 Satz 2). Das Auseinanderfallen des Werts der Sacheinlage und der geschuldeten Einlageleistung führt zur **Differenzhaftung** nach § 9. Falschangaben werden zivilrechtlich nach §§ 9a ff. und strafrechtlich nach § 82 Abs. 1 Nr. 1–3 sanktioniert. Der Schutzzweck der genannten Vorschriften und des komplexen Verfahrens liegt darin, einer Gefährdung der Aufbringung des Stammkapitals durch die Erbringung von Sacheinlagen entgegenzuwirken; es sollen im Interesse der Gläubiger keine Sacheinlagen eingebracht werden, die nicht dem Wert der übernommenen Sacheinlage entsprechen.[71]

33 Von Gesetzes wegen sind Sacheinlagen aus den genannten Gründen deshalb nur unter sehr engen Voraussetzungen erlaubt. Ausdrückliche Verbotstatbestände finden sich in §§ 2 Abs. 1a, 5a Abs. 2 Satz 2, 55a Abs. 3 und 58a Abs. 4 Satz 1 GmbHG.

34 Bei der **verdeckten Sacheinlage** werden die gesetzlichen Vorschriften zur Sacheinlage im Wesentlichen dadurch umgangen, dass der Gesellschafter eine Bareinlage leistet, gleichzeitig die Gesellschaft aber aufgrund entsprechender Vereinbarung einen Sachwert des Gesellschafters i.H.d. Bareinlage erwirbt, sodass **wirtschaftlich betrachtet** im Ergebnis die Bareinlage unmittelbar an den Gesellschafter zurückfließt.[72] Ausführliche Darstellung von Fallgruppen s. Rdn. 48 ff. In der Folge geht das Handelsregister von einer Bargründung aus und macht die Eintragung nicht vom Wert der Sacheinlage **abhängig**, sodass die GmbH den Vermögensgegenstand zu einem deutlich über dessen Wert liegenden Kaufpreis erwerben kann und sich das Eigenkapital nicht um den Betrag der Bareinlage erhöht.

35 Dass Gesellschafter dieses Gestaltungsmittel bewusst wählen oder die Vorschriften über die Sacheinlage fahrlässig umgehen, wird überwiegend mit dem als sehr kompliziert und aufwendig empfundenen bzw. **zeit- und kostenintensiven** Sacheinlageverfahren begründet.[73]

II. Tatbestandliche Voraussetzungen

36 Die Figur der verdeckten Sacheinlage ist nunmehr in § 19 Abs. 4 Satz 1 Halbs. 1 legaldefiniert. Der Gesetzgeber hat sich dabei bewusst für eine Anknüpfung an die bisher in der Rechtsprechung

---

69 *Ebbing*, in: Michalski/Heidinger/Leible/Schmidt, GmbHG, § 19 Rn. 105; vgl. auch *Fastrich*, in: Baumbach/Hueck, GmbHG, § 19 Rn. 41.

70 *Bayer*, in: Lutter/Hommelhoff, GmbHG, § 19 Rn. 41.

71 *Ebbing*, in: Michalski/Heidinger/Leible/Schmidt, GmbHG, § 19 Rn. 131.

72 St. Rspr., bspw. BGH, NJW 2009, 3091 (*Cash Pool II*); BGH, NZG 2009, 865; BGH, ZIP 2008, 788; BGH, NJW 2009, 2375 (*Qivive*); BGH, WM 2008, 638.

73 Vgl. *Wachter*, DStR 2010, 1240, 1243; *v. Schnurbein*, GmbHR 2010, 568, 569; auch *Jordans*, S. 31, geht zu Recht davon aus, dass den Gesellschaftern nicht immer der Vorwurf vorsätzlicher Umgehung der Sacheinlagevorschriften gemacht werden kann, sondern es oft nur an einem entsprechenden gesellschaftsrechtlichen Kenntnisstand fehlt.

entwickelte Definition entschieden.[74] Der Tatbestand der verdeckten Sacheinlage[75] besteht demnach aus einem **objektiven** Element (= vollständige oder teilweise Bewertung der Geldeinlage eines Gesellschafters als Sacheinlage bei wirtschaftlicher Betrachtung) und einem **subjektiven** Element (= im Zusammenhang mit der Übernahme der Geldeinlage getroffene Absprache zwischen den Beteiligten). Beide Voraussetzungen müssen erfüllt sein, um die Rechtsfolgen der verdeckten Sacheinlage auszulösen.

1. Objektiver Tatbestand: Wirtschaftliche Entsprechung

Der Gesetzgeber hat den objektiven Tatbestand der verdeckten Sacheinlage nicht selbst konkretisiert, sondern die Definition der Ausfüllung durch Rechtsprechung und Literatur überlassen; überwiegend wird deshalb auf die bisher entwickelten Grundsätze zurückgegriffen.[76] Demnach ist es erforderlich, dass der Gesellschaft wirtschaftlich nicht die vereinbarte Bareinlage, sondern eine **Sacheinlage** (zum Begriff s. § 5 Rdn. 21) zufließt; bei der Einbringung einer verdeckten Sacheinlage wird der wirtschaftlich gewollte einheitliche Vorgang in zwei rechtlich getrennte Geschäfte **aufgeteilt**, bei denen der Gesellschafter zwar formal Bargeld als Einlage einbringt, dieses jedoch im Zusammenhang mit einem zweiten Rechtsgeschäft gegen die Zuführung eines anderen Gegenstandes zurückgewährt wird.[77] 37

Einen solchen Sachwert stellt neben der Leistung eines mit der Einlage bezahlten **Gegenstandes** auch die Befreiung von einer ggü. dem Inferenten bestehenden **Verbindlichkeit** durch Rückzahlung dar. Eine verdeckte Sacheinlage einer Altforderung des Gesellschafters liegt sowohl dann vor, wenn erst die geschuldete Bareinlage eingezahlt und sodann zur Tilgung der Gesellschafterforderung zurückgezahlt wird, als auch dann, wenn in umgekehrter Reihenfolge erst die Gesellschafterforderung getilgt und der erhaltene Betrag sodann ganz oder teilweise als Bareinlage zurückgezahlt wird.[78] 38

In der **Qivive-Entscheidung**[79] hat der BGH am Erfordernis der **Sacheinlagefähigkeit** des eingebrachten Gegenstandes festgehalten (vgl. dazu § 5 Rdn. 28 ff.); **Dienstleistungen** können demnach nicht Gegenstand der verdeckten Sacheinlage sein.[80] Der Grund dafür liegt darin, dass die Durchsetzung von Dienstleistungsverpflichtungen auf Schwierigkeiten stößt (§§ 887, 888 Abs. 3 ZPO) und sie deshalb als Einlage ungeeignet sind.[81] Darüber hinaus setzt der Vorwurf der Umgehungshandlung voraus, dass die Gesellschafter den im Ergebnis erstrebten Erfolg einer Sacheinlage rechtmäßig unter Beachtung der dafür geltenden Vorschriften hätten erreichen können und diesen Weg auch hätten wählen müssen.[82] Auch eine **analoge** Anwendung der Rechtsfolgen der verdeckten Sacheinlage scheidet aus; denn andernfalls hätten Gesellschafter, die sich an einer Bargründung oder Barkapitalerhöhung beteiligen, keine Möglichkeit, anschließend als Geschäftsführer der GmbH tätig zu werden, ohne dass dies den Gläubigern der Gesellschaft zum Vorteil gereichen würde.[83]

---

74 Begr. RegE MoMiG, BT-Drucks. 16/6140, S. 40; dem folgend die einheitliche Meinung im Schrifttum, statt aller *Casper*, in: Ulmer/Habersack/Winter, GmbHG, Erg.band MoMiG, § 19 Rn. 31 m.w.N. Anzumerken ist aber, dass die Legaldefinition die Definition des BGH nicht vollkommen trifft. Zur insofern »missglückten« gesetzlichen Definition s. *Pentz*, GmbHR 2009, 505, 507.

75 Eine gleichlautende Definition hat das ARUG nunmehr auch für das Aktienrecht eingeführt, § 27 Abs. 3 AktG.

76 *Ebbing*, in: Michalski/Heidinger/Leible/Schmidt, GmbHG, § 19 Rn. 134; *Hermanns*, DNotZ 2011, 325.

77 BGH, ZIP 2007, 178.

78 BGH, DStR 2016, 923.

79 BGH, NJW 2009, 2375 (*Qivive*).

80 BGH, NJW 2009, 2375 (*Qivive*). Zur Frage der Sacheinlagefähigkeit von Nutzungsrechten s. *Pentz*, GmbHR 2009, 505, 508 f.

81 BGH, NJW 2009, 2375, 2376 (*Qivive*).

82 BGH, NJW 2009, 2375, 2376 (*Qivive*).

83 Vgl. BGH, NJW 2009, 2375, 2376 (*Qivive*).

39 **Keine** verdeckte Sacheinlage liegt vor, wenn Zahlungen in die freie Kapitalrücklage i.S.d. § 272 Abs. 2 Nr. 4 HGB geleistet und unmittelbar danach zur Tilgung von Verbindlichkeiten der Gesellschaft ggü. dem Inferenten verwendet werden.[84] Gleiches gilt, wenn mit der Bareinlage ein Darlehen abgelöst wird, für dessen Rückzahlung sich der Inferent verbürgt hat.[85]

2. Subjektiver Tatbestand: Vorherige Absprache

40 In subjektiver Hinsicht erfordert der Tatbestand der verdeckten Sacheinlage keine Umgehungsabsicht, sondern lediglich eine vorherige **Absprache** zwischen den Beteiligten, nach der mit dem Austauschgeschäft die geleistete Bareinlage an den Inferenten zurückgezahlt bzw. die Forderung auf die noch nicht gezahlte Bareinlage angerechnet werden soll.[86] Es genügt, wenn die Abrede sich auf das Gegengeschäft bezieht und einen Zusammenhang zur Bareinlage herstellt, d.h., es bedarf keiner expliziten Bezugnahme auf den Einlagenrückfluss.[87]

41 Bei der **Ein-Personen-GmbH** genügt die Willensrichtung des Alleingesellschafters, ohne dass sie nach außen artikuliert werden muss.[88]

42 Bei engem zeitlichen und sachlichen Zusammenhang zwischen dem Umsatzgeschäft und der Begründung bzw. Erfüllung der Bareinlagepflicht wird eine Absprache i.S.v. § 19 Abs. 4 **vermutet**. Dies gilt regelmäßig für einen Zeitraum von 6 **Monaten**;[89] bei einem Zeitraum von mehr als 8 **Monaten** wird die Vermutung abgelehnt.[90] Bei einer erwiesenen Abrede kommt es jedoch für das Vorliegen der verdeckten Sacheinlage nicht auf den zeitlichen Zusammenhang an.[91]

3. Zurechnung des Handelns Dritter

43 Die Grundsätze der Behandlung verdeckter Sacheinlagen kommen auch zur Anwendung, wenn die Voraussetzungen für die Zurechnung des Handelns dritter Personen erfüllt sind. Hierzu muss die Leistung des Dritten an den Inferenten einer Leistung der Gesellschaft oder die Leistung an den Dritten einer Leistung an den Inferenten in jeder Hinsicht gleichstehen.[92] In Betracht kommen als Grundlage **persönliche Nähebeziehungen** wie Verwandtschaft,[93] Handeln Dritter **für Rechnung** des Einlegers (Treuhandfälle),[94] und **Konzernverhältnisse**.[95]

III. Rechtsfolgen und Haftungsrisiken

1. Anrechnungslösung

44 Vor Inkrafttreten der Reform führte die verdeckte Sacheinlage nicht nur zu einer Unwirksamkeit der schuldrechtlichen Abrede, vielmehr blieb auch dem dinglichen Erfüllungsgeschäft analog § 27 Abs. 3 AktG die Wirksamkeit versagt. Der betroffene Gesellschafter war weiterhin zur Einbringung der Einlage in bar verpflichtet und wurde auf einen **Rückforderungs-** bzw. **Kondiktionsanspruch**

84 BGH, NZG 2008, 76 (unter Hinweis auf »verbale und tatsächliche Trennung« der echten Einlagen und der darüber hinausgehenden freiwilligen Zahlungen auf verschiedenen Bankkonten).
85 BGH, NZG 2011, 667, 668.
86 *Schwandtner*, in: MünchKommGmbHG, § 19 Rn. 224.
87 BGH, ZIP 2008, 788, 789; *Schwandtner*, in: MünchKommGmbHG, § 19 Rn. 224.
88 BGH, WM 2008, 638, 639; *Schwandtner*, in: MünchKommGmbHG, § 19 Rn. 223 (»ins Auge fassen«).
89 KG Berlin, GmbHR 2011, 821, 822; OLG Hamburg, NZG 2007, 393, 395 (zum Hin- und Herzahlen); OLG Köln, NZG 1999, 459, 460 (zum alten Recht).
90 BGH, NJW 2002, 3774, 3777 (zum alten Recht); *Schwandtner*, in: MünchKommGmbHG, § 19 Rn. 232 m.w.N.
91 BGH, NJW 1996, 1473, 1475; *Bayer*, in: Lutter/Hommelhoff, GmbHG, § 19 Rn. 63.
92 Vgl. BGH, NZG 2006, 344, 346; BGH, NJW 2003, 825; BGH, NJW 1994, 1477, 1478; *Lieder*, in: MünchKommGmbHG, § 56 Rn. 70.
93 *Schwandtner*, in: MünchKommGmbHG, § 19 Rn. 239.
94 BGH, NJW 1990, 982, 989.
95 Ausführliche Darstellung von Fallgruppen bei *Schwandtner* in: MünchKommGmbHG, § 19 Rn. 241 ff.

gegen die Gesellschaft mit den entsprechenden Risiken bei der Durchsetzung verwiesen.[96] War der Herausgabe- und Bereicherungsanspruch, wie regelmäßig in der Insolvenz der Gesellschaft, wirtschaftlich wertlos, musste der Gesellschafter seine Einlage oft **doppelt** leisten, was immer wieder als unangemessene Rechtsfolge kritisiert wurde.[97] Mit dem MoMiG reagierte der Gesetzgeber auf diesen Reformdruck.

Nach **neuem Recht** kommt der verdeckten Sacheinlage zwar immer noch keine befreiende Wirkung für die Einlageverpflichtung des Gesellschafters zu; jedoch sind die Verträge über die Sacheinlage nicht nichtig und der Sachwert, welcher der GmbH zugeflossen ist, wird **kraft Gesetzes** auf die Geldeinlagepflicht **angerechnet**. Den Gesellschafter trifft nur noch eine Haftung i.H.d. Wertdifferenz zwischen der vereinbarten Bareinlage und der geleisteten Sacheinlage. Maßgeblich sind die Wertverhältnisse im Zeitpunkt der Anmeldung der Gesellschaft zum Handelsregister bzw. im Zeitpunkt der Überlassung des Vermögensgegenstandes; bei der Kapitalerhöhung kommt es für die Anrechnung auf die Verhältnisse im Zeitpunkt der Anmeldung der Kapitalerhöhung bzw. im Zeitpunkt der Überlassung des Vermögensgegenstandes an.[98] Die **Beweislast** für die Werthaltigkeit der Sacheinlage weist Abs. 4 Satz 5 allerdings dem Gesellschafter zu; dies entspricht allgemeinen Grundsätzen bei Einwendungen, erlangt aber Bedeutung für den Anspruch der Gesellschaft i.R.d. **Ausfallhaftung** nach § 24.[99] Damit der Beweis der Werthaltigkeit gelingt, empfiehlt sich eine sorgfältige **Dokumentation** und die Anfertigung entsprechender **Wertgutachten**.[100] Ausweislich der Gesetzesbegründung steht es der Anrechnung auch nicht entgegen, wenn die Gesellschafter die Sacheinlagevorschriften **vorsätzlich** umgangen haben.[101] 45

Umstritten ist zunächst die dogmatische Einordnung des Begriffs der Anrechnung bzw. deren Rechtsnatur.[102] Vertreten werden dazu mehrere Ansätze: ein Verständnis als **nachträgliche Erfüllung** ex nunc (§ 362 BGB),[103] eine Deutung als gesetzlich statuierte **Annahme an Erfüllungs statt** (§ 364 Abs. 1 BGB),[104] eine Einordnung als **Vorteilsausgleich** ähnlich § 326 Abs. 2 Satz 2 BGB[105] oder als Parallele zur **Differenzhaftung** bei einer offenen Sachübernahme,[106] schließlich eine Kennzeichnung als **verrechnungsähnliches Erfüllungssurrogat sui generis**.[107] Gegen das Verständnis der Anrechnung als Erfüllungssurrogat der herkömmlichen Kategorien oder gar als Erfüllung bestehen grundsätzliche Bedenken. Eine Annahme an Erfüllungs statt scheitert schon daran, dass die Anrechnung nicht vom Willen der Parteien abhängt.[108] Ein Verständnis als Erfüllung lässt sich auch mit dem gesetzgeberischen Willen nicht vereinbaren. Mit der Neuregelung will der Gesetzgeber 46

---

96 *Ebbing*, in: Michalski/Heidinger/Leible/Schmidt, GmbHG, § 19 Rn. 154.

97 Zur Reformdiskussion s. bspw. *Casper*, in: Ulmer/Habersack/Winter, GmbHG, Erg.band MoMiG, § 19 Rn. 4 ff., *Jordans*, S. 33 ff.

98 BGH, GmbHR 2010, 700, 706.

99 *Heinze*, GmbHR 2008, 1065, 1067.

100 So auch *v. Schnurbein*, GmbHR 2010, 568, 576. Zivilprozessual handelt es sich dabei um Privatgutachten, d.h. keinen Strengbeweis i.S.d. ZPO, sondern lediglich um urkundlich belegten, qualifizierten Parteivortrag, auf den die Regeln des Sachverständigenbeweises keine Anwendung finden, vgl. BGH, NJW 2001, 77; BGH, NJW 1993, 2382; *Huber*, in: Musielak, ZPO, § 402 Rn. 5. Kritisch zum Beweiswert von bereits im Einbringungszeitpunkt angefertigten »Schubladengutachten« *Schwandtner*, in: MünchKommGmbHG, § 19 Rn. 303.

101 Begr. RegE MoMiG, BT-Drucks. 16/6140, S. 95.

102 Explizit offengelassen von BGH, GmbHR 2010, 700, 703. Zum Meinungsstand s. *Pentz*, GmbHR 2010, 673, 680; *Müller*, NZG 2011, 761; *Sernetz*, ZIP 2010, 2173, 2174 f.; *Schwandtner*, in: MünchKommGmbHG, § 19 Rn. 272 ff.

103 *Fastrich*, in: Baumbach/Hueck, GmbHG, § 19 Rn. 63.

104 *Maier-Reimer/Wenzel*, ZIP 2008, 1449.

105 *Ulmer*, ZIP 2009, 293; *Schwandtner*, in: MünchKommGmbHG, § 19 Rn. 276.

106 *Bayer*, in: Lutter/Hommelhoff, GmbHG, § 19 Rn. 83; in diese Richtung tendierend wohl auch *Ebbing*, in: Michalski/Heidinger/Leible/Schmidt, GmbHG, § 19 Rn. 152.

107 *Pentz*, GmbHR 2010, 673, 683; *Müller*, NZG 2011, 761, 763.

108 *Schwandtner*, in: MünchKommGmbHG, § 19 Rn. 274 m.w.N.

ganz klar zum Ausdruck bringen, dass die verdeckte Sacheinlage weiterhin **unzulässig** bleibt, die Erfüllung sollte also gerade nicht zugelassen werden.[109] Vergleichbar ist die Anrechnung der Erfüllung lediglich in ihrem **wirtschaftlichen Ergebnis.**[110] Der Lösungsvorschlag, der sich auf einen gesetzlich angeordneten Vorteilsausgleich stützt, sieht sich zutreffend dem Kritikpunkt ausgesetzt, dass diese Figur dem Schadensersatzrecht entstammt und deshalb nicht ohne Weiteres auf den hier relevanten Bereich der Vertragserfüllung übertragbar ist.[111] Abzulehnen ist auch die Ansicht, die eine Parallele zur Differenzhaftung bei der offenen Sacheinlage ziehen möchte. Dagegen spricht, dass dieses Modell sich rechtspolitisch im Reformprozess gerade nicht durchzusetzen vermochte; auf den letzten Metern des Gesetzgebungsverfahrens wurde von der ursprünglich diskutierten Erfüllungslösung mit Differenzhaftung zugunsten der Anrechnungslösung Abstand genommen.[112]

47 Es ist zuzugeben, dass es kaum gelingt, die Anrechnung auf den ersten Blick einleuchtend und dogmatisch einwandfrei unter eine der herkömmlichen Formen der Erfüllungssurrogate zu fassen. Jegliche Einordnung muss jedenfalls die **Wertungen des Gesetzgebers** zugrunde legen: Erstens muss eine doppelte Inanspruchnahme des Gesellschafters verhindert werden, zweitens darf der Gesellschafter umgekehrt nicht in den Genuss der Rückerstattung der Barleistung kommen, und drittens darf der Inferent haftungsrechtlich nicht besser stehen als bei einer ordnungsgemäßen Sacheinlage.[113] Dem Charakter und Zweck der Anrechnung ebenso wie der gesetzgeberischen Intention noch am ehesten gerecht wird die Ansicht, die die Anrechnung als ein neues Institut eigener Art begreift.[114] Die unterschiedlichen Begründungsansätze führen jedoch regelmäßig zu demselben Ergebnis (s. Rdn. 48 ff.).

2. Ansprüche von Gesellschaft und Inferenten

48 Auswirkungen der Anrechnung ergeben sich in verschiedenen Fallgruppen, die ausgehend von einem Fallbeispiel dargestellt werden.[115] *Beispiel*: An der zur Eintragung ins Handelsregister angemeldeten X-GmbH ist u.a. auch der Gesellschafter G beteiligt. Dieser schuldet und leistet eine Einlage i.H.v. 25.000 €. Absprachegemäß kommt zwischen Gesellschafter G und der X-GmbH ein Kaufvertrag über einen Vermögenswert des G zustande, der auch beidseitig erfüllt wird. Kurz darauf wird die X-GmbH ins Handelsregister eingetragen. Der Kaufpreis betrage a) 25.000 €, was dem Gegenstandswert entspricht, b) 30.000 € bei einem Gegenstandswert von 27.000 €, c) 22.000 €, was dem Gegenstandswert entspricht, d) 25.000 € bei einem Gegenstandswert von 30.000 €.

a) Vollwertige verdeckte Sacheinlage

49 Die geschuldete Einlage deckt sich mit dem Kaufpreis und dem Wert des Vermögensgegenstandes. Sowohl das zugrunde liegende Kausalgeschäft als auch die Übereignung sind wirksam. Der Wert der Sacheinlage (25.000 €) wird auf den in voller Höhe fortbestehenden Einlageanspruch angerechnet.[116]

b) Verdeckte gemischte Sacheinlage

50 Der tatsächliche Wert der Sacheinlage (27.000 €) liegt unter dem Kaufpreis, aber über der geschuldeten Einlage. Für diese Konstellation hat der BGH im »**AdCoCom-Urteil**« entschieden, dass ein

109 *Casper*, in: Ulmer/Habersack/Winter, GmbHG, Erg.band MoMiG, § 19 Rn. 60.

110 *Casper*, in: Ulmer/Habersack/Winter, GmbHG, Erg.band MoMiG, § 19 Rn. 60.

111 *Sernetz*, ZIP 2010, 2173, 2175 (mit eigener Lösung über gesetzlich angeordnete Verrechnung der offenen Bareinlageforderung mit der Bereicherungsforderung des Inferenten).

112 BT-Drucks. 16/9737, S. 97 zu Nr. 17 (§ 19), zu Abs. 4; wie hier *Lieder*, in: MünchKommGmbHG, § 56 Rn. 79.

113 *Müller*, NZG 2011, 761, 762.

114 *Veil*, in: Scholz, GmbHG, Nachtrag MoMiG § 19 Rn. 19; *Casper*, in: Ulmer/Habersack/Winter, GmbHG, Erg.band MoMiG, § 19 Rn. 60; ähnlich *Müller*, NZG 2011, 761, 763.

115 Die Darstellung ist angelehnt an *Veil*, in: Scholz, GmbHG, Nachtrag MoMiG § 19 Rn. 42 ff. und *Jordans*, S. 113 ff.; ausführlich dazu auch *Casper*, in: Ulmer/Habersack/Winter, GmbHG, Erg.band MoMiG, § 19 Rn. 68 ff.

116 S. zu den Begründungen der anderen Ansätze ausführlich *Jordans*, S. 114 f.

Minderwert der Sacheinlage wegen des Grundsatzes der realen Kapitalaufbringung nicht zulasten des Gesellschaftsvermögens gehen dürfe; vielmehr müsse vor einer Anrechnung von dem tatsächlichen Wert der Sacheinlage der Betrag abgezogen werden, den die Gesellschaft über den Nominalwert der Bareinlage hinaus als Gegenleistung entrichtet habe.[117] Im Fall hat die X-GmbH einen Betrag von 30.000 € bezahlt, 5.000 € mehr als die Einlageschuld des G beträgt. Dieser Betrag ist vom tatsächlichen Wert (27.000 €) abzuziehen, sodass eine Differenz von 22.000 € verbleibt. In dieser Höhe findet eine Anrechnung statt, im Ergebnis schuldet G also noch 3.000 €.[118]

c) Minderwert der Sacheinlage bei angemessenem Kaufpreis

Der tatsächliche Wert der Sacheinlage (22.000 €) deckt sich mit dem Kaufpreis, liegt aber unter 51
der geschuldeten Einlage. Diesen Fall regelt der Wortlaut des Gesetzes auf **Rechtsfolgenseite** nicht unmittelbar, da die Verweigerung der Erfüllungswirkung sich auf die gesamte Geldeinlage bezieht und nicht nur auf den teilweise als Sacheinlage zu bewertenden Teil. Die überwiegende Ansicht im Schrifttum liest in den Wortlaut der Norm daher auf der Rechtsfolgenseite das Wort »soweit« hinein und beschränkt die erfüllungshindernde Wirkung der verdeckten Sacheinlage auf den Teilbetrag, der an den Inferenten zurückfließt.[119] Im Ergebnis erhält die X-GmbH einen Vermögenswert von 22.000 € und einen Barbetrag von 3.000 €. Die Einlageschuld des G erlischt demnach i.H.v. 3.000 €; i.H.v. 22.000 € besteht die Forderung fort. Da der Kaufpreis sich jedoch mit dem Wert des eingebrachten Gegenstandes deckt, findet kraft Gesetzes die volle Anrechnung in dieser Höhe statt. Es bestehen keine Ansprüche mehr zwischen den Beteiligten.[120]

d) Mehrwert der Sacheinlage

Der tatsächliche Wert der Sacheinlage (30.000 €) liegt über dem Kaufpreis und der geschuldeten 52
Einlage. Der Anspruch auf die Bareinlageleistung ist wegen der Anrechnungswirkung in voller Höhe erloschen. Hinsichtlich des überschießenden Betrages von 5.000 € ist zu berücksichtigen, dass G wissentlich und willentlich mehr geleistet hat, als er schuldete. Mit unterschiedlichen dogmatischen Ansätzen lehnt das Schrifttum daher im Ergebnis einhellig einen Rückerstattungsanspruch des G ab.[121] Der überschießende Betrag kann bei der X-GmbH der **Kapitalrücklage** nach § 272 Abs. 2 HGB zugeführt werden.

3. Compliance und Haftungsrisiken

Vor Eintragung hat der Geschäftsführer in der Anmeldung zu versichern, dass die Bareinlage er- 53
bracht und zu seiner endgültigen und freien Verfügung in das Vermögen der Gesellschaft geleistet wurde. Dies ist bei der verdeckten Sacheinlage jedoch nicht wahrheitsgemäß möglich, da die eingebrachten Barmittel entweder bereits an den Gesellschafter zurückgeflossen sind oder zurückfließen werden.[122] **Frühester Zeitpunkt** einer Anrechnung ist gemäß Abs. 4 Satz 6 die Eintragung in das Handelsregister; eine Berufung auf Abs. 4 bleibt dem Geschäftsführer damit bei der Versicherung verwehrt.[123] Nach wie vor werden bewusste Falschangaben in Kenntnis der verdeckten Sacheinlage sowohl mit der Entstehung von **Schadensersatzansprüchen** (§ 9a) als auch mit einer **Freiheitsstrafe** von bis zu 3 Jahren oder einer Geldstrafe (§ 82) sanktioniert. Letzteres wirkt sich gem. § 6 Abs. 2

117 BGH, ZIP 2010, 978 (*AdCoCom*).

118 Zu den Begründungen der im Schrifttum vertretenen Ansätze ausführlich *Jordans*, S. 115 ff.

119 *Bayer*, in: Lutter/Hommelhoff, GmbHG, § 19 Rn. 93; *Jordans*, S. 121 m.w.N.; a.A. *Veil*, in: Scholz, GmbHG, Nachtrag MoMiG, § 19 Rn. 50.

120 Zu den Begründungen der im Schrifttum vertretenen Ansätze und zur Behandlung eines Unterfalls dieser Konstellation, bei der der Kaufpreis über dem Wert der Sache liegt, ausführlich *Jordans*, S. 120 ff.

121 *Casper*, in: Ulmer/Habersack/Winter, GmbHG, Erg.band MoMiG, § 19 Rn. 70; Ausführlich *Jordans*, S. 129 ff.

122 *V. Schnurbein*, GmbHR 2010, 568, 570.

123 *Ebbing*, in: Michalski/Heidinger/Leible/Schmidt, GmbHG, § 19 Rn. 153.

Satz 2 Nr. 3 Buchst. c) wiederum auf die Inhabilität als Geschäftsführer einer GmbH aus. Nimmt der Geschäftsführer pflichtwidrig eine Sacheinlage statt einer Bareinlage an, kann dies auch eine Kündigung des Anstellungsvertrages aus wichtigem Grund nach sich ziehen.[124]

54 Noch ungeklärt ist die Frage, ob die Sacheinlagevorschriften auch i.R.d. **wirtschaftlichen Neugründung** bei Aktivierung einer Vorratsgesellschaft Anwendung finden. Der BGH verlangt die Einhaltung der Kapitalaufbringungsvorschriften sowohl für wirtschaftliche Neugründung[125] als auch für die Wiederverwendung eines zwischenzeitlich leer gewordenen Gesellschaftsmantels.[126] Da die Ausgangslage im Grundsatz unverändert geblieben ist, spricht vieles dafür, dass die Anforderungen des Abs. 4 insb. hinsichtlich der abzugebenden Geschäftsführerversicherung auch bei der wirtschaftlichen Neugründung jedenfalls vorsorglich einzuhalten sind.[127]

55 Der **Gesellschafter** setzt sich einem Haftungsrisiko nach § 9a Abs. 1 aus. Ferner tendiert die Rechtsprechung zur Annahme einer Haftung des Gesellschafters ggü. Dritten unter Anwendung des § 823 Abs. 2 BGB i.V.m. § 82 Abs. 1 Nr. 1, 2. Alt.[128]

56 Die deutliche Abmilderung der Rechtsfolgen im Zuge der Reform darf also nicht darüber hinwegtäuschen, dass vor dem Einsatz verdeckter Sacheinlagen als Gestaltungsmittel aufgrund der zivil-, gesellschafts- und strafrechtlichen Sanktionen auch nach neuem Recht zu **warnen** und dringend davon **abzuraten** ist.[129] Die Reform hatte es sich lediglich auf die Fahnen geschrieben, eine doppelte Inanspruchnahme des Gesellschafters in der Insolvenz oder aufgrund eines Wertverfalls der Sache nach Einbringung zu verhindern, ohne dass damit eine Legalisierung der verdeckten Sacheinlage verbunden gewesen wäre.[130]

57 Unter dem Gesichtspunkt des Haftungsrisikos von **Steuerberatern** und **Rechtsanwälten**[131] stellt die Empfehlung einer verdeckten Sacheinlage ohne Aufklärung über die damit verbundenen gesellschaftsrechtlichen Risiken nach neuem wie nach altem Recht einen **Beratungsfehler** dar, der zu entsprechenden Ersatzansprüchen des (ggf. in den Schutzbereich des mit der Gesellschaft abgeschlossenen Beratungsvertrags einbezogenen) Inferenten führt.[132] Dies gilt nach neuem Recht insb. dann, wenn dem Inferenten der Nachweis der **Werthaltigkeit** des Vermögensgegenstandes (§ 19 Abs. 4 Satz 5) nicht gelingt.[133]

---

124 *Ebbing*, in: Michalski/Heidinger/Leible/Schmidt, GmbHG, § 19 Rn. 155; *Veil*, ZIP 2007, 1244.

125 BGH, GmbHR 2003, 227; OLG Düsseldorf, DNotZ 2013, 70, 72. Zu den Voraussetzungen der Mantelverwendung s.a. BGH, GmbHR 2010, 474.

126 BGH, DStR 2012, 974, 975; BGH, GmbHR 2003, 1125.

127 Zutreffend *Göhmann*, RNotZ 2011, 290, 295.

128 KG Berlin, GmbHR 2011, 821, 822.

129 *Eßers/Sirchich von Kis-Sira*, GmbH-Stpr. 2009, 14, 15; ähnlich auch *Rezori*, RNotZ 2011, 125, 139.

130 Vgl. *Casper*, in: Ulmer/Habersack/Winter, GmbHG, Erg.band MoMiG, § 19 Rn. 30 (»keine Lizenz zum Lügen«).

131 Zur Aufklärungspflicht des beurkundenden Notars über Umstände einer Kapitalerhöhung s. BGH, NJW 1996, 524; OLG Oldenburg, DB 2006, 777; vgl. auch *Göhmann*, RNotZ 2011, 290, 296. Zur möglichen Beihilfestrafbarkeit des Notars bei falscher Versicherung des Geschäftsführers s. *Altmeppen*, NZG 2010, 441, 444.

132 BGH, NZG 2009, 865, 866. Im zugrunde liegenden Sachverhalt sollten im Zuge einer Kapitalerhöhung Patente, die im Eigentum des Inferenten und seines Bruders standen, in die GmbH eingebracht werden. Die GmbH beauftragte den beklagten Rechtsanwalt und Steuerberater, die beabsichtigte Kapitalerhöhung unter steuerlichen Gesichtspunkten zu begleiten. Dieser empfahl der GmbH, von einer Kapitalerhöhung im Wege einer Sacheinlage der Patente abzusehen, den Verkaufserlös der Patente auszuzahlen und die Kapitalerhöhung mittels einer Bareinlage vorzunehmen. Nach Insolvenz der GmbH wurde der Inferent vom Insolvenzverwalter unter dem Gesichtspunkt der verdeckten Sacheinlage auf nochmalige Zahlung der Einlage in Anspruch genommen. Zur Schutzwirkung eines Beratungsvertrags zwischen Rechtsanwalt und GmbH in Ansehung des Risikos verdeckter Sacheinlagen zugunsten der an einer Kapitalerhöhung teilnehmenden Altgesellschafter s.a. BGH, NJW 2000, 725.

133 *Merkner/Schmidt-Bendun*, NZG 2009, 1054, 1058.

4. Heilung

Die von der Rechtsprechung entwickelten Heilungsmöglichkeiten ex nunc[134] wollte der Gesetzgeber i.R.d. Neuregelung von Abs. 4 unberührt lassen.[135] Aufgrund der nunmehr stattfindenden Anrechnung dürfte diese Möglichkeit jedoch nur noch eingeschränkte Bedeutung haben.[136] 58

F. Hin- und Herzahlen (Abs. 5)

I. Problemstellung

Die zweite wichtige Konstellation zur Umgehung der Kapitalerhaltungsvorschriften durch Einlagenrückfluss bildet die Figur des sog. **Hin- und Herzahlens.** Diese betrifft den Fall, dass eine Bareinlage des Gesellschafters aufgrund einer vorher getroffenen Vereinbarung von der Gesellschaft etwa als **Darlehen** faktisch wieder an den Gesellschafter zurückfließt. Einen weiteren Fall des Hin- und Herzahlens bildet etwa der Rückfluss der Einlageleistung aufgrund einer **Treuhandabrede.**[137] Für den Gesellschafter bietet das Hin- und Herzahlen den Vorteil, dass er seine Einlagenpflicht erfüllen kann, ohne dass er die erforderlichen Barmittel aus seinem Vermögen aufbringen muss.[138] Aus Sicht der Gesellschaft fehlt es aber dann an liquiden Mitteln, die sie gerade in der Gründungsphase benötigt.[139] 59

Die **Abgrenzung** der verdeckten Sacheinlage nach Abs. 4 vom Hin- und Herzahlen nach Abs. 5 bereitet oft Schwierigkeiten.[140] Beiden Figuren ist gemeinsam, dass im Widerspruch zum Grundsatz der realen Kapitalaufbringung eine vom Gesellschafter geleistete Einlage bei wirtschaftlicher Betrachtung nicht bei der Gesellschaft verbleibt, sondern wieder an den Gesellschafter zurückfließt. Während bei der verdeckten Sacheinlage der Empfang eines Sachwertes im Mittelpunkt steht, geht es beim Hin- und Herzahlen darum, dass aufgrund einer entsprechenden Abrede die Gesellschaft erhaltene Beträge an den Gesellschafter zurückzahlt und damit in eine **Gläubigerstellung** ggü. dem Gesellschafter einrückt. Die vormalige Einlageforderung wird also entgegen dem Schutzzweck von Abs. 2 Satz 1 durch eine schwächere (schuldrechtliche) Forderung ausgetauscht, sodass im Ergebnis eine **verdeckte Finanzierung** der Einlagemittel durch die Gesellschaft selbst stattfindet.[141] **Bilanziell** betrachtet mindert die verdeckte Sacheinlage die Passiva der Gesellschaft, während beim (vollwertigen) Hin- und Herzahlen ein Aktivtausch stattfindet, indem die Gesellschaft nicht die vormaligen Barmittel, sondern eine Forderung gegen den Gesellschafter erwirbt.[142] 60

II. Tatbestandliche Voraussetzungen

Die Figur des Hin- und Herzahlens umschreibt der Gesetzgeber in § 19 Abs. 5 als vor der Einlage vereinbarte Leistung an den Gesellschafter, die wirtschaftlich einer Rückzahlung der Einlage entspricht und die nicht als verdeckte Sacheinlage zu beurteilen ist. Abs. 5 ordnet hierfür zunächst eine **formelle Subsidiarität** des Hin- und Herzahlens ggü. der verdeckten Sacheinlage an. Ist also der Tatbestand einer verdeckten Sacheinlage erfüllt, findet Abs. 5 keine Anwendung. 61

Vor Leistung der Bareinlage (**Hinzahlen**) muss zwischen Gesellschaft und Gesellschafter eine Vereinbarung über die Rückgewähr (**Herzahlen**) getroffen worden sein. Bei engem sachlichen und zeitlichen Zusammenhang zwischen Einlagenleistung und Rückgewähr gilt wie bei der verdeckten 62

---

134 BGH, NJW 1996, 1473.
135 Begr. RegE MoMiG, BT-Drucks. 16/6140, S. 40.
136 *Fastrich*, in: Baumbach/Hueck, GmbHG, § 19 Rn. 68; *Altmeppen*, in: Roth/Altmeppen, § 19 Rn. 117.
137 BGH, NZG 2006, 227.
138 *Jordans*, S. 173.
139 *Jordans*, S. 173.
140 S. dazu auch BGH, NJW 2012, 3035; OLG Köln, GmbHR 2010, 1213.
141 BGH, NJW 2009, 2375, 2377 (*Qivive*).
142 *Hermanns*, DNotZ 2011, 325, 329.

Sacheinlage eine Vermutung für eine solche Vereinbarung.[143] Auch i.Ü. gelten die Ausführungen zur Absprache bei der verdeckten Sacheinlage (Rdn. 40 ff.) für das Hin- und Herzahlen entsprechend.

63 Auf die Reihenfolge von Einlagenleistung und Rückgewähr kommt es nicht an. Zwar ist der Fall, dass die Gesellschaft dem Inferenten im Vorfeld der Bareinlage Geldmittel zur Verfügung stellt und der Gesellschafter daran anschließend seine Bareinlageleistung erbringt (**Her- und Hinzahlen**), nicht unmittelbar vom Wortlaut erfasst, dennoch findet § 19 Abs. 5 **direkt**[144] oder **analog**[145] Anwendung. Für die wirtschaftliche Vergleichbarkeit der Vorgänge ist die Reihenfolge der Leistungen ohne Belang.[146]

III. Rechtsfolgen und Haftungsrisiken

1. Ausnahmsweise Befreiung von der Leistungspflicht

64 Nach bisheriger Rechtsprechung bestand die Konsequenz des Hin- und Herzahlens darin, dass die Einlageschuld des Gesellschafters nicht wirksam erfüllt und auch die zugrunde liegende schuldrechtliche Abrede unwirksam war; insoweit lag ein Verstoß gegen das Befreiungsverbot vor, und die Leistung stand nicht zur freien Verfügung der Geschäftsführung.[147] Anders als bei der verdeckten Sacheinlage lehnte die Rechtsprechung eine Rückabwicklung über Bereicherungsrecht hier ab. Unter dem Gesichtspunkt der Kapitalaufbringung sei überhaupt nichts geleistet worden, sodass es auch an einer ungerechtfertigten Bereicherung fehle.[148] Soweit der Gesellschafter später die vermeintliche Darlehensvaluta an die Gesellschaft zurückgezahlt hat, hat er damit die Einlageschuld getilgt.[149] Diese Grundsätze galten auch für die beiden Hauptanwendungsfälle des Hin- und Herzahlens, zum einen die Kapitalaufbringung in der **GmbH & Co. KG** (s. Rdn. 78 ff.) und zum anderen das **Cash Pooling** im Konzern (s. Rdn. 82 ff.).

65 Grds. bleibt es auch nach **neuem Recht** dabei, dass die Einlageschuld im Fall des Hin- und Herzahlens nicht wirksam erfüllt ist (vgl. die Regelung des Abs. 2 Satz 1). Eine Ausnahme statuiert Abs. 5 nur für den Fall, dass die Leistung durch einen vollwertigen Rückgewähranspruch gedeckt ist, der jederzeit fällig ist oder durch fristlose Kündigung durch die Gesellschaft fällig werden kann (Satz 1) und diese Leistung ggü. dem Handelsregister offengelegt wird (Satz 2). Dem neuen Recht liegt auch hier eine **bilanzielle Betrachtungsweise** zugrunde: Der Gesetzgeber ermöglicht die Substitution der Einlageforderung durch eine schuldrechtliche Forderung gegen den Inferenten.[150]

a) Voraussetzungen der Befreiung von der Leistungspflicht

66 Der Rückgewähranspruch der Gesellschaft muss den an den Gesellschafter geflossenen Betrag in voller Höhe **abdecken** und das Kriterium der **Vollwertigkeit** erfüllen. Letzteres ist dann der Fall, wenn das Vermögen des Inferenten objektiv zur Erfüllung aller Verbindlichkeiten ausreicht,[151] bzw. unter Rekurs auf bilanzielle Beurteilungskriterien dann, wenn der Rückgewähranspruch entsprechend der Bewertung von Forderungen aus Drittgeschäften i.R.d. Bilanzierung gem. § 253 HGB auf der Grundlage einer vernünftigen kaufmännischen Beurteilung in der vollen Höhe des

143 OLG Jena, GmbHR 2017, 754; BGH, GmbHR 2008, 818; OLG Hamm, BeckRS 2014, 06502; *Bayer*, in: Lutter/Hommelhoff, GmbHG, § 19 Rn. 108.

144 BGH, NJW 2010, 1747 (*Eurobike*).

145 *Lieder*, in: MünchKommGmbHG, § 56a Rn. 74; *Bayer*, in: Lutter/Hommelhoff, GmbHG, § 19 Rn. 128.

146 BGH, NJW 2010, 1747, 1749 (*Eurobike*).

147 BGH, NJW 2003, 825; BGH, NZG 2006, 227.

148 BGH, NZG 2006, 227, 229; BGH, NZG 2006, 24; *Bayer*, in: Lutter/Hommelhoff, GmbHG, § 19 Rn. 101.

149 BGH, NZG 2006, 227, 229; BGH, NZG 2006, 24, 25.

150 *Schwandtner*, in: MünchKommGmbHG, § 19 Rn. 277.

151 *Ebbing*, in: Michalski/Heidinger/Leible/Schmidt, GmbHG, § 19 Rn. 173; *Bayer*, in: Lutter/Hommelhoff, GmbHG, § 19 Rn. 115.

Nennbetrags aktivierbar ist, also bilanziell kein Abwertungsbedarf besteht.[152] Die Frage, ob das Deckungs- und Vollwertigkeitsgebot stets eine angemessene **Verzinsung** der Forderung verlangt, ist zu bejahen.[153] Dafür spricht unter Gläubigerschutzgesichtspunkten, dass unverzinsliche und unterverzinsliche Forderungen in der Handelsbilanz mit dem Barwert anzusetzen, also abzuzinsen sind,[154] und insoweit eine Wertminderung eintritt.[155] Der maßgeblicher **Zeitpunkt**, in dem die Vollwertigkeit gegeben sein muss, ist umstritten. Nach zutreffender überwiegender Ansicht kommt es auf denZeitpunkt der Leistung der Gesellschaft an den Gesellschafter an; ein späteres Entfallen der Vollwertigkeit lässt die Anwendbarkeit des Abs. 5 unberührt.[156]

Der Rückgewähranspruch muss jederzeit **fällig** sein oder jederzeit durch fristlose Kündigung seitens der 67
Gesellschaft fällig gestellt werden können. Die Vereinbarung eines jederzeitigen Rückforderungsrechts im Vertrag ist also unerlässlich.[157]

Das (ungeschriebene) Erfordernis der **Liquidität** des Anspruchs ist erfüllt, wenn die Forderung 68
nach Grund und Höhe unzweifelhaft ist, ihre Durchsetzbarkeit also weder an Einwendungen noch an Einreden, wie z.B. Verjährung, scheitert.[158]

b) Offenlegung und Nachweis der Vollwertigkeit des Rückgewähranspruchs

Der Gesetzeswortlaut verlangt in Abs. 5 Satz 2 eine **Offenlegung** des Hin- und Herzahlens in der 69
Handelsregisteranmeldung.[159] Diese bildet nach der Rechtsprechung des BGH eine zwingende Voraussetzung für die Erfüllungswirkung und hat damit **konstitutive** Bedeutung.[160] Aus dem Wortlaut des Gesetzes ergibt sich diese erfüllungshindernde Wirkung jedoch nicht unmittelbar; näher liegt es nach zutreffender Ansicht, dass das Erfordernis der Offenlegung lediglich einen Gleichlauf mit der verdeckten Sacheinlage nach Abs. 4 hinsichtlich der Sanktionsmöglichkeit wegen Falschangaben nach § 9a oder § 43 Abs. 2 herstellt.[161] In der Praxis dürfte aufgrund der höchstrichterlichen Rechtsprechung (*Qivive, Cash Pool II*) jedoch das Offenlegungserfordernis als konstitutive Voraussetzung der Erfüllungswirkung zu beachten sein.[162]

Das Unterlassen der Angabe in der Anmeldung zum Handelsregister zieht Haftungsrisiken und 70
eine Strafbarkeit nach § 82 Abs. 1 Nr. 1 nach sich. Zu weiteren Erfordernissen der Offenlegung und zum **Prüfungsumfang** des Registergerichts schweigt das Gesetz jedoch. Das OLG München[163]

---

152 *Schwandtner*, in: MünchKommGmbHG, § 19 Rn. 343; *Henkel*, NZI 2010, 84, 87; *Herrler*, DStR 2011, 2255, 2260.

153 Umstritten ist dies bei kurzfristigen Darlehen mit einer Laufzeit von bis zu einem Jahr, bei denen eine Abzinsung handelsbilanziell nicht vorgeschrieben ist. Für eine Übertragung dieses Grundsatzes *Kiefner/Theusinger*, NZG 2008, 801, 804.

154 *Schubert/Roscher*, in: BeckBilKomm, § 253 Rn. 592.

155 Wie hier: *Schwandtner*, in: MünchKommGmbHG, § 19 Rn. 345; *Henkel*, NZI 2010, 84, 87; *Herrler*, DStR 2011, 2255, 2260 (Abweichungen vom Marktwert bis zu 1 % unschädlich).

156 *Ebbing*, in: Michalski/Heidinger/Leible/Schmidt, GmbHG, § 19 Rn. 173 m.w.N.; a.A. *Schwandtner*, in: MünchKommGmbHG, § 19 Rn. 348 (Zeitpunkt der Anmeldung zum Handelsregister).

157 Eine dreimonatige Kündigungsfrist genügt diesem Erfordernis nicht, LG Wiesbaden, GmbHR 2013, 596.

158 *Bayer*, in: Lutter/Hommelhoff, GmbHG, § 19 Rn. 116.

159 Die erneute Leistung von Einlagen zum Zwecke der Heilung einer vor Inkrafttreten des MoMiG erbrachten verdeckten Sacheinlage stellt jedoch keine eintragungsfähige Tatsache dar, OLG München, NZG 2013, 347.

160 BGH, NJW 2009, 3091, 3093 (*Cash Pool II*). Nach a.A. stellt das Offenlegungserfordernis nur eine formell-rechtliche Verpflichtung des Geschäftsführers dar, so *Fastrich*, in: Baumbach/Hueck, GmbHG § 19 Rn. 80; *Altmeppen*, NZG 2010, 441, 446; *Herrler*, GmbHR 2010, 785, 787 (auch zur Möglichkeit der Heilung durch nachträgliche Offenlegung); gegen die erfüllungshindernde Wirkung auch *Avvento*, BB 2010, 202, 203.

161 Ausführlich dazu *Avvento*, BB 2010, 202, 203 m.w.N.

162 So auch *Avvento*, BB 2010, 202, 204.

163 OLG München, GmbHR 2011, 422. Im zugrunde liegenden Sachverhalt hatte eine börsennotierte AG eine Tochtergesellschaft gegründet und das Stammkapital von 25.000 € in voller Höhe auf ein Konto

(und dem folgend das OLG Schleswig[164]) lassen bloße Angaben in der Handelsregisteranmeldung nicht genügen und verlangen die Vorlage des **Darlehensvertrages** sowie einen Nachweis über die **Bonität** des Rückgewährschuldners. Das Registergericht müsse in die Lage versetzt werden, die vom Geschäftsführer vorgenommene Bewertung des Anspruchs als vollwertig und liquide nachzuvollziehen; dies ergebe sich aus dem Sinn und Zweck des Abs. 5 Satz 2. Bei der Einführung des Abs. 5 habe nicht der Gesichtspunkt der Vereinfachung und Beschleunigung des Eintragungsverfahrens im Vordergrund gestanden, ein gesetzgeberischer Wille zu einer Herabsetzung der Anforderungen an die mit der Anmeldung vorzulegenden Unterlagen sei nicht ersichtlich. Welche Nachweise im Allgemeinen geeignet sind, zu belegen, dass die Leistung durch einen vollwertigen Rückgewähranspruch gedeckt ist, lässt das OLG München ausdrücklich offen. Im konkreten Fall akzeptierte das OLG München eine positive Bewertung durch eine international anerkannte **Rating-Agentur** als hinreichenden Nachweis, stellte aber unter Beweislastaspekten klar, dass das Registergericht nicht gehalten sei, sich die benötigten Informationen selbst zu beschaffen, es vielmehr der Gesellschaft aufgrund ihrer Mitwirkungspflicht im Anmeldungsverfahren obliege, das Rating konkret vorzutragen und zu belegen.

71 Nach hier vertretener Auffassung **überspannt** das OLG München die Anforderungen an eine ordnungsgemäße Offenlegung nach Abs. 5 deutlich. Die Entscheidung vermag daher nicht zu überzeugen.[165] Das Hin- und Herzahlen verbindet der Gesetzgeber nicht mit strengen Formanforderungen, wie sie etwa in Form eines Berichts für die Sachgründung oder die Sachkapitalerhöhung vorgesehen sind; anders als § 8 regelt Abs. 5 auch nicht die Pflicht zur Einreichung bestimmter Unterlagen. Im Umkehrschluss lässt sich daraus entnehmen, dass der Gesetzgeber das Hin- und Herzahlen als weniger formstrengen Vorgang konzipiert hat. Ein vergleichender Blick in die annähernd wortlautidentische **Parallelvorschrift** des Aktienrechts (§ 27 Abs. 4 AktG) stützt diese Auffassung: Für die Vollwertigkeit bzw. Fälligkeit des Rückgewähranspruchs sind nicht einmal in diesem äußerst formstreng ausgestalteten Regelungssystem besondere Nachweise erforderlich.[166]

72 Auch die **Beweislastverteilung**, wie sie das OLG München vornimmt, begegnet erheblichen Bedenken. **§ 26 FamFG** statuiert für die Sachverhaltsaufklärung den Amtsermittlungsgrundsatz. Nach dem Wortlaut der Vorschrift hat das Gericht nur die »erforderlichen« Ermittlungen durchzuführen. Die von Amts wegen einzuleitenden und durchzuführenden Ermittlungen sind danach so weit auszudehnen, wie es die Sachlage erfordert.[167] Dies gilt auch für vorzulegende Nachweise. Solange nach der Sachlage **konkrete Zweifel** nicht angebracht sind, ist das Gericht also weder berechtigt noch verpflichtet, die Mitwirkungspflicht der Beteiligten auf die Vorlage weiterer Nachweise auszudehnen.[168] Vielmehr muss das Gericht sich regelmäßig auf die Angaben des anmeldenden Geschäftsführers verlassen. § 8 Abs. 2 Satz 2 findet über die Verweisung in Abs. 5 auch im Fall des Hin- und Herzahlens Anwendung.[169]

---

der Gesellschaft einbezahlt. Die Geschäftsführer haben i.R.d. Anmeldung neben der Versicherung nach § 8 auch die Einlagenrückgewähr offengelegt und angegeben, dass der Rückgewähranspruch jederzeit durch fristlose Kündigung fällig gestellt werden könne und aufgrund der Vermögensverhältnisse der Muttergesellschaft vollwertig sei. Das Registergericht hat per Zwischenverfügung beanstandet, dass der Darlehensvertrag und ein Bonitätsnachweis der Muttergesellschaft nicht beigefügt worden seien, und die Eintragung abgelehnt.

164 OLG Schleswig, BeckRS 2012, 17374.

165 Wie hier *Wachter*, GmbHR 2011, 422, 424; für eine Vorlagepflicht *Heckschen*, DStR 2009, 166, 174; wohl auch *Schwandtner*, in: MünchKommGmbHG, § 19 Rn. 352.

166 *Wachter*, GmbHR 2011, 422, 425.

167 *Sternal*, in: Keidel, FamFG, § 26 Rn. 16.

168 Vgl. auch OLG Hamm, GmbHR 2011, 29 (zum Nachweis der Vertretungsbefugnis bei einer GbR als Gesellschafterin einer GmbH); OLG Hamm, FGPrax 2011, 32 (zur inhaltlichen Überzeugungskraft der Versicherung vor Beginn der Wirksamkeit der Bestellung zum Geschäftsführer nach § 39 Abs. 3) und OLG Düsseldorf, FGPrax 2011, 134 (zu Anforderungen an die Feststellung der Vermögenslosigkeit als Voraussetzung für die Löschung einer GmbH).

169 A.A. OLG München, GmbHR 2011, 422, 423.

Für die Praxis empfiehlt es sich aufgrund der noch nicht eindeutig geklärten Rechtslage dennoch, dem Registergericht bei der Anmeldung **vorsorglich** Nachweise für die Angaben der Geschäftsführer vorzulegen. In Betracht kommen dafür neben der Bewertung durch eine Rating-Agentur auch eine Bescheinigung durch einen Sachverständigen[170] oder die Substanziierung durch Darlegung werthaltiger Sicherheiten oder einer zeitnah erfolgten Werthaltigkeitsprüfung durch ein Kreditinstitut.[171] 73

c) Rechtsfolgen

Wenn die genannten Voraussetzungen erfüllt sind, kommt der Leistung des Gesellschafters Erfüllungswirkung zu und der Gesellschafter wird von seiner Leistungspflicht damit befreit. Wenn es an der Vollwertigkeit des Anspruchs hingegen fehlt, weil bspw. die Forderung handelsbilanziell abzuschreiben wäre, gilt auch nach neuer Rechtslage, dass die Einlage keine Befreiungswirkung hat (**Alles-oder-Nichts-Prinzip**[172]). Dies ergibt sich schon aus der bewussten Entscheidung des Gesetzgebers für das Wort »wenn« anstelle von »soweit«. Maßgeblicher **Zeitpunkt** der Vollwertigkeit ist nach überwiegender Ansicht das Herzahlen an den Gesellschafter.[173] 74

2. Haftungsrisiken

Den erleichterten Rechtsfolgen steht jedoch auch hier ein verschärftes Pflichtenprogramm des Geschäftsführers ggü.; denn dieser muss nun **ständig**, d.h. nicht nur einmal zum Zeitpunkt der Darlehensabrede, die Vollwertigkeit der Darlehensforderung der Gesellschaft überprüfen und laufend überwachen.[174] Tut er dies nicht oder unterlässt eine ggf. erforderliche Kündigung des Darlehens oder Anforderung von Sicherheiten, setzt er sich bei einem Schadenseintritt dem Haftungsrisiko nach § 43 Abs. 2 aus. 75

Darüber hinaus gelten die Ausführungen zu Haftungsrisiken bei der verdeckten Sacheinlage hier entsprechend. 76

IV. Hin- und Herzahlen in der GmbH & Co. KG

1. Konkurrenz der Kapitalschutzsysteme

Bei der GmbH & Co. KG stellt es weitverbreitete Praxis dar, die Stammeinlage der Komplementär-GmbH ganz oder teilweise an die KG als Darlehen weiterzuleiten. Fraglich war bisher, ob dadurch der Tatbestand des Hin- und Herzahlens gegeben und die Einlageverpflichtung damit nicht wirksam erfüllt war. Der BGH[175] erstreckte die strenge Rechtsprechung zur Kapitalaufbringung auch auf die Komplementär-GmbH einer GmbH & Co. KG. Bei **wirtschaftlicher Betrachtung** liege die Situation nicht anders, als wenn sich der Übernehmer des Geschäftsanteils die Einlagemittel 77

---

170 Dass die Kosten für entsprechende Gutachten ggf. den wirtschaftlichen Vorteil der Einlagenrückgewähr deutlich übersteigen können, konzediert auch *Heckschen*, DStR 2009, 166, 174. *Wachter*, GmbHR 2011, 422, 425 spricht sogar davon, dass deshalb die Neuregelung zum Hin- und Herzahlen »faktisch tot« sei.

171 *Herrler*, DStR 2011, 2255, 2261.

172 *Herrler*, GmbHR 2010, 785.

173 BGH, NJW 2009, 3091 (*Cash Pool II*); *Altmeppen*, in: Roth/Altmeppen, GmbHG, § 19 Rn. 136; *Henkel*, NZI 2010, 84, 88 m.w.N.

174 *Eßers/Sirchich von Kis-Sira*, GmbH-Stpr. 2009, 14, 15; *Henkel*, NZI 2010, 84, 88; *Schwandtner*, in: MünchKommGmbHG, § 19 Rn. 359.

175 BGH, NZG 2008, 143. Im zugrunde liegenden Sachverhalt hatten im Zuge der Errichtung einer GmbH & Co. KG die beiden Gründungsgesellschafter der Komplementärin die jeweils von ihnen übernommene Stammeinlage in bar dem Geschäftsführer übergeben, der sie gemäß einer vorher getroffenen Vereinbarung an die KG als Darlehen weiterreichte. Ein eigenes Bankkonto wurde für die Komplementärin nicht eingerichtet. Die Darlehensforderung der GmbH wurde seitens der KG nie getilgt. Nachdem die beiden Gesellschaften einige Jahre später in die Insolvenz geraten waren, verlangte der Insolvenzverwalter von den beiden Gründungsgesellschaftern klageweise erneute Zahlung der seiner Ansicht nach nicht wirksam geleisteten Stammeinlagen.

zurückzahlen lasse und damit der KG selbst ein Darlehen gewähre. Für eine besondere Behandlung der Komplementär-GmbH wegen der wirtschaftlichen Identität mit »ihrer« KG sieht der BGH keinen Raum. Vielmehr seien die Komplementär-GmbH und die KG für die Zwecke der Kapitalaufbringung und -erhaltung grds. als jeweils **selbstständige** Unternehmen anzusehen. Bei beiden Gesellschaften treffen nach dem BGH unterschiedliche **Kapitalschutzsysteme** aufeinander, mit der Folge, dass die Gesellschafter beider Gesellschaften ihre Einlageverpflichtungen den Gesellschaftern ggü. gesondert zu erfüllen und die Vermögensmassen beider getrennt zu halten haben.

78 Der Grundsatz der Kapitalerhaltung ist bei der **KG** geringer ausgeprägt als bei der GmbH, da nach dem gesetzlichen Leitbild der Komplementär unbegrenzt in Anspruch genommen werden kann; infolgedessen sind in der KG Ausschüttungen an die Gesellschafter zulasten des Stammkapitals möglich.[176] Folge der Ausschüttung ist lediglich das summenmäßig begrenzte Wiederaufleben der persönlichen Haftung des Kommanditisten gem. § 172 Abs. 4 HGB.

2. Änderung durch MoMiG

79 Die Einlageverpflichtung gilt nach neuem Recht nunmehr unter der Voraussetzung als erfüllt, dass die Leistung (hier: das Darlehen der GmbH) durch einen vollwertigen Rückgewähranspruch gedeckt ist, der jederzeit **fällig** ist oder durch **fristlose Kündigung** der Gesellschaft fällig werden kann. Die Vollwertigkeit der Darlehensforderung hängt in dieser Fallkonstellation davon ab, ob sie seitens der Komplementärin durchsetzbar ist und die KG zudem alle fälligen Verpflichtungen erfüllen kann.[177] Um die Voraussetzungen des Abs. 5 zu erfüllen, muss insb. auch das **fristlose Kündigungsrecht** im Vertrag verankert werden.

80 Unter den Voraussetzungen des Abs. 5[178] ist bei der GmbH & Co. KG die darlehensweise Weiterreichung der Stammeinlage der Komplementärin an die KG nach Inkrafttreten des MoMiG nunmehr ein **zulässiges** Gestaltungsinstrument.[179]

V. Konzernfinanzierung und Cash Pool

81 Die Neuregelung erfasst als weiteren Hauptanwendungsfall auch den Fall des konzerninternen Liquiditätsausgleichs mittels des darlehensweisen Einlagenrückflusses im **Cash Pool**. Dabei schließen die teilnehmenden Konzerngesellschaften und die kontoführenden Institute einen Cash-Management-Vertrag, auf dessen Grundlage bankarbeitstäglich eine Übertragung der Salden der laufenden Bankkonten auf ein Zentralkonto und damit ein Ausgleich stattfindet.[180] Ein Rückgriff auf Außenfinanzierungen erfolgt erst, wenn der konzerninterne Liquiditätsausgleich nicht mehr ausreicht, um die Zahlungsfähigkeit zu erhalten.[181] Die rechtliche Grundlage des Cash Pools bilden **Darlehensbeziehungen**: Bei einem positiven Saldo des Zentralkontos gewährt die Gesellschaft dem Cash Pool-Führer ein Darlehen mit entsprechendem Rückzahlungsanspruch, bei einem negativen Saldo empfängt umgekehrt die Gesellschaft ein Darlehen.[182]

82 Hinsichtlich der **Zulässigkeit** dieses Gestaltungsinstruments bestanden in der Unternehmenspraxis insb. aufgrund der November-Entscheidung des BGH[183] bisher Unklarheiten und Rechtsunsicherheiten, die nun im Grundsatz geregelt sind. Die Praxisrelevanz und ökonomische Sinnhaftigkeit dieser Art von Liquiditätssteuerung hat auch der Reformgesetzgeber gesehen und sie dem Regime von Abs. 5 unterworfen, unter dessen Voraussetzungen sie nun zulässig ist. Die Kapitalaufbringung im Cash Pool zu erleichtern, war das erklärte Ziel des Reformgesetzgebers bei der Ausgestaltung von Abs. 5.[184]

176 *Theiselmann*, in: GmbHR 2008, 521, 523.
177 *Mayer/Weiler*, in: BeckNotarHdb, D. Rn. 253.; *Theiselmann*, in: GmbHR 2008, 521, 523.
178 S. dazu auch OLG Schleswig, BeckRS 2012, 17374.
179 S. dazu auch *Herrler*, GmbHR 2010, 787, 792.
180 *Weiler*, MittBayNot 2010, 58, 63.
181 *Herrler*, MDR 2011, 208.
182 Vgl. *Weiler*, MittBayNot 2010, 58, 63.
183 BGH, NJW 2004, 1111.
184 RegE MoMiG, BT-Drucks. 16/6140, S. 34 f.

Einen Meilenstein mit Blick auf die auch im Cash Pool bedeutsame, nunmehr im Gesetz angelegte Unterscheidung zwischen verdeckter Sacheinlage und Hin- und Herzahlen hat die **Cash Pool II – Entscheidung**[185] des BGH gesetzt. Keine der beiden Varianten erfasst die Einlageleistung des Gesellschafters, der keine **Verfügungsgewalt** über das Zentralkonto hat; diese ist vielmehr wirksam erbracht.[186] Die geleisteten Einlagemittel fließen an den Inferenten zurück, wenn sie auf ein in einen Cash Pool eingebundenes Konto der Gesellschaft eingezahlt werden, von dort auf ein Zentralkonto weitergeleitet werden und der Inferent über dieses Zentralkonto mittelbar oder unmittelbar **verfügungsberechtigt** ist.[187] Die weitere Abgrenzung erfolgt nach der Rechtsprechung des BGH beim Cash Pool dann anhand des Saldos des vom Inferenten geführten Zentralkontos.[188] 83

Ist dieser Saldo im Zeitpunkt der Weiterleitung der Einlage zulasten der Gesellschaft **negativ**, liegt eine verdeckte Sacheinlage vor; die notwendige, auf den wirtschaftlichen Erfolg einer Sacheinlage abzielende Vereinbarung liegt bereits in der Vereinbarung der Zahlung auf ein in den Cash Pool einbezogenes Konto.[189] Bei wirtschaftlicher Betrachtung wird die Gesellschaft von dem Darlehensrückzahlungsanspruch des das Zentralkonto führenden Inferenten frei, ohne dass sie eine Bareinlage erhält; der Verzicht des Inferenten auf diesen Anspruch bildet einen der Gesellschaft zufließenden Sachwert.[190] 84

Ist der Saldo **ausgeglichen** oder **positiv**, handelt es sich um einen Fall des Hin- und Herzahlens, sodass der Inferent bei Erfüllung der besonderen Voraussetzungen von § 19 Abs. 5 von seiner Einlageverpflichtung frei wird.[191] Denn in diesem Fall gewährt die Gesellschaft ein Darlehen und fließt i.R.d. bankarbeitstäglichen Ausgleichs die überschüssige Liquidität zurück an das Zentralkonto. Um die Voraussetzungen des Abs. 5 zu erfüllen, kommt es somit darauf an, dass 85

- die Weiterleitung der Einlagezahlung an das Zentralkonto des Cash Pools durch einen vollwertigen Rückgewähranspruch der GmbH gedeckt ist, welcher jederzeitig fällig ist oder durch fristlose Kündigung fällig gestellt werden kann, was nur durch die Vereinbarung eines jederzeitigen uneingeschränkten, fristlosen Kündigungsrechts der GmbH im Vertrag sichergestellt werden kann, und dass
- die Vereinbarung über die Weiterleitung der Einlagezahlung i.R.d. Handelsregisteranmeldung ggf. unter Beifügung entsprechender Liquiditätsnachweise (s. Rdn. 73) offengelegt wird.

Eine angemessene **Verzinsung** (s. Rdn. 66) wird im Schrifttum teilweise für entbehrlich erachtet, wenn tatsächliche und rechtlich nicht entziehbare anderweitige Vorteile für die Tochter-GmbH aufgrund ihrer Beteiligung am Cash Pool bestehen, welche die entzogenen Kapitalnutzungsmöglichkeiten aufwiegen.[192] 86

Die Einlagezahlung ist nach Ansicht des BGH **teilbar**; übersteigt die Einlagezahlung den negativen Saldo zulasten der Gesellschaft im Zentralkonto, führt dies zu einer Beurteilung des Vorgangs 87

185 BGH, NJW 2009, 3091 (*Cash Pool II*). Im zugrunde liegenden Sachverhalt hatten zwei von mehreren Gründungsgesellschafterinnen einer GmbH aufgrund vertraglicher Vereinbarung in 2-jährigem Wechsel das Cash-Management der GmbH übernommen. Die GmbH sollte ihren gesamten Zahlungsverkehr über ein Bankkonto abwickeln, das mit einem Konto des jeweiligen Cash-Managers gekoppelt war und i.R.d. Zero-Balancing ausgeglichen werden sollte. Die Gründungsgesellschafterinnen zahlten die vereinbarten Einlagebeträge auf das in den Cash Pool einbezogene Konto der GmbH. Nach Insolvenz der GmbH wurden beide Verwalterinnen des Cash Pools vom Insolvenzverwalter auf erneute Zahlung der Einlage in Anspruch genommen.

186 BGH, NJW 2009, 3091, 3094 (*Cash Pool II*).

187 BGH, NJW 2009, 3091, 3092 (*Cash Pool II*).

188 Kritisch zu dieser Differenzierung und für eine einheitliche Anwendung von Abs. 5 auf jede Form der Einlagenerbringung im Zusammenhang mit einem Cash Pool *Casper*, in: Ulmer/Habersack/Winter, GmbHG, Erg.band MoMiG, § 19 Rn. 115.

189 BGH, NJW 2009, 3091, 3092 (*Cash Pool II*).

190 *Weiler*, MittBayNot 2010, 58, 64.

191 BGH, NJW 2009, 3091, 3092 (*Cash Pool II*).

192 *Lieder*, in: MünchKommGmbHG, § 56a Rn. 67.

teilweise als verdeckte Sacheinlage, teilweise als Hin- und Herzahlen.[193] *Beispiel*: Die Einlage beträgt 25.000 € und der negative Saldo 10.000 €; die Anrechnung nach Abs. 4 findet demnach statt i.H.v. 10.000 €, während für die restlichen 15.000 € zu prüfen ist, ob die Voraussetzungen von Abs. 5 erfüllt sind und ggf. in dieser Höhe Erfüllungswirkung eintritt.

G. Verjährung (Abs. 6)

88 Der Einlageanspruch der Gesellschaft unterliegt nach Neufassung des Abs. 6[194] einer **10-jährigen** Verjährung. Vorher war die Regelverjährung des BGB anwendbar, ursprünglich also 30 Jahre, nach den verkürzten Verjährungsfristen durch das Schuldrechtsmodernisierungsgesetz 3 Jahre. Nach Ansicht des Gesetzgebers stand die Anwendung dieser Vorschriften jedoch im Widerspruch zu dem kapitalschützenden Zweck des Einlageanspruchs, der zwar der Gesellschaft zustehe, jedoch vor allem im Interesse der Gesellschaftsgläubiger gewährt werde.[195] Die Regelung einer 10-jährigen Verjährungsfrist orientiert sich nach dem Willen des Gesetzgebers an der Parallelregelung im Aktienrecht und soll hier wie dort Abreden der Gesellschafter vorbeugen, mit denen sie zulasten der Gesellschaftsgläubiger die kurze Regelverjährungsfrist frühzeitig in Gang setzen könnten.[196]

89 Mit Inkrafttreten dieser kürzeren Verjährungsfrist hat sich das früher diskutierte Problem, welches **Beweismaß** im Einzelfall dem für die Einlageleistung beweispflichtigen Inferenten bei lange zurückliegenden Zahlungen abverlangt werden kann, weitgehend entschärft, da insoweit nun ein Gleichlauf mit der gesetzlichen Aufbewahrungsfrist von Zahlungsbelegen nach § 257 Abs. 4 HGB hergestellt ist.[197]

90 **Beginn** der Verjährungsfrist ist in Übereinstimmung mit § 200 BGB die Entstehung der Einlageforderung; gemeint ist die **Fälligkeit**, also der im Gesellschaftsvertrag festgesetzte **Zahlungstermin** oder die **Einforderung** bzw. **Anforderung** i.S.v. § 20.[198] Maßgeblich ist also nicht die Ultimoverjährung des § 199 Abs. 1 BGB. Wie im Aktienrecht werden die Gesellschaftsgläubiger dadurch geschützt, dass mit dem Eröffnungsbeschluss des Insolvenzgerichts (§ 27 InsO) eine **Ablaufhemmung** von 6 Monaten eintritt, Satz 2; der Insolvenzverwalter soll die Möglichkeit haben, Ansprüche zu prüfen und ggf. verjährungshemmende Maßnahmen zu ergreifen.[199]

91 In den sachlichen Anwendungsbereich der Vorschrift fallen **Einlageforderungen**, hingegen nicht Ansprüche auf **Nebenleistungen** oder **Agio**; denn diese bestehen nicht primär im Gläubiger-, sondern im Gesellschaftsinteresse.[200] Für solche Ansprüche gilt weiterhin die regelmäßige Verjährung gem. §§ 195, 199 BGB.

92 In zeitlicher Hinsicht ist die **Übergangsregelung** in Art. 229 § 12 Abs. 2 EGBGB zu beachten. Demnach gilt die Verjährungsfrist des Abs. 6 für alle Einlageansprüche, die am 15.12.2004 noch nicht verjährt waren, wobei nur die bereits vor diesem Datum seit Inkrafttreten des Schuldrechtsmodernisierungsgesetzes verstrichenen Verjährungszeiträume auf die Zehn-Jahres-Frist anzurechnen sind.[201]

---

193 BGH, NJW 2009, 3091, 3092 (*Cash Pool II*).

194 Gesetz zur Anpassung der Verjährungsvorschriften an das Schuldrechtsmodernisierungsgesetz v. 09.12.2004, BGBl. I 3214, in Kraft ab 15.12.2004.

195 Begr. RegE, BT-Drucks. 15/3653, S. 25.

196 Begr. RegE, BT-Drucks. 15/3653, S. 25.

197 *Bayer/Illhardt*, GmbHR 2011, 505, 510.

198 *Altmeppen*, in: Roth/Altmeppen, GmbHG, § 19 Rn. 154; *Ebbing*, in: Michalski/Heidinger/Leible/Schmidt, GmbHG, § 19 Rn. 190.

199 *Fastrich*, in: Baumbach/Hueck, GmbHG, § 19 Rn. 86; *Altmeppen*, in: Roth/Altmeppen, GmbHG, § 19 Rn. 154; *Ebbing*, in: Michalski/Heidinger/Leible/Schmidt, GmbHG, § 19 Rn. 192.

200 *Fastrich*, in: Baumbach/Hueck, GmbHG, § 19 Rn. 86; *Ebbing*, in: Michalski/Heidinger/Leible/Schmidt, GmbHG, § 19 Rn. 191; vgl. auch BGH, GmbHR 2008, 147.

201 OLG Koblenz, BeckRS 2013, 20940; BGH, GmbHR 2008, 483, 485 (gesetzeskonforme Auslegung); *Fastrich*, in: Baumbach/Hueck, GmbHG, § 19 Rn. 87; *Ebbing*, in: Michalski/Heidinger/Leible/Schmidt, GmbHG, § 19 Rn. 193.

§ 20 Verzugszinsen

Ein Gesellschafter, welcher den auf die Stammeinlage eingeforderten Betrag nicht zur rechten Zeit einzahlt, ist zur Entrichtung von Verzugszinsen von Rechts wegen verpflichtet.

A. Überblick

1 § 20 dient der Förderung der **ordnungsgemäßen Kapitalaufbringung** insoweit, als er die Gesellschafter zu rechtzeitiger Leistung der Einlage anhalten soll.[1] Darüber hinaus bezweckt die Vorschrift auch, den der Gesellschaft durch verspätete Zahlung entstehenden Schaden auszugleichen.[2] Im Gegensatz zu anderen Vorschriften hat das MoMiG § 20 redaktionell nicht angepasst, sodass der Wortlaut der Norm weiterhin von »Stammeinlage« spricht.

2 Unabhängig vom Vorliegen der Voraussetzungen des Verzugs nach §§ 286, 288 BGB begründet die Vorschrift als selbstständige Anspruchsgrundlage entgegen ihrem Wortlaut einen Anspruch auf **Fälligkeitszinsen.**[3] Hier fehlt es an einer terminologischen Abstimmung der seit Inkrafttreten des GmbHG 1892 unveränderten Vorschrift mit dem später entstandenen BGB.[4]

3 Eine satzungsmäßige Erhöhung des Zinssatzes ist nach allgemeiner Auffassung zulässig.[5] Umstritten ist jedoch der dispositive Charakter der Vorschrift in Bezug auf die Herabsetzung des Zinssatzes und ein gänzliches Abbedingen der Zinspflicht. Für eine solche Dispositionsbefugnis könnte sprechen, dass § 25 keinen Verweis auf § 20 enthält.[6] Überzeugender scheint es demgegenüber jedoch, unter Rekurs auf die Regierungsbegründung zu § 25 von einem **Redaktionsversehen** auszugehen; unter Gläubigerschutzgesichtspunkten wird dort der zwingende Charakter der Vorschrift bejaht.[7] Dafür spricht darüber hinaus die systematische Stellung der Vorschrift im Anschluss an § 19, der die normative Grundlage des Grundsatzes der realen Kapitalaufbringung bildet. Soll die Zinspflicht diesen Zweck effektiv fördern und die vom Gesetz angedrohte Sanktion nicht leerlaufen, wäre es systemwidrig und widersprüchlich, die Verpflichtung zur Disposition der Gesellschafter zu stellen. Vom **zwingenden Charakter** der Vorschrift ist demnach auszugehen.[8]

---

1 *Schwandtner*, in: MünchKommGmbHG, § 20 Rn. 1; *Bayer*, in: Lutter/Hommelhoff, GmbHG, § 20 Rn. 1; *Altmeppen*, in: Roth/Altmeppen, GmbHG, § 20 Rn. 1; *H. P. Westermann*, in: Scholz, GmbHG, § 20 Rn. 1.
2 *Ebbing*, in: Michalski/Heidinger/Leible/Schmidt, GmbHG, § 20 Rn. 1.
3 BGH, NZG 2009, 944, 948; OLG Oldenburg, NZG 2008, 32, 35; FG Niedersachsen, DStRE 2007, 883; *Ebbing*, in: Michalski/Heidinger/Leible/Schmidt, GmbHG, § 20 Rn. 2; *Kersting*, in: Baumbach/Hueck, GmbHG, § 20 Rn. 6; *Altmeppen*, in: Roth/Altmeppen, GmbHG, § 20 Rn. 10.
4 *Ebbing*, in: Michalski/Heidinger/Leible/Schmidt, GmbHG, § 20 Rn. 2; *Schwandtner*, in: MünchKommGmbHG, § 20 Rn. 2.
5 *Altmeppen*, in: Roth/Altmeppen, GmbHG, § 20 Rn. 11; *H. P. Westermann*, in: Scholz, GmbHG, § 20 Rn. 1.
6 *H. P. Westermann*, in: Scholz, GmbHG, § 20 Rn. 1; *Kersting*, in: Baumbach/Hueck, GmbHG, § 20 Rn. 1.
7 S. Nachweise bei *Altmeppen*, in: Roth/Altmeppen, GmbHG, § 20 Rn. 11.
8 Wie hier *Altmeppen*, in: Roth/Altmeppen, GmbHG, § 20 Rn. 11 (»Zinspflicht […] sollte ernstgenommen werden«); *Bayer*, in: Lutter/Hommelhoff, GmbHG, § 20 Rn. 5; *Schwandtner*, in: MünchKommGmbHG, § 20 Rn. 21; a.A. *H. P. Westermann*, in: Scholz, GmbHG, § 20 Rn. 1; *Kersting*, in: Baumbach/Hueck, GmbHG, § 20 Rn. 1.

B. Voraussetzungen

4 Die Vorschrift findet Anwendung lediglich für den »auf die Stammeinlage eingeforderten Betrag«. Des Weiteren gilt § 20 wegen des einlageähnlichen Charakters entsprechend auch für die **Vorbelastungshaftung** (§ 11), nicht aber für andere Leistungspflichten wie Nebenleistungspflichten (z.B. § 3 Abs. 2), Haftungsfälle aus §§ 22, 24 oder Nachschusspflichten (§§ 26 ff.).[9] Hierfür sind die allgemeinen Verzugsvorschriften (§§ 286 ff. BGB) einschlägig. **Sacheinlagen** sind im Gegensatz zu Bareinlagen vor der Anmeldung der Gesellschaft zum Handelsregister vollständig zu leisten (§ 7 Abs. 3); insoweit gelten auch hier die allgemeinen Verzugsvorschriften (§§ 286 ff. BGB).[10]

5 Die Zinspflicht knüpft daran an, dass die Einlageschuld **eingefordert** ist.[11] Denn vorher wird die Einlageschuld nicht **fällig**, die Gesellschafter trifft keine Leistungspflicht. Die Einlageschuld muss also durch Gesellschafterbeschluss nach § 46 Nr. 2 fällig gestellt und in Vollziehung dieses Beschlusses durch die Geschäftsführung angefordert sein, es sei denn, der Gesellschaftsvertrag legt einen Zahlungstermin gem. § 286 Abs. 2 Nr. 1 BGB fest (vgl. im Einzelnen § 19 Rdn. 4 ff.).

6 Nicht **»zur rechten Zeit«** ist eine Zahlung erfolgt, wenn sie nicht innerhalb einer gesetzten Zahlungsfrist oder nicht sofort (§ 271 BGB) nach dem Zugang der Anforderung erfolgt.[12] Nach Eintritt der Fälligkeit muss die Leistung so schnell wie objektiv möglich bewirkt werden; als genügend werden 2 bis 3 Tage nach Eintritt der Fälligkeit angesehen.[13] Auf ein **Verschulden** des Gesellschafters hinsichtlich der verspäteten Einlagenleistung kommt es dabei nicht an; anders als i.R.d. § 121 BGB, bei dem unverschuldete Verzögerungen nicht zulasten des Schuldners gehen, werden Zinsen nach § 20 verschuldensunabhängig verwirkt.[14] Möglich ist die Bestimmung eines **Zahlungstermins** in der Anforderung; die Zahlungsfrist darf jedoch die für den Zugang der Anforderung notwendige Zeitspanne nicht wesentlich überschreiten, um nicht den Tatbestand der **Stundung** (§ 19 Rdn. 13) zu erfüllen.

7 Der jeweils säumige Einlagenschuldner ist auch **Schuldner** des Zinsanspruchs.[15] Veräußerer und Erwerber eines Geschäftsanteils haften gem. § 16 Abs. 2 **gesamtschuldnerisch** für den bis zum Erwerbszeitpunkt (§ 16 Abs. 1 Satz 1) rückständigen Zinsanspruch.[16] Mitgesellschafter (§ 24) oder Rechtsvorgänger (§ 22) haften nicht für Zinsansprüche der Gesellschaft gegen die übrigen Gesellschafter bzw. ihre Rechtsnachfolger.[17]

8 Als **Gläubiger** des Zinsanspruchs steht dem Schuldner die Gesellschaft ggü. Im Fall der **Abtretung** der Einlageforderung (§ 19 Rdn. 10) gelten keine Besonderheiten: Auch die aus § 20 entstandenen Zinsansprüche sind als selbstständige Ansprüche nicht von den von Gesetzes wegen nach § 401 BGB übergehenden Ansprüchen erfasst. Vielmehr kann die Hauptforderung ohne die Zinsansprüche abgetreten werden, und es ist eine Frage der Auslegung, ob im Einzelfall die Abtretung sich auch auf die Zinsansprüche erstreckt.[18] Neue Zinsansprüche können jedoch nicht entstehen, insoweit handelt es sich um ein unübertragbares gesellschaftsrechtliches Sonderrecht.[19]

---

9 *H. P. Westermann*, in: Scholz, GmbHG, § 20 Rn. 3; *Bayer*, in: Lutter/Hommelhoff, GmbHG, § 20 Rn. 1; *Kersting*, in: Baumbach/Hueck, GmbHG, § 20 Rn. 2.

10 *H. P. Westermann*, in: Scholz, GmbHG, § 20 Rn. 2; *Altmeppen*, in: Roth/Altmeppen, GmbHG, § 20 Rn. 2.

11 OLG Hamm, BeckRS 2014, 06502.

12 *H. P. Westermann*, in: Scholz, GmbHG, § 20 Rn. 15.

13 OLG Köln, WM 1995, 490; OLG Brandenburg, NZG 2001, 366, 367; OLG Oldenburg, NZG 2008, 32, 35; *Kersting*, in: Baumbach/Hueck, GmbHG, § 20 Rn. 5.

14 *Ebbing*, in: Michalski/Heidinger/Leible/Schmidt, GmbHG, § 20 Rn. 22; *Altmeppen*, in: Roth/Altmeppen, GmbHG, § 20 Rn. 6.

15 *Schwandtner*, in: MünchKommGmbHG, § 20 Rn. 14; *H. P. Westermann*, in: Scholz, GmbHG, § 20 Rn. 19; *Altmeppen*, in: Roth/Altmeppen, GmbHG, § 20 Rn. 8.

16 *Schwandtner*, in: MünchKommGmbHG, § 20 Rn. 14; *Ebbing*, in: Michalski/Heidinger/Leible/Schmidt, GmbHG, § 20 Rn. 34.

17 *Ebbing*, in: Michalski/Heidinger/Leible/Schmidt, GmbHG, § 20 Rn. 34.

18 BGH, NJW 1961, 1524 (zur Höhe der auf den zahlenden Bürgen übergehenden Zinsforderung).

19 *Ebbing*, in: Michalski/Heidinger/Leible/Schmidt, GmbHG, § 20 Rn. 36.

C. Rechtsfolge

I. Fälligkeitszinsen

9 Die Höhe der Zinsen ergibt sich aus **§ 246 BGB**, da entgegen dem missverständlichen Wortlaut der Vorschrift ein Anspruch auf Fälligkeitszinsen begründet wird (s. Rdn. 2) und deshalb nicht §§ 288, 247 BGB zur Anwendung kommen.[20] Der Zinssatz beträgt demnach 4 %.[21] Der in §§ 342, 352 HGB vorgesehene höhere Zinssatz kommt regelmäßig mangels Vorliegen eines Handelsgeschäfts nicht zur Anwendung.[22]

II. Weitere Verzugsfolgen

10 Unberührt bleiben zunächst Ansprüche auf weitergehenden **Schadensersatz**, soweit die allgemeinen Voraussetzungen erfüllt sind (§ 288 Abs. 4 BGB);[23] insb. bedarf es einer **Mahnung**, sofern die Leistungszeit nicht kalendermäßig bestimmt ist, § 286 Abs. 2 BGB. Als Verzugsschaden i.S.d. §§ 280, 286 BGB kommen v.a. Kosten in Betracht, die der Gesellschaft entstanden sind, weil sie aufgrund des Verzugs einen Kredit aufnehmen musste oder nicht zurückführen konnte.

11 Zulässigerweise kann im Gesellschaftsvertrag unter Wahrung des Gleichbehandlungsgebots auch eine **Vertragsstrafe** vorgesehen werden.[24] Maßgeblich sind hier die allgemeinen Regeln der §§ 336 ff. BGB.[25] Aufgrund der Bereichsausnahme in § 310 Abs. 4 BGB greift das Klauselverbot des § 309 Nr. 6 BGB bei Regelungen über Vertragsstrafen in Gesellschaftsverträgen nicht ein.[26] Gesellschaftsvertraglich festgelegte Vertragsstrafen stellen Nebenverpflichtungen dar und binden somit auch Rechtsnachfolger.[27] Eine nachträgliche Einführung durch Satzungsänderung erfordert gem. § 53 Abs. 3 die Zustimmung aller gegenwärtigen Gesellschafter, die dadurch betroffen werden oder betroffen werden können.[28]

III. Einwendungen

12 Die Frage der Anwendbarkeit von § 19 Abs. 2 auf Zinsansprüche nach § 20, d.h. die Frage, ob dem Gesellschafter die Berufung auf **Erlass, Stundung** oder **Aufrechnung** offenstehen kann, wird uneinheitlich beantwortet. Es ließe sich mit Teilen des Schrifttums argumentieren, dass die Zinsen nicht Teil des Stammkapitals sind und damit auch nicht Kapitalaufbringungsvorschriften unterfallen.[29] Dagegen sprechen jedoch letztlich dieselben Erwägungen, die zur Annahme eines zwingenden Charakters der Vorschrift führen (Rdn. 3). Genauso wenig wie das »Ob« der Zinspflicht vollständig zur Disposition der Gesellschafter stehen kann, können die Gesellschafter über das »Wie« entscheiden. In § 19 hat der Gesetzgeber die Verfügungsmacht der Gesellschafter über die Einlageforderung einschließlich des Hinausschiebens der Zahlung aus Gläubigerschutzgründen beschränkt (s. § 19 Rdn. 13 ff.). Konsequenterweise darf dann für die Zinsforderung, die denselben Zweck fördern soll, nichts anderes gelten. Auch wenn die Ansprüche gegen die Gesellschafter aus Kapitalaufbringung und Kapitalerhaltung zwar formal der Gesellschaft zugewiesen sind, bilden sie jedoch dem

20 LG Wiesbaden, GmbHR 2013, 596.
21 Für die AG gilt mit 5 % ein ähnlich hoher Zinssatz, § 63 Abs. 2 AktG.
22 OLG Köln, WM 1995, 490; *Bayer*, in: Lutter/Hommelhoff, GmbHG, § 20 Rn. 5; *H. H. P. Westermann*, in: Scholz, GmbHG, § 20 Rn. 17; *Schwandtner*, in: MünchKommGmbHG, § 20 Rn. 12; *Ebbing*, in: Michalski/Heidinger/Leible/Schmidt, GmbHG, § 20 Rn. 30.
23 Allg. Meinung, vgl. *Kersting*, in: Baumbach/Hueck, GmbHG, § 20 Rn. 8.
24 Allg. Meinung, vgl. *H. P. Westermann*, in: Scholz, GmbHG, § 20 Rn. 22.
25 Ausführlich hierzu *H. P. Westermann*, in: Scholz, GmbHG, § 20 Rn. 22 ff.
26 Der Ausschluss gilt für Rechtsverhältnisse zwischen Gesellschaft und Gesellschafter, wenn sie unmittelbar auf dem Gesellschaftsvertrag beruhen, mitgliedschaftlicher Natur sind und dazu dienen, den Gesellschaftszweck zu verwirklichen, BGH, WM 1992, 99.
27 *H. P. Westermann*, in: Scholz, GmbHG, § 20 Rn. 23.
28 *H. P. Westermann*, in: Scholz, GmbHG, § 20 Rn. 23; *Kersting*, in: Baumbach/Hueck, GmbHG, § 20 Rn. 9.
29 *H. P. Westermann*, in: Scholz, GmbHG, § 20 Rn. 20; *Kersting*, in: Baumbach/Hueck, GmbHG, § 20 Rn. 7.

Grundkonzept nach ein Gegengewicht für die Gefährdung, die den Gesellschaftsgläubigern daraus erwächst, dass sie ihre Ansprüche mangels persönlicher Haftung der Gesellschafter allein aus dem Gesellschaftsvermögen befriedigen können. Der Zinsanspruch muss daher das Schicksal der Einlageforderung teilen; Stundung, Erlass und Aufrechnung sind damit **ausgeschlossen.**

IV. Verjährung

13 Fraglich ist, ob die 10-jährige Verjährung, die **§ 19 Abs. 6** für die Einlageforderung statuiert, auch für den Zinsanspruch Anwendung findet. Der Wortlaut gibt dies nicht unmittelbar her, sodass die Regelverjährung nach §§ 195, 199 BGB zur Anwendung käme. Der Gesetzgeber wollte jedoch im Aktien- wie im GmbH-Recht eine einheitliche Zehnjahresfrist für Kapitalaufbringung und Kapitalerhaltung normieren, die im Regelfall mit der **Entstehung des Anspruchs** beginnen soll.[30] Die regelmäßige Verjährungsfrist mit ihrem subjektiven Beginn verfehlt nämlich ihren Zweck, wenn das Gesetz wie hier Ansprüche primär im Interesse Dritter gewährt; denn die Gesellschaftsgläubiger haben häufig weder von den anspruchsbegründenden Tatsachen noch von der Person des Schuldner Kenntnis.[31] Verjährungssystematische, der gesetzgeberischen Intention Rechnung tragende Erwägungen sprechen also für eine **entsprechende Anwendung** von § 19 Abs. 6 auf die Zinsforderung nach § 20.[32]

14 Anwendung findet auch die Vorschrift des **§ 217 BGB.**[33]

D. Bilanzrechtliche Aspekte

15 Weder Verzugszinsen noch Ansprüche auf Vertragsstrafen unterliegen der Kapitalbindung.[34] Die entsprechenden Einnahmen stellen außerordentliche Erträge gem. § 275 Abs. 2 Nr. 15 bzw. Abs. 3 Nr. 14, § 277 Abs. 4 HGB dar.[35] In der Verwendung ist die Gesellschaft frei.[36] Gegen die Ausschüttung i.R.d. Ergebnisverwendung bestehen – vorbehaltlich § 30 – nach allgemeiner Ansicht keine Bedenken.[37]

§ 21 Kaduzierung

(1) [1]Im Fall verzögerter Einzahlung kann an den säumigen Gesellschafter eine erneute Aufforderung zur Zahlung binnen einer zu bestimmenden Nachfrist unter Androhung seines Ausschlusses mit dem Geschäftsanteil, auf welchen die Zahlung zu erfolgen hat, erlassen werden. [2]Die Aufforderung erfolgt mittels eingeschriebenen Briefes. [3]Die Nachfrist muss mindestens einen Monat betragen.

(2) [1]Nach fruchtlosem Ablauf der Frist ist der säumige Gesellschafter seines Geschäftsanteils und der geleisteten Teilzahlungen zugunsten der Gesellschaft verlustig zu erklären. [2]Die Erklärung erfolgt mittels eingeschriebenen Briefes.

---

30 RegE zum Gesetz der Anpassung von Verjährungsvorschriften an das Gesetz zur Modernisierung des Schuldrechts, BT-Drucks. 15/3653, S. 13.

31 RegE zum Gesetz der Anpassung von Verjährungsvorschriften an das Gesetz zur Modernisierung des Schuldrechts, BT-Drucks. 15/3653, S. 13.

32 Wie hier *Schwandtner*, in: MünchKommGmbHG, § 20 Rn. 17; *Ebbing*, in: Michalski/Heidinger/Leible/Schmidt, GmbHG, § 20 Rn. 25 (allerdings ohne Begründung).

33 *Schwandtner*, in: MünchKommGmbHG, § 20 Rn. 18; *Ebbing*, in: Michalski/Heidinger/Leible/Schmidt, GmbHG, § 20 Rn. 25.

34 *Schwandtner*, in: MünchKommGmbHG, § 20 Rn. 44.

35 *H. P. Westermann*, in: Scholz, GmbHG, § 20 Rn. 31; *Schwandtner*, in: MünchKommGmbHG, § 20 Rn. 44.

36 *H. P. Westermann*, in: Scholz, GmbHG, § 20 Rn. 31.

37 *H. P. Westermann*, in: Scholz, GmbHG, § 20 Rn. 31; *Schwandtner*, in: MünchKommGmbHG, § 20 Rn. 44.

(3) Wegen des Ausfalls, welchen die Gesellschaft an dem rückständigen Betrag oder den später auf den Geschäftsanteil eingeforderten Beträgen der Stammeinlage erleidet, bleibt ihr der ausgeschlossene Gesellschafter verhaftet.

Schrifttum

Bayer/Illhardt, Darlegungs- und Beweislast im Recht der GmbH anhand praktischer Fallkonstellationen (Teil 1), GmbHR 2011, 505; *Goette*, Kaduzierung und Einziehung eines Gesellschaftsanteils, DStR 1997, 1257; *Lieder/Bialluch*, Der eingeschriebene Brief im Gesellschaftsrecht, NZG 2017, 9; *Melber*, Kaduzierung in der GmbH, 1993; *Oser/Kropp*, Eigene Anteile im Gesellschafts-, Bilanz- und Steuerrecht, Der Konzern 2012, 185; *Schuler*, Die Kaduzierung von GmbH-Anteilen, GmbHR 1961, 98; *Thiessen*, Zur Neuregelung der Verjährung im Handels- und Gesellschaftsrecht, ZHR 168 (2004), 503.

Übersicht

A. Grundlagen

Als Teil der Vorschriften zur Sicherstellung der Kapitalaufbringung regeln die §§ 21 bis 25 den Ausschluss des Gesellschafters aus der Gesellschaft gegen seinen Willen wegen nicht rechtzeitiger Einzahlung der Bareinlage. Auf Sacheinlageverpflichtungen sind die Normen nicht anwendbar (s. noch Rdn. 2).[1] Die Durchführung des Kaduzierungsverfahrens steht im Ermessen der Gesellschaft, seine Möglichkeit schließt andere Wege der Einlagenbeitreibung, etwa eine Klage, nicht aus.[2] Wie auch sonst gilt für die Durchführung des Kaduzierungsverfahrens der Gleichbehandlungsgrundsatz.[3] Sind mehrere Gesellschafter säumig, bedarf es für ein differenziertes Vorgehen eines Sachgrundes (z.B. Klage gegen liquiden Gesellschafter, Kaduzierung des vermögenslosen).[4] Der Zweck der §§ 21 ff. liegt vor allem in der präventiven Wirkung, indem der Gesellschaft ein Druckmittel an die Hand gegeben wird.[5] Der Ausschluss des Gesellschafters nach den §§ 21 ff. ist von der Einziehung des Geschäftsanteils gem. § 34 zu unterscheiden, die ebenfalls den Ausschluss des Gesellschafters zum Ziel hat. Während jedoch Kaduzierungsanlass lediglich die fehlende Einlageleistung ist, soll § 34 die Entfernung eines missliebigen Gesellschafters ermöglichen (s. § 34 Rdn. 6). Auch hinsichtlich der Rechtsfolgen gibt es erhebliche Unterschiede.[6] 1

B. Voraussetzungen

I. Bareinlage

Grds. kommt die Kaduzierung nur für Bareinlageleistungen in Betracht. Darüber hinaus ist sie nach allg. Ansicht möglich hinsichtlich der **Differenz- und Vorbelastungshaftung**, des Bareinlageanteils 2

1 H.M., s. mit Nachw. zum Streitstand *Schütz*, in: MünchKommGmbHG, § 21 Rn. 13 f.

2 *Kersting*, in: Baumbach/Hueck, GmbHG, § 21 Rn. 1.

3 OLG Hamm, GmbHR 2010, 707; *Bartels*, in: Bork/Schäfer, GmbHG, § 21 Rn. 4; *Bayer*, in: Lutter/Hommelhoff, GmbHG, § 21 Rn. 6; *Emmerich*, in: Scholz, GmbHG, § 21 Rn. 14; *Saenger*, in: Saenger/Inhester, GmbHG, § 21 Rn. 9; implizit auch *Kersting*, in: Baumbach/Hueck, GmbHG, § 21 Rn. 7.

4 *Dies.* a.a.O.

5 *Bayer*, in: Lutter/Hommelhoff, GmbHG, § 21 Rn. 1; *Leuschner, in: Habersack/Casper/Löbbe*, GmbHG, Vor § 21 Rn. 8.

6 Zur Abgrenzung von § 34 *Goette*, DStR 1997, 1257; zur Abgrenzung von § 60 *Leuschner, in: Habersack/Casper/Löbbe*, GmbHG, Vor § 21 Rn. 5.

von **Mischeinlagen** sowie der **Bareinlageverpflichtungen, die an die Stelle einer Sacheinlageverpflichtung getreten** sind.[7] Gleiches gilt im Fall einer **verdeckten Sacheinlage**, wenn der nach § 19 Abs. 4 Satz 3, 4 GmbHG anrechenbare Wert nicht den Nominalwert der Bareinlagepflicht erreicht.[8] Die §§ 21 ff. sind auch im Fall der Verwendung eines **GmbH-Mantels** anwendbar, wenn es sich um eine sog. wirtschaftliche Neugründung handelt.[9] § 28 Abs. 1 Satz 1 verweist auf die §§ 21 bis 23 für die verzögerte Einzahlung von **Nachschüssen.**

3 Soweit **Verzögerungen** eintreten, **die nicht die Einlagepflicht selbst betreffen**, sondern anderweitig begründete Pflichten, unabhängig davon, ob sie aus Gesetz oder Gesellschaftsvertrag resultieren, kommen die §§ 21 ff. nur zur Anwendung, wenn der Gesellschaftsvertrag dies gestattet.[10] Das betrifft etwa die §§ 20, 24, Agio und Nebenleistungspflichten.[11] Die §§ 21 ff. gelten nicht, auch nicht entsprechend, wenn die Gesellschaft entgegen §§ 7 Abs. 3, 8 Abs. 2 vor vollständiger Sacheinlageleistung eingetragen wurde.[12] Gleichfalls nicht in Betracht kommt die Kaduzierung, wenn die Gesellschaft die Einlageforderung gegen eine vollwertige Gegenleistung i.S.d. § 19 (dazu § 19 Rdn. 66) **abgetreten** oder **verpfändet** hat.[13] Wird die Einlageforderung der Gesellschaft **gepfändet**, bleibt Kaduzierung möglich.[14]

II. Verzögerte Einzahlung

4 Eine verzögerte Einzahlung liegt nur vor, wenn die Verpflichtung **fällig** und durchsetzbar war.[15] Das setzt die ordnungsgemäße Einforderung der Einlage und Aufforderung zur Zahlung voraus, wenn diese nicht ausnahmsweise entbehrlich sind.[16] Im Regelfall bedarf es hierfür eines Gesellschafterbeschlusses nach § 46 Nr. 2 sowie der anschließenden Aufforderung durch den Geschäftsführer, soweit nicht der Gesellschaftsvertrag die Einforderung durch den Geschäftsführer erlaubt[17] oder im Gesellschaftsvertrag Fälligkeitstermine festgelegt sind.[18] Ggü. bei der Beschlussfassung anwesenden Gesellschaftern bedarf es keiner besonderen Aufforderung, wenn der Beschluss einen hinreichend bestimmbaren Fälligkeitszeitpunkt enthält.[19] Die Aufforderung unterliegt keinem Formzwang.[20] Die **Höhe des Rückstandes** ist für die Zulässigkeit des Kaduzierungsverfahrens irrelevant. Zur Zuständigkeit im Insolvenzfall Rdn. 10.

III. Erneute Aufforderung

5 Abs. 1 Satz 1 setzt eine »erneute« Aufforderung voraus. Anforderung der Einlage und Aufforderung zur Zahlung sind demnach zwingend getrennt und in angemessenem zeitlichen Abstand vorzunehmen.[21] Die erneute Aufforderung darf erst nach Eintragung ergehen, während die erste

---

7 *Schütz*, in: MünchKommGmbHG, § 21 Rn. 12 ff. m. Nachw.

8 *Leuschner, in: Habersack/Casper/Löbbe*, GmbHG, § 21 Rn. 11; *Schütz*, in: MünchKommGmbHG, § 21 Rn. 13; *Verse*, in: Henssler/Strohn, § 21 GmbHG Rn. 5.

9 *Leuschner, in: Habersack/Casper/Löbbe*, GmbHG, § 21 Rn. 12. Zur AG ebenso LG München I, ZIP 2012, 2152, 2153 f. – n.rk.

10 Kritisch zur Möglichkeit der Regelung im Gesellschaftsvertrag *Emmerich*, in: Scholz, GmbHG, § 21 Rn. 6.

11 Speziell zu § 24 BGH, GmbHR 2015, 935, 936 Tz 14. Weitere Fälle bei *Schütz*, in: MünchKommGmbHG, § 21 Rn. 16.

12 Heute ganz h.M., *Emmerich*, in: Scholz, GmbHG, § 21 Rn. 5b; *Kersting*, in: Baumbach/Hueck, GmbHG, § 21 Rn. 3. A.A. *Pentz*, in: Rowedder/Schmidt-Leithoff, GmbHG, § 21 Rn. 26.

13 *Emmerich*, in: Scholz, GmbHG, § 21 Rn. 12; *Schütz*, in: MünchKommGmbHG, § 21 Rn. 18.

14 OLG Celle, GmbHR 1994, 801, 802.

15 Zur Verjährung *Thiessen*, ZHR 168 (2004), 503, 522 f.

16 BGH, GmbHR 2015, 935 Tz 10; OLG Celle, GmbHR 1997, 748, 749.

17 OLG Celle, GmbHR 1997, 748, 749.

18 Im Einzelnen *Schütz*, in: MünchKommGmbHG, § 21 Rn. 24 ff.

19 H.M., *Bayer*, in: Lutter/Hommelhoff, GmbHG, § 21 Rn. 7; *Emmerich*, in: Scholz, GmbHG, § 21 Rn. 7e; *Schütz*, in: MünchKommGmbHG, § 21 Rn. 31. A.A. OLG München, GmbHR 1985, 56 f.; *Kersting*, in: Baumbach/Hueck, GmbHG, § 21 Rn. 4.

20 *Schütz*, in: MünchKommGmbHG, § 21 Rn. 28.

21 OLG München, GmbHR 1985, 56; *Leuschner, in: Habersack/Casper/Löbbe*, GmbHG, § 21 Rn. 29.

Anforderung der Einlage vor Eintragung möglich ist.[22] **Inhaltliche Vorgaben:** Die Aufforderung muss an den säumigen Gesellschafter gehen, die Aufforderung zur konkret bezifferten Leistung enthalten, eine angemessene Nachfrist vorsehen und den Ausschluss mit dem Geschäftsanteil, auf den die Zahlung zu erfolgen hat, androhen.[23] Ihrer Rechtsnatur nach ist die Aufforderung eine rechtsgeschäftsähnliche Handlung, keine Willenserklärung.[24] Sie ähnelt der Mahnung i.S.v. § 286 Abs. 1 BGB,[25] weil die Folgen der Erklärung unabhängig vom Willen des Erklärenden eintreten (und der Erklärung insofern ein Merkmal eines Rechtsgeschäftes fehlt). Doch finden, wiederum wie bei der Mahnung, sämtliche Vorschriften über Rechtsgeschäfte und Willenserklärungen entsprechende Anwendung.[26] Zur Form und zum Wirksamwerden noch Rdn. 7.

Für die Bezifferung der Leistung sind die Kriterien heranzuziehen, die für § 286 Abs. 1 Satz 1 BGB 6
gelten.[27] **Über- oder Unterschreitung** des ausstehenden Betrages **führt** nach zutreffender herrschender Meinung grds. **nicht zur Unwirksamkeit** der Aufforderung.[28] Die Betragsangabe hat keine forderungsbegründende Wirkung, sondern soll Kapitalaufbringung über anderweitig festgesetzte Verpflichtungen sicherstellen. Den Gesellschafter trifft keine Pflicht, mehr als den geschuldeten Betrag einzuzahlen, im Fall einer zu niedrigen Bezifferung kann er die Kaduzierung mit Zahlung des niedrigen Betrages abwenden.[29]

§ 21 Abs. 1 Satz 2 verlangt einen eingeschriebenen Brief. Zweck dieser Formvorgabe ist es zum 7
einen, den Zugang zu sichern.[30] Zum anderen dient sie Beweiszwecken.[31] Voraussetzung ist deshalb förmlicher Zugang, eine Erklärung zu Protokoll genügt daher trotz § 127a BGB nicht.[32] Ebenso wenig reicht die elektronische Form.[33] Mit Blick auf § 25 ergibt sich ein »Anderes« aus dem Gesetz i.S.v. § 126 Abs. 3 BGB. Zulässig ist nach dem BGH sowohl, die Zahlungsaufforderung per Einwurf-Einschreiben der Deutsche Post AG zu senden als auch die Nutzung des Übergabe-Einschreibens.[34] Maßgeblich ist bei einem Übergabe-Einschreiben der Zugang des Einschreibebriefs, nicht der Zugang des Benachrichtigungsscheins.[35] Wie auch sonst liegt Zugang vor, wenn das Schreiben so in den Bereich des Empfängers gelangt, dass dieser unter normalen Verhältnissen die Möglichkeit hat, vom Inhalt der Erklärung Kenntnis zu nehmen.[36] Für den Nachweis des Zugangs genügt es nicht, auch nicht für einen Anscheinsbeweis, den Einlieferungsschein als Beleg der Absendung vorzulegen.[37]

22 OLG München, GmbHR 1985, 56, 57; *Leuschner, in: Habersack/Casper/Löbbe*, GmbHG, § 21 Rn. 30.

23 Zu den Anforderungen an die Androhung OLG Hamm, GmbHR 1993, 360, 361.

24 *Lieder/Bialluch*, NZG 2017, 9, 11; *Pentz*, in: Rowedder/Schmidt-Leithoff, GmbHG, § 21 Rn. 17; *Verse*, in: Henssler/Strohn, § 21 GmbHG Rn. 7. A.A. z.B. *Kersting*, in: Baumbach/Hueck, GmbHG, § 21 Rn. 8; *Schütz*, in: MünchKommGmbHG, § 21 Rn. 66.

25 *Verse*, in: Henssler/Strohn, § 21 GmbHG Rn. 7. Zur Rechtsnatur der Mahnung *Benicke/Nalbantis*, in: Soergel, Band 3/2, 2014, 13. Aufl., § 286 Rn. 56.

26 *Pentz*, in: Rowedder/Schmidt/Leithoff, GmbHG, § 21 Rn. 17; *Verse*, in: Henssler/Strohn, § 21 GmbHG Rn. 7. Für die Mahnung *Benicke/Nalbantis*, in: Soergel, Band 3/2, 2014, 13. Aufl., § 286 Rn. 56.

27 *Kersting*, in: Baumbach/Hueck, GmbHG, § 21 Rn. 5.

28 H.M., OLG Hamburg, NJW-RR 1994, 1528, 1529; *Kersting*, in: Baumbach/Hueck, GmbHG, § 21 Rn. 5; *Schütz*, in: MünchKommGmbHG, § 21 Rn. 57. A.A. *Altmeppen*, in: Roth/Altmeppen, GmbHG, § 21 Rn. 11; *Emmerich*, in: Scholz, GmbHG, § 21 Rn. 16; *Verse*, in: Henssler/Strohn, § 21 GmbHG Rn. 16. Differenzierend *Pentz*, in: Rowedder/Schmidt-Leithoff, GmbHG, § 21 Rn. 15.

29 *Kersting*, in: Baumbach/Hueck, GmbHG, § 21 Rn. 5.

30 BGHZ 212, 104, 110 Tz 21.

31 BGHZ 212, 104, 113 Tz 31; *Schütz*, in: MünchKommGmbHG, § 21 Rn. 63.

32 Ausführlich OLG Rostock, GmbHR 1997, 449, 450.

33 *Emmerich*, in: Scholz, GmbHG, § 21 Rn. 19a; *Verse*, in: Henssler/Strohn, § 21 Rn. 19. A.A. *Pentz*, in: Rowedder/Schmidt-Leithoff, § 21 Rn. 18.

34 BGHZ 212, 104, 107 Tz 13 m. Nachw. Zustimmend etwa *Lieder/Bialluch*, NZG 2017, 9, 11 ff.

35 BGHZ 212, 104, 111 Tz 23 m. Nachw.

36 BGHZ 212, 104, 111 Tz 25.

37 BGHZ 212, 104, 113 Tz 32 m. Nachw. Zustimmend etwa *Lieder/Bialluch*, NZG 2017, 9, 13 ff.

7a »Nach oben« kann bei der konkreten Aufforderung abgewichen werden, z.B. mittels öffentlicher Zustellung.[38] In der Satzung ist keine Verschärfung des Formerfordernisses möglich, weil ansonsten zugunsten der Gesellschafter und damit unter Verstoß gegen § 25 vom Gesetz abgewichen würde.[39] Gleiches gilt wegen § 25 für Satzungsbestimmungen, die die Formerfordernisse lockern.[40] Die Beweislast über den Zugang trägt entgegen der h.M. die Gesellschaft; dafür genügt nicht der Beweis der Absendung.[41] Es handelt sich um eine für die Gesellschaft günstige Tatsache. Ein Grund dafür, von den allgemeinen Regeln abzuweichen, ist nicht ersichtlich.[42]

7b § 21 Abs. 1 Satz 3 sieht eine Nachfrist von mindestens einem Monat vor, für die Berechnung ist auf § 188 Abs. 2 BGB zu verweisen. Die Aufforderung mit zu kurz gesetzter Frist (oder gar »prompt«) kann das Kaduzierungsverfahren nicht in Gang bringen.[43]

IV. Gesellschafter

8 Für die Bestimmung der Gesellschaftereigenschaft gilt § 16.[44] Die materielle Inhaberschaft des Geschäftsanteils genügt nicht mehr, maßgeblich ist die Eintragung in der Gesellschafterliste. Das gilt auch für den Erwerb der Gesellschafterstellung im Wege der Gesamtrechtsnachfolge.[45] Der Ausweis im Erbschein als **Erbe** des Gesellschafters genügt grds. nicht.[46] Das wirft das Problem auf, ob für die Wirksamkeit des Kaduzierungsverfahrens die Aufforderung stets an den Erben gehen *muss*. Im Schrifttum findet sich ganz überwiegend die Formulierung, die Gesellschaft *könne* die Aufforderung an den Erben richten.[47] Jedenfalls dem Wortlaut und der Systematik nach widerspricht dies dem Gesetz. § 21 enthält keine Einschränkungen des § 16 Abs. 1. Anzusetzen ist wie folgt: Sendet die Gesellschaft die Aufforderung an die Adresse des Verstorbenen, erfüllt sie damit § 21 Abs. 1 Satz 1 hinsichtlich des Empfängers. Allein den Erben als richtigen Adressaten zu betrachten,[48] verfehlte das Schutzziel des Kaduzierungsverfahrens. Die §§ 21 ff. sollen die Kapitalaufbringung sichern, indem zur Not die Haftung auf weitere Personen erstreckt (§ 22) und gegebenenfalls der Geschäftsanteil veräußert (§ 23) wird. Hat nun die Gesellschaft keine Kenntnis vom Todesfall oder von der Person des Erben, könnten diese Verfahrensschritte nicht oder nur mit starker Verzögerung vorgenommen werden. Das ginge zulasten der übrigen Gesellschafter. Der Erbe seinerseits ist insoweit nicht schützenswert.[49] Wäre dem Erblasser die Aufforderung bereits vor dem Erbfall zugegangen, könnte sich der Erbe ebenfalls nicht entgegenstellen. Eine andere Frage ist freilich die, ob die Gesellschaft, sofern sie Kenntnis vom Vorhandensein des Erben hat, nicht berechtigt sein soll, trotz noch nicht vorgenommener Änderung der Gesellschafterliste die Aufforderung an den Erben zu schicken. Dies ist zu bejahen. Insoweit bedarf es einer teleologischen Reduktion des § 16 Abs. 1.

---

38 OLG Zweibrücken, ZIP 2007, 335, 336; *Kersting*, in: Baumbach/Hueck, GmbHG, § 21 Rn. 8.

39 *Bartels*, in: Bork/Schäfer, GmbHG, § 21 Rn. 8; *Leuschner, in: Habersack/Casper/Löbbe*, GmbHG, § 21 Rn. 40; *Saenger*, in: Saenger/Inhester, GmbHG, § 21 Rn. 15. A.A. *Emmerich*, in: Scholz, GmbHG, § 21 Rn. 19b.

40 Insoweit wohl allg. Ansicht, vgl. die in der vorigen Fußnote Genannten.

41 *Verse*, in: Henssler/Strohn, § 21 Rn. 21. A.A. *Bayer/Illhardt*, GmbHR 2011, 505, 513; *Schütz*, in: MünchKommGmbHG, § 21 Rn. 68 m. Nachw.

42 *Verse*, in: Henssler/Strohn, § 21 Rn. 21.

43 Heute ganz h.M., *Emmerich*, in: Scholz, GmbHG, § 21 Rn. 17; *Leuschner, in: Habersack/Casper/Löbbe*, GmbHG, § 21 Rn. 35 m. Nachw. zur früher vertretenen M.M. A.A. aus jüngerer Zeit *Ebbing*, in: Michalski/Heidinger/Leible/Schmidt, GmbHG, § 21 Rn. 71.

44 *Bayer*, in: Lutter/Hommelhoff, GmbHG, § 21 Rn. 2; *Kersting*, in: Baumbach/Hueck, GmbHG, § 21 Rn. 7; *Leuschner, in: Habersack/Casper/Löbbe*, § 21 Rn. 15; *Schütz*, in: MünchKommGmbHG, § 21 Rn. 40; *Verse*, in: Henssler/Strohn, § 21 GmbHG Rn. 10.

45 *Schütz*, in: MünchKommGmbHG, § 21 Rn. 40.

46 Vgl. ausführlich zum Verhältnis der formalen Gesellschafterstellung nach Liste und materieller Mitgliedsposition *Heidinger*, in: MünchKommGmbHG, § 16 Rn. 144 ff.

47 Etwa *Emmerich*, in: Scholz, GmbHG, § 21 Rn. 13a.

48 So *Kersting*, in: Baumbach/Hueck, GmbHG, § 21 Rn. 7; *Schütz*, in: MünchKommGmbHG, § 21 Rn. 40.

49 Anders *Kersting*, in: Baumbach/Hueck, GmbHG, § 21 Rn. 7.

Er enthält mit Blick auf § 21 Abs. 1 Satz 1 eine überschießende Regelung. Es wäre übertriebene Förmelei, erst die Änderung der Gesellschafterliste zu verlangen, um dann das Verfahren gegen den Erben betreiben zu können. Im Ergebnis wird der Erbe nicht schlechter gestellt, da das Ergebnis, die Einleitung des Kaduzierungsverfahrens, gleich bleibt.

9 Zu beachten ist § 18 Abs. 3 bei **Mitberechtigten.** Die Aufforderung muss also nicht allen zugehen, vielmehr genügt die Aufforderung gegenüber einem Mitberechtigten.[50] Hat ein Gesellschafter **mehrere Geschäftsanteile** inne, muss erkennbar sein, auf welchen Anteil sich die erneute Aufforderung bezieht.[51] Die **Kaduzierung** findet, wie sich aus § 21 Abs. 1 S. 1 ergibt (»mit dem Geschäftsanteil, auf welchen die Zahlung zu erfolgen hat«), immer **auf** einen **konkreten Anteil** bezogen statt (vgl. noch § 24 Rdn. 13). Verfügt ein Gesellschafter also über mehrere Geschäftsanteile und existieren nur hinsichtlich eines oder mehrerer von diesen, jedoch nicht bezogen auf alle Rückstände, hat die Kaduzierung nicht zugleich den (vollständigen) Ausschluss des Gesellschafters insgesamt zur Folge. Soweit keine Kaduzierung stattfindet, bleibt die betreffende Person als Inhaberin weiterer Geschäftsanteile Mitglied. Kaduzierung ist auch möglich, wenn sich der Gesellschafter im Insolvenzverfahren befindet. Richtiger Adressat der Aufforderung ist in diesem Fall der Insolvenzverwalter.[52]

V. Zuständigkeit

10 Das Kaduzierungsverfahren wird von der Gesellschaft betrieben, vertreten durch die Geschäftsführer nach Maßgabe der für diese geltenden Vertretungsregeln.[53] Es bedarf keiner Ermächtigung durch die Gesellschafterversammlung, ein Beschluss bindet die Geschäftsführer aber (§ 37 Abs. 1).[54] Die Geschäftsführer haben nach pflichtgemäßem Ermessen zu entscheiden.[55] In der **Insolvenz der Gesellschaft** hat ausschließlich der Insolvenzverwalter die Befugnis zur Einforderung und Aufforderung, ein Gesellschafterbeschluss ist nicht notwendig.[56]

VI. Fruchtloser Fristablauf

11 Abs. 2 Satz 1 setzt für die Verlustigerklärung den fruchtlosen Ablauf der in der erneuten Aufforderung gesetzten Frist voraus. Der Gesellschafter kann die Kaduzierung durch Erfüllung auch nach Ablauf der Frist abwenden, sofern ihm die Kaduzierungserklärung noch nicht zugegangen ist.[57] Bei gleichzeitigem Zugang von Erklärung und Eingang der Zahlung hat die Zahlung Vorrang.[58] Die Einlage muss zur freien Verfügung der Gesellschaft geleistet werden, maßgeblich ist der Zahlungseingang, nicht die Absendung bzw. Überweisung des Betrages.[59] Es kommt allein auf die rechtzeitige Einlageleistung an.[60] Für den Beweis hat der insoweit belastete Gesellschafter den Grundsätzen ordnungsgemäßer Buchführung entsprechende Belege vorzulegen, die sowohl die Leistung als zweifelsfrei erscheinen lassen als auch die Zuordnung der Leistung zur Einlagepflicht eindeutig ermöglichen.[61]

---

50 *Schütz*, in: MünchKommGmbHG, § 21 Rn. 47.
51 *Emmerich*, in: Scholz, GmbHG, § 21 Rn. 13a; *Schütz*, in: MünchKommGmbHG, § 21 Rn. 40.
52 *Kersting*, in: Baumbach/Hueck, GmbHG, § 21 Rn. 7.
53 *Leuschner, in: Habersack/Casper/Löbbe*, GmbHG, § 21 Rn. 47.
54 *Kersting*, in: Baumbach/Hueck, GmbHG, § 21 Rn. 6; *Leuschner, in: Habersack/Casper/Löbbe*, GmbHG, § 21 Rn. 25. A.A. *Ebbing*, in: Michalski/Heidinger/Leible/Schmidt, GmbHG, § 21 Rn. 59.
55 *Schütz*, in: MünchKommGmbHG, § 21 Rn. 53.
56 OLG Jena, ZIP 2007, 1571, 1573.
57 *Leuschner, in: Habersack/Casper/Löbbe*, GmbHG, § 21 Rn. 54.
58 *Leuschner, in: Habersack/Casper/Löbbe*, GmbHG, § 21 Rn. 43; *Schütz*, in: MünchKommGmbHG, § 21 Rn. 71.
59 *Schütz*, in: MünchKommGmbHG, § 21 Rn. 70 f.
60 *Altmeppen*, in: Roth/Altmeppen, GmbHG, § 21 Rn. 15.
61 KG, GmbHR 1991, 64, 65; OLG Hamm, GmbHR 1984, 317, 318; *Bayer/Illhardt*, GmbHR 2011, 505, 513 m. Nachw.

C. Verlustigerklärung

I. Erklärung

12 Ist die Frist fruchtlos abgelaufen, kann der säumige Gesellschafter[62] seines Geschäftsanteils und der geleisteten Teilzahlungen zugunsten der Gesellschaft verlustig erklärt werden. Abzugeben ist die Erklärung durch die Geschäftsführer nach den für die Vertretung der Gesellschaft geltenden Vertretungsregeln, in der Insolvenz ist der Insolvenzverwalter zuständig.[63] Die Gesellschafter können die Kaduzierung per Beschluss untersagen. Der säumige Gesellschafter hat Teilnahmerecht an der Versammlung, nach § 47 Abs. 2 Satz 1, 1. Alt., aber kein Stimmrecht.[64] Die Erklärung darf dem Gesellschafter erst nach Fristablauf zugehen, anderenfalls ist sie nichtig.[65] Abgesendet werden darf die Erklärung bereits vor Fristablauf.[66] Sie kann bei Nichtigkeit erneut vorgenommen werden.[67] Trotz des scheinbar anderes beinhaltenden Wortlauts (»ist […] zu erklären«) steht auch diese Erklärung im Ermessen der Gesellschaft (Rdn. 1), sie darf weiterhin andere Wege der Einlagenbeitreibung beschreiten.[68] Abs. 2 enthält keine Ausschlussfrist, es gelten aber die allg. Grundsätze über die Verwirkung.[69] Abs. 2 Satz 2 verlangt eingeschriebenen Brief, für Abweichungen und Zugangsvoraussetzungen gilt das Gleiche wie bei Abs. 1 Satz 3 (oben Rdn. 7). Die Ausschlusserklärung wirkt rechtsgestaltend (Rdn. 13) und ist daher unwiderruflich.[70]

II. Wirkung

1. Gesellschafterebene

13 Mit dem Zugang der Erklärung verliert der Gesellschafter ex nunc sämtliche mitgliedschaftlichen Rechte und wird von allen mitgliedschaftlichen Pflichten befreit.[71] Weder kann er für die Zukunft abstimmen noch Gewinnbezugsrechte oder mitgliedschaftliche Sonderrechte geltend machen, noch ist er weiter zur Leistung der ausstehenden Einlage oder Erbringung von Sonderleistungen verpflichtet.[72] Er kann die Kaduzierung nicht durch nachträgliche Einlageleistung rückgängig machen.[73]

14 Zu einem Mehrerlös nach Verkauf gem. § 23 s. dort Rdn. 11. Vor diesem Zeitpunkt begründete mitgliedschaftliche Pflichten bleiben bestehen (z.B. rückständige Verpflichtung zu Sonderleistungen, Haftung nach §§ 20, 24).[74] Zudem sieht § 21 Abs. 3 Ausfallhaftung vor. Soweit Pflichten und Rechte von vornherein nicht mitgliedschaftlich begründet waren oder sie sich in Gläubigerrechte

62 Ausführlich zum richtigen Adressaten der Erklärung *Schütz*, in: MünchKommGmbHG, § 21 Rn. 80.

63 *Kersting*, in: Baumbach/Hueck, GmbHG, § 21 Rn. 10; *Saenger*, in: Saenger/Inhester, GmbHG, § 21 Rn. 18.

64 BGH, DStR 1997, 1257 und Anm. *Goette* ebd., 1257, 1259; *Schütz*, in: MünchKommGmbHG, § 21 Rn. 78.

65 Allg. Ansicht, *Bayer*, in: Lutter/Hommelhoff, GmbHG, § 21 Rn. 12.

66 *Bayer*, in: Lutter/Hommelhoff, GmbHG, § 21 Rn. 12; *Leuschner, in: Habersack/Casper/Löbbe*, GmbHG, § 21 Rn. 51; *Saenger*, in: Saenger/Inhester, GmbHG, § 21 Rn. 21. A.A. *Ebbing*, in: Michalski/Heidinger/Leible/Schmidt, GmbHG, § 21 Rn. 99; *Schütz*, in: MünchKommGmbHG, § 21 Rn. 82.

67 *Kersting*, in: Baumbach/Hueck, GmbHG, § 21 Rn. 17; *Leuschner, in: Habersack/Casper/Löbbe*, GmbHG, § 21 Rn. 51.

68 *Schütz*, in: MünchKommGmbHG, § 21 Rn. 73.

69 *Altmeppen*, in: Roth/Altmeppen, GmbHG, § 21 Rn. 16; *Kersting*, in: Baumbach/Hueck, GmbHG, § 21 Rn. 10; *Saenger*, in: Saenger/Inhester, GmbHG, § 21 Rn. 21.

70 Vgl. *Hefermehl*, in: Soergel, BGB, Vor § 116 Rn. 74.

71 *Altmeppen*, in: Roth/Altmeppen, GmbHG, § 21 Rn. 17; *Schütz*, in: MünchKommGmbHG, § 21 Rn. 91, 98 f.

72 Im Einzelnen *Schütz*, in: MünchKommGmbHG, § 21 Rn. 91 ff.

73 *Ebbing*, in: Michalski/Heidinger/Leible/Schmidt, GmbHG, § 21 Rn. 102. A.A. *Schuler*, GmbHR 1961, 98, 102.

74 *Leuschner, in: Habersack/Casper/Löbbe*, GmbHG, § 21 Rn. 61; *Schütz*, in: MünchKommGmbHG, § 21 Rn. 98.

gewandelt haben (Gewinnbezugsrecht), berührt sie der Ausschluss nicht.[75] Wird der Beschluss über die Feststellung des ausschüttungsfähigen Gewinns erst nach der Kaduzierung gefasst, gibt es keinen Anspruch auf anteiligen Gewinn für den bis zum Ausschluss verstrichenen Teil des Geschäftsjahres.[76] Geleistete Einlagen und sonstige der Gesellschaft ggü. bereits erbrachte Nebenleistungen kann der Gesellschafter nicht zurückfordern, mangels Rückwirkung des Ausschlusses wurden diese mit Rechtsgrund erbracht.[77] Für Teilleistungen auf die Einlagepflicht ordnet § 21 Abs. 2 Satz 1 dies ausdrücklich an.

2. Gesellschaftsebene

Mit Zugang der Erklärung ggü. dem säumigen Gesellschafter geht der Geschäftsanteil auf die Gesellschaft über, dafür sprechen Wortlaut (»zugunsten der Gesellschaft«) sowie der Umstand, dass es kein herrenloses Recht geben kann.[78] Die Gesellschaft ist keine Treuhänderin, weder eigennützige noch fremdnützige.[79] Die §§ 21 ff. legen der Gesellschaft keine Pflichten ggü. dem späteren Erwerber auf, zudem verfolgt die Gesellschaft keine eigenen Interessen ggü. einem Dritten mit dem Erwerb des Geschäftsanteils. Das Kaduzierungsverfahren soll Gläubigerinteressen schützen, aus seiner Durchführung können die Gläubiger jedoch keine Rechte gegen die Gesellschaft herleiten. Die Gesellschaft ist allein durch die §§ 22, 23 gebunden. Der Wechsel des Anteilsinhabers ist nach § 40 Abs. 1 Satz 1 in die Gesellschafterliste einzutragen, ein Wahlrecht besteht insoweit nicht.[80] Anderenfalls blieben die Anteilsverhältnisse intransparent, was dem Zweck des § 40 zuwiderliefe.[81] 15

Was die weiteren Wirkungen des Erwerbs angeht, bedarf es einer Differenzierung: Die Gesellschaft ist in **bürgerlich-rechtlicher** Hinsicht Inhaberin des Anteils und daher, sofern ein Rechtsvorgänger im Fall des § 22 Abs. 4 zahlt oder ein Dritter den Geschäftsanteil nach Versteigerung gemäß § 23 durch Abtretung (§§ 398, 413 BGB) erwirbt, die andere Vertragspartei (vgl. § 22 Rdn. 18, § 23 Rdn. 8). Gesellschaftsrechtlich mit Blick auf die **Haftung aus § 22** bedarf es indes einer **teleologischen Reduktion**: Sähe man die Gesellschaft als Rechtsnachfolgerin i.S. dieser Norm an, ginge der Anspruch aus § 22 unter. Da ein Schuldverhältnis (mindestens) zwei verschiedene Personen (Gläubiger und Schuldner, § 241 Abs. 1 S. 1 BGB) voraussetzt, erlischt es bei Vereinigung von Forderung und Schuld in einer Person (**Konfusion**).[82] Allerdings ist anerkannt, dass das Fehlen von Vorschriften, die etwa mittels einer Trennung von Vermögensmassen das Bestehenbleiben der Forderung ermöglichen (s. § 1976 BGB), nicht notwendig zur Konfusion führt. Vielmehr sind Ausnahmen möglich, wenn die Interessen Dritter berührt werden.[83] Doch hülfe auch die Trennung von Vermögensmassen nicht weiter. Anderenfalls haftete die Gesellschaft selbst für die Kapitalaufbringung, was dem Zweck der Sicherung der Kapitalaufbringung diametral entgegenstünde. Im Ergebnis ist 16

75 *Altmeppen*, in: Roth/Altmeppen, GmbHG, § 21 Rn. 18; *Leuschner, in: Habersack/Casper/Löbbe*, GmbHG, § 21 Rn. 58.

76 *Emmerich*, in: Scholz, GmbHG, § 21 Rn. 27a; *Ebbing*, in: Michalski/Heidinger/Leible/Schmidt, GmbHG, § 21 Rn. 109; *Leuschner, in: Habersack/Casper/Löbbe*, GmbHG, § 21 Rn. 58, die jeweils auf den Gewinnverwendungsbeschluss abstellen. Das ist indes ungenau, s. ausführlich zu Inhalt und Entstehung des Gewinnbezugsrechts *Ekkenga*, in: MünchKommGmbHG, § 29 Rn. 75 ff. A.A. OLG Hamm, GmbHR 1989, 126.

77 *Leuschner, in: Habersack/Casper/Löbbe*, GmbHG, § 21 Rn. 60.

78 Heute allg. Ansicht in der Lit., s. *Leuschner, in: Habersack/Casper/Löbbe*, GmbHG, § 21 Rn. 64. A.A. noch BGHZ 42, 89, 92.

79 *Altmeppen*, in: Roth/Altmeppen § 21 Rn. 19; *Pentz*, in: Rowedder/Schmidt-Leithoff, GmbHG, § 21 Rn. 44; *Saenger*, in: Saenger/Inhester, GmbHG, § 21 Rn. 24;. A.A. *Bartels*, in: Bork/Schäfer, GmbHG, § 21 Rn. 13; *Kersting*, in: Baumbach/Hueck, GmbHG, § 21 Rn. 12. Unentschieden *Emmerich*, in: Scholz, GmbHG, § 21 Rn. 29.

80 Großzügiger *Kersting*, in: Baumbach/Hueck, GmbHG, § 21 Rn. 12 (»sollte«).

81 Vgl. Kommentierung zu § 40 Rdn. 1.

82 BGHZ 48, 214, 218; BGH, WM 2009, 1048, 1050 Tz 19; *Schreiber*, in: Soergel, BGB, Band 5/3, 13. Aufl., § 362 Rn. 2.

83 BGH, WM 2009, 1048, 1050 Tz 20 m. Nachw.

daher § 22 einschränkend zu interpretieren und die Gesellschaft hinsichtlich aller korporativen Wirkungen des Erwerbs, soweit sie nicht allein die Übertragung des Anteils als solche tangieren, aus dem Kreis der Haftenden herauszunehmen (zur Anteilsübertragung s. § 22 Rdn. 16 ff., § 23 Rdn. 8).[84]

17 Die Gesellschaft ist demnach **nicht Rechtsnachfolgerin** des Ausgeschlossenen,[85] insb. haftet sie nicht für dessen Verbindlichkeiten. Sie kann keine Mitgliedschaftsrechte ausüben, das Stimmrecht steht ihr nicht zu.[86] Die Gesellschaft ist **nicht Rechtsvorgängerin** des Anteilserwerbers. Das ergibt sich jedoch nicht aus der vermeintlichen Herrenlosigkeit des Anteils,[87] sondern aus der in Rdn. 16 skizzierten teleologischen Reduktion von § 22. Der Anteil ist bis zur Veräußerung ein eigener Anteil, sodass weder der Gesellschaft ein Gewinnbezugsrecht zusteht noch dem Erwerber rückwirkend Gewinne ausgezahlt werden.[88] Auf den Anteil entfallende Gewinne kommen den übrigen Gesellschaftern zugute.[89] Die Zwangsvollstreckung in den Geschäftsanteil ist wegen der Verfügungsbeschränkung nach §§ 22, 23 unzulässig,[90] s. §§ 857 Abs. 1, 3, 851 Abs. 1 ZPO.

18 Bis zur Änderung des § 272 HGB durch das BilMoG war einhellig anerkannt, dass die Gesellschaft mangels Anschaffungskosten für den Anteilserwerb den betroffenen Geschäftsanteil nicht in der Bilanz aktivieren durfte mit der Konsequenz, dass die normalerweise nach § 272 Abs. 4 Satz 1 HGB gebotene Rücklagenbildung für eigene Anteile entfiel.[91] Angegeben werden durfte der Anteil nach wohl überwiegender Ansicht klarstellungshalber im Anhang.[92] Das Problem der Aktivierung stellt sich seit Inkrafttreten des § 272 Abs. 1a Satz 1 HGB nicht mehr: Eigene Anteile dürfen nicht mehr aktiviert werden, sondern sind auf der Passivseite der Bilanz in der Vorspalte vom Posten »Gezeichnetes Kapital« abgesetzt auszuweisen.[93] Der Bildung einer besonderen, heute gesetzlich nicht mehr vorgesehenen Rücklage »eigene Anteile« bedarf es richtiger Ansicht nach nicht.[94] Die Schwelle des § 30 Abs. 1 Satz 1 erfährt durch diese bilanzrechtlichen Vorgänge keine Veränderung (§ 30 Rdn. 14).

19 Die Entstehung einer **Keinmann-GmbH** infolge der Kaduzierung des letzten oder einzigen Gesellschafters steht der Zulässigkeit des Ausschlussverfahrens nicht entgegen.[95]

3. Dritte

20 Während **Rechte von Gesellschaftergläubigern** am Geschäftsanteil mit dem Ausschluss umfassend **erlöschen**, setzen sich **Rechte von Gesellschaftsgläubigern** grds. fort.[96] Letztere können aber nicht

84 I.Erg. unstr., s. etwa *Altmeppen*, in: Roth/Altmeppen, GmbHG, § 22 Rn. 24; *Leuschner, in: Habersack/Casper/Löbbe*, § 22 Rn. 63.

85 *Kersting*, in: Baumbach/Hueck, GmbHG, § 21 Rn. 12.

86 *Emmerich*, in: Scholz, GmbHG, § 21 Rn. 30.

87 So noch BGHZ 42, 89, 92.

88 Wohl inzwischen allg. Ansicht: *Altmeppen*, in: Roth/Altmeppen, GmbHG, § 21 Rn. 20; *Kersting*, in: Baumbach/Hueck, GmbHG, § 21 Rn. 12; *Leuschner, in: Habersack/Casper/Löbbe*, GmbHG, § 21 Rn. 67; *Saenger*, in: Saenger/Inhester, GmbHG, § 21 Rn. 25; *Schütz*, in: MünchKommGmbHG, § 21 Rn. 103.. Zum Ruhen des Gewinnbezugsrechts eigener Anteile BGH, ZIP 1995, 374 ff.

89 *Leuschner, in: Habersack/Casper/Löbbe*, GmbHG, § 21 Rn. 67; *Schütz*, in: MünchKommGmbHG, § 21 Rn. 103.

90 *Bayer*, in: Lutter/Hommelhoff, GmbHG, § 21 Rn. 15; *Kersting*, in: Baumbach/Hueck, GmbHG, § 21 Rn. 13.

91 *Schütz*, in: MünchKommGmbHG, § 21 Rn. 104.

92 *Müller*, in: Ulmer/Habersack/Winter, GmbHG, 2005, § 21 Rn. 61 m. Nachw. zum Streitstand.

93 *Leuschner*, in: Habersack/Casper/Löbbe, GmbHG, § 21 Rn. 65.

94 Zum Ganzen *Hüttemann/Meyer*, in: Staub, HGB, 5. Aufl. 2014, § 272 Rn. 23 ff.; *Oser/Kropp*, Der Konzern 2012, 185, 186 f.; a.A. *Leuschner*, in: Habersack/Casper/Löbbe, GmbHG, § 21 Rn. 65; *Verse*, in: Henssler/Strohn, § 21 GmbHG Rn. 31.

95 *Kersting*, in: Baumbach/Hueck, GmbHG, § 21 Rn. 12.

96 Im Einzelnen *Schütz*, in: MünchKommGmbHG, § 21 Rn. 107 ff.

uneingeschränkt geltend gemacht werden. Zum einen scheidet Zwangsvollstreckung aus (oben Rdn. 17), zum anderen die Pfändung des Rechts zur Entscheidung über die Durchführung des Verfahrens nach den §§ 21 ff.[97] Das zuletzt genannte Gestaltungsrecht ist bereits nicht pfändbar.[98] Das gilt auch für den Fall, dass ein Gesellschaftsgläubiger die Einlageforderung der Gesellschaft gepfändet und sich überweisen lassen hat.[99] Hat ein Gesellschaftsgläubiger die Einlageforderung **gepfändet, steht** dies der **Kaduierung nicht entgegen.**[100] Das hat weniger damit zu tun, dass die Gesellschaftsverbindlichkeit fortbesteht,[101] sondern damit, dass diejenige des Gesellschaft*ers* noch existiert. Letzterer ist weiterhin gegenüber der Gesellschaft zur Kapitalaufbringung verpflichtet. Das erklärt auch, warum im Fall einer Abtretung der Einlageverpflichtung keine Kaduzierung mehr stattfindet.[102] Hier verfügt die Gesellschaft über keinen Anspruch mehr, den sie noch beitreiben könnte.

Den Gesellschaftergläubigern wird von der herrschenden Meinung zugestanden, bis zur Erklärung nach Abs. 2 gem. § 267 Abs. 1 Satz 1 BGB auf die Einlageverpflichtung des säumigen Gesellschafters zu zahlen.[103] 20a

III. Verfahrensfehler

Wurden die Verfahrensvorgaben verletzt, seien es die materiellen oder formalen (s. aber Rdn. 6), ist der Ausschluss unwirksam, der vermeintlich Kaduzierte bleibt Gesellschafter. Insoweit steht ihm die Feststellungsklage zu.[104] Mangels Erwerbs durch Rechtsgeschäft kommt im Fall fehlerhafter Durchführung des Verfahrens kein gutgläubiger Erwerb in Betracht, soweit der Rechtsvorgänger nach § 22 Abs. 4 den Geschäftsanteil erwirbt.[105] § 16 Abs. 3 greift insoweit nicht. 21

D. Ausfallhaftung, Abs. 3

Der ausgeschlossene Gesellschafter haftet auch nach durchgeführtem Kaduzierungsverfahren für den Ausfall der Gesellschaft hinsichtlich des rückständigen Betrags oder der später auf den Geschäftsanteil eingeforderten Beträge der Stammeinlage. »Ausfall« sind auch die Kosten der Verwertung nach den §§ 22, 23.[106] Nichts anderes gilt für sonstige Aufwendungen, die Konsequenz der Säumnis sind (z.B. Vertragsstrafen, Kosten der Anteilsversteigerung, Zinsen).[107] Abs. 3 regelt zwar keinen Schadensersatzanspruch. Das Kaduzierungsverfahren soll allein die Kapitalaufbringung sichern und zielt deshalb auf die Einlageneinbringung ab. Dementsprechend eng ist § 22 Abs. 3 formuliert, die Norm bezieht sich nur auf Ausfall »an dem Betrag […] oder den später […] 22

97 *Schütz*, in: MünchKommGmbHG, § 21 Rn. 111.
98 *Leuschner*, in: Habersack/Casper/Löbbe, GmbHG, § 21 Rn. 63.
99 H.M. *Altmeppen*, in: Roth/Altmeppen, GmbHG, § 21 Rn. 4; *Fastrich*, in: Baumbach/Hueck, GmbHG, § 19 Rn. 44; *Leuschner, in: Habersack/Casper/Löbbe*, GmbHG, § 21 Rn. 62. A.A. OLG Celle, GmbHR 1994, 801; *Bartels*, in: Bork/Schäfer, GmbHG, § 21 Rn. 10; *Bayer*, in: Lutter/Hommelhoff, GmbHG, § 21 Rn. 4.
100 OLG Celle GmbHR 1994, 801; *Leuschner*, in: Habersack/Casper/Löbbe, GmbHG, § 21 Rn. 20.
101 So etwa *Leuschner*, in: Habersack/Casper/Löbbe, GmbHG, § 21 Rn. 20.
102 *Leuschner*, in: Habersack/Casper/Löbbe, GmbHG, § 21 Rn. 20; *Verse*, in: Henssler/Strohn, § 21 Rn. 15.
103 *Schütz*, in: MünchKommGmbHG, § 21 Rn. 109. A.A. *Melber*, Die Kaduzierung in der GmbH, S. 174 ff., 208 ff.
104 Allg. Ansicht, ausführlich *Schütz*, in: MünchKommGmbHG, § 21 Rn. 141 ff.
105 *Kersting*, in: Baumbach/Hueck, GmbHG, § 21 Rn. 17.
106 *Leuschner, in: Habersack/Casper/Löbbe*, GmbHG, § 21 Rn. 80; *Schütz*, in: MünchKommGmbHG, § 21 Rn. 120.
107 So auch die wohl h.M., etwa; *Leuschner*, in: Habersack/Casper/Löbbe, GmbHG, § 21 Rn. 81; *Schütz*, in: MünchKommGmbHG, § 21 Rn. 120. Die noch in der Vorauflage vertretene Ansicht wird aufgegeben.

eingeforderten Beträgen«, nicht auf Ausfälle *wegen* des Ausfalls allgemein.[108] Doch könnte die Gesellschaft nicht die übrigen kausal mit der Kaduzierung zusammenhängenden Aufwendungen und Kosten beanspruchen, wäre die Kapitalaufbringung beeinträchtigt. Denn die Gesellschaft erlangt weniger, als sie erlangt hätte, wäre das Kapital von der einlagepflichtigen Person ordnungsgemäß aufgebracht worden. Das Kaduzierungsverfahren soll jedoch gerade sichern, dass die Gesellschaft so steht, wie sie stünde, hätte die einlagepflichtige Person ordnungsgemäß geleistet. Zu argumentieren, die Gesellschaft verfüge gegebenenfalls über einen Schadensersatzanspruch gegen die säumige Person, geht daher fehl. Zudem dürfte in vielen Fällen der Kaduzierung die Einbringlichkeit der Forderung(en) fraglich sein, wenn der Ausfall auf fehlender Liquidität des »eigentlich« einlagepflichtigen (ehemaligen) Gesellschafters beruht. Gerade dieses Risiko soll die Gesellschaft – und damit ihre Gläubiger – nicht tragen, sondern die übrigen Mitglieder. Da das Kaduzierungsverfahren die Kapitalaufbringung sichern soll, gelten § 19 Abs. 2, 3.[109]

23 Die Ausfallhaftung nach Abs. 3 ist **subsidiär** und setzt erfolglose Inanspruchnahme des Rechtsvorgängers nach § 22 sowie den vergeblichen Versuch der Verwertung nach § 23 oder nicht ausreichenden Erlös bei Verwertung nach § 23 voraus, nicht aber erfolglose Inanspruchnahme der nach § 24 Verpflichteten.[110] Folge der Veräußerung nach § 23 ist das Erlöschen der Haftung der Rechtsvorgänger.[111] Erst nach der Kaduzierung eingeforderte Beträge müssen zunächst vom Erwerber eingefordert werden, die Ausfallhaftung des zuerst Ausgeschlossenen greift insoweit erst im Anschluss an die vorherige Kaduzierung des Erwerbers.[112]

24 Dem nach Abs. 3 Haftenden stehen keine Ersatz- oder Regressansprüche wegen der Inanspruchnahme zu, er bleibt ausgeschlossen.[113] § 22 Abs. 4 gilt i.R.d. Ausfallhaftung nach § 21 Abs. 3 nicht.[114] Der Ausgeschlossene kann den Anteil jedoch in der öffentlichen Versteigerung nach § 23 erwerben. Er hat aber keinen Anspruch auf den Erwerb.[115]

25 Die **Beweislast** für das Fehlschlagen der Versuche, die Einlage nach den §§ 22, 23 zu decken, trifft die Gesellschaft (unter Berücksichtigung der Vermutungswirkung des § 22 Abs. 2 zu ihren Gunsten).[116]

§ 22 Haftung der Rechtsvorgänger

(1) Für eine von dem ausgeschlossenen Gesellschafter nicht erfüllte Einlageverpflichtung haftet der Gesellschaft auch der letzte und jeder frühere Rechtsvorgänger des Ausgeschlossenen, der im Verhältnis zu ihr als Inhaber des Geschäftsanteils gilt.

(2) Ein früherer Rechtsvorgänger haftet nur, soweit die Zahlung von dessen Rechtsnachfolger nicht zu erlangen ist; dies ist bis zum Beweis des Gegenteils anzunehmen, wenn der letztere die Zahlung nicht bis zum Ablauf eines Monats geleistet hat, nachdem an ihn die Zahlungsaufforderung und an den Rechtsvorgänger die Benachrichtigung von derselben erfolgt ist.

---

108 So auch noch gegen die h.M. *Müller*, in: Ulmer/Habersack/Löbbe, GmbHG, 2016, § 21 Rn. 75a.

109 *Leuschner, in: Habersack/Casper/Löbbe*, GmbHG, § 21 Rn. 87.

110 *Leuschner, in: Habersack/Casper/Löbbe*, GmbHG, § 21 Rn. 79; *Schütz*, in: MünchKommGmbHG, § 21 Rn. 114 f.

111 *Altmeppen*, in: Roth/Altmeppen, GmbHG. § 21 Rn. 25; *Kersting*, in: Baumbach/Hueck, GmbHG, § 21 Rn. 15.

112 So die h.M., stellvertretend *Leuschner, in: Habersack/Casper/Löbbe*, GmbHG, § 21 Rn. 82. A.A. *Schuler*, GmbHR 1961, 98, 103.

113 *Leuschner, in: Habersack/Casper/Löbbe*, GmbHG, § 21 Rn. 85.

114 *Altmeppen*, in: Roth/Altmeppen, GmbHG, § 21 Rn. 27.

115 *Leuschner, in: Habersack/Casper/Löbbe*, GmbHG, § 21 Rn. 85. A.A. *Altmeppen*, in: Roth/Altmeppen, GmbHG, § 21 Rn. 27.

116 *Bayer/Illhardt*, GmbHR 2011, 505, 514; *Kersting*, in: Baumbach/Hueck, § 21 Rn. 16; *Leuschner, in: Habersack/Casper/Löbbe*, GmbHG, § 21 Rn. 90.

(3) [1]Die Haftung des Rechtsvorgängers ist auf die innerhalb der Frist von fünf Jahren auf die Einlageverpflichtung eingeforderten Leistungen beschränkt. [2]Die Frist beginnt mit dem Tag, ab welchem der Rechtsnachfolger im Verhältnis zur Gesellschaft als Inhaber des Geschäftsanteils gilt.

(4) Der Rechtsvorgänger erwirbt gegen Zahlung des rückständigen Betrages den Geschäftsanteil des ausgeschlossenen Gesellschafters.

Schrifttum

Bayer/Illhardt, Darlegungs- und Beweislast im Recht der GmbH anhand praktischer Fallkonstellationen (Teil 1), GmbHR 2011, 505.

Übersicht

A. Grundlagen

Nach § 22 haften auch die Vormänner (Rechtsvorgänger) des Kaduzierten für die nicht erfüllte Einlageverpflichtung. Damit wird sichergestellt, dass nicht bereits die bloße Veräußerung des Geschäftsanteils die Befreiung von der Einlageschuld herbeiführen kann. Abs. 1 legt die Haftungsvoraussetzungen fest, Abs. 2 regelt den sog. Stufen- oder Staffelregress, Abs. 3 enthält einen fristenbasierten Haftungsausschluss und Abs. 4 sieht den Übergang des Geschäftsanteils auf den Zahlenden vor. 1

Unabhängig von der Durchführung des Verfahrens nach den §§ 21 ff. haftet der Veräußerer/Rechtsvorgänger nach **§ 16 Abs. 2.** Es besteht Anspruchsgrundlagenkonkurrenz, die Gesellschaft kann sich auf beide Ansprüche stützen, eine Pflicht zur Wahl nur einer der beiden Grundlagen bei Überschneidung besteht nicht.[1] Nach vielfach vertretener Ansicht soll allerdings dann, wenn die Gesellschaft § 16 Abs. 2 wählt, die Anwendung des § 22 Abs. 4 ausgeschlossen sein.[2] Andere meinen, bei kumulativer Geltendmachung oder fehlender Klarstellung, dass nur der Anspruch aus § 16 Abs. 2 verfolgt werde, führe die Erfüllung der Einlagepflicht stets zum Geschäftsanteilserwerb gem. § 22 Abs. 4.[3] Letzteres überzeugt nicht. Das Gesetz stellt keine Entscheidungsregel bereit, die eine derartige Exklusivität verlangte. Auch teleologisch gibt es keinen Grund, eine solche Verdrängung anzunehmen. Im Gegenteil: Wenn die Gesellschaft beide Ansprüche nutzt, geht sie das Risiko ein, dass die Konsequenzen sich je nach Erfüllendem unterscheiden. Ihr steht eine einfache Möglichkeit zur Verfügung, dieses Risiko auszuschließen, indem sie sich vorher entscheidet. Der Rechtsvorgänger ist nicht schutzwürdig.[4] 2

B. Haftungsvoraussetzungen, Abs. 1

Die Haftung bezieht sich nach § 21 Abs. 1 auf eine »nicht erfüllte Einlageverpflichtung«. Das meint die Verpflichtung, wegen derer das Kaduzierungsverfahren nach § 21 betrieben werden darf.[5] Dem Umfang nach bestimmt sich die Haftung der Rechtsvorgänger also nach den Einlageverpflichtungen i.S.v. § 21 (s. dort Rdn. 2 f.). 3

---

1 Insoweit allg. Ansicht, *Bartels*, in: Bork/Schäfer, GmbHG, § 22 Rn. 7; *Emmerich*, in: Scholz, GmbHG, § 22 Rn. 5; *Kersting*, in: Baumbach/Hueck, GmbHG, § 22 Rn. 2; *Leuschner, in: Habersack/Casper/Löbbe*, GmbHG, § 22 Rn. 6; *Schütz*, in: MünchKommGmbHG, § 22 Rn. 12 f.

2 Etwa *Bayer*, in: Lutter/Hommelhoff, GmbHG, § 22 Rn. 19; *Emmerich*, in: Scholz, GmbHG, § 22 Rn. 5; *Saenger*, in: Saenger/Inhester, GmbHG, § 22 Rn. 2.

3 *Kersting*, in: Baumbach/Hueck, GmbHG, § 22 Rn. 2.

4 *Schütz*, in: MünchKommGmbHG, § 22 Rn. 14.

5 BGH, GmbHR 2015, 935, 936 Tz 14; *Emmerich*, in: Scholz, GmbHG, § 22 Rn. 13; *Kersting*, in: Baumbach/Hueck, GmbHG, § 22 Rn. 3.

4 Maßgeblich für die Bestimmung des Kreises der Haftenden ist seit Inkrafttreten des MoMiG die Eintragung einer Person in die Gesellschafterliste. Der Gesellschaft haftet jeder Rechtsvorgänger, der im Verhältnis zu ihr als Inhaber des Geschäftsanteils »gilt«. Das nimmt die Formulierung des § 16 Abs. 1 Satz 1 auf. Nach dieser Norm gilt im Verhältnis zur Gesellschaft (nur) derjenige als Inhaber, der als solcher in der im Handelsregister aufgenommenen Gesellschafterliste eingetragen ist. Rechtsvorgänger sind demnach sämtliche Personen, die vor dem kaduzierten Mitglied ausweislich § 16 Abs. 1 Satz 1 Inhaber des Geschäftsanteils und Gesellschafter waren.[6] Darüber hinaus sind **Gründer** Rechtsvorgänger.[7] Auch **Treuhänder** haften.[8] Auf das Innenverhältnis nach außen als Gesellschafter auftretender Personen zu Dritten kommt es nicht an. Bei **Mitberechtigung** haften die Mitberechtigten gemeinsam nach § 18 Abs. 2.[9] **Pfandgläubiger**, die den Geschäftsanteil durch Verkauf oder Versteigerung verwertet haben, sind keine Rechtsvorgänger, unabhängig von dem Erwerb des Pfandrechts durch Rechtsgeschäft oder im Wege der Zwangsvollstreckung.[10]

5 Wer seinen Geschäftsanteil gemäß § 16 Abs. 3 S. 1 **gutgläubig erwirbt**, wird damit Rechtsvorgänger i.S.v. § 22 Abs. 1.[11] Der Gutglaubensschutz erstreckt sich nicht auf die Erfüllung der Einlageverpflichtung, sondern nur auf die Berechtigung des Veräußerers am Anteil.[12] Richtiger Ansicht nach führt der gutgläubige Erwerb allerdings nicht zum Ausscheiden des ehemals wahren Berechtigten aus dem Anwendungsbereich des Abs. 1.[13] Anderenfalls würde der ehemalige Anteilsinhaber durch ein Zufallsgeschenk besser gestellt, als er ohne Rechtsscheintatbestand stünde.[14] Rechtsscheintatbestände dienen jedoch gerade nicht dem Schutz des materiell Berechtigten, sondern demjenigen der auf den Schein vertrauenden Personen. Dass damit auch die Gesellschaft eine dem § 16 zu verdankenden Zufallsschuldner erhält, kann der ehemals Berechtigte daher nicht einwenden.

6 **Nicht in die Gesellschafterliste eingetragene Zwischenerwerber** sind angesichts der eindeutigen Verknüpfung von § 22 Abs. 1 und § 16 Abs. 1 Satz 1 keine Rechtsvorgänger.[15] **Gesamtrechtsnachfolger** haften demnach gleichfalls nur bei Eintragung in die Liste, **Erben** fallen also nicht schon wegen § 1922 Abs. 1 BGB unter § 22 Abs. 1.[16] Der Grundsatz der Gesamtrechtsnachfolge und § 1967 Abs. 1 BGB, auf die die Vertreter der Gegenansicht verweisen,[17] überzeugen deshalb nicht, weil § 16 GmbHG die Legitimation gegenüber der Gesellschaft regelt. Wie § 16 Abs. 2 GmbHG zeigt, betrifft diese Legitimationswirkung der Eintragung auch Einlagepflichten und damit Haftungsfragen. Die h.M. zu § 16 Abs. 2 GmbHG deckt dies. Sie verweist ausdrücklich darauf, auch Erben seien gegenüber der Gesellschaft aus Gründen der Rechtssicherheit durch Formalerfordernis erst durch Aufnahme in die geänderte Liste legitimiert.[18] Dass sich damit die Erben von der Haftung zu befreien vermögen, indem sie ihren Erbteil vor Eintragung in die Gesellschafterliste

---

6 BGH, GmbHR 2015, 935 Tz 7; *Kersting*, in: Baumbach/Hueck, GmbHG, § 22 Rn. 4; *Leuschner, in: Habersack/Casper/Löbbe*, GmbHG, § 22 Rn. 32; *Schütz*, in: MünchKommGmbHG, § 22 Rn. 34, 39.

7 *Emmerich*, in: Scholz, GmbHG, § 22 Rn. 11; *Schütz*, in: MünchKommGmbHG, § 22 Rn. 35.

8 *Kersting*, in: Baumbach/Hueck, GmbHG, § 22 Rn. 4.

9 *Kersting*, in: Baumbach/Hueck, GmbHG, § 22 Rn. 4.

10 *Kersting*, in: Baumbach/Hueck, GmbHG, § 22 Rn. 4.

11 *Altmeppen*, in: Roth/Altmeppen, GmbHG, § 22 Rn. 5; *Schütz*, in: MünchKommGmbHG, § 22 Rn. 37.

12 *Schütz*, in: MünchKommGmbHG, § 22 Rn. 37.

13 *Altmeppen*, in: Roth/Altmeppen, GmbHG, § 22 Rn. 5; *Leuschner, in: Habersack/Casper/Löbbe*, GmbHG, § 22 Rn. 28, 34.

14 Ähnlich *Altmeppen*, in: Roth/Altmeppen, GmbHG, § 22 Rn. 5 (»nicht plausibel«).

15 *Kersting*, in: Baumbach/Hueck, GmbHG, § 22 Rn. 4.

16 *Bayer*, in: Lutter/Hommelhoff, GmbHG, § 22 Rn. 4a; *Leuschner, in: Habersack/Casper/Löbbe*, GmbHG, § 22 Rn. 19, 33; *Saenger*, in: Saenger/Inhester, GmbHG, § 22 Rn. 4; *Schütz*, in: MünchKommGmbHG, § 22 Rn. 40. A.A. *Altmeppen*, in: Roth/Altmeppen, GmbHG, § 22 Rn. 4; *Emmerich*, in: Scholz, GmbHG, § 22 Rn. 6c; *Pentz*, in: Rowedder/Schmidt-Leithoff, GmbHG, § 22 Rn. 6; *Verse*, in: Henssler/Strohn, § 22 GmbHG Rn. 6.

17 S. die in der vorhergehenden Fußn. Zitierten jeweils aaO.

18 In diesem Kommentar *Winter*, § 16 Rdn. 17, zudem *Servatius*, in: Baumbach/Hueck, GmbHG § 16 Rn. 19.

veräußern, ist zwar bedenklich.[19] Auch ergeben sich Unterschiede zur AG.[20] Doch weil sich bei anderen Vorschriften ähnliche Probleme stellen (vgl. § 21 Rdn. 8) und die von der Literatur vorgeschlagene Lösung nur neue Probleme verursachte,[21] bedarf es einer Regelung durch den Gesetzgeber. **Vorgesellschafts-Gesellschafter**, die bereits vor Eintragung der Gesellschaft ausgeschieden sind, fallen ebenfalls nicht unter § 22 Abs. 1.[22] Das gilt nicht, wenn der Vorgesellschafts-Gesellschafter seinen Anteil aufschiebend bedingt durch die Entstehung der Gesellschaft abtritt, da er in diesem Fall Rechtsvorgänger ist.[23]

Bei wegen Nichtigkeit oder infolge Anfechtung **unwirksamer Anteilsübertragung** ist der Eingetragene nach Korrektur der Gesellschafterliste als **Scheinerwerber kein Rechtsvorgänger.**[24] Solange er eingetragen ist, kann er der Gesellschaft materielle Mängel jedoch nicht entgegenhalten.[25] Wird er aus der Liste entfernt, haftet er nicht nur nicht für zukünftig fällig werdende Forderungen,[26] sondern auch nicht für bereits während seiner Eintragung fällig gewordene Forderungen.[27] Geleistete Zahlungen kann der Scheinerwerber nicht zurückverlangen, insoweit liefert die Eintragung einen Rechtsgrund.[28] 7

Voraussetzung der Haftung nach Abs. 1 ist der wirksame Ausschluss nach § 21. **Auf die Zahlungsunfähigkeit des Ausgeschlossenen kommt es** für Abs. 1 **nicht an.**[29] »Nicht erfüllte Einlageverpflichtung« meint nicht nur bereits fällige Beträge, sondern auch nach Anteilserwerb fällig werdende Forderungen.[30] 8

C. Stufenregress, Abs. 2

Abs. 2 betrifft die Haftung der »früheren« Rechtsvorgänger. Dabei handelt es sich um die Vorgänger des unmittelbaren (»letzten«) Vormannes des Kaduzierten. Die Norm ordnet eine bestimmte Haftungsreihenfolge an, die Rechtsvorgänger sind **nicht gesamtschuldnerisch** verantwortlich. Je weiter entfernt ein Vormann vom Kaduzierten steht, desto weiter hinten befindet er sich in der Regresskette. Die Gesellschaft ist an diese Subsidiaritätsregel gebunden, **Abweichungen** sind **unzulässig**, wenn nicht die Voraussetzungen des Abs. 2 hinsichtlich jedes Rechtsvorgängers erfüllt sind.[31] 9

Frühere Rechtsvorgänger haften nur, wenn ihr Nachfolger zahlungsunfähig ist. Abs. 2 Satz 2 stellt unter den dort genannten Bedingungen (keine Leistung binnen Monatsfrist nach Aufforderung, Benachrichtigung an den Rechtsvorgänger) eine **widerlegliche Vermutung der Zahlungsunfähigkeit** auf.[32] Maßgebliches Ereignis für die Fristberechnung ist der Zugang der zuletzt zugehenden Erklärung.[33] Die Erklärungen sind nicht formgebunden, aus Beweisgründen ist jedoch Zustellung 10

---

19 Auf dieses Problem verweist *Emmerich*, in: Scholz, GmbHG, § 22 Rn. 6c.
20 Darauf fußt die Kritik von *Altmeppen*, in: Roth/Altmeppen, GmbHG, § 22 Rn. 4.
21 Darauf verweisen die Vertreter der hier kritisierten Ansicht selbst, s. *Emmerich*, in: Scholz, GmbHG, § 22 Rn. 16a a.E.
22 *Altmeppen*, in: Roth/Altmeppen, GmbHG, § 22 Rn. 6; *Bayer*, in: Lutter/Hommelhoff, GmbHG, § 22 Rn. 4a.
23 *Altmeppen*, in: Roth/Altmeppen, GmbHG, § 22 Rn. 6; *Emmerich*, in: Scholz, GmbHG, § 22 Rn. 6b; *Saenger*, in: Saenger/Inhester, GmbHG, § 22 Rn. 5. A.A. OLG Köln, GmbHR 1997, 546.
24 *Leuschner, in: Habersack/Casper/Löbbe*, GmbHG, § 22 Rn. 28; vgl. für die Einlageverpflichtung nach §§ 16, 19 a.F. BGH, ZIP 2010, 908, 909.
25 *Altmeppen*, in: Roth/Altmeppen, GmbHG, § 22 Rn. 5.
26 So *Bayer*, in: Lutter/Hommelhoff, GmbHG, § 22 Rn. 4a.
27 *Altmeppen*, ZIP 2009, 345, 352 f.; *Kersting*, in: Baumbach/Hueck, GmbHG, § 22 Rn. 4.
28 Allg. Ansicht, stellvertretend *Bayer*, in: Lutter/Hommelhoff, GmbHG, § 22 Rn. 4a.
29 OLG Dresden, GmbHR 1998, 884, 886; *Saenger*, in: Saenger/Inhester, GmbHG, § 22 Rn. 9.
30 Näher zum Haftungsumfang die Kommentierung zu § 21 Rdn. 22; *Leuschner, in: Habersack/Casper/Löbbe*, GmbHG, § 22 Rn. 11 ff.
31 Allg. Ansicht, *Schütz*, in: MünchKommGmbHG, § 22 Rn. 48.
32 *Bayer/Illhardt*, GmbHR 2011, 505, 513; *Leuschner, in: Habersack/Casper/Löbbe*, GmbHG, § 22 Rn. 41; *Schütz*, in: MünchKommGmbHG, § 22 Rn. 52.
33 *Kersting*, in: Baumbach/Hueck, GmbHG, § 22 Rn. 6.

durch Gerichtsvollzieher nach § 132 Abs. 1 BGB angebracht.[34] Bei Mitberechtigten gilt § 18 Abs. 3 analog.[35] Vermutungswirkung kann ggü. dem Gründungsgesellschafter entstehen, obwohl dann keine Benachrichtigung möglich ist.[36] Hierfür genügt der Nachweis des Zugangs der Zahlungsaufforderung.[37] Die Gesellschaft kann unabhängig von Satz 2 Beweis über Zahlungsunfähigkeit erbringen.[38] Gegenbeweis der Zahlungsfähigkeit eines Nachfolgers ist möglich.[39] Zahlungsunfähigkeit ist kein Schulderlöschensgrund, sondern ermöglicht lediglich das Abschreiten der Regressstufen (s.a. Rdn. 17).[40]

11 Die Vermutung des Satzes 2 soll der Gesellschaft lediglich das Abschreiten der Regresskette vereinfachen. Sie ist daher nicht daran gebunden und kann jederzeit auch gegen einen bislang übergangenen bzw. erfolglos in Anspruch genommenen Rechtsvorgänger vorgehen.[41]

12 Dem Gesellschafter obliegt weiterhin die Last, die Erfüllung der Einlageschuld zu beweisen (hierzu § 21 Rdn. 11).[42] Daran ändert sich mit Eröffnung eines Insolvenzverfahrens nichts, der **Insolvenzverwalter** muss also im Gegensatz zur Lage bei § 24 nicht seinerseits die noch ausstehende Einlageleistung beweisen (zu § 24 s. dort Rdn. 4).[43]

13 Da es sich bei der Regressschuld der Sache nach um die Einlageschuld des Kaduzierten handelt, greifen § 19 Abs. 2, 5.[44] Die Verpflichtung der Rechtsvorgänger erlischt mit der erfolgreichen Verwertung nach § 23.[45]

14 Zur Anspruchsgrundlagenkonkurrenz mit § 16 Abs. 2 oben Rdn. 2.

D. Haftungsbegrenzung, Abs. 3

15 Abs. 3 sieht eine fristbasierte Begrenzung der Haftung vor. Sie ist auf die innerhalb von 5 Jahren ab Eintragung in die Gesellschafterliste (Abs. 3 Satz 2) auf die Einlageverpflichtungen eingeforderten Leistungen beschränkt. Einforderung meint Leistungsaufforderung durch den Geschäftsführer oder den gesellschaftsvertraglichen Leistungszeitpunkt, nicht Gesellschafterbeschluss.[46] Abs. 3 enthält lediglich eine Ausschlussfrist, die von Amts wegen berücksichtigt werden muss.[47] Die **Verjährung** der Ansprüche aus § 22 richtet sich nach allgemeinen Regeln (Regelverjährung nach § 195 BGB), nicht nach § 19 Abs. 6 analog.[48]

---

34 *Leuschner, in: Habersack/Casper/Löbbe*, GmbHG, § 22 Rn. 45.

35 *Leuschner, in: Habersack/Casper/Löbbe*, GmbHG, § 22 Rn. 46.

36 Heute allg. Ansicht, *Schütz*, in: MünchKommGmbHG, § 22 Rn. 47. A.A. noch RGZ 85, 237, 241.

37 *Bartels*, in: Bork/Schäfer, GmbHG, § 22 Rn. 4; *Ebbing*, in: Michalski/Heidinger/Leible/Schmidt, GmbHG, § 22 Rn. 48.

38 *Schütz*, in: MünchKommGmbHG, § 22 Rn. 52.

39 *Schütz*, in: MünchKommGmbHG, § 22 Rn. 53.

40 *Leuschner, in: Habersack/Casper/Löbbe*, GmbHG, § 22 Rn. 40.

41 *Kersting*, in: Baumbach/Hueck, GmbHG, § 22 Rn. 7; *Saenger*, in: Saenger/Inhester, GmbHG, § 22 Rn. 12.

42 *Bayer/Illhardt*, GmbHR 2011, 505, 513.

43 OLG Brandenburg, ZInsO 2005, 1217, 1219; zustimmend *Bayer/Illhardt*, GmbHR 2011, 505, 513.

44 OLG Köln, GmbHR 1987, 478; *Ebbing*, in: Michalski/Heidinger/Leible/Schmidt, GmbHG, § 22 Rn. 71.

45 BGHZ 42, 89, 92; *Ebbing*, in: Michalski/Heidinger/Leible/Schmidt, GmbHG, § 22 Rn. 62.

46 OLG Hamm, GmbHR 1988, 266; *Kersting*, in: Baumbach/Hueck, GmbHG, § 22 Rn. 9.

47 *Kersting*, in: Baumbach/Hueck, GmbHG, § 22 Rn. 9. Ausführlich zur Fristberechnung *Ebbing*, in: Michalski/Heidinger/Leible/Schmidt, GmbHG, § 22 Rn. 54 ff.

48 H.M., *Bayer*, in: Lutter/Hommelhoff, GmbHG, § 22 Rn. 9; *Leuschner, in: Habersack/Casper/Löbbe*, GmbHG, § 22 Rn. 21; *Pentz*, in: Rowedder/Schmidt-Leithoff, GmbHG; § 22 Rn. 20; *Schütz*, in: MünchKommGmbHG, § 22 Rn 30; *Verse*, in: Henssler/Strohn, § 22 GmbHG Rn. 16. A.A. wohl *Altmeppen*, in: Roth/Altmeppen, GmbHG, § 22 Rn. 8 i.V.m. § 19 Rn. 154.

E. Erwerb des Geschäftsanteils, Abs. 4

Voraussetzung für den Anteilserwerb ist die **vollständige Zahlung** des gesamten rückständigen Betrages.[49] **Teilzahlungen** befreien zwar andere Rechtsvorgänger, erwerben kann den Anteil aber nur der den offenen Restbetrag Leistende.[50] Die Haftungsbeschränkung nach Abs. 3 ist insoweit bedeutungslos.[51] 16

Erbringt der Rechtsvorgänger eines Regressschuldners lediglich eine Teilzahlung und bleibt ein Teil der ursprünglichen Einlageschuld weiterhin offen,[52] erfüllt der Rechtsvorgänger seine Verpflichtung nach § 22 Abs. 2 auch nur zu diesem Teil. Stellt sich später heraus, dass der übergangene Nachmann doch zahlungsfähig war oder wieder Zahlungsfähigkeit erlangt hat, entfällt die Verpflichtung seines Vorgängers mit Wirkung ex tunc und der Nachmann ist zur Leistung des vollen, auf seiner Regressstufe anfallenden Betrages verpflichtet, er kann sich also nicht auf Zahlungen seines Vormannes berufen (vgl. Rdn. 10).[53] Der Anteilserwerb vollzieht sich nicht zu seinen Gunsten durch Zahlung des unter Einbeziehung der Zahlung des Vorgängers berechneten Teilbetrages.[54] Ist der Nachmann nur i.H.d. noch ausstehenden Teilbetrages (wieder) zahlungsfähig, erwirbt nicht er nach Zahlung des noch ausstehenden Betrages den Anteil nach Abs. 4, sondern sein Vorgänger. Denn wäre die Zahlungsfähigkeit des Nachmannes von Anfang an bekannt gewesen, hätte gem. § 22 Abs. 2 der Vorgänger zuletzt gezahlt und damit den Anteil erworben. Zu Regressansprüchen Rdn. 22. 17

Der Erwerber **erwirbt von der GmbH.**[55] Denn diese erwirbt den Geschäftsanteil nach erfolgreicher Kaduzierung (dazu und zur notwendigen teleologischen Reduktion von § 22 die Erläuterungen in § 21 Rdn. 16). Der Erwerb vollzieht sich **kraft Gesetzes.**[56] Das bedeutet zum einen, dass es auf den Willen des Zahlenden nicht ankommt, so dass etwa die durch Zwangsvollstreckungsmaßnahmen erzwungene Leistung als »Zahlung« i.S.v. § 22 Abs. 4 genügt.[57] Zum anderen gelten die Formvorgaben des § 15 sowie Vinkulierungen gemäß § 15 Abs. 5 oder sonstige Veräußerungsbeschränkungen nicht.[58] 18

Erwerber kann allein ein nach der von § 22 vorgesehenen Haftungsreihenfolge Verpflichteter sein. **§ 267 BGB** gilt nur, sofern der Verpflichtete, für den gezahlt werden soll, der Leistung zustimmt.[59] Die vollständige Ablehnung der Anwendung des § 267 BGB führt zur Förmelei,[60] die uneingeschränkte 19

49 *Altmeppen*, in: Roth/Altmeppen, GmbHG, § 22 Rn. 21; *Leuschner, in: Habersack/Casper/Löbbe*, GmbHG, § 22 Rn. 55; *Pentz*, in: Rowedder/Schmidt-Leithoff, GmbHG, § 22 Rn. 29; *Schütz*, in: MünchKommGmbHG, § 22 Rn. 62.

50 *Kersting*, in: Baumbach/Hueck, GmbHG, § 22 Rn. 10.

51 *Leuschner, in: Habersack/Casper/Löbbe*, GmbHG, § 22 Rn. 68.

52 Fehlt es hieran, zahlt also ein Vormann des Regressschuldners oder ein noch früherer Rechtsvorgänger den Rest der Schuld, geht der Anteil über und der Vorgang ist endgültig.

53 *Altmeppen*, in: Roth/Altmeppen, GmbHG, § 22 Rn. 17; *Emmerich*, in: Scholz, GmbHG, § 22 Rn. 18a.

54 *Emmerich*, in: Scholz, GmbHG, § 22 Rn. 18a.

55 *Altmeppen*, in: Roth/Altmeppen, GmbHG, § 22 Rn. 24; *Bayer*, in: Lutter/Hommelhoff, GmbHG, § 22 Rn. 14; *Leuschner, in: Habersack/Casper/Löbbe*, GmbHG § 22 Rn. 63.

56 *Leuschner, in: Habersack/Casper/Löbbe*, GmbHG, § 22 Rn. 60; *Schütz*, in: MünchKommGmbHG, § 22 Rn. 69.

57 *Bayer*, in: Lutter/Hommelhoff, GmbHG, § 22 Rn. 12; *Leuschner, in: Habersack/Casper/Löbbe*, GmbHG, § 22 Rn. 66; *Schütz*, in: MünchKommGmbHG, § 22 Rn. 69.

58 *Schütz*, in: MünchKommGmbHG, § 22 Rn. 69.

59 *Ebbing*, in: Michalski/Heidinger/Leible/Schmidt, GmbHG, § 22 Rn. 84; *Schütz*, in: MünchKommGmbHG, § 22 Rn. 68. Weiter (kein Zustimmungskriterium) *Saenger*, in: Saenger/Inhester, GmbHG, § 22 Rn. 16; *Verse*, in: Henssler/Strohn, § 22 GmbHG Rn. 18.

60 S. *Emmerich*, in: Scholz, GmbHG, § 22 Rn. 19a; *Schütz*, in: MünchKommGmbHG, § 22 Rn. 68. Ganz ablehnend jedoch *Pentz*, in: Rowedder/Schmidt-Leithoff, GmbHG, § 22 Rn. 32. Relativierend nunmehr *Altmeppen*, in: Roth/Altmeppen, GmbHG, § 22 Rn. 20 (»zumindest« bei fehlendem Einverständnis kein § 267 BGB).

Zulassung der Leistung durch Dritte[61] machte dagegen die Vorgaben des § 22 überflüssig. Dass die Gesellschaft bei fehlender Zustimmung die Leistung erhält, ohne den Anteil zu verlieren, entspricht dem Bereicherungsrecht (§ 815 BGB) – wer ohne eigene Pflicht und ohne Abstimmung mit dem Schuldner zahlt, hat sich dies selbst zuzuschreiben.[62] Bei einem Anteilserwerb nach § 22 Abs. 4 handelt es sich um gesetzlichen Erwerb. Damit scheidet ein **gutgläubiger Erwerb** insoweit aus (zum Zusammenspiel von § 16 Abs. 3 und Abs. 1 im Übrigen oben Rdn. 5).[63]

20 Der **Erwerber** des Geschäftsanteils **tritt in** die z.Zt. des Übergangs bestehenden **Rechte und Pflichten ein**, auch wenn diese erst nach Kaduzierung begründet wurden (zu Dividendenansprüchen § 21 Rdn. 14).[64] Das gilt nicht für andere Leistungspflichten als die Einlageschuld, etwa Zinsen und Nebenleistungen i.S.v. § 3 Abs. 2, für die nach wie vor allein der Ausgeschlossene haftet.[65] Zudem erlöschen Rechte Dritter am Geschäftsanteil.[66] Für nach dem Erwerb fällig werdende Einlagen ist § 21 Abs. 3 zu beachten, der Kaduzierte haftet neben dem neuen Anteilsinhaber.

21 Wird der Erwerber selbst wegen ausstehender Einlageleistungen kaduziert, haften sämtliche dem Zweitkaduzierten vorgehende Gesellschafter. Rechtsnachfolger des Zahlenden (seine »Nachmänner«) werden richtiger und inzwischen wohl herrschender Meinung nach nicht frei, denn Zahlungsunfähigkeit im Zeitpunkt der Erstkaduzierung ist kein ausreichender Enthaftungsgrund.[67]

F. Regressfragen

22 Hinsichtlich eines Regresses sind abseits vertraglicher und deliktischer Ansprüche (dazu nächste Rdn.) **drei Konstellationen** zu unterscheiden: (1) Ein **Rechtsvorgänger zahlt** den **noch offenen Teilbetrag**, nachdem seine Nachmänner jeweils nur Teilleistungen auf die Einlageschuld erbracht haben: Der den letzten Teilbetrag zahlende Vorgänger erwirbt den Anteil nach Abs. 4, damit ist der Vorgang endgültig abgeschlossen.[68] Die Nachmänner haben weder gegen ihn noch gegen die Gesellschaft einen Regressanspruch, da sämtliche Beteiligte mit Rechtsgrund in Erfüllung ihrer Pflichten aus § 22 geleistet haben.[69] (2) Ein **Teilbetrag ist nach Teilleistungen von Rechtsvorgängern noch offen**, der Anteil noch nicht nach Abs. 4 übergegangen und ein Vorgehen der Gesellschaft nach §§ 23, 21 Abs. 3, 24 denkbar. Wird in dieser Situation ein Nachmann wieder hinsichtlich des ursprünglich ihn noch treffenden Teilbetrages zahlungsfähig oder war er, wie sich herausstellt, von Anfang an zahlungsfähig, haben seine Vorgänger, die Teilleistungen erbracht haben, einen Anspruch auf Rückerstattung ihrer jeweiligen Leistungen aus § 812 Abs. 1 Satz 2, 1. Alt. BGB bzw. § 812 Abs. 1 Satz 1, 1. Alt. BGB, soweit sie bei direkter Inanspruchnahme ihres Nachfolgers nicht hätten zahlen müssen.[70] Dieser richtet sich, weil die Leistung zur Erfüllung der Einlagepflicht ggü. der Gesellschaft erbracht wurde, gegen die Gesellschaft, nicht gegen den Nachfolger der Rechtsvorgänger.[71] Das gilt nicht, wenn der Nachmann nur hinsichtlich des noch offenen Teilbetrages wieder zahlungsfähig wird oder ursprünglich zahlungsfähig

---

61 So z.B. *Kersting*, in: Baumbach/Hueck, GmbHG, § 22 Rn. 10; *Leuschner, in: Habersack/Casper/Löbbe*, GmbHG, § 22 Rn. 59; *Verse*, in: Henssler/Strohn, § 22 GmbHG Rn. 18.

62 Insofern nicht überzeugend *Altmeppen*, in: Roth/Altmeppen, GmbHG, § 22 Rn. 20.

63 *Leuschner, in: Habersack/Casper/Löbbe*, GmbHG, § 22 Rn. 66.

64 *Leuschner, in: Habersack/Casper/Löbbe*, GmbHG, § 22 Rn. 60.

65 *Schütz*, in: MünchKommGmbHG, § 22 Rn. 72.

66 *Schütz*, in: MünchKommGmbHG, § 22 Rn. 74.

67 Wie hier *Altmeppen*, in: Roth/Altmeppen, GmbHG, § 22 Rn. 24; *Bayer*, in: Lutter/Hommelhoff, GmbHG, § 22 Rn. 15; *Ebbing*, in: Michalski/Heidinger/Leible/Schmidt, GmbHG, § 22 Rn. 21; *Emmerich*, in: Scholz, GmbHG, § 22 Rn. 23; *Kersting*, in: Baumbach/Hueck, GmbHG, § 22 Rn. 12; *Leuschner, in: Habersack/Casper/Löbbe*, GmbHG, § 22 Rn. 63; *Schütz*, in: MünchKommGmbHG, § 22 Rn. 73; *Verse*, in: Henssler/Strohn, § 22 GmbHG Rn. 21. A.A. *Saenger*, in: Saenger/Inhester, GmbHG, § 22 Rn. 20.

68 *Altmeppen*, in: Roth/Altmeppen, GmbHG, § 22 Rn. 25.

69 *Altmeppen*, in: Roth/Altmeppen, GmbHG, § 22 Rn. 25; *Bayer*, in Lutter/Hommelhoff, GmbHG, § 22 Rn. 18.

70 Der Nachfolger haftet auf den vollen rückständigen Betrag, Rdn. 17.

71 *Altmeppen*, in: Roth/Altmeppen, GmbHG, § 22 Rn. 17. A.A. *Ebbing*, in: Michalski/Heidinger/Leible/Schmidt, GmbHG, § 22 Rn. 107; *Emmerich*, in: Scholz, GmbHG, § 22 Rn. 12c.

war. Diese Situation ist vom Ergebnis her mit (1) vergleichbar. (3) **Erbringt der Vorgänger die gesamte Leistung, obwohl er** nach Zahlungen seiner Nachmänner **nur** noch eine **Teilleistung schuldet**, steht den Nachmännern kein Bereicherungsanspruch gegen die Gesellschaft zu.[72] Vielmehr hat der Vorgänger i.H.d. Überzahlung einen Anspruch aus § 812 Abs. 1 Satz 1, 1. Alt. BGB gegen die Gesellschaft, weil er insoweit nicht verpflichtet war.[73]

Ein **Ausgleich unter den Rechtsvorgängern** kommt nach dem oben Gesagten nur in Betracht, 23
wenn vertragliche oder deliktische Ansprüche hierfür bestehen.[74] § 426 Abs. 1 BGB und § 774 Abs. 1 BGB (analog) gelangen nicht zur Anwendung.[75]

§ 23 Versteigerung des Geschäftsanteils

[1]Ist die Zahlung des rückständigen Betrages von Rechtsvorgängern nicht zu erlangen, so kann die Gesellschaft den Geschäftsanteil im Wege öffentlicher Versteigerung verkaufen lassen. [2]Eine andere Art des Verkaufs ist nur mit Zustimmung des ausgeschlossenen Gesellschafters zulässig.

Übersicht

A. Grundlagen

§ 23 sieht die Verwertung des Geschäftsanteils vor, wenn das Vorgehen nach den §§ 21, 22 erfolglos 1
geblieben ist. Der Zwangsverkauf setzt damit die ordnungsgemäße Durchführung des Kaduzierungsverfahrens sowie die erfolglose Inanspruchnahme des Ausgeschlossenen sowie seiner Rechtsvorgänger voraus. Die Vermutungswirkung des § 22 Abs. 2 Satz 2 kommt auch hier zum Tragen.[1] § 25 schließt eine Vereinfachung des Verfahrens zugunsten der Gesellschaft nach § 23 nicht aus, insb. kann der Verzicht auf Zustimmung des ausgeschlossenen Gesellschafters in die Satzung aufgenommen werden. Nicht möglich ist dagegen eine Beschränkung der Verwertungsart, die zu einem Ausschluss oder Nachrang der öffentlichen Versteigerung führt.[2] Die Verwertung nach § 23 ist ihrerseits Voraussetzung für § 21 Abs. 3 (§ 21 Rdn. 23), § 24.

Zwar sieht der Wortlaut keinen Zwang zur Verwertung vor. Doch ist regelmäßig eine Reduzie- 2
rung des Ermessensspielraums der Geschäftsführer »auf Null« anzunehmen, sofern nicht besondere Gründe gegen die Verwertung sprechen.[3] Maßgeblich ist die Sicherstellung der Kapitalaufbringung, deren Gefährdung bei Fehlschlagen der Beitreibung nach §§ 21, 22 offenkundig ist. Ermessensspielraum besteht i.d.R. nur hinsichtlich des Verwertungszeitpunktes.[4] Ein Anspruch auf Versteigerung gegen die Gesellschaft besteht nach allg.M. nicht, allenfalls können verbliebene Gesellschafter den Geschäftsführer nach § 37 Abs. 1 anweisen.[5]

---

72 A.A. *Bayer*, in: Lutter/Hommelhoff, GmbHG, § 22 Rn. 18.
73 *Ebbing*, in: Michalski/Heidinger/Leible/Schmidt, GmbHG, § 22 Rn. 104.
74 Zu vertraglichen Ansprüchen *Emmerich*, in: Scholz, GmbHG, § 22 Rn. 12a.
75 H.M., ausführlich *Schütz*, in: MünchKommGmbHG, § 22 Rn. 76 ff. A.A. *Bayer*, in: Lutter/Hommelhoff, GmbHG, § 22 Rn. 17.
1 *Altmeppen*, in: Roth/Altmeppen, GmbHG, § 23 Rn. 3; *Leuschner, in: Habersack/Casper/Löbbe*, GmbHG, § 23 Rn. 2.
2 *Schütz*, in: MünchKommGmbHG, § 23 Rn. 3 ff.
3 Großzügiger die h.M., *Kersting*, in: Baumbach/Hueck, GmbHG, § 23 Rn. 3; *Leuschner, in: Habersack/Casper/Löbbe*, GmbHG, § 23 Rn. 8; *Saenger*, in: Saenger/Inhester, GmbHG, § 23 Rn. 3. Für Verwertungspflicht *Bayer*, in: Lutter/Hommelhoff, GmbHG, § 23 Rn. 3; *Emmerich*, in: Scholz, GmbHG, § 23 Rn. 5; *Verse*, in: Henssler/Strohn, § 23 GmbHG Rn. 3.
4 *Schütz*, in: MünchKommGmbHG, § 23 Rn. 16.
5 S. nur *Leuschner, in: Habersack/Casper/Löbbe*, GmbHG, § 23 Rn. 12 ff.

B. Anteilsverkauf

I. Öffentliche Versteigerung

3 Grds. ist der Anteilsverkauf im Wege der öffentlichen Versteigerung nach §§ 383 Abs. 3, 156 BGB vorzunehmen, **mit Zuschlag kommt der Kaufvertrag, nicht die Übertragung des Anteils, zustande** (§ 156 Satz 1 BGB).[6] Nach anderer, in letzter Zeit weniger stark vertretener Meinung soll durch Zuschlag der Anteilserwerb stattfinden.[7] Das überzeugt schon deshalb nicht, weil damit gegen das Abstraktions- und Trennungsprinzip entschieden wird. § 23 spricht explizit vom »Verkauf« durch öffentliche Versteigerung, sodass »Vertrag« i.S.v. § 156 Satz 1 BGB der Kaufvertrag ist, nicht jedoch eine Einigung über die Abtretung des Anteils nach §§ 413, 398 BGB. Im Fall des § 156 BGB ist stets die gesonderte dingliche Rechtsübertragung notwendig.[8] Das gilt ebenso, wenn die Treuhandkonstruktion gewählt wird (dazu § 21 Rdn. 15), da die Gesellschaft auch dann Inhaberin des Anteils ist. In den Zuschlag eine sachenrechtlich relevante Einigung ohne besondere Anhaltspunkte hineinzulesen, liegt eher fern. Eine Sondernorm wie § 90 Abs. 1 ZVG fehlt, es handelt sich gerade nicht um Zwangsvollstreckung. Bei dieser Frage geht es sich nicht um eine Petitesse, sondern um eine entscheidende Weichenstellung: §§ 21 ff. dienen der Sicherstellung der Kapitalaufbringung (§ 21 Rdn. 1). Dann ist es wenig sinnvoll, dass die Gesellschaft den Anteil schon mit Zuschlag – und damit vor Kaufpreiszahlung – verliert und ihrer Gegenrechte (z.B. § 320 BGB) beraubt wird.

4 Mangels weiterer Verfahrensvorschriften gelten allein die Vorgaben des BGB:[9] Die öffentliche Bekanntmachung der Versteigerung genügt, es bedarf keiner besonderen Benachrichtigung des Ausgeschlossenen oder der übrigen Gesellschafter.[10] Soweit zweckmäßig, kann ein anderer Ort als der Gesellschaftssitz als Versteigerungsort gewählt werden.[11] Versteigert wird durch Gerichtsvollzieher oder andere befugte Personen, etwa Notare.[12] § 1238 BGB – u.a. sofortige Barzahlungspflicht – ist analog anzuwenden.[13] Allein die Gesellschaft darf nicht für den Anteil bieten.[14] Beschränkungen nach § 15 Abs. 3 bis 5 gelten im Versteigerungsverfahren nicht.[15]

II. Andere Arten des Verkaufs

5 Andere Arten des Verkaufs sind z.B. der freihändige Verkauf[16] oder eine Versteigerung unter Beschränkungen wie einer Eingrenzung der zugelassenen Bieter.[17] Die Vorwegnahme der Zustimmung in der Satzung ist möglich.[18] Kein Fall des Satzes 2 ist ein materieller Zuschlagsvorbehalt zugunsten der Gesellschaft.[19] Bei anderer Verwertung als durch öffentliche Versteigerung gelten § 15 Abs. 3 bis 5.[20] Im Verkauf liegt allerdings die für Abs. 5 notwendige Genehmigung der

---

6 *Bartels*, in: Bork/Schäfer, GmbHG, § 23 Rn. 4 f.; *Emmerich*, in: Scholz, GmbHG, § 23 Rn. 13; *Leuschner, in: Habersack/Casper/Löbbe*, GmbHG, § 23 Rn. 21; *Pentz*, in: Rowedder/Schmidt-Leithoff, GmbHG, § 23 Rn. 16; *Verse*, in: Henssler/Strohn, § 23 Rn. 5 f.

7 *Kersting*, in: Baumbach/Hueck, GmbHG, § 23 Rn. 4; *Schütz*, in: MünchKommGmbHG, § 23 Rn. 56.

8 BGH, NJW 1998, 2350, 2352; *Wolf*, in: Soergel, BGB, § 156 Rn. 11.

9 *Schütz*, in: MünchKommGmbHG, § 23 Rn. 25.

10 *Leuschner, in: Habersack/Casper/Löbbe*, GmbHG, § 23 Rn. 20. A.A. *Bayer*, in: Lutter/Hommelhoff, GmbHG, § 23 Rn. 4.

11 *Ebbing*, in: Michalski/Heidinger/Leible/Schmidt, GmbHG, § 23 Rn. 26.

12 *Kersting*, in: Baumbach/Hueck, GmbHG, § 23 Rn. 4.

13 Für die h.M. *Schütz*, in: MünchKommGmbHG, § 23 Rn. 25. A.A. *Bayer*, in: Lutter/Hommelhoff, GmbHG, § 23 Rn. 4.

14 RGZ 98, 276, 279; *Emmerich*, in: Scholz, GmbHG, § 23 Rn. 10.

15 *Altmeppen*, in: Roth/Altmeppen, GmbHG, § 23 Rn. 9; *Emmerich*, in: Scholz, GmbHG, § 23 Rn. 13.

16 BGHZ 42, 86, 89.

17 *Pentz*, in: Rowedder/Schmidt-Leithoff, GmbHG, § 23 Rn. 19.

18 *Altmeppen*, in: Roth/Altmeppen, GmbHG, § 23 Rn. 10.

19 H.M., *Schütz*, in: MünchKommGmbHG, § 23 Rn. 35. Zweifelnd *Leuschner, in: Habersack/Casper/Löbbe*, GmbHG, § 23 Rn. 24.

20 Wohl noch h.M., *Bayer*, in: Lutter/Hommelhoff, GmbHG, § 23 Rn. 5; *Kersting*, in: Baumbach/Hueck, GmbHG, § 23 Rn. 5; *Leuschner, in: Habersack/Casper/Löbbe*, GmbHG, § 23 Rn. 28. A.A. *Altmeppen*,

Gesellschaft.[21] Die **Stundung** des **Kaufpreises** ist angesichts des Rechtsgedankens aus § 19 Abs. 2 Satz 1 trotz der Nichtanwendbarkeit von § 1238 Abs. 1 BGB bei einer anderen Art des Verkaufs **unzulässig.**[22] Kommt der Erwerber mit der Kaufpreiszahlung in Rückstand, kann wiederum ein Kaduzierungsverfahren eingeleitet werden.[23]

III. Aussichtslosigkeit von Regress und Verwertung

Bleiben sowohl Regressbemühungen als auch Verwertungsversuche dauerhaft aussichtslos, fällt der Anteil in das Vermögen der Gesellschaft.[24] Dann ergeben sich für die Gesellschaft die gleichen Rechtsfolgen wie bei § 33, i.Ü. entsteht Ausfallhaftung nach §§ 21 Abs. 3, 24.[25] Konfusion tritt nicht ein.[26] 6

C. Wirkungen

Der **Erwerber** wird nach Abtretung des Geschäftsanteils (§§ 398, 413 BGB) an ihn Gesellschafter 7
und **tritt in sämtliche Rechte und Pflichten ein, die ab Wirksamwerden der Abtretung** bestehen.[27] Rechte Dritter am Geschäftsanteil bestehen nach der Kaduzierung nicht mehr und können den Erwerber damit nicht belasten (§ 21 Rdn. 20). Für nach der Kaduzierung begründete Rechte Dritter gilt § 1242 Abs. 2 BGB analog.[28] Das gilt nicht nur bei einem Verkauf im Wege öffentlicher Versteigerung nach § 23 Satz 1, sondern auch bei anderen Arten des Verkaufes.[29] Beide Varianten sind Fälle eines privatrechtlichen Verkaufes. Die öffentliche Versteigerung i.S.d. § 23 Satz 1 ist gerade keine öffentlich-rechtliche (oben Rdn. 3). Der Zuschlag kann daher nicht die Wirkungen entfalten, die § 91 Abs. 1 ZVG für den Zuschlag in der Zwangsversteigerung vorsieht. Die Modalität des Zustandekommens eines privatrechtlichen Kaufvertrages kann nicht entscheidend sein, was den Fortbestand der Rechte angeht. Das Argument, die Variante des § 23 Satz 1 ähnele immerhin der Zwangsversteigerung, weil sich der Verkauf (im Unterschied zu Satz 2) auch gegen den Willen des betroffenen Gesellschafters vollziehen lasse, überzeugt nicht. Denn die Freiheit von Rechten soll einen Kaufanreiz setzen. Ausweislich der Irrelevanz von Kenntnis (s. § 1242 Abs. 2 BGB) lässt sich nicht einwenden, der Kauf sei im Fall des Satz 1 wegen mangelnder Inspektionsmöglichkeiten risikoreicher als im Fall des Satz 2.

Für das Verhältnis Erwerber – Gesellschaft ist zu differenzieren: Da die Gesellschaft nach Ka- 8
duzierung Inhaberin des Geschäftsanteils wird (§ 22 Rdn. 18), handelt es sich mit Blick auf die **bürgerlich-rechtliche Abwicklung** um einen derivativen Erwerb, nicht, wie gelegentlich vertreten,

in: Roth/Altmeppen, GmbHG, § 23 Rn. 11 (i.Erg. aber nur für Abs. 3, s. *ders.* a.a.O. Rn. 12); bzgl. Abs. 5 zumindest stark einschränkend *Emmerich*, in: Scholz, GmbHG, § 23 Rn. 17; *Schütz*, in: MünchKommGmbHG, § 23 Rn. 53 (keine Anwendung von Abs. 5).

21 *Altmeppen*, in: Roth/Altmeppen, GmbHG, § 23 Rn. 12; *Kersting*, in: Baumbach/Hueck, GmbHG, § 23 Rn. 5.

22 I.Erg. wie hier *Ebbing*, in: Michalski/Heidinger/Leible/Schmidt, GmbHG, § 23 Rn. 46; *Emmerich*, in: Scholz, GmbHG, § 23 Rn. 18; *Kersting*, in: Baumbach/Hueck, GmbHG, § 23 Rn. 4, 8; *Leuschner, in: Habersack/Casper/Löbbe*, GmbHG, § 23 Rn. 34; *Pentz*, in: Rowedder/Schmidt-Leithoff, GmbHG, § 23 Rn. 24; *Schütz*, in: MünchKommGmbHG, § 23 Rn. 54..

23 BGHZ 42, 86, 93.

24 Allg. Ansicht, RGZ 86, 419, 421; *Kersting*, in: Baumbach/Hueck, GmbHG, § 23 Rn. 6.

25 *Altmeppen*, in: Roth/Altmeppen, GmbHG, § 23 Rn. 20; *Bayer*, in: Lutter/Hommelhoff, GmbHG, § 23 Rn. 6; *Saenger*, in: Saenger/Inhester, GmbHG, § 23 Rn. 14.

26 *Altmeppen*, in: Roth/Altmeppen, GmbHG, § 23 Rn. 20; *Bayer*, in: Lutter/Hommelhoff, GmbHG, § 23 Rn. 6; *Saenger*, in: Saenger/Inhester, GmbHG, § 23 Rn. 10.

27 *Leuschner, in: Habersack/Casper/Löbbe*, GmbHG, § 23 Rn. 32.

28 *Emmerich*, in: Scholz, GmbHG, § 23 Rn. 20; *Leuschner, in: Habersack/Casper/Löbbe*, GmbHG, § 23 Rn. 35; *Schütz*, in: MünchKommGmbHG, § 23 Rn. 59.

29 A.A. *Ebbing*, in: Michalski/Heidinger/Leible/Schmidt, GmbHG, § 23 Rn. 36; *Schütz*, in: MünchKommGmbHG, § 23 Rn. 59.

um einen originären.[30] Die Gesellschaft ist Verkäuferin und damit zur Gewährleistung nach den § 433 i.V.m. §§ 453, 437 ff. BGB verpflichtet.[31] **Hinsichtlich** der Haftung aus § **22** handelt es sich indes um einen **originären Erwerb**.[32] Insofern bedarf es einer teleologischen Reduktion von § 22, um den Untergang der Ansprüche aufgrund von Konfusion oder die eigene Haftung der Gesellschaft für die Kapitalaufbringung zu vermeiden (näher § 21 Rdn. 16).

9 Doch kann der Erwerber nicht geltend machen, der Mangel bestehe darin, dass Beträge rückständig seien (s. nächste Rdn.). Hinsichtlich künftig fällig werdender Forderungen wird regelmäßig Gewährleistungsausschluss wegen Kenntnis oder grob fahrlässiger Unkenntnis in Betracht kommen (§ 442 BGB). Diese Haftung setzt indes voraus, dass der Kaufvertrag wirksam ist. Mängel des Versteigerungsverfahrens können dem entgegenstehen (unten Rdn. 14).

10 Für **rückständige Beträge** haftet der Erwerber nicht, aber für alle künftig fällig werdenden Forderungen, unabhängig von ihrer Einordnung als Einlageforderung oder Nebenleistungspflicht.[33] Er hat keinen Anspruch auf in der Zeit zwischen Kaduzierung und Erwerb angefallene **Gewinne** (§ 21 Rdn. 14). Rechte ausüben kann der Erwerber wegen § 16 Abs. 1 Satz 1 erst ab Eintragung der Änderung in der Gesellschafterliste.[34]

11 Der Kaufpreisanspruch substituiert die Einlageforderung, § 19 Abs. 2 – Abs. 5 gelten (zur Stundung Rdn. 5).[35] Im Rahmen der Verwertung erzielte **Mehrerlöse**, d.h. über die fällige Einlageforderung hinausgehende Beträge unter Abzug der Kosten des Verwertungsverfahrens, verbleiben der Gesellschaft und sind in der Kapitalrücklage nach § 272 Abs. 2 Nr. 1 HGB auszuweisen.[36] Eine Verrechnung solcher Mehrerlöse mit Verbindlichkeiten anderer Gesellschafter oder noch nicht fälligen Forderungen ist unzulässig.[37] Anderes gilt für fällige und lediglich noch nicht eingeforderte Einzahlungen.[38] Die Verrechnung scheidet außerdem – entgegen der wohl h.M. – mit Blick auf Forderungen aus § 21 Abs. 3 aus.[39] Der Mehrerlös ist kein Surrogat des Geschäftsanteils, untergegangene Rechte Dritter setzen sich an ihm nicht fort.[40] Der Ausgeschlossene hat keinen Anspruch auf den Mehrerlös.[41] »Unbillig«[42] wäre es, ihm ein Zufallsgeschenk zugute kommen zu lassen. Die Gesellschaft sähe sich ansonsten der Gefahr eines (weiteren) Rechtsstreits ausgesetzt, was wiederum Unsicherheiten bei der Mittelverwendung mit sich brächte. Zudem leuchtet es nicht ein, das ausgeschlossene Mitglied auch noch dafür zu belohnen, nicht ordnungsgemäß geleistet zu haben. Das setzte einen fragwürdigen (Fehl-)Anreiz, in kritischen Situationen sich etwa bei einem

---

30 *Altmeppen*, in: Roth/Altmeppen, GmbHG, § 23 Rn. 13; *Leuschner, in: Habersack/Casper/Löbbe*, § 23 Rn. 36. A.A. *Ebbing*, in: Michalski/Heidinger/Leible/Schmidt/Heidinger/Leible/Schmidt, GmbHG, § 23 Rn. 55.

31 *Altmeppen*, in: Roth/Altmeppen, GmbHG, § 23 Rn. 13; *Kersting*, in: Baumbach/Hueck, GmbHG, § 23 Rn. 12.

32 Insofern wie hier *Schütz*, in: MünchKommGmbHG, § 23 Rn. 60.

33 *Schütz*, in: MünchKommGmbHG, § 23 Rn. 57.

34 *Kersting*, in: Baumbach/Hueck, GmbHG, § 23 Rn. 4.

35 BGHZ 42, 89, 93 für Abs. 2; *Bayer*, in: Lutter/Hommelhoff, GmbHG, § 23 Rn. 9 (Abs. 2, 5); *Kersting*, in: Baumbach/Hueck, GmbHG, § 23 Rn. 8 (Abs. 2).

36 *Ebbing*, in: Michalski/Heidinger/Leible/Schmidt, GmbHG, § 23 Rn. 60; *Leuschner, in: Habersack/Casper/Löbbe*, GmbHG, § 23 Rn. 38, 53; *Saenger*, in: Saenger/Inhester, GmbHG, § 23 Rn. 15. Kritisch *Emmerich*, in: Scholz, GmbHG, § 23 Rn. 26.

37 *Bayer*, in: Lutter/Hommelhoff, GmbHG, § 23 Rn. 8; *Kersting*, in: Baumbach/Hueck, GmbHG, § 23 Rn. 8; *Leuschner*, in: Habersack/Casper/Löbbe, GmbHG, § 23 Rn. 38.

38 *Leuschner, in: Habersack/Casper/Löbbe*, GmbHG, § 23 Rn. 38.

39 Für h.M. *Emmerich*, in: Scholz, GmbHG, § 23 Rn. 26; *Leuschner*, in: Habersack/Casper/Löbbe, GmbHG, § 23 Rn. 38; *Saenger*, in: Saenger/Inhester, GmbHG, § 23 Rn. 15. Wie hier dagegen *Bayer*, in: Lutter/Hommelhoff, GmbHG, § 23 Rn. 8; *Kersting*, in: Baumbach/Hueck, GmbHG, § 23 Rn. 8.

40 *Altmeppen*, in: Roth/Altmeppen, GmbHG, § 23 Rn. 14; *Schütz*, in: MünchKommGmbHG, § 23 Rn. 59. A.A. *Melber*, Die Kaduzierung in der GmbH, S. 186 ff., 224.

41 *Kersting*, in: Baumbach/Hueck, GmbHG, § 23 Rn. 8.

42 So etwa das Argument für die h.M. von *Leuschner*, in: Habersack/Casper/Löbbe, GmbHG, § 23 Rn. 38.

Liquiditätsengpass gegebenenfalls nicht ausreichend um Befriedigung der Einlageleistung zu bemühen und »auf Risiko« zu gehen, zulasten der übrigen Gesellschafter und der Gläubiger. Reicht der Erlös zur Deckung der Einlageforderung nicht aus, muss der Erwerber den **Fehlbetrag** nicht decken.[43] Insoweit greifen §§ 21 Abs. 3, 24.[44] Die Rechtsvorgänger haften nicht mehr nach § 22.[45]

D. Verfahrensfehler

12 **Mängel der Kaduzierung** oder ein fehlendes Ausschlussverfahren machen entgegen der herrschenden Meinung Neuvornahme des gesamten Verfahrens notwendig, die bloße Nachholung der Kaduzierung genügt nicht.[46] Folge fehlender/mangelbehafteter Kaduzierung ist, dass der Zessionar den Anteil grds. nicht erwerben kann, weil der Gesellschaft die Verfügungsberechtigung fehlt und ein gutgläubiger Erwerb jedenfalls nach §§ 398, 413 BGB unmöglich ist.[47] Anders ist die Lage allerdings bei Eintragung der Gesellschaft in die Gesellschafterliste mit Blick auf § 16 Abs. 3.[48] Auch ein gutgläubiger Erwerb von einem eingetragenen Scheinerwerber, der nach der tatsächlichen Durchführung der Versteigerung als Erwerber in die Gesellschafterliste eingetragen wurde, ist denkbar.[49]

13 Das gleiche Ergebnis tritt ein bei **Unterlassen des Regressverfahrens** nach § 22.[50] Daran ändert sich nichts, wenn der Erlös der Höhe nach der Summe von nicht erfüllter Einlageschuld und Verfahrenskosten entspricht.[51] Anderenfalls verlöre die Gesellschaft die Regressmöglichkeit hinsichtlich zukünftiger Einlageforderungen.[52]

14 **Mängel des Versteigerungsverfahrens** (keine Bekanntmachung, unzuständige Versteigerungsperson etc.) führen zur Unwirksamkeit des Kaufvertrages.[53] Daraus folgt jedoch nicht – was die Literatur aber offenbar fast durchgängig unter Verstoß gegen das Abstraktionsprinzip annimmt –[54] zugleich die Unwirksamkeit der Anteilsübertragung.[55] Die abgelehnte Ansicht beruht auf einer

43 *Leuschner*, in: Habersack/Casper/Löbbe, GmbHG, § 23 Rn. 38.

44 *Bayer*, in: Lutter/Hommelhoff, GmbHG, § 23 Rn. 7.

45 *Schütz*, in: MünchKommGmbHG, § 23 Rn. 71.

46 *Bayer*, in: Lutter/Hommelhoff, GmbHG, § 23 Rn. 10; *Leuschner, in: Habersack/Casper/Löbbe*, GmbHG, § 23 Rn. 44. Für h.M. *Emmerich*, in: Scholz, GmbHG, § 23 Rn. 28.

47 S. OLG Rostock, GmbHR 1997, 449; *Emmerich*, in: Scholz, GmbHG, § 23 Rn. 28; *Verse*, in: Henssler/Strohn, § 23 GmbHG Rn. 14.

48 *Altmeppen*, in: Roth/Altmeppen, GmbHG, § 23 Rn. 2; *Emmerich*, in: Scholz, GmbHG, § 23 Rn. 28; *Kersting*, in: Baumbach/Hueck, GmbHG, § 23 Rn. 10; *Saenger*, in: Saenger/Inhester, GmbHG; § 23 Rn. 18; *Schütz*, in: MünchKommGmbHG, § 23 Rn. 85.

49 *Altmeppen*, in: Roth/Altmeppen, GmbHG, § 23 Rn. 2; *Bartels*, in: Bork/Schäfer, GmbHG, § 23 Rn. 7.

50 Im Grundsatz allg. Ansicht: OLG Hamm, GmbHR 1988, 26; *Altmeppen*, in: Roth/Altmeppen, GmbHG, § 23 Rn. 2; *Bayer*, in: Lutter/Hommelhoff, GmbHG, § 23 Rn. 11; *Kersting*, in: Baumbach/Hueck, GmbHG, § 23 Rn. 10; *Leuschner, in: Habersack/Casper/Löbbe*, GmbHG, § 23 Rn. 42 ff.; *Schütz*, in: MünchKommGmbHG, § 23 Rn. 13.

51 *Leuschner, in: Habersack/Casper/Löbbe*, GmbHG, § 23 Rn. 44; *Schütz*, in: MünchKommGmbHG, § 23 Rn. 13, 87. A.A. *Altmeppen*, in: Roth/Altmeppen, GmbHG, § 23 Rn. 4; *Kersting*, in: Baumbach/Hueck, GmbHG, § 23 Rn. 10.

52 *Schütz*, in: MünchKommGmbHG, § 23 Rn. 87.

53 *Kersting*, in: Baumbach/Hueck, GmbHG, § 23 Rn. 11; *Leuschner, in: Habersack/Casper/Löbbe*, GmbHG, § 23 Rn. 45; *Saenger*, in: Saenger/Inhester, GmbHG, § 23 Rn. 19.

54 *Kersting*, in: Baumbach/Hueck, GmbHG, § 23 Rn. 11; *Leuschner, in: Habersack/Casper/Löbbe*, GmbHG, § 23 Rn. 45; *Pentz*, in: Rowedder/Schmidt-Leithoff, GmbHG, § 23 Rn. 39; *Schütz*, in: MünchKommGmbHG, § 23 Rn. 90.

55 Inkonsistent *Leuschner, in: Habersack/Casper/Löbbe*, GmbHG, der richtig von bloß schuldrechtlicher Wirkung des Zuschlags ausgeht (§ 23 Rn. 21), von der Unwirksamkeit des Kaufvertrages aber darauf schließt, der Erwerber werde nicht Gesellschafter und bei Genehmigung durch Ausgeschlossenen die Gesellschaft für verpflichtet hält, den Anteil an Käufer abzutreten (Rn. 45); ebenso inkonsistent *Saenger*, in: Saenger/Inhester, GmbHG, § 23 Rn. 19: »Zwangsverkauf« unwirksam, aber Möglichkeit, »die Veräußerung« ex tunc per Genehmigung zu wirksamer »anderer Art des Verkaufs« zu machen.

Fehlbewertung der öffentlichen Versteigerung (s. Rdn. 3). Tritt die Gesellschaft den Anteil trotz Unwirksamkeit des Kaufvertrages ab, hat sie eine Leistungskondiktion. § 814 BGB ist in den meisten Fällen kein Problem, weil für Kenntnis der Nichtschuld nicht nur die Tatsachenbasis (hier: Verfahrensfehler) bekannt sein, sondern auch die richtige rechtliche Schlussfolgerung vorliegen muss.[56] Zu empfehlen ist Leistung unter Vorbehalt der Nachprüfung der Ordnungsmäßigkeit des Verfahrens, um § 814 sicher auszuschließen.[57] Ansprüche aus §§ 453, 435 ff. BGB können in diesen Fällen bereits mangels wirksamen Kaufvertrages nicht entstehen.[58] Das hat nichts mit der Einordnung der Gesellschaft als Inhaberin des Anteils und der Qualifikation des Erwerbs als »derivativ« oder »originär« zu tun (vgl. dazu oben Rdn. 7 und § 21 Rdn. 16 f.), sondern allein damit, dass der Kaufvertrag unwirksam ist. Allenfalls kommt Haftung aus §§ 311 Abs. 2, 280 Abs. 1 BGB in Betracht. Haftung aus §§ 280 Abs. 1, 3, 283 oder 284 BGB setzt ein wirksames, auf Leistung des Anteils gerichtetes Schuldverhältnis voraus, das gerade nicht besteht.[59] Um einen Fall des § 311a Abs. 1 BGB handelt es sich nicht, weil nicht die Erfüllung der Pflicht aus dem Kaufvertrag von Anfang an unmöglich ist, sondern der Kaufvertrag selbst insgesamt unwirksam ist.[60] Die aufgrund von Verfahrensfehlern auftretenden Mängel können vom Ausgeschlossenen unter Beachtung der § 15 Abs. 3 bis 5 durch Genehmigung geheilt werden.[61]

§ 24 Aufbringung von Fehlbeträgen

[1]Soweit eine Stammeinlage weder von den Zahlungspflichtigen eingezogen, noch durch Verkauf des Geschäftsanteils gedeckt werden kann, haben die übrigen Gesellschafter den Fehlbetrag nach Verhältnis ihrer Geschäftsanteile aufzubringen. [2]Beiträge, welche von einzelnen Gesellschaftern nicht zu erlangen sind, werden nach dem bezeichneten Verhältnis auf die übrigen verteilt.

Schrifttum

Bayer, Die Gesamtverantwortung der Gesellschafter für das Stammkapital und die Existenz der GmbH, FS Röhricht, 2005, S. 25; *Bayer/Illhardt*, Darlegungs- und Beweislast im Recht der GmbH anhand praktischer Fallkonstellationen (Teil 1), GmbHR 2011, 505; *Bayer/Scholz*, Ausfallhaftung gemäß § 24 GmbHG nach Anteilsabtretung an später kaduzierten Mitgesellschafter, NZG 2015, 1089; *dies.*, Grundsätzliche und technische Fragen zur Ausfallhaftung der Mitgesellschafter nach § 24 GmbHG, GmbHR 2016, 89; *Foerster*, Die übrigen Gesellschafter gem. § 24 GmbHG, NZG 2019, 366; *Grunewald*, Die Verantwortlichkeit des gering beteiligten GmbH-Gesellschafters für Kapitalaufbringung und -erhaltung, FS Lutter, 2000, S. 413; *Lieder*, Ausfallhaftung und Anteilsübertragung, ZGR 2016, 760; *Robrecht*, Haftung der Gesellschafter für nicht eingezahlte Stammeinlagen im Konkurs der GmbH, GmbHR 1995, 809; *Schmidt, K.*, Summenmäßige Grenzen der Haftung von Mitgesellschaftern aus rückständigen Einlagen (§ 24 GmbHG) und verbotenen Ausschüttungen (§ 31 Abs. 3 GmbHG), BB 1985, 154; *ders.*, Die begrenzte Ausfallhaftung nach §§ 24, 31 Abs. 3 GmbHG im System des GmbH-Haftungsrechts – Neuerliches Plädoyer für ein systemstimmiges Haftungsmodell –, FS Th. Raiser, 2005, S. 311; *Thiessen*, Zur Neuregelung der Verjährung im Handels- und Gesellschaftsrecht, ZHR 168 (2004), 503; *Ulmer*, Zur Treuhand an GmbH-Anteilen – Haftung des Treugebers für Einlageansprüche der GmbH?, ZHR 156 (1992), 377.

---

56 *Sprau*, in: Palandt, BGB, § 814 Rn. 4.

57 Vgl. *Sprau*, in: Palandt, BGB, § 814 Rn. 5.

58 Jedenfalls missverständlich *Altmeppen*, in: Roth/Altmeppen, GmbHG, § 23 Rn. 13; *Kersting*, in: Baumbach/Hueck, GmbHG, § 23 Rn. 12; *Saenger*, in: Saenger/Inhester, GmbHG, § 23 Rn. 20.

59 A.A. *Bayer*, in: Lutter/Hommelhoff, GmbHG, § 23 Rn. 13, der von unwirksamem Erwerb, aber offenbar von wirksamem Kaufvertrag ausgeht; *Emmerich*, in: Scholz, GmbHG, § 23 Rn. 30 (von wirksamem Kaufvertrag ausgehend).

60 A.A. *Emmerich*, in: Scholz, GmbHG, § 23 Rn. 30.

61 *Emmerich*, in: Scholz, GmbHG, § 23 Rn. 16, 29. Abweichende Lösung von *Leuschner, in: Habersack/Casper/Löbbe*, GmbHG, § 23 Rn. 45: Verkauf anderer Art bei Genehmigung; ebenso nunmehr auch *Kersting*, in: Baumbach/Hueck, GmbHG, § 23 Rn. 5. A.A. *Bayer*, in: Lutter/Hommelhoff, GmbHG, § 23 Rn. 10: immer Neuvornahme notwendig.

A. Grundlagen

§ 24 etabliert eine ggü. den §§ 21 ff. subsidiäre Ausfallhaftung, in deren Rahmen die Mitgesellschafter nach dem Verhältnis ihrer Geschäftsanteile zur Kapitalaufbringung verpflichtet werden, der Höhe nach nicht begrenzt durch ihre jeweilige Stammeinlage. Das Gesetz stellt die Sicherung der Kapitalaufbringung über die Interessen der einzelnen Gesellschafter und gewährleistet damit die Zahlung des »Preises« der Aufbringung des Stammkapitals für das Eingreifen der Haftungsbeschränkung nach § 13 Abs. 2.[1] Nach erstmaliger Aufbringung der Stammeinlage gilt § 31 Abs. 3 für Verstöße gegen § 30. 1

B. Voraussetzungen

§ 24 knüpft an die wirksame Kaduzierung des Primärschuldners nach § 21 sowie das erfolglose Vorgehen nach den §§ 21 ff. zur Erlangung des Fehlbetrages an (Inanspruchnahme des Rechtsvorgängers nach § 22, Anteilsverkauf gem. § 23; Aussichtslosigkeit der Inanspruchnahme des Kaduzierten nach § 21 Abs. 3). Der **Anspruch ist aufschiebend bedingt**, er **entsteht mit der Fälligkeit der Stammeinlage.**[2] Mit Vorliegen der Voraussetzungen, d.h. nach erfolglosen Beitreibungsversuchen nach den §§ 21 – 23, tritt die aufschiebende Bedingung ein.[3] Der Anspruch ist sofort fällig i.S.v. § 271 Abs. 1 BGB.[4] Ein **Insolvenzplan** hat grds. keine Auswirkungen auf die Haftung nach § 24, sofern die Beteiligten keine besondere Regelung beschließen.[5] 2

Der Anspruch nach § 24 setzt grds. eine **Bareinlageverpflichtung** voraus und erstreckt sich wie § 21 (§ 21 Rdn. 2) auf die **Differenzhaftung** (§ 9) und **an die Stelle der Sacheinlage getretene Geldzahlungspflichten.**[6] Auf die **Verlustdeckungshaftung** in der Vorgesellschaft sowie die **Vorbelastungshaftung** nach Eintragung findet § 24 nur insofern Anwendung, als die Haftungsform – pro rata, nicht Gesamtschuld – übertragen wird (zum Haftungsumfang Rdn. 6).[7] Nicht erfasst werden nicht unmittelbar als Beitragsleistung zu qualifizierende Pflichten, z.B. Nebenleistungspflichten, Verpflichtung zur Agiozahlung, Nachschüsse, Zinsen und Vertragsstrafen.[8] Unerheblich ist der Eintrittsmodus der übrigen Gesellschafter, sie haften auch dann, wenn sie ihrerseits allein zur Sacheinlage verpflichtet waren.[9] Zur Ausfallhaftung bei Kapitalerhöhungen Rdn. 10. 3

1 Kritisch hierzu *Bayer/Scholz*, GmbHR 2016, 89, 97 f; eine differenzierte Analyse bietet *Lieder*, ZGR 2016, 760, 776 ff.

2 S. BGHZ 132, 390, 394; BGHZ 219, 327, 330 Tz 14 f.; BGH, GmbHR 2015, 935 Tz 9, 17; *Pentz*, in: Rowedder/Schmidt-Leithoff, GmbHG, § 24 Rn. 17.

3 BGHZ 219, 327, 333 Tz 24; BGH, GmbHR 2015, 935, 936 Tz 17.

4 *Bayer*, in: Lutter/Hommelhoff, GmbHG, § 24 Rn. 3.

5 *Spliedt*, in: K.Schmidt (Hrsg.), InsO, 19. Aufl. 2016, § 225a Rn. 47.

6 *Leuschner, in: Habersack/Casper/Löbbe*, GmbHG, § 24 Rn. 15.

7 A.A. offenbar inzwischen der BGH, s. BGHZ 219, 327333 Tz 22, allerdings ohne weitere Diskussion des Problems. Zum Meinungsstand im Übrigen: Aufgrund Befürwortung von Außenhaftung insgesamt ablehnend *Altmeppen*, in: Roth/Altmeppen, GmbHG, § 24 Rn. 3; aus prinzipiellen Erwägungen ablehnend (keine Anwendbarkeit der §§ 21 ff. auf Vorgesellschaft) *Pentz*, in: Rowedder/Schmidt-Leithoff, GmbHG, § 24 Rn. 2; im Anschluss an diesen *Emmerich*, in: Scholz, GmbHG, § 24 Rn. 2c. Weiter offenbar KG, GmbHR 1993, 647, 649; *Kersting*, in: Baumbach/Hueck, GmbHG, § 24 Rn. 2; *Leuschner, in: Habersack/Casper/Löbbe*, GmbHG, § 24 Rn. 16; *Saenger*, in: Saenger/Inhester, GmbHG, § 24 Rn. 2. Einschränkend *Bayer*, in: Lutter/Hommelhoff, GmbHG, § 24 Rn. 15.

8 *Leuschner, in: Habersack/Casper/Löbbe*, GmbHG, § 24 Rn. 17.

9 *Kersting*, in: Baumbach/Hueck, GmbHG, § 24 Rn. 4.

4 Zu **beweisen** sind die Voraussetzungen von der Gesellschaft, im Insolvenzfall von deren Insolvenzverwalter.[10] Es findet keine Rechtskrafterstreckung zulasten der nach § 24 in Anspruch Genommenen statt, wenn im Vorprozess die Nichtzahlung der Einlage durch den Kaduzierten festgestellt wurde.[11] Die Zahlungsunfähigkeit ist vollständig zu beweisen, d.h. ohne Rücksicht auf die Vermutungswirkung des § 22 Abs. 2, die für § 24 keine Anwendung findet.[12]

C. Anspruchsinhalt

5 Die Gesellschafter haften **pro rata** – nicht gesamtschuldnerisch – **auf Geldzahlung.**[13] Maßgeblich sind die Nennbeträge der Geschäftsanteile, eigene Anteile der Gesellschaft sowie der kaduzierte Geschäftsanteil oder nach § 34 eingezogene Geschäftsanteile bleiben für die Berechnung des Haftungsumfanges außer Betracht.[14]

6 Richtiger, allerdings nicht herrschender Meinung nach wird die **Haftung nach oben** durch den Betrag der Stammeinlage des Ausgefallenen **begrenzt**, sodass insb. bei überbewerteten Sacheinlagen (überbewertetes Unternehmen, belastetes Grundstück) keine Verpflichtung besteht, daraus entstehende Fehlbeträge voll auszugleichen. Anderenfalls entstünde ein übermäßiges Haftungsrisiko, das vor dem historischen Hintergrund des § 24 sowie in Anbetracht weiterer Ausgleichsinstrumente zur Kompensation von Gläubigergefährdungen (Unterbilanzhaftung, Existenzvernichtungshaftung etc.) nicht gerechtfertigt wäre.[15] Hinsichtlich der **Verlustdeckungs- und Vorbelastungshaftung** gilt keine Beschränkung, insoweit haften die Gesellschafter, legt man das BGH-Konzept zur Vor-GmbH zugrunde,[16] im Rahmen einer »teilschuldnerischen Innenhaftung mit Ausfallgarantie«, d.h. summenmäßig nicht begrenzt, unabhängig von der sonstigen Interpretation des § 24.[17]

7 Nach **§ 24 Satz 2** werden Beiträge, die von einzelnen Gesellschaftern nicht zu erlangen sind, pro rata auf die übrigen Gesellschafter verteilt. § 22 Abs. 2 gilt nicht, vielmehr hat die Gesellschaft die Anspruchsvoraussetzungen zu beweisen.[18] Dafür genügt der Nachweis der Aussichtslosigkeit der Zwangsvollstreckung (etwa wegen Zahlungsunfähigkeit i.S.v. § 17 Abs. 2 InsO),[19] konkrete Maßnahmen müssen nicht durchgeführt worden sein.[20] Das Betreiben eines Prozesses im Ausland mit ungewissen Erfolgsaussichten oder die Beitreibung der Forderung über einen sehr langen Zeitraum (55 Monate Lohnpfändung) ist nicht notwendig.[21] Hinsichtlich des Zeitpunktes für das Vorliegen der Gesellschaftereigenschaft gilt das in Rdn. 9 Gesagte für die Fälle von Satz 1 und Satz 2 gleichermaßen.[22]

---

10 BGHZ 219, 327, 340 Tz 43 (allgem. Kläger); BGHZ 132, 390, 394 (Konkursverwalter); OLG Hamm, GmbHR 2011, 588, 589 (Insolvenzverwalter); OLG Köln, GmbHR 2009, 1209, 1210 (Gesellschaft); *Leuschner, in: Habersack/Casper/Löbbe*, GmbHG, § 24 Rn. 50 m. Nachw. zu älteren Gegenansichten.

11 BGH, ZIP 2005, 121.

12 *Bayer/Illhardt*, GmbHR 2011, 505, 514; *Kersting*, in: Baumbach/Hueck, GmbHG, § 24 Rn. 8; *Schütz*, in: MünchKommGmbHG, § 24 Rn. 77 ff.

13 *Schütz*, in: MünchKommGmbHG, § 24 Rn. 59.

14 *Kersting*, in: Baumbach/Hueck, GmbHG, § 24 Rn. 7; *Leuschner, in: Habersack/Casper/Löbbe*, GmbHG, § 24 Rn. 42 ff.

15 Grundlegend *K. Schmidt*, BB 1985, 154 ff.; *ders.*, FS Th. Raiser, 2005, S. 311 ff. Ebenso *Kersting*, in: Baumbach/Hueck, GmbHG, § 24 Rn. 7. A.A. z.B. *Bayer*, FS Röhricht, 2005, S. 25, 31 ff.; *Leuschner, in: Habersack/Casper/Löbbe*, GmbHG, § 24 Rn. 44; *Pentz*, in: Rowedder/Schmidt-Leithoff, § 24 Rn. 24; *Saenger*, in: Saenger/Inhester, GmbHG, § 24 Rn. 11; *Schütz*, in: MünchKommGmbHG, § 24 Rn. 71.

16 BGHZ 134, 333, 340.

17 *K. Schmidt*, FS Th. Raiser, 2005, S. 311, 335 ff. Zustimmend *Emmerich*, in: Scholz, GmbHG, § 24 Rn. 2c.

18 Roth/*Altmeppen* § 24 Rn. 24; *Kersting*, in: Baumbach/Hueck, GmbHG, § 24 Rn. 8.

19 BGHZ 219, 327, 341 Tz 48 f.; OLG Köln, GmbHR 2004, 1587.

20 BGHZ 219, 327, 341 Tz 48 f.; *Leuschner, in: Habersack/Casper/Löbbe*, GmbHG, § 24 Rn. 47.

21 BGHZ 219, 327, 341 Tz 49 (zu beidem); OLG Hamm, GmbHR 1992, 360, 362 f. (Ausland); OLG Köln, GmbHR 2004, 1587 (Lohnpfändung).

22 Für Gleichlauf des maßgeblichen Zeitpunkts bzgl. Satz 1 und Satz 2 auch *Kersting*, in: Baumbach/Hueck, GmbHG, § 24 Rn. 8.

Der Anspruch aus § 24 ist unter den gleichen Bedingungen wie der Einlageanspruch **übertragbar und pfändbar.**[23] Es gelten § 19 Abs. 2 bis 5.[24] 8

D. Passivlegitimation

Entscheidend ist grds. die Gesellschaftereigenschaft nach Maßgabe des § 16, also die **Eintragung in die in das Handelsregister aufgenommene Gesellschafterliste.**[25] Der in Anspruch Genommene muss **im Zeitpunkt der Fälligkeit** der Einlageschuld, hinsichtlich derer der Fehlbetrag besteht, Gesellschafter sein.[26] Erwerber eines Gesellschaftsanteils, dessen Inhaber der aufschiebend bedingten Verpflichtung zum Ausgleich des Fehlbetrags unterlagt, haften ebenfalls, wenn die Einlageschuld im Zeitpunkt der Veräußerung fällig war. Insoweit tritt der Erwerber in die mitgliedschaftlichen Pflichten des Veräußerers ein. **Vor Fälligkeit** fremder Einlageforderungen ausgeschiedene Gesellschafter unterliegen nicht der Haftung nach § 24.[27] 9

Nach zutreffender, inzwischen vom BGH bestätigter Ansicht, setzt die (Fort-)Haftung nicht voraus, dass die Maßnahmen nach den §§ 21 – 23 bereits durchgeführt wurden.[28] Anderenfalls entstünde eine zu einfache Möglichkeit zugunsten des Altmitglieds, sich durch rechtzeitige Anteilsveräußerung zu enthaften.[29] Das Argument, immerhin hafte der Erwerber, so dass sich durch die Enthaftung des Veräußerers an der Zahl der haftenden Personen nichts ändere,[30] überzeugt nicht. Die Einstandspflicht nach § 24 ist mit der Gesellschafterstellung verbunden.[31] Die Einstandspflicht *bezieht* sich lediglich auf den Anteil, hinsichtlich dessen die Einlage nicht vollständig aufgebracht wurde. § 24 definiert als Kreis der Haftenden ohne weitere Qualifikation »die übrigen Gesellschafter«.[32] Der von der Gegenmeinung teilweise gezogene Vergleich zu § 21 Abs. 3,[33] bei dem die bloße Fälligkeit der Einlageforderung nicht genügt (§ 21 Rdn. 23), trägt nicht. Im Gegenteil: Sie belegt die Fortdauer der Verpflichtung selbst nach erzwungenem Verlust des Geschäftsanteils. Einzuwenden, Geschäftsanteil und Mitgliedschaft seien identisch,[34] so dass »die übrigen Gesellschafter« nur solche sein könnten, die gegenwärtig einen Anteil innehaben, geht am Problem vorbei. Wer den Anteil im Zeitpunkt der Fälligkeit hält, ist »übrige[r]« Gesellschafter. Denn dann bliebe doch wieder eine Möglichkeit, sich der Verpflichtung zur Sicherung der Kapitalaufbringung zu entziehen. Auch technisch überzeugt der Einwand nicht. Zwar ist nach § 3 Abs. 1 Nr. 4 GmbHG Gesellschafter, der 9a

23 *Emmerich*, in: Scholz, GmbHG, § 24 Rn. 22; *Leuschner, in: Habersack/Casper/Löbbe*, GmbHG, § 24 Rn. 13.

24 *Kersting*, in: Baumbach/Hueck, GmbHG, § 24 Rn. 9.

25 *Kersting*, in: Baumbach/Hueck, GmbHG, § 24 Rn. 6.

26 BGHZ 132, 390, 393 f.; BGH, GmbHR 2015, 935 Tz 9; BGHZ 219, 327, 331 Tz 15; *Bayer*, in: Lutter/Hommelhoff, GmbHG, § 24 Rn. 9; *Kersting*, in: Baumbach/Hueck, GmbHG, § 24 Rn. 6; *Leuschner, in: Habersack/Casper/Löbbe*, GmbHG, § 24 Rn. 26; *Saenger*, in: Saenger/Inhester, GmbHG, § 24 Rn. 7. A.A. *Ebbing*, in: Michalski/Heidinger/Leible/Schmidt, GmbHG, § 24 Rn. 30.

27 BGH, GmbHR 2015, 935, 936 Tz 17; *Lieder*, ZGR 2016, 760, 764.; *Leuschner, in: Habersack/Casper/Löbbe*, GmbHG, § 24 Rn. 26; *Schütz*, in: MünchKommGmbHG, § 24 Rn. 25 m. Nachw.

28 BGHZ 219, 327, 336 Tz 32; BGH, GmbHR 2015, 935, 936 Tz 17; ebenso *Bayer*, in: Lutter/Hommelhoff, GmbHG, § 24 Rn. 9 f.; *Emmerich*, in: Scholz, GmbHG, § 24 Rn. 15b; *Kersting*, in: Baumbach/Hueck, GmbHG, § 24 Rn. 6; *Leuschner, in: Habersack/Casper/Löbbe*, GmbHG, § 24 Rn. 26; *Schütz*, in: MünchKommGmbHG, § 24 Rn. 29. A.A. z.B. *Ebbing*, in: Michalski/Heidinger/Leible/Schmidt, GmbHG, § 24 Rn. 30.

29 BGHZ 219, 327, 337 Tz 33; BGH, GmbHR 2015, 935, 936 Tz 17; zustimmend *Bayer/Scholz*, NZG 2015, 1089, 1094; *Lieder*, ZGR 2016, 760, 766.

30 *Müller*, in: Ulmer/Habersack/Löbbe, GmbHG, 2016, § 24 Rn. 29.

31 Vgl. BGHZ 219, 327, 331 Tz 15.

32 Zur ausreichenden Weite des Wortlauts auch *Bayer/Scholz*, NZG 2015, 1089, 1094. Zum Unterschied von Gewinnstammrecht und Ausfallhaftung nach § 24 GmbHG *Lieder*, ZGR 2016, 760, 766.

33 Etwa *Leuschner, in: Habersack/Casper/Löbbe*, GmbHG, § 24 Rn. 28.

34 *Foerster*, NZG 2019, 366, 369, unter nahezu vollständiger Ausblendung teleologischer Aspekte.

den Geschäftsanteil innehat. Doch sagt das nichts darüber aus, dass eine Haftung infolge Anteilsveräußerung entfällt. Wer systemisch argumentiert, sollte zur Kenntnis nehmen, dass im GmbH-Recht aus Sachgesichtspunkten gerade im Zusammenhang mit dem Kapitalschutz auch zukünftige und ehemalige Mitglieder als Gesellschafter eingestuft werden (s. § 30 Rdn. 10, § 31 Rdn. 33 m.w.Nachw.). Veräußerungen nach Fälligkeit der Einlageforderung, aber vor Fälligkeit der Ausfallhaftung enthaften den Veräußerer also nicht.[35] Der Erwerber ist nach § 16 Abs. 2 neben dem Veräußerer als Gesamtschuldner verpflichtet.[36] Hat ein Gesellschafter seinen Anteil an eine andere Person veräußert und wird dieses Mitglied wiederum wegen der Rückstände auf einen *anderen* Anteil kaduziert, hindert dies nicht das Erlöschen der Ausfallhaftung des veräußernden Gesellschafters nach § 24.[37]

10 Nach heute ganz herrschender Meinung können auch Einlagerückstände aus der Zeit vor dem Beitritt eines erst im Rahmen einer **Kapitalerhöhung** eingetretenen Gesellschafters von diesem nach § 24 eingefordert werden.[38] Gleiches gilt umgekehrt für Altgesellschafter und Fehlbeträge aus Kapitalerhöhungen.[39] Dafür sprechen Wortlaut (»übrigen«) und Normzweck. Auf die Zustimmung zum Kapitalerhöhungsbeschluss kommt es nicht an,[40] selbst wenn der Gesellschafter zur Zustimmung verpflichtet war.[41] Dem Überstimmten oder gegen seinen Willen aus Treuepflicht zur Zustimmung Verpflichteten steht jedoch ein **Austrittsrecht** zu, das unverzüglich nach dem Wirksamwerden der Kapitalerhöhung ausgeübt werden muss.[42] Dass dieses unter Umständen keine Erleichterung bringt, wenn das Wirksamwerden des Austritts sich hinzieht,[43] ist hinzunehmen. Ggf. muss der Betroffene den Beschluss anfechten, etwa wegen ungerechtfertigter Benachteiligung.[44] Es gibt **kein Kleinbeteiligtenprivileg.**[45]

11 Nach der Rspr. soll bei einer sog. **Strohmanngründung** nicht nur der Treuhänder, sondern auch der **Treugeber** nach § 24 haften.[46] Dem ist allenfalls für die offene Treuhand zuzustimmen. Abzulehnen ist dagegen die Erstreckung der Ausfallhaftung auf den verdeckten Treugeber, für dessen Einbeziehung die formelhafte Berufung auf »Gläubigerschutz« keine Rechtfertigung bietet.[47] Angesichts von § 16 bedürfte es eines eindeutigen materiellen Arguments für dessen Belastung. Ein solches

35 *Bayer*, in: Lutter/Hommelhoff, GmbHG, § 24 Rn. 10; *Bayer/Scholz*, GmbHR 2016, 89, 92; *Kersting*, in: Baumbach/Hueck, GmbHG, § 24 Rn. 6; *Verse*, in: Henssler/Strohn, § 24 GmbHG Rn. 4.

36 BGHZ 219, 327, 331 Tz 15, 36; BGHZ 132, 390, 392 (zu § 16 Abs. 3 a.F.); OLG Celle, GmbHR 1995, 124; *Bayer*, in: Lutter/Hommelhoff, GmbHG, § 24 Rn. 10; *Lieder*, ZGR 2016, 760, 767 f.; *Verse*, in: Henssler/Strohn, § 24 GmbHG Rn. 9. Nach *Bayer/Scholz*, GmbHR 2016, 89, 92 f., soll es sich nicht um einen Fall des § 16 handeln, sondern um eine Analogie zu § 22 Abs. 3 GmbHG. A.A. *Foerster*, NZG 2019, 36, 371.

37 BGH, GmbHR 2015, 935, 936 Tz 15; *Schütz*, in: MünchKommGmbHG, § 24 Rn. 25 m. Nachw. Obsolet damit OLG Köln, ZIP 1993, 1389, 1393.

38 Ausführliche Darstellung des Streitstandes bei *Leuschner, in: Habersack/Casper/Löbbe*, GmbHG, § 24 Rn. 33.

39 *Leuschner, in: Habersack/Casper/Löbbe*, GmbHG, § 24 Rn. 33.

40 RGZ 132, 392, 394; *Emmerich*, in: Scholz, GmbHG, § 24 Rn. 17; *Kersting*, in: Baumbach/Hueck, GmbHG, § 24 Rn. 5.

41 A.A. *Leuschner, in: Habersack/Casper/Löbbe*, GmbHG, § 24 Rn. 35.

42 *Leuschner, in: Habersack/Casper/Löbbe*, GmbHG, § 24 Rn. 35; *Schütz*, in: MünchKommGmbHG, § 24 Rn. 55.

43 Dazu *Pentz*, in: Rowedder/Schmidt-Leithoff, GmbHG, § 24 Rn. 31. Relativierend *Schütz*, in: MünchKommGmbHG, § 24 Rn. 55.

44 *Leuschner, in: Habersack/Casper/Löbbe*, GmbHG, § 24 Rn. 35.

45 OLG Hamm, GmbHR 2011, 588, 590; *Leuschner, in: Habersack/Casper/Löbbe*, GmbHG, § 24 Rn. 34; *Pentz*, in: Rowedder/Schmidt-Leithoff, GmbHG, § 24 Rn. 16. A.A. *Grunewald*, FS Lutter, 2000, S. 413, 419.

46 BGHZ 31, 258, 267; BGH 118, 107, 111.

47 Grundlegend *Ulmer*, ZHR 156 (1992), 377, 386 ff.; ebenso *Leuschner, in: Habersack/Casper/Löbbe*, GmbHG, § 24 Rn. 29; *Saenger*, in: Saenger/Inhester, GmbHG, § 24 Rn. 6. A.A. etwa *Altmeppen*, in: Roth/Altmeppen, GmbHG, § 24 Rn. 12; *Bayer*, in: Lutter/Hommelhoff, GmbHG, § 24 Rn. 13.

fehlt, denn die Gesellschaft hat einen Schuldner (den Treuhänder), eine zusätzliche Begünstigung aufgrund des Zufalls einer bloß im Innenverhältnis zwischen zwei Personen bestehenden Abrede ist nicht einzusehen.

Von der **Ausfallhaftung ausgenommen** sind der Kaduzierte sowie seine Rechtsvorgänger, die Gesellschaft hinsichtlich eigener Anteile,[48] der bereits vor der Eintragung aus der Vorgesellschaft Ausgeschiedene, sofern die Abtretung vor Eintragung wirksam wird, d.h. nicht durch sie aufschiebend bedingt ist,[49] und der Erwerber nach § 23, wenn er nicht noch einen anderen Geschäftsanteil hält (s. noch nächste Rdn. 13).[50] Nicht angemeldete Gesellschafter fallen ebenfalls nicht unter § 24, soweit nicht die Anmeldung trotz § 16 entbehrlich ist, insb. bei **Gesamtrechtsnachfolge**; das ist v.a. für Erben und für Verschmelzungen relevant, die aufgrund der Änderung des § 16 im Gegensatz zur früheren Rechtslage nicht mehr haften (s. bereits § 22 Rdn. 6).[51] 12

Verfügt ein Gesellschafter über **mehr als einen Geschäftsanteil**, schließt das seine Haftung nach § 24 auch dann nicht aus, wenn er selbst nach § 21 Abs. 3 hinsichtlich eines anderen Geschäftsanteils kaduziert wurde.[52] Da sich die Kaduzierung auf Rückstände hinsichtlich eines bestimmten Geschäftsanteils bezieht und nicht auf die Person des Inhabers (§ 21 Rdn. 9), ist auch die Haftung für Rückstände mit Blick auf die einzelnen Anteile zu beurteilen. Demgemäß kann ein Gesellschafter zugleich nach einem Kaduzierungsverfahren für Rückstände haften, die er selbst hätte aufbringen müssen, und in Personalunion einer der »übrigen Gesellschafter« sein. Rechtsvorgänger hinsichtlich des nicht kaduzierten Geschäftsanteils fallen allerdings nicht unter die Haftung, weil insoweit keine »nicht erfüllten Einlageverpflichtungen« i.S.v. § 22 Abs. 1 existieren.[53] 13

Bei **Verschmelzungen** haften die Gesellschafter sowohl des übertragenden Rechtsträgers als auch diejenigen des übernehmenden Rechtsträgers für Fehlbeträge bei dem jeweils anderen Rechtsträger.[54] Der Gesellschafterschutz wird umwandlungsrechtlich über § 51 Abs. 1 Satz 1, 3 UmwG durch besondere Mehrheitserfordernisse gewährleistet. 14

E. Geltendmachung; Verjährung

Der Anspruch ist vom Geschäftsführer oder ggfls. vom Insolvenzverwalter geltend zu machen, soweit die Eintreibung nach § 24 zur Gläubigerbefriedigung notwendig ist.[55] Eines Gesellschafterbeschlusses bedarf es nicht.[56] Scheitert die Einlagebeitreibung nach den §§ 21 ff., müssen die Geschäftsführer nach § 24 vorgehen. Da die Ausfallhaftung die Ausschöpfung der anderen Möglichkeiten des Ausgleichs des Fehlbetrages voraussetzt, steht den Geschäftsführern kein Ermessen mehr zu (anders bei § 21, dort Rdn. 1).[57] Die Verjährungsfrist unterliegt nicht, § 19 Abs. 6 Satz 1, sondern der Regelverjährung nach §§ 195, 199 BGB.[58] Zur Darlegungs- und Beweislast oben Rdn. 4. 15

48 *Ebbing*, in: Michalski/Heidinger/Leible/Schmidt, GmbHG, § 24 Rn. 48 m. Nachw. zu älteren Gegenmeinungen.

49 *Bayer*, in: Lutter/Hommelhoff, GmbHG, § 24 Rn. 12; s. auch § 22 Rdn. 6.

50 *Kersting*, in: Baumbach/Hueck, GmbHG, § 24 Rn. 4; *Leuschner, in: Habersack/Casper/Löbbe*, GmbHG, § 24 Rn. 30.

51 *Leuschner, in: Habersack/Casper/Löbbe*, GmbHG, § 24 Rn. 24. A.A. *Altmeppen*, in: Roth/Altmeppen, GmbHG, § 24 Rn. 10.

52 BGH, GmbHR 2015, 935 Tz 13; *Leuschner, in: Habersack/Casper/Löbbe*, GmbHG, § 24 Rn. 27; *Schütz*, in: MünchKommGmbHG, § 24 Rn. 36.

53 BGH, GmbHR 2015, 935, 936 Tz 14. A.A. *Emmerich*, in: Scholz, GmbHG, § 24 Rn. 13.

54 *Altmeppen*, in: Roth/Altmeppen, GmbHG, § 24 Rn. 13.

55 OLG Hamm, MDR 2006, 695 (Insolvenzverwalter); *Kersting*, in: Baumbach/Hueck, GmbHG, § 24 Rn. 9; *Leuschner, in: Habersack/Casper/Löbbe*, GmbHG, § 24 Rn. 45.

56 *Leuschner, in: Habersack/Casper/Löbbe*, GmbHG, § 24 Rn. 45.

57 *Bayer*, in: Lutter/Hommelhoff, GmbHG, § 24 Rn. 1; *Emmerich*, in: Scholz, GmbHG, § 24 Rn. 20.

58 BGHZ 219, 327, 343 Tz 56 ff.; *Thiessen*, ZHR 168 (2004), 503, 522 f. A.A. die Voraufl. und *Altmeppen*, in: Roth/Altmeppen, GmbHG, § 24 Rn. 20; *Emmerich*, in: Scholz, GmbHG, § 24 Rn. 19 *Schütz*, in: MünchKommGmbHG, § 24 Rn. 87. Zu Einwendungen und Einreden des beklagten Gesellschafters *Robrecht*, GmbHR 1995, 809, 811 f.

F. Wirkung der Zahlung

16 Mit der Zahlung erlischt allein der Anspruch nach § 24. Da es an einer § 22 Abs. 4 vergleichbaren Norm fehlt, kann der Zahlende den Geschäftsanteil nicht erwerben.[59] § 22 Abs. 4 ist nicht analog anzuwenden.[60]

G. Regress

17 Der zahlende Gesellschafter kann Regress bei dem Ausgeschlossenen sowie, im Fall des Satz 2, bei den säumigen Mitgesellschaftern nehmen.[61] Dogmatisch lässt sich dies mit einer analogen Anwendung von § 774 Abs. 1 BGB erklären, der Verweis auf das »gesellschaftsrechtliche Verhältnis« bleibt dagegen etwas diffus.[62]

18 Haben die Geschäftsführer eine anderweitig zur Verfügung stehende Möglichkeit, den Fehlbetrag zu decken, schuldhaft nicht wahrgenommen, haften sie analog § 31 Abs. 6, ggf. auch nach Deliktsrecht.[63]

§ 25 Zwingende Vorschriften

Von den in den §§ 21 bis 24 bezeichneten Rechtsfolgen können die Gesellschafter nicht befreit werden.

1 Die §§ 21 bis 24 sind zwingend insofern, als Abweichungen zugunsten der Gesellschafter unzulässig sind. Abweichungen zu ihren Lasten, die zu einer Haftungsverschärfung führen und der GmbH die Durchführung des Kaduzierungsverfahrens einfacher machen, sind indes möglich.[1] Das Befreiungsverbot gilt nicht nur für Rechtsfolgen im technischen Sinn, sondern betrifft auch die Voraussetzungen, unter denen die Normen eingreifen.[2] Ob Befreiungen im Gesellschaftsvertrag oder in anderer Weise geregelt werden, etwa in einer schuldrechtlichen Nebenabrede oder in einem gerichtlichen Vergleich, ist für das Eingreifen des Verbots unerheblich.[3] Verbotsverstöße führen zur Nichtigkeit.[4] Dogmatisch handelt es sich bei dem »Verbot« um eine Grenze der rechtsgeschäftlichen Gestaltungs- und Verfügungsmacht.[5] Beschränkt ist bereits das »Können« der Gesellschafter, d.h. ihre Regelungskompetenz, nicht erst das »Dürfen«.

§ 26 Nachschusspflicht

(1) Im Gesellschaftsvertrag kann bestimmt werden, dass die Gesellschafter über die Nennbeträge der Geschäftsanteile hinaus die Hinforderung von weiteren Einzahlungen (Nachschüssen) beschließen können.

(2) Die Einzahlung der Nachschüsse hat nach Verhältnis der Geschäftsanteile zu erfolgen.

(3) Die Nachschußpflicht kann im Gesellschaftsvertrag auf einen bestimmten, nach Verhältnis der Geschäftsanteile festzusetzenden Betrag beschränkt werden.

---

59 Allg. Ansicht, s. nur *Schütz*, in: MünchKommGmbHG, § 24 Rn. 72.

60 Vgl. *Leuschner, in: Habersack/Casper/Löbbe*, GmbHG, § 24 Rn. 57.

61 I. Erg. all. Ansicht, s. *Leuschner, in: Habersack/Casper/Löbbe*, GmbHG, § 24 Rn. 58 f. m. Nachw. Kritisch *Bartels*, in: Bork/Schäfer, GmbHG, § 24 Rn. 9.

62 Dafür aber *Leuschner, in: Habersack/Casper/Löbbe*, GmbHG, § 24 Rn. 58. Für § 426 BGB analog *Emmerich*, in: Scholz, GmbHG, § 24 Rn. 24. I. Erg. unentschieden *Bayer*, in: Lutter/Hommelhoff, GmbHG, § 24 Rn. 16.

63 *Altmeppen*, in: Roth/Altmeppen, GmbHG, § 24 Rn. 28; *Bayer*, in: Lutter/Hommelhoff, GmbHG, § 24 Rn. 16; *Saenger*, in: Saenger/Inhester, GmbHG, § 24 Rn. 18; *Kersting*, in: Baumbach/Hueck, GmbHG, § 24 Rn. 10.

1 Allg. Ansicht, *Leuschner, in: Habersack/Casper/Löbbe*, GmbHG, § 25 Rn. 12.

2 *Leuschner, in: Habersack/Casper/Löbbe*, GmbHG, § 25 Rn. 3; *Schütz*, in: MünchKommGmbHG, § 25 Rn. 4.

3 *Leuschner, in: Habersack/Casper/Löbbe*, GmbHG, § 25 Rn. 6.

4 *Leuschner, in: Habersack/Casper/Löbbe*, GmbHG, § 25 Rn. 9 f.

5 Zu solchen Grenzen *Armbrüster*, in: MünchKommBGB, § 134 Rn. 5; im Zusammenhang mit dem Kapitalgesellschaftsrecht *Kuntz*, Gestaltung von Kapitalgesellschaften zwischen Freiheit und Zwang, 2016, S. 241 ff.

Übersicht

A. Grundlagen

1 § 26 ermöglicht die Schaffung einer Verpflichtung der Gesellschafter zu Zahlungen neben den Stammeinlagen, die nicht den gleichen Förmlichkeiten wie eine reguläre Kapitalmaßnahme nach den §§ 55 ff. unterliegt. Bedeutung haben Nachschusspflichten etwa als Zuzahlungspflichten im Rahmen von Meilensteinvereinbarungen in Venture Capital-Finanzierungen, freilich vor allem in schuldrechtlicher Ausgestaltung.[1] § 26 bildet die Grundnorm für die verschiedenen Formen von Nachschüssen, die in den §§ 27, 28 eine weitere Regelung erfahren. Für die Bilanzierung sind die Besonderheiten des § 42 Abs. 2 zu beachten. § 30 Abs. 2 enthält eine Sonderregelung zur Auszahlung von Nachschüssen an Gesellschafter (§ 30 Rdn. 111).

B. Nachschüsse

I. Begriff und Formen

2 Nachschüsse werden in Abs. 1 definiert als weitere Einzahlungen über die Nennbeträge der Geschäftsanteile hinaus. Sie sind auf Geldzahlung gerichtet und unterliegen einem eigenständigen Aufbringungsregime, die Regeln über die Stammeinlagen sind nicht, weder direkt noch analog, ergänzend heranzuziehen.[2]

3 Das Gesetz unterscheidet **drei Grundtypen** von Nachschussrechten:[3] **Beschränkte** (§ 27) und **unbeschränkte** Nachschusspflichten (§ 28), die mit Preisgaberechten versehen werden können, die wiederum nach Maßgabe des § 27 Abs. 4 beschränkbar sind. Die beiden Grundtypen lassen sich zu einer **gemischten** Nachschusspflicht kombinieren. Innerhalb des gewählten Typus sind weitere Modifikationen möglich.

II. Abgrenzung

4 **Abzugrenzen** sind Nachschüsse von Stammeinlagen, Gesellschafterdarlehen und Nebenleistungspflichten i.S.v. § 3 Abs. 2. **Von Stammeinlagen** unterscheiden sich Nachschüsse dadurch, dass die Stammeinlagen unabhängig von Gesellschafterbeschlüssen zwingend zu erbringen sind, Nachschüsse nicht im Handelsregister eingetragen werden, sie nicht den formalen Voraussetzungen der §§ 53 ff. für Einforderung und Rückzahlung unterliegen und sie für die Berechnung des nach § 30 Abs. 1 Satz 1 gebundenen Vermögens außen vor bleiben.[4] **Von Gesellschafterdarlehen** unterscheiden sich Nachschüsse neben der zumeist individualvertraglichen Vereinbarung statt Einforderung durch Kollektiventscheidung vor allem durch den von vornherein gegebenen Rückzahlungsanspruch und Verzinsung. Die Abgrenzung kann im Einzelfall schwierig sein, insb. bei Darlehen auf statutarischer Grundlage.[5] **Von Nebenleistungspflichten** i.S.v. § 3 Abs. 2 (v.a. statutarisch festgelegtes Aufgeld/Agio) unterscheiden sich Nachschüsse im Wesentlichen hinsichtlich ihrer Entstehung: Nebenleistungspflichten entstehen, ggf. bedingt oder befristet, mit Aufnahme im Gesellschaftsvertrag, während die gesellschaftsvertragliche Ermöglichung von Nachschüssen lediglich eine

---

1 S. *Kuntz*, Gestaltung von Kapitalgesellschaften zwischen Freiheit und Zwang, 2016, S. 660.
2 Vgl. *Emmerich*, in: Scholz, GmbHG, § 26 Rn. 5; *Kersting*, in: Baumbach/Hueck, GmbHG, § 26 Rn. 2.
3 Zu Vor- und Nachteilen *Leuschner, in: Habersack/Casper/Löbbe*, GmbHG, § 26 Rn. 9.
4 S. zu weiteren Unterschieden *Leuschner, in: Habersack/Casper/Löbbe*, GmbHG, § 26 Rn. 19.
5 Dazu *Leuschner, in: Habersack/Casper/Löbbe*, GmbHG, § 26 Rn. 23.

Ermächtigungsgrundlage bietet, später eine Verpflichtung zu erzeugen.[6] Von der Rechtsfolge her divergieren die Leistungen in der Kapitalbindung, doch ist dies bloße Konsequenz der Unterscheidung, nicht jedoch selbst Abgrenzungskriterium.[7]

C. Voraussetzungen der Einzahlungspflicht

5 Die Einforderung eines Nachschusses ist nur möglich, wenn eine Ermächtigung hierzu **in die Satzung** unter Beachtung der Förmlichkeiten nach § 2 Abs. 1 bzw. §§ 53, 54[8] aufgenommen wurde. Dabei genügt die Regelung dem Grunde nach, Details dürfen bei Verweisung in der Satzung in einer Anlage geregelt werden (s. § 9 Abs. 1 Satz 2 BeurkG).[9] Enthält weder die Satzung noch die Anlage besondere Regelungen zum Inhalt der Nachschusspflicht, handelt es sich um eine unbeschränkte Nachschusspflicht.[10] Für spätere **Änderungen** des Inhalts der Nachschusspflichten gilt § 53, insb. ist die Zustimmung sämtlicher nachschusspflichtiger oder potenziell in der Zukunft nachschusspflichtiger Gesellschafter (nicht: Zustimmung sämtlicher Gesellschafter) notwendig.[11] Das gilt sowohl für eine Erweiterung der Nachschusspflichten[12] als auch für die Beschränkung einer unbeschränkten Nachschusspflicht, da in letzterem Fall das Recht zur Preisgabe verloren geht.[13] Bei Formverstößen kann die Vereinbarung nicht in eine bloß schuldrechtlich wirkende Verlustverteilungsvereinbarung umgedeutet werden.[14]

6 Für die Begründung der Pflicht, nicht bloß für deren Fälligwerden, ist nach Abs. 1 ein **Gesellschafterbeschluss** notwendig. Diese Zuständigkeit ist insofern exklusiv, als lediglich zusätzlich die Zustimmung eines weiteren Organs vorgesehen werden kann, nicht aber die Entziehung der Beschlusshoheit möglich ist.[15] Eine dagegen verstoßende Bestimmung führt nur zur Nichtigkeit der Zuständigkeitsregelung, nicht auch zur Nichtigkeit der Nachschusspflicht.[16] Insoweit ist Gesellschafterschutz unnötig, weil die Gesellschafter aufgrund des Beschlusserfordernisses selbst entscheiden können.[17]

7 Die Gesellschafter bleiben auch in der **Insolvenz** zuständig und in ihrer Entscheidung frei, der Insolvenzverwalter kann die Einforderung von Nachschüssen nicht selbst beschließen oder anderweitig erzwingen.[18] Enthält die Satzung keine besonderen Regelungen, gilt das Erfordernis **einfacher Mehrheit** der abgegebenen Stimmen nach § 47 Abs. 1.[19] Für die Gesellschafter gelten Schranken aus Treuepflicht, so dürfen sie etwa die Möglichkeit der Einforderung von Nachschüssen nicht benutzen, um unliebsame Gesellschafter zur Preisgabe oder zum Anteilsverkauf zu zwingen.[20]

---

6 *Leuschner, in: Habersack/Casper/Löbbe*, GmbHG, § 26 Rn. 26. Zur Abgrenzung auch OLG Brandenburg, ZIP 2006, 1675.

7 Zum Ganzen *Leuschner, in: Habersack/Casper/Löbbe*, GmbHG, § 26 Rn. 25 f.

8 Hierzu OLG Hamm, GmbHR 1978, 271 f.

9 *Leuschner, in: Habersack/Casper/Löbbe*, GmbHG, § 26 Rn. 29.

10 *Leuschner, in: Habersack/Casper/Löbbe*, GmbHG, § 26 Rn. 31. Zum möglichen Inhalt einer Nachschussklausel *Schütz*, in: MünchKommGmbHG, § 26 Rn. 48 ff.

11 *Altmeppen*, in: Roth/Altmeppen, GmbHG, § 26 Rn. 8; *Emmerich*, in: Scholz, GmbHG, § 26 Rn. 9a.

12 *Verse*, in: Henssler/Strohn, § 26 GmbHG Rn. 6. A.A. *Bartels*, in: Bork/Schäfer, GmbHG, § 26 Rn. 5, der die Möglichkeit einer ungleichen Verteilung von Nachschusspflichten nicht berücksichtigt.

13 *Leuschner, in: Habersack/Casper/Löbbe*, GmbHG, § 26 Rn. 30.

14 OLG München, GmbHR 2000, 981. S. aber auch KG, NZG 2000, 688, 689, für Erklärungen i.R.d. Liquidation der Gesellschaft.

15 *Kersting*, in: Baumbach/Hueck, GmbHG, § 26 Rn. 8; *Saenger*, in: Saenger/Inhester, GmbHG, § 26 Rn. 5.

16 A.A. *Leuschner, in: Habersack/Casper/Löbbe*, GmbHG, § 26 Rn. 41. *Emmerich*, in: Scholz, GmbHG, § 26 Rn. 14a; *Mock*, in: Michalski/Heidinger/Leible/Schmidt, GmbHG, § 26 Rn. 25.

17 A.A. *Emmerich*, in: Scholz, GmbHG, § 26 Rn. 14a.

18 BGH, DStR 1994, 1129 m. Anm. *Goette*; *Schütz*, in: MünchKommGmbHG, § 26 Rn. 62.

19 *Leuschner, in: Habersack/Casper/Löbbe*, GmbHG, § 26 Rn. 42.

20 *Leuschner, in: Habersack/Casper/Löbbe*, GmbHG, § 26 Rn. 40.

Im Wege eines actus contrarius können die Gesellschafter den Beschluss **aufheben** oder **abändern**, 8
soweit § 30 nicht entgegensteht.[21]

D. Einforderung der Nachschüsse

Die Einforderung von Nachschüssen ist, vom Sonderfall des § 28 Abs. 2 abgesehen, erst nach 9
vollständiger Einforderung der Stammeinlagen zulässig, die vollständige Einzahlung der Stammeinlagen ist dagegen nicht Voraussetzung.[22] Zu beachten ist die **Gleichbehandlungspflicht** nach Abs. 2. Angesichts von Abs. 2 bedarf es im Einforderungsbeschluss keiner besonderen Aufteilung der Nachschusssumme auf die einzelnen Anteile, sofern keine abweichende Regelung beabsichtigt ist.[23] Mit Zustimmung der Betroffenen können aber abweichende Regelungen ohne entsprechende Satzungsgrundlage getroffen werden.[24] Ansonsten ist eine Satzungsregelung als Grundlage notwendig. Die **Aufforderung zur Leistung** der Nachschüsse ist von dem Geschäftsführer vorzunehmen, Ermessen steht ihm nicht zu.[25] Die Teilnahme am Beschluss macht die Aufforderung ggü. dem teilnehmenden Gesellschafter nicht entbehrlich.[26]

Der Nachschuss wird erst **mit Zugang der Aufforderung** zur Leistung **fällig**, wenn nicht der Be- 10
schluss die sofortige Fälligkeit vorsieht.[27] Die herrschende Meinung[28] widerspricht sich selbst, wenn sie einerseits unter Verweis auf § 271 Abs. 1 BGB die Fälligkeit mit Beschlussfassung annimmt, andererseits aber den Zugang der Aufforderung als maßgeblich betrachtet. Eine andere Frage ist die nach dem relevanten Zeitpunkt der Entstehung der Verpflichtung zur Leistung – nach allg. zivilrechtlicher Dogmatik fallen Zeitpunkt der Verpflichtung und Fälligkeit nicht zwingend zusammen, vgl. § 271 Abs. 1 BGB. Die Verjährungsfrist beträgt 3 Jahre.[29] Die Forderung des Nachschusses unterliegt dem Gleichbehandlungsgrundsatz, so dass bei nicht gerechtfertigter Aufforderung zur Leistung nur gegenüber einem bestimmten Mitglied diesem aus § 242 BGB ein Leistungsverweigerungsrecht i.S.d. § 273 BGB zusteht.[30]

Da für Nachschüsse nicht die Vorschriften über die Kapitalaufbringung gelten, ist die **Annahme** 11
einer Sachleistung **an Erfüllungs statt** möglich, ebenso sind **Aufrechnung, Verzicht** und **Stundung** erlaubt.[31] Hierfür bedarf es der Zustimmung der Gesellschafterversammlung.[32]

Verpflichtet zur Leistung der Nachschüsse sind diejenigen, die z.Zt. der Beschlussfassung Gesell- 12
schafter nach Maßgabe des § 16 waren.[33] Auf die Fälligkeit kommt es entgegen der herrschenden

---

21 *Kersting*, in: Baumbach/Hueck, GmbHG, § 26 Rn. 8.
22 *Altmeppen*, in: Roth/Altmeppen, GmbHG, § 26 Rn. 9.
23 *Mock*, in: Michalski/Heidinger/Leible/Schmidt, GmbHG, § 26 Rn. 30, 44.
24 *Altmeppen*, in: Roth/Altmeppen, GmbHG, § 26 Rn. 8; *Emmerich*, in: Scholz, GmbHG, § 26 Rn. 25. A.A. *Mock*, in: Michalski/Heidinger/Leible/Schmidt, GmbHG, § 26 Rn. 45.
25 *Bayer*, in: Lutter/Hommelhoff, GmbHG, § 26 Rn. 9.
26 *Kersting*, in: Baumbach/Hueck, GmbHG, § 26 Rn. 9.
27 *Altmeppen*, in: Roth/Altmeppen, GmbHG, § 26 Rn. 11; *Pentz*, in: Rowedder/Schmidt-Leithoff, GmbHG, § 26 Rn. 32.
28 Etwa *Leuschner, in: Habersack/Casper/Löbbe*, GmbHG, § 26 Rn. 47, 59; *Schütz*, in: MünchKommGmbHG, § 26 Rn. 68.
29 *Kersting*, in: Baumbach/Hueck, GmbHG, § 26 Rn. 11.
30 *Altmeppen*, in: Roth/Altmeppen, GmbHG, § 26 Rn. 11; *Pentz*, in: Rowedder/Schmidt-Leithoff, GmbHG, § 26 Rn. 33.
31 *Kersting*, in: Baumbach/Hueck, GmbHG, § 26 Rn. 11. Kritisch *Bartels*, in: Bork/Schäfer, GmbHG, § 26 Rn. 9.
32 *Emmerich*, in: Scholz, GmbHG, § 26 Rn. 20; *Mock*, in: Michalski/Heidinger/Leible/Schmidt, GmbHG, § 26 Rn. 39.
33 *Pentz*, in: Rowedder/Schmidt-Leithoff, GmbHG, § 26 Rn. 34; *Mock*, in: Michalski/Heidinger/Leible/Schmidt, GmbHG, § 26 Rn. 34.

Meinung[34] insoweit nicht an, Fälligkeit und Verpflichtung sind zwei getrennt zu beurteilende Fragen (oben Rdn. 10).

13 Zur Behandlung eigener Anteile der Gesellschaft § 33 Rdn. 35 ff.

E. Beschränkung der Nachschusspflicht (Abs. 3)

14 Die Nachschusspflicht kann beschränkt werden, entweder mittels eines absoluten Betrages, im Wege eines prozentualen Verhältnisses zu den Nennbeträgen der Geschäftsanteile oder durch sonstige Rechengrößen.[35] Ist Bezugsgröße nicht der Geschäftsanteil, sondern der Gewinn, liegt keine Beschränkung vor.[36] Abs. 3 sieht die Beschränkung nach dem Verhältnis der Geschäftsanteile vor. Hiervon kann mit Zustimmung der Betroffenen abgewichen werden.[37] Im Fall einer Beschränkung der Nachschusspflicht gilt § 28.

§ 27 Unbeschränkte Nachschusspflicht

(1) [1]Ist die Nachschußpflicht nicht auf einen bestimmten Betrag beschränkt, so hat jeder Gesellschafter, falls er die Stammeinlage vollständig eingezahlt hat, das Recht, sich von der Zahlung des auf den Geschäftsanteil eingeforderten Nachschusses dadurch zu befreien, dass er innerhalb eines Monats nach der Aufforderung zur Einzahlung den Geschäftsanteil der Gesellschaft zur Befriedigung aus demselben zur Verfügung stellt. [2]Ebenso kann die Gesellschaft, wenn der Gesellschafter binnen der angegebenen Frist weder von der bezeichneten Befugnis Gebrauch macht, noch die Einzahlung leistet, demselben mittels eingeschriebenen Briefes erklären, dass sie den Geschäftsanteil als zur Verfügung gestellt betrachte.

(2) [1]Die Gesellschaft hat den Geschäftsanteil innerhalb eines Monats nach der Erklärung des Gesellschafters oder die Gesellschaft im Wege öffentlicher Versteigerung verkaufen zu lassen. [2]Eine andere Art des Verkaufs ist nur mit Zustimmung des Gesellschafters zulässig. [3]Ein nach Deckung der Verkaufskosten und des rückständigen Nachschusses verbleibender Überschuß gebührt dem Gesellschafter.

(3) [1]Ist die Befriedigung der Gesellschaft durch den Verkauf nicht zu erlangen, so fällt der Geschäftsanteil der Gesellschaft zu. [2]Dieselbe ist befugt, den Anteil für eigene Rechnung zu veräußern.

(4) Im Gesellschaftsvertrag kann die Anwendung der vorstehenden Bestimmungen auf den Fall beschränkt werden, dass die auf den Geschäftsanteil eingeforderten Nachschüsse einen bestimmten Betrag überschreiten.

Übersicht

A. Grundlagen

1 Das in Abs. 1 enthaltene Recht zur Preisgabe (Recht zum **Abandon**) gibt dem Gesellschafter die Möglichkeit, sich der unbeschränkten Nachschusspflicht zu entziehen. Die Abs. 2 und 3 regeln

34 Z.B. *Altmeppen*, in: Roth/Altmeppen, GmbHG, § 26 Rn. 13; *Bayer*, in: Lutter/Hommelhoff, GmbHG, § 26 Rn. 10; *Emmerich*, in: Scholz, GmbHG, § 26 Rn. 21; *Schütz*, in: MünchKommGmbHG, § 26 Rn. 70.

35 Allg. Ansicht, *Leuschner, in: Habersack/Casper/Löbbe*, GmbHG, § 26 Rn. 52.

36 *Altmeppen*, in: Roth/Altmeppen, GmbHG, § 26 Rn. 16; *Kersting*, in: Baumbach/Hueck, GmbHG, § 26 Rn. 4; *Saenger*, in: Saenger/Inhester, GmbHG, § 26 Rn. 4.

37 *Bayer*, in: Lutter/Hommelhoff, GmbHG, § 26 Rn. 11.

das Vorgehen der Gesellschaft im Fall der Preisgabe, Abs. 4 ermöglicht einschränkende Satzungsregelungen.

B. Preisgaberecht, Abs. 1

Das – nicht abdingbare[1] – Preisgaberecht ist notwendiger Ausgleich für die unbeschränkte per- 2
sönliche Haftung des zum Nachschuss verpflichteten Gesellschafters.[2] Es gibt keine Pflicht zur Ausübung.[3] Für mehrere Anteile eines Gesellschafters muss dieser das Abandonrecht für jeden Anteil gesondert ausüben, eine Pflicht zur einheitlichen Ausübung besteht nicht.[4] Nach herrschender Meinung ist das Preisgaberecht analog auf unzumutbare Nebenleistungspflichten anzuwenden.[5]

Voraussetzung ist die volle Einzahlung der Stammeinlage, nicht bloß deren volle Einforderung. 3
Falls die Stammeinlage noch nicht vollständig eingezahlt ist, kann die Gesellschaft kaduzieren.[6] Sonstige Pflichten des Gesellschafters (Zinsen etc.) sind dagegen unerheblich.[7] Die Einzahlung muss im Zeitpunkt der Preisgabe bewirkt sein.[8]

Das Preisgaberecht muss innerhalb der Monatsfrist nach Einzahlungsaufforderung mittels – nicht 4
formgebundener – Willenserklärung ggü. der Gesellschaft nach Maßgabe von § 35 Abs. 2 Satz 2 ausgeübt werden. Preisgeben kann der Gesellschafter bereits ab Einforderungsbeschluss.[9] Hat der Gesellschafter den Nachschuss vollständig eingezahlt, entfällt das Recht zum Abandon, teilweise Zahlung führt nicht zu einer Beschränkung des Rechts.[10] In letzterem Fall sind Teilleistungen nach §§ 812 Abs. 1 Satz 2, 1. Alt. BGB zurückzuzahlen.[11] Die Preisgabeerklärung berührt die Gesellschafterstellung nicht, sie schafft lediglich ein Verwertungsrecht der Gesellschaft nach Abs. 2.[12] Der Gesellschafter bleibt verfügungsbefugt, der Anteil ist nach zutr. Ansicht allerdings mit dem vorrangigen Verwertungsrecht der Gesellschaft belastet.[13] Gesellschaftergläubiger können in den Anteil vollstrecken, nicht jedoch Gesellschaftsgläubiger.[14]

Der Gesellschafter kann, obwohl die Erklärung unwiderruflich ist,[15] auch nach Zugang der Er- 5
klärung bei der Gesellschaft den Nachschuss einzahlen und so die Verwertung und damit den Verlust der Mitgliedschaft verhindern.[16] Die Gesellschaft kann dies nicht mittels Aufrechnung der

---

1 *Mock*, in: Michalski/Heidinger/Leible/Schmidt, GmbHG, § 27 Rn. 7.
2 RGZ 128, 1, 16; *Leuschner, in: Habersack/Casper/Löbbe*, GmbHG, § 27 Rn. 1.
3 *Bayer*, in: Lutter/Hommelhoff, GmbHG, § 27 Rn. 1.
4 *Emmerich*, in: Scholz, GmbHG, § 27 Rn. 4.
5 RGZ 128, 1, 16; *Mock*, in: Michalski/Heidinger/Leible/Schmidt, GmbHG, § 27 Rn. 7. Einschränkend *Emmerich*, in: Scholz, GmbHG, § 27 Rn. 2a.
6 *Altmeppen*, in: Roth/Altmeppen, GmbHG, § 27 Rn. 5.
7 *Leuschner, in: Habersack/Casper/Löbbe*, GmbHG, § 27 Rn. 16.
8 *Leuschner, in: Habersack/Casper/Löbbe*, GmbHG, § 27 Rn. 18.
9 Das ist h.M., s. nur *Leuschner, in: Habersack/Casper/Löbbe*, GmbHG, § 27 Rn. 12; *Pentz*, in: Rowedder/Schmidt-Leithoff, GmbHG, § 27 Rn. 16. A.A. z.B. *Emmerich*, in: Scholz, GmbHG, § 27 Rn. 9a; *Saenger*, in: Saenger/Inhester, GmbHG, § 27 Rn. 2; *Mock*, in: Michalski/Heidinger/Leible/Schmidt, GmbHG, § 27 Rn. 19, 27.
10 *Schütz*, in: MünchKommGmbHG, § 27 Rn. 40.
11 *Altmeppen*, in: Roth/Altmeppen, GmbHG, § 27 Rn. 8.
12 *Bayer*, in: Lutter/Hommelhoff, GmbHG, § 27 Rn. 2.
13 *Emmerich*, in: Scholz, GmbHG, § 27 Rn. 21; *Mock*, in: Michalski/Heidinger/Leible/Schmidt, GmbHG, § 27 Rn. 34 f.; *Leuschner, in: Habersack/Casper/Löbbe*, GmbHG, § 27 Rn. 45. A.A. *Altmeppen*, in: Roth/Altmeppen, GmbHG, § 27 Rn. 12; *Bartels*, in: Bork/Schäfer, GmbHG, § 27 Rn. 5; *Saenger*, in: Saenger/Inhester, GmbHG, § 27 Rn. 9.
14 *Emmerich*, in: Scholz, GmbHG, § 27 Rn. 21.
15 *Kersting*, in: Baumbach/Hueck, GmbHG, § 27 Rn. 5.
16 *Leuschner, in: Habersack/Casper/Löbbe*, GmbHG, § 27 Rn. 33.

Nachschussforderung gegen die Gesellschafteransprüche verhindern, da das Recht aus § 27 unentziehbar ist.[17]

6 Die GmbH hat nach Abs. 1 Satz 2 die Möglichkeit, die Fiktion der Preisgabeerklärung herbeizuführen, wenn der Gesellschafter weder innerhalb der Frist Abandon erklärt noch Einzahlung leistet. Form: Eingeschriebener Brief. Dafür genügt nach der Rechtsprechung des BGH zu § 21 Abs. 1 Satz 2 GmbHG auch ein Einwurf-Einschreiben, nicht nur ein Übergabeeinschreiben.[18] Im Übrigen gelten die Ausführungen in § 21 Rdn. 7 ff. entsprechend.

C. Verwertung, Abs. 2

7 Die Verwertung ist im Wege öffentlicher Versteigerung vorzunehmen, sofern nicht der Gesellschafter einer anderen Art des Verkaufs zustimmt (Satz 1, 2). Verbleibende Überschüsse gebühren dem Gesellschafter (Satz 3). Der Erwerber erwirbt den Anteil nicht, wenn die Stammeinlage noch nicht voll eingezahlt war.[19] Rechte Dritter setzen sich im Wege der Surrogation am Nettoüberschuss fort (§§ 1273, 1247 BGB).[20] Aufgrund der Ähnlichkeit zu § 23 zur Verwertung s. dort.

D. Keine Befriedigung durch Verkauf, Abs. 3

8 Bleibt der Verwertungsversuch nach Abs. 2 erfolglos, fällt der Geschäftsanteil kraft Gesetzes der Gesellschaft zu. Sie erwirbt ihn frei von Rechten Dritter.[21] Ihr fällt der Anteil auch zu, wenn der Verkaufsversuch aussichtslos ist und der Gesellschafter auf die Vornahme eines tatsächlichen Verkaufsversuchs verzichtet.[22] Diese Möglichkeit beschränkt sich nicht auf Aussichtslosigkeit des Verkaufs,[23] weil die Gesellschaft anderenfalls das Preisgaberecht des Gesellschafters unterlaufen könnte, indem sie den Gesellschafter in der Gesellschaft hält. Veräußert die Gesellschaft den ihr zugefallenen Anteil, steht ihr der gesamte Überschuss zu.[24]

E. Beschränkung, Abs. 4

9 Abs. 4 ermöglicht die Beschränkung des Preisgaberechts durch satzungsmäßige Fixierung einer gemischten Nachschusspflicht. Überschreitet der Nachschuss den festgelegten Betrag, gilt § 27, ansonsten § 28 Abs. 1 Satz 2.

§ 28 Beschränkte Nachschusspflicht

(1) [1]Ist die Nachschußpflicht auf einen bestimmten Betrag beschränkt, so finden, wenn im Gesellschaftsvertrag nicht ein anderes festgesetzt ist, im Fall verzögerter Einzahlung von Nachschüssen die auf die Einzahlung der Stammeinlagen bezüglichen Vorschriften der §§ 21 bis 23 entsprechende Anwendung. [2]Das Gleiche gilt im Fall des § 27 Abs. 4 auch bei unbeschränkter Nachschußpflicht, soweit die Nachschüsse den im Gesellschaftsvertrag festgesetzten Betrag nicht überschreiten.

17 *Leuschner, in: Habersack/Casper/Löbbe*, GmbHG, § 27 Rn. 34; *Schütz*, in: MünchKommGmbHG, § 27 Rn. 42. A.A. *Mock*, in: Michalski/Heidinger/Leible/Schmidt, GmbHG, § 27 Rn. 17.

18 *Lieder/Bialluch*, NZG 2017, 9, 14; *Schütz*, in: MünchKommGmbHG, § 27 Rn. 59.

19 *Emmerich*, in: Scholz, GmbHG, § 27 Rn. 8; *Mock*, in: Michalski/Heidinger/Leible/Schmidt, GmbHG, § 27 Rn. 11, 47. A.A. *Leuschner, in: Habersack/Casper/Löbbe*, GmbHG, § 27 Rn. 18.

20 *Emmerich*, in: Scholz, GmbHG, § 27 Rn. 28; *Leuschner, in: Habersack/Casper/Löbbe*, GmbHG, § 27 Rn. 57.

21 *Kersting*, in: Baumbach/Hueck, GmbHG, § 27 Rn. 10.

22 *Altmeppen*, in: Roth/Altmeppen, GmbHG, § 27 Rn. 20.

23 *Leuschner, in: Habersack/Casper/Löbbe*, GmbHG, § 27 Rn. 60.

24 *Kersting*, in: Baumbach/Hueck, GmbHG, § 27 Rn. 9. A.A. *Emmerich*, in: Scholz, GmbHG, § 27 Rn. 27.

(2) Im Gesellschaftsvertrag kann bestimmt werden, dass die Einforderung von Nachschüssen, auf deren Zahlung die Vorschriften der §§ 21 bis 23 Anwendung finden, schon vor vollständiger Einforderung der Stammeinlagen zulässig ist.

Übersicht

A. Grundlagen

Für beschränkte und gemischte Nachschusspflichten steht dem Gesellschafter kein Preisgaberecht zu. Die Gesellschaft kann sich der Kaduzierungsvorschriften bedienen mit Ausnahme des § 24. § 28 Abs. 1 ist dispositiv.[1] § 28 Abs. 2 gestattet eine satzungsmäßige Abweichung von § 26 Abs. 1. 1

B. Geltung der §§ 21 bis 23, Abs. 1

Abs. 1 eröffnet der Gesellschaft den Weg, das Kaduzierungsverfahren zu bestreiten. Sie hat die Wahl, ob sie diese Möglichkeit wahrnimmt oder den Nachschuss im Klageweg eintreibt.[2] Die Entscheidung trifft der Geschäftsführer, sofern nicht die Gesellschafterversammlung die Entscheidung an sich zieht.[3] Will die Gesellschaft das Ausschlussverfahren betreiben, muss die Nachschusspflicht kraft Beschlusses i.S.v. § 26 Abs. 1 begründet und durch Zustellung der Aufforderung fällig gestellt (vgl. § 26 Rdn. 10) worden sein.[4] 2

Sind neben Nachschüssen noch Stammeinlagen rückständig, kann das Kaduzierungsverfahren nur wegen beider Gründe oder wegen der rückständigen Einlage betrieben werden, nicht aber allein wegen der rückständigen Nachschüsse.[5] Die Haftung der Mitgesellschafter aus § 24 umfasst allein die rückständige Stammeinlage.[6] 3

Wird der Gesellschafter ausgeschlossen, bleibt er gem. § 21 Abs. 3 hinsichtlich rückständiger und bereits beschlossener zukünftiger Nachschüsse verpflichtet. Einforderung der zukünftigen Nachschüsse ist nicht notwendig, da sie keine Entstehungsvoraussetzung ist, s. § 26 Rdn. 5 f.[7] Die Haftung der Rechtsvorgänger aus § 22 wird durch die Höhe der im Zeitpunkt ihrer Austragung aus der Gesellschafterliste begründeten Nachschusspflichten begrenzt.[8] Bei Veräußerung des Geschäftsanteils haftet der Erwerber für künftige Nachschüsse.[9] 4

Bei gemischten Nachschusspflichten verweist Satz 2 auf die §§ 21 bis 23, soweit die Nachschüsse den im Gesellschaftsvertrag festgesetzten Betrag nicht überschreiten. Mehrere Nachschüsse sind zusammenzurechnen.[10] Dabei reicht die Einforderung aus, Einzahlung ist nicht 5

---

1 *Leuschner, in: Habersack/Casper/Löbbe*, GmbHG, § 28 Rn. 3, 9.

2 *Altmeppen*, in: Roth/Altmeppen, GmbHG, § 28 Rn. 3.

3 *Altmeppen*, in: Roth/Altmeppen, GmbHG, § 28 Rn. 3; *Leuschner, in: Habersack/Casper/Löbbe*, GmbHG, § 28 Rn. 10.

4 I.Erg. wie hier *Kersting*, in: Baumbach/Hueck, GmbHG, § 28 Rn. 2.

5 *Emmerich*, in: Scholz, GmbHG; § 28 Rn. 6; *Kersting*, in: Baumbach/Hueck, GmbHG, § 28 Rn. 8.

6 *Bayer*, in: Lutter/Hommelhoff, GmbHG, § 28 Rn. 3.

7 So wohl auch *Saenger*, in: Saenger/Inhester, GmbHG, § 28 Rn. 5. A.A. die h.M. mit Unterschieden im Einzelnen, z.B. *Altmeppen*, in: Roth/Altmeppen, GmbHG, § 28 Rn. 4 (Haftung für beschlossene, erst zukünftig fällig werdende Nachschüsse, aber nicht für erst durch spätere Einforderung entstehende); *Bayer*, in: Lutter/Hommelhoff, GmbHG, § 28 Rn. 2 (nur bereits eingeforderte zukünftige Nachschüsse); *Emmerich*, in: Scholz, GmbHG, § 28 Rn. 4; *Leuschner, in: Habersack/Casper/Löbbe*, GmbHG, § 28 Rn. 6 (*Emmerich* und *Leuschner* für nur bereits begründete, nicht aber künftige Nachschüsse).

8 *Altmeppen*, in: Roth/Altmeppen, GmbHG, § 28 Rn. 5; *Emmerich*, in: Scholz, GmbHG, § 28 Rn. 7.

9 *Bayer*, in: Lutter/Hommelhoff, GmbHG, § 28 Rn. 2.

10 *Kersting*, in: Baumbach/Hueck, GmbHG, § 28 Rn. 2.

erforderlich.[11] Anderenfalls wäre der Gesellschafter u.U. gezwungen, den letzten zur Schwellenüberschreitung notwendigen Nachschuss noch einzuzahlen und verlöre damit nach den Grundsätzen zu § 27 (dort Rdn. 4) sein Preisgaberecht.

6 Auf die Einforderung des Nachschusses kann die Gesellschaft **verzichten**, solange sie den Gleichbehandlungsgrundsatz wahrt; § 19 findet keine Anwendung.[12] Es bedarf hierfür keiner Satzungsänderung.[13]

7 Da Abs. 1 dispositiv ist, können im Gesellschaftsvertrag **abweichende Regelungen** getroffen werden, etwa im Wege der Verankerung eines Preisgaberechts.[14] Gleichermaßen zulässig ist, ggf. unter Beachtung des § 53 Abs. 3, eine Verschärfung, bspw. durch einen Verweis auf § 24.[15]

C. Einforderung von Nachschüssen vor Einforderung der Stammeinlagen, Abs. 2

8 Abs. 2 ermöglicht von dem Grundsatz in § 26 Abs. 1 abzuweichen, wonach Nachschüsse nur eingefordert werden dürfen, wenn die Stammeinlagen eingezahlt sind (§ 26 Rdn. 9). Dazu ist Satzungsregelung notwendig. Abs. 2 bezieht sich allein auf solche Nachschusspflichten, hinsichtlich derer die §§ 21 bis 23 Anwendung finden, also lediglich auf beschränkte bzw. auf den beschränkten Teil gemischter Nachschusspflichten.

9 Die §§ 21 bis 23 müssen uneingeschränkt anwendbar sein, ein Preisgaberecht darf daher mit Blick auf Abs. 2 nicht in der Satzung verankert werden.[16]

10 Zu beachten ist die Bindung nach § 30 Abs. 2 Satz 3 (§ 30 Rdn. 112).

§ 29 Ergebnisverwendung

(1) [1]Die Gesellschafter haben Anspruch auf den Jahresüberschuß zuzüglich eines Gewinnvortrags und abzüglich eines Verlustvortrags, soweit der sich ergebende Betrag nicht nach Gesetz oder Gesellschaftsvertrag, durch Beschluss nach Absatz 2 oder als zusätzlicher Aufwand auf Grund des Beschlusses über die Verwendung des Ergebnisses von der Verteilung unter die Gesellschafter ausgeschlossen ist. [2]Wird die Bilanz unter Berücksichtigung der teilweisen Ergebnisverwendung aufgestellt oder werden Rücklagen aufgelöst, so haben die Gesellschafter abweichend von Satz 1 Anspruch auf den Bilanzgewinn.

(2) Im Beschluss über die Verwendung des Ergebnisses können die Gesellschafter, wenn der Gesellschaftsvertrag nichts anderes bestimmt, Beträge in Gewinnrücklagen einstellen oder als Gewinn vortragen.

(3) [1]Die Verteilung erfolgt nach Verhältnis der Geschäftsanteile. [2]Im Gesellschaftsvertrag kann ein anderer Maßstab der Verteilung festgesetzt werden.

(4) [1]Unbeschadet der Absätze 1 und 2 und abweichender Gewinnverteilungsabreden nach Absatz 3 Satz 2 können die Geschäftsführer mit Zustimmung des Aufsichtsrats oder der Gesellschafter den Eigenkapitalanteil von Wertaufholungen bei Vermögensgegenständen des Anlage- und Umlaufvermögens in andere Gewinnrücklagen einstellen. [2]Der Betrag dieser Rücklagen ist in der Bilanz gesondert auszuweisen; er kann auch im Anhang angegeben werden.

---

11 *Bayer*, in: Lutter/Hommelhoff, GmbHG, § 28 Rn. 5. A.A., nur eingezahlte Nachschüsse: *Kersting*, in: Baumbach/Hueck § 28 Rn. 2; *Leuschner, in: Habersack/Casper/Löbbe*, GmbHG, § 28 Rn. 6, 13.
12 *Emmerich*, in: Scholz, GmbHG, § 28 Rn. 11.
13 Vgl. *Pentz*, in: Rowedder/Schmidt-Leithoff, GmbHG, § 28 Rn. 8.
14 S. zu Abweichungen im Gesellschaftsvertrag *Leuschner, in: Habersack/Casper/Löbbe*, GmbHG, § 28 Rn. 3.
15 *Schütz*, in: MünchKommGmbHG, § 28 Rn. 6.
16 *Mock*, in: Michalski/Heidinger/Leible/Schmidt, GmbHG, § 28 Rn. 15.

Schrifttum

Baums, Ersatz von Reflexschäden in der Kapitalgesellschaft, ZGR 1987, 554; *Bitter*, Rechtsperson und Kapitalerhaltung – Gesellschafterschutz vor »verdeckten Gewinnausschüttungen« bei Kapital- und Personengesellschaften, ZHR 168 (2004), 302; *Bork/Oepen*, Schutz des GmbH-Minderheitsgesellschafters vor der Mehrheit bei der Gewinnverteilung, ZGR 2002, 241; *Cahn*, Kapitalerhaltung im Konzern, 1998; *Dunkmann/Schönhaar*, Steuerliche Anerkennung inkongruenter Gewinnverteilungsabreden bei der GmbH, GWR 2014, 361; *Einhaus/Selter*, Die Treuepflicht des GmbH-Gesellschafters zwischen Ausschüttungs- und Thesaurierungsinteresse, GmbHR 2016, 1177; *Fleischer*, Zur organschaftlichen Treuepflicht der Geschäftsleiter im Aktien- und GmbH-Recht, WM 2003, 1045; *Fleischer/Trinks*, Minderheitenschutz bei der Gewinnthesaurierung in der GmbH – Ein deutsch-spanischer Rechtsvergleich, NZG 2015, 289; *Förster*, Aktuelle Fragen der Besteuerung von Kapitalgesellschaften, DB 2015, 331; *Gerkan*, Die Gesellschafterklage, ZGR 1988, 441; *Grever*, Disquotale Ausgestaltung von Gesellschafterrechten – zivilrechtliche Gestaltungsmöglichkeiten und steuerrechtliche Folgen –, RNotZ 2019, 1; *Grundmann*, Der Treuhandvertrag, 1997; *Heusel/Goette*, Zum Gewinnausschüttungsanspruch bei Pattsituationen in der GmbH, GmbHR 2017, 385; *Hofmann*, Der Minderheitsschutz im Gesellschaftsrecht, 2011; *ders.*, Gesellschaftsrecht und Art. 14 GG, FS Hopt, 2012, S. 833–848; *Hommelhoff*, Die Ergebnisverwendung in der GmbH nach dem Bilanzrichtliniengesetz, ZGR 1986, 418; *Hueck*, Minderheitsschutz bei der Ergebnisverwendung in der GmbH: Zur Neuregelung des § 29 GmbHG durch das Bilanzrichtlinien-Gesetz; FS Steindorff, 1990, S. 45–58; *Kalss*, Alternativen zum deutschen Aktienkonzernrecht, ZHR 171 (2007), 146; *Kamchen/Kling*, Disquotale Gewinnausschüttungen, NWB 2015, 819; *Koehler*, Die disquotale Ausschüttung in der GmbH, GmbHR 2019, 1043; Lieder/Wernert, Der Teilgewinnabführungsvertrag im Recht der GmbH, NZG 2020, 361; *Lohr*, Satzungsklauseln zur Ergebnisverwendung, GmbH-StB 2015, 301; *Lotz*, Vertragliche Verlustausgleichsverpflichtungen im GmbH-Recht, GmbHR 2020, 245; *Lutter*, Verdeckte Leistungen und Kapitalschutz; FS Stiefel, 1987, S. 505–533; *Martens*, Die Anzeigepflicht des Verlustes des Garantiekapitals nach dem AktG und dem GmbHG – Zur Informationspolitik in den Kapitalgesellschaften, ZGR 1972, 254; *Mertens*, Die Geschäftsführungshaftung in der GmbH und das ITT-Urteil; FS R. Fischer, 1979, S. 461–475; *Pörschke*, Disquotale Gewinnausschüttungen bei der GmbH, DB 2017, 1165; *Schön*, Zur »Existenzvernichtung« der juristischen Person, ZHR 168 (2004), 268; *Wassermeyer*, Einige Grundsatzüberlegungen zur verdeckten Gewinnausschüttung, GmbHR 1998, 157; *Windbichler*, Alternative Dispute Resolution v. Shareholder Suits?, in: Baums/Hopt/Horn (ed.), Liber Amicorum Buxbaum, 2000, 617; *Zöllner*, Die Schranken mitgliedschaftlicher Stimmrechtsmacht bei den privatrechtlichen Personenverbänden, 1963; *ders.*, Die sogenannten Gesellschafterklagen im Kapitalgesellschaftsrecht, ZGR 1988, 392.

Übersicht Rdn.

A. Überblick

I. Regelungsgegenstand der Vorschrift

1 § 29 regelt den individuellen Gewinnanspruch der Gesellschafter sowie die Kompetenz der Gesellschafterversammlung, über das Jahresergebnis zu beschließen. Abs. 1 Satz 1 spricht dem Gesellschafter zwar einen Anspruch auf den Jahresüberschuss zu, stellt diesen jedoch unter die Bedingung, dass er weder durch Gesetz noch Satzung oder einen Gesellschafterbeschluss nach Abs. 2 von der Verteilung an die Gesellschafter ausgenommen ist. Damit entscheiden die Gesellschafter durch mehrheitlichen Beschluss, inwieweit der frei verfügbare Anteil an dem Jahresüberschuss einbehalten oder an die Gesellschafter ausgeschüttet wird. Durch die Ermächtigung in Abs. 2 zur Rücklagenbildung und zum Gewinnvortrag kann die Gesellschaftermehrheit für eine angemessene Kapitalausstattung der Gesellschaft sorgen.[1] Nach alter Rechtslage, die zunächst durch unbefristete Übergangsbestimmung für vor dem 01.01.1986 eingetragene Gesellschaften fortwirkte, bestand demgegenüber ein Anspruch der Gesellschafter auf Vollausschüttung; nach Streichung der Übergangsnorm durch den Gesetzgeber wird nunmehr unterschiedlich beurteilt, inwieweit ein Vollausschüttungsanspruch in Altgesellschaften noch besteht.[2] Die Verteilung des Gewinns erfolgt nach Abs. 3 mangels abweichender Vereinbarungen im Gesellschaftsvertrag nach dem Verhältnis der Geschäftsanteile. Damit wird der allgemein geltende Grundsatz der Gleichbehandlung für die Gewinnverteilung explizit angeordnet. Abs. 4 betrifft den Sonderfall, dass Gewinnrücklagen aus

1 *Müller*, in: Ulmer/Habersack/Löbbe, GmbHG, § 29 Rn. 1.

2 Zur alten Rechtslage und Behandlung von Gesellschaften, die vor dem 01.01.1986 eingetragen wurden, s. *Verse*, in: Scholz, GmbHG, § 29 Rn. 3–7a und 8–8a; für einen Vollausschüttungsanspruch s. *Ekkenga*, in: MünchKommGmbHG, § 29 Rn. 7, 277; a.A. *Mock*, in: Michalski/Heidinger/Leible/Schmidt, GmbHG, § 29 Rn. 11; *Altmeppen*, in: Roth/Altmeppen, GmbHG, § 29 Rn. 2. Die praktische Bedeutung der Frage indes dürfte durch Zeitablauf und Satzungsanpassungen bei Altgesellschaften mittlerweile gering sein.

Eigenkapital, das aus Wertaufholungen hervorgeht, gebildet werden. Insgesamt beherrscht der Grundsatz der Satzungsautonomie die Gewinnverwendung: § 29 ist in allen seinen Bestimmungen dispositiv.[3]

II. Mitgliedschaftsrecht und Interessenkonflikt

§ 29 kommt die Aufgabe zu, den innergesellschaftlichen Konflikt zwischen dem Interesse der Gesellschaft an Kapitalerhaltung und der Renditeerwartung des individuellen Gesellschafters zu lösen. Der innere Wert der gesellschafterlichen Beteiligung kann wegen der eingeschränkten Fungibilität der Anteile schwerer als bei börsennotierten Aktien realisiert werden. Die Renditeerwartung des GmbH-Gesellschafters konzentriert sich daher stark auf die Gewinnausschüttung.[4] Dieser hohen Bedeutung entspricht es, dass es sich bei dem Gewinnbezugsrecht nicht um eine bloße Exspektanz, sondern um einen Bestandteil der Mitgliedschaft handelt.[5] Allerdings sind mehrere Stadien zu unterscheiden. Der Anspruch wurzelt als abstraktes Recht (auch Gewinnstammrecht genannt) in der Mitgliedschaft und reift erst durch einen Gewinnverwendungsbeschluss der Gesellschafterversammlung zu einem konkreten, durchsetzbaren, fälligen und abtretbaren Zahlungsanspruch.[6] 2

Die Kapitalerhaltung ist in der GmbH verglichen mit der AG nur schwach ausgeprägt, daher sieht sich das Kapital der GmbH in größerem Maße dem Zugriff der Gesellschafter ausgesetzt als in der AG.[7] Lediglich das Stammkapital darf durch Gewinnausschüttungen nicht angegriffen werden.[8] Der Konflikt wird dadurch entschärft, dass sich das wohlverstandene Interesse der Gesellschafter nicht in kurzfristigen Renditeerwartungen erschöpft, sondern auch auf die zukünftige Gewinnentwicklung richtet. Ein rational handelnder Gesellschafter wird der Gesellschaft nur das verzichtbare Kapital entziehen, nicht aber den zu wirksamer Zweckverfolgung, ggf. sogar zu Expansion erforderlichen Teil des Jahresüberschusses. Hieran müssen sich die Anforderungen an den mehrheitlich gefassten Gewinnverwendungsbeschluss ausrichten (im Einzelnen unter Rdn. 24 ff.).

III. Stufenweise Willensbildung

Die Willensbildung über die Ergebnisverwendung vollzieht sich auf mehreren Stufen. Zunächst muss der Jahresabschluss von der Geschäftsleitung aufgestellt werden, in dem der Jahresüberschuss ausgewiesen wird. Dieser Abschluss wird anschließend nach § 42a Abs. 2 Satz 1 durch die Gesellschafterversammlung, die nach § 47 Abs. 1 mit einfacher Stimmenmehrheit beschließt, festgestellt und für verbindlich erklärt. Darauf schließt sich der Gewinnverwendungsbeschluss der Gesellschafter nach § 29 Abs. 2 an. Der konkrete Gewinnanspruch des Gesellschafters steht daher unter mehrfachem Vorbehalt. Es muss überhaupt ein Überschuss ausgewiesen sein, dieser darf nicht durch die 3

3 *Müller*, in: Ulmer/Habersack/Löbbe, GmbHG, § 29 Rn. 2; *Hommelhoff*, in: Lutter/Hommelhoff, GmbHG, § 29 Rn. 1; *Altmeppen*, in: Roth/Altmeppen, GmbHG, § 29 Rn. 7; *Kersting*, in: Baumbach/Hueck, GmbHG, § 29 Rn. 3.

4 *Strohn*, in: Henssler/Strohn, Gesellschaftsrecht, § 29 GmbHG Rn. 1; *Roth*, in: Roth/Altmeppen, GmbHG, 8. Aufl. 2015, § 29 Rn. 6.

5 *Müller*, in: Ulmer/Habersack/Löbbe, GmbHG, § 29 Rn. 6; *Hommelhoff*, in: Lutter/Hommelhoff, GmbHG, § 29 Rn. 3; *Verse*, in: Scholz, GmbHG, § 29 Rn. 78; *Kersting*, in: Baumbach/Hueck, GmbHG, § 29 Rn. 48; vgl. auch BVerfG, NJW-RR 2000, 842, 843. Zum Anspruch auf den Liquidationserlös s. *Brünkmans*, § 72 Rdn. 2.

6 BGHZ 139, 299, 302 f.; BGH, NJW 1996, 1678, 1679; OLG Koblenz, GmbHR 2018, 1016, 1019 f.; *Verse*, in: Scholz, GmbHG, § 29 Rn. 37 und 78; *Kersting*, in: Baumbach/Hueck, GmbHG, § 29 Rn. 42, 48 f.; *Mock*, in: Michalski/Heidinger/Leible/Schmidt, GmbHG, § 29 Rn. 16; *Hommelhoff*, in: Lutter/Hommelhoff, GmbHG, § 29 Rn. 3 f.; *Ekkenga*, in: MünchKommGmbHG, § 29 Rn. 39; *Altmeppen*, in: Roth/Altmeppen, GmbHG, § 29 Rn. 1; *Fromm*, GmbH-StB 2018, 190, 190.

7 *Kersting*, in: Baumbach/Hueck, GmbHG, § 29 Rn. 4..

8 *Pentz*, in: Rowedder/Schmidt-Leithoff, GmbHG, § 29 Rn. 35–37; *Verse*, in: Scholz, GmbHG, § 29 Rn. 50 (beide mit Unterscheidung nach verschiedenen Stadien); *Müller*, in: Ulmer/Habersack/Löbbe, GmbHG, § 29 Rn. 6; *Altmeppen*, in: Roth/Altmeppen, GmbHG, § 29 Rn. 13.

Vorgaben von Gesetz und Satzung andere Verwendung finden und schließlich muss die Gesellschafterversammlung nach § 29 Abs. 2 entschieden haben, den Gewinn nicht (vollständig) in Rücklagen einzustellen oder vorzutragen, sondern ihn (teilweise) auszuschütten.[9] Der Gesellschafter ist daher darauf angewiesen, dass Geschäftsführung und Gesellschafterversammlung die notwendigen Schritte unternehmen. Dem muss durch effektive Individualansprüche und Rechtsbehelfe Rechnung getragen werden (dazu unter Rdn. 19 ff.).

B. Ermittlung des Jahresergebnisses

4 Die Gesellschafter entscheiden nach Abs. 2 über die Verwendung des Jahresergebnisses.

I. Berechnung auf Grundlage des Jahresüberschusses

5 Wie Abs. 1 Satz 1 bestimmt, ergibt sich das Jahresergebnis aus dem Jahresüberschuss, der um den Gewinn- oder Verlustvortrag der letzten Geschäftsjahre im Sinne von § 266 Abs. 3 A IV HGB bereinigt wird. Der Jahresüberschuss stellt die positive Veränderung des Eigenkapitals im vergangenen Geschäftsjahr dar. Er wird als Saldo der Gewinn- und Verlustrechnung nach § 275 Abs. 2 Nr. 17, Abs. 3 Nr. 16 HGB und als Überschuss der Aktiv- über die Passivposten der Bilanz, § 266 Abs. 3 A V HGB, ausgewiesen.[10] Der Verlustvortrag stellt den Jahresfehlbetrag früherer Geschäftsjahre dar, der den Gewinn folgender Geschäftsjahre mindert und so lange berücksichtigt wird, bis er durch nachfolgende Gewinne gänzlich ausgeglichen ist.[11] Der Gewinnvortrag ist der Posten, der als Gewinn früherer Geschäftsjahre nicht an die Gesellschafter verteilt, in Rücklagen eingestellt oder anderweitig verwendet wurde.[12] Gewinnvorträge werden im Gegensatz zu Rücklagen nur vorübergehend von der Verteilung an die Gesellschafter ausgeschlossen. Sie stehen jährlich zur Disposition. In den kommenden Jahren muss daher stets erneut beschlossen werden, ob der Gewinn weiter vorgetragen oder nunmehr an die Gesellschafter ausgeschüttet werden soll. Demgegenüber müssen Rücklagen zunächst aufgelöst werden, bevor über die hierin gebundenen Mittel erneut disponiert werden kann.[13]

II. Berechnung auf Grundlage des Bilanzgewinns, Abs. 1 Satz 2

1. Vorwegnahme der Ergebnisverwendung

6 Die Bilanz berücksichtigt im Regelfall die Ergebnisverwendung nicht und weist daher den vollen Jahresüberschuss aus, wie sich aus § 266 Abs. 3 A V HGB ergibt.[14] Daher geht auch § 29 Abs. 1 Satz 1 davon aus, dass der Gewinnziehungsanspruch ausgehend vom Jahresüberschuss ermittelt wird. § 268 Abs. 1 Satz 1 HGB bestimmt jedoch, dass die Bilanz die Verwendung des Jahresergebnisses berücksichtigen darf. Darauf bezieht sich § 29 Abs. 1 Satz 2, der den Gewinnanspruch des Gesellschafters am Bilanzgewinn ausrichtet, wenn die Bilanz unter teilweiser Verwendung des Jahresergebnisses aufgestellt und dieses teilweise in Rücklagen eingestellt wurde. Die Bilanz ist außerdem maßgeblich, wenn Kapital- oder Gewinnrücklagen aufgelöst wurden. In diesen Fällen

9 BGHZ 137, 378, 380; BGHZ 139, 299, 302 f.; BGH, ZIP 2004, 1551; OLG Koblenz, GmbHR 2018, 1016, 1019 f.; *Müller*, in: Ulmer/Habersack/Löbbe, GmbHG, § 29 Rn. 6; *Bork/Oepen*, ZGR 2002, 241, 243; *Hommelhoff*, ZGR 1986, 418, 419.

10 *Altmeppen*, in: Roth/Altmeppen, GmbHG, § 29 Rn. 3; *Mock*, in: Michalski/Heidinger/Leible/Schmidt, GmbHG, § 29 Rn. 35, 38; *Kersting*, in: Baumbach/Hueck, GmbHG, § 29 Rn. 10a.

11 *Müller*, in: Ulmer/Habersack/Löbbe, GmbHG, § 29 Rn. 55; *Ekkenga*, in: MünchKommGmbHG, § 29 Rn. 13.

12 *Müller*, in: Ulmer/Habersack/Löbbe, GmbHG, § 29 Rn. 55; *Ekkenga*, in: MünchKommGmbHG, § 29 Rn. 12.

13 *Müller*, in: Ulmer/Habersack/Löbbe, GmbHG, § 29 Rn. 63; *Ekkenga*, in: MünchKommGmbHG, § 29 Rn. 12.

14 *Müller*, in: Ulmer/Habersack/Löbbe, GmbHG, § 29 Rn. 25.

berücksichtigt die Bilanz die Veränderungen bei den Rücklagen und wird unter teilweiser Verwendung des Jahresergebnisses aufgestellt.[15] Die Bilanzierung nimmt daher zumindest einen Teil der Ergebnisverwendung vorweg und bindet Beträge, über die ansonsten erst im Wege des Beschlusses nach Abs. 2 entschieden würde.[16] In diesem Fall liegt dem Ergebnisverwendungsbeschluss der Gesellschafter nach Abs. 2 der Bilanzgewinn, ansonsten der Jahresüberschuss zugrunde.[17]

2. Bindungswirkung

Die Gesellschafterversammlung entscheidet stets über die Ergebnisverwendung, es sei denn, diese Zuständigkeit wurde in der Satzung auf eine andere Stelle übertragen.[18] Der ausgewiesene Bilanzgewinn begründet noch keinen Anspruch des einzelnen Gesellschafters auf Gewinnziehung, auch wenn Abs. 1 Satz 2 einen solchen Schluss nahezulegen scheint. Vielmehr setzt der Anspruch voraus, dass die Voraussetzungen des Abs. 2 erfüllt sind, insb. die Gesellschafterversammlung in ihrem Gewinnverwendungsbeschluss nicht entscheidet, den Bilanzgewinn in Rücklagen einzustellen[19] oder die Ansätze der Geschäftsführer gänzlich zu korrigieren.[20] Wird die Bilanz als Bestandteil des Jahresabschlusses jedoch von den Gesellschaftern nach § 42a Abs. 2 festgestellt, nimmt die darin enthaltene Ergebnisverwendung an der Bindungswirkung der Feststellung teil. Die Gesellschafter sind dann daran gehindert, eine Ausschüttung der in der Bilanz in Rücklagen eingestellten Beträge zu verfügen.[21] Die Dispositionsbefugnis beschränkt sich auf einen evtl. verbleibenden Rest des Ergebnisses, der ausgeschüttet oder ebenfalls in Rücklagen eingestellt werden kann. Außerdem besteht für dissentierende Gesellschafter die Möglichkeit, den Feststellungsbeschluss anzufechten.[22] Für den Erfolg ist entscheidend, ob die Voraussetzungen für die Bildung von Rückstellungen in der Bilanz vorlagen. 7

III. Minderung um zusätzlichen Aufwand, Abs. 1 Satz 1 Halbs. 2

Nach Abs. 1 Satz 1 Halbs. 2 ist das Jahresergebnis um den zusätzlichen Aufwand zu mindern, der durch den Beschluss über die Ergebnisverwendung zustande kommt. Zusätzlicher Aufwand konnte entstehen, wenn die Bestimmung über die Gewinnverwendung durch die Gesellschafter von den Vorschlägen der Geschäftsführer abwich und die Gesellschafter mehr Kapital bei der Gesellschaft beließen als von den Geschäftsführern vorgesehen. Hierdurch konnte es zu einem erhöhten Körperschaftsteueraufwand kommen, wodurch der von den Geschäftsführern vorgesehene Steueraufwand aufgestockt werden musste und i.H.d. Differenz zusätzlicher Aufwand i.S.d. Vorschrift entstand.[23] Dies wurde relevant, weil sich die Körperschaftsteuersätze für thesaurierte und ausgeschüttete Gewinne unterschieden, was seit Vereinheitlichung des Steuersatzes ab 2001 nicht mehr der Fall ist.[24] Weiterhin relevant ist jedoch durch ausschüttungsabhängige Gewinnbeteiligungen Dritter 8

15 *Kersting*, in: Baumbach/Hueck, GmbHG, § 29 Rn. 11; *Altmeppen*, in: Roth/Altmeppen, GmbHG, § 29 Rn. 3 f.
16 *Kersting*, in: Baumbach/Hueck, GmbHG, § 29 Rn. 11.
17 *Müller*, in: Ulmer/Habersack/Löbbe, GmbHG, § 29 Rn. 56.
18 *Müller*, in: Ulmer/Habersack/Löbbe, GmbHG, § 29 Rn. 57; *Altmeppen*, in: Roth/Altmeppen, GmbHG, § 29 Rn. 28.
19 *Müller*, in: Ulmer/Habersack/Löbbe, GmbHG, § 29 Rn. 66; *Altmeppen*, in: Roth/Altmeppen, GmbHG, § 29 Rn. 27.
20 *Altmeppen*, in: Roth/Altmeppen, GmbHG, § 29 Rn. 28.
21 *Kersting*, in: Baumbach/Hueck, GmbHG, § 29 Rn. 9.
22 *Ekkenga*, in: MünchKommGmbHG, § 29 Rn. 23.
23 *Verse*, in: Scholz, GmbHG, § 29 Rn. 52; *Mock*, in: Michalski/Heidinger/Leible/Schmidt, GmbHG, § 29 Rn. 58; *Ekkenga*, in: MünchKommGmbHG, § 29 Rn. 20; *Altmeppen*, in: Roth/Altmeppen, GmbHG, § 29 Rn. 3.
24 *Verse*, in: Scholz, GmbHG, § 29 Rn. 52; *Mock*, in: Michalski/Heidinger/Leible/Schmidt, GmbHG, § 29 Rn. 58; *Ekkenga*, in: MünchKommGmbHG, § 29 Rn. 20.

entstehender zusätzlicher Aufwand.[25] Beschließen die Gesellschafter mehr auszuschütten als von den Geschäftsführern vorgesehen, erhöht sich der an Dritte abzuführende Betrag ebenfalls und stellt zusätzlichen Aufwand dar. Zur Gewinnbeteiligung Dritter näher unter Rdn. 46 ff.

IV. Berücksichtigung von Gewinnabführungsverträgen

9 Besteht ein Gewinnabführungsvertrag, ist die hieraus folgende Verpflichtung bereits bei der Aufstellung des Jahresabschlusses zu berücksichtigen und der abzuführende Betrag zu passivieren.[26] Wird das gesamte Ergebnis abgeführt, erübrigt sich ein Gewinnverwendungsbeschluss, sodass nur der Jahresabschluss festzustellen ist.[27]

C. Verwendung von Wertaufholungen, Abs. 4

I. Anwendungsbereich

10 Eine weitere Veränderung des Jahresergebnisses kann sich durch Wertaufholungen i.S.d. Abs. 4 ergeben; die ebenfalls dispositive (oben Rdn. 1) Vorschrift entspricht § 58 Abs. 2a AktG.[28] Darunter fallen die nach § 253 Abs. 5 Satz 1 HGB gebotenen Wertaufholungen in den Fällen, in denen sachlich überholte Abschreibungen bei Vermögensgegenständen des Anlage- und Umlaufvermögens zurückgenommen werden.[29] Die Korrektur bewirkt, dass sich das Jahresergebnis um den Wert der Berichtigung erhöht.

II. Gesetzesänderungen

11 Durch das Bilanzrichtlinie-Umsetzungsgesetz vom 17.7.2015[30] wurde die vorher geltende Fassung des § 29 Abs. 4 mit Wirkung zum 23.7.2015 geändert. Dies knüpft zunächst daran an, dass ein »Sonderposten mit Rücklageanteil« seit Umsetzung des Bilanzrechtsmodernisierungsgesetzes vom 25.5.2009 nicht mehr gebildet werden darf. Somit wurde die Passage »… und von bei der steuerrechtlichen Gewinnermittlung gebildete Passivposten, die nicht im Sonderposten mit Rücklageanteil ausgewiesen werden dürfen« gegenstandslos und durch das Bilanzrichtlinie-Umsetzungsgesetz gestrichen.[31] Darüber hinaus wurde § 29 Abs. 4 S. 2 vom Wortlaut durch dieses Gesetz geändert: Die ursprüngliche Fassung »Der Betrag dieser Rücklagen ist entweder in der Bilanz gesondert auszuweisen oder im Anhang anzugeben.« wurde durch die Formulierung »Der Betrag dieser Rücklagen ist in der Bilanz gesondert auszuweisen; er kann auch im Anhang angegeben werden.« abgelöst. Dadurch soll zum Ausdruck kommen, dass es sich bei der möglichen Ausweisung im Anhang um ein Wahlrecht handelt.[32] Eine entscheidende materiell-rechtliche Veränderung ist durch die Gesetzesänderung nicht eingetreten.

---

25 *Kersting*, in: Baumbach/Hueck, GmbHG, § 29 Rn. 17, 27; *Ekkenga*, in: MünchKommGmbHG, § 29 Rn. 20.

26 *Hommelhoff*, in: Lutter/Hommelhoff, GmbHG, § 29 Rn. 10; zur Wirksamkeit von (Teil-) Gewinnabführungsverträgen mit einer GmbH als abführungspflichtiger Gesellschaft BGH, NJW 2019, 3302, 3303 ff.

27 *Hommelhoff*, in: Lutter/Hommelhoff, GmbHG, § 29 Rn. 10.

28 *Ekkenga*, in: MünchKommGmbHG, § 29 Rn. 238; *Strohn*, in: Henssler/Strohn, Gesellschaftsrecht, § 29 GmbHG Rn. 27.

29 *Verse*, in: Scholz, GmbHG, § 29 Rn. 101; *Kersting*, in: Baumbach/Hueck, GmbHG, § 29 Rn. 19; *Ekkenga*, in: MünchKommGmbHG, § 29 Rn. 238; *Hommelhoff*, in: Lutter/Hommelhoff, GmbHG, § 29 Rn. 34; *Pentz*, in: Rowedder/Schmidt-Leithoff, GmbHG, § 29 Rn. 91.

30 Gesetz zur Umsetzung der Richtlinie 2013/34/EU des Europäischen Parlaments und des Rates vom 26.6.2013 über den Jahresabschluss, den konsolidierten Abschluss und damit verbundene Berichte von Unternehmen bestimmter Rechtsformen und zur Änderung der Richtlinie 2006/43/EG des Europäischen Parlaments und des Rates und zur Aufhebung der Richtlinie 78/660/EWG und 83/349/EWG des Rates; BGBl. I, S. 1245.

31 Siehe dazu auch *Deussen*, in: BeckOK GmbHG (Stand: 1.5.2020), § 29 Rn. 53a; ebenso *Witt*, in: Bork/Schäfer, GmbHG, § 29 Rn. 36.

32 Zum Unterschied zur früheren Rechtsprechung missverständlich aber BT-Drucks. 18/4050, S. 90.

III. Wirkung

Abs. 4 betrifft eine besondere Art der Verwendung des durch die Wertaufholung erhöhten Jahresergebnisses. Er sieht vor, dass der durch Wertaufholung gewonnene Betrag der Gesellschaft erhalten werden kann, indem er in Gewinnrücklagen eingestellt wird. Die Bedeutung der Vorschrift unter der geltenden Fassung des § 29 ist gering, da der Anspruch des einzelnen Gesellschafters ohnehin unter dem Vorbehalt steht, dass das Jahresergebnis nicht in Gewinnrücklagen eingestellt wird. Abweichungen von den allgemeinen Grundsätzen ergeben sich daher nur, wenn die Satzung ein Vollausschüttungsgebot enthält.[33] Dann ergibt sich die für Altfälle geltende Situation: Gesellschafter in einer vor 01.01.1986 entstandenen Gesellschaft haben einen Anspruch auf Vollausschüttung, von dem nur mit Zustimmung aller Gesellschafter abgewichen werden kann.[34] Daher bedeutet Abs. 4 für diese Gesellschaften, dass über die Verwendung der Wertaufholungen in Ausnahme zu den allgemeinen Grundsätzen durch Mehrheitsbeschluss entschieden werden darf.[35] 12

IV. Zuständigkeit

Abs. 4 enthält keine von den allgemeinen Grundsätzen abweichende Kompetenzzuweisung.[36] Da es sich um einen Fall der Rücklagenbildung und daher Gewinnverwendung handelt, ist für die Entscheidung hierüber die Gesellschafterversammlung nach § 46 Nr. 1 zuständig. Abs. 4 betont daher nur das generelle Recht der Geschäftsführer, Vorschläge für die Verwendung der Wertaufholung machen zu dürfen.[37] 13

D. Erwirtschaftung von Verlust

Der Konzeption als Kapitalgesellschaft entsprechend nehmen die Gesellschafter unmittelbar an Verlusten nicht teil. Es besteht daher keine Ausgleichspflicht, es sei denn, diese ist als statutarische Nebenleistungs- oder Nachschusspflicht nach § 3 Abs. 2 oder §§ 26 bis 28 vorgesehen.[38] Daneben sind auch Vereinbarungen von schuldrechtlichen Verlustausgleichsverpflichtungen möglich.[39] Ein Verlust wirkt sich jedoch auf die Gewinnziehung der Gesellschafter aus. Soweit im Geschäftsjahr ein Verlust erwirtschaftet wurde, scheidet ein Gewinnverwendungsbeschluss aus und der Verlust wird ins folgende Geschäftsjahr vorgetragen und mindert die Gewinne künftiger Jahre.[40] 14

E. Feststellung des Jahresabschlusses durch die Gesellschafter

I. Aufstellung des Jahresabschlusses

Da die Gesellschafter nach § 46 Nr. 1 den Jahresabschluss feststellen und über die Gewinnverwendung entscheiden, sind sie auf umfassende Information über die Vermögens- und Ertragslage der 15

33 *Verse*, in: Scholz, GmbHG, § 29 Rn. 98; *Kersting*, in: Baumbach/Hueck, GmbHG, § 29 Rn. 18.
34 *Verse*, in: Scholz, GmbHG, § 29 Rn. 98. Zur alten Rechtslage und Behandlung von Gesellschaften, die vor dem 01.01.1986 eingetragen wurden, s. *Müller*, in: Ulmer/Habersack/Löbbe, GmbHG, § 29 Rn. 5; *Verse*, in: Scholz, GmbHG, § 29 Rn. 3 f.
35 *Kersting*, in: Baumbach/Hueck, GmbHG, § 29 Rn. 18; vgl. auch *Hommelhoff*, in: Lutter/Hommelhoff, GmbHG, § 29 Rn. 35.
36 *Ekkenga*, in: MünchKommGmbHG, § 29 Rn. 238.
37 *Ekkenga*, in: MünchKommGmbHG, § 29 Rn. 243 f.; *Verse*, in: Scholz, GmbHG, § 29 Rn. 103; *Hommelhoff*, in: Lutter/Hommelhoff, GmbHG, § 29 Rn. 34; *Altmeppen*, in: Roth/Altmeppen, GmbHG, § 29 Rn. 36; *Kersting*, in: Baumbach/Hueck, GmbHG, § 29 Rn. 20.
38 *Müller*, in: Ulmer/Habersack/Löbbe, GmbHG, § 29 Rn. 16; *Kersting*, in: Baumbach/Hueck, GmbHG, § 29 Rn. 4
39 *Kersting*, in: Baumbach/Hueck, GmbHG, § 29 Rn. 6; *Ekkenga*, in: MünchKommGmbHG, § 29 Rn. 2; eingehend *Lotz*, GmbHR 2020, 245, 248 ff.
40 *Kersting*, in: Baumbach/Hueck, GmbHG, § 29 Rn. 6; *Müller*, in: Ulmer/Habersack/Löbbe, GmbHG, § 29 Rn. 16; *Mock*, in: Michalski/Heidinger/Leible/Schmidt, GmbHG, § 29 Rn. 39; kritisch *Fromm*, GmbH-StB 2018, 190, 191.

Gesellschaft angewiesen. Dem wird durch interne Rechnungslegung genügt. Der Jahresabschluss umfasst Bilanz, Gewinn- und Verlustrechnung und Anhang.[41] Nach §§ 41, 42a Abs. 1 Satz 1 sind die Geschäftsführer zuständig und verpflichtet, den Jahresabschluss binnen der Fristen des § 264 Abs. 1 Satz 3, 4 HGB zu erstellen.[42] Diese Pflicht ist der Gesellschaft und zugleich auch den Gesellschaftern geschuldet. Wird sie verletzt, können die Gesellschafter aus eigenem Recht gegen die Geschäftsführung klagen (s. noch unter Rdn. 21).[43]

II. Wirksamkeit und Fristen

16 Der Jahresabschluss wird erst wirksam, wenn er von den Gesellschaftern festgestellt wird, nicht schon mit Aufstellung durch die Geschäftsführer.[44] Für die Feststellung gelten die Fristen des § 42a Abs. 2 Satz 1. Danach muss der Abschluss bis zum Ablauf der ersten 8 Monate des Geschäftsjahres bzw. bei kleinen Gesellschaften im Sinne von § 267 Abs. 1 HGB bis zum Ablauf der ersten 11 Monate festgestellt worden sein. Die Kompetenz, den Jahresüberschuss festzustellen, kann auf ein anderes Organ übertragen werden, also einen Aufsichtsrat oder Beirat oder die Geschäftsführer.[45]

III. Bindungswirkung

17 Die Gesellschafterversammlung ist bei ihrer Beschlussfassung nicht an die Vorgaben der Geschäftsführer gebunden, sondern kann über bestehende Ansatz- und Bewertungswahlrechte anders befinden und den Abschluss damit abändern.[46] Der Jahresüberschuss wird durch den Beschluss verbindlich im Verhältnis von Gesellschaft und Gesellschaftern. Er wird damit zur bindenden Grundlage für den Gewinnverwendungsbeschluss und kann in diesem nicht mehr abgeändert werden.[47]

IV. Fehlerhaftigkeit

18 Rechtswidrige Feststellungsbeschlüsse sind anfechtbar.[48] Schwere Mängel führen sogar zur Nichtigkeit, was sich nach dem entsprechend anwendbaren Katalog des § 256 AktG beurteilt.[49] Die Rechtswidrigkeit bestimmt sich nach den allgemeinen Grundsätzen. Die Gesellschafter sind an die Vorgaben im Gesetz und der Satzung gebunden. Sie müssen daher die Grundsätze ordnungsgemäßer Buchführung und Bilanzierung beachten. Bei bilanziellen Wahlrechten ist die der Gesellschaft und den Mitgesellschaftern geschuldete Treuepflicht bedeutend.[50] Bei der Ausübung der Wahlrechte sind die Gesellschafter daher gehalten, auf die Interessen der Gesellschaft und Mitgesellschafter Rücksicht zu nehmen. Bei einem Konflikt mit den Interessen der Gesellschaft entscheidet sich die Rechtmäßigkeit des Beschlusses anhand einer Interessenabwägung.[51] Bei einer Beeinträchtigung widersprechender Gesellschafter ist die Prüfung komplexer. Diese müssen den Nachweis führen,

---

41 *Kersting*, in: Baumbach/Hueck, GmbHG, § 29 Rn. 8; *Müller*, in: Ulmer/Habersack/Löbbe, GmbHG, § 29 Rn. 22; *Merkt*, in: Baumbach/Hopt, HGB, § 264 Rn. 3 f.

42 *Verse*, in: Scholz, GmbHG, § 29 Rn. 12.

43 *Müller*, in: Ulmer/Habersack/Löbbe, GmbHG, § 29 Rn. 24; a.A. *Ekkenga*, in: MünchKommGmbHG, § 29 Rn. 43 f.

44 *Müller*, in: Ulmer/Habersack/Löbbe, GmbHG, § 29 Rn. 31; *Kersting*, in: Baumbach/Hueck, GmbHG, § 29 Rn. 8; *Hommelhoff*, in: Lutter/Hommelhoff, GmbHG, § 29 Rn. 12.

45 *Verse*, in: Scholz, GmbHG, § 29 Rn. 14; *Hommelhoff*, in: Lutter/Hommelhoff, GmbHG, § 29 Rn. 12.

46 *Verse*, in: Scholz, GmbHG, § 29 Rn. 13a; *Müller*, in: Ulmer/Habersack/Löbbe, GmbHG, § 29 Rn. 31; *Kersting*, in: Baumbach/Hueck, GmbHG, § 29 Rn. 9.

47 *Verse*, in: Scholz, GmbHG, § 29 Rn. 13; *Kersting*, in: Baumbach/Hueck, GmbHG, § 29 Rn. 9; *Ekkenga*, in: MünchKommGmbHG, § 29 Rn. 146. Zur Verbindlichkeit auch BGH, NZG 2009, 659, 661.

48 *Verse*, in: Scholz, GmbHG, § 29 Rn. 23, 25; *Haas/Kersting*, in: Baumbach/Hueck, GmbHG, § 42a Rn. 33; unten *Winter/Marx*, § 42a Rdn. 89.

49 *Verse*, in: Scholz, GmbHG, § 29 Rn. 24; *Hommelhoff*, in: Lutter/Hommelhoff, GmbHG, § 29 Rn. 14; *Haas/Kersting*, in: Baumbach/Hueck, GmbHG, § 42a Rn. 25 ff.; unten *Winter/Marx*, § 42a Rdn. 80.

50 *Verse*, in: Scholz, GmbHG, § 29 Rn. 13 und 25.

51 BGHZ 132, 263, 274–276 (für KG); *Müller*, in: Ulmer/Habersack/Löbbe, GmbHG, § 29 Rn. 31 und 34.

dass im Feststellungsbeschluss bereits über die Gewinnverwendung entschieden wird, da nur dann ihre mitgliedschaftliche Rechtsstellung betroffen ist. Der Beschluss ist gleichwohl rechtmäßig, wenn er die Interessen der Gesellschaft verfolgt und sich bei Abwägung mit den entgegenstehenden Interessen der widersprechenden Minderheit als geboten, erforderlich und angemessen erweist (im Einzelnen zu diesen Kriterien unter Rdn. 30 ff.). Dabei ist zugunsten der beschlusstragenden Mehrheit ein unternehmerischer Ermessensspielraum zu beachten, der sich gerade bei Wahlrechten auswirkt (zu diesem Rdn. 37). Damit ergibt sich ein Gleichlauf mit den Rechtmäßigkeitskriterien bei Gewinnverwendungsbeschlüssen.[52]

V. Rechtsdurchsetzung

Der einzelne Gesellschafter ist darauf angewiesen, dass der Jahresabschluss festgestellt und ein Ge- 19
winnverwendungsbeschluss gefasst wird, da sein Anspruch auf Gewinnziehung an diese Voraussetzungen gebunden ist. Er wird in seinen Interessen beeinträchtigt, wenn die Gesellschafter die Fristen aus § 42a Abs. 2 Satz 1 verstreichen lassen oder die Geschäftsführer gegen die Vorgabe verstoßen, den Jahresabschluss nach § 264 Abs. 1 Satz 3, 4 HGB in den ersten 3 bzw. 6 Monaten des Geschäftsjahres für das vergangene Geschäftsjahr aufzustellen. Gegen diese Beeinträchtigung muss wirksamer Rechtsschutz bestehen.

1. Kollektive Rechtsbehelfe gegen säumige Geschäftsführer

Die Gesellschafter können gegen säumige Geschäftsführer vorgehen. Sie können sie nach § 37 20
Abs. 1 anweisen, den Jahresabschluss aufzustellen. Außerdem begehen die Geschäftsführer bei einem Verstoß gegen die Pflichten aus § 264 Abs. 1 HGB einen Treuepflichtverstoß ggü. der Gesellschaft. Bei daraus resultierenden Schäden können die Gesellschafter, deren Zuständigkeit aus § 46 Nr. 8 folgt, Ansprüche nach § 43 Abs. 2 geltend machen. Hierzu bedarf es nach § 47 Abs. 1 ebenso wie bei einer Weisung nach § 37 Abs. 1 eines mehrheitlich gefassten Beschlusses. Die Rechtsbehelfe sind daher nur dann wirkungsvoll, wenn die Gesellschaftermehrheit ein Interesse an der Aufstellung des Jahresabschlusses besitzt. Von einer Mehrheit abhängige Rechtsbehelfe sind in der GmbH jedoch mehr noch als in anderen Gesellschaftsformen problematisch, da es wegen des umfassenden Weisungsrechts nach § 37 Abs. 1 an einer von den Gesellschaftern unabhängigen Geschäftsführung fehlt und sie daher für Konflikte im Verhältnis von Mehrheits- und Minderheitsgesellschaftern besonders anfällig ist. Gerade wenn die Geschäftsführung auf Weisung der Gesellschaftermehrheit untätig bleibt, besteht die Gefahr, dass die Minderheit mit ihrem elementaren Gewinnziehungsrecht ausfällt. Daher sind Individualansprüche der Gesellschafter unverzichtbar.

2. Individuelle Rechtsbehelfe bei Verzögerung der Aufstellung

Bei der Frage nach Rechtsbehelfen des einzelnen Gesellschafters gegen die rechtswidrig unterlassene 21
Aufstellung des Jahresabschlusses ist zu berücksichtigen, dass der Gewinnziehungsanspruch ohne solche Rechtsbehelfe ausgehebelt werden kann, da es ohne Jahresabschluss keinen Verwendungsbeschluss und damit keinen konkreten Gewinnauszahlungsanspruch der Gesellschafter geben kann. Daher verdient die wohl überwiegend vertretene Auffassung Zustimmung, die dem einzelnen Gesellschafter einen Anspruch gegen die Gesellschaft und die Geschäftsführer auf Aufstellung des Jahresabschlusses zubilligt.[53] Der Pflichtverstoß der Geschäftsführer greift wegen der Wirkung auf das Gewinnziehungsrecht der Gesellschafter in die mitgliedschaftliche Rechtsstellung der Gesellschafter ein. Gegen solche Eingriffe durch die Geschäftsführer kann sich der Gesellschafter im

52 Zu den Kriterien auch *Müller*, in: Ulmer/Habersack/Löbbe, GmbHG, § 29 Rn. 42–45; *Verse*, in: Scholz, GmbHG, § 29 Rn. 13 und 25.

53 *Verse*, in: Scholz, GmbHG, § 29 Rn. 17; *Müller*, in: Ulmer/Habersack/Löbbe, GmbHG, § 29 Rn. 34; *Hommelhoff*, in: Lutter/Hommelhoff, GmbHG, § 29 Rn. 12a; a.A. *Ekkenga*, in: MünchKommGmbHG, § 29 Rn. 43 f.

Wege der Feststellungs- und Leistungsklage zur Wehr setzen.[54] Er kann mit dem Antrag, dass der Jahresabschluss aufzustellen ist, Leistungsklage gegen die GmbH erheben.[55] Entsteht durch die Verzögerung ein Schaden, kann der Gesellschafter gegen die Geschäftsführer wegen der Verletzung seiner Mitgliedschaft nach § 823 Abs. 1 BGB vorgehen.[56]

3. Individuelle Rechtsbehelfe bei Verzögerung der Feststellung

a) Klage auf Beschlussfassung

22 Die Beeinträchtigung kann sich auch daraus ergeben, dass die Gesellschaftermehrheit die Feststellung des Jahresabschlusses und den Beschluss über die Gewinnverwendung über die Fristen des § 42a Abs. 2 Satz 1 hinaus verzögert. Da nur ein feststellender Beschluss, nicht aber die bloße Einberufung einer Gesellschafterversammlung dem Minderheitsgesellschafter hilft, ist die Anwendung des § 50 auch dann nicht weiterführend, wenn auf das vorgesehene Minderheitsquorum zugunsten eines Individualanspruchs verzichtet wird.[57] Vielmehr ist effektiver Rechtsschutz dadurch zu gewährleisten, dass der Gesellschafter unmittelbar gegen die Gesellschaft Individualklage auf Feststellung des Jahresergebnisses und auf Fassung eines Gewinnverwendungsbeschlusses erheben darf.[58]

b) Leistungsklage auf Gewinnausschüttung

23 Ein stattgebendes Urteil spricht die Verpflichtung der Gesellschaft aus, das Jahresergebnis festzustellen und einen Gewinnverwendungsbeschluss zu fassen. Damit ist der klagende Gesellschafter seinem Ziel nur geringfügig nähergekommen, denn es fehlt auch nach dem stattgebenden Urteil an den für den konkreten Gewinnziehungsanspruch notwendigen Beschlüssen. Demgegenüber würde ihm eine Leistungsklage gegen die Gesellschaft mit der Verpflichtung, einen inhaltlich vorgegebenen Beschluss zu fassen, weiterhelfen, denn ein rechtskräftiges Urteil könnte nach § 894 ZPO an die Stelle eines Beschlusses mit diesem Inhalt treten. Den Richter an die Stelle der gesellschaftsintern zuständigen Gesellschafter zu setzen, wird jedoch als mit deren Beschlussautonomie unvereinbar abgelehnt.[59] Daher ist ein Weg vorzugswürdig, auf dem zwar dem Gesellschafter zu einem Ausschüttungsanspruch verholfen wird, die Gewinnverteilung aber nicht von einem Gericht, sondern den gesellschaftsintern zuständigen Organen bestimmt wird. Erhebt der Gesellschafter Klage auf Feststellung des Jahresabschlusses mit dem von den Geschäftsführern vorgeschlagenen Inhalt sowie auf Fassung eines darauf gestützten Verwendungsbeschlusses, kann das Gericht seiner Klage stattgeben, ohne sich inhaltlich an die Stelle der intern zuständigen Organe zu setzen. Die Gesellschafter erhalten Gelegenheit, auf den Inhalt des Jahresabschlusses Einfluss zu nehmen; ihnen muss wegen

---

54 Zur effektiven Rechtsdurchsetzung bei Pflichtverletzungen durch die Geschäftsleitung grundlegend und verallgemeinerungsfähig BGHZ 83, 122, 126 f. (Holzmüller); BGH, NJW 2006, 374, 375 (Mangusta/Commerzbank II); BGHZ 136, 133, 140 f. (Siemens/Nold); ausführlich zu den Rechtsbehelfen des Gesellschafters bei Eingriffen der Geschäftsleitung in die mitgliedschaftliche Rechtsstellung *Hofmann*, Der Minderheitsschutz im Gesellschaftsrecht, 2011, S. 276–284.

55 *Hommelhoff*, in: Lutter/Hommelhoff, GmbHG, § 29 Rn. 12a.

56 *Bork/Oepen*, ZGR 2002, 241, 287 f.; zweifelnd *Verse*, in: Scholz, GmbHG, § 29 Rn. 17, der stattdessen auf den Anspruch der Gesellschaft verweist und die actio pro socio als Lösungsweg vorschlägt.

57 So jedoch OLG Düsseldorf, NZG 2001, 1085, 1086; wie hier *Hommelhoff*, in: Lutter/Hommelhoff, GmbHG, § 29 Rn. 33. S.a. *Bork/Oepen*, ZGR 2002, 241, 244 ff.

58 Ganz h.M., *Verse*, in: Scholz, GmbHG, § 29 Rn. 19; *Müller*, in: Ulmer/Habersack/Löbbe, GmbHG, § 29 Rn. 72; *Hommelhoff*, in: Lutter/Hommelhoff, GmbHG, § 29 Rn. 30 f. (Klage gegen GmbH und Mitgesellschafter); *Mock*, in: Michalski/Heidinger/Leible/Schmidt, GmbHG, § 29 Rn. 85 f.; *Ekkenga*, in: MünchKommGmbHG, § 29 Rn. 47; *Altmeppen*, in: Roth/Altmeppen, GmbHG, § 29 Rn. 37. Offen gelassen von BGHZ 139, 299, 303. Für den Gewinnverwendungsbeschluss bejaht von OLG Düsseldorf, NZG 2001, 1085, 1086; OLG Koblenz, GmbHR 2018, 1016, 1019 f.

59 Zum Gewinnverwendungsbeschluss OLG Düsseldorf, NZG 2001, 1085, 1086; mit generellen Bedenken *Verse*, in: Scholz, GmbHG, § 29 Rn. 19; *Bork/Oepen*, ZGR 2002, 241, 284; *Müller*, in: Ulmer/Habersack/Löbbe, GmbHG, § 29 Rn. 72.

der Rechtskrafterstreckung analog § 248 AktG rechtliches Gehör verliehen werden.[60] Sie erhalten dadurch Gelegenheit, noch während des Verfahrens einen inhaltlich veränderten Jahresabschluss festzustellen und einen Gewinnverwendungsbeschluss zu fassen. Kommt es hierzu nicht, spricht ein stattgebendes Urteil auch ohne weiteren Willensakt der Gesellschaft dem klagenden Gesellschafter den Betrag zu, der sich als sein Anteil am Ausschüttungsgewinn ergibt. Dies erfolgt auf Grundlage des von der Geschäftsführung ermittelten Jahresergebnisses, das durch das Urteil nach § 894 ZPO als festgestellt gilt, sowie eines ebenfalls unter Anwendung von § 894 ZPO als gefasst geltenden Verwendungsbeschlusses. Dieser Verwendungsbeschluss legt das von der Geschäftsführung ermittelte Jahresergebnis zugrunde und wendet darauf die Vorgaben von Gesetz und Satzung an.[61] Mit diesen Klagen auf Feststellung des Jahresabschlusses und Fassung des Verwendungsbeschlusses kann dann auch zugleich die Leistungsklage auf Ausschüttung verbunden werden.[62]

F. Gewinnverwendungsbeschlüsse

I. Gesellschafterkompetenz

Nach Abs. 2 beschließen die Gesellschafter mit einfacher Stimmenmehrheit nach § 47 Abs. 1 über 24
die Verwendung des Ergebnisses. Das Jahresergebnis steht daher – anders als im Aktienrecht – zur Disposition der Gesellschafter. Sie sind aber an den Inhalt des festgestellten Jahresabschlusses gebunden.[63] Die Gesellschafter können das Ergebnis ganz oder teilweise in Gewinnrücklagen einstellen oder als Gewinn vortragen. Darüber hinaus können sie die bestehenden Kapital- und Gewinnrücklagen auflösen, dadurch den Bilanzgewinn erhöhen und in die Ergebnisverwendung einbeziehen.[64] Wegen der gegenüber der Aktiengesellschaft geringeren Kapitalbindung können die Gesellschafter beschließen, mehr als das im Jahresabschluss ausgewiesene Ergebnis zu verteilen. Ihrem Zugriff unterliegt das gesamte Eigenkapital der Gesellschaft mit Ausnahme des nach § 30 gebundenen Stammkapitals.[65] Ausnahmen ergeben sich aus § 58d und aus Vorgaben des HGB über Pflichtrückstellungen und zwingende Rücklagen. Die hierdurch gebundenen Beträge sind der Disposition der Gesellschafter durch Gesetz im Sinne von Abs. 1 Satz 1 entzogen.[66] Für die Unternehmergesellschaft (haftungsbeschränkt) im Sinne von § 5a besteht die besondere Pflicht, eine gesetzliche Rücklage zur kontinuierlichen Aufstockung des Stammkapitals zu bilden.[67] Verstößt der Gewinnverwendungsbeschluss gegen Gesetz, insb. den Minderheitenschutz (vgl. Rdn. 31 ff.), oder Satzung (vgl. Rdn. 25 ff.), ist er anfechtbar.[68]

II. Abweichende Satzungsbestimmungen

Abs. 2 ist dispositives Recht, von dem in der Satzung abgewichen werden kann. Die Satzung kann 25
das Gewinnbezugsrecht einschränken, etwa Thesaurierungsquoten festlegen, oder ganz ausschließen. Sie kann aber auch einen Anspruch auf Ausschüttung garantieren, so etwa Vollausschüttung

60 *Verse*, in: Scholz, GmbHG, § 29 Rn. 20.

61 Zu allem Vorstehenden *Verse*, in: Scholz, GmbHG, § 29 Rn. 16–22; *Kersting*, in: Baumbach/Hueck, GmbHG, § 29 Rn. 41; *Bork/Oepen*, ZGR 2002, 241, 283 ff. I.E. ähnlich *Hommelhoff*, in: Lutter/Hommelhoff, GmbHG, § 29 Rn. 17 und 31–33.

62 *Verse*, in: Scholz, GmbHG, § 29 Rn. 20; *Bork/Oepen*, ZGR 2002, 241, 283 ff.; a.A. *Ekkenga*, in: MünchKommGmbHG, § 29 Rn. 52; OLG Düsseldorf, NZG 2001, 1085, 1086.

63 *Verse*, in: Scholz, GmbHG, § 29 Rn. 42; *Kersting*, in: Baumbach/Hueck, GmbHG, § 29 Rn. 9.

64 *Müller*, in: Ulmer/Habersack/Löbbe, GmbHG, § 29 Rn. 58.

65 *Verse*, in: Scholz, GmbHG, § 29 Rn. 42.

66 *Verse*, in: Scholz, GmbHG, § 29 Rn. 48; vgl. auch *Mock*, in: Michalski/Heidinger/Leible/Schmidt, GmbHG, § 29 Rn. 42–50; *Ekkenga*, in: MünchKommGmbHG, § 29 Rn. 14; *Lohr*, GmbH-StB 2015, 301; *Servatius*, in: Baumbach/Hueck, GmbHG, § 5a Rn. 21 ff.; zu den Vorgaben des Bilanzrechts im Einzelnen in der Kommentierung zu §§ 42, 42a.

67 *Altmeppen*, in: Roth/Altmeppen, GmbHG, § 29 Rn. 55; *Lohr*, GmbHG-StB 2015, 301.

68 *Kersting*, in: Baumbach/Hueck, GmbHG, § 29 Rn. 44; *Hommelhoff*, in: Lutter/Hommelhoff, GmbHG, § 29 Rn. 28.

anordnen.[69] Andere naheliegende Gestaltungen betreffen die Kompetenz und Mehrheitserfordernisse: Die Satzung kann die Entscheidungskompetenz auf ein anderes Organ als die Gesellschafterversammlung oder einen Gesellschafterausschuss übertragen.[70] Vor allem die Geschäftsführer können durch den Gesellschaftsvertrag ermächtigt werden, bindend über die Verwendung des Jahresergebnisses zu entscheiden.[71] Dies bietet sich vor allem an, wenn das Gewinnbezugsrecht der Gesellschafter ausgeschlossen oder betragsmäßig begrenzt ist.[72] Im Einzelfall ist genau zu prüfen, ob tatsächlich die Entscheidungsgewalt über die Ergebnisverwendung übertragen wurde. In Betracht kommt stattdessen, dass nur die Feststellung des Jahresabschlusses von der Gesellschafterversammlung auf ein anderes Organ verlagert wurde. In diesem Fall verbleibt die Entscheidungsgewalt über Rücklagenbildung und Gewinnvortrag bei der Gesellschafterversammlung.[73] Auch kann von der einfachen Stimmenmehrheit nach § 47 Abs. 1 abgewichen werden. Die Satzung kann eine qualifizierte Beschlussmehrheit oder gar Einstimmigkeit anordnen.[74] Möglich ist außerdem, auf den Gewinnverwendungsbeschluss gänzlich zu verzichten, sodass bereits der Beschluss, mit dem der Jahresabschluss festgestellt wird, über die Gewinnverwendung entscheidet und den konkreten Gewinnanspruch des Gesellschafters begründet.[75] Eine Vollausschüttungsregelung im Gesellschaftsvertrag bedeutet nicht unweigerlich einen Verzicht auf einen Gewinnverwendungsbeschluss.[76] Vielmehr muss der Wille, von der Regel des Abs. 2 abzuweichen, deutlich zum Ausdruck kommen.

1. Kriterien für zulässige Satzungsbestimmungen

26 Wegen ihrer Auswirkung auf die Gewinnziehung der Gesellschafter bedarf es allgemeiner Kriterien, die über die Zulässigkeit solcher Satzungsbestimmungen entscheiden. Dabei sind Bestimmungen, die in der Gründungssatzung enthalten sind, von solchen zu unterscheiden, die durch Satzungsänderungen aufgenommen werden.

a) Satzungsvorgaben bei Begründung der Mitgliedschaft

27 Der in der Mitgliedschaft wurzelnde Anspruch des Gesellschafters auf Gewinnziehung steht unter dem Vorbehalt, dass die Satzung keine entgegenstehenden Vorgaben enthält. Sind diese Vorgaben bereits in der Gründungssatzung enthalten, stellen damit verbundene Beeinträchtigungen keinen Eingriff in die Mitgliedschaft dar.[77] Die mitgliedschaftliche Rechtsstellung wird vielmehr gerade erst mit dem Inhalt begründet, den die Satzung ihr verleiht. Gleiches gilt, wenn die Vorgaben zwar erst später in die Satzung aufgenommen wurden, zum Zeitpunkt des Beitritts der betroffenen Gesellschafter aber bereits vorhanden waren. Auch in dieser Konstellation muss sich der Gesellschafter darauf verweisen lassen, sich bei Begründung seiner Mitgliedschaft einer Bestimmung unterworfen zu haben, die seine mitgliedschaftliche Rechtsstellung ggü. der dispositiven Rechtslage beschränkt.[78]

---

69 *Müller*, in: Ulmer/Habersack/Löbbe, GmbHG, § 29 Rn. 77; *Hommelhoff*, in: Lutter/Hommelhoff, GmbHG, § 29 Rn. 3.

70 *Lohr*, GmbHG-StB 2015, 301, 302.

71 *Verse*, in: Scholz, GmbHG, § 29 Rn. 40; *Kersting*, in: Baumbach/Hueck, GmbHG, § 29 Rn. 46; *Pentz*, in: Rowedder/Schmidt-Leithoff, GmbHG, § 29 Rn. 105.

72 *Hommelhoff*, in: Lutter/Hommelhoff, GmbHG, § 29 Rn. 8.

73 *Müller*, in: Ulmer/Habersack/Löbbe, GmbHG, § 29 Rn. 68. Es begegnet keinen Bedenken, diese Kompetenzen zu trennen: *Verse*, in: Scholz, GmbHG, § 29 Rn. 40; *Kersting*, in: Baumbach/Hueck, GmbHG, § 29 Rn. 46.

74 *Verse*, in: Scholz, GmbHG, § 29 Rn. 40; *Ekkenga*, in: MünchKommGmbHG, § 29 Rn. 141; *Kersting*, in: Baumbach/Hueck, GmbHG, § 29 Rn. 46; *Pentz*, in: Rowedder/Schmidt-Leithoff, GmbHG, § 29 Rn. 104.

75 BayObLG NJW 1988, 426, 427; *Verse*, in: Scholz, GmbHG, § 29 Rn. 38.

76 *Verse*, in: Scholz, GmbHG, § 29 Rn. 38; *Mock*, in: Michalski/Heidinger/Leible/Schmidt, GmbHG, § 29 Rn. 152; a.A. *Hommelhoff*, in: Lutter/Hommelhoff, GmbHG, § 29 Rn. 18.

77 I.E. *Pentz*, in: Rowedder/Schmidt-Leithoff, GmbHG, § 29 Rn. 109.

78 S. ausführlich *Hofmann*, FS Hopt, 2010, S. 833, 834–836.

b) Schranken

Diese Grundsätze gelten nur für zulässige Satzungsbestimmungen.[79] Die Grenze des Zulässigen ist dort erreicht, wo die Satzung die Gewinnverwendung in das Belieben des zur Entscheidung berufenen Organs stellt. Besteht die Gefahr, dass eine Satzungsbestimmung als unsachliches Druckmittel gegen einzelne Gesellschafter Verwendung finden kann, ist sie nach herrschender Meinung nach § 138 BGB unzulässig.[80] 28

2. Anforderungen an Satzungsänderungen

Wird die Satzung hingegen im Verlaufe der bestehenden Mitgliedschaft verändert, fehlt es an dem Ausgangspunkt, dass die Mitgliedschaft die bewusst eingegangenen Beschränkungen umfasst. Vielmehr stellen spätere Satzungsänderungen, die den Gewinnziehungsanspruch der Gesellschafter ggü. der dispositiven Gesetzeslage oder den bisherigen (und günstigeren) Satzungsbestimmungen beeinträchtigen, einen Eingriff in die Rechtsstellung der Gesellschafter dar, der einer Rechtfertigung bedarf. Die qualifizierte Beschlussmehrheit für Satzungsänderungen nach § 53 Abs. 2 S. 1, 2. Halbs. stellt nur eine zusätzliche Verfahrenshürde dar, ersetzt den Rechtfertigungsbedarf jedoch nicht.[81] Die Rechtfertigung setzt vielmehr voraus, dass die Änderungen von den Interessen der Gesellschaft getragen sind und die widersprechenden Gesellschafter nicht über das erforderliche Maß hinaus beeinträchtigen. Dies ist im Wege einer allgemeinen Interessenabwägung zu überprüfen.[82] Der Gleichheitsgrundsatz ist bei einem Mehrheitsbeschluss streng zu beachten. Wird davon abgewichen, muss jeder betroffene Gesellschafter einem gleichheitswidrigen Verteilungsschlüssel zustimmen.[83] Der Zustimmung aller Betroffenen bedarf es auch, wenn das Gewinnbezugsrecht dauerhaft ausgeschlossen wird.[84] Besonderen Härten für einzelne Gesellschafter kann durch ein Austrittsrecht des Gesellschafters aus wichtigem Grund Rechnung getragen werden. Dem Willen einzelner Gesellschafter widersprechende, aber im Interesse der Gesellschaft zwingend gebotene Satzungsänderungen, die zu einer Situation führen, die den weiteren Verbleib in der Gesellschaft unzumutbar erscheinen lassen, erfüllen die Voraussetzungen des Instituts.[85] 29

III. Minderheitsrelevanz des Mehrheitsbeschlusses

Bleibt es bei der dispositiven Regelung des Abs. 2 i.V.m. § 46 Nr. 1, entscheidet die Gesellschafterversammlung durch Mehrheitsbeschluss nach § 47 Abs. 1 über die Ergebnisverwendung. Diese Gesetzeskonzeption impliziert die Gefahr für den Minderheitsgesellschafter, in seiner Renditeerwartung enttäuscht und in extremen Fällen durch eine überzogene Thesaurierungspolitik der Mehrheit »ausgehungert« zu werden.[86] Da die Minderheitsgesellschafter regelmäßig nicht an der 30

---

79 Zu den Grundsätzen der Inhaltskontrolle von Satzungsbestimmungen allgemein BGHZ 81, 263, 266 (zu Ausschlussklauseln); *Fastrich*, Richterliche Inhaltskontrolle im Privatrecht, 1992, S. 136; *Westermann*, FS Hefermehl, 1976, S. 225, 228 ff.

80 Vgl. (ähnlich) *Müller*, in: Ulmer/Habersack/Löbbe, GmbHG, § 29 Rn. 79. Siehe auch *Verse*, in: Scholz, GmbHG, § 29 Rn. 75.

81 Im Einzelnen streitig, für Beeinträchtigungen des Gewinnziehungsrechts aber offenbar von der h.M. vorausgesetzt, da sich die geforderten Zustimmungs- und Gleichbehandlungsgebote sonst erübrigen würden. Allgemein und grundlegend zur Fragestellung *Lutter*, ZGR 1981, 171, 180 f.

82 I.E. auch und unter Betonung der Bedeutung der Treuepflicht für einen satzungsändernden Beschluss *Kersting*, in: Baumbach/Hueck, GmbHG, § 29 Rn. 37; *Ekkenga*, in: MünchKommGmbHG, § 29 Rn. 176.

83 *Kersting*, in: Baumbach/Hueck, GmbHG, § 29 Rn. 37; *Müller*, in: Ulmer/Habersack/Löbbe, GmbHG, § 29 Rn. 8 und 80; *Altmeppen*, in: Roth/Altmeppen, GmbHG, § 29 Rn. 49; *Hommelhoff*, in: Lutter/Hommelhoff, GmbHG, § 29 Rn. 3.

84 *Kersting*, in: Baumbach/Hueck, GmbHG, § 29 Rn. 37; *Müller*, in: Ulmer/Habersack/Löbbe, GmbHG, § 29 Rn. 78; *Altmeppen*, in: Roth/Altmeppen, GmbHG, § 29 Rn. 6. Grundlegend auch *Flume*, Allg. Teil des Bürgerl. Rechts, Bd. I/2, 1983, S. 275. Dazu auch BGHZ 14, 264, 269 ff.

85 Zu den Voraussetzungen *Kersting*, in: Baumbach/Hueck, GmbHG, Anh. § 34 Rn. 19 f.

86 *Verse*, in: Scholz, GmbHG, § 29 Rn. 54; *Müller*, in: Ulmer/Habersack/Löbbe, GmbHG, § 29 Rn. 82; *Hommelhoff*, in: Lutter/Hommelhoff, GmbHG, § 29 Rn. 22; *Altmeppen*, in: Roth/Altmeppen, GmbHG,

Geschäftsführung beteiligt sind und daher kein Gehalt beziehen, sind sie ganz auf die Dividende angewiesen.[87] Über Jahre hinweg Gewinne zurückzuhalten, gilt als beliebtes Mittel, Minderheitsgesellschafter zur Aufgabe ihrer Beteiligung zu bewegen und sich diese unter Wert einzuverleiben, was immer dann gelingt, wenn kein (funktionierender) Markt vorliegt oder die Unternehmenspolitik der Mehrheit abschreckend auf Investoren wirkt.[88]

1. Ausgleichende Schutzmechanismen

31 Wegen der Bedeutung des Gewinnziehungsrechts für die Mitgliedschaft wäre es mit den Grundsätzen eines wirkungsvollen Minderheitenschutzes unvereinbar, die Entscheidung über die Gewinnverwendung ganz in das Belieben der Mehrheit zu stellen.[89] Wenn das Gesetz in § 29 Abs. 2 die Möglichkeit vorsieht, durch Gesellschafterbeschluss Beträge in Gewinnrücklagen einzustellen oder als Gewinn vorzutragen, bedeutet dies, dass die Rechtsposition des Gesellschafters nicht unbeschränkt gewährt wird, sondern unter dem Vorbehalt eines rechtmäßigen Beschlusses steht. Daraus folgt, dass ein in dem Gewinnbezugsrecht wurzelnder Auszahlungsanspruch des einzelnen Gesellschafters zweifach bedingt ist. Er steht zunächst unter der Bedingung, dass ein Jahresüberschuss erwirtschaftet wurde und nicht durch Gesetz oder Satzungsbestimmung einer anderweitigen Verwendung vorbehalten ist. Er steht weiter unter der Bedingung, dass ein rechtmäßiger Gesellschafterbeschluss den Jahresüberschuss nicht (teilweise) in Rücklagen einstellt.[90] Die Rechtmäßigkeit des Beschlusses bemisst sich am Finanzierungsbedarf der Gesellschaft. Nur eine inhaltlich begründete Thesaurierungspolitik vermag zu rechtfertigen, der Minderheit eine Ausschüttung i.H.d. anteiligen Überschusses vorzuenthalten.

2. Die Rechtmäßigkeitsanforderungen

32 Daher unterliegt der Gewinnverwendungsbeschluss strengen inhaltlichen Rechtmäßigkeitsanforderungen. Die Bildung von Rücklagen muss im Interesse der Gesellschaft liegen und unter Berücksichtigung der Gesellschafterinteressen geeignet, erforderlich und angemessen sein. Die herrschende Meinung stützt dies auf die Treuepflicht.[91]

---

§ 29 Rn. 28, 31; *Fromm*, GmbH-StB 2018, 190, 191. Rechtsformübergreifend zum Phänomen *Bork/Oepen*, ZGR 2002, 241, 243; *Wiedemann*, Gesellschaftsrecht II, 2004, S. 383; siehe dazu auch: *Fleischer/Trinks*, NZG 2015, 289; *Einhaus/Selter*, GmbHR 2016, 1177, 1180.

87 *Hommelhoff*, ZGR 1986, 418, 425; *Bork/Oepen*, ZGR 2002, 241, 242; *Verse*, in: Scholz, GmbHG, § 29 Rn. 53.

88 Zum rechtsformübergreifend existierenden Phänomen *Jäger*, AG 2004, § 25 Rn. 61; *Schmidt-Diemitz*, in: Schmidt/Riegger (Hrsg.), Gesellschaftsrecht 1999, S. 79, 87. Nicht zuletzt zeugt die sog. Kontrollprämie für Mehrheitsbeteiligungen von der besonderen Macht, die mit der Mehrheitsbeteiligung verbunden ist, und – spiegelbildlich – die im US-amerikanischen Recht verbreitete Ansicht, dass bei Abfindungen eine Diskontierung für Minderheitsgesellschafter vorzunehmen sei, von den Gefahren der Minderheitsbeteiligung. S. dazu *Hofmann*, der Minderheitsschutz im Gesellschaftsrecht, 2011, S. 302 ff. und 543 f.

89 *Müller*, in: Ulmer/Habersack/Löbbe, GmbHG, § 29 Rn. 82; *Altmeppen*, in: Roth/Altmeppen, GmbHG, § 29 Rn. 30 ff. (mit Ausführungen zu den Grenzen der Mehrheit). Ausführlich *Hofmann*, Der Minderheitsschutz im Gesellschaftsrecht, 2011, S. 677–686.

90 *Mock*, in: Michalski/Heidinger/Leible/Schmidt, GmbHG, § 29 Rn. 23 f., 188–193.

91 BGHZ 132, 263, 274–276 (für KG); OLG Hamm, DB 1991, 2477 f.; zum Gewinnvortrag OLG Koblenz, GmbHR 2018, 1016, 1018; *Müller*, in: Ulmer/Habersack/Löbbe, GmbHG, § 29 Rn. 85; *Verse*, in: Scholz, GmbHG, § 29 Rn. 54; *Kersting*, in: Baumbach/Hueck, GmbHG, § 29 Rn. 29 f.; *Altmeppen*, in: Roth/Altmeppen, GmbHG, § 29 Rn. 30 f.; *Hueck*, FS Steindorff, 1990, S. 45, 56; *Schmidt-Diemitz*, in: Schmidt/Riegger (Hrsg.), Gesellschaftsrecht 1999, S. 79, 88; *Fleischer/Trinks*, NZG 2015, 289, 291; *Einhaus/Selter*, GmbHR 2016, 1177, 1179; zur Treuepflicht bei Pattsituationen im Rahmen der Gewinnausschüttung: *Heusel/Goette*, GmbHR 2017, 385, 387 ff.

a) Kaufmännische Beurteilung

33 Danach fällt die Abwägung zwischen dem (von der Mehrheit wahrgenommenen) Interesse der Gesellschaft an einer starken Kapitalausstattung und dem Interesse der Minderheitsgesellschafter an einer (möglichst hohen) Gewinnteilhabe nur dann zugunsten einer Gewinnrücklagenbildung aus, wenn diese bei vernünftiger kaufmännischer Beurteilung notwendig ist, um die Lebens- und Widerstandsfähigkeit der Gesellschaft für einen hinsichtlich der wirtschaftlichen und finanziellen Notwendigkeiten übersehbaren Zeitraum zu sichern.[92] Dieser legitime Zweck muss mit der Thesaurierung in erforderlicher und angemessener Weise verfolgt werden, was in eine umfassende Abwägung der beteiligten Interessen unter Berücksichtigung der gesamten Verhältnisse der Gesellschaft mündet.[93]

b) Entscheidungskriterien

34 Von Wichtigkeit sind dabei die bisherige Kapitalausstattung, insb. die bereits vorhandenen Rücklagen, der Gesellschaftszweck, die Planung für die weitere Zukunft sowie die Markt- und Auftragslage.[94] Aufseiten des Gesellschafters wird sein allgemeines Interesse an einer angemessenen Rendite des eingesetzten Kapitals berücksichtigt. Dient die Dividende nach der Realstruktur der GmbH und daher für alle Beteiligten erkennbar dazu, seinen Lebensunterhalt zu bestreiten, handelt es sich um ein gewichtiges Kriterium zugunsten des Gesellschafters.[95]

c) Expansion als Zweifelsfall

35 Auch wenn die genannten Kriterien zugrunde gelegt werden, kann die Beurteilung im Einzelfall problematisch sein, so etwa bei der Frage, ob sich ein Gesellschafter darauf verweisen lassen muss, dass sich für die Gesellschaft die Chance zu Expansion und Eröffnung neuer Geschäftsfelder ergibt. Soweit die GmbH auf unbestimmte Zeit eingegangen wurde, muss jeder Gesellschafter im Grundsatz tolerieren, dass Geschäftschancen ausgenutzt und die zukünftige Wettbewerbsfähigkeit gesichert wird. Bei der konkreten Beurteilung des Einzelfalls sind die Besonderheiten der Gesellschafterverbindung von entscheidender Bedeutung. In kleinen Gesellschaften mit überschaubarem Gesellschafterkreis, in denen die Beteiligung an der GmbH die wesentliche Erwerbsgrundlage darstellt, dürfen die Ambitionen der Mehrheit ein angemessenes Auskommen des widersprechenden Minderheitsgesellschafters nicht verhindern.

d) Exzessive Gewinnausschüttung

36 Nicht nur die Thesaurierungspolitik kann zu Konflikten führen. Für den Fortbestand der Gesellschaft und reflexartig den Minderheitsschutz bedeutend ist auch, dass die angemessene Kapitalausstattung der Gesellschaft nicht durch hohe Kapitalabflüsse gefährdet wird. Das Verbot des § 30 enthält nur einen rudimentären Schutz. Da es sich primär um eine Gläubigerschutzvorschrift handelt,

---

92 S. *Müller*, in: Ulmer/Habersack/Löbbe, GmbHG, § 29 Rn. 85; *Kersting*, in: Baumbach/Hueck, GmbHG, § 29 Rn. 32 ff.; *Hueck*, FS Steindorff, 1990, S. 45, 57. Abgeschwächt *Verse*, in: Scholz, GmbHG, § 29 Rn. 57: Ein weniger dringliches Thesaurierungsinteresse ist ausreichend, wenn mindestens 4 % des Grundkapitals als Dividende ausgeschüttet wird. Generell sollen die Anforderungen sinken, wenn ein hoher Anteil an dem erwirtschafteten Gewinn ausgeschüttet wird.

93 BGHZ 132, 263, 276 (für KG); für GmbH OLG Nürnberg, DB 2008, 2415, 2418 = BeckRS 2008, 16971; OLG Düsseldorf, NZG 2005, 633, 635; OLG Koblenz, GmbHR 2018, 1016, 1018; *Verse*, in: Scholz, GmbHG, § 29 Rn. 58; *Kersting*, in: Baumbach/Hueck, GmbHG, § 29 Rn. 32; *Hueck*, FS Steindorff, 1990, S. 45, 57; vgl. auch *Hommelhoff*, in: Lutter/Hommelhoff, GmbHG, § 29 Rn. 24; zu den Grundlagen auch *Wiedemann*, Gesellschaftsrecht, Bd. II, 2004, S. 383, und S. 383 f.

94 OLG Nürnberg, DB 2008, 2415, 2418 = BeckRS 2008, 16971 (auch zu einer Reihe weiterer Abwägungskriterien); *Hommelhoff*, ZGR 1986, 418, 450 f.; *Kersting*, in: Baumbach/Hueck, GmbHG, § 29 Rn. 32; *Müller*, in: Ulmer/Habersack/Löbbe, GmbHG, § 29 Rn. 85; vgl. auch *Hommelhoff*, in: Lutter/Hommelhoff, GmbHG, § 29 Rn. 24; *Fleischer/Trinks*, NZG 2015, 289, 291.

95 *Kersting*, in: Baumbach/Hueck, GmbHG, § 29 Rn. 33; *Verse*, in: Scholz, GmbHG, § 29 Rn. 59.

enthält die Norm keine Vorgabe für das Innenverhältnis der Gesellschafter in Form einer Pauschalermächtigung an die Mehrheit, gegen den Willen einer Minderheit stets eine Ausschüttung bis zur Grenze des § 30 vornehmen zu dürfen. Vor allem, aber nicht nur in beherrschten Gesellschaften besteht die Gefahr, dass der Mehrheitsgesellschafter der GmbH durch entsprechende Gewinnverwendungsbeschlüsse Kapital entzieht, das zur Sicherung einer weiteren erfolgreichen Zweckverfolgung notwendig ist. Das Eigeninteresse an einer (möglichst hohen) Rendite unterliegt in diesen Fällen der Verpflichtung, den Gesellschaftszweck zu fördern und die Gesellschaft lebens- und widerstandsfähig zu halten.[96] Andererseits dient § 29 nicht dem Gläubigerschutz, und die Gesellschaft ist nicht um ihrer selbst willen schutzwürdig. Entscheiden sich die Gesellschafter einstimmig und in den Grenzen des § 30 zu einer dem Gesellschaftswohl widersprechenden Ausschüttungspolitik, ist der Beschluss rechtmäßig (zum Sonderproblem der Haftung der Gesellschafter wegen Unterkapitalisierung s. unter Einleitung Rdn. 18).[97]

e) Anwendung und Grenzen des Ermessensspielraums

37 Die Gesellschafter verfügen bei ihrer Entscheidung über die Ergebnisverwendung über einen unternehmerischen Ermessensspielraum. Da es sich bei der Frage nach der sinnvollen Kapitalausstattung der GmbH um eine Beurteilung mit Relevanz für zukünftige Geschäftsführungsmaßnahmen handelt, sollten den Gesellschaftern insoweit auch die für die Geschäftsführer geltenden Privilegien zugute kommen.[98] Der Ermessensspielraum vermeidet, dass eine unternehmerische Entscheidung über die Geschäftsführung durch eine detaillierte Prüfung der Gerichte ersetzt wird und damit die Richter in die Rolle der Gesellschaftsorgane einrücken.[99] Er dient zugleich der Vereinfachung der gerichtlichen Entscheidungsfindung, da die Gerichte nicht zu tief in betriebswirtschaftliche Entscheidungsvorgänge einzudringen brauchen. Dabei sollte jedoch genau unterschieden werden: Die Gesellschafter dürfen sich nur insoweit darauf zurückziehen, eine nachvollziehbare und begründete Entscheidung getroffen zu haben, als deren Auswirkungen auf das Gesellschaftsinteresse und die Gesellschafterbelange streitig sind. Hiervon sind die betriebswirtschaftlichen Prognosen für die zukünftige Entwicklung der Geschäftstätigkeit der Gesellschaft umfasst. In diesem Bereich beschränkt sich die Beurteilung der Gerichte darauf, die Einschätzung der Gesellschafter auf ihre Plausibilität zu untersuchen, vor allem zu überprüfen, ob sie auf verlässlichen Grundlagen beruht. Hingegen sind die mit einem Eingriff in die Rechtsstellung einzelner Gesellschafter verbundenen Rechtsfragen voll überprüfbar, so vor allem die Frage, ob gesetzliche Vorgaben oder Satzungsbestimmungen die Entscheidung prädeterminieren. Auch muss ein Gericht die beteiligten Interessen umfänglich abwägen.[100]

---

96 BGHZ 132, 263, 276 (für KG); BGH, BB 1976, 948, 949; BGH, WM 1973, 844, 846; RGZ 116, 119, 133; *Müller*, in: Ulmer/Habersack/Löbbe, GmbHG, § 29 Rn. 87; *Verse*, in: Scholz, GmbHG, § 29 Rn. 61; s.a. *Kersting*, in: Baumbach/Hueck, GmbHG, § 29 Rn. 34. Diese Grundsätze gelten gerade auch in abhängigen und beherrschten Gesellschaften. Soweit ein Gewinnabführungsvertrag besteht, gilt anderes, da dieser die Beziehung zu dem herrschenden Unternehmen ausgestaltet und die allgemeinen Wertungen überlagert, s. BGHZ 105, 311, 324; *Beurskens*, in: Baumbach/Hueck, GmbHG, SchlAnhKonzernR, Rn. 54; *Hofmann*, Der Minderheitsschutz im Gesellschaftsrecht, 2011, S. 627–629.

97 So i.E. auch *Mock*, in: Michalski/Heidinger/Leible/Schmidt, GmbHG, § 29 Rn. 159, 161, 175.

98 I.E. OLG Düsseldorf, NZG 2001, 1086; *Hommelhoff*, in: Lutter/Hommelhoff, GmbHG, § 29 Rn. 21. Allgemein zur Anwendung der Grundsätze auf Gesellschafterbeschlüsse s. *Zöllner/Noack*, in: Baumbach/Hueck, GmbHG, Anh. § 47 Rn. 96; *Zöllner*, Die Schranken mitgliedschaftlicher Stimmrechtsmacht bei den privatrechtlichen Personenverbänden, 1963, S. 328 f.; hierzu auch *Einhaus/Selter*, GmbHR 2016, 1177, 1182 f.

99 OLG Karlsruhe, GmbHR 2018, 1016, 1018.

100 S. *Hofmann*, Der Minderheitsschutz im Gesellschaftsrecht, 2011, S. 143 f.; vgl. auch *Hirte*, Bezugsrechtsausschluß und Konzernbildung, 1986, S. 222 f., der – ganz ähnlich – nach Rechtsvoraussetzungs- und Rechtsfolgeermessen differenziert.

3. Pauschalierende Verteilungsmodelle

Diese ergebnisoffene Abwägung kann sich im Einzelfall als schwierig erweisen. Daher existieren Vorschläge, wie der Konflikt praktisch einfacher zu handhaben ist. In Betracht kommt, einen ausschüttungspflichtigen Sockelbetrag als Prozentsatz des Jahresüberschusses festzusetzen.[101] Vorbild hierfür ist die 4 %-Regel des § 254 Abs. 1 AktG. Eine analoge Anwendung dieser Vorschrift auf die GmbH kann jedoch allenfalls für eine kapitalistisch strukturierte GmbH erwogen werden, da es bei einer personalistisch strukturierten an einer vergleichbaren Interessenlage fehlt.[102] Gegen eine Analogie spricht generell, dass eine Regelungslücke zweifelhaft ist, da der dem § 254 AktG entsprechende § 42h Reg-E BiRiLiG nie Gesetz wurde.[103] In der personalistisch ausgestalteten Gesellschaft erscheint es unvermeidlich, dass sich die Einzelfallabwägung an der Realstruktur und den Einzelbelangen orientiert. Als sinnvoll kann sich eine Satzungsbestimmung erweisen, die einen Sockelbetrag festsetzt, zugleich aber keinen zwingenden Automatismus auslöst, sondern die Möglichkeit eröffnet, im Einzelfall einen höheren Thesaurierungsbedarf einerseits oder einen höheren Gewinnziehungsanspruch andererseits nachzuweisen.[104] 38

IV. Vorschusszahlung (Vorabgewinn)

Die Gesellschafter können eine Gewinnausschüttung als Vorschuss beschließen.[105] Es handelt sich dabei um eine Maßnahme der Ergebnisverwendung.[106] Die Ermächtigung hierzu kann in der Satzung enthalten sein, aber auch ein auf § 46 Nr. 1 gestützter Mehrheitsbeschluss ist ausreichend.[107] Voraussetzung ist, dass § 30 nicht verletzt wird und die GmbH nicht in die Gefahr der Insolvenz gerät.[108] In Abgrenzung zur Entnahme (Rdn. 40), bei der dies nicht erforderlich ist, muss für einen Vorschuss auf die Gewinnausschüttung außerdem ein Jahresergebnis zu erwarten sein, das die Summe der Vorschüsse deckt.[109] Hierfür sind eine (formlose) Vorausberechnung und eine Liquiditätsprognose erforderlich.[110] Um einen Vorschuss handelt es sich, wenn der Gesellschafterbeschluss der Feststellung des Jahresergebnisses vorausgeht, danach handelt es sich um einen (gewöhnlichen) Ergebnisverwendungsbeschluss.[111] Ist im Wege von Vorschüssen mehr ausgeschüttet worden als an Jahresüberschuss erwirtschaftet wird und kann auch durch Auflösung freier Rücklagen die Unterdeckung nicht ausgeglichen werden, besteht eine Rückzahlungsverpflichtung.[112] Anspruchsgrundlage 39

101 Vgl. dazu *Hommelhoff*, ZGR 1986, 418, 427–430; *Schmidt-Diemitz*, in: Schmidt/Riegger (Hrsg.), Gesellschaftsrecht 1999, 79, 88 f.; *Müller*, in: Ulmer/Habersack/Löbbe, GmbHG, § 29 Rn. 87.

102 So i.E. *Kersting*, in: Baumbach/Hueck, GmbHG, § 29 Rn. 31.

103 S. *Hommelhoff*, ZGR 1986, 418, 423 f.; *Hueck*, FS Steindorff, 1990, S. 45, 51 und 56; *Verse*, in: Scholz, GmbHG, § 29 Rn. 56; *Mock*, in: Michalski/Heidinger/Leible/Schmidt, GmbHG, § 29 Rn. 4, 186; *Altmeppen*, in: Roth/Altmeppen, GmbHG, § 29 Rn. 31, 33.

104 So i.E. für Vorschläge de lege ferenda *Hommelhoff*, in: Lutter/Hommelhoff, GmbHG, § 29 Rn. 25. Zweifelnd *Verse*, in: Scholz, GmbHG, § 29 Rn. 57. Ablehnend *Ekkenga*, in: MünchKommGmbHG, § 29 Rn. 165 f.

105 Zur Bilanzierung von Vorabausschüttungen *Seidler*, BB 2019, 2987.

106 *Hommelhoff*, in: Lutter/Hommelhoff, GmbHG, § 29 Rn. 45.

107 *Kersting*, in: Baumbach/Hueck, GmbHG, § 29 Rn. 60; *Verse*, in: Scholz, GmbHG, § 29 Rn. 106; *Altmeppen*, in: Roth/Altmeppen, GmbHG, § 29 Rn. 69; vgl. auch *Haas/Kersting*, in: Baumbach/Hueck, GmbHG, § 42a Rn. 37.

108 *Hommelhoff*, in: Lutter/Hommelhoff, GmbHG, § 29 Rn. 45; *Verse*, in: Scholz, GmbHG, § 29 Rn. 108 (keine Insolvenzverursachung); *Lohr*, GmbH-StB 2017, 400, 401.

109 *Hommelhoff*, in: Lutter/Hommelhoff, GmbHG, § 29 Rn. 45; *Kersting*, in: Baumbach/Hueck, GmbHG, § 29 Rn. 61; *Lohr*, GmbH-StB 2017, 400, 401; a.A. *Verse*, in: Scholz, GmbHG, § 29 Rn. 108; *Seidler*, BB 2019, 2987, 2987.

110 *Hommelhoff*, in: Lutter/Hommelhoff, GmbHG, § 29 Rn. 45; *Kersting*, in: Baumbach/Hueck, GmbHG, § 29 Rn. 61.

111 *Hommelhoff*, in: Lutter/Hommelhoff, GmbHG, § 29 Rn. 45.

112 BGH, NJW 2003, 3629, 3631; *Verse*, in: Scholz, GmbHG, § 29 Rn. 109.

ist nach einer Ansicht § 812 Abs. 1 Satz 2, 2. Alt. BGB,[113] nach der Gegenansicht ein (stillschweigend) vertraglich übernommenes Rückzahlungsversprechen, das im Gesellschafterbeschluss über die Vorschusszahlung wurzelt.[114] Für letztere Ansicht spricht, dass die Vorschusszahlung für jeden Empfänger erkennbar unter dem Vorbehalt eines entsprechenden ausschüttungsfähigen Jahresüberschusses steht.

V. Erfolgsunabhängige Entnahme von Gesellschaftsmitteln

40 Von Vorschuss und Gewinnentnahme zu unterscheiden sind erfolgsunabhängige Entnahmen von Gesellschaftsmitteln. Diese können auf einem im Gesellschaftsvertrag enthaltenen Entnahmerecht oder einem Gesellschafterbeschluss beruhen. Sie sind wegen der geringen Kapitalbindung im GmbH-Recht nicht von vornherein unzulässig, wenn das Stammkapital nach § 30 nicht angetastet wird und die überlebensnotwendige Liquidität der GmbH gesichert bleibt.[115] Das Gebot der Gleichbehandlung der Gesellschafter muss beachtet werden,[116] es sei denn, die Entnahme richtet sich nach einem im Gesellschaftsvertrag wirksam vereinbarten Verteilungsschlüssel.[117] Darüber hinaus können auch Entnahmen zu übermäßigem Kapitalabfluss führen, jedenfalls aus Sicht einer widersprechenden Minderheit. Ein entsprechender Mehrheitsbeschluss wird ebenso wie ein Gewinnverwendungsbeschluss (Rdn. 30–37) darauf zu prüfen sein, ob sich die Mehrheitsinteressen an der Entnahme mit der Treuepflicht gegenüber der Gesellschaft und den Minderheitsgesellschaftern vertragen, d.h. sich in der Abwägung mit den Interessen von Gesellschaft und Minderheit an einer höheren Kapitalausstattung der Gesellschaft durchsetzen. Dabei gelten die unter Rdn. 32–34 dargestellten Kriterien.[118]

G. Gewinnverteilungsmaßstab, Abs. 3

I. Gesetzliche Ausgangslage

41 Nach der dispositiven Regelung in Abs. 3[119] wird der Gewinn nach dem Verhältnis der Geschäftsanteile verteilt. Entscheidend ist der Nennbetrag der Anteile, auf die tatsächlich geleistete Einlage kommt es nicht an.[120] Eingezogene Anteile im Sinne von § 34 bleiben ebenso wie eigene Anteile der Gesellschaft im Sinne von § 33 unberücksichtigt. Vielmehr erhöht sich hier der Gewinnanteil der Gesellschafter wiederum im Verhältnis ihrer Geschäftsanteile, sofern in der Satzung nichts anderes bestimmt ist.[121] Auf die im Wege einer Kapitalerhöhung ausgegebenen Anteile findet § 57n Abs. 1 Anwendung, sodass sie mangels anderer Bestimmung im Erhöhungsbeschluss an der Gewinnverteilung des ganzen Geschäftsjahres, in dem die Erhöhung beschlossen wurde, teilnehmen.[122] Die Erfüllung erfolgt durch Auszahlung in Geld, wobei die Satzung anderes bestimmen kann, insb. eine Sachleistung in Form von Produkten der Gesellschaft.[123]

---

113 *Hommelhoff*, in: Lutter/Hommelhoff, GmbHG, § 29 Rn. 46; *Kersting*, in: Baumbach/Hueck, GmbHG, § 29 Rn. 61; BFH, DStR 2015, 402, 404.

114 *Altmeppen*, in: Roth/Altmeppen, GmbHG, § 29 Rn. 73; *Verse*, in: Scholz, GmbHG, § 29 Rn. 109.

115 *Hommelhoff*, in: Lutter/Hommelhoff, GmbHG, § 29 Rn. 45, 47; *Verse*, in: Scholz, GmbHG, § 29 Rn. 112.

116 *Hommelhoff*, in: Lutter/Hommelhoff, GmbHG, § 29 Rn. 47; *Verse*, in: Scholz, GmbHG, § 29 Rn. 112.

117 Dazu die Vorgaben an Vereinbarungen im Gesellschaftsvertrag unter Rdn. 27–29.

118 A.A. wohl *Hommelhoff*, in: Lutter/Hommelhoff, GmbHG, § 29 Rn. 47.

119 Zum disponiblen Charakter auch *Lohr*, GmbH-StB 2015, 301.

120 *Verse*, in: Scholz, GmbHG, § 29 Rn. 72; *Kersting*, in: Baumbach/Hueck, GmbHG, § 29 Rn. 51; *Hommelhoff*, in: Lutter/Hommelhoff, GmbHG, § 29 Rn. 37.

121 *Verse*, in: Scholz, GmbHG, § 29 Rn. 73. I.E. auch *Kersting*, in: Baumbach/Hueck, GmbHG, § 29 Rn. 54.

122 *Verse*, in: Scholz, GmbHG, § 29 Rn. 72.

123 *Kersting*, in: Baumbach/Hueck, GmbHG, § 29 Rn. 55; *Strohn*, in: Henssler/Strohn, Gesellschaftsrecht, § 29 GmbHG Rn. 51; *Verse*, in: Scholz, GmbHG, § 29 Rn. 80.

II. Abweichende Bestimmungen

Der Gesellschaftsvertrag kann einen anderen Verteilungsmaßstab bestimmen.[124] Denkbar ist, dass der Gewinnbezug an die tatsächliche Erbringung der Einlage geknüpft wird oder wie in den Personengesellschaften eine Verteilung nach Köpfen stattfindet.[125] Der Gleichbehandlungsgrundsatz gilt für den gesetzlich vorgesehenen Regelfall. Soweit die Satzung von der dispositiven Regelung des Abs. 3 abweicht, ist es möglich, sich hierbei in Widerspruch zum Gleichbehandlungsgrundsatz zu setzen – allerdings nur, soweit die betroffenen Gesellschafter diese Ungleichbehandlung als Bestandteil ihrer Mitgliedschaft akzeptiert haben. Insoweit kann auf Rdn. 27 verweisen werden: Die entsprechende Regelung muss in der Gründungssatzung enthalten oder zum Zeitpunkt des Beitritts eines Gesellschafters vorhanden gewesen sein.[126] Daher ist es möglich, dass einzelne Gesellschafter ganz von der Gewinnverteilung ausgeschlossen werden.[127] Bei Satzungsänderungen sind demgegenüber der Gleichbehandlungsgrundsatz sowie die weiteren allgemeinen Anforderungen an beeinträchtigende Beschlüsse zu beachten.[128] Regelmäßig ist die Zustimmung der Betroffenen erforderlich.[129] Soweit Beeinträchtigungen ausnahmsweise durch Interessen der Gesellschaft gerechtfertigt sind und sich im Rahmen einer Abwägung gegen die Interessen der betroffenen Gesellschafter durchsetzen, kann deren Zustimmung entbehrlich sein. Bei Verstößen gegen den Gleichbehandlungsgrundsatz ist dies jedoch kaum vorstellbar. Durch eine sog. Öffnungsklausel in der Satzung kann mit Zustimmung der betroffenen Gesellschafter im Einzelfall, d.h. für ein Geschäftsjahr, durch Mehrheitsbeschluss ein anderer Gewinnverteilungsmaßstab erzielt werden.[130] Schließlich ist eine von der Satzung abweichende Gewinnverteilung punktuell für ein konkretes Geschäftsjahr auch ohne Satzungsänderung denkbar. Grundlage hierfür ist ein sog. satzungsdurchbrechender Beschluss.[131] Die Voraussetzungen für eine wirksame Beschlussfassung sind insb. im Hinblick auf die erforderlichen Quoren, das Erfordernis notarieller Beurkundung und die Eintragung im Handelsregister höchst umstritten;[132] vor dem Hintergrund des Gleichbehandlungsgebots bei disquotaler oder auch bloß abweichender Gewinnverwendung ist richtigerweise die Zustimmung aller betroffenen Gesellschafter erforderlich.[133] 42

III. Insb.: Gewinngarantie

Die Satzung kann vorsehen, dass den Gesellschaftern eine Dividende garantiert wird. Dies ist mit Rücksicht auf die Finanzlage der Gesellschaft zulässig. Voraussetzung ist daher, dass zum Zeitpunkt 43

---

124 Zu steuerrechtlichen Fragen im Zusammenhang mit inkongruenter bzw. disquotaler Gewinnverteilung *Dunkmann/Schönhaar*, GWR 2014, 361; *Förster*, DB 2015, 331; *Kamchen/Kling*, NWB 2015, 819; *Pörschke*, DB 2017, 1165; *Grever*, RNotZ 2019, 1, 9 ff.; vgl. ebenfalls BFH, GmbHR 2015, 274.

125 *Kersting*, in: Baumbach/Hueck, GmbHG, § 29 Rn. 52; *Verse*, in: Scholz, GmbHG, § 29 Rn. 74.

126 So auch *Verse*, in: Scholz, GmbHG, § 29 Rn. 74.

127 *Verse*, in: Scholz, GmbHG, § 29 Rn. 74; *Kersting*, in: Baumbach/Hueck, GmbHG, § 29 Rn. 52; *Altmeppen*, in: Roth/Altmeppen, GmbHG, § 29 Rn. 6 f., 49.

128 S. schon unter Rdn. 29 und grundlegend *Hofmann*, FS Hopt, 2010, S. 833, 836 ff.

129 *Kersting*, in: Baumbach/Hueck, GmbHG, § 29 Rn. 53; *Ekkenga*, in: MünchKommGmbHG, § 29 Rn. 193; *Hommelhoff*, in: Lutter/Hommelhoff, GmbHG, § 29 Rn. 39; *Altmeppen*, in: Roth/Altmeppen, GmbHG, § 29 Rn. 49; *Verse*, in: Scholz, GmbHG, § 29 Rn. 76; *Grever*, RNotZ 2019, 1, 7; *Koehler*, GmbHR 2019, 1043, 1048.

130 BayObLG, GmbHR 2001, 728, 728 f.; *Mock*, in: Michalski/Heidinger/Leible/Schmidt, GmbHG, § 29 Rn. 217; *Verse*, in: Scholz, GmbHG, § 29 Rn. 75; *Grever*, RNotZ 2019, 1, 6; *Koehler*, GmbHR 2019, 1043, 1048 f.

131 *Mock*, in: Michalski/Heidinger/Leible/Schmidt, GmbHG, § 29 Rn. 216; *Verse*, in: Scholz, GmbHG, § 29 Rn. 76; *Pörschke*, DB 2017, 1165, 1165; *Grever*, RNotZ 2019, 1, 7; zu Begriff und Wirksamkeit näher *Leitzen*, § 53 Rdn. 16 f.; kritisch gegenüber dem Rechtsinstitut *Peterseim*, NZG 2019, 1255, 1257 f.

132 *Mock*, in: Michalski/Heidinger/Leible/Schmidt, GmbHG, § 29 Rn. 216; *Verse*, in: Scholz, GmbHG, § 29 Rn. 76; *Ekkenga*, in: MünchKommGmbHG, § 29 Rn. 155 f.; *Pörschke*, DB 2017, 1165, 1166; *Grever*, RNotZ 2019, 1, 7; *Koehler*, GmbHR 2019, 1043, 1048.

133 *Verse*, in: Scholz, GmbHG, § 29 Rn. 76.

der Auszahlung § 30 nicht verletzt und die Liquidität der Gesellschaft nicht gefährdet wird. Zulässig und durchaus üblich sind Zusagen, dass aus dem Jahresüberschuss bzw. Bilanzgewinn eine Mindestdividende vor Bildung neuer Rücklagen ausbezahlt wird. Soweit hiervon nur bestimmte Gesellschafter erfasst sind, handelt es sich um eine Verteilungsregelung nach Abs. 3 Satz 2.[134]

IV. Mehrheitsbeschluss über quotale Gewinnverteilung

44 Bedenklich ist es hingegen, wenn die quotale Gewinnverteilung einem Mehrheitsbeschluss der Gesellschafter überantwortet werden soll. Eine hierdurch eröffnete Diskriminierung einzelner Gesellschafter im freien Ermessen muss ausscheiden. Nur soweit klare Richtlinien bestehen, an denen sich die Beschlussfassung auszurichten hat, können solche Klauseln Bestand haben. Eine ins Ermessen der Mehrheit gestellte Beschlusskompetenz, die zu willkürlicher Ungleichbehandlung führt, missachtet demgegenüber die besondere Bedeutung des Gewinnziehungsanspruchs für die Mitgliedschaft und ist daher nach § 138 BGB nichtig. Zu einer von der satzungsgemäß vorgesehenen Gewinnverteilung abweichenden Beschlussfassung s. bereits Rdn. 42.

V. Grenze des § 30

45 Das gebundene Kapital bildet stets die Ausschüttungsgrenze. Selbst wenn zum Zeitpunkt der Beschlussfassung über die Ergebnisverwendung die Voraussetzungen für eine Ausschüttung vorliegen, hindern die Kapitalerhaltungsgrundsätze eine solche bei späteren Veränderungen, bis eine Ausschüttung ohne Inanspruchnahme des Stammkapitals möglich ist. Der ursprünglich rechtmäßig gefasste Verwendungsbeschluss bleibt wirksam, in seiner Vollziehbarkeit jedoch gehemmt.[135]

H. Gewinnbeteiligung Dritter

46 Neben den Gesellschaftern können auch Nichtgesellschafter am Jahresüberschuss partizipieren. Solche Leistungsansprüche Dritter, die unter der Bedingung stehen, dass ein Jahresüberschuss erwirtschaftet wurde, schmälern das verteilungsfähige Vermögen und daher den Gewinnanspruch der Gesellschafter.[136] Bilanzrechtlich handelt es sich hierbei um Verbindlichkeiten der Gesellschaft, die gewinnmindernd bei der Aufstellung des Jahresabschlusses berücksichtigt werden.[137] Die Grundlage dieser Gewinnansprüche kann sich aus der Satzung (etwa Gewinnabführung an eine gemeinnützige Einrichtung) oder aus Rechtsgeschäft ergeben. Gewinnabführungsverträge,[138] nach denen sich die GmbH zur Abführung ihres gesamten Gewinns an einen anderen verpflichtet (vgl. § 291 Abs. 1 AktG), unterliegen analog § 53, § 54 besonderen Wirksamkeitsvoraussetzungen.[139] Abgesehen von den Ausnahmen in § 292 Abs. 2 AktG stellt eine Abrede, nach der der Unternehmensgewinn nur teilweise abzuführen ist, einen sog. Teilgewinnabführungsvertrag (vgl. § 292 Abs. 1 Nr. 2 BGB) dar.[140] Für Teilgewinnabführungsverträge mit einer GmbH als abführungspflichtiger Gesellschaft gelten hingegen nach Ansicht des BGH diese besonderen Wirksamkeitsvoraussetzungen zumindest

---

134 *Kersting*, in: Baumbach/Hueck, GmbHG, § 29 Rn. 62.

135 *Verse*, in: Scholz, GmbHG, § 29 Rn. 50; *Kersting*, in: Baumbach/Hueck, GmbHG, § 29 Rn. 56.

136 S. *Pentz*, in: Rowedder/Schmidt-Leithoff, GmbHG, § 29 Rn. 130; *Kersting*, in: Baumbach/Hueck, GmbHG, § 29 Rn. 79; *Hommelhoff*, in: Lutter/Hommelhoff, GmbHG, § 29 Rn. 11; *Altmeppen*, in: Roth/Altmeppen, GmbHG, § 29 Rn. 23; zum Teilgewinnabführungsvertrag BGH, NJW 2019, 3302, 3304 f.

137 *Verse*, in: Scholz, GmbHG, § 29 Rn. 134; *Hommelhoff*, in: Lutter/Hommelhoff, GmbHG, § 29 Rn. 11; *Altmeppen*, in: Roth/Altmeppen, GmbHG, § 29 Rn. 23.

138 Zum Gewinnabführungsvertrag näher unter Rdn. 9 und *Kuntz*, § 30 Rdn. 93; vgl. zum GmbH-Konzernrecht näher Anhang 2.

139 BGHZ 105, 324, 338; BGH, NJW 2019, 3302, 3303 f.; *Liebscher*, in: MünchKommGmbHG, Anhang § 13 Rn. 725; *Pöschke*, DB 2019, 2618, 2618.

140 BGH, NJW 2019, 3302, 3303; *Liebscher*, in: MünchKommGmbHG, Anhang § 13 Rn. 694; *Emmerich*, in: Scholz, GmbHG, Anhang § 13 Rn. 213; *Wachter*, GmbHR 2019, 1153, 1156; *Lieder/Wernert*, NZG 2020, 361, 362.

grundsätzlich nicht.[141] Begründet wird dies insb. mit der vorwiegend schuldrechtlichen Wirkung der Teilgewinnabführungsverträge.[142]

I. Arten von Gewinnbeteiligungen

Hierunter fallen die partiarischen Darlehen. Bei diesen stellt die Gewinnbeteiligung die Gegenleistung der Gesellschaft für ein Darlehen oder eine sonstige Leistung dar. Die zugesagten Gewinnanteile mindern den verteilungsfähigen Überschuss. Diese Wirkung entsteht auch durch die Gewinnanteile stiller Gesellschafter im Sinne von § 231 HGB.[143] Gewinnabhängige Vergütungen, sog. Tantiemen, der Geschäftsführer oder leitenden Angestellten, die verbreitet zusätzlich zu einem festen Gehalt bezahlt werden, sollen einen zusätzlichen Anreiz für leistungsorientiertes Arbeiten darstellen.[144] Hier kann eine Abgrenzung zu verdeckten Vermögenszuwendungen notwendig werden (unter Rdn. 53 ff.). Zu den Genussrechten ausführlicher unter Rdn. 49–51. 47

II. Berechnung

Die Höhe der Gewinnbeteiligung Dritter berechnet sich anhand des Jahresabschlusses nach Abzug der durch Gesetz oder Gesellschaftsvertrag vorgeschriebenen Rücklagen und Gewinnvorträge und vermindert um den Verlustvortrag, während auf Wahlrechten beruhende Gewinnvorträge nicht in Abzug gebracht werden.[145] Der Gewinnvortrag aus dem Vorjahr wird nicht hinzugerechnet, da Grundlage nur der Jahresüberschuss ist.[146] Der Anspruch entsteht mit der Feststellung des Jahresabschlusses, nicht erst mit dem Gewinnverwendungsbeschluss, es sei denn, der Anspruch ist ausschüttungsabhängig ausgestaltet.[147] 48

III. Genussrechte

1. Rechtsnatur und Rechtsstellung der Inhaber

Die im GmbHG nicht geregelten, aber anerkannten Genussrechte gewähren Vermögensansprüche gegen die Gesellschaft. Sie sind im Gegensatz zur Gesellschafterstellung nicht mitgliedschaftlicher, sondern schuldrechtlicher Natur.[148] Der vermittelte Anspruch ist regelmäßig auf eine Beteiligung am Gewinn der Gesellschaft gerichtet, mitunter aber auch auf eine Beteiligung am Liquidationserlös.[149] Er ist mit der Feststellung des Jahresabschlusses und vor der Gewinnverteilung an die Gesellschafter zu befriedigen.[150] Genussrechte werden durch Vertrag der Gesellschaft mit dem Inhaber 49

---

141 BGH, NJW 2019, 3302, 3304 f.; ebenso *Verse*, in: Henssler/Strohn, Gesellschaftsrecht, Anhang § 13 GmbHG Rn. 122; a.A. *Emmerich*, in: Scholz, GmbHG, Anhang § 13 Rn. 214; *Priester*, NZG 2020, 1, 3 f.; nicht abschließend geklärt ist die Frage, wann ausnahmsweise wegen satzungsüberlagernder Wirkung besondere Wirksamkeitsvoraussetzungen gelten, vgl. BGH, NJW 2019, 3302, 3305; *Paschos*, DB 2019, 2511, 2512; *Pöschke*, DB 2019, 2618, 2621; *Wachter*, GmbHR 2019, 1153, 1159 ff; *Mock*, JZ 2019, 1162, 1164; *Lieder/Wernert*, NZG 2020, 361, 365.

142 BGH NJW 2019, 3302, 3305; zustimmend *Lieder/Wernert*, NZG 2020, 361, 364; kritisch *Paschos*, DB 2019, 2511, 2512.

143 *Verse*, in: Scholz, GmbHG, § 29 Rn. 139.

144 S. zu Ausgestaltungsarten von Tantiemen *Kersting*, in: Baumbach/Hueck, GmbHG, § 29 Rn. 80 ff.; *Verse*, in: Scholz, GmbHG, § 29 Rn. 135–138; *Pentz*, in: Rowedder/Schmidt-Leithoff, GmbHG, § 29 Rn. 131–132.

145 *Kersting*, in: Baumbach/Hueck, GmbHG, § 29 Rn. 82; a.A. für Tantiemen *Pentz*, in: Rowedder/Schmidt-Leithoff, GmbHG, § 29 Rn. 131.

146 *Kersting*, in: Baumbach/Hueck, GmbHG, § 29 Rn. 82.

147 *Kersting*, in: Baumbach/Hueck, GmbHG, § 29 Rn. 83; *Verse*, in: Scholz, GmbHG, § 29 Rn. 138 (für Tantiemen).

148 Heute ganz h.M., BGHZ 119, 305, 312; *Kersting*, in: Baumbach/Hueck, GmbHG, § 29 Rn. 88; *Bayer*, in: Lutter/Hommelhoff, GmbHG, § 55 Rn. 53; *Pentz*, in: Rowedder/Schmidt-Leithoff, GmbHG, § 29 Rn. 140; *Seibt*, in: Scholz, GmbHG, § 14 Rn. 136.

149 *Verse*, in: Scholz, GmbHG, § 29 Rn. 141.

150 *Verse*, in: Scholz, GmbHG, § 29 Rn. 141.

begründet. Hierbei herrscht Gestaltungsfreiheit, ein verkehrstypischer Vertrag existiert nicht. Die Rechtsstellung des Gläubigers richtet sich ausschließlich nach den vertraglichen Vereinbarungen, da es an einer mitgliedschaftlichen Stellung gerade fehlt.[151] Auch besitzen sie kein Recht auf Mitwirkung an der Aufstellung und Feststellung des Jahresergebnisses. Verstoßen die Geschäftsführer oder Gesellschafter bei ihrer Aufgabenwahrnehmung jedoch gegen gesetzliche Vorgaben, steht den Genussrechtsinhabern ein Schadensersatz gegen die Gesellschaft wegen Verletzung ihres Forderungsrechts zu.[152] Veränderungen des Vertrages sind nur nach vertragsrechtlichen Grundsätzen möglich, bedürfen daher der Zustimmung des Rechtsinhabers.[153] Bei wesentlichen Veränderungen der Grundlagen, nach denen sich das Genussrecht bestimmt, besteht ein Anspruch auf Anpassung. Für die Kapitalerhöhung ordnet dies § 57m Abs. 3 an, der Rechtsgedanke ist jedoch verallgemeinerungsfähig. Die Voraussetzungen für eine Anpassung liegen jedoch nur bei erheblichen Veränderungen vor, während mittelbare Beeinträchtigungen durch übliche Geschäftsführungsmaßnahmen hinzunehmen sind.[154] Genussrechte sind mangels abweichender Vereinbarung frei übertragbar. Um ihre Verkehrsfähigkeit zu erhöhen, können sie verbrieft werden.[155]

2. Inhaltskontrolle

50 Sofern die Bedingungen über die Genussrechte für eine Vielzahl von Fällen im Sinne von § 305 Abs. 1 BGB vorformuliert sind, findet eine AGB-Kontrolle statt.[156] Wegen ihres schuldrechtlichen Charakters fallen sie nicht unter § 310 Abs. 4 BGB.[157] Inhaltlicher Bezugspunkt sind dabei nicht die gesellschafterlichen Mitgliedschaftsrechte, da es sich um schuldvertragliche Vereinbarungen handelt. Auch stimmrechtslose Vorzugsaktien bei der AG (§§ 119 ff. AktG) können daher nicht als Bezugspunkt dienen.[158] Da auch ein entsprechender schuldrechtlicher Vertragstypus fehlt, kommt im Verhältnis von Gesellschaft und Vertragspartner § 307 Abs. 2 Nr. 2 BGB entscheidende Bedeutung zu.

3. Abschlusskompetenz, Bezugsrecht

51 Verträge über die Begründung von Genussrechten abzuschließen, fällt in die Kompetenz der Geschäftsführer. Es handelt sich um einen Aufwand der Gesellschaft, der den Jahresüberschuss mindert. Der Betrag fällt daher nicht in die zur Verteilung an die Gesellschafter zur Verfügung stehende Masse, sodass § 46 Nr. 1 nicht einschlägig ist.[159] Soweit bedeutsamere Genussrechtsverträge jedoch den Charakter ungewöhnlicher Geschäfte der Gesellschaft annehmen, bedürfen sie der Zustimmung durch die Gesellschafterversammlung.[160] Ein generelles Recht der Gesellschafter auf Bezug von Genussrechten besteht nicht,[161]

151 *Seibt*, in: Scholz, GmbHG, § 14 Rn. 136, 142; *Bayer*, in: Lutter/Hommelhoff, GmbHG, § 55 Rn. 53; *Pentz*, in: Rowedder/Schmidt-Leithoff, GmbHG, § 29 Rn. 142.

152 *Seibt*, in: Scholz, GmbHG, § 14 Rn. 143; *Pentz*, in: Rowedder/Schmidt-Leithoff, GmbHG, § 29 Rn. 143.

153 *Seibt*, in: Scholz, GmbHG, § 14 Rn. 144 f.

154 *Seibt*, in: Scholz, GmbHG, § 14 Rn. 145; *Kersting*, in: Baumbach/Hueck, GmbHG, § 29 Rn. 93.

155 *Kersting*, in: Baumbach/Hueck, GmbHG, § 29 Rn. 92; *Seibt*, in: Scholz, GmbHG, § 14 Rn. 148 f.; *Altmeppen*, in: Roth/Altmeppen, GmbHG, § 29 Rn. 51.

156 BGHZ 119, 305, 312; *Seibt*, in: Scholz, GmbHG, § 14 Rn. 141; *Kersting*, in: Baumbach/Hueck, GmbHG, § 29 Rn. 89; *Pentz*, in: Rowedder/Schmidt-Leithoff, GmbHG, § 29 Rn. 140.

157 BGHZ 119, 305, 312 (für den gleichlautenden § 23 AGBG a.F.).

158 *Seibt*, in: Scholz, GmbHG, § 14 Rn. 141.

159 *Seibt*, in: Scholz, GmbHG, § 14 Rn. 138; i.E. *Kersting*, in: Baumbach/Hueck, GmbHG, § 29 Rn. 91.

160 *Seibt*, in: Scholz, GmbHG, § 14 Rn. 137 f.; für generelle Zuständigkeit der Gesellschafterversammlung *Pentz*, in: Rowedder/Schmidt-Leithoff, GmbHG, § 29 Rn. 140; a.A. *Beurskens*, in: Baumbach/Hueck, GmbHG, § 37 Rn. 44 ff.: nur wenn Anhaltspunkte bestehen, dass die Gesellschafter mit der Begründung eines Genussrechts nicht einverstanden sind.

161 *Seibt*, in: Scholz, GmbHG, § 14 Rn. 140; *Kersting*, in: Baumbach/Hueck, GmbHG, § 29 Rn. 91; zum Bezugsrecht bei Kapitalerhöhungen s. *Bayer*, in: Lutter/Hommelhoff, GmbHG, § 55 Rn. 19–28; i.E. *Servatius*, in: Baumbach/Hueck, GmbHG, § 55 Rn. 20; *K. Schmidt*, Gesellschaftsrecht, S. 1147 f.

da ihre Mitgliedschaftsrechte im Gegensatz zu einem Bezugsrechtsausschluss bei Kapitalerhöhungen nicht generell verwässert werden, sondern nur bzgl. des Gewinnziehungsrechts. Eine Ausnahme gilt, wenn Genussrechtsinhaber ein Gesellschafter oder eine ihm nahestehende Person ist. Hier gebietet die Gleichbehandlung der Gesellschafter, Genussrechte allen Gesellschaftern im Verhältnis ihrer Beteiligungen anzubieten.[162]

I. Gewinnanteilsscheine und Übertragung des Auszahlungsanspruchs

Gewinnanteilsscheine stellen eine Verbriefung des Gesellschafteranspruchs auf Ausschüttung dar. 52
Solche Verbriefungen sind nicht notwendig, aber möglich. Sie können in der Satzung vorgesehen werden. Diese Verbriefung kann in Form eines Wertpapiers erfolgen. Hierbei werden Papier und Anspruch dergestalt verknüpft, dass der verkörperte Anspruch nur bei Vorlage des Papiers geltend gemacht werden kann. Auch wird die Übertragung erleichtert, wenn es sich um ein Inhaber- oder Orderpapier handelt. Übertragbar ist nur der Anspruch auf Auszahlung des Gewinns, nicht etwa der in der Mitgliedschaft wurzelnde abstrakte Gewinnziehungsanspruch.[163] Dient die Verbriefung nur der Nachweisbarkeit des Anspruchs, handelt es sich um eine Beweisurkunde,[164] sodass der Anspruch auch ohne Vorlage des Papiers geltend gemacht werden kann.

J. Verdeckte Gewinnausschüttungen

I. Begriff

Außerhalb des Liquidationsverfahrens stellt die Gewinnausschüttung die einzige zulässige Art der 53
Verteilung von Gesellschaftsvermögen an die Gesellschafter dar. Versuche der Gesellschafter, insb. des Mehrheitsgesellschafters, sich am Gesellschaftsvermögen außerhalb eines förmlichen Ausschüttungsverfahrens zu bereichern, werden als verdeckte Gewinnausschüttungen bzw. verdeckte Vermögenszuwendungen bezeichnet. Jede Vermögenszuwendung, die außerhalb der Ergebnisverwendung nach § 29 erfolgt und nicht zu einer äquivalenten Gegenleistung an die Gesellschaft führt, fällt unter diesen Begriff.[165] Wird bei Geschäften zwischen der Gesellschaft und einem Gesellschafter für Waren oder Leistungen der Gesellschaft ein zu geringer Preis berechnet oder umgekehrt der Wert einer Leistung des Gesellschafters zu hoch angesetzt, handelt es sich um eine verdeckte Gewinnausschüttung an den Gesellschafter.

II. Bewertung aufgrund Drittvergleichs

Ob eine äquivalente Gegenleistung erfolgt, wird im Wege eines Drittvergleichs ermittelt. Maßstab 54
ist dabei, ob die Gesellschaft unter sonst gleichen Umständen bei Anwendung der Sorgfalt eines ordentlichen und gewissenhaften Geschäftsleiters das entsprechende Geschäft mit einem gesellschaftsfremden Dritten abgeschlossen hätte (sog. hypothetisches Fremd- oder Drittgeschäft).[166] Dies wird objektiv beurteilt, auf die Vorstellungen der Beteiligten kommt es nicht an.[167] Entscheidend ist der

---

162 *Seibt*, in: Scholz, GmbHG, § 14 Rn. 140; *Kersting*, in: Baumbach/Hueck, GmbHG, § 29 Rn. 91.

163 Vgl. *Kersting*, in: Baumbach/Hueck, GmbHG, § 29 Rn. 58.

164 *Kersting*, in: Baumbach/Hueck, GmbHG, § 29 Rn. 87.

165 *Kersting*, in: Baumbach/Hueck, GmbHG, § 29 Rn. 68; *Verse*, in: Scholz, GmbHG, § 29 Rn. 115. S. dort unter Rn. 132 f. auch zu den steuerrechtlichen Fragen der verdeckten Gewinnausschüttung.

166 BGH, NJW 1996, 589 f.; BGH, NJW 1990, 2625, 2626; BGH, WM 1987, 348, 349; OLG Düsseldorf, GmbHR 1990, 134; *Verse*, in: Scholz, GmbHG, § 29 Rn. 116; *Kersting*, in: Baumbach/Hueck, GmbHG, § 29 Rn. 70; *Hommelhoff*, in: Lutter/Hommelhoff, GmbHG, § 29 Rn. 50; *Pentz*, in: Rowedder/Schmidt-Leithoff, GmbHG, § 29 Rn. 161; *Altmeppen*, in: Roth/Altmeppen, GmbHG, § 29 Rn. 53; *Bitter*, ZHR 168 (2004), 302, 309; *Fleck*, ZHR 156 (1992), 81, 82; *Fleischer*, WM 2007, 909, 912; *Wassermeyer*, GmbHR 1998, 157, 158 f.

167 BGH, WM 1987, 348, 349; BGH, NJW 1996, 589; *Kersting*, in: Baumbach/Hueck, GmbHG, § 29 Rn. 70; *Hommelhoff*, in: Lutter/Hommelhoff, GmbHG, § 29 Rn. 50; *Pentz*, in: Rowedder/Schmidt-Leithoff, GmbHG, § 29 Rn. 161.

Zeitpunkt, zu dem die Gesellschaft in Anspruch genommen wird.[168] Das alles gilt auch, wenn nicht der Gesellschafter selbst, sondern ein ihm nahestehender Dritter Vertragspartner der Gesellschaft wird. Relevant wird dies insb. bei konzernverbundenen Unternehmen und nahen Familienangehörigen.[169]

III. Rechtswidrigkeit

1. Lückenhafter gesetzlicher Schutz

55 Die Kapitalerhaltungsvorschriften regeln die verdeckte Gewinnausschüttung nur lückenhaft, da nach § 30 nur das zur Erhaltung des Stammkapitals erforderliche Vermögen gebunden ist. Das Phänomen, dass nur davon nicht erfasstes Vermögen außerhalb des förmlichen Verfahrens nach § 29 zum Nachteil der Mitgesellschafter angetastet wird, wird vom Gesetz nicht geregelt. In der AG unterliegt demgegenüber das gesamte Sondervermögen einer Kapitalbindung und darf daher nur als ordnungsgemäß festgestellter und zur Verteilung freigegebener Bilanzgewinn an die Aktionäre ausgeschüttet werden.[170]

2. Verstoß gegen Pflichten ggü. Gesellschaft

56 Im Ergebnis herrscht jedoch Einigkeit darüber, dass verdeckte Gewinnausschüttungen auch im GmbH-Recht unzulässig sind. Das Vermögen der GmbH dient der Verfolgung des vereinbarten Gesellschaftszwecks und wird dieser bei verdeckten Gewinnausschüttungen außerhalb des gesetzlich vorgesehenen Gewinnziehungsverfahrens entzogen. Verdeckte Gewinnausschüttungen können daher einen Verstoß gegen die gesellschaftsrechtliche Treuepflicht ggü. der Gesellschaft darstellen und rechtswidrig sein.[171] Allerdings ist der Schutz der Gesellschaft außerhalb des Anwendungsbereichs von § 30 nicht Selbstzweck, sondern dient den Interessen der Mitgesellschafter. Eine Pflichtverletzung scheidet daher aus, wenn es an einer verdeckten Ausschüttung fehlt. Deshalb scheidet ein Verstoß bei der Einmann-GmbH ebenso aus wie bei Zustimmung aller übrigen Gesellschafter.[172]

3. Verstoß gegen Pflichten ggü. Mitgesellschaftern

57 Daran wird deutlich, dass es vor allem um den Schutz der berechtigten Vermögensinteressen (auf Gewinnziehung und Beteiligung am Liquidationserlös, zugleich aber auch an einer ausreichenden Kapitalausstattung der Gesellschaft) der Mitgesellschafter bei jeder Bereicherung eines Gesellschafters zulasten des Gesellschaftsvermögens geht.[173] Daher liegt bei verdeckten Gewinnausschüttungen auch eine Pflichtverletzung ggü. den Mitgesellschaftern vor: Die verdeckte Vorteilsgewährung wird nicht nur als Verstoß gegen den Gleichbehandlungsgrundsatz,[174] sondern wegen

168 BGH, WM 1987, 348, 349.

169 BGH, WM 1987, 348, 349; *Pentz*, in: Rowedder/Schmidt-Leithoff, GmbHG, § 29 Rn. 177; *Verse*, in: Scholz, GmbHG, § 29 Rn. 117; zu konzernverbundenen Unternehmen auch *Lutter*, FS Stiefel, 1987, S. 505, 530–532; *Hommelhoff*, in: Lutter/Hommelhoff, GmbHG, § 29 Rn. 52; *Altmeppen*, in: Roth/Altmeppen, GmbHG, § 29 Rn. 53; zu steuerrechtlichen Fragen bei Zahlung überhöhter Entgelte an einen dem Gesellschafter nahestehenden Dritten s. BFH, DStRE 2018, 224.

170 Zu den Unterschieden im GmbH- und Aktienrecht ausführlich *Verse*, in: Scholz, GmbHG, § 30 Rn. 7–9.

171 BGH, NJW 1990, 2625, 2626; BGHZ 65, 15; *Verse*, in: Scholz, GmbHG, § 29 Rn. 121; *Kersting*, in: Baumbach/Hueck, GmbHG, § 29 Rn. 74; *Hommelhoff*, in: Lutter/Hommelhoff, GmbHG, § 29 Rn. 54 f.; *Bitter*, ZHR 168 (2004), 302, 316 ff.; *Pentz*, in: Rowedder/Schmidt-Leithoff, GmbHG, § 29 Rn. 164.

172 In diesen Fällen liegt letztlich auch kein Verstoß gegen die Kompetenzordnung – wie er mitunter diskutiert wird – vor, vgl. *Verse*, in: Scholz, GmbHG, § 29 Rn. 119, 121; *Kersting*, in: Baumbach/Hueck, GmbHG, § 29 Rn. 71; *Hommelhoff*, in: Lutter/Hommelhoff, GmbHG, § 29 Rn. 48.

173 Vgl. *Kalss*, ZHR 171 (2007), 146, 171 f.

174 BGH, NJW 1990, 2625, 2626; BGH, WM 1987, 348, 349; *Verse*, in: Scholz, GmbHG, § 29 Rn. 120; *Kersting*, in: Baumbach/Hueck, GmbHG, § 29 Rn. 73; *Altmeppen*, in: Roth/Altmeppen, GmbHG, § 29 Rn. 54; vgl. auch *Hommelhoff*, in: Lutter/Hommelhoff, GmbHG, § 29 Rn. 48; *Kalss*, ZHR 171 (2007), 146, 173; *Schön*, ZHR 168 (2004), 268, 281; *Zöllner*, ZGR 1988, 392, 405.

der unter den Gesellschaftern anerkannten Sonderbeziehung auch als Verletzung der Treuepflicht verstanden.[175]

IV. Rückforderung der Bereicherung

1. Ansprüche der Gesellschaft gegen den begünstigten Gesellschafter

Auf diese Pflichtverletzung gestützt kann die Gesellschaft die gewährte Leistung zurückfordern und den darüber hinausgehenden Schaden ersetzt verlangen.[176] Als Rechtsgrundlage kommen in erster Linie Schadensersatzansprüche[177] sowie bereicherungsrechtliche Ansprüche[178] in Betracht. Letztere setzen voraus, dass das zugrunde liegende Rechtsgeschäft nichtig ist. Das ist regelmäßig wegen Verstoßes gegen die Kompetenzordnung der Fall, da es sich bei der verdeckten Vermögenszuwendung um einen Fall der Ergebnisverwendung nach § 46 Nr. 1 handelt, tatsächlich aber die Geschäftsführer für die Gesellschaft tätig werden.[179] Da mit der verdeckten Vermögenszuwendung eine Pflichtverletzung ggü. der Gesellschaft verbunden ist, liegt auch § 280 Abs. 1 BGB nahe, der allerdings Verschulden voraussetzt, woran es im Einzelfall fehlen kann, da der Drittvergleich objektiv bestimmt wird und gerade keine Bösgläubigkeit voraussetzt.[180] In solchen Fällen wird allerdings Fahrlässigkeit naheliegen. Einer analogen Anwendung von § 31 bedarf es nicht. Diese sieht sich ohnehin dem Problem ausgesetzt, dass eine Rückforderung nach Abs. 2 Bösgläubigkeit des Empfängers voraussetzt. Daher muss nicht nur die analoge Anwendung überhaupt begründet werden, sondern auch der Nachweis geführt werden, dass sie unter Ausschluss von § 31 Abs. 2 erfolgen und damit eine verdeckte Vermögenszuwendung strenger behandelt werden sollte als ein Verstoß gegen § 30. Dies fällt schwer.[181] Hingegen kommt eine Haftung des Gesellschafters aus § 826 BGB wegen Existenzvernichtung in Betracht, die eine missbräuchliche Schädigung des im Gläubigerinteresse zweckgebundenen Gesellschaftsvermögens voraussetzt.[182] 58

2. Ansprüche der Gesellschaft gegen einen begünstigten Dritten

Soweit nicht ein Gesellschafter, sondern ein Dritter begünstigt ist, kann aus §§ 823, 826, 812 BGB vorgegangen werden, sofern die Voraussetzungen vorliegen. Fehlt es daran, weil das Rechtsgeschäft wirksam ist und keine schuldhafte Rechtsgutsverletzung oder gar vorsätzliche sittenwidrige Schädigung vorliegt, scheiden Ansprüche gegen den Dritten aus.[183] Stattdessen kann jedoch gegen 59

---

175 Für die AG BGHZ 65, 15, 18 f. (ITT); *Verse*, in: Scholz, GmbHG, § 29 Rn. 121; *Kersting*, in: Baumbach/Hueck, GmbHG, § 29 Rn. 74; *Pentz*, in: Rowedder/Schmidt-Leithoff, GmbHG, § 29 Rn. 164. Statt einer Treue- wird vereinzelt sogar von einer Interessenwahrungspflicht unter den Gesellschaftern bei einseitigen Verfügungen über das Gesellschaftsvermögen ausgegangen, s. *Hofmann*, Der Minderheitsschutz im Gesellschaftsrecht, 2011, S. 137–140, aufbauend auf *Grundmann*, Der Treuhandvertrag, 1997, S. 269–278.

176 BGHZ 65, 15; BGH, WM 1987, 348, 349; *Verse*, in: Scholz, GmbHG, § 29 Rn. 129; *Kersting*, in: Baumbach/Hueck, GmbHG, § 29 Rn. 76; *Bitter*, ZHR 168 (2004), 302, 316 ff.

177 *Kersting*, in: Baumbach/Hueck, GmbHG, § 29 Rn. 74, 78.

178 OLG Brandenburg, GmbHR 1997, 750; *Verse*, in: Scholz, GmbHG, § 29 Rn. 125; *Kersting*, in: Baumbach/Hueck, GmbHG, § 29 Rn. 76. A.A. *Hommelhoff*, in: Lutter/Hommelhoff, GmbHG, § 29 Rn. 54.

179 *Verse*, in: Scholz, GmbHG, § 29 Rn. 119; *Kersting*, in: Baumbach/Hueck, GmbHG, § 29 Rn. 75; *Hommelhoff*, in: Lutter/Hommelhoff, GmbHG, § 29 Rn. 48.

180 Vgl. *Verse*, in: Scholz, GmbHG, § 29 Rn. 129; *Pentz*, in: Rowedder/Schmidt-Leithoff, GmbHG, § 29 Rn. 168.

181 So jedoch vertreten von *Hommelhoff*, in: Lutter/Hommelhoff, GmbHG, § 29 Rn. 54; *Altmeppen*, in: Roth/Altmeppen, GmbHG, § 29 Rn. 67; eine Analogie insgesamt ablehnend *Kersting*, in: Baumbach/Hueck, GmbHG, § 29 Rn. 76; *Verse*, in: Scholz, GmbHG, § 29 Rn. 124; *Pentz*, in: Rowedder/Schmidt-Leithoff, GmbHG, § 29 Rn. 168.

182 BGH, NJW 2007, 2689.

183 I.E. *Pentz*, in: Rowedder/Schmidt-Leithoff, GmbHG, § 29 Rn. 175; s.a. *Mock*, in: Michalski/Heidinger/Leible/Schmidt, GmbHG, § 29 Rn. 260.

den Gesellschafter vorgegangen werden, der durch die Leistung an den ihm nahestehenden Dritten mittelbar profitiert.[184] Dabei gelten die vorstehend dargestellten Grundsätze.

3. Ansprüche der Gesellschafter gegen den Begünstigten

a) Ausgleich in das Gesellschaftsvermögen

60 Da auch den Mitgesellschaftern ein Schaden entsteht, kommen Ansprüche gegen den Schädiger in Betracht. Hierbei ist schon die Anspruchsgrundlage problematisch, da nur unter der Voraussetzung, dass die unter den Gesellschaftern anerkannte Treuepflicht auch eine Sonderbeziehung im Sinne eines Rechtsverhältnisses begründet, von einem Anspruch nach § 280 Abs. 1 BGB ausgegangen werden kann. Unabhängig davon darf ein Gesellschafter im Regelfall nur Zahlung an die Gesellschaft verlangen.[185] Würde der eigene mittelbare Schaden liquidiert, käme es zu einer Einlagenrückgewähr an den Gesellschafter.[186] Der rechtswidrige Kapitalentzug würde verfestigt, wenn der Schadensausgleich an der Gesellschaft vorbei erfolgen würde. § 117 Abs. 1 Satz 2, Abs. 2 AktG verkörpert den allgemeinen Rechtsgedanken des Kapitalgesellschaftsrechts, dass als Ausdruck der Naturalrestitution ein Schadensausgleich zwingend in das Vermögen der Gesellschaft stattfinden muss.[187]

b) Ausgleich in das Gesellschaftervermögen im Ausnahmefall

61 Inwieweit von einem Ausgleich in das Gesellschaftsvermögen Ausnahmen möglich sind, ist bislang wenig geklärt. In den Sonderfällen, in denen der Schaden des Gesellschafters über den der Gesellschaft hinausgeht oder er den Schaden der Gesellschaft durch eigene Leistung beseitigt hat, darf er sich selbst schadlos halten.[188] Die Notwendigkeit zu weiteren Ausnahmen kann sich daraus ergeben, dass die bestehenden Beteiligungsverhältnisse die Gefahr einer Wiederholung nahelegen. Damit wird zugleich deutlich, dass Ausnahmen auf Extremfälle beschränkt werden müssen, in denen sich zwei Gesellschafterblöcke unversöhnlich gegenüberstehen und eine gedeihliche Zusammenarbeit unmöglich erscheint. Auch muss eine Gläubigerbenachteiligung ausscheiden, sodass der Anspruch der Gesellschaft nicht erforderlich sein darf, um ihre Verbindlichkeiten zu erfüllen. In dieser Situation sollten die Minderheitsgesellschafter ihren Schaden unmittelbar einklagen und Zug um Zug gegen Zahlung aus der Gesellschaft ausscheiden dürfen, was mit den Grundlagen des Austrittsrechts aus wichtigem Grund übereinstimmt.[189] Die rechtswidrige Bereicherung des Mehrheitsgesellschafters und die aus der situativen Besonderheit abgeleitete Möglichkeit, dass es zu weiteren Verstößen kommen kann, stellen regelmäßig einen ausreichenden Grund i.S.d. Grundsätze zum Austritt aus wichtigem Grund dar. Einen Teil seiner Abfindung liquidiert der Gesellschafter damit unmittelbar bei dem Schädiger, während ihm der Rest aus dem Gesellschaftsvermögen zufließt.[190]

---

184 *Pentz*, in: Rowedder/Schmidt-Leithoff, GmbHG, § 29 Rn. 175; *Hommelhoff*, in: Lutter/Hommelhoff, GmbHG, § 29 Rn. 55.

185 *Kersting*, in: Baumbach/Hueck, GmbHG, § 29 Rn. 74; *Pentz*, in: Rowedder/Schmidt-Leithoff, GmbHG, § 29 Rn. 172; *Hommelhoff*, in: Lutter/Hommelhoff, GmbHG, § 29 Rn. 56; *Altmeppen*, in: Roth/Altmeppen, GmbHG, § 29 Rn. 61.

186 BGH, NJW 2013, 2586, 2587 f.; BGH, NJW 1987, 1077, 1079 f.; BGH, NJW 1987, 3121, 3122; BGH, NJW 1985, 1900; BGH, NJW 1985, 1777, 1778; BGH, WM 1987, 425; *Baums*, ZGR 1987, 554, 558; *Gerkan*, ZGR 1988, 441, 446; *Martens*, ZGR 1972, 254, 276–282; *Martens*, FS R. Fischer, 1979, S. 461, 474 f.; *Windbichler*, Liber Amicorum Buxbaum, 2000, S. 617, 623.

187 Dazu i.E. BGH, WM 1987, 425; BGH, WM 1987, 348, 349; *Baums*, ZGR 1987, 554, 558; *Cahn*, Kapitalerhaltung im Konzern, 1998, S. 104–108; *Gerkan*, ZGR 1988, 441, 446; *Martens*, ZGR 1972, 254, 279 f.

188 *Hommelhoff*, in: Lutter/Hommelhoff, GmbHG, § 29 Rn. 56; *Pentz*, in: Rowedder/Schmidt-Leithoff, GmbHG, § 29 Rn. 172.

189 Zu den Grundlagen *Kersting*, in: Baumbach/Hueck, GmbHG, Anh. § 34 Rn. 18 ff.

190 Zum Ganzen ausführlich und zu den Parallelen im US-amerikanischen Recht *Hofmann*, Der Minderheitsschutz im Gesellschaftsrecht, 2011, S. 322–341.

§ 30 Kapitalerhaltung

(1) [1]Das zur Erhaltung des Stammkapitals erforderliche Vermögen der Gesellschaft darf an die Gesellschafter nicht ausgezahlt werden. [2]Satz 1 gilt nicht bei Leistungen, die bei Bestehen eines Beherrschungs- oder Gewinnabführungsvertrags (§ 291 des Aktiengesetzes) erfolgen oder durch einen vollwertigen Gegenleistungs- oder Rückgewähranspruch gegen den Gesellschafter gedeckt sind. [3]Satz 1 ist zudem nicht anzuwenden auf die Rückgewähr eines Gesellschafterdarlehens und Leistungen auf Forderungen aus Rechtshandlungen, die einem Gesellschafterdarlehen wirtschaftlich entsprechen.

(2) [1]Eingezahlte Nachschüsse können, soweit sie nicht zur Deckung eines Verlustes am Stammkapital erforderlich sind, an die Gesellschafter zurückgezahlt werden. [2]Die Zurückzahlung darf nicht vor Ablauf von drei Monaten erfolgen, nachdem der Rückzahlungsbeschluss nach § 12 bekanntgemacht ist. [3]Im Fall des § 28 Abs. 2 ist die Zurückzahlung von Nachschüssen vor der Volleinzahlung des Stammkapitals unzulässig. [4]Zurückgezahlte Nachschüsse gelten als nicht eingezogen.

Schrifttum

Altmeppen, »Dritte« als Adressaten der Kapitalerhaltungs- und Kapitalersatzregeln in der GmbH, FS Kropff, 1997, S. 641; *ders.*, »Upstream-loans«, Cash Pooling und Kapitalerhaltung nach neuem Recht, ZIP 2009, 49; *ders.*, Cash Pooling und Kapitalerhaltung im faktischen Konzern, NZG 2010, 401; *ders.*, Wie lange noch gilt das alte Kapitalersatzrecht?, ZIP 2011, 641; *ders.*, Das rechtliche Schicksal der Kapitalerhaltungshaftung in der GmbH bei nachträglichem Wegfall der Unterdeckung oder nachträglichem Eintritt der Privilegierung, ZIP 2015, 1657; *ders.*, Aufsteigende Sicherheiten im Konzern, ZIP 2017, 1977; *Bayer/Illhardt*, Darlegungs- und Beweislast im Recht der GmbH anhand praktischer Fallkonstellationen (Teil 2), GmbHR 2011, 638; *Bayer/Lieder*, Darlehen der GmbH an Gesellschafter und Sicherheiten aus dem GmbH-Vermögen für die Gesellschaftsverbindlichkeiten, ZGR 2005, 133; *Becker*, Totgesagte leben länger – Limitation Languages bei Upstream-Besicherungen nach dem Urteil des II. Zivilsenats des BGH vom 21.3.2017, ZIP 2017, 1599; *Blasche/König*, Upstream-Darlehen vor dem Hintergrund des neuen § 30 Abs. 1 GmbHG, GmbHR 2009, 897; *Bock*, Institutioneller Gläubigerschutz nach § 30 Abs. 1 GmbHG beim Down-stream-merger nach einem Anteilskauf?, GmbHR 2005, 1023; *Brocker/Rockstroh*, Upstream-Darlehen und Cash-Pooling in der GmbH nach der Rückkehr zur bilanziellen Betrachtungsweise, BB 2009, 730; *Cahn*, Kapitalerhaltung im Konzern, 1998; *ders.*, Kredite an Gesellschafter, Der Konzern 2009, 67; *Canaris*, Die Rückgewähr von Gesellschaftereinlagen durch Zuwendungen an Dritte, FS R. Fischer, 1979, S. 31; *Dampf*, Die Gewährung von upstream-Sicherheiten im Konzern, Der Konzern 2007, 157; *Decker*, Der Cashpool als Gesellschaft bürgerlichen Rechts, ZGR 2013, 392; *Diem*, Besicherung von Gesellschafterverbindlichkeiten als existenzvernichtender Eingriff des Gesellschafters?, ZIP 2003, 1283; *Drygala/Kremer*, Alles neu macht der Mai – Zur Neuregelung der Kapitalerhaltungsvorschriften im Regierungsentwurf zum MoMiG, ZIP 2007, 1289; *Eickes*, Zum Fortführungsgrundsatz der handelsrechtlichen Rechnungslegung in der Insolvenz, DB 2015, 933; *Ekkenga*, Vom Umgang mit überwertigen Sacheinlagen im Allgemeinen und mit gemischten (verdeckten) Sacheinlagen im Besonderen, ZIP 2013, 541; *ders.*, Insolvenzvorbeugung durch Rangrücktritt, ZIP 2017, 1493; *Engert*, Die Wirksamkeit des Gläubigerschutzes durch Nennkapital, GmbHR 2007, 337; *Eusani*, Das neue Deckungsgebot und Leistungen causa societatis nach § 30 Abs. 1 GmbHG, GmbHR, 2009, 512; *Fischer-Böhnlein/Körner*, Rechnungslegung von Kapitalgesellschaften im Insolvenzverfahren, BB 2001, 191; *Fleck*, FS 100 Jahre GmbH-Gesetz, 1992, S. 391; *Fleckner*, Antike Kapitalvereinigungen, 2010; *Freitag*, Upstream-Sicherheiten in der GmbHG nach dem MoMiG – Sieg der Kautelarpraxis über den Gesetzgeber? –, Der Konzern 2011, 330; *Gehrlein*, Der aktuelle Stand des neuen GmbH-Rechts, Der Konzern 2007, 771; *ders.*, Das Eigenkapitalersatzrecht im Wandel seiner gesetzlichen Kodifikationen, BB 2011, 3; *Goette*, Gesellschaftsrecht und Insolvenzrecht – Aktuelle Rechtsprechung des II-Zivilsenats, KTS 2006, 217; *ders.*, in: Goette/Habersack, Das MoMiG in Wissenschaft und Praxis, 2009, S. 283; *ders.*, Gedanken zum Kapitalschutzsystem der GmbH, ZHR 177 (2013), 740; *Gunßer*, Finanzierungsbindungen in der GmbH nach Abschaffung des Eigenkapitalersatzrechts, GmbHR 2010, 1250; *Haas*, Kapitalerhaltung, Insolvenzanfechtung, Schadensersatz und Existenzvernichtung – wann wächst zusammen, was zusammen gehört?, ZIP 2006, 1373; *ders.*, Eigenkapitalersatzrecht und Übergangsrecht, DStR 2009, 976; *Habersack*, Verdeckte Sacheinlage, nicht ordnungsgemäß offengelegte Sacheinlage und Hin- und Herzahlen – Geklärte und ungeklärte Fragen nach »Eurobike«, GWR 2010, 147; *Habersack/Schürnbrand*, Keine Privilegierung des Cash-Pool-Verfahrens im Hinblick auf die Anwendbarkeit des § 30 GmbHG bei unzureichender Absicherung der Erhaltung des Stammkapitals, BB 2006, 288; *Hennrichs*, Zum Fehlerbegriff im Bilanzrecht, NZG 2013, 681; *Hommelhoff*, Förder- und

Schutzpflichten für den faktischen GmbH-Konzern, ZGR 2012, 535; *Joost*, Grundlagen und Rechtsfolgen der Kapitalerhaltungsregeln in der GmbH, ZHR 148 (1984), 27; *ders.*, Systematische Betrachtungen zur Neuregelung von Kapitalaufbringung und Kapitalerhaltung im Recht der GmbH, FS Hüffer, 2010, S. 405; *Käpplinger*, »Upstream«-Darlehen an Akquisitionsvehikel – Sind diese wirklich mit § 30 GmbHG unvereinbar?, NZG 2010, 1411; *Kiefner/Bochum*, Aufsteigende Sicherheiten bei GmbH und AG im Lichte der neuen Rechtsprechung des BGH zur Kapitalerhaltung, NZG 2017, 1292; *Kleffner*, Erhaltung des Stammkapitals und Haftung nach §§ 30, 31 GmbHG, 1994; *Klein/Stephanblome*, Der Downstream Merger – aktuelle umwandlungs- und gesellschaftsrechtliche Fragestellungen, ZGR 2007, 351; *Koch*, Die verdeckte gemischte Sacheinlage im Spanungsfeld zwischen Kapitalaufbringung und Kapitalerhaltung, ZHR 175 (211), 55; *Kropff*, Nettoausweis des Gezeichneten Kapital und Kapitalschutz, ZIP 2009, 1137; *Kuntz*, Haftung von Banken gegenüber anderen Gläubigern nach § 826 BGB wegen Finanzierung von Leveraged Buyouts?, ZIP 2008, 814; *ders.*, Informationsweitergabe durch die Geschäftsleiter beim Buyout unter Managementbeteiligung, 2009; *ders.*, Gestaltung von Kapitalgesellschaften zwischen Freiheit und Zwang, 2016; *ders.*, Sicherheiten für Gesellschafterverbindlichkeiten und die Kapitalerhaltung in GmbH und AG, ZGR 2017, 917; *Lutter/Wahlers*, Der Buyout – Amerikanische Fälle und die Regeln des deutschen Rechts, AG 1989, 13; *Maier-Reimer*, Die verdeckte gemischte und die verdeckt gemischte Sacheinlage, FS Hoffmann-Becking, 2013, S. 755; *Merkt*, Der Kapitalschutz in Europa – ein rocher de bronze?, ZGR 2004, 305; *Mülbert*, Sicherheiten einer Kapitalgesellschaft für Verbindlichkeiten ihres Gesellschafters, ZGR 1995, 578; *Mülbert/Leuschner*, Aufsteigende Darlehen im Kapitalerhaltungs- und Konzernrecht – Gesetzgeber und BGH haben gesprochen, NZG 2009, 281; *Müller*, Kapitalerhaltung und Bilanzierung: zur Ermittlung der Unterbilanz bei § 30 Abs. 1 GmbHG, DStR 1997, 1577; *Mylich*, Gegenstandsbezogene Ausschüttungssperren und gesellschaftsrechtliche Kapitalschutzmechanismen, ZHR 181 (2017), 87; *Nordholtz/Hupka*, Die Kapitalerhaltung nach §§ 30 f. GmbHG bei dinglichen Upstream-Sicherheiten, DStR 2017, 1999; *Oser/Kropp*, Eigene Anteile im Gesellschafts-, Bilanz- und Steuerrecht, Der Konzern 2012, 185; *Pentz*, Zu den GmbH-rechtlichen Änderungsvorschlägen des MoMiG aus Sicht eines Praktikers, VGR 2006, 115; *ders.*, Die Anrechnung bei der verdeckten (gemischten) Sacheinlage, GmbHR 2010, 673; *Philippi/Fickert*, Management Buyout im Mittelstand: Haftungsrisiko für den Verkäufer?, DB 2008, 223; *Pleister*, Behandlung von Drittsicherheiten in der finanziellen Restrukturierung von Konzernen, ZIP 2015, 1097; *Pöschke/Steenbreker*, Kapitalerhaltung in der GmbH & Co. KG, NZG 2015, 614; *Priester*, Kapitalschutz beim Down-stream-merger, FS Spiegelberger, 2009, S. 890; *ders.*, Die gemischte Sacheinlage zwischen Kapitalaufbringung und Kapitalerhaltung, FS Maier-Reimer, 2010, S. 525; *Primocizl/Brugognone*, Geschäftsführerhaftung bei der Bestellung von Kreditsicherheiten, NJW 2013, 1709; *Redeker*, Fortwirkung der Limitation Language im Insolvenzfall, CFL 2011, 298; *Riegger*, Kapitalgesellschaftsrechtliche Grenzen der Finanzierung von Unternehmensübernahmen durch Finanzinvestoren, ZGR 2008, 233; *Rodewald/Pohl*, Neuregelungen des Erwerbs von eigenen Anteilen durch die GmbH im Bilanzrechtsmodernisierungsgesetz (BilMoG), GmbHR 2009, 32; *Roos*, Ausweis der Kapitalrücklage in handelsrechtlichen Abschlüssen deutscher börsennotierter Kapitalgesellschaften, DStR 2015, 842; *Rothley/Weinberger*, Die Anforderungen an Vollwertigkeit und Deckung nach § 30 I 2 GmbHG und § 57 I 3 AktG, NZG 2010, 1001; *Rümker/Büchler*, Probleme der Verpfändung von Kommanditanteilen, FS Claussen, 1997, S. 337; *Schall, Alexander*, Kapitalgesellschaftsrechtlicher Gläubigerschutz, 2009; *Schärtl*, Die Doppelfunktion des Stammkapitals als Schlüssel für ein wettbewerbsfähiges GmbH-Recht in Deutschland?, GmbHR 2007, 344; *Scheifele/Nees*, Der Rangrücktritt aus steuerrechtlicher Sicht, Der Konzern 2015, 417; *Schickerling/Blunk*, Die Haftung im Zusammenhang mit Upstream Loans – quo vadis?, GmbHR 2009, 1294; *Schmidt, K.*, Reform der Kapitalsicherung und Haftung in der Krise nach dem Regierungsentwurf des MoMiG, GmbHR 2007, 1072; *ders.*, Gesetzgebung und Rechtsfortbildung im Recht der GmbH und der Personengesellschaften, JZ 2009, 10; *Schmolke*, Kapitalerhaltung in der GmbH nach dem MoMiG, 2009; *Schön*, Kreditbesicherung durch abhängige Kapitalgesellschaften, ZHR 159 (1995), 351; *ders.*, Die Zukunft der Kapitalaufbringung/-erhaltung, Der Konzern 2004, 162; *Schulze-Osterloh*, Rangrücktritt, Besserungsschein, eigenkapitalersetzende Darlehen – Voraussetzungen, Rechtsfolgen, Bilanzierung, WPg 1996, 97; *Servatius*, Die besondere Zweckbindung des Stammkapitals bei Drittgeschäften mit Gesellschaften, DStR 2004, 1176; *ders.*, Gläubigereinfluss durch Covenants, 2008; *Sieker*, Die Verzinsung eigenkapitalersetzender Darlehen, ZGR 1995, 250; *Söhner*, Leveraged-Buy-outs und Kapitalschutz, ZIP 2011, 2085; *Sonnenhol/Stützle*, Bestellung von Sicherheiten durch eine GmbH und der Grundsatz der Erhaltung des Stammkapitals (§ 30 GmbHG), DB 1979, 925; *Spliedt*, MoMiG in der Insolvenz – ein Sanierungsversuch, ZIP 2009, 149; *Stimpel*, Zum Auszahlungsverbot des § 30 Abs. 1 GmbHG, FS 100 Jahre GmbH-Gesetz, 1992, S. 335; *Strohn*, Cash-Pooling – verbotene und unwirksame Zahlungen, DB 2014, 1535; *Thiessen*, Eigenkapitalersatz ohne Analogieverbot – eine Alternativlösung zum MoMiG-Entwurf, ZIP 2007, 253; *Thole*, Gläubigerschutz durch Insolvenzrecht, 2010; *Tillmann*, Upstream-Sicherheiten der GmbH im Lichte der Kapitalerhaltung – Ausblick auf das MoMiG, NZG 2008, 401; *Ulmer*, Schutz der GmbH gegen Schädigung zugunsten ihrer Gesellschafter?, FS

Pfeiffer, 1988, S. 853; *Undritz/Degenhart*, Banksicherheiten im Insolvenzverfahren – die Limitation Language in Zeiten des MoMiG, NZI 2015, 348; *Verse*, Auswirkungen der Bilanzrechtsmodernisierung auf den Kapitalschutz, VGR 2009, 67; *ders.*, (Gemischte) Sacheinlagen, Differenzhaftung und Vergleich über Einlageforderungen, ZGR 2012, 875; *ders.*, Aufsteigende Sicherheiten und Kapitalerhaltung, GmbHR 2018, 113; *Vetter*, in: Goette/Habersack, Das MoMiG in Wissenschaft und Praxis, 2009, 107; *Wedemann*, Ist der Nießbraucher eines Gesellschaftsanteils wie ein Gesellschafter zu behandeln?, ZGR 2016, 798; *Weitnauer*, Die Akquisitionsfinanzierung auf dem Prüfstand der Kapitalerhaltungsregeln, ZIP 2005, 790; *Wilhelm*, Die Vermögensbindung bei der Aktiengesellschaft und der GmbH und das Problem der Unterkapitalisierung, FS Flume II, 1978, S. 337; *Wilhelmi*, Der Grundsatz der Kapitalerhaltung im System des GmbH-Rechts, 2001; *ders.*, Upstream-Darlehen nach dem MoMiG, WM 2009, 1917; *Winkler/Becker*, Die Limitation Language bei Akquisitions- und Konzernfinanzierungen unter Berücksichtigung des MoMiG, ZIP 2009, 2361; *Winter*, Upstream-Finanzierung nach dem MoMiG-Regierungsentwurf, DStR 2007, 1484; *Wirsch*, Die Vollwertigkeit des Rückgewähranspruchs, Der Konzern 2009, 443.

Übersicht Rdn.

A. Grundlagen

I. Zweck und Funktion der nominellen Kapitalerhaltung

1 Die Kapitalerhaltungsvorschriften dienen primär dem Gläubigerschutz.[1] Konzeptionell beruhen sie auf dem Prinzip der beidseitigen Vermögenstrennung im Kapitalgesellschaftsrecht, indem sie das Gesellschaftsvermögen in gewissem Umfang dem Zugriff der Gesellschafter und ihrer Privatgläubiger entziehen und es der Gesellschaft und deren Gläubigern zuordnen.[2] Kern ist aber nicht die Übernahme von Finanzierungsverantwortung nach außen in dem Sinne, eine Ausstattungsgarantie zu übernehmen oder in einer bestimmten Höhe kollektiv zu haften (zum Zshg. mit dem Mindestkapital Rdn. 2).[3] Die §§ 30, 31 sind vielmehr Ausdruck eines Versprechens *ad incertas personas*, das Stammkapital nicht zu vereinnahmen (s. noch Rdn. 2).[4] Angesichts der vielfältigen Möglichkeiten von Gesellschaftern als Interne, die Geschäfte zu beeinflussen und sich Zugriff auf das Vermögen der Gesellschaft zu verschaffen,[5] verleiht § 30 diesem Versprechen mittels der grds. Nachordnung von Gesellschafteransprüchen Glaubwürdigkeit.[6] Im Fall der Unterbilanz bleiben Ausschüttungen an Dritte prinzipiell möglich, während die Gesellschafter zurückstehen müssen, soweit eine Auszahlung auf dem Mitgliedschaftsverhältnis beruhen würde (s. Rdn. 69). Mit einer Kollektivhaftungszusage hat das nichts zu tun, weil die Gesellschafter gerade nicht eigenes Vermögen zur Gläubigerbefriedigung anbieten. Sie sollen im in § 30 definierten Rahmen lediglich nicht kompensationslos Vermögen der Gesellschaft zu eigenen Gunsten vereinnahmen können. Trotz dieser eher präventiv angelegten Konzeption erlangen die §§ 30, 31 praktische Bedeutung regelmäßig erst in der Insolvenz. Vorher fehlt es angesichts von § 43 Abs. 3 Satz 1 und der Abhängigkeit der Geschäftsführer von den Gesellschaftern an einem Anreiz, gegen die Gesellschafter vorzugehen.[7]

---

1 Statt aller: BGHZ 173, 246, 252 Tz 16; *Ekkenga*, in: MünchKommGmbHG, § 30 Rn. 15 ff.; *Habersack*, in: Ulmer/Habersack/Löbbe, GmbHG, § 30 Rn. 1 ff.

2 Ausführlich zu diesen konzeptionellen Fragen im Rahmen einer allgemeinen Theorie über Kapitalvereinigungen *Fleckner*, Antike Kapitalvereinigungen, 2010, S. 53 ff.; für das geltende Kapitalgesellschaftsrecht *Kuntz*, Gestaltung von Kapitalgesellschaften zwischen Freiheit und Zwang, 2016, S. 8, 477 ff. Vgl. auch *Wilhelmi*, Der Grundsatz der Kapitalerhaltung im System des GmbH-Rechts, 2001, S. 70 ff.

3 A.A. etwa *Ekkenga*, in: MünchKommGmbHG, § 30 Rn. 15; *Merkt*, ZGR 2004, 305, 319; *Schön*, Konzern 2004, 162, 166. Zu Recht kritisch *Engert*, GmbHR 2007, 337, 340 f.

4 Insoweit wie hier *Ekkenga*, in: MünchKommGmbHG, § 30 Rn. 15.

5 Selbstverständlich stehen solche Möglichkeiten u.U. auch Dritten zu, z.B. Banken. Doch bedarf es für die Einbeziehung Gesellschaftsexterner stets besonderer Argumente zur Haftungsbegründung, vgl. für § 30 unten Rdn. 83, zur Bankenhaftung nach § 826 BGB *Engert*, Die Haftung für drittschädigende Kreditgewährung, 2005; *Kuntz*, ZIP 2008, 814 ff., sowie im Zshg. mit Covenants *Servatius*, Gläubigereinfluss durch Covenants, 2008, S. 265 ff. Grds. stehen der gesellschaftsrechtlichen Konzeption nach die Gesellschafter »innen«. Allgemein zu diesen Regelungsproblemen *Fleckner* (Fn. 2), S. 77 ff.

6 S. *Kuntz*, Gestaltung von Kapitalgesellschaften (Fn. 2), S. 481 ff. Ähnlich *Ekkenga*, in: MünchKommGmbHG, § 30 Rn. 15.

7 S. *Thiessen*, ZIP 2007, 253, 254.

Die Erhaltung des Stammkapitals dient weder der Verhinderung von Vermögensverminderungen jedweder Art noch der Bindung von Vermögen, das nicht zur Erhaltung notwendig ist, es gilt der **Grundsatz der nominellen Kapitalerhaltung.**[8] Es gibt keine zwingende Verbindung der §§ 30, 31 mit einem gesetzlich vorgesehenen Mindestkapital.[9] Bei Abschaffung des § 5 Abs. 1 sänke lediglich die Schwelle, ab der die §§ 30, 31 zum Zuge kämen. Bsp. hierfür ist die UG, die nahezu kein Mindestkapital mehr voraussetzt (s. § 5a Rdn. 10). In der internationalen Diskussion um die Kapitalerhaltungsregeln wird dies allzu häufig verkannt, sodass einige sehr populäre kritische Beiträge v.a. US-amerikanischer Provenienz mit größter Vorsicht zu genießen sind.[10] Den Normzweck speziell der §§ 30, 31 damit zu erklären, sie entfalteten eine »disziplinierende, risikodämpfende Wirkung«, weil die Gesellschafter umso weniger »unverantwortliche[...]« Risiken eingingen, »je mehr Eigenkapital auf dem Spiel« stehe,[11] vermag daher nicht recht zu überzeugen. Das ist – allenfalls – eine Reflexwirkung, die im derzeitigen System bei der »regulären« GmbH aus dem Mindestkapitalerfordernis resultiert. Außerdem greifen die Vorschriften nicht erst ab Leistung sämtlicher Einlagen, sondern bereits mit der Eintragung des Stammkapitals in das Handelsregister, d.h. ab Deklaration einer bloßen Zahl nach außen, unabhängig von tatsächlich geflossenen Mitteln (s. noch Rdn. 4 und Rdn. 14).[12] Die §§ 30, 31 sind nicht geeignet, den Bestand eines »Haftungsfonds«, eine »Befriedigungsreserve« oder gar ein »Mindestbetriebsvermögen« zugunsten der Gläubiger zu gewährleisten.[13] Sie schaffen gerade keinen Liquiditäts- oder Substanzschutz, weder dem Umfang noch der Struktur nach.[14] Vor einer Verwirtschaftung des Gesellschaftsvermögens schützen die §§ 30, 31 nicht.[15] Die Gesellschafter einer GmbH können nicht nur die Gewinne, sondern auch das übrige Vermögen der Gesellschaft auf sich übertragen, wenn sie sich einig sind und nicht zum Nachteil der Gläubiger die Grenze des § 30 Abs. 1 Satz 1 unterschreiten.[16] § 30 verbietet nicht wie § 57 AktG die Einlagenrückgewähr als solche. Allein relevant ist, ob gemessen an § 30 Abs. 1 ausreichend ausschüttbare Mittel zur Verfügung stehen.[17] »Stammkapitalbindung« und Vermögenstrennung (s. Rdn. 1) meinen also nicht die Zuordnung konkreter Vermögensgegenstände zur Gesellschaft, sondern beziehen sich auf die Bindung von Aktiva in einem lediglich numerisch bestimmten Umfang. Zu den Auswirkungen dieser abweichenden Konzeption auf die Unterbilanzrechnung unten Rdn. 35 ff. 2

---

8 *Ekkenga*, in: MünchKommGmbHG, § 30 Rn. 12; *Habersack*, in: Ulmer/Habersack/Löbbe, GmbHG, § 30 Rn. 18 ff.

9 Verkannt etwa von *Schärtl*, GmbHR 2007, 344, 346.

10 Etwa der – man ist geneigt zu sagen: leider – viel beachtete Beitrag von *Enriques/Macey*, 86 Cornell L. Rev. 1165 (2001), der sich zwar auf die Zweite Kapitalgesellschaftsrichtlinie bezieht, aber gerade auch im Zusammenhang mit der Debatte um den Kapitalschutz im Zuge der Gesetzgebungsarbeiten für das MoMiG herangezogen wurde. Abgesehen von dem im Text angesprochenen Fehler der Autoren lässt sich weiter gegen sie darauf verweisen, dass selbst auf den goldglänzenden Feldern des Gesellschaftsrechts in den USA Darlehensgeber sehr wohl »in the real world« in gewissem Maße ein Mindestkapitalsystem zu schätzen wissen (anders *Enriques/Macey* a.a.O., 1186), wie sich an Unterschieden bei sog. Debt Covenants zeigen lässt (vgl. dazu *Qi/Wald*, 51 J. L. & E. 179 [2008]). Ausführlich zur Reformdebatte mit zahlreichen Nachw. *Ekkenga*, in: MünchKommGmbHG, § 30 Rn. 34 ff.

11 *Verse*, in: Scholz, GmbHG, § 30 Rn. 2.

12 *Ekkenga*, in: MünchKommGmbHG, § 30 Rn. 14.

13 A.A. z.B. BGHZ 176, 62, 65 Rn. 10; BGHZ 157, 72, 75; BGHZ 81, 311, 320; OLG Celle, GmbHR 2015, 139; *Altmeppen*, in: Roth/Altmeppen, GmbHG, § 30 Rn. 8; *Fastrich*, in: Baumbach/Hueck, GmbHG, § 30 Rn. 5; *Verse*, in: Scholz, GmbHG, § 30 Rn. 2. Kritisch demgegenüber etwa *Goette*, ZHR 177 (2013), 740, 742.

14 *Ekkenga*, in: MünchKommGmbHG, § 30 Rn. 12 f.; *Habersack*, in: Ulmer/Habersack/Löbbe, GmbHG, § 30 Rn. 26.

15 *Habersack*, in: Ulmer/Habersack/Löbbe, GmbHG, § 30 Rn. 3; *Heidinger*, in: Michalski/Heidinger/Leible/Schmidt, GmbHG, § 30 Rn. 7; *Verse*, in: Scholz, GmbHG, § 30 Rn. 4.

16 BGH, NJW 1984, 1037.

17 S. nur *Habersack*, in: Ulmer/Habersack/Löbbe, GmbHG, § 30 Rn. 18 ff.; *Verse*, in: Scholz, GmbHG, § 30 Rn. 7 ff.; a.A. *Wilhelm*, FS Flume II, 1978, 337.

3 Die §§ 30, 31 GmbHG sind **zwingendes Recht.**[18] So können die Gesellschafter nicht in der Satzung über den Schutz des Gesellschaftsvermögens disponieren (vgl. oben Rdn. 1). Gleiches gilt für einen seitens der Gläubiger ausgesprochenen Verzicht. Zwar ließe sich mit Blick auf die Entwicklung des Kapitalgesellschaftsrechts argumentieren, dass die §§ 30, 31 GmbHG letztlich nur als gesetzliche Regel anbieten, was sich auf vertraglicher Grundlage (etwa per AGB-Verwendung) ebenfalls erreichen ließe.[19] Wie die Covenant-Praxis zeigt, lassen sich Ausschüttungssperren durchaus in gewissem Maße simulieren.[20] Im Umkehrschluss steht das Argument im Raum, dass bei Unterstellung der »Ersatzfunktion« der §§ 30, 31 GmbHG bezogen auf vertragliche Regelungen der Bestand der Ausschüttungssperre privatautonomer Disposition zugänglich sein sollte. Doch gilt dies nur für solche Gläubiger, die über Verhandlungsmöglichkeiten und Verhandlungsmacht verfügen. Ohne zwingende Vorgaben zur Vermögenstrennung bestünde zumindest die Gefahr, dass ein nicht an der Vereinbarung beteiligter Gläubiger, etwa ein Deliktsgläubiger, geschädigt würde. Selbst bei Einwilligung sämtlicher bekannter Gläubiger (in deren Interesse die Kapitalerhaltungsvorschriften bestehen) muss die Abschirmung des Gesellschaftsvermögens vom Zugriff seitens der Gesellschafter und deren Gläubiger erhalten bleiben.[21] Insofern besteht eine Restwirkung des Numerus Clausus der Gesellschaftsformen: Wer eine Rechtsform bevorzugt, in der ein solcher Zugriff zugelassen ist, muss sich der Personenhandelsgesellschaften bedienen. Zur Wirkung von Verstößen s.u. Rdn. 101 ff.

II. Temporale Anwendungsvoraussetzungen; Verhältnis zur Kapitalaufbringung

1. Auszahlungen vor Eintragung der Gesellschaft

4 Die Anwendung der §§ 30, 31 GmbHG setzt die Eintragung der Gesellschaft voraus (§ 11 Abs. 1 GmbHG). Erst ab diesem Zeitpunkt entfalten die Regeln des GmbHG zur Kapitalbindung Wirkung.[22] Leistungen an Gesellschafter im Vorfeld der Eintragung unterliegen anderen Regeln und sind aufgrund der prinzipiell unbeschränkten Verlustdeckungshaftung jedenfalls im Innenverhältnis zur Gesellschaft (vgl. dazu § 11 Rdn. 23 ff.) kein Problem der Kapitalkontrolle, die auf den Ausgleich einer Haftungsbeschränkung zugunsten der Mitglieder abzielt.[23] Zur Frage, ob in der Satzung festgesetzter **Gründungsaufwand** außerhalb des Anwendungsbereichs von § 30 liegt, unten Rdn. 16.

2. Ab Eintragung

a) Grundsätze und Rechtsprechungsentwicklung

5 Ab der Eintragung der Gesellschaft stellt sich das Problem, die Anwendungsbereiche von Kapitalaufbringungsrecht und Kapitalerhaltungsrecht sauber voneinander zu scheiden. Prinzipiell gilt (auch) hier, dass die Kapitalerhaltungsregeln erst greifen können, wenn Kapital aufgebracht wurde, d.h. die Einlageleistung nach den Kapitalaufbringungsregeln abgeschlossen ist.[24] Die §§ 30, 31 GmbHG dienen also nicht dazu, einen »Vorverbrauch« von Vermögen vor der Eintragung zu verhindern oder später zu sanktionieren.[25] Eine Unterdeckung im Zeitpunkt der Eintragung ist entweder ein Problem der Kapitalaufbringung, etwa als Hin- und Herzahlen (Einlageleistung, gleichzeitige Erstattung von Gründungsaufwand, s. dazu noch unten Rdn. 16),[26] oder wird von den

---

18 *Ekkenga*, in: MünchKommGmbHG, § 30 Rn. 9; *Habersack*, in: Ulmer/Habersack/Löbbe, GmbHG, § 30 Rn. 7.
19 Vgl. *Kuntz*, Gestaltung von Kapitalgesellschaften (Fn. 2), S. 478.
20 S. aber oben Fn. 10 zu *debt covenants*.
21 *Kuntz*, Gestaltung von Kapitalgesellschaften (Fn. 2), S. 484.
22 *Altmeppen*, in: Roth/Altmeppen, GmbHG, § 30 Rn. 4; *Ekkenga*, in: MünchKommGmbHG, § 30 Rn. 61.
23 *Altmeppen*, in: Roth/Altmeppen, GmbHG, § 30 Rn. 4.
24 BGHZ 174, 370, 377 Tz 10; *Ekkenga*, ZIP 2013, 541, 544; *ders.*, in: MünchKommGmbHG, § 30 Rn. 61.
25 Verfehlt OLG Celle, GmbHR 2015, 139, 140 mit insoweit zu Recht kritischer Anm. *Wachter*, GmbHR 2015, 141, 142.
26 *Wachter*, GmbHR 2015, 141, 142.

allgemeinen Regeln über die Forthaftung der Gesellschafter im Innenverhältnis nach Eintragung im Rahmen der sog. Unterbilanzhaftung erfasst, die an die Stelle der Verlustdeckungshaftung in der Vor-GmbH tritt und mit einem Verstoß gegen § 30 nichts zu tun hat (s. § 11 Rdn. 35).

Dass die Abgrenzung im Detail schwierig werden kann, zeigt sich vor allem bei **gemischten Sacheinlagen**, also solchen Sacheinlagen, deren Wert über der Einlagepflicht liegt, für die die Gesellschaft nicht nur Anteile gewährt, sondern in Höhe des wirklichen oder angenommenen Mehrbetrages eine zusätzliche Vergütung an den Gesellschafter zahlt.[27] In einer Urteilsserie hat der BGH – vor Inkrafttreten des MoMiG – zunächst die **verdeckte gemischte Sacheinlage** im aktienrechtlichen Kontext behandelt und ausgeführt, eine gemischte Sacheinlage enthalte eine Sacheinlage und eine Sachübernahme.[28] Jedenfalls dann, wenn die Ausgabe von Aktien und das Entgelt (für den über die Einlageforderung hinausgehenden Wert) an den Gesellschafter eine kraft Parteivereinbarung unteilbare Leistung betreffe, sei diese Art der Kapitalaufbringung selbst bei tatsächlicher Teilbarkeit der Sachleistung als einheitliches Geschäft zu behandeln und in ihrem gesamten Umfang dem Recht der Sacheinlage zu unterwerfen,[29] d.h. Kapital*aufbringungs*regeln.[30] Diese Rechtsprechung hat das Gericht nach Inkrafttreten des MoMiG für verdeckte gemischte Sacheinlagen auf die GmbH übertragen und hinsichtlich der Rechtsfolgen differenziert:[31] Bezogen auf die Einlagepflicht scheide eine Anrechnung der (verdeckten) Sacheinlage nach § 19 Abs. 4 Satz 3 GmbHG aus, sofern diese nicht einen höheren Wert als der die Bareinlageforderung übersteigenden Vergütungsteil habe.[32] Die Kapital*erhaltungs*regeln, d.h. die §§ 30, 31 GmbHG, kämen zum Zuge hinsichtlich des den Nominalwert der »Kapitalerhöhung« (zu lesen wohl: der Einlageforderung) übersteigenden Teils der gesellschaftsseitigen Auszahlung, unter Außerachtlassung des an die Gesellschaft auf die verdeckte Sacheinlage geleisteten Betrages.[33] Ihren (vorläufigen) Abschluss fand dies mit der Anwendung der Grundsätze auf eine **offene gemischte Sacheinlage**, wiederum für das Aktienrecht.[34] Bei Kapitalerhöhungen, in deren Kontext eine teilbare Leistung vorliege, bei der ein Teil der Einlage als offene Sacheinlage, ein anderer Teil in zeitlichem Zusammenhang gegen Entgelt übertragen werde, liege nur bei einer entsprechenden Parteivereinbarung eine gemischte Sacheinlage vor.[35] Bei Fehlen einer Parteivereinbarung über die einheitliche Behandlung genüge bei einer *objektiv* teilbaren Leistung der durch § 57 AktG gewährleistete Schutz.[36] Der Teilbarkeitsmaßstab sei nicht § 139 BGB und der Einheitlichkeit des Rechtsgeschäfts zu entnehmen, »sondern ob die Parteien eine einheitliche, nach ihrer Vereinbarung unteilbare Leistung vereinbart haben.«[37] Die Rechtsprechung des BGH überzeugt jedenfalls für die GmbH:[38] 6

b) Offene gemischte Sacheinlage

Zwar muss das Kapitalschutzregime grundsätzlich unabhängig vom Parteiwillen gelten (vgl. oben Rdn. 3). Doch jedenfalls im Rahmen einer **offenen gemischten Sacheinlage** besteht Spielraum für die Beteiligten. Da es bei der GmbH keine umfassende Vermögensbindung gibt (Rdn. 2), besteht kein Bedürfnis für eine umfassende Kontrolle von Leistungen, die über die als solche deklarierte 7

27 Zum Begriff und zum Tatbestand der gemischten Sacheinlage *Ekkenga*, ZIP 2013, 541, 543; *Koch*, ZHR 175 (2011), 55, 57; *Maier-Reimer*, in: FS Hoffmann-Becking, S. 755, 756.
28 BGHZ 170, 47, 54 Tz 17; BGHZ 173, 145, 152 Tz 15 – *Lurgi*; BGHZ 175, 265, 272 Tz 14 – *Rheinmöve*.
29 BGHZ 170, 47, 54 Tz 17; BGHZ 173, 145, 152 Tz 15 – *Lurgi*; BGHZ 175, 265, 272 Tz 14 – *Rheinmöve*.
30 So auch die Darstellung der Rechtsprechung in BGHZ 191, 364, 384 Tz 48 – *Babcock Borsig*.
31 BGHZ 185, 44, 48 Tz 11 – *AdCoCom*.
32 BGHZ 185, 44, 63 Tz 57 – *AdCoCom*.
33 BGHZ 185, 44, 64 Tz 58 – *AdCoCom*.
34 BGHZ 191, 364, 384 Tz 48 f. – *Babcock Borsig*.
35 BGHZ 191, 364, 384 Tz 49 – *Babcock Borsig*.
36 BGHZ 191, 364, 384 Tz 49 – *Babcock Borsig* m. Nachw. zum Streitstand.
37 BGHZ 191, 364, 385 Tz 49 – *Babcock Borsig*.
38 In der AG erscheint die Lage mit Blick auf die Besonderheiten des § 183 AktG weniger sicher, s. *Ekkenga*, ZIP 2013, 541, 546 f. Nachw. zum Stand der Diskussion im GmbH-Recht in den folgenden Fußnoten.

Sacheinlagepflicht hinausgehen. Die Parteien könnten die Transaktion so strukturieren, zunächst die Einlageerbringung abzuwickeln und erst später für eine Ausschüttung zu sorgen (Gleichbehandlung oder Verzicht auf Gleichbehandlung seitens der übrigen Mitglieder vorausgesetzt). Die Forderung der Gesellschaft auf Einlageleistung wäre nach § 362 Abs. 1 BGB erloschen, und zwar unabhängig von ihrem sonstigen wirtschaftlichen Zustand. Alle weiteren Auszahlungen beurteilten sich dann lediglich nach den beschränkt wirkenden §§ 30, 31 GmbHG. Das Gesetz gibt an keiner Stelle vor, dass Einlagegeschäft und Verkehrsgeschäft (Sachübernahmeteil) verknüpft oder einheitlich behandelt werden müssen.[39] Weichen die Parteien hiervon ab und verknüpfen sie Einlageleistung und Vergütungsgeschäft indes zur Einheit, bestimmen sie die Modalitäten der Einlageleistung. Der Einlagegegenstand soll nicht zu vollem Wert eingebracht werden. Das rechtfertigt es, die offene – nach Vereinbarung gemischte – Sacheinlage prinzipiell dem Kapitalaufbringungsrecht zu unterwerfen.[40] Doch stellt sich die von der Rechtsprechung im *Babcock Borsig*-Urteil nicht entschiedene Frage, was die Folge einer über den Wert des Sacheinlagegegenstandes hinausgehenden Zahlung ist.[41] Hier geht es nicht mehr nur um einen Minderwert des Sacheinlagegegenstandes. Vielmehr wird das sonstige Vermögen der GmbH beeinträchtigt. Insofern die §§ 30, 31 GmbHG und nicht, wie von vielen in der Literatur (für die verdeckte gemischte Sacheinlage) gefordert, § 56 GmbHG i.V.m. § 9 Abs. 1 GmbHG analog hinsichtlich des überschießenden Teils der Auszahlung (s.o. Rdn. 6) zur Anwendung zu bringen,[42] folgt schon daraus, dass die Kapitalaufbringungsregeln nur die Erfüllung der Einlagepflicht sichern sollen.[43]

c) Verdeckte gemischte Sacheinlage

8 Bei der **verdeckten gemischten Sacheinlage**, wenn also nach Deklaration lediglich eine Bareinlagepflicht besteht (zur teilweisen Verschleierung der Zusatzvergütung bei offengelegter Sacheinlage Rdn. 9), gilt das zur offenen gemischten Sacheinlage Gesagte entsprechend: Soweit die Einlagepflicht betroffen ist, greifen die Kapitalaufbringungsregeln unter Berücksichtigung der Anrechnungssperre (oben Rdn. 7).[44] Sollte die Auszahlung allerdings den Nominalwert der Bareinlage überschreiten, kommen insoweit die §§ 30, 31 GmbHG zum Zuge.[45] Hier gelten die oben in Rdn. 7 zur offenen gemischten Sacheinlage genannten Argumente analog.

---

39 *Ekkenga*, ZIP 2013, 541, 549; *Verse*, ZGR 2012, 875, 897. A.A. *Maier-Reimer*, FS Hoffmann-Becking, S. 755, 771 ff., der dies als bloß »formale« Betrachtung ablehnt.

40 So die ganz h.M., s. nur *Bormann*, § 56 Rdn. 9; *Lieder*, in: MünchKommGmbHG, § 56 Rn. 8 mit zahlreichen Nachw.; *Maier-Reimer*, FS Hoffmann-Becking, S. 755, 761. Wohl auch *Ekkenga*, ZIP 2013, 541, 547. A.A. *Priester*, FS Maier-Reimer, S. 525, 532 ff., 536.

41 Vgl. BGHZ 191, 364, 384 Tz 47 ff. AaO. geht es nur um die Frage, unter welchen Voraussetzungen eine gemischte Sacheinlage anzunehmen ist.

42 Wie hier *Ekkenga*, ZIP 2013, 541, 549 f. Für die verdeckte gemischte Sacheinlage *Pentz*, GmbHR 2010, 673, 679 f. A.A. (für die Anwendung von § 56 i.V.m. § 9 Abs. 1 analog) im Kontext der verdeckten gemischten Sacheinlage etwa *Bayer*, in: Lutter/Hommelhoff, GmbHG, § 19 Rn. 92; *Casper*, in: Habersack/Casper/Löbbe, GmbHG, § 19 Rn. 178; *Koch*, ZHR 175 (2011), 55, 68 ff.; *Lieder*, in: MünchKommGmbHG, § 56 Rn. 101a.

43 *Ekkenga*, ZIP 2013, 541, 549; *Koch*, ZHR 175 (2011), 55, 68 (allerdings mit gegenteiligen Schlussfolgerungen).

44 Insoweit ganz h.M. Neben der BGH-Rechtsprechung (oben Rdn. 6) etwa *Bayer*, in: Lutter/Hommelhoff, § 19 Rn. 91; *Ekkenga*, ZIP 2013, 541, 549; *Koch*, ZHR 175 (2011), 55, 65 ff.; *Lieder*, in: MünchKommGmbHG, § 56 Rn. 101 f.; *Pentz*, GmbHR 2010, 673, 679 f. Dogmatisch anders *Casper*, in: Habersack/Casper/Löbbe, GmbHG, § 19 Rn. 176 f. Für generelle Anwendung der §§ 30, 31 GmbHG *Priester*, FS Maier-Reimer, S. 525, 532 ff., 536 f.

45 *Ekkenga*, ZIP 2013, 541, 549 f.; *Pentz*, GmbHR 2010, 673, 679 f. A.A. (für die Anwendung von § 56 i.V.m. § 9 Abs. 1 analog) etwa *Casper*, in: Habersack/Casper/Löbbe, GmbHG, § 19 Rn. 178; *Koch*, ZHR 175 (2011), 55, 68 ff.; *Lieder*, in: MünchKommGmbHG, § 56 Rn. 101a.

d) Verdeckt gemischte Sacheinlage

Nichts anderes gilt für die Fälle, in denen die Parteien zwar die Einlagepflicht ordnungsgemäß als Sacheinlagepflicht deklarieren, ohne jedoch die Offenlegung auf die Zusatzvergütung zu erstrecken (sog. **verdeckt gemischte Sacheinlage**): Wenn die Beteiligten Sacheinlageleistung und Zusatzvergütung per Vereinbarung zu einem einheitlichen Geschäft zusammenfassen, gelten die vom BGH zur verdeckten gemischten Sacheinlage entwickelten Grundsätze, insbesondere zu § 19 Abs. 4 Satz 3 GmbHG und zur Anrechnungssperre bei Auszahlungen über Gegenstandswert und zur Anwendung der §§ 30, 31 GmbHG bei Leistungen über den Nominalwert der Einlagepflicht hinaus.[46] Zwar gibt es keine Verdeckung des *Vorgangs* einer Sacheinlage.[47] Doch werden die *Konditionen* der Sacheinlage verdeckt. § 56 GmbHG verlangt insoweit keine umfassende Deklaration (s. Kommentierung zu § 56). Allerdings soll die Festsetzung dem Registergericht ermöglichen, eine Werthaltigkeitsprüfung durchzuführen (§ 56 Rdn. 25). Wenn die Parteien aufgrund eigenen Entschlusses die Zuführung der Einlage mit der Zahlung einer Zusatzvergütung an den Inferenten verknüpfen, besteht aber bei Einbeziehung dieser Komponente wie bei der verdeckten gemischten Sacheinlage die Gefahr, dass keine vollständige Wertzuführung stattfindet. Zugleich gibt es keinen Grund, die Anrechnung nach § 19 Abs. 4 Satz 3 GmbHG bei ausreichender Wertdeckung zu blockieren, indem man die Vereinbarung über die Zusatzvergütung für nichtig erklärt.[48] Dass gerade in den Fällen der verdeckt gemischten Sacheinlage zu vermuten ist, es handele sich um einen gezielten Versuch der Verschleierung,[49] gibt keinen Anlass, anders vorzugehen. Denn auch bei der »einfachen« verdeckten Sacheinlage gilt § 19 Abs. 4 Satz 3 GmbHG selbst bei einem bewussten Verschleierungsversuch. Im Vordergrund steht die Sicherung der effektiven Kapitalaufbringung – erhält die Gesellschaft einen Sachgegenstand von ausreichendem Wert, ist sowohl dem Gläubigerschutz als auch dem Schutz der Mitgesellschafter genüge getan. 9

III. Verhältnis zu anderen Ausschüttungsgrenzen

1. Verhältnis zu anderen gesellschaftsrechtlichen Tatbeständen

Leistungen können unabhängig von § 30 unzulässig sein, wenn es sich um die Zuwendung eines Sondervorteils an einen Gesellschafter handelt (sog. **»verdeckte Gewinnausschüttung«**, dazu § 29 Rdn. 53 ff.).[50] Dieses Problem betrifft jedoch nicht den Gläubigerschutz, sondern das Verhältnis der Gesellschafter untereinander. § 30 ist auf verdeckte Gewinnausschüttungen als solche nicht anwendbar, weder direkt noch analog.[51] Eine Ausschüttungssperre in dem Sinne, dass sich Dritte darauf verlassen können, das satzungsmäßige Stammkapital werde nur zu den satzungsmäßigen Zwecken verwendet, gibt es nicht[52] und wäre angesichts der weiten Fassung der Zweckbestimmungen in GmbH-Satzungen weitgehend wirkungslos. Beeinträchtigungen der Befriedigungschancen sind, sofern nicht ein Fall der »kalten Liquidation« vorliegt, außerhalb eines Insolvenzverfahrens irrelevant. Anderenfalls konstruierte man letztlich doch eine Stammkapitalbindung, die der aktienrechtlichen Kapitalbindung gleichkäme.[53] Ergänzt wird der Kapitalschutz durch die §§ 30, 31 von der **Existenzvernichtungshaftung** nach § 826 BGB, die als weitere Entnahmesperre neben 10

46 *Habersack*, GWR 2010, 107, 109; *Lieder*, in: MünchKommGmbHG, § 56 Rn. 101b (mit Unterschieden im Detail). A.A. *Ekkenga*, ZIP 2013, 541, 547; *Koch*, ZHR 175 (2011), 55, 76 ff.; *Maier-Reimer*, FS Hoffmann-Becking, S. 755, 770.

47 So etwa das Argument von *Ekkenga*, ZIP 2013, 541, 547.

48 *Habersack*, GWR 2010, 107, 109; *Lieder*, in: MünchKommGmbHG, § 56 Rn. 101b. A.A. *Ekkenga*, ZIP 2013, 541, 547; *Koch*, ZHR 175 (2011), 55, 76 ff., 80 ff.

49 *Koch*, ZHR 175 (2011), 55, 79.

50 S. nur BGH, NJW 1996, 589, 590.

51 Heute wohl allg. Ansicht, s. nur OLG Stuttgart, GmbHR 2013, 468, 469; *Ekkenga*, in: MünchKommGmbHG, § 29 Rn. 268; *Müller*, in: Ulmer/Habersack/Löbbe, GmbHG, § 29 Rn. 169, jeweils mit Nachw. zu früheren Ansichten.

52 *Ekkenga*, in: MünchKommGmbHG, § 30 Rn. 235. A.A. *Servatius*, DStR 2004, 1176, 1180 f.

53 Vgl. die Gegenüberstellung bei *Verse*, in: Scholz, GmbHG, § 30 Rn. 7.

die GmbH-rechtlichen Ausschüttungsregeln tritt (zur Existenzvernichtungshaftung Anh. zu § 13 Rdn. 68 ff.).[54] Gegen den Geschäftsführer gerichtete Haftungsvorschriften flankieren die §§ 30, 31: § 43 Abs. 3 knüpft direkt an eine Verletzung der §§ 30, 31 an, § 64 Satz 1 sieht eine Ersatzpflicht für Zahlungen vor, die nach Eintritt der Zahlungsunfähigkeit der Gesellschaft oder nach Feststellung ihrer Überschuldung geleistet werden, §°64 Satz 3 die Haftung für Zahlungen an Gesellschafter, welche die Zahlungsunfähigkeit der Gesellschaft führen mussten. Zu **limitation language** Rdn. 49.

2. Verhältnis zum Insolvenzanfechtungsrecht

11 **Insolvenzrechtliche Anfechtungstatbestände** ergänzen das Kapitalerhaltungsrecht des GmbHG.[55] Die §§ 30, 31 basieren auf einer formal konzipierten Ausschüttungsbeschränkung, die primär an die Handelsbilanz und deren Bewertungsvorgaben anknüpft (Rdn. 35). Demgegenüber liegt den §§ 129 ff. InsO ein weiteres Konzept zugrunde, das stärker materielle Faktoren zur Prüfung einer Gläubigerbenachteiligung berücksichtigt. Mittelbare Benachteiligungen, die aus geschäftsexternen Umständen resultieren, können für eine Anfechtung ausreichen.[56] Aufgrund des fehlenden Zwangs zur Quantifizierung wirken die Anfechtungstatbestände breitflächiger.[57] Die Insolvenzanfechtung ist keine bloße Verlängerung des § 30, § 30 determiniert nicht die Anwendbarkeit der §§ 129 ff. InsO.[58] Mit den §§ 129 ff. InsO soll Gläubigergleichbehandlung und die Maximierung der zu verteilenden Insolvenzmasse erreicht werden.[59] Hierzu sind die §§ 30, 31 aufgrund ihres engeren Bewertungsmaßstabes ungeeignet.

3. § 268 Abs. 8 HGB

12 § 268 Abs. 8 Satz 1 HGB enthält eine Ausschüttungssperre, die die begrenzte Aktivierbarkeit selbst geschaffener Gegenstände des Anlagevermögens betrifft: Sie greift, wenn die nach der Ausschüttung verbleibenden frei verfügbaren Rücklagen zuzüglich eines Gewinnvortrags und abzüglich eines Verlustvortrags nicht mindestens den insgesamt angesetzten Beträgen abzüglich der hierfür gebildeten passiven latenten Steuern entsprechen. Im Fall des Ausweises aktiver latenter Steuern (§ 274 Abs. 1 Satz 2 HGB) gilt gem. § 268 Abs. 8 Satz 2 HGB das Gleiche hinsichtlich des Betrages, um den die aktiven latenten Steuern die passiven latenten Steuern übersteigen. Eine weitere Sperre enthält § 268 Abs. 8 Satz 3 HGB für Vermögensgegenstände i.S.d. § 246 Abs. 2 Satz 2 HGB. Da die gesperrten Beträge nicht aus der Bilanz ersichtlich sind, sieht § 285 Nr. 28 HGB die Darstellung des betroffenen Gesamtbetrages im Anhang vor.[60]

B. Auszahlungsverbot nach § 30 Abs. 1

13 § 30 Abs. 1 verbietet Auszahlungen an Gesellschafter, die das zur Erhaltung des Stammkapitals notwendige Vermögen beeinträchtigen. Die Voraussetzungen für die Zulässigkeit einer Auszahlung ergeben sich allein aus dieser Norm. Die vom BGH geforderte Erstellung einer den »Anforderungen des § 42« entsprechenden **Zwischenbilanz ist kein Rechtmäßigkeitserfordernis** für die Auszahlung, sondern richtet sich an den Geschäftsführer und hat für dessen Haftung und die Beweislage der

---

54 BGHZ 176, 204, 211 Rn. 13. S. auch die gesellschaftsrechtliche Gesamtschau bei *Hommelhoff*, ZGR 2012, 535 ff.

55 Ausführlich *Thole*, Gläubigerschutz durch Insolvenzrecht, 2010, S. 548 ff.

56 S. nur *Borries/Hirte*, in: Uhlenbruck, InsO, 15. Aufl. 2019, § 129 Rn. 234, 236°f., 245 f.

57 *Thole* (Fn. 55), S. 604.

58 So aber *Grigoleit*, Gesellschafterhaftung für interne Einflussnahme im Recht der GmbH, 2006, S. 160 ff. Gegen ihn zu Recht *Thole* (Fn. 55), S. 607 ff., 613 ff.; auch *Haas*, ZIP 2006, 1373, 1375.

59 *Borries/Hirte*, in: Uhlenbruck (Fn. 56), § 129 Rn. 1 f. Kritisch *Thole* (Fn. 55), S. 278 ff.

60 Zu § 268 Abs. 8 HGB *Kropff*, FS Hüffer, 2010, S. 539; *Küting/Lorson/Eichenlaub/Toebe*, GmbHR 2011, 1; *Simon*, NZG 2009, 1081; *Verse*, VGR 2009, 67, 70 ff.

begünstigten Gesellschafter im Hinblick auf die Rechtfertigung des Leistungsempfanges Bedeutung.[61]

I. Zur Stammkapitalerhaltung erforderliches Vermögen der Gesellschaft

1. Stammkapital

Stammkapital ist die im Gesellschaftsvertrag (§§ 3 Abs. 1 Nr. 3, 54 Abs. 1) und Handelsregister (§ 10 Abs. 1) verzeichnete und als solche deklarierte Ziffer. Allein diese Ziffer bestimmt die Reichweite des Ausschüttungsverbots.[62] So verändert der in der *Bilanz* vom Posten »Gezeichnetes Kapital« abgesetzte Ausweis eigener Anteile nach § 272 Abs. 1a HGB nicht das Ausschüttungspotenzial.[63] Nur so lässt sich eine Aufweichung des Kapitalschutzes durch die Hintertür des Bilanzrechts vermeiden.[64] Allein dass es sich beim Erwerb eigener Anteile möglicherweise in »wirtschaftlicher Hinsicht« um einen der Kapitalherabsetzung vergleichbaren Vorgang handelt, gibt keinen Anlass, das Kapitalschutzsystem der §§ 30, 31 umzustürzen und nunmehr die Höhe des aus der Bilanz ersichtlichen gezeichneten Kapitals abzüglich der Vorposten als Maßstab heranzuziehen.[65] Es ist im Gegenteil notwendig, im Wege einer weiterhin an Terminologie und Systematik des GmbHG ausgerichteten Interpretation die bilanzrechtlichen Veränderungen beim Posten »Gezeichnetes Kapital« aus kapitalschutzrechtlicher Sicht zu ignorieren, um die Ausschüttungsschwelle nicht zu senken und damit indirekt die Anforderungen der §§ 58 ff. zu negieren.[66] Stammkapital ist als nominelles Eigenkapital[67] eine abgesehen von Maßnahmen nach den §§ 53 ff. unveränderliche Größe. In der Bilanz ist es nach § 42 Abs. 1 als gezeichnetes Kapital auszuweisen und damit bilanzrechtlich Eigenkapital (§ 266 Abs. 3 A. I. HGB). Hiermit nicht zu verwechseln ist die Frage, inwieweit nicht ausdrücklich als Einlage deklarierte Finanzierungsbeiträge von Gesellschaftern als Eigenkapital behandelt werden können (vgl. Rdn. 24 f.). 14

Rücklagen sind zwar gebundenes Eigenkapital (und stehen damit für individuelle Zugriffe seitens eines Mitglieds nicht zur Verfügung), aber kein Stammkapital.[68] Ihre Auflösung unterfällt nicht § 30 Abs. 1 Satz 1, allenfalls eine anschließende Ausschüttung.[69] Anderes gilt für die Rücklage nach **§ 5a Abs. 3**, die als eine Art »Stammkapital plus« in analoger Anwendung von § 30 Abs. 1 Satz 1 geschützt wird, weil ansonsten (Zustimmung aller Gesellschafter vorausgesetzt[70]) von vornherein die Entstehung eines Jahresüberschusses verhindert werden könnte und § 5a Abs. 1 leerliefe (s. noch Rdn. 26).[71] **Andere gesetzliche Rücklagen** wie die nach § 272 Abs. 4 HGB (Anteile an einem 15

61 St.Rspr., BGH, WM 1987, 1040; BGHZ 109, 334, 337; h.L., *Ekkenga*, in: MünchKommGmbHG, § 30 Rn. 84; *Habersack*, in: Ulmer/Habersack/Löbbe, GmbHG, § 30 Rn. 42; *Pentz*, in: Rowedder/Schmidt-Leithoff, GmbHG, § 30 Rn. 9. Wohl nur unglücklich formuliert OLG München, ZIP 2006, 564, 567.

62 *Altmeppen*, in: Roth/Altmeppen, GmbHG, § 30 Rn. 8; *Ekkenga*, in: MünchKommGmbHG, § 30 Rn. 59; *Habersack*, in: Ulmer/Habersack/Löbbe, GmbHG, § 30 Rn. 25; *Fastrich*, in: Baumbach/Hueck, GmbHG, § 30 Rn. 14; *Verse*, in: Scholz, GmbHG, § 30 Rn. 55.

63 *Oser/Kropp*, Der Konzern 2012, 185, 187.

64 Vgl. zur insb. im Aktienrecht relevanten Diskussion *Oser/Kropp*, Der Konzern 2012, 185, 186 f.; *Hüttemann/Meyer*, in: Staub, HGB, § 272 Rn. 23 ff., 25.

65 Kaum nachvollziehbar daher die Erwägungen von *Rodewald/Pohl*, GmbHR 2009, 32, 34 f.

66 Zu Recht schreiben *Oser/Kropp*, Der Konzern 2012, 185, 187, mit Blick auf das Bilanzrecht insofern von einer »implizite[n] Ausschüttungssperre«.

67 *Ekkenga*, in: MünchKommGmbHG, § 30 Rn. 59.

68 *Ekkenga*, in: MünchKommGmbHG, § 30 Rn. 47 f.; *Habersack*, in: Ulmer/Habersack/Löbbe, GmbHG, § 30 Rn. 32. Zur Ausnahme des § 27 Abs. 2 DMBilG OLG Brandenburg, GmbHR 1999, 297, 299; *Ekkenga* a.a.O.; *Habersack* a.a.O. Rn. 30.

69 *Ekkenga*, in: MünchKommGmbHG, § 30 Rn. 47, 64; *Schmolke*, § 30 Rn. 79.

70 Anderenfalls handelte es sich um eine unzulässige verdeckte Gewinnausschüttung, vgl. § 29 Rdn. 54.

71 *Gehrlein*, Der Konzern 2007, 771, 781 (§ 30 direkt); *Joost*, ZIP 2007, 2242, 2247 (§ 30 direkt); *Rieder*, in: MünchKommGmbHG, § 5a Rn. 34; *C. Schäfer*, ZIP 2011, 53, 58; *Pentz*, in: Rowedder/Schmidt-Leithoff, GmbHG, § 30 Rn. 8a (§ 30 direkt); *Schmolke*, § 30 Rn. 51 (§ 30 direkt); *Verse*, in: Scholz, GmbHG, § 30 Rn. 11. A.A. *Noack*, DB 2007, 1395, 1396. S. auch § 5a Rdn. 26.

herrschenden oder mit Mehrheit beteiligten Unternehmen), § 272 Abs. 5 HGB (nicht realisierte Erträge aus Beteiligungen) sind dagegen im Rahmen des Kapitalschutzes nach § 30 Abs. 1 nicht als stammkapitalgleiche Positionen zu berücksichtigen,[72] sondern als Passiva (s. unten Rdn. 26).

16 In Analogie zu § 26 Abs. 2 AktG ist es den Gründern gestattet, in der Satzung **Gründungsaufwand** festzusetzen, den die Gesellschaft den oder einzelnen Mitgliedern erstatten muss (s. auch § 5 Rdn. 75).[73] Soweit es sich um »angemessenen« oder »notwendigen« Gründungsaufwand handelt, soll § 30 nicht gelten.[74] Das ist zweifelhaft: Zunächst widerspricht dies der h.M. im Aktienrecht zu § 26 Abs. 2 AktG, die zu Recht darauf verweist, den Gesellschaftern fehle die Kompetenz, zwingendes Recht in Form des Kapitalerhaltungsgebotes (§ 57 AktG) abzubedingen.[75] Nichts anderes gilt für das Kapitalerhaltungsrecht in der GmbH (oben Rdn. 3). Insbesondere nach Inkrafttreten des MoMiG und der damit einhergehenden Reform des § 30 Abs. 1 unter Einschluss verschiedener Erlaubnistatbestände in den Satz 2 und 3 besteht für eine Sonderlösung am Gesetz vorbei kein Raum. Doch weist § 30 Abs. 1 selbst den Weg zur Lösung und zur Begrenzung des ersatzfähigen Gründungsaufwandes: Verauslagen zunächst die Gesellschafter Gründungsaufwand und sehen eine Ersatzpflicht der Gesellschaft vor, liegt darin der Sache nach eine Kreditierung zugunsten der Gesellschaft, so dass § 30 Abs. 1 Satz 3 zum Zuge kommt.[76] Die Beschränkung auf den angemessenen Gründungsaufwand ergibt sich nicht auf den grundsätzlich keine Marktbewertung voraussetzenden § 30 Abs. 1 Satz 3 (unten Rdn. 98), sondern aus der Analogie zu § 26 Abs. 2 AktG, der im Zusammenhang mit seinem Abs. 1 zu lesen ist. Aufwandserstattungsansprüche, die einem Marktvergleich nicht standhalten, sind Sondervorteile, deren Zuwendung auf der mitgliedschaftlichen Verbindung beruht. Sie fallen daher nicht unter § 26 Abs. 2 AktG, sondern unter dessen Abs. 1 und sind deshalb nicht zulässiger Satzungsinhalt als erstattungsfähiger Gründungsaufwand.

2. Vermögen der Gesellschaft

17 (Rein-/Netto-) Vermögen der Gesellschaft ist im Ausgangspunkt das anhand der Bilanz ermittelte Ergebnis der Rechenoperation »Aktiva minus Passiva«. Insb. hinsichtlich der Passiva gelten einige Besonderheiten für den in Ansatz zu bringenden Betrag. Im Einzelnen zur Unterbilanz (zur Überschuldungsbilanz Rdn. 28):

a) Bewertungsgrundsätze

18 Nach zutreffender herrschender Meinung sind grds. die aus der letzten Jahresabschlussbilanz ersichtlichen, zum Auszahlungszeitpunkt (Rdn. 30) **fortgeführten Buchwerte** maßgeblich.[77] **Stille Reserven** müssen nicht aufgelöst werden.[78]

19 Für die Erstellung der Zwischenbilanz (zur Bedeutung Rdn. 13) müssen wegen § 252 Abs. 1 Nr. 6 HGB die gleichen Bewertungsmethoden angewandt und Wahlrechte in gleicher Weise ausgeübt werden wie in der bisherigen Bilanzierungspraxis, soweit § 252 Abs. 2 HGB nicht ausnahmsweise

---

72 *Ekkenga*, in: MünchKommGmbHG, § 30 Rn. 63. Dies aber jedenfalls für möglich hält *Verse*, in: Scholz, GmbHG, § 30 Rn. 57, unter Berufung auf *Müller*, DStR 1997, 1566, 1580, der jedoch anders ansetzt.

73 BGHZ 107, 1, 4 ff. sowie die Nachw. in der Kommentierung zu § 5.

74 OLG Celle, GmbHR 2015, 139 sowie die Nachw. in der Kommentierung zu § 5 Rdn. 75.

75 S. nur *Hüffer/Koch*, AktG, § 26 Rn. 3.

76 *Ekkenga*, in: MünchKommGmbHG, § 30 Rn. 265.

77 BGH, ZIP 2008, 2217, 2219 Tz 11; BGH, ZIP 2003, 2068, 2070; BGHZ 109, 334, 339; i.S.d. h.L. *Ekkenga*, in: MünchKommGmbHG, § 30 Rn. 86 f. Differenzierend *Ulmer*, FS Pfeiffer, 1988, S. 853, 868 f. (Bilanzierung nach Zerschlagungswerten, wenn Ausschüttung wirtschaftlichen Zusammenbruch befürchten lässt).

78 BGHZ 109, 334, 339; für die h.L. *Habersack*, in: Ulmer/Habersack/Löbbe, GmbHG, § 30 Rn. 37; *Verse*, in: Scholz, GmbHG; § 30 Rn. 59. A.A. *Sonnenhol/Stützle*, DB 1979, 925, 928. Zur ausnahmsweise bestehenden Pflicht, stille Rücklagen aufzulösen, wenn ansonsten der ausscheidende Gesellschafter nicht befriedigt werden kann, BGH, ZIP 2006, 703.

einen Wechsel gestattet.[79] Änderungen im Vergleich zum letzten Jahresabschluss sind zulässig im Hinblick auf Fehler in der Bilanz[80] sowie Änderungen der Vermögens-, Finanz- und Ertragslage.[81] Erst nach dem Auszahlungszeitpunkt eingetretene Tatsachen können nur berücksichtigt werden, wenn es sich um wertaufhellende Tatsachen i.S.v. § 251 Abs. 1 Nr. 4 HGB handelt.[82]

b) Aktiva

Einlageforderungen dürfen nur noch aktiviert werden, soweit sie tatsächlich eingefordert sind, nicht eingeforderte ausstehende Einlagen sind auf der Passivseite vom gezeichneten Kapital offen abzusetzen (Nettoausweisgrundsatz, § 272 Abs. 1 Satz 2, 3 HGB). Im Vergleich zur Rechtslage vor dem BilMoG, die eine Aktivierung sämtlicher offener Einlageforderungen gestattete, würde dies zu einer Verschärfung des Kapitalschutzes führen.[83] Hierbei dürfte es sich um ein Versehen gehandelt haben, sodass i.R.d. Unterbilanzrechnung entgegen dem nunmehr geltenden Bilanzrecht eine Aktivierung vorzunehmen ist, im Gegenzug aber bei nicht werthaltigen Einlageforderungen Abschreibungen notwendig werden.[84] Die Abschreibung ist Konsequenz der Fortführung von Buchwerten auf den Zeitpunkt der Auszahlung, die die Notwendigkeit einer Neubewertung mit sich bringen kann. Das entspricht der grds. vergleichbaren Lage bei **Nachschussforderungen** i.S.d. §§ 26 ff., hinsichtlich derer gem. § 42 Abs. 2 Satz 2 die Aktivierung vorzunehmen ist, »soweit mit der Zahlung gerechnet werden kann«.[85] Aktivierbar ist entgegen der h.M.[86] auch ein **Anspruch** gegen einen Gesellschafter **aus § 31 Abs. 1.**[87] Es macht keinen Unterschied, ob das Stammkapital beeinträchtigt ist, weil es mangels vollständiger Einlageleistung niemals komplett aufgebracht oder weil es nach vollständiger Aufbringung durch verbotswidrige Auszahlungen beeinträchtigt wurde.[88] Zu der von der h.M. befürchteten[89] Folgenlosigkeit eines Verbotsverstoßes wegen der Aktivierung von Rückzahlungsansprüchen kommt es deshalb nicht, weil sie typischerweise nicht mit ihrem Nennwert anzusetzen sind.[90] Ansprüche aus einem **Darlehen der Gesellschaft an einen ihrer Gesellschafter** sind zu aktivieren.[91] Das entscheidende Problem in kapitalerhaltungsrechtlicher Sicht ist insoweit nicht die Aktivierung als solche, sondern die Vollwertigkeit des Rückzahlungsanspruchs i.S.v. § 30 Abs. 1 Satz 2, 2. Var. (zum ähnlich gelagerten Problem bei Sicherheiten Rdn. 48).[92] 20

Von der Gesellschaft erworbene **eigene Anteile** sind nicht zu aktivieren, vgl. § 272 Abs. 1a HGB.[93] Das Verrechnungsgebot des § 272 Abs. 1a Satz 2 HGB führt möglicherweise zur Verringerung der Ausschüttungsmöglichkeiten i.S.v. § 30 Abs. 1 Satz 1 ohne entsprechende Offenlegung in der 21

79 OLG Koblenz, ZIP 2011, 1913, 1914. Im Einzelnen *Ekkenga*, in: MünchKommGmbHG, § 30 Rn. 91 ff.
80 Vgl. BGH, ZIP 2003, 2068, 2069; *Schmolke*, § 30 Rn. 55; *Verse*, in: Scholz, GmbHG, § 30 Rn. 60; enger *Ekkenga*, in: MünchKommGmbHG, § 30 Rn. 89 (nur bei Fehlern, die Nichtigkeit zur Folge haben).
81 *Ekkenga*, in: MünchKommGmbHG, § 30 Rn. 89.
82 Vgl. BGH, ZIP 2003, 2068, 2069; *Ekkenga*, in: MünchKommGmbHG, § 30 Rn. 89; *Schmolke*, § 30 Rn. 56.
83 Bsp. bei *Kropff*, ZIP 2009, 1137, 1139; *Verse*, VGR 2009, 67, 80 f.
84 *Ekkenga*, in: MünchKommGmbHG, § 30 Rn. 99 i.V.m. Rn. 98, auch zur Berücksichtigung von Zinsen und ausstehendem Agio; *Habersack*, in: Ulmer/Habersack/Löbbe, GmbHG, § 30 Rn. 27, 38; *Kropff*, ZIP 2009, 1137, 1140; *Verse*, in: Scholz, GmbHG, § 30 Rn. 63.
85 *Ekkenga*, in: MünchKommGmbHG, § 30 Rn. 100.
86 *Fastrich*, in: Baumbach/Hueck, GmbHG, § 30 Rn. 18; *Habersack*, in: Ulmer/Habersack/Löbbe, GmbHG, § 30 Rn. 38.
87 *Ekkenga*, in: MünchKommGmbHG, § 30 Rn. 102; *Diers*, in: Saenger/Inhester, GmbHG, § 30 Rn. 74.
88 *Ekkenga*, in: MünchKommGmbHG, § 30 Rn. 102.
89 *Fastrich*, in: Baumbach/Hueck, GmbHG, § 30 Rn. 18; *Habersack*, in: Ulmer/Habersack/Löbbe, GmbHG, § 30 Rn. 38.
90 *Diers*, in: Saenger/Inhester, GmbHG, § 30 Rn. 74.
91 BGHZ 193, 96, 103 Tz 25.
92 BGH a.a.O.
93 *Ekkenga*, in: MünchKommGmbHG, § 30 Rn. 103; *Habersack*, in: Ulmer/Habersack/Löbbe, GmbHG, § 30 Rn. 38; *Verse*, in: Scholz, GmbHG, § 30 Rn. 65.

Bilanz.[94] Das ist mit einer Analogie zu §§ 58b, 58c auszugleichen, der nicht nach § 272 HGB auszuweisende Differenzbetrag ist in die Kapitalrücklage nach § 58c Satz 1 einzustellen.[95]

22 **Selbst geschaffene Vermögensgegenstände des Anlagevermögens** sind seit BilMoG nach § 248 Abs. 4 HGB in gewissem Umfang aktivierbar. Zu beachten ist insoweit § 268 Abs. 8 Satz 1 HGB (Rdn. 12), außerdem die Notwendigkeit von Angaben im Anhang gem. § 285 Nr. 28 HGB. Aktivierbar ist seit BilMoG der derivative **Geschäfts-** oder **Firmenwert** (§ 246 Abs. 1 Satz 4 HGB n.F.),[96] nicht aber der originäre.[97]

23 **Nicht aktivierbar** sind **Aufwendungen** für die Gründung, die Beschaffung von Eigenkapital und den Abschluss von Versicherungsverträgen (§ 248 Abs. 1 HGB). Gleiches gilt für Aufwand im Zshg. mit Fremdkapitalbeschaffung.[98] Gegen die herrschende Meinung bleiben auch aktive **Rechnungsabgrenzungsposten** außen vor, weil anderenfalls u.U. die merkwürdige Situation entstünde, dass gem. § 29 Abs. 1 als ausschüttbar gälte, was nach dem vorrangigen (Rdn. 10) § 30 Abs. 1 Satz 1 nicht an Gesellschafter ausgezahlt werden dürfte.[99] **Latente Steuern** sind nach § 274 Abs. 1 Satz 2 HGB in gewissem Umfang aktivierbar.

c) Passiva

24 **Verbindlichkeiten ggü. Dritten** sind zum Erfüllungsbetrag zu passivieren (§ 253 Abs. 1 Satz 2 HGB),[100] ebenso **Verbindlichkeiten ggü. Gesellschaftern** (vgl. § 42 Abs. 3),[101] also auch **Gesellschafterdarlehen.**[102] Ein **Rangrücktritt** oder ein **Forderungsverzicht mit Besserungsabrede** spielen für § 30 Abs. 1 Satz 1 insoweit grunds. keine Rolle.[103] Führt indes eine **qualifizierte Rangrücktrittsvereinbarung** dazu, dass die Forderung nicht mehr passiviert wird und nur im Falle eines die Verbindlichkeiten übersteigenden Aktivvermögens befriedigt werden darf, ist dies nicht nur für die insolvenzrechtliche Überschuldungsbilanz von Bedeutung,[104] sondern auch für die Unterbilanzrechnung nach § 30.[105] Der Gläubigerschutz vollzieht sich in diesem Fall nicht durch Kapitalbindung

---

94 Vgl. *Ekkenga*, in: MünchKommGmbHG, § 30 Rn. 103; *Kropff*, ZIP 2009, 1137, 1143.

95 *Kropff*, ZIP 2009, 1137, 1143 f.; im Anschluss an diesen *Ekkenga*, in: MünchKommGmbHG, § 30 Rn. 103. Vgl. zum Ausweis der Kapitalrücklage in handelsrechtlichen Jahresabschlüssen sowie zum Verhältnis von § 272 Abs. 2 und § 266 Abs. 3 A.II. HGB *Roos*, DStR 2015, 842.

96 Str., wie hier etwa *Ekkenga*, in: MünchKommGmbHG, § 30 Rn. 95; *Verse*, in: Scholz, GmbHG, § 30 Rn. 67; ausführlich zum Ganzen *Ekkenga* a.a.O.

97 BGHZ 109, 334, 338; OLG Celle, WM 2004, 988; *Ekkenga*, in: MünchKommGmbHG, § 30 Rn. 95; *Verse*, in: Scholz, GmbHG, § 30 Rn. 67.

98 *Ekkenga*, in: MünchKommGmbHG, § 30 Rn. 106.

99 *Ekkenga*, in: MünchKommGmbHG, § 30 Rn. 108 mit Bsp.; *Hommelhoff*, in: Lutter/Hommelhoff, GmbHG, § 30 Rn. 16. Für die h.M. *Habersack*, in: Ulmer/Habersack/Löbbe, GmbHG, § 30 Rn. 36; *Heidinger*, in: Michalski/Heidinger/Leible/Schmidt, GmbHG, § 30 Rn. 38.

100 *Ekkenga*, in: MünchKommGmbHG, § 30 Rn. 110; *Habersack*, in: Ulmer/Habersack/Löbbe, GmbHG, § 30 Rn. 40; *Verse*, in: Scholz, GmbHG, § 30 Rn. 69.

101 BGHZ 124, 282, 285; *Ekkenga*, in: MünchKommGmbHG, § 30 Rn. 111; *Hommelhoff*, in: Lutter/Hommelhoff, GmbHG, § 30 Rn. 14; *Verse*, in: Scholz, GmbHG, § 30 Rn. 69.

102 BGH, ZIP 2008, 2217, 2219 Tz 11; *Habersack*, in: Ulmer/Habersack/Löbbe, GmbHG, § 30 Rn. 40; *Verse*, in: Scholz, GmbHG, § 30 Rn. 69. Zu Einzelheiten *Ekkenga*, in: MünchKommGmbHG, § 30 Rn. 112 ff.

103 Ausführlich *Ekkenga*, in: MünchKommGmbHG, § 30 Rn. 113, 115 ff.; ebenso etwa *Habersack*, in: Ulmer/Habersack/Löbbe, GmbHG, § 30 Rn. 40; *Verse*, in: Scholz, GmbHG, § 30 Rn. 69 (zum Rangrücktritt). Das war bereits zum alten Recht h.M., s. BGH, WM 2008, 2215, 2216. Zur Bilanzierung vgl. *Adler/Düring/Schmaltz*, § 246 HGB Rn. 128 ff. Teilw. a.A. *Schulze-Osterloh*, WPg 1996, 97, 100; a.A. auch (mit Fehlinterpretation des BGH) OLG Schleswig, GmbHR 2009, 374, 376.

104 Hierzu und zu den Anforderungen BGHZ 204, 231, 236 Tz 16 ff. S. auch *Ekkenga*, in: MünchKommGmbHG, § 30 Rn. 114 m. Nachw.

105 *Ekkenga*, in: MünchKommGmbHG, § 30 Rn. 114a. Zu den steuerrechtlichen Fragen BFH, ZIP 2017, 818; *Scheifele/Nees*, Konzern 2015, 417. Weiterführend zur Insolvenzvorbeugung durch Rangrücktritt *Ekkenga*, ZIP 2017, 1493.

gem. § 30, sondern über § 812 Abs. 1 Satz 1, Var. 1 BGB und § 134 Abs. 1 InsO.[106] **Stille Einlagen** sind grundsätzlich zu passivieren.[107] Sie beruhen, anders als die gesetzestypischen Einlagepflichten i.S.v. §§ 14, 19, typischerweise nicht auf einer Absprache der Mitglieder untereinander, der Gesellschaft gemeinsam dauerhaft Kapital zuzuführen und auf Rückgewähr zu verzichten.[108] Eine Ausnahme mag daher allenfalls in Betracht kommen, wenn die Erbringung der stillen Einlage auf einer Vereinbarung der Gesellschafter beruht.[109] Gleiches, d.h. Passivierungspflicht, gilt für **passive Rechnungsabgrenzungsposten.**[110] Zu **Finanzplankrediten** Rdn. 100.

Rückstellungen sind grds. als Passivposten anzusetzen,[111] Aufwandsrückstellungen aufgrund ihres Eigenkapitalcharakters allerdings nicht.[112] Zwar gibt es seit Inkrafttreten des BilMoG das früher von einigen Autoren als Argument für diese Ausnahme herangezogene Wahlrecht in § 249 Abs. 1 Satz 3 HGB a.F. nicht mehr.[113] Doch ändert das in der Sache nichts. Gegen diese Differenzierung einzuwenden, relevant für § 30 Abs. 1 sei allein der Auszahlungszeitpunkt, nicht aber, ob die Rückstellung später bei Nichtrealisierung des Risikos wieder aufgelöst werden könne,[114] übergeht die Unterschiede zwischen Aufwandsrückstellungen und anderen in § 249 Abs. 1 HGB geregelten Rückstellungen: Die §§ 30, 31 sollen vor allem die Trennung von Vermögensmassen gewährleisten, insbesondere das Vermögen der Gesellschaft den Gesellschaftern und ihren Privatgläubigern entziehen, indem die Normen den Gesellschaftsgläubigern den Befriedigungsvorrang einräumen (oben Rdn. 1). Für gesetzlich in § 30 GmbHG nicht besonders erfasste Posten wie Rückstellungen bedarf es einer Wertungsentscheidung, wessen Interessen sie dienen. Einen Posten als Passivum zu berücksichtigen, führt zu einer Zuordnung der Position zum der Gläubigerbefriedigung zur Verfügung stehenden Vermögen, weil die Ausschüttungsschwelle angehoben wird. Bei Aufwandsrückstellungen steht anders als bei den Rückstellungen nach § 249 Abs. 1 Satz 1 HGB noch keine Außenverpflichtung oder ein konkretes schwebendes Geschäft im Raum, die möglicherweise in einen Gläubigerzugriff münden.[115] Eine Ausschüttung führt daher nicht zur »Gläubigergefährdung«, sodass es auch keiner ausgleichenden Vermögensbindung bedarf. 25

Keine im Rahmen der Unterbilanzrechnung zu berücksichtigenden Passiva sind das **Stammkapital**[116] sowie in der Bilanz ausgewiesene (**offene**) **Rücklagen** wie etwa Gewinnrücklagen.[117] 26

---

106 S. BGHZ 204, 231, 244 Tz 34 (§ 812 BGB), 249 Tz 46 (§ 134 InsO) m. kritischer Besprechung *K.Schmidt*, ZIP 2015, 901, 910 f. und Fundamentalkritik bei *Ekkenga*, ZIP 2017, 1493.

107 OLG Brandenburg, GmbHR 1998, 190; *Ekkenga*, in: MünchKommGmbHG, § 30 Rn. 122 f.; *Habersack*, in: Ulmer/Habersack/Löbbe, GmbHG, § 30 Rn. 40, jew. m.N. zum Streitstand.

108 Vgl. *Ekkenga*, in: MünchKommGmbHG, § 30 Rn. 123 i.V.m. Rn. 54.

109 Dafür *Ekkenga*, in: MünchKommGmbHG, § 30 Rn. 123.

110 *Ekkenga*, in: MünchKommGmbHG, § 30 Rn. 125; *Habersack*, in: Ulmer/Habersack/Löbbe, GmbHG, § 30 Rn. 36; *Schmolke*, § 30 Rn. 77. A.A. *Hommelhoff*, in: Lutter/Hommelhoff, GmbHG, § 30 Rn. 16.

111 BGH, ZIP 2003, 2068, 2070; *Ekkenga*, in: MünchKommGmbHG, § 30 Rn. 117 f.; *Habersack*, in: Ulmer/Habersack/Löbbe, GmbHG, § 30 Rn. 41; *Hommelhoff*, in: Lutter/Hommelhoff, GmbHG, § 30 Rn. 15; *Verse*, in: Scholz, GmbHG, § 30 Rn. 70.

112 *Adler/Düring/Schmaltz*, § 249 HGB Rn. 28; *Ekkenga*, in: MünchKommGmbHG, § 30 Rn. 118; *Hommelhoff*, in: Lutter/Hommelhoff, GmbHG, § 30 Rn. 16.

113 Vgl. noch *Adler/Düring/Schmaltz*, § 249 HGB Rn. 28.

114 So z.B. *Verse*, in: Scholz, GmbHG, § 30 Rn. 70. Das von *Verse* a.a.O. in Fußnote 29 zur Stütze seiner Ansicht zitierte BGH-Urteil (hier zitiert in der Fußnote NOTEREF _Ref45198958 \h 113) bezieht sich nicht auf Aufwandsrückstellungen i.S.v. § 249 Abs. 1 Satz 2 Nr. 1 HGB, sondern auf Rückstellungen für ungewisse Verbindlichkeiten gem. § 249 Abs. 1 Satz 1, 1. Var. HGB.

115 Vgl. zur Bedeutung der genannten Kriterien als Abgrenzung zu bloßen Interna etwa *Adler/Düring/Schmalz*, § 249 HGB Rn. 43, 139.

116 *Ekkenga*, in: MünchKommGmbHG, § 30 Rn. 90, 109; *Habersack*, in: Ulmer/Habersack/Löbbe, GmbHG, § 30 Rn. 39; *Hommelhoff*, in: Lutter/Hommelhoff, GmbHG, § 30 Rn. 11; *Verse*, in: Scholz, GmbHG, § 30 Rn. 68.

117 BGHZ 157, 72, 75; *Ekkenga*, in: MünchKommGmbHG, § 30 Rn. 121; *Habersack*, in: Ulmer/Habersack/Löbbe, GmbHG, § 30 Rn. 39; *Fastrich*, in: Baumbach/Hueck, GmbHG, § 30 Rn. 16; *Müller*, DStR 1997, 1577, 1580; *Verse*, in: Scholz, GmbHG, § 30 Rn. 68. In den Rücklagen sind auch Nachschüsse enthalten, zur Bilanzierung § 42 Rdn. 38.

Rücklagen sind allerdings nicht deshalb auszublenden, weil sie als »echte Passiva« das Reinvermögen nicht minderten.[118] Das ist ein Zirkelschluss: Das Reinvermögen mindern (offene) Rücklagen ja gerade deshalb nicht, weil sie außer Ansatz bleiben. Der Grund für den fehlenden Ansatz offener Rücklagen ist anders gelagert: Im Fall eines Ansatzes blieben Aktiva der Summe nach gesperrt, denen keine den Gesellschaftsgläubigern zugeordneten Passiva gegenüberstünden, sodass eine über den Schutzzweck des § 30 hinausschießende Bindung erzielt würde. Nicht als Passivum zu berücksichtigen ist aus dem gleichen Grund **Gewinnvortrag.**[119] Die **Rücklage nach § 5a Abs. 3** fällt im Rahmen einer Analogie in den Anwendungsbereich von § 30 Abs. 1 (Rdn. 15). Die Umsetzung im Rahmen der Unterbilanzrechnung erfordert deshalb, sie entgegen vereinzelten Stellungnahmen in der Literatur gerade nicht als Teil der Passiva zu berücksichtigen.[120] Soll sie wie Stammkapital geschützt sein, ist zu prüfen, ob sie nach Abzug der Passiva von den Aktiva noch von dem oder einem verbleibenden Teil an Aktiva »gedeckt« ist. **Andere gesetzliche Rücklagen** wie die nach § 272 Abs. 4 HGB, § 272 Abs. 5 HGB sind in der Unterbilanzrechnung als Passiva anzusetzen.[121] Sie dienen dazu, die Aktivierung von Aktivposten zu neutralisieren. Ohne eine solche Gegenbuchung erzeugte die Aktivierung der maßgeblichen Positionen frei verfügbares Vermögen, das zu vom Gesetz nicht gebilligten Maßnahmen eingesetzt werden könnte. Besonders plastisch zeigte sich dies im früheren Recht zu § 272 Abs. 4 HGB a.F., das die Aktivierung eigener Anteile erlaubte.[122] Ähnliches gilt heute etwa für § 272 Abs. 4 HGB in der aktuellen Fassung: Die Norm soll davor schützen, dass der Erwerb der Anteile an einem herrschenden Unternehmen mittelbar zu einer Rückzahlung von Stammkapital führt.[123] Um diesen Zweck nicht im Wege der Unterbilanzrechnung zu vereiteln, muss die Rücklage auch insoweit als Passivposten berücksichtigt werden. Ansonsten stünde der Aktivposten als anrechenbarer Wert zur Verfügung. Ähnliches gilt für § 272 Abs. 5 HGB, billigt man dieser Norm einen Anwendungsbereich zu.[124] Bei **eigenen Anteilen** ist zu berücksichtigen, dass ein Ansatz nur für diejenigen in Betracht kommt, die sie entgegen der hier vertretenen Ansicht (oben Rdn. 21) aktivieren wollen. Verneint man dies richtigerweise, bedarf es keiner Neutralisierung per Passivierung.[125] **Rücklagen, für die eine eigene Ausschüttungssperre** gilt, das betrifft v.a. § 268 Abs. 8 HGB, sind im Rahmen der Unterbilanzrechnung grds. nicht als Passivum zu berücksichtigen, um eine überschießende Anrechnung zu vermeiden. Das setzt indes voraus, sie für die Zwecke der Unterbilanzrechnung nicht als Aktivum zu berücksichtigen.[126] Soweit gem. Art. 66 Abs. 5 EGHGB, Art. 67 Abs. 3 EGHGB noch **Sonderposten mit Rücklageanteil** (§§ 247 Abs. 3, 273, 281 Abs. 1 HGB a.F.) gebildet oder fortgeführt werden dürfen, ist der Rücklageanteil wie eine sonstige Rücklage zu behandeln, der Rückstellungsanteil wie eine sonstige Rückstellung.[127]

---

118 So die übliche (implizite) Begründung in der Lit., z.B. *Fastrich*, in: Baumbach/Hueck, GmbHG, § 30 Rn. 16; *Hommelhoff*, in: Lutter/Hommelhoff, GmbHG, § 30 Rn. 11.

119 BGHZ 157, 72, 75; *Habersack*, in: Ulmer/Habersack/Löbbe, GmbHG, § 30 Rn. 39; *Fastrich*, in: Baumbach/Hueck, GmbHG, § 30 Rn. 16.

120 Anders jedenfalls der Formulierung nach *Fastrich*, in: Baumbach/Hueck, GmbHG, § 30 Rn. 16, der aber gleichzeitig (*ders.* aaO. Rn. 14) die Rücklage des § 5 Abs. 3a in den Schutzbereich des § 30 Abs. 1 einbeziehen möchte.

121 *Fastrich*, in: Baumbach/Hueck, GmbHG, § 30 Rn. 16.

122 Zu § 272 Abs. 4 HGB a.F. und zu dem Problem einer möglichen Umgehung des § 33 Abs. 2 GmbHG *Müller*, DStR 1997, 1566, 1580.

123 S. nur *Störk/Kliem/Meyer*, in: Beck'scher Bilanz-Kommentar, § 272 HGB Rn. 301.

124 Dazu *Mylich*, ZHR 181 (2017), 87, 92 ff.

125 *Ekkenga*, in: MünchKommGmbHG, § 30 Rn. 121.

126 *Ekkenga*, in: MünchKommGmbHG, § 30 Rn. 97; vgl. auch *Verse*, in: Scholz, GmbHG, § 30 Rn. 57. A.A. (Berücksichtigung als Passivum) *Fastrich*, in: Baumbach/Hueck, GmbHG, § 30 Rn. 16.

127 *Ekkenga*, in: MünchKommGmbHG, § 30 Rn. 120; *Fastrich*, in: Baumbach/Hueck, GmbHG, § 30 Rn. 16. Für vollständige Herausrechnung (d.h. mit Rückstellungsanteil) BFH, BB 2005, 2630, 2631; *Schmolke*, § 30 Rn. 74 m.w.N.

3. Unterbilanz und Überschuldungsbilanz

Notwendige Voraussetzung zur Feststellung eines Verbotsverstoßes ist das Bestehen einer **Unterbilanz.** 27
Diese liegt vor, wenn das Reinvermögen der Gesellschaft das Stammkapital nicht mehr deckt.[128] Bilanzverluste sind nicht per se mit einer Unterbilanz gleichzusetzen, weil Auszahlungen aus Eigenkapitalposten außerhalb des gezeichneten Kapitals (Kapital- und Gewinnrücklagen, Gewinnvortrag) gedeckt sein können.[129] Zur Durchführung der Unterbilanzprüfung nach Satz 1 und dem Zusammenspiel mit Satz 2, 2. Var., Rdn. 54.

Sofern die Passiva die Aktiva übersteigen, liegt eine **Überschuldung** vor, für die § 30 Abs. 1 gleichfalls 28
gilt.[130] **Bilanzielle Überschuldung** besteht, wenn sich die Überschuldung unter Zugrundelegung fortgeführter Buchwerte ergibt, echte/**materielle Überschuldung**, wenn die Passiva die Aktiva selbst bei Aufdeckung der stillen Reserven übersteigen.[131] Dritte Überschuldungsform ist die **insolvenzrechtliche Überschuldung** i.S.v. § 19 Abs. 2 Satz 1 InsO. Insoweit sind nach § 19 Abs. 2 Satz 2 InsO Forderungen aus mit Rangrücktritt versehenen Gesellschafterdarlehen keine Verbindlichkeiten für die Zwecke der Feststellung einer Überschuldung.[132] Die insolvenzrechtliche Überschuldungsbilanz ist basierend auf Verkehrswerten oder Liquidationswerten aufzustellen, d.h. stille Reserven sind offenzulegen.[133] Die vor dem MoMiG geltende Besonderheit bei sog. eigenkapitalersetzenden Darlehen, dass diese in der Überschuldungsbilanz zu passivieren waren, wenn kein qualifizierter Rangrücktritt vorlag,[134] wurde beseitigt.[135] Zur insolvenzrechtlichen Überschuldungsbilanz Vor § 64 Rdn. 28 ff., zur insolvenzrechtlichen Lösung der Behandlung von Gesellschaftsdarlehen Vor § 64 Rdn. 89 ff.

Dass die Aufstellung einer Überschuldungsbilanz besonderen Regeln gehorcht, bedeutet indes 29
nicht, dass dies die Ausschüttungsbemessung und den Umfang der Ausschüttungsuntersagung durch § 30 Abs. 1 Satz 1 verändert. Anderenfalls würde ausgerechnet im Überschuldungsstadium der Spielraum für Ausschüttungen vergrößert (etwa wegen der Aufdeckung stiller Reserven im Aktivvermögen).[136] Insbes. für den Fall der Insolvenz ist zu berücksichtigen, dass die handelsrechtlichen Rechnungslegungspflichten grunds. unberührt bleiben (§ 155 Abs. 1 InsO). Auch der Fortführungsgrundsatz gilt insoweit prinzipiell weiter, auch bei nur zeitweiliger Unternehmensfortführung durch den Insolvenzverwalter.[137] Überschuldungsbilanz i.S.v. § 19 InsO und Handelsbilanz dienen unterschiedlichen Zwecken und werden ausgehend von anderen Prämissen (vgl. § 252 Abs. 1 Nr. 2 HGB: im Zweifel Fortführung; § 19 Abs. 2 InsO: im Zweifel Liquidation)[138] nach

---

128 BGHZ 31, 258, 276; *Ekkenga*, in: MünchKommGmbHG, § 30 Rn. 80; *Habersack*, in: Ulmer/Habersack/Löbbe, GmbHG, § 30 Rn. 33; *Fastrich*, in: Baumbach/Hueck, GmbHG, § 30 Rn. 19.

129 *Altmeppen*, in: Roth/Altmeppen, GmbHG, § 30 Rn. 16; *Fastrich*, in: Baumbach/Hueck, GmbHG, § 30 Rn. 19.

130 BGH, ZIP 2010, 978, 984 Tz 54; BGHZ 150, 61, 64; *Ekkenga*, in: MünchKommGmbHG, § 30 Rn. 80; *Habersack*, in: Ulmer/Habersack/Löbbe, GmbHG, § 30 Rn. 26, 43; *Pentz*, in: Rowedder/Schmidt-Leithoff, GmbHG, § 30 Rn. 12 f.; *Verse*, in: Scholz, GmbHG, § 30 Rn. 54, jew. m.N. zur abw. älteren Rspr.

131 *Heidinger*, in: Michalski/Heidinger/Leible/Schmidt, GmbHG, § 30 Rn. 45.

132 Zum Problem der zeitlichen Reichweite des Rangrücktritts *Geiser*, NZI 2013, 1056.

133 BGH, ZIP 2005, 807; BGHZ 146, 264, 268; *Verse*, in: Scholz, GmbHG, § 30 Rn. 54.

134 Zuletzt BGH, ZIP 2010, 1078, 1079 Tz 6 m.N.

135 Zur Abschaffung des Eigenkapitalersatzrechts Begr. RegE BT-Drucks. 16/6140, S. 42, 56. Darstellung des konzeptionellen Wandels bei *Gehrlein*, BB 2011, 3; *Schall*, Kapitalgesellschaftsrechtlicher Gläubigerschutz, 2009, S. 162 ff.

136 So i.Erg. wohl auch *Ekkenga*, in: MünchKommGmbHG, § 30 Rn. 87.

137 Hierzu *Eickes*, DB 2015, 933; *Fischer-Böhnlein/Körner*, BB 2001, 191, 195.

138 Zur Begründung einer Abweichung vom Going Concern-Prinzip für die handelsrechtliche Rechnungslegung im Fall der Insolvenz und zum maßgeblichen Zeitpunkt BGH, WM 2017, 383; *Eickes*, DB 2015, 933; *Fischer-Böhnlein/Körner*, BB 2001, 191, 194 ff.

unterschiedlichen Grundsätzen aufgestellt.[139] Damit bleibt es dabei: die Zulässigkeit von Ausschüttungen bestimmt sich auch in der Überschuldung v.a. für das Aktivvermögen nach fortgeführten Buchwerten (s. aber noch Rdn. 36).

4. Zeitpunkt

30 Die Unterbilanz muss im Auszahlungszeitpunkt bestehen oder mit der Auszahlung begründet werden. Der Beurteilungszeitpunkt hängt damit von der Frage ab, wann eine »Auszahlung« vorliegt. Hierzu Rdn. 31 ff.

II. Auszahlung

1. Auszahlungsbegriff

31 Angesichts des Schutzzwecks der §§ 30, 31 ist der Begriff der **Auszahlung** weit zu fassen.[140] Trotz der Verwendung verschiedener Begrifflichkeiten besteht Einigkeit darüber, dass weder eine Beschränkung auf Liquiditätsabfluss noch auf gegenstandsbezogene Vorgänge in Betracht kommt.[141] Um eine Auszahlung als solche bejahen zu können, bedarf es keiner (handels-)bilanziellen Auswirkungen des Vorgangs (näher Rdn. 36). Richtigerweise ist daher **zwischen** der **Feststellung einer Auszahlung und** der **Bemessung der Auszahlungswirkungen** zu **unterscheiden** (zu Letzteren Rdn. 39 ff.).[142]

31a Um eine Auszahlung anzunehmen, genügt nicht jeder Transfer von Vermögen der Gesellschaft an einen Gesellschafter. Insoweit sind zwei Konstellationen zu unterscheiden: Zum einen kann sich die Frage stellen, ob eine Vermögensmehrung des Gesellschafters, die der Geschäftsführer vorgenommen hat, mitgliedschaftlich veranlasst ist (ob eine **causa societatis** besteht). Dazu unten Rdn. 69 ff. Zum anderen tritt u.U. das Problem auf, dass der Gesellschafter sich eigenmächtig, d.h. ohne Handeln des Geschäftsführers und ohne dass der Gesellschafter zugleich diese Stellung innehat, Vermögen der Gesellschaft verschafft. Das klassische Beispiel ist Diebstahl von im Eigentum der Gesellschaft stehenden Sachen.[143] Die h.M. verneint hier eine **Veranlassung der Auszahlung** durch die Gesellschaft und damit die Anwendung von § 30 Abs. 1.[144] Anderer Ansicht nach stellt dies deliktisch handelnde Mitglieder mit Blick auf die Verjährung besser als solche, die nach §§ 30, 31 zur Rückzahlung verpflichtet sind (Regelverjährung statt zehnjähriger Verjährung gem. §°31 Abs.°5).[145] Das stimmt jedenfalls nicht für die Fälle, in denen der Gesellschafter und auch Dritte, an die der Gesellschafter die Sache weiterveräußert, kein Eigentum erwirbt (wg. § 935 Abs. 1 Satz 1 BGB). Hier gilt die dreißigjährige Verjährungsfrist des § 197 Abs. 1 Nr. 2 BGB. Zudem führte die Anwendung von § 31 Abs. 3 GmbHG zu wenig überzeugenden Folgen zu Lasten der übrigen Gesellschafter.[146] Der h.M. ist demnach zuzustimmen. Zur Notwendigkeit der **Vermögensmehrung** aufseiten des Mitglieds Rdn. 82.

---

139 Zur sog. Indizwirkung der Handelsbilanz (z.B. BGH, WM 2012, 665; BGHZ 146, 264, 268) und der eigenständigen Bedeutung der Fortführungsprognose im Kontext des § 19 InsO *Mock*, in: Uhlenbruck (Fn. 56), § 19 Rn. 17 m. Nachw.

140 *Ekkenga*, in: MünchKommGmbHG, § 30 Rn. 127; *Habersack*, in: Ulmer/Habersack/Löbbe, GmbHG, § 30 Rn. 7.

141 BGHZ 31, 258, 276; BGH, NJW 1987, 1194, 1195; BGHZ 220, 179, 192 Tz 33; *Ekkenga*, in: MünchKommGmbHG, § 30 Rn. 127; *Habersack*, in: Ulmer/Habersack/Löbbe, GmbHG, § 30 Rn. 26; *Fastrich*, in: Baumbach/Hueck, GmbHG, § 30 Rn. 33; *Verse*, in: Scholz, GmbHG, § 30 Rn. 18.

142 *Freitag*, Der Konzern 2011, 330, 335.

143 S. nur *Ekkenga*, in: MünchKommGmbHG, § 30 Rn. 142; *Habersack*, in: Ulmer/Habersack/Löbbe, GmbHG, § 30 Rn. 56; *Verse*, in: Scholz, GmbHG, § 30 Rn. 24.

144 Etwa *Ekkenga*, in: MünchKommGmbHG, § 30 Rn. 142, 215; *Habersack*, in: Ulmer/Habersack/Löbbe, GmbHG, § 30 Rn. 56; *Verse*, in: Scholz, GmbHG, § 30 Rn. 24.

145 So noch *Fastrich*, in: Baumbach/Hueck, GmbHG, 21. Aufl. 2017, § 30 Rn. 64. Nunmehr indes ebenfalls für Veranlassungserfordernis *Fastrich*, in: Baumbach/Hueck, GmbHG, § 30 Rn. 33.

146 *Verse*, in: Scholz, GmbHG, § 30 Rn. 24.

V.a. im Zshg. mit Darlehen und Sicherheiten wird darauf verwiesen, die **Verpflichtung zur Auszahlung** und die **Bestellung** selbst könnten nicht Auszahlung sein, weil es wegen des Grundsatzes der fehlenden Bilanzierbarkeit schwebender Geschäfte (Darlehen) sowie aufgrund von § 251 HGB (Sicherheiten) an der Bilanzwirksamkeit des Vorgangs fehle.[147] Diese Argumentation ist aus bilanzrechtlicher Sicht unvollständig und im Zshg. mit § 30 unscharf, soweit mit ihr begründet werden soll, dass im Zeitpunkt der Verpflichtung keine »Auszahlung« vorliegen könne. 32

Der Grundsatz der fehlenden Bilanzierbarkeit schwebender Geschäfte gilt nur für den Fall, dass sich im Zeitpunkt der Verpflichtung Leistung und Gegenleistung ausgeglichen gegenüberstehen.[148] Drohen Verluste, sind Drohverlustrückstellungen nach § 249 Abs. 1 Satz 1, 2. Var. HGB zu bilden, sodass Bilanzwirksamkeit vorliegt. Ähnliches gilt für Eventualverbindlichkeiten wie Sicherheiten, die nur dann nach § 251 HGB unter der Bilanz auszuweisen sind, wenn nicht mit der Inanspruchnahme gerechnet wird. In letzterem Fall sind Verbindlichkeitsrückstellungen nach § 249 Abs. 1 Satz 1, 1. Var. HGB zu bilden.[149] Zwar ist mit der Passivierung zugleich ein Rückgriffsanspruch (etwa der bürgenden Gesellschaft gegen den Gesellschafter als Hauptschuldner) zu aktivieren.[150] Doch wird dieser die Höhe der Rückstellung kaum ausgleichen können.[151] Im Ergebnis ist damit *bilanzrechtlich* eine Prüfung der Gleichwertigkeit der Leistungsverpflichtung der Gesellschaft mit den Ansprüchen gegen den begünstigten Gesellschafter bereits im Verpflichtungszeitpunkt zwingend notwendig und eine Bilanzveränderung möglich.[152] Der Verweis auf das Bilanzrecht allein erklärt damit nicht, warum die Verpflichtung zur Bestellung eines Darlehens oder die Bestellung einer Sicherheit sub specie der bilanzrechtlichen Betrachtungsweise (unten Rdn. 35) nicht als Ausschüttung gewertet werden können.[153] Zu den maßgeblichen Zeitpunkten der Unterbilanzprüfung unten Rdn. 43 ff. 33

Rahmenvereinbarungen wie Cash-Management-Verträge, die auf mehrfache Mittelabflüsse in der Zukunft gerichtet sind, bedürfen differenzierter Betrachtung.[154] Jede Auszahlung ist einzeln an § 30 Abs. 1 Satz 1 zu messen.[155] Zum **Cash-pooling** Rdn. 73 ff. 34

147 Z.B. KG, NZG 2000, 479, 481; *Dampf*, Der Konzern 2007, 157, 164; *Heidinger*, in: Michalski/Heidinger/Leible/Schmidt, GmbHG, § 30 Rn. 95.

148 BFH (GrS), BStBl. II 1997, S. 735, 737 f.; *Adler/Düring/Schmaltz*, § 249 HGB Rn. 135. Zwar ist der handelsbilanzrechtliche Bewertungsrahmen für die Ausgeglichenheit großzügig, vgl. *Ballwieser*, in: MünchKommHGB, § 249 Rn. 54, 59 ff. Doch dürfte in Fällen von Leistungen an Gesellschafter keine derartige wirtschaftliche Rechtfertigung in Betracht kommen.

149 S. *Adler/Düring/Schmaltz*, § 251 HGB Rn. 5, § 249 HGB Rn. 47.

150 *Adler/Düring/Schmaltz*, § 251 HGB Rn. 53.

151 Da die Inanspruchnahme der Bürgschaft gerade auf der Zahlungsunfähigkeit des Gesellschafters beruht. Daran ändert sich nichts, wenn man wie *Mülbert*, ZGR 1995, 578, 588, berücksichtigt, dass die Drohverlustrückstellung keine kalkulatorischen Kosten und Gewinnaufschläge enthält.

152 Allein auf diese Möglichkeit kommt es an, nicht auf die Häufigkeit solcher Fälle. A.A. wohl *Mülbert*, ZGR 1995, 578, 588.

153 Vgl. bereits *Kleffner*, Erhaltung des Stammkapitals und Haftung nach §§ 30, 31 GmbHG, 1994, S. 48. Das gilt auch dann, wenn man einer Ansicht im Schrifttum folgt, nach der bei verdeckten Vorteilszuwendungen an Gesellschafter eine Ergebnisverwendung vorliege (etwa *Sieker*, ZGR 1995, 250, 269 m.N.; diese Ansicht beruht auf der abzulehnenden Prämisse des Ausweises von Umsatzerlösen zu Marktpreisen; zu Recht a.A. *Adler/Düring/Schmaltz*, § 277 HGB Rn. 28b). Denn die fehlende Bilanzwirksamkeit ergäbe sich hier nicht aus § 251 oder dem Grundsatz der fehlenden Bilanzierung schwebender Geschäfte, sondern schon aus der Qualifizierung des Vorganges als avisierte Ergebnisverwendung, sodass von vornherein im Verpflichtungszeitpunkt keine Bilanzierung nach den im Text genannten Grundsätzen in Betracht käme.

154 Zum Inhalt solcher Rahmenverträge *Decker*, ZGR 2013, 392, 396; s. auch *Strohn*, DB 2014, 1535.

155 *Habersack*, in: Ulmer/Habersack/Löbbe, GmbHG, § 30 Rn. 94, 108; *Strohn*, DB 2014, 1535, 1539; *Vetter*, in: Goette/Habersack, Das MoMiG in Wissenschaft und Praxis, S. 107, 127. A.A. *Hommelhoff*, in: Lutter/Hommelhoff, GmbHG, § 30 Rn. 38; *ders.*, ZGR 2012, 535, 545 (bereits Rahmenvertrag Auszahlung).

2. Bilanzielle Betrachtungsweise; Auszahlungsbemessung

a) Unterbilanzrechnung und bilanzielle Betrachtungsweise

aa) Grundsätze

35 Das Vorliegen einer Unterbilanz wird ausgehend vom Jahresabschluss berechnet, was für die Auszahlungsbemessung von Bedeutung ist (näher Rdn. 39 ff.).[156] Seit Inkrafttreten des MoMiG gilt (wieder) die sog. **»bilanzielle Betrachtungsweise«**.[157] Danach können Auszahlungen auch im Stadium der Unterbilanz zulässig sein, wenn und weil sie i.S.v. § 30 Abs. 1 Satz 2 Var. 2 »durch einen vollwertigen Gegen- oder Rückgewähranspruch gegen den Gesellschafter gedeckt sind.« Das richtet sich, wie die Begründung des Regierungsentwurfs zum MoMiG ausdrücklich hervorhebt, gegen das »Novemberurteil« des BGH, in dem dieser entschieden hatte, in der Unterbilanz der Gesellschaft sei »nicht nur der bilanzielle Wert des Gesellschaftsvermögens zu wahren, sondern auch dessen reale Substanz zusammenzuhalten.«[158] Ein vollwertiger Anspruch auf Rückzahlung eines Darlehens sei nicht sofort realisierbar und könne die Auszahlung der Valuta daher nicht neutralisieren. Das Gericht hat also die Gegenleistung rechnerisch nicht berücksichtigt und kam so dazu, eine Verletzung des § 30 Abs. 1 a.F. anzunehmen. Im Rahmen der sog. Rückkehr zur sog. **»bilanziellen Betrachtungsweise«** wurde dem mit § 30 Abs. 1 Satz 2, 2. Var., eine Absage erteilt.[159]

bb) Wechselwirkungen von bilanzieller Betrachtungsweise und Auszahlungsbegriff

36 Die »Rückkehr« zur bilanziellen Betrachtungsweise bezieht sich nur auf die Ablehnung der im Novemberurteil vorgenommenen Ausblendung eines vollwertigen Gegenanspruches.[160] »Bilanzielle Betrachtungsweise« bedeutet also nicht, eine Auszahlung nur annehmen zu können, wenn diese sich bilanziell niederschlägt.[161] § 30 Abs. 1 Satz 1 definiert lediglich die Zulässigkeitsgrenzen von Auszahlungsvorgängen, ohne den Auszahlungsbegriff per se an bilanzielle Veränderungen zu knüpfen. Die bilanzielle Betrachtungsweise soll lediglich ermöglichen, Auszahlungen, egal nach welchem Maßstab bemessen und in welcher Höhe, *zugunsten des Gesellschafters* als neutralen Vorgang zu betrachten, indem ein anderer Vermögenswert gegengerechnet wird. Wäre es anders, d.h. müssten Auszahlungen allein gründend auf der Bilanz nach den fortgeführten Buchwerten der Aktivseite betrachtet werden, eröffnete sich die Chance zugunsten eines Mitglieds, stille Reserven ohne Vergütung zu vereinnahmen.[162] Denn diese sind, wie schon ihre Bezeichnung demonstriert, nicht aus der Bilanz anhand der fortgeführten Buchwerte abzuleiten, weder dem Ansatz noch ihrem Umfang nach. Gleiches gälte für nicht aktivierungsfähige immaterielle Vermögensgegenstände, obwohl diese eigentlich konkret genug zu fassen sind, um als eigenständig bewert- und handelbar identifiziert werden zu können (s. § 248 Abs. 2 Satz 2 HGB). Wäre dies der Fall, gäbe es auch kein Problem mit der »Vollwertigkeit« i.S.v. § 30 Abs. 1 Satz 2 Var. 2, weil diese sich auf den Auszahlungsumfang bezieht (näher zur Vollwertigkeit und § 30 Abs. 1 Satz 2 Var. 2 die Rdn. 57 ff.; zu den Auswirkungen der erst **nachträglich eintretenden Vollwertigkeit** § 31 Rdn. 17). Gerade im Stadium der Unterbilanz wäre es aber unter

---

156 BGH, NZG 2011, 783, 784 Tz 17; *Drygala/Kremer*, ZIP 2007, 1289, 1292; *Ekkenga*, in: MünchKommGmbHG, § 30 Rn. 198.

157 Begr. RegE BT-Drucks. 16/6140, S. 41. Zur Reichweite der »Rückkehr« und zum begrenzten Neuigkeitswert kritisch *Habersack*, in: Ulmer/Habersack/Löbbe, GmbHG, § 30 Rn. 82.

158 BGHZ 157, 72, 76; vgl. aus der Lit. *Habersack*, in: Ulmer/Habersack/Löbbe, GmbHG, § 30 Rn. 82.

159 Begr. RegE BT-Drucks. 16/6140, S. 41.

160 *Ekkenga*, in: MünchKommGmbHG, § 30 Rn. 198.

161 *Ekkenga*, in: MünchKommGmbHG, § 30 Rn. 140; *Fleck*, FS 100 Jahre GmbH-Gesetz, S. 391, 399 f.; *Habersack*, in: Ulmer/Habersack/Löbbe, GmbHG, § 30 Rn. 47; *Fastrich*, in: Baumbach/Hueck, GmbHG, § 30 Rn. 61; *Pentz*, in: Rowedder/Schmidt-Leithoff, GmbHG, § 30 Rn. 30; *Verse*, in: Scholz, GmbHG, § 30 Rn. 18a. A.A. *K. Schmidt*, GmbHR 2007, 1072, 1075; *Thiessen*, in: Bork/Schäfer, GmbHG, § 30 Rn. 35. Zumindest unscharf BGHZ 214, 258, 264 Tz 19; BGHZ 213, 224, 232 Tz 19 (zur AG). Kritisch hierzu *Kuntz*, ZGR 2017, 917, 923 f.

162 Ähnlich *Habersack*, in: Ulmer/Habersack/Löbbe, GmbHG, § 30 Rn. 48.

Gläubigerschutzgesichtspunkten nicht nachvollziehbar, den Abzug solcher Vermögensgegenstände zuzulassen, die nach Verkehrsmaßstäben bewertbar sind und typischerweise nur gegen Entgelt veräußert werden.[163] Dem entspricht es, dass nach einhelliger Ansicht etwa stille Reserven im Stadium der Unterbilanz zu berücksichtigen sind (Rdn. 29). Wie dies diejenigen erklären, die meinen, der Auszahlungsbegriff richte sich nach bilanziellen Veränderungen,[164] ist unklar.

Das bedeutet nicht, im Stadium der Unterbilanz die bilanzielle Betrachtungsweise aufzugeben[165] 37
und eine »wirtschaftliche Betrachtungsweise« an ihre Stelle zu setzen.[166] Eine solche Lösung widerspräche der Reform des § 30 Abs. 1 durch das MoMiG und dem ausdrücklichen Willen des Gesetzgebers, die bilanzielle Betrachtungsweise mit § 30 Abs. 1 Satz 2 GmbHG wieder zu etablieren. Im Ergebnis bedarf es im Grundsatz eines **zweiteiligen Verfahrens**, das strikt zwischen Unterbilanzrechnung i.S. einer Ermittlung des Bestehens einer Unterbilanz und der Bewertung eines Vorganges als Auszahlung und ihrer Bemessung unterscheidet.[167]

Das führt scheinbar zu einem Widerspruch: Die Auskehr eines bilanzierten Vermögensgegenstan- 38
des ist geeignet, eine Unterbilanz herbeizuführen (etwa Übereignung eines Grundstücks aus dem Anlagevermögen im Wert von 10), diejenige eines wirtschaftlich gleichwertigen, aber nicht aktivierten immateriellen Vermögensgegenstandes (etwa einer selbst geschaffenen Marke im Wert von 10) jedoch nicht. Dieser Umstand kann jedoch erstens nicht dazu führen, den Vermögensschutz weiter zu schwächen, indem nicht bilanzierte Vermögensgegenstände schlicht pauschal außer Acht gelassen werden. Das führte zu einer erheblichen Schutzlücke, weil, sofern kein Fall der Existenzvernichtungshaftung/des § 826 BGB vorliegt, der Ausgleich lediglich über § 43 Abs. 2 GmbHG stattfinden könnte (Veräußerung von Vermögensgegenständen unter Marktpreis als Verstoß gegen die Geschäftsführerpflichten), nicht aber bei dem begünstigten Mitglied. Zweitens ist der Widerspruch allenfalls ein vermeintlicher. § 30 sieht vor, dass »das zur Erhaltung des Stammkapitals erforderliche Vermögen« nicht ausgezahlt werden darf. Stehen ausreichend bilanzielle Aktiva zur Verfügung, ist nach der Vorstellung des Gesetzgebers dem Gläubigerschutz Genüge getan (zu den zu berücksichtigenden Aktiva und Passiva oben Rdn. 20 ff.). In diesem Fall ist die Auskehr außerbilanzieller Vermögensgegenstände kapitalerhaltungsrechtlich irrelevant,[168] weil sie im Kontext der §§ 30, 31 GmbHG ungefährlich sind. Existieren nicht mehr genügend bilanzielle Aktiva, ist das Stammkapital nicht mehr gedeckt. Damit wird gleichzeitig die Schwelle überschritten, ab der Auszahlungen als Gläubigergefährdung definiert sind. Das macht es notwendig, nunmehr statt des vereinfachenden formalen Blicks auf die Bilanz und fortgeführte Buchwerte die wahre Vermögenslage der GmbH zu betrachten. Diese Teilung ist notwendige Folge des von § 57 Abs. 1, 3 AktG (i.V.m. § 150 AktG) abweichenden Konzepts, nicht das gesamte Vermögen zu sperren und nur ausnahmsweise Auszahlungen zuzulassen (Verteilung Bilanzgewinn), sondern umgekehrt Ausschüttungen für grundsätzlich zulässig zu erachten und nur bei Unterschreiten einer formal definierten Grenze eine Sperre zu errichten.[169] Es geht prinzipiell eben nicht um die Wahrung oder Herstellung der Fähigkeit der Gesellschaft, ihre Schulden stets vollständig und sofort bedienen zu können, sondern darum, die Ausschüttungspolitik so zu beeinflussen, dass diese nicht die Existenz der Gesellschaft unter der Prämisse ihrer Fortführung beeinträchtigt.[170] Der damit notwendig indizierte Wechsel der Bewertungsmaßstäbe von der Unterbilanzrechnung hin zum Auszahlungsbegriff und zur Auszahlungsbewertung ist Konsequenz der Systementscheidung, die Gefahr des Zugriffs auf das Gesellschaftsvermögen seitens der Gesellschafter nicht zum grundsätzlichen Problem zu erklären, sondern die

163 Deutlich *Habersack*, in: Ulmer/Habersack/Löbbe, GmbHG, § 30 Rn. 48 (»normzweckwidrig[…]«).
164 Nachweise oben bei Rdn. 32, 36.
165 So *Habersack*, in: Ulmer/Habersack/Löbbe, GmbHG, § 30 Rn. 49.
166 Problematisch BGHZ 214, 258, 263 Tz 16; zu der entsprechenden Passage im Urteil *Kuntz*, ZGR 2017, 917, 927 ff.
167 I. Erg. wie hier *Habersack*, in: Ulmer/Habersack/Löbbe, GmbHG, § 30 Rn. 49.
168 *Habersack*, in: Ulmer/Habersack/Löbbe, GmbHG, § 30 Rn. 49.
169 S. auch *Ekkenga*, in: MünchKommGmbHG, § 30 Rn. 85.
170 *Ekkenga*, in: MünchKommGmbHG, § 30 Rn. 87.

beidseitige Vermögenstrennung in eine Richtung nur begrenzt durchzuführen (zum Konzept der beidseitigen Vermögenstrennung oben Rdn. 1). Gläubigerschutz oberhalb der Schwelle des § 30 GmbHG gewährleisten die §§ 129 ff. InsO, sollte es etwa aufgrund des Entzugs außerbilanzieller Vermögensgegenstände zur Insolvenz kommen. Insoweit gelten dann wieder Marktmaßstäbe und nicht (handels)bilanzielle.[171]

b) **Auszahlungsbemessung**

39 Besteht noch **keine Unterbilanz**, gilt allein die **Beurteilung anhand handelsbilanzrechtlicher Grundsätze**, d.h. anhand fortgeführter Buchwerte. So kann mit der Übertragung stiller Reserven keine Unterbilanz begründet werden (s. oben Rdn. 29).[172] Für die Nichtberücksichtigung von stillen Reserven außerhalb des Unterbilanzstadiums wird auch geltend gemacht, diese Vereinfachung sei wegen der mit der Bewertung stiller Reserven verbundenen Unsicherheit notwendig.[173]

40 Bei schon **bestehender Unterbilanz** wird die **Übertragung stiller Reserven, Dienstleistungen, Nutzungsüberlassungen** sowie **nicht aktivierbarer immaterieller Vermögensgegenstände** (insb. Markenrechte, selbst geschaffener Firmenwert, gewerbliche Schutzrechte, s. § 248 Abs. 2 Satz 2 HGB) in zweifacher Hinsicht anders behandelt als in der Handelsbilanz: Die Positionen werden überhaupt **in Ansatz** gebracht, zudem werden sie **nach Verkehrswerten bewertet.**[174] Denn im Unterbilanzstadium zählt allein das Interesse der Gläubiger, der Gesellschaft keine Vermögensgegenstände zugunsten der Gesellschafter zu entziehen.[175] Das impliziert eine Bewertung zu Verkehrswerten. S. näher oben Rdn. 36.

41 Stille Reserven sollen auch dann nicht berücksichtigt werden, **wenn** die Bilanz vor der Auszahlung ausgeglichen war und die **Auszahlung** die **Unterbilanz** lediglich **herbeigeführt** hat.[176] Das ist abzulehnen. Für eine differenzierte Betrachtung, je nachdem, ob eine Auszahlung eine Unterbilanz vertieft oder »lediglich« herbeiführt, existiert kein triftiger Grund. Wenn *bereits aufgrund der Buchwertbetrachtung* feststeht, dass die Ausschüttung gegen Abs. 1 Satz 1 verstößt, kann dieser Gedanke keine Relevanz mehr haben. Anderenfalls ergäben sich nicht zu rechtfertigende Wertungswidersprüche.[177] **Entgegen der herrschenden Meinung sind daher Auszahlungen, die unter Zugrundelegung des Buchwertes** des ausgeschütteten Gegenstandes eine **Unterbilanz** bloß **herbeiführen, hinsichtlich der Ausschüttungsbewertung nach Verkehrswerten zu berechnen.** Dass bei ausgeglichener Bilanz die Übertragung stiller Reserven keine Unterbilanz auslöst, sofern der Kaufpreis den Buchwert voll abdeckt,[178] ist kein überzeugender Gegeneinwand. Wenn im Unterbilanzstadium für den Ansatz des Verkehrswertes, also für die Aufdeckung stiller Reserven, argumentiert wird, den Gesellschaftern dürften stille Reserven nicht belassen werden,[179] gilt dies genauso für die anhand von Buchwerten bemessene Herbeiführung der Unterbilanz. Die Gefährdung der Gläubigerinteressen steht damit ebenfalls fest. Die Ergebnisse der herrschenden Meinung als systembedingte Folge der bilanziellen Betrachtungsweise abzutun, überzeugt nicht. Für die hier vertretene Ansicht sprechen

---

171 Zu § 132 InsO *Borries/Hirte*, in: Uhlenbruck (Fn. 56), § 132 Rn. 9 m. Nachw.

172 *Ekkenga*, in: MünchKommGmbHG, § 30 Rn. 200; *Stimpel*, FS 100 Jahre GmbH-Gesetz, 1992, S. 335, 340.

173 *Habersack*, in: Ulmer/Habersack/Löbbe, GmbHG, § 30 Rn. 37; *Hommelhoff*, in: Lutter/Hommelhoff, GmbHG, § 30 Rn. 12.

174 *Drygala/Kremer*, ZIP 2007, 1289, 1292; *Gehrlein*, Der Konzern 2007, 771, 786; *Ekkenga*, in: MünchKommGmbHG, § 30 Rn. 196, 200 f.

175 *Habersack*, in: Ulmer/Habersack/Löbbe, GmbHG, § 30 Rn. 45.

176 *Ekkenga*, in: MünchKommGmbHG, § 30 Rn. 200.

177 Bsp.: Die Auskehr eines Grundstückes zum Buchwert 5/Verkehrswert 10 führte bei einem Reinvermögen der Gesellschaft von 1 die Unterbilanz i.H.v. 4 herbei, während der gleiche Vorgang bei einer Unterbilanz von –1 eine Vertiefung der Unterbilanz um 10 auf –11 verursachte.

178 *Ekkenga*, in: MünchKommGmbHG, § 30 Rn. 200, für Dienstleistungen und Nutzungsüberlassungen Rn. 202.

179 *Habersack*, in: Ulmer/Habersack/Löbbe, GmbHG, § 30 Rn. 48.

vielmehr Ratio und Wortlaut von § 30 Abs. 1: Verboten ist jede Auszahlung, die eine Unterbilanz vertieft oder herbeiführt. Dann liegt – nach allg. M. (!) – ein Verstoß gegen § 30 Abs. 1 Satz 1 vor. Zudem greift das Argument der vereinfachten Prüfung (Rdn. 39) nicht, weil die Herbeiführung der Unterbilanz nach fortgeführten Buchwerten und damit anhand relativ einfach nachzuvollziehender Maßstäbe festgestellt wird. So bleibt auch der Grundsatz der bilanziellen Betrachtungsweise gewahrt (dazu noch unten Rdn. 53).

Die §§ 30, 31 gelten für die **verdeckte Sacheinlage**, wenn das Gesellschaftsvermögen dadurch gemindert wird, dass der Wert der eingelegten Sache für die Deckung der Bareinlageforderung im Wege der Anrechnung nicht ausreicht und die Gesellschaft eine zusätzliche Gegenleistung erbracht hat (zur Anrechnung nach § 19 Abs. 4 s. § 19 Rdn. 44 ff.). In diesem Fall erlangt der Inferent einen Vorteil in Form der an ihn erbrachten Gegenleistung der Gesellschaft i.H.d. Teils der Gegenleistung, der den Nominalbetrag der Bareinlage übersteigt.[180] Der Teil der Gegenleistung i.H.d. Differenz zwischen anrechenbarem Wert der Sache und dem Nominalbetrag der Bareinlage unterfällt dagegen nicht §§ 30, 31, weil der Inferent aufgrund seiner fortbestehenden Einlagepflicht anderenfalls doppelt zahlen müsste.[181] 42

3. Einzelfälle

a) Sicherheiten

Prinzipiell kommen drei Vorgänge als Auszahlungszeitpunkt in Betracht: die Verpflichtung zur Bestellung der Sicherheit, die Bestellung der Sicherheit sowie die Verwertung der Sicherheit.[182] Der Zeitpunkt der Verpflichtung zur Bestellung ist nicht maßgeblich.[183] Auch wenn u.U. schon Bilanzwirksamkeit vorliegt, steht damit noch nicht fest, dass eine Auszahlung vorliegt (Rdn. 31, 36). Maßgeblich ist im Zusammenhang mit § 30, dass der tatsächliche Vermögensabfluss, dessen Ausgleich durch einen Rückzahlungsanspruch fraglich sein kann, erst später stattfindet – nämlich im Zeitpunkt der (zivilrechtlichen) Leistung zur Erfüllung der Verpflichtung. Frühestens jetzt wird den Gläubigern die Möglichkeit entzogen, insoweit auf das Vermögen der Gesellschaft zuzugreifen.[184] Vorher existiert nicht mehr als eine bloße Vermögensgefährdung,[185] die, da die Einräumung der Sicherheit noch unter Hinweis auf § 30 Abs. 1 verweigert werden darf, nicht mit einem Vermögensabfluss gleichgesetzt werden kann. Da demnach der konkrete Entzug von Vermögen maßgeblich ist,[186] bedarf es der **Differenzierung zwischen dinglichen** und **schuldrechtlichen Sicherheiten.**[187] Zwar kommt es für das Bilanzrecht ausweislich § 251 HGB nicht auf die Art der Sicherheit an.[188] 43

---

180 BGH, ZIP 2010, 978, 984 Tz 59.

181 BGH, ZIP 2010, 978, 984 Tz 59.

182 Überblicke bei *Ekkenga*, in: MünchKommGmbHG, § 30 Rn. 138 f.; *Dampf*, Der Konzern 2007, 157, 159 f.

183 *Ekkenga*, in: MünchKommGmbHG, § 30 Rn. 131 f.; *Diers*, in: Saenger/Inhester, GmbHG, § 30 Rn. 23, 113. A.A. *Bayer/Lieder*, ZGR 2005, 133, 146; *Habersack*, in: Ulmer/Habersack/Löbbe, GmbHG, § 30 Rn. 96 (für Verpflichtung ggü. Gesellschafter, Drittem Sicherheit zu bestellen); *Stimpel*, FS 100 Jahre GmbH-Gesetz, S. 335, 336; *Verse*, in: Scholz, GmbHG, § 30 Rn. 97 (zur Verpflichtung gegenüber Drittem, Sicherheit zu bestellen).

184 I.Erg. auch *Joost*, ZHR 148 (1984), 27, 31; *Kleffner*, (Fn. 153), S. 49.

185 Treffend für schuldrechtliche Sicherheiten BGHZ 173, 1, 11 Tz 24. Kritisch *Winter*, DStR 2007, 1484, 1488. Inkonsequent *Freitag*, Der Konzern 2011, 330, 335 f., der wegen des Abstellens auf die zivilrechtliche Belastung des Gesellschaftsvermögens die Verpflichtung der Gesellschaft für maßgeblich halten müsste.

186 Nicht die Erfüllung einer Verbindlichkeit i.S.v. § 362 Abs. 1 BGB (a.A. *Winter*, DStR 2007, 1484, 1488). Auszahlung i.S.v. § 30 und Erfüllung können, müssen aber nicht zusammenfallen.

187 *Ekkenga*, in: MünchKommGmbHG, § 30 Rn. 140; Ansätze zu einer differenzierten Betrachtung nunmehr auch bei *Fastrich*, in: Baumbach/Hueck, GmbHG, § 30 Rn. 60. A.A. z.B. *Bayer/Lieder*, ZGR 2005, 133, 146; *Freitag*, Der Konzern 2011, 330, 336. Zumindest keine ausdrückliche Differenzierung bei *Habersack*, in: Ulmer/Habersack/Löbbe, GmbHG, § 30 Rn. 96.

188 So etwa *Pleister*, ZIP 2015, 1097, 1100.

Doch ist es weder bilanzrechtlich noch bürgerlich-rechtlich korrekt davon auszugehen, ein Verlust trete erst mit der Verwertung der Sicherheit ein.[189] Bilanzrechtlich kann weit vorher die Notwendigkeit bestehen, die Sicherheitenbestellung »über« dem Strich darzustellen, also als bilanziell relevanten Vorgang auszuweisen (oben Rdn. 33). Insbesondere dann, wenn in einem Konzern Sicherheiten von Töchtern für Verbindlichkeiten der Mutter bestellt werden, um eine Restrukturierung zu Sanierungszwecken durchzuführen, wird häufig die Frage zu beantworten sein, wie wahrscheinlich die Inanspruchnahme ist. Dann ist die Sicherheit gem. § 251 HGB bereits bei Bestellung zu bilanzieren. Zu den bürgerlich-rechtlichen Argumenten für die weitere Differenzierung die nächsten Rdn.

aa) Dingliche Sicherheiten

44 Richtiger Ansicht nach ist bei **dinglichen Sicherheiten** die **Bestellung** der **maßgebliche Zeitpunkt.**[190] Auf die Verwertung abzustellen, überzeugt nicht, weil der Gegenstand i.H.d. Belastung bereits mit der Bestellung aus dem Vermögen der Gesellschaft ausgegliedert ist. Dass die Gesellschaft ihn möglicherweise weiter nutzen darf, ist ohne Belang. Denn die (übrigen) Gläubiger verlieren die Zugriffsmöglichkeit.[191] Anders als bei schuldrechtlichen Sicherheiten verliert die Gesellschaft bei dinglichen Sicherheiten mit deren Bestellung die Möglichkeit, die Ausübung des Rechts unter Verweis auf § 30 Abs. 1 zu verhindern.[192] Während etwa bei der Inanspruchnahme aus einer Bürgschaft die Gesellschaft noch eine Zahlung vornehmen muss, die sie mit Blick auf das Kapitalerhaltungsgebot zu verweigern in der Lage ist, gibt es bei dinglichen Sicherheiten keinen vergleichbaren Erfüllungsakt, der noch unterlassen werden könnte. Verfügt der Gläubiger über ein Grundpfandrecht, kann er aus diesem die Zwangsvollstreckung betreiben, einen verpfändeten Gegenstand vermag er bei Fälligkeit der Forderung zu verkaufen. Er ist insofern nicht auf eine Mitwirkung der Gesellschaft wie etwa bei der Auszahlung der Bürgschaftssumme angewiesen. Das wirtschaftliche Risiko verlagert sich auch bei einer bestehenden Sicherungsabrede zulasten der Gesellschaft. Selbst wenn man in den §§ 30, 31 GmbHG einen Einwand gegen das Grundpfandrecht sieht, der die Durchsetzbarkeit des Anspruchs aus § 1147 BGB (ggfls. i.V.m. § 1192 Abs. 1 BGB) hindert, hilft dies der Gesellschaft kaum. Denn angesichts der üblichen Praxis, sich der sofortigen Zwangsvollstreckung zu unterwerfen (§ 794 Abs. 1 Nr. 5 ZPO), existiert ein Titel, auf dessen Grundlage das Zwangsversteigerungsverfahren eingeleitet werden kann. Aufgrund der lediglich formalen Prüfung der Verfahrensvoraussetzungen hülfe hier ein materieller Einwand wenig. Es gibt keinen verfahrensrechtlichen Anker, eine Unterbilanzprüfung vorzunehmen. In der Insolvenz des Sicherungsnehmers kann die Gesellschaft zwar ein Aussonderungsrecht (§ 47 InsO) geltend machen. Das setzt aber Fortfall des Sicherungszwecks oder Tilgung der gesicherten Forderung voraus.[193] Haben Töchter

189 A.A. *Pleister*, ZIP 2015, 1097, 1100.

190 BGHZ 214, 258, 262 Tz 13, und, für die AG, BGHZ 213, 224, 230 Tz 15; *Drygala/Kremer*, ZIP 2007, 1289, 1295; *Ekkenga*, in: MünchKommGmbHG, § 30 Rn. 140; *Gehrlein*, Der Konzern 2007, 771, 785; *Schall* (Fn. 135), S. 161. Für die Maßgeblichkeit des Verpflichtungszeitpunkts jedenfalls bei Sicherheitsleistungen der Gesellschaft zugunsten eines Dritten für Gesellschafterverbindlichkeit *Altmeppen*, ZIP 2017, 1977, 1979; *Habersack*, in: Ulmer/Habersack/Löbbe, GmbHG, § 30 Rn. 96; *Pentz*, in: Rowedder/Schmidt-Leithoff, GmbHG, § 30 Rn. 40; *Verse*, in: Scholz, GmbHG, § 30 Rn. 97. Stets für Abstellen auf Verwertung etwa *Tillmann*, NZG 2008, 401, 404; *Vetter*, in: Goette/Habersack (Fn. 155), S. 107, 137 f. (sofern keine Unterbilanz im Zeitpunkt der Sicherheitenbestellung bestand); für Abstellen auf Verwertung, sofern Gesellschafter Sicherungsnehmer ist und das Recht der Sicherung einer Forderung des Gesellschafters gegen einen Dritten ist, *Fastrich*, in: Baumbach/Hueck, GmbHG, § 30 Rn. 60; *Verse*, in: Scholz, GmbHG, § 30 Rn. 104.

191 Etwa weil die Grundschuld, mit der das von der Gesellschaft weiter genutzte Grundstück belastet ist, den Gläubigern im Rang (und damit im Verwertungsfall) vorgeht. Wie hier BGHZ 214, 258, 262 Tz 14; *Schön*, ZHR 159 (1995), 351, 358 f. A.A. *Winkler/Becker*, ZIP 2009, 2361, 2364.

192 So aber der Einwand gegen die hier vertretene Lösung von *Fastrich*, in: Baumbach/Hueck, GmbHG, § 30 Rn. 60. Vgl. auch *Verse*, in: Scholz, GmbHG, § 30 Rn. 104.

193 S. Jaeger/*Henckel*, InsO, Bd. 1, 2004, § 47 Rn. 58; *Brinkmann*, in: Uhlenbruck, § 47 Rn. 16, 85 (zum Sicherungseigentum).

Sicherheiten gegeben, können diese nicht einfach per Insolvenzplan, der für die Mutter aufgestellt wird, freigegeben werden.[194] Im Ergebnis muss die Gesellschaft also zahlen, wenn sie den Gegenstand zurückerlangen möchte.[195] Der Vermögenswertentzug wird perpetuiert.

Nicht maßgeblich ist schließlich auch die Verpflichtung gegenüber einem Dritten, für die Verbindlichkeit des Gesellschafters eine Sicherheit zu stellen. Der Einwand, da in jeder Eingehung einer Verbindlichkeit gegenüber einem Dritten eine »Auszahlung« liege, für die Verpflichtung, eine dingliche Sicherheit zu stellen, nichts anderes gelten könne,[196] überzeugt nicht. Zwar trifft es prinzipiell zu, dass eine Verpflichtung eine Auszahlung darstellen kann (s. oben Rdn. 31 ff., im Zusammenhang mit Sicherheiten insbesondere Rdn. 32). Doch ist damit noch nicht darüber entschieden, ob dieser Grundsatz auch im hier relevanten Zusammenhang trägt. Der Umstand, dass grundsätzlich bereits Verpflichtungen als Auszahlungen zählen können, ist der Weite des Auszahlungsbegriffs geschuldet, der Umgehungen des § 30 Abs. 1 durch gestalterische Kunstkniffe vermeiden helfen soll. Das lässt den Weg offen, aufgrund von Wertungen im Einzelfall eine abweichende Einstufung vorzunehmen. Bei Sicherheitenbestellungen ist zu berücksichtigen, dass es sich um mehraktige Prozesse handelt – Verpflichtung zur Bestellung, Bestellung, Verwertung. Wer, wie die ganz h.M., vermeiden möchte, jeden Akt der Prüfung nach § 30 Abs. 1 zu unterwerfen (dazu folgende Rdn.), muss entscheiden, zu welchem Zeitpunkt sich die für die Gesellschaft relevante Gefahr zeigt. Wie sich aus § 30 Abs. 1 S. 2 ergibt, soll die Auszahlung durch einen vollwertigen Gegenleistungs- oder Rückgewähranspruch legitimiert werden können (s. oben Rdn. 35). Diese Prüfung im Zeitpunkt der Verpflichtung zur Sicherheitenbestellung durchzuführen, wenn noch nicht feststeht, dass es überhaupt zur Bestellung kommt, erscheint wenig zielführend. Zum einen verlängert sich der Prognosezeitraum von »Bestellung – mögliche Inanspruchnahme der Sicherheit in der Zukunft« auf »Verpflichtung – mögliche Inanspruchnahme«. Das macht es noch schwieriger, den Gegenleistungs- oder Rückzahlungsanspruch zu bewerten. Zudem verschlechterte sich das Schutzniveau der Kapitalerhaltung: Gerade in Situationen, in denen sich die Valutierung der zu sichernden Schuld verzögert, weil das Mitglied in Zahlungsschwierigkeiten geraten ist, die im Verpflichtungszeitpunkt noch nicht absehbar waren, liefe § 30 Abs. 1, folgte man dem hier kritisierten Ansatz, weitgehend leer. Auch das in der Regierungsbegründung zum MoMiG gegebene Beispiel des Darlehensvertrages setzt am Zeitpunkt der Valutierung an, nicht schon am Zeitpunkt der Verpflichtung zur Valutierung.[197] Zudem vermag die Auffassung, die auf den Verpflichtungszeitpunkt abstellt, ausgerechnet den Fall nicht zu erfassen, dass (erst) im Zeitpunkt des Vermögensabflusses eine Unterbilanz besteht oder entstünde (eine entsprechende Prüfung vorausgesetzt). Dass die Bestellung nicht mehr verhindert werden kann, wenn der Dritte über einen schuldrechtlichen Anspruch auf sie verfügt, weil § 30 Abs. 1 nicht gegenüber Dritten wirkt (zu Möglichkeiten, Dritte u.U. doch als Auszahlungsempfänger zu erfassen, unten Rdn. 79 ff., 83 ff.),[198] mag richtig sein. Doch hat die Gesellschaft in diesem Fall einen Anspruch auf Schadensersatz gegen die Geschäftsführung, weil diese für solche Situationen vertragliche Rechte vereinbaren muss. 44a

Im Übrigen müssten diejenigen, die sich gegen die hier vorgetragene Ansicht wenden und sich dafür auf das begriffliche Argument stützen, auch eine Verpflichtung sei eine Auszahlung, konsequenterweise zumindest die Bestellung nochmals der Prüfung gemäß § 30 Abs. 1 unterwerfen. Denn in diesem Zeitpunkt wird Vermögen ausgegliedert (s.o.) und die GmbH erleidet den Verlust oder die Belastung eines dinglichen Rechts. Diesen Schritt gehen die Kritiker üblicherweise jedoch nicht.[199] Eine derartige doppelte Prüfung ist abzulehnen. Sie entspricht nicht der Konzeption des Gesetzes – die Ausschüttung eines Darlehens wird ebenfalls nur bei Valutierung geprüft, nicht schon bei Vertragsschluss, obwohl dies möglich wäre (vgl. Rdn. 45).[200] Zudem findet der tatsächliche 44b

194 *Pleister*, ZIP 2015, 1097, 1101.
195 Übersehen von *Winkler/Becker*, ZIP 2009, 2361, 2364.
196 *Habersack*, in: Ulmer/Habersack/Löbbe, § 30 Rn. 96, 110; *Verse*, in: Scholz, GmbHG, § 30 Rn. 97.
197 S. Begr. RegE BT-Drucks. 16/6140, S. 41.
198 Vgl. etwa *Verse*, in: Scholz, GmbHG, § 30 Rn. 97 i.V.m. 21.
199 Konsequent allerdings *Hommelhoff*, in: Lutter/Hommelhoff, GmbHG, § 30 Rn. 8, 34 ff.
200 Vgl. Begr. RegE BT-Drucks. 16/6140, S. 41.

Vermögensabfluss erst im Bestellungszeitpunkt statt – mit der Einräumung des dinglichen Rechts wird der Vermögensgegenstand aus dem Gesellschaftsvermögen ausgegliedert (Rdn. 44). S. zu einer Vorverlegung des Prüfungszeitpunkts auf die Verpflichtung zur Bestellung noch Rdn. 48 a.E.

45 Eine Verschlechterung des Anspruchs gegen den Gesellschafter zwischen Bestellung und Verwertung ist – wie beim Darlehen[201] – nicht relevant.[202] Gleiches gilt für dingliche Sicherungsrechte, deren Wirksamwerden von einer **aufschiebenden Bedingung** abhängig gemacht wird, wenn die Voraussetzungen für die Entstehung eines Anwartschaftsrechts auf den Sicherungsgegenstand gegeben sind. Zwar fehlt es vor Bedingungseintritt an der Übertragung des Vollrechts. Doch kann das Anwartschaftsrecht und das Erstarken zum Vollrecht von der Gesellschaft nicht mehr vereitelt werden (§ 161 Abs. 1 BGB). Zivilrechtlich ist die Lage mit der Übertragung des Vollrechts gleichzusetzen. Bedeutung hat dies etwa für Leveraged Buyouts (s. noch Rdn. 78).[203]

46 **Ob** im Zeitpunkt der Sicherheitenbestellung **bereits** eine **Unterbilanz bestand**, ist **unerheblich.**[204] Es ist inkonsistent, bei bestehender Unterbilanz in der Bestellung der Sicherheit eine »reale Vermögensübertragung« zu sehen, diese aber, trotz Einordnung des Verfügungsgeschäfts als Auszahlung, mit dem Argument zu verneinen, Bestellungsakt und Verwertung seien eine zusammengesetzte Vermögensminderung.[205] Es geht nicht darum, bei der Bestellung der Sicherheit eine Vermögensminderung oder die Inanspruchnahme der Sicherheit »zu fingieren«.[206] Im Gegenteil ist gerade unter bilanzrechtlichen Gesichtspunkten die Heranziehung des Bestellungszeitpunktes möglich und angesichts der Rückkehr zur bilanziellen Betrachtungsweise konsequent (s. Rdn. 32, 44).

47 Einer **Differenzierung danach, ob die Sicherheit für eine Verbindlichkeit des Gesellschafters ggü. einem Dritten** gestellt wird **oder ob** der **Gesellschafter** als Gläubiger eines Dritten **selbst Sicherungsnehmer** ist, **bedarf es nicht.**[207] Die Vermögensminderung tritt bei dinglichen Sicherheiten bereits mit der Verfügung über das Recht der Gesellschaft ein. Sie verändert ihren Charakter nicht danach, ob die Sicherheit zugunsten eines Mitglieds oder eines Dritten gestellt wird.

bb) Schuldrechtliche Sicherheiten

48 Schuldrechtliche Sicherheiten wie Bürgschaften sind erst **im Zeitpunkt der Verwertung/Inanspruchnahme** zu beurteilen.[208] Die Übernahme des Delkredererisikos ist gesondert zu bewerten.[209] Dass die Gesellschaft Dritten ggü. die Sicherheit bedienen muss, selbst wenn die Verwertung eine

201 Begr. RegE BT-Drucks. 16/6140, S. 41.

202 *Gehrlein*, Der Konzern 2007, 771, 785; *Fastrich*, in: Baumbach/Hueck, GmbHG, § 30 Rn. 43, 63. Zu den Überwachungspflichten des Geschäftsführers *Altmeppen*, in: Roth/Altmeppen, GmbHG, § 30 Rn. 134 ff.

203 Zum weiteren Problem der Informationsweitergabe durch die Geschäftsleiter *Kuntz*, Informationsweitergabe durch die Geschäftsleiter beim Buyout unter Managementbeteiligung, 2009.

204 A.A. *Vetter*, in: Goette/Habersack (Fn. 155), S. 107, 136 f. Gegen ihn zu Recht *Habersack*, in: Ulmer/Habersack/Löbbe, GmbHG, § 30 Rn. 98; *Verse*, in: Scholz, GmbHG, § 30 Rn. 99.

205 So *Vetter*, in: Goette/Habersack (Fn. 155), S. 107, 136 (4.76), 137 f. (4.82).

206 A.A. *Habersack*, in: Ulmer/Habersack/Löbbe, GmbHG, § 30 Rn. 98; *Vetter*, in: Goette/Habersack (Fn. 155), S. 107, 137.

207 A.A. z.B. *Habersack*, in: Ulmer/Habersack/Löbbe, GmbHG, § 30 Rn. 110; *Fastrich*, in: Baumbach/Hueck, GmbHG, § 30 Rn. 60 f.; *Pentz*, in: Rowedder/Schmidt-Leithoff, GmbHG, § 30 Rn. 38 ff.; *Stimpel*, FS 100 Jahre GmbH-Gesetz, S. 335, 354 ff.; *Verse*, in: Scholz, GmbHG, § 30 Rn. 97, 104.

208 BGHZ 173, 1, 10 f. Tz 24; *Ekkenga*, in: MünchKommGmbHG, § 30 Rn. 140; *Fastrich*, in: Baumbach/Hueck, GmbHG, § 30 Rn. 60 (für Sicherheiten, die Gesellschaft gegenüber Mitglied für Forderung des Mitglieds gegen Dritten stellt oder zusagt, a.A. Rn. 61 für Sicherheiten Gläubigern des Gesellschafters ggü.); wohl auch *Pentz*, in: Rowedder/Schmidt-Leithoff, GmbHG, § 30 Rn. 39 (für Absicherung von Ansprüchen des Gesellschafters gegen Dritten). A.A. *Habersack*, in: Ulmer/Habersack/Löbbe, GmbHG, § 30 Rn. 110; *Schön*, ZHR 159 (1995), 351, 362; *Verse*, in: Scholz, GmbHG, § 30 Rn. 103 (bei Drittem als Sicherungsnehmer, anders bei Gesellschafter als Sicherungsnehmer, Rn. 104).

209 Vgl. *Ekkenga*, in: MünchKommGmbHG, § 30 Rn. 140; *Verse*, in: Scholz, GmbHG, § 30 Rn. 100.

Unterbilanz erzeugt oder eine solche vertieft, hat nichts mit der Frage der Bestimmung des Auszahlungszeitpunkts zu tun. Dieser Umstand liefert insb. keinen Sachgrund, etwa eine Bürgschaft im Bestellungszeitpunkt oder sogar schon im Zeitpunkt der Übernahme der Verpflichtung zur Bestellung kapitalerhaltungsrechtlich zu prüfen.[210] Bei der Stellung einer Bürgschaft zugunsten eines Dritten für die Schuld eines Gesellschafters handelt es sich bei genauer Betrachtung um ein Darlehen in Form eines Avalkredits an den Gesellschafter,[211] sodass unter dem Gesichtspunkt der Systemkonformität eher das Abstellen auf den Zeitpunkt der Valutierung naheliegt. Überdies wäre mit der Vorverlagerung des Prüfungszeitpunktes nichts gewonnen. Wenn Leistungspflicht und Rückgriffsanspruch gleichwertig sind, später der tatsächliche Vermögensabfluss jedoch gegen § 30 verstieße (Prüfung unterstellt), könnte die Gesellschaft nicht auf § 31 rekurrieren. Die Gültigkeit des Geschäfts vorausgesetzt, gingen die übrigen Gläubiger leer aus. Denn den bürgerlich-rechtlichen Rückgriffsanspruch wird der Gesellschafter, insb. in Fällen von Leveraged Buyouts,[212] nicht bedienen können.[213] Wäre die Inanspruchnahme der Bürgschaft zulässig, weil im Bestellungszeitpunkt keine Unterbilanz vorlag oder verursacht wurde, schiede auch ein Rückgriff gegen die übrigen Gesellschafter nach § 31 Abs. 3 Satz 1 aus. I. Erg. erzielte man das gläubigerunfreundlichste Resultat.[214] Letzteres gilt mutatis mutandis auch für eine Vorverlagerung des Prüfungszeitpunktes bei dinglichen Sicherheiten.

cc) »Limitation Language«

49 »Limitation Language«, d.h. privat vereinbarte Ausschüttungssperren, sind allenfalls ein faktischer Schutz vor Verletzung des Auszahlungsverbots, können aber nicht den Verstoß gegen § 30 verhindern.[215] Die Auszahlung entgegen § 30 Abs. 1 bleibt verboten, unabhängig davon, ob »Limitation Language« existiert. Daran ändert sich auch bei schuldrechtlichen Sicherheiten wie einer Bürgschaft nichts. Hier mag die einschränkende Klausel vorbeugend wirken.[216] Doch ersetzt ein Rückzahlungsanspruch aus § 812 Abs. 1 Satz 1 Var. 1 BGB oder ein Schadensersatzanspruch bei Verstoß nicht den Anspruch aus § 31 Abs. 1. Anderenfalls ließe man die (unzulässige) private Abbedingung der §§ 30, 31 zu. Limitation Language führt nur zu einer schuldrechtlichen Beschränkung des dem Gläubiger zustehenden Verwertungsrechts.[217] Dass ein Gläubiger sich u.U. von der Gesellschaft entgegenhalten muss, er dürfe eine Sicherheit aufgrund der Abrede nicht verwerten, ändert außerdem nichts daran, dass er jedenfalls bei dinglichen Sicherheiten ab Bestellung zunächst Verwertung zu betreiben in der Lage ist (vgl. oben Rdn. 44). Von Bedeutung und unter diesem Gesichtspunkt anzuraten sind solche vertraglichen Verwertungsbeschränkungen jedoch hinsichtlich der Geschäftsführerhaftung nach § 43 Abs. 3.[218]

---

210 A.A. *Habersack*, in: Ulmer/Habersack/Löbbe, GmbHG, § 30 Rn. 96, 110 (Verpflichtung zur Bestellung); *Heidinger*, in: Michalski/Heidinger/Leible/Schmidt, GmbHG, § 30 Rn. 93 (Bestellungszeitpunkt) unter Hinweis auf BGH, WM 1982, 1402.

211 *Ekkenga*, in: MünchKommGmbHG, § 30 Rn. 132.

212 Zur Kapitalerhaltung bei LBOs z.B. *Lutter/Wahlers*, AG 1989, 13; *Riegger*, ZGR 2008, 233. S.a. Rdn. 45, 78.

213 *Tillmann*, NZG 2008, 401, 405.

214 Nicht überzeugend daher *Habersack*, in: Ulmer/Habersack/Löbbe, GmbHG, § 30 Rn. 96, 110.

215 *Ekkenga*, in: MünchKommGmbHG, § 30 Rn. 133. A.A. *Fastrich*, in: Baumbach/Hueck, § 30 Rn. 62 a.E.; *Heidinger*, in: Michalski/Heidinger/Leible/Schmidt, GmbHG, § 30 Rn. 96; *Thiessen*, in: Bork/Schäfer, GmbHG, § 30 Rn. 87.

216 So *Ekkenga*, in: MünchKommGmbHG, § 30 Rn. 133.

217 *Redeker*, CFL 2011, 298, 300; *Undritz/Degenhart*, NZI 2015, 348, 350.

218 *Vetter*, in: Goette/Habersack (Fn. 155), S. 107, S. 139 f. Zu möglichen Klauselinhalten *Kollmorgen/Santelmann/Weiß*, BB 2009, 1818, 1821. Zur Geschäftsführerhaftung bei der Bestellung von Kreditsicherheiten und Limitation Language *Primozic/Brugognone*, NJW 2013, 1709. Zur Wirkung von Limitation Language im Insolvenzfall OLG Frankfurt a.M., NZI 2014, 363; *Redeker*, CFL 2011, 298, 301; *Undritz/Degenhart*, NZI 2015, 348, 353 ff.

b) **Verzicht auf Gewinne und Gewinnaussichten**

50 Da der Auszahlungsbegriff keine bilanzielle Veränderung voraussetzt (Rdn. 31), können grds. alle nach allg. Zivilrecht erfassbaren Vermögensübertragungen als Auszahlung in Betracht kommen. Dazu gehört etwa prinzipiell der Verzicht auf die Wahrnehmung von Gewinnaussichten wie **Geschäftschancen** ohne angemessenes Entgelt oder die Überlassung zu einem unter Marktpreis liegenden **Selbstkostenpreis** zugunsten eines Gesellschafters, sofern eine hinreichende Konkretisierung der Chance als Chance *der Gesellschaft* besteht.[219] Für Geschäftschancen ist freilich zu beachten, dass unter kapitalschutzrechtlichen Gesichtspunkten ein Problem nicht schon deshalb auftritt, weil ein Gesellschafter aus eigenem Antrieb eine unter Treuepflichtaspekten der Gesellschaft zugeordnete Chance wahrnimmt, er also gegen ein möglicherweise bestehendes Wettbewerbsverbot verstößt.[220] Ein solches Verhalten begründet u.U. Schadensersatzpflichten aus § 280 Abs. 1 Satz 1 BGB wegen Verstoßes gegen die Treuepflicht und § 826 BGB.[221] Für § 30 bedarf es indes noch des Hinzutretens eines Aktes, der als »Auszahlung« angesehen werden kann,[222] etwa weil die Gesellschaft auf die Wahrnehmung verzichtet oder es unterlässt, einen bestehenden Schadensersatzanspruch durchzusetzen und so mittelbar die ihr zustehenden Vermögensvorteile zugunsten des Gesellschafters aufgibt. Es kommt allerdings richtiger Ansicht nach nicht darauf an, ob die Geschäftschance als immaterieller Vermögenswert i.S.v. § 248 Abs. 2 HGB bilanziert werden kann.[223]

51 Ein endgültiger **Verzicht** auf eine Forderung ist an § 30 zu messen, weil die Gesellschaft unmittelbar einen Vermögensbestandteil aufgibt.[224] **Stundungen** und vergleichbare Maßnahmen, etwa das tatsächliche »**Stehenlassen**« eines Darlehens, sind der Sache nach Darlehen und deshalb nicht per se problematisch, vielmehr gelten richtiger Ansicht nach die allg. Grundsätze zur Darlehensvergabe.[225] Die Ausschüttung liegt in der Stundung oder der erstmaligen tatsächlich unterlassenen Geltendmachung ab Fälligkeit.[226] Dass der BGH abweichend entschieden hat, das »bloße« Unterlassen der Geltendmachung eines Anspruchs sei keine Auszahlung, wenn nicht zugleich ein Verzicht vorliege,[227] ist schlicht nicht nachvollziehbar. Wirtschaftlich gibt es keinen Unterschied zwischen einer Prolongation durch Stundung und einer unterlassenen Geltendmachung. Außerdem ist fraglich, ab wann die – unschädliche – fehlende Geltendmachung in eine – schädliche – stillschweigende Stundung umschlägt. Ob die Geltendmachung lediglich aufgrund eines Versehens unterlassen wurde, etwa weil eine Verrechnungsabrede unerkannt unwirksam ist, darf für § 30 keine Rolle spielen.[228] Ein mit der Nichtgeltendmachung verbundener **Verzicht auf** eine **Avalprovision oder** auf **Zinsen**

219 *Altmeppen*, in: Roth/Altmeppen, GmbHG, § 30 Rn. 77, 90; *Ekkenga*, in: MünchKommGmbHG, § 30 Rn. 203; *Fastrich*, in: Baumbach/Hueck, GmbHG, § 30 Rn. 34; *Pentz*, in: Rowedder/Schmidt-Leithoff, GmbHG, § 30 Rn. 30, 43; *Verse*, in: Scholz, GmbHG, § 30 Rn. 18b. Ganz ablehnend *Hommelhoff*, ZGR 2012, 535, 547. Zu den Kriterien der Zuordnung einer Geschäftschance *Kuntz* (Fn. 203), S. 175 ff. m. umf. Nachw. von Lit. und Rspr. und § 43 Rdn. 42.

220 *Diers*, in: Saenger/Inhester, GmbHG, § 30 Rn. 41. Allgemein für die Inanspruchnahme von Wettbewerbsvorteilen *Ekkenga*, in: MünchKommGmbHG, § 30 Rn. 204. A.A. *Altmeppen*, in: Roth/Altmeppen, GmbHG, § 30 Rn. 90.

221 *Ekkenga*, in: MünchKommGmbHG, § 30 Rn. 204; *Diers*, in: Saenger/Inhester, GmbHG, § 30 Rn. 41.

222 *Ekkenga*, in: MünchKommGmbHG, § 30 Rn. 204; *Diers*, in: Saenger/Inhester, GmbHG, § 30 Rn. 41.

223 So jedoch *Hommelhoff*, ZGR 2012, 535, 547. Wie hier etwa *Altmeppen*, in: Roth/Altmeppen, GmbHG, § 30 Rn. 91; *Ekkenga*, in: MünchKommGmbHG, § 30 Rn. 204; *Habersack*, in: Ulmer/Habersack/Löbbe, GmbHG, § 30 Rn. 51; *Pentz*, in: Rowedder/Schmidt-Leithoff, GmbHG, § 30 Rn. 30.

224 *Ekkenga*, in: MünchKommGmbHG, § 30 Rn. 226; *Habersack*, in: Ulmer/Habersack/Löbbe, GmbHG, § 30 Rn. 54; *Verse*, in: Scholz, GmbHG, § 30 Rn. 23.

225 BGH, GmbHR 2020, 534, 540 Tz 61 (für die Stundung); *Ekkenga*, in: MünchKommGmbHG, § 30 Rn. 224; *Habersack*, in: Ulmer/Habersack/Löbbe, GmbHG, § 30 Rn. 99, 109; *Fastrich*, in: Baumbach/Hueck, GmbHG, § 30 Rn. 57; *Verse*, in: Scholz, GmbHG, § 30 Rn. 101 (zum Stehenlassen).

226 *Stimpel*, FS 100 Jahre GmbH-Gesetz, S. 335, 353. Zur fehlenden Einziehung und Problemen der bilanzrechtlichen Folgebewertung *Ekkenga*, in: MünchKommGmbHG, § 30 Rn. 241, 243.

227 BGHZ 214, 258, 266 Tz 23.

228 Vgl. BGHZ 122, 333, 338; *Ekkenga*, in: MünchKommGmbHG, § 30 Rn. 226.

ist erst für die Frage der Deckung durch eine vollwertige Gegenforderung relevant.[229] Das gilt auch für den Verzicht auf eine Avalprovision, wenn die Gesellschaft einem Gesellschafter eine Sicherheit bestellt, sofern die Gesellschaft keine vergleichbaren Geschäfte mit Dritten vornimmt. Sähe man dies anders, ließe sich Satz 2, der gerade das Cash-pooling erfassen soll,[230] einfach aushebeln.[231] S. noch unten Rdn. 73 ff.

c) Downstream-Verschmelzungen

Downstream-Verschmelzungen mit Übergang der Schulden der Erwerbsgesellschaft auf die Zielgesellschaft (**debt-push-down**) **führen** i.d.R. zu einer **unzulässigen Auszahlung:** Die Auszahlung liegt in dem Übergang der Verpflichtung auf die Zielgesellschaft gem. § 20 Abs. 1 Nr. 1 UmwG. Die typischerweise damit einhergehende Überschuldung der Zielgesellschaft, die nicht durch den Firmenwert oder stille Reserven ausgeglichen wird, führt regelmäßig zum Verstoß gegen § 30 Abs. 1.[232] Zur Vermögensmehrung aufseiten des Gesellschafters Rdn. 82 f. 52

4. Deckung mit vollwertiger Gegenleistung, Abs. 1 Satz 2, 2. Var.

a) Umsetzung der »bilanziellen Betrachtungsweise«

Abs. 1 Satz 2, 2. Var., ist die gesetzgeberische Abkehr vom Novemberurteil (Rdn. 35) des BGH. Beseitigt werden sollte die »Unsicherheit über die Zulässigkeit von Darlehen und anderen Leistungen mit Kreditcharakter durch die GmbH an Gesellschafter (upstream-loans) […] und der […] Praxis des sog. Cash-Pooling […].«[233] Das Bestehen eines vollwertigen Gegenanspruchs, der die Leistung deckt, führt nicht dazu, dass bereits keine Auszahlung anzunehmen ist;[234] der vollwertige Gegenanspruch wirkt sich vielmehr wie folgt aus: Die – bilanzunabhängig festzustellende (Rdn. 31) – Auszahlung wird durch die Deckung mithilfe des Gegenanspruchs neutralisiert und führt als bloßer Aktiventausch deshalb nicht zu einer Verringerung des zur Erhaltung des Stammkapitals erforderlichen Vermögens. 53

Dieser Ansatz darf allerdings nicht darüber hinwegtäuschen, dass der Aktiventausch nicht »echt« in dem Sinne ist, dass ein Posten ausgebucht und ein anderer eingebucht wird. Deutlich zeigt sich das bei Sicherheiten: Sie sind gemäß § 251 HGB typischerweise »unter dem Strich« zu notieren (Rdn. 33). Die belasteten Vermögensgegenstände scheiden also nicht aus dem Vermögen aus und werden nicht durch den Freistellungsanspruch nach § 30 Abs. 1 Satz 2 Var. 2 GmbHG ersetzt. Der bilanziellen Betrachtungsweise liegt also eine fiktive Betrachung zugrunde: Für die Zwecke der Kapitalerhaltung wird die Verwertung der Sicherheit (und damit die Ausbuchung des Sicherungsmittels) unterstellt, d.h. der endgültige Vermögensentzug zu Kalkulationszwecken fingiert.[235] 53a

Daraus ergibt sich für die Prüfung eines Verstoßes gegen das Kapitalerhaltungsgebot unter Berücksichtigung des Satzes 2, 2. Var., diese Ordnung: 54

(1) Bilanzunabhängige Feststellung einer Auszahlung als Auslöser der Unterbilanzprüfung (Rdn. 31 ff.);
(2) Berechnung des Reinvermögens (Rdn. 17 ff.) und Durchführung darauf basierender
(3) Unterbilanzrechnung (Rdn. 35 ff.), danach
(4) Differenzierung abhängig vom Ergebnis der Unterbilanzrechnung:
(a) Keine Unterbilanz vor Auszahlung:

---

229 So wohl auch *Drygala/Kremer*, ZIP 2007, 1289, 1293.
230 Vgl. Begr. RegE BT-Drucks. 16/6140, S. 41.
231 *Ekkenga*, in: MünchKommGmbHG, § 30 Rn. 237.
232 Näher *Klein/Stephanblome*, ZGR 2007, 351, 383 ff. m.w.N.; *Priester*, FS Spiegelberger, S. 890, 894 f. A.A. *Bock*, GmbHR 2005, 1023, 1027 f.
233 Begr. RegE BT-Drucks. 16/6140, S. 41. Vgl. zu den Hintergründen *Verse*, in: Scholz, GmbHG, § 30 Rn. 76 f.
234 So aber *Thiessen*, in: Bork/Schäfer, GmbHG, § 30 Rn. 49. S. zum Auszahlungsbegriff näher oben Rdn. 31.
235 *Kuntz*, ZGR 2017, 917, 943; ähnlich *Verse*, GmbHR 2018, 113, 117.

(aa) Auszahlung bilanzwirksam i.S. Verlust eines Aktivums (Bsp.: Veräußerung Grundstück aus Anlagevermögen)? – dann Prüfung, ob Auszahlung berechnet nach fortgeführten Buchwerten Unterbilanz herbeiführt; falls ja, hindert Satz 1 grunds. die Auszahlung; Auszahlungsbemessung zur Feststellung der »Auszahlungstiefe« (Rdn. 35 ff., 39 ff.); anschließend Einbeziehung der Gegenleistung nach den Vorgaben von Satz 2 Var. 2, bei Erfüllung der Voraussetzungen der Norm Auszahlung ohne Verstoß gegen § 30 möglich; falls nein, ist Auszahlung zulässig;

(bb) Auszahlung nicht bilanzwirksam, d.h. kein Verlust eines bilanzierten Aktivums (Bsp.: Veräußerung selbst geschaffener Marke, s. § 248 Abs. 2 Satz 2 HGB) – Auszahlung zulässig;

(b) Bestehende Unterbilanz schon vor Auszahlung:

Auszahlung grunds. unzulässig nach Satz 1, unabhängig davon, ob sie zum Verlust eines Aktivpostens führt oder nicht – Einbeziehung einer Gegenleistung nach den Vorgaben von Satz 2 Var. 2, bei Erfüllung der Voraussetzungen der Norm Auszahlung ohne Verstoß gegen § 30 möglich; falls nein, ist Auszahlung zulässig.

b) Schuldner des Gegenanspruchs und taugliche Gegenansprüche

55 Der Gegenanspruch muss sich **nicht zwingend gegen den Gesellschafter** richten. Aus Gläubigersicht ist irrelevant, ob das Vermögen nicht vermindert wird, weil die Auszahlung durch einen vollwertigen Gegenanspruch gegen den Gesellschafter oder durch einen solchen gegen einen Dritten gedeckt ist.[236] Das gilt insb. bei Auszahlungen, deren direkter Empfänger ein Dritter ist, etwa als Sicherungsnehmer (Rdn. 83). Die unterschiedliche Position des Schuldners im Verhältnis zur Gesellschaft, Mitglied oder Dritter, ändert nichts an der Eignung zum Ausgleich der Auszahlung in bilanzieller Betrachtung. Über die ausdrücklich in Satz 2 genannten Gegenleistungs- und Rückgewähransprüche hinaus sind **Freistellungs- und Regressansprüche ebenso geeignet**, bilanziellen Ausgleich für die Auszahlung zu bilden.[237] Für die Gläubiger ist es irrelevant, woher der Ausgleich stammt, solange dieser gewährleistet ist. Auch der Zweck des Kapitalerhaltungsgebots, die beidseitige Vermögenstrennung durchzusetzen (Rdn. 1), steht der hier vertretenen Ansicht nicht entgegen. Die Gefahr, der die §§ 30, 31 begegnen sollen, liegt in kompensationslosen Entnahmen seitens der Gesellschafter (Rdn. 1) zu eigenen Gunsten (zum Vermögensvorteil Rdn. 50). Das zwingt das Mitglied jedoch nur, Kompensation zu beschaffen. Woher die Kompensation stammt, ist irrelevant, es geht nicht um eine nur höchstpersönlich zu erfüllende Pflicht.

c) Keine sofortige Fälligkeit des Rückgewähranspruchs

56 Im Unterschied zu § 19 Abs. 5 Satz 1 verlangt § 30 Abs. 1 Satz 2, 2. Var., nur Vollwertigkeit, nicht auch sofortige Fälligkeit oder die Möglichkeit, den Rückgewähranspruch durch fristlose Kündigung jederzeit fällig zu stellen. Dieser Unterschied ist Konsequenz unterschiedlicher Normkonzeptionen.[238] Eine Analogie scheidet aus.[239] § 19 soll die reale Kapitalaufbringung sicherstellen. Es geht darum, die Einlage ihrer Substanz nach in das Vermögen der GmbH zu überführen (§ 19 Rdn. 1). Aus diesem Grund muss ein Ersatz für die geschuldete Einlage der Qualität nach Bargeld gleichkommen. Dagegen gilt für § 30 gerade keine gegenständliche Betrachtungsweise, sondern die notwendig mit Bewertungsunsicherheiten belastete Bilanz. Bilanzrechtlich reicht zur

236 *Ekkenga*, in: MünchKommGmbHG, § 30 Rn. 253; *Habersack*, in: Ulmer/Habersack/Löbbe, GmbHG, § 30 Rn. 95; *Hommelhoff*, in: Lutter/Hommelhoff, GmbHG § 30 Rn. 27;*Tillmann*, NZG 2008, 401, 402; *Winter*, DStR 2007, 1484, 1488.

237 *Ekkenga*, in: MünchKommGmbHG, § 30 Rn. 253; *Habersack*, in: Ulmer/Habersack/Löbbe, GmbHG, § 30 Rn. 95. A.A. *Hommelhoff*, in: Lutter/Hommelhoff, GmbHG, § 30 Rn. 36.

238 Kritisch bzgl. der Unterschiede *Thiessen*, in: Bork/Schäfer, GmbHG, § 30 Rn. 62; *K. Schmidt*, JZ 2009, 10, 18.

239 *Vetter*, in: Goette/Habersack (Fn. 155), S. 107, 126. A.A. wohl *Bormann/Urlichs*, GmbHR Sonderheft Oktober 2008, 37, 49; zumindest in der Tendenz *Thiessen*, in: Bork/Schäfer, GmbHG, § 30 Rn. 62.

Auszahlungsneutralisierung die Deckung mit einem vollwertigen Rückgewähranspruch aus. Dieser muss nicht zusätzlich sofort liquidierbar sein. Surrogat für hinausgeschobene Fälligkeit ist die Verzinsung oder, bei fehlender Verzinsung, eine Abzinsung (Rdn. 57, 61). »Fehlende Liquidität« ist irrelevant,[240] weil § 30 gerade keinen Schutz vor Illiquidität der Gesellschaft bietet (Rdn. 2).

d) Vollwertigkeit

aa) Grundsätze

Der Begriff der **Vollwertigkeit** ist nicht definiert, in der Regierungsbegründung findet sich lediglich der Hinweis auf die Durchsetzbarkeit als Teilinhalt.[241] Der Wortlaut gibt für die Auslegung nichts her.[242] Vollwertig ist eine Forderung, **wenn** sie in der Bilanz mit ihrem **Buchwert** i.H.d. Nominalwertes **angesetzt** werden kann.[243] Keine Vollwertigkeit besteht dagegen, wenn aufgrund marktunüblich niedriger oder unterlassener Verzinsung der Barwert bilanziert werden muss[244] oder bereits im Zeitpunkt des Forderungszugangs Abschreibungen nach § 253 Abs. 3 Satz 3, Abs. 4 Satz 2 HGB geboten sind.[245] Zwar sind § 253 Abs. 3, 4 HGB bilanzrechtlich der Folgebewertung zuzuordnen, doch müssen sie bereits i.R.d. Zugangsbewertung gem. § 253 Abs. 1 Satz 1 HGB berücksichtigt werden.[246] Das hat mit der Frage nichts zu tun, ob eine »Auszahlung« gem. § 30 Abs. 1 Satz 1 vorliegt.[247] Der Auszahlungsbegriff ist nicht bilanziell definiert (oben Rdn. 31).[248] Die Prüfung, ob eine Auszahlung vorliegt, geht, wie schon die Terminologie des Gesetzestextes zeigt, der Frage voraus, ob es eine vollwertige *Gegen*forderung gibt. Zur **Verzinsungspflicht** noch unten Rdn. 61. 57

Die gelegentlich herangezogene »vernünftige kaufmännische Betrachtung«[249] ist kein geeignetes – und angesichts der Rückkoppelung der Ausschüttungssperre an das Bilanzrecht sogar ein unzulässiges – Kriterium,[250] das zudem für die GmbH bereits vor Abschaffung des § 253 Abs. 4 HGB a.F. durch das BilMoG wegen § 279 Abs. 1 Satz 1 HGB a.F. nicht maßgeblich war. Hieran festzuhalten, weil es an einer überzeugenden Alternative fehle,[251] überzeugt nicht. Wer der hier vertretenen Ansicht folgt, verfügt wenigstens über aus objektiver Sicht nachprüfbare Kriterien, die sich 58

---

240 I.Erg. ebenso *Altmeppen*, in: Roth/Altmeppen, GmbHG, § 30 Rn. 121; *Ekkenga*, in: MünchKommGmbHG, § 30 Rn. 239; *Habersack*, in: Ulmer/Habersack/Löbbe, GmbHG, § 30 Rn. 105. A.A. *Joost*, FS Hüffer, 2010, S. 405, 413; *Spliedt*, ZIP 2009, 149, 152; *Thiessen*, in: Bork/Schäfer, GmbHG, § 30 Rn. 62.

241 BT-Drucks. 16/6140, S. 41.

242 A.A. *Rothley/Weinberger*, NZG 2010, 1001, 1005.

243 *Drygala/Kremer*, ZIP 2007, 1289, 1293; *Ekkenga*, in: MünchKommGmbHG, § 30 Rn. 242, 246; *Habersack*, in: Ulmer/Habersack/Löbbe, GmbHG, § 30 Rn. 104; *Fastrich*, in: Baumbach/Hueck, GmbHG, § 30 Rn. 42; *Pentz*, in: Rowedder/Schmidt-Leithoff, GmbHG, § 30 Rn. 73.

244 Dazu *Adler/Düring/Schmaltz*, § 253 HGB Rn. 532; *Ballwieser*, in: MünchKommHGB, § 253 Rn. 60; *Schubert/Berberich*, in: BeckBilKomm, § 253 HGB Rn. 592. Differenzierend *Ekkenga*, in: KK-Rechnungslegungsrecht, § 253 HGB Rn. 147.

245 *Cahn*, Der Konzern 2009, 67, 72; *Ekkenga*, in: MünchKommGmbHG, § 30 Rn. 242, 244; i.Erg. *Habersack*, in: Ulmer/Habersack/Löbbe, GmbHG, § 30 Rn. 104. Für § 311 AktG BGHZ 179, 71, 78 Rn. 13. Bsp.: Kontopfändungen, Erfüllungsprobleme in der Vergangenheit, s. *Cahn*, a.a.O. A.A. *Altmeppen*, NZG 2010, 401, 403; *Habersack*, in: Ulmer/Habersack/Löbbe, GmbHG, § 30 Rn. 106, der die Zinshöhe aber für die Frage heranziehen will, ob eine Auszahlung vorliegt.

246 Vgl. *Ekkenga*, in: KK-Rechnungslegungsrecht, § 253 HGB Rn. 16.

247 So aber *Habersack*, in: Ulmer/Habersack/Löbbe, GmbHG, § 30 Rn. 106.

248 So an anderer Stelle auch *Habersack*, s. *ders*. in: Ulmer/Habersack/Löbbe, GmbHG, § 30 Rn. 47.

249 Etwa *Fastrich*, in: Baumbach/Hueck, § 30 Rn. 42; *Vetter*, in: Goette/Habersack (Fn. 155), S. 107, 121; *Verse*, in: Scholz, GmbHG, § 30 Rn. 85. Für § 311 Abs. 1 AktG BGHZ 179, 71, 78 Rn. 13.

250 *Ekkenga*, in: MünchKommGmbHG, § 30 Rn. 244. Gegen Zulässigkeit auch *Thiessen*, in: Bork/Schäfer, GmbHG, § 30 Rn. 74.

251 So *Fastrich*, in: Baumbach/Hueck, GmbHG, § 30 Rn. 42 mit Fußnote 178, gegen die hier vertretene Ansicht.

aus dem Bilanzrecht ergeben. Was eine vom Bilanzrecht unabhängige »vernünftige« Bewertung sein soll, wäre dagegen noch zu erklären.

59 **Bezugspunkt** der **Vollwertigkeitsprüfung** ist nach dem Wortlaut stets und exklusiv der Gegenanspruch (zum Begriff Rdn. 57) gegen den Gesellschafter oder Dritten (dazu Rdn. 55). Das bedeutet: (Schon) Im Zeitpunkt der Auszahlung muss der Gegenleistungs- oder Rückgewähranspruch vollwertig sein.[252] Ob es im Auszahlungszeitpunkt, also etwa bei Bestellung einer dinglichen Sicherheit, wahrscheinlich ist, dass der Gegenleistungs- oder Rückgriffsanspruch gegen den Gesellschafter auch geltend gemacht wird, ist irrelevant.[253] Die Vermögensgefährdung entsteht bereits mit der Auszahlung.[254] Der gegen die hier vertretene Ansicht vorgetragene[255] Vergleich zwischen der Vergabe eines Darlehens an einen Gesellschafter und der Bestellung einer Sicherheit zu seinen Gunsten ist zur Widerlegung nicht geeignet, sondern belegt gerade das Gegenteil: Sowohl bei der Darlehensvergabe als auch bei der Sicherheitenbestellung muss im Zeitpunkt der Auszahlung geprüft werden, ob der Anspruch gegen den Gesellschafter vollwertig ist.[256] § 30 Abs. 1 Satz 2 Var. 2 ermöglicht eine an sich, d.h. anhand der Maßstäbe des § 30 Abs. 1 Satz 1 beurteilt, unzulässige Auszahlung. Das kann nur unter der Voraussetzung zulässig sein, dass die Gesellschaft unter allen Umständen in der Lage ist, den Anspruch gegen den Gesellschafter durchzusetzen. Das setzt einen vollwertigen Gegenanspruch voraus.

59a Der BGH nimmt an, der Freistellungsanspruch sei vollwertig, wenn ein Forderungsausfall hinsichtlich des Darlehensrückzahlungsanspruchs unwahrscheinlich sei.[257] Diese Verknüpfung von Freistellungsanspruch und Darlehensrückzahlungsanspruch überzeugt nicht, weil die ex ante-Perspektiven von Gesellschaft und Darlehensgeber unterschiedlich sind. Sie müssen die Bonität des Schuldners ausgehend von einer abweichenden Risikobeurteilung vornehmen. Das gilt insbesondere dann, wenn die Gesellschaft dem Darlehensgeber eine Sicherheit stellt, die dieser zur Beurteilung seines Ausfallrisikos berücksichtigt, während die Gesellschaft keine entsprechende Sicherheit (überhaupt keine, eine nachrangige oder eine weniger gut durchsetzbare) erhält.[258] Selbstredend nimmt die Gesellschaft eine eigene Bewertung des Darlehensrückzahlungsanspruchs vor und darf diejenige des Darlehensgebers nicht übernehmen. Aber der Darlehensrückzahlungsanspruch lässt sich eben nur aus der Position des Darlehensgebers beurteilen. M.a.W. muss die Gesellschaft beurteilen, wie sie die Wahrscheinlichkeit der Darlehensrückzahlung einschätzte, stünde sie an der Stelle des Darlehensgebers. Der BGH-Rspr. liegt offenbar die Vorstellung zugrunde, dass mit der Darlehensrückzahlung oder Sicherheitenverwertung der Anspruch des Darlehensgebers befriedigt werde und diesem damit die Mittel zur Verfügung stünden, den Freistellungsanspruch zu bedienen. Das ist schon deshalb fraglich, weil der Freistellungsanspruch keinen Vorrang in der Insolvenz genießt und die Gesellschaft auf die Quote zurückfällt. Der Darlehensgeber verfügt demgegenüber über die Möglichkeit, sich selbst in der Insolvenz des Darlehensnehmers schadlos zu halten. Es gibt demnach keine Garantie für das unbeschadete »Durchleiten« der vom Darlehensgeber empfangenen Zahlung. Die BGH-Lösung ließe sich nur sinnvoll durchführen, wenn die Beurteilung des Darlehensrückzahlungsanspruchs aus Sicht der Gesellschaft stattfände, ohne die Sicherheit einzubeziehen. Das dürfte in der Praxis allerdings faktisch regelmäßig zur Unzulässigkeit der Sicherheitenbestellung führen, weil typischerweise die Sicherheit Prämisse für das Zustandekommen des Darlehensvertrages sein wird.

252 *Altmeppen*, in: Roth/Altmeppen, GmbHG, § 30 Rn. 113; *Fastrich*, in: Baumbach/Hueck, GmbHG, § 30 Rn. 62.

253 *Fastrich*, in: Baumbach/Hueck, § 30 Rn. 62. Anders *Verse*, in: Scholz, GmbHG, § 30 Rn. 99; wohl auch *Habersack*, in: Ulmer/Habersack/Löbbe, GmbHG, § 30 Rn. 41 i.V.m. 95.

254 *Fastrich*, in: Baumbach/Hueck, § 30 Rn. 61 (zu schuldrechtlichen Sicherheiten, die ggü. Gläubiger eines Gesellschafters eingeräumt wurden).

255 *Habersack*, in: Ulmer/Habersack/Löbbe, GmbHG, § 30 Rn. 98; *Verse*, in: Scholz, GmbHG, § 30 Rn. 99.

256 So richtig *Fastrich*, in: Baumbach/Hueck, GmbHG, § 30 Rn. 62.

257 BGHZ 214, 258, 264 Tz 19; BGHZ 213, 224, 231 (für die AG).

258 Ausführlich *Kuntz*, ZGR 2017, 917, 930 ff.

Doch bleibt das Problem, welche **Wahrscheinlichkeitsschwelle** überschritten werden muss, um Vollwertigkeit anzunehmen. Dass hier eine überwiegende Wahrscheinlichkeit, d.h. ein Wert von mehr als 50 %, als Minimalforderung anzusetzen ist, entspricht bilanzrechtlichen Maßstäben zur Bildung von Drohverlustrückstellungen gemäß § 249 HGB.[259] Doch liegt die Schwelle für die Rückstellungsbildung sehr hoch. Nach der Rspr. des BFH müssen »mehr Gründe für als gegen das Be- oder Entstehen einer Verbindlichkeit und eine künftige Inanspruchnahme sprechen.«[260] Der Eintritt des Verlusts muss im konkreten Fall als ernsthaft bevorstehend erscheinen.[261] Hieran anzuknüpfen, brächte indes eine erhebliche Beeinträchtigung des Gläubigerschutzes mit sich.[262] Im Kontext der §§ 30, 31 GmbHG sind Größen von 90 % oder mehr maßgeblich.[263] § 249 HGB und § 30 GmbHG haben unterschiedliche Schutzrichtungen. § 249 HGB dient der periodengerechten Zurechnung von Aufwendungen. Bei Drohverlustrückstellungen verwirklicht § 249 HGB das Imparitätsprinzip und nimmt zukünftige Aufwandsüberschüsse aus schwebenden Geschäften vorweg, denen keine gegenwärtig realisierten Erträge gegenüberstehen.[264] § 30 GmbHG dient dagegen dem Gläubigerschutz durch Vermögenserhalt (Rdn. 1). Maßgeblich ist also nicht der ordnungsgemäße Ausweis von Gewinn und Verlust. Vielmehr geht es darum, das Vermögen der Summe nach durch einen – fiktiven – Aktiventausch (Rdn. 53a) zu erhalten. Das weicht vom Ausgangspunkt des § 249 HGB grundlegend ab. Eine pauschale Lösung verbietet sich allerdings, je nach Einzelfall kommen unterschiedliche Ansätze in Betracht.[265] Als Kriterien für die Beurteilung der Wahrscheinlichkeit lassen sich etwa Ratings und Spreads von Credit-Default-Swaps heranziehen.[266] **59b**

Da es sich bei der Feststellung von »Vollwertigkeit« um eine Prognoseentscheidung handelt, ist dem Geschäftsführer ein Beurteilungsspielraum zuzubilligen.[267] »Geringste Zweifel« führen nicht zur Unzulässigkeit.[268] **Sicherheitsleistung** ist nicht erforderlich, kann aber bei Zweifeln an der Bonität des Schuldners die Abwertung verhindern (zur Berücksichtigungsfähigkeit von Ansprüchen gegen Dritte Rdn. 55).[269] Als Bonitätsnachweis kommt ein positives Rating in Betracht.[270] Umgekehrt schließt eine Besicherung die Abwertung der Forderung nicht aus.[271] Auch für das **Cash-Pooling** sind nicht notwendig Sicherheiten zu verlangen.[272] Zum Cash-Pooling noch Rdn. 73 ff. Für **upstream-Darlehen an Akquisitionsvehikel** (Erwerbsgesellschaft/»NewCo.«) wird die Vollwertigkeit von der herrschenden Meinung im Regelfall zu Recht verneint.[273] Die Erwerbsgesellschaft **60**

259 *Kuntz*, ZGR 2017, 917, 941 m. Nachw. Ebenso etwa *Nordholtz/Hupka*, DStR 2017, 1999, 2003. Differenzierend und großzügiger *Becker*, ZIP 2017, 1599, 1603.

260 S. etwa BFHE 142, 226, 229; BFHE 211, 475, 481.

261 BFHE 211, 475, 481; aus der Literatur statt aller: *Altenburger*, in: KK-Rechnungslegungsrecht, § 249 HGB Rn. 59; *Schubert*, in: BeckBilKomm, § 249 Rn. 60.

262 *Verse*, GmbHR 2018, 113, 118.

263 *Kuntz*, ZGR 2017, 917, 941; ebenso *Verse*, GmbHR 2018, 113, 118. Anders *Kiefner/Bochum*, NZG 2017, 1292, 1296.

264 *Schubert*, in: BeckBilKomm, § 249 Rn. 3; s. auch *Merkt*, in: Baumbach/Hopt, HGB, § 249 Rn. 1, 19.

265 Vgl. *Becker*, ZIP 2017, 1599, 1604 ff.; *Nordholtz/Hupka*, DStR 2017, 1999, 2003.

266 *Cahn*, Der Konzern 2009, 67, 73 ff.; *Nordholtz/Hupka*, DStR 2017, 1999, 2003.

267 *Drygala/Kremer*, ZIP 2007, 1289, 1293; *Ekkenga*, in: MünchKommGmbHG, § 30 Rn. 242.

268 BGHZ 179, 71, 78 Tz 13; *Ekkenga*, in: MünchKommGmbHG, § 30 Rn. 244; *Habersack*, in: Ulmer/Habersack/Löbbe, GmbHG, § 30 Rn. 105. A.A. *Altmeppen*, in: Roth/Altmeppen, GmbHG, § 30 Rn. 113.

269 *Blasche/König*, GmbHR 2009, 897, 900; *Drygala/Kremer*, ZIP 2007, 1289, 1293; *Ekkenga*, in: MünchKommGmbHG, § 30 Rn. 245; *Goette*, ZHR 177 (2013), 740, 749; *Habersack*, in: Ulmer/Habersack/Löbbe, GmbHG, § 30 Rn. 105; *Fastrich*, in: Baumbach/Hueck, GmbHG, § 30 Rn. 42.

270 OLG München, ZIP 2011, 567, 568.

271 BFH/NV 1986, 458; *Ekkenga*, in: KK-Rechnungslegungsrecht, § 253 HGB Rn. 142; *Schubert/Berberich*, in: BeckBilKomm, § 253 Rn. 570.

272 *Altmeppen*, in: Roth/Altmeppen, GmbHG, § 30 Rn. 115 i.V.m. Rn. 113; *Ekkenga*, in: MünchKommGmbHG, § 30 Rn. 188.

273 Begr. RegE BT-Drucks. 16/6140, S. 41; *Ekkenga*, in: MünchKommGmbHG, § 30 Rn. 254; *Fastrich*, in: Baumbach/Hueck, GmbHG, § 30 Rn. 42 a.E.; *Riegger*, ZGR 2008, 233, 238 f. A.A. *Käpplinger*, NZG 2010, 1411, 1412 f.

verfügt typischerweise über kein Vermögen außer den Anteilen an der Zielgesellschaft.[274] Gleiches ist für die Bestellung dinglicher Sicherheiten anzunehmen, die der Besicherung eines Darlehens dienen, dass die NewCo. zur Finanzierung des Anteilserwerbs aufnimmt.[275]

bb) Notwendigkeit der Verzinsung

61 Entgegen der herrschenden Meinung ist eine marktübliche **Verzinsung Voraussetzung** der Vollwertigkeit. Anderenfalls wäre die Gesellschaft gezwungen, einen unter dem Nominalwert liegenden Barwert anzusetzen (oben Rdn. 57).[276] Insofern besteht ein unmittelbarer Zshg. zwischen Vollwertigkeit und Verzinsung.[277] Zu Recht hebt auch die Gegenansicht hervor, das Gesetz verlange als Voraussetzung der Privilegierungswirkung von § 30 Abs. 1 Satz 2 Var. 2 GmbHG Vollwertigkeit und nicht Teilwerthaltigkeit.[278] Zugestanden wird überdies, das Fehlen von Vollwertigkeit führe dazu, einen Verstoß gegen Abs. 1 Satz 1 annehmen zu müssen.[279] Dann aber bleibt als Schluss nur, marktgerechte Verzinsung als Voraussetzung von Vollwertigkeit anzunehmen: Wenn die bilanzielle Betrachtungsweise gilt, greifen für die Forderungsbewertung bilanzielle Grundsätze. Es entspricht allgemeiner Meinung, dass Forderungen, die als Aktiva des Umlaufvermögens zu bilanzieren sind, in der Handelsbilanz bei Unverzinslichkeit oder Unterverzinslichkeit mit dem Barwert angesetzt werden müssen (s. oben Rdn. 57). Insofern sind, was die hier abgelehnte Meinung aber unterstellt, gerade aus handelsbilanzieller Sicht die Vollwertigkeit des Rückforderungsanspruchs und ein darauf bezogener Zinsanspruch der Gesellschaft keiner getrennten Beurteilung zugänglich.[280] Wer dies anders sieht und eine gesonderte »gesellschaftsrechtliche« Sichtweise etablieren möchte, muss erklären, wie eine derartige Absenkung des Gläubigerschutzes ausgerechnet im Bereich einer an sich mangels Vermögensdeckung untersagten Auszahlung zu rechtfertigen ist. Wird die unverzinsliche/unterverzinsliche Forderung entgegen den aus der Handelsbilanz zu entnehmenden fortgeführten Buchwerten mit dem Nominalwert (und nicht dem niedrigeren Barwert) angesetzt, spiegelt dies ein größeres Schuldendeckungspotential vor als aktuell vorhanden. Das gilt grds. auch für Darlehen mit unter einem Jahr Laufzeit.[281] Allein die Üblichkeit, aus Vereinfachungsgründen i.R.d. Bilanzierung anders zu verfahren,[282] legitimiert diese Praxis nicht.[283] Der Einwand, zwischen Vollwertigkeit und Verzinsung müsse getrennt werden, um nicht zinslose Kreditgewährungen zu privilegieren,[284] geht fehl und beruht auf einem Missverständnis entweder der hier vertretenen Position oder der bilanzrechtlichen Grundlagen. Fehlende Verzinsung führt in allen Fällen, in denen ein Ausfallrisiko besteht, gerade zu fehlender Vollwertigkeit. Auch der Hinweis, es wäre bei Maßgeblichkeit

274 *Söhner*, ZIP 2011, 2085, 2087.

275 *Ekkenga*, in: MünchKommGmbHG, § 30 Rn. 254; *Fastrich*, in: Baumbach/Hueck, GmbHG, § 30 Rn. 42 a.E.; *Tillmann*, NZG 2008, 401, 405.

276 *Drygala/Kremer*, ZIP 2007, 1289, 1293; *Ekkenga*, in: MünchKommGmbHG, § 30 Rn. 246. A.A. BGHZ 179, 71, 80 Tz 17 (für § 311 AktG); *Altmeppen*, in: Roth/Altmeppen, GmbHG, § 30 Rn. 120; *Diers*, in: Saenger/Inhester, GmbHG, § 30 Rn. 103; *Goette*, ZHR 177 (2013), 740, 749; *Habersack*, in: Ulmer/Habersack/Löbbe, GmbHG, § 30 Rn. 106; *Fastrich*, in: Baumbach/Hueck, GmbHG, § 30 Rn. 56; *Mülbert/Leuschner*, NZG 2009, 281, 282 f.; *Pentz*, in: Rowedder/Schmidt-Leithoff, GmbHG, § 30 Rn. 73; *Schall* (Fn. 135), S. 160; *Verse*, in: Scholz, GmbHG, § 30 Rn. 94. Der Zshg. von Aktivierung zum Nennwert und marktüblicher Verzinsung wird gelegentlich verkannt, etwa von *Rothley/Weinberger*, NZG 2010, 1001, 1005.

277 A.A. *Altmeppen*, in: Roth/Altmeppen, GmbHG, § 30 Rn. 120; *Habersack*, in: Ulmer/Habersack/Löbbe, GmbHG, § 30 Rn. 106; *Verse*, in: Scholz, GmbHG, § 30 Rn. 94.

278 *Altmeppen*, in: Roth/Altmeppen, GmbHG, § 30 Rn. 114.

279 *Altmeppen*, in: Roth/Altmeppen, GmbHG, § 30 Rn. 114.

280 Anders etwa *Altmeppen*, in: Roth/Altmeppen, GmbHG, § 30 Rn. 118.

281 *Blasche/König*, GmbHR 2009, 897, 899; *Ekkenga*, in: MünchKommGmbHG, § 30 Rn. 252; *Mülbert/Leuschner*, NZG 2009, 281, 282. A.A. *Drygala/Kremer*, ZIP 2007, 1289, 1293; *Gehrlein*, Der Konzern 2007, 771, 785.

282 Z.B. *Adler/Düring/Schmaltz*, § 253 Rn. 532.

283 Kritisch auch *Mülbert/Leuschner*, NZG 2009, 281, 282 f.

284 So etwa *Verse*, in: Scholz, GmbHG, § 30 Rn. 94.

von Verzinsung möglich, ein konkretes Ausfallrisiko durch einen erhöhten Zins auszugleichen,[285] trifft nicht den Kern des Problems. Zinsen werden nicht für einen konkreten Schuldner berechnet, sondern für eine Schuldnergruppe, zu der auch der Gesellschafter zählt.[286] Der Zins hat eine – elementare – Versicherungsfunktion aus Sicht der Gesellschaft: Das Ausfallrisiko wird durch einen erhöhten Zins nicht gegenüber einem individuellen Schuldner abgesichert. Vielmehr geht es um das statistische Risiko, dass eine bestimmte Zahl von Schuldnern innerhalb der relevanten Gruppe ausfällt. Über den Zins als Risikoprämie[287] zahlt die Gesamtheit der Schuldner so viel Zins, dass der Ausfall der Gesellschaft mit ihrer Hauptforderung hinsichtlich eines bestimmten Prozentsatzes an Schuldnern nicht zulasten ihrer Forderungen der Gesamtsumme nach geht.[288]

Eine **Ausnahme** ist für das **Cash-Pooling** zu machen: Die Entwurfsbegründung zum MoMiG verweist auf die Ermöglichung des Cash-Pooling als sinnvolle Praxis, sodass die Annahme einer Verzinsungspflicht nicht so weit gehen kann, entgegen der dem Gesetzgebungsverfahren zugrunde liegenden Intention zur praktischen Undurchführbarkeit des Verfahrens zu kommen. Bloß kurzfristige Darlehensgewährung ist demnach zinsfrei möglich.[289] Aus der MPS-Entscheidung des BGH[290] folgt nichts Gegenteiliges. Dort ging es nicht um einen Cash-Pool, sondern um mehrere Einzeldarlehen, die jeweils auf besonderer Vereinbarung beruhten.[291] »Kurzfristig« dürfte auf wenige Wochen zu begrenzen sein.[292] Hier kommt den Umständen des Einzelfalles erhebliche Bedeutung zu.[293] Die Marktkonditionen sind immerhin insofern von Bedeutung, als die nach Marktstandards zu bemessende übliche Zinshöhe Aufschluss über die Opportunitätskosten des Kapitals gibt: Je höher die Zinsen auf dem Markt wären, desto kürzer ist der verzinsungsfreie Zeitraum zu bemessen. Müsste die Gesellschaft auf dem Markt verglichen mit Unternehmen ähnlicher Größe und Geschäftstätigkeit überdurchschnittlich hohe Zinsen entrichten und liegt hierin nicht schon ein Problem der Vollwertigkeit, ist keine Ausnahme von der Zinsfreiheit mehr zu machen. 62

Hinsichtlich der **Bestimmung des marktüblichen Zinssatzes** wird teilweise auf die Verzinsung von Bankkrediten abgestellt, teilweise auf die mit einer Anlage am Kapitalmarkt erzielbare Rendite.[294] **Richtigerweise ist zwischen kurzfristigen** bzw. dem Umlaufvermögen zuzuordnenden **und langfristigen** bzw. dem Anlagevermögen zuzuordnenden **Darlehensforderungen zu differenzieren**. Der Verweis auf die bilanzrechtliche Bewertung von Ausleihungen, um Kapitalmarktrenditen als Maßstab zu wählen,[295] greift zu kurz. Ausleihungen umfassen, wie schon die Verortung in § 253 Abs. 3 HGB (Anlagevermögen, § 253 Abs. 2 HGB a.F.) zeigt, die langfristige Vergabe von Kapital.[296] 63

---

285 *Habersack*, in: Ulmer/Habersack/Löbbe, GmbHG, § 30 Rn. 106; *Verse*, in: Scholz, GmbHG, § 30 Rn. 94.

286 Ausführlicher *Kuntz*, ZGR 2017, 917, 932 f., 938 ff.

287 Zur Notwendigkeit, zwischen verschiedenen Zinsfunktionen zu unterscheiden, *Kuntz*, ZGR 2017, 917, 938 f., 944 f.

288 Schulden 10 Schuldner jeweils 10, muss die Gesellschaft sicherstellen, dass sie am Ende auch dann möglichst 100 erhält, wenn sie davon ausgeht, dass typischerweise 1 von 10 Schuldnern dieser Kategorie ausfällt. Dazu muss sie eine Risikoprämie (Zins) von 1,11 von jedem Schuldner erheben; einer fällt am Ende aus, 9 Schuldner zahlen 9,99; es entsteht also keine Überkompensation der Gesellschaft; zum Beispiel bereits *Kuntz*, ZGR 2017, 917, 932.

289 A.A. *Wirsch*, Der Konzern 2009, 443, 449.

290 BGHZ 179, 71, 77 f. Rn. 12 – MPS (für AG).

291 *Strohn*, DB 2014, 1535, 1539.

292 Vgl. *Mülbert/Leuschner*, NZG 2009, 281, 282 f. Wohl großzügiger *Altmeppen*, ZIP 2009, 49, 55, 52.

293 *Altmeppen*, ZIP 2009, 49, 55, 52; *ders.*, in: Roth/Altmeppen, GmbHG, § 30 Rn. 120; *Ekkenga*, in: MünchKommGmbHG, § 30 Rn. 188.

294 In ersterem Sinne *Ekkenga*, in: MünchKommGmbHG, § 30 Rn. 246, in letzterem *Fastrich*, in: Baumbach/Hueck, GmbHG, § 30 Rn. 56a; *Verse*, in: Scholz, GmbHG, § 30 Rn. 95; *Wirsch*, Der Konzern 2009, 443, 448.

295 *Wirsch*, Der Konzern 2009, 443, 448.

296 *Scheffler*, in: Beck Hdb RL, B 213 Rn. 465. Langfristig meint i.d.R.: vereinbarte Laufzeit von mindestens 4 Jahren, *Schubert/F. Huber*, in: BeckBilKomm, § 247 Rn. 357.

Begründet wird der Vergleich mit Kapitalanlagen mit dem Argument, Darlehen seien der Sache nach wie sonstige Kapitalanlagen zu behandeln, weil die Forderung i.d.R. jederzeit veräußerbar sei.[297] Dieses Argument ist schon für sich genommen fragwürdig. Für Forderungen des Umlaufvermögens wird es zudem von vornherein nicht benutzt.[298] Darüber hinaus ist zu berücksichtigen, dass Forderungen in einem **Cash-Pool** i.d.R. keine genau bestimmbare Laufzeit und Höhe haben, die Salden verändern sich ständig.[299] Deshalb kommt kein Vergleich mit der bilanzrechtlichen Bewertung von Ausleihungen in Betracht. Insoweit ist auf die Verzinsung eines Bankkredites abzustellen, wenn nach den in Rdn. 61 genannten Grundsätzen eine Verzinsung erforderlich sein sollte.

cc) »Teilweise« Vollwertigkeit

64 In Fällen **»teilweiser Vollwertigkeit«**, wenn also der Wert des Rückgewähranspruches nicht dem Nominalwert entspricht, ohne jedoch mit »Null« anzusetzen zu sein, ist nicht stets ein Verbotsverstoß in voller Höhe der Auszahlung anzunehmen.[300] Das Auszahlungsverbot soll nur die Herbeiführung oder Vertiefung einer Unterbilanz verhindern. Wenn der Rückgewähranspruch nicht vollwertig ist, ist er abzuwerten. Die Differenz zwischen dem Auszahlungsvolumen und der Höhe des Rückgewähranspruchs gibt die Höhe des Verbotsverstoßes an.[301] Die a.A. mag für sich den Wortlaut in Anspruch nehmen, der kein »soweit« enthält. Doch entspricht eine solche Interpretation im Sinne eines »ganz oder gar nicht« nicht dem Zweck des Kapitalerhaltungsrechts.[302] Konsequenz der bilanziellen Betrachtungsweise ist die Möglichkeit, eine einheitliche Leistung für lediglich teilweise verbotswidrig zu halten. Das ist einhellige Ansicht zu Satz 1, obwohl der Wortlaut gleichfalls kein »soweit« enthält. Es wäre überzogen streng, das Problem der teilweisen Vollwertigkeit in Satz 2 anders zu lösen als das Problem einer lediglich teilweise gedeckten Auszahlung i.S.v. Satz 1.

dd) Maßgeblicher Zeitpunkt

65 Verschlechterungen der Vermögensverhältnisse des Gesellschafters nach Forderungszugang, die bilanzrechtlich Folgebewertungen auslösen, sind grds. nicht relevant, **Beurteilungszeitpunkt** ist die Auszahlung.[303] Das gilt auch unter Berücksichtigung des bilanzrechtlichen Erfordernisses, gemäß § 253 HGB eine Folgebewertung vorzunehmen, wenn sich die Bonität des Schuldners verschlechtert.[304] »Vollwertigkeit« ist »eine stichtagsbezogene Voraussetzung des entsprechenden kapitalschutzrechtlichen Vorgangs […].«[305] Das nachträgliche **Entfallen** der Vollwertigkeit begründet also nicht per se den Verlust des Privilegs nach § 30 Abs. 1 Satz 2 Var. 2 GmbH.[306] Die Gesellschaft und

---

297 Diese Annahme liegt der bilanzrechtlichen Lit. zugrunde, s. nur *Hoyos/Gutike*, in: BeckBilKomm, 6. Aufl. 2006, § 253 Rn. 411.

298 Vgl. *Hayn/Jutz/Zündorf*, in: BeckHdR, B 215 Rn. 23 ff.

299 S. *Wirsch*, Der Konzern 2009, 443, 448.

300 *Ekkenga*, in: MünchKommGmbHG, § 30 Rn. 242; *Mülbert/Leuschner*, NZG 2009, 281, 284; *Goette*, in: ders./Habersack, Das MoMiG in Wissenschaft und Praxis, S. 283, 303 f.; *Habersack*, in: Ulmer/Habersack/Löbbe, GmbHG, § 30 Rn. 103; *Verse*, in: Scholz, GmbHG, § 30 Rn. 91; *Vetter*, in: Goette/Habersack (Fn. 155), S. 107, 125 f. *Hommelhoff*, in: Lutter/Hommelhoff, GmbHG § 30 Rn. 27; *Pentz*, in: Rowedder/Schmidt-Leithoff, GmbHG, § 30 Rn. 69; *Thiessen*, in: Bork/Schäfer, GmbHG, § 30 Rn. 78. Differenzierend *Heidinger*, in: Michalski/Heidinger/Leible/Schmidt, GmbHG, § 30 Rn. 199. Nach Ansicht von *Altmeppen* handelt es sich um ein Scheinproblem: *Altmeppen*, ZIP 2009, 49, 53; *ders.*, in: Roth/Altmeppen, GmbHG, § 30 Rn. 114.

301 *Habersack*, in: Ulmer/Habersack/Löbbe, GmbHG, § 30 Rn. 102; *Mülbert/Leuschner* NZG 2009, 281, 284 (die aufgrund eines bilanziell orientierten Auszahlungsbegriffs bereits das Vorliegen einer Auszahlung verneinen, soweit der Rückgewähranspruch vollwertig ist).

302 *Goette*, in: ders./Habersack, Das MoMiG in Wissenschaft und Praxis, S. 283, 304.

303 *Ekkenga*, in: MünchKommGmbHG, § 30 Rn. 243; *Habersack*, in: Ulmer/Habersack/Löbbe, GmbHG, § 30 Rn. 108; *Verse*, in: Scholz, GmbHG, § 30 Rn. 88.

304 *Kuntz*, ZGR 2017, 917, 942 f.

305 *Goette*, ZHR 177 (2013), 740, 749.

306 *Ekkenga*, in: MünchKommGmbHG, § 30 Rn. 243; *Fastrich*, in: Baumbach/Hueck, GmbHG, § 30 Rn. 43; *Habersack*, in: Ulmer/Habersack/Löbbe, GmbHG, § 30 Rn. 108; *Verse*, in: Scholz, GmbHG,

die Geschäftsführer trifft allerdings eine Beobachtungs- und Eingriffspflicht zum Schutz des Gesellschaftsvermögens.[307] So sind Bonitätsverschlechterungen entweder durch Kündigung nach § 490 Abs. 1 BGB oder mittels Sicherheitsleistung auszugleichen.[308] Unterlässt die Gesellschaft dies, ist hierin, wie in einer (auch faktischen) **Änderung der Konditionen** der ursprünglichen Darlehensvergabe, etwa durch Verlängerung, eine Auszahlung zu sehen, die eine neuerliche Vollwertigkeitsprüfung erforderlich macht.[309] Das gilt auch für das **Stehenlassen**, da dieses eine »Auszahlung« darstellt (vgl. Rdn. 51).[310] Zum **nachträglichen Eintritt** von Vollwertigkeit § 31 Rdn. 17.

e) **Deckungsgebot**

§ 30 Abs. 1 Satz 2, 2. Var., verlangt nicht nur die Vollwertigkeit des Gegenleistungsanspruchs, die Leistung muss darüber hinaus »gedeckt« sein.[311] Der Maßstab für die Bewertung der Gegenleistung wird dadurch mittelbar ebenfalls vorgegeben, da der notwendige Vergleich von Leistung und Gegenleistung voraussetzt, gleiche Bewertungsverfahren zu nutzen. Damit ist der **Verkehrswert maßgeblich**, soweit existent also Marktpreise.[312] Auf die aufgrund der Bilanz ermittelbaren fortgeführten Buchwerte kommt es also nicht an (s. Rdn. 36). Stellt die Gesellschaft eine Sicherheit bereit, muss nicht nur der Rückgewähranspruch vollwertig sein, vielmehr bedarf es, um »Deckung« bejahen zu können, als Gegenleistung zusätzlich des Anspruchs auf Zahlung einer angemessenen Avalprovision für die Bereitstellung.[313] Ansonsten erlangt der Gesellschafter die Sicherung des gegen ihn gerichteten Anspruchs günstiger, als er sie auf dem freien Markt erhielte. Dass der BGH sich hierzu in seiner Entscheidung aus dem März 2017[314] nicht geäußert hat, ist kein Beleg des Gegenteils.[315] Er hatte vielmehr keinen Anlass, die Frage dort zu behandeln. 66

Zwar ist den Beteiligten **Ermessen** hinsichtlich der Bewertung zuzubilligen.[316] Die Abkehr des BFH vom subjektiven Fehlerbegriff in der Bilanz[317] bezieht sich auf das Steuerrecht und lässt sich aufgrund der daraus resultierenden Besonderheiten nicht auf die hiesige Problematik übertragen.[318] Zudem kann es angesichts der Periodisierung der Gewinnermittlung keine »objektiv *richtige*« Bilanz geben.[319] Doch handelt es sich um eine vollständig überprüfbare Entscheidung, die objektiv *nachvollziehbar* sein muss. Der zur Verfügung stehende Spielraum schrumpft immer weiter, je mehr 67

---

§ 30 Rn. 88, 105; implizit wohl auch *Thiessen*, in: Bork/Schäfer, GmbHG, § 30 Rn. 42. A.A. *Altmeppen*, in: Roth/Altmeppen, GmbHG, § 30 Rn. 145.

307 *Kuntz*, ZGR 2017, 917, 949. Insoweit wieder grunds. wie hier *Altmeppen*, in: Roth/Altmeppen, GmbHG, § 30 Rn. 145. Zu Haftungsfragen im Zshg. mit aufsteigenden Darlehen *Schickerling/Blunk*, GmbHR 2009, 1294. Skeptisch bzgl. der Effektivität des Haftungsansatzes *Wilhelmi*, WM 2009, 1917, 1922.

308 BGHZ 179, 71, 79 Rn. 14.

309 *Blasche/König*, GmbHR 2009, 897, 900; *Ekkenga*, in: MünchKommGmbHG, § 30 Rn. 243; i. Erg. auch *Fastrich*, in: Baumbach/Hueck, GmbHG, § 30 Rn. 57.

310 *Drygala/Kremer*, ZIP 2007, 1289, 1293; *Habersack*, in: Ulmer/Habersack/Löbbe, GmbHG, § 30 Rn. 109 (soweit dies der Nichtausübung eines Kündigungsrechts gleichzusetzen sei). A.A. *Fastrich*, in: Baumbach/Hueck, GmbHG, § 30 Rn. 43; wohl auch *Altmeppen*, in: Roth/Altmeppen, GmbHG, § 30 Rn. 145.

311 Für Verankerung des Deckungsgebotes in Satz 1 *Habersack*, in: Ulmer/Habersack/Löbbe, GmbHG, § 30 Rn. 107.

312 OLG Düsseldorf, GmbHR 2017, 239, 242; *Ekkenga*, in: MünchKommGmbHG, § 30 Rn. 248; *Verse*, in: Scholz, GmbHG, § 30 Rn. 81. S.a. Begr. RegE BT-Drucks. 16/6140, S. 41.

313 *Ekkenga*, in: MünchKommGmbHG, § 30 Rn. 141; *Mülbert*, ZGR 1995, 578, 600 (zum alten Recht).

314 BGH, ZIP 2017, 971.

315 A.A. *Verse*, GmbHR 2018, 113, 118.

316 *Ekkenga*, in: MünchKommGmbHG, § 30 Rn. 248.

317 BFH, GmbHR 2013, 547, 551 ff. Zu dieser Entscheidung *Hennrichs*, NZG 2013, 681.

318 Vgl. zur fehlenden Übertragbarkeit auf die Handelsbilanz *Hennrichs*, NZG 2013, 681, 686 m.N. zum Streitstand. Maßgeblich war im Verfahren vor dem BFH insoweit die Frage, ob die Finanzverwaltung bei der Ermittlung der Steuerlast an eine vom Steuerpflichtigen objektiv fehlerhaft erstellte Bilanz gebunden sein kann.

319 *Hennrichs*, NZG 2013, 681, 684.

objektive Daten vergleichbarer Geschäfte existieren. Bei vollständiger Standardisierung, wenn also die Preisbildung für vergleichbare Güter im Wesentlichen nicht durch individuelle Vertragsparteien beeinflusst wird, sondern Angebot und Nachfrage so stark sind, dass die Preisbildung Ergebnis einer Vielzahl von anonymisierten Angeboten und Nachfragen ist, schrumpft der Ermessensspielraum »auf Null«. Das gilt etwa für Börsenpreise i.S.v. § 24 BörsG[320] sowie für Güter, die ohne besondere Zugangsschwierigkeiten im freien Handel erworben werden können (Kfz etc.). Für die gesellschaftsseitige Vergütung von Nutzungen und Dienstleistungen, insb. das Geschäftsführergehalt eines Gesellschafter-Geschäftsführers, ist der Beurteilungsspielraum größer (s. noch Rdn. 70). Eine Standardisierung liegt hier bereits schon deshalb nicht vor, weil personenbezogene Faktoren eine Rolle spielen.[321] In die Angemessenheitsprüfung sind sämtliche Faktoren mit Vergütungscharakter einzubeziehen, etwa private Nutzungsvorteile und Versicherungsbeiträge.[322]

68 Nicht immer ist eindeutig, ob Gegenleistungen unter die Kapitalerhaltungsregeln fallen. So liegt es bspw. bei verdeckten Sacheinlagen nicht fern, die Auszahlung der Gesellschaft als Problem des Kapitalaufbringungsrechts zu begreifen. Problematisch sind etwa Transaktionen wie eine **Leveraged Recapitalization**, im Zuge derer die Gesellschafter einer Holding-Gesellschaft ihre Anteile zwecks »Exits« an eine von ihnen zuvor gegründete Zweckgesellschaft/»NewCo« verkaufen. Hier gibt es einen starken Anreiz, die Holding-Anteile überzubewerten, sodass i. Erg. die Gefahr besteht, dass diese Gegenleistung die Auszahlung (Kaufpreis) nicht vollständig deckt (zur Gesellschaftereigenschaft unten Rdn. 77). Findet auf Ebene der NewCo parallel zum Anteilskauf noch eine Sachkapitalerhöhung statt, anlässlich derer die Holding-Mitglieder weitere Anteile der Holding-Gesellschaft als Sacheinlage einbringen und sich die Wertdifferenz zwischen eingebrachten und ausgegebenen Anteilen (»Spitzenbetrag«) auszahlen lassen, drängt sich die Frage auf, ob diese Maßnahmen von vornherein als Problem der Kapital*aufbringung* und nicht als solche der Kapital*erhaltung* zu betrachten sind. Zunächst stellt sich im beschriebenen Sachverhalt hinsichtlich der Sachkapitalerhöhung isoliert betrachtet die Frage, ob die Auszahlung des Spitzenbetrags eigenständig als »bloßer« Leistungsaustausch in Form eines Verkehrsgeschäfts getrennt von dem Einlageteil zu beurteilen ist mit der Folge, dass der erste Teil dem Kapitalerhaltungsrecht unterfiele und der zweite den Vorschriften über die Kapitalaufbringung. Das hängt, folgt man der Rspr. des BGH zur gemischten Sacheinlage (oben Rdn. 6), davon ab, ob die grunds. teilbaren Sachleistungspflichten (Übertragung von Anteilen als offene Sacheinlage und Übertragung weiterer Anteile gegen Entgelt) aufgrund des einheitlichen Zwecks – Strukturierung des »Exits« der Investoren – im Wege der Auslegung der Parteivereinbarungen als (einheitliche) gemischte Sacheinlage interpretiert werden können. In jedem Fall, d.h. unabhängig von einheitlicher oder getrennter Beurteilung, gelangen mit Blick auf den Kaufvertrag über die Holding-Anteile die §§ 30, 31 zur Anwendung. Die Transaktion ist, je nachdem, ob die Vereinbarungen rund um die Sachkapitalerhöhung getrennt oder als gemischte Sacheinlage interpretiert werden, also möglicherweise in zweierlei Hinsicht am Kapitalerhaltungsrecht zu messen: Zum einen hinsichtlich des Kaufvertrags über die Holding-Anteile als Verkehrsgeschäft und zum anderen, bei Einheitsbetrachtung der Sachkapitalerhöhung und Ausgleich der Spitzenbeträge, eine u.U. vorliegende Auszahlung über den Nominalwert der Sacheinlageforderung hinaus (vgl. oben Rdn. 7).

5. Betriebliche Rechtfertigung; Leistung causa societatis

69 Die Rspr. stellt im Zshg. mit § 30 gelegentlich auf die **Rechtfertigung durch betriebliche Gründe** ab. Diese nimmt sie an, wenn ein gewissenhaft nach kaufmännischen Grundsätzen handelnder Geschäftsführer das Geschäft unter sonst gleichen Umständen zu den gleichen Bedingungen auch mit einem Nichtgesellschafter abgeschlossen hätte.[323] Weiterhin wird als eine ungeschriebene Voraussetzung von § 30 Abs. 1 die **Leistung** ***causa societatis*** betrachtet: Die Auszahlung müsse an den

320 *Ekkenga*, in: MünchKommGmbHG, § 30 Rn. 248.
321 Ausführlich *Ekkenga*, in: MünchKommGmbHG, § 30 Rn. 250.
322 Vgl. BGHZ 111, 224, 227.
323 Z.B. BGH, NJW 1987, 1194, 1195; OLG Düsseldorf, GmbHR 2012, 332.

Gesellschafter gerade in der Eigenschaft als Mitglied getätigt werden.[324] »Echte Drittgeschäfte« sollen nicht in den Anwendungsbereich von Abs. 1 fallen.[325]

Spätestens seit Inkrafttreten des MoMiG sind diese beiden Merkmale nur noch von begrenzter Bedeutung. Soweit es um die Konditionenbewertung und die Gleichwertigkeit von Leistung und Gegenleistung geht, gibt Abs. 1 Satz 2 die Maßstäbe vor.[326] Wäre der Drittvergleich Anwendungsvoraussetzung des § 30 Abs. 1, bliebe Satz 2 funktionslos: Entweder es handelte sich um ein Drittgeschäft, dann entfiele § 30 Abs. 1 als Prüfungsmaßstab, oder es fehlte an einem Drittgeschäft, in welchem Fall die Ausnahmeregel des § 30 Abs. 1 Satz 2, 2. Var., inhaltlich nichts mehr zur Frage beisteuern könnte, ob eine Ausschüttung entgegen Satz 1 zulässig wäre. Ein *gesonderter* **Drittvergleich** ist demgemäß **überflüssig.**[327] Sein funktionaler Ersatz ist das Deckungsgebot.[328] In der Sache ändert sich dadurch freilich wenig, weil die Konditionen eines Austauschgeschäfts stets nach Marktpreisen zu bewerten sind. Das ergibt sich bereits aus § 30 Abs. 1 Satz 2 (oben Rdn. 66).[329] Im praktisch relevanten Fall des **Gesellschafter-Geschäftsführer-Gehalts** ergibt sich nach beiden Ansätzen der Verbotsverstoß daraus, dass seine Leistungspflicht nach Marktstandards nicht äquivalent zu seinem Vergütungsanspruch ist, dass also das Mitglied, wäre es Fremdgeschäftsführer für eine andere Gesellschaft, für eine nach Umfang, Beschäftigungs- und Haftungsrisiken sowie Schwierigkeit vergleichbare Tätigkeit niedriger entlohnt würde (s.a. Rdn. 67).[330] 70

Liegt nach den Bewertungsvorgaben des Satz 2 keine Vermögensgefährdung vor oder erlaubt Satz 3 die Auszahlung, kann diese nicht mit dem Verweis auf das Vorliegen eines Gesellschaftergeschäfts als verboten qualifiziert werden.[331] Die Bedeutung des Merkmals der *causa societatis* bzw., positiv gewendet, der betrieblichen Rechtfertigung, liegt zum einen darin, dass trotz Verstoßes gegen § 30 zugunsten des Gesellschafters die Zulässigkeit der Auszahlung bejaht werden kann.[332] Besondere Relevanz hat dies für Geschäfte, die mit dem auf bilanzielle Wertmaßstäbe ausgerichteten § 30 nur schwierig erfasst werden können, etwa Dienstleistungsverträge.[333] Der Hinweis, bei Fehlen eines Drittgeschäfts liege eine unzulässige sog. verdeckte Gewinnausschüttung vor,[334] ist für § 30 irrelevant, weil das Vorliegen einer sog. verdeckten Gewinnausschüttung für § 30 keine Bedeutung hat (Rdn. 10). 71

Zum anderen dient das Merkmal der *causa societatis* dazu, nur solche Auszahlungen als Auszahlungen i.S.v. § 30 Abs. 1 Satz 1 zu erfassen, die im Zusammenhang mit der Mitgliedschaft stehen, also 71a

324 BGHZ 13, 49, 54; *Diers*, in: Saenger/Inhester, GmbHG, § 30 Rn. 86; *Heidinger*, in: Michalski/Heidinger/Leible/Schmidt, GmbHG, § 30 Rn. 66; *Habersack*, in: Ulmer/Habersack/Löbbe, GmbHG, § 30 Rn. 58; *Pentz*, in: Rowedder/Schmidt-Leithoff, GmbHG, § 30 Rn. 31; *Verse*, in: Scholz, GmbHG, § 30 Rn. 19, 30.

325 Vgl. BGH, ZIP 1992, 1152, 1154 (zum Gehalt eines Gesellschafter-Geschäftsführers); *Habersack*, in: Ulmer/Habersack/Löbbe, GmbHG, § 30 Rn. 58; *Fastrich*, in: Baumbach/Hueck, GmbHG, § 30 Rn. 30; *Pentz*, in: Rowedder/Schmidt-Leithoff, GmbHG, § 30 Rn. 32; *Verse*, in: Scholz, GmbHG, § 30 Rn. 19, 30.

326 Zum alten Recht s. *Goerdeler/Müller*, in: Hachenburg, 8. Aufl. 1992, § 30 Rn. 60.

327 So i.Erg. wohl auch *Altmeppen*, in: Roth/Altmeppen, GmbHG, § 30 Rn. 75; *Ekkenga*, in: MünchKommGmbHG, § 30 Rn. 236. A.A. *Eusani*, GmbHR 2009, 512, 515; *Fastrich*, in: Baumbach/Hueck, GmbHG, § 30 Rn. 30.

328 In der Sache ähnlich *Altmeppen*, in: Roth/Altmeppen, GmbHG, § 30 Rn. 75, wenn auch von einem umgekehrten Begriffsverhältnis ausgehend: Deckungsgebot überflüssig im Verhältnis zum Kriterium des Drittvergleichs.

329 Vgl. *Ekkenga*, in: MünchKommGmbHG, § 30 Rn. 236 i.V.m. 238.

330 S. dazu auch OLG Düsseldorf, GmbHR 2017, 239, 242.

331 So schon zum alten Recht *Wilhelmi*, Der Grundsatz der Kapitalerhaltung im System des GmbH-Rechts, 2001, S. 173 m. Nachw. zu abw. Ansichten. Aus neuerer Zeit a.A. *Eusani*, GmbHR 2009, 512, 515.

332 *Ekkenga*, in: MünchKommGmbHG, § 30 Rn. 234; *Pentz*, VGR 2006, 115, 129 f.

333 Vgl. *Habersack*, in: Ulmer/Habersack/Löbbe, GmbHG, § 30 Rn. 58.

334 *Eusani*, GmbHR 2009, 512, 516. Der Sache nach auch *Habersack*, in: Ulmer/Habersack/Löbbe, GmbHG, § 30 Rn. 59.

mitgliedschaftlich veranlasst sind.[335] Entgegen gelegentlich genutzten missverständlichen Formulierungen, die Zahlung müsse von der Gesellschaft veranlasst sein,[336] geht es um eine *Zurechnungsfrage*, nämlich konkret darum, ob die Handlung der Person des Geschäftsführers der Gesellschaft als Organhandeln zugerechnet werden kann. Darauf zielt die Rechtsprechung ab, wenn sie danach fragt, »ob das Handeln des Organs in den ihm zugewiesenen Wirkungskreis fiel«[337] oder eine »Leistung der Gesellschaft« vorlag.[338] Das meint (wohl) auch die Literatur, wenn sie problematisiert, die Ursache für die Vermögensminderung müsse »von der Gesellschaft willentlich« gesetzt worden sein.[339] Bei Lichte betrachtet geht es um genau die Probleme, die im allgemeinen Privatrecht im Kontext des § 278 BGB unter der Überschrift »bei Gelegenheit« abgehandelt werden.[340] Handelt der Geschäftsführer innerhalb seines »Könnens« im Außenverhältnis und überschreitet er lediglich die Grenzen des »Dürfens« im Innenverhältnis, wendet die Rspr. selbst bei Straftaten regelmäßig § 30 Abs. 1 Satz 1 noch an.[341] Um einen entsprechenden Zusammenhang zu verneinen, genügt nicht schon, dass der Geschäftsführer mit der Herbeiführung des Vermögensabflusses etwa eine Untreue i.S.v. § 266 Abs. 1 StGB verwirklicht.[342] Die Situation ist eine andere als die bei einem Diebstahl des Gesellschafters (dazu oben Rdn. 31a), da der Gesellschafter, der nicht zugleich Geschäftsführer ist, schon dem Grunde nach nicht für die Gesellschaft Vermögen übertragen darf.

72 Für die **UG** gilt nichts anderes. Ein Vergleich zur Rücklagenbindung bei der AG[343] geht schon deshalb fehl, weil das GmbHG für die UG quasi kein Mindestkapital vorsieht und eine umfassende Bindung daher ausscheidet (vgl. Rdn. 2). Der Schutz der Zwangsrücklage ist nicht mithilfe einer systemwidrigen Ausschaltung des § 30 unabhängig von der Frage der Vermögensdeckung zu bewerkstelligen,[344] sondern mit einer modifizierten Unterbilanzrechnung (s. Rdn. 26).

6. Besonderheiten des Cash-Pooling

73 Die nach dem Novemberurteil des BGH geführte Debatte um die Bedeutung der Entscheidung für das Cash-Pooling hat sich mit dem MoMiG sowie dem MPS-Urteil[345] erledigt und muss hier nicht nachgezeichnet werden.[346] Im Rahmen des Cash-Poolings im faktischen Konzern kreist die Diskussion mit Blick auf das Kapitalerhaltungsrecht im Wesentlichen um das Problem, ob eine **Verzinsungspflicht** für die im Cash-Pool gewährten Darlehen besteht. Dazu Rdn. 62.

74 Der Gesetzgeber wollte mit der Neuregelung **nicht die Möglichkeit** schaffen, **Vor- und Nachteile des Cash-Poolings »pauschalierend« zu betrachten.**[347] Es gilt die bilanzielle Betrachtungsweise: Ein geschäftsexterner Vorteil vermag die Leistung nur auszugleichen, wenn er selbstständig bilanziert werden kann; sich nicht in der Bilanz niederschlagende, lediglich aus der Gesamtlage hergeleitete Vorteile genügen nicht.[348] Konzerninterne Vorteile des Cash-Pooling[349] legitimieren

---

335 BGHZ 31, 258, 276; OLG Hamm, DB 2017, 2149, 2150; *Ekkenga*, in: MünchKommGmbHG, § 30 Rn. 142, 215; *Habersack*, in: Ulmer/Habersack/Löbbe, GmbHG, § 30 Rn. 56; vgl. auch *Verse*, in: Scholz, GmbHG, § 30 Rn. 24.

336 So aber etwa OLG Hamm, DB 2017, 2149, 2150.

337 Z.B. OLG Hamm, DB 2017, 2149, 2150.

338 BGHZ 31, 258, 276.

339 So *Verse*, in: Scholz, GmbHG, § 30 Rn. 24.

340 Deutlich etwa BGHZ 99, 298, 300 (zu § 31 BGB); OLG Hamm, DB 2017, 2149, 2150.

341 S. die Nachw. in der vorigen Fußn.

342 So der Fall OLG Hamm, DB 2017, 2149.

343 So *Eusani*, GmbHR 2009, 512, 516.

344 Dafür *Eusani*, GmbHR 2009, 512, 516.

345 BGHZ 179, 71.

346 Zur Bedeutung des November-Urteils für das Cash-Pooling *Goette*, KTS 2006, 217, 226 f. Kurzer Überblick zur Diskussion bei *Ekkenga*, in: MünchKommGmbHG, § 30 Rn. 185 f.; vgl. i.Ü. die Altauflagen der Kommentare. Zur Rechtsnatur des Cash-Pools *Decker*, ZGR 2013, 392, 398 ff.

347 A.A. *Altmeppen*, ZIP 2009, 49, 55, 52; i.Erg. wohl auch *Thiessen*, in: Bork/Schäfer, GmbHG, § 30 Rn. 68.

348 Vgl. *Eusani*, GmbHR 2009, 795, 798.

349 Hierzu *Decker*, ZGR 2013, 392, 394 f. m.w.N.

nicht die Externalisierung der Folgen des Kapitalentzugs zulasten der Gläubiger. Die faktische Eingliederung der Gesellschaft in eine umfassende Struktur hebt § 30 Abs. 1 Satz 2 nicht auf. Wenn sich ein herrschendes Unternehmen der Vorteile einer Konzernierung bedienen will, muss es auf das Konzernvertragsrecht zurückgreifen. Abzulehnen ist die Ansicht, für den Cash-Pool gelte das Deckungsgebot nicht.[350] Der Hinweis, das Deckungsgebot sei in Satz 2 lediglich »angedeutet«,[351] offenbar aufgrund der Kürze des Wortes »deckt«, ist abwegig. Zum Argument der fehlenden Notwendigkeit der Abzinsung kurzfristiger Darlehen Rdn. 61.

Überlegungen, § 30 im Zshg. mit dem Cash-Pooling allein auf eine schon bestehende Unterbilanz 75 anzuwenden und nicht auch auf die Herbeiführung der Unterbilanz,[352] waren von dem Bestreben gekennzeichnet, die Reichweite der Novemberentscheidung einzugrenzen. Dafür besteht spätestens nach Inkrafttreten des MoMiG kein Anlass mehr. Zudem sind solche Erwägungen der Sache nach als systemwidrig abzulehnen.[353]

III. Gesellschafter als Auszahlungsempfänger

§ 30 Abs. 1 Satz 1 ist nicht so zu verstehen, dass »Gesellschafter« nur derjenige sein kann, der diese 76 Stellung formal innehat, also einen Geschäftsanteil an der Gesellschaft hält. Vielmehr werden auch solche Personen erfasst, die, mit unterschiedlicher Begründung, unter materiellen Gesichtspunkten einem Gesellschafter gleichgesetzt werden.[354] In zeitlicher Hinsicht stellt sich die Frage, bis und ab wann eine Person »Gesellschafter« im Normsinne ist. Materiell sind weitere Problemkonstellationen im Zshg. mit der Leistung an Dritte zu unterscheiden:[355] Wann ist eine Auszahlung an einen Dritten, d.h. an einen nicht formal eine Gesellschafterstellung Innehabenden, eine Leistung an den Gesellschafter (Leistung an Dritte als Leistung an den Gesellschafter, Rdn. 79 ff.)? Wann unterliegt ein Dritter §§ 30, 31 (Dritte als Auszahlungsempfänger, Rdn. 83 ff.)?

1. Gesellschafter

Gesellschafter sind diejenigen, die der Gesellschaft im **Zeitpunkt** der **Entscheidung über** die **Auszahlung** angehören. Das ist spätestens der Verpflichtungszeitpunkt; auf das Verfügungsgeschäft 77 kommt es nicht an.[356] Daher erfasst das Auszahlungsverbot solche Personen, die im Zeitpunkt des tatsächlichen Vermögensabflusses kein Mitglied mehr sind, sofern nur die rechtliche Grundlage für den Abfluss vor ihrem Ausscheiden gesetzt wurde.[357] Das betrifft auch solche Situationen, in denen aufgrund der Rückwirkung einer Genehmigung die Verpflichtung juristisch betrachtet vor dem Ausscheiden Geltung erlangt oder die Einlage vor der Beendigung der Beteiligung in ein Darlehen umgewandelt wird.[358] Weitergehend fallen diejenigen ehemaligen Mitglieder in den Anwendungsbereich von § 30, die vor ihrem Ausscheiden keinen rechtsgeschäftlich gesicherten Anspruch erlangt haben, sofern ein ausreichend starker wirtschaftlicher Zusammenhang zwischen

350 Etwa *Brocker/Rockstroh*, BB 2009, 730, 732; *Drygala/Kremer*, ZIP 2007, 1289, 1293.

351 *Brocker/Rockstroh*, BB 2009, 730, 732.

352 So wohl *Goette*, KTS 2006, 217, 226 f.; *Habersack/Schürnbrand*, BB 2006, 288, 289.

353 *Ekkenga*, in: MünchKommGmbHG, § 30 Rn. 187.

354 *Ekkenga*, in: MünchKommGmbHG, § 30 Rn. 149; *Habersack*, in: Ulmer/Habersack/Löbbe, GmbHG, § 30 Rn. 71; *Fastrich*, in: Baumbach/Hueck, GmbHG, § 30 Rn. 24; *Verse*, in: Scholz, GmbHG, § 30 Rn. 28.

355 S. *Canaris*, FS R. Fischer, 1979, S. 31.

356 BGHZ 81, 252, 258; *Canaris*, FS R. Fischer, 1979, S. 31, 32; *Ekkenga*, in: MünchKommGmbHG, § 30 Rn. 150; *Habersack*, in: Ulmer/Habersack/Löbbe, GmbHG, § 30 Rn. 68; *Fastrich*, in: Baumbach/Hueck, GmbHG, § 30 Rn. 23; *Verse*, in: Scholz, GmbHG, § 30 Rn. 34. Zur scheinbar engeren Entscheidung BGHZ 13, 49, 54 f., *Canaris*, a.a.O.

357 *Ekkenga*, in: MünchKommGmbHG, § 30 Rn. 150; *Fastrich*, in: Baumbach/Hueck, GmbHG, § 30 Rn. 23; *Habersack*, in: Ulmer/Habersack/Löbbe, GmbHG, § 30 Rn. 69; *Hommelhoff*, in: Lutter/Hommelhoff, GmbHG, § 30 Rn. 19.

358 Zum ersten Fall OLG Hamburg, NZG 2013, 137, 138, zum zweiten vgl. KG, NZG 2001, 989, 990.

der Auszahlung und der (ehemaligen) Gesellschafterstellung besteht, etwa bei Abfindungen.[359] Dies ist vor allem zu erwägen, wenn der Begünstigte die Möglichkeit hatte, vor seinem Ausscheiden im Wege der Ausübung seiner Gesellschafterrechte die Ursache für die Auszahlung zu setzen.[360] Der ausgeschiedene Gesellschafter, der einen Abfindungsanspruch geltend macht, kann sich nicht unter Heranziehung von § 135 Abs. 1 Nr. 2 InsO darauf berufen, die Unterbilanz sei erst später als ein Jahr nach dem Verlust der Mitgliedschaft entstanden.[361]

77a Zukünftige Gesellschafter können Auszahlungsempfänger sein.[362] Das kommt etwa dann in Betracht, wenn die Gesellschaft i. Erg. den Kaufpreis für den Anteilserwerb zahlt oder Sicherheiten für ein zur Erwerbsfinanzierung aufgenommenes Darlehen stellt. Praktisch relevante Sachverhalte sind **Leveraged Buyouts** und **Leveraged Recapitalizations.**[363] Bei Leveraged Recapitalizations ist allerdings häufig die vorrangige Frage zu beantworten, ob Leistungen überhaupt kapital*erhaltungs*rechtlich relevant sind oder nicht vielmehr ein Problem der Kapital*aufbringung* vorliegt (vgl. Rdn. 68).

77b Der **Treuhänder** ist Gesellschafter und als solcher Adressat von § 30, unabhängig davon, ob er die Leistung direkt empfangen hat.[364] Bei Leistung direkt an den Treugeber gilt nur dann etwas anderes, wenn es an einer Veranlassung seitens des Treunehmers fehlt, etwa wenn er seine Zustimmung zu diesem Abwicklungsmodus verweigert hat.[365] Für die Veranlassung besteht allerdings eine widerlegliche Vermutung.[366] Sie rechtfertigt sich daraus, dass der Treuhänder (jedenfalls: auch) fremdnützig zugunsten des Treugebers agiert und letzterem die Vorteile aus der Treuhand zufließen sollen. Auf eine eigene Begünstigung des Treunehmers kommt es nicht an.[367] Abzustellen ist insoweit allein auf die Gefahr der Einflussnahme auf die Vermögensverteilung (vgl. oben Rdn. 1). Zwar bedarf es nach hier vertretener Ansicht grds. eines Vermögensvorteils aufseiten des Gesellschafters (Rdn. 82 f.). Doch spaltet die Treuhand die Möglichkeit der Einflussnahme und die Position der letztlich begünstigten Person. Wer hier einen Vorteil des Treunehmers verlangt, schafft damit eine blinde Stelle im Kapitalerhaltungsrecht.

78 Ein weiteres praktisch bedeutsames Problem stellt sich bei **Leveraged Buyouts:** Der BGH hielt die Anteilsveräußerer, deren Kaufpreisforderung gegen den Anteilserwerber von der Gesellschaft besichert wurde, neben dem Erwerber für kapitalerhaltungsrechtlich verantwortlich. Im Zeitpunkt der Verwertung der zur Sicherheit übereigneten Wertpapiere seien die Veräußerer noch Gesellschafter

359 BGHZ 13, 49, 54; *Ekkenga*, in: MünchKommGmbHG, § 30 Rn. 150; *Habersack*, in: Ulmer/Habersack/Löbbe, GmbHG, § 30 Rn. 69; *Hommelhoff*, in: Lutter/Hommelhoff, GmbHG, § 30 Rn. 19.

360 BGHZ 13, 49, 54 f.

361 BGH, GmbHR 2020, 534, 539 Tz 51 ff. m.Nachw.

362 *Ekkenga*, in: MünchKommGmbHG, § 30 Rn. 151; *Habersack*, in: Ulmer/Habersack/Löbbe, GmbHG, § 30 Rn. 69; *Fastrich*, in: Baumbach/Hueck, GmbHG, § 30 Rn. 23; *Verse*, in: Scholz, GmbHG, § 30 Rn. 33.

363 Für den Leveraged Buyout BGHZ 173, 1, 6 Tz 12; *Altmeppen*, in: Roth/Altmeppen, GmbHG, § 30 Rn. 27, 131; *Ekkenga*, in: MünchKommGmbHG, § 30 Rn. 177; *Fastrich*, in: Baumbach/Hueck, GmbHG, § 30 Rn. 23; *Habersack*, in: Ulmer/Habersack/Löbbe, GmbHG, § 30 Rn. 69. Zu der Struktur eines Leveraged Buyouts und seinen kapitalschutzrechtlichen Fragen s. auch den Überblick bei *Söhner*, ZIP 2011, 2085.

364 BGHZ 31, 258, 264, 266; BGHZ 105, 168, 175; *Ekkenga*, in: MünchKommGmbHG, § 30 Rn. 155; *Habersack*, in: Ulmer/Habersack/Löbbe, GmbHG, § 30 Rn. 72; *Fastrich*, in: Baumbach/Hueck, GmbHG, § 30 Rn. 29; grds. ebenso *Verse*, in: Scholz, GmbHG, § 30 Rn. 50a. A.A. *Altmeppen*, in: Roth/Altmeppen, GmbHG, § 30 Rn. 36.

365 So auch *Verse*, in: Scholz, GmbHG, § 30 Rn. 50a.

366 *Altmeppen*, in: Roth/Altmeppen, GmbHG, § 30 Rn. 36; *Ekkenga*, in: MünchKommGmbHG, § 30 Rn. 155; *Fleck*, FS 100 Jahre GmbH-Gesetz, 1992, S. 391, 411; *Verse*, in: Scholz, GmbHG, § 30 Rn. 50a.

367 A.A. *Verse*, in: Scholz, GmbHG, § 30 Rn. 50a.

gewesen und daher »unzweifelhaft« Adressaten des Auszahlungsverbots.[368] Diese Rspr. ist spätestens seit Inkrafttreten des MoMiG abzulehnen.[369] Wenn die Sicherungsübereignung wirksam vollzogen wurde, gelten die allg. Regelungen zu Sicherungsrechten hinsichtlich der Bestimmung des Auszahlungszeitpunktes (s. Rdn. 43 ff.). Bei dinglichen Sicherheiten ist die Verwertung deshalb irrelevant, der Gegenstand ist in sachenrechtlicher Hinsicht bereits nicht mehr Bestandteil des Gesellschaftsvermögens. Die Situation ist nicht anders, als hätte die Gesellschaft, statt Sicherheit zu leisten, direkt die Forderung der Veräußerer befriedigt.[370] Damit stellt sich das Problem einer Umgehung des Befriedigungsnachrangs (Rdn. 1) nicht. Keine andere Lösung gilt bei lediglich **aufschiebend bedingter Einräumung dinglicher Sicherheiten**, wenn ein Anwartschaftsrecht des Sicherungsnehmers entstanden ist. Denn dieses Recht kann nicht mehr von der Gesellschaft vereitelt werden (Rdn. 45).[371]

2. Leistung an Dritte als Leistung an den Gesellschafter

Aufgrund der den Gesellschaftern zustehenden Steuerungsmöglichkeiten als Gesellschaftsinterne 79
kann es im Hinblick auf die Notwendigkeit des Schutzes vor opportunistischem Verhalten (Rdn. 1) nicht allein auf die formale Abgrenzung nach mitgliedschaftlicher Verbindung zur Gesellschaft ankommen. Vielmehr muss genügen, dass sich die Adressierung der Auszahlung auf eine **Steuerung durch** den **Gesellschafter** zurückführen lässt, sei es aufgrund einer Anweisung, sei es aufgrund einer Abrede mit der Gesellschaft über die Auszahlung an eine bestimmte Person, etwa zur Tilgung von Verbindlichkeiten des Gesellschafters ggü. einem Dritten.[372] Stellt man auf die Veranlassung durch den Gesellschafter ab, ist die Leistung **an einen Stellvertreter** eine Leistung an den Gesellschafter.[373] Das Gleiche gilt für eine **Strohmann**konstruktion über sog. mittelbare Stellvertreter.[374] Eine Leistung unmittelbar **an Treuhänder** ist bei Vorliegen einer entsprechenden Veranlassung eine Leistung an den Treugeber (Rdn. 85).

Die Steuerung der Auszahlung kann jedoch nicht das Fehlen einer Vermögensmehrung aufseiten **80**
des Gesellschafters kompensieren (vgl. Rdn. 82).[375] Anderenfalls fiele auch die Anweisung, an einen Gesellschaftsgläubiger zu zahlen, zunächst unter § 30 Abs. 1 Satz 1. Es ist wenig überzeugend, bei einer existierenden *causa* im Deckungsverhältnis noch den Nachweis zu verlangen, es habe sich um kein privates Geschäft gehandelt. Auf diese Weise verschöbe man die Darlegungs- und Beweislast für Abs. 1 Satz 1 entgegen der allg.M. (Rdn. 103) doch auf den Gesellschafter. Fehlt es an einer *causa* für die Zuwendung im Verhältnis von Gesellschaft und Drittem, ist die mittelbare Begünstigung

368 BGHZ 173, 1, 6 Tz 12. Zustimmend z.B. *Habersack*, in: Ulmer/Habersack/Löbbe, GmbHG, § 30 Rn. 69; *Heidinger*, in: Michalski/Heidinger/Leible/Schmidt, GmbHG, § 30 Rn. 112; *Fastrich*, in: Baumbach/Hueck, GmbHG, § 30 Rn. 23; *Philippi/Fickert*, DB 2008, 223.

369 *Ekkenga*, in: MünchKommGmbHG, § 30 Rn. 150, 177.

370 *Ekkenga*, in: MünchKommGmbHG, § 30 Rn. 177.

371 Nicht berücksichtigt von *Diem*, ZIP 2003, 1283, 1287, der über die Lösung einer aufschiebenden Bedingung die Haftung wegen Existenzvernichtung vermeiden will. I. Erg. wie hier *Weitnauer*, ZIP 2005, 790, 791.

372 Ganz h.M., BGH, ZIP 2008, 2217, 2219 Tz 8; BGH, NZG 2000, 883, 886 (insoweit nicht in BGHZ 144, 336, abgedruckt); *Habersack*, in: Ulmer/Habersack/Löbbe, GmbHG, § 30 Rn. 67; *Fastrich*, in: Baumbach/Hueck, GmbHG, § 30 Rn. 25; *Verse*, in: Scholz, GmbHG, § 30 Rn. 37. Weiter *Ekkenga*, in: MünchKommGmbHG, § 30 Rn. 170 (Verzicht auf Veranlassungskriterium).

373 *Ekkenga*, in: MünchKommGmbHG, § 30 Rn. 152.

374 *Altmeppen*, in: Roth/Altmeppen, GmbHG, § 30 Rn. 42; *Ekkenga*, in: MünchKommGmbHG, § 30 Rn. 154; *Verse*, in: Scholz, GmbHG, § 30 Rn. 39. Zum alten Eigenkapitalersatzrecht BGH, NJW 2006, 1283, 1285 (insoweit nicht in BGHZ 165, 106, abgedruckt).

375 A.A. *Fastrich*, in: Baumbach/Hueck, GmbHG, § 30 Rn. 26b (für nahe Angehörige); *Habersack*, in: Ulmer/Habersack/Löbbe, GmbHG, § 30 Rn. 67; *Fleck*, FS 100 Jahre GmbH-Gesetz, 1992, S. 391, 404; *Schmolke*, § 30 Rn. 113.

des Gesellschafters zu vermuten, ohne dass eine Einschränkung dieser Vermutung auf nahestehende Personen angezeigt wäre.[376]

81 Noch über die zuletzt genannte Ansicht hinausgehend wollen viele aufgrund einer Analogie zu den §§ 89 Abs. 3, 115 Abs. 2 AktG Auszahlungen an Ehegatten und minderjährige Kinder aufgrund **familiärer Nähe** generell als Auszahlung an den Gesellschafter behandeln.[377] Das ist abzulehnen:[378] Soll die Nähe zum Gesellschafter entscheidend sein, ist der im AktG genannte Personenkreis zu eng.[379] Zudem enthält das AktG in den genannten Normen kein generelles Auszahlungsverbot, sondern verlagert lediglich die Entscheidungszuständigkeit.[380] Auch ein Rückgriff auf § 138 Abs. 2 InsO verbietet sich.[381] Diese Norm gewinnt ihre besondere Bedeutung i.V.m. verschiedenen auf Kenntnis des Vorteilsempfängers abstellende Anfechtungsregeln.[382] Das hat mit Zurechnungsfragen nichts zu tun. Zu verbundenen Unternehmen Rdn. 87 ff.

3. Vermögensmehrung aufseiten des Gesellschafters

82 Die Auszahlung muss zu einer Vermögensmehrung aufseiten des Gesellschafters geführt haben.[383] Das Gesetz sieht ausdrücklich die Auszahlung »an« einen Gesellschafter vor. Etwas anderes folgt insb. nicht aus der finanzgerichtlichen Rspr. zur verdeckten Gewinnausschüttung,[384] da diese Vermögensabflüsse erfasst, um eine volle Besteuerung zu erreichen, nicht aber das Auszahlungsziel als tatbestandsrelevant berücksichtigt. § 30 soll nicht abstrakt vor Vermögensabflüssen schützen, sondern vor opportunistischem Gesellschafterverhalten (Rdn. 1). Es bedarf keiner Messbarkeit in dem Sinne, dass sich Aktiva des Gesellschafters erhöhen oder Passiva vermindern. Vielmehr **genügt** die **Verhinderung eines Vermögensverlustes**, etwa weil die Leistung an einen Dritten im Verhältnis von Gesellschafter und Drittem als unentgeltliche Zuwendung des Ersteren an den Letzteren zu bewerten ist.[385]

82a Die Vermögensmehrung muss der **Höhe nach nicht äquivalent zur Auszahlungshöhe** sein.[386] Angesichts der Vielfältigkeit denkbarer Auszahlungsformen und der Abhängigkeit der Bewertung von bei GmbH und Gesellschafter individuell unterschiedlichen Ausgangsfaktoren (Steuern, Bilanzierung, Geschäftstätigkeit etc.) kann es auf Äquivalenz nicht ankommen. Eine an den Gesellschafter weitergegebene Geschäftschance etwa mag aufgrund unterschiedlicher Ausrichtungen der Geschäftstätigkeiten von GmbH und Gesellschafter auf den beiden Ebenen jeweils anders zu bewerten sein. Das ändert aber nichts am Grundumstand des Vermögenstransfers. Zudem ist insoweit, d.h. im Anschluss an die Feststellung der Vermögensmehrung beim Gesellschafter, die Gläubigerperspektive entscheidend: Maßgeblich ist dann nicht, wie viel beim Gesellschafter »ankommt«, sondern wie viel bei der GmbH abfließt. Im Fall des **debt-push-downs** (Rdn. 52) liegt die Vermögensmehrung

376 In diesem beschränkten Sinne jedoch *Altmeppen*, in: Roth/Altmeppen, GmbHG, § 30 Rn. 49 f.; *Ekkenga*, in: MünchKommGmbHG, § 30 Rn. 170.

377 Grundlegend BGHZ 65, 365, 368 f.; aus neuerer Zeit etwa BGH, NJW 1996, 589, 590; *Habersack*, in: Ulmer/Habersack/Löbbe, GmbHG, § 30 Rn. 76; *Fastrich*, in: Baumbach/Hueck, GmbHG, § 30 Rn. 26b. Tendenziell eher für eine Einzelfallbetrachtung im Zshg. mit § 32a a.F. BGH, ZIP 1991, 366.

378 So auch *Verse*, in: Scholz, GmbHG, § 30 Rn. 40.

379 Vgl. *Ekkenga*, in: MünchKommGmbHG, § 30 Rn. 162.

380 *Cahn*, Kapitalerhaltung im Konzern, 1998, S. 26; *Kleffner* (Fn. 153), S. 83 ff.

381 *Ekkenga*, in: MünchKommGmbHG, § 30 Rn. 161. A.A. *Thiessen*, in: Bork/Schäfer, GmbHG, § 30 Rn. 98.

382 S. zur Vorsatzanfechtung *Borries/Hirte*, in: Uhlenbruck (Fn. 56), § 132 Rn. 1, § 133 Rn. 183 f.

383 *Ekkenga*, in: MünchKommGmbHG, § 30 Rn. 194; *Habersack*, in: Ulmer/Habersack/Löbbe, GmbHG, § 30 Rn. 57. A.A. *Heidinger*, in: Michalski/Heidinger/Leible/Schmidt, GmbHG, § 30 Rn. 60; *Schmolke*, § 30 Rn. 144.

384 So aber *Schmolke*, § 30 Rn. 144 Fn. 503.

385 Ähnlich *Ekkenga*, in: MünchKommGmbHG, § 30 Rn. 170.

386 BGHZ 220, 179, 198 Tz 46; *Habersack*, in: Ulmer/Habersack/Löbbe, GmbHG, § 30 Rn. 57.

im Anteilserwerb. Dass sich der Erwerb nach § 20 Abs. 1 Nr. 3 UmwG kraft Gesetzes vollzieht, ist unerheblich.[387] Denn zum einen ist das bloße Technik, indem der Durchgangserwerb der Zielgesellschaft an ihren eigenen Anteilen vermieden wird, zum anderen haftete der Gesellschafter im sachlich prinzipiell vergleichbaren Fall der Liquidation der Erwerbsgesellschaft (statt »Abwicklung« nach UmwG) direkt für die Verbindlichkeiten des Akquisitionsvehikels.[388] Zur Bedeutung des Merkmals der Vermögensmehrung im mehrstufigen faktischen Konzern unten Rdn. 88.

4. Dritte als Auszahlungsempfänger i.S.v. § 30

Angesichts des Normzwecks (Rdn. 1) kann nicht die Beziehung der dritten Person zum Gesellschafter entscheidend sein, sondern allein ihre Möglichkeit, wie ein Gesellschafter auf die Geschicke der Gesellschaft Einfluss zu nehmen. Dafür genügt die Beteiligung an Gewinn und Verlust nicht,[389] vielmehr müssen vertragliche Einwirkungsmöglichkeiten bestehen, die den Rechten eines Mitglieds (v.a. Mitwirkung an der Willensbildung und Informationsrechte) gleichkommen. Dagegen ist eine Beteiligung mittels Eigenkapitals nicht notwendig, weil die Gefahr, vor deren Verwirklichung § 30 schützen soll, nicht von der Beteiligungsform abhängt.[390] 83

Zwar ist das Verhalten von Fremdkapitalgebern grds. auch über andere Instrumente, etwa § 826 BGB und die §§ 129 ff. InsO, zu erfassen.[391] Doch hat die Anwendung dieser Normen Nachteile: Eine Haftung aus § 826 BGB läuft Gefahr, konturlos zu werden, die Haftungsvoraussetzungen sind wie die Haftungsgrenzen nur schwierig vorherzusehen.[392] Insb. ist problematisch, dass ein möglicherweise »überschießender« Schutz erreicht wird, weil § 826 BGB mangels einer Begrenzung auf den Erhalt des zur Stammkapitalerhaltung erforderlichen Vermögens über § 30 hinausgeht. Die Eingrenzung mittels der §§ 249 ff. BGB und der Berechnung des ersatzfähigen Schadens dürfte praktisch kaum möglich sein. Vor Insolvenzreife setzt das GmbHG nur auf Präventivschutz im beschränkten und formalen Rahmen der Kapitalerhaltung (Rdn. 1). Der Vorteil der §§ 30, 31 besteht darin, einen handhabbaren Maßstab der Auszahlungskontrolle zu bieten. Erst, wenn Umstände hinzutreten, die über ein nicht nach marktmäßigen Bedingungen abgeschlossenes Geschäft unter Beeinträchtigung des zur Kapitalerhaltung notwendigen Vermögens hinausgehen, ist der Rückgriff auf andere Haftungstatbestände angezeigt. 84

Treugeber haften in Gesamtschuld **neben den Treuhändern** (oben Rdn. 77b, 79) nach §§ 30, 31.[393] Das gilt auch, wenn der Treuhänder die Auszahlung behält.[394] Es kommt insoweit nicht darauf an, bei wem die Leistung am Ende angelangt, sondern wer wie ein Gesellschafter die Gesellschaft (mit)steuern kann und in Ausnutzung dieser Macht der Gesellschaft solche Mittel entzieht oder entziehen lässt, die nach dem Prinzip der Vermögenstrennung (Rdn. 1) der Gesellschaft zugewiesen sind (Rdn. 83).[395] **Nießbraucher** sind § 30 nur zu unterwerfen, wenn sie gesellschafterähnliche Rechte haben, d.h. wenigstens wie ein Treuhänder Einfluss nehmen können. Die bloße Berechtigung zur Nutzungsziehung genügt entgegen der herrschenden Meinung nicht.[396] Darauf, ob die 85

387 Vgl. auch BGHZ 220, 179, 196 Tz 41.

388 *Priester*, FS Spiegelberger, 2009, S. 890, 893 f. S. auch *Klein/Stephanblome*, ZGR 2007, 351, 383 ff. A.A. *Bock*, GmbHR 2005, 1023, 1026 f.

389 A.A. wohl *Altmeppen*, in: Roth/Altmeppen, GmbHG, § 30 Rn. 57.

390 A.A. *Ekkenga*, in: MünchKommGmbHG, § 30 Rn. 161.

391 Hierauf verweist *Ekkenga*, in: MünchKommGmbHG, § 30 Rn. 161.

392 Dazu *Servatius* (Fn. 5), S. 97 ff., 103 ff.

393 BGHZ 31, 258, 266 f.; BGHZ 118, 107, 110 f.; BGH, ZIP 2008, 118, 119 (AG); *Ekkenga*, in: MünchKommGmbHG, § 30 Rn. 156; *Fastrich*, in: Baumbach/Hueck, § 30 Rn. 27; *Pentz*, in: Rowedder/Schmidt-Leithoff, GmbHG, § 30 Rn. 22.

394 *Altmeppen*, in: Roth/Altmeppen, GmbHG, § 30 Rn. 34; *Ekkenga*, in: MünchKommGmbHG, § 30 Rn. 156. A.A. *Fleck*, FS 100 Jahre GmbH-Gesetz, S. 391, 411; *Habersack*, in: Ulmer/Habersack/Löbbe, GmbHG, § 30 Rn. 72; *Verse*, in: Scholz, GmbHG, § 30 Rn. 50.

395 Ähnlich *Fastrich*, in: Baumbach/Hueck, GmbHG, § 30 Rn. 27; *Verse*, in: Scholz, GmbHG, § 30 Rn. 50.

396 *Altmeppen*, in: Roth/Altmeppen, GmbHG, § 30 Rn. 67; *Ekkenga*, in: MünchKommGmbHG, § 30 Rn. 163. Für die h.M. z.B. *Fastrich*, in: Baumbach/Hueck, GmbHG, § 30 Rn. 28; *Habersack*, in: Ulmer/

Gesellschaft Kenntnis von der Nießbraucherstellung hat, kann es nicht ankommen.[397] Denn maßgeblich für § 30 ist die Eingriffsgefahr (Rdn. 1), die allein an den Machtmitteln der betroffenen Person hängt. **Pfandgläubiger** fallen wie **stille Gesellschafter** grds. nicht unter § 30. Eine Ausnahme ist bei Pfandgläubigern zu machen, wenn der Gesellschafter aufgrund umfassender schuldrechtlicher Zustimmungs- und Beteiligungsrechte letztlich als Marionette fungiert und sich der Pfandgläubiger eine Stellung verschafft hat, die ihn Risiken aussetzt, die mit denen eines Gesellschafters vergleichbar sind.[398] Gleiches gilt für **atypische stille Gesellschafter.**[399] Die bloße Möglichkeit zur Einflussnahme auf die Geschäftsführung der Gesellschaft genügt hierfür nicht,[400] hinzukommen müssen einer Eigenkapitalbeteiligung vergleichbare Risiken.[401] **Unterbeteiligte** werden von § 30 nicht erfasst,[402] genauso wenig wie im Grundsatz **Kreditgeber**, wenn diese nicht ausnahmsweise aufgrund von Mezzaningestaltungen als atypische stille Gesellschafter zu qualifizieren sind.[403] Letztere können aber bspw. nach § 826 BGB wegen Gläubigerbenachteiligung haften.[404] Zur Haftung des **Zessionars** § 31 Rdn. 23.

86 Die Rspr. und Teile der Literatur halten **nahe Familienangehörige des Gesellschafters** (Ehegatten und minderjährige Kinder), die Leistungen der Gesellschaft empfangen haben, bei Vorliegen eines qualifizierten persönlichen Näheverhältnisses neben dem Gesellschafter zur Rückzahlung der Leistung nach §§ 30, 31 (analog) verpflichtet.[405] Insoweit gelten bereits die unter Rdn. 81 vorgetragenen Argumente. Mit dem Normzweck der §§ 30, 31 hat »familienrechtliche Nähe« nichts zu tun.[406] Die Rspr. gibt der Gesellschaft einen Zufallsschuldner. Folgt man der hier abgelehnten Ansicht, stellt sich die Frage nach einer Haftungseingrenzung. Berufliche und wirtschaftliche Selbstständigkeit naher Angehöriger sind jedenfalls keine validen Kriterien.[407] Gleiches gilt für den Rückgriff auf subjektive Merkmale. Die Haftung nach den §§ 30, 31 kann entgegen vielfach vertretener Ansicht nicht davon abhängen, ob der Empfänger den Verstoß zumindest hätte erkennen müssen.[408] Allenfalls mag man erwägen, eine widerlegbare

---

Habersack/Löbbe, GmbHG, § 30 Rn. 73. Wohl auch BGH, DStR 1475, 1476 f. Tz 4 (im Zshg. mit § 32a Abs. 3 a.F.).

397 So aber *Wedemann*, ZGR 2016, 798, 830 f.

398 *Ekkenga*, in: MünchKommGmbHG, § 30 Rn. 164; *Fastrich*, in: Baumbach/Hueck, GmbHG, § 30 Rn. 28; *Heidinger*, in: Michalski/Heidinger/Leible/Schmidt, GmbHG, § 30 Rn. 122. A.A. *Altmeppen*, in: Roth/Altmeppen, GmbHG, § 30 Rn. 69; *Habersack*, in: Ulmer/Habersack/Löbbe, GmbHG, § 30 Rn. 74; zumindest in diese Richtung tendierend auch *Verse*, in: Scholz, GmbHG, § 30 Rn. 51. Im Zshg. mit § 32a Abs. 3 a.F. BGHZ 119, 191, 195 ff.; BGH, DStR 2011, 1475, 1476 f. Tz 4.

399 BGHZ 106, 7, 9; BGH, ZIP 2006, 703, 705; *Ekkenga*, in: MünchKommGmbHG, § 30 Rn. 165; *Fastrich*, in: Baumbach/Hueck, GmbHG; § 30 Rn. 28; *Habersack*, in: Ulmer/Habersack/Löbbe, GmbHG, § 30 Rn. 74; *Verse*, in: Scholz, GmbHG, § 30 Rn. 51.

400 *Ekkenga*, in: MünchKommGmbHG, § 30 Rn. 164; *Habersack*, in: Ulmer/Habersack/Löbbe, GmbHG, § 30 Rn. 74. Zum Ganzen *Rümker/Büchler*, FS Claussen, 1997, S. 337.

401 Vgl. etwa BGH, NZG 2017, 907, 908 Tz 13.

402 *Ekkenga*, in: MünchKommGmbHG, § 30 Rn. 166.

403 Zu Kreditgebern im Einzelnen *Ekkenga*, in: MünchKommGmbHG, § 30 Rn. 167.

404 Vgl. zur Bankenhaftung *Kuntz*, ZIP 2008, 814 ff.

405 BGHZ 81, 365, 268 f.; aus der Lit. etwa *Fastrich*, in: Baumbach/Hueck, GmbHG, § 30 Rn. 26; *Habersack*, in: Ulmer/Habersack/Löbbe, GmbHG, § 30 Rn. 76; *Hommelhoff*, in: Lutter/Hommelhoff, GmbHG, § 31 Rn. 6. A.A. etwa *Altmeppen*, in: Roth/Altmeppen, GmbHG, § 30 Rn. 52; *Ekkenga*, in: MünchKommGmbHG, § 30 Rn. 162. Kritisch *Pentz*, in: Rowedder/Schmidt-Leithoff, GmbHG, § 30 Rn. 25.

406 I. Erg. im hier vertretenen Sinne auch *Verse*, in: Scholz, GmbHG, § 30 Rn. 41.

407 A.A. *Fleck*, FS 100 Jahre GmbH-Gesetz, 1992, S. 391, 414 f.

408 In diesem Sinne jedoch BGHZ 81, 365, 369 f. (i. Erg. aber offengelassen, da Kenntnis vorlag); *Habersack*, in: Ulmer/Habersack/Löbbe, GmbHG, § 30 Rn. 76; *Fleck*, FS 100 Jahre GmbH-Gesetz, 1992, S. 391, 413 f. Zu Recht ablehnend *Altmeppen*, in: Roth/Altmeppen, GmbHG, § 30 Rn. 52 f.; *Pentz*, in: Rowedder/Schmidt-Leithoff, GmbHG, § 30 Rn. 46. Insoweit kritisch auch *Fastrich*, in: Baumbach/Hueck, GmbHG, § 30 Rn. 26.

Veranlassungsvermutung anzunehmen, wenn an einen nahen Familienangehörigen geleistet wird.[409]

5. Mittelbare Gesellschafter; Faktischer Konzern

a) Auszahlungen im Vertikalverhältnis

aa) Einfacher faktischer Konzern

87 Für den einfachen faktischen Konzern gelten die allg. Grundsätze. Auszahlungen der Tochter an die Mutter fallen unter § 30, während im umgekehrten Fall das Merkmal der mitgliedschaftlichen Veranlassung fehlen wird.[410]

bb) Mehrstufige Verhältnisse (»Enkelstrukturen«)

88 Problematisch ist der **mehrstufige Konzern und die Stellung »mittelbarer Gesellschafter«**: Für direkte Leistungen einer Enkelgesellschaft an die Mutter gilt, dass die **Tochter** als unmittelbare Gesellschafterin in den Anwendungsbereich des § 30 fällt, wenn sie die Auszahlung veranlasst hat *und* bei ihr ein aus der Auszahlung resultierender Vermögensvorteil festzustellen ist.[411] Es gibt keinen Anlass, vom allgemeinen Erfordernis einer Vermögensmehrung (Rdn. 82) abzugehen. Der Vergleich mit Geheißsituationen, wonach es »stets« der Fall sei, dass der anweisende Gesellschafter nicht bereichert werde,[412] überzeugt nicht: Vielfach wird eine entsprechende Weisung des Gesellschafters, die Gesellschaft möge an eine dritte Person zahlen, zur Folge haben, dass der Gesellschafter Vermögensvorteile erhält, etwa weil eine Verbindlichkeit im Verhältnis Gesellschafter – Leistungsempfänger erlischt. Wieso im faktischen Konzern die Tochter schon allein kraft ihrer Stellung selbst haften soll, selbst wenn sie keinen eigenen Vorteil erhält, bleibt unklar. Haftet die Mutter, gibt es einen Schuldner, der im Zweifel sogar eher als der unmittelbar Beteiligte in der Lage ist, die Leistung zurückzugewähren. Schutzdefizite treten daher keine auf. Hält die Tochter die Mehrheit an der Enkelgesellschaft, ist nach den allgemeinen Grundsätzen zu vermuten, dass die Tochter die Auszahlung (mit) veranlasst hat.[413]

89 Für die Haftung des **mittelbar beteiligten Gesellschafters**, d.h. der Person, die lediglich an der Zwischengesellschaft, nicht aber an der auszahlenden Gesellschaft direkt beteiligt ist, bedarf es der Differenzierung: Hält der mittelbar beteiligte Gesellschafter eine **Mehrheitsbeteiligung** an der Tochter und verfügt er und damit über die Möglichkeit der alleinigen Einflussnahme auf diese, haftet (ggfls.: *auch*) der mittelbar Beteiligte (die »Mutter«).[414] Das Fehlen der unmittelbaren Gesellschafterstellung wird über die kraft Anteilsmehrheit vermittelte Fähigkeit kompensiert, die

---

409 Dafür *Ekkenga*, in: MünchKommGmbHG, § 30 Rn. 162; *Pentz*, in: Rowedder/Schmidt-Leithoff, GmbHG, § 30 Rn. 25.

410 *Ekkenga*, in: MünchKommGmbHG, § 30 Rn. 178; *Habersack*, in: Ulmer/Habersack/Löbbe, GmbHG, § 30 Rn. 79. Teilw. abweichend *Fleck*, FS 100 Jahre GmbH-Gesetz, 1992, S. 291, 416 f.

411 *Ekkenga*, in: MünchKommGmbHG, § 30 Rn. 180; *Fleck*, FS 100 Jahre GmbH-Gesetz, 1992, S. 291, 404. A.A. *Altmeppen*, FS Kropff, 1997, S. 641, 650; *ders.*, in: Roth/Altmeppen, § 30 Rn. 56; *Habersack*, in: Ulmer/Habersack/Löbbe, GmbHG, § 30 Rn. 78, die jeweils die Notwendigkeit einer Vermögensmehrung ablehnen; anders auch *Verse*, in: Scholz, GmbHG, § 30 Rn. 47, der die Tochter § 30 unterwirft, sofern diese entweder die Auszahlung veranlasst oder einen Vermögensvorteil empfängt. Ausführlich zum Ganzen *Cahn*, Kapitalerhaltung im Konzern, 1998, S. 81 ff.

412 So *Altmeppen*, in: Roth/Altmeppen, GmbHG, § 30 Rn. 56.

413 Ähnlich *Verse*, in: Scholz, GmbHG, § 30 Rn. 47, der allerdings offenbar unabhängig von der Beteiligungshöhe stets von einer Vermutung ausgeht.

414 BGH, WM 2012, 1779, 1782 Tz 31; insoweit auch *Altmeppen*, in: Roth/Altmeppen, GmbHG, § 30 Rn. 57; *Ekkenga*, in: MünchKommGmbHG, § 30 Rn. 181; *Fastrich*, in: Baumbach/Hueck, § 30 Rn. 27; *Habersack*, in: Ulmer/Habersack/Löbbe, § 30 Rn. 78; *Heidinger*, in: Michalski/Heidinger/Leible/Schmidt, GmbHG, § 30 Rn. 179; *Verse*, in: Scholz, GmbHG, § 30 Rn. 47. Vgl. auch BGH, NZG 1999, 939, 940 (zum Eigenkapitalersatz).

Auszahlung zu veranlassen und ihr Ziel zu steuern (vgl. Rdn. 83). Dies anders zu entscheiden, eröffnete eine einfache Möglichkeit der Gesetzesumgehung. Der Eintritt einer Vermögensmehrung aufseiten des mittelbaren Gesellschafters ist in diesem Sonderfall entgegen den allgemeinen Grundsätzen (Rdn. 82) verzichtbar.[415] Anderenfalls käme es zu einer Lücke: Ist i. Erg. Veranlasser der Auszahlung der mittelbar Beteiligte und haftete er lediglich bei Mehrung des eigenen Vermögens, hafteten weder er noch, fehlende Veranlassung auf ihrer Ebene vorausgesetzt, die Tochter.

90 Hält der mittelbar Beteiligte an der Tochter lediglich eine **Minderheitsbeteiligung**, kommt nicht ohne Weiteres seine Haftung in Betracht.[416] Sofern er die Auszahlung aus dem Vermögen der Enkelgesellschaft tatsächlich (mit) veranlasst hat, haftet er.[417] Fehlt es an einer nachweisbaren (Mit-) Veranlassung der Auszahlung, genügt jedoch nicht schon die Stellung als (mittelbarer) Minderheitseigner, diese zu vermuten.[418] Verfügt er nämlich nicht über weitere Einflusskanäle, etwa vertragliche Weisungsrechte, genügen seine beteiligungsbasierten Mittel nicht, stets Handeln in seinem Sinne durchzusetzen. Für eine Vermutung wie bei einer Mehrheitsbeteiligung ist demnach nur Raum, wenn eine beherrschende Stellung im konzernrechtlichen Sinne existiert. Hierfür bedarf es im Fall einer bloßen Minderheitsbeteiligung also einer anderweitig fundierten Verstärkung der Beteiligungsrechte.[419] Der in der Literatur zum Beleg des Gegenteils geltend gemachte Umkehrschluss aus § 31 Abs. 2[420] überzeugt nicht recht. Diese Norm betrifft Empfänger, die »Zahlungen […] § 30 zuwider« erhalten haben (§ 31 Abs. 1). Wenn aber § 30 nur derjenige zuwider handelt, der eine Auszahlung veranlasst hat, vermag § 31 Abs. 2 nicht das Veranlassungskriterium insgesamt einzuebnen.

b) Auszahlungen im Horizontalverhältnis (»Schwesterverhältnisse«)

91 Bei Leistung einer **Schwestergesellschaft** an eine andere auf Veranlassung der gemeinsamen Mutter haftet nur die Mutter, wenn es zwischen den gleichgeordneten Gesellschaften an einer mitgliedschaftlichen Verbindung fehlt.[421] Die Einbindung in einen Konzern als solche genügt nicht für die Haftung der Schwester.[422] Das Schlagwort vom »Umgehungsschutz« allein bietet noch keine sachliche Rechtfertigung für ein abweichendes Ergebnis. Der Schutzzweck des § 30 ist insoweit nicht berührt. Anderes gilt, wenn eine Veranlassung der Mutter fehlt und die Schwestergesellschaft aufgrund von Besonderheiten der Konzernorganisation in der Lage ist, ggf. im Zusammenwirken mit anderen Gesellschaften eine gleichgeordnete Gesellschaft zur Auszahlung zu veranlassen und dies auch tut. Insoweit vermag dann die Konzernstruktur die fehlende Einwirkungsmöglichkeit kraft mitgliedschaftlicher Beteiligung zu kompensieren.

---

415 I. Erg. wie hier die in der vorhergehenden Fußnote Zitierten.

416 *Ekkenga*, in: MünchKommGmbHG, § 30 Rn. 181. A.A. *Altmeppen*, FS Kropff, 1997, S. 642, 651; *ders.*, in: Roth/Altmeppen, GmbHG, § 30 Rn. 57.

417 Vgl. BGH, DStR 2007, 2270, 2271; *Ekkenga*, in: MünchKommGmbHG, § 30 Rn. 179; *Verse*, in: Scholz, GmbHG, § 30 Rn. 48.

418 *Ekkenga*, in: MünchKommGmbHG, § 30 Rn. 181; *Habersack*, in: Ulmer/Habersack/Löbbe, § 30 Rn. 78; *Verse*, in: Scholz, GmbHG, § 30 Rn. 48. A.A. *Altmeppen*, FS Kropff, 1997, S. 642, 651; *ders.*, in: Roth/Altmeppen, GmbHG, § 30 Rn. 57.

419 Vgl. BGHZ 125, 366, 369; *Emmerich*, in: Emmerich/Habersack, Aktien- und GmbH-Konzernrecht, 9. Aufl. 2019, § 17 AktG Rn. 18.

420 *Altmeppen*, in: Roth/Altmeppen, GmbHG, § 30 Rn. 57.

421 OLG Düsseldorf, GmbHR 2017, 239, 241; vgl. auch BGHZ 190, 7, 22 Tz 42 (zu §§ 57, 62 AktG); *Altmeppen*, in: Roth/Altmeppen, GmbHG, § 30 Rn. 62 f.; *Ekkenga*, in: MünchKommGmbHG, § 30 Rn. 182; *Fastrich*, in: Baumbach/Hueck, GmbHG, § 30 Rn. 26a; wohl auch *Verse*, in: Scholz, GmbHG, § 30 Rn. 43 i.V.m. 46. Differenzierend *Habersack*, in: Ulmer/Habersack/Löbbe, GmbHG, § 30 Rn. 79. Ausführlich *Cahn* (Fn. 411), S. 31 ff.

422 *Altmeppen*, in: Roth/Altmeppen, GmbHG, § 30 Rn. 63; *Ekkenga*, in: MünchKommGmbHG, § 30 Rn. 182; *Verse*, in: Scholz, GmbHG, § 30 Rn. 46. A.A. *Cahn* (Fn. 411), S. 61 f.; für das Eigenkapitalersatzrecht auch BGH, ZIP 1992, 242, 244. Wie hier jedoch für die Kapitalaufbringung BGHZ 171, 113, 117 Tz 10 und für das Eigenkapitalersatzrecht BGH, ZIP 2008, 1230, 1231 Tz 12 f.

c) **Relevanter Zeitpunkt der Verbindung**

Die Verbindung muss nach dem BGH im **Zeitpunkt** der Auszahlung bestehen.[423] Dies kritisiert die h.L. zu Recht als nicht näher erklärliche Abweichung von dem allgemeinen Grundsatz, dass maßgeblicher Zeitpunkt für die Bestimmung der Gesellschaftereigenschaft grundsätzlich die Verpflichtung zur Auszahlung ist (oben Rdn. 77).[424] Bereits zu diesem Zeitpunkt wird die Auszahlung determiniert und so die Gefahr begründet, gegen die die §§ 30, 31 schützen sollen.[425] Dass der Gesellschafter nach diesen Vorschriften *haftet*,[426] ist damit noch nicht ausgemacht, weil er dafür immer noch infolge der Auszahlung von einer Vermögensmehrung profitieren muss (Rdn. 82). 92

C. § 30 Abs. 1 Satz 2, 1. Var. – Beherrschungs- und Gewinnabführungsvertrag

Leistungen bei Bestehen eines Beherrschungs- oder Gewinnabführungsvertrages sind nicht an § 30 Abs. 1 Satz 1 zu messen. Weder kommt es für Satz 2 auf Veranlassungen an noch auf einen Bezug zum Unternehmensvertrag (anders § 291 Abs. 3 AktG).[427] § 30 Abs. 1 Satz 2, 1. Var., ändert nichts an der Ausgleichspflicht nach § 302 AktG analog.[428] M.a.W. ist die Auszahlung auch bei Bestehen eines Beherrschungs- oder Gewinnabführungsvertrages nur zulässig, wenn der Ausgleichsanspruch nach § 302 AktG vollwertig ist.[429] Zwar enthalten weder § 302 AktG noch § 30 Abs. 1 Satz 2, 1. Var., eine § 30 Abs. 1 Satz 2, 2. Var., gleichzusetzende Einschränkung. Da der konzernrechtliche Ausgleichsanspruch mangels Aktivierbarkeit im Auszahlungszeitpunkt ohnehin nicht für einen vermögensneutralen Aktiventausch zu sorgen vermag,[430] ist die Ratio der Vorschrift darin zu sehen, dass wegen des konzernrechtlichen Schutzes der Gläubiger der abhängigen Gesellschaft eine Ausnahme von dem ansonsten bilanziell orientierten Modell des § 30 Abs. 1 gemacht werden kann. Wenn jedoch bereits vor Entstehung des Ausgleichsanspruchs erkennbar ist, dass das herrschende Unternehmen den Jahresfehlbetrag nicht wird ausgleichen können, entfällt der Privilegierungsgrund. In diesem Fall ist die Auszahlung bei Herbeiführung oder Vertiefung einer Unterbilanz verboten.[431] Gleiches gilt, wenn die Gesellschaft, die auszahlt, nicht Teil des Vertragskonzerns ist, weil ihr dann kein Verlustausgleichsanspruch nach § 302 AktG analog zusteht, und bei Auszahlungen an Mitgesellschafter der Konzernmutter.[432] Aus haftungsrechtlichen Gründen (§ 43 Abs. 3) ist den Geschäftsführern die Einrichtung eines Informationssystems anzuraten, genauso wie die Nutzung von »limitation language«.[433] Dass in erster Linie das herrschende Unternehmen bzw. dessen Vertreter zur Solvenzkontrolle verpflichtet sind, ändert hieran nichts.[434] Zu den Auswirkungen des Abschlusses eines Unternehmensvertrages nach rechtswidriger Auszahlung § 31 Rdn. 16. 93

423 BGH, NJW 1996, 589, 590.

424 Etwa *Altmeppen*, in: Roth/Altmeppen, GmbHG, § 30 Rn. 30 i.V.m. 26; *Habersack*, in: Ulmer/Habersack/Löbbe, GmbHG, § 30 Rn. 70; *Verse*, in: Scholz, GmbHG, § 30 Rn. 45.

425 Insofern nicht überzeugend BGH, NJW 1996, 589, 590.

426 So offenbar die Befürchtung des BGH a.a.O. (vorige Fußnote).

427 *Ekkenga*, in: MünchKommGmbHG, § 30 Rn. 269. Kritisch zur Neuregelung des MoMiG etwa *Pentz*, in: Rowedder/Schmidt-Leithoff, GmbHG, § 30 Rn. 61.

428 BGH, NJW 2019, 3302, 3304 Tz 23; *Altmeppen*, in: Roth/Altmeppen, GmbHG, § 30 Rn. 94; *Ekkenga*, in: MünchKommGmbHG, § 30 Rn. 270.

429 *Altmeppen*, in: Roth/Altmeppen, GmbHG, § 30 Rn. 102; *ders*, ZIP 2017, 1977, 1981; *Fastrich*, in: Baumbach/Hueck, GmbHG, § 30 Rn. 45; *Westermann*, in: Scholz, GmbHG, § 30 Nachtrag MoMiG Rn. 50; *Verse*, in: Scholz, GmbHG, § 30 Rn. 75 a.E. A.A. OLG Frankfurt a.M., NZI 2014, 363, 365 (obiter); *Ekkenga*, in: MünchKommGmbHG, § 30 Rn. 270; *Habersack*, in: Ulmer/Habersack/Löbbe, GmbHG, § 30 Rn. 89; *Pentz*, in: Rowedder/Schmidt-Leithoff, GmbHG, § 30 Rn. 62; *Wilhelmi*, WM 2009, 1917, 1920 f. Differenzierend *Heidinger*, in: Michalski/Heidinger/Leible/Schmidt, GmbHG, § 30 Rn. 214.

430 S. *Ekkenga*, in: MünchKommGmbHG, § 30 Rn. 270.

431 *Fastrich*, in: Baumbach/Hueck, GmbHG, § 30 Rn. 45.

432 *Ekkenga*, in: MünchKommGmbHG, § 30 Rn. 269; für Auszahlungen an Mitgesellschafter der Konzernmutter auch *Pentz*, in: Rowedder/Schmidt-Leithoff, GmbHG, § 30 Rn. 63.

433 *Fastrich*, in: Baumbach/Hueck, GmbHG, § 30 Rn. 45; *Primozic/Brugognone*, NJW 2013, 1709, 1711; *Vetter*, in: Goette/Habersack (Fn. 155), S. 107, 148.

434 Großzügiger wohl *Altmeppen*, in: Roth/Altmeppen, GmbHG, § 30 Rn. 94.

94 Auf Upstream-Sicherheiten bei bestehendem Beherrschungs- oder Gewinnabführungsvertrag finden die allg. Grundsätze für die Bestimmung des Auszahlungszeitpunktes Anwendung (Rdn. 43 ff.) und damit zugleich für die Prüfung der Vollwertigkeit des Ausgleichsanspruches nach § 302 AktG analog. Die Verwertung ist wiederum bedeutungslos.[435]

95 Abs. 1 Satz 2, 1. Var., gilt auch für isolierte Gewinnabführungsverträge.[436] Auch insoweit gilt das Erfordernis des vollwertigen Ausgleichsanspruchs nach § 302 AktG analog.[437] Besteht ein Beherrschungsvertrag, kommt es nicht mehr auf eine Weisung an.[438] Ob ein Dritter die Auszahlung erhält, ist für die Anwendbarkeit der Norm gleichfalls irrelevant.[439]

D. Übergangsregeln für § 30 Abs. 1 Satz 2

96 § 3 EGGmbHG enthält keine Übergangsregeln für § 30 Abs. 1 Satz 2 n.F. Doch gilt die Regelung nach wohl allgemeiner Ansicht auch für Altfälle vor Inkrafttreten des MoMiG am 01.11.2008.[440]

E. § 30 Abs. 1 Satz 3: Gesellschafterdarlehen

97 Satz 3 dient der Abschaffung der »Rechtsfigur des eigenkapitalersetzenden Gesellschafterdarlehens«.[441] Der Schutz der Gläubiger soll mittels der Anfechtungsvorschriften in der InsO und im AnfG hergestellt werden.[442] Eine nach § 30 Abs. 1 zulässige Auszahlung kann möglicherweise nach § 135 InsO angefochten werden, wenn sie binnen der maßgeblichen Fristen vorgenommen wurde. Ausführlich hierzu Vor § 64 Rdn. 167 ff.

98 Diese Verlagerung der Prüfung, ob ein Gesellschafter mit der Zahlung auf seine Forderung einen ungerechtfertigten Vorteil erhalten hat, vom GmbHG in die insolvenzrechtlichen Anfechtungsvorschriften führt zugleich dazu, dass über den Wortlaut des § 30 Abs. 1 Satz 3 hinaus **keine Prüfung von Vollwertigkeit oder Marktkonformität** notwendig ist, wie dies Satz 2 ausdrücklich vorsieht.[443] GmbH-kapitalerhaltungsrechtlich sind Auszahlungen auf Gesellschafterdarlehen und ähnliche Forderungen demnach als Drittgeschäfte zu betrachten, unabhängig von den konkreten Konditionen.[444]

99 **Übergangsrecht** gibt es in Art. 103d EGInsO und § 30 Abs. 3 AnfG allein für die Novellenregelungen,[445] eine Übergangsvorschrift zum zeitlichen Anwendungsbereich der Rechtsprechungsregeln zum alten Eigenkapitalersatzrecht und § 30 Abs. 1 Satz 3 n.F. fehlt. Insoweit gelten die Rechtsprechungsregeln für Altfälle mit Eröffnung des Insolvenzverfahrens vor dem 01.11.2008 weiter.[446] Wurde das Insolvenzverfahren nach dem 31.10.2008 eröffnet, wirken die Rechtsprechungsregeln analog Art. 103d InsO nur fort, wenn die Rechtshandlung vor dem 01.11.2008 vorgenommen

435 A.A. *Vetter*, in: Goette/Habersack (Fn. 155), S. 107, S. 147.

436 *Thiessen*, in: Bork/Schäfer, GmbHG, § 30 Rn. 107; *Vetter*, in: Goette/Habersack (Fn. 155), S. 107, 145.

437 *Altmeppen*, in: Roth/Altmeppen, GmbHG, § 30 Rn. 103 f. m.w.N.

438 *Fastrich*, in: Baumbach/Hueck, GmbHG, § 30 Rn. 44; *Vetter*, in: Goette/Habersack (Fn. 155), S. 107, 145.

439 *Habersack*, in: Ulmer/Habersack/Löbbe, GmbHG, § 30 Rn. 88; *Fastrich*, in: Baumbach/Hueck, GmbHG, § 30 Rn. 44.

440 BGHZ 179, 71, 77 f. Tz. 12 – MPS (für AG); *Habersack*, in: Ulmer/Habersack/Löbbe, GmbHG, § 30 Rn. 84. Ausführlich *Vetter*, in: Goette/Habersack (Fn. 155), S. 107, 148 f.

441 BT-Drucks. 16/6140, S. 42. Zu rechtsgeschäftlichen Finanzierungsbindungen *Gunßer*, GmbHR 2010, 1250.

442 Begr. RegE BT-Drucks. 16/6140, S. 42.

443 *Ekkenga*, in: MünchKommGmbHG, § 30 Rn. 257; *Fastrich*, in: Baumbach/Hueck, GmbHG, § 30 Rn. 47; *Habersack*, in: Ulmer/Habersack/Winter, GmbHG (Erg.bd. MoMiG 2010), § 30 Rn. 38.

444 *Fastrich*, in: Baumbach/Hueck, GmbHG, § 30 Rn. 47.

445 Von diesen Übergangsregeln werden trotz ihrer Verortung auch die §§ 32a, b GmbHG a.F. erfasst, BGHZ 179, 249, 255 Tz 14 ff.

446 BGH, ZIP 2010, 1078, 1079 Tz 3; *Verse*, in: Scholz, GmbHG, § 30 Rn. 111. Anders (ohne Bezugnahme auf den BGH) OLG München, GmbHR 2010, 815, 816. Kritisch *Altmeppen*, ZIP 2011, 641.

wurde und die Rechtshandlung nach dem bis dahin maßgeblichen Recht der Anfechtung entzogen oder in geringerem Umfang unterworfen war.[447]

Sog. **Finanzplankredite** sind grds. Eigenkapital.[448] Allein die Bezeichnung als »Kredit« macht sie noch nicht zu Gesellschafter»darlehen« i.S.v. Satz 3. Sie fallen nicht unter § 30 Abs. 1 Satz 3, sodass die Rückzahlung nur nach Maßgabe des Satzes 1 möglich ist.[449] Finanzplankredite bildeten von jeher eine eigenständige Kategorie neben dem sog. Eigenkapitalersatzrecht.[450] Der Gesetzgeber hat Finanzplankredite schlicht nicht i.R.d. Satz 3 geregelt, es gibt kein »umfassendes Verständnis« der Gesetzesverfasser von Eigenkapitalersatz und Finanzplankrediten.[451] Zur Auszahlung von Gründungsaufwand oben Rdn. 16. 100

F. Rechtsfolgen eines Verstoßes

Nach zutreffender herrschender Meinung sind **sowohl Verpflichtungs- als auch Verfügungsgeschäft wirksam**, unabhängig vom Vorliegen eines absichtlichen Verstoßes.[452] Die §§ 30, 31 **verdrängen** die Grundsätze über den **Missbrauch der Vertretungsmacht.**[453] Allerdings ist bei einem Verstoß die Auszahlung verboten, es handelt sich um einen **von Amts wegen** zu berücksichtigenden, die Leistung zeitweise hindernden Einwand.[454] Der aus einem Verpflichtungsgeschäft folgende Anspruch ist damit nicht durchsetzbar.[455] 101

Die Auszahlung entgegen § 30 führt **nicht** zur Erfüllung der Gesellschaftsverbindlichkeit gem. **§ 362 Abs. 1 BGB.**[456] Denn es fehlt wegen § 31 Abs. 1 GmbHG an der auch nach den Vertretern der (herrschenden) Theorie der realen Leistungsbewirkung notwendigen Befugnis des Gläubigers, die Leistung behalten zu dürfen.[457] Eine gegen § 30 seitens der Gesellschaft vorgenommene **Aufrechnung** ist jedoch wirksam.[458] Das steht nicht im Widerspruch zur Annahme mangelnder Erfüllungswirkung i.S.v. § 362 Abs. 1 BGB: Die Aufrechnung führt nach § 389 BGB zwar zum Erlöschen der Forderungen, allerdings nicht zur Erfüllung; es handelt sich lediglich um ein 102

---

447 OLG München, ZIP 2011, 225, 226; *Haas*, DStR 2009, 976, 978. Für Fortgeltung OLG Jena, ZIP 2009, 2098, 2099, wenn Gewährung und Rückzahlung des Gesellschafterdarlehens vor dem 01.11.2008 stattfanden. Differenzierend *Verse*, in: Scholz, GmbHG, § 30 Rn. 112 f. Gegen jede Fortgeltung z.B. *Habersack*, in: Ulmer/Habersack/Löbbe, GmbHG, Anh. § 30 Rn. 41 mit umf. Nachw. zum Streitstand.

448 *Ekkenga*, in: MünchKommGmbHG, § 30 Rn. 76 m.N. zum Streitstand. S. auch *Pentz*, in: Rowedder/Schmidt-Leithoff, GmbHG, § 30 Rn. 93 ff.

449 *Ekkenga*, in: MünchKommGmbHG, § 30 Rn. 75 f.; *Habersack*, in: Ulmer/Habersack/Löbbe, GmbHG, Anh. § 30 Rn. 185; *Heidinger*, in: Michalski/Heidinger/Leible/Schmidt, GmbHG, § 30 Rn. 211; *Pentz*, in: Rowedder/Schmidt-Leithoff, GmbHG, § 30 Rn. 93.

450 S. *Habersack*, in: Ulmer/Habersack/Winter, GmbHG, Band II, 2006, §§ 32a/b Rn. 242 ff.; BGH, ZIP 2010, 1078, 1079 Tz 6.

451 A.A. *Thiessen*, in: Bork/Schäfer, GmbHG, § 30 Rn. 148.

452 BGHZ 173, 1, 14 Tz 30; BGHZ 136, 125, 129; ausführlich *Ekkenga*, in: MünchKommGmbHG, § 30 Rn. 276 ff.; *Habersack*, in: Ulmer/Habersack/Löbbe, GmbHG, § 30 Rn. 119 f. Zu den aktienrechtlichen Parallelvorschriften nunmehr ebenso BGHZ 196, 312.

453 *Ekkenga*, in: MünchKommGmbHG, § 30 Rn. 278; *Habersack*, in: Ulmer/Habersack/Löbbe, GmbHG, § 30 Rn. 122; *Fastrich*, in: Baumbach/Hueck, GmbHG, § 30 Rn. 67; *Verse*, in: Scholz, GmbHG, § 30 Rn. 123. A.A. *Altmeppen*, in: Roth/Altmeppen, GmbHG, § 30 Rn. 155.

454 *Ekkenga*, in: MünchKommGmbHG, § 30 Rn. 282 f.; *Verse*, in: Scholz, GmbHG, § 30 Rn. 117. Zum Eigenkapitalersatz BGH, ZIP 1996, 538, 540.

455 *Altmeppen*, in: Roth/Altmeppen, GmbHG, § 30 Rn. 154; *Ekkenga*, in: MünchKommGmbHG, § 30 Rn. 282; *Habersack*, in: Ulmer/Habersack/Löbbe, GmbHG, § 30 Rn. 115. Zur dogmatischen Herleitung ausführlich *Ekkenga* a.a.O. m.N.

456 Anders *Altmeppen*, ZIP 2015, 1657, 1660.

457 BGH, NJW 1996, 1207; BGH, WM 2008, 1703, 1705 Tz 26; *Olzen*, in: Staudinger, BGB, §§ 362–396, Neubearbeitung 2016, § 362 Rn. 13; *Schreiber*, in: Soergel, BGB, Band 5/3, 13. Aufl. 2010, § 389 Rn. 1.

458 BGHZ 95, 188, 191 f.; *Ekkenga*, in: MünchKommGmbHG, § 30 Rn. 279. A.A. *Joost*, ZHR 148 (1984), 27, 47 ff.

Erfüllungssurrogat.[459] Sie privilegiert den Schuldner, indem sie ihm ein Wahlrecht einräumt, wie er das Schuldverhältnis i.e.S. zum Erlöschen bringen will, ob durch Leistung des Geschuldeten oder auf anderem Wege, ggfls. auch gegen den Willen des Gläubigers.[460] Das rechtfertigt es, die gesellschaftsseitige Aufrechnung zuzulassen und gleichzeitig die Erfüllungswirkung zu verneinen. Wirksam ist auch die verbotswidrige **Abtretung** einer Gesellschaftsforderung an einen Gesellschafter.[461] Abgewickelt wird der Verstoß gegen § 30 allein im Binnenverhältnis Gesellschafter-Gesellschaft, die Norm ist **kein Schutzgesetz** i.S.v. § 823 Abs. 2 BGB.[462] Auszahlungsbeschlüsse können nicht selbst gegen § 30 Abs. 1 Satz 1 verstoßen und sind daher nicht ohne Weiteres nichtig nach § 241 Nr. 3 AktG analog.[463] Zur Haftung von **Zessionar** und **Pfandgläubiger** § 31 Rdn. 23.

G. Darlegungs- und Beweislast

103 Die Gesellschaft hat die Voraussetzungen des Abs. 1 Satz 1 mit Ausnahme negativer Tatsachen darzulegen und zu beweisen, d.h. die Auszahlung und die Herbeiführung oder Vertiefung der Unterbilanz bzw. Überschuldung.[464] Den Gesellschafter treffen diese Lasten für die Voraussetzungen der Sätze 2 und 3.[465] Fehlen – relevant v.a. für den Insolvenzverwalter – Unterlagen oder Bilanzdaten, trifft die Beweislast den Gesellschafter, wenn die Gesellschaft oder der Insolvenzverwalter ausreichende Anhaltspunkte für die Annahme eines Verstoßes im Auszahlungszeitpunkt darlegt.[466] Legt der Gesellschafter substantiiert dar, er habe keinen näheren Einblick in die Verhältnisse der Gesellschaft gehabt, gilt dies jedoch nicht, d.h. es bleibt der Beweisbelastung der Gesellschaft.[467] Zwar liegt es nahe, dass ein Geschäftsführer eine Auszahlung nicht anlasslos vornimmt, sondern auf Gesellschafterverlangen hin handelt. Doch untersagt § 30 eben nicht jede Auszahlung. Ohne die hier befürwortete Ausnahme zwänge man aber jedes Mitglied, stets die Auszahlungsumstände zu prüfen und gegebenenfalls sogar Unterlagen aufzubewahren. Denn dass die Gesellschaft oder der Insolvenzverwalter nicht über ausreichende Daten verfügen, bedeutet nicht, dass diese stets dem Gesellschafter vorlägen. Wie der Gesellschafter dann den Beweis führen soll, es habe keine Unterbilanz vorgelegen, bliebe unklar, zumal auch § 51a nicht hülfe, verfügt doch die Gesellschaft gerade nicht über die notwendigen Dokumente.

H. GmbH & Co. KG

104 Für die GmbH & Co. KG sind drei Fallgruppen zu unterscheiden: (i) Auszahlungen aus dem KG-Vermögen, weil diese formal nicht aus dem Vermögen »der Gesellschaft« (= der GmbH) abfließen (dazu Rdn. 105–107 ff.); (ii) Auszahlungen der GmbH an die KG hinsichtlich der Frage, ob Kommanditisten, die zugleich GmbH-Mitglieder sind, unter die §§ 30, 31 fallen (unten Rdn. 108 f.); (iii) Auszahlungen der GmbH an »Nur-Kommanditisten«, also solche KG-Gesellschafter, die nicht in Personalunion GmbH-Mitglieder sind (unten Rdn. 110).

---

459 BGHZ 173, 328, 337 Tz 38; *Gursky*, in: Staudinger, BGB, §§ 362–396, Neubearbeitung 2016, Vorbem zu §§ 387 ff Rn. 9; *Schreiber*, in: Soergel, BGB, Band 5/3, 13. Aufl. 2010, Vor § 387 Rn. 1.

460 *Gursky*, in: Staudinger, BGB, §§ 362–396, Neubearbeitung 2016, Vorbem zu §§ 387 ff Rn. 10 f.

461 OLG Düsseldorf, ZIP 2012, 2059, 2060.

462 BGHZ 148, 167, 170; *Ekkenga*, in: MünchKommGmbHG, § 30 Rn. 275; *Habersack*, in: Ulmer/Habersack/Löbbe, GmbHG, § 30 Rn. 22; *Fastrich*, in: Baumbach/Hueck, GmbHG, § 30 Rn. 1.

463 *Ekkenga*, in: MünchKommGmbHG, § 30 Rn. 281; *Fastrich*, in: Baumbach/Hueck, GmbHG, § 30 Rn. 66; *Verse*, in: Scholz, GmbHG, § 30 Rn. 119. A.A. *Habersack*, in: Ulmer/Habersack/Löbbe, GmbHG, § 30 Rn. 118.

464 *Ekkenga*, in: MünchKommGmbHG, § 30 Rn. 291; *Fastrich*, in: Baumbach/Hueck, GmbHG, § 30 Rn. 65; *Verse*, in: Scholz, GmbHG, § 30 Rn. 115. Für die Vorbelastungshaftung BGH, ZIP 2003, 625, 627. Überblick über die Beweislastverteilung bei *Bayer/Illhardt*, GmbHR 2011, 638, 640 f.

465 *Ekkenga*, in: MünchKommGmbHG, § 30 Rn. 292; *Verse*, in: Scholz, GmbHG, § 30 Rn. 116. Für den Drittvergleich vor MoMiG BGHZ 157, 72, 77.

466 BGH, ZIP 2003, 625, 627 (für die Vorbelastungshaftung); *Schmolke*, § 30 Rn. 188; *Verse*, in: Scholz, GmbHG, § 30 Rn. 116.

467 *Verse*, in: Scholz, GmbHG, § 30 Rn. 116.

I. Auszahlung aus dem Vermögen der KG

1. Auszahlungen an KG-Gesellschafter mit GmbH-Mitgliedschaft

Hält die GmbH Anteile an der KG, können sich Abflüsse aus dem KG-Vermögen zulasten der GmbH auswirken, wenn eine Wertminderung der Beteiligung an der KG in einer Minderung des Anlagevermögens der GmbH resultiert.[468] Fehlt es an einer Beteiligung, ist nach überkommener Rspr. dennoch eine Belastung der GmbH möglich, sofern einem KG-Gesellschafter, der in Personalunion GmbH-Mitglied ist, aus dem KG-Vermögen etwas gezahlt wird und die handelsrechtlichen Freistellungs- oder Rückgriffsansprüche der GmbH (§§ 110, 161 Abs. 2 HGB) nicht gedeckt sind.[469] In beiden Fällen greifen die §§ 30, 31 zulasten derjenigen Personen ein, die an beiden Gesellschaften zugleich beteiligt sind.[470] 105

2. Auszahlungen an Nur-GmbH-Gesellschafter

Der **Nur-GmbH-Gesellschafter** fällt unabhängig davon in den Anwendungsbereich des § 30, ob er die Auszahlung direkt erhält oder über die KG.[471] Es kommt nicht darauf an, ob neben der GmbH eine natürliche Person als Komplementärin haftet.[472] 106

3. Auszahlungen an Nur-Kommanditisten

Ist die KG Inhaberin aller KG-Komplementär-GmbH-Anteile (sog. **Einheitsgesellschaft**), unterfällt auch der **Nur-Kommanditist prinzipiell** den §§ 30, 31 (analog).[473] Das setzt allerdings voraus, dass keine natürliche Person unbeschränkt haftet.[474] Liegt keine Einheitsgesellschaft vor, haftet der Nur-Kommanditist entgegen dem BGH nur, wenn er zumindest Einsichtsrechte ggü. der GmbH wahrnehmen kann, die denen eines GmbH-Gesellschafters nach § 51a gleichkommen.[475] Kommanditisten einer Publikums-KG liegen demnach nicht im Anwendungsbereich der §§ 30, 31.[476] Diese haben keinerlei Möglichkeit, eine Steuerung der Auszahlung im von § 30 vorausgesetzten Sinne vorzunehmen (vgl. Rdn. 1). 107

II. Auszahlungen aus dem Vermögen der GmbH an die KG

Zahlt die GmbH an die KG, stellt sich die Frage, ob hierin eine Auszahlung an **GmbH-Gesellschafter** liegt, die **zugleich Kommanditisten** sind. Die Rspr. eines Teils der OLGe, wonach die darlehensweise »Durchleitung« von Einlagen der GmbH an die KG nicht zugleich eine Leistung 108

468 Grundlegend BGHZ 60, 324, 328 ff.; aus neuerer Zeit BGH, WM 2015, 333 Tz 8; BGH, GmbHR 2020, 534, 537 Tz 39, jeweils m. Nachw. Einzelheiten bei *Ekkenga*, in: MünchKommGmbHG, § 30 Rn. 189 ff.; *Habersack*, in: Ulmer/Habersack/Löbbe, GmbHG, § 30 Rn. 125 ff.

469 BGHZ 60, 324, 329; BGH, WM 2015, 333 Tz 8; BGH, GmbHR 2020, 534, 538 Tz 39.

470 Unstreitig, s. nur die Entscheidungen BGHZ 60, 324, 328 f.; BGH, GmbHR 2020, 534, 538 Tz 38; *Ekkenga*, in: MünchKommGmbHG, § 30 Rn. 191; *Habersack*, in: Ulmer/Habersack/Löbbe, GmbHG, § 30 Rn. 126.

471 BGH, WM 2015, 333 Tz 8; BGH, GmbHR 2020, 534, 539 Tz 49, jeweils m. Nachw.; *Habersack*, in: Ulmer/Habersack/Löbbe, GmbHG, § 30 Rn. 127; *Verse*, in: Scholz, GmbHG, § 30 Rn. 131. Einschränkend *Ekkenga*, in: MünchKommGmbHG, § 30 Rn. 190.

472 BGH, WM 2015, 333 Tz 9.

473 BGH, NJW 1995, 1960; BGHZ 110, 342, 358; BGH, WM 2015, 333 Tz 8; *Habersack*, in: Ulmer/Habersack/Löbbe, GmbHG, § 30 Rn. 128; *Fastrich*, in: Baumbach/Hueck, GmbHG, § 30 Rn. 70.

474 BGH, WM 2015, 333, 334 Tz 10. A.A. *Pöschke/Steenbreker*, NZG 2015, 614, 618.

475 *Ekkenga*, in: MünchKommGmbHG, § 30 Rn. 192; *Habersack*, in: Ulmer/Habersack/Löbbe, GmbHG, § 30 Rn. 128. Weiter (keine Einsichtsrechte voraussetzend) dagegen BGHZ 110, 342, 358; *Fastrich*, in: Baumbach/Hueck, GmbHG, § 30 Rn. 70.

476 So zu Recht *Ekkenga*, in: MünchKommGmbHG, § 30 Rn. 192; *Habersack*, in: Ulmer/Habersack/Löbbe, GmbHG, § 30 Rn. 128. Zumindest in dieser Tendenz *Verse*, in: Scholz, GmbHG, § 30 Rn. 131.

an einen GmbH-Gesellschafter, der gleichzeitig Kommanditist ist, darstellen soll,[477] ist angesichts ihrer Missbrauchsanfälligkeit abzulehnen[478] und mit Blick auf die neuere Rspr. des BGH zur Kapitalaufbringung[479] überholt. Die angeblich bestehende »wirtschaftliche Einheit« mit der GmbH, wegen der die KG kein dem Kommanditisten nahestehendes Unternehmen sei,[480] ist angesichts der gleichfalls existierenden wirtschaftlichen Nähe des Kommanditisten (§§ 167 Abs. 1, 120 HGB) kein tragfähiges Argument.[481] Der GmbH-Gesellschafter könnte anderenfalls einfach unter Zuhilfenahme einer KG-Beteiligung zu eigenen Gunsten Vermögen verschieben.

109 In der Einheitsgesellschaft[482] stellen Auszahlungen der GmbH an die KG Auszahlungen an die KG als Gesellschafterin dar.[483]

III. Auszahlungen der GmbH an Nur-Kommanditisten

110 Fließen aus dem GmbH-Vermögen Auszahlungen an eine Person, die nur Kommanditistin ist, schließt dies wie schon bei Auszahlungen aus dem KG-Vermögen an solche Nur-Kommanditisten die (analoge) Anwendung der §§ 30, 31 nicht aus.[484] Die oben (Rdn. 107) vorgetragenen Argumente zur Einschränkung der Haftung von Nur-Kommanditisten gelten auch hier.[485] Liegt keine Einheitsgesellschaft vor, sollten die §§ 30, 31 daher nicht gelten, sofern die Nur-Kommanditisten nicht über besondere Rechte verfügen.

I. Abs. 2 – Rückzahlung von Nachschüssen

111 Eingezahlte Nachschüsse i.S.d. § 26 Abs. 1 werden unter den in § 30 Abs. 2 genannten Voraussetzungen in das Auszahlungsverbot des § 30 Abs. 1 Satz 1 einbezogen. Die Norm dient nicht vorrangig dem Gläubigerschutz – es gibt keine generelle Ergänzung des Stammkapitals um Nachschüsse –, sondern der Bindung von Eigenkapital im Interesse zukünftiger Erwerber eines Geschäftsanteils.[486] Die Rückzahlung der Nachschüsse an die Gesellschafter ist unzulässig, wenn dadurch eine Unterbilanz herbeigeführt oder vertieft würde.

112 Hinsichtlich der Berechnung des ausschüttungsfähigen Vermögens sowie der Bestimmung des Auszahlungszeitpunktes gelten die allg. Regeln.[487] Satz 3 untersagt vor vollständiger Einzahlung der Stammeinlagen die Rückzahlung solcher Nachschüsse, die in Ausnutzung einer gesellschaftsvertraglichen Regelung i.S.v. § 28 Abs. 2 bereits vor vollständiger Einforderung der Stammeinlagen geleistet wurden. Gleiches gilt für lediglich eingeforderte, aber noch nicht eingezahlte Einlagen.[488]

---

477 OLG Köln, NZG 2003, 42; vgl. auch die in BGHZ 174, 370 aufgehobene Entscheidung des OLG Jena, ZIP 2006, 1534.

478 So zu Recht *Altmeppen*, in: Roth/Altmeppen, GmbHG, § 30 Rn. 172; *Heidinger*, in: Michalski/Heidinger/Leible/Schmidt, GmbHG, § 30 Rn. 159; *Schmolke*, § 30 Rn. 236. A.A. *Ekkenga*, in: MünchKommGmbHG, § 30 Rn. 190; *Habersack*, in: Ulmer/Habersack/Löbbe, GmbHG, § 30 Rn. 131. Unentschieden *Verse*, in: Scholz, GmbHG, § 30 Rn. 134.

479 Vgl. BGHZ 174, 370, 376 ff. (Tz 10 ff.).

480 Hierauf stellte die OLG-Rspr. ab, s. Fn. 477.

481 Ähnlich *Altmeppen*, in: Roth/Altmeppen, GmbHG, § 30 Rn. 172.

482 Zum Begriff oben Rdn. 107.

483 *Ekkenga*, in: MünchKommGmbHG, § 30 Rn. 190; *Schmolke*, § 30 Rn. 234.

484 *Ekkenga*, in: MünchKommGmbHG, § 30 Rn. 192; *Habersack*, in: Ulmer/Habersack/Löbbe, § 30 Rn. 130; *Verse*, in: Scholz, GmbHG, § 30 Rn. 133.

485 Vgl. *Ekkenga*, in: MünchKommGmbHG, § 30 Rn. 192.

486 *Ekkenga*, in: MünchKommGmbHG, § 30 Rn. 293; *Habersack*, in: Ulmer/Habersack/Löbbe, GmbHG, § 30 Rn. 140. A.A. *Hommelhoff*, in: Lutter/Hommelhoff, GmbHG, § 30 Rn. 68; *Fastrich*, in: Baumbach/Hueck, GmbHG, § 30 Rn. 71.

487 *Ekkenga*, in: MünchKommGmbHG, § 30 Rn. 296; *Habersack*, in: Ulmer/Habersack/Löbbe, GmbHG, § 30 Rn. 141 f.

488 *Ekkenga*, in: MünchKommGmbHG, § 30 Rn. 296; *Habersack*, in: Ulmer/Habersack/Löbbe, GmbHG, § 30 Rn. 143; *Fastrich*, in: Baumbach/Hueck, GmbHG, § 30 Rn. 71; *Verse*, in: Scholz, GmbHG, § 30 Rn. 141.

Der **Rückzahlungsbeschluss** ist nach § 46 Nr. 3 zu fassen, zudem muss nach Satz 2 eine **Frist** von 3 Monaten ab Veröffentlichung des Beschlusses in einem der nach § 12 zugelassenen Blätter eingehalten werden. Sind mehrere Veröffentlichungsmedien nutzbar, beginnt die Frist mit der Veröffentlichung im zuletzt erschienenen Blatt.[489]

Werden die Nachschüsse gesetzeskonform zurückgezahlt – und nur dann –,[490] gelten sie gem. Satz 4 als nicht eingezogen. Bei einem Verstoß gegen Abs. 2 kommen die allg. Regeln der §§ 30 Abs. 1, 31 zum Tragen.[491] 113

§ 31 Erstattung verbotener Rückzahlungen

(1) Zahlungen, welche den Vorschriften des § 30 zuwider geleistet sind, müssen der Gesellschaft erstattet werden.

(2) War der Empfänger in gutem Glauben, so kann die Erstattung nur insoweit verlangt werden, als sie zur Befriedigung der Gesellschaftsgläubiger erforderlich ist.

(3) [1]Ist die Erstattung von dem Empfänger nicht zu erlangen, so haften für den zu erstattenden Betrag, soweit er zur Befriedigung der Gesellschaftsgläubiger erforderlich ist, die übrigen Gesellschafter nach Verhältnis ihrer Geschäftsanteile. [2]Beiträge, welche von einzelnen Gesellschaftern nicht zu erlangen sind, werden nach dem bezeichneten Verhältnis auf die übrigen verteilt.

(4) Zahlungen, welche auf Grund der vorstehenden Bestimmungen zu leisten sind, können den Verpflichteten nicht erlassen werden.

(5) [1]Die Ansprüche der Gesellschaft verjähren in den Fällen des Absatzes 1 in zehn Jahren sowie in den Fällen des Absatzes 3 in fünf Jahren. [2]Die Verjährung beginnt mit dem Ablauf des Tages, an welchem die Zahlung, deren Erstattung beansprucht wird, geleistet ist. [3]In den Fällen des Absatzes 1 findet § 19 Abs. 6 Satz 2 entsprechende Anwendung.

(6) [1]Für die in den Fällen des Absatzes 3 geleistete Erstattung einer Zahlung sind den Gesellschaftern die Geschäftsführer, welchen in betreff der geleisteten Zahlung ein Verschulden zur Last fällt, solidarisch zum Ersatz verpflichtet. [2]Die Bestimmungen in § 43 Abs. 1 und 4 finden entsprechende Anwendung.

Schrifttum

Altmeppen, Das rechtliche Schicksal der Kapitalerhaltungshaftung in der GmbH bei nachträglichem Wegfall der Unterdeckung oder nachträglichem Eintritt einer Privilegierung, ZIP 2015, 1657; *Bayer*, Die Gesamtverantwortung der Gesellschafter für das Stammkapital und die Existenz der GmbH, FS Röhricht, 2005, S. 25; *Bayer/Illhardt*, Darlegungs- und Beweislast im Recht der GmbH anhand praktischer Fallkonstellationen (Teil 2), GmbHR 2011, 638; *Grunewald*, Die Verantwortlichkeit des gering beteiligten GmbH-Gesellschafters für Kapitalaufbringung und -erhaltung, FS Lutter, 2000, S. 413; *Jungmann*, Zur bilanziellen Behandlung und summenmäßigen Begrenzung von Ansprüchen aus § 31 GmbHG, DStR 2004, 688; *Koch*, Die Verzinsung des Rückgewähranspruchs beim Empfang verbotener Leistungen im Aktien- und GmbH-Recht, AG 2004, 20; *Kort*, Das Verhältnis von Auszahlungsverbot (§ 30 Abs. 1 GmbHG) und Erstattungspflicht (§ 31 GmbHG), ZGR 2001, 615; *Lange*, Das Verbot der Aufrechnung gegen den Erstattungsanspruch aus § 31 I GmbHG, NJW 2002, 2293; *Pentz*, Einzelfragen zu Cash Management und Kapitalerhaltung, ZIP 2006, 781; *Priester*, Vergleich über Einlageforderungen – Zustimmungserfordernis der Hauptversammlung,

489 *Ekkenga*, in: MünchKommGmbHG, § 30 Rn. 296; *Fastrich*, in: Baumbach/Hueck, GmbHG, § 30 Rn. 71; *Habersack*, in: Ulmer/Habersack/Löbbe, GmbHG, § 30 Rn. 148; *Heidinger*, in: Michalski/Heidinger/Leible/Schmidt, GmbHG, § 30 Rn. 225; *Pentz*, in: Rowedder/Schmidt-Leithoff, GmbHG, § 30 Rn. 111; *Verse*, in: Scholz, GmbHG, § 30 Rn. 143. A.A. *Thiessen*, in: Bork/Schäfer, GmbHG, § 30 Rn. 170 (Erscheinen im elektronischen Bundesanzeiger).

490 *Ekkenga*, in: MünchKommGmbHG, § 30 Rn. 298; *Fastrich*, in: Baumbach/Hueck, GmbHG, § 30 Rn. 73.

491 *Ekkenga*, in: MünchKommGmbHG, § 30 Rn. 297; *Habersack*, in: Ulmer/Habersack/Löbbe, GmbHG, § 31 Rn. 8.

AG 2012, 525; *Reemann*, Zur Ausfallhaftung des Gesellschafters für verbotene Auszahlungen der GmbH an andere Gesellschafter, ZIP 1990, 1309; *Schmidt, K.*, Die begrenzte Ausfallhaftung nach §§ 24, 31 Abs. 3 GmbHG im System des GmbH-Haftungsrechts – Neuerliches Plädoyer für ein systemstimmiges Haftungsmodell –, FS Th. Raiser, 2005, S. 311; *ders.*, Zum Kapitalschutz in der GmbH nach §§ 30, 31 GmbHG, JZ 2008, 735; *Servatius*, Über die Beständigkeit des Erstattungsanspruchs wegen Verletzung des Stammkapitals, GmbHR 2000, 1028; *Verse*, Der Gleichbehandlungsgrundsatz im Recht der Kapitalgesellschaften, 2006; *ders.*, (Gemischte) Sacheinlagen, Differenzhaftung und Vergleich über Einlageforderungen, ZGR 2012, 875.

Übersicht

A. Einführung

1 § 31 ergänzt das Kapitalerhaltungsgebot des § 30 Abs. 1 Satz 1 durch Anordnung konkreter Rechtsfolgen. Der Erstattungsanspruch ist ein **genuin gesellschaftsrechtlicher Anspruch**, d.h. weder dem Bereicherungsrecht zuzuordnen noch Schadensersatzanspruch.[1] Ergänzend zur Sicherung des Vermögenszuflusses i.R.d. Kapitalaufbringung und der damit einhergehenden Trennung von Gesellschafts- und Gesellschaftervermögen gewährleistet er die Durchsetzung der beidseitigen Vermögenstrennung (§ 30 Rdn. 1). Insofern sind Erstattungsanspruch und Einlageanspruch funktional ähnlich.[2] Es geht dabei nicht um die neuerliche Geltendmachung der Verpflichtung der Gesellschafter zur Kapitalaufbringung,[3] sondern um die Verletzung des Versprechens, sich nach der auf der (zumindest teilweisen) Einlageleistung beruhenden Trennung von Vermögen der Gesellschaft und Vermögen der Gesellschafter (Eintragung nach Einzahlung, vgl. § 7 Abs. 2, 3, 9c) unterhalb der Schwelle des § 30 Abs. 1 eines Zugriffs auf das Gesellschaftsvermögen zu enthalten (§ 30 Rdn. 1).

2 Angesichts der eigenständigen Ausgestaltung von § 31 und der Erlaubnistatbestände in § 30 Abs. 1 Satz 2, 3 kommt eine analoge Heranziehung von § 19 nicht ohne Weiteres in Betracht.[4]

1 BGHZ 31, 258, 265; *Ekkenga*, in: MünchKommGmbHG, § 31 Rn. 1; *Habersack*, in: Ulmer/Habersack/Löbbe, GmbHG, § 31 Rn. 9; *Verse*, in: Scholz, GmbHG, § 31 Rn. 5.

2 Grundlegend zur Funktionsäquivalenz *Lutter*, Sicherung der Kapitalaufbringung und Kapitalerhaltung in den Aktien- und GmbH-Rechten der EWG, 1964, S. 380 f. Kritisch *Servatius*, GmbHR 2000, 1028, 1030 f.

3 Insofern zu Recht kritisch *Servatius*, GmbHR 2000, 1028, 1030 f.

4 *Habersack*, in: Ulmer/Habersack/Löbbe, GmbHG, § 31 Rn. 4; *Verse*, in: Scholz, GmbHG, § 31 Rn. 5; weniger restriktiv *Fastrich*, in: Baumbach/Hueck, GmbHG, § 31 Rn. 3.

Die Norm verdrängt andere Ansprüche nicht,[5] sodass bei Vorliegen von deren Anwendungsvoraussetzungen eine parallele Geltendmachung in Betracht kommt. Das setzt wegen der fehlenden Auswirkungen einer Auszahlung entgegen § 30 auf Verpflichtungs- und Verfügungsgeschäft (§ 30 Rdn. 101) mehr als einen bloßen Verstoß gegen § 30 voraus. Sämtliche Absätze sind **zwingendes Recht** und nicht zugunsten der Gesellschafter mit Wirkung gegen die Gläubiger abdingbar.[6] 3

Der Anspruch aus Einlagenrückgewähr ist **schiedsfähig.**[7] Ein Interesse des Staates an einem Entscheidungsmonopol seiner Gerichte besteht insoweit nicht.[8] Wie bei der Kapitalaufbringung sind auch im Rahmen der Kapitalerhaltung Vergleiche nach zutreffender Ansicht jedenfalls insoweit zulässig, als über Bestand und Umfang des Anspruchs objektiv Unsicherheiten auftreten (s. unten Rdn. 40). 4

B. Anspruchsinhaber und Anspruchsinhalt

I. Anspruchsinhaber

Inhaberin des Anspruchs ist (allein) die **Gesellschaft,**[9] geltend gemacht wird er durch die Geschäftsführer, die Liquidatoren oder, in der Insolvenz, den Insolvenzverwalter. In der **GmbH & Co. KG** ist nach BGH die KG Inhaberin des Anspruchs, wenn Auszahlungen aus dem Vermögen der KG zu einem Verstoß gegen § 30 geführt haben (§ 30 Rdn. 105), während Teile der Literatur den Anspruch der GmbH zuordnen.[10] Nach beiden Ansichten wird der Anspruch von der GmbH geltend gemacht (notfalls per actio pro socio) und richtet sich auf Rückerstattung in das Vermögen der KG.[11] Richtiger Ansicht nach gibt es **kein Recht der Gläubiger** analog § 62 Abs. 2 Satz 1 AktG, den Anspruch geltend zu machen. Insofern fehlt es an einer planwidrigen Regelungslücke.[12] 5

Der Rückerstattungsanspruch ist **abtretbar** und **verpfändbar.** Voraussetzung ist, dass die Gesellschaft dafür entweder eine vollwertige Gegenleistung erhält oder der Abtretungsempfänger Inhaber eines gegen die Gesellschaft gerichteten, bestehenden und fälligen Anspruchs ist, der durch die Abtretung erfüllt wird.[13] Vollwertigkeit bedarf es im letzteren Fall nicht.[14] Eine Insolvenzanfechtung wird trotz Zulässigkeit der Abtretung zu Erfüllungszwecken nicht ausgeschlossen.[15] Im praktischen 6

---

5 *Fastrich*, in: Baumbach/Hueck, GmbHG, § 31 Rn. 4.

6 Allg.M., *Altmeppen*, in: Roth/Altmeppen, GmbHG, § 31 Rn. 1; *Fastrich*, in: Baumbach/Hueck, GmbHG, § 31 Rn. 1.

7 *Altmeppen*, in: Roth/Altmeppen, GmbHG, § 31 Rn. 37; *Habersack*, in: Ulmer/Habersack/Löbbe, GmbHG, § 31 Rn. 65; *Pentz*, in: Rowedder/Schmidt-Leithoff, GmbHG, § 31 Rn. 45; *Verse*, in: Scholz, GmbHG, § 31 Rn. 73.

8 Für die Kapitalaufbringung BGHZ 160, 127, 132 ff.

9 BGH GmbHR 2020, 476, 477 Tz. 18.

10 S. BGHZ 60, 324, 329; BGHZ 110, 342, 357, einerseits und *Ekkenga*, in: MünchKommGmbHG, § 31 Rn. 22 andererseits. Anspruchsberechtigung beider erwägend *Fastrich*, in: Baumbach/Hueck, GmbHG, § 31 Rn. 7.

11 BGHZ 60, 324, 329; BGHZ 110, 342, 357; *Ekkenga*, in: MünchKommGmbHG, § 30 Rn. 22; *Verse*, in: Scholz, GmbHG, § 31 Rn. 91.

12 BGH GmbHR 2020, 476, 478 Tz. 20; *Ekkenga*, in: MünchKommGmbHG, § 31 Rn. 21; *Fastrich*, in: Baumbach/Hueck, GmbHG, § 31 Rn. 6; *Thiessen*, in: Bork/Schäfer, GmbHG, § 31 Rn. 8. A.A. *Altmeppen*, in: Roth/Altmeppen, GmbHG, § 31 Rn. 9; *Habersack*, in: Ulmer/Habersack/Löbbe, GmbHG, § 31 Rn. 12.

13 BGH, NJW 1995, 326, 330 (insoweit nicht in BGHZ 127, 336, abgedruckt); BGHZ 69, 279, 282 f.

14 BGHZ 69, 274, 282 f.; *Heidinger*, in: Michalski/Heidinger/Leible/Schmidt, GmbHG, § 31 Rn. 9; *Hommelhoff*, in: Lutter/Hommelhoff, GmbHG, § 31 Rn. 4; wohl auch *Verse*, in: Scholz, GmbHG, § 31 Rn. 29. Nunmehr auch *Habersack*, in: Ulmer/Habersack/Löbbe, GmbHG, § 31 Rn. 13. A.A. bei mangelnder Vollwertigkeit *Ulmer*, FS 100 Jahre GmbH-Gesetz, 1992, S. 363, 282 f.

15 *Thiessen*, in: Bork/Schäfer, GmbHG, § 31 Rn. 13.

Ergebnis hängt die Abtretung des Rückerstattungsanspruchs an einen anderen Gesellschafter wegen dieses Anfechtungsrisikos damit i.d.R. von einer vollwertigen Gegenleistung ab.[16]

7 Die **Pfändung** des Anspruchs nach § 31 seitens der Gesellschaftsgläubiger ist möglich und an keine besonderen Voraussetzungen geknüpft, insb. nicht an eine i.S.v. § 19 vollwertige Gläubigerforderung.[17]

II. Anspruchsinhalt und -umfang

1. Rückgewähr in Natur und Wahlrecht des Gesellschafters

8 Der Anspruch richtet sich nach zutreffender herrschender Meinung grds. auf die **Rückgewähr des Geleisteten in Natur**, subsidiär Wertersatz (etwa bei Untergang der geleisteten Sache oder Dienstleistungen).[18] »Rückgewähr« ist nicht bereits deshalb ausgeschlossen, weil das Geleistete nicht mehr existiert. Es kommt vielmehr darauf an, ob eine Wiederherstellung möglich ist, etwa durch Neubegründung einer Forderung oder sogar die sofortige Erfüllung der neu zu begründenden Verbindlichkeit, wenn diese fällig war oder wäre.[19]

9 Dem Gesellschafter wird herrschend zu Recht zugebilligt, statt Rückgewähr in Natur ersatzweise Wertausgleich in Geld zu leisten.[20] Das **Wahlrecht** findet seine Grenze im vorrangigen Recht der Gesellschaft, die Ersetzungsbefugnis im konkreten Fall zu verneinen; zudem scheidet Wertausgleich aus hinsichtlich solcher Gegenstände, die die Gesellschaft zur ordentlichen Fortführung ihrer Geschäfte benötigt.[21] Die Bestimmung einer Zahlung zur Tilgung einer Einlageschuld steht einer Umdeutung in eine Zahlung auf eine Schuld nach § 31 Abs. 1 nicht entgegen.[22] Ist der Forderungserlass anfechtbar und befindet sich die Gesellschaft in der Insolvenz, kann der Insolvenzverwalter direkt auf Erfüllung klagen, ohne vorher die Neubegründung durchzusetzen.[23]

2. Voller Verlustausgleich

10 Der Rückerstattungsanspruch ist grds. auf **vollen Verlustausgleich** gerichtet, wird aber durch das zur Deckung des Stammkapitals notwendige Reinvermögen begrenzt. Anderenfalls ginge der Anspruch aus § 31 Abs. 1 weiter als der Schutz des § 30 Abs. 1 Satz 1.[24] Allerdings ist die Haftung nicht auf den Umfang des Stammkapitals beschränkt, auch eine herbeigeführte oder vertiefte Überschuldung muss ausgeglichen werden.[25] Im Fall der Pflicht zum Wertersatz bemisst sich der Umfang des

---

16 Weiter *Ekkenga*, in: MünchKommGmbHG, § 31 Rn. 19 (Abtretung auch an anderen Gesellschafter ohne Vollwertigkeitserfordernis).

17 *Ekkenga*, in: MünchKommGmbHG, § 31 Rn. 20; *Habersack*, in: Ulmer/Habersack/Löbbe, GmbHG, § 31 Rn. 12; *Fastrich*, in: Baumbach/Hueck, GmbHG, § 31 Rn. 6.

18 BGHZ 176, 62, 64 Tz 9; *Ekkenga*, in: MünchKommGmbHG, § 31 Rn. 6, 11; *Habersack*, in: Ulmer/Habersack/Löbbe, GmbHG, § 31 Rn. 23; *Ulmer*, FS 100 Jahre GmbH-Gesetz, S. 363, 381; *Verse*, in: Scholz, GmbHG, § 31 Rn. 17, 19. A.A. *Heidinger*, in: Michalski/Heidinger/Leible/Schmidt, GmbHG, § 31 Rn. 32; *Joost*, ZHR 148 (1984), 27, 54.

19 Vgl. BGHZ 179, 344, 358 Tz 45; BGHZ 95, 188, 193.

20 *Ekkenga*, in: MünchKommGmbHG, § 31 Rn. 6, 11; *Habersack*, in: Ulmer/Habersack/Löbbe, GmbHG, § 31 Rn. 23; *Ulmer*, FS 100 Jahre GmbH-Gesetz, S. 363, 381. Einschränkend *Hommelhoff*, in: Lutter/Hommelhoff, GmbHG, § 31 Rn. 8: nur bei einfach wiederbeschaffbaren Ersatzgegenständen. Grunds. gegen ein Wahlrecht *Verse*, in: Scholz, GmbHG, § 31 Rn. 17, der (a.a.O. Rn. 18) diese Möglichkeit nur einräumt, wenn die Leistung der Gesellschaft nur z.T. aus gebundenem Vermögen abgeflossen ist.

21 *Ekkenga*, in: MünchKommGmbHG, § 31 Rn. 6; *Diers*, in: Saenger/Inhester, GmbHG, § 31 Rn. 10; *Habersack*, in: Ulmer/Habersack/Löbbe, GmbHG, § 31 Rn. 25.

22 BGHZ 179, 285, 287 Tz 9.

23 *Thiessen*, in: Bork/Schäfer, GmbHG, § 31 Rn. 33.

24 *Ekkenga*, in: MünchKommGmbHG, § 31 Rn. 8; *Habersack*, in: Ulmer/Habersack/Löbbe, GmbHG, § 31 Rn. 22.

25 BGHZ 60, 324, 331; BGH, WM 1990, 502, 504; *Ekkenga*, in: MünchKommGmbHG, § 31 Rn. 9; *Hommelhoff*, in: Lutter/Hommelhoff, GmbHG, § 31 Rn. 9.

Rückgewähranspruches nicht nach der Vermögensmehrung aufseiten des Gesellschafters, sondern nach dem Umfang des Abflusses aus dem Gesellschaftsvermögen.

3. Wertverluste und Wertsteigerungen

Wertverluste zwischen Auszahlung und Rückerstattung sind auszugleichen, wenn sie sich nicht auch ohne Auszahlung aufseiten der Gesellschaft realisiert hätten.[26] Anderenfalls könnte der Gesellschafter sich im Wege der Ausübung seines Wahlrechts (Rdn. 9) im Ergebnis u.U. einen Gegenstand günstiger beschaffen, als ihm dies im Auszahlungszeitpunkt nach § 30 Abs. 1 gestattet gewesen wäre. **Keine Zuzahlungspflicht** besteht, **wenn die Rückgabe** des in seinem Wert geminderten Gegenstandes zur Wiederherstellung des zur Stammkapitaldeckung notwendigen Vermögens **ausreicht.** Da es sich bei der Rückerstattungspflicht nicht um einen Schadensersatzanspruch handelt, zielt er nicht auf umfassende Restitution der Gesellschaft, Dispositionsstörungen werden daher grds. nicht ausgeglichen. Aus diesem Grund ist der Gesellschafter weder zum Ersatz von **Folgeschäden** noch von **Nutzungsausfall** verpflichtet, die nicht nach allg. Grundsätzen als Auszahlung zu bewerten sind.[27] 11

Nach Auszahlung eingetretene **Wertsteigerungen**, z.B. Kursgewinne von Aktien, kommen der Gesellschaft zugute.[28] Wäre dies nicht so, müsste die Gesellschaft u.U. dem Gesellschafter einen Ausgleich zahlen, wenn die Rückerstattung über das zur Wiederherstellung des das Stammkapital deckenden Vermögens i.S.v. § 30 Abs. 1 Satz 1 Notwendige hinausginge. Sollte die Sache untergehen, ist der Wert im Zeitpunkt des Untergangs maßgeblich, nachfolgende Entwicklungen sind nicht mehr zu berücksichtigen, da sich dann der Rückerstattungsanspruch in natura in einen bloßen Wertersatzanspruch umwandelt (Rdn. 8). Mangels Anwendbarkeit von §§ 249, 251 BGB sind zukünftige Entwicklungen selbst dann nicht zu berücksichtigen, wenn sie wahrscheinlich waren. Anderenfalls gewährte man der Gesellschaft doch Restitution. 12

4. Anspruchsentstehung (Zeitpunkt) und Fälligkeit

Der sofort fällige Anspruch aus Abs. 1 **entsteht mit Empfang** der entgegen § 30 ausgezahlten Leistung. Es bedarf keines Gesellschafterbeschlusses.[29] Im **Verzugsfall** gelten die allg. Regeln (§§ 280 Abs. 1, 2, 286 ff. BGB), § 20 ist, da es sich um einen Fälligkeitszinsanspruch handelt,[30] nicht anwendbar.[31] I.d.R. bedarf es daher einer Mahnung. 13

5. Kein Untergang bei Beseitigung der Unterbilanz

Der **Erstattungsanspruch geht nicht unter, wenn die Unterbilanz aufgrund anderer Vorgänge beseitigt wird.**[32] Das gilt auch für den Fall, dass im Zeitpunkt des Leistungsempfangs bestehende Rückstellungen später wieder aufgelöst werden oder jedenfalls aufgelöst werden können (zur Berücksichtigung von Rückstellungen bei der Unterbilanzrechnung § 30 Rdn. 33).[33] Der Einwand, 14

---

26 BGHZ 176, 62, 65 Tz 10; BGHZ 122, 333, 338 f.; *Ekkenga*, in: MünchKommGmbHG, § 31 Rn. 12; *Habersack*, in: Ulmer/Habersack/Löbbe, GmbHG, § 31 Rn. 24; *Fastrich*, in: Baumbach/Hueck, GmbHG, § 31 Rn. 16; *Verse*, in: Scholz, GmbHG, § 31 Rn. 19. A.A. *K. Schmidt*, JZ 2008, 735 ff.

27 *Ekkenga*, in: MünchKommGmbHG, § 31 Rn. 16.

28 *Ekkenga*, in: MünchKommGmbHG, § 31 Rn. 15; *Habersack*, in: Ulmer/Habersack/Löbbe, GmbHG, § 31 Rn. 23. Kritisch *K. Schmidt*, JZ 2008, 735, 737.

29 BGH, WM 1987, 208, 209.

30 OLG Brandenburg, NZG 2001, 366, 367. S. § 20 Rdn. 2.

31 *Verse*, in: Scholz, GmbHG, § 31 Rn. 22. Ausführlich zur fehlenden Verzinsungspflicht *Koch*, AG 2004, 20, 25 f.

32 Grundlegend BGHZ 144, 336, 341 f.; BGHZ 173, 1, 8 Tz 16; *Ekkenga*, in: MünchKommGmbHG, § 31 Rn. 32; *Ulmer*, FS 100 Jahre GmbH-Gesetz, 1992, S. 363, 383 ff. Anders noch BGH, WM 1987, 1040, 1041.

33 BGH, ZIP 2003, 2068, 2070; *Verse*, in: Scholz, GmbHG, § 31 Rn. 25.

mit nachträglich eintretender Deckung des Stammkapitals sei dem Gläubigerschutz Genüge getan, weil nun »gerade alle Gläubiger restlos befriedigt werden« könnten,[34] ist zweifelhaft. Die §§ 30, 31 sollen sicherstellen, dass die Gesellschafter nicht auf das Gesellschaftsvermögen zugreifen (§ 30 Rdn. 1). Das dient zwar dem Gläubigerschutz. Doch wäre es fragwürdig, das Mitglied, das normwidrig Auszahlungen erhalten hat, aufgrund eines Zufalls zu entlasten. Damit würde ein Verhaltensanreiz gesetzt, es gegebenenfalls »darauf ankommen zu lassen«. Dass die Gesellschaft jenseits der Grenze des § 30 Abs. 1 Satz 1 einen Erlass vereinbaren kann,[35] ändert hieran nichts. Denn mit dem Vereinbarungserfordernis bleibt die Befugnis, über den Anspruch zu verfügen, bei der Gesellschaft. Damit einher geht die Möglichkeit, den Anspruch abzutreten. Hinge dessen Bestand von der »Wiederauffüllung« des Stammkapitals ab, würde diese Verwertungschance zumindest beeinträchtigt.[36] Zu meinen, dies sei für den Zessionar nicht relevant,[37] ist angesichts von § 404 BGB fragwürdig. Nimmt man unter (analoger) Heranziehung von § 404 BGB richtigerweise an, im Fall einer Abtretung blieben die Einwände erhalten, die vorher bestanden, wie dies für die Gesellschaftereigenschaft anerkannt ist (vgl. § 30 Rdn. 77), kann der Forderungserwerber gerade nicht auf den Fortbestand vertrauen. Der Gesellschaft bleibt die Möglichkeit, gegen die Forderung aufzurechnen (unten Rdn. 35).

15 Der Gesellschafter kann nicht »dolo petit« einwenden, obwohl nach Unterbilanzbeseitigung sein Anspruch aus dem Kausalgeschäft durchsetzbar ist.[38] Schutz bietet dem Erstattungspflichtigen allein Abs. 2.[39] Zu Erlass, Aufrechnung und Stundung Rdn. 34 ff.

6. Spätere Begründung der Einwände nach § 30 Abs. 1 Satz 2

16 Kommt nach der rechtswidrigen Auszahlung ein Beherrschungs- oder Gewinnabführungsvertrag zustande, führt dies grunds. nicht zum Erlöschen des Anspruchs aus § 31 Abs. 1.[40] Das gilt allerdings nicht, wenn der Unternehmensvertrag rückwirkend geschlossen wird und die Auszahlung damit zu einer wird, die nach dem für die Wirkung maßgeblichen Datum stattgefunden hat und deshalb Heilung eintritt; vor Vertragsbeginn liegende Zahlungen bleiben damit illegal.[41]

17 Mit Blick auf § 30 Abs. 1 Satz 2 Var. 2 liegen die Dinge anders.[42] Zwar fehlt ein an die Stelle des § 31 Abs. 1 tretenden, § 302 AktG analog vergleichbaren Ausgleichsanspruchs zugunsten der Gläubiger. Doch privilegiert § 30 Abs. 1 Satz 2 Var. 2 unabhängig von solchen Mechanismen. Wenn bei Vollwertigkeit bilanziell betrachtet kein Verstoß gegen § 30 Abs. 1 Satz 1 anzunehmen ist (vgl. § 30 Rdn. 57 ff.), kann es auf den Zeitpunkt der Vollwertigkeit nicht ankommen, was das Eingreifen der Privilegierung angeht. Das steht nicht im Widerspruch zur Lage bei nachträglichem Wegfall der Unterbilanz.[43] § 30 Abs. 1 Satz 2 Var. 2 bezieht sich konkret auf das Verhältnis von Gesellschaft und Mitglied. Nach der bilanziellen Betrachtungsweise beinhalten Marktkonditionen entsprechender Austauschgeschäfte kein Handeln der Gesellschafter, das in ihrer Stellung als

---

34 So in jüngerer Zeit *Altmeppen*, ZIP 2015, 1657, 1658.

35 *Altmeppen*, ZIP 2015, 1657, 1659.

36 S. nur BGHZ 144, 336, 341.

37 *Altmeppen*, ZIP 2015, 1657, 1659.

38 BGHZ 144, 336, 342.

39 BGHZ 173, 1, 8 Tz 16.

40 H.M. für den Beherrschungs- oder Gewinnabführungsvertrag, *Ekkenga*, in: MünchKommGmbHG, § 31 Rn. 36; *Habersack*, in: Ulmer/Habersack/Löbbe, GmbHG, § 31 Rn. 30a; *Verse*, in: Scholz, GmbHG, § 31 Rn. 27; bereits zum alten Recht *Pentz*, ZIP 2006, 781, 786 ff. Für die nachträgliche Vollwertigkeit zum alten Recht BGHZ 193, 96, 104 Tz 28 ff. A.A. für beide Fälle des § 30 Abs. 1 Satz 2 *Altmeppen*, ZIP 2015, 1657, 1661 f.

41 *Ekkenga*, in: MünchKommGmbHG, § 30 Rn. 269; *Habersack*, in: Ulmer/Habersack/Löbbe, GmbHG, § 31 Rn. 30a; *Verse*, in: Scholz, GmbHG, § 31 Rn. 27; bereits zum alten Recht *Pentz*, ZIP 2006, 781, 786 f. A.A. (Heilung auch bei späterem Vertragsbeginn) *Altmeppen*, ZIP 2015, 1657, 1661 f.

42 *Altmeppen*, ZIP 2015, 1657, 1661. Zum alten Recht a.A. BGHZ 196, 96, 104 Tz 28 ff.

43 So aber *Altmeppen*, ZIP 2015, 1657, 1661.

Gesellschaftsinsider wurzelt (vgl. dazu § 30 Rdn. 1). Aus diesem Grund bedarf es keiner Sanktion des Verhaltens, um der beidseitigen Vermögenstrennung zur Durchsetzung zu verhelfen. Das gilt nicht, wenn andere Gründe zum Wegfall der Unterbilanz führen. Hier bleibt es dabei, dass das begünstigte Mitglied gerade wegen seiner Stellung rechtswidrig Vorteile erlangt hat, ohne dass dieser Makel mit der Wiederauffüllung des Stammkapitals entfiele. Im Ergebnis gelten damit die oben in Rdn. 14 genannten Argumente zugunsten des Fortbestandes des Anspruchs entsprechend.

C. Anspruchsgegner

I. Gesellschafter

Anspruchsgegner ist der **Gesellschafter**, an den ausgezahlt wurde. Für § 30 kommt es für die Be- 18
stimmung der Gesellschafterstellung auf den Zeitpunkt der Entscheidung über die Auszahlung an, d.h. auf den Zeitpunkt der Entstehung der Verpflichtung zur Auszahlung (§ 30 Rdn. 77); angesichts des notwendigen Gleichlaufs der §§ 30, 31 kann nichts anderes für § 31 gelten. Der Leistungsempfang ist daher für die Feststellung der Gesellschaftereigenschaft, anders als für die Anspruchsentstehung (oben Rdn. 13), nicht maßgeblich.[44] Anderenfalls entstünde eine Divergenz zwischen Verbotstatbestand und Rückerstattungsanspruch. In der GmbH & Co. KG kann der **Nur-Kommanditist** als möglicher Empfänger einer Auszahlung i.S.v. § 30 Abs. 1 (§ 30 Rdn. 110) Schuldner des Anspruchs nach § 31 Abs. 1 sein, ohne Rücksicht auf Höhe und Leistung der Kommanditeinlage.[45]

Das **Ausscheiden** des Gesellschafters ist für § 31 Abs. 1 **irrelevant**. War der Empfänger im Zeit- 19
punkt der Entscheidung über die Auszahlung Gesellschafter, bleibt er dies unter kapitalerhaltungsrechtlichen Gesichtspunkten auch bei Beendigung der Mitgliedschaft.[46] Die Geltendmachung des Erstattungsanspruchs setzt keine Gesamtabrechnung voraus.[47] Die **Verpflichtung geht nicht nach § 16 Abs. 2** auf einen Erwerber des Geschäftsanteils **über**, da es sich nicht um eine mit dem Anteil verbundene, sondern um eine persönliche Haftung handelt.[48] §§ 57 Abs. 1 Satz 1 AktG, 172 Abs. 4 Satz 1 HGB sind als Vergleichsmaßstab ungeeignet, § 30 Abs. 1 Satz 1 enthält kein Verbot der Einlagenrückgewähr (§ 30 Rdn. 2).[49] Ist der Erwerber als künftiger Gesellschafter selbst Auszahlungsempfänger i.S.v. § 30 Abs. 1 Satz 1, etwa im Rahmen eines **Buyouts**, haften Veräußerer und Erwerber nach dem BGH als Gesamtschuldner auf Rückgewähr.[50] Diese Rspr. ist aus in § 30 Rdn. 78 genannten Gründen abzulehnen. **Absprachen im Innenverhältnis** von Veräußerer und Erwerber sind für die Haftung aus § 31 Abs. 1 **nicht maßgeblich**, insb. steht dem Veräußerer außer in Extremfällen nicht der Einwand des Rechtsmissbrauchs zu, wenn der Erwerber ihn im Ergebnis freizustellen hat.[51]

Die Geltendmachung des Erstattungsanspruches ist nicht an den **Gleichbehandlungsgrundsatz** 20
gebunden, insb. folgt aus ihm nichts hinsichtlich der Inanspruchnahme einzelner Gesellschafter.[52] Für eine Modifikation des § 421 Satz 1 BGB gibt es keinen Anlass. Jeder Ersatzpflichtige schuldet

---

44 *Fastrich*, in: Baumbach/Hueck, GmbHG, § 31 Rn. 8.

45 *Verse*, in: Scholz, GmbHG, § 31 Rn. 92. Differenzierend *Pentz*, in: Rowedder/Schmidt-Leithoff, GmbHG, § 31 Rn. 73: unbeschränkte Haftung bei Zahlung von GmbH, begrenzte Haftung bei Leistung aus KG-Vermögen und nur mittelbarer Beeinträchtigung des GmbH-Vermögens.

46 BGHZ 69, 274, 280 (für GmbH & Co. KG); BGHZ 81, 252, 258; *Ekkenga*, in: MünchKommGmbHG, § 31 Rn. 25; *Habersack*, in: Ulmer/Habersack/Löbbe, GmbHG, § 31 Rn. 15.

47 BGHZ 76, 326, 328 (GmbH & Co. KG); *Verse*, in: Scholz, GmbHG, § 31 Rn. 10.

48 *Habersack*, in: Ulmer/Habersack/Löbbe, GmbHG, § 31 Rn. 9; *Fastrich*, in: Baumbach/Hueck, GmbHG, § 31 Rn. 8. A.A. *Heidinger*, in: Michalski/Heidinger/Leible/Schmidt, GmbHG, § 31 Rn. 17.

49 A.A. *Thiessen*, in: Bork/Schäfer, GmbHG, § 31 Rn. 19.

50 BGHZ 173, 1, 7 Tz 14.

51 BGHZ 173, 1, 7 Tz. 15; *Ekkenga*, in: MünchKommGmbHG, § 31 Rn. 24. Anders noch für einen Sonderfall (Erwerber wird Alleingesellschafter) BGH, NJW 1984, 1037 f.

52 Anders *Kort*, ZGR 2001, 615, 623.

den vollen Ersatz. Die Gesellschaft kann gezielt den Zahlungskräftigsten in Anspruch nehmen. Es geht insoweit allein um effektive Durchsetzung des Gläubigerschutzes. Das Innenverhältnis zwischen Gesellschaft und Gesellschaftern ist dafür nicht maßgeblich. Eine andere Frage ist, ob die Nichtgeltendmachung des Anspruchs gegen einen Gesellschafter eine verdeckte Vorteilszuwendung darstellt. Das hat mit den §§ 30, 31 nichts zu tun (§ 30 Rdn. 10). Möglicherweise liegt in der Nichtgeltendmachung jedoch ein weiterer Verstoß gegen § 30, der einen zusätzlichen Anspruch aus § 31 Abs. 1 gegen den Begünstigten begründet. I.Ü. können sich ausgeschiedene und künftige Gesellschafter ohnehin nicht auf den Gleichbehandlungsgrundsatz berufen, weder im Verhältnis untereinander noch mit Blick auf gegenwärtige Mitglieder.[53]

21 **Mitberechtigte** i.S.v. § 18 haften nicht solidarisch nach § 18 Abs. 2, sondern lediglich anteilig.[54] Dabei kommt es nicht auf den Umfang der Mehrung des jeweiligen Vermögens an,[55] da diese für den Haftungsumfang nicht bestimmend ist (oben Rdn. 10), sondern auf den Umfang der Mitberechtigung.

II. Dritte

22 **Dritte haften entgegen der herrschenden Meinung grds. nicht** nach den §§ 30, 31, auch nicht bei enger persönlicher Verbundenheit, s. zum Ganzen § 30 Rdn. 83 ff. Die herrschende Meinung erstreckt die §§ 30, 31 auf nahe Angehörige des Gesellschafters und auf Dritte mit enger persönlicher oder rechtlicher Verbindung zum Gesellschafter.[56] Zu verbundenen Unternehmen § 30 Rdn. 87 ff.

23 Die herrschende Meinung möchte den **Zessionar** einer von § 30 Abs. 1 Satz 1 betroffenen Forderung heranziehen, entweder allein oder neben dem Gesellschafter-Zedenten.[57] Richtiger Ansicht nach haftet allein der Zedent gem. § 31 Abs. 1, der Zessionar nur gem. § 812 Abs. 1 Satz 1, 1. Alt. BGB.[58] Die abgetretene Forderung war von vornherein nicht durchsetzbar (§ 30 Rdn. 101), es handelte sich in bereicherungsrechtlicher Terminologie mit Blick auf den Rechtsgrund um eine Nichtschuld.[59] Aus diesem Grund geht eine entsprechende Abtretung fehl.[60] Da für solche Fälle § 812 greift, gibt es keine im Wege der analogen Anwendung der §§ 30, 31 auf ein Nichtmitglied zu schließende Regelungslücke. Der Gesellschafter kann sich nicht mittels Abtretung enthaften,[61] da ihm ansonsten ein Weg eröffnet würde, Forderungen zu begründen und zu verwerten, deren Geltendmachung i. Erg. das zur Kapitalerhaltung notwendige Vermögen beeinträchtigte.[62] Gleiches gilt für **Pfandgläubiger.**[63] Der Gesellschaft bleibt jedoch nach **§ 404 BGB** die Möglichkeit erhalten, dem Zessionar oder Pfandgläubiger ggü. den Einwand aus § 30 geltend zu machen.[64] Auf

---

53 *Verse*, Der Gleichbehandlungsgrundsatz im Recht der Kapitalgesellschaften, 2006, S. 223 ff.; *ders.*, in: Scholz, GmbHG, § 31 Rn. 11.

54 *Ekkenga*, in: MünchKommGmbHG, § 31 Rn. 27; *Habersack*, in: Ulmer/Habersack/Löbbe, GmbHG, § 31 Rn. 17; *Fastrich*, in: Baumbach/Hueck, GmbHG, § 31 Rn. 8; *Verse*, in: Scholz, GmbHG, § 31 Rn. 12.

55 Anders *Ekkenga*, in: MünchKommGmbHG, § 31 Rn. 27.

56 S. nur *Habersack*, in: Ulmer/Habersack/Löbbe, GmbHG, § 31 Rn. 19 ff.; *Fastrich*, in: Baumbach/Hueck, GmbHG, § 31 Rn. 9 ff.

57 Zessionar allein: *Fastrich*, in: Baumbach/Hueck, GmbHG, § 31 Rn. 11; *Verse*, in: Scholz, GmbHG, § 31 Rn. 14. Zessionar und Zedent als Gesamtschuldner: *Altmeppen*, in: Roth/Altmeppen, GmbHG, § 31 Rn. 4; unter Einschränkungen *Habersack*, in: Ulmer/Habersack/Löbbe, GmbHG, § 31 Rn. 18.

58 *Altmeppen*, in: Roth/Altmeppen, GmbHG, § 31 Rn. 4; *Ekkenga*, in: MünchKommGmbHG, § 31 Rn. 30 i.V.m. § 30 Rn. 285. Zur Anfechtung nach § 135 Abs. 1 Nr. 2 InsO BGHZ 196, 220, 229 Tz 27.

59 Vgl. *Schmidt-Kessel/Hadding*, in: Soergel, BGB, Bd. 11/3, 13. Aufl. 2012, § 812 Rn. 85, 89.

60 *Altmeppen*, in: Roth/Altmeppen, GmbHG, § 31 Rn. 4.

61 Vgl. BGHZ 166, 125, 130, für das Eigenkapitalersatzrecht. Anders offenbar *Fastrich*, in: Baumbach/Hueck, GmbHG, § 31 Rn. 11.

62 Vgl. für die Insolvenzanfechtung nach § 135 Abs. 1 Nr. 2 InsO BGHZ 196, 220, 231 Tz 32.

63 *Ekkenga*, in: MünchKommGmbHG, § 31 Rn. 30 i.V.m. § 30 Rn. 285. Anders *Fastrich*, in: Baumbach/Hueck, GmbHG, § 31 Rn. 11; *Verse*, in: Scholz, GmbHG, § 31 Rn. 14.

64 *Ekkenga*, in: MünchKommGmbHG, § 30 Rn. 285; *Habersack*, in: Ulmer/Habersack/Löbbe, GmbHG, § 31 Rn. 18; *Fastrich*, in: Baumbach/Hueck, GmbHG, § 31 Rn. 11. Vgl. zum Eigenkapitalersatzrecht BGHZ 166, 125, 130 Tz 12.

Gutgläubigkeit des Zessionars/Pfandgläubigers kommt es nicht an.[65] Nach der hier vertretenen Lösung ergibt sich das bereits aus der Anwendung des Bereicherungsrechts und des Fehlens eines entsprechenden Empfängerschutzes in den §§ 812 ff. BGB.[66] Für die abweichende Ansicht, die den Zessionar für nach § 31 Abs. 1 verpflichtet hält, gilt: Der Erstattungsanspruch steht nur insoweit unter Gutglaubensvorbehalt, als der Gesellschafter sich auf § 31 Abs. 2 berufen kann.[67] Es entspricht allg. Grundsätzen, dass die Abtretung am Forderungsinhalt nichts ändert. Der gute Glaube eines Zessionars wird nur nach Maßgabe des hier nicht einschlägigen § 405 BGB geschützt.[68] Bei Zubilligung des Gutglaubenseinwands ließe man zugunsten eines Zessionars in dogmatisch fragwürdiger Weise einen grds. ausgeschlossenen gutgläubigen Forderungserwerb zu.[69] Hiergegen einzuwenden, bereits der Erstattungsanspruch stehe unter Gutglaubensvorbehalt,[70] setzt voraus, den Anspruch gegen den Zessionar aus den §§ 30, 31 herzuleiten.[71] Das ist aber gerade abzulehnen.

D. Guter Glaube – Abs. 2

Wer im Zeitpunkt des Empfangs der Leistung von deren kapitalerhaltungsrechtlicher Zulässigkeit ausgeht, ohne **Kenntnis oder grob fahrlässige Unkenntnis** von den die Verbotsverletzung begründenden Umständen zu haben, wird nach Abs. 2 von der Rückerstattungspflicht frei. Nach dem Empfang eintretende Bösgläubigkeit hebt die Anwendbarkeit von Abs. 2 nicht auf.[72] Der Gesellschafter hat die fragliche Transaktion anhand der ihm zugänglichen Informationen zu bewerten. Der Sorgfaltsmaßstab ist **situationsbezogen** zu bestimmen.[73] V.a. bei Austauschgeschäften müssen besondere Umstände vorliegen, die den Gesellschafter zur näheren Prüfung veranlassen, wenn er Anlass hatte anzunehmen, das Geschäft sei zu Marktbedingungen vorgenommen worden.[74] Es kann nicht darauf ankommen, ob Letzteres tatsächlich der Fall ist,[75] weil ansonsten Abs. 2 bei einer Verletzung von § 30 Abs. 1 Satz 2 nicht mehr zum Zuge käme. 24

»Zur Befriedigung […] **erforderlich**« ist die Erstattung bei Zahlungsunfähigkeit oder Überschuldung. Die Erstattungspflicht bezieht sich auch auf Rückstellungen für ungewisse Verbindlichkeiten, die bei der Unter-/Überschuldungsbilanz als Passivum berücksichtigt wurden.[76] Bloße Unregelmäßigkeiten bei der Erfüllung der Gesellschaftsverbindlichkeiten (Zahlungsstockung etc.) sind nicht geeignet, den Anwendungsbereich von Abs. 2 einzuschränken.[77] Was erforderlich ist, bestimmt sich nach dem **Zeitpunkt** der Geltendmachung des Erstattungsanspruchs, weder Auszahlung noch 25

65 A.A. *Thiessen*, in: Bork/Schäfer, GmbHG, § 31 Rn. 20.

66 Gutglaubensschutz in Form von Schutz des Vertrauens darauf, das empfangene »Etwas« behalten zu dürfen, ergibt sich allein aus § 818 Abs. 3 BGB.

67 Nicht überzeugend daher *Thiessen*, in: Bork/Schäfer, GmbHG, § 31 Rn. 20.

68 Vgl. *Grüneberg*, in: Palandt, BGB, § 404 Rn. 1. Zu § 818 Abs. 3 bereits oben Fn. 54.

69 Zu Recht ablehnend daher *Hommelhoff*, in: Lutter/Hommelhoff, GmbHG, § 31 Rn. 6. A.A. *Thiessen*, in: Bork/Schäfer, GmbHG, § 31 Rn. 20.

70 So *Thiessen*, in: Bork/Schäfer, GmbHG, § 31 Rn. 20.

71 Und dies tut *Thiessen*, in: Bork/Schäfer, GmbHG, § 31 Rn. 20, offenbar nicht. Er verweist a.a.O. auf die Rückerstattung »ähnlich dem Fall des § 813 Abs. 1 Satz 1 BGB« und geht daher augenscheinlich von einer bereicherungsrechtlichen Verankerung aus.

72 *Fastrich*, in: Baumbach/Hueck, § 31 Rn. 18a; *Heidinger*, in: Michalski/Heidinger/Leible/Schmidt, GmbHG, § 31 Rn. 54; *Verse*, in: Scholz, GmbHG, § 31 Rn. 41.

73 *Ekkenga*, in: MünchKommGmbHG, § 31 Rn. 45; *Habersack*, in: Ulmer/Habersack/Löbbe, GmbHG, § 31 Rn. 34.

74 Ähnlich *Ekkenga*, in: MünchKommGmbHG, § 31 Rn. 45.

75 So jedoch *Hommelhoff*, in: Lutter/Hommelhoff, GmbHG, § 31 Rn. 17.

76 BGH, ZIP 2003, 2068, 2070.

77 *Ekkenga*, in: MünchKommGmbHG, § 31 Rn. 48; *Jungmann*, DStR 2004, 688, 691; *Thiessen*, in: Bork/Schäfer, GmbHG, § 31 Rn. 46. I.S.d. hier vertretenen Ansicht wohl auch BGH, ZIP 2003, 2068, 2070. A.A. *Fastrich*, in: Baumbach/Hueck, GmbHG, § 31 Rn. 19; *Hommelhoff*, in: Lutter/Hommelhoff, GmbHG, § 31 Rn. 19.

Leistungsempfang sind relevant.[78] Prozessual maßgeblich ist die letzte mündliche Verhandlung.[79] Nach der Auszahlung eintretende Verbesserungen der Vermögenslage der Gesellschaft kommen dem gutgläubigen Gesellschafter zugute.[80] Umgekehrt ist innerhalb der Verjährungsfrist eine erneute Geltendmachung bei späterer Verschlechterung der Vermögenslage nicht ausgeschlossen, selbst wenn eine Klage zuvor mangels Erforderlichkeit abgewiesen wurde.[81]

26 Die **Gutgläubigkeit ist** für jeden Empfänger einer Auszahlung **individuell zu beurteilen.**[82] Zurechnung von Bösgläubigkeit scheidet grds. aus, wenn kein besonderer Zurechnungsgrund i.S.d. allg. bürgerlichrechtlichen Dogmatik vorliegt.[83] Wer allerdings von der Möglichkeit der Zurechnung einer Auszahlung an einen Dritten zulasten des Gesellschafters aufgrund persönlicher Nähe ausgeht (dagegen bereits § 30 Rdn. 86), muss konsequenterweise zulassen, auch die Bösgläubigkeit des Dritten zuzurechnen,[84] sodass der Gesellschafter nicht nur unwissentlich nach §§ 30, 31 Abs. 1 haftet, sondern darüber hinaus Verteidigungsmöglichkeiten verliert.

27 Die **Beweislast** für die Gutgläubigkeit trägt der Auszahlungsempfänger, diejenige für die Erforderlichkeit zur Gläubigerbefriedigung und die Anspruchsvoraussetzungen die Gesellschaft.[85]

E. Ausfallhaftung – Abs. 3

I. Grundsätze

1. Haftungsinhalt und Haftungsumfang

28 Gesellschafter, die nicht nach Abs. 1 haften, trifft eine Ausfallhaftung, gerichtet auf Geldleistung.[86] Diese ist der Höhe nach **auf den Betrag der Stammkapitalziffer begrenzt**, eine weitere Beschränkung analog § 24 oder der Abzug der eigenen Einlage des mithaftenden Gesellschafters ist abzulehnen (zu Kapitalerhöhungen Rdn. 30).[87] Letzteres scheidet anders als bei § 24 (§ 24 Rdn. 6) aus, da es im Zshg. mit § 31 nicht um die Sicherstellung der Einlageleistung geht, sondern weil der Übergriff in das den Gläubigern zugeordnete Vermögen (vgl. § 30 Rdn. 1) auszugleichen ist. Während die Einlage im Fall des § 24 niemals in das Vermögen der Gesellschaft gelangt ist, wurden im Zuge des Verstoßes gegen § 30 effektiv Vermögenswerte entzogen und die Befriedigungschancen der Gläubiger gemindert. I. Erg. ist eine Haftung über den Betrag der Stammeinlage hinaus möglich. Die Gesellschafter haften – verschuldensunabhängig und unabhängig von Gut- oder

78 *Fastrich*, in: Baumbach/Hueck, GmbHG, § 31 Rn. 19; *Habersack*, in: Ulmer/Habersack/Löbbe, GmbHG, § 31 Rn. 41; *Verse*, in: Scholz, GmbHG, § 31 Rn. 44. A.A. *Pentz*, in: Rowedder/Schmidt-Leithoff, GmbHG, § 31 Rn. 28: Auszahlungszeitpunkt.

79 BGH, ZIP 2003, 2068, 2070; *Ekkenga*, in: MünchKommGmbHG, § 31 Rn. 49; *Habersack*, in: Ulmer/Habersack/Löbbe, GmbHG, § 31 Rn. 41; *Verse*, in: Scholz, GmbHG, § 31 Rn. 44.

80 *Fastrich*, in: Baumbach/Hueck, GmbHG, § 31 Rn. 19; *Verse*, in: Scholz, GmbHG, § 31 Rn. 44.

81 *Fastrich*, in: Baumbach/Hueck, GmbHG, § 31 Rn. 19; *Verse*, in: Scholz, GmbHG, § 31 Rn. 44.

82 *Ekkenga*, in: MünchKommGmbHG, § 31 Rn. 47; *Fastrich*, in: Baumbach/Hueck, GmbHG, § 31 Rn. 18a. A.A. *Hommelhoff*, in: Lutter/Hommelhoff, GmbHG, § 31 Rn. 18.

83 Ähnlich *Ekkenga*, in: MünchKommGmbHG, § 31 Rn. 47; *Fastrich*, in: Baumbach/Hueck, GmbHG, § 31 Rn. 18a; i. Erg. wie hier nunmehr auch *Habersack*, in: Ulmer/Habersack/Löbbe, GmbHG, § 31 Rn. 37. A.A. *Hommelhoff*, in: Lutter/Hommelhoff, GmbHG, § 31 Rn. 18.

84 So etwa *Heidinger*, in: Michalski/Heidinger/Leible/Schmidt, GmbHG, § 31 Rn. 52.

85 BGH, ZIP 2003, 2068, 2070; *Ekkenga*, in: MünchKommGmbHG, § 31 Rn. 50; *Habersack*, in: Ulmer/Habersack/Löbbe, GmbHG, § 31 Rn. 43. Überblick über die Beweislastverteilung bei *Bayer/Illhardt*, GmbHR 2011, 638, 641.

86 *Pentz*, in: Rowedder/Schmidt-Leithoff, GmbHG, § 31 Rn. 37; *Heidinger*, in: Michalski/Heidinger/Leible/Schmidt, GmbHG, § 31 Rn. 70; *Verse*, in: Scholz, GmbHG, § 31 Rn. 65.

87 BGH, ZIP 2003, 2068, 2071; *Bayer*, FS Röhricht, 2005, S. 25, 37 f.; *Ekkenga*, in: MünchKommGmbHG, § 31 Rn. 63; *Verse*, in: Scholz, GmbHG, § 31 Rn. 61. A.A. *K. Schmidt*, FS Th. Raiser, 2005, S. 311, 326 ff.; *Thiessen*, in: Bork/Schäfer, GmbHG, § 31 Rn. 73.

Bösgläubigkeit –[88] **pro rata**, soweit sie nicht mitberechtigt sind und § 18 Abs. 2 eingreift.[89] Maßgeblich für den Haftungsanteil ist nicht die Zahl der haftenden Personen, sondern Anzahl und Quote der Geschäftsanteile, so dass Erwerber und Veräußerer eines Anteils lediglich gesamtschuldnerisch haften.[90] Es gibt **kein Kleinbeteiligtenprivileg.**[91] **Eigene Anteile** der GmbH sind nicht zulasten der Gesellschafter auf diese umzulegen.[92]

2. Gesellschafterbegriff

»**Gesellschafter**« i.S.v. Abs. 3 ist nach zutreffender herrschender Meinung, **wer im Zeitpunkt der Auszahlung Mitglied** ist. Insoweit gelten die für Abs. 1 geltenden Kriterien (oben Rdn. 18).[93] **Nur-Kommanditisten** haften ebenfalls in analoger Anwendung von Abs. 3, wenn sie nach den in § 30 Rdn. 107, 110 dargestellten Grundsätzen generell in den Anwendungsbereich der §§ 30, 31 fallen.[94] Bezieht man den Nur-Kommanditisten in die Kapitalerhaltungsverantwortung ein, besteht kein sachlicher Grund, ihn von der Ausfallhaftung auszunehmen. Die §§ 171 ff. HGB sind für diese Frage bedeutungslos,[95] weil sie das Innenverhältnis Gesellschafter-Gesellschaft nicht betreffen. Der vom Nur-Kommanditisten zu übernehmende Anteil der Ausfallhaftung ist zu berechnen, indem seine Kommanditeinlage zu den Einlagen der anderen Kommanditisten und den Anteilen der GmbH-Gesellschafter ins Verhältnis gesetzt wird. Auch der nach Auszahlung, aber vor Eintreten der Voraussetzungen des Abs. 3 ausgeschiedene Anteilsveräußerer unterliegt Abs. 3.[96] Rechtsnachfolger haften nach § 16 Abs. 2.[97] 29

3. Sonderfall Kapitalerhöhung

Wie Rechtsnachfolger haften nach zutreffender h.M. auch Neugesellschafter, die im Rahmen einer **Kapitalerhöhung** nach Auszahlung Anteile erworben haben.[98] Für diese Ansicht spricht, dass hierdurch ein Gleichlauf der Systeme von Kapitalaufbringungssicherung (§ 24, s. dort Rdn. 10) und Kapitalerhaltung hergestellt wird.[99] Es geht wie bei § 24 darum, Gläubigerschutz dadurch herzustellen, möglichst schnell den Ausfall der primär haftenden Person zu kompensieren. Im Vordergrund steht insoweit der Gläubigerschutz, hinter den der Gesellschafterschutz (hier: der Neumitglieder) zurücktritt. 30

88 Ganz h.M., s. nur *Fastrich*, in: Baumbach/Hueck, GmbHG, § 31 Rn. 22; *Ulmer*, FS 100 Jahre GmbH-Gesetz, 1992, S. 363, 370 ff. A.A. *Reemann*, ZIP 1990, 1309, 1314 f.

89 *Ekkenga*, in: MünchKommGmbHG, § 31 Rn. 64.

90 *Ekkenga*, in: MünchKommGmbHG, § 31 Rn. 64; *Diers*, in: Saenger/Inhester, GmbHG, § 31 Rn. 53; *Verse*, in: Scholz, GmbHG, § 31 Rn. 64.

91 *Ekkenga*, in: MünchKommGmbHG, § 31 Rn. 58; *Habersack*, in: Ulmer/Habersack/Löbbe, GmbHG, § 31 Rn. 51. A.A. *Grunewald*, FS Lutter, 2000, S. 413, 422.

92 *Bayer*, FS Röhricht, 2005, S. 25, 42 ff.; *Ekkenga*, in: MünchKommGmbHG, § 31 Rn. 64; *Habersack*, in: Ulmer/Habersack/Löbbe, GmbHG, § 31 Rn. 49. A.A. *Fastrich*, in: Baumbach/Hueck, GmbHG, § 31 Rn. 21.

93 *Fastrich*, in: Baumbach/Hueck, GmbHG, § 31 Rn. 21; *Verse*, in: Scholz, GmbHG, § 31 Rn. 53.

94 Implizit wohl auch BGH, ZIP 1995, 736, 738. A.A. *Thiessen*, in: Bork/Schäfer, GmbHG, § 31 Rn. 68.

95 Anders *Thiessen*, in: Bork/Schäfer, GmbHG, § 31 Rn. 68.

96 *Habersack*, in: Ulmer/Habersack/Löbbe, GmbHG, § 31 Rn. 46; *Verse*, in: Scholz, GmbHG, § 31 Rn. 56. A.A. noch *Goerdeler/Müller*, in: Hachenburg, GmbHG, § 31 Rn. 43.

97 *Ekkenga*, in: MünchKommGmbHG, § 31 Rn. 57; *Habersack*, in: Ulmer/Habersack/Löbbe, GmbHG, § 31 Rn. 46; *Verse*, in: Scholz, GmbHG, § 31 Rn. 56. Offengelassen von BGH, ZIP 2005, 1638, 1639. A.A. *Diers*, in: Saenger/Inhester, GmbHG, § 31 Rn. 47.

98 Für die h.M. *Ekkenga*, in: MünchKommGmbHG, § 31 Rn. 57a; *Fastrich*, in: Baumbach/Hueck, GmbHG, § 31 Rn. 21. Zum stillen Gesellschafter vgl. BGH, ZIP 2006, 703, 705 f. A.A. *Diers*, in: Saenger/Inhester, GmbHG, § 31 Rn. 48; *Habersack*, in: Ulmer/Habersack/Löbbe, GmbHG, § 31 Rn. 50; *Verse*, in: Scholz, GmbHG, § 31 Rn. 59.

99 *Ekkenga*, in: MünchKommGmbHG, § 31 Rn. 57a; *Fastrich*, in: Baumbach/Hueck, GmbHG, § 31 Rn. 21. Insofern unzutreffend der Vorwurf der Inkonsequenz bei *Verse*, in: Scholz, GmbHG, § 31 Rn. 57.

31 Allerdings erhöht sich nicht die Haftung mit der Kapitalerhöhung um die Verschiebung der Stammkapitalziffer »nach oben«.[100] Vielmehr ist allein die Stammkapitalziffer im Auszahlungszeitpunkt maßgeblich. Anderenfalls erhielte die Gesellschaft mehr, als sie durch die Auszahlung verloren hat. Das entspräche aber nicht dem Anspruchsinhalt von Abs. 1, lediglich Rückgewähr zum Zweck des Verlustausgleichs zu fordern (oben Rdn. 10, 28). Auch die Mithaftung von Altgesellschaftern nach einer Kapitalerhöhung für neue Rückstände und diejenige von Neumitgliedern für alte Rückstände im Rahmen von § 24 bezieht sich auf die ausstehenden Einlagen. Der Umfang der Einlagepflicht eines Altmitglieds ändert sich jedoch nicht infolge einer späteren Kapitalerhöhung. Die Haftung des Neugesellschafters soll insoweit nur gewährleisten, dass das Kapital überhaupt aufgebracht wird. Wenn die Haftung von Neumitgliedern im Fall der Kapitalerhöhung mit einer Parallele zu § 24 begründet wird, ist diese Wertung zu berücksichtigen. Anderenfalls erhielten die Gläubiger ein Zufallsgeschenk. Hätte die Gesellschaft nicht das Kapital erhöht, bliebe die Haftung auf die Stammkapitalziffer im Auszahlungszeitpunkt beschränkt. Warum sich dies ändern soll, wenn die Gesellschafter eine Kapitalerhöhung beschließen, auf die die Gläubiger keinen Anspruch haben, leuchtet nicht ein. Jedenfalls muss, wer entgegen der hier vertretenen Ansicht eine Haftungsverschiebung befürwortet, Altgesellschaftern, die gegen den Erhöhungsbeschluss gestimmt haben, wie bei § 24 ein außerordentliches Recht zum Austritt zubilligen (dazu § 24 Rdn. 10).[101]

II. Erstattung nicht erlangbar

32 **Nicht erlangt** werden kann der zur Erstattung erforderliche Betrag bereits dann, **wenn keine Aussicht** auf erfolgreiche Geltendmachung in angemessener Zeit mit angemessenem Aufwand besteht, tatsächlich erfolglos betriebene Vollstreckungsmaßnahmen sind nicht notwendig.[102] Als Nachweis fehlender Aussicht kommen in Betracht: fehlgeschlagene Vollstreckungsversuche, Ablehnung eines Insolvenzverfahrens mangels Masse oder dessen Eröffnung, Flucht des Empfängers ins Ausland.[103]

III. Keine Verschuldenshaftung

33 Eine **über Abs. 3 hinausgehende Verschuldenshaftung**, wie sie der BGH früher angenommen hat,[104] ist abzulehnen.[105] Das Kapitalschutzsystem des GmbHG ist bereits seiner Anlage nach nicht umfassend konzipiert, eine ausfüllungsbedürftige Lücke entsteht also nicht bereits wegen des Fehlens einer Haftung im Vorfeld der Existenzvernichtungshaftung.[106] Zudem sieht Abs. 3 gerade eine Haftungsbeschränkung vor.[107]

---

100 A.A. *Ekkenga*, in: MünchKommGmbHG, § 31 Rn. 57a, 63. Insofern stimmt die hier vertretene Position i. Erg. überein mit *Diers*, in: Saenger/Inhester, GmbHG, § 31 Rn. 58; *Verse*, in: Scholz, GmbHG, § 31 Rn. 59.

101 So *Ekkenga*, in: MünchKommGmbHG, § 31 Rn. 57a.

102 *Ekkenga*, in: MünchKommGmbHG, § 31 Rn. 54; *Habersack*, in: Ulmer/Habersack/Löbbe, GmbHG, § 31 Rn. 53.

103 *Ekkenga*, in: MünchKommGmbHG, § 31 Rn. 54; *Habersack*, in: Ulmer/Habersack/Löbbe, GmbHG, § 31 Rn. 53.

104 BGHZ 93, 146, 149 f.

105 BGHZ 142, 92, 96; BGHZ 150, 61, 67; *Ekkenga*, in: MünchKommGmbHG, § 31 Rn. 67; *Fastrich*, in: Baumbach/Hueck, GmbHG, § 31 Rn. 25. Teilweise abweichend *Altmeppen*, in: Roth/Altmeppen, GmbHG, § 31 Rn. 28 f.; *Bayer*, FS Röhricht, 2005, S. 25, 39 ff.; *Habersack*, in: Ulmer/Habersack/Löbbe, GmbHG, § 31 Rn. 60.

106 Dazu *Ekkenga*, in: MünchKommGmbHG, § 31 Rn. 67. A.A. *Bayer*, FS Röhricht, 2005, S. 25, 39 ff.; *Habersack*, in: Ulmer/Habersack/Löbbe, GmbHG, § 31 Rn. 60.

107 *Fastrich*, in: Baumbach/Hueck, GmbHG, § 31 Rn. 25.

F. Erlassverbot – Abs. 4

1. Grundsatz: Erstreckung des Abs. 4 auf weitere Geschäfte

Abs. 4 **verbietet nicht nur den Erlass** im technischen Sinne, sondern auch andere Geschäfte, die das Erlöschen des Erstattungsanspruchs aus Abs. 1 zur Folge haben und nicht Erfüllung sind.[108] Das betrifft einen **Verzicht** sowie **negative Schuldanerkenntnisse** i.S.v. § 397 BGB.[109] 34

2. Aufrechnung

Der **Gesellschafter darf nicht aufrechnen** (§ 19 Abs. 2 Satz 2 analog) oder »dolo agit« einwenden,[110] während die **Gesellschaft** ihren Erstattungsanspruch gegen den Gesellschafter zur Aufrechnung nutzen kann.[111] Letzteres setzt nach der herrschenden Meinung eine vollwertige, fällige und liquide Gesellschafterforderung voraus.[112] Dafür spricht zwar, dass § 31 den Grundsatz der realen Kapitalwiederaufbringung enthält und insofern eine Ergänzung des Gebotes der effektiven Kapitalaufbringung darstellt (oben Rdn. 1).[113] Doch durchbricht § 30 Abs. 1 Satz 2 die Parallele von Kapitalaufbringungs- und Kapitalerhaltungsrecht, weil diese Norm weniger strenge Voraussetzungen als § 19 Abs. 5 aufstellt.[114] Es wäre ein Wertungswiderspruch, zwar die Ausschüttung nach § 30 Abs. 1 Satz 2 trotz Unterbilanz oder Überschuldung zuzulassen, wenn Vollwertigkeit im Normsinne gegeben ist, die Aufrechnung i.R.d. Rückerstattung aber strenger zu behandeln.[115] Damit ist nicht notwendig, dass die Forderung des Gesellschafters gegen die Gesellschaft sofort fällig oder jederzeit kündbar ist. Allerdings darf nicht ihr Nominalwert angesetzt werden. Vielmehr bedarf es in Entsprechung zum Verzinsungsgebot i.R.d. Vollwertigkeitsbemessung bei Auszahlung (§ 30 Rdn. 57) einer Abzinsung der Gesellschafterforderung. Anderenfalls berücksichtigte man nicht, dass der Gesellschafter vorfällig befriedigt wird. Der Einwand, es gebe nichts, gegen das aufgerechnet werden könne, weil die unter Verstoß gegen § 30 vorgenommene Auszahlung gem. § 362 Abs. 1 BGB zur Erfüllung der Verbindlichkeit geführt habe,[116] trifft bereits der Prämisse nach nicht zu – die Auszahlung bewirkt keine Erfüllung (s. § 30 Rdn. 102). 35

Das **Aufrechnungsverbot gilt auch nach Beseitigung der Unterbilanz**, wenn der Anspruch aus dem der verbotenen Auszahlung zugrunde liegenden Kausalgeschäft grds. durchsetzbar geworden ist.[117] Dass der Gesellschafter hierdurch möglicherweise zum Hin- und Herzahlen gezwungen wird,[118] ist unerheblich, weil die effektive Durchsetzung und Verwertung des Gesellschaftsanspruches im Vordergrund steht.[119] Zur späteren Begründung der Einwände nach § 30 Abs. 1 Satz 2 oben Rdn. 25. 36

108 *Ekkenga*, in: MünchKommGmbHG, § 31 Rn. 70; *Fastrich*, in: Baumbach/Hueck, GmbHG, § 31 Rn. 26; *Verse*, in: Scholz, GmbHG, § 31 Rn. 71.

109 *Ekkenga*, in: MünchKommGmbHG, § 31 Rn. 70; *Fastrich*, in: Baumbach/Hueck, GmbHG, § 31 Rn. 26; *Verse*, in: Scholz, GmbHG, § 31 Rn. 71.

110 BGHZ 146, 105, 107; *Ekkenga*, in: MünchKommGmbHG, § 31 Rn. 73; *Habersack*, in: Ulmer/Habersack/Löbbe, GmbHG, § 31 Rn. 64; *Kort*, ZGR 2001, 615, 631 f. A.A. *Lange*, NJW 2002, 2293.

111 S. BGH, GmbHR 2000, 771, 775 (insoweit nicht in BGHZ 144, 336 abgedruckt); *Ekkenga*, in: MünchKommGmbHG, § 31 Rn. 72; *Habersack*, in: Ulmer/Habersack/Löbbe, GmbHG, § 31 Rn. 64; *Hommelhoff*, in: Lutter/Hommelhoff, GmbHG, § 31 Rn. 13.

112 Für die h.M. BGHZ 168, 285, 289 Tz 9; *Ekkenga*, in: MünchKommGmbHG, § 31 Rn. 72; *Habersack*, in: Ulmer/Habersack/Löbbe, GmbHG, § 31 Rn. 64; *Thiessen*, in: Bork/Schäfer, GmbHG, § 31 Rn. 76. A.A. *Fastrich*, in: Baumbach/Hueck, GmbHG, § 31 Rn. 26.

113 Vgl. BGHZ 144, 336, 342; *Ekkenga*, in: MünchKommGmbHG, § 31 Rn. 73.

114 *Fastrich*, in: Baumbach/Hueck, GmbHG, § 31 Rn. 26.

115 Vgl. zur Annahme an Erfüllungs statt *Fastrich*, in: Baumbach/Hueck, GmbHG, § 31 Rn. 26, allerdings inkonsequent mit dem Hinweis bei der Aufrechnung auf die Vollwertigkeitskriterien des § 19.

116 *Altmeppen*, ZIP 2015, 1657, 1661.

117 BGHZ 144, 336, 342; *Ekkenga*, in: MünchKommGmbHG, § 31 Rn. 73; *Habersack*, in: Ulmer/Habersack/Löbbe, GmbHG, § 31 Rn. 30. A.A. *Fastrich*, in: Baumbach/Hueck, GmbHG, § 31 Rn. 17; *Diers*, in: Saenger/Inhester, GmbHG, § 31 Rn. 63.

118 So der Einwand von *Fastrich*, in: Baumbach/Hueck, GmbHG, § 31 Rn. 17.

119 Ähnlich BGHZ 144, 336, 342; *Ekkenga*, in: MünchKommGmbHG, § 31 Rn. 73.

3. Annahme an Erfüllungs statt und Stundung

37 Die **Annahme an Erfüllungs statt** ist aus den gleichen Gründen wie die Aufrechnung durch die Gesellschaft zuzulassen, wenn dem Vollwertigkeitsgebot Genüge getan wird.[120] Die **Stundung** ist an § 30 zu messen (str.).[121]

4. Vergleich

38 Hinsichtlich eines **Vergleiches** ist zu differenzieren: Gibt es keine rechtlichen und tatsächlichen Unsicherheiten über Bestand und Umfang des Anspruchs, ist ein Vergleich unzulässig, da er im Ergebnis immer zum Teilerlass oder zur Stundung führt.[122] Daher ist es unschädlich, dass Abs. 4 den Vergleich nicht ausdrücklich erwähnt. Etwas anderes gilt in solchen Fällen fehlender Unsicherheit nur, wenn mit dem Vergleich die Insolvenz des Gesellschafters abgewendet werden kann und keine weiteren Gesellschafter existieren, die nach Abs. 3 herangezogen werden können, um die vollständige Entwertung des Anspruches zu verhindern.[123] Der Vergleich muss die Ausfallhaftung der Mitgesellschafter einschließen.[124] Existieren dagegen Unsicherheiten der genannten Art, kommt ein Vergleich in Betracht, wenn (i) Bestand und Umfang des Anspruchs objektiv unklar sind und (ii) der Vergleich den Bereich dessen nicht überschreitet, der unklar ist (Bsp.: Anspruchsumfang im Umfang von 10 sicher, weitere 5 sind unklar, weil sich die Identifizierung der Auszahlungen schwierig gestaltet; Vergleich nur bzgl. dieser 5 zulässig).[125] Es handelt sich hier nicht um eine wegen des zwingenden Charakters der §§ 30, 31 GmbHG (vgl. oben Rdn. 3 und § 30 Rdn. 3) unzulässige Disposition über den Anspruch seitens Gesellschaft und betroffenem Gesellschafter. Denn ob ein Anspruch besteht, ist gerade unsicher.[126] Insoweit dient der Vergleich sogar der Sicherung der Kapitalerhaltung, indem zum einen unnötige Prozesskosten und Risiken (z.B. Kosten höher als Anspruch) vermieden werden, zum anderen zügig der Umfang festgestellt wird, in dem Rückzahlungsansprüche bestehen.[127]

120 I.Erg. wie hier *Altmeppen*, in: Roth/Altmeppen, GmbHG, § 31 Rn. 34; *Fastrich*, in: Baumbach/Hueck, GmbHG, § 31 Rn. 26; *Diers*, in: Saenger/Inhester, GmbHG, § 31 Rn. 66; *Pentz*, in: Rowedder/Schmidt-Leithoff, GmbHG, § 31 Rn. 44; *Verse*, in: Scholz, GmbHG, § 31 Rn. 76. A.A. *Ekkenga*, in: MünchKommGmbHG, § 31 Rn. 74; *Habersack*, in: Ulmer/Habersack/Löbbe, GmbHG, § 31 Rn. 61. Zweifelnd *Hommelhoff*, in: Lutter/Hommelhoff, GmbHG, § 31 Rn. 28a.

121 *Altmeppen*, in: Roth/Altmeppen, GmbHG, § 31 Rn. 35; *Schmolke*, § 31 Rn. 82. Für ein absolutes Verbot die h.M., etwa *Habersack*, in: Ulmer/Habersack/Löbbe, GmbHG, § 31 Rn. 63; *Fastrich*, in: Baumbach/Hueck, GmbHG, § 31 Rn. 17. Differenzierend *Pentz*, in: Rowedder/Schmidt-Leithoff, GmbHG, § 31 Rn. 44.

122 *Altmeppen*, in: Roth/Altmeppen, GmbHG, § 31 Rn. 36; *Habersack*, in: Ulmer/Habersack/Löbbe, GmbHG, § 31 Rn. 65; *Verse*, in: Scholz, GmbHG, § 31 Rn. 72; *ders.*, in: ZGR 2012, 875, 886. Für die AG/§ 66 AktG BGHZ 191, 364, 374 Tz 23. I. Erg. ebenso *Fastrich*, in: Baumbach/Hueck, GmbHG, § 31 Rn. 26 a.E.; *Hommelhoff*, in: Lutter/Hommelhoff, GmbHG, § 31 Rn. 26. A.A. z.B. *Ekkenga*, in: MünchKommGmbHG, § 31 Rn. 71 (aber »strenge Anforderungen«).

123 *Ekkenga*, in: MünchKommGmbHG, § 31 Rn. 71; *Habersack*, in: Ulmer/Habersack/Löbbe, GmbHG, § 31 Rn. 65; *Hommelhoff*, in: Lutter/Hommelhoff, GmbHG, § 31 Rn. 26; *Schmolke*, § 31 Rn. 85; *Verse*, in: Scholz, GmbHG, § 31 Rn. 72; *ders.*, ZGR 2012, 875, 886. Generell ablehnend *Fastrich*, in: Baumbach/Hueck, GmbHG, § 31 Rn. 26.

124 *Habersack*, in: Ulmer/Habersack/Löbbe, GmbHG, § 31 Rn. 65; *Pentz*, in: Rowedder/Schmidt-Leithoff, GmbHG, § 31 Rn. 45; *Thiessen*, in: Bork/Schäfer, GmbHG, § 31 Rn. 81. A.A., aber nicht überzeugend, *Kocher*, GmbHR, 2012, 1221, 1225.

125 *Altmeppen*, in: Roth/Altmeppen, GmbHG, § 31 Rn. 36; *Habersack*, in: Ulmer/Habersack/Löbbe, GmbHG, § 31 Rn. 65; *Priester*, AG 2012, 525, 526; *Verse*, in: Scholz, GmbHG, § 31 Rn. 72. Für die AG/§ 66 AktG BGHZ 191, 364, 373 Tz 20 ff.

126 *Altmeppen*, in: Roth/Altmeppen, GmbHG, § 31 Rn. 36.

127 Vgl. für die Kapitalaufbringung im Zshg. mit § 66 AktG BGHZ 191, 364, 375 Tz 24. Für die GmbH etwa *Kocher*, GmbHR 2012, 1221, 1225.

Die Parteien sind nicht befugt, den Vergleich aufgrund eigener Erwägungen über Sicherheit oder Unsicherheit des Vorliegens der Anspruchsvoraussetzungen zu schließen. Notwendig ist vielmehr tatrichterliche Kontrolle darüber, ob Unsicherheit besteht, wie groß der Bereich der Unsicherheit ist und ob der Wille der Parteien tatsächlich darauf gerichtet ist, per Vergleich Unsicherheit zu beseitigen (und nicht lediglich die Kapitalerhaltung zu unterlaufen).[128] Die übrigen Gesellschafter müssen allerdings zustimmen.[129] Zwar ist die Situation in der GmbH grundsätzlich eine andere als in der AG, in der das Vorstandshandeln der Kontrolle des Aufsichtsrats unterworfen ist und deshalb die Zustimmung der Hauptversammlung entbehrlich erscheinen mag.[130] Der Vergleich zu den aktienrechtlichen Normen, welche die Zustimmung der Hauptversammlung voraussetzen (etwa §§ 50 Satz 1, 93 Abs. 4 Satz 3, 117 Abs. 4 AktG),[131] führt daher nicht weiter.[132] Doch besteht durchaus die Gefahr, dass eine Vereinbarung zwischen Gesellschafter und Gesellschaft den Interessen der übrigen Mitglieder zuwiderläuft, insbesondere solchen der Minderheit vis-à-vis einem Vergleich von Mehrheitseigner und Gesellschaft.[133] Aus gutem Grund stellt § 46 Nr. 2 GmbHG die Einlageforderung in die Entscheidungskompetenz der Gesellschafterversammlung.[134] Das gilt auch dann, wenn die Satzung Regelungen zur Fälligkeit und den Betrag der Einlageforderung regelt (vgl. für die fehlende Geltung von § 46 Nr. 2 insoweit § 46 Rdn. 21). Denn der Verzicht auf die Einlageleistung dürfte regelmäßig derart außergewöhnlich sein, dass nach § 49 Abs. 2 die Einberufung der Gesellschafterversammlung notwendig ist.[135] **39**

5. Schiedsfähigkeit von Ansprüchen aus § 31 Abs. 1

Die Frage der Zulässigkeit eines Erlasses gem. § 31 Abs. 4 berührt nicht die **Schiedsfähigkeit** von Ansprüchen aus § 31 Abs. 1 (zur Schiedsfähigkeit oben Rdn. 4).[136] Insoweit tritt die schiedsrichterliche Würdigung über Bestehen und Umfang der Unsicherheit an die Stelle derjenigen eines staatlichen Richters. **40**

G. Verjährung – Abs. 5

Der Erstattungsanspruch gegen den Empfänger der Leistung nach Abs. 1 verjährt in 10 Jahren, der Anspruch gegen die übrigen Gesellschafter gem. Abs. 3 in 5 Jahren. Die Regelung gilt für die GmbH & Co. KG, soweit die §§ 30, 31 zur Anwendung kommen.[137] Die Verjährung **beginnt** nach Abs. 5 Satz 2 mit Ablauf des Tages zu laufen, an dem die gegen § 30 verstoßende Zahlung geleistet wurde. Von mehreren Auszahlungen ist jede gesondert zu betrachten, es ist nicht allein die letzte Auszahlung maßgeblich.[138] Abseits der GmbH-rechtlichen Regelung zum Verjährungsbeginn und **41**

---

128 Für die Kapitalaufbringung im Zshg. § 66 AktG BGHZ 191, 364, 378 Tz 31.

129 *Altmeppen*, in: Roth/Altmeppen, GmbHG, § 31 Rn. 36; *Hommelhoff*, in: Lutter/Hommelhoff, GmbHG, § 31 Rn. 26; *Verse*, ZGR 2012, 875, 888 f. Anders *Habersack*, in: Ulmer/Habersack/Löbbe, GmbHG, § 31 Rn. 65 (allerdings Pflicht zur Vorlage nach § 49 Abs. 2); *Schmolke*, § 31 Rn. 85.

130 Gegen Zustimmungspflicht der Hauptversammlung im Zshg. mit § 66 AktG BGHZ 191, 364, 375 Tz 25 f.; *Hüffer/Koch*, AktG, § 66 Rn. 4 m. Nachw. zum Streitstand im Aktienrecht. Für Zustimmungspflicht etwa *Priester*, AG 2012, 525, 527 ff.

131 S. *Altmeppen*, in: Roth/Altmeppen, GmbHG, § 31 Rn. 36.

132 Vgl. für die AG auch die Erwägungen in BGHZ 191, 364, 375 Tz 25. Generell kritisch zur Heranziehung dieser Normen für das Aktienrecht *Verse*, ZGR 2012, 875, 888.

133 Für Zustimmungspflicht daher *Altmeppen*, in: Roth/Altmeppen, GmbHG, § 31 Rn. 36.

134 Zur Geltung von § 46 Nr. 2 für den Vergleich über eine Einlageforderung im Zusammenhang mit § 19s. dort, § 19 Rdn. 17 mit Nachw.

135 Auf § 49 Abs. 2 verweisen etwa *Habersack*, in: Ulmer/Habersack/Löbbe, GmbHG, § 31 Rn. 65; *Verse*, in: Scholz, GmbHG, § 31 Rn. 72.

136 *Altmeppen*, in: Roth/Altmeppen, GmbHG, § 31 Rn. 37; *Habersack*, in: Ulmer/Habersack/Löbbe, GmbHG, § 31 Rn. 65; *Pentz*, in: Rowedder/Schmidt-Leithoff, GmbHG, § 31 Rn. 45; *Verse*, in: Scholz, GmbHG, § 31 Rn. 73.

137 *Fastrich*, in: Baumbach/Hueck, GmbHG, § 31 Rn. 27.

138 BGH, ZIP 2008, 2217, 2220 Tz 20.

zur Verjährungsdauer gelten für sonstige Verjährungsfragen (Hemmung etc.) die §§ 203 ff. BGB.[139] Abs. 5 stellt, anders als die a.F., nicht mehr auf **subjektive Tatbestandselemente** ab.[140] Eine Sonderregelung hinsichtlich des Erstattungsanspruchs aus Abs. 1 für den Fall der **Eröffnung des Insolvenzverfahrens** enthält Abs. 5 Satz 3, der auf § 19 Abs. 6 Satz 2 verweist: Der Erstattungsanspruch verjährt nicht vor Ablauf von 6 Monaten ab dem Zeitpunkt der Eröffnung des Insolvenzverfahrens über das Vermögen der Gesellschaft. Für Erstattungsansprüche, die **vor dem 15.12.2004** entstanden sind und bis dahin noch nicht verjährt waren, enthält Art. 229 § 12 EGBGB Übergangsregeln.[141] **Sonstige**, nicht von § 31 verdrängte **Erstattungsansprüche** unterliegen den allg. Verjährungsregeln.[142]

H. Geschäftsführerhaftung – Abs. 6

42 Neben der Haftung ggü. der Gesellschaft wegen gegen § 30 verstoßender Auszahlungen nach § 43 Abs. 3, 1 sieht § 31 Abs. 6 Satz 1 als Ausnahme zur sonst fehlenden direkten Verantwortlichkeit der Geschäftsführer ggü. den Gesellschaftern[143] einen Rückgriffsanspruch der nach Abs. 3 haftenden Gesellschafter gegen die Geschäftsführer vor. Voraussetzung ist die vorherige Erstattung einer Zahlung gem. Abs. 3 sowie ein Verschulden der Geschäftsführer. Mehrere Geschäftsführer haften als Gesamtschuldner. Schuldner können nur Geschäftsführer sein, die z.Zt. der Auszahlung diese Stellung innehatten.[144]

43 Üblich ist die Ansicht, § 31 Abs. 6 Satz 2 verweise hinsichtlich des **Verschuldensmaßstabes** auf § 43 Abs. 1.[145] Das ist ungenau: Im Rahmen von § 43 Abs. 1 gilt nach inzwischen wohl allg.M. grds. die Business Judgment Rule.[146] Dabei handelt es sich gerade nicht um einen Verschuldensmaßstab, sondern um einen Prüfungsstandard.[147] § 31 Abs. 6 Satz 1 stellt demnach einen eigenen Verhaltensstandard auf, § 31 Abs. 6 Satz 2 schränkt jedoch durch den Verweis auf § 43 Abs. 1 die Überprüfbarkeit der Auszahlungsentscheidung des Geschäftsführers nach der Business Judgment Rule ein.

44 Abs. 6 Satz 1 etabliert zutreffender Ansicht nach **keine umfassende Schadensersatzhaftung**, sondern lediglich eine Erstattungspflicht, die durch die Höhe der Summe der i.R.d. Ausfallhaftung geleisteten Beträge beschränkt ist.[148] Die Anknüpfung an § 43 Abs. 1 ist notwendig, um die Durchbrechung des Grundsatzes, dass im deutschen Recht keine unmittelbare Verbindung zwischen Gesellschaftern und Geschäftsführern besteht, zu beschränken. Zudem wird so die Ausfallhaftung ggü. den Gesellschaftern weitestgehend an die Haftung ggü. der Gesellschaft angeglichen.

45 Zwar führt ein Gesellschafterbeschluss über die gegen § 30 verstoßende Auszahlung nicht zur Enthaftung,[149] doch steht den Geschäftsführern der Einwand des **venire contra factum proprium** zu, sofern die Gesellschafter das Auszahlungsverbot bewusst verletzt haben.[150] Ein Verzicht auf den Anspruch ist möglich.[151] Das setzt die Zustimmung sämtlicher berechtigter Gesellschafter voraus.

139 *Habersack*, in: Ulmer/Habersack/Löbbe, GmbHG, § 31 Rn. 66.

140 *Habersack*, in: Ulmer/Habersack/Löbbe, GmbHG, § 31 Rn. 66.

141 Ausführlich dazu *Ekkenga*, in: MünchKommGmbHG, § 31 Rn. 80 ff.

142 *Thiessen*, in: Bork/Schäfer, GmbHG, § 31 Rn. 85; *Verse*, in: Scholz, GmbHG, § 31 Rn. 78.

143 Hierzu *Kuntz*, Informationsweitergabe durch die Geschäftsführer bei Buyouts unter Managementbeteiligung, 2009, S. 29 ff.

144 *Ekkenga*, in: MünchKommGmbHG, § 31 Rn. 85. Weiter *Thiessen*, in: Bork/Schäfer, GmbHG, § 13 Rn. 103.

145 Z.B. *Ekkenga*, in: MünchKommGmbHG, § 31 Rn. 85; *Habersack*, in: Ulmer/Habersack/Löbbe, GmbHG, § 31 Rn. 71; *Fastrich*, in: Baumbach/Hueck, GmbHG, § 31 Rn. 30.

146 S. Kommentierung § 43 Rdn. 24.

147 Vgl. *Kuntz*, GmbHR 2008, 121 f.; *Lutter*, ZIP 2007, 841, 845.

148 *Fastrich*, in: Baumbach/Hueck, GmbHG, § 31 Rn. 30; *Schmolke*, § 31 Rn. 99. A.A. *Ekkenga*, in: MünchKommGmbHG, § 31 Rn. 87; *Habersack*, in: Ulmer/Habersack/Löbbe, GmbHG, § 31 Rn. 74; *Pentz*, in: Rowedder/Schmidt-Leithoff, GmbHG, § 31 Rn. 66.

149 BGHZ 31, 258, 278.

150 *Altmeppen*, in: Roth/Altmeppen, GmbHG, § 31 Rn. 42; *Ekkenga*, in: MünchKommGmbHG, § 31 Rn. 85; *Habersack*, in: Ulmer/Habersack/Löbbe, GmbHG, § 31 Rn. 69; *Verse*, in: Scholz, GmbHG, § 31 Rn. 83.

151 *Thiessen*, in: Bork/Schäfer, GmbHG, § 31 Rn. 109.

Der haftende Geschäftsführer kann diejenigen Gesellschafter in **Regress** nehmen, die nach den Abs. 1 bis 3 Rückgewähr schuldeten.[152] Bei mehreren haftenden Geschäftsführern folgt aus der »solidarischen« Haftung deren Gesamtschuldnerstellung i.S.v. § 426 BGB, sodass derjenige, der zahlt, im Innenverhältnis Ausgleich fordern kann. Der Innenregress ist möglicherweise abweichend von der Grundregel des § 426 Abs. 1 BGB vorzunehmen, etwa mit dem Argument eines bestimmten Zuständigkeitszuschnitts hinsichtlich der internen Verteilung der Leitungsaufgaben.[153] 46

Gemäß Satz 2 i.V.m. 43 Abs. 4 **verjährt** der Anspruch gegen die Geschäftsführer in 5 Jahren. Verjährungsbeginn ist die Zahlung des Gesellschafters nach Abs. 3.[154] 47

§ 32 Rückzahlung von Gewinn

Liegt die in § 31 Abs. 1 bezeichnete Voraussetzung nicht vor, so sind die Gesellschafter in keinem Fall verpflichtet, Beträge, welche sie in gutem Glauben als Gewinnanteile bezogen haben, zurückzuzahlen.

Schrifttum

Bayer/Illhardt, Darlegungs- und Beweislast im Recht der GmbH anhand praktischer Fallkonstellationen (Teil 2), GmbHR 2011, 638; *Vetter*, in: Goette/Habersack, Das MoMiG in Wissenschaft und Praxis, 2009, S. 107.

Übersicht

A. Grundlagen

§ 32 schützt den Gesellschafter, der Gewinnanteile bezogen hat, ohne dass die Voraussetzungen für den Gewinnbezug vorlagen. § 32 ergänzt § 29.[1] Dem Gesellschafter hilft seine Gutgläubigkeit nicht über die §§ 30, 31 hinweg. Unter Verstoß gegen § 30 empfangene Leistungen sind demnach stets zurückzugewähren.[2] Gutglaubensschutz bietet dann nur § 31 Abs. 2. 1

B. Voraussetzungen

§ 32 gewährt keinen Rückerstattungsanspruch bei Bösgläubigkeit des Empfängers, sondern setzt einen Anspruch auf Rückerstattung voraus.[3] Dabei handelt es sich i.d.R. um bereicherungsrechtliche Ansprüche.[4] 2

Beträge, die »als Gewinnanteile bezogen« wurden, sind nur solche, die die Gesellschafter auf Grundlage eines Beschlusses über die Gewinnverwendung empfangen haben. Das meint die Gewinnverwendung i.S.v. § 29. Lediglich gewinnabhängige Auszahlungen, die i.d.R. auf schuldrechtlicher Verpflichtung der Gesellschaft ggü. dem empfangenden Gesellschafter beruhen (Tantiemen, Zinsen etc.), sowie bloße Gewinnvorschüsse liegen genauso außerhalb des Anwendungsbereichs des § 32 wie sog. verdeckte Gewinnausschüttungen.[5] 3

152 *Altmeppen*, in: Roth/Altmeppen, GmbHG, § 31 Rn. 44; *Habersack*, in: Ulmer/Habersack/Löbbe, GmbHG, § 31 Rn. 76; *Verse*, in: Scholz, GmbHG, § 31 Rn. 89. Anders noch die Vorauflage dieses Kommentars.

153 *Ekkenga*, in: MünchKommGmbHG, § 31 Rn. 90; *Habersack*, in: Ulmer/Habersack/Löbbe, § 31 Rn. 90.

154 *Hommelhoff*, in: Lutter/Hommelhoff, GmbHG, § 31 Rn. 34; *Verse*, in: Scholz, GmbHG, § 31 Rn. 87.

1 *Löwisch*, in: MünchKommGmbHG, § 32 Rn. 1, 2.

2 *Verse*, in: Scholz, GmbHG, § 32 Rn. 2.

3 *Habersack*, in: Ulmer/Habersack/Löbbe, GmbHG, § 32 Rn. 6.

4 Ausführlich *Ekkenga*, in: MünchKommGmbHG, § 29 Rn. 246 ff.

5 *Fastrich*, in: Baumbach/Hueck, GmbHG, § 32 Rn. 3; *Habersack*, in: Ulmer/Habersack/Löbbe, GmbHG, § 32 Rn. 8 ff. Differenzierend für Gewinnvorauszahlungen *Verse*, in: Scholz, GmbHG, § 32 Rn. 6.

4 Der Empfänger muss Gesellschafter sein, dem ein Gewinnbezugsrecht nach § 29 Abs. 1 zusteht bzw. im Zeitpunkt der Fassung des Gewinnverwendungsbeschlusses zustand.[6] **Zessionare** können sich auf die Gutgläubigkeit des Gesellschafters berufen und insoweit § 32 heranziehen.[7] Nicht auf den Bezug des Gewinnanteils bezogene Mängel (z.B. Unwirksamkeit der Abtretung) werden nicht von § 32 erfasst.[8] **Nießbraucher** und **Gesamtrechtsnachfolger** stehen dem Gesellschafter gleich.[9]

5 **Guter Glaube** ist wie in § 31 Abs. 2 zu bestimmen, leicht fahrlässige Unkenntnis schadet demnach nicht.[10] **Bezugspunkt** ist der Glaube an den rechtmäßigen Bezug des Gewinnanteils auf der Basis eines ordnungsgemäßen, d.h. mit Gesetz und Satzung übereinstimmenden Gewinnverwendungsbeschlusses.[11] Der gute Glaube muss im **Zeitpunkt** des Empfangs des Gewinnanteils vorliegen.[12]

C. Rechtsfolge und Beweislast

6 Der Gutgläubige erhält durch § 32 eine **von Amts wegen zu beachtende Einwendung** gegen sämtliche Rückgriffsansprüche, die nicht aus § 31 Abs. 1 folgen, unabhängig von ihrer dogmatischen Begründung.[13]

7 Das gilt jedoch **nicht** allgemein **für** die **Anfechtung nach InsO** oder **AnfG.**[14] Das hat im Zshg. mit § 131 InsO nichts damit zu tun, dass der Gesellschafter den Gewinnanteil nicht zu beanspruchen hatte.[15] Denn vor einer Rückforderung in einem solchen Fall soll § 32 gerade schützen (Rdn. 1). Aus der in § 32 enthaltenen Ausnahme für die Fälle des § 31 Abs. 1 lässt sich vielmehr entnehmen, dass der Schutz des Gutgläubigen nicht den Gläubigerschutz beeinträchtigen soll. Zudem enthalten die §§ 130 ff. InsO spezielle Regelungen zum Schutz gutgläubiger Leistungsempfänger. Die Erstreckung des § 32 auf § 135 InsO kommt bereits deshalb nicht in Betracht, weil das MoMiG eine umfassende insolvenzrechtliche Lösung für Gesellschafterdarlehen angestrebt hat. Dann wäre es systemwidrig, eine Privilegierung nach § 32 zuzulassen.[16]

8 Die **Beweislast** trägt die Gesellschaft, soweit es um das Vorliegen der Voraussetzungen eines Rückzahlungsanspruches geht, der Gesellschafter, was die Gutgläubigkeit betrifft, weil es sich insoweit um eine Privilegierung zu seinen Gunsten handelt.[17]

---

6 *Habersack*, in: Ulmer/Habersack/Löbbe, GmbHG, § 32 Rn. 9.

7 Dazu *Löwisch*, in: MünchKommGmbHG, § 32 Rn. 25. Zu den Auswirkungen der Rechtsprechungsgrundsätze zur bereicherungsrechtlichen Abwicklung von Mehrpersonenverhältnissen *Verse*, in: Scholz, GmbHG, § 32 Rn. 9.

8 *Löwisch*, in: MünchKommGmbHG, § 32 Rn. 40.

9 *Löwisch*, in: MünchKommGmbHG, § 32 Rn. 24.

10 *Habersack*, in: Ulmer/Habersack/Löbbe, GmbHG, § 32 Rn. 12.

11 *Habersack*, in: Ulmer/Habersack/Löbbe, GmbHG, § 32 Rn. 12; *Löwisch*, in: MünchKommGmbHG, § 32 Rn. 34.

12 *Löwisch*, in: MünchKommGmbHG, § 32 Rn. 36.

13 *Löwisch*, in: MünchKommGmbHG, § 32 Rn. 39.

14 *Thiessen*, in: Bork/Schäfer, GmbHG, § 32 Rn. 17; *Verse*, in: Scholz, GmbHG, § 32 Rn. 15.

15 So *Thiessen*, in: Bork/Schäfer, GmbHG, § 32 Rn. 17.

16 I.Erg. wie hier *Verse*, in: Scholz, GmbHG, § 31 Rn. 34 i.V.m. § 32 Rn. 15 a.E. A.A. *Vetter*, in: Goette/Habersack, Das MoMiG in Wissenschaft und Praxis, S. 107, 152.

17 *Bayer/Illhardt*, GmbHR 2011, 638, 642; *Löwisch*, in: MünchKommGmbHG, § 32 Rn. 42 f. A.A. zur Gutgläubigkeit *Thiessen*, in: Bork/Schäfer, GmbHG, § 32 Rn. 18.

§ 33 Erwerb eigener Geschäftsanteile

(1) Die Gesellschaft kann eigene Geschäftsanteile, auf welche die Einlagen noch nicht vollständig geleistet sind, nicht erwerben oder als Pfand nehmen.

(2) [1]Eigene Geschäftsanteile, auf welche die Einlage vollständig geleistet ist, darf sie nur erwerben, sofern sie im Zeitpunkt des Erwerbs eine Rücklage in Höhe der Aufwendungen für den Erwerb bilden könnte, ohne das Stammkapital oder eine nach dem Gesellschaftsvertrag zu bildende Rücklage zu mindern, die nicht zur Zahlung an die Gesellschafter verwandt werden darf. [2]Als Pfand nehmen darf sie solche Geschäftsanteile nur, soweit der Gesamtbetrag der durch Inpfandnahme eigener Geschäftsanteile gesicherten Forderungen oder, wenn der Wert der als Pfand genommenen Geschäftsanteile niedriger ist, dieser Betrag nicht höher ist als das über das Stammkapital hinaus vorhandene Vermögen. [3]Ein Verstoß gegen die Sätze 1 und 2 macht den Erwerb oder die Inpfandnahme der Geschäftsanteile nicht unwirksam; jedoch ist das schuldrechtliche Geschäft über einen verbotswidrigen Erwerb oder eine verbotswidrige Inpfandnahme nichtig.

(3) Der Erwerb eigener Geschäftsanteile ist ferner zulässig zur Abfindung von Gesellschaftern nach § 29 Abs. 1, § 122i Abs. 1 Satz 2, § 125 Satz 1 in Verbindung mit § 29 Abs. 1 und § 207 Abs. 1 des Umwandlungsgesetzes, sofern der Erwerb binnen sechs Monaten nach dem Wirksamwerden der Umwandlung oder nach der Rechtskraft der gerichtlichen Entscheidung erfolgt und die Gesellschaft im Zeitpunkt des Erwerbs eine Rücklage in Höhe der Aufwendungen für den Erwerb bilden könnte, ohne das Stammkapital oder eine nach dem Gesellschaftsvertrag zu bildende Rücklage zu mindern, die nicht zur Zahlung an die Gesellschafter verwandt werden darf.

Schrifttum

Bloching/Kettinger, Kapitalerhaltung oder Kapitalquelle? – Eine Analyse des § 33 Abs. 2 GmbHG im Licht der aktuellen Rechtsprechung zum Kapitalschutz, BB 2006, 172; *Ditz/Tcherveniachki*, Eigene Anteile und Mitarbeiterbeteiligungsmodelle – Bilanzierung nach dem BilMoG und Konsequenzen für das steuerliche Einlagekonto, Ubg 2010, 875; *Emmerich*, Wechselseitige Beteiligungen bei AG und GmbH, NZG 1998, 622; *Geißler*, Der Erwerb eigener GmbH-Anteile zur Realisierung von Strukturmaßnahmen, GmbHR 2008, 1018; *Goette*, Anmerkung zu BGH, Beschl. v. 15.11.1993 – II ZR 32/93, DStR 1994, 107; *Hoger*, Kapitalschutz als Durchsetzungsschranke umwandlungsrechtlicher Ausgleichsansprüche von Gesellschaftern, AG 2008, 149; *Hüttemann*, Erwerb eigener Anteile im Bilanz- und Steuerrecht nach BilMoG, FS Herzig, 2010, S. 595; *Köhler*, Steuerliche Behandlung eigener Anteile, DB 2011, 15; *Kreutz*, Von der Einmann- zur »Keinmann«-GmbH?, FS Stimpel, 1985, 379; *Kropff*, Nettoausweis des Gezeichneten Kapital und Kapitalschutz, ZIP 2009, 1137; *Lieder*, Eigene Geschäftsanteile im Umwandlungsrecht, GmbHR 2014, 232; *Rodewald/Pohl*, Neuregelungen des Erwerbs von eigenen Anteilen durch die GmbH im Bilanzrechtsmodernisierungsgesetz (BilMoG), GmbHR 2009, 32; *Salus/Pape*, Anmeldung der Kaufpreisforderung aus dem Verkauf eines Gesellschaftsanteils an die GmbH im Insolvenzverfahren, ZIP 1997, 577; *Schiffers*, Steuerrechtliche Behandlung des Erwerbs eigener Anteile, GmbHR 2014, 79; *Sonnenhol/Stützle*, Bestellung von Sicherheiten durch eine GmbH und der Grundsatz der Erhaltung des Stammkapitals (§ 30 GmbHG), DB 1979, 925; *Winkler*, Der Erwerb eigener Geschäftsanteile durch die GmbH, GmbHR 1972, 73; *Verhoeven*, GmbH-Konzernrecht: Der Erwerb von Anteilen der Obergesellschaft, GmbHR 1977, 97.

Übersicht

A. Allgemeines

1 Der derivative Erwerb und die Inpfandnahme eigener Geschäftsanteile durch die GmbH sind prinzipiell zulässig.[1] § 33 enthält insoweit nur Einschränkungen zum Schutz des Stammkapitals.[2] Abs. 1 dient der Sicherung der realen Kapitalaufbringung, da offene Einlageforderungen durch Konfusion[3] bzw. die Haftung des Erwerbers nach § 16 Abs. 2 mit der Gesellschaft als Erwerberin erlöschen würden.[4] Abs. 2 dient der Kapitalerhaltung, da der mit Aufwendungen für die Gesellschaft verbundene Rückerwerb wirtschaftlich einer Kapitalrückzahlung gleichkommt.[5] Abs. 3 schränkt den strengen Kapitalschutz zwecks Ermöglichung von Strukturmaßnahmen ein, die ansonsten mit Blick auf dabei bestehende Austrittsrechte mit § 33 nicht vereinbar wären und unterbleiben müssten.[6] Der in § 33 nicht geregelte originäre Erwerb eigener Geschäftsanteile bei Gründung oder Kapitalerhöhung ist von vornherein ausgeschlossen.[7] § 33 enthält zwingendes Recht.[8]

2 Zuletzt wurde § 33 durch das Bilanzrechtsmodernisierungsgesetz (BilMoG)[9] vor dem Hintergrund der Änderungen bei der Bilanzierung eigener Anteile (vgl. §§ 265, 266, 272 HGB) geändert.[10] Diese in Abs. 2 Satz 1 und Abs. 3 erfolgten Änderungen sind am 29.05.2009 wirksam geworden.[11] Weitere Regelungen zu eigenen Anteilen enthält das GmbHG in § 43 Abs. 3 Satz 1 zur Haftung der Geschäftsführer und in § 57l Abs. 1 zur Teilnahme eigener Anteile an einer Kapitalerhöhung aus Gesellschaftsmitteln. Die aktienrechtlichen Regeln über den Rückerwerb eigener Aktien (§§ 71 bis 71e AktG) können für die Lösung entsprechender GmbH-rechtlicher Fragen allenfalls im Einzelfall herangezogen werden.[12] Auf die Kaduzierung gem. §§ 21 ff. findet § 33 keine Anwendung.[13]

---

1 *Paura*, in: Ulmer/Habersack/Löbbe, GmbHG, § 33 Rn. 1; *Sosnitza*, in: Michalski, GmbHG, § 33 Rn. 1.
2 *Sosnitza*, in: Michalski, GmbHG, § 33 Rn. 4; *Lutter/Hommelhoff*, in: Lutter/Hommelhoff, GmbHG, § 33 Rn. 1.
3 *Sosnitza*, in: Michalski, GmbHG, § 33 Rn. 5; *Paura*, in: Ulmer/Habersack/Löbbe, GmbHG, § 33 Rn. 2.
4 Dazu *Paura*, in: Ulmer/Habersack/Löbbe, GmbHG, § 33 Rn. 21; *Kersting*, in: Baumbach/Hueck, GmbHG, § 33 Rn. 3.
5 *Sosnitza*, in: Michalski, GmbHG, § 33 Rn. 4; *Paura*, in: Ulmer/Habersack/Löbbe, GmbHG, § 33 Rn. 2; BGH, NJW 1956, 1326, 1327; NJW 1998, 3121, 3122.
6 Vgl. RegBegr., UmwBerG, BT-Drucks. 12/6699, S. 175; *Paura*, in: Ulmer/Habersack/Löbbe, GmbHG, § 33 Rn. 4; vgl. auch *Kersting*, in: Baumbach/Hueck, GmbHG, § 33 Rn. 15.
7 *Paura*, in: Ulmer/Habersack/Löbbe, GmbHG, § 33 Rn. 1; *Lutter/Hommelhoff*, in: Lutter/Hommelhoff, GmbHG, § 33 Rn. 1: Unwirksamkeit der Übernahme.
8 *Löwisch*, in: MünchKommGmbHG, § 33 Rn. 10; *Altmeppen*, in: Roth/Altmeppen, GmbHG, § 33 Rn. 54; *Sosnitza*, in: Michalski, GmbHG, § 33 Rn. 4.
9 Bilanzrechtsmodernisierungsgesetz v. 25.05.2009, BGBl. I, S. 1102.
10 Vgl. dazu *Löwisch*, in: MünchKommGmbHG, § 33 Rn. 2.
11 *Löwisch*, in: MünchKommGmbHG, § 33 Rn. 4.
12 *Löwisch*, in: MünchKommGmbHG, § 33 Rn. 16.
13 *Löwisch*, in: MünchKommGmbHG, § 33 Rn. 15; *H.P. Westermann*, in: Scholz, GmbHG, § 33 Rn. 3; *Lutter/Hommelhoff*, in: Lutter/Hommelhoff, GmbHG, § 33 Rn. 10; *Sosnitza*, in: Michalski, GmbHG, § 33 Rn. 7; *Kersting*, in: Baumbach/Hueck, GmbHG, § 33 Rn. 4.

B. Erfasste Rechtshandlungen und Beteiligte

I. Erwerb

Mit Blick auf den Zweck des Schutzes der Kapitalaufbringung durch Abs. 1 ist bei nicht voll eingezahlten Geschäftsanteilen jede Form des Erwerbs unabhängig vom Anlass erfasst, insb. auch der Erwerb aufgrund Schenkung, Vermächtnisses, infolge des Ausschlusses eines Gesellschafters, durch Zuschlag in öffentlicher Versteigerung oder in Ausübung von Erwerbsvorrechten.[14] Auch darf die Gesellschaft nicht im Kaduzierungsverfahren nach § 23 mitbieten.[15] Nach teilweise vertretener Ansicht soll der Erwerb im Wege der Gesamtrechtsnachfolge in analoger Anwendung des § 71 Abs. 1 Satz 1 Nr. 5 AktG nicht erfasst und generell zulässig sein, da die Nichtigkeitsfolge hier nicht passe.[16] Die überwiegende und vorzugswürdige Ansicht hingegen wendet auch hier § 33 an.[17] Im Fall der Unzulässigkeit nach Abs. 1 kann der Geschäftsanteil dann dem gesetzlichen Erben zufallen.[18] § 33 steht nicht entgegen, wenn die Gesellschaft bei einem Verkauf eines Geschäftsanteils durch einen Gesellschafter an einen Dritten lediglich mitwirkt.[19] Abs. 2 zielt auf die Erhaltung des Stammkapitals.[20] Trotz unterschiedlicher Schutzrichtung ergeben sich für die Auslegung desselben Begriffs in Abs. 2 keine Unterschiede. 3

II. Inpfandnahme

Inpfandnahme bedeutet rechtsgeschäftliche Verpfändung gem. § 1273 BGB.[21] Einer Ansicht zufolge ist auch der Pfandrechtserwerb kraft Gesetzes, insb. nach § 401 BGB erfasst und unzulässig.[22] Dies gebiete der Zweck des Gesetzes, Umgehungen über ein Pfandrecht zu verhindern.[23] Die Gegenansicht sieht den Pfandrechtserwerb kraft Gesetzes als nicht erfasst an, soweit nicht im Einzelfall eine missbräuchliche Gestaltung vorliegt.[24] Für letztere Ansicht spricht neben dem Wortlaut und Abs. 2 Satz 3 (schuldrechtliche Grundlage), dass die Erstreckung des Tatbestands auf die Inpfandnahme eher präventiver Natur ist.[25] Ebenso wenig ist die Pfändung erfasst.[26] Auch hier verlangt der effektive Kapitalschutz keine weite Auslegung. 4

14 *Kersting*, in: Baumbach/Hueck, GmbHG, § 33 Rn. 3; *Altmeppen*, in: Roth/Altmeppen, GmbHG, § 33 Rn. 8.

15 RGZ 98, 276, 279; *Löwisch*, in: MünchKommGmbHG, § 33 Rn. 15; *Sosnitza*, in: Michalski, GmbHG, § 33 Rn. 5.

16 *Lutter/Hommelhoff*, in: Lutter/Hommelhoff, GmbHG, § 33 Rn. 10.

17 *Sosnitza*, in: Michalski, GmbHG, § 33 Rn. 5; *Wicke*, GmbHG, § 33 Rn. 3; *Kersting*, in: Baumbach/Hueck, GmbHG, § 33 Rn. 2.

18 *Sosnitza*, in: Michalski, GmbHG, § 33 Rn. 5.

19 RGZ 71, 399, 403; *Kersting*, in: Baumbach/Hueck, GmbHG, § 33 Rn. 4.

20 *Sosnitza*, in: Michalski, GmbHG, § 33 Rn. 21.

21 *Sosnitza*, in: Michalski, GmbHG, § 33 Rn. 8.

22 *Sosnitza*, in: Michalski, GmbHG, § 33 Rn. 9; *Paura*, in: Ulmer/Habersack/Löbbe, GmbHG, § 33 Rn. 15; *H.P. Westermann*, in: Scholz, GmbHG, § 33 Rn. 8.

23 *Paura*, in: Ulmer/Habersack/Löbbe, GmbHG, § 33 Rn. 16.

24 *Kersting*, in: Baumbach/Hueck, GmbHG, § 33 Rn. 5: Umgehung bei Forderungserwerb nur zum Zwecke des Pfandrechtserwerbs; *Lutter/Hommelhoff*, in: Lutter/Hommelhoff, GmbHG, § 33 Rn. 29; *Wicke*, GmbHG, § 33 Rn. 12.

25 S. zur Bedeutung der Inpfandnahme im Vergleich zum Erwerb *Paura*, in: Ulmer/Habersack/Löbbe, GmbHG, § 33 Rn. 14.

26 *Kersting*, in: Baumbach/Hueck, GmbHG, § 33 Rn. 5; *Altmeppen*, in: Roth/Altmeppen, GmbHG, § 33 Rn. 38; wohl auch *Lutter/Hommelhoff*, in: Lutter/Hommelhoff, GmbHG, § 33 Rn. 29; a.A. *Sosnitza*, in: Michalski, GmbHG, § 33 Rn. 10; *Paura*, in: Ulmer/Habersack/Löbbe, GmbHG, § 33 Rn. 17.

III. Weitere Rechtshandlungen

5 Der Erwerb anderer Rechte wie z.B. der Nießbrauch[27] am Geschäftsanteil ist von der eng auszulegenden Ausnahmevorschrift des § 33 nicht erfasst.[28] Auch die Entstehung anderer Rechte an einem Geschäftsanteil wie z.B. eines Zurückbehaltungsrechts sowie sonstiger Sicherungsrechte ist nicht erfasst.[29] Einzelne aus dem Geschäftsanteil folgende vermögensrechtliche Ansprüche wie z.B. Gewinnansprüche können ohne Rücksicht auf § 33 an die Gesellschaft abgetreten werden.[30]

IV. Beteiligte

6 Auch wenn das GmbHG keine § 71a AktG entsprechende Regelung zum Umgehungsschutz enthält, können Maßnahmen zwischen einem Gesellschafter und einem Dritten von § 33 erfasst sein.[31] Allerdings steht der Erwerb für Rechnung der GmbH dem Erwerb durch die GmbH selbst nicht vollständig gleich.[32] Vielmehr erwirbt der Dritte den Geschäftsanteil wirksam, eine Verpflichtung zur Übertragung des Geschäftsanteils auf die Gesellschaft nach § 667 BGB und ein Aufwendungsersatzanspruch aus § 670 BGB bestehen im Innenverhältnis aber nur, soweit § 33 nicht entgegensteht.[33] Andernfalls sind diese Ansprüche nichtig.[34] Da es im Fall eines nicht voll eingezahlten Geschäftsanteils nicht zum Erlöschen der offenen Einlageforderung durch Konfusion und auch nicht zum Wegfall der Haftung des Erwerbers nach § 16 Abs. 2 kommen kann, gilt im Ergebnis nur die Schranke des Abs. 2.[35] Die Mitgliedschaftsrechte aus dem Anteil dieses Dritten ruhen nicht,[36] allenfalls kommt es zur entsprechenden Anwendung des § 136 Abs. 2 AktG.[37]

C. Nicht voll eingezahlte Geschäftsanteile (Abs. 1)

I. Nicht vollständig geleistete Einlage

7 Die Einlage auf einen Geschäftsanteil ist noch nicht vollständig geleistet, wenn irgendein Teil der Einlage objektiv rückständig ist.[38] Dies gilt unabhängig davon, ob es sich um eine Bar- oder Sacheinlage handelt, ob die Einlage eingefordert wurde oder nicht oder ob die Beteiligten davon Kenntnis hatten oder nicht.[39] Rückständig ist die Einlage in dem Fall, dass eine Sacheinlage oder Anrechnung in der Satzung nicht ordnungsgemäß festgesetzt wurde (§ 5 Abs. 4 Satz 1, 19 Abs. 2 Satz 2).[40] Die Einlagepflicht umfasst die Differenzhaftung nach § 9 Abs. 1[41] sowie die Vorbelastungshaftung der Gesellschafter bei Aufnahme einer werbenden Tätigkeit vor Eintragung der Gesellschaft ins

27 *Sosnitza*, in: Michalski, GmbHG, § 33 Rn. 11; *Löwisch*, in: MünchKommGmbHG, § 33 Rn. 35; *Altmeppen*, in: Roth/Altmeppen, GmbHG, § 33 Rn. 38.

28 *Löwisch*, in: MünchKommGmbHG, § 33 Rn. 35; *Altmeppen*, in: Roth/Altmeppen, GmbHG, § 33 Rn. 38.

29 *Löwisch*, in: MünchKommGmbHG, § 33 Rn. 35.

30 *Sosnitza*, in: Michalski, GmbHG, § 33 Rn. 11; *Paura*, in: Ulmer/Habersack/Löbbe, GmbHG, § 33 Rn. 19.

31 *Paura*, in: Ulmer/Habersack/Löbbe, GmbHG, § 33 Rn. 18; *Sosnitza*, in: Michalski, GmbHG, § 33 Rn. 6.

32 So aber LG Saarbrücken, GmbHR 1991, 581, 582.

33 *Sosnitza*, in: Michalski, GmbHG, § 33 Rn. 6; *Lutter/Hommelhoff*, in: Lutter/Hommelhoff, GmbHG, § 33 Rn. 25: Analoge Anwendung im Innenverhältnis zwischen Gesellschafter und Drittem; *Altmeppen*, in: Roth/Altmeppen, GmbHG, § 33 Rn. 39.

34 *Kersting*, in: Baumbach/Hueck, GmbHG, § 33 Rn. 3.

35 Vgl. dazu ausführlich *Altmeppen*, in: Roth/Altmeppen, GmbHG, § 33 Rn. 39.

36 Vgl. dazu *Altmeppen*, in: Roth/Altmeppen, GmbHG, § 33 Rn. 39, jedoch nur soweit kein Fall einer Umgehung vorliegt.

37 Vgl. *Wicke*, GmbHG, § 47 Rn. 12.

38 *Kersting*, in: Baumbach/Hueck, GmbHG, § 33 Rn. 2; *Sosnitza*, in: Michalski, GmbHG, § 33 Rn. 12.

39 *Sosnitza*, in: Michalski, GmbHG, § 33 Rn. 12; *Kersting*, in: Baumbach/Hueck, GmbHG, § 33 Rn. 2.

40 *Sosnitza*, in: Michalski, GmbHG, § 33 Rn. 13.

41 *Kersting*, in: Baumbach/Hueck, GmbHG, § 33 Rn. 2; *Paura*, in: Ulmer/Habersack/Löbbe, GmbHG, § 33 Rn. 28.

Handelsregister.[42] Im Fall der Teilung eines Geschäftsanteils ist jeder neue Geschäftsanteil gesondert zu beurteilen.[43]

Nicht zur Einlageverpflichtung zählen etwaige Pflichten zur Zahlung von Zinsen, Kosten, Vertragsstrafen, Agio, Nachschüssen oder Nebenleistungen (§ 3 Abs. 2).[44] Entgegen teilweise vertretener Ansicht[45] führt mit der wohl herrschenden Meinung eine (teilweise) Rückzahlung unter Verstoß gegen § 30 und eine damit entstehende Erstattungspflicht nach § 31 Abs. 1 nicht zu einer offenen Einlageforderung i.S.d. Abs. 1.[46] Die Rückerstattungspflicht nach § 31 Abs. 1 ist eine persönliche Schuld.[47] Ebenso wenig ist der Fall der Ausfallhaftung nach §§ 24, 31 Abs. 3 oder eine sich aus dem Zurückbleiben des Ersteigerungserlöses hinter der offenen Einlage ergebenden Haftung im Kaduzierungsverfahren erfasst.[48] 8

Die Einlage muss spätestens im Zeitpunkt des Abschlusses des schuldrechtlichen Grundgeschäfts, das dem Erwerb oder der Inpfandnahme zugrunde liegt, vollständig geleistet sein.[49] Die Erfüllungswirkung muss im Zeitpunkt des dinglichen Vollzugs fortbestehen. Allein auf den Zeitpunkt einer später erfolgenden Abtretung kann abgestellt werden, wenn in der Abtretung zugleich eine Bestätigung des Kausalgeschäfts gem. § 141 BGB, § 184 BGB liegt, wovon i.d.R. auszugehen sein soll.[50] Eine schuldrechtliche Rückbeziehung gem. § 159 BGB auf einen Zeitpunkt, indem die Voraussetzungen des § 33 nicht vorlagen, ist nicht möglich.[51] 9

II. Verbot und Rechtsfolgen eines Verstoßes

Erwerb und Inpfandnahme nicht voll eingezahlter Geschäftsanteile durch die Gesellschaft sind – vorbehaltlich Abs. 3 – verboten. Ein Verstoß hat gem. § 134 BGB die Nichtigkeit sowohl des schuldrechtlichen Grundgeschäfts als auch des Verfügungsgeschäfts zur Folge.[52] Die Auswirkungen auf andere Teile eines einheitlichen Rechtsgeschäfts richten sich nach § 139 BGB.[53] Der veräußernde Gesellschafter ist weiterhin Gesellschafter und Inhaber des entsprechenden (unbelasteten) Geschäftsanteils. Die Nichtigkeitsfolge gilt auch für den einer Pfändung zugrunde liegenden Hoheitsakt oder einen Zuschlag des Anteils i.R.d. Versteigerung.[54] 10

Das dem Erwerb oder der Inpfandnahme zugrunde liegende schuldrechtliche Grundgeschäft ist gem. §§ 812 ff. BGB rückabzuwickeln.[55] Im Fall der Unkenntnis des Gesellschafters von der Rückständigkeit der Einlageverpflichtung kann er sich gem. § 818 Abs. 3 BGB ggf. auf Entreicherung berufen, andernfalls gelten §§ 819 Abs. 1. 818 Abs. 4 BGB.[56] Auf § 814 BGB soll sich der 11

42 *Sosnitza*, in: Michalski, GmbHG, § 33 Rn. 13; *Paura*, in: Ulmer/Habersack/Löbbe, GmbHG, § 33 Rn. 28.
43 *Sosnitza*, in: Michalski, GmbHG, § 33 Rn. 13; *Paura*, in: Ulmer/Habersack/Löbbe, GmbHG, § 33 Rn. 27.
44 *Sosnitza*, in: Michalski, GmbHG, § 33 Rn. 15; *Kersting*, in: Baumbach/Hueck, GmbHG, § 33 Rn. 2; *Lutter/Hommelhoff*, in: Lutter/Hommelhoff, GmbHG, § 33 Rn. 8.
45 *Lutter/Hommelhoff*, in: Lutter/Hommelhoff, GmbHG, § 33 Rn. 8; *H.P. Westermann*, in: *Scholz*, GmbHG, § 33 Rn. 5.
46 *Sosnitza*, in: Michalski, GmbHG, § 33 Rn. 15; *Altmeppen*, in: Roth/Altmeppen, GmbHG, § 33 Rn. 9; *Paura*, in: Ulmer/Habersack/Löbbe, GmbHG, § 33 Rn. 29.
47 *Kersting*, in: Baumbach/Hueck, GmbHG, § 33 Rn. 2.
48 *Sosnitza*, in: Michalski, GmbHG, § 33 Rn. 15; *Kersting*, in: Baumbach/Hueck, GmbHG, § 33 Rn. 2.
49 *Sosnitza*, in: Michalski, GmbHG, § 33 Rn. 14; *Löwisch*, in: MünchKommGmbHG, § 33 Rn. 29; *Altmeppen*, in: Roth/Altmeppen, GmbHG, § 33 Rn. 10.
50 *Löwisch*, in: MünchKommGmbHG, § 33 Rn. 29; *Sosnitza*, in: Michalski, GmbHG, § 33 Rn. 14.
51 *Kersting*, in: Baumbach/Hueck, GmbHG, § 33 Rn. 8; *Löwisch*, in: MünchKommGmbHG, § 33 Rn. 29.
52 *Kersting*, in: Baumbach/Hueck, GmbHG, § 33 Rn. 6; *Löwisch*, in: MünchKommGmbHG, § 33 Rn. 36.
53 *Sosnitza*, in: Michalski, GmbHG, § 33 Rn. 16.
54 *Löwisch*, in: MünchKommGmbHG, § 33 Rn. 36; *Paura*, in: Ulmer/Habersack/Löbbe, GmbHG, § 33 Rn. 13.
55 *Löwisch*, in: MünchKommGmbHG, § 33 Rn. 37; *Kersting*, in: Baumbach/Hueck, GmbHG, § 33 Rn. 6.
56 *Sosnitza*, in: Michalski, GmbHG, § 33 Rn. 17; *Löwisch*, in: MünchKommGmbHG, § 33 Rn. 37.

Gesellschafter nicht berufen können.[57] Der Rückgewähranspruch des § 31 Abs. 1 tritt selbstständig neben die bereicherungsrechtlichen Vorschriften, wenn der Kaufpreis unter Verstoß gegen § 30 Abs. 1 an den veräußernden Gesellschafter gezahlt wurde.[58] Dabei sind die Ansprüche jeweils nach ihren eigenen Regeln zu beurteilen, insb. ist § 31 Abs. 2 nicht auf bereicherungsrechtliche Ansprüche anwendbar.[59] Eine Heilung der Nichtigkeit ist auch durch nachträgliche Einzahlung des Geschäftsanteils nicht möglich.[60]

12 Kommt es zur Eintragung der Gesellschaft als Inhaberin des Geschäftsanteils in die Gesellschafterliste, ist ein gutgläubiger Erwerb von der Gesellschaft als nicht Berechtigter gem. § 16 Abs. 3 möglich.[61] Für die noch offene Einlageverpflichtung haften gem. § 16 Abs. 2 der gutgläubige Erwerber sowie der ursprünglich veräußernde Gesellschafter.[62] Liegen die Voraussetzungen eines gutgläubigen Erwerbs nicht vor, hängt die Wirksamkeit des Erwerbs durch den Dritten von der Zustimmung gem. §§ 182 ff. BGB durch den ursprünglich veräußernden Gesellschafter ab.[63] Der nicht geschäftsführende Alleingesellschafter handelt ggü. der Gesellschaft nicht als Nichtberechtigter im Sinne von § 816 Abs. 1 BGB, wenn er eigene Geschäftsanteile der Gesellschaft im eigenen Namen veräußert.[64]

III. Gestaltungen zur Ermöglichung des Erwerbs

13 Sowohl das schuldrechtliche als auch das dingliche Erwerbsgeschäft können unter der aufschiebenden Bedingung vollständiger Einlagezahlung abgeschlossen werden.[65] Die Voraussetzungen des § 33 Abs. 2 müssen allerdings in jedem Fall vorliegen.[66]

14 Unzulässig sind Gestaltungen, die auf eine Verrechnung von Einlage- und Kaufpreisverpflichtung hinauslaufen, da bis zur Erfüllung der rückständigen Einlage in Wahrheit noch keine Kaufpreisforderung besteht, die verrechnet werden könnte (§ 134 BGB).[67] Mit Blick auf das Verbot des § 19 Abs. 2 Satz 1 kann die Gesellschaft dem veräußernden Gesellschafter keine Mittel zur Zahlung seiner Einlage in Form eines Darlehens zur Verfügung stellen.[68] Ob der Gesellschafter selbst, ein Mitgesellschafter oder ein Dritter Einzahlungen auf die Einlage vornimmt, ist dabei unerheblich.[69]

15 Unter der Voraussetzung, dass die einschlägigen Vorschriften, insb. das Sperrjahr (vgl. § 58 Abs. 1 Nr. 3) eingehalten werden, können die Voraussetzungen des § 33 Abs. 1 auch durch eine Kapitalherabsetzung geschaffen werden. Infolge der Kapitalherabsetzung wird der veräußernde Gesellschafter in entsprechendem Umfang von der Pflicht zur Leistung der rückständigen Einlage befreit (vgl. § 19 Abs. 3).[70]

---

57 *Löwisch*, in: MünchKommGmbHG, § 33 Rn. 37.

58 *Sosnitza*, in: Michalski, GmbHG, § 33 Rn. 17; *Paura*, in: Ulmer/Habersack/Löbbe, GmbHG, § 33 Rn. 40; *H.P. Westermann*, in: Scholz, GmbHG, § 33 Rn. 16; a.A. *Löwisch*, in: MünchKommGmbHG, § 33 Rn. 37: § 31 vorrangig; gegen die Anwendbarkeit des § 31 dagegen noch *Winkler*, GmbHR 1972, 73, 76.

59 *Sosnitza*, in: Michalski, GmbHG, § 33 Rn. 17; *H.P. Westermann*, in: Scholz, GmbHG, § 33 Rn. 16.

60 RGZ 71, 399, 403; *Sosnitza*, in: Michalski, GmbHG, § 33 Rn. 18; *Löwisch*, in: MünchKommGmbHG, § 33 Rn. 38.

61 *Kersting*, in: Baumbach/Hueck, GmbHG, § 33 Rn. 6; *Wicke*, GmbHG, § 33 Rn. 4.

62 *Sosnitza*, in: Michalski, GmbHG, § 33 Rn. 20.

63 *Kersting*, in: Baumbach/Hueck, GmbHG, § 33 Rn. 6.

64 BGH, NJW 2004, 365, 365.

65 RGZ 93, 326, 329; *Paura*, in: Ulmer/Habersack/Löbbe, GmbHG, § 33 Rn. 31; *Altmeppen*, in: Roth/Altmeppen, GmbHG, § 33 Rn. 11.

66 *Paura*, in: Ulmer/Habersack/Löbbe, GmbHG, § 33 Rn. 31.

67 Vgl. *Sosnitza*, in: Michalski, GmbHG, § 33 Rn. 19; *Paura*, in: Ulmer/Habersack/Löbbe, GmbHG, § 33 Rn. 35; *Altmeppen*, in: Roth/Altmeppen, GmbHG, § 33 Rn. 11; *Kersting*, in: Baumbach/Hueck, GmbHG, § 33 Rn. 8.

68 *Sosnitza*, in: Michalski, GmbHG, § 33 Rn. 19.

69 *Sosnitza*, in: Michalski, GmbHG, § 33 Rn. 19, *Kersting*, in: Baumbach/Hueck, GmbHG, § 33 Rn. 7.

70 *Kersting*, in: Baumbach/Hueck, GmbHG, § 33 Rn. 7.

D. Voll eingezahlte Geschäftsanteile (Abs. 2)

I. Voraussetzungen des Erwerbs (Satz 1)

Für den Erwerb voll eingezahlter Geschäftsanteile kommt es auf die Voraussetzungen von Satz 1 nur an, wenn Aufwendungen anfallen. Maßgeblich ist der Anschaffungskostenbegriff.[71] Ein unentgeltlicher Erwerb (z.B. Schenkung, Vermächtnis, statutarische Übertragungsverpflichtung) ist daher grds. zulässig.[72] 16

Soweit Aufwendungen anfallen, verlangt Satz 1, dass im Zeitpunkt des Erwerbs eine Rücklage in Höhe dieser Aufwendungen gebildet werden *könnte*, ohne das Stammkapital oder eine gesellschaftsvertraglich zu bildende, nicht auszahlbare Rücklage zu mindern. Bis zum Inkrafttreten des BilMoG war nach Satz 1 eine Rücklage für eigene Anteile (§ 272 Abs. 4 HGB a.F.) noch *tatsächlich* zu bilden. Hintergrund der Änderung ist die handelsrechtliche Änderung der bilanziellen Abbildung hin zur nun allein geltenden Nettomethode. Eigene Anteile werden in der Bilanz nicht mehr aktiviert. Entsprechend wird auf der Passivseite keine Neutralisierung[73] und damit auch keine Rücklage mehr erforderlich. Stattdessen ist der erworbene eigene Anteil vom gezeichneten Kapital abzusetzen (vgl. § 272 Abs. 1a HGB). Wegen der Anknüpfung an das Stammkapital und etwaige gebundene gesellschaftsvertragliche Rücklagen müssen die Aufwendungen allerdings weiterhin aus dem freien Gesellschaftsvermögen aufgebracht werden können.[74] 17

Grds. kann die Möglichkeit der Rücklagenbildung auf der Grundlage einer den Erfordernissen des § 42 und der §§ 264 ff. HGB entsprechenden Bilanz zu fortgeführten Buchwerten beurteilt werden.[75] Allerdings ist nach dem Wortlaut die gesellschaftsvertragliche Stammkapitalziffer gem. § 3 Abs. 3 Nr. 3 maßgeblich, nicht die bilanzielle Größe des gezeichneten Kapitals. Soweit Letztere im Ergebnis aufgrund des bilanziellen Nettoausweises nicht eingeforderter ausstehender Einlagen (§ 272 Abs. 1 HGB) oder bereits zurückerworbener anderer Geschäftsanteile (§ 272 Abs. 1a HGB) von der Stammkapitalziffer abweicht, hilft ein Blick in die Hauptspalte der Passivseite alleine nicht weiter. Maßgeblich bleibt die Stammkapitalziffer. Ggf. ist eine Nebenrechnung aufzumachen, in der nicht eingeforderte Einlagen und ggf. erworbene eigene Anteile anzusetzen sind. Nach herrschender Meinung finden nicht aufgelöste stille Reserven keine Berücksichtigung.[76] 18

Sind freie Mittel nur für die Bezahlung einiger von mehreren zurückerworbenen Geschäftsanteile vorhanden, kann das Erwerbsgeschäft im Fall seiner Teilbarkeit (§ 139 BGB) im Umfang der freien Mittel aufrechterhalten werden.[77] Dies ist wegen der Möglichkeit der Teilung von Geschäftsanteilen auch bei nicht ausreichend freien Mitteln für den Erwerb nur eines Geschäftsanteils denkbar. Entscheidend ist, dass die Auslegung des Erwerbsgeschäfts den Bestimmtheitsgrundsatz zu beachten hat.[78] Ohne Teilbarkeit oder Bestimmtheit ist der gesamte Erwerb unzulässig.[79] Erwirbt die Gesellschaft mehrere Anteile von verschiedenen Gesellschaftern, ist zudem der 19

---

71 *Löwisch*, in: MünchKommGmbHG, § 33 Rn. 45; vgl. zum alten Recht vor BilMoG *Altmeppen*, in: Roth/Altmeppen, GmbHG, § 33 Rn. 23 f.

72 OLG Hamm, GmbHR 1994, 179, 180; *Lutter/Hommelhoff*, in: Lutter/Hommelhoff, GmbHG, § 33 Rn. 15. Zu berücksichtigen sein können allerdings z.B. Notarkosten.

73 *Altmeppen*, in: Roth/Altmeppen, GmbHG, § 33 Rn. 23 f.

74 *Sosnitza*, in: Michalski, GmbHG, § 33 Rn. 23.

75 BGH, NJW 1997, 196, 197; BGH, NJW 2000, 2819, 2820; *Kersting*, in: Baumbach/Hueck, GmbHG, § 33 Rn. 10; *Lutter/Hommelhoff*, in: Lutter/Hommelhoff, GmbHG, § 33 Rn. 15.

76 BGH, NJW 1997, 196, 197; *Sosnitza*, in: Michalski, GmbHG, § 33 Rn. 25; *Kersting*, in: Baumbach/Hueck, GmbHG, § 33 Rn. 10; *H.P. Westermann*, in: Scholz, GmbHG, § 33 Rn. 24; *Altmeppen*, in: Roth/Altmeppen, GmbHG, § 33 Rn. 15; a.A. *Sonnenhol/Stützle*, DB 1979, 925, 927.

77 *Sosnitza*, in: Michalski, GmbHG, § 33 Rn. 26; vgl. aber zum Insolvenzverfahren BGH, NJW 1998, 3121, 3123.

78 *Paura*, in: Ulmer/Habersack/Löbbe, GmbHG, § 33 Rn. 54.

79 *Paura*, in: Ulmer/Habersack/Löbbe, GmbHG, § 33 Rn. 54; *Sosnitza*, in: Michalski, GmbHG, § 33 Rn. 26.

Gleichbehandlungsgrundsatz zu beachten.[80] Eine vorrangige Erfüllung der jeweils zeitlich früheren Erwerbsgeschäfte wird als zulässig erachtet.[81] Auch andere sachliche Gründe können angeführt werden.[82] Ohne bestimmbare Reihenfolge oder bei Verstoß gegen den Gleichbehandlungsgrundsatz ist der Erwerb mit Blick auf alle betreffenden Geschäftsanteile unzulässig.[83] Im Insolvenzverfahren stellt der BGH eine Gesamtbetrachtung der Verbindlichkeiten wegen zurück zu erwerbender Geschäftsanteile an.[84]

20 Maßgeblicher Zeitpunkt für die Beurteilung der Möglichkeit der Rücklagenbildung ist nach BGH und herrschender Meinung jedenfalls auch der Zeitpunkt der Zahlung des Erwerbspreises.[85] Nach verbreiteter, aber umstrittener Ansicht ist kumulativ auf den Zeitpunkt des Abschlusses des Kausalgeschäfts abzustellen.[86] Dafür spricht die Verstoßfolge der Nichtigkeit des schuldrechtlichen Grundgeschäfts nach Abs. 2 Satz 3.[87] Eine andere Frage ist, wie der Begriff der Nichtigkeit zu interpretieren ist (Rdn. 25). Fallen Kausalgeschäft und Zahlung zeitlich auseinander und ist mit der zwischenzeitlichen Entstehung freier Mittel zu rechnen, kann die Wiederholung des schuldrechtlichen Geschäfts jedenfalls durch entsprechende Vertragsgestaltungen vermieden werden, indem z.B. eine Zwischenbilanz zu einem späteren Stichtag als Maßstab für die Kaufpreisermittlung vereinbart wird.[88] Ob auch zum nachfolgenden Bilanzstichtag eine Rücklage gebildet werden könnte, ist ohne Bedeutung.[89]

21 Anders als nach § 71 AktG ist für den Rückerwerb weder eine Höchstgrenze vorgegeben noch ein sachlicher Grund für den Erwerb erforderlich.[90] Abgesehen von Abs. 3 bestehen keine Ausnahmen von den Erwerbsbeschränkungen, auch nicht in dem Fall, dass der Erwerb zur Abwendung eines schweren Schadens von der Gesellschaft erforderlich sein sollte.[91]

22 Über die Voraussetzungen von Satz 1 hinaus hält eine Ansicht unter Verweis auf einen Vergleich mit der Kapitalherabsetzung (hier in wirtschaftlicher Form) die Zustimmung der Gesellschafterversammlung mit qualifizierter Mehrheit für erforderlich.[92] Teilweise wird die einfache Mehrheit als

---

80 Vgl. BGH, NJW 1998, 3121, 3123; *Sosnitza*, in: Michalski, GmbHG, § 33 Rn. 26; *Kersting*, in: Baumbach/Hueck, GmbHG, § 33 Rn. 10.

81 *Kersting*, in: Baumbach/Hueck, GmbHG, § 33 Rn. 10; vgl. auch *Sosnitza*, in: Michalski, GmbHG, § 33 Rn. 26.

82 *Sosnitza*, in: Michalski, GmbHG, § 33 Rn. 26.

83 *Altmeppen*, in: Roth/Altmeppen, GmbHG, § 33 Rn. 18; *Sosnitza*, in: Michalski, GmbHG, § 33 Rn. 26.

84 BGH, NJW 1998, 3121, 3123.

85 BGH, NJW 1998, 3121, 3122; OLG Hamm, GmbHR, 1994, 179, 180 f. (obiter dictum); *Goette*, DStR 1994, 107, 108; *Altmeppen*, in: Roth/Altmeppen, GmbHG, § 33 Rn. 20; a.A. *Bloching/Kettinger*, BB 2006, 172, 175, die für die Nichtigkeitsfolge nach Satz 3 allein auf den Zeitpunkt des Abschlusses des schuldrechtlichen Geschäfts abstellen und bei nachträglichem Wegfall der erforderlichen Mittel von einem (ggf. vorübergehenden) Erfüllungsverweigerungsrecht der Gesellschaft ausgehen.

86 OLG Rostock, GmbHR 2013, 305, 307 – n.rk., anhängig beim BGH unter II ZR 264/13 – Verfahren dort unterbrochen (auch bei Ratenzahlung); *Kersting*, in: Baumbach/Hueck, GmbHG, § 33 Rn. 11 und 11a; *Salus/Pape*, ZIP 1997, 577, 579; a.A. (nur Zahlungszeitpunkt): *Sosnitza*, in: Michalski, GmbHG, § 33 Rn. 27; *Paura*, in: Ulmer/Habersack/Löbbe, GmbHG, § 33 Rn. 52.

87 Vgl. dazu *Kersting*, in: Baumbach/Hueck, GmbHG, § 33 Rn. 11 und 11a.

88 BGH, DStR 1994, 107, 107; *Kersting*, in: Baumbach/Hueck, GmbHG, § 33 Rn. 11/11a.

89 *Kersting*, in: Baumbach/Hueck, GmbHG, § 33 Rn. 14; vgl. zur Beurteilung vor BilMoG *Sosnitza*, in: Michalski, GmbHG, § 33 Rn. 28: Prognose des Geschäftsführers im Zeitpunkt des Erwerbs erforderlich, ob im nächsten Jahresabschluss eine Rücklage für eigene Anteile gebildet werden kann; *H.P. Westermann*, in: Scholz, GmbHG, § 33 Rn. 26: Rücklage muss auch noch am nachfolgenden Bilanzstichtag gebildet werden können; *Paura*, in: Ulmer/Habersack/Löbbe, GmbHG, § 33 Rn. 53: Keine Prognoseentscheidung erforderlich, ob im Zeitpunkt des nächsten Jahresabschlusses Rücklage gebildet werden könnte.

90 Vgl. *Sosnitza*, in: Michalski, GmbHG, § 33 Rn. 23; *Kersting*, in: Baumbach/Hueck, GmbHG, § 33 Rn. 12.

91 *Kersting*, in: Baumbach/Hueck, GmbHG, § 33 Rn. 12.

92 *Paura*, in: Ulmer/Habersack/Löbbe, GmbHG, § 33 Rn. 45.

ausreichend erachtet.[93] Soweit ein Gesellschafterbeschluss verlangt wird, soll dessen Bedeutung nach überwiegender Ansicht grds. auf das Innenverhältnis beschränkt sein.[94] Habe der veräußernde Gesellschafter – wie regelmäßig als Insider – positive Kenntnis von dessen Fehlen, soll dies allerdings über die Grundsätze des Missbrauchs der Vertretungsmacht auf das Außenverhältnis durchschlagen.[95] Eine a.A. sieht die Geschäftsführer als verpflichtet an, die Gesellschafter über den geplanten Rückerwerb eigener Anteile zu informieren, damit diese ihr Einberufungsrecht nach § 50 geltend machen können.[96] Für letztere Ansicht spricht, dass einerseits ein Zustimmungserfordernis gesetzlich nicht vorgesehen ist, der Rückerwerb andererseits wegen seiner Rechtsfolgen Auswirkungen auf die Beteiligungsverhältnisse hat (Rdn. 35 ff.). In jedem Fall ist die Zustimmung der Gesellschafterversammlung erforderlich, wenn dies durch Gesellschaftsvertrag oder Gesetz vorgesehen ist.[97]

Nach verbreiteter Ansicht steht den Mitgesellschaftern ein Recht auf Andienung an sie zu, wobei die Zuteilung nach Maßgabe der Beteiligungsquote zu erfolgen habe.[98] In einem dem Rückerwerb zustimmenden Gesellschafterbeschluss soll der Ausschluss des Andienungsrechts liegen. Der Beschluss soll insoweit der Inhaltskontrolle unterliegen und der sachlichen Rechtfertigung bedürfen.[99] Inhaltlich ist i.R.d. Rückerwerbs eigener Anteile zudem der Gleichbehandlungsgrundsatz zu beachten.[100] 23

II. Voraussetzungen der Inpfandnahme (Satz 2)

Die Inpfandnahme voll eingezahlter Geschäftsanteile erfordert ebenfalls ausreichend freies Vermögen. Maßstab ist der Gesamtbetrag der gesicherten Forderungen oder, wenn der Wert des inpfandgenommenen Geschäftsanteils geringer ist, der Wert dieses Geschäftsanteils. Auf die praktisch im Einzelfall schwierige Bewertung des Geschäftsanteils kann also verzichtet werden, wenn die gesicherten Forderungen dem freien Vermögen entsprechen.[101] Ist nur ein Teil der Forderungen vom freien Vermögen gedeckt, ist es Frage der Auslegung, ob die Pfanderklärung auf diesen Teil beschränkt werden kann.[102] Unerheblich ist, ob der Gesellschafter oder ein Dritter Schuldner der gesicherten Forderungen ist.[103] Maßgeblich für die Beurteilung ist der Zeitpunkt der Inpfandnahme und hier sowohl der Zeitpunkt des Kausalgeschäfts als auch der späteren dinglichen Bestellung, nicht aber der eines etwaigen späteren Erwerbs im Wege der Pfandverwertung, der gesondert nach Maßgabe des Abs. 2 Satz 1 zu beurteilen ist.[104] 24

III. Rechtsfolgen bei Fehlen der Voraussetzungen (Satz 3)

Ein Verstoß gegen Abs. 2 Satz 1 bzw. Satz 2 führt nach Satz 3 zur Nichtigkeit des schuldrechtlichen Geschäfts, nicht jedoch auch der dinglichen Verfügungen. Bei Weiterverfügungen durch die 25

93 Vgl. *Winkler*, GmbHR 1972, 73, 78; *Altmeppen*, in: Roth/Altmeppen, GmbHG, § 33 Rn. 27; *Kort*, in: MünchHdbGesR, § 27 Rn. 20; *Kersting*, in: Baumbach/Hueck, GmbHG, § 33 Rn. 12a.
94 *Paura*, in: Ulmer/Habersack/Löbbe, GmbHG, § 33 Rn. 45; *Altmeppen*, in: Roth/Altmeppen, GmbHG, § 33 Rn. 27.
95 Vgl. *Altmeppen*, in: Roth/Altmeppen, GmbHG, § 33 Rn. 27.
96 So *Lutter/Hommelhoff*, in: Lutter/Hommelhoff, GmbHG, § 33 Rn. 34; H.P. *Westermann*, in: Scholz, GmbHG, § 33 Rn. 27; nicht ganz eindeutig im Hinblick auf Zustimmung durch die Gesellschafter oder bloße Information an diese *Altmeppen*, in: Roth/Altmeppen, GmbHG, § 33 Rn. 27.
97 *Lutter/Hommelhoff*, in: Lutter/Hommelhoff, GmbHG, § 33 Rn. 34.
98 *Sosnitza*, in: Michalski, GmbHG, § 32 Rn. 24; *Paura*, in: Ulmer/Habersack/Löbbe, GmbHG, § 33 Rn. 47 f.
99 *Sosnitza*, in: Michalski, GmbHG, § 33 Rn. 24.
100 Vgl. *Lutter/Hommelhoff*, in: Lutter/Hommelhoff, GmbHG, § 33 Rn. 36.
101 *Sosnitza*, in: Michalski, GmbHG, § 33 Rn. 30; *Altmeppen*, in: Roth/Altmeppen, GmbHG, § 33 Rn. 37.
102 So auch *Löwisch*, in: MünchKommGmbHG, § 33 Rn. 48.
103 *Sosnitza*, in: Michalski, GmbHG, § 33 Rn. 29.
104 *Löwisch*, in: MünchKommGmbHG, § 33 Rn. 47; *Paura*, in: Ulmer/Habersack/Löbbe, GmbHG, § 33 Rn. 55.

Gesellschaft kommt es daher auf einen gutgläubigen Erwerb nicht an.[105] Teilweise wird die Nichtigkeitsfolge abschwächend als schwebende Unwirksamkeit interpretiert, wenn schuldrechtliches und dingliches Geschäft zeitlich auseinanderfallen und erst zwischenzeitlich freie Mittel entstehen.[106] Endgültige Unwirksamkeit trete erst ein, wenn erfüllt werde und auch im Zeitpunkt der Erfüllung kein ausreichendes freies Vermögen vorhanden sei.[107] Liegen die erforderlichen freien Mittel wohl bei Abschluss des Kausalgeschäfts, nicht mehr aber bei Zahlung vor, trete nicht die Nichtigkeitsfolge ein, sondern der Gesellschaft stehe ein Leistungsverweigerungsrecht zu.[108] In diesem Fall kann in der formgerechten Durchführung des dinglichen Geschäfts jedenfalls eine Bestätigung gem. § 141 Abs. 1 BGB, § 15 Abs. 4 Satz 2 liegen.[109] Teilweise wird eine Heilung für möglich gehalten, wenn die Gesellschaft den erworbenen Geschäftsanteil an einen Dritten weiter veräußert und die vereinbarte Gegenleistung der GmbH auch tatsächlich zufließt.[110] Dagegen spricht, dass sich aus den Verhältnissen der Gesellschaft zu Dritten keine Rückschlüsse auf die schuldrechtliche Beziehung der Gesellschaft zum ursprünglich veräußernden Gesellschafter ergeben.

26 Die Rückabwicklung richtet sich nach den allgemeinen Regeln der §§ 812 ff. BGB.[111] Anwendung finden insb. § 818 Abs. 3 BGB und § 819 BGB, nicht dagegen § 814 BGB.[112] Daneben kann ein Anspruch aus § 31 treten (Anspruchskonkurrenz).[113] Greift § 31 ein, kommt die Saldotheorie nicht zur Anwendung.[114] Darüber hinaus kann der Gesellschaft gegen die Geschäftsführer ein Schadensersatzanspruch aus § 43 Abs. 3 zustehen.

E. Erwerb gegen Abfindung nach UmwG (Abs. 3)

I. Reichweite der Ausnahme und Anwendungsbereich

27 Die Bedeutung des Abs. 3 liegt in der ausnahmsweisen Zulassung des Rückerwerbs eigener Geschäftsanteile, auf welche die Einlagen noch nicht vollständig geleistet sind.[115] Die Inpfandnahme eigener Anteile ist nicht erfasst.[116] Sachlich ist Abs. 3 nur auf den Rückerwerb eigener Anteile aufgrund eines angenommenen Barabfindungsangebotes im Nachgang zu einer Umwandlungsmaßnahme anwendbar. Erfasst sind die Fälle der Verschmelzung zur Aufnahme und zur Neugründung (§§ 36 Abs. 1, 29, 122i UmwG), der Auf- oder Abspaltung zur Aufnahme oder zur Neugründung (§§ 125 Satz 1, 36 Abs. 1, 29 UmwG) sowie des Formwechsels in eine GmbH (§ 207 UmwG). Keine Relevanz hat die Vorschrift für die Ausgliederung gem. § 123 Abs. 3 UmwG (§ 125 Satz 1

105 Vgl. *Kersting*, in: Baumbach/Hueck, GmbHG, § 33 Rn. 14.

106 Vgl. *Kersting*, in: Baumbach/Hueck, GmbHG, § 33 Rn. 14; *Lutter/Hommelhoff*, in: Lutter/Hommelhoff, GmbHG, § 33 Rn. 24 mit Verweis auf BGH, NJW 1998, 3121, 3122.

107 *Kersting*, in: Baumbach/Hueck, GmbHG, § 33 Rn. 14.

108 *Lutter/Hommelhoff*, in: Lutter/Hommelhoff, GmbHG, § 33 Rn. 24; *Bloching/Kettinger*, BB 2006, 172, 175.

109 Kritisch dagegen wohl *Kersting*, in: Baumbach/Hueck, GmbHG, § 33 Rn. 14 für den Fall, dass als maßgeblicher Zeitpunkt auch derjenige des Kausalgeschäfts angesehen wird.

110 Vgl. *Sosnitza*, in: Michalski, GmbHG, § 33 Rn. 37 mit dem zusätzlichen Erfordernis, dass die zufließende Gegenleistung mindestens so hoch sein müsse, wie der Betrag der durch den unzulässigen Erwerb ausgelösten Unterbilanz.

111 *Kersting*, in: Baumbach/Hueck, GmbHG, § 33 Rn. 14; *Paura*, in: Ulmer/Habersack/Löbbe, GmbHG, § 33 Rn. 60 ff.

112 *Paura*, in: Ulmer/Habersack/Löbbe, GmbHG, § 33 Rn. 61; *Sosnitza*, in: Michalski, GmbHG, § 33 Rn. 34.

113 *Kersting*, in: Baumbach/Hueck, GmbHG, § 33 Rn. 14; *Lutter/Hommelhoff*, in: Lutter/Hommelhoff, GmbHG, § 33 Rn. 21.

114 Vgl. *Sosnitza*, in: Michalski, GmbHG, § 33 Rn. 33: Vorrang des § 31 und § 19 Abs. 2 Satz 2; *Lutter/Hommelhoff*, in: Lutter/Hommelhoff, GmbHG, § 33 Rn. 21.

115 Vgl. *Sosnitza*, in: Michalski, GmbHG, § 33 Rn. 43; *Altmeppen*, in: Roth/Altmeppen, GmbHG,§ 33 Rn. 52, der darin die einzige Bedeutung der Regelung sieht; *Lutter/Hommelhoff*, in: Lutter/Hommelhoff, GmbHG, § 33 Rn. 30: vgl. auch BT-Drucks. 12/6699, S. 175.

116 Vgl. *Sosnitza*, in: Michalski, GmbHG, § 33 Rn. 39.

UmwG) und für die Vermögensübertragung gem. § 174 UmwG, an der eine GmbH von vornherein nicht beteiligt sein kann (§ 175 UmwG).

II. Voraussetzungen des Erwerbs

Voraussetzung ist zunächst, dass das Barabfindungsangebot entstanden ist und der Gesellschafter dieses fristgerecht angenommen hat. Die Frist beträgt gem. § 31 UmwG bzw. § 209 UmwG 2 Monate ab dem Tag des Wirksamwerdens der jeweiligen Umwandlungsmaßnahme durch Handelsregistereintragung oder dem Tag der Bekanntmachung einer gerichtlichen Entscheidung nach Antrag auf Spruchverfahren. 28

Der (dingliche) Erwerb des Geschäftsanteils durch die Gesellschaft muss binnen 6 Monaten nach dem Wirksamwerden der Umwandlung (Handelsregistereintragungen) oder nach der Rechtskraft der gerichtlichen Entscheidung über den Abfindungsanspruch im Spruchverfahren (§ 34 UmwG bzw. § 212 UmwG) erfolgt sein. Der Erwerb erfolgt durch separaten Abtretungsvertrag in notarieller Form gem. § 15 Abs. 3 Zug um Zug gegen Zahlung der Abfindung.[117] 29

Wie in Abs. 2[118] wird schließlich verlangt, dass die Gesellschaft eine Rücklage i.H.d. Aufwendungen für den Erwerb aus freiem Vermögen bilden *könnte*. Maßgeblich ist ausweislich des Wortlauts auch hier auf die gesellschaftsvertragliche Stammkapitalziffer abzustellen. Besteht die Möglichkeit der Rücklagenbildung nicht, muss die Abfindung und damit im Ergebnis auch die Umwandlungsmaßnahme unterbleiben.[119] Maßgeblich für die Beurteilung ist nach dem Gesetzeswortlaut der Zeitpunkt des Erwerbs. Ein effektiver Gesellschafterschutz erfordert allerdings, dass bereits im Zeitpunkt der Entscheidung über die Durchführung der Umwandlungsmaßnahme (regelmäßig Fassung der Zustimmungsbeschlüsse der Gesellschafterversammlungen) davon ausgegangen werden kann, dass bei Zugrundelegung eines wahrscheinlichen Zeitverlaufs die Abfindung innerhalb der Sechsmonatsfrist gezahlt werden darf.[120] 30

III. Rechtsfolgen eines Verstoßes

Ist im Zeitpunkt der Entscheidung über die Durchführung der Umwandlungsmaßnahme bereits absehbar, dass die Abfindungszahlung nach Abs. 3 nicht zulässig sein wird, sollen dennoch gefasste Umwandlungsbeschlüsse anfechtbar sein.[121] Darüber hinaus ist die Regelung in § 29 Abs. 1 Satz 1 Halbs. 2 UmwG zu beachten, wonach die Rechtsfolge der Nichtigkeit des schuldrechtlichen Grundgeschäfts (§ 33 Abs. 2 Satz 3 Halbs. 2, 1. Alt.) nicht gilt.[122] Erwirbt die Gesellschaft gemäß Abs. 3 einen nicht voll eingezahlten Geschäftsanteil, erlischt die offene Einlageverpflichtung des ausscheidenden Gesellschafters durch Konfusion.[123] 31

117 Vgl. *Sosnitza*, in: Michalski, GmbHG, § 33 Rn. 41.

118 Vgl. *Sosnitza*, in: Michalski, GmbHG, § 33 Rn. 42; *Altmeppen*, in: Roth/Altmeppen, GmbHG,§ 33 Rn. 51.

119 *Kersting*, in: Baumbach/Hueck, GmbHG, § 33 Rn. 16; *Lutter/Hommelhoff*, in: Lutter/Hommelhoff, GmbHG, § 33 Rn. 31; *Lieder*, GmbHR 2014, 232, 234.

120 Vgl. dazu *Hoger*, AG 2008, 149, 156 f.; *Grunewald*, in: Lutter, UmwG, § 29 Rn. 30.

121 *Hoger*, AG 2008, 149, 156 f.; *Grunewald*, in: Lutter, UmwG, § 29 Rn. 30.

122 Zu den streitigen Fragen, wie sich die Eintragung der Umwandlungsmaßnahme auswirkt, ob ein Gesellschafter bei Verstoß gegen § 33 Abs. 3 nach §§ 30, 31 haftet und ob der Gesellschaft ggf. ein Leistungsverweigerungsrecht zusteht, vgl. *Marsch-Barner*, in: Kallmeyer, UmwG, § 29 Rn. 25; *Grunewald*, in: Lutter, UmwG, § 29 Rn. 31; *Hoger*, AG 2008, 149, 156 f.

123 *Kersting*, in: Baumbach/Hueck, GmbHG, § 33 Rn. 16; *Lutter/Hommelhoff*, in: Lutter/Hommelhoff, GmbHG, § 33 Rn. 32; *Lieder*, GmbHR 2014, 232, 234; a.A. *Altmeppen*, in: Roth/Altmeppen, GmbHG, § 33 Rn. 52; *Sosnitza*, in: Michalski, GmbHG, § 33 Rn. 43: Haftung des ausgeschiedenen Gesellschafters gem. § 22, der übrigen Mitgesellschafter gem. § 24 sowie eines etwaigen späteren Dritterwerbers gem. § 16 Abs. 2; ebenso *Wicke*, GmbHG, § 33 Rn. 18.

F. Sonderfälle

I. Keinmann-GmbH

32 Hinsichtlich der Zulässigkeit des Erwerbs des letzten sich in der Hand eines Dritten befindenden Geschäftsanteils wurde bislang differenziert: Er sei zulässig, wenn der letzte Geschäftsanteil nur für einen Übergangszeitraum, etwa die Weiterveräußerung an einen neuen Gesellschafter, erworben werde. Werde die sog. Keinmann-GmbH zum Dauerzustand, trete die Auflösung der Gesellschaft mit der Folge der Liquidation ein.[124] Die im Vordringen befindliche Ansicht geht stets von der Auflösung der Gesellschaft aus.[125] Ein späterer etwaiger Erwerber habe allerdings die Möglichkeit, durch einfachen Fortsetzungsbeschluss wieder eine werbende Gesellschaft zu schaffen.[126] Für diese Ansicht sprechen Gründe der Rechtssicherheit.

II. Konzern

33 Der Erwerb eines Anteils an der Gesellschaft, die ihrerseits an der erwerbenden Gesellschaft beteiligt ist, führt zur mittelbaren Selbstbeteiligung und kann dem Rückerwerb eigener Anteile wirtschaftlich entsprechen.[127] Erwirbt eine abhängige GmbH Aktien an der sie beherrschenden AG, gelten die Schranken der §§ 56 Abs. 2, 71 Abs. 2, 71d AktG.[128] Der originäre Erwerb ist generell ausgeschlossen, der derivative Erwerb nur eingeschränkt zulässig. Gesetzlich nicht geregelt ist der Fall, dass die herrschende Gesellschaft ebenfalls eine GmbH ist. Teilweise soll der Erwerb bei einer Mehrheitsbeteiligung der herrschenden an der abhängigen GmbH nach § 33 eingeschränkt sein,[129] teilweise wird auf Abhängigkeit nach § 17 AktG abgestellt.[130] Verbreitet wird in Anlehnung an § 19 Abs. 1 AktG die kritische Grenze bereits bei einer Beteiligung von mehr als 25 % gesehen.[131] Gegen Letzteres spricht § 328 AktG, der zeigt, dass der Erwerb als solcher hier nicht unterbunden wird.[132] Liegt die erforderliche kritische Beteiligungsstruktur vor, ist der originäre Erwerb von Geschäftsanteilen durch die abhängige Gesellschaft im Rahmen einer Kapitalerhöhung bei der herrschenden Gesellschaft entsprechend §§ 56 Abs. 2, 71 d AktG unzulässig.[133] Der derivative Erwerb voll eingezahlter Geschäftsanteile der herrschenden Gesellschaft durch die abhängige Gesellschaft ist unter den Voraussetzungen des § 33 Abs. 2 zulässig.[134] Handelt es sich um nicht voll eingezahlte Geschäftsanteile, ist streitig, ob § 33 Abs. 1 entsprechend gilt[135] oder mangels Konfusion der offenen

---

124 *H. P. Westermann*, in: Scholz, GmbHG, § 33 Rn. 44; *Kort*, in: MünchHdbGesR, § 27 Rn. 42; nicht eindeutig *Altmeppen*, in: Roth/Altmeppen, GmbHG, § 33 Rn. 29; für die generelle Zulässigkeit der Keinmann-GmbH: *Kreutz*, in: Festschrift Stimpel, 1985, S. 379, 393 f. Die früher herrschende Ansicht ging von der generellen Nichtigkeit aus, vgl. nur *Winkler*, GmbHR, 1972, 73, 77.

125 *Sosnitza*, in: Michalski, GmbHG, § 33 Rn. 54; *Kersting*, in: Baumbach/Hueck, GmbHG, § 33 Rn. 19; *Paura*, in: Ulmer/Habersack/Löbbe, GmbHG, § 33 Rn. 128.

126 Vgl. *Sosnitza*, in: Michalski, GmbHG, § 33 Rn. 54.

127 Vgl. *Kersting*, in: Baumbach/Hueck, GmbHG, § 33 Rn. 21.

128 Vgl. dazu *Sosnitza*, in: Michalski, GmbHG, § 33 Rn. 50; *Emmerich*, NZG 1998, 622, 623.

129 *Kersting*, in: Baumbach/Hueck, GmbHG, § 33 Rn. 21; *Sosnitza*, in: Michalski, GmbHG, § 33 Rn. 51; *Altmeppen*, in: Roth/Altmeppen, GmbHG, § 33 Rn. 42; *Paura*, in: Ulmer/Habersack/Löbbe, GmbHG, § 33 Rn. 115.

130 Unter Berufung auf den RegE zur GmbH-Novelle von 1980 (Bundestagsdrucksache 8/47, S. 10 f., 42): vgl. *Verhoeven*, GmbHR 1977, 97, 100; wohl auch *H.P. Westermann*, in: Scholz, GmbHG, § 33 Rn. 21 und 22.

131 *Sosnitza*, in: Michalski, GmbHG, § 33 Rn. 51; *Lutter/Hommelhoff*, in: Lutter/Hommelhoff, GmbHG, § 33 Rn. 40 f.; *Kort*, in: MünchHdbGesR, § 27 Rn. 46.

132 *Paura*, in: Ulmer/Habersack/Löbbe, GmbHG, § 33 Rn. 114; *Altmeppen*, in: Roth/Altmeppen, GmbHG, § 33 Rn. 43.

133 *Sosnitza*, in: Michalski, GmbHG, § 33 Rn. 52; *Kersting*, in Baumbach/Hueck, GmbHG, § 33 Rn. 21; *Wicke*, GmbHG, § 33 Rn. 15.

134 *Sosnitza*, in: Michalski, GmbHG, § 33 Rn. 52; *Lutter/Hommelhoff*, in: Lutter/Hommelhoff, GmbHG, § 33 Rn. 45.

135 *Kersting*, in: Baumbach/Hueck, GmbHG, § 33 Rn. 21; *Lutter/Hommelhoff*, in: Lutter/Hommelhoff, GmbHG, § 33 Rn. 43.

Einlageforderung die entsprechende Anwendung des § 33 Abs. 2 ausreicht.[136] Jedenfalls bilanziell ist § 272 Abs. 4 HGB zu beachten.

III. GmbH & Co. KG

Nach herrschender Meinung soll § 33 Abs. 1 entsprechend auf den Fall anwendbar sein, dass die GmbH & Co. KG Anteile an ihrer Komplementär-GmbH erwirbt (Einheits-KG), da die Komplementär-GmbH über ihre Haftung gem. § 128 HGB Schuldnerin der offenen Einlageforderung ggü. sich selbst ist.[137] § 33 Abs. 2 soll Anwendung finden, wenn der Haftung der Komplementär-GmbH aus § 128 HGB für den Entgeltanspruch des Veräußerers kein vollwertiger Regressanspruch aus § 110 HGB gegenübersteht.[138] Auch § 172 Abs. 6 HGB ist zu berücksichtigen. 34

G. Rechtliche Behandlung eigener Geschäftsanteile

Der zurückerworbene Geschäftsanteil bleibt bestehen.[139] Die satzungsmäßige Stammkapitalziffer (§ 3 Abs. 1 Nr. 3) bleibt unberührt.[140] Die Rechte aus dem Anteil ruhen entsprechend § 71b AktG.[141] Dies gilt grds. auch für die mitgliedschaftlichen Pflichten.[142] 35

Insb. können Stimmrechte aus eigenen Geschäftsanteilen nicht ausgeübt werden und werden bei der Berechnung von Stimmenmehrheiten nicht berücksichtigt.[143] Nach herrschender Meinung ist der jeweilige Nennbetrag eines eigenen Geschäftsanteils auch bei der Berechnung einer statutarischen oder gesetzlichen Quote vom Stammkapital nicht mitzurechnen.[144] Der Gesellschaft steht auch kein Recht zur Anfechtung von Gesellschafterbeschlüssen oder zur Teilnahme an Gesellschafterversammlungen zu.[145] Besondere mit dem Geschäftsanteil verbundene Rechte, wie Entsendungsrechte (z.B. für Aufsichtsrat, Beirat oder Geschäftsführung) ruhen.[146] Die mitgliedschaftlichen Vermögensrechte ruhen ebenfalls. Ein Gewinnanspruch zugunsten der Gesellschaft kann aufgrund des Gedankens der Konfusion nicht entstehen.[147] Der auf eigene Anteile entfallende Gewinn steht von 36

---

136 *Sosnitza*, in: Michalski, GmbHG, § 33 Rn. 52; *Emmerich*, NZG 1998, 622, 625; *Paura*, in: Ulmer/Habersack/Löbbe, GmbHG, § 33 Rn. 116; vgl. *Wicke*, GmbHG, § 33 Rn. 15: Unzulässigkeit nach § 33 Abs. 1, aber Verstoß führe nicht zur Nichtigkeit.

137 LG Berlin, DNotZ 1987, 374, 374; *Sosnitza*, in: Michalski, GmbHG, § 33 Rn. 45; *Kersting*, in: Baumbach/Hueck, GmbHG, § 33 Rn. 20; *H.P. Westermann*, in: Scholz, GmbHG, § 33 Rn. 14; a.A. (Haftung der Kommanditisten für die ausstehende Stammeinlage nach § 16 Abs. 2 unbeschränkt, persönlich und gesamtschuldnerisch und Zulässigkeit des Erwerbs teileingezahlter Geschäftsanteile der GmbH durch die KG): *Altmeppen*, in: Roth/Altmeppen, GmbHG, § 33 Rn. 47 ff.; *Paura*, in: Ulmer/Habersack/Löbbe, GmbHG, § 33 Rn. 123.

138 *Sosnitza*, in: Michalski, GmbHG, § 33 Rn. 46; *Kersting*, in: Baumbach/Hueck, GmbHG, § 33 Rn. 20; vgl. auch BGH, NJW 1973, 1036, 1038; a.A. (abschließende Regelung durch §§ 30/31): *H.P. Westermann*, in: Scholz, GmbHG, § 33 Rn. 23.

139 *Kersting*, in: Baumbach/Hueck, GmbHG, § 33 Rn. 22; *Sosnitza*, in: Michalski, GmbHG, § 33 Rn. 55; *Paura*, in: Ulmer/Habersack/Löbbe, GmbHG, § 33 Rn. 76. Zur dogmatischen Einordnung vgl. *Sosnitza*, in: Michalski, GmbHG, § 33 Rn. 55 m.w.N. insb. zum Vergleich mit der Eigentümergrundschuld, zur Einordnung als bloßes rechtstechnisches Vehikel für den Beitritt neuer Gesellschafter oder als vollwertige echte Anteile.

140 *Löwisch*, in: MünchKommGmbHG, § 33 Rn. 66.

141 BGH, NJW 1995, 1027, 1028; *Kersting*, in: Baumbach/Hueck, GmbHG, § 33 Rn. 23.

142 *Kersting*, in: Baumbach/Hueck, GmbHG, § 33 Rn. 23.

143 Vgl. RGZ 103, 64, 66; BGH, NJW 1995, 1027, 1028; *Kersting*, in: Baumbach/Hueck, GmbHG, § 33 Rn. 24; *Löwisch*, in: MünchKommGmbHG, § 33 Rn. 72; *Sosnitza*, in: Michalski, GmbHG, § 33 Rn. 62.

144 *Kersting*, in: Baumbach/Hueck, GmbHG, § 33 Rn. 24; *Paura*, in: Ulmer/Habersack/Löbbe, GmbHG, § 33 Rn. 86.

145 *Kersting*, in: Baumbach/Hueck, GmbHG, § 33 Rn. 24; *Sosnitza*, in: Michalski, GmbHG, § 33 Rn. 62.

146 *Sosnitza*, in: Michalski, GmbHG, § 33 Rn. 62.

147 *Kersting*, in: Baumbach/Hueck, GmbHG, § 33 Rn. 25; *Sosnitza*, in: Michalski, GmbHG, § 33 Rn. 56.

vornherein originär den übrigen Gesellschaftern zu und erhöht deren eigenen Gewinnanspruch.[148] Wird der Gewinnverwendungsbeschluss gem. § 29 erst nach dem Erwerb des betreffenden Geschäftsanteils durch die Gesellschaft gefasst, steht dem veräußernden Gesellschafter kein Anspruch gegen die Gesellschaft auf den während seiner Zugehörigkeit zur Gesellschaft entfallenden Gewinn aus § 101 Nr. 2 Halbs. 2 BGB zu.[149] Ist der zurückerworbene Geschäftsanteil mit einem Gewinnvorzug ausgestattet, fällt der auf den zurückerworbenen Geschäftsanteil entfallende Gewinn – vorbehaltlich einer anderen Auslegung des Gesellschaftsvertrags[150] – auch mit Blick auf den Vorzug unter die allgemeine Gewinnberechtigung sämtlicher übriger Gesellschafter.[151]

37 Die Gesellschaft kann weder dingliche Rechte (z.B. Nießbrauch, Pfandrecht) an ihren eigenen Anteilen bestellen, noch Gewinnansprüche an Dritte abtreten.[152] Vor dem Erwerb an dem entsprechenden Geschäftsanteil zugunsten Dritter bestellte dingliche Rechte oder eine von dem veräußernden Gesellschafter vorgenommene Vorausabtretung von Gewinnansprüchen bleiben vorbehaltlich eines lastenfreien Erwerbs durch den Rückerwerb unberührt.[153] Aufgrund des Ruhens der Rechte und Pflichten aus dem Geschäftsanteil sind die übrigen Gesellschafter allerdings nicht verpflichtet, auf die Berechtigungen Dritter insb. i.R.d. Gewinnverteilung Rücksicht zu nehmen; dies gilt auch bei dinglichen Belastungen.[154] Ein eventueller Liquidationserlös ist wie der Gewinn unter den übrigen Gesellschaftern zu verteilen.[155]

38 Bereits fällige, konkrete Zahlungsansprüche wie z.B. Gewinnansprüche bleiben von dem Rückerwerb unberührt und erlöschen nicht, soweit solche Rechte bzw. Pflichten nicht an den Geschäftsanteil gebunden sind. Fällige Ansprüche aus Nebenleistungspflichten, insb. auch fällige Nachschusspflichten, gehen ebenso wie rückständige Einlagepflichten des veräußernden Gesellschafters (Abs. 3) infolge von Konfusion unter.[156] Der veräußernde Gesellschafter, nicht aber die Gesellschaft selbst, kann nach § 16 Abs. 2 weiter haften, wobei dem veräußernden Gesellschafter kein Ausgleichsanspruch ggü. der Gesellschaft gem. § 425 Abs. 2 BGB zustehen soll.[157] Die nach dem Verhältnis der Geschäftsanteile aufgeteilte Nachschusspflicht bleibt unverändert, während sich die Ausfallhaftung nach §§ 24, 31 Abs. 3 auf die übrigen Gesellschafter verteilt.[158]

39 Im Fall der Kapitalerhöhung gegen Einlagen steht der Gesellschaft aus eigenen Anteilen kein Bezugsrecht zu.[159] Hingegen nehmen eigene Anteile an einer nominellen Kapitalerhöhung aus Gesellschaftsmitteln teil (§ 57l Abs. 1).

148 Vgl. BGH, NJW 1995, 1027, 1028; *Sosnitza*, in: Michalski, GmbHG, § 33 Rn. 56.
149 BGH, NJW 1995, 1027, 1028; *Sosnitza*, in: Michalski, GmbHG, § 33 Rn. 56.
150 Anders wohl *Sosnitza*, in: Michalski, GmbHG, § 33 Rn. 58; vgl. auch *Geißler*, GmbHR 2008, 1018, 1022: Ausgestaltung des Vorzugs unerheblich.
151 Vgl. *Sosnitza*, in: Michalski, GmbHG, § 33 Rn. 58; *H.P. Westermann*, in: Scholz, GmbHG, § 33 Rn. 34.
152 *Kersting*, in: Baumbach/Hueck, GmbHG, § 33 Rn. 25.
153 *Kersting*, in: Baumbach/Hueck, GmbHG, § 33 Rn. 25; *Sosnitza*, in: Michalski, GmbHG, § 33 Rn. 57; *H.P. Westermann*, in: Scholz, GmbHG, § 33 Rn. 33; a.A. *Paura*, in: Ulmer/Habersack/Löbbe, GmbHG, § 33 Rn. 80: Vorausabtretung zukünftiger Gewinnansprüche vor Rückerwerb eigener Anteile für die Zeit nach Rückerwerb ohne Wirkung, da Gewinnbezugsrecht ruhe.
154 *Kersting*, in: Baumbach/Hueck, GmbHG, § 33 Rn. 25. Kommt es zu einer Ausschüttung, steht dem Nießbraucher an einem eigenen Geschäftsanteil der entsprechende Gewinnanspruch zu, vgl. dazu sowie zum Gegenstandsloswerden einer vom früheren Gesellschafter an den Nießbraucher erteilten Stimmrechtsvollmacht wegen Ruhens des beim Gesellschafter verbleibenden Stimmrechts DNotI-Report 2015, 60, 61.
155 *Sosnitza*, in: Michalski, GmbHG, § 33 Rn. 60.
156 *Kersting*, in: Baumbach/Hueck, GmbHG, § 33 Rn. 27; *Sosnitza*, in: Michalski, GmbHG, § 33 Rn. 61.
157 *Sosnitza*, in: Michalski, GmbHG, § 33 Rn. 61; *H.P. Westermann*, in: Scholz, GmbHG, § 33 Rn. 36.
158 *Kersting*, in: Baumbach/Hueck, GmbHG, § 33 Rn. 27; *Sosnitza*, in: Michalski, GmbHG, § 33 Rn. 61.
159 *Kersting*, in: Baumbach/Hueck, GmbHG, § 33 Rn. 26; *Lutter/Hommelhoff*, in: Lutter/Hommelhoff, GmbHG, § 33 Rn. 39; *H.P. Westermann*, in: Scholz, GmbHG, § 33 Rn. 35.

Die Gesellschaft kann eigene Anteile jederzeit weiter veräußern. Unterschiedlich beurteilt wird, ob dies in die alleinige Vertretungskompetenz der Geschäftsführer fällt[160] oder ob (auch im Außenverhältnis) ein Gesellschafterbeschluss mit einfacher Mehrheit,[161] oder mit qualifizierter Mehrheit[162] erforderlich ist. Hier sollten dieselben Grundsätze gelten wie beim vorgängigen Rückerwerb (Rdn. 22). Mit dem sich i.Ü. nach allgemeinen Regeln richtenden Erwerb durch den Dritten leben sämtliche Rechte und Pflichten wieder auf.[163] Eine Haftung des Erwerbers gem. § 16 Abs. 2 kommt wegen der vorherigen Konfusion nicht in Betracht.[164] Etwas anderes gilt, wenn der Neuerwerber gutgläubig direkt vom ursprünglich veräußernden Gesellschafter erwirbt.[165] 40

H. Handelsbilanzielle und steuerliche Behandlung

Für den bilanziellen Ausweis eigener Anteile gilt seit BilMoG gem. § 272 Abs. 1a HGB durchweg die Nettomethode. Ihr Nennbetrag ist offen von dem gezeichneten Kapital abzusetzen mit der Folge einer Bilanzverkürzung. Entsprechend erfolgt weder eine Aktivierung der eigenen Geschäftsanteile noch die Bildung einer korrespondierenden Rücklage. Die bilanzielle Absetzung vom gezeichneten Kapital bedeutet allerdings keine Kapitalherabsetzung.[166] Ein Unterschiedsbetrag zwischen dem Nennbetrag und den Anschaffungskosten der eigenen Anteile ist mit frei verfügbaren Rücklagen zu verrechnen. Aufwendungen, die Anschaffungsnebenkosten sind, sind Aufwand des Geschäftsjahres. Die bilanzielle Abwicklung nach Veräußerung eigener Anteile durch die Gesellschaft ist in § 272 Abs. 1b HGB, diejenige von Anteilen an einem herrschenden oder mit Mehrheit beteiligten Unternehmen in § 272 Abs. 3 HGB geregelt. Bis zur Geltung des neuen bilanziellen Ausweises[167] bleibt es grds. bei der Bruttomethode, auch wenn die Änderungen des § 33 bereits seit dem 29.05.2009 gelten.[168] 41

Zur steuerlichen Behandlung des Rückerwerbs eigener Anteile vgl. unter anderem das BMF-Schreiben vom 27.11.2013[169] sowie im Anhang 3 *Binnewies/Zapf*, Rdn. 939 ff. Der Rückerwerb eigener Anteile durch die GmbH kann zur Verwirklichung einer Anteilsvereinigung gemäß § 1 Abs. 3 Nr. 1 GrEStG durch den letztverbleibenden Gesellschafter führen.[170] 42

---

160 So *Sosnitza*, in: Michalski, GmbHG, § 33 Rn. 67, allerdings unter Statuierung einer Informationspflicht der Geschäftsführer ggü. den Gesellschaftern zwecks Ermöglichung der Herbeiführung eines Gesellschafterbeschlusses durch die Gesellschafter.

161 *Kersting*, in: Baumbach/Hueck, GmbHG, § 33 Rn. 28.

162 *H.P. Westermann*, in: Scholz, GmbHG, § 33 Rn. 38.

163 *Kersting*, in: Baumbach/Hueck, GmbHG, § 33 Rn. 28.

164 *Kersting*, in: Baumbach/Hueck, GmbHG, § 33 Rn. 28; a.A. *Sosnitza*, in: Michalski, GmbHG, § 33 Rn. 70, der für das Subjekt des Veräußerers auf den ursprünglichen den Geschäftsanteil an die Gesellschaft veräußernden Gesellschafter abstellt.

165 *Kersting*, in: Baumbach/Hueck, GmbHG, § 33 Rn. 28.

166 Vgl. *Lutter/Hommelhoff*, in: Lutter/Hommelhoff, GmbHG, § 33 Rn. 26 und 28; unklar insoweit *Rodewald/Pohl*, GmbHR 2009, 32, 35; vgl. auch *Kropff*, ZIP 2009, 1137, 1143 f.

167 Art. 66 Abs. 3 EGHGB: Erstmals für Jahres- und Konzernabschlüsse, die das nach dem 31.12.2009 beginnende Geschäftsjahr betreffen.

168 *Kersting*, in: Baumbach/Hueck, GmbHG, § 33 Rn. 10.

169 BMF-Schreiben v. 27.11.2013 – IV C 2 – S 2742/07/10009 – DOK 2013/1047768, BStBl. I 2013, 1615; dazu ausführlich *Schiffers*, GmbHR 2014, 79. Vgl. zu früheren Schreiben: BMF-Schreiben BMF v. 10.08.2010 – IV C 2-S 2742/07/10009 – DOK 2010/0573786, BStBl. I 2010, S. 659, mit dem das BMF-Schreiben BMF v. 02.12.1998 – IV C 6 – S 2741 – 12/98, BStBl. I 1998, S. 1509 aufgehoben wurde. S. zur bilanziellen und steuerlichen Behandlung nach BilMoG *Hüttemann*, in: FS Herzig, 2010, S. 595 sowie speziell mit Blick auf Mitarbeiterbeteiligungsmodelle *Ditz/Tcherveniachki*, Ubg 2010, 875.

170 BFH, BStBl. II 2015, 553.

§ 34 Einziehung von Geschäftsanteilen

(1) Die Einziehung (Amortisation) von Geschäftsanteilen darf nur erfolgen, soweit sie im Gesellschaftsvertrag zugelassen ist.

(2) Ohne die Zustimmung des Anteilsberechtigten findet die Einziehung nur statt, wenn die Voraussetzungen derselben vor dem Zeitpunkt, in welchem der Berechtigte den Geschäftsanteil erworben hat, im Gesellschaftsvertrag festgesetzt waren.

(3) Die Bestimmung in § 30 Abs. 1 bleibt unberührt.

Schrifttum

Altmeppen, Wer schuldet die Abfindung bei Einziehung eines Geschäftsanteils in der GmbH?, NJW 2013, 1025; *Balz*, Die Beendigung der Mitgliedschaft in der GmbH. Eine empirische und dogmatische Untersuchung zur Ausschließung und zum Austritt von Gesellschaftern, 1984, S. 142 ff.; *Bischoff*, Zur pfändungs- und konkursbedingten Einziehung von Geschäftsanteilen, GmbHR 1984, 61; *Blath*, Der Vollzug des Ausscheidens aus der GmbH – dogmatische und praktische Fragen, GmbHR 2012, 657; *Braun*, Einziehung von GmbH-Geschäftsanteilen nach MoMiG, GmbHR 2010, 82; *Casper/Altgen*, Gesellschaftsvertragliche Abfindungsklauseln – Auswirkungen der Erbschaftsteuerreform, DStR 2008, 2319; *Drinkuth*, Hinauskündigungsregeln unter dem Damoklesschwert der Rechtsprechung, NJW 2006, 410; *Fichtner*, Austritt und Kündigung bei der GmbH, BB 1967, 17; *Foerster*, Diskriminierende Regelungen der Nachfolge in die Verbandsmitgliedschaft, AcP 213, 173; *Gehrlein*, Ausschluss und Abfindung von GmbH-Gesellschaftern, 1997; *Gehrlein*, Neue Tendenzen zum Verbot der freien Hinauskündigung eines Gesellschafters, NJW 2005, 1969; *Gehrlein*, Zum Gewinnbezugsrecht eines GmbH-Geschäftsführers nach Einziehung seines Geschäftsanteils, DB 1998, 2355; *Gehrlein*, Die Einziehung von GmbH-Geschäftsanteilen als Mittel zum Ausschluß eines Gesellschafters, ZIP 1996, 1157; *Gehrlein*, Anmerkung zu: Anforderung an Ausschließung eines GmbH-Gesellschafters und Einziehung seines Geschäftsanteils, DB 1999, 2255; *Goette*, Zum Zeitpunkt des Wirksamwerdens des Zwangseinziehungsbeschlusses, FS Lutter, 2000, S. 399; *Goette*, GmbH-Errichtung im Wege offener Vorratsgründung und Erfüllung der Einlageschuld, DStR 2005, 800; *Goette*, Kaduzierung und Einziehung eines Gesellschaftsanteils, DStR 1997, 1257; *Goette*, Zeitpunkt des Wirksamwerdens des Einziehungsbeschlusses, DStR 1997, 1336; *Goette*, GmbH: Ausschließung durch Einziehung des Geschäftsanteils, DStR 1993, 1032; *Goette*, Zwangseinziehung wegen Wettbewerbsverstoßes, DStR 1993, 1266; *Grunewald*, Probleme bei der Aufbringung der Abfindung für ausgetretene GmbH-Gesellschafter, GmbHR 1991, 185; *Gubitz/Nikoleyczik*, Keine Haftung dissentierender GmbH-Gesellschafter bei Einziehung, NZG 2013, 727; *Habersack*, Die unentgeltliche Einziehung des Geschäftsanteils beim Tod des GmbH-Gesellschafters, ZIP 1990, 625; *Habersack/Verse*, Rechtsfragen der Mitarbeiterbeteiligung im Spiegel der neuen Rechtsprechung, ZGR 2005, 451; *Haberstroth*, Nichtigkeit des Beschlusses zur Einziehung von Geschäftsanteilen wegen Verstoßes gegen § 5 III 2 GmbHG, NZG 2010, 1094; *Heckschen*, Einziehung, Zwangsabtretung und Ausschluss in der Insolvenz eines GmbH-Gesellschafters, NZG 2010, 521; *Heuer*, Der GmbH-Anteil in der Zwangsvollstreckung, ZIP 1998, 405; *Hueck*, Die Bedeutung der Zwangsamortisation von Geschäftsanteilen für die Sicherung einer Finanzierungs-GmbH, DB 1957, 37; *Käppler*, Die Steuerung der Gesellschaftererbfolge in der Satzung einer GmbH, ZGR 1978, 542; *Kirchner*, Klagebefugnis des GmbH-Gesellschafters, GmbHR 1961, 160; *Leitzen*, Abfindungsklauseln bei Personengesellschaften und GmbHs – Aktuelle Entwicklungen und Auswirkungen der Erbschaftsteuerreform, RNotZ 2009, 315; *Lorenz*, Zivilprozessuale Probleme der Zwangseinziehung von GmbH-Anteilen, DStR 1996, 1774; *Löwe/Thoß*, Austritt und Ausschluss eines Gesellschafters aus der GmbH sowie Einziehung seines Geschäftsanteils – Wirksamkeit und Wirkungen, NZG 2003, 1005; *Lutter*, Fehler schaffen neue Fehler – Gegen die Divergenztheorie bei § 5 Abs. 3 und § 34 GmbHG, GmbHR 2010, 1177; *Lutter*, Ausschluß von Gesellschaftern, Einziehung von Geschäftsanteilen und gesellschafterliche Treuepflicht, GmbHR 1997, 1134; *Martinius/Stubert*, Venture-Capital-Verträge und das Verbot der Hinauskündigung, BB 2006, 1977; *Meyer*, Die Einziehung von GmbH-Anteilen im Lichte des MoMiG, NZG 2009, 1201; *Müller*, Folgen der Einziehung eines GmbH-Geschäftsanteils, DB 1999, 2045; *Mülsch/Pütz*, Optionen auf Beteiligungen an Personenhandelsgesellschaften und GmbH, ZIP 2004, 1987; *Nasall*, Fort und Hinaus – Zur Zulässigkeit von Hinauskündigungsklauseln in Gesellschaftsverträgen von Personengesellschaften und Satzungen von GmbH, NZG 2008, 851; *Niemeier*, Rechtsschutz und Bestandsschutz bei fehlerhafter Einziehung von GmbH-Anteilen, ZGR 1990, 314; *Nolting*, Disquotale Aufstockung der Nennbeträge von GmbH-Geschäftsanteilen bei der Einziehung, ZIP 2011, 1292; *Paulick*, Die Einziehungsklausel in der Satzung der GmbH, GmbHR 1978, 121; *Peetz*, Voraussetzungen und Folgen der Einziehung von GmbH-Geschäftsanteilen, GmbHR 2000, 749; *Pleyer*, Einziehung von GmbH-Anteilen durch Satzungsbestimmung, GmbHR 1960, 124; *Priester*, Anteilsnennwert und Anteilsneubildung nach Einziehung von Geschäftsanteilen, FS Kellermann, 1991, S. 337; *Priester*, Einziehungsbeschluss trotz Zahlungssperre aus § 30 GmbHG!, ZIP 2012, 658; *Salje*, (BGH) Kein Gewinnanspruch für das vor der Einziehung des GmbH-Anteils liegende Geschäftsjahr bei vor Feststellung des Jahresabschlusses erfolgter Kaduzierung, NZG 1998, 985; *K. Schmidt*, Anmerkung zu BGH, Urt. v. 01.06.1987 – II ZR 128/86, JZ 1987, 1083; *Schmitz*, Der unerreichbare GmbH-Gesellschafter, GmbHR 1971, 226; *Schneider/Hoger*, Einziehung von Geschäftsanteilen und Gesellschafterhaftung, NJW 2013, 502; *Schockenhoff*, Rechtsfragen der Einziehung von GmbH-Geschäftsanteilen, NZG 2012, 449; *Schröder*, Der GmbHR-Kommentar zu: Gesellschaftsanteil: Rückübertragung einer Mitarbeiterbeteiligung bei Ausscheiden aus dem Arbeitsverhältnis mit der GmbH und Abfindungsregelung, GmbHR 2003, 1430; *Sieger/Mertens*, Die Rechtsfolgen der Einziehung von Geschäftsanteilen einer GmbH, ZIP 1996, 1493; *Sigle*, Gedanken zur Wirksamkeit von Abfindungsklauseln in Gesellschaftsverträgen, ZGR 1999, 659; *Sosnitza*, Manager- und Mitarbeitermodelle im Recht der GmbH – Zur aktuellen Rechtsprechung im Zusammenhang mit Hinauskündigungsklauseln, DStR 2006, 99; *Tröger*, Anteilseinziehung und Abfindungszahlung, in: Gesellschaftsrecht in der Diskussion, 2013, 2014, S. 23; *Ulmer*, Die Einziehung von GmbH-Anteilen – ein Opfer der MoMiG-Reform?, DB 2010, 321; *van Venrooy*, Einziehung im Gesellschafter-Konkurs und Treuepflicht, GmbHR 1995, 339; *Verse*, Inhaltskontrolle von »Hinauskündigungsklauseln«, DStR 2007, 1822; *Vollmer*, Mehrheitskompetenzen und Minderheitenschutz bei der Gewinnverwendung nach künftigen GmbH-Recht, DB 1983, 93; *v. Stetten*, Die Ausschließung von Mehrheitsgesellschaftern durch Minderheitsgesellschafter, GmbHR 1982, 105; *Wachter*, Ausfallhaftung der Gesellschafter bei der Einziehung von GmbH-Geschäftsanteiln, NZG 2016, 961; *Wanner-Laufer*, Die Zwangseinziehung von Geschäftsanteilen nach § 34 GmbHG, Veränderungen durch die Reform des GmbH-Rechts, NJW 2010, 1499; *Wehrstedt/Füssenich*, Die Einziehung von GmbH-Geschäftsanteilen – Alternativen und Gestaltungsvorschlag, GmbHR 2006, 698; *Wolf*, Abberufung und Ausschluss in der Zweimann-GmbH, ZGR 1998, 9.

Übersicht Rdn.

A. Allgemeines

I. Überblick

1 § 34, dessen Wortlaut seit 1892 gilt,[1] regelt neben § 46 Nr. 4, 3. Alt. (Gesellschafterbeschluss) eher einzelne formale Aspekte der Einziehung von Geschäftsanteilen und setzt ihre Zulässigkeit voraus. Einziehung bedeutet die Vernichtung eines Geschäftsanteils ohne Beendigung der Gesellschaft und ohne automatische Herabsetzung des Stammkapitals (Rdn. 46).

2 Nach Abs. 1 muss die Einziehung als solche im Gesellschaftsvertrag zugelassen sein. Abs. 2 differenziert zwischen der (freiwilligen) Einziehung mit Zustimmung des Anteilsberechtigten und der (zwangsweisen) Einziehung ohne Zustimmung. Für die zwangsweise Einziehung verlangt Abs. 2, dass ihre Voraussetzungen im Gesellschaftsvertrag festgesetzt sind und zwar bereits vor dem Zeitpunkt des Erwerbs des betroffenen Geschäftsanteils durch den Berechtigten. Nach Abs. 3 gilt § 30 Abs. 1 auch für ein von der Gesellschaft zu zahlendes Einziehungsentgelt (Abfindung), das deshalb nicht aus dem zur Deckung des Stammkapitals erforderlichen Vermögens gezahlt werden darf.

3 Gegenstand der Einziehung sind der konkrete Geschäftsanteil und die damit verbundenen Rechte und Pflichten. Die Gesellschafterstellung als solche ist nur betroffen, wenn der einzige Geschäftsanteil oder alle Geschäftsanteile eines Gesellschafters eingezogen werden.[2] Ausschluss und Austritt sind demgegenüber personenbezogen. Ausschluss und Austritt können aber mit der Einziehung verbunden werden und ggf. auch ihrer Umsetzung dienen.[3]

4 Im Unterschied zur Einziehung von Geschäftsanteilen ist die Einziehung von Aktien gem. §§ 237 ff. AktG als besondere Form der Kapitalherabsetzung geregelt und deshalb immer mit dieser verbunden.[4] Das Personengesellschaftsrecht kennt kein unmittelbar vergleichbares Institut, da die Einziehung als Mittel zur Vernichtung eines Gesellschaftsanteils durch das feste Garantiekapital bedingt und damit ein Phänomen des Kapitalgesellschaftsrechts ist.[5] Der Austritt eines Gesellschafters aus der Personengesellschaft führt gem. § 738 Abs. 1 Satz 1 BGB zur Anwachsung bei den Mitgesellschaftern.

II. Dogmatik, Normzweck

5 Die Einziehung wird wegen ihrer Vernichtungswirkung und Umsetzung über eine Mitteilung als einseitige[6] mehraktige Verfügung[7] gesehen. Auch die Zustimmung selbst soll Verfügungscharakter haben und unbeschränkte Verfügungsbefugnis erfordern.[8] *Causa* der Einziehung ist bei der freiwilligen Einziehung neben der die Einziehung zulassenden Satzungsklausel die zumindest konkludente Abrede im Zusammenhang mit Gesellschafterbeschluss und Zustimmung.[9] Im Fall der

1 Dazu und zu den historischen Vorläufern s. *Strohn*, in: MünchKommGmbHG, § 34 Rn. 1.
2 Vgl. *Strohn*, in: MünchKommGmbHG, § 34 Rn. 117.
3 *Strohn*, in: MünchKommGmbHG, § 34 Rn. 4; *H.P. Westermann*, in: Scholz, GmbHG, Anh. § 34 Rn. 15 u. 19.
4 *Hüffer*, AktG, § 237 Rn. 1.
5 *Strohn*, in: MünchKommGmbHG, § 34 Rn. 2.
6 *Ulmer/Habersack*, in: Ulmer/Habersack/Löbbe, GmbHG, § 34 Rn. 54.
7 OLG Düsseldorf, NJW-RR 1996, 607, 611; *Strohn*, in: MünchKommGmbHG, § 34 Rn. 5; *Altmeppen*, in: Roth/Altmeppen, GmbHG, § 34 Rn. 63; *H.P. Westermann*, in: Scholz, GmbHG, § 34 Rn. 6.
8 *Strohn*, in: MünchKommGmbHG, § 34 Rn. 5.
9 Wohl ebenso *Altmeppen*, in: Roth/Altmeppen, GmbHG, § 34 Rn. 61; anders *Strohn*, in: MünchKommGmbHG, § 34 Rn. 6; *Sosnitza*, in: Michalski, GmbHG, § 34 Rn. 4: nur konkludente Abrede.

Zwangseinziehung ist Rechtsgrund allein die Satzungsklausel, die nach Abs. 2 neben der Zulassung der Einziehung ihre einzelnen Voraussetzungen bestimmen muss.[10] Bei fehlender *causa* und dennoch wirksam erfolgter Einziehung[11] kommt ein Anspruch des betroffenen Anteilsberechtigten gegen die Gesellschaft aus §§ 812, 818 Abs. 2 BGB in Betracht.[12]

Es ist zwischen dem Normzweck des § 34 und dem Zweck der Einziehung zu unterscheiden. Zweck der Einziehung ist die Vernichtung des Gesellschaftsanteils; danach bestimmt sich der praktische Anwendungsbereich.[13] § 34 zielt auf einen Schutz sowohl der Mitgesellschafter als auch des betroffenen Anteilsberechtigten. Bei der freiwilligen Einziehung ist der Anteilsinhaber bereits durch das Zustimmungserfordernis geschützt, sodass Abs. 1 auch auf den Schutz der (Mit-) Gesellschafter vor einer Einziehung aufgrund bloßer Mehrheitsentscheidung zielt.[14] Die Einziehung kann für Mitgesellschafter insb. mit Blick auf die Beteiligungs- und Stimmrechtsverhältnisse oder die Ausfallhaftung gem. §§ 24, 31 Abs. 3 nachteilig sein. Zudem führt die Einziehung über die Abfindung i.d.R. zu einem Kapitalabfluss. Hinsichtlich der Zwangseinziehung zielt Abs. 1 auch auf den Schutz des Anteilsberechtigten und hat daher einen doppelten Schutzzweck. Bei der Zwangseinziehung verstärkt Abs. 2 den durch Abs. 1 vermittelten Schutz des betroffenen Anteilsberechtigten.[15] Möglichkeit und Reichweite der Einziehung werden vorhersehbar und einschätzbar.[16] Abs. 3 zielt auf den Gläubigerschutz durch Schutz der Haftungsmasse vor Auskehrung an den Gesellschafter über den Weg der Abfindung.[17] 6

III. Anwendungsbereich, Abdingbarkeit

Neben der Einziehung von Geschäftsanteilen einer werbenden Gesellschaft findet § 34 auch im Liquidationsstadium Anwendung.[18] Im Gründungsstadium dagegen scheidet die Einziehung mangels Bestehens von Geschäftsanteilen aus.[19] Hier kommt aber ein Ausschluss in Betracht, da dieser personenbezogen ist.[20] Wegen des Verbots der Befreiung der Gesellschafter von Einlageverpflichtungen (§ 19 Abs. 2 Satz 1) unterliegen nicht voll eingezahlte Geschäftsanteile nicht der Einziehung.[21] 7

Die Vorschriften des § 34 selbst sind zwingendes Recht und nicht abdingbar.[22] I.Ü. können die Gesellschafter die Einziehung in der Satzung insb. auch mit Blick auf die Zuständigkeit, das Verfahren (Rdn. 36) oder die Einziehungswirkungen (Rdn. 63 ff.) grds. frei ausgestalten. Das betrifft in gewissen Grenzen auch die Modalitäten und die Höhe der Abfindung (Rdn. 76; zur Abdingbarkeit der Haftung der Mitgesellschafter s. Rdn. 29). 8

---

10 *Strohn*, in: MünchKommGmbHG, § 34 Rn. 6; *Sosnitza*, in: Michalski, GmbHG, § 34 Rn. 4.

11 S. dazu *Strohn*, in: MünchKommGmbHG, § 34 Rn. 6; *Altmeppen*, in: Roth/Altmeppen, GmbHG, § 34 Rn. 61.

12 Dazu *Strohn*, in: MünchKommGmbHG, § 34 Rn. 6.

13 S. dazu ausführlich *Ulmer/Habersack*, in: Ulmer/Habersack/Löbbe, GmbHG, § 34 Rn. 12. Zu nennen ist insb. die Reaktionsmöglichkeit auf das Eindringen Fremder in den Gesellschafterkreis; vgl. auch *Heckschen*, NZG 2010, 521, 521: Da Vinkulierungsklauseln nicht insolvenzfest sind, sind insoweit Einziehungsklauseln entscheidend.

14 *Sosnitza*, in: Michalski, GmbHG, § 34 Rn. 6; *Ulmer/Habersack*, in: Ulmer/Habersack/Löbbe, GmbHG, § 34 Rn. 3.

15 Vgl. auch *Ulmer/Habersack*, in: Ulmer/Habersack/Löbbe, GmbHG, § 34 Rn. 32.

16 BGH, NJW 1977, 2316, 2316; *Ulmer/Habersack*, in: Ulmer/Habersack/Löbbe, GmbHG, § 34 Rn. 3; *Sosnitza*, in: Michalski, GmbHG, § 34 Rn. 6.

17 *Sosnitza*, in: Michalski, GmbHG, § 34 Rn. 6.

18 RGZ 125, 114, 120; BGH, NJW 1953, 780, 784; *Kersting*, in: Baumbach/Hueck, GmbHG, § 34 Rn. 18; *Ulmer/Habersack*, in: Ulmer/Habersack/Löbbe, GmbHG, § 34 Rn. 6.

19 *Kersting*, in: Baumbach/Hueck, GmbHG, § 34 Rn. 18; *Ulmer/Habersack*, in: Ulmer/Habersack/Löbbe, GmbHG, § 34 Rn. 6.

20 *Kersting*, in: Baumbach/Hueck, GmbHG, § 34 Rn. 18.

21 *Ulmer/Habersack*, in: Ulmer/Habersack/Löbbe, GmbHG, § 34 Rn. 1.

22 *Ulmer/Habersack*, in: Ulmer/Habersack/Löbbe, GmbHG, § 34 Rn. 7.

B. Zulassung im Gesellschaftsvertrag (Abs. 1)

I. Geltung und Verstoßfolge

9 Die Zulassung der Einziehung im Gesellschaftsvertrag ist für die Einziehung mit und ohne Zustimmung gleichermaßen erforderlich.[23] Selbst ein einstimmig gefasster Einziehungsbeschluss ist grds.[24] nicht ausreichend.[25] Dies gilt nach herrschender Lehre auch für die Einziehung eigener Anteile.[26] Für die Gegenansicht, die vorbehaltlich einer gesellschaftsvertraglichen Einschränkung der Einziehung eigener Anteile die Voraussetzungen des § 33 ausreichen lässt,[27] lässt sich zwar anführen, dass die Einziehung insoweit keine weiter gehenden Auswirkungen mehr auf die Beteiligungsverhältnisse hat, als die Rechte aus eigenen Anteilen ohnehin ruhen.[28] Wegen des Wortlauts und der mit der Einziehung verbundenen Verewigung dieses Zustands ist aber der herrschenden Lehre zu folgen.[29] Ohne Satzungsgrundlage ist die Einziehung ausnahmsweise im Anschluss an die Rechtskraft eines Ausschlussurteils oder eine wirksame Ausschließung durch Gesellschafterbeschluss zwecks Umsetzung der Ausschließung bzw. Verwertung der Geschäftsanteile des betroffenen Gesellschafters zulässig.[30]

10 Fehlt die erforderliche gesellschaftsvertragliche Zulassung, ist der Einziehungsbeschluss nach BGH und herrschender Lehre analog § 241 Nr. 3 AktG nichtig.[31] Vorzugswürdig erscheint die zunehmend vertretene Ansicht, die diese Rechtsfolge auf den Fall der Zwangseinziehung beschränkt und im Fall der Einziehung mit Zustimmung bloße Anfechtbarkeit annimmt.[32]

II. Inhaltliche Anforderungen und Auslegung

11 Abs. 1 wird bereits durch die bloße gesellschaftsvertragliche Klausel genügt, dass die Einziehung zulässig ist. Nähere Voraussetzungen muss der Gesellschaftsvertrag nicht regeln.[33] Wie sich aus Abs. 2 ergibt, ist dies nur für die Zwangseinziehung erforderlich, während i.Ü. die Zustimmung des betroffenen Anteilsberechtigten ausreicht.[34] Aus Abs. 1 (»*soweit*«) ergibt sich, dass die Zulassung der Einziehung auf einen Teil der bestehenden Geschäftsanteile beschränkt sein kann. Voraussetzung ist, dass die betreffenden Geschäftsanteile hinreichend bestimmt sind und bei der Einführung der Einziehungsklausel die allgemeinen Grenzen, insb. der Gleichbehandlungsgrundsatz beachtet werden.

---

23 *Strohn*, in: MünchKommGmbHG, § 34 Rn. 8; *H.P. Westermann*, in: Scholz, GmbHG, § 34 Rn. 7; *Lutter/Kleindiek*, in: Lutter/Hommelhoff, GmbHG, § 34 Rn. 19 u. 28; *Altmeppen*, in: Roth/Altmeppen, GmbHG, § 34 Rn. 6; *Kersting*, in: Baumbach/Hueck, GmbHG, § 34 Rn. 3; *Sosnitza*, in: Michalski, GmbHG, § 34 Rn. 8; *Ulmer/Habersack*, in: Ulmer/Habersack/Löbbe, GmbHG, § 34 Rn. 14 u. 32.

24 S. zur Frage der Rechtsfolge des Fehlens einer Satzungsgrundlage Rdn. 10.

25 *Strohn*, in: MünchKommGmbHG, § 34 Rn. 13.

26 *Ulmer/Habersack*, in: Ulmer/Habersack/Löbbe, GmbHG, § 34 Rn. 27; *Kersting*, in: Baumbach/Hueck, GmbHG, § 34 Rn. 13; *Altmeppen*, in: Roth/Altmeppen, GmbHG, § 34 Rn. 6; *Görner*, in: Rowedder/Schmidt-Leithoff, GmbHG, § 34 Rn. 7.

27 *Strohn*, in: MünchKommGmbHG, § 34 Rn. 9; wohl auch *H.P. Westermann*, in: Scholz, GmbHG, § 34 Rn. 39.

28 So kritisch auch *Altmeppen*, in: Roth/Altmeppen, GmbHG, § 34 Rn. 6.

29 Ebenso *Ulmer/Habersack*, in: Ulmer/Habersack/Löbbe, GmbHG, § 34 Rn. 27.

30 BGH, NJW 1977, 2316, 2316; *Kersting*, in: Baumbach/Hueck, GmbHG, § 34 Rn. 1 u. Anh. § 34 Rn. 10.

31 BGH, NJW 1953, 780, 783; BGH, NJW 1999, 3779 f.; *Kersting*, in: Baumbach/Hueck, GmbHG, § 34 Rn. 15; *H.P. Westermann*, in: Scholz, GmbHG, § 34 Rn. 48; *Lutter/Kleindiek*, in: Lutter/Hommelhoff, GmbHG, § 34 Rn. 51; *Altmeppen*, in: Roth/Altmeppen, GmbHG, § 34 Rn. 67; *K. Schmidt*, Gesellschaftsrecht, § 35 III 1b (S. 1055); *Niemeier*, ZGR 1990, 314, 349; *Strohn*, in: MünchKommGmbHG, § 34 Rn. 12; a.A. (anfechtbar) *Ulmer/Habersack*, in: Ulmer/Habersack/Löbbe, GmbHG, § 34 Rn. 47.

32 *Strohn*, in: MünchKommGmbHG, § 34 Rn. 12 u. 83; *Niemeier*, ZGR 1990, 314, 349; a.A. *Lorenz*, DStR 1996, 1774, 1777.

33 *Strohn*, in: MünchKommGmbHG, § 34 Rn. 10; *H.P. Westermann*, in: Scholz, GmbHG, § 34 Rn. 7.

34 *Strohn*, in: MünchKommGmbHG, § 34 Rn. 10; *H.P. Westermann*, in: Scholz, GmbHG, § 34 Rn. 7.

Die Einziehung muss nicht ausdrücklich zugelassen sein. Dies kann auch die Auslegung des Gesellschaftsvertrags ergeben.[35] Dabei ist ein strenger Maßstab anzulegen,[36] insb. bei der Einziehung mit Zustimmung, die keine weiteren gesellschaftsvertraglichen Regelungen erfordert. Bei der Zwangseinziehung werden die geregelten Voraussetzungen häufig einen entsprechenden Rückschluss zulassen. Knüpft die Auslegung an Ausscheidensregelungen an, sind die Unterschiede zu den verschiedenen Instituten zu berücksichtigen. So darf entgegen teilweise vertretener Ansicht[37] von einer Kündigungs- oder Austrittsmöglichkeit des Gesellschafters nicht ohne Weiteres auf die Zulassung der Einziehung mit Zustimmung geschlossen werden, da Kündigung und Austritt nicht zwingend zur Vernichtung des Geschäftsanteils führen.[38] Vielmehr muss die Auslegung die Einbeziehung dieser Folge ergeben. Entsprechend liegt in einer Ausschließungsklausel nicht automatisch auch eine Einziehungsklausel.[39] Ob in der gesellschaftsvertraglichen Zulassung einer Zwangseinziehung zugleich die Zulassung der Einziehung mit Zustimmung des Betroffenen liegt, ist ebenfalls im Wege der Auslegung zu ermitteln.[40] Dies soll nach verbreiteter Ansicht i.d.R. nicht der Fall sein, da der Einziehungsklausel inhaltlich grds. eine begrenzende Funktion zukomme.[41] Andere schließen im Zweifel im Wege eines *Erst-Recht*-Schlusses auf die Zulässigkeit der freiwilligen Einziehung.[42] Vermittelnd wird auch danach differenziert, ob die Einziehungsgründe abschließend aufgeführt sind oder nicht.[43] Diese Gesichtspunkte sind bei der Auslegung im Einzelfall zu berücksichtigen. 12

III. Nachträgliche Einführung und Satzungsänderung

Die Zulassung der Einziehung kann bereits in der Ursprungssatzung enthalten sein, sie kann aber auch nachträglich eingeführt werden.[44] In letzterem Fall ist streitig, ob die Satzungsänderung die Zustimmung aller Gesellschafter erfordert[45] oder ein Gesellschafterbeschluss mit qualifizierter Mehrheit ausreicht.[46] Für die Zwangseinziehung verlangte der BGH früher die Zustimmung aller 13

35 *Kersting*, in: Baumbach/Hueck, GmbHG, § 34 Rn. 4; *H.P. Westermann*, in: Scholz, GmbHG, § 34 Rn. 7; *Strohn*, in: MünchKommGmbHG, § 34 Rn. 10; wohl auch *Görner*, in: Rowedder/Schmidt-Leithoff, GmbHG, § 34 Rn. 7.

36 *H.P. Westermann*, in: Scholz, GmbHG, § 34 Rn. 7; *Strohn*, in: MünchKommGmbHG, § 34 Rn. 10; vgl. auch BGH, WM 1976, 204, 205.

37 *Kersting*, in: Baumbach/Hueck, GmbHG, § 34 Rn. 4.

38 Vgl. auch *H.P. Westermann*, in: Scholz, GmbHG, § 34 Rn. 7; *Strohn*, in: MünchKommGmbHG, § 34 Rn. 10.

39 BayObLG, NZG 2004, 98, 99 f. unter (nicht zweifelsfreier) Berufung auf BGH, DStR 2001, 1898, 1989 m. Anm. *Goette*; dazu auch *Kersting*, in: Baumbach/Hueck, GmbHG, § 34 Rn. 7; anders wohl *Strohn*, in: MünchKommGmbHG, § 34 Rn. 10.

40 So im Ergebnis auch *Strohn*, in: MünchKommGmbHG, § 34 Rn. 11; *H.P. Westermann*, in: Scholz, GmbHG, § 34 Rn. 8.

41 *Kersting*, in: Baumbach/Hueck, GmbHG, § 34 Rn. 4: »Zwangseinziehungsregelung in der Regel nicht ausreichend«; *Ulmer/Habersack*, in: Ulmer/Habersack/Löbbe, GmbHG, § 34 Rn. 15 für den Fall, dass die Satzung einige Einziehungsgründe aufführt.

42 *Gehrlein*, Rn. 99 im Rahmen einer Auslegung im Einzelfall.

43 *H.P. Westermann*, in: Scholz, GmbHG, § 34 Rn. 8; *Sosnitza*, in: Michalski, GmbHG, § 34 Rn. 9.

44 BGH, NJW 1977, 2316, 2316.

45 So für Zwangseinziehung und freiwillige Einziehung BayObLG, GmbHR 1978, 269, 270; *Sosnitza*, in: Michalski, GmbHG, § 34 Rn. 11; *Paulick*, GmbHR 1978, 121, 123 f. (anders nur bei Umwandlung einer bereits möglichen freiwilligen Einziehung in eine Zwangseinziehung); *Lutter/Kleindiek*, in: Lutter/Hommelhoff, GmbHG, § 34 Rn. 19 u. 29; *Görner*, in: Rowedder/Schmidt-Leithoff, GmbHG, § 34 Rn. 10; *Mülsch/Pütz*, ZIP 2004, 1987, 1991.

46 So für die freiwillige Einziehung *H.P. Westermann*, in: Scholz, GmbHG, § 34 Rn. 10 und Rn. 22; differenzierend nach freiwilliger und zwangsweiser Einziehung *Altmeppen*, in: Roth/Altmeppen, GmbHG, § 34 Rn. 8 f.: Bei freiwilliger Einziehung qualifizierte Mehrheit; bei Zwangseinziehung Einstimmigkeit erforderlich; *Kersting*, in: Baumbach/Hueck, GmbHG, § 34 Rn. 5 u. 8; *Ulmer/Habersack*, in: Ulmer/Habersack/Löbbe, GmbHG, § 34 Rn. 17 (freiwillige Einziehung) u. 34 (Zwangseinziehung). Gegen die Vergleichbarkeit mit der Kapitalerhöhung aufgrund wertender Betrachtung und somit stets Einstimmigkeit betreffend die freiwillige Einziehung verlangend *Sosnitza*, in: Michalski, GmbHG, § 34 Rn. 11. Bei

Gesellschafter.[47] Für die freiwillige Einziehung liegt eine Entscheidung bislang nicht vor. In einer späteren Entscheidung hat der BGH die Anwendbarkeit des die Zustimmungspflicht bei Einführung von Leistungspflichten regelnden § 53 Abs. 3 dagegen ausdrücklich offen gelassen und für die Beurteilung der Gesamtunwirksamkeit einer nachträglichen Verschärfung der Voraussetzungen einer Zwangseinziehung eine zweistufige Überlegung angestellt: Zunächst könne eine Zwangseinziehungsklausel nur für diejenigen Gesellschafter gelten, die ihr zugestimmt haben. Haben ihr nicht alle Gesellschafter zugestimmt, ist zu fragen, ob sie nur für diejenigen gelten soll, die ihr zugestimmt haben.[48] Ist das – wie wohl i.d.R. – nicht der Fall, ist die Änderung insgesamt unwirksam.[49] Aus dieser Begründung wird abgeleitet, dass der BGH für eine die freiwillige Einziehung zulassende Klausel eine qualifizierte Mehrheit ausreichen lassen würde, da maßgeblich darauf abgestellt werde, ob die Regelung jeweils ggü. dem einzelnen Gesellschafter Geltung beansprucht, und die konkrete Einziehung der Zustimmung des Betroffenen bedarf.[50] Entsprechend bedarf dann auch die Einführung einer Zwangseinziehungsklausel über die qualifizierte Mehrheit hinaus nur der Zustimmung der von ihr betroffenen Gesellschafter.[51]

14 Führt eine später auf der Grundlage der gesellschaftsvertraglichen Einziehungsklausel ggf. erfolgende Einziehung zur unmittelbaren und originären Vermehrung gesellschaftsvertraglicher Nebenleistungspflichten gem. § 3 Abs. 2[52] oder zu einer nicht bzw. nur auf einen Gesamtbetrag begrenzten Nachschusspflicht,[53] ist die Zustimmung der betroffenen Gesellschafter gem. § 53 Abs. 3 erforderlich. Dies gilt hingegen nicht für die gesetzliche Subsidiärhaftung nach §§ 24, 31 Abs. 3.[54] Zustimmung aller Gesellschafter ist erforderlich, wenn die Auslegung ergibt, dass es den Beteiligten gerade auf die konkrete Zusammensetzung des Gesellschafterkreises und der Anteilsverhältnisse ankommt und diese nur einstimmig geändert werden kann.[55] Die Zustimmung aller betroffenen Gesellschafter ist auch dann erforderlich, wenn die Einziehungsklausel nicht für die gegenwärtigen Gesellschafter, sondern nur für deren Rechtsnachfolger gelten soll.[56] Unabhängig von der Frage, ob eine solche Regelung angesichts der grundsätzlichen Bedingungsfeindlichkeit von Satzungsregelungen überhaupt möglich ist, wird damit nämlich die Veräußerbarkeit eingeschränkt.[57] Möglich ist dies hingegen für noch zu bildende Geschäftsanteile als Modalität einer Kapitalerhöhung.[58] Die nachträglich eingeführte Einziehungsklausel gilt im Rahmen ihres Anwendungsbereichs auch für später hinzukommende Gesellschafter.[59]

Zwangseinziehung mit beschränktem Anwendungsbereich nur die Zustimmung der betroffenen Gesellschafter verlangend *H.P. Westermann*, in: Scholz, GmbHG, § 34 Rn. 10; *Ulmer/Habersack*, in: Ulmer/Habersack/Löbbe, GmbHG, § 34 Rn. 35.

47 BGH, NJW 1953, 780, 780 mit Verweis auf § 53 Abs. 3; BGH, NJW 1977, 2316, 2316.

48 BGH, NJW 1992, 892, 893 u. 895; vgl. auch *Strohn*, in: MünchKommGmbHG, § 34 Rn. 15; *Ulmer/Habersack*, in: Ulmer/Habersack/Löbbe, GmbHG, § 34 Rn. 37.

49 Vgl. BGH, NJW 1992, 892, 893 u. 895.

50 Ebenso *Strohn*, in: MünchKommGmbHG, § 34 Rn. 14.

51 *Kersting*, in: Baumbach/Hueck, GmbHG, § 34 Rn. 8; *Strohn*, in: MünchKommGmbHG, § 34 Rn. 15.

52 *Strohn*, in: MünchKommGmbHG, § 34 Rn. 16; *Ulmer/Habersack*, in: Ulmer/Habersack/Löbbe, GmbHG, § 34 Rn. 18; *H.P. Westermann*, in: Scholz, GmbHG, § 34 Rn. 11.

53 *Strohn*, in: MünchKommGmbHG, § 34 Rn. 16.

54 Wie hier *Kersting*, in: Baumbach/Hueck, GmbHG, § 34 Rn. 5. Anders wohl *Lutter/Kleindiek*, in: Lutter/Hommelhoff, GmbHG, § 34 Rn. 19 und *Sosnitza*, in: Michalski, GmbHG, § 34 Rn. 11.

55 *Strohn*, in: MünchKommGmbHG, § 34 Rn. 16; *Ulmer/Habersack*, in: Ulmer/Habersack/Löbbe, GmbHG, § 34 Rn. 18; *H.P. Westermann*, in: Scholz, GmbHG, § 34 Rn. 11.

56 Ebenso *Ulmer/Habersack*, in: Ulmer/Habersack/Löbbe, GmbHG, § 34 Rn. 36; *Kersting*, in: Baumbach/Hueck, GmbHG, § 34 Rn. 8; a.A. *Paulick*, GmbHR 1978, 121, 124.

57 *Kersting*, in: Baumbach/Hueck, GmbHG, § 34 Rn. 8.

58 *Strohn*, in: MünchKommGmbHG, § 34 Rn. 16; *Kersting*, in: Baumbach/Hueck, GmbHG, § 34 Rn. 8; *Altmeppen*, in: Roth/Altmeppen, GmbHG, § 34 Rn. 9.

59 BGH, NJW 1977, 2316, 2316; *Ulmer/Habersack*, in: Ulmer/Habersack/Löbbe, GmbHG, § 34 Rn. 33.

Wird eine bestehende Regelung der Zwangseinziehung erweitert, bedarf die entsprechende Satzungsänderung der Zustimmung der davon betroffenen Gesellschafter.[60] Eine Erweiterung liegt vor, wenn sie erleichtert wird,[61] indem bspw. neue Einziehungsgründe, die vorher nicht galten, eingeführt werden oder die ursprüngliche Abfindungshöhe verringert[62] wird. Die Einschränkung einer Zwangseinziehungsregelung bedarf der Zustimmung des Betroffenen, soweit sich aus dem Gesellschaftsvertrag für diesen ein Recht auf Einziehung als Sonderrecht gem. § 35 BGB ergibt. 15

C. Voraussetzungen der freiwilligen Einziehung – Zustimmung

Neben einer die Einziehung zulassenden Regelung im Gesellschaftsvertrag setzt die freiwillige Einziehung die Zustimmung des Inhabers des einzuziehenden Geschäftsanteils voraus.[63] Sie kann gem. §§ 183 ff. BGB bei der Fassung des Einziehungsbeschlusses, aber auch vorher oder danach sowie vor oder nach der Einziehungserklärung erteilt werden.[64] Sie ist empfangsbedürftige Willenserklärung. Adressat ist die Gesellschaft, grds. vertreten durch einen Geschäftsführer.[65] Auch die Erklärung ggü. der Gesellschafterversammlung als zuständigem Beschlussorgan wird als ausreichend erachtet, was wohl nur im Fall der Zustimmungserklärung bei Fassung des Einziehungsbeschlusses praktisch relevant sein dürfte.[66] Für den Zeitpunkt des Endes der Widerruflichkeit (§ 183 BGB) kommt es auf die Einziehungserklärung seitens der Gesellschaft an. Die Widerruflichkeit kann aufgrund Rechtsgeschäfts zwischen dem betroffenen Gesellschafter und der Gesellschaft – auch konkludent – ausgeschlossen sein (§ 183 Satz 1 Halbs. 2 BGB). Zumindest gesellschaftsrechtlich setzt die bindende Einwilligung einen hinreichend konkretisierten Einziehungssachverhalt voraus, soweit eine »Zustimmung auf Vorrat« die Grenzen des Verbots der »freien Hinauskündigung« überschreitet.[67] Die Zustimmung kann formlos und konkludent, z.B. durch die affirmative Stimmabgabe i.R.d. Einziehungsbeschlusses durch den betroffenen Gesellschafter abgegeben werden.[68] 16

D. Voraussetzungen der Zwangseinziehung (Abs. 2)

I. Gegenstand des Festsetzungserfordernisses

Unter den Voraussetzungen der Zwangseinziehung, die nach Abs. 2 festgesetzt sein müssen, sind nur die sachlichen Voraussetzungen, also der jeweilige konkrete sachliche Grund, auf den eine konkrete Einziehungsmaßnahme gestützt werden kann, zu verstehen.[69] Nicht geregelt werden müssen dagegen die Abfindung und die Voraussetzungen des Verfahrens der Einziehung. 17

60 BGH, NJW 1992, 892, 893; *Ulmer/Habersack*, in: Ulmer/Habersack/Löbbe, GmbHG, § 34 Rn. 34 f., differenzierend nach der erforderlichen Beschlussmehrheit (Dreiviertelmehrheit) und der nach § 34 Abs. 2 vorausgesetzten »Unterwerfung« des einzelnen Anteilsinhabers (Zustimmung derjenigen, denen ggü. die Einziehungsklausel Wirksamkeit erlangen soll); *Kersting*, in: Baumbach/Hueck, GmbHG, § 34 Rn. 8.

61 *Kersting*, in: Baumbach/Hueck, GmbHG, § 34 Rn. 8.

62 BGH, NJW 1992, 892, 893.

63 *Kersting*, in: Baumbach/Hueck, GmbHG, § 34 Rn. 6; *Sosnitza*, in: Michalski, GmbHG, § 34 Rn. 13; *Strohn*, in: MünchKommGmbHG, § 34 Rn. 37; *Lutter/Kleindiek*, in Lutter/Hommelhoff, GmbHG, § 34 Rn. 19.

64 *Sosnitza*, in: Michalski, GmbHG, § 34 Rn. 13; *Strohn*, in: MünchKommGmbHG, § 34 Rn. 37.

65 *Sosnitza*, in: Michalski, GmbHG, § 34 Rn. 13; vgl. § 35 Abs. 2 Satz 3 GmbHG.

66 *Sosnitza*, in: Michalski, GmbHG, § 34 Rn. 13; *Kersting*, in: Baumbach/Hueck, GmbHG, § 34 Rn. 6; *Ulmer/Habersack*, in: Ulmer/Habersack/Löbbe, GmbHG, § 34 Rn. 21; *Gehrlein*, ZIP 1996, 1157, 1158.

67 *Ulmer/Habersack*, in: Ulmer/Habersack/Löbbe, GmbHG, § 34 Rn. 22; *Strohn*, in: MünchKommGmbHG, § 34 Rn. 38 sieht darin im Ergebnis den Verzicht auf eine Zustimmung und wendet die Regeln der Zwangseinziehung an, was im Ergebnis auf dasselbe hinauslaufen dürfte, da es dann um die Auslotung der Grenzen der Zwangseinziehung mit Blick auf das Erfordernis des wichtigen Grundes geht.

68 *Ulmer/Habersack*, in: Ulmer/Habersack/Löbbe, GmbHG, § 34 Rn. 22; *Strohn*, in: MünchKommGmbHG, § 34 Rn. 38. Zur Zustimmung durch affirmative Stimmabgabe auch RGZ 139, 224, 229.

69 Vgl. auch *Lutter/Kleindiek*, in Lutter/Hommelhoff, GmbHG, § 34 Rn. 28.

II. Bestimmtheit, Auslegung

18 Als echter Satzungsbestandteil und körperschaftsrechtliche Regelung ist eine Einziehungsklausel objektiv und aufgrund ihres Ausnahmecharakters grds. eng[70] auszulegen. Ein bestimmter, im Gesellschaftsvertrag niedergelegter Einziehungsgrund kann nicht ohne Weiteres Grundlage für eine Einziehung aufgrund eines vergleichbar schweren, aber anderen Sachverhalts sein.[71] Dies gilt jedenfalls insoweit, als der Klausel keine Öffnung für vergleichbar schwere Sachverhalte zu entnehmen ist.[72] Die Klausel muss dem Zweck des Abs. 2 entsprechend die eindeutige Beurteilung des Vorliegens der Einziehungsvoraussetzungen und eine gerichtliche Nachprüfung ermöglichen.[73] Der Rückgriff auf unbestimmte Begrifflichkeiten ist damit allerdings nicht ausgeschlossen, soweit die Auslegung ein hinreichend klares Ergebnis bringt.[74] So ist es möglich, auf einen »wichtigen Grund in der Person des Gesellschafters« zu verweisen.[75] Aufgrund des Ausnahmecharakters der Einziehung gehen nicht auflösbare Widersprüche zu anderen gesellschaftsvertraglichen Regelungen zulasten der Einziehungsmöglichkeit.[76]

III. Inhaltliche Anforderungen, Einziehungsgründe, »Freie Hinauskündigung«

19 Der jeweilige sachliche Grund muss inhaltlich hinreichend schwerwiegend sein. Das Gewicht eines wichtigen Grundes muss er nicht haben, da die Einziehung eine privatautonome Grundlage hat.[77] Inhaltlich reicht allgemein jeder Grund, der in der Sphäre des betreffenden Anteilsinhabers liegt,[78] nicht allein vom Willen der Gesellschaft oder der Mitgesellschafter als solchen[79] abhängt und unter Berücksichtigung der Auslegung hinreichend bestimmt im Gesellschaftsvertrag festgesetzt ist.[80] Inwieweit an die Schwere des Grundes Anforderungen zu stellen sind, richtet sich letztlich nach dem mit dem konkreten Einziehungsgrund verfolgten Sinn und Zweck. Eine andere Frage ist, ob ein im Gesellschaftsvertrag festgesetzter Grund die Einziehung auch im Einzelfall rechtfertigen kann (Rdn. 40).

20 Als Einziehungsgründe kommen sämtliche als wichtiger Grund für eine Ausschließung/Kündigung anerkannten Sachverhalte[81] in Betracht. Im Einzelfall hat dann konkret eine umfassende Prüfung aller Umstände und eine Gesamtabwägung der beteiligten Interessen sowie des Verhaltens der übrigen Gesellschafter zu erfolgen.[82] Im konkreten Fall ist erforderlich, dass die für einen wichtigen Grund sprechenden Umstände auf die Mitgliedschaft bezogen sind. Ein Fehlverhalten als

---

70 OLG Hamburg, ZIP 1996, 962, 963; *Lutter*, GmbHR 1997, 1134, 1135; *Lutter/Kleindiek*, in: Lutter/Hommelhoff, GmbHG, § 34 Rn. 31.

71 Vgl. BGH, DStR 1993, 1266, 1267; OLG Nürnberg, GmbHR 1994, 252, 253; vgl. auch BGH, NJW 1999, 3779, 3779; *Strohn*, in: MünchKommGmbHG, § 34 Rn. 42.

72 Vgl. auch *Strohn*, in: MünchKommGmbHG, § 34 Rn. 42; BGH, DStR 1993, 1266, 1267; *Niemeier*, ZGR 1990, 314, 317; a.A. *Gehrlein*, DB 1999, 2255, 2255.

73 BGH, NJW 1977, 2316, 2316; *Strohn*, in: MünchKommGmbHG, § 34 Rn. 42; *Lutter/Kleindiek*, in Lutter/Hommelhoff, GmbHG, § 34 Rn. 31.

74 *Strohn*, in: MünchKommGmbHG, § 34 Rn. 42.

75 Vgl. die gesetzlichen Ausschlusstatbestände in § 723 Abs. 1 Satz 2, 737 BGB, §§ 133, 140 HGB.

76 OLG Hamburg, NZG 2000, 433, 433; *Strohn*, in: MünchKommGmbHG, § 34 Rn. 42.

77 *Kersting*, in: Baumbach/Hueck, GmbHG, § 34 Rn. 9a; *Strohn*, in: MünchKommGmbHG, § 34 Rn. 43; *Altmeppen*, in: Roth/Altmeppen, GmbHG, § 34 Rn. 46.

78 Vgl. auch *Lutter/Kleindiek*, in: Lutter/Hommelhoff, GmbHG, § 34 Rn. 32 (in der Person des Gesellschafters); *Strohn*, in: MünchKommGmbHG, § 34 Rn. 51 ff. (personenbezogen oder verhaltensbezogen).

79 Nicht einschlägig ist das Verbot der »freien Hinauskündigung« im Fall von Maßnahmen von Mitgesellschaftern, die diese nicht in ihrer Funktion als Gesellschafter gegen den betreffenden Gesellschafter vornehmen, wie bspw. die Pfändung des Anteils des Gesellschafters durch einen Mitgesellschafter und die darauf gestützte Einziehung (OLG Hamm, GmbHR 2009, 1161, 1163).

80 Zu Beispielen unbestimmter, weil durch Auslegung nicht präzisierbarer Generalklauseln vgl. *Strohn*, in: MünchKommGmbHG, § 34 Rn. 42.

81 Vgl. § 723 Abs. 1 Satz 2 BGB, §§ 140, 133 HGB.

82 BGH, DB 2013, 2675, 2676.

Geschäftsführer oder ein vertragswidriges Verhalten als Vertragspartner der Gesellschaft sollen nicht zu berücksichtigen sein.[83] Im Fall eines tief greifenden Zerwürfnisses zwischen den Gesellschaftern setzt der wichtige Grund voraus, dass das Zerwürfnis von dem betroffenen Gesellschafter zumindest überwiegend verursacht wurde und in der Person des oder der die Einziehung betreibenden Gesellschafter(s) keine Umstände vorliegen, die deren Ausschließung oder die Auflösung der Gesellschaft rechtfertigen.[84] Darüber hinaus sind insb. folgende Gründe als ausreichend anzusehen: Ausscheiden als Kommanditist aus der GmbH & Co. KG,[85] Verlust der Anwaltszulassung bei Mitgliedschaft in einer »Anwalts-GmbH«,[86] Gründe im Zusammenhang mit der Abwehr des Eindringens nicht erwünschter Dritter[87] in die GmbH, z.B. für den Fall der Anteilsveräußerung oder -vererbung insb. bei Familiengesellschaften[88] sowie der Pfändung des Anteils oder der Insolvenz des Gesellschafters. Auch die vorgesehene Kündigung durch den Gesellschafter kann Einziehungsgrund sein. Bei entsprechender Regelung kann auch die ernsthafte Äußerung entsprechender Absichten genügen.[89] Bei Pfändung und Insolvenz bietet nur die Einziehung hinreichend Schutz, da eine Vinkulierung gem. § 15 Abs. 5 wegen §§ 844, 857 ZPO bzw. § 159 InsO nicht durchgreift.[90] Dabei ist eine die Abfindung nur für den Fall der Pfändung bzw. Insolvenz beschränkende Klausel wegen Gläubigerbenachteiligung nichtig.[91] Allgemein kann die Abfindung aber auch für diese Fälle beschränkt werden, wenn die entsprechende Einziehungsregelung vor der Zwangsvollziehungsmaßnahme wirksam bestanden hat.[92] Möglich ist die Anknüpfung an persönliche Eigenschaften des Gesellschafters wie Alter, bestimmte Krankheiten, Senilität, Unfähigkeit zur Mitarbeit im Unternehmen.[93] Als nicht ausreichend wegen mangelnder Bestimmtheit werden Klauseln wie »schlechter Ruf«, »unerwünschtes Verhalten« oder bloß »Unfähigkeit« genannt.[94]

Inwieweit der Gesellschaftsvertrag überhaupt sachliche Gründe inhaltlicher Natur vorsehen muss, ist umstritten. Der BGH[95] und mit ihm ein großer Teil der Lehre[96] halten die Möglichkeit der Zwangseinziehung durch bloßen Gesellschafterbeschluss und damit nach inhaltlich freiem Ermessen unter Rückgriff auf die entsprechende Rechtsprechung zu Klauseln über die freie 21

83 KG, ZIP 2010, 2047, 2048 f.
84 BGH, DB 2013, 2675, 2676.
85 *Kersting*, in: Baumbach/Hueck, GmbHG, § 34 Rn. 10; *H.P. Westermann*, in: Scholz, GmbHG, § 34 Rn. 15; *Ulmer/Habersack*, in: Ulmer/Habersack/Löbbe, GmbHG, § 34 Rn. 40a; *Strohn*, in: MünchKommGmbHG, § 34 Rn. 51.
86 *Sosnitza*, in: Michalski, GmbHG, § 34 Rn. 36; *Kersting*, in: Baumbach/Hueck, GmbHG, § 34 Rn. 10; *Strohn*, in: MünchKommGmbHG, § 34 Rn. 52.
87 *Kersting*, in: Baumbach/Hueck, GmbHG, § 34 Rn. 10.
88 BGH, GmbHR 1977, 81, 82; *Sosnitza*, in: Michalski, GmbHG, § 34 Rn. 36.
89 *Strohn*, in: MünchKommGmbHG, § 34 Rn. 56; wohl a.A. zumindest für die beabsichtigte Erhebung einer Auflösungsklage *Görner*, in: Rowedder/Schmidt-Leithoff, GmbHG, § 34 Rn. 31.
90 BGH, NJW 1960, 1053, 1054; *Heuer*, ZIP 1998, 405, 406; *Strohn*, in: MünchKommGmbHG, § 34 Rn. 53. Zur Zulässigkeit einer entsprechenden Einziehungsregelung: BGH, NJW 1975, 1835, 1837; *van Venrooy*, GmbHR 1995, 339 f.; *H.P. Westermann*, in: Scholz, GmbHG, § 34 Rn. 14; vgl. auch OLG Hamm, GmbHR 2009, 1161, 1163 (Pfändung durch Mitgesellschafter); OLG Frankfurt am Main, NZG 1998, 595, 596 ff. (Gesellschafterinsolvenz).
91 BGH, NJW 1975, 1835, 1836 f.; *Bischoff*, GmbHR 1984, 61, 67; *Strohn*, in: MünchKommGmbHG, § 34 Rn. 53.
92 *Strohn*, in: MünchKommGmbHG, § 34 Rn. 53 f.
93 *Strohn*, in: MünchKommGmbHG, § 34 Rn. 52; zur Frage der Inhaltskontrolle bei diskriminierenden Verbandsregeln vgl. *Foerster*, AcP 213, 173.
94 *Strohn*, in: MünchKommGmbHG, § 34 Rn. 42.
95 Vgl. BGH, NJW 2005, 3641, 3643; BGH, NJW-RR 2007, 1256, 1257 m.w.N.; BGH, NJW 1994, 1156, 1157. Anders hingegen die frühere Rechtsprechung des BGH, die von der Zulässigkeit der freien Hinauskündigung ausging: BGH, NJW 1973, 1606, 1606 zur KG.
96 *Nasall*, NZG 2008, 851, 852; *Ulmer/Habersack*, in: Ulmer/Habersack/Löbbe, GmbHG, § 34 Rn. 42; *Kersting*, in: Baumbach/Hueck, GmbHG, § 34 Rn. 9a; *H.P. Westermann*, in: Scholz, GmbHG, § 34 Rn. 17; *Lutter/Kleindiek*, in: Lutter/Hommelhoff, GmbHG, § 34 Rn. 33.

Hinauskündigungsmöglichkeit im Personengesellschaftsrecht grds. für gem. § 138 Abs. 1 BGB bzw. entsprechend § 241 Nr. 3 AktG[97] nichtig. Aufgrund einer solchen Klausel schwebe immer das »Damoklesschwert« der jederzeitigen »Hinauskündigung« über dem betreffenden Gesellschafter, der sich deshalb an der freien Ausübung seiner Gesellschafterrechte gehindert sehen wird. Die Stellung eines solchen »Gesellschafters minderen Rechts« sei mit dem gesetzlichen Leitbild des Gesellschafters wie auch dem der GmbH nicht mehr vereinbar. Die Gegenansicht verweist auf die Vertragsfreiheit und die privatautonome Entscheidung des betreffenden Gesellschafters. Solche gesellschaftsvertraglichen Klauseln seien wirksam, die Ermessensausübung unterliege im Einzelfall aber einer Kontrolle nach §§ 242, 138 Abs. 1 BGB.[98] Für das von BGH und herrschender Lehre statuierte weiter gehende Erfordernis eines sachlichen Grundes spricht, dass sich das Erfordernis eines Gesellschafterbeschlusses bereits aus § 46 Nr. 4 ergibt und Abs. 2 insoweit eigenständig die Statuierung bestimmter Erfordernisse verlangt. Nur so kann auch zweckentsprechend erreicht werden, dass die betreffenden Gesellschafter ihr Verhalten danach ausrichten können. Die vorgenannten Grundsätze gelten auch für ein schuldrechtlich bindendes Angebot eines Gesellschafters zur Abtretung eines Geschäftsanteils, das von dem Mitgesellschafter nach freiem Ermessen angenommen werden kann.[99]

22 Für das Verbot der »freien Hinauskündigung« sind Ausnahmen anerkannt, die sich auf die Einziehung übertragen lassen.[100] Es handelt sich um Fälle, in denen bereits die zugrunde liegende Sachverhaltskonstellation eine sachliche Rechtfertigung für ihre Zulässigkeit bietet.[101] Dazu zählen der Ausschluss von Managern oder Mitarbeitern für den Fall, dass diese ihre Position verlieren,[102] die jederzeitige Einziehbarkeit der Anteile eines Mitgesellschafters während einer »Probezeit« insb. bei Freiberufler-GmbHs[103] und eines Mitgesellschafters, dem die Anteile allein aufgrund einer engen persönlichen Bindung eingeräumt wurden, die später wegfällt, wobei die bloße unentgeltliche Zuwendung aber nicht ausreicht,[104] sowie eines Mitgesellschafters, der aus einem parallel geltenden Kooperationsvertrag ausscheidet, der den wirtschaftlichen Schwerpunkt darstellt und bei dem hinsichtlich der Vertragspartnerstellung ein Gleichlauf mit der Gesellschafterstellung hergestellt werden soll.[105] Bei Manager-/Mitarbeiterbeteiligungsmodellen soll eine Gesellschaftsvertragsregelung wegen Überschreitung der Grenze zur unzulässigen freien Hinauskündbarkeit unwirksam sein, wonach die (streitige) Beendigung des zugrunde liegenden Anstellungsverhältnisses für Zwecke des Ausschlusses solange als wirksam anzusehen ist, bis die Unwirksamkeit der Kündigung durch gerichtliche Entscheidung rechtskräftig festgestellt ist, wenn nicht mindestens verlangt wird, dass die weitere Zusammenarbeit unzumutbar ist.[106] Möglich soll die jederzeitige Einziehung für eine

---

97 *Ulmer/Habersack*, in: Ulmer/Habersack/Löbbe, GmbHG, § 34 Rn. 42; *Strohn*, in: MünchKommGmbHG, § 34 Rn. 57.

98 *Altmeppen*, in: Roth/Altmeppen, GmbHG, § 34 Rn. 44; *Verse*, DStR 2007, 1822, 1827 f.; *Drinkuth*, NJW 2006, 410, 412. Nach *Goette*, DStR 2005, 800, 801 soll diese Ansicht zu demselben Ergebnis kommen wie Rechtsprechung und h.L.

99 BGH, NJW 1990, 2622, 2622; vgl. auch BGH, NJW 2005, 3641, 3641.

100 Vgl. OLG München, DStR 2017, 113, 114; *Strohn*, in: MünchKommGmbHG, § 34 Rn. 58; *Lutter/Kleindiek*, in: Lutter/Hommelhoff, GmbHG, § 34 Rn. 33 ff.; *H.P. Westermann*, in: Scholz, GmbHG, § 34 Rn. 17.

101 Vgl. OLG München, DStR 2017, 113, 114; *Lutter/Kleindiek*, in: Lutter/Hommelhoff, GmbHG, § 34 Rn. 33; *Strohn*, in: MünchKommGmbHG, § 34 Rn. 58; *Altmeppen*, in: Roth/Altmeppen, GmbHG, § 34 Rn. 43.

102 Sog. Manager- bzw. Mitarbeiter-Modell: BGH, DStR 2010, 1850, 1852; BGH, NJW 2005, 3641, 3642; *Lutter/Kleindiek*, in: Lutter/Hommelhoff, GmbHG, § 34 Rn. 36 u. 37; vgl. OLG München, DStR 2017, 113, 114; ausführlich *Sosnitza*, DStR 2006, 99.

103 BGH, NZG 2004, 569 f.; *Lutter/Kleindiek*, in: Lutter/Hommelhoff, GmbHG, § 34 Rn. 34.

104 BGH, DNotZ 1991, 917 f.; *Lutter/Kleindiek*, in: Lutter/Hommelhoff, GmbHG, § 34 Rn. 39.

105 BGH, DStR 2005, 798, 800; *Strohn*, in: MünchKommGmbHG, § 34 Rn. 58.

106 OLG München, DStR 2017, 113, 114.

befristete Zeit nach dem Tod eines Mitgesellschafters sein.[107] Ebenfalls können Maßnahmen im Zusammenhang mit *venture capital* Verträgen zulässig sein, auch wenn sie im Ergebnis auf eine »Hinauskündigung« hinauslaufen.[108]

Nach verbreitet vertretener Ansicht soll eine nichtige Regelung über die Einziehung nach freiem Ermessen als Klausel über die Einziehung aus wichtigem Grund aufrechterhalten werden können.[109] Diese Ansicht beruft sich auf eine entsprechende, zur Ausschließung ergangene Entscheidung des BGH.[110] Die Berufung auf den BGH ist hier insoweit fraglich, als sich das Erfordernis eines sachlichen Grundes bei der Ausschließung grds. bereits aus dem Gesetz ergibt,[111] während Geltungsgrund bei der Einziehung die gesellschaftsvertragliche Regelung ist, die zudem von Abs. 2 ausdrücklich gefordert wird. 23

IV. Erwerb, zeitliche Reihenfolge

Maßgeblicher Zeitpunkt für die gesellschaftsvertragliche Festsetzung der Voraussetzungen ist nach Abs. 2 der Zeitpunkt des Erwerbs des einzuziehenden Geschäftsanteils durch den Anteilsberechtigten. Für den Anteilsberechtigten muss absehbar sein, unter welchen Voraussetzungen er einen Geschäftsanteil ohne seine Zustimmung verlieren kann.[112] Für die freiwillige Einziehung ist ausreichend, wenn die gesellschaftsvertragliche Regelung im Zeitpunkt der Durchführung der Einziehung vorhanden ist. Über den Wortlaut des Abs. 2 hinaus bindet eine gesellschaftsvertragliche Einziehungsklausel auch die Gründungsgesellschafter, wenn sie bei Gründung bereits im Gesellschaftsvertrag enthalten war oder nachträglich auch mit Wirkung für diese eingeführt wurde.[113] 24

E. Allgemeine Voraussetzungen der Einziehung

I. Abfindung aus ungebundenem Vermögen (Abs. 3)

1. Maßgeblichkeit von § 30 Abs. 1

Ein Einziehungsentgelt (Abfindung) darf nach dem gemäß Abs. 3 unberührt bleibenden § 30 Abs. 1 nur aus dem das Stammkapital übersteigende, also aus dem freien Vermögen gezahlt werden. Maßgeblich sind die i.R.d. § 30 Abs. 1 geltenden Grundsätze und damit grds. die Bilanz zu fortgeführten Buchwerten.[114] Ggf. abweichend vom Bilanzbild ist allerdings die gesellschaftsvertragliche Stammkapitalziffer materiell maßgeblich, nicht ein unter Umständen aufgrund eigener Anteile oder nicht eingeforderter ausstehender Einlagen niedrigeres ausgewiesenes gezeichnetes Kapital (§ 33 Rdn. 18). Maßgeblich ist mit der herrschenden Meinung gem. § 30 Abs. 1 der Zeitpunkt der tatsächlichen Auszahlung.[115] Eine unter Verstoß gegen Abs. 3, § 30 Abs. 1 erfolgende Zahlung löst einen Rückzahlungsanspruch nach § 31 aus.[116] 25

---

107 BGH, NJW 1989, 834, 835 (zum Ausschluss); vgl. auch BGH, ZIP 2007, 862, 863 f. zum Vorrang der Testierfreiheit des Erblassers; *Strohn*, in: MünchKommGmbHG, § 34 Rn. 58; *Kersting*, in: Baumbach/Hueck, GmbHG, § 34 Rn. 9a.

108 Dazu *Martinius/Stubert*, BB 2006, 1977 ff.; *Lutter/Kleindiek*, in: Lutter/Hommelhoff, GmbHG, § 34 Rn. 38.

109 *Strohn*, in: MünchKommGmbHG, § 34 Rn. 57; *Lutter/Kleindiek*, in: Lutter/Hommelhoff, GmbHG, § 34 Rn. 40; vgl. auch *Gehrlein*, NJW 2005, 1969, 1972 f.: Kündigung aus sachlichem Grund.

110 BGH, MDR 1989, 886, 886, der analog § 139 BGB eine Klausel über die freie Ausschließungsmöglichkeit als Ausschließung aus wichtigem Grund aufrechterhalten hat.

111 Darauf hatte der BGH (MDR 1989, 886, 886) aber mit Blick auf § 140 HGB abgestellt.

112 *Ulmer/Habersack*, in: Ulmer/Habersack/Löbbe, GmbHG, § 34 Rn. 32 f.; *Strohn*, in: MünchKommGmbHG, § 34 Rn. 41.

113 *Sosnitza*, in: Michalski, GmbHG, § 34 Rn. 31; *Ulmer/Habersack*, in: Ulmer/Habersack/Löbbe, GmbHG, § 34 Rn. 33; *Strohn*, in: MünchKommGmbHG, § 34 Rn. 41.

114 BGH, NJW 2000, 2819, 2820.

115 BGH, NZG 2006, 341, 343; BGH, NJW 1953, 780, 783; *Strohn*, in: MünchKommGmbHG, § 34 Rn. 31; *Sosnitza*, in: Michalski, GmbHG, § 34 Rn. 17; *H.P. Westermann*, in: Scholz, GmbHG, § 34 Rn. 51; *Ulmer/Habersack*, in: Ulmer/Habersack/Löbbe, GmbHG, § 34 Rn. 20.

116 *Kersting*, in: Baumbach/Hueck, GmbHG, § 34 Rn. 39; *Strohn*, in: MünchKommGmbHG, § 34 Rn. 31.

26 Freies Vermögen ist nicht gegeben, wenn bereits Überschuldung vorliegt oder soweit eine solche durch die Abfindungszahlung begründet wird.[117] Soweit die Zahlung der Abfindung (nur) zur Begründung oder Vertiefung einer Unterbilanz, nicht aber einer Überschuldung führt, kommt es darauf an, ob ausreichend stille Reserven vorhanden sind, zu deren Auflösung die Mitgesellschafter im Einzelfall auch aufgrund ihrer (nachwirkenden) gesellschaftsrechtlichen Treuepflicht verpflichtet sein können.[118] Keine Bedeutung hat Abs. 3, wenn keine Abfindung oder die Abfindung durch Dritte wie etwa einen Mitgesellschafter gezahlt wird[119], es sei denn, dem Dritten erwächst daraus ein Erstattungsanspruch gegen die Gesellschaft.[120] Das gilt nach MoMiG auch dann, wenn ein eigenkapitalersetzendes Darlehen zugrunde liegt.[121] Eine Erleichterung ergibt sich nicht aus der Vernichtungswirkung der Einziehung, da die Einziehung die Höhe des Stammkapitals unberührt lässt.[122] Hinreichend freies Kapital kann aber durch eine nach den dafür geltenden Regeln durchgeführte Kapitalherabsetzung geschaffen werden, wobei sie zur Einziehung bereits im Handelsregister eingetragen und damit wirksam geworden sein muss.[123] Eine tatsächliche Vermögensminderung ist auch bei Bilanzneutralität des Vorgangs schädlich, soweit eine Unterbilanz bereits besteht.[124] Werden eigene Anteile eingezogen, steht Abs. 3 deshalb entgegen, soweit eine Unterbilanz besteht und den eigenen Anteilen ein Vermögenswert beigemessen werden kann.[125] Jedenfalls im praktischen Ergebnis können sich auch Beschränkungen aus § 64 Satz 3 ergeben.[126]

2. Verhältnis von Wirksamkeit des Einziehungsbeschlusses und Kapitalerhaltung

27 Lange Zeit nicht abschließend geklärt war, inwieweit die Wirksamkeit der Einziehung davon abhängt, dass im maßgeblichen Zeitpunkt der Auszahlung hinreichend freies Vermögen zur Zahlung einer erforderlichen Abfindung vorhanden ist. Infrage steht der Schutz des Interesses des Anteilsberechtigten, seinen Anteil und die damit verbundenen mitgliedschaftlichen Rechte nicht zu verlieren, ohne dass sichergestellt ist, dass die ihm zustehende Abfindung tatsächlich gezahlt werden kann. Nahezu unstreitig und vom BGH mehrfach bestätigt ist der Einziehungsbeschluss in entsprechender Anwendung des § 241 Nr. 3 AktG wegen Verstoßes gegen die Kapitalerhaltung nach wie vor jedenfalls dann nichtig, wenn bei der Beschlussfassung bereits feststeht, dass für die aus dem Gesellschaftsvermögen zu zahlende Abfindung kein ausreichend freies Vermögen zur Verfügung steht.[127] Dies ist auch dann der Fall, wenn die Gesellschaft über stille Reserven verfügt, deren Auflösung

---

117 *Strohn*, in: MünchKommGmbHG, § 34 Rn. 31; *Kersting*, in: Baumbach/Hueck, GmbHG, § 34 Rn. 40 f.

118 Vgl. BGH, NZG 2006, 341, 344; *Strohn*, in: MünchKommGmbHG, § 34 Rn. 72.

119 *Strohn*, in: MünchKommGmbHG, § 34 Rn. 31 und 72.

120 Vgl. BGH, NZG 2008, 516, 517; OLG Hamm, NZG 1999, 597, 598; *Strohn*, in: MünchKommGmbHG, § 34 Rn. 31.

121 Anders zum früheren Recht BGH, DStR 2003, 1717, 1718.

122 *Strohn*, in: MünchKommGmbHG, § 34 Rn. 31.

123 *Kersting*, in: Baumbach/Hueck, GmbHG, § 34 Rn. 39; *Strohn*, in: MünchKommGmbHG, § 34 Rn. 31.

124 *Kersting*, in: Baumbach/Hueck, GmbHG, § 34 Rn. 13 u. § 30 Rn. 19.

125 *Kersting*, in: Baumbach/Hueck, GmbHG, § 34 Rn. 13; *H.P. Westermann*, in: Scholz, GmbHG, § 34 Rn. 54; *Lutter/Kleindiek*, in: Lutter/Hommelhoff, GmbHG, § 34 Rn. 17; *Kort*, in: MünchHdbGesR, Bd. 3, § 28 Rn. 46; *Ulmer/Habersack*, in: Ulmer/Habersack/Löbbe, GmbHG, § 34 Rn. 25; a.A. *Altmeppen*, in: Roth/Altmeppen, GmbHG, § 34 Rn. 15: Situation der Gläubiger verschlechtere sich nicht in einer für § 30 relevanten Weise.

126 S. zu der Frage weiter gehend auch *Strohn*, in: MünchKommGmbHG, § 34 Rn. 32.

127 BGH, NZG 2016, 742, 743 f.; BGH, GmbHR 2012, 387, 388; BGH, GmbHR 2011, 761, 762; BGH, NZG 2009, 221, 221; BGH, NJW 1953, 780, 783; OLG Frankfurt, GmbHR 2011, 1320, 1322 (hat zur Verneinung der Nichtigkeit genügen lassen, dass am Tag der Beschlussfassung im Raum stand, dass die Mehrheitsgesellschafterin dazu eine Einzahlung vornimmt); *Kersting*, in: Baumbach/Hueck, GmbHG, § 34 Rn. 40a (jedoch mit der Einschränkung, dass keine Nichtigkeit eintrete, wenn sich die Gesellschafter in dem Beschluss zur persönlichen Haftungsübernahme verpflichten); *Strohn*, in: MünchKommGmbHG, § 34 Rn. 72; *Sosnitza*, in: Michalski, GmbHG, § 34 Rn. 78 ff.; *H.P. Westermann*, in: Scholz, GmbHG, § 34 Rn. 51; *Ulmer/Habersack*, in: Ulmer/Habersack/Löbbe, GmbHG, § 34 Rn. 62; *Lutter/Kleindiek*, in: Lutter/Hommelhoff, GmbHG, § 34 Rn. 7 ff.; a.A. OLG Celle, NZG 1998, 29, 30: nur anfechtbar, wenn kein offensichtlicher Verstoß; *Löwe/Thoß*, NZG 2003, 1005, 1007: gültig.

ihr die Bezahlung des Einziehungsentgelts ermöglichen würde.[128] Stellt sich hingegen erst später heraus, dass freies Vermögen im erforderlichen Umfang nicht vorhanden ist, ging die überwiegende obergerichtliche Rechtsprechung im Anschluss an das RG zunächst davon aus, dass die Wirksamkeit des Einziehungsbeschlusses unter der aufschiebenden Bedingung der vollständigen Zahlung der Abfindung steht.[129] Das Schrifttum hatte sich dem verbreitet angeschlossen, beurteilte die Rechte und Pflichten in der Schwebezeit aber unterschiedlich. I.Ü. wurden verschiedene alternative Lösungsvorschläge unterbreitet.[130] Der BGH hatte die Frage mit Blick auf die Einziehung zunächst offen gelassen,[131] dann aber zunächst jedenfalls eine Satzungsklausel als zulässig erachtet, nach der ein austretender oder ausgeschlossener Gesellschafter sofort aus der Gesellschaft ausscheidet, auch wenn die Abfindung im Ergebnis nicht gezahlt werden kann.[132] Weiter gehend hatte das KG die sofortige Wirksamkeit der Einziehung auch im gesetzlichen Regelfall ohne Satzungsgrundlage bejaht.[133] Seit seiner grundlegenden Entscheidung aus dem Jahr 2012 geht auch der BGH davon aus, dass die Einziehung im gesetzlichen Regelfall mit der Mitteilung des Beschlusses an den betroffenen Gesellschafter und nicht erst mit der Leistung der Abfindung wirksam wird.[134]

Den Abfindungsanspruch des betroffenen Gesellschafters sieht der BGH dadurch geschützt, dass er 28
die Gesellschafter, die den Einziehungsbeschluss gefasst haben, dem ausgeschiedenen Gesellschafter anteilig haften lässt, wenn sie nicht anderweitig dafür sorgen, dass die Abfindung aus ungebundenem Vermögen der Gesellschaft geleistet werden kann, oder wenn sie – falls dies nicht möglich ist – die Gesellschaft nicht auflösen.[135] Den verbleibenden Gesellschaftern wachse anteilig der Wert des eingezogenen Geschäftsanteils zu. Deshalb müssten sie, wenn sie sich redlich verhalten und eine Unterdeckung nicht auf andere Weise ausgleichen, z.B. durch Auflösung von stillen Reserven oder eine Herabsetzung des Stammkapitals, grundsätzlich die Gesellschaft auflösen, um den ausgeschiedenen Gesellschafter hinsichtlich seines Abfindungsanspruchs noch wie einen Gesellschafter an dem Gesellschaftsvermögen partizipieren lassen zu können.[136] In seiner weiteren Entscheidung aus dem Jahr 2016 konkretisiert der BGH[137] diese Haftungslösung: Der Grund der persönlichen Haftung und zugleich ihre Voraussetzung werden in dem treuwidrigen Verhalten gesehen, dass die Gesellschafter die Abfindungszahlung unter berechtigter Berufung auf §§ 34 Abs. 3, 30 Abs. 1 verweigern, andererseits aber nicht dafür sorgen, dass die Abfindung aus ungebundenem Vermögen gezahlt werden kann, oder dass sie die Gesellschaft fortführen, anstatt sie aufzulösen. Die persönliche

128 BGH, NZG 2018, 1069, 1070.

129 RGZ 142, 286, 290; OLG Düsseldorf, NZG 2007, 278, 279; OLG Frankfurt am Main, NJW-RR 1997, 612, 612; OLG Hamm, NZG 1999, 597, 598: ggf. § 162 BGB analog zulasten des Ausgeschiedenen; OLG Schleswig, NZG 2000, 703, 704; OLG Zweibrücken, MittBayNot 1998, 195, 197; vgl. auch zur Ausschließung aus wichtigem Grund Rdn. 86 ff. und insb. BGH, NJW 1953, 780, 783: Ausschließungsurteil geknüpft an die Bedingung, dass Gesellschafter innerhalb einer im Urteil bestimmten angemessenen Frist den Gegenwert der Abfindung erhält; a.A. KG, NZG 2006, 437, 438; OLG Hamm, GmbHR 1993, 743, 747.

130 Vorgeschlagen wurde: (1) Verlust der Befugnis zur Ausübung der Rechte bei Behalten der Gesellschafterstellung und als ultima ratio Auflösungsrecht analog § 61 Abs. 2 mit Möglichkeit der Befriedigung aus Liquidationsüberschuss; (2) sofortige Wirksamkeit mit Möglichkeit des Ausgeschlossenen zum Wiedereintritt; (3) sofortige Wirksamkeit und zum Schutz des Anteilsberechtigten persönliche Außenhaftung der Mitgesellschafter; (4) Anfechtung oder ggf. persönliche *pro rata* Haftung der Mitgesellschafter; (5) auflösende Bedingung. Vgl. dazu insgesamt *Goette*, in: FS Lutter, 2000, S. 399, 410 f.; *Gehrlein*, DB 1998, 2355, 2356.

131 Vgl. zuletzt BGH, DStR 2006, 1900, 1901.

132 BGH, NZG 2009, 221, 221; BGH, NZG 2003, 871, 872; dazu *Löwe/Thoß*, NZG 2003, 1005, 1007; vgl. dagegen noch KG, GmbHR 1999, 1203, 1205.

133 KG, NZG 2006, 437, 437; vgl. *Kersting*, in: Baumbach/Hueck, GmbHG, § 34 Rn. 43.

134 BGH, GmbHR 2012, 387, 388; BGH, NZG 2016, 742, 743 f.

135 BGH, GmbHR 2012, 387, 388 ff.

136 BGH, GmbHR 2012, 387, 389. Zu dieser Haftungslösung bereits *Strohn*, in: MünchKommGmbHG, § 34 Rn. 76 f.

137 BGH, NZG 2016, 742.

Haftung der Gesellschafter setze erst bei einem solchen treuwidrigen Verhalten, also erst ab dem Zeitpunkt ein, ab dem die Fortsetzung der Gesellschaft unter Verzicht auf Maßnahmen zur Befriedigung des Abfindungsanspruchs als treuwidrig anzusehen ist. Weder komme es auf die Fassung des Einziehungsbeschlusses als solchen noch auf die bloße Verschlechterung der wirtschaftlichen Lage der Gesellschaft mit der Folge der Nichtzahlbarkeit der Abfindung an. Die Eröffnung des Insolvenzverfahrens über das Vermögen der Gesellschaft führe als solche nicht zu einer persönlichen Haftung. Ausgehend vom Haftungsgrund konsequent wendet der BGH die Haftungslösung ausdrücklich auch auf die Einziehung mit Zustimmung des Betroffenen an.[138] Nicht ausreichend für ein treuwidriges Verhalten und eine Haftung sei die bloße Verweigerung der Zahlung, wenn objektiv ausreichendes Vermögen im Sinne der §§ 34 Abs. 3, 30 Abs. 1 vorhanden sei.

29 Die nach der Rechtsprechung des BGH für den gesetzlichen Regelfall grundsätzlich geltende Unabhängigkeit der Wirksamkeit der Einziehung von der Zahlung der Abfindung ist abdingbar, d.h. die Gesellschafter können einen späteren Wirksamkeitstermin oder eine aufschiebende Bedingung bestimmen.[139] Die subsidiäre Haftung ist nicht zwingend, sondern disponibel.[140] Noch nicht eindeutig klargestellt wurde durch den BGH, ob sämtliche verbliebenen Gesellschafter im Außenverhältnis haften. Die Ausführungen des BGH zum Zeitpunkt des Einsetzens der Haftung und zum Haftungsgrund werfen die Frage auf, ob es noch auf die Fassung des Einziehungsbeschlusses und die in diesem Zeitpunkt eintretende Vermögensmehrung der verbleibenden Gesellschafter ankommen kann oder nicht vielmehr auf das Verhalten derjenigen Gesellschafter ankommt, die (später) der Treuwidrigkeitsvorwurf trifft, ggf. auch unabhängig von einer Vermögensmehrung. Konsequenterweise müsste der BGH von Letzterem ausgehen. Es erscheint dann auch überzeugender, nur die eine Mitverantwortlichkeit treffenden Gesellschafter haften zu lassen, wobei es auf die Zustimmung zum Einziehungsbeschluss nicht mehr ankommen dürfte.[141] Dazu könnten dann auch Neugesellschaften zählen.[142] Ungeklärt ist die Frage des Innenausgleichs. Ein Regressanspruch gegen die Gesellschaft erfordert dort hinreichend freies Vermögen.[143] Mit Blick auf Altfälle, für die richtigerweise die neue BGH-Rechtsprechung ohne Weiteres gilt, wird teilweise angenommen, dass bei einer auf Basis der bisherigen herrschenden Meinung erfolgten Behandlung der Mitgliedschaft als fortbestehend von einer fehlerhaften Gesellschafterstellung auszugehen sei, die für die Vergangenheit als wirksam zu behandeln sei und für die Zukunft jederzeit beendet werden könne.[144]

II. Volleinzahlung der Einlage

30 Nur voll eingezahlte Geschäftsanteile können eingezogen werden, da mit der Einziehung sämtliche Rechte und Pflichten daraus untergehen. Ein Untergang der Einlageverpflichtung verstieße gegen § 19 Abs. 2 Satz 1.[145] Ergibt sich eine Abfindungsforderung in mindestens entsprechender Höhe, soll die Einziehung auf der Grundlage einer nach allgemeinen Grundsätzen des § 19 zulässigen

---

138 A.A. LG Aachen, GmbHR 2015, 1089, 1090 f. n. rk.

139 BGH, NZG 2016, 742, 742 f. auch zur Frage des Entgegenstehens einer Satzungsregelung und der Satzungsdurchbrechung.

140 BGH, NZG 2016, 742, 744 f.

141 A.A. *Kersting*, in: Baumbach/Hueck, GmbHG, § 34 Rn. 45 ff. Vgl. bisher zur Zustimmung zur Einziehung *Priester*, ZIP 2012, 658, 659; *Schockenhoff*, NZG 2012, 449, 551 mit Verweis auf den Gedanken des §§ 245, 197 UmwG; *Gubitz/Nikoleyczik*, NZG 2013, 727, 729 ff.; a.A. mit Blick auf die begünstigende Vermögensmehrung *Strohn*, in: MünchKommGmbHG, § 34 Rn. 77; *Altmeppen*, in: Roth/Altmeppen, GmbHG, § 34 Rn. 28; *Schneider/Hoger*, NJW 2013, 502, 506; *Altmeppen*, NJW 2013, 1025, 1030; wohl auch *Sosnitza*, in: Michalski, GmbHG, § 34 Rn. 84.

142 Bisher dagegen: *Kersting*, in: Baumbach/Hueck, GmbHG, § 34 Rn. 46; *Schneider/Hoger*, NJW 2013, 502, 506; vgl. nun Wachter, NZG 2016, 961, 967.

143 Vgl. *Wachter*, NZG 2016, 961, 968.

144 *Kersting*, in: Baumbach/Hueck, GmbHG, § 34 Rn. 49.

145 BGH, NJW 1953, 780, 782; *H.P. Westermann*, in: Scholz, GmbHG, § 34 Rn. 52 f.; *Strohn*, in: MünchKommGmbHG, § 34 Rn. 30; *Görner*, in: Rowedder/Schmidt-Leithoff, GmbHG, § 34 Rn. 20 u. 21; *Kersting*, in: Baumbach/Hueck, GmbHG, § 34 Rn. 11; *Sosnitza*, in: Michalski, GmbHG, § 34 Rn. 16.

Aufrechnung oder einer Aufrechnungsvereinbarung zulässig sein, wenn ausreichend freies Vermögen für die Abfindung vorhanden ist.[146] Dem kann allenfalls für den Fall gefolgt werden, dass die Wirksamkeit der Einziehung nicht mit der Zahlung der Abfindung verknüpft ist und sämtliche Maßnahmen (einschließlich der Mitteilung an den Betroffenen) gleichzeitig vorgenommen werden.[147] Auch die teilweise Einziehung eines nicht voll eingezahlten Geschäftsanteils scheidet aus.[148] Wegen vergleichbarer Gefährdung der Kapitalaufbringung ist die Einziehung auch unzulässig, wenn die Einlageforderung bereits fällig gestellt ist und deshalb nicht mit dem Anteil erlöschen würde.[149] Für die Einziehung eigener Anteile, die zuvor auf der Grundlage des § 33 Abs. 3 mit der Rechtsfolge des Erlöschens der Einlageverpflichtung durch Konfusion erworben wurden, ist das Volleinzahlungsgebot ohne Bedeutung.[150]

Bei einem Verstoß gegen § 19 Abs. 2 Satz 1 ist die Einziehung unwirksam und der Einziehungsbeschluss nichtig.[151] Eine Einziehung kann bei nicht voll eingezahlter Einlage nur nach einer entsprechenden Kapitalherabsetzung gem. §§ 58 ff. erfolgen. Denkbar ist, dass andere Gesellschafter die Einlage einzahlen, unter allgemeinen Regeln auch unter Rückgriff auf ihre Kapitalkonten bei der Gesellschaft.[152] Auch kann eine Zwangsabtretung an einen Mitgesellschafter unter den gleichen Voraussetzungen wie die Einziehung vorgesehen werden.[153] 31

F. Verfahren der Einziehung

I. Gesellschafterbeschluss

Sowohl freiwillige als auch zwangsweise Einziehung setzen gem. § 46 Nr. 4 einen Gesellschafterbeschluss voraus. Vorbehaltlich gesellschaftsvertraglicher Regelungen (§ 45 Abs. 2) wird er von den Gesellschaftern mit einfacher Mehrheit (§ 47 Abs. 1) gefasst. 32

Der betroffene Gesellschafter ist nicht vom Stimmrecht ausgeschlossen.[154] Ein Stimmrechtsausschluss kann sich aber aus der Einziehungsklausel ergeben, wenn z.B. eine Einziehung unabhängig von den Beteiligungsverhältnissen in jedem Fall möglich sein soll.[155] Zudem kann ein Stimmrechtsausschluss unter dem Gesichtspunkt des Richtens in eigener Sache analog § 47 Abs. 4 Satz 1 bei einer Einziehung aus wichtigem oder sonstigem Grund in der Person des betroffenen Gesellschafters bestehen.[156] Der Stimmrechtsausschluss gilt auch für Mitgesellschafter, wenn ein wichtiger Grund aufgrund desselben Sachverhalts auch bei ihnen vorliegt.[157] Fehlt es an einem sachlichen 33

146 *H.P. Westermann*, in: Scholz, GmbHG, § 34 Rn. 52 f.; *Strohn*, in: MünchKommGmbHG, § 34 Rn. 30; *Görner*, in: Rowedder/Schmidt-Leithoff, GmbHG, § 34 Rn. 20 u. 21; a.A. (unzulässig) *Kersting*, in: Baumbach/Hueck, GmbHG, § 34 Rn. 11; *Sosnitza*, in: Michalski, GmbHG, § 34 Rn. 16.

147 Vgl. dazu *Wehrstedt/Füssenich*, GmbHR 2006, 698, 700.

148 *Kersting*, in: Baumbach/Hueck, GmbHG, § 34 Rn. 11; *H.P. Westermann*, in: Scholz, GmbHG, § 34 Rn. 52; *Strohn*, in: MünchKommGmbHG, § 34 Rn. 30.

149 *Strohn*, in: MünchKommGmbHG, § 34 Rn. 30.

150 So *Kersting*, in: Baumbach/Hueck, GmbHG, § 34 Rn. 13; a.A. auf der Grundlage der Annahme des Fortbestehens der Einlageverpflichtung und wegen der Haftung nach §§ 16 Abs. 2, 22, 24, die durch die Einziehung erlöschen würde, *Altmeppen*, in: Roth/Altmeppen, GmbHG, § 34 Rn. 12.

151 *Altmeppen*, in: Roth/Altmeppen, GmbHG, § 34 Rn. 12; *Strohn*, in: MünchKommGmbHG, § 34 Rn. 30.

152 *H.P. Westermann*, in: Scholz, GmbHG, § 34 Rn. 52 f.; *Strohn*, in: MünchKommGmbHG, § 34 Rn. 30.

153 *Wehrstedt/Füssenich*, GmbHR 2006, 698, 701 f.; *Strohn*, in: MünchKommGmbHG, § 34 Rn. 30.

154 Im Grundsatz ganz herrschende Ansicht: vgl. *Strohn*, in: MünchKommGmbHG, § 34 Rn. 19; *Kersting*, in: Baumbach/Hueck, GmbHG, § 34 Rn. 14; *Altmeppen*, in: Roth/Altmeppen, GmbHG, § 34 Rn. 64. Offen gelassen von BGH, WM 1977, 192, 193.

155 BGH, WM 1977, 192, 193; vgl. aber auch OLG Celle, NZG 1998, 29, 30 f.

156 BGH, NJW-RR 1990, 530, 531; vgl. auch BGH, NJW 1953, 780, 784 zur Ausschließung; OLG Celle, NZG 1998, 29, 30 f.; *Kersting*, in: Baumbach/Hueck, GmbHG, § 34 Rn. 14; *Strohn*, in: MünchKommGmbHG, § 34 Rn. 20; *H.P. Westermann*, in: Scholz, GmbHG, § 34 Rn. 43.

157 OLG Düsseldorf, GmbHR 2000, 1050, 1055; vgl. auch BGH, NJW-RR 1990, 530, 531; *Strohn*, in: MünchKommGmbHG, § 34 Rn. 20.

Zusammenhang, ist der Mitgesellschafter aufgrund eines solchen gegen ihn gerichteten, inhaltlich eigenständigen Einziehungsverfahrens nicht vom Stimmrecht ausgeschlossen. Ob formal getrennte Beschlüsse gefasst werden, ist nicht ausschlaggebend.[158] § 47 Abs. 4 Satz 2 greift nicht ein, da es sich bei der Einziehung um einen innergesellschaftlichen Vorgang handelt.[159] Dies gilt auch für die freiwillige Einziehung mit Blick auf die Abfindung,[160] da die Abfindungshöhe gesetzlich oder gesellschaftsvertraglich vorgegeben ist.[161] Der Gefahr der Selbstbedienung ist im Einzelfall mit dem Einwand des Rechtsmissbrauchs zu begegnen.[162] Ein Stimmrechtsausschluss lässt das Teilnahme- und Äußerungsrecht für die Gesellschafterversammlung unberührt.[163] Vor der Beschlussfassung über eine Zwangseinziehung aus wichtigem oder sonstigem Grund muss dem betreffenden Gesellschafter Gelegenheit zur Stellungnahme gegeben werden.[164]

34 Die Gesellschafter sind in ihrer Entscheidung grds. frei.[165] In Ausnahmefällen können sie aufgrund ihrer Treuepflicht verpflichtet sein, einer Einziehung von Anteilen eines Gesellschafters zuzustimmen, wenn der Verbleib des betroffenen Gesellschafters in der Gesellschaft dieser objektiv und eindeutig einen erheblichen Schaden zufügen wird und keine Besserung in Sicht ist, insb. wenn die Existenz der Gesellschaft objektiv gefährdet ist.[166] Bei ablehnender missbräuchlicher Stimmabgabe ist der Beschluss anfechtbar.[167] Zudem kommt eine positive Beschlussfeststellungsklage in Betracht.[168]

35 Inhaltlich muss der Beschluss eindeutig erkennen lassen, dass die Einziehung und nicht die Erhebung der Ausschlussklage gewollt ist; andernfalls soll er nichtig sein.[169] Eine Auslegung ist aber möglich, auch wenn der Begriff der Einziehung nicht erwähnt wird.[170] Die Abfindung muss im Beschluss nur festgesetzt werden, wenn der Gesellschaftsvertrag dies vorsieht.[171] Die Beurteilung der Fehlerhaftigkeit des Gesellschafterbeschlusses richtet sich nach allgemeinen Grundsätzen.[172] Liegen zugrunde gelegte Einziehungsgründe tatsächlich nicht vor, ist der Beschluss nur anfechtbar.[173]

36 Der Gesellschaftsvertrag kann abweichende Regeln vorsehen, insb. die Zuständigkeit eines anderen, auch fakultativen Organs,[174] abweichende Mehrheitserfordernisse oder den Ausschluss des

---

158 A.A. *v. Stetten*, GmbHR 1982, 105, 107 zur Ausschließung.

159 Vgl. auch *Wicke*, GmbHG, § 47 Rn. 19; *Strohn*, in: MünchKommGmbHG, § 34 Rn. 19.

160 So aber zur freiwilligen Einziehung gegen Abfindung aufgrund eines Vergleichs mit dem Erwerb eigener Anteile *Ulmer/Habersack*, in: Ulmer/Habersack/Löbbe, GmbHG, § 34 Rn. 51; wohl auch *Kersting*, in: Baumbach/Hueck, GmbHG, § 34 Rn. 14.

161 Darin besteht ein Unterschied zur Rechtslage beim Erwerb eigener Anteile.

162 *H.P. Westermann*, in: Scholz, GmbHG, § 34 Rn. 43; *Strohn*, in: MünchKommGmbHG, § 34 Rn. 19.

163 BGH, DStR 1997, 1257, 1259; OLG München, GmbHR 1998, 332, 333; *Kersting*, in: Baumbach/Hueck, GmbHG, § 34 Rn. 14.

164 *Goette*, DStR 1997, 1257, 1259 mit Verweis auf den BGH; *Gehrlein*, ZIP 1996, 1157, 1159 f.; *Lutter/Kleindiek*, in: Lutter/Hommelhoff, GmbHG, § 34 Rn. 43.

165 *H.P. Westermann*, in: Scholz, GmbHG, § 34 Rn. 44.

166 Weitergehend *H.P. Westermann*, in: Scholz, GmbHG, § 34 Rn. 44: wenn Verbleib der Gesellschaft objektiv und eindeutig zum Schaden gereicht; zu weitgehend *Lutter/Kleindiek*, in: Lutter/Hommelhoff, GmbHG, § 34 Rn. 43: wenn keine überwiegenden Gründe für den Verbleib sprechen.

167 Vgl. BGH, WM 1990, 677, 678; *Lutter/Kleindiek*, in: Lutter/Hommelhoff, GmbHG, § 34 Rn. 43.

168 *Lutter/Kleindiek*, in: Lutter/Hommelhoff, GmbHG, § 34 Rn. 43.

169 OLG Hamm, GmbHR 1995, 736, 738; *Kersting*, in: Baumbach/Hueck, GmbHG, § 34 Rn. 14.

170 BGH, GmbHR 1995, 377, 377: »Beendigung« als Einziehung, wenn Ausschluss nur durch Klage möglich.

171 BGH, GmbHR 1995, 377, 377; *Kersting*, in: Baumbach/Hueck, GmbHG, § 34 Rn. 14.

172 *Kersting*, in: Baumbach/Hueck, GmbHG, § 34 Rn. 15.

173 OLG München, GmbHR 1992, 808, 808; *Altmeppen*, in: Roth/Altmeppen, GmbHG, § 34 Rn. 66; *Kersting*, in: Baumbach/Hueck, GmbHG, § 34 Rn. 15.

174 LG Heilbronn, GmbHR 1994, 322, 323; *Kersting*, in: Baumbach/Hueck, GmbHG, § 34 Rn. 14; a.A. für den Geschäftsführer: *Görner*, in: Rowedder/Schmidt-Leithoff, GmbHG, § 34 Rn. 14. Für die Möglichkeit der Übertragung auf gesellschaftsfremde Dritte z.B. *Sosnitza*, in: Michalski, GmbHG, § 34 Rn. 101; dagegen *Ulmer/Habersack*, in: Ulmer/Habersack/Löbbe, GmbHG, § 34 Rn. 115.

Betroffenen vom Stimmrecht in anderen Fällen.[175] Eine Einziehung allein kraft Erfüllung der im Gesellschaftsvertrag niedergelegten Voraussetzungen ohne Gesellschafterbeschluss ist nach wohl überwiegender Ansicht nicht möglich. Die Abhängigkeit der Zulässigkeit von der Volleinzahlung des Anteils und des Vorhandenseins ausreichend freien Vermögens für eine Abfindung, die Rechtsnatur des einseitigen Gestaltungsaktes und die Gefahr der Entstehung einer gesellschafterlosen bzw. auch anteilslosen Gesellschaft würden dagegen sprechen.[176] Teilweise wird die Zulässigkeit der automatischen »statutarischen Einziehung« mit Einschränkungen bejaht.[177] Erwogen wird sie insb. zur Verhinderung des Anfalls der Anteile eines Erblassers an die Erben[178] sowie zur automatischen Synchronisation der Gesellschafterstellung insb. bei der GmbH & Co. KG.[179] Jedenfalls für die Praxis wird aus Gründen der Rechtssicherheit und erwartbarer Beanstandungen durch Registergerichte von entsprechenden Klauseln abgeraten.[180]

II. Mitteilung an den Anteilsberechtigten

37 Mit der Mitteilung an den Anteilsberechtigten wird die beschlossene Einziehung wirksam und unwiderruflich.[181] Die Mitteilung ist eine einseitige formlose empfangsbedürftige Willenserklärung.[182] Sie muss nicht im unmittelbaren Nachgang zur Fassung des Gesellschafterbeschlusses erklärt werden. Die Gesellschaft kann die konkrete Herbeiführung der Einziehungsfolgen über den Zeitpunkt der Mitteilung steuern. Dies kann z.B. mit Blick auf die Voraussetzungen des Abs. 3 von Bedeutung sein. Entsprechend muss auch im Fall der Anwesenheit des betroffenen Anteilsberechtigten bei der Beschlussfassung über die Einziehung zwischen dem Einziehungsbeschluss und der Mitteilung unterschieden werden.[183] Die Mitteilung ist deshalb auch hier nicht entbehrlich, sondern allenfalls konkludent in der Feststellung des Beschlusses durch den Versammlungsleiter mit enthalten, wenn der Beschluss nichts Gegenteiliges zum Ausdruck bringt, etwa durch die Bestimmung, dass die Mitteilung gesondert erfolgen soll.[184] Entbehrlich ist die Mitteilung dagegen im Fall der Einziehung eigener Anteile.[185]

38 Zuständig ist nach herrschender Meinung im Grundsatz die Gesellschafterversammlung. Allerdings werden die Geschäftsführer i.d.R. als ermächtigt angesehen, die Mitteilung vorzunehmen, wenn die Gesellschafter nichts anderes bestimmen und der Anteilsberechtigte bei der Beschlussfassung

---

175 Vgl. BGH, WM 1977, 192, 193; *Strohn*, in: MünchKommGmbHG, § 34 Rn. 19. Zur Ermittlung im Wege der Auslegung vgl. OLG Celle, NZG 1998, 29, 30: bloße Möglichkeit der Einziehung ohne Zustimmung reicht nicht; *Käppler*, ZGR 1978, 542, 548: Regelmäßig Stimmrechtsausschluss der Erben-Gesellschafter bei Möglichkeit der Einziehung nach Tod des Erblassers.

176 Vgl. *Kersting*, in: Baumbach/Hueck, GmbHG, § 34 Rn. 17; *Ulmer/Habersack*, in: Ulmer/Habersack/Löbbe, GmbHG, § 34 Rn. 116 ff.; kritisch auch *H.P. Westermann*, in: Scholz, GmbHG, § 34 Rn. 49 f.

177 Vgl. OLG Hamm, GmbHR 1988, 308, 309; *Sosnitza*, in: Michalski, GmbHG, § 34 Rn. 97: so ausnahmsweise bei zulässiger unentgeltlicher Einziehung oder wenn Mitgesellschafter im Gesellschaftsvertrag eine persönliche Zahlungsverpflichtung für den Fall nicht ausreichenden Gesellschaftsvermögens übernehmen und an eindeutige, offenkundige Umstände, also insb. nicht an einen »wichtigen Grund« angeknüpft wird; ähnlich *Kort*, in: MünchHdbGesR, Bd. 3, § 28 Rn. 14.

178 *H.P. Westermann*, in: Scholz, GmbHG, § 34 Rn. 49.

179 *Sosnitza*, in: Michalski, GmbHG, § 34 Rn. 96.

180 *Sosnitza*, in: Michalski, GmbHG, § 34 Rn. 97; *H.P. Westermann*, in: Scholz, GmbHG, § 34 Rn. 50.

181 *Lutter/Kleindiek*, in: Lutter/Hommelhoff, GmbHG, § 34 Rn. 24; vgl. auch BFH, GmbHR 2008, 1232, 1232.

182 *Sosnitza*, in: Michalski, GmbHG, § 34 Rn. 111.

183 Unklar OLG Dresden, NZG 2016, 385, 385 f.; Ohne diese Differenzierung und wohl a.A. *Kersting*, in: Baumbach/Hueck, GmbHG, § 34 Rn. 16; *Altmeppen*, in: Roth/Altmeppen, GmbHG, § 34 Rn. 71; *Sosnitza*, in: Michalski, GmbHG, § 34 Rn. 111 u. 114; *H.P. Westermann*, in: Scholz, GmbHG, § 34 Rn. 46.

184 So überzeugend *Strohn*, in: MünchKommGmbHG, § 34 Rn. 36.

185 *Strohn*, in: MünchKommGmbHG, § 34 Rn. 88.

nicht anwesend ist.[186] Eine Mitteilung ohne entsprechenden Einziehungsbeschluss entfaltet keine Wirkung.[187] Wird später ein Einziehungsbeschluss gefasst, muss die Mitteilung nachgeholt werden.

III. Sachliche und zeitliche Ausübungsgrenzen

39 Grds. bestehen keine zeitlichen Grenzen, etwa analog § 626 Abs. 2 BGB, für die Geltendmachung eines Einziehungsgrundes durch Beschluss oder – nach Beschlussfassung – durch die Mitteilung.[188] Aus Sinn und Zweck des Einziehungsgrundes können sich aber Schranken ergeben. So soll eine Einziehung wegen einer Zwangsvollstreckung in den Anteil oder wegen einer Insolvenz des Gesellschafters nach der Anteilsverwertung ausgeschlossen sein.[189] Eine Einziehung erst nach bereits 4-jähriger Laufzeit eines Insolvenzverfahrens wurde als unzulässig angesehen, da wesentlich früher feststand, ob es sich auf die Gesellschaft auswirkt.[190] Das Einziehungsrecht kann verwirkt werden.[191] Bloßer Zeitablauf allein reicht insoweit aber nicht.[192] Zudem darf keine unangemessen lange Schwebelage entstehen, die letztlich auf einen unzulässigen Ausschluss nach freiem Ermessen hinausläuft.[193]

40 Sachliche Schranken für die Ausübung eines Einziehungsrechts können sich aus dem Gleichbehandlungsgrundsatz und der Treuepflicht ergeben.[194] Möglich ist, dass Einziehungsklauseln durch tatsächliche Entwicklungen überholt werden; sie sind dann entsprechend zurückhaltend anzuwenden.[195] Ein schwerwiegendes Fehlverhalten eines Mitgesellschafters dagegen führt »nur« zur Missbräuchlichkeit und damit Ungültigkeit seiner Stimmrechtsausübung und berührt die Einziehung nur, wenn dessen Stimme ausschlaggebend war.[196] Der *ultima ratio*-Gedanke sollte wegen der vertraglichen Grundlage der Einziehung nur restriktiv herangezogen werden.[197] Einschränkungen aus der Treuepflicht können sich bspw. ergeben, wenn der Gesellschaftsvertrag die Einziehung bei Pfändung des Geschäftsanteils vorsieht und die Einziehung wegen einer Pfändung der Gesellschaft selbst im Wege (nur) der Sicherungsvollstreckung gem. § 720a ZPO aufgrund eines noch nicht rechtskräftigen Titels wegen einer zwischen den Beteiligten strittigen Forderung erfolgt.[198] Bei einem Verstoß gegen den Gleichbehandlungsgrundsatz oder die Treuepflicht ist der Einziehungsbeschluss anfechtbar.[199]

---

186 *Kersting*, in: Baumbach/Hueck, GmbHG, § 34 Rn. 16; zur Begründung vgl. *Altmeppen*, in: Roth/Altmeppen, GmbHG, § 34 Rn. 71; *Strohn*, in: MünchKommGmbHG, § 34 Rn. 35; *H.P. Westermann*, in: Scholz, GmbHG, § 34 Rn. 46; a.A. (Zuständigkeit der Geschäftsführer): *Lutter/Kleindiek*, in: Lutter/Hommelhoff, GmbHG, § 34 Rn. 24; *Sieger/Mertens*, ZIP 1996, 1493, 1494.

187 *Altmeppen*, in: Roth/Altmeppen, GmbHG, § 34 Rn. 71; *Kersting*, in: Baumbach/Hueck, GmbHG, § 34 Rn. 16.

188 OLG Frankfurt am Main, NZG 1998, 595, 596 f.; *Sosnitza*, in: Michalski, GmbHG, § 34 Rn. 108.

189 OLG Frankfurt am Main, NZG 1998, 595, 596; *Sosnitza*, in: Michalski, GmbHG, § 34 Rn. 108.

190 OLG Düsseldorf, GmbHR 2008, 262, 263; *Sosnitza*, in: Michalski, GmbHG, § 34 Rn. 108.

191 BGH, GmbHR 1977, 81, 82; OLG Celle, NZG 1999, 167, 168 f.; vgl. auch OLG München, GmbHR 1998, 332, 334; *Sosnitza*, in: Michalski, GmbHG, § 34 Rn. 109.

192 Vgl. OLG Frankfurt am Main, NZG 1998, 595, 596 ff.

193 *Kersting*, in: Baumbach/Hueck, GmbHG, § 34 Rn. 10.

194 *H.P. Westermann*, in: Scholz, GmbHG, § 34 Rn. 44, der den Gleichbehandlungsgrundsatz wegen der Maßgeblichkeit des Einzelfalls für praktisch eher irrelevant hält; *Sosnitza*, in: Michalski, GmbHG, § 34 Rn. 109.

195 *H.P. Westermann*, in: Scholz, GmbHG, § 34 Rn. 45 zu Einziehungsklauseln zur Erhaltung der engen Verbundenheit der Gesellschafter, wenn der Gesellschafterkreis grundlegend verändert wurde.

196 BGH, GmbHR 1990, 162, 163; vgl. auch OLG München, GmbHR 1994, 251, 252; *Sosnitza*, in: Michalski, GmbHG, § 34 Rn. 110; vgl. aber auch OLG Brandenburg, Urt. v. 30.11.2010 – 6 U 124/09, juris Rn. 44 zur Einziehung zwecks Ausschließung.

197 *H.P. Westermann*, in: Scholz, GmbHG, § 34 Rn. 45; vgl. aber zur Abberufung als milderes Mittel OLG Rostock, NZG 2002, 294 ff.; *Lutter*, GmbHR 1997, 1134, 1135; *Kersting*, in: Baumbach/Hueck, GmbHG, § 34 Rn. 10; *Strohn*, in: MünchKommGmbHG, § 34 Rn. 43.

198 BGH, NZG 2020, 460 ff.

199 *Kersting*, in: Baumbach/Hueck, GmbHG, § 34 Rn. 15; *Strohn*, in: MünchKommGmbHG, § 34 Rn. 83.

IV. Rechtsschutz

Gegen eine Zwangseinziehung kann sich der betroffene Anteilsinhaber im Wege der Anfechtungs- oder Nichtigkeitsklage bezogen auf den Einziehungsbeschluss wehren.[200] Die sofortige Wirksamkeit der erklärten Einziehung steht dem nicht entgegen, da für die Wahrnehmung der Rechte gegen den Einziehungsbeschluss selbst von der weiteren Rechtsinhaberschaft auszugehen ist.[201] Dies gilt auch dann, wenn schon vor der Erhebung der Anfechtungsklage eine von der Gesellschaft eingereichte geänderte Gesellschafterliste, in der der betroffene Gesellschafter nicht mehr eingetragen ist, im Handelsregister aufgenommen worden ist.[202] Im Fall der Anteilsübertragung, die noch nicht in der Gesellschafterliste nachvollzogen wurde (§ 16), muss der Erwerber zunächst seine Eintragung in die Gesellschafterliste erwirken, um klagebefugt zu sein und gegen die noch gegen den Veräußerer gerichtete Einziehung vorzugehen.[203] Auch Mitgesellschafter des Anteilsberechtigten können Klage gegen einen Einziehungsbeschluss erheben, da sich die Vernichtung von Geschäftsanteilen auf die Beteiligungsverhältnisse auswirkt.[204] Auch Mängel des Beschlusses zur Herbeiführung einer freiwilligen Einziehung können und müssen entsprechend geltend gemacht werden. 41

Soweit es nicht um Mängel des Beschlusses, sondern der Beschlussdurchführung geht, steht dem Anteilsberechtigten die Feststellungsklage zur Verfügung.[205] Dazu zählt auch das Fehlen der Mitteilung oder ein Verstoß gegen Abs. 3.[206] Mit Blick auf die Abfindung steht die Leistungsklage zur Verfügung, die ggf. eine Feststellungsklage verdrängt.[207] 42

Nach herrschender Meinung greifen bei erfolgreicher Anfechtungs- oder Nichtigkeitsklage für den Rückwirkungszeitraum die Grundsätze der fehlerhaften Gesellschaft ein, d.h. die Einziehung bleibt für die Vergangenheit wirksam und der (ehemals) Anteilsberechtigte hat einen Anspruch auf Aufnahme in die Gesellschaft.[208] Ggf. kommt einstweiliger Rechtsschutz in Betracht.[209] Die Einreichung einer bestimmten Gesellschafterliste im Wege einstweiligen Rechtsschutzes soll mangels unzweifelhafter Klärbarkeit im einstweiligen Rechtsschutzverfahren nicht in Betracht kommen.[210] Ein Bedürfnis dafür besteht allerdings insoweit nicht, als die Einziehung nicht in der Gesellschafterliste nach § 16 nachvollzogen wurde und der Anteilsberechtigte weiterhin an der Willensbildung teilnehmen kann.[211] Im Prozess können wichtige Gründe nachgeschoben werden.[212] Sind die Voraussetzungen der Einziehung von dem die Einziehung betreibenden Gesellschafter in sittenwidriger Weise herbeigeführt worden, soll der Betroffene die Anfechtbarkeit auch nach Ablauf der Anfechtungsfrist einredeweise geltend machen können, jedenfalls wenn die Einziehung noch nicht wirksam geworden ist und Interessen Dritter, insb. von Mitgesellschaftern, nicht entgegenstehen.[213] 43

200 *Strohn*, in: MünchKommGmbHG, § 34 Rn. 83 f.; *Lutter/Kleindiek*, in: Lutter/Hommelhoff, GmbHG, § 34 Rn. 51; vgl. aber OLG Schleswig, NZG 2000, 703, 704 zu einer negativen Feststellungsklage über Unwirksamkeit des Beschlusses. Zum Streitwert eines entsprechenden Klageantrags vgl. BGH, NZG 2009, 518, 519.

201 BGH, GmbHR 2012, 387, 390.

202 BGH, Beschluss vom 29.01.2019 – II ZR 234/18, juris.

203 OLG Hamm, GmbHR 1993, 660, 661; vgl. auch *Goette*, DStR 1993, 1032, 1033 mit Hinweis auf den BGH; *Strohn*, in: MünchKommGmbHG, § 34 Rn. 83 f.

204 *Strohn*, in: MünchKommGmbHG, § 34 Rn. 83.

205 *H.P. Westermann*, in: Scholz, GmbHG, § 34 Rn. 48.

206 *Sosnitza*, in: Michalski, GmbHG, § 34 Rn. 84.

207 *H.P. Westermann*, in: Scholz, GmbHG, § 34 Rn. 48.

208 *Sosnitza*, in: Michalski, GmbHG, § 34 Rn. 82; *Strohn*, in: MünchKommGmbHG, § 34 Rn. 86; *Niemeier*, ZGR 1990, 314, 342 f.; a.A. *Kort*, in: MünchHdbGesR, Bd. 3, § 28 Rn. 15 f.

209 *Strohn*, in: MünchKommGmbHG, § 34 Rn. 86; *Niemeier*, ZGR 1990, 314, 355; vgl. auch OLG Hamm, NJW-RR 2001, 105, 106 f.

210 KG Berlin, GmbHR 2016, 416, 416.

211 *Strohn*, in: MünchKommGmbHG, § 34 Rn. 86.

212 OLG Nürnberg, GmbHR 2001, 108 f.; *H.P. Westermann*, in: Scholz, GmbHG, § 34 Rn. 44.

213 BGHZ 101, 113, 116 ff.; *Lorenz*, DStR 1996, 1774, 1777 f.; *Strohn*, in: MünchKommGmbHG, § 34 Rn. 83; kritisch *K. Schmidt*, JZ 1987, 1083 f.

G. Wirkungen der Einziehung

I. Geschäftsanteil und mitgliedschaftliche Rechte und Pflichten

44 Mit Wirksamwerden der Einziehung geht der von der Einziehung erfasste Geschäftsanteil unter.[214] Die Mitgliedschaft des Gesellschafters als solche endet, wenn sämtliche von ihm gehaltenen Geschäftsanteile eingezogen wurden. Aus dem Geschäftsanteil können keine konkreten Rechte und Pflichten mehr erwachsen.[215] Bereits entstandene und verselbstständigte konkrete Rechte und Pflichten bleiben bestehen,[216] insb. fällig gewordene Einzelansprüche des Gesellschafters oder der Gesellschaft wie Ansprüche auf Gewinn, Nebenleistungen oder Nachschüsse.[217] I.Ü. wird eine zuvor erfolgte Vorausabtretung wirkungslos.[218] Der Gewinnanteil für das abgelaufene Geschäftsjahr geht ersatzlos unter, wenn die Einziehung vor der Beschlussfassung über die Gewinnverwendung wirksam wird.[219] Vor dem Hintergrund, dass die Abfindungshöhe durch die Gewinnverwendung beeinflusst werden kann, kann der betroffene Anteilsberechtigte im Fall der Verzögerung der Beschlussfassung über die Gewinnverwendung verlangen, so gestellt zu werden, wie er bei rechtzeitiger Beschlussfassung gestanden hätte.[220]

45 Mit dem Geschäftsanteil gehen auch die an ihm bestehenden Rechte Dritter unter, soweit nicht wie bei Nießbrauch und Pfandrecht eine dingliche Surrogation durch die Abfindung stattfindet.[221] Die Erfüllung schuldrechtlicher Verschaffungsansprüche wird unmöglich. Dies kann insb. einen Anspruch aus § 285 BGB auf die Abfindung nach sich ziehen.[222] Scheidet der Gesellschafter infolge der Einziehung aus, bleiben zwar im Außenverhältnis für die Gesellschaft übernommene Bürgschaftsverbindlichkeiten bestehen, jedoch scheidet mangels abweichender Abreden ein Rückgriff der verbleibenden Gesellschafter gegen den Ausgeschiedenen aus.[223]

II. Stammkapital, Übereinstimmung mit Summe der Nennbeträge

46 Die Vernichtung des eingezogenen Geschäftsanteils lässt das Stammkapital und insb. die Stammkapitalziffer unverändert.[224] Die Einziehung führt nach vorzugswürdiger überwiegender Ansicht ohne weitere Maßnahmen zum Auseinanderfallen von Stammkapitalziffer und Summe der Nennbeträge aller Geschäftsanteile.[225] Der Ansicht, die Einziehung führe *ipso iure* zur entsprechenden Erhöhung der Nennbeträge der restlichen Geschäftsanteile,[226] kann nicht gefolgt werden. Dies würde zwar die faktischen Folgen der Vernichtung des Geschäftsanteils für die Beteiligungsverhältnisse widerspiegeln, würde aber den Gestaltungsspielraum missachten, den die GmbH als Kapitalgesellschaft

214 BGH, NJW 1953, 780, 782; BGHZ 139, 299, 302; OLG Dresden, NZG 2016, 385, 385 f.; *Strohn*, in: MünchKommGmbHG, § 34 Rn. 59; a.A. *Meyer*, NZG 2009, 1201, 1202.

215 *Strohn*, in: MünchKommGmbHG, § 34 Rn. 59.

216 Vgl. BGHZ 139, 299, 302; *Strohn*, in: MünchKommGmbHG, § 34 Rn. 60.

217 *Kersting*, in: Baumbach/Hueck, GmbHG, § 34 Rn. 19.

218 *Kersting*, in: Baumbach/Hueck, GmbHG, § 34 Rn. 19.

219 BGH, NZG 1998, 985 ff.; *Gehrlein*, DB 1998, 2355, 2356; *Kersting*, in: Baumbach/Hueck, GmbHG, § 34 Rn. 19; a.A. *Salje*, NZG 1998, 985, 986: Anwartschaftsrecht.

220 *Strohn*, in: MünchKommGmbHG, § 34 Rn. 60; vgl. zum Stichtag für die Ermittlung der Abfindungshöhe allgemein *Strohn*, in: MünchKommGmbHG, § 34 Rn. 215.

221 *Sosnitza*, in: Michalski, GmbHG, § 34 Rn. 118; vgl. BGHZ 104, 351, 354.

222 Vgl. auch *Sosnitza*, in: Michalski, GmbHG, § 34 Rn. 118 zum Schadensersatz nach § 281 BGB.

223 So zum Ausschluss OLG Brandenburg, GWR 2009, 60, 60 mit Verweis auf BGH, NJW-RR 1989, 685.

224 BGH, NJW 1953, 780, 782; BayObLG, NJW-RR 1992, 736, 737; OLG Düsseldorf, Urt. v. 07.02.2007 – I-15 U 130/06, juris Rn. 24; *Strohn*, in: MünchKommGmbHG, § 34 Rn. 64; *Kersting*, in: Baumbach/Hueck, GmbHG, § 34 Rn. 20 und 17a.

225 BayObLG, NJW-RR 1992, 736, 737 mit Verweis auf BGH, MDR 1988, 1032, 1032; *H.P. Westermann*, in: Scholz, GmbHG, § 34 Rn. 62; *Strohn*, in: MünchKommGmbHG, § 34 Rn. 65; *Sosnitza*, in: Michalski, GmbHG, § 34 Rn. 119.

226 OLG Düsseldorf, Urt. v. 07.02.2007 – I-15 U 130/06, juris Rn. 24; *Lutter/Kleindiek*, in: Lutter/Hommelhoff, GmbHG, § 34 Rn. 2 und 3; *Lutter*, GmbHR 2010, 1177, 1179.

und die damit verbundene Verknüpfung der Anteilsverhältnisse mit dem fixen Stammkapital bietet. Insb. kann die Divergenz auch durch Kapitalherabsetzung oder die Neubildung eines Geschäftsanteils aufgelöst werden. Insoweit hat der von der überwiegenden Meinung ebenfalls mit einfacher Mehrheit zugelassene Beschluss der Anpassung der Stammkapitalziffer[227] entgegen dieser Ansicht nicht nur bloße Dokumentationsfunktion.[228] Folgte man dem »Anwachsungsmodell«, würde der Gestaltungsspielraum auch dadurch eingeschränkt, dass die Neubildung eines Geschäftsanteils nur noch durch Teilabtretung und Zusammenlegung und deshalb nur mit Zustimmung aller Gesellschafter möglich wäre.[229] Richtigerweise ist für die originäre Neubildung eines Geschäftsanteils auf der Grundlage einer zunächst eintretenden Divergenz zwischen Stammkapitalziffer und Summe der Nennbeträge aber ein Gesellschafterbeschluss mit qualifizierter Mehrheit ausreichend.[230] Besonderheiten ergeben sich nur bei disquotaler Aufstockung der Nennbeträge.[231] Eine automatische Anwachsung, die auch bei dem jetzigen Mindestnennbetrag von einem Euro nicht in allen Fällen glatt aufgeht,[232] erfolgt in Personen-, nicht aber in Kapitalgesellschaften. Eine Herabsetzung des Stammkapitals ist nur nach den dafür geltenden Regelungen möglich.[233]

Seit der sprachlichen Anpassung der Begrifflichkeiten in § 5 Abs. 3 Satz 3 a.F (jetzt § 5 Abs. 3 47
Satz 2) durch das MoMiG an die Ersetzung des Begriffs der Stammeinlage durch den des Geschäftsanteils ist streitig, ob § 5 Abs. 3 Satz 2 jetzt auch i.R.d. § 34 ein Auseinanderfallen von Stammkapitalziffer und Summe der Nennbeträge aller Geschäftsanteile verbietet[234] und ein Einziehungsbeschluss anfechtbar[235] oder gar nichtig[236] ist, wenn nicht gleichzeitig Maßnahmen zur Anpassung beider Größen beschlossen werden.[237] Vor MoMiG wurde diese Vorschrift entsprechend ihrer systematischen Stellung sowie gem. § 55 Abs. 4 lediglich auf die Gründung und auf die Kapitalerhöhung, nicht aber auf den Fall der Einziehung bezogen.[238] Das MoMiG hat zwar weder an der systematischen Stellung noch an dem materiellen Gehalt der Vorschrift etwas geändert.[239] Allerdings

227 BGH, MDR 1988, 1032, 1032; BayObLG, NJW-RR 1992, 736, 737; *Sosnitza*, in: Michalski, GmbHG, § 34 Rn. 120; *Kersting*, in: Baumbach/Hueck, GmbHG, § 34 Rn. 20 und 17a.

228 So aber *Lutter*, GmbHR 2010, 1177, 1179.

229 Darauf weist *Lutter/Kleindiek*, in: Lutter/Hommelhoff, GmbHG, § 34 Rn. 9 selbst hin.

230 *Sosnitza*, in: Michalski, GmbHG, § 34 Rn. 121; *Ulmer/Habersack*, in: Ulmer/Habersack/Löbbe, GmbHG, § 34 Rn. 70; *H.P. Westermann*, in: Scholz, GmbHG, § 34 Rn. 70; *Kort*, in: MünchHdbGesR, Bd. 3, § 29 Rn. 42; vgl. auch *Kersting*, in: Baumbach/Hueck, GmbHG, § 34 Rn. 20 und 17a; a.A. (Einstimmigkeit erforderlich) u.a.: *Sieger/Mertens*, ZIP 1996, 1493, 1499; *Müller*, DB 1999, 2045, 2048.

231 *Nolting*, ZIP 2011, 1292, 1294.

232 Darauf weist *Strohn*, in: MünchKommGmbHG, § 34 Rn. 65 zu Recht hin.

233 §§ 58 ff.; vgl. *Kersting*, in: Baumbach/Hueck, GmbHG, § 34 Rn. 20 und 17a.

234 So die seit MoMiG verbreitet vertretene Ansicht: OLG München, Urt. v. 15.11.2011 – 7 U 2413/11, juris Rn. 4; OLG München, Beschl. v. 21.09.2011 – 7 U 2413/11, juris Rn. 3; LG Essen, NZG 2010, 867, 868 f.; *Sosnitza*, in: Michalski, GmbHG, § 34 Rn. 119; *Altmeppen*, in: Roth/Altmeppen, GmbHG, § 34 Rn. 78 ff.; *Meyer*, NZG 2009, 1201, 1202; *Haberstroth*, NZG 2010, 1094, 1095; *Wanner-Laufer*, NJW 2010, 1499, 1501.

235 *Sosnitza*, in: Michalski, GmbHG, § 34 Rn. 122.

236 OLG München, Urt. v. 15.11.2011 – 7 U 2413/11, juris Rn. 4; LG Neubrandenburg, ZIP 2011, 1214, 1214 (dagegen Berufungsinstanz OLG Rostock); LG Essen, NZG 2010, 867, 868 f. Anderer Ansicht OLG Rostock, GmbHR 2013, 752, 753; LG Dortmund, Urt. v. 01.03.2012 – 13 O 47/11, juris Rn. 33, jedenfalls wenn in der Satzung allgemein bereits eine bestimmte Kapitalmaßnahme vorgesehen ist.

237 Teilweise wird auch nur eine Verpflichtung zur Anpassung angenommen: *Strohn*, in: MünchKommGmbHG, § 34 Rn. 65, der allerdings bei Missachtung der Pflicht daran keine Rechtsfolgen knüpfen will; vgl. auch *Wanner-Laufer*, NJW 2010, 1499, 1502, der eine Frist von ca. 1 Jahr für die Anpassung gewähren will; *Altmeppen*, in: Roth/Altmeppen, GmbHG, § 34 Rn. 84 sieht in der »nominellen Anpassung« der Stammeinlagen wohl lediglich eine Berichtigungspflicht des Geschäftsführers i.S.v. § 40 Abs. 1 Satz 1.

238 Vgl. *Strohn*, in: MünchKommGmbHG, § 34 Rn. 65: Auseinanderfallen als »Schönheitsfehler« hingenommen.

239 Vgl. RegE MoMiG, BT-Drucks. 16/6140, S. 29. So auch *Lutter*, GmbHR 2010, 1177, 1178; *Ulmer*, DB 2010, 321, 322.

findet sich in der RegBegr. zum MoMiG die Aussage, § 5 Abs. 3 Satz 2 n.F. gelte mit seiner Anpassung nun auch im weiteren Verlauf der Gesellschaft, namentlich im Fall der Einziehung.[240] Die Abweichung soll danach durch die Verbindung der Einziehung mit einer Kapitalherabsetzung, die Anpassung der Nennbeträge der verbleibenden Geschäftsanteile oder die Neubildung eines neuen Geschäftsanteils verhindert werden.[241] Richtigerweise gilt § 5 Abs. 3 Satz 2 n.F. auch nach MoMiG trotz der Aussage der Gesetzesbegründung nicht außerhalb von Gründung und Kapitalerhöhung und damit auch nicht für die Einziehung, da sich die Aussage im Gesetzestext nicht widerspiegelt und auch mittelbar aus keinen Änderungen im Gesetz abgeleitet werden kann.[242] Jedenfalls ergeben sich keine Auswirkungen auf § 34, sodass der Einziehungsbeschluss weder anfechtbar noch nichtig ist.[243] Indem die Gesetzesbegründung die Verbindung mit einer Kapitalherabsetzung als zulässig ansieht, geht sie zudem selbst von der Zulässigkeit eines vorübergehenden Auseinanderfallens von Stammkapital und Summe der Nennbeträge aus.[244]

48 Der BGH hat sich dieser Ansicht nunmehr angeschlossen und entschieden, dass in einem Auseinanderfallen der Summe der Nennbeträge der verbleibenden Geschäftsanteile und dem Stammkapital weder ein Nichtigkeitsgrund noch ein Anfechtungsgrund zu sehen ist.[245] Der BGH erkennt das Interesse an einem Abwarten und einen späteren Entscheidung durch die Gesellschafter z.B. mit Blick auf einen Anfechtungsprozess (aus anderen Gründen) ausdrücklich an. Die Gesellschafter müssen also nicht zwingend zugleich auch über eine Aufstockung der verbleibenden Geschäftsanteile oder die Schaffung eines neuen Geschäftsanteils beschließen.[246] Auch das Sperrjahr steht einer Kapitalherabsetzung ohne weitere Maßnahmen nicht entgegen.[247] In jedem Fall haben die Geschäftsführer eine neue Gesellschafterliste zum Handelsregister einzureichen, aus der sich der Wegfall des Geschäftsanteils ergibt.[248]

49 Eine Aufstockung der verbleibenden Geschäftsanteile stellt keine Satzungsänderung dar und ist durch einfachen Gesellschafterbeschluss mit einfacher Mehrheit möglich.[249] Die Änderung hat die Vorgaben des § 5 Abs. 2 und 3 zu beachten und ist in der Gesellschafterliste (§ 16) nachzuvollziehen. Die Neubildung eines Geschäftsanteils erfolgt ohne Kapitalerhöhung durch Gesellschafterbeschluss mit einer Dreiviertelmehrheit.[250] Der neue Anteil steht zunächst der Gesellschaft zu, sodass sich wegen des Ruhens der Rechte daraus insoweit zunächst keine Auswirkungen für die Gesellschafter ergeben.[251] Durch eine Veräußerung können die ursprünglichen Quotenverhältnisse der Anteile wieder hergestellt werden. Minderheitsgesellschafter werden über den Gleichbehandlungsgrundsatz und die Treuepflicht geschützt.[252]

240 BR-Drucks. 354/07, S. 69.
241 BR-Drucks. 354/07, S. 69.
242 OLG Rostock, GmbHR 2013, 752, 753; OLG Saarbrücken, GmbHR 2012, 209, 211 (obiter dictum); LG Dortmund, Urt. v. 01.03.2012 – 13 O 47/11, juris Rn. 33. Ebenso *Lutter*, GmbHR 2010, 1177, 1180; *Ulmer*, DB 2010, 321, 323; *Braun*, GmbHR 2010, 82, 83 f.
243 *Lutter*, GmbHR 2010, 1177, 1180; *Ulmer*, DB 2010, 321, 323; *Braun*, GmbHR 2010, 82, 83 f.; ebenso im Ergebnis wohl *Strohn*, in: MünchKommGmbHG, § 34 Rn. 65; *Wicke*, GmbHG, § 34 Rn. 3; *Altmeppen*, in: Roth/Altmeppen, GmbHG, § 34 Rn. 81 ff.; *Wanner-Laufer*, NJW 2010, 1499, 1502.
244 Vgl. *Strohn*, in: MünchKommGmbHG, § 34 Rn. 65.
245 BGH, NZG 2015, 429, 430 f.
246 Ebenso *Kersting*, in: Baumbach/Hueck, GmbHG, § 34 Rn. 17a.
247 Vgl. noch *Strohn*, in: MünchKommGmbHG, § 34 Rn. 67.
248 *Strohn*, in: MünchKommGmbHG, § 34 Rn. 66.
249 Vgl. BGH, NJW 1986, 168, 169; BayObLG, NJW-RR 1992, 736, 737; *Strohn*, in: MünchKommGmbHG, § 34 Rn. 68.
250 *Sosnitza*, in: Michalski, GmbHG, § 34 Rn. 121; *Kersting*, in: Baumbach/Hueck, GmbHG, § 34 Rn. 20; *Ulmer/Habersack*, in: Ulmer/Habersack/Löbbe, GmbHG, § 34 Rn. 70. Für Einstimmigkeit dagegen die bislang wohl dominierende Ansicht: vgl. nur *Sieger/Mertens*, ZIP 1996, 1493, 1499; *Müller*, DB 1999, 2045, 2048; *Priester*, in: FS Kellermann, 1991, S. 337, 358.
251 *Kersting*, in: Baumbach/Hueck, GmbHG, § 34 Rn. 20.
252 *Sosnitza*, in: Michalski, GmbHG, § 34 Rn. 121; a.A. *H.P. Westermann*, in: Scholz, GmbHG, § 34 Rn. 70: Einstimmigkeit erforderlich, wenn Veräußerung unter dem Abfindungsbetrag.

III. Rechtsstellung der Mitgesellschafter

50 Trotz grds. gleich bleibender Nennbeträge der verbleibenden Geschäftsanteile erhöht sich infolge der Einziehung ihre Beteiligungsquote und damit der Umfang sonstiger daran anknüpfender Rechte und Pflichten wie das Stimmrecht (§ 47 Abs. 2), die Gewinnbezugsrechte (§ 29 Abs. 3), die Haftung aus §§ 24, 31 Abs. 3 oder der Anteil am Liquidationserlös (§ 72 Abs. 1). Da die Stammkapitalziffer von der Einziehung unberührt bleibt, ergeben sich dem Wortlaut der an eine Relation zum Stammkapital anknüpfenden Vorschriften wie der Minderheitenrechte gem. §§ 50 Abs. 1, 61 Abs. 2 nach keine Veränderungen. Sinn und Zweck dieser Vorschriften entsprechend ist aber anerkannt, dass entgegen dem Wortlaut auch hier die Relation der Nennbeträge der Geschäftsanteile entscheidend ist.[253] Persönliche Rechte des Inhabers des eingezogenen Anteils wie insb. Nebenleistungspflichten nach § 3 Abs. 2 gehen nicht über.[254] Werden nur einzelne von mehreren Anteilen eines Gesellschafters eingezogen, hat die Einziehung ggf. Auswirkungen auf den Umfang bestehen bleibender Rechte. Mit dem konkreten Anteil verbundene Sonderrechte gehen mit dem Anteil unter.

IV. Bilanzierung, Steuerrecht, Handelsregister

51 Bilanziell ergeben sich wegen des gleich bleibenden Stammkapitals und dessen grundsätzlicher Maßgeblichkeit für das gezeichnete Kapitel (§ 272 Abs. 1 Satz 1 HGB) eigentlich keine Auswirkungen.[255] Nachdem für den bilanziellen Ausweis eigener Anteile seit BilMoG gem. § 272 Abs. 1a HGB generell die Nettomethode gilt, lässt sich allerdings argumentieren, dass diese offene Absetzung des Nennbetrags vom gezeichneten Kapital und die damit verbundene Bilanzverkürzung *erst-recht* auch für den Fall der Einziehung gelten muss.[256] Wirtschaftlich sind die Vorgänge vergleichbar. Der wesentliche Unterschied liegt allein darin, dass der Anteil bei der Einziehung untergeht, während er beim Rückerwerb bestehen bleibt. Würde es zu einer echten Kapitalherabsetzung kommen, stimmte das gezeichnete Kapital wieder mit dem Stammkapital überein. Im Fall der (späteren) Aufstockung der übrigen Anteile müsste aus Gründen des richtigen Ausweises das gezeichnete Kapital wieder an das Stammkapital angeglichen werden, auch wenn sich wirtschaftlich nichts ändert. Im Fall der Bildung eines neuen Geschäftsanteils steht dieser der Gesellschaft ohnehin zunächst als eigener Anteil zu. Im Fall der Einziehung eines eigenen Geschäftsanteils bleibt es ohne Weiteres bei der Absetzung des entsprechenden Nennbetrags vom gezeichneten Kapital, die bereits vorher nach § 272 Abs. 1a HGB erfolgen musste. Der Abfindungsanspruch ist zu passivieren bzw. ggf. ist in entsprechender Höhe eine Rückstellung zu bilden, und zwar jeweils zulasten der freien Rücklagen oder eines Gewinnvortrags (vgl. Abs. 3).[257]

52 Steuerlich ist die Einziehung für den Anteilsberechtigten nach dem BFH wie eine Anteilsveräußerung zu behandeln.[258] Für die Mitgesellschafter und die Gesellschaft ergeben sich grds. keine ertragsteuerlichen Auswirkungen.[259] Eine Abfindung unter Wert kann aus Sicht der Mitgesellschafter schenkungs- bzw. erbschaftsteuerliche Bedeutung haben.[260] Relevanz für das Handelsregister hat die Einziehung nur hinsichtlich der Einreichung einer neuen Gesellschafterliste nach § 16.

---

253 *Ulmer/Habersack*, in: Ulmer/Habersack/Löbbe, GmbHG, § 34 Rn. 66; *Sosnitza*, in: Michalski, GmbHG, § 34 Rn. 127.

254 *Sosnitza*, in: Michalski, GmbHG, § 34 Rn. 127; *Strohn*, in: MünchKommGmbHG, § 34 Rn. 64.

255 Vgl. *Winnefeld*, in: Winnefeld, Bilanz-Handbuch, Kap. M Rn. 763.

256 Vgl. zum alten Recht schon *Winnefeld*, in: Winnefeld, Bilanz-Handbuch, Kap. M Rn. 765.

257 *Strohn*, in: MünchKommGmbHG, § 34 Rn. 79 und 207.

258 BFH, NZG 2008, 919, 920; *Lutter/Kleindiek*, in: Lutter/Hommelhoff, GmbHG, § 34 Rn. 100; *Strohn*, in: MünchKommGmbHG, § 34 Rn. 81. Zur Unzulässigkeit einer Rückstellung bei der Gesellschaft Hessisches FG, EFG 2004, 1005 f.; a.A. *Peetz*, GmbHR 2000, 749, 756: Teilliquidation analog § 17 Abs. 4 EStG mit der Folge von Einnahmen nach § 20 Abs. 1 Nr. 2 EStG für den Anteilsberechtigten.

259 BFH, GmbHR 1993, 380, 382. S. aber auch zu verdeckten Gewinnausschüttungen *Peetz*, GmbHR 2000, 749, 754.

260 *Strohn*, in: MünchKommGmbHG, § 34 Rn. 82. Zum Verhältnis von verdeckter Einlage zur Schenkung vgl. BFH, DStR 2016, 743.

H. Sonderfälle

53 Nicht möglich ist die Einziehung, wenn eine konkrete Einziehung auf den letzten Geschäftsanteil bezogen ist. Eine anteilslose GmbH widerspricht dem Wesen der GmbH.[261] Deshalb ist die Einziehung sämtlicher Geschäftsanteile bzw. des letzten Geschäftsanteils der Gesellschaft wegen des Fortbestands der Gesellschaft ausgeschlossen und ein entsprechender Einziehungsbeschluss analog § 241 Nr. 3 AktG nichtig.[262] Dem letztverbliebenen Gesellschafter bleibt insoweit der Weg der Auflösung nach § 60 Abs. 1 Nr. 2.[263]

54 Möglich ist die Einziehung eines Teils eines Geschäftsanteils (Teileinziehung).[264] Voraussetzung ist, dass der Anteil insgesamt voll eingezahlt ist.[265] Eine besondere gesellschaftsvertragliche Zulassung ist grds. nicht erforderlich. Jedoch kann der Sinn und Zweck eines Einziehungsgrundes einer Teileinziehung – ebenso wie einer Einziehung einzelner von mehreren Anteilen eines Gesellschafters – zum Zwecke der Reduzierung seines Einflusses entgegenstehen.[266]

55 Der Gesellschaftsvertrag kann einem Gesellschafter ein Recht auf Einziehung seiner Anteile oder eines seiner Anteile einräumen.[267] Dieses steht kraft Gesetzes unter dem Vorbehalt des Abs. 3, wenn nicht eine Abfindung ausgeschlossen ist.[268] Es handelt sich um eine freiwillige Einziehung mit dem Verlangen als Zustimmung.[269] Spiegelbildlich zu Abs. 2 wird auch hier eine exakte Regelung der Voraussetzungen des Anspruchs im Gesellschaftsvertrag verlangt.[270]

56 In der Zweipersonengesellschaft wird selbst im Fall des Stimmrechtsausschlusses des betroffenen Anteilsberechtigten ein Gesellschafterbeschluss über die Einziehung für erforderlich gehalten.[271] Im Fall der beiderseitig betriebenen Zwangseinziehung sind Begehren gemeinsam in einer Gesellschafterversammlung zu behandeln, soweit jeweils vorgetragene Gründe gegeneinander abgewogen werden müssen.[272] Die Einziehung wird hier nicht durch die Ausschließungsklage oder die Auflösung (§§ 60 Abs. 1 Nr. 2 oder 61) verdrängt.[273] Beruhen beide Einziehungsbegehren auf demselben Sachverhalt, insb. auf einem Zerwürfnis, kann die Einziehung des einen oder des anderen nur bei ausreichendem Überwiegen eines Verursachungsanteils erfolgreich sein. Ansonsten bleibt nur die

---

261 *Kersting*, in: Baumbach/Hueck, GmbHG, § 34 Rn. 2.

262 *Kersting*, in: Baumbach/Hueck, GmbHG, § 34 Rn. 2; vgl. auch *Ulmer/Habersack*, in: Ulmer/Habersack/Löbbe, GmbHG, § 34 Rn. 28.

263 *Ulmer/Habersack*, in: Ulmer/Habersack/Löbbe, GmbHG, § 34 Rn. 28.

264 *Kersting*, in: Baumbach/Hueck, GmbHG, § 34 Rn. 18; *Strohn*, in: MünchKommGmbHG, § 34 Rn. 90.

265 *Ulmer/Habersack*, in: Ulmer/Habersack/Löbbe, GmbHG, § 34 Rn. 24.

266 Vgl. *H.P. Westermann*, in: Scholz, GmbHG, § 34 Rn. 40; einschränkend dagegen *Strohn*, in: MünchKommGmbHG, § 34 Rn. 91: Gesellschaftsvertrag müsse Teileinziehung vorsehen oder es müssten sonst anerkennenswerte Gründe für eine Teileinziehung vorliegen.

267 *Ulmer/Habersack*, in: Ulmer/Habersack/Löbbe, GmbHG, § 34 Rn. 28. Soweit es um alle Anteile geht, handelt es sich im Ergebnis um ein Austrittsrecht verbunden mit der Einziehung als Lösung für die Zuordnung der Anteile.

268 *Ulmer/Habersack*, in: Ulmer/Habersack/Löbbe, GmbHG, § 34 Rn. 28.

269 *Altmeppen*, in: Roth/Altmeppen, GmbHG, § 34 Rn. 88.

270 *Altmeppen*, in: Roth/Altmeppen, GmbHG, § 34 Rn. 88; *Strohn*, in: MünchKommGmbHG, § 34 Rn. 92. Anders wohl *H.P. Westermann*, in: Scholz, GmbHG, § 34 Rn. 28.

271 OLG München, NJW-RR 1994, 496, 497; OLG Nürnberg, NJW-RR 2001, 403, 404; *Strohn*, in: MünchKommGmbHG, § 34 Rn. 94.

272 OLG München, NJW-RR 1994, 496, 497; *Altmeppen*, in: Roth/Altmeppen, GmbHG, § 34 Rn. 69; *Kersting*, in: Baumbach/Hueck, GmbHG, § 34 Rn. 14. Für einheitliche Beschlussfassung *Strohn*, in: MünchKommGmbHG, § 34 Rn. 94.

273 Für die Zulässigkeit *Kersting*, in: Baumbach/Hueck, GmbHG, § 34 Rn. 14; *Strohn*, in: MünchKommGmbHG, § 34 Rn. 94; kritisch *Altmeppen*, in: Roth/Altmeppen, GmbHG, § 34 Rn. 69: Auflösungsklage näher liegend; a.A. *Wolf*, ZGR 1998, 92, 104: Verweisung der Gesellschafter auf Ausschließungsklage; vgl. auch BGH, NJW 1999, 3779, 3780; OLG München, NJW-RR 1994, 496, 497.

Auflösung.[274] Die Betreibung der Einziehung durch einen Gesellschafter kann rechtsmissbräuchlich sein, wenn dieser selbst einen, wenn auch anderen Einziehungsgrund verwirklicht hat.[275]

Im Fall der Mitberechtigung mehrerer an einem Anteil (§ 18) setzt die freiwillige Einziehung die Zu- 57
stimmung sämtlicher Mitberechtigter voraus.[276] Ob bei der Zwangseinziehung der Einziehungsgrund für alle oder nur einen Mitberechtigten vorliegen muss, ist durch Auslegung des Gesellschaftsvertrags zu ermitteln, wobei regelmäßig die Verwirklichung durch einen ausreichen soll.[277] Die Einführung der gesellschaftsvertraglichen Grundlage für die Zwangseinziehung bedarf der Zustimmung aller Mitberechtigten (§ 18 Abs. 1).

Bestehen dingliche Rechte wie Nießbrauch, Pfandrecht oder Pfändungspfandrecht am einzuziehenden 58
Anteil, bedarf zwar nicht die affirmative Stimmabgabe des Anteilsinhabers hinsichtlich der Einführung der Zulassung der freiwilligen Einziehung der Zustimmung der Drittberechtigten, wohl aber die Zustimmung des Anteilsberechtigten zur konkreten Einziehung (§§ 1071 Abs. 2, 1276 Abs. 2 BGB).[278] Bei der Zwangseinziehung bedarf hingegen die affirmative Stimmabgabe zur Einführung der gesellschaftsvertraglichen Grundlage durch Satzungsänderung der Zustimmung des dinglich Berechtigten.[279] Die nicht disponible Möglichkeit zur Ausschließung von Gesellschaftern aus wichtigem Grund wird durch die (gesetzliche) Ausschließung aus wichtigem Grund gewährleistet, nicht durch die Einziehung. Ein Verweis auf die Surrogation durch die Abfindung kann dem nicht entgegengehalten werden, da Surrogationsprinzip und Zustimmungserfordernis nebeneinander stehen.[280] Insgesamt hängt die Relevanz dinglicher Rechte am Anteil mit Wirkung ggü. der Gesellschaft von der Offenlegung ggü. der Gesellschaft ab.[281]

Im Fall der Treuhand über den Geschäftsanteil kommt es für das Vorliegen personenbezogener Ein- 59
ziehungsgründe auf den Treuhänder als Gesellschafter an.[282] Auch auf die Person des Treugebers kann abgestellt werden, wenn dieser das Verhalten des Treuhänders maßgeblich beeinflussen oder den Anteil jederzeit wieder selbst übernehmen kann.[283] Entscheidend ist i.Ü. allgemein derjenige, der in die Gesellschafterliste (§ 16) eingetragen ist.[284]

I. Abfindung

I. Gesetzlicher Abfindungsanspruch

Als Rechtsfolge der Einziehung erlangt der Anteilsberechtigte kraft Gesetzes einen Anspruch gegen 60
die Gesellschaft auf Abfindung zum vollen wirtschaftlichen Wert des eingezogenen Anteils.[285]

---

274 BGH, NJW 1999, 3779, 3780; *Strohn*, in: MünchKommGmbHG, § 34 Rn. 96.

275 Vgl. dazu BGH, NZG 2013, 1344, 1344 ff.; OLG Brandenburg, GmbHR 2016, 357, 357 f.

276 *Strohn*, in: MünchKommGmbHG, § 34 Rn. 97.

277 *H.P. Westermann*, in: Scholz, GmbHG, § 34 Rn. 37; *Strohn*, in: MünchKommGmbHG, § 34 Rn. 44.

278 *H.P. Westermann*, in: Scholz, GmbHG, § 34 Rn. 38; *Lutter/Kleindiek*, in: Lutter/Hommelhoff, GmbHG, § 34 Rn. 23. Allgemein zur Zustimmung dinglich Berechtigter (Nießbrauch) *Sandhaus*, S. 65.

279 *Lutter/Kleindiek*, in: Lutter/Hommelhoff, GmbHG, § 34 Rn. 29; a.A. *Kersting*, in: Baumbach/Hueck, GmbHG, § 34 Rn. 8.

280 Ebenso *H.P. Westermann*, in: Scholz, GmbHG, § 34 Rn. 38. Anders wohl *Strohn*, in: MünchKommGmbHG, § 34 Rn. 17 bei einer Abfindung zum Verkehrswert, der aber verkennt, dass auch insoweit selbst beim Pfandrecht ein Interesse an einer anderen, u.U. ergiebigeren Verwertung bestehen kann.

281 Neben einer Einbeziehung des Dritten in das Gesellschaftsverhältnis durch den Gesellschaftsvertrag kommt eine Legitimation über die Gesellschafterliste (§ 16) in Betracht, vgl. LG Aachen, AG 2009, 881, 881; a.A. *Kersting*, in: Baumbach/Hueck, GmbHG, § 34 Rn. 6; vgl. zur vormaligen Anmeldung nach § 16 a.F. *Sandhaus*, S. 44.

282 OLG München, GmbHR 1997, 451, 452; *Strohn*, in: MünchKommGmbHG, § 34 Rn. 44.

283 OLG München, GmbHR 1994, 406, 409; *Strohn*, in: MünchKommGmbHG, § 34 Rn. 44.

284 Vgl. zu § 16 a.F. (Anmeldung) OLG Hamm, GmbHR 1993, 660, 661; *Goette*, DStR 1993, 1032, 1033 f. mit Verweis auf BGH.

285 *Kersting*, in: Baumbach/Hueck, GmbHG, § 34 Rn. 22; *Sosnitza*, in: Michalski, GmbHG, § 34 Rn. 45 f.

Maßgeblich ist der Verkehrswert.[286] Eine explizite Abfindungsregelung ist nicht Voraussetzung einer ordnungsgemäßen gesellschaftsvertraglichen Einziehungsregelung.[287] Der Anspruch ist auch ohne gesetzliche Regelung als Rechtsgrundsatz mit Blick auf § 738 Abs. 1 Satz 2 BGB anerkannt.[288] Der Anspruch auf Abfindung entsteht nach dem Gesetz mit dem Wirksamwerden der Einziehung durch Mitteilung[289] und ist sofort insgesamt fällig. Ob der konkrete Abfindungsbetrag bereits ermittelt ist oder die erforderlichen liquiden Mittel bei der GmbH bereits vorhanden sind, ist unerheblich.[290] Der Anspruch kann (ggf. vorübergehend) undurchsetzbar werden, soweit ausreichend freies Vermögen (Abs. 3) nicht vorhanden ist.[291]

61 Der Verkehrswert entspricht dem Preis, der auf dem freien Markt erzielbar wäre, würde der Anteil an einen gesellschaftsfremden Dritten veräußert.[292] Fehlen wie regelmäßig zeitnahe vergleichbare Anteilsverkäufe, ist der Betrag maßgeblich, der bei Veräußerung des gesamten Unternehmens einschließlich stiller Reserven und eines Firmen- und Geschäftswertes zu erzielen wäre und davon nach dem Verhältnis der Geschäftsanteile zueinander i.S.d. § 72 auf den eingezogenen Anteil entfällt.[293] Praktisch kommt es wegen des regelmäßigen Fehlens entsprechender Vergleichszahlen auf eine Unternehmensbewertung an. I.d.R. wird dazu ein Sachverständigengutachten einzuholen sein. Bei der Unternehmenswertermittlung sind die Beteiligten und ggf. der Tatrichter nicht zwingend an bestimmte Bewertungsmethoden gebunden. Sie haben einen Beurteilungsspielraum.[294] Im Vordergrund steht dabei praktisch und insb. auch in der Rechtsprechung der Ertragswert des Unternehmens.[295] Er beruht auf der Kapitalisierung der sich aus dem betriebsnotwendigen Vermögen ergebenden nachhaltig zu erwartenden künftigen Erträge, die ausgehend von der gegenwärtigen Ertragslage unter Berücksichtigung der erkennbaren Entwicklung ermittelt werden. Nicht betriebsnotwendiges (betriebsneutrales) Vermögen wird gesondert i.d.R. nach der Substanzwertmethode auf der Grundlage der für die Errichtung eines entsprechenden Unternehmens für diesen Vermögensteil erforderlichen Aufwendungen bewertet.[296] Die Substanzwertmethode ist auch von Bedeutung, wenn die Ertragskraft nicht so sehr von der Unternehmensorganisation als vielmehr von der persönlichen Mitarbeit der Gesellschafter abhängt. Dies trifft insb. auf freiberufliche Gesellschaften zu.[297] In Betracht kommt auch das sog. Discounted Cash-Flow-Verfahren (DCF), bei dem der Unternehmenswert durch die Abzinsung von zukünftig zu erwartenden Zahlungsüberschüssen auf der Grundlage einer Unternehmensplanung ermittelt wird. Von der Ertragswertmethode unterscheidet sich dieses Verfahren im Wesentlichen mit Blick auf die zugrunde liegenden Annahmen zu

286 BGH, NZG 2002, 176, 176; *Kersting*, in: Baumbach/Hueck, GmbHG, § 34 Rn. 22.

287 Vgl. BGH, NJW 1977, 2316, 2317; *Ulmer*, in: Hachenburg, GmbHG, § 34 Rn. 39; *H.P. Westermann*, in: Scholz, GmbHG, § 34 Rn. 25; *Strohn*, in: MünchKommGmbHG, § 34 Rn. 46; anders die früher verbreitet vertretene Ansicht: *Pleyer*, GmbHR 1960, 124, 126.

288 Vgl. ausführlich *Strohn*, in: MünchKommGmbHG, § 34 Rn. 205; *Sosnitza*, in: Michalski, GmbHG, § 34 Rn. 45 f.

289 Soweit angenommen wird, dass die Einziehung unter der aufschiebenden Bedingung der vollständigen Zahlung der Abfindung steht, kann dies dem Entstehen des Abfindungsanspruchs nicht entgegenstehen.

290 § 271 BGB; vgl. OLG Düsseldorf, Urt. v. 07.02.2007 – 15 U 130/06, juris Rn. 39; *Kersting*, in: Baumbach/Hueck, GmbHG, § 34 Rn. 22 ff.; *Sosnitza*, in: Michalski, GmbHG, § 34 Rn. 51; a.A. BayObLG, DB 1983, 99, 100; *Ulmer/Habersack*, in: Ulmer/Habersack/Löbbe, GmbHG, § 34 Rn. 80; vgl. ausführlich *Strohn*, in: MünchKommGmbHG, § 34 Rn. 217 ff.

291 *Strohn*, in: MünchKommGmbHG, § 34 Rn. 207.

292 OLG Köln, NZG 1998, 779, 780; *Kersting*, in: Baumbach/Hueck, GmbHG, § 34 Rn. 22.

293 BGH, NJW 1992, 892, 895; *Kersting*, in: Baumbach/Hueck, GmbHG, § 34 Rn. 22.

294 Dazu BGH, WM 1977, 781, 782; BGH, NJW 1992, 892, 895.

295 BGH, NJW 1985, 192, 193; BGH, NZG 1998, 644, 646. Zustimmend die h.L., vgl. nur *Strohn*, in: MünchKommGmbHG, § 34 Rn. 209 m.w.N.

296 Vgl. *Strohn*, in: MünchKommGmbHG, § 34 Rn. 209; *Kersting*, in: Baumbach/Hueck, GmbHG, § 34 Rn. 23.

297 BGH, NJW 1991, 1547, 1548; *Kersting*, in: Baumbach/Hueck, GmbHG, § 34 Rn. 23.

Kapitalstruktur, Plandaten und Risikozuschlägen.[298] Jedenfalls zur Ermittlung des Verkehrswertes i.R.d. gesetzlichen Abfindung als grds. ungeeignet angesehen wird das sog. Stuttgarter Verfahren.[299]

Bewertungsstichtag ist der Tag des Wirksamwerdens der Einziehung durch Mitteilung des Einziehungsbeschlusses.[300] 62

II. Gesellschaftsvertragliche Regelung

1. Allgemeines

Nach allgemeiner Ansicht können Art und Höhe der Abfindung sowie Berechnungs- und Zahlungsmodalitäten im Gesellschaftsvertrag auch beschränkend geregelt werden.[301] Entsprechende Regelungen haben körperschaftlichen Charakter und sind grds. nur bei Aufnahme in die Satzung bindend.[302] Allerdings kann sich die Gesellschaft u.U. über § 328 BGB auf schuldrechtliche Nebenabreden zwischen den Gesellschaftern berufen.[303] Bezogen auf die Zwangseinziehung bedarf die nachträgliche Einführung einer Abfindungsbeschränkung als Erweiterung der Voraussetzungen der Zwangseinziehung nach Abs. 2 der Zustimmung aller davon betroffenen Gesellschafter.[304] Zudem müssen die Einschränkungen der Abfindung als solche deutlich erkennbar sein, damit die Betroffenen sich darauf einstellen können.[305] 63

Abfindungsbeschränkungen unterliegen gewissen Grenzen, die sich aus dem unverzichtbaren Schutz der Interessen der betroffenen Gesellschafter und dem Schutz von Gesellschaftsgläubigerinteressen ergeben. Bei der freiwilligen Einziehung mit Zustimmung des Anteilsberechtigten sind nur Interessen der Gesellschaftsgläubiger relevant. Als rechtliche Grundlage für die Beurteilung werden überwiegend die Vorschriften der §§ 241 ff. AktG, aber auch des § 138 BGB herangezogen.[306] Als anerkennenswerte Interessen an der auch beschränkenden Regelung der Abfindung sind insb. die Vermeidung übermäßigen, geballten Kapitalabflusses zwecks Bestandschutzes sowie die höhere Rechtssicherheit durch eine bestimmte, vereinfachte und beschleunigte Berechnung der Abfindung zu berücksichtigen.[307] Da diesen Gesichtspunkten je nach den konkreten Begleitumständen unterschiedliches Gewicht zukommen kann, ist die Beurteilung der Einhaltung der Grenzen für jeden Einzelfall gesondert vorzunehmen. 64

2. Einzelne Schranken der Gestaltungsfreiheit

a) Sittenwidrigkeit

Die Sittenwidrigkeit einer gesellschaftsvertraglichen Abfindungsregelung kann sich aus einem groben Missverhältnis zwischen dem vorgesehenen Betrag und dem Verkehrswert sowie aus 65

298 Vgl. *Strohn*, in: MünchKommGmbHG, § 34 Rn. 209 ff.; *Sosnitza*, in: Michalski, GmbHG, § 34 Rn. 49.

299 OLG Köln, GmbHR 1998, 641, 643; *Sosnitza*, in: Michalski, GmbHG, § 34 Rn. 49; *Lutter/Kleindiek*, in: Lutter/Hommelhoff, GmbHG, § 34 Rn. 79; *Casper/Altgen*, DStR 2008, 2319, 2322; vgl. auch BVerfG, NJW 2007, 573, 583 f.

300 Wohl auch *Sosnitza*, in: Michalski, GmbHG, § 34 Rn. 50; *Ulmer/Habersack*, in: Ulmer/Habersack/Löbbe, GmbHG, § 34 Rn. 78; vgl. auch BGH, NJW 1953, 780, 783; a.A. *H.P. Westermann*, in: Scholz, GmbHG, § 34 Rn. 25: Zeitpunkt des Einziehungsbeschlusses.

301 BGHZ 65, 22, 27; BGHZ 116, 359, 368; BayObLG, DB 1983, 99 f.; *Kersting*, in: Baumbach/Hueck, GmbHG, § 34 Rn. 25.

302 *Kersting*, in: Baumbach/Hueck, GmbHG, § 34 Rn. 25.

303 BGH, DStR 2010, 1850, 1852.

304 BGHZ 116, 359, 363; *Altmeppen*, in: Roth/Altmeppen, GmbHG, § 34 Rn. 50.

305 BGH, NJW 1977, 2316, 2317; *Kersting*, in: Baumbach/Hueck, GmbHG, § 34 Rn. 25.

306 Vgl. zu §§ 241 ff. AktG BGH, NJW 2005, 3644, 3645; BGH, NJW 2000, 2819, 2820; *Kersting*, in: Baumbach/Hueck, GmbHG, § 34 Rn. 26; zu den §§ 134, 138 BGB bei Mängeln in der Gründungssatzung *Sosnitza*, in: Michalski, GmbHG, § 34 Rn. 87. Zu § 138 BGB *Altmeppen*, in: Roth/Altmeppen, GmbHG, § 34 Rn. 51; *Ulmer/Habersack*, in: Ulmer/Habersack/Löbbe, GmbHG, § 34 Rn. 91.

307 *Kersting*, in: Baumbach/Hueck, GmbHG, § 34 Rn. 25.

unzumutbar belastenden Zahlungsmodalitäten ergeben. Sie kann aus dem Inhalt der Regelung oder aus deren Beweggrund, Zweck oder Art resultieren. Denkbar ist auch eine Sittenwidrigkeit wegen unangemessener Benachteiligung einzelner Gesellschafter unter Ausnutzung ihrer Unerfahrenheit oder einer Zwangslage.[308] Entscheidend ist, dass die Abfindung in einem Maße beschränkt wird, das außer Verhältnis zu dem Interesse der Mitgesellschafter am Bestand und der Fortführung der Gesellschaft steht.[309] Ein grobes Missverhältnis liegt vor, wenn die gesetzlich vorgesehene volle Abfindung völlig unangemessen verkürzt wird; zahlenmäßige Grenzen gibt es nicht.[310] Zu berücksichtigen ist als eigenes Wertungskriterium auch der Gesichtspunkt der mittelbaren Beschränkung des Austritts aus wichtigem Grund wegen unangemessen niedriger Abfindung.[311] Maßgeblich ist das Gesamtbild, in das auch die Zahlungsmodalitäten einfließen.[312] Besondere Umstände können deshalb eine Durchbrechung dieser allgemeinen Grenze bis hin zum gänzlichen Ausschluss einer Abfindung rechtfertigen.

66 Besteht ein grobes Missverhältnis zwischen gesellschaftsvertraglichem Abfindungsbetrag und Verkehrswert bereits bei Beschlussfassung über die gesellschaftsvertragliche Abfindungsregelung, führt dieses sog. anfängliche Missverhältnis zur Nichtigkeit der Abfindungsregelung.[313] Ein nachträgliches Missverhältnis, das erst durch die wirtschaftliche Entwicklung nach Einführung der Abfindungsregelung entsteht, lässt die Wirksamkeit der Abfindungsregelung unberührt.[314] Ergibt sich ein solches nachträgliches Missverhältnis im konkreten Bewertungszeitpunkt, besteht nach BGH aufgrund einer ergänzenden Vertragsauslegung nach Treu und Glauben unter Abwägung der Interessen von Gesellschaft und Anteilsberechtigtem ein gesellschaftsvertraglicher Anspruch auf Abfindung in angemessener Höhe.[315] Angemessen bedeutet weder einen gerade noch zulässigen Mindestbetrag noch eine volle Abfindung zum Verkehrswert. Vielmehr ist die Höhe der Abfindung bzw. das Maß der bestehen bleibenden Abfindungsbeschränkung unter Berücksichtigung aller Umstände des Einzelfalls sowie insb. des Zwecks der Abfindungsregelung, des Einziehungsgrundes und der Vermögens- und Ertragslage der Gesellschaft neu zu ermitteln.[316] Im Schrifttum wird dieses Vorgehen wegen der mit dem starken Einzelfallbezug verbundenen Rechtsunsicherheit sowie der Konstruktion verbreitet kritisiert.[317] Vorgeschlagen wird stattdessen eine konkrete Vertragskorrektur auf der Grundlage der unzulässigen Rechtsausübung. Maßgeblich wird auf den Zweck der Abfindungsregelung und den Parteiwillen abgestellt, ohne sämtliche sonstige Umstände des Einzelfalls in einer allgemeinen Interessenabwägung zu berücksichtigen.[318]

b) Gleichbehandlung

67 Eine unterschiedliche Abfindung der Gesellschafter muss sachlich gerechtfertigt sein.[319] Eine Differenzierung nach der Dauer der Gesellschaftszugehörigkeit als Maß für das Wirtschaften mit dem

---

308 § 138 Abs. 2 BGB. *Kersting*, in: Baumbach/Hueck, GmbHG, § 34 Rn. 27; *Ulmer/Habersack*, in: Ulmer/Habersack/Löbbe, GmbHG, § 34 Rn. 93.

309 Vgl. BGH, NJW 1992, 892, 893; *Altmeppen*, in: Roth/Altmeppen, GmbHG, § 34 Rn. 51.

310 BGH, NJW 1992, 892, 895; *Kersting*, in: Baumbach/Hueck, GmbHG, § 34 Rn. 27.

311 *Kersting*, in: Baumbach/Hueck, GmbHG, § 34 Rn. 27.

312 *Kersting*, in: Baumbach/Hueck, GmbHG, § 34 Rn. 27.

313 BGHZ 123, 281, 284; *Lutter/Kleindiek*, in: Lutter/Hommelhoff, GmbHG, § 34 Rn. 84; *Kersting*, in: Baumbach/Hueck, GmbHG, § 34 Rn. 28.

314 BGHZ 123, 281, 284; *Kersting*, in: Baumbach/Hueck, GmbHG, § 34 Rn. 28.

315 BGH, NJW 1993, 2101, 2103; BGH, NJW 1992, 892, 894; *Kersting*, in: Baumbach/Hueck, GmbHG, § 34 Rn. 28.

316 Vgl. *Kersting*, in: Baumbach/Hueck, GmbHG, § 34 Rn. 28.

317 *Kersting*, in: Baumbach/Hueck, GmbHG, § 34 Rn. 28; *Altmeppen*, in: Roth/Altmeppen, GmbHG, § 34 Rn. 54; *Lutter/Kleindiek*, in: Lutter/Hommelhoff, GmbHG, § 34 Rn. 89.

318 *Lutter/Kleindiek*, in: Lutter/Hommelhoff, GmbHG, § 34 Rn. 89; vgl. auch *Kersting*, in: Baumbach/Hueck, GmbHG, § 34 Rn. 28; *Müller*, ZIP 1995, 1561, 1568 ff.

319 BGHZ 116, 359, 373; *Kersting*, in: Baumbach/Hueck, GmbHG, § 34 Rn. 29; *Lutter/Kleindiek*, in: Lutter/Hommelhoff, GmbHG, § 34 Rn. 96.

eingesetzten Kapital kann zulässig sein.[320] Praktisch relevant ist dies allerdings nur, soweit für die Einführung einer ungleichen Klausel nicht ohnehin schon die Zustimmung des Gesellschafters erforderlich ist.[321]

c) Schutz der Gesellschaftergläubiger

Grds. wirken gesellschaftsvertragliche Abfindungsbeschränkungen auch ggü. Gläubigern des Gesellschafters, insb. im Fall der Pfändung des Anteils oder der Insolvenz.[322] Entsprechend § 241 Abs. 1 Nr. 3 AktG nichtig sind Klauseln, die ausschließlich oder doch in größerem Maße Gesellschaftergläubiger benachteiligen.[323] Eine Abfindungsbeschränkung muss deshalb bezogen auf den Anlass auch für vergleichbare Fälle, wie bspw. die Einziehung aufgrund sonstiger wichtiger Gründe gelten. I.Ü. kann die Abfindung für verschiedene Abfindungsfälle unterschiedlich geregelt werden.[324] 68

d) Rechtsfolgen der Nichtbeachtung der Grenzen

Sittenwidrige Abfindungsregelungen in der Ursprungssatzung sind nichtig.[325] Möglich ist eine Heilung analog § 242 Abs. 2 AktG.[326] Ist eine Abfindungsregelung nichtig oder – ggf. infolge erfolgreicher Anfechtung – unwirksam, tritt an ihre Stelle der gesetzlich ausgestaltete Abfindungsanspruch.[327] Von der Mangelhaftigkeit der Abfindungsregelung bleibt die Einziehungsregelung selbst unberührt; auf § 139 BGB kommt es nicht an.[328] Nachträglich eingeführte Abfindungsbeschränkungen sind nichtig, wenn sie inhaltlich gegen die guten Sitten verstoßen, insb. also bei anfänglich grobem Missverhältnis.[329] Nur anfechtbar ist der entsprechende Satzungsänderungsbeschluss, wenn sich die Sittenwidrigkeit aus Beweggrund, Zweck oder Art des Zustandekommens ergibt.[330] Anfechtbarkeit ist auch im Fall des § 138 Abs. 2 BGB gegeben.[331] Sollte der Fall auftreten, dass eine Abfindungsregelung, die eine Ungleichbehandlung enthält, nicht schon der Zustimmung des Betreffenden bedarf, führt ein Verstoß gegen den Gleichbehandlungsgrundsatz zur Anfechtbarkeit des entsprechenden Satzungsänderungsbeschlusses.[332] Auch bei Satzungsänderungen kommt grds. eine Heilung analog § 242 Abs. 2 AktG in Betracht.[333] Dies soll nach Ansicht des BGH auch bei einem Verstoß gegen geschützte Interessen von Gesellschaftergläubigern gelten.[334] 69

320 BGHZ 116, 359, 373; *Lutter/Kleindiek*, in: Lutter/Hommelhoff, GmbHG, § 34 Rn. 96.

321 *Strohn*, in: MünchKommGmbHG, § 34 Rn. 231. *Kersting*, in: Baumbach/Hueck, GmbHG, § 34 Rn. 31 hält das für ausgeschlossen.

322 BGHZ 144, 365, 366; BGHZ 65, 22, 24 f.; OLG Celle, WM 1986, 161, 162; *Kersting*, in: Baumbach/Hueck, GmbHG, § 34 Rn. 30.

323 BGHZ 144, 365, 366; *Altmeppen*, in: Roth/Altmeppen, GmbHG, § 34 Rn. 57.

324 *Kersting*, in: Baumbach/Hueck, GmbHG, § 34 Rn. 30.

325 BGHZ 116, 359, 368; *Strohn*, in: MünchKommGmbHG, § 34 Rn. 236; *Kersting*, in: Baumbach/Hueck, GmbHG, § 34 Rn. 31.

326 *Strohn*, in: MünchKommGmbHG, § 34 Rn. 239; *Kersting*, in: Baumbach/Hueck, GmbHG, § 34 Rn. 31; vgl. BGH, NJW 1992, 892, 894.

327 BGHZ 116, 359, 375; *Kersting*, in: Baumbach/Hueck, GmbHG, § 34 Rn. 32a; vgl. aber auch *Sigle*, ZGR 1999, 659, 667.

328 BGH, NJW 1977, 2316, 2317; BGH, NJW 1983, 2880, 2881; *Kersting*, in: Baumbach/Hueck, GmbHG, § 34 Rn. 33 auch zur früheren gegenteiligen Rechtsprechung.

329 *Strohn*, in: MünchKommGmbHG, § 34 Rn. 237.

330 BGHZ 116, 359, 374; *Strohn*, in: MünchKommGmbHG, § 34 Rn. 237.

331 *Kersting*, in: Baumbach/Hueck, GmbHG, § 34 Rn. 31.

332 *Strohn*, in: MünchKommGmbHG, § 34 Rn. 231.

333 BGH, NJW 1981, 2125, 2126; *Strohn*, in: MünchKommGmbHG, § 34 Rn. 239.

334 BGH, GmbHR 2000, 822, 823; a.A. *Kersting*, in: Baumbach/Hueck, GmbHG, § 34 Rn. 32.

3. Typen von Abfindungsklauseln

70 Ein vollständiger Ausschluss der Abfindung ist im Fall der Zwangseinziehung grds. unzulässig und nichtig.[335] Nur ausnahmsweise kann er durch besondere sachliche Gründe gerechtfertigt sein. Dies wurde angenommen bei einer Gesellschaft mit rein ideellem oder gemeinnützigem Zweck,[336] zur Erhaltung des Charakters der Familiengesellschaft für die Einziehung von Anteilen familienfremder Erben[337] sowie bei Mitarbeiterbeteiligungsmodellen (Geschäftsführer, Manager), wenn der Anteil unentgeltlich überlassen wurde oder jedenfalls Erwerbskosten erstattet werden.[338] Für zulässig gehalten wird der vollständige Ausschluss der Abfindung auch bei der Einziehung eigener Anteile,[339] oder bei der Einziehung im Fall des Todes eines Gesellschafters.[340] Entscheidend soll sein, dass der ausgeschiedene Gesellschafter kein Kapital eingesetzt hat oder von vornherein uneigennützig auf eine Vermehrung des eigenen Vermögens verzichtet hat.[341] Deshalb ist nach BGH der Abfindungsausschluss im Fall der Einziehung wegen (grober) Verletzung der Interessen der Gesellschaft oder der Pflichten des Gesellschafters unzulässig.[342] In einem Abfindungsausschluss kann eine Schenkung des Anteilswertes an die Mitgesellschafter liegen, wenn er nicht bei Aufnahme der Abfindungsregelung durch eine Gegenleistung erkauft worden ist.[343] Die Form des § 518 Abs. 1 BGB ist bereits mit § 53 Abs. 2 gewahrt.[344] Ein Schenkungsversprechen von Todes wegen gem. § 2301 BGB, das prinzipiell für zulässig gehalten wird,[345] soll im Regelfall schon deshalb nicht vorliegen, weil die Abfindungsregelung mangels anderweitiger Anhaltspunkte auch dann gelten soll, wenn andere Mitgesellschafter vorversterben.[346] I.Ü. soll im Abschluss des Gesellschaftsvertrags ein Vollzug i.S.d. § 2301 Abs. 2 BGB liegen.[347]

71 Buchwertklauseln stellen auf die im Zweifel handelsbilanziellen[348] Buchwerte i.d.R. des vorangegangenen oder nachfolgenden Jahresabschlusses ab.[349] Das anschließend verhältnismäßig auf die Anteile zu verteilende Gesellschaftsvermögen ergibt sich aus den Buchwerten der bilanzierten (aktivierten) Vermögensgegenstände abzüglich der Verbindlichkeiten unter Berücksichtigung der Kapital- und Gewinnrücklagen sowie eines Gewinn- oder Verlustvortrags.[350] Stille Reserven und ein Geschäfts- oder Firmenwert bleiben außen vor.[351] Buchwertklauseln sind grds.

335 BGH, NZG 2014, 820, 821 f.; *Kersting*, in: Baumbach/Hueck, GmbHG, § 34 Rn. 34a; *Strohn*, in: MünchKommGmbHG, § 34 Rn. 245.

336 BGH, NJW 1997, 2592, 2593.

337 BGH, DB 1977, 342, 343.

338 OLG Celle, GmbHR 2003, 1428, 1429; für den Fall der Erstattung der Erwerbskosten BGH, NJW 2005, 3644, 3646; dazu *Habersack/Verse*, ZGR 2005, 451, 475 ff.; a.A. *Schröder*, GmbHR 2003, 1430, 1431.

339 *Sosnitza*, in: Michalski, GmbHG, § 34 Rn. 66.

340 *Kersting*, in: Baumbach/Hueck, GmbHG, § 34 Rn. 34a.

341 BGH, NZG 2014, 820, 822.

342 BGH, NZG 2014, 820, 821 ff.; a.A. *Sosnitza*, in: Michalski, GmbHG, § 34 Rn. 66: Vertragsstrafe.

343 Grds. Schenkung: *Strohn*, in: MünchKommGmbHG, § 34 Rn. 247 m.w.N.; *Kersting*, in: Baumbach/Hueck, GmbHG, § 34 Rn. 34a. Differenzierende Ansicht (Schenkung nur bei Abfindungsausschluss für einzelne, nicht aber alle Gesellschafter, sonst aleatorisches Geschäft): BGH, NJW 1981, 1956, 1957; offen gelassen von BGH, WM 1971, 1338, 1339; *Fleck*, in: FS Stimpel, S. 353, 369 f.; a.A. (keine Schenkung): *Kanzleiter*, in: Staudinger, BGB, § 2301 Rn. 51.

344 *Strohn*, in: MünchKommGmbHG, § 34 Rn. 248.

345 S. dazu *Sosnitza*, in: Michalski, GmbHG, § 34 Rn. 68. Die Frage der Bedingungsfeindlichkeit gesellschaftsvertraglicher Regelungen wird soweit ersichtlich nicht problematisiert.

346 *Habersack*, ZIP 1990, 625, 628; *Strohn*, in: MünchKommGmbHG, § 34 Rn. 249; a.A. *Käppler*, ZGR 1978, 542, 554 f.

347 *Sosnitza*, in: Michalski, GmbHG, § 34 Rn. 68 m.w.N. auch zur Gegenansicht (z.B. *Käppler*, ZGR 1978, 542, 555 f.).

348 *Sosnitza*, in: Michalski, GmbHG, § 34 Rn. 70; *Ulmer/Habersack*, in: Ulmer/Habersack/Löbbe, GmbHG, § 34 Rn. 85.

349 Denkbar, praktisch aber u.U. aufwendig ist auch eine Regelung, nach der eine Bilanz auf den Abfindungsstichtag aufzustellen ist.

350 *Sosnitza*, in: Michalski, GmbHG, § 34 Rn. 70.

351 *Sosnitza*, in: Michalski, GmbHG, § 34 Rn. 70.

zulässig.[352] Sie bergen aber das Risiko eines (meist nachträglichen) groben Missverhältnisses. Bei Beschränkung auf den halben Buchwert liegt auch im Fall der Schenkung[353] grds. anfängliche Sittenwidrigkeit vor.[354]

Nennwertklauseln beschränken den Abfindungsbetrag auf den Betrag der nicht durch einen Verlust 72 geminderten Einlage. Selbst ausgewiesene Rücklagen bleiben außer Ansatz. Deshalb besteht hier bereits die Gefahr der anfänglichen Sittenwidrigkeit und Nichtigkeit.[355] Im Einzelfall kann eine mit zusätzlichen günstigen Elementen versehene Nennwertklausel aber wirksam sein.[356]

Substanzwertklauseln leiten den Abfindungsbetrag aus dem Marktwert der einzelnen im Gesell- 73 schaftsvermögen vorhandenen Vermögensgegenstände und damit unter Aufdeckung der stillen Reserven und unter Abzug der Verbindlichkeiten ab. Der anteilige Geschäfts- oder Firmenwert bleibt dagegen unberücksichtigt. Solche Klauseln sind grds. zulässig.[357] Bei ertragsstarken Unternehmen ergibt sich die Gefahr eines groben Missverhältnisses zum Verkehrswert, soweit der Ertrag im Wesentlichen auf der Unternehmensorganisation und nicht auf der persönlichen Arbeitsleistung beruht.[358]

Abgestellt werden kann grds. auch auf den Vermögensteuerwert als der gem. §§ 9 Abs. 2, 11 Abs. 2 74 BewG zu ermittelnde gemeine Wert eines Geschäftsanteils.[359] Früher erfolgte eine Schätzung durch das Finanzamt nach dem sog. »Stuttgarter Verfahren«, wenn keine weniger als ein Jahr zurück liegende Anteilsverkäufe zur Ableitung vorlagen.[360] Nachdem die Vermögensbesteuerung aufgehoben wurde, ergehen keine Feststellungsbescheide des Finanzamts mehr,[361] auf die viele Regelungen zur Vereinfachung verwiesen haben. In Altfällen dürfte bei Fehlen eines aktuellen Bescheids stattdessen ein Sachverständigengutachten einzuholen sein.[362] Wegen der damit erforderlich werdenden eigenen Bewertung werden entsprechende Klauseln als nicht mehr praktikabel angesehen.[363]

Ertragswertklauseln definieren den Abfindungsbetrag grds. in Anlehnung an die gesetzliche Ab- 75 findung nach dem Unternehmensertrag, geben aber insb. Berechnungsfaktoren und Ermittlungswege vor.[364] Damit kann einerseits erhöhte Rechtssicherheit und Vorhersehbarkeit geschaffen, andererseits die Höhe der Abfindung beeinflusst werden. Daneben ist die Zulässigkeit pauschaler prozentualer Abschläge im Interesse der Sicherung des Bestands und der Liquidität der Gesellschaft anerkannt.[365] Häufig wird die Einsetzung eines Schiedsgutachters zur Berechnung oder ggf.

---

352 OLG Frankfurt am Main, NJW 1978, 328, 328; kritisch OLG München, GmbHR 1988, 216, 216 f.; *Kersting*, in: Baumbach/Hueck, GmbHG, § 34 Rn. 35.

353 *Kersting*, in: Baumbach/Hueck, GmbHG, § 34 Rn. 35.

354 BGH, NJW 1989, 2685, 2686; *Kersting*, in: Baumbach/Hueck, GmbHG, § 34 Rn. 35.

355 Vgl. BGHZ 116, 359, 367 u. 375; *Sosnitza*, in: Michalski, GmbHG, § 34 Rn. 71; dagegen nicht beanstandet von OLG Celle, GmbHR 1986, 120, 120.

356 *Sosnitza*, in: Michalski, GmbHG, § 34 Rn. 71 mit Verweis auf BGHZ 116, 359, 367 ff.; *Kersting*, in: Baumbach/Hueck, GmbHG, § 34 Rn. 35a.

357 BGH, NJW 1975, 1835, 1836; OLG München, GmbHR 1988, 216, 217; *Sosnitza*, in: Michalski, GmbHG, § 34 Rn. 69.

358 Zu Zulässigkeit von Substanzwertklauseln bei Freiberuflergesellschaften vgl. BGH, NJW 1991, 1547, 1548; *Kersting*, in: Baumbach/Hueck, GmbHG, § 34 Rn. 36.

359 Grds. auch dann, wenn Ertragskraft im Wesentlichen auf persönlicher Leistung der Gesellschafter beruht, vgl. BGH, BB 1987, 710 f.; OLG München, BB 1987, 2392 f.; *Kersting*, in: Baumbach/Hueck, GmbHG, § 34 Rn. 36a.

360 *Sosnitza*, in: Michalski, GmbHG, § 34 Rn. 72.

361 Vgl. *Casper/Altgen*, DStR 2008, 2319, 2320 u. 2322.

362 *Kersting*, in: Baumbach/Hueck, GmbHG, § 34 Rn. 36a: ergänzende Vertragsauslegung.

363 *Sosnitza*, in: Michalski, GmbHG, § 34 Rn. 72; *Kersting*, in: Baumbach/Hueck, GmbHG, § 34 Rn. 36a.

364 Z.B. Festlegung eines hohen Kapitalisierungszinssatzes, vgl. *Strohn*, in: MünchKommGmbHG, § 34 Rn. 262.

365 *Strohn*, in: MünchKommGmbHG, § 34 Rn. 262 hält Beschränkungen auf 70–80 % für zulässig; *Kersting*, in: Baumbach/Hueck, GmbHG, § 34 Rn. 37.

Überprüfung vorgesehen. Der Vorteil von Ertragswertklauseln liegt in der Vermeidung struktureller Abweichungen zum gesetzlichen Abfindungskonzept.[366] Allerdings ist das gesetzliche Konzept nicht streng auf den Ertragswert festgelegt. Ertragswertklauseln können insb. unwirksam sein, wenn der Liquidationswert den (modifizierten) Ertragswert erheblich übersteigt.[367] Der Rückgriff auf das vereinfachte Ertragswertverfahren gem. §§ 199 ff. BewG ist insoweit nicht empfehlenswert, als es tendenziell zu deutlich überhöhten Unternehmenswerten führt.[368]

76 Auch Zahlungsmodalitäten wie Fälligkeit, Ratenzahlung, Verzinsung und Ähnliches sind einer gesellschaftsvertraglichen Regelung zugänglich. In die Bewertung der Einhaltung der Grenzen solcher Regelungen sind immer auch anderweitige Beschränkungen insb. hinsichtlich der Höhe einzubeziehen.[369] Je stärker die Abfindung i.Ü. beschränkt ist, desto kritischer sind zusätzlich belastende Zahlungsmodalitäten zu beurteilen.[370] Bei späterer Fälligkeit bzw. Ratenzahlung ist gesetzlich keine Verzinsung vorgesehen.[371] Zahlungsfristen von bis zu 5 Jahren können zulässig sein.[372] Bei ansonsten vorteilhafter Abfindungsregelung sind auch längere Fristen denkbar.[373] Mehr als 8 Jahre werden als bedenklich eingestuft.[374]

J. Ausschluss von Gesellschaftern

I. Zulässigkeit

77 Der (zwangsweise) Ausschluss eines Gesellschafters aus der GmbH aus wichtigem Grund ist gesetzlich nicht geregelt, aber als Institut anerkannt; auf eine gesellschaftsvertragliche Regelung kommt es nicht an.[375] Das gilt auch für den Ausschluss des Mehrheitsgesellschafters[376] oder in der Zwei-Personen-GmbH[377] sowie in der Vorgesellschaft und dem Liquidationsverfahren.[378] Die Realstruktur der Gesellschaft (personalistisch oder kapitalistisch) beeinflusst nicht die Zulässigkeit, ggf. aber die Bewertung der Gründe für einen Ausschluss.[379] Hat ein Alleingesellschafter einen Teil seiner Beteiligung an einen Dritten verkauft und taucht vor Erfüllung ein wichtiger Grund in der Person des Erwerbers auf, wird die Erfüllungsverweigerung als ausreichend angesehen, um den Missstand zu beseitigen.[380]

366 *Kersting*, in: Baumbach/Hueck, GmbHG, § 34 Rn. 37.
367 BGH, NZG 2006, 425, 426: mehr als das Dreifache.
368 *Leitzen*, RNotZ 2009, 315, 316.
369 OLG Dresden, NZG 2000, 1042, 1043; *Kersting*, in: Baumbach/Hueck, GmbHG, § 34 Rn. 38; *Sosnitza*, in: Michalski, GmbHG, § 34 Rn. 74.
370 Vgl. BGH, NJW 1960, 1053, 1054; BGH, NJW 1989, 2685, 2686; *Sosnitza*, in: Michalski, GmbHG, § 34 Rn. 74.
371 *Kersting*, in: Baumbach/Hueck, GmbHG, § 34 Rn. 38; a.A. *Ulmer/Habersack*, in: Ulmer/Habersack/Löbbe, GmbHG, § 34 Rn. 79.
372 *Kersting*, in: Baumbach/Hueck, GmbHG, § 34 Rn. 38.
373 BayObLG, GmbHR 1983, 270, 271: 6 Jahre bei vollem Anteilswert ohne Verzinsung.
374 *Kersting*, in: Baumbach/Hueck, GmbHG, § 34 Rn. 38; *Sosnitza*, in: Michalski, GmbHG, § 34 Rn. 74; vgl. auch BGH, NJW 1989, 2685, 2686: 15 Jahre sittenwidrig, 10 Jahre offen gelassen.
375 BGHZ 16, 317, 322; *Kersting*, in: Baumbach/Hueck, GmbHG, § 34 Anh Rn. 2; *Sosnitza*, in: Michalski, GmbHG, Anh § 34 Rn. 6.
376 BGH, NJW 1953, 780, 784; restriktiver *v. Stetten*, GmbHR 1982, 105 ff.
377 BGHZ 16, 317, 322.
378 BGH, NJW 1953, 780, 784. Allerdings kann die Tatsache der Liquidation i.R.d. wichtigen Grundes zu berücksichtigen sein, OLG Frankfurt am Main, NZG 2002, 1022, 1023.
379 Vgl. *Kersting*, in: Baumbach/Hueck, GmbHG, § 34 Anh Rn. 2; anders noch etwa *Fichtner*, BB 1967, 17, 18.
380 BGHZ 35, 272 ff.; *Kersting*, in: Baumbach/Hueck, GmbHG, § 34 Anh Rn. 8.

II. Voraussetzungen

Der für den Ausschluss erforderliche wichtige Grund in der Person des Auszuschließenden liegt vor, 78
wenn Umstände in seiner Person oder seinem Verhalten unter Berücksichtigung aller Umstände des Einzelfalls den Fortbestand der Gesellschaft bzw. die Erreichung des Gesellschaftszwecks erheblich gefährden oder unmöglich machen und den übrigen Gesellschaftern sein Verbleib in der Gesellschaft daher nicht zugemutet werden kann.[381] Es hat eine Abwägung aller Umstände des Einzelfalls zu erfolgen.[382] Ein Verschulden des auszuschließenden Gesellschafters ist nicht zwingend erforderlich, sein Fehlen bzw. Vorliegen aber bei der Abwägung zu berücksichtigen.[383] Umstände aus dem privaten Bereich sind nur relevant, wenn sie unmittelbar gegen den Mitgesellschafter gerichtet oder geschäftsschädigend sind.[384] Ein Mitverschulden anderer Gesellschafter ist bei der Abwägung zu berücksichtigen, hindert den Ausschluss aber nicht zwingend, sondern nur dann, wenn ein gleiches oder überwiegendes Verschulden oder bei ihnen selbst ein Ausschlussgrund vorliegt.[385] Auch die Person eines Vertreters oder Treugebers kann zu berücksichtigen sein, wenn der Vertreter nicht nur vorübergehend tätig ist und keine Abberufung erfolgt bzw. der Treugeber maßgeblichen Einfluss ausübt.[386] Maßgeblich für die Gesellschafterstellung ist die Gesellschafterliste (§ 16); mit der Veräußerung und Umschreibung erledigt sich ein Ausschluss.[387] Aufgrund von Gründen in der Person des Hintermannes kann ggf. auch ein Strohmann ausgeschlossen werden.[388]

Insb. in folgenden Fällen wird (teilweise) ein wichtiger Grund bejaht: schwerwiegende Pflicht- 79
verletzung,[389] Vielzahl kleinerer Pflichtverletzungen,[390] Zerstörung des Vertrauensverhältnisses,[391] Verantwortlichkeit für heilloses Zerwürfnis zwischen den Gesellschaftern,[392] bedeutender Verstoß gegen ein Wettbewerbsverbot[393] sowie die Einräumung einer Unterbeteiligung an der Beteiligung zugunsten eines Konkurrenzunternehmens,[394] Denunziation eines Mitgesellschafters,[395] Verweigerung satzungsmäßig geschuldeter Mitarbeit,[396] Funktionsfähigkeit der Gesellschaft gefährdende längere Unerreichbarkeit,[397] Verlust der Familienzugehörigkeit bei Familiengesellschaft im Fall der familienbedingten Aufnahme nach Einheirat,[398] Verlust sonstiger gesellschaftsvertraglich vorgesehener Eigenschaften,[399] ungerechtfertigte ehrenrührige Äußerungen gegen Mitgesellschafter oder

381 BGH, NJW 1953, 780, 781; BGH, NJW 1977, 2316, 2317; BGH, DB 2013, 2675, 2676; OLG Hamm, GmbHR 1993, 660, 662; OLG Frankfurt am Main, GmbHR 1993, 659 f.; *Lutter/Kleindiek,* in: Lutter/Hommelhoff, GmbHG, § 34 Rn. 53; *Kersting,* in: Baumbach/Hueck, GmbHG, § 34 Anh Rn. 3.

382 *Sosnitza,* in: Michalski, GmbHG, Anh § 34 Rn. 15; Vgl. auch OLG Karlsruhe, NZG 2004, 335, 336: Eine bei Gründung bereits vorhandene ungünstige Struktur kann nicht als Ausschlussgrund geltend gemacht werden, dazu *Kersting,* in: Baumbach/Hueck, GmbHG, § 34 Anh Rn. 3.

383 *Kersting,* in: Baumbach/Hueck, GmbHG, § 34 Anh Rn. 3.

384 BGH, NJW 1973, 92 f.; *Kersting,* in: Baumbach/Hueck, GmbHG, § 34 Anh Rn. 3.

385 BGH, DB 1990, 929, 930; BGH, GmbHR 1991, 362, 363; BGH, ZIP 1995, 567, 569.

386 BGHZ 32, 17, 33; OLG München, BB 1997, 491, 419 f.

387 *Kersting,* in: Baumbach/Hueck, GmbHG, § 34 Anh Rn. 5.

388 BGH, 9, 157, 170.

389 BGH, NJW 1981, 2302, 2303; BGH, GmbHR 1987, 302, 303; OLG Frankfurt am Main, GmbHR 1980, 56, 57; OLG Düsseldorf, GmbHR 1999, 543, 546; OLG München, GmbHR 1994, 406, 409.

390 Vgl. OLG Brandenburg, GmbHR 1998, 193, 196; *Kersting,* in: Baumbach/Hueck, GmbHG, § 34 Anh Rn. 3.

391 BGH, NJW 1960, 866, 868; OLG Frankfurt am Main, GmbHR 1980, 56, 57.

392 BGH, DB 2013, 2675, 2676; BGHZ 80, 346, 349; BGH, GmbHR 1991, 362, 363.

393 OLG Nürnberg, GmbHR 1994, 252, 253; OLG Nürnberg, NJW-RR 2001, 403, 404.

394 *Sosnitza,* in: Michalski, GmbHG, Anh § 34 Rn. 10; a.A. OLG Frankfurt am Main, GmbHR 1992, 668, 668 f.: Ausschlussgrund erst dann, wenn unternehmerische Mitgestaltung im Sinne eines Treuhandverhältnisses vermittelt wird.

395 BGH, NJW 1969, 793, 794; OLG Hamm, GmbHR 1993, 743, 748.

396 OLG Hamm, GmbHR 1998, 1081, 1082; vgl. auch BGH, GmbHR 1984, 74, 75.

397 *Schmitz,* GmbHR 1971, 226, 228 f.

398 BGH, NJW 1973, 92, 92 f.

399 BGH, NJW 1953, 780, 780.

ihnen nahestehende Personen,[400] geschäftsschädigendes Verhalten in der Öffentlichkeit,[401] gesellschaftsrelevante kriminelle Handlungen,[402] Täuschungen bei Abschluss des Gesellschaftsvertrags.[403] Nicht ausreichend sollen folgende Gründe sein: gerichtliche Geltendmachung berechtigter Ansprüche gegen die Gesellschaft,[404] bloßes Versagen als Geschäftsführer,[405] Strafanzeige gegen andere Gesellschafter, wenn innergesellschaftliche Klärung gescheitert oder nicht möglich ist und von einer strafbaren Handlung ausgegangen werden kann.[406]

80 Der Ausschluss ist aufgrund der nicht vertraglichen, sondern gesetzlichen Grundlage nur *ultima ratio.*[407] Die Beteiligten sind aufgrund ihrer Treuepflicht zur Ausnutzung weniger einschneidender Möglichkeiten zur Erfolg versprechenden Beseitigung des Missstandes verpflichtet.[408] Zu denken ist insb. an die Abberufung als Geschäftsführer,[409] den Entzug von Sonderrechten,[410] die Einschaltung eines Vertreters zur Ausübung von Mitverwaltungsrechten[411] oder die Übertragung der Beteiligung auf einen Treuhänder,[412] die Pflegerbestellung gem. § 1911 BGB bei dauernder Unerreichbarkeit des Gesellschafters[413] oder die Teileinziehung zur Beseitigung einer querulatorischen Sperrminorität.[414] Der Entzug bestimmter einzelner Rechte wird auf gesellschaftsvertraglicher Basis für entziehbare Rechte mit Zustimmung des Betroffenen erwogen,[415] erscheint aber auch als Minus zum Ausschluss unter dessen Voraussetzungen diskussionswürdig.[416] Soweit die Mitwirkung des betreffenden Gesellschafters zur Umsetzung der milderen Maßnahme erforderlich ist, kann der Ausschluss erfolgen, wenn er die Mitwirkung verweigert.[417] Ggü. der Auflösungsklage hat die Ausschließungsklage bzw. der Ausschluss im Interesse des Fortbestands der Gesellschaft den Vorrang.[418]

81 Der Grundsatz der Kapitalaufbringung und -erhaltung ist zu beachten. Sind nicht alle Anteile des auszuschließenden Gesellschafters voll eingezahlt, ist ein Ausschluss wegen § 19 Abs. 2 nur zulässig, wenn Mitgesellschafter oder Dritte bereit sind, den Geschäftsanteil zu übernehmen.[419] Zudem muss die zu zahlende Abfindung aus freiem Vermögen i.S.d. § 30 Abs. 1 gezahlt werden können.[420] Eine Ausschlussklage ist daher abzuweisen, wenn feststeht, dass innerhalb angemessener Zeit eine

400 BGH, NJW 1969, 793, 794; OLG Frankfurt am Main, GmbHR 1980, 56, 57; OLG Jena, GmbHR 2005, 1566, 1567.

401 *Kersting*, in: Baumbach/Hueck, GmbHG, § 34 Anh Rn. 3.

402 BGH, GmbHR 1987, 302, 303; OLG Düsseldorf, GmbHR 1999, 543, 546.

403 BGH, GmbHR 1987, 302, 303.

404 OLG Hamm, GmbHR 1993, 656, 657; OLG Frankfurt am Main, GmbHR 1993, 659, 660.

405 OLG Hamm, GmbHR 1998, 1081, 1083.

406 BGH, NZG 2003, 530, 530.

407 Allgemeine Meinung: BGHZ 16, 317, 322; *Kersting*, in: Baumbach/Hueck, GmbHG, § 34 Anh Rn. 6; *Lutter/Kleindiek*, in: Lutter/Hommelhoff, GmbHG, § 34 Rn. 57; *Kort*, in: MünchHdbGesR, Bd. 3, § 29 Rn. 40 ff.

408 Vgl. *Kersting*, in: Baumbach/Hueck, GmbHG, § 34 Anh Rn. 6.

409 OLG Rostock, NZG 2002, 294, 294 f.

410 *Kersting*, in: Baumbach/Hueck, GmbHG, § 34 Anh Rn. 6 u. § 14 Rn. 19.

411 *Sosnitza*, in: Michalski, GmbHG, Anh § 34 Rn. 19; *Kersting*, in: Baumbach/Hueck, GmbHG, § 34 Anh Rn. 6.

412 *Kersting*, in: Baumbach/Hueck, GmbHG, § 34 Anh Rn. 6.

413 Vgl. *Schmitz*, GmbHR 1971, 226, 229.

414 *Kersting*, in: Baumbach/Hueck, GmbHG, § 34 Anh Rn. 6.

415 Vgl. *Sosnitza*, in: Michalski, GmbHG, Anh § 34 Rn. 19; *Seibt*, in: Scholz, GmbHG, Anh § 34 Rn. 34.

416 Vgl. die entsprechende Konstruktion bei §§ 117, 127 HGB über die Entziehung der Geschäftsführungsbefugnis oder die Vertretungsmacht.

417 *Sosnitza*, in: Michalski, GmbHG, Anh § 34 Rn. 19; Kersting, in: Baumbach/Hueck, GmbHG, § 34 Anh Rn. 6.

418 BGHZ 80, 346, 348 f.: Auflösungsklage abzuweisen, wenn gegen den Auflösungskläger die Ausschließung betrieben wird und gerechtfertigt erscheint; dazu *Sosnitza*, in: Michalski, GmbHG, Anh § 34 Rn. 19.

419 *Sosnitza*, in: Michalski, GmbHG, Anh § 34 Rn. 20; Kersting, in: Baumbach/Hueck, GmbHG, § 34 Anh Rn. 7; nicht eindeutig *Lutter/Kleindiek*, in: Lutter/Hommelhoff, GmbHG, § 34 Rn. 58.

420 BGH, DB 2011, 1517, 1518; *Lutter/Kleindiek*, in: Lutter/Hommelhoff, GmbHG, § 34 Rn. 58.

Verwertung der Anteile des auszuschließenden Gesellschafters oder die Zahlung der Abfindung aus freiem Vermögen nicht möglich sein werden.[421] Etwas anderes gilt wiederum, wenn sich die verbleibenden Gesellschafter zur Zahlung verpflichten oder ein Mitgesellschafter oder Dritter zur Übernahme gegen Zahlung der »Abfindung« verpflichtet. Diese Möglichkeit muss im konkreten Fall aber auch tatsächlich bestehen.[422] Offen gelassen hat der BGH, ob dies im Beschluss festzusetzen ist.

III. Verfahren

Der Ausschluss erfolgt durch gerichtliches Gestaltungsurteil aufgrund einer Ausschließungsklage. 82
Über die Erhebung der Ausschließungsklage ist ein Gesellschafterbeschluss zu fassen, und zwar nach BGH und herrschender Meinung mit Dreiviertelmehrheit.[423] Der auszuschließende Gesellschafter hat kein Stimmrecht.[424] Bei einheitlichem Ausschließungsgrund sind auch andere davon betroffene Gesellschafter vom Stimmrecht ausgeschlossen.[425] In der Zwei-Personen-Gesellschaft bedarf es keines Gesellschafterbeschlusses.[426] Das Fehlen eines erforderlichen Beschlusses führt zur Klageabweisung der Ausschließungsklage als unbegründet.[427] Anfechtbar ist der Gesellschafterbeschluss nur wegen formaler Mängel. Die materiellen Voraussetzungen für den Ausschluss sind allein Gegenstand der Ausschließungsklage.[428] Im Einzelfall können die Mitgesellschafter aufgrund ihrer Treuepflicht zur Zustimmung verpflichtet sein.

Die Ausschließungsklage wird namens der Gesellschaft durch die Geschäftsführer erhoben.[429] Die 83
Gesellschafter können analog § 46 Nr. 8 einen besonderen Prozessvertreter bestellen.[430] In der Zwei-Personen-Gesellschaft ist nach herrschender Meinung – ggf. daneben – auch der andere Gesellschafter als Prozessstandschafter klagebefugt.[431]

IV. Rechtsfolgen des Ausschlusses

1. Abfindung

Der ausgeschlossene Gesellschafter hat einen gesetzlichen Anspruch auf Abfindung des vollen 84
Wertes seiner Beteiligung, also des Verkehrswertes (Rdn. 60 f.).[432] Ggf. können gesellschaftsvertragliche Abfindungsregelungen, die nicht unmittelbar für den Ausschluss, sondern in anderem

421 BGH, DB 2011, 1517, 1518; BGH, NJW 1953, 780, 783; zum Ausschließungsbeschluss OLG Celle, NZG 1998, 29, 30 f.
422 BGH, DB 2011, 1517, 1518.
423 BGHZ 153, 285, 288 f.; BGH, NZG 2003, 284, 285; OLG Frankfurt am Main, DB 1979, 2127 f.; *Kersting*, in: Baumbach/Hueck, GmbHG, § 34 Anh Rn. 9; *Sosnitza*, in: Michalski, GmbHG, Anh § 34 Rn. 25; *Lutter/Kleindiek*, in: Lutter/Hommelhoff, GmbHG, § 34 Rn. 61; a.A. (einfache Mehrheit wegen § 60 Abs. 1 Nr. 2): OLG Köln, NZG 2001, 82, 83; *K. Schmidt*, Gesellschaftsrecht, § 35 IV 2c (S. 1062).
424 BGH, NJW 1953, 780, 784; OLG Düsseldorf, GmbHR 1999, 543, 544; OLG Stuttgart, WM 1989, 1252, 1253.
425 *Kersting*, in: Baumbach/Hueck, GmbHG, § 34 Anh Rn. 9.
426 BGH, GmbHR 1999, 1194, 1196; OLG Jena, GmbHR 2005, 1566, 1567; *Sosnitza*, in: Michalski, GmbHG, Anh § 34 Rn. 26.
427 *Sosnitza*, in: Michalski, GmbHG, Anh § 34 Rn. 26; *Kersting*, in: Baumbach/Hueck, GmbHG, § 34 Anh Rn. 9; a.A. *H. Seibt*, in: Scholz, GmbHG, Anh § 34 Rn. 38: Klage unzulässig.
428 BGHZ 153, 285, 287.
429 Vgl. OLG Dresden, GmbHR 1997, 746, 747; OLG Düsseldorf, GmbHR 1999, 543, 545; *Sosnitza*, in: Michalski, GmbHG, Anh § 34 Rn. 27.
430 *Sosnitza*, in: Michalski, GmbHG, Anh § 34 Rn. 27; *Kersting*, in: Baumbach/Hueck, GmbHG, § 34 Anh Rn. 8 und 8a.
431 *Sosnitza*, in: Michalski, GmbHG, Anh § 34 Rn. 28; *Kersting*, in: Baumbach/Hueck, GmbHG, § 34 Anh Rn. 8 und 8a; *Lutter/Kleindiek*, in: Lutter/Hommelhoff, GmbHG, § 34 Rn. 63; a.A. z.B. OLG Nürnberg, BB 1970, 1371, 1372; *Kirchner*, GmbHR 1961, 160, 161.
432 BGHZ 16, 317, 322; BGHZ 32, 17, 23; *Kersting*, in: Baumbach/Hueck, GmbHG, § 34 Anh Rn. 11.

Zusammenhang vorgesehen sind, auch für den Ausschluss beachtlich sein.[433] Bewertungsstichtag ist grds. der Tag der Klageerhebung. Wird der (wirksame) Beschluss über die Klageerhebung später gefasst oder werden andere materielle oder formelle Voraussetzungen des Ausschlusses später verwirklicht, ist dieser spätere Zeitpunkt maßgeblich.[434]

2. Schicksal der Geschäftsanteile

85 Anders als die Einziehung ist der Ausschluss nicht auf konkrete Geschäftsanteile bezogen, sondern gegen den Gesellschafter und damit seine Mitgliedschaft insgesamt gerichtet.[435] Er führt nicht zum Untergang der Anteile des ausgeschlossenen Gesellschafters.[436] Der BGH hat in einer älteren Entscheidung den automatischen Anfall an die Gesellschaft angenommen.[437] Gegen das Verständnis im Sinne eines automatischen Rechtsträgerwechsels spricht, dass die Voraussetzungen des § 33 nicht immer erfüllt sein werden.[438] Teilweise werden die Anteile als vorübergehend trägerlos angesehen.[439] Andere halten dies für nicht entscheidend, sondern stellen nur darauf ab, dass jedenfalls die Verfügungsbefugnis und damit das Verwertungsrecht an die Gesellschaft fallen.[440] Die Gesellschaft kann die Anteile des ausgeschlossenen Gesellschafters deshalb an sich, an einen Mitgesellschafter oder an einen Dritten abtreten oder sie einziehen, jeweils auch nach Teilung oder Zusammenlegung.[441] Richtigerweise kommt es dabei auf eine Mitwirkung des Ausgeschlossenen nicht mehr an.[442] Möglich ist auch eine Vernichtung durch Kapitalherabsetzung, insb. wenn die Anteile nicht voll eingezahlt sind.[443] Diese Möglichkeiten können auch kombiniert werden.[444] Eine Einziehung ist möglich, ohne dass sie im Gesellschaftsvertrag vorgesehen sein oder der ausgeschlossene Gesellschafter zustimmen müsste.[445] Einziehung und Rückerwerb haben allerdings die Voraussetzungen der §§ 33, 34 Abs. 3 zu beachten.[446] Über die Verwertung entscheidet die Gesellschafterversammlung analog § 46 Nr. 4 mit einfacher Mehrheit.[447] Mit Blick auf einen gutgläubigen Erwerb gem. § 16 Abs. 3 ist für eine rechtzeitige Korrektur der Gesellschafterliste Sorge zu tragen. Der zeitliche Ablauf hängt vom Verhältnis von Ausschlussurteil und Abfindungsanspruch ab.

433 Vgl. BGH, NZG 2002, 176, 176 f.

434 *Kersting*, in: Baumbach/Hueck, GmbHG, § 34 Anh Rn. 11; *Sosnitza*, in: Michalski, GmbHG, Anh § 34 Rn. 34.

435 *Sosnitza*, in: Michalski, GmbHG, Anh § 34 Rn. 36.

436 BGH, NJW 2000, 32, 35; *Kersting*, in: Baumbach/Hueck, GmbHG, § 34 Anh Rn. 10.

437 Vgl. noch BGH, NJW 1953, 780, 782.

438 *Kersting*, in: Baumbach/Hueck, GmbHG, § 34 Anh Rn. 10; *Sosnitza*, in: Michalski, GmbHG, Anh § 34 Rn. 39.

439 In Anlehnung an die auch zur Kaduzierung vertretene Ansicht: OLG Düsseldorf, DB 2007, 848, 850; *Ulmer/Habersack*, in: Ulmer/Habersack/Löbbe, GmbHG, § 34 Anh Rn. 39; offen gelassen von BGH, ZIP 2003, 1544, 1546.

440 *Sosnitza*, in: Michalski, GmbHG, Anh § 34 Rn. 39; vgl. auch Kersting, in: Baumbach/Hueck, GmbHG, § 34 Anh Rn. 10.

441 *Strohn*, in: MünchKommGmbHG, § 34 Rn. 117 f.; *Sosnitza*, in: Michalski, GmbHG, Anh § 34 Rn. 40; *Kersting*, in: Baumbach/Hueck, GmbHG, § 34 Anh Rn. 10.

442 *Sosnitza*, in: Michalski, GmbHG, Anh § 34 Rn. 40; wohl auch *Kersting* in: Baumbach/Hueck, GmbHG, § 34 Anh Rn. 10.

443 *Strohn*, in: MünchKommGmbHG, § 34 Rn. 117. Voraussetzung ist, dass das Mindeststammkapital nach § 5 Abs. 1 nicht unterschritten wird.

444 BGH, NJW 1953, 780, 782; *Sosnitza*, in: Michalski, GmbHG, Anh § 34 Rn. 40.

445 BGH, NJW 1977, 2316, 2316; *Strohn*, in: MünchKommGmbHG, § 34 Rn. 118; *Kersting*, in: Baumbach/Hueck, GmbHG, § 34 Anh Rn. 10. Die übrigen Einziehungsvoraussetzungen (§ 34 Abs. 3, § 19 Abs. 2) müssen allerdings vorliegen.

446 *Kersting*, in: Baumbach/Hueck, GmbHG, § 34 Anh Rn. 10.

447 *Strohn*, in: MünchKommGmbHG, § 34 Rn. 118; *Sosnitza*, in: Michalski, GmbHG, Anh § 34 Rn. 40.

3. Verhältnis von Ausschlussurteil und Abfindungsanspruch – Zeitlicher Ablauf und Rechtsstellung des Gesellschafters

Der ausgeschlossene Gesellschafter soll seine Beteiligung gegen seinen Willen nicht verlieren, ohne die Abfindung zu erhalten. Insb. wenn kein auseichend freies Vermögen vorhanden ist (§ 30 Abs. 1), läuft der Ausgeschlossene Gefahr, seine Beteiligung faktisch entschädigungslos zu verlieren, wenn der Ausschluss bereits mit Rechtskraft des Ausschlussurteils wirksam wird, ohne dass die Abfindung bereits gezahlt sein muss. BGH und herrschende Meinung gehen bislang davon aus, dass das Ausschlussurteil unter der aufschiebenden Bedingung der vollständigen Zahlung der im Urteil festzusetzenden Abfindung innerhalb der im Urteil ebenfalls festzusetzenden angemessenen Zahlungsfrist ergeht, falls die Gesellschaft nicht den Abfindungsbetrag hinterlegt.[448] Damit ist die Urteilsfindung von den Schwierigkeiten abhängig, die mit der Bewertung verbunden sind, was zu wesentlichen Verzögerungen des Verfahrens führen kann.[449] Dies wird nur dadurch entschärft, dass der BGH einen Ausschluss ohne endgültige Festsetzung der Abfindung für zulässig hält, wenn der Auszuschließende nicht nach allen Kräften die Wertfestsetzung ermöglicht.[450] Darüber hinaus kann über die Berechtigung zur Ausschließung durch Zwischenfeststellungsurteil entschieden werden, solange die Höhe der Abfindung noch nicht feststeht.[451] Dies führt allerdings noch nicht zum Ausschluss. Für den Zeitraum zwischen Rechtskraft des Ausschlussurteils und Zahlung der Abfindung besteht die Mitgliedschaft fort. Das Stimmrecht des Auszuschließenden soll nur bei solchen Maßnahmen ausgeschlossen sein, die der Durchführung des Ausschlusses dienen.[452] Trotz dieser Abmilderungen bleibt das Problem, dass es für die Funktionsfähigkeit der Gesellschaft gerade im Fall des Ausschlusses aus wichtigem Grund häufig auf dessen sofortiges Wirksamwerden ankommt. 86

Aus jüngeren Entscheidungen ergeben sich Anzeichen, dass der BGH sich von dieser Rechtsprechung abwenden könnte.[453] Jedenfalls hält der BGH es für zulässig, gesellschaftsvertraglich die Verknüpfung von Abfindungsfrage und Ausschlusswirkungen aufzuheben.[454] Vor diesem Hintergrund sollte der Gesellschaftsvertrag vorsehen, dass ein Ausschluss eines Gesellschafters unabhängig von der Abfindungszahlung unmittelbar mit der Rechtskraft des Gestaltungsurteils oder der Fassung des Gesellschafterbeschlusses und seiner Mitteilung wirksam wird. Bestehen keine entsprechenden gesellschaftsvertraglichen Regelungen, scheint die Frage derzeit wohl noch offen zu sein. Das KG lässt den Ausschluss auch bei Fehlen ausreichend freier Mittel für die Abfindung zu und hebt die Verknüpfung der Ausschlusswirkung mit der Abfindungszahlung gänzlich auf.[455] In der Literatur finden sich verschiedene Lösungsansätze. Teilweise wird statt von einer aufschiebenden 87

448 Vgl. BGH, NJW 1953, 780, 783; BGHZ 16, 317, 325; OLG Hamm, DB 1992, 2181, 2182; OLG Jena, NZG 2006, 36, 38; OLG Düsseldorf, NZG 2007, 286, 287 f.; *Lutter/Kleindiek*, in: Lutter/Hommelhoff, GmbHG, § 34 Rn. 63; *Seibt*, in: Scholz, GmbHG, Anh § 34 Rn. 39 u. 43; *Kersting*, in: Baumbach/Hueck, GmbHG, § 34 Anh Rn. 12.

449 Vgl. zu der daran anknüpfenden Kritik an der Rechtsprechung und h.M. *Ulmer/Habersack*, in: Ulmer/Habersack/Löbbe, GmbHG, § 34 Anh Rn. 35 u. 37.

450 BGHZ 16, 317, 325; vgl. auch OLG Hamm, DB 1992, 2181, 2182; *Lutter/Kleindiek*, in: Lutter/Hommelhoff, GmbHG, § 34 Rn. 63; *Kersting*, in: Baumbach/Hueck, GmbHG, § 34 Anh Rn. 12.

451 *Kersting*, in: Baumbach/Hueck, GmbHG, § 34 Anh Rn. 12.

452 BGH, NJW 1953, 780, 783; BGHZ 88, 320, 324.

453 BGHZ 139, 299, 301 f. hat die Behandlung offen gelassen; BGH, NZG 2003, 871, 872 betont die durch diesen Ansatz entstehende schwierige Schwebelage; vgl. auch *Kersting*, in: Baumbach/Hueck, GmbHG, § 34 Anh Rn. 14: nicht fernliegend, dass BGH auch bei Ausschluss anteilige Ausfallhaftung annimmt, und selbst wohl die Bedingungslösung unter Rn. 15a ablehnend.

454 BGH, NZG 2003, 871, 872.

455 KG, NZG 2006, 437, 438, allerdings mit extremem Sachverhalt zuungunsten des betreffenden Gesellschafters; vgl. auch *Löwe/Thoß*, NZG 2003, 1005, 1006.

von einer auflösenden Bedingung ausgegangen.[456] Ein weiterer Vorschlag zieht eine sofortige Ausschlusswirkung des Urteils unter Gewährung eines unmittelbaren Zahlungsanspruchs gegen die Mitgesellschafter *pro rata* in Betracht.[457] Andere lassen die Verfügungsbefugnis über die Anteile mit sofortiger Wirkung auf die Gesellschaft übergehen und verweisen den betroffenen Gesellschafter bei nicht rechtzeitiger Zahlung der Abfindung analog § 61 Abs. 2 auf die Auflösungsklage und den Liquidationsüberschuss.[458] Letztlich stellt sich die Frage, ob der BGH seine jüngste Rechtsprechung zur Zwangseinziehung (Unabhängigkeit des Ausschlusses von der Abfindungszahlung bei Haftung der verbleibenden Gesellschafter, vgl. Rn. 27 ff.)[459] auf den Ausschluss übertragen wird.[460] Ein vom BGH bzgl. der Zwangseinziehung vorgebrachtes Argument scheint dagegen zu sprechen. Der BGH führt aus, dass der von der Einziehung betroffene Gesellschafter wegen seiner antizipierten Zustimmung zur Einziehung bei Schaffung der Satzungsgrundlage weniger schutzwürdig sei als ein Gesellschafter, der ohne eine solche Bestimmung im Gesellschaftsvertrag ausgeschlossen wird.[461] Sodann grenzt der BGH die Einziehung vor diesem Hintergrund ausdrücklich von der Ausschließung des Gesellschafters durch Klage ab, die ohne seine Zustimmung möglich sei *»und bei der nach der bisherigen Rspr. des BGH die Wirkung des Ausschließungsurteils von der Zahlung des Abfindungsentgeltes abhängt«*.[462] Sieht man diese Erwägung als tragend an, dürfte dies gegen eine Übertragung der Rechtsprechung zur Einziehung auf die Ausschließungsklage sprechen.[463]

88 Soweit an der bisherigen Rechtsprechung des BGH festgehalten wird, sollte zumindest die Festsetzung der Abfindung, der Zahlungsfrist und der Folge einer verspäteten Zahlung im Urteil nur auf Antrag des auszuschließenden Gesellschafters vorgenommen werden.[464] Wird ein solcher Antrag gestellt, sollte die Abfindung zur Vermeidung einer übermäßigen Verlängerung des Ausschlussrechtsstreits aufgrund von Bewertungsschwierigkeiten zudem auf der Grundlage des § 287 ZPO vorläufig festgesetzt werden und die Endgültigkeit der Ausschlusswirkung des Gestaltungsurteils nur an die Zahlung dieses Betrags geknüpft werden können.[465] Für den Zeitraum zwischen der Rechtskraft des Ausschlussurteils und der Abfindungszahlung sollte weiter gehend als die Ansicht des BGH im Interesse der Funktionsfähigkeit der Gesellschaft das sofortige Ruhen sämtlicher Gesellschafterrechte bereits mit Rechtskraft des Ausschlussurteils angenommen werden.[466] Die Mitgesellschafter haben auf die Interessen des Ausgeschlossenen Rücksicht zu nehmen. Denkbar sind

456 *Ulmer/Habersack*, in: Ulmer/Habersack/Löbbe, GmbHG, § 34 Anh Rn. 37. Dagegen wegen der Rückabwicklungsprobleme *Sosnitza*, in: Michalski, GmbHG, Anh § 34 Rn. 30 f.; *Lutter/Kleindiek*, in: Lutter/Hommelhoff, GmbHG, § 34 Rn. 63.

457 *Altmeppen*, in: Roth/Altmeppen, GmbHG, § 60 Rn. 99. Dagegen spricht die Mithaftung überstimmter Minderheitsgesellschafter, vgl. *Sosnitza*, in: Michalski, GmbHG, Anh § 34 Rn. 30.

458 *Kersting*, in: Baumbach/Hueck, GmbHG, § 34 Anh Rn. 12 und 12a, aber auch 15a/b.

459 BGH, GmbHR 2012, 387, 388 ff.

460 Als nicht fernliegend bezeichnet von *KerstingKersting*, in: Baumbach/Hueck, GmbHG, Anh § 34 Rn. 14; ausdrücklich von der Richtigkeit einer Übertragung der Rspr. des BGH zur Zwangseinziehung auf die Ausschließungsklage ausgehend *Lutter/Kleindiek*, in: Lutter/Hommelhoff, GmbHG, § 34 Rn. 64, wonach von einer unbedingten Urteilswirkung auszugehen sei.

461 BGH, GmbHR 2012, 387, 389.

462 BGH, GmbHR 2012, 387, 389.

463 Gegen eine Übertragung *Blath*, GmbHR 2012, 657, 662.

464 *Sosnitza*, in: Michalski, GmbHG, Anh § 34 Rn. 32 mit Verweis auf § 208 Abs. 1 RegE GmbHG 1971/1973; *Ulmer/Habersack*, in: Ulmer/Habersack/Löbbe, GmbHG, § 34 Anh Rn. 38; *Altmeppen*, in: Roth/Altmeppen, GmbHG, § 60 Rn. 97.

465 *Sosnitza*, in: Michalski, GmbHG, Anh § 34 Rn. 32; vgl. auch *Ulmer/Habersack*, in: Ulmer/Habersack/Löbbe, GmbHG, § 34 Anh Rn. 38; *Raiser/Veil*, Recht der Kapitalgesellschaften, 4. Aufl. 2006, § 30 Rn. 78 ff.; *Görner*, in: Rowedder/Schmidt-Leithoff, GmbHG, § 34 Rn. 92.

466 *Sosnitza*, in: Michalski, GmbHG, Anh § 34 Rn. 37 f. Zum Wegfall des Gewinnanspruchs vgl. auch *KerstingKersting*, in: Baumbach/Hueck, GmbHG, § 34 Anh Rn. 15.

auch vorläufige Regelungen zum Schutz des Ausgeschlossenen im Wege des einstweiligen Rechtsschutzes.[467] Praktisch entscheidend ist letztlich die Frage, ob man einen Ausschluss im Ergebnis auch dann zulassen will, wenn die Abfindung nicht oder nicht binnen angemessener Frist gezahlt werden kann oder ob man das Scheitern der Gesellschaft in Kauf nimmt bzw. sämtliche Gesellschafter auf eine Auflösung der Gesellschaft verweist. Hält man mit dem KG Letzteres für möglich, muss jedenfalls auf der Ebene des wichtigen Grundes eine über die normalen Anforderungen des wichtigen Grundes hinausgehende besondere Rechtfertigung für den Ausschluss bestehen, die dem Auszuschließenden zuzurechnen ist. Der Abfindungsanspruch bleibt, wenn auch zunächst unerfüllbar, bestehen.

Der Abfindungsanspruch entsteht insgesamt und wird insgesamt fällig mit der Rechtskraft des Ausschlussurteils, unabhängig davon, ob eine vorläufige Abfindung festgesetzt wird und wann ggf. die endgültige Abfindung ermittelt ist.[468] Die Funktion der Setzung einer angemessenen Zahlungsfrist sollte allein darin gesehen werden, die Wirkungen des Ausschlussurteils zu begrenzen, nicht aber die Fälligkeit und Durchsetzbarkeit des Abfindungsanspruchs zu hindern. Eine gesetzliche Verzinsungspflicht besteht nicht.[469] Der (bedingt) Ausgeschlossene ist in der Zeit nach Rechtskraft des Ausschlussurteils bis zur Abfindungszahlung befugt, über seine Geschäftsanteile zu verfügen.[470] Erfolgt die Abfindungszahlung nicht innerhalb der dafür gesetzten Frist, stehen dem Gesellschafter nicht nur wieder sämtliche Mitgliedschaftsrechte voll zu, sondern das Ausschlussurteil wird insgesamt hinfällig und entfaltet keine Wirkungen mehr.[471] 89

V. Gesellschaftsvertragliche Regelungen

Im Gesellschaftsvertrag können die Voraussetzungen und das Verfahren des Ausschlusses sowie die Verwertung und die Abfindung geregelt werden. Insb. können Ausschlussgründe präzisiert und auch ggü. den Anforderungen des wichtigen Grundes erweitert werden.[472] Insoweit gelten die für die Einziehung geltenden Grenzen (Rdn. 19 ff.). Gesetzlich als solche anerkannte wichtige Gründe können hingegen nicht ausgeschlossen werden, da der Ausschluss aus wichtigem Grund nicht abdingbar ist.[473] Die Vereinbarung eines strengeren Beurteilungsmaßstabs, der sich auch aus vereinbarten Gründen im Wege der Auslegung ergeben kann, soll zulässig sein.[474] Die nachträgliche Einführung solcher Klauseln setzt die Zustimmung sämtlicher Gesellschafter voraus. Die Erweiterung der Ausschlussmöglichkeiten setzt die Zustimmung der davon betroffenen Gesellschafter voraus.[475] 90

Hinsichtlich des Verfahrens kann der Gesellschaftsvertrag den Ausschluss durch rechtsgestaltenden Gesellschafterbeschluss statt durch Ausschlussklage vorsehen.[476] Eine Ausschlussklage ist dann 91

467 Vgl. auch *Kersting*, in: Baumbach/Hueck, GmbHG, § 34 Anh Rn. 15.
468 A.A. *Sosnitza*, in: Michalski, GmbHG, Anh § 34 Rn. 35: hinsichtlich vorläufiger Abfindung im Urteil nur Obliegenheit der Gesellschaft, hinsichtlich »restlicher« Abfindung Fälligkeit mit Wirksamwerden des Ausschlussurteils durch Bedingungseintritt in Form der Zahlung der vorläufigen Abfindung. Anders auch *Ulmer/Habersack*, in: Ulmer/Habersack/Löbbe, GmbHG, § 34 Anh Rn. 43.
469 *Sosnitza*, in: Michalski, GmbHG, Anh § 34 Rn. 35.
470 *Sosnitza*, in: Michalski, GmbHG, Anh § 34 Rn. 38 mit Verweis auf die Vorschriften der §§ 160 ff. BGB; a.A. *Ulmer/Habersack*, in: Ulmer/Habersack/Löbbe, GmbHG, § 34 Anh Rn. 37 u. 39.
471 *Seibt*, in: Scholz, GmbHG, Anh § 34 Rn. 46; *Kersting*, in: Baumbach/Hueck, GmbHG, § 34 Anh Rn. 15; vgl. auch *Ulmer/Habersack*, in: Ulmer/Habersack/Löbbe, GmbHG, § 34 Anh Rn. 37.
472 Vgl. nur BGH, NJW 1983, 2880, 2881; BGH, BB 1977, 563, 564.
473 *Ulmer/Habersack*, in: Ulmer/Habersack/Löbbe, GmbHG, § 34 Anh Rn. 19; *Kersting*, in: Baumbach/Hueck, GmbHG, § 34 Anh Rn. 16.
474 *Sosnitza*, in: Michalski, GmbHG, Anh § 34 Rn. 41.
475 Vgl. auch BGH, DStR 1991, 1597, 1597 f.
476 BGHZ 32, 17, 22; BGH, GmbHR 1991, 362, 362 f.; OLG Oldenburg, GmbHR 1992, 667, 668 f.;*Kersting*, in: Baumbach/Hueck, GmbHG, § 34 Anh Rn. 16.

mangels Rechtsschutzbedürfnisses unzulässig, wenn nicht die Wirksamkeit der Klausel in Zweifel steht.[477] Die gesellschaftsvertraglich vorgesehene Möglichkeit der Einziehung macht eine Ausschlussklage nicht generell unzulässig, da Einziehung und Ausschluss unterschiedliche Grundlagen, Voraussetzungen und Zielrichtungen haben.[478] Mängel des Ausschließungsbeschlusses sind auch mit Blick auf die materiellen und verfahrensrechtlichen Voraussetzungen des Ausschlusses im Wege der Anfechtungs- bzw. Nichtigkeitsklage geltend zu machen.[479] Der Rechtsweg kann nicht generell ausgeschlossen werden; das Vorsehen eines Schiedsgerichts ist aber zulässig.[480] Die Abhängigkeit der Wirksamkeit der Ausschließung von der Zahlung der Abfindung kann gesellschaftsvertraglich aufgehoben und die Ausschließung sowohl durch Ausschlussklage als auch durch rechtsgestaltenden Beschluss als sofort wirksam vereinbart werden.[481] Ohne eine solche Vereinbarung hängt die Wirksamkeit des Gesellschafterbeschlusses von der Zahlung der vollen Abfindung ab. Anders als i.R.d. Ausschlussurteilsverfahrens hat der betreffende Gesellschafter keine Möglichkeit, wie im Urteilsverfahren über einen Antrag auf einen entsprechenden Vorbehalt hinzuwirken.[482]

92 Mit Blick auf die Verwertung des Geschäftsanteils kann der Gesellschaftsvertrag die Verwertungsart bestimmen.[483] Auch die Zuständigkeit kann von der Gesellschafterversammlung auf andere Organe übertragen werden.[484] Art, Höhe und Zahlungsmodalitäten der Abfindung können geregelt werden.[485] Es gelten die Ausführungen zur Einziehung entsprechend.

K. Austritt eines Gesellschafters

I. Zulässigkeit

93 Der freiwillige Austritt eines Gesellschafters (Kündigung) ist nicht geregelt, aber als gesetzliches Recht allgemein anerkannt.[486] Dies gilt auch bei reiner Kapitalbeteiligung. Die Realstruktur kann sich aber i.R.d. wichtigen Grundes auswirken.[487]

II. Voraussetzungen

94 Nach herrschender Meinung setzt der Austritt das Vorliegen eines wichtigen Grundes voraus.[488] Von Gesetzes wegen ist ein ordentliches Austrittsrecht mangels entsprechender gesetzlicher Regelung

477 OLG Stuttgart, GmbHR 1989, 466, 467; *Kersting*, in: Baumbach/Hueck, GmbHG, § 34 Anh Rn. 16; *Sosnitza*, in: Michalski, GmbHG, Anh § 34 Rn. 42.

478 OLG Düsseldorf, GmbHR 1999, 543, 544; a.A. *Kersting*, in: Baumbach/Hueck, GmbHG, § 34 Anh Rn. 16.

479 Vgl. BGH, GmbHR 1991, 362, 363; OLG Stuttgart, GmbHR 1989, 466, 467; *Sosnitza*, in: Michalski, GmbHG, Anh § 34 Rn. 42.

480 *Kersting*, in: Baumbach/Hueck, GmbHG, § 34 Anh Rn. 16.

481 BGH, NZG 2009, 221, 221 f.; vgl. auch BGH, NZG 2003, 871, 872.

482 KG, GmbHR 1999, 1202, 1204; *Sosnitza*, in: Michalski, GmbHG, Anh § 34 Rn. 42.

483 BGH, GmbHR 1984, 74, 74 f.: Unmittelbare Ermächtigung an Gesellschaft, Anteil auf einen Dritten zu übertragen; OLG Dresden, NZG 2000, 429, 430: Bestimmung, dass Einziehung unter der aufschiebenden Bedingung zu beschließen ist, dass Betroffener einer Übertragung nicht innerhalb einer bestimmten Frist zustimmt; BGH, NJW 1977, 2316, 2316: Verbindung von Ausschluss und Einziehung in einem Akt; BGH, NJW 1983, 2880, 2881: Sofortiger Übergang der Anteile durch Beschluss der Gesellschafterversammlung an den im Beschluss Benannten (notarielle Beurkundung erforderlich).

484 *Sosnitza*, in: Michalski, GmbHG, Anh § 34 Rn. 42.

485 *Sosnitza*, in: Michalski, GmbHG, Anh § 34 Rn. 42.

486 RGZ 128, 1, 16; BGHZ 116, 359, 369; OLG München, DB 1990, 473, 474; *Kersting*, in: Baumbach/Hueck, GmbHG, § 34 Anh Rn. 18. Spezialfälle eines Austrittsrechts aus der GmbH finden sich in § 18 Abs. 3 Fünftes Vermögensbildungsgesetz sowie in §§ 29 Abs. 1, 125, 176, 177, 207 UmwG.

487 *Kersting*, in: Baumbach/Hueck, GmbHG, § 34 Anh Rn. 18.

488 Vgl. *Sosnitza*, in: Michalski, GmbHG, Anh § 34 Rn. 47; *Ulmer/Habersack*, in: Ulmer/Habersack/Löbbe, GmbHG, § 34 Anh Rn. 51; *Kersting*, in: Baumbach/Hueck, GmbHG, § 34 Anh Rn. 21.

wie in §§ 723, 724 BGB, §§ 132, 134 HGB nicht anzuerkennen.[489] Ein wichtiger Grund liegt vor, wenn Umstände gegeben sind, die dem Austrittswilligen den Verbleib in der Gesellschaft unter Berücksichtigung aller weiteren Umstände des Einzelfalls unzumutbar machen.[490] In Betracht kommen Verhältnisse der Gesellschaft, aber auch Umstände in der Sphäre, insb. im Verhalten der Mitgesellschafter.[491] Ein wichtiger Grund kann auch in der Person des Austrittswilligen liegen.[492] Ein Verschulden der Mitgesellschafter ist nicht erforderlich.[493] Ein Mitverschulden des Austrittswilligen schließt das Vorliegen eines wichtigen Grundes nicht von vornherein aus.[494] Unberücksichtigt bleiben grds. Umstände, deren Herbeiführung der Austrittswillige zugestimmt hat. Dies gilt nicht, wenn er aufgrund der Treuepflicht zur Zustimmung verpflichtet war.[495] Maßgeblich ist auch hier eine umfassende Abwägung im Einzelfall.[496] Ergibt sich der wichtige Grund aus einer Risikoerhöhung, muss der Austrittswillige unverzüglich austreten und darf nicht erst abwarten, ob sich das Risiko verwirklicht.[497]

95 Ein Austrittsgrund kann bspw. in folgenden Fällen anzunehmen sein: grundlegende Umgestaltung der Gesellschaftsstruktur unter erheblicher Beeinflussung der Gesellschafterstellung;[498] relevante Erhöhung des Ausfallrisikos durch Kapitalerhöhung;[499] ausnahmsweise krasses, treuwidriges »Aushungern« durch Verweigerung der Gewinnausschüttung durch Mehrheit.[500] Nicht ausreichend ist i.d.R. bloße unangemessen hohe Thesaurierung,[501] dringender Geldbedarf des Gesellschafters,[502] mehrfache Verweigerung der Zustimmung zur Übertragung der Beteiligung im Fall der Vinkulierung.[503]

96 Der Austritt aus wichtigem Grund ist ultima ratio und daher unzulässig, wenn weniger einschneidende Mittel zur Beseitigung der Situation bestehen.[504] In Betracht zu ziehen ist insb. die Veräußerung der Anteile an einen Dritten oder einen Mitgesellschafter, auch wenn damit finanzielle Einbußen für den Austrittswilligen verbunden sind. Andernfalls hätten die Mitgesellschafter das Beteiligungsrisiko zu tragen. Das ist aber allenfalls dann gerechtfertigt, wenn die die Unzumutbarkeit des Verbleibs in der Gesellschaft begründenden Umstände in der Sphäre der Gesellschaft bzw. der Mitgesellschafter liegen.[505] Darüber hinaus sind andere zur Verfügung

489 A.A z.B. *Vollmar*, DB 1983, 93, 95 (bei Vinkulierung); *Wiedemann*, Gesellschaftsrecht I, 1980, § 7 IV 2b (S. 400, 402) (bei persönlicher Nebenleistungspflicht); einschränkend *Altmeppen*, in: Roth/Altmeppen, GmbHG, § 60 Rn. 112.

490 Vgl. *Sosnitza*, in: Michalski, GmbHG, Anh § 34 Rn. 50; *Ulmer/Habersack*, in: Ulmer/Habersack/Löbbe, GmbHG, § 34 Anh Rn. 51; *Kersting*, in: Baumbach/Hueck, GmbHG, § 34 Anh Rn. 19.

491 *Sosnitza*, in: Michalski, GmbHG, Anh § 34 Rn. 50.

492 RGZ 128, 1, 16 f.; *Sosnitza*, in: Michalski, GmbHG, Anh § 34 Rn. 51.

493 *Kersting*, in: Baumbach/Hueck, GmbHG, § 34 Anh Rn. 19.

494 *Kersting*, in: Baumbach/Hueck, GmbHG, § 34 Anh Rn. 19.

495 *Kersting*, in: Baumbach/Hueck, GmbHG, § 34 Anh Rn. 19.

496 *Sosnitza*, in: Michalski, GmbHG, Anh § 34 Rn. 50.

497 *Kersting*, in: Baumbach/Hueck, GmbHG, § 34 Anh Rn. 19.

498 *Kersting*, in: Baumbach/Hueck, GmbHG, § 34 Anh Rn. 20.

499 *Sosnitza*, in: Michalski, GmbHG, Anh § 34 Rn. 51; LG Mönchengladbach, ZIP 1986, 306, 307 f.

500 *Sosnitza*, in: Michalski, GmbHG, Anh § 34 Rn. 52.

501 *Kersting*, in: Baumbach/Hueck, GmbHG, § 34 Anh Rn. 20: ggf. Anfechtung des Verwendungsbeschlusses.

502 *Kersting*, in: Baumbach/Hueck, GmbHG, § 34 Anh Rn. 20.

503 *Sosnitza*, in: Michalski, GmbHG, Anh § 34 Rn. 52.

504 KG, NZG 2008, 790, 791; OLG Hamm, GmbHR 1993, 656, 657; OLG München, GmbHR 1990, 221, 222; *Ulmer/Habersack*, in: Ulmer/Habersack/Löbbe, GmbHG, § 34 Anh Rn. 55.

505 *Kersting*, in: Baumbach/Hueck, GmbHG, § 34 Anh Rn. 22; ebenso *Altmeppen*, in: Roth/Altmeppen, GmbHG, § 60 Rn. 110.

stehende Mittel wie das Vorgehen gegen einen Beschluss oder die Kündigung von Nebenleistungspflichten zu ergreifen.[506]

97 Der Austritt ist auch bei Vorliegen eines wichtigen Grundes nicht möglich, wenn zumindest ein Geschäftsanteil des Austrittswilligen nicht voll eingezahlt ist (§ 19 Abs. 2). Es darf auch kein gebundenes Vermögen (§ 30 Abs. 1) zur Zahlung der Abfindung verwendet werden. In solchen Fällen ist der Austritt nur möglich, wenn ein Dritter oder ein Mitgesellschafter sich bereit erklärt, den Anteil zu übernehmen, oder das Stammkapital entsprechend herabgesetzt wird.[507] Darauf hat der Austrittswillige aber keinen Anspruch.[508] Aus der Treuepflicht kann sich ausnahmsweise im Einzelfall die Pflicht der Mitgesellschafter bzw. der Gesellschaft ergeben, stille Reserven zur Ermöglichung der Abfindungszahlung aufzulösen.[509] Ist ein Austritt nicht möglich, kommt nur eine Auflösungsklage in Betracht.[510]

III. Verfahren

98 Der Austritt erfolgt durch eine einseitige, formlose Erklärung des Austrittswilligen ggü. der Gesellschaft[511] und anschließende Durchführung durch Zahlung der Abfindung Zug um Zug gegen Einziehung der Anteile, ihre Abtretung an die Gesellschaft oder an einen Mitgesellschafter oder Dritte.[512] Die Gesellschaft hat die Wahl, die auf die zur Verfügung stehenden Möglichkeiten beschränkt ist. In dem Austrittsverlangen liegt die Zustimmung zur Einziehung der Anteile des Austrittswilligen.[513] Einer Satzungsgrundlage für die Einziehung soll es wie beim Ausschluss nicht bedürfen, obwohl sie auch die Mitgesellschafter schützt.[514] Bei einer Abtretung ist § 15 zu beachten.[515] Wird die Abfindung nicht innerhalb angemessener Zeit gezahlt, kann der Austrittswillige Auflösungsklage erheben.[516] Die Zustimmung dinglich Berechtigter ist nicht erforderlich, da im Bereich des Austritts aus wichtigem Grund die Entscheidungsfreiheit des Anteilsberechtigten unberührt bleiben muss.[517]

IV. Rechtsfolgen des Austritts

99 Der Ausscheidende hat einen Anspruch auf Abfindung i.H.d. vollen Wertes seiner Beteiligung, also des Verkehrswertes (Rdn. 60 ff.).[518] Bewertungsstichtag ist der Zugang der Austrittserklärung bei der Gesellschaft.[519] In diesem Zeitpunkt wird der Anspruch unabhängig davon fällig, ob die Höhe der Abfindung bereits feststeht.[520]

506 *Sosnitza*, in: Michalski, GmbHG, Anh § 34 Rn. 55.
507 *Kersting*, in: Baumbach/Hueck, GmbHG, § 34 Anh Rn. 23.
508 *Kersting*, in: Baumbach/Hueck, GmbHG, § 34 Anh Rn. 23.
509 Vgl. BGH, NZG 2006, 341, 342 f.
510 *Grunewald*, GmbHR 1991, 185, 187.
511 *Lutter/Kleindiek*, in: Lutter/Hommelhoff, GmbHG, § 34 Rn. 75.
512 OLG Köln, GmbHR 1998, 641, 644; *Kersting*, in: Baumbach/Hueck, GmbHG, § 34 Anh Rn. 24; *Lutter/Kleindiek*, in: Lutter/Hommelhoff, GmbHG, § 34 Rn. 75.
513 OLG Köln, GmbHR 1996, 609, 610; *Lutter/Kleindiek*, in: Lutter/Hommelhoff, GmbHG, § 34 Rn. 75.
514 *Sosnitza*, in: Michalski, GmbHG, Anh § 34 Rn. 59; *Kersting*, in: Baumbach/Hueck, GmbHG, § 34 Anh Rn. 26.
515 BGHZ 88, 320, 322; *Kersting*, in: Baumbach/Hueck, GmbHG, § 34 Anh Rn. 24.
516 BGHZ 88, 320, 322; BayObLG, BB 1975, 249, 250; *Kersting*, in: Baumbach/Hueck, GmbHG, § 34 Anh Rn. 24.
517 *Sosnitza*, in: Michalski, GmbHG, Anh § 34 Rn. 59.
518 OLG Köln, GmbHR 1999, 712, 712 f.; *Kersting*, in: Baumbach/Hueck, GmbHG, § 34 Anh Rn. 25.
519 *Kersting*, in: Baumbach/Hueck, GmbHG, § 34 Anh Rn. 25; *Sosnitza*, in: Michalski, GmbHG, Anh § 34 Rn. 61.
520 *Sosnitza*, in: Michalski, GmbHG, Anh § 34 Rn. 61; a.A. (mit Abtretung oder Einziehung) *Seibt*, in: Scholz, GmbHG, Anh § 34 Rn. 22.

Der Austritt führt nicht zum Untergang der Anteile des Austrittswilligen. Dieser bleibt auch nach Zugang seiner Erklärung zunächst Inhaber seiner Anteile.[521] Nach herrschender Meinung verbleiben dem Austrittswilligen in der Zwischenzeit bis zum Verlust seiner Mitgliedschaft zwar grds. sämtliche mit den Anteilen verbundenen Rechte und Pflichten.[522] Allerdings ist er mit der Gesellschaft bis zur Umsetzung des Austritts nur noch vermögensrechtlich verbunden und hat Maßnahmen zuzustimmen, die seine Vermögensinteressen nicht berühren.[523] Deshalb gilt ein Wettbewerbsverbot bereits ab Zugang der Austrittserklärung nicht mehr für den Ausgetretenen.[524] Eine Einziehung als Umsetzungsmittel erfolgt allerdings auch hier nach den allgemeinen Regeln, insb. was die Verknüpfung der Einziehungsfolgen mit der Abfindungszahlung betrifft.[525] Bei der Abtretung ist die Abfindungszahlung bereits durch die Zug-um-Zug-Leistungspflicht gesichert. Inwieweit dem Austrittswilligen noch Gewinnansprüche zustehen, ist nach allgemeinen Grundsätzen zu entscheiden.[526] Abzustellen ist für die Abgrenzung auf den Zeitpunkt der Einziehung bzw. der Abtretung oder, falls dies im Fall der Einziehung später erfolgt, ggf. auf die Zahlung der Abfindung.[527] 100

V. Gesellschaftsvertragliche Regelungen

Das Recht zum Austritt aus wichtigem Grund ist zwingender Natur und kann durch den Gesellschaftsvertrag nicht ausgeschlossen oder wesentlich erschwert werden.[528] Im Gesellschaftsvertrag können aber die Voraussetzungen, das Verfahren sowie die Folgen, insb. die Abfindung und die Verwertung ausgestaltet werden. Es kann ein ordentliches Kündigungsrecht vorgesehen werden.[529] Regelbar sind auch die mitgliedschaftlichen Rechtspositionen in der Zwischenzeit zwischen Zugang der Austrittserklärung und Umsetzung des Austritts, auch im Sinne eines Ruhens sämtlicher Rechte.[530] Auch kann das sofortige Ausscheiden ungeachtet der Zahlung der Abfindung vorgesehen werden.[531] Beschränkungen der Abfindung hinsichtlich Höhe oder Zahlungsmodalitäten dürfen den Austritt nicht faktisch unmöglich machen.[532] 101

521 BGH, GmbHR 2010, 256, 257.
522 BGH, GmbHR 2010, 256, 257; BGHZ 88, 320, 323 f.; OLG Celle, GmbHR 1983, 273, 274; *Kersting*, in: Baumbach/Hueck, GmbHG, § 34 Anh Rn. 26.
523 BGH, GmbHR 2010, 256, 257; BGHZ 88, 320, 322 f.; OLG Celle, GmbHR 1983, 273, 274; *Kersting*, in: Baumbach/Hueck, GmbHG, § 34 Anh Rn. 26.
524 BGH, GmbHR 2010, 256, 258.
525 OLG Köln, GmbHR 1999, 712 f.; *Kersting*, in: Baumbach/Hueck, GmbHG, § 34 Anh Rn. 26.
526 Dazu *Sosnitza*, in: Michalski, GmbHG, Anh § 34 Rn. 65.
527 *Sosnitza*, in: Michalski, GmbHG, Anh § 34 Rn. 65.
528 *Sosnitza*, in: Michalski, GmbHG, Anh § 34 Rn. 66; *Kersting*, in: Baumbach/Hueck, GmbHG, § 34 Anh Rn. 27.
529 BGH, NZG 2003, 871, 872; BayObLG, BB 1975, 249, 250.
530 BGHZ 88, 320, 322.
531 BGH, NZG 2003, 871, 872.
532 BGHZ 116, 359, 368 ff.; *Kersting*, in: Baumbach/Hueck, GmbHG, § 34 Anh Rn. 27.

Dritter Abschnitt Vertretung und Geschäftsführung

Vorbemerkung zu § 35: Vertretung der Gesellschaft

Schrifttum

Bachmann, in: Bachmann/Baums/Goette/Hauschka/Hirtz/Schäfer, Gesellschaftsrecht in der Diskussion, 2007, S. 66; *Buck-Heeb*, Selbstregulierung im Gesellschaftsrecht – Corporate-Governance-Regeln für die GmbH?, in: FS Westermann, 2008, S. 845; *De Erice/Gaude*, Societas Privata Europaea – Unternehmensleitung und Haftung, DStR 2009, 857; *Drygala*, What's SUP? Der Vorschlag der EU-Kommission zur Einführung einer europäischen Einpersonengesellschaft (Societas Unius Personae (SUP)), EuZW 2014, 491; *Hadding/Kießling*, Die Europäische Privatgesellschaft, WM 2009, 145; *Hauschka/Moosmayer/Lösler*, in: Hauschka/Moosmayer/Lösler, Corporate Compliance, 3. Aufl., 2016, S. 1; *Hommelhoff*, Die Societas Unius Personae: als Konzernbaustein momentan noch unbrauchbar, GmbHR 2014, 1065; *Jung*, Societas Unius Personae (SUP) – Der neue Konzernbaustein, GmbHR 2014, 579; *Kindler*, Die Einpersonen-Kapitalgesellschaft als Konzernbaustein – Bemerkungen zum Kompromissvorschlag der italienischen Ratspräsidentschaft für eine Societas Unius Personae, ZHR 179 (2015), 330; *Kort*, Verhaltensstandardisierung durch Corporate Compliance, NZG 2008, 81; *Kort*, Compliance-Pflichten und Haftung von GmbH-Geschäftsführern, GmbHR 2013, 566; *Leuering*, SUP – Perspektiven für die Praxis, in: Lutter/Koch, Societas Unius Personae (SUP), 2015, 89; *Mülbert*, Auf dem Weg zu einem europäischen Konzernrecht?, ZHR 179 (2015), 645; *Schneider*, Compliance als Aufgabe der Unternehmensleitung, ZIP 2003, 645; *Vetter*, Corporate Governance in der GmbH – Aufgaben des Aufsichtsrats der GmbH, GmbHR 2011, 449.

Übersicht

A. Überblick über den dritten Abschnitt des GmbHG

1 Der dritte Abschnitt (§§ 35 bis 52) befasst sich mit den Organen der GmbH. Geregelt ist die Rechtsstellung der Geschäftsführer (§§ 35 bis 44), der Gesellschafter (§§ 45 bis 51b) sowie des »fakultativen« Aufsichtsrats (§ 52). Allerdings finden sich in den §§ 41 bis 42a Bestimmungen über die Rechnungslegung, die über die bloße »Vertretung und Geschäftsführung« hinaus Bedeutung haben.

2 Durch das **MoMiG** von 2008[1] sollte zum einen das GmbH-Recht dereguliert und sollten zum anderen Regelungen zur Bekämpfung von Missbrauch geschaffen werden.[2] Im dritten Abschnitt wurde diesbezüglich vor allem § 35 zur Vertretung der Gesellschaft neu gefasst. Dadurch sollte insb. die Erreichbarkeit der GmbH erleichtert und damit ein weiterer Schritt in Richtung Missbrauchsbekämpfung gemacht werden.[3]

B. Notwendige Organe der GmbH

3 Notwendige Organe der GmbH sind: Geschäftsführer, Gesellschafterversammlung und teilweise auch der Aufsichtsrat.

Als oberstes Willensbildungsorgan der GmbH fungiert die Gesellschafterversammlung (Gesamtheit der Gesellschafter). Sie ist nicht nur für Grundlagenentscheidungen zuständig, sondern auch in Geschäftsführungsangelegenheiten weisungsbefugt. Ausgeschlossen ist das nur dann, wenn die Satzung etwas anderes regelt. Ein Aufsichtsrat ist grds. fakultativ möglich (vgl. § 52 Abs. 1). Obligatorisch ist die Einrichtung eines Aufsichtsrats nur in der mitbestimmten GmbH.[4] Die Aufgabe

1 BGBl. I 2008, S. 2026.
2 *Altmeppen*, in: Roth/Altmeppen, GmbHG, 8. Aufl. 2015, Einl. Rn. 6 f.
3 *Zöllner/Noack*, in: Baumbach/Hueck, GmbHG, 21. Aufl. 2017, § 35 Rn. 1.
4 *Altmeppen*, in: Roth/Altmeppen, GmbHG, § 52 Rn. 64 ff.

der Geschäftsführer ist die Geschäftsführung und die Vertretung der Gesellschaft (§ 35 Abs. 1). Zwar ist die Vertretungsmacht der Geschäftsführer nach außen grds. unbeschränkbar (§ 37 Abs. 2), intern ist jedoch eine Bindung an bestimmte Weisungen der Gesellschafterversammlung möglich (§ 37 Abs. 1).

C. Grundsätze der Unternehmensführung

Inwiefern eine GmbH **Corporate Governance-Regeln** zu beachten hat, wird seit geraumer Zeit diskutiert. Dabei geht es um die möglichst optimale Ausgestaltung der Leitung und Überwachung des Unternehmens.[5] Sofern es sich um eine Einpersonen-Gesellschaft handelt, werden diese Punkte grds. keine Rolle spielen. Bei größeren und großen GmbHs dagegen stellt sich durchaus die Frage nach einer – zurückhaltend formuliert – ordnungsgemäßen bzw. – progressiv ausgedrückt – optimalen Unternehmensführung. 4

Der **Deutsche Corporate Governance Kodex** (DCGK) wurde für börsennotierte AG geschaffen. Fraglich ist daher, ob und wenn ja inwiefern die Empfehlungen der Regierungskommission, die im Corporate Governance Kodex ihren Ausdruck finden, auch von einer GmbH einzuhalten sind.[6] Diese richten sich in erster Linie an börsennotierte AG. Allerdings betont die Präambel des Kodex, dass diese auch von börsenfernen Gesellschaften beachtet werden sollten. Vor allem für große GmbHs wird jedenfalls eine indirekte Bedeutung der Kodex-Grundsätze betont. Die dort aufgeführten Grundsätze über die ordnungsgemäße, arbeitsteilige Führung eines Unternehmens könnten als Organpflicht auch für solche Gesellschaften als einzuhalten angesehen werden. Allerdings ist zu beachten, dass jedenfalls eine Entsprechenserklärung nach § 161 AktG, d.h. eine Erklärung darüber, ob die betreffenden Empfehlungen beachtet werden oder weshalb sie nicht beachtet werden, von den Organen der GmbH nicht abzugeben ist. Zutreffend ist jedoch der Verweis auf das Kreditrating und damit die Kreditvergabe der Banken. Hier kann eine günstigere Bewertung durch die Einhaltung der Kodex-Regeln möglich sein.[7] 5

Daneben ist zu überlegen, ob und inwiefern die von der Betriebswirtschaft formulierten »**Grundsätze der ordnungsgemäßen Unternehmensführung**« eingehalten werden müssen.[8] Das »Ob« wird im Schrifttum insofern infrage gestellt, als solche privat gesetzten Regeln allenfalls eine von mehreren Erkenntnisquellen darstellen können, um sorgfältige von sorgfaltswidrigen Leistungen zu unterscheiden.[9] Unklar ist zudem, inwiefern daneben noch weitere Governance-Empfehlungen relevant sein können. Dabei ist zu beachten, dass die Kernpunkte dieser Grundsätze zwar die angemessene Vorbereitung von Leitungsentscheidungen sind, dass aber sowohl deren konkreter Inhalt als auch deren Rechtsnatur umstritten sind. Hinzu kommt, dass schon im Hinblick auf die börsennotierte AG vielfach vor einer Überfrachtung der Gesellschaften mit Verhaltensanforderungen gewarnt wird. Dies gilt umso mehr für die GmbH. Noch offen ist, inwiefern die durch die **Digitalisierung** entstandenen technischen Möglichkeiten die GmbH verändern werden (»digitalisierte GmbH«).[10] 6

D. Compliance

Kernpunkt der Pflichten des Geschäftsführers ist die Einhaltung bestimmter Verhaltenspflichten. Bei einer Verletzung dieser Pflichten haftet der Geschäftsführer der Gesellschaft ggü. (§ 43 Abs. 2). Da das Gesetz diese jedoch nicht genau umschreibt, war es bislang Aufgabe der Rechtsprechung, 7

5 S. schon *Assmann*, AG 1995, 289; *Vetter*, GmbHR 2011, 449 ff.

6 *Buck-Heeb*, in: FS Westermann, 2008, S. 845, 852 f.

7 *Buck-Heeb*, in: FS Westermann, 2008, S. 845, 848 f.; *Zöllner/Noack*, in: Baumbach/Hueck, GmbHG, 21. Aufl. 2017, Vor § 35 Rn. 13.

8 *Buck-Heeb*, in: FS Westermann, 2008, S. 845, 850 ff.

9 S.a. *Buck-Heeb/Dieckmann*, Selbstregulierung im Privatrecht, 2010, S. 103.

10 Vgl. dazu *Paal*, ZGR 2017, 590, 611 ff.

solche Pflichten näher zu konkretisieren. Flankiert werden daher die geschilderten Bemühungen um eine Herausarbeitung von Grundsätzen zur ordnungsgemäßen Unternehmensleitung von immer präziser werdenden Ausformungen dessen, was unter den Begriff der »**Corporate Compliance**« gefasst wird.[11] Darunter versteht man die Gesamtheit aller Maßnahmen, die zur Einhaltung rechtlicher Gebote und zum Nichtverstoßen gegen gesetzliche Verbote beitragen.[12] Gesetzlich festgeschrieben sind die Anforderungen an die GmbHs im Hinblick auf die Compliance ebenso wenig wie dies in Bezug auf Corporate Governance-Anforderungen der Fall ist. Ob und inwiefern zwischen Corporate Governance und Corporate Compliance Überschneidungen bestehen,[13] kann hier nicht vertieft werden. Auch wenn die **Zuständigkeit** für die mit der Compliance verbundenen Organisationspflichten beim Geschäftsführer liegt, ist ebenfalls hierfür eine Delegation an einen der Geschäftsführer (horizontal) oder einen Mitarbeiter (vertikal) möglich. Dann verbleibt beim delegierenden Geschäftsführer neben einer Pflicht zur hinreichenden Auswahl auch eine Überwachungspflicht.

8 **Zu beachten** sind i.R.d. Compliance bei der **Gründungsgeschäftsführung** vor allem, dass keine Gründungstäuschung i.S.d. § 82 Abs. 1 Nr. 1 und 5 oder eine Täuschung, die zu einer vergleichbaren Haftung nach den allgemeinen Strafgesetzen führt, vorliegt.[14] Außerdem ist eine zivilrechtliche Haftung etwa für falsche Auskünfte (§§ 9a ff.) und eine Handelndenhaftung (§ 11 Abs. 2) zu vermeiden. Auf den Geschäftsbriefen müssen die in § 35a aufgeführten Angaben enthalten sein. Außerdem sind die Registerpflichten einzuhalten (§§ 7, 10, 39, 54, 57, 58, 65, 67) und die Verpflichtung zur Aktualisierung der Gesellschafterliste (§ 40 Abs. 1) zu beachten. Auch die spezifischen Buchführungspflichten der §§ 41 ff. sind zu berücksichtigen. Insb. in der **Krise der GmbH** werden dem Geschäftsführer zahlreiche zusätzliche Pflichten auferlegt, auf deren Einhaltung zu achten ist. Dies gilt vor allem für die Pflicht zur Einberufung der Gesellschafterversammlung (§ 49 Abs. 3), die Insolvenzantragspflicht (§ 15a Abs. 1 Satz 1 InsO), das Zahlungsverbot nach Insolvenzreife (§ 64 Satz 1 und 2) sowie das Verbot von Zahlungen an Gesellschafter bei Insolvenzverursachung (§ 64 Satz 3). Außerdem sind die Pflicht zur Erhaltung des Stammkapitals (§ 30 Abs. 1) sowie das Verbot des Erwerbs eigener Geschäftsanteile (§ 33) einzuhalten.

9 Bei der GmbH kann es genauso wenig wie bei der Aktiengesellschaft eine **Pflicht** zur Einrichtung einer Compliance-Organisation geben. Das Leitungsorgan entscheidet selbst, ob die ergriffenen organisatorischen Maßnahmen ausreichen, damit die Rechtstreue der Gesellschaft gewährleistet ist. Vor allem bei der GmbH ist das Bestehen einer allgemeinen Rechtspflicht zur Compliance-Organisation[15] abzulehnen. Kleinere Gesellschaften würden nicht nur überfordert, sondern auch mit einer zusätzlichen Organisation überfrachtet, ohne dass ein Mehr an Rechtstreue gewonnen wäre. Je größer die Gesellschaft desto mehr wird sich die Schaffung eines systematischen Risikomanagementsystems anbieten und umgekehrt. Abhängig wird dies aber auch von der Struktur des Unternehmens, von den der Geschäftstätigkeit immanenten Gefahren, der Komplexität des erforderlichen Wissens, der Entwicklung im Unternehmen, der jeweiligen Branche, bereits vorgekommenen Rechtsverstößen usw. sein. Insbesondere in kleinen und mittelständischen GmbH nimmt i.d.R. der Geschäftsführer selbst die Compliance-Verantwortung wahr.[16]

---

11 *Hauschka/Moosmayer/Lösler*, in: Hauschka/Moosmayer/Lösler, Corporate Compliance, 3. Aufl., 2016, § 1 Rn. 6 f.; *Kort*, GmbHR 2013, 566.

12 *Hauschka/Moosmayer/Lösler*, in: Hauschka/Moosmayer/Lösler, Corporate Compliance, 3. Aufl., 2016, § 1 Rn. 2.

13 *Zöllner/Noack*, in: Baumbach/Hueck, GmbHG, 21. Aufl. 2017, Vor § 35 Rn. 14.

14 Zum Ganzen *Liese*, in: Hauschka/Moosmayer/Lösler, Corporate Compliance, 3. Aufl., 2016, § 7 Rn. 92 ff.

15 *Bachmann*, in: Bachmann/Baums/Goette/Hauschka/Hirtz/Schäfer, Gesellschaftsrecht in der Diskussion, 2007, S. 66 ff.; *U.H. Schneider*, ZIP 2003, 645.

16 *Schulz*, BB 2017, 1475, 1480.

E. Europäische GmbH

I. Vorschlag einer SPE

Das Recht der GmbH ist bislang kaum von europäischen Vorgaben beeinflusst. Nur vereinzelt gab es EU-Harmonisierungsbemühungen.[17] Der Vorschlag einer EU-Verordnung für eine europäische GmbH für sog. KMU (**Europäische Privatgesellschaft**, EPG, Societas Europaea Privata, SPE) wurde im Mai 2014 trotz des großen Interesses der Praxis zurückgenommen.[18] Der Grund dafür lag vor allem in der Behandlung der Mitbestimmung.[19] Die Vorteile der EPG/SPE lagen insb. darin, die inneren Verhältnisse der Gesellschaft europaweit für alle Gesellschaften einheitlich bestimmen zu können. Hinsichtlich der Unternehmensleitung bot sich die Möglichkeit des monistischen oder des dualistischen Systems.[20] Vorgesehen war grds. eine der GmbH ähnliche Organisationsverfassung. Allerdings sollten bei der SPE nicht die Gesellschafter, sondern die Geschäftsführer als Geschäftsleitungsorgan alle Befugnisse wahrnehmen, sofern nicht die EU-Verordnung oder die Satzung der Gesellschaft die Befugnis der Anteilseigner vorschreiben.[21] 10

In Bezug auf die **Haftung** des Geschäftsleiters sah der Verordnungsentwurf eine dem deutschen Recht entsprechende Regelung vor (Art. 31 Abs. 4 SPE-Verordnungsentwurf). Daneben verwies Art. 31 Abs. 5 SPE-Verordnungsentwurf bezüglich der Haftung der Geschäftsleiter auf das jeweilige nationale Recht. 11

II. Vorschlag einer SUP

Noch im Jahr 2014 wurde stattdessen eine Neufassung der 12. Gesellschaftsrechtlichen Richtlinie (Einpersonengesellschafts-Richtlinie) vorgeschlagen, mit welcher eine Gesellschaft mit beschränkter Haftung mit einem einzigen Gesellschafter (Societas Unius Personae, SUP) geschaffen werden sollte.[22] Im Mai 2015 hat der Rat diesbezüglich eine umstrittene allgemeine Ausrichtung vorgesehen (SUP-RLE-Rat), die Richtlinie ist jedoch noch immer nicht verabschiedet.[23] Zwar bezieht sich der SUP-Vorschlag nur auf Einpersonengesellschaften und ist damit für Gesellschaften mit mehreren Gesellschaftern grundsätzlich ungeeignet. Das wird jedoch dadurch relativiert, dass die SUP auch Komplementärin einer KG (SUP & Co. KG) oder ein Konzernbaustein sein kann.[24] Die SUP ist, anders als das bei der SPE gedacht war, keine supranationale Gesellschaft. Auf sie soll das nationale Recht des Registerstaats Anwendung finden, das in Bereichen wie der Gründung und der Organisation harmonisiert wird. 12

Das Mindestkapital soll 1 Euro betragen. Allerdings sollen die Mitgliedstaaten die Bildung einer gesetzlichen Rücklage vorschreiben können (Art. 16 Abs. 4 SUP-RLE-Rat). Eine grenzüberschreitende Ferngründung soll möglich sein. Ursprünglich war die Möglichkeit der Trennung von Satzungs- und Verwaltungssitz vorgesehen, was mit den Änderungen durch den Rat zurückgenommen wurde. Der Alleingesellschafter soll gegenüber dem Geschäftsführer weisungsbefugt sein. Fakultativ kann ein Aufsichtsrat gebildet werden. Kritisiert wird, dass die SUP in der Ausgestaltung des Ratsentwurfs »wenig bringen« würde. Abgesehen vom »EU-Label« bestünde nur noch der Vorteil einer Onlinegründung.[25] Derzeit liegt der Richtlinienentwurf »auf Eis«.[26] 13

---

17 *Bayer/Schmidt*, BB 2010, 387, 388 ff.; *Roth*, in: Roth/Altmeppen, GmbHG, Einleitung Rn. 12.
18 Vgl. ABl. EU vom 21.5.2015 Nr. G 153, S. 3, 6.
19 Vgl. *Bayer/Schmidt*, BB 2010, 387; *Teichmann*, RIW 2010, 120 ff.; *Wicke*, GmbHR 2011, 566 ff.
20 *De Erice/Gaude*, DStR 2009, 857, 858.
21 *Hadding/Kießling*, WM 2009, 145, 149 f.
22 COM (2014) 212.
23 Dok. 8811/15.
24 *Krauß/Meichelbeck*, BB 2015, 1562, 1563; *Jung*, GmbHR 2014, 579 ff.; *Kindler*, ZHR 179 (2015), 330 ff.; *Mülbert*, ZHR 179 (2015), 645 ff.; s.a. *Hommelhoff*, GmbHR 2014, 1065 ff.
25 *Bayer/Schmidt*, BB 2015, 1731, 1734; *Kindler*, ZHR 179 (2015), 330 ff.; *Mülbert*, ZHR 179 (2015), 645 ff.; *Drygala*, EuZW 2014, 491 ff.; *Leuering*, in: Lutter/Koch, Societas Unius Personae (SUP), 2015, 89 ff.
26 *Bayer/Schmidt*, BB 2017, 2114, 2118.

§ 35 Vertretung der Gesellschaft

(1) [1]Die Gesellschaft wird durch die Geschäftsführer gerichtlich und außergerichtlich vertreten. [2]Hat eine Gesellschaft keinen Geschäftsführer (Führungslosigkeit), wird die Gesellschaft für den Fall, dass ihr gegenüber Willenserklärungen abgegeben oder Schriftstücke zugestellt werden, durch die Gesellschafter vertreten.

(2) [1]Sind mehrere Geschäftsführer bestellt, sind sie alle nur gemeinschaftlich zur Vertretung der Gesellschaft befugt, es sei denn, dass der Gesellschaftsvertrag etwas anderes bestimmt. [2]Ist der Gesellschaft gegenüber eine Willenserklärung abzugeben, genügt die Abgabe gegenüber einem Vertreter der Gesellschaft nach Absatz 1. [3]An die Vertreter der Gesellschaft nach Absatz 1 können unter der im Handelsregister eingetragenen Geschäftsanschrift Willenserklärungen abgegeben und Schriftstücke für die Gesellschaft zugestellt werden. [4]Unabhängig hiervon können die Abgabe und die Zustellung auch unter der eingetragenen Anschrift der empfangsberechtigten Person nach § 10 Abs. 2 Satz 2 erfolgen.

(3) [1]Befinden sich alle Geschäftsanteile der Gesellschaft in der Hand eines Gesellschafters oder daneben in der Hand der Gesellschaft und ist er zugleich deren alleiniger Geschäftsführer, so ist auf seine Rechtsgeschäfte mit der Gesellschaft § 181 des Bürgerlichen Gesetzbuchs anzuwenden. [2]Rechtsgeschäfte zwischen ihm und der von ihm vertretenen Gesellschaft sind, auch wenn er nicht alleiniger Geschäftsführer ist, unverzüglich nach ihrer Vornahme in eine Niederschrift aufzunehmen.

Schrifttum

Altmeppen, In-sich-Geschäfte der Geschäftsführer in der GmbH, NZG 2013, 401; *Bellen/Stehl*, Pflichten und Haftung der Geschäftsführer in der Krise der GmbH – ein Überblick, BB 2010, 2579; *Bernhardt/Bredol*, Rechtsfragen zu Organstellung und Anstellungsvertrag von Geschäftsführern einer paritätisch mitbestimmten GmbH, NZG 2015, 419; *Blasche*, Musterprotokoll und Vertretungsmacht des bei der Gründung bestellten Geschäftsführers sowie etwaiger weiterer Geschäftsführer, GmbHR 2015, 403; *Blasche*, Die Vertretungsbefugnis des verbleibenden Geschäftsführers bei Verhinderung oder Fortfall aller anderen Geschäftsführer, GmbHR 2017, 123; *Buck (Buck-Heeb),* Wissen und juristische Person, 2001; *Buck-Heeb*, in: Hauschka, Corporate Compliance, 3. Aufl., 2016, S. 28; *Fleischer*, Zur GmbH-rechtlichen Verantwortlichkeit des faktischen Geschäftsführers, GmbHR 2011, 337; *Frenzel*, Erstarkung der Gesamt- zur Alleinvertretungsbefugnis bei Ausscheiden der übrigen Geschäftsführer?, GmbHR 2011, 515; *Gehrlein*, Der aktuelle Stand des neuen GmbH-Rechts, Der Konzern 2007, 771; *Hasselbach*, Der Verzicht auf Schadensersatzansprüche gegen Organmitglieder, DB 2010, 2037; *Peetz*, Der faktische Geschäftsführer – faktisch oder eine Fiktion, GmbHR 2017, 57; *Robles y Zepf*, Praxisrelevante Probleme der Mehrvertretung bei der GmbH und der Aktiengesellschaft gem. § 181 2. Alt. BGB; BB 2012, 1876; *Schmidt*, Zum Fortbestand der dem Gründungsgeschäftsführer per Musterprotokoll erteilten Befreiung von § 181 BGB nach Bestellung eines weiteren Geschäftsführers, ZIP 2016, 75; *Steffek*, Zustellungen und Zugang von Willenserklärungen nach dem Regierungsentwurf zum MoMiG – Inhalt und Bedeutung der Änderungen für GmbHs, AGs und ausländische Kapitalgesellschaften, BB 2007, 2077; *Strohn*, Faktische Organe – Rechte, Pflichten, Haftung, DB 2011, 158.

Übersicht Rdn.

A. Organschaftliche Vertretungsmacht (Abs. 1 Satz 1)

I. Grundsatz der organschaftlichen Vertretung

Da die Gesellschaft nur durch die Geschäftsführer handlungsfähig ist bzw. im Rechtsverkehr auftreten kann, muss sie einen oder mehrere Geschäftsführer haben (§ 6 Abs. 1). Befindet sich die Gesellschaft in Liquidation, kann sie durch Liquidatoren (§ 66 Abs. 2) vertreten werden, die jedoch ein eigenständiges Organ der Gesellschaft sind.[1] Eine Beseitigung der organschaftlichen Vertretung ist weder durch die Satzung noch durch andere Regelungen möglich. Damit ist eine Bestimmung unzulässig, nach der jemandem eine **Generalvollmacht** eingeräumt wird, welche die Geschäftsführervertretung ersetzt oder verdrängt.[2] Ob die Erteilung einer Generalvollmacht, die von der Außenwirkung her einer Geschäftsführervertretungsmacht gleichkommt, zulässig ist, wird unterschiedlich beurteilt.[3] Bejaht man die Möglichkeit einer solchen Generalvollmacht, muss diese jedoch durch einen Gesellschafterbeschluss gedeckt und jederzeit widerruflich sein, um zu gewährleisten, dass die rechtsgeschäftliche Vertretungsmacht stets der Kontrolle des Geschäftsführers unterliegt, d.h. die Organbefugnisse des Geschäftsführers, seine Zuständigkeit und Verantwortung unberührt bleiben.[4] 1

Nach Abs. 1 wird die Gesellschaft durch die Geschäftsführer gerichtlich und außergerichtlich vertreten. Der **Umfang der Vertretungsmacht** der Geschäftsführer ist regelmäßig unbeschränkt und unbeschränkbar, sodass eine Beschränkung in der Satzung ebenso ausscheidet wie eine solche im Anstellungsvertrag. Beschränkungen der Geschäftsführungsbefugnis wirken i.d.R. lediglich im Innen- nicht im Außenverhältnis. Dies ist etwa der Fall, wenn im Gesellschaftsvertrag bestimmte Geschäfte von der Mitwirkung der Gesellschafterversammlung oder des Aufsichtsrats abhängig gemacht werden.[5] Anders ist dies nur in der **mitbestimmten GmbH**, wo Beschränkungen der Vertretungsmacht bei der Ausübung von Beteiligungsrechten an einer mitbestimmten Gesellschaft vorgesehen sind (§§ 32 MitbestG, 15 MitbestErgG).[6] 2

Die Vertretungsmacht bezieht sich nicht nur auf Rechtsgeschäfte, sondern auch auf geschäftsähnliche Handlungen (Mahnung etc.) und Realakte (Besitzergreifung einer Sache etc.). Die organschaftliche Vertretungsmacht kann nicht auf Dritte (etwa rechtsgeschäftliche Vertreter) übertragen 3

1 *Jacoby*, in: Bork/Schäfer, GmbHG, § 35 Rn. 18.
2 *U.H. Schneider/S.H. Schneider*, in: Scholz, GmbHG, § 35 Rn. 18.
3 Für eine Zulässigkeit *U.H. Schneider/S.H. Schneider*, in: Scholz, GmbHG, § 35 Rn. 19 ff.; dagegen BGHZ 34, 27, 31; BGH, NJW 1977, 199; BGH, NJW-RR 2002, 1325; *Altmeppen*, in: Roth/Altmeppen, GmbHG, § 35 Rn. 15; *Kleindiek*, in: Lutter/Hommelhoff, GmbHG, § 35 Rn. 2; *Baukelmann*, in: Rowedder/Schmidt-Leithoff, GmbHG, § 35 Rn. 9; *Lenz*, in: Michalski/Heidinger/Leible/J. Schmidt, GmbHG, § 35 Rn. 9.
4 *U.H. Schneider/S.H Schneider*, in: Scholz, GmbHG, § 35 Rn. 20.
5 *Schmidt*, in: Ensthaler/Füller/Schmidt, GmbHG, § 35 Rn. 14; vgl. OLG Hamm, 21.12.2015 – 8 U 67/15, juris, LS 1a.
6 *Bernhardt/Bredol*, NZG 2015, 419 ff.; *Paefgen*, in: Ulmer/Habersack/Löbbe, GmbHG, § 35 Rn. 64; *Schmidt*, in: Ensthaler/Füller/Schmidt, GmbHG, § 35 Rn. 14; a.A. *U.H. Schneider/S.H. Schneider*, in: Scholz, GmbHG, § 35 Rn. 44, wonach der Aufsichtsratsbeschluss nur interne Wirkung entfaltet.

werden. Der Geschäftsführer kann nicht seine Vertretungsmacht im Ganzen durch einen anderen ausüben lassen.[7] Dies gilt auch dann, wenn sie zeitlich begrenzt oder jederzeit widerruflich ist.[8] Daran ändert auch nichts, dass die Gesellschafter der Vollmachtserteilung an den anderen zugestimmt haben.[9] Möglich ist es jedoch für den Geschäftsführer, rechtsgeschäftliche Vertreter, wie etwa Handlungsbevollmächtigte i.S.d. § 54 HGB oder Vertreter nach §§ 164 ff. BGB,[10] zu bestellen.

4 Nach § 8 Abs. 4 Nr. 2 sind in der Anmeldung der Gesellschaft zum **Handelsregister** die Art und der Umfang der Vertretungsmacht anzugeben.[11] Allerdings hat die Eintragung lediglich deklaratorischen Charakter.

5 Der **Beginn** der Vertretungsmacht fällt mit dem Wirksamwerden der **Bestellung** zum Geschäftsführer zusammen, da es eine Organstellung ohne Vertretungsmacht nicht gibt.[12] Parallel dazu endet die Vertretungsmacht mit der Beendigung der Organstellung. Grds. ist das Organverhältnis unabhängig vom Anstellungsverhältnis. So ist es möglich, dass jemand wirksam zum Geschäftsführer bestellt ist, ohne dass gleichzeitig ein Anstellungsvertrag geschlossen ist.[13] Handelt jemand als **faktischer Geschäftsführer** für die GmbH,[14] so ist zu beachten, dass er die Gesellschaft mangels Organstellung grds. nicht nach § 35 vertreten kann. Sein Handeln als »Vertreter« der Gesellschaft muss sich die GmbH aber dann zurechnen lassen, wenn die Grundsätze der Anscheinsvollmacht erfüllt sind.[15]

II. Außergerichtliche Vertretung

6 Außergerichtlich wird die Gesellschaft durch den Geschäftsführer aktiv und passiv vertreten. Damit ist er nicht nur für die Abgabe von Willenserklärungen der GmbH, sondern auch für deren Entgegennahme zuständig. Zu den außergerichtlichen Vertretungszuständigkeiten des Geschäftsführers gehören (ungeachtet der Beschränkungen im Innenverhältnis) vor allem sämtliche Rechtsgeschäfte im Rahmen von Arbeitsverhältnissen,[16] Verträge des kollektiven Arbeitsrechts (Tarifverträge, Betriebsvereinbarungen),[17] die Erteilung und der Widerruf von Vollmachten,[18] Beteiligungserwerbe,[19] Gründung von Tochtergesellschaften,[20] Abschluss von Verschmelzungs- sowie Beherrschungs- oder Gewinnabführungsverträgen,[21] die Ausübung von Beteiligungsrechten[22] sowie die Ausübung der Leitungsmacht aus Beherrschungsverträgen.[23]

7 BGH, NJW 1977, 199; BGH, NJW-RR 2002, 1325, 1326.
8 BGHZ 34, 27, 31.
9 BGH, NJW 1977, 199.
10 BGHZ 62, 166, 168; BGH, NJW 1988, 1199, 1200.
11 OLG München, GmbHR 2017, 1145 f., Rn. 1 (zur Nichteintragungsfähigkeit einer Vertretungsregelung, die abweicht von der abstrakten Vertretungsbefugnis durch Gesellschafterbeschluss).
12 *Beurskens*, in: Baumbach/Hueck, GmbHG, § 35 Rn. 2.
13 *Jacoby*, in: Bork/Schäfer, GmbHG, § 35 Rn. 13.
14 *Fleischer*, GmbHR 2011, 337 ff.; *Strohn*, DB 2011, 158 ff.; *Peetz*, GmbHR 2017, 57 ff.
15 *Beurskens*, in: Baumbach/Hueck, GmbHG, § 35 Rn. 27; *Lenz*, in: Michalski/Heidinger/Leible/J. Schmidt, GmbHG, § 35 Rn. 28; vgl. auch § 6 Rdn. 34; s.a. § 43 Rdn. 7.
16 *U.H. Schneider/S.H. Schneider*, in: Scholz, GmbHG, § 35 Rn. 39; *Beurskens*, in: Baumbach/Hueck, GmbHG, § 35 Rn. 8.
17 *U.H. Schneider/S.H. Schneider*, in: Scholz, GmbHG, § 35 Rn. 39; *Beurskens*, in: Baumbach/Hueck, GmbHG, § 35 Rn. 8.
18 *Beurskens*, in: Baumbach/Hueck, GmbHG, § 35 Rn. 7.
19 *Lenz*, in: Michalski/Heidinger/Leible/J. Schmidt, GmbHG, § 35 Rn. 39; *Beurskens*, in: Baumbach/Hueck, GmbHG, § 35 Rn. 9.
20 BGH, DB 1979, 644.
21 *Beurskens*, in: Baumbach/Hueck, GmbHG, § 35 Rn. 10.
22 *Paefgen*, in: Ulmer/Habersack/Löbbe, GmbHG, § 35 Rn. 64; *U.H. Schneider/S.H. Schneider*, in: Scholz, GmbHG, § 35 Rn. 42 ff.; *Beurskens*, in: Baumbach/Hueck, GmbHG, § 35 Rn. 9.
23 *Beurskens*, in: Baumbach/Hueck, GmbHG, § 35 Rn. 11.

Die Gesellschaft wird, sofern kein Aufsichtsrat vorhanden ist, auch dann durch die Geschäftsführer vertreten, wenn mit einzelnen Geschäftsführern,[24] Gesellschaftern[25] oder anderen Organmitgliedern sog. **Außengeschäfte** abgeschlossen werden, die auch mit Dritten abgeschlossen werden könnten (Kaufvertrag, Mietvertrag etc.). In diesem Fall sind jedoch ggf. das Verbot von Insichgeschäften und die Grundsätze des Missbrauchs der Vertretungsmacht zu beachten.[26] 7

Keine organschaftliche Vertretungsmacht besteht nach herrschender Meinung für den Geschäftsführer bei Maßnahmen, die den inneren Bereich der Gesellschaft betreffen, wie etwa die Änderung des Gesellschaftsvertrags oder die Aufnahme neuer Gesellschafter.[27] **Innengeschäfte** sind zudem alle satzungsbezogenen Geschäfte, wie etwa Kapitalerhöhungen sowie gesellschaftsbezogene Geschäfte,[28] sodass auch hier grds. nicht die Geschäftsführer die Gesellschaft außergerichtlich vertreten. 8

Beim Abschluss eines **Unternehmensvertrags** vertreten formal die Geschäftsführer die Gesellschaft. Zur Wirksamkeit ist jedoch auch im Außenverhältnis ein zustimmender Gesellschafterbeschluss sowohl des beherrschenden als auch des abhängigen Unternehmens erforderlich, da vor allem Beherrschungs- und Gewinnabführungsverträge vergleichbar mit der Satzung den rechtlichen Status der abhängigen Gesellschaft ändern.[29] Für einen wirksamen Gesellschafterbeschluss der abhängigen GmbH ist die Zustimmung aller Gesellschafter (§ 33 Abs. 1 Satz 2 BGB analog) erforderlich.[30] Für die beherrschende GmbH gilt demgegenüber unstreitig § 293 Abs. 2 AktG analog.[31] Für Verschmelzungen, Spaltungen und Vermögensübertragungen nach §§ 13, 125, 176 UmwG muss die Gesellschafterversammlung ebenfalls zustimmen. 9

Ob gesellschaftsrechtliche Rechtsgeschäfte mit einzelnen **Gesellschaftern** (z.B. Zustimmung zur Veräußerung von Geschäftsanteilen nach § 15 Abs. 5, Genehmigung der Teilung von Gesellschaftsanteilen, Stundung und Erlass von Nebenleistungspflichten, Erwerb und Veräußerung eigener Geschäftsanteile), Außen- oder lediglich Innengeschäfte sind, wird unterschiedlich beurteilt.[32] Wer diese Geschäfte als Außengeschäfte einordnet, hat zu beachten, dass sich die Gesellschafter alle Beschränkungen des Innenverhältnisses entgegenhalten lassen müssen, da sie keine beliebigen Dritten sind.[33] Wer dagegen davon ausgeht, dass es sich um Innengeschäfte handelt, spricht dem Geschäftsführer eine organschaftliche Vertretungsmacht ab, es sei denn, Satzung oder Gesellschafterbeschluss räumen dem Geschäftsführer eine entsprechende Kompetenz ein.[34] 10

---

24 Jeweils mit Einschränkungen *Altmeppen*, in: Roth/Altmeppen, GmbHG, § 37 Rn. 49; *U.H. Schneider/S.H. Schneider*, in: Scholz, GmbHG, § 35 Rn. 33 ff.; *Beurskens*, in: Baumbach/Hueck, GmbHG, § 35 Rn. 9.

25 *Altmeppen*, in: Roth/Altmeppen, GmbHG, § 35 Rn. 19; *Beurskens*, in: Baumbach/Hueck, GmbHG, § 35 Rn. 86.

26 *Kleindiek*, in: Lutter/Hommelhoff, GmbHG, § 35 Rn. 4.

27 OLG Hamm, NJW-RR 2005, 767, 769; *Schmidt*, in: Ensthaler/Füller/Schmidt, GmbHG, § 35 Rn. 12; *U.H. Schneider/S.H. Schneider*, in: Scholz, GmbHG, § 35 Rn. 47.

28 *U.H. Schneider/S.H. Schneider*, in: Scholz, GmbHG, § 35 Rn. 45 ff.; *Beurskens*, in: Baumbach/Hueck, GmbHG, § 35 Rn. 19.

29 BGHZ 105, 324, 332, 336; *Lenz*, in: Michalski/Heidinger/Leible/J. Schmidt, GmbHG, § 35 Rn. 40; a.A. wohl *Altmeppen*, in: Roth/Altmeppen, GmbHG, § 35 Rn. 22.

30 *Altmeppen*, in: Roth/Altmeppen, GmbHG, Anh. § 13 Rn. 39; *Beurskens*, in: Baumbach/Hueck, SchlAnh KonzernR, Rn. 106; a.A. *Lutter/Hommelhoff*, in: Lutter/Hommelhoff, GmbHG, Anh. § 13 Rn. 52, wonach eine 3/4-Mehrheit analog § 293 Abs. 1 Satz 2 AktG ausreicht; offengelassen in BGHZ 105, 324, 332; unentschieden *Paefgen*, in: Ulmer/Habersack/Löbbe, GmbHG, § 35 Rn. 63.

31 BGHZ 105, 324, 336; BGH, NJW 1992, 1452, 1453; *Lutter/Hommelhoff*, in: Lutter/Hommelhoff, GmbHG, Anh. § 13 Rn. 53.

32 Vgl. *Beurskens*, in: Baumbach/Hueck, GmbHG, § 35 Rn. 6.

33 *Altmeppen*, in: Roth/Altmeppen, GmbHG, § 35 Rn. 51; *U.H. Schneider/S.H. Schneider*, in: Scholz, GmbHG, § 35 Rn. 30 f. (allerdings einschränkend für Publikumsgesellschaften).

34 *Beurskens*, in: Baumbach/Hueck, GmbHG, § 35 Rn. 6.

11 Im Einzelnen ist nach der Art des jeweiligen Rechtsgeschäfts zu differenzieren: So erteilt die Zustimmung zur **Veräußerung** von Geschäftsanteilen allein der Geschäftsführer.[35] Lediglich im Innenverhältnis ist ein Gesellschafterbeschluss erforderlich,[36] sodass die Zustimmung des Geschäftsführers im Außenverhältnis auch ohne Gesellschafterbeschluss wirksam ist.[37] Die Genehmigung zur Teilung von Gesellschaftsanteilen ist angesichts der Regelung des § 46 Nr. 4 dagegen ein Innengeschäft, sodass dem Geschäftsführer insoweit eine organschaftliche Vertretungsmacht fehlt.[38]

12 Der Erwerb **eigener Geschäftsanteile** der GmbH ist eine Geschäftsführungsmaßnahme, sodass der Geschäftsführer insoweit Vertretungsmacht besitzt. Im Innenverhältnis müssen allerdings auch hier die Gesellschafter zustimmen. Fehlt ein Gesellschafterbeschluss, lässt dies an sich die Vertretungsmacht des Geschäftsführers unberührt. Da jedoch für den veräußernden Gesellschafter der Mangel der internen Zustimmung in aller Regel evident ist, ist das Geschäft wegen Missbrauchs der Vertretungsmacht zumeist unwirksam.[39] Ob der Geschäftsführer befugt ist, eigene Geschäftsanteile der Gesellschaft zu veräußern, oder ein Gesellschafterbeschluss auch im Außenverhältnis erforderlich ist, wird unterschiedlich beurteilt.[40] Da Erwerb und Veräußerung gleichermaßen die Interessen der Gesellschafter berühren, sollten beide auch in Bezug auf die Vertretungsmacht des Geschäftsführers gleichbehandelt werden. Daher ist der Geschäftsführer auch insoweit zur Vertretung berechtigt.

13 Verpflichtungen der Gesellschaft im Entscheidungsbereich der Gesellschafter zählen nicht zu Maßnahmen der Geschäftsleitung. Eine organschaftliche Vertretungsbefugnis des Geschäftsführers ggü. Dritten solche Verpflichtungen, etwa zur **Änderung des Gesellschaftsvertrags**, einzugehen, besteht daher nicht.[41] Im Fall einer Erhöhung des Stammkapitals (§ 55) vertreten die Gesellschafter die GmbH ggü. dem Übernehmer, was die Möglichkeit jedoch nicht ausschließt, dass die Gesellschafter den Geschäftsführer zum Abschluss des Übernahmevertrags ermächtigen.

III. Gerichtliche Vertretung

14 Die gerichtliche Vertretung der Gesellschaft obliegt regelmäßig dem Geschäftsführer unabhängig davon, ob die Gesellschaft Klägerin, Beklagte, Beteiligte oder Betroffene ist und unabhängig von der Gerichtsbarkeit (auch Anmeldung zum Handelsregister).[42] Die Vorbereitung des Prozesses (Erteilung von Prozessvollmacht) fällt ebenfalls darunter.[43] Sofern die Gesellschaft einen Aufsichtsrat hat, ist grds. dieser vertretungsberechtigt.[44] Ein Gesellschafter mit hoher Beteiligung soll zur Geltendmachung von Ansprüchen der Gesellschaft im eigenen Namen ermächtigt werden können.[45] Macht eine Zweipersonen-GmbH ggü. ihrem Mehrheitsgesellschafter Rechte geltend, soll die Vertretungsberechtigung dagegen nicht beim Geschäftsführer, sondern beim Minderheitsgesellschafter liegen.[46]

15 Die Klageschrift muss die Namen sämtlicher Geschäftsführer enthalten (§§ 253 Abs. 4, 130 Nr. 1 ZPO). Zustellungen haben ggü. den Geschäftsführern als gesetzlichen Vertretern zu erfolgen (§ 170

35 BGHZ 14, 25, 31; *Ebbing*, in: Michalski/Heidinger/Leible/J. Schmidt, GmbHG, § 15 Rn. 143.
36 BGH, NJW 1988, 2241, 2242.
37 BGHZ 14, 25, 31; *Altmeppen*, in: Roth/Altmeppen, GmbHG, § 15 Rn. 103 ff.
38 *Zöllner/Noack*, in: Baumbach/Hueck, GmbHG, 21. Aufl. 2017, § 35 Rn. 92.
39 *Altmeppen*, in: Roth/Altmeppen, GmbHG, § 33 Rn. 38; *Sosnitza*, in: Michalski/Heidinger/Leible/J. Schmidt, GmbHG, § 33 Rn. 24.
40 Offengelassen in BGH, NJW 2004, 365, 366; bejahend *Altmeppen*, in: Roth/Altmeppen, GmbHG, § 33 Rn. 55; *Pentz*, in: Rowedder/Schmidt-Leithoff, GmbHG, § 33 Rn. 52; *Sosnitza*, in: Michalski/Heidinger/Leible/J. Schmidt, GmbHG, § 33 Rn. 66; verneinend *Westermann*, in: Scholz, GmbHG, § 33 Rn. 38; *Kleindiek*, in: Lutter/Hommelhoff, GmbHG, § 33 Rn. 34 f.; *Kersting*, in: Baumbach/Hueck, GmbHG, § 33 Rn. 28.
41 *Kleindiek*, in: Lutter/Hommelhoff, GmbHG, 35 Rn. 35; *U.H. Schneider/S.H. Schneider*, in: Scholz, GmbHG, § 35 Rn. 45 ff.
42 *Kleindiek*, in: Lutter/Hommelhoff, GmbHG, § 35 Rn. 12.
43 *Beurskens*, in: Baumbach/Hueck, GmbHG, § 35 Rn. 12.
44 BGH, NJW 1987, 254, 255; OLG München, NZG 2003, 634, 635.
45 BGH, NJW-RR 1987, 57.
46 OLG München, WM 1982, 1061.

Abs. 1 ZPO), wobei die Zustellung an einen von ihnen genügt (§ 170 Abs. 3 ZPO). Eidesstattliche Versicherungen für die Gesellschaft werden von den Geschäftsführern abgegeben.[47] Ein Geschäftsführer kann lediglich als Partei, nicht als Zeuge vernommen werden (§ 455 Abs. 1 ZPO). Den Geschäftsführer vorübergehend abzuberufen, damit er Zeuge sein kann, kann rechtsmissbräuchlich sein.[48]

Klagt ein Geschäftsführer gegen die Wirksamkeit seiner Bestellung oder Abberufung, erfolgt Vertretung durch denjenigen gesetzlichen Vertreter, der bei Klageabweisung als solcher anzusehen wäre.[49] Für andere Klagen des Geschäftsführers gegen die Gesellschaft muss die Gesellschaft einen besonderen Vertreter bestellen (§ 46 Nr. 8). Sofern es um eine einstweilige Verfügung geht, kann bis zum Gesellschafterbeschluss ein anderer, einzelvertretungsberechtigter Geschäftsführer der Gesellschaft diese vertreten.[50] Im Zwangsvollstreckungsverfahren ist der Geschäftsführer Adressat der Ordnungsmittel (§§ 888, 890 ZPO).[51] 16

IV. Rechtsgeschäftliche Vertretung

Neben den Geschäftsführern werden für die Gesellschaft häufig auch rechtsgeschäftlich bestellte Vertreter tätig. Das können Prokuristen (§§ 48 ff. HGB), Handlungs- oder Generalbevollmächtigte (§ 54 HGB) sein. Sollen an einzelne oder mehrere Personen rechtsgeschäftliche Vollmachten erteilt werden, geschieht dies durch die Geschäftsführer in vertretungsberechtigter Zahl. Fehlt es an der erforderlichen Vertretungsmacht, können der Gesellschaft Willenserklärungen Dritter über die Grundsätze der Duldungs- und Anscheinsvollmacht zugerechnet werden.[52] 17

Da ein Geschäftsführer seine Vertretungsmacht nicht im Ganzen durch andere ausüben lassen darf,[53] ist die Erteilung einer **Generalvollmacht**, die sich auch auf seine Organbefugnisse (z.B. Insolvenzantragspflicht, Buchführung) erstrecken soll, unzulässig. Das schließt jedoch nicht aus, diese im Einzelfall in eine Generalhandlungsvollmacht nach § 54 HGB umzudeuten.[54] 18

Rechtsgeschäftlicher Vertreter kann nicht sein, wer schon organschaftlicher Vertreter ist.[55] Ebenso kann ein rechtsgeschäftlicher Vertreter keine organschaftliche Vertretungsmacht übertragen bekommen. Möglich ist jedoch, dies in eine Generalvollmacht i.S.d. §§ 164 ff. BGB umzudeuten, die sich auf all diejenigen Tätigkeiten bezieht, die nicht zwingend organschaftlich sind.[56] 19

B. Insichgeschäft

I. Verbot der Selbstkontrahierung

§ 181 BGB enthält zum einen das Verbot eines Insichgeschäfts sowie zum anderen ein Verbot der Mehrfachvertretung.[57] Der Grundsatz, dass der Geschäftsführer die Gesellschaft grds. nicht bei 20

---

47 OLG Hamm, GmbHR 1984, 318; *Lenz*, in: Michalski/Heidinger/Leible/J. Schmidt, GmbHG, § 35 Rn. 41.

48 *Wicke*, GmbHG, § 35 Rn. 4; *Beurskens*, in: Baumbach/Hueck, GmbHG, § 35 Rn. 14.

49 BGH, NJW 1981, 1041 f.; OLG Hamm, GmbHR 1993, 743, 745; OLG Köln, NZG 1999, 773 (LS); OLG Köln, NZG 2003, 395, 396.

50 OLG Hamm, GmbHR 1993, 743, 745.

51 *Lenz*, in: Michalski/Heidinger/Leible/J. Schmidt, GmbHG, § 35 Rn. 41; *Beurskens*, in: Baumbach/Hueck, GmbHG, § 35 Rn. 14.

52 *Beurskens*, in: Baumbach/Hueck, GmbHG, § 35 Rn. 27.

53 S. Rdn. 1.

54 BGH, NJW-RR 2002, 1325; s. auch *Lenz*, in: Michalski/Heidinger/Leible/J. Schmidt, GmbHG, § 35 Rn. 10; *Altmeppen*, in: Roth/Altmeppen, GmbHG, § 35 Rn. 15.

55 *Baukelmann*, in: Rowedder/Schmidt-Leithoff, GmbHG, § 35 Rn. 8; *Lenz*, in: Michalski/Heidinger/Leible/J. Schmidt, GmbHG, § 35 Rn. 9; *Paefgen*, in: Ulmer/Habersack/Löbbe, GmbHG, § 35 Rn. 43; *U.H. Schneider/S.H. Schneider*, in: Scholz, GmbHG, § 35 Rn. 17.

56 *Beurskens*, in: Baumbach/Hueck, GmbHG, § 35 Rn. 27; MünchKommGmbHG/Stephan/Tieves, § 35 Rn. 235.

57 Generell kritisch bzgl. dieser Regelung etwa *Hauschild*, ZIP 2014, 954 ff.

einem mit ihm selbst abzuschließenden Geschäft vertreten kann,[58] gilt auch für ein Geschäft, das der Geschäftsführer als Vertreter eines Dritten mit der GmbH schließen will.[59] Bei der GmbH & Co. KG ist eine Vertretung durch den Geschäftsführer bei Geschäften zwischen GmbH und KG sowie zwischen dem GmbH-Geschäftsführer und der KG ausgeschlossen.[60] Sehen Gesetz oder Satzung einen Aufsichtsrat für die GmbH vor, wird die Gesellschaft ggü. ihrem Geschäftsführer durch den Aufsichtsrat vertreten (§ 52 Abs. 1 GmbHG, § 112 AktG). Die Problematik des Selbstkontrahierens stellt sich in diesem Fall nicht.[61]

21 Die **Befreiung** von § 181 BGB ist auf den genannten Alleingeschäftsführer beschränkt. Andere Alleingeschäftsführer sind davon nicht automatisch erfasst.[62] Wird die Gesellschaft durch mehrere Geschäftsführer gemeinsam vertreten (**Gesamtvertretung**) und ist einer der Geschäftsführer nach § 181 BGB von der Vertretung ausgeschlossen, müssen die übrigen Geschäftsführer ohne den verhinderten Geschäftsführer in der für die Gesamtvertretung erforderlichen Zahl das Rechtsgeschäft abschließen bzw. einen von ihnen zur Vornahme des Rechtsgeschäfts ermächtigen. Dementsprechend ist es nicht möglich, eine Willenserklärung, die zwei nur gemeinsam vertretungsberechtigte Geschäftsführer abgegeben haben, wobei einer von ihnen an der Vertretung der GmbH gem. § 181 BGB verhindert war, nachträglich in eine Ermächtigung zur Alleinvertretung umzudeuten.[63]

22 Zulässig soll sein, dass der nach § 181 BGB ausgeschlossene Geschäftsführer zuvor den anderen Geschäftsführer **ermächtigt**, das Geschäft für die GmbH in Einzelvertretung abzuschließen. Begründet wird das damit, dass der ermächtigte Geschäftsführer nicht als rechtgeschäftlicher (Unter-) Vertreter des anderen Geschäftsführers auftrete, sondern von seiner organschaftlichen Vertretungsmacht Gebrauch mache.[64] Der an sich nach § 181 BGB verhinderte Geschäftsführer ist demnach formal betrachtet nicht auf beiden Seiten des Rechtsgeschäfts beteiligt, sodass ein verbotenes Selbstkontrahieren nicht vorzuliegen scheint. Schutzzweck des § 181 BGB ist es aber, »Interessenkollisionen und damit verbundenen Gefahren für den Vertretenen zu begegnen, soweit nicht ausnahmsweise eine Sachverhaltsgestaltung vorliegt, in der sich eine Schädigung des Vertretenen typischerweise ausschließen lässt«.[65] Zwar ist der Mitgeschäftsführer im Gegensatz zum Untervertreter nicht von den Weisungen des nach § 181 BGB ausgeschlossenen Geschäftsführers abhängig. Dennoch lässt sich nicht typischerweise ausschließen, dass die Interessen der GmbH bei einer zuvor erteilten Ermächtigung des Mitgeschäftsführers beeinträchtigt werden. Daher ist auch eine für den konkreten Einzelfall erteilte Ermächtigung des Mitgeschäftsführers als unzulässige Umgehung des § 181 BGB einzuordnen.

23 Bestellt der Geschäftsführer zum Zwecke des Geschäftsabschlusses einen **Untervertreter**, findet § 181 BGB entsprechende Anwendung, sodass ein verbotenes Insichgeschäft zu bejahen ist.[66] Ein

---

58 Zu den Problemen *Robles y Zepf*, BB 2012, 1876 ff.; *Altmeppen*, NZG 2013, 401 ff.; *Blaschke/König*, NZG 2012, 812 ff.

59 *Beurskens*, in: Baumbach/Hueck, GmbHG, § 37 Rn. 58.

60 BGHZ 58, 115 ff.; OLG Düsseldorf, GmbHR 2005, 105.

61 *Altmeppen*, in: Roth/Altmeppen, GmbHG, § 35 Rn. 21; *Beurskens*, in: Baumbach/Hueck, GmbHG, § 37 Rn. 60.

62 OLG Nürnberg, GmbHR 2015, 1279, Rn. 40.

63 BGH, NJW 1992, 618.

64 So BGHZ 64, 72; *Altmeppen*, in: Roth/Altmeppen, GmbHG, § 35 Rn. 97; *Lenz*, in: Michalski/Heidinger/Leible/J. Schmidt, GmbHG, § 35 Rn. 93; *Beurskens*, in: Baumbach/Hueck, GmbHG, § 37 Rn. 63; a.A. *Kleindiek*, in: Lutter/Hommelhoff, GmbHG, § 35 Rn. 51; offengelassen in BGH, NJW 1992, 618.

65 So ausdrücklich BGH, NJW 1992, 618.

66 BGHZ 64, 72, 74; BGHZ 91, 334 ff.; *Marsch-Barner/Diekmann*, in: MünchHdbGmbHG, § 44 Rn. 34; *Paefgen*, in: Ulmer/Habersack/Löbbe, GmbHG, § 35 Rn. 67; *U.H. Schneider/S.H. Schneider*, in: Scholz, GmbHG, § 35 Rn. 135; *Beurskens*, in: Baumbach/Hueck, GmbHG, § 37 Rn. 61; a.A. *Altmeppen*, in: Roth/Altmeppen, GmbHG, § 35 Rn. 97 (nur Unterbevollmächtigung einer weisungsabhängigen Person nicht möglich).

Fall der Untervertretung liegt nicht vor, wenn ein unabhängig vom konkreten Geschäftsabschluss bestellter Prokurist die Gesellschaft bei einem Rechtsgeschäft mit dem Geschäftsführer vertritt.[67]

II. Folgen eines Verstoßes

24 Folge eines Verstoßes gegen das Verbot des Insichgeschäfts nach § 181 BGB ist die schwebende **Unwirksamkeit** des Geschäfts (§§ 177 ff. BGB).[68] Die Gesellschafterversammlung kann das Geschäft ausdrücklich oder konkludent[69] genehmigen. Auch ein (anderer) Geschäftsführer, der das Geschäft ohne Verstoß gegen § 181 BGB wirksam abschließen könnte, kann dieses genehmigen.[70]

III. Ausnahmen vom Verbot

25 Eine Ausnahme vom Verbot des Insichgeschäfts liegt vor, wenn das Geschäft nur zur Erfüllung einer bereits bestehenden Verbindlichkeit dient (z.B. Gehaltsauszahlung des Geschäftsführers an sich selbst).[71] Eine Ausnahme soll auch dann gegeben sein, wenn das Geschäft für die Gesellschaft lediglich rechtlich **vorteilhaft** ist.[72] Voraussetzung ist daher, dass das Insichgeschäft für den Vertretenen nachteilig ist.[73]

26 Der Geschäftsführer kann im Voraus vom Verbot des Selbstkontrahierens befreit werden. Eine solche **Befreiung** kann sich auf einzelne Geschäfte, auf bestimmte Arten von Geschäften oder sämtliche Geschäfte des Geschäftsführers beziehen. Erforderlich ist eine Gestattung in der Satzung oder durch das Bestellungsorgan (regelmäßig die Gesellschafterversammlung).[74] Umstritten ist, ob es hierzu einer Grundlage in der Satzung bedarf[75] oder nicht.[76] Eine Gestattung kann für einen einzelnen oder generell für alle Geschäftsführer vorgesehen werden. Da bei einer nicht auf ein konkretes Geschäft beschränkten Erlaubnis eine Eintragung ins Handelsregister erforderlich ist, muss diese aus sich selbst heraus verständlich sein. Das ist nicht der Fall, wenn eine Befreiung nur dann vorgesehen wird, sofern lediglich ein Geschäftsführer vorhanden ist.[77] Nicht ausreichend ist auch eine Befreiung nur von der Beschränkung des § 181 BGB, da insoweit unklar ist, von welcher der beiden Beschränkungen des § 181 BGB befreit sein soll.[78] Bei einer Gestattung mit Beschränkung auf bestimmte Geschäfte ist bei der Anmeldung eine konkrete Benennung

67 BGHZ 91, 334 ff.; *Altmeppen*, in: Roth/Altmeppen, GmbHG, § 35 Rn. 97; *Beurskens*, in: Baumbach/Hueck, GmbHG, § 37 Rn. 62; a.A. *Baukelmann*, in: Rowedder/Schmidt-Leithoff, GmbHG, § 35 Rn. 34.
68 BGH, BB 1994, 164, 165.
69 *Lenz*, in: Michalski/Heidinger/Leible/J. Schmidt, GmbHG, § 35 Rn. 90; *U.H. Schneider/S.H. Schneider*, in: Scholz, GmbHG, § 35 Rn. 140; *Beurskens*, in: Baumbach/Hueck, GmbHG, § 37 Rn. 69.
70 BGH, BB 1994, 164, 165; *Lenz*, in: Michalski/Heidinger/Leible/J. Schmidt, GmbHG, § 35 Rn. 90; *Beurskens*, in: Baumbach/Hueck, GmbHG, § 37 Rn. 69.
71 *Marsch-Barner/Diekmann*, MünchHdbGmbHG, § 44 Rn. 33; *Paefgen*, in: Ulmer/Habersack/Löbbe, GmbHG, § 35 Rn. 66; *U.H. Schneider/S.H. Schneider*, in: Scholz, GmbHG, § 35 Rn. 141; *Beurskens*, in: Baumbach/Hueck, GmbHG, § 37 Rn. 67.
72 BGHZ 59, 236, 240 f.; BGH, NJW 1989, 2543; *Altmeppen*, in: Roth/Altmeppen, GmbHG, § 35 Rn. 79; *Lenz*, in: Michalski/Heidinger/Leible/J. Schmidt, GmbHG, § 35 Rn. 91; *Kleindiek*, in: Lutter/Hommelhoff, GmbHG, § 35 Rn. 51; *U.H. Schneider/S.H. Schneider*, in: Scholz, GmbHG, § 35 Rn. 142; *Beurskens*, in: Baumbach/Hueck, GmbHG, § 37 Rn. 67.
73 BGH, GmbHR 2018, 251 ff., Rn. 25 m.w.N.
74 *Paefgen*, in: Ulmer/Habersack/Löbbe, GmbHG, § 35 Rn. 76; *Beurskens*, in: Baumbach/Hueck, GmbHG, § 37 Rn. 65 f.
75 BayObLG, DB 1984, 1517, 1518; OLG Köln, NJW 1993, 1018; OLG Celle, NJW-RR 2001, 175; KG, NZG 2006, 718 f.; OLG Nürnberg, GmbHR 2015, 486, Rn. 14.
76 Wenn Einzelgestattung: KG, GmbHR 2002, 327; *Baukelmann*, in: Rowedder/Schmidt-Leithoff, GmbHG, § 35 Rn. 31. Generell: *Altmeppen*, in: Roth/Altmeppen, GmbHG, § 35 Rn. 80; *Kleindiek*, in: Lutter/Hommelhoff, GmbHG, § 35 Rn. 52; *Paefgen*, in: Ulmer/Habersack/Löbbe, GmbHG, § 35 Rn. 76; *Beurskens*, in: Baumbach/Hueck, GmbHG, § 37 Rn. 66.
77 BGHZ 87, 59, 60.
78 OLG Nürnberg, GmbHR 2015, 486, Rn. 16.

erforderlich.[79] Wird eine Anmeldung zum Handelsregister unterlassen, ist § 15 Abs. 1 HGB zu beachten.[80]

27 Wird die Gesellschaft mittels Musterprotokoll (Anlage zu § 2 Abs. 1a) i.R.d. nunmehr nach dem MoMiG möglichen, vereinfachten Verfahren gegründet, ist der Geschäftsführer nach Ziff. 4 von den Beschränkungen des § 181 BGB befreit.[81] Die Alleinvertretungsmacht entfällt nach h.M. bei der Bestellung weiterer Geschäftsführer.[82]

IV. Insichgeschäfte in der Einpersonen-GmbH

1. Selbstkontrahierungsverbot

28 Das Verbot von Insichgeschäften gilt ausdrücklich auch in der Einpersonen-GmbH (Abs. 3 Satz 1). Damit bestehen im Vergleich zur mehrgliedrigen Gesellschaft verschärfte Anforderungen an eine Befreiung vom Verbot des Selbstkontrahierens sowie eine Protokollierungspflicht (Abs. 3 Satz 2). Über ihren Wortlaut hinaus erfasst die Vorschrift auch den Fall der Mehrfachvertretung zumindest dann, wenn der Gesellschafter-Geschäftsführer jeweils sämtliche Anteile der am Rechtsgeschäft beteiligten Gesellschaften hält.[83]

29 Ob Abs. 3 entsprechend anwendbar ist, wenn die Einpersonen-GmbH neben dem Gesellschafter-Geschäftsführer noch über **weitere Fremdgeschäftsführer** verfügt,[84] wirkt sich nur dahingehend aus, in welcher Form der Gesellschafter-Geschäftsführer vom Verbot des Insichgeschäfts befreit werden kann. Eine Protokollierungspflicht besteht gemäß Abs. 3 Satz 2 unabhängig davon, ob der Gesellschafter alleiniger Geschäftsführer ist. Der Wortlaut des Abs. 3 Satz 1 ist eindeutig und auch der Gläubigerschutz gebietet keine entsprechende Anwendung, sodass wie bei einer Mehrpersonengesellschaft eine Befreiung auch durch Gesellschafterbeschluss grds. möglich ist.[85]

30 Unstreitig kann die GmbH ggü. dem Gesellschafter-Geschäftsführer durch einen einzelvertretungsberechtigten Fremdgeschäftsführer wirksam vertreten werden.[86] Nicht möglich ist es dagegen, dass der Gesellschafter-Geschäftsführer einen Mitgeschäftsführer ermächtigt, der nur gemeinsam mit ihm zur Vertretung berechtigt ist.[87] Gleichfalls kann die Gesellschaft ggü. dem Gesellschafter-Geschäftsführer nicht durch einen Prokuristen vertreten werden. Der Gesellschafter-Geschäftsführer kann in seiner Funktion als Alleingesellschafter die Prokura jederzeit widerrufen, sodass dem Prokuristen wie einem Untervertreter die notwendige Unabhängigkeit fehlt.[88] Soweit der Gesellschafter alleiniger Geschäftsführer ist oder die Mitgeschäftsführer nicht allein vertretungsberechtigt sind,

---

79 OLG Stuttgart, NZG 2008, 36; *Beurskens*, in: Baumbach/Hueck, GmbHG, § 37 Rn. 64.

80 *Baukelmann*, in: Rowedder/Schmidt-Leithoff, GmbHG, § 35 Rn. 30; *U.H. Schneider/S.H. Schneider*, in: Scholz, GmbHG, § 35 Rn. 171; *Beurskens*, in: Baumbach/Hueck, GmbHG, § 37 Rn. 64.

81 *Kleindiek*, in: Lutter/Hommelhoff, GmbHG, § 35 Rn. 52; *Beurskens*, in: Baumbach/Hueck, GmbHG, § 37 Rn. 65.

82 OLG Nürnberg, GmbHR 2015, 1279, Rn. 41 ff.; vgl. auch *Schmidt*, ZIP 2016, 75 ff.; *Blasche*, GmbHR 2015, 403 ff.

83 *Baukelmann*, in: Rowedder/Schmidt-Leithoff, GmbHG, § 35 Rn. 29; *U.H. Schneider/S.H. Schneider*, in: Scholz, GmbHG, § 35 Rn. 154; *Beurskens*, in: Baumbach/Hueck, GmbHG, § 35 Rn. 55.

84 Bejahend *Kleindiek*, in: Lutter/Hommelhoff, GmbHG, § 35 Rn. 56; *U.H. Schneider/S.H. Schneider*, in: Scholz, GmbHG, § 35 Rn. 153; *Beurskens*, in: Baumbach/Hueck, GmbHG, § 35 Rn. 56; a.A. *Baukelmann*, in: Rowedder/Schmidt-Leithoff, GmbHG, § 35 Rn. 28; *Paefgen*, in: Ulmer/Habersack/Löbbe, GmbHG, § 35 Rn. 70.

85 *Paefgen*, in: Ulmer/Habersack/Löbbe, GmbHG, § 35 Rn. 70.

86 *Kleindiek*, in: Lutter/Hommelhoff, GmbHG, § 35 Rn. 56; *Marsch-Barner/Diekmann*, in: MünchHdbGmbHG, § 44 Rn. 37; *Beurskens*, in: Baumbach/Hueck, GmbHG, § 35 Rn. 56.

87 *Kleindiek*, in: Lutter/Hommelhoff, GmbHG, § 35 Rn. 56; *U.H. Schneider/S.H. Schneider*, in: Scholz, GmbHG, § 35 Rn. 158; *Beurskens*, in: Baumbach/Hueck, GmbHG, § 35 Rn. 56.

88 *Baukelmann*, in: Rowedder/Schmidt-Leithoff, GmbHG, § 35 Rn. 34; *Marsch-Barner/Diekmann*, in: MünchHdbGmbHG, § 44 Rn. 37; *U.H. Schneider/S.H. Schneider*, in: Scholz, GmbHG, § 35 Rn. 159; *Beurskens*, in: Baumbach/Hueck, GmbHG, § 35 Rn. 56.

kann der Alleingesellschafter in entsprechender Anwendung des § 29 BGB einen Notgeschäftsführer bestellen, sodass die Gesellschaft durch diesen ggü. dem Gesellschafter-Geschäftsführer wirksam vertreten wird.[89]

§ 181 BGB findet auf die **Selbstbestellung** des Alleingesellschafters als Geschäftsführer keine Anwendung.[90] Ob dies auch für den Abschluss des Anstellungsvertrags gilt, wird unterschiedlich beurteilt.[91] Vorsorglich sollte sich daher der Alleingesellschafter auch insoweit vom Verbot des Selbstkontrahierens befreien. 31

Eine **Befreiung** vom Verbot des Selbstkontrahierens kann lediglich durch die Satzung, nicht aber nur durch Gesellschafterbeschluss, erfolgen.[92] Ein einfacher Gesellschafterbeschluss soll aber ausreichen, wenn die Satzung eine Befreiungsmöglichkeit durch Gesellschafterbeschluss gestattet, der Alleingesellschafter sich zum von § 181 BGB befreiten Geschäftsführer bestellt hat und dies in das Handelsregister eingetragen ist.[93] Wird der Geschäftsführer einer mehrgliedrigen GmbH durch die Satzung selbst oder aufgrund einer in der Satzung enthaltenen Ermächtigung durch einen Gesellschafterbeschluss von den Beschränkungen des § 181 BGB befreit, gilt dies auch weiterhin, wenn der Geschäftsführer Alleingesellschafter wird.[94] 32

2. Folgen eines Verstoßes

Die Folgen eines Verstoßes gegen das Verbot des Selbstkontrahierens beschränken sich nicht nur auf die (schwebende) **Unwirksamkeit** des Geschäfts. Dieses wird, wenn es sich um ein Rechtsgeschäft eines Alleingesellschafters handelt und es an einer dem Abs. 3 Satz 2 entsprechenden Dokumentation mangelt, zumeist steuerlich als verdeckte Gewinnausschüttungen eingeordnet.[95] Allerdings kann der Einpersonen-Gesellschafter das Insichgeschäft nachträglich etwa mittels Satzungsänderung und Genehmigung des Geschäfts sowie Eintragung im Handelsregister mit steuerlicher Wirkung gestatten.[96] 33

Erfolgen Rechtsgeschäfte zwischen Alleingesellschafter und Gesellschaft, sind diese unabhängig davon, ob der Alleingesellschafter auch alleiniger Geschäftsführer ist, unverzüglich nach ihrer Vornahme in eine **Niederschrift** aufzunehmen (Abs. 3 Satz 2). Erfasst sind hiervon sämtliche Geschäfte, jedoch nicht bloße Beschlüsse der Einpersonen-Gesellschafterversammlung.[97] Die Dokumentation muss ohne schuldhaftes Zögern und kann auch in elektronischer Form erfolgen. Bei einer Niederschrift ist die Unterschrift, bei einer elektronischen Niederschrift die Kenntlichmachung des Erklärenden erforderlich.[98] 34

---

89 *U.H. Schneider/S.H. Schneider*, in: Scholz, GmbHG, § 35 Rn. 160; *Beurskens*, in: Baumbach/Hueck, GmbHG, § 35 Rn. 56; a.A. *Kleindiek*, in: Lutter/Hommelhoff, GmbHG, § 35 Rn. 53.

90 *Beurskens*, in: Baumbach/Hueck, GmbHG, § 35 Rn. 56.

91 Bejahend BGHZ 33, 189, 194; *Kleindiek*, in: Lutter/Hommelhoff, GmbHG, Anh. § 6 Rn. 7; *Paefgen*, in: Ulmer/Habersack/Löbbe, GmbHG, § 35 Rn. 71; a.A. *Marsch-Barner/Diekmann*, MünchHdbGmbHG, § 33 Rn. 37; *Beurskens*, in: Baumbach/Hueck, GmbHG, § 35 Rn. 55.

92 BGHZ 87, 59, 60; BGH, NZG 2004, 667, 668; so auch *Paefgen*, in: Ulmer/Habersack/Löbbe, GmbHG, § 35 Rn. 78; *Beurskens*, in: Baumbach/Hueck, GmbHG, § 35 Rn. 57; a.A. *Altmeppen*, in: Roth/Altmeppen, GmbHG, § 35 Rn. 77, 81 ff.; *Kleindiek*, in: Lutter/Hommelhoff, GmbHG, § 35 Rn. 52.

93 BGH, GmbHR 2000, 136, 137 f.; BGH, DStR 2000, 697 f.; BayObLG, GmbHR 1984, 1517, 1518; *Paefgen*, in: Ulmer/Habersack/Löbbe, GmbHG, § 35 Rn. 78; *U.H. Schneider/S.H. Schneider*, in: Scholz, GmbHG, § 35 Rn. 167; weiter gehend OLG Hamm, NJW-RR 1998, 1193, 1194 (einfacher Gesellschafterbeschluss auf Satzungsgrundlage genügt); OLG Düsseldorf, NZG 2002, 338, 339 (zum Notgeschäftsführer); kritisch *Altmeppen*, in: Roth/Altmeppen, GmbHG, § 35 Rn. 90 ff.

94 BGHZ 114, 167, 170 f.; a.A. noch BayObLG, WM 1987, 982, 983 und BayObLG, NJW-RR 1990, 420, 422.

95 BFHE 169, 171; BFH, NJW 1997, 1031; BFH, NJW 1996, 479, 480; *Wicke*, GmbHG, § 35 Rn. 12; *Beurskens*, in: Baumbach/Hueck, GmbHG, § 35 Rn. 61.

96 BFH, NJW 1997, 1031; BFH, GmbHR 1997, 266, 267; *Beurskens*, in: Baumbach/Hueck, GmbHG, § 35 Rn. 58.

97 *Beurskens*, in: Baumbach/Hueck, GmbHG, § 35 Rn. 59.

98 *U.H. Schneider/S.H. Schneider*, in: Scholz, GmbHG, § 35 Rn. 185; *Beurskens*, in: Baumbach/Hueck, GmbHG, § 35 Rn. 60; a.A. *Kleindiek*, in: Lutter/Hommelhoff, GmbHG, § 35 Rn. 57.

35 Die Folgen eines Verstoßes hiergegen sollen **Schadensersatzansprüche des Gläubigers** gegen den Einpersonen-Gesellschafter sein.[99] Eine Schutzgesetzeigenschaft dieser Regelung wird zwar bejaht.[100] Scheitern dürften solche Ansprüche jedoch regelmäßig am Nachweis der Kausalität zwischen dem Verstoß gegen die Dokumentationspflicht und einem Gläubigerschaden. Das Rechtsgeschäft bleibt selbst bei mangelnder Dokumentation wirksam.[101] Wird eine Dokumentation unterlassen, kann dies aber Beweislastfolgen für den Einpersonen-Geschäftsführer haben.[102]

C. Missbrauch der Vertretungsmacht

36 Die Vertretungsmacht des Geschäftsführers ist nach außen hin prinzipiell unbeschränkbar, sodass Beschränkungen der Geschäftsführungsbefugnis mittels Satzung oder Gesellschafterbeschluss (§ 37 Abs. 1) grds. nur im **Innenverhältnis** zur Gesellschaft Auswirkungen haben. Liegt jedoch ein Missbrauch der Vertretungsmacht des Geschäftsführers vor, kann die Erklärung des Geschäftsführers nach **§§ 177 ff. BGB** schwebend unwirksam sein, sodass das betreffende Rechtsgeschäft erst mit Genehmigung der für die Vertretungsberechtigung erforderlichen Anzahl an Geschäftsführern oder der Gesellschafter wirksam ist.[103]

37 Die Gesellschaft wird aus dem Vertragsschluss mit dem Dritten nicht verpflichtet, wenn Geschäftsführer und Vertragspartner bewusst zum Nachteil des Vertretenen zusammenwirken (Kollusion).[104] Das Gleiche gilt, wenn dem anderen Teil bei Vertragsschluss der Missbrauch der Vertretungsmacht bekannt war oder sich im Sinne einer objektiven Evidenz aufdrängen musste.[105]

38 Ein bewusst nachteiliges Handeln zulasten der Gesellschaft ist für die Annahme des Missbrauchs der Vertretungsmacht nicht erforderlich.[106] Bei Rechtsgeschäften mit Organmitgliedern wird die für den Missbrauch der Vertretungsmacht maßgebliche objektive Evidenz i.d.R. vorliegen. Das BAG nimmt an, dass Geschäfte mit Organmitgliedern immer an den im Innenverhältnis gesetzten Maßstäben der Geschäftsführungsbefugnis zu messen sind.[107]

D. Gesamtvertretung als gesetzlicher Regelfall (Abs. 2 Satz 1)

39 Sofern mehrere Geschäftsführer bestellt sind, sind alle nach Abs. 2 Satz 1 nur gemeinschaftlich zur Vertretung befugt. Anders ist das nur, wenn in der Satzung etwas Abweichendes bestimmt ist. Der gesetzlich festgelegte Grundsatz der Gesamtvertretung bedeutet, dass die Gesellschaft rechtsgeschäftliche Erklärungen nur durch sämtliche Geschäftsführer gemeinsam abgeben kann.[108]

40 Ist nur ein Geschäftsführer vorhanden, hat er **Alleinvertretungsmacht.**[109] Wird jedoch ein zweiter Geschäftsführer bestellt, verliert der erste Geschäftsführer seine Einzelvertretungsmacht.[110] Dagegen entsteht für den übrig gebliebenen Geschäftsführer Einzelvertretungsmacht, wenn der zweite

99 *Paefgen*, in: Ulmer/Habersack/Löbbe, GmbHG, § 35 Rn. 74; *U.H. Schneider/S.H. Schneider*, in: Scholz, GmbHG, § 35 Rn. 186; *Beurskens*, in: Baumbach/Hueck, GmbHG, § 35 Rn. 61.
100 *Lenz*, in: Michalski/Heidinger/Leible/J. Schmidt, GmbHG, § 35 Rn. 95.
101 *Altmeppen*, in: Roth/Altmeppen, GmbHG, § 35 Rn. 98; *U.H. Schneider/S.H. Schneider*, in: Scholz, GmbHG, § 35 Rn. 186; *Beurskens*, in: Baumbach/Hueck, GmbHG, § 35 Rn. 61.
102 *Altmeppen*, in: Roth/Altmeppen, GmbHG, § 35 Rn. 100; *Lenz*, in: Michalski/Heidinger/Leible/J. Schmidt, GmbHG, § 35 Rn. 104; *Beurskens*, in: Baumbach/Hueck, GmbHG, § 35 Rn. 61.
103 *Kleindiek*, in: Lutter/Hommelhoff, GmbHG, § 35 Rn. 22.
104 BGH, NJW-RR 2004, 247 ff.
105 BGH, NJW 1999, 2883; OLG Schleswig, MDR 2005, 1062 f.; LG München, BKR 2006, 28 ff.; zum Meinungsstand *Ellenberger*, in: Palandt, BGB, § 164 Rn. 14.
106 BGH, NJW 2006, 2776; OLG Hamm, NZG 2006, 827 ff.; kritisch *Vedder*, GmbHR 2008, 736 ff.
107 BAG, NJW 1999, 234 ff.; BAG, NJW 1994, 3117 ff.
108 *Baukelmann*, in: Rowedder/Schmidt-Leithoff, GmbHG, § 35 Rn. 40.
109 OLG Nürnberg, GmbHR 2015, 1279, Rn. 42; BGHZ 115, 78, 80; BGH, BB 2007, 1411, 1412; BGH, NJW-RR 2007, 1260.
110 *Beurskens*, in: Baumbach/Hueck, GmbHG, § 35 Rn. 36.

Geschäftsführer fortfällt (Abberufung, Tod, Verlust der unbeschränkten Geschäftsfähigkeit usw.).[111] Ist der zweite Geschäftsführer lediglich verhindert, bleibt es beim Grundsatz der Gesamtvertretung.[112] Wenn die Satzung eine (Mindest-)Zahl an Geschäftsführern vorsieht, ist umstritten, ob dann nur Gesamtvertretung durch mindestens diese Zahl möglich ist. Letztendlich ist das eine Auslegungsfrage. Nur wenn die überwiegenden Indizien für eine gewollte Gesamtvertretung sprechen, wird von einer solchen auszugehen sein.[113]

Ein **Zusammenwirken** der Gesamtvertreter kann durch die gemeinsame Abgabe einer Willenserklä- 41
rung erfolgen (gemeinsame Unterzeichnung eines Vertrags usw.) oder durch Abgabe getrennter, aber übereinstimmender Willenserklärungen.[114] Entscheidend ist, dass die Teilerklärungen erkennbar Teil einer Gesamterklärung sind.[115] Sieht das Gesetz besondere Wirksamkeitsvoraussetzungen vor, müssen diese für jede Teilerklärung erfüllt sein.[116] Sofern die Erklärung eines Gesamtvertreters nichtig ist, ist das Rechtsgeschäft als solches nichtig. § 139 BGB gilt nicht.[117]

Möglich ist die **Einwilligung** eines Geschäftsführers in die Abgabe der Willenserklärung durch 42
einen anderen Geschäftsführer (§ 183 BGB analog), ebenso eine nachträgliche **Genehmigung** durch den betroffenen Geschäftsführer (§ 177 Abs. 1 BGB analog).[118] Dabei kann der handelnde Geschäftsführer seine Erklärung nicht mehr widerrufen.[119] Eine Zustimmung ist auch durch konkludentes Handeln möglich, allerdings nicht durch bloßes Schweigen.[120] Da die Zustimmung formlos (§ 182 Abs. 2 BGB analog) erteilt werden kann, soll eine formnichtige Teilerklärung in eine formlos gültige Zustimmungserklärung umgedeutet werden können.[121]

Selbst die vorher erteilte Zustimmung (**Ermächtigung**) eines einzelnen Geschäftsführers durch die 43
gesamtberechtigten Geschäftsführer zur Vornahme bestimmter Geschäfte oder bestimmter Arten von Rechtsgeschäften durch eine gesamtvertretungsberechtigte Zahl an Geschäftsführern (§§ 125 Abs. 2 Satz 2 HGB, 78 Abs. 4 Satz 1 AktG analog) ist möglich.[122] Regelmäßig kann eine Ermächtigung formlos und auch konkludent erteilt werden, da sie – abgesehen von § 29 GBO (Nachweis

---

111 BGH, DStR 2007, 1312, Rn. 5 ff. sowie BGH, GmbHR 2007, 824, LS; *Altmeppen*, in: Roth/Altmeppen, GmbHG, § 35 Rn. 43; *Kleindiek*, in: Lutter/Hommelhoff, GmbHG, § 35 Rn. 26, 38; *Lenz*, in: Michalski/Heidinger/Leible/J. Schmidt, GmbHG, § 35 Rn. 50 f.; *U.H. Schneider/S.H. Schneider*, in: Scholz, GmbHG, § 35 Rn. 118; *Wicke*, GmbHG, § 35 Rn. 14; *Beurskens*, in: Baumbach/Hueck, GmbHG, § 35 Rn. 35 m.w.N.; s. auch *Blasche*, GmbHR 2017, 123 ff.

112 BGHZ 34, 27, 29; BGHZ 64, 72, 75; *Altmeppen*, in: Roth/Altmeppen, GmbHG, § 35 Rn. 44; *Baukelmann*, in: Rowedder/Schmidt-Leithoff, GmbHG, § 35 Rn. 60; *Lenz*, in: Michalski/Heidinger/Leible/J. Schmidt, GmbHG, § 35 Rn. 49; *Paefgen*, in: Ulmer/Habersack/Löbbe, GmbHG, § 35 Rn. 89; *U.H. Schneider/S.H. Schneider*, in: Scholz, GmbHG, § 35 Rn. 117; *Beurskens*, in: Baumbach/Hueck, GmbHG, § 35 Rn. 35.

113 Vgl. *Paefgen*, in: Ulmer/Habersack/Löbbe, GmbHG, § 35 Rn. 96; *Beurskens*, in: Baumbach/Hueck, GmbHG, § 35 Rn. 46; anders *U.H. Schneider/S.H. Schneider*, in: Scholz, GmbHG, § 35 Rn. 119.

114 *Kleindiek*, in: Lutter/Hommelhoff, GmbHG, § 35 Rn. 29 ff.; *Baukelmann*, in: Rowedder/Schmidt-Leithoff, GmbHG, § 35 Rn. 41; *Beurskens*, in: Baumbach/Hueck, GmbHG, § 35 Rn. 37.

115 BGH, NJW 2001, 3183.

116 *Baukelmann*, in: Rowedder/Schmidt-Leithoff, GmbHG, § 35 Rn. 42; *Paefgen*, in: Ulmer/Habersack/Löbbe, GmbHG, § 35 Rn. 110; *U.H. Schneider/S.H. Schneider*, in: Scholz, GmbHG, § 35 Rn. 92; *Beurskens*, in: Baumbach/Hueck, GmbHG, § 35 Rn. 37.

117 BGHZ 53, 210, 214 f.

118 BGH, NJW 2001, 3183; *Baukelmann*, in: Rowedder/Schmidt-Leithoff, GmbHG, § 35 Rn. 43; *Beurskens*, in: Baumbach/Hueck, GmbHG, § 35 Rn. 38.

119 *Lenz*, in: Michalski/Heidinger/Leible/J. Schmidt, GmbHG, § 35 Rn. 66; *Paefgen*, in: Ulmer/Habersack/Löbbe, GmbHG, § 35 Rn. 112; *U.H. Schneider/S.H. Schneider*, in: Scholz, GmbHG, § 35 Rn. 102; *Beurskens*, in: Baumbach/Hueck, GmbHG, § 35 Rn. 38.

120 BGHZ 128, 41, 49.

121 *Schmidt*, in: Ensthaler/Füller/Schmidt, GmbHG, § 35 Rn. 24.

122 *Paefgen*, in: Ulmer/Habersack/Löbbe, GmbHG, § 35 Rn. 119; *U.H. Schneider/S.H. Schneider*, in: Scholz, GmbHG, § 35 Rn. 94; *Beurskens*, in: Baumbach/Hueck, GmbHG, § 35 Rn. 39.

der Vertretungsbefugnis durch öffentliche Urkunden)[123] – nicht der Form des Hauptgeschäfts bedarf (§ 167 Abs. 2 BGB analog). Die bloße Verhinderung eines Geschäftsführers stellt jedoch noch keine konkludente Ermächtigung dar.[124]

44 Allerdings widerspricht es dem Prinzip der Gesamtvertretung, wenn die Geschäftsführer einem einzigen von ihnen eine Ermächtigung unbeschränkt für alle Geschäfte erteilen (**Generalermächtigung**), sofern nicht die Gesellschafterversammlung zustimmt (§ 46 Nr. 5).[125] Hintergrund ist, dass die Gesamtvertretungsbefugnis dem Schutz der Gesellschafter vor einem Missbrauch der Vertretungsmacht durch die Geschäftsführer dient. Eine Ermächtigung ist demnach zulässig und im Außenverhältnis wirksam, solange die Gesamtvertretungsmacht im praktischen Ergebnis nicht in eine Einzelvertretungsmacht umgewandelt wird, der einzelne Geschäftsführer seine Vertretungsmacht also nicht im Ganzen durch seine Mitgeschäftsführer ausüben lässt.[126] Im Übrigen sind die Gesellschafter nicht schutzbedürftig, wenn sie selbst die Geschäftsführer sind.[127]

45 Die Grenzziehung erweist sich in diesem Bereich als äußerst schwierig und lässt sich nur im Einzelfall vornehmen. Insb. kann der bisherigen Rechtsprechung des BGH[128] nicht entnommen werden, ob nach diesen Grundsätzen eine **ressortmäßige Aufteilung** der Geschäftsführeraufgaben mit voller Einzelvertretungsmacht möglich ist. Dies wird im Schrifttum unterschiedlich beurteilt,[129] dürfte jedoch abzulehnen sein. Eine solche Gestaltung liefe auf eine systematische Umgehung der in der Satzung festgelegten Gesamtvertretung hinaus, deren Sinn und Zweck gerade darin besteht, eine gegenseitige Kontrolle der Geschäftsführer zu forcieren. Zwar kann eine unwirksame Ermächtigung in eine grds. zulässige Generalhandlungsvollmacht i.S.d. § 54 HGB umgedeutet werden,[130] dennoch darf auch diese Vollmacht in ihrer Wirkung nicht einer Generalermächtigung gleichkommen.[131] Zulässig soll eine ressortmäßige Aufteilung jedoch sein, wenn die Geschäftsführer zugleich die einzigen Gesellschafter der GmbH sind.[132]

46 Die Ermächtigung kann ggü. dem handelnden Geschäftsführer oder dem Dritten erfolgen (§ 167 Abs. 1 BGB analog). Sie ist jederzeit durch jeden Geschäftsführer, selbst wenn er nicht an deren Erteilung mitgewirkt hat, frei widerruflich (§ 168 Satz 2 BGB analog).[133] Sofern es an einer wirksamen Ermächtigung fehlt, ist das Rechtsgeschäft unwirksam (§ 177 Abs. 1 BGB analog) und kann von den zur Ermächtigung Befugten genehmigt werden. Bei einseitigen Rechtsgeschäften sind die §§ 174, 180, 182 Abs. 3 BGB analog zu beachten. Sie sind, sofern keine Ermächtigung vorliegt, unzulässig (§ 180 Satz 1 BGB analog) und nicht genehmigungsfähig, sofern nicht ein Fall von § 180 Satz 2 und 3 BGB vorliegt.[134]

---

123 OLG Köln, NJW-RR 1991, 425, 426; LG Erfurt, NJW-RR 2002, 824, 825.

124 BGH, NJW 1992, 618.

125 BGHZ 34, 27, 30; BGH, WM 1978, 1047 ff.; BGH, NJW-RR 1986, 778 f.; *Kleindiek*, in: Lutter/Hommelhoff, GmbHG, § 35 Rn. 33; *Baukelmann*, in: Rowedder/Schmidt-Leithoff, GmbHG, § 35 Rn. 45; *Lenz*, in: Michalski/Heidinger/Leible/J. Schmidt, GmbHG, § 35 Rn. 69; *Paefgen*, in: Ulmer/Habersack/Löbbe, GmbHG, § 35 Rn. 116; *Beurskens*, in: Baumbach/Hueck, GmbHG, § 35 Rn. 39.

126 BGH, NJW-RR 2002, 1325, 1326; *Altmeppen*, in: Roth/Altmeppen, GmbHG, § 35 Rn. 64; *Lenz*, in: Michalski/Heidinger/Leible/J. Schmidt, GmbHG, § 35 Rn. 65.

127 OLG München, GmbHR 2013, 1208, Rn. 15.

128 BGH, NJW 1988, 1199.

129 Bejahend *Altmeppen*, in: Roth/Altmeppen, GmbHG, § 35 Rn. 64; *U.H. Schneider/S.H. Schneider*, in: Scholz, GmbHG, § 35 Rn. 95; a.A. *Kleindiek*, in: Lutter/Hommelhoff, GmbHG, § 35 Rn. 33; *Schmidt*, in: Ensthaler/Füller/Schmidt, GmbHG, § 35 Rn. 26; *Zöllner/Noack*, in: Baumbach/Hueck, GmbHG, § 35 Rn. 121.

130 BGH, WM 1978, 1047, 1048; BGH, NJW-RR 2002, 1325, 1326.

131 BGH, NJW 1988, 1199, 1200.

132 OLG München, GmbHR 2013, 1208, Rn. 16.

133 *Paefgen*, in: Ulmer/Habersack/Löbbe, GmbHG, § 35 Rn. 120; *U.H. Schneider/S.H. Schneider*, in: Scholz, GmbHG, § 35 Rn. 94; *Zöllner/Noack*, in: Baumbach/Hueck, GmbHG, § 35 Rn. 120, 122.

134 *Baukelmann*, in: Rowedder/Schmidt-Leithoff, GmbHG, § 35 Rn. 46; *Schmidt*, in: Ensthaler/Füller/Schmidt, GmbHG, § 35 Rn. 27.

E. Gesellschaftsvertragliche Regelung der Vertretung

I. Satzungsregelung

Die in Abs. 2 Satz 1 festgelegte Gesamtvertretung ist **dispositiv** und kann zugunsten einer Alleinvertretungsbefugnis bzw. Einzelvertretungsmacht, einer modifizierten Gesamtvertretung oder einer sog. unechten Gesamtvertretung abbedungen werden. Überwiegend wird angenommen, dass sich die Vertretungsformen auch miteinander verbinden lassen. So kann ein Geschäftsführer einzelvertretungsberechtigt sein, zwei andere dagegen echte Gesamtvertretungsmacht und der dritte darüber hinaus unechte Gesamtvertretungsmacht haben.[135] 47

Voraussetzung hierfür ist, dass die Satzung entweder eine eigene Vertretungsregelung enthält oder eine solche zumindest vorsieht, sodass die konkrete Ausformung einem Gesellschafterbeschluss, einem Beirat oder dem Aufsichtsrat überlassen ist.[136] Angesichts des eindeutigen Wortlauts in Abs. 2 Satz 1, wonach nur der Gesellschaftsvertrag die Gesamtvertretungsbefugnis mehrerer Geschäftsführer modifizieren kann, ist eine abweichende Regelung allein durch einen Gesellschafterbeschluss ohne Ermächtigung in der Satzung unwirksam.[137] 48

Ob der Gesellschaftsvertrag dem Geschäftsführer die Befugnis einräumen kann, selbst über Art und Umfang seiner Vertretungsmacht zu entscheiden, wird unterschiedlich beurteilt. Die überwiegende Ansicht bejaht zu Recht eine solche Möglichkeit.[138] Für eine Einschränkung der Satzungsfreiheit analog § 78 Abs. 3 AktG fehlt es an der vergleichbaren Interessenlage zwischen GmbH und AG. Im Gegensatz zur AG genießt die GmbH eine weitreichende Satzungsautonomie. Zudem sind die Gesellschafter und Dritte ausreichend geschützt. Die Gesellschafter können die Satzung grds. jederzeit ändern und so dem Geschäftsführer die Entscheidungskompetenz über seine Vertretungsform wieder entziehen. Änderungen der Vertretungsmacht sind außerdem gem. § 39 ins Handelsregister einzutragen, sodass die Publizität der Vertretungsregelung gewahrt ist. Da diese keine konstitutive Wirkung hat, kommt es bei Kenntnis des Dritten von der abweichenden Regelung hierauf nicht an. Ansonsten greift § 15 HGB. 49

II. Einzelvertretungsmacht

Angeordnet werden kann, dass die Gesellschaft durch einen oder mehrere Geschäftsführer je einzeln vertreten wird (Einzelvertretungsmacht oder Alleinvertretungsbefugnis).[139] 50

Mit dem Grundsatz der Unbeschränkbarkeit der Vertretungsmacht unvereinbar und somit unzulässig ist es, den **Ausschluss** der Vertretungsmacht für einen von mehreren Geschäftsführern vorzusehen.[140] Daher ist es auch ausgeschlossen, die Vertretungsbefugnis nach Art und Umfang des 51

---

135 *Kleindiek*, in: Lutter/Hommelhoff, GmbHG, § 35 Rn. 36; *Baukelmann*, in: Rowedder/Schmidt-Leithoff, GmbHG, § 35 Rn. 50; *Paefgen*, in: Ulmer/Habersack/Löbbe, GmbHG, § 35 Rn. 97; *U.H. Schneider/S.H. Schneider*, in: Scholz, GmbHG, § 35 Rn. 107.

136 BGH, NJW 1975, 1741; *Baukelmann*, in: Rowedder/Schmidt-Leithoff, GmbHG, § 35 Rn. 53; *Lenz*, in: Michalski/Heidinger/Leible/J. Schmidt, GmbHG, § 35 Rn. 53; *Paefgen*, in: Ulmer/Habersack/Löbbe, GmbHG, § 35 Rn. 93 f.

137 *Beurskens*, in: Baumbach/Hueck, GmbHG, § 35 Rn. 43.

138 *Baukelmann*, in: Rowedder/Schmidt-Leithoff, GmbHG, § 35 Rn. 53; *Lenz*, in: Michalski/Heidinger/Leible/J. Schmidt, GmbHG, § 35 Rn. 53; *Paefgen*, in: Ulmer/Habersack/Löbbe, GmbHG, § 35 Rn. 93a; *U.H. Schneider/S.H. Schneider*, in: Scholz, GmbHG, § 35 Rn. 106; a.A. *Beurskens*, in: Baumbach/Hueck, GmbHG, § 35 Rn. 44.

139 BGH, NJW 2007, 3287; OLG Jena, OLGZ 2002, 418, 422; OLG Frankfurt am Main, NJW-RR 1994, 165; *Beurskens*, in: Baumbach/Hueck, GmbHG, § 35 Rn. 45.

140 *Marsch-Barner/Diekmann*, in: MünchHdbGmbHG, § 44 Rn. 18; *Paefgen*, in: Ulmer/Habersack/Löbbe, GmbHG, § 35 Rn. 98; *U.H. Schneider/S.H. Schneider*, in: Scholz, GmbHG, § 35 Rn. 108; *Beurskens*, in: Baumbach/Hueck, GmbHG, § 35 Rn. 43.

Geschäfts zu bestimmen oder je nach Gegenstand zwischen Einzel- und Gesamtvertretungsmacht zu unterscheiden[141] oder die Vertretungsmacht auf den Verhinderungsfall zu beschränken.[142]

III. Gesamtvertretung

1. Echte (modifizierte) Gesamtvertretung

52 Echte bzw. modifizierte[143] Gesamtvertretung bedeutet, dass die Gesellschaft nicht von allen, sondern lediglich von zwei oder mehreren Geschäftsführern gemeinschaftlich vertreten wird. Sofern Gesamtvertretung durch zwei oder mehrere Geschäftsführer vorgesehen ist, kann der Wegfall eines Geschäftsführers grds. nicht zu einer Gesamtvertretung der anderen oder einer Alleinvertretungsmacht des allein verbleibenden Geschäftsführers führen.[144] Es hat dann entweder ein neuer Geschäftsführer bestellt zu werden oder es ist die Satzung zu ändern.[145] Allerdings soll nach dem Tod eines von zwei Geschäftsführern Einzelvertretungsmacht des verbleibenden Geschäftsführers bestehen, sofern die Satzung vorsieht, dass die Gesellschaft einen oder mehrere Geschäftsführer haben kann.[146]

53 Die **Zahl** der vertretungsberechtigten Gesamtgeschäftsführer muss verbindlich angegeben werden und kann nicht von bestimmten veränderbaren Umständen, wie der Art oder dem Umfang des Geschäfts oder dem Vorliegen eines Verhinderungsfalls, abhängig gemacht werden.[147]

2. Unechte Gesamtvertretung

54 Möglich ist auch eine sog. unechte Gesamtvertretung. Bei dieser ist vorgesehen, dass ein Geschäftsführer zusammen mit einem Prokuristen die Gesellschaft vertritt (§ 125 Abs. 3 HGB, § 78 Abs. 3 AktG analog). Da eine Beschränkung der organschaftlichen Vertretungsmacht unzulässig ist, muss stets alternativ auch eine Vertretung nur durch Geschäftsführer möglich sein.[148] Unzulässig ist daher eine Regelung in der Satzung, wonach der einzige Geschäftsführer nur zusammen mit einem Prokuristen zur Vertretung der Gesellschaft berechtigt sein soll. Da eine Einzelvertretungsbefugnis des Geschäftsführers durch eine solche Regelung in der Satzung ausgeschlossen werden sollte, hat der Geschäftsführer auch keine Einzelvertretungsmacht, sodass die Gesellschaft mangels Vertretungsorgans handlungsunfähig ist. Aus diesem Grund ist die Anmeldung einer solchen unechten Gesamtvertretung zur Eintragung im Handelsregister nach § 39 zurückzuweisen.[149]

---

141 *U.H. Schneider/S.H. Schneider*, in: Scholz, GmbHG, § 35 Rn. 108 ff.

142 *Lenz*, in: Michalski/Heidinger/Leible/J. Schmidt, GmbHG, § 35 Rn. 54; *Marsch-Barner/Diekmann*, in: MünchHdbGmbHG, § 44 Rn. 21; *Paefgen*, in: Ulmer/Habersack/Löbbe, GmbHG, § 35 Rn. 99; *U.H. Schneider/S.H. Schneider*, in: Scholz, GmbHG, § 35 Rn. 117; *Beurskens*, in: Baumbach/Hueck, GmbHG, § 35 Rn. 45.

143 BGHZ 34, 27 ff.; *Altmeppen*, in: Roth/Altmeppen, GmbHG, § 35 Rn. 43 ff.; *Baukelmann*, in: Rowedder/Schmidt-Leithoff, GmbHG, § 35 Rn. 60; *Paefgen*, in: Ulmer/Habersack/Löbbe, GmbHG, § 35 Rn. 97; *U.H. Schneider/S.H. Schneider*, in: Scholz, GmbHG, § 35 Rn. 117, 178; *Beurskens*, in: Baumbach/Hueck, GmbHG, § 35 Rn. 46 f.

144 So auch *Frenzel*, GmbHR 2011, 515 ff. (mit vertraglichen Gestaltungsmöglichkeiten); a.A. OLG Schleswig, GmbHR 2011, 253.

145 *Altmeppen*, in: Roth/Altmeppen, GmbHG, § 35 Rn. 44.

146 BGH, NJW-RR 2007, 1260 f.

147 *Baukelmann*, in: Rowedder/Schmidt-Leithoff, GmbHG, § 35 Rn. 52; *Paefgen*, in: Ulmer/Habersack/Löbbe, GmbHG, § 35 Rn. 96; *U.H. Schneider/S.H. Schneider*, in: Scholz, GmbHG, § 35 Rn. 108 f.; *Beurskens*, in: Baumbach/Hueck, GmbHG, § 35 Rn. 46.

148 *Altmeppen*, in: Roth/Altmeppen, GmbHG, § 35 Rn. 70; *Kleindiek*, in: Lutter/Hommelhoff, GmbHG, § 35 Rn. 39; *Lenz*, in: Michalski/Heidinger/Leible/J. Schmidt, GmbHG, § 35 Rn. 61; *Paefgen*, in: Ulmer/Habersack/Löbbe, GmbHG, § 35 Rn. 104; *Beurskens*, in: Baumbach/Hueck, GmbHG, § 35 Rn. 46.

149 *Baukelmann*, in: Rowedder/Schmidt-Leithoff, GmbHG, § 35 Rn. 61; *Paefgen*, in: Ulmer/Habersack/Löbbe, GmbHG, § 35 Rn. 105; *Beurskens*, in: Baumbach/Hueck, GmbHG, § 35 Rn. 46.

Erfolgt dennoch eine Eintragung, fehlt es zwar an einem Vertretungsorgan der GmbH, Dritte werden aber analog § 15 Abs. 1 HGB in ihrem Vertrauen auf den Rechtsschein des Handelsregisters geschützt.[150] In diesem Fall wird die unzulässige Satzungsregelung im Außenverhältnis faktisch wirksam. Möglich ist auch, die Ausübung der Vertretungsmacht des Prokuristen an die Mitwirkung eines Geschäftsführers zu binden, wobei die Vertretungsmacht ggü. § 49 HGB nicht erweitert wird.[151] 55

F. Zurechnung des Handelns ggü. der GmbH

I. Vertreterhandeln

Die Zeichnungsregeln der Abs. 2 Satz 2 a.F. und Abs. 3 a.F. sind, da die §§ 164 ff. BGB als ausreichend angesehen wurden, durch das MoMiG aufgehoben worden.[152] Ob der Geschäftsführer im Namen der GmbH aufgetreten ist, bemisst sich nun nach § 164 BGB. Demnach muss der Geschäftsführer zur Vertretung der Gesellschaft entweder ausdrücklich in deren Namen auftreten oder seine Vertretung sich konkludent aus den Umständen ergeben (§ 164 Abs. 1 Satz 2 BGB, **Offenkundigkeitsprinzip**). Verwendet der Geschäftsführer etwa den GmbH-Briefkopf, ergibt sich bereits aus den Umständen, dass er im Namen der Gesellschaft handelt.[153] Eine Vertretung soll auch dann in Betracht kommen können, wenn der Geschäftsführer einen Darlehensvertrag zwar mit seinem Namen ohne Vertretungszusatz unterschreibt, der Vertragspartner aber weiß, dass das Darlehen betrieblichen Zwecken dient.[154] 56

Ebenso ist der Wille der Beteiligten bei unternehmensbezogenen Geschäften im Zweifel dahin **auszulegen**, dass nicht der für das Unternehmen konkret handelnde Geschäftsführer Vertragspartei werden soll, sondern der Inhaber des Unternehmens, also die GmbH. Hierfür muss der Wille des Geschäftsführers, im Namen der Gesellschaft aufzutreten, hinreichend zum Ausdruck kommen und für den anderen Teil erkennbar sein. Auch wenn der Geschäftsinhaber falsch bezeichnet ist oder andere Fehlvorstellungen (z.B. über die Rechtsform) bestehen, findet der Grundsatz des unternehmensbezogenen Handelns Anwendung.[155] Die Beweislast für das Handeln im Namen der Gesellschaft trägt nach allgemeinen Grundsätzen derjenige, der sich darauf beruft, d.h. regelmäßig der Geschäftsführer.[156] 57

Die **Schriftform** eines Mietvertrags mit einer GmbH als alleinige Mieterin oder Vermieterin gem. § 550 BGB ist auch dann eingehalten, wenn der Vertreter ohne einen die Vertretung kennzeichnenden Zusatz (»i.V.«) den Mietvertrag unterschreibt. Für die Wahrung der Schriftform gem. § 550 BGB ist es unerheblich, ob der Unterzeichner Vertretungsmacht besaß. Dies ist eine Frage der materiellen Wirksamkeit.[157] 58

Daneben kommt eine **persönliche Haftung** des für die Gesellschaft auftretenden Vertreters (Geschäftsführers) in Betracht, wenn er die Haftungsbeschränkung durch Weglassen des Rechtsformzusatzes nicht erkennbar gemacht hat und dadurch der Rechtsschein der Haftung einer natürlichen Person erweckt wurde.[158] Eine Anfechtung nach § 119 BGB durch den Geschäftsführer aufgrund 59

150 *Altmeppen*, in: Roth/Altmeppen, GmbHG, § 35 Rn. 72.

151 BGHZ 99, 76, 78; kritisch *Beurskens*, in: Baumbach/Hueck, GmbHG, § 35 Rn. 51.

152 Begr RegE MoMiG BT-Drucks. 16/1640, S. 43.

153 *Altmeppen*, in: Roth/Altmeppen, GmbHG, § 35 Rn. 31.

154 OLG Karlsruhe, 25.9.2018 – 9 U 117/ 16, juris LS 1.

155 BGH, NJW 1990, 2678; BGH, NJW 1998, 2897; OLG Hamm, NJW-RR 1998, 1253 f.; vgl. auch OLG Köln, GmbHR 1999, 410.

156 BGHZ 85, 252, 258; BGH, NJW 1992, 1380 f.; BGH, NJW 1995, 43, 44; BGH, NJW 2000, 2984, 2985.

157 BGH, NJW 2007, 3346.

158 BGH, NJW 2007, 1529 (niederländische »BV«); BGH, NJW 1990, 2678; BGH, NJW 1996, 2645; BGH, NJW 1998, 2897; OLG Karlsruhe, GmbHR 2004, 1016, 1017.

eines Irrtums über die Fremdwirkung soll aufgrund des § 164 Abs. 2 BGB ausgeschlossen sein.[159] Eine Haftung des handelnden Geschäftsführers tritt ebenfalls ein, wenn ihm für das fragliche Geschäft die Vertretungsmacht fehlt oder die Gesellschaft noch nicht existiert.[160] Der Geschäftsführer vertritt aber bereits die Vorgesellschaft, die bis zur Eintragung der GmbH Trägerin des Unternehmens ist.[161]

II. Wissenszurechnung und Willensmängel

60 Liegen **Willensmängel** i.S.d. §§ 116 ff. BGB vor (insb. ein Irrtum i.S.d. § 119 BGB), ist nach § 166 Abs. 1 BGB auf die Person des Vertreters abzustellen. Handeln mehrere gesamtvertretungsberechtigte Geschäftsführer, reicht das Vorliegen eines Willensmangels bei einem einzigen der beteiligten Vertreter.[162] Entscheidend ist die Beteiligung des Vertreters, sodass Willensmängel eines einen anderen Geschäftsführer ermächtigenden Geschäftsführers grds. außer Betracht bleiben sollen, sofern sie sich nicht im Ermächtigten fortsetzen.[163] Aber auch dann soll das Vertreterhandeln regelmäßig nach Rechtsscheingrundsätzen wirksam sein.

61 Die Zurechnung von **Wissen** oder **Wissenmüssen** (Kenntnis oder Kennenmüssen) von rechtserheblichen Umständen erfolgt über § 166 Abs. 1 und 2 BGB. Es kommt daher auf das Wissen des vertretenden Geschäftsführers an (§ 166 Abs. 1 BGB), wobei bei Gesamtvertretung das Wissen(müssen) schon eines der gesamtvertretungsberechtigten Geschäftsführer ausreicht.[164] Zwar ergibt sich aus § 166 Abs. 1 BGB in Bezug auf eine Einzelvertretung grds. nur, dass das Wissen(müssen) des Handelnden der Gesellschaft zugerechnet wird, allerdings ist die Rechtsprechung inzwischen weit über die Zurechnung von Wissen allein des Handelnden hinausgegangen. Ob sogar privat erlangte Kenntnis des Geschäftsführers von der Zurechnung erfasst ist, ist unklar, wird aber im Ergebnis zu bejahen sein, da grds. nicht zwischen dienstlichem und privatem Wissen unterschieden werden kann.[165]

62 Auch im Hinblick auf Organmitglieder hat sich die Rechtsprechung inzwischen weiterentwickelt. Sie hat sich von der sog. Organtheorie gelöst, wonach das Wissen schon eines in der Angelegenheit vertretungsberechtigten Organmitglieds als Wissen des Organs anzusehen und damit der GmbH zuzurechnen sein sollte. Hier sollte es nicht darauf ankommen, ob der Organvertreter an dem in Rede stehenden Geschäft selbst mitgewirkt hat, es sollte aber andererseits auch unerheblich sein, ob er überhaupt etwas von dem Geschäft gewusst hat.[166]

63 Inzwischen hebt die Rechtsprechung einhellig auf eine wertende Betrachtung ab und hat eine **Pflicht zur ordnungsgemäßen Organisation** der unternehmensinternen Kommunikation entwickelt (»Kenntnis von Aktenwissen«[167]). Damit soll verhindert werden, dass die Gesellschaft die Vorteile des arbeitsteiligen Handelns zulasten des Rechtsverkehrs ausnutzt. Das bedeutet, dass die der Gesellschaft einmal vermittelte Kenntnis, die »typischerweise aktenmäßig festgehalten« wird, grds. schon zu einer zurechenbaren Kenntnis der Gesellschaft führt.[168] Die Unternehmensorganisation hat zunächst eine Pflicht zur **Informationsweiterleitung**, d.h., sie muss Informationen mit erkennbarer Relevanz für andere Personen in der Gesellschaft diesen übermitteln. Tut sie dies nicht, wird

159 *Zöllner/Noack*, in: Baumbach/Hueck, 21. Aufl. 2017, GmbHG, § 35 Rn. 126.

160 OLG Naumburg, GmbHR 2000, 1258 (LS).

161 BGH, NJW-RR 1990, 220 f.; BayObLG, GmbHR 1986, 118 f.; *Fastrich*, in: Baumbach/Hueck, GmbHG, § 11 Rn. 18 m.w.N.

162 *Wicke*, GmbHG, § 35 Rn. 22; *Beurskens*, in: Baumbach/Hueck, GmbHG, § 35 Rn. 62.

163 *Beurskens*, in: Baumbach/Hueck, GmbHG, § 35 Rn. 62.

164 *Altmeppen*, in: Roth/Altmeppen, GmbHG, § 35 Rn. 111; *Buck*, Wissen und juristische Person, 2001, S. 376 ff.

165 *Buck-Heeb*, in: Hauschka, Corporate Compliance, 3. Aufl., 2016, § 2 Rn. 20 f., 3 ff.

166 BGHZ 109, 327, 330 f.; BGH, NJW 1990, 975, 976; BGH, NJW 1992, 1099, 1100.

167 So *Lenz*, in: Michalski/Heidinger/Leible/J. Schmidt, GmbHG, § 35 Rn. 113.

168 BGHZ 109, 327 ff.; BGHZ 132, 30, 35 ff.; kritisch *Altmeppen*, in: Roth/Altmeppen, GmbHG, § 35 Rn. 115 f.

das Wissen der GmbH dennoch zugerechnet. Sodann besteht eine **Informationsabfragepflicht**, d.h., es muss innerhalb der Gesellschaft nach vorhandenen einschlägigen Informationen gesucht werden. Außerdem hat die Rechtsprechung eine sog. **Informationsdokumentationspflicht** statuiert. In der GmbH hat daher dasjenige Wissen, das für die Gesellschaft relevant werden könnte, aktenmäßig festgehalten bzw. gespeichert zu werden.[169] Die genannten Pflichten bestehen für sämtliche arbeitsteilig organisierten Unternehmen, und zwar bis hin zu den einzuhaltenden Grenzen, wie z.B. Geheimhaltungspflichten.[170]

Das Ob und Wie einer Wissenszurechnung innerhalb eines GmbH-**Konzerns** weist noch zahlreiche Unklarheiten auf. Als unerheblich wird angesehen, ob die Information durch das beherrschende oder das beherrschte Unternehmen erlangt wurde. Bejaht wird eine Zurechnung bei vollständiger oder teilweiser Organidentität[171] oder bei aktivem Datenaustausch zwischen den Gesellschaften.[172] 64

Die Kenntnis oder das Kennenmüssen eines Gesellschafters wird der Gesellschaft grds. nicht zugerechnet, da dieser weder Vertreter noch Geschäftsherr i.S.d. § 166 Abs. 1 bzw. Abs. 2 BGB ist. Eine Ausnahme soll nur dann bestehen, wenn der Geschäftsführer auf Weisung der Gesellschafterversammlung gehandelt hat.[173] Dann erfolgt eine Wissenszurechnung nach § 166 Abs. 2 BGB analog.[174] Dabei sollen auch Wünsche oder Empfehlungen der Gesellschafter Weisungen gleichzustellen sein.[175] 65

III. Handlungszurechnung

Die Gesellschaft muss für ein schuldhaftes Handeln des Geschäftsführers, das dieser in Ausführung der ihm zustehenden Verrichtung begangen hat, sowohl bei Leistungsstörungen als auch bei deliktischen Handlungen nach **§ 31 BGB** einstehen.[176] Sind mehrere Geschäftsführer nur zur Gesamtvertretung berechtigt, genügt das Handeln eines der Geschäftsführer, um eine deliktische Haftung der GmbH auszulösen.[177] 66

Ob die Gesellschaft auch dann einstehen muss, wenn ein Gesamtvertreter eine Erklärung allein abgibt und nach außen deren rechtliche Verbindlichkeit vortäuscht, wird unterschiedlich beurteilt.[178] Abgelehnt wird dies mit dem Argument, dass ansonsten die Schutzwirkung der Gesamtvertretung ausgehöhlt würde.[179] Für ein schuldhaftes Handeln des Geschäftsführers kann die GmbH im Gegensatz zum Geschäftsführer selbst zwar nicht strafrechtlich verantwortlich gemacht werden, dennoch drohen ihr Auflösung oder Untersagung des Gewerbebetriebs sowie die Haftung für Bußgeldbescheide als Sanktionen. 67

169 *Buck-Heeb*, in: Hauschka, Corporate Compliance, 3. Aufl., 2016, § 2 Rn. 44 ff.; *dies.*, WM 2008, 281 ff.; zu den Grenzen auch MünchKommGmbHG/*Stephan/Tieves*, § 35 Rn. 221 ff.

170 *Buck-Heeb*, in: Hauschka, Corporate Compliance, 3. Aufl., 2016, § 2 Rn. 56; *dies. (Buck)*, Wissen und juristische Person, 2001, S. 464 ff.

171 *Lenz*, in: Michalski/Heidinger/Leible/J. Schmidt, GmbHG, § 35 Rn. 116; *Marsch-Barner/Diekmann*, in: MünchHdbGmbHG, § 44 Rn. 45.

172 *Lenz*, in: Michalski/Heidinger/Leible/J. Schmidt, GmbHG, § 35 Rn. 116; *U.H. Schneider/S.H. Schneider*, in: Scholz, GmbHG, § 35 Rn. 132; *Beurskens*, in: Baumbach/Hueck, GmbHG, § 35 Rn. 65.

173 *Altmeppen*, in: Roth/Altmeppen, GmbHG, § 35 Rn. 118 (unter Heranziehung von § 166 Abs. 2 BGB); *Lenz*, in: Michalski/Heidinger/Leible/J. Schmidt, GmbHG, § 35 Rn. 117.

174 OLG Frankfurt am Main, 04.09.2019 – 13 U 136/18, juris.

175 MünchKommGmbHG/*Stephan/Tieves*, § 35 Rn. 223.

176 *Jacoby*, in: Bork/Schäfer, GmbHG, § 35 Rn. 4.

177 BGHZ 98, 148 ff.; *Altmeppen*, in: Roth/Altmeppen, GmbHG, § 35 Rn. 110; *Lenz*, in: Michalski/Heidinger/Leible/J. Schmidt, GmbHG, § 35 Rn. 108.

178 Bejahend BGHZ 98, 148 ff.; *Beurskens*, in: Baumbach/Hueck, GmbHG, § 35 Rn. 69; a.A. BGH, WM 1967, 714.

179 BGH, NJW 1967, 2310 f.; a.A. BGHZ 98, 148 ff.

G. Passivvertretung

I. Passivvertretung durch jeden einzelnen Geschäftsführer

68 Abs. 2 Satz 2 legt zwingend[180] fest, dass auch dann, wenn mehrere Geschäftsführer bestellt sind, jeder allein zur Entgegennahme von Willenserklärungen und Zustellungen für die Gesellschaft ermächtigt ist.[181] Dies gilt für Zustellungen im gerichtlichen Verfahren (§ 170 Abs. 3 ZPO) und alle anderen rechtlich erheblichen Erklärungen ggü. der GmbH (Fristsetzung, Zahlungsaufforderung, Mängelrüge usw.).[182] Das bedeutet umgekehrt, dass es ausreichend ist, wenn eine Willenserklärung an einen der Gesamtvertreter abgegeben wird bzw. ihm zugegangen ist.

69 Der Zugang einer Willenserklärung soll auch dann erfolgen, wenn ein Schriftstück in das private Postfach eines Geschäftsführers gelegt wird[183] (oder in der Wohnung des Geschäftsführers erfolgt[184]). Passivvertreter der GmbH ist auch jeder Prokurist.[185] Die Anfechtungsklage eines Gesellschafters, der zugleich Geschäftsführer ist, soll nicht nur seinen Mitgeschäftsführern, sondern auch ihm selbst in seiner Eigenschaft als Geschäftsführer zugestellt werden können.[186]

II. Passivvertretung bei Führungslosigkeit

1. Allgemeines

70 Hat die Gesellschaft keinen wirksam bestellten Geschäftsführer (Führungslosigkeit), ist jeder einzelne Gesellschafter Empfangsvertreter (Abs. 2 Satz 2 i.V.m. Abs. 1 Satz 2), d.h. Willenserklärungen und Schriftstücke gehen der Gesellschaft zu bzw. sind ihr wirksam zugestellt, wenn sie ggü. einem der Gesellschafter bewirkt worden sind. Ziel dieser durch das MoMiG eingeführten Regelung ist es, zu verhindern, dass die Gesellschafter nur deshalb den Geschäftsführer abberufen, um die Zustellung von Schriftstücken(z.B. Klageschrift) oder den Zugang von Willenserklärungen zu vereiteln.[187] Denn andernfalls ist ohne einen wirksam bestellten Geschäftsführer vor allem eine Zustellung von Schriftstücken nicht möglich. So scheidet eine Zustellung (auch eine öffentliche i.S.d. § 185 ZPO) an die Gesellschaft als nicht prozessfähige Person aus. Vielmehr muss eine Zustellung stets ggü. einem gesetzlichen oder rechtsgeschäftlichen Vertreter erfolgen (§§ 170 Abs. 1, 171 Satz 1 ZPO). Abs. 1 Satz 2 ändert aber nicht die Grundsätze der Prozessfähigkeit, sodass bei Amtsniederlegung des einzigen Geschäftsführers eine Klage mangels gesetzlicher Vertretung gegen die Gesellschaft unzulässig ist.[188] In diesen Fällen ist ein Notgeschäftsführer[189] oder ein Prozesspfleger zu bestellen.

2. Führungslosigkeit

71 Über den insoweit zu engen Wortlaut des Abs. 1 Satz 2 hinaus ist die Gesellschaft nur dann führungslos, wenn sie keinen wirksam bestellten Geschäftsführer oder in der Abwicklungsphase keinen Liquidator hat. So ist nach dem rechtsformübergreifend konzipierten § 10 Abs. 2 InsO die

180 *Kleindiek*, in: Lutter/Hommelhoff, GmbHG, § 35 Rn. 27; *Marsch-Barner/Diekmann*, in: MünchHdbGmbHG, § 44 Rn. 18; *Paefgen*, in: Ulmer/Habersack/Löbbe, GmbHG, § 35 Rn. 93; *Schmidt*, in: Ensthaler/Füller/Schmidt, GmbHG, § 35 Rn. 28; *U.H. Schneider/S.H. Schneider*, in: Scholz, GmbHG, § 35 Rn. 103; *Beurskens*, in: Baumbach/Hueck, GmbHG, § 35 Rn. 52.

181 BGHZ 149, 28 ff.

182 *Baukelmann*, in: Rowedder/Schmidt-Leithoff, GmbHG, § 35 Rn. 49.

183 BGH, NJW 2003, 3270; *U.H. Schneider/S.H. Schneider*, in: Scholz, GmbHG, § 35 Rn. 60; *Beurskens*, in: Baumbach/Hueck, GmbHG, § 35 Rn. 31; *Altmeppen*, in: Roth/Altmeppen, GmbHG, § 35 Rn. 65.

184 *Zöllner/Noack*, in: Baumbach/Hueck, 21. Aufl. 2017, GmbHG, § 35 Rn. 104.

185 *Kleindiek*, in: Lutter/Hommelhoff, GmbHG, § 35 Rn. 27.

186 *Zöllner/Noack*, in: Baumbach/Hueck, 21. Aufl. 2017, GmbHG, § 35 Rn. 104; a.A. OLG München, NZG 2004, 422, wobei jedoch offenbleibt, wer alternativ als Zustellungsadressat in Betracht kommen soll, wenn keine weiteren Geschäftsführer bestellt sind.

187 RegE MoMiG, S. 96.

188 BGH, NJW-RR 2011, 115 ff.; *Fest*, NZG 2011, 130 ff.

189 S. § 6 Rdn. 41 ff.

Führungslosigkeit einer juristischen Person erst dann anzunehmen, wenn sie über keinen organschaftlichen Vertreter verfügt.[190] Dementsprechend bestimmt sich die Führungslosigkeit nach den allgemeinen Regeln über Beginn und Ende der Organstellung. Beruht die Bestellung des Geschäftsführers oder Liquidators auf einem anfechtbaren Beschluss, bleibt er so lange im Amt, bis der Beschluss rechtskräftig für nichtig erklärt wurde.

Aus welchen Gründen der Geschäftsführer seine Organstellung verloren hat (z.B. Tod, Abberufung, Amtsniederlegung etc.), ist für den Tatbestand der Führungslosigkeit unerheblich. Ist der Geschäftsführer dagegen aufgrund eines längeren Auslandsaufenthalts, wegen Haft oder krankheitsbedingt nicht zu erreichen,[191] lässt dies seine Organstellung unberührt. Ebenso wenig ist die Gesellschaft führungslos, wenn der Geschäftsführer handlungsunwillig ist.[192] Da der faktische Geschäftsführer nicht wirksam bestellt ist und keine Organstellung innehat, kann durch ihn die Führungslosigkeit der GmbH nicht vermieden werden.[193] 72

Für den Eintritt der Führungslosigkeit kommt es nicht darauf an, ob die Gesellschafter hiervon Kenntnis haben.[194] Da die Führungslosigkeit der Gesellschaft nach Abs. 1 Satz 2 zwingend zu einer Empfangszuständigkeit der Gesellschafter führt, haben sie in ihrem eigenen Interesse dafür zu sorgen, dass sie den Eintritt der Führungslosigkeit rechtzeitig erkennen und dadurch angemessen auf zugegangene Willenserklärungen und Zustellungen reagieren können.[195] Auch wenn ein fakultativer oder obligatorischer Aufsichtsrat besteht, der für die Bestellung der Geschäftsführer zuständig ist, bleibt es bei der eingeschränkten gesetzlichen Vertretungsmacht der Gesellschafter. Dies gilt selbst dann, wenn die Satzung eine Regelung enthält, wonach im Fall der Führungslosigkeit die Aufsichtsratsmitglieder passiv vertretungsbefugt sein sollen.[196] 73

III. Zugang und Zustellung an die Geschäftsanschrift

Eine Vereinfachung bezüglich des Zugangs von Willenserklärungen und der Zustellung an die Vertreter der Gesellschaft wird mit Abs. 2 Satz 3 erreicht. Danach sind alle Vertreter der Gesellschaft unter der im Handelsregister eingetragenen Anschrift zu erreichen. Die Geschäftsanschrift ist selbst dann für den Zugang maßgeblich, wenn der Erklärende positiv weiß, dass die Geschäftsführer dauerhaft abwesend sind oder die Gesellschaft führungslos ist. Insofern handelt es sich um eine **unwiderlegliche Vermutung**, dass eine Zustellung von Schriftstücken unter der im Register eingetragenen Geschäftsanschrift möglich ist. Für den Zugang irrelevant ist auch, ob der Vertreter der GmbH zutreffend bezeichnet worden ist.[197] Die Vermutung bezieht sich beim Zugang von Willenserklärungen auf die Möglichkeit der Kenntnisnahme. Beweispflichtig dafür, dass die Erklärung in den Machtbereich der Gesellschaft gelangt ist, ist deren Absender.[198] 74

Zwar wird bei Zustellungen die Zustellungsmöglichkeit unter der Geschäftsanschrift unwiderleglich vermutet, nicht aber, dass die sonstigen Voraussetzungen der Zustellung erfüllt sind.[199] Wird ein Vertreter der Gesellschaft unter der Geschäftsanschrift nicht angetroffen, ist eine Ersatzzustellung an eine in den Geschäftsräumen beschäftigte Person möglich (§ 178 Abs. 1 Nr. 2 ZPO); jedenfalls bedarf es zumindest zwischen diesen einer persönlichen Begegnung. 75

190 *Altmeppen*, in: Roth/Altmeppen, GmbHG, § 35 Rn. 10; *Beurskens*, in: Baumbach/Hueck, GmbHG, § 35 Rn. 29.
191 BGH, NJW-RR 2008, 840 f.; AG Hamburg, DZWiR 2009, 173; *U.H. Schneider/S.H. Schneider*, in: Scholz, GmbHG, § 35 Rn. 73.
192 *Altmeppen*, in: Roth/Altmeppen, GmbHG, § 35 Rn. 10; *Beurskens*, in: Baumbach/Hueck, GmbHG, § 35 Rn. 29.
193 *Wicke*, GmbHG, § 35 Rn. 26.
194 RegE MoMiG, S. 97.
195 *Steffek*, BB 2007, 2077, 2082.
196 *Altmeppen*, in: Roth/Altmeppen, GmbHG, § 35 Rn. 10.
197 RegE MoMiG, S. 97 f.
198 *Wicke*, GmbHG, § 35 Rn. 30; *Beurskens*, in: Baumbach/Hueck, GmbHG, § 35 Rn. 53.
199 *Steffek*, BB 2007, 2077, 2080; *Gehrlein*, Der Konzern 2007, 771, 777.

76 Wird kein Zustellungsadressat i.S.d. § 178 ZPO angetroffen, kann trotz Abs. 2 Satz 3 eine Ersatzzustellung durch Einlegen in den Briefkasten bewirkt werden, wenn dieser eindeutig der GmbH zugeordnet werden kann (§ 180 ZPO).[200] Das soll sogar noch nach der Inhaftierung des Geschäftsführers möglich sein.[201] Es kann aber auch im Handelsregister eine empfangsberechtigte Person i.S.d. § 10 Abs. 2 Satz 2 eingetragen werden, an welche die Zustellung und Abgabe von Willenserklärungen jederzeit erfolgen kann (Abs. 3 Satz 4).

IV. Öffentliche Zustellung

77 Um zu verhindern, dass der Zugang von Willenserklärungen und Zustellungen dadurch vereitelt wird, dass die Gesellschaft nicht zu erreichen ist, besteht die Möglichkeit einer erleichterten öffentlichen Zustellung privatrechtlicher Willenserklärungen nach § 15a HGB und zivilprozessualer Dokumente nach § 185 Nr. 2 ZPO. Hiernach kann eine öffentliche Zustellung erfolgen, wenn der Zugang einer Willenserklärung oder die Zustellung zivilprozessualer Schriftstücke erstens nicht unter der im Handelsregister eingetragenen Anschrift, zweitens auch nicht unter der im Handelsregister eingetragenen Anschrift eines zusätzlichen Empfangsvertreters nach § 10 Abs. 2 Satz 2 und drittens auch nicht unter einer ohne Ermittlungen bekannten anderen inländischen Anschrift möglich ist.

78 Das für die öffentliche Zustellung zuständige Amtsgericht darf daher eine öffentliche Zustellung selbst dann nicht ablehnen, wenn eine ausländische Anschrift bekannt ist oder sich eine inländische Anschrift durch (zeitaufwendige) Recherche ermitteln ließe. Zu überlegen bleibt jedoch, ob angesichts der erleichterten Auslandszustellung eine öffentliche Zustellung davon abhängig gemacht werden sollte, dass zuvor erfolglos eine Zustellung an eine bekannte Geschäftsanschrift innerhalb der EU (mit Ausnahme Dänemarks) versucht worden ist.[202]

79 Sofern die Wohnanschrift eines gesetzlichen Vertreters der Gesellschaft bekannt ist, kann es aus Gründen der Zeitersparnis angezeigt sein, privatrechtliche Willenserklärungen oder Schriftstücke direkt an den gesetzlichen Vertreter zuzustellen. So erlangt die öffentliche Zustellung erst nach mindestens einem Monat, nachdem die Benachrichtigung ausgehängt worden ist, Wirksamkeit (§ 188 ZPO). Auch für die Gesellschaft kann es vorteilhaft sein, eine öffentliche Zustellung zu vermeiden, indem sie einen weiteren eintragungsfähigen Empfangsvertreter bestellt (§ 10 Abs. 2 Satz 2). Dabei ist zu beachten, dass an den Empfangsvertreter auch primär (ohne vorausgegangenen Versuch bei der Geschäftsadresse) zugestellt werden kann. Die öffentliche Zustellung fingiert nur den Zugang.

80 Daher ist in aller Regel nicht damit zu rechnen, dass die Vertreter der Gesellschaft tatsächlich vom Inhalt der privatrechtlichen Willenserklärung oder der Dokumente Kenntnis nehmen. Dennoch begegnet die erleichterte öffentliche Zustellung keinen verfassungsrechtlichen Bedenken, insb. ist ein Verstoß gegen § 103 Abs. 1 GG (rechtliches Gehör) zu verneinen. So ist es der Gesellschaft ohne Weiteres möglich, den ordnungsgemäßen Zugang von Willenserklärungen und die Zustellung von Schriftstücken sicherzustellen, indem sie stets die aktuelle Anschrift im Handelsregister eintragen lässt.

§ 35a Angaben auf Geschäftsbriefen

(1) [1]Auf allen Geschäftsbriefen gleichviel welcher Form, die an einen bestimmten Empfänger gerichtet werden, müssen die Rechtsform und der Sitz der Gesellschaft, das Registergericht des Sitzes der Gesellschaft und die Nummer, unter der die Gesellschaft in das Handelsregister eingetragen ist, sowie alle Geschäftsführer und, sofern die Gesellschaft einen Aufsichtsrat gebildet und dieser einen Vorsitzenden hat, der Vorsitzende des Aufsichtsrats mit dem Familiennamen und mindestens einem ausgeschriebenen Vornamen angegeben werden. [2]Werden Angaben über das Kapital der Gesellschaft gemacht, so müssen in jedem Falle das Stammkapital sowie, wenn

200 *Wicke*, GmbHG, § 35 Rn. 31; *Beurskens*, in: Baumbach/Hueck, GmbHG, § 35 Rn. 53.
201 BGH, NJW-RR 2008, 840 f.
202 *Wicke*, GmbHG, § 35 Rn. 33.

nicht alle in Geld zu leistenden Einlagen eingezahlt sind, der Gesamtbetrag der ausstehenden Einlagen angegeben werden.

(2) Der Angaben nach Absatz 1 Satz 1 bedarf es nicht bei Mitteilungen oder Berichten, die im Rahmen einer bestehenden Geschäftsverbindung ergehen und für die üblicherweise Vordrucke verwendet werden, in denen lediglich die im Einzelfall erforderlichen besonderen Angaben eingefügt zu werden brauchen.

(3) [1]Bestellscheine gelten als Geschäftsbriefe im Sinne des Absatzes 1. [2]Absatz 2 ist auf sie nicht anzuwenden.

(4) [1]Auf allen Geschäftsbriefen und Bestellscheinen, die von einer Zweigniederlassung einer Gesellschaft mit beschränkter Haftung mit Sitz im Ausland verwendet werden, müssen das Register, bei dem die Zweigniederlassung geführt wird, und die Nummer des Registereintrags angegeben werden; im übrigen gelten die Vorschriften der Absätze 1 bis 3 für die Angaben bezüglich der Haupt- und der Zweigniederlassung, soweit nicht das ausländische Recht Abweichungen nötig macht. [2]Befindet sich die ausländische Gesellschaft in Liquidation, so sind auch diese Tatsache sowie alle Liquidatoren anzugeben.

Schrifttum

Glaus/Gabel, Praktische Umsetzung der Anforderungen zu Pflichtangaben in E-Mails, BB 2007, 1744; *Maaßen/Orlikowski-Wolf*, Stellt das Fehlen von Pflichtangaben in Geschäftskorrespondenz einen Wettbewerbsverstoß dar?, BB 2007, 561; *Mutter*, Pflichtangaben auf Geschäftsbriefen auch im E-Mail-Verkehr, GmbHR 2001, 336; *Rath/Hausen*, Viel Lärm um nichts? Pflichtangaben in geschäftlichen E-Mails, K&R 2007, 113.

Übersicht

A. Zweck der Regelung

1 § 35a entspricht § 80 AktG und soll den Geschäftspartnern wesentliche Informationen über die GmbH verschaffen, sodass der Rechtsverkehr mit einer GmbH erleichtert wird. Durch Mitteilung handelsregisterlicher Daten soll die Möglichkeit weiterer Aufklärung eröffnet werden. Erfasst sind sowohl inländische Gesellschaften als auch inländische Zweigniederlassungen ausländischer Gesellschaften (Abs. 4). Die Vorschrift gilt für die Vorgesellschaft entsprechend.[1]

B. Anwendungsbereich

2 Der Begriff »**Geschäftsbriefe**« ist weit auszulegen. Er meint jede schriftliche nach außen gerichtete geschäftliche Mitteilung.[2] Das gilt unabhängig davon, ob es sich um ein Schreiben in Textform (§ 126b BGB) oder um elektronische Kommunikation (E-Mail,[3] SMS[4] etc.) handelt (Beispiele sind Preislisten,[5]

---

1 *Zöllner/Noack*, in: Baumbach/Hueck, 21. Aufl. 2017, GmbHG, § 35a Rn. 2.

2 LG Heidelberg, NJW-RR 1997, 355; *Paefgen*, in: Ulmer/Habersack/Löbbe, GmbHG, § 35a Rn. 8; *Schmidt*, in: Ensthaler/Füller/Schmidt, GmbHG, § 35a Rn. 2.

3 BGH, 22.2.2011 – II ZR 301/08, juris, Rn. 2; *Schmidt*, in: Ensthaler/Füller/Schmidt, GmbHG, § 35a Rn. 3 (auch durch Beifügen eines Anhangs oder Hyperlinks, wobei die Möglichkeit bestehen muss, darauf ohne Schwierigkeiten und unmittelbar zuzugreifen); *U.H. Schneider/S.H. Schneider*, in: Scholz, GmbHG, § 35a Rn. 6; *Beurskens*, in: Baumbach/Hueck, GmbHG, § 35a Rn. 7.

4 *Schmidt*, in: Ensthaler/Füller/Schmidt, GmbHG, § 35a Rn. 2; *Beurskens*, in: Baumbach/Hueck, GmbHG, § 35a Rn. 8; a.A. *U.H. Schneider/S.H. Schneider*, in: Scholz, GmbHG, § 35a Rn. 6 (unter Verweis auf eine richtlinienkonforme Auslegung).

5 *Wicke*, GmbHG, § 35a Rn. 3; a.A. *Schmidt*, in: Ensthaler/Füller/Schmidt, GmbHG, § 35a Rn. 4.

Angebote, Angebotsannahmen, Quittungen, Mängelrügen, Rundschreiben,[6] Lieferscheine, Rechnungen, Empfangsbestätigungen). Selbst Postkarten sollen nach einer Ansicht ausreichen.[7] Erfasst sind auch Mitteilungen ggü. verbundenen, rechtlich selbstständigen Unternehmen.[8] Nach Abs. 3 findet die Regelung auch auf **Bestellscheine** Anwendung. Darunter sind Vordrucke für die Abgabe von Erklärungen zum Abschluss von Verträgen über die Inanspruchnahme von Leistungen der GmbH zu verstehen.[9]

3 **Keine Geschäftsbriefe** sind der private und interne Schriftverkehr. Hier mangelt es an der Außengerichtetheit. Intern ist etwa der Schriftverkehr mit Arbeitnehmern der Gesellschaft,[10] mit Gesellschaftern[11] sowie derjenige zwischen Gesellschaftern und Geschäftsführern.[12] Nicht unter den Begriff Geschäftsbrief, weil nicht an einen bestimmten Empfänger gerichtet, fällt anonym adressiertes Werbematerial (Postwurfsendung); ebenso nicht Schecks[13] oder Wechsel, da ihr notwendiger Inhalt durch ihre Funktion bestimmt und beschränkt wird.[14]

C. Angaben auf Geschäftsbriefen (Abs. 1)

I. Erforderliche Angaben

4 Die in Abs. 1 aufgezählten erforderlichen Angaben sind abschließend. Auf Geschäftsbriefen muss danach die **Rechtsform** der Gesellschaft aufgeführt werden. Mitzuteilen ist auch, wenn sich die Gesellschaft in Liquidation oder im Insolvenzverfahren befindet.[15] Darüber hinaus ist der **Sitz** der Gesellschaft zu nennen, wobei hiermit der Satzungssitz gemeint ist, nicht der Verwaltungssitz.[16] Nach einer Ansicht ist der Begriff »Sitz« nicht zwingend zu erwähnen, wenn sich dies aus dem Zusammenhang, etwa ein räumlicher Zusammenhang mit der Nennung der Firma, ergibt.[17]

5 Zudem sind die **Handelsregisternummer** sowie alle **Geschäftsführer**, d.h. selbst Notgeschäftsführer, stellvertretende Geschäftsführer oder Liquidatoren, mit Familiennamen und mindestens einem ausgeschriebenen Vornamen anzugeben. Nach einer Ansicht ist es möglich, die stellvertretenden Geschäftsführer auf den Geschäftsbriefen mit Stellvertreterzusatz zu benennen.[18] Das ist aber aufgrund der Gefahr einer Irreführung abzulehnen.[19] Sofern ein Aufsichtsrat vorhanden ist,

---

6 *Schmidt*, in: Ensthaler/Füller/Schmidt, GmbHG, § 35a Rn. 4.

7 *Wicke*, GmbHG, § 35a Rn. 3; *Beurskens*, in: Baumbach/Hueck, GmbHG, § 35a Rn. 7.

8 *Kleindiek*, in: Lutter/Hommelhoff, GmbHG, § 35a Rn. 2; *Paefgen*, in: Ulmer/Habersack/Löbbe, GmbHG, § 35a Rn. 9; *Schmidt*, in: Ensthaler/Füller/Schmidt, GmbHG, § 35a Rn. 2; kritisch *Koppensteiner/Gruber*, in: Rowedder/Schmidt-Leithoff, GmbHG, § 35a Rn. 6.

9 *Beurskens*, in: Baumbach/Hueck, GmbHG, § 35a Rn. 23.

10 *Lenz*, in: Michalski/Heidinger/Leible/J. Schmidt, GmbHG, § 35a Rn. 58; *Beurskens*, in: Baumbach/Hueck, GmbHG, § 35a Rn. 6; a.A. *Kleindiek*, in: Lutter/Hommelhoff, GmbHG, § 35a Rn. 2.

11 *Schmidt*, in: Ensthaler/Füller/Schmidt, GmbHG, § 35a Rn. 2; *U.H. Schneider/S.H. Schneider*, in: Scholz, GmbHG, § 35a Rn. 8; a.A. *Paefgen*, in: Ulmer/Habersack/Löbbe, GmbHG, § 35a Rn. 10.

12 BGH, NJW-RR 1997, 669.

13 A.A. LG Detmold, NJW-RR 1991, 995.

14 So zutreffend *Schmidt*, in: Ensthaler/Füller/Schmidt, GmbHG, § 35a Rn. 4; s.a. *Kleindiek*, in: Lutter/Hommelhoff, GmbHG, § 35a Rn. 2; *Paefgen*, in: Ulmer/Habersack/Löbbe, GmbHG, § 35a Rn. 19; a.A. *Altmeppen*, in: Roth/Altmeppen, GmbHG, § 35a Rn. 5; LG Detmold, NJW-RR 1990, 995.

15 *Paefgen*, in: Ulmer/Habersack/Löbbe, GmbHG, § 35a Rn. 32; *Schmidt*, in: Ensthaler/Füller/Schmidt, GmbHG, § 35a Rn. 6; *Beurskens*, in: Baumbach/Hueck, GmbHG, § 35a Rn. 11.

16 *Schmidt*, in: Ensthaler/Füller/Schmidt, GmbHG, § 35a Rn. 6.

17 *Schmidt*, in: Ensthaler/Füller/Schmidt, GmbHG, § 35a Rn. 6; a.A. *U.H. Schneider/S.H. Schneider*, in: Scholz, GmbHG, § 35a Rn. 11.

18 *Beurskens*, in: Baumbach/Hueck, GmbHG, § 35a Rn. 14, anders aber bei § 44 Rn. 15; *U.H. Schneider/S.H. Schneider*, § 35a Rn. 13; a.A. *Schmidt*, in: Ensthaler/Füller/Schmidt, GmbHG, § 35a Rn. 8.

19 BGH, NJW 1998, 1071 f.; *Beurskens*, in: Baumbach/Hueck, GmbHG, § 35a Rn. 14; *Goette*, in: MünchKommGmbHG, § 44 Rn. 22.

sind Familienname und mindestens ein ausgeschriebener Vorname auch von diesen Personen aufzuführen. Das Gleiche soll für einen Beiratsvorsitzenden gelten.[20]

Freiwillig ist dagegen die Angabe des **Stammkapitals**. Sofern hierzu Angaben gemacht werden, müssen das Stammkapital sowie der Gesamtbetrag der ausstehenden Einlagen aufgeführt werden (Abs. 1 Satz 2). Dies bezieht sich auch auf Sacheinlagen, die trotz § 7 Abs. 3 noch nicht oder nicht vollständig geleistet sind (§ 35a GmbHG analog).[21] 6

Inländische Zweigniederlassungen ausländischer Gesellschaften, die der GmbH entsprechen, haben die gleichen Angabepflichten (Abs. 4). Da diese Regelung § 80 Abs. 4 AktG entspricht, ist eine genaue rechtliche Einordnung der ausländischen Gesellschaft entbehrlich.[22] Die Pflichten nach Abs. 4 bestehen nicht nur für eingetragene, sondern auch für nicht eingetragene Zweigniederlassungen.[23] Seit der Änderung durch das MoMiG müssen zusätzlich zu den eigenen, auf die Zweigniederlassung bezogene Angaben auch solche bezüglich der Hauptniederlassung gemacht werden. Sie haben in deutscher Sprache zu erfolgen. Genannt werden muss nach überwiegender Ansicht die vollständige ausländische Firma samt Rechtsformzusatz,[24] bei dem jedoch eine geläufige Abkürzung ausreichend ist[25] und welcher nicht übersetzt zu werden braucht. 7

II. Ausnahmen

Bei geschäftlichen Mitteilungen im Rahmen einer bestehenden Geschäftsverbindung, für welche üblicherweise **Vordrucke** verwendet werden (z.B. bei Auftragsbestätigungen, Lieferscheinen, Rechnungen, Quittungen, Mahnungen), sind die Angaben entbehrlich (Abs. 2). Die Voraussetzung der **laufenden Geschäftsverbindung** meint, dass die nach Abs. 1 erforderlichen Angaben bereits gemacht worden sind. Ob eine laufende Geschäftsverbindung nur dann zu bejahen ist, wenn ein gewisser zeitlicher Zusammenhang der einzelnen Vorgänge vorliegt, ist umstritten, wird aber nach zutreffender Ansicht bejaht.[26] Allein auf diese Weise ist der Schutzzweck des Abs. 1 gewahrt, da nur so die gemachten Angaben bei Verwendung des Vordrucks (Formulars) noch aktuell sein werden. Dies gilt auch für regelmäßige formularmäßige Mitteilungen an Behörden.[27] 8

Die Ausnahme des Abs. 2 gilt nicht für **Bestellscheine** (Abs. 3 Satz 2). Dies sind Vordrucke, die das Angebot zum Abschluss eines Vertrags oder die Annahme enthalten. 9

D. Rechtsfolgen eines Verstoßes

Bei einem Verstoß gegen § 35a hat das Registergericht ein Zwangsgeld festzusetzen (§ 79 Abs. 1 GmbHG, §§ 378 ff. FamFG). Da es sich bei § 35a um eine bloße Ordnungsvorschrift handelt, wird die **Wirksamkeit** der jeweiligen Erklärungen nicht berührt, sodass keine Nichtigkeit i.S.d. 10

---

20 *Paefgen*, in: Ulmer/Habersack/Löbbe, GmbHG, § 35a Rn. 43; *Schmidt*, in: Ensthaler/Füller/Schmidt, GmbHG, § 35a Rn. 8.

21 *Lenz*, in: Michalski/Heidinger/Leible/J. Schmidt, GmbHG, § 35a Rn. 3; *Schmidt*, in: Ensthaler/Füller/Schmidt, GmbHG, § 35a Rn. 9; *U.H. Schneider/S.H. Schneider*, in: Scholz, GmbHG, § 35a Rn. 15; a.A. *Paefgen*, in: Ulmer/Habersack/Löbbe, GmbHG, § 35a Rn. 45.

22 Bei Personengesellschaft gelten §§ 125a, 177a HGB; vgl. *Altmeppen*, in: Roth/Altmeppen, GmbHG, § 35a Rn. 6; *Beurskens*, in: Baumbach/Hueck, GmbHG, § 35a Rn. 24.

23 *Altmeppen*, in: Roth/Altmeppen, GmbHG, § 35a Rn. 6; *U.H. Schneider/S.H. Schneider*, in: Scholz, GmbHG, § 35a Rn. 22; *Beurskens*, in: Baumbach/Hueck, GmbHG, § 35a Rn. 25.

24 *Lenz*, in: Michalski/Heidinger/Leible/J. Schmidt, GmbHG, § 35a Rn. 15; *U.H. Schneider/S.H. Schneider*, in: Scholz, GmbHG, § 35a Rn. 27; *Beurskens*, in: Baumbach/Hueck, GmbHG, § 35a Rn. 26.

25 *Beurskens*, in: Baumbach/Hueck, GmbHG, § 35a Rn. 26; a.A. LG Göttingen, NZG 2006, 274.

26 So auch *Schmidt*, in: Ensthaler/Füller/Schmidt, GmbHG, § 35a Rn. 11; *U.H. Schneider/S.H. Schneider*, in: Scholz, GmbHG, § 35a Rn. 19; a.A. *Lenz*, in: Michalski/Heidinger/Leible/J. Schmidt, GmbHG, § 35a Rn. 10; *Paefgen*, in: Ulmer/Habersack/Löbbe, GmbHG, § 35a Rn. 25.

27 *Paefgen*, in: Ulmer/Habersack/Löbbe, GmbHG, § 35a Rn. 28; *Schmidt*, in: Ensthaler/Füller/Schmidt, GmbHG, § 35a Rn. 12.

§ 125 BGB eintritt. Im Einzelfall kann jedoch eine Anfechtung in Betracht kommen (§ 123 BGB, arglistiges Verschweigen, oder § 119 Abs. 2 BGB, Irrtum über verkehrswesentliche Eigenschaft).[28]

11 Auch **Schadensersatzansprüche** gegen die Gesellschaft aus Verschulden bei Vertragsverhandlungen (§§ 280 Abs. 1, 311 Abs. 2 BGB)[29] oder aus § 823 Abs. 2 BGB mit § 35a als Schutzgesetz[30] bzw. aus § 826 BGB sind denkbar. Daneben muss der Geschäftsführer persönlich haften, sofern die Voraussetzungen einer Rechtsscheinhaftung gegeben sind,[31] d.h. etwa der Rechtsschein einer uneingeschränkten Haftung begründet bzw. aufrechterhalten wurde.[32] Darüber hinaus soll der Gesellschaft die Einrede der Verjährung aufgrund von Treu und Glauben versagt sein können, wenn sich durch falsche oder unvollständige Angaben die Erhebung einer Klage gegen die Gesellschaft verzögert.[33]

12 Ein Verstoß gegen § 35a stellt nicht ohne Weiteres gleichzeitig einen **Wettbewerbsverstoß** nach § 1 UWG dar.[34] Teilweise wird in § 35a unzutreffend eine Marktverhaltensregelung i.S.d. § 4 Nr. 11 UWG gesehen.[35] Selbst wenn man dem folgen wollte, werden die Voraussetzungen nur selten vorliegen, da das Unterlassen der Pflichtangaben geeignet sein muss, den Wettbewerb spürbar zu beeinträchtigen (§ 3 UWG).[36] Dies soll teilweise zu bejahen sein, wenn es nicht nur an einzelnen nebensächlichen Angaben, sondern an allen Pflichtangaben mangelt.[37] Ein Verstoß gegen § 3 UWG soll auch bei Fahrlässigkeit nicht ohne Weiteres vorliegen.[38] Eine Abmahnung nach §§ 8, 12 Abs. 1 UWG kann daher allenfalls bei gezielter Irreführung oder Verdeckung der Identität erfolgreich sein.[39] Die Rechtsprechung zu §§ 5 ff. TMG soll nur bedingt herangezogen werden können.[40] Einfache Fehler führen nicht zu einer Haftung, sodass eine falsche Firmenbezeichnung unschädlich ist, wenn die Gesellschaft etwa durch die Angabe von Registernummer und Registergericht hinreichend identifizierbar ist.[41]

§ 36 Zielgrößen und Fristen zur gleichberechtigten Teilhabe von Frauen und Männern

[1]Die Geschäftsführer einer Gesellschaft, die der Mitbestimmung unterliegt, legen für den Frauenanteil in den beiden Führungsebenen unterhalb der Geschäftsführer Zielgrößen fest. [2]Liegt der Frauenanteil bei Festlegung der Zielgrößen unter 30 Prozent, so dürfen die Zielgrößen den jeweils erreichten Anteil nicht mehr unterschreiten. [3]Gleichzeitig sind Fristen zur Erreichung der Zielgrößen festzulegen. [4]Die Fristen dürfen jeweils nicht länger als fünf Jahre sein.

28 LG Detmold, NJW-RR 1990, 995.

29 LG Frankfurt am Main, NJW-RR 2001, 1423, 1425.

30 LG Detmold, NJW-RR 1990, 995; *Altmeppen*, in: Roth/Altmeppen, GmbHG, § 35a Rn. 8; a.A. *Paefgen*, in: Ulmer/Habersack/Löbbe, GmbHG, § 35a Rn. 63 und *U.H. Schneider/S.H. Schneider*, in: Scholz, GmbHG, § 35a Rn. 28; *Beurskens*, in: Baumbach/Hueck, GmbHG, § 35a Rn. 31.

31 LG Heidelberg, NJW-RR 1997, 355; *Jacoby*, in: Bork/Schäfer, GmbHG, § 35a Rn. 8.

32 Vgl. LG Heidelberg, NJW-RR 1997, 355; s.a. OLG Hamm, NJW-RR 1998, 1253, 1254.

33 LG Frankfurt am Main, NJW-RR 2001, 1423, 1425.

34 KG, GmbHR 1991, 470, 471.

35 LG Bonn, 22.6.2006 – 14 O 50/06, juris; *Maaßen/Orlikowski-Wolf*, BB 2007, 561, 564.

36 Vgl. OLG Brandenburg, NJW-RR 2008, 714, 715; s.a. *Jacoby*, in: Bork/Schäfer, GmbHG, § 35a Rn. 8.

37 *Maaßen/Orlikowski-Wolf*, BB 2007, 561, 564.

38 *Altmeppen*, in: Roth/Altmeppen, GmbHG, § 35a Rn. 9; KG, GmbHR 1991, 470, 471; LG Berlin, WM 1991, 1615 f.; *Rath/Hausen*, K & R 2007, 113, 115 ff.; a.A. *Maaßen/Orlikowski-Wolf*, BB 2007, 561, 564.

39 OLG Düsseldorf, NJW-RR 2004, 41, 42; OLG Brandenburg, NJW-RR 2008, 714, 715 (zu § 15b GewO); s.a. OLG Hamburg, OLGR 2008, 76 f.; s.a. *Wicke*, GmbHG, § 35a Rn. 2.

40 KG, GmbHR 1991, 470, 471; LG Berlin, DB 1991, 1510; *Altmeppen*, in: Roth/Altmeppen, GmbHG, § 35a Rn. 9; *Kleindiek*, in: Lutter/Hommelhoff, GmbHG, § 35a Rn. 6.

41 OLG Brandenburg, NZG 1999, 166, 167; vgl. aber auch BayObLG, NJOZ 2002, 1070, 1071 (Firma und Registernummer nicht entscheidend).

Schrifttum

Bayer/Hoffmann, Frauenquote: JA – Mitbestimmung: Nein – GmbH mit Frauenquote ohne Mitbestimmung?, GmbHR 2017, 441; *Müller-Bonanni/Forst*, Frauenquoten in Führungspositionen der GmbH, GmbHR 2015, 621; *Fromholzer/Simons*, Festlegung von Zielgrößen für den Frauenanteil in Aufsichtsrat, Geschäftsleitung und Führungspositionen, AG 2015, 457; *Göpfert/Rottmeier*, Frauenquote aus arbeitsrechtlicher Sicht, ZIP 2015, 670; *Mense/Klie*, Die Quote kommt – aber wie? Konturen der geplanten Neuregelungen zur Frauenquote, GWR 2015, 1; *Mense/Klie*, Update zur Frauenquote – Wie die Besetzungsziele für Aufsichtsrat, Geschäftsleitung und Führungsebenen in der Praxis umzusetzen sind, GWR 2015, 441; *Olbrich/Krois*, Das Verhältnis von »Frauenquote« und AGG, NZA 2015, 1288; *Röder/Arnold*, Zielvorgaben zur Förderung des Frauenanteils in Führungspositionen, NZA 2015, 1281; *Stüber*, Frauenquote: Der Praxisleitfaden und weitere aktuelle Entwicklungen, BB 2015, 2243; *Teichmann/Rüb*, Die gesetzliche Geschlechterquote in der Privatwirtschaft, BB 2015, 898; *Wasmann/Rothenburg*, Praktische Tipps zum Umgang mit der Frauenquote, DB 2015, 291; *Weller/Benz*, Frauenförderung als Leitungsaufgabe, AG 2015, 467.

Übersicht

A. Hintergrund

1 Nach § 36 sind für die beiden Führungsebenen unterhalb der Geschäftsführung Zielgrößen für den Frauenanteil festzusetzen. Die Regelung wurde zum 1.5.2015 durch das Gesetz für die gleichberechtigte Teilhabe von Frauen und Männern an Führungspositionen in der Privatwirtschaft und im öffentlichen Dienst[1] eingeführt. Die Zielgrößen sowie die Fristen zur Erreichung der Zielgrößen waren erstmals spätestens zum 30.9.2015 zu bestimmen (§ 5 Satz 1 EGGmbHG). Dabei war die Dauer der ersten Frist auf höchstens bis zum 30.6.2017 festgelegt (§ 5 Satz 2 EGGmbHG).[2] Die nachfolgenden Fristen dürfen nicht länger als fünf Jahre sein (§ 36 Satz 4).

2 Vergleichbare Regelungen sind in §§ 76 Abs. 4, 111 Abs. 5 AktG, § 22 Abs. 6 SEAG, § 9 Abs. 3, 4 GenG, §§ 34 Satz 2 und 35 Abs. 3 VAG enthalten. Allerdings sieht § 36, anders als teilweise die anderen Regelungen, keine zwingenden Mindestquoten vor, sondern beschränkt sich auf Zielgrößen. Dadurch soll die Gesellschaft bei der Besetzung von Führungspositionen nach wie vor frei sein. Es wird nicht in die unternehmerische Organisations- und Entscheidungshoheit eingegriffen.[3] An der unternehmerisch zweckmäßigen Führungsstruktur soll sich auch durch die frauenfördernden Zielvorgaben nichts ändern.[4]

B. Anwendbarkeit

3 § 36 bezieht sich nur auf GmbHs, die der Mitbestimmung unterliegen. Gemeint ist die Mitbestimmung nach dem MitbestG und dem DrittelbG.[5] Erfasst sind auch Unternehmen, die dem MontanMitbestG oder dem MitbestErgG unterliegen, wobei diese regelmäßig keine GmbHs sind.[6]

1 BGBl. I 2015, S. 642.
2 Näher dazu *Altmeppen*, in: Roth/Altmeppen, GmbHG, § 36 Rn. 4.
3 *Wicke*, GmbHG, § 36 Rn. 1.
4 *Teichmann*, BB 2015, 898, 902; *Schulz/Ruf*, BB 2015, 1155, 1162 (relative Bindungswirkung).
5 *Mense/Klie*, GWR 2015, 1, 4; vgl. auch *Teichmann/Rüb*, BB 2015, 259, 262 f.
6 *Altmeppen*, in: Roth/Altmeppen, GmbHG, § 36 Rn. 1.

Dagegen soll die betriebliche Mitbestimmung nicht davon umfasst sein.[7] Die h.M. sieht als ausschlaggebend den tatsächlichen Ist-Zustand an,[8] so dass nur diejenigen Gesellschaften von § 36 erfasst sind, bei denen nach einem Statusverfahren ein Mitbestimmungsstatus vorliegt.[9] Offen ist noch, ob § 36 auch auf grenzüberschreitend verschmolzene Gesellschaften, die dem MgVG[10] unterliegen, anwendbar ist.[11]

4 Für die Praxis relevant ist die Frage, ob eine »Flucht« aus der Mitbestimmung auch zu einer Auflösung der Quotenpflicht führt. Gesetzlich vorgesehen ist in § 36 Satz 2 nur ein Verschlechterungsverbot innerhalb der mitbestimmten GmbH. Im Schrifttum wird daher überzeugend angenommen, eine einmal festgesetzte Zielquote könne nach »Herauswanderns« aus der Mitbestimmung keine dauerhafte Bindung beanspruchen. Allerdings müsse der Geschäftsführer die Quotenfestsetzung aufheben, da sie nicht automatisch entfalle.[12]

5 Ziel der Regelung ist eine Erhöhung des Frauenanteils auf den beiden Führungsebenen unterhalb der Geschäftsführung. Für den Aufsichtsrat und die Geschäftsführung enthält § 52 Abs. 2 n.F. die Vorgabe, dass der Aufsichtsrat bzw. die Gesellschafterversammlung Zielgrößen für den Frauenanteil festlegen muss. Da entgegen der Überschrift in § 36 das ausdrückliche Ziel der Regelung die Ausweitung nur des Frauenanteils ist, wird diese Norm überwiegend als gegen Art. 3 Abs. 2 GG und gegen Unionsrecht verstoßend angesehen.[13] Unabhängig davon, ob man dem zustimmt, ist in der Praxis bis zu einer gerichtlichen Klärung von der **Wirksamkeit** des Gesetzes auszugehen.

C. Pflichten

6 Aus § 36 folgt eine zweifache Verpflichtung des Geschäftsführers. Zum einen besteht eine **Feststellungspflicht** bzgl. des Frauenanteils, zum anderen eine **Festlegungspflicht** bzgl. der Zielgröße.[14] Teilweise wird als weitere, eigenständige Pflicht diejenige zur Definition der »Führungsebenen« i.S. des § 36 gesehen.[15] Diese wird aber regelmäßig von der Pflicht zur Festlegung der Zielgrößen umfasst sein.

1. Feststellungspflicht

7 Die Feststellungspflicht umfasst die Ermittlung des gegenwärtigen Stands der Frauenquote. In dem von den Ministerien geförderten Praxisleitfaden wird eine qualitative und quantitative Analyse, insbesondere eine Simulation der Mitarbeiterentwicklung für die nächsten zehn Jahre, vorgeschlagen.[16] Das geht jedoch, wenn man dies auf sämtliche, also auch kleinere mitbestimmte GmbHs bezieht, zu weit.[17] Da es nicht auf den Beschäftigungsgrad ankommt, muss die Bestimmung nach Köpfen erfolgen und damit auch Teilzeitkräfte erfassen.[18] Eine Hinzuzählung erfolgt auch bei einer Doppelfunktion des Mitarbeiters.[19] Unklar ist, ob suspendierte oder gekündigte Personen, deren Kündigungsfrist noch läuft, und solche, die in Mutterschutz oder Elternzeit sind, ebenfalls berücksichtigt werden sollen. Aufgrund des

7 MünchKommGmbHG/*Fleischer*, § 36 Rn. 2; *Röder/Arnold*, NZA 2015, 1281, 1283.
8 *Fromholzer/Simon*, AG 2015, 457, 458; *Bayer/Hoffmann*, GmbHR 2017, 441 ff.
9 S.a. *Röder/Arnold*, NZA 2015, 1281, 1282 f; s. auch *Bayer/Hoffmann*, GmbHR 2017, 441 ff.
10 Gesetz über die Mitbestimmung der Arbeitnehmer bei einer grenzüberschreitenden Verschmelzung.
11 Verneinend *Müller-Bonanni/Forst*, GmbHR 2015, 621, 622; offengelassen bei *Wicke*, GmbHG, § 36, Rn. 3; s.a. *Seibt*, ZIP 2015, 1193, 1201 f. (für die AG).
12 So *Rieble*, in: Bork/Schäfer, GmbHG, § 36 Rn. 6.
13 *Rieble*, in: Bork/Schäfer, GmbHG, § 36 Rn. 3; *Hohenstatt/Willemsen/Naber*, ZIP 2014, 2220, 2222; a.A. (verfassungsgemäß) *Habersack/Kersten*, BB 2014, 2819, 2828.
14 Begr. RegE, BT-Drucks. 18/3784, S. 119.
15 *Schulz/Ruf*, BB 2015, 1155, 1160; kritisch *Jung*, DStR 2014, 960, 963.
16 Praxisleitfaden, S. 14 f.
17 Vgl. auch *Stüber*, BB 2015, 2243, 2244.
18 Praxisleitfaden, S. 17; *Röder/Arnold*, NZA 2015, 1281,1284; s.a. *Müller-Bonanni/Forst*, GmbHR 2015, 621, 623 f.
19 *Röder/Arnold*, NZA 2015, 1281, 1284.

Sinns und Zwecks der Regelung wird das wohl zu bejahen sein.[20] Aus dem gleichen Grund sollen auch Leiharbeitnehmer sowie im Ausland befristet Beschäftigte mitzuzählen sein.[21]

2. Zielgrößenfestlegung durch Geschäftsführer

Die Pflicht zur Festlegung von Zielgrößen lässt dem Geschäftsführer als unternehmerische Entscheidung grundsätzlich einen weiten Ermessensspielraum. Zu berücksichtigen ist dabei vor allem das Verschlechterungsverbot des Satzes 2. Die Geschäftsführer haben diesbezüglich eine Handlungspflicht, aber keine Erfolgspflicht.[22] Eine Begründungspflicht für die Festlegung einer bestimmten Zielgröße gibt es nicht.[23] 8

a) Zuständigkeit innerhalb der Gesellschaft

Die Geschäftsführer sind zur Festlegung der Zielgrößen verpflichtet. Wurden mehrere Geschäftsführer bestellt, gelten die allgemeinen Regeln zur Geschäftsführung, d.h. Gesamtgeschäftsführung und Einstimmigkeit. Die Satzung kann hier vom Gesetz Abweichendes festlegen. Die Gesellschafterversammlung hat auch bzgl. der Zielgrößen ein **Weisungsrecht**. Dieses kann sich zwar nicht darauf beziehen, dass keine oder eine dem Gesetz widersprechende Quote festgelegt wird. Vorgaben können aber in Bezug auf die Höhe der Zielgröße gemacht werden,[24] da § 36 die Festlegung der Höhe nicht dem Geschäftsführer in originärer Zuständigkeit zuweist. Da jedenfalls mit der erstmaligen Festlegung von Zielgrößen die Grundsätze der Geschäftspolitik berührt sind, soll in diesem Fall die Zustimmung der Gesellschafterversammlung einzuholen sein.[25] 9

b) Begriff der Führungsebene

Die Zielgrößenfestlegung hat für die beiden Führungsebenen unterhalb der Geschäftsführung zu erfolgen. Festzulegen sind die Zielgrößen für jede Führungsebene gesondert.[26] Der Begriff »Führungsebenen« führt zwar zu Unklarheiten, soll aber den Vorteil haben, dass die Besonderheiten der jeweiligen Unternehmensorganisation berücksichtigt werden können.[27] 10

Nach der Gesetzesbegründung bezieht sich die Bezeichnung »Führungsebene« nicht auf theoretisch-betriebswirtschaftliche Lehren, sondern auf die tatsächlich im Unternehmen eingerichteten **Hierarchieebenen.**[28] Hierarchieebenen sind danach solche Einheiten, die zueinander gleichberechtigt, aber einer gemeinsamen Führung untergeordnet sind.[29] Sofern nur eine Hierarchieebene unterhalb der Geschäftsführung existiert, ist auch nur für diese eine Zielgröße festzulegen.[30] Teilweise wird angenommen, dass, sofern unterhalb der Geschäftsführung keine Führungsebene existiert, auch 11

20 Bejahend auch *Müller-Bonanni/Forst*, GmbHR 2015, 621, 624; *Wicke*, GmbHG, § 36, Rn. 6; bejahend für den Fall der Kündigung *Röder/Arnold*, NZA 2015, 1281, 1284.

21 *Müller-Bonanni/Forst*, GmbHR 2015, 621, 624; *Wicke*, § 36 Rn. 6; vgl. auch *Göpfert/Rottmeier*, ZIP 2015, 670, 672; *Röder/Arnold*, NZA 2015, 1281,1284 (sowohl Berücksichtigung als auch Nichtberücksichtigung für zulässig erachtend).

22 *Wicke*, GmbHG, § 36 Rn. 10; *Weller/Benz*, AG 2015, 467, 472; siehe aber auch *Altmeppen*, in: Roth/Altmeppen, § 36, Rn. 14 (keine aktive Förderpflicht).

23 *Altmeppen*, in: Roth/Altmeppen, GmbHG, § 36 Rn. 9; vgl. die Formulierungsvorschläge bei *Mense/Klie*, GWR 2015, 441, 446.

24 *Rieble*, in: Bork/Schäfer, GmbHG, § 36 Rn. 10; *Altmeppen*, in: Roth/Altmeppen, GmbHG, § 36 Rn. 10.

25 *Wicke*, GmbHG, § 36 Rn. 4; *Altmeppen*, in: Roth/Altmeppen, GmbHG, § 36 Rn. 10; vgl. § 37 Rdn. 4.

26 *Fromholzer/Simons*, AG 2015, 457, 463 f.; *Herb*, DB 2015, 964, 968; *Schulz/Ruf*, BB 2015, 1155, 1161; *Mense/Klie*, GWR 2015, 441, 445; *Rieble*, in: Bork/Schäfer, GmbHG, § 36 Rn. 12.

27 *Teichmann/Rüb*, BB 2015, 898, 902; MünchKommGmbHG/*Fleischer*, § 36 Rn. 4.

28 Begr. RegE, BT-Drucks. 18/3784, S. 134, 119 f.; kritisch *Fromholzer/Simons*, AG 2015, 457, 463.

29 Begr. RegE, BT-Drucks. 18/3784, S. 134, 119; kritisch *Altmeppen*, in: Roth/Altmeppen, GmbHG, § 36 Rn. 7 (»Definitionsbemühungen ... helfen nicht weiter«).

30 Begr. RegE, BT-Drucks. 18/3784, S. 119; *Herb*, DB 2015, 964, 969; *Schulz/Ruf*, BB 2015, 1155, 1160; *Fromholzer/Simons*, AG 2015, 457, 463; *Rieble*, in: Bork/Schäfer, GmbHG, § 36 Rn. 11.

keine Zielgröße zu bestimmen ist.[31] Dem wird nur eingeschränkt zuzustimmen sein, da zwar auf der Feststellungsebene 0 % angegeben werden können, aber sodann »Ziele« zu bestimmen sind, die jedenfalls höher als 0 % liegen müssen.

12 Schwierig kann es sein, die beiden Führungsebenen unterhalb der Geschäftsführung vom bloßen Management abzugrenzen. Möglich ist eine Orientierung an dem von den der Bundesministerien für Familie, Senioren, Frauen und Jugend sowie der Justiz und für Verbraucherschutz geförderten Praxisleitfaden.[32] Danach ist als erste Führungsebene unterhalb der Geschäftsführung diejenige zu verstehen, die sich direkt gegenüber der Geschäftsleitung zu verantworten hat (die »fachlichen und disziplinarischen Berichtslinien«).[33] Als **Kriterium** abzuheben sein kann dabei nach einer Meinung auch auf die Budgetverantwortung, Weisungsrechte, Anstellungsbedingungen und Zugehörigkeit zu konkreten Führungszirkeln des Unternehmens.[34] Ankommen soll es nach Ansicht mancher nicht primär auf Titel oder handelsrechtliche Vollmachten, sondern vielmehr auf die tatsächliche Entscheidungskompetenz.[35] Andere wiederum wollen auch auf die Handlungsvollmachten abstellen.[36] Umstritten ist, ob die Personalverantwortung entscheidendes Kriterium sein kann.[37] Fraglich ist, ob auch allgemein auf die »Wertigkeit« der Stelle abgestellt werden kann.[38]

13 Die Feststellung von Führungsebenen soll für jede einzelne Gesellschaft zu bestimmen sein. Das gilt auch im **Konzern**, wo eine Festlegung für jede einzelne mitbestimmte GmbH zu erfolgen hat.[39] Hat jedoch eine Holdinggesellschaft[40] nur wenige Mitarbeiter, ist eine Zielgrößenfestlegung entbehrlich. Das gilt aber nicht für die der Mitbestimmung unterliegenden Tochtergesellschaften, die wiederum Zielgrößen festzulegen haben.[41] Im Schrifttum wird nicht der Vertragspartner des Anstellungsvertrags (i.d.R. die Konzernmutter) als maßgeblich gesehen, sondern die faktische Anbindung des Mitarbeiters bei einer Gesellschaft.[42]

c) Zielgrößenfestlegung und Verschlechterungsverbot (Satz 2)

14 Die Zielgrößen sind in Prozentzahlen[43] oder numerisch, d.h. als absolute Zahl,[44] anzugeben. Die Angabe einer bloßen Bandbreite von Prozentzahlen genügt nicht.[45] Das Gesetz gibt **keine**

31 *Schulz/Ruf*, BB 2015, 1155, 1160; *Wasmann/Rothenburg*, DB 2015, 291, 294; *Fromholzer/Simons*, AG 2015, 457, 463.

32 EAF/KPMG, Praxisleitfaden, 2015, abrufbar etwa unter http://www.bmfsfj.de/RedaktionBMFSFJ/Abteilung4/Meldungen/Zielsicher-Mehr-Frauen-in_Fuehrungspositionen/praxisleitfaden,property=pdf,bereich=bmfsfj,sprache=de,rwb=true.pdf; kritisch hierzu *Stüber*, BB 2015, 2243.

33 *Fromholzer/Simons*, AG 2015, 457, 463.

34 *Wicke*, GmbHG, § 36 Rn. 5; *Fromholzer/Simons*, AG 2015, 457, 463; *Müller-Bonanni/Forst*, GmbHR 2015, 621, 623.

35 Praxisleitfaden, S. 16.

36 *Wicke*, GmbHG, § 36 Rn. 5 m.w.N.; *Müller-Bonanni/Forst*, GmbHR 2015, 621, 623 (Prokura als Indiz).

37 Bejahend Praxisleitfaden, S. 16; *Schulz/Ruf*, BB 2015, 1155, 1160 f. (hierarchische Führungsebene, aber keine Führungsfunktion); ablehnend *Fromholzer/Simons*, AG 2015, 457, 463; *Wasmann/Rothenburg*, DB 2015, 291, 294.

38 Bejahend *Fromholzer/Simons*, AG 2015, 457, 463; verneinend *Göpfert/Rottmeier*, ZIP 2015, 670, 672 (allenfalls Indiz).

39 MünchKommGmbHG/*Fleischer*, § 36 Rn. 5; *Herb*, DB 2015, 964, 969; *Teichmann/Rüb*, BB 2015, 898, 902; *Wasmann/Rothenburg*, DB 2015, 291, 294.

40 *Teichmann/Rüb*, BB 2015, 898, 902.

41 MünchKommGmbHG/*Fleischer*, § 36 Rn. 5; *Wasmann/Rothenburg*, DB 2015, 291, 294; *Müller-Bonanni/Forst*, GmbHR 2015, 621, 623.

42 So *Wicke*, GmbHG, § 36 Rn. 5; *Fromholzer/Simons*, AG 2015, 457, 463; vgl. auch die Überlegungen zum Gesellschaftsbezug bei *Schulz/Ruf*, BB 2015, 1155, 1160.

43 Begr. RegE, BT-Drucks. 18/3784, S. 134, 119; Praxisleitfaden, S. 12.

44 *Schulz/Ruf*, BB 2015, 1155, 1161; *Wicke*, GmbHG, § 36 Rn. 7; *Fromholzer/Simons*, AG 2015, 457, 462; *Röder/Arnold*, NZA 2015, 1281, 1285.

45 *Mense/Klie*, GWR 2015, 441, 445.

Mindestzielgröße vor. Insofern ist der Geschäftsführer (unter Beachtung von rechtmäßigen Weisungen der Gesellschafterversammlung) frei. Die Zielgrößenfestlegung gilt als eine unternehmerische Entscheidung.[46] Allerdings darf die Zielgröße, sofern sie aktuell im Unternehmen unter 30 % ist, nicht unter der bislang tatsächlich erreichten Quote liegen (§ 36 Satz 2, **Verschlechterungsverbot**). Konsequenz des Verschlechterungsverbots kann es sein, dass ein Arbeitsplatz nach Ausscheiden einer weiblichen Arbeitskraft nur mit einer ebensolchen wiederbesetzt werden kann.[47]

Im Umkehrschluss aus § 36 Satz 2 besteht dagegen kein Verschlechterungsverbot, wenn die Quote 15 im Unternehmen über 30 % liegt. Eine Zielgröße kann dann auch unterhalb des bereits erreichten Frauenanteils liegen und deshalb sogar mit 0 % bestimmt werden.[48] Gedeutet wird das im Schrifttum als »Belohnung« an das schon Erreichte.[49] Das ist jedoch insofern zweifelhaft, als bei einem solchen Vorgehen danach wiederum das Verschlechterungsverbot gilt. Die Quote kann auch mit 100 % festgelegt werden. Als denkbar wird im Schrifttum auch die Festlegung einer Zielgröße von Null angesehen, wenn keine Frauen in Führungspositionen beschäftigt sind, da es hier zu einer Verschlechterung per se nicht kommen kann.[50] Aus demselben Grund wird zudem erwogen, dass die Zielgröße exakt auf den bereits vorhandenen Frauenanteil festgelegt werden kann.[51] Allerdings wird aus dem Begriff der Zielgröße gefolgert, dass die Zielgröße eine Entwicklung beinhalten muss, sodass eine höhere als die bereits erreichte Quote zu bestimmen ist.[52]

3. Fristbestimmung (Satz 3)

§ 36 Satz 3 verlangt, dass neben den Zielgrößen auch Fristen zu ihrer Erreichung bestimmt wer- 16 den müssen. Gemäß § 5 Satz 2 EGGmbHG darf jedoch die erste Frist nicht länger als bis zum 30.6.2017 sein. Die weiteren Fristen dürfen jeweils nicht länger als fünf Jahre sein (§ 36 Satz 4). Bis zu dieser Maximalfrist sind die Geschäftsführer hinsichtlich der Fristbestimmung frei. Wenn im Laufe der Zeit die Zielgröße erreicht, über- oder unterschritten wird, besteht keine Pflicht zu deren Anpassung.[53] Allerdings wird es als zulässig erachtet, während der laufenden Frist eine neue Zielgröße und eine neue Frist zu bestimmen.[54]

4. Berichts- und Veröffentlichungspflichten

Flankiert wird die Pflicht des § 36 von den Berichts- und Veröffentlichungspflichten nach § 289a 17 Abs. 4 HGB n.F. Danach hat die Gesellschaft jährlich im Lagebericht in einem gesonderten Abschnitt eine Erklärung zur Unternehmensführung mit den festgelegten Zielgrößen und der Frist für deren Erreichung vorzusehen. Zudem ist darzutun, ob die Zielgröße während des Berichtszeitraums erreicht wurde. Ist dies nicht der Fall, sind die Gründe anzugeben (§ 289a Abs. 4 HGB i.V.m. Abs. 2 Nr. 4 HGB; **comply or explain**). Diese Angaben sind mit dem Lagebericht zum Bundesanzeiger zur Veröffentlichung einzureichen. Die dadurch erlangte Transparenz soll Druck auf die Gesellschaft ausüben.[55] Die Abschlussprüfung gemäß § 316 HGB bezieht sich aber nicht auf diese

46 Vgl. MünchKommGmbHG/*Fleischer*, § 36 Rn. 6; *Herb*, DB 2015, 964, 969; *Wasmann/Rothenburg*, DB 2015, 291, 295.

47 *Müller-Bonanni/Forst*, GmbHR 2015, 621, 624; *Wicke*, GmbHG, § 36 Rn. 7.

48 Siehe Praxisleitfaden, S. 8; s.a. *Schulz/Ruf*, BB 2015, 1155, 1161; *Stüber*, DStR 2015, 947, 953; a.A. *Weller/Benz*, AG 2015, 467, 471 (differenzierend); *Röder/Arnold*, NZA 2015, 1281, 1285 (besondere Rechtfertigung erforderlich); nach *Teichmann/Rüb*, BB 2015, 898, 902 f., sollte ein Unternehmen das aber wegen der deutlich negativen Öffentlichkeitswirkung nicht tun.

49 *Wasmann/Rothenburg*, DB 2015, 291, 295; MünchKommGmbHG/*Fleischer*, § 36 Rn. 6.

50 *Wasmann/Rothenburg*, DB 2015, 291, 295; s.a. *Teichmann/Rüb*, BB 2015, 898, 902.

51 *Teichmann/Rüb*, BB 2015, 898, 902.

52 *Teichmann/Rüb*, BB 2015, 898, 902 f.

53 *Müller-Bonanni/Forst*, GmbHR 2015, 621, 624; *Wicke*, GmbHG, § 36 Rn. 8.

54 *Fromholzer/Simons*, AG 2015, 457, 464.

55 Begr. RegE, BT-Drucks. 18/3784, S. 42.

Erklärung zur Unternehmensführung (§ 317 Abs. 2 Satz 3 HGB), so dass lediglich zu prüfen ist, ob eine Erklärung erfolgt ist.[56]

18 Sofern es sich um eine **kleinere Gesellschaft** ohne die Pflicht zur Offenlegung eines Lageberichts handelt, hat sie eine Erklärung mit den Zielgrößen- und Fristenfestlegungen sowie den Angaben gemäß § 289a Abs. 2 Nr. 4 HGB zu erstellen und gemäß § 289a Abs. 4 Satz 2 HGB auf ihrer Internetseite zu veröffentlichen (§ 289a Abs. 1 Satz 2 HGB).[57] Insofern haben die Geschäftsführer in jedem Fall die von ihnen unternommenen einschlägigen Aktivitäten sowie die Gründe für einen unterbliebenen Erfolg in Bezug auf die Besetzung mit weiblichen Führungskräften darzulegen.[58]

5. Berücksichtigung des AGG

19 Benachteiligungen wegen des Geschlechts sind bei der Besetzung von Führungspositionen auch nach dem AGG unzulässig und können zu Schadensersatzansprüchen führen (vgl. § 7 Abs. 1 § 5, § 6 Abs. 3, § 15 AGG).[59] Noch offen ist, ob eine Zielabweichung als Indiz i.S. des § 22 AGG für eine unzulässige Benachteiligung zu sehen ist. Überwiegend wird das zutreffend abgelehnt, da es sich bei den Zielgrößen lediglich um Planungen handelt.[60]

D. Rechtsfolgen pflichtwidrigen Verhaltens

1. Folgen für die Gesellschaft

20 Verstößt der Geschäftsführer gegen die Pflicht zur Zielgrößenfestlegung, sieht die Regelung keine Sanktionen, etwa in Form eines **Bußgelds**, vor. Wird die vom Geschäftsführer festgelegte Zielgröße nicht erreicht, enthält das Gesetz ebenfalls keine Sanktion. Da sich aus der Festlegung der Zielgrößen lediglich eine Berichtspflicht und keine Erfolgspflicht ergibt, sollen Unternehmen zu großzügigen Quoten bewegt werden.[61] Eine Sanktion ist aber bei Verstoß gegen die Berichts- und Veröffentlichungspflicht vorgesehen. In Bezug auf deren Verletzung gelten die §§ 331 ff. HGB,[62] insbesondere § 334 Abs. 1 Nr. 3 HGB und § 331 Nr. 1 HGB. Der Gesetzgeber will damit grundsätzlich vermeiden, dass nur geringstmögliche Quoten festgelegt werden. Sofern ein Organ eine Ordnungswidrigkeit oder Straftat begangen hat, kann auch gegen die Gesellschaft ein Bußgeld verhängt werden (§ 30 Abs. 1 OWiG).[63]

2. Folgen für die Organmitglieder

21 Sofern die abzugebende Erklärung nach § 289a HGB vorsätzlich unterlassen oder fehlerhaft abgegeben wird, stellt das eine Ordnungswidrigkeit nach § 334 Abs. 1 Nr. 3 HGB dar. In schwerwiegenden Fällen kann das strafbar sein (§ 331 Nr. 1 HGB).

22 Der Geschäftsführer hat nach § 35 die Sorgfalt eines ordentlichen Geschäftsmannes einzuhalten. Dabei hat er auch die Pflicht, sich an Recht und Gesetz zu halten (Legalitätspflicht). Insofern kommt eine **Haftung** gegenüber der Gesellschaft nach **§ 43 Abs. 2** bei Verletzung der Pflicht zur Quoten- und/oder Fristfestlegung in Betracht.[64] Eine Pflichtverletzung wird aber aufgrund des weiten Ermessensspielraums regelmäßig nur dann vorliegen, wenn keinerlei Festlegung erfolgte[65] oder wenn gegen das Verschlechterungsverbot des Satzes 2 verstoßen wurde. Ein

---

56 *Altmeppen*, in: Roth/Altmeppen, GmbHG, § 36 Rn. 18.

57 *Mense/Klie*, GWR 2015, 1, 4; *Rieble*, in: Bork/Schäfer, GmbHG, § 36 Rn. 20 ff.

58 Begr. RegE, BT-Drucks. 18/3784, S. 132.

59 *Müller-Bonanni/Forst*, GmbHR 2015, 621, 626; ausführlich dazu *Olbrich/Krois*, NZA 2015, 1288 ff.

60 *Göpfert/Rottmeier*, ZIP 2015, 670, 672 f.; *Röder/Arnold*, NZA 2015, 1281, 1285 f.; *Olbrich/Krois*, NZA 2015, 1288 ff. (differenzierend).

61 Vgl. auch *Teichmann/Rüb*, BB 2015, 898, 903.

62 Begr. RegE, BT-Drucks. 18/3784, S. 132.

63 Vgl. Begr. RegE, BT-Drucks. 18/3784, S. 134, 119 f.

64 *Wicke*, GmbHG, § 36 Rn. 11; *Weller/Benz*, AG 2015, 467, 472; *Stüber*, DStR 2015, 947, 954.

65 *Altmeppen*, in: Roth/Altmeppen, GmbHG, § 36 Rn. 12; *Weller/Benz*, AG 2015, 467, 472.

Pflichtverstoß kann auch dann gegeben sein, wenn die erfolgte Festlegung der Führungsebenen »in keiner Weise mehr vertretbar« ist.[66] Selbst wenn eine Pflichtverletzung vorliegt, ist ein Schadensersatzanspruch in der Praxis kaum denkbar.[67] Die Gesellschaft muss nämlich auch einen kausalen Schaden erlitten haben. Da der Gesellschaft bei Nichteinhaltung der Verpflichtung keine Sanktion droht, wird in den meisten Fällen ein Schaden der Gesellschaft zu verneinen sein.[68] Ein solcher kann lediglich bei Verletzung der Berichtspflichten und einer Ahndung als Ordnungswidrigkeit vorliegen.[69]

Mögliche Folge einer Missachtung der Pflichten aus § 36 ist zudem die Verweigerung der Entlastung des Geschäftsführers. In Betracht kommt in drastischen Fällen auch die Anfechtung des Entlastungsbeschlusses.[70] 23

§ 37 Beschränkungen der Vertretungsbefugnis

(1) Die Geschäftsführer sind der Gesellschaft gegenüber verpflichtet, die Beschränkungen einzuhalten, welche für den Umfang ihrer Befugnis, die Gesellschaft zu vertreten, durch den Gesellschaftsvertrag oder, soweit dieser nicht ein anderes bestimmt, durch die Beschlüsse der Gesellschafter festgesetzt sind.

(2) [1]Gegen dritte Personen hat eine Beschränkung der Befugnis der Geschäftsführer, die Gesellschaft zu vertreten, keine rechtliche Wirkung. [2]Dies gilt insbesondere für den Fall, dass die Vertretung sich nur auf gewisse Geschäfte oder Arten von Geschäften erstrecken oder nur unter gewissen Umständen oder für eine gewisse Zeit oder an einzelnen Orten stattfinden soll, oder dass die Zustimmung der Gesellschafter oder eines Organs der Gesellschaft für einzelne Geschäfte erfordert ist.

Schrifttum

Buck-Heeb, Ressortaufteilung und Haftung von Geschäftsführern, BB 2019, 584; *Fleischer*, Kompetenzüberschreitungen von Geschäftsleitern im Personen- und Kapitalgesellschaftsrecht, DStR 2009, 1204; *Peters*, Ressortverteilung zwischen GmbH-Geschäftsführern und ihre Folgen, GmbHR 2008, 682; *van Venrooy*, Zwingende Zustimmungsvorbehalte der Gesellschafterversammlung gegenüber der Geschäftsführung, GmbHR 2005, 1243; *Vedder*, Das Vorsatzerfordernis beim Missbrauch der Vertretungsmacht durch GmbH-Gesellschafter, GmbHR 2008, 736.

Übersicht

66 *Fromholzer/Simons*, AG 2015, 457, 466.
67 *Weller/Benz*, AG 2015, 467, 473 (für die AG).
68 *Schulz/Ruf*, BB 2015, 1155, 1162; *Altmeppen*, in: Roth/Altmeppen, GmbHG, § 36 Rn. 12.
69 *Fromholzer/Simons*, AG 2015, 457, 466.
70 *Wicke*, GmbHG, § 36 Rn. 11; *Weller/Benz*, AG 2015, 467, 475.

A. Geschäftsführungs- und Vertretungsbefugnis

1 Die Regelung des § 37 ergänzt § 35, welcher sich auf die Vertretungsmacht im Außenverhältnis bezieht. Allerdings ist die amtliche Überschrift »Beschränkung der Vertretungsmacht« insofern irreführend, als Abs. 1 in erster Linie die Beschränkung der Geschäftsführungsbefugnis der Geschäftsführer im **Innenverhältnis** behandelt. Abs. 2, der eine zwingende Regelung darstellt, behandelt die Vertretungsmacht der Geschäftsführer **nach außen**, die nicht durch die in Abs. 1 dargelegten internen Bindungen der Geschäftsführung beschränkbar ist.

B. Die Geschäftsführungsbefugnis

I. Umfang der Geschäftsführungsbefugnis

2 Die Geschäftsführungsbefugnis des Geschäftsführers erstreckt sich grds. auf alle zur Verwirklichung des **Unternehmensgegenstands** bzw. Gesellschaftszwecks[1] erforderlichen Maßnahmen und Entscheidungen.[2] Umfasst ist von der Geschäftsführung nach überwiegender Ansicht nicht nur die Erledigung der **laufenden Geschäfte**, sondern auch die gesamte Leitung der Geschäfte, sofern diesen nicht grundlegende Bedeutung für die Organisation der Gesellschaft zukommt. Dazu gehört auch das Verfügen über personelle, sachliche und finanzielle Ressourcen unter Berücksichtigung der Sorgfalt ordnungsgemäßer Geschäftsleitung (§ 43).[3]

3 Er nimmt darüber hinaus die ihm vom Gesetz zugewiesenen Aufgaben wahr (z.B. Erhaltung der Kapitalgrundlage, §§ 30, 31, Buchführung und Bilanzierung, §§ 41, 42, Einberufung der Gesellschafterversammlung, § 49, Anmeldungen zum Handelsregister, § 78). Sofern dem Geschäftsführer nicht durch Gesetz oder Satzung eine weitgehende Geschäftsführungsbefugnis zugewiesen ist, obliegt ihm zumindest die laufende Geschäftsführung.

4 Nicht mehr vom Unternehmensgegenstand gedeckte Maßnahmen sind nach einer Ansicht ohne Satzungsänderung grds. unzulässig.[4] Nach h.M. fallen sie dagegen nicht mehr unter die Geschäftsführungsbefugnis des Geschäftsführers, sondern in den Zuständigkeitsbereich der Gesellschaft. Geschäftsführungsbefugnis besteht nur insoweit als die Gesellschafterversammlung von ihrer Geschäftsführungskompetenz keinen Gebrauch macht (etwa durch Regelung im Gesellschaftsvertrag oder durch Weisung).[5]

4a Bei **außergewöhnlichen Geschäften**, die von ihrer Größenordnung und Bedeutung über den normalen Geschäftsbetrieb hinausgehen, besteht daher nach überwiegender Ansicht eine **Vorlagepflicht** an die Gesellschafterversammlung, da deren Zustimmung erforderlich ist.[6] Umstritten ist, was unter einem »ungewöhnlichen« oder »außergewöhnlichen« Geschäft zu verstehen ist. Teilweise werden darunter mit Verweis auf §§ 116 Abs. 1, Abs. 2, 164 HGB alle Geschäfte verstanden, die durch Gegenstand, Umfang, Bedingungen oder Dauer aus dem Rahmen fallen bzw. potenziell gefährlich sind.[7] Andere beziehen sich auf § 49 Abs. 2 und gehen – mit gleichem Ergebnis – von einer Ungewöhnlichkeit dann aus, wenn eine Einberufung der Gesellschafterversammlung im Interesse

1 *Oetker*, in: Henssler/Strohn, § 37 GmbHG Rn. 2.

2 Siehe etwa *Jacoby*, in: Bork/Schäfer, GmbHG, § 37 Rn. 1; ablehnend daher OLG München, 29.3.2012 – 23 U 4344/11, Rn. 10 (für Anschaffung eines Mercedes SLS AMG Coupé).

3 *Kleindiek*, in: Lutter/Hommelhoff, GmbHG, § 37 Rn. 3.

4 *Beurskens*, in: Baumbach/Hueck, GmbHG, § 37 Rn. 26.

5 BGHZ 220, 354 = NJW 2019, 1512, Rn. 37.

6 BGHZ 220, 354 = NJW 2019, 1512, Rn. 37; BGH, NJW 1984, 1462; OLG Karlsruhe, NZG 2000, 264, 267; *Altmeppen*, in: Roth/Altmeppen, GmbHG, § 37 Rn. 22; *Kleindiek*, in: Lutter/Hommelhoff, GmbHG, § 37 Rn. 10 f.; *Paefgen*, in: Ulmer/Habersack/Löbbe, GmbHG, § 37 Rn. 18 f.; *Paefgen/Wallisch*, DZWiR 2020, 51, 57 f.; *U.H. Schneider/S.H. Schneider*, in: Scholz, GmbHG, § 37 Rn. 15 ff.; a.A. *Beurskens*, in: Baumbach/Hueck, GmbHG, § 37 Rn. 30.

7 *Altmeppen*, in: Roth/Altmeppen, GmbHG, § 37 Rn. 22 f.; *Baukelmann*, in: Rowedder/Schmidt-Leithoff, GmbHG, § 37 Rn. 11; *Oetker*, in: Henssler/Strohn, § 37 Rn. 6.

der Gesellschaft erforderlich erscheinen muss.[8] Der »Verdacht der Erforderlichkeit« soll ausreichen.[9] Eine solche Vorlagepflicht ist jedoch aus der Systematik des GmbH-Rechts heraus abzulehnen, sofern die Satzung nicht Entsprechendes vorsieht.[10]

Lediglich theoretisch ist diese Frage jedoch deshalb, weil die Maßnahmen des Geschäftsführers 5 nicht dem in der Satzung festgelegten Unternehmensgegenstand oder der von den Gesellschaftern festgelegten Geschäftspolitik widersprechen dürfen.[11] Daher kann etwa schon die Wahl oder der **Wechsel eines Geschäftspartners** einen Gesellschafterbeschluss erforderlich machen. Außerdem darf der Geschäftsführer keine Entscheidungen treffen, die im Gegensatz zum mutmaßlichen oder ausdrücklichen Willen der Gesellschafter stehen.[12] Dies führt – aufgrund der Treuepflicht des Geschäftsführers[13] – dazu, dass er für solche Vorhaben, bei denen er an der Billigung durch die Gesellschafter zweifeln oder bei denen er mit einer Missbilligung rechnen muss, zuvor die Zustimmung der Gesellschafterversammlung einholen muss.[14] Nach der Rechtsprechung besteht eine Vorlagepflicht bereits, wenn er den **Widerspruch** nur eines Minderheitsgesellschafters befürchten muss.[15] Im Schrifttum wird dagegen überzeugend eine Vorlagepflicht abgelehnt und eine Befugnis zum Handeln bejaht, wenn die Zustimmung der Gesellschaftermehrheit zu erwarten ist.[16]

Beim Zustimmungserfordernis der Gesellschafter genügt das **Einverständnis** des Alleingesellschaf- 6 ters, ohne dass ein förmlicher Beschluss gefasst werden müsste. Das Einverständnis eines Mehrheitsgesellschafters kann dagegen nicht ausreichen, weil damit die Beteiligungsrechte der Minderheitsgesellschafter unberücksichtigt bleiben.[17]

II. Beschränkung durch Gesetz

Nach **§ 46** sind bestimmte wichtige Punkte der **Entscheidungsbefugnis der Gesellschafter** vor- 7 behalten.[18] Außerdem legen die Gesellschafter die Grundsätze der Geschäftspolitik fest.[19] Lediglich die Ausführung der Beschlüsse der Gesellschafterversammlung obliegt dem Geschäftsführer. Allerdings kann in der Satzung für bestimmte Befugnisse die Zuständigkeit des Geschäftsführers begründet werden.[20] Abgesehen davon gilt die Beschränkung des § 46 nicht, wenn die Gesellschafterversammlung ihre Aufgaben nicht wahrnimmt. Aus der Geschäftsleitung soll dann die Pflicht zur Übernahme dieser Aufgaben folgen.[21]

III. Beschränkung durch Satzung

Die Geschäftsführungsbefugnis des Geschäftsführers kann in weitem Umfang durch die Sat- 8 zung eingeschränkt werden. Zahlreiche Geschäftsführungsaufgaben können bei entsprechender

8 Vgl. BGH, WM 2019, 636, Rn. 37 m.w.N.
9 *Lenz*, in: Michalski/Heidinger/Leible/J. Schmidt, GmbHG, § 37 Rn. 14.
10 So auch *Beurskens*, in: Baumbach/Hueck, GmbHG, § 37 Rn. 47; *Paefgen*, in: Ulmer/Habersack/Löbbe, GmbHG, § 37 Rn. 19.
11 Vgl. BGHZ 220, 354 = NJW 2019, 1512, Rn. 37.
12 BGH, NJW 1984, 1461, 1462.
13 *Beurskens*, in: Baumbach/Hueck, GmbHG, § 37 Rn. 45.
14 OLG Hamburg, GmbHR 1992, 43, 46; *Kleindiek*, in: Lutter/Hommelhoff, GmbHG, § 37 Rn. 10; *Paefgen*, in: Ulmer/Habersack/Löbbe, GmbHG, § 37 Rn. 23; *Schmidt*, in: Ensthaler/Füller/Schmidt, GmbHG, § 37 Rn. 4; *Beurskens*, in: Baumbach/Hueck, GmbHG, § 37 Rn. 46.
15 OLG Frankfurt am Main, GmbHR 1989, 25; a.A. *Paefgen*, in: Ulmer/Habersack/Löbbe, GmbHG, § 37 Rn. 23; *Beurskens*, in: Baumbach/Hueck, GmbHG, § 37 Rn. 45.
16 *Beurskens*, in: Baumbach/Hueck, GmbHG, § 37 Rn. 45.
17 BGH, NJW 1991, 1681, 1682.
18 S. § 46 GmbHG.
19 BGH, NJW 1991, 1681, 1682; BGH, NJW-RR 1992, 993; *Baukelmann*, in: Rowedder/Schmidt-Leithoff, GmbHG, § 37 Rn. 8; *Beurskens*, in: Baumbach/Hueck, GmbHG, § 37 Rn. 47.
20 *Beurskens*, in: Baumbach/Hueck, GmbHG, § 37 Rn. 29.
21 *Lenz*, in: Michalski/Heidinger/Leible/J. Schmidt, GmbHG, § 37 Rn. 9.

Satzungsregelung auf **andere Organe** übertragen werden (Aufsichtsrat, Beirat, einzelne Gesellschafter usw.),[22] sodass der Geschäftsführer bloßes Exekutivorgan wird.[23] Dies ist selbst für das sog. laufende Tagesgeschäft möglich. Eine Grenze für satzungsrechtliche Regelungen besteht nur dort, wo eine zwingende Zuständigkeit der Geschäftsführer besteht, d.h. bzgl. der Vertretung und der gesetzlich zugewiesenen Aufgaben (z.B. §§ 30, 41, 49 Abs. 3 GmbHG, § 15a InsO, § 34 Abs. 1 AO).[24] Eine Eingrenzung der Geschäftsführungsbefugnisse kann sachlich hinsichtlich der erlaubten Geschäfte erfolgen. Die Ausführung bestimmter Maßnahmen oder Geschäfte durch den Geschäftsführer kann untersagt werden. Es können auch in der Satzung die erlaubten Geschäfte ausdrücklich aufgeführt werden.

9 Teilweise wird es als unzulässig angesehen, dem Geschäftsführer **jegliche eigene Geschäftsführungsentscheidung** zu nehmen, selbst wenn die gesetzlich zwingenden Bereiche ausgenommen werden. Begründet wird dies damit, dass dann auch die Erfüllung der zwingenden Aufgaben gefährdet würde.[25] Andere hingegen gehen zutreffend davon aus, dass dem Geschäftsführer sogar die Entscheidung für gesetzlich zugewiesene Aufgaben entzogen werden kann, sofern ihm ein nach außen notwendiges Handeln als immanentes Geschäftsführungsrecht bleibt.[26] Dies gilt auch für den Fall, dass die Gesellschaft lediglich einen Geschäftsführer hat.[27] Unproblematisch ist jedenfalls die Verpflichtung eines Geschäftsführers, sich jeder einschlägigen Tätigkeit zu enthalten (**Zölibatsklausel**), sofern daneben zumindest ein geschäftsführungsbefugter Geschäftsführer vorhanden ist.[28] Dies wird vor allem empfohlen, wenn jüngere Geschäftsführer eingearbeitet werden sollen.[29]

10 In der Satzung kann auch eine Vorlagepflicht bzw. ein **Zustimmungsvorbehalt** zugunsten der Gesellschafter, einzelner Gesellschafter oder eines anderen Organs vorgesehen werden.[30] Neuerdings wird ein ungeschriebener Zustimmungsvorbehalt für die Fälle angenommen, bei denen es um grundlegende Maßnahmen geht. Auch wenn das im Ergebnis überzeugend ist, fällt die dogmatische Begründung schwer (§§ 116, 164 HGB analog oder § 49 Abs. 2).[31] Dem Geschäftsführer kann durch die Satzung auch eine vorstandsähnliche Stellung eingeräumt werden, indem für einzelne Bereiche oder insgesamt die Weisungsbefugnis der Gesellschafter eingeschränkt wird.[32] Die Geschäftsführungsbefugnis kann auch vollständig übertragen werden, sodass dem Geschäftsführer Befugnisse zukommen, die über diejenigen eines Vorstands einer AG hinausgehen.[33] Die Grenze der Übertragbarkeit liegt jedoch dort, wo die Kompetenzen noch übertragungsfähig sind.[34]

---

22 MünchKommGmbHG/*Stephan/Tieves*, § 37 Rn. 98.

23 *Paefgen*, in: Ulmer/Habersack/Löbbe, GmbHG, § 37 Rn. 33 f.

24 OLG Nürnberg, NZG 2000, 154, 155; *Kleindiek*, in: Lutter/Hommelhoff, GmbHG, § 37 Rn. 12; *Beurskens*, in: Baumbach/Hueck, GmbHG, § 37 Rn. 32.

25 *Beurskens*, in: Baumbach/Hueck, GmbHG, § 37 Rn. 32; *Altmeppen*, in: Roth/Altmeppen, GmbHG, § 37 Rn. 4 f.; *Baukelmann*, in: Rowedder/Schmidt-Leithoff, GmbHG, § 37 Rn. 22 f.; *Marsch-Barner/Diekmann*, in: MünchHdbGmbHG, § 44 Rn. 69; *U.H. Schneider/S.H. Schneider*, in: Scholz, GmbHG, § 37 Rn. 45; a.A. *Paefgen*, in: Ulmer/Habersack/Löbbe, GmbHG, § 37 Rn. 27.

26 *Jacoby*, in: Bork/Schäfer, GmbHG, § 37 Rn. 8; *Lenz*, in: Michalski/Heidinger/Leible/J. Schmidt, GmbHG, § 37 Rn. 11; vgl. auch OLG Hamm, ZIP 1986, 1188, 1193.

27 A.A. *U.H. Schneider/S.H. Schneider*, in: Scholz, GmbHG, § 37 Rn. 45.

28 OLG Hamm, ZIP 1986, 1188, 1190; OLG Karlsruhe, NZG 2000, 264, 269; *U.H. Schneider/S.H. Schneider*, in: Scholz, GmbHG, § 37 Rn. 45; MünchKommGmbHG/*Stephan/Tieves*, § 37 Rn. 94; *Kleindiek*, in: Lutter/Hommelhoff, GmbHG, § 37 Rn. 39.

29 *U.H. Schneider/S.H. Schneider*, in: Scholz, GmbHG, § 37 Rn. 45.

30 S. das Muster bei *Heidel*, in: Heidel/Pauly/Amend, § 15 Rn. 131; s.a. MünchKommGmbHG/*Stephan/Tieves*, § 37 Rn. 123 ff.

31 MünchKommGmbHG/*Stephan/Tieves*, § 37 Rn. 129 m.w.N.

32 *Kleindiek*, in: Lutter/Hommelhoff, GmbHG, § 37 Rn. 25.

33 BGHZ 83, 122, 131.

34 *Lenz*, in: Michalski/Heidinger/Leible/J. Schmidt, GmbHG, § 37 Rn. 27.

IV. Beschränkung durch Gesellschafterbeschluss/Weisung

1. Weisungsrecht

Anders als in der AG, wo der Vorstand nach § 76 AktG die Gesellschaft eigenverantwortlich leitet, haben bei der GmbH die Gesellschafter ggü. den Geschäftsführern ein umfassendes **Weisungsrecht.** Damit korrespondiert die Pflicht des Geschäftsführers zur Ausführung der Weisungen (**Folgepflicht**).[35] Die Gesellschafter können den Geschäftsführern generelle oder spezielle, für den Einzelfall geltende Weisungen erteilen. So können auch bestimmte Maßnahmen des Tagesgeschäfts von der Zustimmung der Gesellschafter abhängig gemacht werden. Umstritten ist, ob die Gesellschafter auch so weitgehende Weisungen erteilen dürfen, dass die Geschäftsführer zu einem reinen **Ausführungsorgan** herabgestuft sind.[36] 11

Fraglich ist, ob hier die gleichen Grundsätze wie bei der Einschränkung der Geschäftsführungsbefugnis durch die Satzung gelten, sodass eine Reduktion der Geschäftsführerbefugnisse bis hin zum bloßen Außenhandeln möglich ist.[37] Dies ist jedoch abzulehnen. Das Weisungsrecht endet da, wo der **Entscheidungsspielraum** des Geschäftsführers übermäßig begrenzt wird, sodass ein selbstständiges Handeln intern nicht mehr möglich ist. Sofern die Gesellschaft eine solche Einschränkung will, bedarf es einer entsprechenden Bestimmung in der Satzung.[38] 12

Für eine Weisungserteilung ist ein entsprechender **Gesellschafterbeschluss** erforderlich, ansonsten handelt es sich lediglich um unverbindliche Hinweise.[39] Damit sind auch Weisungen eines Mehrheitsgesellschafters erst auszuführen, wenn ein entsprechender Gesellschafterbeschluss vorliegt, da nur so die Rechte der Minderheitsgesellschafter gewahrt bleiben.[40] Anders verhält sich dies beim Alleingesellschafter, bei dem das Erfordernis eines Gesellschafterbeschlusses als gekünstelt angesehen wird[41] bzw. bei dem in der Weisungserteilung ein entsprechender Gesellschafterbeschluss gesehen werden kann. Für den Gesellschafterbeschluss ist eine einfache Mehrheit ausreichend.[42] Die Gesellschafter dürfen grds. keine satzungswidrigen Weisungen erteilen, wenn nicht zuvor eine Satzungsänderung vorgenommen wurde.[43] Etwas anderes soll nur gelten, wenn der Beschluss einstimmig gefasst wird.[44] 13

2. Anfechtbarkeit/Nichtigkeit der Weisung

Problematisch ist der Umgang des Geschäftsführers mit der **Nichtigkeit** oder schwebenden Unwirksamkeit von Gesellschafterbeschlüssen. Unstreitig entfalten nichtige Gesellschafterbeschlüsse keine Bindungswirkung.[45] **Rechtswidrige Weisungen** darf der Geschäftsführer nicht ausführen, sofern dadurch ein Verstoß gegen zwingende Gläubigerschutzvorschriften oder öffentlichrechtliche Pflichten vorliegen würde.[46] Unbeachtlich sind ferner für die Gesellschaft existenzgefährdende Weisungen. 14

---

35 BGHZ 31, 258, 278; OLG Düsseldorf, ZIP 1984, 1476, 1478; OLG Frankfurt am Main, NJW-RR 1997, 736, 737.

36 OLG Nürnberg, NZG 2000, 154, 155; *Baukelmann*, in: Rowedder/Schmidt-Leithoff, GmbHG, § 37 Rn. 22; anders *Kleindiek*, in: Lutter/Hommelhoff, GmbHG, § 37 Rn. 18a (gegen Herabstufung); *Beurskens*, in: Baumbach/Hueck, GmbHG, § 37 Rn. 35 (nicht sämtliche Entscheidungen selbst treffen).

37 OLG Düsseldorf, ZIP 1984, 1476, 1478.

38 *Kleindiek*, in: Lutter/Hommelhoff, GmbHG, § 37 Rn. 18.

39 *Lenz*, in: Michalski/Heidinger/Leible/J. Schmidt, GmbHG, § 37 Rn. 16.

40 *Altmeppen*, in: Roth/Altmeppen, GmbHG, § 37 Rn. 24; *U.H. Schneider/S.H. Schneider*, in: Scholz, GmbHG, § 37 Rn. 38.

41 BGHZ 31, 258, 278; BGH, NJW 1991, 1681, 1682.

42 *U.H. Schneider/S.H. Schneider*, in: Scholz, GmbHG, § 37 Rn. 38.

43 *Altmeppen*, in: Roth/Altmeppen, GmbHG, § 37 Rn. 11.

44 *Baukelmann*, in: Rowedder/Schmidt-Leithoff, GmbHG, § 37 Rn. 27.

45 BGH, NJW 1974, 1088, 1089.

46 BGHZ 31, 258, 278; BGH, NJW 1960, 285; BGH, NJW 1974, 1088; BGH, NJW 2008, 2504, 2505; OLG Frankfurt am Main, NJW-RR 1997, 736, 737; OLG Naumburg, NJW-RR 1999, 1343 (Weisung, keine Sozialversicherungsbeiträge mehr abzuführen).

15 Keine Folgepflicht des Geschäftsführers lösen lediglich anfechtbare Beschlüsse aus, solange die **Anfechtbarkeit** besteht.[47] Dies rechtfertigt sich daraus, dass ein nachträglich für nichtig erklärter Gesellschafterbeschluss für den Geschäftsführer nicht haftungsbefreiend wirkt. Verlangt wird jedoch, dass der Geschäftsführer die Erfolgswahrscheinlichkeit der Anfechtung prüft.[48] Dabei hat er im Rahmen seines Ermessens unter Abwägung aller Gesichtspunkte eine angemessene Entscheidung zu treffen; lediglich bei Überschreitung seines Ermessensspielraums kann er schadensersatzpflichtig sein.[49] Sofern der Beschluss unanfechtbar geworden ist, hat der Geschäftsführer die Weisung, da wirksam, auszuführen.[50]

16 Überwiegend wird davon ausgegangen, dass der Geschäftsführer auch **wirtschaftlich nachteilige Weisungen** ausführen muss.[51] Nach einer Ansicht soll der Geschäftsführer diese aber erst ausführen dürfen, wenn der zugrunde liegende Beschluss unanfechtbar geworden ist.[52] Lediglich unzweckmäßige Weisungen hat er auszuführen. Dennoch ist er verpflichtet, den Gesellschaftern ggü. wichtige Bedenken zu äußern, sodass ein Aufschieben der Ausführung geboten sein kann.[53] Ändern sich die Verhältnisse nach Erteilung einer Weisung, kann ggf. nach §§ 675, 665 BGB von der Weisung abgewichen werden, wobei im Zweifelsfall eine neue Weisung der Gesellschafter einzuholen ist.[54]

17 Auch im Anstellungsvertrag können Weisungen an den Geschäftsführer enthalten sein. Eine gesellschaftsvertragliche Grundlage ist hierfür nicht erforderlich.[55] Sofern jedoch eine Weisung der Gesellschafter(versammlung) gegen eine Regelung im Anstellungsvertrag verstößt, ist diese quasi als neuerer Wille zu beachten und auszuführen.[56]

18 Bei der **Einpersonen-GmbH** gilt ebenfalls, dass der Geschäftsführer nicht aufgrund der Weisungsausführung gegen drittschützende Regelungen verstoßen darf. Allerdings lösen grds. auch Weisungen, die für die Gesellschaft nachteilig sind, eine unmittelbare Folgepflicht des Geschäftsführers aus.[57]

V. Beschränkung durch andere Gremien

19 Eine Beschränkung der Geschäftsführungsbefugnis ist in der Satzung dahingehend möglich, dass eine Übertragung der Weisungsbefugnis etwa auf einen **Aufsichtsrat**, einen Beirat oder einzelne Gesellschafter vorgesehen wird. Die Gesellschafterversammlung kann eine solche Delegation aber nicht durch bloßen Beschluss vornehmen.[58] Eine Übertragung von Weisungsbefugnissen auf den Aufsichtsrat ist in der mitbestimmten GmbH ausgeschlossen (§ 111 Abs. 4 Satz 1 AktG). Die Vornahme bestimmter Arten von Geschäften kann der Aufsichtsrat von seiner Zustimmung abhängig machen (§ 111 Abs. 4 Satz 2 AktG). Im Fall eines obligatorischen Aufsichtsrats ist dieser an einen in der Satzung enthaltenen Zustimmungskatalog nicht gebunden und kann darüber hinaus andere Geschäfte von seiner Zustimmung abhängig machen.[59]

---

47 *Beurskens*, in: Baumbach/Hueck, GmbHG, § 37 Rn. 39.

48 *Beurskens*, in: Baumbach/Hueck, GmbHG, § 37 Rn. 40.

49 *Schmidt*, in: Ensthaler/Füller/Schmidt, GmbHG, § 37 Rn. 7.

50 BGH, WM 1965, 425, 426; BGHZ 76, 154, 159.

51 OLG Frankfurt am Main, NJW-RR 1997, 736; *Jacoby*, in: Bork/Schäfer, GmbHG, § 37 Rn. 17; *U.H. Schneider/S.H. Schneider*, in: Scholz, GmbHG, § 37 Rn. 61.

52 *Zöllner/Noack*, in: Baumbach/Hueck, 21. Aufl. 2017, GmbHG, § 37 Rn. 24.

53 *Altmeppen*, in: Roth/Altmeppen, GmbHG, § 37 Rn. 9; *Jacoby*, in: Bork/Schäfer, GmbHG, § 37 Rn. 17; *Kleindiek*, in: Lutter/Hommelhoff, GmbHG, § 37 Rn. 23.

54 *Marsch-Barner/Diekmann*, in: MünchHdbGmbHG, § 44 Rn. 74; *Beurskens*, in: Baumbach/Hueck, GmbHG, § 37 Rn. 36.

55 *Baukelmann*, in: Rowedder/Schmidt-Leithoff, GmbHG, § 37 Rn. 31.

56 *Lenz*, in: Michalski/Heidinger/Leible/J. Schmidt, GmbHG, § 37 Rn. 24.

57 OLG Frankfurt am Main, NJW-RR 1997, 736, 737.

58 *Beurskens*, in: Baumbach/Hueck, GmbHG, § 37 Rn. 41.

59 *Baukelmann*, in: Rowedder/Schmidt-Leithoff, GmbHG, § 37 Rn. 32; *Beurskens*, in: Baumbach/Hueck, GmbHG, § 37 Rn. 42.

Auch wenn ein Zustimmungsvorbehalt des Aufsichtsrats besteht, ist der Geschäftsführer verpflichtet, Weisungen der Gesellschafter(versammlung) stets zu folgen. Der Aufsichtsrat ist zwar den Geschäftsführern, nicht aber der Gesellschafterversammlung als zentralem Entscheidungsorgan der GmbH übergeordnet.[60] Überträgt der Gesellschaftsvertrag das Weisungsrecht auf ein anderes Organ, ist in Auslegung der Vertragsklausel festzustellen, inwieweit das Weisungsrecht der Gesellschafter daneben fortbesteht bzw. ob dieses vorrangig sein soll.[61] 20

Eine Delegation des Weisungsrechts kann auch auf einen einzelnen Gesellschafter als **Sonderrecht** erfolgen. Ob dies nur zulässig ist, wenn den Gesellschaftern ein subsidiäres Weisungsrecht bleibt und die Delegation durch einfachen Gesellschafterbeschluss revidierbar ist, ist unklar.[62] 21

Ob außenstehenden **Dritten** durch die Gesellschafter oder die Gesellschaft ein (mitgliedschaftliches) Weisungsrecht übertragen werden kann, ist umstritten. Wenn dies bejaht und angenommen wird, dass diese damit gleichzeitig zum Organ der Gesellschaft werden,[63] ist das abzulehnen. Die Weisungsbefugnis ist ein elementares Recht der Gesellschafter, das grds. nicht der Disposition durch »Gesellschaftsfremde« unterliegen soll.[64] Es besteht jedoch die Möglichkeit, Dritten (Vertragspartnern, Kreditgebern usw.) ein schuldrechtliches Weisungsrecht einzuräumen, da hierdurch noch keine Organkompetenz übertragen wird.[65] Als **Ausnahme** soll eine Übertragung auf das Organ einer beherrschenden Gesellschaft gestattet sein, da dieses ohnehin erheblichen Einfluss auf die Gesellschaft habe.[66] Jedoch soll die Gesellschafterversammlung ihr Weisungsrecht nicht vollständig, sondern lediglich für bestimmte Bereiche oder konkrete Maßnahmen übertragen können. 22

VI. Arbeitsdirektor

In Bezug auf Beschränkungen der Geschäftsführungsbefugnis durch die Satzung gilt für den Arbeitsdirektor der mitbestimmten GmbH das Gleiche wie für alle Geschäftsführer. Ihm müssen zumindest Zuständigkeiten auf dem Gebiet der Personal- und Sozialfragen verbleiben.[67] Daher soll ein allgemeines Vetorecht des Vorsitzenden mit dem zwingend zugewiesenen Zuständigkeitsbereich des Arbeitsdirektors (§ 33 MitbestG) unvereinbar sein.[68] Auch bei einer Beschränkung der Geschäftsführungsbefugnis durch Weisungen der Gesellschafter obliegen ihm bestimmte Mindestrechte im Hinblick auf die Arbeitnehmerrechte. Allerdings können diese von der Zustimmung eines anderen Organs abhängig gemacht werden bzw. ihm nur gemeinschaftlich mit anderen zustehen.[69] Verlangt wird jedoch, dass dem Arbeitsdirektor in grundlegenden Fragen ein Einflussbereich bleibt.[70] 23

---

60 *Altmeppen*, in: Roth/Altmeppen, GmbHG, § 52 Rn. 73 ff.; *Giedinghagen*, in: Michalski/Heidinger/Leible/J. Schmidt, GmbHG, § 52 Rn. 168; *Beurskens*, in: Baumbach/Hueck, GmbHG, § 37 Rn. 43.
61 *Kleindiek*, in: Lutter/Hommelhoff, GmbHG, § 37 Rn. 19; *Paefgen*, in: Ulmer/Habersack/Löbbe, GmbHG, § 37 Rn. 35.
62 *U.H. Schneider/S.H. Schneider*, in: Scholz, GmbHG, § 37 Rn. 40.
63 *Jacoby*, in: Bork/Schäfer, GmbHG, § 37 Rn. 11; *Lenz*, in: Michalski/Heidinger/Leible/J. Schmidt, GmbHG, § 37 Rn. 10; s.a. *Kleindiek*, in: Lutter/Hommelhoff, GmbHG, § 37 Rn. 20 m.w.N.
64 OLG Frankfurt am Main, NJW-RR 1997, 736, 737; *Lenz*, in: Michalski/Heidinger/Leible/J. Schmidt, GmbHG, § 37 Rn. 17; *U.H. Schneider/S.H. Schneider*, in: Scholz, GmbHG, § 37 Rn. 41 f.
65 *Lenz*, in: Michalski/Heidinger/Leible/J. Schmidt, GmbHG, § 37 Rn. 17; *U.H. Schneider/S.H. Schneider*, in: Scholz, GmbHG, § 37 Rn. 43.
66 *U.H. Schneider/S.H. Schneider*, in: Scholz, GmbHG, § 37 Rn. 42.
67 *Lenz*, in: Michalski/Heidinger/Leible/J. Schmidt, GmbHG, § 37 Rn. 13; *U.H. Schneider/S.H. Schneider*, in: Scholz, GmbHG, § 37 Rn. 52; *Beurskens*, in: Baumbach/Hueck, GmbHG, § 37 Rn. 21.
68 BGHZ 89, 48, 58; *U.H. Schneider/S.H. Schneider*, in: Scholz, GmbHG, § 37 Rn. 52; a.A. *Marsch-Barner/Diekmann*, in: MünchHdbGmbHG, § 44 Rn. 84; *Beurskens*, in: Baumbach/Hueck, GmbHG, § 37 Rn. 20 (sofern Vetorecht allgemein gelte).
69 *Altmeppen*, in: Roth/Altmeppen, GmbHG, § 37 Rn. 26.
70 *Beurskens*, in: Baumbach/Hueck, GmbHG, § 37 Rn. 21.

C. Geschäftsverteilung bei mehreren Geschäftsführern

I. Gesamtgeschäftsführungsbefugnis

24 Sofern mehrere Geschäftsführer geschäftsführungsbefugt sind, sind sie nach herrschender Meinung grds. nur zur Gesamtgeschäftsführung befugt (§ 35 Abs. 2 Satz 1 analog). Es ist Einstimmigkeit erforderlich (§ 77 Abs. 1 AktG entsprechend). Eine besondere Form ist nicht vorgeschrieben. Kein Geschäftsführer darf ohne den anderen handeln.[71] Ist ein Geschäftsführer bei Beschlussfassung nicht anwesend, ist eine nachträgliche Stimmabgabe möglich.[72]

25 Eine **abweichende** Regelung in der Satzung oder – mangels anderweitiger Regelung in der Satzung – durch Gesellschafterbeschluss mittels Schaffung einer **Geschäftsordnung**[73] ist möglich. Zwar ist grds. ein formloser Beschluss ausreichend, aber aus Beweisgründen sowie steuerlichen Gründen empfiehlt sich eine schriftliche Abfassung.[74] Die Geschäftsführer können sich auch einstimmig[75] selbst eine Geschäftsordnung geben, sofern die Satzung nichts anderes vorsieht.[76] Dabei müssen sämtliche Geschäftsführer zustimmen.[77] Geregelt werden kann, dass nicht mehr Einstimmigkeit unter den Geschäftsführern erforderlich, sondern eine einfache oder qualifizierte **Mehrheit** ausreichend ist. Möglich ist es auch, je nach Bedeutung des Beschlussgegenstands eine abgestufte Willensbildungsregelung vorzusehen.[78]

II. Einzelgeschäftsführungsbefugnis

26 In der Satzung oder durch Gesellschafterbeschluss kann festgelegt werden, dass einzelne oder sämtliche Geschäftsführer Einzelgeschäftsführungsbefugnis erhalten. Diese Befugnis kann sich auch lediglich auf bestimmte Angelegenheiten beziehen. Denkbar ist zudem eine Aufteilung dahingehend, dass bestimmte Geschäftsführer Alleingeschäftsführungsbefugnis haben und andere an die Mitwirkung eines weiteren Geschäftsführers oder eines Prokuristen gebunden sind. Auch ein **Vorsitzender** der Geschäftsführung kann bestellt werden, dessen Stimme bei Stimmengleichheit als entscheidend gilt.[79] Ihm kann auch ein Vetorecht ggü. den Geschäftsführerentscheidungen eingeräumt werden, wobei umstritten ist, ob er ein positives Alleinentscheidungsrecht gegen die Mehrheit der Geschäftsführer haben kann.[80] In der mitbestimmten GmbH kann der Vorsitzende durch den Aufsichtsrat festgelegt werden (§ 84 Abs. 2 AktG analog).[81]

27 Häufig geht die Einzelgeschäftsführung mit einer bestimmten Geschäftsverteilung einher. Bedeutsame Fragen sind jedoch stets dem gesamten Geschäftsführungsgremium vorzulegen. Besteht

71 *Baukelmann*, in: Rowedder/Schmidt-Leithoff, GmbHG, § 37 Rn. 17.

72 *Lenz*, in: Michalski/Heidinger/Leible/J. Schmidt, GmbHG, § 37 Rn. 29.

73 OLG Stuttgart, GmbHR 1992, 43, 48; *Altmeppen*, in: Roth/Altmeppen, GmbHG, § 37 Rn. 34; *Lenz*, in: Michalski/Heidinger/Leible/J. Schmidt, GmbHG, § 37 Rn. 30; *Marsch-Barner/Diekmann*, in: MünchHdbGmbHG, § 44 Rn. 86; *Paefgen*, in: Ulmer/Habersack/Löbbe, GmbHG, § 35 Rn. 189; *U.H. Schneider/S.H. Schneider*, in: Scholz, GmbHG, § 37 Rn. 69; *Kleindiek*, in: Lutter/Hommelhoff, GmbHG, § 37 Rn. 36; *Beurskens*, in: Baumbach/Hueck, GmbHG, § 37 Rn. 14.

74 Vgl. BFH, GmbHR 1989, 170, 171.

75 *Altmeppen*, in: Roth/Altmeppen, GmbHG, § 37 Rn. 35; MünchKommGmbHG/*Stephan/Tieves*, § 37 Rn. 101.

76 *Lenz*, in: Michalski/Heidinger/Leible/J. Schmidt, GmbHG, § 37 Rn. 30; *Paefgen*, in: Ulmer/Habersack/Löbbe, GmbHG, § 35 Rn. 190; *U.H. Schneider/S.H. Schneider*, in: Scholz, GmbHG, § 37 Rn. 69, 75.

77 *Paefgen*, in: Ulmer/Habersack/LöbbeWinter, GmbHG, § 35 Rn. 191; *Beurskens*, in: Baumbach/Hueck, GmbHG, § 37 Rn. 16.

78 *Zöllner/Noack*, in: Baumbach/Hueck, GmbHG, 21. Aufl. 2017, § 37 Rn. 29 (kritisch bzgl. praktischer Handhabung).

79 *Wicke*, in: Wicke, GmbHG, § 37 Rn. 10.

80 *Beurskens*, in: Baumbach/Hueck, GmbHG, § 37 Rn. 19; *Wicke*, in: Wicke, § 37 Rn. 10 (zutreffend ablehnend für die mitbestimmte GmbH).

81 *Beurskens*, in: Baumbach/Hueck, GmbHG, § 37 Rn. 22; *Baukelmann*, in: Rowedder/Schmidt-Leithoff, GmbHG, § 37 Rn. 45.

Einzelgeschäftsführungsbefugnis, so kann jeder Geschäftsführer der vom Einzelgeschäftsführer getroffenen Entscheidung widersprechen (§ 115 HGB analog), sofern dies nicht durch die Satzung oder den Gesellschafterbeschluss ausgeschlossen wurde.[82]

III. Ressortaufteilung

28 Die Geschäftsverteilung kann dahingehend ausgestaltet werden, dass eine funktionale Aufteilung in bestimmte **Ressorts** vorgesehen wird (Produktion, Personal, Finanzen usw.), es kann aber auch eine Aufteilung nach Produkt- oder Dienstleistungsgruppen, Ländern oder Regionen erfolgen (Spartenorganisation). Das entbindet die Geschäftsführer jedoch nicht von ihrer **Gesamtverantwortung.**[83] Daher verbleibt bei den anderen Geschäftsführern stets eine **Überwachungspflicht.** Ein Geschäftsverteilungsplan braucht nicht zwingend schriftlich vorzuliegen, ist jedoch zu empfehlen.[84] **Zuständig** für die Regelung der Geschäftsverteilung sind aufgrund des Weisungsrechts die Gesellschafter. Die Zuständigkeit kann aber nach herrschender Meinung auch bei den Geschäftsführern liegen, sofern nicht die Satzung oder die Gesellschafterversammlung eine anderweitige Bestimmung vorsehen (§ 77 Abs. 2 AktG entsprechend).[85]

29 Da ein Grundsatz der Gleichbehandlung der GmbH-Geschäftsführer nicht existiert, können einzelne Geschäftsführungsmitglieder oder der Vorsitzende weitergehende Befugnisse, als sie den anderen Geschäftsführern eingeräumt wurden, zugestanden werden. Dies kann durch die Einräumung von **Einzelgeschäftsführungsbefugnis** zum Ausdruck gebracht werden, aber auch etwa durch ein Recht zum Stichentscheid[86] oder eine Weisungsbefugnis eines Geschäftsführers ggü. anderen.[87] Einen Grundsatz der Gleichbehandlung der Geschäftsführer gibt es bei der GmbH auch nicht im Hinblick auf die Bezahlung.[88]

30 In der mitbestimmten GmbH hat der Arbeitsdirektor die – nicht zwingend alleinige – Zuständigkeit für Personal- und Sozialangelegenheiten (§ 33 MitbestG, § 13 MontanMitbestG). Es wird hier teilweise ein **Vetorecht** des Vorsitzenden als zulässig angesehen, selbst wenn es sich gegen einen Arbeitsdirektor richtet.[89] Die herrschende Meinung sieht dies jedoch zu Recht als unzulässig an.[90] Möglich ist es aber auch, die Aufgaben einzelner Geschäftsführer auf die zwingenden Bereiche zu beschränken.[91] Für einen Arbeitsdirektor gelten keine anderen Regelungen, sodass er einer Bindung an die Mitwirkung anderer unterliegen kann oder ein Mehrheitsbeschluss erforderlich ist.[92]

---

82 BGH, WM 1968, 1328, 1329; *Leuering/Rubner*, NJW-Spezial 2015, 335, 336; *Altmeppen*, in: Roth/Altmeppen, GmbHG, § 37 Rn. 34; *Lenz*, in: Michalski/Heidinger/Leible/J. Schmidt, GmbHG, § 37 Rn. 33; *Marsch-Barner/Diekmann*, in: MünchHdbGmbHG, § 44 Rn. 90; *U.H. Schneider/S.H. Schneider*, in: Scholz, GmbHG, § 37 Rn. 30 ff.; *Beurskens*, in: Baumbach/Hueck, GmbHG, § 37 Rn. 17; a.A. *Baukelmann*, in: Rowedder/Schmidt-Leithoff, GmbHG, § 37 Rn. 45.

83 *Oetker*, in: Henssler/Strohn, § 37 Rn. 4; *Kleindiek*, in: Lutter/Hommelhoff, § 37 Rn. 32; *Buck-Heeb*, BB 2019, 584 ff.

84 *Jacoby*, in: Bork/Schäfer, GmbHG, § 37 Rn. 6 m.w.N.

85 *Altmeppen*, in: Roth/Altmeppen, GmbHG, § 37 Rn. 3; *Jacoby*, in: Bork/Schäfer, GmbHG, § 37 Rn. 14; *Kleindiek*, in: Lutter/Hommelhoff, GmbHG, § 37 Rn. 36; *Lenz*, in: Michalski/Heidinger/Leible/J. Schmidt, GmbHG, § 37 Rn. 34.

86 *Beurskens*, in: Baumbach/Hueck, GmbHG, § 37 Rn. 19 (bzgl. Vorsitzendem).

87 Letzteres str., s. *Baukelmann*, in: Rowedder/Schmidt-Leithoff, GmbHG, § 37 Rn. 39; *Kleindiek*, in: Lutter/Hommelhoff, GmbHG, § 37 Rn. 34 (ein Recht zum Stichentscheid bejahend); *U.H. Schneider/S.H. Schneider*, in: Scholz, GmbHG, § 37 Rn. 35; *Lenz*, in: Michalski/Heidinger/Leible/J. Schmidt, GmbHG, § 37 Rn. 32; *Beurskens*, in: Baumbach/Hueck, GmbHG, § 37 Rn. 19.

88 *Baukelmann*, in: Rowedder/Schmidt-Leithoff, GmbHG, § 37 Rn. 39.

89 *Marsch-Barner/Diekmann*, in: MünchHdbGmbHG, § 44 Rn. 84.

90 BGHZ 89, 48, 58 ff.; *U.H. Schneider/S.H. Schneider*, in: Scholz, GmbHG, § 37 Rn. 52; *Beurskens*, in: Baumbach/Hueck, GmbHG, § 37 Rn. 19.

91 *Kleindiek*, in: Lutter/Hommelhoff, § 37 Rn. 39.

92 BGHZ 89, 48, 59; *Altmeppen*, in: Roth/Altmeppen, GmbHG, § 37 Rn. 36; *Paefgen*, in: Ulmer/Habersack/Löbbe, GmbHG, § 35 Rn. 192; *U.H. Schneider/S.H. Schneider*, in: Scholz, GmbHG, § 37 Rn. 51; *Beurskens*, in: Baumbach/Hueck, GmbHG, § 37 Rn. 20.

31 Wie auch immer die Verteilung der Geschäftsführung erfolgt, ist zu beachten, dass die einzelnen Geschäftsführer grds. eine **Gesamtverantwortung** für die Leitung der Gesellschaft trifft. Der einzelne Geschäftsführer hat daher ein umfassendes Auskunfts- und Informationsrecht im Hinblick auf die anderen Ressorts. Er ist auch berechtigt, sich die erforderlichen Informationen bei Mitarbeitern der Gesellschaft zu verschaffen.[93] Ein Geschäftsführer kann zudem dazu befugt – und ggf. sogar verpflichtet – sein, einer Entscheidung eines anderen Geschäftsführers zu widersprechen, diese dem Geschäftsführergremium zuzuleiten und dessen Entscheidung zu verlangen.[94]

D. Rechtsfolgen eines Verstoßes nach Abs. 1

32 Bei Verstößen gegen eine Beschränkung der Geschäftsführung i.S.d. Abs. 1 und Außerachtlassen von verbindlichen Weisungen kann der Geschäftsführer nach § 43 Abs. 2 persönlich auf **Schadensersatz** haftbar gemacht werden.[95] Der Verstoß kann einen wichtigen Grund zur **Abberufung** i.S.d. § 38 Abs. 2 bzw. zur **Kündigung** des Anstellungsvertrags darstellen.[96] Ob die Gesellschaft die Befolgung einer Weisung durch die Geschäftsführer auch einklagen und der Geschäftsführer mittels einstweiliger Verfügung zu einem Tun oder Unterlassen verpflichtet werden kann, ist umstritten.[97] Im Schrifttum wird dies teilweise abgelehnt,[98] was aber dann praktisch irrelevant ist, wenn die Gesellschafterversammlung einen weiteren Geschäftsführer bestellt, der die fragliche Handlung durchführt.[99] Andere halten zutreffend eine Leistungsklage für möglich.[100]

33 Abgesehen davon sind ggü. dem Vertragspartner in bestimmten Fällen trotz des rechtlichen Könnens des Geschäftsführers im Außenverhältnis die Regeln des Missbrauchs der Vertretungsmacht anwendbar. Dies ist etwa der Fall bei **kollusivem Zusammenwirken** zwischen dem Geschäftsführer und dem Vertragspartner der Gesellschaft. Wenn beide vorsätzlich zusammenwirken, ist der Vertragspartner nicht schutzwürdig und handelt rechtsmissbräuchlich, wenn er um das Nichtdürfen des Geschäftsführers im Innenverhältnis weiß und sich dennoch auf das rechtliche Können im Außenverhältnis beruft.[101]

34 Aber auch ohne Zusammenwirken liegt ein Missbrauch der Vertretungsmacht vor, wenn der Geschäftspartner erkennen musste, dass der Geschäftsführer die Grenzen seiner Vertretungsmacht überschreitet,[102] dieses sich aufdrängte[103] bzw. **evident** war.[104] Nicht erforderlich ist jedoch für die Annahme eines Missbrauchs der Vertretungsmacht, dass der Geschäftsführer bewusst nachteilig gehandelt hat.[105] Eine Erkundigungspflicht des Vertragspartners besteht jedoch nicht. Trotz Erkennbarkeit für den Geschäftspartner kann allein ein kompetenzwidriges Handeln des Geschäftsführers

---

93 OLG Koblenz, GmbHR 2008, 37.

94 BGH, WM 1968, 1328, 1329; BGH, BB 1990, 1856, 1861; OLG Karlsruhe, NZG 2000, 264, 266; *Lenz*, in: Michalski/Heidinger/Leible/J. Schmidt, GmbHG, § 37 Rn. 33.

95 *Fleischer*, DStR 2009, 1204 ff.

96 *Altmeppen*, in: Roth/Altmeppen, GmbHG, § 37 Rn. 29; *Jacoby*, in: Bork/Schäfer, GmbHG, § 37 Rn. 19; vgl. auch OLG München, DB 2009, 1231, 1232 f.

97 Bejahend *Schmidt*, in: Ensthaler/Füller/Schmidt, GmbHG, § 37 Rn. 10; *Paefgen*, in: Ulmer/Habersack/Löbbe, GmbHG, § 37 Rn. 64; *Kleindiek*, in: Lutter/Hommelhoff, GmbHG, § 37 Rn. 40; verneinend *Altmeppen*, in: Roth/Altmeppen, GmbHG, § 37 Rn. 29.

98 *Lenz*, in: Michalski/Heidinger/Leible/J. Schmidt, GmbHG, § 37 Rn. 23.

99 Vgl. *Altmeppen*, in: Roth/Altmeppen, GmbHG, § 37 Rn. 29.

100 *Jacoby*, in: Bork/Schäfer, GmbHG, § 37 Rn. 19; *Kleindiek*, in: Lutter/Hommelhoff, GmbHG, § 37 Rn. 40; *Paefgen*, in: Ulmer/Habersack/Löbbe, GmbHG, § 37 Rn. 64.

101 *Beurskens*, in: Baumbach/Hueck, GmbHG, § 37 Rn. 71.

102 BGHZ 50, 112, 114 f.

103 BGH, NJW 1990, 384, 385; BGH, NJW 1999, 2883 f.

104 BGH, NJOZ 2001, 1016, 1017; BGH, NJW-RR 2004, 247, 248; BGH, NJW 2006, 2776; OLG Hamm, NZG 2006, 827, 828; s.a. *U.H. Schneider/S.H. Schneider*, in: Scholz, GmbHG, § 35 Rn. 198; *Kleindiek*, in: Lutter/Hommelhoff, GmbHG, § 35 Rn. 24; *Marsch-Barner/Diekmann*, in: MünchHdbGmbHG, § 44 Rn. 50.

105 So ausdrücklich BGH, NJW 2006, 2776 (auch aus BGHZ 50, 112, 114 ergebe sich nichts anderes).

ohne objektive Schädigung nicht ausreichen.[106] Sofern ein Missbrauch der Vertretungsmacht vorliegt, greifen die Regeln über die Vertretung ohne Vertretungsmacht, sodass nach § 177 BGB Genehmigungsfähigkeit gilt.[107]

E. Unbeschränkbarkeit der Vertretungsmacht, Abs. 2

I. Grundsatz der Unbeschränkbarkeit

Die Vertretungsmacht des Geschäftsführers (§ 35 Abs. 1) ist Dritten ggü. weder für den Einzelfall noch generell beschränkbar. Entsprechende Klauseln in der Satzung, in einem Gesellschafterbeschluss oder im Anstellungsvertrag sind Dritten ggü. unzulässig.[108] Dies gilt auch für die Vertretungsmacht eines stellvertretenden Geschäftsführers sowie für den Notgeschäftsführer mit bestimmten »Wirkungskreisen«.[109] § 37 Abs. 2 gilt als Ausdruck des Prinzips, dass der Handelsverkehr bzgl. der Vertretungsmacht klare Verhältnisse braucht (**Verkehrsschutz**).[110] Abs. 2 Satz 2 enthält Beispiele von nicht im Außenverhältnis relevanten Beschränkungen. Als unzulässig angesehen wird etwa die Beschränkung der Vertretungsmacht auf eine Zweigniederlassung.[111] Zwar kann statt der gesetzlich vorgesehenen Gesamtvertretung Einzelvertretung vorgesehen werden, eine Beschränkung dieser allein für der Fall der Verhinderung eines anderen Geschäftsführers ist jedoch nicht möglich.[112] 35

Beschränkungen, die lediglich im **Innenverhältnis** der GmbH wirken, sind jedoch möglich (z.B. Zustimmung der Gesellschafterversammlung zu bestimmten Geschäften).[113] Bei Rechtsgeschäften, die die eigene Gesellschaft betreffen, handelt es sich nicht um solche im Außenverhältnis, sodass Beschränkungen der Vertretungsmacht der Geschäftsführer möglich sind. Dies soll gelten, wenn reguläre Verkehrsgeschäfte mit der Gesellschaft geschlossen werden.[114] Denkbar ist es auch, den Zustimmungsvorbehalt eines anderen Gesellschaftsorgans, der nur intern wirkt, durch Vereinbarung mit einem Dritten auch auf die Geschäfte mit diesem zu beziehen, sodass der Vorbehalt Außenwirkung hat. § 37 Abs. 2 steht dem nicht entgegen.[115] 36

Kennt der Dritte die pflichtwidrige Überschreitung der Geschäftsführungsbefugnisse oder hätte sich ihm diese aufdrängen müssen, findet § 37 Abs. 2 keine Anwendung. Liegt ein solcher **Missbrauch der Vertretungsmacht**[116] bzw. **Rechtsmissbrauch** durch den Geschäftspartner[117] vor, durchbricht der Grundsatz von Treu und Glauben (§ 242 BGB) die Anwendbarkeit des § 37 Abs. 2.[118] Dies ist der Fall bei einem Zusammenwirken von Geschäftsführer und Drittem (Kollusion).[119] 37

---

106 So auch *Beurskens*, in: Baumbach/Hueck, GmbHG, § 37 Rn. 70; *U.H. Schneider/S.H. Schneider*, in: Scholz, GmbHG, § 35 Rn. 198; anders aber *Kleindiek*, in: Lutter/Hommelhoff, GmbHG, § 35 Rn. 23 (Überschreitung des Gesellschaftszwecks); angedeutet auch in BGH, WM 2006, 1523, 1524.

107 Vgl. *Beurskens*, in: Baumbach/Hueck, GmbHG, § 37 Rn. 71.

108 BGH, NJW 1984, 1461, 1462; *Heidel*, in: Heidel/Pauly/Amend, § 15 Rn. 110.

109 BayObLG, NJW-RR 1986, 523.

110 BGH, GmbHR 2018, 251 ff., Rn. 21.

111 *Altmeppen*, in: Roth/Altmeppen, GmbHG, § 37 Rn. 37; *Beurskens*, in: Baumbach/Hueck, GmbHG, § 37 Rn. 52.

112 *Beurskens*, in: Baumbach/Hueck, GmbHG, § 37 Rn. 52.

113 BGH, NJW 1997, 2678, 2679.

114 *Paefgen*, in: Ulmer/Habersack/Löbbe, GmbHG, § 37 Rn. 72; *U.H. Schneider/S.H. Schneider*, in: Scholz, GmbHG, § 37 Rn. 33 f.; einschränkend *Altmeppen*, in: Roth/Altmeppen, GmbHG, § 37 Rn. 48.

115 BGH, NJW 1997, 2678.

116 So *Altmeppen*, in: Roth/Altmeppen, GmbHG, § 37 Rn. 38.

117 So korrekt *Beurskens*, in: Baumbach/Hueck, GmbHG, § 37 Rn. 70.

118 BGHZ 50, 112, 114; BGH, BB 1976, 852; BGH, NJW 1984, 1461, 1462; BGH, NJW 1988, 2241, 2242; BGH, NJW 1994, 2080, 2082; BGH, NZG 2004, 139, 140 f.; BGH, NJW 2006, 2776; *Altmeppen*, in: Roth/Altmeppen, GmbHG, § 37 Rn. 38; *Beurskens*, in: Baumbach/Hueck, GmbHG, § 37 Rn. 70. Zur Wissenszurechnung OLG Hamm, GmbHR 2011, 1099, Rn. 19 ff.

119 BGH, NZG 2004, 139, 140 f.; OLG Hamm, NJW-RR 1997, 737, 738.

38 Jenseits dessen ist zumindest eine objektive **Evidenz** des Missbrauchs erforderlich (Dritter weiß oder es muss sich ihm aufdrängen), da dann massive Verdachtsindizien hinsichtlich einer solchen Überschreitung vorliegen.[120] Eine Erkundigungspflicht des Geschäftspartners besteht grds. nicht. Dies wird auch dann abzulehnen sein, wenn es sich um ein Geschäft handelt, das üblicherweise in den Kompetenzbereich eines anderen Organs fällt.[121] Das Eingreifen der Grundsätze über den Missbrauch der Vertretungsmacht wird nach der Rechtsprechung auch nicht dadurch gehindert, dass der Geschäftsführer die Zustimmung der Gesellschafterversammlung bzw. des zuständigen Organs zu dem unbefugten Geschäft hätte herbeiführen können. Dies ändert schließlich einerseits an der objektiven Überschreitung der Geschäftsführungsbefugnis nichts und andererseits ist der Dritte, auch wenn er um diese Möglichkeit weiß oder wissen konnte, nicht deshalb schutzwürdig.[122]

39 Für die Annahme eines Missbrauchs der Vertretungsmacht kommt es nicht darauf an, ob das Geschäft dem Interesse der Gesellschaft erkennbar zuwiderläuft.[123] Unerheblich ist auch, ob dem Geschäftsführer bei der Überschreitung der Grenzen seiner Geschäftsführungsbefugnis subjektiv ein Schuldvorwurf gemacht werden kann.[124] Die Beweislast für den Rechtsmissbrauch liegt bei der Gesellschaft.[125]

II. Folgen eines Rechtsmissbrauchs

40 Rechtsfolge ist, dass das Rechtsgeschäft gem. den §§ 177 ff. BGB so beurteilt wird, als habe der Geschäftsführer ohne Vertretungsmacht gehandelt. Es besteht auch nach § 177 BGB die Möglichkeit der Genehmigung durch das zuständige Gesellschaftsorgan. Eine persönliche Haftung des Geschäftsführers scheidet wegen § 179 Abs. 3 BGB aus,[126] allerdings soll aufgrund eines Mitverschuldens (§ 254 BGB) eine deliktische Haftung in Betracht kommen.[127]

41 Für den Fall der **Kollusion** geht die überwiegende Meinung zutreffend von einer Nichtigkeit nach § 138 BGB aus.[128] Liegt ein Mitverschulden der vertretenen Gesellschafter vor, soll die Anwendung von § 254 BGB in Betracht kommen,[129] wobei die Abwägung der jeweiligen Verursachungsanteile durch das Evidenzerfordernis zumeist zu einer uneingeschränkten Verantwortung des Geschäftspartners führen wird.[130]

---

120 BGH, NJW-RR 1999, 361, 362; BGHZ 127, 239, 241; BGH, NJW 1999, 2883 (Aufdrängen der Notwendigkeit einer Rückfrage).

121 *Beurskens*, in: Baumbach/Hueck, GmbHG, § 37 Rn. 72.

122 BGH, NJW 1988, 2241, 2243; a.A. aber *Altmeppen*, in: Roth/Altmeppen, GmbHG, § 37 Rn. 43; *U.H. Schneider/S.H. Schneider*, in: Scholz, GmbHG, § 35 Rn. 192.

123 BGH, NJW 1984, 1461, 1462; BGH, NJW 2006, 2776; BGH, GmbHR 2018, 251 ff., Rn. 22; a.A. *Baukelmann*, in: Rowedder/Schmidt-Leithoff, GmbHG, § 37 Rn. 55.

124 BGH, NJW 2006, 2776; *Altmeppen*, in: Roth/Altmeppen, GmbHG, § 37 Rn. 44; a.A. BGHZ 50, 112, 114; *Vedder*, GmbHR 2008, 736, 739.

125 OLG München, OLGR 1995, 244, 245.

126 OLG Stuttgart, NZG 1999, 1009 f.; OLG Hamm, NZG 2006, 827, 828 f.; *Altmeppen*, in: Roth/Altmeppen, GmbHG, § 37 Rn. 45; *Paefgen*, in: Ulmer/Habersack/Löbbe, GmbHG, § 37 Rn. 95; *Beurskens*, in: Baumbach/Hueck, GmbHG, § 37 Rn. 71 f.

127 *Altmeppen*, in: Roth/Altmeppen, GmbHG, § 37 Rn. 45.

128 BGH, WM 1985, 997, 998; BGH, NJW 1989, 26 f.; BGH, NJW-RR 2004, 247, 248; *Baukelmann*, in: Rowedder/Schmidt-Leithoff, GmbHG, § 37 Rn. 54.

129 BGHZ 50, 112, 115.

130 *Altmeppen*, in: Roth/Altmeppen, GmbHG, § 37 Rn. 46; *Paefgen*, in: Ulmer/Habersack/Löbbe, GmbHG, § 37 Rn. 94.

§ 38 Widerruf der Bestellung

(1) Die Bestellung der Geschäftsführer ist zu jeder Zeit widerruflich, unbeschadet der Entschädigungsansprüche aus bestehenden Verträgen.

(2) [1]Im Gesellschaftsvertrag kann die Zulässigkeit des Widerrufs auf den Fall beschränkt werden, dass wichtige Gründe denselben notwendig machen. [2]Als solche Gründe sind insbesondere grobe Pflichtverletzung oder Unfähigkeit zur ordnungsmäßigen Geschäftsführung anzusehen.

Schrifttum

Altmeppen, Machtverhältnisse bei Abberufung eines Gesellschafter-Geschäftsführers in der GmbH aus »wichtigem Grund«, NJW 2016, 2833; *Bauer/Göpfert/Siegrist*, Abberufung von Organmitgliedern: Wegfall der variablen Vergütung?, DB 2006, 1774; *Buck (Buck-Heeb)*, Wissen und juristische Person, 2001; *Diller*, Kündigung, Kündigungsschutz und Weiterbeschäftigungsanspruch des GmbH-Geschäftsführers, NZG 2011, 254; *Fischer*, Der Rechtsstreit über die Abberufung des GmbH-Geschäftsführers, BB 2013, 2819; *Heller*, Die Rechtsverhältnisse der GmbH nach streitiger Abberufung des Geschäftsführers, GmbHR 2002, 1227; *Kothe-Heggemann/Schelp*, Beschäftigungsanspruch, Verpflichtung zur Dienstleistung und Annahmeverzug nach Abberufung des GmbH-Geschäftsführers, GmbHR 2011, 75; *Mielke/Heinemann*, Die wirksame Amtsniederlegung des Fremdgeschäftsführers bei Führungslosigkeit, ZIP 2017, 1941; *Pentz*, Die Abberufung des Gesellschafter-Geschäftsführers, GmbHR 2017, 801; *Rüppell/Hoffmann*, Abberufung und Kündigung eines (Gesellschafter-) Geschäftsführers aus wichtigem Grund, BB 2016, 645; *Werner*, Abberufungen des Gesellschafter-Geschäftsführers aus wichtigem Grund, GmbHR 2015, 1185; *Werner*, Gerichtlicher Rechtsschutz im Streit über die Abberufung des GmbH-Geschäftsführers, GmbHR 2015, 1297; Winkler, Gesellschafterausschluss und Geschäftsführer-Abberufung in der Zweipersonen-GmbH, GmbHR 2017, 334.

Übersicht Rdn.

A. Einführung

Die Bestellung eines Geschäftsführers (§ 6 Abs. 3, 4) kann durch die Gesellschafterversammlung 1
grds. jederzeit und ohne Angabe von Gründen rückgängig gemacht werden. Bei Wirksamkeit der Abberufung erlöschen Geschäftsführungsbefugnis und Vertretungsmacht des Geschäftsführers.[1]

1 OLG Karlsruhe, GmbHR 1996, 208, 209; OLG Schleswig, OLGR 2007, 734, 735.

Trotz des Gesetzeswortlauts geht es nicht um einen »Widerruf« der Bestellung (ex tunc), sondern um eine Abberufung, die lediglich **ex nunc** wirkt. Mit der Beendigung der Organstellung ist nicht zwingend auch das Anstellungsverhältnis beendet (s. Rdn. 63 ff.). Einschränkungen des Grundsatzes der freien Abberufbarkeit ergeben sich etwa, wenn die Abberufung im Gesellschaftsvertrag auf wichtige Gründe beschränkt wird (Abs. 2). Bereits mit bekanntgegebener Abberufung endet die Fiktion des § 5 Abs. 1 Satz 3 ArbGG, und die Zuständigkeit der Arbeitsgerichte ist gegeben.[2] Mit Zugang der Mitteilung über die Abberufung gilt der Geschäftsführer nicht mehr als Organ gem. § 5 Abs. 1 Satz 3 ArbGG. Es kommt es nicht (mehr) zwingend auf eine Abberufung zum Zeitpunkt der Klageerhebung an.[3]

B. Grundsatz der freien Abberufbarkeit (Abs. 1)

I. Der Grundsatz

2 Sofern der Gesellschaftsvertrag nichts anderes vorsieht, können die Geschäftsführer der GmbH jederzeit frei und ohne Vorliegen von Gründen[4] abberufen werden. In der mitbestimmten GmbH (mit Ausnahme einer solchen nach dem DrittelbG, s. § 1 Nr. 2 Satz 2 DrittelbG) ist die Abberufung nach § 84 Abs. 3 AktG analog auf das Vorliegen wichtiger Gründe beschränkt (§§ 31 MitbestG, 12 MontanMitbestG, 13 MitbestErgG). Die Abberufung ist auch wirksam, wenn der betroffene Geschäftsführer vorher nicht angehört worden ist.[5] Das Unterlassen einer Anhörung kann jedoch eine Pflichtverletzung darstellen.[6]

3 Erfolgte die Abberufung aus offensichtlich unsachlichen Gründen, kann sie nach §§ 226, 826 BGB unwirksam sein.[7] Da die bloße fehlende Nachprüfbarkeit oder die Möglichkeit sachfremder Motivation hierfür nicht ausreichend ist und der Geschäftsführer die Beweislast trägt, wird ein solcher Fall nur selten gegeben sein.[8] Für den Gesellschafter-Geschäftsführer ergeben sich aufgrund der gesellschafterlichen Treuepflicht Besonderheiten (s. Rdn. 17 f.). Eine Abberufung ist grds. auch dann möglich, wenn kein vertretungsfähiges Organmitglied mehr in der Gesellschaft vorhanden ist.[9]

4 Als rechtsmissbräuchlich und damit unwirksam gilt jedoch bislang die eigene Abberufung des alleinigen Gesellschafter-Geschäftsführers (**Amtsniederlegung**)[10], wenn er nicht gleichzeitig einen neuen Geschäftsführer bestellt.[11] Dies ist dem Interesse des Rechtsverkehrs an der Handlungsfähigkeit der GmbH geschuldet. Das gilt auch, wenn der Geschäftsführer nicht unmittelbar beteiligt ist, sondern lediglich mittelbar über eine Unternehmergesellschaft, deren Geschäftsführer er ebenfalls ist.[12] Angesichts der Änderungen durch das MoMiG (§ 35 Abs. 1 Satz 1, § 15a Abs. 3 InsO) wird das im Schrifttum zum Teil bezweifelt.[13] Anders kann das aber sein, wenn der Gesellschafter in der Gesellschafterversammlung, bei der es um die Abberufung geht, von einem Betreuer vertreten wird.[14] Grundsätzlich ist die Amtsniederlegung des einzigen Geschäftsführers jedoch sofort

---

2 *Dimsic/Link*, BB 2015, 3063, 3064 f.

3 BAG, GmbHR 2015, 27 ff.

4 OLG Zweibrücken, NZG 1999, 1011.

5 BGH, NJW 1960, 1861; *Schmidt*, in: Ensthaler/Füller/Schmidt, GmbHG, § 38 Rn. 18 (da die Abberufung ja keiner Begründung bedürfe); *Beurskens*, in: Baumbach/Hueck, GmbHG, § 38 Rn. 33.

6 So *Diekmann/Marsch-Barner*, in: MünchHdbGmbHG, § 42 Rn. 43; *Paefgen*, in: Ulmer/Habersack/Löbbe, GmbHG, § 38 Rn. 94.

7 *U.H. Schneider/S.H. Schneider*, in: Scholz, GmbHG, § 38 Rn. 16; a.A. *Altmeppen*, in: Roth/Altmeppen, GmbHG, § 38 Rn. 4; *Baukelmann*, in: Rowedder/Schmidt-Leithoff, GmbHG, § 38 Rn. 3.

8 *Schmidt*, in: Ensthaler/Füller/Schmidt, § 38 Rn. 2; *Beurskens*, in: Baumbach/Hueck, GmbHG, § 38 Rn. 2.

9 So *Beurskens*, in: Baumbach/Hueck, GmbHG, § 38 Rn. 2.

10 Zur Amtsniederlegung s. unten Rdn. 69 ff.

11 OLG München, NJW-RR 2011, 773 f.; OLG Düsseldorf, GmbHR 2015, 1271, Rn. 14 ff.; weitergehend OLG Köln, NZG 2008, 340 (auch bei Mehrheitsgesellschafter); s. auch unten Rdn. 69 ff.

12 BGH, NZG 2012, 739 f.

13 S.u. Rdn. 74.

14 OLG Dresden, GmbHR 2015, 484, Rn. 12.

wirksam. Daran ändert sich nichts, wenn über die objektive Berechtigung der ihr zugrunde liegenden wichtigen Gründe gestritten wird,[15] wenn objektiv kein wichtiger Grund besteht[16] oder wenn sie zur Unzeit erfolgt.[17]

II. Beschluss des zuständigen Organs

1. Zuständigkeit

Die Zuständigkeit für die Abberufung liegt nach § 46 Nr. 5 bei der Gesellschafterversammlung (auch bei Aufsichtsrat nach DrittelbG). In der mitbestimmten GmbH dagegen besteht eine zwingende Zuständigkeit des Aufsichtsrats, §§ 84 AktG i.V.m. 31 Abs. 1 MitbestG.[18] Selbst bei Gefahr in Verzug kann nicht ein einzelner Gesellschafter abberufen.[19] Die Gesellschafterversammlung kann ihre Zuständigkeit zur Abberufung auf ein anderes Organ (Aufsichtsrat, Beirat usw.), einen Gesellschafter[20] oder einen Gesellschafterausschuss[21] delegieren.[22] Ist das zuständige Organ funktionsunfähig, kann die Gesellschafterversammlung trotz Delegation die ihr ursprünglich zustehende Kompetenz zur Abberufung wieder an sich ziehen.[23] Teilweise wird zutreffend davon ausgegangen, dass die Gesellschafter selbst bei einer Delegation stets das Recht zur Abberufung aus wichtigem Grund haben müssen.[24] Schließlich hätten es die Gesellschafter durch Satzungsänderung jederzeit in der Hand, die Abberufungsbefugnis wieder an sich zu ziehen. 5

Ist zur Bestellung des Geschäftsführers im Gesellschaftsvertrag eine abweichende Zuständigkeit vorgesehen, so ist zu vermuten, dass diese auch bzgl. der Abberufung gelten soll.[25] Selbst der Insolvenzverwalter kann den Geschäftsführer nicht abberufen, sondern allenfalls die Kündigung des Anstellungsverhältnisses aussprechen (§ 113 InsO).[26] Kommanditisten einer GmbH & Co. KG steht kein Abberufungsrecht nach §§ 117, 127 HGB analog zu, allerdings kann die Abberufung von ihrer Zustimmung abhängig sein.[27] In der GmbH & Co. KG steht das Abberufungsrecht den organschaftlichen Vertretern der KG zu.[28] 6

Umstritten ist, ob die Zuständigkeit auch auf einen **außenstehenden Dritten** übertragen werden kann. Teilweise wird das bejaht.[29] Andere wiederum verneinen dies wenig überzeugend unter 7

---

15 BGH, GmbHR 1980, 270 ff.

16 BGHZ 78, 82 ff.; OLG Düsseldorf, GmbHR 2015, 1271, Rn. 14.

17 OLG Düsseldorf, GmbHR 2015, 1271, Rn. 14.

18 *Altmeppen*, in: Roth/Altmeppen, GmbHG, § 38 Rn. 15; *U.H. Schneider/S.H. Schneider*, in: Scholz, GmbHG, § 38 Rn. 28.

19 *Altmeppen*, in: Roth/Altmeppen, GmbHG, § 38 Rn. 11 unter Verweis auf OLG Hamburg, BB 1954, 978; *U.H. Schneider/S.H. Schneider*, in: Scholz, GmbHG, § 38 Rn. 20.

20 OLG Düsseldorf, NJW 1990, 1122, 1123; *Altmeppen*, in: Roth/Altmeppen, GmbHG, § 38 Rn. 12; *Paefgen*, in: Ulmer/Habersack/Löbbe, GmbHG, § 38 Rn. 182; *U.H. Schneider/S.H. Schneider*, in: Scholz, GmbHG, § 38 Rn. 23.

21 OLG Köln, BB 1993, 1388, 1389.

22 *Kleindiek*, in: Lutter/Hommelhoff, GmbHG, § 38 Rn. 3.

23 BGHZ 12, 337, 340; BGH, WM 1970, 249, 251.

24 *Altmeppen*, in: Roth/Altmeppen, GmbHG, § 38 Rn. 13; *Koppensteiner/Gruber*, in: Rowedder/Schmidt-Leithoff, GmbHG, § 38 Rn. 17; a.A. *Paefgen*, in: Ulmer/Habersack/Löbbe, GmbHG, § 38 Rn. 151; *U.H. Schneider/S.H. Schneider*, in: Scholz, GmbHG, § 38 Rn. 22; *Beurskens*, in: Baumbach/Hueck, GmbHG, § 38 Rn. 29.

25 OLG Düsseldorf, NJW 1990, 1122.

26 BGH, NZG 2007, 384, 386; *Altmeppen*, in: Roth/Altmeppen, GmbHG, § 38 Rn. 11; *Schmidt*, in: Ensthaler/Füller/Schmidt, GmbHG, § 38 Rn. 13; *U.H. Schneider/S.H. Schneider*, in: Scholz, GmbHG, § 38 Rn. 27; *Beurskens*, in: Baumbach/Hueck, GmbHG, § 38 Rn. 32.

27 BGH, DB 1970, 389, 390; OLG München, NZG 2004, 374, 375.

28 BGH, NJW 2009, 293; BGH, NZG 2007, 751, 752.

29 *Altmeppen*, in: Roth/Altmeppen, GmbHG, § 38 Rn. 12; *Paefgen*, in: Ulmer/Habersack/Löbbe, GmbHG, § 38 Rn. 149; *Beurskens*, in: Baumbach/Hueck, GmbHG, § 38 Rn. 29.

Hinweis auf das Leitungsrecht der Gesellschafter.[30] Ausschlaggebend ist, dass die Gesellschafter jederzeit eine Satzungsänderung vornehmen können und somit ihr Selbstbestimmungsrecht trotz Verlagerung der Zuständigkeit zur Abberufung des Geschäftsführers auf Dritte gewahrt bleibt. Sofern man davon ausgeht, dass die Gesellschafter ohnehin die Möglichkeit einer Abberufung aus wichtigem Grund haben, spricht auch diese für die Selbstbestimmtheit der Gesellschafter.[31] Jedenfalls ist es zulässig, einem Dritten ein schuldrechtliches Abberufungsrecht dahin gehend zuzugestehen, dass die Gesellschaft auf Wunsch des Dritten verpflichtet ist, einen Geschäftsführer abzuberufen.[32]

2. Verfahren

8 Sofern in der Satzung nichts anderes vorgesehen ist, entscheidet die Gesellschafterversammlung über die Abberufung durch **Beschluss**. Die Tagesordnung muss für eine Abberufung aus wichtigem Grund mindestens den TOP »Abberufung des Geschäftsführers«, ohne zwingende Angabe von Gründen, enthalten.[33] Eine genauere Bezeichnung kann problematisch sein. Ist nämlich ein Gesellschafter-Geschäftsführer der Gesellschafterversammlung ferngeblieben und ist in der Tagesordnung eine Beschlussfassung über eine Abberufung aus wichtigem Grund vorgesehen, so kann keine Abberufung ohne wichtigen Grund vorgenommen werden. Der Beschluss wäre anfechtbar, da das **Stimmrecht** des Betroffenen beeinträchtigt wäre;[34] schließlich kann der Gesellschafter-Geschäftsführer grds. von seinem Stimmrecht Gebrauch machen und dadurch evtl. seine Abberufung verhindern, wenn eine Abberufung ohne wichtigen Grund erfolgen soll.[35]

9 Umstritten ist, unter welchen Voraussetzungen der Geschäftsführer einem Stimmrechtsausschluss (§ 47 Abs. 4 analog)[36] unterliegt. Nach hier vertretener Ansicht ist erforderlich, dass die Abberufung aus wichtigem Grund beantragt und nachvollziehbar behauptet wurde.[37] Allerdings darf der betroffene Gesellschafter-Geschäftsführer trotz mangelnden Stimmrechts an der Gesellschafterversammlung teilnehmen und von seinem Rederecht Gebrauch machen.[38]

10 Ein Stimmrechtsausschluss soll auch dann gegeben sein, wenn mehrere Gesellschafter gemeinsam die als Grund der Abberufung geltende Pflichtverletzung begangen haben. Sie sollen wechselseitig von der Abstimmung über die Abberufung (sowie die Kündigung) ausgeschlossen sein. Unerheblich soll sein, ob für jeden Beteiligten gesondert oder zusammen abgestimmt wird.[39]

11 Der Beschluss muss nach überwiegender Ansicht lediglich mit **einfacher Mehrheit** gefasst werden (§§ 46 Nr. 5, 47 Abs. 1).[40] Außer im Fall einer Abberufung aus wichtigem Grund kann in der

---

30 BGH, DB 1970, 389, 390; *Schmidt*, in: Ensthaler/Füller/Schmidt, GmbHG, § 38 Rn. 13; *U.H. Schneider/S.H. Schneider*, in: Scholz, GmbHG, § 38 Rn. 21.

31 *Altmeppen*, in: Roth/Altmeppen, GmbHG, § 38 Rn. 12.

32 *U.H. Schneider/S.H. Schneider*, in: Scholz, GmbHG, § 38 Rn. 25a.

33 BGH, NJW 1962, 393, 394; OLG Hamm, GmbHR 1995, 736, 738.

34 BGH, WM 1985, 567, 570.

35 BGHZ 86, 177, 178 f.; BGH, NJW-RR 1992, 993 f.; OLG Zweibrücken, GmbHR 1998, 373 f.; OLG Düsseldorf, GmbHR 2000, 1050, 1052; *Altmeppen*, in: Roth/Altmeppen, GmbHG, § 38 Rn. 21; *Beurskens*, in: Baumbach/Hueck, GmbHG, § 38 Rn. 37.

36 *Rüppell/Hoffmann*, BB 2016, 645, 649 m.w.N.; *Altmeppen*, NJW 2016, 2833 ff.; Bayer, GmbHR 2017, 665 ff.

37 BGH, NJW 1969, 1483; BGH, NJW 1987, 1889 f.; offengelassen bei BGH, GmbHR 2017, 701 ff., Rn. 10 ff.; OLG Karlsruhe, NJW-RR 1993, 1505, 1506; MünchKommGmbHG/*Stephan/Tieves*, § 38 Rn. 78; *Kleindiek*, in: Lutter/Hommelhoff, GmbHG, § 38 Rn. 17; *Beurskens*, in: Baumbach/Hueck, GmbHG, § 38 Rn. 38; a.A. *Paefgen*, in: Ulmer/Habersack/Löbbe, GmbHG, § 38 Rn. 191; OLG Karlsruhe, ZIP 2007, 1319 (nur, wenn wichtiger Grund wirklich besteht); anders auch *Altmeppen*, in: Roth/Altmeppen, GmbHG, § 38 Rn. 49 ff., wo auf ein äußeres rechnerisches Beschlussergebnis abgehoben wird.

38 *Altmeppen*, in: Roth/Altmeppen, GmbHG, § 38 Rn. 46; *Schmidt*, in: Ensthaler/Füller/Schmidt, GmbHG, § 38 Rn. 17.

39 OLG Düsseldorf, GmbHR 2000, 1050, 1052 f.

40 BGHZ 86, 177, 179; BGH, WM 1984, 29, 30; BGH, NJW 1988, 969, 970; *Altmeppen*, in: Roth/Altmeppen, GmbHG, § 38 Rn. 18; *Kleindiek*, in: Lutter/Hommelhoff, GmbHG, § 38 Rn. 16; *Koppensteiner/*

Satzung eine höhere Mehrheit vorgesehen werden. Der **alleinige Gesellschafter** einer GmbH kann sich selbst als alleiniger Geschäftsführer abberufen. Der Beschluss ist aber unwirksam (Rechtsmissbrauch), wenn er nicht gleichzeitig einen neuen Geschäftsführer bestellt.[41]

3. Wirksamkeit der Abberufung

12 Eine Wirksamkeit der Abberufung liegt nur dann vor, wenn der hierfür erforderliche Gesellschafterbeschluss wirksam ist.[42] Zudem muss die Abberufung dem Geschäftsführer ggü. erklärt werden.[43] Es genügt nicht, wenn der Geschäftsführer zufällig von diesem Beschluss erfährt.[44] Ausreichend ist jedoch der **Zugang** der Mitteilung. Eine positive Kenntnisnahme durch den Geschäftsführer ist nicht ausschlaggebend.[45] Zur Abgabe der Erklärung ggü. dem Geschäftsführer kann ein Gesellschafter, ein anderer Geschäftsführer oder auch ein Dritter[46] bevollmächtigt werden.[47] Allerdings ist die Kenntnis des Erklärungsempfängers von der Vollmacht oder die Vorlage einer Vollmachtsurkunde erforderlich.

13 Eine Zurückweisung durch den betroffenen Geschäftsführer soll jedoch ausgeschlossen sein, wenn sich die Vollmacht aus der Satzung oder Geschäftsordnung ergibt (dann wird Kenntnis bei ihm vorausgesetzt) oder wenn das Originalprotokoll des Gesellschafterbeschlusses vorgelegt wird.[48] Wurde die Abberufung dem Geschäftsführer ggü. von einer unzuständigen Person erklärt, kann diese Erklärung nicht nachträglich vom zuständigen Organ genehmigt werden.[49]

14 Ist der Geschäftsführer bei der Beschlussfassung anwesend, ist dadurch eine entsprechende Erklärung erfolgt, sodass es einer gesonderten Mitteilung nicht bedarf. Die Abberufung wird sofort wirksam.[50] Eine Annahme durch den Geschäftsführer ist nicht erforderlich.[51] Die Abberufung kann mit einer Fristsetzung verbunden sein, nicht aber unter einer aufschiebenden Bedingung stehen.[52] Mit wirksamer Abberufung entfallen die Geschäftsführungs- und Vertretungsbefugnis.

15 Die Abberufung ist durch die (noch im Amt befindlichen) Geschäftsführer zum **Handelsregister** anzumelden (§ 39 Abs. 1). Zwar ist die Eintragung deklaratorisch und nicht für die Wirksamkeit der Abberufung notwendig,[53] aber wegen des Verkehrsschutzes nach § 15 Abs. 1 HGB anzuraten.

Gruber, in: Rowedder/Schmidt-Leithoff, GmbHG, § 38 Rn. 19; *Paefgen*, in: Ulmer/Habersack/Löbbe, GmbHG, § 38 Rn. 18, 180; *Beurskens*, in: Baumbach/Hueck, GmbHG, § 38 Rn. 34, in: Baumbach/Hueck, GmbHG, § 38 Rn. 30.

41 OLG München, NJW-RR 2011, 773 f.; s.a. unten Rdn. 74.

42 BGH, NJW 1987, 1890, 1892.

43 OLG Schleswig, DB 1998, 1320.

44 *Schmidt*, in: Ensthaler/Füller/Schmidt, GmbHG, § 38 Rn. 20; *U.H. Schneider/S.H. Schneider*, in: Scholz, GmbHG, § 38 Rn. 30; *Beurskens*, in: Baumbach/Hueck, GmbHG, § 38 Rn. 44.

45 BGHZ 52, 316, 321; OLG Hamm, NZG 2003, 131 f.; *Altmeppen*, in: Roth/Altmeppen, GmbHG, § 38 Rn. 22; *Beurskens*, in: Baumbach/Hueck, GmbHG, § 38 Rn. 44.

46 *Schmidt*, in: Ensthaler/Füller/Schmidt, GmbHG, § 38 Rn. 20; *U.H. Schneider/S.H. Schneider*, in: Scholz, GmbHG, § 38 Rn. 30.

47 BGH, NJW 2009, 293, 294; OLG Düsseldorf, NZG 2004, 141, 142.

48 OLG Düsseldorf, NZG 2004, 141, 143 f.

49 BGH, NJW 1987, 1890, 1892; *Beurskens*, in: Baumbach/Hueck, GmbHG, § 38 Rn. 44; a.A. *Paefgen*, in: Ulmer/Habersack/Löbbe, GmbHG, § 38 Rn. 174.

50 BGH, NJW-RR 2003, 1196; *U.H. Schneider/S.H. Schneider*, in: Scholz, GmbHG, § 38 Rn. 30.

51 *U.H. Schneider/S.H. Schneider*, in: Scholz, GmbHG, § 38 Rn. 15.

52 *Altmeppen*, in: Roth/Altmeppen, GmbHG, § 38 Rn. 10; *Diekmann/Marsch-Barner*, in: MünchHdbGmbHG, § 42 Rn. 42.

53 BGHZ 133, 370, 376.

III. Notgeschäftsführung

16 § 38 gilt nicht für den Notgeschäftsführer (s. oben § 6 Rdn. 41 ff.).[54] Dessen Amt endet allein aufgrund einer Niederlegung durch den Notgeschäftsführer, aufgrund der Beseitigung der Notlage[55] oder aufgrund einer Abberufung durch das bestellende Gericht. Einen entsprechenden Antrag auf Abberufung können sowohl die Gesellschafter als auch die Geschäftsführer stellen. Nach einer Ansicht soll sie auch von Amts wegen erfolgen können.[56]

C. Einschränkungen durch gesellschafterliche Treuepflicht

17 Zwar gilt der Grundsatz der freien Abberufbarkeit grds. auch beim Gesellschafter-Geschäftsführer, es ist aber aufgrund der gesellschafterlichen Treuepflicht auf dessen Belange Rücksicht zu nehmen. In manchen Fällen soll dies nach einer Ansicht dazu führen, dass ein sachlicher Grund vorliegen und die Entscheidung des Abberufungsorgans begründet werden muss.[57] Die Abberufung eines Gesellschafter-Geschäftsführers soll daher ohne Vorliegen eines sachlichen Grundes treuwidrig sein. Dies soll etwa dann der Fall sein, wenn sich dieser seine Geschäftsführertätigkeit zum Lebensberuf gemacht hat oder seine finanzielle Versorgung gefährdet würde.[58] Eine solche Herleitung bedeutet jedoch eine Überstrapazierung des Gedankens der Treuepflicht und ist daher abzulehnen.[59]

18 Zudem ist es rechtsmissbräuchlich, wenn sich der alleinige Gesellschafter-Geschäftsführer selbst abberuft, ohne dass ein wichtiger Grund hierfür vorliegt oder ohne sofort einen neuen Geschäftsführer zu bestellen.[60] Der eine Abberufung ablehnende Beschluss der Gesellschafterversammlung ist anfechtbar. Die ablehnenden Stimmabgaben sind nichtig. Daher kommen sowohl Anfechtungsklage als auch positive Beschlussfeststellungsklage in Betracht.[61]

D. Einschränkungen durch die Satzung (§ 38 Abs. 2)

I. Wichtiger Grund

1. Regelung in der Satzung

19 Die Möglichkeit der Abberufung kann in der Satzung auf den Fall beschränkt werden, dass wichtige Gründe vorliegen (§ 38 Abs. 2). Sofern die Satzung eine Abberufung des Gesellschafter-Geschäftsführers ausschließt (z.B. »unwiderrufliche Bestellung«, Bestellung »auf Lebenszeit«), ist dies zwar unzulässig, jedoch auf den Fall des wichtigen Grundes zu beschränken.[62] Die Beschränkung der Abberufbarkeit auf wichtige Gründe ist auch in Bezug auf Fremdgeschäftsführer möglich.[63] Die Beweislast für das Vorliegen wichtiger Gründe trägt, sofern die Satzung nichts anderes vorsieht, die Gesellschaft.[64]

---

54 OLG München, GmbHR 1994, 259; *Terlau*, in: Michalski/Heidinger/Leible/J. Schmidt, GmbHG, § 38 Rn. 93; *Beurskens*, in: Baumbach/Hueck, GmbHG, § 38 Rn. 91.

55 *Beurskens*, in: Baumbach/Hueck, GmbHG, § 38 Rn. 91.

56 *Terlau*, in: Michalski/Heidinger/Leible/J. Schmidt, GmbHG, § 38 Rn. 93; *Beurskens*, in: Baumbach/Hueck, GmbHG, § 38 Rn. 92 m.w.N. zur a.A.

57 BGH, DStR 1994, 214; OLG Zweibrücken, NJW-RR 2003, 1398, 1399; OLG Saarbrücken, GmbHR 2007, 143 ff.; *U.H. Schneider/S.H. Schneider*, in: Scholz, GmbHG, § 38 Rn. 18; kritisch OLG Naumburg, NZG 2000, 608, 609.

58 *U.H. Schneider/S.H. Schneider*, in: Scholz, GmbHG, § 38 Rn. 18.

59 Ablehnend auch MünchKommGmbHG/*Stephan/Tieves*, § 38 Rn. 17; *Altmeppen*, in: Roth/Altmeppen, GmbHG, § 38 Rn. 4.

60 OLG München, NJW-RR 2016, 773 f.; OLG Zweibrücken, DNotZ 2006, 709, 710; s.a. unten Rdn. 75.

61 *Beurskens*, in: Baumbach/Hueck, GmbHG, § 38 Rn. 48.

62 *Altmeppen*, in: Roth/Altmeppen, GmbHG, § 38 Rn. 30; *U.H. Schneider/S.H. Schneider*, in: Scholz, GmbHG, § 38 Rn. 39; zur Abberufung aus wichtigem Grund *Werner*, GmbHR 2015, 1185 ff.

63 BGH, NJW-RR 1989, 352, 353; OLG Köln, ZIP 1988, 1122, 1125; s.a. *Beurskens*, in: Baumbach/Hueck, GmbHG, § 38 Rn. 3 m.w.N.

64 So auch OLG Stuttgart, GmbHR 2013, 803, Rn. 7; MünchKommGmbHG/*Stephan/Tieves*, § 38 Rn. 73; a.A. *Liebscher/Alles*, ZIP 2015, 1, 4.

Erhält ein Gesellschafter in der Satzung ein mitgliedschaftliches unentziehbares **Sonderrecht** zur Geschäftsführung, ist eine Abberufung ohne dessen Zustimmung nur dann wirksam, wenn ein wichtiger Grund besteht.[65] Allerdings geht nicht stets mit der Bestellung eines Gesellschafter-Geschäftsführers im Gesellschaftsvertrag ein Sonderrecht zur Geschäftsführung einher.[66] Die Tatsache, dass der Geschäftsführer Mehrheitsgesellschafter ist[67] oder die Bestellung lediglich befristet erfolgt,[68] lässt sich ebenfalls nicht in der Weise auslegen, dass eine Abberufung nur bei Vorliegen wichtiger Gründe möglich sein soll. 20

Eine entsprechende Regelung hat, da sie eine körperschaftsrechtliche Bestimmung ist, in der Satzung zu erfolgen. Eine bloße schuldrechtliche Festlegung hinsichtlich der Beschränkung der Abberufbarkeit genügt nicht, auch dann nicht, wenn sie im **Anstellungsvertrag** vorgenommen wurde.[69] Gleichwohl sind Stimmbindungen dahin gehend möglich, dass sich die Gesellschafter[70] oder die Gesellschaft[71] dem Geschäftsführer ggü. verpflichten, eine Abberufung nur aus wichtigem Grund vorzunehmen. 21

Die Begrenzung der Befugnis, den Geschäftsführer aus wichtigem Grund abzuberufen, kann im Gesellschaftsvertrag keine weitere Einschränkung erfahren.[72] Eine weiter gehende Reduktion, die bestimmte wichtige Gründe als Abberufungsgrund ausschließt, ist nicht möglich. Notfalls erfolgt eine geltungserhaltende Reduktion der entsprechenden Klausel.[73] Eine unzulässige Einschränkung liegt bereits vor, wenn die Abberufung aus wichtigem Grund an eine höhere als die in § 47 Abs. 1 bestimmte einfache Mehrheit gebunden wird. Sie kann daher auch dann mit einfacher Mehrheit beschlossen werden, wenn die Satzung eine qualifizierte Mehrheit vorsieht.[74] Sofern ein wichtiger Grund für die Abberufung des Geschäftsführers vorliegt, ist es unzulässig, diese darüber hinaus von der Zustimmung eines Gesellschafters oder eines Dritten abhängig zu machen.[75] 22

Die gesellschafterliche **Treuepflicht** kann dazu führen, dass ein Gesellschafter bei eindeutigem Vorliegen eines wichtigen Grundes für die Abberufung des Gesellschafter-Geschäftsführers dieser zustimmen muss.[76] Sofern er dennoch seine Zustimmung zur Abberufung verweigert, darf seine Stimme, aufgrund des rechtsmissbräuchlichen Verhaltens, nicht gezählt werden. Wird sie trotzdem mitgezählt, führt dies zur Anfechtbarkeit des Beschlusses.[77] Umgekehrt kann die gesellschafterliche Treuepflicht es aber auch gebieten, dass bei Vorliegen eines wichtigen Grundes von einer Abberufung abgesehen und stattdessen ein milderes Mittel (z.B. Gesamtgeschäftsführung und -vertretung) gewählt wird.[78] 23

---

65 BGH, WM 1962, 201; BGH, DB 1968, 2166; *U.H. Schneider/S.H. Schneider*, in: Scholz, GmbHG, § 38 Rn. 41.

66 OLG Naumburg, NZG 2000, 608, 609.

67 *Kleindiek*, in: Lutter/Hommelhoff, GmbHG, § 38 Rn. 9; *Schmidt*, in: Ensthaler/Füller/Schmidt, GmbHG, § 38 Rn. 5.

68 BGH, NJW 2003, 351, 352.

69 OLG Stuttgart, NJW-RR 1995, 295, 296.

70 BGH, GmbHR 1987, 94, 96; BGH, ZIP 1983, 432, 433; OLG Frankfurt am Main, NZG 2000, 378 (LS); kritisch bzgl. der Vollstreckbarkeit *Paefgen*, in: Ulmer/Habersack/Löbbe, GmbHG, § 38 Rn. 23; zur Klage auf Wiederbestellung (Leistungsklage) bzw. Schadensersatz OLG Köln, NJW-RR 1989, 352, 353; a.A. *Baukelmann*, in: Rowedder/Schmidt-Leithoff, GmbHG, § 38 Rn. 4.

71 BGH, GmbHR 1987, 94, 96; a.A. *Kleindiek*, in: Lutter/Hommelhoff, GmbHG, § 38 Rn. 14 (nur Gesellschafter könne sich verpflichten); *Terlau*, in: Michalski/Heidinger/Leible/J. Schmidt, GmbHG, § 38 Rn. 36.

72 BGH, NJW 1969, 1483 f.

73 *U.H. Schneider/S.H. Schneider*, in: Scholz, GmbHG, § 38 Rn. 39.

74 BGHZ 86, 177, 179; BGHZ 102, 172, 179; BGH, WM 1984, 29, 30.

75 *Schmidt*, in: Ensthaler/Füller/Schmidt, GmbHG, § 38 Rn. 7; *U.H. Schneider/S.H. Schneider*, in: Scholz, GmbHG, § 38 Rn. 39.

76 BGHZ 64, 253, 257; BGH, NJW 1991, 846.

77 BGHZ 102, 172, 176; BGH, NJW-RR 1993, 1253, 1254.

78 *Altmeppen*, in: Roth/Altmeppen, GmbHG, § 38 Rn. 67.

2. Vorliegen wichtiger Gründe

24 Ein wichtiger Grund i.S.d. Abs. 2 liegt vor, wenn bei Würdigung aller Umstände für Gesellschafter und Gesellschaft **Unzumutbarkeit** hinsichtlich des weiteren Verbleibs des Geschäftsführers in seinem Amt vorliegt.[79] Unzumutbar ist das Verbleiben des Geschäftsführers regelmäßig dann, wenn die Voraussetzungen für eine außerordentliche Kündigung gegeben sind. Allein darauf sind jedoch die Gründe für eine Abberufung nicht beschränkt.[80] Da der wichtige Grund im Unterschied zur Kündigung des Anstellungsvertrags nicht in der Person des Geschäftsführers zu liegen braucht,[81] ist es unerheblich, ob der Geschäftsführer pflichtwidrig oder schuldhaft gehandelt hat.[82] Da es auf ein Verschulden nicht ankommt, kann auch der Umstand eines Zerwürfnisses mit einem (Mit-)Gesellschafter einen wichtigen Grund darstellen, wenn eine weitere Zusammenarbeit unter Berücksichtigung der Interessen der Gesellschaft nicht erwartet werden kann.[83]

25 Es sind die **Gesamtumstände** zu würdigen, wobei die Interessen der Gesellschaft und des Geschäftsführers grds. gegeneinander abzuwägen sind.[84] Dabei ist auch eine **Kumulation** von verschiedenen »unwichtigen« Gründen zu einem wichtigen Grund möglich.[85] Zu berücksichtigen sind vor allem der Grad der vorgeworfenen Verfehlung, der Umfang des durch das Verhalten des Geschäftsführers möglicherweise[86] ausgelösten Schadens, das Maß des Verschuldens,[87] der Grad des eingetretenen Vertrauensverlusts, die Wiederholungsgefahr, die noch verbleibende Zeit bis zum ohnehin eintretenden Ende der Bestellung.[88]

26 Aufseiten des Geschäftsführers sind sein bisheriges Verhalten,[89] seine Verdienste und seine Interessen zu beachten. Zu berücksichtigen soll auch der Umfang der Kapitalbeteiligung des Geschäftsführers an der Gesellschaft sein.[90] Zwar können sich die Gesellschafter nicht auf Vorgänge stützen, die sie schon bei der Bestellung kannten,[91] allerdings können solche Umstände dann relevant werden,[92] wenn eine Abberufung auf einem neuen Vorgang beruht.[93] Außerdem können auch externe Umstände, wie etwa der Vertrauensverlust bei einem Kunden, Lieferanten oder Kreditgeber bei der Abwägung eine Rolle spielen.[94] Unerheblich soll sein, ob der Geschäftsführer hierfür einen Grund gesetzt hat;[95] dies ist insofern zutreffend, als beim Geschäftsführer kein schuldhaftes Handeln vorliegen muss.

---

79 BGH, NJW-RR 2007, 389; BGH, NJW-RR 1992, 292, 295; OLG Stuttgart, GmbHR 2013, 803, Rn. 4 ff.; OLG München, 29.3.2012 – 23 U 4344/11, juris, Rn. 9 ff.

80 *Paefgen*, in: Ulmer/Habersack/Löbbe, GmbHG, § 38 Rn. 34; *Schmidt*, in: Ensthaler/Füller/Schmidt, GmbHG, § 38 Rn. 9.

81 Zur Divergenz *U.H. Schneider/S.H. Schneider*, in: Scholz, GmbHG, § 38 Rn. 43.

82 OLG Düsseldorf, GmbHR 1994, 884, 885.

83 BGH, NJW-RR 1992, 993 f.

84 Anders OLG München, 29.3.2012 – 23 U 4344/11, juris, Rn. 9 (Interessen der Gesellschaft im Vordergrund.

85 OLG Naumburg, NZG 2000, 44, 46.

86 BGH, JZ 1967, 497; OLG Hamm, GmbHR 1985, 119, 120 (zur Nichterforderlichkeit eines Schadens).

87 BGHZ 102, 172, 176; BGH, NJW-RR 1992, 993 f. (Verschulden des Geschäftsführers kann in die Abwägung einfließen).

88 BGH, WM 1962, 811, 812; BGH, NJW-RR 1996, 156 (je kürzer die verbleibende Zeit, desto eher ist ein Verbleiben des Geschäftsführers zumutbar).

89 BGH, WM 1968, 1347; BGH, WM 1991, 2140, 2145.

90 OLG Stuttgart, GmbHR 2013, 803, Rn. 5 m.w.N.

91 BGHZ 13, 188, 194; BGH, NJW-RR 1993, 1253, 1254.

92 BGHZ 13, 188, 194; BGH, NJW-RR 1993, 1253, 1254.

93 BGH, NJW-RR 1992, 292, 295.

94 *Schmidt*, in: Ensthaler/Füller/Schmidt, GmbHG, § 38 Rn. 10; *U.H. Schneider/S.H. Schneider*, in: Scholz, GmbHG, § 38 Rn. 46.

95 *U.H. Schneider/S.H. Schneider*, in: Scholz, GmbHG, § 38 Rn. 50, der jedoch auch auf die Entscheidung BGH, WM 1960, 289, 292 hinweist.

27 **Beispiele** für wichtige Gründe sind die grobe Pflichtverletzung des Geschäftsführers oder die Unfähigkeit zur ordnungsgemäßen Geschäftsführung (Abs. 2 Satz 2). Einmaliges Versagen kann mit der Unfähigkeit des Geschäftsführers gleichzusetzen sein.[96] In der Rechtsprechung finden sich zahlreiche weitere Beispiele, wie etwa der Verstoß gegen ein Wettbewerbsverbot,[97] unzureichende Buchführung,[98] die Bezahlung privater Kosten aus der Gesellschaftskasse oder fehlendes Fachwissen.[99] Angeführt werden auch die Verletzung der Verschwiegenheitspflicht,[100] die wiederholte Missachtung von Weisungen oder von Auskunftsersuchen nach § 51a.[101] Stets ausreichend wird eine Straftat des Geschäftsführers ggü. der Gesellschaft, den Gesellschaftern oder Mitarbeitern sein.[102] Dagegen kann sonstiges strafbares Verhalten, das sich nicht gegen die genannten Personen richtet, lediglich dann einen wichtigen Grund darstellen, wenn es in hohem Maße geeignet erscheint, das Vertrauen der Gesellschaft in den Charakter des Geschäftsführers zu erschüttern. Ein Indiz dafür soll eine damit verbundene hohe kriminelle Intensität sein.[103]

28 Maßstab muss insgesamt aber stets die Unzumutbarkeit eines Verbleibens des Geschäftsführers bis zum Ende der Amtszeit sein. Umstände, die in den Verhältnissen des Geschäftsführers liegen, können ausreichen. Eine Überschuldung des Geschäftsführers soll nach der Rechtsprechung schon genügen können.[104] Andere verlangen zusätzlich, dass dadurch die Wahrnehmung seiner Geschäftsführeraufgabe gefährdet wird,[105] bzw. dass das Verbraucherinsolvenzverfahren über das Geschäftsführervermögen eröffnet ist.[106] Wichtiger Grund soll auch eine langwierige Krankheit sein können.[107] Hohes Alter kann nicht per se, sondern nur dann eine Rolle spielen, wenn damit Faktoren wie Unzuverlässigkeit, mangelndes aktuelles Fachwissen usw. verbunden sind.[108]

29 Sind die Geschäftsführer untereinander so zerstritten, dass eine gedeihliche Zusammenarbeit zwischen ihnen nicht mehr möglich ist, kann auch dies einen wichtigen Grund darstellen.[109] Allerdings besteht keine Pflicht, denjenigen von mehreren Geschäftsführern abzuberufen, der den überwiegenden Anteil an dem Zerwürfnis hat. Grundsätzlich kann jeder der beteiligten Geschäftsführer abberufen werden. Ein Anspruch auf Gleichbehandlung besteht nicht.[110]

30 **Kein »wichtiger Grund«** ist es, wenn die Gesellschaft keine Verwendung für den Geschäftsführer mehr hat,[111] oder der Geschäftsführer einmalig verbal entgleisende Äußerungen macht.[112] Ein

96 OLG Köln, GmbHR 1989, 76, 79.
97 OLG Hamm, GmbHR 1993, 743, 747; OLG Düsseldorf, DB 2000, 1956, 1958.
98 BGH, WM 2009, 551, 552; BGH, GmbHR 1985, 256, 258.
99 OLG Stuttgart, GmbHR 1957, 59, 60.
100 *Schmidt*, in: Ensthaler/Füller/Schmidt, GmbHG, § 38 Rn. 10.
101 *Altmeppen*, in: Roth/Altmeppen, GmbHG, § 38 Rn. 38; *Schmidt*, in: Ensthaler/Füller/Schmidt, GmbHG, § 38 Rn. 10.
102 OLG Stuttgart, NJW-RR 1995, 295, 296 (Tätlichkeiten); BGH, WM 1984, 29, 30 (Beleidigungen); OLG Hamm, GmbHR 1985, 119, 120 (Fälschung geschäftlicher Unterlagen); OLG Stuttgart, DB 2007, 48, 49 (Steuerhinterziehung); BGH, BB 1967, 731 (Bestechlichkeit).
103 *U.H. Schneider/S.H. Schneider*, in: Scholz, GmbHG, § 38 Rn. 49, wobei fraglich erscheint, ob »Trunkenheit am Steuer« hierfür schon ausreichend sein kann.
104 BGH, WM 1960, 289, 291; OLG Hamburg, BB 1954, 978; a.A. *Beurskens*, in: Baumbach/Hueck, GmbHG, § 38 Rn. 13.
105 BGHZ 32, 17, 33.
106 OLG Stuttgart, DB 2007, 48, 49.
107 OLG Zweibrücken, NJW-RR 2003, 1398, 1399.
108 Vgl. auch *Beurskens*, in: Baumbach/Hueck, GmbHG, § 38 Rn. 13; zu pauschal *Schmidt*, in: Ensthaler/Füller/Schmidt, GmbHG, § 38 Rn. 10; a.A. *U.H. Schneider/S.H. Schneider*, in: Scholz, GmbHG, § 38 Rn. 47.
109 BGH, WM 1984, 29, 30; OLG Karlsruhe, NZG 2000, 264, 266 f.; OLG Naumburg, NZG 2000, 44, 46.
110 BGH, WM 1984, 29, 30; BGH, NJW-RR 1992, 993, 994; BGH, DB 2009, 557, 559.
111 *U.H. Schneider/S.H. Schneider*, in: Scholz, GmbHG, § 38 Rn. 46.
112 *U.H. Schneider/S.H. Schneider*, in: Scholz, GmbHG, § 38 Rn. 49b.

wiederholtes mangelhaftes Unternehmensergebnis soll nur dann keinen »wichtigen Grund« darstellen, wenn es der Branchenlage entspricht.[113] Ein »wichtiger Grund« ist auch abzulehnen, wenn der Geschäftsführer Bedenken gegen die Geschäftspolitik der Gesellschaft ggü. der Gesellschaft, Mitgesellschaftern oder Mitgeschäftsführern äußert, da er hierzu schließlich bei Vorliegen entsprechender Indizien auch verpflichtet ist.[114]

31 Das Gleiche gilt, wenn er ggü. der Gesellschafterversammlung Bedenken bzgl. Maßnahmen eines Mitgeschäftsführers äußert.[115] Kein »wichtiger Grund« liegt vor, wenn der Geschäftsführer Strafanzeige stellt, sofern er zuvor eine sorgfältige Prüfung des Sachverhalts vorgenommen hat und eine grds. mögliche Klärung innerhalb der Gesellschaft nicht zu erreichen war.[116] Auch ein bloßer allgemeiner Vertrauensentzug bzw. Vertrauensverlust in die Tätigkeit des Geschäftsführers reicht anders als in der mitbestimmten GmbH nicht aus,[117] um ein »wichtiger Grund« zu sein.[118] Es muss ein sachlicher Grund für den Vertrauensentzug vorliegen.

3. Personalistische GmbH/Zweipersonen-GmbH

32 Zwar gelten für die **Zweipersonen-GmbH** grds. dieselben Regeln wie für eine Mehrpersonen-GmbH. An die Abberufung von Gesellschafter-Geschäftsführern aus wichtigem Grund werden in der Zweipersonen-Gesellschaft aber hohe Anforderungen gestellt, um zu verhindern, dass ein Gesellschafter aus bloßem Eigeninteresse den Mitgesellschafter aus der Unternehmensführung drängt.[119] Das Verhalten des abberufenen Geschäftsführers soll zum Verhalten des anderen Geschäftsführers in Bezug gesetzt werden, sodass die Anteile beider Gesellschafter bzw. Geschäftsführer in die Beurteilung einfließen und so der der Abberufung zugrunde liegende Sachverhalt häufig »milder« zu beurteilen ist.[120] Abgesehen davon reicht das Darlegen eines bloßen Vertrauensverlusts in die Geschäftsführung des Abzuberufenden nicht aus. Vielmehr muss ein verständiger Betrachter zu dem Ergebnis kommen, dass die Bedenken gegen den Geschäftsführer so stark sind, dass eine Fortsetzung seiner Tätigkeit unzumutbar ist.[121] Ausreichend ist, dass die Geschäftsführer so zerstritten sind, dass eine Zusammenarbeit unmöglich geworden ist. Unerheblich ist, ob einer der Geschäftsführer »maßgeblich« zu dem Zerwürfnis beigetragen hat. Es genügt, dass überhaupt ein wesentlicher Beitrag für das Zerwürfnis vorliegt.[122]

33 Bei **wechselseitiger Abberufung** sind die beiden Prozesse ggf. zu verbinden. Bei der Abwägung, welcher Gesellschafter-Geschäftsführer in der Gesellschaft bleiben darf und welcher abberufen wurde, müssen erhebliche objektiv feststellbare Umstände vorliegen, die deutlich für den einen oder anderen sprechen.[123] Sofern dies nicht möglich ist, sollen beide Abberufungen versagt werden, sodass den Gesellschaftern allein die Auflösung der Gesellschaft bleibt.[124]

34 Auch bei sog. **personalistischen Gesellschaften**, bei denen die Gesellschafter häufig auch Geschäftsführer sind, ist die Frage der Abberufung eines solchen Geschäftsführers besonders problematisch. Sofern es zwischen den Gesellschaftern zu Unstimmigkeiten gekommen ist, könnte die eine Partei durch

113 *Paefgen*, in: Ulmer/Habersack/Löbbe, GmbHG, § 38 Rn. 61.
114 BGH, DStR 1992, 1026; *U.H. Schneider/S.H. Schneider*, in: Scholz, GmbHG, § 38 Rn. 49a.
115 BGH, DStR 1992, 1026.
116 *U.H. Schneider/S.H. Schneider*, in: Scholz, GmbHG, § 38 Rn. 49a.
117 *U.H. Schneider/S.H. Schneider*, in: Scholz, GmbHG, § 38 Rn. 52.
118 OLG Stuttgart, GmbHR 2013, 803, Rn. 6; OLG Karlsruhe, NZG 2008, 785, Rn. 11.
119 OLG Karlsruhe, NZG 2008, 785; *Beurskens*, in: Baumbach/Hueck, GmbHG, § 38 Rn. 69 ff. mit Vorschlägen zur Verhinderung eines Abberufungswettlaufs; s. auch *Winkler*, GmbHR 2017, 334 ff.
120 Vgl. OLG Düsseldorf, WM 1992, 14, 18; OLG Karlsruhe, NZG 2000, 264, 271; *Altmeppen*, in: Roth/Altmeppen, GmbHG, § 38 Rn. 42; *Schmidt*, in: Ensthaler/Füller/Schmidt, GmbHG, § 38 Rn. 11.
121 BGH, GmbHR 1969, 38, 39; OLG München, 29.3.2012 – 23 U 4344/11, juris, Rn. 9.
122 BGH, NJW-RR 2009, 618; OLG Stuttgart, GmbHR 2013, 414, Rn. 167; LG Hamburg, 17.5.2013 – 412 HKO 132/12, juris, Rn. 198, und 412 HKO 73/12, juris.
123 LG Karlsruhe, DB 1998, 1225, 1226.
124 OLG Stuttgart, NZG 2002, 971, 972.

einen Abberufungsbeschluss ein Außer-Gefecht-Setzen der anderen Partei versuchen. Dies ist insofern möglich, als der Abzuberufende bei einer Abberufung aus wichtigem Grund nach Ansicht der Rechtsprechung als Gesellschafter vom Stimmrecht ausgeschlossen sein soll.[125]

Auch hier wird die Frage, ob ein »wichtiger Grund« für die Abberufung vorlag, nur zu bejahen sein, wenn sachliche Gründe für eine solche sprechen. Ansonsten wäre es möglich, einen Gesellschafter-Geschäftsführer allein durch die Behauptung eines wichtigen Grundes aus seiner Position zu drängen. Zu beachten ist auch, dass die gesellschafterliche Treuepflicht für die abstimmenden Gesellschafter dazu führen kann, dass sie bei Vorliegen eines »wichtigen Grundes« der Abberufung des Geschäftsführers zustimmen müssen.[126] Sofern ein beherrschender Gesellschafter-Geschäftsführer abberufen werden soll, wird im Hinblick auf einen Vertrauensentzug überdies verlangt, dass nicht nur sachliche Umstände für einen solchen sprechen, sondern schwerwiegende Gründe vorliegen.[127] 35

4. Modalitäten der Abberufung aus wichtigem Grund

a) Verwirkung

Die Abberufung ist anders als eine außerordentliche Kündigung nach § 626 Abs. 2 BGB nicht an eine Frist gebunden.[128] Allerdings kann, sofern die Gesellschafter trotz Kenntnis der eine Abberufung rechtfertigenden Verhaltensweisen des Geschäftsführers über längere Zeit keine Konsequenzen gezogen haben, eine Verwirkung des Abberufungsrechts eintreten.[129] Voraussetzung dafür ist, dass der Geschäftsführer nach Treu und Glauben mit Rücksicht auf das gesamte Verhalten der Gesellschaft bzw. Gesellschafter darauf vertrauen durfte und darauf vertraut hat, dass eine Abberufung nicht erfolgt.[130] 36

Zulässig soll es aber sein, dass die Gesellschafter zunächst (d.h. vor einer Abberufung) einen Verständigungsversuch unternehmen; eine nach dessen Scheitern erfolgende Abberufung soll nicht durch eine Verwirkung gehindert sein.[131] Sofern eine Verwirkung wichtiger Gründe vorliegt, können diese dennoch bei einer Abberufung aufgrund eines anderen Vorgangs in die Abwägung einbezogen werden.[132] 37

b) Nachschieben von Gründen

Die Abberufung soll auch auf nach dem Abberufungsbeschluss liegende Vorkommnisse gestützt werden können, sofern sie dadurch lediglich in die Gesamtabwägung einfließen, eine Fortsetzung der Geschäftsführertätigkeit als bereits im Zeitpunkt der Abberufung unzumutbar erscheint und sich aus der Gesamtbeurteilung ergibt, dass sich das Fehlverhalten des Geschäftsführers auch künftig wiederholen wird.[133] Möglich soll es sein, die Abberufung auf bestimmte Umstände zu stützen und sodann im Wege des Nachschiebens weitere, bereits bei der Abberufung vorhandene Gründe anzuführen.[134] Erforderlich hierfür ist jedoch ein (weiterer) Beschluss der Gesellschafterversammlung. Selbst im gerichtlichen Berufungsverfahren sollen noch Gründe nachgeschoben werden können.[135] 38

125 BGHZ 86, 177, 178; BGH, NJW-RR 1992, 993, 994; OLG Zweibrücken, GmbHR 1998, 373 f.; OLG Düsseldorf, GmbHR 2000, 1050, 1053; OLG Stuttgart, GmbHR 2013, 803, Rn. 49 m.w.N.
126 BGH, NJW 1991, 847.
127 *U.H. Schneider/S.H. Schneider*, in: Scholz, GmbHG, § 38 Rn. 52.
128 OLG Naumburg, NZG 2000, 44, 47, Rn. 100; OLG Düsseldorf, GmbHR 2000, 1050, 1055.
129 BGH, NJW-RR 1992, 292, 293; BGHZ 13, 188, 194.
130 OLG München, DB 2009, 1231, 1232; *Paefgen*, in: Ulmer/Habersack/Löbbe, GmbHG, § 38 Rn. 69; *Schmidt*, in: Ensthaler/Füller/Schmidt, GmbHG, § 38 Rn. 19.
131 BGH, ZIP 1992, 32, 34; *Altmeppen*, in: Roth/Altmeppen, GmbHG, § 38 Rn. 43.
132 OLG Karlsruhe, NZG 2000, 264, 268; *Beurskens*, in: Baumbach/Hueck, GmbHG, § 38 Rn. 18.
133 OLG Stuttgart, NJW-RR 1995, 295 f.
134 *U.H. Schneider/S.H. Schneider*, in: Scholz, GmbHG, § 38 Rn. 46a m.w.N.; für die Zweimann-GmbH BGH, NJW-RR 1992, 292, 293.
135 OLG Zweibrücken, GmbHR 2003, 1206, 1208.

c) **Wirksamkeit der Abberufung**

39 In Bezug auf die Wirksamkeit einer Abberufung aus wichtigem Grund ist zu differenzieren zwischen einem bloß anfechtbaren Abberufungsbeschluss und einem nichtigen und damit unwirksamen Abberufungsbeschluss. Bei **Anfechtbarkeit** des Gesellschafterbeschlusses bleibt dieser wirksam. Die Abberufung eines Fremdgeschäftsführers erfolgt mit Zugang der Abberufungserklärung und hat so lange **Wirksamkeit**, bis das Gegenteil rechtskräftig festgestellt ist.[136]

40 Teilweise wird die analoge Anwendung von § 84 Abs. 3 Satz 4 AktG erwogen, jedoch überwiegend zutreffend abgelehnt, weil die Rechtmäßigkeitsvermutung bei der GmbH wesentlich schwächer ist als bei der AG.[137] Die §§ 117, 127 HGB werden bei der GmbH als unanwendbar angesehen, da diese Regelung auf die besonderen Verhältnisse der Personengesellschaften mit Selbstorganschaft zugeschnitten sei. Damit kommt eine aufschiebende Wirkung einer Klage nicht in Betracht.[138] Da der Fremdgeschäftsführer den Beschluss der Gesellschafterversammlung nicht anfechten kann, muss er grds. mit der (anfechtbaren) Entscheidung leben, sofern nicht ein Gesellschafter Anfechtungsklage erhebt.

41 Ein Fremdgeschäftsführer kann einen Beschluss, ihn abzuberufen, zwar nicht anfechten. Sofern aber der Abberufungsbeschluss nichtig ist, kann er eine Nichtigkeitsklage erheben.[139] Regelmäßig wird er dann nur auf Feststellung des Fortbestehens der Geschäftsführerstellung klagen können.[140] Diese Befugnis steht erst recht dem Gesellschafter-Geschäftsführer zu,[141] der auch im Wege des einstweiligen Rechtsschutzes erreichen kann, dass er – vollumfänglich oder zumindest begrenzt – sein Amt weiter ausüben darf.[142] Auch wenn der Fremdgeschäftsführer kein Anfechtungsrecht hat, kann er jedoch u.U. eine Leistungsklage auf Wiederbestellung erheben.[143] Dies ist der Fall, wenn die Satzung ein entsprechendes Recht zur Geschäftsführung enthält und kein wichtiger Grund zur Abberufung vorliegt, oder wenn eine – grds. mögliche – besondere schuldrechtliche Verpflichtung aus dem Anstellungsvertrag besteht, den Geschäftsführer nur aus wichtigem Grund abzuberufen.[144]

42 Allerdings ergeben sich hinsichtlich der Wirksamkeit der Abberufung **Ausnahmen**. Hat der betroffene Gesellschafter-Geschäftsführer ein gesellschaftsvertragliches Sonderrecht zur Geschäftsführung, verliert er diese Position, sofern er der Abberufung nicht selbst zustimmt, erst nach Vorliegen eines rechtskräftigen Urteils.[145] Dies soll unabhängig davon gelten, ob die Stimmen des Gesellschafter-Geschäftsführers ausgereicht hätten, den Abberufungsbeschluss zu verhindern.[146] Damit ist eine Anfechtungsklage

136 Differenzierend MünchKommGmbHG/*Stephan/Tieves*, § 38 Rn. 151 ff.; a.A. *Paefgen*, in: Ulmer/Habersack/Löbbe, GmbHG, § 38 Rn. 209.

137 BGHZ 86, 180 f.; *Altmeppen*, in: Roth/Altmeppen, GmbHG, § 38 Rn. 60; *Diekmann/Marsch-Barner*, in: MünchHdbGmbHG, § 42 Rn. 67; *Beurskens*, in: Baumbach/Hueck, GmbHG, § 38 Rn. 46; a.A. *Kleindiek*, in: Lutter/Hommelhoff, GmbHG, § 38 Rn. 27; *U.H. Schneider/S.H. Schneider*, in: Scholz, GmbHG, § 38 Rn. 64.

138 BGHZ 86, 177, 180.

139 *Wicke*, GmbHG, § 38 Rn. 11; *Beurskens*, in: Baumbach/Hueck, GmbHG, § 38 Rn. 51; BGH, NZG 2008, 317, 319.

140 BGH, NJW-RR 2008, 317, Rn. 34; MünchKommGmbHG/*Stephan/Tieves*, § 38 Rn. 133.

141 *Beurskens*, in: Baumbach/Hueck, GmbHG, § 38 Rn. 52.

142 OLG Celle, GmbHR 1981, 264, 265.

143 *Kleindiek*, in: Lutter/Hommelhoff, GmbHG, § 38 Rn. 14; *Paefgen*, in: Ulmer/Habersack/Löbbe, GmbHG, § 38 Rn. 197; *Beurskens*, in: Baumbach/Hueck, GmbHG, § 38 Rn. 60.

144 *Beurskens*, in: Baumbach/Hueck, GmbHG, § 38 Rn. 60; s.a. *Diekmann/Marsch-Barner*, in: MünchHdbGmbHG, § 42 Rn. 56, und *Kleindiek*, in: Lutter/Hommelhoff, GmbHG, § 38 Rn. 14 (allerdings nur bzgl. Gesellschafter-Geschäftsführer).

145 *Altmeppen*, in: Roth/Altmeppen, GmbHG, § 38 Rn. 63 sowie *U.H. Schneider/S.H. Schneider*, in: Scholz, GmbHG, § 38 Rn. 66 (unter Rückgriff auf §§ 117, 127 HGB analog); im Ergebnis auch *Kleindiek*, in: Lutter/Hommelhoff, GmbHG, § 38 Rn. 34; *Paefgen*, in: Ulmer/Habersack/Löbbe, GmbHG, § 38 Rn. 216 (allerdings gegen eine analoge Anwendung).

146 *Beurskens*, in: Baumbach/Hueck, GmbHG, § 38 Rn. 39, 52.

wegen des Satzungsverstoßes zwar möglich, aber nicht erforderlich. Die anderen Gesellschafter können aber eine Klage auf Feststellung der Wirksamkeit des Abberufungsbeschlusses anstreben.[147] Außerdem können sie, da der Geschäftsführer bei bloßer Anfechtbarkeit zunächst sein Amt weiter ausüben darf, i.R.d. aufgrund einstweiligen Rechtsschutzes, eine vorläufige Regelung erlangen.[148]

Die Wirksamkeit der Abberufung eines zur Hälfte beteiligten Gesellschafter-Geschäftsführers in einer zweigliedrigen GmbH[149] sowie eines mehrheitsbeteiligten Gesellschafter-Geschäftsführers[150] hängt vom Vorliegen eines wichtigen Grundes ab. Unsicherheiten hinsichtlich der Wirksamkeit sind hinzunehmen, sodass die Abberufung erst mit rechtskräftigem Urteil wirksam wird. Keine Ausnahme ist jedoch bei der Abberufung eines minderheitsbeteiligten Geschäftsführers, der kein Sonderrecht zur Geschäftsführung hat, gegeben. Die Abberufung soll auch ohne Vorliegen eines wichtigen Grundes mit Zugang der Erklärung wirksam sein.[151] Der Minderheitsgesellschafter-Geschäftsführer kann in seiner Eigenschaft als Gesellschafter den Gesellschafterbeschluss anfechten. Bei Vorliegen eines entsprechenden rechtskräftigen Urteils wird der Abberufungsbeschluss unwirksam und der Gesellschafter rückt wieder in die Position des Geschäftsführers.[152] 43

Sofern **Nichtigkeit** oder **Unwirksamkeit** des Abberufungsbeschlusses vorliegt, kann sich hierauf jeder, und damit auch der Fremdgeschäftsführer oder ein Dritter, berufen.[153] 44

Ist das Ergebnis des Gesellschafterbeschlusses unter den Beteiligten streitig, weil der Abberufungsbeschluss nicht verbindlich festgestellt worden ist, kann eine Klärung des Beschlussergebnisses über eine allgemeine **Feststellungsklage** (§ 256 ZPO) erfolgen.[154] Dies ist vor allem der Fall, wenn Streit über den Stimmrechtsausschluss des Abzuberufenden besteht, weil dieser nur bei Vorliegen eines wichtigen Grundes gegeben und dessen Vorliegen umstritten ist. Die Erhebung dieser Klage ist nicht an eine Frist gebunden, sie kann aber nach gewisser Zeit verwirkt sein.[155] Solange unklar ist, ob ein Abberufungsbeschluss überhaupt gefasst wurde, kann der Geschäftsführer weiter im Amt bleiben.[156] Wird über das Vorliegen eines wichtigen Grundes gestritten, ist die Abberufung bis zur rechtskräftigen Feststellung ihrer Unwirksamkeit wirksam.[157] Eine vorläufige Regelung der Geschäftsführungs- und Vertretungsbefugnis soll durch einstweilige Verfügung erfolgen können.[158] 45

5. Wiederbestellung

Eine Wiederbestellung des abberufenen Geschäftsführers ist grds. möglich. Dies gilt auch dann, wenn er aus wichtigem Grund abberufen wurde. Allerdings kann eine solche Wiederbestellung treuwidrig sein. Das ist vor allem der Fall, wenn aufseiten des Geschäftsführers eine grobe Pflichtverletzung vorlag und die Gründe, die für diese ausschlaggebend waren, nicht weggefallen sind.[159] Eine nur vorläufige Amtsenthebung eines Geschäftsführers ist nach h.M. unzulässig.[160] 46

---

147 *Beurskens*, in: Baumbach/Hueck, GmbHG, § 38 Rn. 48.
148 *Beurskens*, in: Baumbach/Hueck, GmbHG, § 38 Rn. 52.
149 BGHZ 86, 177, 181 f.; OLG Stuttgart, GmbHR 1997, 312, 313; OLG Schleswig, OLGR 2007, 734, 735.
150 *Wicke*, GmbHG, § 38 Rn. 11; *Koppensteiner/Gruber*, in: Rowedder/Schmidt-Leithoff, GmbHG, § 38 Rn. 25.
151 *Koppensteiner/Gruber*, in: Rowedder/Schmidt-Leithoff, GmbHG, § 38 Rn. 26.
152 *U.H. Schneider/S.H. Schneider*, in: Scholz, GmbHG, § 38 Rn. 58a; *Beurskens*, in: Baumbach/Hueck, GmbHG, § 38 Rn. 41.
153 *U.H. Schneider/S.H. Schneider*, in: Scholz, GmbHG, § 38 Rn. 59; BGH, NJW-RR 2008, 706, 708.
154 BGH, NJW-RR 2008, 706, Rn. 33 f.; OLG Stuttgart, NJW-RR 1994, 811, 812.
155 BGH, GmbHR 1999, 477.
156 OLG Stuttgart, NJW-RR 1994, 811, 812; anders *Kleindiek*, in: Lutter/Hommelhoff, GmbHG, § 38 Rn. 32 (sofern personalistische GmbH).
157 *Fischer*, BB 2013, 2819, 2826 f.
158 *Koppensteiner/Gruber*, in: Rowedder/Schmidt-Leithoff, GmbHG, § 38 Rn. 27; *Beurskens*, in: Baumbach/Hueck, GmbHG, § 38 Rn. 41.
159 BGH, NJW 1991, 846.
160 *Altmeppen*, in: Roth/Altmeppen, GmbHG, § 38 Rn. 40.

II. Andere gleichwertige Einschränkungen

47 Die Möglichkeit der Abberufbarkeit kann auch über den Wortlaut des § 38 hinaus[161] in der Satzung von anderen Voraussetzungen abhängig gemacht werden, die nicht das Kriterium des »wichtigen Grundes« erfüllen. Denkbar ist auch, für eine wirksame Abberufung auf formelle Voraussetzungen abzustellen. So kann etwa eine schriftliche Begründung der Abberufung verlangt sowie das Erfordernis einer qualifizierten Beschlussmehrheit, eine Fristbindung oder ein bestimmtes Anhörungs- und Zustimmungserfordernis vorgesehen werden.[162] Auch eine solche Regelung hat in der Satzung zu erfolgen (s. Rdn. 19).

E. Einschränkungen in der mitbestimmten GmbH

48 Bei der Abberufung eines Geschäftsführers der mitbestimmten GmbH ist § 84 AktG zwingend zu beachten (§ 31 Abs. 1 MitbestG). Eine Abberufung, die durch den Aufsichtsrat vorzunehmen ist, kann nur bei Vorliegen eines wichtigen Grundes erfolgen. § 38 gilt somit nicht. Anders ist das, wenn die Gesellschaft dem DrittelbG unterliegt. Bei der mitbestimmten GmbH kann ein »wichtiger Grund« schon in einem Vertrauensentzug durch die Gesellschafterversammlung liegen, sofern das Vertrauen nicht aus offensichtlich unsachlichen Gründen entzogen wurde (§ 84 Abs. 3 Satz 2 AktG).[163] In der Satzung können die Möglichkeiten der Abberufung nicht dadurch erweitert werden, dass beliebige Gründe als »wichtig« bezeichnet werden.[164]

49 Auch für Streitigkeiten über die Wirksamkeit einer Abberufung des Geschäftsführers gibt es bei der mitbestimmten GmbH Besonderheiten. Hier ist die Abberufung bis zu dem Zeitpunkt wirksam, in dem die Unwirksamkeit rechtskräftig festgestellt wird (§ 3 Abs. 2 MontanMitbestG, § 31 Abs. 1 MitbestG i.V.m. § 84 Abs. 3 Satz 4 AktG).

50 Erreicht die GmbH erst nach Bestellung des Geschäftsführers die Größenordnung des MitbestG, können die Geschäftsführer, auch wenn deren Amtszeit 5 Jahre überschreitet, nach Ablauf von 5 Jahren ohne Vorliegen eines wichtigen Grundes abberufen werden. Dies legt die zwingende Regelung des § 37 Abs. 3 Satz 5 i.V.m. Satz 1 MitbestG fest. Ein evtl. bei einem Gesellschafter bestehendes Sonderrecht zur Geschäftsführung steht dem nicht entgegen. Sobald die Bekanntmachung nach § 97 Abs. 1 AktG unanfechtbar geworden oder die gerichtliche Entscheidung im Statusverfahren nach § 98 AktG in Rechtskraft erwachsen ist, beginnt die 5-Jahresfrist zu laufen.[165] Die erforderliche Mehrheit für den Beschluss des Aufsichtsrats richtet sich nach § 37 Abs. 3 Satz 2 MitbestG und nicht nach § 31 Abs. 5 i.V.m. Abs. 2 MitbestG. Dies soll bereits gelten, wenn die Voraussetzungen des MitbestG schon vor Eintragung der Gesellschaft ins Handelsregister vorlagen.[166]

51 Fällt die GmbH nachträglich aus der Größenordnung des MitbestG heraus, bleiben die Geschäftsführer bis zum Befristungsende im Amt. Danach endet ihre Bestellung, und das zuständige Organ kann eine Neubestellung vornehmen.[167]

F. Rechtsschutz

I. Einstweiliger Rechtsschutz

52 In den Fällen, in denen die Abberufung des Geschäftsführers erst mit rechtskräftigem Urteil wirksam wird, können die **Gesellschaft** und die Gesellschafter sich im Wege einer einstweiligen

161 *Schmidt*, in: Ensthaler/Füller/Schmidt, GmbHG, § 38 Rn. 6 (»als Minus zum Fall des wichtigen Grundes«).
162 *Schmidt*, in: Ensthaler/Füller/Schmidt, GmbHG, § 38 Rn. 6.
163 OLG Stuttgart, ZIP 1985, 539; *Schmidt*, in: Ensthaler/Füller/Schmidt, GmbHG, § 38 Rn. 12.
164 *Paefgen*, in: Ulmer/Habersack/Löbbe, GmbHG, § 38 Rn. 28; *Beurskens*, in: Baumbach/Hueck, GmbHG, § 38 Rn. 22.
165 *Terlau*, in: Michalski/Heidinger/Leible/J. Schmidt, GmbHG, § 38 Rn. 13; *Beurskens*, in: Baumbach/Hueck, GmbHG, § 38 Rn. 23 m.w.N. auch zur a.A.
166 *Paefgen*, in: Ulmer/Habersack/Löbbe, GmbHG, § 6 Rn. 32.
167 *Beurskens*, in: Baumbach/Hueck, GmbHG, § 38 Rn. 24.

Verfügung schützen. Dem Geschäftsführer können sowohl einzelne Maßnahmen untersagt als auch ein umfassendes **Tätigkeitsverbot** verhängt werden, soweit nicht dessen gesetzliche Pflichten berührt sind.[168] Die Geschäftsführungs- und Vertretungsbefugnis kann einstweilen entzogen bzw. die Geschäftsführung und Vertretung einstweilen verboten werden.[169] Sofern alle Gesellschafter aufgrund ihrer Treuepflicht zur Zustimmung hinsichtlich der Abberufung verpflichtet sind, soll auch ein einzelner Gesellschafter zur Sicherung der Gesellschaft im Wege einer einstweiligen Verfügung gegen ihn ein (begrenztes oder umfassendes) Tätigkeitsverbot erwirken können.[170] Schließlich zählt die rechtsmissbräuchliche Stimmabgabe bei der Feststellung des Beschlussergebnisses nicht mit.[171]

Möglich sind neben einem Tätigkeitsverbot aber auch Zutritts- und Einsichtsverbote.[172] Nicht möglich ist dagegen ein einstweiliger Rechtsschutz dahin gehend, bereits die Gesellschafterversammlung zu verhindern, in der über die Abberufung des Geschäftsführers entschieden werden soll.[173] 53

Der **Fremdgeschäftsführer** hat im Vorfeld eines Gesellschafterbeschlusses keine Möglichkeiten, einstweiligen Rechtsschutz zu begehren, da es hier um die gesellschafterliche Willensbildung geht, in die er nicht eingreifen darf und kann.[174] Nach Zugang der Abberufungserklärung kann der Geschäftsführer keinen einstweiligen Rechtsschutz begehren, wenn er die **Anfechtbarkeit** des Abberufungsbeschlusses geltend macht, da dieser wirksam ist und der Geschäftsführer selbst hiergegen nicht vorgehen kann.[175] 54

Ob der Geschäftsführer einstweiligen Rechtsschutz begehren kann, wenn er sich auf die **Nichtigkeit** des zugrunde liegenden Beschlusses beruft, wird unterschiedlich beurteilt.[176] Nach einer Auffassung kann der Geschäftsführer in diesem Fall auf die Weiterführung seiner Geschäftsführungsbefugnis hinwirken, so etwa den Zugang zu den Räumlichkeiten der Gesellschaft oder die Einsicht in Geschäftsunterlagen erzwingen.[177] Die Gegenauffassung lehnt dies mit Hinweis auf den Rechtsgedanken des § 84 Abs. 3 Satz 4 AktG ab. Hierdurch habe der Gesetzgeber zum Ausdruck gebracht, dass im Interesse des Rechtsverkehrs Organfragen grds. nicht vorläufig geregelt werden sollen.[178] Höchstrichterlich ist diese Frage nicht entschieden. Der BGH hat lediglich betont, dass dem Geschäftsführer nur bei Nichtigkeit und nicht bei Anfechtbarkeit des Beschlusses die allgemeine Feststellungsklage nach § 256 ZPO offen steht.[179] Eine Aussage über einen einstweiligen Rechtsschutz ist der Entscheidung nicht zu entnehmen. 55

Ein einseitiger einstweiliger Rechtsschutz scheidet auch dann aus, wenn sich die beiden einzigen Gesellschafter-Geschäftsführer gegenseitig aus wichtigem Grund abberufen haben und der wichtige Grund bei beiden vorliegen kann.[180] 56

168 BGH, WM 1983, 83, 85; OLG Karlsruhe, GmbHR 1983, 154; OLG München, GmbHR 2013, 714, Rn. 14; *U.H. Schneider/S.H. Schneider*, in: Scholz, GmbHG, § 38 Rn. 68; *Beurskens*, in: Baumbach/Hueck, GmbHG, § 38 Rn. 66.

169 OLG Naumburg, GmbHR 2014, 714, Rn. 7.

170 OLG Frankfurt am Main, NJW-RR 1999, 257, 258; *Koppensteiner/Gruber*, in: Rowedder/Schmidt-Leithoff, GmbHG, § 38 Rn. 18; *U.H. Schneider/S.H. Schneider*, in: Scholz, GmbHG, § 38 Rn. 20.

171 BGHZ 102, 172, 176; BGH, NJW 1991, 846.

172 *Jacoby*, in: Bork/Schäfer, GmbHG, § 38 Rn. 56; *Beurskens*, in: Baumbach/Hueck, GmbHG, § 38 Rn. 66.

173 OLG Jena, NZG 2002, 89.

174 OLG Hamm, GmbHR 2002, 327; *U.H. Schneider/S.H. Schneider*, in: Scholz, GmbHG, § 38 Rn. 74; *Beurskens*, in: Baumbach/Hueck, GmbHG, § 38 Rn. 67.

175 *U.H. Schneider/S.H. Schneider*, in: Scholz, GmbHG, § 38 Rn. 77 (mit Hinweisen zu der Ansicht, solange Ungewissheit herrsche, ob ein Gesellschafter anfechte, bestehe für den Geschäftsführer die Möglichkeit eines einstweiligen Rechtsschutzes).

176 OLG Stuttgart, WM 1985, 600, 601; *Paefgen*, in: Ulmer/Habersack/Löbbe, GmbHG, § 38 Rn. 225 (für Gesellschafter-Geschäftsführer); a.A. OLG Hamm, GmbHR 2002, 327 (für Fremdgeschäftsführer).

177 *Altmeppen*, in: Roth/Altmeppen, GmbHG, § 38 Rn. 71.

178 OLG Hamm, GmbHR 2002, 327; a.A. *Altmeppen*, in: Roth/Altmeppen, GmbHG, § 38 Rn. 73 (bei erheblichen Zweifeln am wichtigen Grund); dazu insgesamt *Werner*, GmbHR 2015, 1297 ff.

179 BGH, NJW-RR 2008, 706.

180 OLG Düsseldorf, NJW 1989, 172, 173; *Jacoby*, in: Bork/Schäfer, GmbHG, § 38 Rn. 58; *Kleindiek*, in: Lutter/Hommelhoff, GmbHG, § 38 Rn. 38.

II. Hauptsacheverfahren

57 Einem festgestellten Abberufungsbeschluss kann grds. mit der **Anfechtungs- und Nichtigkeitsklage** durch jeden Gesellschafter begegnet werden (§§ 246, 249 AktG analog). Ein Fremdgeschäftsführer kann lediglich im Ausnahmefall (§ 245 Nr. 5 AktG analog) anfechten.[181] Ist der Beschluss nicht festgestellt, kann Feststellungsklage nach § 256 ZPO erhoben werden.[182] Die Erhebung der Feststellungsklage ist auch dem Fremdgeschäftsführer möglich.[183]

58 Erfolgt die Abberufung aus wichtigem Grund, kann die Gesellschaft im Prozess noch weitere wichtige Gründe nachschieben, sofern sie bereits bei der Abberufung des Geschäftsführers vorgelegen haben.[184] Regelmäßig ist hierfür jedoch ein erneuter Beschluss der Gesellschafterversammlung erforderlich. Dies ist jedoch dann nicht notwendig, wenn die abstimmungsberechtigten Personen, wie etwa in der Zweipersonen-GmbH, mit den die Gesellschaft im Prozess vertretenden Personen übereinstimmen.[185]

59 Im Prozess bezüglich der Wirksamkeit eines Abberufungsbeschlusses erfolgt eine **Vertretung** der Gesellschaft durch den (fakultativen oder zwingenden) Aufsichtsrat. Besteht ein solcher nicht, können die Gesellschafter Vertreter bestellen (§ 46 Nr. 8) oder ansonsten als Gesellschafterversammlung die Gesellschaft vertreten.[186] Im Rechtsstreit, den der (ehemalige) Geschäftsführer dahin gehend führt, dass die Abberufung wirksam ist, wird die Gesellschaft durch die Geschäftsführer vertreten.

G. Folgen der Beendigung der Organstellung

I. Fortbestehende Pflichten

60 Mit Beendigung der Organstellung endet nicht nur die Vertretungsbefugnis, sondern auch die Geschäftsführungsbefugnis ex nunc.[187] Zahlreiche Organpflichten wirken jedoch fort. Das ist etwa der Fall in Bezug auf ein (nachvertragliches) Wettbewerbsverbot, auf die Verschwiegenheitspflicht,[188] auf eine Informationspflicht ggü. der GmbH,[189] aber auch auf Organpflichten, die an das Wissen des ehemaligen Geschäftsführers anknüpfen.[190]

61 Umstritten ist, ob der ehemalige Geschäftsführer nach § 49 Abs. 3 berechtigt und verpflichtet ist, eine Gesellschafterversammlung einzuberufen, wenn er noch ins Handelsregister eingetragen ist. Dies ist jedoch abzulehnen.[191] Zwar lässt sich anführen, dass ein Einberufungsrecht aus Rechtssicherheitsgründen aufgrund der Handelsregistereintragung geboten sein kann, allerdings ist die Eintragung ins Handelsregister nur deklaratorisch, d.h. die Rechte und Pflichten enden grds. mit dem »Ausscheiden« als Geschäftsführer.

62 Liegen zwischen dem Ausscheiden des Geschäftsführers und einem Insolvenzantrag weniger als 2 Jahre, ist der Geschäftsführer insolvenzrechtlich zur Auskunft und zur Abgabe der eidesstattlichen Versicherung verpflichtet (§§ 101 Abs. 1 Satz 2, 97 Abs. 1, 98 InsO). Obwohl mit Beendigung der Organstellung auch die Vertretungsmacht erlischt, treffen den ausgeschiedenen Geschäftsführer gem. § 36 AO die in §§ 34, 35 AO normierten steuerverfahrensrechtlichen Pflichten.[192] Eine »Wiedereinsetzung« des Geschäftsführers hat durch erneute Bestellung i.S.d. § 6 zu erfolgen.

---

181 BGH, NJW-RR 2008, 706.
182 BGH, NJW-RR 2008, 706; *Werner*, GmbHR 2015, 1297 ff.
183 *Jacoby*, in: Bork/Schäfer, GmbHG, § 38 Rn. 54.
184 BGH, GmbHR 1992, 38.
185 BGH, GmbHR 1992, 38.
186 *Terlau*, in: Michalski/Heidinger/Leible/J. Schmidt, GmbHG, § 38 Rn. 74.
187 OLG Karlsruhe, GmbHR 1996, 208, 209; OLG Schleswig, OLGR 2007, 734, 735.
188 BGHZ 91, 1, 6.
189 BGH, DStR 1993, 1752, 1753; OLG Hamm, ZIP 1980, 280, 281.
190 *Buck*, Wissen und juristische Person, 2001, S. 239 ff.
191 *Hüffer/Schürnbrand*, in: Ulmer/Habersack/Löbbe, GmbHG, § 49 Rn. 7; *Beurskens*, in: Baumbach/Hueck, GmbHG, § 38 Rn. 93; a.A. OLG Düsseldorf, NZG 2004, 916, 921; *Bayer*, Lutter/Hommelhoff, GmbHG, § 49 Rn. 2; *Diekmann/Marsch-Barner*, in: MünchHdbGmbHG, § 45 Rn. 48.
192 So *Beurskens*, in: Baumbach/Hueck, GmbHG, § 38 Rn. 94.

II. Folgen für das Anstellungsverhältnis

Regelmäßig wird in der Kündigung des Anstellungsvertrags eine konkludente Abberufung gesehen.[193] Jedenfalls wird der Geschäftsführer nicht die Geschäftsführung ohne Anstellungsverhältnis weiterführen wollen.[194] Eine Ausnahme soll nach der Rechtsprechung nur dann bestehen, wenn die Bestellung nicht auf dem Anstellungsvertrag beruht.[195] 63

In einer Abberufung ist aber nicht gleichzeitig eine Kündigung des Anstellungsverhältnisses zu sehen (s. auch Anh. § 6 Rdn. 93 ff.). Da die Organstellung des Geschäftsführers vom Anstellungsverhältnis zu unterscheiden ist, bleibt vor allem bei einer Abberufung nach Abs. 1 das Anstellungsverhältnis regelmäßig bestehen.[196] Letztendlich ist das eine Frage der Auslegung des zugrunde liegenden Gesellschafterbeschlusses. Vertreten wird, der Geschäftsführer habe bei einer Abberufung das Recht zur außerordentlichen fristlosen Kündigung.[197] Grds. hat der Geschäftsführer nach der Abberufung aber keinen »anstellungsvertraglichen Beschäftigungsanspruch«,[198] d.h. ein anstellungsvertragliches Recht auf weiteren Verbleib im Amt. Den Interessen des Geschäftsführers wird dadurch Rechnung getragen, dass er nach wie vor einen Vergütungsanspruch mit der Einschränkung aus § 615 Satz 2 BGB hat.[199] Es besteht zudem kein Anspruch auf Beschäftigung in einer seiner früheren Tätigkeit vergleichbaren leitenden Funktion. Bei einer Abberufung aus wichtigem Grund wird gleichzeitig eine Kündigung anzunehmen sein.[200] Vorteilhaft kann es sein, in den Anstellungsvertrag eine sog. **Koppelungsklausel** aufzunehmen, wonach die Abberufung gleichzeitig als ordentliche Kündigung des Anstellungsvertrags gelten soll[201] bzw. wonach der Anstellungsvertrag durch die Beendigung der Organstellung auflösend bedingt wird.[202] Zu deren Zulässigkeit näher bei Anh. § 6 Rdn. 4. 64

Ob dem Geschäftsführer ein Recht auf vollen Ersatz des »durch die Aufhebung des Dienstverhältnisses entstehenden Schadens« (§ 628 Abs. 2 BGB) zuzubilligen ist, ist umstritten.[203] Abzulehnen ist dies schon deshalb, weil sich die Gesellschaft mit einer ordnungsgemäßen Abberufung nicht vertragswidrig verhält. 65

H. Andere Beendigungsgründe hinsichtlich der Organstellung

I. Allgemeine Beendigungsgründe

Die Geschäftsführerstellung kann auch durch eine **Befristung** des Organverhältnisses in der Satzung und im Bestellungsbeschluss beendet werden. Ein sachlicher Grund hierfür ist grds. nicht erforderlich.[204] In der mitbestimmten GmbH ist die Befristung auf 5 Jahre zwingend (§ 84 Abs. 1 Satz 1 AktG analog). Die Organstellung endet dann automatisch, ohne dass es einer gesonderten 66

193 BGHZ 12, 1, 9; BGHZ 79, 38, 41; *Altmeppen*, in: Roth/Altmeppen, GmbHG, § 38 Rn. 7; *U.H. Schneider/S.H. Schneider*, in: Scholz, GmbHG, § 38 Rn. 34.

194 BGHZ 79, 38, 41; OLG Köln, GmbHR 1991, 156, 157.

195 BGH, WM 1981, 1200, 1201; ablehnend *Paefgen*, in: Ulmer/Habersack/Löbbe, GmbHG, § 38 Rn. 8; *U.H. Schneider/S.H. Schneider*, in: Scholz, GmbHG, § 38 Rn. 6.

196 BGH, NJW 2003, 351 f.

197 Dazu *Röhrborn*, BB 2014, 1987 ff.; offen gelassen bei OLG Karlsruhe, GmbHR 2003, 771, Rn. 52; wohl bejahend BGH, GmbHR 2003, 100, Rn. 12.

198 BGH, NJW 2011, 920 f.; BGH, NJW 2012, 1656, Rn. 15; OLG München, GmbHR 2016, 875 ff., Rn. 92 (i.d.R. auch nicht auf eine Tätigkeit unterhalb der Organebene); *Kothe/Heggemann/Schelp*, GmbHR 2011, 75 ff.; *Diller*, NZG 2011, 254 ff.

199 BGH, 6.3.2012 – II ZR 76/11, juris, Rn. 15; OLG München, GmbHR 2016, 875 ff., Rn. 105.

200 *Altmeppen*, in: Roth/Altmeppen, GmbHG, § 38 Rn. 5; *U.H. Schneider/S.H. Schneider*, in: Scholz, GmbHG, § 38 Rn. 35.

201 OLG Hamm, BeckRS 2007, 5083.

202 OLG Saarbrücken, ZIP 2013, 1821 ff.; *Werner*, NZA 2015, 1234 ff.; a.A. *v. Westphalen*, BB 2015, 834 ff., der diese wegen § 307 Abs. 2 Nr. 1 BGB für unwirksam hält.

203 Bejahend *U.H. Schneider/S.H. Schneider*, in: Scholz, GmbHG, § 38 Rn. 34; verneinend BGH, NJW 2003, 351 f.; BAG, GmbHR 2003, 105, 108; OLG Karlsruhe, GmbHR 2003, 771, 772.

204 *Beurskens*, in: Baumbach/Hueck, GmbHG, § 38 Rn. 80.

Erklärung eines Organs bedarf. Die Bestellung kann auch unter einer **auflösenden Bedingung** erfolgen.[205] Da die Beendigung der Geschäftsführerstellung nach § 39 unverzüglich zum Handelsregister anzumelden ist, besteht nach § 15 HGB ein hinreichender Schutz für Dritte.

67 Ein Ende ist auch durch **Tod** des Geschäftsführers möglich. Zwar kann im Gesellschaftsvertrag eine Eintritts- oder Nachfolgeklausel enthalten sein, dies führt allerdings noch nicht zu einem Übergang der Organstellung auf den Erben.[206] Beendigungsgrund kann auch der Verlust der unbeschränkten **Geschäftsfähigkeit**[207] oder der Verlust der Eignungsvoraussetzungen nach § 6 Abs. 2[208] sein. Die Organstellung wird auch bei Umwandlung oder Verschmelzung der Gesellschaft automatisch beendet.[209]

68 Dagegen führen eine **Insolvenzeröffnung** und Auflösung der Gesellschaft grds. nicht zur Beendigung der Organstellung oder des Anstellungsverhältnisses (§§ 101 Abs. 1, 108 Abs. 1 InsO bzw. § 66 GmbHG).[210] Anders kann das sein, wenn in der Satzung andere als Liquidatoren berufen wurden.[211] Ebenso endet die Organstellung nicht, wenn der Geschäftsführer eine in der Satzung vorausgesetzte Eigenschaft, etwa die Familienzugehörigkeit, verliert.[212] Auch eine Satzungsänderung hinsichtlich der Amtszeit des Geschäftsführers beendet das Amt nicht. Daher muss der unbefristet bestellte Geschäftsführer bei nachträglicher Befristung eigens abberufen werden.[213] Allerdings führen die **Verschmelzung** zur Aufnahme und durch Neugründung (§§ 36 Abs. 1 S. 1, 20 Abs. 1 Nr. 2 UmwG) zur Beendigung der Geschäftsführerbestellung, da hier die GmbH erlischt.[214]

II. Amtsniederlegung

69 Die Beendigung des Amts ist auch durch Amtsniederlegung mit sofortiger Wirkung[215] aufgrund einer formfreien einseitigen empfangsbedürftigen Erklärung des Geschäftsführers möglich.[216] Es gelten die allgemeinen Regeln über den Zugang von Willenserklärungen.[217] Zu beachten ist jedoch, dass bei der Anmeldung der Amtsniederlegung zum Handelsregister eine Urkunde i.S.d. § 39 Abs. 2 beizufügen ist.[218] Auch eine fristgebundene Erklärung kommt in Betracht.[219] Die Amtsniederlegung kann auch unter der aufschiebenden Bedingung der Eintragung im Handelsregister erklärt werden.[220] Ein wichtiger Grund ist nicht erforderlich.[221] Der Gesellschaftsvertrag kann die

205 BGH, GmbHR 2006, 46, 47; OLG Stuttgart, GmbHR 2004, 417, 420; *Kleindiek*, in: Lutter/Hommelhoff, GmbHG, § 38 Rn. 40; *Beurskens*, in: Baumbach/Hueck, GmbHG, § 38 Rn. 81; a.A. *Diekmann/Marsch-Barner*, in: MünchHdbGmbHG, § 42 Rn. 39.

206 *U.H. Schneider/S.H. Schneider*, in: Scholz, GmbHG, § 38 Rn. 4; a.A. *Beurskens*, in: Baumbach/Hueck, GmbHG, § 38 Rn. 84.

207 Vgl. BGHZ 115, 78, 80; BayObLG, DB 1982, 2129; OLG Düsseldorf, GmbHR 1994, 114; OLG München, NJW-RR 1990, 1450, 1451.

208 *U.H. Schneider/S.H. Schneider*, in: Scholz, GmbHG, § 38 Rn. 9.

209 *Paefgen*, in: Ulmer/Habersack/Löbbe, GmbHG, § 38 Rn. 291; *Beurskens*, in: Baumbach/Hueck, GmbHG, § 38 Rn. 87.

210 *Kleindiek*, in: Lutter/Hommelhoff, GmbHG, § 38 Rn. 40; *Terlau*, in: Michalski/Heidinger/Leible/J. Schmidt, GmbHG, § 38 Rn. 92; *Beurskens*, in: Baumbach/Hueck, GmbHG, § 38 Rn. 89 f.

211 *Beurskens*, in: Baumbach/Hueck, GmbHG, § 38 Rn. 89.

212 *U.H. Schneider/S.H. Schneider*, in: Scholz, GmbHG, § 38 Rn. 9.

213 *Beurskens*, in: Baumbach/Hueck, GmbHG, § 38 Rn. 86.

214 *Terlau*, in: Michalski/Heidinger/Leible/J. Schmidt, GmbHG, § 38 Rn. 90; *Paefgen*, in: Ulmer/Habersack/Löbbe, GmbHG, § 38 Rn. 291.

215 Unabhängig vom Schicksal des Anstellungsvertrags, vgl. BGH, NJW 1978, 1435, 1436; BGHZ 121, 257, 261.

216 BGHZ 133, 370, 375; BGH, NJW 1993, 1198, 1199; BGH, GmbHR 2002, 26, 28.

217 BGH, GmbHR 2011, 925, Rn. 14 f.

218 OLG Naumburg, NZG 2001, 853 f.; OLG Hamm, NZG 2003, 131, 132; OLG Düsseldorf, NZG 2004, 1068, 1069; *Beurskens*, in: Baumbach/Hueck, GmbHG, § 38 Rn. 76.

219 BGH, NJW-RR 2003, 756, 757.

220 BGH, GmbHR 2011, 925, Rn. 8.

221 BGHZ 121, 257, 261; BGH, NJW 1995, 2850, 2851; OLG Düsseldorf, GmHR 2015, 1271 Rn 14; OLG Bamberg, GmbHR 2017, 1144 f.

Möglichkeit einer Niederlegung an bestimmte Voraussetzungen knüpfen und dadurch die Möglichkeit der Amtsniederlegung beschränken (Befristung, Erfordernis eines wichtigen Grundes).[222] Völlig ausschließen kann er diese jedoch nicht.[223]

70 **Adressat** der Amtsniederlegungserklärung ist das für die Bestellung zuständige Organ. Dies sind i.d.R. die Gesellschafter bzw. die Gesellschafterversammlung.[224] Die Abgabe ggü. einem Mitgeschäftsführer genügt daher nicht.[225] Nach § 35 Abs. 2 Satz 1 GmbHG analog ist bei mehreren Gesellschaftern die Erklärung einem Gesellschafter ggü. ausreichend, selbst wenn Gesamtvertretung besteht.[226] Es soll nicht darauf ankommen, ob er die übrigen Gesellschafter davon in Kenntnis setzt.[227] Der Geschäftsführer darf auf eine Weiterleitung vertrauen.[228] Im Schrifttum wird diese Rechtsprechung teilweise auf diejenigen Fälle beschränkt, in denen ein überschaubarer Gesellschafterkreis existiert, wobei allerdings schon auf die Abgrenzungsschwierigkeiten hingewiesen wird.[229] Jedenfalls soll es ausreichend sein, dass die Amtsniederlegungserklärung einer Person zugeht, die zugleich (weiterer) Geschäftsführer und Mitgesellschafter ist.[230] Die einseitige Erklärung des Geschäftsführers kann schriftlich, aber auch mündlich erfolgen.[231]

71 Die Niederlegung des Amtes soll ausreichend sein. Eine gleichzeitige (fristlose) Kündigung des **Anstellungsvertrags** ist dann nicht notwendig,[232] sodass es auf die Kündigungsfristen dieses vertraglichen Verhältnisses nicht ankommt.[233] Gleichwohl kann eine unbegründete Amtsniederlegung zur Verletzung der anstellungsvertraglichen Pflichten und damit zu einer Schadensersatzpflicht führen. Dabei kommt auch eine Haftung nach § 43 Abs. 2 in Betracht.[234] Legt der Geschäftsführer sein Amt nieder, kann die Gesellschaft ihrerseits regelmäßig den Anstellungsvertrag aus wichtigem Grund kündigen.[235]

72 Sofern aufgrund der Satzung ein **wichtiger Grund** zur Amtsniederlegung erforderlich ist, ist ein solcher immer dann gegeben, wenn die Fortführung des Amtes für den Geschäftsführer unzumutbar ist.[236] Das ist etwa der Fall, wenn die Gesellschafterversammlung gesetzwidrige oder aus anderen Gründen unzumutbare Weisungen erteilt,[237] oder wenn das Vertrauensverhältnis zu den Gesellschaftern oder einem anderen Gesellschaftsorgan nachhaltig gestört ist.[238] Denkbar sind auch persönliche Umstände, wie Alter oder Krankheit. Dagegen soll die bloße Verweigerung einer Entlastung nicht ausreichend sein.[239]

---

222 *U.H. Schneider/S.H. Schneider*, in: Scholz, GmbHG, § 38 Rn. 88.
223 *Paefgen*, in: Ulmer/Habersack/Löbbe, GmbHG, § 38 Rn. 271; *Terlau*, in: Michalski/Heidinger/Leible/J. Schmidt, GmbHG, § 38 Rn. 83.
224 OLG Hamm, GmbHR 2010, 1092 f.
225 OLG Düsseldorf, NJW-RR 2005, 1199.
226 BGH, GmbHR 2002, 26, 27.
227 BGHZ 149, 28, 31.
228 BGHZ 149, 28, 31, 32.
229 *U.H. Schneider/S.H. Schneider*, in: Scholz, GmbHG, § 38 Rn. 91.
230 OLG Hamm, GmbHR 2010, 1092 f.
231 BGHZ 121, 257, 262.
232 BGH, NJW 1978, 1435, 1436; BGHZ 78, 82, 84 f.; *U.H. Schneider/S.H. Schneider*, in: Scholz, GmbHG, § 38 Rn. 85.
233 *U.H. Schneider/S.H. Schneider*, in: Scholz, GmbHG, § 38 Rn. 87.
234 OLG Koblenz, NJW-RR 1995, 730, 731; a.A. *U.H. Schneider/S.H. Schneider*, in: Scholz, GmbHG, § 38 Rn. 89.
235 BGHZ 78, 82, 85.
236 *Paefgen*, in: Ulmer/Habersack/Löbbe, GmbHG, § 38 Rn. 282; *Schmidt*, in: Ensthaler/Füller/Schmidt, GmbHG, § 38 Rn. 25.
237 BGHZ 78, 82, 89.
238 *Koppensteiner/Gruber*, in: Rowedder/Schmidt-Leithoff, GmbHG, § 38 Rn. 33; *Schmidt*, in: Ensthaler/Füller/Schmidt, GmbHG, § 38 Rn. 25.
239 *Schmidt*, in: Ensthaler/Füller/Schmidt, GmbHG, § 38 Rn. 25.

73 Vor dem MoMiG konnte nach herrschender Meinung eine Amtsniederlegung wegen **Rechtsmissbrauchs** unwirksam sein, insb. wenn sie zur Unzeit erfolgte (Rechtsgedanke der §§ 627 Abs. 2, 671 Abs. 2 BGB).[240] Dies sollte auch dann gelten, wenn der einzige Geschäftsführer und Alleingesellschafter die Niederlegung seines Amtes erklärte und keinen Nachfolger vorschlug bzw. ihn bestellt hatte.[241] Die Amtsniederlegung sollte in diesem Fall körperschaftsrechtlich unwirksam sein.[242] Ebenso sah die Rechtsprechung es als rechtsmissbräuchlich an, wenn durch die Amtsniederlegung des Geschäftsführers die insolvenzrechtlichen Pflichten beeinträchtigt wurden, insb., indem die notwendige Stellung eines Insolvenzantrags unterblieb.[243]

74 Ob die h.L. an dieser Auffassung festhält, bleibt angesichts der nun geltenden Regelungen zur gesetzlichen Empfangsvertretung (§ 35 Abs. 1 Satz 2) und zur Insolvenzantragspflicht der Gesellschafter (§ 15a Abs. 3 InsO) bei Führungslosigkeit der GmbH abzuwarten.[244] Grund für die Unwirksamkeit einer rechtsmissbräuchlichen Amtsniederlegung ist das Ziel, im Interesse des Rechtsverkehrs die Handlungsfähigkeit der GmbH aufrechtzuerhalten. Da die GmbH nunmehr durch die Gesellschafter zum Schutz der Gläubiger zumindest rudimentär Handlungsfähigkeit besitzt, müsste der Geschäftsführer sein Amt eigentlich mit sofortiger Wirkung niederlegen können.[245] Die Rechtsprechung hält jedenfalls am Gedanken des Rechtsmissbrauchs auch nach Inkrafttreten des MoMiG fest.[246]

75 Stellt sich im **Prozess** heraus, dass die Amtsniederlegung unrechtmäßig war, führt dies nicht zum Wiederaufleben des Geschäftsführeramts. Soll der Geschäftsführer wieder für die Gesellschaft tätig sein, ist er erneut zu bestellen.[247] Sofern jedoch einem Gesellschafter-Geschäftsführer in der Satzung ein Sonderrecht zur Geschäftsführung zugestanden wurde, geht dieses mit der Amtsniederlegung nicht verloren.[248]

§ 39 Anmeldung der Geschäftsführer

(1) Jede Änderung in den Personen der Geschäftsführer sowie die Beendigung der Vertretungsbefugnis eines Geschäftsführers ist zur Eintragung in das Handelsregister anzumelden.

(2) Der Anmeldung sind die Urkunden über die Bestellung der Geschäftsführer oder über die Beendigung der Vertretungsbefugnis in Urschrift oder öffentlich beglaubigter Abschrift beizufügen.

(3) [1]Die neuen Geschäftsführer haben in der Anmeldung zu versichern, dass keine Umstände vorliegen, die ihrer Bestellung nach § 6 Abs. 2 Satz 2 Nr. 2 und 3 sowie Satz 3 entgegenstehen

240 OLG Hamm, GmbHR 1989, 35, 36; BayObLG, GmbHR 1999, 980; OLG Düsseldorf, NJW-RR 2001, 609, 610; KG Berlin, GmbHR 2001, 147; *Kleindiek*, in: Lutter/Hommelhoff, GmbHG, § 38 Rn. 44.

241 OLG Düsseldorf, NJW-RR 2001, 609, 610; OLG Hamburg, OLGR 2005, 169, 170; weitergehend OLG Köln, NZG 2008, 340, 342 (für den einzigen Geschäftsführer und Mehrheitsgesellschafter); a.A. *Altmeppen*, in: Roth/Altmeppen, GmbHG, § 38 Rn. 82; *Terlau*, in: Michalski/Heidinger/Leible/J. Schmidt, GmbHG, § 38 Rn. 84.

242 OLG Köln, NZG 2008, 340, 341; OLG Zweibrücken, GmbHR 2006, 430, 431; BayObLG, NZG 1999, 1003; *Kleindiek*, in: Lutter/Hommelhoff, GmbHG, § 38 Rn. 42; *U.H. Schneider/S.H. Schneider*, in: Scholz, GmbHG, § 38 Rn. 90a; a.A. *Beurskens*, in: Baumbach/Hueck, GmbHG, § 38 Rn. 77 unter Hinweis auf Verkehrssicherheitsgründe.

243 BGH, NJW 2003, 3787, 3789.

244 Vgl. RegE MoMiG S. 107; s.a MünchKommGmbHG/*Stephan/Tieves*, § 38 Rn. 59 f.

245 So auch *Terlau*, in: Michalski/Heidinger/Leible/J. Schmidt, GmbHG, § 38 Rn. 84, und *Beurskens*, in: Baumbach/Hueck, GmbHG, § 38 Rn. 70, die ausnahmslos von einer sofortigen Wirksamkeit ausgehen und der Gesellschaft stattdessen einen Schadensersatzanspruch zugestehen, a.A. *U.H. Schneider/S.H. Schneider*, in: Scholz, GmbHG, § 38 Rn. 90a: Amtsniederlegung eines Alleingesellschafter-Geschäftsführer nur wirksam, wenn zugleich neuer Geschäftsführer bestellt.

246 OLG Düsseldorf, GmbHR 2015, 1271, Rn. 17; s.a. OLG Bamberg, GmbHR 2017, 1144 f.; dazu *Mielke/Heinemann*, ZIP 2017, 1941 ff.

247 BGHZ 78, 82, 92; a.A. BGH, GmbHR 1997, 25, 26; LG Stendal, GmbHR 2000, 88 f.

248 OLG Düsseldorf, GmbHR 2007, 90, 91.

und dass sie über ihre unbeschränkte Auskunftspflicht gegenüber dem Gericht belehrt worden sind. 2§ 8 Abs. 3 Satz 2 ist anzuwenden.

Schrifttum

Bärwaldt, Die Anmeldung des eigenen Ausscheidens als Geschäftsführer, GmbHR 2001, 290; *Hübner*, § 21 FamFG als Hindernis bei der Abberufung des GmbH-Geschäftsführers, NZG 2016, 933; *Schaub*, Stellvertretung bei Handelsregisteranmeldungen, DStR 1999, 1699.

Übersicht

A. Zweck der Vorschrift

1 Durch die Anmeldung nach § 39 soll der Rechtsverkehr zuverlässig erkennen können, wer Geschäftsführer der Gesellschaft ist und diese vertritt. Bei Eintragung der GmbH ins Handelsregister sind die Geschäftsführer und ihre Vertretungsbefugnis anzugeben (§§ 8 Abs. 1 Nr. 2, Abs. 4, 10 Abs. 1 Satz 2). Nachträgliche Veränderungen[1] sind ebenfalls im Handelsregister einzutragen, damit eine zuverlässige Information des Rechtsverkehrs über die Vertretungsbefugnis in der GmbH gewährleistet ist. Unabhängig vom Wortlaut (»Beendigung der Vertretungsmacht«) soll dies auch für Änderungen der Vertretungsmacht (z.B. Übergang von Einzel- zur Gesamtvertretung zweier Geschäftsführer) gelten.[2]

2 Sinngemäß soll die Regelung auch auf Zweigniederlassungen ausländischer Kapitalgesellschaften anzuwenden sein (§ 13g Abs. 5).[3] Abs. 3 wurde durch das MoMiG aufgrund des hierdurch revidierten § 6 geändert. Die Eintragung der anmeldungspflichtigen Tatsachen hat zwar lediglich **deklaratorische** Wirkung,[4] Bedeutung hat sie aber im Hinblick auf § 15 Abs. 1 HGB (Rechtsscheinhaftung).

B. Umfang der Anmeldungspflicht

I. Änderung in der Person des Geschäftsführers

3 Die **Bestellung** eines Geschäftsführers, Notgeschäftsführers oder stellvertretenden Geschäftsführers ist zum **Handelsregister** anzumelden. Anzugeben ist dabei auch der Zeitpunkt des Amtsantritts.[5] Da die Eintragung ins Handelsregister lediglich deklaratorisch ist, wird die Bestellung eines Geschäftsführers schon mit deren Annahme wirksam.[6] Wird das Amt später angetreten, ist auch der konkrete Zeitpunkt anzumelden und einzutragen.[7] Die Anmeldung einer lediglich künftigen Bestellung zum Geschäftsführer ist unwirksam;[8] diese ist als verfahrensrechtliche Erklärung nicht nur

1 KG, NJW-RR 1999, 1341, 1342 (Regelung soll nicht für anfängliche Unrichtigkeiten gelten).
2 *Wicke*, GmbHG, § 39 Rn. 1.
3 *U.H. Schneider/S.H. Schneider*, in: Scholz, GmbHG, § 39 Rn. 1a; *Beurskens*, in: Baumbach/Hueck, GmbHG, § 39 Rn. 1.
4 BGH, NJW-RR 1987, 1318, 1319; BGH, NJW 1996, 257, 258; OLG Hamm, GmbHR 2001, 920, 921; OLG Düsseldorf, 8.12.2017 – 3 Wx 275/16, juris, Rn. 13; zur konstitutiven Wirkung bei Änderung des Gesellschaftsvertrags s. § 54 Abs. 3 GmbHG.
5 *U.H. Schneider/S.H. Schneider*, in: Scholz, GmbHG, § 39 Rn. 2 m.w.N.
6 OLG Celle, GmbHR 1995, 728 f.; BayObLG, NJW-RR 2004, 1039, 1040; KG, NJW-RR 2001, 249, 250.
7 *U.H. Schneider/S.H. Schneider*, in: Scholz, GmbHG, § 39 Rn. 2; *Terlau*, in: Michalski/Heidinger/Leible/J. Schmidt, GmbHG, § 39 Rn. 3; *Beurskens*, in: Baumbach/Hueck, GmbHG, § 39 Rn. 3.
8 OLG Düsseldorf, NJW-RR 2000, 702, 703; kritisch *Waldner*, NZG 2000, 264.

bis zur Eintragung frei widerruflich, sondern grds. auch bedingungs- und befristungsfeindlich.[9] Die Wiederbestellung eines Geschäftsführers ist nicht einzutragen.[10] Wird die Eintragung als Geschäftsführer vom Registergericht abgelehnt, kann Beschwerde eingelegt werden.[11]

4 Auch das **Ausscheiden** eines Geschäftsführers (durch Abberufung,[12] Amtsniederlegung,[13] Wegfall der unbeschränkten Geschäftsfähigkeit[14] usw.) ist im Handelsregister einzutragen. Das gilt selbst für die Abberufung eines nicht voreingetragenen Geschäftsführers.[15] Bei Geschäftsunfähigkeit muss die Eintragung ins Handelsregister von Amts wegen gelöscht werden (§ 395 FamFG).[16] Eine Eintragung der Beendigung sollte wegen des Schutzes gutgläubiger Dritter nach § 15 Abs. 1 HGB selbst dann erfolgen, wenn die Bestellung nicht ins Handelsregister eingetragen war.[17] Ob § 15 Abs. 1 HGB greift, wird zwar bezweifelt, weil dem Geschäftsführer auch die Vertretungsfähigkeit fehlt, die nicht der Registerverlautbarung unterliegt, allerdings können allgemeine Rechtsscheingrundsätze zur Bindung der Gesellschaft führen.[18]

5 Ebenso ist die Änderung der persönlichen Daten eines Geschäftsführers nach § 39 anzugeben, so etwa **Namensänderungen** nebst zum Namen gehörende Titel.[19] Dagegen sind Doktortitel, die nicht Teil des Namens sind, eintragungsfähig, aber nicht eintragungspflichtig.[20] Änderungen von **Wohnort** und **Beruf** können, müssen nach h.M. nicht angemeldet werden,[21] sie sind aber eintragungsfähig.[22] Nach einer a.A. ist die Änderung des Wohnorts stets anzugeben.[23]

II. Änderung der Vertretungsbefugnis

6 Die Beendigung der Vertretungsbefugnis bedarf nach Abs. 1, 2. Alt. der Anmeldung. Dies gilt über den Wortlaut der Norm hinaus auch für jede andere **Änderung** der Vertretungsbefugnis. Dabei ist grds. lediglich die generelle Regelung der Vertretungsbefugnis anzugeben (Übergang von Gesamt- zu Einzelvertretung, Übergang von Einzel- zu Gesamtvertretung, Änderungen innerhalb der Gesamtvertretung).[24] Es kann, muss aber nicht die konkrete Vertretung jedes einzelnen Geschäftsführers

9 BayObLG, GmbHR 1992, 672, 673.

10 *Kleindiek*, in: Lutter/Hommelhoff, GmbHG, § 39 Rn. 2; *Terlau*, in: Michalski/Heidinger/Leible/J. Schmidt, GmbHG, § 39 Rn. 3.

11 BayObLG, NJW-RR 2000, 414.

12 AG Charlottenburg, NJW-RR 1997, 31 f.; ausführlich dazu *Hübner*, NZG 2016, 933 ff.

13 OLG Frankfurt am Main, NJW-RR 1994, 105.

14 BGHZ 115, 78, 80.

15 OLG Köln, GmbHR 2015, 1156 ff., Rn. 9.

16 BayObLG, GmbHR 1992, 304, 305; vgl. auch BGHZ 115, 78, 80; OLG München, NJW-RR 1990, 1450 (noch zu §§ 142 ff. FGG).

17 BayObLG, GmbHR 1992, 304, 306; OLG Köln, GmbHR 2015, 1156, Rn. 9 ff.

18 BGHZ 115, 78, 81 f.; *Terlau*, in: Michalski/Heidinger/Leible/J. Schmidt, GmbHG, § 39 Rn. 4, 6; *Beurskens*, in: Baumbach/Hueck, GmbHG, § 39 Rn. 26.

19 *Kleindiek*, in: Lutter/Hommelhoff, GmbHG, § 39 Rn. 3; *Diekmann/Marsch-Barner*, in: MünchHdbGmbHG, § 42 Rn. 78; *Paefgen*, in: Ulmer/Habersack/Löbbe, GmbHG, § 39 Rn. 29; *Beurskens*, in: Baumbach/Hueck, GmbHG, § 39 Rn. 5; a.A. *U.H. Schneider/S.H. Schneider*, in: Scholz, GmbHG, § 39 Rn. 4; *Stephan/Tieves*, in: MünchKommGmbHG, § 39 Rn. 6.

20 *U.H. Schneider/S.H. Schneider*, in: Scholz, GmbHG, § 39 Rn. 4; *Terlau*, in: Michalski/Heidinger/Leible/J. Schmidt, GmbHG, § 39 Rn. 5; *Beurskens*, in: Baumbach/Hueck, GmbHG, § 39 Rn. 5.

21 *Jacoby*, in: Bork/Schäfer, GmbHG, § 39 Rn. 3; *Wicke*, GmbHG, § 39 Rn. 2.

22 *Jacoby*, in: Bork/Schäfer, GmbHG, § 39 Rn. 3; a.A. *Schmidt*, in: Ensthaler/Füller/Schmidt, GmbHG, § 39 Rn. 6 (nicht eintragungsfähig).

23 *Schmidt*, in: Ensthaler/Füller/Schmidt, GmbHG, § 39 Rn. 5; *Beurskens*, in: Baumbach/Hueck, GmbHG, § 39 Rn. 5.

24 Vgl. *Beurskens*, in: Baumbach/Hueck, GmbHG, § 39 Rn. 6 ff.; *Stephan/Tieves*, in: MünchKommGmbHG, § 39 Rn. 10; BGH, NZG 2003, 220, 222 (konkrete Eintragung erforderlich); OLG Frankfurt am Main, GmbHR 2006, 764, 765.

angegeben werden.[25] Die Anmeldepflicht besteht auch bei einem einzigen Geschäftsführer, sodass hier anzugeben ist, dass er die Gesellschaft allein vertritt.[26]

7 Nicht gelten soll dies bei Abberufung eines von zwei gemeinschaftlich vertretungsberechtigten Geschäftsführern.[27] Weder eine Anmeldepflicht noch eine Anmeldungsbefugnis besteht bei Ermächtigung zur Einzelvertretung unter Gesamtvertretern.[28]

8 Wird die Vertretungsbefugnis mittels Satzung geändert, ist die Anmeldepflicht nach § 54 zu beachten.[29] Eine gesonderte Anmeldung nach § 39 kann sich erübrigen, wenn die Vertretungsbefugnis aus dieser Änderung eindeutig hervorgeht. Dagegen ist nach § 39 anzumelden, wenn die Vertretungsmacht aus dem Gesellschafterbeschluss nicht deutlich wird,[30] wenn eine Satzungsbestimmung zugunsten der gesetzlichen Vertretungsregelung gestrichen wird[31] oder wenn nicht jeder Geschäftsführer vertretungsberechtigt sein soll.[32]

C. Anmeldeverfahren

I. Anmeldebefugnis

9 Die Anmeldung von Änderungen in der Person eines Geschäftsführers oder der Beendigung seiner Vertretungsbefugnis ist eine Pflicht der Gesellschaft.[33] Sie erfolgt durch die vertretungsberechtigten Geschäftsführer (§ 78) in vertretungsberechtigter Zahl.[34] Da es sich nicht um eine höchstpersönliche Pflicht handelt, kann sich die Gesellschaft auch anderweitig vertreten lassen.[35] Auch ein anderer Vertreter (Prokurist etc.) kann bei Vorliegen einer elektronischen, öffentlich beglaubigten Vollmacht anmelden (§ 12 Abs. 1 Satz 1 und 2 HGB).[36] Bei **Insolvenz** der Gesellschaft ist nach h.M. nicht der Insolvenzverwalter zur Anmeldung hinsichtlich der Abberufung von Geschäftsführern berechtigt und verpflichtet,[37] sondern die Zuständigkeit zur Anmeldung bleibt bei den Geschäftsführern.[38] Anders ist dies nur, wenn kein Geschäftsführer mehr vorhanden ist.[39]

25 *U.H. Schneider/S.H. Schneider*, in: Scholz, GmbHG, § 39 Rn. 6; *Beurskens*, in: Baumbach/Hueck, GmbHG, § 39 Rn. 8.

26 OLG Zweibrücken, NJW-RR 1993, 933 f.; OLG Naumburg, GmbHR 1994, 119; BayObLG, NJW-RR 1998, 400.

27 LG Wuppertal, GmbHR 1992, 380.

28 *Kleindiek*, in: Lutter/Hommelhoff, GmbHG, § 39 Rn. 4; *Görner*, in: Rowedder/Schmidt-Leithoff, GmbHG, § 39 Rn. 6; *Paefgen*, in: Ulmer/Habersack/Löbbe, GmbHG, § 39 Rn. 34; *Schmidt*, in: Ensthaler/Füller/Schmidt, GmbHG, § 39 Rn. 7; *U.H. Schneider/S.H. Schneider*, in: Scholz, GmbHG, § 39 Rn. 9; *Beurskens*, in: Baumbach/Hueck, GmbHG, § 39 Rn. 9.

29 *Altmeppen*, in: Roth/Altmeppen, GmbHG, § 39 Rn. 5 unter Verweis auf LG Halle, GmbHR 1996, 207.

30 *Kleindiek*, in: Lutter/Hommelhoff, GmbHG, § 39 Rn. 4; *Paefgen*, in: Ulmer/Habersack/Löbbe, GmbHG, § 39 Rn. 36 f.; *Terlau*, in: Michalski/Heidinger/Leible/J. Schmidt, GmbHG, § 39 Rn. 8.

31 *Paefgen*, in: Ulmer/Habersack/Löbbe, GmbHG, § 39 Rn. 37; *U.H. Schneider/S.H. Schneider*, in: Scholz, GmbHG, § 39 Rn. 9.

32 OLG Frankfurt am Main, GmbHR 2006, 764, 765 (Übergang von Gesamt- zu Einzelvertretung); *U.H. Schneider/S.H. Schneider*, in: Scholz, GmbHG, § 39 Rn. 9.

33 OLG Hamm, GmbHR 2012, 903.

34 OLG Hamm, GmbHR 2017, 648 ff., Rn. 8; *Kleindiek*, in: Lutter/Hommelhoff, GmbHG, § 39 Rn. 6; *Görner*, in: Rowedder/Schmidt-Leithoff, GmbHG, § 39 Rn. 7; *Paefgen*, in: Ulmer/Habersack/Löbbe, GmbHG, § 39 Rn. 38; *U.H. Schneider/S.H. Schneider*, in: Scholz, GmbHG, § 39 Rn. 11; *Terlau*, in: Michalski/Heidinger/Leible/J. Schmidt, GmbHG, § 39 Rn. 10.

35 OLG Düsseldorf, 8.12.2017 – 3 Wx 275/16, juris, Rn. 13.

36 BayObLG, GmbHR 1982, 214 (nur LS); *Stephan/Tieves*, in: MünchKommGmbHG, § 39 Rn. 21.

37 So aber AG Berlin-Charlottenburg, NJW-RR 1996, 31, 32; LG Baden-Baden, ZIP 1996, 1352; *Altmeppen*, in: Roth/Altmeppen, GmbHG, § 39 Rn. 7.

38 OLG Köln, NJW-RR 2001, 1417, 1418; OLG Rostock, GmbHR 2003, 1133; *Schmidt*, in: Ensthaler/Füller/Schmidt, GmbHG, § 39 Rn. 10.

39 LG Baden-Baden, ZIP 1996, 1352.

10 Ein **neuer Geschäftsführer** kann nach wirksamer Bestellung seine Anmeldung selbst vornehmen,[40] da diese und die Eintragung in das Handelsregister keinen rechtsbegründenden Charakter haben.[41] Er hat auch die Erklärung über das Fehlen von Bestellungshindernissen (§§ 39 Abs. 3, 6 Abs. 2 Satz 2 Nr. 2 und 3 Satz 3) und über seine Belehrung hinsichtlich der unbeschränkten Auskunftspflicht abzugeben.[42]

11 Ein wirksam **ausgeschiedener Geschäftsführer** kann sein Ausscheiden, da er nicht mehr Geschäftsführer ist, nicht mehr selbst zum Handelsregister anmelden (h.M.).[43] Hierfür ist im Zweifel zunächst ein neuer Geschäftsführer oder ein Notgeschäftsführer (§ 29 BGB analog) zu bestellen. Möglich ist eine Anmeldung des ausgeschiedenen Geschäftsführers aber dann, wenn die Amtsniederlegung unter der aufschiebenden Bedingung der Eintragung des Ausscheidens im Handelsregister erklärt wird.[44] Mit einer solchen Vereinbarung kann der Ausscheidende Probleme mit der Anmeldung vermeiden.[45] Soll das Ausscheiden eines Geschäftsführers angemeldet werden, besteht aber zu diesem Zeitpunkt noch Gesamtvertretung, genügt die Unterzeichnung durch den jetzigen Alleingeschäftsführer nach h.M. nicht, sondern es ist zunächst ein neuer Geschäftsführer zu bestellen.[46]

12 Die h.M. lässt auch nicht eine Anmeldung der bereits wirksam erfolgten Amtsniederlegung beim **einzigen Geschäftsführer** bei engem zeitlichem Zusammenhang zur Eintragung zu.[47] Der Ausgeschiedene kann eine unverzügliche Anmeldung seines Ausscheidens notfalls gerichtlich erzwingen und nach § 894 ZPO vollstrecken.[48] Außerdem kann er das Registergericht bitten, den oder die neuen Geschäftsführer durch Zwangsgeld (§ 14 HGB) zur Anmeldung zu zwingen.[49]

II. Inhalt und Form

13 Die Anmeldung muss vom Wortlaut her nicht der künftigen Eintragung entsprechen.[50] Das Registergericht muss den Wortlaut der Anmeldung nicht übernehmen, sondern kann diesen auch – inhaltlich korrespondierend – ändern.[51] Die Anmeldung ist zwingend elektronisch in öffentlich beglaubigter Form zum Handelsregister einzureichen (§§ 12 Abs. 1 Satz 1 HGB, 129 BGB). Die Urkunden über die angemeldete Änderung sind elektronisch (eingescannte Urschrift, § 12 Abs. 2 HGB) mit einzureichen (§ 39 Abs. 2)[52]. Insoweit ist etwa eine elektronisch beglaubigte Abschrift eines Einschreiben-Rückscheins ausreichend.[53] Bei notariell beglaubigten oder beurkundeten Anlagen muss ein mit einer qualifizierten elektronischen Signatur versehenes Dokument übermittelt

---

40 OLG Düsseldorf, NJW-RR 2000, 702, 703; OLG Köln, NJW-RR 2001, 1417, 1418.

41 *Terlau*, in: Michalski/Heidinger/Leible/J. Schmidt, GmbHG, § 39 Rn. 10.

42 *Wicke*, GmbHG, § 39 Rn. 3.

43 BayObLG, WM 1982, 647, 649; OLG Frankfurt am Main, ZIP 2006, 1769, 1770; OLG Bamberg, GmbHR 2012, 1241, Rn. 14 m.w.N.; *Stephan/Tieves*, in: MünchKommGmbHG, § 39 Rn. 26; a.A. LG Berlin, GmbHR 1993, 291, 292; LG Köln, GmbHR 1998, 183; *Altmeppen*, in: Roth/Altmeppen, GmbHG, § 39 Rn. 9 (»in unmittelbarem zeitlichen Zusammenhang zur Eintragung anmelden«).

44 OLG Frankfurt am Main, ZIP 2006, 1769, 1770; OLG Bamberg, GmbHR 2012, 1241, Rn. 15; OLG Hamm, 20.12.2012 – 27 W 159/12, juris, Rn. 4.

45 *Terlau*, in: Michalski/Heidinger/Leible/J. Schmidt, GmbHG, § 39 Rn. 11.

46 BayObLG, NZG 2004, 421; LG Wuppertal, GmbHR 1992, 380; a.A. *Altmeppen*, in: Roth/Altmeppen, GmbHG, § 39 Rn. 8 (sei zu formale Betrachtung).

47 OLG München, NZG 2012, 739, Rn. 5 mwN; anders LG Berlin, GmbHR 1993, 291, 292; LG Köln, GmbHR 1998, 183; *Altmeppen*, in: Roth/Altmeppen, GmbHG, § 39 Rn. 9.

48 *Kleindiek*, in: Lutter/Hommelhoff, GmbHG, § 39 Rn. 2; *Paefgen*, in: Ulmer/Habersack/Löbbe, GmbHG, § 39 Rn. 45; *Schmidt*, in: Ensthaler/Füller/Schmidt, GmbHG, § 39 Rn. 11; *Terlau*, in: Michalski/Heidinger/Leible/J. Schmidt, GmbHG, § 39 Rn. 11.

49 *U.H. Schneider/S.H. Schneider*, in: Scholz, GmbHG, § 39 Rn. 13; *Terlau*, in: Michalski/Heidinger/Leible/J. Schmidt, GmbHG, § 39 Rn. 11.

50 *Paefgen*, in: Ulmer/Habersack/Löbbe, GmbHG, § 39 Rn. 49; *Terlau*, in: Michalski/Heidinger/Leible/J. Schmidt, GmbHG, § 39 Rn. 12; *Beurskens*, in: Baumbach/Hueck, GmbHG, § 39 Rn. 12.

51 OLG Köln, NJW-RR 2004, 1106, 1107; *Schmidt*, in: Ensthaler/Füller/Schmidt, GmbHG, § 39 Rn. 12.

52 Vgl. OLG Jena, GmbHR 2011, 28, Rn. 10.

53 OLG Hamm, GmbHR 2010, 1092 f.

werden (§§ 12 HGB, 39a BeurkG). Umstritten ist, ob dabei auch der urkundliche Nachweis des Zugangs der Niederlegungserklärung erforderlich ist[54] oder nicht.[55] Richtig dürfte sein, einen Nachweis dann als erforderlich anzusehen, wenn Zugangzweifel bestehen.[56]

Wenn der **Alleingesellschafter** die Abberufung des im Amt befindlichen Geschäftsführers und seine eigene Bestellung formgerecht anmeldet, braucht er keinen Gesellschafterbeschluss über diese Veränderungen einzureichen. Vielmehr ist in der Anmeldung zum Handelsregister die Niederschrift des Bestellungsbeschlusses zu sehen.[57] 14

III. Prüfungsrecht des Registergerichts

Das Registergericht prüft, ob die Anmeldung ordnungsgemäß erfolgt ist, d.h. ob sie formgerecht und die Eintragung gesetzlich zulässig ist.[58] Umstritten ist, ob das Registergericht auch die **materielle Wirksamkeit** des zugrunde liegenden Rechtsgeschäfts (Gesellschafterbeschluss etc.) prüfen darf bzw. muss. Überwiegend wird eine solche umfassende Prüfungsbefugnis zutreffend abgelehnt.[59] Ausnahmsweise kann diese zu bejahen sein, wenn sich aus den beigefügten Unterlagen offenkundige Unwirksamkeitsgründe ergeben oder begründete Zweifel an der Richtigkeit der Angaben bestehen.[60] Mindestens soll daher die Zuständigkeit des beschließenden Gremiums geprüft werden,[61] bzw. ob der Gesellschafterbeschluss formell ordnungsgemäß zustande kam.[62] Sofern der Gesellschafterbeschluss nicht nichtig, sondern lediglich anfechtbar ist, ist die Wirksamkeit des Beschlusses bis zu einem rechtskräftigen Urteil zu beachten.[63] 15

Anderes gilt nur, sofern dieser offensichtlich und zweifelsfrei willkürlich ist.[64] Ist ein Sachverhalt unaufklärbar, darf bzw. muss der Registerrichter eine Eintragung wegen mangelnder zuverlässiger Prüfungsmöglichkeit vorläufig ablehnen oder das Verfahren nach §§ 28, 381 FamFG aussetzen.[65] Die Eintragung eines Geschäftsführers aus einem Nicht-EU-Staat kann nicht mit dem Grund abgelehnt werden, ausländerrechtliche Erfordernisse hinsichtlich eines Aufenthalts bzw. einer Berufsausübung 16

54 OLG Hamm, GmbHR 2010, 1092, 1093; OLG Naumburg, NJW-RR 2001, 1183, 1185; OLG Düsseldorf, NZG 2004, 1068, 1069; s.a. OLG Hamburg, NZG 2010, 1235, 1236; *Beurskens*, in: Baumbach/Hueck, GmbHG, § 39 Rn. 20.

55 *Paefgen*, in: Ulmer/Habersack/Löbbe, GmbHG, § 39 Rn. 54; *U.H. Schneider*, in: Scholz, GmbHG, § 39 Rn. 18; offengelassen bei BGH, GmbHR 2011, 925, Rn. 21.

56 OLG Frankfurt am Main, GmbHR 2006, 1151, Rn. 10 ff.

57 OLG Jena, GmbHR 2003, 113 (nur LS); kritisch *Altmeppen*, in: Roth/Altmeppen, GmbHG, § 39 Rn. 13.

58 OLG Düsseldorf, NJW-RR 2001, 902, 903; BayObLG, NJW-RR 2001, 469; KG Berlin, ZIP 2012, 2208, Rn. 23.

59 OLG Naumburg, NJW-RR 2001, 1183, 1184; *Altmeppen*, in: Roth/Altmeppen, GmbHG, § 39 Rn. 16 ff.; *Jacoby*, in: Bork/Schäfer, GmbHG, § 39 Rn. 12; *U.H. Schneider/S.H. Schneider*, in: Scholz, GmbHG, § 39 Rn. 22; *Terlau*, in: Michalski/Heidinger/Leible/J. Schmidt, GmbHG, § 39 Rn. 17; a.A. OLG Köln, WM 1988, 1749 f.; OLG Hamm, NJW-RR 2002, 762, 763.

60 BGH, NJW-RR 2011, 1184 f.; OLG Hamm, NJW-RR 1997, 417, 418; OLG Düsseldorf, GmbHR 2001, 243, 244; BayObLG, NJW-RR 2001, 469; OLG Frankfurt am Main, GmbHR 2009, 378, 379 (Beschlussergebnis muss offensichtlich und zweifelsfrei willkürlich sein); s.a. *Schmidt*, in: Ensthaler/Füller/Schmidt, GmbHG, § 39 Rn. 15; *Beurskens*, in: Baumbach/Hueck, GmbHG, § 39 Rn. 16.

61 BayObLG, GmbHR 1992, 304, 305 f.; BayObLG, NJW-RR 2001, 469; *Kleindiek*, in: Lutter/Hommelhoff, GmbHG, § 39 Rn. 10; *Paefgen*, in: Ulmer/Habersack/Löbbe, GmbHG, § 39 Rn. 63; *U.H. Schneider/S.H. Schneider*, in: Scholz, GmbHG, § 39 Rn. 23; *Terlau*, in: Michalski/Heidinger/Leible/J. Schmidt, § 39 Rn. 17; *Beurskens*, in: Baumbach/Hueck, GmbHG, § 39 Rn. 16.

62 OLG Köln, NZG 2002, 381, 382; OLG München, DB 2011, 2025 ff. (formelle Voraussetzungen und Richtigkeit der mitgeteilten Tatsachen); KG Berlin, GmbHR 2012, 907, Rn. 23; KG Berlin, GmbHR 2016, 927 ff., Rn. 8.

63 BayObLG, NJW-RR 1992, 295, 296; OLG Hamm, NJW-RR 1997, 417, 418.

64 OLG Frankfurt am Main, GmbHR 2009, 378, 379.

65 *Altmeppen*, in: Roth/Altmeppen, GmbHG, § 39 Rn. 18; *Jacoby*, in: Bork/Schäfer, GmbHG, § 39 Rn. 12; OLG Hamm, NJW-RR 1999, 452, 453.

im Inland seien nicht erfüllt.[66] Wird eine Eintragung als Geschäftsführer abgelehnt, ist nach § 58 Abs. 1 FamFG Beschwerde möglich.[67] Das gilt auch gegen eine die Unvollständigkeit der Antragsunterlagen rügende Zwischenverfügung (§ 382 Abs. 4 FamFG).[68]

17 Die Anmeldung stellt verfahrensrechtlich eine Erklärung ggü. dem Registergericht dar (§ 25 FamFG). Sie wird mit Zugang beim zuständigen Registergericht wirksam (§ 130 Abs. 1 Satz 1 BGB analog).[69] **Zuständig** ist das für den Sitz der Gesellschaft zuständige Registergericht (§§ 23a Abs. 1 Nr. 2, Abs. 2 Nr. 3, 23d GVG, 377 Abs. 1 FamFG). Durch die Aufhebung des § 13c Abs. 1 HGB erfolgen Eintragungen in Bezug auf Zweigniederlassungen nur noch beim Gericht des Hauptsitzes (vgl. Art. 61 Abs. 6 EGHGB). Die ordnungsgemäße Anmeldung kann durch die Festsetzung eines Zwangsgelds durchgesetzt werden (§ 14 HGB i.V.m. §§ 388 ff. FamFG).

D. Versicherung des Geschäftsführers nach Abs. 3

18 Der neu bestellte Geschäftsführer hat i.R.d. Anmeldung zu versichern, dass die in Abs. 3 durch Verweis erwähnten persönlichen Tatsachen (Berufsverbot, Vorstrafen) seiner Bestellung nicht entgegenstehen (vgl. § 8 Abs. 3 Satz 1 GmbHG). Dadurch soll dem Registergericht eine ordnungsgemäße Eintragungskontrolle ermöglicht werden. Bei der Versicherung des Geschäftsführers war lange eine pauschale Bezugnahme auf die in Abs. 3 angegebenen Regelungen unzulässig. Vielmehr musste jedes Hindernis einzeln aufgeführt und verneint werden.[70] Nunmehr müssen die Straftatbestände, die ein Bestellungshindernis bilden können, nicht im Einzelnen aufgezählt werden.[71] Beschränkt der Geschäftsführer seine Versicherung dahin gehend, ihm sei keine Tätigkeit bezogen auf den Unternehmensgegenstand der GmbH untersagt, reicht dies jedoch nicht aus.[72] Sofern ein **Bestellungshindernis** vorliegt, muss in der Versicherung deutlich werden, dass dieses zeitlich an die Rechtskraft der Verurteilung anknüpft.[73] Außerdem hat der Geschäftsführer zu versichern, dass er über seine unbeschränkte Auskunftspflicht ggü. dem Gericht belehrt worden ist.

19 Eine Vertretung scheidet, da es sich um eine höchstpersönliche Erklärung handelt, aus. Falsche Angaben bzgl. der Versicherung sind nach § 82 Abs. 1 Nr. 5 strafbewehrt. Die Versicherung des neu bestellten Geschäftsführers soll nicht unwirksam sein, wenn sie am Tag des Gesellschafterbeschlusses, welcher ein Wirksamwerden der Bestellung erst für einen künftigen Zeitpunkt vorsieht, abgegeben worden ist.[74]

§ 40 Liste der Gesellschafter, Verordnungsermächtigung

(1) [1]Die Geschäftsführer haben unverzüglich nach Wirksamwerden jeder Veränderung in den Personen der Gesellschafter oder des Umfangs ihrer Beteiligung eine von ihnen unterschriebene Liste der Gesellschafter zum Handelsregister einzureichen, aus welcher Name, Vorname, Geburtsdatum und Wohnort derselben sowie die Nennbeträge und die laufenden Nummern der von einem jeden derselben übernommenen Geschäftsanteile sowie die durch den jeweiligen Nennbetrag eines Geschäftsanteils vermittelte jeweilige prozentuale Beteiligung am Stammkapital

66 OLG Frankfurt am Main, NJW 1977, 1595; OLG Düsseldorf, DB 1977, 1840; s.a. OLG Frankfurt, 12.11.2010 – 20 W 370/10, juris, Rn. 15 ff.; a.A. LG Köln, GmbHR 1984, 157, 158; s.a. dazu oben § 6 Rdn. 28 f.

67 BayObLG, NJW-RR 2000, 414.

68 *Jacoby*, in: Bork/Schäfer, GmbHG, § 39 Rn. 13.

69 BayObLG, NJW-RR 2004, 1039, 1040.

70 Vgl. BayObLG, WM 1983, 1402, 1403.

71 BGH, WM 2010, 1368 ff.; OLG Hamm, NJW-RR 2011, 833 f.; OLG Stuttgart, GmbHR 2013, 91, Rn. 10; a.A. OLG München, NZG 2009, 717 f.

72 OLG Frankfurt am Main, GmbHR 2010, 918 ff.; vgl. auch *Stephan/Tieves*, in: MünchKommGmbHG, § 39 Rn. 53.

73 BGH, NJW-RR 2011, 1257 f.

74 OLG Hamm, GmbHR 2010, 1091 f.

zu entnehmen sind. [2]Ist ein Gesellschafter selbst eine Gesellschaft, so sind bei eingetragenen Gesellschaften in die Liste deren Firma, Satzungssitz, zuständiges Register und Registernummer aufzunehmen, bei nicht eingetragenen Gesellschaften deren jeweilige Gesellschafter unter einer zusammenfassenden Bezeichnung mit Name, Vorname, Geburtsdatum und Wohnort. [3]Hält ein Gesellschafter mehr als einen Geschäftsanteil, ist in der Liste der Gesellschafter zudem der Gesamtumfang der Beteiligung am Stammkapital als Prozentsatz gesondert anzugeben. [4]Die Änderung der Liste durch die Geschäftsführer erfolgt auf Mitteilung und Nachweis.

(2) [1]Hat ein Notar an Veränderungen nach Absatz 1 Satz 1 mitgewirkt, hat er unverzüglich nach deren Wirksamwerden ohne Rücksicht auf etwaige später eintretende Unwirksamkeitsgründe die Liste anstelle der Geschäftsführer zu unterschreiben, zum Handelsregister einzureichen und eine Abschrift der geänderten Liste an die Gesellschaft zu übermitteln. [2]Die Liste muss mit der Bescheinigung des Notars versehen sein, dass die geänderten Eintragungen den Veränderungen entsprechen, an denen er mitgewirkt hat, und die übrigen Eintragungen mit dem Inhalt der zuletzt im Handelsregister aufgenommenen Liste übereinstimmen.

(3) Geschäftsführer, welche die ihnen nach Absatz 1 obliegende Pflicht verletzen, haften denjenigen, deren Beteiligung sich geändert hat, und den Gläubigern der Gesellschaft für den daraus entstandenen Schaden als Gesamtschuldner.

(4) Das Bundesministerium der Justiz und für Verbraucherschutz wird ermächtigt, durch Rechtsverordnung mit Zustimmung des Bundesrates nähere Bestimmungen über die Ausgestaltung der Gesellschafterliste zu treffen.

(5) Die Landesregierungen werden ermächtigt, durch Rechtsverordnung zu bestimmen, dass bestimmte in der Liste der Gesellschafter enthaltene Angaben in strukturierter maschinenlesbarer Form an das Handelsregister zu übermitteln sind, soweit nicht durch das Bundesministerium der Justiz und für Verbraucherschutz nach § 387 Absatz 2 des Gesetzes über das Verfahren in Familiensachen und in den Angelegenheiten der freiwilligen Gerichtsbarkeit entsprechende Vorschriften erlassen werden. [2]Die Landesregierungen können die Ermächtigung durch Rechtsverordnung auf die Landesjustizverwaltungen übertragen.

Schrifttum

Bayer, Gesellschafterliste: Einreichungspflichtige Veränderungen der Beteiligungsverhältnisse, GmbHR 2012, 1; *Berninger*, Pflicht zur Einreichung mehrerer Gesellschafterlisten bei unmittelbar aufeinanderfolgenden Änderungen, die sich aus ein und derselben notariellen Urkunde ergeben?, GmbHR 2014, 449; *ders.*, Zuständigkeit des Notars zur Einreichung einer aktualisierten Gesellschafterliste bei sog. »mittelbarer Mitwirkung«?, DStR 2010, 1292; *Birkefeld/Schäfer*, Die neue Gesellschafterliste nach § 40 Abs. 1 GmbHG – »Prozente, Prozente, Prozente!« und am Ende haftet der Geschäftsführer?, BB 2017, 2755; *Böhringer*, Neue Pflichtangaben für Gesellschafterlisten einer GmbH, BWNotZ 2017, 61; *Bussian/Achenbach*, Haftung des GmbH-Geschäftsführers für die Gesellschafterliste trotz Mitwirkung des Notars?, BB 2010, 778; *Cziupka*, Zehn praktische Hinweise zur neuen Gesellschafterlistenverordnung, GmbHR 2018, R180; *Eickelberg/Ries*, Bedingt listenfähig – Aktuelles von der GmbH-Gesellschafterliste, NZG 2015, 1103; *Frank/Schaub*, Standardisierung der GmbH-Gesellschafterliste – Die Vorgaben der Gesellschafterlistenverordnung, DStR 2018, 1822; *Hasselmann*, Die Gesellschafterliste nach § 40 GmbHG: Inhalt und Zuständigkeit, NZG 2009, 449; *Herrler*, Zuständigkeit des ausländischen Notars zur Einreichung der Gesellschafterliste, GmbHR 2014, 225; *ders.*, Offene Fragen rund um die Gesellschafterliste, GmbHR 2013, 617; *Ising*, Gesellschafterliste nach Umwandlungen: Probleme in der Praxis, NZG 2010, 812; *Kalbfleisch/Glock*, Freiwillige Zusatzangaben in der Gesellschafterliste, GmbHR 2015, 847; *Liebscher/Goette*, Korrektur einer von einem Notar eingereichten Gesellschafterliste, DStR 2010, 2038; *Lieber/Cziupka*, Berichtigung einer offenbar unrichtigen Gesellschafterliste im Anwendungsbereich des reformierten § 40 Abs. 1 GmbHG, GmbHR 2018, 231; *Link*, Gesellschafterliste und gutgläubiger Erwerb von GmbH-Anteilen aus Sicht der Notarpraxis, RNotZ 2009, 193; *Löbbe*, Zuständigkeit von Geschäftsführe und Notar für Inhalt und Einreichung der GmbH-Gesellschafterliste, GmbHR 2012, 7; *ders.*, Die GmbH-Gesellschafterliste, GmbHR 2015, 141; *Mayer*, Probleme rund um die Gesellschafterliste, MittBayNot 2014, 24 und 114; *ders.*, Aufwertung der Gesellschafterliste durch das MoMiG – Fluch oder Segen?, ZIP 2009, 1037; *ders.*, Der Erwerb einer GmbH nach den Änderungen durch das MoMiG, DNotZ 2008, 403; *Melchior*, Die GmbH-Gesellschafterliste – ein Zwischenstand, GmbHR 2010, 418; *Miller*, Gesellschafterlistenverordnung – Sinn und Unsinn gegenwärtiger Rechtsetzung, NJW 2018, 2518; *Oppermann*, Schutz des bedingten Erwerbs von GmbH-Anteilen, DB 2009, 2306; *Preuß*, in: FS Spiegelberger, 2009, S. 876; *Punte/Stefanik*, Neue Anforderungen an Inhalt und Gestaltung von GmbH-Gesellschafterlisten, GWR 2018, 131; *Rubner/Leuering*, Die Gesellschafterlistenverordnung, NJW-Spezial 2018; *Schaub*, Überblick über die neue GmbH-Gesellschafterliste, GmbHR 2017, 727; *Scheuch*, Die Pflicht zur Eintragung der Gesellschafter einer GbR in die GmbH-Gesellschafterliste, GmbHR 2014, 568; *Seibert/Keil*, Zwischen Rundungsdetail und sachenrechtlichem Bestimmtheitsgrundsatz: Die neue Gesellschafterlistenverordnung, GmbHR 2018, R212; *Seibert/Wedemann*, Der Schutz der Privatanschrift im elektronischen Handels- und Unternehmensregister, GmbHR 2007, 17; *Szalai*, Neuigkeiten zur GmbH. Die Gesellschafterlistenverordnung (GesLV) kommt!, GWR 2018, 250; *Tebben*, Geschäftsführer oder Notar – wer darf die Gesellschafterliste einreichen?, DB 2014, 585; *Wachter*, Unternehmensnachfolge bei der GmbH und GmbH & Co. KG nach dem MoMiG, DB 2009, 159; *ders.*, Neuregelungen bei der GmbH-Gesellschafterliste, GmbHR 2017, 1177; *Wicke*, Einreichung der GmbH-Gesellschafterliste durch ausländischen Notar?, DB 2013, 1099; *ders.*, Die GmbH-Gesellschafterliste im Fokus der Rechtsprechung, DB 2011, 1037; *ders.*, »Best Practice« bei der Nummerierung in der Gesellschafterliste, MittBayNot 2010, 283; *Zinger/Erber*, Der Testamentsvollstreckervermerk in der Gesellschafterliste, NZG 2011, 286.

Übersicht

A. Überblick

1 § 40 regelt die Führung und Aktualisierung der in das Handelsregister aufzunehmenden Gesellschafterliste. Die Gesellschafterliste wurde durch das MoMiG deutlich aufgewertet und ist so neben der Satzung zum wichtigsten GmbH-Dokument geworden.[1] Sie bezweckt zum einen die zuverlässige **Information Dritter**, insb. von Gläubigern.[2] Zum anderen dient sie auch gesellschaftsinternen Zwecken, indem sie i.R.d. § 16 die Legitimation ggü. der Gesellschaft ermöglicht und die Grundlage für den gutgläubigen Erwerb von Geschäftsanteilen schafft. § 40 hat damit **»Vorfeldfunktion« ggü. § 16:**[3] Nur wer in der im Handelsregister aufgenommenen Gesellschafterliste als Inhaber eines Geschäftsanteils eingetragen ist, gilt im Verhältnis zur Gesellschaft als Gesellschafter (§ 16 Abs. 1 Satz 1) und kann den Geschäftsanteil u.U. sogar als Nichtberechtigter wirksam an einen gutgläubigen Erwerber veräußern (§ 16 Abs. 3). Wird die Aktualisierung der Gesellschafterliste versäumt, kann ein neuer Gesellschafter seine Mitgliedschaftsrechte nicht wahrnehmen, insb. sein Stimmrecht nicht ausüben, und läuft ggf. Gefahr, den Geschäftsanteil zugunsten eines gutgläubigen Erwerbers wieder zu verlieren. Deshalb verpflichtet § 40 GmbHG Geschäftsführer

1 Vgl. *Bayer*, in: Lutter/Hommelhoff, GmbHG, § 40 Rn. 1.

2 Vgl. *Zöllner/Noack*, in: Baumbach/Hueck, GmbHG, § 40 Rn. 1; *Altmeppen*, in: Roth/Altmeppen, GmbHG, § 40 Rn. 1.

3 So auch *Birkefeld/Schäfer*, BB 2017, 2755, 2756.

ebenso wie Notare, unverzüglich nach Wirksamwerden jeder Veränderung in den Personen der Gesellschafter oder des Umfangs ihrer Beteiligung eine neue Gesellschafterliste zum Handelsregister einzureichen. § 40 wurde mit Wirkung zum 26.6.2017 durch das Gesetz zur Umsetzung der Vierten EU-Geldwäscherichtlinie, zur Ausführung der EU-Geldtransferverordnung und zur Neuorganisation der Zentralstelle für Finanztransaktionsuntersuchungen erweitert. Hintergund ist die Einführung des neuen **Transparenzregisters** nach §§ 18 ff. GwG, in welchem die wirschaftlich Berechtigten von juristischen Personen und anderen Personenvereinigungen aufgrund der Vorgabe der EU-Geldwäscherichtlinie identifizierbar gemacht werden sollen. Durch die Transparenzsteigerung soll der Missbrauch von Vereinigungen und Rechtsgestaltungen zum Zweck der Geldwäsche und Terrorismusfinanzierung eingedämmt werden.[4] Der deutsche Gesetzgeber entschied sich bei der Ausgestaltung des Transparenzregisters für eine »Verlinkung« desselben mit bestehenden Registern, um eine Doppelbelastung durch mehrere Meldepflichten zu verhindern.[5] So gilt nach der gesetzlichen Fiktion der §§ 20 Abs. 2, 22 Abs. 1 Nr. 4 GwG die Pflicht zur Mitteilung an das Transparenzregister als erfüllt, wenn sich die entsprechenden Angaben bereits aus der Gesellschafterliste ergeben, sofern diese im elektronischen Handelsregister abrufbar ist. Dementsprechend werden die Anforderungen an den Inhalt der Gesellschafterliste an die Erfordernisse des Transparenzregisters angepasst.[6] Somit dient § 40 nun auch der Missbrauchsbekämpfung mit dem Anliegen, verstärkt Transparenz über die Anteilsstrukturen der GmbH zu schaffen und Geldwäsche zu verhindern.[7]

Die **Abfolge der Absätze** in § 40 GmbHG hat keine systematischen, sondern allein historische 2
Gründe: Vor dem MoMiG verpflichtete § 40 GmbHG in Abs. 1 Satz 1 allein die Geschäftsführer zur Einreichung einer aktualisierten Gesellschafterliste, Notare sollten gemäß Satz 2 lediglich von ihnen nach § 15 Abs. 3 GmbHG beurkundete Geschäftsanteilsabtretungen anzeigen; Abs. 2 regelte insoweit die Schadensersatzhaftung von Geschäftsführern ggü. der Gesellschaft. Entsprechend regelt § 40 GmbHG seit Inkrafttreten des MoMiG in Abs. 1 zunächst die Einreichungspflicht der Geschäftsführer und erst in Abs. 2 die – neue – Einreichungspflicht auch des Notars, die an die Stelle der früheren Anzeigepflicht getreten ist, in Abs. 3 schließlich die (ebenfalls ausgeweitete) Schadensersatzhaftung der Geschäftsführer. **Systematisch vorrangig**, weil verdrängend, ist die erst in Abs. 2 geregelte **Einreichungspflicht des Notars**: Wenn ein Notar an der Veränderung mitgewirkt hat, hat er die Gesellschafterliste »anstelle der Geschäftsführer« zu unterschreiben und – versehen mit einer entsprechenden Notarsbescheinigung – einzureichen. Damit ist im tatsächlichen Regelfall, insb. der Anteilsabtretung nach § 15 Abs. 3 GmbHG, allein der Notar für die Einreichung der Gesellschafterliste zuständig. Die subsidiäre Zuständigkeit der Geschäftsführer nach Abs. 1 greift demgegenüber bei allen Veränderungen, an denen kein Notar mitgewirkt hat. Dies betrifft insb. den Anteilsübergang durch Erbfall (§ 1922 BGB) und die Teilung, Zusammenlegung oder Einziehung von Geschäftsanteilen nach § 46 Nr. 4 GmbHG. Zum 26.6.2017 wurden die Abs. 4 und 5 angefügt. Diese beinhalten Verordnungermächtigungen zugunsten des Bundesministeriums der Justiz und für Verbraucherschutz (Abs. 4) und der Landesregierungen (Abs. 5). Dementsprechend wurde auch die Überschrift des § 40 um den Zusatz »Verordnungsermächtigung« ergänzt. Die auf Grundlage des Abs. 4 erlassene GesLV enthält einige Konkretisierungen bezüglich der Struktur und Form der Gesellschafterliste.

B. Inhalt der Gesellschafterliste

Die Gesellschafterliste hat (mit Name, Vorname, Geburtsdatum und Wohnort) sowohl bestimmte 3
gesellschafterbezogene Angaben als auch bestimmte geschäftsanteilsbezogene Angaben zu enthalten. Bisher waren als gesellschaftsbezogene Angaben nur die Nennbeträge und die laufende Nummern der Geschäftsanteile anzugeben. Nach § 40 Abs. 1 S. 1, 3 n.F. sind nun auch prozentuale Angaben über die Beteiligung am Stammkapital erforderlich. Die Gesellschafterliste wird im Gegensatz zum

4 BT-Drucks. 18/11555, S. 125.

5 *Birkefeld/Schäfer*, BB 2017, 2755, 2757; BT-Drucks. 18/11555, S. 128.

6 *Birkefeld/Schäfer*, BB 2017, 2755; BT-Drucks. 18/11555, S. 173.

7 BT-Drucks. 18/11555, S. 172; *Birkefeld/Schäfer*, BB 2017, 2755, 2756.

Handelsregister und zum Grundbuch nicht chronologisch mit Streichungen und Einfügungen geführt, sondern bei jeder Einreichung insgesamt neu und mit Angaben nur zum aktuellen Gesellschafterkreis und Beteiligungsumfang erstellt.[8] Die einzelne Gesellschafterliste ist damit nach ihrer Konzeption nur eine »**Momentaufnahme**«, eine Anteilshistorie wird erst durch Beiziehen auch der älteren Gesellschafterlisten erkennbar.

4 Die Gesellschafterliste darf jedoch – über die gesetzlich geforderten Angaben hinaus – eine sog. **Veränderungsspalte** enthalten.[9] In dieser können die ggü. der alten Liste vorgenommenen Änderungen transparent gemacht werden, z.B. durch den Hinweis, dass neue Anteile durch die Teilung eines bestimmten alten Anteils entstanden sind. Eine solche Veränderungsspalte mag es dann z.B. im Rahmen einer Due Diligence erleichtern, bereits anhand der Gesellschafterlisten die Anteilshistorie nachzuvollziehen; gesetzlich gefordert oder aus sonstigen Gründen zwingend ist sie jedoch nicht. Oftmals wird die damit einhergehende Publizität von den Parteien auch gar nicht gewünscht sein.

5 Mit dem BGH verbietet es der Grundsatz der **Registerklarheit**, die Gesellschafterliste über die gesetzlichen Vorgaben hinaus um weitere, den Beteiligten im Einzelfall sinnvoll erscheinende **Zusatzangaben** zu Gesellschaftern, etwa zu Insolvenz, Testamentsvollstreckung, Betreuung, Nachlassverwaltung oder Pflegschaft, zu ergänzen.[10] Auch bei aufschiebend bedingter Abtretung ist ein Vermerk unzulässig.[11] Allgemein kann eine Veränderung erst dann eingetragen werden, wenn sie auch tatsächlich eingetreten ist. So ist die Eintragung eines tatsächlich noch nicht wirksam gewordenen, mithin ungewissen, wenn auch wahrscheinlichen, künftigen Erwerbs einer Beteiligung wegen Verstoß gegen die Prinzipien der Registerwahrheit und Registerklarheit unzulässig.[12]

I. Gesellschafterbezogene Angaben

6 Bei **natürlichen Personen** sind Name, Vorname, Geburtsdatum und Wohnort des Gesellschafters anzugeben, also etwa »Max Müller, geb. am 7.11.1971, wohnhaft in Bonn«. Gesellschafter ist (nur) der dingliche Inhaber der Geschäftsanteile, bei einer Treuhand also nur der Treuhänder. »Wohnort« bedeutet die politische Gemeinde, in der sich der Gesellschafter tatsächlich dauernd oder überwiegend aufhält. Der Wohnort muss nicht zwingend mit dem Wohnsitz gemäß §§ 7 ff. BGB identisch sein.[13] Schon wegen der jedermann möglichen Online-Einsicht sollte nicht die gesamte Privatanschrift angegeben werden.[14] Der Zweck der Gesellschafterliste, die Identifikation des Gesellschafters zu ermöglichen, wird auch bei Gesellschaftern, die einen »Allerweltsnamen« tragen und in einer Großstadt wohnen, in aller Regel jedenfalls durch das zusätzlich anzugebende Geburtsdatum erreicht. Weitere Angaben wie Beruf oder Geburtsort sind zulässig, aber weder zwingend noch sinnvoll.

7 Nach § 40 Abs. 1 S. 2 HS. 1 besteht nun auch eine gesetzliche Pflicht für eingetragene **Gesellschaften**, deren Firma, Satzungssitz, zuständiges Register und Registernummer anzugeben. Die Aufzählung ist abschließend, weitere Angaben wie die Nennung des gesetzlichen Vertreters oder des Gründungsdatums sind nicht erforderlich.[15] Die Eintragung lautet damit z.B. »Müller Beteiligungs-GmbH mit Sitz in Bonn, eingetragen im Handelsregister des AG Bonn unter HRB

8 *Noack*, in: Baumbach/Hueck, GmbHG, § 40 Rn. 8.

9 BGH, GmbHR 2011, 474 m. Anm. *Heidinger*; OLG Jena, NZG 2010, 591; OLG Köln, RNotZ 2013, 556.

10 So zum Testamentsvollstreckervermerk BGH, GmbHR 2015, 526 m. Anm. *Bayer;* dazu *Kalbfleisch/Glock*, GmbHR 2015, 847; *Noack*, in: Baumbach/Hueck, GmbHG, § 40 Rn. 15: »Kürangaben grds. unzulässig«. Auf dem Registerblatt einer KG ist ein Testamentsvollstreckervermerk dagegen zulässig, BGH, GmbHR 2012, 510 m. Anm. *Werner*; kritisch zu dieser Unterscheidung *Eickelberg/Ries*, NZG 2015, 1103, 1106 f.

11 BGH, GmbHR 2011, 474 m. Anm. *Heidinger*; dazu *Kalbfleisch/Glock*, GmbHR 2015, 847, 848.

12 So OLG Celle, DStR 2018, 627 zur Eintragung eines Ungeborenen aufgrund einer Schenkung von Geschäftsanteilen.

13 *Böhringer*, BWNotZ 2017, 61.

14 *Seibert/Wedemann*, GmbHR 2007, 17, 19.

15 *Böhringer*, BWNotZ 2017, 61.

1000«. Mit dieser Regelung wollte der Gesetzgeber die bisher unstreitige Auffassung, dass jedenfalls die Angabe von Firma und Satzungssitz notwendig sind, sowie die »Best Practice« der zusätzlichen Angabe des Registers und der Registernummer als zwingendes Recht kodifizieren.[16] Der Begriff der »eingetragenen Gesellschaft« umfasst zunächst alle eingetragenen Personengesellschaften und Kapitalgesellschaften. Zwar ist der **Verein** keine Gesellschaft. Jedoch sind laut Gesetzesbegründung auch juristische Personen erfasst, wozu auch der Verein zählt. Der rechtsfähige Verein ist zudem auch im Vereinsregister eingetragen. Daher ist die Vorschrift jedenfalls entsprechend auf rechtsfähige Vereine anzuwenden. Dies gebietet auch der Normzweck – Sicherstellung der Transparenz der Beteiligungsverhältnisse und Verhinderung von Geldwäsche.[17] **Vorgesellschaften** (zB. eine Vor-GmbH) sind noch nicht eingetragen, sodass auf diese grds. HS. 2 Anwendung finden würde. Jedoch könnte dies den Eindruck erwecken, es handle sich um eine GbR bzw. OHG. Dagegen ist die Vorgesellschaft eine Gesellschaft sui generis, die sich mit der Eintragung automatisch in eine Kapitalgesellschaft umwandelt. Daher erscheint es sachgerecht, auf diese die Vorgaben des Hs. 1 entsprechend anzuwenden. Demnach ist zunächst die Vorgesellschaft unter Angabe von Firma, Satzungssitz und dem zukünftig zuständigen Register anzugeben und nach Eintragung in einer zweiten Liste die entstandene Kapitalgesellschaft mit tatsächlicher Registernummer einzureichen.[18] Die Vorschrift gilt gleichermaßen für inländische wie für ausländische Gesellschaften.[19] Als Register iSd. § 40 Abs. 1 S. 2 sind somit auch bspw. das österreichische Firmenbuch oder das Companies House des Vereinigten Königreichs anzusehen. Existiert ein Empfangsbevollmächtigter iSd. § 10 Abs. 2 S. 2, so sind auch dessen in das Handelsregister eingetragene Daten unter der Rubrik »Wohnort des Gesellschafters« einzutragen.[20] Bei **eigenen Anteilen** ist die GmbH selbst als Inhaberin anzugeben.[21]

Da mittlerweile die (Teil-)Rechtsfähigkeit der Außen-GbR anerkannt ist, kann diese auch als solche **8**
Gesellschafterin der GmbH sein. Nach § 40 Abs. 2 HS. 2 besteht nun eine gesetzliche Regelung, wonach bei nicht eigetragenen Gesellschaften deren jeweilige Gesellschafter unter einer zusammenfassenden Bezichnung mit Name, Vorname, Geburtsort und Wohnort in die Liste aufzunehmen sind. Zu den nicht eingetragenen Gesellschaften zählt die GbR unabhängig davon, ob sie im Einzelfall im Handelsregister z.B. als Kommanditistin einer anderen Gesellschaft (§ 162 Abs. 1 HGB) oder im Grundbuch eingetragen ist, da eingetragene Gesellschaften nach dem Normzweck nur solche sind, für die selbst ein Register geführt wird.[22] Schon nach alter Rechtslage ergab sich dies nach h.M. im Schrifttum aus einer entsprechenden Anwendung von § 162 Abs. 1 Satz 2 HGB und § 47 Abs. 2 GBO.[23] Laut Gesetzesbegründung ist es heute gerade aus Gründen der Geldwäscheprävention wichtig, hinter eine Außen-GbR als in der Liste eingetragene Gesellschafterin schauen zu können.[24] Die GbR ist somit stets unter einem Zusatz »bestehend aus…« bzw. »mit den Gesellschaftern…« in die Liste aufzunehmen. Hiervon will der Gesetzgeber auch bei Publikumsgesellschaften mit einem großen Gesellschafterkreis keine Ausnahme machen; dies widerspräche dem Tranparenzgedanken.[25] Für den Fall, dass an der GbR wiederum nicht nur natürliche Personen, sondern Gesellschaften beteiligt sind, muss § 40 Abs. 1 S. 2 entsprechend gelten.[26] HS. 2 gilt auch für eine **OHG**, solange sie entgegen §§ 105 ff. HGB nicht eingetragen ist. Denn schon nach dem Wortlaut des § 40 Abs. 1 S. 2 ist auf eine tatsächliche Eintragung und nicht etwa auf

16 BT-Drucks. 18/11555, S. 172.
17 *Wachter*, GmbHR 2017, 1177, 1181; *Böhringer*, BWNotZ 2017, 61.
18 *Wachter*, GmbHR 2017, 1177, 1182.
19 BT-Drucks. 18/11555, S. 172.
20 *Punte/Stefanink*, GWR 2018, 131, 134; *Heilmeier*, in: BeckOK GmbHG, § 40 Rn. 25.
21 *Wachter*, GmbHR 2017, 1177, 1191.
22 *Wachter*, GmbHR 2017, 1177, 1183.
23 Vgl. *Krafka/Kühn*, Registerrecht, Rn. 1101; *Scheuch*, GmbHR 2014, 568; bei fehlender Unterscheidungskraft des Namens der GbR auch *Eickelberg/Ries*, NZG 2015, 1103, 1106.
24 BT-Drucks. 18/11555, S. 173.
25 BT-Drucks. 18/11555, S. 173.
26 *Wachter*, GmbHR 2017, 1177, 1183.

die Eintragungsfähigkeit abzustellen.[27] Für die Mitglieder einer Innen-GbR, Erbengemeinschaft, Gütergemeinschaft oder Bruchteilsgemeinschaft ändert sich durch die Neufassung des § 40 nichts. Die ensprechenden Angaben zu deren Mitgliedern sind ohnehin erforderlich.[28]

II. Geschäftsanteilsbezogene Angaben

9 In der Gesellschafterliste ist jeder Geschäftsanteil nach Nennbetrag und laufender Nummer zu bezeichnen. Nach § 1 Abs. 1 S. 1 GesLV sind die Geschäftsanteile in eindeutiger Zuordnung zu den Gesellschaftern mit **ganzen arabischen Zahlen** anzugeben (Einzelnummer, zB. 1, 2, 3). Die Gesellschafterliste kann sowohl nach Geschäftsanteilen als auch nach Gesellschaftern sortiert werden, § 1 Abs. 1 S. 3 GesLV. Zulässig ist gemäß § 1 Abs. 1 S. 2 GesLV die der gängigen Praxis entsprechende **Zusammenfassung der Geschäftsanteile** für einen Gesellschafter. So können zB. (statt bei 20 Geschäftsanteilen 20 Zeilen in die Liste aufzunehmen) eine Zeile mit den laufenden Nrn. 1–10 für Gesellschafter A und eine zweite Zeile mit den laufenden Nrn. 11–20 für Gesellschafter B ausreichen.[29] Nach der Verordnungsbegründung zur GesLV dürfen auch Geschäftsanteile, die nicht unmittelbar fortlaufend nummeriert sind, in einer Zeile zusammengefasst werden, sofern insgesamt in der Liste eine fortlaufende Nummerierung im Sinne der Verordnung besteht. Dies ist z.B. der Fall bei einem Gesellschafter A mit den Geschäftsanteilen 1, 2 und 4 und einem Gesellschafter B mit den Geschäftsanteilen 3, 5 und 6.[30] Ferner ist es zulässig, nur einzelne statt aller Geschäftsanteile eines Gesellschafters zusammenzufassen. Problematisch erscheint die Zusammenfassung von Geschäftsanteilen eines Gesellschafters, die nicht den gleichen Nennbetrag aufweisen. Auch dies soll nach der Verordnungsbegründung zulässig sein. Voraussetzung ist jedoch, dass die eindeutige Zuordnung der Geschäftsanteile zum Gesellschafter gewahrt ist, was dann der Fall ist, wenn Geschäftsanteile mit dem gleichen Nennbetrag in Untergliederungen zusammengefasst werden.[31] Eine Nummerierung mit römischen Zahlen oder Buchstaben – auch nur als Ergänzung – ist nach der eindeutigen Regelung, die arabische Zahlen vorschreibt, unzulässig.

10 Für den Fall der **Teilung oder Zusammenlegung von Anteilen** war bisher umstritten, ob »verbrauchte« Nummern reaktiviert werden dürfen.[32] In § 1 Abs. 2 S. 1 GesLV ist nun der Grundsatz der Nummerierungskontinuität enthalten, wonach eine für einen Geschäftsanteil einmal vergebene Nummer nicht für einen anderen Geschäftsanteil verwendet werden darf. Dadurch soll im Sinne des sachenrechtlichen Bestimmtheitsgrundsatzes eine zweifelsfreie Zuordnung der einzelnen Geschäftsanteile zu den Gesellschaftern sichergestellt werden.[33] Nach § 1 Abs. 3 GesLV ist eine neue Einzelnummer zu vergeben, wenn neue Geschäftsanteile geschaffen, Geschäftsanteile zusammengelegt oder Geschäftsanteile geteilt werden. Nur im Falle der Teilung oder Schaffung neuer Geschäftsanteile können die dadurch neu entstandenen Geschäftsanteile auch durch Abschnittsnummern (zB. 1.1, 1.2, 1.3) gekennzeichnet werden, um die Herkunft der Geschäftsanteile zu verdeutlichen. Bei der Vergabe neuer Nummern sollen jeweils die nächsten freien arabischen Zahlen (bei Abschnittsnummern in dezimaler Gliederung) vergeben werden, die noch nicht genutzt sind.[34] Wird der bisher einzige Geschäftsanteil Nr. 1 im Nennbetrag zu 25.000 € in zwei Anteile zu je 12.500 € geteilt, müssen diese demnach die Nrn. 2 und 3 (oder die Abschnittsnummern 1.1 und 1.2) erhalten; werden sie später erneut zusammengelegt, erhält der neue Anteil die Nr. 4 (oder im Falle vorheriger Abschnittsnummern 1.1 und 1.2 die Nr. 2). Wird nur der Nennbetrag eines

27 *Wachter*, GmbHR 2017, 1177, 1183.
28 BT-Drucks. 18/11555, S. 173.
29 BR-Drucks. 105/18, S. 7.
30 BR-Drucks. 105/18, S. 7.
31 BR-Drucks. 105/18, S. 7.
32 Bejahend mit Abschnittsnummern OLG Jena, NZG 2010, 591; *Mayer*, ZIP 2009, 1037, 1042; ablehnend *Paefgen*, in: Ulmer/Habersack/Löbbe, GmbHG, § 40 Rn. 34; *Hasselmann*, NZG 2009, 449, 450.
33 BR-Drucks. 105/18, S. 7. 33aKritisch zur Verwendung von Abschnittsnummern *Miller*, NJW 2018, 2518, 2519.
34 BR-Drucks. 105/18, S. 7.

Geschäftsanteils erhöht oder verringert, so entsteht kein neuer Geschäftsanteil in diesem Sinne. Eine Neunummerierung ist dann unzulässig. Selbiges gilt im Falle des Übergangs eines Geschäftsanteils auf einen anderen Gesellschafter.[35]

Wenn sich ein Geschäftsanteil selbst nicht ändert, behält er grds. die **einmal festgelegte Nummer.**[36] 11
Wenn Anteile z.B. veräußert werden, wurde bisher eine Neunummerierung als zulässig angesehen sofern – aufgrund entsprechender Nachweise in einer Veränderungsspalte – keine Zweifel aufkommen können, welche Anteile bestanden und durch welche Abtretungsketten in die Hand des neuen Gesellschafters gelangt sind.[37] Die GesLV erlaubt jedoch eine Neunummerierung nur in dem Fall, dass die Gesellschafterliste aufgrund zahlreicher Veränderungen unübersichtlich geworden ist bzw. wenn die Unübersichtlichkeit in der Gestaltung der Nummerierung einer einzureichenden Liste droht (§ 1 Abs. 4 GesLV). Dann kann in einer **Bereinigungsliste** eine von Abs. 2 S. 1 abweichende Nummerierung erfolgen, sodass z.B. früher bereits anderweitig verwendete oder neue Nummern vergeben werden können, auch wenn insoweit keine Veränderungen eingetreten sind.[38] Die Beurteilung, ob die Liste unübersichtlich ist, liegt im pflichtgemäßen Ermessen des Einreichenden und unterliegt, außer im Fall ganz grober, offensichtlicher Verstöße, nicht der Prüfung des Registergerichts.[39] Als mögliches Beispiel für eine Unübersichtlichkeit ist in der Verordnungsbegründung die zu weitgehende Verwendung von Abschnittsnummern (Nummer 1.1.1.1.1.2, 1.1.1.1.1.3) genannt.[40] Eine Pflicht zur Bereinigung durch eine Neunummerierung besteht aber nicht.

Dingliche Belastungen eines Geschäftsanteils (Pfändung, Verpfändung oder Nießbrauch) sind 12
nicht anzugeben.[41] Im Aktienregister nach § 67 AktG, dem die Gesellschafterliste angenähert ist, wären entsprechende Belastungen einer Aktie nach herrschender Meinung zwar nicht eintragungspflichtig, aber doch eintragungsfähig;[42] das LG Aachen hat daher die Eintragung des Nießbrauchs an einem Geschäftsanteil auch in der Gesellschafterliste zugelassen.[43] Dagegen spricht jedoch, dass die Möglichkeit eines gutgläubig lastenfreien Erwerbs im Gesetzgebungsverfahren zum MoMiG ausführlich diskutiert und insb. aus der Erwägung heraus abgelehnt wurde, dass sonst Inhaber beschränkt dinglicher Rechte zur Sicherung ihrer Position auf deren Offenlegung in der Gesellschafterliste bestehen müssten.[44] Besteht aber die Möglichkeit eines gutgläubig lastenfreien Erwerbs nicht, so sollte die Gesellschafterliste nicht (von Fall zu Fall uneinheitlich) mit gesetzlich nicht vorgesehenen Informationen überfrachtet werden. Letzteres steht auch der Eintragung eines Testamentsvollstreckervermerks entgegen.[45]

In der Veränderungsspalte (oben Rdn. 4) kann auch nicht vermerkt werden, dass ein Anteil unter 13
einer noch nicht eingetretenen **aufschiebenden Bedingung** (z.B. Kaufpreiszahlung) abgetreten wurde; denn die Liste ist nach Abs. 1 und 2 erst »nach dem Wirksamwerden der Veränderung einzureichen«, damit nach dem (durch den Notar zu überwachenden) Eintritt der Bedingung.[46] Den Parteien bleibt es jedoch unbenommen, einen Widerspruch zur Liste zu bewilligen und der Liste zuordnen zu lassen (§ 16 Abs. 3 Satz 4 ff. GmbHG, s. § 16 Rdn. 52 ff.).

---

35 BR-Drucks. 105/18, S. 7.

36 OLG Bamberg, NZG 2010, 675; LG Augsburg, NZG 2009, 1032; a.A. LG Stendal, NZG 2010, 393; für Neunummerierung bei Unübersichtlichkeit *Wicke*, MittBayNot 2010, 283, 284.

37 BGH, DStR 2011, 779, 780.

38 BR-Drucks. 105/18, S. 8.

39 BR-Drucks. 105/18, S. 9.

40 BR-Drucks. 105/18, S. 9. 40a*Frank/Schaub*, DStR 2018, 1822, 1824.

41 *Paefgen*, in: Ulmer/Habersack/Löbbe, GmbHG, § 40 Rn. 42; *Terlau*, in: Michalski, GmbHG, § 40 Rn. 12; *Hasselmann*, NZG 2009, 449, 450 f.; *Mayer*, MittBayNot 2014, 24, 32.

42 *Cahn*, in: Spindler/Stilz, AktG, § 67 Rn. 24.

43 LG Aachen, NZG 2009, 1157; für Eintragungsfähigkeit auch *Link*, RNotZ 2009, 193, 204.

44 Vgl. *DAV*, NZG 2007, 211, 215.

45 BGH, GmbHR 2015, 526 m. Anm. *Bayer*; OLG München, GmbHR 2012, 39.

46 OLG Hamburg, NZG 2010, 1057; OLG München, BB 2009, 2167 m. Anm. *Wachter*.

14 Schließlich wurde vertreten, dass auch **untergegangene Anteile** anzugeben sind und insoweit auch jeweils der Rechtsgrund für den Untergang (z.B. Einziehung) zu nennen ist.[47] Nach § 3 GesLV entfallen derartige Angaben. Es ist daher sogar unzulässig, die bisherigen Angaben nur durchzustreichen oder eine historische Spalte, historische Nummer oder weitere einzelne Angaben, ggf. mit einem die Aufhebung kennzeichnenden Hinweis, zu belassen. Zwingend erforderlich ist stets ein vollständiges Entfernen.[48] Das Gesetz sieht die Gesellschafterliste als »Momentaufnahme« (Rdn. 3).

14a § 40 Abs. 1 S. 1 n.F. beinhaltet die Pflicht, auch eine Angabe zu der prozentualen Beteiligung am Stammkapital zu machen, die durch den **jeweiligen Geschäftsanteil** vermittelt wird. Es soll ermöglicht werden, den wirtschaftlich Berechtigten auf den ersten Blick zu erkennen.[49] Das Erfordernis der Prozentangabe beruht auf der Regelung des § 3 Abs. 2 S. 1 GwG, wonach derjenige, der mehr als 25 % der Anteile am Stammkapital hält, auch als wirtschaftlich Berechtigter gilt. Obwohl diese Funktion nur für natürliche Personen gilt, ist nach der Gesetzesbegründung die prozentuale Angabe auch bei Gesellschaften als Gesellschafter einer GmbH erforderlich, da so inbesondere in Beteiligungsketten das Ausfindigmachen des wirtschaftlich Berechtigten erleichtert wird.[50] Auch unabhängig von den Zielen des Transparenzregisters sei diese Angabe sinnvoll.[51] Die prozentuale Beteiligung ist für jeden Geschäftsanteil getrennt anzugeben. Dies dient der Übersichtlichkeit der Gesellschafterliste.[52] Zusätzlich zu der separaten Prozentangabe jedes einzelnen Geschäftsanteils ist, wenn ein Gesellschafter mehrere Geschäftsanteile hält, der **Gesamtumfang der Beteiligung** am Stammkapital als Prozentsatz gesondert anzugeben. So ist eine Beteiligung von mehr als 25 % mit einem Blick aus der Liste erkennbar. Aber auch bei einer geringeren Gesamtbeteiligung ist diese Angabe wichtig, um in Beteiligungsketten und unter Zuhilfenahme ggf. mehrerer Gesellschafterlisten wirtschaftlich Berechtigte einfacher ermitteln zu können.[53] Die Pflicht zur Angabe des Prozentsatzes der Beteiligung für jeden Geschäftsanteil besteht aufgrund des eindeutigen Wortlauts unabhängig von der Höhe der Nennbeträge der jeweiligen Geschäftsanteile. So entfällt die Pflicht nicht etwa, wenn sämtliche Geschäftsanteile auf einen Nennbetrag von 1 € lauten.[54] Nach § 4 Abs. 5 GesLV ist die Prozentangabe nach § 40 Abs. 1 S. 1 in einer separaten Spalte anzugeben. Die Angabe der Gesamtbeteiligung eines Gesellschafters mit mehreren Geschäftsanteilen ist entweder in einer weiteren separaten Spalte oder in an die Gesellschafterliste anschließenden separaten Zeilen aufzuführen, nicht jedoch in einem separaten Dokument.[55] § 4 Abs. 1 S. 1 GesLV erlaubt die **Rundung** bis auf eine Dezimalstelle nach kaufmännischem Prinzip. Alternativ kann eine Darstellung durch Weglassen von Nachkommastellen bis auf eine Dezimalstelle erfolgen, § 4 Abs. 1 S. 3 GesLV. Zwingend ist eine Rundung auf bzw. ein Weglassen bis auf eine Dezimalstelle jedoch nicht. Möglich ist auch die Angabe weiterer Dezimalstellen.[56] Bei der Angabe des Umfangs der Beteiligung eines Gesellschafters (§ 40 Abs. 1 S. 3) sind zunächst die ungerundeten prozentualen Anteile zu addieren. Erst die so errechnete Summe darf dann gerundet oder durch Weglassen von Nachkommastellen gekürzt werden, um größere Ungenauigkeiten aufgrund mehrfacher Rundung zu vermeiden § 4 Abs. 2 GesLV. Die Rundung oder das Weglassen von Nachkommastellen darf aber nicht zu einer Darstellung von 0,0 %, 25,0 % oder 50,0 % führen, § 4 Abs. 1 S. 2 GesLV. Denn ansonsten würde in irreführender Weise der falsche Anschein erweckt, es bestünde kein Anteil, der Gesellschafter sei kein wirtschaftlich Berechtigter (was erst bei mehr als 25,0 % der Fall ist) oder es bestünde keine mittelbare Kontrolle

47 Dafür etwa *Noack*, in: Baumbach/Hueck, GmbHG, § 40 Rn. 14 und *Bayer*, in: Lutter/Hommelhoff, GmbHG, § 40 Rn. 8.
48 BR-Drucks. 105/18, S. 11; *Miller*, NJW 2018, 2518, 2519.
49 *Schaub*, GmbHR 2017, 727, 729.
50 BT-Drucks. 18/11555, S. 174.
51 BT-Drucks. 18/11555, S. 174.
52 BT-Drucks. 18/11555, S. 174.
53 BT-Drucks. 18/11555, S. 174.
54 OLG München, NZG 2018, 63.
55 BR-Drucks. 105/18, S. 13.
56 BR-Drucks. 105/18, S. 11.

eines wirtschaftlich Berechtigten (besteht erst bei mehr als 50,0 %).[57] Bei einem Anteil von weniger als 1 % reicht es nach § 4 Abs. 4 S. 1 GesLV aus, auf eben diesen Umstand hinzuweisen durch die Angabe » < 1 % «, » kleiner 1 % « oder eine sinngemäße Angabe.[58] Ensprechendes gilt nach S. 2 für die Angabe der Gesamtbeteiligung. Vor Inkrafttreten der GesLV hatte das OLG Nürnberg die Angabe » < 1 % « noch beanstandet.[59] Diese Rechtsprechung ist nun jedoch obsolet. Es kann ein Hinweis erfolgen, ob gerundet wurde, zwingend ist dies jedoch nicht.[60] Eine Mischform aus Rundungen und Weglassungen innerhalb einer Liste ist unzulässig. Die Verordnung liegt ein Konsistenzgebot zu Grunde. Es muss durchweg auf dieselbe Dezimalstelle gerundet oder nach derselben Anzahl Nachkommastellen abgebrochen werden.[61] In den Fällen, in denen einer Rundung bzw. Kürzung auf eine Nachkommastelle nach § 4 Abs. 1 S. 2 und S. 3 HS. 2 GesLV unzulässig wäre, und daher eine Darstellung mit mehr Nachkommastellen erfolgt, ist es jedoch zulässig, die restlichen Angaben auf eine geringere Anzahl zu runden bzw. zu kürzen.[62] Die Angabe eines Bruchs ist unzulässig.[63]

Teilweise wird angenommen, dass die nun nach § 40 Abs. 1 S. 1 erforderlichen prozentualen Angaben der Geschäftsanteile entsprechend auch bei Nutzung des **Musterprotokolls** nach § 2 Abs. 1a notwendig seien.[64] Jedoch hat der Gesetzgeber weder § 2 Abs. 1a noch das Musterprotokoll selbst im Rahmen der Neufassung des § 40 mitangepasst. Dies mag ein Versehen gewesen sein. Dennoch widerspräche es der Zielsetzung des Musterprotokolls, die Erfordernisse aus § 40 in § 2 Abs. 1a hineinlesen zu wollen: Das Musterprotokoll soll gerade eine einfache und rechtssichere Gründung ermöglichen; nach der gesetzlichen Fiktion des § 2 Abs. 1a S. 4 ersetzt das Musterprotokoll (abschließend) die Gesellschafterliste.[65] Die Verwendung des gesetzlich vorgeschriebenen Musterprotokolls kann daher nicht beanstandet werden.[66] Diese Ansicht liegt auch der GesLV zu Grunde, in deren Verordnungsbegründung es heißt, die GesLV gelte zwar grds. auch für Gesellschaften, die durch Musterprotokoll gegründet wurden; solange jedoch das Musterprotokoll die Gesellschafterliste ersetzt, gelten für dieses lediglich die Formalien des Musterprotokolls als höherrangiges Recht.[67]

In § 2 GesLV bestehen nun erstmals Regelungen zur **Veränderungsspalte**. Lediglich für den Fall einer Bereiningungsliste (§ 1 Abs. 4 GesLV) hat nach § 2 Abs. 2 GesLV zwingend eine Eintragung in der Veränderungsspalte zu erfolgen. Die in § 2 Abs. 3 GesLV genannten Angaben sollten eingetragen werden. Dies beinhaltet keine Pflicht zur Eintragung, das Ermessen des Listenerstellers ist jedoch in eine bestimmte Richtung gelenkt.[68] Für alle übrigen Veränderungen wird eine Aufnahme in die Veränderungsspalte lediglich zugelassen, § 2 Abs. 4 GesLV. Eine Pflicht zur Aufnahme eines Eintrags in der Veränderungsspalte kann sich auch aus dem sachenrechtlichen Bestimmtheitsgebot ergeben. So ist bei gleichzeitig erfolgten Teilungen oder Zusammenführungen von Geschäftsanteilen in analoger Anwendung von § 2 Abs. 2 GesLV zwingend die bisherige Nummerierung **14b**

57 BR-Drucks. 105/18, S. 11 f.; so auch schon vor Inkrafttreten der GesLV *Wachter*, GmbHR 2017, 1177, 1190; OLG Nürnberg, NZG 2018, 61.
58 BR-Drucks. 105/18, S. 13.
59 OLG Nürnberg, NZG 2018, 61.
60 BR-Drucks. 105/18, S. 12.
61 BR-Drucks. 105/18, S. 12; aA. *Szalai*, GWR 2018, 250, 256.
62 BR-Drucks. 105/18, S. 12.
63 BR-Drucks. 105/18, S. 11; vor Inkrafttreten der GesLV wurde eine Bruchangabe noch überwiegend als zulässig erachtet, solange der Nenner 100 beträgt und so die Bezugnahme auf 100 erfolgt, *Wachter*, GmbHR 2017, 1177, 1190; *Punte/Stefanink*, GWR 2018, 131, 134.
64 So *Wachter*, GmbHR 2017, 1177, 1186; *Melchior*, NotBZ 2017, 281, 285.
65 *Punte/Stefanink*, GWR 2018, 131, 134.
66 So auch *Punte/Stefanink*, GWR 2018, 131, 134; *Seibert/Bochmann/Cziupka*, GmbHR 2017, R289.
67 BR-Drucks. 105/18, S. 13.
68 *Rubner/Leuering*, NJW-Spezial 2018, 463; BR-Drucks. 105/18, S. 10; a.A. *Seibert/Keil*, GmbHR 2018, R212, R213 f., die wegen der Formulierung »sollte« statt »soll« nicht von einer Vorgabe für die Ermessensausübung, sondern lediglich einem behutsam lenkenden Denkanstoß ausgehen. 68a*Miller*, NJW 2018, 2518, 2520. 68bVgl. Rdn. 21.

in der Veränderungsspalte anzugeben. Hält bspw. ein Gesellschafter mehrere Geschäftsanteile mit gleichem Nennbetrag und teilt beide Anteile gleichzeitig in je zwei gleich große Anteile, wäre ohne Angabe der bisherigen Nummer nicht ersichtlich, aus welchem der bisherigen Anteile die jeweiligen neuen Anteile entstanden sind. Alternativ könnten in einem solchen Fall aber auch separate Gesellschafterlisten eingereicht werden. Auch die Veränderungsspalte darf nicht chronologisch fortgeführt werden. Zulässig sind nur Angaben zur Veränderung gegenüber der letzten Liste.[69] Es müssen jedoch nicht bei jeder Neueinreichung alle bisherigen Einträge in der Veränderungsspalte entfernt werden. Ein Eintrag muss erst dann entfernt werden, wenn er durch einen neuen Eintrag für denselben Geschäftsanteil ersetzt wird.[70]

C. Relevante Veränderungen

15 Die Gesellschafterliste ist »unverzüglich nach Wirksamwerden jeder Veränderung in den Personen der Gesellschafter oder des Umfangs ihrer Beteiligung« zu aktualisieren. § 40 GmbHG stellt damit nicht unmittelbar auf eine Änderung der in der Gesellschafterliste vermerkten gesellschafter- oder geschäftsanteilsbezogenen Angaben ab (was nahe gelegen hätte), sondern zieht tatbestandlich eine – wenig glückliche – Parallele zur Formulierung in § 16 Abs. 1 GmbHG.

I. Veränderung in den Personen der Gesellschafter

16 Eine »**Veränderung in den Personen der Gesellschafter**« liegt vor, wenn sich die Zusammensetzung des Gesellschafterkreises ändert. Dies kann sowohl auf Einzelrechtsnachfolge (Abtretung, Versteigerung, Kaduzierung) als auch auf Gesamtrechtsnachfolge (Erbfall, Verschmelzung, Spaltung, Begründung einer Gütergemeinschaft, Anwachsung) beruhen. Zur Anwachsung kommt es, wenn ein Geschäftsanteil durch eine Personengesellschaft gehalten wird und aus dieser alle bis auf einen Gesellschafter ausscheiden.

17 Wenn sich demgegenüber nur der **Name** eines Gesellschafters (die Gesellschafterin Meier nimmt durch Heirat den Namen Müller an) oder dessen **Wohnort** ändert (der Gesellschafter Müller zieht von Bonn nach Düsseldorf), ändern sich zwar die in die Gesellschafterliste aufzunehmenden gesellschafterbezogenen Angaben; es handelt sich aber nicht um eine Veränderung gerade in der Person des Gesellschafters. Der Zweck des § 40 GmbHG verlangt gleichwohl eine erweiternde Auslegung: Die Angabe von Name und Wohnort (bzw. Firma und Sitz) des Gesellschafters soll auch Dritten die Identifizierung des Gesellschafters ermöglichen; diese Informationsfunktion kann die Gesellschafterliste nur erfüllen, wenn sie in jeder Hinsicht aktuell gehalten wird. Eine Pflicht zur Aktualisierung der Gesellschafterliste besteht daher auch dann, wenn der Gesellschafter zwar identisch bleibt, sich aber die gesellschafterbezogenen Angaben ändern.[71] Entsprechendes gilt beim Wechsel im Gesellschafterkreis einer beteiligten **GbR**[72] (vgl. Rdn. 8) sowie beim **Formwechsel** eines Gesellschafters (die Gesellschafterin Z-GmbH firmiert nach einem Formwechsel als Z-AG); auch bei diesem bleibt die Identität des Gesellschafters erhalten,[73] gleichwohl ist die Gesellschafterliste zu aktualisieren.

II. Veränderung des Beteiligungsumfangs

18 Zu einer »**Veränderung (nur) des Beteiligungsumfangs**« ohne gleichzeitige Veränderung in den Personen der Gesellschafter kommt es namentlich im Rahmen einer Kapitalerhöhung oder -herabsetzung. Vom Wortlaut ggf. schon nicht mehr erfasst sind Teilungen und Zusammenlegungen von Geschäftsanteilen, weil hier jedenfalls der Gesamt-Umfang der Beteiligung eines Gesellschafters unverändert bleibt. Auch insoweit ist § 40 GmbHG erweiternd auszulegen: »Veränderung des

69 *Szalai*, GWR 2018, 250, 254; *Frank/Schaub*, DStR 2018, 1822, 1823.
70 *Miller*, NJW 2018, 2518, 2521; a.A. *Cziupka*, GmbHR 2018, R180, 182.
71 *Bayer*, GmbHR 2012, 1, 2.
72 *Schaub*, GmbHR 2017, 727, 729.
73 Vgl. § 202 Abs. 1 Nr. 1 UmwG; BT-Drucks. 12/6699, S. 136.

Beteiligungsumfangs« ist auch jede Änderung der in der Gesellschafterliste anzugebenden Nennbeträge und der laufenden Nummern der von einem Gesellschafter gehaltenen Geschäftsanteile.

Keine Veränderung in diesem Sinne bewirkt dagegen die dingliche Belastung eines Geschäftsanteils oder die Abtretung eines Geschäftsanteils unter einer (noch nicht eingetretenen) aufschiebenden Bedingung (dazu Rdn. 12 f.). 19

III. Mehrfache Veränderungen

Zeitlich aufeinander folgende Veränderungen sind in **separaten Gesellschafterlisten** offenzulegen, auch wenn sie durch den bei Einreichung der Listen erreichten Rechtszustand bereits wieder überholt sein sollten.[74] Denn zum einen ist die Gesellschafterliste jeweils als »Momentaufnahme« konzipiert, sodass jedenfalls bei Fehlen einer Veränderungsspalte die Anteilshistorie erst aus der Abfolge der einzelnen Gesellschafterlisten erkennbar wird. Zum anderen kann auch die Zuständigkeit (Einreichung durch Notar oder Geschäftsführer) für die einzelnen Veränderungen unterschiedlich sein (Rdn. 23). Bei gleichzeitiger Einreichung können die Listen zur Unterscheidung mit entsprechenden Überschriften (»Gesellschafterliste nach Teilung …«) oder auch Uhrzeiten versehen werden bzw. sollten Anweisungen gegeben werden, in welcher Reihenfolge die Listen aufzunehmen sind.[75] 20

Veränderungen, die **gleichzeitig** wirksam geworden sind, dürfen dagegen in einer Liste zusammengefasst werden, jedenfalls sofern dies nicht den Einblick in die Entstehung der Anteilsverhältnisse versperrt.[76] Im Zweifel wird sich aber auch hier die Einreichung separater Listen empfehlen.[77] 21

D. Erstellung und Einreichung durch Geschäftsführer (Abs. 1)

I. Zuständigkeit

Die Geschäftsführer sind aufgrund der besonderen Regelung des § 8 Abs. 1 Nr. 3 GmbHG bereits für die Erstellung und Einreichung der **Gründergesellschafterliste** (bei Erstanmeldung der GmbH) zuständig. Diese erste Liste ist von sämtlichen Geschäftsführern zu unterzeichnen, da »Anmeldende« in diesem Fall nach § 78i.V.m. § 7 Abs. 1 GmbHG sämtliche Geschäftsführer sind. Bei späteren Veränderungen ist demgegenüber stets zu prüfen, ob ein deutscher Notar an ihnen i.S.d. Abs. 2 »mitgewirkt« hat; bejaht man dies, ist der Notar »anstelle der Geschäftsführer«, somit ausschließlich, für die Einreichung der Gesellschafterliste zuständig. In den danach verbleibenden Fällen (insb. Eintritt einer auflösenden Bedingung,[78] Erbfall und Teilung, Zusammenlegung oder Einziehung von Geschäftsanteilen nach § 46 Nr. 4 GmbHG, Beurkundung vor einem ausländischen Notar[79]) bleiben die **Geschäftsführer** für die Erstellung und Einreichung der aktualisierten Gesellschafterliste zuständig. Gleiches gilt nach dem BGH für die Korrektur einer unrichtigen, vom Notar eingereichten Gesellschafterliste.[80] Es genügt ein Handeln **in vertretungsberechtigter Zahl** (arg. § 78 GmbHG). Da den Geschäftsführern insoweit eine besondere Prüfungspflicht obliegt und sie für etwaige Pflichtverletzungen unmittelbar in die Haftung genommen werden (Abs. 3), haben die Geschäftsführer die Liste jedenfalls **persönlich** zu unterschreiben; Stellvertretung ist 22

74 LG München I, GmbHR 2010, 151 m. Anm. *Wachter; Paefgen*, in: Ulmer/Habersack/Löbbe, GmbHG, § 40 Rn. 28; *Seibt*, in: Scholz, GmbHG, § 40 Rn. 30; *Hasselmann*, NZG 2009, 449, 450.

75 LG München I, GmbHR 2010, 151 m. Anm. *Wachter*.

76 *Wicke*, GmbHG, § 40 Rn. 4; *Mayer*, MittBayNot 2014, 114, 125; ausf. *Berninger*, GmbHR 2014, 449.

77 OLG Köln, RNotZ 2013, 556 verlangt bei der Teilung und Abtretung von Geschäftsanteilen die Einreichung einer Zwischenliste, die nur die Anteilsteilung ausweist, alternativ eine Veränderungsspalte (Rdn. 4); für Dokumentation in ein und derselben Liste *Berninger*, GmbHR 2014, 449.

78 Nach OLG Brandenburg, MittBayNot 2013, 401 soll Gleiches auch für eine durch den Notar nicht mehr zu überwachende aufschiebende Bedingung gelten; abl. *Mayer*, MittBayNot 2014, 114, 118.

79 OLG München, DB 2013, 510; *Paefgen*, in: Ulmer/Habersack/Löbbe, GmbHG, § 40 Rn. 68.

80 BGH, GmbHR 2014, 198; dazu *Tebben*, DB 2014, 585.

ausgeschlossen.[81] Jedoch wird man unechte Gesamtvertretung durch einen Geschäftsführer in Gemeinschaft mit einem Prokuristen deshalb nicht für unzulässig halten müssen (str.).[82]

23 Erfolgen **mehrere Veränderungen**, ist die Zuständigkeit (Notar oder Geschäftsführer) für jede Veränderung gesondert zu prüfen. Wird z.B. ein Geschäftsanteil zunächst durch einfachen Gesellschafterbeschluss ohne Mitwirkung des Notars geteilt (§ 46 Nr. 4 GmbHG) und beurkundet der Notar anschließend die Abtretung des entstandenen Teilanteils (§ 15 Abs. 3 GmbHG), so haben die Geschäftsführer in einer ersten Gesellschafterliste die Teilung offenzulegen und der Notar in einer zweiten Gesellschafterliste die Anteilsabtretung. Ein Verzicht auf die »Zwischenliste« wäre unzulässig.[83]

24 In **Zweifelsfällen** – die sich aufgrund des unklaren »Mitwirkungsbegriffs« in § 40 Abs. 2 GmbHG häufiger ergeben können – empfiehlt es sich, dass vorsorglich **Geschäftsführer und Notar** die Gesellschafterliste unterzeichnen. Denn in diesem Fall steht fest, dass jedenfalls auch die zuständige Person unterzeichnet hat; das Registergericht darf die Aufnahme der Liste daher nicht verweigern.[84]

25 Die **Gesellschafter** trifft auch im Fall der Führungslosigkeit der Gesellschaft oder bei unbekanntem Aufenthalt der Geschäftsführer keine (subsidiäre) Pflicht zur Einreichung von Gesellschafterlisten. Notfalls ist die Bestellung eines Notgeschäftsführers zu veranlassen.[85] Selbst wenn der einzige Gesellschafter-Geschäftsführer verstorben ist, kann der Erbe sich oder eine andere Person zum Geschäftsführer bestellen und unverzüglich eine korrigierte Gesellschafterliste einreichen (lassen), § 16 Abs. 1 Satz 2 GmbHG.[86]

II. Änderung aufgrund Mitteilung und Nachweis (Satz 4)

26 Die Änderung der Liste durch die Geschäftsführer erfolgt – in Anlehnung an die entsprechende Regelung zum Aktienregister (§ 67 Abs. 3 AktG) – »auf Mitteilung und Nachweis« (Abs. 1 Satz 4). Eine eigenmächtige Änderung ohne eine solche Mitteilung und ohne geeigneten Nachweis ist also grds. unzulässig (dazu noch Rdn. 30).[87] Umgekehrt lösen regelmäßig erst Mitteilung und Nachweis eine **Prüfungspflicht** der Geschäftsführer aus, ob die Gesellschafterliste auf dieser Grundlage zu aktualisieren ist; die Prüfungspflicht ist somit keine ständige, sondern eine anlassbezogene.

27 Die **Mitteilung** muss durch einen Mitteilungsbefugten erfolgen und dem Geschäftsführer zugehen (§ 130 BGB analog). Mitteilungsbefugt sind der eingetragene Gesellschafter, den die Veränderung unmittelbar betrifft, und dessen Rechtsnachfolger, bei Anteilsübergang also sowohl der Veräußerer[88] als auch der Erwerber des Geschäftsanteils bzw. im Erbfall der Erbe. Stellvertretung ist zulässig. Die Mitteilung ist (vorbehaltlich abweichender Satzungsregelung) nicht formbedürftig und daher auch mündlich oder sogar konkludent, z.B. durch Übersendung eines geeigneten Nachweises, möglich.

28 An **Inhalt und Form des Nachweises** will eine verbreitete Auffassung »strenge Anforderungen« stellen.[89] So wird bei privatschriftlichen Gesellschafterbeschlüssen, die z.B. die Zusammenlegung oder Teilung von Geschäftsanteilen betreffen, die Vorlage der Urschrift oder einer beglaubigten Abschrift verlangt.[90] Für den Erbfall geht die Regierungsbegründung zum MoMiG davon aus, dass der

---

81 OLG Brandenburg, MittBayNot 2013, 401; *Bayer*, in: Lutter/Hommelhoff, GmbHG, § 40 Rn. 17; a.A. *Paefgen*, in: Ulmer/Habersack/Löbbe, GmbHG, § 40 Rn. 70.

82 So aber OLG Jena, DB 2011, 1800; vgl. *Krafka/Kühn*, Registerrecht, Rn. 106.

83 *Paefgen*, in: Ulmer/Habersack/Löbbe, GmbHG, § 40 Rn. 28.

84 OLG Hamm, GmbHR 2010, 430; *Eickelberg/Ries*, NZG 2015, 1103, 1105.

85 BT-Drucks. 16/6140, Anlage 3, S. 76 f.

86 *Lange*, GmbHR 2012, 986 (auch zur ebenfalls möglichen Bestellung eines Notgeschäftsführers).

87 OLG Frankfurt am Main, ZIP 2013, 1429 (LS).

88 OLG Frankfurt am Main, ZIP 2013, 1429 (LS) hält nur den Veräußerer für mitteilungsbefugt (»formelles Konsensprinzip«); notfalls müsse ihn der Erwerber auf Zustimmung zur Mitteilung verklagen.

89 So *Bayer*, in: Lutter/Hommelhoff, GmbHG, § 40 Rn. 20; *Mayer*, DNotZ 2008, 403, 413; *Wachter*, DB 2009, 159, 160; im Ausgangspunkt auch *Paefgen*, in: Ulmer/Habersack/Löbbe, GmbHG, § 40 Rn. 87.

90 *Paefgen*, in: Ulmer/Habersack/Löbbe, GmbHG, § 40 Rn. 93; *Terlau*, in: Michalski, GmbHG, § 40 Rn. 17; *Mayer*, MittBayNot 2014, 24, 33 f.

Nachweis durch Vorlage eines entsprechenden Erbscheins geführt wird;[91] insoweit will die Literatur (entsprechend § 35 Abs. 1 Satz 2 GBO) alternativ auch eine notarielle Verfügung von Todes wegen mit Eröffnungsniederschrift genügen lassen, nicht aber z.B. ein privatschriftliches Testament.[92] Dieser **Maßstab** mag im Regelfall das Richtige treffen – er ist jedoch nicht zu verabsolutieren, sondern **flexibel** zu halten, sowohl was den Inhalt als auch was die Form angeht. So ist kein Grund ersichtlich, warum etwa ein Geschäftsführer, dem sein Alleingesellschafter mittels einfacher Kopie, Fax oder PDF eine Anteilsteilung (oder auch eine im Ausland beurkundete Anteilsveräußerung) anzeigt, vor der Aktualisierung der Gesellschafterliste auf der Vorlage der Urschrift bestehen sollte.[93] Ebenso kann bei überschaubaren Familiengesellschaften und -verhältnissen auch ein privatschriftliches Testament ausreichen. Satzungsregelungen zu Inhalt und Form des Nachweises sind daher zwar möglich,[94] aber eher nicht zu empfehlen.[95]

Den Geschäftsführern ist, auch mit Blick auf die nach Abs. 3 angeordnete Haftung, keine Rechtsprüfung nach Maßstäben abzuverlangen, wie sie für Grundbuchämter oder Notare gelten, sondern eine **Plausibilitätsprüfung:** Sie haben die mitgeteilte Veränderung in der Person der Gesellschafter oder des Umfangs ihrer Beteiligungen anhand des Nachweises lediglich auf Plausibilität zu überprüfen.[96] Bei begründeten Zweifeln müssen sie sodann ggf. weitere Nachweise verlangen und notfalls auch Rechtsrat einholen, etwa zur Beurteilung eines ausländischen Erbzeugnisses. Die geänderte Liste dürfen sie erst einreichen, wenn etwaige Zweifel beseitigt sind.[97] 29

Hat ein Geschäftsführer **sichere Kenntnis** von der Unrichtigkeit der Gesellschafterliste, so ist er auch ohne Mitteilung zur Berichtigung verpflichtet.[98] Zwar ist i.R.d. § 67 Abs. 3 AktG eine solche »eigenmächtige« Berichtigung des Aktienregisters durch den Vorstand selbst bei sicherer Kenntnis unzulässig.[99] Die Regierungsbegründung zum MoMiG hält den Geschäftsführer jedoch erkennbar für verpflichtet, eine Liste, deren Unrichtigkeit er erkannt hat, auch zu korrigieren; er darf daher die Berichtigung der Liste veranlassen, wenn er den Betroffenen zuvor die Möglichkeit zur Stellungnahme gegeben hat (vgl. § 67 Abs. 5 AktG).[100] 30

III. Einreichung beim Handelsregister

Seit dem 01.01.2007 wird das Handelsregister bundesweit als elektronische Datenbank betrieben; die Gesellschafterliste ist daher gem. § 12 Abs. 2 Satz 2 Halbs. 1 HGB **elektronisch einzureichen.**[101] Die Übermittlung erfolgt im Regelfall durch einen Notar unter Verwendung eines Vorstrukturierungsprogramms. Die Liste kann jedoch auch von den Beteiligten selbst in eingescannter Form über das elektronische Gerichts- und Verwaltungspostfach (EGVP) eingereicht werden, wenn sie (wie größere Unternehmen) über die technischen Voraussetzungen hierfür (EGVP-Software) verfügen; eine Übersendung etwa als E-Mail-Anhang ist dagegen unzulässig. 31

IV. Aufnahme in das Handelsregister

Die Gesellschafter werden (anders als bei Personengesellschaften) nicht in das Handelsregister eingetragen, sodass von der Gesellschafterliste kein Gutglaubensschutz nach § 15 HGB ausgeht. Auch 32

91 Begr. RegE MoMiG, BT-Drucks. 16/6140, S. 39.
92 *Paefgen*, in: Ulmer/Habersack/Löbbe, GmbHG, § 40 Rn. 94; *Link*, RNotZ 2009, 193, 200.
93 Ähnlich bereits *Link*, RNotZ 2009, 193, 200.
94 Beispiel bei *Wachter*, DB 2009, 159, 160.
95 Vgl. zu § 67 Abs. 3 AktG BGH, NJW 2004, 3561, 3562: »Es besteht kein Grund, für den Nachweis der Übertragung nicht verbriefter Namensaktien generell eine Unterschriftsbeglaubigung zu verlangen.«.
96 *U.H. Schneider*, GmbHR 2009, 393, 395.
97 Vgl. Begr. RegE MoMiG, BT-Drucks. 16/6140, S. 44 für den Notar.
98 *Paefgen*, in: Ulmer/Habersack/Löbbe, GmbHG, § 40 Rn. 99.
99 *Koch*, in: *Hüffer/Koch*, AktG, § 67 Rn. 17; für Übertragung auf die GmbH *Mayer*, DNotZ 2008, 403, 412.
100 Begr. RegE MoMiG, BT-Drucks. 16/6140, S. 44; näher *Liebscher/Goette*, DStR 2010, 2038; OLG München, GmbHR 2012, 398; bei Billigung der Gesellschafter.
101 OLG Jena, NJW-RR 2010, 1190.

löst die bloße Einreichung zum Handelsregister noch keine Rechtsfolgen aus. Die Gesellschafterliste muss hierfür vielmehr in den für das entsprechende Registerblatt bestimmten, elektronisch geführten Registerordner **aufgenommen** und so zur Einsichtnahme freigegeben werden (§ 9 Abs. 1 Sätze 1 und 2 HRV).[102] Ausweislich der Regierungsbegründung nimmt das Registergericht die Liste lediglich entgegen, **ohne inhaltliche Prüfungspflicht.**[103] Der BGH spricht dem Registergericht ein formales Prüfungsrecht zu, das sich jedoch auf die Prüfung beschränkt, ob der Einreichende ein Geschäftsführer der Gesellschaft oder ein Notar ist, der an den Veränderungen mitgewirkt hat, denen die geänderten Eintragungen entsprechen; ist dies offensichtlich nicht der Fall, kann das Registergericht die Liste zurückweisen. Etwaige Zweifel, ob der Geschäftsführer oder Notar auch im konkreten Fall befugt ist, berechtigen dagegen nicht zur Zurückweisung.[104] Im Übrigen kann das Registergericht die Liste ausnahmsweise zurückweisen, wenn sie nicht an die zuletzt aufgenommene Liste anknüpft oder wenn die enthaltenen Angaben sonst offenkundig falsch sind oder auf einem offenkundigen Irrtum beruhen.[105] Wie die Vielzahl neuerer Entscheidungen und Aufsätze zu § 40 GmbHG zeigt, klären Gerichte, Notare und Anwälte nach wie vor in mühevoller Kleinarbeit den Grenzverlauf zwischen noch vertretbaren und bereits offenkundig falschen Gestaltungen der Gesellschafterliste.[106]

E. Erstellung und Einreichung durch Notar (Abs. 2)

33 Abs. 2 verpflichtet einen (deutschen) Notar, der an einer Veränderung mitgewirkt hat, die Gesellschafterliste »anstelle der Geschäftsführer« zu aktualisieren. Die damit begründete notarielle Zuständigkeit soll die **Verfahrensabläufe vereinfachen** und die **Richtigkeitsgewähr erhöhen.**[107] Demgegenüber bestand nach § 40 Abs. 1 Satz 2 GmbHG in der Fassung vor dem MoMiG lediglich eine notarielle Anzeigepflicht ggü. dem Registergericht; diese war unbefriedigend, weil sie die Listeneinreichung durch die Geschäftsführer nicht obsolet machte und allein an die Beurkundung einer Anteilsabtretung anknüpfte, unabhängig von deren Wirksamwerden etwa durch Eintritt einer aufschiebenden Bedingung.[108] Heute hat der Notar unverzüglich nach Wirksamwerden der Veränderung die von ihm unterschriebene und mit einer Notarbescheinigung nach Abs. 2 Satz 2 versehene Gesellschafterliste zum Handelsregister einzureichen und zusätzlich eine Abschrift an die Gesellschaft zu übermitteln (Rdn. 43).

I. Zuständigkeit aufgrund »Mitwirkung«

34 Die verdrängende Zuständigkeit des Notars (s.a. Rdn. 22 ff.) knüpft an das problematische Merkmal seiner **Mitwirkung** (in amtlicher Eigenschaft, d.h. nicht nur als Gesellschafter)[109] an. Unzweifelhaft liegt eine solche Mitwirkung jedenfalls dann vor, wenn ein deutscher Notar (nach Inkrafttreten des MoMiG zum 01.11.2008[110]) eine Anteilsübertragung nach § 15 Abs. 3 GmbHG beurkundet. Alle anderen Fallkonstellationen sind, in unterschiedlichem Umfang, streitig. Der Grund

102 Begr. RegE MoMiG, BT-Drucks. 16/6140, S. 37.

103 Begr. RegE MoMiG, BT-Drucks. 16/6140, S. 44; offen gelassen von BGH, NZG 2014, 219 Rn. 23; BGH, GmbHR 2011, 474, 475 Rn. 12; für ein formales sowie ein auf Evidenzfälle/sichere Kenntnis beschränktes materielles Prüfungsrecht z.B. OLG Frankfurt am Main, GmbHR 2011, 823; OLG Frankfurt, GmbHR 2011, 198; *Seibt*, in: Scholz, GmbHG, § 40 Rn. 93 f.

104 BGH, NZG 2014, 219 Rn. 9 f.; im entschiedenen Fall war daher die von einem Schweizer Notar eingereichte Liste aufzunehmen. Enger noch *Herrler*, GmbHR 2013, 617, 623 ff. (Zuständigkeit im konkreten Fall erforderlich).

105 OLG Frankfurt am Main, GmbHR 2011, 823; OLG München, NJW-RR 2009, 972 f.; weiterhin offengelassen von BGH, NZG 2014, 219 Rn. 23.

106 Vgl. *Melchior*, GmbHR 2010, 418, der das Verschieben der Liste in den Registerordner deshalb als »Chefsache« bezeichnet.

107 Begr. RegE MoMiG, BT-Drucks. 16/6140, S. 44.

108 Begr. RegE MoMiG, BT-Drucks. 16/6140, S. 44.

109 Begr. RegE MoMiG, BT-Drucks. 16/6140, S. 44.

110 Zu Altfällen KG, GmbHR 2012, 686.

hierfür ist, dass nach dem Wortlaut des Abs. 2 Satz 1 buchstäblich jede Mitwirkungshandlung eines Notars dessen Zuständigkeit begründet; nicht jede Mitwirkungshandlung eines Notars rechtfertigt aber die Erwartung, dass eine hieran anknüpfende Verantwortung für die Gesellschafterliste auch tatsächlich die Verfahrensabläufe vereinfacht und die Richtigkeitsgewähr erhöht. Daher ist, wenn nur ein Notar mitwirkt, insb. für Fälle einer nur »untergeordneten« oder »mittelbaren« Mitwirkung dieses Notars zu entscheiden, ob die jeweilige Mitwirkungshandlung bereits seine Zuständigkeit begründen oder vielmehr die Geschäftsführung zuständig bleiben soll. Wirken dagegen mehrere Notare in unterschiedlichen Funktionen mit, ist zu entscheiden, ob alle Notare gemeinsam zuständig sein sollen bzw. wie der jeweils zuständige Notar zu bestimmen ist.

1. Abgrenzung Notar/Geschäftsführer

Eine zuständigkeitsbegründende Mitwirkung liegt jedenfalls dann vor, wenn der Notar eine Anteilsabtretung[111], eine Kapitalerhöhung[112] oder eine andere Maßnahme **beurkundet**, die eine Veränderung i.S.d. § 40 GmbHG bewirkt. Dies gilt auch im Fall einer nur »**mittelbaren Mitwirkung**«. Unter diesem Schlagwort werden v.a. Fälle erörtert, in denen eine von dem Notar beurkundete **Umwandlungsmaßnahme** Aktualisierungsbedarf auch auf Ebene einer nachgeordneten GmbH auslöst: Wird eine Obergesellschaft, die ihrerseits Geschäftsanteile an einer GmbH hält, verschmolzen, gespalten oder formgewechselt, ist die Gesellschafterliste der nachgeordneten GmbH entsprechend zu berichtigen (im Fall der Spaltung nur, wenn die Geschäftsanteile zum übertragenen Vermögen gehören). Zuständig hierfür ist der die Umwandlungsmaßnahme beurkundende Notar, nicht die Geschäftsführung (str.):[113] Wesentlich prominenter als bei derartigen, sorgfältig vorzubereitenden Strukturmaßnahmen kann ein Notar kaum »mitwirken«. So wie sich Notare bei Umwandlungen nach ggf. übergehendem Grundbesitz erkundigen müssen, um ihre Anzeigepflicht ggü. dem Finanzamt nach § 18 GrEStG erfüllen zu können, müssen sie jetzt routinemäßig auch nach bestehenden GmbH-Beteiligungen fragen.[114] **§ 52 Abs. 2 UmwG**, der bei Verschmelzung auf eine GmbH die Listenkorrektur noch den Geschäftsführern aufgetragen hatte und i.R.d. GmbH-Reform übersehen wurde, ist durch das Dritte Gesetz zur Änderung des UmwG aufgehoben worden. 35

Bei **Unterschriftsbeglaubigungen** liegt es unter dem Gesichtspunkt der Rechtssicherheit nahe, entweder jede Unterschriftsbeglaubigung (etwa unter eine Handelsregisteranmeldung oder Übernahmeerklärung) als ausreichende »Mitwirkung« anzusehen[115] oder aber keine.[116] Eine verbreitete Ansicht will demgegenüber danach unterscheiden, ob der Notar die Unterschrift unter einem eigenen oder unter einem fremden Entwurf beglaubigt; im ersten Fall soll eine zuständigkeitsbegründende Mitwirkung vorliegen, im zweiten Fall nicht.[117] Daran ist richtig, dass erst die inhaltliche, über eine Evidenzkontrolle (§ 40 BeurkG) hinausgehende Befassung des Notars mit der Angelegenheit die Richtigkeitsvermutung für die von ihm zu erstellende Liste trägt. Da diese inhaltliche Befassung für Dritte jedoch i.d.R. nicht erkennbar ist, sollte die Beglaubigung von »Vollzugsakten« insgesamt nicht als relevante Mitwirkung angesehen werden; der Notar hat vielmehr auch im ersten Fall die Geschäftsführer zur Einreichung einer aktualisierten Liste nach Abs. 1 zu veranlassen. 36

---

111 OLG München GmbHR 2012, 1367: Es genügt die Beurkundung von Angebot und/oder Annahme; zustimmend *Mayer*, MittBayNot 2014, 114, 115.

112 OLG München, DB 2010, 1983; problematisiert von *Preuß*, in: FS Spiegelberger, 2009, S. 876, 881 ff.

113 Wie hier OLG Hamm, NZG 2010, 113; *Ising*, NZG 2010, 812; *Melchior*, GmbHR 2010, 418, 421; a.A. *Löbbe*, GmbHR 2012, 7, 10 ff.; *Berninger*, DStR 2010, 1292; *Wicke*, GmbHG, § 40 Rn. 14; *Preuß*, in: FS Spiegelberger, 2009, S. 876, 883; *Paefgen*, in: Ulmer/Habersack/Winter, GmbHG, § 40 (MoMiG) Rn. 67 f. (mit nicht überzeugender Differenzierung zwischen den verschiedenen Umwandlungsarten).

114 Mit *Mayer*, DNotZ 2008, 403, 408 f. empfiehlt es sich daher, in das Umwandlungsdokument einen entsprechenden Merkposten (bei den Belehrungen durch den Notar) aufzunehmen; gegen eine Erkundigungspflicht *Wachter*, in: Bork/Schäfer, GmbHG, § 40 Rn. 39.

115 Dafür *Hasselmann*, NZG 2009, 449, 453 und *Paefgen*, in: Ulmer/Habersack/Löbbe, GmbHG, § 40 Rn. 121.

116 So *Terlau*, in: Michalski, GmbHG, § 40 Rn. 25.

117 *Seibt*, in: Scholz, GmbHG, § 40 Rn. 59; *Noack*, in: Baumbach/Hueck, GmbHG, § 40 Rn. 52; *Wicke*, GmbHG, § 40 Rn. 13; *Mayer*, DNotZ 2008, 403, 408.

37 Erst recht fehlt es an einer ausreichenden Mitwirkung, wenn der Notar lediglich einen **Entwurf formuliert**, der anschließend **privatschriftlich** unterschrieben wird (z.B. einen Beschluss über die Teilung, Zusammenlegung oder Einziehung von Anteilen)[118] – und zwar unabhängig davon, ob der Notar bei der Unterzeichnung präsent ist.[119] Auch hier wird der Notar die Geschäftsführer zur Aktualisierung veranlassen.

38 Ein **ausländischer Notar**, der zulässigerweise eine Anteilsabtretung beurkundet, ist zur Einreichung der Gesellschafterliste berechtigt, aber nicht verpflichtet.[120] Hilfsweise greift jedenfalls die (subsidiäre) Zuständigkeit der Geschäftsführer (näher § 15 Rdn. 79).[121] Am sichersten ist es daher, die notarbescheinigte Liste zusätzlich auch von den Geschäftsführern unterzeichnen zu lassen.

2. Abgrenzung bei mehreren Notaren

39 Die vorstehenden Kriterien ermöglichen auch dann, wenn mehrere Notare mit einer Veränderung befasst werden, eine relativ klare Zuständigkeitsabgrenzung: Wenn der eine Notar z.B. eine Kapitalerhöhung oder Umwandlungsmaßnahme beurkundet, der andere dagegen lediglich einen zugehörigen **Vollzugsakt** (z.B. eine Handelsregisteranmeldung oder Übernahmeerklärung) **beglaubigt**, ist ausschließlich der erste Notar für die Aktualisierung der Gesellschafterliste zuständig. Zwar könnte der zweite Notar die Aktualisierung anlässlich der Handelsregisteranmeldung technisch »miterledigen«. Eine hinreichende inhaltliche Befassung mit der Gesamt-Maßnahme ist aber nur bei dem beurkundenden Notar gewährleistet; dieser kann und muss durch vertragliche Bestimmungen oder organisatorische Vorkehrungen sicherstellen, dass er über die weiteren, seine Einreichungspflicht auslösenden Vollzugsakte informiert wird.[122]

40 Während einzelne Vollzugsakte insb. wegen räumlicher Entfernung von Beteiligten häufiger zu einem anderen Notar »ausgelagert« werden, dürfte eine **Beurkundung durch mehrere Notare** eher der Ausnahmefall sein. Gleichwohl kann es hierzu kommen, so z.B. bei getrennter Beurkundung von Umwandlungsvertrag und Zustimmungsbeschlüssen (vgl. §§ 6, 13 Abs. 3 Satz 1 UmwG), von Verpflichtungsgeschäft (§ 15 Abs. 4 GmbHG)[123] und Abtretung (*Closing*) oder von Angebot und Annahme. In diesen trifft die Einreichungspflicht beide Notare.[124] Eine Eingrenzung lässt sich erreichen, wenn man stets den Notar für zuständig hält, der die letzte den Rechtsübergang bewirkende Handlung durchführt.[125]

II. Einreichung und Übermittlung an die Gesellschaft

41 Der Notar darf die von ihm unterschriebene[126] und mit einer Notarbescheinigung (Satz 2) versehene Liste erst einreichen, wenn die Veränderungen, an denen er mitgewirkt hat, zu seiner Gewissheit

118 *Hasselmann*, NZG 2009, 449, 453; a.A. *Mayer*, DNotZ 2008, 403, 408.

119 *Paefgen*, in: Ulmer/Habersack/Löbbe, GmbHG, § 40 Rn. 119 f. will demgegenüber nach der An- oder Abwesenheit des Notars unterscheiden.

120 So OLG Düsseldorf v. 02.03.2011 – I-3 Wx 236/10; *Herrler*, GmbHR 2013, 617, 627 ff. hält den ausländischen Notar sogar für allein zuständig; a.A. OLG München DB 2013, 510: allein Geschäftsführer zuständig; zustimmend *Hasselmann*, NZG 2013, 325 und *Seibt*, in: Scholz, GmbHG, § 40 Rn. 89 f. BGH, NZG 2014, 219 Rn. 12 hat nunmehr klargestellt, dass ein (ausländischer) Notar, auch wenn er nicht zur Einreichung verpflichtet ist, dennoch zur Einreichung berechtigt sein kann.

121 Vgl. zum Meinungsstand BGH, GmbHR 2014, 198 (Berichtigung einer durch den Notar eingereichten Liste durch den Geschäftsführer); *Herrler*, GmbHR 2013, 617, 627 ff.; *Hasselmann*, NZG 2009, 449, 453 f.

122 Wie hier *Terlau*, in: Michalski, GmbHG, § 40 Rn. 25.

123 Ausreichend nach *Hasselmann*, NZG 2009, 449, 452; a.A. *Mayer*, MittBayNot 2014, 114.

124 OLG München, BB 2012, 2765; zu Angebot und Annahme *Wälzholz*, MittBayNot 2008, 425, 435; erwogen auch von *Preuß*, in: FS Spiegelberger, 2009, S. 876, 880 f.

125 *Paefgen*, in: Ulmer/Habersack/Löbbe, GmbHG, § 40 Rn. 133; *Terlau*, in: Michalski, GmbHG, § 40 Rn. 25.

126 Zum Unterschriftserfordernis vgl. LG Dresden, NotBZ 2009, 285; LG Gera, NotBZ 2009, 332, dazu *Wachter*, BB 2009, 2337; OLG München, DB 2009, 1395. Die fehlende Unterschrift des Notars unter

wirksam geworden sind (vgl. Rdn. 13).[127] Steht die Abtretung z.B. unter einer **aufschiebenden Bedingung** (Kaufpreiszahlung, *closing conditions*) oder bedarf sie noch einer Genehmigung (z.B. nach § 15 Abs. 5 GmbHG), trifft den Notar insoweit eine Überwachungspflicht.[128] Bei Zweifeln hat er von den Beteiligten entsprechende Nachweise zu verlangen (vgl. Rdn. 28).[129] Ggf. noch nachträglich entstehende Unwirksamkeitsgründe, etwa den Eintritt einer **auflösenden Bedingung** oder die Erklärung des Rücktritts vom Vertrag, hat der Notar dagegen weder abzuwarten noch zu überwachen. Für die Aktualisierung der Gesellschafterliste wegen einer solchen erneuten Veränderung sind allein die Geschäftsführer bzw. der an einer Rückabtretung mitwirkende Notar zuständig.[130]

Der Notar darf die mit seiner Notarbescheinigung versehene Gesellschafterliste nicht wie Geschäftsführer als einfache elektronische Abschrift bei dem Registergericht einreichen (dazu Rdn. 31). Die Notarbescheinigung wird als öffentliche Urkunde eingestuft und erfordert deshalb gem. § 12 Abs. 2 Satz 2 Halbs. 2 HGB die **Einreichung** eines digital signierten Dokuments. Die qualifizierte Signatur i.S.d. § 39a BeurkG verlangt neben der Signatur als solcher (die die Unterschrift des Notars ersetzt) einen elektronischen Beglaubigungs- und Transfervermerk des Notars (in dem dieser die inhaltliche Übereinstimmung der Bilddatei mit dem Ausgangsdokument festhält).[131] 42

Die zusätzlich vorgeschriebene **Übermittlung** der Liste an die Gesellschaft dient der Information der Geschäftsführer. Diese Übermittlung bewirkt keinen Vertrauensschutz hinsichtlich der mitgeteilten Änderungen; maßgeblich, z.B. für Gewinnausschüttungen, bleibt allein die im Handelsregister aufgenommene Liste. Die Übermittlung soll den Geschäftsführern darüber hinaus auch eine Überprüfung und etwaige Korrektur der Liste ermöglichen. Für diese (in § 40 Abs. 2 GmbH nicht geregelte) Korrektur einer unrichtigen, vom Notar eingereichten Liste ist laut BGH die Geschäftsführung zuständig.[132] 43

III. Notarbescheinigung (Satz 2)

Die **Notarbescheinigung** nach § 40 Abs. 2 Satz 2 GmbHG lehnt sich an die Satzungsbescheinigung nach § 54 Satz 2 GmbHG an und soll die Richtigkeitsgewähr der Liste erhöhen. Der Wortlaut der Bescheinigung ist vom Gesetzgeber grds. vorgegeben und sollte daher i.d.R. möglichst genau und ohne einschränkende Zusätze übernommen werden;[133] da der Notar nicht sicher sein kann, ob er hierbei wirklich an die letzte im Handelsregister aufgenommene Liste anknüpft, sollte er die in Bezug genommene Liste genauer kennzeichnen (»Liste vom …«).[134] Der Notar kann sich auf den Inhalt der zuletzt[135] im Handelsregister aufgenommenen Liste verlassen und hat diese nur aufgrund der Veränderung, an der er mitwirkt, fortzuschreiben. Daher hat er die Bescheinigung auch dann zu erteilen, wenn er für ihre Erstellung an eine »alte« Gesellschafterliste anknüpfen muss, die vor Inkrafttreten des MoMiG in das Handelsregister aufgenommen worden ist und die deshalb ggf. eine geringere Richtigkeitsgewähr hat.[136] 44

der Liste kann durch eine Unterschrift unter der Bescheinigung ersetzt werden, *Wachter*, in: Bork/Schäfer, GmbHG, § 40 Rn. 46.

127 OLG München, BB 2009, 2167 m. Anm. *Wachter*.

128 Anders OLG Brandenburg, MittBayNot 2013, 401 m. krit. Anm. *Omlor* für eine deutlich zeitverzögerte aufschiebende Bedingung (ein notarieller Treuhandvertrag regelte bereits die Abtretung des treuhänderisch gehaltenen Geschäftsanteils).

129 Näher *Mayer*, ZIP 2009, 1037, 1047.

130 Begr. RegE MoMiG, BT-Drucks. 16/6140, S. 44; OLG Brandenburg, MittBayNot 2013, 401 m. Anm. *Omlor*; *Bussian/Achenbach*, BB 2010, 778, 779.

131 OLG Jena, NJW-RR 2010, 1190; *Mayer*, MittBayNot 2014, 24, 25 f.

132 BGH, GmbHR 2014, 198, 201 Rn. 33 ff.; dazu *Tebben*, DB 2014, 585.

133 Vgl. OLG Stuttgart, DB 2011, 2309.

134 *Mayer*, ZIP 2009, 1037, 1049.

135 Nach OLG München, GmbHR 2012, 399 hat der Notar, wenn die zuletzt aufgenommene Liste ausnahmsweise zeitlich nicht die aktuellste ist, dagegen an die aktuellste anzuknüpfen; zutr. Kritik bei *Mayer*, MittBayNot 2014, 114, 122.

136 OLG München, NJW-RR 2009, 972, 973.

F. Durchsetzung und Haftung

I. Geschäftsführer (Abs. 3)

45 Dem in Abs. 3 geregelten Schadensersatzanspruch liegt unausgesprochen die Vorstellung zu Grunde, dass auch ein primärrechtlicher **Erfüllungsanspruch** auf ordnungsgemäße Führung und Einreichung der Gesellschafterliste besteht:[137] Der zu Unrecht nicht in die eingetragene Eingetragene kann gem. Abs. 1 die Einreichung einer geänderten Gesellschafterliste verlangen und im Wege der Leistungsklage gegen die Gesellschaft (nicht gegen die Geschäftsführer) durchsetzen.[138]

46 Verletzen Geschäftsführer ihre Pflichten nach Abs. 1, weil sie eine Gesellschafterliste nicht oder nicht unverzüglich (d.h. ohne schuldhaftes Zögern, § 121 BGB) oder inhaltlich falsch aktualisieren, so haften sie für einen daraus entstandenen Schaden als Gesamtschuldner. Die Haftung setzt **Verschulden** voraus. Verschulden liegt vor, wenn der Geschäftsführer die materielle Unrichtigkeit einer eingereichten Liste kennt oder zwar nicht kennt, bei Durchführung einer Plausibilitätsprüfung auf der Basis geeigneter Nachweise jedoch kennen müsste (Rdn. 28 ff.). Auf die Berechtigung eines in der Vorgängerliste eingetragenen Gesellschafters darf er grds. vertrauen;[139] die Mitwirkung eines Notars nach Abs. 2 entlastet ihn regelmäßig.[140] **Anspruchsberechtigt** sind zum einen (wie bisher) die Gläubiger der Gesellschaft, zum anderen (neu) aber auch »diejenigen, deren Beteiligung sich geändert hat«. Gemeint sind damit Personen, die im Zeitpunkt der Pflichtverletzung entweder Gesellschafter sind oder dies vorher waren.[141] Nicht geschützt sind dagegen Personen, die niemals beteiligt waren, auch wenn sie z.B. im Vertrauen auf die Richtigkeit der Gesellschafterliste davon ausgegangen sind, einen Geschäftsanteil erworben zu haben.[142] Ein **Schaden** kann einem Gläubiger der Gesellschaft insb. dadurch entstehen, dass er eine in der Gesellschafterliste unrichtig eingetragene Person erfolglos als Gesellschafter in Anspruch nimmt, z.B. nach § 826 BGB. Einem in der Gesellschafterliste zu Unrecht nicht eingetragenen Gesellschafter kann ein Schaden insb. dadurch entstehen, dass er seine Mitgliedschaftsrechte (Gewinn- und Stimmrechte) nicht ausüben kann oder seinen Anteil sogar durch gutgläubigen Erwerb vom Nichtberechtigten an einen Dritten verliert (§ 16 Abs. 3 GmbHG).[143]

II. Notar

47 Die in § 40 Abs. 2 GmbHG begründeten Pflichten des Notars sind Amtspflichten, deren Befolgung gem. §§ 388 Abs. 1 FamFG, 14 HGB durch Zwangsgeld durchgesetzt werden kann[144] und deren schuldhafte Verletzung nach **§ 19 BNotO** zum Schadensersatz verpflichtet (vgl. Rdn. 46).

G. Verordnungsermächtigungen (Abs. 4 und 5)

48 **Abs. 4** ermächtigt das Bundesministerium der Justiz und für Verbraucherschutz, durch Rechtsverordnung nähere Bestimmungen über die Ausgestaltung der Gesellschafterliste zu treffen. Die Verordnung bedarf der Zustimmung des Bundesrates. Das BMJ hat eine Verodnung über die Ausgestaltung der Gesellschafterliste (**Gesellschafterlistenverordnung** – GesLV) am 6.4.2018 beschlossen. Nach Zustimmung des Bundesrats wurde die GesLV am 28.6.2018 verkündet und ist seit dem 1.7.2018 in Kraft. Durch die Verordnung soll eine stärker vereinheitlichte Praxis sichergestellt

---

137 OLG Hamm, NZG 2014, 783; OLG München, GmbHR 2015, 1214, 1215 (betr. einstweilige Verfügung); *Noack,* in: Baumbach/Hueck, GmbHG, § 40 Rn. 30.

138 OLG Hamm, NZG 2014, 783: Für eine Feststellungsklage gem. § 256 Abs. 1 ZPO fehlt daher das Feststellungsinteresse.

139 Begr. RegE MoMiG, BT-Drucks. 16/6140, S. 39.

140 *Bussian/Achenbach,* BB 2010, 778.

141 Nach der Begr. RegE MoMiG, BT-Drucks. 16/6140, S. 43 f. sind dies im Fall einer Anteilsübertragung sowohl der Erwerber als auch der Veräußerer. Im Fall des § 15 Abs. 3 ist allerdings bereits der Notar anstelle der Geschäftsführer zuständig.

142 *Paefgen,* in: Ulmer/Habersack/Löbbe, GmbHG, § 40 Rn. 184.

143 *Paefgen,* in: Ulmer/Habersack/Löbbe, GmbHG, § 40 Rn. 188.

144 OLG Köln, RNotZ 2013, 556.

werden und so dem Ziel der schnelleren und effektiven Identifikation der Gesellschafter und der Zuordnung der Geschäftsanteile Rechung getragen werden.[145] Die GesLV enthält u.a. Regelungen zur Nummerierung der Geschäftsanteile, zur Veränderungsspalte und zur Angabe der Prozentangaben, insbesondere deren Rundung. Dazu wird auf die obigen Ausführungen verwiesen.

Abs. 5 enthält eine Ermächtigung zugunsten der Landesregierungen, durch Rechtsverordnung zu bestimmen, dass bestimmte in der Liste der Gesellschafter enthaltene Angaben in strukturierter **maschinenlesbarer Form** an das Handelsregister zu übermitteln sind. Zwar muss die Gesellschafterliste bereits nach § 12 Abs. 2 S. 1 HGB elektronisch eingereicht werden. Jedoch ist eine elektronische Übermittlung von Strukturdaten bislang nicht erforderlich. Dies könnte indes zur Steigerung der Effektivität der Datenverarbeitung und zur weiteren Modernisierung des Handelsregisters beitragen.[146] Die Ermächtigung gilt allerdings nur, soweit nicht das BMJ bereits auf Grundlage des § 387 Abs. 2 FamFG eine entsprechende Vorschrift erlassen hat. Die Landesregierungen können nach S. 2 die Ermächtigung durch Rechtsverordnung auf die Landesjustizverwaltungen übertragen.

H. Übergangsregelung

§ 8 GmbHG-Einführungsgesetz enthält eine Übergangsregelung für § 40 Abs. 1 S. 1–3 n.F. Ge- 49
sellschaften, die am 26.6.2017 bereits eingetragen sind, haben die Neuregelungen erst dann zu beachten, wenn sie aufgrund einer Veränderung nach § 40 Abs. 1 S. 1 a.F. eine Liste einzureichen haben. Dann haben sie die Liste aber nicht nur bezüglich der Veränderung zu berichtigen, sondern bei Gelegenheit dieser Veränderung und neuen Listenerstellung die Liste insgesamt an die gesamten neuen Anforderungen des § 40 n.F. anzupassen. So ist bspw. bei Gesellschaftern mit mehr als einem Geschäftsanteil stets deren Gesamtbeteiligung anzugeben, auch wenn die Veränderung nicht bei diesem Gesellschafter eingetreten ist.[147] Eine entsprechende Übergangsregelung ist auch in **§ 5 GesLV** enthalten. § 8 GmbHG-Einführungsgesetz und § 5 GesLV laufen parallel und sind in Übereinstimmung miteinander auszulegen.[148] Wurde die Liste wegen einer Veränderung im Sinne von § 8 EGGmbHG i.V.m. § 40 Abs. 1 S. 1 a.F. dem Handelsregister vor dem 26.6.2017 zwar vorgelegt, aber noch nicht in dieses aufgenommen, hat sie dennoch den Anforderungen des § 40 Abs. 1 in der Fassung vom 23.6.2017 zu genügen. Maßgeblicher Zeitpunkt für die Anwendung der Neuregelung auf Altgesellschaften ist also weder die eine Pflicht zur Einreichung einer neuen Liste auslösende Veränderung oder das Entstehen der Pflicht zur Einreichung der Liste noch die tatsächliche Einreichung, sondern die Aufnahmen der Liste in den Registerordner.

§ 41 Buchführung

Die Geschäftsführer sind verpflichtet, für die ordnungsmäßige Buchführung der Gesellschaft zu sorgen.

Schrifttum

Biletzki, Die deliktische Haftung des GmbH-Geschäftsführers für fehlerhafte Buchführung, ZIP 1997, 9; *Brammsen/Sonnenburg*, Geschäftsführeraußenhaftung in der GmbH, NZG 2019, 681; *Fleischer*, Buchführungsverantwortung des Vorstands und Haftung der Vorstandsmitglieder für fehlerhafte Buchführung, WM 2006, 2021; *Hegnon*, Aufsicht als Leitungspflicht – Umfang persönlich wahrzunehmender Aufsichtspflichten von Geschäftsleitern bei vertikaler Arbeitsteilung aus gesellschafts- und strafrechtlicher Sicht, CCZ 2009, 57; *Hennrichs*, Haftung für falsche Ad-hoc-Mitteilungen und Bilanzen, in: FS Kollhosser, Band II, 2004, S. 201; *Lange*, Selbstschutzmaßnahmen des Geschäftsführers einer kriselnden GmbH, GmbHR 2015, 1254; *Moxter*, IFRS als Auslegungshilfe für handelsrechtliche GoB?, WPg 2009, 7; *Stapelfeld*, Außenhaftung des Geschäftsführers bei Verletzung der Buchführungspflicht, GmbHR 1991, 94; *Stibi/Fuchs*, Zur Umsetzung der HGB-Modernisierung durch das BilMoG, DB 2009, 9; *Strohn*, Existenzvernichtungshaftung – Vermögensvermischungshaftung – Durchgriffshaftung, ZInsO 2008, 706.

---

145 BR-Drucks. 105/18; BT-Drucks. 18/11555, S. 174.
146 BT-Drucks. 18/11555, S. 174.
147 BT-Drucks. 18/11555, S. 174.
148 *Szalai*, GWR 2018, 250, 254.147aBGH, NJW 2018, 2794.

Übersicht

A. Überblick

1 § 238 Abs. 1 Satz 1 HGB verpflichtet jeden Kaufmann, Bücher zu führen und in diesen seine Handelsgeschäfte und die Lage seines Vermögens nach den Grundsätzen ordnungsmäßiger Buchführung ersichtlich zu machen. Die GmbH ist als Handelsgesellschaft **buchführungspflichtig kraft Rechtsform** (§§ 6 Abs. 1 HGB, 13 Abs. 3 GmbHG), damit auch bei Fehlen eines in kaufmännischer Weise eingerichteten Geschäftsbetriebs. Aus § 241a HGB kann sich nichts anderes ergeben, denn dieser Befreiungstatbestand gilt nur für *Einzel*kaufleute, d.h. nur für natürliche Personen. Der »Mehrwert« des § 41 ggü. der sich bereits aus dem HGB ergebenden Buchführungspflicht besteht darin, dass er die Verpflichtung, für eine ordnungsmäßige Buchführung zu sorgen, jedem Geschäftsführer als jeweils **höchstpersönliche Amtspflicht**[1] zuweist. Die Buchführungspflicht liegt im öffentlichen Interesse und dient dem Gläubigerschutz[2] (vgl. noch Rdn. 4), weshalb sie nicht abdingbar ist. Aktienrechtliche Parallelnorm zu § 41 ist § 91 Abs. 1 AktG.

B. Ordnungsmäßige Buchführung

2 § 41 verwendet den Begriff der **Buchführung in einem weiten Sinne**. Neben der in §§ 238 ff. HGB geregelten Buchführung im engeren Sinne ist hierunter auch die in §§ 242 ff., 264 ff. HGB normierte Pflicht zur Aufstellung von Jahresabschlüssen (Bilanz, Gewinn- und Verlustrechnung [GuV] und Anhang) und ggf. Lageberichten sowie Konzernabschlüssen zu verstehen. Während die Buchführung im engeren Sinne der Erfassung und Dokumentation der laufenden Geschäftsvorfälle während des Geschäftsjahres dient, bilden die Bilanz die Vermögenslage der Gesellschaft und die GuV die Aufwendungen und Erträge des Geschäftsjahres ab, jeweils für den Schluss eines Geschäftsjahres. Mithin kann die Buchführung als Vorbereitungsmaßnahme für den Jahresabschluss, der Jahresabschluss als »Ergebnis« der unterjährigen Buchführung gesehen werden.

3 Für die Buchführung im weiteren Sinne haben sich **Grundsätze ordnungsmäßiger Buchführung** (GoB) herausgebildet, die neben der Buchführung im engeren Sinne auch die Grundsätze ordnungsmäßiger Inventur, ordnungsmäßiger Erfolgsrechnung und ordnungsmäßiger Bilanzierung umfassen.[3] Diese GoB wurden von Praxis, Rechtsprechung und Wissenschaft entwickelt[4] und sind als unbestimmter Rechtsbegriff nur z.T. in den §§ 238 ff. HGB normiert.

4 Der Inhalt der **Buchführungspflicht im engeren Sinne** richtet sich nach §§ 238 ff. HGB und den GoB i.Ü. Die Buchführung dient sowohl der Selbstinformation des Kaufmanns als auch dem Schutz seiner Gläubiger.[5] Daher muss die Buchführung so beschaffen sein, dass sie einem sachverständigen Dritten innerhalb einer angemessenen Zeit einen Überblick über die Geschäftsvorfälle und über die Lage des Unternehmens vermitteln kann (§ 238 Abs. 1 Satz 2 HGB). Hierzu bedarf es einer **vollständigen und chronologischen Erfassung aller Geschäftsvorfälle anhand einwandfreier Belege** (ggf. Eigenbelege) für jede Buchung.[6] Die Eintragungen in Büchern und die sonst erforderlichen Aufzeichnungen müssen nach § 239 Abs. 2 HGB insb. vollständig, richtig, zeitgerecht und

1 *Kleindiek*, in: Lutter/Hommelhoff, GmbHG, § 41 Rn. 2.
2 *Paefgen*, in: GK-GmbHG, § 41 Rn. 2.
3 *Drüen*, in: KK-Rechnungslegung, § 238 Rn. 17.
4 Zur möglichen Neuinterpretation der GoB durch das BilMoG vgl. *Moxter*, WPg 2009, 7; *Stibi/Fuchs*, DB 2009, 9, 10.
5 *Drüen*, in: KK-Rechnungslegung, § 238 Rn. 6 f.
6 *Drüen*, in: KK-Rechnungslegung, § 238 Rn. 5.

geordnet vorgenommen werden. Das kann – auch wenn keine dahin gehende Pflicht besteht – durch eine EDV-gestützte Buchführung[7] wesentlich erleichtert werden, weshalb diese gerade in größeren Gesellschaften inzwischen zum Standard zählt. »Vollständigkeit« bedingt die lückenlose Aufzeichnung aller buchungspflichtigen Geschäftsvorfälle, »Richtigkeit« deren wahrheitsgetreue Darstellung.[8] Eine »zeitgerechte« Erfassung verlangt – außer bei Bargeschäften – zwar keine tägliche, aber doch eine so zeitnahe Verbuchung, dass die sachliche Richtigkeit nicht infrage gestellt wird;[9] hierüber entscheidet die Sicherung und Vollständigkeit der bis dahin angefallenen Belege. Die »geordnete« Vornahme bedingt eine sachgerechte Kontierung der Geschäftsvorfälle und Erfassung in einem planmäßig gegliederten Kontensystem (mit Belegnummerierung und Datum).[10] Ab einer gewissen Unternehmensgröße und Anzahl von Geschäftsvorfällen wird eine **doppelte Buchführung** unerlässlich sein. Hierbei wird jeder Geschäftsvorfall sowohl auf einem Bestands- als auch einem Erfolgskonto gebucht. Ob daneben zumindest für Kleinunternehmen auch die einfache Buchführung zulässig bleibt, ist offen.[11]

Die Buchführungspflicht umfasst die **Inventarisierung** der zum Unternehmen gehörenden Ver- 5
mögenswerte sowohl zu Geschäftsbeginn als auch danach zum Ende eines jeden Geschäftsjahres, vgl. § 240 HGB. Die Vorschriften zum Inventar begründen zugleich eine Inventurpflicht, da das Inventar ohne Inventur nicht aufgestellt werden kann.[12] Jedoch gelten bestimmte Erleichterungen durch die Zulassung von Festwerten (§ 240 Abs. 3 HGB), von Gruppenbewertungen (Abs. 4) und von Inventurvereinfachungsverfahren nach § 241 HGB.

Zu den Buchführungspflichten im weiteren Sinne gehören schließlich die **Aufbewahrungspflichten** 6
nach §§ 238 Abs. 2, 257 HGB für 6 bzw. 10 Jahre (§ 257 Abs. 4 HGB; dazu noch Rdn. 16). Die Aufbewahrung hat eine Dokumentations- und Beweisfunktion; sie dokumentiert und beweist insb. auch die Erfüllung der Buchführungspflichten im engeren Sinne.

C. Geschäftsführer als Pflichtadressaten

I. Zuständigkeit jedes Geschäftsführers

§ 41 weist die Sorge für eine ordnungsmäßige Buchführung **den Geschäftsführern** zu. Das gilt 7
zunächst für diejenigen Personen, die wirksam zum Geschäftsführer bestellt sind. Die Wirksamkeit von Bestellungsakt[13] und auch Anstellungsvertrag kann i.E. allerdings nicht entscheidend sein. Vielmehr trifft die Buchführungspflicht nach § 41 auch sog. **faktische Geschäftsführer**, d.h. Personen, die – ohne (wirksam) bestellt zu sein – tatsächlich die Geschicke der Gesellschaft wie ein Geschäftsführer lenken.[14] Teilweise wird darüber hinaus gefordert, dass der faktische Geschäftsführer dabei im Einverständnis mit den Gesellschaftern handelt[15] oder im Außenverhältnis als Geschäftsführer auftritt.[16] Beide zusätzlichen Anforderungen sind jedoch wenig sachgerecht. So wird bei großen Gesellschaften das Einverständnis aller Gesellschafter ggf. nicht feststellbar sein; gleichwohl

---

7 Vgl. hierzu allgemein die Nachweise bei *Altmeppen*, in: Roth/Altmeppen, GmbHG, § 41 Rn. 10.

8 *Drüen*, in: KK-Rechnungslegung, § 239 Rn. 12 f.

9 BFH, BStBl. II 1968, S. 527, 532 und BFH/NV 1989, 22, 23 lassen einen Buchungsrückstand von bis zu 10 Tagen zu; für Monatsfrist *Drüen*, in: KK-Rechnungslegung, § 239 Rn. 20 f.; vgl. auch EStH 2008, 5.2 »Zeitgerechte Erfassung«.

10 *Winkeljohann/Henckel*, in: BeckBilKomm, § 239 Rn. 13.

11 Dafür etwa *Merkt*, in: Baumbach/Hopt, HGB, § 238 Rn. 13; dagegen *Crezelius*, in: Scholz, GmbHG, § 41 Rn. 9 a.E.; nach EStH 2008 5.2 »GoB« muss bei Kaufleuten die Buchführung den Grundsätzen doppelter Buchführung entsprechen.

12 *Braun*, in: KK-Rechnungslegung, § 240 Rn. 2.

13 *Haas*, in: Baumbach/Hueck, GmbHG, § 41 Rn. 2.

14 Im Grundsatz wird dies ganz überwiegend anerkannt, vgl. *Haas*, in: Baumbach/Hueck, GmbHG, § 41 Rn. 6; *Kleindiek*, in: Lutter/Hommelhoff, GmbHG, § 41 Rn. 2 a.E.; *Paefgen*, in: GK-GmbHG, § 41 Rn. 3.

15 Dahin gehend *Crezelius*, in: Scholz, GmbHG, § 41 Rn. 4a.

16 *Altmeppen*, in: Roth/Altmeppen, § 41 Rn. 4 unter Verweis auf § 43 Rn. 101.

können die Folgen der faktischen Geschäftsführung den Folgen einer rechtlich begründeten Geschäftsführung gleichkommen. Da die Buchführungspflicht als solche primär das Innenverhältnis der Gesellschaft betrifft, erscheint auch das Kriterium des Auftretens im Außenverhältnis in diesem Kontext eher sachfremd.[17]

8 Die Buchführungspflicht richtet sich als höchstpersönliche Amtspflicht (Rdn. 1) an jeden einzelnen Geschäftsführer persönlich; es liegt keine Zuständigkeit des Gesamtorgans vor.[18] Es gilt der Grundsatz der **Gesamtverantwortung**, d.h. die Zuständigkeit ist unabhängig von dem Ressort des jeweiligen Geschäftsführers. Bei greifbaren Anhaltspunkten für Pflichtverletzungen muss daher auch ein nach der Ressortverteilung an sich unzuständiges Geschäftsführungsmitglied aktiv werden – unabhängig davon, ob es über Buchführungskenntnisse verfügt oder nicht.[19]

II. Delegation der Buchführung

9 Eine Delegation der Buchführung, entweder geschäftsführungsintern oder an andere Mitarbeiter sowie auch an Externe, ist grds. möglich. Das folgt schon aus praktischen Notwendigkeiten, aber auch aus dem Wortlaut des § 41. Denn danach haben die Geschäftsführer die Buchführung nicht etwa selbst zu erledigen, sondern nur für eine ordnungsmäßige Buchführung **»zu sorgen«**.

10 Existieren mehrere Geschäftsführer, kann die Buchführung zunächst **organintern** einem (oder mehreren) von ihnen zugewiesen werden.[20] Dadurch werden die anderen Geschäftsführer von der eigenen Pflicht zur Erledigung dieser Aufgabe frei. Allerdings sind sie weiterhin zumindest zur **Überwachung** und Kontrolle des jeweils beauftragten Geschäftsführers verpflichtet.[21] Bei Verletzung dieser Pflicht können sie nach wie vor für Buchführungsfehler haftbar gemacht werden (dazu noch Rdn. 19), selbst wenn die Buchführung organintern anderweitig zugewiesen ist. Allerdings setzt die Überwachung eine hinreichende Information und Einsichtgewährung durch den mit der Buchführung betrauten Geschäftsführer voraus. Kommt er dem nicht nach, können sich die anderen Geschäftsführer einer Haftung durch Amtsniederlegung bzw. Kündigung entziehen, wofür das Vorenthalten der Informationen einen wichtigen Grund liefert.[22]

11 Weitergehend kann die technische Durchführung der Buchführung durch die Geschäftsführer an **organexterne Personen** delegiert werden. Dabei kann es sich um Mitarbeiter des Unternehmens (Buchhalter) oder auch unternehmensfremde Dienstleister (Steuerberater) handeln.[23] Im Fall der organexternen Delegation sind die mit der Buchführung beauftragten Personen durch die Geschäftsführer sorgfältig auszuwählen. Sie müssen insb. über die nötigen Fachkenntnisse verfügen. Daneben ist auch hier eine regelmäßige Überwachung der Ordnungsmäßigkeit der Buchführung durch die Geschäftsführer geschuldet. Fällt ihnen i.R.d. Auswahl oder Überwachung eine Pflichtverletzung zur Last, haften sie persönlich für Fehler der Buchführung (dazu noch Rdn. 19), selbst wenn sie von der Buchführung als solcher durch die Delegation frei geworden sind.[24]

---

17 I.E. gegen das Erfordernis des Auftretens im Außenverhältnis auch *Paefgen*, in: GK-GmbHG, § 41 Rn. 3; *Haas*, in: Baumbach/Hueck, GmbHG, § 41 Rn. 6; *ders.*, NZI 2006, 494, 498 f.

18 OLG Koblenz, NZG 1998, 953, 954; *Crezelius*, in: Scholz, GmbHG, § 41 Rn. 4.

19 *Paefgen*, in: GK-GmbHG, § 41 Rn. 2; *Crezelius*, in: Scholz, GmbHG, § 41 Rn. 7.

20 BGH, ZIP 1995, 1334, 1336; OLG Koblenz, NZG 1998, 953, 954; *Haas*, in: Baumbach/Hueck, GmbHG, § 41 Rn. 3.

21 BGH, ZIP 1995, 1334, 1336 m.w.N.; OLG Koblenz, NZG 1998, 953, 954; *Kleindiek*, in: Lutter/Hommelhoff, GmbHG, § 41 Rn. 3; *Crezelius*, in: Scholz, GmbHG, § 41 Rn. 5.

22 BGH, ZIP 1995, 1334, 1336; *Crezelius*, in: Scholz, GmbHG, § 41 Rn. 5.

23 *Haas*, in: Baumbach/Hueck, GmbHG, § 41 Rn. 4; *Paefgen*, in: GK-GmbHG, § 41 Rn. 6; *Fleischer*, WM 2006, 2021, 2025; *Hegnon*, CCZ 2009, 57, 57.

24 *Paefgen*, in: GK-GmbHG, § 41 Rn. 6.

D. Beginn und Ende der Buchführungspflicht

Die **Pflicht zur Buchführung beginnt** mit dem ersten buchungsrelevanten Geschäftsvorfall, also regelmäßig mit dem Entstehen der Einlageforderungen.[25] Dies setzt den wirksamen Abschluss des Gesellschaftsvertrags und somit zumindest das Entstehen einer **Vorgesellschaft** voraus. Nach einer Ansicht soll darüber hinaus erforderlich sein, dass die Vorgesellschaft ein Handelsgewerbe betreibt, da ansonsten – mangels vollwirksamer GmbH – keine die Buchführungspflicht auslösende Kaufmannseigenschaft i.S.d. § 238 HGB gegeben sei.[26] Hiergegen spricht allerdings, dass die Vorgesellschaft – selbst wenn sie nicht bereits gewerblich tätig ist – zumindest Vorbereitungsgeschäfte tätigen wird und ohne Buchführungspflicht die Berechnung der Vorbelastungshaftung[27] der Gesellschafter stark erschwert würde.[28] Da zudem zwischen der Vorgesellschaft und der endgültigen GmbH Kontinuität besteht, erfordert es auch die später in der GmbH bestehende Buchführungspflicht, schon im Zeitraum der Vorgesellschaft übernahmefähige Buchführungsdaten zu schaffen.[29] Daher ist bereits ab Entstehen der Vorgesellschaft eine Buchführungspflicht anzunehmen.[30] Auch hier trifft die Pflicht die Geschäftsführer,[31] entweder aufgrund ihrer bereits erfolgten Bestellung oder andernfalls nach den Grundsätzen der faktischen Geschäftsführung wegen tatsächlicher Ausübung des Amtes (oben Rdn. 7). 12

Anders ist die Lage in der **Vorgründungsgesellschaft.** Bei dieser handelt es sich im Regelfall um eine GbR, die noch keine hinreichende Beziehung zur endgültigen GmbH aufweist; auch die Vorbelastungshaftung und der Kontinuitätsgedanke (Rdn. 12) spielen insoweit keine Rolle. Eine Buchführungspflicht ist daher abzulehnen, soweit die Vorgründungsgesellschaft nicht ausnahmsweise (als OHG) bereits ein Handelsgewerbe betreibt und sich die Buchführungspflicht aus allgemeinen Regeln (§ 238 Abs. 1 Satz 1 HGB) ergibt.[32] 13

Die **Buchführungspflicht endet** mit dem Abschluss der Liquidation der Gesellschaft (§ 74 Abs. 1 Satz 1).[33] Mit der Auflösung der Gesellschaft geht die Buchführungspflicht auf die Liquidatoren im Rahmen ihrer Zuständigkeit nach § 70 über (vgl. § 71 Abs. 4);[34] im Regelfall sind die Liquidatoren aber mit den vormaligen Geschäftsführern identisch, § 66 Abs. 1. 14

Schließlich führt auch die Eröffnung eines **Insolvenzverfahrens** über das Vermögen der Gesellschaft zu maßgeblichen Änderungen für die Buchführungspflicht. Sie geht mit Erlass des Eröffnungsbeschlusses in Bezug auf das zur Insolvenzmasse gehörende Vermögen gem. § 80 Abs. 1 InsO auf den Insolvenzverwalter über;[35] die Geschäftsführer bleiben nach § 97 InsO weiterhin zur Mitwirkung an der Buchführung verpflichtet. Existiert neben der Insolvenzmasse insolvenzfreies Vermögen, besteht zudem hierfür ihre Buchführungspflicht nach regulären Grundsätzen weiter fort.[36] Sofern die Gesellschaft nach Abschluss des Insolvenzverfahrens ausnahmsweise fortgesetzt werden kann, geht die Buchführungspflicht wieder auf die Geschäftsführer über. 15

---

25 *Kleindiek*, in: Lutter/Hommelhoff, GmbHG, § 41 Rn. 7; *Haas*, in: Baumbach/Hueck, GmbHG, § 41 Rn. 7; *Paefgen*, in: GK-GmbHG, § 41 Rn. 4.

26 *Altmeppen*, in: Roth/Altmeppen, GmbHG, § 41 Rn. 7.

27 Vgl. dazu BGHZ 134, 333, 338 ff.; BGH, ZIP 2003, 625, 627.

28 *Paefgen*, in: GK-GmbHG, § 41 Rn. 4.

29 *Haas*, in: Baumbach/Hueck, GmbHG, § 41 Rn. 7; *Paefgen*, in: GK-GmbHG, § 41 Rn. 4.

30 *Kleindiek*, in: Lutter/Hommelhoff, GmbHG, § 41 Rn. 7; *Haas*, in: Baumbach/Hueck, GmbHG, § 41 Rn. 7; *Paefgen*, in: GK-GmbHG, § 41 Rn. 4.

31 *Kleindiek*, in: Lutter/Hommelhoff, GmbHG, § 41 Rn. 7.

32 *Altmeppen*, in: Roth/Altmeppen, GmbHG, § 41 Rn. 2.

33 So auch *Haas*, in: Baumbach/Hueck, GmbHG, § 41 Rn. 8; *Paefgen*, in: GK-GmbHG, § 41 Rn. 4; *Biletzki*, ZIP 1997, 9, 10; a.A. *Kleindiek*, in: Lutter/Hommelhoff, GmbHG, § 41 Rn. 7, der auf die nachfolgende Löschung der Gesellschaft im Handelsregister abstellt.

34 *Paefgen*, in: GK-GmbHG, § 41 Rn. 3; *Crezelius*, in: Scholz, GmbHG, § 41 Rn. 4.

35 LG Bonn, ZIP 2008, 1082, 1083; *Paefgen*, in: GK-GmbHG, § 41 Rn. 3.

36 LG Bonn, ZIP 2008, 1082, 1083; *Haas*, in: Baumbach/Hueck, GmbHG, § 41 Rn. 10.

16 Vom Bestehen der Buchführungspflicht zu unterscheiden ist die Dauer der **Aufbewahrungspflicht für Buchführungsunterlagen.** Diese beträgt gem. § 257 Abs. 1, 4 und 5 HGB generell 10 Jahre, wobei die Frist für Handelsbriefe auf 6 Jahre reduziert ist. Erlischt die Gesellschaft infolge einer Liquidation, greift stattdessen § 74 Abs. 2 ein, wonach alle Buchführungsunterlagen ab Übergabe an den Verwahrer für weitere 10 Jahre aufzubewahren sind. Diese (weitere) Frist gilt einheitlich für alle Unterlagen, deren Aufbewahrungsfrist bei Erlöschen der Gesellschaft noch nicht abgelaufen war.

E. Sanktionen bei Verstoß

17 Verstöße gegen die Buchführungspflicht führen in erster Linie zur Haftung der Geschäftsführer ggü. der Gesellschaft und können auch Anlass zu ihrer Abberufung und Kündigung geben.[37] In Einzelfällen kann es außerdem zur direkten Außenhaftung der Geschäftsführer ggü. Gläubigern kommen (Rdn. 21). Daneben können straf- und ordnungswidrigkeitenrechtliche Sanktionen treten (vgl. Rdn. 22 a.E.). Schließlich kommt in Ausnahmekonstellation ein Wegfall der Haftungsbeschränkung des § 13 Abs. 2 und in der Folge eine direkte Außenhaftung auch der Gesellschafter in Betracht (Rdn. 25). Eine Haftung von Personen außerhalb der Geschäftsführung, an die die Buchführung delegiert wurde, richtet sich demgegenüber allein nach allgemeinen Grundsätzen (i.d.R. Auftrags- oder Geschäftsbesorgungsrecht).

I. Geschäftsführerhaftung

18 **Ggü. der Gesellschaft** haften die Geschäftsführer im Fall von Pflichtverletzungen gem. § 43 Abs. 2 auf Ersatz des dadurch entstandenen Schadens.[38] Bei der Buchführungspflicht nach § 41 handelt es sich um eine gesetzliche Konkretisierung des Pflichtenkreises der Geschäftsführer, weshalb eine Verletzung als haftungsbegründendes Ereignis i.S.d. § 43 Abs. 2 einzustufen ist.[39] Das gilt sowohl für den Fall der Schlechtleistung als auch bei vollständiger Nichterfüllung der Buchführungspflicht.

19 Haben die Geschäftsführer die Buchführung an einen bestimmten Geschäftsführer oder einen Dritten **delegiert**, liegt eine Pflichtverletzung dennoch vor, wenn ihnen ein (eigenes) Auswahl- oder Überwachungsverschulden in Bezug auf die mit der Buchführung betraute Person zur Last fällt (hierzu bereits Rdn. 9–11).[40] Eine Zurechnung des möglichen Fehlverhaltens des Dritten über § 278 BGB findet demgegenüber nicht statt,[41] da es sich bei der Buchführung nicht um eine »Verbindlichkeit« i.S.d. Norm handelt, zu deren Erfüllung sich die Geschäftsführer des Dritten bedienen.

20 Als resultierende **Schäden** kommen bspw. Verluste infolge von Fehlplanungen in Betracht, die aufgrund fehlerhaften Zahlenmaterials getroffen wurden. Aber auch Schadensersatzansprüche, denen sich die Gesellschaft ihrerseits durch Dritte ausgesetzt sieht, stellen einen ersatzfähigen Schaden dar, wenn sie gerade auf dem Vertrauen der Dritten auf die ordnungsgemäße Buchführung oder den auf ihrer Basis erstellten Jahresabschluss beruhen. Schließlich haften die Geschäftsführer für aufgrund fehlerhafter Buchführung nicht mehr aufklärbare Fehlbeträge.[42]

21 Neben der Haftung ggü. der Gesellschaft kann die Geschäftsführer u.U. auch eine direkte **Außenhaftung ggü. Dritten** treffen. Das ist dann der Fall, wenn sie einen Dritten bspw. durch persönliche Vorlage entsprechender Buchführungsunterlagen erst zu einem Geschäft mit der Gesellschaft bewegt haben und ihm dadurch ein Schaden entstanden ist. Beruht der Schaden auf der Fehlerhaftigkeit der vorgelegten Unterlagen, ist der betreffende Geschäftsführer wegen der Inanspruchnahme besonderen persönlichen Vertrauens bei dem Geschäftsabschluss neben der Gesellschaft auch selbst

---

37 Zu letzterem OLG Rostock, NZG 1999, 216; *Kleindiek*, in: Lutter/Hommelhoff, GmbHG, § 41 Rn. 4; ferner *Crezelius*, in: Scholz, GmbHG, § 41 Rn. 8.
38 *Paefgen*, in: GK-GmbHG, § 41 Rn. 10.
39 *Crezelius*, in: Scholz, GmbHG, § 41 Rn. 8.
40 *Haas*, in: Baumbach/Hueck, GmbHG, § 41 Rn. 4.
41 *Crezelius*, in: Scholz, GmbHG, § 41 Rn. 6; *Paefgen*, in: GK-GmbHG, § 41 Rn. 6.
42 BGH, NJW 1974, 1468.

gem. § 311 Abs. 2 BGB haftbar, u.U. auch nach § 826 BGB bei Vorliegen der dortigen (strengen) Voraussetzungen.[43]

§ 41 ist jedoch nach zutreffender herrschenden Meinung **kein Schutzgesetz** i.S.d. § 823 Abs. 2 BGB, sodass sich hierüber keine zusätzliche direkte Außenhaftung ergibt. Denn auch wenn § 41 allgemein dem Gläubigerschutz dient (oben Rdn. 4), ist diese Schutzrichtung zu unspezifisch und der Kreis der geschützten Personen nicht hinreichend individualisierbar;[44] anderenfalls würde gem. § 823 Abs. 2 Satz 2 BGB bereits jede einfache Fahrlässigkeit bei der Bilanzerstellung zur Schadensersatzpflicht der Geschäftsführer ggü. Gläubigern führen.[45] Schutzgesetze sind demgegenüber die – jeweils Vorsatz erfordernden – **Straf- und Ordnungswidrigkeitentatbestände** der §§ 331 Nr. 1 und 2, 334 HGB, 263, 264a, 265b, 283 Abs. 1 Nr. 5–7 und 283b StGB.[46] 22

Ggü. dem **Fiskus** können Geschäftsführer nach §§ 34, 69 AO haften.[47] Diese Haftung erstreckt sich auf Schäden, die dadurch entstehen, dass – insb. aufgrund fehlerhafter Buchführung – Steuerschulden nicht oder verspätet festgesetzt oder beglichen werden; gehaftet wird auch für eventuelle Säumniszuschläge sowie rechtsgrundlos erhaltene Steuervergütungen und -erstattungen. 23

In der **Insolvenz** der Gesellschaft kann sich der Insolvenzverwalter bei Verfolgung von Ansprüchen aus § 64 auf die vorgefundene Buchführung stützen. Soweit die Geschäftsführer einen abweichenden (ihnen günstigeren) Sachverhalt geltend machen wollen, sind sie hierfür beweisbelastet.[48] Behaupten Gläubiger einen bestimmten Zeitpunkt der Zahlungsunfähigkeit der Gesellschaft und lässt sich dieser mangels ordnungsmäßiger Buchführung nicht mehr rekonstruieren, gilt die Behauptung nach den Grundsätzen der Beweisvereitelung als zugestanden.[49] 24

II. Gesellschafterhaftung

Da die Gesellschafter nicht Adressaten der Buchführungspflicht sind, sind sie bei deren Verletzung auch nicht direkt haftbar. Allerdings kann eine durch mangelhafte Buchführung hervorgerufene intransparente Vermögenslage der Gesellschaft zur Durchbrechung der in § 13 Abs. 2 normierten Haftungsbeschränkung führen.[50] In der Folge haben die Gesellschafter nach außen hin gem. § 128 HGB analog selbst für die Gesellschaftsschulden einzustehen. Voraussetzung einer solchen **Durchgriffshaftung** ist nach der Rechtsprechung entweder das vollständige Fehlen einer Buchführung[51] oder deren gravierende Fehlerhaftigkeit, die zu einer Intransparenz und mangelnden Nachvollziehbarkeit der Zahlungsvorgänge führt.[52] Das Fehlen einer *doppelten* Buchführung allein ist hierfür nicht ausreichend.[53] Folge muss stets sein, dass eine eindeutige Trennung der Vermögensmassen von Gesellschaft und Gesellschafter(n) nicht mehr gewährleistet ist. Denn in diesem Fall sind die Gläubiger nicht mehr vor einer Benachteiligung durch Entziehung von Gesellschaftsvermögen zugunsten der Gesellschafter 25

43 *Paefgen*, in: GK-GmbHG, § 41 Rn. 14.

44 BGHZ 125, 366, 377 ff.; OLG Hamm, GmbHR 2014, 1044, 1045; LG Bonn, AG 2001, 484 (zu § 91 Abs. 1 AktG); *Paefgen*, in: GK-GmbHG, § 41 Rn. 11; *Brandes*, WM 1995, 641, 655; *Brammsen/Sonnenburg*, NZG 2019, 681, 685; a.A. *Stapelfeld*, GmbHR 1991, 94, 95 ff.; *Sieger/Hasselbach*, GmbHR 1998, 957, 961; *Biletzki*, ZIP 1997, 9, 10 ff.; *ders.*, BB 2000, 521, 524 ff.

45 *Hennrichs*, in: FS Kollhosser, Bd. 2, 2004, S. 201, 213 f.

46 Zu § 331 HGB, LG Bonn, AG 2001, 484; *Haas*, Geschäftsführerhaftung und Gläubigerschutz, 1997, S. 137 f.; *Hennrichs*, in: FS Kollhosser, Bd. 2, 2004, S. 201, 214 m.w.N.; *Fleischer*, WM 2006, 2021, 2029; offen gelassen bei BGH, ZIP 1985, 29, 30; BGHZ 125, 366, 378 f.

47 *Paefgen*, in: GK-GmbHG, § 41 Rn. 16.

48 *Lange*, GmbHR 2015, 1254, 1261.

49 BGH, NZG 2012, 464, 465.

50 BGH, ZIP 2008, 308, 310; BGHZ 165, 85, 91 f.; *Paefgen*, in: GK-GmbHG, § 41 Rn. 11; *Michael Winter*, Horizontale Haftung im Konzern, 2005, S. 197 ff. zur Durchgriffshaftung, S. 216 ff. zur (horizontalen) Vermögensvermischung.

51 BGHZ 125, 366, 368; BGH, NZI 2006, 365, 367.

52 BGHZ 165, 85, 91 f.

53 BGHZ 165, 85, 92; *Paefgen*, in: GK-GmbHG, § 41 Rn. 11.

geschützt. Problematisch ist allerdings, unter welchen Voraussetzungen ein entsprechender Buchführungsmangel dem Gesellschafter zurechenbar ist. Eine solche **Zurechnung** ist erforderlich, da es sich nach dem BGH bei der Durchgriffshaftung nicht um eine Zustands-, sondern um eine Verhaltenshaftung handelt.[54] Unproblematisch dürfte sie beim Gesellschafter-Geschäftsführer zu bejahen sein, da er zugleich Adressat der Buchführungspflicht nach § 41 ist. Besteht demgegenüber keine gleichzeitige Geschäftsführerstellung, ist der Gesellschafter nicht selbst von § 41 erfasst. In diesem Fall muss zumindest eine irgendwie geartete Beeinflussung der Geschäftsführung oder der sonst mit der Buchführung befassten Personen durch den Gesellschafter stattfinden, um eine Zurechnung von Buchführungsfehlern vornehmen zu können. Eine solche Beeinflussung ist bspw. in Form von Gesellschafterbeschlüssen denkbar. Jenseits hiervon sind bisher keine klaren Abgrenzungskriterien ersichtlich.[55]

§ 42 Bilanz

(1) In der Bilanz des nach den §§ 242, 264 des Handelsgesetzbuchs aufzustellenden Jahresabschlusses ist das Stammkapital als gezeichnetes Kapital auszuweisen.

(2) [1]Das Recht der Gesellschaft zur Einziehung von Nachschüssen der Gesellschafter ist in der Bilanz insoweit zu aktivieren, als die Einziehung bereits beschlossen ist und den Gesellschaftern ein Recht, durch Verweisung auf den Geschäftsanteil sich von der Zahlung der Nachschüsse zu befreien, nicht zusteht. [2]Der nachzuschießende Betrag ist auf der Aktivseite unter den Forderungen gesondert unter der Bezeichnung »Eingeforderte Nachschüsse« auszuweisen, soweit mit der Zahlung gerechnet werden kann. [3]Ein dem Aktivposten entsprechender Betrag ist auf der Passivseite in dem Posten »Kapitalrücklage« gesondert auszuweisen.

(3) Ausleihungen, Forderungen und Verbindlichkeiten gegenüber Gesellschaftern sind in der Regel als solche jeweils gesondert auszuweisen oder im Anhang anzugeben; werden sie unter anderen Posten ausgewiesen, so muss diese Eigenschaft vermerkt werden.

Schrifttum

Baetge/Kirsch/Thiele, Bilanzen, 10. Aufl. 2009; *Küting/Weber*, Die Darstellung des Eigenkapitals bei der GmbH nach dem Bilanzrichtlinie-Gesetz, GmbHR 1984, 165; *Rodewald*, Der maßgebliche Zeitpunkt für die Aufstellung von GmbH-Eröffnungsbilanzen, BB 1993, 1693; *Schütte/Hemmerich*, Der Ausweis von Ansprüchen und Verbindlichkeiten gegenüber Gesellschaftern, StuB 2016, 87; *Theile*, Vorzeitige Anwendung neuer Schwellenwerte für den Jahres- und Konzernabschluss der GmbH, GmbHR 2015, 172; *Zwirner*, Die wichtigsten Fragen: Vorzeitige Erstanwendung des BilRUG und Auswirkungen auf Prüfungspflicht und Offenlegung, BC 2016, 208; *Zwirner/Froschhammer*, »Reform« der Rechnungslegung für Kleinstkapitalgesellschaften durch das MicroBilG – Umfassender Mehrwert fraglich, SteuK 2013, 23.

Übersicht

54 BGHZ 165, 85, 93.

55 Dementsprechend insgesamt kritisch zum Institut der Durchgriffshaftung *Haas*, in: Baumbach/Hueck, GmbHG, § 41 Rn. 24.

A. Überblick

§ 42 setzt voraus, dass die GmbH als Handelsgesellschaft (§§ 6 Abs. 1 HGB, 13 Abs. 3 GmbHG) nach den §§ 242, 264 HGB einen Jahresabschluss aufzustellen hat. Hierbei sind neben den allgemeinen Regeln zur Rechnungslegung (§§ 242 ff. HGB) auch die ergänzenden Vorschriften für Kapitalgesellschaften (§§ 264 ff. HGB) und schließlich die in § 42 normierten GmbH-spezifischen Sonderregeln zum Ausweis bestimmter Posten zu beachten. Letzteres betrifft den Ausweis des Stammkapitals (Abs. 1), von Nachschussforderungen (Abs. 2) und von sonstigen Forderungen im Verhältnis zwischen Gesellschaft und Gesellschaftern (Abs. 3). 1

Die Bilanzierungspflicht gehört zu den Buchführungspflichten im weiteren Sinne und trifft somit nach § 41 die Geschäftsführer. Passend dazu verpflichtet § 264 Abs. 1 Satz 1 HGB »die gesetzlichen Vertreter einer Kapitalgesellschaft«, bei der GmbH also ebenfalls die Geschäftsführer, den Jahresabschluss um einen Anhang zu erweitern sowie einen Lagebericht aufzustellen. 2

B. Allgemeine Bilanzierungsgrundsätze

I. Eröffnungsbilanz

Zu Beginn ihres Handelsgewerbes hat die GmbH eine Eröffnungsbilanz, d.h. eine Gegenüberstellung ihres Vermögens und ihrer Schulden aufzustellen, vgl. § 242 Abs. 1 Satz 1, 1. Alt. HGB. Hierfür gelten nach § 242 Abs. 1 Satz 2 HGB dieselben Maßstäbe wie für die Bilanz zum Geschäftsjahresende i.R.d. Jahresabschlusses, sodass auf die dortigen Ausführungen verwiesen werden kann (Rdn. 8 ff.). 3

Fraglich ist, zu welchem Zeitpunkt die GmbH ihr Handelsgewerbe beginnt und damit, auf welchen **Stichtag** die Eröffnungsbilanz aufzustellen ist. Spätester Zeitpunkt wäre die **Eintragung** der GmbH ins Handelsregister, da sie mit diesem Akt ihre Rechtspersönlichkeit erlangt (vgl. § 11 Abs. 1) und Handelsgesellschaft wird (§ 13 Abs. 3). Allerdings kann die Gesellschaft bereits vor der Handelsregistereintragung die Geschäfte aufnehmen; damit korrespondierend muss ggf. auch der Stichtag der Eröffnungsbilanz vorverlagert werden. 4

Dies betrifft zunächst die **Vorgesellschaft**. Insoweit fragt sich, ob bereits der reine Errichtungsakt in Form der notariellen Beurkundung des Gesellschaftsvertrags maßgeblich für die Eröffnungsbilanz sein soll[1] oder ob ein erster buchungsrelevanter Geschäftsvorfall hinzukommen muss (der allerdings regelmäßig bereits in der Begründung der Einlageforderungen liegt).[2] In Parallele zur Argumentation zum Beginn der Buchführungspflicht (dazu § 41 Rdn. 12) ist auch vorliegend auf das Entstehen der Vorgesellschaft mit formgerechtem Abschluss des Gesellschaftsvertrages abzustellen, und zwar unabhängig davon, ob die Vorgesellschaft ihrerseits bereits ein Handelsgewerbe betreibt oder nicht. Auf den Tag der notariellen Beurkundung des Vertrags ist auch die Eröffnungsbilanz aufzustellen. Dieser Tag ist aufgrund der Datierung der Urkunde leicht objektiv bestimmbar, was ggü. einem Abstellen auf gründungsrelevante Geschäftsvorfälle den Vorteil größerer Transparenz besitzt. 5

Ausnahmsweise kann sich die Notwendigkeit einer Eröffnungsbilanz auch schon für die sog. **Vorgründungsgesellschaft** (= vor notarieller Beurkundung des Gesellschaftsvertrags) ergeben, sofern sie nämlich aufgrund des Umfangs der aufgenommenen Geschäfte bereits als Kaufmann zu qualifizieren ist (vgl. § 41 Rdn. 13).[3] Die Vorgründungsgesellschaft endet mit Entstehen der Vorgesellschaft wegen Zweckerreichung (§ 726 BGB),[4] sodass in der Folge auch eine Schlussbilanz erforderlich werden kann.[5] Da zwischen der Vorgründungsgesellschaft und der Vorgesellschaft keine Identität 6

1 So *Strobl-Haarmann*, in: BeckHdbAG, § 2 Rn. 411; ein Abstellen auf den Beurkundungszeitpunkt sehen zumindest als vorzugswürdig an: *Ellerich/Swart*, in: Küting/Weber, HdB-Rechnungslegung, § 242 HGB Rn. 8; *A/D/S*, § 242 HGB Rn. 23; *Rodewald*, BB 1993, 1693, 1694 f.

2 Vgl. im Einzelnen *Winkeljohann/Hermesmeier*, in: Winkeljohann/Förschle/Deubert, Sonderbilanzen, Kap. D Rn. 65 ff.

3 *Schwaiger*, in: BeckHdbGmbH, § 2 Rn. 13; *Winkeljohann/Hermesmeier*, in: Winkeljohann/Förschle/Deubert, Sonderbilanzen, Kap. D Rn. 16 a.E.

4 *Schwaiger*, in: BeckHdbGmbH, § 2 Rn. 9.

5 Vgl. *K. Schmidt*, in: MünchKommHGB, § 154 Rn. 22.

besteht, kann jedoch keine Umbuchung der bilanziellen Vermögenswerte von der Vorgründungs- auf die Vorgesellschaft erfolgen. Vielmehr muss Letztere in jedem Fall eine neue Eröffnungsbilanz erstellen;[6] es beginnt zudem ein neues Wirtschaftsjahr zu laufen.[7]

II. Jahresbilanz

7 Die GmbH hat als Handelsgesellschaft für den Schluss eines jeden Geschäftsjahres einen Jahresabschluss aufzustellen. Dieser besteht aus einem »das Verhältnis ihres Vermögens und ihrer Schulden darstellenden Abschluss« (Bilanz, vgl. § 242 Abs. 1 Satz 1 HGB) und einer Gegenüberstellung der Aufwendungen und Erträge des Geschäftsjahres (Gewinn- und Verlustrechnung [GuV], § 242 Abs. 2 HGB) und ist kapitalgesellschaftsspezifisch um einen Anhang zu erweitern (§ 264 Abs. 1 Satz 1 HGB).

1. Gliederung und Inhalt der Bilanz

8 Die **Bilanz** enthält eine Gegenüberstellung des Anlage- und Umlaufvermögens auf der Aktivseite und der Schulden (Oberbegriff für Verbindlichkeiten und Rückstellungen) auf der Passivseite, ergänzt um gewisse Korrekturposten (insb. Rechnungsabgrenzungsposten) und das Eigenkapital als Residualgröße (§ 247 Abs. 1 HGB). Grundlagen für die Bilanzerstellung sind die vorangegangene (Eröffnungs-) Bilanz und die seither vorgenommenen Buchungen auf den Bestands- und Erfolgskonten, damit auch das Ergebnis der GuV (zur GuV § 42a Rdn. 5 ff.).

9 Für Kapitalgesellschaften ist die Bilanz in Kontoform aufzustellen, ihre **Gliederung** ist in §§ 265 f. HGB vorgegeben. Insb. enthält § 266 Abs. 2, 3 HGB eine konkrete Auflistung der einzelnen in der Bilanz auszuweisenden Aktiv- und Passivposten. Die dort mit Großbuchstaben sowie römischen und arabischen Zahlen bezeichneten Gliederungsebenen sind zwingend und in der vorgegebenen Reihenfolge auszuweisen, sofern der entsprechende Posten einen Betrag ausweist (anderenfalls gilt § 265 Abs. 8 HGB). Eine Vereinfachung erlaubt § 266 Abs. 1 Satz 3 HGB für **kleine Kapitalgesellschaften** i.S.d. § 267 HGB (Rdn. 22): Sie dürfen auf die letzte Gliederungsebene mit arabischen Zahlen verzichten und stattdessen eine verkürzte Bilanz aufstellen, die nur die mit Großbuchstaben und römischen Zahlen bezeichneten Posten enthält. Für eine kleine GmbH ergibt sich damit (seit Inkrafttreten des Bilanzrechtsmodernisierungsgesetzes von 2009, BilMoG) die folgende verkürzte Bilanz:

Aktiva	Passiva
A. Anlagevermögen	**A. Eigenkapital**
I. Immaterielle Vermögensgegenstände	I. Gezeichnetes Kapital
II. Sachanlagen	II. Kapitalrücklage
III. Finanzanlagen	III. Gewinnrücklagen
B. Umlaufvermögen	IV. Gewinnvortrag/Verlustvortrag
I. Vorräte	V. Jahresüberschuss/Jahresfehlbetrag
II. Forderungen und sonstige Vermögensgegenstände	**B. Rückstellungen**
III. Wertpapiere	**C. Verbindlichkeiten**
IV. Kassenbestand, Bundesbankguthaben, Guthaben bei Kreditinstituten und Schecks	**D. Rechnungsabgrenzungsposten**
C. Rechnungsabgrenzungsposten	**E. Passive latente Steuern**
D. Aktive latente Steuern	
E. Aktiver Unterschiedsbetrag aus der Vermögensverrechnung	

6 *Winkeljohann/Hermesmeier*, in: Winkeljohann/Förschle/Deubert, Sonderbilanzen, Kap. D Rn. 78.

7 Vgl. *Kanzler*, in: Herrmann/Heuer/Raupach, EStG/KStG, § 4a EStG Rn. 8 zur Parallelfrage der Einbringung eines Betriebs in eine dadurch neu gegründete Personengesellschaft.

Ein **Verstoß** gegen die Gliederungsvorschriften ist sanktioniert durch § 256 Abs. 4 AktG analog, d.h. durch die Nichtigkeit des Jahresabschlusses, wenn der Verstoß gegen Gliederungsvorschriften seine Klarheit und Übersichtlichkeit (ausnahmsweise) wesentlich beeinträchtigt; zudem durch § 334 Abs. 1 Nr. 1 Buchst. c) HGB, der den Geschäftsführern insoweit bei (mindestens bedingtem) Vorsatz ein Bußgeld von bis zu 50.000 € androht. 10

Die **Ansatzvorschriften** (insb. §§ 246 bis 251 HGB) regeln vor allem, was die Bilanz enthalten muss (Vollständigkeitsgebot des § 246 Abs. 1 HGB) oder enthalten darf; ein Aktivierungswahlrecht besteht z.B. nach § 248 Abs. 2 HGB für selbst geschaffene immaterielle Vermögenswerte des Anlagevermögens. Die **Bewertungsvorschriften** der §§ 252 bis 256a HGB enthalten demgegenüber Vorgaben, welcher Geldbetrag den in der Bilanz anzusetzenden Vermögensgegenständen und Schulden jeweils zuzuordnen ist. Vermögensgegenstände sind bei Zugang gem. § 253 Abs. 1 Satz 1 HGB zu Anschaffungs- oder Herstellungskosten (§ 255 HGB) zu bewerten und in der Folge ggf. planmäßig oder außerplanmäßig abzuschreiben (§ 253 Abs. 3 und 4 HGB). Schulden sind mit ihrem (bei Verbindlichkeiten) sicheren oder (bei Rückstellungen) wahrscheinlichen Erfüllungsbetrag anzusetzen, § 253 Abs. 2 HGB. 11

Einen Überblick zu jeweils einschlägigen (besonderen) Ansatz- und Bewertungsvorschriften des HGB gibt die nachstehende Aufstellung, wegen der Einzelheiten muss auf die Kommentarliteratur zur Rechnungslegung verwiesen werden. 12

Aktivseite der Bilanz 13

Posten	**Maßgebliche (HGB-) Vorschriften**
A. Anlagevermögen	Zur Abgrenzung von Anlage- und Umlaufvermögen s. § 247 Abs. 2 HGB. Zu Abschreibungen auf das Anlagevermögen s. § 253 Abs. 3 HGB, zu Zuschreibungen § 253 Abs. 5 HGB.
I. Immaterielle Vermögensgegenstände	Zum Aktivierungswahlrecht bei **selbst geschaffenen immateriellen Vermögensgegenständen** des Anlagevermögens s. § 248 Abs. 2 HGB, zu ihrer Bewertung § 255 Abs. 2a HGB. Die Nutzung des Aktivierungswahlrechts bedingt eine Ausschüttungssperre nach § 268 Abs. 8 Satz 1 HGB. Zur Aktivierungspflicht eines entgeltlich erworbenen **Firmen- oder Geschäftswerts** s. § 246 Abs. 1 Satz 4 HGB.
II. Sachanlagen	Die handelsrechtliche Bewertung **geringwertiger Wirtschaftsgüter** (GWG) folgt der steuerrechtlichen Regelung in § 6 Abs. 2 EStG. Zum Festwertverfahren s. § 240 Abs. 3 HGB.
III. Finanzanlagen	Zur Definition **verbundener Unternehmen** s. § 271 Abs. 2 HGB (i.V.m. § 290 HGB). Zum Begriff der **Beteiligung** s. § 271 Abs. 1 HGB. Zum **Wertpapierbegriff** s. § 2 WpHG. Eigene Anteile sind nach § 272 Abs. 1a HGB offen vom Posten »Gezeichnetes Kapital« abzusetzen.
B. Umlaufvermögen	Mit der Definition des Anlagevermögens in § 247 Abs. 2 HGB ist zugleich das Umlaufvermögen abgegrenzt. Zu Abschreibungen auf das Umlaufvermögen s. § 253 Abs. 4 HGB, zu Zuschreibungen § 253 Abs. 5 HGB.
I. Vorräte	Zur Gruppenbewertung s. § 240 Abs. 4 HGB.
II. Forderungen und sonstige Vermögensgegenstände	Zum **Realisationsprinzip** s. § 252 Abs. 1 Nr. 4 Halbs. 2 HGB (dazu noch Rdn. 16). Zur Umrechnung von **Fremdwährungsforderungen** s. § 256a HGB. Zum **Restlaufzeitvermerk** bei Forderungen mit einer Restlaufzeit von mehr als einem Jahr s. § 268 Abs. 4 HGB. Zum gesonderten Ausweis ausstehender Forderungen aus **eingefordertem Eigenkapital** s. § 272 Abs. 1 Satz 3 Halbs. 3 HGB (dazu noch Rdn. 32).

Posten	Maßgebliche (HGB-) Vorschriften
	Zum gesonderten Ausweis von eingeforderten Nachschüssen, Ausleihungen und sonstigen **Forderungen ggü. Gesellschaftern** s. § 42 Abs. 2 und 3 GmbHG (dazu noch Rdn. 34 ff., 40 ff.).
III. Wertpapiere	Zur Abgrenzung zu Pos. A.III vgl. die Hinweise dort; insb. Umkehrschluss zu § 271 Abs. 1 Satz 1 HGB.
IV. Kassenbestand; Bundesbankguthaben, Guthaben bei Kreditinstituten und Schecks	n/a
C. Rechnungsabgrenzungsposten	Zu aktiven Rechnungsabgrenzungsposten s. § 250 Abs. 1 (Ausgaben vor dem Abschlussstichtag, die Aufwand für eine bestimmte Zeit danach darstellen) und Abs. 3 HGB (Unterschiedsbetrag aus der Aufnahme von Verbindlichkeiten, dazu auch § 268 Abs. 6 HGB).
D. Aktive latente Steuern	Zur Definition aktiver latenter Steuern und zum insoweit bestehenden Aktivierungswahlrecht s. § 274 HGB. Die Nutzung des Aktivierungswahlrechts bedingt eine Ausschüttungssperre nach § 268 Abs. 8 Satz 2 HGB.
E. Aktiver Unterschiedsbetrag aus der Vermögensverrechnung	Dieser Posten ist gem. § 246 Abs. 2 Satz 2 f. HGB zu aktivieren, soweit die Zeitwerte eines **Deckungsvermögens** den Erfüllungsbetrag der zugehörigen Schulden übersteigen. Der Posten ist nach Maßgabe des § 268 Abs. 8 Satz 3 HGB ausschüttungsgesperrt.

14 **Passivseite der Bilanz**

Posten	Maßgebliche (HGB-) Vorschriften
A. Eigenkapital	Zum Ausweis eines »nicht durch Eigenkapital gedeckten **Fehlbetrags**« auf der Aktivseite s. § 268 Abs. 3 HGB.
I. Gezeichnetes Kapital	Zum Ausweis des Stammkapitals s. § 42 Abs. 1 GmbHG und (insb. auch zu **ausstehenden Einlagen**) § 272 Abs. 1 HGB (ausführlich Rdn. 30 ff.). Zum Ausweis **eigener Anteile** s. § 272 Abs. 1a/b HGB.
II. Kapitalrücklage	Zum Posteninhalt s. § 272 Abs. 2 HGB. Zum gesonderten Ausweis von **Nachschusskapital** s. § 42 Abs. 2 GmbHG (ausführlich Rdn. 34 ff.).
III. Gewinnrücklagen	Zur Bildung von Gewinnrücklagen s. § 272 Abs. 3 HGB. Die im Gliederungsschema genannte **gesetzliche Rücklage** ist bei der GmbH nicht zu bilden (für die AG gilt § 150 Abs. 1 AktG). Zur Bildung der Rücklage für Anteile an einem herrschenden oder mit Mehrheit beteiligten Unternehmen s. § 272 Abs. 4 HGB. Zur **Wertaufholungsrücklage** s. § 29 Abs. 4 GmbHG.
IV. Gewinnvortrag/Verlustvortrag	Entfällt gem. § 268 Abs. 1 Satz 2 HGB, sofern die Bilanz unter vollständiger oder teilweiser Verwendung des Jahresergebnisses aufgestellt wird.
V. Jahresüberschuss/Jahresfehlbetrag	Zum Jahresüberschuss oder -fehlbetrag als Saldogröße aller Aufwendungen und Erträge der GuV s. § 275 Abs. 2 Nr. 17, Abs. 3 Nr. 16 HGB. Entfällt gem. § 268 Abs. 1 Satz 2 HGB, sofern die Bilanz unter vollständiger oder teilweiser Verwendung des Jahresergebnisses aufgestellt wird.
B. Rückstellungen	Zum Ansatz von Rückstellungen s. § 249 HGB. Zur Bewertung von Rückstellungen mit dem **voraussichtlichen Erfüllungsbetrag** s. § 253 Abs. 1 Satz 2 HGB, zur **Abzinsung** s. § 253 Abs. 2 HGB. Zu Sonderregelungen für **Pensionsrückstellungen** s. § 253 Abs. 1 Satz 3, Abs. 2 Satz 2 HGB und die Übergangsregelung in Art. 28 EGHGB.

Posten	Maßgebliche (HGB-) Vorschriften
C. Verbindlichkeiten	Zum Ansatz der Verbindlichkeiten s. das Vollständigkeitsgebot des § 246 Abs. 1 Satz 1 HGB. Zur Bewertung mit dem **Erfüllungsbetrag** s. § 253 Abs. 1 Satz 2 HGB. Zur Umrechnung von **Fremdwährungsverbindlichkeiten** s. § 256a HGB. Zum **Restlaufzeitvermerk** bei Verbindlichkeiten mit einer Restlaufzeit von bis zu einem Jahr s. § 268 Abs. 5 Satz 1 HGB. Zum gesonderten Ausweis von **erhaltenen Anzahlungen** auf Bestellungen s. § 268 Abs. 5 Satz 2 HGB. Zum gesonderten Ausweis von **Verbindlichkeiten ggü. Gesellschaftern** s. § 42 Abs. 3 GmbHG.
D. Rechnungsabgrenzungsposten	Zu passiven Rechnungsabgrenzungsposten s. § 250 Abs. 2 HGB (Einnahmen vor dem Abschlussstichtag, die Ertrag für eine bestimmte Zeit danach darstellen).
E. Passive latente Steuern	Zur Definition passiver latenter Steuern und zur insoweit bestehenden Passivierungspflicht s. § 274 HGB.

Nach § 251 HGB sind die dort genannten **Haftungsverhältnisse**, sofern sie nicht auf der Passivseite auszuweisen sind, »unter dem Strich«, und zwar üblicherweise unter der Passivseite der Bilanz, zu vermerken. § 268 Abs. 7 HGB modifiziert dies für Kapitalgesellschaften dahin gehend, dass die vier Gruppen von Haftungsverhältnissen jeweils gesondert auszuweisen sind, jedoch auch eine Angabe im Anhang zulässig ist. 15

2. Grundsätze ordnungsmäßiger Bilanzierung

Für die Bilanz gelten die Grundsätze ordnungsmäßiger Buchführung (§ 243 Abs. 1 HGB), zu denen (im weiteren Sinne) auch die Grundsätze ordnungsmäßiger Bilanzierung zählen (vgl. § 41 Rdn. 2). Die wesentlichsten sind die Grundsätze der Bilanzklarheit, der Bilanzwahrheit, der Bilanzvollständigkeit, der Bilanzidentität, der Bewertungsstetigkeit und das Vorsichtsprinzip. Die **Bilanzklarheit** (§ 243 Abs. 2 HGB) erfordert, dass Aufbau sowie Bezeichnung der Posten der Bilanz so beschaffen sind, dass ein sachverständiger Dritter sie ohne längere Einarbeitungszeit verstehen und nachvollziehen kann.[8] Der Grundsatz der **Bilanzwahrheit** sucht in erster Linie solche Bilanzierungen zu vermeiden, die über den Rahmen des gesetzlich zugebilligten Ermessens hinausgehen. So dürfen insb. keine Bilanzposten fingiert werden, es darf zudem nicht gegen zwingende Ansatzvorschriften verstoßen werden.[9] Weiterhin muss die Bilanz **vollständig** sein, d.h. alle Vermögenspositionen (Aktiva wie Passiva) des Bilanzierenden ausweisen (§ 246 Abs. 1 Satz 1 HGB).[10] Der Grundsatz der **Bilanzidentität** (§ 252 Abs. 1 Nr. 1 HGB) schreibt vor, dass die Wertansätze in der Eröffnungsbilanz mit denen in der vorausgegangenen Jahresbilanz übereinstimmen müssen. Flankiert wird er von dem Grundsatz der **Bewertungsstetigkeit** nach § 252 Abs. 1 Nr. 6 HGB, wonach einmal gewählte Bewertungsmethoden auch in Folgeabschlüssen (auch von einer zur nächsten *Jahresbilanz*) beizubehalten sind. Das Zusammenspiel der beiden letztgenannten Grundsätze soll eine leichtere Vergleichbarkeit und damit auch Nachvollziehbarkeit der periodenübergreifenden Geschäftsentwicklung gewährleisten.[11] Das **Vorsichtsprinzip** (§ 252 Abs. 1 Nr. 4 HGB) schließlich zerfällt in eine Ansatz- und eine Bewertungsebene. Auf Ansatzebene sind Gewinne nur bei hinreichender Realisation zum Bilanzstichtag zu aktivieren (**Realisationsprinzip**[12]), wohingegen Verbindlichkeiten bereits dann zu passivieren sind, wenn sie sich abzeichnen (**Imparitätsprinzip**).[13] Auf Bewertungsebene ist zudem »vorsichtig« zu bewerten, was in Ansehung des Vorgesagten bezüglich der Aktiva eine zurückhaltende Bewertung, bezüglich der Verbindlichkeiten hingegen einen im Zweifel 16

8 *Merkt*, in: Baumbach/Hopt, HGB, § 243 Rn. 4.
9 *Merkt*, in: Baumbach/Hopt, HGB, § 243 Rn. 5.
10 *Hennrichs*, in: MünchKommBilanzR, § 246 HGB Rn. 12.
11 *Böcking/Gros*, in: E/B/J/S, HGB, § 252 Rn. 36; *Merkt*, in: Baumbach/Hopt, HGB, § 243 Rn. 8.
12 *Winkeljohann/Büssow*, in: BeckBilKomm, § 252 HGB Rn. 43 ff.
13 Ausführlich *Winkeljohann/Büssow*, in: BeckBilKomm, § 252 HGB Rn. 34 ff.

höheren Ansatz erfordert. Insgesamt soll hierdurch der Ausweis eines zu hohen (ausschüttungsfähigen) Gewinns vermieden werden, was vor allem dem Gläubigerschutz dient.[14]

17 Z.T. sind jedoch **Abweichungen** von den Bilanzierungsgrundsätzen entweder gesetzlich vorgesehen oder anderweitig anerkannt: So wird die Bilanzvollständigkeit für bestimmte Aktiva dadurch durchbrochen, dass keine Ansatzpflicht, sondern ein Ansatzwahlrecht besteht, welches von dem Bilanzierenden nach grundsätzlich freiem Ermessen ausgeübt werden kann (s. z.B. § 248 Abs. 2 Satz 1 HGB).[15] Bezüglich der Passivseite der Bilanz sind entsprechende Wahlrechte indessen nicht gegeben. Hier gebietet vielmehr das Vorsichtsprinzip, mögliche Verbindlichkeiten im Zweifel stets zu passivieren.[16] Posten der Aktiv- und Passivseite dürfen zudem grds. nicht miteinander verrechnet werden (§ 246 Abs. 2 Satz 1 HGB). Ausnahmen bestehen bspw. für Pensionsverbindlichkeiten und die ihnen zugeordnete Deckungsmasse (§ 246 Abs. 2 Satz 2 HGB) sowie für aktive und passive latente Steuern (§ 274 Abs. 1 Satz 1, 2 HGB).

3. Wirtschaftliches Eigentum

18 Für die Zuordnung von **Vermögensgegenständen** (Aktiva) ist regulär das zivilrechtliche Eigentum (bei Sachen) bzw. die Inhaberschaft (bei Rechten) maßgeblich, § 246 Abs. 1 Satz 2 Halbs. 1 HGB.[17] Sofern allerdings das **wirtschaftliche Eigentum** einem anderen zusteht, hat dieser den Vermögensgegenstand in seiner Bilanz auszuweisen Halbs. 2 Das ist in Anlehnung an § 39 Abs. 2 Nr. 1 AO der Fall, wenn der andere Nutzen und Lasten des Gegenstandes trägt und zudem in der Lage ist, den zivilrechtlich Berechtigten für die gewöhnliche Nutzungsdauer von der Einwirkung auf den Gegenstand auszuschließen.[18] Anerkannt ist dies für **Treuhandfälle**, in denen der Treuhänder zwar nach außen Vollrechtsinhaber ist, das Treugut jedoch auf Rechnung und nach Weisungen des Treugebers lediglich für diesen verwaltet (vgl. näher § 15 Rdn. 94). In diesen Fällen ist das Treugut dem Treugeber als dem wirtschaftlich Berechtigten zuzuordnen[19] und nach § 246 Abs. 1 Satz 2 Halbs. 2 HGB auch in dessen Bilanz auszuweisen.[20] Gesetzlich nicht geregelt ist die Frage, wie das Treugut in der Bilanz des *Treuhänders* zu behandeln ist. Nach herrschender Meinung ist es hier aus Klarstellungsgründen ebenfalls, allerdings nur »unter dem Strich« auszuweisen,[21] also in die Bilanzsumme nicht aufzunehmen. Weitere Anwendungsfälle dieser wirtschaftlichen Betrachtungsweise sind die **Sicherungsübereignung** und der Kauf unter **Eigentumsvorbehalt.**[22]

19 Für **Schulden** gilt die wirtschaftliche Betrachtungsweise nicht: Schulden sind gem. § 246 Abs. 1 Satz 3 HGB stets in die Bilanz des Schuldners aufzunehmen. »Schuldner« ist nach dem bilanziellen Vorsichtsprinzip der zivilrechtlich Verpflichtete, der jedoch ggf. einen korrespondierenden Ausgleichsanspruch gegen einen abweichenden wirtschaftlich Verpflichteten zu aktivieren hat.[23]

4. Größenabhängige Erleichterungen

20 Für kleine und mittelgroße Kapitalgesellschaften sind diverse Erleichterungen in Bezug auf die Rechnungslegung vorgesehen. Hinzugekommen ist durch das MicroBilG[24] außerdem die Größenklasse der

---

14 *Merkt*, in: Baumbach/Hopt, HGB, § 243 Rn. 9.

15 Vgl. im Einzelnen *Schmidt/Ries*, in: BeckBilKomm, § 246 HGB Rn. 85 ff.

16 Vgl. *Winnefeld*, in: Winnefeld, Bilanz-Hdb, Kap. E Rn. 70.

17 *Hennrichs*, in: MünchKommBilanzR, § 246 HGB Rn. 156.

18 *Merkt*, in: Baumbach/Hopt, HGB, § 246 Rn. 14; *Schmidt/Ries*, in: BeckBilKomm, § 246 HGB Rn. 6; *Braun*, in: KK-Rechnungslegung, § 246 HGB Rn. 51 f.

19 Vgl. zu den Anforderungen an ein auch steuerlich anzuerkennendes Treuhandverhältnis BFH, BStBl. II 2010, S. 590, Rn. 26 f.

20 *Schmidt/Ries*, in: BeckBilKomm, § 246 HGB Rn. 11.

21 *A/D/S*, § 246 HGB Rn. 293; vgl. ferner *Schmidt/Ries*, in: BeckBilKomm, § 246 Rn. 12: alternativ Anhangsangabe.

22 *Hennrichs*, in: MünchKommBilanzR, § 246 HGB Rn. 165 ff. *Braun*, in: KK-Rechnungslegung, § 246 HGB Rn. 49 f.

23 *Braun*, in: KK-Rechnungslegung, § 246 HGB Rn. 54 f.; *Schmidt/Ries*, in: BeckBilKomm, § 246 HGB Rn. 50 f.

24 Gesetz vom 20.12.2012 zur Umsetzung der Richtlinie 2012/6/EU des Europäischen Parlaments und des Rates vom 14.03.2012 zur Änderung der Richtlinie 78/660/EWG über den Jahresabschluss von

sog. Kleinstkapitalgesellschaften, für die noch weitergehende Erleichterungen greifen. Dies betrifft nach Art. 70 Abs. 1 EGHGB erstmals Jahresabschlüsse mit Stichtag nach dem 30.12.2012, somit bei kalenderjahresgleichem Geschäftsjahr erstmals den regulären (auf den 31.12.2012 lautenden) Abschluss 2012[25].

Durch das BilRUG[26] wurden die Kennziffern für die jeweiligen Größenklassen teils nicht unerheblich erhöht,[27] was die Inanspruchnahme größenabhängiger Erleichterungen einem weiteren Kreis von Unternehmen eröffnet. Die neuen Kennziffern sind gemäß Art. 75 Abs. 1 EGHGB auf Jahresabschlüsse für nach dem 31.12.2015 beginnende Geschäftsjahre anzuwenden. Auf freiwilliger Basis ist eine Anwendung jedoch schon vorher, nämlich für nach dem 31.12.2013 beginnende Geschäftsjahre möglich, bei kalenderjahrgleichem Geschäftsjahr folglich erstmals auf den Jahresabschluss 2014; Voraussetzung dafür ist allerdings, dass sämtliche insoweit relevanten Neuregelungen durch das BilRUG einheitlich zur Anwendung gebracht werden.[28] 21

a) Größenklassen i.S.d. § 267 HGB

Kleine Kapitalgesellschaften sind nach § 267 Abs. 1 HGB solche, die höchstens eines der folgenden drei Größenmerkmale überschreiten: 22
- die Bilanzsumme beträgt (ohne Einbeziehung eines auf der Aktivseite ausgewiesenen Fehlbetrags, vgl. § 267 Abs. 4a HGB) max. 6.000.000,– €;
- die Umsatzerlöse der letzten 12 Monate vor dem Abschlussstichtag betragen max. 12.000.000,– €;
- im Jahresdurchschnitt sind max. 50 Arbeitnehmer beschäftigt.

Mittelgroße Kapitalgesellschaften sind nach § 267 Abs. 2 HGB solche, die nicht mehr kleine Kapitalgesellschaften sind, aber höchstens eines der folgenden drei Größenmerkmale überschreiten:
- die Bilanzsumme beträgt (ohne Einbeziehung eines auf der Aktivseite ausgewiesenen Fehlbetrags, vgl. § 267 Abs. 4a HGB) max. 20.000.000,– €;
- die Umsatzerlöse der letzten 12 Monate vor dem Abschlussstichtag betragen max. 40.000.000,– €;
- im Jahresdurchschnitt sind max. 250 Arbeitnehmer beschäftigt.

Große Kapitalgesellschaften sind solche, die mindestens zwei der vorgenannten Größenmerkmale überschreiten oder nach § 264d HGB kapitalmarktorientiert sind.

Um Zufälligkeiten eines Abschlussstichtages zu vermeiden, tritt ein Wechsel in eine andere Größenklasse nur dann ein, wenn die Voraussetzungen hierfür an 2 aufeinanderfolgenden Abschlussstichtagen vorliegen (§ 267 Abs. 4 HGB). Durch einen »Aufstieg« gehen **größenabhängige Erleichterungen**[29] für die Rechnungslegung verloren. 23

b) Kleinstkapitalgesellschaften i.S.d. § 267a HGB

Als Kleinstkapitalgesellschaften sind nach § 267a Abs. 1 HGB solche kleinen Kapitalgesellschaften zu qualifizieren, die zusätzlich höchstens eines der folgenden drei Größenmerkmale überschreiten: 24
- die Bilanzsumme beträgt (ohne Einbeziehung eines auf der Aktivseite ausgewiesenen Fehlbetrags, vgl. §§ 267a Abs. 1 Satz 2, 267 Abs. 4a HGB) max. 350.000,– €;

Gesellschaften bestimmter Rechtsformen hinsichtlich Kleinstbetrieben, in Kraft getreten am 28.12.2012; aus der umfangreichen Aufsatzliteratur zu den hiermit einhergehenden Änderungen seien beispielhaft genannt: *Strauß/Küting/Eichenlaub*, DStR 2012, 1670; *Zwirner/Froschhammer*, SteuK 2013, 23; *Scheffler*, AG 2013, R27; *Schiffers*, GmbH-StB 2013, 46.

25 *Winkeljohann/Lawall*, in: BeckBilKomm, § 267a HGB Rn. 2.

26 Gesetz vom 17.07.2015 zur Umsetzung der Richtlinie 2013/34/EU des Europäischen Parlaments und des Rates vom 26. Juni 2013 über den Jahresabschluss, den konsolidierten Abschluss und damit verbundene Berichte von Unternehmen bestimmter Rechtsformen und zur Änderung der Richtlinie 2006/43/EG des Europäischen Parlaments und des Rates und zur Aufhebung der Richtlinien 78/660/EWG und 83/349/EWG des Rates (Bilanzrichtlinie-Umsetzungsgesetz – BilRUG).

27 Tabellarische Übersicht bei *Theile*, GmbHR 2015, 172, 174.

28 Im Einzelnen *Zwirner*, BC 2016, 208 ff.; *Theile*, GmbHR 2015, 172, 174 ff.

29 Vgl. hierzu auch *Kleindiek*, in: Lutter/Hommelhoff, GmbHG, § 42 Rn. 3 ff.

– die Umsatzerlöse der letzten 12 Monate vor dem Abschlussstichtag betragen max. 700.000,– €;
– im Jahresdurchschnitt sind max. zehn Arbeitnehmer beschäftigt.

Für Kleinstkapitalgesellschaften gilt ebenfalls der Grundsatz, dass ein Eintritt in die Größenklasse wie auch ihr Verlassen voraussetzen, dass die entsprechenden Merkmale an 2 aufeinanderfolgenden Abschlussstichtagen unter- bzw. überschritten werden, vgl. § 267a Abs. 1 Satz 2, 267 Abs. 4 Satz 1 HGB. Die erstmalige Anwendung der Erleichterungen für Kleinstkapitalgesellschaften zum 31.12.2012 (dazu Rdn. 20) ist folglich nur möglich, wenn nicht nur an diesem sondern auch am vorangegangenen Abschlussstichtag (31.12.2011) die Voraussetzungen einer Kleinstkapitalgesellschaft erfüllt sind.[30] Für nachfolgende Abschlüsse gilt Entsprechendes.

25 Ausgenommen von der Qualifizierung als Kleinstkapitalgesellschaft sind jedoch – unabhängig von einem Unterschreiten der vorbezeichneten Größenmerkmale – Investmentgesellschaften und bestimmte Beteiligungsgesellschaften (vgl. § 267a Abs. 3 HGB).

c) Erleichterungen31[31]

26 **Kleine Kapitalgesellschaften** dürfen gem. § 266 Abs. 1 Satz 3 HGB eine verkürzte Bilanz aufstellen (vgl. oben Rdn. 9), gem. § 274a HGB darf zudem insb. ein Ansatzlatenter Steuern nach § 274 HGB entfallen. In der GuV dürfen gem. § 276 Satz 1 HGB bestimmte Posten zum Rohergebnis zusammengefasst werden. Auch im Anhang dürfen gem. §§ 274a, 288 Abs. 1 HGB bestimmte Angaben und Erläuterungen entfallen. Außerdem entfällt gem. § 264 Abs. 1 Satz 4 Halbs. 1 HGB die Aufstellung eines Lageberichts; Halbs. 2 verlängert die Aufstellungsfrist für den Jahresabschluss von 3 auf bis zu 6 Monate. Schließlich und vor allem sind kleine Kapitalgesellschaften von der Abschlussprüfungspflicht (§ 316 Abs. 1 Satz 1 HGB) und der Offenlegung der GuV (§ 326 Abs. 1 HGB) befreit.

27 Für **mittelgroße Kapitalgesellschaften** gelten demgegenüber nur noch die Erleichterungen in § 276 Satz 1 HGB und § 288 Abs. 2 HGB. Sie dürfen eine gem. § 327 HGB verkürzte Bilanz offenlegen.

28 Für **Kleinstkapitalgesellschaften** gelten gem. § 267a Abs. 2 HGB zunächst sämtliche Erleichterungen für kleine Kapitalgesellschaften entsprechend, was aufgrund der zwangsläufigen Erfüllung der Voraussetzungen dieser Größenklasse rein klarstellend ist. Darüber hinaus kann die Gliederung der Bilanz weiter verkürzt, nämlich auf die in § 266 Abs. 2 und 3 HGB mit Buchstaben bezeichneten Positionen beschränkt werden (§ 266 Abs. 1 Satz 4 HGB). Auch die Gliederung der GuV kann gem. § 275 Abs. 5 HGB auf die dort genannten Posten reduziert werden. Ein Anhang zum Jahresabschluss ist insgesamt verzichtbar, sofern bestimmte Posten unter der Bilanz angegeben werden (§ 264 Abs. 1 Satz 5 HGB). An Stelle einer Offenlegung des Jahresabschlusses haben Kleinstkapitalgesellschaften alternativ die Möglichkeit einer Hinterlegung der Bilanz (§ 326 Abs. 2 HGB), auf die interessierte Parteien dann nur noch auf Antrag Zugriff erhalten (dazu noch Anh. § 42a Rdn. 9).[32]

C. GmbH-spezifische Ausweisvorschriften

29 § 42 ergänzt die rechtsformübergreifenden handelsrechtlichen Bilanzierungsgrundsätze um GmbH-spezifische Ausweisvorschriften zum Stammkapital (Abs. 1), zu Nachschussforderungen (Abs. 2) und zu sonstigen Forderungen im Verhältnis zwischen Gesellschaft und Gesellschaftern (Abs. 3).

I. Stammkapital (Abs. 1)

30 Nach § 42 Abs. 1 ist das **Stammkapital** in der Bilanz als gezeichnetes Kapital auszuweisen, also gem. § 266 Abs. 3 HGB auf der Passivseite unter A. Eigenkapital, I. Gezeichnetes Kapital (vgl. § 152 Abs. 1 Satz 1 AktG als Parallelvorschrift für die AG). Als gezeichnetes Kapital gilt immer der Betrag,

---

30 Vgl. *Suchan*, in: MünchKomm-BilanzR, § 267a HGB Rn. 4.
31 Tabellarische Übersicht bei *Theile*, GmbHR 2015, 172, 174.
32 *Grottel*, in: BeckBilKomm, § 326 HGB Rn. 40.

der am Bilanzstichtag im Handelsregister eingetragen ist (s. noch Rdn. 33).[33] Der Ausweis hat nach § 272 Abs. 1 Satz 2 HGB stets zum Nennwert zu erfolgen; dadurch wird klargestellt, dass das gezeichnete Kapital nicht durch Verluste oder ausstehende Einlagen reduziert ausgewiesen werden kann.[34] Auch eventuelle Aufgelder oder Zuzahlungen sind nicht als gezeichnetes Kapital, sondern in der Kapitalrücklage i.S.d. § 272 Abs. 2 HGB auszuweisen.

Stehen noch **Einlagezahlungen** aus, ist gem. § 272 Abs. 1 Satz 3 HGB zu unterscheiden: Sind sie noch **nicht eingefordert** (dazu § 46 Rdn. 18 f.), so sind sie nach § 272 Abs. 1 Satz 3 Halbs. 1 HGB auf der Passivseite in der Vorspalte vom gezeichneten Kapital offen abzusetzen. Der nach Abzug der nicht eingeforderten Einlagen sich ergebende Betrag ist in der Hauptspalte als »Eingefordertes Kapital« auszuweisen (Halbs. 2, Nettoausweis).[35] Ein Ausweis der nicht eingeforderten Einlagen auf der Aktivseite scheidet dagegen aus, da wirtschaftlich betrachtet erst mit der Einforderung eine Forderung der Gesellschaft entsteht.[36] 31

Sind hingegen Einlagen bereits **eingefordert**, so besteht eine entsprechende Forderung auch bei wirtschaftlicher Betrachtung. Sie ist auf der Aktivseite nach § 272 Abs. 1 Satz 3 Halbs. 3 HGB gesondert auszuweisen und zu bezeichnen, i.d.R. i.R.d. sonstigen Vermögenswerte (§ 266 Abs. 2 B. II. 4. HGB).[37] Auf der Passivseite kann das Stammkapital im Gegenschluss zu § 272 Abs. 1 Satz 3 HGB ohne Einschränkungen zum Nennwert als »Gezeichnetes Kapital« angesetzt werden. 32

Kapitalmaßnahmen (Erhöhungen oder Herabsetzungen) sind in der Bilanz zu berücksichtigen, wenn sie vor dem Bilanzstichtag im Handelsregister eingetragen wurden.[38] Sind sie zwar beschlossen, aber noch nicht eingetragen, finden sie hingegen grds. nur Eingang in den Lagebericht (dazu § 42a Rdn. 13).[39] Haben in diesem Fall allerdings schon Zahlungen auf eine Kapital*erhöhung* stattgefunden, sind diese unter dem einschlägigen Posten (regelmäßig wohl »Bankguthaben«) zu aktivieren. In der Folge muss auch eine Passivierung stattfinden,[40] und zwar nachfolgend zur Kapitalrücklage nach § 272 Abs. 2 HGB unter gesonderter Bezeichnung (bspw. »Zur Durchführung einer beschlossenen Kapitalerhöhung geleistete Einlagen«).[41] Einen weiteren Sonderfall bildet die Konstellation, dass die Handelsregistereintragung einer Kapitalerhöhung zwar nach dem Bilanzstichtag, aber vor Bilanzaufstellung (zum Unterschied vgl. § 42a Rdn. 14, 19) erfolgt. In diesem Fall ist mit der herrschenden Meinung der Erhöhungsbetrag direkt im Anschluss an den Posten »Gezeichnetes Kapital« zu passivieren.[42] 33

II. Nachschüsse (Abs. 2)

Soweit nach dem Gesellschaftsvertrag eine grundsätzliche Verpflichtung der Gesellschafter zu Nachschüssen besteht (§ 26), sind die sich daraus ergebenden Forderungen unter bestimmten Voraussetzungen nach § 42 Abs. 2 schon vor ihrer Vereinnahmung bilanziell auszuweisen. 34

Hierfür ist nach § 42 Abs. 2 Satz 1 erstens erforderlich, dass die **Einziehung** des Nachschusses bereits **beschlossen** wurde. Dies ist Voraussetzung des Entstehens der entsprechenden Forderung der Gesellschaft (§ 26 Rdn. 6) und damit auch ihrer Bilanzierbarkeit. 35

33 *Korth*, in: KK-Rechnungslegung, § 266 HGB Rn. 226; zum Ausweis im Gründungsstadium vgl. *Korth*, in: KK-Rechnungslegung, § 246 HGB Rn. 231: »Noch nicht im Handelsregister eingetragenes Gezeichnetes Kapital«.

34 *Korth*, in: KK-Rechnungslegung, § 266 HGB Rn. 226.

35 *Winkeljohann/Hoffmann*, in: BeckBilKomm, § 272 HGB Rn. 35; *Haas*, in: Baumbach/Hueck, GmbHG, § 42 Rn. 6; *Kleindiek*, in: Lutter/Hommelhoff, GmbHG, § 42 Rn. 46 f.

36 Vgl. *Haas*, in: Baumbach/Hueck, GmbHG, § 42 Rn. 6.

37 *Mock*, in: KK-Rechnungslegung, § 272 HGB Rn. 59.

38 *Crezelius*, in: Scholz, GmbHG, § 42 Rn. 5; *A/D/S*, § 42 GmbHG Rn. 9; *Küting/Weber*, GmbHR 1984, 165, 168.

39 *Altmeppen*, in: Roth/Altmeppen, GmbHG, § 42 Rn. 37.

40 *Mock*, in: KK-Rechnungslegung, § 272 HGB Rn. 60.

41 *Altmeppen*, in: Roth/Altmeppen, GmbHG, § 42 Rn. 37; *Crezelius*, in: Scholz, GmbHG, § 42 Rn. 7.

42 *Altmeppen*, in: Roth/Altmeppen, GmbHG, § 42 Rn. 38; *Tiedchen*, in: Rowedder/Schmidt-Leithoff, GmbHG, § 42 Rn. 6; a.A. *Crezelius*, in: Scholz, GmbHG, § 42 Rn. 7, der sich auch hier für eine Passivierung im Anschluss an die Kapitalrücklage ausspricht.

36 Zweitens ist erforderlich, dass der betroffene Gesellschafter die Nachschusspflicht nicht mehr nach § 27 Abs. 1 Satz 1 dadurch abwenden kann, dass er der Gesellschaft stattdessen seinen Geschäftsanteil zur Befriedigung zur Verfügung stellt (sog. **Abandon**). Eine solche Abwendungsmöglichkeit kommt von vornherein nur bei einer unbeschränkten Nachschusspflicht in Betracht, zudem nur bei voll einbezahlten Geschäftsanteilen (dazu § 27 Rdn. 3). Ohne Abandonrecht ist die Nachschussforderung mangels Abwendbarkeit ab dem Beschluss ihrer Einziehung zu bilanzieren.[43] Ein zunächst bestehendes Abandonrecht erlischt einen Monat nach Fassung des Einziehungsbeschlusses, vgl. § 27 Abs. 1 Satz 1. Ab diesem Zeitpunkt ist folglich auch bei ansonsten gegebenen Voraussetzungen des Abandonrechts die Nachschussforderung in der Bilanz auszuweisen.

37 Dritte Voraussetzung ist nach § 42 Abs. 2 Satz 2, dass »mit der Zahlung gerechnet werden kann«. Dies setzt Bonität und nach teilweiser Ansicht auch Zahlungswilligkeit des nachschusspflichtigen Gesellschafters voraus. Bei **Zahlungsunfähigkeit** entfällt hiernach der Ansatz insgesamt; es handelt sich um eine Sonderregelung zur allgemeinen Wertberichtigung uneinbringlicher Forderungen, die bei bloßen Zweifeln an der Zahlungsfähigkeit lediglich einen niedrigeren Ansatz zur Folge hätte.[44] Streitig ist die Anwendung auf Fälle der **Zahlungsunwilligkeit.**[45] Da hier zumindest die Möglichkeit der gerichtlichen Durchsetzung der Nachschusspflicht besteht, scheint es sachgerecht, die allgemeinen Bewertungsregeln zur Anwendung zu bringen.

38 Sind die vorgenannten Voraussetzungen erfüllt, ist die Nachschussforderung zu aktivieren. Der **bilanzielle Ausweis** erfolgt gem. § 42 Abs. 2 Satz 2 auf der Aktivseite unter den Forderungen der Gesellschaft gesondert mit der Bezeichnung »Eingeforderte Nachschüsse«. Auf der Passivseite erfolgt nach Satz 3 ein korrespondierender Ausweis als Teil der Kapitalrücklage i.S.d. § 272 Abs. 2 HGB, und zwar ebenfalls separat. Dies kann durch Ansatz mit gesonderter Bezeichnung geschehen (»Nachschusskapital«),[46] aber auch durch einen Davon-Vermerk (»Kapitalrücklage 500, davon eingeforderte Nachschüsse 200«).[47]

39 Bei **Einzahlung** der Nachschüsse erfolgt eine Auflösung der bisherigen bilanziellen Ansätze. Die erhaltenen Leistungen sind zu aktivieren, regelmäßig als Bankguthaben. Eine Passivierung erfolgt nach einer Ansicht innerhalb der regulären Kapitalrücklage als »andere Zuzahlungen« nach § 272 Abs. 2 Nr. 4 HGB,[48] nach überwiegender Ansicht ist dagegen die bisherige Kennzeichnung als »Nachschusskapital« (Rdn. 38) beizubehalten.[49] Letzteres ist wegen der nach § 30 Abs. 2 insoweit bestehenden Rückzahlungsbeschränkungen vorzugswürdig.

III. Rechtsverhältnisse mit Gesellschaftern (Abs. 3)

40 Nach § 42 Abs. 3 hat der bilanzielle Ausweis von Rechtverhältnissen, die zwischen Gesellschaft und Gesellschaftern bestehen, gesondert zu erfolgen. Denn auch wenn die GmbH mit ihren Gesellschaftern schuldrechtliche Beziehungen wie mit fremden Dritten eingehen kann (vgl. § 14 Rdn. 49), können daraus resultierende **Ansprüche vom Gesellschaftsverhältnis überlagert** bzw. aufgrund des bestehenden Näheverhältnisses in ihrer tatsächlichen Durchsetzung beeinträchtigt sein. Die Kenntlichmachung derartiger Beziehungen macht daher den Jahresabschluss klarer und übersichtlicher.[50]

---

43 Vgl. bezüglich der beschränkten Nachschusspflicht *Tiedchen*, in: Rowedder/Schmidt-Leithoff, GmbHG, § 42 Rn. 9.

44 Vgl. *Altmeppen*, in: Roth/Altmeppen, GmbHG, § 42 Rn. 42; *Crezelius*, in: Scholz, GmbHG, § 42 Rn. 16.

45 Befürwortend *Altmeppen*, in: Roth/Altmeppen, GmbHG, § 42 Rn. 42; *Crezelius*, in: Scholz, GmbHG, § 42 Rn. 16; ablehnend *Tiedchen*, in: Rowedder/Schmidt-Leithoff, GmbHG, § 42 Rn. 9; *A/D/S*, § 42 GmbHG Rn. 20.

46 *A/D/S*, § 42 GmbHG Rn. 22; *Winkeljohann/Hoffmann*, in: BeckBilKomm, § 272 HGB Rn. 215.

47 *A/D/S*, § 42 GmbHG Rn. 22; *Tiedchen*, in: Rowedder/Schmidt-Leithoff, GmbHG, § 42 Rn. 10.

48 *Kleindiek*, in: Lutter/Hommelhoff, GmbHG, § 42 Rn. 49; *Altmeppen*, in: Roth/Altmeppen, GmbHG, § 42 Rn. 43.

49 *A/D/S*, § 42 GmbHG Rn. 25; *Crezelius*, in: Scholz, GmbHG, § 42 Rn. 17; *Winkeljohann/Hoffmann*, in: BeckBilKomm, § 272 HGB Rn. 217; *Haas*, in: Baumbach/Hueck, GmbHG, § 42 Rn. 10; *Tiedchen*, in: Rowedder/Schmidt-Leithoff, GmbHG, § 42 Rn. 11.

50 *Crezelius*, in: Scholz, GmbHG, § 42 Rn. 18; *Schütte/Hemmerich*, StuB 2016, 87, 88.

Für AG fehlt eine entsprechende Bestimmung; sie wäre bei größerem Aktionärskreis oder Bestehen von Inhaberaktien auch nicht durchführbar.

Der Anwendungsbereich der Norm erstreckt sich auf drei verschiedene Arten von Rechtsverhältnissen: Ausleihungen, Forderungen und Verbindlichkeiten ggü. Gesellschaftern, wobei die ersten beiden Kategorien die Aktivseite der Bilanz betreffen, die Verbindlichkeiten indessen die Passivseite. 41

Umstritten ist, ob die Ausweispflicht gemäß § 42 Abs. 3 auch für **Kleinstkapitalgesellschaften** gilt, die nach § 260 Abs. 1 Satz 4 HGB eine verkürzte Bilanz aufstellen, sprich nur die in § 266 Abs. 2 und 3 HGB mit Buchstaben bezeichneten Posten ausweisen.[51] In dem so entstehenden Gliederungsraster sind die Angaben gemäß § 42 Abs. 3 nicht unterzubringen. Auch eine alternativ vorgesehene Anhangsangabe scheitert jedenfalls dann, wenn die Kleinstkapitalgesellschaft nach § 264 Abs. 1 Satz 5 HGB keinen Anhang aufstellt. Um diese Erleichterungen nicht zu unterlaufen, ist § 42 Abs. 3 u.E. nicht auf Kleinstkapitalgesellschaften anzuwenden. Auch der Gesetzgeber scheint in der Regierungsbegründung zu § 264c Abs. 5 HGB zumindest implizit davon auszugehen, dass Kleinstkapitalgesellschaften generell nicht die in § 42 Abs. 3 geforderten Angaben machen müssen.[52] Dass in § 42 keine dem § 264c Abs. 5 HGB vergleichbare Ausnahmeregelung vorgesehen ist, dürfte vor diesem Hintergrund allenfalls als gesetzgeberisches Versehen einzustufen sein. 42

1. Ausweis- oder angabepflichtige Bilanzposten

Bei **Ausleihungen** handelt es sich um langfristige Darlehen der Gesellschaft an die Gesellschafter.[53] Ab einer (Gesamt-, nicht Rest-)[54] Laufzeit von 4 Jahren können solche regelmäßig angenommen werden, bei einer Laufzeit von unter einem Jahr kommt eine Ausleihung indessen nicht in Betracht.[55] Bei dazwischen liegenden Laufzeiten entscheidet der subjektive Wille der Parteien. Geht dieser in Richtung eines nur vorübergehenden, insb. anlassbezogenen Geschäfts, spricht dies gegen eine Ausleihung. Ist indessen eine dauerhafte Darlehenshingabe zu Anlagezwecken (i.S.d. § 266 Abs. 2 A. III Nr. 4 HGB)[56] gewollt, ist eine Ausleihung gegeben.[57] Der gesonderte Ausweis von Ausleihungen im Vergleich zu anderweitigen Forderungen gegen Gesellschafter beruht darauf, dass bei ihnen nicht mit einer kurzfristigen Realisierung zu rechnen ist. 43

Jedoch sind auch sonstige **Forderungen gegen Gesellschafter** gesondert zu bilanzieren, unabhängig von ihrem Rechtsgrund. Hierunter fallen auch Darlehensforderungen, die nicht die Dauerhaftigkeit von Ausleihungen erreichen. Ausgenommen sind Nachschuss- und Einlageforderungen, für die allein die bereits dargestellten Sonderregeln der §§ 272 Abs. 1 Satz 3 HGB, 42 Abs. 1, 2 GmbHG gelten (oben Rdn. 30 ff. bzw. 30 ff.). 44

Verbindlichkeiten der Gesellschaft ggü. ihren Gesellschaftern sind gesondert zu passivieren. Auch hier ist der Rechtsgrund der jeweiligen Verbindlichkeit grds. ohne Bedeutung. Das gilt nach den Änderungen durch das MoMiG auch für die früher sog. **eigenkapitalersetzenden Gesellschafterdarlehen.**[58] Da diese nach § 39 Abs. 1 Nr. 5, Abs. 4, 5 InsO nur noch in der Insolvenz eine andere Behandlung als sonstige Verbindlichkeiten der Gesellschaft erfahren, gelten für sie im Umkehrschluss vor Insolvenzeröffnung die allgemeinen (Ausweis-) Regeln. 45

---

51 So IDW, FN-IDW 2013, 356, 361; *Zwirner/Froschhammer*, StuB 2013, 83, 85; a.A. (kein gesonderter Ausweis) *Fey/Deubert/Lewe*, BB 2013, 107, 109; *Riepolt*, DStR 2014, 113, 114.

52 Vgl. die Regierungsbegründung zum MicroBilG, BT-Drs. 558/12, S. 18 f.

53 *Kleindiek*, in: Lutter/Hommelhoff, GmbHG, § 42 Rn. 52.

54 *A/D/S*, § 42 GmbHG Rn. 29.

55 *Schubert/Waubke*, in: BeckBilKomm, § 247 HGB Rn. 357; zum indiziellen Charakter der 4-Jahres-Frist *Crezelius*, in: Scholz, GmbHG, § 42 Rn. 29; *A/D/S*, § 42 GmbHG Rn. 29.

56 Vgl. *Altmeppen*, in: Roth/Altmeppen, GmbHG, § 42 Rn. 47.

57 *Schubert/Waubke*, in: BeckBilKomm, § 247 HGB Rn. 357; *Crezelius*, in: Scholz, GmbHG, § 42 Rn. 28 f.

58 *Altmeppen*, in: Roth/Altmeppen, GmbHG, § 42 Rn. 49; *Kleindiek*, in: Lutter/Hommelhoff, GmbHG, § 42 Rn. 53.

2. Maßgeblichkeit der Gesellschafterstellung

46 Alle vorstehenden Bilanzposten setzen die Gesellschafterstellung des Schuldners bzw. Gläubigers zum Bilanzstichtag voraus. Diesbezüglich kommt es grds. auf die **materielle Rechtslage** an. Ein »Privileg« für Klein- oder Kleinstbeteiligungen existiert nicht, da auch hier eine Überlagerung der Rechtsbeziehung durch die Gesellschafterstellung möglich ist (hierzu Rdn. 40).[59]

47 Bei **Treuhandverhältnissen** ist streitig, ob allein auf den Treuhänder als formellen Gesellschafter oder auf den Treugeber als wirtschaftlichen Gesellschafter[60] oder aber auf beide[61] abzustellen ist. Zutreffend ist Letzteres, weil die Interessenlage bei der Treuhand durchaus unterschiedlich sein kann (vgl. § 15 Rdn. 95): Die fremdnützige Treuhand dient den Interessen eines Treugebers, der seine Rechte nicht selbst ausüben kann oder will. In der Folge besteht primär im Verhältnis zu ihm und nicht zum Treuhänder die Gefahr der Überlagerung von Rechtsbeziehungen durch das Gesellschaftsverhältnis (oben Rdn. 40). Bei der eigennützigen Treuhand kann der Treuhänder dagegen ggf. auch weitgehend frei über das Treugut disponieren – wenn nicht bei der reinen Sicherungstreuhand, so doch jedenfalls bei der sog. Nutzungstreuhand zu eigenen Zwecken des Treuhänders.[62] In diesem Fall bestehen die Gefahren, denen § 42 Abs. 3 begegnen will, primär in Bezug auf den Treuhänder. Den bilanzierenden Geschäftsführern sind derartige Nachforschungen zur Ausgestaltung des Innenverhältnisses zwischen Treugeber und Treuhänder jedoch nicht zuzumuten. Deshalb ist im Ergebnis auf beide abzustellen.

48 Schließlich stellt sich die Frage, ob die unwiderlegliche Vermutung der Gesellschafterstellung aufgrund **Eintragung in der Gesellschafterliste** gem. § 16 Abs. 1 Satz 1 (vgl. § 16 Rdn. 15) auch für die Bilanzierung nach § 42 Abs. 3 maßgeblich ist. Ein formales Abstellen auf die Eintragung in der Gesellschafterliste würde dazu führen, dass der Bilanzausweis nach § 42 Abs. 3 zur Disposition der (materiellen) Gesellschafter insofern stünde, als sie ihn durch einen (vorübergehenden oder dauerhaften) Verzicht auf Eintragung umgehen könnten.[63] Die Gefahr der Überlagerung von Schuldverhältnissen durch die Gesellschafterstellung besteht aber bereits aufgrund der materiellen Beteiligung an der Gesellschaft. Ist den Geschäftsführern die materielle Beteiligung bekannt, haben sie diese i.R.d. § 42 Abs. 3 unabhängig von der aktuellen Gesellschafterliste zu berücksichtigen.[64]

3. Ausweisvarianten

49 Nach § 42 Abs. 3 Halbs. 1 sind die betroffenen Posten »in der Regel [...] **gesondert auszuweisen** oder im **Anhang** anzugeben«. Nach dem zweiten Halbs. der Norm kann zudem ein Ausweis »**unter anderen Posten**« erfolgen. Der Unterschied zwischen dem »gesonderten Ausweis« und demjenigen »unter anderem Posten« besteht darin, dass im ersten Fall ein eigenständiger bilanzieller Gliederungspunkt (»Ausleihungen an Gesellschafter«, »Forderungen gegen Gesellschafter« bzw. »Verbindlichkeiten gegen Gesellschafter«) geschaffen wird; im letzteren Fall hingegen ist unter dem regulären Gliederungspunkt ein Davon-Vermerk anzubringen (Bsp.: Forderungen 1.000, davon gegen Gesellschafter 200).[65] Wird stattdessen ein Ausweis im Anhang vorgenommen, kann dieser zweckmäßigerweise für alle von § 42 Abs. 3 umfassten Posten in einem Kapitel des Anhangs (Bsp.: »Rechtsverhältnisse mit Gesellschaftern«) erfolgen, dort ist aber nach den einzelnen Posten zu differenzieren.[66] Ein nach *einzelnen Gesellschaftern* aufgegliederter Ausweis ist demgegenüber in

---

59 *Altmeppen*, in: Roth/Altmeppen, GmbHG, § 42 Rn. 46; *Haas*, in: Baumbach/Hueck, GmbHG, § 42 Rn. 13 a.E.; *Crezelius*, in: Scholz, GmbHG, § 42 Rn. 25; *A/D/S*, § 42 GmbHG Rn. 43; a.A. wohl *Bohl/Schamburg-Dickstein*, in: Küting/Weber, Hdb-Rechnungslegung, § 42 GmbHG Rn. 57.

60 Dafür *Tiedchen*, in: Rowedder/Schmidt-Leithoff, GmbHG, § 42 Rn. 13.

61 Dafür *A/D/S*, § 42 GmbHG Rn. 41; *Kleindiek*, in: Lutter/Hommelhoff, GmbHG, § 42 Rn. 50 f.

62 Vgl. *K. Schmidt*, in: MünchKommHGB, Einleitung vor § 230 Rn. 40.

63 *Haas*, in: Baumbach/Hueck, GmbHG, § 42 Rn. 13.

64 So auch die h.M.: *Altmeppen*, in: Roth/Altmeppen, GmbHG, § 42 Rn. 45; *Haas*, in: Baumbach/Hueck, GmbHG, § 42 Rn. 13; *Kleindiek*, in: Lutter/Hommelhoff, GmbHG, § 42 Rn. 50 f.; *Crezelius*, in: Scholz, GmbHG, § 42 Rn. 22.

65 *Kleindiek*, in: Lutter/Hommelhoff, GmbHG, § 42 Rn. 54.

66 *Kleindiek*, in: Lutter/Hommelhoff, GmbHG, § 42 Rn. 55 a.E.

keiner der Ausweisvarianten erforderlich[67] und wäre bei einem größeren Gesellschafterkreis auch nicht zweckmäßig.

Unklar ist der Bezugspunkt der Worte »**in der Regel**«, die ein **Rangverhältnis** der drei Ausweisvarianten des § 42 Abs. 3 andeuten. Bezieht man diese Worte mit einer Ansicht auf den gesamten ersten Halbs., so ergibt sich ein Vorrang des gesonderten Ausweises oder wahlweise der Anhangsangabe einerseits vor dem Ausweis unter anderen Posten andererseits.[68] Die Gegenansicht nimmt einen grundsätzlichen Vorrang des bilanziellen Ausweises – nämlich »in der Regel« gesondert, alternativ unter anderem Posten – an und will nur ausnahmsweise bei sachlicher Rechtfertigung eine Anhangsangabe zulassen.[69] 50

Die erste Ansicht hat scheinbar den Wortlaut, die Gegenansicht jedoch den **Normzweck** für sich: Ziel des § 42 Abs. 3 ist es, Rechtsverhältnisse mit Gesellschaftern möglichst klar und übersichtlich auszuweisen. Dies gelingt besser durch einen direkten Ausweis in der Bilanz als durch eine Anhangsangabe. Letztere ist daher nur ausnahmsweise zulässig, etwa wenn die Forderungen und Verbindlichkeiten ggü. Gesellschaftern in Relation zur Bilanzsumme völlig unbedeutend sind.[70] Dieses Rangverhältnis lässt sich auch mit dem **Wortlaut** des § 42 Abs. 3 vereinbaren: Bezieht man »in der Regel« nur auf den gesonderten bilanziellen Ausweis, folgt hieraus zunächst dessen Vorrang ggü. der Anhangsangabe. Der erst in Halbs. 2 angesprochene Ausweis »unter anderen Posten« ist aber nur eine Unterform des gesonderten bilanziellen Ausweises und daher mit vom Vorrang umfasst. Denn ein bilanzieller Ausweis kann wegen der identischen Publizitätswirkung entweder als eigenständiger Posten oder als Teil eines anderen Postens, dann aber abgesetzt, erfolgen. 51

Die besonderen Ausweisvorschriften des § 42 Abs. 3 GmbHG finden auch auf solche Gesellschaften Anwendung, die als Kleinstkapitalgesellschaften[71] zu qualifizieren sind.[72] 52

4. Sonderfall: Verbundene Unternehmen

Bestehen Rechtsverhältnisse i.S.d. § 42 Abs. 3 mit verbundenen Unternehmen, entsteht ein **Konflikt zu § 266 Abs. 2 B. II. 2. bzw. Abs. 3 C. 6 HGB.** Gemäß letzterer Vorschriften sind Forderungen gegen und Verbindlichkeiten ggü. verbundenen Unternehmen gesondert auszuweisen. Nach herrschender Meinung geht § 42 Abs. 3 GmbHG dem § 266 HGB vor, es soll ein Ausweis nur nach erstgenannter Vorschrift stattfinden.[73] Dafür spricht vordergründig, dass § 42 Spezialregelungen enthält, die die allgemeinen Normen des HGB modifizieren bzw. ggf. verdrängen. 53

Dies würde allerdings in Bezug auf den Ausweis von Rechtsverhältnissen mit verbundenen Unternehmen dazu führen, dass diese nicht mehr als solche, sondern nur als reguläre »Rechtsverhältnisse mit Gesellschaftern« aus der Bilanz ersichtlich wären. Das ist insofern problematisch, als die entsprechend anwendbare Definition von verbundenen Unternehmen in § 15 AktG eine über die reine Gesellschafterstellung hinausgehende Sonderverbindung in Form einer Mehrheits- oder wechselseitigen Beteiligung, eines Abhängigkeits- oder Konzernverhältnisses oder eines Unternehmensvertrags voraussetzt. Hierbei ist das Risiko, dass die in der Bilanz auszuweisende Rechtsbeziehung durch die danebenstehende gesellschaftsrechtliche Verbindung überlagert wird (dazu Rdn. 40), ungleich höher als bei einer einfachen Gesellschafterstellung i.S.d. § 42 Abs. 3. Dementsprechend sind die Forderungen bzw. Verbindlichkeiten in Anwendung des § 266 HGB vorrangig als »Forderungen gegen verbundene Unternehmen« bzw. »Verbindlichkeiten gegenüber verbundenen Unternehmen« gesondert in der Bilanz auszuweisen.[74] Insoweit besteht dann – anders als nach § 42 Abs. 3 Halbs. 1, 2. Alt. – auch nicht die Option der Anhangsangabe. 54

---

67 *Sigloch/Weber*, in: Michalski, GmbHG, § 42 Rn. 8.
68 Dafür *Crezelius*, in: Scholz, GmbHG, § 42 Rn. 19; *A/D/S*, § 42 GmbHG Rn. 48.
69 *Kleindiek*, in: Lutter/Hommelhoff, GmbHG, § 42 Rn. 55.
70 Vgl. *A/D/S*, § 42 GmbHG Rn. 48.
71 Dazu bereits Rdn. 24.
72 *Zwirner/Froschhammer*, SteuK 2013, 23, 24.
73 *A/D/S*, § 42 GmbHG Rn. 50; *Crezelius*, in: Scholz, GmbHG, § 42 Rn. 20.
74 So auch *Kleindiek*, in: Lutter/Hommelhoff, GmbHG, § 42 Rn. 56.

§ 42a Vorlage des Jahresabschlusses und des Lageberichts

(1) [1]Die Geschäftsführer haben den Jahresabschluss und den Lagebericht unverzüglich nach der Aufstellung den Gesellschaftern zum Zwecke der Feststellung des Jahresabschlusses vorzulegen. [2]Ist der Jahresabschluss durch einen Abschlussprüfer zu prüfen, so haben die Geschäftsführer ihn zusammen mit dem Lagebericht und dem Prüfungsbericht des Abschlussprüfers unverzüglich nach Eingang des Prüfungsberichts vorzulegen. [3]Hat die Gesellschaft einen Aufsichtsrat, so ist dessen Bericht über das Ergebnis seiner Prüfung ebenfalls unverzüglich vorzulegen.

(2) [1]Die Gesellschafter haben spätestens bis zum Ablauf der ersten acht Monate oder, wenn es sich um eine kleine Gesellschaft handelt (§ 267 Abs. 1 des Handelsgesetzbuchs), bis zum Ablauf der ersten elf Monate des Geschäftsjahrs über die Feststellung des Jahresabschlusses und über die Ergebnisverwendung zu beschließen. [2]Der Gesellschaftsvertrag kann die Frist nicht verlängern. [3]Auf den Jahresabschluss sind bei der Feststellung die für seine Aufstellung geltenden Vorschriften anzuwenden.

(3) Hat ein Abschlussprüfer den Jahresabschluss geprüft, so hat er auf Verlangen eines Gesellschafters an den Verhandlungen über die Feststellung des Jahresabschlusses teilzunehmen.

(4) [1]Ist die Gesellschaft zur Aufstellung eines Konzernabschlusses und eines Konzernlageberichts verpflichtet, so sind die Absätze 1 bis 3 entsprechend anzuwenden. [2]Das Gleiche gilt hinsichtlich eines Einzelabschlusses nach § 325 Abs. 2a des Handelsgesetzbuchs, wenn die Gesellschafter die Offenlegung eines solchen beschlossen haben.

Schrifttum

Baetge/Kirsch/Thiele, Bilanzen, 10. Aufl. 2009; *Bork/Oepen*, Schutz des GmbH-Minderheitsgesellschafters vor der Mehrheit bei der Gewinnverteilung, ZGR 2002, 241; *Dilßner/Müller*, Mysterium Datumsangabe im Jahresabschluss: Umsetzung der Angabepflicht aus § 245 HGB in der Praxis und Interpretationsmöglichkeiten für Adressaten, BC 2017, 420; *Geist*, Die Pflicht zur Berichtigung nichtiger Jahresabschlüsse bei Kapitalgesellschaften, DStR 1996, 306; *Göb/Nebel*, Aktuelle gesellschaftsrechtliche Fragen in Krise und Insolvenz, NZI 2018, 12; *Hennrichs*, Fehlerhafte Bilanzen, Enforcement und Aktienrecht, ZHR 168 (2004), 383; *ders.*, Gewinnabführung und Verlustausgleich im Vertragskonzern: Zur Bedeutung des Jahresabschlusses der Tochtergesellschaft für die Ergebnisermittlung nach §§ 291, 302 AktG, ZHR 174 (2010), 683; *Hense*, Rechtsfolgen nichtiger Jahresabschlüsse und Konsequenzen für die Folgeabschlüsse, WPg 1993, 716; *Hommelhoff/Priester*, Bilanzrichtliniengesetz und GmbH-Satzung – Gestaltungsmöglichkeiten und Gestaltungsgrenzen, ZGR 1989, 463; *Kowalski*, Der nichtige Jahresabschluss – was nun?, AG 1993, 502; *Krieger*, Verlustausgleich und Jahresabschluss, NZG 2005, 787; *Kropff*, Auswirkungen der Nichtigkeit eines Jahresabschlusses auf die Folgeabschlüsse, FS Budde, 1995, S. 341; *Küting/Kaiser*, Aufstellung oder Feststellung: Wann endet der Wertaufhellungszeitraum?, WPg 2000, 577; *Moxter*, Unterschiede im Wertaufhellungsverständnis zwischen den handelsrechtlichen GoB und den IAS/IFRS, BB 2003, 2559; *Sagasser*, Die Frist für die Beschlussfassung über die Ergebnisverwendung in § 42a Abs. 2 GmbHG, DB 1986, 2251; *Schedlbauer*, Die Gefährdung der Bestandskraft von Jahresabschlüssen durch Bewertungsfehler, DB 1992, 2097; *Schulze-Osterloh*, Nichtigkeit des Jahresabschlusses einer AG wegen Überbewertung, ZIP 2008, 2241; *Schiffers*, BilRUG: Änderungen im Jahresabschluss der GmbH, GmbHR 2015, 1018; *van Venrooy*, Feststellung von GmbH-Jahresabschlüssen, GmbHR 2003, 125; *Weilep/Weilep*, Nichtigkeit von Jahresabschlüssen: Tatbestandsvoraussetzungen sowie Konsequenzen für die Unternehmensleitung, BB 2006, 147; *Weiß*, Die Pflicht zur Unterzeichnung des Jahresabschlusses der AG bei seiner Aufstellung und die Folgen ihrer Verletzung, WM 2010, 1010; *Wolf*, Inhalt und Fälligkeit des Gewinnabführungsanspruchs im Vertragskonzern, NZG 2007, 641; *Zöllner*, Die sog. Gesellschafterklagen im Kapitalgesellschaftsrecht, ZGR 1988, 392.

Übersicht

A. Überblick

1 § 42a regelt prozedurale Fragen in Bezug auf die Aufstellung, Feststellung und etwaige Prüfung des Jahresabschlusses. Abs. 1 befasst sich mit der Vorlage des Jahresabschlusses an die Gesellschafter sowie ggf. den Aufsichtsrat (Rdn. 37 ff.). Abs. 2 enthält – insb. zeitliche – Vorgaben für die Feststellung des Jahresabschlusses und die Fassung des hierauf aufbauenden Ergebnisverwendungsbeschlusses (Rdn. 48 ff.). Abs. 3 normiert die etwaige Anwesenheitspflicht eines Abschlussprüfers bei der Feststellung (Rdn. 61 ff.). Abs. 4 ordnet schließlich die entsprechende Geltung dieser Regeln auch für die Konzernrechnungslegung sowie für den Einzelabschluss nach IFRS/IAS an (Rdn. 66 ff.).

B. Jahresabschluss und Lagebericht

2 Jahresabschluss und Lagebericht dienen dazu, Gesellschaftern, Gläubigern und sonstigen Dritten einen möglichst umfassenden und realitätsgetreuen Überblick über die finanzielle und wirtschaftliche Lage der Gesellschaft zu vermitteln. Der **Jahresabschluss** besteht wie beim buchführungspflichtigen Einzelkaufmann zunächst aus (i) der Bilanz und (ii) der Gewinn- und Verlustrechnung (§ 242 Abs. 3 HGB); bei der GmbH wird er gem. § 264 Abs. 1 Satz 1 HGB um (iii) einen Anhang erweitert. Nach dieser Vorschrift hat die Geschäftsführung ferner einen **Lagebericht** aufzustellen, sofern die GmbH mittelgroße oder große Kapitalgesellschaft i.S.d. § 267 HGB ist (dazu § 42 Rdn. 22). Dieser Lagebericht ist kein Zahlenwerk und anders als der Anhang auch keine Erläuterung eines Zahlenwerks, sondern ein Rechenschaftsbericht der Geschäftsführung zum Geschäftsverlauf und zur wirtschaftlichen Lage der Gesellschaft (§ 289 HGB). Er ist nicht Teil des Jahresabschlusses, sondern tritt neben diesen.

I. Bestandteile des Jahresabschlusses

3 Der Jahresabschluss der GmbH besteht aus Bilanz, Gewinn- und Verlustrechnung und Anhang (§ 264 Abs. 1 Satz 1 HGB). Bei kapitalmarktorientierten Gesellschaften ist der Jahresabschluss ggf. noch um eine Kapitalflussrechnung und einen Eigenkapitalspiegel zu erweitern (Satz 2).

1. Bilanz

4 Erster Bestandteil des Jahresabschlusses ist die Bilanz, d.h. ein »das Verhältnis seines Vermögens und seiner Schulden darstellender Abschluss« des Kaufmanns für den Schluss des Geschäftsjahres (§ 242 Abs. 1 Satz 1 HGB). Hierzu wird auf § 42 Rdn. 7 ff. verwiesen.

2. Gewinn- und Verlustrechnung

5 Zweiter Bestandteil des Jahresabschlusses ist die Gewinn- und Verlustrechnung (»**GuV**«, § 242 Abs. 2 HGB). Aufgabe der GuV ist es, Aufwendungen und Erträge des betreffenden Geschäftsjahres zusammenfassend darzustellen und mithilfe dieser Erfolgselemente aufzuzeigen, wie der Jahresüberschuss bzw. -fehlbetrag entstanden ist. Letzterer ist als Ergebnis der GuV (vgl. § 275 Abs. 2 Nr. 17 bzw. Abs. 3 Nr. 16 HGB) in die Bilanz zu übernehmen (vgl. § 266 Abs. 3 A. V. HGB).

6 § 275 HGB konkretisiert die inhaltlichen Anforderungen an die GuV. Sie ist bei Kapitalgesellschaften zwingend in **Staffelform** zu erstellen,[1] d.h. die verschiedenen Posten sind anders als bei der Bilanz nicht in Kontoform, sondern untereinander aufzuführen. Hinsichtlich der aufzunehmenden Posten sehen die Abs. 2 und 3 des § 275 HGB eine **Mindestgliederung** der GuV vor.[2] Insoweit kann die Gesellschaft zwischen der Darstellung nach dem Gesamtkostenverfahren (Abs. 2) oder dem Umsatzkostenverfahren (Abs. 3) wählen. Zwischen beiden Verfahren besteht gem. § 275 Abs. 1 Satz 1 HGB Wahlfreiheit; jedoch ist die einmal gewählte Darstellungsform nach dem Grundsatz der Stetigkeit beizubehalten, § 265 Abs. 1 Satz 1 HGB. Beide Verfahren sind insofern gleichwertig, als sie zu demselben Jahresüberschuss bzw. -fehlbetrag führen.

7 Beim **Gesamtkostenverfahren** werden die im Geschäftsjahr angefallenen Aufwendungen einzeln untergliedert dargestellt, und zwar unabhängig davon, ob die hergestellten Produkte oder erbrachten Leistungen auch am Markt abgesetzt worden sind und somit aus den Aufwendungen im konkreten Geschäftsjahr Einnahmen generiert wurden.[3] Dies bedingt, dass neben den »Umsatzerlösen« (Nr. 1) auch Bestandsveränderungen und »andere aktivierte Eigenleistungen« (Nr. 2 und 3) ausgewiesen werden müssen.[4] Von diesen Erträgen werden sodann sukzessive die unterschiedlichen Aufwandsarten abgezogen, bis schließlich der Jahresüberschuss bzw. -fehlbetrag übrig bleibt. Das Gesamtkostenverfahren hat den Vorteil, dass die GuV direkt aus der Finanzbuchhaltung abgeleitet werden kann und dem Rechnungslegungsadressaten den **Gesamtaufwand des Jahres** gegliedert nach den Primäraufwendungen zeigt.

8 Beim (weltweit gebräuchlicheren) **Umsatzkostenverfahren** werden den getätigten Umsätzen die hierfür aufgewendeten (Herstellungs-) Kosten gegenübergestellt, und zwar ohne Rücksicht darauf, wann Letztere angefallen sind. Der Aufwand ist zudem nicht nach Aufwandsarten (für Material, Personal etc.), sondern vorrangig nach den Funktionsbereichen Herstellung, Vertrieb und allgemeine Verwaltung (Nr. 2, 4 und 5) gegliedert.[5] Aufwendungen, die diesen Funktionsbereichen nicht zugeordnet werden können, sind in den Übrigen nach Aufwandsarten gegliederten Posten auszuweisen – wie beim Gesamtkostenverfahren, jedoch mit der Folge, dass bei beiden Verfahren gleich bezeichnete Posten unterschiedliche Werte annehmen können. Das Umsatzkostenverfahren ist i.d.R. aufwendiger als das Gesamtkostenverfahren, weil die GuV nicht direkt aus der Finanzbuchhaltung abgeleitet werden kann, vielmehr eine Schlüsselung nach Funktionsbereichen erforderlich ist[6].

1 *Berndt/Gutsche*, in: KK-Rechnungslegung, § 275 HGB Rn. 27.
2 *Schmidt/Peun*, in: BeckBilKomm, § 275 HGB Rn. 13.
3 *Morck*, in: Koller/Kindler/Roth/Morck, HGB, § 275 Rn. 5.
4 *Böcking/Gros*, in: E/B/J/S, HGB, § 275 Rn. 6.
5 *Böcking/Gros*, in: E/B/J/S, HGB, § 275 Rn. 7.
6 *Schmidt/Peun*, in: BeckBilKomm, § 275 HGB Rn. 31 ff.

Für kleine und mittelgroße sowie Kleinstkapitalgesellschaften nach §§ 267 Abs. 1, 2, 267a HGB bestehen **Erleichterungen** insofern, als sie bestimmte Posten zusammenfassen bzw. auf bestimmte Erläuterungen der GuV verzichten dürfen (dazu § 42 Rdn. 26 ff.). 9

3. Anhang

Der Jahresabschluss ist bei der GmbH nach § 264 Abs. 1 Satz 1 HGB um einen Anhang zu erweitern, der ergänzende Angaben zu Bilanz und GuV enthält und mit diesen »eine Einheit bildet« (**erweiterter Jahresabschluss**). Als (dritter) Bestandteil des Jahresabschlusses hat der Anhang selbstverständlich eine Informationsfunktion. Im Verhältnis zu den anderen beiden Bestandteilen kommt ihm darüber hinaus eine Erläuterungsfunktion, eine Entlastungsfunktion (bestimmte Angaben dürfen aus Bilanz und GuV in den Anhang »verschoben« werden) und schließlich auch eine Korrekturfunktion zu: Im Anhang sind zusätzliche Angaben zu machen, wenn der Jahresabschluss aufgrund besonderer Umstände sonst kein den tatsächlichen Verhältnissen entsprechendes Bild vermitteln würde (§ 264 Abs. 2 Satz 2 HGB).[7] 10

Bei den **erforderlichen Angaben** differenziert § 284 Abs. 1 HGB zwischen den Pflichtangaben, die zwingend in den Anhang aufzunehmen sind, und den sog. Wahlpflichtangaben, die wahlweise in den Anhang oder bereits in die Bilanz bzw. GuV selbst aufzunehmen sind. Die im Einzelnen erforderlichen Angaben sind überwiegend in §§ 284 ff. HGB, aber auch verstreut in weiteren Bestimmungen des HGB und des EGHGB aufgeführt.[8] Für die GmbH kommen rechtsformspezifische Wahlpflichtangaben hinzu nach § 29 Abs. 4 Satz 2 (Eigenkapitalanteil von Wertaufholungen und von steuerlichen Passivposten) und § 42 Abs. 3 (Ausleihungen, Forderungen und Verbindlichkeiten ggü. Gesellschaftern, dazu bereits § 42 Rdn. 49 ff.). Für kleine und mittelgroße Gesellschaften (§ 42 Rdn. 22) bestehen **Erleichterungen** nach § 288 HGB insofern, als auf einzelne Angaben/Darstellungen verzichtet werden kann. Kleinstkapitalgesellschaften können darüber hinaus insgesamt auf einen Anhang verzichten, wenn sie bestimmte Angaben nach § 264 Abs. 1 Satz 5 HGB unter der Bilanz machen. Voraussetzung ist aber, dass der Jahresabschluss auch dann noch ein den tatsächlichen Verhältnissen entsprechendes Bild der Vermögens-, Finanz- und Ertragslage der Gesellschaft vermittelt (vgl. § 264 Abs. 2 Satz 4, 5 HGB). 11

4. Kapitalflussrechnung/Eigenkapitalspiegel

Schließlich ist bei **kapitalmarktorientierten (Einzel-) Kapitalgesellschaften** nach § 264 Abs. 1 Satz 2 HGB der Jahresabschluss ggf. noch um eine Kapitalflussrechnung und einen Eigenkapitalspiegel zu erweitern. Auch eine GmbH kann i.S.d. § 264d HGB kapitalmarktorientiert sein, weil an einem organisierten Kapitalmarkt zwar nicht die Anteile an ihr selbst, wohl aber von ihr begebene Schuldverschreibungen gehandelt werden können. Die dem Konzernabschluss entliehene Kapitalflussrechnung stellt die Zahlungsströme einer Periode, der Eigenkapitalspiegel die Veränderung des Eigenkapitals sowie ihre Ursachen dar (vgl. § 297 Abs. 1 Satz 1 HGB).[9] 12

II. Lagebericht

Sofern die GmbH nach den Kriterien des § 267 HGB eine mittelgroße oder große Kapitalgesellschaft ist (vgl. § 42 Rdn. 22), haben die Geschäftsführer nach § 264 Abs. 1 Satz 1 HGB zusätzlich einen Lagebericht aufzustellen. Dieser ist ein **Rechenschaftsbericht der Geschäftsleitung**[10] und soll den Gesellschaftern, Gläubigern und interessierten Dritten einen Überblick über den bisherigen und den erwarteten Geschäftsverlauf sowie über die tatsächliche wirtschaftliche Lage der Gesellschaft geben. Unter anderem wird das eher vergangenheitsgerichtete Bild, welches Bilanz und GuV 13

7 Näher zu den Funktionen des Anhangs *Altenburger*, in: KK-Rechnungslegung, § 284 HGB Rn. 3 ff.

8 Zusammenstellung der Pflicht- und Wahlpflichtangaben bei *Altenburger*, in: KK-Rechnungslegung, § 284 HGB Rn. 24 f.

9 *Merkt*, in: Baumbach/Hopt, HGB, § 264 Rn. 6 f.

10 *Claussen*, in: KK-Rechnungslegung, § 289 HGB Rn. 7.

vermitteln, nach § 289 Abs. 1 Satz 4 HGB um einen Ausblick auch auf künftige Entwicklungen ergänzt.[11] Seit dem CSR-Richtlinie-Umsetzungsgesetz (s. Fn. 12) sind die in den Lagebericht aufzunehmenden Angaben in §§ 289 bis 289f HGB geregelt. Neu hinzugekommen gegenüber der alten Rechtslage ist insb. die Pflicht zur nichtfinanziellen Berichterstattung (bspw. über das Geschätsmodell sowie Umwelt-, Arbeitnehmer- und soziale Belange, vgl. § 289c HGB), welche jedoch nur große, kapitalmarktorientierte Gesellschaften trifft. Über den pflichtumfang hinausgehende freiwillige Angaben sind grds. zulässig.[12] Sämtliche Angaben müssen richtig, klar und – im Hinblick auf das Wesentliche – vollständig sein.[13]

III. Aufstellung

14 In Kapitalgesellschaften sind Jahresabschluss und ggf. Lagebericht grds. **innerhalb von 3 Monaten** nach Ende eines Geschäftsjahres **aufzustellen** (§ 264 Abs. 1 Satz 3 HGB), d.h. technisch zu erarbeiten. Von dieser Aufstellung ist die Feststellung des Jahresabschlusses (Rdn. 49) zu unterscheiden; erst die Feststellung durch die Gesellschafterversammlung nach § 46 Nr. 1 lässt (als korporationsrechtlicher Bestätigungsakt) den Abschluss verbindlich werden, bspw. für Fragen der Gewinnverwendung.[14]

15 Kleine (und damit auch Kleinst-) Kapitalgesellschaften dürfen den Jahresabschluss auch später aufstellen, »wenn dies einem ordnungsmäßigen Geschäftsgang entspricht«; nur unter dieser Voraussetzung gilt eine **Höchstfrist** von 6 Monaten (Satz 4). Insb. dann, wenn eine frühere Aufstellung ohne Schwierigkeiten möglich ist oder sich die Gesellschaft in einer Krise befindet (vgl. §§ 283, 283b StGB), dürfen die Abschlussarbeiten nicht willkürlich aufgeschoben werden.[15] Satzungsbestimmungen, die eine Aufstellung des Jahresabschlusses generell erst für den Ablauf des sechsten Monats vorsehen, sind daher unwirksam.[16] Eine satzungsmäßige kürzere Frist ist zulässig, hat dann aber nur gesellschaftsinterne Bedeutung.[17] Für die Fristeinhaltung ist maßgeblich, ob der Jahresabschluss vor Fristablauf den Gesellschaftern nach § 42a Abs. 1 zur Feststellung vorgelegt, also etwa übersandt wurde (Rdn. 42 ff.). Ist eine Prüfung durch den Abschlussprüfer (Rdn. 25 ff.) und/oder durch den Aufsichtsrat (Rdn. 46 f.) erforderlich, genügt die rechtzeitige Vorlage an diese für die Fristwahrung.[18]

16 Die Aufstellung erfolgt gem. § 264 Abs. 1 Satz 3 HGB durch »die« gesetzlichen Vertreter der Gesellschaft, bei der GmbH also durch die Geschäftsführer (§ 35 Abs. 1 Satz 1). Die **Aufstellungspflicht** trifft – da sie Teil der Buchführung im weiteren Sinne nach § 41 ist (vgl. dort Rdn. 2) – sämtliche Geschäftsführer persönlich (Gesamtverantwortung). Die Entscheidungen über den Inhalt von Jahresabschluss und Lagebericht sind von den Geschäftsführern einstimmig zu treffen, soweit nicht Satzung oder Geschäftsordnung etwas anderes bestimmen.[19] Die technische Erarbeitung von Jahresabschluss und Lagebericht kann durch interne Geschäftsverteilung delegiert werden, z.B. auf den kaufmännischen Geschäftsführer; zur dennoch fortbestehenden Überwachungsverantwortung aller Geschäftsführer gilt das zur Buchführungspflicht Gesagte entsprechend (dazu § 41 Rdn. 10).[20]

---

11 Vgl. *Böcking/Gros*, in: E/B/J/S, HGB, § 289 Rn. 8.

12 Gesetz zur Stärkung der nichtfinanziellen Berichterstattung der Unternehmen in ihren Lage- und Konzernlageberichten vom 11.4.2017, BGBl. I, S. 802. *Claussen*, in: KK-Rechnungslegung, § 289 HGB Rn. 6, 78.

13 *Claussen*, in: KK-Rechnungslegung, § 289 HGB Rn. 11 ff.

14 Vgl. *Merkt*, in: Baumbach/Hopt, HGB, § 264 Rn. 10.

15 *Winkeljohann/Schellhorn*, in: BeckBilKomm, § 264 HGB Rn. 17.

16 BayObLG, WM 1987, 502, 503; *A/D/S*, § 42a GmbHG Rn. 28a.

17 *Winkeljohann/Schellhorn*, in: BeckBilKomm, § 264 HGB Rn. 17.

18 *Morck*, in: Koller/Kindler/Roth/Morck, HGB, § 264 Rn. 5a; *Reiner*, in: MünchKommHGB, § 264 Rn. 22.

19 *Winkeljohann/Schellhorn*, in: BeckBilKomm, § 264 HGB Rn. 12.

20 Vgl. auch *Böcking/Gros*, in: E/B/J/S, HGB, § 264 Rn. 19; *Morck*, in: Koller/Kindler/Roth/Morck, HGB, § 264 Rn. 5.

17 Die **Unterzeichnung des Jahresabschlusses** nach § 245 HGB hat hingegen zwingend durch alle Geschäftsführer persönlich zu erfolgen.[21] Die Pflicht zur Unterzeichnung bezieht sich nach herrschender Meinung erst auf den festgestellten Jahresabschluss, nicht schon (auch) auf den aufgestellten Jahresabschluss.[22] Zur Dokumentation der Einhaltung der gesetzlichen oder satzungsmäßigen Fristen empfiehlt es sich, den aufgestellten Jahresabschluss zumindest schon durch den für das Finanzressort zuständigen Geschäftsführer unterzeichnen zu lassen. Unterzeichnungspflichtig in Bezug auf den festgestellten Jahresabschluss sind sämtliche im Zeitpunkt der Unterschriftsleistung im Amt befindlichen Geschäftsführer. Dies gilt auch dann, wenn sie mit dem Inhalt des vorgelegten Jahresabschlusses nicht einverstanden sind, aber z.B. überstimmt wurden (s. Rdn. 16); eine Ausnahme bilden Vorlagen, die bußgeldpflichtige oder sogar strafrechtliche Tatbestände erfüllen.[23] Geschäftsführer, die nach dem Bilanzstichtag ausgeschieden sind, brauchen den Jahresabschluss nicht mehr zu unterzeichnen, neue Geschäftsführer müssen hingegen unterzeichnen.[24] Für den **Lagebericht** ist mangels gesetzlicher Anordnung unklar, ob dieser ebenfalls durch alle Geschäftsführer zu unterzeichnen ist[25] oder aber eine Unterzeichnung des Lageberichts generell unterbleiben kann.[26]

18 Wird die gesetzliche **Aufstellungsfrist nicht eingehalten**, hat dies keine direkten Auswirkungen auf die Wirksamkeit von Jahresabschluss und Lagebericht. Soweit allerdings in der Folge eine erforderliche Offenlegung (dazu Anhang § 42a Rdn. 5 ff.) verspätet vorgenommen wird, kann den Geschäftsführern oder der Gesellschaft selbst ein Ordnungsgeld nach § 335 Abs. 1 HGB auferlegt werden. Zudem stellt die verspätete Aufstellung eine Pflichtverletzung ggü. der Gesellschaft dar, die nach allgemeinen Grundsätzen zum Schadensersatz nach § 43 Abs. 2 sowie zur Entlastungsverweigerung führen kann.[27]

IV. Stichtag

19 Bilanz und GuV sind nach § 242 Abs. 1 und 2 HGB »für« den Schluss eines Geschäftsjahres aufzustellen. Das **Geschäftsjahr** kann, muss aber nicht dem Kalenderjahr entsprechen. Seine Dauer darf 12 Monate nicht überschreiten, § 242 Abs. 2 Satz 2 HGB; ein kürzeres sog. Rumpfgeschäftsjahr kommt insb. für das erste Geschäftsjahr nach Gründung sowie (mit Zustimmung der Finanzverwaltung, § 7 Abs. 4 Satz 3 KStG) auch im Rahmen einer späteren Umstrukturierung in Betracht. **Stichtag** ist der letzte Tag des betreffenden Geschäftsjahres, 24:00 Uhr.

20 Das **Stichtagsprinzip** ist eine logische Folge des Jahresabschlusskonzepts, den Totalerfolg eines Unternehmens zeitabschnittsweise nach Geschäftsjahren zu bemessen.[28] Nach dem Stichtagsprinzip, wie es u.a. in § 252 Abs. 1 Nr. 3 und 4 HGB zum Ausdruck kommt, sind in der Bilanz ausschließlich die Aktiva und Passiva auszuweisen, die am Stichtag vorhanden sind, und zu den Verhältnissen am Bilanzstichtag zu bewerten (vgl. noch Rdn. 21). Diese zeitabschnittsbezogene Sichtweise macht eine **Ergebnisabgrenzung** zwischen den Geschäftsjahren erforderlich, die in § 252 Abs. 1 Nr. 5 HGB weiter konkretisiert wird. Danach hat eine Berücksichtigung von Gewinnen und Verlusten im Jahresabschluss unabhängig von entsprechenden Einnahmen und Ausgaben zu

21 *Braun*, in: KK-Rechnungslegung, § 245 HGB Rn. 12 f.; *Altmeppen*, in: Roth/Altmeppen, GmbHG, § 42a Rn. 7.

22 OLG Stuttgart, DB 2009, 1521, 1522 f.; BGH, WM 1985, 567, 569 (zu § 41 HGB a.F.); *A/D/S*, § 245 HGB Rn. 7 f.; *Hennrichs*, in: Baetge/Kirsch/Thiele, Bilanzrecht, § 245 Rn. 23; a.A. *Weiß*, WM 2010, 1010; *Braun*, in: KK-Rechnungslegung, § 245 HGB Rn. 16.

23 *Winkeljohann/Schellhorn*, in: BeckBilKomm, § 245 HGB Rn. 2.

24 *Braun*, in: KK-Rechnungslegung, § 245 HGB Rn. 14.

25 So *Schulze-Osterloh*, in: Baumbach/Hueck, 18. Aufl. 2006, § 41 Rn. 74; dahin tendierend auch *Winkeljohann/Schellhorn*, in: BeckBilKomm, § 264 HGB Rn. 16; *Dilßner/Müller*, BC 2017, 420, 421.

26 So die wohl h.M., *A/D/S*, § 245 HGB Rn. 3; *Ellerich/Swart*, in: Hdb-Rechnungslegung, § 245 HGB Rn. 7; *Ballwieser*, in: MünchKommHGB, § 245 Rn. 4; wohl auch *Böcking/Gros*, in: E/B/J/S, HGB, § 245 Rn. 3.

27 Zum Ganzen *Winkeljohann/Schellhorn*, in: BeckBilKomm, § 264 HGB Rn. 20; *Morck*, in: Koller/Kindler/Roth/Morck, HGB, § 264 Rn. 6.

28 Vgl. *Baetge/Kirsch/Thiele*, Bilanzen, S. 120.

erfolgen. Für die Bilanzierung kommt es vielmehr auf eine wirtschaftliche Betrachtung an, die aufgrund des **Imparitätsprinzips** (als Ausprägung des Vorsichtsprinzips) für Gewinne und Verluste unterschiedlich ausfallen muss. Bei Gewinnen, die regelmäßig aus Umsatzgeschäften erzielt werden, kommt es nach dem Realisationsprinzip darauf an, ob sie bereits auf hinreichend sicherem Boden stehen. Dafür ist zwar – außer bei Barverkäufen – noch kein konkreter Einnahmenzufluss erforderlich; allerdings muss die Leistungspflicht des Schuldners endgültig bindend geworden sein, zudem muss bei Austauschverträgen die vertragstypische Sachleistung bereits erbracht worden und die Preisgefahr übergegangen sein.[29] Verluste sind hingegen bereits dann zu bilanzieren, wenn sie sich abzeichnen, also mit ihrer späteren Realisation ernsthaft zu rechnen ist.[30] Der wesentliche Inhalt des Imparitätsprinzips besteht somit in der **Verlustantizipation.**

21 Soweit für den Jahresabschluss relevante Gegebenheiten erst nach dem Stichtag, aber noch vor der Aufstellung des Jahresabschlusses bekannt werden, ist zwischen »wertaufhellenden« und »wertbegründenden oder -beeinflussenden« Informationen[31] zu unterscheiden. **»Wertaufhellende« Informationen** betreffen Gegebenheiten, die bereits vor dem Abschlussstichtag bestanden haben und nur aus informatorischen Gründen bisher nicht berücksichtigt wurden. Solche wertaufhellenden Informationen (z.B. zu finanziellen Schwierigkeiten eines Schuldners) sind im Prozess der Aufstellung des Jahresabschlusses noch zu berücksichtigen und führen zu entsprechenden Änderungen des Entwurfs des Jahresabschlusses. Für Verluste und Risiken ist dies in § 252 Abs. 1 Nr. 4 Halbs. 1 HGB normiert; es gilt aber auch für positive Gegebenheiten.[32] Umstritten ist, ob zusätzlich eine subjektive Vorhersehbarkeit dieser Gegebenheiten und Ereignisse schon am Stichtag erforderlich ist.[33] »Wertbegründende« bzw. **»wertbeeinflussende« Informationen** betreffen demgegenüber Gegebenheiten, die sich erst nach dem Abschlussstichtag ereignet haben und die keinen Rückschluss auf die Verhältnisse am Abschlussstichtag zulassen. Sie dürfen im Jahresabschluss nicht mehr berücksichtigt werden und sind erst im Folgeabschluss zu erfassen.[34] Gegebenheiten, die sogar erst nach der Feststellung des Jahresabschlusses bekannt werden, sind nur noch im Rahmen einer eventuellen Änderung des Abschlusses (Rdn. 69 ff.) zu berücksichtigen.

V. Offenlegung

22 Für Fragen der Offenlegung wird auf den Anhang Publizität zu § 42a verwiesen.

VI. Befreiender Konzernabschluss (§ 264 Abs. 3 HGB)

23 Sofern die GmbH als Konzerntochter in einen Konzernabschluss (vgl. Rdn. 66) einbezogen wird, können sich unter den Voraussetzungen des § 264 Abs. 3 HGB weitreichende **Erleichterungen für Inhalt, Prüfung und Offenlegung** ihres Jahresabschlusses ergeben: Die Norm erklärt die Anwendung der ergänzenden Vorschriften für Kapitalgesellschaften zu Jahresabschluss und Lagebericht (§§ 264 ff. HGB), zur Prüfung durch einen Abschlussprüfer (§§ 316 ff. HGB) und zur Offenlegung des Jahresabschlusses (§§ 325 ff. HGB) für verzichtbar. In der Folge ist der Jahresabschluss für die betroffene GmbH unter Beachtung nur der allgemeinen, für alle Kaufleute geltenden Bestimmungen der §§ 242 bis 256 HGB zu erstellen,[35] sodann aber weder zu prüfen noch offenzulegen.

24 Den Preis für diese Erleichterungen bestimmt § 264 Abs. 3 HGB (ggf. i.V.m. Abs. 4): Neben einigen eher formalen Anforderungen, dass z.B. die Gesellschafter der GmbH der Befreiung (und dem

29 *Baetge/Kirsch/Thiele*, Bilanzen, S. 130; *Merkt*, in: Baumbach/Hopt, HGB, § 252 Rn. 19.

30 *Claussen*, in: KK-Rechnungslegung, § 252 HGB Rn. 42.

31 Vgl. die Terminologie bei *Baetge/Kirsch/Thiele*, Bilanzen, S. 120.

32 *Winkeljohann/Büssow*, in: BeckBilKomm, § 252 HGB Rn. 38.

33 Dahin gehend, wenn auch nicht ganz einheitlich die Rspr., vgl. BFH, BB 1978, 1097; a.A. *Moxter*, BB 2003, 2559, 2562; *Winkeljohann/Büssow*, in: BeckBilKomm, § 252 HGB Rn. 38; zur Abgrenzung vgl. *Küting/Kaiser*, WPg 2000, 577, 579.

34 *Baetge/Kirsch/Thiele*, Bilanzen, S. 130.

35 *Claussen*, in: KK-Rechnungslegung, § 264 HGB Rn. 80.

damit verbundenen Informationsverlust) zustimmen (Nr. 1) und die Befreiung sowie diverse weitere Angaben, insb. der Konzernabschluss selbst für die GmbH offengelegt werden (Nr. 5), muss sich das Mutterunternehmen bereit erklären, **für die Verpflichtungen der GmbH einzustehen** (Nr. 2), was in der Praxis nach wie vor regelmäßig durch Abschluss eines Beherrschungs- und/oder Gewinnabführungsvertrages i.S.d. § 291 AktG geschehen dürfte.[36] Dieses rigorose Erfordernis erklärt sich daraus, dass der Konzernabschluss, den die Gläubiger der GmbH anstelle des Jahresabschlusses der befreiten Tochtergesellschaft erhalten, (nur) bei Bestehen einer entsprechenden Einstandspflicht eben das Reinvermögen ausweist, das auch zur Deckung der Verbindlichkeiten der Tochtergesellschaft zur Verfügung steht[37] (und also nur in diesem Fall ihre berechtigten Informationsinteressen befriedigt).

C. Abschlussprüfung

I. Pflichtprüfung

Für große und mittelgroße GmbH (§ 42 Rdn. 22) schreibt § 316 Abs. 1 HGB zwingend eine Prüfung des Jahresabschlusses und des Lageberichts durch einen Abschlussprüfer vor. Hat keine Prüfung stattgefunden, kann der Jahresabschluss nicht festgestellt (Rdn. 49 ff.) werden. Entsprechendes gilt auch für den Konzernabschluss und Konzernlagebericht (Rdn. 66), § 316 Abs. 2 HGB. Wird ein bereits geprüfter Jahresabschluss, Lagebericht, Konzernabschluss oder Konzernlagebericht nachträglich geändert (Rdn. 69 ff.), wird eine Nachtragsprüfung nach § 316 Abs. 3 HGB notwendig, soweit es die Änderung erfordert. 25

1. Bestellung des Abschlussprüfers

Abschlussprüfer können gem. § 319 Abs. 1 Satz 1 HGB Wirtschaftsprüfer oder Wirtschaftsprüfungsgesellschaften sein; bei mittelgroßen GmbH kann die Prüfung darüber hinaus auch durch vereidigte Buchprüfer oder Buchprüfungsgesellschaften erfolgen (Satz 2). Um die Unabhängigkeit des Abschlussprüfers sicherzustellen, enthalten §§ 319 Abs. 2 bis 4, 319a, 319b HGB Ausschlusstatbestände für solche Prüfer, die geschäftliche, wirtschaftliche, finanzielle oder persönliche Verbindungen zu der zu prüfenden Gesellschaft oder ihren organschaftlichen Vertretern besitzen.[38] 26

Gewählt wird der Abschlussprüfer nach § 318 Abs. 1 Satz 1 Halbs. 1 HGB durch die Gesellschafterversammlung, die grds. mit einfacher Mehrheit (§ 47 Abs. 1) entscheidet. Jedoch kann der Gesellschaftsvertrag für die Beschlussfassung auch eine qualifizierte Mehrheit vorsehen oder die Wahl einem anderen Organ (Aufsichtsrat, Beirat) übertragen; streitig ist die Möglichkeit einer Übertragung der Wahlkompetenz auf den Mehrheitsgesellschafter.[39] Die Geschäftsführer oder, sofern zuständig,[40] der Aufsichtsrat haben unverzüglich nach der Wahl den Prüfungsauftrag zu erteilen (§ 318 Abs. 1 Satz 4 HGB). Der schuldrechtliche **Prüfungsvertrag**, ein Geschäftsbesorgungsvertrag (§ 675 BGB) mit werkvertraglichen Elementen, kommt erst mit der Annahme des Auftrags durch den Prüfer zustande.[41] 27

Danach kann ein **Widerruf** seitens der Gesellschaft nur noch erfolgen, wenn auf Antrag der Geschäftsführung, des Aufsichtsrats oder eines[42] Gesellschafters vom Gericht ersatzweise ein neuer Prüfer bestellt wurde, § 318 Abs. 1 Satz 5 und Abs. 3 HGB. Auch der Abschlussprüfer kann 28

---

36 Zur fortbestehenden Tauglichkeit dieser Unternehmensverträge vgl. *Schiffers*, GmbHR 2015, 1018, 1021.
37 *Winkeljohann/Deubert*, in: BeckBilKomm, § 264 HGB Rn. 136.
38 Näher *W. Müller*, in: KK-Rechnungslegung, § 319 HGB Rn. 25 ff.
39 Näher *W. Müller*, in: KK-Rechnungslegung, § 318 HGB Rn. 9.
40 Beachte bei einer mitbestimmten GmbH § 111 Abs. 2 Satz 3 AktG i.V.m. § 1 Abs. 1 Nr. 3 Satz 2 DrittelbG bzw. § 25 Abs. 1 Satz 1 Nr. 2 MitbestG.
41 Ausführlich *Schmidt/Heinz*, in: BeckBilKomm, § 318 HGB Rn. 14.
42 Für die GmbH besteht kein Quorum wie bei der AG/KGaA, *Schmidt/Heinz*, in: BeckBilKomm, § 318 HGB Rn. 18.

umgekehrt den bereits angenommenen Prüfungsauftrag nur noch aus wichtigem Grund **kündigen**, § 318 Abs. 6 HGB.

2. Gegenstand und Umfang der Prüfung

29 Gegenstand und Umfang der Prüfung sind in § 317 HGB geregelt, in Abs. 1 für den Jahresabschluss (und Konzernabschluss), in Abs. 2 für den Lagebericht (und Konzernlagebericht). Die Prüfung des **Jahresabschlusses** hat die Buchführung einzubeziehen (Abs. 1 Satz 1), sich auf die Einhaltung der die Rechnungslegung betreffenden gesetzlichen und gesellschaftsvertraglichen Bestimmungen zu konzentrieren (Satz 2) und problemorientiert zu erfolgen (Satz 3). Die Prüfung des **Lageberichts** bezieht sich auf die Übereinstimmung des Lageberichts mit dem Jahresabschluss und den während der Prüfung gewonnen Erkenntnissen des Prüfers (sog. Einklangprüfung) sowie darauf, ob der Lagebericht insgesamt eine zutreffende Vorstellung von der Lage des Unternehmens vermittelt und die Chancen und Risiken der künftigen Entwicklung zutreffend darstellt. § 320 HGB verpflichtet die Geschäftsführer, dem Abschlussprüfer alle Unterlagen zur Verfügung zu stellen und alle Auskünfte zu erteilen, die für eine sorgfältige Prüfung notwendig sind.

3. Prüfungsergebnis

30 Der Abschlussprüfer hat über Art und Umfang sowie über das Ergebnis der Prüfung schriftlich zu berichten, § 321 HGB. Er hat den **Prüfungsbericht** der Geschäftsführung vorzulegen bzw., sofern der Aufsichtsrat den Prüfungsauftrag erteilt hat (oben Rdn. 27), dem Aufsichtsratsvorsitzenden zuzuleiten (Abs. 5). Zudem ist das Ergebnis der Prüfung in einem **Bestätigungsvermerk** zusammenzufassen, § 322 HGB: Wenn keine oder nur unwesentliche Mängel festgestellt wurden bzw. festgestellte Mängel bis zur Testatserteilung beseitigt sind, ist ein uneingeschränkter Bestätigungsvermerk zu erteilen. Liegen dagegen bei Testatserteilung wesentliche Mängel vor, die den Gesamtaussagewert des Jahresabschlusses sowie Lageberichts jedoch nicht beeinträchtigen, ist der Bestätigungsvermerk einzuschränken.[43] Bei schwerwiegenden Mängeln oder wenn wegen ungenügender Kooperation des Unternehmens keine ordnungsgemäße Prüfung stattfinden konnte, ist der Bestätigungsvermerk insgesamt zu versagen. Da für die Beantwortung der Frage, welche Mängel zur Einschränkung und welche zur Versagung führen, konkrete gesetzliche Vorgaben fehlen (vgl. § 322 Abs. 4 und 5 HGB), hat der Prüfer insoweit einen Ermessensspielraum.[44]

31 Vor Erteilung des Bestätigungsvermerks (uneingeschränkt, eingeschränkt oder auch in Form des Versagungsvermerks) kann ein prüfungspflichtiger Jahresabschluss nicht festgestellt werden (**Feststellungssperre**). Uneingeschränkt muss der Bestätigungsvermerk jedoch nur für Zwecke einer Kapitalerhöhung aus Gesellschaftsmitteln sein (§ 57e Abs. 1).[45] I.Ü. hindert eine Einschränkung oder gar **Versagung des Bestätigungsvermerks** nicht die Feststellung des Jahresabschlusses;[46] denn die Informationsfunktion der Pflichtprüfung ist auch in diesem Fall gewahrt. Bedeutung kann die Einschränkung oder Versagung allerdings ggf. bei der Entlastung der Geschäftsführung erlangen.

4. Prüferhaftung

32 § 323 Abs. 1 Satz 1 HGB verpflichtet den Abschlussprüfer zur gewissenhaften und unparteiischen Prüfung und zur Verschwiegenheit (Kardinalspflichten). Die schuldhafte Verletzung dieser gesetzlichen Pflichten führt nach Satz 3 der Vorschrift zu **Schadensersatzansprüchen gegen den Prüfer**. Diese gesetzliche Haftung aus dem Prüfungsverhältnis überlagert den schuldrechtlichen Prüfungsvertrag[47] und kann durch diesen weder ausgeschlossen noch beschränkt (Abs. 4), wohl

43 *W. Müller*, in: KK-Rechnungslegung, § 322 HGB Rn. 45 ff.

44 Vgl. auch *IDW*, PS 400: Grundsätze für die ordnungsmäßige Erteilung von Bestätigungsvermerken bei Abschlussprüfungen, WPg Supplement 4/2010, S. 25 ff.

45 *W. Müller*, in: KK-Rechnungslegung, § 322 HGB Rn. 5 f.

46 *Hopt/Merkt*, in: Baumbach/Hopt, HGB, § 316 Rn. 2.

47 *W. Müller*, in: KK-Rechnungslegung, § 322 HGB Rn. 11 f.

aber erweitert werden. Die Haftung greift zudem über die unmittelbaren Vertragsparteien hinaus: **Verpflichtet** werden neben dem Prüfer selbst (dies kann auch eine Prüfungsgesellschaft sein) auch seine Gehilfen, also die von ihm (zusätzlich) i.R.d. Prüfung eingesetzten Personen.[48] Zum Schadensersatz **berechtigt** sind neben der Kapitalgesellschaft auch die mit ihr verbundenen Unternehmen (Abs. 1 Satz 3). Eine Prüferhaftung ggü. sonstigen Dritten kann sich hingegen nur ausnahmsweise, insb. nach §§ 823 Abs. 2, 826 BGB, ergeben.[49] Hinzu kommt nach neuerer BGH-Rechtsprechung[50] die Möglichkeit, den Prüfungsvertrag als Vertrag mit Schutzwirkung zugunsten Dritter zu qualifizieren (str.).[51]

II. Freiwillige Prüfung

Sofern die GmbH als kleine oder Kleinstkapitalgesellschaft nicht nach § 316 Abs. 1 Satz 1 HGB prüfungspflichtig ist, kann eine freiwillige Abschlussprüfung durchgeführt werden. Dies kann allgemein im Gesellschaftsvertrag festgelegt werden; alternativ können die Gesellschafter aber auch anlassbezogen eine Prüfung beschließen. Ihre Zuständigkeit hierfür ergibt sich aus § 46 Nr. 6, da es sich bei der Abschlussprüfung um eine Maßnahme der Überwachung der Geschäftsführung handelt. 33

Die **Maßstäbe** einer solchen freiwilligen Prüfung unterliegen grds. der freien Disposition der Parteien.[52] Denn es handelt sich bei der freiwilligen Prüfung um die privatrechtliche Vereinbarung eines Geschäftsbesorgungsverhältnisses mit dem Prüfer.[53] Regelmäßig – insb. bei Verzicht auf weitere Regelungen – dürften allerdings nach dem Parteiwillen die §§ 317 ff. HGB entsprechend zur Anwendung kommen. Das kann jedoch nicht für solche Vorschriften gelten, die zwingend an den Charakter der Pflichtprüfung als öffentlich-rechtliche Sonderverpflichtung anknüpfen. Von dieser Ausnahme betroffen sind die Einschränkungen von Widerruf und Kündigung nach § 318 HGB, die Sonderregeln zur Verantwortlichkeit des Abschlussprüfers nach § 323 HGB und das besondere Streitschlichtungsverfahren nach § 324 HGB. Die Besorgnis der Befangenheit nach § 319 HGB führt ebenfalls nicht zur Unwirksamkeit der Bestellung, kann aber die Anfechtbarkeit des zugrunde liegenden Gesellschafterbeschlusses begründen.[54] 34

Als **Ergebnis** sind grds. auch bei der freiwilligen Prüfung die Erstellung eines Prüfungsberichts und die Erteilung (bzw. Versagung) eines Bestätigungsvermerks möglich; Letzteres allerdings nur, sofern die Prüfung nach Art und Umfang einer Pflichtprüfung hinreichend entsprochen hat.[55] 35

Für **Fehler** haftet der Abschlussprüfer in Abweichung von § 323 HGB nach allgemeinem Geschäftsbesorgungsrecht. Die in § 323 Abs. 1 HGB normierten Kardinalspflichten können allerdings auch insofern als Orientierungshilfe herangezogen werden. Eine Haftung Dritten ggü. kommt bei deren Vertrauen auf die Richtigkeit des Prüfungsergebnisses nach den Grundsätzen des Vertrages mit Schutzwirkung zugunsten Dritter,[56] ansonsten nach §§ 823, 826 BGB in Betracht. 36

D. Vorlage des Jahresabschlusses (Abs. 1)

Nach Aufstellung (Rdn. 14) und ggf. Prüfung (Rdn. 25, 33) ist der Jahresabschluss gem. § 42a Abs. 1 den Gesellschaftern vorzulegen, damit diese über die Feststellung des Jahresabschlusses 37

48 *Schmidt/Feldmüller*, in: BeckBilKomm, § 323 HGB Rn. 112.
49 *W. Müller*, in: KK-Rechnungslegung, § 323 HGB Rn. 109 ff.
50 BGHZ 138, 257, 260 ff.
51 *W. Müller*, in: KK-Rechnungslegung, § 323 HGB Rn. 107; *Kleindiek*, in: Lutter/Hommelhoff, GmbHG, Anh § 42 Rn. 61; kritisch *A/D/S*, § 323 HGB Rn. 184; ausführlich *Ebke*, in: MünchKommHGB, § 323 Rn. 135 ff.
52 *Böcking/Gros/Rabenhorst*, in: E/B/J/S, HGB, § 316 Rn. 22.
53 *Kleindiek*, in: Lutter/Hommelhoff, GmbHG, Anh § 42 Rn. 63.
54 *Kleindiek*, in: Lutter/Hommelhoff, GmbHG, Anh § 42 Rn. 63.
55 *Böcking/Gros/Rabenhorst*, in: E/B/J/S, HGB, § 316 Rn. 22.
56 *Kleindiek*, in: Lutter/Hommelhoff, GmbHG, Anh § 42 Rn. 65 ff.

und die Ergebnisverwendung entscheiden können (vgl. Abs. 2 und § 46 Nr. 1). Hat die Gesellschaft einen Aufsichtsrat, ist der Jahresabschluss jedoch noch vorab diesem zur Prüfung vorzulegen (Satz 3, dazu Rdn. 46 f.).

I. Vorlage an Gesellschafter

1. Berechtigte und Verpflichtete

38 **Vorlageberechtigt** sind nicht die Gesellschafter als Einzelpersonen, sondern kollektiv in ihrer Eigenschaft als Mitglieder der Gesellschafterversammlung.[57] Daraus folgt, dass ein gewählter Sprecher grds. allein empfangszuständig ist;[58] er hat jedoch die anderen Gesellschafter zu unterrichten. Ist die Feststellungskompetenz per Gesellschaftsvertrag auf ein anderes Organ/Gremium innerhalb der Gesellschaft übertragen (zur Dispositivität vgl. § 46 Rdn. 13), verlagert sich auch die Vorlagepflicht entsprechend.[59] Bei gemeinsamer Abschlussfeststellung durch verschiedene statutarische Organe muss daher jedes von ihnen vorlageberechtigt sein. Auch bei Verlagerung der Feststellungskompetenz besteht nach richtiger Ansicht allerdings die Vorlagepflicht an die Gesellschafterversammlung wegen ihrer Überwachungsaufgabe nach § 46 Nr. 6 parallel fort,[60] sofern nicht *zusätzlich* auch hierauf verzichtet wird.

39 **Vorlageverpflichtet** sind die Geschäftsführer, und zwar – in Parallele zur Aufstellung des Jahresabschlusses (Rdn. 16) – grundsätzlich sämtliche Geschäftsführer persönlich (Gesamtverantwortung).[61] Das folgt daraus, dass die Vorlageverpflichtung einen notwendigen Annex zur Aufstellung des Jahresabschlusses darstellt und deshalb auch die Adressaten der jeweiligen Verpflichtungen gleichlaufen müssen. So ist insb. denkbar, dass beide Akte (Aufstellung und Vorlage) de facto zusammenfallen, nämlich wenn der Aufstellungsakt konkludent gerade in der Vorlage des Jahresabschlusses an die Gesellschafter liegt.

2. Gegenstand der Vorlage

40 Gegenstand der Vorlage sind der **erweiterte Jahresabschluss** sowie bei mittelgroßen und großen Gesellschaften der **Lagebericht**. Haben kleine oder Kleinstkapitalgesellschaften freiwillig einen Lagebericht erstellt, ist auch dieser vorzulegen.[62] Die Vorlage ist im Fall der Abschlussprüfung nach § 42a Abs. 1 **Satz 2** um den **Bericht des Prüfers** zu ergänzen. Dabei hat die Vorschrift in erster Linie die Fälle einer gesetzlich angeordneten Pflichtprüfung (Rdn. 25) im Blick. Auch der Bericht im Rahmen einer freiwilligen Prüfung (Rdn. 33) wird aber regelmäßig auf Veranlassung oder zumindest im Interesse der Gesellschafter erstellt. Daher ist auch er von der Vorlagepflicht umfasst.[63] Wenn ein Aufsichtsrat vorhanden ist, ist gem. § 42a Abs. 1 **Satz 3** auch dessen **Prüfungsbericht** vorzulegen (vgl. dazu noch Rdn. 47). Entsprechendes gilt für den Bericht bei Prüfung durch einen eventuellen Beirat o.Ä.,[64] sofern ihm in der Sache eine dem Aufsichtsrat ähnliche Überwachungsaufgabe

---

57 *Wicke*, GmbHG, § 42a Rn. 10; *A/D/S*, § 42a GmbHG Rn. 19.

58 *Haas/Kersting*, in: Baumbach/Hueck, GmbHG, § 42a Rn. 5.

59 *A/D/S*, § 42a GmbHG Rn. 16; *Sigloch/Weber*, in: Michalski, GmbHG, § 42a Rn. 4; *Crezelius*, in: Scholz, GmbHG, § 42a Rn. 8.

60 *Haas/Kersting*, in: Baumbach/Hueck, GmbHG, § 42a Rn. 5; *Hommelhoff/Priester*, ZGR 1986, 463, 479; *Paefgen*, in: Ulmer/Habersack/Löbbe, GmbHG, § 42a Rn. 21; a.A. *Tiedchen*, in: Rowedder/Schmidt-Leithoff, GmbHG, § 42a Rn. 8; *Crezelius*, in: Scholz, GmbHG, § 42a Rn. 8b.

61 *Haas/Kersting*, in: Baumbach/Hueck, GmbHG, § 42a Rn. 4; a.A. *Kleindiek*, in: Lutter/Hommelhoff, GmbHG, § 42a Rn. 12: die Geschäftsführer als Organ.

62 *A/D/S*, § 42a GmbHG Rn. 6; *Haas*, in: Baumbach/Hueck, GmbHG, § 42a Rn. 3.

63 So auch *A/D/S*, § 42a GmbHG Rn. 8; *Paefgen*, in: Ulmer/Habersack/Löbbe, GmbHG, § 42a Rn. 12; einschränkend *Bohl/Schaumburg-Dickstein*, in: Küting/Weber, Hdb-Rechnungslegung, § 42a GmbHG Rn. 10.

64 *Haas/Kersting*, in: Baumbach/Hueck, GmbHG, § 42a Rn. 3; *Kleindiek*, in: Lutter/Hommelhoff, GmbHG, § 42a Rn. 3.

zukommt.[65] Die vorgelegten Dokumente sind in analoger Anwendung des § 176 Abs. 1 Satz 2 AktG von der **Geschäftsführung zu erläutern**, sofern die Gesellschafter dies verlangen.[66]

Eine darüber hinausgehende Verpflichtung zur (unaufgeforderten) Vorlage der **Eröffnungsbilanz**[67] 41 oder einer **Erklärung zur Bilanzpolitik**[68] ist hingegen abzulehnen, da beides vom Wortlaut des § 42a Abs. 1 nicht erfasst und auch zur hinreichenden Information der Gesellschafter nicht zwingend erforderlich ist. Die Geschäftsführer sind zudem grds. nicht verpflichtet, im Zusammenhang mit der Vorlage einen **Gewinnverwendungsvorschlag** zu machen,[69] da § 42a keine den §§ 170 Abs. 2, 175 Abs. 2 Satz 1 AktG entsprechende Regelung enthält. Etwas anderes gilt allerdings dann, wenn Abweichendes durch den Gesellschaftsvertrag bestimmt ist oder die Gesellschafter die Geschäftsführer explizit zur Unterbreitung von Gewinnverwendungsvorschlägen anweisen; zudem wenn ein obligatorischer Aufsichtsrat (dazu noch Rdn. 46) vorhanden ist, da dann zumindest § 170 Abs. 2 AktG gem. § 25 Abs. 1 Nr. 2 MitbestG bzw. § 1 Abs. 1 Nr. 3 DrittelbG entsprechend anwendbar ist. Selbiges gilt nach richtiger Ansicht für den fakultativen Aufsichtsrat dann, wenn hier mangels abweichender Regelung im Einzelfall § 170 Abs. 2 AktG gem. § 52 Abs. 1 ebenfalls zur Anwendung gelangt (Rdn. 46).[70]

3. Form und Frist, Vorlageverweigerung

Die Art und Weise der Vorlage ist in § 42a nicht geregelt. In jedem Fall ausreichend ist eine **Übersendung** schriftlicher Unterlagen an die einzelnen Gesellschafter oder – soweit vorhanden – an den Sprecher.[71] Im letzteren Fall sind die Gesellschafter zwar ihren Pflichten ggü. der Gesellschaftergesamtheit (oben Rdn. 38) bereits nachgekommen; gleichwohl kann sich die Frage stellen, ob nicht auch den übrigen Gesellschaftern zumindest **Einsichtnahme** in den Geschäftsräumen der Gesellschaft für einen den Umständen nach angemessenen Zeitraum zu gewähren ist (vgl. § 175 Abs. 2 Satz 1 AktG). Dies ist zu bejahen.[72] Die Gesellschafter können zur Einsichtnahme sowohl sachverständige Dritte (insb. Wirtschaftsprüfer, Steuerberater, Rechtsanwälte) hinzuziehen[73] als auch die Aushändigung der Unterlagen[74] bzw. die Erteilung von Abschriften (Fotokopien) verlangen (vgl. § 175 Abs. 2 Satz 2 AktG). 42

Die Vorlage hat »**unverzüglich**«, also »ohne schuldhaftes Zögern« (vgl. § 121 Abs. 1 Satz 1 BGB) 43 zu erfolgen. Da sie sich regulär an die Aufstellung des Jahresabschlusses anschließt, darf hiernach nur noch der für eine ordnungsgemäße Übermittlung an die Gesellschafter erforderliche Zeitraum in Anspruch genommen werden. Im Regelfall dürften 1 bis 2 Wochen angemessen sein; ein Monat wäre deutlich zu lang.[75] Besteht eine Pflicht zur Abschlussprüfung (dazu Rdn. 25) und/oder

65 Vgl. *A/D/S*, § 42a GmbHG Rn. 11.

66 *Haas/Kersting*, in: Baumbach/Hueck, GmbHG, § 42a Rn. 3; *A/D/S*, § 42a GmbHG Rn. 45; weitergehend *Kleindiek*, in: Lutter/Hommelhoff, GmbHG, § 42a Rn. 33, der eine proaktive Erläuterungspflicht annimmt.

67 Dafür noch *Schulze-Osterloh*, in: Baumbach/Hueck, GmbHG, 18. Aufl. 2006, § 42a Rn. 5; ablehnend *Haas/Kersting*, in: Baumbach/Hueck, GmbHG, § 42a Rn. 3; *Paefgen*, in: Ulmer/Habersack/Löbbe, GmbHG, § 42a Rn. 10; *A/D/S*, § 42a GmbHG Rn. 6.

68 *Mertens*, in: Hachenburg, GmbHG, § 42a Rn. 4; a.A. *Kleindiek*, in: Lutter/Hommelhoff, GmbHG, § 42a Rn. 7.

69 *A/D/S*, § 42a GmbHG Rn. 15; *Haas*, in: Baumbach/Hueck, GmbHG, § 42a Rn. 3; a.A. *Kleindiek*, in: Lutter/Hommelhoff, GmbHG, § 42a Rn. 6: Gewinnverwendungsvorschlag verpflichtend, außer bei ausdrücklicher Befreiung (in der Satzung oder durch Gesellschafterbeschluss).

70 *Wicke*, GmbHG, § 42a Rn. 7; a.A. anscheinend *A/D/S*, § 42a GmbHG Rn. 15.

71 *Haas/Kersting*, in: Baumbach/Hueck, GmbHG, § 42a Rn. 9.

72 *Haas/Kersting*, in: Baumbach/Hueck, GmbHG, § 42a Rn. 9; *Kleindiek*, in: Lutter/Hommelhoff, GmbHG, § 42a Rn. 16.

73 *A/D/S*, § 42a GmbHG Rn. 22; *Altmeppen*, in: Roth/Altmeppen, GmbHG, § 42a Rn. 15.

74 *Paefgen*, in: Ulmer/Habersack/Löbbe, GmbHG, § 42a Rn. 30; *A/D/S*, § 42a GmbHG Rn. 21; a.A. *Mertens*, in: Hachenburg, GmbHG, § 42a Rn. 8.

75 *A/D/S*, § 42a GmbHG Rn. 13; *Crezelius*, in: Scholz, GmbHG, § 42a Rn. 9.

Prüfung durch den Aufsichtsrat (hierzu Rdn. 47), verlängert sich die Frist insofern, als der Eingang des jeweiligen Prüfungsberichts bei der Geschäftsführung maßgeblicher Anknüpfungspunkt für die Zuleitungsfrist wird.[76]

44 Umstritten ist die Möglichkeit der **Vorlageverweigerung** in Fällen, in denen eine Verwendung der enthaltenen Informationen durch einzelne Gesellschafter zu gesellschaftsfremden Zwecken zu befürchten steht. Praktisch wird es hierbei v.a. um die Vorlage des Prüfungsberichts des Abschlussprüfers gehen, während ein Geheimhaltungsbedürfnis bezogen auf Jahresabschluss und Lagebericht ggü. den eigenen Gesellschaftern in aller Regel fehlt. Diskutiert wird eine analoge Anwendung des § 51a Abs. 2.[77] Wertungsmäßig ist zwar zu beachten, dass die Feststellung des Jahresabschlusses als grundlegender korporationsrechtlicher Akt eine hinreichende Information aller beschließenden Gesellschafter erfordert.[78] Dennoch muss es in begründeten (Einzel-) Fällen möglich sein, die Vorlage auf eine **Einsichtnahme** in den Geschäftsräumen zu beschränken und dann auch das an sich bestehende Recht auf Aushändigung oder Erteilung von Abschriften einzuschränken (vgl. Rdn. 42).[79] Hierfür ist entsprechend § 51a Abs. 2 Satz 2 ein Beschluss der Gesellschafterversammlung erforderlich,[80] bei dem das Stimmrecht des betroffenen Gesellschafters nach § 47 Abs. 4 analog regelmäßig ausgeschlossen sein dürfte. I.Ü. sind Gesellschaft und Mitgesellschafter bei gesellschaftsschädlicher Verwendung der erlangten Informationen grds. auf die allgemeinen Sanktionen, insb. eine Haftung wegen Treuepflichtverletzung, verwiesen.

4. Sanktionen

45 Im Fall eines **Verstoßes gegen die Vorlagepflicht** können sich betroffene Gesellschafter mittels (Anfechtungs- bzw. Nichtigkeitsfeststellungs-, dazu noch Rdn. 91 f.) Klage gegen einen dennoch gefassten Feststellungs- und Ergebnisverwendungsbeschluss wehren.[81] Zudem steht ihnen nach wohl überwiegender Ansicht entsprechend §§ 51b GmbHG, 132 AktG die Möglichkeit zu, eine gerichtliche Entscheidung über das Vorlagerecht herbeizuführen.[82] Dem ist zu folgen, da aufgrund der strukturellen Parallelen des Vorlagerechts gem. § 42a Abs. 1 zum Auskunftsrecht nach § 51a die auf Letzteres bezogene Verfahrensnorm des § 51b sachnäher im Vergleich zu einer regulären Leistungsklage (ggf. gepaart mit einem einstweiligen Rechtsschutzgesuch) ist. Schließlich stellt die (unbegründete) Verweigerung der Abschlussaufstellung und Vorlage durch den Geschäftsführer einen Grund für seine sofortige Abberufung dar.[83]

II. Vorlage an den Aufsichtsrat (§ 170 AktG; Satz 3)

46 Anders als in der AG ist die Einrichtung eines Aufsichtsrats in der GmbH grds. fakultativ, vgl. § 52 Abs. 1. Ein Aufsichtsrat ist allerdings für Zwecke der Arbeitnehmermitbestimmung auch hier verpflichtend vorgeschrieben, wenn i.d.R. mehr als 500 (§ 1 Abs. 3 Nr. 3 DrittelbG) bzw. 2.000 (§§ 1 Abs. 1, 6 Abs. 1 MitbestG) Arbeitnehmer beschäftigt werden. Existiert ein solcher obligatorischer Aufsichtsrat, sind diesem Jahresabschluss und Lagebericht nach § 170 AktG (i.V.m. § 1 Abs. 1 Nr. 3 DrittelbG bzw. § 25 Abs. 1 Nr. 2 MitbestG) – zusammen mit einem Vorschlag für die Ergebnisverwendung – vorzulegen. Die Ausgestaltung eines fakultativen Aufsichtsrats ist demgegenüber grds. frei bestimmbar. Daher ist hier vornehmlich entscheidend, welche Regelungen konkret in

76 *A/D/S*, § 42a GmbHG Rn. 14; *Wicke*, GmbHG, § 42a Rn. 9.

77 So bspw. *Crezelius*, in: Scholz, GmbHG, § 42a Rn. 13; *A/D/S*, § 42a GmbHG Rn. 24.

78 Dementsprechend gegen die Möglichkeit einer Verweigerung der Vorlage *Haas/Kersting*, in: Baumbach/Hueck, GmbHG, § 42a Rn. 12.

79 Ebenso *A/D/S*, § 42a GmbHG Rn. 25; *Kleindiek*, in: Lutter/Hommelhoff, GmbHG, § 42a Rn. 23.

80 *A/D/S*, § 42a GmbHG Rn. 26.

81 *Haas*, in: Baumbach/Hueck, GmbHG, § 42a Rn. 13; *Kleindiek*, in: Lutter/Hommelhoff, GmbHG, § 42a Rn. 27; *A/D/S*, § 42a GmbHG Rn. 27.

82 *A/D/S*, § 42a GmbHG Rn. 27; *Haas/Kersting*, in: Baumbach/Hueck, GmbHG, § 42a Rn. 13; *Kleindiek*, in: Lutter/Hommelhoff, GmbHG, § 42a Rn. 27; *Crezelius*, in: Scholz, GmbHG, § 42a Rn. 19.

83 KG Berlin, Urt. v. 11.08.2011 – 23 U 114/11, GmbHR 2011, 1272, 1274.

Bezug auf die Vorlage von Jahresabschluss und Lagebericht getroffen wurden. Fehlen entsprechende Regelungen, greift allerdings auch hier eine Vorlagepflicht gemäß der subsidiären Vorschrift des § 52 Abs. 1 ein, die insofern auf § 170 AktG verweist.

In der Folge hat der Aufsichtsrat den Jahresabschluss und Ergebnisverwendungsvorschlag nach § 171 AktG[84] zu **prüfen.** Findet darüber hinaus auch eine externe Abschlussprüfung statt (Rdn. 25), sind deren Erkenntnisse in die Prüfung durch den Aufsichtsrat mit einzubeziehen (vgl. § 171 Abs. 1 Satz 2 AktG). Ergebnis ist ein schriftlicher **Prüfungsbericht**, der auch zum Ergebnis einer eventuellen externen Abschlussprüfung Stellung zu nehmen hat (§ 171 Abs. 2 AktG). Die Prüfung durch den Aufsichtsrat muss im Vorfeld der Vorlage des Jahresabschlusses an die Gesellschafter stattfinden, da sein Prüfungsbericht nach § 42a Abs. 1 Satz 3 ebenfalls zu den vorzulegenden Dokumenten zählt (Rdn. 40). 47

E. Feststellung/Ergebnisverwendung (Abs. 2)

§ 42a Abs. 2 betrifft die Feststellung des Jahresabschlusses und den Beschluss über die Ergebnisverwendung, und zwar im Unterschied zu § 46 Nr. 1 insb. die für beide Beschlüsse maßgeblichen, nicht durch Gesellschaftsvertrag verlängerbaren Fristen (Satz 1 und 2). Inhaltliche Vorgaben für die Feststellung enthält allein Satz 3 (dazu Rdn. 51). 48

I. Feststellung

1. Feststellung des Jahresabschlusses

Die **Feststellung** ist korporationsrechtlicher Billigungs- und Bestätigungsakt für den Jahresabschluss. Sie hat **konstitutive Wirkung** und macht aus dem bis dahin vorliegenden bloßen *Entwurf* eines Jahresabschlusses den verbindlichen Jahresabschluss. Unter den Gesellschaftern kann die Feststellung zudem – zumindest bei einstimmiger Beschlussfassung – die Wirkungen eines Schuldanerkenntnisses entfalten und bspw. Einwendungen gegen eine sich aus dem Abschluss ergebende Nachschusspflicht ausschließen.[85] 49

Gegenstand der Feststellung ist ausschließlich der **Jahresabschluss** als solcher. Weder der Lagebericht noch sonst vorzulegende Dokumente nehmen an der konstitutiven Feststellungswirkung teil. Da der Lagebericht allerdings u.U. publiziert wird, kann ein Interesse der Gesellschafter bestehen, auch auf diesen Einfluss zu nehmen. Dazu steht ihnen zumindest die Ausübung ihres allgemeinen Weisungsrechts zur Verfügung.[86] 50

Im Rahmen der Feststellung besteht **keine Bindung** an den vorgelegten Jahresabschluss der Geschäftsführung. Dieser ist lediglich ein Entwurf (Rdn. 49) und kann beliebig geändert werden (bei Prüfungspflicht gilt § 316 Abs. 3 HGB). Dabei ist freilich das materiell für den Jahresabschluss geltende Recht zu beachten, was Abs. 2 **Satz 3** dadurch zum Ausdruck bringt, dass die »für seine Aufstellung geltenden Vorschriften anzuwenden« sind.[87] Somit kommen i.E. vor allem Korrekturen in Betracht, zudem können bestehende Ansatz- und Bewertungswahlrechte anders ausgeübt werden.[88] Sofern dabei eine Ermessensentscheidung durch die Gesellschafter erfolgt, sind sie dabei aufgrund der Treuepflicht gehalten, ihre eigenen Dividendeninteressen mit den Interessen der Gesellschaft sowie der Mitgesellschafter abzuwägen.[89] Verstöße gegen die Treuepflicht können zur Anfechtbarkeit des Feststellungsbeschlusses führen.[90] 51

84 I.V.m. § 52 Abs. 1 GmbHG, § 1 Abs. 1 Nr. 3 DrittelbG bzw. § 25 Abs. 1 Nr. 2 MitbestG.
85 BGH, ZIP 2009, 1111, 1113; *Haas/Kersting*, in: Baumbach/Hueck, GmbHG, § 42a Rn. 14.
86 *Kleindiek*, in: Lutter/Hommelhoff, GmbHG, § 42a Rn. 30.
87 *Paefgen*, in: Ulmer/Habersack/Löbbe, GmbHG, § 42a Rn. 38.
88 *Wicke*, GmbHG, § 42a Rn. 11; *Altmeppen*, in: Roth/Altmeppen, GmbHG, § 42a Rn. 34.
89 *Kleindiek*, in: Lutter/Hommelhoff, GmbHG, § 42a Rn. 29.
90 *Kleindiek*, in: Lutter/Hommelhoff, GmbHG, § 42a Rn. 29.

2. Durch die Gesellschafterversammlung

52 **Zuständig** für die Feststellung ist i.d.R. die Gesellschafterversammlung (vgl. § 46 Nr. 1), welche durch einfachen **Mehrheitsbeschluss** nach § 47 Abs. 1 beschließt.[91] Daher geht mit der Pflicht zur Vorlage des Jahresabschlusses zugleich die Pflicht zur Einberufung einer Gesellschafterversammlung einher.[92] Zwischen Vorlage und Gesellschafterversammlung muss ein hinreichender Zeitraum liegen, damit die Gesellschafter die Unterlagen auf Plausibilität überprüfen und sich eine fundierte Meinung zur Feststellung des Jahresabschlusses bilden können.

53 Diese Feststellungszuständigkeit der Gesellschafterversammlung ist **dispositiv** (vgl. § 45 Abs. 2), weshalb sie per Gesellschaftsvertrag einem Gesellschafterausschuss oder auch einem (oder mehreren) anderen Organen übertragen werden kann (vgl. bereits Rdn. 38).[93] Dabei kann es sich entweder um aus anderen Gründen bereits bestehende Organe handeln (bspw. Aufsichtsrat) oder um speziell für diesen Zweck im Gesellschaftsvertrag vorgesehene Institutionen[94] (z.B. Beirat).[95] Kommt es wegen Stimmgleichheit durch das Feststellungsorgan nicht zu einer Entscheidung, ist auch die Übertragung der Feststellungskompetenz auf einen externen Dritten in schiedsrichterlicher Funktion möglich.[96] Umstritten ist, ob auch die **Geschäftsführung** selbst mit der Feststellung betraut werden kann.[97] Dies ist mit der herrschenden Meinung[98] zu bejahen. Denn anders als bei der AG wird hierdurch eine Kontrolle durch die Gesellschafter nicht zwangsläufig unterbunden. Vielmehr können sie sich anhand der dennoch vorzulegenden Unterlagen (Rdn. 38) und durch Ausübung ihres allgemeinen Auskunftsrechts nach § 51a über den Jahresabschluss hinreichend informieren, zudem durch Ausübung ihres Weisungsrechts bei Bedarf auf seine Ausgestaltung Einfluss nehmen.

3. Form und Frist

54 Eine bestimmte **Form** ist für den Feststellungsbeschluss mangels anderweitiger gesetzlicher Regelungen **nicht erforderlich**, weshalb i.E. auch eine konkludente Beschlussfassung möglich ist.[99] Soweit darüber hinaus die Feststellung gar insgesamt als obsolet bzw. verzichtbar angesehen wird,[100] muss dieses Ergebnis am gegenteiligen Gesetzeswortlaut scheitern. Eine so weitgehende Abkehr vom Gesetz ist auch nicht erforderlich, da man in Fällen der Gewinnausschüttung ohne vorangehenden Feststellungsbeschluss (und u.U. auch ohne Ergebnisverwendungsbeschluss) zumindest eine konkludente Beschlussfassung im vorgenannten Sinne wird annehmen können.

55 Die Feststellung muss gemäß Abs. 2 Satz 1 **innerhalb der ersten 8 Monate** des nachfolgenden Geschäftsjahres erfolgen, bei kleinen (und damit auch Kleinst-) Kapitalgesellschaften (§ 42 Rdn. 22 f.) innerhalb der ersten **11 Monate**. Neben der Aufstellung, für die nach § 264 Abs. 1 Satz 3 bzw. 4 HGB eine Höchstfrist von 3 bzw. (bei kleinen Gesellschaften) 6 Monaten gilt, muss auch eine eventuelle Abschlussprüfung durch den Aufsichtsrat und/oder externe Prüfer innerhalb der Frist nach Satz 1 vorgenommen werden und bewirkt keine Verlängerung.[101] S. 2 der Norm bestimmt

91 *A/D/S*, § 42a GmbHG Rn. 35; *Bayer*, in: Lutter/Hommelhoff, GmbHG, § 46 Rn. 4; *Crezelius*, in: Scholz, GmbHG, § 42a Rn. 36 f.

92 *Altmeppen*, in: Roth/Altmeppen, GmbHG, § 42a Rn. 14.

93 BGHZ 84, 209, 214; *van Venrooy*, GmbHR 2003, 125, 126.

94 BGHZ 43, 261, 263 f.

95 *Haas/Kersting*, in: Baumbach/Hueck, GmbHG, § 42a Rn. 16.

96 BGHZ 43, 261, 263 f.

97 Verneinend *Hartmann*, Das neue Bilanzrecht und der Gesellschaftsvertrag der GmbH, 1986, S. 165 f.

98 *Haas/Kersting*, in: Baumbach/Hueck, GmbHG, § 42a Rn. 16; *A/D/S*, § 42a GmbHG Rn. 33; *Hommelhoff/Priester*, ZGR 1986, 463, 476 f.

99 BGH, WM 1971, 1082, 1084; *Tiedchen*, in: Rowedder/Schmidt-Leithoff, GmbHG, § 42a Rn. 58; *Crezelius*, in: Scholz, GmbHG, § 42a Rn. 36; *Haas/Kersting*, in: Baumbach/Hueck, GmbHG, § 42a Rn. 17; a.A. *Kleindiek*, in: Lutter/Hommelhoff, GmbHG, § 42a Rn. 35, der insofern eine förmliche Feststellung des Beschlussergebnisses im Hinblick auf die spätere Veröffentlichung des Jahresabschlusses fordert.

100 So *van Venrooy*, GmbHR 2003, 125, 132.

101 Vgl. *A/D/S*, § 42a GmbHG Rn. 38.

zudem, dass die Frist auch durch gesellschaftsvertragliche Regelung nicht verlängerbar ist, was eine zeitnahe Information der Rechnungslegungsadressaten sicherstellen soll. Eine Verkürzung kann im Umkehrschluss sehr wohl vorgesehen werden,[102] insgesamt muss aber noch genügend Zeit für eine hinreichend gründliche Aufstellung und ggf. Prüfung des Abschlusses bleiben.[103] Ein Fristversäumnis hat in Bezug auf den Jahresabschluss und dessen Feststellung selbst keine Auswirkungen, kann allerdings zu Ordnungsgeldern gegen die Geschäftsführer oder die Gesellschaft selbst nach § 335 HGB führen, wenn in der Folge auch die Offenlegungsfristen (dazu Anh. § 42a Rdn. 15) versäumt werden.[104]

4. Rechtliche Durchsetzung

Kommt ein Feststellungsbeschluss wegen Differenzen über den Jahresabschluss nicht zustande, ist eine **klageweise Durchsetzung** der Feststellung möglich.[105] Entweder kann gegen die Gesellschaft auf Feststellung eines bestimmten Jahresabschlusses geklagt werden, wobei das Gericht bei Erfolg rechtsgestaltend die Feststellung durch Urteil ersetzt; das setzt allerdings voraus, dass es nur eine richtige Ausgestaltung des Jahresabschlusses gibt, auf die sich die Klage richtet, was freilich selten – hauptsächlich beim Streit um einzelne Bilanzposten – der Fall sein wird.[106] Oder es wird gegen die Zustimmung verweigernde Gesellschafter im Wege der Leistungsklage aufgrund der gesellschafterlichen Treuepflicht vorgegangen,[107] was bei Erfolg ebenfalls eine Zustimmungsersetzung durch gerichtliches Urteil ermöglicht. Beide Varianten sind anzuerkennen, da ansonsten durch eine Verweigerung der Feststellung dem einzelnen Gesellschafter faktisch sanktionslos sein Recht auf Gewinnbeteiligung entzogen werden könnte. 56

II. Ergebnisverwendung

Der **festgestellte Jahresabschluss** bildet die Grundlage für den Beschluss über die Ergebnisverwendung. Beide Beschlüsse werden in der Praxis zwar regelmäßig gemeinsam gefasst, sind aber rechtlich eigenständig. Dem festgestellten Jahresabschluss kommt insoweit eine Ausschüttungsbemessungsfunktion zu. In der Folge erklärt der auf die GmbH entsprechend anwendbare[108] § 253 AktG für den Fall, dass die Feststellung des Jahresabschlusses nichtig ist, auch den Ergebnisverwendungsbeschluss für nichtig. Bereits vor der Feststellung des Jahresabschlusses besteht bei der GmbH jedoch die Möglichkeit einer Vorabausschüttung auf den erwarteten Jahresgewinn (vgl. § 29 Rdn. 35). 57

Weist der Jahresabschluss einen Jahresüberschuss aus, so kann dieser – nach Ergänzung um einen Gewinnvortrag bzw. Verringerung um einen Verlustvortrag – durch **Ergebnisverwendungsbeschluss** jeweils ganz oder teilweise an die Gesellschafter ausgeschüttet (§ 29 Abs. 1 Satz 1), in die (anderen) Gewinnrücklagen eingestellt und/oder auf neue Rechnung vorgetragen werden (§ 29 Abs. 2). § 268 Abs. 1 HGB erlaubt es jedoch auch, die Bilanz bereits unter Berücksichtigung der vollständigen oder teilweisen Verwendung des Jahresergebnisses aufzustellen; in diesem Fall ist statt eines Jahresüberschusses bzw. -fehlbetrags ein Bilanzgewinn bzw. -verlust auszuweisen. Bei nur teilweiser Verwendung ist dann auch für den Ergebnisverwendungsbeschluss vom Bilanzgewinn auszugehen (§ 29 Abs. 1 Satz 2). Der Ergebnisverwendungsbeschluss ist nach ganz herrschender 58

102 *Kleindiek*, in: Lutter/Hommelhoff, GmbHG, § 42a Rn. 31.
103 *A/D/S*, § 42a GmbHG Rn. 42; *Haas/Kersting*, in: Baumbach/Hueck, GmbHG, § 42a Rn. 19.
104 *Sagasser*, DB 1986, 2251.
105 *Zöllner/Noack*, in: Baumbach/Hueck, GmbHG, § 46 Rn. 12; *Zöllner*, ZGR 1988, 392, 416 f.; *Römermann*, in: Michalski, GmbHG, § 46 Rn. 49; a.A. *Bork/Oepen*, ZGR 2002, 241, 284.
106 *Zöllner/Noack*, in: Baumbach/Hueck, GmbHG, § 46 Rn. 12; *A/D/S*, § 42a GmbHG Rn. 36.
107 So *Haas*, in: Baumbach/Hueck, GmbHG, § 42a Rn. 20; *A/D/S*, § 42a GmbHG Rn. 36; tendenziell ablehnend *Zöllner/Noack*, in: Baumbach/Hueck, GmbHG, § 46 Rn. 13.
108 OLG Stuttgart, GmbHR 2004, 662, 663; OLG Hamm, AG 1992, 233, 234.

Meinung Voraussetzung für die Entstehung der Auszahlungsansprüche (als Gläubigerrecht des einzelnen Gesellschafters, vgl. § 14 Rdn. 50).[109]

59 Nach wohl herrschender Meinung **entfällt der Ergebnisverwendungsbeschluss** nach § 29, wenn es an einem verwendungsfähigen Gewinn fehlt. Dies betrifft zunächst den Fall, dass der Jahresabschluss einen Jahresfehlbetrag oder Bilanzverlust ausweist; da die Gesellschafter nicht unmittelbar am Verlust beteiligt sind, wird dieser (noch als Teil der Feststellung des Jahresabschlusses) in das folgende Geschäftsjahr vorgetragen.[110] Der Ergebnisverwendungsbeschluss entfällt auch, wenn die Gesellschaft aufgrund eines Gewinnabführungsvertrages i.S.d. § 291 Abs. 1 Satz 1, 2. Alt. AktG ihren ganzen Gewinn an einen anderen abzuführen hat[111] bzw. dieser andere nach § 302 AktG Verlustausgleich zu leisten hat. Schließlich entfällt der Ergebnisverwendungsbeschluss auch dann, wenn die Bilanz unter vollständiger Verwendung des Jahresergebnisses aufgestellt wurde und es aus diesem Grund an einem weiteren verwendungsfähigen Betrag fehlt.[112]

60 Der Ergebnisverwendungsbeschluss ist – mangels abweichender Regelung im Einzelfall – durch die **Gesellschafterversammlung mit einfacher Mehrheit** zu fassen. I.Ü. gilt grds. das zum Feststellungsbeschluss Gesagte entsprechend: Die Beschlusskompetenz ist auf andere Organe übertragbar (Rdn. 53)[113] – mit der Folge von Abgrenzungsschwierigkeiten, wenn für die Feststellung des Jahresabschlusses ein anderes Organ als für den Ergebnisverwendungsbeschluss zuständig ist. Die Beschlussfassung hat binnen 8-Monats-Frist, bei kleinen (und damit auch Kleinst-) Kapitalgesellschaften binnen 11-Monats-Frist zu erfolgen (Rdn. 55). Im Streitfall kann sie nach vorzugswürdiger Ansicht klageweise ggü. der Gesellschaft oder mitwirkungsunwilligen Gesellschaftern durchgesetzt werden (Rdn. 56).

F. Anwesenheit des Abschlussprüfers (Abs. 3)

61 Soweit eine externe Abschlussprüfung stattgefunden hat, kann der Abschlussprüfer nach § 42a Abs. 3 zur **Anwesenheit bei** den Verhandlungen über die **Feststellung des Jahresabschlusses** (nicht so bezüglich des Ergebnisverwendungsbeschlusses)[114] verpflichtet werden. Die Anwesenheitspflicht dient der Information der Gesellschafter,[115] welche an den Erkenntnissen des Abschlussprüfers so auch über dessen Bericht hinaus partizipieren sollen. Ein korrespondierendes Teilnahme*recht* des Prüfers besteht allerdings nicht.[116] Diese Grundsätze gelten auch für freiwillig vorgenommene Abschlussprüfungen, sofern nicht im Gesellschaftsvertrag oder im Geschäftsbesorgungsvertrag mit dem Prüfer Abweichendes bestimmt ist.[117]

62 Die Anwesenheitspflicht setzt das **Verlangen eines Gesellschafters** voraus. Es handelt sich um ein Individualrecht,[118] d.h. ein Versammlungsbeschluss ist nicht erforderlich.[119] Aufgrund dieses individualrechtlichen Charakters kann die Regelung im Gesellschaftsvertrag nur **abbedungen** werden, wenn dem alle Gesellschafter zugestimmt haben.[120] Ist die Kompetenz zur Feststellung des

109 Etwa *Fastrich*, in: Baumbach/Hueck, GmbHG, § 29 Rn. 42; a.A. *Hommelhoff*, in: Lutter/Hommelhoff, GmbHG, § 29 Rn. 4, dem zufolge die Auszahlungsansprüche bereits mit Feststellung entstehen und der Ergebnisverwendungsbeschluss lediglich Fälligkeitsvoraussetzung ist.

110 *Fastrich*, in: Baumbach/Hueck, GmbHG, § 29 Rn. 6, 10; *Sigloch/Weber*, in: Michalski, GmbHG, § 42a Rn. 7.

111 *Hommelhoff*, in: Lutter/Hommelhoff, GmbHG, § 29 Rn. 10.

112 *Fastrich*, in: Baumbach/Hueck, GmbHG, § 29 Rn. 13.

113 *Haas/Kersting*, in: Baumbach/Hueck, GmbHG, § 42a Rn. 35; ferner *Wicke*, GmbHG, § 42a Rn. 11.

114 *Altmeppen*, in: Roth/Altmeppen, GmbHG, § 42a Rn. 25 ff.; *Wicke*, GmbHG, § 42a Rn. 12.

115 *Sigloch/Weber*, in: Michalski, GmbHG, § 42a Rn. 8.

116 *Paefgen*, in: Ulmer/Habersack/Löbbe, GmbHG, § 42a Rn. 49; *A/D/S*, § 42a GmbHG Rn. 55.

117 *Sigloch/Weber*, in: Michalski, GmbHG, § 42a Rn. 8.

118 *Altmeppen*, in: Roth/Altmeppen, GmbHG, § 42a Rn. 25.

119 *Haas/Kersting*, in: Baumbach/Hueck, GmbHG, § 42a Rn. 43; *Kleindiek*, in: Lutter/Hommelhoff, GmbHG, § 42a Rn. 37.

120 *Haas*, in: Baumbach/Hueck, GmbHG, § 42a Rn. 42.

Jahresabschlusses auf ein anderes Organ übertragen (Rdn. 53), so steht dessen einzelnen Mitgliedern auch das Recht nach § 42a Abs. 3 zu, und zwar ausschließlich.[121] Denn § 42a Abs. 3 ist lediglich als Annex zur Feststellung konzipiert, nicht als hiervon unabhängiger allgemeiner Teil der Rechenschaftslegung.

Das Verlangen kann grds. jederzeit gestellt werden, darf aber nicht so kurzfristig erfolgen, dass dem Abschlussprüfer das Erscheinen nicht mehr zuzumuten ist.[122] Überhaupt ist von dem Verlangen des Gesellschafters die diesbezügliche **Aufforderung an den Abschlussprüfer** zu unterscheiden: Das Gesellschafterverlangen ist an die Geschäftsführer zu richten, die sodann den Abschlussprüfer zur Teilnahme an der Gesellschafterversammlung aufzufordern haben.[123] Die Anwesenheitspflicht trifft den Abschlussprüfer persönlich, bei Prüfungsgesellschaften den intern zuständigen Prüfungsleiter.[124] 63

Über den Wortlaut des § 42a Abs. 3 hinaus muss der Prüfer nicht nur anwesend sein, sondern auch **Fragen der Gesellschafter beantworten.**[125] Zur Fragestellung ist – in Parallele zum Verlangen der Anwesenheit – jeder einzelne Gesellschafter berechtigt.[126] Allein soweit zu befürchten steht, dass einzelne Gesellschafter die durch Fragen erlangten Informationen zum Schaden der Gesellschaft verwenden, kann in entsprechender Anwendung des § 51a durch die Gesamtversammlung beschlossen werden, dass die Auskunft auf eine bestimmte Frage zu unterbleiben hat.[127] 64

Verweigert der Abschlussprüfer die Teilnahme oder die Beantwortung der Fragen, so kann die Pflicht klageweise durchgesetzt werden, erforderlichenfalls auch im Wege der *»actio pro societate«* durch den verlangenden Gesellschafter selbst.[128] Wird trotz Ausbleibens des Abschlussprüfers oder Nichtbeantwortung der Fragen ein Feststellungsbeschluss gefasst, kann dieser u.U. angefochten werden (dazu noch Rdn. 89 f.).[129] 65

G. Konzernabschluss, IAS/IFRS-Einzelabschluss (Abs. 4)

§ 42a Abs. 4 Satz 1 befasst sich mit dem **Konzernabschluss nebst Konzernlagebericht.** Gem. § 290 HGB haben die gesetzlichen Vertreter einer Kapitalgesellschaft mit Sitz im Inland i.d.R. in den ersten 5 Monaten des Konzerngeschäftsjahres für das vergangene Konzerngeschäftsjahr einen Konzernabschluss und einen Konzernlagebericht aufzustellen, wenn die Gesellschaft auf (mindestens) ein Tochterunternehmen unmittelbar oder mittelbar einen beherrschenden Einfluss ausüben kann. Ist die GmbH hiernach zur Aufstellung eines Konzernabschlusses und eines Konzernlageberichts verpflichtet, sind die Regelungen des § 42a Abs. 1 bis 3 grds. entsprechend anzuwenden. Das gilt insb. für die Vorlage an die Gesellschafterversammlung, die (Konzern-) Abschlussprüfung, die Anwesenheitspflicht des Prüfers bei der Beschlussfassung über den Abschluss und die Möglichkeit der Übertragung der Beschlusskompetenz auf andere Organe sowie die Folgen hiervon.[130] 66

An die Stelle der »Feststellung« des Konzernabschlusses tritt nach § 46 Nr. 1b allerdings terminologisch dessen »**Billigung**«. Der Begriff der Billigung wurde gewählt, da der Konzernabschluss reine Informationsfunktion[131] besitzt und daher einer förmlichen, rechtsverbindlichen Feststellung nicht 67

---

121 So tendenziell auch *A/D/S*, § 42a GmbHG Rn. 56; a.A. *Kleindiek*, in: Lutter/Hommelhoff, GmbHG, § 42a Rn. 37.
122 *Altmeppen*, in: Roth/Altmeppen, GmbHG, § 42a Rn. 25; *A/D/S*, § 42a GmbHG Rn. 51.
123 *Haas/Kersting*, in: Baumbach/Hueck, GmbHG, § 42a Rn. 43.
124 *Kleindiek*, in: Lutter/Hommelhoff, GmbHG, § 42a Rn. 36.
125 *Hommelhoff/Priester*, ZGR 1986, 463, 496; *Kleindiek*, in: Lutter/Hommelhoff, GmbHG, § 42a Rn. 40; *Altmeppen*, in: Roth/Altmeppen, GmbHG, § 42a Rn. 28.
126 *Kleindiek*, in: Lutter/Hommelhoff, GmbHG, § 42a Rn. 40.
127 *Haas/Kersting*, in: Baumbach/Hueck, GmbHG, § 42a Rn. 45.
128 *Kleindiek*, in: Lutter/Hommelhoff, GmbHG, § 42a Rn. 42.
129 *A/D/S*, § 42a GmbHG Rn. 65; *Kleindiek*, in: Lutter/Hommelhoff, GmbHG, § 42a Rn. 42.
130 *Kleindiek*, in: Lutter/Hommelhoff, GmbHG, § 42a Rn. 49.
131 *Sigloch/Weber*, in: Michalski, GmbHG, § 42a Rn. 9.

zugänglich ist.[132] Da die Ergebnisverwendung weiterhin auf dem Einzelabschluss beruht, scheidet die entsprechende Anwendung von § 42a Abs. 2 insoweit aus, als dieser auf den Ergebnisverwendungsbeschluss rekurriert.

68 Gem. § 325 Abs. 2a, 2b HGB können offenlegungspflichtige Gesellschaften die Offenlegung ihres HGB-Jahresabschlusses vermeiden, wenn sie stattdessen einen **IAS/IFRS-konformen Einzelabschluss** und ggf. den Lagebericht nach § 289 HGB offenlegen sowie zusätzlich den Vermerk des Abschlussprüfers zu diesem Einzelabschluss und den Vorschlag für die Ergebnisverwendung nach HGB, ggf. mit dem zugehörigen Verwendungsbeschluss. Beschließen die Gesellschafter die Offenlegung eines solchen IAS/IFRS-Abschlusses, sind auf diesen § 42a Abs. 1 bis 3 gemäß Abs. 4 Satz 2 der Norm entsprechend anzuwenden. Auch hier gilt allerdings die Einschränkung, dass der Abschluss nicht festgestellt, sondern nach § 46 Nr. 1a lediglich gebilligt wird. Zudem kann die Ergebnisverwendung nicht auf ihm beruhen, weshalb die entsprechende Anwendung von § 42a Abs. 2 wiederum ausscheidet, soweit die Norm auf den Ergebnisverwendungsbeschluss rekurriert.

H. Änderung von Jahresabschlüssen

69 Für das Steuerrecht unterscheidet R 4.4 EStR 2010 zwischen der Bilanzberichtigung und der Bilanzänderung. Eine **Bilanzberichtigung** liegt danach vor, wenn ein unrichtiger, d.h. unzulässiger Bilanzansatz durch einen zulässigen ersetzt wird. Von einer **Bilanzänderung** spricht man dagegen, wenn ein zulässiger Bilanzansatz durch einen anderen, ebenfalls zulässigen Bilanzansatz ersetzt wird. Im Handelsrecht wird demgegenüber zumeist für beide Fälle einheitlich der Begriff der Änderung des Jahresabschlusses verwendet.[133]

70 Solange ein Jahresabschluss zwar aufgestellt, aber **noch nicht festgestellt** wurde, handelt es sich um einen bloßen Entwurf, der deshalb vor oder i.R.d. Feststellung ohne Weiteres noch geändert werden kann (dazu schon Rdn. 51). Die Änderung kann entweder noch durch die Geschäftsführung (als mit der Aufstellung betrautes Organ) oder auch erst durch die Gesellschafterversammlung i.R.d. Feststellung[134] erfolgen. Gleiches gilt für ein anderes Organ, sofern es nach dem Gesellschaftsvertrag ausnahmsweise für die Feststellung zuständig ist (vgl. Rdn. 53).

71 Auch wenn der Jahresabschluss **bereits festgestellt** wurde (und damit grundsätzlich Bindungswirkung erlangt hat), kann er in gewissen Grenzen noch berichtigt bzw. geändert werden.

72 Dies versteht sich von selbst, wenn der festgestellte Abschluss in einem solchen Maße fehlerhaft ist, dass er sogar **nichtig** ist. Da ein nichtiger Abschluss rechtlich nicht existent ist, kann er ohne Einschränkung jederzeit durch neuerliche Auf- und Feststellung »ersetzt« werden. Dies ist auch regelmäßig geboten,[135] da die Gesellschaft nur so ihren öffentlich-rechtlichen Rechnungslegungspflichten nachkommen kann. Ein Absehen von einer Ersetzung des nichtigen Beschlusses kommt nach wohl herrschender Meinung allerdings ausnahmsweise dann in Betracht, wenn bei weniger gravierenden Mängeln alsbald mit einer Heilung der Nichtigkeit durch Zeitablauf (dazu Rdn. 87) gerechnet werden kann.[136] Dem ist zuzustimmen, da nicht ersichtlich ist, warum die im Gesetz vorgesehene Heilungsmöglichkeit nur in Fällen verdeckt nichtiger Jahresabschlüsse zur Anwendung kommen sollte und nicht auch bewusst eingesetzt werden kann.[137]

---

132 *Crezelius*, in: Scholz, GmbHG, § 42a Rn. 57; *Roth*, in: Roth/Altmeppen, GmbHG, § 46 Rn. 13.

133 Vgl. *IDW*, Stellungnahme zur Rechnungslegung: Änderung von Jahres- und Konzernabschlüssen (IDW RS HFA 6), Tz. 5, WPg Supplement 2/2007, 77.

134 *Wicke*, GmbHG, § 42a Rn. 11; *Altmeppen*, in: Roth/Altmeppen, GmbHG, § 42a Rn. 36.

135 *IDW*, RS HFA 6, Tz. 15, WPg Supplement 2/2007, 77.

136 *IDW*, RS HFA 6, Tz. 16, WPg Supplement 2/2007, 77; *Hense*, WPg 1993, 716, 717; *Kowalski*, AG 1993, 502, 504 f. m.w.N.; *Kropff*, in: FS Budde, 1995, S. 341, 356 f.; a.A. *Altmeppen*, in: Roth/Altmeppen, GmbHG, § 42a Rn. 37; *Geist*, DStR 1996, 306, 307 ff.

137 *Kropff*, in: FS Budde, 1995, S. 341, 356 f.

Ist der festgestellte Abschluss hingegen **zwar fehlerhaft, aber nicht nichtig**, so ist für seine Berichtigung ein erneuter Beschluss der Gesellschafterversammlung nach § 46 Nr. 1 (oder des anderweitigen Feststellungsorgans) erforderlich. Die Fehlerbeseitigung ist hierfür ein ausreichender Grund, sofern die Fehler betrags- oder ausweismäßig von einigem Gewicht sind.[138] Eine Berichtigung ist zwingend geboten, wenn durch eine fehlerhafte Gewinnausschüttung zulasten der Gläubiger das Stammkapital der Gesellschaft geschmälert wurde, vgl. §§ 30, 31. In diesem Fall sind die Gesellschafter aufgrund ihrer Treuepflicht gehalten, einer Berichtigung zuzustimmen.[139] I.Ü. ist bei Gutgläubigkeit (§ 32) weitergehend die Zustimmung aller Gesellschafter erforderlich, wenn auf Basis des Abschlusses bereits ein Ergebnisverwendungsbeschluss gefasst wurde und durch die Berichtigung nachträglich in die Gewinnbezugsrechte der Gesellschafter eingegriffen wird.[140] 73

Die nachträgliche Änderung eines festgestellten **fehlerfreien Jahresabschlusses** ist nur zulässig, wenn die Änderung durch gewichtige rechtliche, wirtschaftliche oder steuerrechtliche Gründe gerechtfertigt ist.[141] Sie erfordert ebenfalls einen neuerlichen Beschluss der Gesellschafterversammlung (oder des sonst zuständigen Organs). Zudem müssen auch hier alle Gesellschafter zustimmen, sofern in ihre Gewinnbezugsrechte eingegriffen wird (vgl. Rdn. 73). 74

Wird ein festgestellter Jahresabschluss nachträglich geändert, so ist dies im Anhang analog § 284 Abs. 2 Nr. 2 HGB **offenzulegen** und zu begründen.[142] Außerdem kann eine **Nachtragsprüfung** nach § 316 Abs. 3 HGB erforderlich werden. 75

Konzernabschlüsse entfalten i.d.R. keine unmittelbaren rechtlichen Bindungs- und Folgewirkungen und werden auch lediglich gebilligt (§ 46 Nr. 1b). Ein HGB-Konzernabschluss kann grds. unter denselben Voraussetzungen geändert werden wie ein festgestellter Jahresabschluss; bei einem IFRS-Konzernabschluss sind zusätzlich die IAS/IFRS zu beachten.[143] 76

I. Folgen fehlerhafter Jahresabschlüsse

Die Fehlerhaftigkeit bewirkt – je nach Art und Schwere des Fehlers – entweder die Nichtigkeit oder zumindest die Anfechtbarkeit des Feststellungsbeschlusses (Rdn. 78 ff.). Weitere mögliche Folgen betreffen die Erteilung bzw. den Widerruf des Abschlussprüfertestats (Rdn. 93), die Wirksamkeit des Ergebnisverwendungsbeschlusses (Rdn. 94 f.) und die Haftung der für die Aufstellung verantwortlichen Geschäftsführer (Rdn. 96 f.). 77

I. Nichtigkeit/Anfechtbarkeit

78 Das GmbH-Recht selbst kennt keine Unterscheidung zwischen nichtigen und anfechtbaren Jahresabschlüssen (bzw. den entsprechenden Feststellungsbeschlüssen). Allerdings ist anerkannt, dass insofern weitestgehend eine Orientierung an den aktienrechtlichen Parallelvorschriften möglich ist.[144] Relevant ist daher insb. die Regelung des § 256 AktG, die verschiedene Nichtigkeitsgründe speziell in Bezug auf Jahresabschlüsse behandelt. Daneben gelten für andere Fehler bei Feststellung des Jahresabschlusses auch die regulären Grundsätze für fehlerhafte Gesellschafterbeschlüsse (dazu Anh. § 47 Rdn. 39 ff.). Insb. verbleibt den Gesellschaftern **neben der Nichtigkeitsklage (§ 256 AktG)** auch die Möglichkeit der **Anfechtungsklage**. Denn während § 257 Abs. 1 Satz 2 AktG für die AG eine Anfechtungsklage mit der Begründung, dass der Inhalt des Jahresabschlusses gegen Gesetz

138 *IDW*, RS HFA 6, Tz. 14, WPg Supplement 2/2007, 77.
139 *Haas/Kersting*, in: Baumbach/Hueck, GmbHG, § 42a Rn. 22.
140 *A/D/S*, § 42a GmbHG Rn. 51; *Haas/Kersting*, in: Baumbach/Hueck, GmbHG, § 42a Rn. 22.
141 *IDW*, RS HFA 6, Tz. 9, WPg Supplement 2/2007, 77.
142 *Haas/Kersting*, in: Baumbach/Hueck, GmbHG, § 42a Rn. 22 f.
143 Näher zur Änderung von Konzernabschlüssen *IDW*, RS HFA 6, Tz. 37 ff., WPg Supplement 2/2007, 77.
144 BGHZ 83, 341, 347; FG Nürnberg, BB 1987, 520, 521; *Altmeppen*, in: Roth/Altmeppen, GmbHG, § 42a Rn. 37; *Römermann*, in: Michalski, GmbHG, Anh. § 47 Rn. 187.

oder Satzung verstößt, ausschließt, gilt dies für die GmbH nach herrschender Meinung nicht.[145] § 257 Abs. 1 Satz 2 AktG ist insoweit vor dem Hintergrund der Sonderprüfung bei unzulässiger Unterbewertung gem. §§ 258 ff. AktG zu sehen, die ebenfalls nicht auf die GmbH übertragbar ist.

79 **Konzernabschlüsse** entfalten i.d.R. keine unmittelbaren rechtlichen Bindungs- und Folgewirkungen; die Vorschriften über die Nichtigkeit von Jahresabschlüssen (§ 256 AktG) sind daher auf sie weder unmittelbar noch entsprechend anzuwenden.[146]

1. Nichtigkeit entsprechend § 256 AktG

80 Entsprechend **§ 256 Abs. 1 Nr. 1 AktG** ist der Jahresabschluss nichtig, wenn er inhaltlich gegen **gläubigerschützende Vorschriften** verstößt. Insoweit sind, wie sich aus einem Vergleich mit dem Wortlaut der Nr. 4 einerseits und den Abs. 4 und 5 andererseits ergibt, ausschließlich gesetzliche Bestimmungen relevant.[147] Ein Verstoß gegen gesellschaftsvertragliche Bestimmungen führt, auch wenn sie dem Gläubigerschutz dienen, lediglich zur Anfechtbarkeit des Beschlusses.[148] Unter § 256 Abs. 1 Nr. 1 AktG fällt vor allem das völlige Fehlen einzelner Bestandteile des Abschlusses (vgl. oben Rdn. 3). Fehlt hingegen lediglich der – neben den Jahresabschluss tretende – Lagebericht (Rdn. 13), führt das nicht zur Nichtigkeit, sondern allenfalls zur Anfechtbarkeit des Feststellungsbeschlusses.[149] I.Ü. wird es sich typischerweise um Gliederungs-, Ansatz- oder Bewertungsfehler handeln, für die § 256 Abs. 4 und 5 AktG die Generalnorm des Abs. 1 Nr. 1 nochmals besonders interpretieren und auch begrenzen.[150] Überhaupt ist die Nichtigkeitsfolge auf Verstöße zu beschränken, die von einigem Gewicht sind;[151] § 256 Abs. 4 AktG (»wesentliche Beeinträchtigung«) bringt insoweit ein allgemeines Prinzip zum Ausdruck.[152]

81 Entsprechend **§ 256 Abs. 1 Nr. 2, 3 AktG** können bei prüfungspflichtigen Gesellschaften (Rdn. 25) auch Unregelmäßigkeiten im Zusammenhang mit der **gesetzlichen Pflichtprüfung** zur Nichtigkeit führen. Das ist nach Nr. 2 zunächst der Fall, wenn eine gesetzlich vorgeschriebene Prüfung vollständig unterblieben ist. Dem stehen Prüfungen gleich, die zwar vorgenommen wurden, aber nicht den gesetzlichen Mindeststandards in Bezug auf Umfang und Prüfungsmaßstäbe genügen.[153] Nach Nr. 3 führt es ebenfalls zur Nichtigkeit, wenn der Abschlussprüfer nicht die nötige Qualifikation besessen hat (Rdn. 26) oder aus bestimmten anderen als Befangenheitsgründen nicht (wirksam) zum Prüfer bestellt worden ist.[154] Daneben ist nach den Eingangsworten des § 256 Abs. 1 AktG auch die (entsprechend anwendbare[155]) Regelung des **§ 173 Abs. 3 Satz 2 AktG** zu beachten, wonach geprüfte Jahresabschlüsse nichtig werden, wenn sie im Anschluss an die Prüfung geändert und in dieser Form festgestellt werden und nicht binnen 2 Wochen ein uneingeschränkter Bestätigungsvermerk in Bezug auf die Änderung erteilt wird. Bei Feststellung eines *nach Prüfung* geänderten Abschlusses wirkt sich die Einschränkung oder Nichterteilung des Bestätigungsvermerks somit ausnahmsweise auf die Wirksamkeit des Jahresabschlusses aus (vgl. für den Regelfall Rdn. 31).[156] Sonstige Fehler im Bereich der Abschlussprüfung führen im Umkehrschluss allenfalls zur Anfechtbarkeit, nicht aber zur Nichtigkeit des Jahresabschlusses.

145 BGHZ 137, 378, 386; KG, NZG 2001, 845, 846; *Haas/Kersting*, in: Baumbach/Hueck, GmbHG, § 42a Rn. 24; *Römermann*, in: Michalski, GmbHG, Anh. § 47 Rn. 189.
146 *IDW*, RS HFA 6, Tz. 37, WPg Supplement 2/2007, 77.
147 *Rölike*, in: Spindler/Stilz, AktG, § 256 Rn. 21.
148 *Römermann*, in: Michalski, GmbHG, Anh. § 47 Rn. 198.
149 *Haas/Kersting*, in: Baumbach/Hueck, GmbHG, § 42a Rn. 25.
150 BGHZ 124, 111, 117 f.; *Hüffer*, AktG, § 256 Rn. 7; *Rölike*, in: Spindler/Stilz, AktG, § 256 Rn. 23.
151 *Römermann*, in: Michalski, GmbHG, Anh. § 47 Rn. 199.
152 *Rölike*, in: Spindler/Stilz, AktG, § 256 Rn. 24.
153 OLG Stuttgart, NZG 2009, 951; *Hüffer*, AktG, § 256 Rn. 10 ff.
154 Näher *Koch*, in: Hüffer/Koch, AktG, § 256 Rn. 13 f.
155 *A/D/S*, § 42a GmbHG Rn. 48.
156 Vgl. *Hennrichs/Pöschke*, in: MünchKommAktG, § 173 Rn. 56.

§ 256 Abs. 1 Nr. 4 AktG ordnet zunächst die Nichtigkeit solcher Jahresabschlüsse an, bei denen unter Verstoß gegen Gesetzesvorschriften zu weitgehende Entnahmen aus Kapital- bzw. Gewinnrücklagen getätigt wurden oder keine hinreichenden Einstellungen in entsprechende Rücklagen stattgefunden haben. Insoweit einschlägige **gesetzliche Vorschriften zur Rücklagenbildung** sind für die GmbH § 272 Abs. 2 bis 4 HGB sowie §§ 42 Abs. 2 Satz 3, 58b Abs. 2, 3 und 58c. Sofern die in Bezug genommenen gesetzlichen Regelungen dem Gläubigerschutz dienen, geht Nr. 4 als Spezialvorschrift der Nr. 1 vor. Soweit Nr. 4 auch bei Verstößen des Jahresabschlusses gegen gesellschaftsvertragliche Regelungen zur Rücklagenbildung die Nichtigkeitsfolge anordnet, ist dies im Zusammenhang mit § 257 Abs. 1 Satz 2 AktG zu sehen, der eine Anfechtung bei der AG in diesen Fällen ausschließt. Da dieser Ausschluss nicht auf die GmbH übertragbar ist (Rdn. 78), genügt hier die Anfechtbarkeit und ist eine Nichtigkeitsfolge bei Gesellschaftsvertragsverstößen abzulehnen.[157] 82

Gem. § 256 **Abs. 2 AktG** sind Jahresabschlüsse, die ohne ordnungsgemäße Mitwirkung von Vorstand oder Aufsichtsrat festgestellt wurden, nichtig. Diese Bestimmung ist auf die GmbH nicht entsprechend anwendbar, da die Abschlussfeststellung bei der GmbH grds. nicht der Geschäftsführung und dem ggf. vorhandenen Aufsichtsrat, sondern allein der Gesellschafterversammlung obliegt.[158] Selbst wenn ausnahmsweise durch Gesellschaftsvertrag die Feststellungskompetenz auf Geschäftsführung (und ggf. Aufsichtsrat) verlagert ist (zur Übertragbarkeit Rdn. 53), würde insoweit doch nur eine gesellschaftsvertragliche, keine gesetzliche Regelung verletzt (mit der Folge einer etwaigen Anfechtbarkeit). 83

§ 256 Abs. 3 Nr. 1 und 2 AktG ordnen die Nichtigkeit von Jahresabschlüssen an, die durch die Hauptversammlung unter Verstoß gegen verschiedene **Einberufungs- bzw. Beurkundungspflichten** festgestellt wurden. Im Aktienrecht kommt eine Anwendung der Regelung nur im Ausnahmefall in Betracht, wenn abweichend von der regulären Feststellungszuständigkeit von Vorstand und Aufsichtsrat diese der Hauptversammlung übertragen ist. Da in der GmbH die Feststellung durch die Gesellschafterversammlung der Normalfall ist (vgl. Rdn. 52) ist, jedoch weder deren Gang noch die Beschlussergebnisse beurkundet werden müssen, ist Nr. 1 auf die GmbH entsprechend anzuwenden, nicht dagegen Nr. 2.[159] Schließlich ordnet **Nr. 3** die Nichtigkeit solcher Jahresabschlüsse an, deren Feststellung wirksam angefochten wurde (dazu noch Rdn. 92). Auch wenn man zwischen dem Jahresabschluss als solchem und dem Feststellungsbeschluss differenziert,[160] ergibt sich dies bereits aus der Natur der Sache. 84

Entsprechend **§ 256 Abs. 4 AktG** führen Verstöße gegen die **Gliederungsvorschriften** nur zur Nichtigkeit des Jahresabschlusses, wenn dadurch seine Klarheit und Übersichtlichkeit wesentlich beeinträchtigt wird. Abs. 4 bringt damit ein **allgemeines Prinzip** zum Ausdruck, das auf alle in § 256 AktG genannten Inhaltsmängel Anwendung findet: Ganz unwesentliche Verstöße können die Darstellung der Vermögens-, Finanz- und Ertragslage im Jahresabschluss (vgl. § 264 Abs. 2 HGB) nicht ernsthaft beeinträchtigen und rechtfertigen daher nicht die schweren Konsequenzen eines nichtigen Jahresabschlusses.[161] Im Rahmen des Abs. 4 ist insoweit eine Einzelfallentscheidung zu treffen; hierbei kann als Orientierungshilfe dienen, ob ein Verstoß gegen die Gliederungsvorschrift gem. § 334 HGB als Ordnungswidrigkeit geahndet wird.[162] Der in Abs. 4 weiter angesprochene **Formblattzwang** (vgl. § 330 HGB) besteht derzeit u.a. für Kreditinstitute, Versicherungsunternehmen, Verkehrsunternehmen und Wohnungsunternehmen.[163] 85

157 *Haas/Kersting*, in: Baumbach/Hueck, GmbHG, § 42a Rn. 28; *Römermann*, in: Michalski, GmbHG, Anh. § 47 Rn. 190.
158 *Haas/Kersting*, in: Baumbach/Hueck, GmbHG, § 42a Rn. 24; *Römermann*, in: Michalski, GmbHG, Anh. § 47 Rn. 188.
159 *A/D/S*, § 256 AktG Rn. 101.
160 Vgl. *Hennrichs*, ZHR 168, 387.
161 *Rölike*, in: Spindler/Stilz, AktG, § 256 Rn. 24; vgl. auch BGH, NJW 2007, 1685, 1690.
162 *Rölike*, in: Spindler/Stilz, AktG, § 256 Rn. 60; zurückhaltend: *J. Koch*, in: MünchKommAktG, § 256 Rn. 54.
163 Übersicht bei *Winkeljohann/Lawall*, in: BeckBilKomm, § 330 HGB Rn. 20.

86 § 256 Abs. 5 AktG unterscheidet (als praktisch wichtigster Nichtigkeitsgrund) bei Verstößen gegen **Bewertungsvorschriften** zwischen der Überbewertung und der Unterbewertung von Posten. Liegt eine **Überbewertung** vor, führt dies nach Satz 1 Nr. 1 im Zweifel zur Nichtigkeit des Jahresabschlusses, weil das Jahresergebnis zu hoch ausgewiesen wird, was übermäßige und damit den Gläubigerschutz beeinträchtigende Ausschüttungen ermöglichen würde. »Überbewertet« sind nach der Legaldefinition des Satzes 2 Aktivposten, wenn sie zu hoch, Passivposten, wenn sie zu niedrig angesetzt sind. Eine **Unterbewertung** führt hingegen nur dann zur Nichtigkeit des Jahresabschlusses, wenn dadurch die Vermögens- und Ertragslage der Gesellschaft vorsätzlich unrichtig wiedergegeben oder verschleiert wird. »Unterbewertet« sind Aktivposten, wenn sie zu niedrig, Passivposten, wenn sie zu hoch angesetzt sind (Satz 3), da beides zum Ausweis eines zu niedrigen Jahresergebnisses führt. Das Gesetz ordnet hierbei die Nichtigkeit des Jahresabschlusses nur unter den zusätzlichen Voraussetzungen an, dass subjektiv ein Vorsatzelement (bedingter Vorsatz[164] allein der aufstellenden Organmitglieder genügt)[165] vorliegt und objektiv ein unrichtiges Bild der Vermögens- oder[166] Ertragslage der Gesellschaft wiedergegeben wird. Der Über- bzw. Unterbewertung i.S.d. § 256 Abs. 5 AktG stehen nach herrschender Meinung Verstöße gegen **Ansatzvorschriften** gleich.[167] Praktisch häufigster Fall ist das Fehlen gebotener Rückstellungen.[168]

87 Nach dem ebenfalls entsprechend anwendbaren[169] **§ 256 Abs. 6 AktG** kommt in bestimmten Fällen der Nichtigkeit eine **Heilung** in Betracht. Voraussetzung ist stets, dass der Jahresabschluss gem. § 325 Abs. 2 HGB veröffentlicht wurde (dazu Anh. § 42a Rdn. 20 f.).[170] Sind seitdem 6 Monate vergangen, ist die Nichtigkeit gem. § 256 Abs. 1 Nr. 3 (fehlerhafte Prüferbestellung) und 4 AktG (fehlerhafte Bildung/Auflösung von Rücklagen) sowie gemäß Abs. 3 Nr. 1 (Einberufungsfehler) geheilt. 3 Jahre nach der Veröffentlichung sind zudem auch Verstöße gegen § 256 Abs. 1 Nr. 1 AktG (Verletzung gläubigerschützender Vorschriften) sowie Abs. 4 (fehlerhafte Gliederung) und Abs. 5 (Über-/Unterbewertung) geheilt. Bei sonstigen, in Abs. 6 Satz 1 nicht genannten Verstößen gegen § 256 AktG scheidet im Umkehrschluss eine Heilung aus; dies betrifft Abs. 1 Nr. 2 (fehlende Abschlussprüfung) und Abs. 3 Nr. 3 (erfolgreiche Anfechtungsklage).

88 Die Frist läuft nach § 256 Abs. 6 Satz 2 AktG nicht ab, solange eine Nichtigkeitsfeststellungsklage rechtshängig und noch n.rk. entscheiden ist. Wird der Klage stattgegeben, ist der Jahresabschluss nichtig, bei rechtskräftiger Abweisung wird der Fehler hingegen endgültig unbeachtlich.

2. Anfechtbarkeit

89 Für die Anfechtung von Feststellungsbeschlüssen gelten die **allgemeinen Regeln** (dazu ausführlich Anh. § 47 Rdn. 39 ff.). Auch hier findet eine Orientierung am Aktienrecht statt; Voraussetzung der Anfechtung ist mithin das Vorliegen eines Gesetzes- oder Satzungsverstoßes i.S.d. § 243 Abs. 1 AktG.[171] Ein solcher kann entweder in Form allgemeiner Beschlussmängel (Verfahrensfehler) gegeben sein, oder in einem inhaltlichen Verstoß des Jahresabschlusses selbst gegen geltendes Recht oder Satzungsbestimmungen liegen (Inhaltsfehler);[172] denn § 257 Abs. 1 Satz 2 AktG, der für die AG die Anfechtung wegen solcher Inhaltsfehler ausschließt, ist auf die GmbH nicht entsprechend

164 BGHZ 124, 111, 120; 137, 378, 384.

165 *Koch*, in: Hüffer/Koch, AktG, § 256 Rn. 27.

166 *Koch*, in: Hüffer/Koch, AktG, § 256 Rn. 26a.

167 LG Düsseldorf, AG 1989, 140, 141 f.; LG Stuttgart, DB 2001, 1025 f.; *Koch*, in: Hüffer/Koch, AktG, § 256 Rn. 25 f.; *Rölike*, in: Spindler/Stilz, AktG, § 256 Rn. 67; a.A. *Römermann*, in: Michalski, GmbHG, Anh. § 47 Rn. 197, 211, der entsprechende Verstöße unter § 256 Abs. 1 Nr. 1 AktG verorten will.

168 Vgl. BGHZ 83, 341, 347 ff.

169 BGHZ 80, 212; *Haas/Kersting*, in: Baumbach/Hueck, GmbHG, § 42a Rn. 32; *Geßler*, in: FS Goerdeler, 1987, S. 127, 143.

170 *Haas/Kersting*, in: Baumbach/Hueck, GmbHG, § 42a Rn. 32.

171 Vgl. *Haas/Kersting*, in: Baumbach/Hueck, GmbHG, § 42a Rn. 33.

172 Zur Abgrenzung von Verfahrens- und Inhaltsfehlern vgl. *Hüffer/Schäfer*, in: MünchKommAktG, § 243 Rn. 25.

anwendbar.[173] Soweit entsprechende Fehler nicht bereits nach vorstehenden Grundsätzen zur Nichtigkeit des Jahresabschlusses führen, machen sie seine Feststellung zumindest anfechtbar. Eine Ausnahme besteht nur für gänzlich unbedeutende Verstöße, diese bleiben ohne Folgen.[174]

Das **Anfechtungsrecht** steht den Gesellschaftern nach herrschender Meinung auch dann zu, wenn die Feststellungskompetenz auf ein anderes Organ übertragen wurde und sie deshalb keinen (eigenen) Feststellungsbeschluss gefasst haben.[175] Dem ist zuzustimmen, da nur so ein effektiver Rechtsschutz in diesem für das Gewinnbezugsrecht der Gesellschafter wesentlichen Bereich gewährleistet ist. 90

3. Geltendmachung

Die **Nichtigkeit** eines Jahresabschlusses tritt bereits ex lege ein und bedarf keines weiteren Bestätigungsaktes. Auf sie kann man sich jederzeit, ohne förmliches Verfahren, berufen.[176] Zudem kann sie auch förmlich mittels allgemeiner Feststellungsklage (§ 256 ZPO) oder nach §§ 256 Abs. 7 Satz 1, 249 AktG analog durch spezielle Nichtigkeitsklage[177] geltend gemacht werden. Letztere zeichnet sich ggü. der regulären Feststellungsklage dadurch aus, dass sie nicht nur inter partes, sondern gem. § 248 AktG inter omnes wirkt.[178] 91

Beruht ein Jahresabschluss auf einem lediglich **anfechtbaren** Feststellungsbeschluss, ist er zunächst wirksam.[179] Der Feststellungsbeschluss kann allerdings mit der Anfechtungsklage entsprechend §§ 243 ff. AktG angegriffen werden. Wird ihr stattgegeben, bewirkt dies die Nichtigkeit des Feststellungsbeschlusses und damit gem. § 256 Abs. 3 Nr. 3 AktG auch des Jahresabschlusses als solchem. Zum Nebeneinander von Nichtigkeits- und Anfechtungsklage bei der GmbH vgl. bereits Rdn. 78. 92

II. Folgen für die Abschlussprüfung

Die Abschlussprüfung dient der Aufdeckung eventueller Fehler des Jahresabschlusses. Treten solche zutage und werden sie nicht berichtigt, kann das je nach Intensität zu einer bloßen Bemerkung im Prüfungsbericht ohne Einschränkung des Bestätigungsvermerks, zur Einschränkung des Bestätigungsvermerks oder sogar zu seiner vollständigen Versagung führen (Rdn. 30). Entsprechend kann bei nachträglichem Bekanntwerden von fehlerhaften Angaben im Jahresabschluss das Testat noch eingeschränkt oder widerrufen werden.[180] 93

III. Folgen für die Ergebnisverwendung

Voraussetzung der Fassung eines Ergebnisverwendungsbeschlusses ist das Vorliegen eines wirksamen Jahresabschlusses. Ist dieser nichtig oder infolge einer erfolgreichen Anfechtung für nichtig erklärt, zieht dies nach der analog anwendbaren[181] Regelung des **§ 253 Abs. 1 Satz 1 AktG** auch die Nichtigkeit des Ergebnisverwendungsbeschlusses nach sich.[182] In der Folge dürfen keine Gewinne (mehr) ausgeschüttet werden; vielmehr muss zunächst ein neuer Jahresabschluss festgestellt und darauf aufbauend ein neuer Ergebnisverwendungsbeschluss gefasst werden. Wurden Gewinne bereits ausgeschüttet, so sind 94

---

173 BGHZ 137, 378, 386; KG, NZG 2001, 845, 846; *J. Koch*, in: MünchKommAktG, § 257 Rn. 16; *Römermann*, in: Michalski, GmbHG, Anh. § 47 Rn. 189.
174 *Haas/Kersting*, in: Baumbach/Hueck, GmbHG, § 42a Rn. 33.
175 BGHZ 43, 261, 265; OLG Düsseldorf, GmbHR 1983, 124, 125; *A/D/S*, § 42a GmbHG Rn. 33.
176 Vgl. *Wicke*, GmbHG, Anhang § 47 Rn. 10; *Römermann*, in: Michalski, GmbHG, Anh. § 47 Rn. 234.
177 *Wicke*, GmbHG, Anhang § 47 Rn. 11.
178 *Roth*, in: Roth/Altmeppen, GmbHG, Anh. § 47 Rn. 101; *Göb/Nebel*, NZI 2018, 12, 17.
179 *Wicke*, GmbHG, Anhang § 47 Rn. 17; *Römermann*, in: Michalski, GmbHG, Anh. § 47 Rn. 262.
180 Ausführlich *Schmidt/Küster*, in: BeckBilKomm, § 322 HGB Rn. 170 ff.
181 *Römermann*, in: Michalski, GmbHG, Anh. § 47 Rn. 215; *A/D/S*, § 42a GmbHG Rn. 50.
182 *Bayer*, in: Lutter/Hommelhoff, GmbHG, Anh zu § 47 Rn. 24; *Römermann*, in: Michalski, GmbHG, Anh. § 47 Rn. 217; zur Rechtslage im Aktienrecht bspw. *Hennrichs*, ZHR 168, 390.

diese nach §§ 30, 31 Abs. 1 zurückzugewähren, sofern durch ihre Ausschüttung das Stammkapital angetastet wurde. Waren die betreffenden Gesellschafter bei der Auszahlung in gutem Glauben, gilt dies nach § 31 Abs. 2 allerdings nur, sofern die Rückzahlung zur Befriedigung der Gläubiger erforderlich ist (näher dazu § 31 Rdn. 24 ff.). Außerhalb des Bereichs der Kapitalerhaltung sind gutgläubige Gesellschafter vor Rückzahlungsansprüchen noch weitergehend durch § 32 geschützt.

95 Bei Bestehen eines Beherrschungs- oder Gewinnabführungsvertrages wird die Höhe des **Verlustausgleichsanspruchs nach § 302 AktG** nach der Rechtsprechung des BGH nicht durch den festgestellten Jahresabschluss verbindlich festgelegt, sondern durch den zum Bilanzstichtag bei fehlerfreier Bilanzierung auszuweisenden Fehlbetrag bestimmt.[183] Eine auf Verlustausgleich klagende (ehemalige) Untergesellschaft muss daher nicht die Nichtigkeit des Jahresabschlusses darlegen, sondern nur den bei objektiv richtiger Bilanzierung sich ergebenden Fehlbetrag. Ob diese Rechtsprechung auch auf die Berechnung eines abzuführenden Gewinns (als »andere Seite der Medaille«) übertragbar ist, ist zweifelhaft.[184]

IV. Haftungsfolgen

96 Die fehlerhafte Aufstellung des Jahresabschlusses ist ein **Sorgfaltspflichtverstoß**, der zur Haftung der Geschäftsführer nach § 43 Abs. 2 führen kann. Zu einem anspruchsbegründenden Schaden der Gesellschaft dürfte es in erster Linie kommen, wenn aufgrund des fehlerhaften Jahresabschlusses Gewinnausschüttungen stattgefunden haben. Soweit diese gegen § 30 Abs. 1 verstoßen, sprich das Stammkapital angreifen, normiert § 43 Abs. 3 Satz 1, 1. Alt. daher explizit eine Ersatzpflicht der Geschäftsführer. Der Ersatzanspruch tritt neben den Rückzahlungsanspruch gegen den Gesellschafter (dazu bereits Rdn. 94), wobei im Innenverhältnis zur Geschäftsführung regelmäßig der jeweilige Gesellschafter allein verpflichtet ist.[185] Daher ist der Anspruch vor allem dann von Bedeutung, wenn eine Rückzahlungspflicht des Gesellschafters wegen Gutgläubigkeit nach § 31 Abs. 2 ausscheidet (dazu § 31 Rdn. 24 ff.).

97 Eine darüber hinausgehende Haftung der Geschäftsführer ist allerdings aufgrund der Formulierung des § 43 Abs. 3 Satz 1, 1. Alt. (»insbesondere«) nicht ausgeschlossen. Eine solche kommt bspw. bezüglich solcher Ausschüttungen in Betracht, bei denen mangels Verletzung des Stammkapitals nach § 30 Abs. 1 keine Rückzahlungspflicht der begünstigten, gutgläubigen (§ 33) Gesellschafter besteht. Aber auch weitere Folgeschäden in Form von Rechtsverfolgungskosten ggü. einem säumigen Gesellschafter o.ä. sind denkbare Schadensposten. In diesen Fällen folgt der Schadensersatzanspruch aus der allgemeinen Regelung des § 43 Abs. 2.

Anhang zu § 42a Publizität

Schrifttum

Giedinghagen, Rückwirkende Befreiung von den Offenlegungspflichten i.S.d. §§ 264a, 325 ff. HGB?, NZG 2007, 933; *Grashoff*, Die handelsrechtliche Rechnungslegung durch den Insolvenzverwalter nach Inkrafttreten des EHUG, NZI 2008, 65; *Jansen*, Publizitätsverweigerung deutscher GmbH und ihre Sanktionen im Lichte des KapCoRiLiG, DStR 1999, 1490; *Kropff*, Der »Jahresabschluß«: Ist er ein Jahresabschluß?, FS Peltzer, 2001, S. 219; *Küting/Eichenlaub*, Verabschiedung des MicroBilG – Der »vereinfachte« Jahresabschluss für Kleinstkapitalgesellschaften, DStR 2012, 2615; *Lück*, Offenlegungspflichten für die »kleinen« GmbH nach dem Bilanzrichtlinien-Gesetz, GmbHR 1987, 42; *Meier*, Private Enforcement durch das Lauterkeitsrecht, GRUR 2019, 581; *Schlauß*, Das neue Ordnungsgeldverfahren bei Verletzung der Publizitätspflicht, DB 2007, 2191; *C. H. Schmidt*, Jahresabschlußpublizität bei der GmbH & Co. KG – Luxemburg locuta, causa finita, GmbHR 2004, 1512; *Stollenwerk/Krieg*, Das Ordnungsgeldverfahren nach dem EHUG, GmbHR 2008, 575; *Wenzel*, Ordnungsgeldverfahren nach § 335 HGB wegen unterlassener Offenlegung von Jahresabschlüssen, BB 2008, 769; *Zwirner/Froschhammer*, Änderungen des handelsrechtlichen Ordnungsgeldverfahrens – Erleichterungen insbesondere für kleine Unternehmen, BC 2013, 516.

---

183 BGH, ZIP 2005, 854, 855; a.A. *Hennrichs*, ZHR 174(2010), 683 und *Krieger*, NZG 2005, 787.

184 Ablehnend *Wolf*, NZG 2007, 641.

185 *Haas/Kersting*, in: Baumbach/Hueck, GmbHG, § 43 Rn. 49; *Kleindiek*, in: Lutter/Hommelhoff, GmbHG, § 43 Rn. 47.

Übersicht **Rdn.**

A. Überblick

1 Bei der GmbH als Kapitalgesellschaft dient die Rechnungslegung nicht nur internen Kontrollzwecken. Vielmehr sind gem. §§ 325 ff. HGB der Jahresabschluss und diverse weitere Dokumente über den Bundesanzeiger der Öffentlichkeit zugänglich zu machen (**externe Publizität**). Gleiches gilt grds. auch für die GmbH & Co. KG, solange an ihr keine natürliche Person als Vollhafter beteiligt ist, vgl. § 264a Abs. 1 HGB.[1]

2 **Zweck** der externen Publizität ist die Information von (potenziellen und aktuellen) Geschäftspartnern und Gläubigern über die wirtschaftliche Lage der Gesellschaft.[2] Dies soll sowohl einen Funktionsschutz des Marktes im Allgemeinen wie auch einen Individualschutz der Marktteilnehmer im Einzelnen bewirken.[3] Im Ergebnis soll durch Schaffung von mehr Transparenz den mit einer Haftungsbeschränkung für Gläubiger verbundenen Gefahren entgegengewirkt werden.[4] Zudem dient die Publizität der Verhaltensteuerung, indem die betroffenen Gesellschaften zur Selbstkontrolle[5] und zu seriösem Geschäftsgebaren angehalten werden sollen.[6]

3 Die externe Publizität erfolgt formal in **zwei Schritten**: In einem ersten Schritt sind die Rechnungslegungsunterlagen beim Betreiber des Bundesanzeigers einzureichen (§ 325 Abs. 1 HGB). In einem zweiten Schritt sind die eingereichten Unterlagen bekannt zu machen (§ 325 Abs. 2 HGB). Sowohl Einreichung als auch Bekanntmachung finden infolge des EHUG[7] elektronisch statt. Der Einreichung dient die Website des Bundesanzeigers www. bundesanzeiger.de. Über eine Suchfunktion auf dieser Website sind zudem auch die Bekanntmachungen selbst ersichtlich. Zusätzlich wurde zum Zweck der Bekanntmachung die Website www.publikations-plattform.de aufgesetzt. Schließlich sind die Rechnungslegungsunterlagen auch über das ebenfalls durch das EHUG geschaffene elektronische Unternehmensregister (www.unternehmensregister.de) gem. § 8b Abs. 2 Nr. 4 HGB einsehbar. Im Handelsregister werden die Unterlagen der Rechnungslegung dagegen nicht mehr

1 Näher zur somit bei der Kapitalgesellschaft & Co. KG möglichen Publizitätsvermeidung durch Aufnahme einer natürlichen Person als Vollhafter LG Osnabrück, GmbHR 2005, 1618; *Giedinghagen*, NZG 2007, 933 ff.; *Schmidt*, GmbHR 2004, 1512 ff.

2 *Fehrenbacher*, in: MünchKommHGB, § 325 Rn. 7.

3 *Merkt*, in: Baumbach/Hopt, HGB, § 325 Rn. 1; *Zetzsche*, in: KK-Rechnungslegung, § 325 HGB Rn. 1.

4 *Zetzsche*, in: KK-Rechnungslegung, Vor § 325 HGB Rn. 2 f.; *Kleindiek*, in: Lutter/Hommelhoff, GmbHG, Anh zu § 42a Rn. 2.

5 OLG Frankfurt am Main, ZIP 1993, 1232, 1235.

6 *Kleindiek*, in: Lutter/Hommelhoff, GmbHG, Anh zu § 42a Rn. 2; *Fehrenbacher*, in: MünchKommHGB, § 325 Rn. 7.

7 Gesetz über elektronische Handelsregister und Genossenschaftsregister sowie das Unternehmensregister, BGBl. I 2006, S. 2553.

gespeichert. Gleichwohl erscheint diese **Veröffentlichungsvielfalt** eher als unnötige Verkomplizierung denn als effektive Information des Rechtsverkehrs.[8]

4 Gesellschaftsvertragliche **Abweichungen** von den handelsrechtlichen Publizitätspflichten sind vor dem Hintergrund ihrer öffentlichen Zwecksetzung nur in Form von Verschärfungen, nicht jedoch in Form von Erleichterungen möglich, vgl. § 325 Abs. 5 HGB.[9]

B. Offenlegung des Jahresabschlusses (§ 325 Abs. 1, 2 HGB)

5 »**Offenlegung**« meint im HGB die durch die Einreichung (dazu Rdn. 12 ff.) und Bekanntmachung (Rdn. 20 f.) erreichte Publizität,[10] die bei Kleinstkapitalgesellschaften (§ 42 Rdn. 24) alternativ auch durch Hinterlegung der Bilanz beim Betreiber des Bundesanzeigers hergestellt werden kann (Rdn. 9).

I. Gegenstand der Offenlegung

1. Grundsatz

6 Nach § 325 Abs. 1 Satz 1 Nr. 1 HGB ist zunächst der **Jahresabschluss** offenzulegen. Das umfasst grds. alle Bestandteile, namentlich die Bilanz (nicht aber eine Eröffnungsbilanz[11]), die GuV und den Anhang (vgl. § 42a Rdn. 3).[12] Hat eine externe Prüfung des Jahresabschlusses stattgefunden (hierzu § 42a Rdn. 25 ff.), ist nach Satz 2 auch der erteilte **Bestätigungs- oder Versagungsvermerk** mit einzureichen, nicht aber der Bericht des externen Prüfers.[13] Außerdem einzureichen sind der **Lagebericht** und – soweit bei der GmbH vorhanden (dazu § 42a Rdn. 46 f.) – nach Nr. 2 auch der **Prüfungsbericht des Aufsichtsrats.**

7 Nach Abs. 1b Satz 2 ist außerdem der Beschluss über die **Ergebnisverwendung** nach § 29 (dazu § 42a Rdn. 57 ff.) offenzulegen, sofern der Jahresabschluss (genauer: der Anhang, vgl. § 285 Nr. 34 HGB) – wie regelmäßig[14] – diesen noch nicht enthält (sondern allenfalls einen Ergebnisverwendungsvorschlag). Die bislang bestehende Befreiung von dieser Offenlegungspflicht für den Fall, dass hierdurch Rückschlüsse auf die Gewinnanteile natürlicher Personen als GmbH-Gesellschafter gezogen werden können, ist durch das BilRUG[15] ersatzlos entfallen.[16]

2. Größenabhängige Erleichterungen

8 §§ 326 ff. HGB sehen größenabhängige Erleichterungen bei der Offenlegung vor, die vor allem in Einschränkungen und/oder Vereinfachungen der offenlegungspflichtigen Unterlagen bestehen. Bei **kleinen Kapitalgesellschaften** (§ 42 Rdn. 22) genügt nach § 326 Satz 1 HGB die Offenlegung von Bilanz und Anhang. Da somit die GuV nicht von der Offenlegungspflicht umfasst ist, braucht auch der offengelegte, verkürzte Anhang keine diesbezüglichen Angaben zu enthalten (Satz 2).

---

8 *Zetzsche*, in: KK-Rechnungslegung, Vor § 325 HGB Rn. 61.

9 *Kleindiek*, in: Lutter/Hommelhoff, GmbHG, Anh zu § 42a Rn. 4.

10 *Zetzsche*, in: KK-Rechnungslegung, § 328 HGB Rn. 15.

11 *Merkt*, in: Baumbach/Hopt, HGB, § 325 Rn. 4.

12 *Zetzsche*, in: KK-Rechnungslegung, § 325 HGB Rn. 34; *Fehrenbacher*, in: MünchKommHGB, § 325 Rn. 21; *Grottel*, in: BeckBilKomm, § 325 HGB Rn. 6.

13 *Fehrenbacher*, in: MünchKommHGB, § 325 Rn. 26 f.

14 *Grottel*, in: BeckBilKomm, § 285 Rn. 961.

15 Gesetz zur Umsetzung der Richtlinie 2013/34/EU des Europäischen Parlaments und des Rates vom 26. Juni 2013 über den Jahresabschluss, den konsolidierten Abschluss und damit verbundene Berichte von Unternehmen bestimmter Rechtsformen und zur Änderung der Richtlinie 2006/43/EG des Europäischen Parlaments und des Rates und zur Aufhebung der Richtlinien 78/660/EWG und 83/349/EWG des Rates (Bilanzrichtlinie-Umsetzungsgesetz – BilRUG).

16 *Birkholz*, in: BeckOK, § 325 HGB Rn. 12.

Noch weitergehend bezieht sich die Offenlegungspflicht bei Kleinstkapitalgesellschaften, jedenfalls sofern sie gem. § 264 Abs. 1 Satz 5 HGB keinen Anhang erstellen[17], allein auf die Bilanz. Wahlweise können sie zudem nach § 326 Abs. 2 HGB vollständig von einer Offenlegung absehen und stattdessen ihre Bilanz (ohne Anhang und GuV) beim Betreiber des Bundesanzeigers dauerhaft hinterlegen. In diesem Fall kann die Bilanz von interessierten Parteien lediglich auf Antrag gem. § 9 Abs. 6 Satz 3 HGB in Kopie angefordert werden. Voraussetzung hierfür ist die Erteilung eines Hinterlegungsauftrags sowie die Mitteilung an den Betreiber des Bundesanzeigers, dass mindestens zwei der drei in § 267a Abs. 1 HGB genannten Größenmerkmale nicht überschritten werden. Beides kann zweckmäßigerweise mit der Übersendung der (elektronischen) Bilanz verbunden werden.[18] Nicht endgültig geklärt ist, ob die ggf. erforderlichen Zusatzangaben unter der Bilanz gem. § 264 Abs. 1 Satz 5 HGB von der Hinterlegung mit umfasst sein müssen. Auch wenn der Wortlaut des § 326 Abs. 2 HGB (»Bilanz«) hiergegen spricht, wird dies im Interesse eines hinreichenden Informationsgehalts der hinterlegten Informationen teilweise gefordert[19]. Der Zeitpunkt der Hinterlegung ist aufgrund des ausdrücklichen Verweises in § 326 Abs. 2 Satz 2 HGB identisch mit demjenigen der sonst erforderlichen Einreichung zur Offenlegung (dazu noch Rdn. 15 ff.). 9

Mittelgroße Kapitalgesellschaften (§ 42 Rdn. 22) haben im Grundsatz die gleichen Dokumente wie große Kapitalgesellschaften offenzulegen, dürfen jedoch nach § 327 HGB eine verkürzte Bilanz und einen verkürzten Anhang offenlegen. Die Gliederung der **verkürzten Bilanz** entspricht im Prinzip derjenigen für kleine Kapitalgesellschaften, muss also zunächst nur die in § 266 Abs. 2, 3 HGB mit Großbuchstaben und römischen Zahlen bezeichneten Gliederungspunkte enthalten (dazu § 42 Rdn. 9); § 327 Nr. 1 HGB relativiert dieses Prinzip aber durch die Anordnung, dass die dort mit arabischen Zahlen versehenen Posten *in der Bilanz oder im Anhang* zusätzlich gesondert anzugeben sind. Auch der offengelegte **Anhang** darf nach § 327 Nr. 2 HGB bei mittelgroßen Kapitalgesellschaften um die Angaben nach § 285 Nr. 2 (Aufgliederung der Verbindlichkeiten nach Fälligkeit/Besicherung), Nr. 8 Buchst. a) (aufgegliederter Materialaufwand des Geschäftsjahres) und Nr. 12 HGB (gesonderte Erläuterung der »sonstigen Rückstellungen«) verkürzt werden. Der **Bestätigungsvermerk** des Prüfers darf sich weiterhin auf den vollständigen Jahresabschluss beziehen (dazu sogleich); hierauf ist jedoch bei Offenlegung des verkürzten Jahresabschlusses hinzuweisen (§ 328 Abs. 1a Satz 2 a.E. HGB). 10

Die Erleichterungen der §§ 326 ff. HGB betreffen – ihrem systematischen Standort entsprechend – jeweils nur die Offenlegung. Sie entbinden die betroffenen Kapitalgesellschaften nicht von der Aufstellung eines den §§ 264 ff. HGB entsprechenden Jahresabschlusses (zu den dortigen Erleichterungen § 42a Rdn. 23 ff.).[20] Die Erleichterungen sind zudem **fakultativ**. 11

II. Einreichung

Zur Einreichung **verpflichtet** sind – als Teil der Rechnungslegung – die jeweiligen **Geschäftsführer** persönlich (Gesamtverantwortung), zudem auch die Gesellschaft selbst.[21] Eine Delegation auf ein einzelnes Geschäftsführungsmitglied ist möglich, schließt jedoch nicht die Überwachungsverantwortung der übrigen Mitglieder aus.[22] Im Rahmen einer Liquidation gilt Entsprechendes für die **Liquidatoren**. In der Insolvenz der Gesellschaft geht die Einreichungspflicht nach § 155 Abs. 1 InsO in Bezug auf die Insolvenzmasse auf den **Insolvenzverwalter** über. Dabei ist zu berücksichtigen, dass mit Insolvenzeröffnung nach § 155 Abs. 2 InsO ein neues Geschäftsjahr beginnt, was 12

17 Anscheinend weitergehend dafür, dass auch bei fakultativer Anhangerstellung nur die Bilanz offenzulegen ist *Drinhausen*, in: MünchKommBilanzR, § 326 HGB Rn. 33.

18 *Grottel*, in: BeckBilKomm, § 326 HGB Rn. 42.

19 So bspw. *Winkeljohann/Lawall*, in: BeckBilKomm, § 267a HGB Rn. 10 m.w.N.; a.A. aber *Merkt*, in: Baumbach/Hopt, § 326 HGB Rn. 2; wohl auch *Küting/Eichenlaub*, DStR 2012, 2615, 2619.

20 Vgl. *Zetzsche*, in: KK-Rechnungslegung, § 326 Rn. 9 und § 327 Rn. 7.

21 Denn die gesetzlichen Vertreter von Kapitalgesellschaften handeln nach § 325 Abs. 1 Satz 1 HGB »für diese«.

22 *Grottel*, in: BeckBilKomm, § 325 HGB Rn. 32; *Fehrenbacher*, in: MünchKommHGB, § 325 Rn. 18.

mit der Erstellung und Offenlegung eines Abschlusses für das dadurch beendete alte Geschäftsjahr einhergeht.[23]

13 Die oben Rdn. 6 f. genannten Unterlagen sind **beim Betreiber des Bundesanzeigers** einzureichen. Das ist derzeit die Bundesanzeiger Verlag GmbH, Amsterdamer Straße 192, 50735 Köln. Informationen zu Preisen und Modalitäten der Einreichung sind auf den Internetseiten des Bundesanzeigers (www. bundesanzeiger.de) verfügbar. Die Einreichung hat **elektronisch** zu erfolgen, vgl. § 325 Abs. 6 i.V.m. § 12 Abs. 2 HGB. Insoweit genügt die Übermittlung einer elektronischen Aufzeichnung, d.h. einer entsprechenden Datei.

14 § 328 Abs. 1 HGB regelt **Form und Inhalt** der Offenlegung insb. des Jahresabschlusses. Danach muss der Jahresabschluss vollständig und richtig, d.h. (vorbehaltlich der Erleichterungen nach §§ 326, 327 HGB) in der aufgestellten Form, wiedergegeben werden; damit sind auch etwaige Fehler der Originalfassung, z.B. eine unrichtige Postenbezeichnung, zu übernehmen.[24] Ist der Abschluss festgestellt oder gebilligt worden, ist das Datum anzugeben. Ist der Abschluss aufgrund gesetzlicher Vorschriften geprüft worden, ist der vollständige Wortlaut des Bestätigungs- oder Versagungsvermerks wiederzugeben. Diese Vorschriften des Abs. 1 gelten entsprechend auch für andere offenzulegende Unterlagen; dies gilt nach dem Einleitungssatz für den Einzelabschluss nach IAS/IFRS (dazu Rdn. 24 ff.) und den Konzernabschluss (dazu Rdn. 28 f.), nach Abs. 3 auch für den Lagebericht, den Konzernlagebericht, den Vorschlag und den Beschluss zur Ergebnisverwendung.

III. Einreichungsfrist

15 Die Einreichungsfrist wurde durch § 325 Abs. 1a Satz 1 HGB in der Fassung des BilRUG von der bisherigen Regelung (grds. »unverzügliche« Einreichung nach Vorlage an die Gesellschafter) für alle Rechtsformen auf eine einheitliche Höchstfrist von **einem Jahr** nach dem Abschlussstichtag umgestellt. Liegen die Unterlagen zu diesem Zeitpunkt nicht vor, sind sie nach Abs. 1a Satz 2 unverzüglich (= ohne schuldhaftes Zögern, vgl. § 121 Abs. 1 BGB) nachzureichen.

16 Einstweilen frei.

17 Die Geschäftsführer einer GmbH haben den Jahresabschluss und den Lagebericht nach § 264 Abs. 1 Satz 3 HGB in den ersten 3 Monaten des neuen Geschäftsjahres aufzustellen, bei kleinen (und damit auch Kleinst-) Kapitalgesellschaften beträgt die Aufstellungsfrist 6 Monate (Satz 4). Unverzüglich nach Aufstellung ist beides – ggf. nach erfolgter Abschlussprüfung – den Gesellschaftern zwecks Feststellung des Jahresabschlusses vorzulegen; für die Feststellung gilt wiederum eine Frist von sechs bzw. bei kleinen (und Kleinst-) Kapitalgesellschaften von 11 Monaten (§ 42 Abs. 1 und 2) nach dem Abschlussstichtag. Die einheitliche Fristregelung des § 325 Abs. 1a HGB ist mit einem Jahr daher so auskömmlich bemessen, dass bei gesetzeskonformem Verhalten sämtliche Abschlussformalitäten innerhalb der Frist abgeschlossen sein sollten. Damit ist die bisher anerkannte Möglichkeit bzw. Notwendigkeit einer **stufenweisen Offenlegung** der Abschlussunterlagen vor Feststellung grds. entfallen.[25]

18 Die Einreichungsfrist **verkürzt** § 325 Abs. 4 HGB für kapitalmarktorientierte Gesellschaften (dazu § 42a Rdn. 12) auf 4 Monate.

19 Zu den Folgen von Fristversäumnissen vgl. noch Rdn. 33 ff.

IV. Bekanntmachung (§§ 325 Abs. 2, 328 HGB)

20 Die Unterlagen sind für GmbH aller Größenklassen[26] unverzüglich nach ihrer Einreichung **im Bundesanzeiger bekannt zu machen**, § 325 Abs. 2 HGB. Die Differenzierung zwischen Einreichung

23 *Kleindiek*, in: Lutter/Hommelhoff, GmbHG, Anh zu § 42a Rn. 15.
24 *Grottel*, BeckBilKomm, § 328 HGB Rn. 7.
25 *Grottel*, in: BechBilKomm, § 325 Rn. 43.
26 *Fehrenbacher*, in: MünchKommHGB, § 325 Rn. 76.

und Bekanntmachung ist den vor dem EHUG noch in Papierform geführten Handelsregistern geschuldet. Hier waren die Rechnungslegungsunterlagen beim jeweils zuständigen Handelsregister einzureichen (vgl. § 325 Abs. 1 Satz 1 HGB a.F.) und in der Folge lediglich beim entsprechenden Registergericht (physisch) einsehbar. Daher war es sinnvoll, zusätzlich eine allgemein zugängliche, separate Bekanntmachung der Rechnungslegungsunterlagen im (ebenfalls noch papiernen) Bundesanzeiger zu fordern (§ 325 Abs. 1 Satz 2 HGB a.F.), um eine möglichst breite Information des Rechtsverkehrs sicherzustellen. In Umsetzung der Publizitätsrichtlinie[27] hat der Gesetzgeber nunmehr den Bundesanzeiger als zentrale Publikationsplattform für die Rechnungslegung ausgestaltet und auf eine direkte Handelsregistereinreichung der Rechnungslegungsunterlagen verzichtet. Die Einreichung wie auch die Bekanntmachung des Jahresabschlusses und der Begleitdokumentation erfolgen über den Bundesanzeiger.

Die Unterlagen sind genau **in dem Umfang** bekannt zu machen, **in dem sie eingereicht wurden**,[28] und zwar **unmittelbar nach Einreichung**. Auch wenn die Verpflichtung zur unverzüglichen Bekanntmachung nach dem Gesetzeswortlaut die einreichende Gesellschaft (bzw. deren gesetzliche Vertreter) trifft, wird in der praktischen Umsetzung die Bekanntmachung durch den Betreiber des Bundesanzeigers selbst veranlasst.[29] Die Bekanntmachung erfolgt elektronisch über die bereits erwähnten Websites www.publikations-plattform.de und www. bundesanzeiger.de und ist zusätzlich auch über www.unternehmensregister.de verfügbar (Rdn. 3). Unter »Bekanntmachung« ist daher technisch die Möglichkeit zur (elektronischen) Einsichtnahme in die Rechnungslegungsunterlagen zu verstehen. 21

V. Nachträgliche Änderung (§ 325 Abs. 1b Satz 1 HGB)

Im Fall einer nachträglichen Änderung ist auch diese entsprechend dem vorbezeichneten Verfahren zum eBAnz einzureichen und bekannt zu machen. Auch wenn nach dem Wortlaut lediglich die Änderung als solche einzureichen ist, dürfte es dem Informationsbedürfnis der Offenlegungsadressaten und der Klarheit i.d.R. eher entsprechen, die **geänderten Unterlagen insgesamt neu einzureichen.**[30] Wird ein Jahresabschluss nachträglich geändert, kann bei Prüfungspflichtigkeit zudem eine Nachtragsprüfung erforderlich werden (§ 316 Abs. 3 HGB); in der Folge ist auch der ergänzte Prüfungsvermerk offenzulegen.[31] 22

VI. Befreiung für Tochterunternehmen (§ 264 Abs. 3 HGB)

Sofern ein Tochterunternehmen in den Konsolidierungskreis des **Konzernabschlusses** eines Mutterunternehmens einbezogen ist und die übrigen Voraussetzungen des § 264 Abs. 3 HGB vorliegen (dazu § 42a Rdn. 23 f.), ist das Tochterunternehmen (u.a.) von der Offenlegungspflicht nach § 325 HGB insgesamt befreit. Stattdessen sind nach § 264 Abs. 3 Nr. 5 HGB Konzernabschluss- und -lagebericht nebst Bestätigungsvermerk des Mutterunternehmens auch für das Tochterunternehmen offenzulegen, zudem auch die Zustimmung der Gesellschafter des Tochterunternehmens zur Befreiung sowie die Einstandsverpflichtung des Mutterunternehmens. 23

27 Richtlinie 2009/101/EG des Europäischen Parlaments und des Rates vom 16.09.2009, ABl. EU L 258, S. 11.

28 *Zetzsche*, in: KK-Rechnungslegung, § 325 HGB Rn. 91; *Fehrenbacher*, in: MünchKommHGB, § 325 Rn. 77.

29 Vgl. *Zetzsche*, in: KK-Rechnungslegung, § 325 HGB Rn. 91.

30 *Grottel*, in: BeckBilKomm, § 325 HGB Rn. 48; *Fehrenbacher*, in: MünchKommHGB, § 325 Rn. 66; *A/D/S*, § 325 HGB Rn. 85; a.A. *Zetzsche*, in: KK-Rechnungslegung, § 325 HGB Rn. 60: Erneute Vollveröffentlichung nur, wenn die Gesamtzahl der Änderungen die Übersicht erschwert.

31 *Zetzsche*, in: KK-Rechnungslegung, § 325 HGB Rn. 59.

C. Offenlegung des IAS/IFRS-Einzelabschlusses (§ 325 Abs. 2a/b HGB)

24 Im Zuge des BilReG[32] hatte der Gesetzgeber in § 325 Abs. 2a HGB a.F. großen Kapitalgesellschaften die Möglichkeit eingeräumt, anstelle ihres nach HGB erstellten Jahresabschlusses einen nach den IAS/IFRS erstellten Einzelabschluss offenzulegen (**befreiende Offenlegung**). Durch das EHUG wurde die Offenlegung insgesamt auf die heutige elektronische Form umgestellt; zudem ist nach dem Gesetzeswortlaut des § 325 Abs. 2a HGB n.F. die Beschränkung der befreienden Offenlegung auf große Kapitalgesellschaften weggefallen. Von der Möglichkeit des § 325 Abs. 2a HGB können daher heute **größenunabhängig** alle Kapitalgesellschaften Gebrauch machen.[33] Dies setzt bei kleinen (und Kleinst-) Kapitalgesellschaften allerdings voraus, dass freiwillig sowohl ein Lagebericht nach § 289 HGB erstellt (Satz 4) als auch eine Abschlussprüfung durchgeführt wurde (§ 325 Abs. 2b HGB).

25 **Voraussetzung** ist zunächst, dass der Einzelabschluss die **IAS/IFRS-Standards** vollständig befolgt, § 325 Abs. 2a Satz 2 HGB. Darüber hinaus sind nach Satz 3 bestimmte Vorschriften des HGB auf den Einzelabschluss entsprechend anzuwenden. Die Entscheidung über die Offenlegung und über die **Billigung** des von den Geschäftsführern aufgestellten Einzelabschlusses obliegt nach § 46 Nr. 1a GmbHG den Gesellschaftern.

26 Statt des Abschlussprüfervermerks zum HGB-Jahresabschluss ist der entsprechende Vermerk zum IAS/IFRS-Einzelabschluss bekannt zu machen (§ 325 Abs. 2b Nr. 1 HGB). Der Vorschlag für und der Beschluss über die Ergebnisverwendung nach HGB sind ebenfalls bekannt zu machen (Nr. 2). Schließlich verlangt Nr. 3, dass nach wie vor auch der **reguläre HGB-Jahresabschluss** inklusive Bestätigungs-/Versagungsvermerk »nach Absatz 1 und 1a Satz 1 offen gelegt«, d.h. beim Betreiber des Bundesanzeigers **eingereicht** wird. Dies setzt zutreffend voraus, dass der Einzelabschluss nach IAS/IFRS den HGB-Abschluss nicht insgesamt substituieren kann; dieser muss vielmehr nach wie vor aufgestellt und festgestellt werden und bildet insb. weiterhin die Grundlage für die Gewinnausschüttung und auch für die Besteuerung der Gesellschaft.[34]

27 § 325 Abs. 2a/b HGB befreit damit ausschließlich von der Bekanntmachung des HGB-Abschlusses nach § 325 Abs. 2 HGB, nicht von dessen Einreichung beim Betreiber des Bundesanzeigers nach § 325 Abs. 1 HGB. Da den Betreiber des Bundesanzeigers wiederum eine Weiterleitungspflicht an das Unternehmensregister trifft, bleibt der **HGB-Abschluss** zumindest hierüber gem. § 8b Abs. 1 Nr. 4 HGB **weiterhin öffentlich einsehbar.**[35] Hierfür mögen zwar inhaltlich gute Gründe sprechen; es stellt sich allerdings die Frage, welche Erleichterung und auch welches informatorische Ziel dann noch mit der »befreienden« Offenlegung des Einzelabschlusses nach § 325 Abs. 2a/b verbunden sein soll.

D. Offenlegung des Konzernabschlusses (§ 325 Abs. 3 HGB)

28 Auch der Konzernabschluss (vgl. § 42a Rdn. 66 f.) ist offenzulegen, wobei hierfür nach § 325 Abs. 3 HGB weitestgehend die **vorbezeichneten Grundsätze entsprechend** gelten. Das betrifft insb. den Umfang der einzureichenden Unterlagen, die Verantwortlichkeit für die Einreichung, das Verfahren, die Form und größenabhängige Erleichterungen.

29 Sofern der **Anhang und Lagebericht** zum Jahresabschluss mit Konzernanhang und Konzernlagebericht nach §§ 298 Abs. 2 Satz 1, 315 Abs. 5 HGB zusammengefasst wurden, muss die Offenlegung des Konzernabschlusses zwingend zugleich mit derjenigen des Jahresabschlusses erfolgen, § 298 Abs. 2 Satz 2 HGB. **Abschlussprüfervermerke** zu beiden Jahresabschlüssen können in diesem Fall

32 Gesetz zur Einführung internationaler Rechnungsstandards und zur Sicherung der Qualität der Abschlussprüfung, BGBl. I 2004, S. 3166.

33 *Zetzsche*, in: KK-Rechnungslegung, § 325 HGB Rn. 104; a.A. *Kleindiek*, in: Lutter/Hommelhoff, GmbHG, Anh zu § 42a Rn. 36; *Fehrenbacher*, in: MünchKommHGB, § 325 Rn. 79 f.

34 *Merkt*, in: Baumbach/Hopt, HGB, § 325 Rn. 7; *Grottel*, in: BeckBilKomm, § 325 HGB Rn. 57.

35 *Zetzsche*, in: KK-Rechnungslegung, § 325 HGB Rn. 106.

ebenfalls zusammengefasst werden, § 325 Abs. 3a HGB. Diese Zusammenfassungsmöglichkeit besteht auch für die zugehörigen Prüfungsberichte (die jedoch auch in diesem Fall nicht offenzulegen sind).

E. Prüfung durch den Betreiber des Bundesanzeigers (§ 329 HGB)

Nach § 329 Abs. 1 Satz 1 HGB prüft der Betreiber des Bundesanzeigers, ob die Einreichung der Unterlagen bei ihm **fristgerecht und vollzählig** erfolgt ist. Die Prüfung ist rein formeller Natur und erstreckt sich nicht auf die inhaltliche Richtigkeit der eingereichten Unterlagen.[36] Deshalb sind selbst bei offensichtlichen materiellen Fehlern, auch wenn diese im Einzelfall zur Nichtigkeit des Jahresabschlusses führen, keine weiteren Konsequenzen durch den Betreiber des Bundesanzeigers zu veranlassen.[37] 30

Soweit sich die Prüfung auf die Vollständigkeit der Unterlagen bezieht, muss der Betreiber des Bundesanzeigers bei Inanspruchnahme größenabhängiger Erleichterungen (Rdn. 8 ff.) deren Berechtigung überprüfen können. Gleiches gilt für die Einreichungsfrist, sofern sie von der Größe und/oder der Kapitalmarktorientierung der Gesellschaft abhängt (Rdn. 18). Hierzu räumt ihm § 329 Abs. 2 Satz 1 HGB einen **Auskunftsanspruch** ggü. der einreichenden Gesellschaft ein.[38] Dieser erstreckt sich auf Informationen über die Umsatzerlöse i.S.d. § 277 Abs. 1 HGB, die durchschnittliche Zahl der Arbeitnehmer gem. § 267 Abs. 5 HGB und die eventuelle Kapitalmarktorientierung i.S.d. § 327a HGB. Die ebenfalls für die Beurteilung der einschlägigen Größenklasse erforderliche Bilanzsumme (§ 267 Abs. 1 Nr. 1, Abs. 2 Nr. 1 HGB) kann der Betreiber des Bundesanzeigers dagegen bereits aus der eingereichten Jahresbilanz entnehmen. Kommt die Gesellschaft dem Auskunftsanspruch binnen angemessener Frist nicht nach, gelten die Erleichterungen als zu Unrecht in Anspruch genommen, § 329 Abs. 2 Satz 2 HGB. 31

Stellt der Betreiber des Bundesanzeigers fest, dass die offenzulegenden Unterlagen nicht oder unvollständig eingereicht wurden, unterrichtet er das Bundesamt für Justiz als überwachende Behörde, § 329 Abs. 4 HGB. 32

F. Folgen bei Verstoß

I. Ordnungsgeld (§ 335 HGB)

Wird die Offenlegung nicht fristgerecht vorgenommen, kann nach § 335 HGB mittels Ordnungsgeldfestsetzung dazu angehalten werden. Die Festsetzung erfolgt **von Amts wegen**[39] durch das Bundesamt für Justiz.[40] Die Unterrichtung durch den Betreiber des Bundesanzeigers gem. § 329 Abs. 4 HGB (Rdn. 32) ist rein informatorisch, kein Antrag. 33

Das Ordnungsgeld wird ggü. den Mitgliedern der Geschäftsführung, bei mehreren **Geschäftsführern** also ggü. jedem einzeln festgesetzt (§ 335 Abs. 1 Satz 1 Nr. 1 HGB). Die Ressortzuständigkeit ist wegen der Gesamtverantwortung der Organmitglieder (Rdn. 12) unerheblich.[41] Alternativ, nach dem ausdrücklichen Willen des Gesetzgebers jedoch nicht kumulativ,[42] kann das Ordnungsgeld auch ggü. der **Gesellschaft selbst** festgesetzt werden (Satz 2). Die Möglichkeit der 34

---

36 *Grottel*, in: BeckBilKomm, § 329 HGB Rn. 5; *Böcking/Gros/Rabenhorst*, in: E/B/J/S, HGB, § 329 Rn. 4; *Morck*, in: Koller/Kindler/Roth/Morck, HGB, § 329 Rn. 1.

37 Vgl. *Kleindiek*, in: Lutter/Hommelhoff, GmbHG, Anh § 42a Rn. 41.

38 Vgl. *Grottel*, in: BeckBilKomm, § 329 HGB Rn. 7.

39 *Merkt*, in: Baumbach/Hopt, HGB, § 335 Rn. 3; *Altmeppen*, in: Roth/Altmeppen, GmbHG, § 42a Rn. 50; *Meier*, GRUR 2019, 581.

40 *Kleindiek*, in: Lutter/Hommelhoff, GmbHG, Anh § 42a Rn. 48.

41 LG Trier, GmbHR 2004, 502; *Wenzel*, BB 2008, 769, 770.

42 BT-Drucks. 16/2781, S. 82; dem folgend *Wenzel*, BB 2008, 769, 770; *Kleindiek*, in: Lutter/Hommelhoff, GmbHG, Anh § 42a Rn. 48; *Grottel/Hoffmann*, in: BeckBilKomm, § 335 HGB Rn. 10 a.E.; für kumulative Festsetzung dagegen *Schlauß*, DB 2007, 2191, 2193 f.; *Altenhain*, in: KK-Rechnungslegung, § 335 HGB Rn. 22.

Ordnungsgeldfestsetzung ggü. einem **Insolvenzverwalter** wird hingegen verneint, da dieser (anders als von Satz 1 verlangt) kein Mitglied des Vertretungsorgans ist.[43] Die Mitglieder des Vertretungsorgans sind hingegen im Hinblick auf die Insolvenzmasse nach Insolvenzeröffnung nicht mehr rechnungslegungspflichtig (Rdn. 12), weshalb gegen sie eine Ordnungsgeldfestsetzung ebenfalls nicht in Betracht kommt. Damit verbleibt – freilich ohne größere Aussichten auf Durchsetzbarkeit – nur die Ordnungsgeldfestsetzung ggü. der Gesellschaft selbst (auf der Grundlage von Satz 2).[44]

35 Das Ordnungsgeld beträgt grundsätzlich mindestens 2.500,–€, höchstens 25.000,–€. Für kleine Kapitalgesellschaften ist die Untergrenze mit Wirkung zum 10.10.2013 in bestimmten Fällen (insb. unverschuldetes Versäumnis der Androhungsfrist) auf € 1.000,-, für Kleinstkapitalgesellschaften auf € 500,- herabgesetzt worden, vgl. § 335 Abs. 4 Nr. 1 und 2 HGB[45] Eine wiederholte Festsetzung ist zulässig.[46] Vor der Festsetzung ist diese anzudrohen und eine sechswöchige Frist zur Befolgung der Publizitätspflichten zu gewähren, vgl. § 335 Abs. 3 Satz 1 HGB. Als Rechtsmittel steht gegen die Androhung der Einspruch (§ 335 Abs. 3 Satz 1 HGB), gegen die Festsetzung die sofortige Beschwerde (§ 335a HGB) zur Verfügung. Zudem besteht unter bestimmten Voraussetzungen (§ 335 Abs. 5 HGB) die Möglichkeit einer Wiedereinsetzung in den vorigen Stand.

II. Ordnungswidrigkeit (§ 334 Abs. 1 Nr. 5 HGB)

36 Wird (zumindest bedingt-)vorsätzlich[47] gegen die Vorschrift des § 328 HGB bezüglich Form und Inhalt der zu veröffentlichenden Unterlagen verstoßen, stellt dies einen Bußgeldtatbestand nach § 334 Abs. 1 Nr. 5 HGB dar. Betroffen hiervon sind die handelnden Mitglieder des Vertretungsorgans, bei der GmbH also die Geschäftsführer. Da es sich bei der Rechnungslegungspublizität um eine die GmbH selbst treffende Pflicht handelt, kann zudem auch gegen die Gesellschaft nach § 30 OWiG ein Bußgeld (alternativ oder kumulativ) verhängt werden.[48] Das zu verhängende Bußgeld beträgt nach § 334 Abs. 3 HGB bis zu 50.000,–€.

III. Zivilrechtliche Haftung

37 Bei vorsätzlichen oder fahrlässigen Verstößen gegen die Offenlegungspflichten kommt eine zivilrechtliche **Haftung der Geschäftsführer** ggü. Dritten nach § 823 Abs. 2 BGB i.V.m. § 325 HGB in Betracht. Der Schutzgesetzcharakter letztgenannter Norm ist zwar umstritten,[49] nach richtiger Ansicht aber zu bejahen.[50] Denn Zweck der Rechnungslegungspublizität – anders als der Rechnungslegung als solcher (§ 41 Rdn. 22) – ist gerade neben dem Schutz des Rechtsverkehrs im Allgemeinen auch der Gläubigerschutz im Konkreten. Daher müssen die Gläubiger auch Schadenersatzansprüche aus schuldhaften Verstößen gegen die Publizitätspflichten herleiten können. Ein Schaden kann hier bspw. bei Tätigung eines Geschäfts im Vertrauen auf einen fehlerhaft publizierten Jahresabschluss vorliegen, wenn die daraus resultierende Gläubigerforderung aufgrund einer

---

43 LG Frankfurt am Main, ZIP 2007, 2325; *Grottel/Hoffmann*, in: BeckBilKomm, § 335 HGB Rn. 10; *Grashoff*, NZI 2008, 65, 69; vgl. ferner *Stollenwerk/Krieg*, GmbHR 2008, 575, 579.

44 So auch *Kleindiek*, in: Lutter/Hommelhoff, GmbHG, Anh § 42a Rn. 58 f.; a.A. *Grashoff*, NZI 2008, 65, 69.

45 Durch das Gesetz zur Änderung des Handelsgesetzbuchs vom 04.10.2013, BGBl. I 2013, S. 3395; ausführlich zu den Gesetzesänderungen *Zwirner/Froschhammer*, BC 2013, 516.

46 *Grottel/Hoffmann*, in: BeckBilKomm, § 335 HGB Rn. 30.

47 *Grottel/Hoffmann*, in: BeckBilKomm, § 334 HGB Rn. 28.

48 *Böcking/Gros/Rabenhorst*, in: E/B/J/S, HGB, § 334 Rn. 14; *Grottel/Hoffmann*, in: BeckBilKomm, § 334 HGB Rn. 41 f.

49 Ablehnend *Kersting*, in: Staub, HGB, § 325 Rn. 113; zweifelnd auch *Kleindiek*, in: Lutter/Hommelhoff, GmbHG, Anh § 42a Rn. 56.

50 So *Zetzsche*, in: KK-Rechnungslegung, § 325 HGB Rn. 149 m.w.N.; *Fehrenbacher*, Registerpublizität und Haftung im Zivilrecht, 2004, S. 457; dahin gehend auch BGH, ZIP 2006, 23, 24.

(bei korrekter Publizität ersichtlichen) Überschuldung der Gesellschaft nicht mehr realisiert werden kann. Gesellschafter können u.U. als Mittäter oder Beteiligte gem. § 830 BGB haften.[51]

§ 43 Haftung der Geschäftsführer

(1) Die Geschäftsführer haben in den Angelegenheiten der Gesellschaft die Sorgfalt eines ordentlichen Geschäftsmannes anzuwenden.

(2) Geschäftsführer, welche ihre Obliegenheiten verletzen, haften der Gesellschaft solidarisch für den entstandenen Schaden.

(3) [1]Insbesondere sind sie zum Ersatze verpflichtet, wenn den Bestimmungen des § 30 zuwider Zahlungen aus dem zur Erhaltung des Stammkapitals erforderlichen Vermögen der Gesellschaft gemacht oder den Bestimmungen des § 33 zuwider eigene Geschäftsanteile der Gesellschaft erworben worden sind. [2]Auf den Ersatzanspruch finden die Bestimmungen in § 9b Abs. 1 entsprechende Anwendung. [3]Soweit der Ersatz zur Befriedigung der Gläubiger der Gesellschaft erforderlich ist, wird die Verpflichtung der Geschäftsführer dadurch nicht aufgehoben, dass dieselben in Befolgung eines Beschlusses der Gesellschafter gehandelt haben.

(4) Die Ansprüche auf Grund der vorstehenden Bestimmungen verjähren in fünf Jahren.

Schrifttum

Bauer/Arnold/Kramer, Schiedsvereinbarungen mit Geschäftsführern und Vorstandsmitgliedern, AG 2014, 677; *Bayer/Scholz*, Vom Dogma der Unzulässigkeit des Mitverschuldenseinwands bei der GmbH-Geschäftsführerhaftung, GmbHR 2016, 841; *Born*, Die neuere Rechtsprechung des Bundesgerichtshofs zur Gesellschaft mit beschränkter Haftung, WM 2017, Sonderbeil. 3; *Brammsen*, § 826 BGB und ungetreue GmbH-Geschäftsführer – selten ein Rettungsanker für GmbH-Gläubiger, BB 2019, 2958; *Brammsen/Sonnenburg*, Geschäftsführeraußenhaftung in der GmbH, NZG 2019, 681; *Brock*, Legalitätspflicht des Geschäftsführers bei auslandsbezogenen Rechtsverletzungen, BB 2019, 1292; *Buck-Heeb*, Selbstregulierung im Gesellschaftsrecht – Corporate-Governance-Regeln für die GmbH?, in: FS Westermann, 2008, S. 845; *dies.*, Die Haftung von Mitgliedern des Leitungsorgans bei unklarer Rechtslage, BB 2013, 2247; *dies.*, Die Plausibiliätsprüfung bei Vorliegen eines Rechtsrats – zur Enthaftung von Vorstand, Geschäftsführer und Aufsichtsrat, BB 2016, 1347; *dies.*, Ressortaufteilung und Haftung von Geschäftsführern, BB 2019, 584; *Dieckmann*, 30 Jahre »Baustoff-Entscheidung« und ihre Relevanz für die Organaußenhaftung heute, ZGR 2020; *Fleischer*, Zur GmbH-rechtlichen Verantwortlichkeit des faktischen Geschäftsführers, GmbHR 2011, 337; *ders.*, Zur Einschränkbarkeit der Geschäftsführerhaftung in der GmbH, BB 2011, 2435; *ders.*, Das unternehmerische Ermessen des GmbH-Geschäftsführers und seine GmbH-spezifischen Grenzen, NZG 2011, 521; *Löschhorn/Fuhrmann*, »Neubürger« und die Datenschutz-Grundverordnung: Welche Organisations- und Handlungspflichten treffen die Geschäftsleitung in Bezug auf Datenschutz und Datensicherheit?, NZG 2019, 161; *Gehrlein*, Deliktische Haftung der Geschäftsleiter, ZInsO 2018, 1550; *Graewe/v. Harder*, Enthaftung der Leitungsorgane durch Einholung von Rechtsrat bei unklarer Rechtslage, BB 2017, 707; *Habersack/Wasserbäch*, Organhandeln vor Schiedsgerichten, AG 2016, 2; *Janert*, Rechtliche Gestaltungsmöglichkeiten zur Beschränkung der Geschäftsführerhaftung, BB 2013, 3016; *Kuntz*, Sorgfaltspflicht und Business Judgment Rule, DB 2017, 37; *Leuering/Dornhegge*, Geschäftsverteilung zwischen GmbH-Geschäftsführern, NZG 2010, 13; *Schädlich*, Anforderungen an Aufgabenzuweisung auf Geschäftsführungsebene, NZI 2019, 229; *Sedlmaier/Rüppell*, Verletzung von Wettbewerbsverboten durch den Gesellschafter-Geschäftsführer in der GmbH, BB 2017, 1923; *Strohn*, Faktische Organe – Rechte, Pflichten, Haftung, DB 2011, 158; *Thölke/Friedrichsen*, Voraussetzungen einer wirksamen Geschäftsverteilung in der GmbH-Geschäftsführung, WPg 2019, 799; *Verse*, Zur Enthaftung der Geschäftsführer bei Befolgung von Gesellschafterbeschlüssen, Überlegungen zu § 43 Abs. 3 Satz 3 GmbHG, in: FS Bergmann, 2018, S. 781; *von der Linden*, Teile und herrsche – auch in der GmbH, NJW 2019, 1039.

Übersicht

51 *Kleindiek*, in: Lutter/Hommelhoff, GmbHG, Anh § 42a Rn. 56; *Zetzsche*, in: KK-Rechnungslegung, § 325 HGB Rn. 149.

A. Einführung

I. Inhalt und Konkurrenzen

1 § 43 enthält verschiedene Regelungen. **Anspruchsgrundlagen** finden sich in Abs. 2 und 3. Nach Abs. 2 besteht ein Anspruch der GmbH gegen den Geschäftsführer, sofern dieser der Gesellschaft ggü. durch sein pflichtwidriges und schuldhaftes Handeln einen Schaden verursacht hat. Neben dieser Innenhaftung ist auch eine Außenhaftung ggü. Dritten aus eigenständigen Ansprüchen möglich. Abs. 3 enthält spezielle Anspruchsgrundlagen im Fall eines Verstoßes gegen die §§ 30, 33. Dabei sind haftungsausschließende Abreden (§ 9b Abs. 1 analog) eingeschränkt. In Abs. 1 ist der Pflichten- und Sorgfaltsmaßstab geregelt, den der Geschäftsführer einzuhalten hat. Abs. 4 normiert die 5-jährige Verjährung für die Geschäftsführerhaftung nach Abs. 2 und 3.

2 Es stellt sich die Frage, in wessen Interesse die durch § 43 zu erreichende Kompensationsfunktion bezüglich unrechtmäßig erlittener Einbußen erfolgt, ob im Interesse der Gesellschafter oder auch im Interesse Dritter (Arbeitnehmer, Gläubiger etc.). Der II. Zivilsenat legt sich ausdrücklich nicht fest, scheint aber ersterer Ansicht zuzuneigen.[1]

---

1 Vgl. *Klöhn*, in: Bork/Schäfer, GmbHG, § 43 Rn. 3 f.; so auch *Fleischer*, in: MünchKommGmbHG, 2. Aufl., 2016, § 43 Rn. 16 ff.

Spezielle Haftungsregelungen, die einen Anspruch aus Abs. 2 ausschließen, sind die §§ 9a Abs. 1, 3, 57 Abs. 4, wo es allein darum geht, dass dem Handelsregister ggü. falsche Angaben gemacht wurden.[2] § 64 ist nach h.M. neben § 43 Abs. 2 anwendbar.[3] 3

§ 43 Abs. 2 nimmt als spezielle Regelung die Haftung des Geschäftsführers aus dem schuldrechtlichen Anstellungsvertrag in sich auf.[4] Das soll auch für Ansprüche aufgrund eines Wettbewerbsverstoßes und aus angemaßter Eigengeschäftsführung nach § 687 Abs. 2 BGB gelten.[5] 4

Anspruchskonkurrenz besteht zu **deliktischen Ansprüchen** der Gesellschaft ggü. dem Geschäftsführer. Dies sind vor allem Ansprüche aus § 826 BGB oder aus § 823 Abs. 2 BGB i.V.m. einem Schutzgesetz.[6] Eine Haftung aus § 823 Abs. 2 BGB i.V.m. § 15a InsO wird nicht durch § 43 Abs. 2 GmbHG verdrängt.[7] Das bedeutet, dass zwischen einem Anspruch aus § 43 Abs. 2 und einem solchen aus unerlaubter Handlung keine Gesetzeskonkurrenz besteht, sodass auch die Verjährung jeweils selbständig zu bestimmen ist.[8] Neben der Haftung aus § 43 Abs. 2 kommt für den Gesellschafter-Geschäftsführer auch ein Anspruch wegen Verstoßes gegen die gesellschafterliche **Treuepflicht** in Betracht.[9] Außerdem ist, sofern die Gesellschaft wegen der Pflichtverletzung des Geschäftsführers durch einen Dritten in Anspruch genommen wird, ein Anspruch der Gesellschaft aus §§ 840 Abs. 1, 426 Abs. 1 BGB denkbar.[10] Des Weiteren kann ein Geschäftsführer aufgrund eines existenzvernichtenden Eingriffs als Teilnehmer nach §§ 826, 830 BGB haften.[11] Will die Gesellschaft einen Schadensersatzanspruch gegen den Geschäftsführer geltend machen, bedarf es nach § 46 Nr. 8 eines Gesellschafterbeschlusses. Dies gilt auch für die Vor-GmbH sowie die in Liquidation befindliche GmbH.[12] 5

II. Persönlicher Anwendungsbereich

§ 43 folgt aus der organschaftlichen Sonderrechtsbeziehung zur Gesellschaft und ist auf alle Geschäftsführer anwendbar. Das gilt **unabhängig** davon, ob ein **Anstellungsvertrag** besteht[13] oder die Organstellung ins Handelsregister eingetragen ist.[14] Die Regelung gilt auch für den Arbeitsdirektor in der mitbestimmten GmbH, den stellvertretenden Geschäftsführer i.S.d. § 44 und den gerichtlich bestellten Notgeschäftsführer. Auch der Geschäftsführer einer Vor-GmbH unterfällt § 43.[15] Bejaht wird dies auch für den sog. Strohmann-Geschäftsführer,[16] wobei für diese Stellung nicht 6

---

2 OLG Rostock, GmbHR 1995, 658, 660; OLG Celle, NZG 2000, 1178, 1179; vgl. *Tamm/Fangerow*, BB 2012, 1944, 1946 ff.

3 *K. Schmidt*, GmbHR 2007, 1, 6; *Klöhn*, in: Bork/Schäfer, GmbHG, § 43 Rn. 6; kritisch *Altmeppen*, in: Roth/Altmeppen, GmbHG, § 43 Rn. 1.

4 BGH, NJW 1997, 741, 742; BGH, NJW 1989, 2697 (LS); BGH, NZG 2008, 104 f.; *Paefgen*, in: Ulmer/Habersack/Löbbe, GmbHG, § 43 Rn. 6; a.A. (Anspruchskonkurrenz) *Ziemons*, in: Michalski/Heidinger/Leible/J. Schmidt, GmbHG, § 43 Rn. 8 (mit Hinweis auf die geringen Unterschiede zur h.M.); *Schnorbus*, in: Rowedder/Schmidt-Leithoff, GmbHG, § 43 Rn. 2; *U.H. Schneider*, in: Scholz, GmbHG, § 43 Rn. 18; *Janert*, BB 2013, 3016.

5 BGH, NJW 1989, 2697 (LS).

6 BGH, NJW 1989, 2697 (LS); BGH, NJW-RR 1992, 800, 801.

7 BGH, GmbHR 1974, 131, 132; BGH, DStR 1994, 1093, 1094.

8 OLG Naumburg, GmbHR 2019, 474, Rn. 70; BGH, GmbHR 1999, 186, Rn. 70 nach juris.

9 BGH, ZIP 1989, 1390, 1391; BGH, NJW 1999, 781; OLG Köln, NZG 2000, 1137, 1138.

10 *Ziemons*, in: Michalski/Heidinger/Leible/J. Schmidt, GmbHG, § 43 Rn. 458.

11 *Ziemons*, in: Michalski/Heidinger/Leible/J. Schmidt, GmbHG, § 43 Rn. 536; *Altmeppen*, in: Roth/Altmeppen, GmbHG, § 43 Rn. 92; *U.H. Schneider*, in: Scholz, GmbHG, § 43 Rn. 287a; *Beurskens*, in: Baumbach/Hueck, GmbHG, § 43 Rn. 130.

12 Zur vereinzelt vertretenen a.A. *Römermann*, in: Michalski/Heidinger/Leible/J. Schmidt, GmbHG, § 46 Rn. 398 f.

13 BGHZ 148, 167, 169 f.; BGH, NJW 1994, 2027; BGHZ 197, 304 Rn. 17; BGH, WM 2013, 1648; zur GmbH & Co. KG *Born*, WM 2017, Sonderbeil. 3, S. 3, 22.

14 BGH, NJW 1994, 2027.

15 BGH, NJW-RR 1986, 1293 f.

16 OLG Frankfurt am Main, GmbHR 2009, 317 ff.

ausreichend sein soll, wenn ein Gesellschafter einen Geschäftsführer »beherrscht« und anweist.[17] Anwendbar ist § 43 entsprechend auch auf Liquidatoren (§ 71 Abs. 4).[18] Bei **fehlerhafter Organstellung** aufgrund nichtiger Bestellung gilt § 43, sobald der Geschäftsführer seine Tätigkeit tatsächlich aufgenommen oder der vermeintlich Bestellte sein Amt angenommen hat.[19] Allerdings ist Voraussetzung, dass der vermeintliche Geschäftsführer amtsfähig i.S.d. § 6 Abs. 2 Satz 1 und 2 Nr. 1 ist.[20] Neben der Haftung des fehlerhaft Bestellten kommt eine solche der Gesellschafter aus § 6 Abs. 5 in Betracht (Gesamtschuld).[21]

7 Umstritten ist, inwieweit auch der **faktische Geschäftsführer**, d.h. der niemals bestellte Geschäftsführer, einer Haftung nach § 43 Abs. 2 (analog) unterfällt. Der BGH hat diese Frage bislang ausdrücklich offengelassen.[22] Die OLG-Rechtsprechung hat eine Haftung nach § 43 Abs. 2 analog aber zutreffend bejaht.[23] Die Rechtsprechung verlangt hierfür, dass der Betreffende nach der Gesamtwürdigung der Umstände die Geschicke der Gesellschaft durch eigenes Handeln im Außenverhältnis maßgeblich in die Hand genommen hat, sodass eine Haftung wie bei einem organschaftlich berufenen Geschäftsführer geboten erscheint.[24] Dabei kommt es auf das Gesamterscheinungsbild seines Auftretens an.[25] Nur so kann eine ausufernde Haftung vermieden werden. Danach haftet der faktische Geschäftsführer, wenn die Voraussetzungen einer faktischen Geschäftsführung vorliegen,[26] ebenso wie ein wirksam bestellter Geschäftsführer.

8 Ausgeschlossen ist die Anwendbarkeit des § 43 Abs. 2 auf den Gesellschafter-Geschäftsführer einer **Einpersonen-GmbH**. Dieser haftet allein nach § 43 Abs. 3.[27] Anders kann das nur sein, wenn der Alleingesellschafter-Geschäftsführer mit der fraglichen Vermögensverfügung gegen ein Verbot verstößt, das durch eine Weisung der Gesellschafterversammlung nicht außer Kraft gesetzt werden kann. Dies ist vor allem bei einem Verstoß gegen § 30 oder § 64 denkbar.[28] Nicht anwendbar ist § 43 Abs. 2 auch auf Gesellschafter, selbst wenn sie die Geschäftsführungsbefugnis durch Weisung an sich gezogen haben und damit wirtschaftlich Alleingesellschafter sind.[29] Eine Ausnahme ergibt sich auch nicht für einen Mehrheits- oder Alleingesellschafter mit Leitungsmacht.[30] Auf

---

17 BGHZ 31, 258, 277 f.; *Beurskens*, in: Baumbach/Hueck, GmbHG, § 43 Rn. 2.

18 *Kleindiek*, in: Lutter/Hommelhoff, GmbHG, § 43 Rn. 14; *Ziemons*, in: Michalski/Heidinger/Leible/J. Schmidt, GmbHG, § 43 Rn. 38.

19 BGHZ 129, 30, 32; *Paefgen*, in: Ulmer/Habersack/Löbbe, GmbHG, § 43 Rn. 19; *Beurskens*, in: Baumbach/Hueck, GmbHG, § 43 Rn. 4; *Fleischer*, in: MünchKommGmbHG, 2. Aufl., 2016, § 43 Rn. 220 ff., insb. 223 f.; a.A. *Kleindiek*, in: Lutter/Hommelhoff, GmbHG, Vor § 35 Rn. 11.

20 *Paefgen*, in: Ulmer/Habersack/Löbbe, GmbHG, § 43 Rn. 19; *Beurskens*, in: Baumbach/Hueck, GmbHG, § 43 Rn. 4.

21 *Beurskens*, in: Baumbach/Hueck, GmbHG, § 43 Rn. 4.

22 S. BGHZ 150, 61, Rn. 25.

23 OLG München, GmbHR 2019, 600 Rn. 46; OLG München, 22.6.2017 – 23 U 1099/17, juris; OLG Celle, 06.05.2015 – 9 U 173/14, juris, Rn. 24.

24 BGHZ 104, 44, 48; BGHZ 150, 61, 69; BGH, NZG 2005, 755; BGH, NZG 2005, 816 f.; BGH, NZG 2008, 468, 469; BGH, NZG 2008, 597, 598; OLG Celle, 6.5.2015 – 9 U 173/14, juris, Rn. 24; OLG München, 22.6.2017 – 23 U 1099/17, juris, Rn. 31 ff.; OLG Brandenburg, NZG 2001, 807, 808; OLG München, BeckRS 2010, 23061 (restriktive Anwendung, wenn üblicherweise ein der Geschäftsführung zuzurechnendes Handeln vorliegt); KG, NZG 2000, 1032 f.; *Strohn*, DB 2011, 158 ff.; *Fleischer*, GmbHR 2011, 337 ff.; *Born*, WM 2017, Sonderbeil. 3, S. 3, 22.

25 OLG München, GmbHR 2019, 600, Rn. 38.

26 Vgl. zum Verhältnis von eingetragenem und faktischem Geschäftsführer OLG München, GmbHR 2019, 600, LS 2.

27 BGHZ 31, 258, 278; BGHZ 119, 257, 261; BGHZ 122, 333, 336; BGH, ZIP 1994, 872, 874; BGH, NZG 1999, 1001, 1002.

28 BGH, NJW 2010, 64 f.

29 BGHZ 119, 257, 261 f.; *Ziemons*, in: Michalski/Heidinger/Leible/J. Schmidt, GmbHG, § 43 Rn. 29 f. m.w.N. auch zur a.A.; *U.H. Schneider*, in: Scholz, GmbHG, § 43 Rn. 108.

30 BGHZ 31, 258, 277 f.

Aufsichtsratsmitglieder sowie den vorläufigen Insolvenzverwalter (§ 22 Abs. 1 Nr. 2 InsO, §§ 27, 80 InsO) findet § 43 nicht direkt Anwendung.[31]

III. Zeitlicher Anwendungsbereich

§ 43 gilt mit der Organstellung, die regelmäßig nach der Annahmeerklärung durch den Geschäftsführer beginnt.[32] Unerheblich ist die Existenz eines Anstellungsverhältnisses,[33] die Eintragung der Bestellung im Handelsregister,[34] oder ob der Bestellungsakt wirksam war.[35] Auf die Annahmeerklärung des Geschäftsführers kann es dann nicht ankommen, wenn er schon zuvor sein Amt aufgenommen hat; dann ist dieser Zeitpunkt erheblich.[36] Dies gilt auch für den Geschäftsführer einer Vor-GmbH.[37] Sofern man zutreffend § 43 auf den faktischen Geschäftsführer anwendbar hält, beginnt bei diesem die Rechts- und Pflichtenstellung mit Amtsübernahme.[38] Für Prokuristen gelten § 43 Abs. 2 und 3 Satz 1 nicht, auch nicht analog. Allerdings kommt eine analoge Anwendbarkeit des § 43 Abs. 3 Satz 3 in Betracht. 9

Die Anwendbarkeit des § 43 **endet** nicht schon mit der Auflösung der GmbH, außer die Abwicklung der Gesellschaft wurde in der Satzung oder durch Gesellschafterbeschluss auf andere Personen übertragen.[39] Beendigung tritt vielmehr erst mit der Beendigung der Organstellung ein.[40] 10

Eine **Fortwirkung** des § 43 und damit die Möglichkeit einer Haftung trotz Beendigung der Organstellung ergibt sich dann, wenn der Geschäftsführer dennoch weiter tätig ist; dann kommt es auf das tatsächliche Einstellen der Geschäftsführertätigkeit an.[41] Auch die Insolvenzeröffnung führt nicht zu einer Nichtanwendung von § 43 Abs. 2, da die organschaftliche Pflichtenstellung, allerdings durch das Insolvenzverfahren modifiziert,[42] weiter besteht.[43] Zudem gibt es sog. nachwirkende Pflichten aus der Organstellung (z.B. Treuepflicht), die ebenfalls trotz **Ausscheidens** zu einer Haftung nach § 43 führen können.[44] 11

Bei **fehlerhafter Abberufung** des Geschäftsführers ist zwischen der Nichtigkeit und der bloßen Anfechtbarkeit des zugrunde liegenden Beschlusses zu unterscheiden. Ist der Abberufungsbeschluss nichtig, ist die Abberufung zwar nicht wirksam, stellt der Geschäftsführer seine Tätigkeit ein, kann darin aber eine (konkludente) Niederlegung des Amtes gesehen werden.[45] Besteht lediglich Anfechtbarkeit des Gesellschafterbeschlusses hinsichtlich der Abberufung, ist die Organstellung beendet, bis der Beschluss auf eine Anfechtungsklage (allein durch einen Gesellschafter) hin für nichtig erklärt wird.[46] Teilweise wird dagegen davon ausgegangen, dass die fehlerhafte Abberufung die 12

---

31 *Ziemons*, in: Michalski/Heidinger/Leible/J. Schmidt, GmbHG, § 43 Rn. 39.
32 BGH, ZIP 1987, 1050, 1051.
33 BGHZ 197, 304 ff. = GmbHR 2013, 1044 ff., Rn. 17.
34 BGH, NJW 1994, 2027; BGH, NZG 2003, 394, 395; *Beurskens*, in: Baumbach/Hueck, GmbHG, § 43 Rn. 2.
35 *Ziemons*, in: Michalski/Heidinger/Leible/J. Schmidt, GmbHG, § 43 Rn. 42.
36 BGH, NJW-RR 1986, 1293; OLG München, GmbHR 2000, 732, 733.
37 BGH, NJW-RR 1986, 1293.
38 BGH, NJW-RR 1986, 1293.
39 *Ziemons*, in: Michalski/Heidinger/Leible/J. Schmidt, GmbHG, § 43 Rn. 43.
40 BGH, NZG 2003, 394, 395.
41 BGH, NZG 2006, 62., 64; OLG Naumburg, GmbHR 2000, 558, 559; *Paefgen*, in: Ulmer/Habersack/Löbbe, GmbHG, § 43 Rn. 35; *Beurskens*, in: Baumbach/Hueck, GmbHG, § 43 Rn. 2.
42 *Casper*, in: Ulmer/Habersack/Löbbe, GmbHG, § 64 Rn. 71.
43 OLG Karlsruhe, ZIP 1993, 133, 134; zur Haftung des Geschäftsführers in der Krise *Bellen/Stehl*, BB 2010, 2579 ff.
44 *U.H. Schneider*, in: Scholz, GmbHG, § 43 Rn. 219 f.; *Beurskens*, in: Baumbach/Hueck, GmbHG, § 43 Rn. 2, 94.
45 *Ziemons*, in: Michalski/Heidinger/Leible/J. Schmidt, GmbHG, § 43 Rn. 46; s.a. *Beurskens*, in: Baumbach/Hueck, GmbHG, § 38 Rn. 2, 94.
46 Vgl. *Beurskens*, in: Baumbach/Hueck, GmbHG, § 43 Rn. 2.

Organstellung des Geschäftsführers selbst dann nicht berührt, wenn er seine Tätigkeit eingestellt hat. Allerdings soll eine Haftung nach § 43 Abs. 2 insofern ausscheiden, als die Geltendmachung dieses Anspruchs durch die Gesellschaft widersprüchlich wäre und damit eine **unzulässige Rechtsausübung** darstellen würde.[47] Die Einrede der unzulässigen Rechtsausübung kann auch Dritten entgegengehalten werden, die den Anspruch der Gesellschaft gegen den Geschäftsführer gepfändet haben.[48] Legt der Geschäftsführer sein Amt zur Unzeit nieder und sind keine weiteren Geschäftsführer im Amt, geht die herrschende Meinung von einer Unwirksamkeit der Niederlegung aus,[49] sodass der Geschäftsführer trotz Einstellung seiner Tätigkeit im Amt bleibt und der Haftung nach § 43 unterliegen kann.[50]

B. Pflichten des Geschäftsführers

I. Der Sorgfaltsmaßstab des Abs. 1

13 Der Geschäftsführer hat gem. § 43 Abs. 1 in den Angelegenheiten der Gesellschaft die »Sorgfalt eines ordentlichen Geschäftsmannes« anzuwenden. Da sich diese Regelung allein auf einen Sorgfaltsverstoß bezieht, ist es unpräzise, aus § 43 Abs. 1 einen bestimmten Pflichtenkatalog herauszulesen, den der Geschäftsführer einzuhalten hat.[51] Die Pflichten ergeben sich vielmehr aus der Treuepflicht, der Geschäftsführungsaufgabe als solcher oder aus Sonderregelungen.[52]

14 Für die einzuhaltende Sorgfalt gelten die gleichen Grundsätze wie für § 93 Abs. 1 AktG (»Sorgfalt eines ordentlichen und gewissenhaften Geschäftsleiters«).[53] Es handelt sich um einen von § 276 Abs. 2 BGB (»im Verkehr erforderliche Sorgfalt«) abweichenden Verschuldensmaßstab aufgrund der organschaftlichen Stellung des Geschäftsführers. Verletzt der Geschäftsführer dagegen ausschließlich Pflichten aus dem Anstellungsvertrag, unterliegt er grds. keiner Haftung aus § 43 Abs. 2.

15 Der **erforderliche Sorgfaltsmaßstab** bestimmt sich nach der Stellung des Geschäftsführers in verantwortlich leitender Position bei der Wahrnehmung fremder Vermögensinteressen.[54] Er hat sich an der Person eines selbständigen, treuhänderischen Verwalters fremder Vermögensinteressen zu orientieren.[55] Dabei liegt ein »relativer Verhaltensstandard« vor, da die Art und Größe des Unternehmens, dessen Situation und die Bedeutung der fraglichen Geschäftsführungsmaßnahme zu berücksichtigen sind.[56] Nicht relevant sollen dagegen Faktoren wie der Idealzweck der GmbH,[57] die Ehren- oder Nebenamtlichkeit der Geschäftsführerstellung,[58] persönliche Eigenschaften des

47 BGH, GmbHR 1974, 131, 132.

48 BGHZ 31, 258, 278.

49 BayObLGZ 1981, 266, 268; BayObLGZ 1992, 253, 254; BayObLG, NJW-RR 2000, 179, 180; a.A. OLG Koblenz, GmbHR 1995, 730 f.

50 *Ziemons*, in: Michalski/Heidinger/Leible/J. Schmidt, GmbHG, § 43 Rn. 45.

51 Vgl. *Ziemons*, in: Michalski/Heidinger/Leible/J. Schmidt, GmbHG, § 43 Rn. 55 ff.; *Bellen/Stehl*, BB 2010, 2579, 2580.

52 So auch *Beurskens*, in: Baumbach/Hueck, GmbHG, § 43 Rn. 7.

53 St. Rspr. s. OLG Naumburg, GmbHR 2014, 985, Rn. 27; s.a. *Altmeppen*, in: Roth/Altmeppen, GmbHG, § 43 Rn. 3; *Scheider*, in: Scholz, GmbHG, § 43 Rn. 232; *Beurskens*, in: Baumbach/Hueck, GmbHG, § 43 Rn. 8.

54 OLG Celle, NZG 2000, 1178, 1179; OLG Brandenburg, NZG 2001, 763, 765; OLG Celle, NJOZ 2006, 1563, 1564; OLG Oldenburg, NZG 2007, 434, 435; OLG Koblenz, NZG 2008, 280 (LS); *Altmeppen*, in: Roth/Altmeppen, GmbHG, § 43 Rn. 3; *Kleindiek*, in: Lutter/Hommelhoff, GmbHG, § 43 Rn. 10; *U.H. Schneider*, in: Scholz, GmbHG, § 43 Rn. 33; *Kuntz*, DB 2017, 37.

55 OLG Frankfurt am Main, GmbHR 2017, 974 ff., Rn. 49.

56 *Paefgen*, in: Ulmer/Habersack/Löbbe, GmbHG, § 43 Rn. 39; s.a. *Altmeppen*, in: Roth/Altmeppen, GmbHG, § 43 Rn. 3; *Kleindiek*, in: Lutter/Hommelhoff, GmbHG, § 43 Rn. 10; *Schnorbus*, in: Rowedder/Schmidt-Leithoff, GmbHG, § 43 Rn. 13.

57 *Diekmann/Marsch-Barner*, in: MünchHdbGmbHG, § 46 Rn. 14; *Paefgen*, in: Ulmer/Habersack/Löbbe, GmbHG, § 43 Rn. 15.

58 *Paefgen*, in: Ulmer/Habersack/Löbbe, GmbHG, § 43 Rn. 40; a.A. *Diekmann/Marsch-Barner*, in: MünchHdbGmbHG, § 46 Rn. 14.

Geschäftsführers[59] oder dessen Überlastung[60] sein. Der Geschäftsführer kann sich daher nicht darauf berufen, er habe nicht die erforderlichen Kenntnisse zur Ausführung seines Amtes besessen.[61]

II. Pflicht zur ordnungsgemäßen Unternehmensleitung

1. Geschäftsführungspflicht

Der Geschäftsführer hat die Pflicht zur Geschäftsführung, d.h. den Gesellschaftszweck möglichst effektiv und gewinnträchtig zu verfolgen. Teilweise konkretisiert sich diese Pflicht auch durch andere Pflichten (z.B. Treuepflicht). Was im Einzelnen für die Geschäftsführung zu verlangen ist, hängt von der Art und Größe der Gesellschaft und deren Unternehmensgegenstand ab. Konkretisierungen finden sich zum einen in der Rechtsprechung, zum anderen in den betriebswirtschaftlichen »**Grundsätzen ordnungsgemäßer Unternehmensführung**«.[62] Ob daneben auch die Empfehlungen des Deutschen Corporate Governance Kodex (**DCGK**) wenigstens sinngemäß, dort wo sie für die GmbH passen, zu beachten sind, ist fraglich und im Ergebnis auch für größere Gesellschaften abzulehnen.[63] 16

Im Grundsatz gilt, dass sich der Geschäftsführer laufend **über alle wesentlichen Angelegenheiten** informieren und auch die Bücher der Gesellschaft einsehen muss.[64] Um Risiken rechtzeitig zu erkennen, hat er die **Organisation** der Gesellschaft so auszugestalten, dass er sich jederzeit einen Überblick über die wirtschaftliche und finanzielle Lage der Gesellschaft verschaffen kann.[65] Nur so ist ein wirksames Eingreifen möglich.[66] Neben einer allgemeinen Überwachungspflicht hat er jedenfalls grds. eine Compliance-Verantwortung.[67] **Beispiele**: Zur Erfüllung der Organisationspflicht gehört es, dann, wenn dem Geschäftsführer die erforderliche Sachkunde für tragende Punkte fehlt, fachlich qualifizierten Rat von außen einzuholen.[68] Als pflichtwidrig wird die ungeprüfte Freigabe von Rechnungen anzusehen sein; ebenso die Verschwendung von Gesellschaftsvermögen[69] und die Veranlassung der Auszahlung unberechtigter Spesen.[70] Der Geschäftsführer darf zudem seine Kompetenzen nicht überschreiten, indem er etwa das zuständige Aufsichtsgremium nicht einschaltet.[71] Auch das Verjährenlassen einer fälligen Einlagenforderung verletzt die gebotene Sorgfalt.[72] 17

---

59 BGHZ 81, 442, 445; BGH, NJW 1983, 1856, 1857; BGH, NJW 1995, 1290, 1291; OLG Köln, GmbHR 1972, 65, 66; OLG Zweibrücken, NZG 1999, 506, 507; OLG Celle, NZG 2000, 1178, 1179; OLG Jena, NZG 2001, 86, 87.

60 BGH, WM 1971, 440, 442; OLG Bremen, GmbHR 1964, 8, 9; *Ziemons*, in: Michalski/Heidinger/Leible/J. Schmidt, GmbHG, § 43 Rn. 412; *Paefgen*, in: Ulmer/Habersack/Löbbe, GmbHG, § 43 Rn. 37; *U.H. Schneider*, in: Scholz, GmbHG, § 43 Rn. 232; *Beurskens*, in: Baumbach/Hueck, GmbHG, § 43 Rn. 9.

61 OLG Schleswig, GmbHR 2010, 864 ff. (in Bezug auf Steuererklärungen und Bilanzen).

62 *Ziemons*, in: Michalski/Heidinger/Leible/J. Schmidt, GmbHG, § 43 Rn. 121; *Paefgen*, in: Ulmer/Habersack/Löbbe, GmbHG, § 43 Rn. 142; *U.H. Schneider*, in: Scholz, GmbHG, § 43 Rn. 86; *Beurskens*, in: Baumbach/Hueck, GmbHG, § 43 Rn. 30.

63 *Buck-Heeb*, in: FS Westermann, 2008, S. 845, 852; etwas offener *Paefgen*, in: Ulmer/Habersack/Löbbe, GmbHG, § 43 Rn. 143; a.A. *Beurskens*, in: Baumbach/Hueck, GmbHG, § 43 Rn. 30, s.a. Rn. 20.

64 OLG Rostock, BeckRS 2004, 30341685; OLG Brandenburg, NZG 2001, 756 (LS); OLG Zweibrücken, NZG 1999, 506, 507.

65 BGH, NJW-RR 2012, 1122, Rn. 13; BGH, ZIP 1995, 560; OLG Naumburg, GmbHR 2014, 985, Rn. 38.

66 *Kleindiek*, in: Lutter/Hommelhoff, GmbHG, § 43 Rn. 27; *Fleischer*, in: MünchKommGmbHG, 2. Aufl., 2016, § 43 Rn. 138; *Schnorbus*, in: Rowedder/Schmidt-Leithoff, GmbHG, § 43 Rn. 16; *Paefgen*, in: Ulmer/Habersack/Löbbe, GmbHG, § 43 Rn. 133 f.; *U.H. Schneider*, in: Scholz, GmbHG, § 43 Rn. 95; *Beurskens*, in: Baumbach/Hueck, GmbHG, § 43 Rn. 29 (Unternehmensorganisationspflicht).

67 *Fleischer*, in: MünchKommGmbHG, 2. Aufl., 2016, § 43 Rn. 142 ff.

68 Vgl. BGH, ZIP 2012, 1175 (bei Krisenanzeichen); vgl. auch *Buck-Heeb*, BKR 2011, 441, 446 ff.; *Fleischer*, ZIP 2009, 1397 ff.; *ders.*, NJW 2009, 2337 ff.

69 *Bachmann*, NZG 2013, 1121 ff.

70 OLG München, GmbHR 2013, 813, Rn. 53.

71 OLG Koblenz, NZG 2008, 280 (LS).

72 LG Wiesbaden, GmbHR 2013, 596; s. auch BGHZ 219, 356 ff. bzgl. einer AG.

19 Der Geschäftsführer hat sich bei seinem Handeln innerhalb des Unternehmensgegenstands[73] und seiner ihm durch Satzung, Anstellungsvertrag, Geschäftsordnung, Weisung oder Gesetz zugesprochenen Kompetenzen[74] zu halten. Dabei hat er sowohl Weisungen als auch Beschlüsse der Gesellschafterversammlung sowie seine Treuepflicht der Gesellschaft ggü. zu beachten. Unter Berücksichtigung dieser Punkte hat er aber bei seinem Handeln ein unternehmerisches **Ermessen** (s.u. bei 3. zur Business Judgment Rule). Ist die **Rechtslage unklar**, wird dem Geschäftsführer ein Beurteilungs- und Ermessensspielraum zugestanden. Nach einer umstrittenen Ansicht darf er nach sorgfältiger Entscheidungsvorbereitung, etwa durch sachkundigen Rechtsrat, auch eine für die Gesellschaft günstige Rechtsposition einnehmen.[75]

20 Fraglich ist, ob der Geschäftsführer bei einer Nützlichkeit für die Gesellschaft die gesetzlichen Pflichten missachten darf, ohne dass ihn eine Haftung nach § 43 Abs. 2 trifft (»**nützliche« Pflichtverletzung**). In Bezug auf **gesetzliche Pflichten** verhält es sich so, dass diese erfüllt werden müssen, andernfalls verletzt der Geschäftsführer seine Sorgfaltspflicht[76] bzw. seine Treuepflicht.[77] Für die Pflichtwidrigkeit seines Verhaltens ist unerheblich, ob diese für die Gesellschaft vorteilhaft wäre (z.B. Kosten-Nutzen-Erwägung bzgl. Sanktion und ersparten Kosten). Insbesondere ist die Gesellschaft so zu organisieren, dass Gesetzesverstöße aus dem Unternehmen heraus unterbunden werden. Das gilt auch bzgl. der Pflichten aus der Datenschutz-Grundverordnung.[78] Hier hat der Geschäftsführer kein unternehmerisches Ermessen. Nützlichkeitserwägungen können die Pflicht des Geschäftsführers, für eine Erfüllung der bestehenden gesetzlichen Pflichten der Gesellschaft zu sorgen, weder aufheben noch modifizieren.[79]

21 Ob im Fall einer Auslandsberührung **ausländisches Recht** zu berücksichtigen ist, ist umstritten. Die herrschende Meinung will hier nur das deutsche Kollisionsrecht anwenden,[80] wohingegen eine a.A. sämtliche in- und ausländische Rechte als zu beachten ansieht.[81] Jedenfalls sind etwa Schmiergeldzahlungen auch im Ausland nach deutschem Recht strafbar (§ 335a StGB, § 299 StGB), d.h. es besteht für den Geschäftsführer kein Ermessensspielraum.[82]

22 Im Gegensatz dazu hat der Geschäftsführer nach herrschender Meinung bei **vertraglichen Pflichten** einen Entscheidungsspielraum, d.h. er kann sich an den Grundsätzen der ordnungsgemäßen Unternehmensführung orientieren.[83] Ob dies allerdings auch für die Erfüllung öffentlich-rechtlicher Zahlungspflichten gelten kann, ist jedenfalls für Steuern und Sozialabgaben zu bezweifeln.[84]

23 Die dem Geschäftsführer obliegende Pflicht zur ordnungsgemäßen Unternehmensleitung bezieht sich allein auf dessen **dienstliche** Tätigkeiten.[85] Damit spielen nichtdienstliche Tätigkeiten i.R.d.

---

73 Vgl. BGH, ZIP 2013, 455, Rn. 16 (zur AG).

74 Vgl. OLG Naumburg, GmbHR 2014, 985, Rn. 38.

75 *Paefgen*, in: Ulmer/Habersack/Löbbe, GmbHG, § 43 Rn. 68; *U.H. Schneider*, in: Scholz, GmbHG, § 43 Rn. 79; *Beurskens*, in: Baumbach/Hueck, GmbHG, § 43 Rn. 31; vgl. auch *Buck-Heeb*, BB 2013, 2247 ff.; *Buck-Heeb*, BB 2016, 1347 ff.; *Graewe/v.Harder*, BB 2017, 707 ff.

76 Vgl. BFH, ZIP 2009, 516.

77 BGH, NJW 2019, 2164, Rn. 10.

78 *Löschhorn/Fuhrmann*, NZG 2019, 161 ff.

79 *U.H. Schneider*, in: Scholz, GmbHG, § 43 Rn. 79; *Ziemons*, in: Michalski/Heidinger/Leible/J. Schmidt, GmbHG, § 43 Rn. 75; *Beurskens*, in: Baumbach/Hueck, GmbHG, § 43 Rn. 12.

80 *Paefgen*, in: Ulmer/Habersack/Löbbe, GmbHG, § 43 Rn. 66.

81 *Ziemons*, in: Michalski/Heidinger/Leible/J. Schmidt, GmbHG, § 43 Rn. 67; vgl. auch *Brock*, BB 2019, 1292 ff.

82 *Ziemons*, in: Michalski/Heidinger/Leible/J. Schmidt, GmbHG, § 43 Rn. 68 f.; *Klöhn*, in: Bork/Schäfer, GmbHG, § 43 Rn. 37; *Paefgen*, in: Ulmer/Habersack/Löbbe, GmbHG, § 43 Rn. 66; *U.H. Schneider*, in: Scholz, GmbHG, § 43 Rn. 76; *Beurskens*, in: Baumbach/Hueck, GmbHG, § 43 Rn. 10.

83 *Ziemons*, in: Michalski/Heidinger/Leible/J. Schmidt, GmbHG, § 43 Rn. 77; *U.H. Schneider*, in: Scholz, GmbHG, § 43 Rn. 78; *Beurskens*, in: Baumbach/Hueck, GmbHG, § 43 Rn. 13.

84 So auch *Ziemons*, in: Michalski/Heidinger/Leible/J. Schmidt, GmbHG, § 43 Rn. 77; anders wohl *U.H. Schneider*, in: Scholz, GmbHG, § 43 Rn. 79; *Beurskens*, in: Baumbach/Hueck, GmbHG, § 43 Rn. 13.

85 OLG Koblenz, NZG 1999, 517, 522.

§ 43 (z.B. Privatnutzung des Dienst-Pkw) keine Rolle. Auch solche Tätigkeiten, die bloß »bei Gelegenheit der Geschäftsführung« erfolgen und damit auch von einem Dritten, der kein Organ der Gesellschaft ist, hätten erfüllt werden können (z.B. Fahren des Dienst-Pkw), sollen nicht unter die dem Sorgfaltsmaßstab des § 43 Abs. 1 unterliegenden Geschäftsleiterpflichten fallen, sondern allein an § 276 BGB zu messen sein.[86] Der Geschäftsführer ist verantwortlich dafür, dass sich die Gesellschaft nach außen rechtmäßig verhält.[87] Selbst wenn bestimmte Pflichten des Geschäftsführers laut Gesetz auch im Interesse Dritter oder der Allgemeinheit bestehen (z.B. § 15a InsO, §§ 49 ff., § 64 Abs. 1), ist der Geschäftsführer zu deren Einhaltung gem. § 43 Abs. 1 auch der Gesellschaft ggü. verpflichtet.[88]

2. Delegation

Zuständig ist der Geschäftsführer durch seine Amtsstellung grds. für sämtliche Angelegenheiten 23a der Gesellschaft. Eine Geschäfts- bzw. **Ressortaufteilung** ist jedoch möglich. Das setzt aber eine klare und eindeutige Abgrenzung der jeweiligen Geschäftsführungsaufgaben voraus. Sichergestellt sein muss die jeweilige Wahrnehmung durch die hierfür fachlich und persönlich geeignete Person. Zudem muss die Zuständigkeit des Gesamtorgans insbesondere für nicht delegierbare Geschäftsführungsangelegenheiten gewahrt sein.[89] Bei einer ressortmäßigen Aufteilung (s. § 37 Rdn. 28 ff.) unter den Geschäftsführern bleibt eine **Überwachungspflicht** ggü. den anderen.[90] Insofern besteht eine Pflicht, auf ressortmäßiges Handeln der Mitgeschäftsführer hinzuwirken. Dies kann auch ein Einschreiten gegen pflichtwidriges Handeln von Mitgeschäftsführern erforderlich machen.[91]

Der Geschäftsführer kann grds. auch eine **Delegation gesellschaftsrechtlicher Aufgaben an Angestellte** des Unternehmens oder an Dritte vornehmen. 23b Dabei ist er jedoch zu einer sorgfältigen Auswahl, Anleitung und Kontrolle bzw. **Überwachung des Mitarbeiters** verpflichtet. Der Umfang der Überwachungspflicht ist vom Einzelfall abhängig. Liegen Hinweise auf Unregelmäßigkeiten oder Gesetzesverletzungen vor, ist diesen in jedem Fall nachzugehen. Neben den genannten Pflichten besteht eine spezielle Organisationspflicht des Geschäftsführers dahingehend, dass Pflichtverletzungen von Personen, an welche Aufgaben delegiert werden, grds. verhindert werden.[92]

3. Business Judgment Rule

Die inzwischen im Aktiengesetz ausdrücklich enthaltene sog. Business Judgment Rule findet ent- 24 sprechend auch für die GmbH Anwendung.[93] Der Handlungsspielraum des Geschäftsführers umfasst dabei auch die bewusste Eingehung geschäftlicher Risiken mit der Gefahr einer Fehlbeurteilung und -entscheidung.[94] Überschritten ist dieser Spielraum aber v.a. in drei Fällen: wenn kein von Verantwortungsbewusstsein getragenes, allein am Unternehmenswohl orientiertes, auf sorgfältige Ermittlung der Entscheidungsgrundlagen beruhendes, unternehmerisches Handeln vorliegt; wenn die Bereitschaft zur Eingehung unternehmerischer Risiken in unverantwortlicher Weise überspannt

---

86 *Ziemons*, in: Michalski/Heidinger/Leible/J. Schmidt, GmbHG, § 43 Rn. 422; *Beurskens*, in: Baumbach/Hueck, GmbHG, § 43 Rn. 6; a.A. *Paefgen*, in: Ulmer/Habersack/Löbbe, GmbHG, § 43 Rn. 29.

87 BGH, NJW 1988, 1321, 1323; BGH, ZIP 1995, 1021, 1030; KG, NZG 1999, 400.

88 BGHZ 78, 82, 87; BGH, WM 1983, 725, 726; BGH, ZIP 1998, 1269, 1271.

89 BGHZ 220, 162, Rn. 17; s. auch *Thölke/Friedrichsen*, WPg 2019, 799 ff.; *von der Linden*, NJW 2019, 1039 ff.; *Schädlich*, NZI 2019, 229 f.; *Buck-Heeb*, BB 2019, 584 ff.

90 Vgl. *Buck-Heeb*, BB 2019, 584, 586 ff.

91 BGH, WM 2015, 1197 ff. (für die AG), dazu *Born*, WM 2017, Sonderbeil. 3, S. 3, 22; OLG München, WM 2016, 164, Rn. 90 (pflichtwidrige Gehaltsauszahlung an Mitgeschäftsführer); OLG München, GmbHR 2013, 813, Rn. 53.

92 OLG Frankfurt am Main, GmbHR 2019, 940, Rn. 66.

93 *Klöhn*, in: Bork/Schäfer, GmbHG, § 43 Rn. 36 ff.; *Paefgen*, in: Ulmer/Habersack/Löbbe, GmbHG, § 43 Rn. 48, 110; *U.H. Schneider*, in: Scholz, GmbHG, § 43 Rn. 54; *Beurskens*, in: Baumbach/Hueck, GmbHG, § 43 Rn. 34; *Kuntz*, DB 2017, 37, 40; einschränkend *Fleischer*, NZG 2011, 521 ff.

94 OLG Frankfurt am Main, GmbHR 2017, 974 ff., Rn. 49.

worden ist; wenn das Verhalten des Geschäftsführers aus anderen Gründen als pflichtwidrig einzustufen ist.[95]

24a Teilweise wird darauf abgehoben, dass aufgrund der stärkeren Bindung an das Vertrauen der Gesellschafter der Geschäftsführer in der GmbH mehr als in der AG Konsens der Gesellschafter bei schwierigen **Ermessensentscheidungen** einzuholen habe.[96] Danach handelt ein Geschäftsführer dann pflichtgemäß, wenn er sich vor einer unternehmerischen Entscheidung unter Beachtung der Legalitätspflicht angemessen informiert, sich nicht in einem Interessenkonflikt befindet und darauf vertrauen darf, zum Besten der Gesellschaft zu handeln.[97] In Umkehrung dessen ist die Business Judgment Rule dann nicht anwendbar, wenn der Geschäftsführer mit seinem Handeln gesetzliche Regelungen oder seine organschaftliche Treuepflichten missachtet.[98]

25 So hat der Geschäftsführer etwa **kein Ermessen**, wenn es um die Information des Aufsichtsrats zur Herbeiführung einer Entscheidung dieses Kontrollorgans geht.[99] Sein Handlungsermessen kann auch bei einem Insichgeschäft i.S.d. § 181 BGB ausnahmsweise vollständig reduziert sein, da er (auch im Verhältnis zu sich selbst) zur Wahrung der Vermögensinteressen der GmbH verpflichtet ist.[100] Eine fehlerhafte Ausübung des Geschäftsführerermessens soll dann vorliegen, wenn aus **ex ante-Sicht** das Handeln des Geschäftsführers unvertretbar erscheint.[101]

26 Wann der Geschäftsführer auf der Grundlage **angemessener** Information gehandelt hat, ist umstritten. Die Rechtsprechung scheint von der Pflicht auszugehen, sämtliche verfügbaren Informationsquellen tatsächlicher und rechtlicher Art auszuschöpfen und zur Basis seiner Abwägungen zu machen.[102] Einer sog. umfassenden Sichtweise wird im Schrifttum zu Recht widersprochen.[103] Aber auch die genannte Rechtsprechung zum GmbH-Recht wird angesichts des Tatbestandsmerkmals der Angemessenheit so zu deuten sein, dass eine Informationsbeschaffung und -auswertung vom Prüfungsaufwand und von den Kosten her noch in vernünftigem Verhältnis zur Handlung stehen muss. Entsprechend der Rechtsprechung zur AG muss ausreichend sein, dass der Geschäftsführer vernünftigerweise annehmen durfte, auf der Grundlage angemessener Informationen zu handeln.[104]

27 Zu beachten ist, dass der Geschäftsführung bei der Leitung der Geschäfte der Gesellschaft grds. ein weiter Handlungsspielraum zustehen muss, da ansonsten eine unternehmerische Tätigkeit nicht denkbar ist. Dem Geschäftsführer ist es daher möglich, bewusst bestimmte geschäftliche **Risiken** einzugehen. Auch führt nicht jede **Fehlbeurteilung** und Fehleinschätzung, der ein noch so verantwortungsbewusster Unternehmensleiter erliegen kann, aufgrund der ex ante-Betrachtung zu einer Fehlerhaftigkeit der Ermessensausübung.[105] Überschritten ist das dem Geschäftsführer zustehende Ermessen aber dann, wenn kein verantwortungsbewusstes, am Unternehmenswohl orientiertes[106]

95 OLG Frankfurt am Main, GmbHR 2017, 974 ff., Rn. 49; *Merkt*, ZGR 2017, 129, 142 f.

96 *Beurskens*, in: Baumbach/Hueck, GmbHG, § 43 Rn. 34.

97 BGH, NJW 2008, 3361; OLG Koblenz, NZG 2008, 280 (LS); *U.H. Schneider*, in: Scholz, GmbHG, § 43 Rn. 53 f.; *Beurskens*, in: Baumbach/Hueck, GmbHG, § 43 Rn. 35 ff.; *Paefgen*, in: Ulmer/Habersack/Löbbe, GmbHG, § 43 Rn. 45; *Ziemons*, in: Michalski/Heidinger/Leible/J. Schmidt, GmbHG, § 43 Rn. 134 ff.

98 *Ziemons*, in: Michalski/Heidinger/Leible/J. Schmidt, GmbHG, § 43 Rn. 157.

99 OLG Koblenz, NZG 2008, 280 (LS).

100 OLG Naumburg, GmbHR 2014, 985, Rn. 42.

101 *Beurskens*, in: Baumbach/Hueck, GmbHG, § 43 Rn. 38; *U.H. Schneider*, in: Scholz, GmbHG, § 43 Rn. 61; a.A. *Paefgen*, in: Ulmer/Habersack/Löbbe, GmbHG, § 43 Rn. 123 ff.

102 BGH, NJW 2008, 3361; BGHZ 197, 304 ff. = GmbHR 2013, 1044 ff., Rn. 30; OLG Naumburg, GmbHR 2018, 578 Rn. 47. OLG Frankfurt am Main, GmbHR 2017, 974, Rn. 52.

103 *Klöhn*, in: Bork/Schäfer, GmbHG, § 43 Rn. 39; kritisch auch *Kleindiek*, in: Lutter/Hommelhoff, GmbHG, § 43 Rn. 26.

104 Vgl. BGH, AG 2013, 259 Rn. 35; *Finkel/Ruchartz*, BB 2017, 519, 520.

105 *Beurskens*, in: Baumbach/Hueck, GmbHG, § 43 Rn. 33.

106 *U.H. Schneider*, in: Scholz, GmbHG, § 43 Rn. 57, 64 ff.; *Beurskens*, in: Baumbach/Hueck, GmbHG, § 43 Rn. 34.

und sorgfältig vorbereitetes[107] Handeln mehr vorliegt.[108] Das soll der Fall sein, »wenn das hohe Risiko eines Schadens unabweisbar ist und keine vernünftigen wirtschaftlichen Gründe dafür sprechen, es dennoch einzugehen«.[109] Insgesamt hat der Geschäftsführer gutgläubig zu handeln, d.h. er darf nicht wissentlich eine falsche Entscheidung treffen, selbst wenn diese sich i.R.d. objektiven Ermessensspielraums bewegt.[110]

Die gerichtliche **Überprüfbarkeit** soll erstens darauf beschränkt sein, ob ein Ermessensspielraum bestand, und zweitens, ob unternehmerische Vertretbarkeit i.S. einer objektiven Nachvollziehbarkeit der Entscheidung aus ex ante-Sicht gegeben ist.[111] Liegen die Voraussetzungen der Business Judgment Rule nicht vor, weil bzgl. der Entscheidung kein Ermessen bestand (sog. **gebundene Entscheidung**), unterliegt das Handeln des Geschäftsführers der vollen gerichtlichen Nachprüfung.[112] **28**

III. Treuepflicht

1. Inhalt und Funktion der Treuepflicht

Der Geschäftsführer hat gegenüber der Gesellschaft eine besondere organschaftliche Treuepflicht,[113] **29**
die über diejenige nach § 242 BGB hinausgeht.[114] Aufgrund der Treuepflicht hat der Geschäftsführer in sämtlichen, das Interesse der Gesellschaft berührenden Angelegenheiten allein deren Wohl und nicht seinen eigenen Vorteil oder den Vorteil Dritter zu verfolgen.[115]

Eine Abgrenzung zwischen Treuepflicht und der Pflicht zur ordnungsgemäßen Unternehmenslei- **30**
tung ist insofern erheblich, als i.R.d. Treuepflicht **kein unternehmerischer Handlungsspielraum** besteht. Grds. befinden die Gesellschafter über das Vorliegen eines Interessenkonflikts, sodass der Geschäftsführer schon deshalb sämtliche Interessenkonflikte offenzulegen hat.[116] Er hat darauf hinzuwirken, dass sich die Gesellschaft rechtmäßig verhält und ihren gesetzlichen Verpflichtungen nachkommt. Umstritten ist, ob das auch in Bezug auf vertragliche Verpflichtungen der Gesellschaft gilt.[117] Aus der Treuepflicht abgeleitet wird die Pflicht zur »rechtstreuen« Ausübung der Geschäftsführertätigkeit (**Legalitätspflicht**).[118] Aus dem Aspekt der Treuepflicht haben sich aber noch zahlreiche weitere Bereiche herausgebildet. Nachfolgend sind einige Bereiche aufgeführt.

---

107 BGHZ 152, 280, 284; BGH, DStR 2008, 1839, 1840 f.; OLG Oldenburg, NZG 2007, 434, 435.

108 BGH, NJW 1997, 1926; BGH, NJW 2008, 3361; OLG Oldenburg, NZG 2007, 434, 435; *Kuntz*, GmbHR 2008, 121, 124; s.a. Rdn. 24.

109 OLG München, 8.2.2018 – 23 U 2913/17, juris, Rn. 20 unter Verweis auf BGH, 21.3.2005 – II ZR 54/03, juris, Rn. 6, und BGH, 21.4.1997 – II ZR 175/95, juris, Rn. 22.

110 *Klöhn*, in: Bork/Schäfer, GmbHG, § 43 Rn. 41.

111 *U.H. Schneider*, in: Scholz, GmbHG, § 43 Rn. 61; a.A. *Paefgen*, in: Ulmer/Habersack/Löbbe, GmbHG, § 43 Rn. 120 ff., 123 ff.

112 *S.H. Schneider*, DB 2005, 707, 710; *U.H. Schneider*, in: Scholz, GmbHG, § 43 Rn. 56, 74; *Paefgen*, in: Ulmer/Habersack/Löbbe, GmbHG, § 43 Rn. 117.

113 BGH, NJW 2019, 2164, Rn. 10.

114 BGHZ 10, 187, 192; BGH, WM 1964, 1320, 1321; BGH, NJW 1986, 585, 586; *Fleischer*, in: MünchKommGmbHG, 2. Aufl., 2016, § 43 Rn. 154.

115 BGH, WM 1983, 489, 499; BGH, NJW 1986, 585, 586; BGH, ZIP 1989, 1390, 1394; OLG Düsseldorf, WM 2000, 1393, 1396; OLG Frankfurt am Main, GmbHR 2017, 974 ff., Rn. 50; *Fleischer*, WM 2003, 1045, 1052.

116 *Paefgen*, in: Ulmer/Habersack/Löbbe, GmbHG, § 43 Rn. 109; *Ziemons*, in: Michalski/Heidinger/Leible/J. Schmidt, GmbHG, § 43 Rn. 213.

117 Offengelassen bei BGH, NJW 2019, 2164, Rn. 10; *Schnorbus*, in: Rohwetter/Schmidt-Leithoff, § 43 Rn. 39.

118 Vgl. nur BGH, NJW 2019, 2164, Rn. 10; BGHZ 194, 26, Rn. 22; BGHZ 176, 204, Rn. 38; s. auch *Ziemons*, in: Michalski/Heidinger/Leible/J. Schmidt, GmbHG, § 43 Rn. 59 ff.; *Paefgen*, in: Ulmer/Habersack/Löbbe, GmbHG, § 43 Rn. 49 ff.; *U.H. Schneider*, in: Scholz, GmbHG, § 43 Rn. 74 ff.; *Beurskens*, in: Baumbach/Hueck, GmbHG, § Rn. 79.

2. Einsatz der Arbeitskraft

31 Der Geschäftsführer hat seine Arbeitskraft der Gesellschaft gemäß dem Dienstvertrag und orientiert an ihren Bedürfnissen zur Verfügung zu stellen.[119] Davon umfasst ist auch die vorbehaltlose Zurverfügungstellung seiner Fähigkeiten, Kenntnisse und Erfahrungen. Die Treuepflicht kann auch einen außergewöhnlichen Einsatz erforderlich machen, wie z.B. die Leistung von Überstunden, Nichtantritt oder Abbruch eines Urlaubs, wobei dies zumeist im Anstellungsvertrag geregelt sein wird.[120] Daneben ist dem Geschäftsführer jedoch die Pflege seines eigenen Vermögens oder die Übernahme eines Ehrenamts erlaubt, sofern das Geschäftsführeramt dadurch nicht beeinträchtigt wird.[121] Erfindungen, die im Zusammenhang mit den Dienstpflichten gemacht wurden, sind regelmäßig der Gesellschaft zu überlassen.[122] Ist anderes gewollt, bedarf es einer besonderen Regelung etwa im Anstellungsvertrag.

32 Offengelassen hat der BGH bislang, wie eine rechtsmissbräuchliche oder zur Unzeit erfolgende **Amtsniederlegung** einzuordnen ist.[123] Teilweise wird dies als Pflichtverletzung gesehen, sofern nicht besondere Umstände die Handlung des Geschäftsführers rechtfertigen.[124] Andere halten eine solche Amtsniederlegung für unwirksam.[125] Die Rechtsprechung geht jedenfalls dann von einer Verletzung der Treuepflicht aus, wenn die Amtsniederlegung zur Handlungsunfähigkeit der GmbH führt oder die Gesellschaft in einer wirtschaftlichen Krise ist.[126]

3. Vergütung

33 Nach herrschender Meinung greift die Treuepflicht bei der Aushandlung der Vergütung des Geschäftsführers mit der Gesellschaft oder eines Abfindungs- und Aufhebungsvertrags bzgl. des Anstellungsvertrages nicht.[127] Ob in paritätisch mitbestimmten Gesellschaften § 87 Abs. 1 AktG entsprechend zu beachten ist, ist umstritten.[128] In der Gesellschaftskrise hat der Gesellschafter einer Herabsetzung seiner Vergütung zuzustimmen, wenn dadurch ein wesentlicher Beitrag zur Insolvenzvermeidung geleistet wird. Unklar ist lediglich, ob sich dies aus den Grundsätzen des Wegfalls der Geschäftsgrundlage[129] oder aus der Treuepflicht[130] ergeben soll.

4. Wettbewerbsverbot

34 Der Geschäftsführer unterliegt aufgrund seiner Treuepflicht einem umfassenden gesetzlichen Wettbewerbsverbot, auch wenn es keine ausdrückliche gesetzliche Regelung im GmbH-Recht gibt.[131] Darauf, ob die Gesellschaft durch eine Wettbewerbstätigkeit des Geschäftsführers geschädigt wird

119 *Ziemons*, in: Michalski/Heidinger/Leible/J. Schmidt, GmbHG, § 43 Rn. 205; *Paefgen*, in: Ulmer/Habersack/Löbbe, GmbHG, § 43 Rn. 89; *U.H. Schneider*, in: Scholz, GmbHG, § 43 Rn. 117; *Beurskens*, in: Baumbach/Hueck, GmbHG, § 37 Rn. 79; *Fleischer*, NJW 2006, 3239, 3241.

120 *Beurskens*, in: Baumbach/Hueck, GmbHG, § 37 Rn. 79; *Fleischer*, NJW 2006, 3239, 3241.

121 BGH, NJW 1997, 2055, 2056; *U.H. Schneider*, in: Scholz, GmbHG, § 43 Rn. 218.

122 OLG Düsseldorf, GmbHR 1999, 1093, 1094.

123 BGHZ 121, 257, 261 f.; s.a. OLG Bamberg, GmbHR 2017, 1144 f., Rn. 10.

124 OLG Koblenz, GmbHR 1995, 730 f.

125 BayObLG, BB 1999, 1782, 1783; OLG Düsseldorf, NZI 2001, 97, 98; für Wirksamkeit OLG Bamberg, GmbHR 2017, 1144 f., Rn. 9.

126 BGHZ 78, 82, 84 ff.; OLG Koblenz, GmbHR 1995, 730 f.

127 Vgl. OLG Düsseldorf, GmbHR 2000, 666, 667; gegen ein völliges Ausblenden *Ziemons*, in: Michalski/Heidinger/Leible/J. Schmidt, GmbHG, § 43 Rn. 223 f.

128 Dafür *Baeck/Götze/Arnold*, NZG 2009, 1121, 1122 f.; *Ziemons*, in: Michalski/Heidinger/Leible/J. Schmidt, GmbHG, § 43 Rn. 223 f. m.w.N.; dagegen *U.H. Schneider/Hohenstatt*, in: Scholz, GmbHG, § 38 Rn. 351.

129 OLG Köln, NZG 2008, 637 f.

130 *Zöllner/Noack*, in: Baumbach/Hueck, GmbHG, 21. Aufl. 2017, § 35 Rn. 187.

131 BGH, WM 1964, 1320, 1321; BGH, WM 1976, 77, 79; BGH, GmbHR 1977, 129, 130; BGH, DStR 1997, 1053 f.; OLG Oldenburg, NZG 2000, 1038, 1039.

oder ob die Gesellschaft selbst das betreffende Geschäft betreiben konnte oder wollte, kommt es nicht an.[132] Der sachliche Anwendungsbereich des Wettbewerbsverbots richtet sich nach dem in der Satzung festgelegten Unternehmensgegenstand. Daher sind auch solche satzungsmäßig vorgesehenen Geschäftsbereiche erfasst, in denen die Gesellschaft noch nicht tätig ist, aber jederzeit tätig werden kann.[133] Auch diejenigen Tätigkeitsbereiche, die nicht vom in der Satzung festgelegten Unternehmensgegenstand erfasst sind, in denen die Gesellschaft aber tatsächlich tätig geworden ist, unterfallen dem Wettbewerbsverbot.[134]

Adressaten des Wettbewerbsverbots sind sämtliche Geschäftsführer, unabhängig davon, ob sie Fremd- oder Gesellschafter-Geschäftsführer sind. Dies gilt auch für den faktischen Geschäftsführer.[135] Der Gesellschafter-Geschäftsführer einer Einmann-GmbH unterliegt dagegen keinem Wettbewerbsverbot, da ihm der Gesellschaft ggü. grds. keine weiter gehenden Pflichten obliegen. Anders ist dies nur, wenn nachhaltige Gläubigerinteressen gefährdet werden (existenzvernichtender Eingriff),[136] indem etwa das zur Erhaltung des Stammkapitals erforderliche Vermögen entzogen wird.[137] Zu berücksichtigen ist, dass ein Gesellschafter-Geschäftsführer auch aufgrund seiner mitgliedschaftlichen Treuepflicht einem Wettbewerbsverbot unterliegen kann, wobei dessen Inhalt und Umfang noch weitgehend ungeklärt sind.[138] Jedenfalls soll eine rein kapitalistische Minderheitsbeteiligung des Geschäftsführers an einer anderen Gesellschaft unbedenklich sein, da das Wettbewerbsverbot hier schon seiner ratio nach nicht greift.[139] 35

Da es auf eine wirtschaftliche Betrachtung (unternehmerische Tätigkeit) ankommt, kann der Geschäftsführer das Wettbewerbsverbot nicht durch Einschaltung eines **Strohmanns** oder eines nahen Familienangehörigen umgehen.[140] Als zulässig wird jedoch eine Kommanditisten- oder Minderheitsgesellschafter- bzw. -aktionärsstellung sowie die Stellung als stiller Gesellschafter erachtet. Voraussetzung ist aber, dass der Geschäftsführer die betreffende Gesellschaft nicht beherrscht, indem er dadurch auf deren unternehmerische Entscheidungen tatsächlich Einfluss nehmen kann.[141] Auch die bloße Geldanlage bei einem Wettbewerbsunternehmen soll möglich sein,[142] sofern der Geschäftsführer sie nicht alsbald mit Gewinn veräußern will oder die Objektzahl den »Rahmen der Befriedigung privater Bedürfnisse« deutlich überschreitet.[143] Das Wettbewerbsverbot umfasst nach einer Ansicht bereits bloße Vorbereitungshandlungen.[144] Andere gehen dagegen davon aus, dass Vorbereitungshandlungen zum Aufbau eines eigenen Unternehmens oder zur Mithilfe am Aufbau eines fremden, noch nicht wettbewerblich tätigen Konkurrenzbetriebs unter dem Gesichtspunkt des Wettbewerbsverbots unbedenklich und daher erlaubt sind.[145] 36

132 BGH, WM 1976, 77, 79.
133 BGHZ 89, 162, 170; *Ziemons,* in: Michalski/Heidinger/Leible/J. Schmidt, GmbHG, § 43 Rn. 231 m.w.N.; *U.H. Schneider,* in: Scholz, GmbHG, § 43 Rn. 163.
134 *Ziemons,* in: Michalski/Heidinger/Leible/J. Schmidt, GmbHG, § 43 Rn. 232; *Kleindiek,* in: Lutter/Hommelhoff, GmbHG, Anh. § 6 Rn. 22; *Paefgen,* in: Ulmer/Habersack/Löbbe, GmbHG, § 43 Rn. 94; *U.H. Schneider,* in: Scholz, GmbHG, § 43 Rn. 163; *Beurskens,* in: Baumbach/Hueck, GmbHG, § 37 Rn. 84.
135 *Paefgen,* in: Ulmer/Habersack/Löbbe, GmbHG, § 43 Rn. 83; zweifelnd *U.H. Schneider,* in: Scholz, GmbHG, § 43 Rn. 159.
136 BGHZ 119, 257 ff.; BGHZ 122, 333 ff.; *Altmeppen,* in: Roth/Altmeppen, GmbHG, § 30 Rn. 90; *Kleindiek,* in: Lutter/Hommelhoff, GmbHG, Anh. § 6 Rn. 20; *Paefgen,* in: Ulmer/Habersack/Löbbe, GmbHG, § 43 Rn. 84; *U.H. Schneider,* in: Scholz, GmbHG, § 43 Rn. 161.
137 Vgl. BFH, NJW 1996, 950, 951.
138 *Ziemons,* in: Michalski/Heidinger/Leible/J. Schmidt, GmbHG, § 43 Rn. 229; *Paefgen,* in: Ulmer/Habersack/Löbbe, GmbHG, § 43 Rn. 229.
139 OLG Stuttgart, GmbHR 2017, 913 ff., Rn. 174 m.w.N.; dazu *Sedlmaier/Rüppell,* BB 2017, 1923 ff.
140 *U.H. Schneider,* in: Scholz, GmbHG, § 43 Rn. 165.
141 *U.H. Schneider,* in: Scholz, GmbHG, § 43 Rn. 165.
142 BGH, NJW 1997, 2055, 2056; BGH, NJW 2001, 2476.
143 BGH, NJW 1997, 2055, 2056.
144 *Ziemons,* in: Michalski/Heidinger/Leible/J. Schmidt, GmbHG, § 43 Rn. 235 (differenzierend); a.A. *Paefgen,* in: Ulmer/Habersack/Löbbe, GmbHG, § 43 Rn. 90.
145 OLG Oldenburg, NZG 2000, 1038, 1039.

37 Das aus der Treuepflicht abgeleitete Wettbewerbsverbot beginnt mit der Bestellung zum Geschäftsführer und endet grds. mit der Beendigung der Organstellung[146] und des Anstellungsvertrags.[147] Etwas anderes ergibt sich auch nicht daraus, dass der Geschäftsführer seine Abberufung durch ein bestimmtes Verhalten hervorgerufen hat.[148] Im Anstellungsvertrag kann aber ein **nachvertragliches Wettbewerbsverbot** vereinbart werden (s.a. Anh § 6 Rdn. 42 ff.).[149] Ob hierfür die §§ 74 ff. HGB Geltung erlangen, ist umstritten. Vertraglich kann die Geltung der §§ 74 ff. HGB vereinbart werden.[150] Ansonsten sollen nach der überzeugenden Rechtsprechung die §§ 74 ff. HGB auf Wettbewerbsverbote für Geschäftsführer auch nicht analog anwendbar sein.[151] Zu berücksichtigen ist aber, dass die Rechtsprechung dennoch der Wahrung der Interessen der Gesellschaft dienende Regelungen, allerdings inkonsequent,[152] analog anwendet.[153] Das nachvertragliche Wettbewerbsverbot wird zudem an § 138 BGB gemessen und die Generalklausel durch die in den §§ 74 ff. HGB enthaltenen Wertungen konkretisiert.[154]

38 Wann eine **Befreiung** respektive ein Dispens vom gesetzlichen Wettbewerbsverbot durch die Gesellschafterversammlung bzw. durch das bzgl. der Geschäftsführerbestellung zuständige Organ in Betracht kommt, ist umstritten. Nach h.M. ist ein allgemeiner Dispens allein in der Satzung, ein konkreter Dispens auch durch Gesellschafterbeschluss möglich.[155]

5. Verbot der Ausnutzung der Organstellung

a) Persönliche Bereicherung

39 Der Geschäftsführer darf seine herausgehobene Stellung nicht zu seinen Gunsten und gegen die Interessen der Gesellschaft ausnutzen.[156] Da die **Loyalitätspflicht** nachwirkt, darf der Geschäftsführer auch nicht einen Vertrag, den die Gesellschaft mit einem Dritten geschlossen hat, nach seinem Ausscheiden aus der Gesellschaft an sich ziehen.[157]

40 Er darf nicht ohne Weiteres die Ressourcen der Gesellschaft nutzen. Dies kann er nur, wenn ihm ein Anspruch auf die Zuwendung zusteht.[158] Ein solcher Anspruch steht ihm aber selbst dann nicht zu, wenn die Gesellschaft die ausstehende Vergütung des Geschäftsführers aus wirtschaftlichen Gründen nicht zahlen kann.[159] Bei der Bewertung von Geschäften zwischen dem Geschäftsführer und der Gesellschaft ist darauf abzustellen, ob die Gesellschaft das Geschäft unter sonst gleichen Umständen auch mit jedem Dritten abgeschlossen hätte.[160] Andernfalls liegt eine Ausnutzung der

146 BGH, GmbHR 1977, 43 f.; OLG Hamm, GmbHR 1988, 344, 346; OLG Frankfurt am Main, GmbHR 1998, 376, 378; OLG Düsseldorf, GmbHR 1999, 120, 121; OLG Oldenburg, NZG 2000, 1038, 1039.
147 BGH, GmbHR 1977, 43, 44; BGHZ 91, 1, 6; BGH, NJW 1986, 585, 586; BGH, NJW 1992, 1892, 1893; OLG Koblenz, WM 1985, 1484, 1485; OLG Hamm, GmbHR 1989, 259, 260; OLG Düsseldorf, NZG 1999, 405; OLG Düsseldorf, NZG 2000, 737 f.; OLG Köln, NZG 2000, 740, 741.
148 OLG Frankfurt am Main, GmbHR 1998, 376, 379.
149 BGHZ 91, 1, 5; zu den Anforderungen an nachvertragliche Wettbewerbsverbote *Ziemons*, in: Michalski/Heidinger/Leible/J. Schmidt, GmbHG, § 43 Rn. 278 f. m.w.N.
150 BAG, WM 1976, 21, 22.
151 BGHZ 91, 1, 3 ff.; BGH, NZG 2000, 750, 753; OLG Düsseldorf, NJW-RR 1997, 164, 165; OLG Düsseldorf, NZG 2000, 737 f.; so auch *Altmeppen*, in: Roth/Altmeppen, GmbHG, § 6 Rn. 92.
152 BGH, NZG 2008, 664 (§ 74c HGB nicht analog).
153 BGH, NJW 1992, 1892, 1893.
154 BGHZ 91, 1, 5.
155 BGH, GmbHR 1981, 189, 191; *Ziemons*, in: Michalski/Heidinger/Leible/J. Schmidt, GmbHG, § 43 Rn. 241 f. m.w.N. auch zur a.A. und den Mehrheitserfordernissen.
156 BGH, GmbHR 1968, 141, 142; BGH, DStR 1997, 1053, 1054; OLG Düsseldorf, GmbHR 2000, 666, 669.
157 BGH, NJW 1977, 247; OLG Frankfurt am Main, GmbHR 1998, 376, 378.
158 BGH, WM 1976, 77 f.; OLG Düsseldorf, GmbHR 1994, 317, 318.
159 OLG Naumburg, NZG 1999, 353, 354.
160 OLG München, GmbHR 1997, 1103, 1104.

Organstellung und damit eine Treuepflichtverletzung des Geschäftsführers vor. Unter diesem Aspekt ist etwa der Fall zu sehen, dass der Geschäftsführer von der Gesellschaft ein **Darlehen** unter Marktzins erhält.[161] Untersagt ist es ihm unter diesem Gesichtspunkt auch, sich eine ihm nicht oder jedenfalls nicht in der fraglichen Höhe zustehende Vergütung von der Gesellschaft anweisen zu lassen.[162]

In diesem Zusammenhang soll auch dann eine Treuepflichtverletzung vorliegen, wenn der Geschäftsführer für sich persönlich bzgl. seiner Geschäftsführungstätigkeit **Zuwendungen von Dritten** (Provisionen, Geschenke etc.) gewähren lässt.[163] Ein solcher Zusammenhang soll immer dann bestehen, wenn durch die Zuwendung eine Willensbeeinflussung zulasten der Gesellschaft zu befürchten ist.[164] Andere wiederum heben darauf ab, dass der Geschäftsführer dann keine Treuepflichtverletzung begeht, wenn er der Gesellschaft die Zuwendungen weitergibt.[165] 41

b) Geschäftschancen der Gesellschaft

Der Geschäftsführer darf auch nicht Geschäftschancen der Gesellschaft, die dieser aufgrund des Sachzusammenhangs zuzuordnen sind (Corporate Opportunities), privat an sich ziehen und auf eigene Rechnung[166] oder zugunsten ihm nahestehender Personen oder anderer Dritter nutzen.[167] Eine der Gesellschaft zustehende Geschäftschance ist nur dann gegeben, wenn sie entweder in einem objektiven Zusammenhang mit der Geschäftstätigkeit der Gesellschaft steht (»objektive Geschäftschance kraft Sachzusammenhangs«)[168] oder die Gesellschaft, etwa aufgrund Vorliegens eines Gesellschafterbeschlusses oder eines Vertrags, ein nicht unerhebliches konkretes Interesse an der Wahrnehmung der Geschäftschance hat (»subjektive Geschäftschance durch Konkretisierung«).[169] Da die Treuepflicht unteilbar ist, kann es keine Rolle spielen, ob der Geschäftsführer von der Chance **privat oder dienstlich** erfährt.[170] Ausgenommen sollen nach einer Ansicht im Schrifttum persönlich an ihn herangetragene Geschäfte sein, da hier die Gesellschaft von vornherein gar keine Geschäftschance hat.[171] 42

Unerheblich ist auch, ob die GmbH die Geschäftschance selbst genutzt hätte[172] bzw. ob sie personell, finanziell und sachlich zur Wahrnehmung in der Lage gewesen wäre. Allein eine abstrakte Gefährdung der Interessen der Gesellschaft bzgl. der Geschäftschancen muss ausreichen, sodass der Geschäftsführer diese nur dann wahrnehmen darf, wenn eine Wahrnehmung durch die Gesellschaft offensichtlich unmöglich ist und ihr durch die Handlung des Geschäftsführers kein Schaden entsteht.[173] Auch in diesem Fall fehlt ein konkretes Interesse der Gesellschaft an der Wahrnehmung der 43

---

161 *U.H. Schneider*, in: Scholz, GmbHG, § 43 Rn. 199.

162 BGH, NJW-RR 2008, 484, 485.

163 BGH, GmbHR 1968, 141, 142; BGH, WM 1983, 498, 499; OLG Düsseldorf, GmbHR 2000, 666, 669; *Ziemons*, in: Michalski/Heidinger/Leible/J. Schmidt, GmbHG, § 43 Rn. 256.

164 BGH, NZG 2001, 800, 801; BGH, MDR 1987, 825 f. (auch in Bezug auf Strohmann des Geschäftsführers).

165 *Beurskens*, in: Baumbach/Hueck, GmbHG, § 37 Rn. 79; s.a. BGH, GmbHR 1975, 177 sowie GmbHR 1976, 12, 13 (für Maklerprovision).

166 BGH, GmbHR 1968, 141, 142; BGH, GmbHR 1977, 129, 130; BGH, WM 1983, 498, 499; BGH, NJW 1986, 585, 586; BGH, BB 1986, 486 (durch nahestehende Person); BGH, NJW-RR 1989, 1255, 1258 (durch beherrschtes Unternehmen); OLG Frankfurt am Main, GmbHR 1988, 376, 379; KG, NZG 2001, 129.

167 *Altmeppen*, in: Roth/Altmeppen, GmbHG, § 43 Rn. 30; *Klöhn*, in: Bork/Schäfer, GmbHG, § 43 Rn. 54; *Fleischer*, in: MünchKommGmbHG, 2. Aufl., 2016, § 43 Rn. 175 ff.

168 BGH, NJW 1986, 585, 586; OLG Frankfurt am Main, GmbHR 1998, 376, 378.

169 BGH, WM 1967, 679, 680; BGH, GmbHR 1977, 129, 130.

170 BGH, NJW 1986, 585, 586; OLG Frankfurt am Main, GmbHR 1998, 376, 379; BGH, WM 2013, 320, 323; *Klöhn*, in: Bork/Schäfer, GmbHG, § 43 Rn. 53.

171 Etwa *Fleischer*, NZG 2013, 361, 365; a.A. BGH, WM 2013, 320, 323.

172 BGH, GmbHR 1968, 141, 142; BGH, WM 1976, 77 f.; BGH, GmbHR 1981, 189, 190; OLG Frankfurt am Main, GmbHR 1998, 376, 379.

173 BGH, GmbHR 1977, 129, 130; s.a. *U.H. Schneider*, in: Scholz, GmbHG, § 43 Rn. 208.

Geschäftschance. Will der Geschäftsführer eine der Gesellschaft zustehende Geschäftschance für sich nutzen, bedarf es der »**Freigabe**« **durch die Gesellschafterversammlung.**[174] Im Gegensatz zur Befreiung vom Wettbewerbsverbot muss die Möglichkeit der Freigabe einer Geschäftschance nicht in der Satzung verankert sein.[175]

IV. Verschwiegenheitspflicht

1. Die Pflicht

44 Einigkeit besteht darüber, dass der Geschäftsführer, auch wenn dies im GmbHG nicht ausdrücklich geregelt wird, sowohl vertrauliche Angaben als auch Betriebs- und Geschäftsgeheimnisse der Gesellschaft Dritten ggü. nicht offenlegen darf.[176] Erfasst sind damit Tatsachen oder Sachverhalte, die nicht offenkundig sind, da sie nur einem begrenzten Personenkreis bekannt sind und an deren Geheimhaltung ein berechtigtes Interesse der Gesellschaft besteht.[177] **Umstritten** ist jedoch, woraus sich die Verschwiegenheitspflicht dogmatisch ableiten lässt: aus der Pflicht zur sorgfältigen Geschäftsführung, der Treuepflicht oder aus beiden zusammen.[178]

45 Das Geheimhaltungsinteresse ist **objektiv** aus der Sicht eines unbefangenen Beobachters zu bestimmen, sodass es auf einen Geheimhaltungswillen der Gesellschaft nicht ankommt.[179] Teilweise wird davon ausgegangen, dass das Geheimhaltungsinteresse daneben auch **subjektiv** zu bestimmen sei, sodass die Gesellschafterversammlung durch Weisung, Satzungsregelung oder im Anstellungsvertrag des Geschäftsführers bestimmte, objektiv nicht geheimhaltungsbedürftige Tatsachen zu Betriebs- bzw. Geschäftsgeheimnissen erklären kann.[180]

46 Relevant ist dies vor allem bei einer **Nachwirkung** der Verschwiegenheitspflicht nach Beendigung der Organstellung.[181] Sofern man auch subjektive Kriterien für maßgeblich hält, kann durch eine entsprechende Vereinbarung im Anstellungsvertrag eine Geheimhaltungspflicht bezüglich nicht objektiv geheimhaltungsbedürftiger Informationen vorgesehen werden. Jedenfalls aber wirkt die Verschwiegenheitspflicht über die Beendigung des Geschäftsführeramts hinaus.[182]

47 Von der Verschwiegenheitspflicht entbinden kann allein die Gesellschafterversammlung. Überwiegend wird ein einstimmiger Beschluss verlangt.[183] Findet keine Entbindung von der Pflicht zur Verschwiegenheit statt, greift im Prozess zugunsten des Geschäftsführers ein Zeugnisverweigerungsrecht (§ 383 Abs. 1 Nr. 6 ZPO).[184]

2. Grenzen

48 Ihre Grenze findet die Verschwiegenheitspflicht dort, wo keine objektiven Gründe für diese sprechen. Die Gesellschaft kann damit nicht willkürlich Geheimhaltungspflichten begründen, die zur

174 BGH, NJW-RR 1989, 1255, 1259.
175 *Ziemons*, in: Michalski/Heidinger/Leible/J. Schmidt, GmbHG, § 43 Rn. 271.
176 OLG Hamm, GmbHR 1985, 157 f.; OLG Koblenz, NJW-RR 1987, 809, 810.
177 BGHZ 64, 325, 331; BGH, ZIP 1996, 1341, 1342.
178 Letzteres etwa BGHZ 64, 325, 327; s.a. *Fleischer*, in: MünchKommGmbHG, 2. Aufl., 2016, § 43 Rn. 199.
179 BGHZ 64, 325, 329; BGH, ZIP 1996, 1341, 1342.
180 Bejahend *Altmeppen*, in: Roth/Altmeppen, GmbHG, § 43 Rn. 25; *Paefgen*, in: Ulmer/Habersack/Löbbe, GmbHG, § 43 Rn. 153; verneinend *Ziemons*, in: Michalski/Heidinger/Leible/J. Schmidt, GmbHG, § 43 Rn. 300; *U.H. Schneider*, in: Scholz, GmbHG, § 43 Rn. 146.
181 Vgl. *Fleischer*, in: MünchKommGmbHG, 2. Aufl., 2016, § 43 Rn. 200.
182 BGHZ 91, 1, 6; OLG Hamm, GmbHR 1985, 157 f.; OLG Koblenz, NJW-RR 1987, 809, 810; zum Fall der Unzumutbarkeit *Paefgen*, in: Ulmer/Habersack/Löbbe, GmbHG, § 43 Rn. 159.
183 *U.H. Schneider*, in: Scholz, GmbHG, § 43 Rn. 148; *Beurskens*, in: Baumbach/Hueck, GmbHG, § 37 Rn. 93; a.A. *Ziemons*, in: Michalski/Heidinger/Leible/J. Schmidt, GmbHG, § 43 Rn. 315 (einfache Mehrheit).
184 OLG Koblenz, NJW-RR 1987, 809, 810; OLG München, NJW-RR 1998, 1495, 1496.

Zeugnisverweigerung berechtigen.[185] Die Pflicht zur Verschwiegenheit endet allgemein dort, wo eine **Pflicht zur Offenbarung** besteht. Sofern ein anderes Organ der Gesellschaft einen Informationsanspruch hat[186] oder ein solcher aufgrund des BetrVerfG im Hinblick auf die Rechnungslegung oder staatlichen Behörden ggü. besteht,[187] gilt die Verschwiegenheitspflicht nicht. Der Geschäftsführer hat zwar ggü. einem Gesellschafter grds. nach § 51a eine Informationspflicht, die jedoch dann von der Verschwiegenheitspflicht überlagert wird (§ 51a Abs. 2), wenn die Gefahr besteht, dass der Gesellschafter die Information zu gesellschaftsfremden oder gar -schädigenden Zwecken einsetzen will.

Keine Verschwiegenheitspflicht besteht auch dann, wenn eine Informationsweitergabe durch das 49
Gesellschaftsinteresse gedeckt ist,[188] so etwa bei Sanierungsverhandlungen oder der Einbeziehung von Beratern und Experten. Im Zweifel muss der Geschäftsführer hierbei für die Unterzeichnung einer Vertraulichkeitsvereinbarung, ggf. verbunden mit einem Strafversprechen, sorgen.[189] Die Zustimmung zu einer **Due Diligence** im Rahmen einer geplanten Veräußerung von Geschäftsanteilen muss einstimmig erfolgen.[190] Eine Ausnahme von der Verschwiegenheitspflicht soll auch dann vorliegen, wenn dem Geschäftsführer ein Schweigen nicht zuzumuten ist, z.B. wenn er sich gegen Ansprüche der Gesellschaft verteidigen oder gegen sie eigene Ansprüche durchsetzen will.[191]

V. Weitere Pflichten

Pflichtwidrig ist es auch, wenn der Geschäftsführer ein anderes Gesellschaftsorgan (Gesellschafter- 50
versammlung oder Aufsichtsrat), das in die Entscheidung über eine Angelegenheit laut Satzung eingebunden ist, nicht ausreichend informiert.[192] Diese **Auskunftspflicht** kann auch **nachvertraglich** fortwirken, wenn nur der (ausgeschiedene) Geschäftsführer über das relevante Wissen verfügt.[193] Darüber hinaus trifft den Geschäftsführer die Pflicht zur ordnungsgemäßen **Buchführung** und zur Aufstellung des Jahresabschlusses (§ 41 Abs. 1 GmbHG, § 264 Abs. 1 HGB). Diesbezüglich ist es auch nicht möglich, den Geschäftsführer von dieser Pflicht in der Satzung, der Geschäftsordnung etc. zu befreien.[194] Dem Geschäftsführer obliegt zudem die Pflicht zur Anmeldung bestimmter Vorgänge zum Handelsregister.

Der Geschäftsführer hat darüber hinaus die Pflicht zur **Einberufung** der Gesellschafterversamm- 51
lung (§ 49 Abs. 1), auch wenn dies kein Akt der Geschäftsführung ist. Auch hier besteht eine Auskunftspflicht sowie die Pflicht, Einsicht in die Bücher und Schriften zu gestatten (§ 51a).

Darüber hinaus sind auch Datenschutzpflichten, Umweltschutzpflichten, Pflichten ggü. der Steuer- 52
behörde sowie Sozialabgabepflichten zu beachten.[195] Ob der Geschäftsführer auch verpflichtet ist, eine **Compliance-Organisation** einzurichten, ist umstritten.[196] Jedenfalls wird dies lediglich dann zu verlangen sein, wenn die Gesellschaft etwa aufgrund ihrer Art und Größe, aufgrund früherer

185 OLG München, NJW-RR 1998, 1495, 1496.
186 BGH, NJW 1997, 1985, 1986 (bzgl. Gesellschafterversammlung).
187 *Ziemons*, in: Michalski/Heidinger/Leible/J. Schmidt, GmbHG, § 43 Rn. 302 f.; *Klöhn*, in: Bork/Schäfer, GmbHG, § 43 Rn. 59.
188 BGHZ 64, 325, 327.
189 *Ziemons*, in: Michalski/Heidinger/Leible/J. Schmidt, GmbHG, § 43 Rn. 306.
190 LG Köln, GmbHR 2009, 261, 262; anders *Paefgen*, in: Ulmer/Habersack/Löbbe, GmbHG, § 43 Rn. 158 (Mehrheitsbeschluss ausreichend).
191 *Paefgen*, in: Ulmer/Habersack/Löbbe, GmbHG, § 43 Rn. 156; *Ziemons*, in: Michalski/Heidinger/Leible/J. Schmidt, GmbHG, § 43 Rn. 311.
192 OLG Koblenz, NZG 2008, 280 (LS).
193 *Beurskens*, in: Baumbach/Hueck, GmbHG, § 37 Rn. 50.
194 *Beurskens*, in: Baumbach/Hueck, GmbHG, § 37 Rn. 49; *Fleischer*, in: MünchKommGmbHG, 2. Aufl., 2016, § 41 Rn. 4; *Kleindiek*, in: Lutter/Hommelhoff, § 41 Rn. 2.
195 Siehe unten Rdn. 132 ff.
196 Zum Begriff *Hauschka/Moosmayer/Lösler*, in: Hauschka/Moosmayer/Lösler, Corporate Compliance, 3. Aufl. 2016, § 1 Rn. 14.

Missstände und aufgrund der Bedeutung der zu beachtenden Vorschrift ein gewisses »Risikopotenzial« erreicht hat und die Einrichtung einer entsprechenden Organisation der Gesellschaft zumutbar ist.[197] Jedenfalls steht dem Geschäftsführer, sofern eine Compliance-Organisation im Einzelfall erforderlich ist, ein Ermessensspielraum hinsichtlich der konkreten Ausgestaltung zu.[198]

C. Schadensersatzhaftung nach Abs. 2

I. Pflichtverletzung

53 Der Geschäftsführer ist nach Abs. 2 der Gesellschaft nicht den Gesellschaftern oder Dritten ggü. zum Schadensersatz verpflichtet, wenn er eine ihm obliegende Organpflicht schuldhaft verletzt hat und dies zu einem Schaden der Gesellschaft führt. Die dem Geschäftsführer obliegenden Pflichten ergeben sich aus seiner Geschäftsführungsaufgabe (s. Rdn. 13 ff.).[199] Zur Beweislast s. Rdn. 82 f. Die Haftung knüpft unmittelbar an die Verletzung der Pflichten aus der organschaftlichen Sonderrechtsbeziehung an, ist also nicht vom Bestehen eines Anstellungsvertrags abhängig.[200]

54 Es erfolgt keine **Zurechnung** des pflichtwidrigen Verhaltens von **Angestellten** nach § 831 BGB, da Geschäftsherr nicht der Geschäftsführer, sondern die Gesellschaft ist.[201] Eine Zurechnung nach § 831 Abs. 2 BGB (Übernahme) kommt ebenfalls nicht in Betracht. Die gesellschaftsinterne Organisationspflicht des Geschäftsführers besteht grds. nur ggü. der Gesellschaft und nicht im Verhältnis zu Außenstehenden, zu denen auch die Gesellschafter zählen.[202] Daher ist § 43 Abs. 1 auch kein Schutzgesetz i.S.d. § 823 Abs. 2 BGB.[203]

55 Gleichwohl ist der Geschäftsführer nach Abs. 1 zur ordnungsgemäßen Auswahl, Einweisung, Information und Überwachung der Mitarbeiter verpflichtet. Ein Verstoß gegen diese Pflichten, etwa eine unzureichende Kontrolle, kann Schadensersatzansprüche auslösen.[204] § 278 Abs. 1 BGB scheidet als Zurechnungsnorm aus, da die Angestellten Erfüllungsgehilfen der GmbH sind.[205] Auch eine Zurechnung des Verhaltens von Mitgeschäftsführern ist nicht möglich, da die Geschäftsführer im Verhältnis zueinander weder Erfüllungs- noch Verrichtungsgehilfen sind.[206] Allerdings kommt dann eine Haftung wegen pflichtwidrigen **Nichteinschreitens** gegen die schadenverursachende Maßnahme des anderen Geschäftsführers in Betracht.[207]

56 Auch wenn eine Ressortaufteilung in der Satzung, der Geschäftsordnung oder in einem Gesellschafterbeschluss vorgesehen ist, trifft jeden einzelnen Gesellschafter grds. die **Gesamtverantwortung** für die Leitung der Gesellschaft, deren Wahrnehmung sich aber auf die **Überwachung** des zuständig handelnden Geschäftsführers reduziert.[208] Eine Arbeitsteilung, die lediglich unter den Geschäftsführern vereinbart wurde, soll für eine solche Reduktion nicht schon ausreichen.[209] Trotz wirksamer Geschäftsverteilung bleiben den Gesellschaftern bestimmte wechselseitige Informationspflichten, die durch entsprechende Informationsansprüche flankiert werden. Ein Geschäftsführer kann auch

---

197 *Beurskens*, in: Baumbach/Hueck, GmbHG, § 37 Rn. 25, § 43 Rn. 29; *Kort*, GmbHR 2013, 566, 568.

198 So auch *Beurskens*, in: Baumbach/Hueck, GmbHG, § 43 Rn. 29; zu eng *U.H. Schneider*, in: Scholz, GmbHG, § 43 Rn. 361, der Mindestanforderungen formuliert.

199 Näher *Heidel*, in: Heidel/Pauly/Amend, § 15 Rn. 116.

200 BGHZ 197, 304, Rn. 17.

201 BGH, NJW 1974, 1371, 1372; BGHZ 109, 297, 304; OLG Frankfurt am Main, AG 1994, 234, 235.

202 BGH, NJW 1974, 1371, 1372; BGHZ 125, 366, 375.

203 BGH, WM 1979, 853, 854; BGHZ 125, 366, 375.

204 BGHZ 127, 336, 347; OLG Koblenz, GmbHR 1991, 416, 417.

205 *Ziemons*, in: Michalski/Heidinger/Leible/J. Schmidt, GmbHG, § 43 Rn. 371; *Kleindiek*, in: Lutter/Hommelhoff, GmbHG, § 43 Rn. 30; *Paefgen*, in: Ulmer/Habersack/Löbbe, GmbHG, § 43 Rn. 30.

206 *Ziemons*, in: Michalski/Heidinger/Leible/J. Schmidt, GmbHG, § 43 Rn. 372 f.

207 *Ziemons*, in: Michalski/Heidinger/Leible/J. Schmidt, GmbHG, § 43 Rn. 373.

208 OLG München, WM 2016, 164, Rn. 90; *Leuering/Dornhegge*, NZG 2010, 13, 16; *Buck-Heeb*, BB 2019, 584, 586 ff.

209 OLG Koblenz, NZG 1998, 953, 954; kritisch *Altmeppen*, in: Roth/Altmeppen, GmbHG, § 43 Rn. 12.

eine bestimmte, einem anderen Geschäftsführer übertragene Angelegenheit im Geschäftsführergremium besprechen und dessen Entscheidung verlangen.

Der Geschäftsführer hat **Weisungen** anderer Organe sorgfältig auszuführen.[210] Daher liegt keine Pflichtverletzung vor, wenn er aufgrund rechtlich bindender Weisungen handelt.[211] Das gilt auch, wenn er gleichzeitig alleiniger Gesellschafter ist.[212] Ebenso wenig wie eine nichtige Weisung[213] entlastet den Geschäftsführer jedoch ein anfechtbarer oder angefochtener Weisungsbeschluss nicht, wenn dieser nach seiner Ausführung für nichtig erklärt wird.[214] Um der Gesellschafterversammlung die Gelegenheit zu geben, eine Weisung aufzuheben oder abzuändern, an deren Recht- bzw. Zweckmäßigkeit der Geschäftsführer zweifelt, muss er seine Bedenken vor Ausführung der Weisung ggü. der Gesellschafterversammlung angemessen zum Ausdruck bringen.[215] 57

Billigt die Gesellschafterversammlung eine geplante oder bereits ausgeführte Geschäftsführungsmaßnahme, haftet der Geschäftsführer nicht.[216] Einem förmlichen Weisungsbeschluss steht das stillschweigende Einverständnis aller Gesellschafter zu einem Handeln des Geschäftsführers gleich.[217] Die Rechtsprechung will hier schon ein »mutmaßliches« Einverständnis ausreichen lassen.[218] Ein Haftungsausschluss durch Zustimmung eines zustimmungspflichtigen Organs tritt jedoch nur dann ein, wenn dieses auch weisungsbefugt war. Die bloße Zustimmung kann für eine Entlastung des Geschäftsführers nicht ausreichen.[219] 58

II. Kausalität

Der Schaden der Gesellschaft muss adäquat kausal auf einem pflichtwidrigen Verhalten des Geschäftsführers beruhen. Liegt der Sorgfaltsverstoß in einem Unterlassen, ist Voraussetzung für eine Geschäftsführerhaftung, dass sein pflichtgemäßes Eingreifen den Schaden verhindert hätte und ihm ein solches Eingreifen auch möglich gewesen wäre.[220] Ist Grundlage der Pflichtverletzung ein Geschäftsführerbeschluss, reicht es zur Entlastung eines Geschäftsführers nicht aus, dass er gegen den Beschluss gestimmt hat. Erforderlich soll vielmehr sein, dass er bei den Gesellschaftern auf eine entsprechende Weisung hinwirkt.[221] 59

Am erforderlichen Zurechnungszusammenhang mangelt es, wenn der Schaden mit Sicherheit auch bei **rechtmäßigem Alternativverhalten** eingetreten wäre.[222] Die Kausalität wird nicht dadurch gehindert, dass der Geschäftsführer anführt, die Gesellschafter hätten bei Kenntnis die fragliche 60

210 Vgl. OLG Oldenburg, NZG 2007, 434, 437; *Fleischer*, in: MünchKommGmbHG, 2. Aufl., 2016, § 43 Rn. 275 ff.

211 BGHZ 31, 258, 278; BGH, NZG 1999, 1001, 1002; BGH, NZG 2000, 544; BGHZ 122, 333, 336; OLG München, GmbHR 2018, 1058, Rn. 56.

212 LG München II, GmbHR 2017, 705 ff., Rn. 25.

213 LG München II, GmbHR 2017, 705 ff., Rn. 26; *Ziemons*, in: Michalski/Heidinger/Leible/J. Schmidt, GmbHG, § 43 Rn. 392; *Paefgen*, in: Ulmer/Habersack/Löbbe, GmbHG, § 43 Rn. 239; *Beurskens*, in: Baumbach/Hueck, GmbHG, § 43 Rn. 18.

214 *Ziemons*, Michalski/Heidinger/Leible/J. Schmidt, GmbHG, § 43 Rn. 392.

215 BGHZ 20, 239, 246; OLG Jena, NZG 1999, 121, 122.

216 BGH, NJW-RR 1991, 483, 484; BGH, NZG 2003, 528, 529; BGHZ 176, 204 ff. = GmbHR 2008, 805 ff., Rn. 39; BGHZ 197, 304 ff. = GmbHR 2013, 1044 ff., Rn. 33; OLG Düsseldorf, GmbHR 2000, 666, 669.

217 BGH, NZG 2003, 528 f.; OLG Stuttgart, GmbHR 2000, 1048, 1049.

218 BGH, NJW 2000, 576, 577; BGH, DStR 2002, 227; BGH, NJW-RR 2003, 895, 896; anders etwa *Ziemons*, in: Michalski/Heidinger/Leible/J. Schmidt, GmbHG, § 43 Rn. 399.

219 *Zöllner/Noack*, in: Baumbach/Hueck, GmbHG, 20. Aufl. 2013, § 43 Rn. 33.

220 OLG Celle, NJOZ 2006, 1563, 1564 f. (Schwarzentnahmen aus Gesellschaftsvermögen durch Gesellschafter werden geduldet).

221 *Ziemons*, in: Michalski/Heidinger/Leible/J. Schmidt, GmbHG, § 43 Rn. 441; s.a. *Fleischer*, in: MünchKommGmbHG, 2. Aufl., 2016, § 43 Rn. 267 ff.

222 BGHZ 152, 280 ff.; OLG Hamm, ZIP 1995, 1263, 1267.

Geschäftsführungsmaßnahme gebilligt.[223] Nach überzeugender Ansicht muss dieser Einwand auch dann gelten, wenn aufseiten des Geschäftsführers Kompetenzüberschreitungen oder Verstöße gegen Verfahrensregeln vorliegen.[224]

III. Verschulden

61 Der Geschäftsführer muss schuldhaft, d.h. vorsätzlich oder fahrlässig gehandelt haben. Das Verschulden braucht sich nicht auf die Möglichkeit der Schädigung der Gesellschaft zu beziehen.[225] Für die Fahrlässigkeit ist auf die **Sorgfalt** eines ordentlichen Geschäftsmannes abzustellen. Konkret schuldet der Geschäftsführer die Sorgfalt, die ein ordentlicher Geschäftsmann bei selbstständiger Wahrnehmung fremder Vermögensinteressen in verantwortlicher leitender Position anzuwenden hat, wobei Art und Größe des Unternehmens zu berücksichtigen sind.[226] An das Verhalten des Geschäftsführers ist ein objektiver Maßstab anzulegen. Persönliche Unzulänglichkeiten (Unerfahrenheit, Unkenntnis, Überlastung,[227] Alter usw.) entlasten den Geschäftsführer nicht.[228]

62 Solche Faktoren können jedoch i.R.d. **Mitverschuldens** (§ 254 BGB) der Gesellschaft eine Rolle spielen.[229] Der Geschäftsführer kann sich aber nicht im Rahmen eines Mitverschuldens darauf berufen, ein Mitgeschäftsführer oder ein Aufsichtsratsmitglied sei für den Schaden mitverantwortlich.[230] Unerheblich ist im Hinblick auf ein Verschulden, wenn der Geschäftsführer neben- oder ehrenamtlich in der Gesellschaft tätig ist.[231] Fehlende eigene Kenntnisse muss der Geschäftsführer durch Einschaltung unabhängiger und qualifizierter **Berater** ausgleichen.[232] Sofern der Geschäftsführer diesen ggü. alle zur Beurteilung erforderlichen Angaben richtig und vollständig gemacht und das Gutachten auf Plausibilität geprüft hat, haftet er nicht.[233] Verfügt der Geschäftsführer jedoch über besondere Fähigkeiten und Kenntnisse, verschärft dies den Sorgfaltsmaßstab.[234]

63 Fehlt dem Geschäftsführer das Bewusstsein der Pflichtwidrigkeit, kann dadurch zwar Vorsatz, nicht aber Fahrlässigkeit ausgeschlossen sein.[235] Ein Verschulden entfällt, wenn sich der Geschäftsführer auf einen entschuldbaren **Rechtsirrtum** berufen kann. Hieran werden jedoch strenge Anforderungen gestellt.[236] Insbesondere hat er, soweit erforderlich, externen (Rechts-) Rat einzuholen und diesen sodann einer Plausibilitätsprüfung zu unterziehen.[237] Das Verschulden des Beraters muss sich der Geschäftsführer nicht nach § 278 BGB zurechnen lassen, da der Berater regelmäßig als

---

223 BGH, WM 1976, 77, 78.

224 So auch BGH, ZIP 2008, 1818, 1820; BGH, NJW 2007, 917, 918; s.a. *Fleischer*, DStR 2009, 1204, 1207 ff.; a.A. BGH, NJW 1991, 1681, 1682.

225 OLG Koblenz, NZG 2008, 280 (LS).

226 OLG Bremen, GmbHR 1964, 8, 9; OLG Koblenz, GmbHR 1991, 416, 417; OLG Zweibrücken, NZG 1999, 506, 507; OLG Jena, NZG 1999, 121, 122; OLG Oldenburg, NZG 2007, 434, 438; OLG Koblenz, NZG 2008, 280 (LS).

227 BGH, WM 1981, 440, 442.

228 BGH, WM 1971, 1548, 1549; BGH, WM 1981, 440, 442; BGH, WM 1983, 725, 726; BGH, NJW 1995, 1290, 1291.

229 *Beurskens*, in: Baumbach/Hueck, GmbHG, § 43 Rn. 9, 65; anders *Altmeppen*, in: Roth/Altmeppen, GmbHG, § 43 Rn. 4 unter der Voraussetzung, dass der Geschäftsführer z.B. aus unternehmenspolitischen Gründen aus einer speziellen sozialen Gruppe bestellt wird.

230 *Born*, WM 2017, Sonderbeil. 3, S. 3, 23.

231 *Paefgen*, in: Ulmer/Habersack/Löbbe, GmbHG, § 43 Rn. 40.

232 BGH, NZG 2007, 545, 546; OLG Stuttgart, NZG 2010, 141, 143 f. (auch zur Auswahl des Sachverständigen).

233 BGH, NZG 2007, 545, 547; BGH, DStR 2007, 1641, 1642.

234 *Ziemons*, in: Michalski/Heidinger/Leible/J. Schmidt, GmbHG, § 43 Rn. 414.

235 OLG Koblenz, NZG 2008, 280 (LS).

236 BGHZ 122, 336, 340; BGHZ 193, 297; *Buck-Heeb*, BB 2013, 2247 ff.; *Born*, WM 2013, Sonderbeil. 1, S. 35.

237 *Buck-Heeb*, BB 2013, 2247 ff. m.w.N.

Erfüllungsgehilfe der GmbH tätig wird.[238] Konnte der Geschäftsführer etwa trotz sorgfältiger Prüfung nicht erkennen, dass die von ihm ausgeführte Gesellschafterweisung nichtig bzw. rechtswidrig war, oder befand er sich in einer Situation, in der sofortiges Handeln erforderlich war, sodass keine Zeit für die Einholung unabhängigen Rats blieb, entlastet dies den Geschäftsführer nur dann, wenn er nicht zuvor vorbeugende Maßnahmen schuldhaft unterlassen hat.[239]

Der Verschuldensmaßstab für das Handeln des Geschäftsführers ist relativ, d.h. die erforderliche Sorgfaltspflicht unterscheidet sich je nach Art, Größe, Situation und Zweck der Gesellschaft, der Konjunkturlage sowie der Bedeutung der Geschäftsführungsmaßnahme.[240] Nach ganz herrschender Meinung finden die **arbeitsrechtlichen Grundsätze der Haftungsmilderung** bei betrieblich veranlasster Tätigkeit auf den Geschäftsführer weder direkt noch analog Anwendung.[241] Das soll unabhängig von dem Grundsatz gelten, dass der Geschäftsführer regelmäßig kein Arbeitnehmer ist, da eine solche Haftungsmilderung im Gegensatz zu Wortlaut und Funktion des § 43 (Präventionszweck der Geschäftsführerhaftung) stünde.[242] Ein Ausschluss dieser Grundsätze muss auch für diejenigen Tätigkeiten gelten, die nicht im typischen Pflichtenkreis des Geschäftsführers liegen (z.B. Beschädigung des Fahrzeugs der Gesellschaft im Straßenverkehr).[243] Auch eine Berufung auf die in eigenen Angelegenheiten angewendete Sorgfalt i.S.d. §§ 708, 277 BGB kommt nicht in Betracht.[244] 64

Fraglich ist, inwieweit der Verschuldensmaßstab dispositiv oder **zwingend**[245] ist. Teilweise wird angenommen, eine Freistellung sei auch für grobe Fahrlässigkeit möglich,[246] andere sehen dagegen zutreffend eine solche lediglich für leichte Fahrlässigkeit[247] bzw. nicht für grob sorgfaltswidrige Kapitalvernichtung[248] als denkbar an. 65

IV. Schaden

Die Gesellschaft muss durch die Handlung des Geschäftsführers einen Schaden (§§ 249 ff. BGB) erlitten haben. Allein das pflichtwidrige Ausgeben von Gesellschaftsvermögen führt noch nicht zu einer Haftung nach § 43 Abs. 2, da hier nicht der Kompetenzverstoß an sich sanktioniert wird.[249] Auch ein gegen die Gesellschaft verhängtes **Bußgeld** ist nicht erstattungsfähig, wenn damit die Entscheidung des Gesetzgebers, ein Unternehmen zur Verantwortung zu ziehen, ins Leere läuft.[250] 66

---

238 Vgl. BGH, WM 2011, 2334, Rn. 7 (zum Schadensersatz des Geschäftsführers gegen den Berater).

239 *Ziemons*, in: Michalski/Heidinger/Leible/J. Schmidt, GmbHG, § 43 Rn. 418.

240 BGH, NJW 1995, 1290, 1291; OLG Düsseldorf, GmbHR 1995, 227; OLG Zweibrücken, NZG 1999, 506, 507.

241 KG, NZG 1999, 400, 402; s.a. OLG Koblenz, NZG 2008, 280 (LS); vgl. auch *Kleindiek*, in: Lutter/Hommelhoff, GmbHG, § 43 Rn. 39; *Schnorbus*, in: Rowedder/Schmidt-Leithoff, GmbHG, § 43 Rn. 2; *U.H. Schneider*, in: Scholz, GmbHG, § 43 Rn. 256; *Beurskens*, in: Baumbach/Hueck, GmbHG, § 43 Rn. 43.

242 *Beurskens*, in: Baumbach/Hueck, GmbHG, § 43 Rn. 43.

243 *Ziemons*, in: Michalski/Heidinger/Leible/J. Schmidt, GmbHG, § 43 Rn. 422; *Kleindiek*, in: Lutter/Hommelhoff, GmbHG, § 43 Rn. 39; *Paefgen*, in: Ulmer/Habersack/Löbbe, GmbHG, § 43 Rn. 43; a.A. *U.H. Schneider*, in: Scholz, GmbHG, § 43 Rn. 257; *Zöllner/Noack*, in: Baumbach/Hueck, GmbHG, § 43 Rn. 6.

244 BGHZ 75, 321, 327; OLG München, NZG 2000, 741, 743.

245 So wohl BGHZ 75, 321, 327.

246 *Schnorbus*, in: Rowedder/Schmidt-Leithoff, GmbHG, § 43 Rn. 10; *Paefgen*, in: Ulmer/Habersack/Löbbe, GmbHG, § 43 Rn. 13.

247 *U.H. Schneider*, in: Scholz, GmbHG, § 43 Rn. 185; *Beurskens*, in: Baumbach/Hueck, GmbHG, § 43 Rn. 41.

248 *Altmeppen*, in: Roth/Altmeppen, GmbHG, § 43 Rn. 133.

249 BGH, NJW-RR 1994, 806; BGH, ZIP 2012, 1197 ff., Rn. 27; BGHZ 197, 304 ff. = GmbHR 2013, 1044 ff., Rn. 44; OLG Naumburg, GmbHR 1998, 1180, 1182.

250 LAG Düsseldorf, GmbHR 2015, 480, Rn. 155 ff. m.N. zur a.A. (bzgl. Kartellbußgeld); dazu *Bayreuther*, NZA 2015, 1239 ff.; *Bayer/Scholz*, GmbHR 2015, 449 ff.; *Binder/Kraayvanger*, BB 2015, 1219 ff.

Ansonsten kann es ersatzfähig sein.[251] Erforderlich ist eine Minderung des geldwerten Gesellschaftsvermögens,[252] ohne dass dieses durch einen damit im Zusammenhang stehenden Vermögenszuwachs mindestens ausgeglichen wurde.[253] Teilweise wird ein Schaden der Gesellschaft nur dann angenommen, wenn eine dem Unternehmenszweck widersprechende Beeinträchtigung des Gesellschaftsvermögens vorliegt.[254] Konsequenz dieser Ansicht ist, dass die Gesellschaft die **Zweckwidrigkeit** zu beweisen hat. Dem ist jedoch gerade deshalb nicht zu folgen, sodass auch nicht zweckwidrige Vermögensminderungen ein Schaden i.S.d. § 43 Abs. 2 sein können. Damit wird jeder Vermögens- und Nichtvermögensschaden erfasst.[255]

67 Es ist ein Vergleich der Vermögenslage der Gesellschaft aufgrund des haftungsbegründenden Ereignisses mit der ansonsten bestehenden Lage vorzunehmen (§§ 249 ff. BGB). Bei der **Vorteilsausgleichung** sind Gegenleistungen bzw. Gewinne, welche die Gesellschaft im Zusammenhang mit dem pflichtwidrigen Geschäft erhalten hat (»**nützliche Pflichtverletzungen**«), zu berücksichtigen.[256] Jedenfalls ist nach überwiegender Ansicht eine Vorteilsausgleichung aufgrund des Bereicherungsverbots zulässig, wenn sie nicht nach Sinn und Zweck der verletzten Pflicht ausgeschlossen ist.[257] Die Darlegungs- und Beweislast für die zugeflossenen Vorteile trägt der Ersatzpflichtige.[258]

68 Im Verhältnis zur Gesellschaft (Innenverhältnis) kann sich der Geschäftsführer im Hinblick auf seine Haftung nach Abs. 2 nicht darauf berufen, dass auch einen Mitgeschäftsführer[259] oder ein anderes Gesellschaftsorgan ein **Mitverschulden** trifft, da grds. der Geschäftsführer die Verantwortung für die Gesellschaft getragen hat.[260] Insoweit kommt lediglich eine gesamtschuldnerische Haftung, nicht aber ein der Gesellschaft zuzurechnendes Mitverschulden des anderen Organs in Betracht. Von einem Mitverschulden der Gesellschaft kann auch dann nicht ausgegangen werden, wenn der Geschäftsführer auf der Grundlage einer rechtswidrigen Weisung gehandelt hat.[261] Sofern die Weisung nichtig ist, braucht bzw. darf der Geschäftsführer sie nicht ausführen, sodass er sich auch nicht unter Berufung auf diese entlasten kann.[262] Auch eine unzureichende Überwachung des Geschäftsführers kann zu keinem Mitverschulden eines anderen Organs (Bestellungsorgan) führen.[263]

69 Allerdings soll der Geschäftsführer nach einer Ansicht geltend machen können, dass ein Mitgeschäftsführer nicht über die erforderliche Qualifikation verfügte.[264] Dem ist entgegenzuhalten, dass Gläubiger des Anspruchs die Gesellschaft und nicht die Gesellschafter sind, die den unqualifizierten Geschäftsführer trotz Hinweises des später haftenden Geschäftsführers im Amt lassen. Abgesehen

251 *Fleischer*, in: MünchKommGmbHG, 2. Aufl., 2016, § 43 Rn. 263b; *ders.*, DB 2014, 345, 347 ff.
252 OLG Frankfurt am Main, GmbHR 2017, 974 ff., Rn. 30; *Beurskens*, in: Baumbach/Hueck, GmbHG, § 43 Rn. 49.
253 OLG Frankfurt am Main, Der Konzern 2012, 61, Rn. 43.
254 OLG Naumburg, GmbHR 1998, 1180, 1182; OLG Naumburg, NZG 1999, 353, 355; *Diekmann/Marsch-Barner*, in: MünchHdbGmbHG, § 46 Rn. 17; kritisch und i. Erg. ablehnend *Schnorbus*, in: Rowedder/Schmidt-Leithoff, GmbHG, § 43 Rn. 70; *Ziemons*, in: Michalski/Heidinger/Leible/J. Schmidt, GmbHG, § 43 Rn. 447 f.; *Paefgen*, in: Ulmer/Habersack/Löbbe, GmbHG, § 43 Rn. 179; *U.H. Schneider*, in: Scholz, GmbHG, § 43 Rn. 224.
255 *Klöhn*, in: Bork/Schäfer, GmbHG, § 43 Rn. 67.
256 BGH, ZIP 2013, 455, Rn. 26 f.; OLG Frankfurt am Main, OLGR 2008, 389, 390.
257 BGH, NZG 2007, 185, 186; BGH, NZG 2008, 622; BGH, NZG 2008, 908, 909; anders OLG München, NZG 2000, 741, 743 f.; KG, GmbHR 2005, 477, 479 (Anspruch auf Abtretung bzw. Herausgabe des Vorteils).
258 BGH, ZIP 2013, 455, Rn. 29.
259 BGH, JZ 1987, 781, 782; BGH, NZG 2008, 104.
260 OLG Oldenburg, NZG 2007, 434, 437.
261 Anders *Paefgen*, in: Ulmer/Habersack/Löbbe, GmbHG, § 43 Rn. 174.
262 So auch *Ziemons*, in: Michalski/Heidinger/Leible/J. Schmidt, GmbHG, § 43 Rn. 467 f.
263 BGH, WM 1981, 440, 442; BGH, WM 1983, 725, 726.
264 BGH, WM 1983, 725, 726; *Paefgen*, in: Ulmer/Habersack/Löbbe, GmbHG, § 43 Rn. 175; a.A. *U.H. Schneider*, in: Scholz, GmbHG, § 43 Rn. 246; *Beurskens*, in: Baumbach/Hueck, GmbHG, § 43 Rn. 65.

davon kann der Geschäftsführer, sofern er auf die Nichtqualifikation des anderen hingewiesen hat, dem Anspruch aus Abs. 2 ggü. den Einwand des Rechtsmissbrauchs geltend machen.[265]

V. Gesamtschuldner

Haben mehrere Geschäftsführer den eingetretenen Schaden nach § 43 Abs. 2 zu verantworten, haften sie als Gesamtschuldner i.S.d. §§ 421 ff. BGB. Damit hat jeder der Gesellschaft in voller Höhe Schadensersatz zu leisten.[266] Untereinander sind sie grds. zu gleichen Teilen ausgleichspflichtig, sofern nicht die Satzung oder der Anstellungsvertrag etwas anderes vorsieht oder sich aus § 254 BGB nichts anderes ergibt. Erst i.R.d. Innenausgleichs nach § 426 Abs. 1 Satz 1 BGB kommt es auf ein mögliches unterschiedliches Maß der Mitverantwortung an.[267] 70

Unbeachtlich ist der Einwand eines Geschäftsführers, dass ein anderes Gesellschaftsorgan oder ein Mitgeschäftsführer ebenfalls für den Schaden verantwortlich sei und er deshalb nur anteilig hafte.[268] Sofern die Gesellschaft in Bezug auf einen der zu Schadensersatz verpflichteten Geschäftsführer einen Verzicht oder **Vergleich** vereinbart hat, ist nach § 423 BGB zu beurteilen, ob dieser auch die übrigen mithaftenden Geschäftsführer entlasten soll. Jedenfalls besteht keine dahingehende Vermutung. 71

Wurde eine zulässige **Ressortaufteilung** vereinbart, haftet bei einer Pflichtverletzung in einem Ressort grds. ausschließlich der jeweils zuständige Geschäftsführer. Daneben kommt aber eine Haftung der anderen Geschäftsführer aus schuldhafter Verletzung der Auswahl- oder **Überwachungspflicht** in Betracht.[269] Dabei trifft den unmittelbar handelnden Geschäftsführer im Innenverhältnis die alleinige Haftung, wenn der andere Geschäftsführer der Gesellschaft ggü. lediglich aus der Verletzung seiner Überwachungspflicht haftet.[270] Ein unterschiedlicher Haftungsanteil im Innenverhältnis kann sich auch daraus ergeben, dass der eine hauptamtlich und der andere lediglich neben- oder ehrenamtlich tätig war.[271] Eine Haftung des Geschäftsführers für das Handeln eines anderen Geschäftsführers aus § 278 BGB oder § 831 BGB kommt nicht in Betracht, da dieser weder Erfüllungs- noch Verrichtungsgehilfe ist.[272] 72

VI. Haftungsausschluss, Verzicht, Vergleich

Der Sorgfaltsmaßstab des § 43 Abs. 1 ist nicht zwingend, sodass dessen Herabsetzung oder Abbedingung[273] im **Vorfeld** im Rahmen eines Haftungsausschlusses grds. möglich ist.[274] Auch eine im Anstellungsvertrag enthaltene Verfallklausel soll sich auf Organhaftungsansprüche erstrecken können, wenn der Vertrag auch dem Organverhältnis zuzuordnende Regelungen enthält.[275] Allerdings 73

265 So auch *Ziemons*, in: Michalski/Heidinger/Leible/J. Schmidt, GmbHG, § 43 Rn. 468.
266 BGH, DB 2008, 50, 51.
267 *Paefgen*, in: Ulmer/Habersack/Löbbe, GmbHG, § 43 Rn. 200; *U.H. Schneider*, in: Scholz, GmbHG, § 43 Rn. 251; *Beurskens*, in: Baumbach/Hueck, GmbHG, § 43 Rn. 60.
268 BGH, DB 2008, 50, 51.
269 BGH, NJW-RR 1986, 1293; BGH, DStR 1994, 1092, 1093; BGHZ 133, 370, 377 ff.; BGH, NJW 2004, 1111, 1112; OLG Nürnberg, NZG 2001, 943, 945; OLG Köln, NZG 2001, 135, 136; OLG München, WM 2016, 164, Rn. 90; s. auch *Buck-Heeb*, BB 2019, 584, 586 ff.
270 *Paefgen*, in: Ulmer/Habersack/Löbbe, GmbHG, § 43 Rn. 200; *U.H. Schneider*, in: Scholz, GmbHG, § 43 Rn. 252; *Beurskens*, in: Baumbach/Hueck, GmbHG, § 43 Rn. 62.
271 *Beurskens*, in: Baumbach/Hueck, GmbHG, § 43 Rn. 62.
272 *Kleindiek*, in: Lutter/Hommelhoff, GmbHG, § 43 Rn. 29; *Paefgen*, in: Ulmer/Habersack/Löbbe, GmbHG, § 43 Rn. 31 f.; *U.H. Schneider*, in: Scholz, GmbHG, § 43 Rn. 31; *Beurskens*, in: Baumbach/Hueck, GmbHG, § 43 Rn. 48.
273 BGH, NJW 2002, 3777, Rn. 12; BGH, NZG 2008, 314; OLG Stuttgart, GmbHR 2003, 835 ff.; OLG Hamm, 12.9.2016 – 8 U 25/16, juris, Rn. 124 (speziell auch zur Nichtgeltung von §§ 93 Abs. 4 und 5 AktG).
274 Näher *Fleischer*, BB 2011, 2435 ff.; *ders.*, in: MünchKommGmbHG, 2. Aufl., 2016, § 43 Rn. 281; *Janert*, BB 2013, 3016, 3017 ff. (auch zu den unterschiedlichen Ansichten im Schrifttum).
275 OLG Hamm, 12.9.2016 – 8 U 25/16, juris, Rn. 115 ff. m.w.N.

ist das für diejenigen Organpflichten ausgeschlossen, die primär dem Gläubigerschutz dienen. Das sind vor allem die §§ 43 Abs. 3, 9a, 9b, 57 Abs. 4 und 64. Dies gilt auch hinsichtlich des Sorgfaltsmaßstabs.[276] Da die Geschäftsführer regelmäßig die **Weisungen** der Gesellschafterversammlung zu befolgen haben, liegt eine Pflichtverletzung i.S.d. § 43 Abs. 2 grds. nicht vor, wenn der Geschäftsführer mit der fraglichen Handlung eine Weisung vollzieht. Das gilt auch, wenn er im (konkludenten) **Einverständnis** mit allen Gesellschaftern tätig wird.[277] Hat der Gesellschaftsvertrag das Weisungsrecht auf ein anderes Organ (z.B. Aufsichtsrat) übertragen, entlasten auch dessen Weisungen und Billigungen den Geschäftsführer.[278] Selbst ohne förmlichen Beschluss kann die Weisung oder Billigung des Alleingesellschafters regelmäßig die Haftung des Geschäftsführers ausschließen.[279] Demgegenüber ist bei mehrgliedrigen Gesellschaften ein Beschluss der Gesellschafterversammlung erforderlich, um die Beteiligungsrechte der Minderheitsgesellschafter zu wahren.[280]

74 Führt der Geschäftsführer eine **nichtige** Weisung aus, handelt er pflichtwidrig und hat für den entstandenen Schaden einzustehen, es sei denn, die Nichtigkeit war nicht erkennbar. Ist der Weisungsbeschluss lediglich anfechtbar und geht der Geschäftsführer während der Anfechtbarkeit ohne Sorgfaltsverstoß davon aus, es lägen keine Anfechtungsgründe vor, ist er nicht zum Schadensersatz verpflichtet.[281] Die **haftungsbefreiende** Wirkung eines Einverständnisses scheidet jedoch dann aus, wenn die Gesellschafter durch den Geschäftsführer nicht hinreichend informiert, insb. über Risiken nicht aufgeklärt wurden.[282]

75 Ein Ausschluss von Ersatzansprüchen besteht außerdem, anders als im Aktienrecht, bei einer **Entlastung** des Geschäftsführers. Die Entlastung führt grds. zum Verlust von Ersatzansprüchen der Gesellschaft.[283] Möglich ist auch eine sog. **Generalbereinigung**, die, wenn von möglichen Ersatzansprüchen ausgegangen wird, regelmäßig einen Erlassvertrag, ansonsten ein negatives Schuldanerkenntnis darstellt.[284] Teilweise wird davon ausgegangen, dass sämtliche Ansprüche hiervon umfasst sein können,[285] teilweise werden vorsätzliche Pflichtverletzungen des Geschäftsführers als ausgenommen angesehen.[286]

76 Ein **Verzicht im Nachhinein** wirkt haftungsbefreiend. An einen solchen sind im GmbH-Recht keine strengen Voraussetzungen geknüpft. Da die Gesellschaft darüber zu befinden hat, ob der Geschäftsführer wegen möglicher Sorgfaltspflichtverletzungen belangt wird, ist sie auch für einen Verzicht oder Vergleich zuständig. Analog § 46 Nr. 8 ist ein Gesellschafterbeschluss erforderlich.[287] Fehlt ein Beschluss, ist der Verzicht/Vergleich unwirksam.[288] Wird ein Entlastungsbeschluss gefasst, so ist dieser auch dann nur anfechtbar und nicht nichtig, wenn er auf einem eindeutigen und schwerwiegenden Fehlverhalten des Geschäftsführers basiert.[289] Nur dann kann Nichtigkeit

---

276 *Kleindiek*, in: Lutter/Hommelhoff, GmbHG, § 43 Rn. 60 f.; *Schnorbus*, in: Rowedder/Schmidt-Leithoff, GmbHG, § 43 Rn. 1; *Paefgen*, in: Ulmer/Habersack/Löbbe, GmbHG, § 43 Rn. 8; *U.H. Schneider*, in: Scholz, GmbHG, § 43 Rn. 261.

277 BGH, NZG 2003, 528; BGH, NJW 2000, 1571.

278 *Altmeppen*, in: Roth/Altmeppen, GmbHG, § 43 Rn. 123.

279 BGH, NJW 1993, 193, 194; vgl. auch LG München II, GmbHR 2017, 705 ff., Rn. 25.

280 BGH, DStR, 2002, 227; BGH, DStR 2002, 2137.

281 *Altmeppen*, in: Roth/Altmeppen, GmbHG, § 43 Rn. 125; *Schnorbus*, in: Rowedder/Schmidt-Leithoff, GmbHG, § 43 Rn. 92 f.; *Beurskens*, in: Baumbach/Hueck, GmbHG, § 43 Rn. 19.

282 *Beurskens*, in: Baumbach/Hueck, GmbHG, § 43 Rn. 23.

283 BGH, NJW 1986, 129 f.; vgl. auch BGH, NJW-RR 2012, 7298, Rn. 31; BGH, WM 2014, 1290 ff., Rn. 21; OLG Köln, GmbHR 2017, 358 ff., Rn. 41.

284 *Schmidt*, in: Scholz, GmbHG, § 46 Rn. 103; *Born*, WM 2013, Sonderbeil. 1, S. 30; *Fleischer*, in: MünchKommGmbHG, 2. Aufl., 2016, § 43 Rn. 283.

285 So der II. Zivilsenat: BGHZ 97, 382, 390; BGH, NJW 1998, 1313, 1314; BGH, DStR 2000, 2100, 2101.

286 So der IX. Zivilsenat: BGH, NJW 2000, 1942, 1943.

287 BGH, NJW 2002, 3777, 3778; BGH, NJW-RR 2003, 895, 896; *Altmeppen*, in: Roth/Altmeppen, GmbHG, § 43 Rn. 122; *Kleindiek*, in: Lutter/Hommelhoff, GmbHG, § 43 Rn. 66; *Paefgen*, in: Ulmer/Habersack/Löbbe, GmbHG, § 43 Rn. 246; *Beurskens*, in: Baumbach/Hueck, GmbHG, § 43 Rn. 68.

288 *Kleindiek*, in: Lutter/Hommelhoff, GmbHG, § 43 Rn. 66.

289 BGH, NJW-RR 2003, 895, 896.

vorliegen, wenn der Beschluss »seinem inneren Gehalt nach in einer sittenwidrigen Schädigung nicht anfechtungsberechtigter Personen besteht«.[290] Aus § 43 Abs. 3 Satz 1 und 2 folgt, dass nur auf Ersatzansprüche wegen Zahlungen entgegen § 30 und Erwerbs eigener Geschäftsanteile entgegen § 33 nicht verzichtet werden kann, soweit der daraus resultierende Schadensersatz zur Befriedigung von Gesellschaftsgläubigern benötigt wird.

Umgekehrt kann damit grds. auf andere Ersatzansprüche verzichtet werden. Die Wirksamkeit eines solchen Verzichts oder Vergleichs bleibt auch dann bestehen, wenn der Schadensersatzbetrag zu einem späteren Zeitpunkt zur Gläubigerbefriedigung benötigt wird.[291] Ob der Verzicht lediglich die Haftung für Pflichtverletzungen als Geschäftsführer erfassen soll oder auch andere Ansprüche, ist bei unklarer Regelung Auslegungsfrage.[292] Erfolgt (konkludent) die Genehmigung eines Geschäfts durch die Gesellschafterversammlung, kann darin gleichzeitig ein Haftungsverzicht liegen.[293] 77

Da ein **Haftungserlass** nur für den nicht gläubigerschützenden Bereich möglich ist (s.o.) und ein Erlass wegen Vorsatzes schon nach § 276 BGB ausscheidet, bleibt allein ein solcher für Fahrlässigkeit. Teilweise wird angenommen, eine Haftung für grobe Fahrlässigkeit könne nicht generell von vornherein ausgeschlossen werden, wobei es hierfür jedoch an guten Gründen fehlt.[294] Eine Reduktion der Haftung ist durch Satzung möglich, aber auch durch einen Gesellschafterbeschluss,[295] eine durch die Gesellschafter aufgestellte, mit einfacher Mehrheit wieder aufhebbare[296] Geschäftsordnung oder – bei entsprechendem Gesellschafterbeschluss – durch den Anstellungsvertrag.[297] 78

VII. Mitverschulden

Sofern die Gesellschaft ein Mitverschulden trifft, wirkt dieses nach § 254 BGB haftungsmildernd bzw. haftungsausschließend. Zu beachten ist jedoch, dass die Pflichten der einzelnen Organe der GmbH eigenständig bestehen, sodass sich der Geschäftsführer etwa nicht darauf berufen kann, die Gesellschaft habe ihn nicht hinreichend überwacht.[298] Auch das Mitverschulden anderer Geschäftsführer spielt i.R.d. § 43 keine Rolle, da dies ansonsten im Widerspruch zum Prinzip der gesamtschuldnerischen Haftung stehen würde. Ebenso scheidet die Berufung auf ein Mitverschulden eines Mitarbeiters aus, da den Geschäftsführer hierfür grds. die Organisationsverantwortung trifft.[299] 79

VIII. Geltendmachung des Anspruchs

Der Geschäftsführer haftet nur der Gesellschaft, nicht Dritten ggü. aus § 43 Abs. 2. Über die Geltendmachung solcher Schadensersatzansprüche ist regelmäßig ein **Gesellschafterbeschluss** 80

290 So BGHZ 15, 382, 385.

291 BGH, NZG 2002, 1170, 1172; BGH, NZG 2003, 528; BGH, NZG 2008, 314, 315; *Beurskens*, in: Baumbach/Hueck, GmbHG, § 43 Rn. 66 m.w.N.

292 BGH, NJW 2001, 223; *Zöllner/Noack*, in: Baumbach/Hueck, 21. Aufl. 2017, GmbHG, § 43 Rn. 47.

293 *Ziemons*, in: Michalski/Heidinger/Leible/J. Schmidt, GmbHG, § 43 Rn. 553; *Paefgen*, in: Ulmer/Habersack/Löbbe, GmbHG, § 43 Rn. 248; *Beurskens*, in: Baumbach/Hueck, GmbHG, § 43 Rn. 68.

294 Wie hier *Altmeppen*, in: Roth/Altmeppen, GmbHG, § 43 Rn. 126, 129 ff.; *Kleindiek*, in: Lutter/Hommelhoff, GmbHG, § 43 Rn. 64; *Paefgen*, in: Ulmer/Habersack/Löbbe, GmbHG, § 43 Rn. 8; *U.H. Schneider*, in: Scholz, GmbHG, § 43 Rn. 261; *Wicke*, GmbHG, § 43 Rn. 17; noch weiter gehend *Schnorbus*, in: Rowedder/Schmidt-Leithoff, GmbHG, § 43 Rn. 10; a.A. *Diekmann/Marsch-Barner*, in: MünchHdbGmbHG, § 46 Rn. 4; *Beurskens*, in: Baumbach/Hueck, GmbHG, § 43 Rn. 41.

295 *Beurskens*, in: Baumbach/Hueck, GmbHG, § 43 Rn. 39.

296 OLG Hamm, DStR 2010, 1950.

297 *Altmeppen*, in: Roth/Altmeppen, GmbHG, § 43 Rn. 119; *Kleindiek*, in: Lutter/Hommelhoff, GmbHG, § 43 Rn. 66; *Paefgen*, in: Ulmer/Habersack/Löbbe, GmbHG, § 43 Rn. 7 f.; *U.H. Schneider*, in: Scholz, GmbHG, § 43 Rn. 262; *Beurskens*, in: Baumbach/Hueck, GmbHG, § 43 Rn. 39.

298 *Klöhn*, in: Bork/Schäfer, GmbHG, § 43 Rn. 70; vgl. auch *Bayer/Scholz*, GmbHR 2016, 841 ff.

299 *Altmeppen*, in: Roth/Altmeppen, GmbHG, § 43 Rn. 116; *Beurskens*, in: Baumbach/Hueck, GmbHG, § 43 Rn. 48.

erforderlich (§ 46 Nr. 8).[300] Dagegen genügt bei einer Einpersonengesellschaft, wenn der Wille des Alleingesellschafters hinreichend klar zutage tritt.[301]

Die Gesellschaft kann wahlweise am Wohnsitz des Geschäftsführers (§§ 12, 13 ZPO) oder am Sitz der Gesellschaft (§ 29 Abs. 1 ZPO) klagen.[302] Gläubiger der Gesellschaft können den Anspruch der Gesellschaft aus § 43 lediglich pfänden und sich überweisen lassen.[303] Eines Gesellschafterbeschlusses nach § 46 Nr. 8 bedarf es hierfür nicht.[304] Eine direkte Anspruchsdurchsetzung der Gläubiger der Gesellschaft gegen den Geschäftsführer analog § 93 Abs. 5 AktG scheidet dagegen aus.[305]

81 Ist das **Insolvenzverfahren** über das Vermögen der Gesellschaft eröffnet, geht das Recht, den Ersatzanspruch geltend zu machen, auf den Insolvenzverwalter über. In diesem Fall ist ebenso wenig ein Gesellschafterbeschluss nach § 46 Nr. 8 erforderlich wie bei einer masselosen Liquidation.[306] Einzelne Gesellschafter können entsprechend der personengesellschaftsrechtlichen **actio pro socio** Ersatzansprüche für die Gesellschaft geltend machen, wenn die GmbH ihre Ansprüche nicht selbst verfolgt, obwohl die Gesellschafter gem. § 46 Nr. 8 ein Vorgehen gegen den Geschäftsführer beschlossen haben, oder ein ablehnender Gesellschafterbeschluss wirksam angefochten wurde.[307]

IX. Beweislast

82 Die Gesellschaft hat darzulegen und zu beweisen, dass der Handelnde Geschäftsführer ist, dass ein Schaden und ein bestimmtes Geschäftsführerverhalten sowie ein adäquater Kausalzusammenhang zwischen diesem Verhalten und dem eingetretenen Schaden vorliegen.[308] Insbesondere muss die Möglichkeit einer Pflichtwidrigkeit substanziiert dargetan werden.[309] Dabei können der Gesellschaft die Erleichterungen des § 287 ZPO zugutekommen.[310]

83 Der Geschäftsführer wiederum muss darlegen und beweisen, dass er nicht pflichtwidrig gehandelt hat, weil er entweder keine Sorgfaltspflichtverletzung begangen hat,[311] da er die Sorgfalt eines ordentlichen und gewissenhaften Geschäftsleiters angewandt hat,[312] der Schaden auch bei pflichtgemäßem Alternativverhalten eingetreten wäre[313] bzw. das zuständige Gremium, wenn es angerufen worden wäre, der Maßnahme des Geschäftsführers »zugestimmt« hätte.[314] Eine analoge Anwendung von § 93 Abs. 2 Satz 2 AktG und § 34 Abs. 2 Satz 2 GenG und damit eine Umkehr der Darlegungs- und Beweislast kommt nach h.M. in Betracht.[315] Den Geschäftsführer soll sogar über den Wortlaut des § 93 Abs. 2 Satz 2 AktG hinaus eine Kausalitätsvermutung treffen, wenn die Art

300 Zur Durchsetzung durch einen Minderheitsgesellschafter *Werner*, GmbHR 2017, 849 ff.
301 OLG München, GmbHR 2018, 518, Rn. 14.
302 BGH, NJW-RR 1992, 800.
303 *Fleischer*, in: MünchKommGmbHG, 2. Aufl., 2016, § 43 Rn. 325.
304 *Kleindiek*, in: Lutter/Hommelhoff, GmbHG, § 43 Rn. 51.
305 *Wicke*, GmbHG, § 43 Rn. 11; *U.H. Schneider*, in: Scholz, GmbHG, § 43 Rn. 291; a.A. *Altmeppen*, in: Roth/Altmeppen, GmbHG, § 43 Rn. 102; *Fleischer*, in: MünchKommGmbHG, 2. Aufl., 2016, § 43 Rn. 327.
306 BGH, NZG 2004, 962.
307 BGH, ZIP 1982, 1203, 1204; a.A. *Altmeppen*, in: Roth/Altmeppen, GmbHG, § 43 Rn. 98.
308 BGH, NJW 2003, 358; BGHZ 179, 71, Rn. 20; OLG München, GmbHR 2015, 1273, Rn. 51; OLG München, GmbHR 2018, 1058 ff., Rn. 37; OLG Naumburg, GmbHR 2018, 578, Rn. 46.
309 BGHZ 197, 304, Rn. 22; OLG München, GmbHR 2015, 1273, Rn. 51 ff.; OLG Nürnberg, WM 2015, 241, Rn. 15 ff. (für die AG).
310 OLG München, GmbHR 2018, 1058 ff., Rn. 37.
311 Vgl. *Fleischer*, in: MünchKommGmbHG, 2. Aufl., 2016, § 43 Rn. 272.
312 BGH, NJW-RR 2008, 736, 737; BGH, NJW 2009, 2598; OLG Koblenz, NZG 2008, 280 (LS).
313 BGHZ 152, 280 ff. = GmbHR 2003, 113 ff., Rn. 8; OLG München, GmbHR 2013, 813, Rn. 52; OLG Koblenz, GmbHR 2015, 357; OLG Frankfurt am Main, GmbHR 2017, 974 ff Rn. 49; *U.H. Schneider*, in: Scholz, GmbHG, § 43 Rn. 60; *Beurskens*, in: Baumbach/Hueck, GmbHG, § 43 Rn. 81.
314 OLG Koblenz, NZG 2008, 280 (LS).
315 BGHZ 152, 280, 283; BGHZ 179, 71, Rn. 20; OLG Koblenz, NZG 2008, 280 (LS); s. aber *Reichert*, ZGR 2017, 671 678 f.

des Schadens Rückschlüsse darauf zulässt, dass dieser den Ausgangspunkt im Handeln oder Unterlassen des Geschäftsführers hat.[316] Sollen der Gesellschaft i.R.d. Vorteilsausgleichung bestimmte, durch die Pflichtverletzung eingetretene Vorteile angerechnet werden, trägt für deren Voraussetzung der Geschäftsführer die Beweislast.[317] Die genannten Beweislastregeln gelten auch für **ausgeschiedene** Geschäftsführer.[318]

D. Haftung nach § 43 Abs. 3 aufgrund Verstoßes gegen §§ 30, 33

I. Einführung

Abs. 3 Satz 1 enthält einen ggü. Abs. 2 speziellen Schadensersatzanspruch.[319] Der Geschäftsführer haftet, wenn entgegen § 30 Zahlungen aus dem zur Erhaltung des Stammkapitals erforderlichen Vermögen der Gesellschaft erfolgten oder entgegen § 33 eigene Geschäftsanteile der Gesellschaft erworben wurden. Zu berücksichtigen ist, dass die nach § 30 Abs. 1 verbotene Einlagenrückgewähr durch das MoMiG wesentlich eingeschränkt wurde. Zwar sind diese Haftungstatbestände vom Wortlaut her »insbesondere« in § 43 Abs. 3 aufgeführt, dabei handelt es sich jedoch nicht um sog. Regelbeispiele, sondern die Vorschrift bezieht sich auf eigenständige Pflichtverletzungen, die zu einer ggü. § 43 Abs. 2 verschärften Rechtsfolge führen.[320] So wird zum einen die Geltendmachung dieser Ansprüche durch einen »**typisierten Schadensnachweis**« erleichtert (Vermutung, dass Schaden in dieser Höhe entstanden) und zum anderen können die Gesellschafter nicht frei über die Geltendmachung dieser Ansprüche befinden, sofern der Ersatzanspruch zur Gläubigerbefriedigung erforderlich ist.[321] 84

Der Geschäftsführer der Komplementär-GmbH einer GmbH & Co. KG haftet nach § 43 Abs. 3 direkt der Kommanditgesellschaft gegenüber.[322] Voraussetzung ist dabei, dass durch die Zahlung des Geschäftsführers aus dem KG-Vermögen eine Unterbilanz bei der GmbH entsteht oder vertieft wird. 85

II. Voraussetzungen

1. Zahlungen an Gesellschafter (§ 30 GmbHG)

Voraussetzung ist zunächst ein Verstoß gegen § 30 als Pflichtverletzung. Da es durch das MoMiG keine kapitalersetzenden Gesellschafterdarlehen mehr gibt,[323] spielt eine Haftung nach Abs. 3 nur noch für **Altfälle** eine Rolle.[324] Die Gewährung von Darlehen ist daher nach § 30 Abs. 1 Satz 2 zulässig, wenn ein vollwertiger Gegenleistungs- und Rückgewähranspruch besteht. Der Geschäftsführer haftet also zum einen, wenn der Auszahlung kein vollwertiger Anspruch gegenübersteht und zum anderen, wenn sich die mangelnde Vollwertigkeit erst durch nachträgliche negative Entwicklungen ergibt und der Geschäftsführer trotzdem eine mögliche Rückforderung unterlässt.[325] Die Haftung bei entgegen § 30 Abs. 1 erfolgenden Zahlungen an die Gesellschafter aus dem Stammkapital tritt unabhängig von der Bezeichnung der Zahlung ein.[326] Nach einer zulässigen Auszahlung hat der Geschäftsführer regelmäßig zu prüfen, ob Veränderungen, etwa bzgl. des Kreditrisikos, 86

316 OLG München, GmbHR 2015, 1273, Rn. 51; *Altmeppen*, in: Roth/Altmeppen, GmbHG, § 43 Rn. 114.
317 *U.H. Schneider*, in: Scholz, GmbHG, § 43 Rn. 230.
318 BGHZ 202, 26, Rn. 33; BGHZ 152, 280, 285.
319 BGH, WM 1986, 789, 790; BGHZ 122, 336, 340; BGH, NJW 2009, 68, 70; *Fleischer*, in: MünchKommGmbHG, 2. Aufl., 2016, § 43 Rn. 285.
320 *Ziemons*, in: Michalski/Heidinger/Leible/J. Schmidt, GmbHG, § 43 Rn. 494.
321 *Paefgen*, in: Ulmer/Habersack/Löbbe, GmbHG, § 43 Rn. 254, 272; *U.H. Schneider*, in: Scholz, GmbHG, § 43 Rn. 268; *Beurskens*, in: Baumbach/Hueck, GmbHG, § 43 Rn. 82.
322 BGH, GmbHR 2015, 248, Rn. 12.
323 RegE MoMiG, S. 129 f.
324 BGH, NJW 2009, 1277, 1278.
325 RegE MoMiG, S. 94.
326 *Zöllner/Noack*, in: Baumbach/Hueck, GmbHG, 21. Aufl. 2017, § 43 Rn. 49a.

eingetreten sind.[327] Wird der Geschäftsführer von den Gesellschaftern zur Auszahlung angewiesen, hat er dies zurückzuweisen, wenn die Vollwertigkeit des Gegenanspruchs nicht besteht und die Leistung deshalb zulasten des Stammkapitals geht.[328]

87 Die herrschende Meinung will Abs. 3 auch auf die Nichtgeltendmachung von Ansprüchen nach **§ 31 Abs.** 1 anwenden.[329] Dem wird im Schrifttum jedoch unter dem Hinweis widersprochen, der BGH habe klargestellt, dass sich § 43 Abs. 3 nur auf eine das Stammkapital verletzende Auszahlung und nicht auf eine Nichtgeltendmachung des Anspruchs aus § 31 beziehe.[330] Auch auf die Rückzahlung von **Nachschüssen** soll § 43 Abs. 3 grds. Anwendung finden. Ausgeschlossen wird dies, wenn es sich um eine Zahlung nach § 30 Abs. 1 Satz 1 handelt, bejaht dagegen, wenn eine nach § 30 Abs. 1 Satz 3 verbotene Rückzahlung vorliegt.[331] § 43 Abs. 3 soll entsprechend anwendbar sein bei Zahlungen zulasten der gesetzlichen Rücklage einer Unternehmergesellschaft i.S.d. § 5a Abs. 3. Die Rücklage stelle materiell Stammkapital dar und sei wie dieses zum Schutz der Gläubiger gebunden.[332]

88 Die Stellung einer **Sicherheit** aus dem Gesellschaftsvermögen ist dann keine unerlaubte Zahlung nach § 30, wenn die Verwertung unter dem Vorbehalt steht, dass keine Unterbilanz eintritt oder diese verschärft.[333] Findet eine Verwertung der Sicherheit statt, so ist dies dann keine verbotswidrige Auszahlung i.S.d. § 30, wenn die Deckung durch einen vollwertigen Anspruch (Freistellung, Rückgriff oder Aufwendungsersatz) besteht.[334] Nach § 30 Abs. 1 Satz 2, 1. Alt. ausdrücklich erlaubt sind Leistungen, die bei Bestehen eines **Beherrschungs- oder Gewinnabführungsvertrags** erfolgen, sofern der Ausgleichsanspruch im Zeitpunkt der Leistung vollwertig ist.

89 **Tilgungsleistungen** auf Gesellschafterforderungen ggü. der Gesellschaft (z.B. Rückgewähr eines Gesellschafterdarlehens) können nach den Änderungen durch das MoMiG nicht mehr verbotene Auszahlungen des zur Erhaltung des Stammkapitals erforderlichen Vermögens sein (§ 30 Abs. 1 Satz 1, 3) und lösen damit keine Ersatzpflicht nach § 43 Abs. 3 mehr aus.[335] Allerdings kommt eine (Insolvenz-) Anfechtung nach § 6a AnfG bzw. § 135 InsO in Betracht sowie eine Haftung des Geschäftsführers nach § 64 Satz 3, sofern die Rückzahlung die Zahlungsunfähigkeit der Gesellschaft verursachen musste.[336]

90 Eine Haftung des Geschäftsführers tritt auch dann ein, wenn er aufgrund von Ressortaufteilung oder **Delegation** zwar nicht selbst auszahlt, aber dem zahlenden Geschäftsführer oder vertretungsberechtigten Angestellten (Prokuristen etc.) ggü. seine Überwachungspflicht verletzt.[337] Der Zahlungsempfänger haftet neben dem Geschäftsführer (§ 31 Abs. 1, Abs. 2). Ob unter den Zahlungsempfängern **Gesamtschuldnerschaft** i.S.d. §§ 421 ff. BGB besteht, ist umstritten, im Ergebnis jedoch zu bejahen.[338] Neben der Haftung des Geschäftsführers und des Zahlungsempfängers besteht eine Ausfallhaftung der Gesellschafter nach § 31 Abs. 3. Im Innenverhältnis können diese den Geschäftsführer nach § 31 Abs. 6 in Regress nehmen.[339]

---

327 *Beurskens*, in: Baumbach/Hueck, GmbHG, § 43 Rn. 88.

328 *Altmeppen*, ZIP 2009, 49, 53 f.; *Fleischer*, NJW 2009, 2337, 2341.

329 *Paefgen*, in: Ulmer/Habersack/Löbbe, GmbHG, § 43 Rn. 257.

330 *Ziemons*, in: Michalski/Heidinger/Leible/J. Schmidt, GmbHG, § 43 Rn. 501; *Kleindiek*, in: Lutter/Hommelhoff, GmbHG, § 43 Rn. 58.

331 *Zöllner/Noack*, in: Baumbach/Hueck, GmbHG, 21. Aufl. 2017, § 43 Rn. 49c; a.A. *Paefgen*, in: Ulmer/Habersack/Löbbe, GmbHG, § 43 Rn. 261.

332 *Ziemons*, in: Michalski/Heidinger/Leible/J. Schmidt, GmbHG, § 43 Rn. 503.

333 *Zöllner/Noack*, in: Baumbach/Hueck, GmbHG, 21. Aufl. 2017, § 43 Rn. 49a.

334 BGH, DStR 2007, 1874, 1877.

335 *Ziemons*, in: Michalski/Heidinger/Leible/J. Schmidt, GmbHG, § 43 Rn. 500.

336 *Wicke*, GmbHG, § 43 Rn. 13; s.a. RegE MoMiG, S. 95.

337 BGHZ 148, 167, 170 f.; BGH, NJW 2004, 1111, 1112.

338 Bejahend *Ziemons*, in: Michalski/Heidinger/Leible/J. Schmidt, GmbHG, § 43 Rn. 508; *Beurskens*, in: Baumbach/Hueck, GmbHG, § 43 Rn. 91; verneinend *Paefgen*, in: Ulmer/Habersack/Löbbe, GmbHG, § 43 Rn. 273.

339 *Beurskens*, in: Baumbach/Hueck, GmbHG, § 43 Rn. 91.

Die Gesellschaft hat die **Darlegungs- und Beweislast** bezüglich der verbotswidrigen, das Stammkapital verletzenden Zahlung an die Gesellschafter nach § 43 Abs. 3. Im Fall der Insolvenz hat diese der Insolvenzverwalter. Den Geschäftsführer trifft eine sekundäre Darlegungs- und Beweislast, sodass er das Klägervorbringen substanziiert bestreiten muss.[340] 91

2. Erwerb eigener Geschäftsanteile der Gesellschaft (§ 33 GmbHG)

Eine Ersatzpflicht nach § 43 Abs. 3 tritt auch bei gegen § 33 verstoßendem Erwerb eigener Geschäftsanteile durch die Gesellschaft ein (§ 33 Abs. 3 Satz 1, 2. Alt.). Dies soll auch für die gegen § 33 verstoßende Inpfandnahme eigener Anteile gelten.[341] Ist der Ersatzanspruch nach § 43 Abs. 3 erforderlich, um die Gläubiger der Gesellschaft zu befriedigen, ist der Erwerb eigener Anteile entgegen § 33 selbst dann pflichtwidrig, wenn die Gesellschafter einen entsprechenden Beschluss gefasst oder eine Weisung erteilt haben. 92

Neben dem Geschäftsführer haftet, außer im Fall des § 814 BGB, der Veräußerer des Geschäftsanteils aus § 812 BGB auf Rückzahlung des Kaufpreises. Außerdem tritt eine Haftung nach § 31 ein. Geschäftsführer und Veräußerer haften als Gesamtschuldner (§§ 421 ff. BGB).[342] 93

3. Schaden und Verschulden

Bei einem Verstoß gegen § 43 Abs. 3 wird zugunsten der Gesellschaft vermutet, dass ein Schaden i.H.d. entzogenen oder vorenthaltenen Mittel entstanden ist. Der Geschäftsführer wiederum hat zu beweisen, dass ein Schaden nicht eingetreten ist, auch wenn ein Pflichtverstoß vorliegen mag.[343] 94

Voraussetzung der Haftung ist aber ein Verschulden des Geschäftsführers.[344] Das Verschulden des Geschäftsführers wird vermutet.[345] Nach § 43 Abs. 3 kann der Geschäftsführer den Einwand der unzulässigen Rechtsausübung gegen den Anspruch der Gesellschaft nur insoweit erheben, als der Ersatzanspruch nicht zur Befriedigung der Gläubiger erforderlich ist. Vorgetragen werden kann etwa, dass der betreffende Betrag rückerstattet wurde.[346] 95

III. Haftungsausschluss, Verzicht, Vergleich (Abs. 3 Satz 2, 3)

Ein **Verzicht** oder **Vergleich** mit dem Geschäftsführer, basierend auf einem Gesellschafterbeschluss (§ 46 Nr. 8 GmbHG analog), scheidet regelmäßig aus. Solche haftungsbeschränkenden Vereinbarungen sind nur eingeschränkt möglich, da wegen eines Verstoßes gegen §§ 30, 33 der Gläubigerschutz im Vordergrund steht. Unwirksam sind sie, soweit der Schadensersatz durch den Geschäftsführer zur Befriedigung der Gläubiger der Gesellschaft erforderlich ist (Abs. 3 Satz 2 und 3, § 9b Abs. 1). 96

Anders verhält es sich, wenn die Ersatzpflicht in einem Insolvenzplanverfahren erfolgt oder der Verzicht/Vergleich der Abwendung des Insolvenzverfahrens dient bzw. soweit es zu keiner Verletzung 97

340 *Ziemons*, in: Michalski/Heidinger/Leible/J. Schmidt, GmbHG, § 43 Rn. 504; *Paefgen*, in: Ulmer/Habersack/Löbbe, GmbHG, § 43 Rn. 271; *Fleischer*, in: MünchKommGmbHG, 2. Aufl. 2016, § 43 Rn. 288; *Beurskens*, in: Baumbach/Hueck, GmbHG, § 43 Rn. 89.

341 So *Paefgen*, in: Ulmer/Habersack/Löbbe, GmbHG, § 43 Rn. 262.

342 *Altmeppen*, in: Roth/Altmeppen, GmbHG, § 43 Rn. 115; *Beurskens*, in: Baumbach/Hueck, GmbHG, § 43 Rn. 96; gegen Gesamtschuldnerschaft *Paefgen*, in: Ulmer/Habersack/Löbbe, GmbHG, § 43 Rn. 273.

343 BGH, NJW 1992, 1166; *Altmeppen*, in: Roth/Altmeppen, GmbHG, § 43 Rn. 113; *U.H. Schneider*, in: Scholz, GmbHG, § 43 Rn. 228; *Beurskens*, in: Baumbach/Hueck, GmbHG, § 43 Rn. 91, 95, 98.

344 Vgl. *U.H. Schneider*, in: Scholz, GmbHG, § 43 Rn. 274 mit dem zutreffenden Wortlautargument (»Insbesondere …«).

345 BGH, NZG 2008, 908, 910.

346 *U.H. Schneider*, in: Scholz, GmbHG, § 43 Rn. 228.

der Kapitalerhaltungsvorschriften der §§ 30, 33 GmbHG kommt.[347] § 43 Abs. 3 Satz 1 findet entsprechend Anwendung bei einer unzulässigen Kreditgewährung nach § 43a.[348] Daher ist ein Verzicht oder Vergleich hinsichtlich des Ersatzanspruchs aufgrund unzulässiger Kreditvergabe unwirksam, soweit der Ersatz zur Befriedigung der Gläubiger erforderlich ist. In diesem Fall haben auch entsprechende Gesellschafterweisungen oder die Zustimmung der Gesellschafter keine haftungsbefreiende Wirkung.[349] Analoge Anwendung findet § 43 Abs. 3 Satz 2 und 3, wenn sich der Geschäftsführer an einem sog. existenzvernichtenden Eingriff in das Gesellschaftsvermögen beteiligt.[350]

IV. Rechtsfolge

98 Zu ersetzen ist bei einem Verstoß gegen das Zahlungsverbot des § 30 (**§ 43 Abs. 3 Satz 1, 1. Alt.**) nur der sog. Auszahlungsschaden, d.h. die verbotswidrig ausgezahlte, nicht wertmäßig in das Gesellschaftsvermögen zurückgelangte Leistung.[351] Darüber hinausgehende Schäden sind ggf. nach Abs. 2 ersatzfähig,[352] wobei hier die Gesellschaft (bzw. der Insolvenzverwalter) Eintritt und Umfang des (kausalen) Schadens beweisen muss. Möglich sind daneben Erstattungsansprüche gegen den Zahlungsempfänger oder gegen Gesellschafter aus § 812 BGB oder aus §§ 31, 33 Abs. 2 Satz 3.[353]

99 Zu ersetzen ist damit die gesamte unzulässige Zahlung, nicht lediglich eine uneinbringliche Differenz.[354] Soweit jedoch auf den Erstattungsanspruch der Gesellschaft Leistungen in das Vermögen der Gesellschaft fließen, verringert sich der Ersatzanspruch der Gesellschaft gegen den Geschäftsführer.[355] Der Geschäftsführer kann nach § 255 BGB seinerseits die Abtretung des Anspruchs der Gesellschaft gegen den nach § 31 Ersatzpflichtigen verlangen, wenn er den Ersatzanspruch der Gesellschaft nach § 43 Abs. 3 erfüllt.[356]

100 Wurden eigene Geschäftsanteile entgegen § 33 erworben (**§ 43 Abs. 3 Satz 1, 2. Alt.**), besteht der zu ersetzende Schaden im unzulässig gezahlten Erwerbspreis (abzüglich Rückzahlungen), nicht nur in der Differenz zum Wert des Geschäftsanteils.[357] Der Wert der Geschäftsanteile wird nicht abgezogen.[358]

101 Der (kausale) Schaden der Gesellschaft i.H.d. Auszahlung (1. Alt.) bzw. des unzulässig geleisteten Preises (2. Alt.) wird widerlegbar vermutet (sog. typisierter Schadensnachweis).[359] Der

---

347 BGH, GmbHR 2008, 488 ff., Rn 11; OLG Frankfurt am Main, GmbHR 2017, 974 ff., Rn. 62; *Ziemons*, in: Michalski/Heidinger/Leible/J. Schmidt, GmbHG, § 43 Rn. 518; *Beurskens*, in: Baumbach/Hueck, GmbHG, § 43 Rn. 83.

348 *Kleindiek*, in: Lutter/Hommelhoff, GmbHG, § 43 Rn. 64; *Schnorbus*, in: Rowedder/Schmidt-Leithoff, GmbHG, § 43 Rn. 102; *Paefgen*, in: Ulmer/Habersack/Löbbe, GmbHG, § 43 Rn. 263; *Beurskens*, in: Baumbach/Hueck, GmbHG, § 43 Rn. 98.

349 BGH, NJW 2004, 1111, 1112; s. dazu *Verse*, in: FS Bergmann, 2018, S. 781 ff.

350 *Ziemons*, in: Michalski/Heidinger/Leible/J. Schmidt, GmbHG, § 43 Rn. 519; *Paefgen*, in: Ulmer/Habersack/Löbbe, GmbHG, § 43 Rn. 263.

351 BGH, NZG 2008, 908, 909; OLG Hamburg, NZG 2005, 1008, 1009.

352 BGH, WM 1986, 789 f.; *Ziemons*, in: Michalski/Heidinger/Leible/J. Schmidt, GmbHG, § 43 Rn. 507; *Kleindiek*, in: Lutter/Hommelhoff, GmbHG, § 43 Rn. 49; *Paefgen*, in: Ulmer/Habersack/Löbbe, GmbHG, § 43 Rn. 270; *Beurskens*, in: Baumbach/Hueck, GmbHG, § 43 Rn. 90; a.A. *U.H. Schneider*, in: Scholz, GmbHG, § 43 Rn. 275.

353 BGH, NJW 1992, 1166; BGH, NZG 2008, 908, 909.

354 OLG Hamburg, NZG 2005, 1008, 1011; *Beurskens*, in: Baumbach/Hueck, GmbHG, § 43 Rn. 90.

355 BGH, NZG 2008, 908, 909.

356 *Ziemons*, in: Michalski/Heidinger/Leible/J. Schmidt, GmbHG, § 43 Rn. 508.

357 *Beurskens*, in: Baumbach/Hueck, GmbHG, § 43 Rn. 95.

358 *Ziemons*, in: Michalski/Heidinger/Leible/J. Schmidt, GmbHG, § 43 Rn. 509; *Kleindiek*, in: Lutter/Hommelhoff, GmbHG, § 43 Rn. 49; *Paefgen*, in: Ulmer/Habersack/Löbbe, GmbHG, § 43 Rn. 269.

359 *Ziemons*, in: Michalski/Heidinger/Leible/J. Schmidt, GmbHG, § 43 Rn. 510; *Paefgen*, in: Ulmer/Habersack/Löbbe, GmbHG, § 43 Rn. 269 f.; *U.H. Schneider*, in: Scholz, GmbHG, § 43 Rn. 228, 276; *Beurskens*, in: Baumbach/Hueck, GmbHG, § 43 Rn. 95.

Geschäftsführer kann diese Vermutung widerlegen, indem er beweist, dass das Gesellschaftsvermögen nicht mehr vermindert ist, weil die Gesellschaft den ausgezahlten Betrag vom Empfänger zurückerhalten hat (1. Alt.),[360] bzw. dass der Kaufpreis zurückgezahlt worden ist (2. Alt.).[361]

E. Verjährung (Abs. 4)

Schadensersatzansprüche nach § 43 Abs. 2 und 3 verjähren in 5 Jahren ab Entstehung des Anspruchs (Abs. 4). Diese Frist gilt auch für eine Pflichtverletzung aus dem Anstellungsvertrag.[362] Auf andere Ansprüche der Gesellschaft, insb. aus Delikt oder Bereicherungsrecht, finden grds. die jeweils für sie geltenden Verjährungsregeln Anwendung (keine Gesetzeskonkurrenz).[363] Eine Ausnahme und damit eine Anwendbarkeit des Abs. 4 soll nur dann gelten, wenn durch die Pflichtverletzung automatisch auch eine deliktische Handlung begangen wird, also etwa dann, wenn die deliktische Haftung ausschließlich auf der Verletzung einer gesellschaftsrechtlichen Norm als Schutzgesetz i.S.d. § 823 Abs. 2 BGB beruht.[364] Sofern die Gesellschaft gegen den Gesellschafter-Geschäftsführer einen Anspruch aus Verletzung der gesellschafterlichen Treuepflicht hat, gilt die dreijährige Regelverjährung nach §§ 195, 199 BGB.[365] Der Arglisteinwand gegen die Berufung auf die Verjährung ist teilweise möglich.[366] **102**

Beginn der Verjährungsfrist ist die Entstehung des Anspruchs (§ 200 BGB), d.h. der Eintritt des Schadens dem Grunde nach.[367] Nach § 187 Abs. 1 BGB beginnt die Frist am auf den Tag der Anspruchsentstehung folgenden Tag. Das Ende der Frist ist nach § 188 Abs. 2 BGB zu bestimmen. Es genügt, dass der Anspruch im Wege der Feststellungsklage geltend gemacht werden könnte, sodass der Schaden noch nicht bezifferbar zu sein braucht.[368] Regelmäßig ist das mit dem sorgfaltswidrigen Vertragsschluss der Fall, kann bei nachträglichen Pflichtverletzungen aber auch später liegen.[369] Auf die Kenntnis der Gesellschafter von den anspruchsbegründenden Tatsachen kommt es bei Abs. 4 nicht an, sodass es unerheblich ist, wenn der pflichtwidrig handelnde Geschäftsführer das Entstehen des Schadens verheimlicht hat.[370] **103**

Eine subjektive Anknüpfung des Verjährungsbeginns nach § 199 Abs. 1 BGB ist auf Ansprüche aus § 43 GmbHG nicht anwendbar, sodass es allein auf die Entstehung des Anspruchs ankommt.[371] **104**

---

360 BGH, WM 2008, 2215, 2217; *Ziemons*, in: Michalski/Heidinger/Leible/J. Schmidt, GmbHG, § 43 Rn. 510; *Kleindiek*, in: Lutter/Hommelhoff, GmbHG, § 43 Rn. 49; *Schnorbus*, in: Rowedder/Schmidt-Leithoff, GmbHG, § 43 Rn. 24; *Paefgen*, in: Ulmer/Habersack/Löbbe, GmbHG, § 43 Rn. 269 f.; *U.H. Schneider*, in: Scholz, GmbHG, § 43 Rn. 228, 276; *Beurskens*, in: Baumbach/Hueck, GmbHG, § 43 Rn. 95.

361 *Beurskens*, in: Baumbach/Hueck, GmbHG, § 43 Rn. 95.

362 *Ziemons*, in: Michalski/Heidinger/Leible/J. Schmidt, GmbHG, § 43 Rn. 521; *Paefgen*, in: Ulmer/Habersack/Löbbe, GmbHG, § 43 Rn. 275; *U.H. Schneider*, in: Scholz, GmbHG, § 43 Rn. 278; *Beurskens*, in: Baumbach/Hueck, GmbHG, § 43 Rn. 101.

363 BGHZ 100, 190, 199 ff.; BGH, NJW-RR 1989, 1255, 1258; BGH, DStR 2005, 659; OLG Naumburg, GmbHR 2019, 474, Rn. 70.

364 BGHZ 100, 190, 201; OLG Saarbrücken, NZG 2000, 559 (zur Insolvenzantragspflicht gem. § 64 Abs. 1 a.F., nunmehr § 15a Abs. 1 InsO); *Kleindiek*, in: Lutter/Hommelhoff, GmbHG, § 43 Rn. 68; *Paefgen*, in: Ulmer/Habersack/Löbbe, GmbHG, § 43 Rn. 281; *Beurskens*, in: Baumbach/Hueck, GmbHG, § 43 Rn. 101; a.A. *U.H. Schneider*, in: Scholz, GmbHG, § 43 Rn. 279, 286.

365 BGH, NJW 1999, 781.

366 *Paefgen*, in: Ulmer/Habersack/Löbbe, GmbHG, § 43 Rn. 290; *U.H. Schneider*, in: Scholz, GmbHG, § 43 Rn. 282; *Beurskens*, in: Baumbach/Hueck, GmbHG, § 43 Rn. 109.

367 BGHZ 100, 228, 232 (zur AG); BGH, DStR 2005, 659; BGH, WM 2008, 2215, 2217.

368 BGHZ 100, 228, 232 (zur AG); BGH, DStR 2005, 659; BGH, WM 2008, 2215, 2217.

369 OLG Koblenz, NZG 2008, 280 (LS).

370 BGH, DStR 2005, 659; BGH, NJW 2009, 68, 69.

371 BGH, NJW 2009, 68, 69; *Paefgen*, in: Ulmer/Habersack/Löbbe, GmbHG, § 43 Rn. 287; *Fleischer*, in: MünchKommGmbHG, 2. Aufl., 2016, § 43 Rn. 331 f.; *Beurskens*, in: Baumbach/Hueck, GmbHG, § 43 Rn. 103.

Dadurch, dass der Geschäftsführer Schadensersatzansprüche aus § 43 Abs. 2, die gegen ihn gerichtet sind, verjähren lässt, entsteht dadurch nicht erneut ein Schadensersatzanspruch.[372] Sofern der Schaden auf mehreren selbstständigen Pflichtverletzungen beruht, beginnt die Verjährung für jeden verursachten Schaden gesondert.[373] Beruhen verschiedene Maßnahmen auf einem einheitlichen Entschluss, beginnt die Verjährung erst mit Abschluss der gesamten schädigenden Handlung.[374] Die Verjährungsfrist für einen Anspruch aus § 43 Abs. 3 beginnt mit der jeweiligen gegen § 30 verstoßenden Auszahlung, nicht erst mit der letzten Zahlung.[375] Die verjährungsunterbrechende Wirkung der Klageerhebung gegen den Geschäftsführer[376] soll auch dann eintreten, wenn der für die Begründetheit des Begehrens erforderliche Gesellschafterbeschluss gem. § 46 Nr. 8 zunächst noch nicht gefasst ist.[377]

105 Eine **Verlängerung** der fünfjährigen Verjährungsfrist durch Vereinbarung ist nach § 202 Abs. 2 BGB auf bis zu dreißig Jahre nach Entstehung des Anspruchs möglich. Auch eine **Verkürzung** dieser Frist ist nach ganz herrschender Meinung im Sinne einer im Vorhinein festgelegten Verjährung in der Satzung oder im Anstellungsvertrag möglich, da es Sache der Gesellschafter ist, über Schadensersatzansprüche ggü. dem Geschäftsführer zu befinden.[378] Ausgeschlossen ist dies allein für die Fälle der Mitwirkung an der Auszahlung gebundenen Kapitals der Gesellschaft entgegen § 43 Abs. 3. Umstritten ist, ob für die Vereinbarung einer solchen Verkürzung auch dann die Gesellschafterversammlung zuständig ist, wenn die Kompetenz zum Abschluss des Anstellungsvertrags dem Aufsichtsrat zugewiesen ist.[379] In Bezug auf Ansprüche aus § 43 Abs. 2 ist es statt einer Fristverkürzung auch möglich, in der Satzung oder im Anstellungsvertrag eine Ausschlussfrist für die Geltendmachung von Schadensersatzansprüchen gegen den Geschäftsführer festzusetzen.[380]

F. Prozessuale Aspekte

I. Zuständigkeit

106 Unabhängig davon, ob es sich um eine Klage der Gesellschaft gegen den Geschäftsführer aus der Organstellung oder aus dem Anstellungsvertrag handelt, sind die Zivilgerichte, nicht die Arbeitsgerichte zuständig.[381] Besteht jedoch das Anstellungsverhältnis des Geschäftsführers nicht mit der GmbH, sondern mit einem Dritten (z.B. Muttergesellschaft), hat der Geschäftsführer eine arbeitnehmerähnliche Stellung. Für Streitigkeiten aus dem Anstellungsverhältnis ist daher der Rechtsweg zu den Arbeitsgerichten eröffnet.[382]

---

372 BGH, NJW 2009, 68, 69; OLG Köln, NZG 2000, 1137, 1138; *Beurskens*, in: Baumbach/Hueck, GmbHG, § 43 Rn. 103.

373 BGH, NJW-RR 2006, 694, 696; BGH, NJW 2007, 830, 833; BGH, NVwZ 2007, 362, 367; BGH, NJW 2008, 506, 507.

374 BGH, NJW 2008, 3361, 3362; OLG Düsseldorf, GmbHR 2000, 666, 670.

375 BGH, NJW 2009, 68, 69.

376 Dazu auch OLG Naumburg, GmbHR 2019, 474, Rn. 99.

377 BGH, NJW 1999, 2115 f.

378 BGH, NJW 2002, 3777, 3778 (unter Aufgabe der bisherigen Rechtsprechung); OLG Stuttgart, GmbHR 2003, 835, 837; *Kleindiek*, in: Lutter/Hommelhoff, GmbHG, § 43 Rn. 69; *Fleischer*, in: MünchKommGmbHG, 2. Aufl., 2016, § 43 Rn. 332; *Paefgen*, in: Ulmer/Habersack/Löbbe GmbHG, § 43 Rn. 295; *Beurskens*, in: Baumbach/Hueck, GmbHG, § 43 Rn. 107; a.A. *Ziemons*, in: Michalski/Heidinger/Leible/J. Schmidt, GmbHG, § 43 Rn. 526.

379 Bejahend *Ziemons*, in: Michalski/Heidinger/Leible/J. Schmidt, GmbHG, § 43 Rn. 530; *Beurskens*, in: Baumbach/Hueck, GmbHG, § 43 Rn. 107; verneinend *Paefgen*, in: Ulmer/Habersack/Löbbe, GmbHG, § 43 Rn. 296.

380 BGH, NZG 2008, 314, 315 f.; *Beurskens*, in: Baumbach/Hueck, GmbHG, § 43 Rn. 107.

381 *Fleischer*, in: MünchKommGmbHG, § 43 Rn. 334.

382 BGH, NJW 1998, 260, 261; BAG, NJW 2000, 3732, 3733.

Organhaftungsansprüche können grds. vor einem **Schiedsgericht** verhandelt werden.[383] Die hierfür erforderliche Schiedsvereinbarung muss, da Geschäftsführer Verbraucher i.S.d. § 1031 Abs. 5 ZPO sind, in einer von den Parteien eigenhändig unterzeichneten Urkunde enthalten sein und darf keine weiteren Vereinbarungen beinhalten. Die Schiedsvereinbarung umfasst auch konkurrierende Ansprüche aus Delikt. Sie kann zwar nicht Dritten, aber dem Insolvenzverwalter der Gesellschaft ggü. eingewandt werden.[384] 107

II. Prozessvertretung

Im Hinblick auf Ersatzansprüche gegen Geschäftsführer wird die Gesellschaft von der Gesellschafterversammlung als gesetzlicher Vertreter nach §§ 51, 56 ZPO vertreten, wobei sie als prozessunfähiges Organ beschließt, wer die Gesellschaft im Prozess vertritt. Ohne einen solchen Beschluss obliegt die Geschäftsführungs- und Vertretungsbefugnis den bereits zuvor oder neu bestellten Mitgeschäftsführern, wobei es keines Beschlusses über die Fortdauer ihrer Vertretungsbefugnis bedarf.[385] Sofern die Gesellschaft über einen Aufsichtsrat mit den Befugnissen nach § 52 verfügt, wird sie von diesem vertreten.[386] Das gilt auch ggü. einem ausgeschiedenen Organmitglied.[387] Die Satzung kann vorsehen, dass ein Beirat die Gesellschaft vertritt.[388] 108

III. Darlegungs- und Beweislast

Im Prozess muss aufgrund einer Beweislastumkehr (§ 93 Abs. 2 AktG, § 34 Abs. 2 Satz 2 GenG analog) nicht die Gesellschaft, sondern der **Geschäftsführer** beweisen, dass er seiner Sorgfaltspflicht als ordentlicher und gewissenhafter Geschäftsleiter nachgekommen ist, dass er schuldlos gehandelt[389] bzw. die Business Judgment Rule eingehalten hat[390] oder der Schaden auch bei pflichtmäßigem Alternativverhalten eingetreten wäre.[391] Hintergrund ist die größere Beweisnähe des Geschäftsführers. Allerdings hat die **Gesellschaft** erstens nachzuweisen, dass der Geschäftsführer Organ der Gesellschaft ist, zweitens darzulegen, woraus sich die Möglichkeit einer Pflichtverletzung ergibt,[392] drittens die Kausalität zwischen pflichtwidrigem Verhalten des Geschäftsführers und Schaden[393] und viertens den Eintritt und die Höhe eines Schadens zu beweisen.[394] In Bezug auf die letzten beiden Punkte kann sich die Gesellschaft auf die Erleichterungen des § 287 ZPO berufen. Ausreichend ist damit, Tatsachen vorzutragen und unter Beweis zu stellen, die für eine Schadensschätzung nach § 287 ZPO hinreichende Anhaltspunkte bieten.[395] 109

383 *Fleischer*, in: MünchKommGmbHG, 2. Aufl., 2016, § 43 Rn. 334a; *Paefgen*, in: Ulmer/Habersack/Löbbe, GmbHG, § 35 Rn. 522; *Habersack/Wasserbäch*, AG 2016, 2 ff.; *Bauer/Arnold/Kramer*, AG 2014, 677 ff.
384 *Umbeck*, SchiedsVZ 2009, 143, 147; BGH, SchiedsVZ 2004, 259, 261.
385 BGH, NJW-RR 1992, 993, 994; BGH, GmbHR 2016, 1035, Rn. 10.
386 BGH, NZG 2008, 104, 105.
387 OLG Naumburg, 30.3.2015 – 1 U 113/14, juris, Rn. 16 m.w.N.
388 OLG Oldenburg, GmbHR 2010, 258, 259.
389 BGH, ZIP 1980, 776 f.; BGH, NJW 1986, 54, 55.
390 So BGHZ 152, 280, 287; BGH, NJW 2008, 3361, 3362; *Ziemons*, in: Michalski/Heidinger/Leible/J. Schmidt, GmbHG, § 43 Rn. 474; *U.H. Schneider*, in: Scholz, GmbHG, § 43 Rn. 239; *Beurskens*, in: Baumbach/Hueck, GmbHG, § 43 Rn. 81; a.A. *Paefgen*, in: Ulmer/Habersack/Löbbe, GmbHG, § 43 Rn. 208; a.A. auch *Kleindiek*, in: Lutter/Hommelhoff, GmbHG, § 43 Rn. 54 (Gesellschaft muss Anhaltspunkte nachweisen).
391 BGHZ 152, 280, 287; BGH, NZG 2008, 104, 105; BGH, NZG 2008, 314 f.; BGH, NZG 2009, 912; BGHZ 197, 304, Rn. 22; *Beurskens*, in: Baumbach/Hueck, GmbHG, § 43 Rn. 81.
392 BGH, NZG 2008, 104, 105; BGH, NZG 2008, 314 f.; BGHZ 179, 71, 81; BGH, NZG 2009, 550, 551; BGH, NZG 2009, 912.
393 BGH, NJW 1992, 1166, 1167; OLG München, GmbHR 2015, 1273, Rn. 51.
394 BGH, ZIP 1980, 776 f.; BGH, NJW 1986, 54, 55; BGH, NJW-RR 1994, 806, 807; BGHZ 152, 280, 287; OLG Naumburg, GmbHR 2019, 474, Rn. 86.
395 BGHZ 152, 280, 287, 289.

110 Außerdem ergibt sich eine Beweiserleichterung durch Anscheinsbeweis[396] und § 252 Satz 2 BGB.[397] Damit dürfen an den Nachweis des Schadens keine Anforderungen gestellt werden, die die Gesellschaft nicht erfüllen kann.[398] Hat der Geschäftsführer etwa Abrechnungen ganz oder teilweise vernichtet, geht die Unaufklärbarkeit des Verbleibs von Geldern zulasten des Geschäftsführers.

111 Für konkurrierende **deliktische** Ansprüche ggü. dem Geschäftsführer gilt dagegen die Regel, dass der Kläger (die Gesellschaft) alle anspruchsbegründenden Tatsachen zu beweisen hat.[399]

G. Haftung ggü. Gesellschaftern

I. Grundsatz

112 Abs. 2 enthält einen Anspruch der Gesellschaft, nicht aber der einzelnen Gesellschafter. Damit kommt die Haftung des Geschäftsführers sowohl den Gläubigern der Gesellschaft als auch den Gesellschaftern zugute. Teilweise führen aber gesellschaftsrechtliche (§ 31 Abs. 6)[400] oder bürgerlich-rechtliche Regelungen (z.B. § 823 Abs. 1 BGB) zu einer Haftung des Geschäftsführers ggü. den Gesellschaftern.

113 Unklar ist, ob und inwiefern die Innenhaftung des Geschäftsführers nicht ausnahmsweise auch eine Haftung den Gesellschaftern ggü. auslösen kann, wenn Letztere durch die Organisation der Gesellschaft nicht hinreichend vor Missbrauch geschützt werden.[401] Umstritten ist hierbei vor allem die Anspruchsgrundlage, d.h. ob sie aus unmittelbaren Organpflichten ggü. den Gesellschaftern folgt, aus dem Anstellungsvertrag zum Schutz des einzelnen Gesellschafters oder aus einem deliktischen Schutz der Mitgliedschaft nach § 823 Abs. 1 BGB.

II. Anspruchsgrundlagen

114 Der Anstellungsvertrag des Geschäftsführers begründet laut Rechtsprechung grds. keine **Schutzwirkungen** zugunsten des einzelnen Gesellschafters, sodass dieser keinen Schadensersatz verlangen kann. Eine Haftung aus dem Anstellungsvertrag ergibt sich aber, wenn im Vertrag eine entsprechende Haftungsregelung enthalten ist.

115 Allerdings soll ein Vertrag mit Schutzwirkung zugunsten eines Gesellschafters dann zu bejahen sein, wenn in der Gesellschaft ein Auseinanderfallen von wirtschaftlichem Risiko, das regelmäßig bei demjenigen liegt, der eine »Beteiligung« an der GmbH hält, und unternehmerischem Einfluss vorliegt. Das ist der Fall, wenn der »Beteiligte« nur geringe rechtliche Einwirkungsmöglichkeiten auf die Geschäftsführung hat. Die Rechtsprechung verlangt zudem, dass sich der Unternehmenszweck auf das Verwalten bzw. Führen der Beteiligung beschränkt. In einem solchen Fall sei der »Beteiligte« besonders darauf angewiesen, dass der Geschäftsführer mit der Sorgfalt eines ordentlichen Geschäftsmanns handle. Daher sei er in das Schuldverhältnis zwischen Gesellschaft und Geschäftsführer einzubeziehen.[402] Bislang wurde dies lediglich für die Geschäftsführung einer **GmbH & Co. KG**[403] und bei einer **stillen Gesellschaft**[404] angenommen.

116 Eine Haftung aus einem speziellen **gesellschaftsrechtlichen Rechtsverhältnis** zwischen Gesellschaftern und Geschäftsführer ist abzulehnen.[405] Entsprechende Beziehungen bestehen regelmäßig allein

396 *Beurskens*, in: Baumbach/Hueck, GmbHG, § 43 Rn. 79.
397 BGH, NZG 2009, 912.
398 BGH, NJW-RR 1991, 485 (Abrechnung).
399 BGH, NJW 2002, 3777, 3778.
400 *Fleischer*, in: MünchKommGmbHG, 2. Aufl., 2016, § 43 Rn. 336.
401 *Ziemons*, in: Michalski/Heidinger/Leible/J. Schmidt, GmbHG, § 43 Rn. 568; *Tamm/Fangerow*, BB 2012, 1944, 1949.
402 BGH, NJW 1995, 1353, 1357 (stiller Gesellschafter einer GmbH & Still).
403 BGH, NJW-RR 2002, 965, 966 f.; BGHZ 197, 304, Rn. 15.
404 BGH, NJW 1995, 1353, 1357; OLG Stuttgart, GmbHR 2016, 1200 ff., Rn. 22.
405 BGHZ 110, 323, 334; *Paefgen*, in: Ulmer/Habersack/Löbbe, GmbHG, § 43 Rn. 313; s. aber *Ziemons*, in: Michalski/Heidinger/Leible/J. Schmidt, GmbHG, § 43 Rn. 574.

zwischen Geschäftsführer und Gesellschaft. Auch ein Anspruch wegen Verletzung vorvertraglicher Pflichten kommt nur in speziellen Fällen in Betracht. Erforderlich ist die Inanspruchnahme besonderen Vertrauens oder ein unmittelbares wirtschaftliches Eigeninteresse.[406]

In Betracht kommt jedoch eine **deliktische Haftung** des Geschäftsführers ggü. dem einzelnen Gesellschafter. In Bezug auf eine mögliche Haftung aus § 823 Abs. 1 BGB wegen Verletzung der Mitgliedschaft als »sonstiges Recht« geht die Rechtsprechung davon aus, dass hiervon nicht nur das Außenverhältnis, sondern auch das Innenverhältnis zwischen Gesellschaftern und Geschäftsführer erfasst ist.[407] Eine Verletzung des Mitgliedschaftsrechts nach § 823 Abs. 1 BGB kommt dann in Betracht, wenn die Teilhaberechte des Gesellschafters teilweise oder völlig durch den Geschäftsführer entzogen werden.[408] 117

Daneben kann eine Schadensersatzhaftung aus § 823 Abs. 2 BGB i.V.m. einem Schutzgesetz bestehen. Als Schutzgesetz können etwa die §§ 9a, 49 Abs. 3,[409] 82[410] GmbHG angesehen werden. Kein Schutzgesetz stellen dagegen die §§ 30, 33,[411] 43,[412] 43a, 51a[413] GmbHG sowie § 15a InsO[414] und § 266 StGB (Untreue ggü. der Gesellschaft)[415] dar. Umstritten ist, ob §§ 41[416] und 85 GmbHG[417] Schutzgesetze sind. Eine deliktische Haftung des Geschäftsführers ggü. dem Gesellschafter aus § 826 BGB tritt bei vorsätzlicher sittenwidriger Schädigung ein.[418] 118

Sofern der Geschäftsführer insgesamt sowohl der Gesellschaft als auch den Gesellschaftern ggü. haftet, kommt für den Fall eines **Doppelschadens** (Gesellschaftsschaden entspricht dem Gesellschafterschaden) eine Doppelhaftung des Geschäftsführers nicht in Betracht. Unklar ist allein, ob schon auf materieller Ebene der Anspruch der Gesellschaft vorgeht,[419] oder ob der Gesellschafter bei einem solchen Doppelschaden lediglich Leistung an die Gesellschaft verlangen kann.[420] 119

H. Haftung ggü. Dritten

Eine Haftung des Geschäftsführers ggü. Dritten wegen einer unternehmerischen Pflichtverletzung (Außenhaftung) ist grds. nur in den gesetzlich geregelten Fällen oder bei ausdrücklicher Vereinbarung möglich. Da § 43 Abs. 2 eine Grundentscheidung für eine alleinige (Innen-) Haftung des Geschäftsführers ggü. der Gesellschaft getroffen hat, und da § 43 Abs. 1 nicht dem Zweck dient, 120

406 S. etwa OLG Stuttgart, GmbHR 2016, 1200 ff., Rn. 22.
407 BGHZ 110, 323, 334 (zum Vereinsrecht); *Ziemons*, in: Michalski/Heidinger/Leible/J. Schmidt, GmbHG, § 43 Rn. 580; a.A. die h.M. in der Lit., vgl. *Kleindiek*, in: Lutter/Hommelhoff, GmbHG, § 43 Rn. 49; *Paefgen*, in: Ulmer/Habersack/Löbbe, GmbHG, § 43 Rn. 316; *U.H. Schneider*, in: Scholz, GmbHG, § 43 Rn. 306.
408 RGZ 100, 274, 278.
409 *Bayer*, in: Lutter/Hommelhoff, GmbHG, § 49 Rn. 22.
410 OLG München, NJW-RR 1988, 290; *Kleindiek*, in: Lutter/Hommelhoff, GmbHG, § 82 Rn. 31.
411 *Ziemons*, in: Michalski/Heidinger/Leible/J. Schmidt, GmbHG, § 43 Rn. 589.
412 BGHZ 125, 366, 375; BGH, NJW 2012, 3439, Rn. 23.
413 *Ziemons*, in: Michalski/Heidinger/Leible/J. Schmidt, GmbHG, § 43 Rn. 588; *Bayer*, in: Lutter/Hommelhoff, GmbHG, § 51a Rn. 47; *Schmidt*, in: Scholz, GmbHG, § 51a Rn. 48; a.A. *Altmeppen*, in: Roth/Altmeppen, GmbHG, § 51a Rn. 54.
414 BGHZ 96, 231, 236 f.; anders *Haas*, in: Baumbach/Hueck, GmbHG, § 64 Rn. 146a; offengelassen bei *Ziemons*, in: Michalski/Heidinger/Leible/J. Schmidt, GmbHG, § 43 Rn. 589.
415 *Ziemons*, in: Michalski/Heidinger/Leible/J. Schmidt, GmbHG, § 43 Rn. 590; *Paefgen*, in: Ulmer/Habersack/Löbbe, GmbHG, § 43 Rn. 324.
416 Dazu *Ziemons*, in: Michalski/Heidinger/Leible/J. Schmidt, GmbHG, § 43 Rn. 589 ff.
417 Dafür *Tiedemann*, in: Scholz, GmbHG, § 85 Rn. 2; dagegen *Kleindiek*, in: Lutter/Hommelhoff, GmbHG, § 85 Rn. 1.
418 BGH, WM 1969, 1081, 1082.
419 BGH, WM 1967, 287, 288; BGH, WM 1969, 1081, 1082.
420 BGHZ 65, 15, 21; BGH, NJW 1987, 1077, 1079; BGH, NJW 1995, 1739, 1746 f.

Gesellschaftsgläubiger vor den mittelbaren Folgen einer sorgfaltswidrigen Geschäftsführung zu schützen,[421] kann daneben nur in Ausnahmefällen eine Haftung ggü. Dritten erfolgen.[422]

I. Gesetzlich geregelte Fälle

121 Ein Fall der Haftung ggü. **Gesellschaftsgläubigern**[423] ist in § 40 Abs. 3 geregelt, sofern nicht, wie in § 40 Abs. 1 vorgeschrieben, stets aktuelle Gesellschafterlisten zum Handelsregister eingereicht werden. Auch § 26 Abs. 3 InsO enthält einen Direkthaftungsanspruch, sofern der Geschäftsführer pflichtwidrig einen Antrag auf Eröffnung des Insolvenzverfahrens nicht gestellt hat.[424] Eine Haftung des Geschäftsführers ggü. Geschäftspartnern der Gesellschaft ist in § 11 Abs. 2 (Handelndenhaftung) vorgesehen, sofern der Geschäftsführer vor der Eintragung im Namen der Vor-GmbH handelte. Zu nennen ist auch § 86 Abs. 1 Satz 1 VVG.

II. Vertragliche Haftung

122 Aus den für die GmbH mit Dritten geschlossenen Verträgen wird der Geschäftsführer grds. nicht persönlich verpflichtet.[425] Bei Übernahme einer Bürgschaft,[426] eines selbstständigen Garantieversprechens,[427] eines abstrakten Schuldversprechens oder Schuldanerkenntnisses (z.B. für Gesellschaftsschulden)[428] haftet der Geschäftsführer aufgrund Vereinbarung mit dem Dritten. Ob auf solche **vertraglichen Absprachen** die Verbraucher schützenden Vorschriften der §§ 305 ff. BGB, §§ 355 ff. BGB und die von der Rechtsprechung entwickelten Grundsätze zur Sittenwidrigkeit von Bürgschaften zugunsten des Geschäftsführers anzuwenden sind, wird in Rechtsprechung und Literatur unterschiedlich beurteilt.[429] Zumindest bei einem Schuldbeitritt zu einem Kreditvertrag der Gesellschaft stellt die Rechtsprechung den Geschäftsführer unter den Schutz der Vorschriften des Verbraucherkreditrechts (§§ 355 ff., 491 ff. BGB). Dies soll selbst dann gelten, wenn der Geschäftsführer zugleich Gesellschafter ist. Die Geschäftsführung einer GmbH sei keine selbstständige und die Verwaltung des GmbH-Anteils keine gewerbliche Tätigkeit, sodass auch der Gesellschafter-Geschäftsführer nach § 13 BGB Verbraucher sei.[430]

123 In Betracht kommen kann auch eine Haftung aus **Rechtsschein** (§ 179 BGB) wegen Handelns des Geschäftsführers ohne Vertretungsmacht.[431] GmbH und Geschäftsführer sind Gesamtschuldner.[432] Diese Rechtsscheinhaftung soll nicht schon deshalb entfallen, weil sich die wahren Verhältnisse aus dem Handelsregister ergeben.[433] Die Grundsätze des Missbrauchs der Vertretungsmacht greifen dann, wenn der Vertragspartner der GmbH weiß oder wissen muss, dass der Geschäftsführer die Grenzen seiner internen Vertretungsbefugnis überschreitet,[434] indem er etwa nicht, wie erforderlich, die Zustimmung der Gesellschafterversammlung oder des Aufsichtsrats eingeholt hat.

421 BGHZ 218, 290, Rn. 31; BGH, NJW 2019, 2164, Rn. 10; BGHZ 194, 26, Rn. 22 f.
422 *Fleischer*, in: MünchKommGmbHG, 2. Aufl., 2016, § 43 Rn. 340.
423 S.a. *Tamm/Fangerow*, BB 2012, 1944, 1949 f.
424 OLG Hamm, NZI 2002, 437, 438; OLG Brandenburg, NJW-RR 2003, 203, 205.
425 BGH, NJW 2019, 2164, Rn. 12; BGHZ 194, 26, Rn. 26.
426 BGH, NJW 2003, 1250, 1251.
427 BGH, NJW-RR 2001, 1611, 1612; BGH, DStR 2002, 923, 924.
428 BGH, NJW 2000, 2984, 2985; BGH, NZG 2007, 674, 675; vgl. auch BGHZ 165, 43, 46 ff. (Schuldbeitritt).
429 Dazu *Beurskens*, in: Baumbach/Hueck, GmbHG, § 43 Rn. 125.
430 BGH, NJW 2006, 431; BGH, NJW-RR 2007, 1673 (GmbH & Co. KG); kritisch *Kleindiek*, in: Lutter/Hommelhoff, GmbHG, § 43 Rn. 72.
431 BGH, NJW 1991, 2627 f.; BGH, NJW 1996, 2645; BGH, NZG 2007, 426; *Ziemons*, in: Michalski/Heidinger/Leible/J. Schmidt, GmbHG, § 43 Rn. 632.
432 BGH, NJW 2012, 2871, Rn. 24.
433 BGH, NJW 1990, 2678 f.; BGH, NJW 1991, 2627 f.
434 BGH, NJW 2006, 2776.

III. Haftung aus §§ 280 Abs. 1, 311 Abs. 3 BGB

124 In bestimmten Fällen kann der Geschäftsführer einem Dritten ggü. auch aus §§ 280 Abs. 1, 311 Abs. 3 BGB haften (Verschulden bei Vertragsverhandlung).[435] Nach wie vor sind die Fallgruppen des unmittelbaren wirtschaftlichen Eigeninteresses[436] und der Inanspruchnahme persönlichen Vertrauens relevant. Die Rechtsprechung ist bei der Annahme eines **unmittelbaren wirtschaftlichen Eigeninteresses** indes sehr zurückhaltend. Es genügt nicht, dass der verhandelnde Geschäftsführer Allein- oder Mehrheitsgesellschafter der GmbH ist,[437] für Gesellschaftsverbindlichkeiten dingliche Sicherheiten aus seinem eigenen Vermögen bestellt hat[438] oder sich Forderungen der Gesellschaft gegen Dritte zur Sicherung eigener Forderungen gegen die GmbH hat abtreten lassen.[439] Auch das allgemeine Interesse des Geschäftsführers am Erfolg des Unternehmens[440] oder eine Umsatzbeteiligung bei Geschäftsabschluss vermag kein wirtschaftliches Eigeninteresse zu begründen.[441]

125 Nimmt der Geschäftsführer **besonderes persönliches Vertrauen** in Anspruch und beeinflusst er dadurch die Vertragsverhandlungen oder den Vertragsschluss erheblich (§ 311 Abs. 3 Satz 2 BGB), kann dies seine Eigenhaftung auslösen. Das setzt voraus, dass der Geschäftsführer aus Sicht des Verhandlungspartners eine Gewähr für die Seriosität und die Erfüllung der Vertragspflichten oder die Vollständigkeit und Richtigkeit seiner Erklärungen bietet und gleichzeitig der Willensentschluss des anderen Teils darauf begründet ist. Das Vertrauen muss sich auf die Person des Geschäftsführers beziehen und über das normale Verhandlungsvertrauen hinausgehen.[442] Es ist von der bloßen Werbung abzugrenzen.[443] Ist der Geschäftsführer angesichts der wirtschaftlichen Lage der GmbH verpflichtet, den anderen Teil über deren finanzielle Verhältnisse zu informieren, und unterlässt er dies, begründet das allein keine Eigenhaftung des Geschäftsführers aus §§ 280 Abs. 1, 311 Abs. 3 BGB. Allerdings ist eine deliktische Haftung aus § 826 BGB oder § 823 Abs. 2 BGB i.V.m. § 263 StGB möglich. Abgesehen davon kann der Geschäftsführer aus § 15a InsO (§ 64 Abs. 1 GmbHG a.F.) i.V.m. § 823 Abs. 2 BGB wegen Insolvenzverschleppung zum Schadensersatz verpflichtet sein.[444]

IV. Deliktische Haftung

126 Ein Geschäftsführer kann Dritten ggü. bei einer unternehmerischen Pflichtverletzung in Ausnahmefällen auch deliktisch haften. Eine Haftung aus **§ 823 Abs. 1 BGB** kann sich ergeben, wenn ein in dieser Norm geschütztes absolutes Rechtsgut, wie etwa das Eigentum eines anderen, verletzt wird.[445] Sofern der Geschäftsführer die Rechtsgutverletzung nicht unmittelbar durch positives Tun verwirklicht hat, ist umstritten, ob und inwieweit er für die Verletzung von **Verkehrs- und Organisationspflichten** Dritten ggü. haftet. Diese Frage stellt sich vor allem dann, wenn er Maßnahmen unterlassen hat, durch die der Schaden verhindert worden wäre. Sofern der Geschäftsführer Pflichten aus seiner Organstellung verletzt hat, bestehen diese, wie § 43 Abs. 2 zeigt, grds. nur ggü. der Gesellschaft. Bei einer Pflichtverletzung des Geschäftsführers kann ein geschädigter Dritter damit generell nur gegen die Gesellschaft vorgehen. Daraus leitet der BGH ab, dass der Geschäftsführer grds. Dritten selbst dann nicht haftet, wenn er Kenntnis bspw. von Wettbewerbsverstößen,

435 BGH, NJW 2019, 2164, Rn. 12; siehe auch *Heidel*, in: Heidel/Pauly/Amend, § 15 Rn. 123; *Fleischer*, in: MünchKommGmbHG, 2. Aufl., 2016, § 43 Rn. 342 ff.
436 BAG, NZG 2006, 597 (LS).
437 BGHZ 126, 181, 187; BGH, ZIP 1986, 26, 29.
438 BGHZ 126, 181, 187 ff.; BGH, NJW-RR 2002, 1309, 1310.
439 BGH, ZIP 1995, 733, 734.
440 Vgl. BAG, GmbHR 2014, 1199, Rn. 22.
441 BGH, NJW-RR 1992, 1061, 1062.
442 BGHZ 56, 81, 84 f.; BGHZ 70, 337, 341 ff.; BGHZ 79, 281, 283 f.; BGHZ 126, 181, 189; BGH, NJW-RR 2002, 1309, 1310.
443 BGH, GmbHR 1994, 539, 542.
444 BGHZ 126, 181, 190 ff.; *Fleischer*, in: MünchKommGmbHG, 2. Aufl., 2016, § 43 Rn. 353; a.A. *Altmeppen*, in: Roth/Altmeppen, GmbHG, § 43 Rn. 53.
445 BGH, NJW 1996, 1535, 1536; *Fleischer*, in: MünchKommGmbHG, 2. Aufl., 2016, § 43 Rn. 347 ff.

Urheberrechts- oder Kennzeichenverletzungen hatte und deren Verhinderung unterlassen hat.[446] Bei einem Unterlassen haftet der Geschäftsführer dem Dritten ggü. deliktisch nur dann, wenn er eine »**Garantenstellung**« zum Schutz Außenstehender vor Gefährdung oder Verletzung ihrer Rechtsgüter einnimmt.[447] Eine solche folgt aber noch nicht aus der bloßen Stellung als Geschäftsführer einer GmbH.[448] Vielmehr muss er über seine Organstellung hinaus eine **eigene Verkehrs- oder Organisationspflicht** verletzt haben.[449]

127 Eine Haftung des Geschäftsführers kommt auch aus **§ 826 BGB** in Betracht.[450] Dafür muss er einen Schaden vorsätzlich und in sittenwidriger Weise herbeiführen. Bejaht wird das, wenn die »korporative Haftungsbeschränkung« der GmbH bewusst zur Schädigung Dritter missbraucht wird.[451] Der Geschäftsführer muss jedoch das Unwerturteil, sittenwidrig gehandelt zu haben, gerade auch in Bezug auf die Schäden des Geschädigten treffen.[452] Sittenwidrigkeit liegt damit etwa vor, wenn ein insolvenzverursachendes Missmanagement vorliegt, sofern der Geschäftsführer eine Schädigung der Gläubiger der Gesellschaft zumindest bedingt vorsätzlich in Kauf genommen hat.[453] Das gilt auch, wenn das von ihm verantwortete Geschäftsmodell von vornherein die Kunden täuschen und schädigen soll (»Schwindelunternehmen«).[454] Dabei stellt die Rechtsprechung an den Schädigungsvorsatz nur geringe Anforderungen.[455] Bei einem misslungenen Sanierungsversuch kann der Geschäftsführer lediglich dann wegen unterlassener Offenlegung der Gesellschaftslage aus § 826 BGB in Anspruch genommen werden, wenn ernsthafte Zweifel am Sanierungserfolg bestehen.[456] Eine Haftung aus § 826 BGB ist auch bei qualifizierter materieller Unterkapitalisierung denkbar, wenn der Geschäftsführer gemeinsam mit den Gesellschaftern das Verlustrisiko der GmbH einseitig auf die Gläubiger verlagert.[457] Auch sofern der Geschäftsführer seine Pflichten aus §§ 20, 22 Abs. 3, 97, 101 InsO zum Schutz der Gläubigergesamtheit vorsätzlich und in sittenwidriger Weise verletzt, kann er aus § 826 BGB haften müssen.[458] Möglich ist auch **eine Gehilfenhaftung** nach §§ 826, 830 Abs. 1 und 2 BGB.[459]

128 Ein Geschäftsführer kann auch aus **§ 823 Abs. 2 BGB** i.V.m. einem Schutzgesetz zu haften haben.[460] Allerdings ist § 43 kein Schutzgesetz.[461] Als solches kommen in Betracht: § 35a GmbHG,[462]

---

446 BGHZ 201, 344, Rn. 77 ff.

447 BGHZ 109, 297, 303; BGHZ 201, 344, Rn. 17; BGH, NJW 2001, 964, 965; zum Streitstand im Schrifttum *Ziemons*, in: Michalski/Heidinger/Leible/J. Schmidt, GmbHG, § 43 Rn. 612 ff.; s.a. BGH, NJW 2012, 3439 ff.; a.A. *Kleindiek*, in: Lutter/Hommelhoff, GmbHG, § 43 Rn. 82 ff.

448 BGH, NJW 2019, 2164 ff.; BGHZ 194, 26 (LS); vgl. auch OLG Hamburg, NZG 2013, 1310, Rn. 34; kritisch *Schirmer*, NJW 2012, 3398 ff.

449 BGHZ 109, 297, 303; vgl. *Dieckmann*, ZGR 2020.

450 BGHZ 108, 134, 141; BGH, WM 1988, 1255 ff.; BGH, NJW-RR 1989, 1255, 1258; BGH, NJW-RR 1991, 1312, 1315; BGH, NJW-RR 1992, 800, 801; BGH, NJW 1994, 2027; BGH, NJW 2019, 2164, Rn. 7 ff.

451 OLG München, 2.5.2019 – 32 U 1436/18, juris, Rn. 35 f.

452 BGH, NJW 2019, 2164, Rn. 8; s. auch *Brammsen*, BB 2019, 2958 ff.

453 BGH, NJW 1979, 2104; BGH, NJW-RR 1992, 1061; OLG Oldenburg, NZG 2000, 555, 556 f.; OLG Naumburg, GmbHR 2001, 629 (LS); BGH, NJW-RR 2013, 550, Rn. 26 ff.

454 BGH, WM 2015, 2112, Rn. 24.

455 BGH, NJW 1994, 197, 198; *Fleischer*, in: MünchKommGmbHG, 2. Aufl., 2016, § 43 Rn. 354.

456 BGH, GmbHR 1991, 409, 412.

457 BGH, NJW 1979, 2104; s.a. BGHZ 176, 204, 210 f. (offengelassen, ob eigene Fallgruppe i.R.d. § 826 BGB).

458 OLG Köln, ZIP 1998, 113, 115.

459 S. BGH, ZIP 2012, 2302, Rn. 34 ff.

460 *Gehrlein*, ZInsO 2018, 1550 ff.

461 BGH, NJW 1979, 1829, 1832; BGHZ 125, 366, 375; BGHZ 194, 26, Rn. 23; BGHZ 218, 290, Rn. 31.

462 *Ziemons*, in: Michalski/Heidinger/Leible/J. Schmidt, GmbHG, § 43 Rn. 621; *Hommelhoff*, in: Lutter/Hommelhoff, GmbHG, § 35a Rn. 6; *Baukelmann*, in: Rowedder/Schmidt-Leithoff, GmbHG, § 35a Rn. 10; *Beurskens*, in: Baumbach/Hueck, GmbHG, § 35a Rn. 131; nur auf Abs. 1 Satz 2 bezogen aber

§ 58 Abs. 1 Nr. 2 GmbHG, § 82 GmbHG,[463] § 85 GmbHG,[464] § 15a Abs. 1 InsO. Des Weiteren können Schutzgesetz sein § 266 StGB (Untreue),[465] § 263 StGB (Betrug),[466] §§ 266a Abs. 1 StGB, 14 Abs. 1 Nr. 1 StGB (Pflicht zur Weiterleitung der Arbeitnehmeranteile an der Sozialversicherung),[467] §§ 283 Abs. 2 Satz 1 Nr. 5, 7, 283b Abs. 1 Nr. 1, 3 i.V.m. § 14 Abs. 1 Nr. 1 (Bankrottdelikte)[468] sowie § 1 BauFordSiG.[469]

Die Haftung des Geschäftsführers nach § 823 Abs. 2 BGB i.V.m. § 266a Abs. 1 StGB knüpft ausschließlich an die Nichtabführung der Arbeitnehmeranteile zur **Sozialversicherung** an. Die Arbeitgeberanteile zur Sozialversicherung[470] sind daher ebenso wenig von § 266a Abs. 1 StGB erfasst wie der Säumniszuschlag (§ 24 SGB IV).[471] Der Geschäftsführer ist zur Abführung der Arbeitnehmeranteile allein aufgrund der Beschäftigung des Arbeitnehmers verpflichtet. Ob das geschuldete Arbeitsentgelt tatsächlich gezahlt wird, ist nicht entscheidend.[472] Ist die Gesellschaft zahlungsunfähig oder ist es dem Geschäftsführer in sonstiger Weise rechtlich oder faktisch unmöglich, die Arbeitnehmeranteile weiterzuleiten, scheidet eine Haftung aus. Hierfür genügt es jedoch nicht, dass die Gesellschaft zum Fälligkeitszeitpunkt nicht leistungsfähig ist. Konnte der Geschäftsführer bereits zuvor die Liquidationsprobleme der GmbH absehen und hat er es dennoch versäumt, die erforderlichen Sicherungsvorkehrungen für die Zahlung der Arbeitnehmeranteile zu ergreifen, insb. ausreichende Rücklagen zu bilden,[473] den Kreditrahmen der Gesellschaft auszuschöpfen[474] oder andere Zahlungsverpflichtungen einzustellen,[475] haftet er nach § 823 Abs. 2 BGB i.V.m. § 266a Abs. 1 StGB, wenn er zumindest billigend in Kauf genommen hat, die Arbeitnehmeranteile zum maßgeblichen Zeitpunkt nicht abführen zu können.[476] 129

Die Zahlung des **Arbeitnehmeranteils** hat Vorrang vor allen anderen fälligen Verbindlichkeiten,[477] sodass der Geschäftsführer auch bei Überschuldung der Gesellschaft verpflichtet ist, vorhandene liquide Mittel bei Fälligkeit an die Sozialversicherung abzuführen.[478] Der Geschäftsführer handelt demnach selbst bei Insolvenzreife der GmbH mit der Sorgfalt eines ordentlichen und gewissenhaften Geschäftsleiters, wenn er die Arbeitnehmeranteile an den zuständigen Sozialversicherungsträger 130

Paefgen, in: Ulmer/Habersack/Löbbe, GmbHG, § 43 Rn. 57; *U.H. Schneider*, in: Scholz, GmbHG, § 43 Rn. 26.

463 BGH, NZG 2003, 85 f.; OLG München, NJW-RR 2000, 1130; OLG München, NJW-RR 2000 (zum persönlichen Schutzbereich).

464 *Altmeppen*, in: Altmeppen/Roth, GmbHG, § 85 Rn. 4; *Wicke*, GmbHG, § 85 Rn. 1.

465 BGHZ 100, 190 ff.; BGH, NJW 1994, 2027 f.; BGH, ZIP 1998, 1370, 1371; BGH, NZG 1999, 1001, 1002; BGH, BB 2001, 1753, 1754; BGH, DStR 2005, 659, 660 (Mietkaufvertrag für einen für die Gesellschaft nutzlosen Gegenstand); OLG Naumburg, GmbHR 2019, 474, Rn. 60 ff.

466 BGH, NJW 1979, 1829, 1832; OLG Hamm, 2.7.2013 – 34 U 240/12, juris, Rn. 26 ff.; *Beurskens*, in: Baumbach/Hueck, GmbHG, § 43 Rn. 132.

467 BGH, NJW 2002, 1122, 1123; BGH, GmbHR 2016, 806, Rn. 15 (auch zur Beweislast); OLG Celle, GmbHR 2017, 825, Rn. 4 (bzgl. Strohmann). S.a. Rdn. 141 ff.

468 *Paefgen*, in: Ulmer/Habersack/Löbbe, GmbHG, § 43 Rn. 367; *Fleischer*, in: MünchKommGmbHG, 2. Aufl., 2016, § 43 Rn. 353.

469 BGH, GmbHR 1994, 459; BGH, WM 1991, 905 f.; BGH, NJW-RR 2002, 740.

470 BGH, NJW 2009, 2599.

471 BGH, NJW 2008, 3557; KG, ZIP 2008, 506, 507.

472 BGHZ 144, 311, 317 ff.; BGH, NJW-RR 2001, 1536; BGHSt 47, 318 = NJW 2002, 2480.

473 BGHSt 47, 318 = NJW 2002, 2480, 2481; BGHZ 134, 304; BGH, NJW 2006, 357.

474 BGHZ 144, 311, 315; s. aber BGHSt 47, 318 = NJW 2002, 2480, 2482, wonach der Geschäftsführer keine Kreditmittel beschaffen muss, deren Rückzahlung er nicht gewährleisten kann.

475 BGHZ 134, 304, 309; BGH, NJW 2001, 967, 968 f.; BGH, NJW 2006, 357.

476 BGH, NJW 2002, 2480; *Fleischer*, in: MünchKommGmbHG, 2. Aufl., 2016, § 43 Rn. 355 ff.

477 BGHZ 134, 304, 310 f.; kritisch etwa *Ziemons*, in: Michalski/Heidinger/Leible/J. Schmidt, GmbHG, § 43 Rn. 698 ff. m.w.N.

478 BGH, NJW 2002, 1122, 1123; BGH, NJW 1997, 133, 134.

zahlt. Ein Erstattungsanspruch der Gesellschaft aus § 64 ist in diesem Fall ausgeschlossen.[479] Mit Rücksicht auf das Zahlungsverbot nach § 64 ist der Geschäftsführer aber berechtigt, innerhalb der Dreiwochenfrist des § 15a Abs. 1 InsO (§ 64 Abs. 1 GmbHG a.F.) die Zahlung der Arbeitnehmeranteile vorläufig zurückzustellen.[480]

V. Haftung aus § 93 Abs. 5 AktG analog?

131 Ob die Gläubiger auch über § 93 Abs. 5 Satz 1 AktG analog einen Anspruch der Gesellschaft gegen den Geschäftsführer unmittelbar geltend machen können, sofern sie von der Gesellschaft keine Befriedigung erlangen können, ist fraglich.[481] Es spricht nichts Überzeugendes dafür, den durch § 43 Abs. 2 zum Ausdruck gebrachten Grundsatz der Haftungskonzentration auf eine Haftung ggü. der Gesellschaft (Geschäftsführer-Innenhaftung), durch eine Analogie zu durchbrechen, sodass eine Regelungslücke abzulehnen ist.

I. Steuerrechtliche Haftung des Geschäftsführers

I. Die Haftung nach § 69 AO

132 Der Geschäftsführer haftet gem. §§ 69 Satz 1 i.V.m. 34 AO persönlich ggü. dem Steuergläubiger, wenn er Ansprüche aus dem Steuerschuldverhältnis der Gesellschaft in vorsätzlicher oder grob fahrlässiger Pflichtverletzung nicht oder nicht rechtzeitig erfüllt.[482] Dies gilt auch für den Geschäftsführer einer Vor-GmbH[483] sowie für faktische oder fehlerhaft bestellte Geschäftsführer.[484] Die steuerliche Verantwortlichkeit des Geschäftsführers ist mit der Beendigung der Organstellung (Niederlegung, Abberufung usw.) beendet. Hat die Gesellschaft mehrere Geschäftsführer, so haften diese nach § 44 AO als Gesamtschuldner jeweils in voller Höhe, ohne dass es grds. auf eine interne Ressortverteilung ankäme.[485]

133 Anders kann dies laut BFH nur sein, wenn eine Aufgabenteilung unter den Geschäftsführern schriftlich und eindeutig, etwa in einem protokollierten Gesellschafterbeschluss, in der Satzung usw. festgelegt wurde.[486] Hier obliegt dem nicht zuständigen Geschäftsführer lediglich die allgemeine Überwachungspflicht hinsichtlich der Tätigkeit des zuständigen Geschäftsführers.[487] Der Geschäftsführer kann die Erfüllung seiner steuerrechtlichen Pflichten auf Mitarbeiter delegieren, hat aber dann die Pflicht zur sorgfältigen Auswahl und Überwachung der Hilfspersonen.[488]

II. Voraussetzungen

1. Pflichtverletzung

134 Voraussetzung ist zunächst eine Pflichtverletzung des Geschäftsführers. Eine grob fahrlässige Pflichtverletzung liegt etwa in der Nichtabführung bzw. nicht rechtzeitigen Abführung von Lohnsteuer.[489]

479 BGH, NJW 2007, 2118 unter Aufgabe von BGH, NJW 2001, 1280; BGH, NJW 2008, 2504; BGH, NJW 2009, 295; OLG München, GmbHR 2008, 320, 322; vgl. aber auch OLG Naumburg, GmbHR 2007, 1327, 1328 (als Vorinstanz zu BGH, NJW 2009, 295, wo das Urteil aufgehoben wurde).

480 BGHSt 48, 307 = NJW 2003, 3787, 3788; BGH, NJW 2005, 3650, 3652; so im Ergebnis auch BGH, NJW 2009, 295, Rn. 10.

481 Eine Analogie ablehnend *Wicke*, GmbHG, § 43 Rn. 11; *U.H. Schneider*, in: Scholz, GmbHG, § 43 Rn. 292; befürwortend *Altmeppen*, in: Roth/Altmeppen, GmbHG, § 43 Rn. 94; *Kleindiek*, in: Lutter/Hommelhoff, GmbHG, § 43 Rn. 51; *Fleischer*, in: MünchKommGmbHG, 2. Aufl., 2016, § 43 Rn. 327; *Paefgen*, in: Ulmer/Habersack/Löbbe, GmbHG, § 43 Rn. 310.

482 Vgl. BFHE 141, 312; BFHE 158, 13; LG Düsseldorf, GmbHR 2000, 332; Nds. FG, EFG 2011, 1486 ff.

483 BFH, NV 1997, 4, 5.

484 BFHE 156, 46; BFHE 177, 209, 213 ff.

485 BayVerwGH, DB 2007, 2083 f.

486 BFH, NZG 2003, 734, 736; s.a. BFH, GmbHR 2003, 246, 247.

487 *Beurskens*, in: Baumbach/Hueck, GmbHG, § 43 Rn. 150.

488 BFHE 175, 509.

489 BFH, DStRE 2006, 560, 561.

Verfügt die Gesellschaft nicht über ausreichende Zahlungsmittel, um alle Schulden zu begleichen, so hat der Geschäftsführer nach dem Grundsatz der **anteiligen Tilgung** die Steuerschulden (Umsatz-, Körperschaft- und Gewerbesteuer, Lohnsteuer nur modifiziert)[490] nur nach dem Verhältnis der tatsächlich und rechtlich verfügbaren Mittel zu den gesamten Gesellschaftsverbindlichkeiten im Zeitpunkt der Fälligkeit der Steuerschuld zu tilgen (Schätzung).[491] Für diese Haftungsbeschränkung ist der Geschäftsführer darlegungs- und beweispflichtig.[492] Erfolgt keine anteilige Tilgung, haftet der Geschäftsführer auf die durchschnittliche Tilgungsquote, d.h. die Steuerschuld ist in ungefähr dem gleichen Verhältnis zu tilgen wie die Verbindlichkeiten ggü. anderen Gläubigern.[493]

Für eine Pflichtverletzung des Geschäftsführers ist jedoch Voraussetzung, dass für die Gesellschaft überhaupt die Möglichkeit zur Steuerzahlung im Fälligkeitszeitpunkt bestand.[494] Zu berücksichtigen ist, dass er schon im Vorfeld der Fälligkeit bzgl. der steuerrechtlichen Pflichten die Sorgfalt eines ordentlichen Geschäftsmanns walten lassen muss, d.h. er muss unter anderem dafür Sorge tragen, dass entsprechende Mittel vorhanden sind.[495] 135

Die Verpflichtung des Geschäftsführers zur Steuerzahlung (§ 69 AO) konnte in der Vergangenheit insofern problematisch sein, als der Geschäftsführer bei Zahlung andererseits nach § 64 haftete. Inzwischen ist dieser Konflikt höchstrichterlich dahin gehend behoben, dass der die fällige Lohnsteuer abführende Geschäftsführer nicht gegen § 64 verstößt,[496] sodass diese auch innerhalb der dreiwöchigen Frist des § 15a InsO zu zahlen ist.[497] 136

2. Verschulden

Der Geschäftsführer muss vorsätzlich oder grob fahrlässig gehandelt haben. Da ein objektivierter Verschuldensbegriff gilt, ist der Geschäftsführer für eine objektive Pflichtverletzung stets subjektiv verantwortlich.[498] Führt der Geschäftsführer Steuern nicht fristgerecht ab, muss er darlegen und beweisen, dass er die verspätete Zahlung nicht zu vertreten hat.[499] Befand sich der Geschäftsführer in einem unvermeidbaren Rechtsirrtum, schließt dies ein Verschulden aus, so etwa, wenn er sich auf die Beratung eines sorgfältig ausgewählten Steuerberaters oder die Auskunft der Finanzverwaltung verlässt.[500] 137

3. Kausalität und Schaden

Die Haftung des Geschäftsführers nach § 69 AO setzt voraus, dass der Schaden kausal durch die Pflichtverletzung entstanden ist.[501] Dabei richtet sich die Kausalität zwischen Pflichtverletzung und Schaden nach der Adäquanztheorie. Der Geschäftsführer kann dem Finanzamt nicht entgegenhalten, es habe den Schaden mitverschuldet (§ 254 BGB), da diese Norm auf öffentlich-rechtliche Steuerhaftungsansprüche nicht entsprechend anwendbar ist. Allerdings kann mitwirkendes Verschulden des Finanzamts eine Inanspruchnahme des Geschäftsführers ermessensfehlerhaft machen.[502] 138

---

490 *Ziemons*, in: Michalski/Heidinger/Leible/J. Schmidt, GmbHG, § 43 Rn. 649 f. m.N. aus der Rechtsprechung.
491 BFH, GmbHR 1987, 445, 446.
492 BFH, GmbHR 2000, 392, 394.
493 BFH, GmbHR 2000, 1211, 1212; BFH, GmbHR 2003, 490, 492.
494 BFHE 163, 119; BFH, GmbHR 2008, 386, 388.
495 BFHE 141, 443; BFHE 160, 417.
496 BGH, NZG 2007, 545, 547 (II. ZS); BFHE 216, 491 und BFH, GmbHR 2008, 386, 388 (BFH); BGH, NZG 2005, 892, 893 (5. Strafsenat).
497 BFHE 222, 228.
498 *Ziemons*, in: Michalski/Heidinger/Leible/J. Schmidt, GmbHG, § 43 Rn. 655.
499 BFH, NV 2003, 1540; BFH, NV 2008, 16, 18.
500 BFH, GmbHR 2000, 392, 395.
501 BFH, DStR 1993, 761, 762; BFH, NV 1994, 526, 528.
502 BFH, GmbHR 2009, 499, 500 f.; BGH, GmbHR 2008, 386, 388.

139 Ausgeschlossen ist auch eine Berufung darauf, dass die Steuerzahlung wohl vom Insolvenzverwalter nach § 130 InsO angefochten worden wäre. Eine erfolgreiche Insolvenzanfechtung einer nach Fälligkeit abgeführten Lohnsteuer kann den Kausalverlauf dann nicht unterbrechen, wenn der Fälligkeitszeitpunkt vor Beginn der Anfechtungsfrist lag.[503] Der hypothetische Kausalverlauf der Insolvenzanfechtung ist bei der Schadensberechnung nicht zu berücksichtigen.[504]

J. Umweltrechtliche Haftung des Geschäftsführers

140 Der Geschäftsführer kann als Verhaltensstörer nach allgemeinem Polizei- und Ordnungsrecht oder spezialgesetzlichen Ordnungspflichttatbeständen (z.B. § 4 Abs. 3 BBodSchG, § 2 Nr. 3 i.V.m. §§ 5, 6 UmwSchG) persönlich zur Vermeidung und Beseitigung von Umweltschäden in Anspruch genommen werden. Daneben hat der Geschäftsführer nach § 2 Nr. 3 i.V.m. § 9 Abs. 1 UmwSchG die Kosten von Maßnahmen Dritter zur Vermeidung, Schadensbegrenzung und Sanierung von Umweltschäden zu tragen, wenn er als natürliche Person im Rahmen seiner beruflichen Tätigkeit unmittelbar einen Umweltschaden oder die Gefahr eines solchen Schadens verursacht.[505] Der Ausgleich im Innenverhältnis zwischen Gesellschaft, Geschäftsführer und sonstigen Handelnden richtet sich nach § 9 Abs. 2 UmwSchG.[506] Hat der Geschäftsführer Stoffe in Gewässer eingeleitet oder eingebracht bzw. einleiten und einbringen lassen oder in sonstiger Weise nachteilig auf Gewässer eingewirkt bzw. dies nicht verhindert, obwohl er hierzu verpflichtet und in der Lage war, haftet er persönlich nach § 89 Abs. 1 WHG. Auch eine Haftung über § 823 Abs. 1 BGB kann im Hinblick auf die Verletzung einer Verkehrssicherungspflicht vorliegen.

K. Haftung wegen Vorenthaltung von Sozialversicherungsbeiträgen

141 Obwohl das Sozialrecht keine gesetzliche Einstandspflicht des Geschäftsführers für die Erfüllung der Pflichten aus dem Sozialrechtsverhältnis mit der GmbH vorsieht, kommt eine Haftung des Geschäftsführers in Betracht. **§ 266a Abs. 1 StGB** (Vorenthalten und Veruntreuen von Arbeitsentgelt) wird von der Rechtsprechung und der herrschenden Meinung als Schutzgesetz gesehen, wobei sich das strafrechtliche Gebot zur Beitragsabführung nach § 14 Abs. 1 Nr. 2 StGB auch an den Geschäftsführer richtet.[507] Dabei soll die Verpflichtung zur Zahlung von Sozialbeiträgen selbst im Fall von Schwarzarbeit bestehen.[508]

142 **Adressat** der Pflicht zur Abführung der Sozialversicherungsbeiträge ist der Geschäftsführer, auch der tatsächliche oder faktische Geschäftsführer[509] bzw. der Strohmann.[510] Bei einer Ressortaufteilung treffen jeden Geschäftsführer aufgrund der Gesamtverantwortung Überwachungspflichten. So verlangt die Rechtsprechung etwa in Krisensituationen die Erkundigung bei der kontoführenden Bank, ob die Überweisung durchgeführt wurde.[511] Sofern eine Delegation der Beitragsabführung auf Mitarbeiter erfolgte, besteht neben der Überwachungs- auch eine Instruktionspflicht.[512] Erfasst sind von § 266a Abs. 1 StGB nicht die auf den Arbeitgeber entfallenden Beiträge, sondern allein die **Arbeitnehmerbeiträge.**[513] Nach Eintritt der Insolvenzreife verstößt die Abführung Ersterer aber gegen

503 BFH, GmbHR 2009, 499, 500 f.
504 BFH, NV 2008, 1, 3; BFH, NV 2008, 16, 18; BFH, GmbHR 2008, 386, 388.
505 BT-Drucks. 16/3806, S. 21.
506 Zur Innenhaftung *Keich*, NuR 2012, 737 ff.
507 BGHZ 136, 332 ff.; BGHZ 144, 311, 314 f.; BGH, NZG 2005, 600 f.; s.a. *Altmeppen*, in: Roth/Altmeppen, GmbHG, § 43 Rn. 68; *Ziemons*, in: Michalski/Heidinger/Leible/J. Schmidt, GmbHG, § 43 Rn. 673; *Kleindiek*, in: Lutter/Hommelhoff, GmbHG, § 43 Rn. 91; *Beurskens*, in: Baumbach/Hueck, GmbHG, § 43 Rn. 153.
508 BGH, NJW 2009, 528, 529.
509 OLG Naumburg, GmbHR 2000, 558 f.; OLG Hamburg, OLGR 2005, 720, 722.
510 OLG Celle, GmbHR 2017, 825, Rn. 4.
511 BGH, NJW 2001, 969, 970; BGH, NZG 2008, 628, 629.
512 BGHZ 133, 370, 378 f.; BGH, ZIP 2001, 422, 424; BGH, NZG 2002, 721, 724.
513 BGH, NZG 2009, 913, 914.

§ 64.[514] Die Regelung bezieht sich auch nicht auf Säumniszuschläge.[515]

Eine **Beitragsvorenthaltung** liegt dann vor, wenn nicht abgeführt wird, obwohl der Arbeitnehmer im betreffenden Monat beschäftigt war. Unerheblich ist, ob Lohn ausgezahlt wurde.[516] Voraussetzung für eine Vorenthaltung der Arbeitnehmerbeiträge ist, dass der Geschäftsführer die Beiträge tatsächlich und rechtlich abführen kann, dies aber nicht tut.[517] Nicht mehr abführen kann der Geschäftsführer die Beiträge etwa dann, wenn über das Gesellschaftsvermögen das Insolvenzverfahren eröffnet ist bzw. ein allgemeines Verfügungsverbot erlassen wurde.[518] Nach jüngster Rechtsprechung ist die Abführung der Beiträge mit den Sorgfaltspflichten eines ordentlichen Geschäftsleiters auch während der Frist des § 15a InsO[519] bzw. die für Zahlung rückständiger Beiträge[520] vereinbar. 143

Die Abführungspflicht besteht selbst dann noch, wenn die Gesellschaft lediglich überschuldet ist.[521] Anders ist es grds. bei **Zahlungsunfähigkeit**, wenn die Gesellschaft nicht anderweitig die erforderlichen Mittel beschaffen kann.[522] Wenn der Geschäftsführer allerdings die Zahlungsunfähigkeit vorwerfbar verursacht hat, haftet er.[523] Vorwerfbarkeit ist etwa dann zu bejahen, wenn der Geschäftsführer vor dem Fälligkeitstag der Abführung andere Forderungen beglichen hat, da grds. ein Vorrang der Beitragszahlung vor allen anderen fälligen Forderungen besteht,[524] oder wenn er bei Erkennbarkeit der Zahlungsunfähigkeit nicht ausreichend Rücklagen gebildet hat.[525] Verlangt werden kann von ihm jedoch nicht, dass er Entlassungen vornimmt, um seine Abführungspflicht zu erfüllen. Da das Eintreten unerwarteter Ereignisse nicht zu einer Pflichtverletzung bezüglich der Nichtabführung der Beiträge führen soll,[526] wird es in der Praxis auf die schwierige Abgrenzung zwischen vorhersehbaren und unvorhersehbaren Ereignissen (z.B. bei einer wirtschaftlichen Krise) ankommen.[527] Dauert die Situation jedoch über die einmalige Nichtzahlung der Arbeitnehmerbeiträge an, werden vom Geschäftsführer im Zweifel Maßnahmen zu erwarten sein, damit die Beitragszahlung für die nächsten Monate erfolgen kann. 144

Die **Beweislast** für das Vorliegen einer Zahlungsfähigkeit der Gesellschaft liegt beim Sozialversicherungsträger.[528] Der Geschäftsführer hat dies substanziiert zu bestreiten.[529] Auch die Beweislast für den Vorsatz bei der Vorenthaltung der Sozialversicherungsbeiträge obliegt dem Sozialversicherungsträger.[530] 145

Hinsichtlich des **Verschuldens** reicht es aus, dass der Geschäftsführer billigend in Kauf genommen hat, die Beiträge möglicherweise nicht abführen zu können.[531] Ein entschuldbarer Verbotsirrtum ist nicht schon dann gegeben, wenn der Geschäftsführer seine Überwachungspflicht ggü. dem für die Abführung zuständigen Geschäftsführer verkennt.[532] 146

514 BGH, NZG 2009, 913, 914.
515 BGH, NZG 2008, 867, 868.
516 BGH, ZIP 2001, 1474, 1475; BGHZ 144, 311, 317 ff.
517 BGH, ZIP 1998, 31, 32; BGH, NZG 2002, 289, 290; OLG Celle, GmbHR 1996, 51, 52; OLG Düsseldorf, GmbHR 2000, 1261, 1262; OLG Hamm, ZIP 2000, 198, 199.
518 BGH, ZIP 1998, 31, 32.
519 *Kleindiek*, in: Lutter/Hommelhoff, GmbHG, § 43 Rn. 110; *Ziemons*, in: Michalski/Heidinger/Leible/J. Schmidt, GmbHG, § 43 Rn. 653; a.A. noch BGH, NJW 2003, 3787, 3789.
520 OLG Frankfurt am Main, GmbHR 2010, 90, 91.
521 BGH, ZIP 1996, 1989, 1990; BGH, NZG 2002, 289, 291.
522 BGH, NJW-RR 2007, 991, 993; BGH, BB 2000, 1800 ff.; BGH, NZG 2002, 289, 290.
523 BGHZ 134, 304, 307 f.
524 BGH, NZG 1997, 522, 523; BGHZ 134, 304, 308 ff.; BGH, ZIP 2001, 80, 81; BGH, NZG 2006, 904; a.A. etwa *Cahn*, ZGR 1998, 367, 374 ff.
525 BGHSt 47, 318, 323.
526 BGH, NJW 1992, 177, 178; KG, NZG 2000, 988, 989.
527 BGH, NZG 2002, 289, 291.
528 BGH, GmbHR 2002, 213, 215; a.A. OLG Rostock, GmbHR 2002, 218 (Beweislastumkehr).
529 BGH, GmbHR 2002, 213, 215; BGH, NZG 2005, 600, 601 f.
530 BGH, GmbHR 2016, 806, Rn. 15.
531 BGHZ 133, 370, 381 f.; BGH, NJW-RR 2008, 1253, 1254.
532 BGH, DStR 2001, 633.

L. Haftpflichtversicherung

147 Das Haftungsrisiko des Geschäftsführers relativiert sich durch Abschluss einer Versicherung gegen die Risiken aus pflichtwidrigem Handeln (sog. Directors and Officers Liability Insurance, **D&O-Versicherung**).[533] Häufig sehen diese Versicherungen einerseits einen Selbstbehalt vor, der für die GmbH im Gegensatz zur Regelung im AktG jedoch nicht zwingend ist, und andererseits bestimmte Haftungsausschlussklauseln (z.B. für Ansprüche aus ausländischem Recht). Regelmäßig wird der Versicherungsvertrag mit der Gesellschaft als Versicherungsnehmerin abgeschlossen. Versicherte Person ist der Geschäftsführer. Ein Anspruch des Geschäftsführers ggü. der Gesellschaft auf Abschluss eines solchen Versicherungsvertrags besteht nicht,[534] sodass sich eine entsprechende Regelung im Anstellungsvertrag anbietet. Im Innenverhältnis bedarf es eines **Gesellschafterbeschlusses.**[535]

148 Der Deckungsanspruch gegen die Versicherung steht der versicherten Person zu. Da das formularmäßige Abtretungsverbot bzgl. des Deckungsanspruchs (Freistellungsanspruch des versicherten Geschäftsführers) gem. § 108 Abs. 2 VVG aber unwirksam ist, kommt inzwischen auch ein Direktanspruch der Gesellschaft ggü. der Versicherung in Betracht.[536]

M. Strafrechtliche Verantwortlichkeit des Geschäftsführers

149 Das GmbH-Gesetz sieht in Bezug auf den Geschäftsführer in den §§ 82 (»Falsche Angaben«), 84 (»Verletzung der Verlustanzeigepflicht«) und 85 (»Verletzung der Geheimhaltungspflicht«) spezielle Straftatbestände vor. Speziell ist auch § 331 HGB (»Unrichtige Darstellung«), § 333 HGB (»Verletzung der Geheimhaltungspflicht«) bzw. § 334 HGB (»Bußgeldvorschriften«). Daneben kommen die allgemeinen Straftatbestände des § 263 StGB (»Betrug«), § 266 StGB (»Untreue«), § 266a StGB (»Vorenthalten und Veruntreuen von Arbeitsentgelt«) sowie §§ 283 ff. StGB (Insolvenzstraftatbestände) in Betracht. Aus der strafrechtlichen Verantwortlichkeit kann auch eine zivilrechtliche Haftung aus § 823 Abs. 2 BGB folgen, sofern der relevanten Norm die Qualität eines Schutzgesetzes zukommt.

§ 43a Kreditgewährung aus Gesellschaftsvermögen

[1]Den Geschäftsführern, anderen gesetzlichen Vertretern, Prokuristen oder zum gesamten Geschäftsbetrieb ermächtigten Handlungsbevollmächtigten darf Kredit nicht aus dem zur Erhaltung des Stammkapitals erforderlichen Vermögen der Gesellschaft gewährt werden. [2]Ein entgegen Satz 1 gewährter Kredit ist ohne Rücksicht auf entgegenstehende Vereinbarungen sofort zurückzugewähren.

Schrifttum

Drygala/Kremer, Alles neu macht der Mai – Zur Neuregelung der Kapitalerhaltungsvorschriften im Regierungsentwurf zum MoMiG, ZIP 2007, 1289; *Fromm*, Rückforderung von Krediten an GmbH-Leitungspersonen wegen Verstoßes gegen den Kapitalerhaltungsgrundsatz, GmbHR 2008, 537; *Saenger/Koch*, Kreditgewährung an Gesellschafter aus gebundenem Vermögen auch bei vollwertigem Rückzahlungsanspruch, NZG 2004, 271; *K. Schmidt*, Reform der Kapitalsicherung und Haftung in der Krise nach dem Regierungsentwurf des MoMiG, GmbHR 2007, 1072; *Vetter*, Darlehen der GmbH an ihren Gesellschafter und Erhaltung des Stammkapitals, BB 2004, 1509.

---

533 S. *Ruchatz*, GmbHR 2016, 681 ff.

534 OLG Koblenz, NZG 2008, 280 (LS); *Fleischer*, in: MünchKommGmbHG, 2. Aufl., 2016, § 43 Rn. 380.

535 *Ziemons*, in: Michalski/Heidinger/Leible/J. Schmidt, GmbHG, § 43 Rn. 563; *Kleindiek*, in: Lutter/Hommelhoff, GmbHG, § 43 Rn. 7; *U.H. Schneider*, in: Scholz, GmbHG, § 43 Rn. 438; *Beurskens*, in: Baumbach/Hueck, GmbHG, § 43 Rn. 169.

536 *Ziemons*, in: Michalski/Heidinger/Leible/J. Schmidt, GmbHG, § 43 Rn. 565.

Übersicht

A. Zweck und Inhalt der Regelung

1 Der durch das MoMiG unverändert gebliebene § 43a dient der Erhaltung des Stammkapitals im Interesse des Gläubigerschutzes.[1] Die Gewährung von Krediten an Geschäftsführer ist unter bestimmten Voraussetzungen verboten (Satz 1). Im Fall eines Verstoßes besteht ein eigenständiger Rückgewähranspruch der Gesellschaft ggü. dem Kreditnehmer (Satz 2). Hintergrund ist, dass anders als bei Krediten an Gesellschafter (§ 30), bei Krediten an Geschäftsführer eine hinreichende Prüfung der Vollwertigkeit des Rückgewähranspruchs durch die Geschäftsführer selbst zweifelhaft sein kann.[2]

2 § 43a bezieht sich auf **sämtliche Kredite**, unabhängig davon, ob Kreditwürdigkeit besteht bzw. hinreichende Besicherung des Kredits gegeben ist.[3] Daher kommt es auch nicht auf eine Sicherung der Rückgewährverpflichtung oder den Wert der Sicherung an. Teilweise wird eine Änderung der Regelung, parallel zur Änderung des § 30 Satz 2 n.F. durch das MoMiG, vorgeschlagen. De lege ferenda soll eine Darlehensgewährung zulässig sein, sofern sie durch einen vollwertigen Rückgewähranspruch gedeckt ist.[4]

3 Da die Norm zwingend ist, kann im Gesellschaftsvertrag nicht wirksam entgegen § 43a eine Kreditgewährung erlaubt werden. Allerdings ist eine verschärfende Regelung möglich, sodass etwa eine Kreditgewährung an Geschäftsführer generell verboten oder auf einen Höchstbetrag begrenzt werden kann.[5]

B. Persönlicher Anwendungsbereich

4 Verboten sind Kredite an Geschäftsführer,[6] auch Gesellschafter-Geschäftsführer, stellvertretende Geschäftsführer, Notgeschäftsführer, Arbeitsdirektoren und faktische Geschäftsführer. »Andere gesetzliche Vertreter« i.S.d. § 43a Satz 1 sind z.B. Liquidatoren. Eine Kreditgewährung ist außerdem unzulässig an Prokuristen (§§ 48 ff. HGB), unabhängig davon, ob sie eine leitende Funktion innehaben.[7] Nicht gestattet ist zudem ein Kredit an zum gesamten Geschäftsbetrieb ermächtigte Handlungsbevollmächtigte (§ 54 HGB) sowie Generalbevollmächtigte. In Analogie zu §§ 89 Abs. 3 Satz 1, 115 Abs. 2 AktG findet das Kreditgewährungsverbot auch auf Kredite an Ehegatten, Lebenspartner oder ein minderjähriges Kind eines Geschäftsführers Anwendung.[8] Das gilt auch für Kredite an Dritte, die für Rechnung eines dieser Angehörigen handeln[9] bzw. an sog. Strohmänner.[10]

---

1 S. *U.H. Schneider*, in: Scholz, GmbHG, § 43a Rn. 8 mit Verweis auf den Unterschied zum Aktienrecht, wo der Schutz der Gesellschaft im Vordergrund steht (Rn. 5); *Zöllner/Noack*, in: Baumbach/Hueck, GmbHG, 21. Aufl. 2017, § 43a Rn. 1; a.A. *Schmidt*, GmbHR 2007, 1072, 1076.

2 *Kleindiek*, in: Lutter/Hommelhoff, GmbHG, § 43a Rn. 1.

3 BGH, NJW 2004, 1111.

4 *Drygala/Kremer*, ZIP 2007, 1289, 1296; *Schmidt*, GmbHR 2007, 1072, 1076.

5 *U.H. Schneider*, in: Scholz, GmbHG, § 43a Rn. 15a.

6 BGHZ 157, 72, 73 f.

7 *U.H. Schneider*, in: Scholz, GmbHG, § 43a Rn. 32; *Beurskens*, in: Baumbach/Hueck, GmbHG, § 43a Rn. 7.

8 *Kleindiek*, in: Lutter/Hommelhoff, GmbHG, § 43a Rn. 4; *Paefgen*, in: Ulmer/Habersack/Löbbe, GmbHG, § 43a Rn. 19; *U.H. Schneider*, in: Scholz, GmbHG, § 43a Rn. 34; *Beurskens*, in: Baumbach/Hueck, GmbHG, § 43a Rn. 9; a.A. *Lieder*, in: Michalski/Heidinger/Leible/J. Schmidt, GmbHG, § 43a Rn. 23 (sofern kein Zusammenhang zwischen Geschäftsführer- und Ehegattenstellung).

9 *Schnorbus*, in: Rowedder/Schmidt-Leithoff, GmbHG, § 43a Rn. 4; *Wicke*, GmbHG, § 43a Rn. 2; s. aber *U.H. Schneider*, in: Scholz, GmbHG, § 43a Rn. 35 (bei nicht vergleichbarem Insolvenzrisiko).

10 *Schmidt*, in: Ensthaler/Füller/Schmidt, GmbHG, § 43a Rn. 2.

5 Ob jemand zum betroffenen Personenkreis gehört, bestimmt sich nicht nach dem **Zeitpunkt** des Vertragsschlusses bzw. der Kreditzusage, sondern der tatsächlichen Gewährung des Kredits.[11] Bei Bestellung einer Sicherheit durch die Gesellschaft ist auf diesen Zeitpunkt, nicht erst auf den der Verwertung der Sicherheit abzustellen.[12] Damit ist es unbedenklich, wenn einem Geschäftsführer ein Darlehen erst nach seinem Ausscheiden ausbezahlt wird.[13] Allerdings ist zum Auszahlungszeitpunkt die Kreditwürdigkeit nochmals zu prüfen.

6 **Nicht erfasst** vom Kreditgewährungsverbot sind leitende Angestellte,[14] Mitglieder des Betriebsrats[15] oder Aufsichtsratsmitglieder.[16] § 43a gilt auch nicht für Gesellschafter ohne Geschäftsführerstellung,[17] wohingegen für Gesellschafter-Geschäftsführer § 30, welcher Auszahlungen an die Gesellschafter oder ihnen nahestehende Personen verbietet, und § 43a nebeneinander gelten.[18] Nach h.M. unterfallen Kredite an verbundene Unternehmen bzw. Geschäftsführer verbundener Unternehmen nicht § 43a analog.[19] Teilweise wird eine Erfassung von Krediten einer GmbH & Co. KG an die Geschäftsführer der Komplementär-GmbH über den Wortlaut des § 43a hinaus bejaht.[20]

C. Kreditgewährung

I. Kreditbegriff

7 Der Begriff »**Kredit**« ist, anders als der Kreditbegriff in §§ 19 ff. KWG, weit zu verstehen und meint jede Vorleistung durch die Gesellschaft.[21] Erfasst sind Darlehen, Bürgschaften, Grundpfandrechte, Wechselzeichnungen, Warenkredite, Gehaltsvorschüsse, Abschlagsdividenden, Stundungen und Ablösungen von Drittkrediten.[22] Nach h.M. werden auch Kredite erfasst, für die eine Sicherheit gestellt wurde, und zwar ohne Rücksicht auf Art und Güte der Sicherheit.[23] Unerheblich soll nach einer Ansicht auch sein, ob der Kredit verkehrsüblich ist, sodass auch ein sog. Arbeitnehmerdarlehen unzulässig ist.[24] Für einen Verzicht auf die Verkehrsüblichkeit spricht, dass das Verbot der

---

11 *U.H. Schneider*, in: Scholz, GmbHG, § 43a Rn. 42.

12 *Kleindiek*, in: Lutter/Hommelhoff, GmbHG, § 43a Rn. 8.

13 *U.H. Schneider*, in: Scholz, GmbHG, § 43a Rn. 42.

14 *Kleindiek*, in: Lutter/Hommelhoff, GmbHG, § 43a Rn. 4; *Wicke*, GmbHG, § 43a Rn. 2.

15 *U.H. Schneider*, in: Scholz, GmbHG, § 43a Rn. 32.

16 *Paefgen*, in: Ulmer/Habersack/Löbbe, GmbHG, § 43a Rn. 17; *Beurskens*, in: Baumbach/Hueck, GmbHG, § 43a Rn. 8; a.A. aber *U.H. Schneider*, in: Scholz, GmbHG, § 43a Rn. 30.

17 BGHZ 157, 72, 74; *Altmeppen*, in: Roth/Altmeppen, GmbHG, § 43a Rn. 8; *Kleindiek*, in: Lutter/Hommelhoff, GmbHG, § 43a Rn. 4; *Lieder*, in: Michalski/Heidinger/Leible/J. Schmidt, GmbHG, § 43a Rn. 11 ff., 20; a.A. *U.H. Schneider*, in: Scholz, GmbHG, § 43a Rn. 62; *Schmidt*, GmbHR 2007, 1072, 1076.

18 *Altmeppen*, in: Roth/Altmeppen, GmbHG, § 43a Rn. 9 f. m.w.N.; *Schnorbus*, in: Rowedder/Schmidt-Leithoff, GmbHG, § 43a Rn. 3; *Paefgen*, in: Ulmer/Habersack/Löbbe, GmbHG, § 43a Rn. 18; *Beurskens*, in: Baumbach/Hueck, GmbHG, § 43a Rn. 8.

19 *Schnorbus*, in: Rowedder/Schmidt-Leithoff, GmbHG, § 43a Rn. 3; *Paefgen*, in: Ulmer/Habersack/Löbbe, GmbHG, § 43a Rn. 18; *Beurskens*, in: Baumbach/Hueck, GmbHG, § 43a Rn. 8; a.A. *U.H. Schneider*, in: Scholz, GmbHG, § 43a Rn. 58 ff.

20 *Paefgen*, in: Ulmer/Habersack/Löbbe, GmbHG, § 43a Rn. 21; *Schmidt*, in: Ensthaler/Füller/Schmidt, GmbHG, § 43a Rn. 4.

21 *Klöhn*, in: Bork/Schäfer, GmbHG, § 43a Rn. 4; *U.H. Schneider*, in: Scholz, GmbHG, § 43a Rn. 36.

22 OLG Bremen, NZG 2001, 897.

23 BGHZ 157, 72, 74; *Altmeppen*, in: Roth/Altmeppen, GmbHG, § 43a Rn. 5; *Kleindiek*, in: Lutter/Hommelhoff, GmbHG, § 43a Rn. 6; *Paefgen*, in: Ulmer/Habersack/Löbbe, GmbHG, § 43a Rn. 27; a.A. *Lieder*, in: Michalski/Heidinger/Leible/J. Schmidt, GmbHG, § 43a Rn. 31; *U.H. Schneider*, in: Scholz, GmbHG, § 43a Rn. 40 f. (unter Berufung auf den Sinn der Vorschrift).

24 *Kleindiek*, in: Lutter/Hommelhoff, GmbHG, § 43a Rn. 6; *Schmidt*, in: Ensthaler/Füller/Schmidt, GmbHG, § 43a Rn. 6; *Beurskens*, in: Baumbach/Hueck, GmbHG, § 43a Rn. 3; a.A. *Lieder*, in: Michalski/Heidinger/Leible/J. Schmidt, GmbHG, § 43a Rn. 31; *Paefgen*, in: Ulmer/Habersack/Löbbe, GmbHG, § 43a Rn. 24; *U.H. Schneider*, in: Scholz, GmbHG, § 43a Rn. 37 (sofern nicht ungewöhnlich).

Kreditgewährung aus dem »Stammkapital« dem Gläubigerschutz dient. Hierfür ist es unerheblich, ob ein Kredit verkehrsüblich ist oder nicht.

II. Kreditgewährung aus gebundenem Vermögen

Das Kreditverbot des § 43a bezieht sich auf das zur **Erhaltung des Stammkapitals** (§ 3 Abs. 1 Nr. 3) erforderliche Vermögen der Gesellschaft (gebundenes Vermögen). Auf die konkreten Risiken der Kreditvergabe kommt es nicht an.[25] Untersagt ist ein Kredit nach Sinn und Zweck der Regelung auch dann, wenn dessen Finanzierung aus ungebundenem Vermögen und Fremdkapital erfolgen soll.[26] 8

Da an die in § 43a genannten Personen kein Kredit aus dem zur Erhaltung des Stammkapitals erforderlichen Vermögen gewährt werden darf, ist ein solcher lediglich aus den offenen Rücklagen möglich.[27] Damit ist die Höhe des Kredits von vornherein durch die Höhe der Rücklagen begrenzt. Ob eine Kreditgewährung aus gebundenem Vermögen vorliegt, bestimmt sich nicht nach dem **Zeitpunkt** des Vertragsabschlusses, sondern der tatsächlichen Kreditgewährung.[28] Ein Verstoß gegen § 43a soll nach einer von der BGH-Rechtsprechung abweichenden Ansicht nicht nur vorliegen, wenn im Zeitpunkt der Gewährung des Darlehens, sondern auch dann, wenn während der Laufzeit des Darlehens das zur Erhaltung des Stammkapitals erforderliche Vermögen unterschritten wird.[29] Sowohl der Wortlaut als auch der Zweck der Regelung sprechen jedoch dagegen, dass ein Darlehensvertrag auch nachträglich noch unter § 43a GmbHG fällt, wenn eine Unterbilanz entsteht.[30] 9

Eine Kreditverlängerung hat allerdings zu unterbleiben, wenn zu diesem Zeitpunkt das zur Erhaltung des Stammkapitals erforderliche Vermögen unterschritten ist, da dies andernfalls als eine erneute Kreditgewährung i.S.d. § 43a GmbHG anzusehen wäre.[31] Das gilt auch, wenn für die Gesellschaft die Möglichkeit besteht, den Kredit zu kündigen, sie davon aber keinen Gebrauch macht. Demgemäß ist sie dazu verpflichtet, den Kredit unverzüglich – soweit dies möglich ist – zu kündigen.[32] Eine automatische Fälligkeit tritt jedoch nicht ein.[33] Bei der Bemessung darf der Rückzahlungsanspruch, da als wertlos fingiert, ggü. dem Kreditnehmer nicht einbezogen werden.[34] Stille 10

25 *Lieder*, in: Michalski/Heidinger/Leible/J. Schmidt, GmbHG, § 43a Rn. 2; *Löwisch*, in: MünchKommGmbHG, 2. Aufl., 2016, § 43a Rn. 4, 19.

26 *U.H. Schneider*, in: Scholz, GmbHG, § 43a Rn. 46; *Beurskens*, in: Baumbach/Hueck, GmbHG, § 43a Rn. 12; a.A. *Meyer-Arndt*, DB 1980, 2328.

27 BGHZ 193, 96, Rn. 39 ff.; *Altmeppen*, in: Roth/Altmeppen, GmbHG, § 43a Rn. 13; *Kleindiek*, in: Lutter/Hommelhoff, GmbHG, § 43a Rn. 9; *Schnorbus*, in: Rowedder/Schmidt-Leithoff, GmbHG, § 43a Rn. 3; *Marsch-Barner/Diekmann*, in: MünchHdbGmbHG, § 43 Rn. 111; *U.H. Schneider*, in: Scholz, GmbHG, § 43a Rn. 48; *Beurskens*, in: Baumbach/Hueck, GmbHG, § 43a Rn. 12.

28 *Altmeppen*, in: Roth/Altmeppen, GmbHG, § 43a Rn. 4; *Kleindiek*, in: Lutter/Hommelhoff, GmbHG, § 43a Rn. 7; *U.H. Schneider*, in: Scholz, GmbHG, § 43a Rn. 50; *Beurskens*, in: Baumbach/Hueck, GmbHG, § 43a Rn. 12.

29 *U.H. Schneider*, in: Scholz, GmbHG, § 43a Rn. 43 f.; *Fromm*, GmbHR 2008, 537, 540.

30 BGHZ 193, 96, Rn. 39 ff. m.w.N.; *Kleindiek*, in: Lutter/Hommelhoff, GmbHG, § 43a Rn. 10; *Klöhn*, in: Bork/Schäfer, GmbHG, § 43a Rn. 5; *Lieder*, in: Michalski/Heidinger/Leible/J. Schmidt, GmbHG, § 43a Rn. 37; *Paefgen*, in: Ulmer/Habersack/Löbbe, GmbHG, § 43a Rn. 37; *Beurskens*, in: Baumbach/Hueck, GmbHG, § 43a Rn. 14.

31 *Beurskens*, in: Baumbach/Hueck, GmbHG, § 43a Rn. 4; *Lieder*, in: Michalski/Heidinger/Leible/J. Schmidt, GmbHG, § 43a Rn. 38; *Löwisch*, in: MünchKommGmbHG, 2. Aufl., 2016, § 43a Rn. 21.

32 *Beurskens*, in: Baumbach/Hueck, GmbHG, § 43a Rn. 14; vgl. auch *Lieder*, in: Michalski/Heidinger/Leible/J. Schmidt, GmbHG, § 43a Rn. 38; *Schmidt*, in: Ensthaler/Füller/Schmidt, GmbHG, § 43a Rn. 5.

33 So aber *U.H. Schneider*, in: Scholz, GmbHG, § 43a Rn. 55; *Löwisch*, in: MünchKommGmbHG, 2. Aufl., 2016, § 43a Rn. 21.

34 *Kleindiek*, in: Lutter/Hommelhoff, GmbHG, § 43a Rn. 9; *Lieder*, in: Michalski/Heidinger/Leible/J. Schmidt, GmbHG, § 43a Rn. 35; *Wicke*, GmbHG, § 43a Rn. 4.

Reserven müssen außer Ansatz bleiben.[35] Eine Unterdeckung nach Auszahlung führt nur dann zu einem Eingreifen des § 43a,[36] wenn sie bei Kreditgewährung bereits absehbar war.[37]

11 Auf diese Weise wird eine Umgehung des § 43a verhindert und der Gläubigerschutz gestärkt. Dagegen lässt sich jedoch einwenden, dass der Kreditnehmer wegen der strengen Rechtsfolgenanordnung in § 43a Satz 2 ein legitimes Bedürfnis nach Rechtssicherheit hat. Ob eine Unterdeckung nach Auszahlung bereits bei der Kreditgewährung absehbar war, kann nicht stets eindeutig beantwortet werden, sodass für den Kreditnehmer ungewiss ist, ob er nicht doch zu einer sofortigen Rückzahlung verpflichtet ist.

III. Kreditgewährung aus ungebundenem Vermögen

12 Kredite aus ungebundenem Vermögen an den in § 43a genannten Personenkreis sind grds. möglich. Für sie gelten die allgemeinen Regeln (§§ 134, 138, 181 BGB).[38] Die **Zuständigkeit** für die Entscheidung über die Kreditgewährung liegt bei der Geschäftsführung, sofern sich nicht die Gesellschafter die Kreditvergabe vorbehalten haben. Anders als bei § 89 AktG ist ein etwaiger Aufsichtsrat nicht zu beteiligen.[39] Teilweise wird dies aber für die mitbestimmte GmbH angenommen, obwohl die Struktur der GmbH hierfür nichts hergibt.[40] Die Kreditgewährung muss im Interesse der Gesellschaft erfolgen.

13 Bei Kreditgewährung aus ungebundenem Vermögen tritt eine **Haftung** des Geschäftsführers aus § 43 Abs. 2 ein, wenn er bei der Kreditgewährung nicht die Sorgfalt eines ordentlichen Geschäftsmanns einhält. Eine Sorgfaltspflichtverletzung liegt etwa bei unangemessenen Kreditbedingungen vor oder wenn keine hinreichende Kreditsicherheit besteht.[41] Die Gewährung eines Darlehens an die Ehefrau stellt eine Pflichtverletzung des Geschäftsführers dar, wenn ein normaler Arbeitnehmer ein solches Darlehen nicht erhalten hätte.[42] Ein Gesellschafterbeschluss ist, sofern im Gesellschaftsvertrag nichts anderes vorgesehen ist, grds. nicht notwendig. Ein **Einverständnis** der Gesellschafter ist vonnöten, wenn es sich um ein ungewöhnliches und besonders risikoreiches Geschäft handelt[43] bzw. eine Beteiligung der Gesellschafterversammlung im Interesse der Gesellschaft erforderlich ist (§ 49 Abs. 2).[44]

D. Rechtsfolgen eines Verstoßes

14 Wird entgegen § 43a ein Kredit gewährt und ausgezahlt, besteht ein sofortiger **Rückzahlungsanspruch** der Gesellschaft aus § 43a Satz 2, nicht jedoch aus § 812 BGB.[45] Der Anspruch ist auf die

---

35 *Wicke*, GmbHG, § 43a Rn. 4.

36 *Altmeppen*, in: Roth/Altmeppen, GmbHG, § 43a Rn. 4; *Kleindiek*, in: Lutter/Hommelhoff, GmbHG, § 43a Rn. 10; *Paefgen*, in: Ulmer/Habersack/Löbbe, GmbHG, § 43a Rn. 37; *Beurskens*, in: Baumbach/Hueck, GmbHG, § 43a Rn. 12; a.A. *U.H. Schneider*, in: Scholz, GmbHG, § 43a Rn. 43.

37 *Wicke*, GmbHG, § 43a Rn. 4.

38 Vgl. *Kleindiek*, in: Lutter/Hommelhoff, GmbHG, § 43a Rn. 2; *Wicke*, GmbHG, § 43a Rn. 6.

39 *Altmeppen*, in: Roth/Altmeppen, GmbHG, § 43a Rn. 15; *Marsch-Barner/Diekmann*, in: MünchHdbGmbHG, § 43 Rn. 110; *U.H. Schneider*, in: Scholz, GmbHG, § 43a Rn. 26; *Wicke*, GmbHG, § 43a Rn. 5; *Beurskens*, in: Baumbach/Hueck, GmbHG, § 43a Rn. 19.

40 Offengelassen in BGHZ 89, 57 ff.; ablehnend auch *Kleindiek*, in: Lutter/Hommelhoff, GmbHG, § 43a Rn. 2; *Marsch-Barner/Diekmann*, in: MünchHdbGmbHG, § 43 Rn. 110; *U.H. Schneider*, in: Scholz, GmbHG, § 43a Rn. 26; *Beurskens*, in: Baumbach/Hueck, GmbHG, § 43a Rn. 19; bejahend aber *Ulmer/Habersack*, in: Ulmer/Habersack/Henssler, MitbestG, 3. Aufl., 2013, § 31 Rn. 40.

41 *Kleindiek*, in: Lutter/Hommelhoff, GmbHG, § 43a Rn. 3; *Wicke*, GmbHG, § 43a Rn. 5.

42 OLG Düsseldorf, GmbHR 1995, 227, 228 (offengelassen, ob Stammkapital tangiert war).

43 *U.H. Schneider*, in: Scholz, GmbHG, § 43a Rn. 26; vgl. auch *Beurskens*, in: Baumbach/Hueck, GmbHG, § 43a Rn. 20.

44 *U.H. Schneider*, in: Scholz, GmbHG, § 43a Rn. 26; *Beurskens*, in: Baumbach/Hueck, GmbHG, § 43a Rn. 20.

45 *Löwisch*, in: MünchKommGmbHG, 2. Aufl., 2016, § 43a Rn. 40.

Höhe des Betrags begrenzt, der zur Erreichung des satzungsmäßigen Stammkapitals erforderlich ist.[46] Sicherheiten für den Kredit sind mit der Rückzahlung durch den Geschäftsführer schon aufgrund der Sicherungsabrede zurückzugewähren. Zumindest soll sich ein solcher Anspruch aus § 812 BGB ergeben, da der entfallene Sicherungszweck Rechtsgrund der Zurverfügungstellung der Sicherheiten ist.[47]

Teilweise wird davon ausgegangen, dass ein Anspruch auf sofortige Rückzahlung aus § 43a Satz 2 erlischt, wenn die Unterdeckung nicht mehr fortbesteht, d.h. der Kredit das gebundene Vermögen nicht mehr tangiert.[48] Da für die Beurteilung der Vermögenslage auf den Zeitpunkt der Kreditauszahlung abzuheben ist, ist dies abzulehnen.[49] Eine Aufrechnung des Geschäftsführers mit einer Gegenforderung ist laut Rechtsprechung möglich.[50] § 31 Abs. 2 findet keine entsprechende Anwendung.[51] 15

Wird ein Kredit trotz Verbots durch § 43a ausgezahlt, haften auszahlender und begünstigter Geschäftsführer auf **Schadensersatz nach § 43 Abs. 2.**[52] Voraussetzung dafür ist unter anderem ein Verschulden, sodass eine Entlastungsmöglichkeit in dem Einwand gesehen werden kann, der Geschäftsführer sei nach gewissenhafter Prüfung zu dem Ergebnis gekommen, der Kredit sei nicht aus gebundenem Vermögen erfolgt.[53] § 43 Abs. 3 gilt im Hinblick auf § 43a aufgrund vergleichbarer Interessenlage analog. Damit befreit ein Gesellschafterbeschluss den Geschäftsführer nicht von der Haftung (§ 43 Abs. 3 Satz 3 analog).[54] Auf den Rückgewähranspruch nach § 43a findet § 31 Abs. 4 (kein Erlass möglich) sowie § 31 Abs. 5 (Verjährung) analog Anwendung.[55] 16

Die **Wirksamkeit** des Kredits bleibt nach h.M. sowohl bezüglich des Verpflichtungs- als auch des Erfüllungsgeschäfts unberührt.[56] Daher besteht eine Verzinsungspflicht des Kreditnehmers.[57] 17

Ist die Auszahlung noch nicht vorgenommen, existiert einerseits kein Anspruch des Kreditnehmers auf die vereinbarte Zahlung[58] bzw. kann einem solchen nach § 242 BGB der Rückzahlungsanspruch 18

46 *Altmeppen*, in: Roth/Altmeppen, GmbHG, § 43a Rn. 11; *Klöhn*, in: Bork/Schäfer, GmbHG, § 43a Rn. 7; *U.H. Schneider*, in: Scholz, GmbHG, § 43a Rn. 53.

47 So *Schmidt*, in: Ensthaler/Füller/Schmidt, GmbHG, § 43a Rn. 7 unter Verweis auf BGHZ 124, 371, 375.

48 *U.H. Schneider*, in: Scholz, GmbHG, § 43a Rn. 53; *Wicke*, GmbHG, § 43a Rn. 6.

49 *Altmeppen*, in: Roth/Altmeppen, GmbHG, § 43a Rn. 13; *Klöhn*, in: Bork/Schäfer, GmbHG, § 43a Rn. 7; *Lieder*, in: Michalski/Heidinger/Leible/J. Schmidt, GmbHG, § 43a Rn. 40; *Beurskens*, in: Baumbach/Hueck, GmbHG, § 43a Rn. 15; *Löwisch*, in: MünchKommGmbHG, 2. Aufl., 2016, § 43a Rn. 45; *Paefgen*, in: Ulmer/Habersack/Löbbe, GmbHG, § 43a Rn. 41 (Rückzahlungsanspruch bleibt erhalten).

50 OLG Naumburg, GmbHR 1998, 1180; so auch *U.H. Schneider*, in: Scholz, GmbHG, § 43a Rn. 53; a.A. *Altmeppen*, in: Roth/Altmeppen, GmbHG, § 43a Rn. 12; *Klöhn*, in: Bork/Schäfer, GmbHG, § 43a Rn. 7 (teleologische Extension des § 19 Abs. 2 Satz 2); *Lieder*, in: Michalski/Heidinger/Leible/J. Schmidt, GmbHG, § 43a Rn. 47; *Paefgen*, in: Ulmer/Habersack/Löbbe, GmbHG, § 43a Rn. 48; *Wicke*, GmbHG, § 43a Rn. 6; *Beurskens*, in: Baumbach/Hueck, GmbHG, § 43a Rn. 15 (nur soweit nach § 19 Abs. 2 zulässig, d.h. sofern vollwertig, fällig und liquide).

51 *Altmeppen*, in: Roth/Altmeppen, GmbHG, § 43a Rn. 14; *Lieder*, in: Michalski/Heidinger/Leible/J. Schmidt, GmbHG, § 43a Rn. 46; *Paefgen*, in: Ulmer/Habersack/Löbbe, GmbHG, § 43a Rn. 46; *Wicke*, GmbHG, § 43a Rn. 6; *Beurskens*, in: Baumbach/Hueck, GmbHG, § 43a Rn. 15; a.A. *Kleindiek*, in: Lutter/Hommelhoff, GmbHG, § 43a Rn. 14; *Klöhn*, in: Bork/Schäfer, GmbHG, § 43a Rn. 7; *U.H. Schneider*, in: Scholz, GmbHG, § 43a Rn. 54.

52 Vgl. BGHZ 157, 72, 74; *Altmeppen*, in: Roth/Altmeppen, GmbHG, § 43a Rn. 14; *U.H. Schneider*, in: Scholz, GmbHG, § 43a Rn. 57; *Beurskens*, in: Baumbach/Hueck, GmbHG, § 43a Rn. 17.

53 *U.H. Schneider*, in: Scholz, GmbHG, § 43a Rn. 57.

54 BGHZ 157, 72, 78; *Löwisch*, in: MünchKommGmbHG, 2. Aufl., 2016, § 43a Rn. 48.

55 *Schmidt*, in: Ensthaler/Füller/Schmidt, GmbHG, § 43a Rn. 7; *U.H. Schneider*, in: Scholz, GmbHG, § 43a Rn. 57.

56 *Kleindiek*, in: Lutter/Hommelhoff, GmbHG, § 43a Rn. 12; *Klöhn*, in: Bork/Schäfer, GmbHG, § 43a Rn. 7; *Lieder*, in: Michalski/Heidinger/Leible/J. Schmidt, GmbHG, § 43a Rn. 42; zweifelnd *Altmeppen*, in: Roth/Altmeppen, GmbHG, § 43a Rn. 11.

57 *U.H. Schneider*, in: Scholz, GmbHG, § 43a Rn. 56; *Beurskens*, in: Baumbach/Hueck, GmbHG, § 43a Rn. 18.

58 *Altmeppen*, in: Roth/Altmeppen, GmbHG, § 43a Rn. 11.

aus § 43a Satz 2 entgegengehalten werden[59] sowie andererseits ein **Leistungsverweigerungsrecht** bzw. eine Leistungsverweigerungspflicht.[60]

19 Die Gesellschaftsgläubiger können keinen Anspruch aus § 823 Abs. 2 BGB i.V.m. § 43a geltend machen, da diese Regelung kein Schutzgesetz ist.[61]

§ 44 Stellvertreter von Geschäftsführern

Die für die Geschäftsführer gegebenen Vorschriften gelten auch für Stellvertreter von Geschäftsführern.

Schrifttum

Van Venrooy, Bestellung und Funktion von Stellvertretenden Geschäftsführern, GmbHR 2010, 169.

Übersicht

A. Allgemeines

1 Stellvertretende Geschäftsführer haben ebenso wie die Geschäftsführer eine organschaftliche Stellung, da sie die Gesellschaft und nicht den Geschäftsführer vertreten.[1] Die Bestellung eines stellvertretenden Geschäftsführers ist nicht zwingend. Auf stellvertretende Geschäftsführer sind sämtliche Vorschriften für den Geschäftsführer anwendbar. Sie haben damit die gleichen gesetzlichen **Pflichten.** Dies gilt auch etwa für § 15a InsO, der eine Antragspflicht auf Eröffnung des Insolvenzverfahrens durch »Mitglieder des Vertretungsorgans«, wozu auch stellvertretende Geschäftsführer gehören, vorsieht. Die stellvertretenden Geschäftsführer müssen erforderlichenfalls auch gegen den Willen der anderen Geschäftsführer tätig werden.[2] Zur Frage einer allgemeinen Aufsichtspflicht s.u. Rdn. 10.

B. Bestellung

2 Für die **Bestellung** des stellvertretenden Geschäftsführers gilt dasselbe wie für die Bestellung eines ordentlichen Geschäftsführers. Sie erfolgt im Gesellschaftsvertrag, durch Gesellschafterbeschluss (§ 46 Nr. 5) oder durch den Aufsichtsrat, sofern diesem die entsprechende Befugnis zugewiesen ist. Eine Bestellung durch Gesellschafterbeschluss ist möglich, auch wenn der Gesellschaftsvertrag keinen stellvertretenden Geschäftsführer vorsieht.[3] Einem einzelnen Gesellschafter-Geschäftsführer kann in der Satzung das Recht zur Stellvertreterbenennung zuerkannt werden. Für einen Fremdgeschäftsführer kommt dies nicht in Betracht, da ihm grds. kein Bestellrecht eingeräumt werden kann.[4] Sofern der Gesellschaftsvertrag eine bestimmte Anzahl an Geschäftsführern vorgibt, sind stellvertretende Geschäftsführer hiervon regelmäßig umfasst.[5] Für die **Abberufung** des stellvertretenden Geschäftsführers ist dasjenige Organ zuständig, das für die Bestellung zuständig war.

---

59 *Schmidt*, in: Ensthaler/Füller/Schmidt, GmbHG, § 43a Rn. 7; *Beurskens*, in: Baumbach/Hueck, GmbHG, § 43a Rn. 15.

60 *Altmeppen*, in: Roth/Altmeppen, GmbHG, § 43a Rn. 11; *Kleindiek*, in: Lutter/Hommelhoff, GmbHG, § 43a Rn. 12; *Klöhn*, in: Bork/Schäfer, GmbHG, § 43a Rn. 6; *Lieder*, in: Michalski/Heidinger/Leible/J. Schmidt, GmbHG, § 43a Rn. 42.

61 *Schmidt*, in: Ensthaler/Füller/Schmidt, GmbHG, § 43a Rn. 8.

1 BAG, NZA 1986, 68.

2 *Beurskens*, in: Baumbach/Hueck, GmbHG, § 44 Rn. 12.

3 *Schmidt*, in: Ensthaler/Füller/Schmidt, GmbHG, Rn. 2 unter Verweis auf LG Aschaffenburg, MittBayNot 1982, 82; *U.H. Schneider*, in: Scholz, GmbHG, § 44 Rn. 2.

4 *U.H. Schneider*, in: Scholz, GmbHG, § 44 Rn. 2.

5 *Diekmann/Marsch-Barner*, in: MünchHdbGmbHG, § 41 Rn. 28; *U.H. Schneider*, in: Scholz, GmbHG, § 44 Rn. 2; s.a. *Beurskens*, in: Baumbach/Hueck, GmbHG, § 44 Rn. 17 (sei Auslegungsfrage).

Der stellvertretende Geschäftsführer ist nach heute ganz herrschender Meinung im Handelsregister ohne Stellvertreterzusatz einzutragen, da er im Außenverhältnis wie ein Geschäftsführer handeln kann.[6] Auf Geschäftsbriefen ist auch der stellvertretende Geschäftsführer anzugeben, wobei ein Stellvertreterzusatz möglich, aber nicht zwingend ist.[7] 3

Aufsichtsratsmitglieder eines obligatorischen Aufsichtsrats können nur in den Grenzen des § 105 AktG stellvertretende Geschäftsführer sein. Überwiegend wird dies auch für den fakultativen Aufsichtsrat angenommen.[8] Auch der **Arbeitsdirektor** i.S.d. § 33 Abs. 1 Satz 1 MitbestG kann nach herrschender Meinung als stellvertretender Geschäftsführer eingesetzt werden, da er nach dem Gesetz eigene Ressortaufgaben wahrzunehmen hat. Er kann nicht als »echter« Stellvertreter bestellt werden.[9] 4

Die **Anstellung** des stellvertretenden Geschäftsführers erfolgt durch einen Anstellungsvertrag. Zuständig ist hierfür das für die Bestellung von Geschäftsführern zuständige Organ. 5

C. Außenverhältnis

Im Außenverhältnis hat der stellvertretende Geschäftsführer nach § 44 zwingend[10] die rechtliche Stellung eines Geschäftsführers und ist daher auch zur **Vertretung** der Gesellschaft befugt (§§ 35, 37 Abs. 2). Sofern im Gesellschaftsvertrag nichts anderes geregelt ist, sind die Geschäftsführer und stellvertretenden Geschäftsführer gesamtvertretungsberechtigt (§ 35 Abs. 2 Satz 1).[11] Dies gilt unabhängig davon, ob der stellvertretende Geschäftsführer nur dann gesamtvertretungsberechtigt sein soll, wenn der Geschäftsführer verhindert ist; ansonsten wäre die Rechtsunsicherheit für Dritte zu groß.[12] Bei Einzelvollmacht kann der stellvertretende Geschäftsführer die Gesellschaft im Außenverhältnis auch dann wirksam allein vertreten, wenn die Geschäftsführer nicht verhindert sind oder nach dem Innenverhältnis (z.B. Gesellschaftsvertrag) der Stellvertreter nicht hätte tätig werden dürfen.[13] Zudem besteht Passivlegitimation hinsichtlich gerichtlicher und behördlicher Maßnahmen.[14] Für den Empfang von Willenserklärungen existiert zwingend Einzelvertretungsbefugnis des stellvertretenden Geschäftsführers (§ 35 Abs. 2 Satz 3). 6

Der stellvertretende Geschäftsführer trägt wie die (ordentlichen) Geschäftsführer die Verantwortung für die Erfüllung der gesetzlichen Formalerfordernisse (§§ 6 Abs. 2, 8, 10, 78). Bei der Anmeldung zum Handelsregister ist der stellvertretende Geschäftsführer zwar nach allgemeiner Ansicht im Außenverhältnis, nicht aber zwingend auch im Innenverhältnis anmeldebefugt.[15] Auf Geschäftsbriefen sind alle Geschäftsführer (ohne Stellvertretungszusatz) anzugeben.[16] 7

---

6 BGH, NJW 1998, 1071, 1072; *Goette*, in: MünchKommGmbHG, § 44 Rn. 22; *Beurskens*, in: Baumbach/Hueck, GmbHG, § 44 Rn. 3 m.w.N.

7 *Beurskens*, in: Baumbach/Hueck, GmbHG, § 35a Rn. 14; a.A. *Schmidt*, in: Ensthaler/Füller/Schmidt, GmbHG, § 44 Rn. 8.

8 *Altmeppen*, in: Roth/Altmeppen, GmbHG, § 44 Rn. 6; *U.H. Schneider*, in: Scholz, GmbHG, § 44 Rn. 4; a.A. *Schmidt*, in: Ensthaler/Füller/Schmidt, GmbHG, § 44 Rn. 6 (abweichende Regelungen im Gesellschaftsvertrag in Grenzen zulässig).

9 *Diekmann/Marsch-Barner*, in: MünchHdbGesR, § 41 Rn. 28; *Paefgen*, in: Ulmer/Habersack/Löbbe, GmbHG, § 44 Rn. 22; *Schmidt*, in: Ensthaler/Füller/Schmidt, GmbHG, § 44 Rn. 4; *U.H. Schneider*, in: Scholz, GmbHG, § 44 Rn. 6; *Beurskens*, in: Baumbach/Hueck, GmbHG, § 44 Rn. 11; einschränkend *Bayer*, in: Lutter/Hommelhoff, GmbHG, § 44 Rn. 3.

10 *Altmeppen*, in: Roth/Altmeppen, GmbHG, § 44 Rn. 2.

11 *Paefgen*, in: Ulmer/Habersack/Löbbe, GmbHG, § 44 Rn. 12; *Schmidt*, in: Ensthaler/Füller/Schmidt, GmbHG, § 44 Rn. 3.

12 Vgl. *Goette*, in: MünchKommGmbHG, § 44 Rn. 12; *Beurskens*, in: Baumbach/Hueck, GmbHG, § 44 Rn. 4; s.a. BGH, NJW 1998, 1071, 1072.

13 BGH, NJW 1998, 1071; *Paefgen*, in: Ulmer/Habersack/Löbbe, GmbHG, § 44 Rn. 10; *Schmidt*, in: Ensthaler/Füller/Schmidt, GmbHG, § 44 Rn. 3; *U.H. Schneider*, in: Scholz, GmbHG, § 44 Rn. 7.

14 *Altmeppen*, in: Roth/Altmeppen, GmbHG, § 44 Rn. 2; *Beurskens*, in: Baumbach/Hueck, GmbHG, § 44 Rn. 5.

15 *Diekmann/Marsch-Barner*, in: MünchHdbGmbHG, § 42 Rn. 29; *Paefgen*, in: Ulmer/Habersack/Löbbe, GmbHG, § 44 Rn. 15; *U.H. Schneider*, in: Scholz, GmbHG, § 44 Rn. 7; *Beurskens*, in: Baumbach/Hueck, GmbHG, § 44 Rn. 5.

16 *Goette*, in: MünchKommGmbHG, § 44 Rn. 17; *Beurskens*, in: Baumbach/Hueck, GmbHG, § 44 Rn. 3.

D. Innenverhältnis

8 Während sich die Stellung des Geschäftsführers und des stellvertretenden Geschäftsführers im Außenverhältnis nicht voneinander unterscheiden, ergeben sich im Innenverhältnis Besonderheiten. Hier kann die Geschäftsführungsbefugnis des Stellvertreters durch Gesellschaftsvertrag und/oder Anstellungsvertrag beschränkt werden. Aber auch ohne besondere Regelung in der Satzung oder Geschäftsordnung darf ein stellvertretender Geschäftsführer ohne ausdrückliche Weisung des ordentlichen Geschäftsführers die Geschäftsführung grds. nur bei dessen **Verhinderung** wahrnehmen.[17] Die Bezeichnung »stellvertretender Geschäftsführer« kann aber auch lediglich eine sog. Titelabstufung darstellen, d.h. eine Rangordnung unter den Geschäftsführern.[18] In diesem Fall gilt die genannte Einschränkung nicht.

9 In der Satzung kann der stellvertretende Geschäftsführer dem ordentlichen Geschäftsführer untergeordnet oder gleichgestellt werden. Es kann ihm auch lediglich eine Überwachungsfunktion mittels Widerspruchsrechts zugesprochen werden.[19] Allerdings sind die gesetzlichen Organpflichten des (stellvertretenden) Geschäftsführers nicht abdingbar.

E. Haftung

10 Auch für den stellvertretenden Geschäftsführer gilt § 43, sodass bei Verletzung der Sorgfaltspflicht des § 43 Abs. 1 eine Haftung nach § 43 Abs. 2 in Betracht kommt. Es besteht jedoch keine allgemeine Aufsichts- und Überwachungspflicht, wenn sich seine Funktion allein auf die Stellvertretung beschränkt und er nicht in die Geschäftsführung einbezogen ist.[20] Eine Haftung kommt aber i.R.d. ihm zugewiesenen Aufgaben in Betracht. Außerdem sind die einem Geschäftsführer gesetzlich auferlegten Pflichten zu erfüllen.[21]

§ 45 Rechte der Gesellschafter

(1) Die Rechte, welche den Gesellschaftern in den Angelegenheiten der Gesellschaft, insbesondere in bezug auf die Führung der Geschäfte zustehen, sowie die Ausübung derselben bestimmen sich, soweit nicht gesetzliche Vorschriften entgegenstehen, nach dem Gesellschaftsvertrag.

(2) In Ermangelung besonderer Bestimmungen des Gesellschaftsvertrages finden die Vorschriften der §§ 46 bis 51 Anwendung.

Schrifttum

Bochmann, Statutarische Konfliktvorsorge im Hinblick auf das Verfahren der Gesellschafterversammlung, GmbHR 2017, 558; *Erker*, Beiräte – der institutionalisierte Einfluss Dritter, DStR 2014, 105; *Gräwe/Stütze*, Rechte und Pflichten des GmbH-Beirats bei offenen Satzungsgestaltungen, GmbHR 2012, 877; *Heckschen*, Öffnungsklauseln in GmbH-Satzungen, NZG 2019, 1281; *K. Müller/Wolff*, Freiwilliger Aufsichtsrat nach § 52 GmbHG und andere freiwillige Organe, NZG 2003, 751; *dies.*, Verlagerung von Zuständigkeiten auf den Beirat der GmbH, GmbHR 2003, 810; *Reich/Bode*, Family Business Governance – Beirat als Erfolgsfaktor im Familienunternehmen, ZIP 2017, 1798; *Sanders*, Der Beirat als Instrument der Family Business Governance in der Entwicklung des Familienunternehmens, NZG 2017, 961; *Teichmann*, Vertragsfreiheit im Innenverhältnis der GmbH-Gesellschafter, RNotZ 2013, 346; *Uffmann*, Überwachung der Geschäftsführung durch einen schuldrechtlichen GmbH-Beirat?, NZG 2015, 169; *Wedemann*, Gesellschafterkonflikte in geschlossenen Kapitalgesellschaften, 2013.

17 *Schmidt*, in: Ensthaler/Füller/Schmidt, GmbHG, § 44 Rn. 4; *U.H. Schneider*, in: Scholz, GmbHG, § 44 Rn. 8.

18 *Paefgen*, in: Ulmer/Habersack/Löbbe, GmbHG, § 44 Rn. 7.

19 Vgl. *U.H. Schneider*, in: Scholz, GmbHG, § 44 Rn. 9.

20 *Diekmann/Marsch-Barner*, in: MünchHdbGmbHG, § 41 Rn. 30; *Schmidt*, in: Ensthaler/Füller/Schmidt, GmbHG, § 44 Rn. 5; *U.H. Schneider*, in: Scholz, GmbHG, § 44 Rn. 13; *Beurskens*, in: Baumbach/Hueck, GmbHG, § 44 Rn. 15; a.A. *Altmeppen*, in: Roth/Altmeppen, GmbHG, § 44 Rn. 4; *Paefgen*, in: Ulmer/Habersack/Löbbe, GmbHG, § 44 Rn. 18.

21 *Schmidt*, in: Ensthaler/Füller/Schmidt, GmbHG, § 44 Rn. 5.

A. Überblick

Die **Rechte der GmbH-Gesellschafter** ergeben sich aus dem Gesetz und aus dem Gesellschaftsvertrag. Dabei sind Individualrechte, Minderheitenrechte und Rechte der Gesellschafterversammlung zu unterscheiden: Gesetzliche **Individualrechte** eines jeden Gesellschafters sind das Recht auf Teilnahme an der Gesellschafterversammlung (§ 48), das Stimmrecht (§ 47) sowie das Auskunfts- und Einsichtsrecht (§ 51a). Gesetzliche **Minderheitenrechte** finden sich in § 50: Gesellschafter, deren Geschäftsanteile zusammen mindestens dem zehnten Teil des Stammkapitals entsprechen, können verlangen, dass die Gesellschafterversammlung einberufen wird oder bestimmte Beschlussgegenstände angekündigt werden. Die **Gesellschafterversammlung** beschließt in den von § 46 genannten Angelegenheiten. Ihre Beschlüsse binden im Innenverhältnis auch die Geschäftsführer (§ 37 Abs. 1). 1

Der **Gesellschaftsvertrag** kann weitere Individual- und Minderheitenrechte sowie zusätzliche Kompetenzen der Gesellschafterversammlung festlegen. Er kann darüber hinaus andere Fragen des Innenverhältnisses regeln (z.B. die Einberufung und den Ablauf der Gesellschafterversammlung). Die §§ 46 bis 51 finden nur Anwendung, soweit der Gesellschaftsvertrag nichts anderes bestimmt (Rdn. 8). Denkbar ist auch die Einrichtung **freiwilliger Organe** (Rdn. 5). 2

B. Stellung der Gesellschafter in der GmbH

Gesetzliche Organe der GmbH sind die Geschäftsführer (§ 35) und die Gesellschafter (§ 45).[1] Häufig wird der Gesellschafterversammlung Organcharakter zugesprochen;[2] allerdings handelt es sich bei der Gesellschafterversammlung nur um die typische Form der Beschlussfassung, weshalb zutreffend die Gesellschafter selbst als Organ anzusehen sind.[3] Die Gesellschafter sind **oberstes Organ** der Gesellschaft (§ 46 Rdn. 1), weil sie mit dem Gesellschaftsvertrag deren Grundlagen bestimmen und ihr Wille auch in Fragen der Geschäftsführung zu beachten ist (§ 37 Rdn. 5).[4] 3

Die Kompetenzen der Gesellschafter können zulasten der Geschäftsführer **erweitert** werden. Neben einzelnen Weisungen ist ein satzungsmäßiger Zustimmungsvorbehalt für bestimmte Geschäftsführungsmaßnahmen denkbar (§ 37 Rdn. 10). Die Gestaltungsfreiheit der Gesellschafter wird allein dadurch begrenzt, dass den Geschäftsführern ein unentziehbarer Kernbereich ihrer gesetzlichen Aufgaben verbleiben muss.[5] Zudem wirken sich Beschränkungen der Geschäftsführerbefugnisse stets nur im Innenverhältnis aus; ihre Vertretungsmacht nach außen ist nicht beschränkbar (§ 37 Abs. 2). 4

Die Gesellschafter können in der Satzung **weitere Organe** einrichten. Dafür genügt eine Öffnungsklausel, die die Gesellschafter zur Einrichtung eines weiteren Organs ermächtigt, soweit die Ermächtigung hinreichend bestimmt ist.[6] Im Gesetz angesprochen ist der **fakultative Aufsichtsrat** (§ 52).[7] Häufig werden auch **Beiräte** mit unterschiedlichsten Funktionen 5

---

1 *Hüffer/Schürnbrand*, in: Ulmer/Habersack/Löbbe, GmbHG, § 45 Rn. 16.

2 S. nur: *Hüffer/Schürnbrand*, in: Ulmer/Habersack/Löbbe, GmbHG, § 45 Rn. 19; *Zöllner/Noack*, in: Baumbach/Hueck, GmbHG, § 45 Rn. 4.

3 *K. Schmidt*, in: Scholz, GmbHG, § 45 Rn. 1; *Bayer*, in: Lutter/Hommelhoff, GmbHG, § 45 Rn. 3.

4 In diesem Sinne auch BGH, NZG 2019, 505, 509 (= GmbHR 2019, 528, 533).

5 OLG Düsseldorf, ZIP 1984, 1476, 1478; OLG Nürnberg, NZG 2000, 154, 155.

6 BGH, GmbHR 2019, 988, 996 (Aufsichtsrat); bedenklich daran erscheint, dass sich in einem solchen Fall die Organisationsverfassung der GmbH nicht mehr aus der Satzung entnehmen lässt (*Heckschen*, NZG 2019, 1281, 1284).

7 Dazu *Müller/Wolff*, NZG 2003, 751.

eingerichtet.[8] Dafür genügt (vorbehaltlich abweichender Satzungsregelungen) ein Beschluss mit einfacher Mehrheit.[9] Die Zuständigkeiten solcher Organe ergeben sich aus der Satzung und sind ggf. durch Auslegung zu ermitteln.[10] Ihnen können auch Aufgaben der Gesellschafter zugewiesen werden.[11] Ihre Funktion kann überwachender, unterstützender oder auch rein repräsentativer Art sein. In Familiengesellschaften dienen Beiräte häufig der Repräsentation von Familienstämmen. Die Mitglieder der zusätzlich geschaffenen Organe müssen nicht notwendigerweise Gesellschafter sein. Eine Besetzung mit Fachleuten, Arbeitnehmervertretern oder anderen Personen ist zulässig.[12]

6 Bestimmte **zwingende Kompetenzen** der Gesellschafter können anderen Organen nicht zugewiesen werden. Dazu gehören:[13] Die Einforderung von Nachschüssen (§ 26),[14] Satzungsänderungen (§§ 53 ff.),[15] Umwandlungsmaßnahmen und Auflösung (§ 60 Nr. 2). Außerdem verfügen die Gesellschafter immer über eine **Rückfallkompetenz**, wenn eine Funktion auf andere Organe verlagert wurde und diese funktionsunfähig sind.[16]

7 Die Übertragung von Befugnissen der Gesellschafter an die **Geschäftsführer** ist nur in engen Grenzen möglich.[17] So kann dem Geschäftsführer nicht die eigene Entlastung oder Abberufung übertragen werden.[18] Zudem gelten auch hier die oben genannten (Rdn. 6) zwingenden Kompetenzen der Gesellschafter, die nicht auf andere Organe übertragen werden können.

C. Gestaltungsfreiheit und ihre Grenzen

8 In § 45 Abs. 2 kommt der Grundsatz der **Satzungsautonomie** für die GmbH zum Ausdruck. Die nachfolgenden Vorschriften über den Aufgabenkreis der Gesellschafter (§ 46), die Beschlussfassung (§ 47), die Gesellschafterversammlung (§ 48) und deren Einberufung (§§ 49 ff.) sind grds. **dispositiv**. Ihre Anwendbarkeit ergibt sich erst, wenn nach Auslegung der Satzung der fragliche Sachverhalt als dort nicht geregelt erscheint.[19] Zwingend kraft ausdrücklicher gesetzlicher Anordnung ist allein § 51a (vgl. § 51a Abs. 4).

9 Allerdings haben Rechtsprechung und Lehre auch zu den grundsätzlich dispositiven Normen vielfach **Einschränkungen der Satzungsautonomie** entwickelt.[20] Die Wichtigste betrifft die Stimmverbote nach § 47 Abs. 4, die überwiegend zwingender Natur sind (§ 47 Rdn. 48 ff.). I.Ü. sei auf die Kommentierung der einzelnen Vorschriften verwiesen.

10 Darüber hinaus können allgemeine **Grundprinzipien** des GmbH-Rechts die Gestaltungsfreiheit begrenzen.[21] So würde es sich nicht mit dem Prinzip der Verbandssouveränität vertragen, wesentliche

---

8 S. etwa *Müller/Wolff*, GmbHR 2003, 810; *Gräwe/Stütze*, GmbHR 2012, 877; *Uffmann*, NZG 2015, 169; zur Beiratspraxis in Familienunternehmern s. *Erker*, DStR 2014, 105, *Reich/Bode*, ZIP 2017, 1798 und *Sanders*, NZG 2017, 961; eingehend zur konfliktpräventiven Funktion von Beiräten *Wedemann*, Gesellschafterkonflikte, S. 275 ff.
9 OLG München, GmbHR 2012, 1075, 1076.
10 S. das Fallbeispiel OLG München, GmbHR 2006, 1269.
11 BGHZ 43, 261, 264 (Schiedsgericht zur Auflösung von Pattsituationen unter den Gesellschaftern).
12 Allgemein zur Bestellung von gesellschaftsfremden Dritten *K. Schmidt*, in: Scholz, GmbHG, § 45 Rn. 15.
13 *Hüffer/Schürnbrand*, in: Ulmer/Habersack/Löbbe, GmbHG, § 45 Rn. 25; *K. Schmidt*, in: Scholz, GmbHG, § 45 Rn. 8.
14 RGZ 70, 326, 329 ff.
15 BGHZ 43, 261, 264.
16 BGHZ 12, 337, 340; *Hüffer/Schürnbrand*, in: Ulmer/Habersack/Löbbe, GmbHG, § 45 Rn. 23.
17 Vgl. *K. Schmidt*, in: Scholz, GmbHG, § 45 Rn. 12; *Zöllner/Noack*, in: Baumbach/Hueck, GmbHG, § 46 Rn. 93.
18 BGHZ 43, 261, 264.
19 *Bochmann*, GmbHR 2017, 558, 560; *Liebscher*, in: MünchKomm GmbHG, § 45 Rn. 138.
20 Dazu kritisch *Teichmann*, RNotZ 2013, 346, 347 ff.
21 *Liebscher*, in: MünchKomm GmbHG, § 45 Rn. 129 ff.; *Zöllner/Noack*, in: Baumbach/Hueck, GmbHG, § 45 Rn. 7.

Fragen der Gesellschaft von der Entscheidung Dritter abhängig zu machen.[22] Weiterhin lässt sich die Mitgliedschaft des Gesellschafters im Kern nicht dispositiv stellen, wie sich am Abspaltungsverbot beim Stimmrecht (§ 47 Rdn. 19) und dem zwingenden Charakter verschiedener Minderheitenrechte (§ 50 Rdn. 3, § 51a Rdn. 16) zeigt. Auch das Verbot des Richtens in eigener Sache (§ 47 Rdn. 33) lässt sich zu den körperschaftlichen Prinzipien zählen, die einer freien Gestaltung nicht zugänglich sind.

§ 46 Aufgabenkreis der Gesellschafter

Der Bestimmung der Gesellschafter unterliegen:

1. die Feststellung des Jahresabschlusses und die Verwendung des Ergebnisses;

1a. die Entscheidung über die Offenlegung eines Einzelabschlusses nach internationalen Rechnungslegungsstandards (§ 325 Abs. 2a des Handelsgesetzbuchs) und über die Billigung des von den Geschäftsführern aufgestellten Abschlusses;

1b. die Billigung eines von den Geschäftsführern aufgestellten Konzernabschlusses;

2. die Einforderung der Einlagen;

3. die Rückzahlung von Nachschüssen;

4. die Teilung, die Zusammenlegung sowie die Einziehung von Geschäftsanteilen;

5. die Bestellung und die Abberufung von Geschäftsführern sowie die Entlastung derselben;

6. die Maßregeln zur Prüfung und Überwachung der Geschäftsführung;

7. die Bestellung von Prokuristen und von Handlungsbevollmächtigten zum gesamten Geschäftsbetrieb;

8. die Geltendmachung von Ersatzansprüchen, welche der Gesellschaft aus der Gründung oder Geschäftsführung gegen Geschäftsführer oder Gesellschafter zustehen, sowie die Vertretung der Gesellschaft in Prozessen, welche sie gegen die Geschäftsführer zu führen hat.

Schrifttum

Ahrens, Vom Ende der Entlastungsklage des GmbH-Geschäftsführers und einem Neubeginn des BGH – Zugleich ein Beitrag zur negativen Feststellungsklage. Besprechung der Entscheidung BGHZ 94, 324, ZGR 1987, 129; *Beuthien,* Von welcher Last befreit die Entlastung? – Zu Inhalt, Zweck und Rechtsfolgen der gesellschaftsrechtlichen Entlastung, GmbHR 2014, 682; *ders.,* Welchen Rechtsschutz gibt es für und wider die Entlastung?, GmbHR 2014, 799; *Dicke*, Der Generalbereinigungsvertrag zwischen der GmbH und ihrem Geschäftsführer, GmbHR 2019, 572; *Förl,* Die neue Teilbarkeit von Geschäftsanteilen – einfach (und) gut?, RNotZ 2008, 409; *Gach/Pfüller*, Die Vertretung der GmbH gegenüber ihrem Geschäftsführer, GmbHR 1998, 64; *Gehrlein*, Rechtsprechungsübersicht zum GmbH-Recht in den Jahren 2001–2004: Eigenkapitalersatz, Veräußerung des Geschäftsanteils, Gesellschafterbeschluss, sowie Rechtsstellung und Haftung des GmbH-Geschäftsführers, BB 2004, 2585; *Greitemann/Bergjan*, Die Auswirkungen des MoMiG auf die M&A-Praxis, in: Birk (Hrsg.), Transaktionen – Vermögen – Pro Bono. Festschrift zum zehnjährigen Bestehen von P+P Pöllath + Partners, 2008, S. 271; *Harbarth,* Gesellschaftsrechtliche Anforderungen an die Kündigung von Geschäftsführerverträgen, BB 2015, 707; *Hartmann*, Das neue Bilanzrecht und der Gesellschaftsvertrag der GmbH, 1986; *Hommelhoff/Priester*, Bilanzrichtliniengesetz und GmbH-Satzung – Gestaltungsmöglichkeiten und Gestaltungsgrenzen, ZGR 1986, 463; *Holthausen*, Entlastung und Generalbereinigung – unverzichtbare Instrumente zur Erlangung von Rechtssicherheit und persönlicher Haftungsbeschränkung, GmbHR 2019, 634; *Horn*, Erfordert eine Streitverkündung einer GmbH an ihren Geschäftsführer einen vorherigen Gesellschafterbeschluss?, GmbHR 2017, 1024; *Janert*, Neues zur Generalbereinigung? – Zugleich ein Beitrag zum Urt. des BGH v. 07.04.2003 – II ZR 193/02, GmbHR 2003, 712, GmbHR 2003, 830; *Krieger*, Die Geltendmachung von Schadensersatzansprüchen gegen GmbH-Geschäftsführer, in: VGR (Hrsg.), Gesellschaftsrecht in der Diskussion 1998, 1999, S. 111; *Lieder,* Annexkompetenzen der Gesellschafterversammlung, NZG 2015, 569; *ders.*, Teilung und Listenkorrektur im GmbH-Recht, NZG 2014, 329; *Mayer*, Der Erwerb einer GmbH nach den Änderungen durch das MoMiG, DNotZ 2008, 403; *Schneider*, Die Zusammenlegung dinglich belasteter GmbH-Anteile, GmbHR 2019, 1222; *Uffmann*, Überwachung der Geschäftsführung durch einen schuldrechtlichen GmbH-Beirat, NZG 2015, 169; *Van Venrooy*, Die Bestellung von Prokuristen und Generalhandlungsbevollmächtigten nach § 46 Nr. 7 GmbHG und das »Innenverhältnis« (§ 46 Nr. 7 GmbHG), GmbHR 1999, 800; *Vath*, Die Enthaftung des GmbH-Geschäftsführers im Wege der Generalbereinigung, GmbHR 2013, 1137; *Wedemann*, Gesellschafterkonflikte in geschlossenen Kapitalgesellschaften, 2013; *Wlotzke/Wißmann/Koberski/Kleinsorge*, Mitbestimmungsrecht, 4. Aufl., 2011; *Zöllner*, Die sog. Gesellschafterklagen im Kapitalgesellschaftsrecht, ZGR 1988, 392.

---

22 *Hüffer/Schürnbrand*, in: Ulmer/Habersack/Löbbe, GmbHG, § 45 Rn. 14; *Römermann*, in: Michalski, GmbHG, § 45 Rn. 19.

Übersicht

A. Überblick/Allgemeines

1 Die Gesellschafter sind nach dem Gesamtbild des GmbHG das oberste Organ der GmbH (vgl. § 45 Rdn. 3). Es besteht eine **Allzuständigkeit** in allen Gesellschaftsangelegenheiten.[1] Dabei sind primäre und sekundäre Zuständigkeiten zu unterscheiden.[2] § 46 bezeichnet den Kernbereich der **primären** Gesellschafterzuständigkeiten. Die Vorschrift ist nicht abschließend; weitere primäre Zuständigkeiten sind etwa die Satzungsänderung (§ 53), Kapitalerhöhungen (§§ 55 ff.) und Umwandlungsmaßnahmen (gemäß UmwG). Die Verpflichtung zur Übertragung des ganzen Gesellschaftsvermögens bedarf regelmäßig der Zustimmung der Gesellschafterversammlung (vgl. § 49 Rdn. 12). Allerdings hat eine fehlende Zustimmung keine Außenwirkung; eine Analogie zu § 179a AktG, der dies für die AG regelt, hat der BGH mit Recht abgelehnt.[3]

2 In Bereichen, für die andere Organe primär zuständig sind, besteht eine **sekundäre** Zuständigkeit der Gesellschafter. Dazu gehört die Weisungsbefugnis ggü. den Geschäftsführern (§ 37 Abs. 2). Soweit die Satzung weitere Organe errichtet und ihnen primäre Kompetenzen zuweist, liegt jedenfalls eine Rückfallkompetenz bei den Gesellschaftern (§ 45 Rdn. 6).

3 Die Kompetenzzuweisungen des § 46 sind weitgehend **dispositiv.**[4] Abweichenden Satzungsgestaltungen setzt die vom GmbHG vorgegebene Grundstruktur gewisse Grenzen:[5] Vertretungsorgan sind stets die Geschäftsführer (§ 35); diese müssen auch einen eigenen primären Aufgabenbereich erhalten; im Gefüge der Gesellschaft müssen die Gesellschafter stets das oberste Entscheidungsorgan bleiben.

B. Feststellung des Jahresabschlusses und Ergebnisverwendung (Nr. 1)

I. Feststellung des Jahresabschlusses

4 Die GmbH ist Formkaufmann (§ 13 Abs. 3) und daher gem. §§ 238 ff. HGB buchführungspflichtig (§ 41 Rdn. 1). Der **Jahresabschluss** besteht aus Bilanz mit Gewinn- und Verlustrechnung

1 BGH, GmbHR 2019, 528, 533 (Rn. 33); OLG München, GmbHR 2015, 84, 86 (Abstimmung über Geschäftsführungsmaßnahmen); *Hüffer/Schürnbrand*, in: Ulmer/Habersack/Löbbe, GmbHG, § 46 Rn. 134 f.; *K. Schmidt*, in: Scholz, GmbHG, § 46 Rn. 1; *Zöllner/Noack*, in: Baumbach/Hueck, GmbHG, § 46 Rn. 4, 89; *Bayer*, in: Lutter/Hommelhoff, GmbHG, § 46 Rn. 1.

2 *Hüffer/Schürnbrand*, in: Ulmer/Habersack/Löbbe, GmbHG, § 46 Rn. 134 f.

3 BGH, GmbHR 2019, 528 ff.

4 *K. Schmidt*, in: Scholz, GmbHG, § 46 Rn. 3; *Zöllner/Noack*, in: Baumbach/Hueck, GmbHG, § 46 Rn. 5; *Bayer*, in: Lutter/Hommelhoff, GmbHG, § 46 Rn. 1.

5 *Hüffer/Schürnbrand*, in: Ulmer/Habersack/Löbbe, GmbHG, § 46 Rn. 4; *K. Schmidt*, in: Scholz, GmbHG, § 46 Rn. 2; *Zöllner/Noack*, in: Baumbach/Hueck, GmbHG, § 46 Rn. 5.

(§ 242 Abs. 3 HGB) und ist um einen Anhang zu erweitern (§ 246 Abs. 1 Satz 1 HGB).[6] Für die **Aufstellung** des Jahresabschlusses sind die gesetzlichen Vertreter zuständig (§ 264 Abs. 1 Satz 1 HGB), in der GmbH also die Geschäftsführer (§ 41). Der Jahresabschluss muss innerhalb der ersten 3 Monate des Geschäftsjahres aufgestellt werden (§ 264 Abs. 1 Satz 3 HGB), für kleine Kapitalgesellschaften (§ 267 Abs. 1 HGB) gilt eine Frist von 6 Monaten (§ 264 Abs. 1 Satz 4 HGB).

Mit der **Feststellung** durch die Gesellschafter (§ 46 Nr. 1) erlangt der Jahresabschluss Verbind- 5
lichkeit für die Gesellschaft und ihre Gesellschafter.[7] Dafür gilt zwingend eine Frist von 8 Monaten bzw. 11 Monaten bei kleinen Kapitalgesellschaften (§ 42a Abs. 2). Die Gesellschafter sind an den Bilanzentwurf der Geschäftsführer nicht gebunden und können innerhalb des gesetzlichen Bilanzermessens (vgl. § 42a Abs. 2 Satz 3) Änderungen vornehmen.[8] Der festgestellte Abschluss ist Grundlage der Ergebnisverwendung (u. Rdn. 11 ff.) und bildet die Anfangsbilanz des nächsten Geschäftsjahres.

Zur **Beschlussvorbereitung** sind den Gesellschaftern die in § 42a Abs. 1 genannten Unterlagen 6
rechtzeitig vorzulegen (vgl. § 42a Rdn. 2 ff.). Die Wochenfrist des § 51 Abs. 1 wird dafür nur selten genügen, die Monatsfrist des § 171 Abs. 3 Satz 1 AktG ist auch in der GmbH ausreichend.[9] Vorzulegen ist zudem der Lagebericht (§ 289 HGB), wenngleich er nicht Teil des Jahresabschlusses ist und damit keiner Beschlussfassung unterliegt.[10]

Bei einer prüfungspflichtigen GmbH ist die **Prüfung** vor der Feststellung durchzuführen (§ 316 7
Abs. 1 Satz 2 HGB). Verändern die Gesellschafter den Jahresabschluss (o. Rdn. 5), muss eine Nachtragsprüfung erfolgen (§ 316 Abs. 3 HGB). Die Gesellschafter müssten danach erneut beschließen. Dies kann vermieden werden, wenn innerhalb von 2 Wochen nach dem Feststellungsbeschluss ein Nachtragstestat vorliegt (§ 173 Abs. 3 Satz 2 AktG analog);[11] die Satzung kann auch eine längere Frist zulassen.[12]

Die Gesellschafter beschließen mit einfacher Mehrheit. Bei der **Beschlussfassung** sind auch 8
Gesellschafter-Geschäftsführer stimmberechtigt, es sei denn, es wird zugleich über ihre Entlastung abgestimmt.[13] Bei Identität von Geschäftsführern und Gesellschaftern kann die Unterzeichnung des Jahresabschlusses (gem. § 245 HGB) u.U. als Feststellungsbeschluss interpretiert werden.[14]

Im Konfliktfall können einzelne Gesellschafter zwar die Beschlussfassung als solche **erzwingen,** 9
nicht aber einen konkreten Beschlussinhalt.[15] Eine dauerhafte gesellschaftsinterne Blockade kann in letzter Konsequenz einen wichtigen Grund für Ausschluss, Austritt oder Auflösung darstellen (vgl.

6 Der Anhang ist damit Teil des Jahresabschlusses einer Kapitalgesellschaft (*Merkt*, in: Baumbach/Hopt, HGB, § 264 Rn. 4).

7 BGHZ 132, 263, 266; *Hommelhoff/Priester*, ZGR 1986, 463, 465.

8 *Ganzer*, in: Rowedder/Schmidt-Leithoff, GmbHG, § 46 Rn. 6; *Hüffer/Schürnbrand*, in: Ulmer/Habersack/Löbbe, GmbHG, § 46 Rn. 13; *K. Schmidt*, in: Scholz, GmbHG, § 46 Rn. 14; *Zöllner/Noack*, in: Baumbach/Hueck, GmbHG, § 46 Rn. 9; *Bayer*, in: Lutter/Hommelhoff, GmbHG, § 46 Rn. 4.

9 *Hüffer/Schürnbrand*, in: Ulmer/Habersack/Löbbe, GmbHG, § 46 Rn. 15; *K. Schmidt*, in: Scholz, GmbHG, § 46 Rn. 16.

10 *Hüffer/Schürnbrand*, in: Ulmer/Habersack/Löbbe, GmbHG, § 46 Rn. 7; *K. Schmidt*, in: Scholz, GmbHG, § 46 Rn. 7; *Zöllner/Noack*, in: Baumbach/Hueck, GmbHG, § 46 Rn. 9 f.; *Bayer*, in: Lutter/Hommelhoff, GmbHG, § 46 Rn. 3.

11 *Hüffer/Schürnbrand*, in: Ulmer/Habersack/Löbbe, GmbHG, § 46 Rn. 14; *Liebscher*, in: MünchKomm, GmbHG § 46 Rn. 32 (str.).

12 *Hüffer/Schürnbrand*, in: Ulmer/Habersack/Löbbe, GmbHG, § 46 Rn. 14; *Liebscher*, in: MünchKomm, GmbHG § 46 Rn. 32.

13 Die Feststellung des Jahresabschlusses ist aber grds. nicht zugleich als Entlastung der Geschäftsführer zu verstehen (RGZ 49, 141, 146).

14 *Hüffer/Schürnbrand*, in: Ulmer/Habersack/Löbbe, GmbHG, § 46 Rn. 12; *K. Schmidt*, in: Scholz, GmbHG, § 46 Rn. 17.

15 RGZ 49, 141, 145 f.; *Hüffer/Schürnbrand*, in: Ulmer/Habersack/Löbbe, GmbHG, § 46 Rn. 16; *K. Schmidt*, in: Scholz, GmbHG, § 46 Rn. 21.

§ 60 Rdn. 57 ff., § 61 Rdn. 11 und Rdn. 17 ff.).[16] Eine Feststellung des Jahresabschlusses durch Gerichtsurteil kommt nur ausnahmsweise bei reduziertem bilanziellen Ermessen in Betracht.[17]

10 Bei der **GmbH & Co. KG** fällt die Feststellung des Jahresabschlusses der KG gleichfalls in die Zuständigkeit der Gesellschafterversammlung.[18] Enthält der KG-Gesellschaftsvertrag eine allgemeine Mehrheitsklausel, so erfasst diese auch die Feststellung des Jahresabschlusses.[19]

II. Ergebnisverwendungsbeschluss

11 Der Beschluss über die Ergebnisverwendung setzt die wirksame Feststellung des Jahresabschlusses voraus. Es handelt sich um rechtlich getrennte Beschlüsse, was nicht ausschließt über Feststellung und Gewinnverwendung gemeinsam abzustimmen.[20] Ein individueller **Ausschüttungsanspruch** der Gesellschafter (dazu § 29 Rdn. 1 ff.) entsteht erst mit dem Ergebnisverwendungsbeschluss.[21] Er lässt sich nicht unmittelbar aus dem festgestellten Jahresabschluss ableiten, weil auch eine Gewinnthesaurierung denkbar ist.

12 Für den Ergebnisverwendungsbeschluss gelten dieselben **Fristen** wie für die Feststellung des Jahresabschlusses (§ 42a Abs. 2 Satz 1, o. Rdn. 5). Ein konkreter Ergebnisverwendungsbeschluss ist ebenso wenig erzwingbar wie die Feststellung eines bestimmten Jahresabschlusses (o. Rdn. 9). Der Beschluss wird mit einfacher Mehrheit gefasst. Spätere **Änderungen** an der Ergebnisverwendung oder am Jahresabschluss bedürfen der Zustimmung aller Gesellschafter, weil deren bereits entstandener Ausschüttungsanspruch betroffen ist.

III. Satzungsregelungen

13 § 46 Nr. 1 ist **dispositiv**. Empfehlenswert ist eine Verlängerung der Zweiwochenfrist für die Nachtragsprüfung (vgl. o. Rdn. 7).[22] Die Zuständigkeiten des § 46 Nr. 1 können auch auf **andere Organe** delegiert werden. Die **Feststellung** des Jahresabschlusses kann einem Bilanzausschuss, dem Aufsichtsrat oder Beirat,[23] einem einzelnen Gesellschafter[24] oder auch dem Geschäftsführer[25] übertragen werden. Bezüglich der **Ergebnisverwendung** sind die Gestaltungsgrenzen enger. Hier muss ein gewisser Gesellschaftereinfluss gewahrt bleiben.[26] Die Entscheidung kann einem

16 Die von *Zöllner*, ZGR 1988, 392, 416 ff. (ebenso *Zöllner/Noack*, in: Baumbach/Hueck, GmbHG, § 46 Rn. 12) stattdessen vorgeschlagene gerichtliche Ermessensentscheidung (§ 315 BGB analog) begegnet erheblichen rechtsdogmatischen Bedenken (vgl. zur Kritik *K. Schmidt*, in: Scholz, GmbHG, § 46 Rn. 21 und *Hüffer/Schürnbrand*, in: Ulmer/Habersack/Löbbe, GmbHG, § 46 Rn. 18 f.).

17 RGZ 80, 330, 337; *Roth*, in: Roth/Altmeppen, GmbHG, § 46 Rn. 8.

18 BGHZ 132, 263, 266; BGHZ 170, 283, 289.

19 BGHZ 170, 283, 288 ff.; anders noch: BGHZ 132, 263, 268 (Mehrheitsklausel müsse die Bilanzfeststellung ausdrücklich nennen).

20 Sog. Kombinierte Beschlussfassung (*Hüffer/Schürnbrand*, in: Ulmer/Habersack/Löbbe, GmbHG, § 46 Rn. 22; *Zöllner/Noack*, in: Baumbach/Hueck, GmbHG, § 46 Rn. 19).

21 BGHZ 139, 299, 302 f.; anders *Hommelhoff*, in: Lutter/Hommelhoff, GmbHG, § 29 Rn. 4: Anspruch ist bereits mit Feststellung des Jahresabschlusses entstanden, wird aber erst mit Beschluss über die Ergebnisverwendung fällig.

22 *Hüffer/Schürnbrand*, in: Ulmer/Habersack/Löbbe, GmbHG, § 46 Rn. 14.

23 Eingehend zu diesen Gestaltungsmöglichkeiten *Hommelhoff/Priester*, ZGR 1986, 463, 474 ff.

24 *Hommelhoff/Priester*, ZGR 1986, 463, 475; *Hüffer/Schürnbrand*, in: Ulmer/Habersack/Löbbe, GmbHG, § 46 Rn. 26; *K. Schmidt*, in: Scholz, GmbHG, § 46 Rn. 46.

25 *Hommelhoff/Priester*, ZGR 1986, 463, 476 f.; *K. Schmidt*, in: Scholz, GmbHG, § 46 Rn. 46; *Zöllner/Noack*, in: Baumbach/Hueck, GmbHG, § 46 Rn. 16. Insoweit kritisch, weil der Abschluss dann ohne interne Kontrollinstanz Verbindlichkeit für die Gesellschafter entfaltet: *Hartmann*, Das neue Bilanzrecht und der Gesellschaftsvertrag der GmbH, 1986, S. 165 f.; *Hüffer/Schürnbrand*, in: Ulmer/Habersack/Löbbe, GmbHG, § 46 Rn. 26.

26 Zu den einzelnen Gestaltungsmöglichkeiten *Hommelhoff/Priester*, ZGR 1986, 463, 500 ff.

Gesellschafterausschuss zugewiesen werden,[27] nicht aber den Geschäftsführern oder gesellschaftsfremden Dritten.[28] Die Satzung kann auch inhaltliche Vorgaben für die Ergebnisverwendung aufstellen, bspw. eine Gewinnthesaurierung vorschreiben.[29] Ergibt sich aufgrund dessen die konkrete Gewinnverwendung bereits eindeutig aus der Satzung, entfällt die Notwendigkeit für einen Gesellschafterbeschluss.

C. Einzelabschluss (Nr. 1a)/Konzernabschluss (Nr. 1b)

Zusätzlich zum HGB-Jahresabschluss, den die Gesellschafter gem. § 46 Nr. 1 feststellen (o. Rdn. 5), kann die Gesellschaft einen Einzelabschluss nach **internationalen Rechnungslegungsstandards** (IFRS) erstellen. Für die Zwecke der handelsrechtlichen Offenlegung kann der IFRS-Abschluss, der lediglich Informationszwecken dient,[30] an die Stelle des HGB-Abschlusses treten (§ 325 Abs. 2a HGB).[31] Ob die Gesellschaft diese Möglichkeit nutzt, entscheiden die Gesellschafter (§ 46 Nr. 1a).[32] Die Geschäftsführer erstellen den Abschluss und leiten ihn an die Gesellschafter weiter (§ 42a Rdn. 16, 37 ff.). Die Gesellschafter können auch Weisungen hinsichtlich der Vorfrage erteilen, ob überhaupt ein IFRS-Abschluss aufgestellt werden soll.[33] 14

Die Offenlegung des IFRS-Abschlusses setzt eine **Billigung** durch die Gesellschafter voraus. Sie bekunden damit ihr inhaltliches Einverständnis. Die Billigung ist keine Feststellung i.S.d. § 46 Nr. 1,[34] denn der IFRS-Abschluss entfaltet nicht dieselbe interne Bindungswirkung wie der HGB-Abschluss (o. Rdn. 14). 15

Die **Satzung** kann die Entscheidung über die Aufstellung und Offenlegung sowie über die Billigung des IFRS-Abschlusses einem anderen Organ zuweisen.[35] 16

Muss die Gesellschaft einen **Konzernabschluss** erstellen (§ 290 HGB), beschließen die Gesellschafter auch über dessen Billigung (§ 46 Nr. 1b). Zur Aufstellung durch die Geschäftsführer und Vorlage an die Gesellschafter vgl. § 42a Rdn. 66 ff. 17

D. Einforderung der Einlagen (Nr. 2)

Mit Ausnahme von Sacheinlagen (§§ 7 Abs. 3, 57 Abs. 2) müssen die Einlagen der Gesellschafter bei Gründung (§§ 5, 7) und Kapitalerhöhung (§ 57) nicht von Anfang an vollständig erbracht werden. Wann der Restbetrag **fällig** wird, entscheiden die Gesellschafter:[36] Gem. § 46 Nr. 2 obliegt 18

27 *Hüffer/Schürnbrand*, in: Ulmer/Habersack/Löbbe, GmbHG, § 46 Rn. 27. Eine Delegation an einzelne Gesellschafter (die *Hommelhoff/Priester*, ZGR 1986, 463, 503, für möglich halten) wird von *Hüffer/Schürnbrand* kritisch gesehen.

28 *Hüffer/Schürnbrand*, in: Ulmer/Habersack/Löbbe, GmbHG, § 46 Rn. 27. Weiter *Zöllner/Noack*, in: Baumbach/Hueck, GmbHG, § 46 Rn. 21, die eine Delegation der Ergebnisverwendung in demselben Umfang wie bei der Feststellung des Jahresabschlusses zulassen wollen.

29 *K. Schmidt*, in: Scholz, GmbHG, § 46 Rn. 47; vgl. den Sachverhalt in BGHZ 170, 283, 290 (dort hatte der Gesellschaftsvertrag eine bestimmte Rücklagenquote vorab festgelegt).

30 *Merkt*, in: Baumbach/Hopt, § 325 Rn. 6.

31 Für die allgemeinen Zwecke des Gesellschafts-, Steuer- und Aufsichtsrechts wird weiterhin der HGB-Abschluss verlangt (*Merkt*, in: Baumbach/Hopt, § 325 Rn. 7).

32 *Hüffer/Schürnbrand*, in: Ulmer/Habersack/Löbbe, GmbHG, § 46 Rn. 29; *K. Schmidt*, in: Scholz, GmbHG, § 46 Rn. 47a; RegBegr. Bilanzrechtsreformgesetz, BT-Drucks. 15/3419, S. 55.

33 *Hüffer/Schürnbrand*, in: Ulmer/Habersack/Löbbe, GmbHG, § 46 Rn. 29; *K. Schmidt*, in: Scholz, GmbHG, § 46 Rn. 47a; *Zöllner/Noack*, in: Baumbach/Hueck, GmbHG, § 46 Rn. 23.

34 *Bayer*, in: Lutter/Hommelhoff, GmbHG, § 46 Rn. 10; *Hüffer/Schürnbrand*, in: Ulmer/Habersack/Löbbe, GmbHG, § 46 Rn. 30; *K. Schmidt*, in: Scholz, GmbHG, § 46 Rn. 47a.

35 *Roth*, in: Roth/Altmeppen, GmbHG, § 46 Rn. 10b; *K. Schmidt*, in: Scholz, GmbHG, § 46 Rn. 47a.

36 Nach h.M. führt der Beschluss zur Fälligkeit: BGH, BB 1961, 953; BGH, WM 1987, 208, 209; OLG Celle, GmbHR 1997, 748, 749; OLG Dresden, GmbHR 1999, 233; *Bayer*, in: Lutter/Hommelhoff, GmbHG, § 46 Rn. 12; *Ganzer*, in: Rowedder/Schmidt-Leithoff, GmbHG, § 46 Rn. 17; *Römermann*, in: Michalski, GmbHG, § 46 Rn. 134 ff.; *Roth*, in: Roth/Altmeppen, GmbHG, § 46 Rn. 13; *K. Schmidt*, in: Scholz,

ihnen die **Finanzierungsentscheidung**, zu welchem Zeitpunkt und in welchem Umfang die Gesellschaft ausstehende Einlagen (Nennbetrag und eventuelles Agio) benötigt. Der entsprechende Gesellschafterbeschluss ist dann auch maßgeblich für den Beginn der Verjährung (§ 19 Abs. 6).[37]

19 Bei der Einforderung der Einlage handelt es sich um eine innere Angelegenheit der Gesellschaft; aus diesem Grund dürfen alle Gesellschafter an der **Beschlussfassung** teilnehmen, § 47 Abs. 4 gilt hier nicht.[38] Die Geschäftsführer übernehmen die **Ausführung** des Beschlusses: Sie benachrichtigen Gesellschafter, die nicht anwesend waren, von dem Beschluss und fordern die Zahlung ein.[39]

20 Für eine Finanzierungsentscheidung der Gesellschafter ist kein Raum bei **Insolvenz** oder **Liquidation** der Gesellschaft[40] sowie bei **Pfändung** des Anspruchs durch einen Gläubiger.[41] Die Einziehungsbefugnis liegt in diesen Fällen nicht mehr bei der Gesellschaft, sondern beim Insolvenzverwalter,[42] Liquidator oder Gläubiger. Demzufolge ginge ein Beschluss nach § 46 Nr. 2 ins Leere.

21 Für einen Beschluss nach § 46 Nr. 2 ist auch dann kein Raum, wenn die **Satzung** die Zahlungsmodalitäten (Zeitpunkt und Betrag der Leistung) bereits eindeutig festlegt.[43] Eine Stundung ist dann nicht möglich (§ 19 Abs. 2 Satz 1), auch nicht durch Gesellschafterbeschluss.[44] Sollen die Zahlungsmodalitäten später zum Nachteil der Gesellschafter geändert werden, müssen alle Gesellschafter zustimmen (§ 53 Abs. 3); bei Änderungen zum Vorteil der Gesellschafter sind die Regeln der Kapitalherabsetzung einzuhalten.[45] Die Satzung kann die Finanzierungsentscheidung des § 46 Nr. 2 auch auf **andere Organe** übertragen.[46] Die Ausführung liegt dann weiterhin bei den Geschäftsführern.

E. Rückzahlung von Nachschüssen (Nr. 3)

22 Nachschüsse müssen die Gesellschafter nur leisten, wenn die Satzung dies vorsieht (§ 26 Abs. 1). Eine Rückzahlung von geleisteten Nachschüssen ist zulässig, soweit diese nicht zur Deckung eines Verlustes am Stammkapital erforderlich sind (§ 30 Abs. 2). Die Entscheidung darüber, ob **rückzahlbare Nachschüsse** tatsächlich zurückgezahlt werden, treffen die Gesellschafter (§ 46 Abs. 1 Nr. 3). Stimmberechtigt sind auch die davon betroffenen Gesellschafter.[47] Die Rückzahlung darf

---

GmbHG, § 46 Rn. 49, 56; *Zöllner/Noack*, in: Baumbach/Hueck, GmbHG, § 46 Rn. 25. Nach a.A. (*Hüffer/Schürnbrand*, in: Ulmer/Habersack/Löbbe, GmbHG, § 46 Rn. 33) besteht Fälligkeit von Anfang an, der Forderung fehlt bis zum Gesellschafterbeschluss aber die Durchsetzbarkeit.

37 BGH, NJW 1987, 779.

38 So wegen der damit verbundenen Finanzierungsentscheidung zu Recht die h.M.: BGH, NJW 1991, 172, 173; OLG München, BB 1990, 367, 368; *Hüffer/Schürnbrand*, in: Ulmer/Habersack/Löbbe, GmbHG, § 46 Rn. 35; *Bayer*, in: Lutter/Hommelhoff, GmbHG, § 46 Rn. 12; *Roth*, in: Roth/Altmeppen, GmbHG, § 46 Rn. 13; a.A. *Zöllner/Noack*, in: Baumbach/Hueck, GmbHG, § 47 Rn. 93.

39 OLG Köln, OLGE 19, 369; *Römermann*, in: Michalski, GmbHG, § 46 Rn. 146; *K. Schmidt*, in: Scholz, GmbHG, § 46 Rn. 56.

40 BGH, GmbHR 2008, 147, 148 f.; BGHZ 84, 47, 48; RGZ 138, 106, 111; die Einforderung muss aber zur Befriedigung der Gläubiger auch tatsächlich erforderlich sein (so RGZ 45, 153, 155 zur Liquidation einer AG).

41 RGZ 149, 293, 301 f. (Pfändung). Anders bei Abtretung (so zu Recht differenzierend *K. Schmidt*, in: Scholz, GmbHG, § 46 Rn. 54), sonst könnte der Geschäftsführer durch Zession der Einlagenforderung das Beschlusserfordernis umgehen.

42 OLG Karlsruhe, GmbHR 2014, 144, 144; OLG Dresden, BeckRS 2002, 10110 Tz. 6.

43 So schon RGZ 138, 106, 111; vgl. aus der jüngeren Zeit OLG Dresden, GmbHR 1999, 233, am Beispiel einer Kapitalerhöhung (sofortige Fälligkeit). Verwendet die Satzung den Begriff »Barzahlung«, bedeutet das für sich genommen noch nicht, dass die Einlage sofort fällig sein soll (BGH, WM 1961, 855).

44 RGZ 138, 106, 111; *Hüffer/Schürnbrand*, in: Ulmer/Habersack/Löbbe, GmbHG, § 46 Rn. 38; *K. Schmidt*, in: Scholz, GmbHG, § 46 Rn. 52.

45 *Hüffer/Schürnbrand*, in: Ulmer/Habersack/Löbbe, GmbHG, § 46 Rn. 38.

46 RGZ 138, 106, 111 f.

47 *Hüffer/Schürnbrand*, in: Ulmer/Habersack/Löbbe, GmbHG, § 46 Rn. 39; *K. Schmidt*, in: Scholz, GmbHG, § 46 Rn. 62.

frühestens 3 Monate nach Bekanntgabe des Beschlusses erfolgen (§ 30 Abs. 2 Satz 2). Die **Satzung** kann die in § 46 Abs. 1 Nr. 3 geregelte Entscheidungskompetenz einem anderen Organ zuweisen oder die Voraussetzungen der Rückzahlung bereits so konkret regeln, dass es keines Beschlusses mehr bedarf.[48]

F. Teilung, Zusammenlegung sowie Einziehung von Geschäftsanteilen (Nr. 4)

Die Zahl und die Nennbeträge der Geschäftsanteile werden bei Gründung der Gesellschaft im Gesellschaftsvertrag festgelegt (§ 3 Abs. 1 Nr. 4). Dabei wird jedem Geschäftsanteil ein bestimmter Nennbetrag zugewiesen, der auf volle Euro lauten muss (§ 5 Abs. 2 Satz 1). Diese Aufteilung kann später durch **Teilung, Zusammenlegung oder Einziehung** von Geschäftsanteilen verändert werden. § 46 Abs. 1 Nr. 4 stellt diese Entscheidung in die Kompetenz der Gesellschafter. 23

Bei der **Teilung** eines Geschäftsanteils entstehen mehrere neue Geschäftsanteile.[49] Die damit verbundenen Rechte und Pflichten gehen proportional über, soweit sie teilbar sind (insb. Vermögensrechte); unteilbare Rechte (insb. Verwaltungsrechte wie Teilnahme- und Informationsrecht) gewährt jeder neue Anteil eigenständig.[50] Die Nennbeträge der neuen Anteile müssen auf volle Euro lauten (§ 5 Abs. 2 Satz 1 GmbHG) und in der Summe dem Nennbetrag des ursprünglichen Geschäftsanteils entsprechen.[51] Andernfalls ist der Teilungsbeschluss nichtig (§ 134 BGB).[52] Ein noch nicht durch Teilung entstandener neuer Anteil kann bereits abgetreten werden, soweit er hinreichend bestimmbar ist.[53] 24

Bei der **Zusammenlegung** werden verschiedene Geschäftsanteile zu einem einzigen Anteil verbunden. Die Einlage der Geschäftsanteile muss voll erbracht worden sein und die Anteile dürfen nicht unterschiedlich mit Rechten Dritter belastet sein.[54] 25

Die Gesellschafter beschließen **formfrei** und mit **einfacher Mehrheit** über Teilung und Zusammenlegung von Geschäftsanteilen.[55] Der Beschluss ist hinreichend bestimmt, wenn er auf die Teilungserklärung im Veräußerungs- oder Abtretungsvertrag Bezug nimmt.[56] Die Gesellschafter können die Zustimmung zur Teilung auch als Einwilligung vorab erklären.[57] Bei dem Teilungsbeschluss handelt es sich materiell gesehen nicht um eine Satzungsänderung.[58] Der Beschluss sollte allerdings 26

---

48 *Hüffer/Schürnbrand*, in: Ulmer/Habersack/Löbbe, GmbHG, § 46 Rn. 41; *K. Schmidt*, in: Scholz, GmbHG, § 46 Rn. 61; *Zöllner/Noack*, in: Baumbach/Hueck, GmbHG, § 46 Rn. 30.

49 *Bayer*, in: Lutter/Hommelhoff, GmbHG, § 46 Rn. 17. Früher bestehende Restriktionen (§ 17 a.F.) wurden mit dem MoMiG abgeschafft (vgl. BegrRegE, BT-Drucks. 16/6140, S. 45). Die Teilung ist seitdem auch »auf Vorrat«, also ohne konkrete Veräußerungsabsicht, möglich.

50 *Bayer*, in: Lutter/Hommelhoff, GmbHG, § 46 Rn. 17; *Wicke*, GmbHG, § 46 Rn. 11.

51 *Wicke*, GmbHG, § 46 Rn. 10.

52 Die zum alten Recht ergangene Entscheidung BGH, NZG 2005, 927, wird man insoweit auf die neue Rechtslage übertragen können. Ein darauf bezogenes Verpflichtungsgeschäft wäre gem. § 311a BGB wirksam (anders BGH, NZG 2005, 927, 928, unter Anwendung des § 306 BGB a.F.).

53 *Förl*, RNotZ 2008, 409, 414. Wenn alle Gesellschafter mitwirken, kann darin auch ein konkludenter Teilungsbeschluss liegen (BGH, BB 1968, 1053); ebenso bei Veräußerung durch den Alleingesellschafter (BGH, NJW 1989, 168, 170; KG, GmbHR 1996, 921).

54 *Bayer*, in: Lutter/Hommelhoff, GmbHG, § 46 Rn. 20; *Wicke*, GmbHG, § 46 Rn. 12; *Zöllner/Noack*, in: Baumbach/Hueck, GmbHG, § 46 Rn. 32. Für eine differenzierende Betrachtung bei der Zusammenlegung dinglich belasteter Anteile demgegenüber mit beachtlichen Argumenten *Schneider*, GmbHR 2019, 1222.

55 *Mayer*, DNotZ 2008, 403, 425.

56 BGH, GmbHR 2014, 198, 200 (Rn. 26); zust. *Lieder*, NZG 2014, 329, 330; differenzierend *Liebscher*, in: MünchKomm GmbHG, § 46 Rn. 88b (genaue Angaben zur Teilung müssen dem Beschluss jedenfalls dann entnehmbar sein, wenn keine konkrete Bezugsurkunde vorhanden ist).

57 BGH, GmbHR 2014, 198, 200 (Rn. 26).

58 *Bayer*, in: Lutter/Hommelhoff, GmbHG, § 46 Rn. 18; vgl. *Priester*, in: Scholz, GmbHG, § 53 Rn. 151: Teilung, Zusammenlegung und Einziehung von Geschäftsanteilen vollziehen sich außerhalb der Satzung.

schriftlich dokumentiert werden.[59] Der betroffene Gesellschafter ist stimmberechtigt. Eine Teilung ist auch ohne seine Zustimmung möglich.[60] Demgegenüber kann die Zusammenlegung die künftige Veräußerung erschweren und bedarf daher der **Zustimmung** des betroffenen Gesellschafters.[61] Mit dem Gesellschafterbeschluss ist die Teilung oder Zusammenlegung bewirkt.[62] Beim Handelsregister ist eine aktualisierte Gesellschafterliste einzureichen (§ 40).[63]

27 Die **Satzung** kann für die Teilung und Zusammenlegung ein anderes Verfahren vorsehen. Die Entscheidung kann durch Satzung erschwert, einem anderen Organ übertragen oder jedem Gesellschafter selbst überlassen werden.[64] Sinnvoll ist zumindest die Anordnung der Schriftform für Teilung und Zusammenlegung.[65]

28 Die **Einziehung** eines Geschäftsanteils führt zu dessen Vernichtung (§ 34 Rdn. 1, 44 ff.). Sie muss in der Satzung ausdrücklich zugelassen sein (dazu und zu den weiteren materiellen Voraussetzungen § 34 Rdn. 9 ff., 25 ff.). Für den Einziehungsbeschluss sind die Gesellschafter zuständig (§ 46 Nr. 4). Der betroffene Gesellschafter ist bei der Zwangsentziehung nicht stimmberechtigt (§ 47 Rdn. 42);[66] bei sonstigen Einziehungsgründen kommt es auf die Satzungsauslegung an (näher § 47 Rdn. 46).

G. Bestellung, Abberufung und Entlastung von Geschäftsführern (Nr. 5)

I. Bestellung und Abberufung

29 Die **Bestellung** der Geschäftsführer wird entweder durch den Gesellschaftsvertrag oder einen Beschluss der Gesellschafter vorgenommen (§§ 6 Abs. 3, 46 Nr. 5).[67] Der Beschluss ist keine materielle Satzungsänderung[68] und wird mit einfacher Mehrheit gefasst.[69] Er bedarf einer Ausführungshandlung (Mitteilung des Beschlusses an den künftigen Geschäftsführer);[70] die Gesellschaft wird dabei durch die Gesellschafter vertreten.[71] Erforderlich ist auch das rechtsgeschäftliche **Einverständnis** des künftigen Geschäftsführers.[72] Mitteilung und Einverständnis fallen zusammen, wenn

59 Dies erhöht für spätere Anteilsabtretungen die Rechtssicherheit. Außerdem setzt die Änderung der Gesellschafterliste gem. § 40 Abs. 1 Satz 2 einen Nachweis voraus (vgl. BegrRegE, BT-Drucks. 16/6140, S. 45; *Förl*, RNotZ 2008, 409, 413; *Mayer*, DNotZ 2008, 403, 426; *Wicke*, GmbHG, § 46 Rn. 13).

60 *Bayer*, in: Lutter/Hommelhoff, GmbHG, § 46 Rn. 18; *Wicke*, GmbHG, § 46 Rn. 9; BegrRegE, BT-Drucks. 16/6140, S. 45.

61 *Förl*, RNotZ 2008, 409, 411; *Mayer*, DNotZ 2008, 403, 425 f.; *Roth*, in: Roth/Altmeppen, GmbHG, § 46 Rn. 16c. Anders die – insoweit aber unverbindliche – BegrRegE, BT-Drucks. 16/6140, S. 45.

62 Seit der Streichung des früheren § 17, der eine Teilungsgenehmigung vorsah, ganz h.M.: *Bayer*, in: Lutter/Hommelhoff, GmbHG, § 46 Rn. 18; *Förl*, RNotZ 2008, 409, 410 f.; *Liebscher*, in: MünchKomm GmbHG, § 46 Rn. 86; *Wicke*, GmbHG, § 46 Rn. 9; a.A. *Greitemann/Bergjan*, FS Pöllath, S. 271, 292.

63 Das gilt auch dann, wenn die geteilten Anteile vorerst bei demselben Gesellschafter verbleiben, der den ungeteilten Anteil innehatte (vgl. *Wicke*, GmbHG, § 46 Rn. 9: aktualisierte Gesellschafterliste bei jeder Teilung).

64 *Mayer*, DNotZ 2008, 403, 425 f.

65 Vgl. die Nachweise in Fn. 58.

66 *Bayer*, in: Lutter/Hommelhoff, GmbHG, § 46 Rn. 21; *Hüffer/Schürnbrand*, in: Ulmer/Habersack/Löbbe, GmbHG, § 46 Rn. 50; *K. Schmidt*, in: Scholz, GmbHG, § 46 Rn. 67.

67 Hierzu ausführlich *Lieder*, NZG 2015, 569, 572 f.; zur Bestellung der Liquidatoren vgl. § 66 Rdn. 7 ff.

68 *Hüffer/Schürnbrand*, in: Ulmer/Habersack/Löbbe, GmbHG, § 46 Rn. 52; *K. Schmidt*, in: Scholz, GmbHG, § 46 Rn. 69.

69 *Hüffer/Schürnbrand*, in: Ulmer/Habersack/Löbbe, GmbHG, § 46 Rn. 57; *K. Schmidt*, in: Scholz, GmbHG, § 46 Rn. 73.

70 Bereits vorher besteht eine interne Bindung der Gesellschafter an ihren Beschluss, die sie nur durch einen Aufhebungsbeschluss wieder beseitigen können (*Hüffer/Schürnbrand*, in: Ulmer/Habersack/Löbbe, GmbHG, § 46 Rn. 57).

71 BGHZ 52, 316, 321.

72 *Ganzer*, in: Rowedder/Schmidt-Leithoff, GmbHG, § 46 Rn. 32; *Hüffer/Schürnbrand*, in: Ulmer/Habersack/Löbbe, GmbHG, § 46 Rn. 54; *K. Schmidt*, in: Scholz, GmbHG, § 46 Rn. 79; *Zöllner*, in: Baumbach/Hueck, GmbHG, § 46 Rn. 35.

der künftige Geschäftsführer als Gesellschafter für den Beschluss stimmt. Mit der Bestellung erlangt der Geschäftsführer die organschaftliche Stellung als Vertretungsorgan der Gesellschaft. Auch bei **fehlerhafter** Bestellung wird der Geschäftsführer Organ der Gesellschaft; seine Stellung kann nur ex nunc aufgehoben werden.[73]

Auch die **Abberufung** des Geschäftsführers erfolgt durch Gesellschafterbeschluss. Sie beendet das organschaftliche Verhältnis.[74] Der Beschluss bedarf der Ausführung in Form einer Erklärung ggü. dem betroffenen Geschäftsführer.[75] Dessen Zustimmung ist naturgemäß nicht erforderlich.[76] Davon zu unterscheiden ist die einseitige **Niederlegung** des Amtes durch den Geschäftsführer. Diese kann ggü. allen oder auch nur ggü. einem der Gesellschafter erklärt werden.[77] 30

Von dem organschaftlichen Akt der Bestellung ist die **Anstellung** zu unterscheiden (vgl. Anhang zu § 6). Dabei handelt es sich um einen zivilrechtlichen Vertrag (§§ 675, 611 BGB) zwischen der Gesellschaft und dem Geschäftsführer, der die näheren Anstellungsbedingungen (insb. die Vergütung) regelt. Auch dafür sind die Gesellschafter zuständig (**Annexkompetenz** zur Geschäftsführerbestellung).[78] Wird die Vergütung des Geschäftsführers nicht mit diesem selbst, sondern mit einem Dritten geregelt, der die Geschäftsführer vergütet und diesen Betrag an die GmbH weiter berechnet, so unterliegt auch dieser Vertrag der Kompetenz der Gesellschafterversammlung.[79] Die Anstellung wird durch Kündigung beendet.[80] Soweit nach einer Abberufung des Geschätsführers das Anstellungsverhältnis noch besteht, ist für eine Änderung des Anstellungsverhältnisses weiterhin die Gesellschafterversammlung zuständig.[81] Deren Zuständigkeit endet erst, wenn das Anstellungsverhältnis des abberufenen Geschäftsführers in ein gewöhnliches Anstellungsverhältnis umgewandelt wurde.[82] Möglich ist auch eine vertragliche Koppelung in der Weise, dass in der Abberufung gleichzeitig die Kündigung des Anstellungsvertrages liegt.[83] Schließt der Geschäftsführer im Namen der GmbH mit einer anderen GmbH, deren alleiniger Gesellschafter und Geschäftsführer er ist, einen Beratungsvertrag, so kann darin eine Verletzung der internen Kompetenzregel des § 46 Nr. 5 liegen, die den Geschäftsführer gemäß § 43 Abs. 2 zum Schadensersatz verpflichtet.[84] 31

Bei Beschlüssen über die Bestellung, Abberufung oder Anstellung von Geschäftsführern sind alle Gesellschafter **stimmberechtigt**, einschließlich derjenigen Gesellschafter, die Geschäftsführer sind oder zum Geschäftsführer bestellt werden sollen.[85] Lediglich bei der **Abberufung aus wichtigem** 32

73 Im Ergebnis unstreitig; zu den unterschiedlichen dogmatischen Begründungsansätzen vgl. *Hüffer/Schürnbrand*, in: Ulmer/Habersack/Löbbe, GmbHG, § 46 Rn. 58.

74 In Eilfällen kann im Wege des einstweiligen Rechtsschutzes die Ausübung der Tätigkeit untersagt werden (vgl. OLG Frankfurt am Main, NZG 1999, 213).

75 RGZ 68, 381, 385; *Hüffer/Schürnbrand*, in: Ulmer/Habersack/Löbbe, GmbHG, § 46 Rn. 59; *K. Schmidt*, in: Scholz, GmbHG, § 46 Rn. 81.

76 *Hüffer/Schürnbrand*, in: Ulmer/Habersack/Löbbe, GmbHG, § 46 Rn. 59.

77 BGHZ 149, 28, 31 (allgemeiner Grundsatz bei Gesamtvertretung); zustimmend *Hüffer/Schürnbrand*, in: Ulmer/Habersack/Löbbe, GmbHG, § 46 Rn. 54; *Kleindiek*, in: Lutter/Hommelhoff, GmbHG, § 39 Rn. 47; a.A. *Gach/Pfüller*, GmbHR 1998, 64, 68.

78 BGH, NJW 2000, 2983; BGH, NJW 1991, 1680, 1681; *Bayer*, in: Lutter/Hommelhoff, GmbHG, § 46 Rn. 23; *Hüffer/Schürnbrand*, in: Ulmer/Habersack/Löbbe, GmbHG, § 46 Rn. 5; *Lieder*, NZG 2015, 569, 570; *Zöllner/Noack*, in: Baumbach/Hueck, GmbHG, § 46 Rn. 36;. Anders die frühere Rechtsprechung (BGH, NJW 1958, 945; BGH, NJW 1961, 507: Zuständigkeit der Mitgeschäftsführer).

79 BGH, GmbHR 2019, 883, 884 f.

80 Auch dafür ist die Gesellschafterversammlung zuständig, jedenfalls wenn damit die Abberufung verbunden ist (zuletzt OLG München, BeckRS 2013, 09308; weiterhin *Harbarth*, BB 2015, 707).

81 BGH, GmbHR 2018, 1009 f.

82 BGH, GmbHR 2018, 1009 f.

83 BGH, NZG 1999, 1215, 1216.

84 OLG Naumburg, GmbHR 2014, 985, 987.

85 BGHZ 18, 205, 210; RGZ 81, 37, 38 (zur AG); RGZ 74, 276, 280; *Liebscher*, in: MünchKomm GmbHG, § 46 Rn. 126 (m.w.N.); *Lieder*, NZG 2015, 569, 572. In der Literatur wird teilweise wegen der Gefahr, das Eigeninteresse in den Vordergrund zu stellen, für ein Stimmverbot hinsichtlich des Anstellungsverhältnisses

Grund sind die betroffenen Gesellschafter-Geschäftsführer nicht stimmberechtigt.[86] Für den Ausschluss vom Stimmrecht genügt die Behauptung, es läge ein wichtiger Grund vor.[87] Aus der Treuepflicht kann sich beim Vorliegen eines wichtigen Grundes für einzelne Gesellschafter die Pflicht ergeben, der Abberufung zuzustimmen.[88]

33 Die **Satzung** kann für die Beschlussfassung höhere Mehrheiten oder besondere Verfahren festlegen. Die Abberufung aus wichtigem Grund darf nicht erschwert und auch nicht von einer höheren Mehrheit abhängig gemacht werden (§ 38 Rdn. 22).[89] Die Satzung kann einzelnen Gesellschaftern ein Vorschlagsrecht einräumen.[90] Gewährt die Satzung einem Gesellschafter ein **Sonderrecht auf Geschäftsführung**, kann dies nur mit satzungsändernder Mehrheit beseitigt werden; zudem kann der Berechtigte nicht ohne seine Zustimmung abberufen werden (Ausnahme: Abberufung aus wichtigem Grund).[91] Die Bestellung und Abberufung der Geschäftsführer kann auch auf **andere Organe** übertragen werden.[92] Eine Übertragung auf Dritte ist nach herrschender Meinung nicht möglich.[93]

34 Unterliegt die GmbH der **Mitbestimmung**, ist zu differenzieren: Im Anwendungsbereich des MitbestG 1976 ist (außer bei der Gründung) allein der obligatorisch einzurichtende Aufsichtsrat für die Bestellung und Abberufung der Geschäftsführer zuständig (§ 31 Abs. 1 MitbestG i.V.m. § 84 AktG). Diese Zuständigkeit erfasst auch die Annexkompetenz für das Anstellungsverhältnis.[94] Unterliegt die GmbH dem DrittelbG, bleiben die Gesellschafter für die Bestellung und Anstellung der Geschäftsführer zuständig.[95] Dasselbe gilt bei Einrichtung eines fakultativen Aufsichtsrats (§ 52 Rdn. 17 ff.).

II. Entlastung

35 In der Entlastung der Geschäftsführer liegt die Billigung der Geschäftsführung für die Vergangenheit und der Ausspruch von Vertrauen für die Zukunft.[96] Ihre **rechtliche Wirkung** liegt darin, dass etwaige zum Zeitpunkt der Beschlussfassung erkennbare Ersatz- und Ausgleichsansprüche gegen die Geschäftsführer entfallen.[97] Die Entlastung umfasst Ansprüche aufgrund jeder Rechtsgrundlage.[98] Von der Entlastung erfasste Vorgänge können auch nicht mehr zum Anlass einer Abberufung

---

plädiert (*Römermann*, in: Michalski, GmbHG, § 47 Rn. 249; *Roth*, in: Roth/Altmeppen, GmbHG, § 47 Rn. 65).

86 BGHZ 86, 177, 181; RGZ 138, 98, 103 f.; OLG Stuttgart, GmbHR 2013, 414, 422.

87 BGHZ 86, 177, 181; die Literatur fordert teilweise das positive Vorliegen eines wichtigen Grundes (*Römermann*, in: Michalski, GmbHG, § 47 Rn. 242 ff.; *Zöllner/Noack*, in: Baumbach/Hueck, GmbHG, § 47 Rn. 85).

88 BGHZ 102, 172, 176.

89 BGHZ 86, 177, 179.

90 *Wedemann*, Gesellschafterkonflikte, S. 267 ff.; zur Auslegung derartiger Klauseln: OLG Hamm, ZIP 1986, 1188; OLG Stuttgart, GmbHR 1999, 537.

91 *Hüffer/Schürnbrand*, in: Ulmer/Habersack/Löbbe, GmbHG, § 46 Rn. 60. Str. ist, welcher Mehrheit die Abberufung aus wichtigem Grund bedarf (*K. Schmidt*, in: Scholz, GmbHG, § 46 Rn. 73, plädiert zum Schutz des Sonderrechts für satzungsändernde Mehrheit).

92 Im Einzelnen *K. Schmidt*, in: Scholz, GmbHG, § 46 Rn. 72); *Wedemann*, Gesellschafterkonflikte, S. 269 ff. Bei Funktionsunfähigkeit des anderen Organs besteht Rückfallkompetenz der Gesellschafter (BGHZ 12, 337).

93 *Hüffer/Schürnbrand*, in: Ulmer/Habersack/Löbbe, GmbHG, § 46 Rn. 86; *K. Schmidt*, in: Scholz, GmbHG, § 46 Rn. 72; a.A. *Fastrich*, in: Baumbach/Hueck, GmbHG, § 6 Rn. 31; *Altmeppen*, in: Roth/Altmeppen, GmbHG, § 6 Rn. 59.

94 BGHZ 89, 48, 52 ff.

95 *Kleinsorge*, in: Wlotzke/Wißmann/Koberski/Kleinsorge, Mitbestimmungsrecht, § 1 DrittelbG Rn. 30.

96 BGHZ 94, 324, 326.

97 BGHZ 94, 324, 326; *Holthausen*, GmbHR 2019, 634 f.; a.A. (Beweislastumkehr) *Beuthien*, GmbHR 2014, 682, 687 ff.

98 BGHZ 97, 382, 385.

oder Kündigung gemacht werden.[99] Um diese Wirkungen auszulösen, muss die Entlastung dem Geschäftsführer mitgeteilt werden.[100] Die **Satzung** kann die Zuständigkeit für die Entlastung oder ihre Ausführung einem anderen Organ als den Gesellschaftern übertragen.[101]

Der sachliche und zeitliche **Umfang der Entlastung** richtet sich nach der konkreten Fassung des Beschlusses. Von der Rechtswirkung der Entlastung werden nur Vorgänge erfasst, die für die Gesellschafter bei sorgfältiger Prüfung aller zur Verfügung gestellten Unterlagen und Informationen erkennbar waren.[102] Anderweitig erlangte Kenntnisse reichen nur aus, wenn sie bei allen Gesellschaftern vorlagen.[103] Die entlastende Rechtswirkung tritt nicht ein, soweit Ansprüche im Interesse der Gesellschaftsgläubiger unverzichtbar sind (vgl. § 43 Rdn. 73 ff., 95 f.).[104] **36**

Der BGH gesteht dem Geschäftsführer **keinen einklagbaren Anspruch** auf Entlastung zu.[105] Sollten die Gesellschafter einzelne Ansprüche behaupten, könne sich der Geschäftsführer mit einer negativen Feststellungsklage wehren. Eine darüber hinausgehende Billigung der Geschäftsführung als zweckmäßig könne ebenso wenig erzwungen werden wie eine Vertrauensäußerung für die Zukunft. Daran ist zutreffend, dass der Geschäftsführer keinen Anspruch auf ein konkretes Ergebnis der Entlastung hat. Andererseits liegt der Sinn der Kompetenzzuweisung des § 46 Nr. 5 aber auch darin, dass die Gesellschafter die vom Geschäftsführer ordnungsgemäß vorgelegten Unterlagen und Informationen prüfen und sich zum Ergebnis ihrer Überprüfung auch äußern. Der Geschäftsführer erhält dadurch zumindest für erkennbare Verstöße Klarheit über die Einschätzung der Gesellschafter. Eine unbegründete Entlastungsverweigerung verletzt ihn daher in seinen Rechten.[106] Er hat ein **berechtigtes Interesse** an der Feststellung, dass auf Basis der vorgelegten Unterlagen und Informationen Ansprüche gegen ihn nicht erkennbar sind.[107] Darüber hinaus kann jedenfalls die grundlose Entlastungsverweigerung eine Amtsniederlegung und außerordentliche Kündigung durch den Geschäftsführer rechtfertigen.[108] **37**

Über die Entlastung muss ausdrücklich beschlossen werden, eine konkludente Entlastungserklärung ist nicht möglich;[109] ebenso wenig liegt in der Feststellung des Jahresabschlusses bereits eine **38**

---

99 BGHZ 94, 324, 326; BGHZ 97, 382, 384; *Hüffer/Schürnbrand*, in: Ulmer/Habersack/Löbbe, GmbHG, § 46 Rn. 68; *K. Schmidt*, in: Scholz, GmbHG, § 46 Rn. 94a.

100 Das dürfte allgemeine Auffassung sein. Streitig ist allerdings die konkrete Rechtsnatur der Entlastung. Der BGH sieht darin eine rechtsgeschäftliche Erklärung der Gesellschafter (BGHZ 93, 324); die Lit. spricht ihr überwiegend einen spezifisch gesellschaftsrechtlichen Charakter zu (*Ganzer*, in: Rowedder/Schmidt-Leithoff, GmbHG, § 46 Rn. 31; *Hüffer/Schürnbrand*, in: Ulmer/Habersack/Löbbe, GmbHG, § 46 Rn. 69; *K. Schmidt*, in: Scholz, GmbHG, § 46 Rn. 90 f.; *Zöllner/Noack*, in: Baumbach/Hueck, GmbHG, § 46 Rn. 41), mit dem Hinweis, die Präklusion von Ersatzansprüchen sei nicht zwingend vom Willen der Gesellschafter getragen.

101 *Hüffer/Schürnbrand*, in: Ulmer/Habersack/Löbbe, GmbHG, § 46 Rn. 88; *Roth*, in: Roth/Altmeppen, GmbHG, § 46 Rn. 37; *K. Schmidt*, in: Scholz, GmbHG, § 46 Rn. 88.

102 BGHZ 97, 382, 389; *Holthausen*, GmbHR 2019, 634, 635; zur Auswirkung von Willensmängeln *Beuthien*, GmbHR 2014, 799, 804.

103 BGH, WM 1976, 736, 736; BGHZ 94, 324, 326.

104 BGHZ 97, 382, 389.

105 BGHZ 94, 324, 326 ff.; dem folgend (neben anderen) *Liebscher*, in: MünchKomm GmbHG, § 46 Rn. 160 f. (m.w.N.). Ein solcher wäre aber im Anstellungsvertrag regelbar (*Holthausen*, GmbHR 2019, 634, 638).

106 *Zöllner/Noack*, in: Baumbach/Hueck, GmbHG, § 46 Rn. 46; eingehend *Beuthien*, GmbHR 2014, 799 ff.

107 Prozessual passt die negative Feststellungsklage (*Beuthien*, GmbHR 2014, 799, 800; *K. Schmidt*, in: Scholz, GmbHG, § 46 Rn. 102). Nach a.A. (*Hüffer/Schürnbrand*, in: Ulmer/Habersack/Löbbe, GmbHG, § 46 Rn. 80; *Zöllner/Noack*, in: Baumbach/Hueck, GmbHG, § 46 Rn. 46) soll eine Leistungsklage zulässig sein. *Ahrens*, ZGR 1987, 129 ff. diskutiert einen einklagbaren Informationsanspruch.

108 *Hüffer/Schürnbrand*, in: Ulmer/Habersack/Löbbe, GmbHG, § 46 Rn. 83; *Roth*, in: Roth/Altmeppen, GmbHG, § 46 Rn. 42; *K. Schmidt*, in: Scholz, GmbHG, § 46 Rn. 100.

109 *Liebscher*, in: MünchKomm GmbHG, § 46 Rn. 141.

Entlastung der Geschäftsführer.[110] Einem anders bezeichneten Beschluss kann jedoch die Entlastung möglicherweise durch Auslegung zu entnehmen sein.[111] Ist der betroffene Geschäftsführer zugleich Gesellschafter, unterliegt er bei der Entlastung einem **Stimmverbot** (§ 47 Rdn. 41). Die Entlastung kann, wenn damit schwere Gesetzes- oder Satzungsverstöße gebilligt werden, aus Gründen des Minderheiten- oder Gläubigerschutzes **anfechtbar** sein.[112]

39 Von der Entlastung ist die **Generalbereinigung** zu unterscheiden.[113] Sie erfasst alle denkbaren Ersatzansprüche,[114] die dann ohne Rücksicht auf ihre Erkennbarkeit zum Erlöschen gebracht werden. Für die Generalbereinigung sind die Gesellschafter zuständig.[115] Empfehlenswert ist zusätzlich eine vertragstechnische Umsetzung des Beschlusses.[116]

H. Maßregeln zur Prüfung und Überwachung der Geschäftsführung (Nr. 6)

40 Als oberstes Organ der GmbH (o. Rdn. 1) können die Gesellschafter den Geschäftsführern Weisungen erteilen (§ 37 Rdn. 11 ff.) oder sonstige Maßregeln zur Prüfung und Überwachung beschließen (§ 46 Nr. 6).[117] **Beispiele:** Die Gesellschafter können Auskünfte und Berichte sowie die Vorlage der Bücher oder anderer Unterlagen verlangen, Gegenstände und Anlagen besichtigen, Mitarbeiter und Sachverständige anhören oder Sonderprüfer einsetzen. Sie können auch für einzelne Geschäfte oder bestimmte Geschäftsarten Zustimmungsvorbehalte oder Verbote erlassen. Unverhältnismäßige Maßnahmen können den Geschäftsführer zur außerordentlichen Kündigung und Amtsniederlegung berechtigen.[118]

41 Die Gesellschafter trifft keine Überwachungspflicht und daher grds. auch keine Haftung für **unterlassene Überwachung.**[119] Ein Geschäftsführer, der wegen einer Pflichtverletzung in Anspruch genommen wird, kann sich auch nicht mit dem Hinweis entlasten, die Gesellschafter hätten ihn nicht genügend überwacht.[120] Eine persönliche Haftung der Gesellschafter ist allenfalls bei Verletzung gläubigerschützender Vorschriften oder bei einem existenzvernichtenden Eingriff denkbar (Einleitung Rdn. 19). Steuerrechtlich kann bei einem Näheverhältnis zwischen Geschäftsführer und Gesellschafter eine Vermögensverlagerung, die durch nachlässige Kontrolle ermöglicht wird, als verdeckte Gewinnausschüttung zu qualifizieren sein.[121]

---

110 *Hüffer/Schürnbrand*, in: Ulmer/Habersack/Löbbe, GmbHG, § 46 Rn. 71; *Liebscher*, in: MünchKomm GmbHG, § 46 Rn. 141; *Roth*, in: Roth/Altmeppen, GmbHG, § 46 Rn. 40; *K. Schmidt*, in: Scholz, GmbHG, § 46 Rn. 92.

111 *Liebscher*, in: MünchKomm GmbHG, § 46 Rn. 141; *Zöllner/Noack*, in: Baumbach/Hueck, GmbHG, § 46 Rn. 41.

112 *Beuthien*, GmbHR 2014, 799, 805; *Hüffer/Schürnbrand*, in: Ulmer/Habersack/Löbbe, GmbHG, § 46 Rn. 71; *K. Schmidt*, in: Scholz, GmbHG, § 46 Rn. 99; vgl. (jeweils zur AG) BGH, GmbHR 2012, 1178, 1178, und BGHZ 153, 47, 51; der Gesellschafterversammlung einer GmbH ist allerdings ein größerer Ermessensspielraum zuzugestehen als dem Aufsichtsrat einer AG (OLG Köln, GmbHR 2001, 112, 113); eine treuwidrige Entlastung wurde bejaht in OLG Düsseldorf, GmbHR 2001, 1049, 1055.

113 Dazu ausführlich *Dicke*, GmbHR 2019, 572; *Janert*, GmbHR 2003, 830; *Lieder*, NZG 2015, 569, 574 f.; siehe für Formulierungsvorschläge *Holthausen*, GmbHR 2019, 634, 636 und *Vath*, GmbHR 2013, 1137.

114 BGH, NJW-RR 2003, 895, 896; BGH, GmbHR 2000, 1258, 1259; BGH, GmbHR 1998, 278; BGHZ 97, 382, 389.

115 BGH, GmbHR 1998, 278.

116 Dicke, GmbHR 2019, 572, 573; *Holthausen*, GmbHR 2019, 634, 638.

117 Vgl. auch die Beispiele derartiger Maßnahmen bei *Hüffer/Schürnbrand*, in: Ulmer/Habersack/Löbbe, GmbHG, § 46 Rn. 89; *K. Schmidt*, in: Scholz, GmbHG, § 46 Rn. 116.

118 *Hüffer/Schürnbrand*, in: Ulmer/Habersack/Löbbe, GmbHG, § 46 Rn. 89; *Roth*, in: Roth/Altmeppen, GmbHG, § 46 Rn. 46; *Zöllner/Noack*, in: Baumbach/Hueck, GmbHG, § 46 Rn. 50.

119 BGH, BB 2003, 1141, 1142.

120 BGH, NJW 1983, 1856.

121 BFH, BB 2007, 2103, 2106.

Die Weisungs- und Überwachungskompetenz steht den **Gesellschaftern gemeinsam** zu. Die Gesellschafter beschließen darüber mit einfacher Mehrheit. Ein Gesellschafter-Geschäftsführer ist vom Stimmrecht ausgeschlossen, wenn ein Fall des § 47 Abs. 4 vorliegt, bspw. wenn eine interne Prüfung die Geltendmachung von Ansprüchen vorbereiten soll (§ 47 Rdn. 45). Individuell verfügt jeder Gesellschafter zusätzlich über die Kontrollrechte nach §§ 51a, 51b. 42

Auch wenn die **Satzung** die Geschäftsführer von Weisungen freistellt,[122] bleibt den Gesellschaftern die Prüfungs- und Überwachungskompetenz des § 46 Nr. 6. Diese Kompetenz kann auf andere Organe, wie einen Beirat oder den fakultativen Aufsichtsrat, übertragen werden; dafür bedarf es einer Grundlage in der Satzung (§ 52 Rdn. 152).[123] Nicht zulässig wäre es hingegen, die Geschäftsführer von jeder Aufsicht freizustellen.[124] In der **mitbestimmten GmbH** liegt die Überwachungsaufgabe beim Aufsichtsrat (§ 1 Abs. 1 Nr. 3 DrittelbG und § 25 Abs. 1 Satz 1 Nr. 2 MitbestG verweisen auf § 111 Abs. 1 AktG); daneben besteht aber weiterhin eine Zuständigkeit der Gesellschafter.[125] 43

I. Bestellung von Prokuristen und von Handlungsbevollmächtigten zum gesamten Geschäftsbetrieb (Nr. 7)

Die Erteilung von Prokura (§ 48 HGB) obliegt zwar den Geschäftsführern als Vertretungsorgan. Im **Innenverhältnis** benötigen sie dafür aber einen Beschluss der Gesellschafter.[126] Dasselbe gilt für die Erteilung einer Generalhandlungsvollmacht (§ 54 Abs. 1, 1. Alt. HGB).[127] Registerrechtlich ist die Bestellung durch die Geschäftsführer entscheidend; die Prokura ist vom Registergericht ohne Prüfung der internen Beschlusslage einzutragen.[128] Die **Satzung** kann Erteilung von Prokura oder Generalhandlungsvollmacht ohne vorherigen Beschluss vorsehen.[129] Art- und Spezialhandlungsvollmacht (§ 54 Abs. 1, 2. Alt. und 3 HGB) kann der Geschäftsführer ohne vorherige Beschlussfassung erteilen. 44

§ 46 Nr. 7 gilt nur für die **Erteilung** von Prokura und Generalhandlungsvollmacht. Für den Anstellungsvertrag mit dem Prokuristen/Bevollmächtigten und für den Widerruf von Prokura oder Handlungsvollmacht sind alleine die Geschäftsführer zuständig.[130] Die Gesellschafter können insoweit jedoch Weisungen erteilen. 45

Die Prokura kann auch einem Gesellschafter erteilt werden; für diesen gilt kein **Stimmverbot**, da auch bei Bestellung zum Geschäftsführer der betroffene Gesellschafter mitstimmen darf (§ 47 Rdn. 46).[131] Einem Geschäftsführer kann keine Prokura erteilt werden.[132] 46

---

122 Zur Erweiterung der Geschäftsführerbefugnis *Stephan/Tievers*, in: MünchKomm GmbHG, § 37 Rn. 55.
123 Nach a.A. (*Uffmann*, NZG 2015, 169 ff.) soll eine schuldrechtliche Vereinbarung genügen.
124 *Hüffer/Schürnbrand*, in: Ulmer/Habersack/Löbbe, GmbHG, § 46 Rn. 93; *Liebscher*, in: MünchKomm GmbHG, § 46 Rn. 207; *K. Schmidt*, in: Scholz, GmbHG, § 46 Rn. 113; *Zöllner/Noack*, in: Baumbach/Hueck, GmbHG, § 46 Rn. 51.
125 *Ganzer*, in: Rowedder/Schmidt-Leithoff, GmbHG, § 46 Rn. 54; *Koberski*, in: Wlotzke/Wißmann/Koberski/Kleinsorge, Mitbestimmungsrecht, § 25 MitbG Rn. 71.
126 BGHZ 62, 166, 168; anders *van Venrooy*, GmbHR 1999, 800, 806, der die Kompetenz den Gesellschaftern allein zugesteht (dagegen aber die ganz h.M., s. nur *Liebscher*, in: MünchKomm GmbHG, § 46 Rn. 214 m.w.N.).
127 RGZ 75, 164, 166 f.
128 BGHZ 62, 166, 169.
129 *Hüffer/Schürnbrand*, in: Ulmer/Habersack/Löbbe, GmbHG, § 46 Rn. 99; *K. Schmidt*, in: Scholz, GmbHG, § 46 Rn. 134.
130 *Hüffer/Schürnbrand*, in: Ulmer/Habersack/Löbbe, GmbHG, § 46 Rn. 95 ff.; *Roth*, in: Roth/Altmeppen, GmbHG, § 46 Rn. 49; *K. Schmidt*, in: Scholz, GmbHG, § 46 Rn. 120.
131 Für Stimmverbot: *Hüffer/Schürnbrand*, in: Ulmer/Habersack/Löbbe, GmbHG, § 46 Rn. 87; *Zöllner/Noack*, in: Baumbach/Hueck, GmbHG, § 46 Rn. 52; dagegen: *Roth*, in: Roth/Altmeppen, GmbHG, § 46 Rn. 52; *K. Schmidt*, in: Scholz, GmbHG, § 46 Rn. 128.
132 *Bayer*, in: Lutter/Hommelhoff, GmbHG, § 46 Rn. 32; *Hüffer/Schürnbrand*, in: Ulmer/Habersack/Löbbe, GmbHG, § 46 Rn. 95; *Roth*, in: Roth/Altmeppen, GmbHG, § 46 Rn. 52; a.A. *K. Schmidt*, in: Scholz, GmbHG, § 46 Rn. 120.

J. Geltendmachung von Ersatzansprüchen und Prozessvertretung (Nr. 8)

I. Geltendmachung von Ersatzansprüchen gegen Geschäftsführer oder Gesellschafter

47 Die Geltendmachung von Ersatzansprüchen gegen Geschäftsführer oder Gesellschafter kann wegen der engen persönlichen Verbundenheit der beteiligten Personen negative Auswirkungen auf die Gesellschaft haben und zur Offenlegung von Gesellschaftsinterna führen. Die **Abwägung**, ob die Geltendmachung dem Interesse der Gesellschaft entspricht, sollen daher nicht die Geschäftsführer, sondern die Gesellschafter treffen.[133] Das gilt auch in einer GmbH mit Aufsichtsrat.[134] In der **Satzung** kann die Kompetenz auf ein anderes Gesellschaftsorgan übertragen oder auf einen Gesellschafterbeschluss verzichtet werden.[135]

48 Der Gesellschafterbeschluss ist **materiell-rechtliche Voraussetzung** der Anspruchsverfolgung.[136] Eine Klage ohne vorhergehenden Verfolgungsbeschluss wird als unbegründet abgewiesen.[137] Der Beschluss kann während des Verfahrens noch nachgeholt werden;[138] Verjährungshemmung tritt dennoch bereits mit Klageerhebung ein.[139]

49 Die Beschlusskompetenz der Gesellschafter besteht bei Ansprüchen gegen **Gesellschafter** und **Geschäftsführer**, und zwar auch dann, wenn sie bereits aus der Gesellschaft ausgeschieden[140] oder verstorben[141] sind. § 48 Nr. 8 gilt analog bei Ansprüchen gegen den Liquidator,[142] gegen Aufsichtsrat- oder Beiratsmitglieder[143] und gegen den Abschlussprüfer.[144]

50 Erfasst werden organisationsrechtliche Ersatzansprüche der Gesellschaft aus der **Gründungsphase** oder aus der **Geschäftsführung**. Dazu gehören auch Ansprüche aus Kompetenzüberschreitungen, solange ein innerer Zusammenhang mit den Organpflichten besteht.[145] Die Ansprüche können vertraglicher oder gesetzlicher Natur sein. Sie können durch eine schädigende Handlung oder ein Unterlassen verursacht worden sein. Neben den Ansprüchen aus §§ 9a, 43, 64 GmbHG und § 15a InsO kommen Ansprüche aus Delikt,[146] Geschäftsanmaßung (§ 687 Abs. 2 BGB),[147] § 812

---

133 BGHZ 28, 355, 357; BGH, NZG 2004, 962, 964; *Bayer*, in: Lutter/Hommelhoff, GmbHG, § 46 Rn. 35; *Hüffer/Schürnbrand*, in: Ulmer/Habersack/Löbbe, GmbHG, § 46 Rn. 99; *K. Schmidt*, in: Scholz, GmbHG, § 46 Rn. 141; *Zöllner/Noack*, in: Baumbach/Hueck, GmbHG, § 46 Rn. 57.

134 *Bayer*, in: Lutter/Hommelhoff, GmbHG, § 46 Rn. 35; *Roth*, in: Roth/Altmeppen, GmbHG, § 46 Rn. 66; *Zöllner/Noack*, in: Baumbach/Hueck, GmbHG, § 46 Rn. 59. Das gilt nach *Krieger*, VGR 1998, Bd. 1 (1999), 111, 113, auch für Aufsichtsrat nach MitbestG 1976 (zurückhaltender *Bayer*, in: Lutter/Hommelhoff, GmbHG, § 46 Rn. 35).

135 *Hüffer/Schürnbrand*, in: Ulmer/Habersack/Löbbe, GmbHG, § 46 Rn. 131; *Roth*, in: Roth/Altmeppen, GmbHG, § 46 Rn. 66; *K. Schmidt*, in: Scholz, GmbHG, § 46 Rn. 143.

136 BGH, BB 2004, 2033, 2035; *Bayer*, in: Lutter/Hommelhoff, GmbHG, § 46 Rn. 40; *Hüffer/Schürnbrand*, in: Ulmer/Habersack/Löbbe, GmbHG, § 46 Rn. 110 f.; *K. Schmidt*, in: Scholz, GmbHG, § 46 Rn. 142; *Zöllner/Noack*, in: Baumbach/Hueck, GmbHG, § 46 Rn. 61.

137 BGHZ 28, 355, 359; BGHZ 97, 382, 390; BGH, BB 2004, 2033, 2035.

138 BGH, NJW 1999, 2115; BGH, BB 2004, 2033, 2035.

139 BGH, NJW 1999, 2115.

140 BGHZ 28, 355, 357; BGH, NZG 2004, 962, 964.

141 Vgl. BGH, GmbHR 1960, 185: Regressklage gegen Erben eines Genossenschaftsvorstands.

142 BGH, NJW 1969, 1712.

143 *Bayer*, in: Lutter/Hommelhoff, GmbHG, § 46 Rn. 35; *Hüffer/Schürnbrand*, in: Ulmer/Habersack/Löbbe, GmbHG, § 46 Rn. 103; *Lieder*, NZG 2015, 569, 577; *Zöllner/Noack*, in: Baumbach/Hueck, GmbHG, § 46 Rn. 59.

144 *Bayer*, in: Lutter/Hommelhoff, GmbHG, § 46 Rn. 35; *Hüffer/Schürnbrand*, in: Ulmer/Habersack/Löbbe, § 46 Rn. 103; zweifelhaft wegen fehlender Verbundenheit mit der Gesellschaft (vgl. *Lieder*, NZG 2015, 569, 577; *K. Schmidt*, in: Scholz, GmbHG, § 46 Rn. 146; *Zöllner/Noack*, in: Baumbach/Hueck, GmbHG, § 46 Rn. 59).

145 *Hüffer/Schürnbrand*, in: Ulmer/Habersack/Löbbe, GmbHG, § 46 Rn. 106; *K. Schmidt*, in: Scholz, GmbHG, § 46 Rn. 149 f.; *Zöllner/Noack*, in: Baumbach/Hueck, GmbHG, § 46 Rn. 58.

146 BGH, BB 2004, 2033, 2036 (§§ 823 Abs. 2 BGB, 266 StGB).

147 BGH, NJW 1975, 977.

BGB,[148] aus Verletzung eines Wettbewerbsverbots[149] sowie Auskunfts-[150] und Unterlassungsansprüche in Betracht.[151] Unter den Begriff der **Geltendmachung** fallen auch Anspruchsverzicht, Stundung, Erlass und Vergleich.[152] Dazu gehört auch die vorsorgliche Streitverkündung in einem Gerichtsverfahren, das Dritte gegen die Gesellschaft anstrengen.[153]

Nicht erfasst von dem Beschlusserfordernis sind anderweitige Ansprüche, wie etwa Erfüllungsansprüche[154] oder der Anspruch auf Rückzahlung eines Gesellschafterdarlehens.[155] Sie werden allein durch die Geschäftsführer geltend gemacht. Hierzu zählen auch die Ansprüche aus Differenzhaftung, bei fehlerhafter Sacheinlage oder aus Verlustübernahme nach § 302 AktG analog.[156] § 46 Nr. 8, 1. Alt. gilt wegen der Dringlichkeit der Maßnahmen nicht im einstweiligen Rechtsschutz.[157] In der **GmbH & Co. KG** gilt er nicht für Ansprüche der KG gegen die Komplementär-GmbH.[158] Jeder Gesellschafter bleibt i.Ü. für seine Ansprüche aus eigenem Recht zuständig. 51

Der Beschluss über die Geltendmachung eines Anspruchs wird mit **einfacher Mehrheit** gefasst. Er kann auch ohne förmliche Einberufung zustande kommen.[159] Er muss die Pflichtverletzung und den zugrunde liegenden Sachverhalt hinreichend genau umreißen.[160] Den Gesellschaftern steht bei der Beschlussfassung ein Entscheidungsermessen zu.[161] Es wird begrenzt durch die Treuepflicht.[162] Die unmittelbar betroffenen oder an einer Pflichtverletzung beteiligten Gesellschafter unterliegen einem **Stimmverbot**;[163] dass sie dem Betroffenen nahestehen, reicht als solches nicht für ein Stimmverbot (s. § 47 Rdn. 36). Ein Gesellschafterbeschluss ist nicht erforderlich, wenn Gläubigerschutz Vorrang genießt;[164] das gilt bei Geltendmachung durch einen Pfändungsgläubiger, im **Insolvenzverfahren** und bei masseloser Liquidation.[165] 52

Für eine Klage durch einzelne Gesellschafter (**actio pro socio**) ist kein Raum, wenn sich die Gesellschafter insgesamt für eine Anspruchsverfolgung entschieden haben. Da ein Vorrang der inneren Zuständigkeitsordnung besteht,[166] ist auch der Versuch einer Beschlussfassung vorrangig. Ausnahmsweise ist der Beschluss als sinnlose Formalität entbehrlich. Er wäre insb. in der **zweigliedrigen GmbH** ein unzumutbarer Umweg, wenn es um Ansprüche gegen einen der Gesellschafter geht, der 53

148 BGHZ 97, 382, 385.
149 BGHZ 80, 69, 75.
150 BGH, BB 1975, 578.
151 Zusammenfassend zu solchen Begleitansprüchen, die in einem spezifischen Zusammenhang mit Ersatzansprüchen stehen, *Lieder*, NZG 2015, 569, 576 f.
152 *Hüffer/Schürnbrand*, in: Ulmer/Habersack/Löbbe, GmbHG, § 46 Rn. 108; OLG Frankfurt am Main, NZG 1999, 767, 768 (für Verzicht und Vergleich).
153 Ausführlich *Horn*, GmbHR 2017, 1024 ff.
154 BGH, GmbHR 2000, 1258, 1259.
155 OLG Brandenburg, GmbHR 1998, 599.
156 *Bayer*, in: Lutter/Hommelhoff, GmbHG, § 46 Rn. 37; *Hüffer/Schürnbrand*, in: Ulmer/Habersack/Löbbe, GmbHG, § 46 Rn. 105; *K. Schmidt*, in: Scholz, GmbHG, § 46 Rn. 148;.
157 *Bayer*, in: Lutter/Hommelhoff, GmbHG, § 46 Rn. 37; *Hüffer/Schürnbrand*, in: Ulmer/Habersack/Löbbe, GmbHG, § 46 Rn. 107; *Liebscher*, in: MünchKomm GmbHG, § 46 Rn. 245; *Römermann*, in: Michalski, GmbHG, § 46 Rn. 430; *K. Schmidt*, in: Scholz, GmbHG, § 46 Rn. 154.
158 BGH, GmbHR 2013, 1044, 1046; BGHZ 76, 326, 338.
159 BGH, GmbHR 1999, 921 f. (insoweit nicht abgedruckt in BGHZ 142, 92).
160 BGH, NJW 1975, 977; OLG Düsseldorf, GmbHR 1995, 232; LG Karlsruhe, NZG 2001, 169, 171.
161 *Gehrlein*, BB 2004, 2585, 2593.
162 Vgl. die aktienrechtliche Entscheidung BGHZ 135, 244 (ARAG/Garmenbeck). Das Ermessen der GmbH-Gesellschafter reicht aber weiter (*K. Schmidt*, in: Scholz, GmbHG, § 46 Rn. 155).
163 BGHZ 97, 28, 32 ff.
164 *Bayer*, in: Lutter/Hommelhoff, GmbHG, § 46 Rn. 38; *Hüffer/Schürnbrand*, in: Ulmer/Habersack/Löbbe, GmbHG, § 46 Rn. 102; *K. Schmidt*, in: Scholz, GmbHG, § 46 Rn. 152.
165 BGH, NZG 2004, 962, 964 = BB 2004, 2033, 2036.
166 BGH, BB 2005, 456, 457.

bei dem Beschluss ohnehin einem Stimmverbot unterliegt.[167] Bei negativem bzw. entbehrlichem Beschluss kann ein Mitgesellschafter den zum Ersatz verpflichteten Gesellschafter auf Leistung an die Gesellschaft verklagen. Haben die übrigen Gesellschafter die Geltendmachung von Ersatzansprüchen abgelehnt, so kann eine eventuelle Rechtswidrigkeit der Ablehnung inzident im Verfahren über die Ersatzansprüche geltend gemacht werden.[168] Wird stattdessen Anfechtungsklage erhoben, kann die Ersatzklage ausgesetzt werden (§ 184 ZPO). Der im Wege der actio pro socio klagende Gesellschafter ist auch nach seinem Ausscheiden aus der Gesellschaft noch prozessführungsbefugt, wenn er daran ein konkretes rechtliches Interesse geltend machen kann.[169]

II. Prozessvertretung der Gesellschaft in Prozessen gegen Geschäftsführer

54 Grds. wird die Gesellschaft vor Gericht durch ihre Geschäftsführer vertreten (§ 35 Rdn. 14). Ist der Geschäftsführer selbst Beklagter, muss eine andere Person mit der Prozessvertretung betraut werden. Die verbleibenden Geschäftsführer können die Interessen der Gesellschaft nicht zweifelsfrei und unvoreingenommen sicherstellen. Daher entscheiden gem. § 46 Nr. 8 die Gesellschafter, wer die Prozessvertretung der Gesellschaft übernimmt. Die Vorschrift stellt damit die organschaftliche **Handlungsfähigkeit** und die unvoreingenommene Prozessführung aufseiten der Gesellschaft sicher.[170] Unmittelbar betroffene oder an einer Pflichtverletzung auch nur beteiligte Gesellschafter unterliegen einem **Stimmverbot**.[171] Bei Abberufungsstreitigkeiten kann für eine Übergangszeit ein einzelner Gesellschafter im Wege der actio pro socio einstweiligen Rechtsschutz auch ohne vorherigen Gesellschafterbeschluss beantragen (vgl. auch § 38 Rdn. 52).[172]

55 Die Bestellung eines Prozessvertreters kann entbehrlich sein, wenn der verklagte Geschäftsführer ausgeschieden ist und mittlerweile **andere Geschäftsführer** bestellt wurden. Fehlt ein Gesellschafterbeschluss, greift die Rechtsprechung teilweise auf § 35 GmbHG (Vertretungsmacht der aktuellen Geschäftsführer) zurück.[173] § 46 Nr. 8 wird demnach nur als Möglichkeit der Gesellschafter verstanden, von der sie nicht Gebrauch machen müssen, wenn die Vertretung der GmbH anderweitig gesichert ist. Andererseits findet sich in BGHZ 28, 355 der Hinweis, § 46 Nr. 8 mache die Verfolgung von Ansprüchen gegen ehemalige Geschäftsführer und die Bestellung eines besonderen Vertreters von einem Beschluss der Gesellschafter abhängig.[174] Dies wird man aber auf die Geltendmachung von Ersatzansprüchen i.S.d. § 46 Nr. 8, 1. Alt. (o. Rdn. 47 ff.) zu beschränken haben, denn dort ist die Bestellung des Vertreters eine Vorbereitung der Geltendmachung.[175] In anderen Fällen können die Gesellschafter einen besonderen Vertreter bestellen, müssen es aber nicht tun. Die Bestellung eines Prozessvertreters kommt neben der Geltendmachung von Ersatzansprüchen

---

167 BGH, BB 2005, 456, 457; BGHZ 65, 15, 21; OLG Düsseldorf, GmbHR 2016, 542, 544; OLG Jena, GmbHR 2015, 1267, 1269; OLG Düsseldorf, DB 1993, 2474.

168 OLG Düsseldorf, DB 1993, 2474, 2475.

169 OLG Düsseldorf, GmbHR 2016, 542, 543.

170 BGHZ 116, 353, 355; *Hüffer/Schürnbrand*, in: Ulmer/Habersack/Löbbe, GmbHG, § 46 Rn. 118; *K. Schmidt*, in: Scholz, GmbHG, § 46 Rn. 163.

171 BGHZ 97, 28, 32 ff.; nach OLG Stuttgart, GmbHR 2019, 779, 781, bedarf es keiner Beschlussfassung, wenn alle Gesellschafter außer dem prozessführenden Mehrheitsgesellschafter einem Stimmverbot unterliegen.

172 OLG Jena, GmbHR 2015, 1267, 1269 (zweigliedrige GmbH mit nur einem Gesellschafter-Geschäftsführer); OLG Jena, NZG 2014, 391 (klagender Gesellschafter hatte wirksame Abberufung des Geschäftsführers glaubhaft gemacht, Gesellschafter hätten daher aufgrund ihrer Treuepflicht ohnehin zustimmen müssen).

173 BGH, WM 1981, 1353, 1354; BGH, GmbHR 1992, 299, 300; *Hüffer/Schürnbrand*, in: Ulmer/Habersack/Löbbe, GmbHG, § 46 Rn. 118; *K. Schmidt*, in: Scholz, GmbHG, § 46 Rn. 164; nach a.A. müssen die Geschäftsführer einen Beschluss der Gesellschafter herbeiführen (*Lieder*, NZG 2015, 569, 578; *Zöllner/Noack*, in: Baumbach/Hueck, GmbHG, § 46 Rn. 68).

174 BGHZ 28, 355, 357; *Bayer*, in: Lutter/Hommelhoff, GmbHG, § 46 Rn. 42; anders OLG Brandenburg, NZG 1998, 466.

175 *Hüffer/Schürnbrand*, in: Ulmer/Habersack/Löbbe, GmbHG, § 46 Rn. 121. In BGHZ 28, 355, ging es um einen Ersatzanspruch, während in OLG Brandenburg, NZG 1998, 466, ein Darlehensanspruch in Rede stand, der nicht unter § 46 Nr. 8, 1. Alt. fällt (vgl. o. Rdn. 51).

auch bei einem Streit über die Abberufung eines (ehemaligen) Geschäftsführers in Betracht.[176] Sie ist weiterhin dann möglich, wenn es um die Pflichtverletzung eines Gesellschafters geht, an welcher der aktuelle Geschäftsführer beteiligt gewesen sein soll.[177]

Besteht ein fakultativer **Aufsichtsrat**, vertritt dieser die Gesellschaft im Prozess, falls sich aus der Satzung nichts anderes ergibt (§ 52 i.V.m. § 113 AktG).[178] In der mitbestimmten GmbH ist dies zwingend vorgeschrieben (§ 25 MitbestG i.V.m. § 112 AktG). Auch dort können aber die Gesellschafter bei der Geltendmachung von Ersatzansprüchen besondere Vertreter bestellen (§ 147 Abs. 2 Satz 1 AktG analog).[179] Bei entsprechender Satzungsregelung kann die Prozessvertretung auch einem **Beirat** obliegen.[180] 56

Welcher Person die Gesellschafter die Prozessvertretung übertragen, steht in ihrem Ermessen. Grds. können Geschäftsführer, Gesellschafter oder Dritte mit der Prozessführung beauftragt werden. Der Vertreter steht zur Gesellschaft in einem **Auftragsverhältnis.**[181] Ihm stehen Einsichtsrechte in die Unterlagen der Gesellschaft aus eigenem Recht zu, sofern diese für die Prozessführung notwendig sind. Die Geschäftsführer können keine Begründung des Einsichtsverlangens fordern; es kommt nur eine Missbrauchskontrolle in Betracht.[182] 57

§ 47 Abstimmung

(1) Die von den Gesellschaftern in den Angelegenheiten der Gesellschaft zu treffenden Bestimmungen erfolgen durch Beschlussfassung nach der Mehrheit der abgegebenen Stimmen.

(2) Jeder Euro eines Geschäftsanteils gewährt eine Stimme.

(3) Vollmachten bedürfen zu ihrer Gültigkeit der Textform.

(4) [1]Ein Gesellschafter, welcher durch die Beschlussfassung entlastet oder von einer Verbindlichkeit befreit werden soll, hat hierbei kein Stimmrecht und darf ein solches auch nicht für andere ausüben. [2]Dasselbe gilt von einer Beschlussfassung, welche die Vornahme eines Rechtsgeschäfts oder die Einleitung oder Erledigung eines Rechtsstreites gegenüber einem Gesellschafter betrifft.

Schrifttum

Altmeppen, Beschlussfeststellung, Stimmrecht und Klageobliegenheit in der GmbH, GmbHR 2018, 225; *Bacher/von Blumenthal,* Die Stimmenthaltung bei Beschlüssen in Personen- und Kapitalgesellschaften, GmbHR 2019, 261; *Bayer,* Zum Stimmverbot des Betroffenen bei Beschlussfassungen »aus wichtigem Grund«, GmbHR 2017, 665; *Beck,* Stimmverbot des herrschenden GmbH-Gesellschafters bei Kündigung eines Unternehmensvertrags, GmbHR 2012, 777; *Blasche,* Die uneinheitliche Abgabe der Stimmen aus GmbH-Geschäftsanteilen, GmbHR 2016, 99; *Blath,* Das Mehrheitsprinzip im GmbH-Recht – Grundlagen und Gestaltungsfragen, RNotZ 2017, 218; *Ekkenga,* Stimmverbote gegen den herrschenden Gesellschafter im GmbH-Konzern, ZGR 2019, 191; *Ensenbach,* Das Stimmrecht des Gesellschafters bei seiner Abberufung als Geschäftsführer aus wichtigem Grund, GmbHR 2016, 8; *Heckschen/Heidinger,* Die GmbH in der Gestaltungs- und Beratungspraxis, 2. Aufl., 2009; *J. Flume,* Der minderjährige Gesellschafter, NZG 2014, 17; *Noack,* Der Versammlungsleiter im GmbH-Recht, GmbHR 2017, 792; *Pentz,* Die Abberufung des Gesellschafter-Geschäftsführers, GmbHR 2017, 801; *Priester,* Mehrheitserfordernisse bei Änderung von Mehrheitsklauseln, NZG 2013,

176 *Bayer,* in: Lutter/Hommelhoff, GmbHG, § 46 Rn. 42; *Hüffer/Schürnbrand,* in: Ulmer/Habersack/Löbbe, GmbHG, § 46 Rn. 121; *K. Schmidt,* in: Scholz, GmbHG, § 46 Rn. 166.

177 BGHZ 116, 353, 355; *Lieder,* NZG 2015, 569, 578.

178 OLG Brandenburg, NZG 2000, 143, 144; BGH, GmbHR 1990, 278.

179 *Bayer,* in: Lutter/Hommelhoff, GmbHG, § 46 Rn. 43; *Zöllner/Noack,* in: Baumbach/Hueck, GmbHG, § 46 Rn. 69; a.A. *K. Schmidt,* in: Scholz, GmbHG, § 46 Rn. 165.

180 BGH, NZG 2016, 429, 430.

181 *Hüffer/Schürnbrand,* in: Ulmer/Habersack/Löbbe, GmbHG, § 46 Rn. 127; *Roth,* in: Roth/Altmeppen, GmbHG, § 46 Rn. 59; *K. Schmidt,* in: Scholz, GmbHG, § 46 Rn. 173.

182 OLG München, DB 1996, 1967.

321; *Rüppell/Hoffmann,* Abberufung und Kündigung eines (Gesellschafter-)Geschäftsführers aus wichtigem Grund, BB 2016, 645; *Schäfer,* Antragsrecht und Bescheidungsrecht des GmbH-Gesellschafters, ZHR 167 (2003), 66; *ders.,* Interessenkonflikte und Unabhängigkeit im Recht der GmbH und der Personengesellschaften, ZGR 43 (2014), 731; *Schauf,* Die (un-)einheitliche Stimmrechtsausübung in der Gesellschafterversammlung im Falle einer Treuhandkonstruktion, GmbHR 2015, 799; *Schmidbauer,* Analoge Anwendung von § 47 Abs. 2 S. 2 Alt. 1 GmbHG bei Beteiligung eines abstimmenden Gesellschafters am Vertagspartner der beschlussfassenden Gesellschaft, GmbHR 2019, 108; *K. Schmidt,* Stimmrechtsvollmachten bei der GmbH oder GmbH & Co.: ein Formproblem?, GmbHR 2013, 1177; *Teichmann,* Vertragsfreiheit im Innenverhältnis der GmbH-Gesellschafter, RNotZ 2013, 346; *Trölitzsch,* Der behauptete wichtige Grund als Grundlage für ein Stimmverbot in der Gesellschafterversammlung, in: VGR (Hrsg.), Gesellschaftsrecht in der Diskussion 2017, 2018, S. 117; *Wedemann,* Gesellschafterkonflikte in geschlossenen Kapitalgesellschaften, 2013; *Wicke,* Dos and don'ts bei der Einberufung und Durchführung von Gesellschafterversammlungen, in: Bayer/Koch (Hrsg.), Gesellschafterversammlung und Beschlussfassung bei GmbH und GmbH&Co. KG, 2018, S. 11.

Übersicht **Rdn.**

A. Allgemeines

1 § 47 regelt die **Beschlussfassung** der Gesellschafter und die damit zusammenhängenden Fragen des Stimmrechts. Beschlüsse werden in einer Gesellschafterversammlung (§ 48 Rdn. 4 ff.), die im Einzelfall durch schriftliche Verfahren ersetzt werden kann (§ 48 Rdn. 22 ff.), gefasst. Für die Beschlussfassung gilt das **Mehrheitsprinzip** (§ 47 Abs. 1). Das Stimmgewicht eines Gesellschafters ist grds. an den jeweiligen Kapitalanteil gekoppelt (§ 47 Abs. 2). Die Stimmrechtsabgabe durch einen Vertreter ist möglich; Vollmachten bedürfen nach § 47 Abs. 3 der Textform. § 47 Abs. 4 ordnet den **Stimmrechtsausschluss** von Gesellschaftern an, die sich in einem Interessenkonflikt befinden. § 47 gilt entsprechend bereits in der **Vor-GmbH.**[1] Die Vorschrift ist in ihren Abs. 1 bis 3 weitgehend satzungsdispositiv (Rdn. 16 ff.), in Abs. 4 allerdings nur begrenzt abdingbar (Rdn. 48 ff.).

2 Eine Regelung über die Voraussetzungen und Folgen **mangelhafter Beschlüsse** kennt das GmbH-Gesetz nicht. Rechtsprechung und Literatur lehnen sich diesbezüglich, mit den nötigen GmbH-rechtlichen Modifikationen, an das Aktienrecht an (näher: Anhang zu § 47).

B. Gesellschafterbeschluss

I. Rechtsnatur von Stimmabgabe und Beschluss

3 In die allgemeine Rechtsgeschäftslehre lässt sich der Beschluss nur schwer einordnen. Die einzelne **Stimmabgabe** ist auf einen rechtlichen Erfolg gerichtet und hat daher rechtsgeschäftlichen Charakter. Es handelt sich um eine **empfangsbedürftige Willenserklärung** des Gesellschafters.[2] Die allgemeinen Regeln über Willenserklärungen finden auf die Stimmabgabe Anwendung.[3] Zu nennen

1 *Drescher,* in: MünchKomm GmbHG, § 47 Rn. 6; *Hüffer/Schürnbrand,* in: Ulmer/Habersack/Löbbe, GmbHG, § 47 Rn. 1.

2 BGHZ 14, 264, 267; BGHZ 48, 163, 173; OLG Brandenburg, GmbHR 1997, 750; OLG Jena, GmbHR 2006, 985, 986.

3 *K. Schmidt,* in: Scholz, GmbHG, § 45 Rn. 22.

sind insb. §§ 104 ff. BGB (Geschäftsfähigkeit),[4] §§ 116 ff. BGB (Willensmängel),[5] § 130 BGB (Wirksamkeit bei Zugang)[6] und § 894 ZPO (Zwangsvollstreckung).[7]

Empfänger der Willenserklärung ist die Gesellschaft. Sie wird in der Gesellschafterversammlung durch den Versammlungsleiter, die Mitgesellschafter oder die Geschäftsführer vertreten.[8] Eine besondere Beschlussfeststellung durch den Empfänger der Willenserklärungen ist nicht erforderlich (Rdn. 12). Auch in der Einpersonengesellschaft (vgl. § 48 Rdn. 30 ff.) ist die Gesellschaft Empfänger der Willenserklärung. Es liegt ein zulässiges In-sich-Geschäft vor; § 35 Abs. 3 Satz 1 ist insoweit teleologisch zu reduzieren.[9] Nach Zugang der Stimmabgabe ist diese für den Gesellschafter bindend.[10] Wie lange die **Bindungswirkung** anhält, ist Frage des Einzelfalles.[11] Einen Widerruf aus wichtigem Grund wird man zulassen müssen.[12] 4

Die Stimmabgabe ist auf das Zustandekommen eines Beschlusses gerichtet. Dieser hat rechtsgeschäftlichen Charakter, weil er als Akt der internen Willensbildung die rechtlichen Verhältnisse der Gesellschafter regelt. Der **Beschluss** ist allerdings kein Vertrag. Das folgt schon daraus, dass ein Gesellschafter an Mehrheitsbeschlüsse auch gegen seinen Willen gebunden sein kann.[13] Zudem setzt das Zustandekommen eines wirksamen Beschlusses die Einhaltung eines bestimmten Verfahrens voraus (Rdn. 6 ff.). Er lässt sich daher insgesamt nur als mehrseitiges **Rechtsgeschäft eigener Art** umschreiben.[14] Die Wirksamkeit des Beschlusses unterliegt – anders als die einzelne Stimmabgabe (oben Rdn. 3) – nicht den zivilrechtlichen Regeln über Anfechtung und Nichtigkeit (vgl. stattdessen Anh. § 47). Wie bei anderen Rechtsgeschäften ist es möglich, einen Beschluss zu befristen oder unter eine Bedingung zu stellen (§ 158 BGB).[15] 5

II. Beschlussverfahren

Gesellschafterbeschlüsse werden grds. in **Versammlungen** (§ 48 Rdn. 4 ff.), ausnahmsweise auch ohne Versammlung (§ 48 Rdn. 22 ff.) gefasst. Die Beschlussfassung in einer Versammlung setzt eine wirksame Einberufung voraus (§ 49 Rdn. 1 ff. sowie § 51 Rdn. 4 ff.), sofern nicht eine Vollversammlung unter Verzicht auf Formen und Fristen durchgeführt wird (§ 51 Rdn. 24 ff.). Beschlüsse werden gefasst durch Stimmabgabe der anwesenden Gesellschafter. Ein besonderes **Quorum** für die Beschlussfähigkeit ist **nicht** erforderlich (§ 48 Rdn. 21). In Ermangelung einer anderslautenden Satzungsregelung kann daher in einer Mehrpersonengesellschaft bei ordnungsgemäßer Einberufung der einzig anwesende Gesellschafter auch alleine Beschlüsse fassen.[16] 6

Mit der Einberufung der Versammlung werden zumeist Beschlussgegenstände mitgeteilt (vgl. § 50 Rdn. 7 sowie § 51 Rdn. 14 ff.). Die Beschlussfassung setzt allerdings einen konkreten 7

4 Zu den Einzelfragen bei einer Stimmabgabe durch Minderjährige *J. Flume*, NZG 2014, 17 ff.
5 BGHZ 14, 264, 267; OLG Brandenburg, GmbHR 1997, 750.
6 OLG Jena, GmbHR 2006, 985, 986.
7 BGHZ 48, 163, 173.
8 *Zöllner/Noack*, in: Baumbach/Hueck, GmbHG, § 47 Rn. 7.
9 *Zöllner/Noack*, in: Baumbach/Hueck, GmbHG, § 47 Rn. 7.
10 *Zöllner/Noack*, in: Baumbach/Hueck, GmbHG, § 47 Rn. 8.
11 Vgl. BGH, NJW-RR 1990, 798, 800 (Personengesellschaft): Wird der Beschluss nicht in einem Akt gefasst, können bereits abgegebene Stimmen nicht zurückgenommen werden, sofern ein Bindungswille ausdrücklich oder stillschweigend erklärt wurde.
12 *Hüffer/Schürnbrand*, in: Ulmer/Habersack/Löbbe, GmbHG, § 47 Rn. 44.
13 *Hüffer/Schürnbrand*, in: Ulmer/Habersack/Löbbe, GmbHG, § 47 Rn. 3.
14 *Drescher*, in: MünchKomm GmbHG, § 47 Rn. 8; *Hüffer/Schürnbrand*, in: Ulmer/Habersack/Löbbe, GmbHG, § 47 Rn. 3; *K. Schmidt*, in: Scholz, GmbHG, § 45 Rn. 18.
15 OLG Stuttgart, GmbHR 2004, 417, 418 f. (Bestellung eines Geschäftsführers unter einer auflösenden Bedingung).
16 OLG Köln, NZG 2002, 381, 383; *Wicke*, in: Bayer/Koch, Gesellschafterversammlung, S. 11, 31.

Beschlussantrag voraus.[17] Die Stimmabgabe besteht in der Zustimmung oder Ablehnung des Antrags. Das Recht, einen Beschlussantrag zu stellen, ist an das Teilnahmerecht (dazu: § 48 Rdn. 8 ff.) geknüpft.[18] **Antragsberechtigt** sind damit alle anwesenden oder vertretenen Gesellschafter, auch die nicht stimmberechtigten, und der obligatorische Aufsichtsrat. Der Geschäftsführer hat kein Antragsrecht, ebenso wenig ein fakultativer Aufsichtsrat. Die Wahrnehmung des Antragsrechts ist an die Teilnahme geknüpft. Diese erfolgt durch persönliche Anwesenheit oder durch Vertretung (Rdn. 27 ff.). Der schriftliche Antrag eines abwesenden und auch nicht vertretenen Gesellschafters muss daher richtigerweise nicht zugelassen werden.[19] Er kann zur Abstimmung gestellt werden, wenn er bereits auf der Tagesordnung steht oder ein anderer Gesellschafter ihn sich zu eigen macht. Stimmen alle Gesellschafter einem Beschlussvorschlag zu, kommt es auf formale Antragsberechtigung nicht an;[20] im Zweifel haben sie sich damit den Vorschlag als Antrag zu eigen gemacht.

8 Ein Beschluss kommt nicht zustande, wenn die Mitgesellschafter sich weigern, über einen Beschlussantrag abzustimmen. Voraussetzung ist allerdings, dass die Mitgesellschafter sich »berechtigt« weigern.[21] Die Abstimmung zu einem fristgerecht (§ 51 Rdn. 12 f.) angekündigten Tagesordnungspunkt können sie nicht ohne Weiteres verweigern. Es besteht grds. ein **Anspruch auf Bescheidung** eines ordnungsgemäß gestellten Beschlussantrags.[22] Das gilt erst recht, wenn die Voraussetzungen des § 50 vorliegen (§ 50 Rdn. 4 ff.).

III. Abstimmung

9 Den konkreten Ablauf der Versammlung und der Abstimmung legt, sofern die Satzung oder eine Geschäftsordnung keine näheren Vorgaben machen, der Versammlungsleiter fest (§ 48 Rdn. 17 ff.).[23] Die Versammlung dient auch der Aussprache (§ 48 Rdn. 8). Daher geht der Abstimmung jedenfalls dann eine **Beratung** voraus, wenn einzelne Gesellschafter oder andere teilnahmeberechtigte Personen es wünschen.[24]

10 Ein Beschluss kommt grds. mit der **einfachen Mehrheit** der abgegebenen Stimmen (§ 47 Abs. 1) zustande. Es zählt also nicht die Gesamtheit der Gesellschafter, sondern nur derjenige, der anwesend (oder vertreten) und stimmberechtigt ist. In bestimmten Fällen verlangt das Gesetz zwingend eine **qualifizierte Mehrheit** von drei Vierteln der abgegebenen Stimmen. Dazu gehören Satzungsänderungen (§§ 53 ff.) und Maßnahmen nach dem UmwG (näher: § 53 Rdn. 5 ff., 18).

11 Für das **Abstimmungsergebnis** kommt es auf die Nominalwerte der Geschäftsanteile an, jeder Euro eines Geschäftsanteils gewährt eine Stimme (§ 47 Abs. 2). Die Mehrheit der Stimmen ist erreicht, wenn mindesten eine Ja-Stimme mehr als Nein-Stimmen abgegeben wurde. Bei Stimmengleichheit

---

17 *Hüffer/Schürnbrand*, in: Ulmer/Habersack/Löbbe, GmbHG, § 47 Rn. 8; *Seibt*, in: Scholz, GmbHG, § 48 Rn. 46; *Zöllner/Noack*, in: Baumbach/Hueck, GmbHG, § 47 Rn. 12.

18 *Hüffer/Schürnbrand*, in: Ulmer/Habersack/Löbbe, GmbHG, § 47 Rn. 9; *Seibt*, in: Scholz, GmbHG, § 48 Rn. 46.

19 *Hüffer/Schürnbrand*, in: Ulmer/Habersack/Löbbe, GmbHG, § 47 Rn. 9; *Zöllner/Noack*, in: Baumbach/Hueck, GmbHG, § 47 Rn. 13; a.A. *Drescher*, in: MünchKomm GmbHG, § 47 Rn. 16; *Römermann*, in: Michalski, GmbHG, § 47 Rn. 27; *Seibt*, in: Scholz, GmbHG, § 48 Rn. 46.

20 *Casper*, in: Bork/Schäfer, GmbHG, § 47 Rn. 7; *Zöllner/Noack*, in: Baumbach/Hueck, GmbHG, § 47 Rn. 12.

21 Vgl. BGH, NZG 2009, 1307; aus dem Tatbestand des erstinstanzlichen Urteils (LG Baden-Baden – 4 O 84/05, BeckRS 2009, 28784) ergibt sich, dass der Antrag nicht innerhalb der Frist des § 51 Abs. 1 gestellt worden war.

22 *Schäfer*, ZHR 167 (2003), 66, 74 ff.; *Drescher*, in: MünchKomm GmbHG, § 47 Rn. 24; *Zöllner/Noack*, in: Baumbach/Hueck, GmbHG, § 47 Rn. 17; a.A. *Casper*, in: Bork/Schäfer, GmbHG, § 47 Rn. 9; *Hüffer/Schürnbrand*, in: Ulmer/Habersack/Löbbe, GmbHG, § 47 Rn. 8.

23 *Hüffer/Schürnbrand*, in: Ulmer/Habersack/Löbbe, GmbHG, § 47 Rn. 13.

24 *Hüffer/Schürnbrand*, in: Ulmer/Habersack/Löbbe, GmbHG, § 47 Rn. 12.

ist der Antrag abgelehnt.[25] Es werden nur die gültig abgegebenen Stimmen gezählt.[26] Eine Stimmenthaltung zählt als nicht abgegebene Stimme.[27] Auch die **Ablehnung** eines Antrags ist ein Beschluss, der ggf. gerichtlich überprüft werden kann.[28]

Das Gesetz regelt keine bestimmte Form der Stimmabgabe. Es genügt jede Form der Kundgabe, die eine zweifelsfreie Feststellung ermöglicht.[29] Auch das Zustandekommen des Beschlusses bedarf von Gesetzes wegen keiner förmlichen **Feststellung.**[30] Die Feststellung hat allerdings prozessuale Bedeutung (Anh. § 47 Rdn. 39 f.): Wurde ein Versammlungsleiter eingesetzt (§ 48 Rdn. 17 ff.) und ein Beschlussergebnis von ihm förmlich festgestellt, muss der Beschluss im Streitfall angefochten werden.[31] Dasselbe gilt, wenn ein notariell zu beurkundender Beschluss durch den Notar festgestellt wurde.[32] Ausreichend ist auch ein vom Geschäftsführer unterzeichnetes Protokoll.[33] Fehlt eine förmliche Feststellung, kann Feststellungsklage auf Zustandekommen eines bestimmten Beschlusses erhoben werden.[34] 12

Aus **einem** Geschäftsanteil kann nur **einheitlich** abgestimmt werden.[35] Dafür spricht die Regelung des § 18 Abs. 1.[36] Stimmt ein Gesellschafter in unzulässiger Weise uneinheitlich ab, so sind seine Stimmen als Enthaltungen zu werten.[37] Hält ein Gesellschafter **mehrere Geschäftsanteile**, muss er die daraus resultierenden Stimmen nicht einheitlich abgeben.[38] Ein dies untersagendes Prinzip der einheitlichen Mitgliedschaft[39] ist nicht erkennbar, zumal wesentliche Vorschriften, auf die sich dieses Prinzip hätte stützen können,[40] mit dem MoMiG entfallen sind. Damit ist auch für die vielfach vertretene Einschränkung, der Gesellschafter müsse ein berechtigtes Interesse an der uneinheitlichen Stimmabgabe haben,[41] kein Raum mehr. Vertritt ein Gesellschafter zugleich einen anderen 13

25 *Ganzer*, in: Rowedder/Schmidt-Leithoff, § 47 Rn. 18; *Hüffer/Schürnbrand*, in: Ulmer/Habersack/Löbbe, GmbHG, § 47 Rn. 17.

26 BGHZ 80, 212, 215; BGHZ 76, 154, 156.

27 OLG Celle, GmbHR 1998, 140, 143; BGH, ZIP 1987, 635, 636 (Verein); BGHZ 83, 35, 37 (Verein); BGH, WM 2011, 1851 (Tz. 11). Zu abweichenden gesellschaftsvertraglichen Klauseln *Bacher/von Blumenthal*, GmbHR 2019, 261, 264.

28 BGHZ 97, 28, 30; BGHZ 88, 320, 328.

29 *Zöllner/Noack*, in: Baumbach/Hueck, GmbHG, § 47 Rn. 19.

30 BGHZ 88, 320, 329; OLG Dresden, NZG 2001, 809; *Noack*, GmbHR 2017, 792, 793; möglicherweise a.A. BGH, GmbHR 1990, 68, wobei aber nicht deutlich wird, ob die Satzung im konkreten Fall eine Feststellung vorsah. Nach *Altmeppen*, GmbHR 2018, 225, 228 ff., ist eine Feststellung immer erforderlich, zumeist aber im Beschluss enthalten.

31 Die Anfechtung kann mit einer Klage auf Feststellung des zutreffenden Beschlussergebnisses verbunden werden (BGHZ 104, 66, 69; BGHZ 97, 28, 20).

32 BayObLG, GmbHR 1992, 41, 42; *Hüffer/Schürnbrand*, in: Ulmer/Habersack/Löbbe, GmbHG, § 47 Rn. 29.

33 BGH, GmbHR 2008, 426, 427.

34 BGHZ 88, 320, 329; BGHZ 76, 154, 156; BGH, NZG 2009, 1307.

35 BGHZ 104, 66, 74; BGH, GmbHR 1965, 32; RGZ 157, 52, 57; dies gilt auch dann, wenn der Geschäftsanteil treuhänderisch für mehrere Personen gehalten wird (*Schauf*, GmbHR 2015, 799, 800 f.).

36 *Ganzer*, in: Rowedder/Schmidt-Leithoff, § 47 Rn. 39; *K. Schmidt*, in: Scholz, GmbHG, § 47 Rn. 69; a.A. *Blasche*, GmbHR 2016, 99, 101 f.; *Römermann*, in: Michalski, GmbHG, § 47 Rn. 463; *Hüffer/Schürnbrand*, in: Ulmer/Habersack/Löbbe, GmbHG, § 47 Rn. 64.

37 *Bayer*, in: Lutter/Hommelhoff, GmbHG, § 47 Rn. 10; *K. Schmidt*, in: Scholz, GmbHG, § 47 Rn. 71. Abweichend von den vorstehenden Autoren will *Hüffer/Schürnbrand*, in: Ulmer/Habersack/Löbbe, GmbHG, § 47 Rn. 63, einen evtl. Stimmenüberschuss als gültige Stimmabgabe werten.

38 *Drescher*, in: MünchKomm GmbHG, § 47 Rn. 40 f.; *Römermann*, in: Michalski, GmbHG, § 47 Rn. 466; *Schauf*, GmbHR 2015, 799, 801 f.; *K. Schmidt*, in: Scholz, GmbHG, § 47 Rn. 72.

39 So aber: *Hüffer/Schürnbrand*, in: Ulmer/Habersack/Löbbe, GmbHG, § 47 Rn. 62; *Zöllner/Noack*, in: Baumbach/Hueck, GmbHG, § 47 Rn. 20.

40 §§ 5 Abs. 2, 17 GmbHG a.F.

41 Beispiele: Treuhand (so im Fall OLG Köln, DStR 1996, 1864, 1865), Pfandrecht, Nießbrauch, Stimmbindung (näher: *Bayer*, in: Lutter/Hommelhoff, GmbHG, § 47 Rn. 10; *Ganzer*, in: Rowedder/Schmidt-Leithoff, § 47 Rn. 15; *Zöllner/Noack*, in: Baumbach/Hueck, GmbHG, § 47 Rn. 20).

Gesellschafter (oder ein Vertreter zugleich **mehrere Gesellschafter**), ist uneinheitliche Stimmabgabe unstreitig zulässig.[42]

14 In Einzelfällen bedarf ein Beschluss neben der Beschlussmehrheit auch der **Zustimmung** einzelner Gesellschafter (z.B. § 53 Abs. 3) oder aller Gesellschafter (so nach herrschender Meinung bei Änderung des Gesellschaftszwecks oder Abschluss eines Beherrschungs-/Gewinnabführungsvertrages, § 53 Rdn. 56 ff.).[43] Die Zustimmung ist nicht Teil des Beschlusses, sondern stellt ein selbstständiges Erfordernis neben dem Beschluss dar.[44]

IV. Wirkung

15 Der Beschluss ist zunächst nur ein Akt der internen Willensbildung. Um **Außenwirkung** zu erlangen, muss er von einem vertretungsberechtigten Organ ausgeführt werden.[45] Bestimmte Beschlüsse bedürfen zu ihrer Wirksamkeit der Eintragung im Handelsregister (insb. Satzungsänderungen, Maßnahmen nach UmwG). Nur in Ausnahmefällen entfaltet ein Beschluss sofortige Außenwirkung (z.B. Auflösungsbeschluss, § 60 Abs. 1 Nr. 2). Vor Eintritt der Außenwirkung kann ein Beschluss von den Gesellschaftern geändert oder **aufgehoben** werden.[46] Erfolgt eine solche Aufhebung in einer späteren Versammlung, muss eine Ankündigung in der Tagesordnung erfolgen. Für die Aufhebung genügt einfache Mehrheit, selbst wenn der aufzuhebende Beschluss einer qualifizierten Mehrheit bedurfte.

V. Satzungsregelungen

16 Die Satzung kann eine bestimmte Form oder ein bestimmtes **Verfahren** der Stimmabgabe vorschreiben. Sie kann bspw. das Antragsrecht (Rdn. 7 f.) erweitern und es auch dem Geschäftsführer oder Versammlungsleiter gewähren.[47] Denkbar ist weiterhin eine Regelung zur förmlichen Beschlussfeststellung durch den Versammlungsleiter (Rdn. 12). Eine Regelung zur Beschlussfähigkeit (Rdn. 6) ist häufig zweckmäßig.[48]

17 Die Satzung kann die gesetzlich geregelten **Mehrheiten** erhöhen bis hin zur Einstimmigkeit.[49] Eine Ausnahme davon bildet die Abberufung des Geschäftsführers aus wichtigem Grund, die nicht erschwert werden darf (§ 38 Rdn. 22).[50] Eine satzungsmäßig festgelegte Mehrheit kann nur mit derselben Mehrheit wieder abgeändert werden.[51] Ein Absenken von Mehrheiten ist nicht möglich.[52] Zulässig ist weiterhin ein **Stichentscheid**, der bei Stimmengleichheit den Ausschlag gibt. Er kann

---

42 *Hüffer/Schürnbrand*, in: Ulmer/Habersack/Löbbe, GmbHG, § 47 Rn. 59; *Römermann*, in: Michalski, GmbHG, § 47 Rn. 467; *K. Schmidt*, in: Scholz, GmbHG, § 47 Rn. 67.

43 *Hüffer/Schürnbrand*, in: Ulmer/Habersack/Löbbe, GmbHG, § 47 Rn. 32.

44 BGHZ 20, 363, 368.

45 *Hüffer/Schürnbrand*, in: Ulmer/Habersack/Löbbe, GmbHG, § 47 Rn. 39.

46 Zum Folgenden: *Casper*, in: Bork/Schäfer, GmbHG, § 47 Rn. 15; *Hüffer/Schürnbrand*, in: Ulmer/Habersack/Löbbe, GmbHG, § 47 Rn. 41; *K. Schmidt*, in: Scholz, GmbHG, § 45 Rn. 33.

47 *Hüffer/Schürnbrand*, in: Ulmer/Habersack/Löbbe, GmbHG, § 47 Rn. 10; *Drescher*, in: MünchKomm GmbHG, § 47 Rn. 19.

48 *Hüffer/Schürnbrand*, in: Ulmer/Habersack/Löbbe, GmbHG, § 47 Rn. 7.

49 *Hüffer/Schürnbrand*, in: Ulmer/Habersack/Löbbe, GmbHG, § 47 Rn. 21 ff.; *Wedemann*, Gesellschafterkonflikte, S. 228 ff.; BGH, GmbHR 1990, 75, 76; vgl. BGH, WM 2011, 1851 (Tz. 12): Mehrheit der »anwesenden Stimmen« heißt, dass Enthaltungen wie Nein-Stimmen zählen.

50 BGHZ 86, 177, 179. Eingehend hierzu *Pentz*, GmbHR 2017, 801, 804 ff.

51 OLG Hamm, GmbHR 2016, 358, 359 (Satzungsregelung, die Zustimmung aller Gesellschafter vorsieht). Darin liegt ein allgemeiner Grundsatz (so *Priester*, NZG 2013, 321, 324, während BGH, NZG 2013, 63, die Frage – der Fall betraf allerdings eine Publikumspersonengesellschaft – von einer Auslegung der Mehrheitsklausel abhängig machen will).

52 *Hüffer/Schürnbrand*, in: Ulmer/Habersack/Löbbe, GmbHG, § 47 Rn. 24; großzügiger *Ganzer*, in: Rowedder/Schmidt-Leithoff, § 47 Rn. 20, wonach nur auf das Mehrheitsprinzip als solches nicht verzichtet werden kann.

einem einzelnen Gesellschafter, dem Geschäftsführer oder auch außenstehenden Personen[53] zugebilligt werden.[54] Zulässig ist weiterhin eine Regelung, wonach ein Beschluss nur bei Zustimmung eines bestimmten Gesellschafters zustande kommt (Veto-Recht).[55] Denkbar ist weiterhin eine Erhöhung des Stimmgewichts einzelner Gesellschafter.[56]

Die Satzung kann vorschreiben, dass ein Gesellschafter aus einem oder mehreren Geschäftsanteilen immer **einheitlich abstimmen** muss (vgl. Rdn. 13).[57] Ob die Satzung gespaltene Stimmrechtsausübung aus einem Geschäftsanteil gestatten kann, ist umstritten, aber im Ergebnis zu bejahen.[58] Dasselbe gilt für eine Regelung, die uneinheitliche Abstimmung aus mehreren Geschäftsanteilen gestattet.[59] 18

C. Stimmrecht

Das Stimmrecht ist Teil der Mitgliedschaft und ist nicht separat auf Dritte übertragbar (**Abspaltungsverbot**).[60] Der Gesellschafter eines verpfändeten oder gepfändeten Anteils bleibt Inhaber des Stimmrechts;[61] der Pfandgläubiger kann aufgrund einer Vollmacht (Rdn. 27 ff.) das Stimmrecht ausüben. Ebenso verhält es sich beim Nießbrauch.[62] Demgegenüber erwirbt der Treuhänder mit dem Anteil auch das Stimmrecht.[63] Testamentsvollstrecker, Nachlass- und Insolvenzverwalter eines Gesellschafters können das Stimmrecht im Rahmen ihrer Verwaltungszuständigkeit im eigenen Namen ausüben.[64] Streitig ist, ob der Gesellschafter einen Dritten dazu ermächtigen kann, das Stimmrecht im eigenen Namen auszuüben (**Legitimationszession**).[65] Mit § 16 Abs. 1 n.F. ist der Gedanke einer solchen »verdeckten Vertretung« nicht mehr zu vereinbaren. Denn kraft gesetzlicher Fiktion (§ 16 Rdn. 15 ff.) ist allein derjenige legitimiert, der in der Gesellschafterliste steht.[66] Ein 19

53 RGZ 49, 141, 147 (Rechtsberater der Gesellschaft); BGHZ 43, 261, 264 (Entscheidung eines Schiedsgerichts, falls die vertraglich vorgesehene Einstimmigkeit nicht erzielt werden kann).

54 *Hüffer/Schürnbrand*, in: Ulmer/Habersack/Löbbe, GmbHG, § 47 Rn. 25; *Ganzer*, in: Rowedder/Schmidt-Leithoff, § 47 Rn. 20.

55 *Ganzer*, in: Rowedder/Schmidt-Leithoff, § 47 Rn. 20; *Hüffer/Schürnbrand*, in: Ulmer/Habersack/Löbbe, GmbHG, § 47 Rn. 27; *Wedemann*, Gesellschafterkonflikte, S. 246 ff. Bsp. bei OLG Stuttgart, NZG 2000, 490.

56 Vgl. insoweit OLG Hamm, NZG 2015, 678, 679 f. mit der Problematik, dass sich das dort in Rede stehende Doppelstimmrecht des Gesellschafters eigentlich auf die Holding-Konzerngesellschaft beziehen sollte.

57 *Bayer*, in: Lutter/Hommelhoff, GmbHG, § 47 Rn. 10; *K. Schmidt*, in: Scholz, GmbHG, § 47 Rn. 74.

58 Überzeugend LG München, GmbHR 2006, 431, m. zust. Anm. *Schüppen/Gahn*; ebenso *Casper*, in: Bork/Schäfer, GmbHG, § 47 Rn. 10; *Hüffer/Schürnbrand*, in: Ulmer/Habersack/Löbbe, GmbHG, § 47 Rn. 65; *Drescher*, in: MünchKomm GmbHG, § 47 Rn. 43; nunmehr auch *Zöllner/Noack*, in: Baumbach/Hueck, GmbHG, § 47 Rn. 20 (anders ebda. noch die Voraufl.).

59 Für Zulässigkeit *Hüffer/Schürnbrand*, in: Ulmer/Habersack/Löbbe, GmbHG, § 47 Rn. 65; *Römermann*, in: Michalski, GmbHG, § 47 Rn. 473; *Drescher*, in: MünchKomm GmbHG, § 47 Rn. 43; wohl auch *K. Schmidt*, in: Scholz, GmbHG, § 47 Rn. 73; nunmehr auch *Zöllner/Noack*, in: Baumbach/Hueck, GmbHG, § 47 Rn. 20 (anders ebda. noch die Vorauflage).

60 BGHZ 43, 261, 267; BGH, NJW 1987, 780 (für AG).

61 RGZ 157, 52, 54 f.; RGZ 139, 224, 228.

62 OLG Koblenz, NJW 1992, 2164; *K. Schmidt*, in: Scholz, GmbHG, § 47 Rn. 18; für die Gegenauffassung (mitgliedschaftsspaltender Nießbrauch): *Hüffer/Schürnbrand*, in: Ulmer/Habersack/Löbbe, GmbHG, § 47 Rn. 53.

63 BGHZ 104, 66, 74.

64 BGH, GmbHR 2018, 201 (Insolvenzverwalter). Näher *Hüffer/Schürnbrand*, in: Ulmer/Habersack/Löbbe, GmbHG, § 47 Rn. 119.

65 Zulässigkeit bejaht bei OLG Celle, NZG 2007, 391, 392 (offen gelassen in BGH, NZG 2008, 468, 469); zustimmend: *Römermann*, in: Michalski, GmbHG, § 47 Rn. 53; *Hüffer/Schürnbrand*, in: Ulmer/Habersack/Löbbe, GmbHG, § 47 Rn. 57; *Drescher*, in: MünchKomm GmbHG, § 47 Rn. 78; ablehnend: *Casper*, in: Bork/Schäfer, GmbHG, § 47 Rn. 18; *Ganzer*, in: Rowedder/Schmidt-Leithoff, § 47 Rn. 30; *K. Schmidt*, in: Scholz, GmbHG, § 47 Rn. 21.

66 BGH, GmbHR 2019, 335, 337. Die Fallkonstellation von OLG Celle, NZG 2007, 391, 392, regelt nun § 16 Abs. 1 Satz 2.

Dritter muss daher offenlegen, dass er für einen eingetragenen Gesellschafter handelt, sodass letztlich nur eine Vollmacht Sinn ergibt.

20 Das Stimmrecht besteht bereits in der **Vor-GmbH** und endet mit **Beendigung** der Mitgliedschaft.[67] Formelle Legitimationsbasis für die Berechtigung ist die Gesellschafterliste (§ 16 Rdn. 11 ff.). Bei Kündigung, Austritt oder Ausschluss verbleibt dem Gesellschafter das Stimmrecht bis zur wirksamen Einziehung oder Abtretung des Anteils,[68] bei Kaduzierung bis zur wirksamen Ausschlusserklärung (§ 21 Rdn. 12). Im Fall der Einziehung entfällt der Geschäftsanteil (§ 34 Rdn. 1 ff.) und damit auch das Stimmrecht. Erwirbt die Gesellschaft **eigene Anteile** (§ 33), ruhen deren Stimmrechte (§ 71b AktG analog).[69]

21 Die Geschäftsanteile einer GmbH müssen nicht zwingend mit Stimmrecht versehen sein; die **Satzung** kann auch **stimmrechtslose** Anteile schaffen (zum dennoch bestehenden Teilnahmerecht: § 48 Rdn. 8 f.).[70] Zumindest ein Gesellschafter muss aber stimmberechtigt bleiben.[71] Die Satzung kann das Stimmrecht an Voraussetzungen knüpfen, bspw. vollständige Einlageleistung.[72] Auch Stimmrechtsbegrenzungen (Höchststimmrecht, § 134 Abs. 1 Satz 2 AktG analog) oder Mehrstimmrechte sind möglich.[73] Nachträgliche Verschlechterungen bedürfen allerdings der Zustimmung der betroffenen Gesellschafter.[74]

I. Stimmrechtsbindung

1. Kraft Treuepflicht

22 Ein Gesellschafter ist in der Ausübung seines Stimmrechts grds. frei. Ausnahmsweise kann sich aber, insb. in der personalistisch geprägten GmbH, aus der Treuepflicht eine **positive Stimmpflicht** ergeben, wenn die zu beschließende Maßnahme objektiv dringend notwendig und für den abstimmenden Gesellschafter zumutbar ist.

Entschieden wurde dies bspw. für den Fall einer Kapitalerhöhung,[75] die notwendige Zahlung von Geschäftsführergehalt,[76] dringende Sanierungsmaßnahmen,[77] die Heilung einer verdeckten Sacheinlage,[78] die Zustimmung zur Übertragung vinkulierter Geschäftsanteile[79], für die Abberufung eines Geschäftsführers aus wichtigem Grund[80] und für die Beantragung einstweiligen Rechtsschutzes gegen den Geschäftsführer, wenn die Gesellschafter diesen vorher abberufen haben.[81] Hingegen darf ein Gesellschafter grundsätzlich auch gegen eine Geschäftsführungsmaßnahme stimmen, mit welcher er inhaltlich einverstanden ist.[82]

67 *Hüffer/Schürnbrand*, in: Ulmer/Habersack/Löbbe, GmbHG, § 47 Rn. 48.
68 BGHZ 88, 320, 323 ff.; OLG Düsseldorf, NZG 2000, 1180, 1181; OLG Celle, WM 1983, 425, 427.
69 BGHZ 119, 346, 356.
70 BGHZ 14, 264, 270 f.; OLG Frankfurt am Main, GmbHR 1990, 79, 82; *Heckschen/Heidinger*, Die GmbH in der Gestaltungs- und Beratungspraxis, § 4 Rn. 355 ff. (S. 368 f.).
71 *Heckschen/Heidinger*, Die GmbH in der Gestaltungs- und Beratungspraxis, § 4 Rn. 363 (S. 370); *Zöllner/Noack*, in: Baumbach/Hueck, GmbHG, § 47 Rn. 70.
72 *Zöllner/Noack*, in: Baumbach/Hueck, GmbHG, § 47 Rn. 67.
73 *Wedemann*, Gesellschafterkonflikte, S. 262 ff.; OLG Frankfurt am Main, GmbHR 1990, 79, 80; BayObLG, GmbHR 1986, 87.
74 *Heckschen/Heidinger*, Die GmbH in der Gestaltungs- und Beratungspraxis, § 4 Rn. 363 (S. 370); *Hüffer/Schürnbrand*, in: Ulmer/Habersack/Löbbe, GmbHG, § 47 Rn. 58.
75 BGHZ 98, 276, 279 f.
76 BGH, DZWiR 2007, 292.
77 BGHZ 129, 136, 152 (zur AG).
78 BGH, GmbHR 2003, 1051, 1054.
79 OLG Hamm, NJW-RR 2001, 109, 111 (Zustimmungspflicht bejaht); OLG Koblenz, NJW-RR 1989, 1057, 1059 (Zustimmungspflicht abgelehnt).
80 BGHZ 102, 172, 176 (Publikums-GbR); OLG Hamburg, GmbHR 1992, 43, 45.
81 OLG Jena, NZG 2014, 391, 391.
82 BGH, NJW 2016, 2739; a.A. zuvor OLG München, GmbHR 2015, 84, 86.

In anderen Fällen kann gerade die positive **Stimmabgabe** ein Verstoß gegen die Treuepflicht sein, wenn die zu beschließende Maßnahme aus objektiven Gründen im Interesse der Gesellschaft zu unterlassen ist,[83] so etwa bei der Bestellung eines für die Gesellschaft untragbaren Geschäftsführers[84] oder der Entlastung in Kenntnis schwerer Pflichtverletzungen.[85] Ein ausscheidender Gesellschafter ist zwar noch stimmberechtigt (Rdn. 20), bei seiner Stimmrechtsausübung aber zu besonderer Zurückhaltung verpflichtet.[86] Eine gesteigerte Treuepflicht kann sich auch daraus ergeben, dass dem Mitgesellschafter in der Einladung zur Gesellschafterversammlung fälschlich suggeriert wird, er sei ohnehin nicht stimmberechtigt, woraufhin dieser eine Teilnahme für überflüssig hält.[87] Eine treuwidrig abgegebene Stimme ist **nichtig** und bei der Ermittlung der Mehrheit nicht zu berücksichtigen; wird sie gleichwohl mitgezählt und hat sie Einfluss auf das Ergebnis, ist der Beschluss anfechtbar.[88]

2. Kraft Vereinbarung

Zulässig sind Stimmbindungsverträge **zwischen Gesellschaftern** in Form von Konsortialverträgen, Stimmrechtskonsortien oder Stimmenpools.[89] Sie können eine allgemeine Koordinierung zum Inhalt haben oder nur einzelne Angelegenheiten[90] betreffen. Die Vereinbarung bedarf keiner besonderen Form,[91] auch dann nicht, wenn sie sich auf eine Satzungsänderung bezieht.[92] Die Satzung kann Grenzen und Zulässigkeit von Stimmrechtsbindungen, zumindest im Innenverhältnis der Gesellschaft, regeln.[93] 23

Wurde die Stimmbindung nicht ausnahmsweise in der Satzung verankert, ist ein Beschluss, der unter Verstoß gegen die Vereinbarung zustande kam, dennoch wirksam. Die Rechtsprechung lässt nur ausnahmsweise (aus Gründen der Prozessökonomie) eine **Anfechtung** des Beschlusses zu, wenn er gegen eine von allen Gesellschaftern eingegangene Bindung verstößt.[94] In allen übrigen Fällen kann die schuldrechtliche Stimmbindung nur dem verpflichteten Gesellschafter ggü. eingeklagt werden. Eine Zwangsvollstreckung ist nach **§ 894 ZPO** möglich; das rechtskräftige Urteil ersetzt die Stimmabgabe (nicht den Beschluss).[95] Ob **einstweiliger Rechtsschutz** möglich ist, wird uneinheitlich beurteilt.[96] Ein Antrag auf die bloße Verhinderung einer vereinbarungswidrigen Stimmabgabe 24

83 OLG Brandenburg, GmbHR 2017, 408, 414 (Verkauf einer Beteiligung unter Wert; im Ergebnis abgelehnt); OLG Hamm, GmbHR 2020, 204, 208 (unangemessenes Geschäftsführergehalt; im Ergebnis abgelehnt).

84 BGH, GmbHR 1991, 62; BGH, GmbHR 1993, 579, 581.

85 OLG Düsseldorf, GmbHR 2001, 1049, 1055.

86 BGHZ 88, 320, 328.

87 OLG Hamm, GmbHR 2018, 1276, 1278.

88 BGHZ 102, 172, 176; BGH, GmbHR 1991, 62; BGH, GmbHR 1993, 579, 581; OLG Hamburg, GmbHR 1992, 43, 45.

89 BGHZ 179, 13, 18 f.; BGHZ 48, 163, 166 f.

90 Z.B. Wahlabsprachen (BGH, ZIP 1983, 432, 433; OLG Köln, GmbHR 1989, 76, 77).

91 OLG Köln, GmbHR 1989, 76, 77 (schlüssiges Verhalten); BGH, ZIP 1983, 432, 433 (Auslegung eines Vergleichs).

92 BGH, ZIP 1983, 432; OLG Köln, GmbHR 2003, 416 (Leitsatz); *Drescher*, in: MünchKomm GmbHG, § 47 Rn. 249; a.A. *K. Schmidt*, in: Scholz, GmbHG, § 47 Rn. 46.

93 *Hüffer/Schürnbrand*, in: Ulmer/Habersack/Löbbe, GmbHG, § 47 Rn. 93.

94 BGH, NJW 1983, 1910; BGH, NJW 1987, 1890, 1892; OLG Hamm, GmbHR 2000, 673, 674; OLG Saarbrücken, GmbHR 2005, 546, 548. Im Ergebnis zustimmend *Zöllner/Noack*, in: Baumbach/Hueck, GmbHG, § 47 Rn. 118; *K. Schmidt*, in: Scholz, GmbHG, § 45 Rn. 116; kritisch *Hüffer/Schürnbrand*, in: Ulmer/Habersack/Löbbe, GmbHG, Anh. § 47 Rn. 159; a.A. auch OLG Stuttgart, BB 2001, 794, 797.

95 BGHZ 48, 163, 173 f.; BGH, GmbHR 1990, 68; OLG Köln, GmbHR 1989, 76, 77; OLG Saarbrücken, GmbHR 2005, 546, 549.

96 Näher: *Casper*, in: Bork/Schäfer, GmbHG, § 47 Rn. 30; *Hüffer/Schürnbrand*, in: Ulmer/Habersack/Löbbe, GmbHG, § 47 Rn. 89; *Ganzer*, in: Rowedder/Schmidt-Leithoff, § 47 Rn. 46.

hat mitunter Erfolg,[97] während das positive Gebot einer bestimmten Stimmabgabe zumeist eine unzulässige Vorwegnahme der Hauptsache darstellt.[98]

25 Die Stimmbindung entfaltet keine Wirkung, wenn der Gesellschafter mit der Stimmabgabe gegen die gesellschaftsrechtliche Treuepflicht verstoßen würde.[99] Weitere **Grenzen der Stimmbindung** bilden das Kartellverbot (§ 1 GWB) sowie die allgemeinen Regeln der §§ 134, 138 BGB.[100] Die Stimmbindung darf auch nicht dazu führen, dass ein nach § 47 Abs. 4 ausgeschlossener Gesellschafter Einfluss auf die Willensbildung erlangt.[101] Vielfach wird aus der Gewährung sachwidriger Vorteile (»Stimmenkauf«) auf die Sittenwidrigkeit der Vereinbarung geschlossen.[102] Allerdings ist das Verfolgen von Partikularinteressen nicht ohne Weiteres sachwidrig,[103] weshalb stets eine an der Treuepflicht orientierte Einzelfallbetrachtung notwendig ist.[104]

26 Für Stimmbindungsvereinbarungen **mit Dritten** werden die Grenzen der Stimmbindung (Rdn. 25) besonders intensiv diskutiert (zur denkbaren Umgehung von Vinkulierungsklauseln vgl. § 15 Rdn. 62 f.). Die Literatur macht teilweise geltend, die Stimmbindung dürfe nicht zu einer dauerhaften Fremdbestimmung der Gesellschaft führen.[105] Die Rechtsprechung hat Stimmbindungen mit Dritten vielfach zugelassen.[106] Allerdings ließen sich in den betreffenden Fällen auch rechtfertigende Gründe finden, etwa eine rechtliche Beziehung des Dritten zum Geschäftsanteil in Form eines Pfandrechts oder einer Treuhand.[107] Stimmbindungen mit einem Geschäftsführer sind möglich, soweit nicht die Abberufung aus wichtigem Grund ausgeschlossen wird.[108] Als problematisch wird vielfach eine Stimmbindung für Grundlagenbeschlüsse (insb. Satzungsänderungen) angesehen.[109] Indessen dürfte auch hier das Korrektiv der gesellschaftsrechtlichen Treuepflicht ausreichen, die den abstimmenden Gesellschafter weiterhin bindet (Rdn. 22).[110] Die Vinkulierung von Anteilen schließt Stimmbindungsvereinbarungen nicht generell aus,[111] begründet aber einen strikt personalistischen Charakter der Gesellschaft mit besonderer Treubindung.[112]

97 OLG Koblenz, NJW 1986, 1692, 1693; OLG Hamburg, GmbHR 1991, 467, 468.

98 Im Ergebnis ablehnend daher: OLG Stuttgart, GmbHR 1997, 312; KG, GmbHR 1997, 175; ausnahmsweise einstweiligen Rechtsschutz gewährend: OLG Hamburg, NJW 1992, 186, 187.

99 *Römermann*, in: Michalski, GmbHG, § 47 Rn. 511 ff.; OLG Köln, GmbHR 1989, 76, 78.

100 *Casper*, in: Bork/Schäfer, GmbHG, § 47 Rn. 26; *Hüffer/Schürnbrand*, in: Ulmer/Habersack/Löbbe, GmbHG, § 47 Rn. 83.

101 BGHZ 48, 163, 166.

102 *Bayer*, in: Lutter/Hommelhoff, GmbHG, § 47 Rn. 21; *Casper*, in: Bork/Schäfer, GmbHG, § 47 Rn. 26; *K. Schmidt*, in: Scholz, GmbHG, § 47 Rn. 45; *Zöllner/Noack*, in: Baumbach/Hueck, GmbHG, § 47 Rn. 114.

103 So zutreffend *Römermann*, in: Michalski, GmbHG, § 47 Rn. 521.

104 *Römermann*, in: Michalski, GmbHG, § 47 Rn. 521 f.; in der Tendenz auch *Hüffer/Schürnbrand*, in: Ulmer/Habersack/Löbbe, GmbHG, § 47 Rn. 85.

105 *Hüffer/Schürnbrand*, in: Ulmer/Habersack/Löbbe, GmbHG, § 47 Rn. 80; vergleichbare Bedenken bei *K. Schmidt*, in: Scholz, GmbHG, § 47 Rn. 42; in einem derartigen Fall für Unwirksamkeit der Stimmbindung RGZ 69, 134, 137; angedeutet auch in BGH, DStR 1991, 1290 (»Selbstentmündigung«).

106 BGHZ 48, 163, 166 ff.; RGZ 157, 52, 57; BGH, ZIP 1983, 432; OLG Frankfurt am Main, NZG 2000, 378.

107 BGHZ 48, 163, 166 ff. (Treuhand); RGZ 157, 52, 57 (Pfandrecht). Ein Sonderfall ist auch OLG Jena, NZG 1998, 343, 344 (GbR), wo das Stimmrecht des Dritten nur in Pattsituationen greifen sollte.

108 BGH, ZIP 1983, 432 f.; OLG Frankfurt am Main, NZG 2000, 378; OLG Köln, WM 1988, 974, 977; OLG Köln, GmbHR 1989, 76, 77 f. Insoweit kritisch: *Casper*, in: Bork/Schäfer, GmbHG, § 47 Rn. 26; *Hüffer/Schürnbrand*, in: Ulmer/Habersack/Löbbe, GmbHG, § 47 Rn. 82.

109 *Hüffer/Schürnbrand*, in: Ulmer/Habersack/Löbbe, GmbHG, § 47 Rn. 82; *K. Schmidt*, in: Scholz, GmbHG, § 47 Rn. 42.

110 In diesem Sinne: *Casper*, in: Bork/Schäfer, GmbHG, § 47 Rn. 25; *Römermann*, in: Michalski, GmbHG, § 47 Rn. 503.

111 S. nur BGHZ 48, 163, 166 ff.; a.A. *Römermann*, in: Michalski, GmbHG, § 47 Rn. 505.

112 *K. Schmidt*, in: Scholz, GmbHG, § 47 Rn. 42.

II. Stimmabgabe durch Vertreter

Die Erteilung einer **Vollmacht** zur Stellvertretung bei der Stimmabgabe ist zulässig (zur sonstigen Teilnahme von Beratern § 48 Rdn. 12).[113] Sie folgt im Grundsatz den Regeln des BGB (§§ 164 ff.),[114] bedarf aber gem. § 47 Abs. 3 der Textform. Der Gesellschafter wählt den Vertreter nach Maßgabe seiner Treuepflicht. Die übrigen Gesellschafter können unzumutbare Personen (wie Konkurrenten oder Personen, die früher Geschäftsgeheimnisse verraten haben) ablehnen (vgl. außerdem § 15 Rdn. 62 f. bezüglich der Umgehung von Vinkulierungsklauseln).[115] 27

Ist die Vollmacht **unwiderruflich** und zugleich mit einem Stimmrechtsverzicht des Gesellschafters verbunden, verstößt sie gegen das Abspaltungsverbot (Rdn. 19) und ist daher unzulässig.[116] Bei einem Treuhandverhältnis kann allerdings die Dauer der Vollmacht an die Laufzeit des Treuhandverhältnisses gebunden werden.[117] Dieser Gedanke lässt sich auf andere Rechtsverhältnisse, wie Pfandrecht oder Nießbrauch, übertragen.[118] Ein Widerruf aus wichtigem Grund ist auch in diesen Fällen möglich.[119] 28

Die **Textform** (§ 126b BGB)[120] ist nach dem Wortlaut des § 47 Abs. 3 (»Gültigkeit«) Voraussetzung für die Wirksamkeit der Vollmacht.[121] Die Vertretung ist auch bei fehlender Form wirksam, wenn alle Gesellschafter von der Vollmacht Kenntnis haben und keine Einwände erheben.[122] Der Vertreter muss die Vollmachtsurkunde auf Verlangen des Versammlungsleiters oder eines anderen Gesellschafters vorlegen.[123] Ein Prokurist kann einen Handelsregisterauszug verwenden.[124] Gesetzliche und organschaftliche Vertreter sowie Vertreter kraft Amtes fallen nicht unter § 47 Abs. 3 und legitimieren sich auf jeweils geeignete Weise (z.B. Handelsregisterauszug oder Testamentsvollstreckerzeugnis).[125] In der Einpersonen-GmbH ist die Vollmachterteilung in Textform nicht erforderlich.[126] 29

---

113 Damit entfällt regelmäßig das Teilnahmerecht des Gesellschafters (§ 48 Rdn. 8 f.).

114 *Hüffer/Schürnbrand*, in: Ulmer/Habersack/Löbbe, GmbHG, § 47 Rn. 103.

115 *Hüffer/Schürnbrand*, in: Ulmer/Habersack/Löbbe, GmbHG, § 47 Rn. 108; *Römermann*, in: Michalski, GmbHG, § 47 Rn. 388.

116 BGHZ 3, 354, 359 (OHG); BGHZ 20, 363, 364 (KG); BGH, NJW 1987, 780, 781 (AG); OLG Hamburg, GmbHR 1990, 42, 43 (mit Umdeutung in Vollmacht zulässigen Umfangs).

117 BGH, GmbHR 1977, 244, 246; *Hüffer/Schürnbrand*, in: Ulmer/Habersack/Löbbe, GmbHG, § 47 Rn. 101.

118 *K. Schmidt*, in: Scholz, GmbHG, § 47 Rn. 83; a.A. *Hüffer/Schürnbrand*, in: Ulmer/Habersack/Löbbe, GmbHG, § 47 Rn. 101.

119 *Römermann*, in: Michalski, GmbHG, § 47 Rn. 435; *K. Schmidt*, in: Scholz, GmbHG, § 47 Rn. 83.

120 Insb. Schriftform, Fax oder E-mail (*Ellenberger*, in: Palandt, BGB, 70. Aufl. 2011, § 126b Rn. 3).

121 BGHZ 49, 183, 194; *Bayer*, in: Lutter/Hommelhoff, GmbHG, § 47 Rn. 29; *Drescher*, in: MünchKomm GmbHG, § 47 Rn. 104; *Ganzer*, in: Rowedder/Schmidt-Leithoff, § 47 Rn. 54; *Hüffer/Schürnbrand*, in: Ulmer/Habersack/Löbbe, GmbHG, § 47 Rn. 105; *Zöllner/Noack*, in: Baumbach/Hueck, GmbHG, § 47 Rn. 51. Nach a.A. soll die Textform nicht Wirksamkeitsvoraussetzung sein und nur Legitimationsfunktion haben (vgl. die Nachw. in Fn. 121).

122 Vgl. neben den in Fn. 120 Genannten auch: KG, NZG 2000, 787, 788; BayObLG, GmbHR 1989, 252, 253. Andere gelangen zu demselben Ergebnis, indem sie der Form nur Legitimationsfunktion zusprechen (LG Berlin, GmbHR 1996, 50, 51; *K. Schmidt*, in: Scholz, GmbHG, § 47 Rn. 85 sowie eingehend *ders.*, GmbHR 2013, 1177; *Römermann*, in: Michalski, GmbHG, § 47 Rn. 413).

123 RG, JW 1934, 976, 977; *K. Schmidt*, in: Scholz, GmbHG, § 47 Rn. 89; *Römermann*, in: Michalski, GmbHG, § 47 Rn. 418; *Drescher*, in: MünchKomm GmbHG, § 47 Rn. 112; a.A. *Zöllner/Noack*, in: Baumbach/Hueck, GmbHG, § 47 Rn. 54 (stets vorlegen).

124 *Hüffer/Schürnbrand*, in: Ulmer/Habersack/Löbbe, GmbHG, § 47 Rn. 106; *Römermann*, in: Michalski, GmbHG, § 47 Rn. 421; *K. Schmidt*, in: Scholz, GmbHG, § 47 Rn. 77.

125 *Bayer*, in: Lutter/Hommelhoff, GmbHG, § 47 Rn. 31; *K. Schmidt*, in: Scholz, GmbHG, § 47 Rn. 77; *Wicke*, GmbHG, § 47 Rn. 9b.

126 Vgl. BGH, DNotZ 2008, 625, mit der Bejahung einer konkludent vom Alleingesellschafter erteilten Vollmacht.

30 Stimmt ein Vertreter **ohne Vertretungsmacht** ab, kann der Gesellschafter dies genehmigen (§§ 180 Satz 2, 177 Abs. 1 BGB), wenn die Gesellschafterversammlung den Vertreter zur Stimmabgabe zugelassen hatte.[127] Die **Genehmigung** kann formfrei erklärt werden (§ 182 Abs. 2 BGB)[128] und entfaltet grds. Rückwirkung (§ 184 BGB).[129] Eine bereits erhobene Anfechtungsklage wird dadurch unbegründet.[130] Die Genehmigungsmöglichkeit besteht auch in der Einpersonen-GmbH.[131] Wurde ein Vertreter wegen fehlender Vollmacht zu Recht zurückgewiesen, werden seine Stimmen endgültig nicht gezählt; für eine Genehmigung ist kein Raum.[132]

31 Die **Satzung**[133] kann die rechtsgeschäftliche Vertretung beschränken, etwa durch strengere Formvorschriften, aber nicht gänzlich ausschließen (vgl. auch die Satzungsregeln zum Teilnahmerecht: § 48 Rdn. 13 ff.). Sie kann die Überbringung der Stimme durch einen Boten gestatten, die andernfalls nicht zulässig ist.[134] Die Satzung kann auch den Personenkreis möglicher Vertreter einschränken, z.B. nur Personen mit bestimmter Qualifikation[135] oder Zugehörigkeit zu einer bestimmten Personengruppe (Familie, Mitgesellschafter, Geschäftsführung)[136] zulassen. Die Gesellschafter können jedoch Abweichungen von der Satzung, also Vertretung durch satzungsmäßig nicht zugelassene Personen, formlos oder konkludent gestatten.[137] Im Einzelfall gebietet die Treuepflicht, einem Gesellschafter, der aus sachlichen Gründen (wie bspw. Krankheit oder Inhaftierung) nicht teilnehmen kann, die Möglichkeit einer Vertretung zu gewähren.[138]

III. Stimmverbote § 47 Abs. 4

1. Allgemeines

32 Gem. § 47 Abs. 4 unterliegt ein Gesellschafter einem Stimmverbot, wenn der Beschluss eine der dort genannten **Fallgruppen** zum Gegenstand hat: Die Entlastung des Gesellschafters oder seine Befreiung von einer Verbindlichkeit (Satz 1); die Vornahme eines Rechtsgeschäfts sowie die Einleitung oder Erledigung eines Rechtsstreits mit einem Gesellschafter (Satz 2). Das Stimmverbot erfasst auch verfahrensleitende Beschlüsse, die das sachliche Ergebnis beeinflussen können.[139] § 47 Abs. 4 findet in der **GmbH & Co. KG** entsprechende Anwendung.[140] Allerdings soll in der sog. »Einheitsgesellschaft« die Komplementär-GmbH berechtigt sein, in ihrer eigenen Gesellschafterversammlung für

---

127 *Hüffer/Schürnbrand*, in: Ulmer/Habersack/Löbbe, GmbHG, § 47 Rn. 107; *Wicke*, in: Bayer/Koch, Gesellschafterversammlung, S. 11, 27.

128 *Altmeppen*, in: Roth/Altmeppen, GmbHG, § 47 Rn. 57; *Casper*, in: Bork/Schäfer, GmbHG, § 47 Rn. 41; *K. Schmidt*, in: Scholz, GmbHG, § 47 Rn. 87; *Zöllner/Noack*, in: Baumbach/Hueck, GmbHG, § 47 Rn. 55.

129 OLG Frankfurt am Main, GmbHR 2003, 415, 416; OLG Dresden, GmbHR 2001, 1047, 1048; OLG BayObLG, GmbHR 1989, 252, 253; OLG Celle, NZG 2007, 391, 392: ausnahmsweise keine Rückwirkung bei Abberufung und Neubestellung eines Geschäftsführers.

130 RG, JW 1934, 2906, 2908; *Hüffer/Schürnbrand*, in: Ulmer/Habersack/Löbbe, GmbHG, § 47 Rn. 107; *K. Schmidt*, in: Scholz, GmbHG, § 47 Rn. 87.

131 OLG München, NZG 2010, 1427; OLG Frankfurt am Main, GmbHR 2003, 415, 416.

132 *Römermann*, in: Michalski, GmbHG, § 47 Rn. 438.

133 Zum Folgenden: *Heckschen/Heidinger*, Die GmbH in der Gestaltungs- und Beratungspraxis, § 4 Rn. 237 (S. 334); *Römermann*, in: Michalski, GmbHG, § 47 Rn. 444 ff.; *K. Schmidt*, in: Scholz, GmbHG, § 47 Rn. 96 f.

134 *Wicke*, GmbHG, § 47 Rn. 9b; *Zöllner/Noack*, in: Baumbach/Hueck, GmbHG, § 47 Rn. 56.

135 Bsp. bei OLG Brandenburg, GmbHR 1998, 1037, 1038: zur Berufsverschwiegenheit verpflichtete Personen.

136 Bsp. RGZ 80, 385, 388: kein Konkurrent und nur Geschäftsführer oder Aufsichtsratsmitglied.

137 OLG Karlsruhe, BeckRS 2006, 12239 = OLGR 2008, 414.

138 *Bayer*, in: Lutter/Hommelhoff, GmbHG, § 47 Rn. 25; *Römermann*, in: Michalski, GmbHG, § 47 Rn. 447.

139 BGH, GmbHR 1973, 153, 155 (Absetzung des Gegenstandes von der Tagesordnung).

140 OLG Hamburg, NZG 2000, 421, 422; *Altmeppen*, in: Roth/Altmeppen, GmbHG, § 47 Rn. 155; *K. Schmidt*, in: Scholz, GmbHG, Anh § 45 Rn. 46.

die KG aufzutreten.[141] Dagegen bestehen gewichtige Bedenken; empfehlenswert ist eine gesellschaftsvertragliche Regelung, wonach in diesem Falle die Kommanditisten für die KG handeln.[142]

Die Stimmverbote beruhen vor allem auf dem Gedanken, dass niemand **Richter in eigener Sache** sein kann.[143] Sie schützen die am Gesellschaftsinteresse orientierte interne Willensbildung; denn von einem persönlich betroffenen Gesellschafter kann nicht erwartet werden, dass er seine eigenen Interessen zurückstellt.[144] Ein **allgemeiner Grundgedanke**, wonach jede Interessenkollision zu einem Stimmverbot führt, lässt sich der Vorschrift zwar **nicht** entnehmen.[145] Auf Umgehungskonstruktionen kann sie aber Anwendung finden.[146] Zudem ist in Orientierung an den konkreten Fallgruppen des § 47 Abs. 4 im Einzelfall eine Übertragung auf gleich gelagerte Fälle denkbar.[147] I.Ü. kann sich eine Stimmrechtsbindung selbst dann, wenn keine der Fallgruppen des § 47 Abs. 4 vorliegt, unter Umständen aus der gesellschaftsrechtlichen **Treuepflicht** ergeben (Rdn. 22). 33

In der Einpersonengesellschaft entfällt der Interessengegensatz und § 47 Abs. 4 findet im Wege **teleologischer Reduktion** keine Anwendung.[148] Das gilt auch dann, wenn in einer Mehrpersonengesellschaft alle stimmberechtigten Gesellschafter gleichmäßig betroffen sind, wobei diese Konstellation möglichst durch Aufspaltung des Beschlusses zu vermeiden ist (z.B. Einzelentlastung anstelle von Gesamtentlastung).[149] 34

Ein Gesellschafter unterliegt dem Stimmverbot auch dann, wenn es um ein Rechtsgeschäft mit einer anderen Gesellschaft geht, deren persönlich haftender Gesellschafter oder Alleingesellschafter er ist.[150] Damit entscheidet zwar über **konzerninterne Geschäfte** letztlich die Minderheit allein; sie ist dabei aber an die Treuepflicht gebunden.[151] Erst der Beherrschungsvertrag legitimiert eine eventuelle Benachteiligung der abhängigen Gesellschaft (vgl. § 308 AktG) und verdrängt daher das Stimmverbot des betroffenen Gesellschafters.[152] 35

2. Erfasster Personenkreis

Auf den **Erwerber** eines Geschäftsanteils geht das Stimmverbot nicht über, es sei denn, die Abtretung dient gerade der Umgehung des Stimmverbotes.[153] Das Stimmverbot erstreckt sich aus Gründen der Rechtssicherheit auch nicht auf **nahestehende Personen** (wie Ehegatte, Kinder, Eltern) des betroffenen Gesellschafters.[154] Diese können aber im Einzelfall wegen Stimmrechtsmissbrauchs ausgeschlossen sein.[155] Eine **Stimmbindung** ist unwirksam, wenn sie mit einem 36

141 BGH, GmbHR 2007, 1034; KG, GmbHR 2019, 286 (= DNotZ 2019, 387).
142 *Priester*, Anm. zu KG in DNotZ 2019, 387, 390.
143 BGHZ 9, 157, 178; BGHZ 97, 28, 33.
144 BGHZ 51, 209, 215; OLG Brandenburg, GmbHR 2001, 624, 626.
145 BGHZ 56, 47, 53; BGHZ 68, 107, 109; eingehend *Schäfer*, ZGR 43 (2014), 731, 741 ff.
146 OLG Düsseldorf, GmbHR 2001, 1049, 1053.
147 BGHZ 68, 107, 109; BGHZ 97, 28, 33.
148 BGHZ 105, 324, 333; BayObLG, BB 1984, 1117, 1118.
149 *Ganzer*, in: Rowedder/Schmidt-Leithoff, § 47 Rn. 65; *Hüffer/Schürnbrand*, in: Ulmer/Habersack/Löbbe, GmbHG, § 47 Rn. 135.
150 BGH, GmbHR 1973, 153 f. Eine bloße Mitgliedschaft ohne Beherrschung genügt nicht (BGHZ 56, 47, 53).
151 *Hüffer/Schürnbrand*, in: Ulmer/Habersack/Löbbe, GmbHG, § 47 Rn. 137; *K. Schmidt*, in: Scholz, GmbHG, § 47 Rn. 107. Für eine gesteigerte Treupflicht des allein beschließenden Minderheitsgesellschafters *Ekkenga*, ZGR 2019, 191, 205 ff.
152 OLG Stuttgart, NZG 1998, 601, 603.
153 BGH, GmbHR 2008, 1092, 1093; BGH, NJW 1976, 713, 714; OLG Düsseldorf, GmbHR 2001, 1049, 1053; OLG Hamm, GmbHR 1989, 79 f.
154 BGHZ 56, 47, 54; BGHZ 80, 69, 71; OLG Hamm, GmbHR 1992, 802, 803; OLG Düsseldorf, GmbHR 1996, 689, 692; OLG Hamm, GmbHR 2020, 204, 207.
155 BGHZ 80, 69, 71.

Gesellschafter oder einem Dritten vereinbart wurde, in dessen Person ein Ausschlussgrund vorliegt.[156]

37 Nimmt eine **juristische Person** oder eine andere Form der **Gemeinschaft** (Personengesellschaft oder Erbengemeinschaft) die Stellung als Gesellschafter ein, muss sie sich die **Betroffenheit ihrer Organe oder Mitglieder** zurechnen lassen, wenn der Befangene als ihr Vertreter auftritt oder das Abstimmungsverhalten maßgeblich beeinflussen kann.[157] In diesen Fällen ist anzunehmen, dass das Stimmrecht mit Rücksicht auf die Interessen des Befangenen unsachlich ausgeübt wird. Ein Stimmverbot wird daher insb. dann angenommen, wenn der Betroffene Alleingesellschafter,[158] herrschender Gesellschafter[159] oder in einer Personengesellschaft der einzige geschäftsführende Gesellschafter[160] ist. Bei Vertretungsorganen von juristischen Personen ist im Einzelfall zu prüfen, ob sie einen maßgeblichen Einfluss auf deren Stimmverhalten haben.[161]

38 Bei dem Beschluss über ein **Rechtsgeschäft** (oder über die Einleitung eines Rechtsstreits) mit einer **juristischen Person** oder Personengesellschaft sind Gesellschafter möglicherweise vom Stimmrecht ausgeschlossen, wenn sie gleichzeitig Gesellschafter des vorgesehenen Vertragspartners sind und damit dem in § 47 Abs. 4 Satz 2 angesprochenen Interessenkonflikt unterliegen. Die entsprechende Interessenverknüpfung wird angenommen, wenn der Gesellschafter zugleich Alleingesellschafter,[162] beherrschender Gesellschafter[163] oder persönlich haftender Gesellschafter[164] des vorgesehenen Vertragspartners ist. Das gilt auch für Gesellschafter, die gleichzeitig Organmitglied des vorgesehenen Vertragspartners sind, sofern sie dort einen maßgeblichen Einfluss ausüben.[165]

39 Das Stimmverbot erfasst auch die (rechtsgeschäftlichen oder gesetzlichen) **Vertreter** des betroffenen Gesellschafters; andernfalls wäre Umgehung des Stimmverbots durch Einschaltung eines Vertreters möglich.[166] Das wird man auch bei einem eigennützig handelnden Vertreter (etwa Treuhänder oder

---

156 BGHZ 48, 163, 166; OLG Frankfurt am Main, NZG 2000, 378 (Bindungsvereinbarung mit Geschäftsführer).

157 BGHZ 153, 285, 292 (Stimmbindung und Weisungsbefugnis im Konsortium); BGHZ 116, 353, 358 (Erbengemeinschaft); BGHZ 49, 183, 194 (Erbengemeinschaft), bestätigt in BGHZ 51, 209, 219; OLG Hamm, GmbHR 1992, 802 (GmbH als Gesellschafterin); OLG Hamburg, NZG 2000, 421, 422 (KG als Gesellschafterin); RGZ 146, 71, 77 (OHG als Aktionärin). Eingehend *Schmidbauer*, GmbHR 2019, 108.

158 OLG Brandenburg, GmbHR 2001, 624, 626.

159 OLG Karlsruhe, NZG 2000, 264, 265; OLG München, GmbHR 2011, 590, 592; OLG Brandenburg, GmbHR 2017, 408, 412 (Mehrheit von 51 %, Stimmverbot im Ergebnis abgelehnt).

160 *Bayer*, in: Lutter/Hommelhoff, GmbHG, § 47 Rn. 39; *Ganzer*, in: Rowedder/Schmidt-Leithoff, § 47 Rn. 70; *Hüffer/Schürnbrand*, in: Ulmer/Habersack/Löbbe, GmbHG, § 47 Rn. 143; *Römermann*, in: Michalski, GmbHG, § 47 Rn. 142.

161 *K. Schmidt*, in: Scholz, GmbHG, § 47 Rn. 160; LG Köln, NZG 1998, 193 (zur AG). A.A. *Zöllner/Noack*, in: Baumbach/Hueck, GmbHG, § 47 Rn. 100 (Stimmverbot auch ohne Einfluss). Nach BGHZ 36, 296, 300, soll hingegen die Einflussmöglichkeit als solche nicht genügen. Vgl. auch KG Berlin, 14 U 124/12 (ZIP 2015, 481, Ls.) zur Stimmausübung durch Vorstandsmitglied einer Stiftung, deren anderes Vorstandsmitglied persönlich betroffen ist.

162 BGH, GmbHR 1973, 153, 154; BGHZ 56, 47, 53; BGHZ 68, 107, 110 (auch mehrere Gesellschafter, die alle gemeinsam dem vorgesehenen Vertragspartner angehören); OLG München, GmbHR 1995, 231; OLG Celle, NZG 1999, 1161, 1163.

163 BGHZ 56, 47, 53; KG, GmbHR 1993, 663; OLG München, NZG 2005, 554, 555; OLG Brandenburg, ZIP 2017, 1417, 1420 ff.

164 BGH, GmbHR 1973, 153.

165 *Hüffer/Schürnbrand*, in: Ulmer/Habersack/Löbbe, GmbHG, § 47 Rn. 148; KG Berlin, ZIP 2014, 2505, 2506 (Gesellschafter war zugleich Geschäftsführer und 50 %-Gesellschafter des Vertragspartners); OLG Celle, NZG 1999, 1161, 1163 (Gesellschafter war zugleich Gesellschafter und Geschäftsführer einer anderen Gesellschaft, gegen die ein Rechtsstreit eingeleitet werden sollte).

166 BGH, GmbHR 2009, 770, 773 (Unterbevollmächtigter); RGZ 142, 123, 132 (AG); OLG München, GmbHR 1995, 231.

Pfandgläubiger) annehmen müssen, weil er dem Interessenkreis des Vertretenen weiterhin nahe steht.[167]

40 Unterliegt der Vertreter selbst einer Interessenkollision, ist zu unterscheiden: Im Verhältnis zur Gesellschaft gilt § 47 Abs. 4; der Vertreter ist bei eigener persönlicher Betroffenheit von der Abstimmung ausgeschlossen.[168] Im Verhältnis zum Vertretenen gilt grds. **§ 181 BGB** einschließlich der Befreiungsmöglichkeit.[169] Allerdings ist die Konstellation des In-sich-Geschäfts i.S.d. § 181 BGB bei einem gewöhnlichen Gesellschafterbeschluss gar nicht gegeben, weil dabei die Verfolgung des gemeinsamen Gesellschaftszwecks im Vordergrund steht und nicht individuelle Interessengegensätze.[170] Anders verhält es sich bei Grundlagengeschäften, insb. Satzungsänderungen.[171] Eine Gegenmeinung will § 181 BGB auf alle Arten von Beschlüssen anwenden.[172] Die praktische Bedeutung des Konflikts reduziert sich aber dadurch, dass in der Bevollmächtigung, wenn sie in Kenntnis des Interessenkonflikts erteilt wird, regelmäßig zugleich eine konkludente Befreiung von § 181 BGB liegt.[173]

3. Sachlicher Anwendungsbereich

41 Der Gesellschafter unterliegt einem Stimmverbot, wenn seine eigene **Entlastung** als Geschäftsführer beschlossen werden soll (§ 47 Abs. 4 Satz 1, 1. Alt.). Gleichgestellt ist die Entlastung als Liquidator, Mitglied des Aufsichtsrats,[174] sowie Mitglied eines Beirats oder Verwaltungsrats mit organschaftlichen Funktionen.[175] Entlastung ist unabhängig von der konkreten Bezeichnung jeder Beschluss, der Geschäftsführungsmaßnahmen der Vergangenheit billigt oder missbilligt (vgl. § 46 Rdn. 35 ff.).[176] Bei Gesamtentlastung sind alle betroffenen Gesellschafter vom Stimmrecht ausgeschlossen.[177] Bei Einzelentlastung sind sie von der Abstimmung über die Entlastung der anderen Organmitglieder nur dann ausgeschlossen, wenn eine gemeinsam begangene Pflichtverletzung in Betracht kommt.[178] Beteiligt sich ein Organmitglied als Gesellschafter an der Beschlussfassung über die Entlastung anderer Organe (z.B. Geschäftsführer an der Entlastung des Aufsichtsrats), ist das

---

167 Näher zur Diskussion in dieser Frage: *Hüffer/Schürnbrand*, in: Ulmer/Habersack/Löbbe, GmbHG, § 47 Rn. 138; *K. Schmidt*, in: Scholz, GmbHG, § 47 Rn. 158.

168 BGHZ 108, 23, 25 (Testamentsvollstrecker); BGH, GmbHR 2009, 770, 773.

169 BGHZ 51, 209, 217 und BGHZ 108, 21, 25 (jeweils Testamentsvollstrecker); BayObLG, GmbHR 2001, 72. Zustimmend *Römermann*, in: Michalski, GmbHG, § 47 Rn. 120; *K. Schmidt*, in: Scholz, GmbHG, § 47 Rn. 178; a.A. (§ 47 Abs. 4 analog) *Hüffer/Schürnbrand*, in: Ulmer/Habersack/Löbbe, GmbHG, § 47 Rn. 123.

170 BGHZ 65, 93, 98.

171 *Hüffer/Schürnbrand*, in: Ulmer/Habersack/Löbbe, GmbHG, § 47 Rn. 127; *K. Schmidt*, in: Scholz, GmbHG, § 47 Rn. 180. Allerdings hat der BGH für einen Auflösungsbeschluss die Anwendung von § 181 BGB verneint (BGHZ 52, 316, 318).

172 *Römermann*, in: Michalski, GmbHG, § 47 Rn. 125.

173 *Hüffer/Schürnbrand*, in: Ulmer/Habersack/Löbbe, GmbHG, § 47 Rn. 128; *Römermann*, in: Michalski, GmbHG, § 47 Rn. 128; *K. Schmidt*, in: Scholz, GmbHG, § 47 Rn. 182. s.a. BGHZ 66, 82, 86 (Bevollmächtigung zur Stimmabgabe in der Gesellschafterversammlung einer KG, für die vertragsändernde Beschlüsse angekündigt waren).

174 LG Berlin, ZIP 2004, 73, 75.

175 *Hüffer/Schürnbrand*, in: Ulmer/Habersack/Löbbe, GmbHG, § 47 Rn. 152; *K. Schmidt*, in: Scholz, GmbHG, § 47 Rn. 133.

176 BGH, GmbHR 2019, 335, 340; *Hüffer/Schürnbrand*, in: Ulmer/Habersack/Löbbe, GmbHG, § 47 Rn. 152; *K. Schmidt*, in: Scholz, GmbHG, § 47 Rn. 133.

177 BGHZ 108, 21, 25.

178 Grundgedanke aus BGHZ 97, 28, 34 und BGH, GmbHR 2003, 712, 714; ebenso für Abberufung BGH, GmbHR 2009, 770, 773; *Drescher*, in: MünchKomm GmbHG, § 47 Rn. 142; *Hüffer/Schürnbrand*, in: Ulmer/Habersack/Löbbe, GmbHG, § 47 Rn. 155; *Römermann*, in: Michalski, GmbHG, § 47 Rn. 187; *K. Schmidt*, in: Scholz, GmbHG, § 46 Rn. 97; a.A. (stets Stimmverbot) *Zöllner/Noack*, in: Baumbach/Hueck, GmbHG, § 47 Rn. 77.

Stimmrecht gleichfalls ausgeschlossen, wenn eine gemeinschaftlich begangene Pflichtverletzung in Betracht kommt.[179]

42 Der Grundgedanke des Stimmverbots, dass der Gesellschafter nicht zum **Richter in eigener Sache** gemacht werden darf, kann auch in anderen Konstellationen ein Stimmverbot tragen. Das gilt generell für Beschlüsse, die das Verhalten eines Gesellschafters billigen oder missbilligen sollen.[180] Dazu gehören namentlich solche Maßnahmen, die aus einem in der Person oder im Verhalten des Gesellschafter liegenden **wichtigen Grund** beschlossen werden: z.B. die Abberufung eines Gesellschafter-Geschäftsführers oder die außerordentliche Kündigung seines Anstellungsvertrages,[181] die Einziehung eines Geschäftsanteils,[182] der Ausschluss aus der Gesellschaft.[183] Das Stimmverbot besteht nur, wenn der wichtige Grund objektiv vorliegt.[184] Eine andere Auffassung lässt die ernsthafte Behauptung genügen; das führt bei fehlendem wichtigen Grund zur inhaltlichen Anfechtbarkeit des Beschlusses.[185] Der BGH lässt die Frage offen, da im gerichtlichen Verfahren auf jeden Fall materiell geprüft werden muss, ob im Zeitpunkt der Beschlussfassung ein wichtiger Grund vorlag.[186] Richtigerweise genügt die bloße Behauptung nicht; wer ein Stimmverbot des mitstimmenden Gesellschafters annimmt, muss den Beschluss anschließend angreifen.[187] Bei Maßnahmen aus wichtigem Grund ist neben dem unmittelbar betroffenen Gesellschafter auch derjenige vom Stimmrecht ausgeschlossen, der die in Rede stehende Pflichtverletzung mit ihm gemeinsam begangen hat.[188] Das gilt allerdings nicht, wenn der Pflichtverletzung des einen nur ein Aufsichtsversäumnis des anderen Gesellschafters gegenübersteht.[189]

43 Ein Stimmverbot besteht auch, wenn ein Gesellschafter durch Beschluss **von einer Verbindlichkeit befreit** werden soll (§ 47 Abs. 4 Satz 1, 2. Alt.).[190] Der Begriff der Verbindlichkeit umfasst jede vertragliche oder außervertragliche Schuld. Sie kann sich aus dem Gesellschaftsverhältnis oder aus anderen Rechtsbeziehungen zwischen Gesellschaft und Gesellschafter ergeben. Befreiung ist weit zu verstehen und erfasst auch Erlassvertrag, Aufrechnung, Verzicht oder Stundung. Es ist unerheblich, ob die Befreiung bereits durch den Beschluss eintritt oder noch eines Ausführungsgeschäfts bedarf. Kein Stimmverbot besteht, wenn ein Gesellschafter nur mittelbar durch eine Kapitalherabsetzung von seiner Einlageverpflichtung befreit wird.

---

179 *Hüffer/Schürnbrand*, in: Ulmer/Habersack/Löbbe, GmbHG, § 47 Rn. 157; *K. Schmidt*, in: Scholz, GmbHG, § 47 Rn. 134. A. A. (genereller Stimmrechtsausschluss): *Römermann*, in: Michalski, GmbHG, § 47 Rn. 193 ff.; *Zöllner/Noack*, in: Baumbach/Hueck, GmbHG, § 47 Rn. 78.

180 BGHZ 97, 28, 33; OLG Düsseldorf, GmbHR 2000, 1050, 1052; OLG Jena, GmbHR 2002, 115, 116.

181 BGHZ 86, 177, 181 ff.; BGH, ZIP 2017, 1065; OLG Karlsruhe, NZG 2008, 785, 786; OLG Zweibrücken, GmbHR 1998, 373, 374; OLG Stuttgart, GmbHR 1989, 466, 467. Eingehend *Ensenbach*, GmbHR 2016, 8 ff. und *Rüppell/Hoffmann*, BB 2016, 645 ff.

182 BGH, NZG 2015, 429, 430; BGHZ 9, 157, 176; BGH, GmbHR 1977, 81, 82; OLG Celle, GmbHR 1998, 140, 141; OLG Jena, GmbHR 2002, 115, 116; weiterhin *Bayer*, GmbHR 2017, 665, 667.

183 BGHZ 153, 285, 291.

184 BGHZ 86, 177, 181 ff. (für Zweipersonengesellschaft mit gleichen Beteiligungsverhältnissen); *Bayer*, GmbHR 2017, 665, 669; *Hüffer/Schürnbrand*, in: Ulmer/Habersack/Löbbe, GmbHG, § 47 Rn. 188; *Römermann*, in: Michalski, GmbHG, § 47 Rn. 244; *Zöllner/Noack*, in: Baumbach/Hueck, GmbHG, § 47 Rn. 85.

185 OLG Brandenburg, GmbHR 1996, 539, 542; *Kleindiek*, in: Lutter/Hommelhoff, GmbHG, § 38 Rn. 17, 30; *K. Schmidt*, in: Scholz, GmbHG, § 46 Rn. 76 sowie GmbHR 2017, 670, 671; *Trölitzsch*, in: VGR, Gesellschaftsrecht, S. 117, 144 ff. mit Hinweis auf die entsprechende Prüfungspflicht des Versammlungsleiters.

186 BGH, ZIP 2017, 1065, 1066 (= GmbHR 2017, 701, 702).

187 Eingehend *Bayer*, GmbHR 2017, 665, 668 ff.

188 BGH, GmbHR 2009, 770, 773; BGH, GmbHR 2009, 1325, 1326.

189 BGH, GmbHR 2003, 712, 714; BGH, GmbHR 2009, 1325, 1326 (»andersartige Pflichtverletzung«).

190 Zum Folgenden: *Bayer*, in: Lutter/Hommelhoff, GmbHG, § 47 Rn. 46; *Hüffer/Schürnbrand*, in: Ulmer/Habersack/Löbbe, GmbHG, § 47 Rn. 158 f.; *Römermann*, in: Michalski, GmbHG, § 47 Rn. 196 ff.; *K. Schmidt*, in: Scholz, GmbHG, § 47 Rn. 123 ff.; *Zöllner/Noack*, in: Baumbach/Hueck, GmbHG, § 47 Rn. 79.

44 Ein Gesellschafter unterliegt außerdem einem Stimmverbot, soweit ein Beschluss die **Vornahme eines Rechtsgeschäfts** ihm ggü. betrifft (§ 47 Abs. 4 Satz 2, 1. Alt.).[191] Der Begriff des Rechtsgeschäfts ist weit auszulegen. Er umfasst Verträge, einseitige Rechtsgeschäfte und geschäftsähnliche Handlungen.[192] Ausgenommen sind sog. Sozialakte (Rdn. 46). Das Stimmverbot erstreckt sich auf Rechtsgeschäfte mit Dritten, die den Gesellschafter begünstigen (z.B. Bürgschaft der Gesellschaft),[193] und gilt auch bei einer bloßen Ermächtigung des Geschäftsführers, jedenfalls wenn darin der konkrete Inhalt des Rechtsgeschäfts erkennbar wird.[194]

45 Soll über die Einleitung oder Erledigung eines **Rechtsstreits** ggü. einem Gesellschafter beschlossen werden, unterliegt der betroffene Gesellschafter einem Stimmverbot (§ 47 Abs. 4 Satz 2, 2. Alt.).[195] Das Stimmverbot gilt auch, wenn der Gesellschafter auf der Gegenseite nicht als Beklagter, sondern als Haupt-, Nebenintervenient oder Streitverkündeter auftritt. Rechtsstreit ist im weiten Sinne zu verstehen. Dazu gehören streitige wie freiwillige Gerichtsbarkeit, Mahnverfahren, einstweiliger Rechtsschutz, Zwangsvollstreckung und auch Schiedsverfahren. Das Stimmverbot gilt für alle Maßnahmen der Vorbereitung (Auswahl des Prozessbevollmächtigten,[196] Klageandrohung, Mahnbescheid), Einleitung (Klage, Antrag), Führung und Erledigung (Vergleich, Anerkenntnis, Verzicht) von Rechtsstreitigkeiten. Der Beschluss muss allerdings Bezug zu einem Rechtsstreit aufweisen; es genügt nicht, dass über eine Angelegenheit beschlossen wird, aus der sich ein Rechtsstreit entwickeln könnte.[197] Das Stimmverbot kann auch eingreifen, wenn der Rechtsstreit eine Gesellschaft betrifft, an welcher der Gesellschafter beteiligt ist (Rdn. 35, 38). Hier gilt ebenso wie bei der Entlastung (Rdn. 41), dass auch derjenige Gesellschafter einem Stimmverbot unterliegt, der an einer im Streit stehenden Pflichtverletzung eines Anderen mitgewirkt hat.[198]

46 Von den Stimmverboten sind im Wege der teleologischen Reduktion die sog. **Sozialakte** auszunehmen, bei denen ungeachtet einer persönlichen Betroffenheit die mitgliedschaftliche Willensbildung im Vordergrund steht.[199] So darf ein Gesellschafter bei seiner eigenen Bestellung oder Abberufung als **Geschäftsführer** sowie bei der Beschlussfassung über die Bedingungen des Anstellungsverhältnisses mitwirken.[200] Weitere **Beispiele:** Erteilung der Prokura an einen Gesellschafter,[201] Bestellung oder Abwahl als Versammlungsleiter,[202] Einforderung der Stammeinlage,[203] Einziehung,[204]

191 Hierzu: *Bayer*, in: Lutter/Hommelhoff, GmbHG, § 47 Rn. 48; *Hüffer/Schürnbrand*, in: Ulmer/Habersack/Löbbe, GmbHG, § 47 Rn. 166; *Römermann*, in: Michalski, GmbHG, § 47 Rn. 211 ff.; *K. Schmidt*, in: Scholz, GmbHG, § 47 Rn. 109 ff.; *Zöllner/Noack*, in: Baumbach/Hueck, GmbHG, § 47 Rn. 80 ff.

192 BGH, NJW 1991, 172, 173; BGH, DB 2011, 1682, 1683.

193 In BGHZ 68, 107, 109, offengelassen, da nicht entscheidungserheblich.

194 BGHZ 68, 107, 112; OLG Brandenburg, GmbHR 2001, 624, 626. In RGZ 68, 235, 241, abgelehnt, allerdings handelte es sich auch nur um einen Beschluss, der Vorstand einer AG allgemein zur Ausgabe von Aktien ermächtigte.

195 Zum Folgenden: *Bayer*, in: Lutter/Hommelhoff, GmbHG, § 47 Rn. 47; *Hüffer/Schürnbrand*, in: Ulmer/Habersack/Löbbe, GmbHG, § 47 Rn. 160 ff.; *Römermann*, in: Michalski, GmbHG, § 47 Rn. 290 ff.; *K. Schmidt*, in: Scholz, GmbHG, § 47 Rn. 126 ff.; *Zöllner/Noack*, in: Baumbach/Hueck, GmbHG, § 47 Rn. 93.

196 Vgl. BGHZ 97, 28, 34 [Bestellung des Vertreters gem. § 46 Nr. 8].

197 BGH, NJW 1991, 172, 174; OLG Köln, NJW 1968, 992, 993 (zu § 34 BGB); a.A. *Zöllner/Noack*, in: Baumbach/Hueck, GmbHG, § 47 Rn. 93, für die Einforderung von Einlagen.

198 BGHZ 97, 28, 34.

199 Zuletzt BGH, DB 2011, 1682, 1683.

200 RGZ 74, 276, 279; BGHZ 18, 205, 210; BGHZ 51, 209, 215; BGH, ZIP 2017, 1065; OLG Frankfurt am Main, GmbHR 2005, 550, 552; OLG Hamm, GmbHR 2018, 1276, 1278; OLG Hamm, GmbHR 2020, 204, 207.

201 OLG München, 23 U 1994/16.

202 BGH, GmbHR 2010, 977, 978.

203 RGZ 138, 106, 111; BGH, NJW 1991, 172, 174; OLG München, GmbHR 1990, 263, 264; a.A. *Zöllner/Noack*, in: Baumbach/Hueck, GmbHG, § 47 Rn. 93, wenn nicht alle Gesellschafter gleichmäßig betroffen sind.

204 Soweit sie nicht aus wichtigem Grund erfolgt; vgl. BGH, GmbHR 1977, 81, 82.

Genehmigung der Übertragung von Geschäftsanteilen,[205] satzungsmäßig vorgesehene Benennung eines Nachfolgers für verstorbenen Gesellschafter,[206] Kapitalerhöhungen[207] und sonstige Satzungsänderungen,[208] Auflösung.[209] Ausgenommen sind Maßnahmen, die auf einem **wichtigen Grund** in der Person des Gesellschafters beruhen (Rdn. 42).

47 Uneinheitlich ist das Meinungsbild bei **Strukturänderungen**, etwa Verschmelzungen oder Unternehmensverträgen.[210] Nicht selten handelt es sich dabei um Konzernsachverhalte, in denen ein unternehmerischer Mehrheitsgesellschafter eigene wirtschaftliche Interessen verfolgt. Dennoch besteht für den Mehrheitsgesellschafter kein Stimmverbot.[211] Denn der Eingriff in die Organisationsstruktur der Gesellschaft verändert deren rechtlichen Status und betrifft damit das Mitgliedschaftsrecht aller Gesellschafter.[212] Der gebotene Schutz der Minderheit wird durch andere Instrumentarien gewährleistet, die besser auf das konkret betroffene Interesse zugeschnitten sind (z.B. Informationsrechte, Beschlussanfechtung, Austritts- und Ausgleichsrechte).

4. Satzungsregelungen

48 Die ältere Auffassung, die § 47 Abs. 4 unter Berufung auf § 45 Abs. 2 für gänzlich dispositiv hielt,[213] wurde inzwischen aufgegeben. Im Kern erweist sich der Katalog der Stimmverbote weitgehend als **einseitig zwingend**:[214] Eine Ausdehnung oder Präzisierung der Stimmverbote in der Satzung ist zulässig, eine Abschaffung der Stimmverbote zumeist unzulässig. Rechtsdogmatisch lässt sich das Verbot des Richtens in eigener Sache und die Unzulässigkeit der Selbstentmündigung als rechtsethisches Minimum i.S.d. § 138 BGB verstehen. Rechtssystematisch ist die weitgehende Abweichung des von § 45 Abs. 2 angeordneten Regel-/Ausnahmeverhältnisses (§ 45 Rdn. 8 ff.) allerdings fragwürdig.[215]

49 Als **Erweiterung** oder **Präzisierung** des Stimmrechtsverbots kann bspw. eine Anwendung auf nahestehende Personen (Rdn. 36), auf die eigene Bestellung und Abberufung als Geschäftsführer (Rdn. 42, 46) oder ein Stimmverbot für Sozialakte (Rdn. 46) in der Satzung geregelt werden.[216]

---

205 BGHZ 48, 163, 167; KG Berlin, OLGZ 1965, 320, 324; BayObLG, GmbHR 1991, 572, 573; OLG Hamm, GmbHR 2001, 974, 977; a.A. *Zöllner/Noack*, in: Baumbach/Hueck, GmbHG, § 47 Rn. 90.

206 BGH, WM 1974, 372, 375.

207 *Bayer*, in: Lutter/Hommelhoff, GmbHG, § 47 Rn. 50; *Hüffer/Schürnbrand*, in: Ulmer/Habersack/Löbbe, GmbHG, § 47 Rn. 178; *K. Schmidt*, in: Scholz, GmbHG, § 47 Rn. 113.

208 OLG Stuttgart, NZG 1998, 601, 603.

209 *Römermann*, in: Michalski, GmbHG, § 47 Rn. 288; *Zöllner/Noack*, in: Baumbach/Hueck, GmbHG, § 47 Rn. 89; *Hüffer/Schürnbrand*, in: Ulmer/Habersack/Löbbe, GmbHG, § 47 Rn. 180.

210 Vgl. zur Diskussion: *Drescher*, in: MünchKomm GmbHG, § 47 Rn. 171; *Hüffer/Schürnbrand*, in: Ulmer/Habersack/Löbbe, GmbHG, § 47 Rn. 189 ff.; *K. Schmidt*, in: Scholz, GmbHG, § 47 Rn. 114 ff.; *Römermann*, in: Michalski, GmbHG, § 47 Rn. 282 ff.

211 BGH, DB 2011, 1682, 1683 (Kündigung eines Beherrschungs- und Gewinnabführungsvertrages); LG Arnsberg, AG 1995, 334 (Verschmelzung); OLG Hamburg, NZG 2000, 421, 422 (Unternehmensvertrag); OLG Stuttgart, BB 2001, 794, 796 (Ausgliederung). Ebenso *Bayer*, in: Lutter/Hommelhoff, GmbHG, § 47 Rn. 50; *Beck*, GmbHR 2012, 777, 781 ff.; *Drescher*, in: MünchKomm GmbHG, § 47 Rn. 171 f.; *Hüffer/Schürnbrand*, in: Ulmer/Habersack/Löbbe, GmbHG, § 47 Rn. 189 ff.; *K. Schmidt*, in: Scholz, GmbHG, § 47 Rn. 114 f. Generell a.A. *Römermann*, in: Michalski, GmbHG, § 47 Rn. 282 ff.; *Zöllner/Noack*, in: Baumbach/Hueck, GmbHG, § 47 Rn. 90.

212 In diesem Sinne BGH, DB 2011, 1682, 1683, für Kündigung eines Beherschungs- und Gewinnabführungsvertrages.

213 RGZ 89, 367, 383; RGZ 122, 159, 162.

214 Vgl. im Einzelnen: *Hüffer/Schürnbrand*, in: Ulmer/Habersack/Löbbe, GmbHG, § 47 Rn. 199 ff.; *Römermann*, in: Michalski, GmbHG, § 47 Rn. 328 ff.; *K. Schmidt*, in: Scholz, GmbHG, § 47 Rn. 172 ff.

215 Eingehend *Teichmann*, RNotZ 2013, 346 ff.

216 *Wedemann*, Gesellschafterkonflikte, S. 264 ff. Beispiele aus der Rechtsprechung: BGHZ 92, 386, 395 (Stimmverbot für Erben); BGH, WM 1977, 192, 193 (Stimmverbot bei Einziehungsbeschluss); OLG Stuttgart, GmbHR 1992, 48, 49 (Stimmverbot für Vertragsschluss mit Drittgesellschaft).

Einschränkungen der Stimmverbote sind problematisch und werden teilweise ganz für unzulässig gehalten.[217] Jedenfalls sind Satzungsregelungen, die es dem Gesellschafter erlauben, entgegen den Regelungen des Gesetzes abzustimmen, eng auszulegen.[218] Zwingend ist das Stimmverbot, soweit es auf dem Verbot des Richtens in eigener Sache beruht. Das betrifft die Entlastung und die Befreiung von Verbindlichkeiten,[219] die Einleitung eines Rechtsstreits[220] und die Maßnahmen aus wichtigem Grund (Rdn. 42).[221] Abdingbar ist das Stimmverbot bei einem Abschluss von Rechtsgeschäften mit dem Gesellschafter, weil das dahinter stehende Verbot des In-sich-Geschäfts auch in § 181 BGB disponibel ist.[222] Als Korrektiv ist die Stimmabgabe im Einzelfall an der gesellschaftsrechtlichen Treuepflicht zu messen.[223] 50

5. Rechtsfolgen

Das Stimmverbot beseitigt nicht das Teilnahmerecht (§ 48 Rdn. 8 f.). Dem betroffenen Gesellschafter ist lediglich die Stimmabgabe untersagt. Wird die Stimme dennoch abgegeben, so ist sie nichtig.[224] Die verbotswidrig abgegebene Stimme wird bei der Mehrheitsermittlung **nicht berücksichtigt.**[225] Fand der Beschluss auch ohne die nichtige Stimme eine hinreichende Mehrheit, bleibt die Nichtigkeit ohne Folgen.[226] Andernfalls ist der Beschluss entweder nicht zustande gekommen oder jedenfalls anfechtbar. Die zulässige Klageart (Anfechtungs- oder Feststellungsklage), hängt davon ab, ob eine Feststellung des Beschlusses erfolgt ist (Anh. § 47 Rdn. 39 f.). In Zweifelsfällen empfiehlt es sich für den Versammlungsleiter, einem Gesellschafter die Stimmabgabe zu gestatten und die Klärung des Stimmverbots dem gerichtlichen Verfahren zu überlassen.[227] 51

Ein Gesellschafter, der trotz Stimmrechtsausschluss an einer Abstimmung teilnimmt, kann unter Umständen zu **Schadensersatz** verpflichtet sein.[228] Als Anspruchsgrundlage kommt § 280 BGB in Betracht (Verletzung einer mitgliedschaftlichen Unterlassungspflicht), in Extremfällen auch § 826 BGB. Ob § 47 Abs. 4 hingegen Schutzgesetzcharakter (§ 823 Abs. 2 BGB) hat, ist zweifelhaft.[229] 52

---

217 So *Römermann*, in: Michalski, GmbHG, § 47 Rn. 342; a.A. *Teichmann*, RNotZ 2013, 346, 351 ff.

218 BGH, WM 1980, 649, 650; BGHZ 108, 21, 26.

219 BGHZ 108, 21, 27; BGH, DStR 1994, 869, 870.

220 OLG Hamm, GmbHR 1993, 815.

221 *Hüffer/Schürnbrand*, in: Ulmer/Habersack/Löbbe, GmbHG, § 47 Rn. 200; *Römermann*, in: Michalski, GmbHG, § 47 Rn. 342; *K. Schmidt*, in: Scholz, GmbHG, § 47 Rn. 173; abweichend für die GbR OLG Jena, NZG 1998, 343, 344.

222 OLG Hamm, NZG 2003, 545, 546; *Hüffer/Schürnbrand*, in: Ulmer/Habersack/Löbbe, GmbHG, § 47 Rn. 202; *K. Schmidt*, in: Scholz, GmbHG, § 47 Rn. 173; a.A. *Römermann*, in: Michalski, GmbHG, § 47 Rn. 342.

223 *Hüffer/Schürnbrand*, in: Ulmer/Habersack/Löbbe, GmbHG, § 47 Rn. 202.

224 *Bayer*, in: Lutter/Hommelhoff, GmbHG, § 47 Rn. 53; *Hüffer/Schürnbrand*, in: Ulmer/Habersack/Löbbe, GmbHG, § 47 Rn. 195; *Römermann*, in: Michalski, GmbHG, § 47 Rn. 308; terminologisch abweichend (»unwirksam«) *K. Schmidt*, in: Scholz, GmbHG, § 47 Rn. 175.

225 OLG München, NZG 1999, 1174; OLG Düsseldorf, GmbHR 2000, 1050, 1053; OLG Brandenburg, GmbHR 2001, 624, 626.

226 OLG Koblenz, NZG 2008, 280 (Leitsatz).

227 *Bayer*, in: Lutter/Hommelhoff, GmbHG, § 47 Rn. 54.

228 Näher: *Bayer*, in: Lutter/Hommelhoff, GmbHG, § 47 Rn. 53; *Hüffer/Schürnbrand*, in: Ulmer/Habersack/Löbbe, GmbHG, § 47 Rn. 196 ff.; *Römermann*, in: Michalski, GmbHG, § 47 Rn. 314 ff.; *K. Schmidt*, in: Scholz, GmbHG, § 47 Rn. 175 f.; *Zöllner/Noack*, in: Baumbach/Hueck, GmbHG, § 47 Rn. 105.

229 Dafür: *Römermann*, in: Michalski, GmbHG, § 47 Rn. 322; *Zöllner/Noack*, in: Baumbach/Hueck, GmbHG, § 47 Rn. 105; dagegen: *Hüffer/Schürnbrand*, in: Ulmer/Habersack/Löbbe, GmbHG, § 47 Rn. 198; *K. Schmidt*, in: Scholz, GmbHG, § 47 Rn. 176.

Anhang zu § 47 Nichtigkeit und Anfechtbarkeit von Gesellschafterbeschlüssen

Schrifttum

Altmeppen, Beschlussfeststellung, Stimmrecht und Klageobliegenheit in der GmbH, GmbHR 2018, 225; *Baluch*, Befugnis des ausgeschiedenen GmbH-Gesellschafters zur Anfechtung des Jahresabschlussfeststellungsbeschlusses, NZG 2013, 46; *Bayer*, Schiedsfähigkeit von GmbH-Streitigkeiten, ZIP 2003, 881; *Berger*, GmbH-rechtliche Beschlussmängelstreitigkeiten vor Schiedsgerichten – Gestaltungsmöglichkeiten im Anschluss an BGHZ 132, 278, ZHR 164 (2000), 295; *Bloching*, Der Streitwert der Anfechtungsklage in der GmbH analog § 247 Abs. 1 AktG, GmbHR 2009, 1265; *Böttcher/Fischer*, Einbeziehung von Schiedsordnungen in die Satzung einer GmbH, NZG 2011, 601; *Böttcher/Helle*, Zur Schiedsfähigkeit von Beschlussmängelstreitigkeiten – Schiedsfähigkeit II, NZG 2009, 700; *Bork*, Das Anerkenntnis im aktienrechtlichen Beschlussanfechtungsverfahren, ZIP 1992, 1205; *Borris*, Die »Ergänzenden Regeln für gesellschaftsrechtliche Streitigkeiten« der DIS (»DIS-ERGeS«), SchiedsVZ 2009, 299; *Casper*, Das Anfechtungsklageerfordernis im GmbH-Beschlussmängelrecht, ZHR 163 (1999), 54; *ders./Risse*, Mediation von Beschlußmängelstreitigkeiten, ZIP 2000, 437; *Dendorfer/Krebs*, Konfliktlösung durch Mediation bei Gesellschafterstreitigkeiten, MittBayNot 2008, 85; *Emde*, Der Streitwert bei Anfechtung von GmbH-Beschlüssen und Feststellung der Nichtigkeit von KG-Beschlüssen in der GmbH&Co.KG, DB 1996, 1557; *Fehrenbach*, Der fehlerhafte Gesellschafterbeschluss in der GmbH, 2011; *Fleischer*, Das Beschlussmängelrecht in der GmbH, GmbHR 2013, 1289; *Fritsche*, Anm. zu OLG Frankfurt am Main, Urt. v. 22.12.2004 – 13 U 177/02, GmbHR 2005, 550, 557; *Geißler*, Die (beschwerliche) Beitreibung der Gläubigeransprüche im Falle der »bestatteten« GmbH, GmbHR 2013, 1302; *Goette*, Anm. zu BGH, Beschl. v. 28.06.1993 – II ZR 23/93, DStR 1993, 1566; *Göz/Peitsmeyer*, Schiedsfähigkeit von Beschlussmängelstreitigkeiten bei der GmbH – Zugleich Besprechung des BGH, Urt. v. 06.04.2009 – II ZR 255/08, DB 2009 S. 1171, DB 2009, 1915; *Heinrich*, Wann machen Schiedsklauseln in Gesellschaftsverträgen Sinn und worauf ist dabei zu achten?, NZG 2016, 1406; *Hilbig*, Schiedsvereinbarungen über GmbH-Beschlussmängelstreitigkeiten – Zugleich Anm. zu BGH, Urt. v. 06.04.2009 – II ZR 255/08 »Schiedsfähigkeit II«, SchiedsVZ 2009, 247; *Hoffmann/Köster*, Beschlussfeststellung und Anfechtungsklageerfordernis im GmbH-Recht, GmbHR 2003, 1327; *Hoffmann-Becking*, Kombinierte Beschlussfassung in Gesellschafterversammlung und Aufsichtsrat, in: Hommelhoff/Rawert/K. Schmidt (Hrsg.), Festschrift für Hans-Joachim Priester zum 70. Geburtstag, 2007, S. 233; *Jäger*, Anm. zu OLG Schleswig, Urt. v. 16.03.2000 – 5 U 244/97, NZG 2000, 895, 897; *Kaufmann*, Die Klagefrist bei Beschlussmängelstreitigkeiten im Recht der AG und GmbH, NZG 2015, 336; *Kleindiek*, Ordnungswidrige Liquidation durch organisierte Firmenbestattung, ZGR 2007, 276; *Lehmann*, Mediation in Beschlussmängelstreitigkeiten, 2013; *Liebscher/Alles*, Einstweiliger Rechtsschutz im GmbH-Recht, ZIP 2015, 1; *Liese/Theusinger*, Beschlussfassung durch GmbH-Gesellschafter – das Ende des kombinierten Verfahrens? – Zugleich Besprechung der Entscheidung des BGH v. 16.01.2006 – II ZR 135/04, GmbHR 2006, 682; *Meyer*, Streitwert und Kostenerstattung im Beschlussmängelrechtsstreit der GmbH, GmbHR 2010, 1081; *H.-F. Müller*, GmbH-Beschlussmängelstreitigkeiten im Schiedsverfahren, GmbHR 2010, 729; *Niemeier/Häger*, Fünf Jahre »Schiedsfähigkeit II« – ein Überblick unter besonderer Berücksichtigung der ergänzenden Regeln für gesellschaftsrechtliche Streitigkeiten der DIS, BB 2014, 1737; *Nietsch*, Schiedsfähigkeit von Beschlussmängelstreitigkeiten in der GmbH, ZIP 2009, 2269; *Noack*, Adieu »Feststellungsmodell«, bonjour »Anfechtungsmodell« – über den Systemwechsel im Beschlussmängelrecht der Personengesellschaften, ZIP 2020, 1382; *Nolting*, Rechtskrafterstreckung von Schiedssprüchen zu Beschlussmängeln im GmbH-Recht, GmbHR 2011, 1017; *Otte*, Beschlussmängelstreitigkeiten in Personengesellschaften nach dem Mauracher Entwurf für ein Gesetz zur Modernisierung des Gesellschaftsrechts, ZIP 2020, 1743; *Reichert*, Beschlussmängelstreitigkeiten und Schiedsgerichtsbarkeit – Gestaltungs- und Reaktionsmöglichkeiten, in: Habersack/Hüffer/Hommelhoff/K. Schmidt (Hrsg.), Festschrift für Peter Ulmer zum 70. Geburtstag am 02.01.2003, 2003, S. 511; *Rensen*, Beschlussmängelstreitigkeiten in der GmbH, 2014; *Riegger/Wilske*, Auf dem Weg zu einer allgemeinen Schiedsfähigkeit von Beschlussmängelstreitigkeiten?, ZGR 2010, 733; *Römermann*, Anm. zu OLG Düsseldorf, Urt. v. 14.11.2003 – I-16 U 95/98, GmbHR 2004, 572, 580; *K. Schmidt*, Die Behandlung treuwidriger Stimmen in der Gesellschafterversammlung und im Prozeß – Bemerkungen zum »Cats«-Urteil des Hanseatischen OLG Hamburg, GmbHR 1992, 9; *Schröder*, Mediationsklauseln im Gesellschaftsvertrag einer GmbH, GmbHR 2014, 960; *Schwedt/Lilja/Schaper*, Schiedsfähigkeit von Beschlussmängelstreitigkeiten: Die neuen Ergänzenden Regeln für gesellschaftsrechtliche Streitigkeiten der DIS, NZG 2009, 1281; *Töben*, Mediationsklauseln, RNotZ 2013, 321; *Versin*, Zur Schiedsfähigkeit von GmbH-Beschlussmängelstreitigkeiten, GmbHR 2015, 969; *Wertenbruch*, Wahl und Feststellungskompetenz des Versammlungsleiters der GmbH-Gesellschafterversammlung, GmbHR 2020, 875; *Zilles*, Vereinbarung des Schiedsverfahrens über Beschlüsse von GmbH-Gesellschaftern, BB-Beilage Nr. 4/1999, 2.

Übersicht

A. Grundkonzept

Die Rechtsfolgen eines mangelhaften Gesellschafterbeschlusses sind im GmbH-Gesetz nicht geregelt. Der Beschluss hat zwar rechtsgeschäftlichen Charakter (§ 47 Rdn. 5). Die zivilrechtlichen Vorschriften über Willensmängel und ihre Rechtsfolgen passen aber nicht. Die Rechtsprechung schließt die Lücke durch eine **Analogie zum Aktienrecht** (§§ 241 ff. AktG).[1] 1

Daraus ergibt sich die Trennung in nichtige und anfechtbare Beschlüsse. **Nichtig** ist ein Beschluss nur bei besonders gravierenden Mängeln; er entfaltet dann keinerlei Wirkung (Rdn. 34). Weniger gravierende Mängel machen den Beschluss nur **anfechtbar:** Er ist zunächst wirksam und muss durch fristgebundene Anfechtungsklage beseitigt werden (Rdn. 39); andernfalls erlangt er endgültige Bestandskraft. Dies setzt allerdings voraus, dass das Zustandekommen des Beschlusses ordnungsgemäß festgestellt wurde (Rdn. 40). Fehlt eine solche Feststellung, ist eine unbefristete Beschlussfeststellungsklage gem. § 256 ZPO möglich (Rdn. 83).[2] Für andere Streitfragen bleibt die allgemeine Feststellungsklage zulässig.[3] 2

Die Analogie zum Aktienrecht ist im Schrifttum auf **Kritik** gestoßen.[4] Es fehle die Vergleichbarkeit der Interessenlage. Die befristete Anfechtungsklage diene in der AG als Publikumsgesellschaft der 3

1 RGZ 85, 311, 313; BGHZ 11, 231, 235; BGHZ 51, 209, 210; BGHZ 104, 66, 69; BGH, GmbHR 2008, 426, 427; OLG Stuttgart, GmbHR 2013, 414, 415.

2 BGHZ 104, 66, 69.

3 Z.B. für den vor einer Beschlussfassung ausbrechenden Streit über die anwendbare Beschlussmehrheit (OLG München, GmbHR 2012, 1075, 1080).

4 Dazu (m.w.N.): *Casper*, ZHR 163 (1999), 54, 76 f.; eingehend und mit zahlreichen Nachweisen *Fleischer*, GmbHR 2013, 1289 ff.; *Casper*, in: Bork/Schäfer, GmbHG, § 47 Rn. 61 ff.; *Raiser*, in: Ulmer/Habersack/Löbbe, GmbHG, Anh. § 47 Rn. 4 ff.; *Zöllner/Noack*, in: Baumbach/Hueck, GmbHG, Anh. § 47 Rn. 3 ff.; *Zöllner/Noack*, ZGR 1989, 525, 532 ff. Vgl. auch den beachtlichen Gegenentwurf eines allgemeinen Beschlussmängelrechts bei *Fehrenbach*, Der fehlerhafte Gesellschafterbeschluss in der GmbH, 2011, passim.

Rechtssicherheit. In der personalistisch geprägten GmbH müsse man einen fehlerhaften Beschluss nicht zwingend mit Bestandskraft versehen oder könne bei nicht eintragungspflichtigen Beschlüssen eine bloße Anfechtungserklärung genügen lassen. Andernfalls führe der Zwang, eine zeitlich nur befristet zulässige Anfechtungsklage zu erheben, zu unnötigen Prozessen, was dem persönlichen Klima in der Gesellschaft abträglich sei.

4 Demgegenüber halten Rechtsprechung und **herrschende Meinung** an der Analogie zum Aktienrecht grds. fest und stützen sich dabei vor allem auf den Aspekt der **Rechtssicherheit.**[5] Im Modell der Anfechtbarkeit durch Anfechtungsklage bestehe Gewissheit über die Wirksamkeit der Beschlüsse. Der Aspekt der Rechtssicherheit trete nur bei besonders schweren Mängeln zurück. Die Vorschriften über Nichtigkeit und Anfechtbarkeit von Beschlüssen seien daher sinngemäß auf die GmbH anzuwenden, soweit nicht deren Besonderheiten eine Abweichung erforderten. Eine Abweichung wird insb. bei der Klagefrist (§ 246 Abs. 1 AktG: ein Monat) für denkbar gehalten; eine enge zeitliche Begrenzung der Klagemöglichkeit sei in der GmbH nicht in gleichem Maße geboten wie in der AG.[6] Insoweit bietet die herrschende Auffassung hinreichend Differenzierungsmöglichkeiten, um den Besonderheiten der GmbH gerecht zu werden, und soll daher nachfolgend zugrunde gelegt werden.

5 **Nichtigkeits- und Anfechtungsklage** verfolgen nach neuerer Lehre und Rechtsprechung dasselbe materielle Ziel: Die richterliche Klärung der Nichtigkeit von Gesellschafterbeschlüssen mit Wirkung für und gegen jedermann (inter omnes).[7] Der Nichtigkeitsantrag umfasst daher zugleich den Anfechtungsantrag.[8] Das Gericht prüft sämtliche in Betracht kommenden Nichtigkeits- und Anfechtungsgründe. Soweit derselbe Lebenssachverhalt zugrunde liegt und die Anfechtungsklage nicht verspätet ist (Rdn. 64 ff.), können daher in einer Klage alle Mängel zusammengefasst werden, die dem Beschluss anhaften. Beide Klagen lassen sich wegen ihrer inter omnes-Wirkung unter dem Begriff der **kassatorischen Klage** zusammenfassen.[9]

6 In einigen Fällen treten **schwebend unwirksame** Beschlüsse auf. Sie sind mangelfrei, erfordern aber für ihre Wirksamkeit noch den Eintritt zusätzlicher Voraussetzungen: etwa eine Zustimmung durch einzelne Gesellschafter,[10] eine kartellrechtliche Freigabe oder die Eintragung in das Handelsregister (insb. Satzungsänderungen).[11] Während des Schwebezustandes kann die Unwirksamkeit von jedermann geltend gemacht werden, prozessual auch im Wege der negativen Feststellungsklage.[12] Der Eintritt der erforderlichen Voraussetzung beendet den Schwebezustand und macht den Beschluss wirksam. Kann die fehlende Wirksamkeitsvoraussetzung endgültig nicht mehr eintreten (z.B. wegen ausdrücklicher Verweigerung einer erforderlichen Zustimmung), tritt

5 Zur Rspr. Fn. 1; aus der Lit.: *Altmeppen*, in: Roth/Altmeppen, GmbHG, Anh. § 47 Rn. 91; *Bayer*, in: Lutter/Hommelhoff, GmbHG, Anh. § 47 Rn. 3; *Ganzer*, in: Rowedder/Schmidt-Leithoff, GmbHG, Anh. § 47 Rn. 1; *Rensen*, Beschlussmängelstreitigkeiten, S. 25 ff.; *Römermann*, in: Michalski, GmbHG, Anh. § 47 Rn. 17; *K. Schmidt*, in: Scholz, GmbHG, § 45 Rn. 35 f. (mit dem Hinweis, es handele sich um allgemeine Institutionen des Verbandsrechts).

6 BGHZ 104, 66, 71.

7 BGHZ 134, 364, 366; BGHZ 152, 1, 3 ff.; BGH, NZG 1999, 496, 497; BGH, GmbHR 2009, 39, 40; *Altmeppen*, in: Roth/Altmeppen, GmbHG, Anh. § 47 Rn. 154; *Bayer*, in: Lutter/Hommelhoff, GmbHG, Anh. § 47 Rn. 78; *Raiser*, in: Ulmer/Habersack/Löbbe, GmbHG, Anh. § 47 Rn. 216 ff.; *Rensen*, Beschlussmängelstreitigkeiten, S. 166; *Römermann*, in: Michalski, GmbHG, Anh. § 47 Rn. 477 ff.; *K. Schmidt*, in: Scholz, GmbHG, § 45 Rn. 45; *Zöllner/Noack*, in: Baumbach/Hueck, GmbHG, Anh. § 47 Rn. 166.

8 BGHZ 134, 364, 366; BGHZ 152, 1, 4.

9 *K. Schmidt*, in: Scholz, GmbHG, § 45 Rn. 45.

10 OLG Hamm, GmbHR 2016, 358, 359; BGHZ 15, 177, 181 (für Genossenschaft); BGHZ 48, 141, 143.

11 RGZ 148, 175, 186 (für AG).

12 OLG Hamm, GmbHR 2016, 358, 360; BGHZ 15, 177, 181; *Bayer*, in: Lutter/Hommelhoff, GmbHG, Anh. § 47 Rn. 5; *K. Schmidt*, in: Scholz, GmbHG, § 45 Rn. 59.

Nichtigkeit ein. Diese kann mit inter omnes-Wirkung durch Nichtigkeitsklage (Rdn. 68) geltend gemacht werden.[13]

Weitere Kategorien fehlerhafter Beschlüsse sind entbehrlich. Die sog. **Nichtbeschlüsse** oder **Scheinbeschlüsse** lassen sich in die hier beschriebene Konzeption einfügen.[14] Häufig leiden sie unter derart schweren Mängeln, dass ein Nichtigkeitsgrund vorliegt (Rdn. 10 ff.). Gerade bei den Scheinbeschlüssen (Beispiel: Beschluss durch Nichtgesellschafter) wird es oft an einer ordnungsgemäßen Beschlussfeststellung fehlen, sodass die fehlende Wirksamkeit jederzeit durch Feststellungsklage geltend gemacht werden kann (Rdn. 83). Sollte ein Beschluss ordnungsgemäß festgestellt worden sein und nicht unter gravierenden Mängeln leiden, ist die Anfechtungsklage der richtige Rechtsbehelf (Rdn. 39). 7

Die Grundsätze der kassatorischen Klage (Rdn. 5) finden auf **Beschlüsse anderer Gesellschaftsorgane** (Geschäftsführer oder Aufsichtsrat) grds. keine Anwendung.[15] Es gelten die allgemeinen Grundsätze:[16] Beschlüsse, die gegen zwingendes Gesetzesrecht oder die Satzung verstoßen, sind nichtig. Dies kann im Grundsatz jederzeit und von jedermann geltend gemacht werden und prozessual mit der allgemeinen Feststellungsklage geklärt werden. Um die Möglichkeit der Geltendmachung zeitlich sinnvoll zu begrenzen, kann das Institut der Verwirkung herangezogen werden. Demnach sind geringfügige Mängel mit aller zumutbaren Beschleunigung geltend zu machen. Eine kassatorische Klage in Analogie zu §§ 248, 249 AktG wird ausnahmsweise zugelassen, wenn ein Gesellschaftsorgan eine Entscheidung im Zuständigkeitsbereich der Gesellschafter getroffen hat.[17] 8

B. Nichtigkeit

I. Allgemeines

§ 241 AktG nennt gravierende Mängel, die zur Nichtigkeit des Beschlusses führen. Die im Einleitungssatz zu § 241 AktG genannten Vorschriften (§ 192 Abs. 4, §§ 212, 217 Abs. 2, § 228 Abs. 2, § 234 Abs. 3 und § 235 Abs. 2 AktG) sind auf die GmbH nicht übertragbar.[18] Der **enumerative Katalog** in § 241 Nr. 1 bis 6 AktG ist auf die GmbH analog anwendbar.[19] Zusätzlich finden sich im GmbHG (für Kapitalerhöhungen: §§ 57j Satz 2, 57n Abs. 2 Satz 4, 58a Abs. 4 Satz 2, 58e Abs. 3 Satz 1, 58f Abs. 2 Satz 1) und im AktG (§§ 250, 253, 256) **spezielle Nichtigkeitsgründe.** Aus Gründen der Rechtssicherheit sind die gesetzlich genannten Nichtigkeitsgründe als **abschließend** zu betrachten.[20] Andere als die dort genannten Mängel führen nur zur Anfechtbarkeit. 9

---

13 *Altmeppen,* in: Roth/Altmeppen, GmbHG, Anh. § 47 Rn. 92; *Casper,* in: Bork/Schäfer, GmbHG, § 47 Rn. 66; *K. Schmidt,* in: Scholz, GmbHG, § 45 Rn. 59; a.A. *Römermann,* in: Michalski, GmbHG, Anh. § 47 Rn. 31 f. (Feststellungsklage).

14 Dazu im Einzelnen: *Raiser,* in: Ulmer/Habersack/Löbbe, Anh. § 47 Rn. 27 ff.; *Römermann,* in: Michalski, GmbHG, Anh. § 47 Rn. 24 ff.; *Wertenbruch,* in MünchKommGmbHG Anh. § 47 Rn. 4 ff.; *Zöllner/Noack,* in: Baumbach/Hueck, GmbHG, Anh. § 47 Rn. 24 ff.

15 BGHZ 122, 343, 347 (zum AG-Aufsichtsrat); *Römermann,* in: Michalski, GmbHG, Anh. § 47 Rn. 625; *K. Schmidt,* in: Scholz, GmbHG, § 45 Rn. 184 ff.; *Zöllner/Noack,* in: Baumbach/Hueck, GmbHG, Anh. § 47 Rn. 206.

16 Vgl. BGHZ 122, 343, 351 ff.

17 BGHZ 43, 261, 265 (für Schiedsspruch, der Beschluss der Gesellschafterversammlung ersetzt); OLG Düsseldorf, GmbHR 1983, 124 (für Beiratsbeschluss über Gewinnverwendung); vgl. auch OLG München, GmbHR 2012, 1075, 1081 (wo »zu Gunsten der Klägerin« von der Anfechtbarkeit von Beiratsbeschlüssen »ausgegangen« wird); a.A. *Zöllner/Noack,* in: Baumbach/Hueck, GmbHG, Anh. § 47 Rn. 208, zweifelnd auch *K. Schmidt,* in: Scholz, GmbHG, § 45 Rn. 188.

18 *Raiser,* in: Ulmer/Habersack/Löbbe, GmbHG, Anh. § 47 Rn. 68; *Römermann,* in: Michalski, GmbHG, Anh. § 47 Rn. 175.

19 Eingehende Darstellung mit Nachweisen aus der Rechtsprechung bei *Rensen,* Beschlussmängelstreitigkeiten, S. 38 ff.

20 BGH, NJW-RR 1989, 347, 349; OLG Stuttgart, GmbHR 2011, 1277, 1277; *Raiser,* in: Ulmer/Habersack/Löbbe, GmbHG, Anh. § 47 Rn. 33; *K. Schmidt,* in: Scholz, GmbHG, § 45 Rn. 62.

II. Nichtigkeitsgründe

1. Einberufungsmängel (§ 241 Nr. 1 AktG analog)

10 Beschlüsse einer Gesellschafterversammlung, die von einem **Unbefugten** einberufen worden ist, sind nichtig.[21] Das folgt in analoger Anwendung aus § 241 Nr. 1 AktG, der auf die Zuständigkeitsregelung des § 121 Abs. 2 AktG verweist. Die Nichtigkeitsfolge kommt auch bei der Aufforderung zur schriftlichen Beschlussfassung (§ 48 Abs. 2) durch einen Unbefugten in Betracht. Zwar müssen regelmäßig alle Gesellschafter zustimmen, wodurch der Mangel geheilt wird;[22] die Satzung kann aber auch niedrigere Zustimmungsquoten zulassen (§ 48 Rdn. 29). Die Zuständigkeit für die Einberufung einer Gesellschafterversammlung liegt regelmäßig bei den Geschäftsführern (§ 49 Rdn. 4), ausnahmsweise bei anderen Organen (§ 49 Rdn. 6 ff.) oder einer Gesellschafterminderheit (§ 50 Rdn. 1, 7 f.); das Verfahren nach § 48 Abs. 2 kann von Geschäftsführern oder Gesellschaftern eingeleitet werden kann (§ 48 Rdn. 24).

11 Schwerwiegende **Verfahrensmängel** bei der Einberufung (näher: § 51 Rdn. 21) führen zur Nichtigkeit der dennoch gefassten Beschlüsse. Das folgt in analoger Anwendung aus § 241 Nr. 1 AktG, der auf die Verfahrensregelungen des § 121 Abs. 3 und 4 AktG verweist. So ist Nichtigkeit die Folge, wenn es überhaupt keine Einladung gab oder aus der Einladung Ort oder Zeit der Versammlung nicht oder nicht hinreichend genau erkennbar waren.[23] Nach Auffassung des BGH führt auch die fehlende Unterschrift auf der Einladung zur Nichtigkeit (a.A. § 51 Rdn. 21: nur Anfechtbarkeit).[24] Wurden nicht alle Gesellschafter eingeladen, begründet dies Nichtigkeit der dennoch gefassten Beschlüsse,[25] es sei denn, der betreffende Gesellschafter hätte zuvor auf seine Teilnahme verzichtet (§ 51 Rdn. 24). Auch die fehlende Beteiligung eines Gesellschafters am schriftlichen Verfahren (§ 48 Rdn. 22 ff.) begründet die Nichtigkeit des Beschlusses.[26] Andere Verfahrensverstöße bei der Einberufung führen nur zur Anfechtbarkeit von Beschlüssen (näher: § 51 Rdn. 22). Sämtliche Fehler der Einberufung können durch Vollversammlung oder Rügeverzicht geheilt werden (§ 51 Rdn. 24).

2. Beurkundungsmängel (§ 241 Nr. 2 AktG analog)

12 Wurde ein Beschluss, für den kraft Gesetzes notarielle Beurkundung vorgesehen ist, **nicht beurkundet**, so ist er nichtig.[27] Das folgt aus § 241 Nr. 2 AktG analog, der auf die Beurkundungsregelung des § 130 AktG verweist. In der GmbH sind insb. Satzungsänderungen beurkundungspflichtig (§ 53 Abs. 2; zu weiteren Beurkundungspflichten: § 53 Rdn. 46). Ein Verstoß gegen satzungsmäßige Beurkundungspflichten hat lediglich Anfechtbarkeit zur Folge.[28] Die fehlende Niederschrift in der Einpersonen-GmbH (§ 48 Abs. 3) begründet keine Beschlussnichtigkeit (vgl. § 48 Rdn. 32).

3. Wesensverstöße und Verstoß gegen öffentliches Interesse

13 Gesellschafterbeschlüsse, die mit dem Wesen der GmbH unvereinbar sind oder durch ihren Inhalt zwingende Vorschriften verletzen, die dem Gläubigerschutz dienen oder sonst im öffentlichen Interesse liegen, sind nichtig (§ 241 Nr. 3 AktG analog).[29] Der Verstoß muss sich aus dem Inhalt

21 BGHZ 11, 231, 236; BGHZ 87, 1, 3; BGH, NJW-RR 1989, 347, 349; OLG München, GmbHR 2000, 486, 488 f.; OLG Stuttgart, GmbHR 2013, 535, 536. Die Entscheidungen betrafen Verstöße gegen § 50.

22 *Raiser*, in: Ulmer/Habersack/Löbbe, GmbHG, Anh. § 47 Rn. 38.

23 *Bayer*, in: Lutter/Hommelhoff, GmbHG, Anh. § 47 Rn. 12; *Raiser*, in: Ulmer/Habersack/Löbbe, GmbHG, Anh. § 47 Rn. 39 ff.; LG Köln, GmbHR 1992, 809, 810 (fehlende Angabe des Versammlungsorts); OLG Düsseldorf, BeckRS 2013, 04656 (Versammlung nicht an dem nach § 51 angegebenen Versammlungsort).

24 BGH, GmbHR 1989, 120, 122.

25 BGHZ 36, 207, 211; BGH, GmbHR 2019, 988, 992; OLG Hamm, GmbHR 1993, 743, 746; BayObLG, GmbHR 1997, 1002; OLG München, GmbHR 2000, 486, 488 f.

26 BGH, GmbHR 2019, 988, 992.

27 *Raiser*, in: Ulmer/Habersack/Löbbe, GmbHG, Anh. § 47 Rn. 46.

28 *Ganzer*, in: Rowedder/Schmidt-Leithoff, GmbHG, Anh. § 47 Rn. 6; *Raiser*, in: Ulmer/Habersack/Löbbe, GmbHG, Anh. § 47 Rn. 48; *Zöllner*, in: Baumbach/Hueck, GmbHG, Anh. § 47 Rn. 49; *Bayer*, in: Lutter/Hommelhoff, GmbHG, Anh. § 47 Rn. 15; *K. Schmidt*, in: Scholz, GmbHG, § 45 Rn. 67.

29 *Raiser*, in: Ulmer/Habersack/Löbbe, GmbHG, Anh. § 47 Rn. 52.

des Beschlusses ergeben; daher ist eine Geschäftsführerbestellung nicht allein deshalb nichtig, weil dahinter das Motiv der »Firmenbestattung« dient.[30]

Das GmbH-Recht ist im Gegensatz zum Aktienrecht weitgehend dispositiv. Das **Wesen der GmbH** liegt daher einerseits im Grundsatz der Satzungsautonomie,[31] kommt aber andererseits auch gerade in denjenigen Vorschriften zum Ausdruck, die zwingender Natur sind.[32] Daher führt ein Verstoß gegen die Individual- und Minderheitenrechte des GmbH-Gesetzes (insb. Teilnahme- und Anfechtungsrecht sowie §§ 50, 51a, 61 Abs. 2, 66 Abs. 2 und 3) zur Nichtigkeit. Der Einwand, die Interessen der Öffentlichkeit seien durch derartige Verstöße nicht berührt,[33] verkennt, dass es in dieser Fallgruppe nicht auf das »öffentliche Interesse« ankommt (dazu unten Rdn. 16), sondern auf die wesensprägenden Merkmale der GmbH. In Konsequenz dessen führt der Entzug von Rechtspositionen, die nach der gesetzlichen Regelung dispositiv ausgestaltet sind, lediglich zur Anfechtbarkeit des Beschlusses.[34] 14

Dem **Gläubigerschutz** dienen vor allem die Vorschriften zur Kapitalaufbringung und -erhaltung.[35] Auch das Bilanzrecht enthält zahlreiche gläubigerschützende Normen; insoweit gilt aber die Spezialregelung des § 256 AktG (Rdn. 25). 15

Vorschriften im **öffentlichen Interesse**[36] sind bspw. die Eignungsvoraussetzungen für Geschäftsführer (§ 6 Abs. 2), die Firmenbildung (§ 4) sowie die strafrechtlichen §§ 82 ff. Außerhalb des GmbH-Rechts sind § 1 GWB, das Straf- und Ordnungswidrigkeitsrecht sowie das Steuerrecht zu nennen. Auch die Mitbestimmungsgesetze dienen dem öffentlichen Interesse.[37] 16

4. Inhaltlicher Sittenverstoß

Ein Gesellschafterbeschluss ist nichtig, wenn sein **Inhalt sittenwidrig** ist (§ 241 Nr. 4 AktG analog). Liegt die Sittenwidrigkeit lediglich im Verfahren oder im Motiv einzelner Gesellschafter kommt nur Anfechtbarkeit in Betracht.[38] Eine Ausnahme soll gelten, wenn durch sittenwidrigen Machtmissbrauch in unverzichtbare Gesellschafterrechte eingegriffen wird;[39] dann wird aber zumeist auch eine der vorstehenden Fallgruppen erfüllt sein. 17

Praktisch bedeutsamer ist die **Schädigung Dritter**, die keine Anfechtungsmöglichkeit besitzen.[40] In diesen Fällen kann auch ein Beschluss, dessen Inhalt äußerlich neutral wirkt, wegen der dahinter 18

---

30 OLG Karlsruhe, GmbHR 2013, 1090, 1092.

31 BGHZ 14, 264, 269.

32 In diesem Sinne *Raiser*, in: Ulmer/Habersack/Löbbe, GmbHG, Anh. § 47 Rn. 56, der diese Normen allerdings der Fallgruppe »öffentliches Interesse« unterstellt; weiterhin *Bayer*, in: Lutter/Hommelhoff, GmbHG, Anh. § 47 Rn. 17.

33 *Römermann*, in: Michalski, GmbHG, Anh. § 47 Rn. 134.

34 *Bayer*, in: Lutter/Hommelhoff, GmbHG, Anh. § 47 Rn. 17.

35 Aus der Rechtsprechung: BGHZ 15, 391, 392 f. (Erwerb eigener Anteile bei Kapitalerhöhung); BGHZ 144, 365, 369 f. sowie BGH, GmbHR 2012, 387, 388 (Zahlung von Einziehungsentschädigung aus gebundenem Vermögen); BGH, NJW 2011, 2294 (nichtige Einziehung wegen Verstoßes gegen § 30 Abs. 1 GmbH). Weitere Beispiele bei: *Raiser*, in: Ulmer/Habersack/Löbbe, GmbHG, Anh. § 47 Rn. 52; *Römermann*, in: Michalski, GmbHG, Anh. § 47 Rn. 138 f.; *Wertenbruch*, in: MünchKommGmbHG, Anh. § 47 Rn. 55 ff.

36 Zum Folgenden: *Altmeppen*, in: Roth/Altmeppen, GmbHG, Anh. § 47 Rn. 15; *Bayer*, in: Lutter/Hommelhoff, GmbHG, Anh. § 47 Rn. 19; *Raiser*, in: Ulmer/Habersack/Löbbe, GmbHG, Anh. § 47 Rn. 53 ff.; *Römermann*, in: Michalski, GmbHG, Anh. § 47 Rn. 140 ff.; *K. Schmidt*, in: Scholz, GmbHG, § 45 Rn. 75.

37 BGHZ 83, 106, 110 (AG); BGHZ 83, 151, 153 (AG); BGHZ 89, 48, 50; OLG Hamburg, WM 1983, 130, 132; OLG Hamburg, DB 1982, 1765.

38 BGHZ 101, 113, 116; OLG München, GmbHR 1995, 232; OLG Hamm v. 17.10.2007 – 8 U 28/07, BeckRS 2008, 05437 (unter B.II.2.c. der Gründe); OLG Stuttgart, GmbHR 2013, 535, 538; OLG Karlsruhe, GmbHR 2013, 1090, 1092.

39 BGHZ 101, 113, 116; OLG Nürnberg, NZG 2000, 700, 702.

40 Denkbar in Fällen der »Firmenbestattung«, im konkreten Fall jedoch abgelehnt bei OLG Karlsruhe, GmbHR 2013, 1090, 1092.

stehenden sittenwidrigen Motivation nichtig sein.[41] Nichtig ist auch ein Beschluss, mit dem sich der bisherige Alleingesellschafter zulasten des künftigen Mehrheitsgesellschafters weitreichende Minderheitenrechte einräumt, obwohl bei Veräußerung der Geschäftsanteile von derartigen Beschränkungen nicht die Rede war.[42] Sittenwidrig kann auch ein Beschluss in der Komplementär-GmbH einer GmbH & Co KG sein, der die außenstehenden Kommanditisten benachteiligt.[43]

19 Nichtig sind auch Beschlüsse, die eine **Gläubigerschädigung** bezwecken. Wird bspw. in Kenntnis des bevorstehenden Zusammenbruchs der Gesellschaft ein Anspruchsverzicht gegen Gesellschaftsorgane beschlossen, so schädigt dies die Gläubiger und ist daher sittenwidrig.[44] Ebenso verhält es sich bei Beschlüssen mit existenzvernichtendem Charakter.[45] Bei Maßnahmen, die der irregulären »Firmenbestattung« dienen,[46] ist die Rechtsprechung uneinheitlich. Teilweise wird Sittenwidrigkeit mit dem Argument abgelehnt, sie müsse sich aus dem Beschlussinhalt selbst ergeben;[47] teilweise wird Nichtigkeit angenommen, wenn missbräuchliche Vorgehensweise angesichts der desolaten Finanzlage der Gesellschaft auf der Hand liegt.[48] Eine Satzungsbestimmung, die eine Einziehung gepfändeter Anteile gegen ein nicht vollwertiges Entgelt gestattet, ist nichtig, wenn sie allein der Aushöhlung des Anteils zum Nachteil des Gläubiger dient, wirksam hingegen, wenn sie auch für den vergleichbaren Fall der Einziehung aus wichtigem Grund gilt.[49]

5. Anfechtungsklage und Amtslöschung

20 Die **erfolgreiche Anfechtungsklage** führt zur Nichtigkeit des Beschlusses (§ 248 AktG analog). Diese Kategorie der Nichtigkeit wird in § 241 Nr. 5 AktG gleichfalls genannt.

21 Bei Beschlüssen, die im **Handelsregister** eingetragen werden müssen, kann außerdem durch eine Löschung nach § 398 FamFG Nichtigkeit eintreten (§ 241 Nr. 6 AktG analog). Die Löschung setzt voraus, dass der Beschluss bereits nichtig ist;[50] der formale Akt der Löschung führt allerdings auch dann zur Nichtigkeit, wenn das Registergericht den Beschluss zu Unrecht für nichtig hielt.[51]

6. Nichtigkeit von Aufsichtsratswahlen

22 Zur Nichtigkeit von Aufsichtsratswahlen trifft § 250 AktG eine **spezielle Regelung**. Sie verweist teilweise auf die allgemeinen Nichtigkeitsgründe: Die Aufsichtsratswahl ist nichtig, wenn Einberufungsmängel vorlagen oder die Wahl auf eine Anfechtungsklage hin für nichtig erklärt wurde (Verweis des § 250 Abs. 1 AktG auf § 241 Nr. 1 und Nr. 5 AktG).[52]

23 Von den speziellen Nichtigkeitsgründen des § 250 AktG passt auf den **fakultativen** GmbH-Aufsichtsrat nur § 250 Abs. 1 Nr. 4 AktG: Die Wahl ist nichtig, wenn das gewählte Aufsichtsratsmitglied die dafür nötigen persönlichen Voraussetzungen des § 100 Abs. 1 und Abs. 2 AktG nicht

---

41 BGHZ 15, 382, 386; BGHZ 101, 113, 116; OLG Dresden, NZG 1999, 1109.

42 OLG Dresden, NZG 1999, 1109.

43 BGHZ 15, 382, 386.

44 RGZ 161, 129, 144.

45 *K. Schmidt*, in: Scholz, GmbHG, § 45 Rn. 76.

46 Allgemein zur »Bestattung« von GmbHs *Kleindiek*, ZGR 2007, 276 ff. sowie *Geißler*, GmbHR 2013, 1302 ff.

47 OLG Karlsruhe, GmbHR 2013, 1090, 1092 (Geschäftsführerbestellung).

48 KG Berlin, GmbHR 2011, 1104 (Sitzverlegung); AG Memmingen, GmbHR 2004, 952, 954 (Satzungsänderungen).

49 BGHZ 65, 22, 26.

50 Und zwar, weil er »durch seinen Inhalt zwingende gesetzliche Vorschriften verletzt« (vgl. dazu oben Rdn. 13 sowie KG Berlin, NZG 2012, 1192 sowie BeckRS 2012, 19023 (unter B. II. der Gründe).

51 *Raiser*, in: Ulmer/Habersack/Löbbe, GmbHG, Anh. § 47 Rn. 64; *Zöllner/Noack*, in: Baumbach/Hueck, GmbHG, Anh. § 47 Rn. 57.

52 Der Verweis des § 250 Abs. 1 AktG auf § 241 Nr. 2 AktG ist mangels Beurkundungspflicht in der GmbH gegenstandslos.

erfüllt (die allerdings auf den fakultativen Aufsichtsrat auch nur teilweise Anwendung finden: § 52 Rdn. 23 ff.).

Bei der Wahl eines **obligatorischen** GmbH-Aufsichtsrates sind die gesetzliche Höchstzahl der Aufsichtsratsmitglieder (§ 95 AktG), das aktienrechtliche Statusverfahren (§§ 96 ff. AktG), die Inkompatibilität mit der Geschäftsführerposition (§ 52 Rdn. 109) und sämtliche persönliche Voraussetzungen des § 100 Abs. 1 und 2 AktG (§ 52 Rdn. 109 ff.) zu beachten (vgl. § 251 Abs. 1 Nr. 1–4 AktG). 24

7. Jahresabschluss und Ergebnisverwendung

Ein festgestellter Jahresabschluss ist nichtig bei Verletzung von Vorschriften, die ausschließlich oder überwiegend dem **Gläubigerschutz** dienen (§ 256 Abs. 1 Nr. 1 AktG analog).[53] Die Nichtigkeit erstreckt sich auch auf einen darauf gestützten **Ergebnisverwendungsbeschluss** (§ 253 AktG analog).[54] 25

Zur Nichtigkeit führen insb. Verstöße gegen die Vorschriften über den Jahresabschluss (§§ 242 ff. HGB) und gegen die **Grundsätze ordnungsgemäßer Buchführung** (§ 264 Abs. 2 Satz 1 HGB), so etwa wenn in nicht unerheblichem Umfang gegen das Verbot der Überbewertung (§ 253 HGB) verstoßen wurde.[55] 26

Fehler bei Aufbau und Gliederung des Jahresabschlusses sind nur relevant, wenn sie dessen Klarheit und Übersichtlichkeit wesentlich beeinträchtigen (§ 256 Abs. 4 AktG analog). Ein Verstoß gegen Bewertungsvorschriften hat bei **Überbewertung** in jedem Fall die Nichtigkeit zufolge, bei **Unterbewertung** nur, wenn dadurch die Vermögens- und Ertragslage vorsätzlich unrichtig wiedergegeben oder verschleiert wird (§ 256 Abs. 5 AktG analog). Das Unterlassen einer an und für sich gebotenen Aktivierung steht der Unterbewertung eines Aktivpostens gleich.[56] 27

Ein **prüfungspflichtiger** Jahresabschluss ist nichtig, wenn er nicht geprüft wurde (§ 256 Abs. 1 Nr. 2 AktG analog). Dasselbe gilt, wenn er durch eine Person geprüft wurde, die nicht Abschlussprüfer ist oder nicht ordnungsgemäß zum Abschlussprüfer bestellt worden war (§ 256 Abs. 1 Nr. 3 AktG analog); ausgenommen sind Verstöße gegen die Befangenheits- oder Ausschlussgründe der §§ 319 ff. HGB. 28

8. Satzungsregelungen

Die gesetzlich vorgesehenen Nichtigkeitsgründe stehen nicht zur Disposition der Gesellschafter.[57] Anders als bei der Anfechtungsklage (Rdn. 67) kann der Gesellschaftsvertrag die Geltendmachung der Nichtigkeit auch nicht an eine bestimmte Frist binden.[58] Sofern die Satzung den 29

---

53 *Bayer*, in: Lutter/Hommelhoff, GmbHG, Anh. § 47 Rn. 24; *Raiser*, in: Ulmer/Habersack/Löbbe, GmbHG, Anh. § 47 Rn. 75 ff.; *Römermann*, in: Michalski, GmbHG, Anh. § 47 Rn. 187 ff.; *Zöllner/Noack*, in: Baumbach/Hueck, GmbHG, Anh. § 47 Rn. 63 ff.

54 *Bayer*, in: Lutter/Hommelhoff, GmbHG, Anh. § 47 Rn. 24; *Ganzer*, in: Rowedder/Schmidt-Leithoff, GmbHG, Anh. § 47 Rn. 16; *Zöllner/Noack*, in: Baumbach/Hueck, GmbHG, Anh. § 47 Rn. 62; FG Nürnberg, GmbHR 1987, 495, 496.

55 BGHZ 83, 341, 347.

56 BGHZ 124, 111, 119 (AG).

57 *Raiser*, in: Ulmer/Habersack/Löbbe, GmbHG, Anh. § 47 Rn. 90; *Römermann*, in: Michalski, GmbHG, Anh. § 47 Rn. 253 f.; *K. Schmidt*, in: Scholz, GmbHG, § 45 Rn. 63; *Zöllner/Noack*, in: Baumbach/Hueck, GmbHG, Anh. § 47 Rn. 29.

58 *Römermann*, in: Michalski, GmbHG, Anh. § 47 Rn. 255; *Zöllner/Noack*, in: Baumbach/Hueck, GmbHG, Anh. § 47 Rn. 29. Überschießend BGHZ 68, 212, 216, wonach der Gesellschaftsvertrag die Geltendmachung von Nichtigkeit an eine bestimmte Frist binden könne (obwohl die Satzung im vorliegenden Fall nur von der Anfechtung sprach).

Katalog der Nichtigkeitsgründe erweitert, führt ein Verstoß hiergegen nur zur Anfechtbarkeit der Beschlüsse.[59]

III. Teilnichtigkeit

30 Erfasst die Nichtigkeit einen Gesellschafterbeschluss nur teilweise, so ist **§ 139 BGB** anzuwenden:[60] Der Beschluss ist insgesamt nichtig, wenn nicht anzunehmen ist, dass die Gesellschafter ihn auch ohne den nichtigen Teil gefasst hätten.[61] Dasselbe gilt für Beschlüsse, die nach Anfechtungsklage teilweise für nichtig erklärt worden sind.[62] Mehrere Beschlüsse sind stets getrennt zu bewerten, § 139 BGB greift insoweit nicht.[63]

IV. Heilung

31 Eine Heilung eintragungspflichtiger nichtiger Beschlüsse kann insb. durch **Eintragung im Handelsregister** eintreten. Wurde ein beurkundungsbedürftiger Beschluss nicht oder fehlerhaft beurkundet, bewirkt die Eintragung unmittelbar eine Heilung des Formmangels (§ 242 Abs. 1 AktG analog).[64] Bei anderen Mängeln tritt Heilung erst 3 Jahre nach der Eintragung ein (§ 242 Abs. 2 AktG analog); die feste Frist von 3 Jahren gilt aus Gründen der Rechtssicherheit auch für die GmbH.[65] Die Frist beginnt auch dann mit dem Zeitpunkt der Eintragung zu laufen, wenn dem Beschluss im Zeitpunkt der Eintragung noch eine Wirksamkeitsvoraussetzung fehlt.[66] Die Heilungsregelung gilt nicht nur für spätere Satzungsänderungen, sondern auch für Mängel der Ursprungssatzung.[67]

32 Trotz Heilung bleibt bei eingetragenen Beschlüssen eine **Amtslöschung** gem. § 398 FamFG möglich (§ 242 Abs. 2 Satz 3 AktG analog).[68] Wird ein zunächst eingetragener Beschluss vom Registergericht gelöscht und später wieder eingetragen, beginnt die Frist erst mit der zweiten Eintragung zu laufen.[69]

33 Die Heilung von nicht eintragungspflichtigen Beschlüssen ist grds. nicht möglich.[70] Allerdings können **Einberufungsmängel** durch Vollversammlung, Zustimmung oder Rügeverzicht der betroffenen Gesellschafter geheilt werden (§ 51 Rdn. 24). Die Regelung zur Heilung eines nichtigen **Jahresabschlusses** knüpft an die Bekanntmachung gem. § 325 Abs. 2 HGB an: 6 Monate nach der Bekanntmachung können die meisten Nichtigkeitsgründe nicht mehr geltend gemacht werden, endgültige Heilung tritt nach 3 Jahren ein (§ 256 Abs. 6 Satz 1 AktG analog). Dasselbe gilt für einen darauf bezogenen Ergebnisverwendungsbeschluss (§ 253 Abs. 1 Satz 2 AktG analog). Die Heilung einer nichtigen **Aufsichtsratswahl** ist nicht möglich.[71]

---

59 *Raiser*, in: Ulmer/Habersack/Löbbe, GmbHG, Anh. § 47 Rn. 90; *Römermann*, in: Michalski, GmbHG, Anh. § 47 Rn. 256; *K. Schmidt*, in: Scholz, GmbHG, § 45 Rn. 63; für die Zulässigkeit von Erweiterungen *Zöllner/Noack*, in: Baumbach/Hueck, GmbHG, Anh. § 47 Rn. 31.

60 *Bayer*, in: Lutter/Hommelhoff, GmbHG, Anh. § 47 Rn. 25; *Wertenbruch*, in: MünchKommGmbHG, Anh. § 47 Rn. 114; *Zöllner/Noack*, in: Baumbach/Hueck, GmbHG, Anh. § 47 Rn. 78 ff.

61 RGZ 118, 218, 221, und RGZ 140, 174, 177 (jeweils Genossenschaft); RGZ 146, 385, 394, (AG); BGH, NJW 1988, 1214 (AG); BGHZ 124, 111, 122 (Aufsichtsratsbeschluss).

62 Näher *Wertenbruch*, in: MünchKommGmbHG, An. § 47 Rn. 116 f.

63 *Raiser*, in: Ulmer/Habersack/Löbbe, GmbHG, Anh. § 47 Rn. 84.

64 BGH, GmbHR 1996, 49.

65 BGHZ 80, 212, 216; BGH, WM 1984, 473.

66 OLG Schleswig, NZG 2000, 895, 896.

67 BGHZ 144, 365, 368.

68 *Zöllner/Noack*, in: Baumbach/Hueck, GmbHG, Anh. § 47 Rn. 75; *Bayer*, in: Lutter/Hommelhoff, GmbHG, Anh. § 47 Rn. 26; *Römermann*, in: Michalski, GmbHG, Anh. § 47 Rn. 247.

69 *Bayer*, in: Lutter/Hommelhoff, GmbHG, Anh. § 47 Rn. 26; *Zöllner/Noack*, in: Baumbach/Hueck, GmbHG, Anh. § 47 Rn. 75; anders für eine versehentliche und auch nur vorübergehende Löschung OLG Schleswig, NZG 2000, 895, 896 (mit insoweit krit. Anm. *Jäger*).

70 *Altmeppen*, in: Roth/Altmeppen, GmbHG, Anh. § 47 Rn. 33; *Bayer*, in: Lutter/Hommelhoff, GmbHG, Anh. § 47 Rn. 27; *Römermann*, in: Michalski, GmbHG, Anh. § 47 Rn. 239.

71 *Bayer*, in: Lutter/Hommelhoff, GmbHG, Anh. § 47 Rn. 22.

V. Geltendmachung von Nichtigkeit

Ein nichtiger Gesellschafterbeschluss entfaltet keinerlei Wirkung, weder innerhalb der Gesellschaft noch ggü. Dritten. Die Nichtigkeit wirkt allgemein und ggü. jedermann und kann von **jedermann** geltend gemacht werden. Auch ein Gesellschafter kann sich jederzeit auf die Nichtigkeit berufen,[72] selbst wenn er dem Beschluss ursprünglich zugestimmt haben sollte.[73] 34

Die Nichtigkeit kann grds. **zeitlich unbegrenzt** geltend gemacht werden. Ausnahmen sind Verwirkung oder Rechtsmissbrauch.[74] Eine Ausnahme bilden **Umwandlungsbeschlüsse**: Die Klagefrist von einem Monat (§§ 14 Abs. 1, 125 Satz 1, 195 Abs. 1 UmwG) gilt auch für die Geltendmachung von Nichtigkeitsgründen.[75] 35

Ebenso wie die Nichtigkeit kann auch die **Heilung** (Rdn. 31 ff.) von jedermann geltend gemacht werden. Der Vorwurf, man habe von der Nichtigkeit gewusst, begründet keinen Arglisteinwand gegen die spätere Berufung auf die nunmehr eingetretene Heilung.[76] 36

Soll die Nichtigkeit des Beschlusses mit Wirkung für und gegen jedermann festgestellt werden, ist **Nichtigkeitsklage** zu erheben (§ 249 AktG analog). Es handelt sich dabei nach neuerer Lehre und Rechtsprechung um eine »kassatorische Klage«, die denselben Streitgegenstand hat wie die Anfechtungsklage (Rdn. 5). Der wichtigste Unterschied besteht darin, dass Anfechtungsgründe innerhalb einer Anfechtungsfrist vorgebracht werden müssen (Rdn. 64), während Nichtigkeitsgründe immer geltend gemacht werden können. I.Ü. kann für die Prozessvoraussetzungen (insb. Klagebefugnis und Rechtsschutzbedürfnis) sowie den Verlauf des Prozesses auf den Abschnitt über die Anfechtungsklage verwiesen werden (Rdn. 57 ff.). 37

Außenstehenden **Dritten** steht nur die einfache Feststellungsklage zur Verfügung, sofern ein Feststellungsinteresse gem. § 256 Abs. 1 ZPO vorliegt.[77] Es ist grds. nur bei Beschlüssen gegeben, die für sie unmittelbar erheblich sind. 38

C. Anfechtbarkeit

I. Allgemeines

Ein mangelhafter Gesellschafterbeschluss, bei dem keine Nichtigkeitsgründe vorliegen (Rdn. 10 ff.), ist vorläufig verbindlich, wenn Beschlussinhalt und Abstimmungsergebnis in der Gesellschafterversammlung eindeutig festgestellt wurden. Der Beschluss muss dann durch Erhebung einer fristgebundenen **Anfechtungsklage** (Rdn. 64 ff.) angegriffen werden, an deren Ende das Gericht ihn für nichtig erklärt (§§ 243 Abs. 1, 248 Abs. 1 Satz 2 AktG analog). Somit ist die Feststellung des Beschlusses zwar keine Wirksamkeitsvoraussetzung (ein mangelfreier Beschluss ist auch ohne Feststellung wirksam: § 47 Rdn. 12), sie entscheidet aber bei mangelhaften Beschlüssen über die zulässige Klageart:[78] Nur bei einem festgestellten Beschluss können die Gesellschafter von einer vorläufigen Wirksamkeit ausgehen, die durch Anfechtung beseitigt werden muss.[79] Andernfalls, also 39

72 OLG München, GmbHR 2000, 486, 488.

73 BGHZ 11, 231, 239.

74 BGHZ 22, 101, 106; OLG Stuttgart, NZG 2001, 277, 278; OLG Stuttgart, NZG 2003, 1170, 1171.

75 *Decher*, in: Lutter, UmwG, § 14 Rn. 6 (das Registergericht kann allerdings auch danach noch die Eintragung verweigern, Bork, ebda. Rn. 12).

76 BGH, WM 1984, 473, 474.

77 *Bayer*, in: Lutter/Hommelhoff, GmbHG, Anh. § 47 Rn. 30; *Raiser*, in: Ulmer/Habersack/Löbbe, GmbHG, Anh. § 47 Rn. 212; *Zöllner/Noack*, in: Baumbach/Hueck, GmbHG, Anh. § 47 Rn. 71.

78 Näher: *Fleischer*, GmbHR 2013, 1289, 1291; *Hoffmann/Köster*, GmbHR 2003, 1327 ff.; *Raiser*, in: Ulmer/Habersack/Löbbe, GmbHG, Anh. § 47 Rn. 94 ff.; *Wertenbruch*, in: MünchKommGmbHG, Anh. § 47 Rn. 172 ff.; a.A. *Römermann*, in: Michalski, § 47 Rn. 599.

79 BGH, GmbHR 2008, 426, 427; OLG Brandenburg, GmbHR 2001, 624, 626 f.; OLG Dresden, NZG 2001, 809; OLG Köln, GmbHR 2002, 913, 914; OLG Hamburg, ZIP 1991, 1430, 1434.

bei fehlender Feststellung, kann die Wirksamkeit eines Beschlusses durch die nicht fristgebundene allgemeine Feststellungsklage (§ 256 ZPO) geklärt werden (Rdn. 83).[80]

40 **Feststellung** bedeutet ein förmliches Festhalten des Beschlussergebnisses, das Unsicherheiten über die Fassung eines Beschlusses beseitigt.[81] Typischer Fall ist die Feststellung des Beschlusses durch einen Versammlungsleiter (§ 48 Rdn. 17 ff.),[82] indem er ihn in der Versammlung verkündet und dabei zu erkennen gibt, dass er ihn als wirksam ansieht.[83] Auch ein Protokoll, das alle Gesellschafter erhalten haben, kann ausreichen, wenn es feststellt, welcher Beschluss von wem mit welchem Inhalt und welchem Stimmenverhältnis gefasst worden ist.[84] Die notarielle Beurkundung eines Beschlusses steht der Feststellung durch den Versammlungsleiter gleich.[85] Die Feststellung ihrerseits muss ordnungsgemäß zustande gekommen sein, wobei ggf. Verfahrensregeln der Satzung zu beachten sind. Es genügt nicht, wenn ein Geschäftsführer oder Gesellschafter eine nicht autorisierte Niederschrift erstellt.[86] Ebenso wenig kann sich ein einzelner Teilnehmer gegen den Willen der Mehrheit die Position des Versammlungsleiters anmaßen und in dieser Eigenschaft Beschlüsse feststellen.[87] Der Feststellung steht es gleich, wenn sich alle Gesellschafter über das Ergebnis der Beschlussfassung einig sind.[88] Hält der Versammlungsleiter mit Blick auf rechtliche Unsicherheiten lediglich das tatsächliche Abstimmungsverhältnis fest, ohne ein rechtliches Beschlussergebnis zu verkünden, liegt keine Feststellung vor.[89]

II. Anfechtungsgründe

41 Ein Beschluss ist anfechtbar, wenn er das Gesetz oder die Satzung verletzt (§ 243 Abs. 1 AktG analog) und der Mangel nicht unter den Katalog der Nichtigkeitsgründe (Rdn. 10 ff.) fällt.[90] Ein **Gesetzesverstoß** kann im Beschlussverfahren (Rdn. 44 ff.) oder im Beschlussinhalt (Rdn. 49 ff.) liegen. Ein **Satzungsverstoß** ist in der GmbH, in der Satzungsautonomie herrscht, wesentlich häufiger denkbar als in der AG.

42 Nicht jeder Verstoß gegen Gesetz oder Satzung begründet Anfechtbarkeit. Bei Verfahrensfehlern wird zusätzlich die **Relevanz** des Fehlers geprüft (Rdn. 44). Eine Anfechtbarkeit scheidet außerdem bei einer Verletzung von reinen **Ordnungsvorschriften** aus.[91] Als Beispiel lässt sich das Fehlen einer satzungsmäßig vorgesehenen Niederschrift nennen[92] oder die getrennte Beschlussfassung über Angelegenheiten, die nach der Satzung gleichzeitig entschieden werden sollten.[93] Aus der Formulierung als Soll-Vorschrift lässt sich allerdings nicht ohne Weiteres auf einen Charakter als reine Ordnungsvorschrift schließen.[94]

---

80 BGH, GmbHR 2008, 426, 427.
81 BGH, GmbHR 2016, 587, 590; BGH, GmbHR 2008, 426, 427.
82 BGH, GmbHR 2008, 426, 427; OLG Hamburg, ZIP 1991, 1430, 1434. Kritisch hierzu *Altmeppen*, GmbHR 2018, 225, 228 ff., wonach die Feststellung regelmäßig im Beschluss selbst liege.
83 OLG Stuttgart, GmbHR 1995, 228, 229.
84 BGH, GmbHR 2016, 587, 590; BGH, GmbHR 2008, 426, 427.
85 BayObLG, GmbHR 1992, 41, 42; *Wicke*, GmbHG, Anh. § 47 Rn. 12. Eine engere Auffassung verlangt, dass der Notar mit Zustimmung der Gesellschafter als Versammlungsleiter fungierte (*Raiser*, in: Ulmer/Habersack/Löbbe, GmbHG, Anh. § 47 Rn. 101).
86 OLG Köln, GmbHR 2002, 913, 914.
87 OLG Köln, GmbHR 2002, 913, 914.
88 OLG München, GmbHR 2015, 84, 85; OLG München, BB 1990, 367, 368; OLG Celle, GmbHR 1997, 172, 174; österr OGH, AG 1998, 199, 200; a.A. *Hoffmann/Köster*, GmbHR 2003, 1327, 1330.
89 BGHZ 76, 154, 156; BGH, GmbHR 1996, 47, 48; BGH, GmbHR 1999, 477, 478.
90 Eingehend mit Nachweisen aus der Rechtsprechung *Rensen*, Beschlussmängelstreitigkeiten, S. 114 ff.
91 RGZ 104, 413, 415; RGZ 170, 83, 97.
92 RGZ 104, 413, 415.
93 OLG Düsseldorf, DB 2007, 848, 849 f.
94 RGZ 170, 83, 97; tendenziell anders *Raiser*, in: Ulmer/Habersack/Löbbe, GmbHG, Anh. § 47 Rn. 109, der darin jedenfalls bei Satzungsregeln ein Indiz für den Charakter als Ordnungsvorschrift sieht.

Ein Verstoß gegen schuldrechtliche **Nebenabreden** der Gesellschafter (insb. Stimmbindungsverträge) führt nicht zur Anfechtbarkeit des Beschlusses.[95] Die Rechtsprechung macht allerdings aus Gründen der Prozessökonomie eine Ausnahme, wenn ein Beschluss gegen eine von allen Gesellschaftern vereinbarte Stimmbindung verstößt (§ 47 Rdn. 24). Verstößt ein Gesellschafter gegen eine testamentarische Auflage eines verstorbenen Gesellschafters, dessen Anteil er geerbt hat, ist der Beschluss dennoch wirksam.[96] 43

1. Verfahrensmängel

Ein Beschluss, der gegen gesetzliche oder satzungsmäßige Verfahrensregeln verstößt, ist grds. anfechtbar. Allerdings wirkt sich ein Verfahrensmangel mitunter auf das konkrete Beschlussergebnis nicht aus. Die frühere Rechtsprechung hat daher die Anfechtbarkeit des Beschlusses davon abhängig gemacht, ob bei fehlerfreiem Verfahren ein anderer Beschluss zustande gekommen wäre.[97] Diese Kausalitätsprüfung wurde in der Literatur zugunsten einer wertenden Betrachtung aufgegeben,[98] die sich am Schutzzweck der verletzten Norm orientiert und der nunmehr auch die Rechtsprechung folgt: Entscheidend ist, ob eine **Relevanz** des Verfahrensfehlers für das Beschlussergebnis besteht.[99] Relevant ist ein Verfahrensfehler immer dann, wenn er das Teilnahme- und Mitgliedschaftsrecht eines Gesellschafters berührt und dem Beschluss dadurch ein Legitimationsdefizit anhaftet.[100] 44

a) Vorbereitung der Gesellschafterversammlung

Bei der Vorbereitung der Gesellschafterversammlung sind die Form des eingeschriebenen Briefes (§ 51 Abs. 1 Satz 1), die Einladungsfrist von einer Woche (§ 51 Abs. 1 Satz 2), der vorgeschriebene Mindestinhalt (§ 51 Abs. 2) sowie die Ankündigungsfrist von 3 Tagen für zusätzliche Tagesordnungspunkte (§ 51 Abs. 4) zu beachten,[101] soweit nicht die Satzung in zulässiger Weise abweichende Regelungen trifft (dazu § 51 Rdn. 29 f.). Weitere Verfahrensfehler können die **Einberufung** an einen unzulässigen Ort (§ 48 Rdn. 5) oder zu einem unzulässigen Zeitpunkt (§ 48 Rdn. 7) sein. Wird hierdurch das Teilnahmerecht einzelner Gesellschafter verletzt, handelt es sich stets um einen relevanten Verfahrensverstoß, selbst wenn er sich nicht auf das Beschlussergebnis ausgewirkt hat.[102] Bei einer Beschlussfassung im Umlaufverfahren ist auf das dafür nötige Einverständnis aller Gesellschafter zu achten (§ 48 Rdn. 22 f.). Mängel der Versammlungsvorbereitung werden **geheilt**, wenn der Beschluss in einer Vollversammlung vorgenommen wurde, die betroffenen Gesellschafter zuvor verzichtet hatten oder nachträglich genehmigen (§ 51 Rdn. 23). 45

b) Durchführung der Versammlung und Abstimmung

Bei der Durchführung der Versammlung ist vor allem das **Teilnahmerecht** der Gesellschafter (§ 48 Rdn. 8 f.) zu beachten, auch derjenigen, die kein Stimmrecht haben. Weiterhin muss sich die Versammlung an die fristgerecht mitgeteilten Gegenstände halten, da diese Mitteilung den Gesellschaftern 46

95 *Raiser*, in: Ulmer/Habersack/Löbbe, GmbHG, Anh. § 47 Rn. 152.
96 OLG Koblenz, GmbHR 1986, 430, 432.
97 S. nur BGHZ 86, 1, 3 (Auskunftsverweigerung in AG); weitere Nachweise bei *K. Schmidt*, in: Scholz, GmbHG, § 45 Rn. 100.
98 *Bayer*, in: Lutter/Hommelhoff, GmbHG, Anh. § 47 Rn. 50; *Ganzer*, in: Rowedder/Schmidt-Leithoff, GmbHG, Anh. § 47 Rn. 29; *Raiser*, in: Ulmer/Habersack/Löbbe, GmbHG, Anh. § 47 Rn. 111; *Römermann*, in: Michalski, GmbHG, Anh. § 47 Rn. 267; *K. Schmidt*, in: Scholz, GmbHG, § 45 Rn. 100; *Wertenbruch*, in: MünchKommGmbHG, Anh. § 47 Rn. 133; *Zöllner/Noack*, in: Baumbach/Hueck, GmbHG, Anh. § 47 Rn. 126.
99 BGHZ 149, 158, 165 (Auskunftsverweigerung in AG); BGHZ 153, 32, 37 (verfahrensfehlerhafter Vorschlag des AG-Vorstands für die Wahl des Abschlussprüfers); BGH, BB 2007, 1977, 1979 (fehlende Unterschriften unter Verschmelzungsbericht nicht relevant).
100 BGH, GmbHR 2019, 335, 340 (für GmbH); BGHZ 160, 385, 392 (Auskunftsverweigerung in AG).
101 Vgl. im Einzelnen die Kommentierung zu § 51.
102 Zur AG: BGHZ 160, 385, 392; BGHZ 149, 158, 164 f.

eine ausreichende Vorbereitung ermöglichen soll (§ 51 Rdn. 14). Bei der Beschlussfassung können Fehler im Beschlussverfahren (vgl. § 47 Rdn. 6 ff.) oder der Abstimmung (vgl. § 47 Rdn. 9 ff.) zur Anfechtbarkeit führen.[103] Außerdem kann der Verstoß gegen eine Satzungsregelung zur Beschlussfähigkeit die Anfechtung rechtfertigen.[104] Die Nichtzulassung von Geschäftsführern oder Aufsichtsratsmitgliedern (auch in der mitbestimmten GmbH) ist für die Willensbildung der Gesellschafter zumeist nicht relevant und berechtigt diese nur ausnahmsweise zur Anfechtung.[105] Auch die unrechtmäßige Übernahme der Versammlungsleitung ist für das Beschlussergebnis regelmäßig nicht relevant.[106]

c) Beschlussfeststellung

47 Bei der Beschlussfeststellung können folgende Mängel die Anfechtbarkeit begründen:[107] fehlerhafte Auszählung der Stimmen, Unterstellung des falschen Mehrheitserfordernisses (z.B. einfache statt qualifizierte Mehrheit), Bewertung von Stimmen, die wegen treuwidriger Stimmabgabe (§ 47 Rdn. 22) oder Vorliegen eines Stimmverbots (§ 47 Rdn. 32 ff.) nicht hätten mitgezählt werden dürfen. Ein Mangel bei der Beschlussfeststellung ist in Abweichung von der allgemeinen Relevanztheorie (Rdn. 44) nur dann relevant, wenn sich der Fehler auf das Beschlussergebnis tatsächlich ausgewirkt hat.[108]

d) Informationsrechte

48 Wurde das Informationsrecht des **§ 51a** verletzt, ist zu unterscheiden: Der Beschluss, mit dem die Information verweigert wurde (§ 51a Abs. 2 Satz 2), ist regelmäßig keiner gesonderten Anfechtung zugänglich, da § 51b ein besonderes Verfahren der Informationserzwingung zur Verfügung stellt (§ 51a Rdn. 42). Mit Bezug auf denjenigen Beschluss, für dessen Beurteilung der Gesellschafter die Information benötigt hätte, kann die unberechtigte Informationsverweigerung jedoch einen Anfechtungsgrund bilden (§ 51a Rdn. 42). Die verweigerte Information ist für den Beschluss **relevant**, wenn ein vernünftig denkender Gesellschafter sie für die sachgerechte Beurteilung des Beschlussgegenstandes für erforderlich halten würde.[109] Hat der Gesellschafter im Vorfeld der Gesellschafterversammlung Auskunft verlangt oder Informationen kraft gesetzlicher Mitteilungspflicht erhalten (z.B. § 47 UmwG), so führt eine unzureichende Information nur dann zur Anfechtbarkeit, wenn der Gesellschafter dies in der Versammlung rügt und auf Nachfragen keine hinreichenden Auskunft erhält.[110]

2. Inhaltsmängel

49 Ein Beschluss ist wegen eines Inhaltsmangels anfechtbar, wenn er gegen **gesetzliche Vorschriften** verstößt. Zu den Gesetzen i.S.d. Vorschrift zählen neben den Regelungen des GmbH-Rechts sämtliche privatrechtlichen und öffentlich-rechtlichen mit hoheitlicher Geltung versehenen Rechtsnormen,

103 Z.B. fehlende Beschlussfähigkeit (OLG Stuttgart, NZG 2011, 1301). Weiterhin die Durchführung einer Blockabstimmung bei Ausschluss und Einziehung, um Stimmrechte der auszuschließenden Gesellschafter zu verhindern; dazu *Bayer*, in: Lutter/Hommelhoff, GmbHG, Anh. § 47 Rn. 47 (unter Verweis auf OLG Jena, 06.09.2006 – 6 U 234/06).

104 BGH, NJW-RR 1989, 347, 349; OLG Stuttgart, GmbHR 2011, 1277, 1277.

105 *Raiser*, in: Ulmer/Habersack/Löbbe, GmbHG, Anh. § 47 Rn. 114; *K. Schmidt*, in: Scholz, GmbHG, § 45 Rn. 96.

106 BGH, GmbHR 2019, 335, 340 f.

107 *Bayer*, in: Lutter/Hommelhoff, GmbHG, Anh. § 47 Rn. 49; *Raiser*, in: Ulmer/Habersack/Löbbe, GmbHG, Anh. § 47 Rn. 122; *Römermann*, in: Michalski, GmbHG, Anh. § 47 Rn. 291 ff.; *Zöllner/Noack*, in: Baumbach/Hueck, GmbHG, Anh. § 47 Rn. 116 f.

108 BGH, GmbHR 2019, 335, 339 (unrichtige Stimmenzählung); *Bayer*, in: Lutter/Hommelhoff, GmbHG, Anh. § 47 Rn. 49; *Raiser*, in: Ulmer/Habersack/Löbbe, GmbHG, Anh. § 47 Rn. 123; *Zöllner/Noack*, in: Baumbach/Hueck, GmbHG, Anh. § 47 Rn. 117.

109 BGHZ 160, 385, 392 (für AG); *Bayer*, in: Lutter/Hommelhoff, GmbHG, Anh. § 47 Rn. 52; *Römermann*, in: Michalski, GmbHG, Anh. § 47 Rn. 275; *Zöllner/Noack*, in: Baumbach/Hueck, GmbHG, Anh. § 47 Rn. 127.

110 *Bayer*, in: Lutter/Hommelhoff, GmbHG, Anh. § 47 Rn. 52; *Römermann*, in: Michalski, GmbHG, Anh. § 47 Rn. 276; *Zöllner/Noack*, in: Baumbach/Hueck, GmbHG, Anh. § 47 Rn. 129.

weiterhin allgemeine Rechtsgrundsätze und gesellschaftsrechtliche Generalklauseln (insb. Gleichbehandlungsgebot und Treuepflicht).[111]

Demgegenüber begründet die bloße **unternehmerische Unzweckmäßigkeit** eines Beschlusses keinen Anfechtungsgrund; insoweit steht den Gesellschaftern ein weiter Ermessenspielraum zu.[112] Nur selten reduziert sich das Ermessen soweit, dass nur eine Entscheidung möglich ist; praktische Anwendungsfälle sind vor allem Entlastungen im Angesicht gravierender Pflichtverletzungen.[113] 50

Die unzulässige Verfolgung von **Sondervorteilen** führt zur Anfechtbarkeit des Beschlusses (§ 243 Abs. 2 AktG analog);[114] allerdings ist ein Beschluss, der sich noch i.R.d. wirtschaftlich Vertretbaren hält, grds. hinzunehmen.[115] Die Verfolgung von Sondervorteilen überschneidet sich mit dem **Gleichbehandlungsgrundsatz** (Einl. Rdn. 15), der bei der Beschlussfassung als allgemeiner Grundsatz des Gesellschaftsrechts zu beachten ist.[116] Er wird verletzt bei der einseitig verdeckten Gewinnausschüttung,[117] einem ungerechtfertigten Bezugsrechtsausschluss im Rahmen einer Kapitalerhöhung (vgl. § 55 Rdn. 25),[118] beim Abschluss eines für den Mehrheitsgesellschafter günstigen Vertrages mit der Gesellschaft[119] oder der Zubilligung einer unangemessen hohen Vergütung an einen Gesellschafter-Geschäftsführer.[120] Die Anfechtbarkeit kann entfallen, wenn die Bevorzugung durch andere Beschlusselemente kompensiert wird.[121] 51

Ein Verstoß gegen die gesellschaftliche **Treupflicht** (ggü. der Gesellschaft oder den übrigen Gesellschaftern, Einl. Rdn. 15) führt bspw. in folgenden Fällen zur Anfechtbarkeit: Befreiung vom Wettbewerbsverbot, die GmbH in Abhängigkeit führt,[122] Entlastung trotz schweren Gesetzes- oder Satzungsverstoßes,[123] sachgrundloser Austausch des Abschlussprüfers gegen den Willen der Minderheit,[124] Ablehnung der Beseitigung einer satzungswidrigen Firma,[125] unzeitige Rückforderung eines Gesellschafterdarlehens,[126] Zustimmung zu Strukturentscheidungen trotz erkennbarer Bewertungsfehler,[127] Aufhebung eines Vorerwerbsrechts, falls darin eine unverhältnismäßige Reaktion auf das unkooperative Verhalten eines Minderheitsgesellschafters liegt,[128] Einziehung des Anteils eines 52

111 *Bayer*, in: Lutter/Hommelhoff, GmbHG, Anh. § 47 Rn. 43; *Ganzer*, in: Rowedder/Schmidt-Leithoff, GmbHG, Anh. § 47 Rn. 31 ff.; *Raiser*, in: Ulmer/Habersack/Löbbe, GmbHG, Anh. § 47 Rn. 124; *Wertenbruch*, in: MünchKommGmbHG, Anh. § 47 Rn. 135.

112 OLG Düsseldorf, GmbHR 1996, 689, 694; OLG Köln, NZG 1999, 1228, 1229.

113 BGHZ 153, 47, 51; OLG Köln, NZG 2000, 1135, 1136; s. außerdem OLG Hamm, NZG 2000, 1185 (Zustimmungspflicht zur Abtretung des Geschäftsanteils in vorweggenommener Erbfolge, wenn nach Satzung im Erbfall dieselbe Person Gesellschafter würde).

114 BGHZ 76, 352, 357 (Auflösungsbeschluss).

115 BGH, WM 1976, 1226, 1227 (Umsatztantieme für Gesellschafter-Geschäftsführer).

116 *Raiser*, in: Ulmer/Habersack/Löbbe, GmbHG, Anh. § 47 Rn. 129 ff.

117 BGHZ 65, 15, 18.

118 BGHZ 71, 40, 44 (AG).

119 OLG Frankfurt am Main, AG 1973, 136, 137 (AG).

120 BGH, WM 1976, 1226, 1227; LG Mainz, NZG 2002, 918, 919.

121 So *K. Schmidt*, in: Scholz, GmbHG, § 45 Rn. 110. Die Einzelheiten sind allerdings umstritten, vgl. *Bayer*, in: Lutter/Hommelhoff, GmbHG, Anh. § 47 Rn. 55; *Ganzer*, in: Rowedder/Schmidt-Leithoff, GmbHG, Anh. § 47 Rn. 35; *Raiser*, in: Ulmer/Habersack/Löbbe, GmbHG, Anh. § 47 Rn. 126; *Römermann*, in: Michalski, GmbHG, Anh. § 47 Rn. 317; *Zöllner/Noack*, in: Baumbach/Hueck, GmbHG, Anh. § 47 Rn. 89.

122 BGH, NJW 1981, 1512, 1514; vgl. demgegenüber OLG München, GmbHR 2012, 1075, 1076 (Beschluss über Einrichtung eines Beirats begründet möglicherweise die Abhängigkeit, war aber in der Satzung bereits angelegt).

123 BGHZ 153, 47, 51; OLG Köln, NZG 2000, 1135, 1136.

124 BGH, NJW-RR 1992, 167.

125 OLG Stuttgart, NZG 1998, 601, 603.

126 OLG Frankfurt am Main, GmbHR 2005, 550, 555, m. Anm. *Fritsche*.

127 OLG Stuttgart, AG 2004, 271, 274; OLG Stuttgart, AG 2003, 456, 458; OLG Stuttgart, BB 2001, 794.

128 BGH, DStR 1993, 1566, 1567 m. Anm. *Goette*.

Gesellschafters, dem die beschließenden Gesellschafter ihrerseits ihre Anteile andienen müssten,[129] Auflösung der Gesellschaft, um sich deren Vermögen anzueignen,[130] Ausschluss des Bezugsrechts bei Kapitalerhöhung ohne sachliche Gründe.

3. Jahresabschluss und Ergebnisverwendungsbeschluss

53 Im Gegensatz zur AG ist in der GmbH die Anfechtung der Feststellung des **Jahresabschlusses** auch wegen inhaltlicher Mängel möglich. Nach allgemeiner Meinung ist § 257 Abs. 1 Satz 2 AktG, der dies ausschließt, auf die GmbH nicht analog anwendbar, da GmbH-Gesellschaftern kein Recht auf Sonderprüfung zusteht.[131] Praktisch relevant wird dies bei Mängeln, die nicht schon zur Nichtigkeit des Jahresabschlusses führen (Rdn. 25 ff.). Angesichts der lähmenden Wirkung der Anfechtung und im Interesse der Rechtssicherheit muss es sich um einen erheblichen Verstoß handeln.[132] Eine Anfechtung kommt etwa in Betracht bei einer Verletzung der Pflicht zum phasengleichen Gewinnausweis,[133] beim fehlerhaften Bilanzansatz einer Pensionsrückstellung[134] oder bei der Unterlassung gebotener Rückstellungen.[135]

54 Führt der **Ergebnisverwendungsbeschluss** zum Nachteil der Gesellschafterminderheit zu einer übermäßigen Gewinnthesaurierung, kann dies zur Anfechtbarkeit des Beschlusses führen. Das lässt sich auf eine Analogie zu § 254 AktG[136] oder auf die Treuepflicht der Gesellschaftermehrheit[137] stützen.

4. Satzungsregelungen

55 Das Anfechtungsrecht gehört zu den **unverzichtbaren** und unentziehbaren Gesellschafterrechten.[138] Die gesetzlichen Anfechtungsgründe können daher weder ausgeschlossen noch beschränkt werden. Die Satzung kann jedoch die Anfechtbarkeit wegen der Verletzung dispositiver gesetzlicher Vorschriften oder von Satzungsbestimmungen ausschließen. Eine Erweiterung der Anfechtungsgründe ist unproblematisch möglich.

III. Bestätigung des Beschlusses

56 Die Anfechtbarkeit entfällt, wenn der anfechtbare Beschluss durch einen neuen Beschluss bestätigt wurde (§ 244 AktG analog).[139] Im Bestätigungsbeschluss bringen die Gesellschafter zum Ausdruck, dass sie den seinerzeit gefassten Beschluss als gültig anerkennen. Der Bestätigungsbeschluss selbst muss mangelfrei sein, daher eignet sich die Bestätigung nur für **Verfahrensmängel**, nicht zur Beseitigung inhaltlicher Mängel.[140] Die Bestätigung beseitigt die Anfechtbarkeit des ersten Beschlusses mit **Wirkung** für die Zukunft, eine laufende Anfechtungsklage wird unbegründet.[141] Durch

---

129 OLG Düsseldorf, GmbHR 2004, 572, 581, mit insoweit krit. Anm. *Römermann.*
130 BGHZ 76, 352, 356; einschränkend BGHZ 103, 185, 191.
131 BGHZ 137, 378, 386; BGH, GmbHR 2008, 1092, 1093; KG Berlin, NZG 2001, 845, 846; OLG Köln, NZG 1999, 1112, 1113; OLG Brandenburg, GmbHR 1997, 796, 797.
132 KG Berlin, NZG 2001, 845, 846; OLG Brandenburg, GmbHR 1997, 796, 797.
133 BGH, GmbHR 1998, 324, 326.
134 BGH, WM 1974, 392, 393.
135 OLG Brandenburg, GmbHR 1996, 697.
136 So *Fastrich,* in: Baumbach/Hueck, GmbHG, § 29 Rn. 31; ähnlich *Römermann,* in: Michalski, GmbHG, Anh. § 47 Rn. 349 (in »geeigneten« Fällen).
137 So *Raiser,* in: Ulmer/Habersack/Löbbe, GmbHG, Anh. § 47 Rn. 144.
138 BGHZ 14, 264, 271, 273; vgl. zum Folgenden: *Raiser,* in: Ulmer/Habersack/Löbbe, GmbHG, Anh. § 47 Rn. 157; *K. Schmidt,* in: Scholz, GmbHG, § 45 Rn. 135; *Römermann,* in: Michalski, GmbHG, Anh. § 47 Rn. 365 f.; *Zöllner/Noack,* in: Baumbach/Hueck, GmbHG, Anh. § 47 Rn. 29 ff.
139 BGHZ 157, 206, 209 f. (AG); OLG Düsseldorf, GmbHR 2003, 1006, 1009; *Raiser,* in: Ulmer/Habersack/Löbbe, GmbHG, Anh. § 47 Rn. 160 ff.; *K. Schmidt,* in: Scholz, GmbHG, § 45 Rn. 121.
140 OLG Nürnberg, NZG 2000, 700, 703.
141 BGHZ 157, 206, 210; OLG Düsseldorf, GmbHR 2003, 1006, 1009.

Auslegung ist zu ermitteln, ob nicht stattdessen eine Neuvornahme des anfechtbaren Beschlusses vorliegt, die lediglich das Rechtsschutzbedürfnis entfallen lässt.[142] Auch bei wirksamer Bestätigung kann der Anfechtende i.R.d. Anfechtungsklage den ursprünglichen Beschluss für den Zeitraum bis zum Bestätigungsbeschluss für nichtig erklären lassen, sofern er daran ein Interesse hat (§ 244 Satz 2 AktG analog).[143]

D. Gerichtliche Geltendmachung

I. Anfechtungsbefugnis

1. Gesellschafter

Die Anfechtungsklage setzt voraus, dass der Kläger anfechtungsbefugt ist. Bei fehlender Anfechtungsbefugnis ist die Klage als unbegründet abzuweisen.[144] Die Anfechtungsbefugnis steht jedem **Gesellschafter** zu.[145] Der klagende Gesellschafter muss nicht an der Gesellschafterversammlung teilgenommen und dort Widerspruch erhoben haben; die § 245 Nr. 1–3 AktG sind nicht analog anwendbar. Maßgeblich für die Legitimation als Gesellschafter ist die Gesellschafterliste (§ 16 Abs. 1).[146] Auch ein Gesellschafter ohne Stimmrecht behält das Recht zur Anfechtung.[147] Gegen einen Einziehungsbeschluss ist der Gesellschafter klagebefugt, auch wenn die Einziehung bereits mit der Mitteilung des Beschlusses an ihn wirksam wird und er damit seine Gesellschafterstellung verliert.[148] Dasselbe gilt für einen Gesellschafter, der nach Kündigung seiner Mitgliedschaft noch in der Gesellschafterliste verzeichnet ist.[149] 57

Sonderfälle: Bei einer Erbengemeinschaft kann jeder Miterbe einzeln Anfechtungsklage erheben, soweit dies für eine rechtzeitige Klageerhebung notwendig ist (§ 744 Abs. 2 Halbs. 2 BGB bzw. § 2038 Abs. 1 Satz 2 Halbs. 2 BGB).[150] Bestellen die Erben einen gemeinsamen Vertreter (vgl. § 18 Abs. 3), genügt dafür ein mehrheitlicher Beschluss (§§ 2038 Abs. 2, 745 Abs. 1 BGB).[151] Bei einer Treuhand ist nur der rechtliche Treuhänder und nicht der Treugeber anfechtungsbefugt.[152] Anstelle des Gesellschafters ist im Insolvenzverfahren der Insolvenzverwalter,[153] bei Testamentsvollstreckung der Testamentsvollstrecker (im Rahmen seiner Verwaltungsbefugnis)[154] anfechtungsbefugt. Bei einer Übertragung des Gesellschaftsanteils geht das Anfechtungsrecht auf den Gesamt- bzw. Einzelrechtsnachfolger über, der sich jedoch Verzicht oder Fristversäumung zurechnen lassen muss.[155] Geht die Gesellschafterstellung des Anfechtenden während des Prozesses über, hat dies auf 58

142 OLG Nürnberg, NZG 2000, 700, 703.

143 Vgl. den Fall OLG Düsseldorf, GmbHR 2003, 1006, 1009.

144 BGH, GmbHR 2008, 426, 428; OLG Düsseldorf, GmbHR 1996, 443, 451. Ebenso die überwiegende Lit., s. nur: *Raiser*, in: Ulmer/Habersack/Löbbe, GmbHG, Anh. § 47 Rn. 167; *Wertenbruch*, in: MünchKommGmbHG, Anh. § 47 Rn. 188; *Zöllner/Noack*, in: Baumbach/Hueck, GmbHG, Anh. § 47 Rn. 135; a.A. *K. Schmidt*, in: Scholz, GmbHG, § 45 Rn. 127: Klage ist unzulässig.

145 Zum Folgenden: *Altmeppen*, in: Roth/Altmeppen, GmbHG, Anh. § 47 Rn. 75 ff.; *Bayer*, in: Lutter/Hommelhoff, GmbHG, Anh. § 47 Rn. 70 ff.; *Casper*, in: Bork/Schäfer, GmbHG, § 47 Rn. 78 f.; *Raiser*, in: Ulmer/Habersack/Löbbe, GmbHG, Anh. § 47 Rn. 168 ff.; *Römermann*, in: Michalski, GmbHG, Anh. § 47 Rn. 388 ff.; *K. Schmidt*, in: Scholz, GmbHG, § 45 Rn. 128 ff.; *Zöllner/Noack*, in: Baumbach/Hueck, GmbHG, Anh. § 47 Rn. 136 ff.

146 OLG Düsseldorf, GmbHR 1996, 443, 448; OLG Hamm, NZG 2000, 938.

147 BGHZ 14, 264, 271.

148 BGH, GmbHR 2012, 387, 388, 390; OLG Brandenburg, GmbHR 2019, 830, 831; OLG Stuttgart, GmbHR 2013, 414, 416. Zur Folgefrage, ob der Gesellschafter auch den nachfolgenden Jahresabschluss anfechten kann, wenn ihm ein Anteil des Gewinnes als Teil der Abfindung zusteht, *Baluch*, NZG 2013, 46 f.

149 OLG Düsseldorf, GmbHR 2016, 988, 990.

150 BGHZ 108, 21, 30.

151 OLG Nürnberg, ZIP 2014, 2081, 2083.

152 BGHZ 24, 119, 124; BGH, WM 1962, 419, 420; BGH, NJW 1966, 1458, 1459.

153 OLG Düsseldorf, NJW-RR 1996, 607, 608.

154 BGHZ 108, 21, 24.

155 BGHZ 43, 261, 267; OLG Schleswig, NZG 2000, 895.

den Prozess allerdings gem. § 256 Abs. 2 ZPO keinen Einfluss.[156] Die Eröffnung des Insolvenzverfahrens über das Vermögen des Gesellschafters führt zu einer Unterbrechung des vom Gesellschafter geführten Beschlussmängelrechtsstreits; das Recht zur Beschlussanfechtung wird nunmehr vom Insolvenzverwalter wahrgenommen.[157]

59 Der anfechtende Gesellschafter muss kein persönliches **Rechtsschutzinteresse** dartun.[158] Denn jeder Gesellschafter hat ein Recht darauf, dass die Gesellschafterversammlung nur solche Beschlüsse fasst, die mit Gesetz und Gesellschaftsvertrag in Einklang stehen.[159] Auch dieses allgemeine Interesse entfällt allerdings, wenn der Beschluss in der Zwischenzeit folgenlos aufgehoben oder mangelfrei wiederholt wurde.[160] Für die Anfechtung eines Beschlusses, der keine rechtliche Wirkung hat, besteht kein Rechtsschutzinteresse.[161] Steht ein Verfahrensmangel zur Disposition einzelner Gesellschafter (z.B. Verletzung von Teilnahme- und Informationsrechten), entfällt bei Zustimmung eines betroffenen Gesellschafters dessen Anfechtungsbefugnis.[162] Haben alle betroffenen Gesellschafter zugestimmt, entfällt die Anfechtbarkeit insgesamt.[163] Weiterhin fehlt das Rechtsschutzinteresse, wenn der klagende Gesellschafter aufgrund einer vertraglich vereinbarten Pflicht zur Übertragung des Geschäftsanteils ohnehin aus der Gesellschaft auszuscheiden hat.[164] Teilweise wird eine vorherige Abmahnung der Gesellschaft als Gebot der Treuepflicht angesehen.[165] Unterlässt der Kläger dies, droht ihm bei Anerkenntnis (§ 93 ZPO) eine Kostenentscheidung zu seinen Lasten, wenn sich herausstellt, dass die übrigen Gesellschafter bereit waren, den Mangel durch erneute Beschlussfassung zu beheben;[166] allerdings ist streitig, ob ein Anerkenntnis im Anfechtungsprozess überhaupt möglich ist (Rdn. 73).[167]

60 Die Anfechtungsbefugnis kann ausnahmsweise entfallen, wenn sich die Klageerhebung als **Rechtsmissbrauch** darstellt. Derartige Fälle sind vor allem aus dem Aktienrecht bekannt, wo einzelne Aktionäre das Institut der Anfechtungsklage zur persönlichen Bereicherung missbrauchen. Die dort entwickelten Grundsätze sind aber auf die GmbH übertragbar:[168] Auch wenn der einzelne Kläger kein besonderes Rechtsschutzbedürfnis geltend machen muss (Rdn. 59), kann eine eigensüchtige Interessenverfolgung doch den Vorwurf des Rechtsmissbrauchs begründen. So wenn der Gesellschafter die Klage mit dem Ziel erhebt, die Gesellschaft in grob eigennütziger Weise zu einer Leistung zu veranlassen, auf die er keinen Anspruch hat und billigerweise auch nicht erheben kann,

---

156 BGHZ 43, 261, 268.

157 BGH, NZG 2018, 32, 33.

158 BGHZ 43, 261, 266; OLG Hamm, NZG 2016, 696.

159 Vgl. BGH, NZG 2013, 664, 664 zur Personengesellschaft.

160 OLG Nürnberg, NZG 2000, 700, 702.

161 BGH, NJW 2013, 1535, 1536 (Anfechtung der Wahl eines inzwischen zurückgetretenen Aufsichtsratsmitglieds); OLG Hamm, NZG 2016, 696 (überholter Beschlussinhalt); OLG Hamburg, AG 1994, 566 (zeitlich befristeter Beschluss nach Fristablauf); OLG München, DB 2001, 1408 (Beschluss, der lediglich die Satzung interpretiert).

162 *Bayer*, in: Lutter/Hommelhoff, GmbHG, Anh. § 47 Rn. 60; *Raiser*, in: Ulmer/Habersack/Löbbe, GmbHG, Anh. § 47 Rn. 168.

163 *Bayer*, in: Lutter/Hommelhoff, GmbHG, Anh. § 47 Rn. 60; *K. Schmidt*, in: Scholz, GmbHG, § 45 Rn. 119.

164 OLG Celle, GmbHR 2014, 370 (es lag auch kein wirtschaftliches Interesse vor, da Abtretung zu nur einem Euro vereinbart war, ebda. S. 372).

165 *Zöllner/Noack*, in: Baumbach/Hueck, GmbHG, Anh. § 47 Rn. 164. Kritisch ggü. einer Abmahnungspflicht OLG Frankfurt am Main, GmbHR 1993, 224, 225, für einen eintragungspflichtigen Beschluss.

166 Beispiel: OLG Naumburg, DB 1998, 1023, 1024.

167 Bejaht bei OLG Naumburg, DB 1998, 1023, 1024. Ablehnend *K. Schmidt*, in: Scholz, GmbHG, § 45 Rn. 159, mit der Begründung, die Gesellschaft könne nicht über den Streitgegenstand verfügen.

168 *Bayer*, in: Lutter/Hommelhoff, GmbHG, Anh. § 47 Rn. 82; *Ganzer*, in: Rowedder/Schmidt-Leithoff, GmbHG, Anh. § 47 Rn. 58; *Raiser*, in: Ulmer/Habersack/Löbbe, GmbHG, Anh. § 47 Rn. 188; *K. Schmidt*, in: Scholz, GmbHG, § 45 Rn. 137; *Wertenbruch*, in: MünchKommGmbHG, Anh. § 47 Rn. 208; *Zöllner/Noack*, in: Baumbach/Hueck, GmbHG, Anh. § 47 Rn. 161.

wobei er sich typischerweise von der Vorstellung leiten lässt, die Gesellschaft werde die Leistung erbringen, weil sie den Eintritt anfechtungsbedingter Nachteile vermeiden will.[169]

2. Gesellschaftsorgane

Der **Geschäftsführer** hat grds. keine eigene Anfechtungsbefugnis; die Anfechtung ist allein Sache der Gesellschafter.[170] § 245 Nr. 4 AktG, der dem AG-Vorstand Anfechtungsbefugnis verleiht, wird nicht analog angewendet. Gegen einen nichtigen Beschluss steht dem Geschäftsführer die allgemeine Feststellungsklage zur Verfügung.[171] Dieser fehlt allerdings die inter omnes-Wirkung der kassatorischen Klage. Daher können in der mitbestimmten GmbH **Aufsichtsratsmitglieder** Verstöße gegen das Mitbestimmungsrecht im Wege der Nichtigkeitsklage (§ 249 AktG analog) geltend machen.[172] 61

Die Literatur nimmt außerdem eine Anfechtungsbefugnis von Gesellschaftsorganen (Geschäftsführer oder Aufsichtsratsmitglieder) an, wenn sie sich bei der **Beschlussausführung** strafbar oder schadensersatzpflichtig machen würden (§ 245 Nr. 5 AktG analog).[173] Häufig werden solche Beschlüsse ohnehin nichtig sein (Rdn. 13 ff.). Die Geltendmachung von **Nichtigkeitsgründen** im Wege der kassatorischen Klage wird auch Organmitgliedern zugestanden.[174] I.Ü. ist Organmitgliedern nicht in derselben Weise wie Gesellschaftern (Rdn. 59) ein allgemeines Interesse daran zuzugestehen, dass nur rechtmäßige Beschlüsse zustande kommen. Entscheidend ist, ob dem Beschluss ein Mangel anhaftet, über den die Gesellschafter disponieren können (z.B. Verfahrensfehler bei der Einberufung).[175] Dann verbleibt es bei der Klagebefugnis der Gesellschafter. Als weiterer Anhaltspunkt dient die inhaltliche Begrenzung, die dem Weisungsrecht der Gesellschafter innewohnt (§ 37 Rdn. 11 ff.):[176] Soweit die Gesellschafter ein Gesellschaftsorgan anweisen können, eine bestimmte Handlung auszuführen, kann es für das Organ oder seine Mitglieder kein Anfechtungsrecht geben. In Zweifelsfällen kann auf die allgemeine Feststellungsklage zurückgegriffen werden.[177] 62

3. Satzungsregelungen

Die **Satzung** kann Gesellschaftsorganen oder auch deren einzelnen Mitgliedern die Anfechtungsbefugnis zusprechen.[178] Außenstehende Dritte haben keine Anfechtungsbefugnis und können sie auch durch Satzungsregelung nicht erhalten.[179] Eine satzungsmäßige Einschränkung gesetzlich gegebener Anfechtungsbefugnis ist nicht möglich.[180] 63

---

169 Grundlegend BGHZ 107, 296, 311 (für die AG).
170 BGHZ 76, 154, 159.
171 BGH, GmbHR 2008, 426, 428.
172 BGHZ 89, 48, 50.
173 *Bayer*, in: Lutter/Hommelhoff, GmbHG, Anh. § 47 Rn. 73 f.; *Fleischer*, GmbHR 2013, 1289, 1294; *Raiser*, in: Ulmer/Habersack/Löbbe, GmbHG, Anh. § 47 Rn. 179 f.; *K. Schmidt*, in: Scholz, GmbHG, § 45 Rn. 134; *Zöllner/Noack*, in: Baumbach/Hueck, GmbHG, Anh. § 47 Rn. 140 ff.
174 *Bayer*, in: Lutter/Hommelhoff, GmbHG, Anh. § 47 Rn. 30; *Raiser*, in: Ulmer/Habersack/Löbbe, GmbHG, Anh. § 47 Rn. 212; *K. Schmidt*, in: Scholz, GmbHG, § 45 Rn. 134; *Zöllner/Noack*, in: Baumbach/Hueck, GmbHG, Anh. § 47 Rn. 69.
175 In diesem Sinne *Raiser*, in: Ulmer/Habersack/Löbbe, GmbHG, Anh. § 47 Rn. 179. Vergleichbar *K. Schmidt*, in: Scholz, GmbHG, § 45 Rn. 134, der Organmitgliedern nur Klagebefugnis bei Inhaltsmängeln zugesteht. Noch weiter gehend *Römermann*, in: Michalski, GmbHG, Anh. § 47 Rn. 427 ff., der Organmitgliedern generell die Anfechtungsbefugnis verweigern will.
176 Vgl. *Raiser*, in: Ulmer/Habersack/Löbbe, GmbHG, Anh. § 47 Rn. 179; *Wertenbruch*, in: MünchKommGmbHG, Anh. § 47 Rn. 191.
177 *K. Schmidt*, in: Scholz, GmbHG, § 45 Rn. 134; *Wertenbruch*, in: MünchKommGmbHG, Anh. § 47 Rn. 192.
178 *Raiser*, in: Ulmer/Habersack/Löbbe, GmbHG, Anh. § 47 Rn. 181; *K. Schmidt*, in: Scholz, GmbHG, § 45 Rn. 135.
179 *Raiser*, in: Ulmer/Habersack/Löbbe, GmbHG, Anh. § 47 Rn. 182; *K. Schmidt*, in: Scholz, GmbHG, § 45 Rn. 135. Eine Ausnahme lässt OLG Köln, BB 1996, 2058, für den Treugeber zu (bezüglich einer GbR).
180 *Bayer*, in: Lutter/Hommelhoff, GmbHG, Anh. § 47 Rn. 76; *Raiser*, in: Ulmer/Habersack/Löbbe, GmbHG, Anh. § 47 Rn. 181; *K. Schmidt*, in: Scholz, GmbHG, § 45 Rn. 135.

II. Anfechtungsfrist

64 Im Aktienrecht muss die Anfechtungsklage innerhalb eines Monats nach der Beschlussfassung erhoben werden (§ 246 Abs. 1 AktG). Diese strikte Frist ist auf das GmbH-Recht nicht zu übertragen.[181] Mit Rücksicht auf die typischerweise zwischen den Gesellschaftern bestehenden persönlichen Beziehungen kann im Einzelfall mehr Zeit nötig sein, um eine einvernehmliche Lösung herbeizuführen. Andererseits muss die Klage mit aller dem anfechtungsberechtigten Gesellschafter zumutbaren Beschleunigung erhoben werden. Dem Interesse an Rechtssicherheit trägt der BGH Rechnung, indem er die **Monatsfrist** des § 246 Abs. 1 AktG zum **Leitbild** erklärt.[182] Innerhalb der so bemessenen Klagefrist muss der maßgebliche Lebenssachverhalt, aus dem der Kläger die Anfechtbarkeit des Beschlusses herleiten will, vorgetragen werden; ein Nachschieben von Anfechtungsgründen ist nach Ablauf der Frist nicht mehr möglich.[183]

65 Der anfechtende Gesellschafter darf nur bei Vorliegen **zwingender Umstände** mit der Klageerhebung länger als einen Monat warten.[184] Das können insb. Verhandlungen über eine einvernehmliche Streitschlichtung oder die Klärung schwieriger Tatsachen oder Rechtsfragen sein. Liegen keine zwingenden Umstände vor, führen selbst geringfügige Fristüberschreitungen zur Abweisung der Klage.[185] Richtigerweise sollte in der typischen personalistisch strukturierten GmbH das Bemühen um eine gütliche Einigung den Lauf der Anfechtungsfrist hemmen.[186] Die Rechtsprechung agiert hier tendenziell zu streng und akzeptiert eine Fristüberschreitung nur selten:[187] Wenn ein Konflikt vor der Gesellschafterversammlung bereits erkennbar war, müsse vorher schon mit Prüfung der Tatsachen und Rechtsfragen begonnen werden; offenbart der Verlauf der Gesellschafterversammlung unüberbrückbare Differenzen, bestehe kein Anlass, auf einvernehmliche Lösungen zu warten.[188] Die geplante Kodifizierung des Beschlussmängelrechts für **Personengesellschaften** sieht eine Frist von drei Monaten vor; Grund dafür ist die personalistische Prägung dieser Gesellschaften.[189] Auch die GmbH ist typischerweise eine personalistisch geprägte Rechtsform und steht insoweit der Personengesellschaft näher als der AG. Daher sollte nach Umsetzung der Reform des Personengesellschaftsrechts die dort geregelte Frist als Leitbild herangezogen werden.

66 Die Anfechtungsfrist **beginnt** mit Kenntnis des Gesellschafters vom Inhalt der gefassten Beschlüsse.[190] Bei Rechtsnachfolge entscheidet die Kenntnis des früheren Gesellschafters.[191] Grds. hat ein anwesender Gesellschafter vom Beschluss bereits mit Feststellung des Beschlussergebnisses Kenntnis; nur bei unklarem Beschlussinhalt oder komplexen Formulierungen beginnt die Frist ausnahmsweise auch ggü. Gesellschaftern, die in der Versammlung anwesend waren, erst mit

---

181 Grundlegend BGHZ 111, 224, 225 (noch offen gelassen in BGHZ 101, 113, 117). Ebenso die überwiegende Lit.: *Bayer*, in: Lutter/Hommelhoff, GmbHG, Anh. § 47 Rn. 62; *Raiser*, in: Ulmer/Habersack/Löbbe, GmbHG, Anh. § 47 Rn. 195; *K. Schmidt*, in: Scholz, GmbHG, § 45 Rn. 142; *Wertenbruch*, in: MünchKommGmbHG, Anh. § 47 Rn. 227; *Zöllner/Noack*, in: Baumbach/Hueck, GmbHG, Anh. § 47 Rn. 145. Für eine feste Anfechtungsfrist aus Gründen der Rechtssicherheit: *Casper*, in: Bork/Schäfer, GmbHG, § 47 Rn. 80; *Ganzer*, in: Rowedder/Schmidt-Leithoff, GmbHG, Anh. § 47 Rn. 53 f.; *Römermann*, in: Michalski, GmbHG, Anh. § 47 Rn. 466.

182 BGHZ 111, 224, 226; BGH, BB 1992, 2239; BGH, GmbHR 2005, 925, 927; 850; OLG Brandenburg, GmbHR 1996, 539, 540; OLG Brandenburg, GmbHR 1998, 1037, 1038; OLG Düsseldorf, GmbHR 1999, 543, 548; OLG Hamm, NZG 2004, 380; OLG Düsseldorf, DB 2007, 848, 850; OLG München, GmbHR 2011, 1040, 1041. Zusammenfassend *Kaufmann*, NZG 2015, 336, 338 ff.

183 BGH, NZG 2005, 479, 481.

184 Vgl. BGHZ 111, 224, 226, wo von »besonderen Umständen« die Rede ist; spätere Entscheidungen sprechen von »zwingenden Umständen« (BGHZ 137, 378, 386; BGH, GmbHR 2005, 925, 927). *Rensen*, Beschlussmängelstreitigkeiten, S. 214, sieht darin einen Wechsel der Rechtsprechung zu einer analogen Anwendung des § 246 Abs. 1 AktG.

185 OLG Celle, GmbHR 1999, 1099, 1100 (ein Tag); OLG Hamm, NZG 2004, 380 (6 Tage).

186 *Fleischer*, GmbHR 2013, 1289, 1292; enger *Rensen*, Beschlussmängelstreitigkeiten, S. 216.

187 Vgl. außer den in Fn. 181 und Fn. 182 genannten Fällen auch: BGH, GmbHR 2005, 925, 927 (Beschlussfassung vor Weihnachten kein Grund für Fristverlängerung); OLG München, NZG 2000, 105, 106 (2 Monate bei nur einer zu prüfenden Rechtsfrage zu lang). Beispiele für zulässige Fristüberschreitungen wegen laufender Verhandlungen: OLG Hamm, GmbHR 1995, 736, 738, und OLG Dresden, NJW-RR 1997, 1535, 1536.

188 BGH, GmbHR 1992, 801 f.

189 Hierzu *Noack*, ZIP 2020, 1382, 1386, sowie *Otte*, ZIP 2020, 1743, 1747.

Zusendung des Protokolls.[192] Bei einem abwesenden Gesellschafter entscheidet grds. die Zusendung des Protokolls.[193] Hatte er Kenntnis von der Versammlung, kann ihn zur Vermeidung von Rechtsnachteilen die Pflicht treffen, sich um baldige Kenntnis der Beschlüsse zu bemühen.[194]

Die Gesellschafter können in der **Satzung** abweichende Regelungen zur Anfechtungsfrist festlegen.[195] Die Monatsfrist ist dabei eine absolute Mindestfrist, die nicht verkürzt werden darf.[196] 67
Auch eine Monatsfrist, die vor Kenntnisnahme durch den Gesellschafter beginnt, ist unzulässig.[197] Praktisch erprobt und sinnvoll sind Klauseln, die eine Frist von einem Monat nach Zugang des Protokolls vorsehen.[198] Sieht die Satzung längere Fristen vor, darf der Gesellschafter diese auch ausschöpfen; innerhalb der von der Satzung eingeräumten Frist, ist für die Annahme von Verwirkung kein Raum.[199] Bei Vorliegen zwingender Umstände (Rdn. 65) kann auch eine in der Satzung geregelte Klagefrist überschritten werden.[200] Ist die Satzungsfrist unangemessen und daher unwirksam, greift nach den allgemeinen Regeln die Monatsfrist als Leitbild (Rdn. 64).[201] Zwingender Natur sind die im **UmwG** geregelten Monatsfristen (§§ 14 Abs. 1, 125 Satz 1, 195 Abs. 1 UmwG), bei Fristversäumnis ist die Klage unzulässig.[202]

III. Anfechtungs- und Nichtigkeitsklage

1. Allgemeines

Nichtigkeits- und Anfechtungsklage verfolgen als **kassatorische Klage** dasselbe Ziel der richterlichen Klärung der Nichtigkeit (Rdn. 5). Das Gericht hat daher sämtliche in Betracht kommenden Nichtigkeits- und Anfechtungsgründe zu prüfen. Werden im Prozess Anfechtungs- statt Nichtigkeitsgründen geltend gemacht (oder umgekehrt) handelt es sich nicht um eine Klageänderung oder eine Klagehäufung, sondern nur um eine Erweiterung der Begründung.[203] Anfechtungsgründe müssen allerdings innerhalb der Anfechtungsfrist eingebracht werden (Rdn. 64 ff.). Die Identität des Streitgegenstandes wirkt sich auch bei der **Rechtskraft** aus. Wird eine kassatorische Klage rechtskräftig als unbegründet abgewiesen, ist die Erhebung einer weiteren Klage – auch bei Wechsel der Klageart – unzulässig.[204] 68

190 OLG München, NZG 2000, 105, 106; OLG Jena, GmbHR 2002, 115, 116; OLG Hamm, GmbHR 2003, 843; OLG Düsseldorf, GmbHR 2005, 1353, 1356. Ebenso die überwiegende Lit.: *Bayer*, in: Lutter/Hommelhoff, GmbHG, Anh. § 47 Rn. 62; *Fleischer*, GmbHR 2013, 1289, 1295; *Raiser*, in: Ulmer/Habersack/Löbbe, GmbHG, Anh. § 47 Rn. 201; *Zöllner/Noack*, in: Baumbach/Hueck, GmbHG, Anh. § 47 Rn. 153; a.A. *K. Schmidt*, in: Scholz, GmbHG, § 45 Rn. 145, der Beginn mit Beschlussfassung ansetzt, nachträgliche Kenntniserlangung aber bei Bemessung der »angemessenen« Frist berücksichtigen will.

191 OLG Schleswig, NZG 2000, 895, 896; *Bayer*, in: Lutter/Hommelhoff, GmbHG, Anh. § 47 Rn. 62; *Raiser*, in: Ulmer/Habersack/Löbbe, GmbHG, Anh. § 47 Rn. 201.

192 OLG Jena, GmbHR 2002, 115, 116.

193 Vgl. den Fall OLG München, NZG 2000, 105, 106.

194 OLG Hamm, GmbHR 2001, 301; OLG Hamm, GmbHR 2016, 358, 362; OLG Dresden, GmbHR 2020, 1130, 1135; *Bayer*, in: Lutter/Hommelhoff, GmbHG, Anh. § 47 Rn. 62; *Raiser*, in: Ulmer/Habersack/Löbbe, GmbHG, Anh. § 47 Rn. 201; ebenso im schriftlichen Umlaufverfahren nach § 48 Abs. 2.

195 BGHZ 108, 21, 29; *Kaufmann*, NZG 2015, 336, 339.

196 BGHZ 104, 66, 72 (Frist von 4 Wochen ist unzulässig); BGH, GmbHR 1992, 801; OLG Düsseldorf, DB 2007, 848.

197 OLG Düsseldorf, GmbHR 2005, 1353, 1354 (1 Monat, Fristbeginn jedoch Absendung des Protokolls).

198 Vgl. die Auslegung einer solchen Klausel in BGH, GmbHR 1998, 891, 892, wonach »Zugang« i.S.v. § 130 BGB zu verstehen ist.

199 OLG Hamm, GmbHR 1992, 805, 806 (für Satzungsfrist von 3 Monaten).

200 *Bayer*, in: Lutter/Hommelhoff, GmbHG, Anh. § 47 Rn. 64 (unter Verweis auf OLG Jena, 06.09.2006 – 6 U 234/06).

201 OLG Brandenburg, GmbHR 1996, 539, 540; OLG Düsseldorf, GmbHR 2005, 1353, 1355.

202 *Bayer*, in: Lutter/Hommelhoff, GmbHG, Anh. § 47 Rn. 66; *K. Schmidt*, in: Scholz, GmbHG, § 45 Rn. 141; *Zöllner/Noack*, in: Baumbach/Hueck, GmbHG, Anh. § 47 Rn. 145.

203 *Bayer*, in: Lutter/Hommelhoff, GmbHG, Anh. § 47 Rn. 80; *Raiser*, in: Ulmer/Habersack/Löbbe, GmbHG, Anh. § 47 Rn. 213.

204 BGH, GmbHR 2019, 335, 341; BGHZ 134, 364, 367; BGH, NZG 1999, 496, 497.

2. Parteien

69 **Kläger** kann jede anfechtungsbefugte Person (Rdn. 57 ff.) sein. Die gestaltende Wirkung der kassatorischen Klage für und gegen jedermann führt zur Verbindung aller Klagen, die sich gegen denselben Beschluss richten. Es liegt notwendige Streitgenossenschaft vor (§ 62 Abs. 1, 1. Alt. ZPO).[205] Anfechtungs- und Nichtigkeitsklage sind nicht gegen die Gesellschafter, sondern immer gegen die GmbH als **Beklagte** zu richten.[206]

70 Die betroffenen Mitgesellschafter müssen vom Geschäftsführer über die Klageerhebung informiert werden, damit sie Gelegenheit erhalten, dem Verfahren als **Nebenintervenienten** beizutreten (Rechtsgedanke des § 246 Abs. 4 Satz 1 AktG).[207] Die Gesellschafter können dem Prozess sowohl auf der Seite des Anfechtenden als auch auf Seite der Gesellschaft beitreten. Das Interventionsinteresse (§ 66 ZPO) folgt aus der Rechtskrafterstreckung und Gestaltungswirkung (§ 248 AktG analog) einer erfolgreichen kassatorischen Klage.[208] Aus dem gleichen Grund handelt es sich um eine streitgenössische Nebenintervention (§§ 69, 61 ZPO).[209] Nach teilweise vertretener Ansicht ist die Nebenintervention an die Anfechtungsfrist (Rdn. 64 ff.) gebunden, die für den Intervenienten mit Kenntnis vom Prozess zu laufen beginnt;[210] der dafür analog herangezogene § 246 Abs. 4 Satz 2 AktG passt aber nicht auf die GmbH.[211] Organmitglieder können dem Prozess gleichfalls auf beiden Seiten als Nebenintervenient beitreten.[212]

3. Zuständigkeit

71 Für Anfechtungs- und Nichtigkeitsklagen ist ausschließlich das **LG**, in dessen Bezirk die GmbH ihren Satzungssitz (§ 4a Rdn. 1) hat, zuständig (§§ 246 Abs. 3 Satz 1, 249 Abs. 1 Satz 1 AktG analog).[213] Falls eine Kammer für Handelssachen besteht, ist diese funktional zuständig (§ 246 Abs. 3 Satz 1 AktG analog).[214] Die Satzung kann keinen abweichenden Gerichtsstand festlegen (s. aber zur Schiedsfähigkeit Rdn. 88 ff.); auch eine Prorogation ist unzulässig.[215]

4. Streitwert

72 Das Gericht bestimmt den Streitwert nach der Bedeutung der Sache für die Parteien (§ 247 Abs. 1 Satz 1 AktG analog).[216] Die Streitwertobergrenze des Aktienrechts (§ 247 Abs. 1 Satz 2 AktG), die sich konzeptionell an der Höhe des Grundkapitals orientiert, passt für die GmbH nicht, deren

205 RGZ 93, 31, 32; RGZ 164, 129, 132; BGHZ 122, 211, 240.
206 BGH, NJW 1981, 1041; OLG Hamm, GmbHR 1985, 119; OLG Rostock, NZG 2004, 191, 192.
207 BGHZ 97, 28, 31.
208 BGHZ 172, 136, 139; BGH, NZG 2008, 630.
209 BGHZ 172, 136, 139.
210 *Raiser*, in: Ulmer/Habersack/Löbbe, GmbHG, Anh. § 47 Rn. 222; *K. Schmidt*, in: Scholz, GmbHG, § 45 Rn. 156; *Wertenbruch*, in: MünchKommGmbHG, Anh. § 47 Rn. 222.
211 *Bayer*, in: Lutter/Hommelhoff, GmbHG, Anh. § 47 Rn. 86; *Zöllner/Noack*, in: Baumbach/Hueck, GmbHG, Anh. § 47 Rn. 169. Der für die Frist maßgebliche Gedanke der Rechtssicherheit ist auf die Nebenintervention nicht ohne Weiteres übertragbar (vgl. BGHZ 172, 136, 140 ff. zur AG vor Einführung des § 246 Abs. 4 Satz 2 AktG).
212 *Bayer*, in: Lutter/Hommelhoff, GmbHG, Anh. § 47 Rn. 86; *Raiser*, in: Ulmer/Habersack/Löbbe, GmbHG, Anh. § 47 Rn. 222.
213 BGHZ 22, 101, 105.
214 OLG München, NZG 2007, 947, 948.
215 *Bayer*, in: Lutter/Hommelhoff, GmbHG, Anh. § 47 Rn. 81; *Raiser*, in: Ulmer/Habersack/Löbbe, GmbHG, Anh. § 47 Rn. 224.
216 BGH, NZG 1999, 999. Allgemein zum Streitwert bei Beschlussstreitigkeiten im GmbH-Recht: *Emde*, DB 1996, 1557; *Meyer*, GmbHR 2010, 1081.

Stammkapital typischerweise wesentlich niedriger liegt.[217] Die analoge Anwendung der Streitwertspaltung (§ 247 Abs. 2, 3 AktG) ist möglich.[218]

5. Prozesshandlungen

Der Grundsatz der **Parteiherrschaft** unterliegt bei der kassatorischen Klage gewissen **Einschränkungen.**[219] Zum einen sind die Prozessbeteiligten alleine nicht befugt, Gesellschafterbeschlüsse zu fassen, zum anderen wirkt das kassatorische Urteil für und gegen jedermann (Rdn. 5). Daher können die Parteien über den Prozessgegenstand nicht verfügen und den angegriffenen Beschluss nicht ohne gerichtliche Prüfung aufheben oder ändern. Ein **Vergleich** mit diesem Inhalt wäre unzulässig. Die vergleichsweise Klagerücknahme hingegen ist zulässig. In diesem Fall kann die Gesellschaft auch die Übernahme der Prozesskosten des Klägers zusagen, solange der Kläger nicht die Klagerücknahme von der Zahlung überhöhter Beträge abhängig macht. 73

Da die Gesellschaft über den Beschluss nicht verfügen kann, ist ihr das **Anerkenntnis** der Klage versagt.[220] Eine Verfügung über den tatsächlichen Streitstoff wird hingegen mehrheitlich zugelassen. Daher sind aufseiten der Gesellschaft Geständnis und Versäumnisurteil möglich.[221] Die Gesellschafter können dies durch Nebenintervention verhindern.[222] 74

6. Urteilswirkung

Ein stattgebendes Urteil hat **gestaltende Wirkung** und führt zur Nichtigkeit des angegriffenen Beschlusses (vgl. bereits Rdn. 2). Da es sich um einen einheitlichen Streitgegenstand handelt (Rdn. 5), ist ein Teilurteil, das nur Anfechtungs- oder Nichtigkeitsgründe behandelt, nicht zulässig.[223] Wurde zusätzlich die Feststellung eines Beschlusses mit bestimmtem Inhalt begehrt, so ist Verbindung mit einer positiven Beschlussfeststellungsklage (Rdn. 79 ff.) möglich. 75

Mit dem gestaltenden Urteil steht die Nichtigkeit für und gegen jedermann **rückwirkend** fest (§§ 248 Abs. 1 Satz 1, 249 Abs. 1, 241 Nr. 5 AktG analog).[224] Dem können zugunsten der Gesellschafter oder des Rechtsverkehrs ausnahmsweise § 15 HGB, § 20 Abs. 2 UmwG oder § 16 Abs. 1, 76

---

217 OLG Karlsruhe, GmbHR 1995, 302; OLG Celle, RPfleger 1974, 233; OLG Frankfurt am Main, NJW 1968, 2112; *Bloching*, GmbHR 2009, 1265 ff.; *Römermann*, in: Michalski, GmbHG, Anh. § 47 Rn. 529; *Zöllner/Noack*, in: Baumbach/Hueck, GmbHG, Anh. § 47 Rn. 171. Für eine Anwendung der Obergrenze demgegenüber: OLG München, GmbHR 2008, 1267, 1268 m. zust. Anm. *Scheuffele*; *Meyer*, GmbHR 2010, 1081, 1082; *K. Schmidt*, in: Scholz, GmbHG, § 45 Rn. 153. Differenzierend (nur Anwendung der 500.000 EUR-Obergrenze): *Raiser*, in: Ulmer/Habersack/Löbbe, GmbHG, Anh. § 47 Rn. 256.

218 *Bayer*, in: Lutter/Hommelhoff, GmbHG, Anh. § 47 Rn. 83; *Raiser*, in: Ulmer/Habersack/Löbbe, GmbHG, Anh. § 47 Rn. 257; *Römermann*, in: Michalski, GmbHG, Anh. § 47 Rn. 531; *Zöllner/Noack*, in: Baumbach/Hueck, GmbHG, Anh. § 47 Rn. 171.

219 Zum Folgenden: *Bayer*, in: Lutter/Hommelhoff, GmbHG, Anh. § 47 Rn. 85; *Raiser*, in: Ulmer/Habersack/Löbbe, GmbHG, Anh. § 47 Rn. 249 ff.; *Römermann*, in: Michalski, GmbHG, Anh. § 47 Rn. 521 ff.; *K. Schmidt*, in: Scholz, GmbHG, § 45 Rn. 158 ff.; *Zöllner/Noack*, in: Baumbach/Hueck, GmbHG, Anh. § 47 Rn. 175.

220 OLG München, GmbHR 1996, 451, 452; LG Koblenz, GmbHR 2004, 260, 261; *Römermann*, in: Michalski, GmbHG, Anh. § 47 Rn. 525; *K. Schmidt*, in: Scholz, GmbHG, § 45 Rn. 159. Für die Gegenauffassung: *Bork*, ZIP 1992, 1205 ff.; *Raiser*, in: Ulmer/Habersack/Löbbe, GmbHG, Anh. § 47 Rn. 252; *Zöllner/Noack*, in: Baumbach/Hueck, GmbHG, Anh. § 47 Rn. 175.

221 *Bayer*, in: Lutter/Hommelhoff, GmbHG, Anh. § 47 Rn. 85; *Raiser*, in: Ulmer/Habersack/Löbbe, GmbHG, Anh. § 47 Rn. 252; *Römermann*, in: Michalski, GmbHG, Anh. § 47 Rn. 525; *K. Schmidt*, in: Scholz, GmbHG, § 45 Rn. 160; *Zöllner/Noack*, in: Baumbach/Hueck, GmbHG, Anh. § 47 Rn. 175.

222 BGH, GmbHR 1993, 579, 580.

223 BGH, NZG 1999, 496, 497.

224 BGH, GmbHR 1993, 579, 580; OLG Brandenburg, GmbHR 1998, 193, 196.

3 entgegenstehen.[225] Bei einem anfechtbar bestellten Organmitglied können Rechtsscheingedanken oder die Grundsätze über die fehlerhafte Gesellschaft anwendbar sein (§ 6 Rdn. 13 u. 34). Bei einer bereits durchgeführten Kapitalerhöhung greifen bis zur Nichtigerklärung die Grundsätze zur fehlerhaften Gesellschaft ein (§ 55 Rdn. 51).

77 Betrifft das Urteil einen eintragungspflichtigen Beschluss, müssen die Geschäftsführer es unverzüglich zum **Handelsregister** einreichen (§ 248 Abs. 1 Satz 2 AktG analog); eine Eintragung und Bekanntmachung ist nur erforderlich, wenn der nichtige Beschluss bereits eingetragen war (§ 248 Abs. 1 Satz 3, 4 AktG analog).[226]

78 Eine **Klageabweisung** durch Sachurteil entfaltet keine Wirkung ggü. Dritten, sie wirkt nur inter partes.[227] Der Kläger ist mit allen Anfechtungs- und Nichtigkeitsgründen präkludiert, die Gegenstand der Klage waren.[228]

IV. Kombination mit positiver Beschlussfeststellungsklage

79 Die kassatorische Klage führt zur Vernichtung des fehlerhaften Beschlusses. Damit hat es sein Bewenden, wenn der Kläger das Zustandekommen eines Beschlusses angreift. In einigen Fällen geht es ihm jedoch auch darum, feststellen zu lassen, welcher Beschluss ohne den gerügten Verfahrensfehler zustande gekommen wäre. In solchen Fällen kann die Anfechtung des ablehnenden Beschlusses mit dem Antrag auf Feststellung verbunden werden, dass bei fehlerfreiem Verfahren ein bestimmter Beschluss zustande gekommen wäre (**positive Beschlussfeststellungsklage**).[229] Die Feststellungsklage muss ebenso wie die Anfechtungsklage innerhalb der Anfechtungsfrist (Rdn. 64 ff.) erhoben werden.[230] Denn nach Bestandskraft des fehlerhaften Beschlusses ist für die positive Feststellung eines anderen Beschlussergebnisses kein Raum mehr.[231]

▶ **Beispiele:**

80 Der Beschlussantrag eines klagenden Gesellschafters wurde mit den Stimmen von Gesellschaftern abgelehnt, die einem Stimmverbot nach § 47 Abs. 4 unterlagen;[232] Mitgesellschafter stimmen gegen den Beschlussantrag, obwohl sie nach der gesellschaftsrechtlichen Treuepflicht[233] oder aufgrund einer alle Gesellschafter verpflichtenden Stimmbindungsvereinbarung[234] hätten dafür stimmen müssen.

81 Das Feststellungsurteil ist **Gestaltungsurteil**; es stellt mit Wirkung für und gegen jedermann den richtigen Beschlussinhalt fest (§ 256 ZPO, § 248 AktG analog).[235] Daher müssen von einem Antrag auf positive Beschlussfeststellung auch die Mitgesellschafter Kenntnis erhalten, um dem

225 *Bayer*, in: Lutter/Hommelhoff, GmbHG, Anh. § 47 Rn. 87; *K. Schmidt*, in: Scholz, GmbHG, § 45 Rn. 172; *Zöllner/Noack*, in: Baumbach/Hueck, GmbHG, Anh. § 47 Rn. 178.

226 *Bayer*, in: Lutter/Hommelhoff, GmbHG, Anh. § 47 Rn. 87; *K. Schmidt*, in: Scholz, GmbHG, § 45 Rn. 170; *Zöllner/Noack*, in: Baumbach/Hueck, GmbHG, Anh. § 47 Rn. 179.

227 *Bayer*, in: Lutter/Hommelhoff, GmbHG, Anh. § 47 Rn. 87; *Raiser*, in: Ulmer/Habersack/Löbbe, GmbHG, Anh. § 47 Rn. 261 f.; *Zöllner/Noack*, in: Baumbach/Hueck, GmbHG, Anh. § 47 Rn. 176.

228 *Bayer*, in: Lutter/Hommelhoff, GmbHG, Anh. § 47 Rn. 87; *Raiser*, in: Ulmer/Habersack/Löbbe, GmbHG, Anh. § 47 Rn. 261; *K. Schmidt*, in: Scholz, GmbHG, § 45 Rn. 176; weiter gehend (Präklusion mit allen Anfechtungs-/Nichtigkeitsgründen): *Zöllner/Noack*, in: Baumbach/Hueck, GmbHG, Anh. § 47 Rn. 167.

229 BGHZ 97, 28, 30; BGH, GmbHR 2003, 355, 356; BGH, GmbHR 2008, 1092, 1094; BGH, GmbHR 2008, 487; OLG Hamm, NZG 2000, 1036; OLG Saarbrücken, GmbHR 2005, 546, 547; OLG München, GmbHR 2008, 362, 363.

230 BGHZ 76, 191, 199 (AG); OLG Celle, GmbHR 1997, 172, 174.

231 OLG München, GmbHR 2008, 362, 363.

232 OLG München, GmbHR 2008, 362, 363.

233 OLG München, GmbHR 2008, 362, 363.

234 OLG München, GmbHR 2008, 362, 363.

235 Vgl. die in Fn. 226 genannte Rechtsprechung.

Verfahren ggf. als Nebenintervenienten (s. bereits oben Rdn. 70) beitreten zu können.[236] Der Geschäftsführer ist verpflichtet, sie über die erhobene Klage zu informieren.[237] Zweifelt das Gericht an der erfolgten Mitteilung, hat es diese selbst vorzunehmen.[238] Es ist nicht erforderlich, dass die betreffenden Gesellschafter dem Verfahren dann auch tatsächlich beitreten.[239] Soll die Klage hingegen auch die Feststellung beinhalten, dass ein Mitgesellschafter aufgrund der Treuepflicht einem Beschluss hätte zustimmen müssen, ist eine zusätzliche Leistungsklage gegen den nicht beteiligten Gesellschafter erforderlich.[240]

Der positiv festzustellende Beschluss muss allerdings selbst alle **Wirksamkeitsvoraussetzungen** erfüllen. Die Beschlussfeststellungsklage ist unbegründet, wenn die Feststellung eines Beschlusses begehrt wird, der seinerseits durch Anfechtungsklage angegriffen werden könnte.[241] Der Antrag auf Beschlussfeststellung ist außerdem unzulässig, wenn er lediglich darauf gerichtet ist, die Ablehnung eines Beschlusses festzustellen, der fehlerhaft zustande gekommen ist.[242] Denn mit der Nichtigerklärung im Wege der Anfechtungsklage steht bereits fest, dass der entsprechende Beschlussantrag nicht erfolgreich war. 82

V. Einfache Beschlussfeststellungsklage

Eine isolierte Feststellungsklage (§ 256 ZPO) kommt in Betracht, wenn eine förmliche Beschlussfeststellung fehlt und daher keine Anfechtungsklage möglich ist (Rdn. 39).[243] Die Feststellungsklage unterliegt **keiner Fristbindung**, sondern lediglich der Verwirkung.[244] Es kann also nicht pauschal eine zeitnahe Klageeinreichung gefordert werden;[245] vielmehr muss der Tatbestand der Verwirkung, zu dem neben dem Zeitablauf auch ein dadurch verursachtes Vertrauen gehört, konkret geprüft werden.[246] 83

Zu Recht wird vielfach vertreten, das Feststellungsurteil müsse **inter omnes** wirken (§ 248 Abs. 1 AktG analog).[247] Dafür spricht die Parallele zur positiven Beschlussfeststellungsklage (Rdn. 79, 81).[248] Allein das Fehlen der Beschlussfeststellung, die Voraussetzung für die kombinierte Anfechtungs- und Beschlussfeststellungsklage ist (Rdn. 39), rechtfertigt keine unterschiedliche Behandlung der beiden Klagearten. 84

---

236 Vgl. OLG München, DB 1994, 320, 321 (Ablehnung des Feststellungsantrags, weil Mitgesellschafter keine Gelegenheit hatten, Einwendung zu erheben).

237 BGHZ 97, 28, 31; OLG Düsseldorf, GmbHR 2000, 1050, 1052; OLG Frankfurt am Main, NZG 1999, 406.

238 BGHZ 97, 28, 32.

239 BGHZ 97, 28, 31.

240 *Bayer*, in: Lutter/Hommelhoff, GmbHG, Anh. § 47 Rn. 42; *Raiser*, in: Ulmer/Habersack/Löbbe, GmbHG, Anh. § 47 Rn. 275; *Wertenbruch*, in: MünchKommGmbHG, Anh. § 47 Rn. 261; *Zöllner/Noack*, in: Baumbach/Hueck, GmbHG, Anh. § 47 Rn. 192.

241 BGH, GmbHR 2008, 487 (wichtiger Grund für fristlose Kündigung des Geschäftsführer-Anstellungsvertrages lag nicht vor).

242 BGH, NZG 2003, 355, 356.

243 BGHZ 76, 154, 156; BGH, GmbHR 1996, 47, 48.

244 BGH, GmbHR 1996, 47, 48 f.; BGH, GmbHR 1999, 477, 478; OLG Köln, GmbHR 2002, 913, 915.

245 So aber OLG Zweibrücken, GmbHR 1999, 79, 80.

246 BGH, GmbHR 1999, 477, 478 (Revisionsentscheidung zu OLG Zweibrücken, GmbHR 1999, 79); OLG Köln, GmbHR 2002, 913, 915.

247 OLG München, GmbHR 1996, 451, 452; *K. Schmidt*, GmbHR 1992, 9, 12; *Wertenbruch*, in: MünchKommGmbHG, Anh. § 47 Rn. 292; *Zöllner/Noack*, in: Baumbach/Hueck, GmbHG, Anh. § 47 Rn. 182; a.A. *Raiser*, in: Ulmer/Habersack/Löbbe, GmbHG, Anh. § 47 Rn. 283, und wohl auch BGHZ 76, 154, 159, BGH, NZG 2003, 127, 129.

248 In diesem Sinne *Zöllner/Noack*, in: Baumbach/Hueck, GmbHG, Anh. § 47 Rn. 182; ebenso *Römermann*, in: Michalski, GmbHG, Anh. § 47 Rn. 598.

89 VI. Einstweiliger Rechtsschutz

85 Ein fehlerhafter Beschluss kann grds. nicht durch einstweiligen Rechtsschutz angegriffen werden, weil dies einer Vorwegnahme der Hauptsache entspräche.[249] Allerdings kann der **Vollzug** des Beschlusses einstweilig unterbunden werden, z.B. durch Untersagung einer Eintragung in das Handelsregister oder der Rücknahme eines solchen Antrages.[250] Wird gegen den Beschluss einer Verschmelzung oder eines Formwechsels Anfechtungsklage erhoben, ist im **Freigabeverfahren** über die Eintragung zu entscheiden (§§ 16 Abs. 3, 198 Abs. 3 UmwG). Zum einstweiligen Rechtsschutz bei der streitigen Abberufung eines Geschäftsführers vgl. § 38 Rdn. 52 ff.

86 Ein Eingriff in die **Beschlussfassung** und damit in die Willensbildung der Gesellschaft ist nur ausnahmsweise zulässig (zur einstweiligen Verfügung bei Vorliegen einer Stimmbindungsvereinbarung vgl. § 47 Rdn. 24). Grds. muss die Beschlussfassung abgewartet werden.[251] An den Erlass einer einstweiligen Verfügung werden daher hohe Anforderungen gestellt. Gefordert wird eine eindeutige Rechtslage oder eine besonders schwerwiegende Beeinträchtigung des Klägers, zudem ist das Gebot des geringstmöglichen Eingriffs zu beachten.[252]

87 **Antragsgegner** der einstweiligen Verfügung sind die Mitgesellschafter (wenn es um deren Stimmabgabe in der Gesellschafterversammlung geht); ansonsten ist sie gegen die Gesellschaft zu richten (wenn Vollzug eines Beschlusses verhindert werden soll).[253]

VII. Schiedsverfahren

1. Allgemeines

88 Die Schiedsfähigkeit von Beschlussmängelstreitigkeiten wurde in Rechtsprechung und Lehre lange Zeit abgelehnt.[254] Sie sei mit der Urteilswirkung der kassatorischen Klage (Rdn. 5) nicht zu vereinbaren, die alle Gesellschafter oder Gesellschaftsorgane einbeziehe, selbst wenn sie an dem Verfahren nicht als Partei teilgenommen haben. Aus dieser Zeit stammen Schiedsklauseln in Gesellschaftsverträgen, die lediglich für Feststellungsklagen zwischen den Gesellschaftern gelten und Beschlussmängelklagen ausdrücklich ausnehmen[255]. Der Gesetzgeber hat die Frage anlässlich der Neuregelung des Schiedsverfahrensrechts (SchiedsVfG) bewusst ausgelassen und der Klärung durch die Rechtsprechung überantwortet.[256] Der BGH hat daraufhin die **Zulässigkeit von Schiedsvereinbarungen** über Beschlussmängelstreitigkeiten grds. bejaht.[257] Die Gesellschafter können demnach einem Schiedsgericht die Befugnis verleihen, einen Beschluss nach Maßstäben des objektiven Gesellschaftsrechts zu prüfen. Der Schiedsspruch hat die Wirkung eines rechtskräftigen Urteils (§ 1055 ZPO). Soweit er den angegriffenen Beschluss für nichtig erklärt, hat er kassatorische Wirkung **inter omnes** (§§ 248 Abs. 1 Satz 1, 249 Abs. 1 Satz 1 AktG analog).[258]

---

249 *K. Schmidt*, in: Scholz, GmbHG, § 45 Rn. 183; *Liebscher/Alles*, ZIP 2015, 1, 2.

250 OLG München, AG 2007, 335, 336; OLG Frankfurt am Main, BB 1982, 274; *Liebscher/Alles*, ZIP 2015, 1, 3; vgl. BVerfG, BB 2005, 1585, wo die Möglichkeit einstweiligen Rechtsschutzes vorausgesetzt wird.

251 OLG Frankfurt am Main, BB 1982, 274.

252 *Liebscher/Alles*, ZIP 2015, 1, 3. Anhand dieser Maßstäbe wurde einstweilige Verfügung abgelehnt von OLG Koblenz, DB 1990, 2413, OLG Hamm, GmbHR 1993, 163 und OLG Düsseldorf, NZG 2005, 633, bejaht von OLG München, GmbHR 1999, 718.

253 *Bayer*, in: Lutter/Hommelhoff, GmbHG, Anh. § 47 Rn. 93; *Raiser*, in: Ulmer/Habersack/Löbbe, GmbHG, Anh. § 47 Rn. 288; *K. Schmidt*, in: Scholz, GmbHG, § 45 Rn. 183.

254 S. nur BGHZ 132, 278, 281; zur Entwicklung *Versin*, GmbHR 2015, 969.

255 Vgl. die Entscheidung OLG München, GmbHR 2012, 1075, 1080.

256 Vgl. Bericht des Rechtsausschusses BT-Drucks. 13/9124, S. 44 sowie Begründung des Gesetzentwurfs BT-Drucks. 13/5274, S. 35.

257 BGHZ 180, 221, 224.

258 BGHZ 180, 221, 227; eingehend zur Rechtskrafterstreckung auf alle GmbH-Gesellschafter und -Organe *Nolting*, GmbHR 2011, 1017.

Die Schiedsvereinbarung ist am Maßstab des § 138 BGB zu messen. Sie ist daher nichtig, wenn sie zu einer übermäßigen Einschränkung des Rechtsschutzes führt.[259] Um dies zu vermeiden, müssen bestimmte **rechtsstaatliche Mindestanforderungen** hinsichtlich des Zustandekommens der Schiedsvereinbarung (Rdn. 90 ff.), der Auswahl der Schiedsrichter (Rdn. 92 ff.) und des Schiedsverfahrens (Rdn. 95 ff.) erfüllt sein.[260] Die Deutsche Institution für Schiedsgerichtsbarkeit (DIS) hat hierauf bezogene ergänzende Regeln entworfen, über deren Wirksamkeit allerdings noch keine letzte Gewissheit besteht.[261] Wegen der Notwendigkeit, allen Gesellschaftern ein Mitwirkungsrecht zu eröffnen, eignet sich das Schiedsverfahren eher für Gesellschaften mit einem überschaubaren Gesellschafterkreis.[262] Für Schiedsklauseln, die Beschlussmängelstreitigkeiten ausdrücklich ausnehmen, gelten diese besonderen Wirksamkeitsvoraussetzungen nicht, da einfache Feststellungsklagen nicht zu einem Urteil mit inter omnes-Wirkung führen.[263]

Auf Basis der folgenden gesellschaftsvertraglichen **Klausel** konnte daher über das **Feststellungsbegehren** eines Gesellschafters, das die Auslegung des Gesellschaftsvertrages betraf, ein Schiedsverfahren durchgeführt werden:[264] »Über alle Streitigkeiten zwischen Gesellschaftern oder zwischen der Gesellschaft und Gesellschaftern, welche diesen Gesellschaftsvertrag, das Gesellschaftsverhältnis oder die Gesellschaft betreffen, mit Ausnahme von Beschlussmängelstreitigkeiten, entscheidet, soweit dem nicht zwingendes Recht entgegensteht, unter Ausschluss des ordentlichen Rechtswegs ein Schiedsgericht. Dies gilt auch für Streitigkeiten über die Wirksamkeit, Durchführung und Beendigung des Gesellschaftsvertrags, einzelner Vertragsbestimmungen oder etwaiger Nachträge.«

2. Zustandekommen der Schiedsklausel/-vereinbarung

Eine Schiedsklausel in der Satzung oder eine separate Schiedsvereinbarung bedürfen der **Zustimmung aller Gesellschafter.**[265] Lediglich bei der Nachbesserung einer bereits bestehenden, nicht mit den Erfordernissen des BGH übereinstimmenden Schiedsklausel ist ein mit qualifizierter Mehrheit beschlossener Satzungsänderungsbeschluss ausreichend.[266] Im Einzelfall kann die Treuepflicht die Gesellschafter verpflichten, an der Änderung einer nicht den Mindestanforderungen des BGH entsprechenden Klausel mitzuwirken.[267] 90

Eine Schiedsvereinbarung bedarf nach der **Formvorschrift** des § 1031 ZPO einer nachweisbaren Erklärung aller Gesellschafter.[268] Bei einer satzungsmäßigen Schiedsklausel ist die Einhaltung dieser 91

259 BGHZ 180, 221, 226.

260 Zum Folgenden: BGHZ 180, 221, 228 f. sowie BGH, GmbHR 2017, 759, 760 (Übertragung der Grundsätze auf Personengesellschaften); OLG Frankfurt am Main, NZG 2011, 629; *Bayer*, ZIP 2003, 881; *Berger*, ZHR 164 (2000) 295; *Böttcher/Helle*, NZG 2009, 700; *Göz/Peitsmeyer*, DB 2009, 1915; *H.-F. Müller*, GmbHR 2010, 729; *Nietsch*, ZIP 2009, 2269; *Raiser*, in: Ulmer/Habersack/Löbbe, GmbHG, Anh. § 47 Rn. 233 ff.; *Rensen*, Beschlussmängelstreitigkeiten, S. 268 ff.; *Versin*, GmbHR 2015, 969 ff.; *Zöllner/Noack*, in: Baumbach/Hueck, GmbHG, Anh. § 47 Rn. 33 ff. Zur Vertragsgestaltung *Reichert*, in: FS Ulmer 2003, S. 511, 522 ff.; vgl. den Formulierungsvorschlag des DIS, SchiedsVZ 2009, 311 (auch abrufbar unter www.dis-arb.de); dazu: *Borris*, SchiedsVZ 2009, 299; *Schwedt/Lilja/Schaper*, NZG 2009, 1281.

261 Eingehend zur Diskussion *Niemeyer/Häger*, BB 2014, 1737 ff.

262 *Heinrich*, NZG 2016, 1406, 1410.

263 BGH, NJW 2015, 3234, 3236.

264 Siehe BGH, NJW 2015, 3234, 3235.

265 Zur Einbeziehung einer Schiedsordnung vgl. *Böttcher/Fischer*, NZG 2011, 601.

266 *Bayer*, in: Lutter/Hommelhoff, GmbHG, Anh. § 47 Rn. 98; *Bayer*, ZIP 2003, 881, 890; *H.-F. Müller*, GmbHR 2010, 729, 734; *K. Schmidt*, in: Scholz, GmbHG, § 45 Rn. 150; zweifelnd *Riegger/Wilske*, ZGR 2010, 733, 745.

267 Offengelassen BGHZ 180, 221, 235 (jedenfalls nicht im bereits anhängigen Prozess).

268 *Zöllner/Noack*, in: Baumbach/Hueck, GmbHG, Anh. § 47 Rn. 39, empfiehlt (wg. § 1031 Abs. 5 Satz 1 ZPO) Unterzeichnung aller Gesellschafter auf einer Urkunde.

Formvorschrift nach herrschender Meinung nicht erforderlich,[269] zur Vermeidung von Unsicherheiten aber empfehlenswert.

3. Auswahl der Schiedsrichter

92 Das Verfahren zur Auswahl der Schiedsrichter hat maßgeblichen Einfluss auf die Neutralität des Schiedsgerichts. Daher müssen bei der Auswahl und Bestellung der **Schiedsrichter** alle Gesellschafter mitwirken können, sofern nicht die Auswahl durch eine neutrale Stelle erfolgt.[270] Vorgeschlagen wird, den Gesellschaftern hierfür eine Frist von 2 Wochen bis zu einem Monat zu setzen.[271] Der zwischenzeitliche Ablauf der Anfechtungsfrist ist irrelevant.[272] Bei Untätigkeit der Gesellschaft kann der Antragsteller die übrigen Gesellschafter nach § 50 Abs. 3 analog zum Beitritt auffordern.[273] Ein Beitritt ist auch nach Fristablauf möglich, es entfällt dann lediglich das Recht zur Mitwirkung an der Schiedsrichterauswahl.[274]

93 Der Schiedsrichter der **Beklagtenseite** wird grds. durch die Gesellschaft selbst bestimmt.[275] Die Mitwirkung aller Gesellschafter wird durch die Möglichkeit, hierüber einen Gesellschafterbeschluss zu fassen, gewährleistet;[276] für den Beschluss gilt das Mehrheitsprinzip.[277] Die auf Klägerseite beteiligten Gesellschafter sind hier von ihrem Stimmrecht ausgeschlossen (§ 47 Abs. 2 Satz 2, 2. Alt.).[278]

94 Als **neutrale Stelle** für die Auswahl und Bestellung der Schiedsrichter kommen etwa der OLG-Präsident oder die IHK in Betracht. Die Klausel kann auch von vornherein ein institutionelles Schiedsgericht (wie der DIS) vorsehen, was die Auswahl von Schiedsrichtern erübrigt.[279] Kommt eine Einigung der Gesellschafter, die sich fristgerecht gemeldet haben nicht zustande, erfolgt eine **Ersatzbestellung** durch das Gericht (§ 1035 Abs. 4, 5 ZPO).[280] Empfehlenswert ist eine Auffangregelung, die bei fehlender Einigung die Auswahl auf eine neutrale Stelle überträgt.[281]

4. Anforderungen an das Schiedsverfahren

95 Über Einleitung und Verlauf des Schiedsverfahrens müssen alle Gesellschafter **informiert** werden, um dem Verfahren als Nebenintervenienten beitreten zu können (dazu Rdn. 70).[282] Die Informationspflicht kann auch auf eine neutrale Stelle (Rdn. 94) übertragen werden.[283]

96 Die Schiedsklausel muss zudem sicherstellen, dass alle denselben Streitgegenstand betreffenden Beschlussmängelstreitigkeiten bei einem Schiedsgericht **konzentriert** werden.[284] Der Rechtsweg zu

269 BGHZ 48, 35, 43; *Bayer*, ZIP 2003, 881, 891; *H.-F. Müller*, GmbHR 2010, 729, 731; *Münch*, in: MünchKommZPO, 3. Aufl., 2008, § 1031 Rn. 16.

270 BGHZ 180, 221, 229; eingehend zu den damit verbundenen Fragen *Berger*, ZHR 164 (2000) 295, 304 ff.

271 *Bayer*, ZIP 2003, 881, 888 (2 Wochen); ebenso *Nietsch*, ZIP 2009, 2269, 2274, und *H.-F. Müller*, GmbHR 2010, 729, 732; *Zilles*, BB-Beil. 4/1999 2, 3 (ein Monat).

272 *Bayer*, ZIP 2003, 881, 888; *Böttcher/Helle*, NZG 2009, 700, 701; *Göz/Pleitsmeyer*, DB 2009, 1915, 1919; *H.-F. Müller*, GmbHR 2010, 729, 732.

273 *Böttcher/Helle*, NZG 2009, 700, 701; *H.-F. Müller*, GmbHR 2010, 729, 732.

274 *Schwedt/Lilja/Schaper*, NZG 2009, 1281, 1283; *H.-F. Müller*, GmbHR 2010, 729, 732.

275 *Bayer*, ZIP 2003, 881, 890; *H.-F. Müller*, GmbHR 2010, 729, 733.

276 *Berger*, ZHR 164 (2000), 295, 309 f.; *H.-F. Müller*, GmbHR 2010, 729, 733.

277 BGHZ 180, 221, 229; insoweit kritisch *Nietsch*, ZIP 2009, 2269, 2276.

278 *Berger*, ZHR 164 (2000), 295, 309 f.; *H.-F. Müller*, GmbHR 2010, 729, 733.

279 *Bayer*, ZIP 2003, 881, 889; *Göz/Peitsmeyer*, DB 2009, 1915, 1920; *Nietsch*, ZIP 2009, 2269, 2275; *H.-F. Müller*, GmbHR 2010, 729, 732 f.

280 *Bayer*, ZIP 2003, 881, 889; zweifelnd *H.-F. Müller*, GmbHR 2010, 729, 734.

281 *Bayer*, ZIP 2003, 881, 890; *H.-F. Müller*, GmbHR 2010, 729, 733; *Zilles*, BB-Beil. 4/1999, 2, 3.

282 BGHZ 180, 221, 228.

283 *H.-F. Müller*, GmbHR 2010, 729, 732; *Nietsch*, ZIP 2009, 2269, 2274; *Schwedt/Lilja/Schaper*, NZG 2009, 1281, 1283.

284 BGHZ 180, 221, 299.

den ordentlichen Gerichten muss für alle Klageberechtigten ausgeschlossen werden; die Geschäftsführer sind zur Geltendmachung der Schiedseinrede (§ 1032 ZPO) zu verpflichten.[285] Sollten die Parteien dennoch einvernehmlich ein staatliches Gericht anrufen, heben sie damit im Zweifel die Geltung der Schiedsvereinbarung nicht generell, sondern nur für den betreffenden Streitgegenstand auf.[286]

VIII. Mediation

Sollen Beschlussmängelstreitigkeiten durch Mediation geklärt werden,[287] ist eine Verzahnung mit 97
den sonstigen Rechtsschutzmöglichkeiten nötig: Man kann in der Mediation einen »zwingenden Umstand« (Rdn. 65) sehen, der zu einer Verlängerung der **Anfechtungsfrist** führt.[288] Dies wird aber teilweise bestritten.[289] Empfehlenswert ist daher eine Klarstellung in der Satzung, dass die Anfechtungsfrist für die Dauer der Mediation gehemmt ist oder Klage überhaupt erst nach Beendigung der Mediation eingereicht werden darf.[290]

Von sich aus kann ein Mediationsverfahren keine Wirkung inter omnes (§§ 248 Abs. 1 Satz 1, 249 98
Abs. 1 Satz 1 AktG analog) entfalten; das Ergebnis der Mediation bedarf daher einer **Umsetzung**, etwa durch Rücknahme des Beschlusses durch die Gesellschafterversammlung.[291] Um dies zu ermöglichen, sollten an der Mediation sämtliche Gesellschafter beteiligt sein.[292]

§ 48 Gesellschafterversammlung

(1) Die Beschlüsse der Gesellschafter werden in Versammlungen gefasst.

(2) Der Abhaltung einer Versammlung bedarf es nicht, wenn sämtliche Gesellschafter in Textform mit der zu treffenden Bestimmung oder mit der schriftlichen Abgabe der Stimmen sich einverstanden erklären.

(3) Befinden sich alle Geschäftsanteile der Gesellschaft in der Hand eines Gesellschafters oder daneben in der Hand der Gesellschaft, so hat er unverzüglich nach der Beschlussfassung eine Niederschrift aufzunehmen und zu unterschreiben.

Artikel 2 § 2 Covid-19-Gesetz

Abweichend von § 48 Absatz 2 des Gesetzes betreffend die Gesellschaften mit beschränkter Haftung können Beschlüsse der Gesellschafter in Textform oder durch schriftliche Abgabe der Stimmen auch ohne Einverständnis sämtlicher Gesellschafter gefasst werden.

---

285 *Bayer*, ZIP 2003, 881, 887; *Göz/Peitsmeyer*, DB 2009, 1915, 1920; *Hilbig*, SchiedsVZ 2009, 247, 257; *H.-F. Müller*, GmbHR 2010, 729, 734; *Nietsch*, ZIP 2009, 2269, 2272 ff.

286 BGH ZIP 2016, 2435, 2436.

287 Näher: *Casper/Risse*, ZIP 2000, 437; *Dendorfer/Krebs*, MittBayNot 2008, 85; *Lehmann*, Mediation in Beschlussmängelstreitigkeiten, S. 207 ff.; *Rensen*, Beschlussmängelstreitigkeiten, S. 285 ff.; *Schröder*, GmbHR 2014, 960.

288 *Casper/Risse*, ZIP 2000, 437, 443; *Dendorfer/Krebs*, MittBayNot 2008, 85, 90; *Wertenbruch*, in: MünchKommGmbHG, Anh. § 47 Rn. 336.

289 *Raiser*, in: Ulmer/Habersack/Löbbe, GmbHG, Anh. § 47 Rn. 236; *Römermann*, in: Michalski, GmbHG, Anh. § 47 Rn. 564. Eingehend zur Diskussion: *Lehmann*, Mediation in Beschlussmängelstreitigkeiten, S. 221 ff.

290 *Casper/Risse*, ZIP 2000, 437, 441; *Dendorfer/Krebs*, MittBayNot 2008, 85, 90; *Zöllner/Noack*, in: Baumbach/Hueck, GmbHG, Anh. § 47 Rn. 43; ausführlich zu den statutarischen Gestaltungsmöglichkeiten *Lehmann*, Mediation in Beschlussmängelstreitigkeiten, S. 234 ff. sowie *Töben*, RNotZ 2013, 321, 334 ff.

291 *Raiser*, in: Ulmer/Habersack/Löbbe, GmbHG, Anh. § 47 Rn. 236; *Römermann*, in: Michalski, GmbHG, Anh. § 47 Rn. 565; *Zöllner/Noack*, in: Baumbach/Hueck, GmbHG, Anh. § 47 Rn. 43.

292 *Casper/Risse*, ZIP 2000, 437, 443.

Schrifttum

Altmeppen, Beschlussfassung, Stimmrecht und Klageobliegenheit in der GmbH, GmbHR 2018, 225; *Blasche*, Praxisfragen und Gestaltungsmöglichkeiten bei der Beschlussfassung ohne Gesellschafterversammlung, GmbHR 2011, 232; *Bochmann*, Statutarische Konfliktvorsorge im Hinblick auf das Verfahren der Gesellschafterversammlung, GmbHR 2017, 558; *Böttcher/Grewe*, Der Versammlungsleiter in der Gesellschaft mit beschränkter Haftung – Kompetenzen, Bestellung und Abberufung, NZG 2002, 1086; *Eickhoff*, Die Praxis der Gesellschafterversammlung, 4. Aufl., 2006; *Gehrlein*, Zur Frage der Gültigkeitsvoraussetzungen einer kombinierten Beschlussfassung, BB 2006, 1128; *Geißler*, Schutz der Minderheit bei Einberufung und Durchführung der GmbH-Gesellschafterversammlung, GmbHR 2016, 1289; *Goette*, Anm. zu BGH, Urt. v. 27.03.1995 – II ZR 140/93, DStR 1995, 774, 776; *Habersack/Verse*, Europäisches Gesellschaftsrecht, 4. Aufl., 2011; *Heckschen/Heidinger*, Die GmbH in der Gestaltungs- und Beratungspraxis, 3. Aufl., 2013; *Heckschen/Strnad*, Lehren aus der COVID-19-Pandemie für die Gestaltung von Gesellschaftsverträgen, GmbHR 2020, 807; *Hippeli*, Anspruch des Gesellschafters auf Zulassung eines Vertreters oder Begleiters zur Gesellschafterversammlung einer GmbH, DZWiR 2017, 51; *Hohlfeld*, Virtuelle GmbH-Gesellschafterversammlung, GmbHR 2000, R 53; *Lange*, Der Leiter der GmbH-Gesellschafterversammlung, NJW 2015, 3190; *Reichert/Knoche*, Schriftliches Umlaufverfahren und präsenzlose Gesellschafterversammlung in der GmbH, GmbHR 2020, 461; *Reif/Schüler*, Probleme bei der Fassung präsenzloser Beschlüsse in der GmbH nach § 48 Abs. 2 GmbHG und § 2 COVMG, GmbHR 2020, 817; *Trölitzsch*, Der behauptete wichtige Grund als Grundlage für ein Stimmverbot in der Gesellschafterversammlung, in: VGR (Hrsg.), Gesellschaftsrecht in der Diskussion 2017, 2018, S. 117; *Vogel*, Gesellschafterbeschlüsse und Gesellschafterversammlung, 2. Aufl., 1986; *Wagner*, Teilnahme-Quorum als Beschlussfähigkeitsvoraussetzung für die Gesellschafterversammlung?, GmbHR 2019, 708; *Wertenbruch*, Wahl und Feststellungskompetenz des Versammlungsleiters in der GmbH-Gesellschafterversammlung, GmbHR 2020, 875; *Wicke*, Die GmbH in Zeiten der Corona-Pandemie, NZG 2020, 501; *ders.*, Dos and don'ts bei der Einberufung und Durchführung von Gesellschafterversammlungen, GmbHR 2017, 777; *Zwissler*, GmbH-Beratung – Gesellschafterversammlung und Internet, GmbHR 2000, 28.

Übersicht

A. Allgemeines

1 Die Gesellschafter entscheiden durch Beschluss (§ 47). Beschlüsse werden nach dem Willen des Gesetzgebers in Versammlungen gefasst (Abs. 1), wenngleich darauf im Einzelfall auch verzichtet werden kann (Abs. 2). Dahinter steht das Leitbild einer **Willensbildung**, die sich im persönlichen Kontakt der Gesellschafter vollzieht. Die Formalien der Einberufung der Gesellschafterversammlung ergeben sich aus §§ 49 bis 51. Eine Versammlung kann auch ohne Einhaltung von Formen und Fristen zusammentreten, sofern alle Gesellschafter einverstanden sind (§ 51 Rdn. 24 ff.).

2 Zum **Ablauf** der Gesellschafterversammlung schweigt das Gesetz; eine Regelung in der Satzung ist daher dringend anzuraten. Lediglich für die Einpersonen-GmbH findet sich eine Regelung: Der Gesellschafter muss unverzüglich nach der Beschlussfassung eine schriftliche Niederschrift aufnehmen (Abs. 3).

3 Die Regeln des § 48 gelten auch für die Komplementär-GmbH in der **GmbH & Co KG.**[1] Die KG beschließt nach §§ 119, 161 Abs. 2 HGB. Eine Verzahnung beider Versammlungen muss ggf. durch den Gesellschaftsvertrag erfolgen.[2]

1 *Seibt*, in: Scholz, GmbHG, § 48 Rn. 75 ff.

2 Näher *K. Schmidt*, in: Scholz, GmbHG, Anh. § 45 Rn. 58 ff.

B. Gesellschafterversammlung § 48 Abs. 1

I. Ort und Zeit der Versammlung

Das Gesetz äußert sich nicht zum Ort der Gesellschafterversammlung. Die Geschäftsführer, die gem. § 49 Abs. 1 die Versammlung einberufen, legen den **Versammlungsort** fest (alternativ die Gesellschafterminderheit im Fall des § 50 Abs. 3). Dabei besteht allerdings kein völlig freies Ermessen.[3] Rechtsprechung und Literatur ziehen § 121 Abs. 5 Satz 1 AktG analog heran.[4] Demnach soll die Versammlung am Satzungssitz der Gesellschaft stattfinden, wenn der Gesellschaftsvertrag nichts anderes bestimmt. Bei Gesellschaften mit überschaubarem Gesellschafterkreis kann auch ein anderer Ort geeignet sein, wenn er für alle Gesellschafter leichter erreichbar ist.[5] Die enge Bindung an den Satzungssitz überzeugt allerdings nicht. Die GmbH ist ihrer Binnenstruktur nach kaum mit einer AG vergleichbar. Zudem steht der Satzungssitz nach § 4a n.F. in keinem notwendigen Bezug zum Tätigkeitsort der Gesellschaft (§ 4a Rdn. 12). Zulässig ist daher jeder Versammlungsort, der für die Gesellschafter in zumutbarer Weise erreichbar ist. Der Klarheit dient eine Regelung des Versammlungsortes in der **Satzung**. Sie kann den Geschäftsführern einen Entscheidungsspielraum belassen, muss dabei allerdings das Teilnahmerecht (Rdn. 8 ff.) der Gesellschafter wahren.[6] 4

Wer die Versammlung einberuft (vgl. § 49 Abs. 1 bzw. § 50 Abs. 3), bestimmt auch die Räume, in denen die Versammlung stattfindet (**Versammlungslokal**).[7] Das müssen nicht zwingend die Räumlichkeiten der Gesellschaft sein.[8] Die Grenzen der Zumutbarkeit sind aber zu beachten.[9] So ist etwa die Einberufung in die Privatwohnung eines verfeindeten Gesellschafters[10] oder in die Kanzleiräume von dessen Rechtsanwalt[11] unzulässig. 5

Ob die Gesellschafterversammlung im **Ausland** stattfinden kann, war früher umstritten.[12] Die Auffassung, wonach eine Einberufung ins Ausland generell unzulässig sei,[13] war schon immer zu eng, denn in grenznahen Gebieten kann ein Versammlungsort im benachbarten Ausland gleich gut oder besser erreichbar sein als mancher inländische Ort. Nachdem § 4a n.F. einer GmbH gestattet, den Verwaltungssitz im Ausland anzusiedeln (§ 4a Rdn. 21 ff.), ist die Beschränkung auf inländische 6

3 So zutreffend *Liebscher*, in: MünchKommGmbHG, § 48 Rn. 62.

4 BGH, GmbHR 2016, 587, 589; BGH, GmbHR 1985, 256, 257; OLG Düsseldorf, BeckRS 2013, 04656; OLG Düsseldorf, GmbHR 2003, 1006, 1007; *Hüffer/Schürnbrand*, in: Ulmer/Habersack/Löbbe, GmbHG, § 48 Rn. 4; *Seibt*, in: Scholz, GmbHG, § 48 Rn. 7.

5 BGH, GmbHR 1985, 256, 257; OLG Düsseldorf, GmbHR 2003, 1006, 1007; OLG Naumburg, NZG 2000, 44, 45; *Bayer*, in: Lutter/Hommelhoff, GmbHG, § 48 Rn. 11; *Hüffer/Schürnbrand*, in: Ulmer/Habersack/Löbbe, GmbHG, § 48 Rn. 4; *Seibt*, in: Scholz, GmbHG, § 48 Rn. 7.

6 *Bayer*, in: Lutter/Hommelhoff, GmbHG, § 48 Rn. 11; *Hüffer/Schürnbrand*, in: Ulmer/Habersack/Löbbe, GmbHG, § 48 Rn. 4; *Liebscher*, in: MünchKomm GmbHG, § 48 Rn. 79; *Seibt*, in: Scholz, GmbHG, § 48 Rn. 6; *Wicke*, GmbHR 2017, 777, 779; *Zöllner/Noack*, in: Baumbach/Hueck, GmbHG, § 51 Rn. 15.

7 *Hüffer/Schürnbrand*, in: Ulmer/Habersack/Löbbe, GmbHG, § 48 Rn. 4; *Seibt*, in: Scholz, GmbHG, § 48 Rn. 8.

8 *Bayer*, in: Lutter/Hommelhoff, GmbHG, § 48 Rn. 11; *Hüffer/Schürnbrand*, in: Ulmer/Habersack/Löbbe, GmbHG, § 48 Rn. 4; zu eng (grds. in den Räumen der Gesellschaft): OLG Düsseldorf, GmbHR 2004, 572, 579; *Seibt*, in: Scholz, GmbHG, § 48 Rn. 8.

9 OLG Düsseldorf, GmbHR 2004, 572, 579; OLG Celle, GmbHR 1997, 748; *Bayer*, in: Lutter/Hommelhoff, GmbHG, § 48 Rn. 11; *Hüffer/Schürnbrand*, in: Ulmer/Habersack/Löbbe, GmbHG, § 48 Rn. 4; *Seibt*, in: Scholz, GmbHG, § 48 Rn. 8.

10 BGH, GmbHR 2016, 587, 589; OLG Celle, GmbHR 1997, 748.

11 OLG Düsseldorf, GmbHR 2004, 572, 579.

12 BGHZ 80, 76; OLG Düsseldorf, GmbHR 1990, 169, 171; *Bayer*, in: Lutter/Hommelhoff, GmbHG, § 48 Rn. 12; *Hüffer/Schürnbrand*, in: Ulmer/Habersack/Löbbe, GmbHG, § 48 Rn. 7 ff.; *Römermann*, in: Michalski, GmbHG, § 48 Rn. 26; *Roth*, in: Roth/Altmeppen, GmbHG, § 51 Rn. 8; *Seibt*, in: Scholz, GmbHG, § 48 Rn. 9 f.; *Zöllner/Noack*, in: Baumbach/Hueck, GmbHG, § 51 Rn. 15.

13 OLG Hamm, NJW 1974, 1057; OLG Hamburg, NJW-RR 1993, 1317, 1318 (AG); w.N. bei *Seibt*, in: Scholz, GmbHG, § 48 Rn. 9 Fn. 7.

Versammlungsorte ohnehin hinfällig geworden.[14] Auch die Bindung an den Satzungssitz hat ihre innere Rechtfertigung verloren (o. Rdn. 4). Entscheidend ist die Erreichbarkeit des Ortes für die Gesellschafter. Ihr Teilnahmerecht darf durch die Wahl des Ortes nicht ernsthaft erschwert werden.[15] Soweit eine Versammlung im Ausland zulässig ist, bleibt für beurkundungspflichtige Beschlussgegenstände zu prüfen, ob dort wirksame Beurkundungen durchgeführt werden können (dazu § 53 Rdn. 41).

7 Den **Zeitpunkt** der Versammlung legt der Einberufende fest.[16] Jede geschäftsübliche und den Gesellschaftern auch persönlich zumutbare Zeit ist zulässig.[17] Alles Weitere hängt von den konkreten Umständen des Einzelfalls, wie Dringlichkeit oder Gesellschafterstruktur ab.[18] Persönliche Verhinderungen von Gesellschaftern sind nach Möglichkeit zu beachten.[19] Dies gilt unter Umständen selbst dann, wenn die Verhinderung erst nach Einladung zur Gesellschafterversammlung erkennbar wird.[20] Sonn- und Feiertage sind keine geschäftsübliche Zeit und daher nicht ohne Weiteres zumutbar.[21]

II. Teilnahmerecht

1. Inhalt und Reichweite

8 Jeder Gesellschafter hat kraft seiner Mitgliedschaft ein Teilnahmerecht an der Gesellschafterversammlung. Dieses besteht unabhängig vom Stimmrecht (§ 47 Rdn. 19 ff.). Auch ein Gesellschafter, der nicht stimmberechtigt oder in der Minderheitenposition ist, hat ein Recht auf Teilnahme, um seine Auffassung vorzutragen und Einwendungen geltend zu machen.[22] Wegen dieser **Funktion des Teilnahmerechts** ist eine Beschlussfassung, bei der keine Gelegenheit zur sachlichen Aussprache gegeben wurde, unzulässig.[23] Mit Blick auf eine eventuelle Beschlussanfechtung dient das Teilnahmerecht auch dazu, die Einhaltung der Förmlichkeiten nachprüfen zu können.[24] Unter dem Aspekt von Treu und Glauben kann es daher unzulässig sein, das Teilnahmerecht aus rein formalen Gründen zu beschneiden.[25] Eine **Teilnahmepflicht** gibt es nur ausnahmsweise, etwa wenn ein bestimmtes Beschlussquorum erreicht werden muss.[26]

---

14 Ebenso *Bayer*, in: Lutter/Hommelhoff, GmbHG § 48 Rn. 12; *Liebscher*, in: MünchKommGmbHG, § 48 Rn. 82; enger *Seibt*, in: Scholz, GmbHG, § 48 Rn. 10 (nur ausnahmsweise zulässig).

15 *Bayer*, in: Lutter/Hommelhoff, GmbHG, § 48 Rn. 12; *Ganzer*, in: Rowedder/Schmidt-Leithoff, GmbHG, § 48 Rn. 3; *Hüffer/Schürnbrand*, in: Ulmer/Habersack/Löbbe, GmbHG, § 48 Rn. 8; *Liebscher*, in: MünchKommGmbHG, § 48 Rn. 85; *Seibt*, in: Scholz, GmbHG, § 48 Rn. 10.

16 Einzige gesetzliche Vorgabe: Fristen für die Feststellung des Jahresabschlusses (§ 42a Abs. 2).

17 *Bayer*, in: Lutter/Hommelhoff, GmbHG, § 48 Rn. 13; *Hüffer/Schürnbrand*, in: Ulmer/Habersack/Löbbe, GmbHG, § 48 Rn. 5; *Seibt*, in: Scholz, GmbHG, § 48 Rn. 12.

18 M.w.N. *Bayer*, in: Lutter/Hommelhoff, GmbHG, § 48 Rn. 13 Fn. 7; *Hüffer/Schürnbrand*, in: Ulmer/Habersack/Löbbe, GmbHG, § 48 Rn. 5.

19 BGH, GmbHR 1985, 256, 257 f. (Kindstaufe); *Bayer*, in: Lutter/Hommelhoff, GmbHG, § 48 Rn. 13; *Hüffer/Schürnbrand*, in: Ulmer/Habersack/Löbbe, GmbHG, § 48 Rn. 5; *Seibt*, in: Scholz, GmbHG, § 48 Rn. 12.

20 OLG München, GmbHR 2015, 35, 36 (bei nicht eilbedürftiger Angelegenheit ist aufgrund Treupflicht eine Verschiebung angezeigt).

21 LG Darmstadt, BB 1981, 72 f.; *Vogel*, Gesellschafterbeschlüsse, S. 132 f. Der Hinweis auf terminlich belastete Gesellschafter (*Seibt*, in: Scholz, GmbHG, § 48 Rn. 12) reicht grds. nicht aus, um andere Gesellschafter gegen ihren Willen auf einen Sonn- oder Feiertag zu laden.

22 BGH, NJW 1971, 2225; OLG München, GmbHR 1994, 251, 252.

23 OLG Hamm, GmbHR 1998, 138, 139.

24 BGH, NJW 1971, 2225.

25 OLG Brandenburg, GmbHR 1998, 1037, 1038 (Vollmacht in italienischer Sprache durfte nicht zurückgewiesen werden); OLG Dresden, GmbHR 2000, 435, 437 und OLG Hamm, GmbHR 1998, 138, 140 (angemessene Wartefrist, wenn ein Gesellschafter nicht pünktlich erscheint).

26 OLG Brandenburg, GmbHR 1998, 1037, 1039; *Bayer*, in: Lutter/Hommelhoff, GmbHG, § 48 Rn. 2; *Seibt*, in: Scholz, GmbHG, § 48 Rn. 19.

Ein **Ausschluss** von der Teilnahme ist bei sachlicher Notwendigkeit einzelfallbezogen (zu Satzungsregeln Rdn. 13 ff.) möglich; etwa bei Gefahr der Verwendung der erlangten Informationen zum Nachteil der Gesellschaft.[27] An die Voraussetzungen sind allerdings wegen der Bedeutung des Teilnahmerechts hohe Anforderungen zu stellen. Als milderes Mittel ist dem Gesellschafter nach Möglichkeit zu gestatten, sich vertreten zu lassen.[28] Für den Ausschluss ist ein Gesellschafterbeschluss erforderlich; der auszuschließende Gesellschafter unterliegt einem Stimmverbot, §§ 51a Abs. 2, 47 Abs. 4 Satz 1 analog.[29] 9

2. Teilnahmeberechtigte Personen

Ein Teilnahmerecht hat jeder **Gesellschafter**, der in die Gesellschafterliste eingetragen ist (§ 16 Rdn. 15).[30] Das gilt auch für Inhaber eines stimmrechtslosen oder noch nicht voll eingezahlten Anteils.[31] Ein Stimmrechtsausschluss nach § 47 Abs. 4 ändert nichts am Teilnahmerecht.[32] Bei Kaduzierung (§ 21), Preisgabe des Anteils (§ 27), Einziehung (§ 34) oder Gesellschafterausschluss endet das Teilnahmerecht grundsätzlich mit dem Verlust der Mitgliedschaft.[33] Solange der Gesellschafter in der Gesellschafterliste verzeichnet ist, bleibt er jedoch formal teilnahmeberechtigt (§ 16 Rdn. 16).[34] Bei einer Mitberechtigung steht es allen gemeinsam zu und muss gemeinschaftlich ausgeübt werden (§ 18 Rdn. 9 ff.).[35] Eine Erbengemeinschaft kann durch mehrheitlichen Beschluss einem gemeinsamen Vertreter die Ausübung des Stimmrechts übertragen (§§ 2038 Abs. 2, 745 Abs. 1 BGB).[36] 10

Die Vertretung eines Gesellschafters kann auf rechtsgeschäftlicher oder gesetzlicher Vertretungsmacht beruhen.[37] Hat der Gesellschafter einem Dritten **Vollmacht** zur Teilnahme an der Versammlung erteilt,[38] steht ihm selbst kein Teilnahmerecht zu.[39] Bis zur Klärung der Berechtigung 11

27 *Bayer*, in: Lutter/Hommelhoff, GmbHG, § 48 Rn. 3; *Hüffer/Schürnbrand*, in: Ulmer/Habersack/Löbbe, GmbHG, § 48 Rn. 23; *Seibt*, in: Scholz, GmbHG, § 48 Rn. 18; *Wicke*, GmbHG, § 48 Rn. 2; *Zöllner/Noack*, in: Baumbach/Hueck, GmbHG, § 48 Rn. 7.

28 *Eickhoff*, Gesellschafterversammlung, S. 42, Rn. 155.

29 *Bayer*, in: Lutter/Hommelhoff, GmbHG, § 48 Rn. 3; *Eickhoff*, Gesellschafterversammlung, S. 42, Rn. 155.

30 BGH, GmbHR 2019, 335, 337; OLG Naumburg, GmbHR 2017, 86, 88 (Teilnahmerecht des Erben eines Gesellschafters erst nach Eintragung in der Gesellschafterliste); OLG Zweibrücken, GmbHR 2012, 689, 690 (trotz materiell-rechtlich vollzogener Anteilsübertragung noch kein Teilnahmerecht für Gesellschafter, der nicht in der Gesellschafterliste steht).

31 *Bayer*, in: Lutter/Hommelhoff, GmbHG, § 48 Rn. 2; *Hüffer/Schürnbrand*, in: Ulmer/Habersack/Löbbe, GmbHG, § 48 Rn. 13; *Seibt*, in: Scholz, GmbHG, § 48 Rn. 13.

32 BGH, GmbHR 2006, 538, 539; BGH, GmbHR 1985, 256, 257; BGH, GmbHR 1971, 207; OLG München, GmbHR 2015, 35, 36.

33 *Hüffer/Schürnbrand*, in: Ulmer/Habersack/Löbbe, GmbHG, § 48 Rn. 13; *Seibt*, in: Scholz, GmbHG, § 48 Rn. 13. Beachte aber BGH, GmbHR 2012, 387, 388, wonach die Einziehung grundsätzlich bereits mit Beschlussfassung Wirkung entfaltet.

34 BGH, GmbHR 2019, 335, 337 (für die Einziehung).

35 *Bayer*, in: Lutter/Hommelhoff, GmbHG, § 48 Rn. 2; *Hüffer/Schürnbrand*, in: Ulmer/Habersack/Löbbe, GmbHG, § 48 Rn. 14; *Römermann*, in: Michalski, GmbHG, § 48 Rn. 38 ff.; *Zöllner/Noack*, in: Baumbach/Hueck, GmbHG, § 48 Rn. 6; nach *Seibt*, in: Scholz, GmbHG, § 48 Rn. 15, kann zum ungestörten Ablauf der Versammlung die Entsendung eines gemeinschaftlichen Vertreters angeordnet werden.

36 OLG Nürnberg, ZIP 2014, 2081, 2083. Zur Ausübung der Klagebefugnis in diesem Fall siehe Anh § 47 Rdn. 57.

37 Die Möglichkeit, einen Bevollmächtigten zu benennen, gehört zum Teilnahmerecht dazu (OLG München, GmbHR 2011, 590, 592). S. zum Folgenden auch: *Bayer*, in: Lutter/Hommelhoff, GmbHG, § 48 Rn. 2 ff.; *Hüffer/Schürnbrand*, in: Ulmer/Habersack/Löbbe, GmbHG, § 48 Rn. 15 ff.; *Römermann*, in: Michalski, GmbHG, § 48 Rn. 44 ff.; *Seibt*, in: Scholz, GmbHG, § 48 Rn. 15, 23; *Zöllner/Noack*, in: Baumbach/Hueck, GmbHG, § 48 Rn. 8 f.

38 Eine Stimmrechtsvollmacht (§ 47 Rdn. 27 ff.) erfasst auch die Teilnahme, da die Stimme andernfalls nicht abgegeben werden kann (*Römermann*, in: Michalski, GmbHG, § 48 Rn. 49).

39 OLG Stuttgart, GmbHR 1994, 257, 259; *Hüffer/Schürnbrand*, in: Ulmer/Habersack/Löbbe, GmbHG, § 48 Rn. 16; *Römermann*, in: Michalski, GmbHG, § 48 Rn. 52. Differenzierend *Seibt*, in: Scholz,

des Vertreters ist er jedoch zuzulassen; er kann das Teilnahmerecht außerdem durch Widerruf der Vollmacht wieder an sich ziehen.[40] Besteht **gesetzliche Vertretung**, muss der gesetzliche Vertreter teilnehmen; die Anwesenheit des Gesellschafters reicht nicht aus.[41] Ein Betreuer muss im Rahmen seines Aufgabenkreises (insb. bei Einwilligungsvorbehalt gem. § 1903 BGB) mit zugelassen werden. Bei Testamentsvollstreckung ist allein der Testamentsvollstrecker teilnahmeberechtigt. Im Fall der Insolvenzverwaltung ist der Verwalter teilnahmeberechtigt, soweit sein Zuständigkeitsbereich betroffen ist,[42] ansonsten der Gesellschafter, der sicherheitshalber auch zugelassen werden sollte. Für juristische Personen oder Personengesellschaften handeln deren **organschaftliche Vertreter**.[43] Soll bei Gesamtvertretung nur eine Person zugelassen werden, bedarf dies einer Satzungsgrundlage (u. Rdn. 13).[44]

12 **Geschäftsführer** haben kein eigenes Teilnahmerecht, sind auf Verlangen der Gesellschafter aber zur Teilnahme verpflichtet.[45] Sie können durch Satzung ein Teilnahmerecht erhalten, etwa indem ihnen die Sitzungsleitung übertragen wird.[46] Eigene Anteile der Gesellschaft vermitteln dem Geschäftsführer kein Teilnahmerecht; die mit ihnen verbundenen Recht ruhen (§ 33 Rdn. 35 ff.). Fakultative Gesellschaftsorgane haben kein originäres Teilnahmerecht, es kann ihnen aber durch Satzung oder Gesellschafterbeschluss eingeräumt werden. Der obligatorische **Aufsichtsrat** hat ein Teilnahmerecht und soll auch teilnehmen (vgl. § 52 Rdn. 133).[47] Der Abschlussprüfer hat kein eigenes Teilnahmerecht, muss aber auf Verlangen eines Gesellschafters an den Verhandlungen über die Feststellung des Jahresabschlusses teilnehmen (§ 42a Abs. 3). **Berater** der Gesellschafter dürfen grds. nur dann anwesend sein und sprechen, wenn dies durch Mehrheitsbeschluss oder Satzung gestattet wird.[48] Im Ausnahmefall gebietet allerdings die Treuepflicht die Zulassung eines Beraters, so wenn bedeutsame Entscheidungen anstehen, für deren Beurteilung dem betroffenen Gesellschafter die nötige Sachkunde fehlt.[49] Auch sonstige **Dritte** (Sachverständige, Pressevertreter etc.) bedürfen einer ausdrücklichen Zulassung durch Mehrheitsbeschluss oder Satzung; diese kann die Entscheidung auch dem Versammlungsleiter zuweisen.[50]

GmbHG, § 48 Rn. 24: Teilnahmerecht bleibt unberührt, kann aber nicht gegen Willen der Mitgesellschafter durchgesetzt werden.

40 OLG Hamm, GmbHR 2003, 1211, 1212 f.

41 BayObLG, GmbHR 1993, 223, 224 (für geschäftsunfähigen Gesellschafter).

42 BGH, GmbHR 2018, 201.

43 OLG Köln, GmbHR 1993, 734, 737.

44 *Bayer*, in: Lutter/Hommelhoff, GmbHG, § 48 Rn. 2; *Hüffer/Schürnbrand*, in: Ulmer/Habersack/Löbbe, GmbHG, § 48 Rn. 15; *Römermann*, in: Michalski, GmbHG, § 48 Rn. 46. Nach a.A. soll keine Satzungsgrundlage erforderlich sein (*Seibt*, in: Scholz, GmbHG, § 48 Rn. 23; *Zöllner/Noack*, in: Baumbach/Hueck, GmbHG, § 48 Rn. 10). Das wird man so pauschal nicht gestatten können, sondern allenfalls als sitzungsleitende Maßnahme, wenn der Versammlungsablauf konkret beeinträchtigt wird.

45 *Bayer*, in: Lutter/Hommelhoff, GmbHG, § 48 Rn. 5; *Hüffer/Schürnbrand*, in: Ulmer/Habersack/Löbbe, GmbHG, § 48 Rn. 18; *Liebscher*, in: MünchkommGmbHG, § 48 Rn. 49.

46 *Römermann*, in: Michalski, GmbHG, § 48 Rn. 62; *Liebscher*, in: MünchKommGmbHG, § 48 Rn. 48; *Seibt*, in: Scholz, GmbHG, § 48 Rn. 20; a.A. *Hüffer/Schürnbrand*, in: Ulmer/Habersack/Löbbe, GmbHG, § 48 Rn. 18.

47 § 118 Abs. 3 AktG i.V.m. § 25 Abs. 1 Satz 1 Nr. 2 MitbestG/§ 1 Abs. 1 Nr. 3 DrittelbG/bzw. § 3 Abs. 2 MontanMitbestG.

48 OLG Stuttgart, GmbHR 1997, 1107; OLG Naumburg, GmbHR 1996, 934, 936; OLG Stuttgart, GmbHR 1994, 257, 259; OLG Düsseldorf, GmbHR 1992, 610, 611.

49 OLG Dresden, ZIP 2016, 2062; OLG Düsseldorf, GmbHR 2002, 67; OLG Stuttgart, GmbHR 1997, 1107; OLG Naumburg, GmbHR 1996, 934, 936; OLG Düsseldorf, GmbHR 1992, 610, 611. Zur gebotenen Interessenabwägung: *Seibt*, in: Scholz, GmbHG, § 48 Rn. 26; *Wicke*, GmbHR 2017, 777, 782. Zu weit geht *Hippeli*, DZWiR 2017, 51, 54, der bei Hinzuziehung eines Rechtsanwalts eine Abwägung grundsätzlich für entbehrlich hält.

50 *Hüffer/Schürnbrand*, in: Ulmer/Habersack/Löbbe, GmbHG, § 48 Rn. 20; *Seibt*, in: Scholz, GmbHG, § 48 Rn. 25.

3. Satzungsregelungen

13 Die Satzung kann Modalitäten der Teilnahme regeln.[51] Sie kann den Teilnehmerkreis erweitern, bspw. die Begleitung durch Rechtsberater gestatten,[52] oder auch Vertretungsregeln treffen (**Vertreterklauseln**), um einen reibungslosen Ablauf der Versammlung zu gewährleisten. Beispiele: Gesellschaftergruppen müssen einen gemeinsamen Vertreter benennen (vgl. auch § 18 Rdn. 11); juristische Personen dürfen nicht mehrere Vertreter schicken;[53] Gesellschafter dürfen überhaupt nur über Vertreter teilnehmen oder, umgekehrt, Gesellschafter müssen immer persönlich erscheinen. Für Klauseln, die das Teilnahmerecht erschweren, wird mitunter die Zustimmung aller Gesellschafter verlangt.[54] Zu dieser Abweichung vom Gesetz (§ 53 Abs. 1 Satz 1: Mehrheit von drei Vierteln) besteht kein Anlass, da ohnehin jede Satzungsänderung den materiellen Kerngehalt des Teilnahmerechts (Rdn. 8 ff.) respektieren muss.

14 Der **Kerngehalt** des Teilnahmerechts ist auch durch die Satzung nicht entziehbar.[55] Ein Gesellschafter muss immer die Möglichkeit haben, seinen Willen persönlich oder über Vertreter in die interne Willensbildung der Gesellschaft einzubringen. Unzulässig wäre daher eine Regelung, die dem Gesellschafter einen Vertreter aufzwingt, den er nicht selbst auswählen und anweisen darf.[56]

15 Ist ein Gesellschafter zugleich **Konkurrent** der Gesellschaft, soll es zulässig sein, ihm die Teilnahme zu verwehren.[57] Dem kann so allgemein nicht zugestimmt werden. Auch ein konkurrierender Gesellschafter hat Anrecht auf Mitwirkung an der internen Willensbildung.[58] Zum Schutz des Gesellschaftsinteresses genügt häufig eine Vertreterklausel (o. Rdn. 13); möglich ist auch ein einzelfallbezogener Ausschluss (o. Rdn. 9), wenn aus der Teilnahme erhebliche Nachteile drohen. Zudem unterliegt das individuelle Auskunftsrecht des konkurrierenden Gesellschafters gesetzlichen Grenzen (§ 51a Rdn. 36 ff.).

4. Rechtsfolgen eines Verstoßes

16 Ein Verstoß gegen das Teilnahmerecht des Gesellschafters führt zur Nichtigkeit (z.B. bei fehlender Einladung eines Gesellschafters, Anh § 47 Rdn. 11) oder zur Anfechtbarkeit des Beschlusses.[59] Auch die Einberufung an einen unzulässigen Versammlungsort verletzt das Mitwirkungsrecht der Gesellschafter und führt zur Anfechtbarkeit der dort gefassten Gesellschafterbeschlüsse.[60]

51 Im Einzelnen: *Heckschen/Heidinger*, Die GmbH, § 4 Rn. 134 ff. (S. 289 f.).

52 *Bochmann*, GmbHR 2017, 558, 565; OLG Düsseldorf, GmbHR 2002, 67; OLG Naumburg, GmbHR 1996, 934, 936.

53 BGH, GmbHR 1989, 120, 121.

54 So für die nachträgliche Festlegung, dass Versammlungen im Ausland stattfinden können: *Hüffer/Schürnbrand*, in: Ulmer/Habersack/Löbbe, GmbHG, § 48 Rn. 9; *Römermann*, in: Michalski, GmbHG, § 48 Rn. 26; *Seibt*, in: Scholz, GmbHG, § 48 Rn. 10. In Konsequenz dieser Auffassung würde auch jede andere Erschwerung der Teilnahme allseitiger Zustimmung bedürfen.

55 BGH, GmbHR 1989, 120, 121; OLG Frankfurt am Main, GmbHR 1984, 99, 100; *Bayer*, in: Lutter/Hommelhoff, GmbHG, § 48 Rn. 3; *Bochmann*, GmbHR 2017, 558, 561; *Hüffer/Schürnbrand*, in: Ulmer/Habersack/Löbbe, GmbHG, § 48 Rn. 21; *Seibt*, in: Scholz, GmbHG, § 48 Rn. 18; *Zöllner/Noack*, in: Baumbach/Hueck, GmbHG, § 48 Rn. 6.

56 BGH, GmbHR 1989, 120, 121.

57 RGZ 80, 385, 390 (Satzung ordnete Zwangsvertretung durch Mitglied der Geschäftsführung oder des Aufsichtsrates an); einen generellen Ausschluss durch Satzung wollen *Zöllner/Noack*, in: Baumbach/Hueck, GmbHG, § 48 Rn. 7, sowie *Altmeppen*, in: Roth/Altmeppen, GmbHG, § 48 Rn. 5, zulassen.

58 In diesem Sinne: *Hüffer/Schürnbrand*, in: Ulmer/Habersack/Löbbe, GmbHG, § 48 Rn. 23; *Liebscher*, in: MünchKommGmbHG, § 48 Rn. 15; *Römermann*, in: Michalski, GmbHG, § 48 Rn. 82; *Seibt*, in: Scholz, GmbHG, § 48 Rn. 18. RGZ 88, 220, 221 f. betrifft einen etwas anders gelagerten Sachverhalt: Dort war die persönliche Ausübung sämtlicher Gesellschafterrechte untersagt worden, was das Gericht zu Recht als unverhältnismäßig einstufte.

59 OLG Hamm, GmbHR 2003, 1211, 1212; *Hüffer/Schürnbrand*, in: Ulmer/Habersack/Löbbe, GmbHG, § 48 Rn. 26; *Seibt*, in: Scholz, GmbHG, § 48 Rn. 29.

60 OLG Düsseldorf, GmbHR 2003, 1006, 1007.

Verletzungen des Teilnahmerechts sind stets relevant (vgl. Anh. § 47 Rdn. 46), auch wenn sie sich nicht auf das Beschlussergebnis auswirken.[61] Die Teilnahme nichtberechtigter Personen begründet hingegen regelmäßig keine Anfechtbarkeit.[62]

III. Organisation und Ablauf der Versammlung

1. Versammlungsleiter

17 Die **Bestellung** eines Versammlungsleiters ist gesetzlich nicht vorgesehen, i.d.R. aber empfehlenswert.[63] Denn bei Beschlussfeststellung durch einen Versammlungsleiter kann ein Beschluss nur noch durch die fristgebundene Anfechtungsklage angegriffen werden, während andernfalls die unbefristet mögliche Feststellungsklage greift (Anh. § 47 Rdn. 39). Der Versammlungsleiter kann durch Satzung oder Geschäftsordnung bestimmt werden.[64] Auch eine Bestellung durch Gesellschafterbeschluss mit einfacher Mehrheit ist möglich.[65] Welche Person (Gesellschafter, Geschäftsführer, Dritte) die Funktion sinnvoll wahrnehmen kann, hängt vom Einzelfall ab.[66] Die bloße Usurpation der Funktion durch einen Anwesenden führt zu keiner wirksamen Versammlungsleitung,[67] begründet aber regelmäßig mangels Relevanz (Anh § 47 Rdn. 44) keine Anfechtbarkeit der gefassten Beschlüsse.[68] Ist die **Abberufung** des Versammlungsleiters in der Satzung nicht geregelt, kann er durch einfachen Mehrheitsbeschluss abberufen werden.[69] Ist die Leitung das statutarische Sonderrecht eines Gesellschafters, kann sie ihm nur mit seiner Zustimmung oder aus wichtigem Grund entzogen werden.[70] Die freiwillige Niederlegung der Leitung ist jederzeit möglich.[71]

18 Der Versammlungsleiter hat die **Aufgabe**, für eine sachgerechte Erledigung der Versammlungsgegenstände zu sorgen.[72] Er bestimmt Beginn, Unterbrechungen und Ende der Versammlung nach Maßgabe der Tagesordnung, deren Reihenfolge er verändern kann. Der Leiter stellt die Teilnahmeberechtigung fest und erstellt, soweit zweckmäßig, eine Anwesenheitsliste. Er erteilt das Wort, nimmt Anträge entgegen und entscheidet über deren Reihenfolge. Über eine Streichung und Ergänzung

61 Zur AG: BGHZ 160, 385, 392; BGHZ 149, 158, 164 f.

62 OLG Stuttgart, GmbHR 2019, 67, 73; *Hüffer/Schürnbrand*, in: Ulmer/Habersack/Löbbe, GmbHG, § 48 Rn. 26; *Seibt*, in: Scholz, GmbHG, § 48 Rn. 29.

63 *Böttcher/Grewe*, NZG 2002, 1086, 1087; eingehend zum Versammlungsleiter *Lange*, NJW 2015, 3190 sowie *Noack*, in: Bayer/Koch, Gesellschafterversammlung, S. 53 und *Wertenbruch*, GmbHR 2020, 875.

64 *Bayer*, in: Lutter/Hommelhoff, GmbHG, § 48 Rn. 14; *Bochmann*, GmbHR 2017, 558, 566; *Lange*, NJW 2015, 3190, 3191; *Seibt*, in: Scholz, GmbHG, § 48 Rn. 32 f.; *Roth*, in: Roth/Altmeppen, GmbHG, § 48 Rn. 8. Zur Auslegung einer entsprechenden Satzungsklausel (»dienstältester Geschäftsführer«) OLG München, GmbHR 2019, 298, 300.

65 BGH, GmbHR 2009, 1325, 1326; OLG München, GmbHR 2005, 624, 625; *Lange*, NJW 2015, 3190, 3192; *Trölitzsch*, in: VGR, Gesellschaftsrecht, S. 117, 151 ff.; *Wertenbruch*, GmbHR 2020, 875, 877; a.A. (nur einstimmig) OLG Frankfurt am Main, NZG 1999, 406 sowie *Noack*, in: Bayer/Koch, Gesellschafterversammlung, S. 63–65.

66 *Böttcher/Grewe*, NZG 2002, 1086, 1088; *Hüffer/Schürnbrand*, in: Ulmer/Habersack/Löbbe, GmbHG, § 48 Rn. 29; *Römermann*, in: Michalski, GmbHG, § 48 Rn. 100 ff.

67 OLG Köln, GmbHR 2002, 913, 914.

68 BGH, GmbHR 2019, 335, 440.

69 *Bayer*, in: Lutter/Hommelhoff, GmbHG, § 48 Rn. 15; *Böttcher/Grewe*, NZG 2002, 1086, 1089; *Eickhoff*, Gesellschafterversammlung, Rn. 246; *Lange*, NJW 2015, 3190, 3193.

70 *Böttcher/Grewe*, NZG 2002, 1086, 1089 ff.; *Bayer*, in: Lutter/Hommelhoff, GmbHG, § 48 Rn. 15 f.; *Eickhoff*, Gesellschafterversammlung, Rn. 246; *Lange*, NJW 2015, 3190, 3194; LG Frankfurt am Main, AG 2005, 892, 894 (zur AG); gegen Abberufung aus wichtigem Grund: *Hüffer/Schürnbrand*, in: Ulmer/Habersack/Löbbe, GmbHG, § 48 Rn. 30.

71 *Bayer*, in: Lutter/Hommelhoff, GmbHG, § 48 Rn. 14; *Seibt*, in: Scholz, GmbHG, § 48 Rn. 34.

72 BGHZ 44, 245, 248 (zur AG). Näher zu den Aufgaben des Versammlungsleiters: *Bayer*, in: Lutter/Hommelhoff, GmbHG, § 48 Rn. 16; *Böttcher/Grewe*, NZG 2002, 1086, 1087 ff.; *Lange*, NJW 2015, 3190, 3192; *Liebscher*, in: MünchKommGmbHG, § 48 Rn. 111 ff.; *Hüffer/Schürnbrand*, in: Ulmer/Habersack/Löbbe, GmbHG, § 48 Rn. 31 ff.; *Seibt*, in: Scholz, GmbHG, § 48 Rn. 36; *Zöllner/Noack*, in: Baumbach/Hueck, GmbHG, § 48 Rn. 17 f.

von Tagesordnungspunkten oder die Vertagung der Versammlung kann er nicht entscheiden, darüber müssen die Gesellschafter beschließen.[73] Der Versammlungsleiter stellt die Beschlussergebnisse fest;[74] die festgestellten Beschlüsse sind nur noch durch Anfechtungsklage angreifbar (Anh. § 47 Rdn. 2, 39 f.). Diese Befugnis ist mit der Stellung als Versammlungsleiter regelmäßig verbunden.[75] Sie besteht auch dann, wenn der Versammlungsleiter von dem Beschluss selbst betroffen ist.[76] Allerdings geht es bei der Feststellung nur um die inhaltliche Feststellung des Beschlussergebnisses, nicht um die rechtliche Bewertung, ob ein Gesellschafter treuwidrig abgestimmt habe.[77]

Der Versammlungsleiter sollte ein **Protokoll** anfertigen und von den Gesellschaftern billigen lassen. 19
Das ist zwar – abgesehen von der Einpersonen-GmbH (unten Rdn. 30 ff.) – nicht vorgeschrieben, jedoch zu Beweiszwecken empfehlenswert.[78] Ein Anspruch einzelner Gesellschafter auf Protokollierung besteht grds. nicht.[79] Satzungsänderungen und Strukturmaßnahmen bedürfen der notariellen Beurkundung (§ 53 Rdn. 41 ff.). Schreibt die Satzung eine Protokollierung vor, soll das i.d.R. nur dem besseren Nachweis dienen und nicht Wirksamkeitsvoraussetzung sein.[80] Bisweilen sehen Gerichte das anders,[81] daher empfiehlt sich eine eindeutige Satzungsklausel. Ton- und Bildaufnahmen sind zum Schutze des Persönlichkeitsrechts nur bei Einverständnis aller anwesenden Personen zulässig.[82]

Um den geordneten Ablauf sicherzustellen, kann der Versammlungsleiter **Ordnungsmaßnahmen** 20
ergreifen.[83] Hierzu gehören Ordnungsruf, Redezeitverkürzung, Wortentzug und schließlich Ausschluss. Die Maßnahme muss erforderlich und angemessen sein. Vor gravierenden Maßnahmen ist regelmäßig eine Abmahnung geboten. Ein rein präventiver Ausschluss ist in keinem Fall zulässig. Die Gesellschafter können Ordnungsmaßnahmen durch Mehrheitsbeschluss rückgängig machen.

73 *Seibt*, in: Scholz, GmbHG, § 48 Rn. 36.

74 *Bayer*, in: Lutter/Hommelhoff, GmbHG, § 48 Rn. 17a; *Lange*, NJW 2015, 3190, 3193; *Roth*, in: Roth/Altmeppen, GmbHG, § 48 Rn. 9, 15; *Seibt*, in: Scholz, GmbHG, § 48 Rn. 53. Nach Auffassung von *Zöllner/Noack*, in: Baumbach/Hueck, GmbHG, § 48 Rn. 17b, besteht diese Kompetenz nur bei Einwilligung aller Gesellschafter. Dagegen überzeugend *Hüffer/Schürnbrand*, in: Ulmer/Habersack/Löbbe, GmbHG, § 48 Rn. 32.

75 Ebenso *Wertenbruch*, GmbHR 2020, 875, 878 ff. und *Wicke*, GmbHR 2017, 777, 785. Insoweit nicht überzeugend KG Berlin, GmbHR 2016, 58, 59 (den Beteiligten sei nicht klar gewesen, dass der von ihnen bestellte Versammlungsleiter auch die Aufgabe habe, die Beschlussergebnisse festzustellen). Eine Grundlage in der Satzung fordert *Altmeppen*, GmbHR 2018, 225, 229.

76 OLG München, ZIP 2017, 1467, 1469.

77 Im Ergebnis ist daher KG Berlin, GmbHR 2016, 58, 59, mit Blick auf den konkreten Sachverhalt zuzustimmen (die »Feststellung« durch den Versammlungsleiter, die Stimmen eines Gesellschafters nicht mitzuzählen, war rechtlich unbeachtlich).

78 *Altmeppen*, in: Roth/Altmeppen, GmbHG, § 48 Rn. 32; *Bayer*, in: Lutter/Hommelhoff, GmbHG, § 48 Rn. 18; *Hüffer/Schürnbrand*, in: Ulmer/Habersack/Löbbe, GmbHG, § 48 Rn. 38; *Seibt*, in: Scholz, GmbHG, § 48 Rn. 39 f.

79 *Bayer*, in: Lutter/Hommelhoff, GmbHG, § 48 Rn. 18; *Hüffer/Schürnbrand*, in: Ulmer/Habersack/Löbbe, GmbHG, § 48 Rn. 38; großzügiger *Seibt*, in: Scholz, GmbHG, § 48 Rn. 39: berechtigtes Interesse von einigem Gewicht genügt.

80 RGZ 122, 367, 369; RGZ 104, 413, 415; OLG Stuttgart, GmbHR 1998, 1034, 1035; auch OLG Stuttgart, BB 1983, 1050 (andere Beweismittel zulassend); *Hüffer/Schürnbrand*, in: Ulmer/Habersack/Löbbe, GmbHG, § 48 Rn. 38; *Roth*, in: Roth/Altmeppen, GmbHG, § 48 Rn. 23. Anders möglicherweise, wenn Satzung notarielle Beurkundung vorschreibt (*Zöllner/Noack*, in: Baumbach/Hueck, GmbHG, § 48 Rn. 23).

81 BayObLG, BB 1991, 2103, 2104 (Protokollierung als Wirksamkeitserfordernis).

82 OLG Karlsruhe, NZG 1998, 259, 260 (Familienunternehmen); *Bayer*, in: Lutter/Hommelhoff, GmbHG, § 48 Rn. 19 (Satzungsregelung möglich); *Hüffer/Schürnbrand*, in: Ulmer/Habersack/Löbbe, GmbHG, § 48 Rn. 39; *Liebscher*, in: MünchKommGmbHG, § 48 Rn. 137; *Seibt*, in: Scholz, GmbHG, § 48 Rn. 41.

83 Zum Folgenden: *Bayer*, in: Lutter/Hommelhoff, GmbHG, § 48 Rn. 17; *Hüffer/Schürnbrand*, in: Ulmer/Habersack/Löbbe, GmbHG, § 48 Rn. 34 ff.; *Liebscher*, in: MünchKommGmbHG, § 48 Rn. 122 ff.; *Römermann*, in: Michalski, GmbHG, § 48 Rn. 141 ff.; *Seibt*, in: Scholz, GmbHG, § 48 Rn. 37; *Zöllner/Noack*, in: Baumbach/Hueck, GmbHG, § 48 Rn. 18.

Unzulässige Ordnungsmaßnahmen verletzen das Teilnahmerecht des betroffenen Gesellschafters und führen zur Anfechtbarkeit der daraufhin gefassten Beschlüsse.[84]

2. Beschlussfähigkeit und Beschlussfassung

21 Das GmbH-Gesetz kennt kein Mindestquorum für die Beschlussfähigkeit. Soweit auch die Satzung keines regelt, genügt das Erscheinen eines stimmberechtigten Gesellschafters.[85] Bei satzungsmäßig festgelegtem Quorum kann die Treuepflicht eine Teilnahmepflicht begründen (oben Rdn. 8). Vielfach enthalten Satzungen eine Regelung, die bei Verfehlen des Quorums in der nächsten Gesellschafterversammlung über die gleichen Beschlussgegenstände keine oder eine niedrigere Mindestquote erfordern.[86] Zur Beschlussfassung: § 47 Rdn. 3 ff.

C. Beschlussfassung ohne Versammlung (§ 48 Abs. 2)

22 Der Abhaltung einer Versammlung bedarf es nicht, wenn **sämtliche Gesellschafter** auf sie verzichten. Auch Gesellschafter, die kein Stimmrecht haben, müssen einverstanden sein, weil mit der Versammlung die Gelegenheit zur sachlichen Aussprache (o. Rdn. 8) entfällt.[87] Aus Anlass der **Covid-19-Pandemie** können Beschlüsse in Textform oder durch schriftliche Abgabe der Stimmen auch ohne Einverständnis sämtlicher Gesellschafter gefasst werden (Artikel 2 § 2 Covid-19-Gesetz).[88] Die Regelung gilt für das Jahr 2020; sie kann durch Rechtsverordnung bis höchstens zum 31.12.2021 verlängert werden (Art. 2 § 8 Covid-19-Gesetz).

23 Das **Einverständnis** kann auf zweierlei Weise erklärt werden: Entweder stimmen die Gesellschafter in Textform unmittelbar dem zu beschließenden Gegenstand zu (**1. Alt.**);[89] für Einhaltung der Textform (§ 126b BGB) genügen Fax oder Email.[90] Oder sie erklären lediglich den Verzicht auf die Versammlung, woraufhin die eigentliche Abstimmung – bei der dann auch Mehrheitsbeschlüsse möglich sind – schriftlich erfolgt (**2. Alt.**). Die Verzichtserklärung bedarf im zweiten Fall nicht der Textform und kann mündlich oder durch schlüssiges Handeln (nicht durch bloßes Schweigen) abgegeben werden.[91] Die anschließende Stimmabgabe unterliegt der Schriftform (§ 126 BGB: eigenhändige Unterschrift).[92] Die frühere weite Auslegung, die inhaltlich der Textform nahe

84 BGHZ 44, 245, 250 (zur AG); *Bayer*, in: Lutter/Hommelhoff, GmbHG, § 48 Rn. 17; *Hüffer/Schürnbrand*, in: Ulmer/Habersack/Löbbe, GmbHG, § 48 Rn. 37; *Roth*, in: Roth/Altmeppen, GmbHG, § 48 Rn. 10; *Seibt*, in: Scholz, GmbHG, § 48 Rn. 38.

85 OLG Köln, NZG 2002, 381, 383; *Bayer*, in: Lutter/Hommelhoff, GmbHG, § 48 Rn. 20; *Seibt*, in: Scholz, GmbHG, § 48 Rn. 43; *Zöllner/Noack*, in: Baumbach/Hueck, GmbHG, § 48 Rn. 3.

86 Näher: *Römermann*, in: Michalski, GmbHG, § 47 Rn. 14 ff.; *Seibt*, in: Scholz, GmbHG, § 48 Rn. 43 ff.; *Wagner*, GmbHR 2019, 708 ff.; *Zöllner/Noack*, in: Baumbach/Hueck, GmbHG, § 48 Rn. 4.

87 OLG Düsseldorf, GmbHR 1989, 468, 469; *Ganzer*, in: Rowedder/Schmidt-Leithoff, GmbHG, § 48 Rn. 22; *Hüffer/Schürnbrand*, in: Ulmer/Habersack/Löbbe, GmbHG, § 48 Rn. 45; *Masuch*, in: Bork/Schäfer, GmbHG, § 48 Rn. 13, 15; *Seibt*, in: Scholz, GmbHG, § 48 Rn. 59.

88 Gesetz zur Abmilderung der Folgen der COVID-19-Pandemie im Zivil-, Insolvenz- und Strafverfahrensrcht vom 27.03.2020, BGBl. I 2020, 569.

89 Die Einverständniserklärung hat dann Doppelcharakter: Verfahrenshandlung und Stimmabgabe (*Seibt*, in: Scholz, GmbHG, § 48 Rn. 59). Sie kann z.B. im gemeinsamen Unterzeichnen einer Handelsregisteranmeldung liegen (RGZ 101, 78, 79; BGHZ 15, 324, 329). Häufig wird auch eine Beschlussvorlage als Rundschreiben versandt und von allen Gesellschaftern abgezeichnet (»Umlaufverfahren«).

90 *Ellenberger*, in: Palandt, BGB, § 126b Rn. 3.

91 So die weitaus h.M.: BGHZ 28, 355, 358; OLG Jena, GmbHR 2006, 985, 986; *Bayer*, in: Lutter/Hommelhoff, GmbHG, § 48 Rn. 25; *Hüffer/Schürnbrand*, in: Ulmer/Habersack/Löbbe, GmbHG, § 48 Rn. 47; *Römermann*, in: Michalski, GmbHG, § 48 Rn. 252; *Seibt*, in: Scholz, GmbHG, § 48 Rn. 62; *Zöllner/Noack*, in: Baumbach/Hueck, GmbHG, § 48 Rn. 35. Dem Gesetzeswortlaut nach könnte man allerdings auch hier die Textform für erforderlich halten (*Altmeppen*, in: Roth/Altmeppen, GmbHG, § 48 Rn. 39).

92 *Altmeppen*, in: Roth/Altmeppen, GmbHG, § 48 Rn. 39; *Hüffer/Schürnbrand*, in: Ulmer/Habersack/Löbbe, GmbHG, § 48 Rn. 51; *Masuch*, in: Bork/Schäfer, GmbHG, § 48 Rn. 16; *Römermann*, in: Michalski, GmbHG, § 48 Rn. 261; *Seibt*, in: Scholz, GmbHG, § 48 Rn. 63.

kam,[93] ist mit dem heutigen Wortlaut (sprachliche Unterscheidung von »Textform« und »schriftlich«) nicht mehr zu vereinbaren.[94] Die Ausnahmeregelung des **Covid-19-Pandemiegesetzes** (oben Rdn. 22) gilt für beide Varianten; dafür spricht, dass die Ausnahmeregelung sowohl die Textform als auch die schriftliche Abgabe der Stimmen erwähnt.[95] Das Teilnahmerecht der Gesellschafter ist ungeachtet dessen zu wahren. Es muss also jedem Gesellschafter hinreichend Gelegenheit zur Mitwirkung an der Beschlussfassung gegeben werden.[96] Angesichts der pandemiebedingten gesundheitlichen Risiken kann sich aus der Treuepflicht ein Anspruch auf Zustimmung zur schriftlichen Beschlussfassung ergeben.[97] Damit können ggf. Konflikte zwischen Mehrheits- und Minderheitsgesellschaftern gelöst werden; der teilweise vertretene gänzliche Verzicht auf ein mehrheitliches Einverständnis der Gesellschafter[98] ist daher abzulehnen.

Das **Verfahren** kann vom Geschäftsführer oder einem Gesellschafter eingeleitet werden.[99] Empfehlenswert ist die Angabe einer Frist, innerhalb derer die Rückmeldungen eingehen müssen.[100] Eine derart angemessene Frist dürfte bei Ausnutzung der Ausnahmeregelung des **Covid-19-Pandemiegesetzes** (oben Rdn. 22) sogar zwingend erforderlich sein, um das Teilnahmerecht der nicht zustimmenden Gesellschafter ausreichend zu wahren.[101] Für eine Beschränkung des Initiativrechts auf die Geschäftsführer oder andere einberufungsberechtigte Personen besteht hingegen kein Anlass.[102] Die Antworten der Gesellschafter müssen demjenigen zugehen, der das Verfahren initiiert hat.[103] Der Beschluss wird mit **Zugang** der letzten Stimme wirksam.[104] Die Stimmabgabe ist bis zum Zugang widerruflich (§ 130 Abs. 1 Satz 2 BGB).[105] Eine Feststellung des Beschlusses und Mitteilung an alle Gesellschafter sind sinnvoll, aber für die Wirksamkeit nicht zwingend erforderlich, solange die einstimmige, eindeutige und offensichtlich endgültige Willenskundgebung der Gesellschafter anderweitig belegbar ist.[106] Hilfreich ist eine Regelung in der **Satzung:** Sie sollte festlegen, wer das Abstimmungsverfahren initiieren kann, innerhalb welcher Fristen die Gesellschafter ihre Erklärungen abgeben müssen, wer dafür empfangszuständig ist und ob eine Beschlussfeststellung und Mitteilung an die Gesellschafter stattfindet.[107] 24

Um hinsichtlich der Erklärungen der Gesellschafter **Auslegungsprobleme** zu vermeiden, sollte bei Verfahrenseinleitung und bei Abgabe der Erklärungen deutlich werden, welche Alternative gemeint 25

93 Daran festhaltend *Liebscher*, in: MünchKommGmbHG, § 48 Rn. 165 und *Zöllner/Noack*, in: Baumbach/Hueck, GmbHG, § 48 Rn. 37.

94 Vgl. *Bayer*, in: Lutter/Hommelhoff, GmbHG, § 48 Rn. 26; in der Tendenz auch Blasche, GmbHR 2011, 232, 233.

95 *Wicke*, NZG 2020, 501.

96 *Reif/Schüler*, GmbHR 2020, 817, 824; *Reichert/Knoche*, GmbHR 2020, 461, 464; *Wicke*, NZG 2020, 501.

97 *Reichert/Knoche*, GmbHR 2020, 461, 466.

98 So *Reif/Schüler*, GmbHR 2020, 817, 823.

99 *Bayer*, in: Lutter/Hommelhoff, GmbHG, § 48 Rn. 23; *Hüffer/Schürnbrand*, in: Ulmer/Habersack/Löbbe, GmbHG, § 48 Rn. 52; *Masuch*, in: Bork/Schäfer, GmbHG, § 48 Rn. 12; *Zöllner/Noack*, in: Baumbach/Hueck, GmbHG, § 48 Rn. 31.

100 *Bayer*, in: Lutter/Hommelhoff, GmbHG, § 48 Rn. 23; *Zöllner/Noack*, in: Baumbach/Hueck, GmbHG, § 48 Rn. 38.

101 *Wicke*, NZG 2020, 501, 502 (empfehlenswert ist Wochenfrist des § 51 Abs. 1 S. 2).

102 A.A. *Reif/Schüler*, GmbHR 2020, 817, 823, die das Initiativrecht des § 48 Abs. 2 in Abweichung von der h.M. (vgl. oben Fußnote 97) generell auf einberufungsberechtigte Personen begrenzen wollen (a.a.O., S. 819).

103 *Blasche*, GmbHR 2011, 232, 235; *Hüffer/Schürnbrand*, in: Ulmer/Habersack/Löbbe, GmbHG, § 48 Rn. 52; *Seibt*, in: Scholz, GmbHG, § 48 Rn. 60; abw. *Zöllner/Noack*, in: Baumbach/Hueck, GmbHG, § 48 Rn. 31 (Initiator kann nicht vertreten).

104 OLG Jena, GmbHR 2006, 985, 986.

105 OLG Jena, GmbHR 2006, 985, 986.

106 BGHZ 15, 324, 329; *Hüffer/Schürnbrand*, in: Ulmer/Habersack/Löbbe, GmbHG, § 48 Rn. 53; *Seibt*, in: Scholz, GmbHG, § 48 Rn. 60.

107 *Seibt*, in: Scholz, GmbHG, § 48 Rn. 60.

ist (Zustimmung zur Beschlussvorlage oder nur Verzicht auf Versammlung). Gibt ein Gesellschafter lediglich schriftlich seine Stimme ab, ist das doppeldeutig: Er meint entweder das Verfahren nach 1. Alt., das Einstimmigkeit erfordert, oder verzichtet nach 2. Alt. konkludent auf eine Versammlung, sodass ein Mehrheitsbeschluss genügt. Dem Gesellschafter muss klar sein, um welche Alternative es geht. Dafür benötigt man nicht zwingend zwei Verfahrensschritte.[108] In der Stimmabgabe kann der konkludente Verzicht auf eine Versammlung liegen, wenn sich dieser Erklärungsinhalt den Umständen nach eindeutig belegen lässt.[109]

26 § 48 Abs. 2 ist grds. auf alle **Beschlussgegenstände** anwendbar,[110] soweit nicht spezialgesetzliche Regeln entgegenstehen.[111] In den Fällen des § 49 Abs. 3 und § 50 Abs. 1 muss eine Versammlung stattfinden. Dasselbe gilt für verschiedene Umwandlungsbeschlüsse (§§ 13 Abs. 1 Satz 2, 125 Satz 1, 193 Abs. 1 Satz 1 UmwG). Die Rechtsprechung hält außerdem bei beurkundungsbedürftigen Beschlüssen (insb. Satzungsänderung) eine Versammlung für zwingend erforderlich;[112] die Lehre weist demgegenüber darauf hin, dass das Beurkundungserfordernis auch ohne Versammlung erfüllt werden kann (vgl. auch § 53 Rdn. 24).[113] Fraglich ist, ob von der Ausnahmeregelung des **Covid-19-Pandemiegesetzes** (oben Rdn. 22) auch bei Beschlussgegenständen Gebrauch gemacht werden kann, bei denen § 48 Abs. 2 nicht anwendbar ist. Dem Wortlaut nach handelt es sich nur um eine Modifikation des § 48 Abs. 2; Sinn und Zweck der Ausnahmeregelung sprechen jedoch dafür, sie auf alle Beschlussgegenstände auszudehnen.[114]

27 Die Beschlussfassung nach § 48 Abs. 2 ist auch in einer **mitbestimmten GmbH** zulässig.[115] Damit entfällt allerdings die Teilnahmemöglichkeit des Aufsichtsrats (o. Rdn. 12). Nach teilweise vertretener Ansicht muss der Aufsichtsratsvorsitzende Gelegenheit zur Stellungnahme erhalten.[116] Andere lehnen dies ab mit dem Hinweis, § 48 Abs. 2 solle den Gesellschaftern ein schnelles unkompliziertes Abstimmungsverfahren ermöglichen.[117] Das ist im Grundsatz richtig. Die Grenze ist aber dann erreicht, wenn das Verfahren dazu dient, die Mitbestimmung zu unterlaufen.[118]

108 So aber BGHZ 28, 355, 358 f. (für ein satzungsmäßig geregeltes schriftliches Abstimmungsverfahren): Der Geschäftsführer müsse zunächst mitteilen, dass die Voraussetzungen der schriftlichen Stimmabgabe gegeben sind.

109 *Bayer*, in: Lutter/Hommelhoff, GmbHG, § 48 Rn. 25; *Hüffer/Schürnbrand*, in: Ulmer/Habersack/Löbbe, GmbHG, § 48 Rn. 49; *Seibt*, in: Scholz, GmbHG, § 48 Rn. 62; *Zöllner/Noack*, in: Baumbach/Hueck, GmbHG, § 48 Rn. 35; für Möglichkeit der konkludenten Einverständniserklärung auch OLG Jena, GmbHR 2006, 985, 986; enger *Römermann*, in: Michalski, GmbHG, § 48 Rn. 257 (Aufforderung zur Abstimmung muss ausdrücklichen Hinweis enthalten).

110 *Hüffer/Schürnbrand*, in: Ulmer/Habersack/Löbbe, GmbHG, § 48 Rn. 54; vgl. auch BayObLG, GmbHR 1995, 54 (Auflösungsbeschluss).

111 Das UmwG ordnet die Durchführung einer Versammlung bei Verschmelzung, Spaltung, Vermögensübertragung und Formwechsel ausdrücklich an (§§ 13 Abs. 1 Satz 2, 125 Satz 1, 176 Abs. 1, 193 Abs. 1 Satz 2 UmwG).

112 BGHZ 15, 324, 328.

113 *Hüffer/Schürnbrand*, in: Ulmer/Habersack/Löbbe, GmbHG, § 48 Rn. 56; *Römermann*, in: Michalski, GmbHG, § 48 Rn. 209; *Seibt*, in: Scholz, GmbHG, § 48 Rn. 55.

114 *Wicke*, NZG 2020, 501, 502; a.A. *Reiff/Schüler*, GmbHR 2020, 817, 822.

115 *Römermann*, in: Michalski, GmbHG, § 48 Rn. 214; *Seibt*, in: Scholz, GmbHG, § 48 Rn. 56; *Zöllner/Noack*, in: Baumbach/Hueck, GmbHG, § 48 Rn. 29.

116 In diesem Sinne etwa: *Bayer*, in: Lutter/Hommelhoff, GmbHG, § 48 Rn. 22; *Hüffer/Schürnbrand*, in: Ulmer/Habersack/Löbbe, GmbHG, § 48 Rn. 58; *Habersack*, in: Habersack/Henssler, Mitbestimmungsrecht, 3. Aufl., 2013, § 25 MitbestG Rn. 91a; *Wicke*, GmbHG, § 48 Rn. 6.

117 *Blasche*, GmbHR 2011, 232, 237; *Römermann*, in: Michalski, GmbHG, § 48 Rn. 214; *Seibt*, in: Scholz, GmbHG, § 48 Rn. 56; *Zöllner/Noack*, in: Baumbach/Hueck, GmbHG, § 48 Rn. 29.

118 Vgl. BGHZ 122, 342, 358 (Besetzung von Aufsichtsratsausschüssen), wonach gesellschaftsrechtliche Gestaltungsmöglichkeiten nicht dazu herhalten dürfen, den Sinn und Zweck der Mitbestimmung zu unterlaufen.

Die Praxis kennt auch Beschlussverfahren, die in § 48 nicht erwähnt sind, z.B. die **Telefonkonferenz** oder das sog. **kombinierte Beschlussverfahren**, bei dem ein Teil der Stimmen in der Versammlung und der andere Teil in schriftlicher Form abgegeben wird. In der Satzung kann ein solches Verfahren geregelt werden. Fehlt eine Satzungsregelung, sind die Beschlüsse nach herrschender Meinung nichtig.[119] Das überzeugt für die telefonische Beschlussfassung. Die kombinierte Beschlussfassung hingegen erfüllt, wenn alle Gesellschafter mit ihr einverstanden sind, sogar mehr als die Anforderungen des § 48 Abs. 2; denn immerhin erhalten einige Gesellschafter in der Versammlung die Gelegenheit zur Aussprache, auf die ein schriftlich abstimmender Gesellschafter freiwillig verzichtet. Ein auf diese Weise gefasster Beschluss ist daher als wirksam anzusehen.[120] 28

D. Satzungsregelungen

§ 48 Abs. 1 und 2 sind dispositiv (§ 45 Abs. 2).[121] Die Satzung kann das Verfahren **erschweren**, etwa die Beschlussfassung außerhalb einer Versammlung ganz ausschließen[122] oder auf bestimmte Gegenstände beschränken. Sie kann die Textform des § 48 Abs. 2, 1. Alt. in Schriftform ändern oder für das Einverständnis des § 48 Abs. 2, 2. Alt. eine Form festlegen. Von derartigen erschwerenden Satzungsklauseln kann im Rahmen der Ausnahmeregelung des **Covid-19-Pandemiegesetzes** (oben Rdn. 22) abgesehen werden.[123] Die Satzung kann das Verfahren auch **erleichtern**, bspw. eine Beschlussfassung durch Telefon- oder Videokonferenz zulassen.[124] Auch die kombinierte Beschlussfassung bedarf nach herrschender Meinung einer Satzungsgrundlage (o. Rdn. 28).[125] Geregelt werden kann auch eine einzelne Stimmabgabe per Email oder in einer Videokonferenz.[126] Allerdings dürfte eine Klausel, wonach bloßes Schweigen auf einen schriftlichen Beschlussantrag als Zustimmung zu werten ist, unzulässig sein.[127] Im Rahmen des § 48 Abs. 2 kann die Satzung das Einverständnis einer Gesellschaftermehrheit ausreichen lassen. Weiterhin kann die Kompetenz, eine Beschlussfassung ohne Versammlung zu beantragen, beim Geschäftsführer konzentriert werden;[128] allerdings sollten sich Minderheitsgesellschafter gut überlegen, 29

119 Für die kombinierte Beschlussfassung: BGH, GmbHR 2006, 706, 707; OLG München, BB 1978, 471, 472; offen gelassen in BGHZ 58, 115, 120; aus der Lit.: *Altmeppen*, in: Roth/Altmeppen, GmbHG, § 48 Rn. 50; *Bayer*, in: Lutter/Hommelhoff, GmbHG, § 48 Rn. 31; *Gehrlein*, BB 2006, 1128; *Ganzer*, in: Rowedder/Schmidt-Leithoff, GmbHG, § 48 Rn. 27; *Hüffer/Schürnbrand*, in: Ulmer/Habersack/Löbbe, GmbHG, § 48 Rn. 59 ff.; *Römermann*, in: Michalski, GmbHG, § 48 Rn. 279 f.; *Wertenbruch*, GmbHR 2019, 149, 150 f.; *Zöllner/Noack*, in: Baumbach/Hueck, GmbHG, § 48 Rn. 41 f.

120 *Hoffmann-Becking*, FS Priester, 2007, S. 233, 236 ff.; *Liese/Theusinger*, GmbHR 2006, 682, 684; *Liebscher*, in: MünchKommGmbHG, § 48 Rn. 174; *Seibt*, in: Scholz, GmbHG, § 48 Rn. 67.

121 Vgl. zu den nachfolgend genannten Satzungsgestaltungen: *Bayer*, in: Lutter/Hommelhoff, GmbHG, § 48 Rn. 28 f.; *Blasche*, GmbHR 2011, 232, 234 ff.; *Hüffer/Schürnbrand*, in: Ulmer/Habersack/Löbbe, GmbHG, § 48 Rn. 61 f.; *Liebscher*, in: MünchKommGmbHG, § 48 Rn. 175 ff.; *Römermann*, in: Michalski, GmbHG, § 48 Rn. 281 ff.; *Seibt*, in: Scholz, GmbHG, § 48 Rn. 64 ff.; *Zöllner/Noack*, in: Baumbach/Hueck, GmbHG, § 48 Rn. 44 f.

122 Regelt der Vertrag nur die Beschlussfassung in Form der Versammlung, kann allerdings daraus allein nicht entnommen werden, dass § 48 Abs. 2 ausgeschlossen werden sollte (BGHZ 15, 324, 328; OLG Stuttgart, GmbHR 1998, 1034, 1035).

123 *Wicke*, NZG 2020, 501, 502; zweifelnd demgegenüber *Heckschen/Strnad*, GmbHR 2020, 808, 810, und *Reiß/Schüler*, GmbHR 2020, 817, 822.

124 Näher hierzu *Heckschen/Strnad*, GmbHR 2020, 808, 813 ff. Nach Auffassung von *Wertenbruch*, GmbHR 2019, 149, 152 ff. soll die audiovisuelle Zuschaltung eines Gesellschafters zu einer Versammlung sogar ohne Satzungsgrundlage zulässig sein.

125 Formulierungsbeispiel bei *Heckschen/Heidinger*, Die GmbH, § 4 Rn. 348 (S. 366).

126 Vgl. speziell zur »virtuellen Versammlung«: *Eickhoff*, Gesellschafterversammlung, Rn. 308 ff.; *Hohlfeld*, GmbHR 2000, R 53 f.; *Zwissler*, GmbHR 2000, 28 ff.

127 *Vogel*, Gesellschafterbeschlüsse und Gesellschafterversammlung, 2. Aufl., 1986; *Liebscher*, in: MünchKommGmbHG, § 38 Rn. 178 m.w.N. halten die Klausel für zulässig. Bedenken äußern: *Bayer*, in: Lutter/Hommelhoff, GmbHG, § 48 Rn. 29; *Hüffer/Schürnbrand*, in: Ulmer/Habersack/Löbbe, GmbHG, § 48 Rn. 62; *Seibt*, in: Scholz, GmbHG, § 48 Rn. 64; *Zöllner/Noack*, in: Baumbach/Hueck, GmbHG, § 48 Rn. 44.

128 Dafür plädieren *Heckschen/Strnad*, GmbHR 2020, 807, 809 f.

ob sie diese Gestaltungsmöglichkeit wirklich aus der Hand geben wollen. Erleichterungen des Verfahrens sind auch für Satzungsänderungen möglich (§ 53 Rdn. 24). Die erläuterte Gestaltungsfreiheit besteht nach herrschender Meinung auch in der **mitbestimmten GmbH**,[129] darf allerdings nicht dazu benutzt werden, die Mitbestimmung zu unterlaufen.[130]

E. Beschlussprotokollierung in der Einpersonen-GmbH (§ 48 Abs. 3)

30 Auch in einer GmbH mit nur einem Gesellschafter – insb. wenn weitere Personen (Geschäftsführer, Aufsichtsrat, Beirat) teilnehmen sollen – ist eine Versammlung denkbar, die dann ordnungsgemäß einberufen werden muss.[131] Ein schriftliches Verfahren kommt bspw. für Weisungen an Geschäftsführer in Betracht.[132] Der Alleingesellschafter beschließt stets als Vollversammlung (§ 51 Abs. 3), die keiner Förmlichkeiten bedarf. Die Sonderregelung des § 48 Abs. 3 verpflichtet ihn allerdings, nach der Beschlussfassung unverzüglich (ohne schuldhaftes Zögern) eine **Niederschrift** aufzunehmen.[133] Sie muss den Hergang der Beschlussfassung (insb. Zeit und Ort) sowie den Inhalt des Beschlusses wiedergeben und vom Alleingesellschafter unterzeichnet sein.[134] Wird das Protokoll von einem Dritten angefertigt, muss auch dieser unterschreiben.[135]

31 Die Vorschrift ist **anwendbar**, wenn sich alle Gesellschaftsanteile in der Hand einer Person (oder daneben in der Hand der Gesellschaft) befinden.[136] Einziger Gesellschafter kann auch eine Personengesellschaft (OHG, KG oder Außen-GbR) sein.[137] § 48 Abs. 3 gilt grds. für jede Art von Beschlüssen.[138] Bei Beschlüssen, die notariell beurkundet werden, ist allerdings zusätzlich keine Niederschrift erforderlich.[139] Keine Anwendung findet § 48 Abs. 3:[140] bei Mitberechtigung mehrerer Personen (i.S.d. § 18), bei weiteren Gesellschaftern mit stimmrechtslosen Anteilen oder wenn weitere Anteile von einem Treuhänder gehalten werden. Kommt es in einer Mehrpersonen-GmbH zur Beschlussfassung durch eine Person, etwa weil andere Gesellschafter nicht stimmberechtigt sind, ist § 48 Abs. 3 nicht anwendbar.[141]

---

129 *Bayer*, in: Lutter/Hommelhoff, GmbHG, § 48 Rn. 29; *Liebscher*, in: MünchKommGmbHG, § 48 Rn. 149; *Zöllner/Noack*, in: Baumbach/Hueck, GmbHG, § 48 Rn. 44; a.A. *Ulmer/Habersack*, in: Ulmer/Habersack/Henssler, Mitbestimmungsrecht, 3. Aufl., 2013, § 25 MitbestG Rn. 91b.

130 Vgl. oben bei Fn. 111.

131 *Hüffer/Schürnbrand*, in: Ulmer/Habersack/Löbbe, GmbHG, § 48 Rn. 63.

132 *Hüffer/Schürnbrand*, in: Ulmer/Habersack/Löbbe, GmbHG, § 48 Rn. 63.

133 Die Regelung setzt Art. 4 Abs. 2 der europäischen Richtlinie 2009/102/EG um (vgl. *Lutter/Bayer/J. Schmidt*, Europäisches Unternehmens- und Kapitalmarktrecht, 6. Aufl., 2018, S. 1054 f. (Rn. 27.34–27.37).

134 Bericht d. Rechtsausschusses BT-Drucks. 8/3908, S. 75; *Bayer*, in: Lutter/Hommelhoff, GmbHG, § 48 Rn. 35; *Hüffer/Schürnbrand*, in: Ulmer/Habersack/Löbbe, GmbHG, § 48 Rn. 66; *Seibt*, in: Scholz, GmbHG, § 48 Rn. 72.

135 Bericht d. Rechtsausschusses BT-Drucks. 8/3908, S. 75; *Bayer*, in: Lutter/Hommelhoff, GmbHG, § 48 Rn. 35; *Hüffer/Schürnbrand*, in: Ulmer/Habersack/Löbbe, GmbHG, § 48 Rn. 66; *Seibt*, in: Scholz, GmbHG, § 48 Rn. 72.

136 Ob alle Geschäftsanteile bereits bei der Gründung oder erst durch spätere Übertragungen in einer Hand vereinigt sind, ist unerheblich (vgl. Art. 1 Richtlinie 89/667/EWG).

137 BGH, NJW 1995, 1750, 1751 (KG); *Bayer*, in: Lutter/Hommelhoff, GmbHG, § 48 Rn. 33; *Hüffer/Schürnbrand*, in: Ulmer/Habersack/Löbbe, GmbHG, § 48 Rn. 64; *Seibt*, in: Scholz, GmbHG, § 48 Rn. 71; *Zöllner/Noack*, in: Baumbach/Hueck, GmbHG, § 48 Rn. 47.

138 BegrRegE BT-Drucks. 8/1347, S. 43; *Hüffer/Schürnbrand*, in: Ulmer/Habersack/Löbbe, GmbHG, § 48 Rn. 63; *Seibt*, in: Scholz, GmbHG, § 48 Rn. 70; *Zöllner/Noack*, in: Baumbach/Hueck, GmbHG, § 48 Rn. 46.

139 *Bayer*, in: Lutter/Hommelhoff, GmbHG, § 48 Rn. 34; *Hüffer/Schürnbrand*, in: Ulmer/Habersack/Löbbe, GmbHG, § 48 Rn. 66; *Seibt*, in: Scholz, GmbHG, § 48 Rn. 72; *Zöllner/Noack*, in: Baumbach/Hueck, GmbHG, § 48 Rn. 46; ebenso *Liebscher*, in: MünchKommGmbHG, § 48 Rn. 186, wenn die Beurkundung unverzüglich erfolgt.

140 *Bayer*, in: Lutter/Hommelhoff, GmbHG, § 48 Rn. 33; *Hüffer/Schürnbrand*, in: Ulmer/Habersack/Löbbe, GmbHG, § 48 Rn. 64; *Liebscher*, in: MünchKommGmbHG, § 48 Rn. 183; *Masuch*, in: Bork/Schäfer, GmbHG, § 48 Rn. 18; *Seibt*, in: Scholz, GmbHG, § 48 Rn. 71.

141 *Bayer*, in: Lutter/Hommelhoff, GmbHG, § 48 Rn. 33; *Hüffer/Schürnbrand*, in: Ulmer/Habersack/Löbbe, GmbHG, § 48 Rn. 65; *Liebscher*, in: MünchKommGmbHG, § 48 Rn. 184; *Seibt*, in: Scholz, GmbHG, § 48 Rn. 74; *Zöllner/Noack*, in: Baumbach/Hueck, GmbHG, § 48 Rn. 51.

Die Protokollierungspflicht des § 48 Abs. 3 soll in der Einpersonen-GmbH für Rechtssicherheit über die Beschlusslage sorgen und Dritte vor nachträglichen Manipulationen schützen.[142] Gemäß dieser Zielsetzung hat die Niederschrift vor allem **Beweisfunktion.** Der Beschluss ist auch bei fehlender Niederschrift wirksam.[143] Die Rechtsfolge der Nichtigkeit wurde im Gesetzgebungsverfahren verworfen, weil sich der Gesellschafter dadurch seinem einmal gefassten Beschluss entziehen könnte.[144] Somit kann sich ein Dritter auch auf nicht protokollierte Beschlüsse berufen.[145] Die Gesellschaft hingegen kann sich bei fehlender Niederschrift ggü. redlichen Dritten nur dann auf den Beschluss berufen, wenn sein Inhalt zweifelsfrei feststeht und Manipulationen ausgeschlossen sind.[146] Das sind vor allem Fälle, in denen sich der Beschluss in anderen Schriftstücken manifestiert.[147] Die großzügigere Auffassung, die andere Beweismittel (etwa Zeugen) zulassen will,[148] ist abzulehnen, weil dann von einer effektiven Umsetzung der europarechtlich gebotenen[149] Protokollierung kaum mehr die Rede sein kann. Die Gesellschaft hat bei vertretbarer Verletzung der Protokollierungspflicht unter Umständen einen Schadensersatzanspruch gegen den Gesellschafter.[150] 32

§ 49 Einberufung der Versammlung

(1) Die Versammlung der Gesellschafter wird durch die Geschäftsführer berufen.

(2) Sie ist außer den ausdrücklich bestimmten Fällen zu berufen, wenn es im Interesse der Gesellschaft erforderlich erscheint.

(3) Insbesondere muss die Versammlung unverzüglich berufen werden, wenn aus der Jahresbilanz oder aus einer im Laufe des Geschäftsjahres aufgestellten Bilanz sich ergibt, dass die Hälfte des Stammkapitals verloren ist.

Schrifttum

Bayer/Illhardt, Einberufung der Gesellschafterversammlung durch den abberufenen GmbH-Geschäftsführer bzw. den nicht wirksam bestellten Komplementär einer Publikums-KG?, NZG 2017, 801; *Drygala/Drygala*, Wer braucht ein Frühwarnsystem? – Zur Ausstrahlungswirkung des § 91 Abs. 2 AktG, ZIP 2000, 297; *Eickhoff*, Die Praxis der Gesellschafterversammlung, 4. Aufl., 2006; *Geißler*, Die gesetzlichen Veranlassungen zur Einberufung einer GmbH-Gesellschafterversammlung, GmbHR 2010, 457; *Hommelhoff*, Risikomanagement im GmbH-Recht, in: Berger/Ebke/Elsing/Großfeld/Kühne (Hrsg.), Festschrift für Otto Sandrock zum 70. Geburtstag, 2000, S. 273; *Liebscher*, Die Einberufung der Gesellschafterversammlung durch zu Unrecht im Handelsregister eingetragene Geschäftsführer, GmbHR 2017, 497; *W. Müller*, Der Verlust der Hälfte des Grund- oder Stammkapitals – Überlegungen zu den §§ 92 Abs. 1 AktG und 49 Abs. 3 GmbHG, ZGR 1985, 191; *Priester*, Verlustanzeige und

142 BegrRegE BT-Drucks. 8/1347, S. 43; BGH, NJW 1995, 1750, 1752; OLG Hamm, GmbHR 2006, 1204, 1205.

143 BGH, NJW 1995, 1750, 1752; OLG Hamm, GmbHR 2006, 1204, 1205; OLG Brandenburg, GmbHR 2002, 432, 433; OLG Köln, GmbHR 1993, 734, 737.

144 Bericht d. Rechtsausschusses BT-Drucks. 8/3908, S. 75.

145 *Bayer*, in: Lutter/Hommelhoff, GmbHG, § 48 Rn. 37; *Hüffer/Schürnbrand*, in: Ulmer/Habersack/Löbbe, GmbHG, § 48 Rn. 67; *Liebscher*, in: MünchKommGmbHG, § 48 Rn. 193; *Seibt*, in: Scholz, GmbHG, § 48 Rn. 73.

146 *Bayer*, in: Lutter/Hommelhoff, GmbHG, § 48 Rn. 37; *Hüffer/Schürnbrand*, in: Ulmer/Habersack/Löbbe, GmbHG, § 48 Rn. 67; *Seibt*, in: Scholz, GmbHG, § 48 Rn. 73.

147 BGH, NJW 1995, 1750, 1752 (schriftliche Kündigung des Geschäftsführers); OLG Hamm, GmbHR 2006, 1204, 1205 (Weitergabe der Bilanz); vgl. auch OLG Köln, GmbHR 1993, 734, 737 (mündliche Abberufung des Geschäftsführers reichte mangels Niederschrift nicht aus).

148 *Altmeppen*, in: Roth/Altmeppen, GmbHG, § 48 Rn. 58; *Liebscher*, in: MünchKommGmbHG, § 48 Rn. 193; *Römermann*, in: Michalski, GmbHG, § 48 Rn. 326; *Zöllner/Noack*, in: Baumbach/Hueck, GmbHG, § 48 Rn. 49; *Goette*, DStR 1995, 774, 776.

149 Vgl. oben Fn. 127.

150 *Altmeppen*, in: Roth/Altmeppen, GmbHG, § 48 Rn. 57; *Bayer*, in: Lutter/Hommelhoff, GmbHG, § 48 Rn. 36; *Hüffer/Schürnbrand*, in: Ulmer/Habersack/Löbbe, GmbHG, § 48 Rn. 67; *Liebscher*, in: MünchKommGmbHG, § 48 Rn. 195; *Zöllner/Noack*, in: Baumbach/Hueck, GmbHG, § 48 Rn. 48.

Eigenkapitalersatz, ZGR 1999, 533; *van Venrooy*, Delegation der Einberufungsbefugnis des Geschäftsführers aus § 49 Abs. 1 GmbHG, GmbHR 2000, 166; *Veil*, Krisenbewältigung durch Gesellschaftsrecht – Verlust des halben Kapitals, Pflicht zu ordnungsgemäßer Liquidation und Unterkapitalisierung, ZGR 2006, 374; *Vogel*, Gesellschafterbeschlüsse und Gesellschafterversammlung, 2. Aufl., 1986.

Übersicht

A. Allgemeines

1 § 49 Abs. 1 überträgt den **Geschäftsführern** die **Zuständigkeit für die Einberufung** der Gesellschafterversammlung. Die Gesellschafter können die Einberufung verlangen, wenn sie ein Quorum von 10 % des Stammkapitals erreichen (§ 50 Abs. 1). Anderen Organen kann die Einberufungszuständigkeit durch Satzung übertragen werden (unten Rdn. 18). Die **Form** der Einberufung regelt § 51. Eine förmliche Einberufung ist entbehrlich, wenn alle Gesellschafter darauf verzichten (§ 51 GmbHG Rdn. 24 ff.).

2 Die Geschäftsführer entscheiden nach pflichtgemäßem **Ermessen** (§ 43 GmbHG Rdn. 19, 24 ff.), ob eine Einberufung sinnvoll ist; sie wägen dabei insb. die Bedeutung der Angelegenheit mit dem zeitlichen und finanziellen Aufwand einer Versammlung ab.[1] Nicht immer, wenn die Gesellschafter für eine Angelegenheit zuständig sind, bedarf es einer Versammlung. Im Einzelfall kann auch schriftliche Beschlussfassung ausreichen (zu den Ausnahmen: § 48 GmbHG Rdn. 26). Eine **Einberufungspflicht** besteht, wenn es das Interesse der Gesellschaft erfordert (§ 49 Abs. 2), insb. wenn die Hälfte des Stammkapitals verloren ist (§ 49 Abs. 3) und wenn eine Minderheit gem. § 50 Abs. 1 die Einberufung verlangt.

3 Die Einberufung wird von einigen Autoren als Willenserklärung verstanden.[2] Die entsprechenden Vorschriften des BGB (z.B. Irrtumsanfechtung nach § 119, Zugang nach § 130) passen aber nicht. Zudem führt die Einberufung als solche keine Rechtsfolge herbei; sie ist lediglich Verfahrensvoraussetzung für eine ordnungsgemäße Beschlussfassung. Die herrschende Meinung nimmt daher zu Recht eine **innergesellschaftliche Verfahrenshandlung** an, die eigenen Regeln folgt.[3]

B. Einberufungsbefugnis

I. Einberufungsberechtigte Personen und Organe

4 Die von § 49 Abs. 1 verliehene Einberufungsbefugnis steht **jedem Geschäftsführer** alleine zu, auch wenn gemeinsame Geschäftsführung oder Vertretung besteht.[4] Auch ein nur faktischer Geschäftsführer (§ 6

---

1 *Bayer*, in: Lutter/Hommelhoff, GmbHG, § 49 Rn. 11; *Hüffer/Schürnbrand*, in: Ulmer/Habersack/Löbbe, GmbHG, § 49 Rn. 15; § 49 Rn. 2; *Römermann*, in: Michalski, GmbHG, § 49 Rn. 70; *Seibt*, in: Scholz, GmbHG, § 49 Rn. 20; *Zöllner/Noack*, in: Baumbach/Hueck, GmbHG, § 49 Rn. 14.

2 *Römermann*, in: Michalski, GmbHG, § 49 Rn. 16; *van Venrooy*, GmbHR 2000, 166, 173 f.

3 *Hüffer/Schürnbrand*, in: Ulmer/Habersack/Löbbe, GmbHG, § 49 Rn. 2; *Liebscher*, in: MünchKommGmbHG, § 49 Rn. 8; *Seibt*, in: Scholz, GmbHG, § 49 Rn. 3; *Zöllner/Noack*, in: Baumbach/Hueck, GmbHG, § 49 Rn. 2; BGHZ 100, 264, 267 (Zugang nicht i.S.d. § 130 BGB).

4 BGH, GmbHR 2017, 188; OLG Düsseldorf, GmbHR 2004, 572, 578; BayObLG, GmbHR 1999, 984, 985; OLG Frankfurt am Main, GmbHR 1976, 110 f. Die Einzelbefugnis entspricht der Einzelverantwortung gem. § 43 Abs. 1 (*Hüffer/Schürnbrand*, in: Ulmer/Habersack/Löbbe, GmbHG, § 49 Rn. 5; *Seibt*, in: Scholz, GmbHG, § 49 Rn. 4). Zusätzliche Bestellung eines Notgeschäftsführers beseitigt Einberufungsbefugnis der anderen Geschäftsführer nicht (OLG München, GmbHR 1994, 406, 408).

GmbHG Rdn. 34) kann einberufen.[5] Ein Geschäftsführer, der nicht im Handelsregister eingetragen ist, kann wirksam einberufen, da die Eintragung nur deklaratorischer Natur ist.[6] Steht eine Person als Geschäftsführer im Handelsregister, ohne Geschäftsführer zu sein (etwa wegen fehlerhafter Bestellung, zwischenzeitlicher Abberufung oder Amtsniederlegung), soll sie nach teilweise vertretener Ansicht einberufungsbefugt sein (§ 121 Abs. 2 Satz 2 AktG analog).[7] Die Analogie zum Aktienrecht passt jedoch nicht.[8] Denn ein GmbH-Gesellschafter hat im Zweifel eher von der Abberufung oder Amtsniederlegung Kenntnis als vom Inhalt des Handelsregisters; er wird die Einberufung daher zu Recht als irrelevant ansehen.

Die Literatur ist gespalten hinsichtlich der Frage, ob der Geschäftsführer die Einberufung **persönlich** 5
vornehmen muss.[9] Die Rechtsprechung lässt die Erledigung der Einberufung durch Dritte zu, sofern der Geschäftsführer als Urheber erkennbar ist.[10] Das entspricht dem Wesen der Einberufung als innergesellschaftliche Verfahrenshandlung, deren konkrete Wahrnehmung – einschließlich der Zuhilfenahme Dritter – in der Eigenverantwortung (§ 43 Abs. 1) des Geschäftsführers steht (o. Rdn. 2). Zur Vermeidung von Unklarheiten ist dennoch die persönliche Einberufung zu empfehlen.

Einzelne **Gesellschafter** müssen das Verfahren nach § 50 Abs. 3 einhalten (§ 50 GmbHG 6
Rdn. 12 ff.). Alle Gesellschafter gemeinsam können ohne Einberufung eine Vollversammlung abhalten (§ 51 GmbHG Rdn. 24 ff.) oder selbst die Einberufung vornehmen;[11] daran ist dann auch der Geschäftsführer gebunden.[12] Auch einvernehmliche Vertagung ist möglich; ein nur mehrheitlicher Beschluss kann als Weisung (§ 37 GmbHG Rdn. 11 ff.) gedeutet werden.[13] Der Alleingesellschafter bedarf für seine Beschlüsse (§ 48 GmbHG Rdn. 30 ff.) keiner Einberufung.[14]

Für den obligatorischen **Aufsichtsrat** in der mitbestimmten GmbH gilt § 111 Abs. 3 AktG (§ 52 7
GmbHG Rdn. 131, 59): Er kann durch Beschluss mit einfacher Mehrheit eine Gesellschafterversammlung einberufen, wenn das Wohl der Gesellschaft es fordert. Dasselbe gilt für den fakultativen Aufsichtsrat (§ 52 Abs. 1), soweit die Satzung nichts anderes regelt (§ 52 GmbHG Rdn. 59).[15] In

5 OLG Düsseldorf, GmbHR 2004, 572, 578; LG Mannheim, NZG 2008, 111, 112; *Hüffer/Schürnbrand*, in: Ulmer/Habersack/Löbbe, GmbHG, § 49 Rn. 6; *Seibt*, in: Scholz, GmbHG, § 49 Rn. 5; a.A. *Ganzer*, in: Rowedder/Schmidt-Leithoff, GmbHG, § 49 Rn. 3.

6 KG Berlin, GmbHR 2020, 951, 953.

7 OLG Düsseldorf, GmbHR 2004, 572, 578; AG Syke, GmbHR 1985, 26, 27; *Bayer*, in: Lutter/Hommelhoff, GmbHG, § 49 Rn. 2; *Bayer/Illgardt*, NZG 2017, 801 ff.; *Ganzer*, in: Rowedder/Schmidt-Leithoff, GmbHG, § 49 Rn. 3; *Liebscher*, in: MünchKommGmbHG, § 49 Rn. 15; ders. GmbHR 2017, 497, 500; *Seibt*, in: Scholz, GmbHG, § 49 Rn. 5, fordert zusätzlich, dass der (Schein-) Geschäftsführer das Amt auch ausgeübt haben muss.

8 BGH, GmbHR 2017, 188 (= BB 2017, 207, m. zust. Anm. Teichmann). Weiterhin *Hüffer/Schürnbrand*, in: Ulmer/Habersack/Löbbe, GmbHG, § 49 Rn. 7; *Römermann*, in: Michalski, GmbHG, § 49 Rn. 26; *Wicke*, GmbHG, § 49 Rn. 2; *Zöllner/Noack*, in: Baumbach/Hueck, GmbHG, § 49 Rn. 3.

9 *Seibt*, in: Scholz, GmbHG, § 49 Rn. 12, lehnt jede Form der Delegation ab. *Hüffer/Schürnbrand*, in: Ulmer/Habersack/Löbbe, GmbHG, § 49 Rn. 11, folgen dem, wollen aber gestatten, dass die technische Abwicklung einem Dritten »botenähnlich« überlassen werde (ähnlich: *Bayer*, in: Lutter/Hommelhoff, GmbHG, § 49 Rn. 4). Für weitreichende Delegationsmöglichkeit: *van Venrooy*, GmbHR 2000, 166 ff.; zustimmend *Römermann*, in: Michalski, GmbHG, § 49 Rn. 65; *Zöllner/Noack*, in: Baumbach/Hueck, GmbHG, § 49 Rn. 5.

10 BGH, GmbHR 1962, 28; OLG Hamm, NZG 2020, 986, 989; OLG Hamm, GmbHR 1995, 736, 737; OLG Düsseldorf, GmbHR 2004, 572, 578. In diesem Sinne auch *Liebscher*, in: MünchKomm, GmbHG, § 49 Rn. 33 (Entscheidung über Einberufung muss beim Geschäftsführer liegen).

11 OLG München, GmbHR 2002, 858; OLG München, BB 1994, 1307; *Hüffer/Schürnbrand*, in: Ulmer/Habersack/Löbbe, GmbHG, § 49 Rn. 10; *Seibt*, in: Scholz, GmbHG, § 49 Rn. 9.

12 OLG München, GmbHR 2002, 858.

13 *Seibt*, in: Scholz, GmbHG, § 49 Rn. 10.

14 *Hüffer/Schürnbrand*, in: Ulmer/Habersack/Löbbe, GmbHG, § 49 Rn. 10; *Roth*, in: Roth/Altmeppen, GmbHG, § 49 Rn. 6.

15 *Bayer*, in: Lutter/Hommelhoff, GmbHG, § 49 Rn. 6; *Hüffer/Schürnbrand*, in: Ulmer/Habersack/Löbbe, GmbHG, § 49 Rn. 8; *Seibt*, in: Scholz, GmbHG, § 49 Rn. 7; *Zöllner/Noack*, in: Baumbach/Hueck, GmbHG, § 52 Rn. 115.

der Liquidation übernehmen die **Liquidatoren** (§ 66) die Aufgaben der Geschäftsführer.[16] Ein gerichtlich bestellter Notliquidator ist allerdings nur für dringende Maßnahmen zuständig, wozu eine Gesellschafterversammlung i.d.R. nicht zählt.[17] Der **Insolvenzverwalter** hat nach herrschender Meinung keine eigene Einberufungsbefugnis.[18] Sonstigen Dritten steht generell keine Einberufungsbefugnis zu, soweit die Satzung nichts anderes regelt (unten Rdn. 18).[19] Wenn der Alleingeschäftsführer stirbt und die Bestellung eines neuen Geschäftsführers nicht möglich ist, kann analog § 29 BGB ein **Notgeschäftsführer** bestellt werden, um eine Gesellschafterversammlung einzuberufen.[20]

II. Reichweite der Einberufungsbefugnis

8 Der Einberufungsberechtigte kann Ort, Zeit oder Tagesordnung der Versammlung **modifizieren.**[21] Wer berechtigterweise die Einberufung einer Versammlung vornimmt, ist auch für deren **Absage** zuständig.[22] Das gilt selbst für die Einberufung auf Gesellschafterverlangen gem. § 50 Abs. 1;[23] die Gesellschafter müssen dann ggf. nach § 50 Abs. 3 selbst einberufen (§ 50 GmbHG Rdn. 12 ff.). Außerdem umfasst die Einberufungsberechtigung die Kompetenz, sich von vornherein für ein Beschlussverfahren **ohne Versammlung** (§ 48 GmbHG Rdn. 22 ff.) zu entscheiden.[24]

III. Rechtsfolgen bei fehlerhafter Einberufung

9 Wurde eine Gesellschafterversammlung durch eine hierzu nicht befugte Person einberufen, sind alle dort gefassten Beschlüsse **nichtig** (§ 241 Nr. 1 AktG analog),[25] sofern nicht ausnahmsweise eine Vollversammlung vorliegt (§ 51 GmbHG Rdn. 24 ff.).

10 Die Einberufung kann auch fehlerhaft sein, wenn eine Versammlung nicht erforderlich ist, so etwa wenn ein schriftliches Verfahren ausgereicht hätte (o. Rdn. 2). Dann liegt zwar eine **Pflichtverletzung** der Geschäftsführer vor, der Fehler hat aber keinen Einfluss auf die Wirksamkeit der gefassten Beschlüsse.[26]

C. Einberufungspflicht

I. Ausdrücklich bestimmte Fälle

11 Die Geschäftsführer entscheiden über die Einberufung grds. nach freiem Ermessen (o. Rdn. 2). In »ausdrücklich bestimmten Fällen« (§ 49 Abs. 2 Halbs. 1) besteht allerdings eine Einberufungspflicht. Das gilt für die im **Gesetz** geregelten (§ 49 Abs. 3 und § 50 Abs. 1)[27] sowie für die in der **Satzung**

---

16 *Hüffer/Schürnbrand*, in: Ulmer/Habersack/Löbbe, GmbHG, § 49 Rn. 4; *Seibt*, in: Scholz, GmbHG, § 49 Rn. 6.

17 OLG München, GmbHR 2005, 1431 ff.

18 *Hüffer/Schürnbrand*, in: Ulmer/Habersack/Löbbe, GmbHG, § 49 Rn. 4; *Liebscher*, in: MünchKommGmbHG, § 49 Rn. 31; *Römermann*, in: Michalski, GmbHG, § 49 Rn. 31; *Seibt*, in: Scholz, GmbHG, § 49 Rn. 6. Für Einberufungsrecht (teilweise nur in Ausnahmefällen): *Altmeppen*, in: Roth/Altmeppen, GmbHG, § 49 Rn. 7; *Bayer*, in: Lutter/Hommelhoff, GmbHG, § 49 Rn. 3; *Wicke*, GmbHG, § 49 Rn. 2; *Zöllner/Noack*, in: Baumbach/Hueck, GmbHG, § 49 Rn. 3.

19 OLG Saarbrücken, GmbHR 2006, 987, 989; *Bayer*, in: Lutter/Hommelhoff, GmbHG, § 49 Rn. 7; *Hüffer/Schürnbrand*, in: Ulmer/Habersack/Löbbe, GmbHG, § 49 Rn. 12; *Seibt*, in: Scholz, GmbHG, § 49 Rn. 11.

20 OLG Köln, GmbHR 2020, 274, 275 (das Problem war dadurch entstanden, dass auch die Gesellschafter verstorben waren und es keine aktualisierte Gesellschafterliste gab, anhand derer sich ein Gesellschafter zum Zwecke der Einberufung nach § 50 GmbHG hätte legitimieren können).

21 *Bayer*, in: Lutter/Hommelhoff, GmbHG, § 49 Rn. 9a; *Römermann*, in: Michalski, GmbHG, § 49 Rn. 59; *Seibt*, in: Scholz, GmbHG, § 49 Rn. 13.

22 RGZ 166, 129, 133; OLG Hamburg, GmbHR 1997, 795; OLG München, GmbHR 1994, 406, 408; vgl. auch OLG Hamm, DB 1992, 265 (Publikums-KG).

23 OLG Hamburg, GmbHR 1997, 795.

24 *Bayer*, in: Lutter/Hommelhoff, GmbHG, § 49 Rn. 9; *Seibt*, in: Scholz, GmbHG, § 49 Rn. 13; *Zöllner/Noack*, in: Baumbach/Hueck, GmbHG, § 49 Rn. 12.

25 BGHZ 87, 1, 2; BGHZ 11, 231, 236; LG Mannheim, NZG 2008, 111, 112; OLG Saarbrücken, GmbHR 2006, 987, 989; OLG München, GmbHR 2002, 858.

26 *Bayer*, in: Lutter/Hommelhoff, GmbHG, § 49 Rn. 11; *Römermann*, in: Michalski, GmbHG, § 49 Rn. 72; *Zöllner/Noack*, in: Baumbach/Hueck, GmbHG, § 49 Rn. 14.

27 Weitere gesetzlich angeordnete Fälle: §§ 13 Abs. 1 Satz 2, 125 Satz 1, 176 Abs. 1, 193 Abs. 1 Satz 2 UmwG.

vorgesehenen Einberufungsgründe.[28] Dass für eine bestimmte Angelegenheit die Gesellschafter zuständig sind, führt nicht zwingend zur Einberufungspflicht, denn Beschlüsse können auch ohne Versammlung gefasst werden (§ 48 GmbHG Rdn. 22 ff.).[29] Wenn dieses Verfahren scheitert, kann allerdings die Einberufung einer Versammlung notwendig werden.[30] Ob notariell zu beurkundende Beschlüsse zwingend in einer Versammlung gefasst werden müssen, ist umstritten (vgl. § 53 GmbHG Rdn. 24).

II. Einberufung im Gesellschaftsinteresse (§ 49 Abs. 2)

Die Gesellschafterversammlung muss einberufen werden, wenn dies »im Interesse der Gesellschaft«[31] 12
erforderlich »erscheint«.[32] Das gilt bei Angelegenheiten, für welche eine **Zuständigkeit der Gesellschafter** besteht, wenn eine mündliche Erörterung notwendig erscheint oder das schriftliche Verfahren gescheitert ist.[33] Zur Beratung von **Geschäftsführungsmaßnahmen** kann eine Versammlung geboten sein, um den Gesellschaftern die Möglichkeit zur Billigung oder Ablehnung zu geben.[34] Das gilt jedenfalls für außergewöhnliche Geschäfte oder solche mit besonderen Risiken (vgl. § 37 GmbHG Rdn. 4).[35] Wollen die Geschäftsführer das ganze Vermögen der GmbH veräußern, ist eine Einberufung nach § 49 Abs. 2 geboten; die Zustimmung der Gesellschafterversammlung ist allerdings im Gegensatz zum Aktienrecht (vgl. § 179a AktG) keine Wirksamkeitsvoraussetzung.[36] Allgemein ist eine Einberufung geboten, wenn der Gesellschaft andernfalls nicht unerhebliche Nachteile drohen,[37] insb. auch bei nachteiligen Geschäften mit dem Mehrheitsgesellschafter.[38] Bestehen Zweifel an der alleinigen Entscheidungskompetenz der Geschäftsführer, ist gleichfalls eine Einberufung geboten.[39]

III. Verlust der Hälfte des Stammkapitals (§ 49 Abs. 3)

In der unternehmerischen Krise der Gesellschaft besteht regelmäßig schon eine Einberufungspflicht nach 13
§ 49 Abs. 2.[40] Dies konkretisiert § 49 Abs. 3: Eine Gesellschafterversammlung ist einzuberufen, wenn sich aus der Jahresbilanz oder einer Zwischenbilanz der Verlust des hälftigen Stammkapitals ergibt.[41] Der

28 Vgl. BGH, NJW 1973, 1039, 1040, zur Auslegung einer Satzungsklausel, wonach die Gesellschafterversammlung »über die Beteiligung an anderen Unternehmungen« zu beschließen habe.

29 So zutreffend die heute h.M.: *Bayer*, in: Lutter/Hommelhoff, GmbHG, § 49 Rn. 12; *Geißler*, GmbHR 2010, 457, 460; *Hüffer/Schürnbrand*, in: Ulmer/Habersack/Löbbe, GmbHG, § 49 Rn. 17; *Römermann*, in: Michalski, GmbHG, § 49 Rn. 80; *Seibt*, in: Scholz, GmbHG, § 49 Rn. 18; für Einberufungspflicht bei Gesellschafterzuständigkeit *Vogel*, Gesellschafterbeschlüsse, 1986, S. 123 ff., zurückhaltender (»in der Regel«) auch *Altmeppen*, in: Roth/Altmeppen, GmbHG, § 49 Rn. 14 sowie *Eickhoff*, Gesellschafterversammlung, 2006, S. 15 f. (Rn. 54).

30 *Bayer*, in: Lutter/Hommelhoff, GmbHG, § 49 Rn. 12; *Hüffer/Schürnbrand*, in: Ulmer/Habersack/Löbbe, GmbHG, § 49 Rn. 17. Maßstab ist in diesem Fall das Gesellschaftsinteresse (so zutreffend *Römermann*, in: Michalski, GmbHG, § 49 Rn. 80).

31 Zur vergleichbaren Wortwahl (»Wohl der Gesellschaft«) in § 111 Abs. 3 Satz 1 AktG: *Habersack*, in: MünchKommAktG, § 111 Rn. 90 f.

32 Die Formulierung »erscheint« legt Ausübung pflichtgemäßen Ermessens durch den Geschäftsführer nahe (*Seibt*, in: Scholz, GmbHG, § 49 Rn. 20).

33 *Ganzer*, in: Rowedder/Schmidt-Leithoff, GmbHG, § 49 Rn. 9; *Hüffer/Schürnbrand*, in: Ulmer/Habersack/Löbbe, GmbHG, § 49 Rn. 21.

34 Vgl. die beispielhafte Aufzählung bei *Seibt*, in: Scholz, GmbHG, § 49 Rn. 22.

35 BGH, GmbHR 2019, 528, 533 f. (Rn. 37); BGH, NJW 1984, 1461, 1462; OLG Karlsruhe, NZG 2000, 264, 267; OLG Stuttgart, GmbHR 2013, 535, 540.

36 BGH, GmbHR 2019, 528 ff.

37 *Zöllner/Noack*, in: Baumbach/Hueck, GmbHG, § 49 Rn. 17.

38 *Hüffer/Schürnbrand*, in: Ulmer/Habersack/Löbbe, GmbHG, § 49 Rn. 21.

39 *Seibt*, in: Scholz, GmbHG, § 49 Rn. 22; *Römermann*, in: Michalski, GmbHG, § 49 Rn. 92. Die hierzu häufig zitierte Entscheidung BGH, NJW 1984, 1461, 1462, betrifft allerdings nicht Zweifel an der Kompetenz, sondern Zweifel daran, ob die Gesellschafter zustimmen würden – was erst recht eine Einberufungspflicht begründet (so auch OLG Stuttgart, GmbHR 2013, 535, 540).

40 *Bayer*, in: Lutter/Hommelhoff, GmbHG, § 49 Rn. 13; *Seibt*, in: Scholz, GmbHG, § 49 Rn. 23; *Veil*, ZGR 2006, 374, 381 f.

41 Entscheidend ist das in der Satzung festgelegte Stammkapital (*Bayer*, in: Lutter/Hommelhoff, GmbHG, § 49 Rn. 15; *Hüffer/Schürnbrand*, in: Ulmer/Habersack/Löbbe, GmbHG, § 49 Rn. 22).

Geschäftsführer muss die wirtschaftliche Entwicklung laufend überwachen und sich ggf. durch Aufstellen einer Zwischenbilanz Klarheit verschaffen.[42] In offensichtlichen Fällen kann auf die Bilanzerstellung verzichtet werden (»Bilanz im Kopf des Geschäftsführers«).[43] Die Einberufung dient der **Information der Gesellschafter** und soll ihnen die Möglichkeit zur Krisenbewältigung geben, ohne dass sie verpflichtet wären, dann auch konkrete Maßnahmen zu ergreifen.[44] In der Unternehmergesellschaft besteht abweichend (§ 5a Abs. 4) eine Einberufungspflicht bei Zahlungsunfähigkeit (§ 5a GmbHG Rdn. 30 ff.).

14 Die Einberufungspflicht nach § 49 Abs. 3 setzt voraus, dass das Reinvermögen der Gesellschaft nicht mehr die Hälfte des Stammkapitals deckt.[45] Dabei ist von den **Ansatz- und Bewertungsregeln** der Jahresbilanz (§§ 252 ff. HGB) auszugehen (vgl. aber die insolvenzrechtliche Überschuldungsprüfung; beachte außerdem die Strafbarkeit gem. § 84).[46] Stille Reserven können nur nach den Grundsätzen des Jahresabschlusses aufgelöst werden.[47] Gesellschafterdarlehen sind zu passivieren; das gilt auch bei Rangrücktrittserklärung,[48] da die Einberufung der Kriseninformation der Gesellschafter dient. Eigene Anteile werden nicht aktiviert.[49]

15 Nach herrschender Meinung kann der Geschäftsführer in Abweichung vom Jahresabschluss Liquidationswerte ansetzen, wenn mit dem Fortbestand des Unternehmens nicht gerechnet werden kann (negative **Fortführungsprognose**);[50] nach a.A. gelten stets nur die Ansätze des Jahresabschlusses.[51] Der Streit kann hier dahinstehen.[52] Denn bei negativer Fortführungsprognose ist in jedem Fall eine Gesellschafterversammlung einzuberufen (ggf. nach § 49 Abs. 2), bei der dann auch zu beraten ist, ob die Bilanzansätze realistisch sind.

16 Die Versammlung muss im Fall des § 49 Abs. 3 **unverzüglich** einberufen werden und zeitnah stattfinden.[53] Insoweit steht dem Geschäftsführer kein Ermessen zu.[54] Ein Verfahren nach § 48 Abs. 2 oder eine bloße Verlustanzeige (§ 84 Abs. 1) genügen nicht.[55] Einzelne Gesellschafter können die

42 BGH, GmbHR 1995, 299, 300. Zur Risikofrüherkennung: *Drygala/Drygala*, ZIP 2000, 297 ff.; *Hommelhoff*, FS Sandrock, S. 373 ff.; *Veil*, ZGR 2006, 374, 376 ff.

43 *W. Müller*, ZGR 1985, 191, 212. Zustimmend: *Bayer*, in: Lutter/Hommelhoff, GmbHG, § 49 Rn. 16; *Zöllner/Noack*, in: Baumbach/Hueck, GmbHG, § 49 Rn. 20.

44 *Bayer*, in: Lutter/Hommelhoff, GmbHG, § 49 Rn. 14; *Seibt*, in: Scholz, GmbHG, § 49 Rn. 23, 30; *Veil*, ZGR 2006, 374, 381, 384.

45 BGH, WM 1958, 1416 (zur AG); *Seibt*, in: Scholz, GmbHG, § 49 Rn. 23.

46 *Bayer*, in: Lutter/Hommelhoff, GmbHG, § 49 Rn. 15; *Haas*, in: Baumbach/Hueck, GmbHG, § 84 Rn. 11; *Hüffer/Schürnbrand*, in: Ulmer/Habersack/Löbbe, GmbHG, § 49 Rn. 24; *Römermann*, in: Michalski, GmbHG, § 49 Rn. 105 ff.; *Roth*, in: Roth/Altmeppen, GmbHG, § 49 Rn. 13; *Seibt*, in: Scholz, GmbHG, § 49 Rn. 24.

47 Näher: *W. Müller*, ZGR 1985, 191, 204 ff.; *Priester*, ZGR 1999, 533, 540; für weiter gehende Berücksichtigung stiller Reserven offenbar BGH, WM 1958, 1416, 1417.

48 *Bayer*, in: Lutter/Hommelhoff, GmbHG, § 49 Rn. 15; *Hüffer/Schürnbrand*, in: Ulmer/Habersack/Löbbe, GmbHG, § 49 Rn. 25; *W. Müller*, ZGR 1985, 191, 208; *Priester*, ZGR 1999, 533, 545; *Römermann*, in: Michalski, GmbHG, § 49 Rn. 114; enger (keine Passivierung bei pactum de non petendo) *Seibt*, in: Scholz, GmbHG, § 49 Rn. 24.

49 *Bayer*, in: Lutter/Hommelhoff, GmbHG, § 49 Rn. 15; *Seibt*, in: Scholz, GmbHG, § 49 Rn. 24; *W. Müller*, ZGR 1985, 191, 207; a.A. *Haas*, in: Baumbach/Hueck, GmbHG, § 84 Rn. 11.

50 *Bayer*, in: Lutter/Hommelhoff, GmbHG, § 49 Rn. 15; *Hüffer/Schürnbrand*, in: Ulmer/Habersack/Löbbe, GmbHG, § 49 Rn. 26; *Liebscher*, in: MünchKommGmbHG, § 49 Rn. 58; *W. Müller*, ZGR 1985, 191, 203; *Römermann*, in: Michalski, GmbHG, § 49 Rn. 108.

51 *Haas*, in: Baumbach/Hueck, GmbHG, § 84 Rn. 10; *Seibt*, in: Scholz, GmbHG, § 49 Rn. 24.

52 Bedeutung kommt ihm zu hinsichtlich der Frage, ob sich ein Geschäftsführer nach § 84 Abs. 1 strafbar gemacht hat, vgl. § 84 GmbHG Rdn. 4.

53 *Bayer*, in: Lutter/Hommelhoff, GmbHG, § 49 Rn. 17; *Hüffer/Schürnbrand*, in: Ulmer/Habersack/Löbbe, GmbHG, § 49 Rn. 28; *Liebscher*, in: MünchKommGmbHG, § 49 Rn. 62; *Seibt*, in: Scholz, GmbHG, § 49 Rn. 29; *Zöllner/Noack*, in: Baumbach/Hueck, GmbHG, § 49 Rn. 21.

54 *Bayer*, in: Lutter/Hommelhoff, GmbHG, § 49 Rn. 17; *Hüffer/Schürnbrand*, in: Ulmer/Habersack/Löbbe, GmbHG, § 49 Rn. 28; *Liebscher*, in: MünchKommGmbHG, § 49 Rn. 62; *Seibt*, in: Scholz, GmbHG, § 49 Rn. 29.

55 *Bayer*, in: Lutter/Hommelhoff, GmbHG, § 49 Rn. 17; *Hüffer/Schürnbrand*, in: Ulmer/Habersack/Löbbe, GmbHG, § 49 Rn. 28; *Liebscher*, in: MünchKommGmbHG, § 49 Rn. 64; *Seibt*, in: Scholz, GmbHG,

Einberufung notfalls erzwingen.[56] Die Einberufung kann nur unterbleiben, wenn alle Gesellschafter in Kenntnis der Sachlage darauf verzichten.[57] Die Einberufung verliert ihren Sinn, wenn bereits Insolvenzantrag gestellt worden ist.[58]

Der Geschäftsführer kann bei Verletzung der Einberufungspflicht ggü. der Gesellschaft zum **Schadensersatz** verpflichtet sein (§ 43 Abs. 2), nicht aber ggü. den Gläubigern.[59] Deren Schutz dient die Insolvenzantragspflicht (§ 15a InsO), die Schutzgesetz i.S.d. § 823 Abs. 2 BGB ist. Zu beachten ist auch die **Strafbarkeit** nach § 84 Abs. 1. 17

D. Satzungsregelungen

Die **Einberufungsbefugnis** kann anderen Organen (z.B. Beirat) oder Personen (z.B. Prokurist oder Bank) zugewiesen werden.[60] Die Geschäftsführer sollten daneben zuständig bleiben; eine Mehrheit von Autoren hält deren Einberufungskompetenz für zwingend.[61] Einschränkungen, wie Gesamtvertretung mehrerer oder Gesamtzuständigkeit aller Geschäftsführer, werden teilweise zugelassen.[62] 18

Die Satzung kann auch eigene **Einberufungsgründe** festlegen. Die Einberufungspflicht im Gesellschaftsinteresse (§ 49 Abs. 2) kann modifiziert werden, etwa durch Regelbeispiele für außergewöhnliche Geschäfte (vgl. o. Rdn. 11), ist aber nicht gänzlich abdingbar.[63] Die Einberufungspflicht bei hälftigem Verlust des Stammkapitals (§ 49 Abs. 3) ist zwingend.[64] 19

---

§ 49 Rn. 28; *Zöllner/Noack*, in: Baumbach/Hueck, GmbHG, § 49 Rn. 21. A.A. *Wicke*, GmbHG, § 49 Rn. 4, mit dem Hinweis, die Gesellschafter könnten sich jederzeit austauschen.

56 *Hüffer/Schürnbrand*, in: Ulmer/Habersack/Löbbe, GmbHG, § 49 Rn. 30; *Seibt*, in: Scholz, GmbHG, § 49 Rn. 34.

57 *Bayer*, in: Lutter/Hommelhoff, GmbHG, § 49 Rn. 17; *Hüffer/Schürnbrand*, in: Ulmer/Habersack/Löbbe, GmbHG, § 49 Rn. 28; *Liebscher*, in: MünchKommGmbHG, § 49 Rn. 64; *Römermann*, in: Michalski, GmbHG, § 49 Rn. 127; *Seibt*, in: Scholz, GmbHG, § 49 Rn. 27 f.; *Zöllner/Noack*, in: Baumbach/Hueck, GmbHG, § 49 Rn. 21.

58 *Bayer*, in: Lutter/Hommelhoff, GmbHG, § 49 Rn. 17.

59 *Bayer*, in: Lutter/Hommelhoff, GmbHG, § 49 Rn. 22; *Hüffer/Schürnbrand*, in: Ulmer/Habersack/Löbbe, GmbHG, § 49 Rn. 31; *Seibt*, in: Scholz, GmbHG, § 49 Rn. 35.

60 *Bayer*, in: Lutter/Hommelhoff, GmbHG, § 49 Rn. 8; *Hüffer/Schürnbrand*, in: Ulmer/Habersack/Löbbe, GmbHG, § 49 Rn. 33; *Liebscher*, in: MünchKommGmbHG, § 49 Rn. 36; *Römermann*, in: Michalski, GmbHG, § 49 Rn. 53; *Seibt*, in: Scholz, GmbHG, § 49 Rn. 15; *Zöllner/Noack*, in: Baumbach/Hueck, GmbHG, § 49 Rn. 9.

61 *Ganzer*, in: Rowedder/Schmidt-Leithoff, GmbHG, § 49 Rn. 2, *Hüffer/Schürnbrand*, in: Ulmer/Habersack/Löbbe, GmbHG, § 49 Rn. 33 und *Zöllner/Noack*, in: Baumbach/Hueck, GmbHG, § 49 Rn. 4, treten für eine zwingende Kompetenz jedes einzelnen Geschäftsführers ein. *Bayer*, in: Lutter/Hommelhoff, GmbHG, § 49 Rn. 8, *Wicke*, GmbHG, § 49 Rn. 5, und wohl auch *Seibt*, in: Scholz, GmbHG, § 49 Rn. 15, bejahen zumindest eine zwingende Kompetenz der Geschäftsführer insgesamt. Mit guten Gründen kritisch ggü. diesen Abweichungen vom Grundsatz des § 45 Abs. 2: *Römermann*, in: Michalski, GmbHG, § 49 Rn. 52 und *Liebscher*, in: MünchKommGmbHG, § 49 Rn. 38 (Ausschluss der Geschäftsführer zulässig, soweit an deren Stelle eine andere Person die Kompetenz erhält).

62 *Bayer*, in: Lutter/Hommelhoff, GmbHG, § 49 Rn. 8; *Liebscher*, in: MünchKommGmbHG, § 49 Rn. 37; *Seibt*, in: Scholz, GmbHG, § 49 Rn. 15. A.A. *Ganzer*, in: Rowedder/Schmidt-Leithoff, GmbHG, § 49 Rn. 2, *Hüffer/Schürnbrand*, in: Ulmer/Habersack/Löbbe, GmbHG, § 49 Rn. 33, und *Zöllner/Noack*, in: Baumbach/Hueck, GmbHG, § 49 Rn. 4, die Individualkompetenz für zwingend halten, sowie *Römermann*, in: Michalski, GmbHG, § 49 Rn. 58, der meint, wenn die Geschäftsführer zuständig seien, müsse jeder von ihnen das Recht zur Einberufung haben.

63 *Bayer*, in: Lutter/Hommelhoff, GmbHG, § 49 Rn. 20; *Hüffer/Schürnbrand*, in: Ulmer/Habersack/Löbbe, GmbHG, § 49 Rn. 33; *Seibt*, in: Scholz, GmbHG, § 49 Rn. 32; *Zöllner/Noack*, in: Baumbach/Hueck, GmbHG, § 49 Rn. 22. A.A. *Römermann*, in: Michalski, GmbHG, § 49 Rn. 142, und wohl auch *Wicke*, GmbHG, § 49 Rn. 6.

64 *Bayer*, in: Lutter/Hommelhoff, GmbHG, § 49 Rn. 20; *Hüffer/Schürnbrand*, in: Ulmer/Habersack/Löbbe, GmbHG, § 49 Rn. 34; *Liebscher*, in: MünchKommGmbHG, § 49 Rn. 71; *Seibt*, in: Scholz, GmbHG, § 49 Rn. 32; *Zöllner/Noack*, in: Baumbach/Hueck, GmbHG, § 49 Rn. 22; *Römermann*, in: Michalski, GmbHG, § 49 Rn. 144; *Wicke*, GmbHG, § 49 Rn. 6.

§ 50 Minderheitsrechte

(1) Gesellschafter, deren Geschäftsanteile zusammen mindestens dem zehnten Teil des Stammkapitals entsprechen, sind berechtigt, unter Angabe des Zwecks und der Gründe die Berufung der Versammlung zu verlangen.

(2) In gleicher Weise haben die Gesellschafter das Recht zu verlangen, dass Gegenstände zur Beschlussfassung der Versammlung angekündigt werden.

(3) [1]Wird dem Verlangen nicht entsprochen oder sind Personen, an welche dasselbe zu richten wäre, nicht vorhanden, so können die in Absatz 1 bezeichneten Gesellschafter unter Mitteilung des Sachverhältnisses die Berufung oder Ankündigung selbst bewirken. [2]Die Versammlung beschließt, ob die entstandenen Kosten von der Gesellschaft zu tragen sind.

Schrifttum

Altmeppen, Einberufung der Gesellschafterversammlung einer GmbH auf Verlangen der Minderheit, GmbHR 2017, 788; *Bochmann,* Statutarische Konfliktvorsorge im Hinblick auf das Verfahren der Gesellschafterversammlung, GmbHR 2017, 558; *Cahn,* Bescheidungsanspruch des Minderheitsgesellschafters und Treuepflicht in der GmbH, GmbHR 2015, 67; *Goette,* »Nichtbefassungsbeschluß« und § 50 GmbHG, in: Habersack/Hommelhoff/Hüffer/K. Schmidt (Hrsg.), Festschrift für Peter Ulmer, 2003, S. 129; *Haglmüller,* Die Ergänzung der Tagesordnung gemäß § 38 Abs 3 GmbHG, GesRZ 2015, 92; *Koehler,* Der Gesellschafterstreit in der paritätischen Zwei-Personen-GmbH (Teil I), GmbHR 2019, 809; *Teichmann,* Vertragsfreiheit im Innenverhältnis der GmbH-Gesellschafter, RNotZ 2013, 346; Wiester, Die Durchführung von Gesellschafterversammlungen bei der zerstrittenen Zweipersonen-GmbH, GmbHR 2008, 189.

Übersicht

A. Überblick

1 Für Gesellschafter, die zusammen mindestens 10 % des Stammkapitals halten, bietet § 50 einen gewissen **Minderheitenschutz**. Sie können die Einberufung einer Gesellschafterversammlung verlangen (Abs. 1) oder eine bereits einberufene Versammlung um Tagesordnungspunkte ergänzen lassen (Abs. 2). Wird dem Verlangen nicht entsprochen, hat die Gesellschafterminderheit ein Selbsthilferecht (Abs. 3). § 50 gilt auch in der Vor-GmbH und während der Liquidation.[1] Eine vergleichbare Norm findet sich in § 38 Abs. 3 des österreichischen GmbH-Gesetzes.[2]

2 Die Vorschrift beruht auf dem Leitbild der Gesellschafterversammlung als Ort der **Willensbildung** (§ 48 GmbHG Rdn. 1). Die Minderheit kann zwar einen Beschluss nicht alleine fassen, soll aber Gelegenheit zur Aussprache im Kreis der Gesellschafter erhalten.

3 Die **Satzung** darf die Minderheitenrechte des § 50 nicht einschränken, sondern allenfalls erweitern (z.B. geringere Quote) oder Modalitäten ihrer Ausübung (z.B. Schriftform) regeln.[3]

1 *Bayer,* in: Lutter/Hommelhoff, GmbHG, § 50 Rn. 4; *Seibt,* in: Scholz, GmbHG, § 50 Rn. 2.
2 Hierzu *Haglmüller,* GesRZ 2015, 92 ff.
3 *Bayer,* in: Lutter/Hommelhoff, GmbHG, § 50 Rn. 4; Bochmann, GmbHR 2017, 558, 561; *Ganzer,* in: Rowedder/Schmidt-Leithoff, GmbHG, § 50 Rn. 2; *Hüffer/Schürnbrand,* in: Ulmer/Habersack/Löbbe, GmbHG, § 50 Rn. 37 f.; *Liebscher,* in: MünchKommGmbHG, § 50 Rn. 74 ff.; *Römermann,* in: Michalski, GmbHG, § 50 Rn. 194; *Seibt,* in: Scholz, GmbHG, § 50 Rn. 6; *Zöllner/Noack,* in: Baumbach/Hueck, GmbHG, § 50 Rn. 2. Kritisch gegenüber einer gänzlichen Unabdingbarkeit *Teichmann,* RNotZ 2013, 346, 351. Zur früheren h.M., die mehr Gestaltungsfreiheit zuließ, s. die Nachw. bei *Römermann,* in: Michalski, GmbHG, § 50 Rn. 193 und OLG Stuttgart, NJW 1974, 1566, 1568.

B. Gesellschafterminderheit von 10 %

Die Rechte des § 50 setzen voraus, dass einer oder mehrere Gesellschafter **mindestens 10 %** des Stammkapitals erreichen. Berechnungsgrundlage ist das satzungsmäßige **Stammkapital**. Daher können auch Gesellschafter, die einem Stimmverbot (§ 47 Abs. 4) unterliegen, die stimmrechtslose Anteile haben oder deren Anteil noch nicht vollständig eingezahlt ist, die Rechte aus § 50 geltend machen.[4] Die 10 %-Quote bestimmt sich im Verhältnis zum Kapitalanteil der übrigen Gesellschafter. Eingezogene Anteile (§ 34) sind abzuziehen. 4

Streitig ist, ob Anteile mitgerechnet werden, die in Händen der Gesellschaft liegen.[5] Nimmt man § 50 wörtlich, kommt es allein auf das nominale Stammkapital an, sodass auch **eigene Anteile** mitzuzählen wären.[6] Nach zutreffender Auffassung bedarf der Wortlaut aber einer teleologischen Reduktion.[7] Da die Rechte aus eigenen Anteilen ruhen (vgl. § 33 GmbHG Rdn. 35), fallen sie für den Konflikt zwischen Gesellschaftermehrheit und -minderheit nicht ins Gewicht und sind vor Ermittlung der Quote abzuziehen. 5

Die Quote muss zum **Zeitpunkt** des Einberufungsverlangens vorliegen und bis zur Durchführung der Gesellschafterversammlung fortbestehen.[8] Sinkt die Quote unter 10 %, ist das Einberufungsverlangen nicht mehr bindend; in diesem Fall entscheidet das zuständige Organ (vgl. § 48 GmbHG Rdn. 4, 18) nach freiem Ermessen über die Einberufung bzw. über eine Absage der Versammlung.[9] 6

C. Einberufungsverlangen

I. Inhalt und Form

Die Gesellschafterminderheit muss den **Zweck** und die **Gründe** für ihr Einberufungsverlangen angeben (§ 50 Abs. 1). Dazu müssen der verlangte Beschlussgegenstand und die Notwendigkeit einer zeitnah einzuberufenden Versammlung dargelegt werden.[10] Fällt der verlangte Beschlussgegenstand nicht in die Kompetenz der Gesellschafterversammlung, richtet sich das Verlangen auf die Fassung eines nicht bindenden Beschlusses.[11] An den Nachweis von Zweck und Gründen sind keine allzu strengen Anforderungen zu stellen. Insb. kann vom Beschlussgegenstand häufig auf die Dringlichkeit geschlossen werden.[12] Wenn keine Dringlichkeit besteht, genügt i.d.R. eine Ergänzung der 7

4 *Bayer*, in: Lutter/Hommelhoff, GmbHG, § 50 Rn. 5; *Hüffer/Schürnbrand*, in: Ulmer/Habersack/Löbbe, GmbHG, § 50 Rn. 2; *Seibt*, in: Scholz, GmbHG, § 50 Rn. 9; *Zöllner/Noack*, in: Baumbach/Hueck, GmbHG, § 50 Rn. 24.

5 Eigene (§ 33) und kaduzierte (§ 21) Anteile sowie aufgegebene Anteile, wenn sie gem. § 27 Abs. 3 der Gesellschaft zugefallen sind.

6 Dies vertreten: *Seibt*, in: Scholz, GmbHG, § 50 Rn. 9; *Römermann*, in: Michalski, GmbHG, § 50 Rn. 37.

7 *Altmeppen*, in: Roth/Altmeppen, GmbHG, § 50 Rn. 9; *Bayer*, in: Lutter/Hommelhoff, GmbHG, § 50 Rn. 5; *Zöllner/Noack*, in: Baumbach/Hueck GmbHG, § 50 Rn. 23; *Hüffer/Schürnbrand*, in: Ulmer/Habersack/Löbbe, GmbHG, § 50 Rn. 8; *Liebscher*, in: MünchKommGmbHG, § 50 Rn. 16; *Wicke*, GmbHG, § 50 Rn. 2.

8 *Bayer*, in: Lutter/Hommelhoff, GmbHG, § 50 Rn. 6; *Hüffer/Schürnbrand*, in: Ulmer/Habersack/Löbbe, GmbHG, § 50 Rn. 2; *Seibt*, in: Scholz, GmbHG, § 50 Rn. 8; *Zöllner/Noack*, in: Baumbach/Hueck, GmbHG, § 50 Rn. 25.

9 Vgl. RGZ 103, 195, 199: Versammlung durch Geschäftsführer ist ordnungsgemäß einberufen, auch wenn Minderheit ihr Verlangen zwischenzeitlich zurückzieht.

10 *Bayer*, in: Lutter/Hommelhoff, GmbHG, § 50 Rn. 7; *Hüffer/Schürnbrand*, in: Ulmer/Habersack/Löbbe, GmbHG, § 50 Rn. 9; *Liebscher*, in: MünchKommGmbHG, § 50 Rn. 45; *Römermann*, in: Michalski, GmbHG, § 50 Rn. 46 ff.; *Seibt*, in: Scholz, GmbHG, § 50 Rn. 14. Zu eng OLG Köln, GmbHR 1999, 296, 297, das Angabe der Tagesordnung verlangt; die Festlegung der Tagesordnung ist Sache des Einberufenden (in diesem Sinne auch *Wicke*, GmbHG, § 50 Rn. 3).

11 *Bayer*, in: Lutter/Hommelhoff, GmbHG, § 50 Rn. 3; *Zöllner/Noack*, in: Baumbach/Hueck, GmbHG, § 50 Rn. 2.

12 *Bayer*, in: Lutter/Hommelhoff, GmbHG, § 50 Rn. 7; *Ganzer*, in: Rowedder/Schmidt-Leithoff, GmbHG, § 50 Rn. 10; *Hüffer/Schürnbrand*, in: Ulmer/Habersack/Löbbe, GmbHG, § 50 Rn. 9; *Seibt*, in: Scholz, GmbHG, § 50 Rn. 14.

Tagesordnung nach § 50 Abs. 2.[13] Das Erreichen des 10 %igen Quorums ergibt sich aus der Gesellschafterliste (§ 16 Abs. 1) und muss daher zumeist nicht eigens nachgewiesen werden.[14]

8 Das Verlangen kann **formlos** gestellt werden;[15] aus Beweisgründen ist Schriftform aber empfehlenswert. Handelt für die Minderheit ein Bevollmächtigter, kann das Verlangen bei Fehlen einer Vollmachtsurkunde zurückgewiesen werden (§ 174 BGB analog);[16] für die Vollmacht genügt in Analogie zu § 47 Abs. 3 die Textform des § 126b BGB.[17] Adressat des Einberufungsverlangens ist die Gesellschaft, vertreten durch die Geschäftsführer.[18] Ist ein anderes Organ einberufungsberechtigt (§ 49 GmbHG Rdn. 18), kann das Verlangen diesem auch direkt übermittelt werden.[19]

II. Einberufungspflicht

9 Bei einem ordnungsgemäßen Verlangen sind die Geschäftsführer (oder andere zuständige Organe, § 49 GmbHG Rdn. 18) zur Einberufung verpflichtet. Sie haben kein materielles Prüfungsrecht hinsichtlich der vorgebrachten Einberufungsgründe und dürfen allenfalls ein offensichtlich treuwidriges oder unsinniges Verlangen zurückweisen.[20] Dem Einberufungsverlangen ist in **angemessener Frist** nachzukommen. Was angemessen ist, hängt vom Einzelfall ab;[21] ein Monat bildet im Regelfall die Obergrenze.[22] Der Einberufung muss sodann zeitnah die Gesellschafterversammlung folgen. Welche Ladungsfrist hierfür angemessen ist, hängt wiederum vom Einzelfall, insb. von Zahl und Wohnort der Gesellschafter, ab.[23] Die Wochenfrist des § 51 Abs. 1 Satz 2 ist immer angemessen, regelmäßig auch eine in der Satzung festgelegte Frist.[24] Nach Verstreichen der angemessenen

---

13 Daher zu weit gehend *Masuch*, in: Bork/Schäfer, GmbHG, § 50 Rn. 4, der für § 50 Abs. 1 auf jede Darlegung von Dringlichkeit verzichten will. Denn jedenfalls müssen nach § 50 Abs. 1 »Gründe« genannt werden, die das Verlangen rechtfertigen.

14 Zutreffend *Masuch*, in: Bork/Schäfer, GmbHG, § 50 Rn. 4; die Gegenauffassung, die eine Legimitation der Minderheitsgesellschafter fordert (*Römermann*, in: Michalski, GmbHG, § 50 Rn. 46), ist nach der Neufassung des § 16 Abs. 1 nicht mehr überzeugend (aufgegeben daher von *Bayer*, in: Lutter/Hommelhoff, GmbHG, § 50 Rn. 7).

15 OLG Saarbrücken, GmbHR 2006, 987, 989; *Hüffer/Schürnbrand*, in: Ulmer/Habersack/Löbbe, GmbHG, § 50 Rn. 11; *Bayer*, in: Lutter/Hommelhoff, GmbHG, § 50 Rn. 7; *Seibt*, in: Scholz, GmbHG, § 50 Rn. 13; *Zöllner/Noack*, in: Baumbach/Hueck, GmbHG, § 50 Rn. 5; *Römermann*, in: Michalski, GmbHG, § 50 Rn. 38.

16 *Hüffer/Schürnbrand*, in: Ulmer/Habersack/Löbbe, GmbHG, § 50 Rn. 12; *Römermann*, in: Michalski, GmbHG, § 50 Rn. 42; *Seibt*, in: Scholz, GmbHG, § 50 Rn. 13; *Zöllner/Noack*, in: Baumbach/Hueck, GmbHG, § 50 Rn. 5.

17 *Bayer*, in: Lutter/Hommelhoff, GmbHG, § 50 Rn. 7; *Hüffer/Schürnbrand*, in: Ulmer/Habersack/Löbbe, GmbHG, § 50 Rn. 12; *Seibt*, in: Scholz, GmbHG, § 50 Rn. 13. *Römermann*, in: Michalski, GmbHG, § 50 Rn. 42, und *Zöllner/Noack*, in: Baumbach/Hueck, GmbHG, § 50 Rn. 5, wollen Nachweis auch in jeder anderen Form zulassen.

18 OLG Saarbrücken, GmbHR 2006, 987, 989.

19 *Hüffer/Schürnbrand*, in: Ulmer/Habersack/Löbbe, GmbHG, § 50 Rn. 13; *Römermann*, in: Michalski, GmbHG, § 50 Rn. 43 ff.; *Seibt*, in: Scholz, GmbHG, § 50 Rn. 11.

20 OLG Stuttgart, GmbHR 2013, 535, 537; OLG Saarbrücken, GmbHR 2006, 987, 989; OLG Dresden, GmbHR 1995, 589, 590; vgl. die Beispiele bei *Seibt*, in: Scholz, GmbHG, § 50 Rn. 12.

21 Vgl. BGHZ 139, 89, 94: 3 Wochen; BGH, GmbHG 1985, 256, 257: 7 Wochen. Eine von der Minderheit gesetzte Frist ist für den Einberufenden nicht maßgeblich (OLG Stuttgart, GmbHR 2013, 535, 537). Ein Sonderfall ist BGHZ 87, 1, 3: Dort hatten die Minderheitsgesellschafter den Ablauf einer selbst gesetzten Frist nicht abgewartet. Entgegen KG, GmbHR 1997, 1001, lässt sich diese Entscheidung wiederum nicht in dem Sinne verallgemeinern, man müsse zuwarten, »*solange die Einberufung noch zu erwarten*« sei.

22 OLG München, GmbHR 2000, 486, 489; *Hüffer/Schürnbrand*, in: Ulmer/Habersack/Löbbe, GmbHG, § 50 Rn. 14; *Römermann*, in: Michalski, GmbHG, § 50 Rn. 72; *Seibt*, in: Scholz, GmbHG, § 50 Rn. 17.

23 *Zöllner/Noack*, in: Baumbach/Hueck, GmbHG, § 50 Rn. 10; *Bayer*, in: Lutter/Hommelhoff, GmbHG, § 50 Rn. 9.

24 *Hüffer/Schürnbrand*, in: Ulmer/Habersack/Löbbe, GmbHG, § 50 Rn. 14; *Seibt*, in: Scholz, GmbHG, § 50 Rn. 17.

Frist greift das Selbsthilferecht des § 50 Abs. 3 (Rdn. 12 ff.). Einer Klage auf Einberufung fehlt daher regelmäßig das Rechtsschutzbedürfnis.[25]

Die Einleitung eines schriftlichen Verfahrens (§ 48 GmbHG Rdn. 22 ff.) genügt nicht (Ausnahme: allseitige Zustimmung). Die Minderheit hat Anspruch darauf, dass über ihr Anliegen im Rahmen einer **Versammlung** Beschluss gefasst wird.[26] Dies setzt voraus, dass die Gesellschafterversammlung für den Beschlussgegenstand zuständig ist. Entgegen teilweise vertretener Auffassung darf die Mehrheit aber nicht ohne Befassung der Gesellschafterversammlung die Entscheidung treffen, bestimmte Fragen seien alleine dem Geschäftsführer zu überlassen.[27] Das Minderheitenverlangen darf auch nicht durch Umstellung der Tagesordnung unterlaufen werden.[28] Sollte die Satzung ein Quorum vorsehen und die Versammlung daran zu scheitern drohen, sind die übrigen Gesellschafter kraft Treuepflicht teilnahmepflichtig.[29] Wenn die Mehrheit treuwidrig die Beschlussfassung vereitelt, ist ausnahmsweise ein Alleinentscheidungsrecht der Minderheit denkbar.[30] 10

D. Ergänzung der Tagesordnung (§ 50 Abs. 2)

Das Verlangen der Minderheit kann sich auch darauf richten, dass die Tagesordnung einer bevorstehenden Gesellschafterversammlung um bestimmte Beschlussgegenstände erweitert wird. Es gelten dieselben **Voraussetzungen** wie für § 50 Abs. 1: Die Minderheit muss 10 % des Stammkapitals vertreten (Rdn. 4 ff.), das Verlangen ist formlos möglich (Rdn. 8), muss aber den Zweck und die Gründe angeben (Rdn. 7). Die Antragstellung muss so erfolgen, dass die veränderte Tagesordnung noch innerhalb der Dreitages-Frist des § 51 Abs. 4 angekündigt werden kann.[31] Diese Formalien behalten auch in der Zwei-Personen-GmbH ihre Gültigkeit.[32] Eine besondere Dringlichkeit muss nur bei drohender Überlastung der Tagesordnung dargelegt werden.[33] Bei der Entscheidung darüber, wie viele Tagesordnungspunkte die Versammlung bewältigen kann, ist die Gesellschafterversammlung nicht rechtlich ungebundene »Herrin der Tagesordnung«;[34] sie ist grds. gehalten, dem Minderheitenverlangen Rechnung zu tragen (vgl. Rdn. 10 zum Anspruch auf Beschlussfassung). 11

---

25 Einige Autoren halten die Klage generell für unzulässig: *Bayer*, in: Lutter/Hommelhoff, GmbHG, § 50 Rn. 9; *Hüffer/Schürnbrand*, in: Ulmer/Habersack/Löbbe, GmbHG, § 50 Rn. 32. Überzeugender ist eine Lösung über das (zumeist fehlende) Rechtsschutzbedürfnis: *Römermann*, in: Michalski, GmbHG, § 50 Rn. 91; *Seibt*, in: Scholz, GmbHG, § 50 Rn. 31; *Zöllner/Noack*, in: Baumbach/Hueck, GmbHG, § 50 Rn. 11. Nach *Liebscher*, in: MünchKommGmbHG, § 50 Rn. 41, ist sogar in den meisten Fällen ein Rechtsschutzbedürfnis zu bejahen.

26 *Bayer*, in: Lutter/Hommelhoff, GmbHG, § 50 Rn. 2; *Cahn*, GmbHR 2015, 67, 68; *Goette*, FS Ulmer, 2003, S. 129, 140; *Hüffer/Schürnbrand*, in: Ulmer/Habersack/Löbbe, GmbHG, § 50 Rn. 36; *Ganzer*, in: Rowedder/Schmidt-Leithoff, GmbHG, § 50 Rn. 18; *Liebscher*, in: MünchKommGmbHG, § 50 Rn. 35; *Seibt*, in: Scholz, GmbHG, § 50 Rn. 4; *Zöllner/Noack*, in: Baumbach/Hueck, GmbHG, § 50 Rn. 27; enger (kein Anspruch auf Beschlussfassung): *Römermann*, in: Michalski, GmbHG, § 50 Rn. 94; weiter gehend (individuelles Antrags- und Bescheidungsrecht): *Schäfer*, ZHR 167 (2003), 66 ff.

27 In diesem Sinne aber die an der Entscheidung OLG München, NZG 2015, 66 geäußerte Kritik von *Cahn*, GmbHR 2015, 67, 70. Abzulehnen ist allerdings mit *Cahn* u.a. die vom OLG München postulierte Zustimmungspflicht des Mehrheitsgesellschafters zum Antrag der Minderheit (vgl. Nachw. in § 47 Rdn. 22, Fn. 82). Eingehend *Altmeppen*, GmbHR 2017, 788 ff.

28 LG Bielefeld, NZG 1998, 511 f. (betreffend Antrag gem. § 50 Abs. 2), m. zust. Anm. *Römermann*. Dazu auch BGH, WM 1993, 1337, 1339 f.

29 *Hüffer/Schürnbrand*, in: Ulmer/Habersack/Löbbe, GmbHG, § 50 Rn. 34.

30 *Hüffer/Schürnbrand*, in: Ulmer/Habersack/Löbbe, GmbHG, § 50 Rn. 36; *Zöllner/Noack*, in: Baumbach/Hueck, GmbHG, § 50 Rn. 27.

31 *Hüffer/Schürnbrand*, in: Ulmer/Habersack/Löbbe, GmbHG, § 50 Rn. 19; *Römermann*, in: Michalski, GmbHG, § 50 Rn. 104.

32 *Koehler*, GmbHR 2019, 809, 810, in Auseinandersetzung mit der Gegenthese von *Wiester*, GmbHR 2008, 189, 190.

33 *Hüffer/Schürnbrand*, in: Ulmer/Habersack/Löbbe, GmbHG, § 50 Rn. 18; *Liebscher*, in: MünchKommGmbHG, § 50 Rn. 45; *Zöllner/Noack*, in: Baumbach/Hueck, GmbHG, § 50 Rn. 14.

34 So aber *Römermann*, in: Michalski, GmbHG, § 50 Rn. 116.

E. Selbsthilferecht (§ 50 Abs. 3 Satz 1)

12 Die Gesellschafterminderheit von 10 % (Rdn. 4 ff.) kann die Einberufung oder Ergänzung der Tagesordnung selbst bewirken, wenn dem **Verlangen** nach § 50 Abs. 1 oder Abs. 2 **nicht entsprochen** wurde (§ 50 Abs. 3). Ob dem Verlangen korrekt entsprochen wurde, bestimmt sich nach Maßgabe der konkret bestehenden Einberufungsverpflichtung (o. Rdn. 9 f.). Sie wird insb. verletzt, wenn der Geschäftsführer die Versammlung nicht innerhalb angemessener Frist einberuft,[35] die Versammlung nicht zeitnah ansetzt oder eine Ergänzung der Tagesordnung nicht rechtzeitig oder nicht vollständig vornimmt. Die Minderheit kann die angemessene Frist nicht durch einseitige Fristsetzung verkürzen, kann andererseits nicht vor Ablauf der von ihr selbst gesetzten Frist nach § 50 Abs. 3 Satz 1 vorgehen.[36]

13 Außerdem besteht ein Selbsthilferecht, wenn es **keine** für die Einberufung **zuständige Person** gibt, typischerweise also bei einer GmbH ohne Geschäftsführer (zur Einberufungszuständigkeit anderer Organe vgl. § 49 GmbHG Rdn. 18).[37] Das gilt auch, wenn einem vorhandenen Geschäftsführer durch einstweilige Verfügung jede Handlung für die Gesellschaft verboten worden ist.[38] Schwere Erreichbarkeit genügt als solche nicht.[39] Bei Führungslosigkeit der Gesellschaft (§ 35 Abs. 1 Satz 2) sind die Gesellschafter nur zur Passivvertretung berechtigt (§ 35 GmbHG Rdn. 70), daher besteht für die Minderheit das Selbsthilferecht des § 50 Abs. 3.[40]

14 Bei ihrer Einberufung muss die Minderheit die üblichen **Einberufungsformalien** (§ 51) beachten. Außerdem muss sie die Tatsachen mitteilen, auf die sich die Ausübung des Selbsthilferechts stützt; das gilt auch für eine Ergänzung der Tagesordnung.[41] Nur so können die übrigen Gesellschafter beurteilen, ob das Quorum und die sonstigen Voraussetzungen des § 50 Abs. 3 erfüllt sind.[42]

15 Die Geschäftsführer (oder andere zuständige Organe, § 49 GmbHG Rdn. 4 ff., 18) haben neben der Minderheit weiterhin eine **konkurrierende Einberufungsbefugnis**:[43] Kommen sie der Minderheit mit einer Einberufung zuvor, die dem Minderheitenverlangen entspricht, entfällt das Selbsthilferecht; hatte die Minderheit von ihrem Einberufungsrecht jedoch bereits Gebrauch gemacht, bleibt deren Einberufung wirksam.

16 Die Voraussetzungen des Selbsthilferechts sind stets sorgfältig zu prüfen, denn wenn sie fehlen, sind die Beschlüsse einer trotzdem einberufenen Versammlung **nichtig**,[44] soweit nicht ausnahmsweise eine Vollversammlung (§ 51 GmbHG Rdn. 24 ff.) vorliegt. Die unbefugte Ankündigung von Tagesordnungspunkten macht den gefassten Beschluss hingegen nur **anfechtbar**.[45]

17 Bei einer Einberufung im Wege der Selbsthilfe entscheidet die Versammlung über die **Kostentragung** (§ 50 Abs. 3 Satz 2).[46] Dabei unterliegt die einberufende Minderheit keinem

35 OLG Düsseldorf, BeckRS 2013, 04656 (unter B. 2 b der Gründe).

36 OLG Stuttgart, GmbHR 2013, 535, 537.

37 Vgl. OLG Koblenz, GmbHR 1995, 730, 732: Amtsniederlegung des bisherigen Geschäftsführers.

38 BGH, NJW 1980, 2411, 2412.

39 RGZ 92, 409, 410; *Hüffer/Schürnbrand*, in: Ulmer/Habersack/Löbbe, GmbHG, § 50 Rn. 23; *Seibt*, in: Scholz, GmbHG, § 50 Rn. 24.

40 *Bayer*, in: Lutter/Hommelhoff, GmbHG, § 50 Rn. 12.

41 BGH, NZG 2009, 1307. Daher kann das Ergänzungsverlangen selbst noch nicht als Ausübung des Selbsthilferechts angesehen werden.

42 *Bayer*, in: Lutter/Hommelhoff, GmbHG, § 50 Rn. 13; *Hüffer/Schürnbrand*, in: Ulmer/Habersack/Löbbe, GmbHG, § 50 Rn. 27 f.; *Römermann*, in: Michalski, GmbHG, § 50 Rn. 149; *Seibt*, in: Scholz, GmbHG, § 50 Rn. 26.

43 BGH, GmbHR 1985, 256, 257; *Bayer*, in: Lutter/Hommelhoff, GmbHG, § 50 Rn. 14 f.; *Seibt*, in: Scholz, GmbHG, § 50 Rn. 29 f.

44 BGHZ 11, 231, 238; BGHZ 87, 1, 3; OLG Brandenburg, GmbHR 2019, 234, 236.

45 *Bayer*, in: Lutter/Hommelhoff, GmbHG, § 50 Rn. 16; *Hüffer/Schürnbrand*, in: Ulmer/Habersack/Löbbe, GmbHG, § 50 Rn. 24; *Seibt*, in: Scholz, GmbHG, § 50 Rn. 32.

46 Zu denkbaren Kostenpunkten: *Seibt*, in: Scholz, GmbHG, § 50 Rn. 33; *Hüffer/Schürnbrand*, in: Ulmer/Habersack/Löbbe, GmbHG, § 50 Rn. 29.

Stimmverbot.[47] Umgekehrt ist die Mehrheit in ihrer Entscheidung nicht gänzlich frei. Sie muss einer Kostenübernahme durch die Gesellschaft zustimmen, wenn die Versammlung aus Sicht des Gesellschaftsinteresses nicht offensichtlich unsinnig oder überflüssig war.[48] Die Minderheit kann gegen einen sie zu Unrecht belastenden Beschluss im Wege der Anfechtungsklage vorgehen und sie mit einer positiven Beschlussfeststellungsklage verbinden.[49] § 50 Abs. 3 Satz 2 gilt nur bei Einberufung im Wege der Selbsthilfe. Wurde die Versammlung gem. § 50 Abs. 1 durch die Geschäftsführer (oder andere zuständige Organe) auf Verlangen der Minderheit einberufen, trägt die Gesellschaft die Kosten.[50]

§ 51 Form der Einberufung

(1) [1]Die Berufung der Versammlung erfolgt durch Einladung der Gesellschafter mittels eingeschriebener Briefe. [2]Sie ist mit einer Frist von mindestens einer Woche zu bewirken.

(2) Der Zweck der Versammlung soll jederzeit bei der Berufung angekündigt werden.

(3) Ist die Versammlung nicht ordnungsmäßig berufen, so können Beschlüsse nur gefasst werden, wenn sämtliche Gesellschafter anwesend sind.

(4) Das gleiche gilt in bezug auf Beschlüsse über Gegenstände, welche nicht wenigstens drei Tage vor der Versammlung in der für die Berufung vorgeschriebenen Weise angekündigt worden sind.

Schrifttum

Bochmann, Statutarische Konfliktvorsorge im Hinblick auf das Verfahren der Gesellschafterversammlung, GmbHR 2017, 558; *Emde*, Einberufung der GmbH-Gesellschafterversammlung mittels Kuriers? – Rechtsfortbildung oder Widerspruch zu § 51 Absatz 1 GmbHG?, GmbHR 2002, 8; *Geißler*, Schutz der Minderheit bei der Einberufung und Durchführung der GmbH-Gesellschafterversammlung, GmbHR 2016, 1289; *Köper*, Das Einwurf-Einschreiben als eingeschriebener Brief i.S.d. § 51 I 1 GmbHG, NZG 2008, 96; *Lieder/Bialluch*, Der eingeschriebene Brief im Gesellschaftsrecht, NZG 2017, 9; *Loritz*, Die Berechnung der Einberufungsfrist bei Gesellschafterversammlungen der GmbH, GmbHR 1992, 790; *Putz*, Beweisfragen bei Einschreibesendungen, NJW 2007, 2450; *Seeling/Zwickel*, Typische Fehlerquellen bei der Vorbereitung und Durchführung der Gesellschafterversammlung einer GmbH, DStR 2009, 1097; *Teichmann*, Vertragsfreiheit im Innenverhältnis der GmbH-Gesellschafter, RNotZ 2013, 346; *Wicke*, Dos and don'ts bei der Einberufung und Durchführung von Gesellschafterversammlungen, GmbHR 2017, 777; *Wolff*, Die Verbindlichkeit der Gesellschafterliste für Stimmrecht und Beschlussverfahren, BB 2010, 454; *Zwissler*, GmbH-Beratung – Gesellschafterversammlung und Internet, GmbHR 2000, 28.

Übersicht

47 *Bayer*, in: Lutter/Hommelhoff, GmbHG, § 50 Rn. 17; *Hüffer/Schürnbrand*, in: Ulmer/Habersack/Löbbe, GmbHG, § 50 Rn. 30; *Liebscher*, in: MünchKommGmbHG, § 50 Rn. 72; *Seibt*, in: Scholz, GmbHG, § 50 Rn. 34; *Zöllner/Noack*, in: Baumbach/Hueck, GmbHG, § 50 Rn. 21; a.A. *Römermann*, in: Michalski, GmbHG, § 50 Rn. 174.

48 *Bayer*, in: Lutter/Hommelhoff, GmbHG, § 50 Rn. 17; *Hüffer/Schürnbrand*, in: Ulmer/Habersack/Löbbe, GmbHG, § 50 Rn. 31; *Liebscher*, in: MünchKommGmbHG, § 50 Rn. 71; *Seibt*, in: Scholz, GmbHG, § 50 Rn. 35; *Zöllner/Noack*, in: Baumbach/Hueck, GmbHG, § 50 Rn. 22.

49 *Bayer*, in: Lutter/Hommelhoff, GmbHG, § 50 Rn. 17; *Hüffer/Schürnbrand*, in: Ulmer/Habersack/Löbbe, GmbHG, § 50 Rn. 31; *Seibt*, in: Scholz, GmbHG, § 50 Rn. 35; *Zöllner/Noack*, in: Baumbach/Hueck, GmbHG, § 50 Rn. 22.

50 *Bayer*, in: Lutter/Hommelhoff, GmbHG, § 50 Rn. 9; *Zöllner/Noack*, in: Baumbach/Hueck, GmbHG, § 50 Rn. 12; *Seibt*, in: Scholz, GmbHG, § 50 Rn. 19, 33.

A. Regelungszweck und Anwendungsbereich

1 Die Gesellschafterversammlung ist als **Beschlussorgan** (§ 48 GmbHG Rdn. 1) der zentrale Ort für die Willensbildung der Gesellschafter. § 51 regelt daher die Einberufung der Versammlung (§ 51 Abs. 1) und die Ankündigung der Beschlussgegenstände (§ 51 Abs. 2 und 4) in einer Weise, die den Gesellschaftern eine ausreichend vorbereitete Teilnahme ermöglichen und sie vor Überrumpelung schützen soll.[1] Verfahrensfehler werden geheilt, wenn alle Gesellschafter anwesend und mit der Beschlussfassung einverstanden sind (§ 51 Abs. 3).

2 **Anwendungsbereich**: § 51 gilt für alle Gesellschafterversammlungen, ordentliche wie außerordentliche, auch bereits in der Vor-GmbH.[2] Die **Verlegung** einer Gesellschafterversammlung bedarf einer eigenen Einberufung,[3] soweit es sich nicht nur um geringfügige Verschiebungen von Zeit oder Ort handelt.[4] Bei **schriftlicher** Beschlussfassung (§ 48 Abs. 2, 2. Alt.) ist jedenfalls die Drei-Tagesfrist des § 51 Abs. 4 einzuhalten;[5] denn auch hier benötigen die Gesellschafter eine gewisse Vorbereitungszeit.

3 Die **Absage** (Zuständigkeit: § 49 GmbHG Rdn. 8) einer Versammlung bedarf nicht der Formalitäten des § 51, muss aber ausdrücklich und eindeutig vorgenommen werden.[6] Um den Gesellschaftern eine unnötige Anreise zu ersparen, sind die optimalen Kommunikationswege zu wählen, andernfalls kann ein Schadensersatzanspruch bestehen.[7] Die Beschlüsse einer abgesagten Gesellschafterversammlung sind nichtig, sofern nicht ausnahmsweise eine Vollversammlung (u. Rdn. 24) vorliegt.[8]

B. Einberufung (§ 51 Abs. 1)

I. Adressaten

4 Zur Gesellschafterversammlung sind **alle Gesellschafter** einzuladen. Maßgeblich ist die bei der Gründung eingereichte (§ 8 Abs. 1 Nr. 3) und später fortgeführte Gesellschafterliste (§ 16 Abs. 1).[9]

---

1 *Bayer*, in: Lutter/Hommelhoff, GmbHG, § 51 Rn. 1; *Hüffer/Schürnbrand*, in: Ulmer/Habersack/Löbbe, GmbHG, § 51 Rn. 1; *Seibt*, in: Scholz, GmbHG, § 51 Rn. 1.
2 *Bayer*, in: Lutter/Hommelhoff, GmbHG, § 51 Rn. 2; *Hüffer/Schürnbrand*, in: Ulmer/Habersack/Löbbe, GmbHG, § 51 Rn. 2; *Römermann*, in: Michalski, GmbHG, § 51 Rn. 16 f.; *Seibt*, in: Scholz, GmbHG, § 51 Rn. 2.
3 BGHZ 100, 264, 266.
4 *Bayer*, in: Lutter/Hommelhoff, GmbHG, § 51 Rn. 2; *Hüffer/Schürnbrand*, in: Ulmer/Habersack/Löbbe, GmbHG, § 51 Rn. 3; *Seibt*, in: Scholz, GmbHG, § 51 Rn. 2, 17; *Zöllner/Noack*, in: Baumbach/Hueck, GmbHG, § 51 Rn. 41 ff. Vgl. OLG Düsseldorf, BeckRS 2013, 04656 (Ladung »am Sitz der Gesellschaft« bzw. im »XY-Weg«, »soweit zum Sitz der Gesellschaft kein Zugang gewährt wird«).
5 *Altmeppen*, in: Roth/Altmeppen, GmbHG, § 51 Rn. 3 f.; *Bayer*, in: Lutter/Hommelhoff, GmbHG, § 51 Rn. 3; *Roth*, in: a.A. *Seibt*, in: Scholz, GmbHG, § 51 Rn. 2.
6 RGZ 166, 129, 133; OLG München, GmbHR 1994, 406, 408.
7 *Römermann*, in: Michalski, GmbHG, § 51 Rn. 7 f.; *Seibt*, in: Scholz, GmbHG, § 51 Rn. 16; *Zöllner/Noack*, in: Baumbach/Hueck, GmbHG, § 51 Rn. 40.
8 OLG Hamburg, GmbHR 1997, 795, 796; *Bayer*, in: Lutter/Hommelhoff, GmbHG, § 49 Rn. 9a; *Römermann*, in: Michalski, GmbHG, § 51 Rn. 12; *Zöllner/Noack*, in: Baumbach/Hueck, GmbHG, § 51 Rn. 40.
9 OLG Düsseldorf, GmbHR 1996, 443, 447; OLG Düsseldorf, NJW-RR 1990, 806; *Bayer*, in: Lutter/Hommelhoff, GmbHG, § 51 Rn. 5; *Hüffer/Schürnbrand*, in: Ulmer/Habersack/Löbbe, GmbHG, § 51 Rn. 6; *Masuch*, in: Bork/Schäfer, § 51 Rn. 8; *Römermann*, in: Michalski, GmbHG, § 51 Rn. 20; *Seeling/Zwickel*, DStR 2009, 1097, 1098.

Auch Gesellschafter ohne Stimmrecht sind teilnahmeberechtigt (§ 48 GmbHG Rdn. 8) und daher zu laden.[10]

Bei **Veränderungen** im Gesellschafterkreis ist auf Mitteilung und Nachweis (§ 40 Abs. 1 Satz 2) die Gesellschafterliste zu ändern. Das gilt für jede Art von Veränderung, z.B. Anteilsveräußerung, Erbfall, Verschmelzung oder Anwachsung (§ 40 GmbHG Rdn. 16 f.).[11] Ist der neue Gesellschafter bekannt, kann er in Analogie zu § 16 Abs. 1 Satz 2 (§ 16 GmbHG Rdn. 18 ff.) bereits wirksam geladen werden, wenn die geänderte Liste anschließend unverzüglich in das Handelsregister aufgenommen wird.[12] Zur Sicherheit sollte die Einladung auch an den aktuell in der Liste eingetragenen Gesellschafter gehen. In der Versammlung ist dann darauf zu achten, dass nur der aktuell in der Liste verzeichnete Gesellschafter teilnahmeberechtigt ist. 5

Solange die Gesellschaft von einer Veränderung nichts weiß (**unbekannter** Gesellschafter), gilt rechtlich derjenige als Gesellschafter, der in der Gesellschafterliste eingetragen ist (§ 16 Abs. 1). Eine Einladung an ihn ist daher nicht fehlerhaft.[13] Weiß die Gesellschaft vom **Tod eines Gesellschafters**, ohne dessen Erben zu kennen, muss ein Nachlasspfleger (§ 1960 BGB) bestellt und in die Gesellschafterliste aufgenommen werden.[14] 6

Bei gesetzlicher **Vertretung** richtet sich die Einladung an den Vertreter.[15] Juristische Personen und rechtsfähige Personengesellschaften (GbR, OHG, KG) werden über ihre organschaftlichen Vertreter bzw. vertretungsberechtigten Gesellschafter geladen.[16] Adressierung an »Geschäftsführung« oder »Vorstand« ist regelmäßig ausreichend.[17] Bei Mitberechtigung gilt für die Empfangszuständigkeit § 18 Abs. 3.[18] Bei Insolvenz des Gesellschafters ist der Insolvenzverwalter zuständig.[19] Bei Testamentsvollstreckung ist der Testamentsvollstrecker, bei Treuhandverhältnissen der Treuhänder zu laden, während bei Nießbrauch und Verpfändung weiterhin der Gesellschafter der richtige Adressat ist.[20] Bei einer rechtsgeschäftlichen Stimmrechtsvollmacht nach § 47 Abs. 3 ist die Einladung an den Gesellschafter zu senden, soweit nicht der Bevollmächtigte zuvor ausdrücklich als Empfänger der Einladung benannt wurde.[21] 7

10 BGH, NJW 1971, 2225; BGH, GmbHR 1985, 256, 257; *Ganzer*, in: Rowedder/Schmidt-Leithoff, GmbHG, § 51 Rn. 3; *Hüffer/Schürnbrand*, in: Ulmer/Habersack/Löbbe, GmbHG, § 51 Rn. 6; *Seibt*, in: Scholz, GmbHG, § 51 Rn. 6.

11 *Wolff*, BB 2010, 454, 455.

12 *Bayer*, in: Lutter/Hommelhoff, GmbHG, § 51 Rn. 10 (Tod eines Gesellschafters); anders offenbar *Wolff*, BB 2010, 454, 456.

13 *Bayer*, in: Lutter/Hommelhoff, GmbHG, § 51 Rn. 10; *Hüffer/Schürnbrand*, in: Ulmer/Habersack/Löbbe, GmbHG, § 51 Rn. 8; *Seibt*, in: Scholz, GmbHG, § 51 Rn. 9; *Wolff*, BB 2010, 454, 456; *Zöllner/Noack*, in: Baumbach/Hueck, GmbHG, § 51 Rn. 6a.

14 *Bayer*, in: Lutter/Hommelhoff, GmbHG, § 51 Rn. 10; *Wolff*, BB 2010, 454, 456.

15 BayObLG, GmbHR 1993, 223, 224; *Bayer*, in: Lutter/Hommelhoff, GmbHG, § 51 Rn. 7; *Hüffer/Schürnbrand*, in: Ulmer/Habersack/Löbbe, GmbHG, § 51 Rn. 12; *Liebscher*, in: MünchKommGmbHG, § 51 Rn. 17; *Seibt*, in: Scholz, GmbHG, § 51 Rn. 7.

16 *Hüffer/Schürnbrand*, in: Ulmer/Habersack/Löbbe, GmbHG, § 51 Rn. 12; *Bayer*, in: Lutter/Hommelhoff, GmbHG, § 51 Rn. 7; *Seibt*, in: Scholz, GmbHG, § 51 Rn. 7.

17 OLG Düsseldorf, GmbHR 1996, 443, 447 f.

18 Ausnahmsweise kann Ladung an alle Mitberechtigten geboten sein, wenn zu befürchten ist, dass sie sonst nicht von der Versammlung erfahren (*Hüffer/Schürnbrand*, in: Ulmer/Habersack/Löbbe, GmbHG, § 51 Rn. 11; *Seibt*, in: Scholz, GmbHG, § 51 Rn. 7).

19 OLG Düsseldorf, GmbHR 1996, 443, 447 f.

20 *Bayer*, in: Lutter/Hommelhoff, GmbHG, § 51 Rn. 8; *Seibt*, in: Scholz, GmbHG, § 51 Rn. 8; *Zöllner/Noack*, in: Baumbach/Hueck, GmbHG, § 51 Rn. 7 ff.; anders für den mitgliedschaftsspaltenden Nießbrauch *Hüffer/Schürnbrand*, in: Ulmer/Habersack/Löbbe, GmbHG, § 51 Rn. 13 (Nießbraucher einzuladen), während *Roth*, in: Roth/Altmeppen, GmbHG, § 51 Rn. 4, in diesem Fall Einladung einer von beiden Seiten für ausreichend hält.

21 *Hüffer/Schürnbrand*, in: Ulmer/Habersack/Löbbe, GmbHG, § 51 Rn. 13; *Seibt*, in: Scholz, GmbHG, § 51 Rn. 8; *Römermann*, in: Michalski, GmbHG, § 51 Rn. 27.

8 Die Einladung zur Gesellschafterversammlung erfolgt an die letzte der Gesellschaft mitgeteilte **Adresse** des Gesellschafters.[22] Die Gesellschafter sind grds. selbst für ihre Erreichbarkeit verantwortlich. Die Einladung an die richtige Adresse ist daher auch dann wirksam, wenn sie als unzustellbar zurückkommt.[23] Die Einladung an eine abweichende Adresse ist nur wirksam, wenn sie den Gesellschafter tatsächlich erreicht.[24] Zur Absicherung kann sich bei unbekanntem Aufenthaltsort des Gesellschafters eine öffentliche Zustellung (§ 132 Abs. 2 BGB analog) empfehlen.[25] Ausnahmsweise kann aus Gründen der Vermögensfürsorge die Bestellung eines Abwesenheitspflegers (§ 1911 BGB) in Betracht kommen.[26]

9 Soweit **Dritte** teilnahmeberechtigt sind (§ 48 GmbHG Rdn. 11 ff.), können sie formlos unter Wahrung einer angemessenen Frist eingeladen werden.[27] Fehler bei deren Einladung können zur Anfechtbarkeit von Beschlüssen führen, begründen aber keine Nichtigkeit.[28]

II. Form (§ 51 Abs. 1 Satz 1)

10 Die Einladung zur Gesellschafterversammlung erfolgt durch **eingeschriebenen Brief** (§ 51 Abs. 1 Satz 1). Darunter ist Schriftform (§ 126 BGB) zu verstehen, es bedarf also der eigenhändigen Unterschrift des Einberufenden.[29] Der Einwand, das lasse sich aus dem Gesetz nicht ableiten,[30] überzeugt nicht; unter einem »Brief« versteht man landläufig ein unterzeichnetes Schriftstück. Nicht ausreichend – aber in der Satzung regelbar (u. Rdn. 30) – sind elektronische Form (§ 126a BGB) oder Textform (§ 126b BGB).[31]

---

22 *Altmeppen*, in: Roth/Altmeppen, GmbHG, § 51 Rn. 5; *Bayer*, in: Lutter/Hommelhoff, GmbHG, § 51 Rn. 6; *Hüffer/Schürnbrand*, in: Ulmer/Habersack/Löbbe, GmbHG, § 51 Rn. 6; *Seibt*, in: Scholz, GmbHG, § 51 Rn. 6; *Zöllner/Noack*, in: Baumbach/Hueck, GmbHG, § 51 Rn. 4. OLG Celle, ZIP 2014, 1123, 1124 (Mitteilung eines konkret bezeichneten Zustellungsbevollmächtigten). Die Gesellschafterliste ist hier keine verlässliche Quelle, weil sie nur den Wohnort nennt (§ 40 Abs. 1 Satz 1).

23 OLG Düsseldorf, NJW-RR 1990, 806, 807 (Weltreise); OLG München, GmbHR 1994, 406, 408 (urlaubsbedingte Abwesenheit).

24 *Bayer*, in: Lutter/Hommelhoff, GmbHG, § 51 Rn. 6; *Hüffer/Schürnbrand*, in: Ulmer/Habersack/Löbbe, GmbHG, § 51 Rn. 6; *Seibt*, in: Scholz, GmbHG, § 51 Rn. 6; *Zöllner/Noack*, in: Baumbach/Hueck, GmbHG, § 51 Rn. 4a.

25 Angesichts der Eigenverantwortung des Gesellschafters für seine Erreichbarkeit hält die Lit. eine öffentliche Zustellung überwiegend nicht für erforderlich (*Hüffer/Schürnbrand*, in: Ulmer/Habersack/Löbbe, GmbHG, § 51 Rn. 9; *Liebscher*, in: MünchKommGmbHG, § 51 Rn. 14; *Römermann*, in: Michalski, GmbHG, § 51 Rn. 33 ff.; *Seibt*, in: Scholz, GmbHG, § 51 Rn. 10; *Zöllner/Noack*, in: Baumbach/Hueck, GmbHG, § 51 Rn. 4a).

26 *Hüffer/Schürnbrand*, in: Ulmer/Habersack/Löbbe, GmbHG, § 51 Rn. 9; *Römermann*, in: Michalski, GmbHG, § 51 Rn. 33; *Seibt*, in: Scholz, GmbHG, § 51 Rn. 10.

27 *Bayer*, in: Lutter/Hommelhoff, GmbHG, § 51 Rn. 4; *Hüffer/Schürnbrand*, in: Ulmer/Habersack/Löbbe, GmbHG, § 51 Rn. 14; *Masuch*, in: Bork/Schäfer, GmbHG, § 51 Rn. 8; *Zöllner/Noack*, in: Baumbach/Hueck, GmbHG, § 51 Rn. 10.

28 OLG Stuttgart, NJW 1973, 2027, 2028; *Bayer*, in: Lutter/Hommelhoff, GmbHG, § 51 Rn. 4; *Hüffer/Schürnbrand*, in: Ulmer/Habersack/Löbbe, GmbHG, § 51 Rn. 14.

29 BGH, GmbHR 2006, 538, 539; BGH, GmbHR 1989, 120, 122; *Altmeppen*, in: Roth/Altmeppen, GmbHG, § 51 Rn. 2; *Bayer*, in: Lutter/Hommelhoff, GmbHG, § 51 Rn. 11; *Masuch*, in: Bork/Schäfer, GmbHG § 51 Rn. 4; *Zöllner/Noack*, in: Baumbach/Hueck, GmbHG, § 51 Rn. 11. Bei einer Einladung durch die Minderheit nach § 50 Abs. 3 ist daher die Unterschrift aller erforderlich.

30 *Hüffer/Schürnbrand*, in: Ulmer/Habersack/Löbbe, GmbHG, § 51 Rn. 4; *Liebscher*, in: MünchKommGmbHG, § 51 Rn. 20; *Römermann*, in: Michalski, GmbHG, § 51 Rn. 38; *Seibt*, in: Scholz, GmbHG, § 51 Rn. 11.

31 BGH, GmbHR 2006, 538, 539 (E-mail); OLG Naumburg, GmbHR 1998, 90, 92 (Fax); *Bayer*, in: Lutter/Hommelhoff, GmbHG, § 51 Rn. 11; *Hüffer/Schürnbrand*, in: Ulmer/Habersack/Löbbe, GmbHG, § 51 Rn. 4; *Seibt*, in: Scholz, GmbHG, § 51 Rn. 11.

Als **Einschreiben** zählt jedenfalls das Übergabeeinschreiben (mit oder ohne Rückschein). Umstritten ist, ob auch das 1997 eingeführte Einwurfeinschreiben genügt. Dafür sprechen gute Argumente[32] und mittlerweile auch eine Entscheidung des BGH, die sich auf die gleichlautende Formvorschrift des § 21 Abs. 1 S. 2 bezieht.[33] Demnach weist das Einwurf-Einschreiben sogar eine höhere Gewähr des Zugangs beim Empfänger aus und erfüllt damit die Voraussetzungen der Formvorschrift.[34] Dem Einschreiben gleichwertig ist die Zustellung durch einen Gerichtsvollzieher (§ 132 Abs. 1 BGB analog).[35] Die Überbringung durch einen Kurier kommt hingegen nur infrage, wenn das Zustellungsverfahren dem der Deutsche Post AG entspricht.[36] 11

III. Frist (§ 51 Abs. 1 Satz 2)

Die Einberufung ist mit einer Frist von **mindestens einer Woche** zu bewirken (§ 51 Abs. 1 Satz 1). Um den Gesellschaftern hinreichend Zeit für die Vorbereitung zu lassen, beginnt die Frist nicht schon mit der Einlieferung des Briefes,[37] sondern erst an dem Tag, an dem der Zugang bei den Gesellschaftern unter normalen Umständen zu erwarten ist.[38] Dafür sind im Inland 1 bis 2 Tage Postlaufzeit, im Ausland mindestens 3 Tage, unter Umständen auch mehr anzusetzen.[39] Auf den Zeitpunkt des tatsächlichen Zugangs kann es aus Gründen der Rechtssicherheit nicht ankommen.[40] Die Wochenfrist gilt auch bei der Verlegung einer Gesellschafterversammlung.[41] Bei GmbH-Massengesellschaften beginnt (analog § 121 Abs. 4 Satz 2 AktG) die Frist ausnahmsweise mit Aufgabe der Briefe zur Post.[42] 12

Für die konkrete **Fristberechnung** gilt das BGB.[43] Beispiel: Werden die Briefe am Montag eingeliefert, ist im Inland mit Zugang am Mittwoch zu rechnen. Die Wochenfrist endet mit Ablauf des darauffolgenden Mittwochs; die Versammlung kann am Donnerstag stattfinden. Fallen Fristbeginn oder -ende auf einen Sonnabend, Sonntag oder Feiertag, tritt an dessen Stelle der nächste Werktag (§ 193 BGB analog).[44] Längere Postlaufzeiten, die auf persönlichen Hindernissen (z.B. U-Haft, 13

32 Ausführlich: *Köper*, NZG 2008, 96, 98; *Seibt*, in: Scholz, GmbHG, § 51 Rn. 12. Dieser Auffassung folgend: *Bayer*, in: Lutter/Hommelhoff, GmbHG, § 51 Rn. 12; *Römermann*, in: Michalski, GmbHG § 51 Rn. 36; *Roth*, in: Roth/Altmeppen, GmbHG, § 51 Rn. 2; *Wicke*, GmbHG, § 51 Rn. 2; *Zöllner/Noack*, in: Baumbach/Hueck, GmbHG, § 51 Rn. 12. Die Gegenauffassung vertreten: *Hüffer/Schürnbrand*, in: Ulmer/Habersack/Löbbe, GmbHG, § 51 Rn. 5; *Liebscher*, in: MünchKomm GmbHG, § 51 Rn. 19.

33 BGH, NZG 2016, 1417; zuvor bereits LG Mannheim, NZG 2008, 111, 112.

34 Zustimmend *Teichmann/Pfleger*, WuB 2017, 202, 204 f.

35 OLG Düsseldorf, NZG 2000, 1180, 1182; *Hüffer/Schürnbrand*, in: Ulmer/Habersack/Löbbe, GmbHG, § 51 Rn. 5; *Liebscher*, in: MünchKommGmbHG, § 51 Rn. 19; *Seibt*, in: Scholz, GmbHG, § 51 Rn. 12.

36 Ausführlich: *Emde*, GmbHR 2002, 8. Weiterhin: *Bayer*, in: Lutter/Hommelhoff, GmbHG, § 51 Rn. 12; *Hüffer/Schürnbrand*, in: Ulmer/Habersack/Löbbe, GmbHG, § 51 Rn. 5; *Seibt*, in: Scholz, GmbHG, § 51 Rn. 12; *Wicke*, GmbHG, § 51 Rn. 2.

37 So aber die frühere Rechtsprechung (seit RGZ 60, 144, 145 f.) und weiterhin *Loritz*, GmbHR 1992, 790 ff.

38 BGHZ 100, 264, 268; OLG Hamm, NZG 2016, 696; OLG Hamm, GmbHR 2003, 843, 844; OLG Brandenburg, NZG 1999, 828, 831; OLG Naumburg, GmbHR 1998, 90, 91; LG Koblenz, GmbHR 2003, 952, 953.

39 *Bayer*, in: Lutter/Hommelhoff, GmbHG, § 51 Rn. 14; *Ganzer*, in: Rowedder/Schmidt-Leithoff, GmbHG, § 51 Rn. 10; *Hüffer/Schürnbrand*, in: Ulmer/Habersack/Löbbe, GmbHG, § 51 Rn. 16; *Seibt*, in: Scholz, GmbHG, § 51 Rn. 14; *Zöllner/Noack*, in: Baumbach/Hueck, GmbHG, § 51 Rn. 19; für zweitägige Laufzeit im Inland: OLG Hamm, GmbHR 2003, 843, 844; LG Koblenz, GmbHR 2003, 952, 953.

40 Grundlegend: RGZ 60, 144, 145 f.; bestätigt in BGHZ 100, 264, 267.

41 BGHZ 100, 264, 266; *Hüffer/Schürnbrand*, in: Ulmer/Habersack/Löbbe, GmbHG § 51 Rn. 15.

42 BGH, NJW 1998, 1946, 1947 (mehr als 150 Gesellschafter); *Bayer*, in: Lutter/Hommelhoff, GmbHG, § 51 Rn. 14; *Hüffer/Schürnbrand*, in: Ulmer/Habersack/Löbbe, GmbHG, § 51 Rn. 16; *Seibt*, in: Scholz, GmbHG, § 51 Rn. 14.

43 Vgl. BGHZ 100, 264, 267 ff.; LG Koblenz, GmbHR 2003, 952, 953; Rechenbeispiele bei: *Hüffer/Schürnbrand*, in: Ulmer/Habersack/Löbbe, GmbHG § 51 Rn. 15; *Seibt*, in: Scholz, GmbHG, § 51 Rn. 13.

44 OLG Naumburg, GmbHR 1998, 90, 92; LG Koblenz, GmbHR 2003, 952, 953; *Bayer*, in: Lutter/Hommelhoff, GmbHG, § 51 Rn. 13; *Hüffer/Schürnbrand*, in: Ulmer/Habersack/Löbbe, GmbHG § 51 Rn. 15;

Weltreise) des Gesellschafters beruhen, gehen nicht zulasten der Gesellschaft, doch kann die Treuepflicht den Geschäftsführer verpflichten, einen schwer erreichbaren Gesellschafter noch auf andere Weise über die Versammlung zu informieren (z.B. per Email).[45] Sieht die Satzung eine längere Ladungsfrist vor, wird damit i.d.R. der Postlaufzeit bereits Rechnung getragen, sodass diese nicht zusätzlich einzuberechnen ist.[46]

IV. Inhalt (§ 51 Abs. 2)

14 Der Inhalt der Einberufung folgt aus ihrem Zweck (o. Rdn. 1):[47] Sie dient der **Vorbereitung der Beschlussfassung**. Daher muss deutlich werden, dass es um eine Gesellschafterversammlung geht und nicht um eine sonstige Zusammenkunft. Die GmbH muss eindeutig bezeichnet werden (sinnvollerweise durch Firma und Sitz). Die Person des Einberufenden muss erkennbar sein.[48] Ort und Zeit der Versammlung (zu den Einzelheiten § 48 Rdn. 4 ff.) sind anzugeben.[49] Die zu behandelnden Gegenstände sollen genannt werden (§ 51 Abs. 2); dies kann noch bis zu 3 Tage vor der Versammlung nachgeholt werden (u. Rdn. 19).

15 Praktische Probleme bereitet häufig die Bezeichnung der **Beschlussgegenstände**. Die Übersendung einer Tagesordnung ist sinnvoll,[50] gesetzlich aber nicht zwingend gefordert.[51] Ausformulierte Beschlussvorschläge sind ebenso wenig erforderlich.[52] Ein mit der Einberufung übermittelter Beschlussvorschlag kann in der Versammlung abgeändert werden, solange der gefasste Beschluss inhaltlich weiterhin von der Tagesordnung gedeckt ist.[53] Entscheidend ist, dass sich die Gesellschafter auf die Erörterung und Beschlussfassung vorbereiten können und vor Überrumpelung geschützt sind.[54] So genügt als Gegenstand »**Abberufung** des Geschäftsführers … (Name)«, ohne dass die dafür relevanten Gründe genannt werden müssen, während die bloße Ankündigung »Geschäftsführerangelegenheiten« in diesem Fall nicht ausreichend wäre.[55] Bei dieser personenbezogenen Maßnahme muss der Name des abzuberufenden Geschäftsführers genannt werden, damit die Gesellschafter sich angemessen vorbereiten können.[56] Wurde Abberufung aus wichtigem Grund angekündigt, ist davon eine Abberufung ohne wichtigen Grund nicht erfasst.[57] Wurde »Bestätigung des Beschlusses

---

Masuch, in: Bork/Schäfer, GmbHG, § 51 Rn. 6; *Seibt*, in: Scholz, GmbHG, § 51 Rn. 13; a.A. *Loritz*, GmbHR 1992, 790, 793; *Zöllner/Noack*, in: Baumbach/Hueck, GmbHG, § 51 Rn. 20.

45 OLG Brandenburg, NZG 1999, 828, 832; OLG Düsseldorf, NJW-RR 1990, 806, 807; *Bayer*, in: Lutter/Hommelhoff, GmbHG, § 51 Rn. 15; *Hüffer/Schürnbrand*, in: Ulmer/Habersack/Löbbe, GmbHG, § 51 Rn. 16; *Seibt*, in: Scholz, GmbHG, § 51 Rn. 14; *Zöllner/Noack*, in: Baumbach/Hueck, GmbHG, § 51 Rn. 19.

46 OLG Brandenburg, NZG 1999, 828, 832; *Bayer*, in: Lutter/Hommelhoff, GmbHG, § 51 Rn. 14; *Hüffer/Schürnbrand*, in: Ulmer/Habersack/Löbbe, GmbHG, § 51 Rn. 16.

47 Zum Folgenden: *Bayer*, in: Lutter/Hommelhoff, GmbHG, § 51 Rn. 16 f.; *Hüffer/Schürnbrand*, in: Ulmer/Habersack/Löbbe, GmbHG, § 51 Rn. 17 f.; *Liebscher*, in: MünchKommGmbHG, § 51 Rn. 32 ff.; *Seibt*, in: Scholz, GmbHG, § 51 Rn. 15; *Zöllner/Noack*, in: Baumbach/Hueck, GmbHG, § 51 Rn. 14 ff.

48 Vgl. OLG Zweibrücken, GmbHR 1980, 85, 86: Einberufender machte nicht deutlich, ob er als Geschäftsführer oder Gesellschafter handelte; zudem fehlte Klarstellung, ob eine Gesellschafterversammlung der GmbH oder einer KG (mit teilweise identischem Gesellschafterkreis) gemeint war.

49 KG, NJW 1965, 2157, 2159: genaue Uhrzeit ausnahmsweise entbehrlich bei drei miteinander bekannten Gesellschaftern, die im telefonischen Kontakt stehen. Vgl. OLG Düsseldorf, BeckRS 2013, 04656: Wenn alternativer Ort für den Fall angegeben ist, dass zum Sitz der Gesellschaft kein Zugang gewährt werde, muss dieser Zugang zumindest versucht werden.

50 *Seibt*, in: Scholz, GmbHG, § 51 Rn. 20; *Zöllner/Noack*, in: Baumbach/Hueck, GmbHG, § 51 Rn. 18.

51 *Hüffer/Schürnbrand*, in: Ulmer/Habersack/Löbbe, GmbHG, § 51 Rn. 18.

53 OLG Stuttgart, NZG 2000, 159; OLG Düsseldorf, NZG 2000, 1180, 1182.

53 OLG Dresden, GmbHR 2020, 1130, 1136.

54 BGH, GmbHR 2003, 171, 174; OLG Düsseldorf, NZG 2000, 1180, 1182.

55 BGH, GmbHR 1962, 28; BGH, NZG 2000, 945, 946; vgl. auch OLG Naumburg, NZG 2001, 901, 902 (»personelle Konsequenzen aus der Situation im Vorstand« nicht ausreichend für Abberufung eines Sparkassenvorstands).

56 BGH, GmbHR 1962, 28, spricht von der Ankündigung, dass »ein bestimmter Geschäftsführer« abberufen werden solle.

57 BGH, GmbHR 1985, 256, 259.

über den Verkauf der Anteile« angekündigt, kann nicht zusätzlich für diese Maßnahme über eine Entlastung des Geschäftsführers beschlossen werden.[58] Wird hingegen nur allgemein die Abberufung angekündigt, ist eine Abberufung mit und ohne Grund möglich.[59] **Satzungsänderungen** müssen ihrem wesentlichen Inhalt nach angekündigt werden.[60] Bei einer Kapitalerhöhung ist deren Größenordnung und Art (Bar- oder Sacheinlage) anzugeben, ggf. auch ein Bezugsrechtsausschluss (vgl. § 55 GmbHG Rdn. 21).[61] Bei Unternehmensverträgen sind Vertragsart, Vertragspartner und wesentlicher Inhalt anzugeben (§ 124 Abs. 2 Satz 2 AktG analog).[62]

Die Ankündigung »Zustimmung zur Anteilsübertragung« deckt auch eine Beschlussfassung über die Vorfrage der Zustimmungsbedürftigkeit.[63] Generell ist von der Ankündigung eines Gegenstands ein **inhaltlich weniger weitreichend**er Beschluss mit erfasst.[64] Unzureichend ist hingegen die allgemeine Ankündigung einer Beschlussfassung über Gegenstände, die sich erst aus einer später übersandten Tagesordnung ergeben sollen.[65] Für den Beschluss über die Zustimmung zu außergewöhnlichen Geschäften reicht die Ankündigung »Genehmigung der Geschäftsführung« nicht aus.[66] Wird lediglich die »**Erörterung**« eines Gegenstandes angekündigt, müssen Gesellschafter nicht mit Beschlussfassung rechnen.[67] Unter dem Tagesordnungspunkt »**Verschiedenes**« können erst recht keine Beschlüsse gefasst werden.[68] 16

Keiner besonderen **Ankündigung** bedürfen:[69] Gegenstände, über die nur beraten und nicht beschlossen werden soll,[70] versammlungsleitende Beschlüsse, Kostenbeschluss nach § 50 Abs. 3 Satz 2, allen Gesellschaftern ohnehin bekannte Tatsachen,[71] die Reihenfolge der Beschlussgegenstände. 17

Die Einberufung einer Gesellschafterversammlung, die gemäß Satzung bestimmten Anforderungen an die Beschlussfähigkeit unterliegt, kann nicht schon mit der **Eventualeinberufung** für eine Folgeversammlung (mit geringeren Anforderungen an die Beschlussfähigkeit) verbunden werden.[72] Nach dem Scheitern der ersten Versammlung sollen die Gesellschafter zunächst Gelegenheit erhalten, ihre gegensätzlichen Ansichten durch Aussprache zu klären. Bei Einberufung der Folgeversammlung kann dann aber auf die Tagesordnung der gescheiterten ersten Versammlung verwiesen werden.[73] 18

---

58 OLG München, GmbHR 2019, 298, 300.

59 BGH, GmbHR 1962, 28; BGH, GmbHR 1985, 256, 259. Ebenso wenn neben Abberufung aus wichtigem Grund »hilfsweise« auch Abberufung nach § 38 Abs. 1 angekündigt wird (OLG Nürnberg, GmbHR 1990, 166, 169).

60 OLG Düsseldorf, NZG 2000, 1180, 1182.

61 Vgl. RGZ 87, 155, 156 (AG); *Bayer*, in: Lutter/Hommelhoff, GmbHG, § 51 Rn. 26; *Hüffer/Schürnbrand*, in: Ulmer/Habersack/Löbbe, GmbHG, § 51 Rn. 25; *Seibt*, in: Scholz, GmbHG, § 51 Rn. 22; *Zöllner/Noack*, in: Baumbach/Hueck, GmbHG, § 51 Rn. 26.

62 *Bayer*, in: Lutter/Hommelhoff, GmbHG, § 51 Rn. 26; *Hüffer/Schürnbrand*, in: Ulmer/Habersack/Löbbe, GmbHG, § 51 Rn. 26; *Liebscher*, in: MünchKommGmbHG, § 51 Rn. 44; *Seibt*, in: Scholz, GmbHG, § 51 Rn. 22; *Zöllner/Noack*, in: Baumbach/Hueck, GmbHG, § 51 Rn. 26.

63 BGH, GmbHR 2003, 171, 174.

64 *Bayer*, in: Lutter/Hommelhoff, GmbHG, § 51 Rn. 24; *Seibt*, in: Scholz, GmbHG, § 51 Rn. 21; *Zöllner/Noack*, in: Baumbach/Hueck, GmbHG, § 51 Rn. 24.

65 OLG Düsseldorf, NZG 2000, 1180, 1182.

66 RGZ 89, 367, 377 f.

67 OLG Karlsruhe, GmbHR 1989, 206, 207.

68 OLG München, GmbHR 1994, 259; ebenso OLG Naumburg, NZG 1999, 317, 318 (für Beschlussfassung des Aufsichtsrats).

69 Zum Folgenden: *Bayer*, in: Lutter/Hommelhoff, GmbHG, § 51 Rn. 22; *Seibt*, in: Scholz, GmbHG, § 51 Rn. 23; *Roth*, in: Roth/Altmeppen, GmbHG, § 51 Rn. 10.

70 Insoweit a.A. *Zöllner/Noack*, in: Baumbach/Hueck, GmbHG, § 51 Rn. 24.

71 So KG Berlin, OLGE 24, 158 f. hinsichtlich der Angaben zum Einberufungsrecht nach § 50.

72 BGH, GmbHR 1998, 287, 288; OLG Frankfurt am Main, NZG 1999, 833, 834.

73 OLG Brandenburg, GmbHR 1996, 537, 538.

C. Nachträgliche Ankündigung von Beschlussgegenständen (§ 51 Abs. 4)

19 Werden die Beschlussgegenstände nicht zusammen mit der Einberufung angekündigt (§ 51 Abs. 2), muss die Ankündigung wenigstens 3 Tage vor der Versammlung erfolgen (§ 51 Abs. 4). Für die **Form** gilt § 51 Abs. 1 entsprechend, also eingeschriebener Brief (o. Rdn. 10 f.).[74] Ebenso wie bei der Einberufung (o. Rdn. 12) beginnt die **Drei-Tagesfrist** des § 51 Abs. 4 nicht schon mit Einlieferung, sondern erst nach Verstreichen der regulären Postlaufzeit.[75] Gleichzeitige Übermittlung per Fax oder Email sichert die Fristwahrung nicht;[76] allerdings können auf diese Weise informierte Gesellschafter die Rechtsverletzung möglicherweise nicht erfolgreich rügen.[77] Verspätet angekündigte Beschlüsse können nur in einer Vollversammlung (§ 51 Abs. 3) beschlossen werden (u. Rdn. 24).[78]

20 Unabhängig von den formalen Erfordernissen des § 51 ergibt sich aus der allgemeinen Pflichtenstellung der Geschäftsführer eine **Informationspflicht** ggü. den Gesellschaftern, die im Einzelfall die frühere Mitteilung von Einzelheiten erforderlich machen kann. Das wird namentlich für die Feststellung des Jahresabschlusses und für Grundlagenbeschlüsse vertreten.[79] Andere Autoren ziehen aus den existierenden Spezialvorschriften (z.B. §§ 47, 49, 125 Satz 1, 230 Abs. 1, 238 Satz 1 UmwG) den Umkehrschluss, i.Ü. müsse die gesetzliche Frist genügen.[80] Zudem sei gerade bei Grundlagenbeschlüssen ein rechtssicher geregeltes Verfahren wichtig.[81] Indessen schließt die Existenz formaler Regeln eine im Einzelfall gesteigerte Informationspflicht der Geschäftsführer nicht von vornherein aus. Dies muss allerdings die Ausnahme bleiben und ist nur unter ganz besonderen Umständen in Erwägung zu ziehen.[82]

D. Rechtsfolgen fehlerhafter Einladung

21 Schwerwiegende Einberufungsfehler führen zur **Nichtigkeit** der gefassten Beschlüsse (§ 241 Nr. 1 AktG analog). So wenn eine Einberufung völlig fehlt[83] oder der Einberufende dazu nicht befugt ist (vgl. § 49 GmbHG Rdn. 9).[84] Werden nicht alle Gesellschafter geladen, führt dies gleichfalls zur Nichtigkeit.[85] Der Nichtladung steht es gleich, wenn schwerwiegende Ladungsfehler die Teilnahme

---

74 *Bayer*, in: Lutter/Hommelhoff, GmbHG, § 51 Rn. 18; *Hüffer/Schürnbrand*, in: Ulmer/Habersack/Löbbe, GmbHG, § 51 Rn. 19; *Seibt*, in: Scholz, GmbHG, § 51 Rn. 25; *Zöllner/Noack*, in: Baumbach/Hueck, GmbHG, § 51 Rn. 22.

75 BGHZ 100, 264, 267 ff.; OLG Jena, GmbHR 2018, 1063, 1064 (Postlaufzeit zwei Tage); *Hüffer/Schürnbrand*, in: Ulmer/Habersack/Löbbe, GmbHG, § 51 Rn. 20.

76 *Hüffer/Schürnbrand*, in: Ulmer/Habersack/Löbbe, GmbHG, § 51 Rn. 20; a.A. *Loritz*, GmbHR 1992, 790, 792.

77 In diesem Sinne *Seibt*, in: Scholz, GmbHG, § 51 Rn. 25.

78 *Bayer*, in: Lutter/Hommelhoff, GmbHG, § 51 Rn. 19; *Hüffer/Schürnbrand*, in: Ulmer/Habersack/Löbbe, GmbHG, § 51 Rn. 20; *Seibt*, in: Scholz, GmbHG, § 51 Rn. 24.

79 *Altmeppen*, in: Roth/Altmeppen, GmbHG, § 51 Rn. 14; *Hüffer/Schürnbrand*, in: Ulmer/Habersack/Löbbe, GmbHG, § 51 Rn. 21; *Liebscher*, in: MünchKommGmbHG, § 51 Rn. 38; *Seibt*, in: Scholz, GmbHG, § 51 Rn. 24.

80 So namentlich *Bayer*, in: Lutter/Hommelhoff, GmbHG, § 51 Rn. 20; *Römermann*, in: Michalski, GmbHG, § 51 Rn. 90.

81 So *Römermann*, in: Michalski, GmbHG, § 51 Rn. 90.

82 So im Ergebnis auch *Bayer*, in: Lutter/Hommelhoff, GmbHG, § 51 Rn. 20; ebenso *Winter/Vetter* in: Lutter, UmwG, § 47 Rn. 15.

83 *Bayer*, in: Lutter/Hommelhoff, GmbHG, § 51 Rn. 28; *Hüffer/Schürnbrand*, in: Ulmer/Habersack/Löbbe, GmbHG, § 51 Rn. 27; *Seibt*, in: Scholz, GmbHG, § 51 Rn. 26; *Zöllner/Noack*, in: Baumbach/Hueck, GmbHG, § 51 Rn. 28.

84 BGHZ 11, 231, 236 (einberufende Minderheit erreichte nicht die von § 50 Abs. 1 geforderten 10 %); BGHZ 87, 1, 3 (Voraussetzungen des § 50 Abs. 3 lagen nicht vor); BGHZ 18, 334, 338 (für Genossenschaft).

85 BGHZ 36, 207, 211; BGH, GmbHR 2006, 538, 539; OLG Frankfurt am Main, GmbHR 1984, 99, 100; BayObLG, GmbHR 1997, 1002: fehlende Ladung einzelner Gesellschafter. BGHZ 49, 183, 189: Gesellschafter, der zugleich Mitberechtigter an einem anderen Geschäftsanteil ist, hätte als Gesellschafter und als Mitberechtigter geladen werden müssen.

an der Gesellschafterversammlung faktisch unmöglich machen.[86] Werden Ort oder Zeit der Versammlung überhaupt nicht angegeben oder so unzureichend, dass eine Teilnahme unzumutbar erschwert wird, gilt gleichfalls Nichtigkeit.[87] Bei fehlender Unterschrift (o. Rdn. 10) nimmt der BGH Nichtigkeit an;[88] vorzugswürdig ist Anfechtbarkeit – jedenfalls wenn der Urheber eindeutig erkennbar ist und an der Authentizität der Einladung kein Zweifel besteht.[89]

Sonstige Mängel der Einberufung führen zur **Anfechtbarkeit** der gefassten Beschlüsse (§ 243 AktG analog), wobei es im konkreten Fall auf die Relevanz für das Beschlussergebnis ankommt (vgl. Anh. § 47 Rdn. 44). Das gilt bei einer Einladung mit gewöhnlichem Brief, sofern dieser dem Gesellschafter zugegangen ist (Beweislast trägt die Gesellschaft).[90] Wurde ein Gesellschafter nur per E-Mail rechtzeitig geladen, so begründet der Verstoß gegen die Formvorschrift des § 51 Abs. 1 keine Nichtigkeit, sondern nur Anfechtbarkeit der gefassten Beschlüsse.[91] Zur Anfechtbarkeit führt auch die Unterschreitung der Ladungs- oder Ankündigungsfrist,[92] die fehlende oder inhaltlich fehlerhafte Ankündigung von Beschlussgegenständen[93] und die Einberufung an einen unzulässigen Versammlungsort.[94] Verstöße gegen satzungsmäßige Regelungen führen generell nur zu Anfechtbarkeit.[96] Dasselbe gilt für eine ungenaue Bezeichnung des Beschlussgegenstandes in der Einberufung.[96] 22

Einberufungsmängel können durch **Vollversammlung** (Rdn. 24) oder durch **Rügeverzicht** geheilt werden.[97] Die bloße Anwesenheit bei der Versammlung bedeutet noch keinen Verzicht auf Ladungsmängel, jedenfalls nicht, wenn der Abstimmung ausdrücklich widersprochen wird.[98] Für den Verzicht muss der vom Verfahrensmangel betroffene Gesellschafter (konkludent oder ausdrücklich) erklären, dass er den Beschlussmangel nicht geltend machen will.[99] Der Verzicht kann in der Gesellschafterversammlung oder nachträglich erklärt werden.[100] Problematisch ist, wie sich der nachträgliche Verzicht hinsichtlich eines bereits nichtigen Beschlusses auswirkt. Der Einwand, nichtige Beschlüsse könnten nicht nachträglich 23

86 BGH, GmbHR 2006, 538, 539: Ladung per E-Mail am Vorabend der Versammlung.

87 BGH, GmbHR 1989, 120, 122; *Bayer*, in: Lutter/Hommelhoff, GmbHG, § 51 Rn. 28; *Hüffer/Schürnbrand*, in: Ulmer/Habersack/Löbbe, GmbHG, § 51 Rn. 27; *Zöllner/Noack*, in: Baumbach/Hueck, GmbHG, § 51 Rn. 28; vgl. KG Berlin, NJW 1975, 2157, 2159: Angabe des Tages genügt, wenn Gesellschafter in engem Kontakt stehen und Uhrzeit erfragen können.

88 BGH, GmbHR 1989, 120, 122.

89 In diesem Sinne etwa: *Bayer*, in: Lutter/Hommelhoff, GmbHG, § 51 Rn. 29; *Hüffer/Schürnbrand*, in: Ulmer/Habersack/Löbbe, GmbHG, § 51 Rn. 27; *Liebscher*, in: MünchKommGmbHG, § 51 Rn. 51; *Seibt*, in: Scholz, GmbHG, § 51 Rn. 26.

90 BGH, GmbHR 1989, 120, 122; *Bayer*, in: Lutter/Hommelhoff, GmbHG, § 51 Rn. 29; *Hüffer/Schürnbrand*, in: Ulmer/Habersack/Löbbe, GmbHG, § 51 Rn. 27; *Zöllner/Noack*, in: Baumbach/Hueck, GmbHG, § 51 Rn. 28.

91 *Bayer*, in Lutter/Hommelhoff, GmbHG, § 51 Rn. 29; OLG Stuttgart, GmbHR 2019, 67, 72.

92 BGHZ 100, 264, 265; OLG Jena, GmbHR 2018, 1063, 1065 (keine Wahrung der Frist des § 51 Abs. 4).

93 RGZ 89, 367, 378 ff.; BGH, GmbHR 1989, 120, 122; *Bayer*, in: Lutter/Hommelhoff, GmbHG, § 51 Rn. 30; *Hüffer/Schürnbrand*, in: Ulmer/Habersack/Löbbe, GmbHG, § 51 Rn. 28; *Seibt*, in: Scholz, GmbHG, § 51 Rn. 28.

94 BGH, GmbHR 2016, 587, 589; OLG Düsseldorf, NZG 2003, 975, 976; OLG Celle, GmbHR 1997, 748.

95 *Altmeppen*, in: Roth/Altmeppen, GmbHG, § 51 Rn. 20 ff.; *Bayer*, in: Lutter/Hommelhoff, GmbHG, § 51 Rn. 30; *Masuch*, in: Bork/Schäfer, GmbHG, § 51 Rn. 14; einschränkend (es komme auf Sinn und Zweck der Satzungsregelung an, »im Zweifel« aber Anfechtbarkeit) *Seibt*, in: Scholz, GmbHG, § 51 Rn. 26; ebenso in der Tendenz *Liebscher*, in: MünchKommGmbHG, § 51 Rn. 53, und *Römermann*, in: Michalski, GmbHG § 51 Rn. 115; vgl. BGH, GmbHR 1998, 136, 137 (Anfechtung bei Versäumen der satzungsmäßigen Ladungsfrist).

96 *Bayer*, in Lutter/Hommelhoff, GmbHG, § 51 Rn. 30; *Seibt*, in Scholz, GmbHG, § 51 Rn. 28; a.A. OLG München, GmbHR 2019, 298, 301 (krit. Anm. *Bormann*, ebda., S. 303).

97 BGHZ 87, 1, 4; BayObLG, GmbHR 1997, 1002.

98 OLG Naumburg, GmbHR 1998, 90, 92.

99 *Bayer*, in: Lutter/Hommelhoff, GmbHG, § 51 Rn. 34; *Hüffer/Schürnbrand*, in: Ulmer/Habersack/Löbbe, GmbHG, § 51 Rn. 34; *Liebscher*, in: MünchKommGmbHG, § 51 Rn. 60; *Seibt*, in: Scholz, GmbHG, § 51 Rn. 31.

100 *Bayer*, in: Lutter/Hommelhoff, GmbHG, § 51 Rn. 34; *Liebscher*, in: MünchKommGmbHG, § 51 Rn. 60; *Seibt*, in: Scholz, GmbHG, § 51 Rn. 31; *Zöllner/Noack*, in: Baumbach/Hueck, GmbHG, § 51 Rn. 30.

wirksam werden,[101] greift nicht durch, denn das Gesetz kennt eine solche Rechtsfolge auch in § 242 Abs. 2 Satz 4 AktG.[102] Zum Teilnahmeverzicht, der als Rügeverzicht gedeutet werden kann, s.u. Rdn. 24.

E. Vollversammlung (§ 51 Abs. 3)

24 In einer sog. Voll- oder Universalversammlung können trotz vorangegangener Einberufungs- oder Ankündigungsfehler wirksame Beschlüsse gefasst werden (§ 51 Abs. 3). Dazu müssen **alle teilnahmeberechtigten Gesellschafter** (einschließlich derjenigen ohne Stimmrecht, § 48 GmbHG Rdn. 10) anwesend oder vertreten (§ 48 GmbHG Rdn. 11) sein.[103] Zulässig ist auch vollmachtlose Vertretung mit nachträglicher Genehmigung.[104] Hat ein Gesellschafter auf die **Teilnahme verzichtet**, kann die Versammlung bei Anwesenheit aller übrigen Gesellschafter wirksam Beschlüsse fassen.[105] Sind alle von einem Verfahrensmangel betroffenen Gesellschafter anwesend, können sie wirksam beschließen, selbst wenn andere Gesellschafter, die ordnungsgemäß geladen waren, nicht erschienen sind.[106]

25 Die Gesellschafter müssen mit der Durchführung der Gesellschafterversammlung zum Zwecke der Beschlussfassung **einverstanden** sein.[107] Ließe man bloße Anwesenheit genügen, hätte dies zur Folge, dass die Gesellschafter einer fehlerhaft einberufenen Versammlung fernbleiben müssten und sie damit nicht zur einvernehmlichen Klärung nutzen könnten.[108] Für die Erklärung des Einvernehmens mit der Beschlussfassung ist Geschäftsfähigkeit erforderlich.[109] Das Einvernehmen kann auch konkludent in der rügelosen Mitwirkung an der Abstimmung zum Ausdruck kommen.[110]

26 **Widerspricht** ein teilnehmender Gesellschafter (ausdrücklich oder konkludent) der Durchführung der Versammlung oder der Beschlussfassung, gilt er nicht als »anwesend« i.S.d. § 51 Abs. 3 und die Regeln der Vollversammlung finden keine Anwendung.[111] Die Rüge eines Verfahrensmangels kann sich auch nur auf einzelne Gegenstände beziehen.[112] Sie muss vor oder bei der Abstimmung erhoben werden; die nachträgliche Rüge beseitigt die Heilungswirkung nicht mehr.[113]

27 Wirkt ein Gesellschafter trotz anfänglicher Rüge eines Verfahrensmangels an der Erörterung und Abstimmung in der Versammlung mit, bedarf sein Verhalten der **Auslegung**, ob er an der Abstimmung nur vorsorglich teilnimmt oder damit auf die zunächst geäußerte Rüge konkludent verzichten

---

101 *Hüffer/Schürnbrand*, in: Ulmer/Habersack/Löbbe, GmbHG, § 51 Rn. 34.

102 So zu Recht *Zöllner/Noack*, in: Baumbach/Hueck, GmbHG, § 51 Rn. 30; zustimmend *Liebscher*, in: MünchKommGmbHG, § 51 Rn. 60.

103 *Bayer*, in: Lutter/Hommelhoff, GmbHG, § 51 Rn. 32; *Ganzer*, in: Rowedder/Schmidt-Leithoff, GmbHG, § 51 Rn. 23; *Hüffer/Schürnbrand*, in: Ulmer/Habersack/Löbbe, GmbHG, § 51 Rn. 29; *Römermann*, in: Michalski, GmbHG, § 51 Rn. 92; *Seibt*, in: Scholz, GmbHG, § 51 Rn. 35.

104 BayObLG, GmbHR 1989, 252, 253 f.; OLG Dresden, GmbHR 2001, 1047, 1048.

105 RG, JW 1934, 976. Über dieses Ergebnis herrscht kein Streit, jedoch über die Begründung: *Bayer*, in: Lutter/Hommelhoff, GmbHG, § 51 Rn. 32 und wohl auch *Zöllner/Noack*, in: Baumbach/Hueck, GmbHG, § 51 Rn. 34 nehmen Vollversammlung an; nach *Hüffer/Schürnbrand*, in: Ulmer/Habersack/Löbbe, GmbHG, § 51 Rn. 32, liegt kein Einberufungsmangel vor; nach *Liebscher*, in: MünchKommGmbHG, § 51 Rn. 59, ist auszulegen, ob im Teilnahmeverzicht ein Verzicht auf die Ladung liegt; *Römermann*, in: Michalski, GmbHG, § 51 Rn. 93, hält Anfechtung des Verzichtenden für treuwidrig; *Altmeppen*, in: Roth/Altmeppen, GmbHG, § 51 Rn. 21, interpretiert Teilnahmeverzicht als Rügeverzicht.

106 *Zöllner/Noack*, in: Baumbach/Hueck, GmbHG, § 51 Rn. 35.

107 BGHZ 100, 264, 269 f.; BGH, GmbHR 2008, 426, 427; BGH, GmbHR 2009, 437; BayObLG, GmbHR 1993, 223, 224; OLG München, GmbHR 2000, 486, 489.

108 In diesem Sinne zutreffend BGHZ 100, 264, 270.

109 BayObLG, GmbHR 1993, 223, 224, wendet dazu Regeln über Geschäftsfähigkeit an (ebenso *Altmeppen*, in: Roth/Altmeppen, GmbHG, § 51 Rn. 15, sowie *Bayer*, in: Lutter/Hommelhoff, GmbHG, § 51 Rn. 33; nach a.A. scheitert Vollversammlung daran, dass gesetzlicher Vertreter hätte geladen werden müssen (*Liebscher*, in: MünchKommGmbHG, § 51 Rn. 55; *Zöllner/Noack*, in: Baumbach/Hueck, GmbHG, § 51 Rn. 32).

110 OLG Naumburg, GmbHR 1998, 90, 92.

111 BGHZ 100, 264, 269 f.; OLG Hamburg, GmbHR 1997, 796; OLG München, GmbHR 2000, 486, 489.

112 OLG Naumburg, GmbHR 1998, 90, 92; OLG Hamburg, GmbHR 1997, 796.

113 BGH, NZG 2003, 127, 129.

will.[114] Wer ohne erneuten Vorbehalt abstimmt, hat damit nicht ohne Weiteres auf die zuvor erklärte Rüge verzichtet,[115] zumindest nicht, wenn er inhaltlich gegen den Beschlussvorschlag stimmt.[116]

Eine **Niederschrift** der Beschlussfassung ist nur bei der Einpersonen-GmbH erforderlich (§ 48 GmbHG Rdn. 30). Wenn Heilungswirkung des § 51 Abs. 3 angestrebt wird, empfiehlt sich allerdings zur Herstellung von Rechtsklarheit eine Protokollierung der Anwesenheit und des Einvernehmens aller Gesellschafter.[117] Ein widersprechender Gesellschafter sollte seine Rüge zu Protokoll geben. 28

F. Satzungsregelungen

Die Satzung kann von § 51 abweichen (§ 45 Abs. 2), muss allerdings die zum **Kernbereich der Mitgliedschaft** gehörenden Teilhabe- und Teilnahmerechte der Gesellschafter respektieren.[118] Die ohnehin knapp bemessenen Fristen in § 51 Abs. 1 Satz 2 und § 51 Abs. 4 können daher nicht verkürzt werden.[119] Ebenso wenig kann auf die Ankündigung der Beschlussgegenstände verzichtet werden.[120] Unbedenklich sind Regelungen, welche die Teilnahme erleichtern und die Vorbereitungsmöglichkeiten erweitern. Dazu gehört eine angemessene **Verlängerung der Fristen** für Einberufung und Ankündigungen,[121] die förmliche Zustellung der Einladung oder die zusätzliche Bekanntmachung in den Gesellschaftsblättern.[122] 29

Abweichungen von der **Versendungsform** des Einschreibens werden in Literatur und Rechtsprechung uneinheitlich bewertet. Wenig überzeugend ist es, einerseits die alleinige Bekanntmachung in den Gesellschaftsblättern ausreichen zu lassen, eine Ladung durch einfachen Brief aber abzulehnen.[123] Der typische Gesellschafter schaut eher in seinen Briefkasten als in den elektronischen Bundesanzeiger. Die Veröffentlichung in den **Gesellschaftsblättern** ist (in Anlehnung an § 121 Abs. 4 AktG) bei Massengesellschaften denkbar, i.Ü. aber nur als zusätzlicher Informationsweg akzeptabel. Die Einladung durch **einfachen Brief** hingegen ist in der Satzung regelbar.[124] Die Gegenmeinung, die eine dem Einschreiben gleichwertige Zugangssicherung verlangt,[125] macht § 51 – entgegen der Grundaussage des § 45 Abs. 2 – zur einseitig zwingenden Norm. Weitgehend unstreitig ist die 30

---

114 BGH, GmbHR 1998, 287, 288; OLG München, GmbHR 2000, 486, 489.

115 So aber in der Tendenz *Hüffer/Schürnbrand*, in: Ulmer/Habersack/Löbbe, GmbHG, § 51 Rn. 30.

116 *Römermann*, in: Michalski, GmbHG, § 51 Rn. 97, 98; *Seibt*, in: Scholz, GmbHG, § 51 Rn. 36.

117 *Hüffer/Schürnbrand*, in: Ulmer/Habersack/Löbbe, GmbHG, § 51 Rn. 29.

118 *Bayer*, in: Lutter/Hommelhoff, GmbHG, § 51 Rn. 36; *Bochmann*, GmbHR 2017, 558 ff.; *Ganzer*, in: Rowedder/Schmidt-Leithoff, GmbHG, § 51 Rn. 25; *Hüffer/Schürnbrand*, in: Ulmer/Habersack/Löbbe, GmbHG, § 51 Rn. 35; *Liebscher*, in: MünchKommGmbHG, § 51 Rn. 62; *Seibt*, in: Scholz, GmbHG, § 51 Rn. 3.

119 OLG Naumburg, NZG 2000, 44, 45 (zur Frist des § 51 Abs. 1 Satz 2); *Bayer*, in: Lutter/Hommelhoff, GmbHG, § 51 Rn. 36; *Hüffer/Schürnbrand*, in: Ulmer/Habersack/Löbbe, GmbHG, § 51 Rn. 39; *Wicke*, GmbHR 2017, 777, 781; *Zöllner/Noack*, in: Baumbach/Hueck, GmbHG, § 51 Rn. 39. Hingegen wollen *Liebscher*, in: MünchKommGmbHG, § 51 Rn. 67, und *Seibt*, in: Scholz, GmbHG, § 51 Rn. 4, für Eilfälle kürzere Frist zulassen. In solchen Fällen genügt aber die Möglichkeit, einvernehmlich auf die vorgesehene Ankündigungsfrist zu verzichten.

120 *Bayer*, in: Lutter/Hommelhoff, GmbHG, § 51 Rn. 36; *Hüffer/Schürnbrand*, in: Ulmer/Habersack/Löbbe, GmbHG, § 51 Rn. 39; *Liebscher*, in: MünchKommGmbHG, § 51 Rn. 67; *Zöllner/Noack*, in: Baumbach/Hueck, GmbHG § 51 Rn. 39. Großzügiger *Seibt*, in: Scholz, GmbHG, § 51 Rn. 4, wenn auf andere Weise dafür gesorgt sei, dass Gesellschafter ihr Teilnahmerecht ausüben können.

121 *Bochmann*, GmbHR 2017, 558, 563; OLG Naumburg, GmbHR 1998, 90, 91 (2 Wochen).

122 *Römermann*, in: Michalski, GmbHG, § 51 Rn. 117.

123 So aber *Hüffer/Schürnbrand*, in: Ulmer/Habersack/Löbbe, GmbHG, § 51 Rn. 35; *Zöllner*, in: Baumbach/Hueck, GmbHG, § 51 Rn. 39 (20. Aufl.; abweichend jetzt 22. Aufl.).

124 OLG Jena, GmbHR 1996, 536, 537; OLG Dresden, GmbHR 2000, 435, 436; *Bayer*, in: Lutter/Hommelhoff, GmbHG, § 51 Rn. 36; *Hüffer/Schürnbrand*, in: Ulmer/Habersack/Löbbe, GmbHG, § 51 Rn. 37; *Liebscher*, in: MünchKommGmbHG, § 51 Rn. 66; *Seibt*, in: Scholz, GmbHG, § 51 Rn. 4; *Teichmann*, RNotZ 2013, 346, 349.

125 *Römermann*, in: Michalski, GmbHG, § 51 Rn. 119; *Zöllner*, in: Baumbach/Hueck, GmbHG, § 51 Rn. 39 (20. Aufl.; abweichend jetzt 22. Aufl.).

Zulässigkeit von Satzungsregelungen, die eine Einladung per Kurier,[126] Telefax, **E-Mail** (auch mit elektronischer Signatur) oder Telefon zulassen.[127] Außerdem kann eine Einberufung per E-Mail mit der Ankündigung der Beschlussgegenstände auf der Homepage der Gesellschaft kombiniert werden.[128] Die satzungsmäßig vorgeschriebene Schriftform kann unter Umständen so ausgelegt werden, dass auch E-Mail ausreichend ist (vgl. § 127 Abs. 2 BGB).[129]

§ 51a Auskunfts- und Einsichtsrecht

(1) Die Geschäftsführer haben jedem Gesellschafter auf Verlangen unverzüglich Auskunft über die Angelegenheiten der Gesellschaft zu geben und die Einsicht der Bücher und Schriften zu gestatten.

(2) [1]Die Geschäftsführer dürfen die Auskunft und die Einsicht verweigern, wenn zu besorgen ist, dass der Gesellschafter sie zu gesellschaftsfremden Zwecken verwenden und dadurch der Gesellschaft oder einem verbundenen Unternehmen einen nicht unerheblichen Nachteil zufügen wird. [2]Die Verweigerung bedarf eines Beschlusses der Gesellschafter.

(3) Von diesen Vorschriften kann im Gesellschaftsvertrag nicht abgewichen werden.

Schrifttum

Bihr, Due Diligence: Geschäftsführungsorgane im Spannungsfeld zwischen Gesellschafts- und Gesellschafterinteressen, BB 1998, 1198; *Bremer*, Herausgabe von Informationen im Rahmen einer Due Diligence, GmbHR 2000, 176; *Geißler*, Der Informations- und Kommunikationstransfer zwischen dem GmbH-Geschäftsführer und den Gesellschaftern, GmbHR 2020, 1109; *Götze*, Auskunftserteilung durch GmbH-Geschäftsführer im Rahmen der Due Diligence beim Beteiligungserwerb, ZGR 1999, 202; *Grunewald*, Einsichts- und Auskunftsrecht des GmbH-Gesellschafters nach neuem Recht, ZHR 146 (1982), 211; *Hommelhoff*, Jahresabschluss und Gesellschafterinformation in der Gruppe, ZIP 1983, 383; *Ivens*, Informationsverweigerung gem. § 51a Abs. 2 GmbHG gegenüber Konkurrentgesellschaftern, GmbHR 1989, 273; *Jestaedt*, Die actio pro socio als Notbehelf bei Informationsverweigerung in Zweipersonen-GmbH – Besprechung der Entscheidung des OLG Saarbrücken vom 03.12.1993 – 4 U 16/93–2, GmbHR 1994, 442; *Kalss*, Ausgewählte Fragen zum Informationsrecht des GmbH-Gesellschafters, GesRZ 2017, 15; *Kort*, Das Informationsrecht des Gesellschafters der Konzernobergesellschaft, ZGR 1987, 46; *Körber*, Geschäftsleitung der Zielgesellschaft und due diligence bei Paketerwerb und Unternehmenskauf, NZG 2002, 263; *Kretzschmar*, Zur Konkretisierung des Auskunftsrechts nach § 51a GmbHG, AG 1987, 121; *Leinekugel/Weigel*, Datenschutzrechtliche Grenzen des gesellschaftsrechtlichen Informationsanspruchs nach § 51a GmbHG, GmbHR 2015, 393; *Lutter*, Zum Informationsrecht des Gesellschafters nach neuem GmbH-Recht, ZGR 1982, 1; *Meilicke/Hollands*, Schutz der GmbH vor nachträglichem Mißbrauch der nach § 51a GmbHG erlangten Informationen, GmbHR 2000, 964; *Mertens*, § 51a Abs. 1 GmbHG und die kapitalistisch strukturierte GmbH, in: Hadding/Immenga/Mertens/Pleyer/Schneider (Hrsg.), Festschrift für Winfried Werner zum 65. Geburtstag am 17.10.1984 – Handelsrecht und Wirtschaftsrecht in der Bankpraxis, 1984, S. 557; *Oppenländer*, Grenzen der Auskunftserteilung durch Geschäftsführer und Gesellschafter beim Verkauf von GmbH-Geschäftsanteilen, GmbHR 2000, 535; *Reuter*, § 51a GmbHG – Quo vadis?, BB 1986, 1653; *Robrecht*, Der Informationsanspruch des GmbH-Gesellschafters nach der Eröffnung des Insolvenzverfahrens, GmbHR 2002, 692; *K. Schmidt*, Die Dogmatik des Informationsrechts als Grundlage der Konkretisierung des § 51a GmbHG, in: Goerdeler/Hommelhoff/Lutter/Odersky/Wiedemann (Hrsg.), Festschrift für Alfred Kellermann zum 70. Geburtstag am 29.11.1990, 1991, S. 389; *Schneider*, Der Auskunftsanspruch des Aktionärs im Konzern, in: Schneider/Hommelhoff/K. Schmidt/Timm/Grunewald/Drygala (Hrsg.), Festschrift für Marcus Lutter zum 70. Geburtstag, 2000, S. 1193; *ders.*, Die Mitverwaltungsrechte der Gesellschafter in der verbundenen GmbH – Überlegungen zu einer Binnenordnung im Konzern –, GmbH-Konzern 1976, 78; *Stimpel/Ulmer*, Einsichtsrecht der Gesellschafter einer mitbestimmten GmbH in die Protokolle des Aufsichtsrats?, in: Lieb/Noack/Westermann (Hrsg.), Festschrift für Wolfgang Zöllner zum 70. Geburtstag, 1998, S. 589; *Werner*, Die Verletzung des Auskunftsrechts nach § 51a GmbHG durch den Geschäftsführer, GmbHR 2018, 400; *Wicke*, Dos and don'ts bei Einberufung und Durchführung von Gesellschafterversammlungen, GmbHR 2017, 777; *Winter*, Mitgliedschaftliche Treubindungen im GmbH-Recht, 1988.

126 Ausführlich dazu *Emde*, GmbHR 2002, 8, 16.

127 *Bayer*, in: Lutter/Hommelhoff, GmbHG, § 51 Rn. 36; *Bochmann*, GmbHR 2017, 558, 563; *Hüffer/Schürnbrand*, in: Ulmer/Habersack/Löbbe, GmbHG, § 51 Rn. 37; *Liebscher*, in: MünchKommGmbHG, § 51 Rn. 66; *Seibt*, in: Scholz, GmbHG, § 51 Rn. 4; *Zöllner/Noack*, in: Baumbach/Hueck, GmbHG, § 51 Rn. 39.

128 *Zwissler*, GmbHR 2000, 28.

129 So jedenfalls für das Vereinsrecht OLG Hamm, ZIP 2015, 2273; demgegenüber fällt bei der Auslegung einer GmbH-Satzungsklausel allerdings ins Gewicht, dass die Gesellschafter von der strengeren Form des § 51 abgewichen sind und möglicherweise keine über die Schriftform hinausgehende Erleichterung wünschten.

Übersicht

A. Normzweck und Grundlagen

1 Die in § 51a geregelten Rechte auf Auskunft über Angelegenheiten der Gesellschaft und Einsichtnahme in die Bücher und Schriften der Gesellschaft sind **individuelle Gesellschafterrechte.** Sie erlauben die sachgerechte Wahrnehmung der Gesellschafterrechte, etwa die Vorbereitung der Beratung und Stimmabgabe in der Gesellschafterversammlung, und dürfen dabei auch eigennützigen Zielen dienen, bspw. der Wertermittlung des eigenen Geschäftsanteils.[1] Obwohl die Informationsrechte jedem Gesellschafter zustehen, haben sie funktional **Minderheiten schützende** Wirkung;[2] denn ein Mehrheitsgesellschafter bedarf zumeist keines Rechtsanspruchs, um die gewünschten Informationen zu erhalten.

2 Das Gesetz von 1892 kannte noch keine individuellen Informationsrechte. Der BGH gewährte, gestützt und begrenzt durch Treu und Glauben, ein individuelles Recht auf Auskunft und Einsichtnahme,[3] das mit der GmbH-Reform von 1980 Eingang in das Gesetz gefunden hat.[4] Zusätzlich bestehen kollektive Informationsrechte der Gesellschafter, die durch Berichtspflichten der Geschäftsführer erfüllt werden. Dazu gehören das allgemeine Informationsrecht vor Beschlussfassung (§ 51 GmbHG Rdn. 20), die Einberufung bei hälftigem Verlust des Stammkapitals (§ 49 Abs. 3), die vorherige Information bei weitreichenden Entscheidungen (§ 51 GmbHG Rdn. 20) und die Vorlage von Jahresabschluss, Lage- und Prüfungsbericht (§ 42a GmbHG Rdn. 38 f.).

3 § 51a Abs. 1 steht wegen seiner fehlenden tatbestandlichen Konturen in der Kritik.[5] Die Literatur hat verschiedene Ansätze entwickelt, um der uferlosen **Weite des Tatbestandes** Grenzen zu ziehen. So wird das Informationsbedürfnis als immanente Grenze gesehen[6] oder die »dienende Funktion« der Informationsrechte[7] hervorgehoben. Damit wird allerdings die Begründungslast für ein Informationsbegehren dem Gesellschafter zugewiesen.[8] Entstehungsgeschichte und Systematik des Gesetzes sprechen für den gegenteiligen Ansatz: Jedes Informationsbegehren eines Gesellschafters ist

1 *Bayer*, in: Lutter/Hommelhoff, GmbHG, § 51a Rn. 1; *Hüffer/Schürnbrand*, in: Ulmer/Habersack/Löbbe, GmbHG, § 51a Rn. 7; *K. Schmidt*, in: Scholz, GmbHG, § 51a Rn. 1; s.a. *Grunewald*, ZHR 146 (1982), 211, 216 f.; *Lutter*, ZGR 1982, 1, 3. Vgl. OLG Karlsruhe, GmbHR 2014, 254, 256 (Informationsbegehren der Erbengemeinschaft, um Kenntnis über Zusammensetzung des Nachlasses zu erhalten).

2 *Altmeppen*, in: Roth/Altmeppen, GmbHG, § 51a Rn. 3; *Hüffer/Schürnbrand*, in: Ulmer/Habersack/Löbbe, GmbHG, § 51a Rn. 7; *Masuch*, in: Bork/Schäfer, GmbHG, § 51a Rn. 1.

3 BGHZ 14, 53, 55 ff.

4 Zur Rechtsentwicklung s. nur *Hüffer/Schürnbrand*, in: Ulmer/Habersack/Löbbe, GmbHG, § 51a Rn. 2 ff.

5 S. m.w.N. *Hüffer/Schürnbrand*, in: Ulmer/Habersack/Löbbe, GmbHG, § 51a Rn. 4; *K. Schmidt*, in: Scholz, GmbHG, § 51a Rn. 7; *Zöllner/Noack*, in: Baumbach/Hueck, GmbHG, § 51a Rn. 1.

6 *K. Schmidt*, FS Kellermann, 1991, S. 389, 393 ff.; *K. Schmidt*, in: Scholz, GmbHG, § 51a Rn. 8.

7 *Grunewald*, ZHR 146 (1982), 211, 217.

8 Zwar nicht für jedes Informationsbegehren, aber doch immer dann, wenn sich das Informationsbedürfnis nicht von selbst versteht (in diesem Sinne *K. Schmidt*, in: Scholz, GmbHG, § 51a Rn. 18).

im Grundsatz legitim. Er darf alle Angelegenheiten der Gesellschaft erfahren, ohne dass besondere Umstände das Auskunftsverlangen rechtfertigen müssen.[9] Das Informationsrecht des Gesellschaftsrechts ist prinzipiell unbeschränkt.[10] Das Geheimhaltungsbedürfnis der Gesellschaft wird dadurch befriedigt, dass der Gesellschafter die erhaltene Information **vertraulich** behandeln muss (Rdn. 7). Er darf die Informationen grundsätzlich nicht zu gesellschaftsfremden Zwecken oder an gesellschaftsfremde Dritte weitergeben.[11]

4 Es ist demnach als Ausnahmefall vonseiten der Gesellschaft begründungsbedürftig, wenn sie dennoch eine **Information verweigern** will. Die Grenzen der Informationsrechte liegen nicht in der Sphäre des Gesellschafters, der grds. alle Angelegenheiten der Gesellschaft erfahren darf, sondern in derjenigen der Gesellschaft, die ihr dadurch entstehende Belastungen oder sonstige Nachteile geltend machen muss. Gesetzlicher Anknüpfungspunkt ist § 51a Abs. 2 (Rdn. 35 ff.). Zusätzliche Einschränkungen können sich im Einzelfall aus der gesellschaftsrechtlichen Treuepflicht und dem Verbot des Rechtsmissbrauchs ergeben (Rdn. 44). Macht allerdings die Gesellschaft eine Beeinträchtigung ihrer Belange geltend, fällt in der nachfolgenden Interessenabwägung das konkrete Informationsinteresse des Gesellschafters durchaus ins Gewicht,[12] sodass die verschiedenen Auffassungen bei der Beurteilung von Einzelfällen häufig zum selben Ergebnis gelangen.

B. Inhaber der Informationsrechte

5 Die Informationsrechte des § 51a stehen **jedem Gesellschafter** individuell zu. Die Gesellschafterstellung ergibt sich im Verhältnis zur Gesellschaft aus der Gesellschafterliste (§ 16 GmbHG Rdn. 1); bei einer Veräußerung des Geschäftsanteils gehen daher die Informationsrechte erst mit Änderung der Gesellschafterliste auf den Erwerber über.[13] Die Größe der Beteiligung ist unerheblich.[14] Auch Gesellschafter ohne Stimmrecht sind informationsberechtigt.[15] Einem Gesellschafter-Geschäftsführer stehen die Informationsrechte ebenfalls zu; allerdings kann sein Informationsbegehren rechtsmissbräuchlich sein, wenn die gewünschte Auskunft den Zeitraum betrifft, zu dem er selbst Geschäftsführer war.[16] Ist eine juristische Person oder eine rechtsfähige Personengesellschaft Gesellschafterin, stehen ihr die Informationsrechte auch dann noch zu, wenn sie sich im Liquidationsstadium befindet.[17] Bei gemeinschaftlicher Berechtigung (§ 18) müssen die Informationsrechte gemeinschaftlich ausgeübt werden.[18]

6 Die Informationsrechte sind Teil der **Mitgliedschaft** und als solche nicht übertragbar (Abspaltungsverbot).[19] Daher hat der Pfandgläubiger eines Geschäftsanteils keine Informationsrechte,[20] ebenso wenig der Treugeber bei der Treuhand.[21] Umstritten ist die Rechtslage beim Nießbrauch. Teilweise

---

9 RegBegr. BT-Drucks. 8/1347, S. 44; OLG Stuttgart, GmbHR 1983, 242, 243; KG, GmbHR 1988, 221, 223; *Bayer*, in: Lutter/Hommelhoff, GmbHG, § 51a Rn. 3; *Hüffer/Schürnbrand*, in: Ulmer/Habersack/Löbbe, GmbHG, § 51a Rn. 57; *Ganzer*, in: Rowedder/Schmidt-Leithoff, GmbHG, § 51a Rn. 27.

10 BGH, GmbHR 2013, 650, 651.

11 BGH, GmbHR 2013, 650, 651.

12 In diesem Sinne *Hüffer/Schürnbrand*, in: Ulmer/Habersack/Löbbe, GmbHG, § 51a Rn. 6.

13 Der vertraglich vereinbarte Zeitpunkt, zu dem die Anteilsübertragung zwischen den Parteien schuldrechtliche Wirkungen entfalten soll, ist unerheblich (OLG München, GmbHR 2006, 205, 206).

14 BayObLG, GmbHR 1989, 201, 202; BayObLG, NJW-RR 1991, 1252, 1253.

15 *Hüffer/Schürnbrand*, in: Ulmer/Habersack/Löbbe, GmbHG, § 51a Rn. 12; *Römermann*, in: Michalski, GmbHG, § 51a Rn. 50.

16 Vgl. OLG München, NZG 2006, 205, 206.

17 BayObLG, GmbHR 1993, 741, 742; *K. Schmidt*, in: Scholz, GmbHG, § 51a Rn. 12.

18 *K. Schmidt*, in: Scholz, GmbHG, § 51a Rn. 12; OLG Karlsruhe, GmbHR 2014, 254, 256 (Erbengemeinschaft).

19 *Hüffer/Schürnbrand*, in: Ulmer/Habersack/Löbbe, GmbHG, § 51a Rn. 12; *Römermann*, in: Michalski, GmbHG, § 51a Rn. 61; *K. Schmidt*, in: Scholz, GmbHG, § 51a Rn. 14.

20 BGH, GmbHR 2013, 650, 650; BayObLG, GmbHR 1989, 201, 203.

21 BayObLG, NJW-RR 1991, 1252, 1253.

wird ein mitgliedschaftsspaltender Nießbrauch für möglich gehalten, bei dem der Nießbraucher die Mitgliedschaftsrechte wahrnimmt;[22] die Gegenauffassung hält dies für unzulässig (und empfiehlt stattdessen Bevollmächtigung des Nießbrauchers).[23] Bei einer Aufteilung in Besitz-KG und Betriebs-GmbH hat der Kommanditist keine § 51a-Informationsrechte ggü. der GmbH.[24]

Die **Ausübung** der Informationsrechte **durch Dritte** ist grds. möglich. Dabei ist der Grundsatz der Vertraulichkeit (Rdn. 3) zu beachten. Der Gesellschafter kann Personen, die beruflich der Verschwiegenheit unterliegen (Rechtsanwälte, Wirtschaftsprüfer, Steuerberater), hinzuziehen oder zur alleinigen Ausübung bevollmächtigen.[25] Auch andere vertrauenswürdige Personen sind zuzulassen;[26] das können Mitgesellschafter sein, der Prokurist eines Gesellschafters oder sonstige Dritte, die eine sanktionsbewehrte Vertraulichkeitserklärung abgegeben haben.[27] Gesetzliche Vertreter, Insolvenzverwalter und Testamentsvollstrecker nehmen das Informationsrecht für den Gesellschafter wahr.[28] Bei der Betreuung kommt es auf den Aufgabenkreis des Betreuers an.[29] 7

Die Informationsrechte bestehen bereits in der **Vor-GmbH** (nicht aber in der Vorgründungsgesellschaft);[30] sie enden mit dem Erlöschen der Gesellschaft. Wird über die Gesellschaft das **Insolvenzverfahren** eröffnet, beschränken sich die Informationsrechte auf Vorgänge, die vor der Insolvenzeröffnung liegen; denn die Tätigkeit des Insolvenzverwalters unterliegt nicht der Kontrolle der Gesellschafter.[31] 8

Mit seinem **Ausscheiden** aus der Gesellschaft verliert der Gesellschafter seine Informationsrechte.[32] Dabei kommt es auf den Zeitpunkt an, zu dem das Ausscheiden wirksam wird. So besteht bei Kündigung noch eine Gesellschafterstellung, solange der Geschäftsanteil nicht formgültig übertragen wurde.[33] Bei einem Ausschluss durch Gestaltungsurteil (§ 34 GmbHG Rdn. 82) enden die Informationsrechte mit dem rechtskräftigen Urteil.[34] Bei einem Ausschluss auf Basis eines rechtsgestaltenden Gesellschafterbeschlusses (§ 34 GmbHG Rdn. 32 ff.) gilt der Beschluss, und zwar selbst 9

---

22 *Hillmann*, in: MünchKommGmbHG, § 51a Rn. 21; *Hüffer/Schürnbrand*, in: Ulmer/Habersack/Löbbe, GmbHG, § 51a Rn. 18; *Römermann*, in: Michalski, GmbHG, § 51a Rn. 63.

23 *Bayer*, in: Lutter/Hommelhoff, GmbHG, § 51a Rn. 5; *K. Schmidt*, in: Scholz, GmbHG, § 51a Rn. 12; *Zöllner/Noack*, in: Baumbach/Hueck, GmbHG, § 51a Rn. 6.

24 *Hillmann*, in: MünchKommGmbHG, § 51a Rn. 39; *Hüffer/Schürnbrand*, in: Ulmer/Habersack/Löbbe, GmbHG, § 51a Rn. 14; *K. Schmidt*, in: Scholz, GmbHG, § 51a Rn. 12.

25 OLG Frankfurt am Main, GmbHR 1994, 114, 115; *Altmeppen*, in: Roth/Altmeppen, GmbHG, § 51a Rn. 15; *Bayer*, in: Lutter/Hommelhoff, GmbHG, § 51a Rn. 6; *Hüffer/Schürnbrand*, in: Ulmer/Habersack/Löbbe, GmbHG, § 51a Rn. 15; *K. Schmidt*, in: Scholz, GmbHG, § 51a Rn. 15b.

26 Vgl. BGHZ 25, 115, 123 (für KG).

27 *Bayer*, in: Lutter/Hommelhoff, GmbHG, § 51a Rn. 6; *Hüffer/Schürnbrand*, in: Ulmer/Habersack/Löbbe, GmbHG, § 51a Rn. 17; *K. Schmidt*, in: Scholz, GmbHG, § 51a Rn. 15b, 27.

28 *Bayer*, in: Lutter/Hommelhoff, GmbHG, § 51a Rn. 6; *Hüffer/Schürnbrand*, in: Ulmer/Habersack/Löbbe, GmbHG, § 51a Rn. 18; *K. Schmidt*, in: Scholz, GmbHG, § 51a Rn. 15a; *Zöllner/Noack*, in: Baumbach/Hueck, GmbHG, § 51a Rn. 5.

29 *Römermann*, in: Michalski, GmbHG, § 51a Rn. 69; *K. Schmidt*, in: Scholz, GmbHG, § 51a Rn. 15a.

30 *Hillmann*, in: MünchKommGmbHG, § 51a Rn. 25; *Hüffer/Schürnbrand*, in: Ulmer/Habersack/Löbbe, GmbHG, § 51a Rn. 13; *Römermann*, in: Michalski, GmbHG, § 51a Rn. 45; *Wicke*, GmbHG, § 51a Rn. 6.

31 OLG Hamm, GmbHR 2002, 163, 166; BayObLG, GmbHR 2005, 1360, 1362; ein vor dem Insolvenzverfahren nach § 51b erworbener Titel kann daher nicht gem. § 727 ZPO gegen den Insolvenzverwalter umgeschrieben werden (OLG Hamm, GmbHR 2008, 662, 663). Eingehend zu diesen Fragen *Robrecht*, GmbHR 2002, 692 ff.

32 BGH, NJW 1989, 225, 226; BayObLG, GmbHR 1993, 741, 742.

33 OLG Frankfurt am Main, GmbHR 1997, 130.

34 Daher hat der Gesellschafter während des Verfahrens noch Informationsrechte (BayObLG, NZG 2004, 98, 99).

dann, wenn er fehlerhaft sein sollte (Ausnahme: Nichtigkeit des Beschlusses).[35] Der ausgeschlossene Gesellschafter ist insoweit auf die Beschlussanfechtung verwiesen.

10 Nach seinem Ausscheiden kann der Gesellschafter gem. § 810 BGB Einsicht in die Unterlagen der Gesellschaft verlangen, soweit er daran ein rechtliches Interesse hat (zu den Schranken s. Rdn. 33 ff.).[36] Dafür gilt jedoch nicht das in § 51b geregelte Verfahren der freiwilligen Gerichtsbarkeit. Ein nach § 51b angestrengtes Verfahren kann daher nach Ausscheiden des Gesellschafters nicht unter Hinweis auf § 810 BGB fortgesetzt werden.[37] Eine Verweisung an das Gericht der streitigen Gerichtsbarkeit wäre fehlerhaft, entfaltet allerdings bindende Wirkung gem. § 17a Abs. 5 GVG (analog).[38]

C. Adressat der Informationspflicht

11 Adressatin der Informationspflicht ist die **Gesellschaft**; sie handelt durch die in § 51a angesprochenen Geschäftsführer als organschaftliche Vertreter.[39] Jeder Geschäftsführer kann das Informationsverlangen erfüllen (auch bei Gesamtvertretung) oder die Anfrage an Mitarbeiter delegieren.[40] Ein direktes Informationsrecht der Gesellschafter ggü. Arbeitnehmern oder dem Abschlussprüfer der Gesellschaft besteht nicht (Ausnahme: § 42a Abs. 3).[41] In der Insolvenz erfüllt der Insolvenzverwalter den Informationsanspruch unter den in Rdn. 8 genannten Einschränkungen. Ein Informationsrecht gegen **andere Gesellschafter** lässt sich aus § 51a nicht ableiten,[42] kann sich aber aus der gesellschaftsrechtlichen Treuepflicht ergeben.[43] Es wird nicht über § 51b, sondern im allgemeinen Zivilprozess geltend gemacht.[44]

D. Inhalt der Informationsrechte

I. Gleichrangigkeit von Auskunft und Einsichtnahme

12 § 51a gewährt ein Auskunftsrecht über die Angelegenheiten der Gesellschaft und ein Einsichtsrecht in deren Bücher und Schriften. Beide Rechte sind gleichrangig.[45] Der Gesellschafter kann frei entscheiden, welcher Weg seinem Informationsbedürfnis am besten entspricht.[46] Ihre Grenzen findet diese **Wahlfreiheit** in den allgemeinen **Schranken** der Treuepflicht und des Rechtsmissbrauchs (Rdn. 44).[47] Diese legen keine bestimmte Rangfolge

---

35 OLG Jena, GmbHR 1996, 699; OLG Karlsruhe, NZG 2000, 435; BayObLG, NZG 2004, 98, 100. Wirksamkeit eines Einziehungsbeschlusses setzt nach BGH, GmbHR 2012, 387, 388, 390, nicht die Entschädigungsleistung voraus (anders noch OLG München, GmbHR 2008, 104, 105).

36 BGH, GmbHR 1977, 151, 152 (Ermittlung der Abfindungshöhe); BGH, NJW 1989, 225, 226 sowie BGH, GmbHR 1988, 434, 436 (Klärung, ob dem Gesellschafter noch Forderungen gegen die GmbH zustehen). Aus der instanzgerichtlichen Rechtsprechung: OLG Hamm, DB 1994, 1232; OLG Frankfurt am Main, GmbHR 1995, 901. *K. Schmidt*, in: Scholz, GmbHG, § 51a Rn. 13 bejaht neben § 810 BGB Informationsrechte aus nachwirkender Sonderrechtsbeziehung.

37 OLG Saarbrücken, GmbHR 2011, 33, 34.

38 OLG Frankfurt am Main, GmbHR 1995, 901.

39 BGHZ 135, 48, 51.

40 *Bayer*, in: Lutter/Hommelhoff, GmbHG, § 51a Rn. 7; *K. Schmidt*, in: Scholz, GmbHG, § 51a Rn. 16.

41 *Bayer*, in: Lutter/Hommelhoff, GmbHG, § 51a Rn. 7.

42 OLG Saarbrücken, GmbHR 1994, 474, 475.

43 BGH, GmbHR 2007, 260, 261; *K. Schmidt*, in: Scholz, GmbHG, § 51a Rn. 5. Daher im Ergebnis zu eng OLG Saarbrücken, GmbHR 1994, 474 ff. (krit. auch *Jestaedt*, GmbHR 1994, 442 ff.).

44 *K. Schmidt*, in: Scholz, GmbHG, § 51a Rn. 5.

45 KG, GmbHR 1988, 221, 222 f.; *Altmeppen*, in: Roth/Altmeppen, GmbHG, § 51a Rn. 5; *Bayer*, in: Lutter/Hommelhoff, GmbHG, § 51a Rn. 11; *K. Schmidt*, in: Scholz, GmbHG, § 51a Rn. 21; *Zöllner/Noack*, in: Baumbach/Hueck, GmbHG, § 51a Rn. 26, 31.

46 *Bayer*, in: Lutter/Hommelhoff, GmbHG, § 51a Rn. 11; *Hillmann*, in: MünchKommGmbHG, § 51a Rn. 61; *Hüffer/Schürnbrand*, in: Ulmer/Habersack/Löbbe, GmbHG, § 51a Rn. 37.

47 KG, GmbHR 1988, 221, 223.

nahe,[48] sondern fordern eine Einzelfallbetrachtung. Davon würde auch die Anerkennung eines ungeschriebenen Merkmals des Informationsbedürfnisses nicht entbinden.[49] Ohne zusätzlichen Erkenntniswert ist der Einwand, es entscheide das objektive Informationsbegehren und nicht der subjektive Wille des Gesellschafters,[50] denn beides lässt sich nicht trennen: In dem konkret geäußerten Informationsbegehren findet der subjektive Wille des Gesellschafters seinen Ausdruck. Sein Informationsinteresse bedarf im Grundsatz keiner Rechtfertigung, sondern ist legitime Ausprägung der Mitgliedschaft (Rdn. 1, 3).

II. Geltendmachung der Informationsrechte

Der Gesellschafter kann die gewünschte Information **formlos** innerhalb oder außerhalb einer Gesellschafterversammlung verlangen.[51] Die Erklärung muss erkennen lassen, ob Auskunft, Einsichtnahme oder beides gewünscht wird. An die weitere **Konkretisierung** des Informationsbegehrens sind keine allzu hohen Anforderungen zu stellen. Allerdings muss sich der ungenau fragende Gesellschafter auch mit einer weniger präzisen Antwort zufriedengeben.[52] Weiterhin zeichnet sich in der Rechtsprechung eine gewisse Differenzierung zwischen Auskunft und Einsichtnahme ab, die in der prozessualen Durchsetzbarkeit ihre Wurzel hat: Das Auskunftsverlangen muss bestimmte Gegenstände bezeichnen, auf die es sich bezieht,[53] während Einsichtnahme in die Unterlagen der Gesellschaft auch global und ohne Bezug auf einen bestimmten Sachverhalt verlangt werden kann.[54] 13

Die Geschäftsführer müssen das Verlangen **unverzüglich**, also ohne schuldhaftes Zögern (§ 121 Abs. 1 Satz 1 BGB), erfüllen.[55] Wird in einer Gesellschafterversammlung Auskunft mit Bezug auf einen Tagesordnungspunkt begehrt, ist sie regelmäßig noch in der Versammlung zu erteilen.[56] Werden allerdings umfangreiche Fragen oder solche, mit denen der Geschäftsführer nicht rechnen musste, ohne Vorankündigung erst in der Versammlung gestellt, kann keine sofortige Antwort erwartet werden. Informationsbegehren außerhalb von Gesellschafterversammlungen können innerhalb einer angemessenen Frist beantwortet werden, wenn die unverzügliche Erfüllung zu einer unangemessenen Beeinträchtigung des Geschäftsbetriebs führen würde.[57] Soll das Verlangen durch Gesellschafterbeschluss abgelehnt werden (Rdn. 40), muss der Geschäftsführer baldigen Beschluss veranlassen, darf diesen dann aber auch abwarten. 14

III. Auskunftsrecht

Das Auskunftsrecht erstreckt sich auf alle **Angelegenheiten der Gesellschaft**. Es ist prinzipiell unbeschränkt, bedarf keines konkreten Anlasses und findet seine Grenze erst bei einer nicht 15

48 So jedoch die Tendenz bei *Zöllner/Noack*, in: Baumbach/Hueck, GmbHG, § 51a Rn. 26, 31 (Einsichtsrecht im Regelfall subsidiär).

49 Vgl. *K. Schmidt*, in: Scholz, GmbHG, § 51a Rn. 21: Art und Weise der geschuldeten Information kann nur von Fall zu Fall entschieden werden.

50 OLG Jena, GmbHR 2004, 1588, 1589.

51 OLG Köln, GmbHR 1986, 385, 386; BayObLG, GmbHR 1989, 201, 202.

52 BayObLG, GmbHR 1989, 204, 206; *Hüffer/Schürnbrand*, in: Ulmer/Habersack/Löbbe, GmbHG, § 51a Rn. 20; *K. Schmidt*, in: Scholz, GmbHG, § 51a Rn. 18.

53 KG, GmbHR 1988, 221, 223; OLG Frankfurt am Main, GmbHR 1997, 130, 131; demgegenüber verlangt OLG Köln, GmbHR 1986, 385, 386, keine Präzisierung des Auskunftsverlangens.

54 OLG Köln, GmbHR 1986, 385, 386; KG, GmbHR 1988, 221, 223; OLG Frankfurt am Main, GmbHR 1995, 904.

55 Zum Folgenden: *Bayer*, in: Lutter/Hommelhoff, GmbHG, § 51a Rn. 28 ff.; *Hüffer/Schürnbrand*, in: Ulmer/Habersack/Löbbe, GmbHG, § 51a Rn. 34; *Römermann*, in: Michalski, GmbHG, § 51a Rn. 140 ff.; *K. Schmidt*, in: Scholz, GmbHG, § 51a Rn. 22; *Zöllner/Noack*, in: Baumbach/Hueck, GmbHG, § 51a Rn. 17.

56 Wicke, GmbHR 2017, 777, 783.

57 BayObLG, GmbHR 1989, 201, 202; Bericht des Rechtsausschusses BT-Drucks. 8/3908 S. 75.

zweckentsprechenden Wahrnehmung.[58] Dementsprechend wird der Begriff der Gesellschafterangelegenheiten allgemein weit ausgelegt. Er erfasst alle rechtlichen und wirtschaftlichen Verhältnisse innerhalb der GmbH und ggü. Dritten.[59] Ausgenommen sind rein private Umstände der Geschäftsführer oder Mitgesellschafter.[60]

16 **Beispiele** aus der Rechtsprechung: Gewährung von Darlehen und Bürgschaften durch die Gesellschaft;[61] Kreditgewährung eines Gesellschafters an die Gesellschaft;[62] Bezüge der Geschäftsführer, ggf. auch nach Einzelpersonen aufgeschlüsselt;[63] der Sachstand einzelner Geschäfte einschließlich der von den jeweiligen Vertragspartnern eingenommenen Haltung;[64] die Tätigkeit des Aufsichtsrats.[65] Weitere Angelegenheiten der Gesellschaft sind bspw.:[66] Spendenzahlungen; steuerliche Verhältnisse der Gesellschaft; Zahlungen an Gesellschafter oder Organmitglieder; die in der Gesellschaft eingerichtete betriebliche Altersversorgung.

17 In der **GmbH & Co. KG** gehören zu den Angelegenheiten der GmbH auch diejenigen der KG.[67] Ein Gesellschafter, der zugleich Kommanditist ist, kann nicht auf § 166 HGB verwiesen werden.[68] Wer lediglich Kommanditist in der KG ist, hat nur das Informationsrecht des § 166 HGB.[69]

18 Der **Inhalt** der Auskunft muss vollständig und zutreffend sein.[70] Dazu kann es auch gehören, Ungewissheiten oder Nichtwissen offenzulegen. Maßstab für den **Umfang** der Antwort ist das Informationsbegehren: Je allgemeiner die Frage, desto kursorischer kann die Antwort sein – je präziser die Frage, desto genauer und ins Einzelne gehend muss die Antwort ausfallen.[71] Ob eine Antwort ausreichend ist, bemisst sich auch daran, welchen Informationszweck das Verlangen verfolgt; hierzu ist im Zweifelsfall nachzufragen.

19 Eine bestimmte **Form** der Auskunft ist nicht vorgegeben.[72] Sie kann mündlich oder schriftlich erfolgen. Dass mündliche Auskunft außerhalb von Gesellschafterversammlungen nur mit Einverständnis des Gesellschafters erfolgen darf,[73] wird man so allgemein nicht sagen können.[74] Allerdings muss die Gesellschaft bei Erteilung ihrer Auskunft auf die Komplexität der Materie Rücksicht

58 BGH, GmbHR 2013, 650, 651; BGHZ 135, 48, 54; BGHZ 152, 339, 344; diskutiert wird eine tatbestandliche Einschränkung bei stark kapitalistisch organisierten GmbHs (*Mertens*, FS Werner, 1984, S. 557, 568; *Kretzschmar*, AG 1987, 121 ff.).

59 *K. Schmidt*, in: Scholz, GmbHG, § 51a Rn. 19.

60 OLG Jena, GmbHR 2004, 1588, 1590.

61 OLG Hamm, GmbHR 1988, 218.

62 OLG Jena, GmbHR 2004, 1588, 1590.

63 OLG Köln, GmbHR 1985, 358, 360.

64 OLG München, GmbHR 1994, 551.

65 BGHZ 135, 48, 51 (mitbestimmter Aufsichtsrat); OLG Karlsruhe, GmbHR 1985, 59, 60 (fakultativer Aufsichtsrat).

66 S. dazu etwa: *Bayer*, in: Lutter/Hommelhoff, GmbHG, § 51a Rn. 13 f.; *Hüffer/Schürnbrand*, in: Ulmer/Habersack/Löbbe, GmbHG, § 51a Rn. 22; *K. Schmidt*, in: Scholz, GmbHG, § 51a Rn. 19.

67 BGH, NJW 1989, 225, 226; OLG Karlsruhe, GmbHR 1998, 691; OLG Düsseldorf, GmbHR 1991, 18; KG, GmbHR 1988, 221, 223.

68 BGH, NJW 1989, 225 f.; OLG Karlsruhe, GmbHR 1998, 691.

69 BayObLG, NZG 2003, 25, 26; OLG Celle, GmbHR 2017, 979; *Hüffer/Schürnbrand*, in: Ulmer/Habersack/Löbbe, GmbHG, § 51a Rn. 81; kritisch mit Blick auf die Einheits-GmbH&Co. KG: *K. Schmidt*, in: Scholz, GmbHG, § 51a Rn. 52 sowie *Wachter*, Anm. zu OLG Celle, GmbHR 2017, 980, 981.

70 Zum Folgenden: *Hüffer/Schürnbrand*, in: Ulmer/Habersack/Löbbe, GmbHG, § 51a Rn. 32; *Römermann*, in: Michalski, GmbHG, § 51a Rn. 157 ff.; *K. Schmidt*, in: Scholz, GmbHG, § 51a Rn. 24; *Zöllner/Noack*, in: Baumbach/Hueck, GmbHG, § 51a Rn. 14 f.

71 BayObLG, GmbHR 1989, 204, 206.

72 Näher: *Hüffer/Schürnbrand*, in: Ulmer/Habersack/Löbbe, GmbHG, § 51a Rn. 33; *Römermann*, in: Michalski, GmbHG, § 51a Rn. 154 ff.; *K. Schmidt*, in: Scholz, GmbHG, § 51a Rn. 23; *Zöllner/Noack*, in: Baumbach/Hueck, GmbHG, § 51a Rn. 16.

73 *Hüffer/Schürnbrand*, in: Ulmer/Habersack/Löbbe, GmbHG, § 51a Rn. 33.

74 Ebenso wie hier *Hillmann*, in: MünchKommGmbHG, § 51a Rn. 46.

nehmen. Bei nicht ganz einfachen oder umfangreichen Antworten kann der Gesellschafter schriftliche Auskunft verlangen.[75]

IV. Einsichtsrecht

Der Gesellschafter kann Einsicht in die Bücher und Schriften der Gesellschaft verlangen.[76] Dieses 20
Einsichtsrecht ist ebenso wie das Auskunftsrecht (Rdn. 15 ff.) weit gefasst und grds. unbeschränkt. Mit den **Büchern** der Gesellschaft sind die Handelsbücher i.S.d. § 238 HGB gemeint, die durch Ablage von Belegen oder auf Datenträgern (also mit EDV) geführt werden können (vgl. § 239 Abs. 4 HGB). **Schriften** der Gesellschaft sind alle geschriebenen Geschäftsunterlagen; dazu gehören alle internen Papiere, die gesamte Geschäftskorrespondenz und alle Buchungsbelege.[77] Auch hier sind unkörperliche Datenträger (vgl. § 257 Abs. 3 HGB) mit erfasst.

Protokolle des Aufsichtsrats sind Unterlagen der Gesellschaft, daher hat der Gesellschafter ein Ein- 21
sichtsrecht. Das gilt auch für den **mitbestimmten Aufsichtsrat**, da in der GmbH selbst bei obligatorischer Einrichtung eines Aufsichtsrats die Gesellschafter das zentrale Entscheidungsorgan bleiben.[78] Demgegenüber sind persönliche Papiere der Geschäftsführer und der Mitarbeiter keine Unterlagen der Gesellschaft.[79] Unterlagen, die sich bei **Dritten** befinden (zu verbundenen Unternehmen Rdn. 26), müssen die Geschäftsführer mit gebotener Intensität versuchen zurückzuerlangen.[80]

Auf den Ablauf eventueller Aufbewahrungsfristen (vgl. § 257 Abs. 4 HGB) kommt es nicht an. 22
Das Einsichtsrecht unterliegt **keinen zeitlichen Beschränkungen**, es sei denn, eine länger zurückliegende Angelegenheit hätte durch den Zeitablauf jeden aktuellen Bezug zur Gesellschaft verloren.[81] Unzulässig ist auch eine Beschränkung auf nur quartalsweise Einsichtnahme.[82]

Das Einsichtsrecht ist ein Duldungsrecht.[83] Die Gesellschaft muss also dem Gesellschafter Ein- 23
sichtnahme **in ihren Geschäftsräumen** gewähren, muss ihn dabei aber nicht aktiv (etwa durch Hilfspersonal oder Anfertigen von Fotokopien) unterstützen und auch nicht eine Befragung von Angestellten der Gesellschaft gestatten. Sind die Unterlagen im Rahmen ordnungsgemäßer Geschäftsführung an einem anderen Ort gelagert (etwa Fernbuchführung), kann die Gesellschaft dort Einsicht gewähren. Die Einsichtnahme muss zu den üblichen Geschäftszeiten gestattet werden; eine Beschränkung auf das Wochenende oder auf Zeiten nach Geschäftsschluss ist grds. unzulässig.[84]

---

75 OLG Düsseldorf, GmbHR 1991, 18, 19.

76 Zum Folgenden: *Bayer*, in: Lutter/Hommelhoff, GmbHG, § 51a Rn. 23 ff.; *Hüffer/Schürnbrand*, in: Ulmer/Habersack/Löbbe, GmbHG, § 51a Rn. 39 f.; *Römermann*, in: Michalski, GmbHG, § 51a Rn. 162 ff.; *K. Schmidt*, in: Scholz, GmbHG, § 51a Rn. 25 ff.; *Zöllner/Noack*, in: Baumbach/Hueck, GmbHG, § 51a Rn. 19 ff.

77 BGHZ 135, 48, 51.

78 BGHZ 135, 48, 51, 53 ff.; ebenso *Altmeppen*, in: Roth/Altmeppen, GmbHG, § 51a Rn. 9; *Hillmann*, in: MünchKommGmbHG, § 51a Rn. 54; *Hüffer/Schürnbrand*, in: Ulmer/Habersack/Löbbe, GmbHG, § 51a Rn. 40; *Römermann*, in: Michalski, GmbHG, § 51a Rn. 165; *K. Schmidt*, in: Scholz, GmbHG, § 51a Rn. 19. a.A. *Stimpel/Ulmer*, FS Zöllner, 1998, Bd. I, S. 589, 594 ff.; *Zöllner*, in: Baumbach/Hueck, GmbHG, § 51a Rn. 22.

79 *Bayer*, in: Lutter/Hommelhoff, GmbHG, § 51a Rn. 23.

80 OLG Frankfurt am Main, GmbHR 1991, 577, 578 (Steuerfahndungsstelle); OLG Frankfurt am Main, BB 1995, 1867, 1868 (Staatsanwaltschaft).

81 KG, GmbHR 1988, 221, 224.

82 LG Essen, GmbHR 2014, 991, 992.

83 S. zum Folgenden: *Bayer*, in: Lutter/Hommelhoff, GmbHG, § 51a Rn. 24; *Hüffer/Schürnbrand*, in: Ulmer/Habersack/Löbbe, GmbHG, § 51a Rn. 41 ff.; *Römermann*, in: Michalski, GmbHG, § 51a Rn. 167 ff.; *K. Schmidt*, in: Scholz, GmbHG, § 51a Rn. 26 f.; *Zöllner/Noack*, in: Baumbach/Hueck, GmbHG, § 51a Rn. 23.

84 OLG Hamburg, GmbHR 2002, 913.

Der Gesellschafter darf fachkundige Dritte heranziehen, sofern die Vertraulichkeit gewährleistet bleibt (Rdn. 7).

24 Der Gesellschafter kann keine Übersendung von **Kopien** verlangen,[85] sich aber auf eigene Kosten Notizen oder Kopien anfertigen.[86] Elektronisch gespeicherte Daten müssen per Ausdruck oder am Bildschirm verfügbar gemacht werden; soweit erforderlich kann der Gesellschafter für die Bedienung der **EDV**-Anlage Personal der Gesellschaft in Anspruch nehmen.[87] Der Gesellschafter darf auch personenbezogene Daten einsehen; datenschutzrechtliche Regelungen treten hinter das Informationsrecht zurück.[88]

V. Verbundene Unternehmen

25 Die Beziehungen zu verbundenen Unternehmen können **Angelegenheiten der Gesellschaft** sein.[89] Das bestätigt § 51a Abs. 2, der verbundene Unternehmen eigens erwähnt. Das Informationsrecht erfasst nicht allein verbundene Unternehmen i.S.d. §§ 15 ff. AktG, sondern jede Art von Beteiligung. Denn auch diese – insb. ihr wirtschaftlicher Wert – sind »Angelegenheiten der Gesellschaft«. Rechtsprechungsbeispiele stammen häufig aus dem Aktienrecht,[90] das insoweit übertragbar ist; der Anspruch des GmbH-Gesellschafters greift jedenfalls nicht weniger weit als derjenige eines Aktionärs aus § 131 Abs. 1 AktG.[91]

26 **Schuldnerin** des Anspruchs ist die GmbH, es gibt **keinen Informationsdurchgriff** auf das verbundene Unternehmen. Daher besteht auch kein Recht auf Einsichtnahme in Unterlagen eines verbundenen Unternehmens.[92] Es ist Aufgabe der GmbH, sich i.R.d. rechtlich und tatsächlich Möglichen die gewünschten Informationen zu beschaffen und darüber Auskunft zu geben oder sich die gewünschten Unterlagen zu besorgen und dem Gesellschafter sodann die Einsichtnahme zu gestatten.

27 Besteht an einer Gesellschaft eine **Mehrheitsbeteiligung**, ist über deren Angelegenheiten grds. in vollem Umfang Auskunft zu geben.[93] Die Verlagerung von Aktivitäten in Tochtergesellschaften ist kein Grund, das Informationsrecht der Gesellschafter zu reduzieren.[94] Hingegen sind Vorgänge in Gesellschaften, an denen die GmbH nur eine **Minderheitsbeteiligung** hält, nicht ohne Weiteres zugleich Angelegenheiten der GmbH; typischerweise interessiert hier nur der Beteiligungswert.

85 OLG Köln, GmbHR 1985, 358, 359; LG Mönchengladbach, GmbHR 1991, 323.

86 OLG Köln, GmbHR 1985, 358, 360; OLG München, GmbHR 2005, 624, 625; OLG Hamm, GmbHR 2002, 163, 168.

87 OLG Hamburg, GmbHR 2002, 913.

88 OLG Hamm, GmbHR 2002, 163, 167; a.A. mit eingehender Behandlung der Thematik *Leinekugel/Weigel*, GmbHR 2015, 393, 394 ff.

89 OLG Köln, GmbHR 1985, 358; BGH, WM 1988, 1447; BGHZ 152, 339, 345 (für das insoweit gleichlaufende Informationsrecht im Verein). Näher zum Folgenden: *Bayer*, in: Lutter/Hommelhoff, GmbHG, § 51a Rn. 18 ff.; *Hillmann*, in: MünchKommGmbHG, § 51a Rn. 28 ff.; *Hüffer/Schürnbrand*, in: Ulmer/Habersack/Löbbe, GmbHG, § 51a Rn. 23 ff.; *K. Schmidt*, in: Scholz, GmbHG, § 51a Rn. 20 ff.

90 So etwa: OLG Düsseldorf, GmbHR 1988, 221 (Vergütung des Vorstands aus Mandaten in Tochtergesellschaften); OLG Hamburg, BB 1994, 530 (Jahresergebnisse der einzelnen Konzernunternehmen); BayObLG, BB 1997, 330, 331 f., KG, AG 1994, 469, 470 und KG, BB 1993, 2036 (jeweils über Beteiligungen an anderen Gesellschaften).

91 § 131 Abs. 1 Satz 2 AktG erwähnt ausdrücklich die rechtlichen und geschäftlichen Beziehungen zu verbundenen Unternehmen. In § 51a GmbHG fehlt dieser Hinweis nur deshalb, weil er als selbstverständlich angesehen wurde (BT-Rechtsausschuss, BT-Drucks. 8/3908, S. 75).

92 OLG Köln, GmbHR 1985, 358, 362; vgl. auch BGH, GmbHR 1985, 20, 21 (stille Gesellschaft). *Bayer*, in: Lutter/Hommelhoff, GmbHG, § 51a Rn. 25; *Hüffer/Schürnbrand*, in: Ulmer/Habersack/Löbbe, GmbHG, § 51a Rn. 38; *K. Schmidt*, in: Scholz, GmbHG, § 51a Rn. 25; *Zöllner/Noack*, in: Baumbach/Hueck, GmbHG, § 51a Rn. 19.

93 *Bayer*, in: Lutter/Hommelhoff, GmbHG, § 51a Rn. 19; *Grunewald*, ZHR 146 (1982) 211, 234; *U. H. Schneider*, FS Lutter, 2000, S. 1193, 1195 f.

94 OLG Hamm, GmbHR 1986, 384, 385.

28 Hat die GmbH eine **Muttergesellschaft** oder einen unternehmerisch beteiligten Gesellschafter, sind deren Angelegenheiten jedenfalls nicht in vollem Umfang zugleich solche der GmbH. Das Informationsrecht erfasst insoweit nur Umstände, die von objektiver Bedeutung für das Bestands-, das Gewinn oder das Vermögensinteresse der GmbH als Tochtergesellschaft sind.[95] Dazu gehören konzernspezifische Maßnahmen wie die Ausübung der einheitlichen Leitung, die Personalpolitik und die wesentlichen Investitionen.

29 Im Kontext der verbundenen Unternehmen werden die Grenzen des Informationsrechts besonders intensiv diskutiert. Eine äußere Grenze bildet die eingeschränkte **Möglichkeit der Informationsbeschaffung.** Ist die GmbH Muttergesellschaft, hat sie faktisch und rechtlich bessere Informationsmöglichkeiten, als wenn sie beherrschte Gesellschaft ist. Eine unmögliche Informationsbeschaffung kann der Gesellschafter nicht verlangen. Daher kann der Gesellschafter grds. nur Auskunft und keine Einsichtnahme verlangen (Rdn. 26). Allenfalls bei Tochtergesellschaften, die überwiegend oder zu 100 % im Anteilsbesitz der Gesellschaft stehen, ist im Ausnahmefall ein Anspruch auf Einsichtnahme denkbar.[96]

30 Diskutiert werden auch konzernspezifische **immanente Grenzen** des Informationsrechts, so etwa eine besondere Erheblichkeitsschwelle,[97] ein konzerndimensionaler Funktionsbezug[98] oder das allgemeine Informationsbedürfnis.[99] Solche immanenten Grenzen sind aus den oben (Rdn. 15 ff.) genannten Gründen abzulehnen: Nach der gesetzlichen Systematik hat der Gesellschafter ein Informationsrecht über alle Angelegenheiten der Gesellschaft. Das Gesetz weist der Gesellschaft die Aufgabe zu, im Einzelfall entgegenstehende Belange – im Fall von verbundenen Unternehmen auch deren Belange (§ 51a Abs. 2) – geltend zu machen. Details über Vorgänge in verbundenen Unternehmen sind häufig schon gar keine Angelegenheit der Gesellschaft oder können von dieser nicht in Erfahrung gebracht werden. Dann besteht ohnehin kein Informationsanspruch. Handelt es sich indessen um eine Angelegenheit der Gesellschaft, können einem Informationsverlangen nur die allgemeinen Grenzen des Informationsrechts (Rdn. 33) entgegengehalten werden.

VI. Geheimhaltungspflicht des Gesellschafters

31 Der Gesellschafter muss die erhaltene Information **vertraulich** behandeln und darf sie grundsätzlich nicht an Dritte außerhalb der Gesellschaft weitergeben.[100] Die Heranziehung von Beratern, die beruflich zur Verschwiegenheit verpflichtet sind (Rdn. 7), ist zulässig.[101] Ggü. einer drohenden Weitergabe hat die Gesellschaft einen Unterlassungsanspruch, bei schuldhaftem Verstoß gegen die Geheimhaltungspflicht einen Schadensersatzanspruch.[102]

32 Ein **Kaufinteressent**, der einen Geschäftsanteil erwerben will, ist außenstehender Dritter. Er kann allenfalls über den veräußerungswilligen Gesellschafter Informationen erhalten, der dabei seine eigene Pflicht zur Vertraulichkeit beachten muss. Empfehlenswert ist die Herbeiführung eines Gesellschafterbeschlusses, der die Weitergabe der Information (etwa im Rahmen einer **Due Diligence**)

95 OLG Hamburg, BB 1994, 530 (für § 131 AktG); *Bayer*, in: Lutter/Hommelhoff, GmbHG, § 51a Rn. 20; *Hüffer/Schürnbrand*, in: Ulmer/Habersack/Löbbe, GmbHG, § 51a Rn. 30; *K. Schmidt*, in: Scholz, GmbHG, § 51a Rn. 20b; *U.H. Schneider*, in: Der GmbH-Konzern, 1976, S. 78, 89 ff.

96 Vgl. BGHZ 25, 115, 118 (alleiniger Gesellschafter kann sich nicht auf förmliche Verschiedenheit zwischen ihm und der Einmanngesellschaft berufen), sowie OLG Köln, GmbHR 1985, 358, 362 (Personalunion der Geschäftsführer, Nutzung desselben Personals und derselben Räumlichkeiten).

97 *Hüffer/Schürnbrand*, in: Ulmer/Habersack/Löbbe, GmbHG, § 51a Rn. 28 f.; *Kort*, ZGR 1987, 46, 61 ff.; *A. Reuter*, BB 1986, 1653, 1655. In der Tendenz auch OLG Köln, GmbHR 1985, 358, 361 (Angelegenheiten »von objektiver Wichtigkeit«).

98 *Kort*, ZGR 1987, 46, 54 ff.

99 *K. Schmidt*, in: Scholz, GmbHG, § 51a Rn. 20.

100 BGH, GmbHR 2013, 650, 651; BGHZ 152, 339, 344.

101 *Lutter*, ZGR 1982, 1, 13.

102 *Lutter*, ZGR 1982, 1, 14; *Meilicke/Hollands*, GmbHR 2000, 964, 965 f.

gestattet und deren Modalitäten festlegt.[103] Fehlt ein solcher Beschluss, ist anhand der Treuepflicht abzuwägen:[104] Sind die Anteile frei übertragbar (§ 15 Abs. 1), muss der Gesellschafter die Möglichkeit haben, Informationen über preisbildende Faktoren an Kaufinteressenten weiter zu geben.[105] Dabei müssen berechtigte Geheimhaltungsinteressen der Gesellschaft berücksichtigt werden. Vorzugswürdig ist daher die Weitergabe anonymisierter und aggregierter Informationen sowie die Einschaltung von Informationsmittlern, die ihrerseits beruflich zur Verschwiegenheit verpflichtet sind. Anders als zwischen Gesellschaft und Gesellschafter (Rdn. 24) ist hier das allgemeine Datenschutzrecht zu beachten.[106] Die Gesellschaft kann im Einzelfall, etwa wenn der Kaufinteressent Wettbewerber ist, ihrem Gesellschafter ggü. die Herausgabe der Information verweigern (Rdn. 37).[107]

E. Schranken des Informationsrechts

33 Das sehr weit gefasste Informationsrecht der Gesellschafter (Rdn. 3) findet eine geschriebene Grenze im Verweigerungsrecht des **§ 51a Abs. 2** (Rdn. 35 ff.). Ungeschriebene Grenzen ergeben sich aus der Treuepflicht und dem allgemeinen Gedanken des Rechtsmissbrauchs (Rdn. 44). Diese Schranken gelten entsprechend für das allgemeine Informationsrecht aus § 810 BGB.[108] Inwieweit der allgemeine Datenschutz dem Informationsrecht Grenzen setzt, ist noch ungeklärt.[109]

34 Das zivilrechtliche Zurückbehaltungsrecht (§ 273 BGB) bildet **keine Schranke** des Informationsrechts; es findet bei Ansprüchen auf Auskunft oder Rechenschaftslegung keine Anwendung.[110] Auch eine Geheimhaltungsabrede mit Dritten kann das Informationsrecht nicht beschränken.[111] Wer mit der Gesellschaft Verhandlungen führt oder Verträge abschließt, muss damit rechnen, dass die Gesellschafter davon Kenntnis erlangen. Ein Recht zur Informationsverweigerung kann sich allenfalls aus einem besonderen Geheimhaltungsbedürfnis der Gesellschaft ergeben (Rdn. 37).

I. Verweigerungsrecht nach § 51a Abs. 2

35 Das Verweigerungsrecht nach § 51a Abs. 2 setzt einen **Verweigerungsgrund** (Rdn. 36 ff.) und einen **Gesellschafterbeschluss** (Rdn. 40 ff.) voraus.

1. Verweigerungsgrund

36 Der Verweigerungsgrund des § 51a Abs. 2 Satz 1 hat drei Elemente: Auskunft und Einsichtnahme können verweigert werden, wenn die Besorgnis (Rdn. 39) besteht, dass der Gesellschafter sie zu gesellschaftsfremden Zwecken (Rdn. 37) verwenden und dadurch der Gesellschaft oder einem verbundenen Unternehmen einen nicht unerheblichen Nachteil (Rdn. 38) zufügen wird.

37 Bei der Gewährung des Informationsrechts unterstellt der Gesetzgeber eine personalistische Prägung der GmbH und einen Interessengleichlauf von Gesellschaftern und Gesellschaft.[112] Ein **gesellschaftsfremder Zweck** liegt daher jedenfalls dann vor, wenn sich das Handeln des Gesellschafters

---

103 Andernfalls wäre die Weitergabe der Information nach Auffassung einiger Autoren von vornherein unzulässig (*Bayer*, in: Lutter/Hommelhoff, GmbHG, § 51a Rn. 33; *Hüffer/Schürnbrand*, in: Ulmer/Habersack/Löbbe, GmbHG, § 51a Rn. 67).

104 S. dazu etwa: *Bihr*, BB 1998, 1198 ff.; *Bremer*, GmbHR 2000, 176, 178; *Götze*, ZGR 1999, 202, 212 ff.; *Körber*, NZG 2002, 263, 266 ff.

105 Auf die freie Übertragbarkeit stellen etwa *Oppenländer*, GmbHR 2000, 535, 536, und *K. Schmidt*, in: Scholz, GmbHG, § 51a Rn. 14a, ab.

106 *Körber*, NZG 2002, 263, 267.

107 *Götze*, ZGR 1999, 202, 207 ff.; *Körber*, NZG 2002, 263, 266; *Oppenländer*, GmbHR 2000, 535, 539.

108 OLG Naumburg, GmbHR 2014, 209, 210.

109 Vgl. oben Fn. 88.

110 OLG Frankfurt am Main, GmbHR 2008, 592, 593.

111 OLG Frankfurt am Main, GmbHR 1994, 114, 115; OLG München, GmbHR 2008, 819, 820.

112 Vgl. OLG Stuttgart, GmbHR 1983, 242, 243; RegBegr. BT-Drucks. 8/1347, S. 44; *M. Winter*, Mitgliedschaftliche Treubindungen im GmbH-Recht, 1988, S. 122.

gegen die Interessen der Gesellschaft richtet. Typischer Fall ist die Sorge, der Gesellschafter könne die Information nutzen, um der Gesellschaft Konkurrenz zu machen oder einen Konkurrenten zu unterstützen.[113] Angesichts der Verpflichtung zur Vertraulichkeit (Rdn. 7) ist auch die Besorgnis, der Gesellschafter werde Informationen an außenstehende Dritte weitergeben, etwa an aktuelle oder potenzielle Vertragspartner der Gesellschaft,[114] ein Grund für eine Informationsverweigerung. Dass der Gesellschafter seinen Anteil veräußern will, ist für sich genommen kein Grund zur Informationsverweigerung[115] (zur Due Diligence des Kaufinteressenten s. bereits Rdn. 32). Nach diesen allgemeinen Maßstäben sind auch Informationsverlangen über Verträge zu behandeln, bei denen ihrer Natur nach ein besonderes Geheimhaltungsbedürfnis besteht (etwa Lizenz- oder Know How-Verträge).[116] Zweckwidrig sind Informationsverlangen, die das Ziel verfolgen, die Presse zu informieren oder behördliche Ermittlungen, etwa der Staatsanwaltschaft oder des Finanzamts, zu veranlassen.[117] Auch die beabsichtigte Schädigung eines Mitgesellschafters ist ein gesellschaftsfremder Zweck.[118]

Der befürchtete **Nachteil** für die Gesellschaft kann wirtschaftlicher oder ideeller Natur sein.[119] Es muss sich bei vernünftiger kaufmännischer Beurteilung um einen **nicht unerheblichen** Nachteil handeln.[120] Auch Nachteile, die einem verbundenen Unternehmen i.S.d. §§ 15 ff. AktG drohen, können die Informationsverweigerung rechtfertigen.[121] Gesellschaften, an denen nur eine Minderheitsbeteiligung besteht, genießen insoweit kein eigenes Schutzrecht. Darin liegt kein Widerspruch zur Reichweite des Informationsrechts (Rdn. 3, 15 ff.),[122] denn dieses bezieht sich auf Angelegenheiten der Gesellschaft und reicht daher bei Minderheitsbeteiligungen ohnehin weniger weit als bei verbundenen Unternehmen i.S.d. §§ 15 ff. AktG. Andere Personengruppen (insb. Mitgesellschafter und Geschäftsführer) können nur dann in den Schutzbereich der Norm einbezogen werden, wenn ihre Schädigung mittelbar einen – zumindest ideellen – Nachteil für die Gesellschaft bedeutet.[123] Die Gefahr nachteiliger Verwendung kann unter Umständen durch Weitergabe der Informationen an einen zur Verschwiegenheit verpflichteten Dritten, der dem Gesellschafter berichtet, beseitigt werden.[124] Die Auswahl erfolgt im Einvernehmen mit der Gesellschaft oder durch eine neutrale Stelle; der Gesellschafter trägt hierfür die Kosten.[125] **38**

113 OLG Stuttgart, GmbHR 1983, 242, 243; OLG Karlsruhe, GmbHR 1985, 362, 363; *Hillmann*, in: MünchKommGmbHG, § 51a Rn. 63; *Ganzer*, in: Rowedder/Schmidt-Leithoff, GmbHG, § 51a Rn. 23; *Hüffer/Schürnbrand*, in: Ulmer/Habersack/Löbbe, GmbHG, § 51a Rn. 48; *K. Schmidt*, in: Scholz, GmbHG, § 51a Rn. 39. Zum vergleichbaren Fallmaterial in Österreich: *Kalss*, GesRZ 2017, 15, 18.

114 OLG München, GmbHR 2008, 819, 821.

115 KG, GmbHR 1988, 221, 224.

116 So auch die Tendenz in der Lit., wenngleich mit unterschiedlichen Nuancierungen: *Bayer*, in: Lutter/Hommelhoff, GmbHG, § 51a Rn. 10; *Grunewald*, ZHR 146 (1982), 211, 231; *K. Schmidt*, in: Scholz, GmbHG, § 51a Rn. 35; *Zöllner/Noack*, in: Baumbach/Hueck, GmbHG, § 51a Rn. 44.

117 *Römermann*, in: Michalski, GmbHG, § 51a Rn. 203; *K. Schmidt*, in: Scholz, GmbHG, § 51a Rn. 39.

118 *Hüffer/Schürnbrand*, in: Ulmer/Habersack/Löbbe, GmbHG, § 51a Rn. 47; *K. Schmidt*, in: Scholz, GmbHG, § 51a Rn. 39; *Zöllner/Noack*, in: Baumbach/Hueck, GmbHG, § 51a Rn. 33 (auch Schädigung dritter Personen).

119 OLG München, GmbHR 2008, 819, 821; *Altmeppen*, in: Roth/Altmeppen, GmbHG, § 51a Rn. 30; *Hüffer/Schürnbrand*, in: Ulmer/Habersack/Löbbe, GmbHG, § 51a Rn. 50; *K. Schmidt*, in: Scholz, GmbHG, § 51a Rn. 40; *Zöllner/Noack*, in: Baumbach/Hueck, GmbHG, § 51a Rn. 36.

120 *Hüffer/Schürnbrand*, in: Ulmer/Habersack/Löbbe, GmbHG, § 51a Rn. 50.

121 *K. Schmidt*, in: Scholz, GmbHG, § 51a Rn. 40; *Römermann*, in: Michalski, GmbHG, § 51a Rn. 208; *Zöllner/Noack*, in: Baumbach/Hueck, GmbHG, § 51a Rn. 36.

122 So aber *Hüffer/Schürnbrand*, in: Ulmer/Habersack/Löbbe, GmbHG, § 51a Rn. 51.

123 Dazu in unterschiedlichen Nuancen: *Hüffer/Schürnbrand*, in: Ulmer/Habersack/Löbbe, GmbHG, § 51a Rn. 51; *Römermann*, in: Michalski, GmbHG, § 51a Rn. 209; *Zöllner/Noack*, in: Baumbach/Hueck, GmbHG, § 51a Rn. 36.

124 OLG Frankfurt am Main, GmbHR 1995, 904, 905; OLG München, GmbHR 2008, 104, 105.

125 OLG Frankfurt am Main, GmbHR 1995, 904, 905.

39 Die **Besorgnis** der gesellschaftsfremden Verwendung und der Nachteilszufügung muss durch konkrete Tatsachen untermauert werden.[126] Eine an Sicherheit grenzende Wahrscheinlichkeit ist nicht gefordert, die Gefahr einer Schädigung reicht aus.[127] Es müssen aber begründete Zweifel an einer zuverlässigen Einhaltung der Verschwiegenheitspflicht bestehen.[128] Besteht zwischen Gesellschafter und Gesellschaft eine Konkurrenzsituation, kann dies für eine Informationsverweigerung ausreichen, ansonsten käme der Schutz des § 51a möglicherweise zu spät.[129] Um einen solchen Gesellschafter nicht von sämtlichen Informationen auszuschließen, ist allerdings im Einzelfall stets zu prüfen, ob die Information wirklich wettbewerbsrelevant ist und ob sie nicht zumindest an einen neutralen Informationsmittler (Rdn. 7) gegeben werden kann.

2. Gesellschafterbeschluss

40 Die Informationsverweigerung bedarf eines Beschlusses der Gesellschafter (§ 51a Abs. 2 Satz 2). Diese Regelung schützt die Geschäftsführer, die andernfalls wegen ihrer abhängigen Stellung unter allzu großen Druck der Gesellschafter geraten könnten.[130] Die Informationsverweigerung muss sich daher auf eine Weisung der Gesellschafter stützen. Eine solche Weisung können die Gesellschafter auch auf eigene Initiative aussprechen.[131] Der Beschluss kann in einer Gesellschafterversammlung oder im schriftlichen Verfahren (§ 48 GmbHG Rdn. 4 ff., 22 ff.) gefasst und muss vom Geschäftsführer unverzüglich (Rdn. 14) herbeigeführt werden. Ein **Mehrheitsbeschluss** ist ausreichend;[132] das gilt auch bei der Entscheidung über die Durchführung einer Due Diligence.[133] Der betroffene Gesellschafter hat **kein Stimmrecht.**[134]

41 Ein **Vorratsbeschluss**, der die Geschäftsführer für die Zukunft berechtigt, einem konkurrierenden Gesellschafter alle wettbewerbsrelevanten Informationen zu verweigern,[135] verstößt gegen zentrale Grundgedanken des § 51a: Wegen der mitgliedschaftlichen Bedeutung der Informationsrechte müssen sich die Gesellschafter im jeweiligen Einzelfall mit dem konkreten Informationsverlangen befassen; zudem würde der Geschäftsführer entgegen der Ratio des § 51a Abs. 2 Satz 2 mit der Verantwortung für die Informationsverweigerung belastet.[136]

42 Der ablehnende Beschluss ist grds. **nicht anfechtbar**, denn das Rechtsschutzbedürfnis des Gesellschafters wird durch das Verfahren des § 51b erfüllt.[137] Andere Beschlüsse können jedoch wegen der Verweigerung beschlussrelevanter Informationen anfechtbar sein.[138] Der ablehnende Beschluss

126 OLG Düsseldorf, GmbHR 1991, 18; OLG München, GmbHR 2008, 819, 820.

127 OLG Stuttgart, GmbHR 1983, 242, 243.

128 KG, GmbHR 1988, 221, 224.

129 *Hillmann*, in: MünchKommGmbHG, § 51a Rn. 64; *Hüffer/Schürnbrand*, in: Ulmer/Habersack/Löbbe, GmbHG, § 51a Rn. 49; *Lutter*, ZGR 1982, 1, 10; *K. Schmidt*, in: Scholz, GmbHG, § 51a Rn. 39.

130 Vgl. RegBegr. BT-Drucks. 8/1347, S. 44.

131 *Hüffer/Schürnbrand*, in: Ulmer/Habersack/Löbbe, GmbHG, § 51a Rn. 52.

132 *Bayer*, in: Lutter/Hommelhoff, GmbHG, § 51a Rn. 38; *Zöllner/Noack*, in: Baumbach/Hueck, GmbHG, § 51a Rn. 38.

133 *Körber*, NZG 2002, 263, 268; die a.A. von *Oppenländer*, GmbHR 2000, 535, 540, findet im Gesetz keine Grundlage.

134 *Bayer*, in: Lutter/Hommelhoff, GmbHG, § 51a Rn. 38; *Hillmann*, in: MünchKommGmbHG, § 51a Rn. 68; *Hüffer/Schürnbrand*, in: Ulmer/Habersack/Löbbe, GmbHG, § 51a Rn. 53; *K. Schmidt*, in: Scholz, GmbHG, § 51a Rn. 42; *Zöllner/Noack*, in: Baumbach/Hueck, GmbHG, § 51a Rn. 38.

135 *Hillmann*, in: MünchKommGmbHG, § 51a Rn. 70; *Ivens*, GmbHR 1989, 273, 275. Vgl. BGH, GmbHR 2009, 770, 771 (dort war Vorratsbeschluss bereits wegen Einladungsmangel anfechtbar).

136 Ähnliche Bedenken äußern *Hüffer/Schürnbrand*, in: Ulmer/Habersack/Löbbe, GmbHG, § 51a Rn. 52 und *K. Schmidt*, in: Scholz, GmbHG, § 51a Rn. 42.

137 BGH, GmbHR 1988, 213, 214. Anders bei Vorratsbeschluss über generelle Informationsverweigerung (dazu Rdn. 41), weil hiergegen Erzwingungsverfahren des § 51b nicht hilft (BGH, GmbHR 2009, 770, 771).

138 BGH, GmbHR 1988, 213; *Bayer*, in: Lutter/Hommelhoff, GmbHG, § 51a Rn. 53; *Hüffer/Schürnbrand*, in: Ulmer/Habersack/Löbbe, GmbHG, § 51a Rn. 53.

bedarf **keiner Begründung.**[139] Im Informationserzwingungsverfahren nach § 51b trägt die Gesellschaft ohnehin die Darlegungs- und Beweislast (§ 51b GmbHG Rdn. 11). Der betroffene Gesellschafter muss allerdings die Gründe der Entscheidung nachvollziehen können, um über rechtliche Mittel entscheiden zu können; dafür genügt i.d.R. seine Teilnahmemöglichkeit an der Gesellschafterversammlung.[140]

Der Geschäftsführer kann **ohne Gesellschafterbeschluss** die Information verweigern, wenn er sich durch Herausgabe der Information strafbar machen würde.[141] Die Strafnorm des § 85 (Verletzung der Geheimhaltungspflicht) findet allerdings im Verhältnis zwischen Geschäftsführer und Gesellschafter keine Anwendung.[142] Eine Verweigerung ohne Gesellschafterbeschluss ist außerdem denkbar, wenn eine Anspruchsvoraussetzung des § 51a Abs. 1 fehlt (z.B. die Gesellschafterstellung);[143] ebenso wenn das Informationsbegehren rechtsmissbräuchlich oder treuwidrig ist (Rdn. 44 a.E.). 43

II. Verbot des Rechtsmissbrauchs und Treuebindung

Die Informationsrechte des § 51a stehen unter dem allgemeinen Verbot der missbräuchlichen Rechtsausübung.[144] Außerdem unterliegt der Gesellschafter bei der Geltendmachung des Informationsrechts und bei Verwendung der erhaltenen Informationen der gesellschaftlichen Treuepflicht, insb. den Prinzipien der Erforderlichkeit und der Verhältnismäßigkeit.[145] Nach dem Gedanken des **schonendsten Mittels** kann der Gesellschafter bspw. gehalten sein, an einer zeitnah stattfindenden Gesellschafterversammlung teilzunehmen, wenn er die gewünschten Auskünfte dort erhalten kann.[146] Ein Informationsverlangen darf zudem für die Gesellschaft nicht zu einer unverhältnismäßigen Belastung werden,[147] etwa indem die Einsichtnahme von Unterlagen den Geschäftsbetrieb erheblich behindert oder ständige Auskunftsersuchen die Geschäftsführung übermäßig in Anspruch nehmen.[148] Für die Ablehnung eines Informationsverlangens, das rechtsmissbräuchlich oder treuwidrig ist, benötigen die Geschäftsführer keinen Gesellschafterbeschluss.[149] 44

Die Informationsrechte des § 51a sind in erster Linie für die personalistische GmbH gedacht;[150] ihre Handhabung hängt daher auch von der konkreten **Struktur der Gesellschaft** ab.[151] Wird bspw. in einer großen GmbH mit zahlreichen Gesellschaftern ein aktienrechtsähnliches Berichtssystem 45

139 *Bayer*, in: Lutter/Hommelhoff, GmbHG, § 51a Rn. 39; *Hillmann*, in: MünchKommGmbHG, § 51a Rn. 71; *Hüffer/Schürnbrand*, in: Ulmer/Habersack/Löbbe, GmbHG, § 51a Rn. 53; *Zöllner/Noack*, in: Baumbach/Hueck, GmbHG, § 51a Rn. 39.
140 Vgl. *Bayer*, in: Lutter/Hommelhoff, GmbHG, § 51a Rn. 39, einerseits, *Altmeppen*, in: Roth/Altmeppen, GmbHG, § 51a Rn. 37, andererseits.
141 BGHZ 135, 48, 50.
142 BGHZ 135, 48, 50.
143 *Bayer*, in: Lutter/Hommelhoff, GmbHG, § 51a Rn. 38.
144 OLG München, GmbHR 2006, 205, 206; BayObLG, GmbHR 1999, 1296, 1297.
145 OLG Köln, GmbHR 1986, 385, 386; KG, GmbHR 1988, 221, 223; BayObLG, GmbHR 1989, 201, 203; *Bayer*, in: Lutter/Hommelhoff, GmbHG, § 51a Rn. 3; *Hüffer/Schürnbrand*, in: Ulmer/Habersack/Löbbe, GmbHG, § 51a Rn. 60 ff.; *K. Schmidt*, in: Scholz, GmbHG, § 51a Rn. 36 f.; *Zöllner/Noack*, in: Baumbach/Hueck, GmbHG, § 51a Rn. 31.
146 OLG Jena, GmbHR 2004, 1588, 1589.
147 OLG Hamburg, GmbHR 2002, 913.
148 *Hüffer/Schürnbrand*, in: Ulmer/Habersack/Löbbe, GmbHG, § 51a Rn. 63; vgl. auch BayObLG, GmbHR 1989, 201, 203 (»Dauerbeschäftigung der Verwaltung mit Fragen«).
149 BayObLG, GmbHR 1989, 201, 203; *Hillmann*, in: MünchKommGmbHG, § 51a Rn. 91; *Hüffer/Schürnbrand*, in: Ulmer/Habersack/Löbbe, GmbHG, § 51a Rn. 64; *K. Schmidt*, in: Scholz, GmbHG, § 51a Rn. 32; a.A. *Bayer*, in: Lutter/Hommelhoff, GmbHG, § 51a Rn. 38.
150 RegBegr. BT-Drucks. 8/1347, S. 44.
151 *Hüffer/Schürnbrand*, in: Ulmer/Habersack/Löbbe, GmbHG, § 51a Rn. 61; eingehend zur kapitalistisch strukturierten GmbH *Mertens*, FS Werner, 1984, S. 557 ff.

eingerichtet,[152] ist es einem Gesellschafter grds. zumutbar, den turnusmäßig eingehenden Bericht abzuwarten und nur ergänzende Informationen individuell zu verlangen.[153]

F. **Satzungsregelungen (§ 51a Abs. 3)**

46 Die Satzung darf die Informationsrechte des § 51a **nicht einschränken** (§ 51a Abs. 3). Unzulässig ist daher eine allzu enge zeitliche Beschränkung der Einsicht[154] oder das Verbot, einen Sachverständigen hinzuzuziehen.[155] Ebenso wenig darf die Informationserteilung generell von einem vorherigen Gesellschafterbeschluss abhängig gemacht werden.[156] Ein schuldrechtlicher Verzicht auf die Rechte aus § 51a Abs. 1 ist grds. denkbar, wird allerdings von der Rechtsprechung im Zweifel restriktiv interpretiert.[157]

47 Neutrale **Verfahrensvorschriften** sind als Satzungsregelung zulässig:[158] Erfordernis der Schriftform für Auskunftsverlangen außerhalb der Gesellschafterversammlung; Aufnahme der Vertraulichkeitspflicht in die Satzung; Einrichtung eines Informationssystems zur Entlastung von Einzelfragen.[159] Eine Regelung, wonach das Einsichtsrecht nur durch berufsverschwiegene Dritte ausgeübt werden kann, wirkt beschränkend und ist daher unzulässig.[160] Unbedenklich wäre lediglich eine Regelung, welche die Einsichtnahme durch Dritte auf Fälle begrenzt, in denen eine zweckwidrige Verwendung zu besorgen ist (vgl. Rdn. 7, 32, 37).[161] Umgekehrt kann die Satzung die Möglichkeit der Bevollmächtigung Dritter ausschließen; ein Verbot der Stimmrechtsübertragung indiziert eine solche Beschränkung.[162] Die Aufnahme einer Schiedsklausel für Streitigkeiten nach § 51a ist zulässig (vgl. § 51b GmbHG Rdn. 10).[163] Nach überwiegender Auffassung kann die Satzung auf das Erfordernis eines Gesellschafterbeschlusses nach § 51a Abs. 2 Satz 2 verzichten.[164] Das ist abzulehnen. § 51a Abs. 3 bezieht sich auch auf § 51a Abs. 2, der somit zwingendes Recht ist.[165]

---

152 Zu den Einzelheiten: *Grunewald*, ZHR 146 (1982), 211, 225 f.; *Hommelhoff*, ZIP 1983, 383, 386 f.; *Lutter*, ZGR 1982, 1, 5 ff.

153 *Bayer*, in: Lutter/Hommelhoff, GmbHG, § 51a Rn. 42; *Hüffer/Schürnbrand*, in: Ulmer/Habersack/Löbbe, GmbHG, § 51a Rn. 9; *K. Schmidt*, in: Scholz, GmbHG, § 51a Rn. 4.

154 BayObLG, GmbHR 1989, 201, 202 (eine Stunde pro Monat); LG Essen, GmbHR 2014, 991, 992 (nur quartalsweise).

155 BayObLG, GmbHR 1989, 201, 203.

156 OLG Köln, GmbHR 1986, 385, 386.

157 Vgl. OLG München, GmbHR 2006, 205, 207 (Verzicht anlässlich des Ausscheidens aus der Gesellschaft).

158 BayObLG, GmbHR 1989, 201, 202; *Bayer*, in: Lutter/Hommelhoff, GmbHG, § 51a Rn. 42 f.; *Hillmann*, in: MünchKommGmbHG, § 51a Rn. 94; *Hüffer/Schürnbrand*, in: Ulmer/Habersack/Löbbe, GmbHG, § 51a Rn. 72; *Römermann*, in: Michalski, GmbHG, § 51a Rn. 243 ff.; *K. Schmidt*, in: Scholz, GmbHG, § 51a Rn. 51; *Zöllner/Noack*, in: Baumbach/Hueck, § 51a Rn. 3.

159 Hierzu eingehend *Geißler*, GmbHR 2020, 1109 ff.

160 *Bayer*, in: Lutter/Hommelhoff, GmbHG, § 51a Rn. 43; *Römermann*, in: Michalski, GmbHG, § 51a Rn. 247; *K. Schmidt*, in: Scholz, GmbHG, § 51a Rn. 51; a.A. *Hüffer/Schürnbrand*, in: Ulmer/Habersack/Löbbe, GmbHG, § 51a Rn. 72; *Zöllner/Noack*, in: Baumbach/Hueck, GmbHG, § 51a Rn. 3 (für Sachverständige).

161 In diesem Sinne *K. Schmidt*, in: Scholz, GmbHG, § 51a Rn. 51.

162 *Hüffer/Schürnbrand*, in: Ulmer/Habersack/Löbbe, GmbHG, § 51a Rn. 16; *Zöllner/Noack*, in: Baumbach/Hueck, GmbHG, § 51a Rn. 5.

163 OLG Hamm, GmbHR 2000, 676, 677; *Bayer*, in: Lutter/Hommelhoff, GmbHG, § 51a Rn. 43; *Hüffer/Schürnbrand*, in: Ulmer/Habersack/Löbbe, GmbHG, § 51a Rn. 72; *Zöllner/Noack*, in: Baumbach/Hueck, GmbHG, § 51a Rn. 3.

164 *Bayer*, in: Lutter/Hommelhoff, GmbHG, § 51a Rn. 42; *Hillmann*, in: MünchKommGmbHG, § 51a Rn. 100; *Hüffer/Schürnbrand*, in: Ulmer/Habersack/Löbbe, GmbHG, § 51a Rn. 72; *Zöllner/Noack*, in: Baumbach/Hueck, GmbHG, § 51a Rn. 2; *Römermann*, in: Michalski, GmbHG, § 51a Rn. 249; *K. Schmidt*, in: Scholz, GmbHG, § 51a Rn. 51.

165 *Altmeppen*, in: Roth/Altmeppen, GmbHG, § 51a Rn. 59 ff.

G. Schadensersatzansprüche der Beteiligten

I. Ansprüche des Gesellschafters

Der Gesellschafter kann bei unberechtigter Informationsverweigerung Schadensersatz von der **Gesellschaft** verlangen.[166] Erhält der Gesellschafter unzutreffende Informationen und beruht dies auf einem Verschulden der Geschäftsführer, besteht gleichfalls ein Schadensersatzanspruch. Anspruchsgrundlage ist in beiden Fällen eine Pflichtverletzung (§ 280 BGB) im mitgliedschaftlichen Sonderrechtsverhältnis, das zwischen dem Gesellschafter und der Gesellschaft besteht und innerhalb dessen der Gesellschaft das Verhalten des Geschäftsführers (§ 31 BGB oder § 278 BGB) zurechenbar ist.[167] 48

Aus treuwidriger Verletzung des mitgliedschaftlichen Sonderrechtsverhältnisses kann im Einzelfall auch ein Schadensersatzanspruch gegen **Mitgesellschafter** bestehen, wenn diese vorsätzlich oder fahrlässig einen unberechtigten Verweigerungsbeschluss gefasst haben.[168] 49

Hingegen hat der Gesellschafter grds. (Ausnahme: § 826 BGB) keinen Schadensersatzanspruch gegen die **Geschäftsführer.**[169] Diese handeln für die Gesellschaft, die daher auch die richtige Anspruchsgegnerin ist (Rdn. 11). Die Gesellschaft kann, wenn sie selbst in Anspruch genommen wird, den Schaden gem. § 43 Abs. 2 vom Geschäftsführer ersetzt verlangen. 50

II. Ansprüche der Gesellschaft

Die Gesellschaft hat bei einer Pflichtverletzung, die auch in unberechtigter Herausgabe von Informationen bestehen kann, einen Anspruch auf Schadensersatz gegen den **Geschäftsführer** (§ 43), sofern dieser nicht auf Weisung der Gesellschafter handelte.[170] Die rechtswidrige und schuldhafte Informationsverweigerung kann eine Abberufung und fristlose Kündigung des Geschäftsführers rechtfertigen.[171] 51

Gegen den **Gesellschafter** besteht ein Schadensersatzanspruch aus Verletzung der Treuepflicht, wenn er die erlangten Informationen in unzulässiger Weise weitergibt oder sonst gesellschaftsschädlich verwendet.[172] 52

---

166 *Altmeppen,* in: Roth/Altmeppen, GmbHG, § 51a Rn. 53; *Hillmann,* in: MünchKommGmbHG, § 51a Rn. 104; *Hüffer/Schürnbrand,* in: Ulmer/Habersack/Löbbe, GmbHG, § 51a Rn. 75; *Bayer,* in: Lutter/Hommelhoff, GmbHG, § 51a Rn. 48; *Zöllner/Noack,* in: Baumbach/Hueck, GmbHG, § 51a Rn. 52.

167 *Bayer,* in: Lutter/Hommelhoff, GmbHG, § 51a Rn. 48; *K. Schmidt,* in: Scholz, GmbHG, § 51a Rn. 48; *Hillmann,* in: MünchKommGmbHG, § 51a Rn. 104; *Hüffer/Schürnbrand,* in: Ulmer/Habersack/Löbbe, GmbHG, § 51a Rn. 75; *Werner,* GmbHR 2018, 400, 404; *Zöllner/Noack,* in: Baumbach/Hueck, GmbHG, § 51a Rn. 52. Teilweise werden auch deliktische Ansprüche bejaht (*Altmeppen,* in: Roth/Altmeppen, GmbHG, § 51a Rn. 54: § 51a als Schutzgesetz i.S.d. § 823 Abs. 2 BGB).

168 *Bayer,* in: Lutter/Hommelhoff, GmbHG, § 51a Rn. 49; *Reuter,* BB 1986, 1653, 1659; *Römermann,* in: Michalski, GmbHG, § 51a Rn. 239; im Grundsatz zustimmend aber für strenge Haftungsvoraussetzungen plädierend *Hüffer/Schürnbrand,* in: Ulmer/Habersack/Löbbe, GmbHG, § 51a Rn. 76.

169 *Bayer,* in: Lutter/Hommelhoff, GmbHG, § 51a Rn. 47; *Hillmann,* in: MünchKommGmbHG, § 51a Rn. 106; *Hüffer/Schürnbrand,* in: Ulmer/Habersack/Löbbe, GmbHG, § 51a Rn. 77; *Römermann,* in: Michalski, GmbHG, § 51a Rn. 234; *Werner,* GmbHR 2018, 400, 404; *Zöllner/Noack,* in: Baumbach/Hueck, GmbHG, § 51a Rn. 51. Andere Auffassungen: *Bremer,* GmbHR 2000, 176, 180 (Anstellungsvertrag als Vertrag mit Schutzwirkung für Dritte); *Reuter,* BB 1986, 1653, 1658 (Verletzung der Mitgliedschaft als »sonstiges Recht« i.S.d. § 823 Abs. 1 BGB); *Altmeppen,* in: Roth/Altmeppen, GmbHG, § 51a Rn. 54 (§ 51a ist Schutzgesetz i.S.d. § 823 Abs. 2 BGB); *U. H. Schneider,* in: Scholz, GmbHG, § 43 Rn. 301 (Pflicht zur Auskunftserteilung besteht zwischen Geschäftsführer und Gesellschafter).

170 *Bayer,* in: Lutter/Hommelhoff, GmbHG, § 51a Rn. 45; *Hüffer/Schürnbrand,* in: Ulmer/Habersack/Löbbe, GmbHG, § 51a Rn. 78; *K. Schmidt,* in: Scholz, GmbHG, § 51a Rn. 48; *Werner,* GmbHR 2018, 401 ff.; *Zöllner/Noack,* in: Baumbach/Hueck, GmbHG, § 51a Rn. 51.

171 OLG Frankfurt am Main, GmbHR 1994, 114, 115; OLG München, GmbHR 1994, 551; *Werner,* GmbHR 2018, 400, 404 f.

172 *Bayer,* in: Lutter/Hommelhoff, GmbHG, § 51a Rn. 46; *Hüffer/Schürnbrand,* in: Ulmer/Habersack/Löbbe, GmbHG, § 51a Rn. 79; *K. Schmidt,* in: Scholz, GmbHG, § 51a Rn. 48; *Zöllner/Noack,* in: Baumbach/Hueck, GmbHG, § 51a Rn. 53.

III. Ansprüche Dritter

53 Verletzt die Gesellschaft durch Herausgabe der Information die mit einem Dritten vereinbarte Vertraulichkeit, so haftet sie unter Umständen wegen Vertragsverletzung.[173] Dabei ist allerdings die Reichweite der **Vertraulichkeitsvereinbarung** genau zu prüfen; im Regelfall muss der Dritte wegen § 51a mit einer Weitergabe von Informationen an GmbH-Gesellschafter rechnen (vgl. Rdn. 34). Die Gesellschaft ist im Verhältnis zum Dritten verpflichtet, den Gesellschafter auf die vereinbarte Vertraulichkeit hinzuweisen. Der Gesellschafter ist insoweit Erfüllungsgehilfe der Gesellschaft.[174] Ein direkter Anspruch gegen den Gesellschafter besteht im Regelfall nicht; Ausnahme ist die Verletzung absolut geschützter Rechte i.S.d. § 823 Abs. 1 BGB (z.B. Patent).[175]

§ 51b Gerichtliche Entscheidung über das Auskunfts- und Einsichtsrecht

[1]Für die gerichtliche Entscheidung über das Auskunfts- und Einsichtsrecht findet § 132 Abs. 1, 3 und 4 des Aktiengesetzes entsprechende Anwendung. [2]Antragsberechtigt ist jeder Gesellschafter, dem die verlangte Auskunft nicht gegeben oder die verlangte Einsicht nicht gestattet worden ist.

Schrifttum

v. Bitter, Das Informationsrecht der GmbH-Gesellschafter in §§ 51a, 51b GmbHG, ZIP 1981, 825; *Musielak/Borth*, Familiengerichtliches Verfahren, 4. Aufl., 2013; *Driesen*, Keine gerichtliche Zuständigkeitskonzentration in NRW für das Informationserzwingungsverfahren, GmbHR 2004, 500; *Emde*, Einstweiliger Rechtsschutz im Auskunftserzwingungsverfahren nach §§ 51a, 51b GmbHG?, ZIP 2001, 820; *Gustavus*, Das Informationserzwingungsverfahren nach § 51b GmbHG in der Praxis, GmbHR 1989, 181; *Jänig/Leißring*, FamFG: Neues Verfahrensrecht für Streitigkeiten in AG und GmbH, ZIP 2010, 110; *Jestaedt*, Die actio pro socio als Notbehelf bei Informationsverweigerung in Zweipersonen-GmbH, GmbHR 1994, 442.

Übersicht

A. Allgemeines

1 § 51b regelt die **Durchsetzung der Informationsrechte**, die § 51a gewährt. § 51b Satz 1 verweist auf die Verfahrensregeln des § 132 Abs. 1, 3 und 4 AktG. Ausgenommen bleibt § 132 Abs. 2 AktG, der die Antragsbefugnis des Aktionärs regelt. In diesem Punkt trifft § 51b Satz 2 eine eigene Regelung: **Antragsberechtigt** ist jeder Gesellschafter, dem die verlangte Auskunft nicht gegeben oder die verlangte Einsicht nicht gestattet worden ist. Einer allgemeinen Leistungsklage fehlt angesichts der gesetzlichen Spezialregelung das Rechtsschutzbedürfnis.[1]

2 Der Verweis auf das Aktienrecht führt in das Verfahren der **freiwilligen Gerichtsbarkeit**, das im FamFG geregelt ist.[2] Denn § 132 Abs. 3 Satz 1 verweist seinerseits auf **§ 99 Abs. 1 AktG**, der wiederum auf das **FamFG** verweist.[3] Der Gesetzgeber versprach sich davon eine schnelle und

173 *Bayer*, in: Lutter/Hommelhoff, GmbHG, § 51a Rn. 50.

174 *Zöllner/Noack*, in: Baumbach/Hueck, GmbHG, § 51a Rn. 55; a.A. *Bayer*, in: Lutter/Hommelhoff, GmbHG, § 51a Rn. 50.

175 *Bayer*, in: Lutter/Hommelhoff, GmbHG, § 51a Rn. 51.

1 OLG Saarbrücken, GmbHR 1994, 474, 475.

2 Gesetz über das Verfahren in Familiensachen und in den Angelegenheiten der freiwilligen Gerichtsbarkeit, am 01.09.2009 in Kraft getreten. Eingehend zu dessen gesellschaftsrechtlichen Implikationen *Jänig/Leißring*, ZIP 2010, 110. Zur alten Rechtslage (bis 31.08.2009) s. nur: *Hüffer/Schürnbrand*, in: Ulmer/Habersack/Löbbe, GmbHG, § 51b Rn. 1 ff.; *K. Schmidt*, in: Scholz, GmbHG, § 51b Rn. 1 ff.

3 Die Verweisungskette wird im nachfolgenden Text als bekannt vorausgesetzt und nicht in jedem Einzelfall wiederholt.

sachgerechte Durchsetzung der Informationsansprüche.[4] Das Verfahren zur Informationserzwingung gehört nicht zu den in § 375 FamFG aufgezählten »unternehmensrechtlichen Verfahren«, sondern findet allein aufgrund der Verweisung des § 51b i.V.m. §§ 132 Abs. 3 Satz 1, 99 Abs. 1 AktG Anwendung.[5]

Da § 51b ein eigenes Informationserzwingungsverfahren regelt, fehlt einer **Anfechtungsklage** gegen den Verweigerungsbeschluss (§ 51a Abs. 2 Satz 2) regelmäßig das Rechtsschutzbedürfnis (§ 51a GmbHG Rdn. 42). Hingegen bleibt ein Beschluss, zu dessen Vorbereitung die verweigerten Informationen erforderlich waren, selbstständig anfechtbar.[6] 3

B. Voraussetzungen

Antragsberechtigt ist jeder Gesellschafter (vgl. zur Informationsberechtigung: § 51a GmbHG Rdn. 5 ff.), dem die verlangte Auskunft nicht gegeben oder die verlangte Einsicht nicht gestattet worden ist (§ 51b Satz 2). Ein abweisender Gesellschafterbeschluss (§ 51a GmbHG Rdn. 40) ist nicht erforderlich.[7] Verliert der Gesellschafter während des Verfahrens seine Gesellschafterstellung und hält er den Antrag dennoch aufrecht, ist dieser als unbegründet abzuweisen.[8] Statt dessen können die Beteiligten auch übereinstimmend die Erledigung der Hauptsache erklären; erklärt nur der Antragsteller die Erledigung, muss das Gericht diese durch Beschluss feststellen.[9] Eine Fortsetzung nach § 810 BGB (vgl. § 51a GmbHG Rdn. 10) ist wegen der Verschiedenheit der Verfahren nicht möglich.[10] 4

Antragsgegner ist die Gesellschaft (vgl. zur Informationsverpflichtung: § 51a GmbHG Rdn. 11), vertreten durch die Geschäftsführer (bzw. nach Insolvenzeröffnung durch den Insolvenzverwalter).[11] 5

C. Verfahren

I. Antrag

Das Informationserzwingungsverfahren wird durch **formlosen** Antrag des Gesellschafters eingeleitet. Das FamFG stellt hierfür eine Reihe von Soll-Vorschriften auf, die aber keine zwingenden Zulässigkeitsvoraussetzungen begründen:[12] Der Antrag soll begründet werden (§ 23 Abs. 1 Satz 1 FamFG) und soll vom Antragsteller oder seinem Bevollmächtigten unterschrieben werden (§ 23 Abs. 1 Satz 5 FamFG). Der Antrag kann auch zur Niederschrift der Geschäftsstelle abgegeben werden (§ 25 Abs. 1 FamFG). Eine Übersendung per E-Mail ist gleichfalls möglich.[13] Es besteht 6

---

4 BT-Drucks. 8/1347, S. 45; s. aber die rechtspolitische Kritik bei *Jänig/Leißring*, ZIP 2010, 110, 111, und *K. Schmidt*, in: Scholz, GmbHG, § 51b Rn. 3.

5 § 99 Abs. 1 AktG lautet: *»Auf das Verfahren ist das Gesetz über das Verfahren in Familiensachen und in den Angelegenheiten der freiwilligen Gerichtsbarkeit anzuwenden, soweit in den Absätzen 2 bis 5 nichts anderes bestimmt ist.«*.

6 BGH, GmbHR 1988, 213, 214; BGHZ 86, 1, 3 (für die AG).

7 BGHZ 135, 48, 49; OLG Frankfurt, BeckRS 2014, 11113.

8 BayObLG, GmbHR 1991, 572, 576; BayObLG, GmbHR 1993, 741, 743; OLG Jena, GmbHR 1996, 699, 700; OLG Karlsruhe, NZG 2000, 435, 436; OLG Schleswig, GmbHR 2008, 434, 435; OLG Saarbrücken, GmbHR 2011, 33, 34; so mittlerweile auch die Lit.: *Hüffer*, in: Ulmer/Habersack/Winter, GmbHG, § 51b Rn. 10; *K. Schmidt*, in: Scholz, GmbHG, § 51b Rn. 13.

9 OLG Jena, GmbHR 1996, 699, 700.

10 BayObLG, GmbHR 1993, 741, 743; OLG Schleswig, GmbHR 2008, 434, 435; OLG Saarbrücken, GmbHR 2011, 33, 34; *Hillmann*, in: MünchKommGmbHG, § 51b Rn. 12; *Hüffer/Schürnbrand*, in: Ulmer/Habersack/Löbbe, GmbHG, § 51b Rn. 10; *K. Schmidt*, in: Scholz, GmbHG, § 51b Rn. 13; a.A. *Gustavus*, GmbHR 1989, 181, 185. Ausnahmsweise Fortführung nach § 810 BGB bei unrichtiger, aber dennoch bindender Verweisung: OLG Frankfurt am Main, WM 1996, 160, 161.

11 *Hüffer/Schürnbrand*, in: Ulmer/Habersack/Löbbe, GmbHG, § 51b Rn. 12; *K. Schmidt*, in: Scholz, GmbHG, § 51b Rn. 19.

12 *Borth/Grandel*, in: Musielak/Borth, FamFG, § 23 Rn. 4.

13 *Hüffer/Schürnbrand*, in: Ulmer/Habersack/Löbbe, GmbHG, § 51b Rn. 4; *K. Schmidt*, in: Scholz, GmbHG, § 51b Rn. 14.

kein Anwaltszwang (anders bei der Beschwerde, Rdn. 16).[14] Ein fälschlich als »Klage« bezeichneter Schriftsatz kann trotz seines Wortlauts, der auf ein Verfahren der streitigen Gerichtsbarkeit hindeutet, als Antragsschrift für ein Verfahren der freiwilligen Gerichtsbarkeit ausgelegt werden.[15]

7 Für den Antrag gilt zwar nicht unmittelbar der Bestimmtheitsgrundsatz des § 253 ZPO. Er muss aber doch die betreffende Angelegenheit der Gesellschaft (§ 51a GmbHG Rdn. 15 ff.) und die begehrte Art der Information (Auskunft oder Einsicht) **hinreichend bestimmen**, damit das Gericht einen vollstreckbaren Tenor formulieren kann.[16] Dabei muss der Antragsteller den notwendigen Inhalt des Antrags in die Antragsschrift aufnehmen; er kann sich nicht mit einem Verweis auf beigefügte Unterlagen begnügen.[17]

8 Der Antrag ist **nicht fristgebunden.**[18] Eine Verwirkung ist nach allgemeinen Grundsätzen denkbar, wenn der Gesellschafter sich über einen längeren Zeitraum mit der Verweigerung oder der gewährten Information zufriedengegeben hat und dadurch bei der Gesellschaft schutzwürdiges Vertrauen entstanden ist.[19]

II. Zuständigkeit

9 Für das Verfahren ist das **LG** am Sitz der Gesellschaft (§ 4a) örtlich und sachlich zuständig (§ 51b Satz 1 i.V.m. § 132 Abs. 1 AktG). Funktional ist die Kammer für Handelssachen zuständig (§§ 71 Abs. 2 Nr. 4 b i.V.m. 95 Abs. 2 Nr. 2 GVG). Die Landesregierungen sind ermächtigt, durch Rechtsverordnung die Zuständigkeit bei einem LG zu konzentrieren (§ 71 Abs. 4 GVG).[20]

10 Das Auskunfts- und Einsichtsrecht des Gesellschafters kann einem **Schiedsverfahren** unterworfen werden, weil es auch einem Vergleich zugänglich ist.[21] Möglich ist sowohl eine Satzungsregelung als auch eine gesonderte Schiedsvereinbarung.[22]

III. Verfahren

11 Nach § 26 FamFG gilt der Amtsermittlungsgrundsatz.[23] Die Beteiligten trifft allerdings eine **Mitwirkungspflicht** (§ 27 Abs. 1 FamFG). Die Gerichte unterstellen daher grds. auch im Verfahren der freiwilligen Gerichtsbarkeit, dass ein Beteiligter die für ihn günstigen Tatsachen von sich aus vorträgt.[24] Somit obliegt es dem Antragsteller, die Voraussetzungen für seinen Antrag nachzuweisen

14 *Hüffer/Schürnbrand*, in: Ulmer/Habersack/Löbbe, GmbHG, § 51b Rn. 4; vgl. auch § 10 FamFG.

15 BGH, NJW-RR 1995, 1183.

16 OLG Düsseldorf, GmbHR 1995, 902, 903; OLG Frankfurt am Main, GmbHR 1997, 130.

17 OLG Frankfurt am Main, GmbHR 1997, 130.

18 § 51b Satz 1 verweist nicht auf § 132 Abs. 2 AktG, dessen Satz 2 bestimmt, dass ein Aktionär den Antrag binnen 2 Wochen nach der Hauptversammlung stellen muss.

19 *V. Bitter*, ZIP 1981, 825, 831; *Hüffer/Schürnbrand*, in: Ulmer/Habersack/Löbbe, GmbHG, § 51b Rn. 4; *Masuch*, in: Bork/Schäfer, GmbHG, § 51b Rn. 5; *Zöllner/Noack*, in: Baumbach/Hueck, GmbHG, § 51b Rn. 6; im Ergebnis ähnlich, aber mit abweichender Begründung (Wegfall des Informationsbedürfnisses) *K. Schmidt*, in: Scholz, GmbHG, § 51b Rn. 14.

20 Von der Zuständigkeitskonzentration haben insb. Baden-Württemberg, Bayern, Niedersachsen, Rheinland-Pfalz und Sachsen Gebrauch gemacht (ausführliche Übersicht bei *Driesen*, GmbHR 2004, 500, 501, und *Römermann*, in: Michalski, GmbHG, § 51b Rn. 28 ff.). Zu § 132 AktG ergangene Regelungen gelten nicht automatisch für das GmbH-Recht (daher keine Zuständigkeitskonzentration in NRW, OLG Köln, GmbHR 2004, 499).

21 OLG Hamm, GmbHR 2000, 676, 677; OLG Koblenz, GmbHR 1990, 556, 557; *Hillmann*, in: MünchKommGmbHG, § 51b Rn. 31; a.A. LG Mönchengladbach, GmbHR 1986, 390, 391.

22 *Hüffer/Schürnbrand*, in: Ulmer/Habersack/Löbbe, GmbHG, § 51b Rn. 27; *Römermann*, in: Michalski, GmbHG, § 51b Rn. 73; *K. Schmidt*, in: Scholz, GmbHG, § 51b Rn. 5.

23 Näher *Jänig/Leißring*, ZIP 2010, 110, 114.

24 BayObLG, GmbHR 1989, 201, 203; vgl. auch BayObLG, NJW-RR 1999, 1170 (für ein Verfahren in Wohnungseigentumssachen).

(Gesellschafterstellung, Informationsverlangen zu Angelegenheiten der Gesellschaft), während die Gesellschaft ihre Verweigerung begründen muss.[25]

Die unter dem früheren FGG entstandene herrschende Meinung hält einen **einstweiligen Rechtsschutz** für unzulässig.[26] Dies verkennt den Gehalt der neu gefassten §§ 49 ff. FamFG. Dort ist nunmehr eine einstweilige Anordnung zur Sicherung oder vorläufigen Regelung eines bestehenden Zustandes ausdrücklich vorgesehen. Nach dieser Reform des FamFG ist einstweiliger Rechtsschutz auch im Verfahren des § 51b grds. möglich,[27] wenngleich die einstweilige Informationserzwingung häufig eine Vorwegnahme der Hauptsache darstellt.[28] Sie lässt sich u.U. dadurch vermeiden, dass anstelle des Gesellschafters vorläufig nur ein zur Verschwiegenheit verpflichteter Dritter die begehrte Information erhält. 12

Für die **Verfahrenskosten** gilt grds. die Kostenordnung (§ 132 Abs. 5 Satz 1 AktG); hinzukommen einige Sonderregelungen in § 132 Abs. 5 Satz 2–7 AktG.[29] Zusätzlich sind die §§ 80 ff. FamFG zu beachten, die etwa in § 81 Abs. 2 FamFG Regelbeispiele für die Kostenverteilung vorsehen. Gegen die Kostenfeststellung ist die isolierte Beschwerde zulässig (§ 85 FamFG i.V.m. § 104 Abs. 3 Satz 1 ZPO).[30] 13

Die Geschäftsführer müssen die rechtskräftige Entscheidung unverzüglich zum **Handelsregister** einreichen (§ 99 Abs. 5 Satz 3 AktG). Diese auf die AG zugeschnittene Vorschrift verfehlt bei der GmbH ihren Sinn[31] und wird in der Praxis offenbar häufig ignoriert.[32] 14

IV. Beschluss und Rechtsmittel

Das LG entscheidet durch einen mit Gründen versehenen **Beschluss** (§ 99 Abs. 3 Satz 1). Es entscheidet die Kammer, die Zuständigkeit eines Einzelrichters ist im FamFG nicht vorgesehen.[33] Zu entscheiden ist, ob die Gesellschaft die Information verweigern durfte. Die Richtigkeit einer erteilten Information ist nicht Gegenstand der Entscheidung; es sei denn der Gesellschafter macht geltend, wegen unrichtig erteilter Information bestehe weiterhin ein Informationsanspruch.[34] Sofern die Gesellschaft die verlangte Information nicht mehr verweigert, tritt Erledigung ein, die von Amts wegen zu berücksichtigen ist.[35] Ein dem Antrag stattgebender Beschluss muss einen 15

25 *Hüffer/Schürnbrand*, in: Ulmer/Habersack/Löbbe, GmbHG, § 51b Rn. 16; *K. Schmidt*, in: Scholz, GmbHG, § 51b Rn. 25.

26 *Koppensteiner/Gruber*, in: Rowedder/Schmidt-Leithoff, GmbHG, § 51b Rn. 8 (5. Aufl.); differenzierend *Zöllner/Noack*, in: Baumbach/Hueck, GmbHG, § 51b Rn. 10a; a.A. schon zum früheren Recht *Emde*, ZIP 2001, 820 ff.

27 *Altmeppen*, in: Roth/Altmeppen, GmbHG, § 51b Rn. 11; *Bayer*, in: Lutter/Hommelhoff, GmbHG, § 51b Rn. 10; *Hüffer/Schürnbrand*, in: Ulmer/Habersack/Löbbe, GmbHG, § 51b Rn. 17; *Masuch*, in: Bork/Schäfer, GmbHG, § 51b Rn. 8; *Wicke*, GmbHG, § 51b Rn. 3; offen gelassen in OLG Saarbrücken, GmbHR 2011, 33, 35.

28 *Ganzer*, in: Rowedder/Schmidt-Leithoff, GmbHG, § 51b Rn. 12; *Römermann*, in: Michalski, GmbHG, § 51b Rn. 49; daher kritisch gegenüber einer Anwendung der §§ 49 ff. FamFG *Hillmann*, in: MünchKommGmbHG, § 51b Rn. 30.

29 Zu den Einzelheiten *Römermann*, in: Michalski, GmbHG, § 51b Rn. 59 ff.

30 *Bayer*, in: Lutter/Hommelhoff, GmbHG, § 51b Rn. 22; ebenso *Masuch*, in: Bork/Schäfer, GmbHG, § 51b Rn. 10 sowie *Römermann*, in: Michalski, GmbHG, § 51b Rn. 62 (jeweils mit Verweis auf § 58 FamFG); anders zur früheren Rechtslage BayObLG, NJW-RR 1995, 1314, 1315; OLG Stuttgart, NZG 2008, 949, 949.

31 *Hillmann*, in: MünchKommGmbHG, § 51b Rn. 36; *Hüffer/Schürnbrand*, in: Ulmer/Habersack/Löbbe, GmbHG, § 51b Rn. 20; *K. Schmidt*, in: Scholz, GmbHG, § 51b Rn. 27; *Römermann*, in: Michalski, GmbHG, § 51b Rn. 64.

32 So die Einschätzung bei *Bayer*, in: Lutter/Hommelhoff, GmbHG, § 51b Rn. 11.

33 BayObLG, NJW-RR 1995, 1314, 1315.

34 *Bayer*, in: Lutter/Hommelhoff, GmbHG, § 51b Rn. 12; *Masuch*, in: Bork/Schäfer, GmbHG, § 51b Rn. 9.

35 OLG München, GmbHR 2008, 819, 820.

vollstreckungsfähigen Inhalt haben und daher den festgestellten Informationsanspruch hinreichend bestimmt bezeichnen (s. bereits Rdn. 7).[36] Die Zwangsvollstreckung aus der Entscheidung richtet sich nach den Vorschriften der ZPO (§ 132 Abs. 4 Satz 2 AktG).[37] Die Erteilung einer Vollstreckungsklausel ist nicht erforderlich.[38]

16 Gegen den Beschluss findet die **Beschwerde** statt (§ 99 Abs. 3 Satz 2 AktG), sofern das LG sie in seiner Entscheidung für zulässig erklärt (§ 132 Abs. 3 Satz 2 AktG). Die Beschwerde richtet sich gegen die Endentscheidung nach § 51b S. 1; gegen Zwischenentscheidungen des Gerichts, die lediglich der Vorbereitung der abschließenden Sachentscheidung dienen, ist sie unstatthaft.[39] Die Beschwerde ist zuzulassen, wenn die Rechtssache grundsätzliche Bedeutung hat oder die Fortbildung des Rechts oder die Sicherung einer einheitlichen Rechtsprechung es erfordern (Verweis des § 132 Abs. 3 Satz 3 AktG auf § 70 Abs. 2 Satz 1 FamFG). Teilweise wird in Fällen »greifbarer Gesetzwidrigkeit« die Zulassung für entbehrlich gehalten;[40] das wird jedoch überwiegend abgelehnt.[41] Für die Beschwerde besteht Anwaltszwang (§ 99 Abs. 3 Satz 4 AktG). Die Beschwerdeschrift muss bei dem Gericht, dessen Beschluss angefochten wird (§ 64 Abs. 1 FamFG), innerhalb eines Monats (§ 63 Abs. 1 FamFG) eingelegt werden. Hilft das LG der Beschwerde nicht ab, muss sie dem **OLG** vorgelegt werden (§§ 68 Abs. 1 Satz 1 FamFG, 119 Abs. 1 Nr. 2 GVG). Auch hier ist eine Konzentration durch die Länder möglich (§ 99 Abs. 3 Satz 5 AktG).

17 Gegen die Entscheidung des OLG ist eine **Rechtsbeschwerde** zum BGH (§ 133 GVG) innerhalb eines Monats möglich, sofern eine solche zugelassen wird (vgl. §§ 70 ff. FamFG).

§ 52 Aufsichtsrat

(1) Ist nach dem Gesellschaftsvertrag ein Aufsichtsrat zu bestellen, so sind § 90 Abs. 3, 4, 5 Satz 1 und 2, § 95 Satz 1, § 100 Abs. 1 und 2 Nr. 2 und Abs. 5, § 101 Abs. 1 Satz 1, § 103 Abs. 1 Satz 1 und 2, §§ 105, 107 Abs. 3 Satz 2 und 3 und Abs. 4, §§ 110 bis 114, 116 des Aktiengesetzes in Verbindung mit § 93 Abs. 1 und 2 Satz 1 und 2 des Aktiengesetzes, § 124 Abs. 3 Satz 2, §§ 170, 171, 394 und 395 des Aktiengesetzes entsprechend anzuwenden, soweit nicht im Gesellschaftsvertrag ein anderes bestimmt ist.

(2) [1]Ist nach dem Drittelbeteiligungsgesetz ein Aufsichtsrat zu bestellen, so legt die Gesellschafterversammlung für den Frauenanteil im Aufsichtsrat und unter den Geschäftsführern Zielgrößen fest, es sei denn, sie hat dem Aufsichtsrat diese Aufgabe übertragen. [2]Ist nach dem Mitbestimmungsgesetz, dem Montan-Mitbestimmungsgesetz oder dem Mitbestimmungsergänzungsgesetz ein Aufsichtsrat zu bestellen, so legt der Aufsichtsrat für den Frauenanteil im Aufsichtsrat und unter den Geschäftsführern Zielgrößen fest. [3]Liegt der Frauenanteil bei Festlegung der Zielgrößen unter 30 Prozent, so dürfen die Zielgrößen den jeweils erreichten Anteil nicht mehr unterschreiten. [4]Gleichzeitig sind Fristen zur Erreichung der Zielgrößen festzulegen. [5]Die Fristen dürfen jeweils nicht länger als fünf Jahre sein.

(3) [1]Werden die Mitglieder des Aufsichtsrats vor der Eintragung der Gesellschaft in das Handelsregister bestellt, gilt § 37 Abs. 4 Nr. 3 und 3a des Aktiengesetzes entsprechend. [2]Die Geschäftsführer haben bei jeder Änderung in den Personen der Aufsichtsratsmitglieder unverzüglich eine Liste der Mitglieder des Aufsichtsrats, aus welcher Name, Vorname, ausgeübter Beruf und Wohnort der Mitglieder ersichtlich ist, zum Handelsregister einzureichen; das Gericht hat nach § 10 des Handelsgesetzbuchs einen Hinweis darauf bekannt zu machen, dass die Liste zum Handelsregister eingereicht worden ist.

---

36 OLG Düsseldorf, GmbHR 1995, 902, 903; OLG Frankfurt am Main, GmbHR 1997, 130.

37 Näher dazu *Hüffer/Schürnbrand*, in: Ulmer/Habersack/Löbbe, GmbHG, § 51b Rn. 21 f.; OLG München, GmbHR 2008, 208, 209.

38 OLG Düsseldorf, GmbHR 2017, 194, 196.

39 OLG Düsseldorf, GmbHR 2019, 590, 591.

40 OLG Koblenz, WM 1985, 829 (Entscheidung des Vorsitzenden anstelle der Kammer); im Grundsatz auch BayObLG, NJW-RR 1995, 1314, 1315.

41 BGHZ 150, 133, 135; OLG München, DStR 2009, 1711 (Leitsatz); *Hüffer/Schürnbrand*, in: Ulmer/Habersack/Löbbe, GmbHG, § 51b Rn. 18; *K. Schmidt*, in: Scholz, GmbHG, § 51b Rn. 29.

(4) Schadensersatzansprüche gegen die Mitglieder des Aufsichtsrats wegen Verletzung ihrer Obliegenheiten verjähren in fünf Jahren.

Schrifttum

Arbeitskreis »Wertorientierte Führung in mittelständischen Unternehmen« der Schmalenbach-Gesellschaft für Betriebswirtschaft e. V., Brauchen Mittelständler einen freiwilligen Beirat oder Aufsichtsrat? Vor- und Nachteile, BB 2017, 235; *Bachmann,* Der GmbH-Aufsichtsrat – ein Überblick, BOARD 2018, 152; *Banspach/Nowak,* Der Aufsichtsrat der GmbH unter besonderer Berücksichtigung kommunaler Unternehmen und Konzerne, Der Konzern 2008, 195; *Bauer/Arnold,* Organbesetzung und Allgemeines Gleichbehandlungsgesetz: kein neues Betätigungsfeld für »Berufsaktionäre«!, AG 2007, 807; *Bayer/Hoffmann,* Gesetzeswidrige Mitbestimmungslücken bei der GmbH, GmbHR 2015, 909; *Bayer/Hoffmann,* Frauenquote: Ja – Mitbestimmung: Nein, GmbHR 2017, 441; *Behme,* Die Berücksichtigung ausländischer Arbeitnehmer für die Berechnung der Schwellenwerte im Recht der Unternehmensmitbestimmung, AG 2018, 1; *Benecke,* Beratungsvereinbarungen mit Aufsichtsratsmitgliedern – neue Akzente der Rechtsprechung und ungeklärte Fragen, WM 2007, 717; *Bergwitz,* Die GmbH im Prozess gegen ihre Geschäftsführer, GmbHR 2008, 225; *Böttcher,* Unzulässige Besetzung von Aufsichtsräten, NZG 2012, 809; *Braun/Louven,* Neuregelungen des BilMoG für GmbH-Aufsichtsräte, GmbHR 2009, 905; *Brodhun,* Mitbestimmungsbeibehaltung nach Abspaltung oder Ausgliederung gem. § 325 I UmwG, NZG 2012, 1050; *Brock,* Die familien- und inhabergeführte GmbH und der drittelbeteiligte Aufsichtsrat, GmbHR 2019, 101; *Bunz/Küpper,* Grenzen des Gestaltungsspielraums für Unternehmen bei Übernahme von Geldsanktionen, Geldauflagen und Verteidigerkosten für ihre Organmitglieder, GmbHR 2015, 510; *Daghles/Haßler,* Organpflichten im Lichte der Corona-Pandemie, BB 2020, 1032: *DAV*: Stellungnahme zum Referentenentwurf eines Gesetzes für die gleichberechtigte Teilhabe von Frauen und Männern an Führungspositionen in der Privatwirtschaft und im öffentlichen Dienst, NZG 2014, 1214; *Deck,* Zur unmittelbaren Geltung des MgVG ab dem Zeitpunkt der Eintragung einer grenzüberschreitenden Verschmelzung, NZG, 2017, 968; *Deilmann,* Abgrenzung der Überwachungsbefugnisse von Gesellschafterversammlung und Aufsichtsrat einer GmbH unter besonderer Berücksichtigung des mitbestimmenden Aufsichtsrats, GmbHR 2004, 2253; *Döring/Grau,* Verfahren und Mehrheitserfordernisse für die Bestellung und Abwahl des Aufsichtsratsvorsitzenden in mitbestimmten Unternehmen, NZG 2004, 1328 ff.; *Drinhausen/Keinath,* Mitbestimmung bei grenzüberschreitender Verschmelzung mitbestimmungsfreier Gesellschaften, AG 2010, 398 ff.; *Eßer/Baluch,* Bedeutung des Allgemeinen Gleichbehandlungsgesetzes für Organmitglieder, NZG 2007, 321; *Fedke,* Rechtsfragen der Bestellung von Geschäftsführern in der mitbestimmungspflichtigen GmbH, NZG 2017, 848; *Fonk,* Auslagenersatz für Aufsichtsratsmitglieder, NZG 2009, 761; *Gaul/Janz,* Wahlkampfgetöse im Aktienrecht – Gesetzliche Begrenzung der Vorstandsvergütung und Änderungen der Aufsichtsratstätigkeit, NZA 2009, 809; *Gaul/Otto,* Auswirkungen des TransPuG auf das Verhältnis zwischen GmbH-Geschäftsführung und Aufsichtsrat, GmbHR, 2003, 6; *Gehle,* Der Aufsichtsrat als gesetzlicher Vertreter von AG und GmbH – Folgen der Missachtung und Heilungsmöglichkeiten, MDR 2011, 957; *Geißler,* Die Haftung des GmbH-Geschäftsführers bei Missachtung von Zustimmungsvorbehalten des Aufsichtsrates, GmbHR 2020, 293; *ders.,* Die Klassifizierung und rechtliche Behandlung fehlerhafter Beschlüsse des GmbH-Aufsichtsrates, GmbHR 2019, 861; *ders.,* Unternehmerische und rechtliche Implikationen zur Errichtung eines fakultativen GmbH-Aufsichtsrats, DZWIR 2020, 1; *Giedinghagen/Neuhoff,* Frauenquote 2.0: Was bringt der Entwurf des Zweiten Führungspositionen-Gesetzes für die GmbH mit sich?, GmbHR 2020, R100; *Gortan,* Die Stellvertretung im fakultativen Aufsichtsrat, VR 2019, 369; *Habersack,* Aufsichtsrat und Prüfungsausschuss nach dem BilMoG, AG 2008, 98; *ders.,* »Germany first«? Kritische Bemerkungen zum EuGH-Urteil in Sachen »Erzberger./. TUI AG«, NZG 2017, 1021; *Hartmann/Zwirner,* Rechte, Pflichten und Haftung von Aufsichtsräten öffentlicher Unternehmen, BOARD 2019, 158; *Heckschen,* Öffnungsklauseln in GmbH-Satzungen, NZG 2019, 1281; *Hennke,* Aufsichts- und andere Räte, BOARD 2019, 247; *Herb,* Gesetz für die gleichberechtigte Teilhabe an Führungspositionen – Umsetzung in der Praxis, DB 2015, 964; *Heuschmid/Ulber,* Unternehmensmittbestimmung auf dem Prüfstand des EuGH, NZG 2016, 102; *Heuschmid/Videbaek Munkholm,* Zur Unionsrechtskonformität der Unternehmensmitbestimmung, EuZW 2017, 419; *Hoffmann-Becking/Krieger,* Leitfaden zur Anwendung des Gesetzes zur Angemessenheit der Vorstandsvergütung (VorstAG), NZG-Beilage 26/2009, 1; *Hohenstatt/Schramm,* Der Gemeinschaftsbetrieb im Recht der Unternehmensmitbestimmung, NZA 2010, 846 ff.; *v. Hoyningen-Huene/Powietzka,* Unterrichtung des Aufsichtsrats in der mitbestimmten GmbH, BB 2001, 529; *Huber,* Beirat und Beiratsmitglied – praxisrelevante Aspekte für ihre Tätigkeit, GmbHR 2004, 772; *Huber H.,* Der Beirat, 2004; *Jahn,* Aufsichtsrat haftet Aktionären persönlich, AG 2008, R 383; *Junker/Schmidt-Pfitzner,* Quoten und Zielgrößen für Frauen (und Männer) in Führungspositionen, NZG 2015, 929; *Kaufmann-Lauven/Lenze,* Auswirkungen der Verschmelzung auf den mitbestimmten Aufsichtsrat, AG 2010, 532 ff.; *Keiluweit,* Unterschiede zwischen obligatorischen und fakultativen Aufsichtsgremien – ein Vergleich zwischen Aktiengesellschaft und GmbH, BB 2011, 1795; *Kögel,* Der fakultative Aufsichtsrat der GmbH bei der Handelsregisteranmeldung, Rpfleger 2020, 57; *Kort,* Der Konzernbegriff iSv § 5 MitbestG, NZG 2009, 812; *Kowalski/Schmidt,* Das aktienrechtliche Statusverfahren nach §§ 96 Abs. 2, 97 ff. AktG – (k)ein Fallstrick im Gesellschaftsrecht, DB 2009, 551; *Langenbucher,* Wettbewerbsverbote, Unabhängigkeit und die Stellung des Aufsichtsratsmitglieds, ZGR 2007, 571; *Leuering,* Die Zurückweisung von einseitigen Rechtsgeschäften des Aufsichtsrats nach § 174 BGB, AG 2004, 120; *ders.,* Die Frauenquote im Unternehmen, NJW-Spezial 2015, 207; *Leuering/Rubel,* Aufsichtsrat und Prüfungsausschuss nach dem BilMoG, NJW-Spezial 2008, 559; *Leuering/Simon, Das Einsichts- und Prüfungsrecht des Aufsichtsrats, NJW-Spezial 2007, 123; Link/Vogt,* Professionalisierung von Aufsichtsräten: Auch ein Thema für die GmbH?, BB 2011, 1899; *Lorenz/Pospiech,* Beratungsverträge mit Aufsichtsratsmitgliedern in Zeiten moderner Corporate Governance, NZG 2011, 81; *Lutter,* Anwendbarkeit der Altersbestimmungen des AGG auf Organpersonen, BB 2007, 725; *ders.,* Deutschland hat Glück gehabt. Zum Mitbestimmungs-Urteil des EuGH, EuZW 2017, 665; *ders.,* Zur Weisungsbefugnis eines Gemeinderats gegenüber ratsangehörigen Aufsichtsratsmitgliedern, ZIP 2007, 1991; *Meier,* Aufsichtsratssysteme bei einer GmbH – Auswirkungen eines Wechsels innerhalb der Amtsperiode, DStR 2011, 1430; *Meiski,* Die Nichtöffentlichkeit der Aufsichtsratssitzung einer kommunalen GmbH und das Öffentlichkeitsprinzip der kommunalen Selbstverwaltung, NVwZ 2007, 1335; *Mense/Klie,* Update zur Frauenquote – Wie die Besetzungsziele für Aufsichtsrat, Geschäftsleitung und Führungsebenen in der Praxis umzusetzen sind, GWR 2015, 441; *Meyer/Mattheus,* Das Abschlussprüfungsreformgesetz (AReG) – Neuerungen für Prüfungsausschüsse, DB 2016, 695; *Müller-Bonanni/Forst,* Frauenquoten in Führungspositionen der GmbH, GmbHR 2015, 621; *Müller-Bonanni/Müntefering,* Arbeitnehmerbeteiligung bei SE-Gründung und grenzüberschreitender Verschmelzung im Vergleich, BB 2009, 1699; *Müller/Wolff,* Verlagerung von Zuständigkeiten auf den Beirat der GmbH, NZG 2003, 810; *Nießen,* Der Aufsichtsrat in der GmbH, NJW-Spezial 2008, 367; *Nießen/Kempermann,* Der Beirat in der GmbH als Gestaltungsinstrument, NJW-Spezial 2012, 271; *Nießen/Sandhaus,* Das Statusverfahren, NJW-Spezial 2008, 687; *Nodoushani,* Das neue Anforderungsprofil für Aufsichtsräte von Unternehmen von öffentlichem Interesse, AG 2016, 381; *Oetker,* Weisungsrecht der Gesellschafterversammlung und Zustimmungsvorbehalt des Aufsichtsrats in der mitbestimmten GmbH, ZIP 2015, 1461; *Ohmann-Sauer/Langemann,* Der Referentenentwurf zur Einführung einer »gesetzlichen Frauenquote«, NZA 2014, 1120; *Olbrich/Krois,* Das Verhältnis von »Frauenquote« und AGG, NZA 2015, 1288; *Ott/Goette,* Zur Frage der Berücksichtigung von im Ausland beschäftigten Arbeitnehmern bei Ermittlung der mitbestimmungsrechtlichen Schwellenwerte, NZG 2018, 281; *dies.,* Zur Frage der Berücksichtigung von im Ausland beschäftigten Arbeitnehmern bei Ermittlung der mitbestimmungsrechtlichen Schwellenwerte, NZG 2018, 281; *Otto,* Einrichtung des fakultativen Aufsichtsrats durch Gesellschafterbeschluss kraft Satzungsermächtigung, GmbHR 2016, 19; *Priester,* Aufsichtsrat per Öffnungsklausel, NZG 2016, 774; *Reuter,* Der Beirat der GmbH, Festschrift 100 Jahre GmbHG, 1992, 631; *Ring,* Die Rechtsprechung des BGH zum GmbH-Recht im Jahr 2019, NJ 2020, 100; *Röder/Arnold,* Zielvorgaben zur Förderung des Frauenanteils in Führungspositionen, NZA 2015, 1281; *Rubner,* Zivilrechtliche Haftung des Aufsichtsrats, NJW-Spezial 2009, 111; *Ruzik,* Zum Streit zum Streik – Aufsichtsratsmandat und Gewerkschaftsführung im Arbeitskampf, NZG 2004, 455 ff.; *Schilha,* Neues Anforderungsprofil, mehr Aufgaben und erweiterte Haftung nach Inkrafttreten der Abschlussprüfungsreform, ZIP 2016, 1316; *Schleusener,* Diskriminierungsfreie Einstellung zwischen AGG und Frauenförderungsgesetz, NZA-Beil. 2016, 50; *Schneider,* Unternehmerische Entscheidungen als Anwendungsvoraussetzung für die Business Judgement Rule, DB 2005, 707; *Schnitker/Grau,* Aufsichtsratswahlen und Ersatzbestellung von Aufsichtsratsmitglieder im Wechsel des Mitbestimmungsmodell, NZG 2007, 486; *Schnorbus/Ganzer,* Aufwendungsersatzansprüche der Aufsichtsratsmitglieder und Möglichkeiten der Schaffung eines Aufsichtsratsbudgets, BB 2019, 258; *dies.,* Haftung fakultativer Gesellschaftsorgane in der GmbH und KGaA, BB 2017, 1795; *dies.,* Zustimmungsvorbehalte des Aufsichtsrats – Rechte, Pflichten und Haftungsrisiken von Vorstand und Aufsichtsrat – Teil II, BB 2020, 451; *Scholz,* Haftungsprivileg, safe harbor oder verbindliche Konkretisierung des allgemeinen Sorgfaltsmaßstabs?, AG 2018, 173; *Schüppen,* Die europäische Abschlussprüfungsreform und ihre Implementierung in Deutschland – Vom Löwen zum Bettvorleger?, NZG 2016, 247;*Schwerdtfeger,* Gesellschaftsrechtliche Ausgestaltung der Rechte und Pflichten des GmbH-Aufsichtsrats als Grundentscheidung für die strafrechtliche Risikoexposition seiner Mitglieder, NZG 2017, 455; *Seibt,* Drittelbeteiligungsgesetz und Fortsetzung der Reform des Unternehmensmitbestimmungsrechts, NZA 2004, 767; *Simon,* Bestellung und Abberufung des Aufsichtsrats in GmbH und GmbH & Co. KG, GmbHR 1999, 257; *Simons/Fromholzer,* Die Festlegung von Zielgrößen für den Frauenanteil in Aufsichtsrat, Geschäftsleitung und Führungspositionen, AG 2015, 457; *Spindler,* Kommunale Mandatsträger in Aufsichtsräten – Verschwiegenheitspflicht und Weisungsgebundenheit, ZIP 2011, 689; *Stiegler,* Zehn Jahre Internationale Verschmelzungsrichtlinie – Erreichtes, Stand und Perspektiven, GmbHR 2016, 406; *Stüber,* Die Frauenquote ist da – Das Gesetz zur gleichberechtigten Teilhabe und die Folgen für die Praxis, DStR 2015, 947; *Teichmann/Rüb,* Der Regierungsentwurf zur

Geschlechterquote in Aufsichtsrat und Vorstand, BB 2015, 259; *Theiselmann*, Die Haftung des GmbH-Aufsichtsrats für Verletzungen der Überwachungspflicht, GmbH-StB 2011, 13; *Uffmann*, Überwachung der Geschäftsführung durch einen schuldrechtlichen GmbH-Beirat?, NZG 2015, 169; *Van Baalen/Krüger/Möhlmann-Mahlau*, Die Haftung des Aufsichtsrats, ZCG 2019, 128; *Vetter*, Beratungsverträge mit Aufsichtsratsmitgliedern, AG 2006, 173; *Vetter*, Corporate Governance in der GmbH – Aufgaben des Aufsichtsrates der GmbH, GmbHR 2011, 449; *Wachter*, Weitere Gesetzesänderungen im GmbH-Recht nach MoMiG, GmbHR, 2009, 953; *Wasmann/Rothenburg*, Praktische Tipps zum Umgang mit der Frauenquote, DB 2015, 291; *Weber/Kiefner/Jobst*, Die Nichtberücksichtigung ausländischer Arbeitnehmer bei der Berechnung der mitbestimmungsrechtlichen Schwellenwerte im Lichte von Art. 3 GG, AG 2018, 140; *Weiss*, Beratungsverträge mit Aufsichtsrats- und Beiratsmitgliedern in der Aktiengesellschaft und der Gesellschaft mit beschränkter Haftung, BB 2007, 1853; *Weiß*, Nachträgliche Errichtung eines fakultativen Aufsichtsrats trotz Öffnungsklausel nur mit notarieller Beurkundung und Handelsregistereintragung, EWiR 2016, 267; *Werner*, Aktuelle Probleme der Vertretung von Aktiengesellschaft durch den Aufsichtsrat nach § 112 BGB, Der Konzern, 2008, 639; *ders.*, Der fehlerhafte Beiratsbeschluss, GmbHR 2015, 577; *Wienbracke*, Deutsches Mitbestimmungsgesetz arbeitnehmerfreizügigkeitskonform, NZA 2017, 1036; *Wilhelm*, Öffentlichkeit und Haftung bei Aufsichtsräten in einer kommunalen GmbH, DB 2009, 944; *Wind/Klie*, Beziehungen zum Mehrheitsaktionär als unabhängigkeitsgefährdender Interessenkonflikt von Aufsichtsratsmitgliedern?, NZG 2010, 1413; *Witte/Indenhuck*, Wege aus der Haftung – die Beauftragung externer Berater durch den Aufsichtsrat, BB 2014, 2563.

Übersicht

A. Einführung

I. Mögliche Aufsichtsratsstatute

Bei der GmbH besteht – im Gegensatz zur AG – nicht bereits kraft Gesetzes stets ein zwingender Aufsichtsrat. Sofern sich nicht aus speziellen Regelungen, insb. aus mitbestimmungsrechtlichen Gesetzen, eine Pflicht zur Bildung eines Aufsichtsrats ergibt, steht es den Gesellschaftern der GmbH frei, einen Aufsichtsrat in der GmbH als weiteres Organ der Gesellschaft zu implementieren. 1

2 Sofern sich die Gesellschafter zur Bildung eines Aufsichtsrats entschließen, enthält das GmbHG mit § 52 eine Regelung für einen solchen freiwilligen (»fakultativen«) Aufsichtsrat.[1] Auch wenn § 52 in großen Teilen auf die Regelungen des AktG zum Aufsichtsrat verweist (Abs. 1), liegt die Ausgestaltung des freiwilligen Aufsichtsrats zum Großteil in den Händen der Gesellschafter. Diese können kraft Regelung im Gesellschaftsvertrag den Aufsichtsrat weitestgehend nach ihren Vorstellungen ausgestalten und unterliegen dabei nur in begrenztem Umfang Einschränkungen.

3 Allerdings ist auch bei der GmbH unter bestimmten Voraussetzungen ein Aufsichtsrat zwingend einzurichten. Entsprechende Verpflichtungen bestehen dabei primär aus mitbestimmungsrechtlichen Vorgaben. So begründen das Gesetz über die Drittelbeteiligung der Arbeitnehmer im Aufsichtsrat (DrittelbG), das Gesetz über die Mitbestimmung der Arbeitnehmer (MitbestG), das Gesetz über die Mitbestimmung der Arbeitnehmer in den Aufsichtsräten und Vorständen der Unternehmen des Bergbaus und der Eisen und Stahl erzeugenden Industrie (MontanMitbestG) und das Gesetz zur Ergänzung des Gesetzes über die Mitbestimmung der Arbeitnehmer in den Aufsichtsräten und Vorständen der Unternehmen des Bergbaus und der Eisen und Stahl erzeugenden Industrie (MontanMitbestErgG) unter näher definierten Voraussetzungen die Verpflichtung zur Implementierung eines mitbestimmten Aufsichtsrats. Darüber hinaus sieht § 18 Abs. 2 Satz 1 KAGB[2] im Hinblick auf erhöhte Schutzinteressen des Publikumsverkehrs bei Kapitalanlagegesellschaften zwingend einen Aufsichtsrat vor.

4 Schließlich kann bei einer GmbH auch ein »europäisches Mitbestimmungsstatut« eingreifen. Sofern aus einer grenzüberschreitenden Verschmelzung eine deutsche GmbH hervorgeht, findet das deutsche Mitbestimmungsrecht vom Grundsatz her keine Anwendung. Vielmehr bestimmt sich in diesem Fall die unternehmerische Mitbestimmung nach den Regelungen des Gesetzes über die Mitbestimmung der Arbeitnehmer bei einer grenzüberschreitenden Verschmelzung (MgVG), das die europarechtlichen Vorgaben der Verschmelzungsrichtlinie[3] umgesetzt hat.

II. Bestimmung des einschlägigen Aufsichtsratsstatuts

1. Das Statusverfahren

5 Der Gesetzgeber stellt mit dem in den §§ 97 ff. AktG geregelten Statusverfahren ein Verfahren bereit, mit dem das jeweils anwendbare Aufsichtsratsstatut verbindlich bestimmt wird. Die Regelungen der §§ 97 ff. AktG gelten über § 27 EGAktG bzw. die spezialgesetzlichen Regelungen der § 1 Abs. 1 Nr. 3 DrittelbG, § 6 Abs. 2 MitbestG, § 3 Abs. 2 MontanMitbestG, § 3 MontanMitbestErgG und § 18 Abs. 2 S. 3 KAGB für die GmbH entsprechend. Das Statusverfahren findet jedoch bei einer grenzüberschreitenden Verschmelzung unter Beteiligung einer der Mitbestimmung unterliegenden deutschen aufnehmenden Gesellschaft keine Anwendung.[4]

6 Das Statusverfahren ist nicht nur in den Fällen, in denen bei einer GmbH mit zwingendem Aufsichtsrat das Aufsichtsratssystem verändert werden soll[5] durchzuführen, sondern (entsprechend) auch bei einer bestehenden GmbH ohne Aufsichtsrat, bei der nunmehr ein obligatorischer Aufsichtsrat eingeführt werden soll[6] oder bei einer GmbH, bei der die Voraussetzungen für die Bildung eines zwingenden Aufsichtsrats entfallen.[7] Entsprechendes gilt, wenn streitig oder ungewiss ist, ob

1 Zur geschichtlichen Entwicklung des § 52 *Spindler*, in: MünchKommGmbHG, § 52 Rn. 4 ff.

2 Vormals (bis zum 22.07.2013) § 6 Abs. 2 InvestmentG.

3 Richtlinie 2005/96/EG des Europäischen Parlaments und des Rates vom 26.10.2005 über die Verschmelzung von Kapitalgesellschaften aus verschiedenen Mitgliedstaaten, Abl 2005 L 310, S. 1 ff.

4 *Deck*, NZG, 2017, 968.

5 *Zöllner/Noack*, in: Baumbach/Hueck, GmbHG, § 52 Rn. 14.

6 OLG Saarbrücken, NZG 2016, 941; BAG, ZIP 2008, 1630, 1631; *Kleinsorge*, in: Wlotzke/Wissmann/Koberski/Kleinsorge, DrittelbG, § 1 Rn. 17; *Giedinghagen*, in: Michalski, GmbHG, § 52 Rn. 41; *Zöllner/Noack*, in: Baumbach/Hueck, GmbHG, § 52 Rn. 15; *Spindler*, in: MünchKommGmbHG, § 52 Rn. 69.

7 OLG Frankfurt am Main, NZG 2011, 353; LG Berlin, ZIP 2007, 424 ff.; *Kowalski/Schmidt*, DB 2009, 551, 553; *Weiler*, NZG 2004, 988 ff.

überhaupt ein Aufsichtsrat nach einem Mitbestimmungsstatut zu errichten ist.[8] Darüber hinaus machen auch Veränderungen im Hinblick auf die gesetzlich relevanten Schwellenwerte (vgl. § 95 Abs. 1 Satz 4 AktG, § 7 MitbestG), welche Einfluss auf die größenmäßige Zusammensetzung des obligatorischen Aufsichtsrats haben, die Einleitung eines Statusverfahrens erforderlich, selbst wenn das Mitbestimmungsstatut als solches unverändert bleibt.[9]

Umstritten ist, ob das Statusverfahren auch dann durchzuführen ist, wenn lediglich kraft Gesell- 7
schaftsvertragsänderung die Größe des (zwingenden) Aufsichtsrats bei unverändert fortgeltendem Aufsichtsratsstatut geändert wird. Während die wohl herrschende Ansicht in diesen Fällen die Durchführung des Statusverfahrens sogar als unzulässig erachtet,[10] hält das BAG die Durchführung eines Statusverfahrens auch in diesen Fällen für zwingend.[11] Eine andere Zusammensetzung als nach den zuletzt angewandten gesetzlichen Vorschriften liege auch dann vor, wenn die Form der Zusammensetzung sich nicht ändert, wohl aber die Zahl der Aufsichtsratsmitglieder aufgrund einer Gesellschaftsvertragsänderung erhöht oder verringert wird, da der Gesellschaftsvertrag ein Gesetz i.S.d. Zivilrechts sei. Die Vergrößerung des Aufsichtsrats durch Gesellschaftsvertragsänderung ohne Statusverfahren birgt insofern das Risiko der Nichtigkeit der im Hinblick darauf durchgeführten Aufsichtsratswahlen.

Das Statusverfahren greift nur zur Klärung von Fragen im Rahmen eines *zwingenden* Aufsichtsrats- 8
statuts ein. Die Frage, ob und wie ein fakultativer Aufsichtsrat zu bilden ist, kann dagegen nicht Gegenstand eines Statusverfahrens werden. Es ist vielmehr grds. Sache der Gesellschafter, dies i.R.d. Ausgestaltung des Gesellschaftsvertrags festzulegen. Sofern es auf Basis einer bestehenden Regelung im Gesellschaftsvertrag zu streitigen Fragen, die einen freiwilligen Aufsichtsrat betreffen, kommt, ist daher nicht das Statusverfahren, sondern ggf. die allgemeine Leistungs- bzw. Feststellungsklage die statthafte Verfahrensart. Auf der anderen Seite ist das Statusverfahren allerdings auch das einzige Verfahren, um beim zwingenden Aufsichtsrat die entsprechenden Fragen verbindlich zu klären. So ist bspw. eine außerordentliche Beschwerde wegen offensichtlicher Gesetzeswidrigkeit gegen die Zusammensetzung eines Aufsichtsrats ebenso wenig statthaft,[12] wie die inzidente Prüfung der Notwendigkeit eines obligatorischen Aufsichtsrats im Zusammenhang mit einem Verfahren nach § 104 AktG.[13]

Wird das Statusverfahren nicht durchgeführt, kann dies erhebliche Konsequenzen für die Wahl der 9
AR-Mitglieder nach sich ziehen. So ist nach Auffassung des BAG die Wahl der Arbeitnehmervertreter nach dem »neuen« Aufsichtsratsstatut nichtig, sofern nicht zuvor das erforderliche Statusverfahren durchgeführt worden ist.[14] Dies gilt selbst dann, wenn bei allen Beteiligten über die veränderten gesetzlichen Rechtsgrundlagen bzgl. der Wahl des (neuen) Aufsichtsrats Einigkeit herrscht.[15] Kommen die Geschäftsführer ihrer Verpflichtung zur Einleitung eines Statusverfahrens nicht nach, kommt eine Schadensersatzpflicht nach § 43 Abs. 2 in Betracht.[16] Weitere persönliche Sanktionen, wie das Festsetzen eines Zwangsgelds oder eines Ordnungsgelds nach § 335 HGB bei fehlendem

8 BAG, ZIP 2008, 1630, 1631; *Giedinghagen*, in: Michalski, GmbHG, § 52 Rn. 41; *Zöllner/Noack*, in: Baumbach/Hueck, GmbHG, § 52 Rn. 15.

9 *Heermann*, in: Ulmer/Habersack/Löbbe, GmbHG, § 52 Rn. 12 ff.; *Giedinghagen*, in: Michalski, GmbHG, § 52 Rn. 41; vgl. auch OLG Hamburg, ZIP 1988, 1191, 1192.

10 *Zöllner/Noack*, in: Baumbach/Hueck, GmbHG, § 52 Rn. 14; *Spindler*, in: MünchKommGmbHG, § 52 Rn. 71; vgl. auch OLG Hamburg, WM 1988, 1487.

11 BAG, WM 1990, 633, 636.

12 BGH, ZIP 2007, 1431.

13 BAG, ZIP 2008, 1630; 1631 ff.; *Zöllner/Noack*, in: Baumbach/Hueck, GmbHG, § 52 Rn. 16; *Giedinghagen*, in: Michalski, GmbHG, § 52 Rn. 44; a.A. *Raiser*, in: Hachenburg, GmbHG, § 52 Rn. 161.

14 BAG, ZIP 2008, 1630, 1633.

15 *Habersack*, in: MünchKommAktG, § 96 Rn. 32; *Giedinghagen*, in: Michalski, GmbHG, § 52 Rn. 42; vgl. auch *Nießen/Sandhaus*, NJW-Spezial 2008, 687.

16 *Spindler*, in: MünchKommGmbHG, § 52 Rn. 69; zum möglichen Schaden s. *Nießen/Sandhaus*, NJW-Spezial 2008, 687 ff.

Aufsichtsratsbericht, weil ein nach Mitbestimmungsrecht erforderlicher Aufsichtsrat pflichtwidrig nicht eingerichtet ist, sieht das Gesetz nicht vor.[17]

2. Der Ablauf des Statusverfahrens

10 Das Statusverfahren als solches vollzieht sich in zwei Stufen. Auf der ersten Stufe wird die Anwendbarkeit der neuen Vorschriften über die Zusammensetzung des Aufsichtsrats festgestellt. In einer zweiten Stufe erfolgt die Umsetzung des festgestellten neuen Modells, indem der Gesellschaftsvertrag und der Aufsichtsrat entsprechend den dann geltenden Vorschriften angepasst werden.

11 Der Prozess der Feststellung des einschlägigen Aufsichtsratsstatuts kann dabei entweder durch eine Bekanntmachung der Geschäftsführung in den Gesellschaftsblättern und durch Aushang in sämtlichen Betrieben der Gesellschaft und ihrer Konzernunternehmen begonnen werden (§ 97 AktG) oder – sofern streitig oder ungewiss ist, nach welchen gesetzlichen Vorschriften der Aufsichtsrat zusammenzusetzen ist – durch einen Antrag auf gerichtliche Entscheidung über die Zusammensetzung des Aufsichtsrats (§ 98 AktG).

12 In der Praxis stellt die Eröffnung des Statusverfahrens durch entsprechende Bekanntmachung der Geschäftsführung der Gesellschaft den Regelfall dar. Basis hierfür ist ein Beschluss der Gesamtgeschäftsführung, das Statusverfahren durchzuführen. Hinsichtlich der tatsächlichen Durchführung des Statusverfahrens, beginnend mit der Bekanntmachung, ist es hingegen möglich, dass die Geschäftsführung in vertretungsberechtigter Zahl handelt.[18] Inhaltlich hat die Bekanntmachung die Erklärung zu enthalten, dass die Geschäftsführung der Ansicht ist, der Aufsichtsrat sei nicht nach den für ihn maßgebenden gesetzlichen Vorschriften zusammengesetzt.[19] Gem. § 97 Abs. 1 Satz 2 AktG hat die Bekanntmachung daneben die Angabe zu enthalten, nach welchen gesetzlichen Vorschriften der Aufsichtsrat nach Ansicht der Geschäftsführung zusammenzusetzen ist. Schließlich hat die Geschäftsführung darauf hinzuweisen, dass der Aufsichtsrat nach diesen Vorschriften zusammengesetzt wird, wenn nicht Antragsberechtigte nach § 98 Abs. 2 AktG (u.a. jedes Aufsichtsratsmitglied, jeder Gesellschafter, der Gesamtbetriebsrat, mindestens ein Zehntel oder einhundert der wahlberechtigten Arbeitnehmer) innerhalb eines Monats nach der Bekanntmachung im elektronischen Bundesanzeiger das nach § 98 Abs. 1 zuständige Gericht anrufen.

13 Sofern das nach § 98 Abs. 1 AktG zuständige Gericht nicht innerhalb eines Monats nach Bekanntmachung im elektronischen Bundesanzeiger angerufen wird, ist gem. § 97 Abs. 2 Satz 1 AktG der neue Aufsichtsrat nach den in der Bekanntmachung der Geschäftsführung angegebenen Vorschriften zusammenzusetzen. Wird das Gericht fristgemäß angerufen, wird das außergerichtliche Statusverfahren automatisch in das gerichtliche Verfahren übergeleitet.

14 Der Ablauf der Anrufungsfrist hat zunächst keinen unmittelbaren Einfluss auf den bislang bestehenden Aufsichtsrat und die diesen betreffenden bisherigen Gesellschaftsvertragsregelungen.[20] Aus § 97 Abs. 2 Satz 2 und 3 AktG ergibt sich, dass der bisherige Aufsichtsrat zunächst im Amt bleibt und die Regelungen des Gesellschaftsvertrags weiter gelten. Allerdings gilt dies nicht unbegrenzt. Die Bestimmungen des Gesellschaftsvertrags über die Zusammensetzung des Aufsichtsrats, die Zahl der Aufsichtsratsmitglieder sowie die Wahl, Abberufung und Entsendung von Aufsichtsratsmitgliedern treten gem. § 97 Abs. 2 Satz 2 AktG mit der Beendigung der ersten Gesellschafterversammlung, die nach Ablauf der Anrufungsfrist *einberufen* wird, insoweit außer Kraft, als sie den nunmehr anzuwendenden gesetzlichen Vorschriften widersprechen. Wird eine Gesellschafterversammlung nicht »zeitnah« einberufen, erfolgt dies spätestens 6 Monate nach dem Ablauf der Anrufungsfrist. Bei Aufsichtsratswahlen, die nach dem Zeitpunkt des Außerkrafttretens erfolgen,

17 BVerfG, DStR 2014, 540, 543.
18 Zur AG *Hopt/Roth*, in: GroßKommAktG, § 97, Rn. 46; *Habersack*, in: MünchKommAktG, § 97 Rn. 18.
19 Zur AG Nießen/*Sandhaus*, NJW-Spezial 2008, 687.
20 *Spindler*, in: MünchKommGmbHG, § 52 Rn. 68 m.w.N.; vgl. auch *Brodhun*, NZG 2012, 1050, 1053.

dürfen die dem neuen Modell widersprechenden Bestimmungen des Gesellschaftsvertrags nicht mehr zugrunde gelegt werden.[21]

15 Jede Gesellschafterversammlung, die nach Ablauf der Anrufungsfrist von einem Monat ab Bekanntmachung einberufen wird und innerhalb der Sechsmonatsfrist stattfindet, kann gem. § 97 Abs. 2 Satz 4 AktG anstelle der außer Kraft tretenden Bestimmung des Gesellschaftsvertrags mit *einfacher* Stimmenmehrheit neue gesellschaftsvertragliche Regelungen beschließen. Im Gegensatz zur ansonsten regelmäßig erforderlichen qualifizierten Mehrheit für eine Vertragsänderung sind die Voraussetzungen in diesem Fall daher geringer.

16 Neben dem Außerkrafttreten der entsprechenden Vertragsbestimmungen erlischt gem. § 97 Abs. 2 Satz 3 AktG gleichzeitig auch das Amt der bisherigen Aufsichtsratsmitglieder. Ist bis dahin kein neuer Aufsichtsrat bestimmt worden, ist die Gesellschaft ohne Aufsichtsratsmitglieder.[22] Dies gilt auch im Hinblick auf Mitglieder, die auch im neuen Aufsichtsrat wieder vertreten sein sollen.[23] Eine Erledigung des Statusverfahren erfolgt mit der Verschmelzung der betroffenen Gesellschaft auf eine andere Gesellschaft.[24]

B. Der fakultative Aufsichtsrat

I. Grundzüge des fakultativen Aufsichtsrats

17 Den Gesellschaftern einer GmbH steht es – vorbehaltlich spezialgesetzlich zwingender Vorgaben – frei, bei der GmbH einen Aufsichtsrat zu implementieren. Der fakultative Aufsichtsrat leitet insofern seine Existenz, Zusammensetzung und Kompetenzen weitestgehend aus den jeweiligen Bestimmungen des Gesellschaftsvertrags ab.[25] Dabei kann der Gesellschaftsvertrag als solcher bereits den Aufsichtsrat und seine konkrete Ausgestaltung regeln, er kann die Einrichtung eines fakultativen Aufsichtsrats aber auch in das Ermessen der Gesellschafter stellen, die dann durch Gesellschafterbeschluss mit – soweit vertragsmäßig nichts anderes geregelt ist – einfacher Mehrheit über die Errichtung und Ausgestaltung des fakultativen Aufsichtsrats entscheiden können.[26]. In einem solchen Vorgehen liegt keine materielle Satzungsänderung, die nur unter Einhaltung der §§ 53 Abs. 2 und 54 Abs. 3 wirksam werden kann, sofern die Ermächtigung ausreichend bestimmt ist und der Einrichtungsbeschluss nicht gegen das Gesetz oder die Satzung verstößt.[27] Vielmehr geben die Gesellschafter selbst durch eine Öffnungsklausel in der Satzung zu erkennen und ordnen an, dass eine Entscheidung über die Errichtung des Aufsichtsrats außerhalb der Satzung getroffen werden soll.[28] Transparenzdefizite bei der Bildung eines Aufsichtsrats durch eine Öffnungsklausel sind zu verneinen, da die Satzung für Dritte einsehbar ist. Nach der Einrichtung des Aufsichtsrats ist dessen Vorsitzender nach § 35a I 1 GmbHG auf allen Geschäftsbriefen anzugeben. Gleichzeitig normiert § 52 III 2 GmbHG die Verpflichtung der Geschäftsführer eine Liste der Mitglieder des Aufsichtsrats zum Handelsregister einzureichen. Das Gericht hat nach § 10 HGB einen Hinweis

21 *Habersack*, in: MünchKommAktG, § 97 Rn. 34 mit dem Hinweis, dass dies trotz des missverständlichen Wortlauts des § 97 Abs. 2 Satz 2 AktG auch schon für die erste nach Ablauf der Anrufungsfrist einberufene Hauptversammlung gilt; ebenso *Mertens/Cahn*, in: KK-AktG, §§ 97 bis 99 Rn. 25.

22 *Hopt/Roth/*, in: GroßKommAktG, § 97 Rn. 75; vgl. zur Möglichkeit eines nahtlosen Wechsels des Aufsichtsratsstatuts *Nießen/Sandhaus*, NJW-Spezial 2008, 687.

23 *Hopt/Roth*, in: GroßKommAktG, § 97 Rn. 75; *Koch*, in: Hüffer/Koch, AktG, § 97 Rn. 5.

24 BGH, NJW 2015, 1449.

25 *Lutter/Hommelhoff*, in: Lutter/Hommelhoff, GmbHG, § 52 Rn. 3; *Altmeppen*, in: Roth/Altmeppen, GmbHG, § 52 Rn. 2 ff.; *Zöllner/Noack*, in: Baumbach/Hueck, GmbHG § 52 Rn. 24; *Giedinghagen*, in: Michalski, GmbHG, § 52 Rn. 7.

26 *Giedinghagen*, in: Michalski, GmbHG, § 52 Rn. 7; *Marsch-Barner/Diekmann*, in: MünchHdbGesR, § 48 Rn. 15.

27 BGH, NJW 2019, 3155, 3160; *Giedinghagen*, in: Michalski, GmbHG, § 52 Rn. 7; *Otto*, GmbHR 2016, 19, 20, 22 f.; *Priester*, NZG 2016, 774; a.A.: *Weiß*, EWiR 2016, 267.

28 *Otto*, GmbHR 2016, 19, 20, 22 f.; *Giedinghagen*, in: Michalski, GmbHG, § 52 Rn. 7; a.A. KG Berlin, GmbHR 2016, 29, 31.

darauf bekannt zu machen.[29] Nicht ausreichend ist hingegen die Einsetzung des Aufsichtsrats allein durch Gesellschafterbeschluss.[30]

18 Nach Auffassung des BGH[31] wollen die Gesellschafter im Fall der freiwilligen Einrichtung eines Aufsichtsrats – soweit sie von ihrer in § 52 Abs. 1 eröffneten Regelungsbefugnis keinen Gebrauch machen – nicht von der grundsätzlich dualistischen Struktur der GmbH (Gesellschafterversammlung/Geschäftsführung) abweichen.[32] Statt dessen schaffen sie ein Gremium, das für die Gesellschafterversammlung als dem maßgeblichen Willensbildungs- und Kontrollorgan der Gesellschaft **Teilaufgaben der Überwachung der Geschäftsführer** übernimmt und sicherstellt, dass diese die Geschäfte so führen, wie es dem wohlverstandenen Interesse der Gesellschafter entspricht. Insofern obliegt dem Aufsichtsrat als zentrale Aufgabe die Überwachung der Geschäftsführung (Kontrolle der Legalität, Ordnungsmäßigkeit und Wirtschaftlichkeit der Geschäftsführung),[33] die neben die Überwachung der Geschäftsleitung durch die Gesellschafterversammlung tritt.[34] Fehlt es an dieser Überwachungsfunktion, findet § 52 grds. keine Anwendung.[35] Anders als der obligatorische Aufsichtsrat ist der fakultative Aufsichtsrat nach Auffassung des BGH[36] nicht im Interesse der Allgemeinheit in die Pflicht genommen und hat daher auch keine über seine ihm von der Gesellschafterversammlung übertragenen Aufgaben hinausgehenden öffentlichen Belange zu wahren.

19 Das GmbHG selbst hält für den fakultativen Aufsichtsrat in Form von § 52 nur eine Norm bereit, die in Abs. 1 weitgehend auf Regelungen des Aktiengesetzes verweist und lediglich in Abs. 2 und 3 inhaltlich selbstständige Regelungen enthält. Der Verweis auf die aktienrechtlichen Vorschriften in Abs. 1 ist dabei jedoch nicht zwingend. Die in Bezug genommenen Normen finden vielmehr auf Basis des § 52 nur dann Anwendung, wenn a) keine gesetzliche Pflicht zur Bildung eines Aufsichtsrats besteht, b) der Gesellschaftsvertrag die Bildung eines Aufsichtsrats vorsieht und c) der Gesellschaftsvertrag selbst die Anwendbarkeit der aktienrechtlichen Vorschriften nicht ausschließt oder selbst anderweitige (verdrängende) Regelungen enthält.[37] Insofern besteht daher nicht nur Vertragsautonomie hinsichtlich der Bildung eines fakultativen Aufsichtsrats, sondern auch hinsichtlich seiner Ausgestaltung. Zwingend einzuhaltende Vorgaben bestehen in diesem Zusammenhang nur sehr begrenzt und ergeben sich entweder bereits aus dem Gesetz selbst oder aus den sich aus der Struktur der GmbH ergebenden Grenzen der Vertragsautonomie. Unabdingbare Regelung des GmbHG sind insoweit die Regelungen des § 52 Abs. 2 und 3, die §§ 35a, 71 Abs. 5 (Angaben des Aufsichtsrats auf Geschäftsbriefen) sowie die Regelungen zur Strafbarkeit der Aufsichtsratsmitglieder wegen falscher Angaben über die Vermögenslage (§ 82 Abs. 2 Nr. 2) oder die Verletzung von Geheimhaltungspflichten (§ 85 Abs. 1). Begrenzungen aufgrund der Struktur der GmbH ergeben sich insb. aus dem organschaftlichen Kompetenzgefüge zwischen den Gesellschaftsorganen. So obliegt z.B. zwingend die organschaftliche Vertretung der Geschäftsführung, die Entscheidung in Grundlagenfragen der Gesellschafterversammlung und die Überwachung der Geschäftsführung (zumindest auch) dem Aufsichtsrat. Diese Kernkompetenz kann – trotz weitestgehender Gestaltungsfreiheit – auch einem fakultativen Aufsichtsrat nicht genommen werden.[38]

---

29 BGH, NJW 2019, 3155, 3162; *Giedinghagen*, in: Michalski, GmbHG, § 52 Rn. 7.

30 *Spindler*, in: MünchKommGmbHG, § 52 Rn. 34; *Giedinghagen*, in: Michalski, GmbHG, § 52 Rn. 7.

31 BGH, ZIP 2010, 1988, 1990.

32 Vgl. auch BGHZ 135, 48, 53 ff.

33 LG Stuttgart, DB 1999, 2462, 2463; *Heermann*, in: Ulmer/Habersack/Löbbe, GmbHG, § 52 Rn. 17; *Giedinghagen*, in: Michalski, GmbHG, § 52 Rn. 9.

34 BGHZ 135, 48; *Schneider*, in: Scholz, GmbHG, § 52 Rn. 87.

35 *Schnorbus*, in: Rowedder/Schmidt-Leithoff, GmbHG, § 52 Rn. 8a; *Spindler*, in: MünchKommGmbHG, § 52 Rn. 36 f.; *Zöllner/Noack*, in: Baumbach/Hueck, GmbHG, § 52 Rn. 28, 22 m.w.N.; vgl. auch *Loges*, ZIP 1997, 437, 440; a.A. *Reuter*, FS 100 Jahre GmbHG, 1992, 631, 632 f.

36 BGH, ZIP 2010, 1988, 1991; RGZ 161, 129, 138 f.

37 *Schnorbus*, in: Rowedder/Schmidt-Leithoff, GmbHG, § 52 Rn. 9.

38 *Giedinghagen*, in: Michalski, GmbHG, § 52 Rn. 9; *Zöllner/Noack*, in: Baumbach/Hueck, GmbHG, § 52 Rn. 28; vgl. auch oben Rdn. 18; a.A.: *Altmeppen*, in: Roth/Altmeppen, GmbHG, § 52 Rn. 2.

§ 52 Abs. 1 erklärt nur bestimmte Vorschriften des AktG für entsprechend anwendbar und diese auch nur insofern, als der Gesellschaftsvertrag nichts anderes bestimmt. In der Praxis kommt es jedoch häufiger vor, dass – sofern überhaupt ausführlichere Regelungen im Gesellschaftsvertrag vorhanden sind – die gesellschaftsvertraglichen Regelungen Lücken aufweisen, die nicht durch die in § 52 Abs. 1 in Bezug genommenen Normen gefüllt werden. Sofern teilweise in der Literatur vertreten wird, dass die Verweisung in Abs. 1 nicht abschließend sei, sondern vielmehr alle Vorschriften des AktG zum Aufsichtsrat Anwendung finden, die zur personalen Struktur der GmbH nicht in Widerspruch stehen,[39] ist dem im Hinblick auf die Entscheidung des Gesetzgebers, nur ausgewählte Normen des AktG in Bezug zu nehmen, nicht zuzustimmen.[40] Sofern der Gesellschaftsvertrag keine Regelung vorsieht und auch in § 52 Abs. 1 keine inhaltlich einschlägige Regelung in Bezug genommen wird, findet daher nicht automatisch die entsprechende Regelung des AktG Anwendung. Im Fall einer ausfüllungsbedürftigen Regelungslücke sind vielmehr die **allgemeinen Grundsätze des körperschaftsrechtlichen Organisationsrechts** heranzuziehen, die allerdings häufig in den entsprechenden aktienrechtlichen Vorschriften zum Ausdruck kommen.[41] 20

II. Größe und Zusammensetzung des Aufsichtsrats

Kraft Gesetzes bestehen keine zwingenden Vorgaben für die Größe des fakultativen Aufsichtsrats. Die Gesellschafter sind daher i.R.d. Gestaltung des Gesellschaftsvertrages hinsichtlich der Bestimmung der Größe des Aufsichtsrats frei. So besteht sowohl die Möglichkeit, einen Ein-Personen-Aufsichtsrat zu bilden[42], als auch die Möglichkeit, einen verhältnismäßig großen Aufsichtsrat einzurichten. Kraft Gesellschaftsvertrag kann der Gesellschafterversammlung auch zur Beschlussfassung mit einfacher Mehrheit die Frage der Größe des Aufsichtsrats zugewiesen werden.[43] Stets ist dabei jedoch sicherzustellen, dass die dem Aufsichtsrat zwingend oder kraft Gesellschaftsvertrag zugewiesenen Aufgaben erfüllt werden können. Ist der Aufsichtsrat funktionsunfähig, kann er diese Aufgaben also z.B. wegen Unterbesetzung nicht mehr wahrnehmen, fallen dessen Aufgaben ansonsten in die Kompetenz der Gesellschafterversammlung.[44] Trifft der Gesellschaftsvertrag keine Regelung, gilt gem. § 52 Abs. 1 die Regelung des § 95 Satz 1 AktG, d.h. der Aufsichtsrat besteht aus **drei Mitgliedern**. Die übrigen Regelungen des § 95 AktG, insb. die Bestimmung der Höchstzahl an Mitgliedern, gelten ohne entsprechende Regelung im Gesellschaftsvertrag bzw. ohne entsprechenden Gesellschafterbeschluss auf Basis einer Ermächtigung im Gesellschaftsvertrag nicht. 21

Im Hinblick auf die Zusammensetzung des Aufsichtsrats bestehen keinerlei Vorgaben. Die Gesellschafter sind daher in der Besetzung des Aufsichtsrats frei. In Betracht kommt daher auch eine Besetzung mit Nichtgesellschaftern oder – was in der Praxis häufiger vorkommt – im Rahmen einer »freiwilligen Mitbestimmung« mit Vertretern der Arbeitnehmer. Zulässig dürfte ferner sein, dass der Gesellschaftsvertrag neben den stimmberechtigten Mitgliedern des fakultativen Aufsichtsrats zusätzlich lediglich »beratende Mitglieder« vorsieht.[45] 22

---

39 *Lutter/Hommelhoff*, in: Lutter/Hommelhoff, GmbHG, § 52 Rn. 3.

40 So auch *Zöllner/Noack*, in: Baumbach/Hueck, GmbHG, § 52 Rn. 31; *Altmeppen*, in: Roth/Altmeppen, GmbHG, § 52 Rn.5 ff.

41 Ähnlich auch *Schnorbus*, in: Rowedder/Schmidt-Leithoff, GmbHG, § 52 Rn. 7; *Spindler*, in: MünchKommGmbHG, § 52 Rn. 10; *Simon*, GmbHR 1999, 257, 258 (allgemeine Regeln der Analogiebildung).

42 So die h.M.: *Zöllner/Noack*, in: Baumbach/Hueck, GmbHG, § 52 Rn. 32; *Spindler*, in: MünchKommGmbHG, § 52 Rn. 82; *Altmeppen*, in: Roth/Altmeppen, GmbHG, § 52 Rn. 8; kritisch: *Lutter/Hommelhoff*, in: Lutter/Hommelhoff, GmbHG, § 52 Rn. 5. Die h.M. findet durch den mit der Aktienrechtsnovelle 2016 in Kraft getretenen § 95 Abs. 1 Satz 3 AktG n.F. nunmehr eine eindeutige Stütze im Gesetz. Danach muss die Zahl nur durch drei teilbar sein, wenn dies zur Erfüllung mitbestimmungsrechtlicher Vorgaben erforderlich ist.

43 *Heermann*, in: Ulmer/Habersack/Löbbe, GmbHG, § 52 Rn. 28; *Zöllner/Noack*, in: Baumbach/Hueck, GmbHG, § 52 Rn. 32.

44 OLG Frankfurt, NJW-RR 1995, 36, 38.

45 Ebenso *Böttcher*, NZG 2012, 809, 810 f.; zust. aber krit. *Meier*, NZG 2001, 1127; offenlassend BGH, NZG 2012, 347; wohl a.A. *Mückl/Herrnstadt*, ArbR-Aktuell 2013, 228; *Mückl*, ArbR-Aktuell 2012, 150.

III. Persönliche Voraussetzungen für Aufsichtsratsmitglieder

23 Hinsichtlich der persönlichen Voraussetzungen für Aufsichtsratsmitglieder verweist § 52 auf die Regelungen des §§ 100 Abs. 1 und Abs. 2 Nr. 2 sowie 105 AktG. Grds. steht es den Gesellschaftern darüber hinaus frei, im Gesellschaftsvertrag (weitere) persönliche Voraussetzungen für die Mitglieder des Aufsichtsrats festzulegen. Die insofern bestehende Gestaltungsfreiheit ist grds. weit und nur durch zwingende gesetzliche Vorgaben begrenzt. Eine solche besteht z.B. bei einer kapitalmarktorientierten GmbH i.S.d. § 264d HGB, bei der ein Mitglied des Aufsichtsrats bzw. in dem vom Aufsichtsrat errichteten Prüfungsausschuss (§ 107 Abs. 4 i.V.m. § 100 Abs. 5 AktG) über Sachverstand auf den Gebieten Rechnungslegung und Abschlussprüfung verfügen muss und die Mitglieder in ihrer Gesamtheit mit dem Sektor, in dem die Gesellschaft tätig ist, vertraut sein müssen.[46] Das in § 100 Abs. 5 AktG aF normierte Kriterium der Unabhängigkeit ist mit dem Abschlussprüfungsreformgesetz (AReG) entfallen[47]. Auch die Arbeitnehmervertreter im Aufsichtsrat können das Mitglied mit Sachverstand auf den Gebieten der Rechnungslegung oder Abschlussprüfung stellen. Vielfach wird der Begriff des Sektors mit der Branche, in der die Gesellschaft tätig ist, gleichgesetzt.[48] Das Kriterium der Vertrautheit setzt nicht voraus, dass jedes Mitglied des Aufsichtsrats im Vorfeld seiner Besetzung praktische Erfahrungen oder Kenntnisse in dem Sektor, in dem das Unternehmen tätig ist, gesammelt haben muss. Im Einzelfall kann eine intensive Weiterbildung, eine Tätigkeit im Beteiligungsmanagement oder eine langjährige Angehörigkeit in den beratenden Berufen entsprechende Sektorkenntnisse begründen.[49] Darüber hinaus sind beispielweise auch die Vorgaben des AGG zu berücksichtigen.[50] Gem. § 6 Abs. 3 AGG gelten die Vorschriften des AGG für Selbstständige und Organmitglieder, insb. Geschäftsführer und Vorstände, entsprechend, soweit es die Bedingungen für den Zugang zur Erwerbstätigkeit sowie den beruflichen Aufstieg betrifft. Aufsichtsratsmitglieder nennt die Vorschrift zwar nicht ausdrücklich, allerdings ist sie aufgrund des Wortlauts der Norm (»insbesondere«) auch nicht als abschließend zu verstehen. In der Literatur[51] wird vertreten, dass das AGG auf Aufsichtsratsmitglieder jedenfalls dann Anwendung finden soll, wenn es sich um eine vergütete Tätigkeit handelt.

24 Umstritten ist i.R.d. persönlichen Voraussetzungen für die AR-Mitglieder, ob abweichend von **§ 100 Abs. 1 AktG** auch juristische Personen[52] oder ein Betreuter, der bei der Besorgung seiner Vermögensangelegenheiten ganz oder teilweise einem Einwilligungsvorbehalt unterliegt,[53] als Aufsichtsratsmitglieder bestimmt werden können, für die dann jeweils der gesetzliche Vertreter oder eine anderweitig bevollmächtigte Person handelt. Dies ist im Ergebnis zu bejahen. § 100 Abs. 1 AktG, der dies für die AG ausschließt, wird in § 52 Abs. 1 gerade zur Disposition der Gesellschafter im Gesellschaftsvertrag gestellt. Der Gesetzgeber geht also davon aus, dass beim fakultativen Aufsichtsrat Abweichungen von den entsprechenden aktienrechtlichen Regelungen möglich sind. In der Praxis werden zwar regelmäßig die jeweiligen Vertretungsorgane bzw. Vertreter selbst

46 BegrRegE BilMoG v. 23.05.2008 – BR-Drucks. 344/08, S. 224 f.; vgl. zu Anforderungen an einen solchen »financial expert« OLG München, NZG 2010, 784.

47 BGBL. 2016 Teil I Nr. 23, S. 1149.

48 *Meyer/Mattheus*, DB 2016, 695; *Nodoushani*, AG 2016, 381, 386; *Schüppen*, NZG 2016, 247, 254; enger *Schilha*, ZIP 2016, 1316, 1321 der im Ergebnis dazu kommt, dass mit dem Sektorbegriff zumindest keine engere Kategorie als die Branche, in der die Gesellschaft tätig ist, gemeint sein kann.

49 BegrRegE AReG v. 11.1.2016, BT-Drucks. 18/7219, S. 56.

50 Vgl. dazu *Schneider*, in: Scholz, GmbHG, § 52 Rn. 238

51 *Schlachter*, in: ErfKomm, AGG, § 6 Rn. 7; *Schneider*, in: Scholz, GmbHG § 52 Rn. 238; *Wilsing/Meyer*, NJW 2012, 3211, 3212; *Lutter*, BB 2007, 725, 730.

52 Bejahend *Zöllner/Noack*, in: Baumbach/Hueck, GmbHG, § 52 Rn. 34; *Schneider*, in: Scholz, GmbHG, § 52 Rn. 215; *Giedinghagen*, in: Michalski, GmbHG, § 52 Rn. 56; *Spindler*, in: MünchKommGmbHG, § 52 Rn. 135; ablehnend Marsch/*Diekmann*, in: MünchHdbGesR, § 48 Rn. 22; *Lutter/Hommelhoff*, in: Lutter/Hommelhoff, GmbHG, § 52 Rn. 11; *Heermann*, in: Ulmer, GmbHG, § 52 Rn. 30.

53 Bejahend *Zöllner/Noack*, in: Baumbach/Hueck, GmbHG, § 52 Rn. 34; *Spindler*, in: MünchKommGmbHG, § 52 Rn. 135; ablehnend *Lutter/Hommelhoff*, in: Lutter/Hommelhoff, GmbHG, § 52 Rn. 11; *Heermann*, in: Ulmer, GmbHG, § 52 Rn. 30; *Giedinghagen*, in: Michalski, GmbHG, § 52 Rn. 58.

als Aufsichtsratsmitglieder bestellt, übergreifende gesetzliche Prinzipien, die dies zwingend erfordern, bestehen jedoch nicht. Ebenso wie z.B. bei einer GmbH & Co KG die Geschäftsführung der KG der GmbH, also einer juristischen Personen obliegen kann, ist dies auch für die Tätigkeit als Aufsichtsratsmitglied möglich. Allerdings kann in dem Fall, dass ein Aufsichtsratsmitglied die ihm aufgrund des Aufsichtsratsamts obliegenden Pflichten nicht erfüllen kann, weil ihm hierzu die erforderliche fachliche oder persönliche Eignung fehlt, ggf. eine Verpflichtung zum Rücktritt vom Amt bestehen, was insb. im Betreuungsfall von Relevanz sein kann.

Gleiches gilt vom Grundsatz her auch für die Regelung des **§ 100 Abs. 2 Nr. 2 AktG.** Sofern dies z.T. infrage gestellt wird,[54] ist dem nicht zu folgen. § 52 GmbHG erklärt auch § 100 Abs. 2 Nr. 2 AktG ausdrücklich für dispositiv. Für den Fall, dass in diesen Konstellationen Interessenkonflikte auftreten, ist über die allgemeinen Grundsätze des GmbH-Rechts, wie insb. das Verbot des »Richtens in eigener Sache« (vgl. dazu § 47 Abs. 4), im Einzelfall zu entscheiden, ob das jeweilige Aufsichtsratsmitglied einem Stimmrechtsverbot unterliegt. 25

Auch die Unvereinbarkeitsregelung des **§ 105 AktG**, die eine gleichzeitige Zugehörigkeit zum Aufsichtsrat und zur Geschäftsführung verbietet, ist nach der gesetzlichen Konzeption des § 52 Abs. 1 dispositiv. Trotzdem will die wohl herrschende Ansicht eine gesellschaftsvertragliche Abweichung beim fakultativen Aufsichtsrat nicht zulassen.[55] Zwar weist diese Ansicht zu Recht darauf hin, dass es für eine effektive Überwachung regelmäßig ausgeschlossen ist, dass der Überwachte selbst als Aufsichtsorgan tätig wird. Zum einen ist es jedoch im GmbH-Recht nicht ausgeschlossen, dass dem Aufsichtsrat neben der Überwachungsfunktion auch weitere Aufgaben zugewiesen werden, z.B. die Festlegung der grundsätzlichen unternehmerischen Strategie oder die Entscheidung über für die GmbH besonders wesentliche Geschäfte. Bei diesen Aufgaben besteht aber nicht zwangsläufig ein Interessenkonflikt zwischen der Geschäftsführung und dem Aufsichtsrat. Zum anderen reicht in Fällen der Interessenkollision regelmäßig auch ein Stimmrechtsverbot des Betroffenen aus. So nimmt auch die Rechtsprechung ein Stimmverbot im Verhältnis Kontrolleur/Kontrollierter an.[56] Dass eine strikte Trennung von Geschäftsleitung und -überwachung keine notwendige Voraussetzung für ein funktionierendes Unternehmen ist, zeigt auch der Vergleich zum monistischen System der Societas Europaea (§§ 22 ff. SEAG) und zum angelsächsischen Board-System[57]. Letztlich werden auch in der Rechtsprechung Ausnahmen vom Grundsatz des § 105 Abs. 1 AktG erwogen, etwa für den stellvertretenden Geschäftsführer oder einen von mehreren Geschäftsführern.[58] Vor diesem Hintergrund ist eine zwingende Anwendung des § 105 AktG auf den fakultativen Aufsichtsrat abzulehnen. 26

IV. Bestellung der Aufsichtsratsmitglieder

Sofern im Gesellschaftsvertrag nichts Abweichendes geregelt ist, werden die Mitglieder des Aufsichtsrats gem. Verweis auf § 101 Satz 1 AktG **durch die Gesellschafterversammlung bzw. im Verfahren nach § 48 Abs. 2** bestellt. Die Bestellung erfolgt dabei mit einfacher Mehrheit,[59] wobei die 27

54 Für die zwingende Anwendbarkeit auch bei der GmbH *Zöllner/Noack*, in: Baumbach/Hueck, GmbHG, § 52 Rn. 36; *Lutter/Hommelhoff*, in: Lutter/Hommelhoff, GmbHG, § 52 Rn. 11; *Marsch-Barner/Diekmann*, in MünchHdbGesR, § 48 Rn. 26f; für Disposität *Heermann*, in: Ulmer/Habersack/Löbbe, GmbHG, § 52 Rn. 32; *Giedinghagen*, in: Michalski, GmbHG, § 52 Rn. 55.

55 OLG Frankfurt am Main, NJW-RR 1987, 482; *Lutter/Hommelhoff*, in: Lutter/Hommelhoff, GmbHG, § 52 Rn. 11; *Zöllner/Noack*, in: Baumbach/Hueck, GmbHG, § 52 Rn. 39 (zwingend für Geschäftsführer); *Spindler*, in: MünchKommGmbHG, § 52 Rn. 137; *Giedinghagen*, in: Michalski, GmbHG, § 52 Rn. 66 f. (für Prokuristen differenzierend); a.A. *Heermann*, in: Ulmer/Habersack/Löbbe, GmbHG, § 52 Rn. 36; *Schneider*, in: Scholz, GmbHG, § 52 Rn. 218; *Großfeld/Brondics*, AG 1987, 293, 299 f.

56 Vgl. OLG München, NJW-RR 1993, 1507, 1510.

57 Rechtsvergleichend *Baums*, ZIP 1995, 11, 14 ff.; vgl. auch *Spindler*, in: MünchKommGmbHG, § 52 Rn. 774.

58 OLG Frankfurt am Main, NJW-RR 1987, 482.

59 *Giedinghagen*, in: Michalski, GmbHG, § 52 Rn. 86.

Gesellschafter sich hierbei auch selbst wählen können, da das Stimmverbot des § 47 Abs. 4 auf die Bestellung von Organmitgliedern keine Anwendung findet.[60]

28 Die Gesellschafter können sich im Hinblick auf die Wahl der Aufsichtsratsmitglieder – auch ggü. Dritten – wirksam einer **schuldrechtlichen Stimmbindung** unterwerfen, wobei allerdings auch eine entgegen dieser Stimmbindung erfolgende Wahl gesellschaftsrechtlich bindend ist.[61] In der Praxis finden sich häufiger auch **Entsendungsrechte** einzelner Gesellschafter, die diesen entweder persönlich zustehen oder an den jeweiligen Geschäftsanteil gekoppelt sind. Bei einem solchen Entsenderecht handelt es sich um ein Sonderrecht i.S.d. § 35 BGB, dessen Aufhebung nur mit Zustimmung des betroffenen Gesellschafters und dessen nachträgliche Einführung nur mit Zustimmung aller dadurch benachteiligten Gesellschafter möglich ist.[62] Da die Beschränkungen des § 101 Abs. 2 AktG mangels entsprechenden Verweises in § 52 selbst dann nicht gelten, wenn der Gesellschaftsvertrag keine Regelung vorsieht, können zum einen auch sämtliche Aufsichtsratsmitglieder entsandt werden, zum anderen kann das Entsendungsrecht auch Nichtgesellschaftern eingeräumt werden[63], wobei es sich dann mangels Mitgliedschaft nicht um ein Sonderrecht i.S.d. § 35 BGB handelt.[64] Allerdings können die Aufsichtsratsmitglieder nicht durch die Geschäftsführer bestellt werden, da andernfalls der insoweit uneingeschränkt geltende Inkompatibilitätsgrundsatz beeinträchtigt wäre. Eine gerichtliche Bestellung von Aufsichtsratsmitgliedern gem. § 104 AktG kommt bei einem freiwilligen Aufsichtsrat nicht in Betracht, selbst wenn – auf freiwilliger Basis – der Arbeitnehmervertretung Aufsichtsratssitze zugewiesen sind.[65] Eine Pflicht, Minderheitsgesellschafter bei der Vergabe von Aufsichtsratssitzen (quotal) zu berücksichtigen, besteht nicht.

29 § 52 Abs. 1 verweist nicht auf § 101 Abs. 3 AktG. Insofern kann der Gesellschaftsvertrag die Bestellung von **stellvertretenden Aufsichtsratsmitgliedern und Ersatzmitgliedern** ohne Weiteres vorsehen.[66] Im Gegensatz zu stellvertretenden Aufsichtsratsmitgliedern werden Ersatzmitglieder erst dann zu Aufsichtsratsmitgliedern, wenn das Aufsichtsratsmitglied, für welches sie als Ersatzperson zur Verfügung stehen, sein Amt vor Ablauf seiner Amtszeit nicht mehr ausübt. Die Rechte und Pflichten von stellvertretenden Aufsichtsratsmitgliedern können auf Basis einer entsprechenden Grundlage im Gesellschaftsvertrag beliebig ausgestaltet werden.

30 Im Hinblick darauf, dass § 250 AktG mangels Verweises in § 52 und mangels Anwendbarkeit der dort genannten Konstellationen auf den fakultativen Aufsichtsrat keine Anwendung findet,[67] sind im Fall einer **fehlerhaften Bestellung** die allgemeinen Grundsätze für fehlerhafte Gesellschafterbeschlüsse heranzuziehen. Dabei ist die Nichtigkeit eines entsprechenden Bestellungsbeschlusses auch bei einem fakultativen Aufsichtsrat die Ausnahme und kommt nur bei elementaren Verstößen

60 BGHZ 51, 209, 215; BGHZ 18, 205, 210.

61 *Schneider*, in: Scholz, GmbHG § 52 Rn. 177f; *Giedinghagen*, in: Michalski, GmbHG, § 52 Rn. 88.

62 BGH, WM 1981, 438; *Zöllner/Noack*, in: Baumbach/Hueck, GmbHG, § 52 Rn. 42.

63 Letzteres str., wie hier *Spindler*, in: MünchKommGmbHG, § 52 Rn. 140; *Heermann*, in: Ulmer/Habersack/Löbbe, GmbHG, § 52 Rn. 43; *Lutter/Hommelhoff*, in: Lutter/Hommelhoff, GmbHG, § 52 Rn. 6; einschränkend *Altmeppen*, in: Roth/Altmeppen, GmbHG, § 52 Rn. 11 ff.; a.A. *Zöllner/Noack*, in: Baumbach/Hueck, GmbHG, § 52 Rn. 43 m.w.N. zur h.M.; *Ulmer*, in: FS Wiedemann, 2002, S. 1297.

64 Damit kann das Entsenderecht eines Nichtgesellschafters durch entsprechende Gesellschaftsvertragsänderung auch ohne dessen Zustimmung aufgehoben werden, vgl. dazu *Hommelhoff*, ZHR 148, (1984), 119, 121; *Spindler*, in: MünchKommGmbHG, § 52 Rn. 140; *Giedinghagen*, in: Michalski, GmbHG, § 52 Rn. 93.

65 OLG Frankfurt am Main, NZG 2014, 462, 463 (GmbH ist auch ohne fakultativen AR handlungsfähig); so auch *Giedinghagen*, in: Michalski, GmbHG, § 52 Rn. 107; vgl. *Marsch-Barner/Diekmann*, in: MünchHdbGesR, § 48 Rn. 37; a.A. *Schneider*, in: Scholz, GmbHG, § 52 Rn. 199.

66 *Heermann*, in: Ulmer/Habersack/Löbbe, GmbHG, § 52 Rn. 45; *Zöllner/Noack*, in: Baumbach/Hueck, GmbHG, § 52 Rn. 44; *Giedinghagen*, in: Michalski, GmbHG, § 52 Rn. 83.

67 *Giedinghagen*, in: Michalski, GmbHG, § 52 Rn. 113; für eine beschränkte Anwendbarkeit *Schneider*, in: Scholz, GmbHG, § 52 Rn. 205f; a.A. *Marsch-Barner/Diekmann*, in: MünchHdbGesR, § 48 Rn. 42; in den Fällen einer Funktionsverknüpfung für eine Anwendung des § 250 Abs. 1 Nr. 4 *Spindler*, in: MünchKommGmbHG, § 52 Rn. 134.

gegen den Gesellschaftsvertrag oder das Gesetz in Betracht. Sofern ausnahmsweise Nichtigkeit gegeben sein sollte, bestimmt sich nach der herrschenden Auffassung in der Literatur die Rechtsstellung des betreffenden Aufsichtsratsmitgliedes nach der Lehre vom fehlerhaften Organ.[68] Auch wenn hiernach der Beschluss zur Bestellung des Aufsichtsrats angefochten wird, kommt eine zwischenzeitliche Ersatzbestellung nicht in Betracht.[69] Wird die Tätigkeit tatsächlich ausgeübt, besteht trotz fehlerhafter Bestellung die Verantwortlichkeit entsprechend den §§ 116, 93 AktG.[70] Ob daran auch bezüglich der Stimmabgabe und Beschlussfassung auf Basis der Rechtsprechung des BGH festgehalten werden kann, ist fraglich, da der BGH zum Aktienrecht entschieden hat, dass eine Anfechtungsklage ex-tunc auf den Beschlusszeitpunkt zurückwirkt, weshalb das fehlerhaft bestellte Aufsichtsratsmiglied für die zwischenzeitlichen Beschlüsse und Stimmabgaben nicht als faktisches Organmitglied, sondern als Nichtmitglied zu behandeln sei.[71] Für die Beschlussfassungen, an denen ein fehlerhaft bestelltes Aufsichtsratsmitglied mitgewirkt hat, ist die Mitwirkung allerdings auch nach dem BGH grds. unschädlich, d.h. der Aufsichtsratsbeschluss ist nicht allein aufgrund der Mitwirkung des Aufsichtsratsmitglieds unwirksam.[72] Allerdings gilt dies auf Basis der Rechtsprechung des BGH nur dann, wenn der Aufsichtsrat auch nach Abzug der Stimme des/der nichtig bestellten Mitgliedes/r beschlussfähig war und die Beschlüsse ohne die Stimme des nichtig bestellten Mitglieds die erforderliche Mehrheit erhalten haben.[73]

V. Amtszeit der Aufsichtsratsmitglieder

Die Amtszeit der Aufsichtsratsmitglieder ist gesetzlich nicht bestimmt. Sofern Gesellschaftsvertrag oder Bestellungsbeschluss nichts Abweichendes bestimmen, beginnt sie im Zeitpunkt der (konkludenten) Annahme des Mandates.[74] Findet sich keine anderweitige Regelung im Gesellschaftsvertrag oder in einem entsprechenden Gesellschafterbeschluss erfolgt die Bestellung für unbestimmte Zeit.[75] In der Praxis wird oftmals bei der Ausgestaltung des Gesellschaftsvertrags im Hinblick auf die erhöhten Anforderungen an eine Abberufung von Aufsichtsratsmitgliedern[76] hierauf ein besonderes Augenmerk gerichtet. Die Amtszeit der einzelnen Aufsichtsratsmitglieder kann unterschiedlich lang bestimmt werden.[77] 31

VI. Abberufung und sonstige Beendigungsgründe

Die Amtszeit eines Aufsichtsratsmitglieds endet i.d.R. durch Ablauf der Amtszeit oder Abberufung durch das jeweils zuständige Organ. 32

Bei fehlender anderweitiger Regelung im Gesellschaftsvertrag bestimmt sich die Abberufung von Mitgliedern des fakultativen Aufsichtsrats nach § 103 Abs. 1 und 2 AktG. Nach § 103 Abs. 1 Satz 1 AktG ist eine **Abberufung** zwar **jederzeit möglich**, zu beachten ist aber, dass der erforderliche 33

68 *Habersack*, in: MünchKommAktG, § 101, Rn. 69; *Lutter/Hommelhoff*, in: Lutter/Hommelhoff, GmbHG, § 52 Rn. 6.

69 Vgl. OLG Köln, NZG 2011, 508, 509 zur AG.

70 RGZ 152, 273, 279; vgl. auch BGH, NJW 1964, 1367.

71 BGH, NJW 2013, 1535 (zur AG); *C. Jaeger*, in: BeckOK GmbHG, § 52 Rn. 12a (konsequent, da vorher eine Analogie zu § 250 AktG bejaht wird); *Giedinghagen*, in: Michalski, GmbHG, § 52 Rn. 89a (insoweit jedoch ablehnend).

72 BGH, NJW 2013, 1535 (zur AG); *Koch*, in: Hüffer/Koch, AktG, § 101 Rn. 20; *Habersack*, in: MünchKommAktG, § 101, Rn. 69.

73 *Hopt/Roth*, in: GroßKommAktG, § 101 Rn. 220 ff.; *Mertens/Cahn*, in: KK-AktG, § 101 Rn. 111; *Spindler*, in: Spindler/Stilz, AktG, § 101 Rn. 114.

74 *Lutter/Hommelhoff*, in: Lutter/Hommelhoff, GmbHG, § 52 Rn. 6 f.; *Giedinghagen*, in: Michalski, GmbHG, § 52 Rn. 86.

75 *Zöllner/Noack*, in: Baumbach/Hueck, GmbHG, § 52 Rn. 46.

76 Vgl. dazu Rdn. 33.

77 *Giedinghagen*, in: Michalski, GmbHG, § 52 Rn. 132a; *Heermann*, in: Ulmer/Habersack/Löbbe, GmbHG, § 52 Rn. 48.

Abberufungsbeschluss gem. § 103 Abs. 1 Satz 2 AktG – sofern keine abweichende Regelung im Gesellschaftsvertrag besteht – einer Mehrheit von 3/4 der abgegebenen Stimmen bedarf. Fehlt eine anderweitige Regelung, findet dieses Mehrheitserfordernis auch in dem Fall Anwendung, dass ein wichtiger Grund vorliegt.[78] Allerdings kann in solchen Konstellationen eine Zustimmungsverpflichtung der Gesellschafter aufgrund der gesellschafterlichen Treuepflicht bestehen. Erst mit dem Zugang des Abberufungsbeschlusses erlischt die Aufsichtsratsmitgliedschaft eines bei Beschlussfassung nicht anwesenden Aufsichtsratsmitglieds. Dabei bestehen keine besonderen Anforderungen an die Art und Form der Mitteilung.[79] Eine in diesem Zusammenhang erfolgte Neubestellung ist dabei aufschiebend bedingt durch das Wirksamwerden des Abberufungsbeschlusses.[80] Eine Abberufung durch das Gericht gem. § 103 Abs. 3 AktG ist mangels entsprechender Inbezugnahme in § 52 nicht möglich und kann durch Gesellschaftsvertrag auch nicht begründet werden.[81] Ist das abzuberufende Aufsichtsratsmitglied selbst Gesellschafter, kann dieses grds. selbst an der Abstimmung teilnehmen, da § 47 Abs. 4 keine Anwendung findet; etwas anderes gilt nur im Fall einer Abberufung aus wichtigem Grund.[82]

34 Wird das Aufsichtsratsmitglied nicht durch die Gesellschafterversammlung, sondern durch ein anderes Organ oder einen Entsendeberechtigten bestellt, steht grds. diesem Organ/Entsendeberechtigten auch das Abberufungsrecht zu (Annexkompetenz). In diesen Fällen verbleibt aber der Gesellschafterversammlung stets eine eigene Abberufungsmöglichkeit für den Fall eines wichtigen Grundes, wobei auch in diesem Fall – vorbehaltlich einer anderweitigen Regelung im Gesellschaftsvertrag – gem. § 103 Abs. 1 Satz 2 AktG eine 3/4 Mehrheit erforderlich ist.[83]

35 Alternativ zum Ablauf der Amtszeit oder der Abberufung kann das Aufsichtsratsmandat auch aus anderen Gründen enden. Eine Beendigung des Mandats tritt z.B. auch ein beim Tod des Mitglieds, bei der Amtsniederlegung,[84] beim Verlust (im Gesellschaftsvertrag angeordneter) persönlicher Wählbarkeitsvoraussetzungen, bei der Verschmelzung der Gesellschaft auf eine andere/neue Gesellschaft, bei der Aufhebung des Aufsichtsrats durch entsprechende Vertragsänderung oder bei der Vollbeendigung der Gesellschaft. Die Amtsniederlegung ist auch dann möglich, wenn ein wichtiger Grund nicht besteht.[85] Erfolgt eine Amtsniederlegung zur Unzeit, hat dies keine Auswirkungen auf die Wirksamkeit der Amtsniederlegung. Unter Umständen macht sich das Aufsichtsratmitglied jedoch schadensersatzpflichtig, bspw. wegen der Kosten einer Gesellschafterversammlung, die eigens aufgrund der Amtsniederlegung einberufen wird.[86] Bei einem Formwechsel kommt es dagegen zum Zeitpunkt der Eintragung grds. nicht zu einer vorzeitigen Beendigung, es sei denn, dies ist für die Anteilseignervertreter im Umwandlungsbeschluss ausdrücklich bestimmt (§ 203 UmwG).

---

78 *Altmeppen*, in: Roth/Altmeppen, GmbHG, § 52 Rn. 15; *Zöllner/Noack*, in: Baumbach/Hueck, GmbHG, § 52 Rn. 47/196 f.; *Heermann*, in: Ulmer, GmbHG, § 52 Rn. 50; *Giedinghagen*, in: Michalski, GmbHG, § 52 Rn. 143; a.A. (einfache Mehrheit) *Lutter/Hommelhoff*, in: Lutter/Hommelhoff, GmbHG, § 52 Rn. 9; *Schneider*, in: Scholz, GmbHG, § 52 Rn. 252.

79 OLG Dresden, AG 2018, 324, 328.

80 OLG Dresden, AG 2018, 324, 329.

81 *Zöllner/Noack*, in: Baumbach/Hueck, GmbHG, § 52 Rn. 48; *Marsch-Barner/Diekmann*, in: MünchHdbGesR, § 48 Rn. 47; *Schneider*, in: Scholz, GmbHG, § 52 Rn. 256; a.A. *Heyder*, in: Michalski, GmbHG, 1. Aufl., § 52 Rn. 151.

82 BGHZ 86, 177, 179 für eine Geschäftsführerabberufung; OLG Stuttgart, GmbHR 1995, 229.

83 *Schneider*, in: Scholz, GmbHG, § 52 Rn. 252f; *Heermann*, in: Ulmer, GmbHG, § 52 Rn. 54; *Marsch-Barner/Diekmann*, in: MünchHdbGesR, § 48 Rn. 48; *Giedinghagen*, in: Michalski, GmbHG, § 52 Rn. 146; a.A. *Zöllner/Noack*, in: Baumbach/Hueck, GmbHG, § 52 Rn. 49; *Schnorbus*, in: Rowedder/Schmidt-Leithoff, GmbHG, § 52 Rn. 19.

84 Vgl. bzgl. des richtigen Adressaten der Niederlegungserklärung LG Flensburg, DB 2004, 1253, 1254.

85 *Hommelhoff*, in: Lutter/Hommelhoff, GmbHG § 52 Rn. 10; *Schneider/Seyfarth* in: Scholz, GmbHG, § 52 Rn. 266; a.A. *Zöllner/Noack*, in: Baumbach/Hueck, GmbHG, § 52 Rn. 52.

86 *Giedinghagen*, in: Michalski, GmbHG, § 52 Rn. 167; *Schneider/Seyfarth* in: Scholz, GmbHG, § 52 Rn. 269.

VII. Rechtliche Ausgestaltung des Aufsichtsratsverhältnisses (inkl. § 52 Abs. 4)

Mit der Übernahme des Aufsichtsratsmandats wird nicht automatisch ein schuldrechtliches »Grundgeschäft« zwischen Aufsichtsratsmitglied und Gesellschaft geschaffen. Vielmehr können sämtliche Regelungen auch entweder durch den Gesellschaftsvertrag oder durch Gesellschafterbeschluss geregelt werden. Allerdings besteht die Möglichkeit der Begründung eines das Aufsichtsratsmandat **begleitenden (schuldrechtlichen) Rechtsverhältnisses.**[87] In einem solchen Vertrag werden regelmäßig Vergütungsfragen[88] oder Einzelheiten über die Tätigkeit geregelt.[89] Ist ein Vertrag geschlossen, der Einzelheiten über die Tätigkeit oder auch die Vergütung regelt, ist dieser im Zweifel durch die Beendigung der Organstellung auflösend bedingt.[90] 36

Sollen die Aufsichtsratsmitglieder für ihre Tätigkeit eine **Vergütung** erhalten, muss dies explizit durch den Gesellschaftsvertrag oder durch Gesellschafterbeschluss geregelt werden (vgl. § 113 Abs. 1 AktG). Sofern die Vergütung im Gesellschaftsvertrag geregelt ist, kann die entsprechende Regelung bei fehlender Regelung im Gesellschaftsvertrag durch Beschluss mit einfacher Mehrheit herabgesetzt werden (§ 103 Abs. 1 Satz 4 AktG). Eine Erhöhung bedarf jedoch einer 3/4 Mehrheit, sofern im Gesellschaftsvertrag nichts Abweichendes geregelt ist. Eine Gleichbehandlung der Aufsichtsratsmitglieder bezüglich der Vergütung ist im fakultativen Aufsichtsrat nicht erforderlich.[91] Sofern bzgl. einer Vergütung keine Regelung getroffen ist, besteht lediglich ein Anspruch auf Aufwendungsersatz (§ 670 BGB).[92] Strittig ist, ob auch eine stillschweigende Vereinbarung nach § 612 BGB möglich ist,[93] was in Ansehung des Verweises auf § 113 AktG in § 52 Abs. 1 abzulehnen ist. 37

Nicht als Aufwendungsersatz erstattungsfähig sind Kosten für die persönliche Beratung eines Mitglieds oder eigene, unaufgeforderte Recherchen, ebenso wie Geldbußen oder Geldstrafen. Diese können jedoch von der Gesellschaft freiwillig übernommen werden, was wegen § 113 Abs. 1 AktG jedoch einen Beschluss der Gesellschafterversammlung voraussetzt.[94] 38

Sofern im Gesellschaftsvertrag nichts anderes geregelt ist, bedürfen **Verträge**, durch die sich ein Aufsichtsratsmitglied entgeltlich ggü. der Gesellschaft zur **Erbringung von Diensten höherer Art** verpflichtet, der Zustimmung des Aufsichtsrats (§ 114 Abs. 1 AktG). Anstelle der Zustimmung durch den Aufsichtsrat kann auch die Zustimmung der Gesellschafterversammlung treten, die auch für den Abschluss des entsprechenden Vertrags aufseiten der Gesellschaft zuständig ist.[95] Der Aufsichtsrat kann dabei in der Regel einem Vertrag, der nicht schriftlich oder zumindest in Textform geschlossen ist, nicht wirksam zustimmen.[96] Sofern diese Verträge inhaltlich Gegenstände betreffen, 39

---

87 Vgl. RG 123, 354; RG 146, 152; *Altmeppen*, in: *Roth/Altmeppen*, GmbHG § 52 Rn. 17; *Zöllner/Noack*, in: Baumbach/Hueck, GmbHG, § 52 Rn. 59.

88 *Müller*, in: Beck´sches Handbuch der GmbH, § 6 Rn. 56.

89 *Heermann*, in: Ulmer/Habersack/Löbbe, GmbHG § 52 Rn. 122.

90 *Heermann*, in: Ulmer/Habersack/Löbbe, GmbHG § 52 Rn. 122; *Zöllner/Noack*, in: Baumbach/Hueck, GmbHG, § 52 Rn. 59.

91 *Schneider*, in: Scholz, GmbHG, § 52 Rn. 531; *Lutter/Hommelhoff*, in: Lutter/Hommelhoff, GmbHG, § 52 Rn. 70; A.A: *Zöllner/Noack*, in: Baumbach/Hueck, GmbHG, § 52 Rn. 60.

92 Vgl. *Spindler*, in: MünchKommGmbHG, § 52 Rn. 229 m.w.N.; *Zöllner/Noack*, in: Baumbach/Hueck, GmbHG, § 52 Rn. 61.

93 Dafür *Schnorbus*, in: Rowedder/Schmidt-Leithoff, GmbHG, § 52 Rn. 39 m.w.N.; dagegen *Spindler*, in: MünchKommGmbHG, § 52 Rn. 225; *Lutter/Hommelhoff*, in: Lutter/Hommelhoff, GmbHG, § 52 Rn. 70; offen *Altmeppen*, in, Roth/Altmeppen, GmbHG, § 52 Rn. 17.

94 BGH, NZG 2014, 1058, 1059 ff. (zum AG-Vorstand); zur Übertragung auf die GmbH mit Aufsichtsrat: *Bunz/Küpper*, GmbHR 2015, 510, 513 ff.; s. auch *Jaeger*, in: Ziemons/Jaeger, GmbHG, § 52 Rn. 65; *Giedinghagen*, in: Michalski, GmbHG, § 52 Rn. 198 m.w.N.

95 *Zöllner/Noack*, in: Baumbach/Hueck, GmbHG, § 52 Rn. 62; *Heermann*, in: Ulmer, GmbHG, § 52 Rn. 128.

96 OLG Nürnberg, AG 2018, 166, 170; gegen Zustimmungsfähigkeit nur mündlich geschlossener Verträge zuvor bereits BGH, NJW 1994, 2484, 2485; OLG Frankfurt, NZG 2006, 29, 30; *Grigoleit/Tomasic*, in Grigoleit, § 114 AktG Rn. 7; *Habersack*, in Münchener Kommentar, § 114 AktG Rn. 25; *Hüffer/Koch*, § 114 AktG Rn. 8; *Mertens/Cahn*, in Kölner Kommentar, § 114 AktG Rn. 24; *Vetter*, AG 2006, 173, 179.

die von den Pflichten als Aufsichtsratsmitglied bereits gedeckt sind, ist ein entsprechender Vertrag – vorbehaltlich einer anderslautenden Regelung im Gesellschaftsvertrag[97] – allerdings nichtig.[98] Dabei ist der organschaftliche Pflichtenkreis grds. eher weit zu ziehen und bezieht sich auf alle Fragen, bei denen der Aufsichtsrat die Gesellschaft vertritt oder die Geschäftsführung überwacht oder berät.[99] Im Rahmen dieser Pflicht muss das Aufsichtsratsmitglied auch seine Kenntnisse und Fähigkeiten in den Dienst des Amtes stellen[100] und bei Bedarf eine das übliche Maß übersteigende Beanspruchung hinnehmen.[101] Sofern der Vertrag vor der Bestellung als Aufsichtsratsmitglied geschlossen worden ist, verliert er während der Tätigkeit als Aufsichtsratsmitglied seine Wirkung.[102] Zustimmungspflichtig sind auch Verträge mit Gesellschaften, an denen das Aufsichtsratsmitglied unmittelbar oder mittelbar mehrheitlich beteiligt ist.[103] Nach Auffassung des BGH soll eine Zustimmungspflicht selbst dann bestehen, wenn der Vertrag nur mit Personen abgeschlossen wird, welche nicht dem Aufsichtsrat angehören, die sich aber mit einem Aufsichtsratsmitglied zur Berufsausübung zusammengeschlossen haben.[104] Um eine Umgehung des § 114 AktG zu vermeiden, muss aus dem Beratungsvertrag deutlich hervorgehen, ob die zu erbringende Leistung außer- oder innerhalb des organschaftlichen Pflichtenkreises des Aufsichtsratsmitglieds liegt. Gleichzeitig muss ersichtlich sein, dass der Vertrag keine verdeckten Sonderzuwendungen, beispielsweise in Form einer überhöhten Vergütung, enthält.[105] Eine Teilwirksamkeit des Vertrages hinsichtlich der Gegenstände, die zulässigerweise Inhalt eines Vertrages hätten sein können, ist in der Regel nicht möglich, weil eine Zustimmung des Aufsichtsrats gem. § 114 I AktG im Hinblick auf einen eingeschränkten Vertrag und die entsprechende Vergütung in der Regel fehlt.[106] Die §§ 113, 114 AktG sind auch dann anwendbar, wenn die Vergütung nur geringfügig oder im Vergleich zu der von der Hauptversammlung festgesetzten Aufsichtsratsvergütung zu vernachlässigen wäre.[107] Sofern ein Dienstvertrag aufgrund der §§ 113, 114 AktG i.V.m. § 134 BGB unwirksam ist, kann ein Bereicherungsanspruch oder ein Anspruch aus Geschäftsführung ohne Auftrag für die Tätigkeit des Aufsichtratsmitglieds bestehen.[108] Andererseits kann sich eine Rückzahlungspflicht des Aufsichtsratsmitglieds aus § 114 Abs. 2 AktG ergeben. Entgegen des Wortlauts erstreckt sich die Rückzahlungspflicht auch auf das Unternehmen, dass die unzulässige Vergütung erhielt.[109] Das Unternehmen, an das unmittelbar die unzulässige Vergütung geflossen ist und das Aufsichtsratsmitglied haften als Gesamtschuldner.[110] Ein Verschulden des begünstigten Aufsichtsratsmitglied bzw. anderer haftbarer Personen ist für den Rückzahlungsanspruch aus § 114 Abs. 2 Satz 1 AktG unerheblich.[111] Der Rückzahlungsanspruch besteht sowohl bei nicht genehmigungsfähigen, weil gem. §§ 113, 114 AktG i.V.m. § 134 BGB nichtigen, als auch bei nicht wirksam genehmigten Beratungsverträgen.[112]

97 *Giedinghagen*, in: Michalski, GmbHG, § 52 Rn. 191; weiter *Altmeppen*, in: Roth/Altmeppen, GmbHG, § 52 Rn. 17.
98 BGH, ZIP 2007, 22, 23; *Zöllner/Noack*, in: Baumbach/Hueck, GmbHG, § 52 Rn. 63.
99 *Zöllner/Noack*, in: Baumbach/Hueck, GmbHG, § 52 Rn. 102.
100 *Mertens/Cahn*, in Kölner Kommentar, § 114 AktG Rn. 6; *Spindler*, Spindler/Stilz, § 114 AktG Rn. 17.
101 BGH, NZG 2006, 712, 714f; *Rodewig*, in Semler/v. Schenck, Arbeitshandbuch für Aufsichtsratsmitglieder, § 8 Rn. 141.
102 BGHZ 114, 127, 133; BGH, ZIP 1998, 1801; BGH, NZG 2007, 516, 518.
103 BGH, AG 2006, 667; BGH, WM 2007, 1025; OLG Köln, AG 2019, 844.
104 BGH, AG 2007, 80; vgl. auch LG Stuttgart, BB 1998, 1549, 1552.
105 OLG Köln, AG 2019, 844; LG Köln, BeckRS 2019, 15050.
106 OLG Köln, AG 2019, 844.
107 BGH, MDR 2012, 1175–1176.
108 OLG Köln, AG 2019, 844.
109 BGH, NZG 2007, 103.
110 *Benecke*, WM 2007, 717, 721; *Israel*, in Bürger/Körber, § 114 AktG Rn. 11; *Spindler*, in Spindler/Stilz, § 114 AktG Rn. 27 Fn. 134; *Hambloch-Gesinn/Gesinn*, in Hölters, § 114 AktG Rn. 19.
111 LG Köln, BeckRS 2019, 15050.
112 BGH, NZG 2006, 712, 716.

Das einzelne Aufsichtsratsmitglied ist selbst kein eigenständiges Organ der Gesellschaft, sondern nur Teil des Organs Aufsichtsrat. Insofern gibt es auch **keinen »Minderheitenschutz«**[113] wie er bspw. Minderheitsgesellschaftern zukommt. Das Aufsichtsratsmitglied ist bei der Erfüllung seiner Aufgaben unabhängig. Dies betrifft nicht nur die **Unabhängigkeit** ggü. anderen Gesellschaftsorganen, sondern auch ggü. einzelnen Gesellschaftern oder Dritten, selbst wenn diesen ein Entsende- oder Abberufungsrecht zustehen sollte.[114] Nach verwaltungsgerichtlicher Rechtsprechung[115] wird diese Unabhängigkeit jedoch durch konkurrierende öffentlich-rechtliche Verpflichtungen überlagert, wobei dadurch die grundsätzlich charakteristische, etwa bei kommunalen Vertretern im Aufsichtsrat, gesellschaftsrechtliche Weisungsfreiheit unterlaufen und das Mandat nicht mehr ausschließlich im Interesse der Gesellschaft ausgeübt wird. Aufkommende Interessenkonflikte sind dahingehend aufzulösen, dass sich das entsprechende Aufsichtsratsmitglied ggf. der Stimme zu enthalten hat oder bei dauerhaften Interessenüberschneidungen sein Amt niederzulegen hat.[116] 40

Zentrale **Aufgabe des einzelnen Aufsichtsratsmitglieds** ist die Mitwirkung an der Erfüllung der dem Aufsichtsrat obliegenden Aufgaben.[117] Zwar kann das einzelne Aufsichtsratsmitglied, einschließlich des Vorsitzenden des Aufsichtsrats, i.d.R. nicht eigenständig ohne Aufsichtsratsbeschluss handeln, doch muss es ggf. alles in seiner Macht Stehende dafür unternehmen, dass die erforderlichen Maßnahmen ergriffen und die notwendigen Beschlüsse gefasst werden.[118] Damit korrespondiert auch eine Verpflichtung des Aufsichtsratsmitglieds, sich über die wesentlichen Angelegenheit der Gesellschaft informiert zu halten. Bei Übernahme des Aufsichtsratsmandats muss er sich, ggf. auf Basis des Jahresabschlusses zusammen mit dem Prüfbericht sowie dem Geschäftsbericht, über die wirtschaftliche Situation der Gesellschaft und die Tätigkeit der vorherigen Aufsichtsratsmitglieder informieren.[119] Treten die vorherigen Aufsichtsratsmitglieder geschlossen zurück, muss sich ein neues Aufsichtsratsmitglied gem. § 90 Abs. 3 AktG über die Tätigkeit des Aufsichtsrats insbesondere durch Vorlage der Aufsichtsratsprotokolle Bericht erstatten lassen.[120] Das Aufsichtsratsmitglied ist bezüglich aller Angelegenheiten, die nicht allgemein bekannt sind und hinsichtlich derer ein objektives Geheimhaltungsbedürfnis der Gesellschaft gegeben ist, zur Verschwiegenheit verpflichtet (§ 116 Satz 2 AktG, § 93 Abs. 1 Satz 3 i.V.m. § 116 Satz 1 AktG).[121] Diese Verschwiegenheitsverpflichtung kann selbst beim fakultativen Aufsichtsrat nicht abbedungen werden.[122] Unzulässig ist daher z.B. auch die Weitergabe von Informationen an den Betriebsrat oder Gewerkschaften. Ggü. den Gesellschaftern besteht eine Verschwiegenheitspflicht dagegen nur ausnahmsweise, da diese nach § 51a ein umfassendes Informationsrecht haben.[123] Darüber hinaus trifft das Aufsichtsratsmitglied auch als Ausprägung der allgemein bestehenden Treuepflicht die Verpflichtung, 41

---

113 BGHZ 90, 381, 398; OLG Frankfurt am Main, BB 1988, 364.

114 *Giedinghagen*, in: Michalski, GmbHG, § 52 Rn. 174; *Zöllner/Noack*, in: Baumbach/Hueck, GmbHG, § 52 Rn. 130; a.A. bei fakultativem Aufsichtsrat bzgl. des gemeindlichen Weisungsrechts (bei Abbedingung der aktienrechtlichen Bestimmungen und keinem ausdrücklichem Ausschluss des Weisungsrechts) OVG Nordrhein-Westfalen, ZIP 2009, 1718.

115 Darauf weist zu Recht hin: *Giedinghagen*, in: Michalski, GmbHG, § 52 Rn. 174 f.; BVerwG, NJW 2011, 3735 (Weisungsgebundenheit zulässig bei Satzungsregelung); VG Köln, BeckRS 2015, 43415 (auch für den obligatorischen Aufsichtsrat).

116 *Altmeppen*, in: Roth/Altmeppen, GmbHG, § 52 Rn. 28; *Schneider*, in: Scholz, GmbHG, § 52 Rn. 603; *Giedinghagen*, in: Michalski, GmbHG, § 52 Rn. 177.

117 Vgl. dazu unten Rdn. 58 ff.

118 *Zöllner/Noack*, in: Baumbach/Hueck, GmbHG, § 52 Rn. 66.

119 OLG Düsseldorf, AG 2015, 434, 435 f.

120 OLG Düsseldorf, AG 2015, 434, 436.

121 BGHZ 64, 325, 329; vgl. bzgl. der von öffentlichen Körperschaften entsandten oder gewählten AR-Mitgliedern auch die Regelungen der §§ 394 ff. AktG; *Banspach/Nowak*, Der Konzern 2008, 195, 200.

122 *Lutter/Hommelhoff*, in: Lutter/Hommelhoff, GmbHG, § 52 Rn. 25 f.; *Zöllner/Noack*, in: Baumbach/Hueck, GmbHG, § 52 Rn. 67; *Giedinghagen*, in: Michalski, GmbHG, § 52 Rn. 183a.

123 BGH, ZIP 1997, 978 ff.; BayObLG, AG 1999, 320; *Altmeppen*, in: Roth/Altmeppen, GmbHG § 52 Rn. 30; gänzlich gegen eine Verschwiegenheit ggü. Gesellschaftern *Schnorbus*, in: Rowedder/Schmidt-Leithoff, GmbHG, § 52 Rn. 43.

Geschäftsgeheimnisse nicht zum eigenen Nutzen zu verwenden.[124] Über die Verweisung § 52 Abs. 1 gilt die Einschränkung der Verschwiegenheit für kommunale Aufsichtsratsmitglieder nach §§ 394, 395 AktG nunmehr auch für den fakultativen Aufsichtsrat.[125] Obliegt dem Aufsichtsrat die Aufgabe der Überwachung der Geschäftsführung (§ 111 I AktG, § 52 I GmbHG), folgt daraus nach dem BGH die Pflicht, fehlerhaftes oder gesellschaftsschädigendes Verhalten des Leitungsorgans – auch im laufenden Geschäft – abzuwenden.[126]

42 Die **Verantwortlichkeit** der Aufsichtsratsmitglieder richtet sich, in Ermangelung gegenteiliger Gesellschaftsvertragsbestimmungen,[127] nach §§ 116, 93 Abs. 1 und 2 AktG. Dabei besteht eine Gesamtverantwortung aller Aufsichtsratsmitglieder, der das einzelne Aufsichtsratsmitglied nur entgeht, wenn es alles Zumutbare unternommen hat, um die Pflichtverletzung durch den Aufsichtsrat zu verhindern.[128] In sinngemäßer Anwendung des § 93 Abs. 1 AktG haben Aufsichtsratsmitglieder die **Sorgfalt eines ordentlichen und gewissenhaften Überwachers bzw. Prüfers**[129] zu beachten. Der Haftungsmaßstab orientiert sich dabei auf der einen Seite an einem objektiv zu bestimmenden Mindestmaß an Sorgfalt, das jedes Aufsichtsratsmitglied zu erbringen hat, auf der anderen Seite aber auch an den (zusätzlichen) individuellen Fähigkeiten und Kenntnissen.[130] Beim fakultativen Aufsichtsrat kann der Gesellschaftsvertrag den Sorgfaltsmaßstab modifizieren.[131] Von einer objektiv unwiderlegbaren Vermutung pflichtgemäßen Aufsichtsratshandelns ist auszugehen, wenn das Aufsichtsratsmitglied bei einer unternehmerischen (Ermessens-) Entscheidung frei von Eigeninteressen oder sachfremden Einflüssen handelt und vernünftigerweise (gutgläubig) annehmen durfte, auf Grundlage angemessener Information zum Wohle der Gesellschaft zu handeln (sog. Business Judgement Rule), § 116 Satz 1 i.V.m. § 93 Abs. 1 Satz 2 AktG.[132] Möglich ist der Abschluss einer **D&O-Versicherung** zugunsten der Aufsichtsratsmitglieder durch die Gesellschaft.[133]

43 Eine **Haftung des einzelnen Aufsichtsratsmitglieds** gem. **§ 93 Abs. 2 AktG** besteht gem. §§ 93 Abs. 2, 116 Satz 1 AktG, § 52 Abs. 1 nur dann, wenn der Gesellschaft ein Schaden i.S.d. §§ 249 ff. BGB entstanden ist.[134] Eine Haftung kommt z.B. in Betracht, wenn das Aufsichtsratsmitglied ohne hinreichende Information und darauf aufbauender Chancen- und Risikoabschätzung die Zustimmung zu einem nachteiligen Geschäft erteilt[135] und der Gesellschaft durch das Geschäft ein Schaden entsteht. Eine Haftung des Aufsichtsratsmitglieds scheidet aber z.B. aus, wenn sich die Überwachungspflicht auf die Einhaltung des Zahlungsverbots nach § 64 Satz 1 bezieht, weil in diesem Fall nicht die Gesellschaft, sondern die Insolvenzgläubiger durch die Zahlung geschädigt sind.[136] Dies stellt beim fakultativen Aufsichtsrat eine Besonderheit dar, da § 93 Abs. 3 Nr. 6 AktG grds. eine Gleichstellung des Schadens der Insolvenzgläubiger mit einem Schaden der Gesellschaft

---

124 *Heermann,* in: Ulmer/Habersack/Löbbe, GmbHG, § 52 Rn. 138.

125 S. dazu auch unten Rdn. 117.

126 BGH, NZG 2016, 703; *Schwerdtfeger,* NZG 2017, 455: mit dem Hinweis, dass es beim fakultativen GmbH-Aufsichtsrat maßgeblich auf die Ausgestaltung seiner Rechte und Pflichten in der GmbH-Satzung ankommt.

127 Zu den Grenzen *Schneider,* in: Scholz, GmbHG, § 52 Rn. 615 f.; *Heermann,* in: Ulmer/Habersack/Löbbe, GmbHG, § 52 Rn. 130.

128 *Schneider,* in: Scholz, GmbHG, § 52 Rn. 619 ff.; *Heermann,* in: Ulmer, GmbHG, § 52 Rn. 130 ff.; *Giedinghagen,* in: Michalski, GmbHG, § 52 Rn. 304.

129 *Zöllner/Noack,* in: Baumbach/Hueck, GmbHG, § 52 Rn. 72.

130 Str. Nachweise bei *Altmeppen,* ZGR 2004, 388, 409 ff.

131 *Heermann,* in: Ulmer/Habersack/Löbbe, GmbHG, § 52 Rn. 130; *Zöllner/Noack,* in: Baumbach/Hueck, GmbHG, § 52 Rn. 72.

132 BGHZ 135, 244, 254; OLG München, GmbHR 2015, 1273, 1278; eingehend zur Business Judgement Rule *Haas/Ziemons,* in: Ziemons/Jaeger, GmbHG, § 43 Rn. 101 ff.; zur Dogmatik *Scholz,* AG 2018, 173.

133 *Heermann,* in: Ulmer/Habersack/Löbbe, GmbHG § 52 Rn. 154; *Schneider,* in: Scholz, GmbHG, § 52 Rn. 653; *Zöllner/Noack,* in: Baumbach/Hueck, GmbHG, § 52 Rn. 76.

134 BGH, ZIP 2010, 1988, 1989.

135 BGH, NJW-RR 2007, 390; *Huber,* GmbHR 2007, 307, 310.

136 BGH, ZIP 2010, 1988, 1989.

anordnet. § 52 Abs. 1 verweist auf § 116 AktG jedoch nur mit der ausdrücklichen Einschränkung »in Verbindung mit § 93 Abs. 1 und 2 Satz 1 und 2«. Anders als in den entsprechenden Vorschriften über den obligatorischen Aufsichtsrat einer GmbH (§ 1 Abs. 1 Nr. 3 DrittelbG; § 25 Abs. 1 Nr. 2 MitbestG; § 3 Abs. 2 MontanMitbestG; § 3 Abs. 1 Satz 2 MontanMitbestErgG, § 6 Abs. 2 InvG) verweist § 52 insofern nicht auf § 93 Abs. 3.

Die Haftung eines Aufsichtsratsmitglieds tritt nicht ein, wenn der Aufsichtsrat auf Grundlage eines gesetzmäßigen Beschlusses der Gesellschafterversammlung gehandelt hat.[137] Ferner besteht die Möglichkeit, die Aufsichtsratsmitglieder durch **Beschluss der Gesellschafterversammlung** von einer Haftung **freizustellen** oder auf diese zu **verzichten**, wobei ein solcher Verzicht im Hinblick auf begründete bzw. bereits feststehende Haftungsansprüche der GmbH auch durch einen entsprechenden Entlastungsbeschluss bewirkt wird. Die Sperrfrist des § 93 Abs. 4 Satz 3 AktG gilt hier mangels Verweis nicht. Ob die Haftung im Voraus für ehrenamtlich tätige Aufsichtsratsmitglieder der GmbH entsprechend der neueren Rechtsprechung zum Vereinsrecht auf Vorsatz beschränkt werden kann,[138] ist nicht geklärt, bei Vorliegen eines entsprechenden Gesellschafterbeschlusses jedoch jedenfalls beim fakultativen Aufsichtsrat zu bejahen. 44

Die **Verjährung** der Schadensersatzansprüche wegen Verletzung der Obliegenheiten als Aufsichtsratsmitglied richtet sich nach Abs. 4 und beträgt 5 Jahre. »Obliegenheiten« ist in diesem Zusammenhang nicht rechtstechnisch zu verstehen, sondern erfasst sämtliche schädigende Pflichtverletzungen, die ein Aufsichtsratsmitglied in seiner Funktion als Aufsichtsrat begeht. Nicht erfasst werden sonstige Ansprüche gegen das jeweilige Aufsichtsratsmitglied, die mit der Aufsichtsratstätigkeit nicht in Zusammenhang stehen. Nach Auffassung des BGH handelt es sich bei der Frist aus Abs. 4 um eine zwingende Frist, die nicht durch Gesellschaftsvertrag oder Gesellschafterbeschluss abbedungen werden kann.[139] Die Verjährungsfrist läuft, da es sich nicht um die regelmäßige Verjährung nach § 195 BGB handelt, gem. § 200 Satz 1 BGB ab Entstehung des Anspruchs,[140] sodass es auf Kenntnis oder grob fahrlässige Unkenntnis der Gesellschaft von der Pflichtverletzung oder vom Schaden nicht ankommt. 45

Obwohl es an einer expliziten Regelung zur Entlastung von Aufsichtsratsmitgliedern des fakultativen Aufsichtsrats fehlt, haben diese einen **Anspruch auf Entlastung.**[141] Dieser hat – sofern die Gesellschafter keinen Vorbehalt erklären – die gleiche Verzichtswirkung wie die Entlastung der Geschäftsführung und ist in regelmäßigen Abständen vorzunehmen.[142] 46

VIII. Innere Ordnung des Aufsichtsrats

Hinsichtlich der **Organisation** des Aufsichtsrates verweist Abs. 1 nur auf die Einberufungsregel des § 110 AktG. Eine weitergehende Inbezugnahme aktienrechtlicher Vorschriften sieht das GmbHG nicht vor. Mangels abweichender Bestimmungen im Gesellschaftsvertrag oder in einer Geschäftsordnung für den Aufsichtsrat können aber die Bestimmungen der §§ 107 bis 109 AktG 47

---

137 §§ 116 Satz 1, 93 Abs. 4 Satz 1 AktG gelten insofern auch für den fakultativen Aufsichtsrat vgl. *Lutter/Hommelhoff*, in: Lutter/Hommelhoff, GmbHG, § 52 Rn. 32; *Zöllner/Noack*, in: Baumbach/Hueck, GmbHG, § 52 Rn. 77, 210; *Schneider*, in: Scholz, GmbHG, § 52 Rn. 646.

138 Vgl. OLG Nürnberg, DStR 2015, 2791 (zum Verein).

139 BGH, NJW 1975, 1318; *Giedinghagen*, in: Michalski, GmbHG, § 52 Rn. 316; a.A. die ganz h. Lit.: *Heermann*, in: Ulmer/Habersack/Löbbe, GmbHG, § 52 Rn. 153; *Lutter/Hommelhoff*, in: Lutter/Hommelhoff, GmbHG, § 52 Rn. 35; *Zöllner/Noack*, in: Baumbach/Hueck, GmbHG, § 52 Rn. 78; *Spindler*, in: MünchKommGmbHG, § 52 Rn. 710; nur, wenn Ersatzanspruch disponibel: *Altmeppen*, in: Roth/Altmeppen, GmbHG, § 52 Rn. 45.

140 BGH, DStR 2015, 1635, 1637; *Zöllner/Noack*, in Baumbach/Hueck, GmbHG, § 52 Rn. 78; *Pelz*, RNotZ 2003, 425, 424.

141 *Schneider*, in: Scholz, GmbHG, § 52 Rn. 645; *Zöllner/Noack*, in: Baumbach/Hueck, GmbHG, § 52 Rn. 79; *Lutter/Hommelhoff*, in: Lutter/Hommelhoff, GmbHG, § 52 Rn. 36.

142 *Zöllner/Noack*, in: Baumbach/Hueck, GmbHG, § 52 Rn. 79; *Spindler*, in: MünchKommGmbHG, § 52 Rn. 683.

als Anhaltspunkt herangezogen werden,[143] da sie insofern als Grundprinzipien des körperschaftsrechtlichen Organisationsrechts zu verstehen sind.[144]

48 Regelmäßig finden sich bei Bestehen eines Aufsichtsrats aber Regelungen zur inneren Ordnung im Gesellschaftsvertrag der jeweiligen GmbH. Dabei liegt die konkrete Ausgestaltung der inneren Ordnung des Aufsichtsrats weitgehend im freien Ermessen der Gesellschafter. Grenzen bestehen nur insofern, als nicht die innere Ordnung des Aufsichtsrats selbst, sondern z.B. die Mitgliedschaft im Aufsichtsrat betroffen wird. Finden sich im Gesellschaftsvertrag keine Regelungen, besteht die Möglichkeit der Fassung einer **Geschäftsordnung** für den Aufsichtsrat. Diese kann entweder durch die Gesellschafterversammlung[145] oder durch den Aufsichtsrat selbst mit einfacher Mehrheit beschlossen werden.[146]

49 Sofern sowohl im Gesellschaftsvertrag als auch in einer möglichen Geschäftsordnung keine anderweitigen Regelungen vorhanden sind, tagt der Aufsichtsrat in **Sitzungen** (§ 110 AktG).[147] Eine Beschlussfassung außerhalb einer solchen Sitzung ist möglich, wenn entweder im Gesellschaftsvertrag oder in der (rechtmäßig erlassenen) Geschäftsordnung eine solche Beschlussfassung zugelassen wird oder kein Mitglied des Aufsichtsrats der Durchführung eines entsprechenden Beschlussverfahrens widerspricht.[148] Unter den gleichen Umständen, unter denen auch eine Beschlussfassung außerhalb von Sitzungen möglich ist, ist auch eine kombinierte Beschlussfassung[149] zulässig, bei der einzelne Mitglieder des Aufsichtsrats vor Ort sind, während andere sich telefonisch zugeschaltet haben.

50 Sofern nichts Anderweitiges bestimmt ist, bedarf es grds. einer (formfreien) **Einberufung** der Aufsichtsratssitzung. Nur in besonderen Eilfällen oder bei (konkludenter) Zustimmung aller Aufsichtsratsmitglieder ist sie insgesamt verzichtbar. Als wesentliche Punkte muss die Einberufung die Tagesordnung und den Sitzungsort und -zeitpunkt enthalten.[150] Zur Vorbereitung der Sitzung erforderliche Unterlagen, wie Berichte, welche ggü. dem Aufsichtsrat zu erstatten sind, sind mitzuversenden, es sei denn, auch eine spätere Übersendung gewährleistet noch eine angemessene Vorbereitung.[151] Zuständig für die Einberufung ist mangels anderweitiger Regelung der Aufsichtsratsvorsitzende. Jedes Mitglied (und die Geschäftsführung) kann gem. § 110 Abs. 1 AktG unter Angabe des Zwecks und der Gründe die unverzügliche Einberufung einer Sitzung verlangen, die in diesem Fall innerhalb von 2 Wochen nach der Einberufung stattzufinden hat. Ist ein Aufsichtsratsvorsitzender nicht vorhanden oder kommt er dem Einberufungsverlangen nicht nach, kann das verlangende Mitglied oder die Geschäftsführung den Aufsichtsrat selbst einberufen (§ 110 Abs. 2 AktG). Dieses Recht ist auch bei einem fakultativen Aufsichtsrat nicht abdingbar, da es für das einzelne Aufsichtsratsmitglied notwendiges Vehikel zur effektiven Ausübung und Durchsetzung von Kontrolle ist.[152]

51 Jedem Aufsichtsratsmitglied kommt ein **Teilnahmerecht an den Sitzungen** zu. Ein Aufsichtsratsmitglied kann von Sitzungen nur in besonderen Ausnahmefällen ausgeschlossen werden, insb. dann, wenn ein Aufsichtsratsmitglied bei Vorliegen eines wichtigen Grundes insgesamt aus dem

143 *Lutter/Hommelhoff*, in: Lutter/Hommelhoff, GmbHG, § 52 Rn. 27; *Wicke*, GmbHG, § 52 Rn. 4; *Heermann*, in: Ulmer/Habersack/Löbbe, GmbHG, § 52 Rn. 62; vgl. auch *Schneider*, in: Scholz, GmbHG, § 52 Rn. 395.

144 Vgl. dazu Rdn. 20.

145 *Zöllner/Noack*, in: Baumbach/Hueck, GmbHG, § 52 Rn. 84; *Heermann*, in: Ulmer/Habersack/Löbbe, GmbHG, § 52 Rn. 63.

146 Ob hierzu eine Grundlage im Gesellschaftsvertrag erforderlich ist, ist umstritten. Verneinend: *Zöllner/Noack*, in: Baumbach/Hueck, GmbHG, § 52 Rn. 84; *Marsch-Barner/Diekmann*, in: MünchHdbGesR, § 48 Rn. 67; *Heermann*, in: Ulmer/Habersack/Löbbe, GmbHG, § 52 Rn. 63; a.A. Giedinghagen, in: Michalski, GmbHG, § 52 Rn. 321.

147 Zur Möglichkeit einer Videokonferenz *Zöllner/Noack*, in: Baumbach/Hueck, GmbHG, § 52 Rn. 83.

148 *Schnorbus*, in: Rowedder/Schmidt-Leithoff, GmbHG, § 52 Rn. 22 m.w.N.

149 Vgl. dazu *Kindl*, ZHR 166 (2002), 335, 342; *Wagner*, NZG 2002, 57, 58 f.

150 *Zöllner/Noack*, in: Baumbach/Hueck, GmbHG, § 52 Rn. 85 (auch Sitzungsart).

151 *Schneider*, in: Scholz, GmbHG, § 52 Rn. 415f; *Giedinghagen*, in: Michalski, GmbHG, § 52 Rn. 353.

152 Vgl. *Schnorbus*, in: Rowedder/Schmidt-Leithoff, GmbHG, § 52 Rn. 23.

Aufsichtsrat ausgeschlossen werden könnte (§ 103 Abs. 3 AktG). Ein Ausschluss von Aufsichtsratsmitgliedern ist allerdings nur im Extremfall möglich.[153] Bei Interessenkonflikten genügt i.d.R. die Beschränkung auf den Ausschluss des Stimmrechts. Der Ausschluss aus einer Sitzung bedarf eines Beschlusses des gesamten Aufsichtsrats, der – vorbehaltlich einer anderweitigen Regelung in Gesellschaftsvertrag oder Geschäftsordnung – hierüber mit einfacher Mehrheit der abgegebenen Stimmen ohne die Stimme des Betroffenen entscheidet.[154] Dagegen haben weder Gesellschafter noch Geschäftsführer oder Dritte ein generelles Teilnahme- oder Rederecht.[155] Der Wortlaut des § 109 Abs. 1 Satz AktG (»sollen«) ist insoweit irreführend weit, denn die Vorschrift will verhindern, dass nicht dem Aufsichtsrat angehörige Personen regelmäßig an den Sitzungen teilnehmen und so Einfluss ausüben können, ohne die Verantwortung eines Aufsichtsratsmitglieds gegenüber der Gesellschaft zu haben.[156] Soweit der Gesellschaftsvertrag ein Teilnahmerecht der Geschäftsführer an Aufsichtsratssitzungen vorsieht, greift dieses jedenfalls dann nicht durch, wenn die Gegenstände der Aufsichtsratssitzung hiermit nicht kompatibel sind, insb. eine ordnungsgemäße Überwachung oder Kontrolle des Aufsichtsrats eingeschränkt oder behindert würde.[157] Allerdings kann der Aufsichtsrat die Teilnahme der Geschäftsführung an den Sitzungen verlangen.[158]

Des weiteren ist die Hinzuziehung von **Sachverständigen und Auskunftsperson** zulässig und, soweit dem Aufsichtsrat die nötige eigene Sachkunde fehlt, auch erforderlich (§ 109 Abs. 1 Satz 2 AktG). Sachverständige meint hierbei nicht nur solche i.S.d. §§ 402 ff. ZPO, sondern jede Person, die besondere Sachkunde hinsichtlich eines bestimmten Beratungsgegenstands besitzt, also z.B. auch Wirtschaftsprüfer oder Rechtsanwälte.[159] Als Auskunftspersonen kommen Personen in Betracht, die über gewisse Ereignisse im Zusammenhang mit der Gesellschaft berichten können, z.B. ehemalige Organmitglieder oder Organmitglieder verbundener Unternehmen, Gewerkschaftsvertreter oder ausnahmsweise auch Angestellte, jeweils soweit sie besondere Kenntnisse von Bedeutung für den betreffenden Beratungsgegenstand haben.[160] Gem. § 52 Abs. 1 i.V.m. § 171 Abs. 1 Satz 2 AktG ist der **Abschlussprüfer** zur Teilnahme an Bilanzprüfungssitzungen des Aufsichtsrates auf dessen Verlangen verpflichtet.[161] Über die Hinzuziehung entscheidet der Vorsitzende des Aufsichtsrats, wobei das Plenum durch Beschluss anders entscheiden kann.[162] Der bloße Widerspruch des einzelnen Aufsichtsratsmitglieds genügt hingegen nicht.[163] Allerdings kann jedes Mitglied fordern, dass über alle Gegenstände ohne Anwesenheit Dritter beraten und abgestimmt wird. Die Kosten für die Hinzuziehung der Sachverständigen oder Auskunftsperson trägt die Gesellschaft.[164] 52

Darüber hinaus kann durch Beschluss des fakultativen Aufsichtsrats mit einfacher Mehrheit auch die Teilnahme von **sonstigen Dritten**, also z.B. auch von Gesellschaftern oder Ehrenvorsitzenden des Aufsichtsrats, zugelassen werden,[165] Ferner dürfte auch eine ständige Teilnahme von Dritten 53

153 So *Heermann*, in: Ulmer/Habersack/Löbbe, GmbHG, § 52 Rn. 68; *Koch*, in: Hüffer/Koch, AktG, § 109 Rn. 2; *Habersack*, in: MünchKommAktG, § 109 Rn. 10.

154 *Giedinghagen*, in: Michalski, GmbHG, § 52 Rn. 347; *Lutter/Krieger*, AR Rn. 699.

155 BGH, NZG 2012, 347, 348 f.

156 BGH, NZG 2012, 347, 349.

157 *Habersack*, in: Habersack/Henssler, MitbestR, MitbestG, 4.Aufl., 2018, § 25 Rn. 19; *Zöllner/Noack*, in: Baumbach/Hueck, GmbHG, 52 Rn. 23.

158 *Zöllner/Noack*, in: Baumbach/Hueck, GmbHG, § 52 Rn. 87.

159 Vgl. *Koch*, in: Hüffer/Koch, AktG, § 109 Rn. 5.

160 *Spindler*, in: MünchKommGmbHG, § 52 Rn. 602; *Habersack*, in: MünchKommAktG, § 109 Rn. 18 f.; *Koch*, in: Hüffer/Koch, AktG, § 109 Rn. 5; *Böttcher*, NZG 2012, 809, 810.

161 *Lutter/Krieger*, AR Rn. 182; *v. Schenk*, in: Semler/v. Schenk, ARHdb., § 5 Rn. 153.

162 *Spindler*, in: MünchKommGmbHG, § 52 Rn. 604; *v. Schenk*, in: Semler/v. Schenk. ARHdb., § 5 Rn. 154; *Lutter/Krieger* AR Rn. 702.

163 So aber *Peus*, Der Aufsichtsratsvorsitzende – seine Rechtsstellung nach Aktiengesetz und Mitbestimmungsgesetz, 1983, S. 111.

164 *Spindler*, in: MünchKommGmbHG, § 52 Rn. 604.

165 Str. wie hier *Zöllner/Noack*, in: Baumbach/Hueck, GmbHG, § 52 Rn. 87; a.A.:*Schneider*, in: Scholz, GmbHG, § 52 Rn. 422; einschränkend *Heermann*, in: Ulmer/Habersack/Löbbe, GmbHG, § 52 Rn. 69.

zulässig sein, soweit hierdurch der Zweck des Aufsichtsrats – effektive Kontrolle der Geschäftsleitung – nicht beeinträchtigt wird.[166]

54 Da das Mandat und damit auch das Teilnahmerecht den Aufsichtsratsmitgliedern höchstpersönlich zustehen (§ 52 Abs. 1 GmbHG i.V.m. § 111 Abs. 5 AktG), ist eine Vertretung grds. nicht zulässig. Allerdings kann der Gesellschaftsvertrag zulassen, dass an den Sitzungen des Aufsichtsrats und seiner Ausschüsse Personen, die dem Aufsichtsrat nicht angehören, anstelle der verhinderten Aufsichtsratsmitglieder teilnehmen können (§ 109 Abs. 3 AktG).

55 Die **Entscheidungen des Aufsichtsrats** ergehen i.d.R. durch **Beschlüsse**, werden daher in ordnungsgemäß einberufener Sitzung gefasst. Außerhalb von Sitzungen sind Entscheidungen möglich, aber nur zulässig, wenn kein Mitglied widerspricht oder wenn der Gesellschaftsvertrag oder die Geschäftsordnung des Aufsichtsrats ein entsprechendes Verfahren installiert hat (§ 108 Abs. 4 AktG). Die Beschlussfähigkeit des Aufsichtsrats setzt eine ordnungsgemäße Einberufung voraus. Umstritten ist, ob bei ordnungsgemäßer Einladung des Aufsichtsrats eine Entscheidung ohne Rücksicht auf die Anzahl der tatsächlich anwesenden Aufsichtsratsmitglieder gefasst werden kann.[167] Dies entspricht – vorbehaltlich einer Regelung im Gesellschaftsvertrag – der gesetzlichen Regelung beim fakultativen Aufsichtsrat, da der Gesetzgeber die entsprechende Regelung des § 108 Abs. 2 AktG nicht in § 52 aufgeführt hat, sodass eine entsprechende Beschlussfassung beim fakultativen Aufsichtsrat auch ohne Einhaltung der Vorgaben aus § 108 Abs. 2 AktG möglich ist. Beschlüsse über Gegenstände, bezüglich derer nicht ordnungsgemäß einberufen wurde, können nur gefasst werden, sofern alle Aufsichtsratsmitglieder anwesend sind bzw. z.B. bei »kombinierten Beschlussfassungen« mitstimmen können und einer entsprechenden Beschlussfassung nicht widersprechen.[168] Umstritten ist, ob eine geheime Abstimmung zulässig ist, was in der Regel abzulehnen und nur bei entsprechendem berechtigten Gesellschaftsinteresse ausnahmsweise zu bejahen ist.[169] Sofern im Gesellschaftsvertrag keine abweichenden Mehrheiten bestimmt sind, entscheidet der Aufsichtsrat mit **einfacher Mehrheit.** Sofern ein Aufsichtsratsmitglied nicht anwesend ist, kann eine schriftliche Stimmabgabe erfolgen (§ 108 Abs. 3 Satz 1 AktG), die entweder durch ein anderes Aufsichtsratsmitglied oder ein durch den im Gesellschaftervertrag zugelassenen oder von dem jeweiligen Aufsichtsratsmitglied ermächtigten Vertreter überreicht werden kann. Alternativ zu dieser Erklärung mittels Stimmboten kann das Aufsichtsratsmitglied seine schriftliche Stimmabgabe auch elektronisch übermitteln, sei es per E-Mail oder per Telefax.[170] Sofern in diesen Konstellationen keine vernünftigen Zweifel dahingehend bestehen, dass eine wirksame Stimmabgabe vorgelegen hat, ist diese entsprechend bei der Beschlussfassung zu berücksichtigen. Grds. ist jedes Aufsichtsratsmitglied **stimmberechtigt**, wobei im Fall der Interessenskollision die Vorschriften der §§ 34 BGB, 47 Abs. 4 entsprechend anzuwenden sind.[171] Stimmenthaltungen werden bei der Bestimmung der Mehrheiten nicht berücksichtigt,[172] bei einem Patt ist der Antrag abgelehnt. Beschlüsse sind der Auslegung zugänglich, welche sich nicht auf den bloßen Wortlaut beschränkt, sondern auch äußere Umstände miteinbeziehen kann.[173]

166 *Böttcher*, NZG 2012, 809, 810; offenlassend BGH, NZG 2012, 347; vgl. auch oben Rdn. 22.

167 Dies bejahend *Heermann,* in: Ulmer/Habersack/Löbbe, GmbHG, § 52 Rn. 77; *Wicke*, GmbHG, § 52 Rn. 4; *Zöllner/Noack*, in: Baumbach/Hueck, GmbHG, § 52 Rn. 88; *Spindler*, in: MünchKommGmbHG, § 52 Rn. 554; *Rohde*, GmbHR 2007, 1128, 1132; dies ablehnend: *Marsch-Barner/Diekmann*, in: MünchHdbGesR, § 48 Rn. 72; *Schneider*, in: Scholz, GmbHG, § 52 Rn. 437.

168 *Habersack*, in: Henssler/Habersack, MitbestR, MitbestG, 4. Aufl. 2018, § 25 Rn. 39; *Zöllner/Noack*, in: Baumbach/Hueck, GmbHG, § 52 Rn. 226.

169 Bejahend *Heermann,* in: Ulmer/Habersack/Löbbe, GmbHG, § 52 Rn. 78; Spindler, in: MünchKommGmbHG, § 52 Rd. 543; *Schneider*, in: Scholz, GmbHG, § 52 Rn. 454; a.A. *Zöllner/Noack*, in: Baumbach/Hueck, GmbHG, § 52 Rn. 88.

170 *Zöllner/Noack*, in: Baumbach/Hueck, GmbHG, § 52 Rn. 230.

171 *Zöllner/Noack*, in: Baumbach/Hueck, GmbHG, § 52 Rn. 89.

172 Der Gesellschaftervertrag kann aber eine Berücksichtigung von Enthaltungen vorsehen: *Spindler*, in: MünchKommGmbHG, § 52 Rn. 546 m.w.N.

173 BGH, DStR 2016, 681, 684 m.w.N.

Verstößt ein **Aufsichtsratsbeschluss** seinem Inhalt nach **gegen Gesetz, Gesellschaftsvertrag oder gegen wesentliche Verfahrensvorschriften**, führt dies zur Nichtigkeit des Beschlusses. Bei einem Verstoß gegen Verfahrensvorschriften gilt dies jedoch nur dann, wenn diesbzgl. Nichtigkeit als Sanktion dem Zweck der jeweils verletzten Verfahrensvorschrift entspricht,[174] was häufig nicht der Fall ist. Nichtigkeit des Beschlusses liegt allerdings jedenfalls dann vor, wenn am Beschluss nicht stimmberechtigte Aufsichtsratsmitglieder oder Dritte mitgewirkt haben, sofern deren Teilnahme für das Ergebnis von entscheidendem Einfluss war. Darüber hinaus kann auch das Unterlassen bzw. bei wesentlichen Fehlern (z.B. Nennung eines falschen Versammlungsorts, zu kurze Ladungsfrist) auch die Fehlerhaftigkeit der Ladung von Aufsichtsratsmitgliedern oder deren rechtswidriger Ausschluss von der Abstimmung zur Nichtigkeit des Beschlusses führen.[175] Sofern allerdings ein Mangel z.B. i.R.d. Einladung vorliegt, jedoch alle bzw. das nicht ordnungsgemäß geladene Aufsichtsratsmitglied(er) mit der Beschlussfassung einverstanden sind, ist der Beschluss rechtmäßig zustande gekommen. Gleiches gilt auch für andere Verfahrensfehler, sodass immer dann, wenn alle Mitglieder des Aufsichtsrats anwesend sind und keine Einwände gegen die Beschlussfassung als solches haben, trotz Vorliegens von Verfahrensmängeln ein wirksamer Beschluss gefasst werden kann. Dabei liegt regelmäßig allein in der Tatsache, dass das jeweilige Aufsichtsratsmitglied an der Beschlussfassung mitwirkt und gegen sie keine Einwände erhebt, eine konkludente Zustimmungserklärung des betroffenen Mitglieds. Sofern das betroffene Mitglied sich mit einer Beschlussfassung nicht einverstanden erklärt, stellt sich die Frage, ob und unter welchen Voraussetzungen die mögliche Unwirksamkeit eines ungeachtet dessen gefassten Beschlusses geltend gemacht werden kann. Grds. richtige Klageart ist in diesen Fällen die Feststellungsklage gegen die Gesellschaft,[176] für die jedes Aufsichtsratsmitglied[177] klagebefugt ist. Das Feststellungsinteresse ergibt sich hierbei aus der gemeinsamen Verantwortung der Organmitglieder für die Rechtmäßigkeit der von ihnen gefassten Beschlüsse.[178] Darüber hinaus sind aber auch Gesellschafter oder Geschäftsführer klagebefugt, sofern sie durch den Beschluss in ihren Rechten verletzt sind.[179] Dabei ist zu berücksichtigen, dass der BGH in diesem Zusammenhang eine insgesamt eher restriktive Linie verfolgt und die Geltendmachung der Nichtigkeit über die Institute des Rechtsschutzbedürfnisses und der Verwirkung einschränkt.[180] 56

Der Aufsichtsrat kann aufgrund seiner Organisationshoheit vom Grundsatz her aus seiner Mitte heraus **Ausschüsse** bilden (vgl. § 107 Abs. 3 AktG). Dies können sowohl vorbereitende, beratende aber auch beschließende Ausschüsse sein. Die Entscheidung, ob ein Ausschuss gebildet oder aufgelöst wird, obliegt dabei grds. dem Aufsichtsrat.[181] Allerdings besteht auch die Möglichkeit, einen Aufsichtsratsausschuss durch Vertragsregelung oder durch entsprechenden Gesellschafterbeschluss einzurichten. Die Einrichtung eines beschließenden Ausschusses ist jedoch nur möglich, sofern dem Aufsichtsrat im Gesellschaftsvertrag die entsprechende Kompetenz zugewiesen ist.[182] Andernfalls bedarf es zunächst einer Änderung des Gesellschaftsvertrags, mit der die Kompetenzverlagerung 57

174 Die Frage nach den Rechtsfolgen eines Verstoßes gegen reine Verfahrensvorschriften ist stark umstritten, vgl. dazu *Heermann*, in: Ulmer/Habersack/Löbbe, GmbHG, § 52 Rn. 85; *Hoffmann-Becking*, in: MünchHdbGesR § 31 Rn. 116 f.

175 Vgl. dazu OLG Stuttgart, WM 1985, 601 f.; LG Düsseldorf, AG 1995, 333.

176 BGH, NJW 1997, 1926; BGH, NJW 1993, 2307; *Giedinghagen*, in: Michalski, GmbHG, § 52 Rn. 383; *Werner*, GmbHR 2015, 577, 579.

177 BGHZ 122, 342, 344; BGHZ 83, 144, 146; BGHZ 64, 325; *Werner*, GmbHR 2015, 577, 578.

178 BGHZ 135, 244.

179 *Lutter/Hommelhoff*, in: Lutter/Hommelhoff, GmbHG, § 52 Rn. 97; *Schneider*, in: Scholz, GmbHG, § 52 Rn. 465.

180 BGHZ 122, 342, 346; 124, 111, 115; 135, 244, 247; *Zöllner/Noack*, in: Baumbach/Hueck, GmbHG, § 52 Rn. 96.

181 BGHZ 122, 342, 355; BGHZ 83, 106, 114 ff.

182 Ebenso *Zöllner/Noack*, in: Baumbach/Hueck, GmbHG, § 52 Rn. 99; *Beuthien*, NZG 2010, 333, 334; a.A. *Giedinghagen*, in: Michalski, GmbHG, § 52 Rn. 386; *Spindler*, in: MünchKommGmbHG, § 52 Rn. 493.

legitimiert wird. Bisher war es über die Verweisung auf § 107 Abs. 4 AktG möglich, dass der Aufsichtsrat einen Prüfungsausschuss einrichtet, der sich mit der Überwachung des Rechnungslegungsprozesses, der Wirksamkeit des internen Kontrollsystems, des Risikomanagementsystems und des internen Revisionssystems sowie der Abschlussprüfung befasst.[183] Dies wird nun durch die Verweisung in § 52 auf § 107 Abs. 3 Satz 2 AktG aufgrund des Abschlussprüfungsreformgesetzes (AReG) bestätigt.[184] Diese Verweisung konkretisiert damit rein deklaratorisch das Selbstorganisationsrecht des Aufsichtsrats.[185] Zudem gelten die Beschränkungen des § 107 Abs. 3 Satz 2 AktG durch Verweisung in § 52 auch für den fakultativen Aufsichtsrat. Hinsichtlich der inneren Ordnung der Ausschüsse finden sich gesetzlich keine Regelungen. Es gelten insofern die Regelungen für den Gesamtaufsichtsrat auch in den jeweiligen Ausschüssen.

IX. Aufgaben und Kompetenzen des Aufsichtsrats

58 Das GmbHG selbst sieht eine Zuständigkeit des Aufsichtsrats nur an einer Stelle vor. Gem. § 29 Abs. 4 Satz 1 können – unbeschadet der Regelungen des § 29 Abs. 1 und 2 und abweichender Gewinnverteilungsabreden nach § 29 Abs. 3 Satz 2 – die Geschäftsführer mit Zustimmung des Aufsichtsrats oder der Gesellschafter den Eigenkapitalanteil von Wertaufholungen bei Vermögensgegenständen des Anlage- und Umlaufvermögens und von bei der steuerrechtlichen Gewinnermittlung gebildeten Passivposten, die nicht im Sonderposten mit Rücklagenanteil ausgewiesen werden dürfen, in andere Gewinnrücklagen einstellen. I.Ü. ergeben sich die Aufgaben des Aufsichtsrats aus den Regelungen des AktG, auf die § 52 verweist, wobei die Gesellschafter weitgehend frei sind, die Aufgaben und Kompetenzen hiervon abweichend zu regeln. So kann z.B. kraft Gesellschaftsvertrag dem Aufsichtsrat die Zuständigkeit zu Entscheidungen in Geschäftsführungsfragen neben oder anstelle der Gesellschafterversammlung zuerkannt werden.[186] Zwingende Grenzen bestehen hier nur im Hinblick auf die Kompetenzverteilung in der GmbH, z.B. bzgl. der Vertretung der Gesellschaft durch die Geschäftsführung (§ 35 Abs. 1, § 37 Abs. 2).[187]

59 **Hauptaufgabe** des Aufsichtsrates ist eine umfassende **Überwachung der Geschäftsführertätigkeit** auf Ordnungsmäßigkeit, Wirtschaftlichkeit, Zweckmäßigkeit und Rechtmäßigkeit (§ 111 Abs. 1 AktG). Die Überwachungstätigkeit bezieht sich nur auf die Geschäftsführungsmaßnahmen der Geschäftsführer und nicht etwa auch auf solche der Gesellschafter oder eines Beirats.[188] Die nötige Überwachungs- und Beratungsintensität richtet sich nach dem konkreten Risiko im Einzelfall und der wirtschaftlichen Situation des Unternehmens. Eine gesteigerte Überwachungspflicht trifft die Mitglieder des Aufsichtsrats in Krisensituationen, insbesondere beim Eintritt der Insolvenz, etwa zur Verhinderung rechtswidriger Zahlungen.[189] So hat der Aufsichtsrat darauf hinzuwirken, dass der Geschäftsführer rechtzeitig einen Insolvenzantrag stellt.[190] In Krisensituationen hat er alle ihm nach §§ 90 Abs. 3, 111 Abs. 2 Satz 1 AktG zur Verfügung stehenden Informationsquellen zu nutzen, um

183 S.o. Rn. 23.

184 Das Gesetz zur Umsetzung der prüfungsbezogenen Regelungen der Richtlinie 2014/56/EU sowie zur Ausführung der entsprechenden Vorgaben der Verordnung (EU) Nr. 537/2014 im Hinblick auf die Abschlussprüfung bei Unternehmen von öffentlichem Interesse (Abschlussprüfungsreformgesetz – AReG), BGBl 2016 Teil I Nr. 23, S. 1142. Zur Übergangsregelung gemäß § 7 EGGmbHG s. BGBl 2016 Teil I Nr. 23, S. 1152 f.

185 Vgl. RegE AReG, BT-Drucks. 18/7219, S. 59; in diese Richtung bereits RegE, BilMoG, BT-Drucks. 16/10067, S. 102; vgl. auch *Schneider*, in: Scholz, GmbHG, § 52 Rn. 473; *Koch*, in: Hüffer/Koch, AktG, § 107 Rn. 22; *Schnorbus*, in: Rowedder/Schmidt-Leithoff, GmbHG, § 52 Rn. 94.

186 RGZ 137, 305, 309; BGHZ, 43, 261, 264.

187 So auch LG Bonn, BeckRS 2015, 16648.

188 *Zöllner/Noack*, in: Baumbach/Hueck, GmbHG, § 52 Rn. 66, 100, 242; *Giedinghagen*, in: Michalski, GmbHG, § 52 Rn. 217.

189 Vgl. BGH, CCZ 2011, 37, 38; OLG Hamburg, DB 2015, 1095, 1097; OLG Stuttgart, GWR 2012, 156 – Piëch.

190 BGH, ZIP 2009, 860, 861f; *Hommelhoff*, in: Lutter/Hommelhoff, GmbHG, § 52 Rn. 19.

sich einen umfassenden Gesamteindruck zu verschaffen.[191] Als Kern der Aufsichtsratstätigkeit kann die Überwachung der Geschäftsführung dem Aufsichtsrat nicht entzogen werden und tritt neben das Überwachungsrecht der Gesellschafterversammlung.[192] Zur Beurteilung schwieriger Sachverhalte kann der Aufsichtsrat auch externe Sachverständige zur Unterstützung heranziehen (§§ 109 Abs. 1 Satz 2, 111 Abs. 2 Satz 2 AktG).[193] In diesem Fall ist externer Rat von einem sorgfältig ausgewählten, unabhängigen, fachlich qualifizierten Berufsträger (i.d.R. Rechtsanwalt, Steuerberater, Wirtschaftsprüfer) einzuholen und die erteilte Auskunft auf Plausibilität zu überprüfen.[194] Gegenstand der Überprüfung ist nicht die Auskunft als solche, sondern nur, ob der Berater über alle erforderlichen Informationen verfügt und diese entsprechend verarbeitet hat und alle sich in diesem Zusammenhang aufdrängenden Fragen widerspruchsfrei beantwortet worden sind.[195] Instrumente zur effektiven Überwachung sind insb. das Einsichts- und Prüfungsrecht gem. § 111 Abs. 2 Satz 1 AktG, das Recht zur Einberufung einer Gesellschafterversammlung gem. § 111 Abs. 3 AktG, das Recht und die Pflicht zur Verabschiedung eines Zustimmungskatalogs i.S.d. § 111 Abs. 4 Satz 2 AktG sowie sonstige Informationsrechte i.S.d. § 90 AktG. Der Aufsichtsrat kann seiner Überwachungstätigkeit nicht nur im Nachgang einer Maßnahme nachkommen, sondern er kann auch präventiv Kontroll- und Überwachungsfunktionen übernehmen. So besteht gem. § 111 Abs. 4 Satz 2 AktG die Möglichkeit, für bestimmte Arten von Geschäften ein **Zustimmungserfordernis** des Aufsichtsrats zu begründen.[196] Diese Zustimmungserfordernisse können von den Gesellschaftern im Gesellschaftsvertrag oder durch den Aufsichtsrat selbst – auch ad hoc – bestimmt werden.[197] Eine statutarische Begrenzung der Kompetenz des Aufsichtsrats, Zustimmungsvorbehalte selbst festzulegen, ist unzulässig.[198] Dafür spricht schon, dass das Zustimmungserfordernis hier eine im Vorfeld der jeweiligen Maßnahme einsetzende Überwachungstätigkeit des Aufsichtsrats darstellt, da die Maßnahme als solche ohne Billigung des Aufsichtsrats erst gar nicht umgesetzt werden wird. Dabei hat der Aufsichtsrat nicht nur die Rechtsmäßigkeit der jeweiligen Maßnahme zu prüfen, sondern auch deren Zweckmäßigkeit. Eine Begrenzung des Rechts des Aufsichtsrats, Vorbehalte selbst festzulegen, ist für die Gesellschafter darüber hinaus nicht erforderlich, da ungeachtet eines bestehenden Zustimmungserfordernisses die Gesellschafterversammlung ihre übergeordnete Geschäftsführungskompetenz, also insb. das Weisungsrecht ggü. den Geschäftsführern, behält.[199] Insofern hat eine Weisung der Gesellschafter immer Vorrang vor möglichen Zustimmungserfordernissen des Aufsichtsrats und auch vor einer verweigerten Zustimmung des Aufsichtsrats.[200] Rechtsgeschäfte, die ohne die erforderliche Zustimmung abgeschlossen werden, bleiben grundsätzlich wirksam. Es sind jedoch die Grundsätze des Missbrauchs der Vertretungsmacht anzuwenden. Danach kann bei einer objektiv evidenten Überschreitung der Vertretungsmacht das Geschäft gemäß §§ 177 ff. BGB schwebend unwirksam oder im Fall der Kollusion nach § 138 Abs. 1 BGB nichtig sein.[201]

191 OLG Düsseldorf, AG 2015, 434, 437.

192 *Lutter/Hommelhoff*, in: Lutter/Hommelhoff, GmbHG, § 46 Rn. 31; *Schneider*, in: Scholz, GmbHG, § 52 Rn. 19f; zum Überwachungsrecht der Gesellschafter *Roth*, in: Roth/Altmeppen, GmbHG, § 46 Rn. 67 ff.

193 BGHZ 85, 293, 297; *Schneider*, in: Scholz, GmbHG, § 52 Rn. 285.

194 *Hambloch-Gesinn/Gesinn*, in: Hölters, AktG, § 111 Rn. 53 ff.; zur Haftungsentlastung des Aufsichtsrats durch Beratung s. *Witte/Indenhuck*, BB 2014, 2563, 2567 ff.

195 BGH, DStR 2015, 1635, 1637.

196 Zu Inhalt und Umfang der Zustimmungsvorbehalte *Fleischer*, BB 2013, 835; *Thiessen*, AG 2013, 573.

197 BGH, NJW 1994, 520, 524; *Giedinghagen*, in: Michalski, GmbHG, § 52 Rn. 228; *Lutter/Hommelhoff*, in: Lutter/Hommelhoff, GmbHG, § 52 Rn. 15.

198 *Spindler*, in: MünchKommGmbHG, § 52 Rn. 363; *Schnorbus*, in: Rowedder/Schmidt-Leithoff, GmbHG, § 52 Rn. 36; a.A. *Schneider*, in: Scholz, GmbHG, § 52 Rn. 332f; *Lutter/Hommelhoff*, in: Lutter/Hommelhoff, GmbHG, § 52 Rn. 47 (für den obligatorischen Aufsichtsrat).

199 *Schneider*, in: Scholz, GmbHG, § 52 Rn. 274; *Altmeppen*, in: Roth/Altmeppen, GmbHG § 52 Rn. 23.

200 *Zöllner/Noack*, in: Baumbach/Hueck, GmbHG, § 52 Rn. 124; *Lutter/Hommelhoff*, in: Lutter/Hommelhoff, GmbHG, § 52 Rn. 15; *Giedinghagen*, in: Michalski, GmbHG, § 52 Rn. 233.

201 BGH, NJW 2012, 1718, 1719; *Altmeppen*, in: Roth/Altmeppen, GmbHG § 52 Rn. 24; § 37 Rn. 38 f., 44 f.

60 Zur ordnungsgemäßen Erfüllung seiner Aufgaben muss sowohl der Aufsichtsrat als Gremium, als auch jedes einzelne Aufsichtsratsmitglied über eine ausreichende **Informationsbasis** verfügen. Gem. § 90 Abs. 3 Satz 1 AktG kann der Aufsichtsrat jederzeit von den Geschäftsführern einen Bericht über die Angelegenheiten der Gesellschaft verlangen. Eine Pflicht zur automatischen, regelmäßigen Erstellung von **Berichten**, wie sie § 90 Abs. 1 und 2 AktG vorsieht, besteht bei der GmbH mangels entsprechenden Hinweises in § 52 nicht. Die Berichtspflicht umfasst die Darstellung sämtlicher wesentlicher Punkte zu den Sachverhalten, bzgl. derer ein Bericht verlangt wird. Eine Vorlage sämtlichen Materials zu der jeweiligen Frage einschließlich interner Arbeitsunterlagen der Geschäftsführung kann der Aufsichtsrat aber nicht verlangen.[202] Der Gesellschaftsvertrag kann auch hier im Einzelnen die Anforderungen definieren und z.B. auch eine ständige Informationspflicht der Geschäftsführung ggü. dem Aufsichtsrat einführen. Auch eine Einschränkung der Berichtspflicht kraft entsprechender Regelung im Gesellschaftsvertrag ist möglich, wobei allerdings hierdurch die Aufgaben des Aufsichtsrats, insb. die einer ordnungsgemäßen Überwachung, nicht unterlaufen werden dürfen.[203] Notwendige Informationen können ggü. dem Aufsichtsrat grds. nicht mit Hinweis auf Geheimhaltungsgründe verweigert werden.[204] Zum einen unterliegen die Aufsichtsratsmitglieder einer Verschwiegenheitspflicht (§§ 116 Satz 1 i.V.m. 93 Abs. 1 Satz 3; 116 Satz 2 AktG), zum anderen wäre ansonsten auch keine ordnungsgemäße Erfüllung der Überwachung möglich. Insofern können auch bei einem fakultativen Aufsichtsrat die Informationsrechte nicht ausgeschlossen, sondern allenfalls modifiziert werden.[205] Besteht jedoch die begründete Gefahr, dass sich einzelne Aufsichtsratsmitglieder nicht an ihre Verschwiegenheitspflicht halten und der Gesellschaft hierdurch Nachteile entstehen können, können diese Aufsichtsratsmitglieder vom Zugang zu diesen Informationen ausgeschlossen werden.[206] Ein inhaltlich beanstandungsfreier Aufsichtsratsbeschluss ist unter Bezugnahme auf die §§ 116 Satz 1, 93 Abs. 1 Satz 2 AktG nicht schon deswegen nichtig, weil er auf unzureichender Informationsgrundlage beruht.[207]

61 Über § 170 Abs. 1 AktG sind dem Aufsichtsrat unverzüglich nach ihrer Aufstellung der **Jahres- bzw. der Konzernabschluss** und der (Konzern-) Lagebericht vorzulegen, die dieser zu prüfen hat. Umstritten ist, ob die Geschäftsführer darüber hinaus auch einen Vorschlag über die Verwendung des Bilanzgewinns vorzulegen haben.[208] Daneben hat der Aufsichtsrat über § 111 Abs. 2 Satz 1 AktG das Recht, »Bücher oder Schriften« der Gesellschaft sowie Vermögensgegenstände, wie z.B. die Kasse, einzusehen und zu prüfen. Denkbar ist aber z.B. die Übertragung dieser Aufgaben auf einen Ausschuss oder einzelne AR-Mitglieder (§ 111 Abs. 2 Satz 2 AktG), sodass nicht alle Mitglieder des Aufsichtsrats Einblick bekommen. Ein Einsichts- und Prüfungsrecht des einzelnen Aufsichtsratsmitglieds besteht nämlich nicht.[209] Im Rahmen seiner Tätigkeiten kann der Aufsichtsrat auch sachverständige Dritte einschalten.[210] Gem. § 171 Abs. 2 Satz 1 AktG hat der Aufsichtsrat über das Ergebnis seiner Prüfung der Gesellschafterversammlung schriftlich zu berichten. Dieser Bericht muss dabei zum einen durch einen förmlichen Beschluss des Aufsichtsrats festgestellt, zum anderen im Original zumindest durch den Aufsichtsratsvorsitzenden unterschrieben werden.[211] Dabei hat

202 *Zöllner/Noack*, in: Baumbach/Hueck, GmbHG, § 52 Rn. 134 f.

203 *Lutter/Hommelhoff*, in: Lutter/Hommelhoff, GmbHG, § 52 Rn. 22; *Marsch-Barner/Diekmann*, in: MünchHdbGesR, § 48 Rn. 60; a.A. *Heyder*, in: Michalski, GmbHG, 1. Aufl., § 52 Rn. 262.

204 *Schneider*, in: Scholz, GmbHG, § 52 Rn. 295; *Lutter/Hommelhoff*, in: Lutter/Hommelhoff, GmbHG, § 52 Rn. 22; *Giedinghagen*, in: Michalski, GmbHG, § 52 Rn. 262.

205 *Zöllner/Noack*, in: Baumbach/Hueck, GmbHG, § 52 Rn. 134 f.; *Lutter/Hommelhoff*, in: Lutter/Hommelhoff, GmbHG, § 52 Rn. 22.

206 *Schneider*, in: Scholz, GmbHG, § 52 Rn. 295 f.; *Giedinghagen*, in: Michalski, GmbHG, § 52 Rn. 263.

207 OLG München, ZIP 2017, 372, 375.

208 Bejahend *Schneider*, in: Scholz, GmbHG, § 52 Rn. 312f; *Heermann*, in: Ulmer/Habersack/Löbbe, GmbHG, § 52 Rn. 98; *Spindler*, in: MünchKommGmbHG, § 52 Rn. 354; a.A. *Zöllner/Noack*, in: Baumbach/Hueck, GmbHG, 52 Rn. 109.

209 *Zöllner/Noack*, in: Baumbach/Hueck, GmbHG, § 52 Rn. 137.

210 *Leuering/Simon*, NJW-Spezial 2007, 123.

211 BGH, DStR 2010, 2585 f.

er, soweit die Gesellschaft der Abschlussprüfungspflicht unterliegt, auch zum Ergebnis der Prüfung durch den Abschlussprüfer Ausführungen zu machen. Da auf § 172 AktG nicht verwiesen wird, obliegt dem Aufsichtsrat nicht die Aufgabe, den Jahresabschluss zusammen mit der Geschäftsführung festzustellen. Dies ist vielmehr Kompetenz der Gesellschafterversammlung gem. § 46 Nr. 1 und § 42a Abs. 1 und 2. Umstritten ist, ob durch entsprechende abweichende Gesellschaftsvertragsregelung die Kontrollaufgabe des Aufsichtsrats im Hinblick auf die Prüfung des Jahres- bzw. des Konzernabschlusses abbedungen werden kann.[212] Aufgrund der in § 52 angeordneten Dispositionsbefugnis im Gesellschaftsvertrag wird man diese Kontrollaufgabe des Aufsichtsrats zwar grds. als abdingbar ansehen müssen, doch ändert dies nichts an der grundsätzlichen Aufgabe des Aufsichtsrats, eine geeignete Kontrolle und Überwachung der Geschäftsführung vorzunehmen.[213] Zwar trifft den Aufsichtsrat im Fall der Abbedingung keine rechtstechnische Prüfungsverpflichtung, aus seiner grundsätzlichen Überwachungspflicht folgt allerdings, dass er die entsprechenden Jahres- bzw. Konzernabschlüsse i.d.R. zumindest auf Plausibilität durchzusehen hat.

Der Aufsichtsrat ist zur **Einberufung einer Gesellschafterversammlung** befugt und zugleich auch verpflichtet, wenn das Wohl der Gesellschaft es aus seiner Sicht erfordert (§ 52 Abs. 1 GmbHG i.V.m. § 111 Abs. 3 Satz 1 AktG). In diesem Fall ist dem Aufsichtsrat in der Gesellschafterversammlung auch das Recht einzuräumen, den Grund für die Einberufung zu erläutern.[214] Die Aufsichtsratsmitglieder haben aber kein generelles Recht bzw. keine generelle Pflicht zur Teilnahme an der Gesellschafterversammlung. Ein unabdingbares Teilnahmerecht besteht nur in den Fällen, in denen eine Teilnahme der Aufsichtsratsmitglieder für die ordnungsgemäße Erfüllung ihrer Aufgaben erforderlich ist. Allerdings ist eine abweichende Regelung durch den Gesellschaftsvertrag möglich, sodass den Aufsichtsratsmitgliedern Teilnahmerechte eingeräumt oder entsprechende Pflichten auferlegt werden können. 62

Gem. §§ 35 ff. wird die Gesellschaft grds. durch die Geschäftsführer vertreten. Allerdings verweist § 52 für den fakultativen Aufsichtsrat auf § 112 AktG (**Vertretung** des Aufsichtsrats ggü. dem Vorstand), nach dem der Aufsichtsrat die Gesellschaft gerichtlich und außergerichtlich ggü. den Geschäftsführern zu vertreten hat. Die Regelung des § 112 AktG findet im GmbH-Recht jedoch nur sehr eingeschränkte Wirkung.[215] So obliegt die Geltendmachung von Ersatzansprüchen der Gesellschaft gegen Geschäftsführer gem. § 46 Nr. 8 grds. der Gesellschafterversammlung. Dies umfasst auch Streitigkeiten aus dem Geschäftsführeranstellungsvertrag, da bei einem fakultativen Aufsichtsrat die Gesellschafterversammlung kraft Annexkompetenz zur Geschäftsführerbestellung auch für den Abschluss, die Veränderung und die Beendigung des Anstellungsvertrags zuständig ist.[216] Dies erstreckt sich zudem auf Beraterverträge mit ausgeschiedenen Geschäftsführern und sog. Drittanstellungsverhältnisse.[217] Dem Aufsichtsrat kann jedoch durch Gesellschaftsvertrag die Personalkompetenz für die Bestellung und Abberufung der Geschäftsführung zugewiesen werden. Der Aufsichtsrat vertritt die Gesellschaft ggü. der Geschäftsführung daher vorbehaltlich anderer Regelung im Gesellschaftsvertrag nur in sonstigen Prozessen, wobei die Vertretungsmacht des Aufsichtsrats dabei auch ggü. ausgeschiedenen Geschäftsführern besteht.[218] Die Vorschrift des § 112 63

212 Ablehnend *Zöllner/Noack*, in: Baumbach/Hueck, GmbHG, § 52 Rn. 113; a.A. (satzungsdispositiv) *Heermann*, in: Ulmer/Habersack/Löbbe, GmbHG, § 52 Rn. 100; *Schnorbus*, in: Rowedder/Schmidt-Leithoff, GmbHG, § 52 Rn. 33; *Altmeppen*, in: Roth/Altmeppen, GmbHG, § 52 Rn. 28; *Schneider*, in: Scholz, GmbHG, § 52 Rn. 320.

213 *Giedinghagen*, in: Michalski, GmbHG, § 52 Rn. 249; *Spindler*, in: MünchKommGmbHG, § 52 Rn. 304.

214 *Zöllner/Noack*, in: Baumbach/Hueck, GmbHG, § 52 Rn. 138.

215 *Wicke*, GmbHG, § 52 Rn. 9; ausführlich *Zöllner/Noack*, in: Baumbach/Hueck, GmbHG, § 52 Rn. 116.

216 *Zöllner/Noack*, in: Baumbach/Hueck, GmbHG, § 52 Rn. 116, 122; *Lutter/Hommelhoff*, in: Lutter/Hommelhoff, GmbHG, § 52 Rn. 77; *Altmeppen*, in: Roth/Altmeppen, GmbHG, § 52 Rn. 22; *Giedinghagen*, in: Michalski, GmbHG, § 52 Rn. 277; a.A. *Meyer-Landrut*, § 52 Rn. 29.

217 BGH, DStR 2015, 1635, 1637; *Jaeger*, in: Ziemons/Jaeger, GmbHG, § 52 Rn. 36 m.w.N.; *Giedinghagen*, in: Michalski, GmbHG, § 52 Rn. 277.

218 Vgl. dazu BGH, NJW-RR 1993, 1250; OLG Brandenburg, BeckRS 2019, 125; LG Frankfurt am Main, BeckRS 2010, 21849.

AktG gilt auch dann, wenn sich die GmbH in der Liquidation befindet. Der Umstand, dass als Liquidator nicht der bis zur Liquidation bestellte Geschäftsführer, sondern eine dritte Person bestellt worden ist, steht dem nicht entgegen.[219] Sofern die Geschäftsführung gehandelt hat, obwohl der Aufsichtsrat gem. § 112 AktG zuständig gewesen wäre, sind die §§ 177 ff. BGB anwendbar.[220] Die **Vertretungsmacht** steht nicht den einzelnen Aufsichtsratsmitgliedern, sondern nur dem gesamten Aufsichtsrat als Organ zu,[221] wobei der Aufsichtsrat den Vorsitzenden des Aufsichtsrats (konkludent) zur Vertretung des gesamten Aufsichtsrats bevollmächtigen kann.[222] Handelt der Vorsitzende als vollmachtloser Vertreter kann das Aufsichtsratsgremium dies durch Mehrheitsbeschluss genehmigen.[223] Jegliche Ermächtigung – auch Dritter – setzt somit einen Mehrheitsbeschluss durch das Gesamtgremium voraus.[224] Nicht abschließend geklärt ist die Frage, ob dem Aufsichtsrat eine kompetenzbezogene Vertretungsmacht zukommt, d.h. er für sämtliche Geschäfte, für die er im Innenverhältnis zuständig ist, auch im Außenverhältnis entsprechende Vertretungsmacht hat. Da das GmbHG eine entsprechende Außenbevollmächtigung vom Grundsatz her nicht kennt,[225] bleibt es bei der grundsätzlichen Vertretungsmacht im GmbH-Recht, d.h. die Geschäftsführung ist für eine entsprechende Vertretung im Außenverhältnis zuständig.

64 Das Aufsichtsratsmitglied ist verpflichtet, zum Ende seiner Amtszeit **sämtliche Geschäftsunterlagen** samt Kopien hiervon an die Gesellschaft **herauszugeben**. Die Herausgabepflicht ergibt sich aus § 666 f. BGB.[226] Dies gilt selbst in den Fällen, in denen noch Streitigkeiten zwischen der Gesellschaft und dem ehemaligen Aufsichtsratsmitglied im Hinblick auf eine nicht ordnungsgemäße Amtsführung bestehen.[227]

65 Umstritten ist, ob und, wenn ja, wie eine **gerichtliche Durchsetzung von Rechten des Aufsichtsrats** möglich ist. Teilweise wird vertreten, dass in Ausnahmefällen der Aufsichtsrat bzw. einzelne Aufsichtsratsmitglieder die Rechte des Aufsichtsrats in dessen Namen selbst ggü. den Geschäftsführern bzw. der GmbH einklagen könnten.[228] Die h.A. lehnt dagegen ein Recht des Aufsichtsrats oder seiner Mitglieder ab, Rechte des Aufsichtsrats ggü. der Geschäftsführung oder der GmbH durchzusetzen.[229]

X. Bekanntmachung von Änderungen im Aufsichtsrat (§ 52 Abs. 3)

66 Besteht ein Aufsichtsrat ausnahmsweise bereits vor Eintragung der Gesellschaft im Handelsregister und sind bereits Aufsichtsratsmitglieder bestellt, ist dies gem. § 52 Abs. 3 Satz 1 GmbHG i.V.m.

219 OLG Brandenburg, BeckRS 2019, 125.

220 So für die AG, OLG Celle, BB 2002, 1438; *Zöllner/Noack*, in: Baumbach/Hueck, GmbHG, 52 Rn. 116; a.A. *Mertens*, in: KK-AktG, § 112 Rn. 5.

221 OLG Zweibrücken, BeckRS 2010, 16855; LG Frankfurt am Main, BeckRS 2010, 21849; *Zöllner/Noack*, in: Baumbach/Hueck, GmbHG, § 52 Rn. 120; *Marsch-Barner/Diekmann*, in: MünchHdbGesR, § 48 Rn. 63; *Schneider*, in: Scholz, GmbHG, § 52 Rn. 360.

222 Umstritten ist, ob eine ohne wirksam erteilte Vertretungsmacht vorgenommene Vertretung zu einem schwebend unwirksamen Geschäft (so BGH, NZG 2013, 792, 794; OLG Frankfurt am Main, GmbH-Recht 1995, 897; OLG Karlsruhe, WM 1996, 161; OLG München, AG 1986, 234; *Zöllner/Noack*, in: Baumbach/Hueck, GmbHG, 52 Rn. 120) oder zur Nichtigkeit des Geschäfts (so OLG Stuttgart, AG 1993, 85) führt.

223 BGH, NZG 2013, 792, 794.

224 BGH, NZG 2013, 792, 794; OLG München, NZG 2015, 706.

225 *Heermann*, in: Ulmer/Habersack/Löbbe, GmbHG, § 52 Rn. 109.

226 *Zöllner/Noack*, in: Baumbach/Hueck, GmbHG, § 52 Rn. 133; *Hommelhoff*, in: Lutter/Hommelhoff, GmbHG, § 52 Rn. 24.

227 BGH, DB 2008, 2074 f.

228 *Lutter/Hommelhoff*, in: Lutter/Hommelhoff, GmbHG, § 52 Rn. 100; *Bork*, ZGR 1989, 1; unter Einschränkungen bejahend *Giedinghagen*, in: Michalski, GmbHG, § 52 Rn. 299 ff.

229 OLG Frankfurt am Main, AG 1988, 109 ff.; LG Köln, AG 1976, 329 f.; *Spindler*, in: MünchKommGmbHG, § 52 Rn. 704 f. m.w.N.; *Schneider*, in: Scholz, GmbHG, § 52 Rn. 691; anders LG Darmstadt, AG 1987, 218 f.

§ 37 Abs. 4 Nr. 3 und 3a AktG dem Handelsregister i.R.d. Anmeldung mitzuteilen und die entsprechenden Dokumente einzureichen.

Gem. § 52 Abs. 3 Satz 2 ist jede Bestellung und jeder Wechsel von Aufsichtsratsmitgliedern durch die Geschäftsführung dem Registergericht der Gesellschaft durch Einreichung einer kompletten Liste der aktuellen Aufsichtsratsmitglieder mitzuteilen. Eine entsprechende Aktualisierung ist auch dann erforderlich, wenn einzelne Aufsichtsratsmitglieder ersatzlos ausscheiden oder der Aufsichtsrat insgesamt abgeschafft wird. In der Liste sind der Name, Beruf, Wohnort (nicht Adresse!) des Aufsichtsratsmitglieds aufzunehmen.[230] Einer Beglaubigung (§ 12 Abs. 1 HGB) bedarf es nicht, da keine Eintragung in das Handelsregister erfolgt.[231] § 52 Abs. 3 ist zwingend.[232] 67

Darüber hinaus ist gem. § 35a auf der Geschäftspost der Vorsitzende des Aufsichtsrats zu nennen. 68

Die Pflicht zur Einreichung der nach § § 37 Abs. 4 Nr. 3 und 3a AktG sowie § 52 Abs. 3 Satz 2 erforderlichen Dokumente kann durch Zwangsgeld nach § 14 HGB durchgesetzt werden.[233] 69

C. Der obligatorische Aufsichtsrat

Im Gegensatz zum fakultativen Aufsichtsrat richtet sich der obligatorische Aufsichtsrat nicht nur nach den Regeln des GmbHG. Vielmehr sind weitere (zwingende) Vorgaben aus den jeweils einschlägigen, die Mitbestimmung begründenden Gesetzen zu beachten,[234] in der Praxis am häufigsten die Regelungen des DrittelbG und des MitbestG. Die mitbestimmungsrechtlichen Regelungen, nach denen ein Aufsichtsrat zwingend zu bilden ist, unterscheiden sich z.T. erheblich voneinander. Unterschiede gibt es z.B. bei der Größe und Zusammensetzung des Aufsichtsrats, der Art und Weise der Bestellung seiner Mitglieder sowie seiner Zuständigkeiten und inneren Ordnung. 70

Unabhängig vom konkret einschlägigen Aufsichtsratsstatut ist das **Mitbestimmungsrecht** als Sozialordnungsrecht für die davon erfassten Unternehmen grds. **zwingender Natur.**[235] Auf die aufgrund Mitbestimmungsrechts vorgegebene Zusammensetzung des Aufsichtsrats und die diesem zustehenden Rechte kann daher weder verzichtet, noch kann diesbezüglich »nach unten« abgewichen werden. Insofern kann das unternehmerische Mitbestimmungsstatut daher anders als z.B. die Betriebsratsstruktur (vgl. dort insb. die Möglichkeiten nach § 3 BetrVG) nicht vereinbart werden.[236] Auf der anderen Seite besteht bei einer GmbH jedoch die Möglichkeit der privatautonomen Einführung eines (freiwilligen) mitbestimmten Aufsichtsrats bzw. der Implementierung eines von den gesetzlichen Vorgaben abweichenden Aufsichtsrats, sofern hierdurch nicht die kraft Gesetzes zwingend geltenden Aufsichtsratsbestimmungen unterschritten werden.[237] 71

Darüber hinaus sind im Gegensatz zu den Regelungen des § 52 nicht nur die **Implementierung des Aufsichtsrats zwingend**, sondern auch die auf den jeweiligen Aufsichtsrat anwendbaren Regelungen. Dies betrifft z.B. im DrittelbG und MitbestG zum einen die Regelungen in den beiden Gesetzen selbst, zum anderen aber auch die den Aufsichtsrat betreffenden Verweisungen auf das AktG. 72

---

230 *Altmeppen*, in: Roth/Altmeppen, GmbHG, § 52 Rn. 60.

231 *Lutter/Hommelhoff*, in: Lutter/Hommelhoff, GmbHG, § 52 Rn. 65.

232 *Schnorbus*, in: Rowedder/Schmidt-Leithoff, GmbHG, § 52 Rn. 47; *Altmeppen*, in: Roth/Altmeppen, GmbHG, § 52 Rn. 63.

233 *Spindler*, in: MünchKommGmbHG, § 52 Rn. 709.

234 Vgl. zu den einschlägigen Gesetzen, nach denen ein mitbestimmter Aufsichtsrat zu bilden ist, oben Rdn. 3.

235 *Ulmer/Habersack*, in: Ulmer/Habersack/Henssler, MitbestR, MitbestG, 4. Aufl. 2018, § 1 Rn. 16; *Hanau*, ZGR 2001, 79 f., *Seibt*, AG 2005, 416 f.

236 Vgl. zu den Reformbestrebungen zur Einführung einer Möglichkeit der Mitbestimmungsvereinbarung auch für die GmbH Arbeitskreis »Unternehmerische Mitbestimmung«, ZIP 2009, 885 ff.

237 OLG Bremen, NJW 1977, 1153, 1154; *Hanau*, ZGR 2001, 75, 98 f.; *Hommelhoff*, ZHR 148 (1984), 118, 133; *Ihrig/Schlitt*, NZG 1999, 333, 336; *Henssler*, ZfA 2000, 241, 265; *Seibt*, AG 2005, 413, 415; a.A. wohl *Martens*, ZGR 1979, 518.

Der Gesellschaftsvertrag kann daher von der Anwendbarkeit der aktienrechtlichen Vorschriften nicht dispensieren, es sei denn, das AktG hält entsprechende Öffnungen bereit oder es ergibt sich aus den strukturellen Unterschieden zwischen GmbH und AG etwas anderes.[238]

73 Die Tatsache, dass die Mehrheit oder alle Geschäftsanteile sich in der Hand öffentlicher Träger befinden, ändert an der Aufsichtsratspflichtigkeit nichts.[239]

I. Der Aufsichtsrat nach dem DrittelbG/MitbestG

74 Für die GmbH statuiert § 1 Abs. 1 Nr. 3 DrittelbG[240] das Aufsichtsratssystem nach dem DrittelbG. Es betrifft GmbHs mit i.d.R. mehr als 500 Arbeitnehmern, die nicht unter das MitbestG, das Montan-MitbestG oder das MontanMitbestErgG fallen. Vom MitbestG erfasst wird eine GmbH, wenn sie i.d.R. mehr als 2000 Arbeitnehmer beschäftigt (§ 1 Abs. 1 Nr. 2 MitbestG) und nicht unter das Montan-MitbestG oder das MontanMitbestErgG fällt.

75 **Tendenzunternehmen** unterfallen weder dem DrittelbG (§ 1 Abs. 2 Satz 2 DrittelbG) noch dem MitbestG (§ 1 Abs. 4 Satz 1 MitbestG). Tendenzunternehmen sind Unternehmen, die unmittelbar und überwiegend politischen, koalitionspolitischen, karitativen, erzieherischen, wissenschaftlichen oder künstlerischen Bestimmungen oder Zwecken der Berichterstattung oder Meinungsäußerung, auf die Art. 5 Abs. 1 Satz 2 GG anzuwenden ist, dienen. Die Unmittelbarkeit ist zu bejahen, sofern die geschützte Tendenz im statutarischen Unternehmenszweck enthalten ist und das Unternehmen nicht lediglich die Tendenzverfolgung durch andere wirtschaftlich fördern soll. Bei einem quantitativen Übergewicht, wird also der größere Teil der personellen (und ggf. sonstigen) Betriebsmittel für die Tendenzverwirklichung eingesetzt, ist die Tendenzverfolgung überwiegend.[241] Ebenfalls ausgenommen sind gem. § 1 Abs. 2 Satz 2 DrittelbG bzw. § 1 Abs. 4 Satz 2 MitbestG unbeschadet ihrer Rechtsform Religionsgemeinschaften und ihre karitativen und erzieherischen Einrichtungen.[242] Auf ein nicht originär tendenzgeschütztes herrschendes Unternehmen findet § 1 Abs. 4 Satz 1 MitbestG/§ 1 Abs. 2 Satz 2 DrittelbG dann Anwendung, wenn seiner Leitungsmacht überwiegend tendenzgeschützte Unternehmen unterworfen sind.[243] Die Erstreckung des Tendenzschutzes auf eine Holdinggesellschaft ist jedoch ausgeschlossen, wenn ihr statuarischer Unternehmensgegenstand bloß allgemein der Erwerb und das Halten von Beteiligungen an Gesellschaften und deren einheitliche Leitung ist und keine Konkretisierung hinsichtlich dem Tendenzschutz unterfallender Unternehmen erfolgt.[244] Hierbei ist ausschließlich auf den Gesellschaftsvertrag der Holding und nicht darauf abzustellen, ob diese tatsächlich nur oder überwiegend für tendenzgeschützte Unternehmen Leitungstätigkeiten wahrnimmt.

76 **Ausländische Unternehmensträger** unterliegen nicht dem Anwendungsbereich des DrittelbG und des MitbestG und zwar selbst dann nicht, wenn sie ihren Verwaltungssitz und ihren Betrieb in Deutschland haben.[245]

---

238 *Zöllner/Noack*, in: Baumbach/Hueck, GmbHG, § 52 Rn. 160.

239 *Giedinghagen*, in: Michalski, GmbHG, § 52 Rn. 35; *Zöllner/Noack*, in: Baumbach/Hueck, GmbHG, § 52 Rn. 157.

240 Das DrittelbG löste mit Wirkung vom 01.07.2004 das BetrVG 1952 ab, dessen AR-relevante Normen mit Erlass des BetrVG 1972 unverändert fortbestanden hatten.

241 BAG, NZA 2006, 1422; OLG München, DB 2020, 943; OLG München, AG 2019, 697.

242 Dazu aus der Rspr. BVerfGE 46, 73; BAG, AP BetrVG 1952 § 81 Nr. 12; BAG, AP BetrVG 1972, § 118 Nr. 6, 10.

243 OLG Dresden, NZG 2011, 462.

244 OLG Brandenburg, BeckRS 2013, 13087.

245 *Gach*, in: MünchKommAktG, § 1 MitbestG Rn. 7; *Oetker*, in: ErfKomm, MitbestG, § 1 Rn. 2; *Ulmer/Habersack*, in: Ulmer/Habersack/Henssler, MitbestR, MitbestG, 3. Aufl., 2013, § 1 Rn. 28; *Zöllner/Noack*, in: Baumbach/Hueck, GmbHG, § 52 Rn. 280.

1. Voraussetzungen der Bildung eines Aufsichtsrats nach dem DrittelbG/MitbestG

Voraussetzung für die Pflicht zur Bildung eines Aufsichtsrats ist zunächst, dass die GmbH »in der Regel« mehr als 500 Arbeitnehmer (§ 1 Abs. 1 Nr. 3 DrittelbG) bzw. mehr als 2.000 Arbeitnehmer (§ 1 Abs. 1 Nr. 2 MitbestG) beschäftigt. 77

a) Begriff des Arbeitnehmers

Die Frage, wer Arbeitnehmer i.S.d. § 1 Abs. 1 Nr. 3 DrittelbG bzw. § 1 Abs. 1 Nr. 2 MitbestG ist, bestimmt sich durch die in § 3 Abs. 1 DrittelbG/§ 3 Abs. 1 MitbestG geregelte Verweisung auf § 5 Abs. 1 BetrVG nach dem betriebsverfassungsrechtlichen Arbeitnehmerbegriff. Arbeitnehmer sind demnach Arbeiter und Angestellte unabhängig davon, ob sie im Betrieb, im Außendienst oder in Telearbeit beschäftigt sind. Als Arbeitnehmer gelten auch die in Heimarbeit Beschäftigten, die in der Hauptsache für den Betrieb arbeiten. Im Ausland tätige Arbeitnehmer werden nach bisher herrschender Auffassung nur dann erfasst, wenn es sich um einen nur vorübergehenden Auslandseinsatz handelt.[246] Hieran ist auch vor dem Hintergrund der Diskussion über die gemeinschaftsrechtliche Arbeitnehmerfreizügigkeit (Art. 45 AEUV) und das Diskriminierungsverbot (Art. 18 Abs. 1 AEUV) sowie einer Ungleichbehandlung zwischen inländischen und ausländischen Unternehmen (Art. 3 GG) festzuhalten[247] Die aufgestellten Grundsätze zum Ausschluss der nicht im Inland beschäftigten Arbeitnehmer vom aktiven und passiven Wahlrecht sind auf die Nichtberücksichtigung der nicht im Inland tätigen Arbeitnehmer bei der Berechnung der Schwellenwerte übertragbar.[248] Als Arbeitnehmer zählen auch in Teilzeit und geringfügig Beschäftigte.[249] Zur Berufsbildung Beschäftigte sind dann Arbeitnehmer, wenn sich ihre Berufsausbildung i.R.d. arbeitstechnischen Zweckes eines Produktions- oder Dienstleistungsbetriebs vollzieht und sie deshalb in vergleichbarer Weise wie die sonstigen Arbeitnehmer in den Betrieb eingegliedert sind. Insofern zählt zur Belegschaft nur, wer i.R.d. betrieblichen Berufsbildung in den Betrieb eingegliedert ist.[250] 78

§ 5 Abs. 1 BetrVG spricht von den **Beschäftigten.** Darunter ist nicht das rechtliche, sondern das faktische Bestehen eines Arbeitsverhältnisses zu verstehen. Folglich bleiben Arbeitnehmer, deren Arbeitsverhältnis ruht, bei der Berechnung der Arbeitnehmerzahl ebenso unberücksichtigt,[251] wie Arbeitnehmer, die sich in der Freistellungsphase der im Blockmodell vollzogenen Altersteilzeit befinden.[252] Scheinselbstständige, d.h. Personen, die zwar formell selbstständig, materiell jedoch Arbeitnehmer sind, sind hingegen zu berücksichtigen.[253] 79

---

246 Vgl. *Seibt*, in: Henssler/Willemsen/Kalb, DrittelbG, § 3 Rn. 4; *Henssler*, in: Habersack/Henssler, MitbestR, MitbestG, § 3 Rn. 40, 42; BAG, DB 1978, 1840, vgl. zur rechtspolitischen Kritik *Raiser*, Gutachten für den 66. DJT 2006, S. 93 ff.

247 EuGH, C-566/15, NZG 2017, 949; vgl. Rdn. 95; *Habersack*, NZG 2017, 1021; *Lutter*, EuZW 2017, 665; *Heuschmid/Videbaek Munkholm*, EuZW 2017, 419.

248 OLG Frankfurt, ZIP 2018, 1175; LG Dortmund, NZG 2018, 468; LG Hamburg, NZG 2018, 466; LG Frankfurt a.M., NZA-RR 2018, 192; LG Stuttgart, Beschl. v. 01.02.2018 – 31 O 47/17 KfH AktG; *Ott/Goette*, NZG 2018, 281.

249 BAGE 69, 286; *Wissmann*, in: MünchHdbArbR, § 367 Rn. 6; *Zöllner/Noack*, in Baumbach/Hueck, GmbHG, § 52 Rn. 148.

250 *Richardi*, in: Richardi, BetrVG, § 5 Rn. 89.

251 *Ulmer*, in: FS Heinsius, 1991, 855, 864 ff.; *Zöllner/Noack*, in Baumbach/Hueck, GmbHG, § 52 Rn. 149; *Gach*, in MünchKommAktG, MitbestG, § 1 Rn. 16; *Oetker*, in: GroßKommAktG, MitbestG, § 1 Rn. 15.

252 BegrRegE BT-Drucks. 14/5741, S. 28; *Seibt*, in: Henssler/Willemsen/Kalb, DrittelbG, § 3 Rn. 2; *Gach*, in: MünchKommAktG, MitbestG, § 1 Rn. 14f; *Zöllner/Noack*, in: Baumbach/Hueck, GmbHG, § 52 Rn. 149.

253 *Zöllner/Noack*, in: Baumbach/Hueck, GmbHG, § 52 Rn. 149; näher zur Figur der Scheinselbstständigkeit: BAG, NZA 2002, 123; *Hromadka*, NJW 2003, 1847.

80 Nach § 14 Abs. 1 AÜG sind **Leiharbeitnehmer** auch während ihres Aufenthalts im Entleiherbetrieb betriebsverfassungsrechtlich Angehörige des Verleiherbetriebs.[254] Sie waren daher bisher beim Entleiher grds. selbst dann nicht einzubeziehen, wenn sie gem. § 5 Abs. 2 Satz 2 DrittelbG/§§ 10 Abs. 2 Satz 2, 18 Satz 2 MitbestG i.V.m. § 7 Abs. 2 BetrVG an der Wahl der Arbeitnehmervertreter in den Aufsichtsrat teilnehmen konnten.[255] Auch eine längerfristige Überlassung führte mangels arbeitsvertraglicher Bindung zum Entleiher daher nicht dazu, dass die überlassenen Mitarbeiter zu Betriebsangehörigen des Entleihers wurden, sofern sichergestellt war, dass die Arbeitnehmer nicht auf Dauer überlassen werden.[256] Begründet wird dies damit, dass der Arbeitnehmerbegriff i.S.d. DrittelbG in § 3 Abs. 1 durch die Verweisung auf § 5 Abs. 1 BetrVG legaldefiniert wird und Leiharbeitnehmer im Entleiherbetrieb nicht zu den von § 5 Abs. 1 BetrVG erfassten Arbeitnehmern zählen.[257]

81–82 Unbesetzt

83 Durch die Neuregelung des AÜG[258] sind über § 14 Abs. 2 S. 5 u. S. 6 AÜG Leiharbeitnehmer bei der Bestimmung der Schwellenwerte zu berücksichtigen, vorausgesetzt, die Gesamtdauer der Entleihung beträgt mindestens sechs Monate. Die Mindesteinsatzdauer in § 14 Abs. 2 Satz 6 AÜG ist arbeitsplatzbezogen zu verstehen. Während eines Zeitraums von einem Jahr ist es entscheidend, dass Arbeitsplätze für die Dauer von mehr als sechs Monaten mit Leiharbeitnehmern besetzt sind. Nicht entscheidend ist es, ob es sich um einen bestimmten oder wechselnde Leiharbeitnehmer handelt oder ob die Leiharbeitnehmer auf demselben oder auf verschiedenen Arbeitsplätzen eingesetzt werden.[259]

84 Verleiht die GmbH ihrerseits vorübergehend einen Arbeitnehmer an einen Dritten, bleibt dieser Arbeitnehmer zwecks Bestimmung der mitbestimmungsrechtlichen Schwellenwerte beschäftigter Arbeitnehmer der GmbH.

85 Bei **Doppel- oder Mehrfacharbeitsverhältnissen** ist der Beschäftigte in jedem Unternehmen zu berücksichtigen, zu dem arbeitsvertragliche Bindungen bestehen. Die Frage, ob und inwieweit Arbeitnehmer eines **Gemeinschaftsbetriebs** den jeweiligen Trägerunternehmen zuzurechnen sind, ist umstritten. Nach einer Auffassung sind die Arbeitnehmer eines Gemeinschaftsbetriebs grds. jedem am Gemeinschaftsbetrieb beteiligten Unternehmen zuzurechnen.[260] Die Gegenauffassung will dagegen nur diejenigen Arbeitnehmer berücksichtigen, die in einem Arbeitsverhältnis zu dem jeweiligen Unternehmen stehen.[261] Nach einer dritten Ansicht sind die Arbeitnehmer des Gemeinschaftsbetriebs demjenigen Trägerunternehmen zuzurechnen, das entweder allein oder gemeinsam mit dem anderen Trägerunternehmen das arbeitsvertragliche Weisungsrecht ggü. den Arbeitnehmern ausübt.[262] Nach einer älteren Entscheidung des BAG[263] müssen neben den in einem

---

254 BAG, AP Nr. 7 zu § 9 BetrVG 1972; OLG Düsseldorf, GmbHR 2004, 1081; LAG Düsseldorf, AP Nr. 6 zu § 7 BetrVG 1972 (zu § 9 BetrVG); *Oetker*, in: ErfKomm, DrittelbG, § 1 Rn. 27; *Deilmann*, NZG 2005, 659 (664).

255 OLG Saarbrücken, BeckRS 2016, 8163; OLG Düsseldorf, GmbHR 2004, 1081 unter Verweis auf BAG, NZA 2003, 1345, 1346; OLG Hamburg, DB 2007, 2762.

256 OLG Hamburg, DB 2007, 2762.

257 OLG Saarbrücken, BeckRS 2016, 8163.

258 Gesetz zur Änderung des Arbeitnehmerüberlassungsgesetzes und anderer Gesetze v. 21. Februar 2017, BGBl 2017, S. 258.

259 BGH, ZIP 2019, 1661, 1663.

260 *Raiser/Veil*, MitbestG und DrittelbG, MitbestG, § 3 Rn. 44; *Wissmann*, in: Wlotzke/Wissmann/Koberski/Kleinsorge, MitbestR, MitbestG, § 10 Rn. 10; *Hjort*, NZA 2001, 696 (698).

261 *Oetker*, in: ErfKomm, MitbestG, § 1 Rn. 6; *Hohenstatt/Schramm*, in: KK-UmwG, § 325 Rn. 10.

262 Vgl. *Seibt*, in: Henssler/Willemsen/Kalb, MitbestG, § 1 Rn. 11; *Henssler*, in: Habersack/Henssler, MitbestR, § 10 Rn. 7.

263 BAG, Urt. v. 01.12.1961 – BB 1962, 221; vgl. auch LG Hamburg, ZIP 2008, 2364 (n.rkr.), das allerdings bei gleichzeitiger Tätigkeit bei beiden Trägerunternehmen keine quotale, sondern jeweils eine vollständige Berücksichtigung durchführen will; offenlassend BAG, NZA 2013, 853, 855.

Arbeitsverhältnis zu dem Unternehmen stehenden Arbeitnehmer auch diejenigen hinzugezählt werden, die in den Betrieb des Unternehmens eingegliedert sind, wobei bei anteiliger Beschäftigung auch nur eine anteilige Berücksichtigung stattfinden soll. Vor dem Hintergrund der Aufgabe der »Zwei-Komponenten-Lehre«[264] durch das BAG, wonach es nunmehr auf die Eingliederung des Arbeitsnehmers maßgeblich ankommt, spricht einiges dafür, dass das BAG nunmehr nicht nur eine anteilige Berücksichtigung, sondern jeweils eine volle Berücksichtigung vornehmen würde, da der Gemeinschaftsbetrieb und die damit verbundene Eingliederung Teil aller beteiligten Unternehmen ist.

Leitende Angestellte i.S.d. § 5 Abs. 3 BetrVG sowie **Geschäftsführer** zählen beim DrittelbG nicht 86
als Arbeitnehmer.[265] Das MitbestG weicht hiervon ab, sodass hier auch leitende Angestellte im Sinne § 5 Abs. 3 BetrVG i.R.d. Feststellung der Arbeitnehmerzahl zu berücksichtigen sind.

b) Regelmäßiger Arbeitnehmerstand

Maßgeblich für die Beurteilung der Arbeitnehmerzahl ist der regelmäßige Arbeitnehmerstand. Dies 87
ist nach dem BAG[266] die normale Beschäftigtenzahl, also diejenige Personalstärke, die für den Betrieb oder das Unternehmen allgemein kennzeichnend ist. Dies bedeutet, dass ein kurzfristiges Überschreiten der 500/2000-AN-Schwelle, z.B. aufgrund von Saisonarbeit, keine Aufsichtsratspflichtigkeit nach DrittelbG/MitbestG auslöst und – anders herum – ein kurzfristiges Unterschreiten der Schwelle nicht von der Aufsichtsratspflichtigkeit dispensiert.[267] Zur Ermittlung der regelmäßigen Beschäftigtenzahl ist nicht nur der Personalbestand in der Vergangenheit zugrunde zu legen, sondern auch die künftige, aufgrund konkreter Unternehmerentscheidungen zu erwartende Entwicklung des Beschäftigtenstands einzubeziehen[268], wobei für die rückblickende Betrachtung ein Referenzzeitraum von sechs Monaten bis zwei Jahren zu Grunde zu legen ist.[269] Ob die Grenze nur vorübergehend oder auf Dauer überschritten wird, muss im Prognosewege festgestellt werden, wobei konkrete Veränderungsentscheidungen einzubeziehen sind.[270] Nach Ansicht des *OLG Düsseldorf* kann die Schwelle nur dann als über- oder unterschritten angesehen werden, wenn die Beschäftigungszahl nach der Personalplanung des Unternehmens als für längere Zeit gesichert angesehen werden kann.[271] Um dies zu gewährleisten sollen die nächsten 17 bis 20 Monate der Unternehmensplanung bei der Ermittlung der fraglichen Arbeitnehmerzahlen zu berücksichtigen sein.[272] Folgt aus der Unternehmensplanung nur ein vorübergehendes Absinken der Arbeitnehmerzahl, führt dies nicht zur Beendigung/Reduzierung der Mitbestimmung.[273] Bei saisonalen Schwankungen ist darauf abzustellen, ob für den überwiegenden Anteil des Prognosezeitraums auf Basis einer Jahresbetrachtung mit einem Über- oder mit einem Unterschreiten der relevanten Schwelle zu rechnen ist. Anders als bei der Wahl zum Betriebsrat, bei dessen Größe es auf die im Zeitpunkt des

---

264 Vgl. hierzu NZA 2013, 793.

265 *Zöllner/Noack*, in: Baumbach/Hueck, GmbHG, § 52 Rn. 148.

266 BAG, ZIP 2016, 783, 787 (zum MitbestG).

267 H.M. BAG, AP BetrVG 1972, § 113 Nr. 7; LG Stuttgart, DB 1984, 2551; vgl. auch BAG, NZA 2013, 726, 729; *Oetker*, in: ErfKomm, DrittelbG, § 1 Rn. 26f; *Nießen*, NJW-Spezial 2008, 367.

268 BAG, ZIP 2016, 783, 787 (zum MitbestG).

269 BAG, ZIP 2016, 783, 787 f. (zum MitbestG); OLG Saarbrücken, BeckRS 2016, 8163 (17 bis 20 Monate).

270 BAG, ZIP 2016, 783, 787 f. (zum MitbestG); *Zöllner/Noack*, in Baumbach/Hueck, GmbHG, § 52 Rn. 150; zur Bemessung des Prognosezeitraums vgl. *Ulmer*, in: FS Heinsius, 1991, S. 859 ff.; *Giedinghagen*, in: Michalski, GmbHG, § 52 Rn. 24; OLG Düsseldorf, DB 1995, 277 (zum MitbestG); a.A. *Rieble*, in: Bork/Schäfer, GmbHG, § 52 Rn. 27 f.

271 OLG Düsseldorf, DB 1995, 277, 278 (zum MitbestG); *Annuß*, in: MünchKommAktG, § 1 MitbestG Rn. 13; ablehnend *Rieble*, in: Bork/Schäfer, GmbHG, § 52 Rn. 27 f. – maßgeblich sei allein der bereinigte aktuelle Personalstand.

272 OLG Düsseldorf, DB 1995, 277, 278; *Oetker*, in: ErfKomm, MitbestG, § 1 Rn. 14; enger *Ulmer*, in: FS Heinsius, 1991, S. 855, 863, wonach sich der Prognosezeitraum auf 6 bis 12 Monaten erstrecken soll.

273 OLG Frankfurt am Main, EWiR 1985, 607 (zum MitbestG).

Erlasses des Wahlausschreibens gegebene Zahl an Arbeitnehmern ankommt,[274] gibt es bei der Frage des Aufsichtsrats somit keinen festen Zeitpunkt, zu dem eine Prüfung erfolgen muss.

c) Zurechnung von Arbeitnehmern

88 Neben den Arbeitnehmern, die unmittelbar bei dem jeweiligen Unternehmen beschäftigt sind, sind bei der Frage des Überschreitens der Schwellenwerte des DrittelbG/MitbestG unter Umständen auch Arbeitnehmer anderer Unternehmen zu berücksichtigen, die bei der Frage der Anwendbarkeit des jeweiligen Mitbestimmungsstatuts dem Unternehmen zuzurechnen sind.

89 Gem. § 2 **Abs. 2 DrittelbG** gelten Arbeitnehmer eines Konzernunternehmens als solche des herrschenden Unternehmens, wenn zwischen beiden Unternehmen ein **Beherrschungsvertrag** besteht oder das abhängige Unternehmen in das herrschende Unternehmen eingegliedert ist. Der aktienrechtliche Konzernbegriff gilt hierbei grds. auch für das Mitbestimmungsrecht,[275] wobei die Widerlegung der Konzernvermutung des § 18 Abs. 1 Satz 3 AktG erfordert, dass für alle relevanten Unternehmensbereiche nachgewiesen wird, dass eine einheitliche Leitung nicht stattfindet.[276] Der nach § 2 Abs. 2 DrittelbG erforderliche Beherrschungsvertrag kann weder durch einen Gewinnabführungsvertrag oder einem anderen Unternehmensvertrag i.S.d. § 292 Abs. 1 AktG noch durch eine sonstige Vereinbarung zwischen herrschendem und abhängigem Unternehmen ersetzt werden.[277] Auch ein gesellschaftsrechtlich begründetes Weisungsrecht, wie es insb. dem alleinigen Gesellschafter der GmbH zusteht, vermag die Konzernzurechnung nach § 2 Abs. 2 DrittelbG nicht zu begründen. Es muss also zwingend ein Beherrschungsvertrag bestehen,[278] der allerdings auch mit Gesellschaften anderer Rechtsformen als AG oder KGaA abgeschlossen sein kann.[279] Das DrittelbG sieht zudem auch keine Zurechnung der Arbeitnehmer einer GmbH & Co. KG auf die Komplementär-GmbH vor und auch § 2 Abs. 2 DrittelbG findet in diesen Konstellationen keine Anwendung.[280] Die Alternative der »Eingliederung« nimmt auf die Vorschriften der §§ 319 ff. AktG Bezug, die sowohl aufseiten des herrschenden Unternehmens als auch aufseiten des abhängigen Unternehmens die Rechtsform der AG voraussetzen. Eine analoge Anwendung des § 2 Abs. 2 DrittelbG auf Fallkonstellationen, in denen eine abhängige Gesellschaft wie eine »rechtlich selbständige Betriebsabteilung« geführt wird, ohne aber im aktienrechtlichen Sinne eingegliedert zu sein, kann nicht in Betracht kommen.[281] Nach der herrschenden Ansicht muss es sich bei dem abhängigen Unternehmen um ein in Deutschland ansässiges Unternehmen handeln, sodass im Ausland beschäftigte Arbeitnehmer deutscher Konzernspitzen nicht zu berücksichtigen sind.[282] Dieser Ausschluss der nicht in Deutschland beschäftigten Arbeitnehmer ist europarechtskonform.[283]

90 In der Praxis finden sich verschiedentlich Verträge zwischen Unternehmen, nach denen ein Unternehmen nur einen oder mehrere Teilbereiche unter die Leitung eines anderen Unternehmens stellen.

---

274 *Thüsing*, in: Richardi, BetrVG, § 9 Rn. 16.

275 BAG, NZA 2012, 633, 636.

276 BAG, NZA 2012, 633, 637.

277 OLG Zweibrücken, NZG 2006, 31, 32; LG Hamburg, BeckRS 2018, 32413; *Habersack*, in: Habersack/Henssler, MitbestR, DrittelbG, 4.Aufl., 2018, § 2 Rn. 13a.

278 BayObLG, NJW 1993, 1804; KG, ZIP 2007, 1566, 1567; *Seibt*, in: Henssler/Willemsen/Kalb, DrittelbG, § 2 Rn. 11; *Kleinsorge*, in: Wlotzke/Wissmann/Koberski/Kleinsorge, DrittelbG, § 2 Rn. 26; a.A. *Boewer/Gaul/Otto*, GmbHR 2004, 1065, 1067: Der faktische Konzern sei in § 2 Abs. 2 DrittelbG aufgrund eines Redaktionsversehens nicht berücksichtigt.

279 *Oetker*, in: ErfKomm, DrittelbG, § 2 Rn. 16; *Deilmann*, NZG 2005, 659, 660; *Seibt*, in: Henssler/Willemsen/Kalb, DrittelbG, § 2 Rn. 11; a.A. *Strassburg*, BB 1979, 1070, 1071.

280 *Zöllner/Noack*, in: Baumbach/Hueck, GmbHG, § 52 Rn. 154; *Giedinghagen*, in: Michalski, GmbHG, § 52 Rn. 26a.

281 *Habersack*, in: Habersack/Henssler, MitbestR, DrittelbG, 4. Aufl., 2018, § 2 Rn. 14.

282 Vgl. nur *Zöllner/Noack*, in: Baumbach/Hueck, GmbHG, § 52 Rn. 280.

283 Vgl. Rdn. 95; Zum Wahlrecht: EuGH, C-566/15, NZG 2017, 949; *Ott/Goette*, NZG 2018, 281; a.A. *Hellwig/Behme*, AG 2011, 740.

Dies ist bspw. dann der Fall, wenn bestimmte Konzernbereiche sämtlicher oder einiger Konzernunternehmen unter die einheitliche (beherrschende) Leitung eines Konzernunternehmens gestellt werden, i.Ü. die Unternehmen aber weiterhin eigenständig agieren. Sofern in diesen Konstellationen auch (auf einen bestimmten Bereich begrenzte) Weisungsrechte auf ein anderes Unternehmen übertragen werden, liegt ein **Teilbeherrschungsvertrag** vor. Ein solcher Teilbeherrschungsvertrag reicht für eine Zurechnung i.R.d. § 2 Abs. 2 DrittelbG aus. Allerdings stellt sich in einer solchen Konstellation die Frage, ob eine Zurechnung sämtlicher Arbeitnehmer der abhängigen Gesellschaft erfolgt oder es nur zu einer Zurechnung der tatsächlich von der Beherrschung erfassten Arbeitnehmer kommt. Der Sinn und Zweck der gesetzlich angeordneten Zurechnung, die unternehmerische Mitbestimmung auf derjenigen Ebene anzusiedeln, auf der die grundlegenden unternehmerischen Entscheidungen getroffen werden, die die Interessen aller hiervon betroffenen Arbeitnehmer tangieren können,[284] spricht dafür, nur solche Arbeitnehmer i.R.d. Zurechnung zu berücksichtigen, die tatsächlich auch aufgrund des Teilbeherrschungsvertrags durch das herrschende Unternehmen beherrscht werden.

Neben dem Bestehen eines Beherrschungsvertrags setzt § 2 Abs. 2 DrittelbG für die Zurechnung jedoch ferner das Vorliegen eines **herrschenden Unternehmens** voraus. Die Begriffe des herrschenden und des abhängigen Unternehmens werden in § 17 Abs. 1 AktG definiert. Danach sind abhängige Unternehmen rechtlich selbstständige Unternehmen, auf die ein anderes Unternehmen, das herrschende Unternehmen, unmittelbar oder mittelbar einen beherrschenden Einfluss ausüben kann. Hiermit sind in erster Linie gesellschaftsrechtlich vermittelte Einflussmöglichkeiten Dritter gemeint.[285] Als gesellschaftsrechtlich vermittelte Beherrschungsmöglichkeit kommt i.R.d. § 17 Abs. 1 AktG dabei auch ein Unternehmensvertrag i.S.d. § 291 AktG in Betracht. Herrschendes (Konzern-) Unternehmen[286] im Sinne von § 18 Abs. 1 AktG ist jedoch nur die Konzernspitze.[287] Besteht daher zwischen einer Enkelgesellschaft und einer Tochtergesellschaft ein Beherrschungsvertrag, ist die Tochtergesellschaft aber selbst wiederum durch die Muttergesellschaft beherrscht, die die wesentlichen (unternehmerischen) Entscheidungen konzernweit trifft, findet eine Zurechnung der Arbeitnehmer der Enkelgesellschaft zur Tochtergesellschaft nicht statt, da nicht die Tochter-, sondern die Muttergesellschaft herrschendes Unternehmen ist. Die Vermutung des § 18 Abs. 1 Satz 2 und 3 AktG steht dem vor dem Hintergrund der mitbestimmungsrechtlichen Zielsetzung nicht entgegen.[288] **91**

Zu einer Zurechnung zu einer »Zwischengesellschaft« kommt es nur in den Fällen, in denen aus mitbestimmungsrechtlicher Sicht ein sog. »**Konzern im Konzern**« vorliegt. Erforderlich ist dafür, dass die Konzernspitze ihre Leitungsmacht für bestimmte unternehmenspolitische Grundsatzbereiche auf die Zwischengesellschaft übertragen hat und sich selbst aller Leitungsentscheidungen, auch Rahmenentscheidungen, in diesem Bereich enthält.[289] Ein Konzern im Konzern ist also dann anzunehmen, wenn eine Zwischengesellschaft zumindest einzelne Bereiche eines nachgeordneten **92**

---

284 *Habersack*, in: Habersack/Henssler, MitbestR, MitbestG, 4. Aufl., 2018, § 5 Rn. 1; *Oetker*, in: GroßKommAktG, MitbestG, § 5 Rn. 1; vgl. auch *Nießen*, NJW-Spezial 2008, 367.

285 *Emmerich*, in: Emmerich/Habersack, Aktien- und GmbH-Konzernrecht, § 17 Rn. 14.

286 Vgl. dazu § 2 Abs. 2 DrittelbG (»Arbeitnehmer eines **Konzern**unternehmens«) und § 5 Abs. 1 MitbestG (»herrschendes Unternehmen eines **Konzerns**« [§ 18 Abs. 1 des Aktiengesetzes]).

287 OLG München, NZG 2009, 113 f.; vgl. auch *Koch*, in: Hüffer/Koch, AktG, § 18 Rn. 14; *Emmerich*, in: Emmerich/Habersack, Aktien- und GmbH-Konzernrecht, § 18 Rn. 18 und *Oetker*, ZGR 2000, 19, 31; *Habersack*, in: Habersack/Henssler, MitbestR, MitbestG, 4.Aufl., 2018, § 5 Rn. 36 jeweils m.w.N.

288 *Nießen*, NJW-Spezial, 2008, 367; *Habersack*, in: Habersack/Henssler, MitbestR, MitbestG, 4.Aufl., 2018, § 5 Rn. 43 (zu § 5 MitbestG); *Giedinghagen*, in: Michalski, GmbHG, § 52 Rn. 31; *Kort*, NZG 2009, 81, 83, vgl. auch BAG, NZA 2012, 636 ff.

289 BAG, AG 1981, 227 f.; OLG Düsseldorf, AG 1979, 318, 319; OLG München, NZG 2009, 113; *Annuß*, in: MünchKommAktG, MitbestG, § 5 Rn. 9 ff.; *Konzen*, ZIP 1984, 269, 270; *Oetker*, in: GroßKommAktG, MitbestG, § 5 Rn. 31, jeweils m.w.N.

Unternehmens eigenverantwortlich leitet.[290] Ob bei einer Konzernzwischengesellschaft im konkreten Fall ein »Konzern im Konzern« vorliegt, ist anhand einer Prüfung des Einzelfalls festzustellen.[291] Dabei knüpft die Rechtsprechung strenge Anforderungen an die eigenverantwortliche Leitung durch die Konzernzwischengesellschaft. Für das Vorliegen eines »Konzerns im Konzern« muss die Konzernobergesellschaft ihre zentrale Leitungsbefugnis zumindest für bestimmte Geschäftsbereiche im vollen Umfang an die Zwischengesellschaft abgegeben haben, sodass zwischen ihr und dieser nur noch eine lose Rechtsbeziehung verbleibt und der Aufsichtsrat der Konzernobergesellschaft seine Aufsichtsfunktion hinsichtlich der an die Zwischengesellschaft abgegebenen Geschäftsbereiche nicht mehr wahrzunehmen vermag.[292] Verbleiben Zweifel, ist vom Regelfall auszugehen, nämlich von der Ausübung einer einheitlichen Leitungsmacht durch die Konzernobergesellschaft.[293]

93 Als herrschendes Unternehmen i.S.d. § 2 Abs. 2 DrittelbG können ggf. auch mehrere Unternehmen gleichzeitig angesehen werden. In diesen Fällen wird von einer sog. **Mehrmütterherrschaft/ Gemeinschaftsunternehmen** gesprochen, wobei diese Frage regelmäßig nicht im Rahmen von § 2 Abs. 2 DrittelbG, sondern im Rahmen von § 5 MitbestG diskutiert wird. Lässt man jedoch das Bestehen eines Teilbeherrschungsvertrags[294] zu, spielt diese Frage auch im Rahmen von § 2 Abs. 2 DrittelbG eine Rolle. Die Rechtsprechung[295] und das herrschende Schrifttum[296] erkennen die Möglichkeit einer sog. mehrfachen Abhängigkeit an. Voraussetzung für die mehrfache Abhängigkeit ist, dass die Mutterunternehmen ihre Herrschaftsmöglichkeiten koordinieren. Entscheidend ist, ob aus Sicht der betroffenen Gesellschaft durch die Koordinierung der Mutterunternehmen eine ausreichend sichere Grundlage für die Ausübung gemeinsamer Herrschaft besteht.[297] Diese sichere Grundlage für die Koordinierung kann sich sowohl aus vertraglichen Vereinbarungen als auch aus sonstigen rechtlichen oder tatsächlichen Umständen ergeben. Es reicht bereits aus, »wenn gleichgerichtete Interessen eine gemeinsame Unternehmenspolitik gewährleisten«, sodass sichergestellt ist, dass die Mutterunternehmen ggü. der abhängigen Gesellschaft eine herrschende Einheit bilden.[298] Häufig begründen daher Konsortialverträge, die auch Stimmbindungsabreden beinhalten, eine (mehrfache) Abhängigkeit,[299] insb. wenn das *Einstimmigkeitsprinzip* unter den Mutterunternehmen für alle wichtigen Angelegenheiten gilt.[300] Nach herrschender Meinung soll dies aber auch dann gelten, wenn die interne Willensbildung der Konsorten mehrheitlich (und nicht einstimmig) erfolgt, da es auf die Bildung eines Gesamtwillens ankommen soll, nicht jedoch auf die Art dessen Zustandekommens.[301]

---

290 BayObLG, NZA 1998, 956; OLG Düsseldorf, DB 1979, 699; *Oetker*, in: ErfKomm, MitbestG, § 5 Rn. 9; *Spindler*, in: MünchKommGmbHG, § 52 Rn. 52; ablehnend: *Annuß*, in: MünchKommAktG, MitbestG, § 5 Rn. 10.

291 Zuletzt OLG München, NZG 2009, 113, 114.

292 OLG Düsseldorf, AG 1997, 129, 130; OLG Zweibrücken, AG 1984, 80, 81; LG München I, AG 1996, 186, 187.

293 OLG München, NZG 2009, 113, 114; so auch *Oetker*, in: ErfKomm, MitbestG, § 5 Rn. 9; *Habersack*, in: Habersack/Henssler, MitbestR, MitbestG, 4.Aufl., 2018, § 5 Rn. 42; *Raiser*, MitbestG, § 5 Rn. 24; zu einer Analyse der Rspr. der ordentlichen Gerichte vgl. *Oetker*, ZGR 2000, 19, 32 f.

294 Vgl. dazu ausführlich oben unter Rdn. 90.

295 BGHZ 62, 193, 196 ff.; BGHZ 80, 69, 73; BAGE 53, 287, 288 ff.; BAGE 80, 322, 324 f.

296 *Oetker*, in: GroßKommAktG, MitbestG, § 5 Rn. 34; *Koppensteiner*, in: KK-AktG, § 17 Rn. 70; *Koch*, in: Hüffer/Koch, AktG, § 17 Rn. 13; *Raiser*, in: FS Kropff, 1997, S. 245, 255; *Säcker*, NJW 1980, 801 f.; a.A. *Zöllner/Noack*, in: Baumbach/Hueck, GmbHG, § 52 Rn. 154.

297 BGHZ 62, 193, 196 ff.; BGHZ 74, 359, 363 ff.; BGHZ 80, 69, 73; BGHZ 95, 330, 349; *Oetker*, in: GroßKommAktG, MitbestG, § 5 Rn. 35.

298 BGHZ 74, 359, 366; BGHZ 99, 126, 130; *Baumann/Reiß*, ZGR 1977, 157, 202.

299 BGHZ 62, 193, 195; BGHZ 80, 69, 73; *Oetker*, in: GroßKommAktG, MitbestG, § 5 Rn. 35; *Säcker*, NJW 1980, 801, 804; *Krieger*, in: MünchHdbAG, § 69 Rn. 52.

300 BGHZ 62, 193, 195; VGH Baden-Württemberg, AG 1989, 216, 217; *Oetker*, in: GroßKommAktG, MitbestG, § 5 Rn. 35; *Baumann/Reiß*, ZGR 1989, 157, 202; *Säcker*, NJW 1980, 805.

301 *Koppensteiner*, in: KK-AktG, § 17 Rn. 74; *Krieger*, in: MünchHdbAG, § 69 Rn. 54; a.A. *Säcker*, NJW 1980, 801, 805; VGH Baden-Württemberg, AG 1989, 216 f. jeweils m.w.N.

Das **MitbestG** enthält mit den Regelungen des **§ 4 und § 5 zwei Zurechnungstatbestände** von nicht unternehmensangehörigen Arbeitnehmern, die im Vergleich zu § 2 Abs. 2 DrittelbG eine weitergehende Zurechnung von Arbeitnehmern anordnen. Bei der GmbH, die persönlich haftende Gesellschafterin einer KG ist, sind die Arbeitnehmer der KG der Arbeitnehmerzahl der GmbH hinzuzuzählen, wenn die Mehrheit der Kommanditisten (entweder berechnet nach den Kapitalanteilen oder nach den Stimmanteilen) gleichzeitig die Mehrheit (ebenfalls entweder nach Kapitalanteilen oder Stimmanteilen) an der GmbH hält (**§ 4 Abs. 1 Satz 1 MitbestG**). Dies gilt auch dann, wenn neben der Komplementär-GmbH weitere persönlich haftende Gesellschafter an der GmbH & Co KG beteiligt sind, selbst wenn es sich um natürliche Personen handelt.[302] Die Hinzurechnung tritt nur dann nicht ein, wenn die GmbH einen eigenen Geschäftsbetrieb mit i.d.R. mehr als 500 Arbeitnehmern hat. Ergänzend regelt § 4 Abs. 2 MitbestG, dass bei Vorliegen der Voraussetzung des § 4 Abs. 1 MitbestG die Komplementär-GmbH nicht von der Führung der Geschäfte der KG ausgeschlossen werden kann. Ist eine in der dargestellten Weise strukturierte GmbH & Co. KG persönlich haftende Gesellschafterin einer anderen KG, so sind auch deren Arbeitnehmer hinzuzurechnen (§ 4 Abs. 1 Satz 2 MitbestG). Dieses Zurechnungssystem findet entsprechend auch bei einer weiteren Konzernstufung Anwendung (§ 4 Abs. 1 Satz 3 MitbestG). Selbst wenn kein Fall der Mehrheitsidentität vorliegt, kann § 4 Abs. 1 MitbestG ggf. analoge Anwendung finden, wenn aus anderen Gründen die (Mehrheits-) Beteiligung an der Komplementär-GmbH der Mehrheit der Kommanditisten zugerechnet werden kann. Rechtsprechung und Literatur nehmen eine solche Zurechnung dann an, wenn auch die Entscheidungen in der Komplementär-GmbH letztlich von der Mehrheit der Kommanditisten getroffen werden (sie also Einfluss auf das Abstimmungsverhalten der Gesellschafter der Komplementär-GmbH ausüben können).[303] Insofern wird eine Zurechnung z.B. in den Fällen diskutiert, in denen die Gesellschafter der Komplementär-GmbH z.B. Tochterunternehmen der Mehrheit der Kommanditisten sind oder zwischen den Gesellschaftern der Komplementär-GmbH und der Mehrheit der Kommanditisten ein fremdnütziges Treuhandverhältnis besteht oder eine Einheitsgesellschaft vorliegt.[304] In der Rechtsprechung wird z.T. sehr weitgehend vertreten, dass es für die analoge Anwendung des § 4 Abs. 1 MitbestG genüge, wenn die Kommanditistenmehrheit ggü. den Gesellschaftern der GmbH »eine Weisungsbefugnis mit ausreichenden Sanktionsmöglichkeiten« im Hinblick auf die Bestellung des in der GmbH gebildeten Aufsichtsrats besitze, da dieser Aufsichtsrat für die Bestellung und Abberufung der Geschäftsführer der GmbH zuständig sei.[305] Im Hinblick auf familiäre Bindungen, die in der Praxis häufig bei »Familiengesellschaften« in Form der GmbH & Co KG bestehen, hat der BGH allerdings mehrfach hervorgehoben, dass allein aus der gemeinsamen Familienzugehörigkeit nicht geschlossen werden dürfe, dass die Familienmitglieder gleichgerichtete Interessen verfolgen und demgemäß ihre Stimmrechte stets einheitlich ausüben werden.[306] Z.T. wird eine analoge Anwendung des § 4 MitbestG auch auf eine **GmbH & Co. OHG** bejaht, wenn alle Gesellschafter in einer in § 1 Abs. 1 MitbestG genannten Form geführt werden.[307] Dasselbe wird auch z.T. für eine **KGaA** vertreten, sofern es sich bei der Komplementär-Gesellschaft um eine Kapitalgesellschaft handelt.[308] 94

Als weitere Zurechnungsnorm sieht das MitbestG mit **§ 5 MitbestG** eine Zurechnung von Arbeitnehmern abhängiger Gesellschaften bei der herrschenden Gesellschaft vor. Im Gegensatz zu § 2 Abs. 2 DrittelbG setzt § 5 Abs. 1 MitbestG dabei nicht das Bestehen eines Beherrschungsvertrags 95

302 *Giedinghagen*, in: Michalski, GmbHG, § 52 Rn. 30.

303 Vgl. *Oetker*, in: ErfKomm, MitbestG, § 4 Rn. 4; vgl. OLG Celle, AG 1980, 161 ff.; OLG Bremen, AG 1982, 200 ff.

304 OLG Celle, AG 1980, 161, 162; OLG Bremen, AG 1981, 200, 201; *Oetker*, in: ErfKomm, MitbestG, § 4 Rn. 4; *Habersack*, in: Habersack/Henssler, MitbestR, MitbestG, 4. Aufl., 2018, § 4 Rn. 13 ff.; *Seibt*, in: Henssler/Willemsen/Kalb, MitbestG, § 4 Rn. 6.

305 OLG Celle, AG 1980, 161 ff.; a.A. OLG Bremen, AG 1981, 200.

306 BGH, NJW 1980, 2254, 2256; BGH, NJW 1992, 1167, 1168; BGH, NJW 2006, 510, 513.

307 *Habersack*, in: Habersack/Henssler, MitbestR, MitbestG, 4. Aufl., 2018, § 4 Rn. 7; *Wiesner*, GmbHR 1981, 36; a.A. *Seibt*, in: Henssler/Willemsen/Kalb, MitbestG, § 4 Rn. 2.

308 *Oetker*, in: ErfKomm, MitbestG, § 4 Rn. 1; a.A. *Seibt*, in: Henssler/Willemsen/Kalb, MitbestG, § 4 Rn. 2.

voraus, sondern bezieht alle Arbeitnehmer abhängiger Unternehmen i.S.d. § 18 Abs. 1 AktG[309] ein. Dabei ist es irrelevant, ob es sich bei der herrschenden GmbH um eine reine Holdinggesellschaft ohne eigene Arbeitnehmer und ohne eigenen Geschäftsbetrieb handelt.[310] Unterliegt das abhängige Unternehmen selbst der Mitbestimmung, ändert dies nichts an der Zurechnung seiner Arbeitnehmer zur Konzernspitze.[311] Arbeitnehmer einer im Ausland ansässigen Tochtergesellschaft werden allerdings nach bisher herrschender Ansicht nicht nach § 5 Abs. 1 MitbestG der inländischen Konzernspitze zugerechnet, da aufgrund des Personalstatuts lediglich inländische Unternehmen dem Konzernrecht i.S.d. §§ 15 ff. AktG unterliegen und ausländischen Arbeitgebern aufgrund des völkerrechtlichen Territorialprinzips keine Pflichten nach deutschem Recht auferlegt werden können.[312]. Das KG Berlin[313] hat dem EuGH die Fragevorgelegt, ob es mit dem Gemeinschaftsrecht vereinbar ist, dass ein Mitgliedstaat das aktive und passive Wahlrecht für die Vertreter der Arbeitnehmer in das Aufsichtsorgan eines Unternehmens nur solchen Arbeitnehmern einräumt, die in Betrieben des Unternehmens oder in Konzernunternehmen im Inland beschäftigt sind.[314] Der EuGH konnte keinen Verstoß gegen Unionsrecht erkennen.[315] Art. 45 AEUV verschaffe einem Arbeitnehmer nicht das Recht, sich im Aufnahmemitgliedstaat auf die Arbeitsbedingungen zu berufen, die ihm im Herkunftsmitgliedstaat nach den dortigen nationalen Rechtsvorschriften zustanden. Auch aus Art. 18 AEUV folge nichts Abweichendes, da das allgemeine Diskriminierungsverbot gegenüber Art. 45 AEUV subsidiär sei. Diese zum Wahlrecht aufgestellten Grundsätze können auf die Frage der Zurechnung der Arbeitnehmer übertragen werden.[316] Auch Art. 3 GG erfordert keine Zurechnung der nicht im Inland tätigen Arbeitnehmer.[317] Davon unabhängig werden Arbeitnehmer einer im Inland ansässigen Enkelgesellschaft, die über eine im Ausland ansässige Tochtergesellschaft einer inländischen Konzernspitze angehören, dem herrschenden Unternehmen zugerechnet.[318] Auslandsgesellschaften, die im Inland ansässig sind, unterliegen nicht dem deutschen Mitbestimmungsgesetz,[319] jedoch werden deren Arbeitnehmer einer herrschenden GmbH zugerechnet.[320]

96 Die Regelung des § 5 Abs. 1 Satz 1 MitbestG gilt gem. § 5 Abs. 1 Satz 2 MitbestG auch für Arbeitnehmer einer GmbH, die persönlich haftender Gesellschafter eines abhängigen Unternehmens in

---

309 Zum mitbestimmungsrechtlichen Konzernbegriff OLG Frankfurt am Main, GmbHR 2008, 1334; BayObLG, BB 1998, 2129 ff.; *Kort*, NZG 2009, 81 f.

310 OLG Stuttgart, AG 1990, 168, 169; vgl. auch OLG Düsseldorf, BeckRS 2013, 12793; *Habersack*, in: Habersack/Henssler, MitbestR, MitbestG, 4. Aufl., 2018, § 5 Rn. 16; *Giedinghagen*, in: Michalski, GmbHG, § 52 Rn. 28; a.A. OLG Bremen, DB 1980, 1333, 1334.

311 *Giedinghagen*, in: Michalski, GmbHG, § 52 Rn. 28; *Annuß*, in: MünchKommAktG, MitbestG, § 5 Rn. 2.

312 LG München I, DStR 2015, 2505 ff.; *Spindler*, in: MünchKommGmbHG, § 52 Rn. 45a; *Giedinghagen*, in: Michalski, GmbHG, § 52 Rn. 28; vgl. LG Düsseldorf, DB 1979, 1451; a.A. LG Frankfurt am Main, DStR 2015, 1065, 1067 (Abkehr von LG Frankfurt am Main, DB 1982, 1312).

313 KG Berlin, DStR 2015, 2507 ff.

314 S. auch *Heuschmid/Ulber*, NZG 2016, 102 ff.

315 EuGH, C-566/15, NZG 2017, 949; *Habersack*, NZG 2017, 1021; *Lutter*, EuZW 2017, 665; *Heuschmid/Videbaek Munkholm*, EuZW 2017, 419; *Wienbracke*, NZA 2017, 1036; *Heuschmid/Ulber*, NZG 2016, 102.

316 LG Dortmund, NZG 2018, 468; LG Hamburg, NZG 2018, 466; LG Frankfurt a.M., NZA-RR 2018, 192; LG Stuttgart, Beschl. v. 01.02.2018 – 31 O 47/17 KfH AktG; *Ott/Goette*, NZG 2018, 281; *Behme*, AG 2018, 1, 5.

317 *Weber/Kiefner/Jobst*, AG 2018, 140 ff.; LG Stuttgart, Beschl. v. 01.02.2018 – 31 O 48/17 KfH AktG – , Rn. 60; vgl. auch die Mitbestimmungsentscheidung des BVerfG v. 1.3.1979 – 1 BvR 532, 533/77, BVerfGE 50, 299 (351 f., 364 f.).; a.A.: *Behme*, AG 2018, 1, 11 ff., der eine verfassungskonforme Auslegung der § 1 Abs. 1 DrittelbG und §§ 1 Abs. 1, 7 Abs. 1 MitbestG fordert, mit der Folge, dass auch im Ausland tätige Arbeitnehmer bei den Schwellenwerten zu berücksichtigen wären.

318 *Oetker*, in: ErfKomm, MitbestG, § 5 Rn. 14; *Annuß*, in: MünchKommAktG, MitbestG, § 5 Rn. 8; *Zöllner/Noack*, in: Baumbach/Hueck, GmbHG, 52 Rn. 275a.

319 *Oetker*, in: ErfKomm, MitbestG, § 5 Rn. 14.

320 *Habersack*, AG 2007, 641, 645; *Zöllner/Noack*, in: Baumbach/Hueck, GmbHG, § 52 Rn. 275a.

der Rechtsform einer KG ist.[321] Ist eine KG, bei der für die Anwendbarkeit des MitbestG auf die persönlich haftende Gesellschafterin die Arbeitnehmer der KG nach § 4 Abs. 1 als Arbeitnehmer der persönlich haftenden Gesellschafterin gelten, herrschendes Unternehmen eines Konzerns, gelten für die Anwendung des MitbestG auf den persönlich haftenden Gesellschafter bzw. die persönlich haftende Gesellschafterin der KG die Arbeitnehmer der Konzernunternehmen als Arbeitnehmer des persönlich haftenden Gesellschafters (§ 5 Abs. 2 MitbestG).

Schließlich findet sich in **§ 5 Abs. 3 MitbestG** eine Zurechnungsregel, nach der Arbeitnehmer einer 97
im Inland ansässigen Enkelgesellschaft einer auf einer Zwischenebene angesiedelten GmbH zugerechnet werden, wenn diese mittelbar durch eine im Ausland sitzende Konzernspitze beherrscht wird. Während die Rechtsprechung ursprünglich i.R.d. § 5 Abs. 3 MitbestG darauf abstellte, dass die deutsche Teilkonzernspitze in diesen Konstellationen auch tatsächlich ihre Leitungsmacht ggü. den nachgeordneten Konzerngesellschaften ausübt,[322] reicht es für eine Zurechnung aus, dass die reine Möglichkeit der Einflussnahme kraft kapitalmäßiger Verflechtung gegeben ist.[323] Allein das bloße Halten von Mehrheitsbeteiligungen an den Untergesellschaften durch das der ausländischen Konzernmutter am nächsten stehende deutsche mitbestimmungspflichtige Unternehmen vermittele insofern die beherrschende Stellung. Dem wird in der Literatur nahezu einhellig entgegengetreten und für eine Zurechnung i.R.d. § 5 Abs. 3 MitbestG auch das Vorliegen einer tatsächlichen Leitungsmacht durch die Teilkonzernspitze vorausgesetzt.[324]

Umstritten ist das **Verhältnis zwischen § 5 MitbestG und § 4 MitbestG.** So ist streitig, ob die Zu- 98
rechnungsregelung des § 5 Abs. 1 MitbestG neben der für die Zurechnung bei Kapitalgesellschaften und Co. KG geltenden Sondervorschrift des § 4 MitbestG anwendbar ist. Nach einer Auffassung enthält § 4 MitbestG eine abschließende Regelung, die eine Zurechnung zu der Komplementär-Gesellschaft nach § 5 MitbestG von vornherein ausschließt.[325] Die wohl überwiegende Auffassung in der mitbestimmungsrechtlichen Literatur bejaht dagegen zu Recht eine parallele Anwendbarkeit beider Vorschriften und verweist darauf, dass beide Zurechnungsregeln unterschiedlichen Zwecken dienen und eine gesetzliche Regelung eines Vorrangs bzw. Ausschlusses nicht gegeben sei.[326]

2. Größe und Zusammensetzung des Aufsichtsrats (inkl. § 52 Abs. 2)

Nach **§ 95 Satz 1 AktG i.V.m. § 1 Abs. 1 Nr. 3 DrittelbG** besteht der drittelparitätisch besetzte 99
Aufsichtsrat einer GmbH mindestens aus drei Mitgliedern. Der Gesellschaftsvertrag kann eine bestimmte, höhere Mitgliederanzahl festlegen, was in der Praxis im Hinblick auf § 108 Abs. 2 Satz 3 AktG, nach dem an der Beschlussfassung mindestens drei Aufsichtsratsmitglieder teilnehmen müssen, i.d.R. der Fall ist. Die Festlegung der Anzahl der Aufsichtsratsmitglieder muss im Gesellschaftsvertrag erfolgen und kann vor dem Hintergrund des § 95 Satz 2 AktG, der von einer *bestimmten* höheren Zahl an Mitgliedern spricht, nicht der Festlegung durch die Gesellschafterversammlung überlassen werden.[327] Die gesellschaftsvertraglich erhöhte Zahl der Aufsichtsratsmitglieder muss durch drei teilbar sein, wenn dies zur Erfüllung mitbestimmungsrechtlicher Vorgaben erforderlich

321 Zu den Kriterien, nach welchen die Abhängigkeit einer GmbH & Co. KG zu beurteilen ist: BAG, NZA 2012, 633, 636.

322 OLG Celle, BB 1993, 957, 959.

323 KG Berlin, NZG 2016, 349, aber offenlassend für den Fall, dass auch die Konzernleitung keine Leitungsmacht ausübt; OLG Düsseldorf, NZG 2007, 77, 79; OLG Frankfurt am Main, ZIP 2008, 878; OLG Stuttgart, ZIP 1995, 1004.

324 *Burg/Böing*, Der Konzern 2008, 605 ff.; *Giedinghagen*, in: Michalski, GmbHG, § 52 Rn. 29; *Zöllner/Noack*, in: Baumbach/Hueck, GmbHG, 52 Rn. 276; vgl. dazu auch BAG, NZA 2007, 999 ff.

325 *Hoffmann-Becking/Horst*, in: FS Siegler 2000, 273; *Binz/Sorg*, Die GmbH & Co. KG, § 14 Rn. 61 ff.; *Jost*, ZGR 1998, 334, 346 f.; OLG Bremen, AG 1981, 200 ff.; OLG Celle, AG 1980, 161 ff.

326 *Habersack*, in: Habersack/Henssler, MitbestR, MitbestG, 4. Aufl., 2018, § 4 Rn. 5 und § 5 Rn. 9; *Fitting/Wlotzke/Wissmann*, MitbestG, § 4 Rn. 29 und § 5 Rn. 21; *Oetker*, in: ErfKomm, MitbestG, § 5 Rn. 4; *Raiser*, MitbestG, § 5 Rn. 21; *Mertens*, in: KK-AktG, Anhang § 117 B, MitbestG, § 5 Rn. 36.

327 *Giedinghagen*, in: Michalski, GmbHG, § 52 Rn. 74; *Schneider*, in: Scholz, GmbHG, § 52 Rn. 126.

ist, was bei einem Aufsichtsrat nach dem DrittelbG der Fall ist (§ 95 Satz 3 AktG). Die maximale Größe des Aufsichtsrats richtet sich nach den Vorgaben des § 95 Satz 4 AktG, wobei es im Hinblick auf das Stammkapital allein auf die Festlegung im Gesellschaftsvertrag ankommt.

100 Umstritten ist die Frage, auf welche Art und Weise und zu welchem Zeitpunkt der Aufsichtsrat anzupassen ist, wenn es zu einer Kapitalherabsetzung bei der GmbH kommt und eine relevante Schwelle des § 95 Satz 4 AktG nunmehr unterschritten wird.[328] Z.T. wird vertreten, dass von den Arbeitnehmervertretern automatisch diejenigen ausscheiden, die bei Zugrundelegung der neuen Sitzzahl z.Zt. der Wahl nicht mehr in den Aufsichtsrat gelangt wären, während die Vertreter der Anteilseignerseite insgesamt ausscheiden.[329] Nach a.A. soll die Vertragsänderung erst mit Ende der Amtszeit der dem Aufsichtsrat angehörenden Arbeitnehmervertreter wirksam werden,[330] wobei dies z.T. nur auf die Wirkung des Kapitalherabsetzungsbeschlusses, soweit sie die nach § 95 AktG zulässige Höchstzahl der Aufsichtsratsmitglieder betrifft, bezogen wird.[331] Während die herrschende Ansicht in der Literatur in den Fällen, in denen sich am Aufsichtsratsstatut als solches nichts ändert, sondern sich nur die Anzahl der Aufsichtsratsmitglieder ändert, die Durchführung des Statusverfahrens sogar als unzulässig erachtet,[332] hält namentlich das BAG die Durchführung eines Statusverfahrens auch in diesen Fällen für zwingend.[333] Danach wäre auch in der vorliegenden Konstellation zur Änderung des Aufsichtsrats und seiner Besetzung ein Statusverfahren durchzuführen. Solange ein solches Verfahren nicht durchgeführt wird, muss es aber konsequenterweise – wie auch in den sonstigen Fällen des Statusverfahrens, bei denen es sogar um die Änderung des gesamten Aufsichtsratsstatuts und nicht nur der Anzahl der Mitglieder geht – beim Fortbestand des bisherigen Aufsichtsrats bleiben. Die Wirksamkeit der Kapitalherabsetzung wird hierdurch aber nicht berührt.

101 Nach § 4 Abs. 1 DrittelbG hat der Aufsichtsrat zu einem Drittel aus Vertretern der Arbeitnehmer zu bestehen. Wenn nur ein oder zwei Arbeitnehmervertreter zu wählen sind, müssen diese nach § 4 Abs. 2 DrittelbG zwingend unternehmenszugehörig sein. Sind mehr als zwei Arbeitnehmervertreter zu wählen, müssen mindestens zwei von ihnen unternehmensangehörig sein. Neben der Einhaltung der Anforderungen nach §§ 100, 105 AktG ist dabei erforderlich, dass diese zwei Aufsichtsratsmitglieder das 18. Lebensjahr vollendet haben und ein Jahr dem Unternehmen (oder einem anderen Unternehmen, dessen Arbeitnehmer nach dem DrittelbG bei der Aufsichtsratswahl wahlberechtigt sind) angehören (§ 4 Abs. 3 DrittelbG). Ansonsten gibt es keine Beschränkungen für Externe, sodass auch Nicht-Arbeitnehmer und sogar leitende Angestellte wählbar sind. Die Sitze im Aufsichtsrat einer »herrschenden« GmbH i.S.d. § 2 Abs. 2 DrittelbG müssen auch nicht nach dem Verhältnis der Belegschaften zwischen abhängigem und herrschendem Unternehmen verteilt werden.[334] Frauen und Männer sollen im Aufsichtsrat nach § 4 Abs. 4 DrittelbG proportional zur entsprechenden Verteilung im Unternehmen vertreten sein, was gerade bei kleineren Aufsichtsräten häufig schwierig umzusetzen ist.[335] Verletzungen dieses Grundsatzes führen allerdings nicht zur Ungültigkeit der Wahl.[336] Die Vorgabe des § 96 II AktG, wonach der Aufsichtsrat zu 30 % aus Frauen

---

328 Übersicht bei *Oetker*, ZHR 149 (1985), 578.

329 *Zöllner/Noack*, in: Baumbach/Hueck, GmbHG, § 52 Rn. 164.

330 OLG Hamburg, WM 1988, 1487; OLG Dresden, ZIP 1997, 589, 590; *Henssler*, in: Habersack/Henssler, MitbestR, DrittelbG, 4. Aufl., 2018, § 4 Rn. 11.

331 *Heermann*, in: Ulmer/Habersack/Löbbe, GmbHG, § 52 Rn. 173.

332 *Zöllner/Noack*, in: Baumbach/Hueck, GmbHG, § 52 Rn. 14; vgl. auch OLG Hamburg, WM 1988, 1487; OLG Dresden, ZIP 1997, 589, 591; a.A. *Schneider*, in: Scholz, GmbHG, § 52 Rn. 74.

333 BAG, WM 1990, 633, 636; dagegen, jedoch sei die Rechtsprechung des BAG für die Praxis zu beachten: *Spindler*, in: MünchKommGmbHG, § 52 Rn. 93.

334 BAG, DB 1982, 755 ff.; *Giedinghagen*, in: Michalski, GmbHG, § 52 Rn. 75b; *Zöllner/Noack*, in: Baumbach/Hueck, GmbHG, § 52 Rn. 168; *Oetker*, in: ErfKomm, DrittelbG, § 4 Rn. 8; *Schneider*, in: Scholz, GmbHG, § 52 Rn. 129.

335 Zur Umsetzung der sog. Frauenquote s.u. Rn. 99a ff.

336 *Henssler*, in: Habersack/Henssler, MitbestR, DrittelbG, 4. Aufl., 2018, § 4 Rn. 17; *Gach*, in: MünchKommAktG, DrittelbG, § 4 Rn. 10; *Kleinsorge*, in: Wlotzke/Wissmann/Koberski/Kleinsorge, DrittelbG, § 4 Rn. 35; *Seibt*, NZA 2004, 767, 772.

zusammen zu setzen ist, findet keine Anwendung, da § 96 II AktG die Mitbestimmung nach dem DrittelbG nicht einbezieht.[337] Der Gesellschaftsvertrag darf für Arbeitnehmervertreter keine zusätzlichen Wählbarkeitsvoraussetzungen aufstellen.[338]

Die Gesellschafterversammlung kann zulasten der Anteilseignerquote freiwillig weitere Arbeitnehmervertreter wählen. Umstritten ist, ob per Gesellschaftsvertrag der Anteil der Arbeitnehmervertreter im AR erhöht werden kann.[339] Dies ist zu bejahen, wobei allerdings für diese Arbeitnehmervertreter die Regelungen des DrittelbG nicht unmittelbar gelten.[340] Allerdings kann gesellschaftsvertraglich das Verfahren für die Wahl dieser Aufsichtsratsmitglieder dergestalt geregelt werden, dass diese entsprechend den Regelungen des DrittelbG gewählt werden, sodass in der Praxis auf diese Weise ein Gleichlauf erzeugt werden kann. **102**

Im MitbestG ergibt sich die Mitgliederzahl des Aufsichtsrats zwingend aus **§ 7 Abs. 1 Satz 1 MitbestG**. Sie ist je nach Arbeitnehmerzahl auf 12, 16 oder 20 Mitglieder gestaffelt, wobei der Gesellschaftsvertrag die jeweils größeren, nicht jedoch zwischen den Werten des § 7 Abs. 1 MitbestG liegende Mitgliederzahlen vorsehen kann.[341] Entsprechend kann der Gesellschaftsvertrag einer dem MitbestG unterfallenden GmbH nicht bestimmen, dass dem Aufsichtsrat neben den stimmberechtigten weitere, lediglich beratende Mitglieder angehören.[342] Der Aufsichtsrat setzt sich jeweils hälftig aus Mitgliedern der Anteilseignerseite und der Arbeitnehmerseite zusammen, wobei sich die Zusammensetzung der Arbeitnehmerseite nach den §§ 7 Abs. 2 und 15 Abs. 2 MitbestG richtet. Dabei ist zu berücksichtigen, dass gem. § 15 Abs. 1 Satz 2 MitbestG stets mindestens ein Arbeitnehmermitglied leitender Angestellter sein muss. Gem. § 7 Abs. 2 MitbestG müssen auch Vertreter von Gewerkschaften dem Aufsichtsrat angehören, welche gem. § 16 Abs. 2 MitbestG aufgrund von Wahlvorschlägen der Gewerkschaften gewählt werden. **103**

Der durch das Gesetz für die gleichberechtigte Teilhabe von Frauen und Männern an Führungspositionen in der Privatwirtschaft und im öffentlichen Dienst[343] vom 24.04.2015 eingeführte neue § 52 Abs. 2 ist am 01.05.2015 in Kraft getreten. Gesetzgeberischer Zweck ist die mittelfristige signifikante Erhöhung des Frauenanteils an Führungspositionen der Privatwirtschaft.[344] Dieser Zweck soll unter anderem dadurch erreicht werden, dass bestimmte Zielgrößen für den Frauenanteil im Aufsichtsrat festzulegen sind und über die Entwicklung öffentlich zu berichten ist (§ 289a Abs. 2 Nr. 4, Abs. 4 HGB). Der Pflicht zur Festlegung von Zielgrößen unterliegen alle Gesellschaften, bei denen nach dem DrittelbG, MitbestG, Montan-MitbestG oder dem Montan-MitbestErgG ein Aufsichtsrat zu bestellen ist. Nach einem vom Familienministerium und vom Justizministerium erarbeiteten Referentenentwurf soll künftig durch das Zweite Führungspositionen-Gesetz (FüPoG **104**

337 *Oetker,* in: ErfK, DrittelbG, § 1 Rn. 15.

338 BGHZ 39, 122; *Henssler,* in: Habersack/Henssler, MitbestR, DrittelbG, 4. Aufl., 2018, § 4 Rn. 15; *Annuß* in: MünchKommAktG, DrittelbG, § 4 Rn. 9; *Kleinsorge,* in: Wlotzke/Wissmann/Koberski/Kleinsorge, DrittelbG, § 4 Rn. 31.

339 Dafür OLG Bremen, NJW 1977, 1153; für AG: BGH, NJW 1975, 1657; *Fabricius,* in: FS Hilger/Stumpf, 1983, 155; *Oetker,* in: ErfKomm, DrittelbG, § 4 Rn. 2; *Schneider,* in: Scholz, GmbHG, § 52 Rn. 127; *Henssler,* in: Habersack/Henssler, MitbestR, DrittelbG, 4. Aufl., 2018, § 4 Rn. 10a; dagegen *Seibt,* in: Henssler/Willemsen/Kalb, DrittelbG, § 1 Rn. 34: Verstoß gegen Art. 14 Abs. 1 GG.

340 *Zöllner/Noack,* in: Baumbach/Hueck, GmbHG, § 52 Rn. 161; *Heermann,* in: Ulmer/Habersack/Löbbe, GmbHG, § 52 Rn. 159; für die alte Rechtslage *Kraft,* in: GK-BetrVG, § 77 Rn. 16; abw. OLG Bremen, NJW 1977, 1153.

341 *Henssler,* in:Habersack/Henssler, MitbestR, MitbestG, 4. Aufl., 2018, § 7 Rn. 17; *Seibt,* in: Henssler/Willemsen/Kalb, MitbestG, § 7 Rn. 2.

342 BGH, NZG 2012, 394 = GmbHR 2012, 391 m. zust. Anm. *Pröpper*; *Mückl/Herrnstadt,* ArbR-Aktuell 2013, 228; *Mückl,* ArbR-Aktuell 2012, 150; *Böttcher,* NZG 2012, 809, 810.

343 BGBl. I 2015, S. 642 ff. Für einen Überblick über die Entwicklung des Gesetzesvorhabens und Kritik vgl. *Ossenbühl,* NJW 2012, 417, 420; *Bayer,* NZG 2013, 1, 7 f.; weitergehend: *Prehm/Hellenkemper,* NZA 2012, 960; *Basedow,* EuZW 2013, 41.

344 RegE, BT-Drucks. 18/3784, S. 42.

II) ein neuer § 52 Abs. 1a GmbHG eingefügt werden. Dieser statuiert eine feste Frauenquote von mindestens 30 Prozent für nach dem Mitbestimmungsgesetz, dem Montan-Mitbestimmungsgesetz oder dem Mitbestimmungsergänzungsgesetz bestellte Aufsichtsräte, d.h. für solche Gesellschaften, die der paritätischen Mitbestimmung unterliegen.[345] Gegenwärtig sehen die mit dem FüPoG eingeführten Regelungen nur für zugleich börsennotierte und paritätisch mitbestimmte Unternehmen eine fixe Quote vor. Die Börsennotierung würde nach dem Referentenentwurf zukünftig als Merkmal entfallen, so dass weitere Gesellschaften von der festen Aufsichtsratsquote erfasst werden.[346] Nach § 9 Abs. 2 EGGmbH-E wäre der Mindestanteil an Frauen in Aufsichtsräten bei erforderlich werdenden Neuwahlen und Entsendungen ab dem 1. Januar 2022 zur Besetzung einzelner oder mehrerer Aufsichtsratssitze zu beachten sein.[347] Drittelparitätisch mitbestimmte GmbHs würden auch künftig nicht von einer festen Quotenvorgabe erfasst. Fakultative, freiwillig mitbestimmte Aufsichtsräte sind vom Anwendungsbereich ausgenommen.[348] Die Vorschrift ist im Zusammenhang mit § 36 zu betrachten, der entsprechende Zielvorgaben durch die Geschäftsführer für die beiden Führungsebenen unterhalb der Geschäftsführung vorschreibt. Umstritten ist, ob es noch einer Festlegung von Zielgrößen bedarf, wenn der Frauenanteil bereits bei 50 % oder mehr liegt.[349] Eine entsprechende Einschränkung sieht das Gesetz jedoch nicht vor.

105 Nach Abs. 2 Satz 4 und 5 sind Fristen zur Erreichung von Zielgrößen festzulegen, welche jeweils nicht länger als fünf Jahre sein dürfen. Liegt der Frauenanteil bei Festlegung der Zielgrößen unter 30 Prozent, so dürfen die Zielgrößen den jeweils erreichten Anteil nicht mehr unterschreiten (sog. Verschlechterungsverbot). Auszugehen ist dabei vom Status quo im Zeitpunkt der Festsetzung.[350] Außerhalb des Verschlechterungsverbots gibt das Gesetz keine Mindestquote vor, so dass auch eine Zielgröße von 0 Prozent zulässig sein kann.[351] Mit der Festlegung der Zielgröße von 0 Prozent, soll nach dem Referentenentwurf zum Zweiten Führungspositionen-Gesetz zukünftig eine Begründungspflicht einhergehen. Diese Begründung ist im Bereicht nach § 28f II Nr. 4, IV HGB offenzulegen. Liegt der Frauenanteil bei Festsetzung bereits bei 30 Prozent oder mehr, darf die festzulegende Zielgröße den jeweils aktuellen Frauenanteil nur bis zur Mindestquote von 30 Prozent unterschreiten.[352] Sinkt der tatsächliche Frauenanteil später unter 30 Prozent, kann auch die festzulegende Zielgröße darunter liegen; es gilt dann wieder das Verschlechterungsverbot. Das Gesetz verpflichtet also nicht dazu, einen tatsächlichen Frauenanteil von 30 Prozent dauerhaft durch entsprechende

---

345 RefE (2020): Entwurf eines Gesetzes zur Ergänzung und Änderung der Regelungen für die gleichberechtigte Teilhabe von Frauen an Führungspositionen in der Privatwirtschaft und im öffentlichen Dienst, S. 54; für einen Überblick über die Auswirkungen des Referentenentwurfs für die GmbH vgl. *Giedinghagen/Neuhoff,* GmbHR 2020, R100.

346 RefE (2020): Entwurf eines Gesetzes zur Ergänzung und Änderung der Regelungen für die gleichberechtigte Teilhabe von Frauen an Führungspositionen in der Privatwirtschaft und im öffentlichen Dienst, S. 63.

347 RefE (2020): Entwurf eines Gesetzes zur Ergänzung und Änderung der Regelungen für die gleichberechtigte Teilhabe von Frauen an Führungspositionen in der Privatwirtschaft und im öffentlichen Dienst, S. 55.

348 *Rieble,* in: Bork/Schäfer, GmbHG, § 52 Rn. 113; *Röder/Arnold,* NZA 2015, 1281, 1283; *Seibt,* in: Schmidt/Lutter, AktG, § 76 Rn. 45 (zur AG).

349 Für eine teleologische Reduktion *Zöllner/Noack,* in: Baumbach/Hueck, GmbHG, § 52 Rn. 336; *Drygala,* NZG 2015, 1129, 1132; *Uffmann,* in MünchHdbArb, § 375, Rn. 24; aA *Teichmann/Rüb,* BB 2015, 898, 903; *Herb,* DB 2015, 964.

350 *Herb,* DB 2015, 964, 969; *Wasmann/Rothenburg,* DB 2015, 291, 295.

351 *Herb,* DB 2015, 964, 969; *Wasmann/Rothenburg,* DB 2015, 291, 295; *Stüber,* DStR 2015, 947, 953; *Spindler,* in: MünchKommGmbHG, § 52 Rn. 104a f; dies zumindest auch für besondere Konstellationen annehmend RegE, BT-Drucks. 18/3784, S. 123; kritisch *Röder/Arnold,* NZA 2015, 1281, 1285 (nur mit besonderer Rechtfertigung).

352 *Hommelhoff,* in: Lutter/Hommelhoff, GmbHG, § 52 Rn. 64k; *Giedinghagen,* in: Michalski, GmbHG, § 52 Rn. 85c; *Seyfrath,* in: Scholz, GmbHG, § 52 Rn. 163; a.A. *Zöllner/Noack,* in: Baumbach/Hueck, GmbHG, § 52 Rn. 337; *Fromholzer/Simons,* AG 2015, 457, 460 (m.w.N.).

Personalmaßnahmen zu halten.[353] Eine festgelegte Zielgröße schließt die Anwendbarkeit des AGG bei der konkreten Personalentscheidung nicht aus.[354] Die Festlegung der Zielgröße hat grundsätzlich für den Aufsichtsrat als Ganzes zu erfolgen, jedoch sind auch getrennte Zielgrößen für die Arbeitgeber- und die Arbeitnehmerseite zulässig.[355] Dabei ist die Festlegung der Zielgrößen als Prozentsatz gängig.[356] Dies soll nach dem Referentenentwurf zum Zweiten Führungspositionen-Gesetz zukünftig nicht mehr ausreichen. Zusätzlich soll dann auch die absolute Anzahl der Frauen im Aufsichtsrat festzulegen sein.

Ist ein Aufsichtsrat nach dem DrittelbG zu bestellen, ist die Gesellschafterversammlung für die Festlegung der Zielgrößen für den Aufsichtsrat und unter den Geschäftsführern zuständig. Diese Aufgabe kann aber dem Aufsichtsrat durch die Gesellschafterversammlung übertragen werden. Eine Übertragung auf einen Gesellschafterausschuss, Beirat oder einen Geschäftsführer als solchen ist nicht möglich.[357] Ist nach dem MitbestG, dem Montan-MitbestG oder dem Montan-MitbestErgG ein Aufsichtsrat zu bestellen, legt ausschließlich der Aufsichtsrat die Zielgrößen durch Beschluss[358] fest. Mangels gesetzlicher Regelung eines Delegationsverbots ist innerhalb des Aufsichtsrats die Übertragung auf einen Ausschuss zulässig.[359] 106

Unklar ist bislang, wie es sich mit Gesellschaften verhält, die bisher keinen Aufsichtsrat eingerichtet haben, die jedoch nach den Mitbestimmungsgesetzen dazu verpflichtet wären. Ein Teil der Literatur nimmt auch in diesem Fall die Verpflichtung zur Festlegung von Zielgrößen an[360] und begründet dies mit dem Wortlaut des Abs. 2 (»Ist … zu bestellen«). Demnach komme es auf die konkrete Einrichtung eines Aufsichtsrats nicht an.[361] Nach richtiger Ansicht sind die Vorgaben jedoch nicht auf Gesellschaften mit pflichtwidrig nicht eingerichtetem Aufsichtsrat anwendbar.[362] Es kommt allein auf den Ist-, nicht auf den Sollzustand an, da die Rechtswidrigkeit der Aufsichtsratszusammensetzung nur im Statusverfahren nach §§ 97 ff. AktG geltend gemacht werden kann.[363] Dies führt dazu, dass bei Nichteinrichtung eines eigentlich erforderlichen mitbestimmten Aufsichtsrats keine Pflicht zur Festlegung von Zielgrößen besteht.[364] 107

Bei Verstößen gegen die Pflicht zur Festlegung von Zielgrößen und Fristen drohen nach der gesetzlichen Konstruktion in der Regel keine unmittelbaren Sanktionen.[365] Zwar soll nach der Gesetzesbegründung[366] eine Schadensersatzpflicht gemäß §§ 93 Abs. 2 S. 1, 116 AktG i.V.m. § 25 Abs. 1 S. 1 Nr. 2 MitbestG, § 1 Nr. 3 S. 2 DrittelbG bestehen, jedoch dürfte in der Praxis regelmäßig 108

353 *Giedinghagen*, in: Michalski, GmbHG, § 52 Rn. 85c.
354 *Schleusener*, NZA-Beil. 2016, 50, 55 f.; *Olbrich/Krois*, NZA 2015, 1288, 1289; *Müller-Bonanni/Forst*, GmbHR 2015, 621, 626; *Ohmann-Sauer/Langemann*, NZA 2014, 1120, 1125; A.A. DAV, NZG 2014, 1214, 1220.
355 *Koch*, Hüffer/Koch, AktG § 111 Rn. 57; *Zöllner/Noack*, in: Baumbach/Hueck, GmbHG, § 52 Rn. 340.
356 *Zöllner/Noack*, in: Baumbach/Hueck, GmbHG, § 52 Rn. 344.
357 *Hommelhoff*, in: Lutter/Hommelhoff, GmbHG § 52 Rn. 64g; *Zöllner/Noack*, in: Baumbach/Hueck, GmbHG, § 52 Rn. 333.
358 RegE, BT-Drucks. 18/3784, S. 124; *Herb*, DB 2015, 964, 968; *Altmeppen*, in: Roth/Altmeppen, GmbHG, § 52 Rn. 52.
359 *Spindler*, in: MünchKommGmbHG, § 52 Rn. 104f; *Wicke*, in: Wicke, GmbHG, § 52 Rn. 24; *Giedinghagen*, in: Michalski, GmbHG, § 52 Rn. 85e.
360 *Mense/Klie*, GWR 2015, 441, 442.
361 *Mense/Klie*, GWR 2015, 441, 442.
362 *Giedinghagen*, in: Michalski, GmbHG, § 52 Rn. 85g; *Drygala*, in: Schmidt/Lutter, AktG, § 111 Rn. 67a; *Seibt*, in: Schmidt/Lutter, AktG, § 76 Rn. 45; *Röder/Arnold*, NZA 2015, 1281, 1283; *Bayer/Hoffmann*, GmbHR 2015, 909, 917; *Bayer/Hoffmann*, GmbHR 2017, 441, 443.
363 *Giedinghagen*, in: Michalski, GmbHG, § 52 Rn. 85g; *Drygala*, in: Schmidt/Lutter, AktG, § 111 Rn. 67a; *Seibt*, in: Schmidt/Lutter, AktG, § 76 Rn. 45; *Bayer/Hoffmann*, GmbHR 2015, 909, 917; *Bayer/Hoffmann*, GmbHR 2017, 441, 443.
364 *Giedinghagen*, in: Michalski, GmbHG, § 52 Rn. 85h.
365 *Röder/Arnold*, NZA 2015, 1281.
366 RegE, BT-Drucks. 18/3784, S. 123.

kein Schaden feststellbar sein.[367] Im Rahmen der Publizitätspflichten nach § 289a Abs. 2 Nr. 4, Abs. 4 HGB ist die Gesellschaft allerdings verpflichtet, in ihren Lagebericht eine Erklärung über die Festlegungen, die Zielerreichung und bei Zielverfehlung deren Gründe aufzunehmen. Gesellschaften, die nicht zur Offenlegung eines Lageberichts verpflichtet sind, haben eine Erklärung mit den entsprechenden Festlegungen und Angaben zu erstellen und gemäß § 289a Abs. 1 Satz 2 HGB auf ihrer Internetseite zu veröffentlichen. Für die Verletzung der Berichtspflichten gelten sodann die §§ 331 ff. HGB.[368] Nach dem Referentenentwurf zu FüPoG II soll durch Änderung des § 334 Abs. 1 HGB-E und weiteren handelsbilanzrechtlichen Bußgeldvorschriften klargestellt werden, dass eine Sanktionierung auch dann möglich ist, wenn keine Zielgrößen oder Fristen für die Zielerreichung gesetzt oder die vorgeschriebenen Begründungen bei der Zielgröße Null unterlassen werden. Auch eine fehlende Veröffentlichung der nach dem Referentenentwurf zu gebenden Begründung einer Zielgröße Null wäre nach der Neufasssung der Bußgeldvorschriften von diesen erfasst.

3. Persönliche Voraussetzungen für Aufsichtsratsmitglieder

109 Zu Mitgliedern können nach § 100 Abs. 1 Satz 1 AktG nur natürliche, unbeschränkt geschäftsfähige Personen berufen werden. § 100 Abs. 2 Nr. 1–4 AktG enthält bestimmte Ausschlussmerkmale, bei deren Vorliegen der Gesetzgeber davon ausgeht, dass das AR-Mitglied seinen Überwachungspflichten nicht (mehr) in dem erforderlichen Maße gerecht werden kann. Darüber hinaus bestimmt § 105 AktG die **Inkompatibilität** von Aufsichtsrats- und Geschäftsführungsmandat. Mitglieder des Aufsichtsrats können nach dieser Vorschrift nicht Geschäftsführungsmitglieder, dauernde Stellvertreter von Geschäftsführungsmitgliedern, Prokuristen sowie Gesamthandlungsbevollmächtigte sein. Im MitbestG ist abweichend von § 105 Abs. 1 AktG ein Prokurist nur dann nicht als Mitglied der Arbeitnehmerseite in den Aufsichtsrat wählbar, wenn er der Geschäftsführung unmittelbar unterstellt und zur Ausübung der Prokura für den gesamten Geschäftsbereich des Organs ermächtigt ist (§ 6 Abs. 2 Satz 1 MitbestG).

110 Über § 4 Abs. 2 DrittelbG bzw. § 7 Abs. 3 MitbestG gelten für Arbeitnehmervertreter darüber hinaus auch die Wählbarkeitsvoraussetzungen des § 8 BetrVG sowie das Erfordernis der mindestens einjährigen Unternehmenszugehörigkeit. Im MitbestG müssen die Gewerkschaftsvertreter Vertreter einer Gewerkschaft sein, die in der GmbH selbst oder in einem ihr zuzurechnenden Unternehmen vertreten sind (§ 7 Abs. 4 MitbestG).

111 Die dargestellten Regelungen des § 100 und § 105 AktG sind im Regelungsbereich der obligatorischen Mitbestimmung – anders als beim fakultativen AR – nicht vertragsdisponibel.[369] Es steht den Gesellschaftern jedoch offen, für die Anteilseignervertreter unter Berücksichtigung der allgemeinen Regeln, wie z.B. den Regelungen des AGG,[370] zusätzliche Voraussetzungen, z.B. in Bezug auf Gesellschaftereigenschaft oder spezielle Kenntnisse, im Gesellschaftsvertrag aufzustellen, § 100 Abs. 4 AktG. Für Arbeitnehmervertreter ist die Konstituierung weiterer Wählbarkeitsvoraussetzungen dagegen nicht zulässig.[371]

4. Bestellung der Aufsichtsratsmitglieder

112 Aufsichtsratsmitglieder der **Anteilseignerseite** werden nach § 101 Abs. 1 AktG grds. von den Gesellschaftern im Rahmen einer Gesellschafterversammlung gewählt. Daneben besteht die Möglichkeit der Bestellung von Aufsichtsratsmitgliedern im Verfahren nach § 48 Abs. 2 oder durch ein

367 *Giedinghagen*, in: Michalski, GmbHG, § 52 Rn. 85j; *Altmeppen*, in: Roth/Altmeppen, GmbHG, § 52 Rn. 57; *Wicke*, in: Wicke, GmbHG, § 52 Rn. 26; *Spindler*, in: MünchKommGmbHG, § 52 Rn. 104h; *Leuering*, NJW-Spezial 2015, 207, 208.

368 RegE, BT-Drucks. 18/3784, S. 132; *Spindler*, in: MünchKommGmbHG, § 52 Rn. 104i; mit Einschränkungen *Giedinghagen*, in: Michalski, GmbHG, § 52 Rn. 85k.

369 *Zöllner/Noack*, in: Baumbach/Hueck, GmbHG, § 52 Rn. 170.

370 Vgl. dazu oben Rdn. 23.

371 BGHZ 39, 122.

anderes vertragsmäßig bestimmtes Organ, z.B. einen Beirat.[372] Darüber hinaus können für einzelne Gesellschafter oder den jeweiligen Inhaber eines Geschäftsanteils Entsendungsrechte begründet werden (§ 101 Abs. 2 AktG).[373] Abweichend von der nach umstrittener Auffassung[374] auch im Drittelbeteiligungsgesetz geltenden Grenze für die **Entsenderechte** nach § 101 Abs. 2 AktG, kann bei einem nach MitbestG mitbestimmten Aufsichtsrat auf Ebene der Anteilseignervertreter eine unbegrenzte Entsendung stattfinden, da § 6 Abs. 2 MitbestG nicht auf § 101 Abs. 2 AktG verweist.

Im **DrittelbG** werden die Aufsichtsratsmitglieder der **Arbeitnehmerseite** durch die Arbeitnehmer 113
des Unternehmens gewählt (§ 5 DrittelbG). Die Wahl ist allgemein, geheim, gleich und unmittelbar und erfolgt nach Maßgabe des § 4 Abs. 2 bis 4 DrittelbG sowie § 13 DrittelbG i.V.m. der Wahlordnung zum DrittelbG.[375] Wahlvorschläge können nach § 6 DrittelbG der Betriebsrat und die Arbeitnehmer selbst machen. Die Wahlvorschläge der Arbeitnehmer müssen dabei von mindestens einem Zehntel der Wahlberechtigten oder von mindestens 100 Wahlberechtigten unterzeichnet sein (§ 6 Satz 2 DrittelbG). Aktives Wahlrecht besitzen nach § 5 Abs. 2 DrittelbG alle volljährigen Arbeitnehmer des Unternehmens. Einbezogen in das Wahlrecht sind durch die Verweisung des § 5 Abs. 2 Satz 2 DrittelbG auf § 7 Satz 2 BetrVG auch die im Unternehmen tätigen Leiharbeitnehmer.[376] Darüber hinaus nehmen an der Wahl der Aufsichtsratsmitglieder der Arbeitnehmer des herrschenden Unternehmens[377] eines Konzerns (§ 18 Abs. 1 AktG) auch die Arbeitnehmer der übrigen Konzernunternehmen teil, auch dann, wenn die abhängigen Konzernunternehmen selbst aufsichtsratspflichtig sind. Im Gegensatz zur Frage der Zurechnung der Arbeitnehmer bei der Frage des anwendbaren Aufsichtsratsstatuts[378] setzt das aktive Wahlrecht hierbei nicht das Bestehen eines Beherrschungsvertrags zwischen den abhängigen Unternehmen und dem herrschenden Unternehmen voraus, sondern lässt die faktische Beherrschung ausreichen. Eine Bestellung von stellvertretenden Aufsichtsratsmitgliedern ist bei einem Aufsichtsrat nach dem DrittelbG gem. § 101 Abs. 3 Satz 1 AktG nicht zulässig. Lediglich Ersatzmitglieder können nach § 101 Abs. 3 Satz 2 AktG gewählt werden,[379] wobei es zulässig ist, dass dieselbe Person gleichzeitig Ersatzmitglied für mehrere Aufsichtsratsmitglieder ist, solange diese derselben Gruppe angehören.[380] In einem Gemeinschaftsbetrieb tätige Arbeitnehmer haben das aktive Wahlrecht bei den Aufsichtsratswahlen aller Trägerunternehmen. Sie sind auch als Arbeitnehmer i.S.v. § 5 Abs. 2 Satz 1 DrittbG im Hinblick auf die Unternehmen anzusehen, mit denen sie keinen Arbeitsvertrag abgeschlossen haben.[381]

Im **MitbestG** richtet sich die Wahl der Arbeitnehmervertreter nach den Vorschriften der §§ 9 bis 24 114
MitbestG, die wiederum über § 39 MitbestG durch drei Wahlordnungen[382] konkretisiert werden.

---

372 *Schneider,* in: Scholz, GmbHG, § 52 Rn. 188; *Heermann,* in: Ulmer/Habersack/Löbbe, GmbHG, § 52 Rn. 185.

373 *Heermann,* in: Ulmer/Habersack/Löbbe, GmbHG, § 52 Rn. 186; *Nießen,* NJW-Spezial 2008, 367; *Kleinsorge,* in: Wlotzke/Wissmann/Koberski/Kleinsorge, DrittelbG, § 1 Rn. 21; *Schnorbus,* in: Rowedder/Schmidt-Leithoff, GmbHG, § 52 Rn. 60; a.A. *Schneider,* in: Scholz, GmbHG, § 52 Rn. 189.

374 So *Zöllner/Noack,* in: Baumbach/Hueck, GmbHG, § 52 Rn. 177; *Kleinsorge,* in: Wlotzke/Wissmann/Koberski/Kleinsorge, DrittelbG, § 1 Rn. 21; *Oetker,* in: ErfKomm, DrittelbG, § 1 Rn. 21; *Heermann,* in: Ulmer/Habersack/Löbbe, GmbHG, § 52 Rn. 186; a.A. (unbeschränkte Einräumungsmöglichkeit) *Schneider,* in: Scholz, GmbHG, § 52 Rn. 19; *Schmidt-Leithoff,* in: Rowedder/Schmidt-Leithoff, GmbHG, § 52 Rn. 60; *Marsch-Barner/Diekmann,* in: MünchHdbGesR, § 48 Rn. 106; *Giedinghagen,* in: Michalski, GmbHG, § 52 Rn. 97a.

375 Verordnung zur Wahl der Aufsichtsratsmitglieder der Arbeitnehmer nach dem DrittelbG (Wahlordnung zum DrittelbG – WODrittelbG) v. 23.06.2004 – BGBl. I 1393.

376 *Zöllner/Noack,* in: Baumbach/Hueck, GmbHG, § 52 Rn. 179.

377 Vgl. zur Frage des herrschenden Unternehmens oben unter Rdn. 91.

378 Vgl. dazu ausführlich oben unter Rdn. 91.

379 BGHZ 99, 211, 213; BGH, WM 1988, 377 f.

380 BGHZ 99, 211, 213 (für AG); *Giedinghagen,* in: Michalski, GmbHG, § 52 Rn. 84.

381 BAG, GmbHR 2013, 990, 991.

382 Unternehmen mit einem Betrieb: Erste Wahlordnung, BGBl. I 2002, S. 1682 ff. geändert durch Art. 1 VO vom 10.10.2005 – BGBl. I 2009, S. 927; Unternehmen mit mehreren Betrieben: Zweite Wahlordnung, BGBl. I 2002, S. 1708 ff., geändert durch Art. 2 VO vom 10.10.2005 – BGBl. I 2927; Unternehmen als

Gem. § 9 Abs. 1 und 2 MitbestG findet bei bis zu 8.000 Arbeitnehmern – sofern die Arbeitnehmer nichts anderes bestimmen – eine unmittelbare, ab einer Zahl von regelmäßig 8.001 Arbeitnehmern eine Delegiertenwahl statt. Durch § 14 Abs. 2 S. 5 AÜG sind auch Leiharbeitnehmer bei der Schwellenwertbestimmung des § 9 MitbestG zu berücksichtigen, vorausgesetzt, die konkrete Einsatzdauer des Leiharbeitnehmers übersteigt eine Einsatzdauer von 6 Monaten, § 14 Abs. 2 S. 6 AÜG.[383] Gem. § 17 Abs. 1 MitbestG ist die Aufstellung eines Ersatzmitglieds möglich; die Anfechtung der Wahl richtet sich nach §§ 21 ff. MitbestG. Nach § 22 Abs. 1 MitbestG ist für die Anfechtung ein Verstoß gegen wesentliche Wahlvorschriften erforderlich und dieser Verstoß muss das Wahlergebnis geändert oder wesentlich beeinflusst haben. Lässt sich nicht konkret feststellen, dass auch bei Einhaltung der Wahlvorschrift kein anderes Ergebnis erzielt worden wäre, ist die Wahl unwirksam.[384] Zur Vermeidung der Wahlanfechtung ist eine gerichtliche Kontrolle von Entscheidungen und Maßnahmen des Wahlvorstands bereits vor Abschluss der Wahl während des Wahlverfahrens möglich.[385] Die Kosten der Aufsichtsratswahlen trägt gem. § 20 Abs. 3 MitbestG das Unternehmen.[386]

115 Darüber hinaus kommt bei einem nach DrittelbG oder MitbestG zusammengesetzten Aufsichtsrat auf Antrag auch eine **gerichtliche Bestellung** von Aufsichtsratsmitgliedern gem. § 104 AktG in Betracht.[387] Dies ist möglich, sofern die zur Beschlussfähigkeit erforderliche Mitgliederzahl nicht gegeben ist (§ 104 Abs. 1 AktG) oder dem Aufsichtsrat länger als 3 Monate die nach Gesetz oder Gesellschaftsvertrag erforderliche Gesamtmitgliederzahl fehlt (§ 104 Abs. 2 AktG). Gem. § 104 Abs. 2 AktG kann in dringenden Fällen eine Bestellung vor Ablauf der 3 Monate erfolgen. Während bei einem nach MitbestG zusammengesetzten Aufsichtsrat gem. § 104 Abs. 3 AktG stets ein dringender Fall vorliegt, ist dies bei einem nach DrittelbG gebildeten Aufsichtsrat jeweils im Einzelnen zu prüfen. Im Hinblick auf das langwierige Wahlverfahren dürfte jedoch häufig auch bei diesem zumindest bei der Bestellung von Arbeitnehmervertretern ein dringender Fall vorliegen, wenn bspw. kurzfristig Wahlen oder wesentliche Aufsichtsratsentscheidungen anstehen. Bei der Besetzung entscheidet das Gericht – vorbehaltlich der Regelung des § 104 Abs. 4 Satz 4 AktG – nach eigenem Ermessen ohne Bindung an die Anträge,[388] wobei in der Praxis regelmäßig den Vorschlägen der Antragsteller entsprochen wird, insb. wenn diese mit dem Betriebsrat abgestimmt sind.[389] Das Gericht hat stets die Interessen der Gesellschaft zu berücksichtigen.[390] Ist beabsichtigt, die nach einem durchgeführten Statusverfahren fehlenden Mitglieder durch gerichtliche Bestellung ergänzen zu lassen, ist darauf zu achten, den Antrag erst nach Ablauf der Anrufungsfrist gem. § 97 Abs. 2 Satz 1 AktG und dem Außerkrafttreten überholter Satzungsregelungen nach § 97 Abs. 2 Satz 2 AktG zu stellen. Anderenfalls könnte durch die gerichtliche Bestellung allein die Beschlussfähigkeit bzw. Zusammensetzung des bisherigen Aufsichtsrats wiederhergestellt werden.[391] Das Amt der gerichtlich bestellten Aufsichtsratsmitglieder erlischt automatisch in dem Zeitpunkt, in dem der ursprüngliche Mangel z.B. durch Wahl behoben ist.[392] Einer Abberufung durch das Gericht bedarf es daher nicht.

---

persönlich haftender Gesellschafter (§ 4 MitbestG) oder Konzernunternehmen (§ 5 MitbestG): Dritte Wahlordnung BGBl. I 2002, S. 1741 ff. geändert durch Art. 3 VO vom 10.10.2005 – BGBl. I 2927.

383 Die Einschränkung des § 14 Abs. 2 S. 6 AÜG ist arbeitnehmerbezogen zu verstehen, vgl, *Thüsing*, in: Thüsing, AÜG, § 14 Rn. 76.

384 BAG, AP Nr 6 zu § 94 SGB IX; LAG Köln, BeckRS 2019, 32396.

385 BAG, NZA 2016, 559.

386 Zu den Grenzen der Kostentragungspflicht: LAG Nürnberg, BeckRS 2009, 50689.

387 Vgl. zum registergerichtlichen Ermessen bei der Aufsichtsratsbestellung *Paudtke/Glauer*, NJW-Spezial 2013, 719.

388 OLG Bamberg, NZG 2014, 497; OLG Hamm, NZG 2013, 1099; BayObLG, AG 2005, 350, 351; BayObLG, DB 1997, 2599.

389 Vgl. insb. zur »Diversity« als Ermessenskriterium *Paudtke/Glauer*, NJW-Spezial 2013, 719.

390 OLG Bamberg, NZG 2014, 497.

391 *Giedinghagen*, in: Michalski, GmbHG, § 52 Rn. 110b; *Schnitker/Grau*, NZG 2007, 486, 489 f.

392 BayObLG, NZG 2005, 405, 406; OLG München, AG 2006, 590, 591.

Die gerichtliche Bestellung des Aufsichtsratsmitglieds einer dem Drittelbeteiligungsgesetz unterliegenden Gesellschaft kann auch befristet werden.[393]

Im Hinblick auf fehlerhafte Bestellungen von Aufsichtsratsmitgliedern finden die Regelungen der §§ 250 ff. AktG Anwendung.[394] Wurden die Aufsichtsratsmitglieder unter Verstoß gegen die in § 250 AktG aufgeführten Tatbestände in einem Wahlgang gewählt, ist die fehlerhafte Bestellung vollständig nichtig. Bei einer Einzelwahl erstreckt sich die Nichtigkeit nur auf die jeweilige Bestellung. Bei der Wahl der Arbeitnehmervertreter ist § 11 DrittelbG bzw. § 21 f. MitbestG heranzuziehen. Nach der vorsorglich für die GmbH zu berücksichtigenden Rechtsprechung des BGH zum Aktienrecht erstreckt sich die Nichtigkeitsfolge bei einer erfolgreichen Anfechtung der Aufsichtsratswahl ex-tunc auf sämtliche Amtshandlungen, insbesondere Stimmabgaben, des betroffenen Mitglieds bis zur Rechtskraft des Anfechtungsurteils. Für Pflichten, Haftung und Vergütung ist das faktische Aufsichtsratsmitglied allerdings wie ein fehlerfrei bestelltes Mitglied zu behandeln.[395] 116

5. Amtszeit der Aufsichtsratsmitglieder

Die Amtszeit der Aufsichtsratsmitglieder bestimmt sich grds. nach dem im Gesellschaftsvertrag festgelegten Zeitraum. Gem. § 102 AktG i.V.m. § 1 Abs. 1 Nr. 3 DrittelbG/§ 6 Abs. 2 Satz 1 MitbestG ist dabei die Höchstdauer der Bestellung die Zeit bis zur Beendigung der Gesellschafterversammlung, die über die **Entlastung für das vierte Geschäftsjahr** nach dem Beginn der Amtszeit beschließt. Dabei beginnt die Amtszeit regelmäßig, wenn die Wahl und die Annahmeerklärung des Gewählten vorliegen, es sei denn, die Aufsichtsratsbesetzung wird erst durch eine Änderung des Gesellschaftsvertrags begründet, sodass die Eintragung der Änderung des Gesellschaftsvertrags im Handelsregister zwingend erforderlich ist. Das zu Beginn der Amtszeit laufende Geschäftsjahr zählt bei der Bemessung gem. § 102 Abs. 1 Satz 2 AktG nicht mit. Die für die Beendigung maßgebende Entlastung muss eine Sachentscheidung der Gesellschafter sein. Wird eine entsprechende Sachentscheidung nicht getroffen, sondern die Entlastungsentscheidung vertagt, ist umstritten, wann die Amtszeit des Aufsichtsratsmitglieds endet.[396] Nach Auffassung des BGH[397] endet in diesem Fall das Aufsichtsratsmandat in dem Zeitpunkt, zu dem über die Entlastung hätte entschieden werden müssen. Eine **Wiederbestellung** ist zulässig, sie darf allerdings nicht dazu führen, dass die gesetzlich vorgesehenen Höchstfristen umgangen werden. Insofern muss sichergestellt werden, dass auch im Fall einer Wiederbestellung die Amtszeit des Aufsichtsratsmitglieds jeweils den in § 102 AktG definierten Zeitraum nicht überschreitet. Insofern ist nach herrschender Meinung die vorzeitige Wiederbestellung zulässig, wenn die Höchstdauer der neuen Wahlperiode unter Einrechnung des Restes der laufenden Amtszeit bemessen wird.[398] 117

Für die **Anteilseignervertreter** kann der Gesellschaftsvertrag oder der jeweilige Bestellungsbeschluss bzw. die Entsendungserklärung eine kürzere als die höchste Amtszeit vorsehen. Ist keine Regelung im Gesellschaftsvertrag oder Bestellungsbeschluss bzw. in der Entsendeerklärung vorgesehen, gilt die Bestellung, sofern sich nicht aus den Umständen etwas anderes ergibt, im Zweifel für die gesetzliche Höchstdauer. Die Verkürzung einer laufenden Amtszeit eines Anteilseignervertreters ist nur i.V.m. einer Abberufung möglich, also nicht durch einfachen Gesellschafterbeschluss.[399] 118

393 OLG Frankfurt a.M., NZG 2017, 1187.

394 BGHZ 51, 210; *Schneider*, in: Scholz, GmbHG, § 52 Rn. 206; *Schnorbus*, in: Rowedder/Schmidt-Leithoff, GmbHG, § 52 Rn. 16; *Giedinghagen*, in: Michalski, GmbHG, § 52 Rn. 115.

395 BGH, NJW 2013, 1535, 1537 f. (zur AG); vgl. *Giedinghagen*, in: Michalski, GmbHG, § 52 Rn. 123a.

396 Vgl. hierzu *Gärtner*, NZG 2013, 652 zur AG.

397 BGH, NZG 2002, 916; *Spindler*, in: MünchKommGmbHG, § 52 Rn. 173; *Schnorbus*, in: Rowedder/Schmidt-Leithoff, GmbHG, § 52 Rn. 63: *Marsch-Barner/Diekmann*, in: MünchHdbGesR, § 48 Rn. 113; a.A. *Giedinghagen*, in: Michalski, GmbHG, § 52 Rn. 134 (Ablauf des 5. Geschäftsjahres).

398 *Mertens*, in: KK-AktG, § 102 Rn. 17; *Koch*, in: Hüffer/Koch, AktG, § 102 Rn. 6; *Heermann*, in: Ulmer/Habersack/Löbbe, GmbHG, § 52 Rn. 199; a.A. *Habersack*, in: MünchKommAktG, § 102 Rn. 20; *Schneider*, in: Scholz, GmbHG, § 52 Rn. 190.

399 OLG Hamburg, WM 1988, 1487; BAG, AP Nr. 28 zu § 76 BetrVG 1952; *Marsch-Barner/Diekmann*, in: MünchHdbGesR, § 48 Rn. 115; abweichend: *Mertens*, in: KK-AktG, § 102 Rn. 7.

119 Auch für die **Arbeitnehmervertreter** gilt nach § 5 Abs. 1 DrittelbG/§ 6 Abs. 2 Satz 2 MitbestG die im Gesetz oder Gesellschaftsvertrag bestimmt Zeit. Insofern kann durch eine Regelung im Gesellschaftsvertrag auch die Zeit der Arbeitnehmervertreter beeinflusst werden, wobei nach in der Literatur vertretener Auffassung die Regelung jedoch sowohl für die Anteilseigner- als auch für die Arbeitnehmerseite gleich gelten muss.[400] Insofern kann auch das turnusmäßige Ausscheiden von Arbeitnehmervertretern vorgesehen werden.[401] Ist für die Vertreter der Arbeitnehmerseite eine Regelung nicht vorgesehen, ist auch für diese die gesetzliche Höchstzeit maßgebend.

6. Abberufung und sonstige Beendigung

120 Die Abberufung von **Anteilseignervertretern** richtet sich beim DrittelbG über § 1 Abs. 1 Nr. 3 Satz 2 DrittelbG, beim MitbestG über § 6 Abs. 2 Satz 1 MitbestG nach § 103 Abs. 1 AktG. Die Abberufung der **Arbeitnehmervertreter** richtet sich nach § 12 Abs. 1 DrittelbG bzw. § 23 MitbestG. Nach § 12 Abs. 1 DrittelbG kann vor Ablauf der Amtszeit auf Antrag eines Betriebsrats oder von mindestens einem Fünftel der Wahlberechtigten eine Abberufung erfolgen, wobei hierbei die wahlberechtigten Arbeitnehmer in Anlehnung an § 103 Abs. 1 Satz 2 AktG und § 23 Abs. 2 Satz 2 MitbestG mit einer Mehrheit von 3/4 der abgegebenen Stimmen der Abberufung zustimmen müssen.[402] Für Arbeitnehmervertreter, die nach dem MitbestG gewählt worden sind, finden sich in § 23 Abs. 1 bis 3 MitbestG ausführliche Regelungen bezüglich der Abberufung von Aufsichtsratsmitgliedern der Arbeitnehmerseite.

121 § 103 Abs. 3 AktG i.V.m. § 1 Abs. 1 Nr. 3 DrittelbG bzw. § 6 Abs. 2 MitbestG ermöglicht darüber hinaus die **Abberufung aus wichtigem Grunde durch das Gericht**. Diese erfasst sowohl die Vertreter der Arbeitnehmer als auch die der Anteilseigner.[403] Ein die Abberufung rechtfertigender wichtiger Grund liegt zu einem vor, wenn ein Aufsichtsratsmitglied ein schwerwiegendes gesellschaftswidriges Verhalten an den Tag legt, welches die weitere Zugehörigkeit zum Aufsichtsrat als schlechthin untragbar erscheinen lässt,[404] zum anderen, wenn das Verbleiben des Aufsichtsratsmitglieds im Amt bis zur Beendigung seiner Amtszeit für die Gesellschaft unzumutbar ist.[405] Ein wichtiger Grund kann z.B. bei grober Pflichtverletzung des Aufsichtsratsmitglieds, Unfähigkeit zur ordnungsgemäßen Wahrnehmung der Aufsichtsratsaufgaben, Behinderung der Zusammenarbeit im Aufsichtsrat, Zerstörung des Vertrauensverhältnisses aufgrund intrigantem Verhalten, wiederholt unentschuldigtem Fernbleiben von Aufsichtsratssitzungen oder Verstoßes gegen die Verschwiegenheitspflicht gegeben sein.[406] Das Vorliegen eines Grundes zur außerordentlichen Kündigung des Arbeitsverhältnisses ist aber nicht notwendige Voraussetzung einer Abberufung.[407] Verfahrenstechnisch bedarf die Abberufung aus wichtigem Grund durch das Gericht eines Antrags des Aufsichtsrats, über den dieser mit einfacher Mehrheit beschließt, wobei der Betroffene kein Stimmrecht hat.[408] Ist das Aufsichtsratsmitglied aufgrund des Gesellschaftsvertrags in den Aufsichtsrat entsandt worden, können

---

400 *Zöllner/Noack*, in: Baumbach/Hueck, GmbHG, 52 Rn. 194.

401 *Oetker*, in: ErfKomm, DrittelbG, § 5 Rn. 7; *Henssler*, in: Habersack/Henssler, MitbestR, DrittelbG, 4. Aufl., 2018, § 5 Rn. 15; *Seibt*, in: Henssler/Willemsen/Kalb, DrittelbG, § 5 Rn. 9; *Spindler*, in: MünchKommGmbHG, § 52 Rn. 190; a.A. *Habersack*, in: Habersack/Henssler, MitbestR, MitbestG, 4. Aufl., 2018, § 6 Rn. 65.

402 *Oetker*, in: ErfKomm, DrittelbG, § 12 Rn. 6; *Giedinghagen*, in: Michalski, GmbHG, § 52 Rn. 147.

403 *Oetker*, in: ErfKomm, DrittelbG, § 12 Rn. 13; *Henssler*, in: Habersack/Henssler, MitbestR, DrittelbG, 4. Aufl., 2018, § 12 Rn. 2.

404 BGHZ 39, 116, 123.

405 LG Frankfurt am Main, NJW 1987, 505, 506; OLG Zweibrücken, AG 1991, 70; OLG Hamburg, AG 1990, 218; OLG Stuttgart, AG 2007, 218; *Zöllner/Noack*, in: Baumbach/Hueck, GmbHG, § 52 Rn. 198.

406 OLG München, NZG 2018, 1389.

407 BGHZ 39, 116, 123.

408 *Schnorbus*, in: Rowedder/Schmidt-Leithoff, GmbHG, § 52 Rn. 66; *Schneider*, in: Scholz, GmbHG, § 52 Rn. 262; *Giedinghagen*, in: Michalski, GmbHG, § 52 Rn. 155; *Zöllner/Noack*, in: Baumbach/Hueck, GmbHG, § 52 Rn. 198.

entsprechend § 103 Abs. 3 Satz 3 AktG die Gesellschafter, deren Anteil zusammen den zehnten Teil des Stammkapitals oder den anteiligen Betrag von 1 Mio. € erreichen, den Antrag stellen.

Im Hinblick auf **sonstige Beendigungsgründe**[409] bestehen beim obligatorischen Aufsichtsrat vom Grundsatz keine Besonderheiten. Ist für einen Arbeitnehmervertreter das wirksame Bestehen eines Arbeitsverhältnisses Wählbarkeitsvoraussetzung, endet bei dessen Wegfall automatisch sein Aufsichtsratsmandat (vgl. § 24 Abs. 1 MitbestG). Dies kann zum einen durch Beendigung des Arbeitsverhältnisses erfolgen, zum anderen aber auch z.B. durch eine Veräußerung eines verbundenen Unternehmens, bei dem das Aufsichtsratsmitglied beschäftigt war. Eine Änderung der Zuordnung eines Aufsichtsratsmitglieds als leitender Angestellter führt allerdings gem. § 24 Abs. 2 MitbestG bei einem paritätisch mitbestimmten Aufsichtsrat nicht zum Amtsverlust. 122

7. Rechtliche Ausgestaltung des Aufsichtsratsverhältnisses

Das Rechtsverhältnis der Aufsichtsratsmitglieder zur Gesellschaft ist vom Grundsatz beim obligatorischen Aufsichtsrat vergleichbar mit dem Rechtsverhältnis der Aufsichtsratsmitglieder beim fakultativen Aufsichtsrat.[410] Auch beim obligatorischen Aufsichtsrat wird mit der Übernahme des Aufsichtsratsmandats nicht automatisch ein schuldrechtliches »Grundgeschäft« zwischen Aufsichtsratsmitglied und Gesellschaft geschaffen. Allerdings besteht auch hier die Möglichkeit der Begründung eines das Aufsichtsratsmandat **begleitenden (schuldrechtlichen) Rechtsverhältnisses.**[411] 123

Gem. § 1 Abs. 1 Nr. 3 DrittelbG bzw. § 25 Abs. 1 Nr. 2 MitbestG i.V.m. § 113 AktG kann den Aufsichtsratsmitgliedern für ihre Tätigkeit eine **Vergütung** gewährt werden, die im Gesellschaftsvertrag festgesetzt oder von der Gesellschafterversammlung bewilligt wird. Eine grundsätzliche Differenzierung zwischen Anteilseigner- und Arbeitnehmervertretern ist dabei nicht zulässig.[412] Den Mitgliedern des ersten Aufsichtsrats kann nur die Gesellschafterversammlung eine Vergütung für ihre Tätigkeit bewilligen, wobei der Beschluss erst in der Gesellschafterversammlung gefasst werden kann, die die Entlastung der Mitglieder des ersten Aufsichtsrats beschließt (§ 113 Abs. 2 AktG). Dem Aufsichtsrat kann nicht nur eine reine Festvergütung gewährt werden, sondern auch ein variabler Anteil. Diese Möglichkeit eröffnet grds. § 113 Abs. 3 AktG, der bei einem obligatorischen Aufsichtsrat zwingend zu beachten ist. Da der Berechnungsmodus des § 113 Abs. 3 AktG jedoch nur dann als zwingend angesehen wird, wenn die Tantieme tatsächlich als Anteil am Jahresgewinn gewährt wird, nicht jedoch z.B. als Dividendentantieme,[413] bestehen die entsprechenden Gestaltungsspielräume auch für die mitbestimmte GmbH. Auch der Abschluss einer D&O-Versicherung für die Aufsichtsratsmitglieder ist als Vergütungsbestandteil durch die Gesellschafterversammlung zu bewilligen.[414] Für den Abschluss von Verträgen zur Erbringung von Diensten höherer Art trifft § 114 AktG Beschränkungen.[415] Im Gegensatz zum fakultativen Aufsichtsrat ist die Anwendung des § 114 AktG zwingend.[416] 124

Die **Sorgfaltspflichten** und die Haftung der Aufsichtsratsmitglieder bestimmen sich über § 1 Abs. 1 Nr. 3 DrittelbG bzw. § 25 Abs. 1 Nr. 2 MitbestG nach § 116 AktG, der wiederum auf § 93 AktG (mit Ausnahme des Abs. 2 Satz 3) verweist. Entsprechend unterliegen die Aufsichtsratsmitglieder dem Sorgfaltsmaßstab eines ordentlichen gewissenhaften Aufsehers, wobei dies sowohl die Mitglieder der Anteilseignerseite als auch die Mitglieder der Arbeitnehmerseite gleichermaßen betrifft. Insofern besteht für die Arbeitnehmervertreter auch keine Haftungserleichterung nach den 125

---

409 Vgl. dazu oben Rdn. 32 ff.
410 Vgl. dazu oben Rdn. 36 ff.
411 Vgl. dazu oben Rdn. 36 ff.
412 *Schneider*, in: Scholz, GmbHG, § 52 Rn. 535; *Giedinghagen*, in: Michalski, GmbHG, § 52 Rn. 196.
413 *Koch*, in: Hüffer/Koch, AktG, § 113 Rn. 11.
414 *Zöllner/Noack*, in: Baumbach/Hueck, GmbHG, 52 Rn. 203; a.A. *Lange*, ZIP 2001, 1524, 1525.
415 Vgl. dazu oben Rdn. 39.
416 *Zöllner/Noack*, in: Baumbach/Hueck, GmbHG, 52 Rn. 205; *Hommelhoff*, in: Lutter/Hommelhoff, GmbHG, § 52 Rn. 76; OLG Nürnberg, NZI 2017, 679, 681 (zur AG).

Grundsätzen über die beruflich veranlasste Tätigkeit.[417] Im Gegensatz zur Situation beim fakultativen Aufsichtsrat[418] ist der Verweis auf § 93 AktG beim obligatorischen Aufsichtsrat nicht auf die Abs. 1 und 2 beschränkt. Eine Haftung des Aufsichtsratsmitglieds scheidet z.B. nicht mangels Verweises auf § 93 Abs. 3 AktG aus, wenn sich die Überwachungspflicht auf die Einhaltung des Zahlungsverbots nach § 64 Satz 1 GmbHG bezieht, weil in diesem Fall nicht die Gesellschaft, sondern die Insolvenzgläubiger durch die Zahlung geschädigt sind.[419] Im Hinblick auf § 93 Abs. 3 AktG sind jedoch die Besonderheiten der GmbH zu berücksichtigen, sodass dieser nur in erheblich modifizierter Version angewandt werden kann bzw. bezüglich einzelner dort aufgezählter Fälle bei der GmbH überhaupt keine Anwendung findet (z.B. Nr. 4). § 93 Abs. 4 AktG findet mit Ausnahme des Satzes 2, der für die Haftung eines Aufsichtsrats nicht passt, uneingeschränkt Anwendung. Umstritten ist, ob wegen der Beschränkungen des § 93 Abs. 4 AktG bei einem obligatorischen Aufsichtsrat der Entlastung des Aufsichtsrats Verzichtswirkung zukommt.[420] Im Ergebnis wird man der Entlastung im dort genannten Dreijahreszeitraum keine Verzichtswirkung zubilligen können, da andernfalls die Beschränkungen des § 93 Abs. 4 AktG unterlaufen würden.[421] § 93 Abs. 5 und 6 AktG finden beim obligatorischen Aufsichtsrat unbeschränkt Anwendung.

126 Neben der Sorgfaltspflicht besteht auch eine **Verschwiegenheitspflicht**, die alle Mitglieder des Aufsichtsrats im Rahmen des Unternehmensinteresses zur Verschwiegenheit verpflichtet. Dies betrifft auch die Aufsichtsratsmitglieder der Arbeitnehmerseite.[422] Insofern bestehen keine Ausnahmen im Hinblick auf mögliche Unterrichtungen von Betriebsräten, Wählern oder gar Gewerkschaften.[423] Für Aufsichtsratsmitglieder, die auf Veranlassung einer öffentlich-rechtlichen Körperschaft in einen obligatorischen Aufsichtsrat gewählt wurden, bestehen nach § 52 Abs. 1 i.V.m. §§ 394 und 395 AktG bestimmte Sondernormen, die die Verschwiegenheitsverpflichtung einschränken, soweit das Mitglied zur Berichterstattung an die Körperschaft verpflichtet ist. Die Berichtspflicht nach § 394 Satz 1 AktG kann nicht nur auf Gesetz, sondern auch auf Satzung oder auf einem dem Aufsichtsrat in Textform mitgeteiltem Rechtsgeschäft beruhen (§ 394 Satz 3 AktG).[424]

8. Innere Ordnung des Aufsichtsrats

127 Gem. § 1 Abs. 3 Nr. 3 DrittelbG bzw. § 25 Abs. 1 Nr. 2 MitbestG gelten für innere Organisationsfragen des obligatorischen Aufsichtsrats ausdrücklich die §§ 107 bis 110 AktG. Der Aufsichtsrat hat insofern zwingend aus seiner Mitte einen **Vorsitzenden und mindestens einen Stellvertreter** zu wählen. Bezüglich der Wahl des Aufsichtsratsvorsitzenden und seines Stellvertreters bestehen zwischen dem DrittelbG und dem MitbestG jedoch erheblich Unterschiede. Während im DrittelbG die Regelung des § 107 Abs. 1 AktG Anwendung findet und grds. eine einfache Mehrheit für die entsprechende Beschlussfassung ausreicht, regelt sich die Wahl des Aufsichtsratsvorsitzenden und

417 *Zöllner/Noack*, in: Baumbach/Hueck, GmbHG, 52 Rn. 207; *Altmeppen*, in: Roth/Altmeppen, GmbHG, § 52 Rn. 79.

418 Vgl. dazu Rdn. 43.

419 Vgl. zum fakultativen Aufsichtsrat BGH, ZIP 2010, 1988, 1989.

420 So *Schneider*, in: Scholz, GmbHG, § 52 Rn. 645; a.A. *Heermann*, in: Ulmer/Habersack/Löbbe, GmbHG, § 52 Rn. 264; *Zöllner/Noack*, in: Baumbach/Hueck, GmbHG, 52 Rn. 211.

421 Vgl. *Lutter/Hommelhoff*, in: Lutter/Hommelhoff, GmbHG, § 52 Rn. 64; *Spindler*, in: MünchKommGmbHG, § 52 Rn. 688 f.

422 *Spindler*, in: MünchKommGmbHG, § 52 Rn. 663; ausführlich auch *Habersack*, in: Habersack/Henssler, MitbestR, MitbestG, 4. Aufl., 2018, § 25 Rn. 99 ff.

423 *Oetker*, in: GroßKommAktG, MitbestG, § 25 Rn. 24; *Zöllner/Noack*, in: Baumbach/Hueck, GmbHG, § 52 Rn. 208.

424 Den bisherigen Meinungsstreit, ob die Berichtspflicht auf einer gesetzlichen Grundlage beruhen muss oder vielmehr auch die beamtenrechtliche Weisungsgebundenheit oder jedes vertragliche Auftragsverhältnis ausreichend sind, hat der Gesetzgeber durch die mit der Aktienrechtsnovelle 2016 geänderte Vorschrift weitgehend zugunsten der letztgenannten Ansicht entschieden. Vgl. zum aktuellen Meinungsstand *Koch*, in: Hüffer/Koch, AktG, § 394 Rn. 37 ff.

dessen Stellvertreters im MitbestG nach § 27 MitbestG.[425] Danach wählt der Aufsichtsrat mit einer Mehrheit von 2/3 der Mitglieder, aus denen er insgesamt zu bestehen hat, aus seiner Mitte einen Aufsichtsratsvorsitzenden und einen Stellvertreter. Wird bei der Wahl des Aufsichtsratsvorsitzenden oder seines Stellvertreters diese Mehrheit nicht erreicht, so findet für die Wahl des Aufsichtsratsvorsitzenden und seines Stellvertreters ein zweiter Wahlgang statt, in dem die Aufsichtsratsmitglieder der Anteilseigner den Aufsichtsratsvorsitzenden und die Aufsichtsratsmitglieder der Arbeitnehmer den Stellvertreter jeweils mit der Mehrheit der abgegebenen Stimmen wählen. Umstritten ist, ob sich im Hinblick auf die Kopplung der Wahlverfahren für beide Positionen die beiden Amtsperioden decken müssen, was von der wohl herrschenden Ansicht verneint wird.[426] Die Bestellung zum Aufsichtsratsvorsitzenden erfolgt dabei bis zum Ende der Aufsichtsratstätigkeit des Gewählten, sofern sich nicht aus dem Gesellschaftsvertrag oder der Geschäftsordnung etwas anderes ergibt.[427] Scheidet das Aufsichtsratsmitglied vor Ablauf der Amtszeit aus oder endet das Amt aus einem anderen Grund, so entfällt auch die Bestellung als Vorsitzender oder Stellvertreter.[428] In diesem Fall ist eine Nachwahl durchzuführen, die sich nach den Regeln der Erstbestellung richtet. War das wegfallende Aufsichtsratsmitglied nach § 27 Abs. 1 MitbestG gewählt, kann sich die Nachwahl nach ganz herrschender Meinung auf das offene Amt beschränken.[429] Kommt bei der Nachwahl die 2/3-Mehrheit nicht zustande und wird daher ein zweiter Wahlgang erforderlich, so genügt es, wenn die jeweils zuständige Gruppe wählt.[430] Da die Wahl jeweils aus der Mitte des Aufsichtsrates zu erfolgen hat, kann nur ein Mitglied des Aufsichtsrates gewählt werden. Eine Wahl mit der aufschiebenden Bedingung des Amtsantrittes wird in der Literatur jedoch für zulässig gehalten.[431]

Die **Beschlussfähigkeit** des Aufsichtsrats richtet sich nach § 108 Abs. 2 AktG, sodass, sofern der Gesellschaftervertrag keine abweichenden Regelungen enthält, das Teilnahmequorum von mindestens der Hälfte der Mitglieder des Aufsichtsrats erforderlich ist, mindestens jedoch von drei Mitgliedern. Dabei setzt die Teilnahme an der Beschlussfassung nicht zwingend eine Stimmabgabe voraus, es genügt vielmehr eine Stimmenthaltung. Insofern kann sich ein Aufsichtsratsmitglied bei einem Stimmrechtsausschluss enthalten und somit die notwendige Beschlussfähigkeit sicherstellen.[432] Ohne Bedeutung ist in diesem Zusammenhang, ob bei einem unvollständig besetzten Aufsichtsrat das Verhältnis zwischen Anteilseignervertretern und Arbeitnehmervertretern gewahrt ist (§ 108 Abs. 2 Satz 4 AktG). Nach ganz herrschender Meinung unzulässig ist schließlich auch die Bindung der Beschlussfähigkeit an die Teilnahme bestimmter Aufsichtsratsmitglieder, auch an die Anwesenheit des Vorsitzenden.[433] 128

Grds. werden Beschlüsse mit einfacher **Mehrheit** gefasst. Zumindest im Hinblick auf gesetzlich zwingend vorgeschriebene Aufgaben hält die herrschende Meinung dieses Quorum bei einem obligatorischen Aufsichtsrat auch für zwingend und nicht durch Regelungen im Gesellschaftsvertrag 129

425 Die Wahl möglicher weiterer Stellvertreter richtet sich dann nach § 29 MitbestG; vgl. dazu *Giedinghagen*, in: Michalski, GmbHG, § 52 Rn. 327.

426 Gegen eine Deckung die wohl h.M.: *Seibt*, in: Henssler/Willemsen/Kalb, MitbestG, § 27 Rn. 6; *Spindler*, in: MünchKommGmbHG, § 52 Rn. 462; a.A. *Oetker*, in: ErfKomm, MitbestG, § 27 Rn. 5; *Habersack*, in: Habersack/Henssler, MitbestR, MitbestG, 4. Aufl., 2018, § 27 Rn. 10.

427 *Seibt*, in: Henssler/Willemsen/Kalb, MitbestG, § 27 Rn. 6; *Koch*, in: Hüffer/Koch, AktG, § 107 Rn. 7; *Oetker*, in: ErfKomm, MitbestG, § 27 Rn. 5; *Mertens/Cahn*, in: KK-AktG, § 107 Rn. 28 ff.

428 *Seibt*, in: Henssler/Willemsen/Kalb, MitbestG, § 27 Rn. 6; *Oetker*, in: ErfKomm, MitbestG, § 27 Rn. 5.

429 *Seibt*, in: Henssler/Willemsen/Kalb, MitbestG, § 27 Rn. 6; *Habersack*, in: Habersack/Henssler, MitbestR, MitbestG, 4. Aufl., 2018, § 27 Rn. 11.

430 *Oetker*, in: ErfKomm, MitbestG, § 27 Rn. 5; *Seibt*, in: Henssler/Willemsen/Kalb, MitbestG, § 27 Rn. 6.

431 *Hoffmann-Becking*, in: Münch. Hdb. GesR, § 31 Rn. 9; *Hambloch-Gesinn/Gesinn*, in: Hölters, AktG, § 107 Rn. 7 ff.

432 BGH, NZG 2007, 516; a.A. OLG Frankfurt am Main, ZIP 2005, 2322, 2324.

433 *Raiser/Hermann*, in: Ulmer/Habersack/Winter, GmbHG, § 52 Rn. 228; *Schneider*, in: Scholz, GmbHG, § 52 Rn. 439; *Habersack*, in: MünchKommAktG, § 108 Rn. 38; vgl. auch für die AG BGH, NJW 1982, 1530; a.A. *Zöllner/Noack*, in: Baumbach/Hueck, GmbHG, 52 Rn. 229 (Bindung an Anwesenheit des Vorsitzenden zulässig).

für abdingbar.[434] Etwas anderes gilt nur für solche Zustimmungserfordernisse, die dem Aufsichtsrat nicht kraft Gesetzes zwingend zugeordnet sind. In diesen Fällen kann der Gesellschaftsvertrag auch abweichende höhere Mehrheiten festschreiben. Andere Mehrheiten gelten ferner dann, wenn dies gesetzlich explizit vorgeschrieben ist, z.B. im MitbestG für die Wahl des Vorsitzenden und seines Stellvertreters (vgl. § 27 Abs. 1 MitbestG). Während Mehrstimmrechte unzulässig sind, besteht die Möglichkeit, im Gesellschaftsvertrag zu regeln, dass bei Stimmengleichheit die Stimme des Vorsitzenden den Ausschlag geben soll.[435] Bei Stimmgleichheit sieht das MitbestG in § 29 Abs. 2 vor, dass für den Fall, dass es bei einer Wiederholung der Abstimmung ebenfalls zur Stimmgleichheit kommt, der Vorsitzende zwei Stimmen hat (Stichentscheid des Aufsichtsratsvorsitzenden). Der Vorsitzende kann dabei bei Abwesenheit die Zweitstimme auch schriftlich gem. § 108 Abs. 3 AktG abgeben.[436] Dem Stellvertreter steht die Zweitstimme dagegen, auch wenn er als Vorsitzender amtiert, nicht zu (§ 29 Abs. 2 Satz 3 MitbestG).

130 Auch beim obligatorischen Aufsichtsrat können grds. **Aufsichtsratsausschüsse** gebildet werden. Der Aufsichtsrat entscheidet hierüber gem. § 107 Abs. 3 Satz 1 AktG frei und unabhängig.[437] Dabei sind jedoch Beschränkungen im Hinblick auf beschließende Ausschüsse zu berücksichtigen. So führt § 107 Abs. 3 Satz 3 AktG verschiedene Aufgaben auf, in denen – unter Berücksichtigung der GmbH-spezifischen Ausgestaltung[438] – Ausschüsse nicht an die Stelle des Aufsichtsrats zur Beschlussfassung treten dürfen. Nicht zulässig ist etwa die Übertragung der Bestellungs- und Abberufungskompetenz auf einen beschließenden Personalausschuss, § 1 Abs. 1 Nr. 3 Satz 2 DrittelbG, § 25 Abs. 1 Satz 1 Nr. 2 MitbestG i.V.m. § 107 Abs. 3 Satz 3 AktG. In der Praxis ist wichtig, dass durch § 107 Abs. 3 Satz 3 AktG die Übertragung der Entscheidung über die Erteilung oder Versagung der Zustimmung zu zustimmungsbedürftigen Geschäften auf einen Ausschuss nicht ausgeschlossen ist.[439] Das Delegationsverbot nach § 107 Abs. 3 Satz 3 AktG betrifft lediglich den Katalog der Zustimmungsvorbehalte, nicht die Zustimmung selbst.[440] Insofern besteht die Möglichkeit, zustimmungsbedürftige Geschäfte, jedenfalls sofern sie nicht explizit dem Gesamtgremium zugewiesen sind, auf Ausschüsse zu delegieren, die dann in diesen Angelegenheiten verbindlich die Entscheidungen treffen. Während vorbereitende und prüfende Ausschüsse aus beliebig vielen Mitgliedern bestehen können, müssen beschließende Ausschüsse aus mindestens drei Mitgliedern bestehen.[441] Umstritten ist, ob i.R.d. Ausschussbesetzung der Gruppenproporz zwischen Anteilseignervertreter- und Arbeitnehmervertreterseite zu berücksichtigen ist. Der BGH lässt zwar theoretisch die Möglichkeit einseitiger Besetzungen zu,[442] stellt dies aber unter so strenge Voraussetzungen, dass in der Praxis i.d.R. ein Arbeitnehmervertreter als Mitglied des Ausschusses gewählt werden muss.[443] Ungeachtet dessen hat gem. § 109 Abs. 2 AktG jedes Aufsichtsratsmitglied, das einem Ausschuss nicht angehört, das Recht, an den Sitzungen dieses Ausschusses teilzunehmen.

434 *Heermann,* in: Ulmer/Habersack/Löbbe, GmbHG, § 52 Rn. 230; *Habersack,* in: MünchKommAktG, § 108 Rn. 24; *Zöllner/Noack*, in: Baumbach/Hueck, GmbHG, 52 Rn. 231; vgl. insofern für das MitbestG auch § 29 Abs. 1 MitbestG.

435 Vgl. dazu § 29 Abs. 2 MitbestG.

436 *Zöllner/Noack*, in: Baumbach/Hueck, GmbHG, § 52 Rn. 299.

437 BGHZ 122, 342, 355; BGHZ 83, 106, 115; *Schneider*, in: Scholz, GmbHG, § 52 Rn. 473.

438 Vgl. dazu *Zöllner/Noack*, in: Baumbach/Hueck, GmbHG, 52 Rn. 236.

439 BGH, ZIP 1991, 869; OLG Hamburg, AG 1996, 84.

440 BGH, ZIP 1991, 869; OLG Hamburg, AG 1996, 84; *Spindler*, in: Spindler/Stilz, AktG, § 107 Rn. 94; *Koch*, in: Hüffer/Koch, AktG, § 107 Rn. 27; *Heermann,* in: Ulmer/Habersack/Löbbe, GmbHG, § 52 Rn. 221.

441 BGHZ 65, 193; *Zöllner/Noack*, in: Baumbach/Hueck, GmbHG, § 52 Rn. 237.

442 BGHZ 122, 342, 35 ff.; BGHZ 83, 106, 113; BGHZ 83, 144, 148; OLG München, AG 1995, 466, 467; OLG Hamburg, WM 1984, 965, 968.

443 BGHZ 122, 342; vgl. ferner OLG München, WM 1995, 978; einen Gruppenproporz generell ablehnend: *Schneider*, in: Scholz, GmbHG, § 52 Rn. 479; *Heermann,* in: Ulmer/Habersack/Löbbe, GmbHG, § 52 Rn. 219 f.; OLG Hamburg, DB 1992, 774, 776; a.A. *Schnorbus*, in: Rowedder/Schmidt-Leithoff, GmbHG, § 52 Rn. 71 (Mindestbeteiligung von Arbeitnehmern erforderlich); *Köstler*, BB 1985, 554.

Allerdings kann dieses Teilnahmerecht durch den Vorsitzenden des Aufsichtsrats ausgeschlossen werden, wobei die entsprechende Ermessensentscheidung des Vorsitzenden von sachlichen Gründen getragen sein muss.

9. Aufgaben und Kompetenzen des Aufsichtsrats

Dem obligatorischen Aufsichtsrat kommen vom Grundsatz die gleichen Aufgaben zu wie einem fakultativen Aufsichtsrat.[444] 131

Gem. § 111 Abs. 1 AktG ist die primäre Aufgabe des mitbestimmten Aufsichtsrats die **Überwachung der Geschäftsführung**, sofern diese dem Geschäftsführer obliegt. Da die primäre Aufgabe die Überwachung der Geschäftsführung ist, hat der obligatorische Aufsichtsrat Geschäftsführungsentscheidungen der Gesellschafterversammlung oder eines anderen Organs, bspw. die eines entscheidungsbefugten Beirats, nicht zu überprüfen.[445] Dies darf allerdings nicht dazu führen, dass die grds. bestehende Überwachungskompetenz des mitbestimmten Aufsichtsrats unterlaufen wird. Sofern es zu einer Verlagerung der Geschäftstätigkeit weg von der Geschäftsführung hin zu einem Beirat in einem Ausmaß kommt, dass wesentliche Maßnahmen der Geschäftsführung durch einen Beirat entschieden werden, bezieht sich die Überwachungstätigkeit des Aufsichtsrats auch auf die Geschäftsführungstätigkeit des Beirats, es sei denn, dieses Gremium stellt ein »Unterorgan« der Gesellschafterversammlung dar. Andernfalls würde der Stellung des Aufsichtsrats in der Gesellschaft nicht ausreichend Rechnung getragen. Das mit dieser Überwachungsaufgabe korrespondierende Informationsrecht kann beim obligatorischen Aufsichtsrat weder aufgehoben noch beschränkt werden.[446] Dabei ist die Überwachung auch beim mitbestimmten Aufsichtsrat nicht darauf beschränkt, nachträglich Maßnahmen der Geschäftsführung zu überwachen. Zwar können dem Aufsichtsrat Maßnahmen der Geschäftsführung nicht übertragen werden (§ 111 Abs. 4 Satz 1 AktG), doch muss der Gesellschaftsvertrag oder der Aufsichtsrat durch entsprechenden Beschluss die Vornahme bestimmter Arten von Geschäften an die **Zustimmung des Aufsichtsrats** binden (§ 111 Abs. 4 Satz 2 AktG). Der Gesellschaftsvertrag kann diese Kompetenz des Aufsichtsrats trotz der grds. bestehenden umfassenden Entscheidungskompetenz der Gesellschafterversammlung in Geschäftsführungsangelegenheiten nicht ausschließen.[447] Allerdings steht es der Gesellschafterversammlung offen, die Zustimmungsvorbehalte im Gesellschaftsvertrag selbst zu formulieren und insoweit die Festlegung weiterer Vorbehalte durch den Aufsichtsrat zu sperren.[448] Die dominierende Stellung der Gesellschafterversammlung zeigt sich bei der GmbH auch in den Fällen, in denen der Aufsichtsrat die Zustimmung zu einer bestimmten Maßnahme verweigert. Auch bei der mitbestimmten GmbH bleibt das Weisungsrecht der Gesellschafter ggü. den Geschäftsführern nämlich uneingeschränkt erhalten.[449] Insofern kann eine mit einfacher Mehrheit der Gesellschafterversammlung erteilte Weisung einen Zustimmungsvorbehalt außer Kraft setzen, selbst wenn der Aufsichtsrat bereits zuvor anders entschieden hat.[450] § 111 Abs. 4 Satz 3 AktG, nach dem die Geschäftsführung in Fällen der verweigerten Zustimmung durch den Aufsichtsrat verlangen kann, dass die Gesellschafterversammlung 132

444 Vgl. dazu Rdn. 58 ff.

445 *Zöllner/Noack*, in: Baumbach/Hueck, GmbHG, § 52 Rn. 242.

446 *Giedinghagen*, in: Michalski, GmbHG, § 52 Rn. 264; *Lutter/Hommelhoff*, in: Lutter/Hommelhoff, GmbHG, § 52 Rn. 52.

447 *Oetker*, in: ErfKomm, DrittelbG, § 1 Rn. 18; *Habersack*, in: Habersack/Henssler, MitbestR, MitbestG, 4. Aufl., 2018, § 25 Rn. 64; *Heermann*, in: Ulmer/Habersack/Löbbe, GmbHG, § 52 Rn. 242; *Hommelhoff*, ZGR 1978, 162; a.A. (Ausschlussmöglichkeit bejahend) *Hölters*, BB 1978, 640, 643.

448 Vgl. dazu auch *Mertens*, AG 1976, 121 f.; *Zöllner/Noack*, in: Baumbach/Hueck, GmbHG, § 52 Rn. 253; eingehend zu Inhalt und Grenzen der Zustimmungsvorbehalte *Fleischer*, BB 2013, 835; *Thiessen*, AG 2013, 573.

449 *Giedinghagen*, in: Michalski, GmbHG, § 52 Rn. 232; *Oetker*, ZIP 2015, 1461, 1463.

450 *Zöllner/Noack*, in: Baumbach/Hueck, GmbHG, § 52 Rn. 254; *Altmeppen*, in: Roth/Altmeppen, GmbHG, § 52 Rn. 75; *Schneider*, in: Scholz, GmbHG, § 52 Rn. 133, 146 ff.; *Spindler*, in: MünchKommGmbHG, § 52 Rn. 365; eine 3/4 Mehrheit fordernd: *Heermann*, in: Ulmer/Habersack/Löbbe, GmbHG, § 52 Rn. 243, 298; *Habersack*, in: Habersack/Henssler, MitbestR, MitbestG, 4. Aufl., 2018, § 25 Rn. 66 f.

über die Zustimmung beschließt und § 111 Abs. 4 Satz 4 AktG, nach dem der Beschluss, durch den die Gesellschafterversammlung zustimmt, einer Mehrheit die mindestens 3/4 der abgegebenen Stimmen bedarf, sind insofern bei der GmbH im Hinblick auf die dominierende Stellung der Gesellschafterversammlung dahin gehend zu modifizieren, dass eine Ersetzung der Zustimmung auch in den Fällen möglich ist, in denen die Gesellschafterversammlung nicht explizit durch die Geschäftsführung angerufen wird und darüber hinaus auch nur eine einfache Mehrheit erforderlich ist. Hat nämlich die Geschäftsführung in den Fällen der unmittelbaren Anweisung auch ohne das Vorliegen einer entsprechenden Zustimmung des (mitbestimmten) Aufsichtsrats die Maßnahme umzusetzen, muss Selbiges auch für den Fall gelten, dass die Zustimmung durch den Aufsichtsrat verweigert, aber durch die Gesellschafterversammlung erteilt wird.[451] Etwas anderes gilt nur dann, wenn der Gesellschaftsvertrag das Weisungsrecht der Gesellschafterversammlung ggü. den Geschäftsführern eingeschränkt bzw. ausschließt oder ein bestimmtes Quorum voraussetzt. In diesem Fall sind die Regelungen des Gesellschaftsvertrags maßgebend.

133 Die Mitglieder des Aufsichtsrats haben – anders als beim fakultativen Aufsichtsrat – gem. § 25 Abs. 1 Nr. 2 MitbestG/§ 1 Abs. 1 Nr. 3 DrittelbG i.V.m. § 118 Abs. 3 Satz 1 i.V.m. §§ 125 Abs. 3, 4 AktG immer das Recht und grds. die Pflicht, an Gesellschafterversammlungen **teilzunehmen.**[452] Gem. § 125 Abs. 3 AktG kann jedes Aufsichtsratsmitglied ferner verlangen, dass die Geschäftsführer ihm die Einberufung der Gesellschafterversammlung und die Tagesordnung übersendet. In der Praxis kann das Teilnahmerecht des Aufsichtsrats allerdings durch eine Beschlussfassung außerhalb einer Gesellschafterversammlung (§ 48 Abs. 2) umgangen werden.

134 Die **Bestellung und Abberufung der Geschäftsführer** obliegt gem. § 46 Nr. 5 GmbHG grds. der Gesellschafterversammlung, kann aber durch entsprechende Regelung im Gesellschaftsvertrag dem Aufsichtsrat zugewiesen werden. Allerdings kommt dem nach MitbestG gebildeten Aufsichtsrat – insofern abweichend vom fakultativen Aufsichtsrat und vom Aufsichtsrat nach DrittelbG – über § 31 Abs. 1 Satz 1 MitbestG i.V.m. § 84 Abs. 1 AktG Personalkompetenz bzgl. der Geschäftsführer zu. Auch die Ernennung eines der Geschäftsführer zum Vorsitzenden der Geschäftsführung (§ 84 Abs. 2 AktG) ist hiervon erfasst.[453] Die Bestellung der Geschäftsführer richtet sich dabei nach § 31 MitbestG. Grds. bedarf es danach einer Zweidrittelmehrheit der Stimmen der tatsächlich bestellten und damit amtierenden Aufsichtsratsmitglieder (§ 31 Abs. 2 MitbestG). Kommt es im ersten Wahlgang zu keiner Bestellung, hat der Vermittlungsausschuss gem. § 27 Abs. 3 MitbestG innerhalb eines Monats nach der fehlgeschlagenen Bestellung einen Vorschlag zu unterbreiten (§ 31 Abs. 3 Satz 1 MitbestG). Diesen Vorschlag, der entsprechend § 108 Abs. 2 Satz 3 AktG auch mit 3/4-Mehrheit im Vermittlungsausschuss beschlossen werden kann, kann der Aufsichtsrat mit einfacher Mehrheit der Stimmen der bestellten Mitglieder annehmen (§ 31 Abs. 3 Satz 2 MitbestG). Kommt es wiederum zu keiner Wahl, hat der Vorsitzende des Aufsichtsrats im Rahmen einer erneuten Abstimmung ein Stichentscheidrecht (§ 31 Abs. 4 MitbestG). Mit der Bestellungs- und Abberufungskompetenz ist gleichzeitig auch die Berechtigung zum Abschluss und zur Kündigung des Anstellungsvertrages verbunden.[454] Die Bestellung von Prokuristen und Handlungsbevollmächtigten obliegt dagegen nicht dem Aufsichtsrat, sondern der Gesellschafterversammlung.[455] Wurde trotz

451 Ähnlich auch *Zöllner/Noack*, in: Baumbach/Hueck, GmbHG, 52 Rn. 254; *Spindler*, in: MünchKommGmbHG, § 52 Rn. 365, 381; a.A. *Habersack*, in: Habersack/Henssler, MitbestR, MitbestG, 4. Aufl., 2018, § 25 Rn. 66 f.; *Oetker*, ZIP 2015, 1461, 1468 f. (nur mit 3/4-Mehrheit).

452 OLG Stuttgart, GmbHR 1974, 257, 260; *Zöllner/Noack*, in: Baumbach/Hueck, GmbHG, § 52 Rn. 262; *Giedinghagen*, in: Michalski, GmbHG, § 52 Rn. 289.

453 *Zöllner/Noack*, in: Baumbach/Hueck, GmbHG, § 52 Rn. 302; *Giedinghagen*, in: Michalski, GmbHG, § 52 Rn. 268; a.A. *Lutter/Krieger*, AR Rn. 1143.

454 BGHZ 89, 48, 51 ff.; *Seibt*, in: Henssler/Willemsen/Kalb, MitbestG, § 31 Rn. 12; a.A. OLG Hamburg, DB 1983, 330 f.

455 *Schneider*, in: Scholz, GmbHG, § 52 Rn. 170; *Giedinghagen*, in: Michalski, GmbHG, § 52 Rn. 270; *Habersack*, in: Habersack/Henssler, MitbestR, MitbestG, 4. Aufl., 2018, § 31 Rn. 6; a.A. *Koberski*, in: Wlotzke/Wissmann/Koberski/Kleinsorge, MitbestG, § 25 Rn. 67.

der Pflicht zur Bildung eines Aufsichtsrates nach dem Mitbestimmungsgesetz kein mitbestimmter Aufsichtsrat gebildet, ist bisher ungeklärt, ob die Bestellung der Geschäftsführer durch die Gesellschafterversammlung aufgrund einer originären Auffangzuständigkeit wirksam oder aufgrund fehlender Zuständigkeit unwirksam ist.[456] Eine solche originiäre Auffangzuständigkeit der Gesellschafterversammlung wird im Falle der Bestellung der Geschäftsführer im Gründungsstadium der GmbH in der Literatur bejaht.[457] Dies muss nach richtiger Ansicht auch nach abgeschlossener Gründung gelten,[458] da die Implementierung eines mitbestimmten Aufsichtsrates stets die Durchführung eines Statusfeststellungsverfahrens voraussetzt.[459]

Bei nach MitbestG mitbestimmten Aufsichtsräten ist schließlich die Regelung des **§ 32 MitbestG** 135
zu beachten. Danach dürfen die Geschäftsführer bei der Ausübung von bestimmten Beteiligungsrechten bei Unternehmen, an denen eine paritätisch mitbestimmte GmbH zu mindestens 25 % beteiligt ist und welche ebenfalls dem MitbestG unterliegen, ihre Gesellschafterrechte nur nach vorheriger Zustimmung des Aufsichtsrats ausüben. Die Geschäftsführer der herrschenden GmbH sind in diesem Fall ausnahmsweise den Weisungen ihres Aufsichtsrats unterworfen, wobei der Aufsichtsrat hierbei nur mit der Mehrheit der Stimmen der Anteilseignervertreter entscheidet.

II. Der Aufsichtsrat nach dem Montan-MitbestG/Montan-MitbestErgG

Aufsichtsräte bei GmbHs, die sich nach dem Montan-MitbestG oder dem Montan-MitbestErgG 136
richten, kommen in der Praxis nur vereinzelt vor.[460] Gem. § 1 Abs. 1 und 2 i.V.m. § 3 Abs. 1 Montan-MitbestG ist bei einer GmbH, die ein Unternehmen der **Bergbau- oder der Stahlindustrie** (Montanindustrie) betreibt, ein Aufsichtsrat zwingend zu bilden, wenn bei ihr i.d.R. mehr als 1.000 Arbeitnehmer beschäftigt werden oder es sich um eine sog. Einheitsgesellschaft handelt. Gem. § 3 Abs. 1 Montan-MitbestErgG findet § 3 Montan-MitbestG auf eine GmbH, die von ihrem Unternehmenszweck nicht dem MontanMitbestG unterfällt, Anwendung, sofern die GmbH Konzernobergesellschaft ist und der Unternehmenszweck des Konzerns durch Konzernunternehmen und abhängige Unternehmen gekennzeichnet wird, die unter das Montan-MitbestG fallen.

Der Aufsichtsrat nach Montan-MitbestG besteht grds. aus elf Mitgliedern (§ 4 Abs. 1 Montan- 137
MitbestG). Kraft Gesellschaftsvertrag kann bei einem Stammkapital von mehr als 10 Mio. € die Erhöhung der Anzahl der Aufsichtsratsmitglieder auf 15, bei einem Stammkapital von mehr als 25 Mio. € auf 21 vorgesehen werden (§ 9 Abs. 1 und 2 Montan-MitbestG). Von den grds. elf Mitgliedern werden insgesamt fünf Aufsichtsratsmitglieder der Arbeitnehmer durch die Gesellschafterversammlung gewählt (§ 4 i.V.m. § 6 Montan-MitbestG), wobei die Wahl der Arbeitnehmervertreter aufgrund bindender Wahlvorschläge der Betriebsräte erfolgt (§ 6 Abs. 6 Montan-MitbestG). Weitere fünf Aufsichtsratsmitglieder werden durch die Gesellschafterversammlung ohne Bindung an Wahlvorschläge gewählt (§ 4 f. MontanMitbestG).

Das verbleibende elfte – das sog. »neutrale« – Aufsichtsratsmitglied, welches weder von den Arbeit- 138
nehmern noch von den Gesellschaftern vorgeschlagen wird, wird nach der Wahl der übrigen Aufsichtsratsmitglieder vom unvollständig besetzten Aufsichtsrat vorgeschlagen und anschließend von der Gesellschafterversammlung gewählt (§ 8 Abs. 1 Montan-MitbestG). Für den Vorschlag ist die Zustimmung von mindestens drei Anteilseigner- und drei Arbeitnehmervertretern erforderlich (§ 8 Abs. 1 Satz 3 Montan-MitbestG). Kommt es nicht zu einer Einigung im Hinblick auf das weitere Mitglied, ist zunächst nach § 8 Abs. 2 Montan-MitbestG ein Vermittlungsausschuss von je zwei Arbeitnehmern- und zwei Anteilseignervertretern zu bilden, der entsprechende Vorschläge macht.

---

456 Vgl. dazu *Fedke*, NZG 2017, 848.

457 BayObLG, NZG 2000, 932; *Zöllner/Noack*, in: Baumbach/Hueck, GmbHG, § 52 Rn. 17; *Spindler*, in: MünchKommGmbHG, § 52 Rn. 43; *Schneider*, in: Scholz, GmbHG, § 52 Rn. 13.

458 So *Fedke*, NZG 2017, 848.

459 Vgl. Rdn. 8 und 9.

460 Nach *Zöllner/Noack*, in: Baumbach/Hueck, GmbHG, § 52 Rn. 312 (m.w.N.) unterfällt dem Montan-MitbestErgG derzeit nicht eine einzige GmbH.

Das Wahlverfahren des § 8 Montan-MitbestG soll sicherstellen, dass das »neutrale Mitglied« das Vertrauen sowohl der Anteilseigner- als auch der Arbeitnehmervertreter genießt.[461]

139 Der nach Montan-MitbestG gebildete Aufsichtsrat hat stets **Personalkompetenz** und somit die Befugnis zur Bestellung und Abberufung der Geschäftsführer (§ 12 Montan-MitbestG i.V.m. § 84 Abs. 1 AktG). Mit der Bestellungs- und Abberufungskompetenz ist auch die Berechtigung zum Abschluss und zur Kündigung des Anstellungsvertrags als Annex mitumfasst.[462] Der Aufsichtsrat entscheidet hierbei mit einfacher Stimmenmehrheit, wobei bei Pattsituationen das weitere Mitglied im Sinne von § 4 Abs. 1 Buchst. c) Montan-MitbestG ausschlaggebende Wirkung hat. Darüber hinaus ist die Bestellung und Abberufung des Arbeitsdirektors nach dem Montan-MitbestG nicht gegen die (Stimmen-) Mehrheit der Arbeitnehmervertreter möglich (§ 13 Abs. 1 Satz 2 Montan-MitbestG).

140 Die **Abberufung der Arbeitnehmervertreter** nach dem MontanMitbestG kann gem. § 11 Abs. 1, 2 Montan-MitbestG i.V.m. § 103 Abs. 1, 4 AktG durch die Gesellschafterversammlung bzw. das ermächtigte Organ erfolgen, wobei hierfür grds. eine 3/4-Mehrheit der abgegebenen Stimmen erforderlich ist. Darüber hinaus bedarf es eines Vorschlags der Betriebsräte zur Abberufung für das Aufsichtsratsmitglied. Die Abberufung der von gewerkschaftlichen Spitzenverbänden benannten Aufsichtsratsmitglieder kann vom Betriebsrat nur vorgeschlagen werden, wenn dies der jeweilige Spitzenverband zuvor beim Betriebsrat beantragt hat (§ 11 Abs. 2 Satz 2 Montan-MitbestG). Die Abberufung des weiteren Mitglieds i.S.d. § 4 Abs. 1c Montan-MitbestErgG kann nur aus wichtigem Grunde und nur auf Antrag von mindestens drei Aufsichtsratsmitgliedern durch das Gericht erfolgen (§ 11 Abs. 3 Montan-MitbestG).

III. Der Aufsichtsrat bei einer grenzüberschreitenden Verschmelzung

141 Neben den deutschen mitbestimmungsrechtlichen Vorschriften können auf eine GmbH auch die besonderen Mitbestimmungsregelungen des Gesetzes über die Mitbestimmung der Arbeitnehmer bei einer **grenzüberschreitenden Verschmelzung** (MgVG)[463] Anwendung finden.

142 Ist eine deutsche GmbH im Rahmen einer grenzüberschreitenden Verschmelzung als aufnehmender Rechtsträger beteiligt, finden im Hinblick auf die unternehmerische Mitbestimmung die Regelungen des MgVG Anwendung. § 4 MgVG ordnet als Grundregel an, dass auf die aus einer grenzüberschreitenden Verschmelzung hervorgehende Gesellschaft die Regelungen des jeweiligen Mitgliedstaates über die Mitbestimmung der Arbeitnehmer in Unternehmensorganen anzuwenden sind, sodass bei einer Verschmelzung auf eine deutsche GmbH grds. die deutschen mitbestimmungsrechtlichen Vorschriften Anwendung finden. Dies gilt allerdings nur vorbehaltlich des § 5 MgVG. Nach § 5 Nr. 1 MgVG wird das **deutsche Mitbestimmungsrecht verdrängt** und die Regelungen des MgVG finden Anwendung, wenn in den 6 Monaten vor der Veröffentlichung des Verschmelzungsplans mindestens eine der beteiligten Gesellschaften durchschnittlich mehr als 500 Arbeitnehmer beschäftigt und in dieser Gesellschaft ein System der Mitbestimmung i.S.d. § 2 Abs. 7 MgVG besteht. § 5 Nr. 2 MgVG ordnet eine Verdrängung des deutschen Mitbestimmungsrechts für den Fall an, dass das für die aus einer grenzüberschreitenden Verschmelzung hervorgehende Gesellschaft maßgebliche innerstaatliche Recht nicht mindestens den gleichen Umfang an Mitbestimmung der Arbeitnehmer vorsieht, wie er in den an der Verschmelzung beteiligten Gesellschaft bestand. Nach § 5 Nr. 3 MgVG findet schließlich eine Verdrängung der deutschen Regelungen zur Mitbestimmung statt, wenn das für die aus einer grenzüberschreitenden Verschmelzung hervorgehende Gesellschaft maßgebende innerstaatliche Recht für Arbeitnehmer in Betrieben dieser Gesellschaft, die sich in anderen Mitgliedsstaaten befinden, nicht den gleichen Anspruch auf Ausübung von Mitbestimmung vorsieht, wie sie den Arbeitnehmern in demjenigen Mitgliedsstaat

461 *Oetker*, in: ErfKomm, Montan-MitbestG, § 8 Rn. 1.
462 Vgl. dazu *Marsch-Barner/Diekmann*, in: MünchHdbGesR, § 43 Rn. 14.
463 Gesetz vom 21.12.2006 – BGBl. I, 2006, 3332.

gewährt werden, in dem die aus der grenzüberschreitenden Verschmelzung hervorgehende Gesellschaft ihren Sitz hat.

Umstritten ist das **Verhältnis der drei Tatbestände** des § 5 MgVG zueinander. Nach der herrschenden Auffassung stehen § 5 Nr. 1 bis 3 MgVG in einem Alternativverhältnis, sodass die (vorrangige) europäische Verhandlungslösung nach §§ 6 ff. MgVG immer schon dann Anwendung findet, wenn nur eine der drei Varianten erfüllt ist.[464] In diesem Sinne hat auch der EuGH zu Art. 16 Abs. 2 der Richtlinie 2005/56/EG[465] – dessen Umsetzung § 5 MgVG dient – entschieden.[466] 143

Sofern sich das Mitbestimmungsstatut vor diesem Hintergrund nach den Regelungen des MgVG bestimmt, ist zur Bestimmung des Umfangs der Mitbestimmung vom Grundsatz her zunächst ein **Verfahren zur Beteiligung der Arbeitnehmer** gem. §§ 6 ff. MgVG durchzuführen.[467] Dabei haben die an der Verschmelzung beteiligten (deutschen) Gesellschaften zunächst die zuständigen Arbeitnehmervertretungen bzw. – sofern solche nicht vorhanden sind – unmittelbar die Arbeitnehmer der Gesellschaft über die grenzüberschreitende Verschmelzung zu informieren und zur Bildung des besonderen Verhandlungsgremiums (BVG) aufzufordern (§ 6 Abs. 1 und 2 MgVG). Das BVG hat die Aufgabe, mit den beteiligten Gesellschaften die Beteiligungsrechte der Arbeitnehmer in der aus der Verschmelzung hervorgehenden Gesellschaft zu verhandeln und zu vereinbaren (§§ 6 Abs. 1 Satz 2, 15 Abs. 1 Satz 1 MgVG). Die im BVG auf die deutschen Arbeitnehmer entfallenden Mitglieder werden dabei von einem Wahlgremium gewählt, dass sich – abhängig von der jeweiligen Existenz – aus Mitgliedern des (Konzern-, Gesamt-) Betriebsrats zusammensetzt (§ 10 Abs. 2 MgVG). Zwischen dem BVG und den Geschäftsführungen der Gesellschaften wird nach der Konstituierung des BVG eine Vereinbarung über die Beteiligungsrechte der Arbeitnehmer verhandelt. Sofern eine solche Vereinbarung zustande kommt, richtet sich die Mitbestimmung in der aus der grenzüberschreitenden Verschmelzung hervorgegangenen Gesellschaft nach dieser Vereinbarung. Kommt eine Verständigung zwischen der Arbeitnehmer- und der Arbeitgeberseite i.R.d. Verhandlungsweges innerhalb der gesetzlichen Frist (6 Monate mit einvernehmlicher Verlängerungsoption auf ein Jahr) nicht zustande oder entscheiden einseitig die Unternehmensleitungen der an der Verschmelzung beteiligten Gesellschaften, auf das Verhandlungsverfahren zu verzichten (§ 23 Abs. 1 Satz 1 Nr. 3 MgVG),[468] kommt die gesetzliche Auffanglösung zur Anwendung. Gem. § 24 Abs. 1 Satz 2 MgVG richtet sich in diesem Fall der Anteil der Arbeitnehmervertreter im Aufsichtsrat der aus der grenzüberschreitenden Verschmelzung hervorgehenden Gesellschaft nach dem höchsten Anteil an Arbeitnehmervertretern, der in den Organen der beteiligten Gesellschaften vor der Eintragung der aus der grenzüberschreitenden Verschmelzung hervorgehenden Gesellschaft bestanden hat. Dabei ist grundsätzlich der Soll-Zustand und nicht der Ist-Zustand der Mitbestimmung in der Gesellschaft vor der Umwandlung entscheidend,[469] jedenfalls dann, sofern bereits vor der Verschmelzung ein Statusverfahren eingeleitet wurde.[470] Selbiges soll auch dann gelten, sofern ein Statusverfahren 144

464 *Stiegler*, GmbHR 2016, 406, 407; *Habersack*, in: Habersack/Henssler, MitbestR, MgVG, 4. Aufl., 2018, § 5 Rn. 1, l8; *Hohenstatt/Dzida*, in: Henssler/Willemsen/Kalb, MgVG, Rn. 8; *Morgenroth/Salzmann*, NZA-RR 2013, 449, 452; *Müller-Bonanni/Müntefering*, NJW 2009, 2347, 2349 m.w.N.; *Brandes*, ZIP 2008, 2193, 2195; *Teichmann*, Der Konzern 2007, 87, 91; a.A.: *Forst*, AG 2013, 588, 591 – auch mit dem Hinweis, dass § 5 Nr. 2 MgVG nach der herrschenden Auslegung obsolet würde; vgl. auch *Drinhausen/Keinath*, AG 2010, 398 ff.

465 Richtlinie 2005/56/EG über die Verschmelzung von Kapitalgesellschaften aus verschiedenen Mitgliedstaaten (ABl. Nr. L 310 S. 1) – VerschmelzungsRL; jetzt Art. 118 ff. RL (EU) 2017/1132, ABl. EU 2017 L 169, 46.

466 EuGH, EuZW 2013, 662.

467 Vgl. dazu *Lunk-Hinrichs*, NZA 2007, 773.

468 Sofern das BVG beschließt, keine Verhandlungen aufzunehmen oder bereits begonnene Verhandlungen abzubrechen, bleiben die Mitbestimmungsgesetze des Staates, in dem die aus der grenzüberschreitenden Verschmelzung hervorgehende Gesellschaft ihren Sitz hat, weiterhin anwendbar (§ 18 Satz 3 MgVG).

469 Vgl. dazu OLG München, BeckRS 2020, 5667; OLG München, BeckRS 2020, 5668; OLG München, BeckRS 2020, 5669.

470 Vgl. dazu BGH, ZIP 2019, 1762.

erst nach Verschmelzung eingeleitet wurde, wenn und soweit im Zeitpunkt der Umwandlung ein solches hätte eingeleitet werden können. Dazu muss schon zum damaligen Zeitpunkt Streit oder Ungewissheit i.S.d. § 98 Abs. 1 AktG bestanden haben.[471] Dies betrifft jedoch nur den Anteil der Arbeitnehmersitze an den gesamten vorhandenen Aufsichtsratssitzen, nicht jedoch auch die Anzahl an Sitzen als solche, die sich – unter Berücksichtigung der Regelung des § 95 AktG – nach der jeweiligen Regelung im Gesellschaftsvertrag bestimmt.[472] Die Sitze der Arbeitnehmerseite werden entsprechend der in den einzelnen Mitgliedstaaten beschäftigten Arbeitnehmer auf die Mitgliedstaaten verteilt (§ 25 Abs. 1 MgVG).

145 Das i.R.d. dargestellten Verfahrens vereinbarte bzw. aufgrund der gesetzlichen Auffangregelung bestehende Aufsichtsratsstatut nach MgVG ist vom Grundsatz her **veränderungsfest**. Nachfolgende Umstände, die nach deutschem Recht zu einer Veränderung der Mitbestimmung führen würden, z.B. die Überschreitung der 2.000-Arbeitnehmerschwelle des MitbestG oder von Schwellenwerten des § 7 MitbestG, haben daher keine Auswirkungen auf die Mitbestimmung.[473] Eine Ausnahme hiervon besteht nur im Fall einer nachträglichen innerstaatlichen Verschmelzung (§ 30 MgVG). Folge einer der grenzüberschreitenden Verschmelzung nachfolgenden innerstaatlichen Verschmelzung ist bei einer deutschen Gesellschaft die Anwendbarkeit des deutschen Mitbestimmungsrechts. Sehen die einschlägigen Regelungen jedoch nicht mindestens den in der aus der grenzüberschreitenden Verschmelzung hervorgegangenen Gesellschaft bestehenden Umfang an Mitbestimmung i.S.d. § 5 Nr. 2 MgVG vor, gelten die für diese Gesellschaft maßgeblichen Regelungen über die Mitbestimmung für die Dauer von 3 Jahren ab der Eintragung in der aus der innerstaatlichen Verschmelzung hervorgehenden Gesellschaft fort (§ 30 Satz 2 MgVG).

IV. Der Aufsichtsrat nach Kapitalanlagegesetzbuch

146 Schon nach § 6 Abs. 2 Satz 1 InvG hatten Kapitalanlagegesellschaften in der Rechtsform einer GmbH einen **obligatorischen Aufsichtsrat** einzurichten.[474] Mit Wirkung vom 22.07.2013 ist das InvG aufgehoben und durch das KAGB[475] ersetzt worden. Nunmehr bestimmt § 18 Abs. 2 Satz 1 KAGB, dass ein Aufsichtsrat zwingend dann einzurichten ist, wenn eine Kapitalverwaltungsgesellschaft (KVG) in der Rechtsform einer GmbH betrieben wird. Dabei kommt es wegen des Zwecks des **Anleger- und Finanzmarktschutzes** nicht auf einen Arbeitnehmerschwellenwert an.

147 Eine KVG ist ein Unternehmen mit einem gemäß Gesellschaftsvertrag festgelegten Sitz und Hauptverwaltung im Inland, deren Geschäftsbetrieb darauf gerichtet ist, inländische Investmentvermögen, EU-Investmentvermögen oder ausländische Alternative Investmentfonds (AIF) zu verwalten (§ 17 Abs. 1 Satz 1 KAGB). **Erfasst** sind also GmbHs, deren Unternehmensgegenstand darauf gerichtet ist, ein von den Eigenmitteln der GmbH zu trennendes **Sondervermögen** der Finanziers, also der von den Gesellschaftern der KVG personenverschiedenen »Anleger«, zu verwalten,[476] sog. »externe KVG« (§ 17 Abs. 2 Nr. 1 KAGB). Im Gegensatz dazu verwaltet eine »interne KVG« ihr Investmentvermögen selbst (§ 17 Abs. 2 Nr. 2 KAGB), wobei als solche lediglich die Investment-AG oder die Investment-KG in Betracht kommen (§ 1 Abs. 11 KAGB), nicht jedoch eine GmbH.[477]

---

471 OLG München, BeckRS 2020, 5667; OLG München, BeckRS 2020, 5668; OLG München, BeckRS 2020, 5669.

472 BT-Drucks. 16/2922, S. 27.

473 *Müller-Bonanni/Müntefering*, BB 2009, 1699, 1702; *Habersack*, in: Habersack/Henssler, MitbestR, MgVG, § 5 Rn. 8.

474 Vgl. *Zöllner/Noack*, in: Baumbach/Hueck, GmbHG, § 52 Rn. 317.

475 Kapitalanlagegesetzbuch vom 04.07.2013 (BGBl. I S. 1981) zur Umsetzung der Richtlinie 2011/61/EU über die Verwalter alternativer Investmentfonds vom 08.06.2011.

476 *Niewerth/Rybarz*, WM 2013, 1154, 1158; vgl. auch *Zöllner/Noack*, in: Baumbach/Hueck, GmbHG, § 52 Rn. 318.

477 Vgl. zur Unterscheidung auch *Zetzsche*, AG 2013, 613, 614; *van Kann/Redeker/Keiluweit*, DStR 2013, 1483.

148 § 18 Abs. 1 Satz 3 KAGB bestimmt die auf den Aufsichtsrat **anwendbaren Vorschriften** und nimmt dabei mit Ausnahme von §§ 125 Abs. 4, 170 AktG dieselben Vorschriften des AktG in Bezug wie § 1 Abs. 1 Nr. 3 DrittelbG. Die Normen der Verweisung können nicht abbedungen, weitere Normen des AktG aber per Gesellschaftervertrag für anwendbar erklärt werden.[478] Entsprechend gleicht die rechtliche Ausgestaltung des Aufsichtsrates weitestgehend der des Aufsichtsrates nach DrittelbG.[479]

149 Die Aufsichtsratsmitglieder müssen gem. § 18 Abs. 4 Satz 1 KAGB ihrer Persönlichkeit und ihrer Sachkunde nach die Wahrung der Interessen der Anleger gewährleisten. Das setzt eine **persönliche und fachliche Eignung** der Aufsichtsratsmitglieder voraus, so vor allem praktische berufliche Tätigkeit – nicht zwingend in leitender Position –, durch welche Erfahrungen im Bank-, Börsen- oder Investmentwesen gesammelt wurden.[480] Bestellung und Ausscheiden von Aufsichtsratsmitgliedern sind der BaFin anzuzeigen, § 18 Abs. 4 Satz 2 KAGB. Erfüllt ein Aufsichtsratsmitglied die gesetzlichen Anforderungen an Persönlichkeit und Sachkunde nicht, kann die BaFin nach § 5 Abs. 6 Satz 1 KAGB die geeigneten und erforderlichen Maßnahmen treffen. Hierzu zählen insbesondere das Verlangen der Abberufung des betreffenden Mitglieds und – im Extremfall – die Entziehung der Erlaubnis zum Geschäftsbetrieb nach § 39 Abs. 3 Nr. 5 KAGB.[481] Ist neben dem kapitalanlagerechtlichen Aufsichtsratsregime auch nach den Mitbestimmungsgesetzen, insb. DrittelbG und MitbestG, ein Aufsichtsrat zu bilden, müssen die Vertreter der Arbeitnehmer gem. § 18 Abs. 5 KAGB weder die persönlichen Anforderungen erfüllen noch ihre Bestellung oder ihr Ausscheiden angezeigt werden. Vor dem Hintergrund, dass der kapitalanlagerechtliche Aufsichtsrat auf das Anlegerinteresse verpflichtet ist,[482] hat jedoch auch der Arbeitnehmervertreter im Zweifel den Anlegerinteressen den Vorrang vor den Arbeitnehmerinteressen einzuräumen.[483]

150 Dem Aufsichtsrat hat ferner gem. § 18 Abs. 3 KAGB zum verbesserten Anlegerschutz und zur Stärkung der Corporate Governance ein **unabhängiges Mitglied** anzugehören, welches von der Gesellschafterversammlung zu wählen ist.[484] Unabhängigkeit ist regelmäßig dann anzunehmen, wenn die Einnahmen des Aufsichtsratsmitgliedes aus seiner Tätigkeit für einen Gesellschafter, ein mit diesem verbundenen Unternehmen oder einen Geschäftspartner der KVG in den letzten 4 Jahren vor seiner Bestellung im Mittel 30 % seiner Gesamteinnahmen nicht überschritten haben.[485] Eine geschäftliche Verbindung zu Anlegern ist demgegenüber unschädlich.[486]

478 Vgl. *Thole*, in: Emde/Dornseifer/Dreibus/Hölscher, InvG, § 6 Rn. 16; *Beckmann*, in: Beckmann/Scholtz, Investment, InvG, § 6 Rn. 17.

479 Vgl. oben Rdn. 99 ff.

480 Vgl. *Thole*, in: Emde/Dornseifer/Dreibus/Hölscher, InvG, § 6 Rn. 26 m.w.N. (in Anlehnung an § 33 Abs. 2 KWG); *Beckmann*, in: Beckmann/Scholtz, Investment, InvG, § 6 Rn. 37; *Zeller*, in: Brinkhaus/Scherer, KAGG, § 4 Rn. 5; kritisch *Zetzsche*, AG 2013, 613, 620; a.A. *Zöller/Noack*, in: Baumbach/Hueck, GmbHG, § 52 Rn. 321.

481 Vgl. *Winterhalder*, in: Weitnauer/Boxberger/Anders/Winterhalder, KAGB, § 18 Rn. 10; *Thole*, in: Emde/Dornseifer/Dreibus/Hölscher, InvG, § 6 Rn. 28.

482 *Zetzsche*, AG 2013, 613, 615 und 620; vgl. auch *Thole*, in: Emde/Dornseifer/Dreibus/Hölscher, InvG, § 6 Rn. 27.

483 Vgl. *Winterhalder*, in: Weitnauer/Boxberger/Anders/Winterhalder, KAGB, § 18 Rn. 28; *Beckmann*, in: Beckmann/Scholtz, Investment, InvG, § 6 Rn. 40; *Thole*, in: Emde/Dornseifer/Dreibus/Hölscher, InvG, § 6 Rn. 33; *Zeller*, in: Brinkhaus/Scherer, KAGG, § 4 Rn. 12.

484 Vgl. *Winterhalder*, in: Weitnauer/Boxberger/Anders/Winterhalder, KAGB, § 18 Rn. 29; *Beckmann*, in: Beckmann/Scholtz, Investment, InvG, § 6 Rn. 20; *Thole*, in: Emde/Dornseifer/Dreibus/Hölscher, InvG, § 6 Rn. 20.

485 BT-Drucks. 16/5576, S. 60.

486 Vgl. *Zetzsche*, AG 2013, 613, 621.

D. Der Beirat

151 Neben oder anstelle eines Aufsichtsrats finden sich bei der GmbH weitere Gremien, die vom Aufsichtsrat abzugrenzen sind. In der Praxis werden diese Gremien häufig als **»Beiräte«**, **»Gesellschafterausschüsse« oder »Verwaltungsräte«** etc. bezeichnet, wobei der Beirat beratende, überwachende und sogar unternehmensleitende Funktion wahrnehmen kann.[487] Selbst wenn das Gesetz an einigen Stellen (vgl. dazu §§ 285 Nr. 9, 314 Abs. 1 Nr. 6 HGB) die Mitgliedschaft in einem Beirat derjenigen in einem Aufsichtsrat gleichstellt, bestehen zwischen der Mitgliedschaft in einem Aufsichtsrat und der in einem Beirat signifikante Unterschiede. Ein Aufsichtsrat unterscheidet sich von einem solchen Gremium vor allem dadurch, dass dieser zwingend als Kernaufgabe die Überwachung der Geschäftsführung innehat.[488] Allerdings ist die Abgrenzung zwischen einem Beirat und einem (fakultativen) Aufsichtsrat in der Praxis z.T. schwierig, da auch Beiräten, selbst wenn sie primär beratend tätig sind, häufig zumindest teilweise auch eine Überwachungsfunktion zukommt. Vom Vorliegen eines Aufsichtsrats und der damit verbundenen Einschlägigkeit der zwingend auf einen Aufsichtsrat anzuwendenden Vorschriften ist jedoch stets dann auszugehen, wenn das entsprechende Gremium im Gesellschaftsvertrag als »Aufsichtsrat« bezeichnet wird, da der Rechtsverkehr in diesen Fällen darauf vertrauen kann, dass ein die Geschäftsführung überwachendes Organ besteht.[489] Zwar ist der Einwand, die Terminologie ist grds. kein zuverlässiger Anhaltspunkt,[490] zutreffend; dem Verkehrsschutz ist in diesem Fall aber Vorrang vor dem tatsächlichen Gestaltungswillen der Gesellschafter zu gewähren.

152 Ein Beirat ist nur dann ein **Organ der Gesellschaft**, wenn eine Verankerung des Beirats im Gesellschaftsvertrag erfolgt – wobei eine Ermächtigung der Gesellschafter zur Einsetzung eines Beirats durch Beschluss ausreicht.[491] Andernfalls handelt es sich lediglich um eine schuldrechtliche Absprache zwischen der Gesellschaft, den Gesellschaftern und/oder Dritten, ohne dass dem Beirat Organqualität zukäme.[492] In diesem Fall können dem Beirat auch keine organschaftlichen Kompetenzen übertragen werden, er kann also lediglich beratend tätig werden.[493] Sofern die Gesellschafter (freiwillig) einen Beirat als weiteres Gesellschaftsorgan einrichten, besteht bzgl. der Ausgestaltung weitestgehend Freiheit. Insb. findet § 52 keine Anwendung.

153 **Mitglieder des Beirats** können sowohl Gesellschafter als auch Dritte sein.[494] Die Bestellung der Beiratsmitglieder erfolgt durch Beschluss der Gesellschafterversammlung, sofern im Gesellschaftsvertrag das Bestellungsrecht nicht abweichend geregelt ist. Eine entsprechende Bestellungsbefugnis kann auch einzelnen Gesellschaftern als Sonderrecht i.S.v. § 35 BGB oder sogar gesellschaftsfremden Dritten gewährt werden. Die Anzahl der Beiratsmitglieder und deren Amtszeit sind frei bestimmbar und werden, sofern der Gesellschaftervertrag hierzu keine Vorgaben macht, durch die Gesellschafterversammlung oder das entsprechende Bestellungsorgan bestimmt. Eine Beurteilung der Nichtigkeit der Wahl des Beirats einer GmbH ist in analoger Anwendung der §§ 241 ff. AktG zu treffen.[495] Die Abberufung der Beiratsmitglieder erfolgt entsprechend ihrer Bestellung durch das jeweils zuständige Bestellungsorgan. Umstritten ist, welche Mehrheitserfordernisse für die Abberufung durch die

---

487 *Spindler*, in: MünchKommGmbHG, § 52 Rn. 717 ff.; *Schneider*, in: Scholz, GmbHG, § 52 Rn. 10; *Lutter/Hommelhoff*, in: Lutter/Hommelhoff, GmbHG, § 52 Rn. 109; *Reuter*, FS 100 Jahre GmbHG, 631, 644.

488 Vgl. oben Rdn. 18.

489 *Giedinghagen*, in: Michalski, GmbHG, § 52 Rn. 13; *Banspach/Nowak*, Der Konzern 2008, 195, 198; *Zöllner/Noack*, in: Baumbach/Hueck, GmbHG, § 52 Rn. 27; a.A. *Spindler*, in: MünchKommGmbHG, § 52 Rn. 725.

490 *Spindler*, in: MünchKommGmbHG, § 52 Rn. 725.

491 *Nießen/Kempermann*, NJW-Spezial 2012, 271.

492 *Werner*, GmbHR 2015, 577; *Uffmann*, NZG 2015, 169, 171.

493 *Spindler*, in: MünchKommGmbHG, § 52 Rn. 723 ff.; a.A. *Uffmann*, NZG 2015, 169, 171 ff.

494 *Lutter/Hommelhoff*, in: Lutter/Hommelhoff, GmbHG, § 52 Rn. 112, *Heermann*, in: Ulmer/Habersack/Löbbe, GmbHG, § 52, Rn. 334; *Giedinghagen*, in: Michalski, GmbHG, § 52 Rn. 405, a.A. *Reuter*, FS 100 Jahre GmbHG, 631, 647.

495 LG Berlin, NZG 2015, 485.

Gesellschafterversammlung gelten, sofern diese nicht im Gesellschaftsvertrag geregelt sind.[496] Zutreffend ist es, hier im Wege der ergänzenden Vertragsauslegung andere im Gesellschaftsvertrag angelegte Mehrheitserfordernisse heranzuziehen, z.B. das Erfordernis für die Abberufung der Geschäftsführer oder der Mitglieder eines (fakultativ) eingerichteten Aufsichtsrats. Führt auch die Auslegung des Gesellschaftsvertrags nicht weiter, ist auf den Grundsatz des § 47 Abs. 1 GmbHG zurückzugreifen, sodass die einfache Mehrheit genügt.[497] Ist dem Beiratsmitglied eine besondere Stellung – etwa eine Bestellung »auf Lebenszeit« – eingeräumt, ist zusätzlich ein wichtiger Grund zu fordern.[498] Unabhängig vom Bestellungs-/Abberufungsorgan verbleibt bei Vorliegen eines wichtigen Grundes immer ein nicht abdingbares eigenständiges Abberufungsrecht bei der Gesellschafterversammlung.[499]

Das **organschaftliche Verhältnis eines Beiratsmitglieds** ist grds. mit dem eines Aufsichtsratsmitglieds in einem fakultativen Aufsichtsrat vergleichbar. Es treffen dieses Mitglied daher auch die allgemeinen Sorgfalts-, Treue- und Verschwiegenheitspflichten. Entsprechend kommt bei Pflichtverletzungen eine Haftung der Beiratsmitglieder analog §§ 43, 52 GmbHG bzw. §§ 116, 93 AktG in Betracht.[500] Anders als beim Aufsichtsratsmitglied, das vor dem Hintergrund seiner Überwachungspflichten grds. weisungsfrei ist, kann das Beiratsmitglied allerdings an die Weisungen Dritter gebunden werden. 154

Die **Aufgaben und Kompetenzen des Beirats** werden durch die Gesellschafterversammlung definiert. Dies kann sowohl in Form einer entsprechenden Regelung im Gesellschaftsvertrag als auch bei entsprechender Regelung im Gesellschaftsvertrag in Form einer Beschlussfassung durch die Gesellschafterversammlung erfolgen.[501] Dabei können dem Beirat grds. alle Rechte übertragen werden, die nicht zwingend einem anderen Organ der GmbH zugewiesen sind. Unzulässig ist danach u.a. die Übertragung der organschaftlichen Vertretung der Gesellschaft, die Buchführung und die Aufstellung des Jahresabschlusses als nicht übertragbare Aufgabe des Geschäftsführers.[502] Hingegen sind Zustimmungsvorbehalte zumindest dann zulässig, wenn der Beirat nur mit Gesellschaftern besetzt ist.[503] Zudem ist mit § 46 Nr. 8 Alt. 2 GmbHG vereinbar, den Beiratsvorsitzenden als Prozessvertreter der Gesellschaft gegen den Geschäftsführer zu bestimmen.[504] 155

Die **innere Ordnung des Beirats** richtet sich entweder nach dem Gesellschaftsvertrag oder einem Gesellschafterbeschluss. Darüber hinaus kann sich der Beirat auch selbst eine Geschäftsordnung geben, die allerdings jederzeit durch die Gesellschafterversammlung geändert werden kann. Sofern keine Regelung vorliegt, kann für den Beirat auf die allgemeinen Grundsätze des körperschaftsrechtlichen Organisationsrechts zurückgegriffen werden, die auch für den fakultativen Aufsichtsrat gelten.[505] 156

496 Eingehend mit Nachweisen zum Streitstand *Spindler*, in: MünchKommGmbHG, § 52 Rn. 738.

497 Im Ergebnis ebenso: *Spindler*, MünchKommGmbHG, § 52 Rn. 738; *Huber*, Der Beirat, Rn. 383; *Hölters*, Der Beirat der GmbH und GmbH & Co. KG, S. 31.

498 *Huber*, Der Beirat, Rn. 383; *Hölters*, Der Beirat der GmbH und GmbH & Co. KG, S. 31; *Spindler*, in: MünchKommGmbHG, § 52 Rn. 738.

499 *Lutter/Hommelhoff*, in: Lutter/Hommelhoff, GmbHG, § 52 Rn. 115, *Raiser*, in: Hachenburg, GmbHG, § 52 Rn. 329; *Nießen/Kempermann*, NJW-Spezial 2012, 271, 272.

500 *Lutter/Hommelhoff*, in: Lutter/Hommelhoff, GmbHG, § 52 Rn. 123; *Nießen/Kempermann*, NJW-Spezial 2012, 271, 272.

501 Vgl. dazu *Giedinghagen*, in: Michalski, GmbHG, § 52, Rn. 404, 416; *Nießen/Kempermann*, NJW-Spezial 2012, 271; a.A. wohl KG Berlin, GmbHR 2016, 29; KG Berlin, GmbHR 2018, 361, die Nichtzulassungsbeschwerde ist beim BGH anhängig unter Az. II ZR 406/17; einschränkend auch *Spindler*, in: MünchKommGmbHG, § 52 Rn. 725 (Satzung muss die Aufgaben und Kompetenzen des Beirats sowie die grundlegenden Rechte und Pflichten seiner Mitglieder selbst festlegen); *Schneider*, in: Scholz, GmbHG, § 52 Rn. 94; *Wicke*, GmbHG, § 52 Rn. 22 (Befugnisse ggü. anderen Organen nur aufgrund von Satzungsbestimmungen).

502 *Jaeger*, in: BeckOK GmbHG, § 52 Rn. 85.

503 *Giedinghagen*, in: Michalski, GmbHG, § 52 Rn. 418; a.A. *Jaeger*, in: BeckOK GmbHG, § 52 Rn. 86; *Hommelhoff*, in: Lutter/Hommelhoff, GmbHG, § 52 Rn. 119.

504 BGH, NZG 2016, 429, 430.

505 *Heermann*, in: Ulmer/Habersack/Löbbe, GmbHG, § 52 Rn. 342; *Giedinghagen*, in: Michalski, GmbHG, § 52 Rn. 424; zur Behandlung fehlerhafter Beiratsbeschlüsse eingehend *Werner*, GmbHR 2015, 577 ff.

Vierter Abschnitt Abänderungen des Gesellschaftsvertrags

§ 53 Form der Satzungsänderung

(1) Eine Abänderung des Gesellschaftsvertrages kann nur durch Beschluss der Gesellschafter erfolgen.

(2) [1]Der Beschluss muss notariell beurkundet werden, derselbe bedarf einer Mehrheit von drei Vierteilen der abgegebenen Stimmen. [2]Der Gesellschaftsvertrag kann noch andere Erfordernisse aufstellen.

(3) Eine Vermehrung der den Gesellschaftern nach dem Gesellschaftsvertrag obliegenden Leistungen kann nur mit Zustimmung sämtlicher beteiligter Gesellschafter beschlossen werden.

Schrifttum

Baumann/Reiss, Satzungsergänzende Vereinbarungen im Gesellschaftsrecht, ZGR 1989, 157; *Bürkle*, Rechte Dritter in der Satzung der GmbH, 1991; *Fleck*, Schuldrechtliche Verpflichtungen einer GmbH im Entscheidungsbereich der Gesellschafter, ZGR 1988, 104; *Habersack*, Unwirksamkeit »zustandsbegründender« Durchbrechungen der GmbH-Satzung sowie darauf gerichteter schuldrechtlicher Nebenabreden, ZGR 1994, 354; *Heinze*, Die Eintragung von Satzungsänderungen (und sonstige konstitutive Eintragungen) unter einer Zeitbestimmung (befristete Satzungsänderungen), NZG 2019, 847; *Hoffmann-Becking*, Der Einfluss schuldrechtlicher Gesellschaftervereinbarungen auf die Rechtsbeziehung in der Kapitalgesellschaft, ZGR 1994, 442; *Lawall*, Satzungsdurchbrechende Beschlüsse im GmbH-Recht, DStR 1996, 1169; *Leitzen*, Neues zu Satzungsdurchbrechungen und schuldrechtlichen Nebenabreden, RNotZ 2010, 566; *Noack*, Satzungsergänzende Verträge der Gesellschaft mit ihren Gesellschaftern, NZG 2013, 281; *Noack*, BGH verneint Firmenänderung durch Insolvenzverwalter, NZG 2020, 257; *Peterseim*, Die (Un-)Zulässigkeit der »Satzungsdurchbrechung«, NZG 2019, 1255; *Pöschke*, Satzungsdurchbrechende Beschlüsse in der GmbH, DStR 2012, 1089; *Priester*, Satzungsänderung und Satzungsdurchbrechung, ZHR 151 (1987), 40; *Priester*, Satzungsänderungen bei der Vor-GmbH, ZIP 1987, 280; *Priester*, Mehrheitserfordernisse bei Änderung von Mehrheitsklauseln, NZG 2013, 321; *ders.*, Aufsichtsrat durch Öffnungsklausel, NZG 2016, 774; ders., Der Abschluss von Teilgewinnabführungsverträgen im GmbH-Recht, NZG 2020, 1; *Selentin*, Satzungsverletzung, Satzungsänderung – Satzungsdurchbrechung?, NZG 2020, 92; *Sieger/Schulte*, Vereinbarungen über Satzungsänderungen, GmbHR 2002, 1050; *Teichmann*, Vertragsfreiheit im Innenverhältnis der GmbH-Gesellschafter, RNotZ 2013, 346; *Tieves*, Satzungsverletzende und satzungsdurchbrechende Gesellschafterbeschlüsse, ZIP 1994, 1341; *Ulmer*, Begründung von Rechten für Dritte in der Satzung einer GmbH, FS Werner, 1984, 911; *van Venrooy*, Gesellschaftersonderrechte in der GmbH, GmbHR 2010, 841; *Waldenberger*, Sonderrechte der Gesellschafter einer GmbH – ihre Arten und ihre rechtliche Behandlung, GmbHR 1997, 49; *Wälzholz*, Gesellschaftervereinbarungen (side letters) neben der GmbH-Satzung, GmbHR 2009, 1020; *Westermann*, Das Verhältnis von Satzung und Nebenordnungen in der Kapitalgesellschaft, 1994; *Wicke*, Echte und unechte Bestandteile im Gesellschaftsvertrag der GmbH, DNotZ 2006, 419; *ders.*, Schuldrechtliche Nebenvereinbarungen bei der GmbH, DStR 2006, 1137; *ders.*, Die Bedeutung der öffentlichen Beurkundung im GmbH-Recht, ZIP 2006, 977; *ders.*, Abweichungen und Änderungen beim Musterprotokoll gemäß § 2 Abs. 1a GmbHG, DNotZ 2012, 15; *Wolff*, Die Verbindlichkeit der Gesellschafterliste für Stimmrecht und Beschlussverfahren, BB 2010, 454; *Zöllner*, Satzungsdurchbrechungen, FS Priester, 2007, 879.

Übersicht

A. Rechts- und Normentwicklung

§ 53 (in der Fassung von § 1892: § 54) gehört zu den seit 1892 nahezu unveränderten Vorschriften des GmbH-Rechts. (Geringfügig) geändert wurde lediglich (mit Einführung des BeurkG im Jahr 1969) Abs. 2. Danach wurde der Normtext weder durch die GmbH-Novelle von 1980 noch durch das MoMiG verändert; durch das MoMiG wurde aber die amtliche Überschrift eingefügt. Historische Vorbilder der Norm waren Art. 215 AktG 1884 und § 16 GenG.[1] Zwischen dem 28. März 2020 und dem 31. Dezember 2021 gelten für Umlaufbeschlüsse die Erleichterungen nach Art. 2 § 2 des Gesetzes über die Abmilderung der Folgen der COVID-19-Pandemie im Zivil-, Insolvenz- und Strafverfahrensrecht.[2] Nach überwiegender Auffassungen gelten die Erleichterungen auch für beurkundungsbedürftige Beschlüsse.[3] 1

B. Regelungsgegenstand

Zusammen mit § 54 regelt § 53 in seinen ersten beiden Absätzen die **allgemeinen Voraussetzungen jeder Änderung des Gesellschaftsvertrages**, verbreitet auch als »Satzungsänderung« bezeichnet (so seit dem MoMiG auch die amtliche Überschrift). Die §§ 55 ff. enthalten ergänzende Vorschriften über die Änderung des Stammkapitals der Gesellschaft. Einen weiteren Spezialfall regelt § 53 2

---

1 Stenographische Berichte über die Verhandlungen des Reichstages, 8. Legislaturperiode, I. Session 1890/1892, Fünfter Anlageband, Aktenstück 660, S. 3753.

2 BGBl I 2020, 569.

3 Näher DNotI-Report 2020, 52 ff.; *Vetter/Tielmann*, NJW 2020, 1175, 1178; *Wicke*, NZG 2020, 501 ff.

Abs. 3, nämlich die Leistungsvermehrung. § 53 enthält in Abs. 2 halbzwingendes, i.Ü. zwingendes Recht.

Der Vorgang der Satzungsänderung setzt sich damit aus (mindestens) zwei Elementen zusammen, dem Rechtsgeschäft des Beschlusses nach § 53 Abs. 1, 2 und der Eintragung (§ 54) als äußerer Wirksamkeitsvoraussetzung. Hinzutreten können innere Wirksamkeitsvoraussetzungen, etwa Zustimmungen nach Abs. 3.[4]

C. Regelungszweck

3 Zu unterscheiden sind insoweit die Abs. 1 und 2 einerseits und Abs. 3 andererseits. Die Abs. 1 und 2 normieren **qualifizierte Voraussetzungen für jede Änderung des Gesellschaftsvertrages**, nämlich einen notariell beurkundeten Gesellschafterbeschluss mit qualifizierter Mehrheit. Die notarielle Beurkundung hat nach Ansicht der Rechtsprechung nicht nur Beweisfunktion, sondern auch Prüfungs-, Belehrungs- und Warnfunktion;[5] das Erfordernis der qualifizierten Mehrheit hebt Änderungen der Grundlagen, d.h. der Verfassung der Gesellschaft von einfachen Gesellschafterbeschlüssen ab. Abs. 3 bezweckt den Schutz jedes Gesellschafters vor Leistungsvermehrungen gegen seinen Willen und vor Eingriffen in bestimmte Gesellschafterrechte.

4 Soweit § 53 keine Sonderregelungen enthält, gelten ergänzend die allgemeinen Bestimmungen über das Zustandekommen von Gesellschafterbeschlüssen, mithin die §§ 47 Abs. 2 bis 4, 48 Abs. 1, 2 (str.) und 3 sowie 49 bis 51.

D. Abänderung des Gesellschaftsvertrages

I. Gegenständlicher Anwendungsbereich und Abgrenzung

1. Grundlagen

5 Eine **Änderung des Gesellschaftsvertragstextes ist nur nach Maßgabe der §§ 53, 54 GmbHG möglich.** Hierunter fallen zunächst Abänderungen des vorhandenen Satzungstextes (einschließlich Neufassung des gesamten Gesellschaftsvertrages) oder der Gliederung der Satzung (Nummerierung, Absätze, Zeichensetzung) sowie Ergänzungen und Streichungen aller Art. Satzungsänderung ist aber **auch die bloße Fassungsänderung.**[6] Dementsprechend können auch gegenstandslos gewordene oder unwirksame, aber im Register vollzogene Regelungen des Gesellschaftsvertrages nur nach Maßgabe der §§ 53 ff. aus dem Vertragstext entfernt werden (s.a. unten Rdn. 8).[7] U.U. kann auch der Beschluss der Beibehaltung einer Satzungsregelung eine Satzungsänderung darstellen.[8] Im Einzelfall kann die Feststellung, welcher Text den Satzungstext bildet, Schwierigkeiten bereiten, insbesondere bei der Überschrift der gesamten Satzung und – etwa durch den Vorstand hinzugefügten – Schlussbemerkungen.

6 Aus dem Erfordernis der Textänderung folgt, dass faktische und konkludente Änderungen nicht möglich sind.[9] Dasselbe gilt für die Änderung durch langjährige Übung (»Observanz«).[10] Hiervon

4 *Noack*, GmbHR 1994, 349, 351.

5 BGHZ 80, 76; zu Recht krit. *Ulmer*, in: Ulmer/Habersack/Winter, GmbHG, § 53 Rn. 49.

6 Ganz h.M., OLG Brandenburg, NJW-RR 2001, 1185, 1186; BayObLG, NJW-RR 1992, 736; KG, OLG 44, 236; *Priester*, in: Scholz, GmbHG, § 53 Rn. 19; s. aber unten Rdn. 39 zur Änderung der Satzung nach Ausnutzung eines genehmigten Kapitals.

7 H.M., z.B. OLG Brandenburg, NJW-RR 2001, 1185; *Hoffmann*, in: Michalski, GmbHG, § 53 Rn. 21, 17; *Priester*, in: Scholz, GmbHG, § 53 Rn. 21; a.A. *Bayer*, in: Lutter/Hommelhoff, GmbHG, § 53 Rn. 35; *Zöllner/Noack*, in: Baumbach/Hueck, GmbHG, § 53 Rn. 24; *Ulmer*, in: Ulmer/Habersack/Winter, GmbHG, § 53 Rn. 31.

8 LG Köln, GmbHR 1988, 108.

9 OLG Köln, DB 1996, 467; *Priester*, in: Scholz, GmbHG, § 53 Rn. 32.

10 Anders zum Vereinsrecht OLG Frankfurt am Main, ZIP 1985, 213; s.a. unten Rdn. 30.

unberührt bleibt die Möglichkeit einer anderen Auslegung einer Satzungsbestimmung im Lichte neuen Gesetzes- oder Satzungsrechts. Zu »faktischen Satzungsänderungen« unten Rdn. 11.

2. Formelle und materielle Satzungsbestandteile; schuldrechtliche Nebenabreden

Aus Rdn. 5 folgt nicht, dass eine Änderung oder Aufhebung nicht-korporativer Satzungsbestandteile – zur Abgrenzung näher § 3 Rdn. 39 ff. – materiell-rechtlich zwingend einen Beschluss nach § 53 und die Registereintragung nach § 54 voraussetzen würde. Vielmehr kann eine in einen formellen Satzungsbestandteil gekleidete Regelung auch ohne Änderung des Satzungstexts nach den für sie geltenden Regeln aufgehoben oder geändert werden[11] (Beispiel: Austauschen des Geschäftsführers bei Geschäftsführerbestellung durch rein formelle Satzungsregelung[12]). Eine Änderung des Satzungstexts ist hier weder notwendig noch in jedem Fall ausreichend. Für korporative Satzungsbestandteile ist das Verfahren nach §§ 53, 54 demgegenüber für eine Herbeiführung der Rechtsänderung konstitutiv. Dies gilt auch dann, wenn die Änderung eine überholte oder überflüssige Regelung betrifft (oben Rdn. 5). 7

Die §§ 53, 54 haben also einen **zweifachen Regelungsgehalt**: (Nur) materielle Satzungsbestandteile müssen nach Maßgabe der §§ 53, 54 geändert werden; dies ist gemeint, wenn davon die Rede ist, dass §§ 53, 54 nur auf materielle Satzungsbestandteile anwendbar sind.[13] Eine Änderung des Satzungstexts setzt nach zutreffender, aber bestrittener Auffassung gleichwohl immer die Einhaltung des Verfahrens nach §§ 53, 54 (»formelle Satzungsänderung«) voraus.[14] Das Registergericht soll nicht mit der Prüfung belastet werden, ob eine Regelung des Gesellschaftsvertrages materieller oder nur formeller Satzungsbestandteil ist. Die im Einzelfall sehr diffizile Abgrenzung zwischen formellen und materiellen Satzungsbestandteilen[15] ist insoweit also bedeutungslos. Sie ist aber aus Sicht der Gesellschafter insoweit von großer Bedeutung, als es um die Frage geht, ob das Verfahren nach §§ 53, 54 Voraussetzung einer wirksamen Aufhebung oder Änderung ist. 8

Abgesehen von organisationsrechtlichen Regelungen können Gegenstände, die einer gesellschaftsvertraglichen Regelung zugänglich wären, außerhalb des Gesellschaftsvertrages durch schuldrechtliche Vereinbarung geregelt werden, ggf. auch in Abweichung vom Gesellschaftsvertrag.[16] Korporativen Charakter vermögen solche Vereinbarungen aber nicht zu erlangen. Das Gesetz verbietet auch nicht, dass sich Gesellschafter untereinander oder ggü. Dritten dazu verpflichten, Änderungen des Gesellschaftsvertrages zu bewirken bzw. hieran mitzuwirken.[17] Die **Abänderung schuldrechtlicher Nebenabreden der Gesellschafter fällt nicht unter §§ 53 ff.**[18] Dasselbe gilt für die Aufhebung einer Geschäftsordnung für die Geschäftsführung.[19] 9

3. Änderung des Musterprotokolls

Aus § 2 Abs. 1a Satz 5 folgt die **Anwendbarkeit der §§ 53 ff. auf Änderungen der gesellschaftsvertraglichen Elemente des Musterprotokolls** (nach Eintragung der Gesellschaft),[20] dagegen z.B. nicht 10

11 Allg. M., BGHZ 18, 205, 208; OLG Stuttgart, NZG 2000, 264, 268.
12 BGH, NJW 1961, 507; BGH, DB 1968, 2166: einfacher Mehrheitsbeschluss.
13 H.M., etwa *Priester*, in: Scholz, GmbHG, § 53 Rn. 8, 17.
14 *Priester*, in: Scholz, GmbHG, § 53 Rn. 18, 21; *Schnorbus*, in: Rowedder/Schmidt-Leithoff, GmbHG, § 53 Rn. 11, 13; a.A. *Zöllner/Noack*, in: Baumbach/Hueck, GmbHG, § 53 Rn. 24.
15 Hierzu § 2 Rdn. 8.
16 Zuletzt BGH, NZG 2010, 988.
17 Für die Verpflichtung ggü. Dritten sehr str., wie hier: BGH, DStR 1991, 1290; *Zöllner/Noack*, in: Baumbach/Hueck, GmbHG, § 47 Rn. 113; einschr. *Priester*, in: Scholz, GmbHG, § 53 Rn. 36.
18 Allg. M., etwa *Wälzholz*, GmbHR 2009, 1020, 1026; s. hierzu auch *Bayer*, in: Lutter/Hommelhoff, GmbHG, § 53 Rn. 4.
19 OLG Hamm, DStR 2010, 1950.
20 Allg. M., etwa *Fastrich*, in: Baumbach/Hueck, GmbHG, § 2 Rn. 18; OLG München, MittBayNot 2015, 250; OLG München, NJW-RR 2010, 180; OLG München, DB 2010, 1637; *König/Herrler*, DStR 2010, 2138, 2142.

bei der Bestellung eines zweiten Geschäftsführers[21] sowie bei Änderungen im Gesellschafterkreis (in welchem Fall eine neue Liste der Gesellschafterliste einzureichen ist). Soll das Musterprotokoll jedoch um darin nicht vorgesehene Regelungspunkte ergänzt werden, ist ein Ergänzungsbeschluss nicht ausreichend, sondern es bedarf der Verabschiedung eines vollständigen Gesellschaftsvertrages. In den übrigen Fällen kann das Gericht nicht die Aufstellung eines neuen Gesellschaftsvertrages verlangen.[22] Die Änderungen können im Text des Musterprotokolls vorgenommen werden, jedoch ist bei der neuen Fassung des Gesellschaftsvertrages das sog. Gebot der Widerspruchsfreiheit des neuen Texts zu beachten.[23]

4. »Faktische Satzungsänderungen«

11 **Nicht von §§ 53, 54 erfasst** sind die sog. faktischen Satzungsänderungen. Hierzu zählen v.a. **Maßnahmen der Geschäftsführung, die von der Satzung nicht mehr gedeckt sind**, insb. Überschreitungen des Unternehmensgegenstandes und umwandlungs-/liquidationsähnliche Maßnahmen wie die Veräußerung des Unternehmenskerns. Jedoch gilt § 179a AktG entsprechend.[24] Die Geschäftsführung kann satzungswidrig im Außenverhältnis zwar grds. wirksam handeln, aber z.B. keine statutarische Wirksamkeitsvoraussetzung für eine Anteilsabtretung außer Kraft setzen.[25] Im Fall der »Satzungsunterschreitung« durch fehlende Ausfüllung des Unternehmensgegenstandes ist die Geschäftsführung zur Ausfüllung des Gegenstandes bzw. zur Unterlassung der satzungswidrigen Tätigkeit verpflichtet.[26]

5. Angaben zu Gesellschaftern, Geschäftsanteilen, Sacheinlagen, Gründungsaufwand/-vorteilen

12 Auch wenn ein Gesellschaftsvertrag zwingend Angaben zur Aufteilung des Stammkapitals enthalten muss, stellen **Teilung und Zusammenlegung von Geschäftsanteilen keine Änderungen des Gesellschaftsvertrages** dar. Dasselbe gilt für **Veränderungen des Gesellschafterkreises** nach Eintragung der Gesellschaft, ob durch Einziehung,[27] Abtretung[28] oder Kapitalerhöhung.[29] Gem. § 3 Abs. 1 Nr. 4 notwendige Satzungsbestandteile müssen unabhängig von der Leistung der Einlagen nach Eintragung der Gesellschaft nicht Bestandteil des Satzungstexts bleiben.[30] Entsprechendes gilt hinsichtlich der Person der Übernehmer bei einer Kapitalerhöhung.[31] Etwas anderes gilt für Angaben über Sacheinlagen und Gründungsaufwand: Diese dürfen erst nach Verjährung etwaiger Ansprüche – d.h. nach Ablauf von fünf Jahren[32] – gestrichen werden, Angaben zu Sondervorteilen erst nach Erledigung des Vorteils.[33]

---

21 Ganz h.M., s. OLG Rostock, NotBZ 2010, 196.

22 OLG Düsseldorf, NZG 2010, 719; *König/Herrler*, DStR 2010, 2138, 2143; zu Einzelheiten OLG Karlsruhe, ZNotP 2017, 443.

23 Näher *Seebach*, RNotZ 2013, 261, 280 ff.

24 *Priester*, in: Scholz, GmbHG, § 53 Rn. 176; zur KG BGH, NJW 1995, 596; *Leitzen*, NZG 2012, 491; zusammenfassend *Schnorbus*, in: Rowedder/Schmidt-Leithoff, GmbHG, § 53 Rn. 24 ff.; Weber, DNotZ 2018, 96 ff.

25 BGH, WM 1967, 1129.

26 OLG Köln, ZIP 2009, 1469, 1470.

27 OLG Karlsruhe, GmbHR 2003, 1482; BGH, NJW 1989, 168 unter 3; OLG Frankfurt am Main, GmbHR 1980, 56; s.a. OLG Hamm, GmbHR 1979, 59.

28 Vgl. OLG Hamm, NJW-RR 1996, 482.

29 OLG München, DB 2010, 1637.

30 *Priester*, in: Scholz, GmbHG, § 53 Rn. 23; *Fastrich*, in: Baumbach/Hueck, GmbHG, § 3 Rn. 18; Krafka, Registerrecht, Rn. 1016; OLG Rostock, NZG 2011, 992; zu ausgeschiedenem Gründungsgesellschafter BayObLG, NJW-RR 1997, 485; LG Köln, GmbHR 1988, 69; OLG Frankfurt am Main, DNotZ 1974, 245; LG Stuttgart, NJW 1972, 1997; a.A. AG Arnsberg, GmbHR 1986, 164; LG Köln, GmbHR 1985, 24.

31 LG Ravensburg, BWNotZ 1982, 174; anders bei der Gründung: OLG Hamm, NJW 1987, 263.

32 Heute ganz h.M., s. *Hoffmann*, in: Michalski, GmbHG, § 53 Rn. 155.

33 LG Berlin, GmbHR 1993, 590; *Priester*, in: Scholz, GmbHG, § 53 Rn. 24.

Die Angleichung von Geschäftsanteilsnennbeträgen an das Stammkapital nach wirksamer Einziehung eines Geschäftsanteils fällt nur dann unter §§ 53, 54, wenn die Gesellschafter die Satzung entsprechend ändern; erforderlich ist dies nicht.[34] Hieran hat sich durch das MoMiG nichts geändert.[35] 13

6. Schreibfehlerberichtigung

Außerhalb der §§ 53 ff. spielt sich auch die Berichtigung von Gründungsurkunde und nach §§ 8 ff. BeurkG beurkundeten Änderungsbeschlüssen nach § 44a Abs. 2 BeurkG ab. Voraussetzung hierfür ist, dass eine offenbare Unrichtigkeit vorliegt und der richtige Wortlaut ohne Weiteres ermittelt werden kann. Gegenstand der §§ 53 ff. ist die notarielle Urkunde in ihrer korrigierten Fassung. Auch ein Versammlungsprotokoll nach §§ 36 ff. BeurkG ist der Korrektur zugänglich,[36] wobei die beschlossene Änderung nur dann Gegenstand der Korrektur sein kann, wenn insoweit eine Divergenz zwischen Protokoll und Wahrnehmung des Notars besteht. Irrtümer der Gesellschafter können auf diese Weise nicht korrigiert werden. 14

7. Auflösung/Zweigniederlassung/inländische Geschäftsanschrift

Keine Änderung i.S.d. § 53 ist auch die **Auflösung der Gesellschaft.**[37] § 60 Abs. 1 Nr. 2 statuiert hierfür aber gleichsam eine Dreiviertelmehrheit. Keine Änderung ist auch die **Errichtung oder Aufhebung einer Zweigniederlassung** oder die tatsächliche Änderung des Verwaltungssitzes. 15

8. Satzungsdurchbrechung

Die Satzungsänderung ist abzugrenzen von der bloßen Satzungsdurchbrechung. Hierunter ist nach herrschender Auffassung eine für den Einzelfall – zu dem Begriff sogleich – durch Gesellschafterbeschluss[38] getroffene Regelung zu verstehen, die mit der geltenden Satzung oder satzungsdispositivem Gesetzesrecht[39] nicht übereinstimmt, die Satzung aber auch nicht für die Zukunft generell ändert bzw. ergänzt.[40] Die **herrschende Auffassung unterscheidet zwischen punktuellen Durchbrechungen**, deren Wirkung sich »in der betreffenden Maßnahme« erschöpfen, **und zustandsbegründenden Durchbrechungen**[41]: Zu Letzteren hat der BGH entschieden, dass der entsprechende Beschluss ohne Einhaltung der §§ 53, 54 wirkungslos ist.[42] Zu punktuellen Durchbrechungen entspricht es überwiegender Auffassung, dass solche Beschlüsse ohne Beurkundung und Registereintragung wirksam, aber anfechtbar sind.[43] **Zustandsbegründende satzungsdurchbrechende Beschlüsse bedürfen hingegen zu ihrer Wirksamkeit entsprechend §§ 53, 54 der Dreiviertelmehrheit,**[44] **der notariellen Beurkundung**[45] **und der Eintragung im Handelsregister**, wobei allerdings keine Änderung des Satzungstexts erforderlich ist, sondern eine auf den Beschluss Bezug nehmende Eintragung 16

34 BGH, NJW 1989, 168; BayObLG, NJW-RR 1992, 736; vgl. auch BGH, DNotZ 2015, 447.

35 *Strohn*, in: MünchKommGmbHG, § 34 Rn. 65, 121; *Haberstroh*, NZG 2010, 1094; s. aber LG Essen, GmbHR 2010, 1034.

36 LG Essen, GmbHR 1982, 213; *Winkler*, BeurkG, § 44a Rn. 37; zur AG BGH, NZG 2017, 1374 und NJW 2009, 2207, 2208.

37 OLG Karlsruhe, GmbHR 1982, 276.

38 Ohne Gesellschafterbeschluss liegt eine Satzungsverletzung vor (vgl. BGH, WM 1967, 1127).

39 Vgl. OLG Köln, GmbHR 1996, 291.

40 *Habersack*, ZGR 1994, 354 ff.; *Tieves*, ZIP 1994, 1341 ff.

41 Überblick in DNotI-Report 2014, 1; *Heckschen*, in: Heckschen/Heidinger, § 9 Rn. 8 ff.

42 BGHZ 123, 15; BGH, WM 1981, 1218.

43 H.M., BGH, ZNotP 2016, 110; *Ulmer*, in: Ulmer/Habersack/Winter, GmbHG, § 53 Rn. 39; vgl. BGH, NZG 2003, 127, 128; BGHZ 123, 15; nach a.A. wird auch für solche Beschlüsse Beurkundung und Registereintragung verlangt, s. *Habersack*, ZGR 1994, 354 ff.

44 Ganz h.M., etwa *Bayer*, in: Lutter/Hommelhoff, GmbHG, § 53 Rn. 32.

45 Ganz h.M., etwa *Priester*, in: Scholz, GmbHG, § 53 Rn. 30a; KG, MDR 2016, 576; a.A. etwa *Lawall*, DStR 1996, 1169, 1174.

genügt.[46] Ohne Beurkundung sind entsprechende Beschlüsse nichtig,[47] ohne Handelsregistereintragung wirkungslos. Beispiele für solche zustandsbegründenden satzungsdurchbrechenden Beschlüsse bilden die Befreiung eines Geschäftsführers/Liquidators von den Beschränkungen des § 181 BGB ohne Satzungsgrundlage,[48] die Abberufung eines Geschäftsführers mit statutarischem Sonderrecht[49] oder die Befreiung von einem statutarischen Wettbewerbsverbot über einen Einzelfall hinaus, nach (zu restriktiver) Ansicht des OLG Dresden auch der einzelne satzungsdurchbrechende Gewinnverwendungsbeschluss.[50] Die Abgrenzung zwischen punktuellen und zustandsbegründenden Durchbrechungen kann im Einzelfall schwierig sein[51], wie etwa die Entscheidung des Kammergerichts zur – – unzulässigen – Einrichtung eines Aufsichtsrats nur aufgrund statutarischer Öffnungsklausel belegt.[52] Vorzugswürdig ist die vor allem von Zöllner vertretene Gegenauffassung, die die Differenzierung ablehnt und »satzungsdurchbrechende« Maßnahmebeschlüsse aller Art für grds. wirksam, aber anfechtbar nach Maßgabe der §§ 241 ff. AktG ansieht.[53] Zu Öffnungsklauseln unten Rdn. 40.

17 Mit **Beschl. v. 15.03.2010** hat der BGH klargestellt, dass unbeschadet der Rechtsprechung zu satzungsdurchbrechenden Beschlüssen außerhalb des der Regelung durch Satzung vorbehaltenen innerorganisatorischen Bereichs[54] auch solche schuldrechtliche Nebenabreden der Gesellschafter zulässig bleiben, die in Abweichung zur Satzung Rechtsverhältnisse der Gesellschafter untereinander, aber auch zur Gesellschaft regeln.[55] Insoweit kommt, ggf. auch durch Umdeutung entsprechender (einstimmiger) Beschlüsse, auch ein Vertrag zugunsten der Gesellschaft (§ 328 BGB) in Betracht.

9. Abgrenzung zu Grundlagenbeschlüssen und Strukturmaßnahmen

18 Ebenfalls **nicht von § 53 erfasst sind Grundlagenbeschlüsse, die nicht mit einer Änderung des Gesellschaftsvertrags verbunden sind**, mögen sie auch materiell satzungsändernden Charakter haben.[56] Insb. keine Satzungsänderungen sind Strukturmaßnahmen, z.B. Umwandlungen. §§ 13, 20, 54 UmwG enthalten ähnliche Schutzbestimmungen. Für Zustimmungsbeschlüsse zu Gewinnabführungs- und Beherrschungsverträgen sind die Erfordernisse der notariellen Beurkundung und Eintragung im Handelsregister heute anerkannt,[57] während i.Ü. streitig ist, ob es der Zustimmung aller Gesellschafter oder lediglich eines Beschlusses mit satzungsändernder Mehrheit bedarf.[58] Für die stille Beteiligung an einer[59] und einen Teilgewinnabführungsvertrag mit einer GmbH[60] gilt Entsprechendes nicht, ebenso wenig bei der Begründung von Genussrechten.[61]

---

46 H.M., s. *Bayer*, in: Lutter/Hommelhoff, GmbHG, § 53 Rn. 32; *Hoffmann*, in: Michalski, GmbHG, § 53 Rn. 21, 38 ff.; *Ulmer*, in: Ulmer/Habersack/Winter, GmbHG, § 53 Rn. 38; zum AktG *Wagner*, in: Heidel, AktG, § 179 Rn. 20; a.A.; *Priester*, ZHR 151 (1987), 40, 54 f.

47 *Priester*, in: Scholz, GmbHG, § 53 Rn. 30.

48 So die h. Rspr., OLG Düsseldorf GmbHR 2017, 36; OLG Nürnberg, NZG 2010, 623; KG, GmbHR 2006, 653; OLG Celle, NJW-RR 2001, 175; OLG Köln, NJW 1993, 1018; BGHZ 87, 59; vgl auch OLG Köln, GmbHR 2016, 1273.

49 OLG Nürnberg, GmbHR 2000, 563.

50 OLG Dresden, NZG 2012, 507.

51 S. z.B. OLG Koblenz, GmbHR 1991, 264; für nicht mehr punktuell hat der BGH (Z 105, 123, 15) die Einsetzung eines Aufsichtsrats mit satzungswidrig langer Amtszeit der Mitglieder angesehen.

52 KG, ZIP 2016, 673; krit. Priester, NZG 2016, 774.

53 *Zöllner*, FS Priester, 2007, S. 879 ff.; i.E. ebenso *Tieves*, ZIP 1994, 1341, 1345 f.; ähnlich *Noack*, GmbHR 1994, 349, 353 ff.

54 Hierzu *Wälzholz*, GmbHR 2009, 1020, 1024.

55 BGH, NZG 2010, 988 m. Bspr. *Noack* 1017 gegen OLG Brandenburg, DB 2009, 724.

56 Ausf. *Ulmer*, in: Ulmer/Habersack/Winter, GmbHG, § 53 Rn. 151 ff.

57 BGHZ 105, 324.

58 Näher DNotI-Report 2009, 17, 18.

59 LG Darmstadt, ZIP 2005, 402; anders bei Betriebspachtvertrag: LG Berlin, ZIP 1991, 1180; anders auch für atypische stille Gesellschaft FG Hessen v. 05.09.2006 – 11 K 2034/05, juris.

60 OLG München, DStR 2011, 1139; BayObLG, NJW-RR 2003, 908.

61 Ganz h.M., etwa AG Berlin-Charlottenburg, GmbHR 2006, 258.

II. Zeitlicher Anwendungsbereich

Den Vorschriften der §§ 53, 54 unterliegen nur Abänderungen des Gesellschaftsvertrages, d.h. Änderungen, die sich auf den Gesellschaftsvertrag **nach Eintragung der Gesellschaft** beziehen. 19

1. Änderungen im Gründungsstadium

Hinsichtlich des Wirkungszeitpunkts sind Änderungen des Gesellschaftsvertrages nach § 53 auch abzugrenzen von Änderungen im Gründungsstadium: Soll sich eine Änderung auf den **Inhalt der Ersteintragung der Gesellschaft** auswirken, liegt keine Satzungsänderung vor und ist § 53 nicht anwendbar; vielmehr sind die **Voraussetzungen des § 2 einzuhalten.**[62] Den Gründern steht es aber frei, noch vor der Eintragung der Gesellschaft in der Vor-GmbH einen (durch die Eintragung bedingten) Beschluss nach § 53 zu fassen, der dann nach der Eintragung der Gesellschaft im Register vollzogen werden kann. Einen Anwendungsfall bildet die sog. Stufengründung. Da auch eine Vor-GmbH bereits wirksam Gesellschafterbeschlüsse (einschließlich Beschlüssen nach § 53) fassen kann, ist es auch denkbar, dass ein Beschluss nach § 53 vor dem Wirksamwerden eines Formwechsels in die GmbH gefasst wird. Entsprechendes gilt im Fall der Verschmelzung oder Spaltung zur Neugründung. 20

2. Änderungen in Liquidation und Insolvenz

Satzungsänderungen sind **auch noch nach Auflösung der GmbH**[63] **und während eines Insolvenzverfahrens zulässig**, wobei auch im zuletzt genannten Fall die Gesellschafter ihre Regelungskompetenz nicht verlieren.[64] Tendenzen zur Anerkennung einer Beschlusskompetenz des Insolvenzverwalters (s.a. Rn. 22) hat der Bundesgerichtshof eine Absage erteilt,[65] es besteht jedoch ein Zustimmungsvorbehalt für Firmenänderungen.[66] Hiervon zu unterscheiden ist die Insolvenz eines Gesellschafters: In diesem Fall steht das Stimmrecht aus dem Geschäftsanteil dem Insolvenzverwalter zu (s.a. unten Rdn. 59 zur Zustimmung nach Abs. 3).[67] 21

3. Keine Satzungsänderung mit Rückwirkung

Aus § 54 Abs. 3 folgt, dass eine **Satzungsänderung mit Rückwirkung unzulässig** ist. Ob ein Fall der Rückwirkung vorliegt, ist nach dem beabsichtigten Satzungswortlaut zu ermitteln. Insb. ist eine **Änderung des Geschäftsjahres** nur zulässig, wenn der Beginn des ersten Geschäftsjahres aufgrund der Neuregelung der Eintragung der Änderung im Handelsregister zeitlich nachfolgt.[68] Die rechtzeitige Antragstellung genügt nicht.[69] Zur Änderung des insolvenzbedingt geänderten Geschäftsjahres durch den Insolvenzverwalter ohne Satzungsänderung ist auf die Entscheidungen des Bundesgerichtshofs vom 14.10.2014[70] und des Oberlandesgerichts Frankfurt/M. vom 12.11.2015[71] 22

62 BGHZ 134, 133; OLG Zweibrücken; GmbHR 2000, 1204; OLG Köln; GmbHR 1995, 725; *Hoffmann*, in: Michalski, GmbHG, § 54 Rn. 24; Krafka, Registerrecht, Rn. 1012.
63 Heute allg. M., KG, NZG 2000, 688; BayObLG, Rpfleger 1995, 363; Krafka, Registerrecht, Rn. 1013; einschränkend noch OLG München, HRR 1938 Nr. 1547; s. zur Sitzverlegung auch KG, ZIP 2011, 1566.
64 Ganz h.M., BayObLG, ZIP 2004, 1426.
65 BGH, NZG 2020, 223 (zur Aktiengesellschaft); anders OLG Hamm, GmbHR 2018, 425; vgl. LG Essen, ZIP 2009, 1583; s.a. OLG München, NZG 2016, 837.
66 OLG Karlsruhe, NJW 1993, 1931; *Cranshaw*, JurisPR-HaGesR 3/2010.
67 Ganz h.M., etwa OLG München, ZIP 2010, 1756.
68 H.M., BGH, NJW-RR 2015, 245; OLG Frankfurt a.M., BeckRS 2014, 02427; FG Nürnberg, GmbHR 1999, 139; BFH, GmbHR 1997, 670; OLG Schleswig, NJW-RR 2000, 1425 (zur AG); LG Mühlhausen, GmbHR 1997, 313; *Bayer*, in: Lutter/Hommelhoff, GmbHG, § 53 Rn. 43; vgl. auch OLG Frankfurt am Main, GmbHR 1999, 484.
69 So aber LG Dresden, NotBZ 2000, 383; LG Berlin, Rpfleger 1978, 143: *Ulmer*, in: Ulmer/Habersack/Winter, GmbHG, § 53 Rn. 29, 125; *Herrmann*, BB 1999, 2270.
70 BGH, NJW-RR 2015, 245.
71 OLG Frankfurt am Main, ZIP 2016, 228.

hinzuweisen. Keinen Fall der unzulässigen Rückwirkung bildet die nachträgliche Umwandlung einer Bareinlagepflicht in eine Pflicht zur Sacheinlage.[72]

E. Gesellschafterbeschluss

I. Grundlagen

23 Nach Abs. 1 unterliegen Änderungen des Gesellschaftsvertrages entsprechend einem allgemeinen Prinzip der Körperschaften (§ 33 BGB, § 179 AktG, § 16 GenG) nicht denselben Regeln wie die Vertragserrichtung anlässlich der Gründung, bedürfen also nicht einer allseitigen und nach §§ 8 ff. BeurkG beurkundeten Vereinbarung. Entsprechend dem Grundsatz, dass die **Bestimmung von Gesellschaftsangelegenheiten durch Mehrheitsbeschluss** zu treffen ist, lässt das Gesetz auch hier einen Gesellschafterbeschluss (§ 48) genügen, stellt in § 53 Abs. 2 aber **qualifizierte verfahrensmäßige Voraussetzungen** auf.

24 Da das Gesetz nur die notarielle Beurkundung der Beschlussfassung vorschreibt, nicht das Erfordernis einer Gesellschafterversammlung, ist auch die **Beschlussfassung durch Umlaufbeschluss** (§ 48 Abs. 2)[73] oder im Wege **kombinierter Beschlussfassung**[74] nicht ausgeschlossen. Die notarielle Beurkundung bezieht sich dann auf die Beschlussfeststellung durch die hierzu berufene Person. In der Einpersonen-GmbH genügt nach allgemeinen Grundsätzen eine einseitige Erklärung des Alleingesellschafters.

Die Abstimmung kann nach dem Prinzip der sog. »doppelten Lesung« erfolgen.[75]

II. Voraussetzungen, Wirksamkeit und Inhalt des Beschlusses

1. Einberufung

25 Bei einer Vollversammlung kann auf die Einberufungsformalitäten verzichtet werden. Hierfür bedarf es nicht nur der Anwesenheit/Vertretung aller Gesellschafter, sondern auch des allseitigen Einverständnisses mit der Abhaltung einer Gesellschafterversammlung.[76] In den übrigen Fällen ist ein spezifisches Problem satzungsändernder Beschlüsse die dem Gesetz **entsprechende Ankündigung der Satzungsänderung in der Einberufung:** Hinreichend, aber auch notwendig ist die Ankündigung der Satzungsänderung als solche[77] sowie die zumindest sinngemäße Zusammenfassung der beabsichtigten Satzungsänderung; der Angabe des genauen Wortlauts bedarf es nicht.[78]

2. Beschlusstatbestand

26 Der Beschluss muss wirksam sein. Voraussetzung hierfür ist zunächst ein **wirksamer äußerer Beschlusstatbestand**, was u.a. die Beschlussfähigkeit der Versammlung voraussetzt. **Vor Eintritt etwaiger aufschiebender Bedingungen oder Befristungen des Beschlusses** (nicht: der beschlossenen Satzungsregelung) ist ein **Registervollzug nicht möglich.**[79] Führt ein formeller oder materieller Mangel zur Nichtigkeit oder (ggf. schwebenden) Unwirksamkeit des Beschlusses oder ist der zunächst

---

72 BGHZ 132, 141 Rn. 29 f.; OLG Hamburg, ZIP 2005, 988; KG, GmbHR 2005, 95.

73 Inzwischen h.M., etwa *Bayer*, in: Lutter/Hommelhoff, GmbHG, § 48 Rn. 21; *Priester*, in: Scholz, GmbHG, § 53 Rn. 65 f.; *Ulmer*, in: Ulmer/Habersack/Winter, GmbHG, § 53 Rn. 46; BT-Drucks. 14/4987, S. 30; a.A. KG, NJW 1959, 1446, *Roth*, in: Roth/Altmeppen, GmbHG, § 48 Rn. 2; vgl. auch OLG Hamm, NJW 1974, 1057.

74 Zur kombinierten Beschlussfassung BGH, NJW 2006, 2044: zulässig nur bei Satzungsermächtigung oder allseitigem Einverständnis; *Wernicke/Albrecht* (GmbHR 2010, 393 ff.) empfehlen, in entsprechenden Satzungsklauseln Satzungsänderungen auszunehmen.

75 OLG Celle, NZG 2001, 374.

76 BGH, ZIP 2009, 562; *Strohn*, DB 2010, 37, 42.

77 *Roth*, in: Roth/Altmeppen, GmbHG, § 51 Rn. 10.

78 OLG Düsseldorf, NZG 2000, 1180; *Zöllner*, in: Baumbach/Hueck, GmbHG, § 51 Rn. 26.

79 Insoweit unklar OLG München, DNotZ 2010, 636.

wirksame Beschluss erfolgreich angefochten worden, kann der Beschluss grds. nicht Grundlage einer wirksamen Änderung des Gesellschaftsvertrages sein. Hiervon zu trennen ist die Frage des registergerichtlichen Prüfungsrechts (hierzu § 54 Rdn. 16 ff.). Die Grundsätze über die konstitutive Beschlussfeststellung sind anwendbar.[80]

Ist der Beschluss angefochten worden, ist ein Freigabeverfahren **entsprechend § 246a AktG nicht zulässig.**[81] 27

Für die Frage, wem das Stimmrecht aus einem Geschäftsanteil zusteht, ist die Vorschrift des **§ 16** 28
Abs. 1 GmbHG entscheidend.[82] Maßgeblich für die Beurteilung der Frage, wer Gesellschafter ist und ob der Beschluss die notwendige Mehrheit erreicht, ist i.Ü. das **Datum der Beschlussfassung.** So kann etwa ein Gesellschafterbeschluss auch dann noch im Register vollzogen werden, wenn sich im Nachhinein der Gesellschafterbestand geändert hat.[83] Die Stimmabgabe eines Unbefugten macht den Beschluss nicht schlechthin nichtig, führt bei Relevanz des Verstoßes aber zur Anfechtbarkeit, es sei denn, es läge gleichzeitig ein Fall von § 241 Nr. 1 AktG vor.[84]

Ist der Geschäftsanteil mit dem **Pfandrecht oder Nießbrauch eines Dritten** belastet, ver- 29
bleibt das Stimmrecht beim Gesellschafter und kann eine Satzungsänderung ohne Zustimmung des Dritten beschlossen werden.[85] Ist der Geschäftsanteil Gegenstand einer Verwaltungs-Testamentsvollstreckung, übt grds. der **Testamentsvollstrecker** das Stimmrecht aus;[86] die Satzung kann dies aber auch ausschließen, was u.U. schon dann anzunehmen ist, wenn die Satzung die Vertretung eines Gesellschafters auf bestimmte Personen beschränkt.[87] Ist der Geschäftsanteil Gegenstand einer **Nacherbfolge**, bedarf ein Satzungsänderungsbeschluss nicht der Zustimmung des Nacherben;[88] §§ 2205 Satz 3 bzw. 2113 Abs. 2 BGB kommen als Wirksamkeitsschranke für die Stimmabgabe des Testamentsvollstreckers bzw. Vorerben nicht in Betracht.[89]

3. Beschlussinhalt

Der Beschluss muss den **Inhalt der Änderung** mit **hinreichender Deutlichkeit** erkennen lassen und 30
auf eine **bestimmte neue Satzungsfassung** gerichtet sein.[90] Soweit es nicht um die Aufhebung geht, müssen die Gesellschafter also den Wortlaut der neuen Fassung beschließen, was aber auch dergestalt erfolgen kann, dass die Gesellschafter z.B. nur beschließen *»Die Firma wird geändert in ...«.*

---

80 BGHZ 14, 25 Rn. 25; BayObLG, NJW-RR 1992, 736; KG, NZG 2016, 384.

81 Sehr str., wie hier KG, NZG 2011, 1068; *Sauerbruch*, GmbHR 2007, 189; *K. Schmidt*, in: Scholz, GmbHG, § 45 Rn. 137; nunmehr auch *Zöllner/Noack*, in: Baumbach/Hueck, GmbHG, § 54 Rn. 28; a.A. *Geißler*, GmbHR 2008, 128, 132 f.; *Bayer/Lieder*, NZG 2011, 1170.

82 KG, GmbHR 2018, 361; Wolff, BB 2010, 454, 460; *Löbbe*, in: Ulmer/Habersack/Winter, GmbHG, § 16 Rn. 76; zu § 16 GmbHG a.F. *Noack*, GmbHR 1994, 349, 351 sowie *Schnorbus*, ZGR 2004, 126 ff.

83 *Noack*, GmbHR 1994, 349, 350 ff.

84 Näher *Leitzen*, Rpfleger 2010, 245 ff.

85 Wohl h.M., etwa *Bayer*, in: Lutter/Hommelhoff, GmbHG, § 53 Rn. 14; RGZ 139, 224, 228; a.A. *Priester*, in: Scholz, GmbHG, § 53 Rn. 99.

86 Ganz h.M., OLG Frankfurt am Main, ZEV 2008, 606; BayObLG, NJW 1976, 1692; ausf. *Mayer*, ZEV 2002, 209, 210.

87 BGH, DB 1979, 1715, 1716; BGH, NJW 1959, 1820; OLG Frankfurt am Main, ZEV 2008, 606; *Zimmermann*, in: MünchKommBGB, § 2005 Rn. 51; *Petzold*, GmbHR 1977, 25, 28; DNotI-Gutachten Internetgutachten Nr. 40451; ausf. *Groß*, GmbHR 1994, 596 ff.; s. zur Personengesellschaft OLG Düsseldorf, FamRZ 2009, 643.

88 Im Grundsatz unstr., etwa *Buchholz*, MittRhNotK 1991, 1, 44 f.

89 A.A. Teile der Lit., etwa *Buchholz*, MittRhNotK 1991, 1, 44 f. unter Hinweis auf BGHZ 78, 177 zur Personengesellschaft (hierzu auch *Harder*, DNotZ 1994, 822 ff.), zur GmbH *Fleck*, FS Stimpel, 1986, S. 353 ff.

90 *Hoffmann*, in: Michalski, GmbHG, § 53 Rn. 60; OLG München, DB 2010, 1637.

Der grds. stets möglichen Auslegung von Beschlüssen sind hier Grenzen gesetzt.[91] Ausgeschlossen ist die konkludente, erst recht die faktische Satzungsänderung.[92]

31 Der Beschluss muss sich nicht zwingend auf die aktuelle Fassung des Gesellschaftsvertrages beziehen, solange nur die gewollte Fassung erkennbar ist. So ist es etwa zulässig, die Änderung eines Satzungsbestandteils zu beschließen, der erst seinerseits noch wirksam werden muss. Bspw. können die Gesellschafter eine weitere Erhöhung des Stammkapitals zu einem Zeitpunkt beschließen, in dem eine frühere Kapitalerhöhung noch nicht wirksam geworden ist.

32 Da die authentische Fassung des Gesellschaftsvertrags zwingend in deutscher Sprache abgefasst sein muss, muss der Änderungsbeschluss die deutsche Fassung der Neufassung beinhalten, mag auch die Abhaltung einer Gesellschafterversammlung in einer Fremdsprache zulässig sein.

4. Bedingungen und Befristungen

33 **Grds. unzulässig** sind **bedingte Gesellschafterbeschlüsse.**[93] Zulässig sind aufschiebende Befristungen sowie aufschiebende Bedingungen, deren Eintritt das Registergericht ohne Weiteres überprüfen kann, insb. Registerbedingungen (Beispiel: Stufengründung, s.o.), nach Ansicht mancher auch andere, dem Registergericht nachweisbare Bedingungen.[94] Von bedingten Beschlüssen zu unterscheiden sind solche, die in ihrer Wirksamkeit nach Abs. 2 Satz 2 von weiteren Voraussetzungen abhängen (Rechtsbedingung). Von der Bedingung/Befristung des Beschlusses zu unterscheiden ist die **grds. zulässige Bedingung oder Befristung der beschlossenen Satzungsbestimmung.**[95] Unzulässig sind auch rückwirkende Beschlüsse (s.o. Rdn. 22 und § 54 Rdn. 30).

5. Gesetzliche oder gewillkürte Vertretung von Gesellschaftern

34 Gesellschafter können sich auch bei Satzungsänderungsbeschlüssen durch einen Bevollmächtigten vertreten lassen bzw. werden durch ihren gesetzlichen Vertreter vertreten. Für die **Vollmacht** genügt die **Form des § 47 Abs. 3**. Auch vollmachtlose Vertretung ist zulässig. Für die Nachgenehmigung der Stimmabgabe genügt ebenfalls die Textform. Eine vollmachtlose Vertretung ist – anders als bei der Gründung – auch in der **Einpersonen-GmbH** entsprechend § 180 Satz 2 BGB zulässig.[96]

Umfassend stimmberechtigt im Rahmen von Satzungsänderungen ist auch der Testamentsvollstrecker über einen Geschäftsanteil.[97]

6. Stimmverbote

35 Die Stimmverbote des **§ 47 Abs. 4** finden auf den Satzungsänderungsbeschluss **keine Anwendung.**[98] Dies gilt **auch bei besonderer Selbstbetroffenheit eines Gesellschafters von der Änderung,**

91 Vgl. BGH, NJW 1997, 1510, 1511; OLG Hamm, NZG 2015, 678; s.a. LG München I, GmbHR 2001, 114.

92 OLG Köln, GmbHR 1996, 291 und oben Rdn. 6; s. aber zur Ergänzung einer Vereinssatzung durch langjährige Übung (Vereinsobservanz) OLG Frankfurt am Main, ZIP 1985, 213; vgl. auch *Grunewald*, ZGR 1995, 68, 81.

93 *Zöllner/Noack*, in: Baumbach/Hueck, GmbHG, § 53 Rn. 59; *Ulmer*, in: Ulmer/Habersack/Winter, GmbHG, § 53 Rn. 27.

94 *Priester*, ZIP 1987, 280, 285.

95 *Bayer*, in: Lutter/Hommelhoff, GmbHG, § 53 Rn. 44, Einzelheiten str.; ausf. zu § 179 AktG DNotI-Report 2008, 25 ff.; unklar zur Unterscheidung zwischen Befristung des Beschlusses und Befristung der Satzungsregelung OLG München DNotZ 2010, 636 und *Ulmer*, in: Ulmer/Habersack/Winter, GmbHG, § 53 Rn. 28.

96 OLG München, NZG 2010, 1427; OLG Frankfurt am Main, GmbHR 2003, 415; allgemein LG Hamburg, GmbHR 1998, 987; *Bayer*, in: Lutter/Hommelhoff, GmbHG, § 47 Rn. 26.

97 BayObLG, NJW 1976, 1692; *Mayer*, ZEV 2002, 209, 210.

98 OLG Stuttgart, NZG 1998, 601; *Ulmer*, in: Ulmer/Habersack/Winter, GmbHG, § 53 Rn. 63; *Bayer*, in: Lutter/Hommelhoff, GmbHG, § 57 Rn. 45.

und zwar selbst dann, wenn für einen Einzelfallbeschluss als »Minus« ein Stimmverbot bestünde.[99] Stimmt ein Gesellschafter auch als Vertreter eines anderen oder liegt ein Fall der Mehrfachvertretung vor, gilt **§ 181 BGB** für die Stimmabgabe **entsprechend.**[100] Hieraus folgt, dass der gesetzliche Vertreter einen minderjährigen Gesellschafter dann nicht vertreten kann, wenn er selbst an der Gesellschaft beteiligt ist und sein Stimmrecht ausübt (§ 1795 Abs. 2 BGB), sodass das Stimmrecht des Minderjährigen durch einen Ergänzungspfleger wahrgenommen werden muss.

7. Mehrheit von Satzungsänderungen/Mehrheit von Beschlüssen

Mehrere Änderungen können entweder in **einem Beschluss** zusammengefasst werden **oder** zum Gegenstand **separater Beschlüsse** gemacht werden. Auch bei der Zusammenfassung in einem Beschluss ist der **Teilvollzug** im Hinblick auf einzelne Änderungen registerrechtlich möglich, bedarf aber eines entsprechenden Teilvollzugsantrags.[101] Ob bei Zusammenfassung in einem (sog. zusammengesetzten) Beschluss Mängel eines Teils auf den übrigen Beschlussteil durchschlagen, ist eine Frage der Auslegung im Einzelfall.[102] Bei mehreren Beschlüssen gilt § 139 BGB nicht.[103] 36

Möglich ist auch die zeitlich aufeinanderfolgende Beurkundung sich inhaltlich widersprechender Satzungsänderungen. Welcher Satzungsinhalt wirksam wird, hängt davon ab, welcher Beschluss (zuerst) im Handelsregister eingetragen wird. 37

III. Rechtswirkungen des Beschlusses vor Registervollzug

Der Beschluss hat vor seinem Registervollzug zunächst nur gesellschaftsinterne Wirkungen. Sofern die Gesellschafter nichts anderes beschließen und die übrigen Voraussetzungen einer wirksamen Änderung vorliegen, ist die Geschäftsführung im Verhältnis zur Gesellschafterversammlung zur unverzüglichen Handelsregisteranmeldung verpflichtet. **Öffentlich-rechtlich** besteht aber **keine Anmeldepflicht.** Die Gesellschafter können ggf. untereinander verpflichtet sein, sich so zu behandeln, als sei die Satzungsänderung bereits wirksam.[104] Den Gesellschaftern steht es frei, von einer Mehrzahl von – ggf. sogar sich einander widersprechenden – Änderungsbeschlüssen nur einzelne vollziehen zu lassen oder einen Änderungsbeschluss seinerseits abzuändern oder aufzuheben. Der **Vollzug** darf jedoch **nicht in das freie Belieben der Geschäftsführung** gestellt werden. 38

IV. Kompetenz der Gesellschafter

Aus Abs. 1 folgt auch, dass Änderungen des Gesellschaftsvertrages den Gesellschaftern vorbehalten sind. Die Gesellschafter oder der Gesellschaftsvertrag können die **Änderungskompetenz nicht auf Nicht-Gesellschafter übertragen**, auch nicht etwa im Wege statutarischer Ermächtigung (Verbot der »Selbstentmündigung«).[105] Die Gesellschafter sind die Herren des Vertrages. Dieser zwingende Grundsatz gilt auch für bloße Fassungsänderungen.[106] Er verbietet es auch, nach Abs. 2 Satz 2 die Wirksamkeit einer Änderung des Gesellschaftsvertrages (anders als bloße Veränderungen im Gesellschafterbestand) von der Mitwirkung von Nicht-Gesellschaftern oder auch nur anderer Gesellschaftsorgane abhängig zu machen.[107] Ob in den Fällen des **genehmigten Kapitals** (§ 55a) eine 39

---

99 *Priester*, in: Scholz, GmbHG, § 53 Rn. 100; *Hoffmann*, in: Michalski, GmbHG, § 53 Rn. 65; anders OLG Bamberg, GmbHR 2010, 709 (Befreiung vom Wettbewerbsverbot).
100 BGH, NJW 1989, 168; *Ulmer*, in: Ulmer/Habersack/Winter, GmbHG, § 53 Rn. 64; Krafka, Registerrecht, Rn. 1012.
101 Vgl. zu § 294 AktG OLG Karlsruhe, GmbHR 1994, 810; zum unzulässigen Teilvollzug bei uneingeschränkter Anmeldung BayObLG, NJW-RR 1987, 927; LG Dresden, NJW-RR 1994, 812.
102 Vgl. RGZ 146, 385, 394.
103 OLG Frankfurt am Main, NZG 2009, 1226.
104 *Noack*, GmbHR 1994, 349, 350 und § 54 Rdn. 31.
105 H.M., *Priester*, in: Scholz, GmbHG, § 53 Rn. 62; *Bayer*, in: Lutter/Hommelhoff, GmbHG, § 53 Rn. 7.
106 H.M., *Priester*, in: Scholz, GmbHG, § 53 Rn. 19.
107 RGZ 169, 65, 80 f.; *Priester*, in: Scholz, GmbHG, § 53 Rn. 63.

Annexkompetenz der Geschäftsführung zur Fassungsänderung oder – was zutreffend ist – wenigstens die Möglichkeit zur Ermächtigung analog § 179 Abs. 1 Satz 2 AktG anzuerkennen ist, ist umstritten.[108]

40 Von der unzulässigen statutarischen Ermächtigung zur Satzungsänderung zu unterscheiden sind **zulässige Öffnungsklauseln**, die es der Gesellschafterversammlung ermöglichen, **durch einfachen Gesellschafterbeschluss von einer konkreten Satzungsregelung im Einzelfall abzuweichen** (Beispiele: disquotale Gewinnverteilung[109] oder Befreiung von Wettbewerbsverbot). Nach Ansicht des OLG Stuttgart ist im Hinblick auf die Bestimmung des Geschäftsjahres auch eine Ermächtigung zugunsten der Geschäftsführung zulässig.[110]

Unzulässig ist nach Ansicht des Kammergerichts auch bei Vorhandensein einer entsprechenden Öffnungsklausel die Einsetzung eines Aufsichtsrats ohne Einhaltung der Vorschriften über die Satzungsänderung.[111]

F. Notarielle Beurkundung

I. Grundlagen

41 Nach der seit 1969 geltenden Fassung ist nur noch die notarielle Beurkundung des Gesellschafterbeschlusses zugelassen, die gerichtliche Protokollierung dagegen nicht mehr. Zuständig für die Beurkundung sind neben deutschen Notaren auch Konsularbeamte nach Maßgabe des KonsularG. Nach der sehr bestrittenen Rspr. des BGH zulässig ist auch die **Beurkundung durch ausländische Notare**, sofern die Beurkundung einer solchen nach dem BeurkG **gleichwertig** ist.[112] Eine Satzungsänderung in Schriftform ist auch dann nicht möglich, wenn das GmbH-Recht am (ausländischen) Ort der Satzungsänderung dies zulässt.[113]

42 Auch wenn nach dem gesetzlichen Regeltypus des Tatsachenprotokolls nicht die Erklärungen der Gesellschafter, sondern die Wahrnehmungen des Notars beurkundet werden,[114] ist neben der Form des **Tatsachenprotokolls nach §§ 36 ff. BeurkG** auch die Form der **Beurkundung von Willenserklärungen nach §§ 8 ff. BeurkG** zulässig.[115] Erstere ist unabhängig vom Umfang der Änderung auch durch Bezugnahme auf eine (nicht verlesene) Anlage zulässig, auch als vollständige Neufassung des Gesellschaftsvertrages. Die Beurkundung durch den Notar steht der konstitutiven Beschlussfeststellung durch den Versammlungsvorsitzenden gleich (s. § 54 Rdn. 17). Nach teilweise vertretener Auffassung soll die Protokollierung nach § 36 BeurkG ausscheiden, wenn es nur einen Gesellschafter gibt.[116]

---

108 Für Annexkompetenz die h.M., etwa OLG München, DNotZ 2012, 469; *Lieder*, DNotZ 2010, 655 ff.; *Priester*, in: Scholz, GmbHG, § 55a Rn. 32; krit. *Renaud*, ZNotP 2010, 203; allgemein zu Annexkompetenz *Fleischer*, GmbHR 2010, 449 ff.

109 BayObLG, NJW-RR 2002, 248; FG Hessen, NZG 2009, 320; *Priester*, FS W. Müller, 2001, S. 113, 119 ff.

110 OLG Stuttgart, NJW-RR 1992, 1391; *Bayer*, in: Lutter/Hommelhoff, GmbHG, § 53 Rn. 34.

111 KG, GmbHR 2016, 29; hierzu Priester, NZG 2016, 774.

112 BGHZ 80, 76 (Beurkundung in Zürich); *Zöllner/Noack*, in: Baumbach/Hueck, GmbHG, § 53 Rn. 75; *Schnorbus*, in: Rowedder/Schmidt-Leithoff, GmbHG, § 53 Rn. 59; a.A. *Bayer*, in: Lutter/Hommelhoff, GmbHG, § 53 Rn. 17; Gleichwertigkeit verneint für Zürcher Notar von AG Köln, RIW 1989, 990; generell ablehnend nunmehr *Priester*, in: Scholz, GmbHG, § 53 Rn. 74. Zur Beurkundung der Anteilsabtretung durch ausländischen Notar BGHZ 199, 270.

113 H.M., etwa *Priester*, in: Scholz, GmbHG, § 53 Rn. 72; LG Mannheim, BWNotZ 2000, 150; a.A. OLG Düsseldorf, NJW 1989, 2200.

114 *Ulmer*, in: Ulmer/Habersack/Winter, GmbHG, § 53 Rn. 48.

115 Heute allg. M., etwa OLG Celle, NZG 2017, 422; OLG Köln, NJW-RR 1993, 223; *Priester*, in: Scholz, GmbHG, § 53 Rn. 70.

116 *Schnorbus*, in: Rowedder/Schmidt-Leithoff, GmbHG, § 53 Rn. 93.

Unabhängig von der Art der Beurkundung **gilt** der etwa i.R.d. § 311b Abs. 1 BGB und § 15 Abs. 4 geltende **Vollständigkeitsgrundsatz nicht.**[117] Wird in einer (»gemischten«) Gesellschafterversammlung über weitere Tagesordnungspunkte beschlossen, gilt die Formvorschrift des Abs. 2 Satz 1 für diese Beschlüsse nicht.[118] 43

Zum (umstrittenen) Zweck der Beurkundungspflicht oben Rdn. 3.

II. Einzelheiten der Beurkundung

Hinsichtlich des notwendigen Inhalts des notariellen Protokolls ist zwischen beurkundungsrechtlichen und gesellschaftsrechtlichen Erfordernissen zu differenzieren. Beurkundungsrechtlich ist insb. § 37 BeurkG zu beachten, sofern nicht die Form nach §§ 8 ff. BeurkG gewählt wird. Die **Einhaltung der beurkundungsrechtlichen Muss-Vorschriften ist dabei zwingend notwendig.**[119] Aus gesellschaftsrechtlicher Sicht ist notwendig, dass sich anhand des Protokolls die Mindestvoraussetzungen einer Beschlussfassung nach § 53 belegen lassen, d.h. der Inhalt der Änderung (Beschlussgegenstand) und das Ergebnis der Abstimmung (Zahl der Ja- und Nein-Stimmen).[120] Wird das Beschlussergebnis förmlich festgestellt, ist auch dies zu beurkunden. Erfolgt die Beschlussfassung außerhalb einer Gesellschafterversammlung – d.h. nach § 48 Abs. 2, was nach heute herrschender, aber sehr zweifelhafter Auffassung auch für Satzungsänderungen zulässig ist (in der Praxis aber keine Bedeutung hat) – hat der Notar das Zustandekommen des Satzungsänderungsbeschlusses förmlich zu protokollieren.[121] Für die Praxis ist diese Möglichkeit praktisch bedeutungslos geblieben. 44

III. Reichweite des Formerfordernisses

Sofern, was ohne Weiteres zulässig ist, ein Gesellschafter rechtsgeschäftlich vertreten oder vollmachtlos vertreten wird, bedarf die **Bevollmächtigung oder Genehmigung** nicht der notariellen Form (§ 167 Abs. 2 BGB), vielmehr genügt die **Form des § 47 Abs. 3.**[122] Der Gesellschaftsvertrag kann insoweit aber abweichende Voraussetzungen statuieren. 45

Nicht anwendbar ist das Formerfordernis des § 53 Abs. 2 auf Verpflichtungserklärungen der Gesellschafter (untereinander oder ggü. Dritten[123]), die auf die Änderung des Gesellschaftsvertrages gerichtet sind.[124] Dasselbe gilt für Stimmbindungsvereinbarungen und schuldrechtliche Nebenvereinbarungen (side letters).[125] Sehr umstritten ist die Rechtslage für die (nach h.M. denkbare) auf Satzungsänderung gerichtete **Verpflichtung der Gesellschaft ggü. Dritten.** Die herrschende Meinung wendet das Beurkundungserfordernis hier entsprechend an.[126] Ob hierüber hinaus eine Eintragung der Verpflichtung im Handelsregister erforderlich ist, ist umstritten.[127] 46

---

117 DNotI-Report 1995, 125 ff.

118 Zum Aktienrecht BGH, ZIP 2015, 1429.

119 OLG Köln, NJW-RR 1993, 223.

120 *Ulmer*, in: Ulmer/Habersack/Winter, GmbHG, § 53 Rn. 50.

121 *Bayer*, in: Lutter/Hommelhoff, GmbHG, § 53 Rn. 12; die Zulässigkeit dieser Vorgehensweise wird z.B. abgelehnt von *Schnorbus*, in: Rowedder/Schmidt-Leithoff, GmbHG, § 53 Rn. 56.

122 Allg. M., *Priester*, in: Scholz, GmbHG, § 53 Rn. 77.

123 Nach h.M. können sich die Gesellschafter auch ggü. Dritten zur Satzungsänderung bzw. zur entsprechenden Stimmabgabe verpflichten, s. Rdn. 9.

124 Sehr str., wie hier OLG Köln, GmbHR 2003, 416; *Priester*, in: Scholz, GmbHG, § 53 Rn. 36; *Sieger/Schulte*, GmbHR 2002, 1050 ff.; nun auch *Bayer*, in: Lutter/Hommelhoff, GmbHG, § 53 Rn. 40; a.A. etwa *Ulmer*, in: Ulmer/Habersack/Winter, GmbHG, § 53 Rn. 42.

125 BGH, ZIP 1983, 432; BGH, DB 2010, 1749.

126 *Bayer*, in: Lutter/Hommelhoff, GmbHG, § 53 Rn. 41; ausf. *Priester*, FS Werner, 1984, S. 657 ff.

127 Dafür *Priester*, in: Scholz, GmbHG, § 53 Rn. 35; *Bayer*, in: Lutter/Hommelhoff, GmbHG, § 53 Rn. 41.

G. Qualifizierte Mehrheit

47 Die Satzungsänderung erfordert abweichend von § 47 Abs. 1 eine Mehrheit von (mindestens) drei Vierteln der wirksam abgegebenen Stimmen, vorbehaltlich einer Verschärfung durch die Satzung und vorbehaltlich abweichender Gesetzesvorschriften (z.B. § 1 Abs. 3 EGGmbHG, § 37 Abs. 1 Satz 2 MitbestG 1976, § 56a Abs. 1 DMBilG 1990, § 97 Abs. 2 Satz 4 AktG i.V.m. § 27 EGAktG: einfache Mehrheit genügt). Auf die Annahme der Satzungsänderung müssen also (ohne Aufrundung) mindestens 75,00 % entfallen. Dabei werden **Stimmenthaltungen nicht berücksichtigt**, sodass im Extremfall eine einzige Ja-Stimme genügen kann.[128] Vorbehaltlich abweichender Satzungsregelung ist auch (anders als nach § 179 AktG) keine bestimmte Kapitalquote erforderlich. Es gelten die Grundsätze über die konstitutive Beschlussfeststellung.[129]

48 Die Zahl der auf einen Geschäftsanteil entfallenden Stimmen ergibt sich aus Gesellschaftsvertrag oder § 47 Abs. 2. **Mehr- oder Höchststimmrechte** und Stimmrechtsreduzierungen **gelten** grds. auch für Satzungsänderungsbeschlüsse.[130] Unberührt von einem Stimmrechtsausschluss bleibt aber das Erfordernis der Zustimmung des Gesellschafters bei einem Eingriff in den Kernbereich seiner Mitgliedschaft und bei Leistungsmehrungen durch Satzungsänderung (Abs. 3).[131] Soll eine Satzungsbestimmung geändert/aufgehoben werden soll, wonach für einen bestimmten Beschlussgegenstand Einstimmigkeit erforderlich ist, ist auch der entsprechende Beschluss einstimmig zu fassen.[132]

49 Im Einzelfall kann aufgrund gesellschaftsrechtlicher Treuepflicht eine Verpflichtung zur Zustimmung zu einer bestimmten Satzungsänderung bestehen.[133] Verletzt der Gesellschafter diese Pflicht, muss er auf Zustimmung verklagt werden. Eine Satzungsänderung ohne seine Zustimmung (oder die Ersetzung nach § 894 ZPO) kommt nicht in Betracht, sofern nur mit seiner Stimme die notwendige Mehrheit erreicht werden kann.

50 Das in § 53 Abs. 2 bestimmte Quorum ist notwendig, im Regelfall aber auch hinreichend. Eine materielle Beschlusskontrolle ist nur in Ausnahmefällen geboten. **Grenzen der Mehrheitsmacht** werden durch das Missbrauchsverbot, den Gleichheitsgrundsatz und den Grundsatz der Treuepflicht (ggü. Gesellschaft und Mitgesellschaftern) gezogen.[134] Die Gesellschafter können das erforderliche Quorum durch schuldrechtliche Nebenabrede (Stimmbindungsvereinbarung) inter partes modifizieren.[135]

H. Zusätzliche Voraussetzungen

I. Eingrenzung des Anwendungsbereichs von § 53 Abs. 2 Satz 2

51 Von den in § 53 Abs. 2 Satz 2 zugelassenen fakultativen weiteren Voraussetzungen der Satzungsänderung sind zunächst solche (»inneren«) Wirksamkeitsvoraussetzungen zu unterscheiden, die sich aus zwingendem Gesetzesrecht ergeben. Hierzu zählen öffentlich-rechtliche Genehmigungen grds. (nur) dann, wenn sie in der Person des Gesellschafters angelegt sind und Außenwirkung haben, bspw. kommunalrechtliche Genehmigungen.[136] Materiell-rechtlich **unbeachtlich** sind hingegen im Regelfall **Genehmigungen gewerberechtlicher Art** im Hinblick auf einen geänderten Unternehmensgegenstand.[137] Letztere sind im Regelfall, aber nicht immer auch registerrechtlich irrelevant

128 Allg. M., *Priester*, in: Scholz, GmbHG, § 53 Rn. 82.
129 *Ulmer*, in: Ulmer/Habersack/Winter, GmbHG, § 53 Rn. 61, 101 sowie unten § 54 Rdn. 17.
130 Ganz h.M., *Hoffmann*, in: Michalski, GmbHG, § 53 Rn. 66; a.A. *Ivens*, GmbHR 1989, 61.
131 *K. Schmidt*, in: Scholz, GmbHG, § 47 Rn. 11.
132 *Priester*, NZG 2013, 321, 323.
133 *Priester*, in: Scholz, GmbHG, § 53 Rn. 60.
134 *Priester*, in: Scholz, GmbHG, § 53 Rn. 55 ff.
135 BGHZ 179, 13.
136 OLG München, NZG 2009, 1031 zu Beherrschungsvertrag.
137 *Leitzen*, GmbHR 2009, 480, 483; vgl. auch zur Aufhebung von § 181 Abs. 1 Satz 3 AktG BT-Drucks. 16/13098, S. 40.

(wichtigste Ausnahme: § 43 KWG). Beachtlich ist hingegen das auch auf Kapitalerhöhungen anwendbare Fusionsverbot des § 37 GWB (i.V.m. § 41 Abs. 1 Satz 2).[138]

Regelungsspezifische Änderungsvoraussetzungen gelten für gesellschaftsvertragliche Regelungen über Sondervorteile und Gründungsaufwand. Hierfür gilt § 26 AktG entsprechend. Nur steuerrechtlich relevant ist die Regelung des § 7 Abs. 4 Satz 3 KStG (Zustimmung des Finanzamts zur Änderung des Geschäftsjahres). 52

Ist ein Gesellschafter minderjährig oder steht oder Betreuung, bedarf die Stimmabgabe durch den Vertreter nicht der familiengerichtlichen Genehmigung: Insb. **§ 1822 Nr. 3 BGB** ist auf die Änderung des Gesellschaftsvertrages von Kapitalgesellschaften **nicht anwendbar.**[139] 53

II. Anwendungsfälle von § 53 Abs. 2 Satz 2

Unbedenklich sind **Verschärfungen** in Gestalt eines **qualifizierten Quorums**, etwa durch das Erfordernis der Einstimmigkeit, der Zustimmung aller Gesellschafter oder der Erreichung einer bestimmten Kapital- oder Kopfmehrheit (Beispiel: 3/4 der Stimmen, aber mindestens 50 % des Stammkapitals der Gesellschaft),[140] daneben auch **Verschärfungen der Form oder des Verfahrens**, etwa modifizierte Einberufungsvorschriften oder Regelungen zur Mindestanwesenheit.[141] Auch **Vetorechte** zugunsten einzelner Gesellschafter sind auch ohne sachlichen Grund zulässig. 54

Aus § 53 Abs. 1, 2 folgt, dass der Änderungsbeschluss als solcher **zwingend von den Gesellschaftern** gefasst werden muss (s. schon Rdn. 39). Unzulässig sind auch Regelungen, die auf eine Außerkraftsetzung des nach § 53 Abs. 2 Satz 1 Halbs. 2 erforderlichen Quorums hinauslaufen, etwa als Stichentscheid eines Dritten oder eines anderen Gesellschaftsorgans für den Fall der Stimmengleichheit. Nach herrschender und zutreffender Ansicht ist es auch **nicht zulässig**, Satzungsänderungen an die **Zustimmung eines anderen Gesellschaftsorgans oder gar eines gesellschaftsfremden Dritten** zu binden.[142] 55

I. Zustimmung gem. § 53 Abs. 3 GmbHG

I. Grundlagen

Entsprechend dem Verbot des Vertrages zulasten Dritter hängt die Wirksamkeit statutarischer Leistungsvermehrungen davon ab, dass die betroffenen Gesellschafter zustimmen. 56

§ 53 Abs. 3 ist zwingend und **Ausdruck eines verallgemeinerungsfähigen Rechtsgedankens** und wird über seinen Wortlaut hinaus auch auf die Beschneidung von – durch Auslegung zu ermittelnden[143] – statutarischen Sonderrechten (§ 35 BGB analog[144]) und relativ unentziehbaren (allgemeinen) Gesellschafterrechten ohne Sonderrechtscharakter angewendet,[145] ferner analog § 33 Abs. 1 Satz 2 BGB auf die Änderung des Unternehmenszwecks (nicht: Unternehmensgegenstandes).[146] Entsprechendes gilt, wenn die Satzungsänderung einen Eingriff in den absolut unentziehbaren 57

---

138 *Bechtold*, Kartellrecht, § 37 GWB Rn. 24; ausf. DNotI-Internet-Gutachten 103257.

139 *Rust*, DStR 2005, 1992, 1994; *Reimann*, DNotZ 1999, 179, 198; *Ulmer*, in: Ulmer/Habersack/Winter, GmbHG, § 53 Rn. 25.

140 *Hoffmann*, in: Michalski, GmbHG, § 53 Rn. 67; vgl. auch OLG Frankfurt am Main, ZIP 2010, 1033.

141 Vgl. OLG Frankfurt am Main, ZIP 2010, 1033.

142 RGZ 169, 80; *Bayer*, in: Lutter/Hommelhoff, GmbHG, § 53 Rn. 7 und oben Rdn. 39; zum Vereinsrecht OLG Zweibrücken, NZG 2013, 1271.

143 BGH, NJW-RR 1989, 542; OLG Hamm, NZG 2002, 783.

144 Ganz h.M., krit. *van Venrooy*, GmbHR 2010, 841, 842, aus der Rechtsprechung etwa OLG Hamm, GmbHR 2016, 358.

145 BGH, DStR 1993, 1566; *Priester*, in: Scholz, GmbHG, § 53 Rn. 44; ausf. *Waldenberger*, GmbHR 1997, 49 ff.

146 *Ulmer*, in: Ulmer/Habersack/Winter, GmbHG, § 53 Rn. 118; *Bayer*, in: Lutter/Hommelhoff, GmbHG, § 53 Rn. 23.

Kernbereich der Mitgliedschaftsrechte[147] oder eine nicht alle Mitglieder gleichmäßig treffende Schmälerung der allgemeinen Mitgliedsrechte[148] zum Gegenstand hat. Dagegen gilt die Vorschrift nicht schlechthin für die Verkürzung von Gesellschafterrechten.[149] Auch die Einführung von Sonderrechten fällt nicht unter § 53 Abs. 3; jedoch kann hierin ein Verstoß gegen den Gleichbehandlungsgrundsatz vorliegen, der die Anfechtbarkeit (nicht: Nichtigkeit) des Beschlusses nach sich zieht.[150] Ebenfalls keinen Fall von Abs. 3 bilden Eingriffe in Rechte Dritter, abgesehen davon, dass solche unmittelbar durch die Satzung ohnehin nicht begründet werden können. S. ergänzend Rdn. 29 zur Belastung von Geschäftsanteilen mit Rechten Dritter. An einem Geschäftsanteil **dinglich Berechtigten** steht **kein eigenständiges Zustimmungsrecht** zu.[151]

58 Die Zustimmung ist nicht Bestandteil des satzungsändernden Beschlusses, sondern **weitere** (»innere«) **Wirksamkeitsvoraussetzung.**[152] Solange einzelne Gesellschafter ihre Zustimmung nicht erteilen, ist – sofern nicht die organisatorischen Grundlagen der Gesellschaft betroffen sind[153] – Auslegungsfrage, ob die Änderung im Verhältnis der übrigen Gesellschafter (»relative«) Wirksamkeit entfalten soll (s.a. Rdn. 70).[154] Hat ein Gesellschafter für den Beschluss gestimmt, kann darin in aller Regel auch seine Zustimmung nach Abs. 3 gesehen werden. Hat der Gesellschafter nicht an der Beschlussfassung teilgenommen, ist seine Zustimmung auch dann erforderlich, wenn der Beschluss einstimmig gefasst wurde. **Zustimmung** und **Beschlussquorum** stehen **unabhängig nebeneinander.**[155]

59 Es handelt sich um eine **ggü. der Gesellschaft abzugebende, nicht formgebundene und auch konkludent mögliche Willenserklärung**, die dem Gesellschafterbeschluss vorausgehen oder nachfolgen kann. Das Registergericht kann die Beglaubigung der Unterschrift des Zustimmenden grds. nicht verlangen.[156] Die Zustimmung kann **auch antizipiert im Gesellschaftsvertrag** enthalten sein.[157] Die einmal erklärte Zustimmung ist nicht widerruflich.[158]

II. Fälle der Leistungsvermehrung

60 Die **Begründung zusätzlicher Einlageverpflichtungen** fällt unter § 53 Abs. 3, wobei wegen des Inhalts und der Rechtsfolgen entsprechender Satzungsregelungen die Spezialvorschriften der §§ 26, 27 zu beachten sind.[159]

61 Weitere Anwendungsfälle von § 53 Abs. 3 sind **Nebenleistungsverpflichtungen der Gesellschafter** (einschließlich Unterlassungspflichten). Mittelbare Leistungsvermehrungen fallen nicht unter § 53 Abs. 3. Hieraus folgt insb., dass Kapitalerhöhungen gegen oder ohne den Willen eines Gesellschafters trotz der Ausfallhaftung der Mitgesellschafter nicht unter Abs. 3 fallen.[160] Unbeschadet dessen

147 BGH, NJW 1995, 194 (zur Publikums-KG).

148 Stenographische Berichte über die Verhandlungen des Reichstages, 8. Legislaturperiode, I. Session 1890/1892, Fünfter Anlageband, Aktenstück 660, S. 3753.

149 BGHZ 116, 359, 362; *Priester*, in: Scholz, GmbHG, § 53 Rn. 54, heute ganz h.M.

150 Vgl. *Priester*, in: Scholz, GmbHG, § 53 Rn. 56 f.

151 Sehr str., wie hier *Zöllner/Noack*, in: Baumbach/Hueck, GmbHG, § 53 Rn. 39; a.A. etwa *Hoffmann*, in: Michalski, GmbHG, § 53 Rn. 90.

152 OLG Hamm, GmbHR 2016, 358; BGHZ 20, 368; OLG Hamm, GmbHR 2016, 358; *Noack*, GmbHR 1994, 349, 351; *Priester*, in: Scholz, GmbHG, § 53 Rn. 93.

153 *Ulmer*, in: Ulmer/Habersack/Winter, GmbHG, § 53 Rn. 92.

154 *Roth*, in: Roth/Altmeppen, GmbHG, § 53 Rn. 46; *Hoffmann*, in: Michalski, GmbHG, § 53 Rn. 95; RGZ 136, 185, 189; s. aber *Bayer*, in: Lutter/Hommelhoff, GmbHG, § 53 Rn. 20: Unwirksamkeit im Zweifel absolut; vgl. auch BGHZ 15, 177.

155 Allg. M., s. schon RGZ 121, 238, 244.

156 *Hoffmann*, in: Michalski, GmbHG, § 54 Rn. 93; a.A. RGZ 136, 192; *Priester*, in: Scholz, GmbHG, § 54 Rn. 41.

157 Allg. M., *Strohn*, DB 2010, 37; *Ulmer*, in: Ulmer/Habersack/Winter, GmbHG, § 53 Rn. 4.

158 *Noack*, GmbHR 1994, 349, 351.

159 Etwa OLG München, GmbHR 2001, 981; KG, NZG 2000, 688.

160 *Ulmer*, in: Ulmer/Habersack/Winter, GmbHG, § 53 Rn. 86.

kann gegen den Willen eines Gesellschafters eine Pflicht desselben zur Teilnahme an einer Kapitalerhöhung nicht begründet werden.

III. Andere belastende Satzungsregelungen

Im Grundsatz nicht unter § 53 Abs. 3 fallen demgegenüber Obliegenheiten, Pflichten und Beschränkungen für die Geltendmachung von Gesellschafterrechten (Modalitäten). So kann etwa eine Satzungsregelung zur Anmeldung zur Gesellschafterversammlung ohne Zustimmung aller Gesellschafter wirksam werden. 62

IV. Kasuistik

Von der Rechtsprechung als zustimmungsbedürftig angesehen wurden: 63

- die Verlängerung der zunächst befristeten Gesellschaft[161]
- die Änderung einer Abfindungsregelung[162]
- die erstmalige Einführung der Einziehungsmöglichkeit[163] und die Einführung eines neuen Ausschließungsgrundes[164]
- die Einführung einer Vinkulierungsregelung (§ 180 Abs. 2 AktG analog)[165]
- (bei Vorliegen besonderer Umstände) die Aufhebung einer Vinkulierungsregelung[166]
- die Aufhebung eines Vorerwerbsrechts der Mitgesellschafter[167]
- die Einführung eines statutarischen Vorkaufsrechts,[168] dagegen nicht notwendigerweise die Abänderung einer bestehenden Vorkaufsregelung[169]
- Änderung des Katalogs zustimmungsbedürftiger Rechtsgeschäfte (OLG Hamm, GmbHR 2016, 358),
- die Abberufung eines Geschäftsführers bei entsprechendem statutarischem Sonderrecht[170] und die Aufhebung einer Satzungsregelung zur Mitwirkung bei der Geschäftsführerbestellung.[171]

Der allseitigen Zustimmung bedarf die Einführung einer Schiedsklausel.[172] 64

V. Gesellschafterstellung; Zustimmungsbefugnis

Abs. 3 verlangt die Zustimmung des jeweils betroffenen Gesellschafters. **§ 16 Abs. 1 Satz 1 GmbHG findet insoweit Anwendung**, da die Befugnis zur Zustimmung Teil der Verwaltungsrechte des Gesellschafters ist.[173] Die Zustimmungsbefugnis verbleibt auch dann beim Gesellschafter, wenn der Geschäftsanteil mit einem Pfandrecht oder Nießbrauch belastet ist.[174] Im Fall der Insolvenz des Gesellschafters ist der Insolvenzverwalter für die Erteilung der Zustimmung zuständig.[175] 65

---

161 RGZ 136, 185, 190.
162 BGHZ 116, 359 Rn. 10; OLG Brandenburg, DB 2009, 726; KG, BeckRS 2007, 01656.
163 BayObLG, GmbHR 1978, 269.
164 BGH, DStR 1991, 1597.
165 OLG Dresden, GmbHR 2004, 1080; *Schnorbus*, in: Rowedder/Schmidt-Leithoff, GmbHG, § 53 Rn. 34.
166 OLG München, GmbHR 2008, 541 und OLG Düsseldorf, GmbHR 1964, 250; im Regelfall müssen der Aufhebung aber nicht alle Gesellschafter zustimmen: OLG Hamm, GmbHR 2001, 974 und OLG Stuttgart, NJW 1974, 1566; ausf. DNotI-Gutachten Dok.-Nr. 25242.
167 BezG Dresden, DStR 1993, 1566.
168 OLG Dresden, GmbHR 2004, 1080.
169 OLG Stuttgart, GmbHR 1997, 1108.
170 OLG Nürnberg, GmbHR 2000, 563.
171 BGH, NJW-RR 1989, 542.
172 *Roth*, in: Roth/Altmeppen, GmbHG, § 53 Rn. 39; *Hoffmann*, in: Michalski, GmbHG, § 53 Rn. 150.
173 *Wolff*, BB 2010, 454, 460; zu § 16 GmbHG a.F. *Noack*, GmbHR 1994, 349, 351; allgemein zur Anwendung von § 16 auf alle Verwaltungsrechte *Ebbing*, in: Michalski, GmbHG, § 16 Rn. 53 und *Heidinger*, in: MünchKommGmbHG, § 16 Rn. 155, 189.
174 RGZ 139, 224, 228 f.
175 *Heckschen*, ZIP 2010, 1319, 1321.

J. Aufhebung und Änderung satzungsändernder Beschlüsse

I. Vor Registervollzug

66 Die **Aufhebung** eines satzungsändernden Beschlusses ist **bis zur Registereintragung grds. ohne Weiteres durch Beschluss möglich**, und zwar **ohne Beachtung der Voraussetzungen des § 53 Abs. 2 GmbHG, d.h. durch nicht beurkundeten Mehrheitsbeschluss.**[176] Die **Änderung** eines satzungsändernden Beschlusses ist bis zum Handelsregistervollzug **durch einen weiteren, den Anforderungen des § 53 GmbHG genügenden Beschluss möglich.**[177]

II. Nach Registervollzug

67 **Nach Registervollzug** kommt eine Änderung oder Aufhebung des Beschlusses nicht mehr in Betracht, sondern nur eine Änderung bzw. Aufhebung der entsprechenden Satzungsbestimmung.[178]

K. Verstöße

I. Fehlende Beurkundung

68 Bei **fehlender Beurkundung** ist der **Beschluss nichtig.**[179] Die fehlende Beurkundung wird **mit Eintragung geheilt,** § 242 Abs. 1 AktG analog.

II. Verfehlen der qualifizierten Mehrheit

69 Nichtig ist der Beschluss auch bei **Nichterreichen der erforderlichen Mehrheit**, wobei hier aber die Grundsätze über die fehlerhafte Beschlussfeststellung gelten.[180] Eine Umdeutung in eine schuldrechtliche Vereinbarung ist aber nicht ausgeschlossen.[181] Die Nichtigkeit wird nach Maßgabe von § 242 Abs. 2 Satz 1 AktG nach Ablauf von 3 Jahren nach Eintragung geheilt.

III. Fehlende Zustimmung (§ 53 Abs. 3)

70 Grds. (zunächst schwebend) **unwirksam** (und damit registerrechtlich nicht vollziehbar) ist ein Beschluss **bei Fehlen einer nach Abs. 3 erforderlichen Zustimmung.**[182] Fehlt nur eine von mehreren erforderlichen Zustimmungen, kann die Änderung im Verhältnis der übrigen Gesellschafter zueinander bzw. im Verhältnis dieser Gesellschaft zur Gesellschaft aber wirksam sein (sog. relative Wirksamkeit, Rdn. 58). Bei der fehlenden Zustimmung handelt es sich nicht um einen Nichtigkeits- oder Anfechtungsgrund nach §§ 241 ff. AktG; vielmehr ist der Beschluss in Bezug auf den nicht zustimmenden Gesellschafter – ggf. auch insgesamt – unwirksam, was der Gesellschafter mit der nicht fristgebundenen allgemeinen Feststellungsklage oder als Einrede gegen eine Klage der Gesellschaft geltend machen kann.[183]

---

176 Ganz h.M., *Ulmer*, in: Ulmer/Habersack/Winter, GmbHG, § 53 Rn. 84; *Schnorbus*, in: Rowedder/Schmidt-Leithoff, GmbHG; § 53 Rn. 86.

177 *Hoffmann*, in: Michalski, GmbHG, § 53 Rn. 53 f.; *Bayer*, in: Lutter/Hommelhoff, GmbHG, § 53 Rn. 45.

178 *Bayer*, in: Lutter/Hommelhoff, GmbHG, § 53 Rn. 45.

179 Allg. M., OLG Köln, NJW-RR 1993, 223; OLG Hamm, NJW-RR 2002, 761; *Priester*, in: Scholz, GmbHG, § 53 Rn. 68.

180 H.M., *Ulmer*, in: Ulmer/Habersack/Winter, GmbHG, § 53 Rn. 61, 101; *Römermann*, in: Michalski, GmbHG, Anh. § 47 Rn. 296 f., str.

181 BGH, NZG 2010, 988; einschränkend OLG München, GmbHR 2000, 981.

182 Allg. M., *Ulmer*, in: Ulmer/Habersack/Winter, GmbHG, § 53 Rn. 102; OLG Hamm, GmbHR 2016, 358; RGZ 121, 238, 244.

183 Str., wie hier *Strohn*, DB 2010, 37; vgl. RGZ 121, 238, 244 f.; für Anwendung von § 242 Abs. 2 Satz 1 AktG *Ulmer*, in: Ulmer/Habersack/Winter, GmbHG, § 53 Rn. 102.

IV. Beschlussmängel

1. Zustandekommen des Beschlusses

Betrifft der Mangel das Zustandekommen des Beschlusses (Zuständigkeit, Verfahren), ist zu unterscheiden: 71

- **Ladungsmangel**: Eine Nichtigkeit des Beschlusses wegen Ladungsmängeln kann analog § 242 Abs. 2 Satz 2 AktG durch Genehmigung sämtlicher übergangener Gesellschafter geheilt werden. Die Nachgenehmigung bedarf keiner besonderen Form. Ohne Genehmigung verbleibt es auch nach Eintragung bei der Nichtigkeit.
- **Andere Verstöße** führen grds. nur zur Anfechtbarkeit des Beschlusses. Solche Mängel berühren die Wirksamkeit der Satzungsänderung nach Eintragung des Beschlusses nicht. Soweit ein Verstoß zur Nichtigkeit führt, kann der Mangel nach Ablauf von 3 Jahren nach Eintragung nicht mehr geltend gemacht werden (§ 242 Abs. 2 Satz 1 AktG analog).

2. Inhalt des Beschlusses

Verstößt der Beschluss inhaltlich gegen zwingendes Recht, ist er **in den Fällen der Nr. 3 oder Nr. 4 des § 241 AktG nichtig**[184], in den übrigen Fällen anfechtbar. 72

Nach Ablauf von 3 Jahren nach Eintragung kann eine aus § 241 Nr. 3 oder 4 AktG folgende Nichtigkeit des Beschlusses nicht mehr geltend gemacht werden (§ 242 Abs. 2 Satz 1 AktG analog).[185] Problematisch ist diese Rechtsfolge, soweit es nicht um das Zustandekommen des Beschlusses, sondern seinen Inhalt geht. Auch hier ist im Grundsatz von einer Heilung auszugehen,[186] jedoch vorbehaltlich einer Geltendmachung des Mangels mit Wirkung ex nunc nach den Grundsätzen der fehlerhaften Gesellschaft.[187] Vor Ablauf der Frist des § 242 Abs. 2 Satz 1 AktG ist die Regelung weder für die Geschäftsführung noch für die Gesellschafter untereinander verbindlich.[188] 73

Ob eine Heilung eines unwirksamen satzungsändernden Beschlusses außerhalb von § 242 AktG auch durch längere Akzeptanz der Mitglieder möglich ist, ist fraglich.[189] 74

Zu Fehlern i.R.d. Eintragung s. § 54 Rdn. 30 ff., zur Amtslöschung nach §§ 395 FamFG, § 54 Rdn. 40 ff. 75

§ 54 Anmeldung und Eintragung der Satzungsänderung

(1) [1]**Die Abänderung des Gesellschaftsvertrages ist zur Eintragung in das Handelsregister anzumelden.** [2]**Der Anmeldung ist der vollständige Wortlaut des Gesellschaftsvertrags beizufügen; er muss mit der Bescheinigung eines Notars versehen sein, dass die geänderten Bestimmungen des Gesellschaftsvertrags mit dem Beschluss über die Änderung des Gesellschaftsvertrags und die unveränderten Bestimmungen mit dem zuletzt zum Handelsregister eingereichten vollständigen Wortlaut des Gesellschaftsvertrags übereinstimmen.**

184 Beispiel: Verstoß gegen § 4a wegen Rechtsmissbrauchs: KG, FGPrax 2012, 33.

185 BGH, WM 1984, 473; ob ein Inhaltsverstoß gegen zwingendes Recht stets zur Nichtigkeit führt, ist noch nicht abschließend geklärt, s. zur Diskussion Hüffer/Koch, AktG, § 241 Rn. 19 f.

186 H.M., s. BGHZ 99, 211; BGHZ 144, 365, 367 f.; OLG Stuttgart, NZG 2001, 40; *Hüffer/Koch*, AktG, § 242 Rn. 8.

187 *Stein*, ZGR 1994, 472, 485 ff.; zu dem Problemkreis auch *Vocke*, NZG 2010, 1249 ff.

188 A.A. zu unzulässiger Einberufungsregelung im Aktienrecht wohl OLG Frankfurt am Main, NZG 2010, 185 (aufgehoben durch BGH, NZG 2011, 1105); wie hier *Vocke*, NZG 2010, 1249, 1254.

189 Dafür die h.M. zum Vereinsrecht: OLG Frankfurt am Main, ZIP 1985, 213; BGHZ 23, 122, 129; 25, 311, 316.

(2) Bei der Eintragung genügt, sofern nicht die Abänderung die in § 10 bezeichneten Angaben betrifft, die Bezugnahme auf die bei dem Gericht eingereichten Dokumente über die Abänderung.

(3) Die Abänderung hat keine rechtliche Wirkung, bevor sie in das Handelsregister des Sitzes der Gesellschaft eingetragen ist.

Schrifttum
Baums, Eintragung und Löschung von Gesellschafterbeschlüssen, 1981; *Casper*, Die Heilung nichtiger Beschlüsse im Kapitalgesellschaftsrecht, 1998; *Grüner*, Vorlage einer Notarbescheinigung bei vollständiger Neufassung des Gesellschaftsvertrages, NotBZ 2015, 458; *Ising*, Handelsregisteranmeldungen durch den beurkundenden Notar, NZG 2012, 289; *Krafka*, Die Anmeldung und die Eintragung von Gesellschaftsvertrags- und Satzungsänderungen im Register, NZG 2019, 81; *Leitzen*, Das registergerichtliche Recht zur Prüfung von GmbH-Gesellschafterbeschlüssen, Rpfleger 2010, 245; *Noack*, Fehlerhafte Beschlüsse in Gesellschaften und Vereinen, 1997; *Stein*, Rechtsschutz gegen gesetzeswidrige Satzungsnormen bei Kapitalgesellschaften, ZGR 1994, 472; *Wolff*, Die Zulässigkeit einer rückwirkenden Änderung des Geschäftsjahres bei Kapitalgesellschaften, DB 1999, 2149.

Übersicht Rdn.

A. Rechts- und Normentwicklung

1 § 54 (in der Fassung von § 1892: § 55) als weitere Voraussetzung jeder wirksamen Satzungsänderung neben § 53 ist in seinem Kern (Handelsregistereintragung; Abs. 3) unverändert seit 1892. Im Jahr 1898 wurden die Abs. 1 und 2 geändert (insb. Möglichkeit der Bezugnahme), ferner wurde die Norm 1969 durch das Gesetz zur Umsetzung der Ersten Richtlinie (Einfügung Abs. 1 Satz 2 als Parallelnorm zu § 181 Abs. 1 Satz 2), 1993 (Änderung Abs. 2 Satz 2), dann 2006 durch das EHUG (Aufhebung von Abs. 2 Satz 2 und Anpassung von Abs. 2 Satz 1 an den geänderten § 10) und 2008 durch das MoMiG (amtliche Überschrift) geändert. Historische Vorbilder waren Art. 214 AktG 1884 und § 16 Abs. 3, 4 GenG.[1]

B. Regelungsgegenstand

2 § 54 regelt als **zweite, neben § 53 tretende Normativbedingung** (äußere Wirksamkeitsvoraussetzung) **jeder Satzungsänderung** den Registervollzug. Den materiell-rechtlichen Kern bilden dabei Abs. 1 Satz 1 und Abs. 3 mit dem Erfordernis der Registereintragung. Abs. 1 Satz 2 regelt

1 Stenographische Berichte über die Verhandlungen des Reichstages, 8. Legislaturperiode, I. Session 1890/1892, Fünfter Anlageband, Aktenstück 660, S. 3753.

Einzelheiten zur Registeranmeldung, Abs. 2 technische Details der Registereintragung. Weitere Einzelheiten der Registereintragung sind in § 43 Nr. 6 HRV geregelt.

§ 54 ist die **Generalnorm**, die **für sämtliche Satzungsänderungen** gilt, d.h. auch für Kapitalmaßnahmen nach §§ 55 ff. Für diese gelten in registerrechtlicher Hinsicht ergänzend die §§ 57, 57i, 78 (vgl. auch 58a Abs. 5). § 54 gilt gem. § 2 Abs. 1a Satz 5 für durch **Musterprotokoll** gegründete Gesellschaften entsprechend, sofern gesellschaftsvertragliche Bestimmungen des Protokolls (Nr. 1, 2, 3, 5) geändert werden.[2] 3

Soweit Unternehmensverträge mit einer GmbH als beherrschter Gesellschaft entsprechend § 53 der Zustimmung der Gesellschafter bedürfen, sind sie analog § 54 in das Handelsregister einzutragen.[3] 4

Für vor 1986 eingetragene Gesellschaften ist die **Sondervorschrift** des Art. 12 § 7 des GmbHGÄndG i.d.F. von Art. 28 Abs. 2 des BilRiLiG zu beachten: Regelt der Gesellschaftsvertrag die Gewinnverwendung nicht, besteht für diese Gesellschaften bis zur Ergänzung eine **Registersperre.**[4] Für die Änderung der Gewinnverwendungsregelung genügt in diesen Fällen die einfache Mehrheit der Stimmen (Art. 12 § 7 Abs. 2 Satz 2 GmbHGÄndG). Eine weitere Registersperre enthält § 1 Abs. 1 Satz 4 EGGmbHG. 5

C. Regelungszweck

§ 54 knüpft an die für die Ersteintragung der Gesellschaft geltenden Regelungen an und ist **Ausdruck des Grundsatzes der Registerpublizität im Recht der Körperschaften** (vgl. § 9 HGB, §§ 9, 10 HRV). Durch die materiell-rechtliche Regelung des Abs. 3 wird im Interesse der Rechtssicherheit sichergestellt, dass ohne Registereintragung keine Änderung der Satzung im materiellen Sinne und hierüber hinaus keine Änderung des formellen Satzungstextes möglich ist. Das Erfordernis der Anmeldung (Abs. 1) ist **nicht im Sinne eines öffentlich-rechtlichen Zwangs** zu verstehen, sondern als registerrechtliche Voraussetzung der Eintragung. 6

D. Handelsregisteranmeldung (§ 54 Abs. 1 Satz 1)

I. Abänderung des Gesellschaftsvertrags

Voraussetzung der Anwendung von § 54 ist ein wirksamer Gesellschafterbeschluss nach § 53.[5] Eine etwaige Anfechtbarkeit schließt den Registervollzug grds. nicht aus. Ob der Beschluss einen materiellen oder nur formellen Satzungsbestandteil betrifft, ist ohne Bedeutung.[6] 7

II. Anmeldepflicht und Anmeldezuständigkeit

Ob eine Satzungsänderung im Register vollzogen werden soll, steht **im Belieben der Gesellschaft.** Eine öffentlich-rechtliche Anmeldepflicht besteht nicht (s. § 79 Abs. 2).[7] Hiervon zu unterscheiden ist die vorbehaltlich abweichende Weisung[8] grds. anzunehmende **Verpflichtung der Gesellschaftsorgane** im Verhältnis zu den Gesellschaftern.[9] Ferner trifft den Notar aus § 53 BeurkG die Pflicht zur Veranlassung der Eintragung.[10] 8

2 OLG München, NJW-RR 2010, 180; OLG München, DB 2010, 1637; *König/Herrler*, DStR 2010, 2138, 2142; näher *Krafka*, NotBZ 2010, 110; *Melchior*, notar 2010, 305 ff.; *Krafka*, Registerrecht, Rn. 1012a, 1020.
3 Heute allg. M., *Altmeppen*, in: Roth/Altmeppen, GmbHG, Anh. § 13 Rn. 33.
4 Näher LG Köln, GmbHR 1988, 108; LG Düsseldorf, GmbHR 1988, 108.
5 Vgl. BayObLG, NJW-RR 1992, 736 zu Aufstockungsbeschluss.
6 *Hoffmann*, in: Michalski, GmbHG, § 54 Rn. 3.
7 BayObLGZ 1984, 19.
8 Hierzu *Hoffmann*, in: Michalski, GmbHG, § 54 Rn. 11 f.
9 *Schnorbus*, in: Rowedder/Schmidt-Leithoff, GmbHG, § 54 Rn. 8.
10 BGH, NJW 2000, 664 Rn. 32.

9 Zu erklären ist die Anmeldung durch die Geschäftsführer (bzw. nach Auflösung durch die Liquidatoren) in vertretungsberechtigter Anzahl (§ 78), bei Kapitalmaßnahmen durch sämtliche Geschäftsführer bzw. Liquidatoren; die Anmeldung durch Prokuristen ist nur mit entsprechender Vollmacht möglich.[11] Die **Bevollmächtigung Dritter ist zulässig**, für die Form der Bevollmächtigung gilt § 12 Abs. 1 Satz 2 HGB. Näher unten Rdn. 13 und § 78 Rdn. 9. Die Anmeldung der Eintragung darf nicht in das freie Ermessen der Geschäftsführung gestellt werden, um dieser nicht die Entscheidung über das Wirksamwerden zu überlassen.[12]

Änderungen, die noch im Gründungsstadium wirksam werden, d.h. den Inhalt der Ersteintragung beeinflussen sollen, müssen nicht förmlich angemeldet werden; entsprechend anwendbar ist aber § 54 Abs. 1 Satz 2.[13]

III. Form der Anmeldung

10 Es gilt **§ 12 Abs. 1 Satz 1 HGB.** Die Anmeldeerklärungen der Geschäftsführer/Liquidatoren sind – vorbehaltlich abweichender Spezialvorschriften (Art. 45 Abs. 1 EGHGB) – öffentlich zu beglaubigen und in elektronischer Form einzureichen. Die **Unterschriftsbeglaubigung** kann bei Gewährleistung der Gleichwertigkeit auch durch einen **ausländischen Notar** erfolgen, bedarf dann aber ggf. der Übersetzung (§ 184 GVG) und ggf. der Legalisation/Apostille (§ 438 ZPO). Anmeldung und Gesellschafterbeschluss können in derselben Urkunde enthalten sein.[14] Es gilt § 12 Abs. 2 Satz 2 Halbs. 2 HGB,[15] wobei die Satzungsbescheinigung auch ein originäres elektronisches Dokument sein kann.[16] Die beglaubigte Anmeldung kann auch von einer Behörde durch öffentliches elektronisches Dokument (§ 371a Abs. 2 ZPO) eingereicht werden.[17]

IV. Vorzulegende Unterlagen

11 Bei dem Registergericht sind (zumindest) **folgende Unterlagen** einzureichen:
- die von den Geschäftsführern (in vertretungsberechtigter Anzahl) oder einem wirksam Bevollmächtigten unterzeichnete Handelsregisteranmeldung als verfahrenseinleitende Erklärung (Rdn. 10);
- um dem Gericht die Prüfung der Wirksamkeit der Beschlussfassung (s. Rdn. 16 ff.) zu ermöglichen, ist der notariell beurkundete Gesellschafterbeschluss (§ 53 Abs. 1, 2) (in elektronisch beglaubigter Abschrift) einzureichen.[18]
- Hängt die Wirksamkeit des Beschlusses von weiteren Erklärungen oder Genehmigungen ab, sind auch diese einzureichen (Nachgenehmigungen, Zustimmungserklärungen nach § 53 Abs. 3[19] etc.);
- Satzungsbescheinigung nach § 54 Abs. 1 Satz 2 (Rdn. 19 ff.).

12 **Staatliche Genehmigungen** sind nur dann vorzulegen, wenn die Wirksamkeit der Satzungsänderung von ihrem Vorliegen abhängt. Bei Genehmigungsbedürftigkeit eines neuen Unternehmensgegenstandes ist dies die Ausnahme.[20] Einen wichtigen Ausnahmefall bildet insoweit § 43 Abs. 1 KWG.

---

11 *Schnorbus*, in: Rowedder/Schmidt-Leithoff, GmbHG, § 54 Rn. 6.
12 *Noack*, GmbHR 1994, 349, 353.
13 H.M., OLG Zweibrücken, NJW-RR 2001, 31; BayObLGZ 1988, 281; *Roth*, in: Roth/Altmeppen, GmbHG, § 54 Rn. 3.
14 Allg. M., s. BayObLG, GmbHR 1994, 62.
15 Vgl. zur Listenbescheinigung nach § 40 Abs. 2 OLG Jena, NJW-RR 2010, 1190.
16 *Preuß*, in: Armbrüster/Preuß/Renner, BeurkG u. DONot, § 39a BeurkG Rn. 21.
17 Vgl. OLG Stuttgart, FGPrax 2009, 129.
18 Allg. M., *Hoffmann*, in: Michalski, GmbHG, § 54 Rn. 16; vgl. BayObLG, GmbHR 1994, 62.
19 Zur Form s. § 53 Rdn. 59.
20 *Priester*, in: Scholz, GmbHG, GmbHG, § 54 Rn. 13; näher *Leitzen*, GmbHR 2009, 480, 482.

V. Verfahren

Neben den bereits genannten Vorschriften gelten § 54 Abs. 1 Satz 2 sowie die Vorschriften des FamFG (insb. **§§ 374 ff. FamFG**) und des HGB (z.B. § 13h HGB als Zuständigkeitsregelung bei Sitzverlegung). **Gegenstand des Verfahrens** ist **die beantragte Handelsregistereintragung**, nicht der zugrunde liegende Beschluss; demnach kann der Beschluss auch der Anmeldung nachfolgen.[21] Die Anmeldung ist gleichbedeutend mit dem Eintragungsantrag.[22] Da **§ 378 Abs. 2 FamFG** anders als § 129 FGG keine Anmeldeverpflichtung mehr voraussetzt, kann der **Notar** bei der Anmeldung von der **Vollmachtsvermutung** dieser Norm Gebrauch machen und die Anmeldeerklärung durch Eigenurkunde abgeben.[23] 13

Bei Satzungsänderungen, die die in **§ 10 Abs. 1 oder 2 genannten Angaben** betreffen, sind die entsprechenden Satzungsbestandteile anzugeben und die konkrete **Änderung schlagwortartig hervorzuheben.**[24] Dies gilt auch bei Satzungsneufassung.[25] I.Ü. braucht die Anmeldung den neuen Wortlaut nicht zu wiederholen, sondern kann auf den beigefügten Beschluss Bezug nehmen.[26] Enthält die Satzungsänderung – auch: Satzungsneufassung – keine Änderung der in § 10 Abs. 1/2 genannten Angaben, muss dies nicht gesondert hervorgehoben werden; es genügt dann die Erklärung in der Anmeldung, dass die Satzung geändert bzw. neugefasst wurde.[27] 14

Zum **Teilvollzug** bei mehreren Änderungen § 53 Rdn. 36.[28] 15

VI. Prüfungsrecht des Registergerichts

Das Registergericht ist berechtigt und verpflichtet, neben der **Wirksamkeit der Anmeldung** als Verfahrenshandlung (s. Rdn. 7 ff.) und der Vollständigkeit der eingereichten Unterlagen die **Wirksamkeit der zur Eintragung beantragten Satzungsänderung in formeller und materieller Hinsicht zu prüfen.** Dabei kommt es darauf an, ob im Zeitpunkt der Eintragung sämtliche Eintragungsvoraussetzungen vorliegen.[29] Im Einzelnen (vgl. auch § 53 Rdn. 68 ff.): 16

1. Zustandekommen des Beschlusses

Die **formelle Wirksamkeit** betrifft das **Zustandekommen des Beschlusses**, d.h. Form und Verfahren der Beschlussfassung.[30] Gesetzes- oder Satzungsverstöße führen grds. zur Anfechtbarkeit und nur in den Fällen des § 241 Nr. 1, 2 oder 3 AktG zur Nichtigkeit des Beschlusses, insb. bei Ladungsmängeln.[31] Beanstandungen sind aber nur bei konkreten Anhaltspunkten für die Fehlerhaftigkeit und 17

---

21 H. M., OLG Hamm, NJW-RR 2002, 761; a.A. offenbar *Harbarth*, in: MünchKommGmbHG, § 54 Rn. 71.
22 BayObLG, DNotZ 1978, 52.
23 OLG Karlsruhe, GmbHR 2011, 308; OLG Oldenburg, NZG 2011, 1233; OLG Frankfurt am Main, BeckRS 2011, 20300; *Bayer*, in: Lutter/Hommelhoff, GmbHG, § 54 Rn. 2; *Priester*, in: Scholz, GmbHG, § 54 Rn. 7; ausf. DNotI-Report 2010, 112 ff.; zur Anmeldung durch Eigenurkunde OLG Schleswig, DNotZ 2008, 709, 711; abl. *Hoffmann*, in: Michalski, GmbHG, § 54 Rn. 6; *Zöllner/Noack*, in: Baumbach/Hueck, GmbHG, § 54 Rn. 3.
24 BGH, NJW 1987, 3191; der neue Inhalt muss nicht angegeben werden: OLG Düsseldorf, GmbHR 1993, 169; OLG Frankfurt am Main, NZG 2003, 1075.
25 H.M., OLG Hamm, ZIP 2001, 2229; BayObLG, GmbHR 1985, 262; BayObLG, DNotZ 1979, 52; *Krafka* Registerrecht, Rn. 1019; a.A. OLG Schleswig, DNotZ 1973, 482 und Teile der Lit., *Schnorbus*, in: Rowedder/Schmidt-Leithoff, GmbHG, § 54 Rn. 4.
26 *Krafka*, Registerrecht, Rn. 1019.
27 *Krafka*, Registerrecht, Rn. 1019.
28 Vgl. auch zur Anwendung von § 54 Abs. 1 Satz 2 bei Teilvollzug: *Krafka*, Registerrecht, Rn. 1024 und OLG München, DNotZ 2010, 636.
29 Allg. M., OLG Hamm, NJW-RR 2002, 761.
30 OLG Hamm, NJW-RR 2002, 761.
31 Zu § 246a AktG s. § 53 Rdn. 27.

Relevanz des Beschlussmangels zulässig (s. ergänzend unten Rdn. 21).[32] Es gelten die Grundsätze über die konstitutive Beschlussfeststellung,[33] wobei die notarielle Beurkundung der Feststellung durch den Versammlungsleiter gleichsteht.[34] Die Unwirksamkeit der einzelnen Stimmabgabe darf dabei nicht mit der Unwirksamkeit des Beschlusses gleichgesetzt werden. **Verstöße gegen die gesellschaftsrechtliche Treuepflicht oder gegen Stimmbindungsvereinbarungen sind unbeachtlich.**[35]

2. § 53 Abs. 3 und weitere innere Wirksamkeitsvoraussetzungen

18 Zu prüfen sind auch **etwa erforderliche Zustimmungen** (§ 53 Abs. 3)[36] sowie weitere Wirksamkeitsvoraussetzungen, einschließlich des Eintritts einer Bedingung oder Befristung, unter der der Beschluss gefasst wurde.[37]

3. Beschlussinhalt

19 Hinsichtlich des Beschlussinhalts prüft das Gericht die **Vereinbarkeit der Satzungsänderung** – nicht der unveränderten Bestimmungen[38] – **mit Recht und Gesetz**. Dabei gilt die Beschränkung des § 9c Abs. 2 für Satzungsänderungen nicht,[39] und das Gericht hat die Satzung unter Berücksichtigung aller Regelungen auszulegen.[40] Die Eintragung einer zulässigen Satzungsänderung darf nicht deshalb abgelehnt werden, weil das Registergericht eine weitere Satzungsänderung für erforderlich hält.[41] Verstößt eine beschlossene Satzungsregelung inhaltlich gegen zwingendes Recht, ist das Gericht auch bei bloßer Anfechtbarkeit zur Ablehnung der Eintragung berechtigt, wenn Interessen der Gläubiger oder der Öffentlichkeit berührt sind (s. ergänzend unten Rdn. 21).[42] I.d.R. wird in solchen Fällen aber bereits ein Fall der Nichtigkeit entsprechend § 241 Nr. 3 AktG vorliegen.[43] Die Ablehnung der Eintragung ist auch dann geboten, wenn die Änderung zu **Widersprüchen innerhalb der Satzung** führt.[44] Die bloße Unzweckmäßigkeit kann nicht beanstandet werden; die **Unklarheit oder Widersprüchlichkeit der Regelung** ist nur dann ein Eintragungshindernis, wenn die **Satzungsbestimmung für Dritte relevant** sein kann, d.h. nicht nur die Innenbeziehungen der GmbH regelt.[45]

20 Nur wenn die Satzung **vollständig neugefasst** wird, erstreckt sich das **Prüfungsrecht des Registergerichts** auch auf die (aus heutiger Sicht zu beurteilende) **materiell-rechtliche Zulässigkeit der unverändert übernommenen Satzungsregelungen.**[46] Anders bei der **Sitzverlegung:** Hier hat das

32 *Krafka*, Registerrecht, Rn. 157; *Melchior/Schulte*, HRV, § 25 Rn. 8; ausf. *Leitzen*, Rpfleger 2010, 245 ff.; z.B. OLG München, GmbHR 2010, 532, zu § 39 LG Hamburg, RNotZ 2010, 69.

33 OLG München, NZG 2013, 557; *Krafka*, Registerrecht, Rn. 1027 ff.; *Leitzen*, Rpfleger 2010, 245 ff.

34 Ganz h.M., BayObLGZ 1991, 371; *Krafka*, Registerrecht, Rn. 1027; krit. *Hoffmann*, in: Michalski, GmbHG, § 53 Rn. 69.

35 Vgl. zu § 39 GmbHG OLG Frankfurt am Main, ZIP 2009, 1930; für Stimmbindungsvereinbarungen sehr str., näher *Wicke*, DStR 2006, 1137, 1141 ff.

36 OLG Köln, NJW-RR 1993, 223.

37 Vgl. OLG München, DNotZ 2010, 636; hiervon zu unterscheiden ist die Bedingtheit/Befristung der beschlossenen Satzungsregelung.

38 Ganz h.M., s. BayObLG, NJW-RR 1997, 485.

39 Ganz h.M., s. BayObLG, NJW-RR 2002, 248; KG, DNotZ 2006, 304; LG München I, GmbHR 2001, 114; *Schnorbus*, in: Rowedder/Schmidt-Leithoff, GmbHG, § 54 Rn. 18.

40 KG, DNotZ 2006, 304; BayObLG, NJW-RR 1993, 494.

41 BayObLG, NJW-RR 1997, 485; *Heinemann*, in: Keidel, FamFG, § 395 Rn. 5.

42 H.M., *Bayer*, in: Lutter/Hommelhoff, GmbHG, § 54 Rn. 12; *Hoffmann*, in: Michalski, GmbHG, § 54 Rn. 32; BayObLG, WM 1987, 502; OLG München, NZG 2006, 35.

43 Vgl. zum Aktienrecht auch den Überblick zu den Fehlerfolgen bei Verstößen gegen zwingendes Gesellschaftsrecht bei *Hüffer/Koch*, AktG, § 241 Rn. 19.

44 OLG München, DB 2010, 1637.

45 OLG Hamm, DNotZ 1996, 816; BayObLG, NJW-RR 1993, 494; DNotZ 1986, 50; OLG Zweibrücken, MittRhNotK 1978, 142; *Schnorbus*, in: Rowedder/Schmidt-Leithoff, GmbHG, § 54 Rn. 22.

46 OLG München, NZG 2006, 35; BayObLG, DNotZ 1978, 52; KG, DNotZ 2006, 304; *Krafka*, Registerrecht, Rn. 1033; a.A. *Priester*, GmbHR 2007, 296.

Gericht am neuen Sitz die unveränderten Satzungsbestimmungen ohne erneute Prüfung zu übernehmen.[47] Eine Ausnahme gilt insoweit wegen § 30 HGB für die Prüfung der Firma.[48] Werden mit der Sitzverlegung weitere Satzungsänderungen verbunden und wird kein Teilvollzug beantragt, ist für die Prüfung das Gericht am neuen Sitz zuständig.[49]

4. Bedeutung von Anfechtung und Anfechtungsfrist

Führt ein Beschlussmangel zur Anfechtbarkeit des Beschlusses, ist das Registergericht grds. gleichwohl schon vor Ablauf der Anfechtungsfrist zur Vornahme der Eintragung berechtigt, aber nicht verpflichtet.[50] Wird der Beschluss angefochten und kassiert, kann die Eintragung später rückgängig gemacht werden. Bis zum Ablauf der Anfechtungsfrist kann das Gericht das Verfahren nach § 21 FamFG aussetzen. Nach Ablauf der Anfechtungsfrist ohne Anfechtung ist das Gericht zur Eintragung verpflichtet.[51] 21

Zur analogen Anwendung von § 246a AktG s. § 53 Rdn. 27. 22

E. Satzungsbescheinigung (§ 54 Abs. 1 Satz 2)

Wie § 181 Abs. 1 Satz 2 AktG für das Aktienrecht verlangt § 54 Abs. 1 Satz 2 die Abgabe einer notariellen sog. Satzungsbescheinigung, vorbehaltlich abweichender gesetzlicher Vorschriften (s. etwa § 1 Abs. 3 EGGmbHG). Hierdurch soll erreicht werden, dass **dem Rechtsverkehr zu jeder Zeit eine vollständige Satzungsfassung in einem Dokument zur Verfügung steht**, wobei – anders als im Vereinsrecht[52] – für die textliche **Richtigkeit des Satzungstextes** i.S.d. **Auswirkungen der zuletzt wirksam gewordenen Änderung auf die vorherige, zuletzt bestätigte Satzungsfassung** im Kapitalgesellschaftsrecht ein Amtsträger einzustehen erklärt. Hierbei handelt es sich um die Ausstellung einer Bescheinigung über eine amtlich von dem Notar wahrgenommene Tatsache i.S.d. § 20 Abs. 1 BNotO.[53] Die Vorschrift gilt auch bei der **Änderung satzungsmäßiger Teile des Musterprotokolls** (Rdn. 3). Die Satzungsbescheinigung muss nicht von demjenigen Notar stammen, der die Satzungsänderung beurkundet hat. Bei Gleichwertigkeit ist auch die Abgabe einer Satzungsbescheinigung durch einen ausländischen Notar denkbar.[54] Für die Satzungsbescheinigung gilt insoweit vergleichbares wie für die Listenbescheinigung nach § 40 Abs. 2 Satz 2.[55] 23

Bei der Bescheinigung handelt es sich um eine Form des Vermerks nach § 39 BeurkG; nach § 12 Abs. 2 Satz 2 Halbs. 2 HGB ist die elektronische Übermittlung entweder eines originären elektronischen Vermerks oder einer elektronisch beglaubigten Abschrift erforderlich (§ 39a BeurkG).[56] 24

Bei der **vollständigen Satzungsneufassung im Wege der Beurkundung nach §§ 8 ff. BeurkG** ist die Bescheinigung nach sehr bestrittener Auffassung **nicht erforderlich.**[57] Dasselbe gilt mangels 25

47 OLG Hamm, NJW-RR 1997, 167; LG Limburg, GmbHR 1996, 771; BayObLG, DB 1978, 838; für die Prüfung von Änderungen im Zuge der Sitzverlegung ist das neue Gericht zuständig: OLG Hamm, NJW-RR 1991, 1001; a.A. LG Mannheim, GmbHR 1991, 24.

48 LG Nürnberg-Fürth, MittBayNot 1999, 398.

49 *Melchior/Schulte*, HRV, § 20 Rn. 5, 7.

50 Ganz h.M., *Ulmer*, in: Ulmer/Habersack/Winter, GmbHG, § 54 Rn. 53; *Priester*, in: Scholz, GmbHG, § 54 Rn. 43; *Preuß*, in: Fleischhauer/Preuß, Teil A Rn. 232 ff.

51 OLG München, GmbHR 2012, 905; *Schnorbus*, in: Rowedder/Schmidt-Leithoff, GmbHG; § 54 Rn. 25.

52 OLG Düsseldorf, RNotZ 2010, 477.

53 Regierungsbegründung zu § 181 Abs. 1 Satz 2 AktG, BT-Drucks. V/3862, S. 13 (zu § 54s. die Verweisung in BT-Drucks. V/3862, S. 16).

54 A.A. *Krafka*, Registerrecht, Rn. 1023.

55 Hierzu nunmehr BGH, NZG 2014, 216 mit zahlreichen Nachweisen zum Streitstand in der Literatur.

56 Vgl. OLG Jena, NJW-RR 2010, 1190.

57 Sehr str., wie hier LG Magdeburg, NotBZ 2004, 445; OLG Zweibrücken, NJW-RR 2002, 607; OLG Celle, DNotZ 1982, 493; BayObLG, Rpfleger 1978, 143; LG Bonn, GmbHR 1994, 558; *Priester*, in: Scholz, GmbHG, § 54 Rn. 19; a.A. OLG Jena, NZG 2016, 152 sowie große Teile der Lit., etwa *Hoffmann*,

Änderung des Satzungstexts für die Fälle der **Satzungsdurchbrechung.**[58] Wird im Gründungsstadium die Gründungssatzung geändert, muss das Registergericht die Vorlage einer berichtigten Satzung mit Satzungsbescheinigung verlangen.[59]

26 Die Satzungsbescheinigung muss den gesamten neuen Satzungswortlaut umfassen, **einschließlich rein formeller Satzungsbestandteile und materiell überholter Satzungsbestandteile.**[60]

27 Ist ein Satzungsänderungsbeschluss aufschiebend befristet, kann die noch nicht wirksam gewordene Änderung weder eingetragen noch in einer Satzungsbescheinigung berücksichtigt werden.[61]

F. Eintragung (§ 382 FamFG) und Bekanntmachung (§ 10 HGB)

28 Zu unterscheiden ist die **ausdrückliche** von der **Bezug nehmenden** Eintragung: Betrifft die Satzungsänderung Angaben nach § 10 Abs. 1 oder 2, verlangt § 54 Abs. 3 die ausdrückliche Abänderung der entsprechenden Registereintragung nebst Vermerk in Spalte 6 (§ 43 Nr. 6 HRV).[62] In den übrigen Fällen ist der Bezug nehmende Vermerk der Satzungsänderung (ohne Angabe des Gegenstandes[63]) in Spalte 6 hinreichend und notwendig.[64] Einzutragen sind Beschluss- und Eintragungsdatum, wobei Ersteres nach zutreffender und wohl herrschender Meinung keine Wirksamkeitsvoraussetzung ist.[65] § 16 HRV mit seinem Gebot der Rötung ist bloße Ordnungsvorschrift.[66] **Nach der Eintragung** ist diese **nach Maßgabe von § 10 HGB bekannt zu machen.** Bei fehlender bzw. unberechtigter Bekanntmachung gelten § 15 Abs. 1[67] und Abs. 3 HGB,[68] aber nicht zugunsten zukünftiger Gesellschafter.[69]

29 Im Einzelfall kann auch eine gesetzliche Verpflichtung der Gesellschaft zur Anzeige einer (vollzogenen) Satzungsänderung bei einer Aufsichtsbehörde bestehen (z.B. § 7 Abs. 5 InvG).

G. Wirksamkeit der Satzungsänderung (§ 54 Abs. 3)

30 Nach § 54 Abs. 3 wird die Satzungsänderung **erst mit ihrer Eintragung im Handelsregister wirksam** (vgl. § 71 BGB, § 181 Abs. 3 AktG).[70] Die innere Wirksamkeit der neuen Satzungsregelung kann bedingt oder befristet sein (Beispiel: Satzungsregelung, wonach ab dem 01.01.2020 eine bestimmte Abfindungsregelung gilt). Eine Rückwirkung der Änderung kommt aufgrund der konstitutiven Wirkung der Eintragung nicht in Betracht.[71] Besondere Bedeutung hat dies bei der Änderung des Geschäftsjahres.[72]

---

in: Michalski, GmbHG, § 54 Rn. 21; offengelassen von OLG Düsseldorf, NJW-RR 1999, 400; noch weiter *Roth*, in: Roth/Altmeppen, GmbHG, § 54 Rn. 7 (Entbehrlichkeit bei jeder Satzungsneufassung).

58 *Zöllner/Noack*, in: Baumbach/Hueck, GmbHG, § 53 Rn. 53, str., s. § 53 Rdn. 16.

59 BayObLG, DNotZ 1989, 393; *Priester*, in: Scholz, GmbHG, § 54 Rn. 16; *Wicke*, GmbHG, § 2 Rn. 6.

60 Ganz h.M., *Hoffmann*, in: Michalski, GmbHG, § 54 Rn. 21; *Krafka*, Registerrecht, Rn. 1023; *Priester*, in: Scholz, GmbHG, § 54 Rn. 18.

61 Vgl. OLG München, DNotZ 2010, 636.

62 *Krafka*, Registerrecht, Rn. 62 f., 1034; *Priester*, in: Scholz, GmbHG, § 54 Rn. 51.

63 KGJ 46, 295; vgl. *Melchior/Schulte*, HRV, § 43 Rn. 31.

64 BayObLG, DNotZ 1978, 52; LG Bielefeld, GmbHR 2003, 775; zu Einzelheiten OLG Düsseldorf, BeckRS 2014, 04153.

65 OLG Hamm, NJW-RR 2002, 761; *Hoffmann*, in: Michalski, GmbHG, § 54 Rn. 37; *Zöllner/Noack*, in: Baumbach/Hueck, GmbHG, § 54 Rn. 37; nach a.A. ist auch die Eintragung des Beschlussfassungsdatums konstitutiv: *Priester*, in: Scholz, GmbHG, § 54 Rn. 53; *Bayer*, in: Lutter/Hommelhoff, GmbHG, § 54 Rn. 15.

66 OLG Hamm, ZIP 2001, 569.

67 *Bayer*, in: Lutter/Hommelhoff, GmbHG, § 54 Rn. 22.

68 *Hoffmann*, in: Michalski, GmbHG, § 54 Rn. 49; *Preuß*, in: Oetker, HGB, § 15 Rn. 55.

69 *Noack*, GmbHR 1994, 349, 350.

70 Beispiel: Satzungssitzverlegung, s. OLG Brandenburg, ZIP 2003, 965; die Verlagerung des tatsächlichen Verwaltungssitzes ist aber ohne Satzungsänderung möglich.

71 OLG Frankfurt am Main, GmbHR 1999, 484; vgl. auch zum Vereinsrecht OLG Hamm, DNotZ 2007, 317.

72 FG Nürnberg, GmbHR 1999, 139; näher § 53 Rdn. 22.

§ 54 Abs. 3 schließt es nicht aus, gleichzeitig mit der Satzungsänderung Beschlüsse zu fassen, die in dem noch zu schaffenden Satzungsrecht ihre Grundlage haben (sog. ausführende Beschlüsse).[73] Vor der Eintragung kann ggf. eine schuldrechtliche »Vorwirkung« dergestalt anzunehmen sein, dass sich die Gesellschafter so zu behandeln haben, als wäre die Regelung bereits korporativ festgelegt.[74] 31

Die **Eintragung** hat **bei Fehlen materiell-rechtlicher Voraussetzungen grds. keine heilende Wirkung**; sie ist notwendige, aber nicht immer hinreichende Bedingung der Wirksamkeit. Die Eintragung ist wirkungslos, vorbehaltlich einer Heilung nach § 242 AktG. 32

H. Verstöße

I. Unwirksame Anmeldung

Fehlt es an einer wirksamen Anmeldung, ist der Eintragungsantrag zurückzuweisen. Wird gleichwohl eingetragen, soll die Eintragung nach teilweise vertretener Ansicht wirkungslos sein.[75] Richtigerweise wird ist jedoch von der Wirksamkeit der Eintragung auszugehen, da die Anmeldung bloßes Verfahrenserfordernis ist und die §§ 53, 54 materiell-rechtlich nur einen Beschluss und eine korrespondierende Eintragung verlangen (vgl. auch unten Rdn. 43). 33

II. Fehlende/unrichtige Satzungsbescheinigung

Ob die Satzungsbescheinigung den richtigen Satzungswortlaut enthält, ist das Registergericht zu prüfen berechtigt, aber nicht verpflichtet.[76] Fehlt es an einer ordnungsgemäßen Satzungsbescheinigung, ist der Eintragungsantrag zurückweisungsreif. Wird gleichwohl eingetragen, berührt dies die Wirksamkeit der Satzungsänderung aber nicht; nach herrschender Meinung ist aber die Erzwingung der nachträglichen Einreichung nach § 14 HGB möglich (näher § 79 Rdn. 7). Stellt die Gesellschaft fest, dass die bescheinigte Fassung fehlerhaft ist, hat sie unverzüglich eine fehlerfreie Fassung nachzureichen.[77] 34

III. Mängel der Eintragung

In den Fällen der **Änderung von Angaben nach § 10** ist die (ordnungsgemäße) **ausdrückliche Eintragung** in der betroffenen Spalte (2, 3 oder 4a) **Wirksamkeitsvoraussetzung** der Änderung,[78] sodass die Änderung bei Abweichungen zwischen Beschluss und Eintragung nicht wirksam wird;[79] in den übrigen Fällen berührt eine fehlerhafte (Bezug nehmende) Eintragung die Wirksamkeit der Änderung, wenn sie inhaltlich unrichtig ist. Die fehlerhafte Angabe des **Beschlussdatums** berührt die Wirksamkeit ebenso wenig wie das gänzliche Fehlen dieser Angabe.[80] Schreibversehen und andere offenbare Unrichtigkeiten können ohne Weiteres von Amts wegen korrigiert werden, § 17 HRV.[81] Fehler, die nicht unter § 17 HRV fallen, können mit der sog. Fassungsbeschwerde beanstandet werden.[82] 35

73 *Ulmer*, in: Ulmer/Habersack/Winter, GmbHG, § 54 Rn. 30; *Roth*, in: Roth/Altmeppen, GmbHG, § 54 Rn. 15; *Schnorbus*, in: Rowedder/Schmidt-Leithoff, GmbHG, § 54 Rn. 34; zum AktG *Plückelmann*, in: Schwerdtfeger, § 181 AktG Rn. 17; vgl. KG, GmbHR 2012, 907.

74 *Noack*, GmbHR 1994, 349, 350; *Heckschen*, in: Heckschen/Heidinger, § 9 Rn. 6b.

75 *Hoffmann*, in: Michalski, GmbHG, § 54 Rn. 48.

76 OLG München, DNotZ 2010, 636; *Priester*, in: Scholz, GmbHG, § 54 Rn. 20.

77 *Priester*, in: Scholz, GmbHG, § 54 Rn. 20.

78 *Hoffmann*, in: Michalski, GmbHG, § 54 Rn. 49; ebenso die h.M. zum Aktienrecht *Strohn*, in: Henssler/Strohn, § 181 AktG Rn. 1.

79 *Priester*, in: Scholz, GmbHG, § 54 Rn. 76; OLG Hamm, GmbHR 1971, 15, 17.

80 Str., s.o. Rdn. 28.

81 *Priester*, BB 2002, 1613, 1615.

82 *Heinemann*, in: Keidel, FamFG, § 395 Rn. 5.

IV. Mängel der Bekanntmachung

36 Das Fehlen oder die Mangelhaftigkeit der Bekanntmachung berührt die Wirksamkeit nicht. Nach teilweise vertretener Ansicht kann die Satzungsänderung Dritten gegenüber bis zur Bekanntmachung nicht geltend gemacht werden, was sich aus § 15 HGB ergeben soll[83]; diese Ansicht ist aber abzulehnen, da § 15 Abs. 1 HGB nur auf eintragungspflichtige Umstände anwendbar ist. Anwendbar ist nur § 15 Abs. 2 HGB.[84]

V. Beschlussmängel

37 **Beschlussmängel** berühren die Wirksamkeit der Satzungsänderung nur dann, wenn sie zur Unwirksamkeit oder Nichtigkeit des Beschlusses führen. Dasselbe gilt für inhaltliche Mängel der neuen Satzungsregelung. Auch bei Nichtigkeit des Beschlusses wird der **Mangel** (erst) **mit Ablauf von 3 Jahren nach Eintragung analog § 242 Abs. 2 Satz 1 AktG unbeachtlich** (Ausnahmen bei Nichtigkeit wegen Formmangels nach § 242 Abs. 1 und bei Ladungsmängeln nach § 242 Abs. 2 Satz 4 AktG: Heilung mit Eintragung bzw. mit Nachgenehmigung). Nach überwiegender Auffassung **gilt** dies **auch für Gesetzesverstöße des neuen Satzungsrechts.**[85] Richtigerweise wird man insoweit aber eine Vernichtung der Satzungsnorm mit Wirkung ex nunc zulassen müssen (s. § 53 Rdn. 72).

38 Das **Fehlen einer nach § 53 Abs. 3 erforderlichen Zustimmung** macht den Beschluss zumindest dem betroffenen Gesellschafter ggü. unwirksam; diese Unwirksamkeit, sei sie relativ oder absolut, wird nach wohl herrschender Meinung auch nicht nach § 242 Abs. 2 Satz 4 AktG geheilt (näher § 53 Rdn. 70).

39 Ist der Beschluss angefochten worden, schließt dies die Eintragung nicht aus; je nach den Umständen kann das Registergericht das Verfahren aber nach pflichtgemäßem Ermessen nach § 21 FamFG aussetzen.[86]

I. Amtslöschung (§ 395 FamFG)

40 Die Möglichkeit der **Amtslöschung nach dem FamFG** besteht **unabhängig von der Erhebung einer Klage und vom Ablauf der Frist des § 242 Abs. 2 Satz 1 AktG.**[87]

41 – Betrifft die Eintragung einen der in § 399 Abs. 4 FamFG genannten Fälle, geht die Vorschrift des § 399 FamFG der allgemeinen Vorschrift des § 395 FamFG vor.[88]

42 – Liegt kein Fall des § 399 FamFG vor, kann **§ 398 FamFG** anwendbar sein. Diese Vorschrift ist **auf satzungsändernde Beschlüsse anwendbar,**[89] setzt aber voraus, dass der Mangel den **Inhalt des Beschlusses** betrifft, nicht sein Zustandekommen. Dementsprechend scheidet § 398 FamFG aus, wenn die Verletzung von Vorschriften über die Einberufung oder Abstimmung gerügt wird.[90] Die Nichtigkeit wegen Inhaltsverstoßes kann sich aus § 241 Nr. 3 oder 4 AktG ergeben, wobei der Verstoß auch Normen außerhalb des GmbHG betreffen kann, aber nicht die Satzung.[91]

---

83 *Bayer*, in: Lutter/Hommelhoff, GmbHG, § 54 Rn. 22.
84 *Schnorbus*, in: Rowedder/Schmidt-Leithoff, GmbHG, § 54 Rn. 40.
85 Näher § 53 Rdn. 72.
86 *Priester*, in: Scholz, GmbHG, § 54 Rn. 45.
87 *Hoffmann*, in: Michalski, GmbHG, § 54 Rn. 49.
88 Ganz h.M., *Heinemann*, in: Keidel, FamFG, § 395 Rn. 8; zu §§ 142, 144a FGG BayObLG, NJW-RR 1989, 867.
89 *Heinemann*, in: Keidel, FamFG, § 398 Rn. 11; Bumiller/Harders, FamFG, § 395 Rn. 4.
90 OLG München, NZG 2010, 474; *Heinemann*, in: Keidel, FamFG, § 398 Rn. 12, 15; *Müther*, in: Bork/Jacoby/Schwab, FamFG, § 398 Rn. 2; krit. *Melchior*, EWiR 2010, 419.
91 KG, FGPrax 2013, 32; *Heinemann*, in: Keidel, FamFG, § 398 Rn. 15; *Holzer*, in: Prütting/Helms, FamFG, § 398 Rn. 4.

– Liegt kein Fall des § 399 FamFG und mangels Inhaltsverstoßes auch kein Fall des § 398 FamFG vor, ist **umstritten, ob Raum für eine Amtslöschung nach § 395 FamFG wegen eines Fehlers im Registerverfahren bleibt.** Die heute in Rechtsprechung und Literatur herrschende Auffassung misst § 398 FamFG im Interesse der Eintragungsbeständigkeit eine umfassende Sperrwirkung bei, lässt eine Amtslöschung wegen registerverfahrensrechtlicher Mängel also grds. nicht zu.[92] § 398 FamFG wird danach als Einschränkung zu § 395 FamFG begriffen, ist also sinngemäß um die Worte »nur dann« zu ergänzen.[93] Die Gegenauffassung lässt eine Amtslöschung nach § 395 Abs. 1 FamFG zu, wenn eine wesentliche verfahrensmäßige Voraussetzung der Eintragung fehlt.[94] Hierunter soll insb. das Fehlen einer wirksamen Anmeldung fallen, wobei auch die herrschende Meinung insoweit die Löschung zulässt, wenn die Handelsregistereintragung konstitutive Wirkung hat.[95] Unstreitig ist, dass Mängel, die nur zur Anfechtbarkeit des Beschlusses führen, eine Amtslöschung nach § 395 FamFG nicht rechtfertigen. Andererseits lässt auch die herrschende Auffassung eine Amtslöschung zu, wenn es an einem Beschluss gänzlich fehlt oder wenn etwas anderes eingetragen als beschlossen wurde.[96] 43

§ 55 Erhöhung des Stammkapitals

(1) Wird eine Erhöhung des Stammkapitals beschlossen, so bedarf es zur Übernahme jedes Geschäftsanteils an dem erhöhten Kapital einer notariell aufgenommenen oder beglaubigten Erklärung des Übernehmers.

(2) [1]Zur Übernahme eines Geschäftsanteils können von der Gesellschaft die bisherigen Gesellschafter oder andere Personen, welche durch die Übernahme ihren Beitritt zu der Gesellschaft erklären, zugelassen werden. [2]Im letzteren Falle sind außer dem Nennbetrag des Geschäftsanteils auch sonstige Leistungen, zu welchen der Beitretende nach dem Gesellschaftsvertrage verpflichtet sein soll, in der in Absatz 1 bezeichneten Urkunde ersichtlich zu machen.

(3) Wird von einem der Gesellschaft bereits angehörenden Gesellschafter ein Geschäftsanteil an dem erhöhten Kapital übernommen, so erwirbt derselbe einen weiteren Geschäftsanteil.

(4) Die Bestimmungen in § 5 Abs. 2 und 3 über die Nennbeträge der Geschäftsanteile sowie die Bestimmungen in § 19 Abs. 6 über die Verjährung des Anspruchs der Gesellschaft auf Leistung der Einlagen sind auch hinsichtlich der an dem erhöhten Kapital übernommenen Geschäftsanteile anzuwenden.

Schrifttum

Bieder, Treuwidrig verzögerte oder vereitelte Kapitalerhöhungen bei der GmbH, NZG 2016, 538; *Bormann/Urlichs*, Kapitalaufbringung und Kapitalerhaltung nach dem MoMiG, GmbHR Sonderheft Oktober 2008, 37; *Gerber/Pilz*, Die Barkapitalerhöhung um einen Rahmenbetrag bei der GmbH, GmbHR, 2005, 1324; *Habel*, Abtretung künftiger Aufstockungsbeträge bei Kapitalerhöhungen, GmbHR 2000, 267; *Heckschen*, Agio und Bezugsrechtsausschluss bei der GmbH, DStR 2001, 1437; *Hermanns*, Gestaltungsmöglichkeiten bei der Kapitalerhöhung mit Agio, ZIP 2003, 788; *Karl*, Sacheinlagen bei UG (haftungsbeschränkt) und GmbH, GmbHR 2020, 9; *Krampen-Lietzke*, Analoge Anwendung des § 55 GmbHG auf den Übernahmeverpflichtungsvertrag, RNotZ 2016, 20; *Kühne/Dietel*, »Anwachsung« des Bezugsanspruchs aus einem

---

92 Zu § 144 FGG OLG Düsseldorf, FGPrax 2004, 294; OLG Hamburg, NZG 2003, 981; OLG Frankfurt am Main, NJW-RR 2003, 1121; OLG Karlsruhe, NJW-RR 2001, 1326; zum neuen Recht *Müther*, in: Bork/Jacoby/Schwab, FamFG, § 395 Rn. 1; *Walter*, in: Bassenge/Roth, FamFG, § 398 Rn. 1.

93 Instruktiv *Nedden-Boeger*, in: Schulte-Bunert/Weinreich, FamFG, § 398 Rn. 2.

94 *Hoffmann*, in: Michalski, GmbHG, § 54 Rn. 51 f.; vgl. auch Gutachten DNotI-Report 2005, 9, 10.

95 Bumiller/Harders, FamFG, § 395 Rn. 13; *Müther*, in: Bork/Jacoby/Schwab, FamFG, § 395 Rn. 9; *Heinemann*, in: Keidel, FamFG, § 395 Rn. 18.

96 *Nedden-Boeger*, in: Schulte-Bunert/Weinreich, FamFG, § 395 Rn. 56; zu § 142 FGG: OLG Köln, ZIP 2002, 573; *Priester*, in: Scholz, GmbHG, § 54 Rn. 74; s. schon RGZ 125, 151; für formunwirksame Beschlüsse gilt aber § 242 Abs. 1 AktG.

Kapitalerhöhungsbeschluss bei Verzicht bzw. Nichtausübung eines GmbH-Gesellschafters, NZG 2009, 15; *Lieder*, Vorgründungsgesellschaft, Vorbeteiligungsgesellschaft und andere Vorbereitungsgesellschaften, DStR 2014, 2464; *Lutter*, Gescheiterte Kapitalerhöhungen, FS Schilling, 1973, S. 207; *Müller*, Materielle und förmliche Erfordernisse eines Bezugsrechtsausschlusses, ZGR 1979, 401; *Priester*, Vorbeteiligungsgesellschaft bei GmbH-Kapitalerhöhung, GWR 2014, 405; *ders.*, Pflicht zur Quotenwahrung als Pendant des Bezugsrechts bei der GmbH?, GmbHR 2005, 1013; *ders.*, Kapitalaufbringungspflicht und Gestaltungsspielräume beim Agio, FS Lutter, 2000, S. 617; *ders.*, Das gesetzliche Bezugsrecht bei der GmbH, DB 1980, 1925; *Temme*, Rechtsfolgen fehlerhafter Kapitalerhöhungen bei der GmbH, RNotZ 2004, 2; *Wachter*, Form bei der Übernahmeerklärung, GmbHR 2018, 134; *Wagner*, Gründung bzw. Kapitalerhöhung von Kapitalgesellschaften: Aufgeld auf satzungsmäßiger bzw. schuldrechtlicher Grundlage, DB 2004, 293; *Weitnauer*, Formerfordernisse von Vereinbarungen über Unternehmensbeteiligungen: Ein unnötiger Ballast?, GWR 2018, 245; *Werner*, Die Vorbeteiligungsgesellschaft, StBW 2015, 234; *Zöllner*, Folgen der Nichtigerklärung durchgeführter Kapitalerhöhungsbeschlüsse, AG 1993, 68; *ders.*, Gerechtigkeit bei der Kapitalerhöhung, AG 2002, 585.

Übersicht Rdn.

A. Allgemeines

I. Grundlagen

1. Regelungskontext

1 § 55 befasst sich mit der **Erhöhung des statutarischen Stammkapitals** (= gezeichneten Kapitals) **im Wege einer Mittelzuführung von außen.** Neben einer solchen – aufgrund der Mittelzuführung von außen auch als effektiv bezeichneten – Kapitalerhöhung kann das Stammkapital auch durch die Überführung bereits bei der Gesellschaft vorhandener Mittel ohne eine Mittelzufuhr von außen erhöht werden (nominelle Kapitalerhöhung). Bei der nominellen Kapitalerhöhung werden bei der Gesellschaft vorhandene Eigenmittel, namentlich Kapital- oder Gewinnrücklagen in besonders

geschütztes Stammkapital überführt, vgl. § 57d Abs. 1. Allen Erscheinungsformen der Kapitalerhöhung ist gemein, dass sie mit einer Änderung des Gesellschaftsvertrages verbunden sind, der nach § 3 Abs. 1 Nr. 3 den Betrag des Stammkapitals enthalten muss. Konsequent finden sich die Vorschriften zur Kapitalerhöhung im 4. Abschnitt des GmbHG zur Änderung des Gesellschaftsvertrages wieder.

2. Erscheinungsformen der effektiven Kapitalerhöhung

Die im Rahmen einer effektiven Kapitalerhöhung zuzuführenden Mittel können in Bargeld (**Barkapitaleinlage**) oder geldwerten Vermögensgegenständen (**Sacheinlage**) bestehen. Im Fall einer Sacheinlage findet neben § 55 ergänzend § 56 Anwendung. Neben einer reinen Bar- oder einer reinen Sacheinlage ist es zudem möglich, die geschuldete Einlage teilweise in bar und teilweise im Wege einer Sacheinlage zu erbringen (sog. **Mischeinlage** – zu dieser s. § 56 Rdn. 8). Bleibt bei einer Sacheinlage die Summe der Nennbeträge der übernommenen Geschäftsanteile hinter dem Wert des eingebrachten Vermögensgegenstandes zurück, so kann der überschießende Betrag in die Kapitalrücklage eingestellt oder gesondert vergütet werden. Soll der überschießende Betrag in anderer Weise als durch die Gewährung von Geschäftsanteilen vergütet werden (etwa in bar oder durch ein Vereinbarungsdarlehen), so spricht man von einer **gemischten (Sach-) Einlage** (zu dieser s. § 56 Rdn. 9). Wird bei der Durchführung einer Kapitalerhöhung in der Sache ein Vermögensgegenstand eingelegt, ohne dass die Sachkapitalerhöhungsvorschriften des § 56 eingehalten werden, so liegt eine **verdeckte Sacheinlage** vor. Voraussetzungen und Rechtsfolgen sind inzwischen in § 19 Abs. 4 geregelt. 2

Als Sonderform der effektiven Kapitalerhöhung wurde mit dem MoMiG[1] in Anlehnung an die §§ 202 ff. AktG in § 55a ein **genehmigtes Kapital** aufgenommen. Die Möglichkeit, wie bei der AG (§§ 192 ff. AktG) **bedingtes Kapital** auszugeben, besteht demgegenüber bei der GmbH nicht. Auch können die §§ 192 ff. AktG nicht analog angewendet werden. 3

II. Ablauf einer Barkapitalerhöhung

Die einzelnen, zur Durchführung einer Barkapitalerhöhung notwendigen Schritte lassen sich allenfalls mit Mühe dem Gesetz entnehmen. Dies begründet sich nicht zuletzt darin, dass die Rechtsprechung des BGH teilweise deutlich über den Wortlaut des § 55 hinaus geht. Konstitutive Voraussetzungen einer Barkapitalerhöhung sind:[2] 4

- notariell beurkundeter **Gesellschafterbeschluss** über die Kapitalerhöhung und die Änderung des Gesellschaftsvertrages, der mithin mindestens (d.h. vorbehaltlich weiter gehender gesellschaftsvertraglicher Regelungen[3]) einer Mehrheit von 75 % der abgegebenen Stimmen bedarf (§§ 53, 55);
- die (ausdrückliche oder konkludente) **Zulassung** der bisherigen und/oder künftigen Gesellschafter zur Zeichnung des Erhöhungsbetrags (§ 55 Abs. 2);
- **Übernahme** des Erhöhungsbetrags in notarieller Form durch die zugelassenen Personen (§ 55 Abs. 1);
- **Leistung der Einlage** durch die Übernehmer (§ 57 Abs. 2);
- **Anmeldung** der Kapitalerhöhung und der korrespondierenden Änderung des Gesellschaftsvertrages zur Eintragung ins **Handelsregister** (§ 57) und
- **Eintragung** der Kapitalerhöhung und der korrespondierenden Änderung des Gesellschaftsvertrages ins **Handelsregister** sowie Bekanntmachung der Eintragung (§ 10 HGB), wobei die

1 S. dazu: *Lieder*, ZGR 2010, 868 ff.; *Bormann*, in: Bormann/Kauka/Ockelmann, HdbGmbHR, Kap. 4 Rn. 330 ff.

2 Muster zur Durchführung einer Sachkapitalerhöhung finden sich bei *Bormann*, in: Bormann/Kauka/Ockelmann, HdbGmbHR, Kap. 4 Rn. 359 ff.

3 Vgl. *Bayer*, in: Lutter/Hommelhoff, GmbHG, § 53 Rn. 13.

Kapitalerhöhung und die Änderung des Gesellschaftsvertrages erst mit Eintragung ins Handelsregister wirksam werden.

5 Die Aufnahme einer die Kapitalerhöhung reflektierenden **Gesellschafterliste** ist nicht konstitutiv für die Durchführung der Kapitalerhöhung und auch nicht für die materiell-rechtliche Begründung der Gesellschafterstellung der an der Kapitalerhöhung beteiligten Gesellschafter. Allerdings gelten diese Gesellschafter im Verhältnis zur Gesellschaft erst dann als Gesellschafter und können erst dann ihre Gesellschafterrechte wahrnehmen, wenn sie in der im Handelsregister aufgenommenen Gesellschafterliste eingetragen sind.

B. Einzelerläuterungen

I. Kapitalerhöhungsbeschluss und Übernahmeerklärung (Abs. 1)

6 Abs. 1 ordnet allein an, dass für die Übernahme neu geschaffener Geschäftsanteile eine Übernahmeerklärung erforderlich ist. Die Notwendigkeit eines Gesellschafterbeschlusses indes folgt bereits aus § 53 und wird in Abs. 1 vorausgesetzt.

1. Kapitalerhöhungsbeschluss

7 Jede Erhöhung des Stammkapitals ist zwangsläufig mit einer **Änderung des Gesellschaftsvertrages** (hier § 3 Abs. 1 Nr. 3) verbunden. Damit hat jeder Kapitalerhöhungsbeschluss den Anforderungen der §§ 53, 54 zu genügen. Hieraus folgen sowohl inhaltliche als auch formelle Anforderungen.

a) Mindestinhalt

8 Der Mindestinhalt eines Kapitalerhöhungsbeschlusses ist überschaubar. Für einen wirksamen Kapitalerhöhungsbeschluss reicht es aus, dass in dem Beschluss der **Betrag** benannt wird, um den das **Stammkapital erhöht werden soll**. Dabei enthält der Kapitalerhöhungsbeschluss i.d.R. einen festen Betrag (»das Stammkapital wird um Euro [Betrag] erhöht«). Möglich ist es aber auch, eine Bandbreite anzugeben, um die das Kapital erhöht werden soll (»das Stammkapital wird um bis zu Euro [Betrag] erhöht«) – sog. »bis zu«-Kapitalerhöhung (zu dieser s.u. Rdn. 12). Der **Mindestbetrag** für die Kapitalerhöhung ergibt sich aus den statutarischen und hilfsweise den gesetzlichen (§ 5 Abs. 2 Satz 1) Vorgaben zum Nennbetrag der Geschäftsanteile. Enthält der Gesellschaftsvertrag keine allgemeinen Angaben zum **Nennbetrag der Geschäftsanteile**, so sind die Nennbeträge der auszugebenden Anteile unter Beachtung von § 5 Abs. 2 Satz 1 in den Kapitalerhöhungsbeschluss ebenfalls aufzunehmen.[4] Steht den Gesellschaftern ein Bezugsrecht zu (dazu s.u. Rdn. 17 ff.), so ist darauf zu achten, dass der gewählte Erhöhungsbetrag in Kombination mit dem durch den Gesellschaftsvertrag vorgegebenen oder im Beschluss gewählten Nennbetrag der neu auszugebenden Geschäftsanteile einer Ausübung des Bezugsrechts nicht entgegensteht.

9 Die **Zulassung zur Teilnahme an der Kapitalerhöhung** hat nicht im Kapitalerhöhungsbeschluss zu erfolgen, sondern gesondert (s. hierzu unten Rdn. 53 ff.). Nicht erforderlich, wenngleich ratsam, ist es, im Kapitalerhöhungsbeschluss die nach der Kapitalerhöhung gültige Stammkapitalziffer zu benennen oder gar den **geänderten Wortlaut des Gesellschaftsvertrages** wiederzugeben.[5] Aus § 54 Abs. 1 Satz 2 folgt nichts Gegenteiliges[6] – dieser findet zwar auch bei der Kapitalerhöhung Anwendung, allerdings befasst er sich mit der Handelsregisteranmeldung und nicht mit dem zugrunde liegenden Gesellschafterbeschluss. Lässt der vor der Kapitalerhöhung geltende Gesellschaftsvertrag indes nicht hinreichend erkennen, dass sich die in ihm enthaltenen Angaben nach § 3 Abs. 1 Nr. 4 nur auf das Gründungskapital beziehen, ist eine ausdrückliche Änderung des Gesellschaftsvertrages

4 *Bayer*, in: Lutter/Hommelhoff, GmbHG, § 55 Rn. 16 *Arnold/Born*, in: Bork/Schäfer, GmbHG, § 55 Rn. 13.

5 BGH, Urt. v. 15.10.2007 – II ZR 216/06, NZG 2008, 73, 74; vgl. *Ulmer/Casper*, in: Ulmer/Habersack/Löbbe, GmbHG, § 55 Rn. 25; *Arnold/Born*, in: Bork/Schäfer, GmbHG, § 55 Rn. 10.

6 A.A. *Lutter/Bayer*, in: Lutter/Hommelhoff, GmbHG, 18. Aufl., § 55 Rn. 8.

erforderlich.[7] Ebenso ist eine ausdrückliche Änderung des Gesellschaftsvertrages erforderlich, wenn die Gesellschaft unter **Verwendung des Musterprotokolls** gegründet wurde, da der bloße Tausch der alten gegen die neue Kapitalziffer nicht zu einem widerspruchsfreien Wortlaut des Gesellschaftsvertrages führt.[8] Dabei ist in Bezug auf die Nennung neuer Gesellschafter im Gesellschaftsvertrag selbst mit Blick auf die Verwechselungsgefahr mit den Gründungsgesellschaftern Zurückhaltung geboten.

Werden in dem Kapitalerhöhungsbeschluss keine über den Mindestinhalt hinausgehenden Festlegungen getroffen, so richten sich die Bedingungen der Kapitalerhöhung i.Ü. nach dem Gesetz. Dabei gilt im Einzelnen Folgendes: 10

– **Ausgegeben** werden die neuen Anteile **zum Nennwert** (»pari«), § 5 Abs. 3 Satz 2 (zur Vereinbarung eines Agios s.u. Rdn. 13);
– **fällig** ist zunächst nur die Mindesteinlage, §§ 56a, 7 Abs. 2 Satz 1, und zwar seit dem MoMiG auch bei der Ein-Mann-Gesellschaften; der ausstehende Teil der Einlage ist nach Aufforderung durch die Geschäftsführung fällig, wobei die Einforderung der Zustimmung der Gesellschafterversammlung bedarf, § 46 Nr. 2 (zur Vereinbarung abweichender Fälligkeitsregeln s.u. Rdn. 16);
– jeder Gesellschafter kann **entsprechend seiner Beteiligungsquote** an der Kapitalerhöhung **teilnehmen** (zum Bezugsrecht und seinem Ausschluss s.u. Rdn. 17 ff.)
– **ausgegeben** werden auch bei Beteiligung bereits der Gesellschaft angehörender Gesellschafter **neue Geschäftsanteile**, Abs. 3 (zur Aufstockung bestehender Anteile s.u. Rdn. 62).

Umstritten ist, ab welchem Zeitpunkt **neu ausgegebene Anteile** ohne eine Regelung im Kapitalerhöhungsbeschluss **gewinnberechtigt** sind. Die wohl herrschende Meinung[9] geht davon aus, dass diese Anteile bereits für das Geschäftsjahr ihrer Ausgabe voll gewinnberechtigt sind. Dies vermag nicht zu überzeugen. Das für die Erzielung des vor dem Beitritt der neuen Gesellschafter erwirtschafteten Gewinns erforderliche Kapital haben allein die Altgesellschafter aufgebracht. Bei einer Beteiligung der Neugesellschafter an diesem Gewinn würde in das mitgliedschaftliche Gewinnteilhaberecht der Altgesellschafter eingegriffen.[10] Damit sind die neu ausgegebenen Geschäftsanteile erst ab dem Zeitpunkt der Eintragung der Kapitalerhöhung gewinnberechtigt.[11] Zu abweichenden Gestaltungen s.u. Rdn. 27. 11

b) Gestaltungsmöglichkeiten

aa) »Bis zu«-Kapitalerhöhung

Bestimmt der Kapitalerhöhungsbeschluss einen fixen Betrag, um den das Stammkapital erhöht werden soll, so kann die Kapitalerhöhung nur um diesen Betrag durchgeführt werden. Lassen sich nicht hinreichend Übernehmer für den beschlossenen Betrag finden, so kann die Kapitalerhöhung nicht durchgeführt werden (zur Unter- und Überzeichnung s.a. Rdn. 45). Diese Schwierigkeiten lassen sich durch den Beschluss einer – allgemein anerkannten – **»bis zu«-Kapitalerhöhung** vermeiden. Bei einer solchen Kapitalerhöhung wird im Kapitalerhöhungsbeschluss allein ein Höchstbetrag 12

---

7 *Servatius*, in: Baumbach/Hueck, GmbHG, § 55 Rn. 12.

8 OLG München, Beschl. v. 06.07.2010 – 31 Wx 112/10, BB 2010, 2009, 2010; vgl. zu nachträglichen Änderungen auch OLG München, Beschl. v. 03.11.2009 – 31 Wx 131/09, GmbHR 2010, 312 m. Anm. *Kallweit*.

9 *Ulmer/Casper*, in: Ulmer/Habersack/Löbbe, GmbHG, § 55 Rn. 29; *Priester/Tebben*, in: Scholz, GmbH, § 55 Rn. 29; *Arnold/Born*, in: Bork/Schäfer, GmbHG, § 55 Rn. 17.

10 Ebenso für die AG *Cahn/Senger*, in: Spindler/Stilz, AktG, § 58 Rn. 93; *Mertens*, in: FS Wiedemann, 2002, S. 1113, 1118 f.

11 So auch *Ziemons*, in: Ziemons/Jaeger, BeckOK GmbHG, § 55 Rn. 46; für eine Beteiligung pro rata temporis anstatt der hier vertretenen stichtagsgenauen Abgrenzung *Servatius*, in: Baumbach/Hueck, GmbHG, 20. Aufl, § 55 Rn. 49 nunmehr indes mit der h.M. für eine Beteiligung am Gewinn des gesamten Geschäftsjahres; unklar insoweit »anteilig für den Restzeitraum ab Eintragung« *Roth*, in: Roth/Altmeppen, GmbHG, § 55 Rn. 14.

festgelegt, bis zu dem das Stammkapital in Abhängigkeit davon erhöht wird, in welchem Umfang neues Kapital übernommen wird. Ein solcher Höchstbetrag kann (muss aber nicht) mit einem Mindestbetrag kombiniert werden.[12] Zur Abgrenzung der »bis zu«-Kapitalerhöhung vom nunmehr auch für die GmbH in § 55a eingeführten genehmigten Kapital muss der Beschluss eine angemessene Frist für die Durchführung der Kapitalerhöhung enthalten.[13]

bb) Ausgabepreis

13 Ein **Ausgabepreis unterhalb des Nennbetrages** ist nicht möglich. Ein höherer Ausgabepreis kann indes vereinbart werden. Haben neu ausgegebene Geschäftsanteile einen höheren Wert als den Nennwert, führt die Ausgabe der neuen Anteile zum Nennwert zu einer Vermögensverschiebung von den Altgesellschaftern zu den Übernehmern der Kapitalerhöhung. Damit kann auf ein **Aufgeld** (Agio) nur dann verzichtet werden, wenn die Altgesellschafter ein uneingeschränktes Bezugsrecht haben, da es in diesem Fall nicht zu einer unfreiwilligen Vermögensverschiebung kommt.[14] Wird das Bezugsrecht der Altgesellschafter eingeschränkt (und sei es auch nur faktisch), kann auf ein Agio nur verzichtet werden, wenn sämtliche Gesellschafter dem Verzicht auf das Agio und der damit verbundenen Vermögensverschiebung zustimmen.[15]

14 Auch wenn es naheliegt, dass sich das Agio an dem tatsächlichen Wert der neuen Anteile orientiert, so steht es den Gesellschaftern doch frei, die **Höhe des Agios** festzulegen. Auch können die Gesellschafter der Geschäftsführung die Bestimmung des Ausgabepreises übertragen. Allerdings verlangt die herrschende Meinung,[16] dass der Geschäftsführung ein Maßstab vorgegeben wird, nach dem sie den Ausgabepreis zu ermitteln hat. Eine solche Vorgabe ist aus Sicht der Gesellschafter sicherlich sinnvoll, dass sie allerdings zwingend erforderlich sein sollte, vermag mit Blick auf § 315 BGB nicht zu überzeugen. Hinsichtlich der Höhe des Ausgabepreises können sich allerdings sowohl nach unten als auch nach oben Grenzen aus der Existenz des Bezugsrechts ergeben: Wird das Bezugsrecht eingeschränkt, so hat der Ausgabepreis mindestens dem wahren Wert der Anteile zu entsprechen (Untergrenze). Steht den Gesellschaftern ein Bezugsrecht zu, darf dieses nicht durch die Festlegung eines überhöhten Ausgabepreises faktisch ausgeschlossen werden (zum faktischen Bezugsrechtsausschluss s.u. Rdn. 26). Sowohl von der Unter- als auch von der Obergrenze kann mit Zustimmung sämtlicher Gesellschafter abgewichen werden. Können sich die über die Kapitalerhöhung beschließenden Gesellschafter indes (mit den gesellschaftsfremden Übernehmern) nicht auf einen Ausgabepreis verständigen, sind die neuen Anteile mindestens zu ihrem tatsächlichen Wert auszugeben. Werden die Anteile zu einem geringeren Preis ausgegeben, kann der Kapitalerhöhungsbeschluss angefochten werden.

15 **Vereinbart werden kann ein Agio** sowohl **statutarisch** im Kapitalerhöhungsbeschluss nach § 3 Abs. 2 als auch **schuldrechtlich** zwischen den Gesellschaftern oder der Gesellschaft einerseits und den Zeichnern andererseits.[17] Die Art der Vereinbarung wirkt sich zum einen auf die Bilanzierung

12 *Priester/Tebben*, in: Scholz, GmbHG, § 55 Rn. 19; *Ulmer/Casper*, in: Ulmer/Habersack/Löbbe, GmbHG, § 55 Rn. 19 f.; *Servatius*, in: Baumbach/Hueck, GmbHG, § 55 Rn. 11.

13 Ebenso die h.M. *Priester/Tebben*, in: Scholz, GmbHG, § 55 Rn. 19; *Ulmer/Casper*, in: Ulmer/Habersack/Löbbe, GmbHG, § 55 Rn. 20; *Arnold/Born*, in: Bork/Schäfer, GmbHG, § 55 Rn. 12; a.A. *Servatius*, in: Baumbach/Hueck, GmbHG, § 55 Rn. 11, die die Aufnahme einer Frist für empfehlenswert aber nicht erforderlich halten.

14 A.A. indes OLG Stuttgart, Urt. v. 01.12.1999 – 20 U 38/99, DB 2000, 135; *Zöllner/Fastrich*, in: Baumbach/Hueck, GmbHG, 21. Aufl. § 55 Rn. 13, nach denen Geschäftsanteile nur dann zu einem geringeren als ihrem inneren Wert ausgegeben werden dürfen, wenn sämtliche Gesellschafter zugestimmt haben; wie hier aber nunmehr *Servatius*, in: Baumbach/Hueck, GmbHG, § 55 Rn. 13.

15 *Lieder*, in: MünchKommGmbHG, § 55 Rn. 50.

16 *Priester/Tebben*, in: Scholz, GmbHG, § 55 Rn. 27; *Servatius*, in: Baumbach/Hueck, GmbHG, § 55 Rn. 13a.

17 BGH, Urt. v. 15.10.2007 – II ZR 216/06, NZG 2008, 73, 74; *Hermanns*, ZIP 2003, 788, 791; *Wagner*, DB 2004, 293, 294 f.

und zum anderen auf die Möglichkeiten der Aufhebung aus. Während das im Kapitalerhöhungsbeschluss festgesetzte Agio als Rücklage nach § 272 Abs. 2 Nr. 1 HGB zu verbuchen ist, stellt das schuldrechtliche Agio eine Rücklage nach § 272 Abs. 2 Nr. 4 HGB dar.[18] Ein statutarisch festgelegtes Agio kann allein durch eine Änderung des Gesellschafterbeschlusses wieder geändert werden, während das schuldrechtliche Agio vertraglich geändert werden muss – wobei eine eigenmächtige Vertragsänderung seitens der Geschäftsführung freilich Schadensersatzansprüche nach sich ziehen kann. Unabhängig von der Art der Vereinbarung kann das Agio durch den Insolvenzverwalter eingefordert werden.[19] Zudem soll ein Aufgeld auch dann den Geschäftswert für die notarielle Beurkundung des Kapitalerhöhungsbeschlusses erhöhen, wenn es bereits bei der Gebührenrechnung einer Gesellschaftervereinbarung berücksichtigt wurde.[20] Bestehen kann ein Agio sowohl in einer Geldleistung als auch in einer Sacheinlage als Nebenleistung (sog. »**Sachagio**«).[21]

cc) Fälligkeit der Einlage

16 Ohne eine Regelung im Kapitalerhöhungsbeschluss ist auf jede Einlage nur ein Viertel einzuzahlen, §§ 56a, 7 Abs. 2 Satz 1. Soll ein **höherer Betrag eingezahlt werden**, so bedarf es hierzu einer ausdrücklichen Festsetzung im Gesellschaftsvertrag oder im Kapitalerhöhungsbeschluss.[22] Bestimmt der Kapitalerhöhungsbeschluss die Fälligkeit der Einlage, kann die Fälligkeit nicht herausgeschoben werden; für eine frühere Fälligkeit ist die Zustimmung sämtlicher betroffener Gesellschafter erforderlich (§ 53 Abs. 3 GmbHG).[23] Dies spricht dafür, die Entscheidung über die Einforderung unter ausdrücklicher Abbedingung von § 46 Nr. 2[24] der Geschäftsführung oder einem etwaigen Aufsichtsrat zu übertragen.

dd) Bezugsrecht und Bezugsrechtsausschluss

17 Anders als das AktG **sieht das GmbHG kein Bezugsrecht** der Altgesellschafter **vor.** Einigkeit besteht allerdings, dass dies nicht dazu führen kann, dass die Altgesellschafter einer möglichen Verwässerung ihrer Beteiligung schutzlos ausgesetzt sind. Keine Einigkeit besteht indes über die Art und Weise des Schutzes. Während sich einige Autoren mit inhaltlichen Schranken beim Zulassungsbeschluss[25] oder einer Anwartschaft auf die Teilnahme an der Kapitalerhöhung behelfen,[26] hält die herrschende Meinung[27] derartige Maßnahmen nicht für ausreichend und gesteht den Altgesellschaftern ein **(über)gesetzliches Bezugsrecht** zu. Der herrschenden Meinung ist zu folgen: Aufgrund der personalistischen Struktur der GmbH bedürfen ihre Gesellschafter mindestens im gleichen Maße wie die Aktionäre einer AG des Schutzes gegen Verwässerung. Dieser Schutz kann nur durch ein Bezugsrecht erfolgen.

18 Wurde das Bezugsrecht nicht ausgeschlossen (zum Ausschluss s. Rdn. 21), entsteht mit der Fassung eines Kapitalerhöhungsbeschlusses (zum Bezugsrecht bei der Ausnutzung des genehmigten Kapitals

---

18 Vgl. OLG München, Urt. v. 27.09.2006 – 7 U 1857/06, AG 2007, 292, 294; *Arnold/Born*, in: Bork/Schäfer, GmbHG, § 55 Rn. 19.

19 BGH, Urt. v. 15.10.2007 – II ZR 216/06, NZG 2008, 73, 74; *Inhester*, in: Saenger/Inhester, GmbHG, § 55 Rn. 17.

20 So OLG München, Beshcl. V. 26.02.2018 – 32 Wx 405/17 Kost, ZIP 2018, 526.

21 Ausführlich zum Sachagio siehe *Karl*, GmbHR 2020, 13 ff.

22 BGH, Urt. v. 29.06.1961 – II ZR 39/60, BB 1961, 953, 953; OLG Zweibrücken, Urt. v. 11.12.1994 – 8 U 158/93, GmbHR 1996, 122.

23 *Bormann*, in: Bormann/Kauka/Ockelmann, HdbGmbHR, Kap. 4 Rn. 90.

24 BGH, Beschl. v. 11.12.1995 – II ZR 268/94, DStR 1996, 111, 112; OLG Celle, Urt. v. 12.05.1997 – 9 U 204/96, GmbHR 1997, 748, 749.

25 *Roth*, in: Roth/Altmeppen, GmbHG, § 55 Rn. 20 ff.; *Schnorbus*, in: Rowedder/Schmidt-Leithoff, GmbHG, § 55 Rn. 33 ff.

26 So *Ulmer/Casper*, in: Ulmer/Habersack/Löbbe, GmbHG, § 55 Rn. 52 ff.

27 *Bayer*, in: Lutter/Hommelhoff, GmbHG, § 55 Rn. 19; *Servatius*, in: Baumbach/Hueck, GmbHG, § 55 Rn. 20; *Priester*, DB, 1980, 1925, 1927 ff.; *Priester/Tebben*, in Scholz, GmbHG, § 55 Rn. 42 ff.

s. § 55a Rdn. 47 ff.) als Annex zu jedem Geschäftsanteil[28] ein Recht des jeweiligen Inhabers des Geschäftsanteils, sich entsprechend der mit dem Geschäftsanteil verbundenen Beteiligungsquote an einer Kapitalerhöhung zu beteiligen. Eines besonderen Zulassungsbeschlusses bedarf es beim Bestehen eines uneingeschränkten Bezugsrechts nicht.[29] Dieses **(konkrete) Bezugsrecht** kann unter den Voraussetzungen des § 15 sowie ergänzender statutarischer Regelungen (namentlich etwaiger Vinkulierungen) auch an Nichtgesellschafter abgetreten werden.[30] Bis zum Beschluss über die Kapitalerhöhung hingegen ist das (allgemeine) Bezugsrecht untrennbar mit dem dazugehörigen Geschäftsanteil verbunden.[31]

19 **Ausgeübt wird** das Bezugsrecht durch die Übernahme (zu dieser s.u. Rdn. 36) eines bei der Kapitalerhöhung geschaffenen Geschäftsanteils. Dabei steht es der Gesellschafterversammlung frei, im Kapitalerhöhungsbeschluss oder durch späteren Gesellschafterbeschluss entsprechend § 186 Abs. 1 Satz 2 AktG eine Frist zur Bezugsrechtsausübung zu setzen. Nach Ablauf der Frist ist eine wirksame Ausübung des Bezugsrechts nicht mehr möglich. Dabei kann das Bezugsrecht nach dem BGH[32] nur ganz oder gar nicht, nicht aber **teilweise ausgeübt** werden. Dies vermag nicht zu überzeugen. Auch genügt es nicht, die (Mit) Gesellschafter aus ihrer Treuepflicht heraus für verpflichtet zu halten, einzelne Gesellschafter mit einem Teilbetrag ihres Bezugsrechtes zuzulassen.[33] Bei einem solchen Vorgehen müssten sich die Gesellschafter bereits vor Fassung des Kapitalerhöhungsbeschlusses nicht nur verbindlich entscheiden, ob, sondern auch in welchem Umfang sie an der Kapitalerhöhung teilzunehmen gedenken. Dieses Vorgehen steht im Widerspruch zum gesetzlichen Ablauf.[34] Da das Bezugsrecht mit den Geschäftsanteilen verbunden ist, reduziert sich die praktische Bedeutung der teilweisen Ausübung des Bezugsrechts, wenn sämtliche Geschäftsanteile nur den Mindestnennwert haben. In diesem Fall stehen dem Gesellschafter zwangsläufig eine Vielzahl von Bezugsrechten zu, sodass der Gesellschafter sein Bezugsrecht für einige Anteile ausüben kann und für andere nicht.

20 **Üben nicht sämtliche Gesellschafter ihr Bezugsrecht** vollumfänglich **aus**, so erhöhen sich automatisch die Bezugsrechte der Gesellschafter, die von ihrem Bezugsrecht Gebrauch gemacht haben. Die Verteilung zwischen diesen Gesellschaftern richtet sich dabei nach ihren Beteiligungsverhältnissen untereinander. Hat ein Gesellschafter von einem Bezugsrecht nur teilweise Gebrauch gemacht, so nimmt er gleichwohl an der Verteilung der nicht ausgeübten Bezugsrechte teil. Zwar hat der sein Bezugsrecht nur teilweise ausübende Gesellschafter grds. zu verstehen gegeben, dass er an einer weiteren Übernahme von Anteilen nicht interessiert ist. Allerdings kann die Nichtausübung von Bezugsrechten durch Mitgesellschafter zur Folge haben, dass Mitgesellschafter die Möglichkeit haben, bestimmte Schwellenwerte zu überschreiten. Dies zu verhindern muss dem Gesellschafter ermöglicht werden, der sein Bezugsrecht nur teilweise ausübt. Wird der **Minimal- oder Fixbetrag**, um den das Stammkapital (mindestens) erhöht werden soll, auch nach einer Ausübung der erhöhten Bezugsrechte **nicht erreicht**, kann die Kapitalerhöhung nicht wie beschlossen durchgeführt werden. In diesem Fall ist es an den Gesellschaftern zu entscheiden, ob die Kapitalerhöhung gar nicht mehr oder um einen geringeren Betrag durchgeführt werden soll. In beiden Fällen bedarf es eines (Aufhebungs- oder Änderungs) Beschlusses der Gesellschafterversammlung, der der gleichen qualifizierten Mehrheit bedarf wie der Kapitalerhöhungsbeschluss selbst.[35]

---

28 *Servatius*, in: Baumbach/Hueck, GmbHG, § 55 Rn. 21.

29 *Servatius*, in: Baumbach/Hueck, GmbHG, § 55 Rn. 21; *Arnold/Born*, in: Bork/Schäfer, GmbHG, § 55, Rn. 21; *Lieder*, in: MünchKommGmbHG, § 55 Rn. 105.

30 *Arnold/Born*, in: Bork/Schäfer, GmbHG, § 55 Rn. 23; *Lieder*, in: MünchKommGmbHG, § 55 Rn. 79.

31 A.A. unter Verweisung auf die Abtretbarkeit eines künftigen Gewinnauszahlungsanspruches *Arnold/Born*, in: Bork/Schäfer, GmbHG, § 55 Rn. 23.

32 BGH, Urt. v. 18.04.2005 – II ZR 151/03, NZG 2005, 551, 553.

33 So aber *Servatius*, in: Baumbach/Hueck, GmbHG, § 55 Rn. 21.

34 Für eine nur teilweise Ausübbarkeit denn auch *Bayer*, in: Lutter/Hommelhoff, GmbHG, § 55 Rn. 21; *Arnold/Born*, in: Bork/Schäfer, GmbHG, § 55 Rn. 23; *Priester*, GmbHR 2005, 1013 ff.

35 Wie hier *Arnold/Born*, in: Bork/Schäfer, GmbHG, § 55 Rn. 20. Bei der Aufhebung eine einfache Mehrheit für ausreichend haltend *Bayer*, in: Lutter/Hommelhoff, GmbHG, § 55 Rn. 5; *Priester/Tebben*, in: Scholz,

Ausgeschlossen werden kann das Bezugsrecht sowohl im Gesellschaftsvertrag[36] als auch im Zuge der Kapitalerhöhung. Soll das Bezugsrecht im Zuge der Kapitalerhöhung ausgeschlossen werden, ist der Ausschluss in den Kapitalerhöhungsbeschluss selbst mit aufzunehmen und entsprechend § 186 Abs. 4 Satz 1 AktG in der Einladung zur Gesellschafterversammlung anzukündigen.[37] Da der Bezugsrechtsauschluss im Kapitalerhöhungsbeschluss selbst zu erfolgen hat, bedarf der Bezugsrechtsauschluss ebenso wie dieser der notariellen Beurkundung und einer für die Änderung des Gesellschaftsvertrages erforderlichen Mehrheit.[38] Sieht der Gesellschaftsvertrag keine abweichenden Regelungen vor, genügt mithin eine Mehrheit von 75 % der abgegebenen Stimmen.[39] Sollen nur einzelne Gesellschaft vom Bezugsrecht ausgeschlossen werden, ist deren Zustimmung erforderlich.[40] 21

Neben den vorbeschriebenen formellen Anforderungen hat ein Bezugsrechtsausschluss auch bestimmten **materiellen Anforderungen** zu genügen. Namentlich ist ein Bezugsrechtsausschluss nur dann zulässig, wenn er der Erreichung eines berechtigten Gesellschaftsinteresses dient und sowohl erforderlich als auch verhältnismäßig ist. Insofern kann auf die aktienrechtlichen Anforderungen an einen Bezugsrechtsausschluss[41] zurückgegriffen werden. Allerdings ist bei der Übertragung der aktienrechtlichen Anforderungen die personalistische Struktur der GmbH zu berücksichtigen. Mithin sind die Anforderungen an einen Bezugsrechtsausschluss tendenziell höher als bei der AG.[42] Eine **schriftliche Begründung** des Bezugsrechtsausschlusses ist aufgrund der personalistischen Struktur der GmbH nicht erforderlich.[43] 22

Als **berechtigte Gesellschaftsinteressen** kommen etwa in Betracht:[44] 23

– Ein besonderes Interesse der Gesellschaft an einer bestimmten Leistung, die nur ein Dritter oder einer von mehreren Gesellschaftern (i.d.R. im Wege einer Sacheinlage) erbringen kann;
– ein Geschäftspartner oder leitender Mitarbeiter macht die weitere Zusammenarbeit von der Einräumung einer gesellschaftsrechtlichen Beteiligung abhängig;
– Ausgleich von **Spitzenbeträgen**, was freilich aufgrund der neu geschaffenen Möglichkeit, Geschäftsanteile im Nennbetrag von 1 € auszugeben, kaum mehr praktische Bedeutung haben dürfte.

Dass die Gesellschaft indes zu ihrer **Sanierung** dringend einer (Bar) Kapitalerhöhung bedarf, rechtfertigt i.d.R. keinen Bezugsrechtsauschluss. Sind einzelne Gesellschafter nicht willens oder in der Lage, an der Kapitalerhöhung teilzunehmen, so haben sie die Möglichkeit, ihr Bezugsrecht nicht oder nur teilweise (zur teilweisen Ausübung des Bezugsrechts s.o. Rdn. 18) auszuüben. Eines Bezugrechtsauschlusses bedarf es indes nicht. Allerdings ist ein Kapitalerhöhungsbeschluss zur Sanierung der Gesellschaft nicht deswegen anfechtbar, weil nicht sämtliche Gesellschafter die finanziellen 24

GmbHG, § 55 Rn. 35 i.V.m. § 53 Rn. 185; *Ulmer/Casper*, in: Ulmer/Habersack/Löbbe, GmbHG, § 55 Rn. 18.

36 Zum Ausschluss des Bezugsrechts im Gesellschaftsvertrag s. *Priester/Tebben*, in: Scholz, GmbHG, § 55 Rn. 70. Die Zulässigkeit eines gesellschaftsvertraglichen Ausschlusses anerkennend OLG München, Beschl. v. 23.01.2012 – Az. 31 Wx 457/11, NZG 2012, 370, 371.

37 *Priester/Tebben*, in: Scholz, GmbHG, § 55 Rn. 61; *Servatius*, in: Baumbach/Hueck, GmbHG, § 55 Rn. 25; *Bayer*, in: Lutter/Hommelhoff, GmbHG, § 55 Rn. 23.

38 *Priester/Tebben*, in: Scholz, GmbHG, § 55 Rn. 61.

39 Zudem auch noch eine Kapitalmehrheit für erforderlich haltend *Servatius*, in: Baumbach/Hueck, GmbHG, § 55 Rn. 25a.

40 *Bormann*, in: Bormann/Kauka/Ockelmann, HdbGmbHR, Kap. 4 Rn. 318.

41 S. hierzu BGH, Urt. v. 13.03.1978 – II ZR 142/76, BGHZ 71, 40, 46 f.; BGH, Urt. v. 07.03.1994, BGHZ 125, 239, 242; *Hüffer*, AktG, § 186 Rn. 26 ff. m.w.N.; *Zöllner*, AG 2002, 585, 587 ff.

42 Ebenso *Priester/Tebben*, in: Scholz, GmbHG, § 55 Rn. 54.

43 *Bormann*, in: Bormann/Kauka/Ockelmann, HdbGmbR, Kap. 4 Rn. 320. Ähnlich: *Priester/Tebben*, in: Scholz, GmbHG, § 55 Rn. 61a. Eine schriftliche Begründung für erforderlich haltend *Servatius*, in: Baumbach/Hueck, GmbHG, § 55 Rn. 25b; *Bayer*, in: Lutter/Hommelhoff, GmbHG, § 55 Rn. 23; *Lieder*, in: MünchKommGmbHG, § 55 Rn. 84; *Heckschen*, DStR 2001, 1437, 1440.

44 Vgl. dazu *Servatius*, in: Baumbach/Hueck, GmbHG, § 55 Rn. 26 f.; *Priester/Tebben*, in: Scholz, GmbHG, § 55 Rn. 56 ff.

Mittel haben, an der Kapitalerhöhung teilzunehmen; getreu des allgemeinen Grundsatzes »Geld hat man zu haben« fällt das Risiko, sich aufgrund fehlender finanzieller Mittel nicht an einer Kapitalerhöhung beteiligen zu können, in den Risikobereich eines jeden Gesellschafters.[45]

25 Ist der **Bezugsrechtsausschluss materiell rechtswidrig**, weil er den vorgenannten Anforderungen nicht genügt, so ist er zwar anfechtbar, aber nicht nichtig.[46] Das soll nach dem BGH[47] auch bei einer Kapitalerhöhung im Anschluss an eine Kapitalherabsetzung gelten, wobei es allerdings nach zutreffender Auffassung (s. vorstehende Rdn.) in einer solchen Konstellation keines Bezugsrechtsausschlusses bedarf. Genügt der Bezugsrechtsausschluss bereits den **formellen Anforderungen** nicht, etwa weil er nicht im Kapitalerhöhungsbeschluss enthalten ist, ist er demgegenüber anfechtbar.[48]

26 Neben dem formalen Bezugsrechtsausschluss können einzelne Gesellschafter auch rein faktisch vom Bezugsrecht ausgeschlossen werden. Bei einem solchen **faktischen Bezugsrechtsausschluss** steht den Gesellschaftern zwar rechtlich ein Bezugsrecht zu, allerdings sind die Bedingungen der Kapitalerhöhung so ausgestaltet, dass sie von diesem Bezugsrecht faktisch kein Gebrauch machen können. Hauptfall des faktischen Bezugsrechtsauschlusses ist die Festlegung eines Ausgabepreises (deutlich) oberhalb des Marktwertes. Anfechtbar ist ein Kapitalerhöhungsbeschluss unter faktischem Bezugsrechtsausschluss nur dann, wenn der Ausschluss materiell rechtswidrig war. Rein formelle Fehler wie etwa das Fehlen eines ausdrücklichen Ausschlusses des Bezugsrechts im Kapitalerhöhungsbeschluss genügen nicht für eine Anfechtung, da die Gesellschafter verpflichtet gewesen wären, einem Bezugsrechtsausschluss zuzustimmen.[49]

ee) Gewinnteilnahme

27 Der Kapitalerhöhungsbeschluss kann vorsehen, dass die neuen Geschäftsanteile **nicht erst mit der Eintragung der Kapitalerhöhung im Handelsregister** (s. hierzu oben Rdn. 11) am Gewinn beteiligt sind, sondern bereits zu einem früheren Zeitpunkt, etwa zu Beginn des laufenden Geschäftsjahres, oder zu einem späteren Zeitpunkt, etwa dem Beginn des kommenden Geschäftsjahres. Auch kann der Beschluss vorsehen, dass die neuen Anteile pro rata – und nicht auf Grundlage einer Zwischenbilanz – ab Eintragung der Kapitalerhöhung am Gewinn partizipieren. Eine vom gesetzlichen Leitbild abweichende Regelung setzt allerdings eine Öffnungsklausel nach § 29 Abs. 3 Satz 2 voraus. Fehlt es an einer solchen Klausel im Gesellschaftsvertrag, ist eine abweichende Regelung im Kapitalerhöhungsbeschluss nur bei Einhaltung der Voraussetzungen für eine Satzungsdurchbrechung wirksam (zur Satzungsdurchbrechung s. *Leitzen* § 53 Rdn. 16 f.).

ff) Sonstiges

28 Wie sonstige Änderungen des Gesellschaftsvertrages auch, kann der Kapitalerhöhungsbeschluss **nicht befristet oder bedingt** gefasst werden. Allerdings kann die Geschäftsführung angewiesen werden, die Kapitalerhöhung nur unter bestimmten Voraussetzungen zur Eintragung ins Handelsregister anzumelden. Sollen mit den durch die Kapitalerhöhung neu geschaffenen Anteilen **Nebenpflichten** i.S.d. § 3 Abs. 2, 2. Alt. verbunden sein, so sind diese Nebenpflichten in den Kapitalerhöhungsbeschluss aufzunehmen. Die – nunmehr nach § 40 Abs. 1 Satz 1 und Abs. 2 Satz 1 erforderliche – **Nummerierung der Geschäftsanteile** kann bereits im Kapitalerhöhungsbeschluss erfolgen, zwingend vorgeschrieben ist sie aber nicht.[50] In jedem Fall empfiehlt sich mit Blick auf die

---

45 LG Berlin, Urt. v. 01.02.2019 – 94 O 16/18, ZInsO 2020, 318, 320 f.

46 BGH, Urt. v. 18.04.2005 – II ZR 151/03, NZG 2005, 551, 553.

47 BGH, Urt. v. 18.04.2005 – II ZR 151/03, NZG 2005, 551, 553.

48 *Bayer*, in: Lutter/Hommelhoff, GmbHG, § 55 Rn. 27.

49 *Bormann*, in: Bormann/Kauka/Ockelmann, HdbGmbHR, Kap. 4 Rn. 323. I.E. a.A. *Bayer*, in: Lutter/Hommelhoff, GmbHG, § 55 Rn. 28; *Heckschen*, DStR 2001, 1437, 1442.

50 *Bayer*, in: Lutter/Hommelhoff, GmbHG, § 55 Rn. 15; *Arnold/Born*, in: Bork/Schäfer, GmbHG, § 55 Rn. 16; *Bormann*, in: Bormann/Kauka/Ockelmann, HdbGmbHR, Kap. 4 Rn. 359.

Zuordnung der einzelnen Geschäftsanteile an die Gesellschafter eine Wiederholung der Nummerierung im Zulassungsbeschluss und im Übernahmevertrag.

c) **Formelle Anforderungen**

Der Kapitalerhöhungsbeschluss ist auf die Änderung des Gesellschaftsvertrages gerichtet und hat damit den Anforderungen des § 53 zu genügen. Mithin bedarf der Gesellschafterbeschluss der **notariellen Beurkundung** und mindestens (d.h. vorbehaltlich weitergehender gesellschaftsvertraglicher Regelungen[51]) einer **Mehrheit von 75 %** der abgegebenen Stimmen. Dem Erfordernis eines notariell beurkundeten Gesellschafterbeschlusses ist auch dann genüge getan, wenn die Gesellschafter ihre Stimme zu Protokoll eines oder mehrerer Notare erklären, § 48 Abs. 2.[52] Da der Kapitalerhöhungsbeschluss als solcher keine Übernahme- oder Leistungspflicht begründet, ist nicht die Zustimmung sämtlicher Gesellschafter nach § 53 Abs. 3 erforderlich.[53] Einen Schutz vor etwaigen Haftungsrisiken, etwa aus § 24 (zu dieser Haftung s.u. Rdn. 76) bezweckt § 53 Abs. 3 indes nicht,[54] sodass sich auch aus dem Risiko einer Ausfallhaftung nicht die Notwendigkeit einer Zustimmung durch sämtliche Gesellschafter herleiten lässt. 29

Stimmberechtigt sind sämtliche Gesellschafter. **§ 47 Abs.** 4 findet weder in Bezug auf die Kapitalerhöhung selbst noch in Bezug auf den Zulassungsbeschluss Anwendung.[55] Der Kapitalerhöhungsbeschluss ist auf innergesellschaftliche Willensbildung gerichtet und damit dem Anwendungsbereich des § 47 Abs. 4 entzogen. 30

Bei der **Entscheidung über die Kapitalerhöhung** sind die Gesellschafter frei, Grenzen können sich allerdings aus (Stimmbindungs) Verträgen und der Treuepflicht ergeben. Eine **vertragliche Verpflichtung zur Durchführung einer Kapitalerhöhung** bedarf der Einbindung der Gesellschafter. Zwar kann sich auch die Gesellschaft, vertreten durch ihre Geschäftsführer, zur Durchführung einer Kapitalerhöhung verpflichten, da § 187 Abs. 2 AktG auch nicht analog gilt. Allerdings obliegt es allein den Gesellschaftern, über das Ob einer Kapitalerhöhung und die Zulassung zu entscheiden.[56] Damit steht jede Verpflichtung der Gesellschaft zur Durchführung einer Kapitalerhöhung unter dem Vorbehalt entsprechender Gesellschafterbeschlüsse. Die Gesellschafter indes können sich sowohl untereinander als auch ggü. Dritten zur Durchführung einer Kapitalerhöhung verpflichten. Namentlich können sich die Gesellschafter zur Fassung eines Gesellschafterbeschlusses betreffend die Kapitalerhöhung und betreffend die Zulassung bestimmter Personen zur Kapitalerhöhung verpflichten. 31

Besondere Beachtung ist bei derartigen Vereinbarungen auf die **Bestimmtheit der Verpflichtung** zu legen, namentlich auf die Voraussetzungen für die Durchführung der Kapitalerhöhung und die Höhe des Ausgabebetrages (Agio). Einer besonderen **Form** bedarf eine solche Verpflichtung zur Durchführung einer Kapitalerhöhung und zur künftigen Übernahme eines Geschäftsanteils nach wohl herrschender Meinung[57] nicht, insb. ist keine notarielle Beurkundung erforderlich. Konsistent 32

---

51 Vgl. *Bayer*, in: Lutter/Hommelhoff, GmbHG, § 53 Rn. 13.

52 *Ulmer*, in: Ulmer/Habersack/Löbbe, GmbHG, § 53 Rn. 50; *Arnold/Born*, in: Bork/Schäfer, GmbHG, § 55 Rn. 7.

53 Allgemeine Meinung s. nur *Bayer*, in: Lutter/Hommelhoff, GmbHG, § 55 Rn. 4; *Ulmer/Casper*, in: Ulmer/Habersack/Löbbe, GmbHG, § 55 Rn. 23 f.; *Servatius* in: Baumbach/Hueck, GmbHG, § 55 Rn. 17.

54 Ebenso *Roth*, in: Roth/Altmeppen, GmbHG, § 55 Rn. 7; *Schnorbus*, in: Rowedder/Schmidt-Leithoff, GmbHG § 55 Rn. 7.

55 *Ulmer/Casper*, in: Ulmer/Habersack/Löbbe, GmbHG, § 55 Rn. 17 und 47; *Servatius*, in: Baumbach/Hueck, GmbHG, § 55 Rn. 25b.

56 *Priester/Tebben*, in: Scholz, GmbHG, § 55 Rn. 118.

57 *Ulmer/Casper*, in: Ulmer/Habersack/Löbbe, GmbHG, § 55 Rn. 38; *Priester/Tebben*, in: Scholz, GmbHG, § 55 Rn. 117; siehe jüngst auch *Krampen-Lietzke*, RNotZ 2016, 20; *Weitnauer*, GWR 2018, 245, 246. Ebenso OLG Köln, Urt. v. 25.07.2002 – 18 U 60/02, GmbHR 2003, 416 (LS) für die Verpflichtung zur Änderung des Gesellschaftsvertrages zur Einführung eines Beirates. Ausführlich zur Auswirkung von Nebenabreden und zu Gestaltungsmöglichkeiten *Weitnauer*, GWR 2018, 245 ff.

ist diese herrschende Meinung indes nicht, ist doch nicht ersichtlich, weshalb die Verpflichtung zur Gründung einer GmbH zu beurkunden ist, die Verpflichtung zur Durchführung einer Kapitalerhöhung indes nicht.[58] Verpflichtungen zur Übernahme eines Geschäftsanteils bedürfen indes der notariellen Form (s. hierzu unten Rdn. 46 ff.).

33 Nach einer Entscheidung des OLG Schleswig[59] kann die Verabredung zu einer Zusammenarbeit in einer bestehenden Gesellschaft verbunden mit der Verabredung einer Kapitalerhöhung zur Gründung einer **Vorbeteiligungsgesellschaft** in der Rechtsform einer Gesellschaft bürgerlichen Rechts führen. Kommt es dann später nicht zur geplanten Kapitalerhöhung, so richtet sich die Auseinandersetzung zwischen der Gesellschaft, ihren Gesellschaftern und den an der Kapitalerhöhung zu Beteiligenden nach den §§ 738 ff. BGB. Im Grundsatz ist dem OLG Schleswig zuzustimmen.[60] Allerdings wird man für die Bejahung einer solchen Vorbeteiligungsgesellschaft mehr als die bloße Abrede einer Kapitalerhöhung verlangen müssen. Erforderlich dürfte vielmehr sein – wie es auch beim OLG Schleswig[61] anklingt –, dass ein über die Kapitalbeteiligung hinausgehendes Ziel verfolgt wird.[62] Diese Voraussetzung dürfte insbesondere bei der Verabredung von Joint Venturen gegeben sein.

34 Die **gesellschaftliche Treuepflicht** kann sowohl zur Durchführung als auch zur Unterlassung einer Kapitalerhöhung[63] verpflichten. In beiden Fällen ist allerdings Zurückhaltung geboten. So wird eine Verpflichtung zur Durchführung einer Kapitalerhöhung nur dann angenommen werden können, wenn eine solche Kapitalerhöhung zur Erhaltung der Gesellschaft erforderlich ist. Eine solche Verpflichtung hat der BGH[64] bisher zwar nur im Zusammenhang mit der Anpassung des Gesellschaftskapitals an das erhöhte gesetzliche Mindestkapital durch das GmbHG 1980 angenommen. Allerdings lässt sich diese Rechtsprechung mit Fingerspitzengefühl auf Sanierungssituationen übertragen.[65] Eine Verpflichtung, sich an einer Kapitalerhöhung zu beteiligen, kann sich indes auch aus der Treuepflicht nicht ergeben.[66]

35 Soll der **Kapitalerhöhungsbeschluss** nicht mehr durchgeführt werden (etwa weil der Erhöhungsbetrag nicht untergebracht werden konnte – s. hierzu Rdn. 20), ist er **aufzuheben**. Dabei bedarf der Aufhebungsbeschluss als *actus contrarius* zur Kapitalerhöhung der gleichen qualifizierten Mehrheit wie der Kapitalerhöhungsbeschluss selbst.[67]

---

58 S. bereits *Bormann*, OLGReport 2004, K 45, K 48.

59 OLG Schleswig, Urt. v. 04.07.2014 – 17 U 24/14, zitiert nach juris. Siehe hierzu auch *Lieder*, DStR 2014, 2464; *Priester*, GWR 2014, 405 und *Werner*, StBW 2015, 234.

60 Ebenso *Lieder*, DStR 2014, 2465 ff.; *Priester*, GWR 2014, 405, 408. Ablehnend indes *Werner*, StBW 2015, 234, 236 ff.

61 OLG Schleswig, Urt. v. 04.07.2014 – 17 U 24/14 Rn. 38, zitiert nach juris.

62 Ähnlich *Inhester*, in: Saenger/Inhester, GmbHG, § 55 Rn. 49; *Lieder*, DStR 2014, 2465 ff.; *Priester*, GWR 2014, 405, 408. Kritisch indes *Werner*, StBW 2015, 234, 236 ff.

63 Zur Verpflichtung zur Unterlassung einer Kapitalerhöhung s. BGH, Urt. v. 05.12.2005 – II ZR 13/04, GmbHR 2006, 321.

64 BGH, Urt. v. 25.09.1986 – II ZR 262/85, NJW 1987, 189, 190; BGH, Urt. v. 23.03.1987 – II ZR 244/86, NJW 1987, 3192, 3193.

65 Vgl. zur GbR BGH, Urt. v. 19.10.2009 – II ZR 240/08, NJW 2010, 65 ff.

66 *Servatius*, in: Baumbach/Hueck, GmbHG, § 55 Rn. 17b; *Schnorbus*, in: Rowedder/Schmidt-Leithoff, GmbHG, § 55 Rn. 21; *Inhester*, in: Saenger/Inhester, GmbHG, § 55 Rn. 5; ausführlich *Ulmer/Casper*, in: Ulmer/Habersack/Löbbe, GmbHG, § 55 Rn. 39 ff.

67 Wie hier *Arnold/Born*, in: Bork/Schäfer, GmbHG, § 55 Rn. 20. Eine einfache Mehrheit für ausreichend haltend *Ulmer/Casper*, in: Ulmer/Habersack/Löbbe, GmbHG, § 55 Rn. 18; *Bayer*, in: Lutter/Hommelhoff, GmbHG, § 55 Rn. 5; Vgl. zum Meinungsstand *Priester/Tebben*, in: Scholz, GmbHG, § 55 Rn. 36 i.V.m. § 53 Rn. 185.

2. Übernahmeerklärung

a) Rechtscharakter und Funktion

Nach Abs. 1 bedarf die Übernahme eines Geschäftsanteils im Zuge einer Kapitalerhöhung einer notariell aufgenommen oder beglaubigten Erklärung des Übernehmers. Trotz des abweichenden Wortlautes besteht Einvernehmen, dass eine einseitige Erklärung des Übernehmers nicht ausreicht, sondern ein **Vertrag mit körperschaftlichem Charakter**[68] zwischen der Gesellschaft und dem Übernehmer erforderlich ist. Mit diesem Vertrag verpflichtet sich der Übernehmer zur Erbringung der vorgesehenen Einlage.[69] Im Gegenzug erwirbt der Übernehmer – aufschiebend bedingt auf die Eintragung der Kapitalerhöhung im Handelsregister – die Gesellschafterstellung und im Fall der Übernahme durch einen Gesellschafter erweiterte Gesellschafterrechte. 36

b) Vertragsparteien und Vertretung

Vertragsparteien des Übernahmevertrages sind die Gesellschaft und der Übernehmer. Dabei sind die **Vertragsparteien** hinreichend **zweifelsfrei zu bezeichnen**. Hierzu ist in jedem Fall die volle Firma der Gesellschaft und idealiter auch deren Handelsregisternummer in den Vertrag aufzunehmen. Die an die Bezeichnung des Übernehmers zu stellenden Anforderungen richten sich nach der Person des Übernehmers. Handelt es sich um eine natürliche Person, so ist der volle Name unter Angabe der aktuellen Meldeadresse anzugeben. Handelt es sich beim Übernehmer um eine Kapital- oder Personenhandelsgesellschaft, gelten die Ausführungen zur Gesellschaft entsprechend. Handelt es sich bei dem Übernehmer um eine **GbR**, sind in dem Übernahmevertrag sämtliche Gesellschafter zu nennen, arg. §§ 162 Abs. 1 Satz 2 HGB, 47 Abs. 2 GBO. Wie bei Grundstücksgeschäften[70] kann es insb. beim Eintritt der GbR in die Gesellschaft erforderlich sein, einen Nachweis über die Existenz, die Identität und die Vertretungsverhältnisse der GbR zu führen. Dabei kann in dem Übernahmevertrag mit der GbR nicht vereinbart werden, dass nur die GbR, nicht aber die Gesellschafter der GbR für die Einlage haftet; eine solche Vereinbarung würde die Kapitalaufbringung gefährden.[71] 37

Die **Gesellschaft** wird beim Abschluss des Übernahmevertrages von ihren Gesellschaftern in Gesamtvertretung **vertreten**.[72] Allerdings können die Gesellschafter die Geschäftsführer formlos[73] ermächtigen, die Gesellschaft beim Abschluss des Übernahmevertrages zu vertreten. Eine solche Ermächtigung kann auch konkludent erfolgen, etwa durch einen Gesellschafterbeschluss, der nur bestimmte Personen als Übernehmer zulässt.[74] Lassen sich die Gesellschafter nicht vertreten, gelten die von ihnen in Form eines Gesellschafterbeschlusses abgegebenen Willenserklärungen allein ggü. Anwesenden. Abwesenden ggü. wird die Erklärung erst mit ihrer Übermittlung – etwa durch einen Geschäftsführer als Boten – wirksam. 38

In einer **Einmann-Gesellschaft** kann sich der alleinige Gesellschafter selbst zur Kapitalerhöhung zulassen. § 181 BGB steht dem nicht entgegen, da dieser durch § 47 Abs. 4 als lex specialis 39

68 BGH, Urt. v. 03.11.2016 – II ZR 13/14, NZG 2015, 1396, Rn. 13; Urt. v. 11.01.1999 – II ZR 170/98, DStR 1999, 382; *Lutter*, in: FS Schilling, 1973, S. 207, 217.

69 BGH, Urt. v. 11.01.1999 – II ZR 170/98, DStR 1999, 382.

70 S. hierzu OLG Hamm, Beschl. v. 02.11.2010 – I 15 W 440/10, BeckRS 2010, 27687; OLG Brandenburg, Urt. v. 08.12.2010 – 3 U 145/09, BeckRS 2010, 31098.

71 *Servatius*, in: Baumbach/Hueck, GmbHG, § 55 Rn. 19.

72 *Bayer*, in: Lutter/Hommelhoff, GmbHG, § 55 Rn. 34; *Servatius*, in: Baumbach/Hueck, GmbHG, § 55 Rn. 34. Kritisch hierzu *Wachter*, GmbHR 2018, 134, 138.

73 BGH, Urt. v. 30.11.1967 – II ZR 68/55, NJW 1968, 398, 399; *Ulmer/Casper*, in: Ulmer/Habersack/Löbbe, GmbHG, § 55 Rn. 83.

74 BGH, Urt. v. 30.11.1967 – II ZR 68/55, NJW 1968, 398, 399; *Servatius*, in: Baumbach/Hueck, GmbHG, § 55 Rn. 34.

ausgeschlossen ist; § 47 Abs. 4 indes findet auf Einmann-Gesellschaften keine Anwendung.[75] Einen gesonderten Übernahmevertrag wird man bei der Zulassung des Allein-Gesellschafters zur Kapitalerhöhung nur dann verlangen können, wenn nicht bereits der (nicht erforderliche – s. Rdn. 18) Zulassungsbeschluss den formellen Anforderungen an den Übernahmevertrag genügt.

40 Sollen **Minderjährige** an der Kapitalerhöhung teilnehmen, obwohl einer ihrer Erziehungsberechtigten bereits Gesellschafter ist, ist eine Pflegerbestellung nach § 1909 BGB erforderlich; eine Befreiung von den Beschränkungen des § 181 BGB ist nicht möglich. Die teilweise[76] vertretene Hilfslösung, dass die Gesellschaft beim Abschluss des Übernahmevertrages allein von den übrigen Gesellschaftern vertreten werde, vermag nicht zu überzeugen, da nicht nur eine Passivvertretung bei der Entgegennahme der Erklärung der Erziehungsberechtigten vorliegt, sondern auch eine Aktivvertretung bei der Annahme der Erklärung des Minderjährigen. Entsprechendes gilt für Betreuer.

41 Lässt sich der Übernehmer **rechtsgeschäftlich vertreten**, bedarf die **Vollmacht** ebenfalls der notariellen Form (zu den Anforderungen an die Form im Einzelnen s.u. Rdn. 46 ff.). Der Übernahmevertrag kann auch durch einen Vertreter ohne Vertretungsmacht geschlossen werden. Da es sich um einen Vertrag und nicht um eine einseitige Erklärung handelt (s.o. unter Rdn. 36), findet § 180 BGB keine Anwendung. Allerdings bedarf in diesem Fall die Genehmigungserklärung der notariellen Form.

c) Inhalt

42 Die Anforderungen an den Inhalt des Übernahmevertrages folgen aus dessen Funktion. Der Übernehmer verpflichtet sich zur Erbringung der Einlage und erwirbt im Gegenzug Gesellschafterrechte (s. hierzu oben Rdn. 36); aus der Natur der Sache folgt, dass die Verpflichtung des Übernehmers nicht erst mit der Eintragung der Kapitalerhöhung ins Handelsregister wirksam wird, sondern bereits mit Abschluss des Übernahmevertrages[77]. Daraus folgt zunächst, dass die dem **Übernehmer obliegenden Verpflichtungen** zu nennen sind. Hierzu zählen jedenfalls der Nennbetrag der übernommenen Stammeinlage, ein etwaiges Agio sowie die Fälligkeit der vorgenannten Beträge, sofern diese von der gesetzlichen Regelung (s. hierzu oben Rdn. 16) abweicht.[78] Enthält der Kapitalerhöhungsbeschluss bereits die erforderlichen Informationen, kann auf diesen verwiesen werden. Sind die Gesellschafter unter dem Gesellschaftsvertrag zu Nebenleistungen verpflichtet, namentlich zu Nachschüssen, so hat der Übernahmevertrag mit einem Nicht-Gesellschafter auch einen entsprechenden Hinweis etwa in Form einer Verweisung auf den Gesellschaftsvertrag zu enthalten, Abs. 2 Satz 2; rein schuldrechtliche Verpflichtungen sind indes nicht aufzunehmen.

43 Da der Übernahmevertrag auf den dinglichen Erwerb eines Geschäftsanteils gerichtet ist, hat er den **Anforderungen an den sachenrechtlichen Bestimmtheitsgrundsatz** zu genügen. Damit hat der Übernahmevertrag die Kapitalerhöhung erkennen zu lassen, auf die er sich bezieht; eine ausdrückliche Bezeichnung des Beschlusses durch Angabe des Datums oder der Urkundenrollennummer ist demgegenüber nicht erforderlich.[79] Weiterhin hat der Übernahmevertrag die Anzahl der übernommenen Geschäftsanteile zu enthalten und sollte – sofern möglich – auch deren Nummern, § 40 Abs. 1, nennen, sofern diese nicht erst bei der Einreichung der neuen Gesellschafterliste vergeben

75 LG Berlin, Beschl. v. 23.08.1985 – 98 T 13/85, GmbHR 1985, 396; *Servatius*, in: Baumbach/Hueck, GmbHG, § 55 Rn. 35; *Bayer*, in: Lutter/Hommelhoff, GmbHG, § 55 Rn. 38; *Priester/Tebben*, in: Scholz, GmbHG, § 55 Rn. 77.

76 Siehe etwa *Priester/Tebben*, in: Scholz, GmbHG, § 55 Rn. 106.

77 BGH, Urt. v. 03.11.2016 – II ZR 13/14, NZG 2015, 1396, Rn. 16.

78 S. nur *Servatius*, in: Baumbach/Hueck, GmbHG, § 55 Rn. 33. Geringere Anforderungen an den Inhalt der Übernahme stellt *Priester/Tebben*, in: Scholz, GmbHG, § 55 Rn. 79 f.

79 Wie hier *Servatius*, in: Baumbach/Hueck, GmbHG, § 55 Rn. 33; *Priester/Tebben*, in: Scholz, GmbHG, § 55 Rn. 80. Eine genaue Bezeichnung des Beschlusses für erforderlich haltend *Arnold/Born*, in: Bork/Schäfer, GmbHG, § 55 Rn. 35.

werden.[80] Werden die Bestimmtheitsanforderungen eingehalten, kann der **Übernahmevertrag** auch **bereits vor dem Kapitalerhöhungsbeschluss** geschlossen werden.[81]

Anders als bei der AG (§ 185 Abs. 1 Satz 3 Nr. 4 AktG) ist der Übernahmevertrag nicht zwingend zu **befristen.** Möglich ist die Aufnahme einer Befristung allerdings gleichwohl. Enthält der Übernahmevertrag eine Befristung und wurde die Kapitalerhöhung nicht bis zum Ablauf der Frist im Handelsregister eingetragen, führt der Fristablauf automatisch zur Beendigung des Übernahmevertrages, § 158 Abs. 2 BGB (zu den Möglichkeiten des Übernehmers, sich vom Übernahmevertrag zu lösen, wenn dieser keine Befristung enthält, s.u. Rdn. 51 f.).[82] Hatte der Übernehmer seine Einlage bereits vor Fristablauf geleistet, so kann er diese nach Bereicherungsrecht zurückfordern.[83] Dabei kann sich die Gesellschaft ggü. dem Rückforderungsanspruch des Übernehmers nicht auf Entreicherung (§ 818 Abs. 3 BGB) berufen, § 820 Abs. 1 Satz 2 BGB.[84] 44

Auslegungsfragen werfen Übernahmeverträge auf, wenn sie sich nicht mit dem Kapitalerhöhungsbeschluss decken, namentlich, weil weniger (**Unterzeichnung**) oder mehr (**Überzeichnung**) Einlagen gezeichnet werden, als im Kapitalerhöhungsbeschluss vorgesehen. Bei einer Unterzeichnung wird man regelmäßig davon ausgehen können, dass die Gesellschafter eine Kapitalerhöhung um einen geringeren Betrag als den beschlossenen nicht durchführen wollen. Damit kann die Kapitalerhöhung in der beschlossenen Weise nicht durchgeführt werden (s. hierzu auch oben Rdn. 20 a.E.). Im Fall einer Überzeichnung hingegen sind die übernommenen Einlagen entsprechend zu kürzen.[85] 45

d) Form

Seinem Wortlaut nach verlangt Abs. 1 allein eine notarielle Erklärung des Übernehmers. Gleichwohl ist anerkannt, dass es zur Übernahme eines Vertrages zwischen der Gesellschaft und dem Übernehmer bedarf. Aus dem Wortlaut lässt sich allerdings ableiten, dass nicht der gesamte Übernahmevertrag der notariellen Form bedarf. Vielmehr reicht es aus, dass die **Erklärung des Übernehmers notariell aufgenommen oder beglaubigt** wurde. Die Erklärung der Gesellschaft demgegenüber kann formfrei erfolgen.[86] 46

Die Erklärung des Übernehmers ist entweder ***»notariell aufzunehmen«*** oder zu beglaubigen. Weder das BGB noch das BeurkG sieht die gesonderte Form der »notariellen Aufnahme« vor, sodass grds. jede im BeurkG genannte Form den Anforderungen des Abs. 1 genügen könnte. Allerdings ist allgemein anerkannt, dass eine bloße Niederschrift der Gesellschafterversammlung nach § 36 BeurkG nicht ausreicht.[87] Damit hat die Erklärung des Übernehmers entweder in einer notariellen Urkunde nach §§ 8, 13 BeurkG oder in Form einer **Beglaubigung** nach § 40 BeurkG zu erfolgen. In jedem Fall sollte der Notar die Vertretungsmacht des für den Übernehmenden Handelnden bestätigten. Rechtlich bestehen keine Bedenken, die **Übernahmeerklärung** bereits **in den Kapitalerhöhungsbeschluss mit aufzunehmen.**[88] In diesem Fall erhöht sich allerdings die Beurkundungsgebühr für 47

80 *Servatius*, in: Baumbach/Hueck, GmbHG, § 55 Rn. 33. *Arnold/Born*, in: Bork/Schäfer, GmbHG, § 55 Rn. 35 halten die Nennung der Nummern für zwingend erforderlich.

81 *Ulmer/Casper*, in: Ulmer/Habersack/Löbbe, GmbHG, § 55 Rn. 98; *Schnorbus*, in: Rowedder/Schmidt-Leithoff, § 55 Rn. 52.

82 BGH, Urt. v. 11.01.1999 – II ZR 170/98, DStR 1999, 382; *Bayer*, in: Lutter/Hommelhoff, GmbHG, § 55 Rn. 39; *Priester/Tebben*, in: Scholz, GmbHG, § 55 Rn. 84.

83 BGH, Urt. v. 11.01.1999 – II ZR 170/98, DStR 1999, 382.

84 So zur AG OLG Düsseldorf, Urt. v. 04.03.2010 – 6 U 49/09, BeckRS 2010, 16341.

85 S. *Hermanns*, in: Michalski, GmbHG; § 55 Rn. 91 ff. Mit Differenzierungen *Priester/Tebben*, in: Scholz, GmbHG, § 55 Rn. 101.

86 OLG Frankfurt a.M., Beschl. v. 12.05.2015 – 11 U 71/13 (Kart), GmbHR 2015, 1040, 1041; *Arnold/Born*, in: Bork/Schäfer, GmbHG, § 55 Rn. 32; *Bayer*, in: Lutter/Hommelhoff, GmbHG, § 55 Rn. 34.

87 *Lieder*, in: MünchKommGmbHG, § 55 Rn. 129; *Servatius*, in: Baumbach/Hueck, GmbHG, § 55 Rn. 32; *Bayer*, in: Lutter/Hommelhoff, GmbHG, § 55 Rn. 34.

88 OLG Celle, Beschl. v. 13.05.1986 – 1 W 8/86, NJW-RR 1986, 1482, 1483.

den Kapitalerhöhungsbeschluss, weshalb die Übernahmeerklärung gesondert – und nur beglaubigt – erfolgen sollte.[89]

48 Verpflichtet sich der Übernehmer im Rahmen einer Sachkapitalerhöhung zur Einbringung von Vermögensgegenständen, zu deren Übertragung er sich nur unter Einhaltung einer **bestimmten Form** verpflichten kann (insb. Übertragung von Grundstücken oder GmbH-Geschäftsanteilen), so darf der gesamte Übernahmevertrag dieser Form.[90] Eine (zukünftige) Verpflichtung, die übernommenen Geschäftsanteile an einen Dritten zu übertragen (etwa in einer im zeitlichen Zusammenhang mit der Übernahmeerklärung abgeschlossenen Gesellschaftervereinbarung), begründet indes keine Notwendigkeit, den Übernahmevertrag beurkunden zu lassen.[91]

e) **Wirkung**

49 Wurde die Kapitalerhöhung vor Abschluss des Übernahmevertrages beschlossen, ist die **Gesellschaft zur Durchführung der Kapitalerhöhung verpflichtet.**[92] Steht der Kapitalerhöhungsbeschluss noch aus, entsteht die Pflicht zur Durchführung mit Wirksamwerden des Kapitalerhöhungsbeschlusses. Aufgrund der Pflicht zur Durchführung der Kapitalerhöhung haben die Geschäftsführer – vorbehaltlich einer abweichenden Anweisung im Kapitalerhöhungsbeschluss selbst (hierzu s.o. Rdn. 28) – die Kapitalerhöhung zur Eintragung ins Handelsregister anzumelden. Melden die Geschäftsführer die Kapitalerhöhung nicht (rechtzeitig) zur Eintragung ins Handelsregister an, so machen sie sich den Gesellschaftern und ggf. auch der Gesellschaft ggü. **schadensersatzpflichtig.**[93] Gleiches gilt, wenn die Gesellschafterversammlung eine bereits beschlossene Kapitalerhöhung gegen den Willen eines Übernehmers wieder (mit 3/4-Mehrheit – s. hierzu oben Rdn. 35) aufhebt. Bei der Bemessung des Schadensersatzes ist auf den Rechtsgedanken des § 162 BGB zurückzugreifen.[94] Siehe zum Anspruch des Übernehmers auch unten Rdn. 51.

50 Ein **Anspruch auf Erfüllung**, d.h. Durchführung der Kapitalerhöhung, soll dem Übernehmer nach dem BGH[95] nicht zustehen. Dies vermag nur zu überzeugen, als es der Gesellschafterversammlung unbenommen bleibt, die beschlossene Kapitalerhöhung wieder aufzuheben (zum Schadensersatzanspruch des Übernehmers s. vorstehende Rdn.). Anders verhält es sich indes, wenn die Geschäftsführung die Anmeldung der Kapitalerhöhung zur Eintragung ins Handelsregister verweigert oder verzögert, da die Geschäftsführer insoweit kein eigenes Entscheidungsrecht haben. Verweigert oder verzögert die Geschäftsführung die Anmeldung der Kapitalerhöhung eigenmächtig, so können sowohl die Übernehmer als auch die Gesellschafter, die für die Kapitalerhöhung gestimmt haben, sich aber nicht an der Kapitalerhöhung beteiligen, von der Geschäftsführung die Anmeldung der Kapitalerhöhung zum Handelsregister verlangen. Gleiches gilt, wenn die Geschäftsführung auf Weisung der Gesellschafterversammlung handelt, vorausgesetzt, der entsprechende Beschluss der Gesellschafterversammlung wurde nicht mit der für die Aufhebung der Kapitalerhöhung erforderlichen 3/4-Mehrheit (s. hierzu oben Rdn. 35) gefasst.

89 *Bormann*, in: Bormann/Kauka/Ockelmann, HdbGmbHR, Kap. 4 Rn. 310; *Kowalski*, in: Wachter, FA Handels- und GesellschaftsR, Teil 2, 14. Kap. Rn. 116.

90 So zutreffend *Arnold/Born*, in: Bork/Schäfer, GmbHG, § 55 Rn. 33.

91 OLG Frankfurt a.M., Beschl. v. 12.05.2015 – 11 U 71/13 (Kart), GmbHR 2015, 1040, 1042; ebenso *Wachter*, GmbHR 2018, 134, 136; offen gelassen in BGH, Urt. V. 17.10.2017 – KZR 24/15, GmbHR 2018, 148, Rn. 34.

92 A.A. wohl *Bayer*, in: Lutter/Hommelhoff, GmbHG, § 55 Rn. 40.

93 *Ulmer/Casper*, in: Ulmer/Habersack/Löbbe, GmbHG, § 55 Rn. 87; *Servatius*, in: Baumbach/Hueck, GmbHG, § 55 Rn. 38.

94 Anders wohl BGH, Urt. v. 03.11.2015 – II ZR 13/14, NZG 2015, 1396, Rn. 21, der eine Rückbeziehung ablehnt.

95 BGH, Urt. v. 01.11.1999 – II ZR 170/98, NJW 1999, 1252, 1253; jüngst bestätigt durch BGH, Urt. v. 03.11.2015 – II ZR 13/14, NZG 2015, 1396, Rn. 31 f.

Vor der Eintragung der Kapitalerhöhung ins Handelsregister finden auf den Übernahmevertrag die **allgemeinen Vorschriften** Anwendung. Damit ist der Übernahmevertrag nicht nur nach den §§ 119 ff. BGB **anfechtbar**,[96] sondern es können auch beide Parteien nach den allgemeinen Vorschriften von dem Übernahmevertrag zurücktreten. So ist der **Übernehmer zum Rücktritt** entsprechend § 323 BGB **berechtigt**, wenn die Kapitalerhöhung nicht innerhalb einer angemessenen Frist und nach Setzung einer angemessenen (Nach) Frist ins Handelsregister eingetragen wurde (zur Befristung der Übernahmeverpflichtung s. Rdn. 44).[97] Für einen automatischen Wegfall der Leistungsverpflichtung des Übernehmers aufgrund von Unmöglichkeit (§§ 275, 326 Abs. 1 Satz 1 BGB) fehlt es indes bei einer Verzögerung der Eintragung an der Unmöglichkeit, da die Kapitalerhöhung weiterhin möglich ist.[98] Droht der Gesellschaft nach Abschluss des Übernahmevertrages die Insolvenz und hatte der Übernehmer keine Kenntnis von der Krise der Gesellschaft, ist der Übernehmer auch ohne Setzung einer Frist zum Rücktritt berechtigt, § 313 Abs. 3 Satz 1 BGB.[99] Der BGH[100] will indes sämtliche Fälle der Nichteintragung über den Wegfall der Geschäftsgrundlage (§ 313 Abs. 3 Satz 1 BGB) und eine Rückabwicklung über § 346 BGB[101] lösen. Daneben kann nach dem BGH[102] eine Schadensersatzpflicht (§ 280 BGB) bestehen, wenn im Einzelfall eine aus der Treuepflicht abgeleitete Verpflichtung der Gesellschaft bestand, für eine zügige Durchführung der Kapitalerhöhung zu sorgen. Zu ersetzen soll dabei allein das negative Interesse sein. Wurde die Kapitalerhöhung bereits ins Handelsregister eingetragen, kommen die Grundsätze der fehlerhaften Gesellschaft zur Anwendung; eine rückwirkende Geltendmachung von Rücktrittsrechten ist damit ausgeschlossen.[103] Auch kann ein etwaiger Formmangel der Übernahmeerklärung nicht mehr gerügt werden.[104] 51

Hat der Übernehmer seine Einlage trotz Mahnung seitens der Gesellschaft nicht geleistet, ist die **Gesellschaft zum Rücktritt berechtigt.**[105] Einem solchen Rücktritt steht § 19 Abs. 2 GmbHG nicht entgegen, da § 19 Abs. 2 GmbHG erst ab Eintragung der Kapitalerhöhung im Handelsregister greift. Allerdings stellt ein solcher Rücktritt vom Übernahmevertrag die Durchführung der Kapitalerhöhung in ihrer beschlossenen Form infrage, weshalb die Geschäftsführer das Rücktrittsrecht nur auf Grundlage eines entsprechenden Gesellschafterbeschlusses erklären dürfen (vgl. auch oben Rdn. 49 f.). 52

---

96 Ebenso *Herrmanns*, in: Michalski, GmbHG, § 55, Rn. 95.

97 Ähnlich, allerdings unter Verzicht auf eine Fristsetzung entsprechend § 323 Abs. 1 BGB, ohne diesen Verzicht zu begründen *Servatius*, in: Baumbach/Hueck, GmbHG, § 55 Rn. 37; Für ein Lösungsrecht nach § 314 BGB: *Ulmer/Casper*, in: Ulmer/Habersack/Löbbe, GmbHG, § 55 Rn. 81. Für die Anwendung des § 723 BGB: *Priester/Tebben*, in: Scholz, GmbHG, § 55 Rn. 84. Zur Bestimmung der Frist ausführlich *Bieder*, NZG 2016, 538 (540).

98 Anders, wenn die Kapitalerhöhung nicht innerhalb von 6 Monaten eingetragen wird, *Lieder*, in: MünchKommGmbHG, § 55, Rn. 144. I.E. ebenso *Bayer*, in: Lutter/Hommelhoff, GmbHG, § 55 Rn. 40; *Lutter*, FS Schilling, 1973, S. 207, 214 ff.

99 Ebenso *Lieder*, in: MünchKommGmbHG, § 55, Rn. 145. Für ein »*Kündigungsrecht*« OLG Hamm, Urt. v. 15.06.1988 – 8 U 2/88, DB 1989, 167; OLG Düsseldorf, Urt. v. 17.12.1999 – 16 U 29/99, GmbHR 2000, 569, 570; *Herrmanns*, in: Michalski, GmbHG, § 55, Rn. 95; *Servatius*, in: Baumbach/Hueck, GmbHG, § 55 Rn. 37.

100 BGH, Urt. v. 03.11.2015 – II ZR 13/14, NZG 2015, 1396, Rn. 16.

101 Ausführlich zur Rückabwicklung bei der Aufstockung bestehender Geschäftsanteile *Bieder*, NZG 2016, 538 (541).

102 BGH, Urt. v. 03.11.2015 – II ZR 13/14, NZG 2015, 1396, Rn. 29 f. Kritisch hierzu *Bieder*, NZG 2016, 538 (539).

103 Ausführlich m.w.N. *Lieder*, in: MünchKommGmbHG, § 57, Rn. 75 ff.

104 BGH, Urt. V. 17.10.2017 – KZR 24/15, GmbHR 2018, 148, Rn. 35; ausführlich hierzu *Wachter*, GmbHR 2018, 134, 137 f.

105 *Herrmanns*, in: Michalski, GmbHG, § 55, Rn. 95; *Priester/Tebben*, in: Scholz, GmbHG, § 55 Rn. 96.

II. Zulassung zur Übernahme eines Geschäftsanteils (Abs. 2)

53 Satz 1 stellt klar, dass **sowohl Gesellschafter als auch Dritte** zur Übernahme eines Geschäftsanteils zugelassen werden können. Wen die Gesellschafterversammlung i.R.d. Zulassungsbeschlusses zur Teilnahme an der Kapitalerhöhung zulässt, ist den Gesellschaftern überlassen. Zu beachten haben sie allerdings das Bezugsrecht der Gesellschafter (s. hierzu oben Rdn. 17 ff.) und etwaige Vorgaben des Gesellschaftsvertrages betreffend die Voraussetzungen, die ein Gesellschafter erfüllen muss. Satz 2 ordnet an, dass der Kapitalerhöhungsbeschluss oder der Übernahmevertrag bei der Zulassung Dritter einen Hinweis auf etwaige sonstige Leistungen enthalten muss, zu dem der Übernehmer verpflichtet ist (s. hierzu oben Rdn. 42).

1. Mögliche Übernehmer

a) Allgemeines

54 Im Zuge einer Kapitalerhöhung können sich – **wie auch bei der Gründung** einer GmbH – natürliche und juristische Personen, Personenhandelsgesellschaften sowie Gesellschaften bürgerlichen Rechts[106] an der Gesellschaft beteiligen.[107] Auch Erbengemeinschaften und eheliche Gütergemeinschaften können sich – obwohl Sie nicht rechtsfähig sind – an einer Kapitalerhöhung beteiligen;[108] Gesellschafter werden indes weder die Erben-, noch die Gütergemeinschaft, sondern ihre Mitglieder in gesamthänderischer Verbundenheit, § 18. Aus gesellschaftsrechtlicher Sicht spricht auch nichts dagegen, dass Minderjährige[109] oder Testamentvollstrecker[110] an einer Kapitalerhöhung teilnehmen.

b) Gesellschaft und verbundene Unternehmen als Übernehmer im Besonderen

55 Bei einer Kapitalerhöhung nach § 55 wird der Gesellschaft Kapital von außen zugeführt (s. hierzu oben unter Rdn. 1). An einer solchen Kapitalzuführung fehlt es jedenfalls, wenn die **Gesellschaft selbst** einen Geschäftsanteil übernehmen würde – die Einlage könnte sie allein aus ihrem eigenen Vermögen erfüllen, womit ihrem Vermögen nichts zugeführt würde. Damit steht der Grundsatz der realen Kapitalaufbringung der Übernahme eines eigenen Geschäftsanteils entgegen.[111]

56 Auch in Bezug auf **verbundene Unternehmen** ist der Grundsatz der realen Kapitalaufbringung von Bedeutung. Anknüpfungspunkt ist hier die Tatsache, dass das Vermögen der Tochtergesellschaft wirtschaftlich bereits (anteilig) der Muttergesellschaft zuzurechnen ist. Würde nunmehr die Tochtergesellschaft i.R.e. Kapitalerhöhung einen Geschäftsanteil an der Muttergesellschaft übernehmen, so flösse der Muttergesellschaft bei wirtschaftlicher Betracht allein in dem Umfang Vermögen zu, in dem nicht konzernierte Dritte an der Tochtergesellschaft beteiligt sind. Eine reale Kapitalaufbringung fände allenfalls anteilig statt. Aus diesen Erwägungen heraus sind jedenfalls verbundene Unternehmen von einer Kapitalerhöhung bei der Muttergesellschaft auszuschließen.[112] Aufgrund des beschriebenen Effektes sollten aber auch Unternehmen von der Kapitalerhöhung

---

106 BGH, Beschl. v. 03.11.1980 – II ZB 1/79, GmbHR 1981, 188 f.; OLG Hamm, Beschl. v. 18.12.1995 – 15 W 413/95, BB 1996, 921 ff.

107 *Arnold/Born*, in: Bork/Schäfer, GmbHG, § 55 Rn. 37; *Priester/Tebben*, in: Scholz, GmbHG, § 55 Rn. 104 f.

108 *Ulmer/Casper*, in: Ulmer/Habersack/Löbbe, GmbHG, § 55 Rn. 60; *Lieder*, in: MünchKommGmbHG, § 55, Rn. 113.

109 Ausführlich hierzu *Priester/Tebben*, in: Scholz, GmbHG, § 55 Rn. 106 ff.; s.a. oben Rdn. 37.

110 Ausführlich hierzu *Herrmanns*, in: Michalski, GmbHG, § 55, Rn. 79 f.

111 Allg. M. BGH, Beschl. v. 09.12.1954 – II ZB 15/54, BGHZ 15, 391, 393; *Lieder*, in: MünchKommGmbHG, § 55, Rn. 118; *Priester/Tebben*, in: Scholz, GmbHG, § 55 Rn. 110; *Herrmanns*, in: Michalski, GmbHG, § 55, Rn. 81.

112 *Hermanns*, in: Michalski, GmbHG; § 55 Rn. 82; *Servatius*, in: Baumbach/Hueck, GmbHG, § 55 Rn. 19; *Schnorbus*, in: Rowedder/Schmidt-Leithoff, GmbHG, § 55 Rn. 32.

ausgeschlossen sein, an denen die ihr Kapital erhöhende Gesellschaft mit mehr als 25 % beteiligt ist.[113] Eine Ausnahme für **Vertragskonzerne** ist nicht angezeigt.[114] Das Bestehen eines Unternehmensvertrages ändert nichts daran, dass die Einlage (anteilig) aus dem Vermögen der ihr Kapital erhöhenden Gesellschaft herrührt. Auch gelten Sonderregelungen zu Vertragskonzernen allein für die Kapitalerhaltung, nicht aber für die Kapitalaufbringung.

Im Zuge einer Kapitalerhöhung bei einer GmbH, die **Komplementärin einer KG** ist, kann sich die KG an der Kapitalerhöhung beteiligen, sofern die GmbH nicht am Vermögen der KG beteiligt ist.[115] Dies gilt unabhängig davon, ob die KG bereits vor der Kapitalerhöhung an ihrer Komplementärin beteiligt war (»Einheits-KG«) oder nicht. 57

2. Zulassungsbeschluss

a) Erforderlichkeit

Erforderlich ist ein Zulassungsbeschluss allein dann, **wenn** nicht die vorhandenen Gesellschafter im Umfang ihres Bezugsrechtes (zu diesem s.o. Rdn. 17 ff.) zugelassen werden.[116] Wird das **Bezugsrecht eingeschränkt** – sei es auch nur teilweise, etwa aufgrund ungenutzt verbleibender Spitzen –, so ist ein Zulassungsbeschluss zu fassen. 58

b) Inhalt

Der Zulassungsbeschluss hat die **im Kapitalerhöhungsbeschluss** selbst **getroffenen Vorgaben** zu respektieren. Namentlich muss der Zulassungsbeschluss ein etwaiges aus dem Kapitalerhöhungsbeschluss resultierendes Bezugsrecht berücksichtigen. Ist der Zulassungsbeschluss dem Kapitalerhöhungsbeschluss zeitlich nachgelagert und berücksichtigt ein durch den Kapitalerhöhungsbeschluss bereits entstandenes Bezugsrecht nicht, ist er unwirksam.[117] Zudem kann der Berechtigte sein Bezugsrecht im Klagewege geltend machen und – sofern Erfüllung nicht mehr möglich ist – Schadensersatz verlangen.[118] Eine Beseitigung des Zulassungsbeschlusses nach der Eintragung des Kapitalerhöhungsbeschlusses ist nicht möglich; auch insoweit finden die Vorschriften zur fehlerhaften Gesellschaft Anwendung.[119] 59

c) Form

Der Zulassungsbeschluss kann **formlos** und grds. **mit einfacher Mehrheit** gefasst werden.[120] Enthält der Gesellschaftsvertrag indes eine Vinkulierungsklausel, nach der die Übertragung von Geschäftsanteilen eines zustimmenden Gesellschafterbeschlusses oder der Zustimmung einzelner oder sämtlicher Gesellschafter bedarf, so sind an den Zulassungsbeschluss die gleichen Anforderungen wie an den Beschluss betreffend die Anteilsübertragung zu stellen.[121] Die Vinkulierung, die die 60

113 Ebenso *Bayer*, in: Lutter/Hommelhoff, GmbHG, § 55 Rn. 36. Auf eine Mehrheitsbeteiligung abstellend *Priester/Tebben*, in: Scholz, GmbHG, § 55 Rn. 112; *Schnorbus*, in: Rowedder/Schmidt-Leithoff, GmbHG, § 55 Rn. 32. Auf eine Abhängigkeit abstellend *Servatius*, in: Baumbach/Hueck, GmbHG, § 55 Rn. 19.

114 Für eine solche Ausnahme aber *Lieder*, in: MünchKommGmbHG, § 55, Rn. 120; *Priester/Tebben*, in: Scholz, GmbHG, § 55 Rn. 112.

115 Ebenso *Lieder*, in: MünchKommGmbHG, § 55, Rn. 121; *Ulmer/Casper*, in: Ulmer/Habersack/Löbbe, GmbHG, § 55 Rn. 70; *Priester/Tebben*, in: Scholz, GmbHG, § 55 Rn. 113; *Schnorbus*, in: Rowedder/Schmidt-Leithoff, GmbHG, § 55 Rn. 32; a.A. LG Berlin, Beschl. v. 26.08.1986 – 98 T 24/86, GmbHR 1987, 395, 396.

116 *Servatius*, in: Baumbach/Hueck, GmbHG, § 55 Rn. 21; *Arnold/Born*, in: Bork/Schäfer, GmbHG, § 55 Rn. 21; *Lieder*, in: MünchKommGmbHG, § 55, Rn. 105.

117 *Bayer*, in: Lutter/Hommelhoff, GmbHG, § 55 Rn. 28.

118 *Bayer*, in: Lutter/Hommelhoff, GmbHG, § 55 Rn. 28; *Priester/Tebben*, in: Scholz, GmbHG, § 55 Rn. 68.

119 *Lieder*, in: MünchKommGmbHG, § 57, Rn. 74.

120 *Arnold/Born*, in: Bork/Schäfer, GmbHG, § 55 Rn. 21; *Lieder*, in: MünchKommGmbHG, § 55 Rn. 105.

121 *Servatius*, in: Baumbach/Hueck, GmbHG, § 55 Rn. 25a; *Priester/Tebben*, in: Scholz, GmbHG, § 55 Rn. 64; *Ehlke*, DB 1995, 561, 566 f.

Gesellschafter vor einer Beteiligung Dritter an ihrer Gesellschaft schützen soll, darf nicht über den Umweg eines Zulassungsbeschlusses ausgehöhlt werden. Bei der Beschlussfassung sind auch vom Beschluss begünstigte Gesellschafter stimmberechtigt (s.o. Rdn. 30).

III. Erwerb eines weiteren Geschäftsanteils (Abs. 3)

61 Abs. 3 sieht vor, dass ein der Gesellschaft bereits angehörender Gesellschafter für den Fall der Beteiligung an der Kapitalerhöhung einen weiteren Geschäftsanteil erwirbt. Die **Regelung begründet sich darin, dass** dem Rechtsvorgänger eines Gesellschafters für den Fall seiner Inanspruchnahme aus § 22 Abs. 4 der Zugriff auf den unveränderten Geschäftsanteil ermöglicht werden soll.[122] Diesem Zweck steht es jedoch nicht entgegen, dass ein Gesellschafter im Zuge einer Kapitalerhöhung **mehrere Geschäftsanteile** übernimmt. Die Zulässigkeit der Übernahme mehrerer Geschäftsanteile ergibt sich vielmehr aus der Änderung des § 5 Abs. 2 Satz 2 durch das MoMiG, auf den in Abs. 4 ausdrücklich verwiesen wird.

62 Daneben kann die Kapitalerhöhung aber auch im Wege einer **Aufstockung** des oder der bestehenden Geschäftsanteile des Gesellschafters an der Gesellschaft erfolgen.[123] Mit Blick auf den Regelungszweck ist allerdings Voraussetzung für eine Aufstockung, dass die aufzustockenden Geschäftsanteile entweder noch von den Gründern oder ihren Gesamtrechtsnachfolgern gehalten werden,[124] oder die Einlagen auf die aufzustockenden Geschäftsanteile vollständig eingezahlt sind.[125] Eine etwaige Aufstockung bestehender Geschäftsanteile ist bereits im Kapitalerhöhungsbeschluss selbst zu beschließen – und zwar unter Beachtung des sachenrechtlichen Bestimmtheitsgrundsatzes.

IV. Anwendbarkeit von Gründungsvorschriften (Abs. 4)

63 Abs. 4 ordnet ausdrücklich die Anwendung der §§ 5 Abs. 2 und 3 sowie 19 Abs. 6 an. Diese ausdrückliche Nennung einzelner Vorschriften darf nicht darüber hinwegtäuschen, dass neben den ausdrücklich genannten Vorschriften selbstverständlich auch die übrigen **Vorschriften des Kapitalaufbringungsrechts** zur Anwendung kommen. Namentlich können die Einlageverpflichtungen auch im Rahmen einer Kapitalerhöhung nicht erlassen werden (§ 19 Abs. 2 Satz 2). Auch finden die Vorschriften zur verdeckten Sacheinlage (§ 19 Abs. 4) und zum Hin- und Herzahlen (§ 19 Abs. 5) Anwendung. Die Leistung des neuen Stammkapitals regelt § 56a, die Einzelheiten der Anmeldung der Kapitalerhöhung zur Eintragung ins Handelsregister regelt § 57.

V. Ausgewählte Einzelfragen

1. Mögliche Grenzen der Durchführung einer effektiven Kapitalerhöhung

a) Kapitalerhöhung bei der Vor-GmbH

64 Als solche entsteht die GmbH erst mit ihrer Eintragung ins Handelsregister, § 11 Abs. 1 GmbHG. Zwar finden auf die Vor-GmbH grds. die für die GmbH geltenden Vorschriften Anwendung, allerdings nur dann, wenn dem nicht der Sinn und Zweck der anzuwendenden Regelung entgegensteht.[126] Bei einer Kapitalerhöhung in der Gründungsphase stehen allerdings Sinn und Zweck einer Anwendung der §§ 55 ff. entgegen. Wie jede andere Änderung des Gesellschaftsvertrages auch (s. hierzu *Link* § 11 Rdn. 17) bedarf eine Kapitalerhöhung in der Gründungsphase der

---

122 Vgl. BGH, Beschl. v. 24.10.1974 – II ZB 1/74, NJW 1975, 118; *Hermanns*, in: Michalski, GmbHG; § 55 Rn. 22.

123 Zur Abtretung des Aufstockungsbetrages s. *Hermanns*, in: Michalski, GmbHG; § 55 Rn. 104; *Lieder*, in: MünchKommGmbHG, § 55 Rn. 151 f.

124 BGH, Beschl. v. 24.10.1974 – II ZB 1/74, NJW 1975, 118; OLG Hamm, Beschl. v. 24.02.1982 – 15 W 114/81, GmbHR 1983, 102.

125 BayObLG, Beschl. v. 25.04.1989 – BReG 3 Z 20/89, DB 1989, 1558, 1559; *Bayer*, in: Lutter/Hommelhoff, GmbHG, § 55 Rn. 17; *Hermanns*, in: Michalski, GmbHG, § 55 Rn. 22.

126 Ausführlich zum Recht der Vor-GmbH: *Schmidt-Leithoff*, in: Rowedder/Schmidt-Leithoff, GmbHG, § 11, Rn. 4 ff.; *Blath*, in: Michalski, GmbHG, § 11 Rn. 42 ff.

Einstimmigkeit und der notariellen Beurkundung, § 2.[127] Eine Ausnahme vom Einstimmigkeitserfordernis kommt nur dann in Betracht, wenn die Gesellschafter i.R.d. Gründung ausdrücklich auch für die Vor-GmbH vereinbart hatten, dass eine Änderung des Gesellschaftsvertrages mit einer (qualifizierten) Mehrheit erfolgen kann. Dass die Kapitalerhöhung indes erst nach der Eintragung der Gesellschaft ins Handelsregister wirksam werden soll, genügt demgegenüber nicht.[128]

b) Kapitalerhöhung in der Liquidation

Bei einer Gesellschaft in **Liquidation** besteht der Gesellschaftszweck in der Verwertung und Verteilung 65
des Gesellschaftsvermögens. Mit diesem Gesellschaftszweck ist eine Kapitalerhöhung i.d.R. nicht vereinbar.[129] Allerdings bleibt es den Gesellschaftern unbenommen, den Gesellschaftszweck wieder zurück zu ändern und eine Gesellschaft, für die sie bereits die Liquidation beschlossen hatten, wieder in das werbende Stadium zurückzuführen (s. hierzu *Beckmann/Hofmann* § 60 Rdn. 61 ff.). Beschließen nun die Gesellschafter einer in Liquidation befindlichen Gesellschaft eine Kapitalerhöhung, ist nicht der Kapitalerhöhungsbeschluss unwirksam, vielmehr ist der Beschluss regelmäßig dahin gehend auszulegen, dass die Gesellschaft wieder ins werbende Stadium zurückgeführt werden soll.[130]

Wurde **zunächst** eine (noch nicht vollzogene) **Kapitalerhöhung und später** die **Liquidation** beschlos- 66
sen, so soll sich nach herrschender Meinung[131] regelmäßig im Wege der Auslegung ergeben, dass die Kapitalerhöhung nicht mehr durchgeführt werden soll. Dem ist (nur) für den gesetzlichen Regelfall (§ 60 Abs. 1 Nr. 2) zu folgen, dass die Liquidation mit einer 3/4-Mehrheit beschlossen wurde. Für die Aufhebung eines Kapitalerhöhungsbeschlusses bedarf es nach zutreffender Auffassung (s. hierzu oben Rdn. 35) eines Beschlusses, der mit gleicher Mehrheit gefasst wurde, wie der Kapitalerhöhungsbeschluss selbst. Erforderlich ist mithin mindestens eine 3/4-Mehrheit. Damit kann ein mit einer geringeren Mehrheit gefasster Gesellschafterbeschluss eine bereits beschlossene Kapitalerhöhung nicht aushebeln. Vielmehr spricht viel dafür, dass in einer solchen Situation der Liquidationsbeschluss ins Leere geht.

c) Kapitalerhöhung in der Insolvenz

Ebenso wie die Liquidation der Gesellschaft dem Beschluss einer Kapitalerhöhung nicht entgegensteht, 67
können die Gesellschafter auch **nach Eröffnung des Insolvenzverfahrens** noch eine **Kapitalerhöhung beschließen.**[132] Seit der Einführung der InsO ist das Insolvenzverfahren nicht mehr zwangsläufig auf die Zerschlagung der Gesellschaft gerichtet. Auch ist eine Erhöhung des Stammkapitals durchaus im Interesse der Gläubiger, stehen die der Gesellschaft im Zuge der Kapitalerhöhung zugeführten Mittel doch dem Insolvenzverwalter zur Befriedigung der Gläubigeransprüche zur Verfügung, § 35 Abs. 1 InsO. Wollen die Gesellschafter vermeiden, dass der Insolvenzverwalter die Mittel zur Befriedigung der Gläubigeransprüche verwendet, so sollte die Kapitalerhöhung in einen Sanierungsplan integriert werden.

Eine **vor Eröffnung des Insolvenzverfahrens beschlossene Kapitalerhöhung** wird nicht automatisch 68
durch die Insolvenzeröffnung unwirksam.[133] Vielmehr haben die Gesellschafter die Möglichkeit,

---

127 *Roth*, in: Altmeppen/Roth, GmbHG, § 55 Rn. 9; *Schnorbus*, in: Rowedder/Schmidt-Leithoff, GmbHG, § 55 Rn. 25; *Zöllner/Noack*, in: Baumbach/Hueck, GmbHG, § 53 Rn. 82. Für eine Anwendung der §§ 55 ff. indes *Priester*, ZIP 1987, 280 ff.

128 So aber wohl *Bayer*, in: Lutter/Hommelhoff, GmbHG, § 55 Rn. 32.

129 Eine Kapitalerhöhung im Liquidationsstadium denn auch für unzulässig haltend KG, RJA 14, 152 f.; OLG Bremen, GmbHR 1957, 180.

130 Ähnlich *Lieder*, in: MünchKommGmbHG, § 55, Rn. 56; *Ulmer/Casper*, in: Ulmer/Habersack/Löbbe, GmbHG, § 55 Rn. 35; *Priester/Tebben*, in: Scholz, GmbHG, § 55 Rn. 31.

131 *Lieder*, in: MünchKommGmbHG, § 55, Rn. 56; *Ulmer/Casper*, in: Ulmer/Habersack/Löbbe, GmbHG, § 55 Rn. 35; *Priester/Tebben*, in: Scholz, GmbHG, § 55 Rn. 31; *Lutter*, in: FS Schilling, 1973, S. 207, 210 f.

132 *Lieder*, in: MünchKommGmbHG, § 55 Rn. 57 f. m.w.N.; *Ulmer/Casper*, in: Ulmer/Habersack/Löbbe, GmbHG, § 55 Rn. 36; *Priester/Tebben*, in: Scholz, GmbHG, § 55 Rn. 32 ff.

133 So aber OLG Hamm, Urt. v. 15.06.1988 – 8 U 2/88, GmbHR 1989, 162, 163; *Bayer*, in: Lutter/Hommelhoff, GmbHG, § 55 Rn. 44. Wie hier BGH, Urt. v. 07.11.1994 – II ZR 248/93, NJW 1995,

sich nach den Regeln zum Wegfall der Geschäftsgrundlage vom Übernahmevertrag zu lösen (s. hierzu oben Rdn. 51). Darüber hinaus können sie den Kapitalerhöhungsbeschluss aufheben (s. hierzu oben Rdn. 35) und die Geschäftsführer veranlassen, von einer Anmeldung der Kapitalerhöhung zum Handelsregister abzusehen (s. hierzu auch oben Rdn. 49). Der Insolvenzverwalter der Gesellschaft kann weder die übernommenen Einlagen einfordern, noch die Eintragung der Gesellschaft ins Handelsregister betreiben.[134]

d) Fehlende Volleinzahlung und Verlustvorträge

69 Weder eine fehlende Volleinzahlung noch das Vorhandensein von Verlustverträgen stehen einer effektiven Kapitalerhöhung entgegen. Eine **Volleinzahlung** kann nicht verlangt werden, da das GmbHG keine dem § 182 Abs. 4 AktG vergleichbare Regelung kennt; auch verbietet sich aufgrund der Ausfallhaftung der Mitgesellschafter (§ 24) eine analoge Anwendung des § 182 Abs. 4 AktG.[135]

70 Anders als bei der Kapitalerhöhung aus Gesellschaftsmitteln (§ 57d Abs. 2) stehen vorhandene **Verlustvorträge** einer effektiven Kapitalerhöhung nicht entgegen.[136] § 57d Abs. 2 liegt kein allgemeiner Grundsatz zugrunde, sondern die Überlegung, dass die Gesellschaft bei wirtschaftlicher Betrachtung nicht über (hinreichende) Rücklagen verfügt, die in Stammkapital umgewandelt werden könnten. Zudem kann gerade bei einer Gesellschaft, die über signifikante Verlustvorträge verfügt, eine effektive Kapitalerhöhung im Interesse aller Beteiligter (Gesellschaft, Gläubiger und Gesellschafter) sein.

e) Fehlende Euroumstellung

71 Eine Verpflichtung zur Umstellung des Stammkapitals von Deutsche Mark auf Euro besteht nicht, § 1 Abs. 1 Satz 1 EGGmbHG. Allerdings dürfen Änderungen des Stammkapitals nach dem 31.12.2001 nur ins Handelsregister eingetragen werden, wenn das Stammkapital vor der einzutragenden Kapitalerhöhung umgestellt wurde oder im Zuge derselben[137] auf Euro umgestellt wird, § 1 Abs. 1 Satz 4 EGGmbHG (sog. »**Registersperre**«). Zu Einzelheiten s. die Kommentierung zu § 1 EGGmbHG.

2. Übertragung des Übernahmevertrages und künftiger Geschäftsanteile

72 Sowohl der Übernahmevertrag als auch die im Zuge der Kapitalerhöhung zu schaffenden Geschäftsanteile können übertragen werden. Dabei stellt die **Übertragung des Übernahmevertrages** eine Vertragsübernahme dar.[138] Damit bedarf es einer dreiseitige Vereinbarung zwischen Gesellschaft, ursprünglichem Übernehmer und künftigem Übernehmer, wobei die Vereinbarung zwischen dem ursprünglichen und dem künftigen Übernehmer der notariellen Form bedarf. Die Gesellschaft wird bei Abschluss der Vereinbarung von der Gesellschafterversammlung vertreten, die auch darüber entscheidet, ob die Zustimmung erteilt wird. An diesen Beschluss der Gesellschafterversammlung sind die gleichen Anforderungen zu stellen wie an eine Anteilsübertragung[139] und wie an den Zulassungsbeschluss. Die Vinkulierung, die die Gesellschafter vor einer Beteiligung Dritter an ihrer Gesellschaft schützen soll, darf nicht über den Umweg einer Übertragung des Übernahmevertrages umgangen werden. Erfolgte die Vertragsübernahme vor der Anmeldung der Kapitalerhöhung zum Handelsregister, ist in der Kapitalerhöhung allein der Übernehmer zu benennen, auf den der

---

460; KG, Urt. v. 19.07.1999 – 23 U 3401/97, NZG 2000, 103, 104; *Servatius*, in: Baumbach/Hueck, GmbHG, § 55 Rn. 5; *Ulmer/Casper*, in: Ulmer/Habersack/Löbbe, GmbHG, § 55 Rn. 36 m.w.N.

134 BGH, Urt. v. 07.11.1994 – II ZR 248/93, WM 1995, 156 f.; OLG Zweibrücken, Urt. v. 12.12.2013 – 4 U 39/13, zitiert nach juris; *Inhester*, in: Saenger/Inhester, GmbHG, § 55 Rn. 17.

135 RG, Urt. v. 15.05.1931 – II 459/30, RGZ 132, 392, 397 f.; *Ulmer/Casper*, in: Ulmer/Habersack/Löbbe, GmbHG, § 55 Rn. 33; *Lieder*, in: MünchKommGmbHG, § 55, Rn. 40.

136 *Lieder*, in: MünchKommGmbHG, § 55, Rn. 41 m.w.N.

137 *Servatius*, in: Baumbach/Hueck, GmbHG, § 55 Rn. 55.

138 *Lieder*, in: MünchKommGmbHG, § 55 Rn. 150; *Hellwig*, FS Rowedder, 1994, S. 141, 151 f.

139 *Habel*, GmbHR 2000, 267, 271. Einen mit einfacher Mehrheit gefassten Beschluss ausreichen lassend *Lieder*, in: MünchKommGmbHG, § 55 Rn. 150.

Übernahmevertrag übertragen wurde. Erfolgte die Vertragsübernahme nach der Anmeldung der Kapitalerhöhung zum Handelsregister, ist die Handelsregisteranmeldung zu korrigieren.[140] Wird die Kapitalerhöhung wirksam, so entsteht der neu geschaffene Geschäftsanteil unmittelbar in der Person des Übernehmers, auf den der Übernahmevertrag übertragen wurde (**Direkterwerb**). Auf die Einlage haftet nur der Übernehmer, der den Geschäftsanteil auch erworben hat.

Anstelle des Übernahmevertrages kann auch der im Zuge der Kapitalerhöhung zu schaffende **(künftige) Geschäftsanteil abgetreten** werden; das aktienrechtliche Verbot (§ 191 AktG) greift nicht.[141] Eine solche Abtretung hat den Anforderungen des § 15 zu genügen. Namentlich bedürfen sowohl das schuldrechtliche als auch das dingliche Rechtsgeschäft der notariellen Form, der sachenrechtliche Bestimmtheitsgrundsatz ist einzuhalten und etwaige Vinkulierungsvorschriften sind zu beachten. Sind diese Voraussetzungen eingehalten, kann ein künftiger Geschäftsanteil auch abgetreten werden, bevor die Kapitalerhöhung überhaupt beschlossen wurde. Wird der Veräußerer in einem solchen Fall nicht zur Übernahme eines Geschäftsanteils zugelassen, greift § 185 BGB. Anders als bei der Übertragung des Übernahmevertrages kommt es bei der Abtretung eines künftigen Geschäftsanteils zu einem **Durchgangserwerb** beim Zeichner des Übernahmevertrages. Damit haftet dieser auch nach § 22 auf die Einlage. 73

Die Folgen einer Abtretung künftiger Geschäftsanteile, wenn im Zuge der Kapitalerhöhung keine neuen Geschäftsanteile ausgegeben, sondern die bestehenden **Geschäftsanteile aufgestockt** werden (s. hierzu oben Rdn. 62) sind umstritten.[142] Im Ergebnis wird man davon ausgehen müssen, dass sich die Abtretung nicht auf den vollständigen Geschäftsanteil, sondern nur auf den aufgestockten **Teilgeschäftsanteil** bezieht und es zu einem **Durchgangserwerb** kommt. 74

3. Kosten

Eine Kapitalerhöhung löst sowohl **Notarkosten** (Beurkundung des Kapitalerhöhungsbeschlusses, § 85 GNotKG i.V.m. Teil 2 des Kostenverzeichnisses; beachte auch die Wertbegrenzung nach § 107 Abs. 2 GNotKG) als auch an das Handelsregister zu zahlende **Gebühren** (§ 58 GNotKG i.V.m. Teil 2 der Anlage zur Handelsregistergebührenverordnung) aus. Zudem fallen noch Kosten für die Einreichung einer aktualisierten Gesellschafterliste (Nr. 22110 – 22111 KV) und ggf. Kosten für die Erstellung der Bescheinigung nach § 40 Abs. 2 Satz 2 GmbHG an, sofern für die Erteilung der Bescheinigung »Umstände außerhalb der Urkunde zu prüfen sind«, Nr. 22200 Nr. 6 KV. Sämtliche dieser Kosten sind von der Gesellschaft zu tragen[143] und stellen bei dieser handels- und steuerrechtlich Aufwand dar. Zudem fallen Notarkosten im Zusammenhang mit der Übernahmeerklärung an, die von dem jeweiligen Übernehmer zu tragen sind. 75

4. Haftungsrisiken bei Durchführung einer Kapitalerhöhung

Die Beteiligung an einer Kapitalerhöhung ist mit verschiedenen Haftungsrisiken verbunden. Für die **(Alt- und Neu-) Gesellschafter** resultiert dieses Risiko namentlich aus § 24, der zu einer Haftung sämtlicher Gesellschafter für (noch) offene Einlagen führt, unabhängig davon, ob die offenen Einlagen aus der Kapitalerhöhung resultieren oder aus der Zeit davor.[144] Diese Haftung ist beabsichtigt, namentlich um 76

140 *Lieder*, in: MünchKommGmbHG, § 55 Rn. 150; *Hellwig*, in: FS Rowedder, 1994, S. 141, 145.

141 *Lieder*, in: MünchKommGmbHG, § 55 Rn. 148; *Bayer*, in: Lutter/Hommelhoff, GmbHG, § 55 Rn. 41.

142 S. hierzu *Hermanns*, in: Michalski, GmbHG, § 55 Rn. 104; *Lieder*, in: MünchKommGmbHG, § 55 Rn. 151 f.

143 Unklar insoweit OLG Celle, Beschl. v. 12.12.2017 – 9 W 134/17, NZG 2018, 261 f., das im Zusammenhang mit den Kosten einer Kapitalerhöhung von einer UG (haftungsbeschränkt) zu einer GmbH davon spricht, dass die Kosten der nicht als »Gründungs«-Aufwand auf die GmbH abgewälzt werden können; diese Aussage ist per se zutreffend, verschweigt aber, dass die Gesellschaft die Kosten die Kapitalerhöhung nach den allgemeinen Regeln tragen kann. Allerdings sind diese Kosten nicht als Gründungskosten im Gesellschaftsvertrag zu nennen, ebenso *Cziupka*, EWiR 2018, 329 f.

144 *Bayer*, in: Lutter/Hommelhoff, GmbHG, § 55 Rn. 46; *Servatius*, in: Baumbach/Hueck, GmbHG, § 55 Rn. 7.

Missbräuche bei Kapitalerhöhungen zu verhindern.[145] Wurden i.R.d. Kapitalerhöhung falsche Angaben gemacht, so haften die Gesellschafter neben den **Geschäftsführern** auf Schadensersatz, §§ 57 Abs. 4, 9a.

77 Neben den Gesellschaftern und Geschäftsführern können auch **Banken** haften, die im Zusammenhang mit einer Einzahlungsbestätigung falsche Angaben machen. Hat eine Bank in Kenntnis der Rückzahlung der Einlage an den Gesellschafter zur Vorlage beim Handelsregister eine Bestätigung ausstellt, dass die Einlage erbracht wurde *und* zur freien Verfügung der Geschäftsführer steht, haftet sie auf Schadensersatz.[146] Hieran hat sich durch die Einführung des § 19 Abs. 5 nichts geändert, denn § 19 Abs. 5 GmbHG setzt die Vollwertigkeit und sofortige Fälligkeit des Rückzahlungsanspruchs voraus; ob diese Voraussetzungen vorliegen, entzieht sich indes der Beurteilung der Bank.[147] Kommt es zu einer verdeckten Sacheinlage (§ 19 Abs. 4) können auch die **Berater der Gesellschaft**, wie Rechtsanwälte und Steuerberater[148] sowie die **beurkundenden Notare**[149] haften.

5. Fehlerhafte Kapitalerhöhung

78 Wie andere satzungsändernden Gesellschafterbeschlüsse auch (s. hierzu *Leitzen* § 54 Rn. 70 ff.) können Kapitalerhöhungsbeschlüsse analog § 241 AktG **nichtig, anfechtbar und unwirksam** sein.[150] Nichtige Kapitalerhöhungsbeschlüsse dürfen nicht ins Handelsregister eingetragen werden; die Nichtigkeit ist ein Eintragungshindernis. Kommt es gleichwohl zur Eintragung ins Handelsregister, kann die Nichtigkeit analog § 242 AktG geheilt werden. Kommt es zur Heilung, so entstehen fehlerfreie Geschäftsanteile.[151] Ist es trotz der Eintragung der Kapitalerhöhung ins Handelsregister (noch) nicht zur Heilung der Nichtigkeit gekommen, finden die Grundsätze der fehlerhaften Gesellschaft Anwendung; nur so kann Rechtssicherheit hergestellt werden.[152] Wurde die Kapitalerhöhung ausnahmsweise im Freigabeverfahren analog § 246a AktG[153] eingetragen, ist eine Rückabwicklung der Kapitalerhöhung auch für die Zukunft ausgeschlossen.

79 Ist der Kapitalerhöhungsbeschluss **nicht nichtig, sondern nur anfechtbar**, so ist er bis zur Feststellung seiner Nichtigkeit uneingeschränkt wirksam. Auch besteht kein Eintragungshindernis, sodass das Handelsregister ihn eintragen muss.[154]

80 Zum **fehlerhaften Zulassungsbeschluss** s.o. Rdn. 59; zum **fehlerhaften Übernahmevertrag** s.o. Rdn. 51.

81 Zur **fehlerhaften Handelsregisteranmeldung** s. § 57 Rdn. 26 ff.

---

145 Vergl. RG, Urt. v. 15.05.1931 – II 459/30, RGZ 132, 392, 397 f.

146 BGH, Urt. v. 18.02.1991 – II ZR 104/90, NJW 1991, 1754 einerseits und BGH, Urt. v. 16.12.1996 – II ZR 00/95, NJW 1997, 945 andererseits; s. hierzu auch *Spindler*, ZGR 1997, 537, 543 ff. Zu den Anforderungen an eine Bankbestätigung s. BGH, Urt. v. 07.01.2008 – II ZR 283/06, NZG 2008, 304 (zur AG).

147 *Bormann*, in: Bormann/Kauka/Ockelmann, HdbGmbHR, Kap. 4 Rn. 286.

148 BGH, Urt. v. 19.05.2009 – IX ZR 43/08, NZG 2009, 865; BGH, Urt. v. 02.12.1999 – IX ZR 415/98, NJW 2000, 725, 726.

149 BGH, Urt. v. 16.11.1995 – IX ZR 14/95, NJW 1996, 524, 525; BGH, Beschl. v. 02.10.2007 – III ZR 13/07, DStR 2007, 2124, 2125, Rn. 10 ff.; BGH, Urt. v. 24.04.2008 – III ZR 223/06, NZG 2008, 512, 513.

150 Ausführlich *Temme*, RNotZ 2004, 2 ff.

151 OLG Stuttgart, Urt. v. 17.05.2000 – 20 U 68/99, NZG 2001, 40, 44; *Lieder*, in: MünchKommGmbHG, § 57 Rn. 53.

152 Ausführlich *Lieder*, in: MünchKommGmbHG, § 57 Rn. 55 ff.; *M. Winter*, in: FS Ulmer, 2003, S. 699 ff.; *Temme*, RNotZ 2004, 2, 3 ff. jeweils m.w.N.

153 Für die analoge Anwendbarkeit des § 246a AktG bei der GmbH etwa *Ulmer/Casper*, in: Ulmer/Habersack/Löbbe, GmbHG, § 57 Rn. 47; *Lieder*, in: MünchKommGmbHG, § 57 Rn. 62; *Harbarth*, GmbHR 2005, 966, 969; a.A. indes wohl *Priester/Tebben*, in: Scholz, GmbH, § 57 Rn. 50; KG, Beschl. v. 23.06.2011 – 23 AktG 1/11, NZG 2011, 1068.

154 OLG München, Beschl. v. 14.06.2012 – 31 Wx 192/12, GmbHR 2012, 905 f.; *Lieder*, in: MünchKommGmbHG, § 57 Rn. 72.

§ 55a Genehmigtes Kapital

(1) [1]Der Gesellschaftsvertrag kann die Geschäftsführer für höchstens fünf Jahre nach Eintragung der Gesellschaft ermächtigen, das Stammkapital bis zu einem bestimmten Nennbetrag (genehmigtes Kapital) durch Ausgabe neuer Geschäftsanteile gegen Einlagen zu erhöhen. [2]Der Nennbetrag des genehmigten Kapitals darf die Hälfte des Stammkapitals, das zur Zeit der Ermächtigung vorhanden ist, nicht übersteigen.

(2) Die Ermächtigung kann auch durch Abänderung des Gesellschaftsvertrags für höchstens fünf Jahre nach deren Eintragung erteilt werden.

(3) Gegen Sacheinlagen (§ 56) dürfen Geschäftsanteile nur ausgegeben werden, wenn die Ermächtigung es vorsieht.

Schrifttum

Bayer/Hoffmann, Genehmigtes Kapital für die GmbH als Ladenhüter, GmbHR 2009, 161; *dies./Lieder*, Ein Jahr MoMiG in der Unternehmenspraxis, GmbHR 2010, 9; *Bormann/Trautmann*, Wandelschuldverschreibungen im Lichte des § 55a GmbHG, GmbHR 2016, 37; *Bormann/Urlichs*, Kapitalaufbringung und Kapitalerhaltung nach dem MoMiG, GmbHR Sonderheft Oktober 2008, 37; *Cramer*, Das genehmigte Kapital der GmbH nach dem MoMiG, GmbHR 2009, 406; *Eggert*, Weisungsrecht und Vorabbericht beim genehmigten Kapital der GmbH, GmbHR 2014, 856; *Herrler*, Aktuelles zur Kapitalerhöhung bei der GmbH, DNotZ 2008, 903; *Klett*, Das genehmigte Kapital bei der GmbH, GmbHR 2008, 1312; *Kramer*, Praxisfragen und Gestaltungshinweise zur Nutzung des genehmigten Kapitals bei der GmbH, GmbHR 2015, 1073; *Lieder*, Der Einfluß des genehmigten Kapitals auf die Dogmatik des GmbH-Rechts, ZGR 2010, 868; *Priester*, Genehmigtes Kapital bei der GmbH, GmbHR 2008, 1177; *Schnorbus/Donner*, Das genehmigte Kapital bei der GmbHG – der neue § 55a GmbHG in der Praxis, NZG 2009, 1241; *Schulte*, Das genehmigte Kapital gem. § 55a GmbHG im Vergleich zu anderen Gestaltungsoptionen – Gibt es Alternativen?, GmbHR 2019, 1273; *Spitz*, Das Second Closing – Ein Leitfaden für die VC-Praxis, GWR 2019, 21; *Terbrack*, Schlafender Riese oder Papiertiger? Eine Bestandaufnahme zum genehmigten Kapital bei der GmbHG im Lichte der aktuellen Rechtsprechung, DNotZ 2012, 917; *Trautmann*, Das genehmigte Kapital der GmbH, 2012.

Übersicht Rdn.

A. Allgemeines

I. Grundlagen

1. Regelungskontext

1 Eingeführt wurde § 55a im Zuge des MoMiG. Dabei war er weder im Referenten-, noch im RegE vorgesehen, sondern wurde erst auf einen Vorschlag der Ausschüsse des Bundesrats[1] hin aufgenommen. Ausweislich der Begründung sollen die GmbHs durch die Schaffung eines genehmigten Kapitals **in die Lage versetzt werden**, *»flexibel und unkompliziert auf schnelle Weise neues Kapital zu beschaffen. Damit könnten für den Erwerb von Beteiligungen, Unternehmen oder zur Realisierung von Kapitalerhöhungen kurzfristig neue Anteile geschaffen werden. Bereits im Vorfeld einer solchen Transaktion könnten damit die formellen Voraussetzungen geschaffen werden, um im richtigen Moment rasch handeln zu können«*.

2 Wie nachstehende Gegenüberstellung zeigt, ist § 55a den **aktienrechtlichen Vorschriften** zum genehmigten Kapital **nachgebildet.**[2]

Regelung im GmbHG	**Regelung im AktG**
§ 55a Abs. 1 Satz 1	§ 202 Abs. 1
§ 55a Abs. 1 Satz 2	§ 202 Abs. 3 Satz 1
§ 55a Abs. 2	§ 202 Abs. 2 Satz 1
§ 55a Abs. 3	§ 205 Abs. 1

3 Trotz dieser Parallelen bleibt § 55a im Detail deutlich hinter den entsprechenden Vorschriften des AktG zurück. Daher kann nicht nur bei der Auslegung des § 55a auf die Rechtsprechung und Literatur zu den entsprechenden Vorschriften des AktG zurückgegriffen werden. Darüber hinaus können auch im Einzelfall die nicht ins GmbHG übernommenen Vorschriften des AktG ergänzend herangezogen werden, soweit dem nicht Besonderheiten des GmbH-Rechts entgegenstehen.[3]

2. Praktische Bedeutung des genehmigten Kapitals

4 Bisher spielte die Ausgabe von Geschäftsanteilen im Zusammenhang mit Akquisitionen auf GmbH-Ebene **allenfalls eine geringe Rolle**. Auch i.Ü. besteht keine praktische Notwendigkeit für ein genehmigtes Kapital:[4] Da auch bei der Ausnutzung des genehmigten Kapitals eine

1 Empfehlungen der Ausschüsse, BR-Drucks. 354/01/07, S. 23 f. Grundlegend zur Dogmatik des genehmigten Kapitals: *Lieder*, ZGR 2010, 868 ff.

2 *Bormann*, in: Bormann/Kauka/Ockelmann, HdbGmbHR, Kap. 4 Rn. 332.

3 So auch OLG München, Beschl. v. 23.01.2012 – 31 Wx 457/11, DStR 2012, 370 f.; *Terbrack*, DNotZ 2012, 917, 918.

4 I.E. ebenso *Casper*, in: Ulmer/Habersack/Löbbe, GmbHG, § 55a Rn. 4 f.; *Ulmer*, GmbHR 2010, 1298, 1305. S. auch die Auswertung von *Bayer/Hoffmann/Lieder*, GmbHR 2010, 9, 13 ff.

Übernahmeerklärung erforderlich ist, die der notariellen Form bedarf (s. hierzu unten Rdn. 50), müssen die Übernehmer ohnehin einen Notar aufsuchen. Auch wird es bei der (durchweg) personalistisch organisierten GmbH i.d.R. möglich sein, eine Vollversammlung durchzuführen.[5] Zudem ist zu berücksichtigen, dass die Ausnutzung genehmigten Kapitals bei der AG insb. deswegen eine so große praktische Bedeutung hat, weil sich so die Anfechtungsrisiken bei der Durchführung einer Hauptversammlung vermeiden lassen. Dieser Aspekt ist indes bei der GmbH ohne Bedeutung.[6] Allerdings zeichnet sich inzwischen ab, dass das genehmigte Kapital bei der GmbH vermehrt im Bereich von VC-Investments genutzt wird.[7]

II. Ablauf der Ausnutzung des genehmigten Kapitals

Im Grundsatz vollzieht sich eine Kapitalerhöhung unter Ausnutzung des genehmigten Kapitals **in den gleichen Schritten wie** eine Kapitalerhöhung nach Maßgabe des **§ 55. Modifikationen** ergeben sich allerdings daraus, dass kein Kapitalerhöhungsbeschluss der Gesellschafterversammlung erforderlich ist:[8] 5

– (privatschriftlicher) **Beschluss der Geschäftsführung** über die Ausübung, einschließlich der Festlegung der Bedingungen der Ausübung;
– Ggf. (privatschriftlicher) **Zustimmungsbeschluss des Aufsichtsrats** zum Ausübungsbeschluss der Geschäftsführung (sofern im Gesellschaftsvertrag vorgesehen);
– **Übernahme** des Erhöhungsbetrags in notarieller Form durch die zugelassenen Personen (§ 55 Abs. 1 GmbHG);
– **Leistung der Einlage** durch die Übernehmer (§ 57 Abs. 2 GmbHG) und
– **Anmeldung der Kapitalerhöhung** und der korrespondierenden Änderung des Gesellschaftsvertrags zur Eintragung ins Handelsregister, wobei beide erst mit Eintragung ins Handelsregister wirksam werden.

Die Aufnahme einer die Kapitalerhöhung reflektierenden **Gesellschafterliste** ist nicht konstitutiv für die Durchführung der Kapitalerhöhung und auch nicht für die materiell-rechtliche Begründung der Gesellschafterstellung der an der Kapitalerhöhung beteiligten Gesellschafter. Allerdings gelten diese Gesellschafter im Verhältnis zur Gesellschaft erst dann als Gesellschafter und können erst dann ihre Gesellschafterrechte wahrnehmen, wenn sie in der im Handelsregister aufgenommenen Gesellschafterliste eingetragen sind. 6

B. Einzelerläuterungen

I. Genehmigtes Kapital im Gründungs-Gesellschaftsvertrag (Abs. 1)

Mit dem genehmigten Kapital werden die Geschäftsführer ermächtigt, das Stammkapital durch Ausgabe neuer Geschäftsanteile zu erhöhen. Diese Ermächtigung darf höchstens für 5 Jahre gelten und die Hälfte des Stammkapitals, das z.Zt. der Ermächtigung vorhanden ist, nicht übersteigen. 7

Da es sich bei dem genehmigten Kapital um eine Ermächtigung handelt und im Zeitpunkt ihrer Erteilung nicht sicher ist, ob und wann die Geschäftsführung von ihr Gebrauch macht, hat das genehmigte Kapital bei der **Ermittlung der Stammkapitalziffer** für Zwecke der §§ 5 Abs. 1, 5a Abs. 1 **außer Betracht zu bleiben.**[9] 8

5 Zu praktischen Alternativen zum genehmigten Kapital siehe *Schulte*, GmbHR 2019, 1276 f.
6 *Servatius*, in: Baumbach/Hueck, GmbHG, § 55a Rn. 2.
7 *Spitz*, GWR 2019, 21 ff.
8 *Bormann*, in: Bormann/Kauka/Ockelmann, HdbGmbHR, Kap. 4 Rn. 353; *Arnold/Born*, in: Bork/Schäfer, GmbHG, § 55a Rn. 6. Ausführlich *Trautmann*, Genehmigtes Kapital, S. 111 ff.
9 *Lieder*, in: MünchKommGmbHG, § 55a, Rn. 13.

1. Materielle Anforderungen

a) Empfänger der Ermächtigung

9 Als Empfänger der Ermächtigung benennt Satz 1 »*die Geschäftsführer*«. Von dieser Vorgabe kann der Gesellschaftsvertrag nicht abweichen. Der Gesellschaftsvertrag kann mithin weder nur einzelne Geschäftsführer ermächtigen, noch ein anderes Organ, etwa einen Aufsichts- oder Beirat.

10 Auch wenn keine anderen Organe ermächtigt werden können als die Geschäftsführer, so kann der Gesellschaftsvertrag doch – wie auch bei anderer Geschäftsführungsentscheidung – vorsehen, dass die Geschäftsführer für die Ausübung des genehmigten Kapitals der **Zustimmung eines anderen Organs** bedürfen.[10] Dass der Gesetzgeber anders als bei der AG (§ 202 Abs. 3 Satz 2 AktG) darauf verzichtet hat, eine Zustimmung des Aufsichtsrates ausdrücklich vorzuschreiben steht dem nicht entgegen, ist doch bei der GmbH ein Aufsichtsrat anders als bei der AG nicht zwingend. Da weder im MitbestG noch im DrittelbetG auf § 202 Abs. 3 Satz 2 AktG Bezug genommen wird, gilt auch bei obligatorischen Aufsichtsräten einer GmbH nichts anderes. Alternativ oder auch kumulativ zu einer Zustimmung durch den Aufsichtsrat kann der Gesellschaftsvertrag auch die Zustimmung durch die Gesellschafterversammlung vorsehen. Der Aufsichtsrat seinerseits kann indes die Ausübung des genehmigten Kapitals nicht seiner Zustimmung unterstellen, da hierdurch die Entscheidung der Gesellschafter unterlaufen würde, dass gerade keine Zustimmung des Aufsichtsrates erforderlich sein soll.[11] Das Erfordernis einer Zustimmung des Aufsichtsrates oder der Gesellschafterversammlung reduziert zwar die (ohnehin nur begrenzten – s. hierzu oben Rdn. 4) Vorteile des genehmigten Kapitals, da die Gesellschafter in dessen Ausübung eingebunden sind. Allerdings kann der Zustimmungsbeschluss der Gesellschafterversammlung anders als ein Kapitalerhöhungsbeschluss schriftlich im Umlaufverfahren gefasst werden und bedarf nicht der notariellen Beurkundung. Zur Aufnahme einer Verpflichtung, das genehmigte Kapital auszunutzen, s.u. Rdn. 16.

b) Ermächtigungsdauer

11 Die Ermächtigung darf für **höchstens 5 Jahre nach Eintragung der Gesellschaft** gelten. Beschrieben werden kann die Dauer der Ermächtigung im Gesellschaftsvertrag sowohl durch die Angabe einer Laufzeit (»für X Jahre nach Eintragung der Gesellschaft«, wobei X </= 5 sein muss) oder durch die Angabe eines fixen Enddatums (»bis zum 30. September 2018«). Die Angabe eines fixen Enddatums ist dabei allerdings zwangsläufig mit einer (minimalen) Verkürzung der Ermächtigungsdauer verbunden, da bei Gründung der Gesellschaft noch nicht bekannt ist, an welchem Tag die Gesellschaft eingetragen werden wird. Nach Ablauf der Ermächtigungsdauer ist – wie im Aktienrecht auch – eine Verlängerung der Frist unter Beachtung der allgemeinen Regeln (s. hierzu unten Rdn. 27 ff.) möglich.[12] Zweifelsohne als Umgehung der zeitlichen Begrenzung unzulässig ist eine Verlängerung der Frist um weitere fünf Jahre (wesentlich) vor Ablauf der ursprünglichen Frist in Form einer »Kettenermächtigung«.[13] Zur Zulässigkeit einer schuldrechtlichen Verpflichtung, die Frist zu verlängern, siehe unten unter Rdnr. 56a.

---

10 Wie hier *Bormann*, in: Bormann/Kauka/Ockelmann, HdbGmbHR, Kap. 4 Rn. 351; *Arnold/Born*, in: Bork/Schäfer, GmbHG, § 55a Rn. 17; *Priester/Tebben*, in: Scholz, GmbHG, § 55a Rn. 21 und 30; *Casper*, in: Ulmer/Habersack/Löbbe, GmbHG, § 55a Rn. 17; *Lieder*, in: MünchKommGmbHG, § 55a Rn. 34 m.w.N.; *Terbracken*, DNotZ 2012, 917, 921. A.A. *Herrmanns*, in: Michalski, GmbHG, § 55a Rn. 6.

11 *Bormann*, in: Bormann/Kauka/Ockelmann, HdbGmbHR, Kap. 4 Rn. 344; wohl auch *Lieder*, in: MünchKommGmbHG, § 55a, Rn. 34.

12 *Lieder*, in: MünchKommGmbHG, § 55a, Rn. 23a; *Bayer*, in: Lutter/Hommelhoff, GmbHG, § 55a Rn. 12; *Arnold/Born*, in: Bork/Schäfer, GmbHG, § 55a Rn. 10; vgl. zur AG etwa OLG Hamm, Beschl. v. 16.11.1984 – 15 W 312/82, DB 1985, 103, 104.

13 *Roth*, in: Roth/Altmeppen, GmbHG, § 55a Rn. 10; *Bormann/Trautmann*, GmbHR 2016, 37, 42; *Helmrich*, GWR 2011, 561, 563. Großzügiger wohl *Lieder*, in: MünchKommGmbHG, § 55a Rn. 23a.

c) Ermächtigungsumfang

Die Ermächtigung muss den Umfang erkennen lassen, um den die Geschäftsführer das Stammkapital erhöhen dürfen. Satz 1 spricht insofern ausdrücklich von einem *»bestimmten Nennbetrag«*. Ergänzend bestimmt Satz 2, dass der Nennbetrag die **Hälfte des Stammkapitals**, das z.Zt. der Ermächtigung vorhanden ist, nicht übersteigen darf. Verfügt die Gesellschaft über mehrere genehmigte Kapitalia, etwa mit unterschiedlichen Laufzeiten oder für unterschiedliche Verwendungszwecke, so darf die Summe der genehmigten Kapitalia zusammen den Höchstbetrag nicht übersteigen.[14] 12

Die **Bestimmung des Betrages**, um den die Geschäftsführung das Stammkapital erhöhen kann, kann durch die Nennung des möglichen Erhöhungsbetrages erfolgen (*»das Stammkapital um bis zu [Betrag] EUR zu erhöhen«*).[15] Vereinzelt[16] wird es zudem für zulässig gehalten, den Betrag zu nennen, auf den (*»das Stammkapital auf bis zu [Betrag] EUR zu erhöhen«*) oder den Prozentsatz um den Stammkapital erhöht werden kann (*»das Stammkapital um bis zu X % des Stammkapitals zu erhöhen«*). Enthält die Ermächtigung indes eine der beiden vorgenannten Regelungen und kommt es im Nachgang zur Gründung zu einer Änderung der Stammkapitalziffer, so ist die Regelung nicht mehr aus sich selbst heraus verständlich, sondern bedarf der historischen Auslegung.[17] Selbst wenn dies der Zulässigkeit dieser Regelungen nicht entgegenstehen sollte, so ist der Praxis doch aufgrund der mit ihr verbundenen Unhandlichkeit von einer Verwendung abzuraten. 13

Entscheidender **Zeitpunkt**, für die Ermittlung des max. zulässigen Erhöhungsbetrages ist der Tag der Eintragung der Gesellschaft. Ändern die Gesellschafter das Stammkapital nach Gründung, aber vor Eintragung der Gesellschaft ins Handelsregister noch und wird diese Änderung bei der Eintragung der Gesellschaft bereits berücksichtigt, so ist das geänderte Stammkapital entscheidend. Spätere Kapitalerhöhungen oder Kapitalherabsetzungen haben indes keinen Einfluss auf den im Rahmen einer bereits bestehenden Ermächtigung max. zulässigen Erhöhungsbetrag. Allerdings bleibt es den Gesellschaftern unbenommen, die Ermächtigung später anzupassen. 14

d) Ermächtigungsbedingungen

aa) Allgemeines

Neben der Dauer und dem Umfang, die die Ermächtigung zwingend zu enthalten hat, **kann** die Ermächtigung auch weitere **Vorgaben zur Art und Weise der Ausübung der Ermächtigung** enthalten. Zu diesen Vorgaben gehören namentlich die Folgenden:[18] 15

Die gesetzliche Ausgestaltung des genehmigten Kapitals als Ermächtigung schließt nicht aus, dass die Gesellschafter die Geschäftsführung bereits in der Ermächtigung selbst oder auch zu einem späteren Zeitpunkt (s. hierzu unten unter Rdn. 44) **verpflichten, das genehmigte Kapital**[19] unter bestimmten Voraussetzungen oder nur unter bestimmten Voraussetzungen **auszunutzen.**[19] Auch kann die Ermächtigung vorsehen, das genehmigte Kapital **nur zu einem bestimmten Zweck** zu verwenden, etwa zur Bedienung von Wandlungsrechten[20]. 16

---

14 *Servatius*, in: Baumbach/Hueck, GmbHG § 55a Rn. 6; *Casper*, in: Ulmer/Habersack/Löbbe, GmbHG, § 55a Rn. 13; *Roth*, in: Roth/Altmeppen, GmbHG, § 55a Rn. 16.

15 *Roth*, in: Roth/Altmeppen, GmbHG, § 55a Rn. 13; *Thun*, in: Bunnemann/Zirngibl, GmbH, § 6 Rn. 79; *Arnold/Born*, in: Bork/Schäfer, GmbHG, § 55a Rn. 7.

16 *Lieder*, in: MünchKommGmbHG, § 55a, Rn. 20; vgl. auch *Bayer*, in: Lutter/Hommelhoff, GmbHG § 55a Rn. 11.

17 *Bormann*, in: Bormann/Kauka/Ockelmann, HdbGmbHR, Kap. 4 Rn. 341.

18 S. hierzu auch *Lieder*, in: MünchKommGmbHG, § 55a Rn. 24 ff.

19 *Servatius*, in: Baumbach/Hueck, GmbHG, § 55a Rn. 7; *Casper*, in: Ulmer/Habersack/Löbbe, GmbHG, § 55a Rn. 17; *Bayer*, in: Lutter/Hommelhoff, GmbHG, § 55a Rn. 13. Weisung bereits im Ermächtigungsbeschluss ebenfalls für zulässig haltend *Arnold/Born*, in: Bork/Schäfer, GmbHG, § 55a Rn. 14.

20 Siehe hierzu *Bormann/Trautmann*, GmbHR 2016, 37, 42.

17 Soll das genehmigte Kapital nicht nur zu Bar-, sondern auch zu **Sachkapitalerhöhungen** verwendet werden, so ist dies bereits in der Ermächtigung vorzusehen, Abs. 3 (s. hierzu unten Rdn. 37 f.). Gleiches gilt, sofern die durch die Ausnutzung des genehmigten Kapitals geschaffenen Geschäftsanteile mit **Sonderrechten** ausgestattet sein sollen, die im Gesellschaftsvertrag vorher nicht vorgesehen waren, wie etwa Mehrfach-Stimmrechte oder Sondergewinnrechte.

18 Die Ermächtigung kann letztlich auch Vorgaben dazu enthalten, ob im Zuge der Ausübung des genehmigten Kapitals **neue Geschäftsanteile ausgegeben** oder die **bestehenden Geschäftsanteile aufgestockt** werden sollen. Zwar ist in Abs. 1 Satz 1 allein von der Ausgabe neuer Geschäftsanteile die Rede. Wie aber auch § 55 Abs. 3 (s. dazu § 55 Rdn. 62) schließt Abs. 1 Satz 1 die Aufstockung bestehender Geschäftsanteile nicht aus.[21] Daneben kann die Ermächtigung eine Aussage dazu enthalten, ob bei der Ausnutzung des genehmigten Kapitals pro Übernehmer **nur ein oder mehrere neue Geschäftsanteile** ausgegeben werden dürfen. Zulässig ist auch eine Regelung, nach der das Stammkapital i.R.d. grds. zulässigen Erhöhungsumfanges (zu diesem s. vorstehend Rdn. 12 ff.) je Ausnutzung des genehmigten Kapitals um einen **Mindest- oder einen Höchstbetrag** zu erhöhen ist (»*Die Geschäftsführer sind ermächtigt, das Stammkapital der Gesellschaft bis zum [Datum] durch Ausgabe neuer Geschäftsanteile gegen Bar- [oder Sach-] einlagen einmalig oder mehrmals um bis zu insgesamt [Betrag] € zu erhöhen, wobei die Erhöhung jeweils [mindestens/höchstens] [Betrag] € betragen [muss/darf]*«). Letztlich kann die Ermächtigung auch Bestimmungen dazu enthalten, ob und in welchem Umfang bestimmte Gattungen von Geschäftsanteilen ausgegeben werden sollen.[22]

bb) In Besonderheit: Bezugsrechtsausschluss

19 Auch ohne eine ausdrückliche gesetzliche Regelung steht den GmbH-Gesellschaftern ein (über)gesetzliches Bezugsrecht zu (s. hierzu § 55 Rdn. 17 ff.). Dieses **Bezugsrecht** kann **in der** gesellschaftsvertraglichen **Ermächtigung** zur Ausgabe neuer Geschäftsanteile – also in der statutarischen Vorschrift zum genehmigten Kapital selbst – oder auch aufgrund einer entsprechenden Ermächtigung im Zuge der Ausnutzung des genehmigten Kapitals **durch die Geschäftsführer ausgeschlossen** werden. Zwar enthält § 55a keine ausdrückliche Ermächtigung, das Bezugsrecht auszuschließen, allerdings hält sein Abs. 3 die Ausnutzung des genehmigten Kapitals durch Sacheinlagen für möglich; bei Sachkapitalerhöhungen ist indes der Bezugsrechtsausschluss der Regelfall.

20 Ist der Bezugsrechtsausschluss bereits in der **Gründungssatzung** enthalten, so ist der Ausschluss von der einstimmigen Feststellung der Satzung erfasst; besondere formelle oder materielle Anforderungen an den Bezugsrechtsausschluss sind damit nicht erforderlich. Insb. bedarf der Bezugsrechtsauschluss keiner materiellen Rechtfertigung.[23] Zu den Anforderungen an den Ausschluss des Bezugsrechts zu einem späteren Zeitpunkt s.u. Rdn. 31 ff.

21 Soll die **Entscheidung über den Ausschluss des Bezugsrechts** den **Geschäftsführern** i.R.d. Ausübung des genehmigten Kapitals **überlassen** bleiben,[24] so hat die gesellschaftsvertragliche Regelung zum genehmigten Kapital selbst entsprechend § 203 Abs. 2 AktG eine solche Ermächtigung zu enthalten.[25] Entsprechend den Ausführungen in vorstehender Rdn. bedarf die Aufnahme einer solchen Ermächtigung in die Gründungssatzung keiner sachlichen Rechtfertigung. Zu den Anforderungen an die Ermächtigung zum Ausschluss des Bezugsrechts zu einem späteren Zeitpunkt s.u. Rdn. 31 ff.

---

21 Ebenso *Lieder*, in: MünchKommGmbHG, § 55a Rn. 25; *Priester/Tebben*, in: Scholz, GmbHG, § 55a Rn. 25; *Schnorbus/Donner*, NZG 2009, 1241, 1245; *Terbrack*, DNotZ 2012, 917, 923.

22 *Kramer*, GmbHR 2015, 1073, 1074.

23 Ebenso OLG München, Beschl. v. 23.01.2012 – 31 Wx 457/11, DStR 2012, 370 f.; *Lieder*, in: MünchKommGmbHG, § 55a Rn. 63; *Herrler*, DNotZ 2008, 903, 912; Vgl. zur AG *Wamser*, in: BeckOKG, AktG, § 203, Rn. 61; *Koch* in: Hüffer/Koch, AktG, § 203 Rn. 9.

24 Zur Zulässigkeit einer solchen Delegation an die Geschäftsführung siehe nur OLG München, Beschl. v. 23.01.2012 – 31 Wx 457/11, DStR 2012, 370 f.

25 *Priester*, GmbHR 2008, 1177, 1182.

cc) In Besonderheit: Änderung der Fassung des Gesellschaftsvertrages

Mit der Ausnutzung des genehmigten Kapitals wird der **Gesellschaftsvertrag unrichtig**, denn die im Gesellschaftsvertrag genannte Stammkapitalziffer stimmt nicht mehr mit der tatsächlichen Stammkapitalziffer überein. Mithin ist die Fassung des Gesellschaftsvertrages **anzupassen**. Dabei kennt das GmbHG keine dem § 179 Abs. 1 Satz 2 AktG vergleichbare Regelung, nach dem der Aufsichtsrat berechtigt ist, Änderungen der Fassung des Gesellschaftsvertrages vorzunehmen. Damit ist allein die Gesellschafterversammlung zur Änderung des Gesellschaftsvertrages berechtigt, § 53 Abs. 1. Wollte man es hierbei auch für den Fall der Ausnutzung des genehmigten Kapitals belassen, wären die ohnehin nur limitierten Vorteile genehmigten Kapitals dahin, denn dann müssten die Gesellschafter i.R.d. Ausnutzung des genehmigten Kapitals auch einen notariellen Gesellschafterbeschluss fassen.[26] 22

Im Ergebnis dürfte **Einigkeit bestehen**, dass es **nicht bei der alleinigen Kompetenz der Gesellschafterversammlung** zur Änderung des Gesellschaftsvertrages **bleiben kann.**[27] Umstritten ist indes, ob die Geschäftsführer einer ausdrücklichen Ermächtigung im Gesellschaftsvertrag bedürfen, die Fassung des Gesellschaftsvertrages anzupassen,[28] oder ob sich diese Kompetenz zur Änderung des Gesellschaftsvertrages als Annex aus § 55a ergibt.[29] Im Ergebnis ist davon auszugehen, dass den Geschäftsführern – ebenso wie dem Aufsichtsrat einer AG, wenn die Satzung zwar ein genehmigtes Kapital enthält, dem Aufsichtsrat aber nicht entsprechend § 179 Abs. 1 Satz 2 AktG die Befugnis zur Änderung der Satzung übertragen wurde[30] – eine Annex-Kompetenz zur Änderung des Gesellschaftsvertrages zusteht. 23

Soll die **Befugnis zur Änderung des Gesellschaftsvertrages** indes **nicht der Geschäftsführung obliegen**, sondern dem mit der Handelsregisteranmeldung der Kapitalerhöhung betrauten Notar oder dem Aufsichtsrat der Gesellschaft, so ist eine ausdrückliche Regelung im Gesellschaftsvertrag erforderlich. 24

2. Formelle Anforderungen

Die Ermächtigung hat **im Gründungsgesellschaftsvertrag selbst** zu erfolgen; eine gesonderte Ermächtigung der Geschäftsführer außerhalb des Gesellschaftsvertrages ist weder hinreichend noch erforderlich. Im Zuge der Anmeldung der Gesellschaft zur Eintragung **ins Handelsregister** ist die Existenz des genehmigten Kapitals gesondert anzumelden und **einzutragen**, § 10 Abs. 2 Satz 1. 25

Wirksam wird das genehmigte Kapital erst mit der **Eintragung** der Ermächtigung **ins Handelsregister**, § 54 Abs. 3. Erst ab diesem Zeitpunkt kann von der Ermächtigung Gebrauch gemacht werden. Soll die Ermächtigung vor ihrer Eintragung geändert werden, bedarf es hierzu wie zu jeder Änderung des Gründungsgesellschaftsvertrages[31] der Zustimmung sämtlicher Gesellschafter (zur Änderung einer nachträglichen Ermächtigung vor ihrer Eintragung ins Handelsregister s.u. 26

26 *Bormann*, in: Bormann/Kauka/Ockelmann, HdbGmbHR, Kap. 4 Rn. 335; *Thun*, in: Bunnemann/Zirngibl, GmbH, § 6 Rn. 96.

27 So auch OLG München, Beschl. v. 23.01.2012 – 31 Wx 457/11, DStR 2012, 370 f.

28 Eine solche Ermächtigung für erforderlich haltend *Lieder*, in: MünchKommGmbHG, § 55a Rn. 43 f. *Bayer*, in: Lutter/Hommelhoff, GmbHG, § 55a Rn. 33 ff.; *Heckschen*, in: ders/Heidinger, GmbH, § 10 Rn. 117.

29 Für eine Annex-Kompetenz *Priester*, GmbHR 2008, 1177, 1180; *Schnorbus/Donner*, NZG 2009, 1241, 1245. S.a. *Bormann/Urlichs*, GmbHR-Sonderheft 2008, S. 37, 46. Ausführlich zum Meinungsstand, *Trautmann*, Genehmigtes Kapital, S. 98 ff.

30 *Wamser*, in: BeckOGK, AktG, § 203 Rn. 39; *Cahn*, AG 2001, 181, 184 ff. Hiergegen indes *Stein*, in: MünchKommAktG, § 179 Rn. 171.

31 *Servatius*, in: Baumbach/Hueck, GmbHG, § 55a Rn. 10. Zur Satzungsänderung im Gründungsstadium s. *Bayer*, in: Lutter/Hommelhoff, GmbHG, § 2 Rn. 48; *Ulmer/Löbbe*, in: Ulmer/Habersack/Löbbe, GmbHG, § 2 Rn. 24.

Rdn. 36). Soll die Ermächtigung nach ihrer Eintragung ins Handelsregister geändert werden, gelten die allgemeinen Vorschriften zur Änderung des Gesellschaftsvertrages.

II. Nachträgliche Einführung eines genehmigten Kapitals (Abs. 2)

1. Allgemeines

27 Sollen die Geschäftsführer nachträglich, also nach der Eintragung der Gesellschaft ins Handelsregister, zur Ausgabe neuer Geschäftsanteile ermächtigt werden, so bedarf es hierzu einer **Änderung des Gesellschaftsvertrages.** An diese Änderung sind die gleichen Anforderungen zu stellen, wie an jede andere Änderung des Gesellschaftsvertrages auch (s. hierzu *Leitzen* § 53 Rdn. 5 ff.). Hinsichtlich der Ausgestaltung des genehmigten Kapitals gilt – vorbehaltlich der nachstehenden Ausführungen – das Gleiche wie bei einer Einführung genehmigten Kapitals mit dem Gründungsgesellschaftsvertrag.

2. Besonderheiten ggü. der Einführung in der Gründungssatzung

28 Besonderheiten bei der nachträglichen Einführung des genehmigten Kapitals ggü. der Einführung in der Gründungssatzung bestehen in Bezug auf die **Grenzen** (Dauer und Umfang) und in Bezug auf den **Bezugsrechtsausschluss.**

a) Besonderheiten bei Dauer und Umfang

29 So können die Geschäftsführer für **max. 5 Jahre ab dem Zeitpunkt der Eintragung der Ermächtigung**, sprich der zugrunde liegenden Änderung des Gesellschaftsvertrages, zur Ausgabe neuer Geschäftsanteile ermächtigt werden. Bei der Berechnung der Frist tritt der Tag der Eintragung der Änderung des Gesellschaftsvertrages an die Stelle der Eintragung der Gesellschaft.

30 In Bezug auf den **Umfang der Ermächtigung** ergeben sich Besonderheiten daraus, dass bei einer nachträglichen Einführung des genehmigten Kapitals diese Einführung – anders als bei der Einführung des genehmigten Kapitals bei der Gründung – mit einer regulären Kapitalerhöhung zusammenfallen oder in einem engen zeitlichen Zusammenhang mit einer solchen stehen kann. Derartige Kapitalerhöhungen haben Einfluss auf die Obergrenze der Ermächtigung. Bis zur Eintragung des genehmigten Kapitals ins Handelsregister eingetragene Kapitalerhöhungen sind bei der Ermittlung der Obergrenze nach Abs. 1 Satz 2 zu berücksichtigen – und zwar auch dann, wenn die Kapitalerhöhungen erst nach der Änderung des Gesellschaftsvertrages zur Einführung des genehmigten Kapitals beschlossen wurde.[32]

b) Besonderheiten beim Bezugsrechtsausschluss

aa) Formelle Anforderungen

31 Soll zu einem späteren Zeitpunkt als bei der Gründung der Gesellschaft ein genehmigtes Kapital unter Ausschluss des Bezugsrechts eingeführt oder bei einem bestehenden genehmigten Kapital nachträglich das Bezugsrecht ausgeschlossen werden, so bedarf es hierfür eines den Gesellschaftsvertrag ändernden Gesellschafterbeschlusses; der **Bezugsrechtsausschluss** muss **in der Ermächtigung selbst**, also der statutarischen Regelung des genehmigten Kapitals, enthalten sein, 186 Abs. 3 Satz 1 AktG analog.[33] Damit ist ein Bezugsrechtsausschluss außerhalb des Gesellschaftsvertrages ausgeschlossen.

32 Der Gesellschafterbeschluss hat allein den **Anforderungen des § 53 GmbHG sowie** etwaiger darüber hinausgehender **gesellschaftsvertraglicher Regelungen zur Änderung des Gesellschaftsvertrages** zu

32 *Arnold/Born*, in: Bork/Schäfer, GmbHG, § 55a Rn. 10; *Servatius*, in Baumbach/Hueck, GmbHG, § 55a Rn. 6; vgl. auch *Koch* in: Hüffer/Koch, AktG, § 202, Rn. 14.

33 *Lieder*, in: MünchKommGmbHG, § 55a Rn. 62; *Servatius*, in: Baumbach/Hueck, GmbHG, § 55a Rn. 7; *Schnorbus/Donner*, NZG 2009, 1241, 1244.

genügen. Eine qualifizierte Kapitalmehrheit entsprechend §§ 203 Abs. 1 Satz 1, 186 Abs. 3 Satz 2 AktG ist nicht erforderlich.[34] § 186 Abs. 3 Satz 2 AktG erklärt sich aus den strukturellen Besonderheiten der AG und ist nicht auf die GmbH zu übertragen. Allerdings ist die Beschlussfassung über den Bezugsrechtsausschluss in der Tagesordnung zur Gesellschafterversammlung (§ 51 Abs. 2) anzukündigen, § 186 Abs. 4 Satz 1 AktG.[35] Eine **schriftliche Begründung des Bezugsrechtsausschlusses** durch Geschäftsführung in entsprechender Anwendung von § 186 Abs. 4 Satz 2 AktG ist wie bei der regulären Kapitalerhöhung (s. zu dieser *Bormann* § 55 Rdn. 22) aufgrund der personalistischen Struktur der GmbH **nicht erforderlich.**[36]

bb) Materielle Anforderungen

33 Materiell-rechtlich zulässig ist ein Bezugsrechtsausschluss nur, wenn der Ausschluss der **Erreichung eines berechtigten Gesellschaftsinteresses** dient (vgl. hierzu auch *Bormann* § 55 Rdn. 22 f.). Für die Anforderungen im Einzelnen ist entscheidend, wie konkret sich die Umstände der Kapitalerhöhung bereits abzeichnen:[37] Sofern bereits absehbar ist, in welchem Zusammenhang das genehmigte Kapital ausgenutzt werden soll und die Ermächtigung ggf. sogar entsprechende Vorgaben enthält, ist vor diesem konkreten Hintergrund zu prüfen, ob der Bezugsrechtsausschluss der Erreichung eines berechtigten Gesellschaftsinteresses dient. Je unkonkreter indes der Zusammenhang noch ist, in dem das genehmigte Kapital ausgenutzt werden soll, je schwieriger ist es, einen Bezugsrechtsausschluss zu rechtfertigen.

34 Ob der Bezugsrechtsausschluss darüber hinaus auch **erforderlich und verhältnismäßig** sein muss, ist umstritten.[38] Letztlich ist eine Entscheidung über die Erforderlichkeit und Verhältnismäßigkeit des Bezugsrechtsauschlusses nur in Kenntnis der Umstände der Kapitalerhöhung (sprich der Ausnutzung des genehmigten Kapitals) möglich. Diese Umstände sind indes im Zeitpunkt der Beschlussfassung aufgrund der Natur der Sache noch nicht bekannt. Damit wird man im Ergebnis nicht verlangen können, dass bereits der Bezugsrechtsausschluss erforderlich und verhältnismäßig ist. Dies führt freilich dazu, dass an das Gesellschaftsinteresse erhöhte Anforderungen zu stellen sind (s.o. Rdn. 33).

cc) In Besonderheit: Ermächtigung der Geschäftsführer

35 Wird das Bezugsrecht nicht in der Ermächtigung ausgeschlossen, sondern sollen die Geschäftsführer ermächtigt werden, i.R.d. Ausübung des genehmigten Kapitals über einen Bezugsrechtsausschluss zu entscheiden, so bedarf die **Ermächtigung der Geschäftsführer** zum Ausschluss des Bezugsrechtes selbst **keiner sachlichen Rechtfertigung.** Allerdings müssen die Voraussetzungen für einen Bezugsrechtsausschluss im Zeitpunkt der Ausübung des genehmigten Kapitals durch die Geschäftsführung vorliegen (s. hierzu unten Rdn. 47 ff.). Allein das Ziel, mit der Ausnutzung des genehmigten Kapitals Wandelgläubiger zu bedienen, rechtfertigt dabei noch keinen Bezugsrechtsausschluss.[39]

---

34 *Lieder*, in: MünchKommGmbHG, § 55a Rn. 64; *Heckschen*, DStR 2001, 1437, 1439 f.; ebenso für die reguläre Kapitalerhöhung *Priester/Tebben*, in: Scholz, GmbHG, § 55 Rn. 61; a.A. *Servatius*, in: Baumbach/Hueck, GmbHG, § 55 Rn. 25a für die reguläre Kapitalerhöhung.

35 *Arnold/Born*, in: Bork/Schäfer, GmbHG, § 55a Rn. 22; *Lieder*, in: MünchKommGmbHG, § 55a Rn. 65.

36 So indes *Lieder*, in: MünchKommGmbHG, § 55a Rn. 65, sofern nicht sämtliche Gesellschafter dem Verzicht zustimmen. Wie hier für die reguläre Kapitalerhöhung *Priester/Tebben*, in: Scholz, GmbHG, § 55 Rn. 61a; *Herrmanns*, in: Michalski, GmbHG, § 55 Rn. 46.

37 *Lieder*, in: MünchKommGmbHG, § 55a, Rn. 68 ff.; *Priester/Tebben*, in: Scholz, GmbHG, § 55a Rn. 37.

38 Dagegen BGH, Urt. v. 23.06.1997 – II ZR 132/93, NJW 1997, 2815, 2815; *Lieder*, in: MünchKommGmbHG, § 55a Rn. 67. Für Prüfung erst bei Nutzung der Ermächtigung *Herrler*, DNotZ 2008, 903, 912. Dafür *Herrmanns*, in: Michalski, GmbHG, § 55a Rn. 10; *Cramer*, GmbHR 2009, 406, 41; *Thun*, in: Bunnemann/Zirngibl, GmbHG, § 6 Rn. 85; ebenso bei Ermächtigung des Geschäftsführers zum Ausschluss *Priester*, GmbHR 2008, 1177, 1182.

39 *Bormann/Trautmann*, GmbHR 2016, 37, 42 f.

3. Nachträgliche Änderung und Aufhebung

36 Hinsichtlich der nachträglichen Änderung und Aufhebung des genehmigten Kapitals wird **von Teilen der Literatur**[40] **unterschieden:** Vor der Eintragung des genehmigten Kapitals ins Handelsregister soll die Ermächtigung durch einen mit einfacher Mehrheit zu fassenden Gesellschafterbeschluss wieder aufgehoben werden. Das soll unabhängig davon gelten, ob die Ermächtigung bereits im Gründungsgesellschaftsvertrag enthalten war oder in einem Gesellschafterbeschluss zur Änderung des Gesellschaftsvertrages. Wurde das genehmigte Kapital demgegenüber bereits ins Handelsregister eingetragen, so sollen die üblichen Anforderungen an die Änderung des Gesellschaftsvertrages zu stellen sein. Dem kann ebenso wie in Bezug auf die Aufhebung und Änderung einer Kapitalerhöhung (s. hierzu *Bormann* § 55 Rdn. 35) nicht gefolgt werden.[41] Die Aufhebung ist *actus contrarius* zur Einführung und hat deswegen den gleichen Anforderungen zu genügen wie die Einführung. Für eine Änderung kann nichts anderes gelten.

III. Genehmigtes Kapital und Sacheinlage (Abs. 3)

37 Die Durchführung einer Sachkapitalerhöhung durch die Ausnutzung eines genehmigten Kapitals ist nur zulässig, wenn die Ermächtigung, sprich die **gesellschaftsvertragliche Regelung** zum genehmigten Kapital, **dies ausdrücklich vorsieht**. Da ein Bezugsrecht sämtlicher Gesellschafter bei einer Sach-Kapitalerhöhung faktisch i.d.R. nicht in Betracht kommt, ist die Zulassung von Sacheinlagen mit einem **Bezugsrechtsausschluss** zu verbinden. Dabei muss das Bezugsrecht nicht bereits in der Ermächtigung selbst ausgeschlossen werden, vielmehr kann der Ausschluss des Bezugsrechtes auch der Geschäftsführung überlassen werden. Zu den Anforderungen an einen Bezugsrechtsausschluss s.o. Rdn. 31 ff.

38 **Inhaltlich** kann sich die Ermächtigung darauf beschränken, Sacheinlagen generell für zulässig zu erklären. Allerdings ist es auch zulässig, Art und Umfang der Sacheinlagen näher zu beschreiben und zu beschränken, etwa nur bestimmte Vermögensgegenstände wie bspw. nur Unternehmensbeteiligungen als Sacheinlagen zuzulassen oder zu verlangen, dass Einlagen vollständig oder nur bis zu einem bestimmten Anteil durch Sacheinlagen zu erbringen sind.[42] Ebenfalls möglich ist es, Sacheinlagen nur in bestimmten Situationen zuzulassen.

IV. Ausnutzung des genehmigten Kapitals

1. Allgemeines

39 Die Ausnutzung des genehmigten Kapitals setzt eine entsprechende Ermächtigung voraus. In der Welt ist diese Ermächtigung erst mit ihrer Eintragung ins Handelsregister (s. bereits oben Rdn. 26). Damit kann das genehmigte Kapital auch erst ab dem Zeitpunkt seiner Eintragung ins Handelsregister ausgenutzt werden.

2. Zuständigkeit

40 Bereits Abs. 1 spricht davon, dass (nur) die Geschäftsführer zur Durchführung der Kapitalerhöhung ermächtigt werden können (s. hierzu bereits oben Rdn. 9 f.). Die Entscheidung über die (Nicht-) Ausübung des genehmigten Kapitals stellt eine **Geschäftsführungsmaßnahme** dar.[43] Damit gelten für diese Entscheidung die gleichen Grundsätze, wie für andere Geschäftsführungsmaßnahmen auch. Namentlich sind die Geschäftsführer vorbehaltlich wirksamer Weisungen (hierzu sogleich

---

40 *Roth*, in: Roth/Altmeppen, GmbHG, § 55a Rn. 9; *Lieder*, in: MünchKommGmbHG, § 55a Rn. 28. Vgl. auch den Meinungsstreit zu den Anforderungen an die Aufhebung einer Kapitalerhöhung, § 55 Rn. 32.

41 Ebenso *Arnold/Born*, in: Bork/Schäfer, GmbHG, § 55a Rn. 15.

42 *Lieder*, in: MünchKommGmbHG, § 55a Rn. 28; *Priester/Tebben*, in: Scholz, GmbHG, § 55a Rn. 15.

43 *Lieder*, in: MünchKommGmbHG, § 55a Rn. 29; *Bayer*, in: Lutter/Hommelhoff, GmbHG, § 55a Rn. 9; *Roth*, in: Roth/Altmeppen, GmbHG, § 55a Rn. 7.

unter Rdn. 44) zu pflichtgemäßem Ermessen hinsichtlich des Ob und des Wie der Ausnutzung des genehmigten Kapitals verpflichtet.

Besteht die Geschäftsführung aus mehreren Personen, so ist über die Ausübung der Ermächtigung 41
ein **Beschluss der Geschäftsführung** herbeizuführen. Der Beschluss hat sich nicht nur über das Ob der Ausübung der Ermächtigung zu verhalten, sondern auch über die Bedingungen der Kapitalerhöhung, namentlich über den Umfang (Anzahl und Nennwert der Geschäftsanteile), den Ausgabepreis, die Art der Einlage (sofern die Ermächtigung Sacheinlagen vorsieht) und die Übernehmer sowie das Bezugsrecht und seinen Ausschluss. Soweit der Gesellschaftsvertrag oder die Geschäftsordnung für die Geschäftsführung keine geringeren Anforderungen stellt, bedarf der Beschluss der Einstimmigkeit.[44] Einer besonderen Form bedarf der Ausübungsbeschuss nicht, allerdings empfiehlt sich eine schriftliche Dokumentation.[45]

Der **Zustimmung des Aufsichtsrates** bedarf die Entscheidung der Geschäftsführung über die Aus- 42
übung der Ermächtigung grds. nicht.[46] Anders als das AktG in § 202 Abs. 3 Satz 2 enthält § 55a keine entsprechende Anordnung. Da weder im MitbestG noch im DrittelbetG auf § 202 Abs. 3 Satz 2 AktG Bezug genommen wird, gilt auch bei obligatorischen Aufsichtsräten einer GmbH nichts anderes. Allerdings kann der Gesellschaftsvertrag – nicht aber die Geschäftsordnung für die Geschäftsführung – einen Zustimmungsvorbehalt zugunsten eines Aufsichtsrates vorsehen. S. hierzu auch oben Rdn. 10.

Auch eine **Zustimmung der Gesellschafterversammlung** zur Entscheidung der Geschäftsführung 43
über die Ausübung der Ermächtigung ist i.d.R. nicht erforderlich. Eine Ausnahme von diesem Grundsatz gilt zum einen, wenn der Gesellschaftsvertrag eine Zustimmung der Gesellschafterversammlung vorsehen. Zum anderen kann sich die Notwendigkeit, die Zustimmung der Gesellschafterversammlung einzuholen, aus allgemeinen Grundsätzen ergeben, etwa wenn sich die Gesellschaft in einer Krise befindet oder der Geschäftsführung Bedenken der Gesellschafter gegen eine Ausübung der Ermächtigung bekannt sind. Mit Blick auf das Recht der Gesellschafterversammlung, der Geschäftsführung im Zusammenhang mit der Ausübung der Ermächtigung Weisungen zu erteilen (hierzu in der folgenden Rdn.), wird man allerdings verlangen müssen, dass die Geschäftsführung die **Gesellschafter** darüber **informiert**, dass sie plant, die Ermächtigung auszuüben.[47] Dies gilt unabhängig davon, ob die Ausübung der Ermächtigung der Zustimmung des Aufsichtsrates unterliegt oder nicht (siehe hierzu vorstehende Rdn.), da die Gesellschafterversammlung als oberstes Organ der GmbH jederzeit Entscheidungen an sich ziehen kann. Zwischen der Information der Gesellschafter und der Ausübung der Ermächtigung wird zudem ein Zeitraum liegen müssen, innerhalb dessen die Gesellschafter die Einberufung einer Gesellschafterversammlung verlangen können, in der über die Erteilung einer Weisung in Bezug auf die Ausübung entschieden werden kann. Hierfür dürften i.d.R. 3 Werktage ausreichen, wobei es sich von selbst versteht, dass die Geschäftsführer ab dem Eingang eines entsprechenden Verlangens gehindert sind, die Ermächtigung auszuüben.

Wie bei anderen Geschäftsführungsmaßnahmen auch, kann die **Gesellschafterversammlung** der 44
Geschäftsführung im Zusammenhang mit der Ausübung oder Nicht-Ausübung der Ermächtigung **Weisungen erteilen.**[48] Schon allein aufgrund der fehlenden Beurkundungsbedürftigkeit des einer

44 I.E. ebenso *Schnorbus/Donner*, NZG 2009, 1241, 1243; ebenso für das AktG *Hüffer/Koch*, AktG, § 202, Rn. 20. Eine einfache Mehrheit generell für ausreichend haltend *Casper*, in: Ulmer/Habersack/Löbbe, GmbHG, § 55a Rn. 20.

45 *Priester*, GmbHR 2008, 1177, 1179; *Terbrack*, DNotZ 2012, 917, 927.

46 *Bayer*, in: Lutter/Hommelhoff, GmbHG, § 55a Rn. 18; *Priester/Tebben*, in: Scholz, GmbHG, § 55a Rn. 30.

47 Ebenso *Cramer*, GmbHR 2009, 406; 409; *Eggert*, GmbHR 2014, 856, 861 ff. A.A. *Schnorbus*, in Rowedder/Schmidt-Leithoff, GmbHG, § 55a Rn. 34; *Inhester*, in: Saenger/Inhester, GmbHG, § 55a Rn. 30b; wohl auch *Klett*, GmbHR 2008, 1313, 1315.

48 Wie hier die h.M., s. nur *Lieder*, in: MünchKommGmbHG, § 55a Rn. 30 ff.; *Priester*, GmbHR 2008, 1177, 1179; *Bayer*, in: Lutter/Hommelhoff, GmbHG, § 55a Rn. 17. a.A. indes *Wicke*, in: Wicke,

Weisung zugrunde liegenden Beschlusses wird die Ermächtigung durch die Anerkennung eines solchen Weisungsrechtes nicht funktionslos. Mit welcher Mehrheit ein Weisungsbeschluss zu fassen ist, ist umstritten. Nach zutreffender Auffassung[49] ist eine einfache Mehrheit ausreichend, sofern der Beschluss nicht einer Änderung der Ermächtigung selbst gleichkommt.

3. Weitere Voraussetzungen für die Ausübung der Ermächtigung?

45 Neben dem Beschluss der Geschäftsführung sowie der Einholung etwaig erforderlicher Zustimmungen seitens des Aufsichtsrates oder der Gesellschafterversammlung sind keine weitere Voraussetzungen einzuhalten. Namentlich kann die Ermächtigung **auch dann** ausgeübt werden, **wenn** auf das bisherige Stammkapital **noch Einlagen ausstehen**. Eine dem § 203 Abs. 3 Satz 1 AktG vergleichbare Regelung fehlt, eine analoge Anwendung scheidet aus, da keine unbewusste Regelungslücke vorliegt.

46 Auch bedarf die Ausübung der Ermächtigung als solche **keiner sachlichen Rechtfertigung**. Wäre eine sachliche Rechtfertigung erforderlich, so hätte dies faktisch einen Vorrang der ordentlichen Kapitalerhöhung vor der Ausübung der Ermächtigung zur Folge. Ein solcher Vorrang wäre indes mit der Vergrößerung der Flexibilität nicht vereinbar, die mit der Ermächtigung gerade bezweckt wird.[50]

4. Bezugsrechtsausschluss

47 Sieht die Ermächtigung vor, dass die Geschäftsführer das Bezugsrecht bei der Ausnutzung der Ermächtigung ausschließen können (s. hierzu oben Rdn. 35), haben die Geschäftsführer i.R.d. Entscheidung über die Ausnutzung der Ermächtigung auch darüber zu entscheiden, ob das Bezugsrecht bestehen oder ausgeschlossen werden soll. Zulässig ist ein Ausschluss des Bezugsrechts – wie bei einer ordentlichen Kapitalerhöhung – nur, sofern für den Ausschluss im Zeitpunkt der Beschlussfassung durch die Geschäftsführung ein **sachlicher Grund** vorliegt und der Ausschluss **geeignet, erforderlich und verhältnismäßig** ist (ausführlich hierzu *Bormann* § 55 Rdn. 22 f.).[51]

48 Wie in Bezug auf die Ausnutzung der Ermächtigung selbst sind die Geschäftsführer auch in Bezug auf den Bezugsrechtsausschluss den **Weisungen der Gesellschafterversammlung** unterstellt. Beschlüsse betreffend Weisungen, das Bezugsrecht auszuüben oder nicht auszuüben, bedürfen der gleichen Mehrheit wie Beschlüsse, mit denen das Bezugsrecht im Rahmen einer ordentlichen Kapitalerhöhung ausgeschlossen wird (s. hierzu *Bormann* § 55 Rdn. 21). Wollte man eine geringere Mehrheit ausreichen lassen, so könnte das Mehrheitserfordernis für den Ausschluss des Bezugsrechts umgangen werden. Rechtmäßig und damit zu befolgen sind Weisungen, das Bezugsrecht auszuschließen, indes allein dann, wenn der angeordnete Bezugsrechtsausschluss materiell rechtmäßig ist (s. hierzu vorstehende Rdn.). Haben sämtliche Gesellschafter dem Beschluss zugestimmt, mit dem die Geschäftsführung angewiesen wird, das Bezugsrecht auszuschließen, kann der Beschluss als allseitiger Verzicht auf das Bezugsrecht verstanden werden. In diesem Fall ist es nicht erforderlich, dass der Bezugsrechtsausschluss sachlich gerechtfertigt ist.

GmbHG, § 55a Rn. 7, 13; *Herrmanns*, in: Michalski, GmbHG, § 55a Rn. 11; eine Pflicht zur Ausnutzung der Ermächtigung ebenfalls ablehnend *Klett*, GmbHR 2008, 1313, 1315. Ausführlich zum Meinungsstand *Eggert*, GmbHR 2014, 856, 858 ff.

49 *Casper*, in: Ulmer/Habersack/Löbbe, GmbHG, § 55a Rn. 21; *Inhester*, in: Saenger/Inhester, GmbHG, § 55a Rn. 30a; *Priester*, GmbHR 2008, 1177, 1179; *Terbrack*, DNotZ 2012, 917, 926. Zweifelnd *Thun*, in: Bunnemann/Zirngibl, GmbH, § 6 Rn. 88. Für eine satzungsändernde Mehrheit indes *Eggert*, GmbHR 2014, 856, 859 ff.

50 I.E. ebenso *Schnorbus/Donner*, NZG 2009, 1241, 1244. Zweifelnd indes *Priester/Tebben*, in: Scholz, GmbHG, § 55a Rn. 10a.

51 Ebenso *Lieder*, in: MünchKommGmbHG, § 55a Rn. 72; *Herrmanns*, in: Michalski, GmbHG, § 55a Rn. 10; *Bayer*, in: Lutter/Hommelhoff, GmbHG, § 55a Rn. 23.

Soll die Gesellschafterversammlung die Möglichkeit haben, auf den (Nicht) Ausschluss des Bezugsrechts Einfluss zu nehmen, so sind die Gesellschafter nicht nur über die Ausnutzung des genehmigten Kapitals zu informieren (s. hierzu oben Rdn. 43), sondern auch über den (Nicht) Ausschluss des Bezugsrechts. Hierzu hat die Geschäftsführung die Gesellschafter in einem **Vorabbericht** mit den Informationen zu versorgen, die erforderlich sind, um die Sinnhaftig- und Rechtmäßigkeit eines etwaigen Bezugsrechtsauschluss beurteilen zu können.[52] 49

5. Durchführung

Auch wenn es an einer ausdrücklichen Verweisung auf § 55 fehlt, so ist doch unstreitig, dass eine Kapitalerhöhung unter Ausnutzung des genehmigten Kapitals den **allgemeinen Anforderungen des § 55 zu genügen** hat. Namentlich bedarf es einer notariellen Übernahmeerklärung seitens der Zeichner, der Leistung der Einlage und einer den Anforderungen des § 57 genügenden Handelsregisteranmeldung. Entgegen § 57 ist der Handelsregisteranmeldung allerdings kein Kapitalerhöhungsbeschluss beizufügen, da ein solcher nicht existiert. Die Beifügung des Ausnutzungsbeschlusses seitens der Geschäftsführung ist demgegenüber gesetzlich nicht angeordnet. Da das Registergericht jedoch die Vorlage dieses Beschlusses verlangen kann, empfiehlt es sich zur Vermeidung von Verzögerungen bei der Eintragung der Kapitalerhöhung, den Beschluss einschließlich etwaig erforderlicher Zustimmungen der Handelsregisteranmeldung beizufügen.[53] Für die Einreichung der Gesellschafterliste ist der Notar zuständig, der die Unterschriften unter der Handelsregisteranmeldung betreffend die Ausnutzung des genehmigten Kapitals beglaubigt hat (zu den Kostenfolgen siehe unten unter Rdn. 64).[54] Zur Änderung des Gesellschaftsvertrages siehe oben Rdn. 22 ff. 50

Das **Registergericht hat** vor der Eintragung der Kapitalerhöhung die Wirksamkeit der Ermächtigung, die Wirksamkeit ihrer Ausübung, die Übernahmeerklärungen und die formellen Eintragungsvoraussetzungen **zu prüfen** (zu Mängeln der Ermächtigung und des genehmigten Kapitals s.u. unter Rdn. 60 f.).[55] Sofern der Gesellschaftsvertrag Zustimmungsvorbehalte hinsichtlich der Ausnutzung des genehmigten Kapitals erhält, hat das Registergericht auch zu prüfen, ob diese Zustimmungen wirksam erteilt wurden.[56] Kommt das Registergericht zu dem Ergebnis, dass das genehmigte Kapital ordnungsgemäß ausgenutzt wurde, hat es die Kapitalerhöhung ausdrücklich (§ 10 Abs. 1 Satz 1) einzutragen. Verweigern darf das Registergericht die Eintragung allein, wenn ein Nichtigkeitsgrund vorliegt. Stellt das Gericht bloß Anfechtungsgründe fest, kommt eine Verweigerung der Eintragung nur dann in Betracht, wenn die Verletzung öffentlicher Interessen in Rede steht, nicht aber etwa bei Mängeln des Bezugsrechtsausschlusses.[57] Ist die Ermächtigung wirksam, die Ausnutzung aber fehlerbehaftet, so ist der Gesellschaft die Möglichkeit zu geben, die Fehler zu korrigieren.[58] 51

Bis zur Eintragung der Kapitalerhöhung aufgrund der Ausnutzung des genehmigten Kapitals ins Handelsregister können die Geschäftsführer ihren Ausnutzungsbeschluss **aufheben oder ändern** und die Gesellschafterversammlung kann die Geschäftsführung anweisen, den Ausnutzungsbeschluss aufzuheben oder zu ändern. Auch können bereits erteilte Zustimmungen widerrufen werden. Wurden indes bereits die Übernahmeerklärungen unterzeichnet, so ist die Gesellschaft wie bei 52

---

52 Wie hier *Lieder*, in: MünchKommGmbHG, § 55a, Rn. 73; vgl. auch *Priester/Tebben*, in: Scholz, GmbHG, § 55a Rn. 38. A.A. insbesondere *Casper*, in: Ulmer/Habersack/Löbbe, GmbHG, § 55a Rn. 25 m.w.N.

53 *Lieder*, in: MünchKommGmbHG, § 55a Rn. 53; vgl. auch *Bayer*, in: Lutter/Hommelhoff, GmbHG, § 55a Rn. 26.

54 Ebenso *Bayer*, in: Lutter/Hommelhoff, GmbHG, § 55a Rn. 28; *Arnold/Born*, in: Bork/Schäfer, GmbHG, § 55a Rn. 28; *Schnorbus*, in: Rowedder/Schmidt-Leithoff, GmbHG, § 55a Rn. 36.

55 *Lieder*, in: MünchKommGmbHG, § 55a Rn. 54; vergl. auch *Priester/Tebben*, in: Scholz, GmbHG, § 55a Rn. 46 und 50 f.

56 *Wicke*, in: Wicke, GmbHG, § 55a Rn. 16; *Roth*, in: Roth/Altmeppen GmbHG § 55a Rn. 32.

57 S. hierzu *Arnold/Born*, in: Bork/Schäfer, GmbHG, § 55a Rn. 29; *Wicke*, in: Wicke GmbHG, § 55a, Rn. 17.

58 *Arnold/Born*, in: Bork/Schäfer, GmbHG, § 55a Rn. 30; *Priester/Tebben*, in: Scholz, GmbHG, § 55a Rn. 51.

einer ordentlichen Kapitalerhöhung auch (siehe hierzu *Bormann* § 55 Rdn. 49 f.) zur Durchführung der Kapitalerhöhung verpflichtet.

V. Ausgewählte Einzelfragen

1. Genehmigtes Kapital und Unternehmergesellschaft

53 Auch wenn der Bedarf nach einem genehmigten Kapital bei einer UG noch geringer sein dürfte, als bei der GmbH, so kann es doch eingeführt werden. **Besonderheiten** gelten insoweit, als **Sacheinlagen** ausgeschlossen sind (§ 5a Abs. 2 Satz 2 – siehe aber auch § 56 Rn. 14 für den Fall, dass die Kapitalerhöhung zur Erstarkung zur Voll-GmbH führt) und der **Kapitalerhöhungsbetrag** vor der Handelsregisteranmeldung **voll eingezahlt** werden muss (§ 5a Abs. 2 Satz 1).[59]

2. Genehmigtes Kapital und Musterprotokoll

54 Das Musterprotokoll sieht kein genehmigtes Kapital vor. Da das Musterprotokoll aber nur in unveränderter Form verwendet werden kann, soll nicht die **Kostenprivilegierung** verloren gehen, besteht keine Möglichkeit, bereits bei Gründung einer Gesellschaft unter Verwendung des Musterprotokolls ein genehmigtes Kapital einzuführen. Eine nachträgliche Einführung eines genehmigten Kapitals ist zwar möglich, allerdings ohne eine kostenmäßige Vergünstigung.[60]

3. Genehmigtes Kapital bei Liquidation oder Insolvenz

55 Befindet sich die Gesellschaft in Liquidation oder in der Insolvenz, kann gleichwohl noch ein **genehmigtes Kapital eingeführt** werden – wenn dies wirtschaftlich auch nur ausnahmsweise sinnvoll sein dürfte. Ein vor einer Liquidation oder Insolvenz geschaffenes **genehmigtes Kapital ausnutzen** dürfen die Geschäftsführer indes nur nach einer entsprechenden Weisung durch die Gesellschafterversammlung. Der Beschluss der Liquidation ist als Weisung an die Geschäftsführer zu verstehen, von dem genehmigten Kapital keinen Gebrauch mehr zu machen.[61] Hat die Geschäftsführung bereits vor der Liquidation oder Insolvenz einen Ausnutzungsbeschluss getroffen, ist dieser aber noch nicht durch Eintragung der Kapitalerhöhung ins Handelsregister umgesetzt, so hat die Geschäftsführung den Ausnutzungsbeschluss zu revidieren (s. hierzu oben Rdn. 52) und den Antrag auf Handelsregistereintragung zurückzunehmen.[62] Einer Weisung durch die Gesellschafterversammlung bedarf es hierfür nicht.[63]

4. Genehmigtes Kapital und Arbeitnehmerbeteiligung

56 Sondervorschriften zur Beteiligung von Arbeitnehmern am Kapital der Gesellschaft durch die Ausnutzung genehmigten Kapitals enthält § 55a anders als das AktG in §§ 202 Abs. 4, 204 Abs. 3, 205 Abs. 5 nicht. Allerdings können die aktienrechtlichen Vorschriften entsprechend angewendet werden.[64]

4a. Genehmigtes Kapital und Wandeldarlehensvertrag/Wandelschuldverschreibung

57 In der jüngeren Vergangenheit verstärkt in den Blick geraten ist die Ausnutzung des genehmigten Kapitals im Zusammenhang mit Wandeldarlehensverträgen/Wandelschuldverschreibungen.[65]

---

59 *Lieder*, in: MünchKommGmbHG, § 55a Rn. 79 und § 56a, Rn. 8; *Bayer*, in: Lutter/Hommelhoff GmbHG, § 55a Rn. 40; *Priester/Tebben*, in: Scholz, GmbHG, § 55a Rn. 49.

60 Ebenso *Lieder*, in: MünchKommGmbHG, § 55a Rn. 80.

61 I.E. ebenso *Bayer*, in: Lutter/Hommelhoff, GmbHG, § 55a Rn. 37; *Arnold/Born*, in: Bork/Schäfer, GmbHG, § 55a Rn. 32; *Lieder*, in: MünchKommGmbHG, § 55a Rn. 77.

62 Dies »im Zweifel« für das Ergebnis einer Auslegung haltend *Bayer*, in: Lutter/Hommelhoff, GmbHG, § 55a Rn. 38.

63 Eine solche aber für erforderlich haltend *Arnold/Born*, in: Bork/Schäfer, GmbHG, § 55a Rn. 33.

64 Ausführlich *Lieder*, in: MünchKommGmbHG, § 55a Rn. 80 ff.

65 Siehe *Bormann/Trautmann*, GmbHR 2016, 37; *Milch*,BB 2016, 1538, 1541 f.

Besondere Bedeutung kommt dabei regelmäßig der Absicherung des Wandelgläubigers vor einer Aufhebung und einem Auslaufen des genehmigten Kapitals zu verhindern. Effekntiv möglich ist ein Schutz insoweit indes nur dann, wenn man eine vertragliche Verpflichtung der Gesellschafter, bestimmte Beschlüsse zu fassen (Verlängerung des genehmigten Kapitals) oder gerade nicht zu fassen (Aufhebung des genehmigten Kapitals) für zulässig hält. Teilweise[66] wird jedenfalls die (schuldrechtliche) Verpflichtung der Gesellschafter zur Verlängerung des genehmigten Kapitals kritisch gesehen, da eine solche Verpflichtung zur Umgehung der Befristung führe. Dem ist im Ergebnis zu widersprechen: Zwar kann auch eine schuldrechtliche Abrede den Wandelgläubiger in die Lage versetzen, eine Verlängerung des genehmigten Kapitals durchzusetzen. Allerdings ist der Weg einer solchen Durchsetzung lang und steinig. Zudem wird dem Wandelgläubiger häufig nur ein Schadensersatzanspruch verbleiben, etwa bei Veränderungen in der Gesellschafterstruktur.

Letztlich ist im Zusammenhang mit der Ausnutzung des genehmigten Kapitals zur Bedienung von 58 Wandelgläubigern fraglich, ob eine Werthaltigkeitsprüfung der Einlage erforderlich ist. Mit Blick auf fehlende höchstrichterliche Rechtsprechung und zur Vermeidung eines Wertungswiderspruchs zu § 19 Abs. 4 Satz 3 GmbHG empfiehlt sich im Ergebnis eine Werthaltigkeitsprüfung.[67] Zur Rechtfertigung des Bezugsrechtsausschlusses im Zusammenhang mit der Bedienung von Wandelgläubigern siehe *Bormann/Trautmann*, GmbHR 2016, 37, 42 f.

5. Mängel des genehmigten Kapitals

Bei Mängeln des genehmigten Kapitals ist zwischen Mängeln bei der Ermächtigung und Mängeln 59 bei der Ausnutzung der Ermächtigung zu unterscheiden.

a) Mängel der Ermächtigung

Bei Mängeln der Ermächtigung ist nach herrschender Meinung[68] zu unterscheiden: Enthält die Er- 60 mächtigung keine **Befristung der Laufzeit** oder keine **Kapitalobergrenze**, so soll die Ermächtigung unheilbar nichtig sein, § 241 Nr. 3 AktG analog. Überschreitet die Ermächtigung indes die gesetzlich zulässige Befristungsdauer oder die Kapitalobergrenze, so soll eine Heilung entsprechend § 242 Abs. 2 AktG möglich sein, wobei dann die gesetzlichen Obergrenzen zur Anwendung kommen sollen. Sachlich zu begründen ist diese Differenzierung nicht, zumal dann, wenn die Ermächtigung keine Befristung und keine Kapitalobergrenze enthält auch kein qualitativ anderer Irrtum über den Umfang der Ermächtigung bei den Gesellschaftern genährt wird, als wenn nicht zulässige Angaben gemacht werden. Mithin kommt eine Heilung auch dann in Betracht, wenn die Ermächtigung keine Obergrenzen enthält.[69]

Stützt sich die Geschäftsführung auf eine **unwirksame Ermächtigung** oder **fehlt** eine **Ermächti-** 61 **gung** ganz, so muss das Registergericht die Eintragung einer gleichwohl angemeldeten Kapitalerhöhung ablehnen. Trägt das Registergericht die Kapitalerhöhung gleichwohl ein, so kommen die Grundsätze zur fehlerhaften Gesellschaft zur Anwendung.[70]

b) Mängel bei der Ausnutzung

Beruht die **Ausnutzung** des genehmigten Kapitals auf einer wirksamen Ermächtigung ist aber ih- 62 rerseits **fehlerhaft**, so hat das Registergericht die Eintragung der Kapitalerhöhung zu verweigern (s. hierzu bereits oben Rdn. 51). Eine gleichwohl eingetragene Kapitalerhöhung ist voll wirksam.[71]

66 *Helmrich*, GWR 2011, 561, 563.
67 *Bormann/Trautmann*, GmbHR 2016, 37, 43 f.
68 *Lieder*, in: MünchKommGmbHG, § 55a Rn. 85; vgl. m.w.N. zur AG *Wicke*, in: Wicke, GmbHG, § 55a, Rn. 9 f.
69 Wie hier *Bayer*, in: Lutter/Hommelhoff, GmbHG, § 55a Rn. 11; *Priester/Tebben*, in: Scholz, GmbHG, § 55a Rn. 50.
70 *Priester/Tebben*, in: Scholz, GmbHG, § 55a Rn. 51.
71 *Wicke*, in: Wicke, GmbHG, § 55a Rn. 17.

Allerdings können die Gesellschafter versuchen, die Eintragung der Kapitalerhöhung im Wege der vorbeugenden Unterlassungsklage zu unterbinden und Schadensersatzansprüche gegen die Geschäftsführer geltend machen.[72] Dies gilt auch dann, wenn die Geschäftsführer bei der Ausnutzung der Ermächtigung das Bezugsrecht der Gesellschafter verletzt haben.[73]

63 Unzweifelhaft richten sich die Rechtsfolgen nach § 19 Abs. 4 und 5, wenn im Ausnutzungsbeschluss eine Bareinlage festgelegt, aber **verdeckt** eine **Sacheinlage** geleistet oder die **Einlage zurückgezahlt** wird. Nichts anderes gilt, wenn die Ermächtigung keine Sacheinlage vorsieht (Abs. 3), es aber zu einer verdeckten Sacheinlage kommt.[74]

6. Kosten

64 Hinsichtlich der Kosten ist zwischen den Kosten der Schaffung und den Kosten der Ausnutzung des genehmigten Kapitals wie folgt zu unterscheiden:
- Aufnahme eines genehmigten Kapitals in die **Gründungssatzung**: keine zusätzlichen Kosten
- **Nachträgliche Schaffung** eines genehmigten Kapitals oder **Verlängerung** eines auslaufenden genehmigten Kapitals:
- Kosten der Beurkundung der Satzungsänderung
- Kosten der Handelsregisteranmeldung
- Kosten der Handelsregistereintragung und Bekanntmachung
- **Ausnutzung** des genehmigten Kapitals:
- Kosten der Handelsregisteranmeldung
- Kosten der Handelsregistereintragung und Bekanntmachung
- Anpassung des Gesellschaftsvertrages: kostenfrei
- Einreichung einer aktualisierten Gesellschafterliste (Nr. 22110 – 22111 KV)
- Erstellung der Bescheinigung nach § 40 Abs. 2 Satz 2 GmbHG: ist zwar grds. ein gebührenfreies Nebengeschäft, allerdings kann der Notar eine halbe Betreuungsgebühr verlangen, wenn für die Erteilung der Bescheinigung »Umstände außerhalb der Urkunde zu prüfen sind« (Nr. 22200 Nr. 6 KV) was bei der Ausnutzung des genehmigten Kapitals regelmäßig der Fall sein dürfte.

65 Sämtliche der vorgenannten Kosten sind von der Gesellschaft zu tragen und stellen dieser handels- und steuerrechtlich Aufwand dar (vgl. *Bormann* § 55 Rdn. 75). Zudem fallen **Notarkosten** im Zusammenhang mit der **Übernahmeerklärung** an, die von dem jeweiligen Übernehmer zu tragen sind.

§ 56 Kapitalerhöhung mit Sacheinlagen

(1) [1]Sollen Sacheinlagen geleistet werden, so müssen ihr Gegenstand und der Nennbetrag des Geschäftsanteils, auf den sich die Sacheinlage bezieht, im Beschluss über die Erhöhung des Stammkapitals festgesetzt werden. [2]Die Festsetzung ist in die in § 55 Abs. 1 bezeichnete Erklärung des Übernehmers aufzunehmen.

(2) Die §§ 9 und 19 Abs. 2 Satz 2 und Abs. 4 finden entsprechende Anwendung.

Schrifttum

Boehme, Kapitalaufbringung durch Sacheinlagen insbesondere obligatorische Nutzungsrechte, 1999; *Bongen/Renaud*, Sachübernahmen, GmbHR 1992, 100; *Bork*, (Nichts) Neues zur verdeckten Sacheinlage bei der Barkapitalerhöhung im GmbH-Recht, NZG 2007, 375; *Güldü*, Die Einlagefähigkeit von Bitsoins und anderen Kryptowährungen nach deutschem GmbH- und Aktienrecht, GmbHR 2019, 565; *Habersack*, Die gemischte Sacheinlage, FS Konzen, 2006, S. 181; *Haslinger*, Die Prüfungskompetenz des Registergerichts

72 *Priester/Tebben*, in: Scholz, GmbHG, § 55a Rn. 40 (namentlich zu Fehlern beim Bezugsrechtsausschluss); *Wicke*, in: Wicke, GmbHG, § 55a Rn. 17.
73 Ausführlich hierzu *Lieder*, in: MünchKommGmbHG, § 55a Rn. 74 ff.
74 *Casper*, in: Ulmer/Habersack/Löbbe, GmbHG, § 55a Rn. 31; *Ulmer*, GmbHR 2010, 1298, 1305.

bei der Bildung von Kapitalrücklagen im Zusammenhang mit Sachgründungen und Sachkapitalerhöhungen, MittBayNot 1996, 278; *Hoffmann-Becking*, Fehlerhafte offene Sacheinlage versus verdeckte Sacheinlage, in: Liber Amicorum Martin Winter, Köln, 2011, S. 237; *Joost*, Verdeckte Sacheinlagen, ZIP 1990, 549; *Karl*, Sacheinlagen bei UG (haftungsbeschränkt) und GmbH, GmbHR 2020, 9; *Klein*, Zur Sacheinlagefähigkeit von Anteilen an in Mehrheitsbesitz der Gesellschaft stehenden oder sonst von ihr abhängigen Unternehmen, GmbHR 2016, 461; *Klose*, Die Stammkapitalerhöhung bei der Unternehmergesellschaft (haftungsbeschränkt), GmbHR 2009, 294; *Krieger*, Zur Heilung verdeckter Sacheinlagen in der GmbH, ZGR 1996, 674; *Mülbert*, Die Anwendung der allgemeinen Formvorschriften bei Sachgründungen und Sachkapitalerhöhungen, AG 2003, 281; *Sammet*, Die notwendige Einlageleistung auf eine »Mischeinlage«, NZG 2016, 344; *K. Schmidt*, Umwandlung stiller Beteiligungen in GmbH-Geschäftsanteile, NZG 2016, 4; *Pentz*, Gemischte Sacheinlage ohne Offenlegung des Vergütungsbestandteils, in. Liber Amicorum Martin Winter, Köln, 2011, S. 499; *Schäfer*, Rechtsprobleme bei Gründung und Durchführung einer Unternehmergesellschaft, ZIP 2011, 53; *Specks*, Kapitalerhöhungen bei der Unternehmergesellschaft, RNotZ 2011, 234; *Steinbeck*, Obligatorische Nutzungsrechte als Sacheinlagen und Kapitalersatz, ZGR 1996, 116; *Ulmer*, Verdeckte Sacheinlagen im Aktien- und GmbH-Recht, ZHR 154 (1990), 128; *Wachter*, Sacheinlage von Unternehmen in Kapitalgesellschaften, DB 2010, 2137.

Übersicht

A. Allgemeines

I. Grundlagen

Ebenso wie bei der Gesellschaftsgründung (§ 5 Abs. 4) können die Übernehmer ihre Einlage bei einer entsprechenden Festsetzung nicht in bar, sondern durch eine Sacheinlage erbringen. **Wirtschaftlich sinnvoll** ist eine solche Sacheinlage dann, wenn die Gesellschaft an einem bestimmten Vermögensgegenstand interessiert ist, der im Eigentum eines (zukünftigen) Gesellschafters steht, etwa bei der Gründung eines Joint Venture, oder wenn der (zukünftige) Gesellschafter keine Barmittel aufbringen will oder kann. Erreicht allerdings der Wert der Sacheinlage nicht den Wert der zu erbringenden Einlage, so gefährdet dies die **Interessen der Gesellschaftsgläubiger und der Mitgesellschafter** des Übernehmers:[1] Den Gläubigern steht ein geringeres Haftungspotenzial zur Verfügung, als die Stammkapitalziffer nahe legt, und der Übernehmer hat für die neu erworbene Beteiligung einen geringeren Preis gezahlt als seine Mitgesellschafter. Soll die Sacheinlage im Zuge 1

1 *Priester/Tebben*, in: Scholz, GmbHG, § 56 Rn. 1.

einer Kapitalerhöhung erbracht werden, kommt hinzu, dass die Mitgesellschafter auf ihr Bezugsrecht verzichten müssen oder das Bezugsrecht ausgeschlossen werden muss: Über den als Sacheinlage zugelassenen Vermögensgegenstand verfügt i.d.R. nur der Übernehmer, nicht aber auch die übrigen Gesellschafter. Damit werden die nicht an der Kapitalerhöhung teilnehmenden Gesellschafter verwässert.

2 Mit Blick auf die vorbeschriebene Interessenlage sind nicht nur **besondere Anforderungen an die** zu erbringenden **Sacheinlage** zu stellen (hierzu nachstehend unter Rdn. 16 ff.). Zudem sind – wie bei einer Sachgründung, § 5 Abs. 4 Satz 1 – bei der Vereinbarung einer Sacheinlage **zusätzliche Formalien** einzuhalten, namentlich sind im Kapitalerhöhungsbeschluss und in der Übernahmeerklärung der Gegenstand der Sacheinlage und der Nennbetrag des Geschäftsanteils anzugeben, Abs. 1 (hierzu nachstehend unter Rdn. 25 ff.). Ergänzend gelten besondere **Kapitalaufbringungsvorschriften**, Abs. 2 (hierzu nachstehend unter Rdn. 46).

3 Wesentlich **geändert** wurde § 56 nach seiner Neufassung im Jahr 1980 nicht. Im Zuge des MoMiG wurde lediglich die Bezugnahme auf den »*Nennbetrag des Geschäftsanteils*« klargestellt, da der Übernehmer keine Einlage, sondern einen Geschäftsanteil übernimmt.

II. Ablauf einer Sachkapitalerhöhung

4 Im Grundsatz vollzieht sich eine Sachkapitalerhöhung in denselben Schritten wie eine Barkapitalerhöhung. Besonderheiten ergeben sich allerdings aus dem erhöhten Gefährdungspotenzial für die Gläubiger und Mitgesellschafter (s. hierzu oben Rdn. 1):[2]

– notariell beurkundeter **Gesellschafterbeschluss** über die Kapitalerhöhung und die Änderung des Gesellschaftsvertrages, der mithin mindestens (d.h. vorbehaltlich weitergehender gesellschaftsvertraglicher Regelungen[3]) einer Mehrheit von 75 % der abgegebenen Stimmen bedarf (§§ 53, 55), wobei der Gesellschafterbeschluss den Gegenstand der Sacheinlage und den Nennbetrag des übernommenen Geschäftsanteils zu enthalten hat (§ 56 Abs. 1 Satz 1);
– die (ausdrückliche oder konkludente) **Zulassung** der bisherigen und/oder künftigen Gesellschafter zur Zeichnung des Erhöhungsbetrags (§ 55 Abs. 2);
– **Übernahme** des Erhöhungsbetrags in notarieller Form durch die zugelassenen Personen (§ 55 Abs. 1), wobei die Übernahmeerklärung den Gegenstand der Sacheinlage und den Nennbetrag des übernommenen Geschäftsanteils zu enthalten hat (§ 56 Abs. 1 Satz 2);
– **Leistung der Einlage** durch die Übernehmer (§ 57 Abs. 2);
– **Anmeldung** der Kapitalerhöhung und der korrespondierenden Änderung des Gesellschaftsvertrages zur Eintragung ins **Handelsregister** (§ 57) unter Beifügung eines Sachkapitalerhöhungsberichts (zu dessen Notwendigkeit s.u. Rdn. 34) und ggf. einer Werthaltigkeitsbestätigung (zu deren Notwendigkeit s.u. Rdn. 35);
– **Eintragung** der Kapitalerhöhung und der korrespondierenden Änderung des Gesellschaftsvertrages ins **Handelsregister** sowie Bekanntmachung der Eintragung (§ 10 HGB), wobei die Kapitalerhöhung erst mit Eintragung ins Handelsregister wirksam wird.

5 Die Aufnahme einer die Kapitalerhöhung reflektierenden **Gesellschafterliste** ist nicht konstitutiv für die Durchführung der Kapitalerhöhung und auch nicht für die materiell-rechtliche Begründung der Gesellschafterstellung der an der Kapitalerhöhung beteiligten Gesellschafter. Allerdings gelten diese Gesellschafter im Verhältnis zur Gesellschaft erst dann als Gesellschafter und können erst dann ihre Gesellschafterrechte wahrnehmen, wenn sie in der im Handelsregister aufgenommenen Gesellschafterliste eingetragen sind.

2 Muster zur Durchführung einer Sachkapitalerhöhung finden sich bei *Bormann*, in: Bormann/Kauka/Ockelmann, HdbGmbHR, Kap. 4 Rn. 379 ff.

3 Vgl. *Bayer*, in: Lutter/Hommelhoff, GmbHG, § 53 Rn. 13.

B. Einzelerläuterungen

I. Anwendungsbereich

Anwendung findet § 56, wenn eine Sacheinlage geleistet werden soll. Dabei ist zunächst zu fragen, in welchen Erscheinungsformen eine Sacheinlage daherkommen kann (hierzu nachstehend unter Rdn. 7 ff.; zu den Anforderungen an eine Sacheinlage s. nachstehend unter Rdn. 16 ff.). Steht fest, dass eine Sacheinlage vereinbart werden soll, ist zu untersuchen, ob die Vereinbarung einer Sacheinlage ausnahmsweise verboten ist (hierzu nachstehend unter Rdn. 12 ff.). 6

1. Erscheinungsformen der Sacheinlage

Soll eine Sacheinlage geleistet werden, so hat der Übernehmer seine Einlage durch die Übertragung einer bestimmten Vermögensposition zu erbringen. Diese Einlage kann sowohl als Leistung auf die Stammeinlage selbst als auch als Sachagio neben einer Barkapitalerhöhung erbracht werden.[4] Im **gesetzlichen Regelfall** erbringt der Übernehmer neben der Sacheinlage keine weitere Einlage und erhält für seine Einlage keine andere Gegenleistung von der Gesellschaft als den im Zuge der Kapitalerhöhung ausgegebenen neuen Geschäftsanteil (zur Ausgabe mehrerer Geschäftsanteile und zur Aufstockung bestehender Geschäftsanteile s.u. Rdn. 28). Zwingend ist jedoch weder, dass der Übernehmer keine weiteren Einlagen erbringt, noch dass ihm keine weiteren Gegenleistungen gewährt werden (zu den Mischformen s. nachstehend Rdn. 8 f.). 7

Erbringt der Gesellschafter einen Teil der übernommenen Einlage bar und einen Teil im Wege einer Sacheinlage, liegt eine sog. **Mischeinlage** vor. Bei dieser finden auf den Teil der Bareinlage die Vorschriften über die Barkapitalerhöhung und auf den Teil der Sacheinlage die Vorschriften über die Sachkapitalerhöhung Anwendung.[5] Mithin ist der Sacheinlageteil vollständig und der Bareinlageteil mindestens zu einem Viertel zu leisten.[6] 8

Übersteigt der Wert der Sacheinlage die Summe der Nennbeträge der übernommenen Geschäftsanteile, so kann der übersteigende Betrag in die Kapitalrücklage eingestellt werden, und zwar entweder in die Rücklage nach § 272 Abs. 2 Nr. 1 HGB (soweit ein Aufgeld vereinbart wurde) oder in die Rücklage nach § 272 Abs. 2 Nr. 4 HGB (soweit es sich um eine freiwillige, nicht geschuldete Leistung handelt). Alternativ zu einer Einstellung in die Kapitalrücklage kann der die Einlage übersteigende Betrag dem Gesellschafter aber auch in anderer Weise als durch die Gewährung von Geschäftsanteilen vergütet werden. Diese andere Vergütung besteht regelmäßig in einer baren Ausgleichszahlung oder einem Verabredungsdarlehen. Bei einem Vereinbarungsdarlehen vereinbaren die Gesellschaft und der Gesellschafter, dass die Gesellschaft dem Gesellschafter einen bestimmten Betrag darlehensweise schuldet; in der Sache handelt es sich um einen gestundeten Kaufpreis. Erhält der Gesellschafter eine Ausgleichszahlung oder wird ein Darlehen vereinbart, spricht man von einer **gemischten (Sach) Einlage**. Aufgrund der mit einer Sacheinlage vergleichbaren Gefährdungssituation ist die gemischte Einlage insgesamt wie eine Sacheinlage zu behandeln. Dementsprechend unterliegt das Rechtsgeschäft insgesamt den für Sacheinlagen geltenden Regelungen.[7] 9

Beschließen die Gesellschafter eine Barkapitalerhöhung, obwohl wirtschaftlich ein Vermögensgegenstand eingelegt werden soll, so spricht man von einer **verdeckten Sacheinlage** (s. hierzu *Sirchich von Kis-Sira* § 19 Rdn. 32 ff.). Zu verdeckten Sacheinlagen kommt es häufig, weil den Gesellschaftern das mit der Sachkapitalerhöhung verbundene Prozedere zu aufwendig ist. 10

---

4 Ausführlich zum Sachagio siehe *Karl*, GmbHR 2020, 13 ff.

5 *Herrmanns*, in: Michalski, GmbHG, § 56 Rn. 5; *Servatius*, in: Baumbach/Hueck, GmbHG, § 56 Rn. 2 und 9a; *Ulmer/Casper*, in: Ulmer/Habersack/Löbbe, GmbHG, § 56 Rn. 12.

6 OLG Celle, Beschl. V. 05.01.2016 – W 150/15, NZG 2016, 300; zustimmend *Sammet*, NZG 2016, 344 ff.

7 BGH, Urt. v. 20.11.2006 – II ZR 1976/05, NJW 2007, 765, 767 Rn. 16 f.; BGH, Urt. v. 09.07.2007 – II ZR 62/06, NZG 2007, 754, 756 Rn. 13 (beide für die AG); BGH, Urt. v. 16.03.1998 – II ZR 303/96, NJW 1998, 1951, 1952.

2. Sachübernahme

11 Begrifflich von der Sacheinlage zu trennen ist die Sachübernahme. Bei der Sachübernahme besteht die **Gegenleistung** der Gesellschaft **nicht in Gesellschafterrechten, sondern in einer anderen,** i.d.R. **monetären, Gegenleistung**. Diese Gegenleistung wird sodann vereinbarungsgemäß auf die Bareinlagepflicht des Übernehmers angerechnet. Zwar enthält das GmbHG – anders als das AktG in § 27 Abs. 1 Satz 1, 2. Alt. – keine Regelung der Sachübernahme. Allerdings setzt § 19 Abs. 2 Satz 2, auf den in Abs. 2 ausdrücklich verwiesen wird, die Zulässigkeit einer Sachübernahme ausdrücklich voraus. Ist eine Sachübernahme indes auch bei der GmbH zulässig, so müssen bei ihr ebenso wie bei der AG die Vorschriften über die Sacheinlage entsprechende Anwendung finden.

3. Zulässigkeit von Sacheinlagen

a) Allgemeines

12 **Mit Ausnahme der Sonderfälle** Unternehmergesellschaft und Musterprotokoll ist eine Sachkapitalerhöhung **ohne Weiteres zulässig.** Insb. bedarf es keines dringenden Interesses der Gesellschaft an der Sachkapitalerhöhung.[8] Soll die Sachkapitalerhöhung indes – wie regelmäßig – mit einem Bezugsrechtsausschluss für die übrigen Gesellschafter verbunden sein, so bedarf dieser Bezugsrechtsausschluss einer Rechtfertigung (zu den Anforderungen an einen Bezugsrechtsausschluss s. § 55 Rdn. 21 ff.).

b) Unternehmergesellschaft

13 Bei der Unternehmergesellschaft sind **Sacheinlagen** nach § 5a Abs. 2 Satz 2 **ausgeschlossen.** Dieser Ausschluss gilt nicht nur für die Gründung, sondern auch für nachfolgende Kapitalerhöhungen.[9] Zwar scheint die systematische Stellung der Regelung für eine Anwendung allein auf den Gründungsvorgang zu sprechen. Der Schutzzweck der Regelung – auf missbrauchsanfällige Regelungen soll im Interesse des Gläubigerschutzes bei der UG ganz verzichtet werden[10] – wiegt indes schwerer als die Systematik.

14 **Erhöhen** die Gesellschafter das **Stammkapital der Gesellschaft** indes so, dass es **25.000 €** erreicht oder übersteigt, finden die Abs. 1 bis 4 – und damit auch Abs. 2 Satz 2 – keine Anwendung mehr. Fraglich ist damit, ob diese Freistellung von den Restriktionen der Abs. 1 bis 4 erst gelten, nachdem die Kapitalerhöhung ins Handelsregister eingetragen wurde oder ob bereits die Kapitalerhöhung als Sachkapitalerhöhung durchgeführt werden kann, durch die das Stammkapital die Grenze von 25.000 € erreicht oder überschreitet. Mit dem BGH[11] ist der zweiten Auffassung zu folgen. Dies begründet sich darin, dass ansonsten die Kapitalerhöhung bei einer UG ggü. der Neugründung einer GmbH benachteiligt würde.

---

8 So zutreffend *Servatius*, in: Baumbach/Hueck, GmbHG, § 56 Rn. 6. S. a. zur Sachgründung *Schäfer*, in: Bork/Schäfer, GmbHG, § 5 Rn. 17. Missverständlich indes BGH, Urt. v. 13.03.1978 – II ZR 142/76, BGHZ 71, 40 im ersten Leitsatz.

9 Wie hier *Schäfer*, in: Bork/Schäfer, GmbHG, § 5a Rn. 21; *Servatius*, in: Baumbach/Hueck, GmbHG, § 5a Rn. 11. Ebenso BGH, Beschl. v. 19.04.2011 – II ZB 25/10, GmbHR 2011, 699, 700. a.A. indes *Hennrichs*, NZG 2009, 1161, 1162 f.

10 So zutreffend *Schäfer*, in: Bork/Schäfer, GmbHG, § 5a Rn. 20.

11 BGH, Beschl. v. 19.04.2011 – II ZB 25/10, GmbHR 2011, 699, 700 f.; ebenso u.a. OLG Hamm, Beschl. v. 05.05.2011 – 27 W 24/11, GmbHR 2011, 655; OLG Stuttgart, Beschl. v. 13.10.2011 – 8 W 341/11, GmbHR 2011, 1275; *Rieder*, in: MünchKommGmbHG, § 5a Rn. 42; *J. Schmidt*, in: Michalski, GmbHG, § 5a Rn. 12; *Altmeppen*, in: Roth/Altmeppen, GmbHG, § 5a Rn. 21; *Schäfer*, ZIP 2011, 53, 56 f.; *Karl*, GmbHR 2020, 9, 10; a.A. indes *Heckschen*, DStR 2009, 166, 170 f.; ebenso auch noch OLG München v. 23.09.2010 – 31 Wx 149/10, NJW 2011, 464, 465 (aufgegeben durch Beschl. v. 07.11.2011 – 31 Wx 475/11, NZG 2012, 104).

c) Musterprotokoll

15 Das Musterprotokoll zur Gesellschaftsgründung im vereinfachten Verfahren (Anlage zu § 2 Abs. 1a) ist auf **Bargründungen** zugeschnitten; Sachgründungen sind nicht vorgesehen und damit ausgeschlossen.[12] Aus dem Ausschluss der Sachgründung kann indes nicht geschlossen werden, dass auch Sachkapitalerhöhungen ausgeschlossen sind.[13] Dies folgt bereits daraus, dass das Musterprotokoll allein für Gesellschaftsgründungen, nicht aber für Kapitalerhöhungen gilt. Soll allerdings bei einer unter Verwendung des Musterprotokolls gegründeten Gesellschaft eine Sachkapitalerhöhung durchgeführt werden, so ist eine (umfassende) Anpassung des Gesellschaftsvertrages erforderlich (vgl. auch § 55 Rdn. 9).

4. Anforderungen an die Sacheinlagefähigkeit

a) Grundsatz

16 Abs. 1 stellt besondere Anforderungen für den Fall, dass eine Sacheinlage erbracht werden soll. Offen lässt Abs. 1 indes – ebenso wie § 5 – welche Anforderungen an die Sacheinlagefähigkeit zu stellen sind. Einigkeit[14] besteht, dass unter Rückgriff auf § 27 Abs. 2 AktG nur solche Gegenstände sacheinlagefähig sind, die einen gegenwärtigen erfassbaren **Vermögenswert** haben, der so auf die Gesellschaft **übertragen** werden kann, dass er der Gesellschaft zur freien Verfügung steht.

17 **Keine Voraussetzung** für die Sacheinlagefähigkeit ist, dass der einzulegende Gegenstand selbstständig **bilanzierungsfähig**[15] oder **zur Gläubigerbefriedigung geeignet**[16] ist. Ist der einzulegende Gegenstand nicht bereits per se bilanzierungsfähig, so folgt die Bilanzierungsfähigkeit jedenfalls aus der Einlage in die Gesellschaft, da der Gegenstand als immaterieller, erworbener Vermögensgegenstand zu aktivieren ist.[17] Auf die Geeignetheit zur Gläubigerbefriedigung kommt es nicht an, da die Einlage die Gesellschaft in die Lage versetzen soll, Gewinne zu erwirtschaften, also auf das lebende Unternehmen ausgerichtet ist.

b) Einzelfälle

18 Einlagefähig sind sowohl **Sachen** als auch **Rechte** und **sonstige vermögenswerte Positionen.**

aa) Sachen

19 Unter Sachen sind körperliche Gegenstände zu verstehen, und zwar bewegliche wie unbewegliche Sachen. Zu den Sachen zählen dabei auch Sachgesamtheiten, wie etwa **Unternehmen**, s. § 5 Abs. 4 Satz 2 Halbs. 2 GmbHG. Soll ein Unternehmen eingebracht werden, so sind – vorbehaltlich abweichender Regelungen im Kapitalerhöhungsbeschluss und in der Übernahmeerklärung – sämtliche Aktiva *und* Passiva des Unternehmens zu übertragen, was bei der Bewertung der Sacheinlage zu berücksichtigen ist.

---

12 *Bayer*, in: Lutter/Hommelhoff, GmbHG, § 2 Rn. 61; *Schmitt-Leithoff*, in: Rowedder/Schmidt-Leithoff, GmbHG, § 2 Rn. 97. S.a. RegE (MoMiG) BT-Drucks. 16/6140 S. 32: die Gesellschafter können das Stammkapital ohnehin selbst bestimmen, Sachgründungen sind daher überflüssig.

13 Unklar insoweit *Lieder*, in: MünchKommGmbHG, § 56, Rn. 12.

14 BGH, Urt. v. 14.06.2004 – II ZR 121/02, NZG 2004, 910, 911; BGH, Urt. v. 15.05.2000 – II ZR 359/98, NZG 2000, 836, 837 m.w.N. Grundlegend *Ulmer/Casper*, in: Ulmer/Habersack/Löbbe, GmbHG, § 5 Rn. 51 ff.

15 So aber noch LG Köln, Beschl. v. 26.02.1959 – 24 T 6/58, GmbHR 1959, 133; *Schnorr v. Carolsfeld*, DNotZ 1963, 404, 418. Wie hier *Fastrich*, in: Baumbach/Hueck, GmbHG, § 5 Rn. 23. Ausführlich zum Meinungsstand: *Ulmer/Casper*, in: Ulmer/Habersack/Löbbe, GmbHG, § 5 Rn. 53 ff.

16 *Bayer*, in: Lutter/Hommelhoff, GmbHG, § 5 Rn. 14; *Fastrich*, in: Baumbach/Hueck, GmbHG, § 5 Rn. 23.

17 *Bormann*, in: Bormann/Kauka/Ockelmann, HdbGmbHR, Kap. 4 Rn. 126.

20 **Künftige Sachen**, die erst nach der Einreichung der Anmeldung der Kapitalerhöhung zur Eintragung ins Handelsregister hergestellt werden sollen, sind nicht einlagefähig. Ist nicht gesichert, dass die einzubringende Sache vor der Handelsregisteranmeldung hergestellt ist und nach den §§ 929 ff. BGB übertragen werden kann, so kann allein der Anspruch auf Herstellung und anschließende Übereignung der Sache eingebracht werden. Da in diesem Fall die Einbringung einer Forderung in Rede steht, finden auch die insoweit geltenden Besonderheiten (s. hierzu unten unter Rdn. 23 f.) Anwendung.

21 Sollen **Sachen Dritter** eingebracht werden, so ist dies dann, aber auch nur dann möglich, wenn sich der Dritte dem Übernehmer oder der Gesellschaft ggü. zur Leistung verpflichtet (hat). Bei einer Verpflichtung der Gesellschaft ggü. sollte die notarielle Form der Übernahmeerklärung (s. hierzu § 55 Rdn. 46) eingehalten werden. Für etwaige Mängel bei der Sacheinlage haftet jedenfalls der Übernehmer, ob daneben auch der Dritte haftet, richtet sich nach seiner Verpflichtungserklärung. Wie auch ansonsten ist die Einlage (durch den Dritten) vor der Anmeldung der Kapitalerhöhung zur Eintragung ins Handelsregister zu leisten, §§ 56a, 7 Abs. 2 Satz 1.

bb) Rechte

22 Einbringungsfähige Rechte sind namentlich Forderungen, obligatorische Nutzungsrechte, Immaterialgüterrechte (insb. geschützte und schützbare Rechte wie Geschmacksmuster, Urheberrechte, Patente etc.[18]) und Mitgliedschaftsrechte (Aktien, GmbH-Geschäftsanteile, Kommanditbeteiligungen, stille Beteiligungen[19] etc., aufgrund des Grundsatzes der realen Kapitalerhaltung nicht aber Geschäftsanteile an der Gesellschaft selbst,[20] wohl aber Mitgliedschaftsrechte an Tochterunternehmen der Gesellschaft[21]).

23 Für die Einlagefähigkeit von Forderungen ist entscheidend, gegen wen die Forderung gerichtet ist: So sind **Forderungen des Übernehmers gegen Dritte** im Rahmen ihrer Werthaltigkeit einlagefähig, vorausgesetzt, sie können an die Gesellschaft abgetreten werden.[22] Gleiches gilt für **Forderungen des Übernehmers gegen die Gesellschaft.**[23] Der Streit, ob den Kapitalersatzregeln unterliegende Darlehen einlagefähig sind,[24] hat sich mit der faktischen Abschaffung des Kapitalersatzrechts erledigt. Mit einem vertraglichen Rangrücktritt versehene Darlehen sind einlagefähig, allerdings bedarf die Prüfung der Werthaltigkeit besonderer Aufmerksamkeit.[25] Auch wenn **Beträge in Kryptowährungen** per se sacheinlagefähig sein dürften,[26] so scheint aufgrund der hohen Kursschwankungen doch Vorsicht geboten, sie als Gegenstand einer Sacheinlage zu verwenden, da sich aus diesen Kursschwankungen Haftungsrisiken für sämtliche Beteiligte ergeben können.

24 Ungeachtet der Einlagefähigkeit obligatorischer Rechte i.Ü. (s. hierzu sogleich) kann eine Sacheinlage nicht in der **Begründung einer Forderung der Gesellschaft gegen den Übernehmer** bestehen. Allein durch die Begründung einer solchen Forderung fließt der Gesellschaft noch kein Vermögensvorteil

---

18 BGH, Urt. v. 16.02.1959 – II ZR 170/57, NJW 1959, 934, 935; BGH, Urt. v. 12.10.1998 – II ZR 164/97, NJW 1999, 143, 143; *Ulmer/Casper*, in: Ulmer/Habersack/Löbbe, GmbHG, § 5 Rn. 76.

19 Hierzu BGH, Urt. v. 03.11.2015 – II ZR 13/14, NZG 2015, 1396; siehe auch *K. Schmidt*, NZG 2016, 4, 7, der hierin einen Fall der Forderungseinbringung sieht.

20 *Bayer*, in: Lutter/Hommelhoff, GmbHG, § 5 Rn. 19; *Ulmer/Casper*, in: Ulmer/Habersack/Löbbe, GmbHG, § 5 Rn. 77.

21 OLG Jena, Beschl v. 30.08.2018 – 2 W 260/18, NZG 2018, 1391, 1392; ausführlich *Klein*, GmbHR 2016, 461 f. m.w.N., der auch auf den Meinungsstreit zur Sacheinlagefähigkeiten von Mitgliedschaftsrechten an der Muttergesellschaft eingeht.

22 *Bayer*, in: Lutter/Hommelhoff, GmbHG, § 5 Rn. 17; *Fastrich*, in: Baumbach/Hueck, GmbHG, § 5 Rn. 27.

23 *Bayer*, in: Lutter/Hommelhoff, GmbHG, § 5 Rn. 17; *Fastrich*, in: Baumbach/Hueck, GmbHG, § 5 Rn. 28; *Bormann*, in: Bormann/Kauka/Ockelmann, HdbGmbHR, Kap. 4 Rn. 137.

24 Vgl. hierzu *Ulmer/Casper*, in: Ulmer/Habersack/Löbbe, GmbHG, § 5 Rn. 70 m.w.N.

25 Ebenso *K. Schmidt*, NZG 2016, 4, 7.

26 Ebenso *Güldü*, GmbHR 2019, 565, 567 ff.

zu. Aufgrund seines Ausnahmecharakters kann aus § 19 Abs. 5 nichts anderes hergeleitet werden.[27] Aus dem gleichen Grund sind auch unentgeltliche Gebrauchsüberlassungen von Sachen oder Geldmitteln (sog. **obligatorische Nutzungsrechte**) nicht einlagefähig.[28] Für **Forderungen der Gesellschaft gegen Tochtergesellschaften des Übernehmers** dürfte im Ergebnis das Gleiche gelten.[29]

II. Festsetzungen im Kapitalerhöhungsbeschluss und der Übernahmeerklärung (Abs. 1)

Korrespondierend mit § 5 Abs. 4 für die Sachgründung sieht Abs. 1 für die Sachkapitalerhöhung vor, dass der Kapitalerhöhungsbeschluss (hierzu unter Rdn. 26 ff.) und die Übernahmeerklärung (hierzu unter Rdn. 31 ff.) die Festsetzung der Sacheinlage und der Nennbeträge der übernommenen Geschäftsanteile zu enthalten. Dieses **Erfordernis** einer ausdrücklichen Festsetzung **rechtfertigt sich** insb. darin, dass dem Registergericht ermöglicht werden soll, die Einlagefähigkeit und Werthaltigkeit des einzulegenden Gegenstandes zu beurteilen.[30] 25

1. Festsetzungen im Kapitalerhöhungsbeschluss (Satz 1)

Nach Satz 1 hat der Kapitalerhöhungsbeschluss den Gegenstand der Sacheinlage und den Nennbetrag der übernommenen Geschäftsanteile zu enthalten. **Alternativ** können diese Angaben auch **in der Übernahmeerklärung oder dem geänderten Gesellschaftsvertrag** enthalten sein, sofern diese gemeinsam mit dem Kapitalerhöhungsbeschluss beurkundet werden.[31] Im Beschluss selbst hingegen sind das Bezugsrecht der Mitgesellschafter auszuschließen (zum Bezugsrechtsausschluss s. § 55 Rdn. 21 ff.) und – nach der herrschenden Meinung (s. hierzu unten Rdn. 30) – der zugelassene Übernehmer zu benennen. 26

a) Gegenstand der Sacheinlage

Dem Zweck der Festsetzung folgend, dem Registergericht eine Überprüfung der Einlagefähigkeit und der Werthaltigkeit des einzulegenden Gegenstandes zu ermöglichen (s. hierzu oben Rdn. 25), hat der Kapitalerhöhungsbeschluss den einzulegenden Gegenstand so genau zu bezeichnen, dass seine **Identität zweifelsfrei festgestellt** werden kann.[32] Dieser Maßstab gilt auch bei einzulegenden Sachgesamtheiten, etwa Unternehmen. Hieraus kann allerdings nicht geschlossen werden, dass eine Bezeichnung sämtlicher Einzelgegenstände erforderlich wäre. Erforderlich, aber auch ausreichend ist die Verwendung einer Sammelbezeichnung. Der sachenrechtliche Bestimmtheitsgrundsatz kann dabei als Vergleichsmaßstab herangezogen werden.[33] Selbst wenn dieser Maßstab erfüllt ist, kann das Registergericht ergänzende Angaben, Informationen und Unterlagen verlangen, um seine Prüfungspflicht erfüllen zu können.[34] 27

---

27 Wie hier *Schäfer*, in: Bork/Schäfer, GmbHG, § 5 Rn. 26; *Wälzholz*, GmbHR 2008, 841, 846; vgl. auch BGH, Urt. v. 16.02.2009 – II ZR 120/07, DStR 2009, 809, 810 Rn. 9.

28 A.A. aber BGH, Urt. v. 14.06.2004 – II ZR 121/02, GmbHR 2004, 1219; BGH, Urt. v. 15.05.2000 – II ZR 359/98, NZG 2000, 836, 837; KG, Urt. v. 22.05.2017 – 12 U 16/14, BeckRS 2017, 155078; *Haas*, in: FS. f. Döllerer, S. 169, 173 ff.; ausf. *Bork*, ZHR 154 (1990), 205 ff.; mit Einschränkungen für Nutzungsrechte an Immobiliargütern *Leitzen*, in: Michalski, GmbHG, § 5 Rn. 103 und *K. Schmidt*, ZHR 154 (1990), 237, 252 ff.

29 *Bormann*, in: Bormann/Kauka/Ockelmann, HdbGmbHR, Kap. 4 Rn. 144. a.A. indes *Schwandtner*, in: MünchKommGmbHG, § 5 Rn. 115 sowie – verbunden mit der Forderung nach einer vorsichtigen Bewertung – *Bayer*, in: Lutter/Hommelhoff, GmbHG, § 5 Rn. 17.

30 *Ulmer/Casper*, in: Ulmer/Habersack/Löbbe, GmbHG, § 5 Rn. 141.

31 *Lieder*, in: MünchKommGmbHG, § 56 Rn. 32; *Roth*, in: Roth/Altmeppen, GmbHG, § 56 Rn. 2.

32 BGH, Urt. v. 24.07.2000 – II ZR 202/98, NZG 2000, 1226, 1227; *Servatius*, in: Baumbach/Hueck, GmbHG, § 56 Rn. 8; *Lieder*, in: MünchKommGmbHG, § 56 Rn. 28.

33 Näher zu den Anforderungen an die Bestimmtheit *Ulmer/Casper*, in: Ulmer/Habersack/Löbbe, GmbHG, § 5 Rn. 148 ff.

34 OLG Düsseldorf, Beschl. v. 10.01.1996 – Wx 274/95, NJW-RR 1996, 605, 606; *Lieder*, in: MünchKommGmbHG, § 56 Rn. 28.

b) Nennbetrag der Geschäftsanteile

28 Weiterhin ist der Nennbetrag *des* Geschäftsanteils anzugeben, auf den sich die Sacheinlage bezieht. Ungeachtet dieses eindeutigen Wortlautes ist es nicht ausgeschlossen, für eine Sacheinlage **mehrere Geschäftsanteile** auszugeben;[35] in diesem Fall sind die auszugebenden Geschäftsanteile mit ihren jeweiligen Nennbeträgen anzugeben. Neben dem Nennbetrag der auszugebenden Geschäftsanteile ist der **Betrag** anzugeben, mit dem der Wert der Sacheinlage auf den Nennbetrag **anzurechnen** ist. Der Wert der Sacheinlage selbst ist demgegenüber nicht zwingend zu benennen.[36] Ist die **Aufstockung eines Geschäftsanteils** generell zulässig (hierzu § 55 Rdn. 62), so ist sie auch bei einer Sachkapitalerhöhung zulässig. Bei einer Aufstockung ist dann der Nennbetrag zu benennen, um den der bestehende Geschäftsanteil aufgestockt wird.

29 Steht keine reine Sachkapitalerhöhung in Rede, sondern eine **Mischform** (s. hierzu oben Rdn. 8 f.), so hat dies auch Auswirkungen auf die Angaben im Kapitalerhöhungsbeschluss. So ist bei einer **gemischten Einlage** (s. hierzu oben Rdn. 9) im Kapitalerhöhungsbeschluss zu erwähnen, dass der Gesellschafter neben der Ausgabe eines neuen Geschäftsanteils noch eine weitere Vergütung erhält. Diese Vergütung muss zwar nicht betragsmäßig beziffert sein, sich aber auf Grundlage des Beschlusses beziffern lassen.[37] Fehlt es an einer entsprechenden Erwähnung der weiteren Vergütung, so ist diese nicht wirksam vereinbart und es liegt eine einfache Sacheinlage vor; Ausgleichsansprüche kommen allein zwischen den Gesellschaftern in Betracht, nicht aber zwischen dem Inferenten der (geplanten) gemischten Einlage und der Gesellschaft.[38]

Bei der **Mischeinlage** ist im Kapitalerhöhungsbeschluss festzuhalten, dass der Gesellschafter die Differenz zwischen dem Wert der Sacheinlage und dem Nennbetrag der ausgegebenen Geschäftsanteile in bar auszugleichen hat. Auch hier ist eine betragsmäßige Bezifferung nicht im Gesellschafterbeschluss (wohl aber in der Handelsregisteranmeldung) erforderlich.[39] Nicht erforderlich ist indes, dass für die Sach- und die Bareinlage unterschiedliche Anteile ausgegeben werden.[40] Vielmehr ist es auch möglich, mehrere Geschäftsanteile auszugeben und die Einlagen auf diese Geschäftsanteile jeweils teilweise im Wege einer Sacheinlage und teilweise in bar zu erbringen. Daraus folgt für den Fall, dass der Gesellschafterbeschluss keine Zuordnung der Sach- und der Bareinlage zu spezifisch bezeichneten Geschäftsanteilen enthält, auf jeden Geschäftsanteil ein Teil der Einlage als Sacheinlage und ein Teil der Einlage als Bareinlage zu erbringen war und erbracht wurde. Das Verhältnis von Sach- zu Bareinlage entspricht mangels abweichender Festlegungen den Wertverhältnissen von Sach- und Bareinlage. Zum Umfang der Einlageverpflichtung vor der Handelsregisteranmeldung siehe § 56a Rdnr. 17.

c) Benennung der Übernehmer?

30 Über die in Satz 1 ausdrücklich geforderten Angaben hinaus sollen im Gesellschafterbeschluss nach **herrschender Meinung**[41] auch die Übernehmer **zu benennen** sein. Dogmatisch zu überzeugen vermag diese Auffassung nicht; namentlich kann diese Auffassung nicht damit begründet werden, dass im Kapitalerhöhungsbeschluss mit Blick auf § 19 Abs. 2 und 4 klargestellt werden müsse, welchem

---

35 Ausführlich *Bormann*, in: Bormann/Kauka/Ockelmann, HdbGmbHR, Kap. 4 Rn. 121 ff.

36 *Priester/Tebben*, in: Scholz, GmbHG, § 56 Rn. 26; *Servatius*, in: Baumbach/Hueck, GmbHG, § 56 Rn. 9.

37 *Priester/Tebben*, in: Scholz, GmbHG, § 56 Rn. 27; *Ulmer/Casper*, in: Ulmer/Habersack/Löbbe, GmbHG, § 56 Rn. 25; *Schnorbus*, in: Rowedder/Schmidt-Leithoff, GmbHG, § 56 Rn. 15. Enger OLG Stuttgart, Urt. v. 22.10.1981 – 6 U 13/81, BB 1982, 397, 398.

38 Ausführlich *Pentz*, in: Liber Amicorum Martin Winter, S. 499 ff.

39 *Priester/Tebben*, in: Scholz, GmbHG, § 56 Rn. 28; *Lieder*, in: MünchKommGmbHG, § 56 Rn. 31. A.A. offenbar *Schnorbus*, in: Rowedder/Schmidt-Leithoff, GmbHG, § 56 Rn. 15, wenn auch unter Verweisung auf *Priester/Tebben* a.a.O.

40 Unklar *Arnold/Born*, in: Bork/Schäfer, GmbHG, § 56 Rn. 10.

41 *Servatius*, in: Baumbach/Hueck, GmbHG, § 56 Rn. 10; *Ulmer/Casper*, in: Ulmer/Habersack/Löbbe, GmbHG, § 56 Rn. 21; *Priester/Tebben*, in: Scholz, GmbHG, § 56 Rn. 24.

Übernehmer die Erbringung einer Sacheinlage gestattet werde. Diese Festlegung kann auch in dem Zulassungsbeschluss oder der Übernahmeerklärung (zu dieser s. § 55 Rdn. 36 ff.) erfolgen.[42] Zuzugeben ist freilich, dass Sachkapitalerhöhungen i.d.R. mit einem Bezugsrechtsausschluss verbunden sind (s. hierzu bereits oben Rdn. 1). Ein Bezugsrechtsausschluss ist indes in den Kapitalerhöhungsbeschluss mit aufzunehmen, sodass es sich anbietet, auch den Übernehmer zu benennen.

2. Festsetzungen in der Übernahmeerklärung (Satz 2)

Die Festsetzungen betreffend den Gegenstand der Sacheinlage und den Nennbetrag der über- 31
nommenen Geschäftsanteile sind auch in die Übernahmeerklärung aufzunehmen. **Hierdurch soll sichergestellt werden**, dass die Verpflichtung des Übernehmers, die erst durch die Übernahmeerklärung begründet wird, mit dem Kapitalerhöhungsbeschluss deckungsgleich ist.[43] Darüber hinaus noch den Schutz der Gläubiger und Mitgesellschafter zu bemühen, vermag nicht zu überzeugen.[44] Dieser Schutz wird bereits durch die Aufnahme der Festsetzungen in den Kapitalerhöhungsbeschluss selbst genüge getan.

Zwar legt der Wortlaut des Satzes 2 nahe, dass die **Übernahmeerklärung selbst** die Festsetzungen zu 32
enthalten hat. Mit Blick auf den Schutzzweck (s. vorstehende Rdn.) ist es jedoch ausreichend, das auf den – nach § 44 BeurkG als Anlage zur Urkunde genommenen – Kapitalerhöhungsbeschluss Bezug genommen wird.[45] Auch können der Kapitalerhöhungsbeschluss und die Übernahmeerklärung in einem notariellen Protokoll enthalten sein, welches die Festsetzungen nur einmal enthält.[46]

Auch wenn § 55 Abs. 1 nur von einer Erklärung des Übernehmers spricht, so ist doch unstreitig 33
ein Vertrag zwischen der Gesellschaft und dem Übernehmer erforderlich. **Formbedürftig** ist allerdings – vorbehaltlich eines sich aus dem Gegenstand der Sacheinlage ergebenden Formzwangs – allein die Erklärung des Übernehmers, nicht auch die der Gesellschaft. Ausführlich zur Übernahmeerklärung § 55 Rdn. 36 ff.

3. Sonstige Anforderungen

a) Sachkapitalerhöhungsbericht und Werthaltigkeitsbescheinigung

Für die Sachgründung schreibt § 5 Abs. 4 Satz 2 vor, dass die Gesellschafter in einem **Sachgrün-** 34
dungsbericht *»die für die Angemessenheit der Leistung wesentlichen Umstände darzulegen«* haben. In den Vorschriften zur Sachkapitalerhöhung findet sich indes weder eine vergleichbare Regelung noch eine Verweisung auf § 5 Abs. 4 Satz 2. Allerdings basiert die registergerichtliche Prüfung der Vollwertigkeit der Sacheinlage (§ 9c Abs. 1 Satz 1) insb. auf dem Sachgründungsbericht. Eine Prüfung der Werthaltigkeit der Sacheinlage ist indes auch für die Sachkapitalerhöhung vorgeschrieben, § 57a. Damit ist im Fall einer Sachkapitalerhöhung auch ohne ausdrückliche gesetzliche Anordnung ein entsprechender Sachkapitalerhöhungsbericht vorzulegen.[47]

42 Ebenso *Roth*, in: Roth/Altmeppen, GmbHG, § 56 Rn. 6.

43 *Ulmer/Casper*, in: Ulmer/Habersack/Löbbe, GmbHG, § 56 Rn. 27.

44 So aber *Herrmanns*, in: Michalski, GmbHG, § 56 Rn. 57; *Priester/Tebben*, in: Scholz, GmbHG, § 56 Rn. 29.

45 *Servatius*, in: Baumbach/Hueck, GmbHG, § 56 Rn. 16; *Schnorbus*, in: Rowedder/Schmidt-Leithoff, GmbHG, § 56 Rn. 16.

46 BGH, Urt. v. 13.10.1966 – II ZR 56/64, WM 1966, 1262, 1263; *Arnold/Born*, in: Bork/Schäfer, GmbHG, § 56 Rn. 11; *Servatius*, in: Baumbach/Hueck, GmbHG, § 56 Rn. 16.

47 Ebenso OLG Stuttgart, Urt. v. 19.01.1982 – 8 W 295/81, GmbHR 1982, 109, 112; OLG Jena, Beschl. v. 02.11.1993 – 6 W 24/93, GmbHR 1994, 710, 712; AG Frankfurt (Oder), Beschl. v. 24.04.2013 – HRB 9724 FF Rn. 12, zitiert nach juris; *Priester/Tebben*, in: Scholz, GmbHG, § 56 Rn. 39; *Timm*, GmbHR 1980, 286, 290. A.A. indes OLG Köln, Urt. v. 13.02.1996 – 3 U 98/95, NJW-RR 1996, 1250, 1251; *Servatius*, in: Baumbach/Hueck, GmbHG, § 56 Rn. 17; *Lieder*, in: MünchKommGmbHG, § 56 Rn. 111; *Bayer*, in: Lutter/Hommelhoff, GmbHG, § 56 Rn. 7; *Herrmanns*, in: Michalski, GmbHG, § 56 Rn. 64; *K. Schmidt*, GesR, § 37 V 1c; zweifelnd BGH, Urt. v. 14.06.2004 – II ZR 121/02, DStR 2004, 1662, 1664.

35 Eine **Werthaltigkeitsbescheinigung** entsprechend § 183 Abs. 3 AktG ist der Handelsregisteranmeldung demgegenüber nicht beizufügen.[48] Allerdings kann das Registergericht bei erheblichen Zweifeln an der Richtigkeit der Angaben zum Wert der Sacheinlage weiter gehende Nachweise verlangen, §§ 57 Abs. 2 Satz 2, 8 Abs. 2 Satz 2. Zu diesen Angaben können auch Wertbescheinigungen zählen.[49]

b) Änderung des Gesellschaftsvertrages

36 Die Sachkapitalerhöhung führt – ebenso wie jede andere nominale Kapitalerhöhung auch – zu einer Erhöhung des Stammkapitals, weshalb der Betrag des Stammkapitals im Gesellschaftsvertrag, § 3 Abs. 1 Nr. 3, im Zuge der Kapitalerhöhung entsprechend anzupassen ist. Eine Festsetzung der Sacheinlage braucht der Gesellschaftsvertrag indes nicht zu enthalten.[50]

4. Leistung der Einlage

37 Zu leisten haben die Übernehmer die Sacheinlage **vollständig vor** der **Anmeldung** der Kapitalerhöhung zum Handelsregister. Zu Einzelheiten s. § 56a Rdn. 16.

5. Änderungen der Festsetzungen

38 Im Grundsatz gelten für die Änderung der Festsetzung eines Sachkapitalerhöhungsbeschlusses **vor der Eintragung** der Kapitalerhöhung ins Handelsregister die gleichen Anforderungen wie für die Änderung eines Barkapitalerhöhungsbeschlusses. Damit sind sowohl an eine Änderung als auch eine Aufhebung des Beschlusses die gleichen Anforderungen zu stellen, wie an den ursprünglichen Kapitalerhöhungsbeschluss selbst (s. hierzu auch § 55 Rdn. 35 sowie zu den Folgen für die Übernahmeerklärung § 55 Rdn. 49 ff.). Wurde eine Sacheinlage festgesetzt und auch erbracht, hat aber das Registergericht Zweifel an der Werthaltigkeit der Sacheinlage, soll der Nachweis der Einlagenerbringung auch ohne eine Änderung der Festsetzung in der Weise erfolgen können, dass die Geschäftsführer nachweisen, dass ihnen ein anderweitig von den Gesellschaftern in bar eingezahlter Betrag in Höhe des Kapitalerhöhungsbetrages zur freien Verfügung steht.[51]

39 Auch **nach der Eintragung** der Sachkapitalerhöhung als solcher ins Handelsregister ist noch eine Änderung der im Kapitalerhöhungsbeschluss getroffenen Festsetzungen möglich. Es kann dabei sowohl eine ursprüngliche Sacheinlageverpflichtung in eine Bareinlageverpflichtung geändert werden als auch umgekehrt.[52] Auch kann der Gegenstand der Sacheinlage ausgetauscht werden. Erforderlich für eine Änderung der Festsetzung nach Vollzug der Handelsregistereintragung ist nicht nur ein entsprechender Gesellschafterbeschluss, sondern auch eine neuerliche Anmeldung beim Handelsregister.

40 Besonderes Augenmerk ist bei der **Änderung einer Sach- in eine Bareinlageverpflichtung und beim Austausch des einzulegenden Vermögensgegenstandes** auf die Begründung eines etwaigen Bezugsrechtsausschlusses zu legen: Die ursprüngliche Begründung wird regelmäßig an den einzubringenden Vermögensgegenstand anknüpfen. Ändert sich der Einbringungsgegenstand aber, kann der Bezugsrechtsausschluss nicht mehr mit seiner ursprünglichen Begründung aufrechterhalten bleiben. Lässt sich der Bezugsrechtsausschluss nicht anderweitig begründen, so ist den nicht zugelassenen Gesellschaftern ein Bezugsrecht einzuräumen. Weiterhin ist im Hinblick auf die Rückabwicklung der Sacheinlage Vorsicht geboten (zur Fälligkeit der Sacheinlage s.o. Rdn. 37): Da lediglich die Art

48 *Arnold/Born*, in: Bork/Schäfer, GmbHG, § 56 Rn. 8.

49 *Lieder*, in: MünchKommGmbHG, § 56, Rn. 112; *Wicke*, GmbHG, § 56 Rn. 6;.

50 *Priester/Tebben*, in: Scholz, GmbHG, § 56 Rn. 31; *Lieder*, in: MünchKommGmbHG, § 56 Rn. 39. S.a. LG Memmingen, Beschl. v. 18.10.2004 – 2 HT 278/04, NZG 2005, 322, 323.

51 OLG Naumburg, Beschl. v. 17.01.2018 – 5 Wx 12/17, GWR 2019, 126.

52 BGH, Beschl. v. 04.03.1996 – II ZB 8/95, NJW 1996, 1473, 1476; *Ulmer/Casper*, in Ulmer/Habersack/Löbbe, GmbHG, § 56 Rn. 32; *Herrmanns*, in: Michalski, GmbHG, § 56 Rn. 60.

der Einlagenerbringung ersetzt werden soll, bleibt die Stammkapitalziffer unverändert. Soll auch die Stammkapitalziffer geändert werden, ist zusätzlich zur Änderung der Einlagenerbringung noch eine (weitere) Kapitalerhöhung oder eine Kapitalherabsetzung erforderlich. Bei einer unveränderten Stammkapitalziffer kann dem Erbringer der ursprünglichen Sacheinlage damit für deren Nutzung allenfalls ein Nutzungsentgelt i.H.d. freien Kapitals der Gesellschaft gezahlt werden. Auch steuerliche Belastungen im Zusammenhang mit der Rückübertragung des eingelegten Gegenstandes darf die Gesellschaft allenfalls bis zur Höhe des freien Kapitals tragen. Wie bei einer gemischten Einlage (zu dieser s.o. Rdn. 9) ist eine etwaige Belastung der Gesellschaft im Beschluss der Ersetzung der ursprünglichen Einlage offenzulegen. Zur Änderung der Einlagenerbringung zum Zwecke der Heilung einer verdeckten Sacheinlage s. *Sirchich von Kis-Sira* § 19 Rdn. 32 ff.).

6. Rechtsfolgen mangelhafter Festsetzung

Weisen der **Kapitalerhöhungsbeschluss und die Übernahmeerklärung** denselben Fehler auf (etwa weil ein nicht sacheinlagefähiger Gegenstand als Sacheinlage festgesetzt wird, die Festsetzung nicht hinreichend bestimmt ist oder der Wert des als Sacheinlage vorgesehenen Gegenstandes hinter dem Nennwert der Kapitalerhöhung zurückbleibt), so hat das Registergericht mittels einer Zwischenverfügung auf die Behebung des Mangels hinzuwirken. Wird der Mangel nicht behoben, so ist die **Eintragung** der Kapitalerhöhung zu **verweigern.**[53] Zu **Nachforschungen** im Zusammenhang mit den Festsetzungen und den Werten der einzubringenden Vermögensgegenstände ist das Registergericht nur befugt und berechtigt, wenn Anhaltspunkte für Unregelmäßigkeiten vorliegen.[54] 41

Wird die Kapitalerhöhung **trotz mangelhafter Festsetzung** im Kapitalerhöhungsbeschluss und der Übernahmeerklärung ins Handelsregister **eingetragen**, so ist die Kapitalerhöhung als solche wirksam.[55] Allerdings schuldet der Übernehmer nicht die Einbringung der fehlerhaft festgesetzten Sacheinlage, sondern eine Bareinlage.[56] Auf diese Bareinlageverpflichtung findet § 19 Abs. 4 entsprechende Anwendung[57] – findet eine Anrechnung statt, obwohl es an jeder Festsetzung fehlt, so muss eine Anrechnung erst recht stattfinden, wenn die Festsetzung fehlerhaft ist. Wurde ein nicht sacheinlagefähiger Gegenstand als Sacheinlage festgesetzt, erscheint ebenfalls eine entsprechende Anwendung des § 19 Abs. 4 sachgerecht.[58] 42

Ist **allein die Übernahmeerklärung**, nicht aber der Gesellschafterbeschluss **mangelhaft**, weicht also die Festsetzung in der Übernahmeerklärung von der im Gesellschafterbeschluss ab, so hat das Registergericht auch hier per Zwischenverfügung auf eine Anpassung hinzuwirken. Unterbleibt die Anpassung, so ist die **Eintragung zu verweigern.**[59] 43

53 *Herrmanns*, in: Michalski, GmbHG, § 56 Rn. 61; *Lieder*, in: MünchKommGmbHG, § 56, Rn. 40.

54 *Lieder*, in: MünchKommGmbHG, § 56, Rn. 40; *Priester/Tebben*, in: Scholz, GmbHG § 56 Rn. 36.

55 *Schnorbus*, in: Rowedder/Schmidt-Leithoff, GmbHG, § 56 Rn. 20; *Priester/Tebben*, in: Scholz, GmbHG, § 56 Rn. 37. Ausführlich hierzu *Hoffmann-Becking*, in: Liber Amicorum Martin Winter, S. 237 ff.

56 *Ulmer/Casper*, in: Ulmer/Habersack/Löbbe, GmbHG, § 56 Rn. 34; *Roth*, in Roth/Altmeppen, GmbHG, § 56 Rn. 4; *Schnorbus*, in: Rowedder/Schmidt-Leithoff, GmbHG, § 56 Rn. 20.

57 *Priester/Tebben*, in: Scholz, GmbHG § 56 Rn. 37; *Lieder*, in: MünchKommGmbHG, § 56 Rn. 41.

58 *Ulmer/Casper*, in: Ulmer/Habersack/Löbbe, GmbHG, § 5 Rn. 168. So auch *Pentz*, in: MünchKommAktG, § 27 Rn. 96. Ausführlich *Bormann*, in: Bormann/Kauka/Ockelmann, HdbGmbHR, Kap. 4 Rn. 181 f. Über §§ 30, 31 GmbHG zu ähnlichen Ergebnissen kommend *Habersack*, GWR 2009, 129, 130. Gegen eine Anwendung der Vorschriften zur verdeckten Sacheinlage BGH, Urt. v. 16.02.2009 – II ZR 120/07, DStR 2009, 809, 810 Tz. 9 m.w.N.; BGH, Urt. v. 01.02.2010 – II ZR 173/08 NJW 2010, 1747, 1748 Tz. 15 ff. (zur AG); BGH, Urt. v. 12.04.2011 – II ZR 17/10, NZG 2011, 667, 668; *Ebbing*, in: Michalski, GmbHG, § 19 Rn. 135; *Habersack*, in: FS. f. Priester, S. 161 ff.; *Hoffmann-Becking*, in: Liber Amicorum Martin Winter, S. 237, 251.

59 *Herrmanns*, in: Michalski, GmbHG, § 56 Rn. 62; *Ulmer/Casper*, in: Ulmer/Habersack/Löbbe, GmbHG, § 56 Rn. 35; *Arnold/Born*, in: Bork/Schäfer, GmbHG, § 56 Rn. 13.

44 Wird die Kapitalerhöhung **trotz mangelhafter Festsetzung** in der Übernahmeerklärung ins Handelsregister **eingetragen**, so ist die Kapitalerhöhung als solche wirksam.[60] Die Einlageverpflichtung soll sich in einer solchen Konstellation nach der Festsetzung im Kapitalerhöhungsbeschluss richten.[61] Dem ist jedenfalls für die Fälle zuzustimmen, in denen der Übernehmer selbst dem Kapitalerhöhungsbeschluss zugestimmt hat. Fraglich ist, ob das auch für den Fall gelten kann, dass der Übernehmer – etwa weil er noch nicht Gesellschafter ist – an dem Gesellschafterbeschluss nicht mitgewirkt und von ihm auch keine Kenntnis hatte. Den Übernehmer dann zu einer ihm nicht einmal bekannten Leistung zu verpflichten, erscheint nur schwer vertretbar. In jedem Fall wird man dem Dritt-Übernehmer einer Möglichkeit einräumen müssen, sich von der Übernahmeerklärung wieder zu lösen, etwa nach § 119 BGB oder entsprechend dem Rechtsgedanken des § 19 Abs. 4 GmbHG eine Barleistung zu wählen.

45 **Formfehler der Übernahmeerklärung** können nur bis zur Leistung der Einlage geltend gemacht werden. Dies gilt auch, wenn aufgrund des einzulegenden Gegenstandes nicht nur die Erklärung des Übernehmers der notariellen Form bedarf, sondern auch die Erklärung der Gesellschaft (s. hierzu oben unter Rdn. 33): Die formunwirksame Verpflichtung zur Übertragung wird regelmäßig durch die formwirksame Übertragung geheilt, vgl. nur §§ 15 Abs. 4 Satz 2 GmbHG, 311b Abs. 1 Satz 2 BGB. Fehlt es an einer formwirksamen Übertragung, so kann der Übernehmer nach der Eintragung der Kapitalerhöhung ins Handelsregister einen Formmangel gleichwohl nicht mehr geltend machen.

III. Entsprechende Anwendung der §§ 9 und 19 Abs. 2 Satz 2 und Abs. 4 (Abs. 2)

46 Abs. 2 erklärt die zentralen Instrumente der realen Kapitalaufbringung wie sie in den Gründungsvorschriften geregelt sind, auch bei der Kapitalerhöhung für anwendbar. Namentlich ist der Übernehmer zum Ausgleich einer Differenz zwischen dem Wert der Sacheinlage und dem Nennbetrag des übernommenen Geschäftsanteils verpflichtet, § 9. Auch kommt das Aufrechnungsverbot des § 19 Abs. 2 Satz 2 zur Anwendung, einschließlich der Aufrechnungsbeschränkungen für die Gesellschaft und das Verzichtsverbot. Zudem finden auch die Vorschriften zur verdeckten Sacheinlage Anwendung, § 19 Abs. 4. Gleiches gilt aufgrund der Verweisung in § 56a auch für § 19 Abs. 5 zum Hin- und Herzahlen.

§ 56a Leistungen auf das neue Stammkapital

Für die Leistungen der Einlagen auf das neue Stammkapital finden § 7 Abs. 2 Satz 1 und Abs. 3 sowie § 19 Abs. 5 entsprechende Anwendung.

Schrifttum

Literatur: s. §§ 7 und 19. *Cavin*, Mischeinlagen: Umfang der Geldeinzahlung vor der Anmeldung, NZG 2016, 734; *Hribar*, Voreinzahlungen auf eine künftige Kapitalerhöhung, GmbHR 2018, R342; *Wicke*, Eilige Kapitalerhöhungen, DStR 2016, 1115.

Übersicht

A. Allgemeines

1 § 56a verweist hinsichtlich der Erbringung der Einlagen auf die entsprechenden Gründungsvorschriften: Bareinlagen sind mindestens i.H.v. einem Viertel des Nennbetrages vor Anmeldung des

60 *Schnorbus*, in: Rowedder/Schmidt-Leithoff, GmbHG, § 56 Rn. 22; *Lieder*, in: MünchKommGmbHG, § 56 Rn. 42.

61 *Herrmanns*, in: Michalski, GmbHG, § 56 Rn. 62.

Kapitalerhöhungsbeschlusses zu leisten, § 7 Abs. 2 Satz 1, Sacheinlagen in voller Höhe, § 7 Abs. 3. Zudem erklärt § 56a die Vorschriften zum Hin- und Herzahlen (§ 19 Abs. 5) für entsprechend anwendbar; auf die Vorschriften zur verdeckten Sacheinlage (§ 19 Abs. 4) wird bereits in § 56 Abs. 2 verwiesen. Durch diese Verweisungen wird ein **Gleichlauf des Kapitalaufbringungsrechts bei Gründung und Kapitalerhöhung** sichergestellt.

2 **Ausgenommen** von diesem Gleichlauf ist das Erfordernis der **Gesamtmindesteinzahlung** (§ 7 Abs. 2 Satz 2), nach dem die Einzahlung mindestens die Hälfte des Mindeststammkapitals nach § 5 Abs. 1 zu erreichen hat. Eine solche Mindesteinzahlung ist bei Kapitalerhöhungen nicht erforderlich, da bei bestehenden Gesellschaften davon ausgegangen werden kann, dass sie über hinreichende Liquidität verfügen.[1] Durch das MoMiG auch für die Gründung abgeschafft wurden die Sonderregelungen für **Ein-Mann-Gesellschaften**, § 7 Abs. 2 Satz 3 a.F. GmbHG.

B. Einzelerläuterungen

I. Leistung von Bareinlagen

1. Mindesteinzahlung

3 Vorbehaltlich abweichender Festlegungen im Kapitalerhöhungsbeschluss (s. hierzu *Bormann* § 55 Rdn. 16) sind bei Barkapitalerhöhungen vor der Handelsregisteranmeldung **mindestens ein Viertel des Nennbetrages der übernommenen Geschäftsanteile** (nicht auch eines etwaigen Agios) zu leisten, § 7 Abs. 2 Satz 1. Die Mindesteinlage ist für jeden neu ausgegebenen Geschäftsanteil zu leisten; sollten einzelne Übernehmer auf ihre Anteile die volle Einlage geleistet haben, so können sich die übrigen Übernehmer nicht darauf berufen, dass der Gesellschaft bereits durch die Zahlungen der voll einzahlenden Übernehmer ein Viertel des gesamten Erhöhungsbetrages zugeflossen ist.[2]

4 Für die **Aufstockung bestehender Geschäftsanteile** gelten keine Besonderheiten. Bei einer Aufstockung ist ein Viertel des Nennbetrages des Erhöhungsbetrages vor der Handelsregisteranmeldung einzuzahlen – und zwar auch dann, wenn die aufgestockten Geschäftsanteile voll eingezahlt waren.[3] Die Gegenauffassung[4] vermag nicht zu überzeugen: Die Art und Weise der Durchführung der Kapitalerhöhung kann nicht über das Schutzniveau entscheiden.

5 Abweichendes gilt für die **Unternehmergesellschaft**. Bei der Unternehmergesellschaft sind die Einlagen vor der Handelsregisteranmeldung in vollem Umfang zu leisten, § 5a Abs. 2 Satz 1. Dies gilt so lange, bis das Stammkapital der Unternehmergesellschaft dem Betrag des Mindeststammkapitals nach § 5 Abs. 1 entspricht (zu Einzelheiten s. *Schmitz* § 5a Rdn. 35 ff.).

2. Einzahlungen

6 Bareinlagen sind durch **Barzahlung** in die Kasse oder durch **Überweisung** auf ein Bankkonto der Gesellschaft zu erbringen. Wird die Bareinlage auf ein **debitorisches Konto** der Gesellschaft überwiesen, so führt dies nur dann zur Tilgung der Einlageverpflichtung, wenn die Geschäftsführer rechtlich und tatsächlich in der Lage sind, uneingeschränkt über die Mittel zu verfügen.[5] Hierfür ist i.d.R. erforderlich, dass die Bank der Gesellschaft einen Überziehungskredit eingeräumt hat. Duldet die Bank die Überziehung der Kreditlinie lediglich, steht dies einer ungekündigten Kreditlinie

1 *Lieder*, in: MünchKommGmbHG, § 56a Rn. 4.
2 *Lieder*, in: MünchKommGmbHG, § 56a Rn. 6.
3 BGH, Urt. v. 11.06.2013 – II ZB 25/12, GmbHR 2013, 869, 870; BayObLG, Beschl. v. 17.01.1986 – BReg. 3 Z 228/85, NJW-RR 1986, 1088; OLG Köln, Beschl. v. 09.10.2012 – 2 Wx 250/12, NZG 2013, 181; *Bayer*, in: Lutter/Hommelhoff, GmbHG, § 56a Rn. 2; *Ulmer/Casper*, in: Ulmer/Habersack/Löbbe, GmbHG, § 56a Rn. 6; *Priester/Tebben*, in: Scholz, GmbH, § 56a Rn. 4.
4 U.a. *Roth*, in: Roth/Altmeppen, GmbHG, § 56a Rn. 3.
5 BGH, Urt. v. 24.09.1990 – II ZR 203/89, NJW 1991, 226; BGH, Urt. v. 03.12.1990 – II ZR 215/89, NJW 1991, 1294; *Bayer*, in: Lutter/Hommelhoff, GmbHG, § 7 Rn. 21; *Henze*, DB 2001, 1469, 1470.

nicht gleich; insoweit fehlt an einer gesicherten Rechtsgrundlage für die Verfügung.[6] Zahlt der Übernehmer auf ausdrückliche Anweisung der Geschäftsführung auf ein debitorisches Konto, tritt Erfüllungswirkung auch dann ein, wenn die Bank keine Verfügung über die eingezahlten Mittel zulässt. In einem solchen Fall hat die Geschäftsführung bereits durch die Anweisung an die Gesellschafter eine Verfügung getroffen.[7]

7 **Zahlungen an Gläubiger der Gesellschaft** auf Anweisung der Geschäftsführer will die Rechtsprechung[8] nur insoweit Tilgungswirkung zuerkennen, als es nicht um die gesetzliche Mindesteinlage geht; die gesetzliche Mindesteinlage soll nur an die Gesellschaft direkt gezahlt werden können. Zu überzeugen vermag diese Ansicht nicht: Bleibt es der Geschäftsführung unbenommen, die zur Tilgung der Mindesteinlage erhaltenen Mittel sofort zur Tilgung von Verbindlichkeiten bei Gesellschaftsgläubigern einzusetzen, so muss es der Geschäftsführung auch möglich sein, den Zahlungsweg durch eine entsprechende Anweisung abzukürzen. Dem steht nicht entgegen, dass das Registergericht unter Rückgriff auf den Regelungsgedanken des § 54 Abs. 3 AktG bei einer direkten Zahlung auf die Dritt-Forderung nicht den Wert der Verbindlichkeit prüfen kann.[9] Eine solche Prüfungsmöglichkeit besteht bei einer Überweisung durch die Gesellschaft auch nicht. Auch kann es im Verhältnis zwischen Gesellschaft und Gesellschafter nicht auf die Werthaltigkeit der Forderung eines Dritten ankommen.[10]

8 Die **Beweislast** für die wirksame Erbringung der Einlage trägt bereits nach allgemeinen Grundsätzen der Gesellschafter.[11] Allerdings kann der Gesellschafter den Nachweis, dass er die Einlage erbracht hat, im Einzelfall auch durch Indizien erbringen, wie etwa eine entsprechende Bilanzierung im Abschluss der Gesellschaft.[12] Allerdings wird man insoweit verlangen müssen, dass sich der die Bilanz erstellende Wirtschaftsprüfer oder Steuerberater selbst von der Erbringung der Einlage überzeugt hat.[13] Ist i.R.d. Beweisführung zweifelhaft, welchem Zweck eine Zahlung des Gesellschafters diente, so soll sich die **Tilgungsbestimmung** aus der Sicht des Geschäftsführers als objektivem Empfänger bestimmen.[14] Dabei ist allerdings zu berücksichtigen, dass Einlageforderungen durch §§ 9 und 19 Abs. 2, 4 und 5 GmbHG besonders geschützt sind und deswegen mit einer vergleichsweise hohen Sicherheit verbunden sind. Mit Blick auf § 366 Abs. 2 BGB wird man daher nur dann von einer Leistung auf die Einlageverpflichtung ausgehen können, wenn hierfür konkrete Anhaltspunkte vorliegen.

9 **Fließen** die im Zuge der Kapitalerhöhung aufgebrachten **Mittel** unmittelbar **an den Übernehmer zurück**, so kann dies – je nach zugrunde liegendem Rechtsgrund – eine verdeckte Sacheinlage (§ 19 Abs. 4) oder ein Hin- und Herzahlen (§ 19 Abs. 5) darstellen. Dabei wird der Gesellschafter nur dann nach § 19 Abs. 5 GmbHG von seiner Einlageverpflichtung befreit, wenn die Leistung (der Gesellschaft an den Gesellschafter) durch einen vollwertigen Rückgewähranspruch (der Gesellschaft gegen den Gesellschafter) gedeckt ist. Damit dürfte sich der Anwendungsbereich des § 19 Abs. 5 GmbHG auf die Fälle reduzieren, in denen die Gesellschaft die erhaltene Einlageleistung

---

6 Für befreiende Wirkung auch bei stillschweigender Gestattung BGH, Urt. v. 08.11.2004 – II ZR 362/02, NZG 2005, 180, 181.

7 Ebenso *Lieder*, in: MünchKommGmbHG, § 56a, Rn. 12 m.w.N.

8 S. nur BGH, Urt. v. 13.07.1992 – II ZR 263/91, BGHZ 119, 177, 188 f. m.w.N. auch zur Gegenansicht.

9 So aber etwa *Ulmer/Casper*, in: Ulmer/Habersack/Löbbe, GmbHG, § 7 Rn. 42.

10 Wie hier *Bayer*, in: Lutter/Hommelhoff, GmbHG, § 7 Rn. 16; *Schäfer*, in: Bork/Schäfer, GmbHG, § 7 Rn. 18.

11 BGH, Urt. v. 22.06.1992 – II ZR 30/91, NJW 1992, 2698, 2699; BGH, Urt. v. 09.07.2007 – II ZR 222/06, NZG 2007, 790; OLG Jena, Urt. v. 14.08.2009 – 6 U 833/08, ZIP 2009, 1759 f.; OLG Jena, Urt. v. 19.04.2017 – 2 U 18/15, GmbHR 2017, 754, 756.

12 Hierzu BGH, Urt. v. 08.11.2004 – II ZR 202/03, DStR 2005, 297, 298; BGH, Urt. v. 09.07.2007 – II ZR 222/06, NZG 2007, 790.

13 OLG Karlsruhe, Urt. v. 18.11.2013 – 7 W 45/13, Rn. 6 und 12 zitiert nach juris; OLG Jena, Urt. v. 14.08.2009 – 6 U 833/08, ZIP 2009, 1759, 1761.

14 OLG Dresden, Urt. v. 14.12.1998 – 2 U 2679/98, NZG 1999, 448, 449.

darlehensweise an den Gesellschafter zurückgewährt. Verwendet die Gesellschaft indes die ihr im Zuge der Kapitalerhöhung zugeflossenen Mittel dazu, ein Darlehen des Gesellschafters zurückzuführen, so erlangt die Gesellschaft– durch ihre Leistung keinen Rückgewähranspruch, sondern wird von einer Verbindlichkeit befreit. Mithin liegt kein Fall eines Hin- und Herzahlens nach § 19 Abs. 5 GmbHG vor, sondern eine verdeckte Sacheinlage nach § 19 Abs. 4 GmbHG.[15] Stellt sich der Mittelrückfluss zum Gesellschafter nach alledem grundsätzlich als Hin- und Herzahlen dar, so sind auch bei einer Kapitalerhöhung die weiteren Anforderungen des § 19 Abs. 5 GmbHG einzuhalten, insbesondere ist das Hin- und Herzahlen in der Handelsregisteranmeldung offenzulegen, § 19 Abs. 5 Satz 2 GmbHG.[16] Allgemein zum Meinungsstand, ob die Offenlegung nach § 19 Abs. 5 Satz 2 GmbHG Voraussetzung für das Privileg des § 19 Abs. 1 Satz 1 GmbHG ist siehe *Sirchich von Kis-Sira* § 19 Rdn. 69 ff. Zur Kapitalerhöhung im **Cash Pool**[17] siehe § 19 Rdn. 81 ff.

3. In Besonderheit: Voreinzahlungen

Fällig ist die Bareinlage nach Abgabe der Übernahmeerklärung und vor Anmeldung der Kapital- 10
erhöhung zum Handelsregister. Gleichwohl kommt es immer wieder vor, dass die Gesellschafter der Gesellschaft bereits vor dem Kapitalerhöhungsbeschluss Mittel zur Verfügung stellen, namentlich, wenn sich die Gesellschaft in einer Schieflage befindet.[18] Hinsichtlich der rechtlichen Beurteilung von Voreinzahlungen ist zu unterscheiden:[19]

Ist der **eingezahlte Betrag** im Zeitpunkt der Beschlussfassung und der Abgabe der Übernahmeer- 11
klärung **als solcher noch** zweifelsfrei im Gesellschaftsvermögen **vorhanden** (etwa auf einem Sonderkonto), kommt der Voreinzahlung unproblematisch Erfüllungswirkung zu.[20] Die reale Kapitalaufbringung wird nicht gefährdet. Wird die Voreinzahlung indes auf ein debitorisches Konto geleistet oder wurde sie anderweitig verwendet, so ist der eingezahlte Betrag nach der Rechtsprechung[21] nicht mehr als solcher vorhanden.

Ist der **eingezahlte Betrag** im Zeitpunkt der Beschlussfassung und der Abgabe der Übernahme- 12
erklärung **nicht mehr als solcher** im Gesellschaftsvermögen **vorhanden**, kommt der Voreinzahlung nach der Rechtsprechung des BGH[22] nur Tilgungswirkung zu, wenn
– die Beschlussfassung über die Kapitalerhöhung mit aller gebotenen Beschleunigung nachgeholt wird;[23]
– ein akuter Sanierungsfall vorliegt;
– andere Maßnahmen nicht in Betracht kommen;

15 BGH, 10.07.2012 – II ZR 212/10, Der Konzern 2012, 509, 511, Rn. 18; siehe zu dieser Abgrenzung auch *Hermanns*, DNotZ 2011, 325 ff.

16 *Schnorbus*, in: Rowedder/Schmidt-Leithoff, GmbHG, § 56a Rn. 22.

17 Ein Prüfungsschema zum Cash Pool findet sich bei *Kupjetz/Peter*, GmbHR 2012, 498 ff.

18 Zur Informationspflicht des Notars in Bezug auf Voreinzahlungen s. BGH, Urt. v. 24.04.2008 – III ZR 223/06, NZG 2008, 512.

19 S. hierzu auch *Bormann*, in: Bormann/Kauka/Ockelmann, HdbGmbHR, Kap. 4 Rn. 327 ff.

20 BGH, Urt. v. 15.03.2004 – II ZR 210/01, BGHZ 158, 283; BGH, Urt. v. 18.09.2000 – II ZR 365/98, BGHZ 145, 150, 154; BGH, Urt. v. 19.01.2016 – II ZR 61/15, DStR 2016, 923, 924 f.; OLG Nürnberg, Urt. v. 13.10.2010 – 12 U 1528/09, BeckRS 2010, 25668; OLG Celle, Urt. v. 31.08.2010 – 9 U 25/10, ZIP 2010, 2298, 2299.

21 BGH, Urt. v. 15.03.2004 – II ZR 210/01, BGHZ 158, 283, 286. Auch bei einer Voreinzahlung die Zahlung auf ein debitorisches Konto ausreichend lassend indes *Ehlke*, ZIP 2007, 749, 751; *Ulmer*, in: FS H.P. Westermann, 2008, S. 1567, 1576 ff.

22 BGH, Urt. v. 26.06.2006 – II ZR 43/05, GmbHR 2006, 1328; BGH, Urt. v. 07.11.1994 – II ZR 248/93, ZIP 1995, 28; OLG Celle, Urt. v. 31.08.2010 – 9 U 25/10, BeckRS 2010, 21813; OLG Nürnberg, Urt. v. 13.10.2010 – 12 U 1528/09, BeckRS 2010, 25668. Zu den einzelnen Kriterien s. *Goette*, in: FS für Priester, S. 95 ff.

23 Das AG Frankfurt (Oder), Beschl. v. 24.04.2013 – HRB 9724 FF Rn. 6, zitiert nach juris, spricht insoweit von einem engen zeitlichen Zusammenhang.

- die Rettung der sanierungsfähigen Gesellschaft scheitern würde, falls die übliche Reihenfolge der Durchführung der Kapitalerhöhung beachtet werden würde und
- die Voreinzahlung sowohl in dem Kapitalerhöhungsbeschluss als auch in der Handelsregisteranmeldung offengelegt wurde.

13 Diese Anforderungen dürften sich in der Praxis kaum erfüllen lassen, insb., weil kaum ein Fall denkbar ist, in dem die Rettung der Gesellschaft an der Einhaltung der gesetzlich vorgeschriebenen Reihenfolge scheitern würde.[24] Hinzu kommt, dass das Vorliegen eines akuten Sanierungsfalls und die Sanierungsprüfung per se zeitintensiv sind und nicht ersichtlich ist, weshalb Voreinzahlungen auf Sanierungsfälle beschränkt sein sollten.[25]

14 **Liegen die Voraussetzungen für** eine wirksame **Voreinzahlung nicht** vor, so bleibt der Übernehmer zur Bareinlage verpflichtet. Zugleich steht dem Übernehmer i.d.R.[26] ein Bereicherungsanspruch (§ 812 Abs. 1 Satz 2, 2. Alt. BGB – *condictio causa data causa non secuta*) gegen die Gesellschaft zu, der allerdings vor 2008 in der Krise nach § 30 GmbHG (»Rechtsprechungsregeln«) gesperrt war[27] und seit Inkrafttreten des MoMiG häufig der Auszahlungssperre des § 64 Satz 3 GmbHG (zu dem mit § 64 Satz 3 GmbHG verbundenen Auszahlungsverbot siehe *Sandhaus* § 64 Rdn. 76 ff.) unterliegen wird. Diesen bereicherungsrechtlichen Anspruch kann der Übernehmer grds. im Wege der (verdeckten) Sacheinlage in die Gesellschaft einbringen. Dabei wird der Nachweis der Erbringung des Anspruchs als Einlage in der Regel keine unüberwindlichen Schwierigkeiten aufwerfen: Im Fall einer offenen Sacheinlage liegt eine entsprechende Dokumentation vor; fehlt es indes an einer entsprechenden Dokumentation, liegt eine verdeckte Sacheinlage vor, bei der eine entsprechende Abrede über die Einbringung bei einem entsprechenden zeitlichen und sachlichen Zusammenhang nach dem BGH[28] auch zugunsten des Gesellschafters vermutet wird.[29] Allerdings wird es regelmäßig am Nachweis der Vollwertigkeit des Bereicherungsanspruchs fehlen,[30] was sich freilich nach § 19 Abs. 4 Satz 3 GmbHG nur in Bezug auf den Haftungsumfang auswirkt. Auch wenn das Haftungsrisiko mithin limitiert ist (und sich durch eine gemischte Bareinlage unter Verwendung des Bereicherungsanspruchs oder eine betragsmäßig reduzierte Kapitalerhöhung weiter reduzieren lässt)[31], ist eine verdeckte Sacheinlage im Zusammenhang mit einer Voreinzahlung mit den gleichen Haftungs- und Strafbarkeitsrisiken verbunden, wie jede andere verdeckte Sacheinlage auch und damit keine Gestaltungsalternative.[32]

15 Auch wenn Voreinzahlungen bisher – soweit ersichtlich – allein für Barkapitalerhöhungen diskutiert wurden, so ist es doch auch denkbar, dass sie bei **Sachkapitalerhöhungen** relevant werden.[33] Allerdings dürften hier die Anforderungen der Rechtsprechung noch schwerer zu erfüllen sein als bei einer Barkapitalerhöhung, da bei einem Sanierungsfall regelmäßig Liquiditätsbedarf vorliegen wird, der sich in erster Linie durch die Zuführung von Barmitteln wird beheben lassen. Allenfalls denkbar wäre noch die Einlage eines (fälligen) Gesellschafterdarlehens, um die Gesellschaft von einer (fälligen) Verbindlichkeit zu befreien.

---

24 Kritisch auch *Priester*, DStR 2010, 494 ff.; *Bormann/Hösler*, jurisPR-HaGesR 2/2011 Anm. 4.

25 Ebenso *Wicke*, DStR 2016, 1115, 1117.

26 Etwas anderes gilt, wenn ausnahmsweise eine Vorbeteiligungsgesellschaft (siehe hierzu *Bormann* § 55 Rdn. 33) entstanden ist; in diesem Fall greifen die §§ 738 ff. BGB ein.

27 BGH, Urt. v. 26.06.2006 – II ZR 43/05, DStR 2006, 2266, 2267 f. Tz. 19; OLG Nürnberg, Urt. v. 13.10.2010 – 12 U 1528/09, BeckRS 2010, 25668.

28 BGH, Urt. v. 10.07.2012 – II ZR 212/10, Der Konzern 2012, 509, 511, Rn. 16.

29 So i.E. wohl auch BGH, Urt. v. 19.01.2016 – II ZR 61/15, GmbHR 2016, 479.

30 BGH, Urt. v. 19.01.2016 – II ZR 61/15, GmbHR 2016, 479, 482; OLG Nürnberg, Urt. v. 13.10.2010 – 12 U 1528/09, BeckRS 2010, 25668; OLG Celle, Urt. v. 31.08.2010 – 9 U 25/10, ZIP 2010, 2298, 2300; *Hribar*, GmbHR 2018, R342 f.

31 *Hribar*, GmbHR 2018, R343 f.

32 Ebenso *Wicke*, DStR 2016, 1115, 1119.

33 Vergl. nur AG Frankfurt (Oder), Beschl. v. 24.04.2013 – HRB 9724, zitiert nach juris.

II. Leistung von Sacheinlagen

Aus der Verweisung auf § 7 Abs. 3 folgt, dass Sacheinlagen auch bei Kapitalerhöhungen **in voller Höhe** vor der Anmeldung der Kapitalerhöhung zur Eintragung ins Handelsregister **zu leisten** sind. Die Art und Weise der Leistung richtet sich nach dem Gegenstand der Sacheinlage: Sachen sind nach den für sie anwendbaren Vorschriften zu übereignen, Forderungen und Rechte sind abzutreten. Dabei muss der Erwerbsvorgang bis zur Handelsregisteranmeldung abgeschlossen sein. Eine Ausnahme gilt allein bei der Übertragung von Grundstücken; da der Übernehmer keinen Einfluss darauf hat, wann der Eigentumsübergang eingetragen wird, genügt in diesen Fällen mit der herrschenden Meinung[34] die Beantragung der Eigentumsumtragung. Die herrschende Meinung[35] will darüber hinaus generell eine auf die Eintragung der Kapitalerhöhung ins Handelsregister aufschiebend bedingte Kapitalerhöhung zulassen. Ein praktisches Bedürfnis hierfür besteht jedoch nicht; der Übernehmer kann sich hinreichend dadurch schützen, dass er das Eigentum auflösend unter der Bedingung überträgt, dass die Kapitalerhöhung endgültig nicht ins Handelsregister eingetragen wird. 16

III. Leistung von Mischeinlagen

In Bezug auf Mischeinlagen (zu diesen siehe § 56 Rdnr. 29) ist umstritten, welche Folgen sich aus § 7 Abs. 2 Satz 1, Abs. 3 ergeben. Von der h.M.[36] wird vertreten, dass der Sach- und der Bareinlageteil gesondert zu betrachten sind. Nach dieser Auffassung ist die Sacheinlage voll zu leisten und auf die Bareinlage ein Viertel des Nennbetrages – unabhängig davon, ob der Wert der Sacheinlage bereits ein Viertel des Nennbetrages übersteigt. Zu überzeugen vermag diese Auffassung weder mit Blick auf den Wortlaut noch unter Wertungsgesichtspunkten:[37] In § 7 Abs. 2 Satz 1 ist allein von einer Einzahlung von ein Viertel des Nennbetrages eines Geschäftsanteils die Rede; allein Satz 2 bezieht sich auf die Gesamteinlage. Eine Verpflichtung zur weiteren Leistung eines Baranteils neben der vollen Leistung der Sacheinlage ist auch aus Gläubigerschutzgesichtspunkten nicht erforderlich. Zum einen wird der Wert der eingebrachten Sache geprüft, zum anderen kann der Gesellschafter von der Verpflichtung zur noch offenen Bareinlage nicht befreit werden. Mithin ist bei der Mischeinlage dann keine Zahlung in Höhe von einem Viertel des Nennbetrages erforderlich, wenn der Wert der Sacheinlage bereits höher ist als ein Viertel des Nennbetrages. Bleibt der Wert der Sacheinlage indes hinter einem Betrag in Höhe von einem Viertel des Nennbetrages zurück, so ist die Bareinlage in Höhe der Differenz vor der Handelsregisteranmeldung zu zahlen. 17

§ 57 Anmeldung der Erhöhung

(1) Die beschlossene Erhöhung des Stammkapitals ist zur Eintragung in das Handelsregister anzumelden, nachdem das erhöhte Kapital durch Übernahme von Geschäftsanteilen gedeckt ist.

(2) [1]In der Anmeldung ist die Versicherung abzugeben, dass die Einlagen auf das neue Stammkapital nach § 7 Abs. 2 Satz 1 und Abs. 3 bewirkt sind und dass der Gegenstand der Leistungen sich endgültig in der freien Verfügung der Geschäftsführer befindet. 2§ 8 Abs. 2 Satz 2 gilt entsprechend.

(3) Der Anmeldung sind beizufügen:

1. **die in § 55 Abs. 1 bezeichneten Erklärungen oder eine beglaubigte Abschrift derselben;**
2. **eine von den Anmeldenden unterschriebene Liste der Personen, welche die neuen Geschäftsanteile übernommen haben; aus der Liste müssen die Nennbeträge der von jedem übernommenen Geschäftsanteile ersichtlich sein;**

---

34 *Servatius*, in: Baumbach/Hueck, GmbHG, § 7 Rn. 14; *Bayer*, in: Lutter/Hommelhoff, GmbHG, § 7 Rn. 17; *Ulmer/Casper*, in: Habersack/Caspar/Löbbe, GmbHG, § 7 Rn. 51.

35 S. nur *Lieder*, in: MünchKommGmbHG, § 56a Rn. 80; *Priester/Tebben*, in: Scholz, GmbH, § 56a Rn. 43.

36 S. nur zuletzt OLG Celle, Beschl. v. 05.01.2016 – 9 W 150/15, NZG 2016, 300; *Herrler*, in: MünchKommGmbHG, § 7 Rn. 71; *Ulmer/Casper*, in: Habersack/Caspar/Löbbe, GmbHG, § 7 Rn. 28.

37 Ausführlich *Cavin*, NZG 2016, 734 m.w.N.

3. **bei einer Kapitalerhöhung mit Sacheinlagen die Verträge, die den Festsetzungen nach § 56 zu Grunde liegen oder zu ihrer Ausführung geschlossen worden sind.**

(4) Für die Verantwortlichkeit der Geschäftsführer, welche die Kapitalerhöhung zur Eintragung in das Handelsregister angemeldet haben, finden § 9a Abs. 1 und 3, § 9b entsprechende Anwendung.

Schrifttum

Appel, Die Haftung einer Bank für die Richtigkeit ihrer Bestätigung über die freie Verfügbarkeit eingezahlter Bareinlagen, ZHR 157 (1993), 213; *Böhringer*, Erfordernisse der Anmeldung einer Kapitalerhöhung bei einer GmbH, BWNotZ 1988, 129; *Hommelhoff*, Zum vorläufigen Bestand fehlerhafter Strukturänderungen in Kapitalgesellschaften, ZHR 158 (1994), 35; *Keilbach*, Die Prüfungsaufgaben der Registergerichte, MittRhNotK 2000, 365; *Lutter*, Gescheiterte Kapitalerhöhungen, FS Schilling, 1973, S. 207; *ders./Leinekugel*, Fehlerhaft angemeldete Kapitalerhöhungen, ZIP 2000, 1225; *Spindler*, Zur Haftung unrichtiger Bankbestätigungen im GmbH-Recht, ZGR 1997, 537; *Ulmer*, Rechtsfragen der Barkapitalerhöhung bei der GmbH, GmbHR 1993, 189; *von Werder/Hobuß*, Handelsregisteranmeldung der Gründung einer Kapitalgesellschaft sowie späterer Kapitalmaßnahmen: Kompetenz des Notars nach § 378 FamFG, BB 2018, 1031; *Zöllner*, Folgen der Nichtigkeit einer Kapitalerhöhung für nachfolgende Kapitalerhöhungen, FS Hadding, 2004, 725.

Übersicht

A. Allgemeines

1 § 57 regelt die Handelsregisteranmeldung einer Kapitalerhöhung und **ergänzt** insoweit **§ 54**, der die Handelsregisteranmeldung von Änderungen des Gesellschaftsvertrages zum Gegenstand hat. Dabei ist § 57 das Gegenstück zu § 8, der sich mit der Gründung der Gesellschaft befasst. Entsprechend **lehnt sich** § 57 weitgehend **an die Gründungsvorschriften an**. Wie jede andere Änderung des Gesellschaftsvertrages auch wird die Kapitalerhöhung erst mit Eintragung ins Handelsregister wirksam.

B. Einzelerläuterungen

I. Voraussetzungen für die Handelsregisteranmeldung (Abs. 1)

2 Nach Abs. 1 kann die Kapitalerhöhung erst zur Eintragung ins Handelsregister angemeldet werden, nachdem das **erhöhte Kapital (vollständig) übernommen** wurde. Übernommen ist das erhöhte Kapital, wenn die zugelassenen Übernehmer für den (gesamten) Betrag des erhöhten Kapitals wirksame Übernahmeerklärungen abgegeben haben.[1] Wurde eine »bis zu-Kapitalerhöhung« beschlossen (zu dieser s. *Bormann* § 55 Rdn. 12), so genügt es, dass überhaupt ein Geschäftsanteil übernommen

1 *Servatius*, in: Baumbach/Hueck, GmbHG, § 57 Rn. 4 f.; *Bayer*, in: Lutter/Hommelhoff, GmbHG, § 57 Rn. 3.

wurde. Wurde die »bis zu-Kapitalerhöhung« indes mit einem Mindesterhöhungsbetrag kombiniert, so müssen mindestens für diesen Mindesterhöhungsbetrag Übernahmeerklärungen vorliegen.

Zulässig, wenn auch nicht von allen Registergerichten anerkannt, ist es, dass die Geschäftsführer die **Handelsregisteranmeldung** einschließlich der erforderlichen Versicherungen **bereits bei Beschluss der Kapitalerhöhung** und damit vor Erbringung der Einlagen unterzeichnen.[2] Voraussetzung ist allerdings, dass der Notar die Handelsregisteranmeldung erst dann an das Handelsregister weiterleitet, wenn die Leistungen tatsächlich erbracht wurden. Nicht zulässig ist es demgegenüber, die Handelsregisteranmeldung bereits am Tage des Beschlusses der Kapitalerhöhung vom Geschäftsführer unterzeichnen zu lassen, aber zunächst das Datum offen zu lassen und anschließend das Datum der Leistung der Einlagen einzufügen. 3

Nicht in Abs. 1 erwähnt ist, dass die **Mindesteinlagen** vor der Anmeldung der Kapitalerhöhung geleistet werden müssen. Dies ergibt sich allerdings aus § 56a i.V.m. § 7. Danach müssen Bareinlagen zu einem Viertel und Sacheinlagen in Gänze vor der Handelsregisteranmeldung zu leisten. 4

II. Inhalt der Handelsregisteranmeldung (Abs. 2)

Abs. 2 regelt in Satz 1 den Inhalt der Handelsregisteranmeldung. Satz 2 hingegen verweist auf § 8 Abs. 2 Satz 2 und ermöglicht damit dem Registergericht, auch bei Kapitalerhöhungen unter bestimmten Voraussetzungen Nachforschungen zur Einlagenerbringung anzustellen. 5

1. Kapitalerhöhung und Versicherung der Geschäftsführer (Satz 1)

Nach Satz 1 ist in der Handelsregisteranmeldung die Versicherung abzugeben, dass die Einlagen bewirkt sind und zur freien Verfügung der Geschäftsführung stehen. 6

a) Kapitalerhöhung

Gegenstand der Anmeldung ist der Kapitalerhöhungsbeschluss. Dabei ist dem Grundsatz folgend, dass die Handelsregisteranmeldung den ins Handelsregister einzutragenden Text zu reflektieren hat, in der Handelsregisteranmeldung selbst zumindest die neue Stammkapitalziffer anzugeben.[3] Eine Bezugnahme auf den der Handelsregisteranmeldung beigefügten Gesellschafterbeschluss genügt demgegenüber nicht.[4] Üblich und sinnvoll ist es, darüber hinaus auch den Erhöhungsbetrag anzugeben. 7

Zwingend ist die **Angabe des konkreten Erhöhungsbetrages** auch bei »bis zu-Kapitalerhöhungen« nicht, vorausgesetzt, die neue Stammkapitalziffer ergibt sich aus der Handelsregisteranmeldung. In diesem Fall folgt der Erhöhungsbetrag aus der Differenz zwischen der alten und der neuen Stammkapitalziffer. Dies gilt auch auf Grundlage der h.M. (siehe die Nachweise in vorstehender Rdn.), die eine Bezugnahme auf den Gesellschafterbeschluss ausreichen lässt, da sich der Umfang der Kapitalerhöhung bei einer »bis zu-Kapitalerhöhungen« nicht bereits dem Beschluss, sondern erst den Übernahmeerklärungen entnehmen lässt. Dabei ist zwar zwischen der (Erst) Anmeldung der Kapitalerhöhung und ihrer Eintragung ins Handelsregister noch eine Aufstockung des Erhöhungsbetrages möglich. Wurde jedoch die Kapitalerhöhung ins Handelsregister eingetragen, so ist der Beschluss über die »bis zu-Kapitalerhöhung« verbraucht und eine (nochmalige) Aufstockung ist ausgeschlossen.[5] 8

---

2 Ebenso *Herrmanns*, in: Michalski, GmbHG, § 57 Rn. 4, 20.

3 *Bayer*, in: Lutter/Hommelhoff, GmbHG, § 57 Rn. 4, der allerdings verlangt, dass Erhöhungs- und neuer Betrag ausdrücklich genannt werden. Die Angabe des Erhöhungsbetrages oder des neuen Betrages für notwendig, aber auch ausreichend hält *Servatius*, in: Baumbach/Hueck, GmbHG, § 57 Rn. 7.

4 Eine solche Bezugnahme für ausreichend haltend aber *Priester/Tebben*, in: Scholz, GmbHG, § 57 Rn. 4; *Lieder*, in: MünchKommGmbHG, § 57 Rn. 5; *Servatius*, in: Baumbach/Hueck, GmbHG, § 57 Rn. 7; *Schnorbus*, in: Rowedder/Schmidt-Leithoff, GmbHG § 57 Rn. 3.

5 *Ulmer/Casper*, in: Ulmer/Habersack/Löbbe, GmbHG, § 57 Rn. 6; *Lieder*, in: MünchKommGmbHG, § 57 Rn. 6.

b) Versicherung der Geschäftsführer

9 Die Anmeldung muss zudem die Versicherung sämtlicher (s. hierzu unten unter Rdn. 17) Geschäftsführer enthalten, dass die **Einlagen entsprechend § 7 Abs. 2 Satz 1 und Abs. 3 geleistet** wurden. Für Bareinlagen ist mithin zu versichern, dass sie zumindest zu einem Viertel des Nennbetrages (§ 7 Abs. 2 Satz 1) vor der Anmeldung der Kapitalerhöhung zum Handelsregister geleistet wurden, während für Sacheinlagen zu versichern ist, dass sie vollständig (§ 7 Abs. 3) vor der Anmeldung der Kapitalerhöhung zum Handelsregister geleistet wurden. Bei Mischeinlagen (s. zu diesen *Bormann* § 56 Rdn. 8) gilt dies entsprechend.[6] Dies zusammen mit dem Halbaufbringungsgrundsatz nach § 7 Abs. 2 Satz 2 gilt auch beim Übergang von der UG (haftungsbeschränkt) auf eine GmbH, sprich, die Geschäftsführer müssen in diesem Fall nicht zusätzlich versichern, dass das ursprüngliche Stammkapital noch nicht (teilweise) aufgezehrt wurde.[7]

10 Wurden **Bareinlagen** vereinbart, so hat die Registeranmeldung nicht nur zu enthalten, dass insgesamt ein Viertel des Nennbetrages eingezahlt ist. Vielmehr ist in der Handelsregisteranmeldung mit Blick auf die Prüfung der Einlagenerbringung durch das Registergericht für jeden neu ausgegebenen oder aufgestockten Geschäftsanteil gesondert anzugeben, in welchem Umfang die Einlage erbracht wurde.[8] Auf diese Differenzierung kann allein dann verzichtet werden, wenn sämtliche Einlagen vollständig erbracht oder nur die gesetzliche Mindesteinlage geleistet wurden.

11 Zur **Art und Weise der Erbringung der Einlagen** hat die Handelsregisteranmeldung nur dann Angaben zu enthalten, wenn ein Fall des Hin- und Herzahlens (§ 19 Abs. 5) vorliegt. Beim Hin- und Herzahlen ist die Offenlegung des Mittelrückflusses an den Gesellschafter Voraussetzung für den Eintritt der Erfüllung.[9]

12 Die Handelsregisteranmeldung hat indes nicht nur die Aussage zu enthalten, dass die Einlagen erbracht wurden, sondern auch, dass sie endgültig **zur freien Verfügung der Geschäftsführung** stehen. Endgültig zur freien Verfügung der Geschäftsführung stehen die Einlagen dann, wenn sie in den Verfügungsbereich der Geschäftsführung gelangt sind und nicht wieder an den Übernehmer zurückgelangen.[10] Aus diesem Erfordernis folgt nicht, dass Abreden hinsichtlich der Verwendung der im Zuge der Kapitalerhöhung erhaltenen Mittel unzulässig wären. Allerdings dürfen diese Abreden nicht zur Folge haben, dass die Mittel wieder an den Übernehmer zurückfließen.[11] Auch muss nicht die Einlage selbst oder ein Wertäquivalent im Zeitpunkt der Eintragung der Kapitalerhöhung ins Handelsregister noch bei der Gesellschaft vorhanden sein.[12] Etwas anderes gilt allerdings für den Fall, dass die Einlage bereits vor der Beschlussfassung über die Kapitalerhöhung geleistet wurde (sog. Voreinzahlung – s. hierzu *Bormann* § 56a Rdn. 10 ff.).

---

6 *Priester*, in: Scholz, GmbHG, § 57 Rn. 6.

7 OLG Celle, Beschl. V. 17.07.2017 – 9 W 70/17, GmbHR 2017, 1034 mit Anm. *Wachter*.

8 BayOblG, Beschl. v. 18.12.1979 – Breg. 1 Z 83/79, DB 1980, 438, 439; OLG Hamm, Beschl. v. 24.02.1982 – 15 W 114/81, GmbHR 1983, 102, 103; Beschl. v. 24.03.2011 – 15 W 684/10, BeckRS 2011, 11184; *Ulmer/Casper*, in: Ulmer/Habersack/Löbbe, GmbHG, § 57 Rn. 8. a.A. indes *Priester/Tebben*, in: Scholz, GmbHG, § 57 Rn. 9; siehe auch OLG Düsseldorf, Beschl. v. 19.02.2020 – I – 3 Wx 21/20, NZG 2020, 750 f..

9 BGH, Urt. v. 20.07.2009 – II ZR 273/07, NJW 2009, 3091 ff.; OLG Koblenz, Urt. v. 17.03.2011 – 6 U 879/10, BeckRS 2011, 06178; *Bormann/Urlichs*, GmbHR Sonderheft MoMiG, 2008, 33, 44; *Wälzholz*, GmbHR 2008, 841, 845; *Heckschen*, DStR 2009, 166, 173; *Hülsmann*, GmbHR 2019, 377, 379 a.A. indes *Fastrich*, in: Baumbach/Hueck, GmbHG, § 19 Rn. 80; *Altmeppen*, in: Roth/Altmeppen, GmbHG, § 19 Rn. 113; ablehnend in Altfällen LG Erfurt, 15.07.2010 – 10 O 994/09, BeckRS 2010, 29372.

10 *Lieder*, in: MünchKommGmbHG, § 57 Rn. 15.

11 BGH, Urt. v. 24.09.1990 – II ZR 203/89, GmbHR 1990, 554, 556; Urt. v. 12.04.2011 – II ZR 17/10, NZG 2011, 667, 668; *Servatius*, in: Baumbach/Hueck, GmbHG, § 57 Rn. 12.

12 *Ulmer/Casper*, in: Ulmer/Habersack/Löbbe, GmbHG, § 57 Rn. 9; *Servatius*, in: Baumbach/Hueck, GmbHG, § 57 Rn. 12; *Lieder*, in: MünchKommGmbHG, § 57 Rn. 16. a.A. *Herrmanns*, in: Michalski, GmbHG, § 57 Rn. 19 (»wertgleiche Deckung«).

Namentlich durch die gesetzliche Regelung zum **Hin- und Herzahlen** in § 19 Abs. 5 (s. hierzu auch oben Rdn. 11 und unten Rdn. 15) hat das Erfordernis der Leistung zur freien Verfügung der Geschäftsführung eine erhebliche Einschränkung erfahren. Gleichwohl findet der Grundsatz der Leistung zur freien Verfügung der Geschäftsführung jenseits des § 19 Abs. 5 weiterhin Anwendung. Namentlich ist § 19 Abs. 5 als Ausnahmeregelung eng auszulegen und kann nicht herangezogen werden, um eine generelle Aufweichung des Erfordernisses der Leistung zur freien Verfügung zu begründen. 13

2. Recht des Gerichtes, Nachweise zu verlangen (Satz 2)

Über die in Abs. 3 genannten Anlagen hinaus sind der Handelsregisteranmeldung keine Unterlagen beizufügen. Namentlich finden §§ 188 Abs. 2 Satz 1, 37 Abs. 1 Satz 3 AktG keine analoge Anwendung, nach denen durch eine **Bankbestätigung** nachzuweisen ist, dass die Bareinlage geleistet wurde. Hat das Gericht allerdings erhebliche Zweifel an der Richtigkeit der Versicherung, so kann es Nachweise verlangen. Zu diesen Nachweisen gehören neben den ausdrücklich in § 8 Abs. 2 Satz 2 genannten Einzahlungsbelegen auch Bankbestätigungen.[13] 14

Bereits vor dem MoMiG war anerkannt, dass das Registergericht bei begründeten Zweifeln an der Richtigkeit der Versicherung weiter gehende Nachweise verlangen konnte.[14] Dieser Maßstab wurde indes durch das MoMiG verschärft – nunmehr genügen nicht mehr begründete Zweifel, vielmehr sind **erhebliche Zweifel** erforderlich. Damit ist jedenfalls ausgeschlossen, dass das Gericht routinemäßig weiter gehende Nachweise verlangt.[15] Erhebliche Zweifel an der Richtigkeit der Versicherung können etwa bestehen, wenn ein längerer Zeitraum zwischen der Abgabe der Versicherung und der Anmeldung der Kapitalerhöhung vergangen ist.[16] Zudem können im Zusammenhang mit einem Hin- und Herzahlen erhebliche Zweifel an der Richtigkeit der Versicherung (in diesem Fall in Bezug auf die Vollwertigkeit des Rückzahlungsanspruches) bestehen, etwa wenn die in Rede stehende Summe der Kapitalerhöhung in einem Missverhältnis zur Leistungsfähigkeit des Übernehmers steht.[17] 15

III. Formelle Anforderungen an die Handelsregisteranmeldung

Anzumelden ist eine Kapitalerhöhung elektronisch in notariell beglaubigter **Form**, § 12 Abs. 1 Satz 1. **Zuständig** ist das **Gericht**, in dessen Zuständigkeitsbereich die Gesellschaft ihren statutarischen (nicht ihren tatsächlichen) Sitz hat, § 54 Abs. 3. 16

1. Anmeldender

Angemeldet wird die Kapitalerhöhung durch **sämtliche** (§ 78) im Zeitpunkt der Handelsregisteranmeldung bei der Gesellschaft vorhandenen **Geschäftsführer**, unabhängig davon, ob diese bereits als solche im Handelsregister eingetragen sind oder nicht.[18] Werden diese Geschäftsführer bis zur Eintragung der Kapitalerhöhung ins Handelsregister abberufen oder werden neue Geschäftsführer bestellt, haben diese keine Versicherung nachzureichen.[19] Prokuristen sind unabhängig von der konkreten Ausgestaltung ihrer Vertretungsmacht von der Mitwirkung an der Handelsregisteranmeldung ausgeschlossen. 17

13 *Lieder*, in: MünchKommGmbHG, § 57 Rn. 17. Zur Haftung der Bank im Fall der Erteilung einer freiwilligen Bestätigung s. *Spindler*, ZGR 1997, 537; *Ulmer/Casper*, in: Ulmer/Habersack/Löbbe, GmbHG, § 57 Rn. 10. S.a. BGH, Urt. v. 16.12.1996 – II ZR 200/95, WM 1997, 318.

14 *Lutter/Hommelhoff*, in: Lutter/Hommelhoff, GmbHG 16. Aufl., § 57 Rn. 12.

15 *Altmeppen*, in: Roth/Altmeppen, GmbHG, § 8 Rn. 12.

16 *Heckschen*, DStR 2009, 166, 172.

17 Zu den Anforderungen an den Nachweis der Vollwertigkeit siehe OLG München, Urt. v. 17.02.2011 – 31 Wx 246/10, ZIP 2011, 567; OLG Schleswig, Urt. v. 09.05.2012 – 2 W 37/12, GmbHR 2012, 908, 910; zu Unrecht kritisch hierzu *Sirchich von Kis-Sira* § 19 Rdn. 69 ff.

18 *Herrmanns*, in: Michalski, GmbHG, § 57 Rn. 7; *Priester/Tebben*, in: Scholz, GmbHG § 57 Rn. 24.

19 *Priester/Tebben*, in: Scholz, GmbHG, § 57 Rn. 24, 6.

18 Hinsichtlich der Zulässigkeit einer **Stellvertretung** bei der Handelsregisteranmeldung ist zwischen der Anmeldung einschließlich der Übersendung von Unterlagen einerseits und den Versicherungen andererseits zu unterscheiden. Bei der Anmeldung ist eine Stellvertretung möglich.[20] Die Versicherungen hingegen fußen auf dem persönlichen Wissen der Geschäftsführer und sind insoweit höchstpersönlich. Bei der Versicherung ist mithin keine Stellvertretung zulässig.[21] Die Frage, ob der beurkundende Notar nach § 378 FamFG berechtigt ist, die Kapitalerhöhung anzumelden,[22] hat i.d.R. keine praktische Bedeutung, da die Notare regelmäßig nicht bereit sind, die Handelsregisteranmeldung vorzunehmen.

2. Pflicht zur Anmeldung?

19 Eine öffentlich-rechtliche Pflicht zur Anmeldung der Kapitalerhöhung besteht nicht.[23] Allerdings werden die Geschäftsführer vorbehaltlich ausdrücklicher Anweisungen durch die Gesellschafterversammlung i.d.R. aufgrund ihrer Organstellung verpflichtet sein, die Kapitalerhöhung zur Eintragung ins Handelsregister anzumelden.[24] Nehmen die Geschäftsführer indes eine einmal erfolgte Anmeldung nachträglich wieder zurück, so stellt dies regelmäßig eine Pflichtverletzung dar (s. hierzu auch bereits *Bormann* § 55 Rdn. 50). Dabei genügt es für die Rücknahme der Anmeldung einer Kapitalerhöhung bereits, dass ein Geschäftsführer seine Erklärung zurückzieht, da dann bereits entgegen § 78 nicht mehr sämtliche Geschäftsführer an der Handelsregisteranmeldung mitgewirkt haben.

IV. Anlagen zur Handelsregisteranmeldung (Abs. 3)

20 Der Handelsregisteranmeldung beizufügen sind nach Abs. 3 die Übernahmeerklärungen, die Übernehmerliste und im Fall einer Sacheinlage die hiermit im Zusammenhang stehenden Verträge. Da die Unterlagen nicht mehr physisch, sondern elektronisch einzureichen sind (siehe hierzu oben Rdn. 16), ist entgegen dem Wortlaut des Abs. 3 keine Übersendung der Originaldokumente an das Registergericht erforderlich. Allerdings müssen dem Notar die Originale oder beglaubigte Abschriften bei der Fertigung der Handelsregisteranmeldung vorgelegen haben. Die Notwendigkeit, der Handelsregisteranmeldung **zudem den Kapitalerhöhungsbeschluss** und die **geänderte Fassung des Gesellschaftsvertrages** beizufügen, ergibt sich bereits aus den Anforderungen an eine Änderung des Gesellschaftsvertrages. Die Einreichung einer aktualisierten **Gesellschafterliste** (§ 40) ist demgegenüber nicht der Handelsregistermeldung beizufügen, sondern vom Notar[25] gesondert einzureichen. Ebenfalls zulässig ist eine Einreichung gemeinsam mit der Handelsregisteranmeldung, verbunden mit dem Hinweis, die Liste erst ins Handelsregister aufzunehmen, nachdem die Kapitalerhöhung mit ihrer Eintragung ins Handelsregister wirksam geworden ist.

1. Übernahmeerklärungen (Nr. 1)

21 Beizufügen sind allein die Übernahmeerklärungen der Übernehmer, nicht aber auch die Annahmeerklärungen der Gesellschaft.[26] Sind die Übernahmeerklärungen in der Urkunde enthalten, die

---

20 In diesem Sinne auch OLG Karlsruhe, Beschl. v. 07.08.2014 – 11 Wx 17/14, ZIP 2014, 2181, 2182; KG, Beschl. v. 04.05.2016 – 22 W 128/15, ZIP 2016, 1968, 1969; Einschränkend *Ulmer/Casper*, in: Ulmer/Habersack/Löbbe, GmbHG, § 57 Rn. 19, die nur bei »*Einreichung*« die Bevollmächtigung zulassen. Ebenso einschränkend *Altmeppen*, in: Roth/Altmeppen, GmbHG, § 7 Rn. 5.

21 Wie hier *Beurskens*, in: Baumbach/Hueck, GmbHG, § 78 Rn. 3; Einen Überblick über den Meinungsstand geben *Priester/Tebben*, in: Scholz, GmbHG, § 57 Rn. 25; siehe auch *von Werder/Hobuß*, BB 2018, 1031, 1033 ff.

22 Dazu *von Werder/Hobuß*, BB 2018, 1031, 1033 ff.

23 BayObLG, Beschl. v. 07.02.1984 – BReg. 3 Z 190/83, BB 1984, 804; *Lieder*, in: MünchKommGmbHG, § 57, Rn. 34.

24 *Ulmer/Casper*, in: Ulmer/Habersack/Löbbe, GmbHG, § 57 Rn. 20.

25 OLG München, Beschl. v. 07.07.2010 – 31 Wx 73/10 m. Anm. *Bormann/Hösler*, in jurisPR-HaGesR 9/2010 Anm. 2; *Lieder*, in: MünchKommGmbHG, § 57 Rn. 21.

26 *Inhester*, in: Saenger/Inhester, GmbHG, § 57 Rn. 21; *Roth*, in Roth/Altmeppen, GmbHG, § 57 Rn. 8.

auch den Kapitalerhöhungsbeschluss enthält (zu deren Beifügung s. vorstehende Rdn.), so ist eine gesonderte Beifügung der Übernahmeerklärung entbehrlich.[27]

2. Übernehmerliste (Nr. 2)

Weiterhin ist eine Liste der Übernehmer beizufügen, die von den Geschäftsführern oder ihren Vertretern zu unterzeichnen ist.[28] Inhaltlich hat die Liste den Anforderungen des § 8 Abs. 1 Nr. 3 zu genügen. 22

3. Verträge im Zusammenhang mit Sacheinlagen (Nr. 3)

Letztlich sind die Verträge der Handelsregisteranmeldung beizufügen, die den Festsetzungen nach § 56 zugrunde liegen oder zu ihrer Ausführung geschlossen wurden. Hierzu zählen namentlich die schuldrechtlichen **Verträge** betreffend die Verpflichtung zur Übertragung des Eigentums einschließlich etwaiger Abreden zur Gewährleistung[29] als auch die Verträge, mit denen das Eigentum an den einzubringenden Sachen auf die Gesellschaft übertragen wird.[30] Wurden die betreffenden Verträge nicht schriftlich geschlossen, so ist dieser Umstand in der Handelsregisteranmeldung anzugeben.[31] Nr. 3 verpflichtet nicht dazu, ansonsten formfreie Verträge schriftlich zu schließen. 23

Darüber hinaus sind – ebenso wie bei der Gründung (§ 8 Abs. 1 Nr. 5) – **Nachweise zur Werthaltigkeit der** einzubringenden Sacheinlagen beizufügen.[32] Dies rechtfertigt sich daraus, dass nur so das Registergericht in die Lage versetzt wird, die Werthaltigkeit der Sacheinlage zu prüfen. Aus diesem Grunde ist auch ein Sachkapitalerhöhungsbericht beizufügen (zu diesem s. *Bormann* § 56 Rdn. 34). 24

V. Haftung (Abs. 4)

Abs. 4 erklärt für die Haftung der Geschäftsführer die bei der Gründung geltenden Vorschriften (§ 9a Abs. 1 und 3, § 9b) für entsprechend anwendbar. Über diese speziellen Vorschriften hinaus kann sich aus den allgemeinen Regelungen eine Haftung der Geschäftsführer ergeben. Die Haftung der Gesellschafter ergibt sich aus den Verweisungen in § 56 Abs. 2. Melden die Geschäftsführer eine Kapitalerhöhung zur Eintragung ins Handelsregister an, ohne sie jedoch durchgeführt zu haben (»Kapitalerhöhungsschwindel«), so löst dies zwar eine persönliche Haftung nach den vorstehenden Ausführungen aus, führt aber nach dem BGH[33] nicht zu einer Strafbarkeit wegen (mittelbarer) Urkundenfälschung (§§ 267, 271 StGB), weil sich der öffentliche Glaube nicht auch auf die inhaltliche Richtigkeit erstreckt. 25

VI. Fehlerhafte und fehlende Handelsregisteranmeldung

Ist die Handelsregisteranmeldung **fehlerhaft**, so hat das Registergericht eine Eintragung abzulehnen und die Gesellschaft mittels Zwischenverfügung zur Behebung der Mängel aufzufordern. Wird die Kapitalerhöhung aufgrund einer mit einem Form- oder Inhaltsmangel behafteten Anmeldung ins Handelsregister eingetragen, so ist die Kapitalerhöhung wirksam – und zwar unabhängig davon, 26

---

27 OLG Celle, Beschl. v. 11.03.1999 – 9 W 26/99, GmbHR 1999, 1253, 1254; *Herrmanns*, in: Michalski, GmbHG, § 57 Rn. 22.

28 *Priester/Tebben*, in: Scholz, GmbHG, § 57 Rn. 17, 24.

29 *Lieder*, in: MünchKommGmbHG, § 57 Rn. 24.

30 *Servatius*, in: Baumbach/Hueck, GmbHG, § 57 Rn. 20.

31 Wie hier;*Bayer*, in: Lutter/Hommelhoff, GmbHG, § 57 Rn. 12. Abweichend für die schuldrechtlichen Verträge: *Ulmer/Casper*, in: Ulmer/Habersack/Löbbe, GmbHG, § 57 Rn. 15.

32 *Priester/Tebben*, in: Scholz, GmbHG, § 57 Rn. 22; *Bayer*, in: Lutter/Hommelhoff, GmbHG, § 57 Rn. 14; *Herrmanns*, in: Michalski, GmbHG, § 57 Rn. 28. a.A. *Schnorbus*, in: Rowedder/Schmidt-Leithoff, GmbHG, § 57 Rn. 18.

33 BGH, Beschl. V. 14.06.2016 – 3 StR 128/16 BeckRS 2016, 13110.

an welchem Fehler die Anmeldung leidet.[34] Auch wenn das Registergericht nach der Eintragung noch die Nachreichung fehlender Unterlagen verlangen kann, so kommt eine Amtslöschung doch nicht in Betracht.[35] Verweigert das Registergericht die Eintragung der Kapitalerhöhung, steht den Geschäftsführern der Gesellschaft kein eigenes Beschwerderecht zu.[36]

27 **Fehlt** es gänzlich an einer **Handelsregisteranmeldung**, so ist eine gleichwohl erfolgte Handelsregisteranmeldung wirkungslos, da es an einer Veranlassung durch die Gesellschaft fehlt.[37] Ob das auch gilt, wenn nicht sämtliche Geschäftsführer an der Anmeldung mitgewirkt haben oder eine einmal erfolgte Anmeldung zurückgenommen wurde,[38] erscheint fraglich. Viel spricht dafür, in einem solchen Fall von einer Veranlassung seitens der Gesellschaft auszugehen und die Handelsregisteranmeldung nur für fehlerhaft zu halten.

28 Zur **fehlerhaften Kapitalerhöhung** s. *Bormann* § 55 Rdn. 78 ff.

VII. Eintragung

29 Wirksam wird die Kapitalerhöhung erst mit ihrer Eintragung ins Handelsregister. Erst mit der Wirksamkeit stehen den Übernehmern Gesellschafterrechte zu, auch können die neuen Geschäftsanteile erst mit der Eintragung kaduziert werden.[39] Allerdings kann die Gesellschaft bereits vor der Eintragung der Kapitalerhöhung den Anspruch auf Leistung der Einlage im Klagewege durchsetzen.[40]

§ 57a Ablehnung der Eintragung

Für die Ablehnung der Eintragung durch das Gericht findet § 9c Abs. 1 entsprechende Anwendung.

Schrifttum
Literatur: s. § 9c.

A. Allgemeines

1 § 57a erklärt § 9c Abs. 1 hinsichtlich der Ablehnung der Eintragung durch das Gericht für entsprechend anwendbar, allerdings ohne deutlich zu machen, auf welche Anträge sich § 57a beziehen soll. Zwar schließt sich § 57a unmittelbar an die Vorschriften zur Kapitalerhöhung an, weshalb sein **Anwendungsbereich** auf Kapitalerhöhungen beschränkt sein könnte. Allerdings existiert kein eigener Abschnitt für Kapitalerhöhungen – § 57a ist Bestand des Abschnittes 4 »Änderung des Gesellschaftsvertrages«. Auch regelt der in Bezug genommene § 9c Abs. 1 nicht nur die Kapitalaufbringung, sondern den Gründungsvorgang insgesamt. Die Systematik spricht mithin dafür, dass § 57a nicht nur für Kapitalerhöhungen, sondern für **sämtliche Änderungen des Gesellschaftsvertrages**

34 OLG Stuttgart, Urt. v. 17.05.2000 – 20 U 68/99, NZG 2001, 40, 44 bei dem allerdings nicht die Anmeldung, sondern der Kapitalerhöhungsbeschluss fehlerhaft war; *Lieder*, in: MünchKommGmbHG, § 57 Rn. 88; *Schnorbus*, in: Rowedder/Schmidt-Leithoff, GmbHG, § 57 Rn. 44.

35 *Priester/Tebben*, in: Scholz, GmbHG, § 57 Rn. 57; *Herrmanns*, in: Michalski, GmbHG, § 57 Rn. 64.

36 KG, Beschl. v. 04.12.2018 – 22 W 43/18, GmbHR, 2019, 232, 234.

37 Ausf. *Lieder*, in: MünchKommGmbHG, § 57 Rn. 85 ff.

38 Für eine solche Gleichstellung *Priester/Tebben*, in: Scholz, GmbHG, § 57 Rn. 58; ebenso *Schnorbus*, in: Rowedder/Schmidt-Leithoff, GmbHG, § 57 Rn. 43 »bei Versehen«.

39 *PriesterTebben*, in: Scholz, GmbHG, § 57 Rn. 33; *Lieder*, in: MünchKommGmbHG, § 57 Rn. 49.

40 *Priester/Tebben*, in: Scholz, GmbHG, § 57 Rn. 33; *Lieder*, in: MünchKommGmbHG, § 57 Rn. 49.

gilt. Dieses Ergebnis wird durch die Erwägung bestätigt, dass Eintragungen in öffentliche Register nur dann vorgenommen werden dürfen, wenn die Eintragungsvoraussetzungen nach der Überzeugung der registerführenden Stelle vorliegen.[1]

Auch wenn sich § 57a in erster Linie das allgemeine Prüfungsrecht manifestiert und insofern rein 2
deklaratorischen Charakter hat, so ist er doch nicht überflüssig. Die Erstreckung der Prüfungspflicht auf die **Werthaltigkeit von Sacheinlagen** ließe sich ohne eine ausdrückliche Regelung zumindest nicht ohne Weiteres begründen.[2]

Ausgenommen von der Verweisung ist **§ 9c Abs. 2**. Damit ist das Registergericht bei seiner Prüfung 3
namentlich von Satzungsänderungen nicht auf die dort genannten Aspekte beschränkt. Vielmehr ist das Registergericht berechtigt, seine Prüfung auch auf nicht in § 9c Abs. 2 genannte Bereiche zu erstrecken. Hieraus kann allerdings nicht geschlossen werden, dass das Registergericht berechtigt wäre, eine Eintragung abzulehnen, wenn der zugrunde liegende Gesellschafterbeschluss zwar nicht nichtig, aber anfechtbar ist.[3] Bis zur Feststellung des Gegenteils ist das Registergericht an eine Beschlussfeststellung gebunden.

B. Einzelerläuterungen

Das Registergericht hat die Anmeldung formell und materiell zu prüfen. Bei der **formellen Prüfung** 4
geht es namentlich um die Zuständigkeit des Gerichts und die Einhaltung der Form nach § 12 Abs. 1 HGB (§ 57 Rdn. 16), die wirksame Vertretung der Gesellschaft (§ 57 Rdn. 17 f.) und das Vorliegen der erforderlichen Versicherungen (§ 57 Abs. 2 Satz 1) und Anlagen (§ 57 Abs. 3).

In **materieller Hinsicht** hat das Registergericht insb. zu prüfen, ob der Kapitalerhöhungsbeschluss 5
wirksam ist, die erforderlichen Übernahmeerklärungen wirksam vorliegen, Kapitalerhöhungsbeschluss und Übernahmeerklärungen übereinstimmen sowie die erforderlichen Einlagen geleistet wurden. Bei Bareinlagen hat das Gericht besonderes Augenmerk darauf zu legen, ob eine verdeckte Sacheinlage (§ 19 Abs. 4) oder ein Hin- und Herzahlen (§ 19 Abs. 5) vorliegt. Bei Sacheinlagen ist namentlich deren Werthaltigkeit zu prüfen, § 9c Abs. 1 Satz 2.

Stellt das Gericht i.R.d. Prüfung einen **behebbaren Mangel** fest, so hat es die Gesellschaft aufzu- 6
fordern, den Mangel zu beheben. Kommt die Gesellschaft dieser Aufforderung nicht fristgerecht nach, so ist die Eintragung endgültig abzulehnen. Hat das Gericht konkrete Zweifel an den in der Handelsregisteranmeldung oder in den ihr beigefügten Unterlagen gemachten Angaben, so ist es berechtigt, weitere Unterlagen und Informationen zu verlangen. Stellt das Gericht einen **nicht behebbaren Mangel** fest, so hat es die Eintragung endgültig abzulehnen.

§ 57b *(weggefallen)*

Bis zum MoMiG waren bei der Bekanntmachung der Eintragung einer Kapitalerhöhung außer 1
deren Inhalt auch etwaige Festsetzungen von Sacheinlagen aufzunehmen. Mit der Einführung des elektronischen Handelsregisters sind derartige gesonderte Bekanntmachungen indes nicht mehr erforderlich. In konsequenter Fortführung der Reduzierung der gesonderten Bekanntmachungen durch das EHUG wurde § 57b durch das MoMiG abgeschafft.

---

1 Vgl. auch *Herrmanns*, in: Michalski, GmbHG, § 57a Rn. 1; *Lieder*, in: MünchKommGmbHG, § 57a Rn. 2; für eine Beschränkung des Anwendungsbereichs des § 57a auf Kapitalerhöhungen offenbar *Bayer*, in: Lutter/Hommelhoff, GmbHG, § 57a Rn. 1.

2 *Ulmer/Casper*, in: Ulmer/Habersack/Löbbe, GmbHG, § 57a Rn. 2.

3 So aber wohl *Ziemons*, in: BeckOK GmbHG, § 57a Rn. 2; wie hier *Lieder*, in: MünchKommGmbHG, § 57 Rn. 72.

Vorbemerkung zu §§ 57c bis 57o: Kapitalerhöhung aus Gesellschaftsmitteln

Schrifttum

Beitzke, Kapitalerhöhung teilweise oder stufenweise aus Gesellschaftsmitteln, FS Hueck, 1959, 295; *Boesebeck*, Die Behandlung von Vorzugsaktien bei Kapitalerhöhungen aus Gesellschaftsmitteln, DB 1960, 404; *Börnstein*, Die Erhöhung des Nennkapitals von Kapitalgesellschaften aus Gesellschaftsmitteln, DB 1960, 217; *Fett/Spiering*, Typische Probleme bei der Kapitalerhöhung aus Gesellschaftsmitteln, NZG 2002, 365; *Fröhlich/Primaczenko*, Kapitalerhöhung aus Gesellschaftsmitteln im GmbH-Recht, GWR 2013, 437; *Geßler*, Die Kapitalerhöhung aus Gesellschaftsmitteln, BB 1960, 6; *ders.*, Das Gesetz über die Kapitalerhöhung aus Gesellschaftsmitteln und über die Gewinn- und Verlustrechnung, WM Sonderbeilage 1, 1960; *ders.*, Zweifelsfragen aus dem Recht der Kapitalerhöhung aus Gesellschaftsmitteln, DNotZ 1960, 619; *Habel*, Abtretung künftiger Aufstockungsbeträge bei Kapitalerhöhungen, GmbHR 2000, 267; *Hofmann*, Zur Liquidation einer GmbH (II), GmbHR 1976, 258; *Hommelhoff/Priester*, Bilanzrichtliniengesetz und GmbH-Satzung, ZGR 1986, 463; *Kerbusch*, Zur Erstreckung des Pfandrechts an einem GmbH-Geschäftsanteil auf den durch Kapitalerhöhung aus Gesellschaftsmitteln erhöhten oder neu gebildeten Anteil, GmbHR 1990, 156; *Köhler*, Kapitalerhöhung und vertragliche Gewinnbeteiligung, AG 1984, 197; *Korsten*, Kapitalerhöhung aus Gesellschaftsmitteln bei unrichtigem Jahresabschluss, AG 2006, 321; *Kowalski*, in: Wachter, Praxis des Handels- und Gesellschaftsrechts, 5. Aufl. 2020, § 22 (Beurkundungsfragen im Gesellschaftsrecht); *Küting/Weber*, Die Darstellung des Eigenkapitals bei der GmbH nach dem Bilanzrichtlinie-Gesetz, GmbHR 1984 165; *Lutter/Friedewald*, Kapitalerhöhung, Eintragung im Handelsregister und Amtslöschung, ZIP 1986, 691; *Pleyer*, Probleme der Kapitalerhöhung aus Gesellschaftsmitteln bei der GmbH, GmbHR 1961, 85; *Priester*, Nichtkorporative Satzungsbestimmungen bei Kapitalgesellschaften, DB 1979, 681; *ders.*, Heilung verdeckter Kapitalerhöhung aus Gesellschaftsmitteln, GmbHR 1998, 861; *Schemmann*, Asymmetrische Kapitalerhöhungen aus Gesellschaftsmitteln bei der GmbH, NZG 2009, 241; *Schippel*, Fragen der Kapitalerhöhung aus Gesellschaftsmitteln, DNotZ 1960, 371; *Schuler*, Die Pfändung von GmbH-Anteilen und die miterfaßten Ersatzansprüche, NJW 1960, 1428; *Simon*, Erhöhung des Stammkapitals aus Gesellschaftsmitteln bei einer GmbH, BB 1962, 72; *Teichmann*, Der Nießbrauch an Geschäftsanteilen – gesellschaftsrechtlicher Teil –, ZGR 1972, 13; *Temme*, Rechtsfolgen fehlerhafter Kapitalerhöhungen bei der GmbH, RhNotZ 2004, 16; *Wilhelmi/Friedrich*, Kleine Aktienrechtsreform, Berlin, 1960.

Übersicht

A. Neuregelung und früheres Recht

1 Die §§ 57c bis 57o sind durch Art. 4 des **Umwandlungsbereinigungsgesetzes** (UmwBerG) vom 28.10.1994[1] in das GmbH-Gesetz eingefügt worden und am 01.01.1995 in Kraft getreten. Die Bestimmungen sind zum größten Teil identisch mit den früheren Regelungen der §§ 1 bis 17 des Gesetzes über die Kapitalerhöhung aus Gesellschaftsmitteln und über die Verschmelzung von GmbH vom 23.12.1959 – **Kapitalerhöhungsgesetz** (KapErhG).[2] Sie entsprechen ferner weitgehend, von rechtsformspezifischen Besonderheiten abgesehen, dem für die Aktiengesellschaft maßgeblichen Recht zur Kapitalerhöhung aus Gesellschaftsmitteln, das ebenfalls im KapErhG geregelt war und heute in §§ 207 bis 220 AktG enthalten ist. Rechtsprechung und Literatur zum KapErhG und zum Aktiengesetz sind daher unter Berücksichtigung rechtsformspezifischer Besonderheiten auch auf die GmbH und die Regelungen der §§ 57c bis 57o übertragbar.[3] Das **Gesetz zur Modernisierung des GmbH-Rechts und zur Bekämpfung von Missbräuchen** (MoMiG) vom 23.10.2008[4] hat die

1 BGBl. I 1994, 3210, 3257.

2 BGBl. I 1959, 789, ursprünglich in Kraft getreten unter der Überschrift: »Gesetz über die Kapitalerhöhung aus Gesellschaftsmitteln und über die Gewinn- und Verlustrechnung«.

3 *Servatius*, in: Baumbach/Hueck, GmbHG, vor § 57c Rn. 1. Zur Gesetzesgeschichte ferner eingehend *Priester*, in: Scholz, GmbHG, vor § 57c Rn. 1 ff.

4 BGBl. I 2008, 2026 ff.

Bestimmungen des GmbH-Gesetzes insgesamt mit amtlichen Überschriften versehen. Inhaltlich wurden die Vorschriften der §§ 57c bis 57o durch das MoMiG nur in § 57h Abs. 1 Satz 2 und § 57l Abs. 2 Satz 4 geändert, um die Bildung von Geschäftsanteilen mit jedem durch volle Euro teilbaren Betrag auch bei Kapitalerhöhungen aus Gesellschaftsmitteln zu ermöglichen.[5] Ferner wurden § 57 f. Abs. 3 Satz 2 durch das **Gesetz zur Modernisierung des Bilanzrechts** (BilMoG) vom 30.07.2009[6] und § 57n Abs. 2 Satz 4 letzter Halbsatz durch das **Gesetz zur Umsetzung der Aktionärsrechterichtlinie** (ARUG) vom 25.05.2009[7] an die Änderungen des HGB angepasst. I.Ü. sind die Vorschriften seit 1995 unverändert.

B. Kapitalerhöhung ohne Zuführung neuen Kapitals

Der Sache nach handelt es sich bei der Kapitalerhöhung aus Gesellschaftsmitteln um eine **Aufstockung des gezeichneten Kapitals (Stammkapitals)**, allerdings nicht durch Zuführung neuer Einlagen, sondern im Wege der Umwandlung von bereits vorhandenen, aus einer geprüften Bilanz ersichtlichen **Rücklagen.** Das Vermögen der Gesellschaft wird dadurch nicht vermehrt, sondern lediglich »verteilbares in unverteilbares Vermögen umgewandelt«.[8] Zu einer Verschiebung der Beteiligungsverhältnisse kommt es nicht. Die Gesellschafter bleiben auch nach Durchführung der Kapitalerhöhung im Verhältnis ihrer bisherigen Beteiligung am Stammkapital beteiligt (§ 57j), wobei streitig ist, ob mit Zustimmung aller Gesellschafter das Beteiligungsverhältnis abweichend gestaltet werden kann (dazu § 57j Rdn. 4 ff.). 2

C. Einheitlicher Vorgang

Bereits vor Inkrafttreten des KapErhG bestand die Möglichkeit einer Kapitalerhöhung aus Gesellschaftsmitteln. Sie wurde allerdings dogmatisch als »Doppelmaßnahme« qualifiziert, bestehend aus (i) einer Verteilung von Rücklagen an die Gesellschafter und (ii) der anschließenden Wiedereinbringung dieser Rücklagen als Sacheinlage zur Erhöhung des Stammkapitals durch Verrechnung. Steuerlich handelte es sich dabei um einkommensteuerpflichtige Vorgänge. Das KapErhG folgte dieser Auffassung nicht, sondern behandelte die Kapitalerhöhung aus Gesellschaftsmitteln als einheitlichen Vorgang. Gleiches gilt für die Regelung der §§ 57c bis 57o. Eine steuerliche Doppelbelastung besteht heute nicht mehr.[9] 3

D. Anwendungsgrenzen

Eine zeitliche Grenze für die Kapitalerhöhung aus Gesellschaftsmitteln ergibt sich insoweit, als eine solche nach einhelliger Auffassung im **Liquidationsstadsium** der Gesellschaft nicht mehr zulässig sein soll.[10] Zur Begründung wird angeführt, die Maßnahme widerspreche dem Liquidationszweck, da eine Zufuhr neuer Mittel bei dieser Form der Kapitalerhöhung nicht stattfinde. Zuzugeben ist, dass im Liquidationsstadium für eine Kapitalerhöhung aus Gesellschaftsmitteln regelmäßig kein Bedürfnis mehr besteht. Das allein rechtfertigt allerdings nicht, die Maßnahme im Liquidationsstadium auszuschließen, zumal das Gesetz eine solche Beschränkung nicht ausdrücklich angeordnet hat. Unabhängig davon kann eine Kapitalerhöhung aus Gesellschaftsmitteln zeitgleich beschlossen werden, wenn eine in Liquidation befindliche Gesellschaft wieder in eine werbende Gesellschaft zurückverwandelt wird.[11] 4

---

5 Zu den damit verbundenen Erleichterungen zusammenfassend *Gehrlein*, Das neue GmbH-Recht (2009), Rn. 6 ff.
6 BGBl. I 2009, 2479.
7 BGBl. I 2009, 1102.
8 *Priester*, in: Scholz, GmbHG, vor § 57c Rn. 11.
9 *Servatius*, in: Baumbach/Hueck, GmbHG, vor § 57c Rn. 4.
10 Einhellige Meinung. *Priester*, in: Scholz, GmbHG, vor § 57c Rn. 18 m.w.N.
11 *Priester*, in: Scholz, GmbHG, vor § 57 Rn. 18; *Servatius*, in: Baumbach/Hueck, GmbHG, vor § 57c Rn. 6.

§ 57c Kapitalerhöhung aus Gesellschaftsmitteln

(1) Das Stammkapital kann durch Umwandlung von Rücklagen in Stammkapital erhöht werden (Kapitalerhöhung aus Gesellschaftsmitteln).

(2) Die Erhöhung des Stammkapitals kann erst beschlossen werden, nachdem der Jahresabschluss für das letzte vor der Beschlussfassung über die Kapitalerhöhung abgelaufene Geschäftsjahr (letzter Jahresabschluss) festgestellt und über die Ergebnisverwendung Beschluss gefasst worden ist.

(3) Dem Beschluss über die Erhöhung des Stammkapitals ist eine Bilanz zu Grunde zu legen.

(4) Neben den §§ 53 und 54 über die Abänderung des Gesellschaftsvertrags gelten die §§ 57d bis 57o.

Schrifttum
Literatur: s. Vorbemerkung zu §§ 57c bis 57o.

Übersicht

A. Grundlagen

I. Umwandlung von Rücklagen

1 Neben der ordentlichen Kapitalerhöhung (§§ 55 bis 57a) stellt das Gesetz in §§ 57c bis 57o die Kapitalerhöhung aus Gesellschaftsmitteln als weitere Möglichkeit bereit, um das gezeichnete Kapital (Stammkapital) einer GmbH zu erhöhen. Im Gegensatz zur ordentlichen Kapitalerhöhung erfolgt bei der Kapitalerhöhung aus Gesellschaftsmitteln allerdings **keine Zuführung von Geld oder Sachwerten**. Das Stammkapital wird nur durch **Umwandlung von Rücklagen** erhöht. **Bilanziell** handelt es sich bei der Kapitalerhöhung aus Gesellschaftsmitteln um einen bloßen **Passivtausch**, während bei der ordentlichen Kapitalerhöhung eine Aktiv-Passiv-Mehrung und damit eine Bilanzverlängerung stattfindet.

II. Keine Verbreiterung der Kapitalbasis

2 Die Kapitalerhöhung aus Gesellschaftsmitteln verbreitert *nicht* die Kapitalbasis der Gesellschaft. Das Eigenkapital (§§ 266 Abs. 3 A, 272 HGB) bleibt durch den Vorgang summenmäßig unverändert.

Wohl aber wird die **gesellschaftsrechtliche Bindung** des in Stammkapital umgewandelten Eigenkapitals gestärkt.[1] Während Rücklagen in der GmbH jederzeit an die Gesellschafter zurückgeführt werden können, ist eine Rückzahlung von Stammkapital nur unter den Voraussetzungen einer ordentlichen Kapitalherabsetzung (§ 58) zulässig. Im Übrigen unterliegt das Stammkapital der Ausschüttungssperre des § 30.[2] Darüber hinaus wird die Erhöhung des Stammkapitals durch Eintragung im Handelsregister Dritten ggü. sichtbar und dauerhaft festgeschrieben. Das Eigenkapital wird dagegen erst durch Offenlegung des Jahresabschlusses öffentlich bekannt und kann sich jederzeit, z.B. durch Verluste oder Ausschüttungen aus den Rücklagen, verändern.

III. Effektive Kapitalaufbringung

Die Kapitalerhöhung aus Gesellschaftsmitteln ist wie die ordentliche Kapitalerhöhung eine »echte« Kapitalerhöhung. Auch bei ihr gilt daher der **Grundsatz der effektiven Kapitalaufbringung.** Ansatzpunkt dafür ist allerdings nicht die Vollwertigkeit der Einlage von Vermögensgegenständen, sondern des bereits vorhandenen Vermögens der Gesellschaft, und zwar i.H.d. Teils ihrer Rücklagen, der in Stammkapital umgewandelt werden soll. 3

IV. Unveränderte Beteiligungsverhältnisse

Während die ordentliche Kapitalerhöhung auch dazu dienen kann, einen neuen Gesellschafter in die Gesellschaft aufzunehmen und damit die Beteiligungsverhältnisse zu verändern, ist bei der Kapitalerhöhung aus Gesellschaftsmitteln **eine Verschiebung der Beteiligungsverhältnisse ausgeschlossen.** Die Gesellschafter erhalten neue Geschäftsanteile stets nur im Verhältnis ihrer bisherigen Beteiligung an der Gesellschaft (§ 57j). Ob davon abgewichen werden kann, wenn sämtliche Gesellschafter zustimmen, ist streitig, jedenfalls aber gegenwärtig nicht höchstrichterlich geklärt (näher dazu § 57j Rdn. 4 ff.). Das Verhältnis der mit den Anteilen verbundenen Rechte zueinander bleibt ebenfalls durch die Kapitalerhöhung unberührt (§ 57m), und der Zuwachs an neuen Geschäftsanteilen stellt keinen »Zugang« zu den ursprünglichen Anschaffungskosten dar (§ 57o).[3] 4

B. Kapitalerhöhungsbeschluss und Änderung des Gesellschaftsvertrages

I. Änderung des Gesellschaftsvertrages

Die Kapitalerhöhung aus Gesellschaftsmitteln ist – wie die Verweisung in Abs. 4 zeigt – eine Änderung des Gesellschaftsvertrages. Sie erfordert demgemäß einen **Gesellschafterbeschluss**, für den §§ 53 und 54 gelten. Der Kapitalerhöhungsbeschluss bedarf einer **Dreiviertelmehrheit** der Stimmen in der Gesellschafterversammlung und muss **notariell beurkundet** werden (§ 53 Abs. 2). 5

II. Auslandsbeurkundung

Ob der **Gesellschafterbeschluss** wirksam auch im Ausland beurkundet werden kann, ist umstritten[4] (allgemein zur Zulässigkeit der Auslandsbeurkundung bei der GmbH § 15 Rdn. 77 ff.). Rechtsprechung des BGH zu dieser Frage liegt noch nicht vor. Da es sich bei Änderungen des Gesellschaftsvertrages um »Strukturänderungen« handelt, wird man in der Praxis eine Beurkundung von Änderungen des Gesellschaftsvertrages im Ausland – ungeachtet bestehender Bedenken gegen diese Auffassung – derzeit wohl nur nach Abstimmung mit dem betreffenden Registergericht empfehlen können.[5] Die neueren Entscheidungen des BGH[6] und des OLG Düsseldorf[7] zur Beurkundung von 6

1 *Priester*, in: Scholz, GmbHG, vor § 57c Rn. 11 m.w.N.
2 *Priester*, in: Scholz, GmbHG, vor § 57c Rn. 11.
3 *Priester*, in: Scholz, GmbHG, vor § 57c Rn. 14.
4 Nachweise bei *Kowalski*, in: Praxis des Handels- und Gesellschaftsrechts, 5. Aufl. 2020, § 22 Rn. 88 ff.
5 Näher dazu *Kowalski*, in: Praxis des Handels- und Gesellschaftsrechts, 5. Aufl. 2020, § 22 Rn. 104.
6 BGH, DB 2014, 292.
7 OLG Düsseldorf, NZG 2011, 388.

Anteilsübertragungen in der Schweiz (Basel-Stadt) sowie die Entscheidungen des KG[8] – letztere zur Gründung einer GmbH bzw. einer Verschmelzung und damit zu »Strukturmaßnahmen« vor einem Notar des Kantons Bern bzw. Basel-Stadt – deuten aber darauf hin, dass die höchstrichterliche Rechtsprechung richtigerweise auch eine Beurkundung von Gesellschafterbeschlüssen im Ausland anerkennen würde, wenn die im Ausland vorgenommene Beurkundung einer Beurkundung durch einen deutschen Notar gleichwertig ist und die Urkunde – wie bei inländischen Beurkundungen – verlesen wird.[9] Die Unterschriften unter der **Handelsregisteranmeldung** (§ 54 Abs. 1), die lediglich notariell *beglaubigt* werden müssen, können dagegen unstreitig auch von einem Notar im Ausland beglaubigt werden. Dafür kann ein praktisches Bedürfnis bestehen, wenn Geschäftsführer im Ausland ansässig sind. Vollzug der Unterschrift vor dem Notar oder Anerkenntnis der bereits geleisteten Unterschrift (vgl. § 40 Abs. 1 BeurkG) genügen auch bei Auslandsbeglaubigung. Allerdings kann das Registergericht bei ausländischen Beglaubigungen eine Legalisierung – ggf. nach Maßgabe des Haager Übereinkommens[10] (»Apostille«) – verlangen, soweit eine solche nicht aufgrund bestehender Staatsverträge entbehrlich ist. Bei fremdsprachigen Dokumenten ist außerdem eine Übersetzung in die deutsche Sprache erforderlich (§ 184 Satz 1 GVG).

III. Mehrheitserfordernisse

7 Sieht der Gesellschaftsvertrag **allgemein** für Änderungen des Gesellschaftsvertrages oder für Kapitalerhöhungen **weitergehende Zustimmungs-, Mehrheits- oder sonstige Erfordernisse** vor, gelten diese im Zweifel auch für eine Kapitalerhöhung aus Gesellschaftsmitteln.[11] **Sonderregelungen**, die dagegen erkennbar nur für eine »ordentliche Kapitalerhöhung«, eine »effektive Kapitalerhöhung« oder »eine Kapitalerhöhung nach § 55 GmbHG« vorgesehen sind[12] oder aus deren Formulierung im Gesellschaftsvertrag sich sonst ergibt, dass sie nur für eine ordentliche Kapitalerhöhung gelten sollen, sind auf die Kapitalerhöhung aus Gesellschaftsmitteln nicht anzuwenden. In den letztgenannten Fällen verbleibt es bei der gesetzlichen Regelung in § 53 Abs. 1 und 2.

IV. Keine weitergehenden Leistungspflichten

8 Abs. 4 von § 57c verweist auch auf § 53 Abs. 3, obgleich den Gesellschaftern bei einer Kapitalerhöhung aus Gesellschaftsmitteln keine weitergehenden Einlagepflichten auferlegt werden und damit eine **Leistungsvermehrung** ausgeschlossen ist. Die Verweisung erscheint deshalb wenig sinnvoll. Für § 53 Abs. 3 bleibt allenfalls dann noch ein Anwendungsbereich, wenn im Zusammenhang mit der Änderung des Gesellschaftsvertrages weitergehende Leistungspflichten für die Gesellschafter beschlossen werden sollen.[13]

C. Beschlussinhalt

I. Zwingender Beschlussinhalt

9 Der Inhalt des Kapitalerhöhungsbeschlusses ergibt sich nicht aus § 57c, sondern ist in verschiedenen Vorschriften der §§ 57c ff. verstreut enthalten. Erforderlich ist zunächst die Angabe eines **festen Erhöhungsbetrages**. Die Angabe eines Maximalbetrages, der bei einer ordentlichen

8 KG, DB 2018, 369; KG, NZG 2018, 1195.

9 BGH, DB 2014, 292, 294 m.w.N. Vgl. ferner auch KG, NZG 2018, 304 und NZG 2018, 1195. Dies entspricht im übrigen bereits der Praxis zahlreicher Registergerichte, der Eintragung von Unternehmensverträgen stattzugeben, deren Zustimmungsbeschlüsse in Basel-Stadt beurkundet wurden.

10 Haager Übereinkommen vom 05.10.1961 zur Befreiung ausländischer öffentlicher Urkunden von der Legalisation, BGBl. II 1965, S. 875. Zur Anerkennung ausländischer öffentlicher Urkunden allgemein *Kowalski*, in: Praxis des Handels- und Gesellschaftsrechts, 5. Aufl. 2020, § 22 Rn. 107 ff.

11 *Servatius*, in: Baumbach/Hueck, GmbHG, § 57c Rn. 2; *Kleindiek*, in: Lutter/Hommelhoff, GmbHG, § 57c Rn. 6; *Meyer-Landrut*, in: Meyer-Landrut, GmbHG, Anh. 57b § 1 KapErhG Rn. 2.

12 *Servatius*, in: Baumbach/Hueck, GmbHG, § 57c Rn. 2.

13 *Servatius*, in: Baumbach/Hueck, GmbHG, § 57c Rn. 2.

Kapitalerhöhung genügen würde (§ 55 Rdn. 12), ist bei der Kapitalerhöhung aus Gesellschaftsmitteln *nicht* zulässig.[14] Die Erwähnung sowohl der alten als auch der neuen Stammkapitalziffer im Beschluss ist zur Klarstellung zweckmäßig, aber kein Wirksamkeitserfordernis.[15] Unabdingbar für die Wirksamkeit des Beschlusses ist dagegen der Hinweis, dass es sich um eine »**Kapitalerhöhung aus Gesellschaftsmitteln**« handelt oder die Kapitalerhöhung »**durch Umwandlung von Rücklagen**« erfolgt. Die Bezugnahme auf §§ 57c ff. begründet allerdings dann keine Kapitalerhöhung aus Gesellschaftsmitteln, wenn sich aus dem Zusammenhang ergibt, dass tatsächlich eine Barkapitalerhöhung gewollt ist.[16] Ferner muss angegeben werden, welche **Bilanz** (die letzte Jahresbilanz oder, bei einer Zwischenbilanz, diese sowie die letzte Jahresbilanz) der Kapitalerhöhung zugrunde gelegt wird (§§ 57e, 57f). Ist die Bilanz als solche nicht bezeichnet, genügt es, wenn aus den übrigen Bestimmungen der notariellen Urkunde hinreichend deutlich entnommen werden kann, welche Bilanz der Kapitalerhöhung zugrunde gelegt werden soll.[17] Sind mehrere Arten von Rücklagen in der Bilanz ausgewiesen, muss in dem Beschluss genau beschrieben werden, welche Rücklage und ggf. welcher Teil daraus in Stammkapital umgewandelt wird.[18] Ferner muss der Beschluss die **Art der Erhöhung** angeben (§ 57h Abs. 2), also ob neue Geschäftsanteile ausgegeben werden, der Nennbetrag vorhandener Geschäftsanteile erhöht wird oder eine Kombination aus beidem stattfindet. Fehlt einer der unverzichtbaren Bestandteile, ist der Kapitalerhöhungsbeschluss unwirksam und die Eintragung der Kapitalerhöhung in das Handelsregister abzulehnen.

II. Fakultativer Beschlussinhalt

Zu den nur fakultativen Beschlussbestandteilen, deren Fehlen die Wirksamkeit des Beschlusses nicht beeinträchtigt, zählen dagegen eine etwaige rückwirkende Gewinnberechtigung (§ 57n Abs. 2) sowie etwaige Anpassungsregeln in Bezug auf Nebenrechte und Nebenpflichten (§ 57m). 10

D. Jahresabschluss und Ergebnisverwendungsbeschluss

I. Jahresabschluss, Prüfung

Voraussetzung eines Beschlusses über die Kapitalerhöhung aus Gesellschaftsmitteln ist nach Abs. 2 in jedem Fall, dass der **Jahresabschluss**, dessen Bilanz der Kapitalerhöhung aus Gesellschaftsmitteln zugrunde gelegt wird, bei der Beschlussfassung über die Kapitalerhöhung bereits **festgestellt** ist. Wird eine Zwischenbilanz verwendet, muss der vorangehende Jahresabschluss festgestellt sein. »Feststellung« meint den entsprechenden Gesellschafterbeschluss (§ 46 Nr. 1) oder, wenn die Feststellung nach dem Gesellschaftsvertrag einem anderen Gremium vorbehalten ist, dessen entsprechende Beschlussfassung (z.B. eines Beirats oder Aufsichtsrats). Eine vorherige **Prüfung** des Jahresabschlusses ist nach den allgemeinen Vorschriften nur bei mittelgroßen und großen Gesellschaften notwendig (§§ 267 Abs. 2 und 3, 316 Abs. 1 Satz 2 HGB; zur Prüfung nach § 57e Abs. 1 vgl. nachfolgend Rdn. 12). Wird ein nach handelsrechtlichen Vorschriften prüfungspflichtiger Abschluss allerdings festgestellt, ohne dass die Prüfung zuvor durchgeführt wurde, ist die Feststellung insgesamt unwirksam (§ 316 Abs. 1 Satz 2 HGB: »so *kann* der Jahresabschluss nicht festgestellt werden«). Wird eine solche Bilanz dem Kapitalerhöhungsbeschluss zugrunde gelegt, ist auch dieser nichtig und die Eintragung im Handelsregister abzulehnen (dazu unten Rdn. 17). 11

II. Prüfung nach § 57e Abs. 1

Nicht mit der Frage einer Prüfung des Jahresabschlusses nach HGB zu verwechseln ist das Erfordernis einer Prüfung der Bilanz nach § 57e Abs. 1. Ist die Gesellschaft nach HGB nicht 12

14 *Priester*, in: Scholz, GmbHG, § 57c Rn. 5.

15 Ebenso *Servatius*, in: Baumbach/Hueck, GmbHG, § 57c Rn. 3; a.A. hinsichtlich des neuen Stammkapitalbetrags: *Kleindiek*, in: Lutter/Hommelhoff, GmbHG, § 57c Rn. 10.

16 BGH, DB 2013, 1656.

17 OLG Hamm, Beschl. v. 06.07.2010 – 15 W 334/09, DB 2010, 2096 f.

18 *Priester*, in: Scholz, GmbHG, § 57c Rn. 5; *Servatius*, in: Baumbach/Hueck, GmbHG, § 57c Rn. 3.

prüfungspflichtig, bedarf es einer gesonderten Prüfung nach § 57e Abs. 1, wenn die Bilanz der Kapitalerhöhung zugrunde gelegt werden soll. Abweichend von der Pflichtprüfung nach HGB kann die Prüfung nach § 57e Abs. 1 allerdings bei kleinen und mittelgroßen Gesellschaften auch durch vereidigte Buchprüfer vorgenommen werden (§ 57e Abs. 2). Ferner muss die Prüfung – anders als bei der Pflichtprüfung nach HGB – nicht bereits bei der Feststellung des Jahresabschlusses, sondern erst bei Beschlussfassung über die Kapitalerhöhung abgeschlossen sein.

III. Feststellung des Jahresabschlusses

13 Liegt im Zeitpunkt der Beschlussfassung über die Kapitalerhöhung eine wirksame Feststellung des Jahresabschlusses noch nicht vor, so muss diese zunächst durchgeführt werden. Dies kann auch in derselben Gesellschafterversammlung geschehen, in der über die Kapitalerhöhung beschlossen wird.[19] Allerdings sollte dann darauf geachtet werden, dass aus dem Protokoll klar ersichtlich ist, dass der Feststellungsbeschluss zeitlich vor dem Kapitalerhöhungsbeschluss gefasst wurde. Die Möglichkeit, einen ausgewiesenen Jahresüberschuss in Rücklagen einzustellen und damit umwandlungsfähig zu machen, richtet sich nach § 29 sowie etwa ergänzenden Bestimmungen des Gesellschaftsvertrages (vgl. dazu § 29 Rdn. 36 ff.). In der Sache enthält § 29 ein **beschlussdispositives Vollausschüttungsgebot.**[20] Die Gesellschafter haben Anspruch auf Vollausschüttung des Gewinns, können diesen aber auch mit einfacher Mehrheit (oder einer davon abweichenden Mehrheit, wenn der Gesellschaftsvertrag dies vorsieht) ganz oder teilweise in die Rücklagen einstellen. Wenn der Gesellschaftsvertrag zwingend Vollausschüttung oder die Ausschüttung eines bestimmten Teils des Jahresüberschusses gebietet, sind dagegen verstoßende Thesaurierungsbeschlüsse anfechtbar. Hat die Anfechtungsklage Erfolg, wird dadurch auch die Grundlage der Kapitalerhöhung vernichtet.

IV. Aufschiebend bedingter Kapitalerhöhungsbeschluss

14 Liegt die Bilanz bei Beschlussfassung über die Kapitalerhöhung noch nicht festgestellt vor, wird vereinzelt vertreten, der Kapitalerhöhungsbeschluss könne unter der **aufschiebenden Bedingung** gefasst werden, dass die zugrunde liegende Bilanz noch festgestellt wird.[21] Gegen diese Auffassung spricht, dass Gesellschafterbeschlüsse im Interesse der Rechtsklarheit bedingungsfeindlich sind und die Grundlage für die Kapitalerhöhung fehlt, wenn die Bilanz noch nicht festgestellt wurde. Selbst wenn dadurch der Grundsatz effektiver Kapitalaufbringung wegen der erst nachfolgenden Registeranmeldung nicht verletzt sein sollte, sollte eine bedingte Beschlussfassung allein aufgrund der damit verbundenen Rechtsunsicherheit in der Praxis nicht erfolgen.

V. Ergebnisverwendungsbeschluss

15 Der Beschluss über die Ergebnisverwendung muss nach Abs. 2 ebenfalls vor der Beschlussfassung über die Kapitalerhöhung vorliegen. Der Beschluss kann auch in derselben Gesellschafterversammlung (aber *vor* dem Kapitalerhöhungsbeschluss) gefasst werden. Eine Ausnahme gilt hinsichtlich der Ergebnisverwendung (nicht aber für die Feststellung des Jahresabschlusses) nur im Fall von § 57n Abs. 2, wenn neue Geschäftsanteile bereits am Gewinn des letzten, vor der Beschlussfassung über die Kapitalerhöhung abgelaufenen Geschäftsjahres teilnehmen sollen. In diesem Fall muss zunächst der Kapitalerhöhungsbeschluss gefasst werden (näher dazu unter § 57n Rdn. 3).

---

19 *Kleindiek*, in: Lutter/Hommelhoff, GmbHG, § 57c Rn. 8; *Servatius*, in: Baumbach/Hueck, GmbHG, § 57c Rn. 5; *Meyer-Landrut*, in: Meyer-Landrut, GmbHG, Anhang § 57b § 1 KapErhG Rn. 5; *Roth*, in: Roth/Altmeppen, GmbHG, § 57c Rn. 13.

20 *Priester*, in: Scholz, GmbHG, § 57c Rn. 9; *Hommelhoff/Priester*, ZGR Bd. 15, 1986, 505 f.

21 Dafür LG Duisburg, GmbHR 1990, 85; *Priester*, in: Scholz, GmbHG, § 57c Rn. 10 und *Kleindiek*, in: Lutter/Hommelhoff, GmbHG, § 57c Rn. 9; *Servatius*, in: Baumbach/Hueck, GmbHG, § 57c Rn. 4. Ablehnend z.B. *Fröhlich/Primaczenko*, GWR 2013, 437 (438).

VI. Zeitpunkt

Zweckmäßig, aber keine Voraussetzung für die Wirksamkeit des Kapitalerhöhungsbeschlusses ist es, in dem Beschluss den Zeitpunkt der Feststellung der Bilanz und des Ergebnisverwendungsbeschlusses zu erwähnen, damit das Registergericht diese Voraussetzung leicht prüfen kann. 16

VII. Rechtsfolge bei fehlerhafter Reihenfolge

Umstritten ist, welche Rechtsfolge eintritt, wenn die gesetzlich vorgegebene Reihenfolge der Beschlussfassungen nicht beachtet wird. Die ältere Auffassung nimmt in diesem Fall an, dass die Beschlussfassung über die Kapitalerhöhung analog § 241 Nr. 3 AktG **nichtig** ist.[22] Der Registerrichter habe die Eintragung abzulehnen. Eine vermehrt vertretene Gegenauffassung[23] nimmt an, es handele sich bei einem Verstoß gegen die Reihenfolge nicht um einen Inhaltsmangel im Sinne von § 241 Nr. 3 AktG. Der Kapitalerhöhungsbeschluß sei in einem solchen Fall nur schwebend unwirksam, bis die Beschlußfassung über die Feststellung des Jahresabschlusses und die Ergebnisverwendung nachgeholt werde. Für die ältere Auffassung spricht der Wortlaut von § 57c Abs. 2 und 3, der die Reihenfolge der Beschlußfassungen zwingend vorschreibt (»*kann* erst beschlossen werden«). Ob bei einer davon abweichenden Reihenfolge ein Inhaltsverstoß i.S.v. § 241 Nr. 3 AktG vorliegt, hängt davon ab, ob die Reihenfolge der Beschlußfassungen auch dem zwingenden Gläubigerschutz dient oder nur das dispositive Verhältnis der Gesellschafter untereinander betrifft. Sinn der Beschlußreihenfolge ist es, den Gesellschaftern eine sichere Basis für ihren Kapitalerhöhungsbeschluß zu verschaffen, da nur die Rücklagen in Stammkapital umgewandelt werden können, die in dem maßgeblichen Jahresabschluß auch festgestellt wurden. Weist der nachträglich festgestellte Jahresabschluß hinreichende Rücklagen aus, die den vorangehenden Kapitalerhöhungsbeschluß abdecken, ist der Gläubigerschutz nicht beeinträchtigt. Der neueren Auffassung ist daher (abweichend von der Vorauflage) in der Tat zu folgen. Allerdings wird man verlangen müssen, daß die Gesellschafter bei abweichender Reihenfolge klarstellen, daß der zuvor gefaßte Kapitalerhöhungsbeschluß aufrechterhalten bleibt und die nachträglich festgestellte Bilanz diesem Beschluß zugrunde gelegt wird. Zweckmäßigerweise kann dies in dem Beschluß über die Feststellung des Jahresabschlusses erfolgen. 17

E. Bilanz

I. Jahresbilanz; Erhöhungssonderbilanz

Gemäß Abs. 3 muss dem Kapitalerhöhungsbeschluss eine bestimmte Bilanz zugrunde gelegt werden. Infrage kommt die letzte **reguläre Jahresbilanz** (§ 57e), aber auch eine ggf. nur zu diesem Zweck aufgestellte **Zwischenbilanz** mit einem unterjährigen Stichtag als **Erhöhungssonderbilanz** (§ 57 f). In beiden Fällen darf der Stichtag der Bilanz höchstens **8 Monate** vor der Anmeldung der Kapitalerhöhung zum Handelsregister liegen (§§ 57e Abs. 1, 57f Abs. 1 Satz 2). Aus der Bilanz muss sich ergeben, in welchem Umfang umwandlungsfähige Rücklagen vorhanden sind. Zu den inhaltlichen Anforderungen an die Bilanz vgl. im Einzelnen die Kommentierung zu § 57e und § 57 f. 18

II. Genaue Bezeichnung

Der Kapitalerhöhungsbeschluss muss die **Bilanz genau bezeichnen**, die dem Beschluss zugrunde gelegt wird. Zweckmäßig sind dazu Formulierungen wie z.B.: »Der Kapitalerhöhung wird die Bilanz der Gesellschaft zum … zugrunde gelegt, die mit einer Bilanzsumme von € … abschließt, als 19

---

22 *Roth* in: Roth/Altmeppen, GmbHG, 9. Aufl., § 57c Rn. 14; *Schnorbus*, in: Rowedder/Schmidt-Leithoff, GmbHG, § 57c Rn. 16.

23 *Servatius*, in: Baumbach/Hueck, GmbHG, § 57c Rn. 5; *Kleindiek,* in: Lutter/Hommelhoff, GmbHG, 19. Aufl., § 57c Rn. 12 und *Priester*, in: Scholz, GmbHG, § 57c Rn. 13, unter Aufgabe der gegenteiligen Auffassung aus der Vorauflage. Der von *Priester* für seine geänderte Auffassung angeführte Beschluß des OLG Hamm vom 6.7.2010 (15 W 334/09) äußert sich allerdings zu dieser Frage nicht ausdrücklich.

Bestandteil des Jahresabschlusses [von der XYZ-Wirtschaftsprüfungsgesellschaft geprüft und] am … von der Gesellschafterversammlung festgestellt wurde.« Aber auch jede andere Formulierung, mit der die Bilanz eindeutig bestimmt wird, genügt den gesetzlichen Anforderungen. Eine **Beifügung der Bilanz** als Anlage zu der notariellen Urkunde über den Kapitalerhöhungsbeschluss ist *nicht* erforderlich.

III. Fehlende Bilanz

20 Existiert die Bilanz überhaupt nicht, ist sie nichtig, wird ihre Feststellung (soweit erforderlich, für die Erhöhungssonderbilanz vgl. dazu § 57f Rdn. 5) mit Erfolg angefochten oder fehlt die gesetzlich vorgeschriebene Prüfung, ist der Kapitalerhöhungsbeschluss **nichtig** (§ 241 Nr. 3 AktG analog).[24] Eine gleichwohl zwischenzeitlich erfolgte Eintragung des Kapitalerhöhungsbeschlusses in das Handelsregister hat für die Kapitalerhöhung **keine heilende Wirkung**. Erlangt das Handelsregister von der Unwirksamkeit Kenntnis, ist das Handelsregister von Amts wegen zu berichtigen. Eine Heilung tritt analog § 242 Abs. 2 AktG zwar nach Ablauf von 3 Jahren seit Eintragung ein.[25] Vor Ablauf der Dreijahresfrist kann allerdings die Nichtigkeit jederzeit geltend gemacht werden. Im Fall der Nichtigkeit hat das Registergericht die Eintragung abzulehnen.[26]

IV. Folgen für nachfolgende Vorgänge

21 Liegt eine Unwirksamkeit vor und ist die Dreijahresfrist noch nicht abgelaufen, hat dies erhebliche Folgen für nachfolgende Vorgänge. Zweifelhaft ist insb., welche Rechtsfolgen sich ergeben, wenn im Anschluss an die (unwirksame) Kapitalerhöhung aus Gesellschaftsmitteln weitere (für sich genommen wirksame) Kapitalerhöhungen stattgefunden haben, die allerdings auf der (materiell nicht wirksamen) Erhöhung des Stammkapitals durch die unwirksame Kapitalerhöhung aufbauen. (1) Am relativ einfachsten ist noch die Alternative, in der anschließend keine weiteren Kapitalmaßnahmen mehr stattfanden. In diesem Fall bestehen die Geschäftsanteile nach wie vor in der Form, in der sie vor der unwirksamen Kapitalerhöhung vorhanden waren. Wurden Geschäftsanteile übertragen, erfasst die Übertragung jeweils nur den wirksamen Teil. Wurden allerdings unwirksam aufgestockte Geschäftsanteile anschließend geteilt, ist die Teilung und damit auch die anschließende Übertragung unwirksam. Insoweit entsteht erheblicher Berichtigungs- und Rückabwicklungsbedarf. (2) Haben nach der unwirksamen Kapitalerhöhung weitere Kapitalerhöhungen stattgefunden, bauen diese auf einer falschen Stammkapitalziffer auf und sind damit ebenfalls unwirksam. Die solchermaßen ausgegebenen oder aufgestockten Geschäftsanteile existieren nicht. In beiden Fällen wird man die Kapitalerhöhung vorsorglich erneut durchführen und auch die anschließenden Maßnahmen wiederholen müssen, um das gewünschte Ergebnis zu erzielen.

F. Verbindung von nomineller und effektiver Kapitalerhöhung

22 Eine ordentliche Kapitalerhöhung kann mit einer Kapitalerhöhung aus Gesellschaftsmitteln verbunden werden.

I. Nominelle und effektive Kapitalerhöhung

23 Denkbar ist, zunächst eine Kapitalerhöhung aus Gesellschaftsmitteln zu beschließen und anschließend in einem getrennten Beschluss eine ordentliche Kapitalerhöhung durchzuführen. Beide Beschlüsse können in derselben Gesellschafterversammlung gefasst werden. In diesem Fall erfolgt zunächst eine Aufstockung der Geschäftsanteile bzw. eine Ausgabe neuer Geschäftsanteile an die Gesellschafter im Verhältnis ihrer bisherigen Beteiligungsquote (§ 57j). Ob und inwieweit sich die

---

24 OLG Jena, DB 2016, 1250; *Priester*, in: Scholz, GmbHG, § 57c Rn. 13; *Servatius*, in: Baumbach/Hueck, GmbHG, § 57c Rn. 7.

25 OLG Jena, DB 2016, 1250; *Priester*, in: Scholz, GmbHG, § 57i Rn. 17.

26 OLG Jena, DB 2016, 1250 (1251). Ein erneut gefaßter Beschluß zur Korrektur des nichtigen Beschlusses kann vor Ablauf der Heilungsfrist eingetragen werden.

Gesellschafter an der anschließenden ordentlichen Kapitalerhöhung beteiligen, berührt die Wirksamkeit der vorangehenden Kapitalerhöhung aus Gesellschaftsmitteln nicht. Daher wird ein solches Vorgehen allgemein und richtigerweise für zulässig gehalten.[27]

II. Effektive und nominelle Kapitalerhöhung

Umgekehrt kann auch – wiederum in getrennten Beschlüssen, die in derselben Gesellschafterversammlung gefasst werden können – zunächst eine ordentliche Kapitalerhöhung beschlossen werden mit anschließender Kapitalerhöhung aus Gesellschaftsmitteln. An der Kapitalerhöhung aus Gesellschaftsmitteln beteiligen sich die Gesellschafter dann im Verhältnis ihrer Beteiligung *nach* Durchführung der vorangehenden ordentlichen Kapitalerhöhung. Auch diese Variante wird einhellig für zulässig gehalten, weil kein Zwang für die Gesellschafter besteht, sich an der ordentlichen Kapitalerhöhung zu beteiligen.[28] 24

III. Verbindung in demselben Beschluss

Für *nicht* zulässig hält dagegen ein Teil des Schrifttums eine **Verbindung beider Maßnahmen in demselben Beschluss** mit dem Ziel, neue Geschäftsanteile teils aus umgewandelten Rücklagen, teils aus Einzahlungen zu bilden.[29] Gegen die Zulässigkeit wird angeführt, bei einer solchen Kombination bestehe keine hinreichende Klarheit hinsichtlich der Mittelaufbringung, der Deckung des Erhöhungsbetrages sowie der Folgen der Erhöhung. Frühere Begründungen führten außerdem an, es handele sich mittelbar um einen Zwang zur Beteiligung an der ordentlichen Kapitalerhöhung. **Rechtsprechung** und herrschende Meinung halten dagegen auch eine solche Kombination richtigerweise für zulässig, jedenfalls dann, wenn alle Gesellschafter zustimmen.[30] Reichen vorhandene Rücklagen nicht aus, um die beabsichtigte Kapitalaufstockung herbeizuführen, besteht durchaus ein Bedürfnis dafür, beide Kapitalerhöhungsvorgänge miteinander zu verbinden. Ein »mittelbarer Zwang« zur Beteiligung an der ordentlichen Kapitalerhöhung ist darin nicht zu sehen. I.Ü. kann ein solcher Zwang auch bestehen, wenn die Maßnahmen in derselben Gesellschafterversammlung in getrennten Beschlüssen gefasst werden, was auch die Gegenauffassung für möglich hält. Ein neuer Geschäftsanteil kann daher sowohl teilweise aus einer Kapitalerhöhung aus Gesellschaftsmitteln und durch Einlage im Wege der ordentlichen Kapitalerhöhung geschaffen werden.[31] 25

G. Keine Verbindung mit Kapitalherabsetzung

Eine Verbindung der Kapitalerhöhung aus Gesellschaftsmitteln mit einer Kapitalherabsetzung ist *nicht* möglich. Bei der ordentlichen Kapitalherabsetzung steht einer solchen Verbindung das Sperrjahr (§ 58) entgegen, weil die Bilanz bei der Kapitalerhöhung aus Gesellschaftsmitteln die Achtmonatsfrist (§§ 57e Abs. 1, 57f Abs. 1 Satz 2) einhalten muss. Die vereinfachte Kapitalherabsetzung setzt dagegen die vorherige Auflösung aller Rücklagen bis auf 10 % des herabgesetzten Kapitals voraus.[32] 26

---

27 *Servatius*, in: Baumbach/Hueck, GmbHG, § 57c Rn. 8.

28 *Servatius*, in: Baumbach/Hueck, GmbHG, § 57c Rn. 8.

29 *Kleindiek*, in: Lutter/Hommelhoff, GmbHG, § 57c Rn. 14; *Servatius*, in: Baumbach/Hueck, GmbHG, § 57c Rn. 8 m.w.N. zum gleichlautenden aktienrechtlichen Schrifttum.

30 LG München, RPfleger 1983, 157; OLG Düsseldorf, NJW 1986, 2060 (für personenbezogene GmbH bei Mitwirkung aller Gesellschafter); *Beitzke*, FS Hueck, 1959, S. 295 ff. sowie bei Zustimmung aller Gesellschafter; *Priester*, in: Scholz, GmbHG, vor § 57c Rn. 20 f.; *Rodewald*, in: Kallmeyer, GmbH-Handbuch, I. Rn. 682; *Schnorbus*, in: Rowedder/Schmidt-Leithoff, GmbHG, § 57c Rn. 10; *Hermanns*, in: Michalski, GmbHG, § 57c Rn. 22; *Rühland*, in: Ziemons/Jaeger, Beck'scher Online Kommentar zum GmbHG, § 57c Rn. 24.4.

31 Zur technischen Umsetzung zutreffend *Priester*, in: Scholz, GmbHG, vor § 57c Rn. 22.

32 *Priester*, in: Scholz, GmbHG, vor § 57c Rn. 23.

H. Handelsregisteranmeldung

27 Durch die Verweisung in Abs. 4 auf § 54 ist auch die Kapitalerhöhung aus Gesellschaftsmitteln zum Handelsregister anzumelden und einzutragen. Gleich der ordentlichen Kapitalerhöhung wirkt auch hier die **Eintragung konstitutiv.** Das Stammkapital wird demgemäß erst mit Eintragung im Handelsregister erhöht und der Gesellschaftsvertrag entsprechend geändert (§ 54 Abs. 3). Neben der Anmeldung der Kapitalerhöhung ist auch der geänderte Wortlaut des Gesellschaftsvertrages mit notarieller Bescheinigung zum Handelsregister einzureichen (§ 54 Abs. 1 Satz 2).

§ 57d Ausweisung von Kapital- und Gewinnrücklagen

(1) Die Kapital- und Gewinnrücklagen, die in Stammkapital umgewandelt werden sollen, müssen in der letzten Jahresbilanz und, wenn dem Beschluss eine andere Bilanz zu Grunde gelegt wird, auch in dieser Bilanz unter »Kapitalrücklage« oder »Gewinnrücklagen« oder im letzten Beschluss über die Verwendung des Jahresergebnisses als Zuführung zu diesen Rücklagen ausgewiesen sein.

(2) Die Rücklagen können nicht umgewandelt werden, soweit in der zu Grunde gelegten Bilanz ein Verlust, einschließlich eines Verlustvortrags, ausgewiesen ist.

(3) Andere Gewinnrücklagen, die einem bestimmten Zweck zu dienen bestimmt sind, dürfen nur umgewandelt werden, soweit dies mit ihrer Zweckbestimmung vereinbar ist.

SchrifttumLiteratur:
s. Vorbemerkung zu §§ 57c bis 57o.

Übersicht

A. Grundgedanke

1 Zweck der Vorschrift ist die Sicherstellung der Kapitalaufbringung. Es soll gewährleistet sein, dass genügend Eigenmittel bei der Gesellschaft zur Verfügung stehen, um den Erhöhungsbetrag zu decken. Dazu stellt das Gesetz verschiedene Regeln u.a. für den Bilanzausweis auf, aus der sich die umzuwandelnden Rücklagen ergeben. § 57d enthält einen Teil dieser Regelungen. Weitere Voraussetzungen finden sich in den nachfolgenden Vorschriften.

B. Umwandlungsfähige Posten (Abs. 1)

2 Umwandlungsfähig sind grds. alle Kapital- und Gewinnrücklagen.

I. Kapitalrücklagen

3 Kapitalrücklagen (§ 272 Abs. 2 HGB) sind (1) Aufgeld bei Ausgabe neuer Anteile, (2) Aufgeld bei der Ausgabe von Wandelschuldverschreibungen (die für die GmbH allerdings nicht relevant sind), (3) Zuzahlungen von Gesellschaftern zur Gewährung von Vorzügen und (4) andere Zuzahlungen der

Gesellschafter in das Eigenkapital. Umwandlungsfähig sind auch Kapitalrücklagen, welche die Gesellschafter zuvor in Form einer Sacheinlage eingebracht haben. Dabei handelt es sich nicht um eine Umgehung der Vorschriften über die Kapitalerhöhung gegen Sacheinlagen.[1]

II. Gewinnrücklagen

Unter Gewinnrücklagen versteht § 266 Abs. 3 A III HGB die – bei der GmbH nicht vorgeschriebene – gesetzliche Rücklage, darüber hinaus Rücklagen für eigene Anteile, Rücklagen nach Maßgabe des Gesellschaftsvertrages sowie »andere« Gewinnrücklagen. Gem. § 272 Abs. 3 Satz 1 HGB dürfen als Gewinnrücklagen nur Beträge ausgewiesen werden, die im Geschäftsjahr der betreffenden Bilanz oder in einem früheren Geschäftsjahr aus dem Ergebnis gebildet worden sind. Andere Gewinnrücklagen, die zweckbestimmt sind (Abs. 3), dürfen nur umgewandelt werden, soweit dies mit ihrer Zweckbestimmung vereinbar ist. 4

III. Jahresüberschuss

Der Jahresüberschuss als solcher (§ 266 Abs. 3 A V HGB) ist nicht umwandlungsfähig, da er nicht Bestandteil der Rücklagen ist. Die Gesellschafter können aber den Jahresüberschuss ganz oder teilweise in **umwandlungsfähige Rücklagen einstellen** und damit die Voraussetzung für eine spätere Kapitalerhöhung aus Gesellschaftsmitteln schaffen.[2] Dafür genügt der Ausweis der Zuführung zu den Rücklagen im letzten Ergebnisverwendungsbeschluss, wenn die letzte Jahresbilanz der Kapitalerhöhung zugrunde gelegt wird (§ 57d Abs. 1 am Ende). Wird eine Zwischenbilanz verwendet, muss der Jahresüberschuss aus der letzten Jahresbilanz bereits als Rücklage in der Zwischenbilanz ausgewiesen sein.[3] Nicht zulässig ist dagegen eine Umwandlung **künftiger Rücklagen**,[4] weil das Gesetz das Vorhandensein der umzuwandelnden Rücklagen in der zugrunde gelegten Bilanz voraussetzt und ansonsten der Grundsatz effektiver Kapitalaufbringung verletzt wäre. 5

IV. Nachschüsse

Haben die Gesellschafter Nachschüsse gem. §§ 26 bis 28 geleistet, ist das entsprechende Kapital auf der Passivseite der Bilanz unter dem Posten »Kapitalrücklage« gesondert auszuweisen (§ 42 Abs. 2 Satz 3). Es kann demgemäß zur Kapitalerhöhung aus Gesellschaftsmitteln verwendet werden, wenn es sich um tatsächlich *geleistetes* Kapital handelt.[5] Die bloße Einforderung genügt nicht, weil anderenfalls nur ein Anspruch gegen den Gesellschafter Grundlage des Erhöhungsbetrages wäre, der selbst als Sacheinlage nicht infrage käme.[6] 6

V. Rücklagen für Anteile an einem herrschenden oder mit Mehrheit beteiligten Unternehmen

Rücklagen für Anteile an einem herrschenden oder mit Mehrheit beteiligten Unternehmen (§ 272 Abs. 4 HGB) zählen ihrem Wortlaut nach ebenfalls zu den Rücklagen. Gleichwohl wird die Umwandlungsfähigkeit dieser Rücklagen in Stammkapital von der herrschenden Ansicht zutreffend verneint.[7] Zur Begründung wird angeführt, Rücklagen für Anteile an einem herrschenden oder mit Mehrheit beteiligten Unternehmen dienten lediglich dazu, den Erwerb solcher Anteile bilanziell zu neutralisieren. Würde man ihre Umwandlung in Stammkapital zulassen, wären die Anteile 7

1 So zum Recht der AG: OLG Hamm, AG 2008, 713.
2 *Priester*, in: Scholz, GmbHG, § 57d Rn. 6 m.w.N.
3 Zutreffend *Servatius*, in: Baumbach/Hueck, GmbHG, § 57d Rn. 5.
4 Einhellige Auffassung. *Priester*, in: Scholz, GmbHG, § 57d Rn. 7; *Geßler*, DNotZ 1960, 627; *Kleindiek*, in: Lutter/Hommelhoff, GmbHG, § 57d Rn. 6.
5 *Priester*, in: Scholz, GmbHG, § 57d Rn. 8; *Servatius*, in: Baumbach/Hueck, GmbHG, § 57d Rn. 2.
6 *Priester*, in: Scholz, GmbHG, § 57d Rn. 8; *Schnorbus*, in: Rowedder/Schmidt-Leithoff, GmbHG, § 57d Rn. 6; a.A. *Zimmermann*, in: Rowedder/Schmidt-Leithoff (4. Auflage), GmbHG, § 57d Rn. 6; *Küting/Weber*, GmbHR 1984, 173.
7 *Priester*, in: Scholz, GmbHG, § 57d Rn. 12; *Kleindiek*, in: Lutter/Hommelhoff, GmbHG, § 57d Rn. 8.

bilanziell wie Stammkapital zu behandeln, was § 33 gerade vermeiden wolle. Solange Anteile noch aktiviert seien, müsse daher eine Umwandlung dieser Rücklagen in Stammkapital ausscheiden.

VI. Sonderposten mit Rücklagenanteil und Rücklagen für eigene Anteile

8 Sonderposten mit Rücklagenanteil, die mit Inkrafttreten des BilMoG zum 29.05.2009 entfallen sind, waren aufgrund steuerrechtlicher Vorschriften erst bei ihrer Auflösung zu versteuern. Sie konnten nicht in Stammkapital umgewandelt werden.[8] Diese Posten fielen nicht unter den Begriff der Kapital- oder Gewinnrücklage. Nach heutigem Recht sind diese Positionen als Rückstellungen zu qualifizieren und daher ebenfalls nicht umwandlungsfähig.[9] Vor Inkrafttreten des BilMoG waren Rücklagen für eigene Anteile in § 272 Abs. 4 HGB geregelt und nach herrschender Meinung ebenfalls nicht umwandlungsfähig.[10] Heute sind eigene Anteile gemäß § 272 Abs. 1a HGB als Kapitalrückzahlung von dem Posten »Gezeichnetes Kapital« abzusetzen und damit bereits nicht mehr als Rücklage zu qualifizieren.[11]

VII. Bilanzausweis

9 Die umzuwandelnden Rücklagen oder Nachschüsse müssen **in der letzten Jahresbilanz** ausgewiesen sein. Wird der Kapitalerhöhung eine andere (spätere) Bilanz als die letzte Jahresbilanz zugrunde gelegt, müssen die Rücklagen **in beiden Bilanzen** erscheinen (»auch«), es sei denn, es handelt sich um Gewinne aus der letzten Jahresbilanz, die in einem zwischenzeitlichen Gewinnverwendungsbeschluss den Rücklagen zugewiesen und als solche dann in der Zwischenbilanz ausgewiesen werden (§ 57d Abs. 1, 2. Alt.).

C. Umwandlungsverbote (Abs. 2)

I. Verlust oder Verlustvortrag

10 Eine Umwandlung ist nach Abs. 2 nicht möglich, *soweit* in der Bilanz ein Verlust oder Verlustvortrag ausgewiesen ist. Die Rücklagen sind also rechnerisch um einen Verlust und Verlustvortrag zu kürzen, um den Betrag zu erhalten, der danach noch für eine mögliche Umwandlung zur Verfügung steht. Damit wird dem Prinzip der effektiven Kapitalaufbringung entsprochen, nur das tatsächlich noch vorhandene Eigenkapital in Stammkapital aufzuwerten. Der vorstehend ermittelte Betrag erhöht sich i.Ü. nicht, wenn rangrücktrittsbehaftete Gesellschafterdarlehen vorhanden sind.[12] Gesellschafterdarlehen, auch wenn sie nachrangig sind, sind nicht Bestandteil der Rücklagen und bereits aus diesem Grund nicht umwandlungsfähig.

II. Relevanter Zeitpunkt

11 Maßgebend für die Berücksichtigung von Verlusten und Verlustvorträgen ist die **Bilanz, die der Kapitalerhöhung zugrunde liegt.** Auf eine vorangehende Jahresbilanz kommt es nicht an. Ein in der vorangehenden Jahresbilanz noch enthaltener Verlustvortrag ist deshalb nicht mehr zu berücksichtigen, wenn er bis zur Aufstellung der Kapitalerhöhungsbilanz getilgt wurde. Umgekehrt mindert ein nach dem Stichtag der letzten Jahresbilanz aufgelaufener Verlust die in der Kapitalerhöhungsbilanz auszuweisenden umwandlungsfähigen Rücklagen.[13]

---

8 *Priester*, in: Scholz, GmbHG, § 57d Rn. 11; *Kleindiek*, in: Lutter/Hommelhoff, GmbHG, § 57d Rn. 4; *Ulmer*, in: Ulmer/Habersack/Winter, GmbHG, § 57d Rn. 13; *Schnorbus*, in: Rowedder/Schmidt-Leithoff, GmbHG, § 57d Rn. 10.

9 *Kleindiek*, in: Lutter/Hommelhoff, GmbHG, § 57d Rn. 4.

10 *Ulmer*, in: Ulmer/Habersack/Löbbe, GmbHG, § 57d Rn. 3; *Schnorbus*, in: Rowedder/Schmidt-Leithoff, GmbHG, § 57d Rn. 4.

11 *Kleindiek*, in: Lutter/Hommelhoff, GmbHG, § 57d Rn. 4.

12 *Priester*, in: Scholz, GmbHG, § 57d Rn. 9.

13 *Priester*, in: Scholz, GmbHG, § 57d Rn. 10.

III. Verluste nach dem Stichtag

12 Der Grundsatz effektiver Kapitalaufbringung soll darüber hinaus gebieten, über den Gesetzeswortlaut hinaus auch **Verluste** von den umwandlungsfähigen Rücklagen abzuziehen, die **seit dem Stichtag der zugrunde gelegten Bilanz** entstanden sind, soweit diese für die Beteiligten erkennbar sind.[14] Die Auffassung ist insb. deshalb zutreffend, weil die Erklärungspflicht der Geschäftsführer nach § 57i Abs. 1 Satz 2 ausdrücklich an den Zeitraum vom Stichtag der zugrunde gelegten Bilanz bis zur Anmeldung anknüpft und nur dadurch dem Grundsatz effektiver Kapitalaufbringung genügt werden kann.

D. Zweckbestimmte andere Gewinnrücklagen (Abs. 3)

I. Zweckbindung

13 Sind Rücklagen zu einem bestimmten Zweck gebildet worden, dürfen sie nur in Stammkapital umgewandelt werden, wenn dies mit ihrem Zweck vereinbar ist. Über den Wortlaut hinaus gilt dies nicht nur für »andere« Gewinnrücklagen (§ 266 Abs. 3 A Abs. 3 Nr. 4 HGB), sondern auch für Rücklagen, die nach Maßgabe des Gesellschaftsvertrages oder durch Gesellschafterbeschluss gebildet werden.[15] Ob die Rücklage umwandlungsfähig ist, soll sich danach beurteilen, ob die Rücklage für aktivierungsfähige Maßnahmen, insb. die Anschaffung von Anlagevermögen (Investitionen), bestimmt ist.[16] In diesen Fällen stünde eine Umwandlung in Stammkapital dem Zweck der Rücklage nicht entgegen, weil das entsprechende Vermögen zum **dauerhaften Verbleib** bei der Gesellschaft bestimmt ist. Demgegenüber sollen Rücklagen, die für laufende Ausgaben gebildet wurden, nicht umwandlungsfähig sein. Die wohl überwiegende Meinung stellt insoweit nicht auf die Bilanz ab, sondern auf die zum Ausdruck gekommene Absicht des Organs, das die Rücklage gebildet hat.[17] Nach der Gegenansicht ist auf die Zweckbestimmung in der Bilanz oder die erläuternden Angaben im Jahresabschluss abzustellen.[18] Entscheidend dürfte in der Tat nicht der formale Bilanzausweis sein, sondern die Absicht des die Rücklage bildenden Organs, dies allerdings nur, wenn diese Absicht in irgendeiner Form Ausdruck gefunden hat. Regelmäßig wird dies aus den Erläuterungen des Jahresabschlusses und bei prüfungspflichtigen Gesellschaften aus dem Prüfungsbericht hervorgehen. Auch Protokolle der Geschäftsführungssitzungen oder sonstige Unterlagen können dazu herangezogen werden. Bloße Erwartungen des Organs reichen dagegen nicht aus.

II. Aufhebung der Zweckbindung

14 Die **Zweckbindung** kann jederzeit durch das Organ **aufgehoben** werden, das die Zweckbindung beschlossen hat. Hat die Gesellschafterversammlung die Zweckbindung eingeführt, kann die Aufhebung auch in dem Beschluss über die Umwandlung der Rücklage in Stammkapital erfolgen. Die einfache Stimmenmehrheit genügt für die Aufhebung der Zweckbindung.[19] Beruht die Zweckbindung auf einer Bestimmung im Gesellschaftsvertrag, muss dieser zunächst (mit der für Änderungen des Gesellschaftsvertrages erforderlichen Mehrheit und in notariell beurkundeter Form) geändert werden. Obwohl die Änderung des Gesellschaftsvertrages erst mit Eintragung im Handelsregister

---

14 *Servatius*, in: Baumbach/Hueck, GmbHG, § 57d Rn. 7; *Roth*, in: Roth/Altmeppen, GmbHG, § 57d Rn. 11; *Kleindiek*, in: Lutter/Hommelhoff, GmbHG, § 57d Rn. 7.

15 *Priester*, in: Scholz, GmbHG, § 57d Rn. 13; *Servatius*, in: Baumbach/Hueck, GmbHG, § 57d Rn. 10; *Ulmer*, in: Ulmer/Habersack/Löbbe, GmbHG, § 57d Rn. 14.

16 Begründung, BT-Drucks. III/416, S. 10; *Geßler*, BB 1960, 8; *Priester*, in: Scholz, GmbHG, § 57d Rn. 13.

17 *Priester*, in: Scholz, GmbHG, § 57d Rn. 13; *Ulmer*, in: Ulmer/Habersack/Löbbe, GmbHG, § 57d Rn. 15; *Schnorbus*, in: Rowedder/Schmidt-Leithoff, GmbHG, § 57d Rn. 11; *Hirte*, in: GroßkommAktG, 4. Aufl., § 208 Rn. 45.

18 *Wiedemann*, GroßkommAktG, 3. Aufl., § 208 AktG Rn. 11; *Wilhelmi/Friedrich*, Kleine Aktienrechtsreform, § 2 KapErhG Rn. 11; *Lutter*, in: KK-AktG, § 208 Rn. 19, der jedoch auch u.a. auf die nachweisbare Absicht des Organs abstellt, wenn die Bilanz die Zweckrichtung nicht ausweist.

19 *Priester*, in: Scholz, GmbHG, § 57d Rn. 14.

wirksam wird, kann der Aufhebungsbeschluss bereits mit dem Kapitalerhöhungsbeschluss verbunden werden.[20] Die Kapitalerhöhung erfolgt dann unter der Voraussetzung, dass die Änderung des Gesellschaftsvertrages zuvor im Handelsregister eingetragen wird. Die Beseitigung der Zweckbindung ändert den für die Kapitalerhöhung maßgebenden Jahresabschluss nicht, sodass das Vorgehen zulässig ist.

E. Folgen bei Nichtbeachtung

15 Die Vorschriften des § 57d Abs. 1 und 2 sind zwingend. Verstöße gegen Abs. 1 führen zur Nichtigkeit des Erhöhungsbeschlusses (§ 241 Nr. 3 AktG analog). Gleiches gilt bei einem Verstoß gegen Abs. 2. Der Registerrichter hat in diesen Fällen die Eintragung abzulehnen. Eine Unterdeckung durch zwischenzeitliche, nicht erkennbare Vermögensminderungen (oben Rdn. 12) hat dagegen keine Nichtigkeit zur Folge, wenn nicht die Rücklage bereits am Stichtag der zugrunde gelegten Bilanz aufgezehrt und die Bilanz aus diesem Grund analog § 256 Abs. 1 Nr. 1, Abs. 5 AktG nichtig war.[21] Ein Verstoß gegen Abs. 3 führt nur zur Anfechtbarkeit des Kapitalerhöhungsbeschlusses.[22]

§ 57e Zugrundelegung der letzten Jahresbilanz; Prüfung

(1) Dem Beschluss kann die letzte Jahresbilanz zu Grunde gelegt werden, wenn die Jahresbilanz geprüft und die festgestellte Jahresbilanz mit dem uneingeschränkten Bestätigungsvermerk der Abschlussprüfer versehen ist und wenn ihr Stichtag höchstens acht Monate vor der Anmeldung des Beschlusses zur Eintragung in das Handelsregister liegt.

(2) Bei Gesellschaften, die nicht große im Sinne des § 267 Abs. 3 des Handelsgesetzbuchs sind, kann die Prüfung auch durch vereidigte Buchprüfer erfolgen; die Abschlussprüfer müssen von der Versammlung der Gesellschafter gewählt sein.

Schrifttum
Literatur: s. Vorbemerkung zu §§ 57c bis 57o.

Übersicht

A. Jahresbilanz

1 Als Grundlage der Kapitalerhöhung aus Gesellschaftsmitteln kommt zunächst die **letzte Jahresbilanz** in Betracht. Dies gilt auch, wenn es sich bei dieser Jahresbilanz um die Bilanz zum Ende eines **Rumpfgeschäftsjahres** handelt.[1] Die Verwendung der letzten Jahresbilanz empfiehlt sich, weil die Kosten der Aufstellung und Prüfung einer Zwischenbilanz dadurch vermieden werden können. Allerdings ist die Achtmonatsfrist (Abs. 1) zu beachten. Auch eine nur geringfügige Überschreitung der Frist führt dazu, dass die Frist nicht beachtet und die Eintragung zurückzuweisen ist.[2] Insb. der Notar, der die Kapitalerhöhung beurkundet, muss daher auf eine fristgerechte Einreichung beim Handelsregister achten, da anderenfalls eine Amtshaftung (§ 19 BNotO) droht. Ist die Frist nicht

20 *Priester*, in: Scholz, GmbHG, § 57d Rn. 14; *Kleindiek*, in: Lutter/Hommelhoff, GmbHG, § 57d Rn. 12; *Servatius*, in: Baumbach/Hueck, GmbHG, § 57d Rn. 11; abweichend *Lutter*, in: KK-AktG, § 208 Rn. 20.
21 *Servatius*, in: Baumbach/Hueck, GmbHG, § 57d Rn. 8.
22 *Priester*, in: Scholz, GmbHG, § 57d Rn. 15.
1 *Priester*, in: Scholz, GmbHG, §§ 57e bis 57g Rn. 1.
2 OLG Frankfurt am Main, DB 1981, 1511; LG Essen, GmbHR 1982, 213.

einzuhalten und soll die Kapitalerhöhung gleichwohl im laufenden Geschäftsjahr noch beschlossen werden, muss eine **Zwischenbilanz** aufgestellt und geprüft werden (§ 57f). Auch in diesem Fall muss allerdings die letzte Jahresbilanz vorliegen, bei prüfungspflichtigen Gesellschaften geprüft und festgestellt sein (§ 57c Abs. 2). Wird die Achtmonatsfrist eingehalten und kommt es anschließend zu behebbaren **Zwischenverfügungen** des Registergerichts, ist die Achtmonatsfrist weiterhin gewahrt, wenn der Mangel innerhalb der vom Registergericht gesetzten Frist behoben wird.[3] Nur wenn der Antrag nach Fristablauf endgültig zurückgewiesen wird, ist auch die Frist aus § 57e Abs. 1 nicht eingehalten.

B. Prüfung

I. Prüfung

Wird die Jahresbilanz der Kapitalerhöhung zugrunde gelegt, muss diese vor der Beschlussfassung über die Kapitalerhöhung **aufgestellt, geprüft und festgestellt** sein (Abs. 1; zur Feststellung näher § 57c Rdn. 11 f.). Die Vorschriften über die Kapitalerhöhung aus Gesellschaftsmitteln enthalten **keine Sonderregelungen** für die Aufstellung, Prüfung und Feststellung des Jahresabschlusses und die Gliederung der Bilanz, die der Kapitalerhöhung zugrunde gelegt wird. Die Einhaltung der allgemeinen Regeln genügt.[4] Insb. eine gesonderte Gewinn- und Verlustrechnung ist nicht erforderlich.[5] Ist der Jahresabschluss nach HGB-Vorschriften nicht prüfungspflichtig, bedarf es einer **Prüfung nach § 57e Abs. 1**, damit die Bilanz der Kapitalerhöhung zugrunde gelegt werden kann. Die Prüfungspflicht entspricht dem Grundsatz effektiver Kapitalaufbringung. Die Prüfung kann bei kleinen und mittelgroßen Gesellschaften auch durch vereidigte Buchprüfer durchgeführt werden (Abs. 2). Bei großen Gesellschaften sind dagegen zwingend Wirtschaftsprüfer/Wirtschaftsprüfungsgesellschaften als Prüfer zu bestellen (§ 319 Abs. 1 Satz 1 HGB). 2

II. Bestätigungsvermerk

Die festgestellte Bilanz muss mit dem **uneingeschränkten Bestätigungsvermerk** versehen sein. Dies gilt auch bei geringfügigen Kapitalerhöhungen.[6] Einschränkungen des Bestätigungsvermerks für die Gewinn- und Verlustrechnung oder andere Teile des Jahresabschlusses außerhalb der Bilanz sind für die Kapitalerhöhung unschädlich.[7] Der Inhalt des Bestätigungsvermerks ergibt sich bei großen und mittelgroßen Gesellschaften aus § 322 HGB. Lässt eine kleine Gesellschaft und damit auch eine Kleinstkapitalgesellschaft ihren Jahresabschluss freiwillig prüfen, um die Bilanz für eine Kapitalerhöhung aus Gesellschaftsmitteln verwenden zu können, müssen mindestens die in § 57f Abs. 3 erwähnten Vorschriften beachtet werden.[8] Es handelt sich dann um eine gegenständlich beschränkte Prüfung, die sich auf die Werthaltigkeit der umgewandelten Rücklage bezieht.[9] Ein vollständiger Prüfungsvermerk wie bei einer Jahresabschlussprüfung ist bei einer solchen Prüfung nicht erforderlich. Ausreichend ist, wenn der Prüfer bescheinigt, dass die Prüfung zu keinen Einwendungen geführt hat und die Bilanz den gesetzlichen Vorschriften und den ergänzenden Bestimmungen 3

---

3 Ganz h.M. *Servatius*, in: Baumbach/Hueck, GmbHG, § 57e Rn. 4; *Schnorbus*, in: Rowedder/Schmidt-Leithoff, GmbHG, §§ 57e bis 57g Rn. 9; *Priester*, in: Scholz, GmbHG, §§ 57e bis 57g Rn. 16; im Ergebnis ebenso: *Kleindiek*, in: Lutter/Hommelhoff, GmbHG, § 57e bis g Rn. 11, der die Fristüberschreitung generell als Eintragungshindernis ansieht, bei dennoch erfolgter Eintragung aber eine Heilung annimmt. Abweichend *Ulmer*, in: Ulmer/Habersack/Löbbe, GmbHG, § 57e bis g Rn. 17.

4 Vgl. zur Anwendung der Prüfungsvorschriften des § 209 AktG bzw. der §§ 57e und 57f GmbHG den IDW Prüfungshinweis: Prüfung von Jahres- und Zwischenbilanzen bei Kapitalerhöhungen aus Gesellschaftsmitteln, IDW PH 9.400.6.

5 *Priester*, in: Scholz, GmbHG, §§ 57e bis 57g Rn. 3 m.w.N.

6 BayObLG, DB 2002, 1544 zum Recht der AG.

7 *Priester*, in: Scholz, GmbHG, §§ 57e bis 57g Rn. 15; *Arnold*, in: MünchKommAktG, § 209 Rn. 16.

8 OLG Hamm, Beschl. v. 06.07.2010 – 15 W 334/09, DB 2010, 2096 f.; *Servatius*, in: Baumbach/Hueck, GmbHG, § 57e Rn. 2.

9 BGH, NJW 1997, 2516, (2517).

des Gesellschaftsvertrages entspricht.[10] Der Prüfungsvermerk muss vom Prüfer unterzeichnet sein. Die Angabe von Ort und Datum (§ 322 Abs. 7 Satz 1 HGB) empfiehlt sich, ist aber keine Wirksamkeitsbedingung. Bei **nachträglichen Änderungen der Bilanz** ist ein neuer Bestätigungsvermerk erforderlich.[11] Gleiches gilt, wenn das **Testat nachträglich widerrufen** wird. In diesen Fällen ist die Kapitalerhöhung jedoch *nicht* automatisch unwirksam, insb. dann nicht, wenn der Widerruf des Testats nur die Gewinn- und Verlustrechnung, den Anhang oder den Lagebericht betrifft. Nichtig ist die Kapitalerhöhung in einem solchen Fall nach Sinn und Zweck der Kapitalaufbringungsregeln nur, wenn in der geänderten bzw. berichtigten Bilanz keine hinreichenden Rücklagen mehr ausgewiesen sind, die den Erhöhungsbetrag abdecken, oder der Jahresabschluss (und damit auch die Bilanz) entsprechend § 256 AktG insgesamt nichtig ist (§ 57c Rdn. 20).

III. Wahl des Prüfers

4 Die Wahl des Prüfers erfolgt durch die **Gesellschafterversammlung.** Beschlussfassungen im schriftlichen Verfahren (§ 48 Abs. 2) sowie unter Verzicht auf Formen und Fristen sind selbstverständlich zulässig, wenn sämtliche Gesellschafter damit einverstanden sind.[12] Weist der Gesellschaftsvertrag die Bestellung des Abschlussprüfers einem **anderen Organ** der Gesellschaft zu, ist dieses Organ anstelle der Gesellschafterversammlung berufen, den Prüfer zu wählen (§§ 318 Abs. 1 Satz 2 HGB, 57f Abs. 3 Satz 2). Dies gilt auch dann, wenn die entsprechende Bestimmung des Gesellschaftsvertrages – was praktisch regelmäßig der Fall sein wird – die Kapitalerhöhung aus Gesellschaftsmitteln nicht ausdrücklich erwähnt.[13] Hat die Prüfung durch geeignete, aber nicht ordnungsgemäß bestellte Prüfer stattgefunden, kann deren Wahl vor dem Kapitalerhöhungsbeschluss nachgeholt werden.[14] Der **Prüfungsauftrag** selbst ist von der Geschäftsführung unverzüglich zu erteilen. Handelt es sich nicht um eine Pflichtprüfung, sondern um eine freiwillige Prüfung, um die Bilanz der Kapitalerhöhung zugrunde zu legen, kann der Prüfungsauftrag sich darauf beschränken, die Bilanz »zum Zwecke der Kapitalerhöhung aus Gesellschaftsmitteln« zu prüfen.[15] Hat die Gesellschaft einen Aufsichtsrat, erteilt dieser den Prüfungsauftrag.[16]

IV. Umfang der Prüfung

5 Handelt es sich bei der Bilanz um die Jahresbilanz einer prüfungspflichtigen Gesellschaft, bestimmt sich der Umfang der Prüfung nach § 317 Abs. 1 HGB. Wird eine Erhöhungssonderbilanz erstellt, richtet sich die Prüfung nach § 57f Abs. 2 Satz 1. Gleiches gilt, wenn die Jahresbilanz einer nicht prüfungspflichtigen Gesellschaft zugrunde gelegt wird. Die Gewinn- und Verlustrechnung ist in diesen Fällen nicht zu prüfen.[17] Inhaltlich erfasst die Prüfung neben der Einhaltung der Bilanzierungs- und Bewertungsvorschriften insb. die Frage, ob die in der Bilanz ausgewiesene Rücklage als solche ausgewiesen werden durfte. Nicht Bestandteil der Prüfung ist die Frage, ob die Rücklage in Stammkapital umgewandelt werden kann oder Regelungen des Gesellschaftsvertrages, z.B. ein Ausschüttungsgebot, dem entgegenstehen.[18] Handelt es sich nicht um eine Pflichtprüfung,

10 OLG Hamm, Beschl. v. 06.07.2010 – 15 W 334/09, DB 2010, 2096 f.

11 *Priester*, in: Scholz, GmbHG, §§ 57e bis 57g Rn. 15.

12 *Servatius*, in: Baumbach/Hueck, GmbHG, § 57e Rn. 3.

13 Zutreffend *Priester*, in: Scholz, GmbHG, §§ 57e bis 57g Rn. 8; *Ulmer*, in: Ulmer/Habersack/Löbbe, GmbHG, § 57e bis g Rn. 7; *Kleindiek*, in: Lutter/Hommelhoff, GmbHG, § 57e bis g Rn. 7; a.A. *Servatius*, in: Baumbach/Hueck, GmbHG, § 57e Rn. 3; wohl auch: *Schnorbus*, in: Rowedder/Schmidt-Leithoff, GmbHG, §§ 57e bis 57g Rn. 7.

14 Ebenso *Priester*, in: Scholz, GmbHG, §§ 57e bis 57g Rn. 8; *Kleindiek*, in: Lutter/Hommelhoff, GmbHG, § 57e bis g Rn. 3.

15 OLG Hamm, Beschl. v. 06.07.2010 – 15 W 334/09, DB 2010, 2096 f.

16 *Priester*, in: Scholz, GmbHG, §§ 57e bis 57g Rn. 9.

17 *Priester*, in: Scholz, GmbHG, §§ 57e bis 57g Rn. 10; *Ulmer*, in: Ulmer/Habersack/Löbbe, GmbHG, § 57e bis g Rn. 8; *Roth*, in: Roth/Altmeppen, § 57e Rn. 4.

18 *Priester*, in: Scholz, GmbHG, §§ 57e bis 57g Rn. 11 m.w.N.

ist aufgrund des beschränkten Prüfungsumfangs auch die allgemeine wirtschaftliche Lage der Gesellschaft nicht zu prüfen.[19]

V. Informationsrechte der Prüfer; Verantwortlichkeit

Den Prüfern stehen **Auskunfts- und Einsichtsrechte** zu (§ 316 Abs. 1 Satz 2 HGB) sowie das 6
Recht, **Nachweise** zu verlangen (§ 320 Abs. 2 HGB). Über das Ergebnis ihrer Prüfung haben die Prüfer zu **berichten** (§ 321 HGB). Ihre **Verantwortlichkeit** richtet sich nach § 323 HGB.

VI. Zeitpunkt der Prüfung

Hinsichtlich des Zeitpunktes der Prüfung gilt Folgendes: Wird die Jahresbilanz der Kapitalerhö- 7
hung zugrunde gelegt, muss sie bei der prüfungspflichtigen Gesellschaft vor der Feststellung geprüft sein (§ 316 Abs. 1 Satz 2 HGB). Bei der nicht-prüfungspflichtigen Gesellschaft und bei einer Erhöhungssonderbilanz (§ 57f) muss die Prüfung nicht bis zur Feststellung der Bilanz, wohl aber vor dem Kapitalerhöhungsbeschluss stattgefunden haben; es genügt nicht, wenn die Bilanz in diesem Fall erst nach dem Kapitalerhöhungsbeschluss geprüft wurde.[20]

§ 57f Anforderungen an die Bilanz

(1) [1]Wird dem Beschluss nicht die letzte Jahresbilanz zu Grunde gelegt, so muss die Bilanz den Vorschriften über die Gliederung der Jahresbilanz und über die Wertansätze in der Jahresbilanz entsprechen. [2]Der Stichtag der Bilanz darf höchstens acht Monate vor der Anmeldung des Beschlusses zur Eintragung in das Handelsregister liegen.

(2) [1]Die Bilanz ist, bevor über die Erhöhung des Stammkapitals Beschluss gefasst wird, durch einen oder mehrere Prüfer darauf zu prüfen, ob sie dem Absatz 1 entspricht. [2]Sind nach dem abschließenden Ergebnis der Prüfung keine Einwendungen zu erheben, so haben die Prüfer dies durch einen Vermerk zu bestätigen. [3]Die Erhöhung des Stammkapitals kann nicht ohne diese Bestätigung der Prüfer beschlossen werden.

(3) [1]Die Prüfer werden von den Gesellschaftern gewählt; falls nicht andere Prüfer gewählt werden, gelten die Prüfer als gewählt, die für die Prüfung des letzten Jahresabschlusses von den Gesellschaftern gewählt oder vom Gericht bestellt worden sind. [2]Im übrigen sind, soweit sich aus der Besonderheit des Prüfungsauftrags nichts anderes ergibt, § 318 Abs. 1 Satz 2, § 319 Abs. 1 bis 4, § 319a Abs. 1, § 319b Abs. 1, § 320 Abs. 1 Satz 2, Abs. 2 und die §§ 321 und 323 des Handelsgesetzbuchs anzuwenden. [3]Bei Gesellschaften, die nicht große im Sinne des § 267 Abs. 3 des Handelsgesetzbuchs sind, können auch vereidigte Buchprüfer zu Prüfern bestellt werden.

SchrifttumLiteratur:
s. Vorbemerkung zu §§ 57c bis 57o.

Übersicht

19 OLG Hamm, Beschl. v. 06.07.2010 – 15 W 334/09, DB 2010, 2096 f.
20 *Priester*, in: Scholz, GmbHG, §§ 57e bis 57g Rn. 13.

A. Überschrift und Regelungsgegenstand

1 Die durch das MoMiG eingeführte amtliche Überschrift von § 57f (»Anforderungen an die Bilanz«) ist missglückt. Die Vorschrift enthält Anforderungen nur für eine **Erhöhungssonderbilanz**, also eine Zwischenbilanz, die der Kapitalerhöhung zugrunde gelegt wird. Wird der Kapitalerhöhung dagegen die letzte **Jahresbilanz** zugrunde gelegt, ist nicht § 57f einschlägig, sondern § 57e sowie die allgemeinen Vorschriften über die Aufstellung, Prüfung und Feststellung der Jahresbilanz. Die Überschrift hätte daher richtigerweise »Erhöhungssonderbilanz« heißen müssen. Dies bleibt jedoch für die Anwendung der Vorschrift folgenlos.

B. Erhöhungssonderbilanz (Abs. 1)

2 Anstelle der Jahresbilanz kann eine Zwischenbilanz (auch als »besondere Bilanz«, »Erhöhungssonderbilanz« oder »Kapitalerhöhungssonderbilanz« bezeichnet) der Kapitalerhöhung zugrunde gelegt werden. Eine solche Zwischenbilanz ist insb. dann erforderlich, wenn die Achtmonatsfrist gem. § 57f Abs. 1 bei Verwendung der letzten Jahresbilanz nicht eingehalten werden kann, die Kapitalerhöhung aber noch vor Feststellung der Jahresbilanz für das laufende Geschäftsjahr stattfinden soll. Auch für die Erhöhungssonderbilanz gilt wiederum die Achtmonatsfrist (Abs. 1 Satz 2). Für Fristüberschreitungen und die Einhaltung der Frist bei behebbaren Zwischenverfügungen vgl. § 57e Rdn. 1.

C. Gliederung und Wertansätze; Verhältnis zur Jahresbilanz

I. Anforderungen an die Bilanz

3 Die Erhöhungssonderbilanz muss in ihren Anforderungen an die Gliederung und Bewertung den Vorschriften über die Jahresbilanz entsprechen (Abs. 1 Satz 1). Zusätzlich muss der Grundsatz der **Bilanzkontinuität** ggü. der letzten Jahresbilanz gewahrt sein.[1] Die Zwischenbilanz muss ebenfalls ein **Ergebnis** ausweisen; eine gesonderte Gewinn- und Verlustrechnung ist dagegen nicht erforderlich.[2] Die **Rücklagen**, die umgewandelt werden sollen, müssen sowohl in der letzten Jahresbilanz als auch in der Erhöhungssonderbilanz enthalten sein (§ 57d Abs. 1). Es muss sich jeweils um dieselbe Bilanzposition handeln. Wurde die in der Jahresbilanz ausgewiesene Rücklage verringert, steht der solchermaßen verringerte, in der Erhöhungssonderbilanz ausgewiesene Betrag für eine Umwandlung in Stammkapital zur Verfügung. Soweit in der vorangehenden Jahresbilanz die Rücklage noch nicht enthalten war, aber zwischenzeitlich eine Zuführung zu Rücklagen durch einen entsprechenden Ergebnisverwendungsbeschluss gebildet wurde, ist die solchermaßen gebildete bzw. aufgestockte Rücklage in der Erhöhungssonderbilanz entsprechend auszuweisen (§ 57d Abs. 1).

II. Aufstellung

4 Die Erhöhungssonderbilanz ist – wie die Jahresbilanz – von der Geschäftsführung aufzustellen. Insoweit ergeben sich ggü. der Jahresbilanz keine Besonderheiten.

III. Feststellung

5 Ob eine förmliche **Feststellung** der Erhöhungssonderbilanz erforderlich ist, ist umstritten. Ein Teil des Schrifttums will zwar nicht völlig auf einen Feststellungsakt verzichten, lässt dafür allerdings auch eine »konkludente Feststellung« durch Bezugnahme auf die Erhöhungssonderbilanz im Kapitalerhöhungsbeschluss genügen.[3] Lediglich ein Teil des Schrifttums beharrt auf einer förmlichen Feststellung, die nicht konkludent in der Bezugnahme auf die Bilanz im Kapitalerhöhungsbeschluss

1 Zutreffend *Servatius*, in: Baumbach/Hueck, GmbHG, § 57f Rn. 2.

2 *Priester*, in: Scholz, GmbHG, §§ 57e bis 57g Rn. 3.

3 So *Priester*, in: Scholz, GmbHG, §§ 57e bis 57g Rn. 3; *Ulmer*, in: Ulmer/Habersack/Löbbe, GmbHG, § 57e bis g Rn. 13; *Schnorbus*, in: Rowedder/Schmidt-Leithoff, GmbHG, §§ 57e bis 57g Rn. 10; *Kleindiek*, in: Lutter/Hommelhoff, GmbHG, §§ 57e bis 57g Rn. 5.

enthalten sein soll.[4] Dieser letztgenannten Auffassung ist nicht zu folgen. Das Gesetz setzt in § 57d zwar eine Feststellung der Erhöhungssonderbilanz voraus. Im Gegensatz zur Jahresbilanz, die weitergehende Zwecke verfolgt (z.B. die Öffentlichkeit über die Vermögens-, Finanz- und Ertragslage der Gesellschaft zu unterrichten und als Grundlage eines Ergebnisverwendungsbeschlusses zu dienen), wird die Erhöhungssonderbilanz aber ausschließlich der Kapitalerhöhung aus Gesellschaftsmitteln zugrunde gelegt, um das Vorhandensein der Rücklage nachzuweisen. Daher ist es gerechtfertigt, an die Feststellung der Erhöhungssonderbilanz nicht die gleichen Anforderungen zu stellen wie an die Feststellung der Jahresbilanz. Aus § 57g folgt nichts anderes, da die Vorschrift nur die Bekanntgabe der Bilanz ggü. den Gesellschaftern regelt, eine förmliche Feststellung aber gerade nicht anordnet. Ausreichend ist deshalb, dass die Erhöhungssonderbilanz geprüft wurde und von der Gesellschafterversammlung in dem Kapitalerhöhungsbeschluss als Grundlage für die Kapitalerhöhung bezeichnet wird.

IV. Abweichendes Gremium

Nicht eindeutig erörtert wird, was für die Erhöhungssonderbilanz gelten soll, wenn die Feststellung 6
der Jahresbilanz nach dem Gesellschaftsvertrag einem anderen Gremium als der Gesellschafterversammlung überlassen ist. Verlangte man eine förmliche Feststellung der Erhöhungssonderbilanz, müsste konsequenterweise ein förmlicher Feststellungsakt durch das Gremium erfolgen, das für die Feststellung der Jahresbilanz zuständig ist. Richtigerweise genügt allerdings auch in diesem Fall die Billigung durch die Gesellschafterversammlung durch Bezeichnung der Bilanz im Kapitalerhöhungsbeschluss, weil die Erhöhungssonderbilanz einem eingeschränkten Zweck dient. Eine Ausnahme besteht nur, wenn der Gesellschaftsvertrag *ausdrücklich* eine Billigung auch einer Erhöhungssonderbilanz durch das Gremium vorsieht, das für die Feststellung des Jahresabschlusses zuständig ist, was jedoch selten vorkommen dürfte.

D. Prüfung (Abs. 2 und 3)

I. Prüfung

Die Zwischenbilanz muss nach den Grundsätzen der Prüfung einer Jahresabschlussbilanz **geprüft** 7
werden, und zwar auch dann, wenn die Jahresbilanz selbst nicht prüfungspflichtig ist. Ungeprüfte Bilanzen bilden keine geeignete Grundlage für den Kapitalerhöhungsbeschluss. Ziel der Prüfung ist die Feststellung, ob die Bilanz den Grundsätzen von Abs. 1 entspricht. Es handelt sich dabei nicht um die reguläre Jahresabschlussprüfung, sondern um eine gegenständlich beschränkte Prüfung, die dem Registergericht lediglich eine Werthaltigkeitskontrolle ermöglichen soll. Nicht Gegenstand der Prüfung ist die Beurteilung der Lage der Gesellschaft insgesamt. Demgemäß ist der Prüfungsauftrag auf die Prüfung der Bilanz zum Zwecke der Kapitalerhöhung beschränkt, und der Prüfungsvermerk kann entsprechend enger gefasst werden als bei einer normalen Jahresabschlussprüfung.[5]

II. Prüfer

Für die Prüfung im Einzelnen verweist das Gesetz auf die entsprechenden handelsrechtlichen Vor- 8
schriften. Als Prüfer können Wirtschaftsprüfer oder Wirtschaftsprüfungsgesellschaften bestellt werden (§ 319 Abs. 1 Satz 1 HGB), bei kleineren und mittelgroßen Gesellschaften auch vereidigte Buchprüfer (Abs. 3 Satz 3).

III. Wahl der Prüfer

Die Wahl der Prüfer hat durch die Gesellschafter zu erfolgen (Abs. 3 Satz 1 Halbs. 1). Erfolgt keine 9
Wahl, gelten die für den letzten Jahresabschluss gewählten oder vom Gericht bestellten Prüfer als

4 *Servatius*, in: Baumbach/Hueck, GmbHG, § 57f Rn. 12 soweit nicht erkennbar Einigkeit zwischen allen Gesellschaftern besteht.

5 So zutreffend OLG Hamm, Beschl. v. 06.07.2010 – 15 W 334/09, DB 2010, 2096.

gewählt (Abs. 3 Satz 1 Halbs. 2). Der Geschäftsführung ist zu empfehlen, die Gesellschafter vor Erteilung des Prüfungsauftrags zu befragen, ob eine Wahl stattfindet.[6] Eine Wahl im schriftlichen Verfahren ist zulässig, wenn sämtliche Gesellschafter damit einverstanden sind (s. § 57e Rdn. 4).[7] Der Gesellschaftsvertrag kann die Zuständigkeit für die Wahl gem. § 318 Abs. 1 Satz 2 HGB auf ein anderes Organ (z.B. einen Aufsichtsrat) delegieren (§ 42a Rdn. 27). Eine solche Delegation greift auch dann, wenn die entsprechende Bestimmung des Gesellschaftsvertrages – was praktisch regelmäßig der Fall sein wird – die Kapitalerhöhung aus Gesellschaftsmitteln nicht ausdrücklich erwähnt (vgl. § 57e Rdn. 4).

IV. Prüfungsauftrag

10 Die Erteilung des Prüfungsauftrages erfolgt durch die Geschäftsführung. Soweit ein Aufsichtsrat zur Erteilung des Prüfungsauftrages bei der regulären Abschlussprüfung ermächtigt ist, soll diese Ermächtigung nach einem Teil des Schrifttums wegen des beschränkten Prüfungsumfangs *nicht* für den Prüfungsauftrag bei einer Bilanz nach § 57f gelten.[8] Der begrenzte Prüfungsumfang ggü. einer Pflichtprüfung des Jahresabschlusses spricht jedoch eher dafür, auch den Prüfungsauftrag für eine Bilanz nach § 57f durch den Aufsichtsrat erteilen zu lassen, wenn ein solcher bei der Gesellschaft gebildet wurde *(argumentum a maiore ad minus)*.[9]

V. Durchführung der Prüfung

11 Für die Durchführung der Prüfung gelten die Auskunfts- und Einsichtsrechte der Prüfer nach §§ 320 Abs. 1 Satz 2 und Abs. 2 HGB mit der Maßgabe, dass sich die Rechte auf die zur Prüfung der Zwischenbilanz erforderlichen Informationen beschränken. Der Prüfer hat einen **Prüfungsbericht** zu erstellen und den Geschäftsführern vorzulegen (§ 321 HGB). Eine Vorlagepflicht ggü. einem Aufsichtsrat besteht nicht.[10] Die Pflichten und Verantwortlichkeiten des Prüfers richten sich nach § 323 HGB. Der **Bestätigungsvermerk** muss *nicht* dem Bestätigungsvermerk einer regulären Jahresabschlussprüfung (§ 322 Abs. 3 Satz 1 HGB) entsprechen. Aufgrund des begrenzten Prüfungsgegenstandes ist vielmehr ausreichend, wenn der Prüfer erklärt, dass seine Prüfung zu keinen Einwendungen geführt hat und die Bilanz den gesetzlichen Vorschriften und den ergänzenden Bestimmungen des Gesellschaftsvertrages entspricht.[11]

§ 57g Vorherige Bekanntgabe des Jahresabschlusses

Die Bestimmungen des Gesellschaftsvertrags über die vorherige Bekanntgabe des Jahresabschlusses an die Gesellschafter sind in den Fällen des § 57f entsprechend anzuwenden.

1 Wird der Kapitalerhöhung die letzte Jahresbilanz zugrunde gelegt, richtet sich deren Bekanntgabe ggü. den Gesellschaftern nach § 42a, soweit der Gesellschaftsvertrag nichts Abweichendes bestimmt. Da auf die Erhöhungssonderbilanz § 42a nicht unmittelbar anwendbar ist, bestimmt § 57g, dass diese Regelungen auch für die Ergänzungssonderbilanz entsprechend gelten. Eine Veröffentlichung der Erhöhungssonderbilanz nach § 325 HGB ist dagegen nicht erforderlich.[1] Der Kapitalerhöhungsbeschluss (oder bei der Jahresbilanz der Feststellungsbeschluss) braucht keine Angaben über die vorherige Bekanntgabe ggü. den Gesellschaftern zu enthalten.[2]

---

6 Zutreffende Empfehlung bei *Servatius*, in: Baumbach/Hueck, GmbHG, § 57f Rn. 7.
7 *Servatius*, in: Baumbach/Hueck, GmbHG, § 57f Rn. 7.
8 *Servatius*, in: Baumbach/Hueck, GmbHG, § 57f Rn. 8.
9 *Priester*, in: Scholz, GmbHG, §§ 57e bis 57g Rn. 9;*Kleindiek*, in: Lutter/Hommelhoff, GmbHG, §§ 57e bis g Rn. 7.
10 *Servatius*, in: Baumbach/Hueck, GmbHG, § 57f Rn. 10.
11 OLG Hamm, Beschl. v. 06.07.2010 – 15 W 334/09, DB 2010, 2096 f.
1 *Servatius*, in: Baumbach/Hueck, GmbHG, § 57g Rn. 2.
2 So zutreffend *Priester*, in: Scholz, GmbHG, §§ 57e bis 57g Rn. 17; a.A. *Meyer-Landrut*, in: Meyer-Landrut, GmbHG, §§ 3 bis 5 KapErhG Rn. 7.

§ 57h Arten der Kapitalerhöhung

(1) [1]Die Kapitalerhöhung kann vorbehaltlich des § 57l Abs. 2 durch Bildung neuer Geschäftsanteile oder durch Erhöhung des Nennbetrags der Geschäftsanteile ausgeführt werden. [2]Die neuen Geschäftsanteile und die Geschäftsanteile, deren Nennbetrag erhöht wird, müssen auf einen Betrag gestellt werden, der auf volle Euro lautet.

(2) [1]Der Beschluss über die Erhöhung des Stammkapitals muss die Art der Erhöhung angeben. [2]Soweit die Kapitalerhöhung durch Erhöhung des Nennbetrags der Geschäftsanteile ausgeführt werden soll, ist sie so zu bemessen, dass durch sie auf keinen Geschäftsanteil, dessen Nennbetrag erhöht wird, Beträge entfallen, die durch die Erhöhung des Nennbetrags des Geschäftsanteils nicht gedeckt werden können.

SchrifttumLiteratur:
s. Vorbemerkung zu §§ 57c bis 57o.

Übersicht

A. Arten der Kapitalerhöhung (Abs. 1)

Die Kapitalerhöhung aus Gesellschaftsmitteln führt zu einer Erhöhung des Stammkapitals. Parallel dazu wird auch die Summe der Nennbeträge aller Geschäftsanteile um den Betrag der Kapitalerhöhung erhöht.[1] Das Gesetz stellt dafür zwei Wege zur Verfügung: Die **Aufstockung der bisherigen Nennbeträge** vorhandener Geschäftsanteile und die **Ausgabe neuer Geschäftsanteile.** Beide Wege können auch **miteinander verbunden** werden. Die Gesellschafterversammlung ist grds. in ihrer Wahl frei, welche dieser beiden Möglichkeiten (ggf. auch in Kombination) sie beschreitet,[2] solange nur die Summe der jeweiligen Nenn- bzw. Erhöhungsbeträge dem Betrag der Erhöhung des Stammkapitals entspricht. Lediglich bei nur teilweise eingezahlten Geschäftsanteilen ist die Bildung neuer Geschäftsanteile nicht zulässig; insoweit muss zwingend eine Aufstockung des Nennbetrages dieser Geschäftsanteile erfolgen (§ 57l Abs. 2 Satz 2, s. die Kommentierung dort). 1

B. Stückelung und Teilbarkeit

Durch das MoMiG wurde § 5 Abs. 2 neu gefasst. Seitdem können Geschäftsanteile mit jedem beliebigen Nennwert gebildet werden, solange dieser durch einen Euro teilbar ist. Abs. 1 Satz 2 enthält eine korrespondierende Vorschrift für die Kapitalerhöhung aus Gesellschaftsmitteln. Werden zu deren Durchführung neue Geschäftsanteile ausgegeben (Abs. 1 Satz 2, 1. Alt.), muss deren Nennbetrag ebenfalls nur noch durch volle Euro teilbar sein. Gleiches gilt für den Nennbetrag eines vorhandenen Geschäftsanteils nach dessen Aufstockung (Abs. 1 Satz 2, 2. Alt.). Ein Mindest-Nennbetrag für den Geschäftsanteil besteht auch bei der Kapitalerhöhung aus Gesellschaftsmitteln nicht mehr. Kapitalerhöhungen aus Gesellschaftsmitteln werden dadurch erheblich vereinfacht, 2

---

1 *Priester*, in: Scholz, GmbHG, § 57h Rn. 1; *Servatius*, in: Baumbach/Hueck, GmbHG, § 57h Rn. 1; *Roth*, in: Roth/Altmeppen, GmbHG, § 57h Rn. 1.

2 *Priester*, in: Scholz, GmbHG, § 57h Rn. 1; *Servatius*, in: Baumbach/Hueck, GmbHG, § 57h Rn. 1; *Kleindiek*, in: Lutter/Hommelhoff, GmbHG, § 57h Rn. 1; *Schemmann*, NZG 2009, 241; *Fett/Spiering*, NZG 2002, 365.

weil das Beteiligungsverhältnis auch bei kleineren oder »ungeraden« Erhöhungsbeträgen nicht verschoben werden muss und Spitzenbeträge leicht vermieden werden können.

C. Ausgabe neuer Geschäftsanteile

3 Während vor Inkrafttreten des MoMiG jedem Gesellschafter i.R.d. Kapitalerhöhung grds. nur ein Geschäftsanteil zugeteilt werden konnte,[3] hat das MoMiG diese Beschränkung aufgehoben (§ 5 Abs. 2). Seitdem können daher einem Gesellschafter im Rahmen einer Kapitalerhöhung aus Gesellschaftsmitteln ohne Weiteres **mehrere Geschäftsanteile** (auch in Kombination mit der Aufstockung bestehender Geschäftsanteile) zugeteilt werden.[4] Dies ist insb. dann zweckmäßig, wenn bestehende Geschäftsanteile eines Gesellschafters mit unterschiedlichen Rechten ausgestattet oder nur einzelne der vorhandenen Geschäftsanteile mit Rechten Dritter belastet sind, aber – anders als vor Inkrafttreten des MoMiG – auch in allen sonstigen Fällen ohne Weiteres zulässig. Zur Behandlung von dinglichen Rechten in solchen Fällen vgl. § 57m Rdn. 15 f. Zwar kann ein Gesellschafter auch nach wie vor ein **Teilrecht** an einem Geschäftsanteil erwerben, wenn auf einen Geschäftsanteil nur ein Teil eines neuen Geschäftsanteils entfällt (§ 57k Abs. 1). Für diese Regelung dürfte jedoch nunmehr kaum noch ein Bedürfnis bestehen, nachdem die Mindest-Stückelung von Geschäftsanteilen und auch der Mindest-Nennbetrag ein Euro beträgt.

D. Erhöhung des Nennbetrages vorhandener Geschäftsanteile

4 Ein Mindestnennbetrag für die Erhöhung ist gesetzlich nicht vorgeschrieben. Nachdem auch die früher bei Kapitalerhöhungen aus Gesellschaftsmitteln vorgeschriebene Teilbarkeit des aufgestockten Geschäftsanteils durch zehn entfallen ist, ist eine Erhöhung um einen Euro und jeden weiteren durch einen Euro teilbaren Betrag zulässig. Die Aufstockung des Nennbetrages hat insoweit nach Inkrafttreten des MoMiG ggü. der Neuausgabe von Geschäftsanteilen keinen Vorteil mehr. Der Nachteil der Aufstockung liegt darin, dass der aus der Kapitalerhöhung stammende Anteil nicht selbstständig verwertbar ist. Allerdings ist die anschließende Teilung des Geschäftsanteils durch das MoMiG ebenfalls erleichtert worden.[5] Hält ein Gesellschafter mehrere Geschäftsanteile, nehmen diese bei einer Aufstockung proportional an der Erhöhung teil. Der Erhöhungsbetrag kann in diesem Fall aber auch abweichend verteilt werden, soweit § 57m Abs. 1 nicht entgegensteht.[6]

E. Kombination beider Erhöhungsarten

I. Möglichkeiten

5 Für den Fall des Vorhandenseins voll eingezahlter Geschäftsanteile neben teilweise eingezahlten Geschäftsanteilen gestattet das Gesetz in § 57l Abs. 2 Sätze 2 und 3 ausdrücklich, eine Ausgabe neuer Anteile mit einer Aufstockung des Nennwertes des vorhandenen (teileingezahlten) Anteils zu verbinden. Daraus ist jedoch nicht der Umkehrschluss zu ziehen, dass eine solche Kombination in anderen Fällen unzulässig wäre. Die ganz herrschende Meinung geht vielmehr davon aus, dass auch bei allseits voll eingezahlten Anteilen beide Erhöhungsarten miteinander kombiniert werden können, und zwar auch dann, wenn bisher nur ein einziger Geschäftsanteil vorhanden ist.[7] Dies gilt erst recht, nachdem das frühere Verbot eines Erwerbs mehrerer Anteile durch einen Gesellschafter mit

3 Ausnahmen wurden von einem Teil des Schrifttums bereits vor Inkrafttreten des MoMiG zugelassen, wenn zuvor mehrere Geschäftsanteile eines Gesellschafters mit unterschiedlichen Rechten bestanden; vgl. dazu *Priester*, in: Scholz, GmbHG, § 57h Rn. 4 m.w.N.

4 *Schemmann*, NZG 2009, 241, 242 m.N. zu der früheren – mit Inkrafttreten des MoMiG überholten – Diskussion.

5 Mit Aufhebung des § 17a.F. fiel sowohl das Zustimmungserfordernis als auch die Voraussetzung, eine Teilung nur zum Zwecke einer anschließenden Veräußerung durchführen zu können, weg.

6 Ebenso *Priester*, in: Scholz, GmbHG, § 57h Rn. 5; *Schemmann*, NZG 2009, 241 ff.; Ebenso das Gutachten des DNotI vom 19. Juni 2015, abrufbar unter www.dnoti.de/gutachten, Abruf-Nr. 142314.

7 *Priester*, in: Scholz, GmbHG, § 57h Rn. 7.

Inkrafttreten des MoMiG entfallen ist.[8] Hält ein Gesellschafter mehrere Geschäftsanteile, kann der Erhöhungsbetrag sowohl (i) durch die Ausgabe nur eines neuen Geschäftsanteils, (ii) die Ausgabe mehrerer Geschäftsanteile, (iii) eine Aufstockung des Nennbetrages eines oder mehrerer vorhandener Anteile oder (iv) einer Kombination aus allen Möglichkeiten dargestellt werden, solange nur das Beteiligungsverhältnis insgesamt (§ 57j) nicht verschoben wird.[9] Ein Zwang zu »proportionaler« Verteilung neuer auf bereits vorhandene Geschäftsanteile besteht nicht.

II. Nennbetragsaufstockung

Die in der Tat misslich formulierte[10] Vorschrift des **Abs. 2 Satz 2** verlangt im Fall der Nennbetragsaufstockung außerdem, den Betrag der Kapitalerhöhung so zu bemessen, dass bei jedem Geschäftsanteil die Teilbarkeitsvorschrift aus Abs. 1 Satz 2 eingehalten wird. Die Vorschrift dürfte heute keine praktische Bedeutung mehr haben, nachdem Geschäftsanteile nur noch durch einen Euro teilbar sein und keinen darüber hinausgehenden Mindestnennbetrag mehr aufweisen müssen. 6

III. Wahlrecht

Das Wahlrecht über die Erhöhungsarten wird von der Gesellschafterversammlung im Beschluss über die Kapitalerhöhung mit der für diese erforderlichen Mehrheit ausgeübt. Ein Anspruch für die Gesellschafter, eine bestimmte Aufteilung zu erhalten, besteht nicht.[11] Allerdings ist der Grundsatz der Gleichbehandlung aller Gesellschafter zu beachten. Zwar soll eine Ungleichbehandlung gerechtfertigt sein, wenn dafür ein sachlicher Grund vorliegt. Nachdem das Gesetz keine Anforderungen mehr an den Mindestnennbetrag stellt, sondern nur noch die Teilbarkeit durch einen Euro vorschreibt, dürften die früher denkbaren Fälle eines sachlichen Grundes[12] in Zukunft kaum mehr vorliegen. 7

IV. Änderungen der Erhöhungsart

Bis zur Eintragung im Handelsregister kann die Erhöhungsart noch mit der Form und Mehrheit des Erhöhungsbeschlusses **geändert** werden.[13] Nach Eintragung müsste eine Teilung oder Zusammenlegung der Geschäftsanteile erfolgen, wobei die Teilung allerdings durch das MoMiG ggü. der früheren Gesetzeslage durch die Streichung von § 17a.F. erleichtert wurde und dafür lediglich noch ein Gesellschafterbeschluss (§ 46 Nr. 4) erforderlich ist. 8

F. Angaben im Kapitalerhöhungsbeschluss (Abs. 2 Satz 1)

Der Kapitalerhöhungsbeschluss muss die Art der Erhöhung angeben. Ausdrücklich zu bezeichnen ist, ob neue Geschäftsanteile ausgegeben, der Nennbetrag der bestehenden Anteile erhöht oder eine Kombination aus beiden Varianten gewählt wird. Bei einer Kombination ist eindeutig zu bezeichnen, wie die Aufteilung gewählt ist und welche Gesellschafter in welcher Weise an der Erhöhung teilnehmen.[14] Die Art der Erhöhung ist Angelegenheit der Gesellschafterversammlung; eine Delegation dieser Entscheidung auf die Geschäftsführung ist nicht möglich.[15] Wird nur eine Art der 9

8 Bereits vor Inkrafttreten des MoMiG nahm die ganz h.M. an, dass das damals noch bestehende Verbot der Übernahme mehrerer Geschäftsanteile durch einen Gesellschafter einer Kombination der beiden Kapitalerhöhungsarten nicht entgegensteht; vgl. *Priester*, in: Scholz, GmbHG, 9. Aufl. 2002, § 57h Rn. 7 m.N. in Fn. 14.

9 Vgl. *Schemmann*, NZG 2009, 241, 243 ff.

10 Ebenso *Priester*, in: Scholz, GmbHG, § 57h Rn. 6.

11 *Priester*, in: Scholz, GmbHG, § 57h Rn. 8; *Kleindiek*, in: Lutter/Hommelhoff, GmbHG, § 57h Rn. 6; *Ulmer*, in: Ulmer/Habersack/Löbbe, GmbHG, § 57h Rn. 14.

12 Beispiele bei *Priester*, in: Scholz, GmbHG, § 57h Rn. 8.

13 *Priester*, in: Scholz, GmbHG, § 57h Rn. 2.

14 *Priester*, in: Scholz, GmbHG, § 57h Rn. 9.

15 *Priester*, in: Scholz, GmbHG, § 57h Rn. 9; *Ulmer*, in: Ulmer/Habersack/Löbbe, GmbHG, § 57h Rn. 13.

Erhöhung gewählt, bedarf es keiner weiteren Angaben.[16] Die Zuordnung der Erhöhungsbeträge bzw. der neuen Geschäftsanteile ergibt sich in diesem Fall aus § 57j Abs. 1.

G. Folgen bei Verstößen

10 Verstöße gegen Abs. 1 Satz 2 (Teilbarkeit) und Abs. 2 Satz 1 (Angaben im Beschluss) führen zur Nichtigkeit des Kapitalerhöhungsbeschlusses. Ob Gleiches auch bei einem Verstoß gegen Abs. 2 Satz 2 gilt, war früher umstritten. Die nunmehr einhellige Auffassung nimmt auch in diesem Fall Nichtigkeit an,[17] während die früher vertretene, inzwischen aber aufgegebene Gegenansicht nur von einer Anfechtbarkeit der Beschlussfassung ausging.

§ 57i Anmeldung und Eintragung des Erhöhungsbeschlusses

(1) [1]Der Anmeldung des Beschlusses über die Erhöhung des Stammkapitals zur Eintragung in das Handelsregister ist die der Kapitalerhöhung zu Grunde gelegte, mit dem Bestätigungsvermerk der Prüfer versehene Bilanz, in den Fällen des § 57f außerdem die letzte Jahresbilanz, sofern sie noch nicht nach § 325 Abs. 1 des Handelsgesetzbuchs eingereicht ist, beizufügen. [2]Die Anmeldenden haben dem Registergericht gegenüber zu erklären, dass nach ihrer Kenntnis seit dem Stichtag der zu Grunde gelegten Bilanz bis zum Tag der Anmeldung keine Vermögensminderung eingetreten ist, die der Kapitalerhöhung entgegenstünde, wenn sie am Tag der Anmeldung beschlossen worden wäre.

(2) Das Registergericht darf den Beschluss nur eintragen, wenn die der Kapitalerhöhung zu Grunde gelegte Bilanz für einen höchstens acht Monate vor der Anmeldung liegenden Zeitpunkt aufgestellt und eine Erklärung nach Absatz 1 Satz 2 abgegeben worden ist.

(3) Zu der Prüfung, ob die Bilanzen den gesetzlichen Vorschriften entsprechen, ist das Gericht nicht verpflichtet.

(4) Bei der Eintragung des Beschlusses ist anzugeben, dass es sich um eine Kapitalerhöhung aus Gesellschaftsmitteln handelt.

SchrifttumLiteratur:
s. Vorbemerkung zu §§ 57c bis 57o.

Übersicht

16 LG Mannheim, BB 1961, 303 m. zust. Anm. *Pleyer*, GmbHR 1961, 86; *Priester*, in: Scholz, GmbHG, § 57h Rn. 10; *Servatius*, in: Baumbach/Hueck, GmbHG, § 57h Rn. 9.

17 *Priester*, in: Scholz, GmbHG, § 57h Rn. 11; *Lutter*, in: KK-AktG, § 215 Rn. 14; *Koch*, in: Hüffer, Aktiengesetz, § 215 AktG Rn. 6; *Roth*, in: Roth/Altmeppen, GmbHG, § 57h Rn. 12; *Servatius*, in: Baumbach/Hueck, GmbHG, § 57h Rn. 10.

A. Regelungsgegenstand

Die Vorschrift regelt die Anmeldung der Kapitalerhöhung aus Gesellschaftsmitteln beim Handelsregister. Sie wird über § 57c Abs. 4 durch § 54 Abs. 1 ergänzt. 1

B. Inhalt der Handelsregisteranmeldung (Abs. 1)

I. Anmeldung

Der Kapitalerhöhungsbeschluss bedarf als Änderung des Gesellschaftsvertrages zu seiner Wirksamkeit der **Eintragung** in das Handelsregister (§§ 57c Abs. 4, 54). Die Eintragung ihrerseits setzt eine entsprechende Anmeldung voraus. Eine Pflicht ggü. dem Registergericht oder Behörden zur Anmeldung besteht nicht. Wohl aber ist die Geschäftsführung ggü. der **Gesellschaft** gehalten, die Anmeldung vorzunehmen, wenn die Voraussetzungen dafür vorliegen, insb. die Versicherung nach Abs. 1 Satz 2 abgegeben werden kann. Weigern sich die Geschäftsführer zu Unrecht, die Anmeldung vorzunehmen, besteht ein entsprechender Vornahmeanspruch der Gesellschaft, dessen gerichtliche Durchsetzung allerdings wegen der Achtmonatsfrist regelmäßig zu spät kommen dürfte.[1] Es verbleiben in solchen Fällen Schadensersatzansprüche gegen die Geschäftsführung (§ 43 Abs. 2 und Pflichtverletzung des Anstellungsvertrages) sowie unabhängig davon die Möglichkeit der sofortigen Abberufung aus wichtigem Grund. Einfach durchzusetzen sind diese Maßnahmen aber nur, wenn sich die Gesellschaftermehrheit darüber einig ist. Anderenfalls müsste ggf. zunächst im Innenverhältnis auf einen entsprechenden Gesellschafterbeschluss hingewirkt werden, Ansprüche gegen die Geschäftsführung zu verfolgen (§ 46 Nr. 8; näher dazu § 46 Rdn. 47 ff.).[2] 2

II. Anmeldende

Anmeldende sind nach § 78 zwingend **sämtliche Geschäftsführer** einschließlich etwaiger stellvertretender Geschäftsführer. Die Abgabe der Anmeldung nur durch Geschäftsführer in vertretungsberechtigter Zahl oder gar unter Mitwirkung eines Prokuristen genügt nicht. Die Anmeldung selbst kann auch durch **Bevollmächtigte** erfolgen. Die **Versicherung** ggü. dem Registergericht nach Abs. 1 Satz 2 kann jedoch nur durch alle Geschäftsführer persönlich abgegeben werden. 3

III. Gegenstand der Anmeldung

Gegenstand der Anmeldung ist der Antrag, die Kapitalerhöhung aus Gesellschaftsmitteln im Handelsregister einzutragen. Zweckmäßig, aber nicht erforderlich ist es, in dem Antrag selbst die Höhe der Kapitalerhöhung anzugeben. Der Antrag bedarf keiner weiteren Ausführungen, soweit sich die Angaben aus dem beigefügten Erhöhungsbeschluss ergeben.[3] Er muss allerdings – ggf. durch die Bezugnahme auf die beigefügten Anlagen – erkennen lassen, dass die Eintragung einer Kapitalerhöhung aus Gesellschaftsmitteln gewünscht wird. 4

IV. Anlagen der Anmeldung

Als Anlagen sind dem Antrag folgende Unterlagen beizufügen: 5

1. Das **notarielle Protokoll** über den Erhöhungsbeschluss in Ausfertigung oder beglaubigter Abschrift nebst etwaigen **Vollmachten**;
2. die der Erhöhung zugrunde liegende **Bilanz** nebst **Bestätigungsvermerk**; dies gilt auch dann, wenn es sich um die Jahresbilanz handelt und diese bereits nach §§ 325 ff. HGB zum Handelsregister eingereicht wurde;
3. wenn eine **Zwischenbilanz** verwendet wird, auch die **letzte Jahresbilanz** (bei prüfungspflichtigen Gesellschaften nebst Bestätigungsvermerk), dies jedoch nur, soweit die letzte Jahresbilanz

1 *Priester*, in: Scholz, GmbHG, § 57i Rn. 1.
2 *Karsten Schmidt*, in: *Scholz*, GmbHG, § 46 Rn. 161 m.w.N. bei Fn. 5; *Kowalski*, ZIP 1995, 1315, 1317.
3 *Priester*, in: Scholz, GmbHG, § 57i Rn. 3; *Servatius*, in: Baumbach/Hueck, GmbHG, § 57i Rn. 5; *Roth* in: Roth/Altmeppen, GmbHG, § 57i Rn. 2.

nicht bereits gem. §§ 325 ff. HGB beim Handelsregister eingereicht wurde. Letzteren falls empfiehlt sich ein Hinweis auf die Offenlegung im Antrag, um den Registergericht die Prüfung zu erleichtern;
4. vollständiger Wortlaut des **Gesellschaftsvertrages** mit **notarieller Bescheinigung** gem. §§ 57c Abs. 4, 54 Abs. 1 Satz 2 Halbs. 2.

Der beurkundende Notar ist nach § 40 Abs. 2 verpflichtet, eine von ihm unterschriebene **aktualisierte Gesellschafterliste** zum Handelsregister einzureichen, aus der sich die Beteiligungsverhältnisse *nach* Durchführung der Kapitalerhöhung ergeben. Hält man eine Beurkundung des Gesellschafterbeschlusses im Ausland für zulässig (was bislang nicht höchstrichterlich entschieden und umstritten ist, dazu § 57c Rdn. 6), wäre der ausländische Notar im Wege einer Annexkompetenz berechtigt, die Gesellschafterliste zum Handelsregister einzureichen.[4] Ferner muss die Liste mit der Bescheinigung des Notars nach § 40 Abs. 2 Satz 2 versehen sein. Dies gilt auch dann, wenn die vorherige Liste vor Inkrafttreten des MoMiG zum Handelsregister eingereicht wurde und nicht elektronisch abrufbar ist.[5] § 40 Abs. 2 spricht davon, dass die Liste unverzüglich *nach* Wirksamwerden der Veränderung einzureichen ist. Die Liste kann aber zur Vereinfachung auch zusammen mit der Anmeldung der Kapitalerhöhung eingereicht werden.[6] Der Beschluss des OLG München vom 08.09.2009[7], nach welcher die in der Liste enthaltene Veränderung nicht unter einer aufschiebenden Bedingung stehen werden darf, steht dem nicht entgegen, weil es sich bei der Eintragung der Kapitalerhöhung um eine Bedingung handelt, deren Eintritt das Registergericht durch die Eintragung der Kapitalerhöhung selbst herbeiführen kann. Ausreichend ist i.Ü., dass der Notar die Liste aufstellt, die Bescheinigung erteilt und einmal unterzeichnet. Zwei Unterschriften (unter der Liste *und* unter der Bescheinigung), wie dies von einzelnen Registergerichten nach Inkrafttreten des MoMiG offenbar verlangt wurde, sind *nicht* erforderlich, solange die Unterschrift erkennbar sowohl die Liste als auch die Bescheinigung abdeckt. Der Gesellschaft ist eine Kopie der Liste zu übermitteln.[8]

V. Bilanz

6 Die Bilanz ist von sämtlichen Geschäftsführern zu **unterzeichnen** (§ 264 Abs. 2 Satz 3 HGB). Fehlt die Unterschrift unter dem zum Handelsregister eingereichten Exemplar, kann dies allerdings auch nach Ablauf der Achtmonatsfrist noch nachgeholt werden, falls das Handelsregister eine entsprechende Zwischenverfügung erlässt.

VI. Gesellschafterliste

7 Vor Inkrafttreten des MoMiG wurde häufig vorsorglich auch eine Gesellschafterliste mit dem Beteiligungsverhältnis, wie es bei Beschlussfassung über die Kapitalerhöhung bestand, der Handelsregisteranmeldung beigefügt. Dadurch sollte etwaigen Zwischenverfügungen des Registergerichts in Fällen begegnet werden, in denen die Einreichung einer aktualisierten Gesellschafterliste bei vorangehenden Veränderungen im Gesellschafterkreis versehentlich unterblieben war. Ein solches Vorgehen ist nach Inkrafttreten des MoMiG nicht mehr möglich. Ggü. der Gesellschaft gilt nach § 16 Abs. 1 nur noch derjenige als Gesellschafter, der in der im Handelsregister aufgenommenen Gesellschafterliste eingetragen ist (näher § 16 Rdn. 1). Deshalb muss bereits *vor* Beschlussfassung über die Kapitalerhöhung eine aktualisierte Gesellschafterliste zum Handelsregister eingereicht werden, aus der sich die Beteiligungsverhältnisse ergeben, die im Zeitpunkt der Beschlussfassung

---

4 So zutreffend BGH, DB 2014, 292 für den Fall der Beurkundung einer Anteilsabtretung in Basel-Stadt. Ebenso OLG Düsseldorf, GmbHR 2011, 417. A.A. noch OLG München, GmbHR 2013, 269.

5 OLG München, DB 2009, 1395.

6 *Lieder*, in: MünchKommGmbHG, § 57i Rn. 8 m.w.N.; ebenso wohl OLG Jena, MittBayNot 2010, 490 (obiter dictum).

7 OLG München, NJW 2010, 305.

8 Zur Aufwertung der Gesellschafterliste durch das MoMiG insgesamt *Gehrlein*, Das neue GmbH-Recht, 2009, Rn. 84 ff.

bestehen. Findet unmittelbar vor der Kapitalerhöhung eine Veränderung der Beteiligungsverhältnisse statt, genügt es, wenn die Liste unverzüglich nach dieser Veränderung dem Handelsregister übermittelt wird (näher dazu § 16 Rdn. 18 ff.). Der Wortlaut von § 16 Abs. 1 spricht allerdings irreführend von »Aufnahme« in das Handelsregister. Da die Gesellschaft die Aufnahme der Liste in das elektronisch geführte Register durch das Registergericht nicht beeinflussen kann, muss es ausreichen, wenn die Liste dem Handelsregister unverzüglich in der gesetzlich vorgeschriebenen Form (also elektronisch) *übermittelt* wird, die eine Aufnahme in das elektronische Handelsregister ohne Weiteres ermöglicht.

VII. Liste der Übernehmer nicht erforderlich

Nicht erforderlich ist die Beifügung einer Liste der Übernehmer, die nach § 57 Abs. 3 Nr. 2 für die ordentliche Kapitalerhöhung vorgeschrieben ist. Die neuen Anteilsrechte stehen den bisherigen Gesellschaftern automatisch zu (§ 57j Satz 1), sodass es einer Übernahme und damit auch einer Liste der Übernehmer nicht bedarf.[9] 8

C. Form der Handelsregisteranmeldung

Die Anmeldung ist ausschließlich **elektronisch in öffentlich beglaubigter Form** zum Handelsregister einzureichen (§ 12 Abs. 1 Satz 1 HGB). Gleiches gilt für etwaige Handelsregistervollmachten (§ 12 Abs. 1 Satz 2 HGB). Die Anlagen sind ebenfalls ausschließlich in elektronischer Form einzureichen (§ 12 Abs. 2 HGB), wobei bei den zu beurkundenden oder zu beglaubigenden Dokumenten das elektronische Zeugnis des Notars hinzuzufügen ist. 9

D. Versicherung (Abs. 1 Satz 2)

Die Geschäftsführer haben in der Anmeldung (oder gesondert, dann aber ebenfalls in notariell beglaubigter Form)[10] zu erklären, dass nach ihrer Kenntnis seit dem Stichtag der zugrunde gelegten Bilanz bis zum Tag der Anmeldung **keine Vermögensminderung** eingetreten ist, die der Kapitalerhöhung entgegenstünde, wenn sie am Tag der Anmeldung beschlossen worden wäre. Die Erklärung dient dem Gläubigerschutz. Sie überbrückt die zeitliche Distanz zwischen dem Stichtag der Bilanz, auf den das Vorhandensein der umgewandelten Rücklage geprüft wurde, und der Anmeldung. Der Wortlaut stellt darauf ab, dass »nach Kenntnis« der Geschäftsführer keine Vermögensminderungen eingetreten sind. Über den Wortlaut hinaus verlangt die herrschende Auffassung, dass die Geschäftsführer sich nicht damit begnügen dürfen, lediglich ihre Unwissenheit über Vermögensminderungen zu versichern. Sie müssen sich vielmehr **positiv Gewissheit** darüber verschaffen, dass keine Vermögensminderung eingetreten ist.[11] Wenn monatliche betriebswirtschaftliche Auswertungen (sog. BWA) bei der Gesellschaft vorliegen, wird sich aus diesen regelmäßig ergeben, ob die Gesellschaft im Zeitraum bis zur Anmeldung Vermögensminderungen erlitten hat. Die Hinzuziehung dieser monatlichen Auswertungen ist dann erforderlich, aber auch genügend. Soweit noch keine Auswertung für den letzten Zeitraum vor der Anmeldung vorliegt, muss die Geschäftsführung zumindest bei ihren unmittelbar nachgeordneten Mitarbeitern erfragen, ob Geschäfte oder Ereignisse bekannt sind, die die Richtigkeit der Versicherung infrage stellen könnten. Eine vollständige »Due Diligence« des gesamten Unternehmens zum Zwecke der Kapitalerhöhung kann dagegen nicht verlangt werden. Insb. wenn erhebliche Vorgänge auf den nachgeordneten Unternehmensebenen entgegen einer bestehenden Berichtspflicht nicht an die Geschäftsführung berichtet werden, ist eine objektiv unrichtige Erklärung von den Geschäftsführern nicht zu vertreten. Die Beachtung der üblichen Controlling-Instrumente reicht aus, sofern diese allgemein geeignet sind, Vermögensminderungen zeitnah zu erfassen. 10

9 *Priester*, in: Scholz, GmbHG, § 57i Rn. 5; *Servatius*, in: Baumbach/Hueck, GmbHG, § 57i Rn. 12; *Schnorbus*, in: Rowedder/Schmidt-Leithoff, GmbHG, § 57i Rn. 4.

10 *Priester*, in: Scholz, GmbHG, § 57i Rn. 6.

11 *Priester*, in: Scholz, GmbHG, § 57i Rn. 6; *Kleindiek* in: Lutter/Hommelhoff, GmbHG, § 57i Rn. 5.

E. Rechtsfolgen unrichtiger Erklärung

11 Ist die Erklärung unrichtig, kommt bei vorsätzlichem Handeln – und nur dann – eine Strafbarkeit der Geschäftsführer (§ 82 Abs. 1 Nr. 4), sowie ggü. Gläubigern eine Haftung nach §§ 823 Abs. 2 BGB i.V.m. § 82 Abs. 1 Nr. 4 in Betracht, da diese Vorschrift erkennbar dem Schutz der Gläubiger dient.[12] Darüber hinaus besteht eine Haftung der Geschäftsführer – auch bei Fahrlässigkeit – ggü. der Gesellschaft nach § 43 Abs. 2,[13] deren Geltendmachung einen Gesellschafterbeschluss nach § 46 Nr. 8 erfordert (s. bereits oben Rdn. 2).

F. Zuständigkeit und Prüfung durch das Registergericht (Abs. 2 und 3)

I. Eingeschränkte Prüfung

12 Zuständig für die Eintragung ist das Registergericht, das auch für die Eintragung von Änderungen des Gesellschaftsvertrages zuständig ist (§ 54 Rdn. 7 ff.). Das Registergericht hat zunächst zu prüfen, ob die **formellen Voraussetzungen** einer Änderung des Gesellschaftsvertrages (§ 54 Rdn. 16) erfüllt sind. Die **Richtigkeit der eingereichten Unterlagen** kann dabei unterstellt werden. Dies gilt auch für die Richtigkeit der Versicherung nach Abs. 1 Satz 2. Nur wenn aufgrund der Anmeldung und der eingereichten Unterlagen begründete Anhaltspunkte vorliegen, dass die Versicherung unzutreffend ist, sind weitere Ermittlungen des Registergerichts statthaft und geboten.[14] Entsprechend § 8 Abs. 2 Satz 2 bedarf es bezüglich der Erklärung der Geschäftsführer gem. § 57i Abs. 1 Satz 2 sogar erheblicher Zweifel des Registergerichts, um Ermittlungen zurechtfertigen.[15]

II. Achtmonatsfrist

13 Das Gesetz ordnet darüber hinaus in Abs. 2 für die Kapitalerhöhung aus Gesellschaftsmitteln eine **besondere Prüfungspflicht** dahin gehend an, ob die **Achtmonatsfrist** eingehalten wurde. In Abs. 3 wird abgrenzend klargestellt, dass eine Prüfung darüber, ob die zugrunde liegenden **Bilanzen** den gesetzlichen Anforderungen entsprechen, *nicht* stattzufinden hat. Nach einem Teil des Schrifttums und der Rechtsprechung soll es dem Registerrichter dessen ungeachtet nicht verwehrt sein, begründeten Zweifeln hinsichtlich der Einhaltung von Bilanzierungsregeln nachzugehen.[16] Dieser Auffassung ist kritisch zu begegnen. Der Registerrichter wird regelmäßig nicht über Kenntnisse und Erfahrungen bei der Aufstellung, Bilanzierung, Bewertung und Prüfung von Jahresabschlüssen verfügen. Aus diesem Grund schließt Abs. 3 bewusst jede Prüfung über diese Punkte aus, um die Kapitalerhöhung dadurch nicht zu erschweren. Ausnahmen von diesem gesetzlichen Grundsatz müssen daher **restriktiv** gehandhabt werden. Allenfalls dann, wenn sich eine Unrichtigkeit **für jeden Dritten ohne weitere Prüfung offensichtlich aufdrängt**, wird man das Registergericht für berechtigt halten dürfen, einer solchen Unrichtigkeit nachzugehen. Letzteres wird praktisch nur bei offensichtlichen Schreib- oder Rechenfehlern vorkommen, die dann aber möglicherweise die Eintragung der Kapitalerhöhung gerade nicht hindern.

III. Sonstige Prüfungsgegenstände

14 Zu prüfen ist durch das Registergericht dagegen, ob der Erhöhungsbeschluss die notwendigen Angaben enthält, ob die Anmeldung fristgerecht erfolgte und durch sämtliche Geschäftsführer vorgenommen wurde. Ferner ist zu prüfen, ob die zugrunde gelegte Bilanz vorliegt, die Bilanz (ggf. durch Bezugnahme im Kapitalerhöhungsbeschluss) festgestellt wurde, den uneingeschränkten Bestätigungsvermerk trägt und bei einer Zwischenbilanz auch die letzte Jahresbilanz vorliegt bzw.

---

12 *Priester*, in: Scholz, GmbHG, § 57i Rn. 7; *Servatius*, in: Baumbach/Hueck, GmbHG, § 57i Rn. 7.

13 *Priester*, in: Scholz, GmbHG, § 57i Rn. 7; *Kleindiek*, in: Lutter/Hommelhoff, GmbHG, § 57i Rn. 16.

14 *Priester*, in: Scholz, GmbHG, § 57i Rn. 8; *Lutter*, in: KK-AktG, § 210 Rn. 11.

15 Ebenso *Priester*, in: Scholz, GmbHG, § 57i Rn. 8.

16 *Priester*, in: Scholz, GmbHG, § 57i Rn. 10; *Servatius*, in: Baumbach/Hueck, GmbHG, § 57i Rn. 13; OLG Hamm, AG 2008, 713, 715 im Fall einer AG.

bereits eingereicht wurde. Hinsichtlich der Rücklagen erstreckt sich die Prüfung lediglich darauf, dass die Rücklagen in der zugrunde liegenden Bilanz ausgewiesen und umwandlungsfähig sind. Eine Prüfung, ob die gesetzlichen Vorschriften für die Aufstellung der Bilanz beachtet wurden, findet nach Abs. 3 nicht statt.

IV. Von der Prüfung ausgenommene Gegenstände

15 Nicht durch das Gericht zu prüfen ist, ob der Prüfer der Bilanz ordnungsgemäß gewählt wurde, der Ergebnisverwendungsbeschluss ordnungsgemäß gefasst war und bei zweckgebundenen Rücklagen die Umwandlung innerhalb des Zwecks liegt (§ 57d Abs. 3).[17]

G. Eintragung (Abs. 4)

16 Aus der Eintragung muss sich ergeben, dass es sich um eine Kapitalerhöhung »aus Gesellschaftsmitteln« handelt. Darüber hinaus sind die erhöhte Stammkapitalziffer sowie das Datum des Kapitalerhöhungsbeschlusses und der Eintragung einzutragen. Der Inhalt der Eintragung ist nach § 10 HGB vom Gericht zu veröffentlichen.[18]

H. Wirkung der Eintragung

17 Die Eintragung ist für die Kapitalerhöhung und die Änderung des Gesellschaftsvertrages **konstitutiv.** Erst mit der Eintragung werden die Maßnahmen wirksam. Vom Zeitpunkt der Eintragung an hat die Gesellschaft das erhöhte Kapital in ihren Büchern auszuweisen. Eine anschließende Herabsetzung des Stammkapitals ist nur im Wege der Kapitalherabsetzung möglich. Mit der Eintragung entstehen auch die Anteilsrechte, wie sie nach Maßgabe des Kapitalerhöhungsbeschlusses begründet werden. Neue Geschäftsanteile, die durch die Kapitalerhöhung geschaffen werden, gelten als voll eingezahlt. Eine weitergehende Durchführung der Kapitalerhöhung ist nicht erforderlich[19] (zur Rechtslage bei der Entstehung von Teilrechten § 57k Rdn. 5).

I. Zwischenzeitliche Übertragungen

18 Werden Geschäftsanteile im Zeitraum zwischen der Beschlussfassung und Eintragung der Kapitalerhöhung übertragen, entstehen die neuen Geschäftsanteile bzw. erfolgt eine Aufstockung des Nennwertes eines übertragenen Geschäftsanteils bei dem Erwerber unmittelbar (§ 57j).[20] Wird dagegen ein i.R.d. Kapitalerhöhung erst entstehender Anteil (oder der Teil des Erhöhungsbetrages) nach Beschlussfassung und vor Eintragung abgetreten, erwirbt der Erwerber diesen Anteil von dem bisherigen Gesellschafter im Wege eines Durchgangserwerbs.[21]

J. Folgen von Mängeln

I. Mängel des Kapitalerhöhungsbeschlusses

19 Ist der **Kapitalerhöhungsbeschluss nichtig**, führt die Eintragung im Handelsregister nur dann analog § 242 Abs. 1 AktG zur Heilung, wenn die Nichtigkeit ausschließlich auf einem Fehlen der notariellen Beurkundung beruht. Ein solcher Fall wird in der Praxis allerdings kaum vorkommen, weil die notarielle Beurkundung vom Registergericht leicht nachzuprüfen ist und überdies Einreichungen der zu beglaubigenden bzw. zu beurkundenden Unterlagen bei dem Registergericht nur noch in elektronischer Form durch den Notar selbst vorgenommen werden. Handelt es sich um andere Nichtigkeitsgründe, besteht dagegen **keine Heilungswirkung durch Eintragung.** Analog § 242 Abs. 2 AktG erfolgt eine Heilung in solchen Fällen erst durch Zeitablauf mit Ablauf von 3

17 *Priester*, in: Scholz, GmbHG, § 57i Rn. 10; *Servatius*, in: Baumbach/Hueck, GmbHG, § 57i Rn. 13.
18 *Priester*, in: Scholz, GmbHG, § 57i Rn. 15.
19 *Priester*, in: Scholz, GmbHG, § 57i Rn. 16.
20 *Servatius*, in: Baumbach/Hueck, GmbHG, § 57i Rn. 16; *Habel*, GmbHR 2000, 267.
21 *Priester*, in: Scholz, GmbHG, § 57i Rn. 16; *Servatius*, in: Baumbach/Hueck, GmbHG, § 57i Rn. 16.

Jahren nach der Eintragung. Zuvor ist weder das Stammkapital erhöht, noch sind neue Anteile entstanden.[22] Die Gesellschaft hat in diesen Fällen ein berechtigtes Interesse an einer Berichtigung des Fehlers durch einen erneuten Kapitalerhöhungsbeschluß, der ungeachtet der zu Unrecht erfolgten Voreintragung im Handelsregister einzutragen ist.[23] Ob die Grundsätze der Scheingesellschaft, deren Anwendung bei dem Fall einer unwirksamen ordentlichen Kapitalerhöhung erörtert wird, bei Kapitalerhöhungen aus Gesellschaftsmitteln anzuwenden sind,[24] ist zweifelhaft. Zwar ermöglicht § 16 Abs. 3 nach Inkrafttreten des MoMiG unter bestimmten Voraussetzungen einen gutgläubigen Erwerb von Geschäftsanteilen. Daraus allein wird man aber nicht folgern können, dass die Gesellschafterliste auch eine mittelbare Heilungswirkung für Mängel des Kapitalerhöhungsbeschlusses entfaltet. Anderenfalls würde man den Gutglaubensschutz auch auf überhaupt nicht existierende Anteile erstrecken, was mit § 16 Abs. 3 jedenfalls nicht ausdrücklich beabsichtigt wurde.

II. Verdeckte Sacheinlage

20 Wird durch die Gesellschafterversammlung eine Barkapitalerhöhung gem. § 55 beschlossen, angemeldet und eingetragen, findet aber die Kapitalaufbringung lediglich durch Umbuchung freier Rücklagen in das Stammkapital statt, liegt eine verdeckte Sacheinlage vor. In diesem Fall erscheint eine Heilung in der Weise zulässig, dass die zunächst eingetragene Barkapitalerhöhung durch satzungsändernden Beschluss unter Beachtung der übrigen Voraussetzungen der §§ 57c ff. in eine Kapitalerhöhung aus Gesellschaftsmitteln umgewandelt wird.[25]

III. Mängel der Anmeldung

21 Mängel der Anmeldung lassen die Wirksamkeit der Kapitalerhöhung unberührt. Erfolgt eine Eintragung bspw., obgleich die Achtmonatsfrist nicht eingehalten wurde oder die Versicherung nach § 57i Abs. 1 Satz 2 fehlt, ist die Kapitalerhöhung **wirksam** geworden und eine **Löschung von Amts wegen** nach §§ 398i.V.m. 395 FamFG ausgeschlossen.[26] Gleiches muss gelten, wenn vor der Anmeldung der Kapitalerhöhung ein **weiterer Geschäftsführer** bestellt wurde, dessen Bestellung aber noch nicht zum Handelsregister angemeldet wurde und der die Anmeldung nicht mit unterzeichnete. Da der Bestellungsakt konstitutiv ist (§ 46 Rdn. 29), hätte der Geschäftsführer nach § 78 an der Anmeldung mitwirken müssen. Auch in diesem Fall ist die Kapitalerhöhung allerdings nicht von vornherein unwirksam. Das Registergericht hat den solchermaßen bestellten Geschäftsführer vielmehr zur (nachträglichen) Unterzeichnung der Anmeldung und zur Abgabe der Versicherung aufzufordern. Erst wenn der Geschäftsführer diesem Verlangen nicht nach kommt, ist eine **Löschung von Amts wegen** nach § 395 FamFG möglich.[27] Wird ungeachtet einer zutreffenden Anmeldung die Angabe bei der Eintragung unterlassen, dass es sich um eine Kapitalerhöhung aus Gesellschaftsmitteln handelt, hat das Handelsregister die entsprechende Ergänzung von Amts wegen vorzunehmen und das Handelsregister zu berichtigen.[28] Die Wirksamkeit der Kapitalerhöhung wird dadurch nicht beeinträchtigt.

---

22 OLG Jena, Beschl. v. 28.01.2016 – 2 W 547/15 = DB 2016, 1250; *Priester*, in: Scholz, GmbHG, § 57i Rn. 17 (im ersten Teil des Textes).

23 OLG Jena, Beschl. v. 28.01.2016 – 2 W 547/15 = DB 2016, 1250.

24 In diese Richtung denkend nunmehr *Priester*, in: Scholz, GmbHG, § 57i Rn. 17 (im zweiten Teil des Textes).

25 *Priester*, GmbHR 1998, 861.

26 *Kleindiek*, in: Lutter/Hommelhoff, GmbHG, § 57i Rn. 14; *Schnorbus*, in: Rowedder/Schmidt-Leithoff, GmbHG, § 57i Rn. 14.

27 *Priester*, in: Scholz, GmbHG, § 57i Rn. 18 und § 57 Rn. 58; *Ulmer*, in: Ulmer/Habersack/Löbbe, GmbHG, § 57i Rn. 25 und § 57 Rn. 55; *Lutter*, in: KK-AktG, § 210 Rn. 19; *Schnorbus*, in: Rowedder/Schmidt-Leithoff, GmbHG, § 57 Rn. 43; *Lutter/Friedewald*, ZIP 1986, 692.

28 LG Essen, BB 1982, 1821 f.; *Priester*, in: Scholz, GmbHG, § 57i Rn. 18; *Schnorbus*, in: Rowedder/Schmidt-Leithoff, GmbHG, § 57i Rn. 9 und Rn. 15; *Meyer-Landrut*, in: Meyer-Landrut, GmbHG, § 7 KapErhG Rn. 7.

K. Unzureichende Rücklagen

Stellt sich im Nachhinein heraus, dass die zur Umwandlung verwendeten Rücklagen nicht oder nicht vollständig vorhanden waren, bleibt die Kapitalerhöhung nach ganz herrschender Meinung wirksam. Es kommt in diesen Fällen allerdings zu einer **Differenzhaftung** der Gesellschafter ggü. der Gesellschaft analog § 9.[29] Darüber hinaus sind **Schadensersatzansprüche** gegen die Prüfer, aber auch gegen die Geschäftsführer (§ 43) denkbar. Eine Haftung wird vermieden, wenn das Stammkapital wieder herabgesetzt wird; eine Verpflichtung dazu besteht jedoch nicht.[30] Das Stehenlassen von Gewinnen reicht aufgrund der bestehenden Entnahmesperre des § 30 nicht aus.[31] 22

L. Aufbewahrung von Unterlagen

Die in elektronischer Form eingereichten Unterlagen werden bei dem Registergericht in elektronischer Form gespeichert (§ 12 HGB). Ihre Einsicht ist jedermann gestattet (§ 9 HGB). 23

§ 57j Verteilung der Geschäftsanteile

[1]Die neuen Geschäftsanteile stehen den Gesellschaftern im Verhältnis ihrer bisherigen Geschäftsanteile zu. [2]Ein entgegenstehender Beschluss der Gesellschafter ist nichtig.

SchrifttumLiteratur:
s. Vorbemerkung zu §§ 57c bis 57o.

Übersicht

A. Grundsatz

I. Gleichbleibende Beteiligungsverhältnisse

§ 57j enthält eine grundsätzliche Aussage dahin gehend, dass durch die Kapitalerhöhung aus Gesellschaftsmitteln das bestehende Beteiligungsverhältnis bei der Gesellschaft nicht verschoben werden darf. Während dies bei einer Aufstockung des Nennbetrages bestehender Geschäftsanteile bereits daraus folgt, dass die Gesellschafter aufgrund des Grundsatzes der Gleichbehandlung im Verhältnis ihrer bestehenden Beteiligung am Stammkapital auch an den Erhöhungsbeträgen teilnehmen, ist dies bei einer Ausgabe neuer Geschäftsanteile nicht selbstverständlich und deshalb von § 57j ausdrücklich angeordnet. 1

II. Begründung

Grund für diese Behandlung ist die Tatsache, dass die Gesellschafter auch an den umgewandelten Rücklagen im Verhältnis ihrer bisherigen Beteiligung am Stammkapital beteiligt sind und das erhöhte Stammkapital ihnen in demselben Verhältnis wirtschaftlich zusteht.[1] 2

29 *Priester*, in: Scholz, GmbHG, § 57i Rn. 20 f.

30 *Priester*, in: Scholz, GmbHG, § 57i Rn. 21; *Ulmer*, in: Ulmer/Habersack/Löbbe, GmbHG, § 57i Rn. 29; a.A. *Lutter*, in: KK-AktG, § 211 Rn. 8; *Korsten*, AG 2006, 321, 323.

31 *Priester*, in: Scholz, GmbHG, § 57i Rn. 21.

1 So bereits die Regierungsbegründung zur Vorgängernorm § 12 KapErhG, BT-Drucks. 3/416, S. 13; *Priester*, in: Scholz, GmbHG, § 57j Rn. 1.

III. Eingezogene Anteile; eigene Anteile

3 Aus dem Vorstehenden folgt, dass eingezogene Anteile nicht zu berücksichtigen sind, während eigene Anteile der Gesellschaft an der Erhöhung ebenfalls teilnehmen (§ 57l Abs. 1).

B. Abweichende Beschlüsse

I. Bislang noch herrschende Meinung

4 Von dem Grundsatz in Satz 1 abweichende Beschlüsse sind aufgrund von Satz 2 nach wohl noch herrschender Meinung **unzulässig**, und zwar selbst dann, wenn sämtliche Gesellschafter zustimmen oder es sich nur um eine geringfügige Abweichung handelt.[2]

II. Neuere Auffassung

5 Eine a.A. will dagegen Abweichungen mit Zustimmung aller Gesellschafter[3] oder – weitergehender – sogar nur des betroffenen Gesellschafters[4] im Wege einer **teleologischen Reduktion** der Vorschrift gestatten. Satz 2 habe ausweislich der Gesetzesbegründung lediglich eine (teilweise) Ausgabe von Belegschaftsaktien anlässlich einer Kapitalerhöhung aus Gesellschaftsmitteln verhindern wollen, schieße über dieses Ziel aber weit hinaus. Minderheitsgesellschafter würden nicht benachteiligt, wenn die Minderheit einer abweichenden Anteilsverteilung zustimme. Der in § 57j zum Ausdruck kommende Gleichbehandlungsgrundsatz aller Gesellschafter sei dispositiv.

III. Teleologische Reduktion der Vorschrift

6 Für die letztgenannte Auffassung spricht, dass eine Einschränkung der Privatautonomie bei Zustimmung aller Gesellschafter nur dann sachlich gerechtfertigt und damit auch verfassungsrechtlich haltbar ist, wenn mindestens gleichwertige andere schutzwürdige Interessen dies gebieten. Im Fall der Kapitalerhöhung aus Gesellschaftsmitteln kommt nur der Schutz der Gläubiger oder der Gleichbehandlungsgrundsatz in Betracht. Der Gläubigerschutz wird jedoch durch eine disproportionale Anteilsverschiebung nicht beeinträchtigt, da der Erhöhungsbetrag des Stammkapitals auch bei einer Veränderung der Beteiligungsverhältnisse nach wie vor uneingeschränkt vorhanden ist. Wird das Beteiligungsverhältnis verschoben, fänden Zuwendungen der Gesellschafter untereinander statt, die – je nach Rechtsgrund – steuerlich unterschiedlich behandelt werden könnten. Auch dies gebietet aber nicht, disproportionale Erhöhungen bei Gelegenheit einer Kapitalerhöhung auszuschließen, solange sämtliche Gesellschafter damit einverstanden sind und damit auch der Gleichbehandlungsgrundsatz nicht verletzt wird. Die Regelung ist daher in der Tat dahin gehend **teleologisch zu reduzieren**, dass Abweichungen mit Zustimmung sämtlicher Gesellschafter möglich sind. Anderenfalls wird in die grundgesetzlich geschützte Privatautonomie (Art. 1 und 2 GG) ohne Rechtfertigung eingegriffen. Allerdings wird die Beratungspraxis ein solches Vorgehen jedenfalls gegenwärtig noch nicht uneingeschränkt empfehlen können, solange eine nicht unerhebliche Meinung Abweichungen von § 57j aufgrund des Wortlautes der Vorschrift generell nicht zulassen will und höchstrichterliche Entscheidungen dazu nicht vorliegen.

---

2 *Servatius*, in: Baumbach/Hueck, GmbHG, § 57j Rn. 6; *Kleindiek*, in: Lutter/Hommelhoff, GmbHG, § 57j Rn. 6; *Ulmer*, in: Ulmer/Habersack/Löbbe, GmbHG, § 57j Rn. 7; *Roth*, in: Roth/Altmeppen, GmbHG, § 57j Rn. 3; *Zimmermann*, in: Rowedder/Schmidt-Leithoff (4. Aufl.), GmbHG, § 57j Rn. 2; *Fröhlich/Primaczenko*, GWR 2013, 437 (439); OLG Dresden, DB 2001, 584 für die Aktiengesellschaft.

3 *Priester*, in: Scholz, GmbHG, § 57j Rn. 3; ebenso *Veil*, in: K. Schmidt/Lutter, AktG, § 212 Rn. 2 – *Priester* bemerkt in der vorangehenden Fundstelle (dort in Fn. 5) nicht ohne Stolz, *Veil* habe »gemerkt«, dass seine – *Priesters* – Auffassung richtig sei; vgl. auch *Hirte*, in: GroßKommAktG, 4. Aufl., § 212 Rn. 15; für eine Änderung von Satz 2 de lege ferenda *Schemmann*, NZG 2009, 241, 242; *Hermanns*, in: Michalski, GmbHG, § 57l Rn. 7.

4 *Schnorbus*, in: Rowedder/Schmidt-Leithoff, GmbHG, § 57j Rn. 6. Für den Fall des Alleingesellschafters ebenso das Gutachten des DNotI vom 19. Juni 2015, abrufbar unter www.dnoti.de/gutachten, Abruf-Nr. 142314.

IV. Mittelbare Abweichungen

Soweit § 57j anzuwenden ist, verbietet die Regelung auch mittelbare Abweichungen von dem Grundsatz proportionaler Anteilsgewährung. Unzulässig ist es etwa, die Kapitalerhöhung davon abhängig zu machen, dass die Gesellschafter sich gleichzeitig auch an einer Kapitalerhöhung gegen Einlagen beteiligen. Auch darf nicht bereits im Erhöhungsbeschluss eine Abtretung der Anteile einzelner Gesellschafter vorgesehen werden. Individuelle Verpflichtungsabreden dazu sind dagegen uneingeschränkt zulässig.[5] 7

C. Automatischer Anteilserwerb

Die neu ausgegebenen Geschäftsanteile entstehen mit Eintragung der Kapitalerhöhung im Handelsregister automatisch in der Hand derjenigen, die zu diesem Zeitpunkt Gesellschafter sind. Es handelt sich um einen unmittelbaren Rechtserwerb kraft Hoheitsaktes. Zur Rechtsfolge bei zwischenzeitlichen Anteilsveräußerungen vgl. § 57i Rdn. 18. Weitergehende Erwerbsakte und insb. eine Übernahmeerklärung sind nicht erforderlich.[6] 8

D. Verstöße

Wird § 57j Satz 1 nicht beachtet, ist die abweichende Verteilung unwirksam. Die Frage, ob auch der Kapitalerhöhungsbeschluss im Übrigen insgesamt nichtig ist, soll sich nach herrschender Meinung entsprechend **§ 139 BGB** beurteilen, also davon abhängen, ob der Erhöhungsbeschluss auch ohne den nichtigen Teil gefasst worden wäre.[7] Die Gegenauffassung lehnt eine Anwendung von § 139 BGB ab[8], gelangt aber über das Kriterium abweichender Umstände in vielen Fällen zum selben Ergebnis. Die Anwendung von § 139 BGB (gleich ob unmittelbar oder entsprechend) erscheint in der Tat sachgerecht. Sie ermöglicht eine flexible Handhabung im Interesse der Gesellschaft. Beruht die abweichende Verteilung bspw. auf einem Versehen, ist es angebracht, den Kapitalerhöhungsbeschluss aufrechtzuerhalten und die Verteilung der Anteile nach § 57j Satz 1 durchzuführen.[9] War dagegen die Verteilung der Anteile erkennbar das Hauptziel der Gesellschafter, das mit der Kapitalerhöhung erreicht werden sollte, wird man im Zweifel – dem Grundsatz des § 139 BGB folgend – den Beschluss insgesamt für nichtig halten müssen, weil die Gesellschafter diesen ohne die gegen § 57j verstoßende Verteilung nicht beschlossen hätten. 9

Liegt Nichtigkeit vor, ist die Eintragung abzulehnen. Erfolgt gleichwohl eine Eintragung, hat dies bis zum Ablauf der Dreijahresfrist (§ 242 Abs. 2 AktG)[10] **keine heilende Wirkung.**[11] Wegen der Wirkungen i.Ü. vgl. § 57i Rdn. 19 ff. Das Handelsregister ist verpflichtet, vor Ablauf der Dreijahresfrist die Eintragung von Amts wegen zu löschen. Ein »Nachschieben« des Beschlusses[12] wäre zwar aus praktischer Sicht zweckmäßig, ist aber aus Gründen der Rechtssicherheit abzulehnen. In Betracht kommt nur die Neuvornahme nach Löschung des zu unrecht eingetragenen Beschlusses.[13] 10

---

5 *Priester*, in: Scholz, GmbHG, § 57j Rn. 4.

6 *Priester*, in: Scholz, GmbHG, § 57j Rn. 5.

7 *Servatius*, in: Baumbach/Hueck, GmbHG, § 57j Rn. 6; *Priester*, in: Scholz, GmbHG, § 57j Rn. 6; *Roth* in: Roth/Altmeppen, GmbHG, § 57j Rn. 4; *Schemmann*, NZG 2009, 241, 242.

8 *Ulmer*, in: Ulmer/Habersack/Löbbe, GmbHG, § 57j Rn. 9 – Fortgeltung des Beschlusses i.Ü., allerdings nur, sofern keine entgegenstehenden Umstände (»im Zweifel«) vorhanden sind. Ähnlich *Schnorbus*, in: Rowedder/Schmidt-Leithoff, GmbHG, § 57j Rn. 7.

9 Beispiel bei *Priester*, in: Scholz, GmbHG, § 57j Rn. 6.

10 *Priester*, in: Scholz, GmbHG, § 57j Rn. 6; *Ulmer*, in: Ulmer/Habersack/Löbbe, GmbHG, § 57j Rn. 10; *Schnorbus*, in: Rowedder/Schmidt-Leithoff, GmbHG, § 57j Rn. 8.

11 *Schemmann*, NZG 2009, 241, 242.

12 Vorgeschlagen von *Temme*, RhNotZ 2004, 16.

13 Ebenso *Schemmann*, NZG 2009, 241, 242.

§ 57k Teilrechte; Ausübung der Rechte

(1) Führt die Kapitalerhöhung dazu, dass auf einen Geschäftsanteil nur ein Teil eines neuen Geschäftsanteils entfällt, so ist dieses Teilrecht selbstständig veräußerlich und vererblich.

(2) Die Rechte aus einem neuen Geschäftsanteil, einschließlich des Anspruchs auf Ausstellung einer Urkunde über den neuen Geschäftsanteil, können nur ausgeübt werden, wenn Teilrechte, die zusammen einen vollen Geschäftsanteil ergeben, in einer Hand vereinigt sind oder wenn sich mehrere Berechtigte, deren Teilrechte zusammen einen vollen Geschäftsanteil ergeben, zur Ausübung der Rechte (§ 18) zusammenschließen.

SchrifttumLiteratur:
s. Vorbemerkung zu §§ 57c bis 57o.

Übersicht

A. Entstehung von Teilrechten (Abs. 1)

1 Aus dem Grundsatz beteiligungsproportionaler Anteilsgewährung (§ 57j) folgt, dass auf einen Gesellschafter **Spitzenbeträge** entfallen können, die der zwingenden Teilbarkeitsregelung in § 57h Abs. 1 widersprechen. Nach Inkrafttreten des MoMiG verbleibt für solche Teilrechte allerdings nur ein geringer Anwendungsbereich. Während das Gesetz früher eine Teilbarkeit durch 10 und eine Mindesthöhe von 50 € für einen Geschäftsanteil vorsah (§ 57h Abs. 1 Satz 2 a.F.) und damit die Entstehung von Teilrechten begünstigte, besteht heute nur noch das Erfordernis einer Teilbarkeit durch einen Euro, der zugleich den Mindestbetrag jedes Geschäftsanteils darstellt (§ 57h Abs. 1 Satz 2). Die Bildung von Teilrechten, für die früher ein praktisches Bedürfnis bestand,[1] wird daher heute kaum mehr erforderlich sein. Gleichwohl ist die Vorschrift des § 57k aufrechterhalten worden, da immerhin theoretisch nach wie vor denkbar ist, dass Spitzenbeträge verbleiben, die keinen vollen Geschäftsanteil bilden.

B. Keine Obergrenze

2 Die Entstehung von Teilrechten setzt voraus, dass ein durch einen Euro teilbarer Geschäftsanteil gebildet wird, an dem die einzelnen Gesellschafter mit Teilrechten beteiligt sind. Eine Obergrenze für den Nennbetrag des solchermaßen gebildeten Geschäftsanteils besteht nicht. Theoretisch könnte auch nur ein einzelner neuer Geschäftsanteil gebildet werden, an dem sämtliche Gesellschafter im Verhältnis ihrer bisherigen Beteiligungsquote beteiligt sind. Da die Ausübung von Teilrechten nach Abs. 2 allerdings erschwert ist, wird man jedem Gesellschafter das Recht zubilligen müssen, dass ihm ein größtmöglicher Erhöhungsbetrag bzw. neuer Anteil zufällt.[2] Eine über das erforderliche Maß hinausgehende Teilrechtsbildung kann daher nur mit Zustimmung des betroffenen Gesellschafters erfolgen.[3]

C. Geltung bei Aufstockung

3 Seinem Wortlaut nach gilt § 57k nur für die Ausgabe neuer Geschäftsanteile. Das ist folgerichtig, da § 57h Abs. 2 Satz 2 bei Nennbetragserhöhungen Spitzenbeträge ausschließt. Abs. 1 gilt

1 Beispiele dazu bei *Priester*, in: Scholz, GmbHG, § 57k Rn. 3.
2 *Priester*, in: Scholz, GmbHG, § 57k Rn. 4.
3 *Priester*, in: Scholz, GmbHG, § 57k Rn. 4.

aber entsprechend, wenn entgegen § 57h Abs. 2 Satz 2 eine Aufstockung unter Bildung von Spitzenbeträgen erfolgt und im Handelsregister eingetragen wird.[4] Anderenfalls käme es in solchen Fällen zu einer unerwünschten Veräußerbarkeit von Teilrechten, die § 57k Abs. 2 gerade verhindern will.

D. Angaben im Kapitalerhöhungsbeschluss

Nach herrschender Meinung ist die **Höhe der Teilrechte im Kapitalerhöhungsbeschluss festzusetzen.**[5] Anderer Auffassung nach sollen sich die Teilrechte automatisch errechnen.[6] Die Gegenauffassung ist jedenfalls nach Inkrafttreten des MoMiG nicht mehr haltbar, weil ein Gesellschafter heute auch mehrere Geschäftsanteile und damit auch mehrere Teilrechte *(argumentum a maiore ad minus)* erwerben kann (§ 5 Abs. 2 Satz 2). Eine Festsetzung im Kapitalerhöhungsbeschluss ist deshalb jedenfalls für Kapitalerhöhungen nach Inkrafttreten des MoMiG zwingend erforderlich. 4

E. Selbstständigkeit der Teilrechte

Die Teilrechte sind keine Bruchteilsrechte, sondern Mitgliedschaftsrechte. Sie sind nach Abs. 1 **selbstständig veräußerlich und vererblich**, können also auch gepfändet und verpfändet werden.[7] Ferner ist eine Einziehung des Teilrechts nach § 34möglich. Enthält der Gesellschaftsvertrag **Verfügungsbeschränkungen** für Geschäftsanteile, gelten diese auch für Teilrechte.[8] Die Veräußerung von und **Verfügungen über Teilrechte** erfolgen nach den für Geschäftsanteile geltenden Vorschriften, erfordern also notarielle Beurkundung (§ 15 Abs. 3).[9] In der **Gesellschafterliste** ist der gebildete Geschäftsanteil mit den einzelnen, daran bestehenden Teilrechten auszuweisen (näher § 40 Rdn. 8 ff.). Der Unterschied zum Geschäftsanteil ist zum einen quantitativ, da nur ein Teil des Nennbetrages eines Geschäftsanteils einem Gesellschafter zugeordnet wird. Zum anderen ist die Ausübung der Rechte aus dem Teilrecht ggü. einem Geschäftsanteil beschränkt. 5

F. Ausübung von Mitgliedschaftsrechten (Abs. 2)

I. Keine selbstständige Ausübung

Die Mitgliedschaftsrechte aus dem Teilrecht können nach Abs. 2 nicht selbstständig ausgeübt werden. Dies gilt für sämtliche Verwaltungs- und Mitgliedschaftsrechte, die mit Geschäftsanteilen verbunden sind, insb. für das Stimmrecht und das Gewinnbezugsrecht, aber auch für Informations- und Einsichtsrechte oder das Recht zur Teilnahme am Liquidationserlös. Bei der Gewinnverteilung gem. § 29 bleiben die Teilrechte so lange unberücksichtigt, wie aus ihnen keine Rechte geltend gemacht werden können.[10] 6

---

4 *Servatius*, in: Baumbach/Hueck, GmbHG, § 57k Rn. 2; *Kleindiek*, in: Lutter/Hommelhoff, GmbHG, § 57k Rn. 1; *Priester*, in: Scholz, GmbHG, § 57k Rn. 1; *Ulmer*, in: Ulmer/Habersack/Löbbe, GmbHG, § 57k Rn. 6 und § 57h Rn. 11.

5 *Ulmer*, in: Ulmer/Habersack/Löbbe, GmbHG, § 57k Rn. 3 und § 57h Rn. 17; *Kleindiek*, in: Lutter/Hommelhoff, GmbHG, § 57k Rn. 3; *Priester*, in: Scholz, GmbHG, § 57k Rn. 5; *Simon*, BB 1962, 73.

6 *Servatius*, in: Baumbach/Hueck, GmbHG, § 57k Rn. 3.

7 *Priester*, in: Scholz, GmbHG, § 57k Rn. 7; *Servatius*, in: Baumbach/Hueck, GmbHG, § 57k Rn. 6.

8 *Priester*, in: Scholz, GmbHG, § 57k Rn. 7; *Servatius*, in: Baumbach/Hueck, GmbHG, § 57k Rn. 6; *Kleindiek*, in: Lutter/Hommelhoff, GmbHG, § 57k Rn. 4.

9 *Priester*, in: Scholz, GmbHG, § 57k Rn. 7; *Servatius*, in: Baumbach/Hueck, GmbHG, § 57k Rn. 6; *Ulmer*, in: Ulmer/Habersack/Löbbe, GmbHG, § 57k Rn. 7; *Kleindiek*, in: Lutter/Hommelhoff, GmbHG, § 57k Rn. 4; *Roth* in: Roth/Altmeppen, GmbHG, § 57k Rn. 4.

10 *Priester*, in: Scholz, GmbHG, § 57k Rn. 8.

II. Zusammenführung mehrerer Teilrechte

7 Erwirbt ein Gesellschafter so viele Teilrechte, dass daraus **ein Geschäftsanteil gebildet** werden kann, verschmelzen die Teilrechte automatisch zu einem einheitlichen Geschäftsanteil.[11] Die Rechte aus diesem Geschäftsanteil können sodann uneingeschränkt ausgeübt werden.

III. Zusammenschluss von Gesellschaftern mit Teilrechten

8 Mehrere Gesellschafter, deren Teilrechte einen vollen Geschäftsanteil ergeben, können sich auch zur Ausübung ihrer Rechte **zusammenschließen.** Im Innenverhältnis der Gesellschafter untereinander handelt es sich dann um eine **GbR** (§§ 705 ff. BGB), im Außenverhältnis gilt § 18.[12] Werden die Teilrechte auf die GbR übertragen, findet eine Verschmelzung zu einem Geschäftsanteil statt (s. vorstehend Rdn. 7). Ggü. der Gesellschaft kann die Ausübung der Gesellschafterrechte stets nur einheitlich erfolgen (§ 18), unabhängig davon, ob die Teilrechte Gesamthandseigentum geworden sind oder im Eigentum der einzelnen Gesellschafter verbleiben. Die Bestellung eines gemeinsamen Vertreters ist – anders als nach § 69 AktG – nicht erforderlich. Ist ein Vertreter nicht bestellt, kann die Gesellschaft allerdings Erklärungen ggü. einem Berechtigten mit Wirkung für alle abgeben (§ 18 Abs. 3).[13]

§ 57l Teilnahme an der Erhöhung des Stammkapitals

(1) Eigene Geschäftsanteile nehmen an der Erhöhung des Stammkapitals teil.

(2) [1]Teileingezahlte Geschäftsanteile nehmen entsprechend ihrem Nennbetrag an der Erhöhung des Stammkapitals teil. [2]Bei ihnen kann die Kapitalerhöhung nur durch Erhöhung des Nennbetrags der Geschäftsanteile ausgeführt werden. [3]Sind neben teileingezahlten Geschäftsanteilen vollständig eingezahlte Geschäftsanteile vorhanden, so kann bei diesen die Kapitalerhöhung durch Erhöhung des Nennbetrags der Geschäftsanteile und durch Bildung neuer Geschäftsanteile ausgeführt werden. [4]Die Geschäftsanteile, deren Nennbetrag erhöht wird, können auf jeden Betrag gestellt werden, der auf volle Euro lautet.

Schrifttum

Literatur: s. Vorbemerkung zu §§ 57c bis 57o.

Übersicht

A. Eigene Geschäftsanteile (Abs. 1)

I. Kapitalerhöhung und eigene Geschäftsanteile

1 Die Teilnahme eigener Geschäftsanteile der Gesellschaft an einer Kapitalerhöhung aus Gesellschaftsmitteln erscheint auf den ersten Blick merkwürdig, weil der Gesellschaft aus eigenen Geschäftsanteilen keine Rechte zustehen.[1] Sie rechtfertigt sich aber, weil eigene Geschäftsanteile ebenfalls eine **Beteiligung an den Rücklagen** enthalten, die bei der Kapitalerhöhung aus Gesellschaftsmitteln in

---

11 *Priester*, in: Scholz, GmbHG, § 57k Rn. 9; *Ulmer*, in: Ulmer/Habersack/Löbbe, GmbHG, § 57k Rn. 9.
12 *Priester*, in: Scholz, GmbHG, § 57k Rn. 10.
13 *Priester*, in: Scholz, GmbHG, § 57k Rn. 10.
1 BGH, NJW 1995, 1027, 1028; *Kersting*, in: Baumbach/Hueck, GmbHG, § 33 Rn. 23 ff.

Stammkapital umgewandelt werden. Würde man eigene Geschäftsanteile von der Teilnahme an der Kapitalerhöhung ausschließen, würde dadurch die **Beteiligung der Gesellschafter am Eigenkapital der Gesellschaft verschoben** und der Wert der eigenen Geschäftsanteile vermindert, was vom Gesetz erkennbar nicht gewünscht ist (§ 57j). Daher ist es aus Sicht des Gesetzgebers konsequent, eigene Geschäftsanteile an der Kapitalerhöhung zu beteiligen.[2] Auch hier sollte man allerdings abweichende Gestaltungen zulassen, wenn sämtliche Gesellschafter damit einverstanden sind (zur vergleichbaren teleologischen Reduktion von § 57j s. dort Rdn. 6).

II. Behandlung eigener Anteile

Die eigenen Geschäftsanteile der Gesellschaft sind i.R.d. Kapitalerhöhung genauso zu behandeln wie die Geschäftsanteile der übrigen Gesellschafter. Insb. sind die Regelungen der §§ 57h, 57j und 57k anzuwenden. Auch hinsichtlich eigener Geschäftsanteile besteht mithin das Wahlrecht, eine Aufstockung, die Ausgabe neuer Geschäftsanteile oder eine Kombination aus beiden Möglichkeiten herbeizuführen.[3] Der Gesellschaft steht bei der Beschlussfassung allerdings kein Stimmrecht zu. Umgekehrt ist der Kapitalerhöhungsbeschluss nach herrschender Auffassung nichtig, wenn er entgegen Abs. 1 vorsieht, eigene Geschäftsanteile von der Teilnahme an der Kapitalerhöhung auszunehmen.[4] 2

B. Teileingezahlte Geschäftsanteile (Abs. 2)

I. Teilnahme an der Kapitalerhöhung

Geschäftsanteile, deren Nennbetrag nur teilweise eingezahlt wurde, nehmen zwingend **in vollem Umfang**, also entsprechend ihres Nennbetrages (Abs. 2 Satz 1) an der Kapitalerhöhung aus Gesellschaftsmitteln teil, nicht nur mit dem Einzahlungsbetrag.[5] Eine »Verrechnung« von noch ausstehenden Einlagen mit den umzuwandelnden Rücklagen ist dagegen ausgeschlossen.[6] Eine Verwendung von Rücklagen zur Erfüllung der Einlagepflicht ist nur möglich außerhalb einer Kapitalerhöhung und nur durch Auflösung, Ausschüttung und Wiedereinlage, wobei die Wiedereinlage wegen des engen zeitlichen und sachlichen Zusammenhangs außerdem als Sacheinlage zu qualifizieren wäre.[7] 3

II. Nennbetragsaufstockung

Bei teileingezahlten Geschäftsanteilen scheidet die Gewährung neuer Geschäftsanteile aus. In Betracht kommt **nur** eine **Aufstockung des Nennbetrags** des bestehenden Geschäftsanteils (Abs. 2 Satz 2). Durch die Regelung soll die Resteinlagepflicht des Gesellschafters gesichert werden.[8] Leistet der Gesellschafter nicht, könnte der Anteil eingezogen und verwertet werden (§ 21). Bei Ausgabe eines neuen Anteils wäre dieser voll eingezahlt und unterläge nicht der Einziehung, während der Wert des vorhandenen Anteils durch den »Wegfall« der auf ihn entfallenden Rücklage gemindert wäre.[9] 4

III. Verbot ungedeckter Spitzen

Abs. 2 Satz 2 war vor Inkrafttreten des MoMiG ein Hauptanwendungsfall des Verbots ungedeckter Spitzen (§ 57h Rdn. 2).[10] Durch die Vereinfachung der Teilbarkeit von Geschäftsanteilen dürfte dieses Thema obsolet geworden sein. 5

---

2 Einhellige Meinung; vgl. *Priester*, in: Scholz, GmbHG, § 57l Rn. 1, m.w.N.
3 *Priester*, in: Scholz, GmbHG, § 57l Rn. 2; *Roth*, in: Roth/Altmeppen, GmbHG, § 57l Rn. 1.
4 *Servatius*, in: Baumbach/Hueck, GmbHG, § 57l Rn. 1; *Kleindiek*, in: Lutter/Hommelhoff, GmbHG, § 57l Rn. 1. Die bei § 57j vertretene Gegenauffassung sollte allerdings auch hier zu dem Ergebnis führen, abweichende Gestaltungen mit Zustimmung aller Gesellschafter zuzulassen.
5 *Servatius*, in: Baumbach/Hueck, GmbHG, § 57l Rn. 2, *Priester*, in: Scholz, GmbHG, § 57l Rn. 4.
6 *Servatius*, in: Baumbach/Hueck, GmbHG, § 57l Rn. 2, *Priester*, in: Scholz, GmbHG, § 57l Rn. 3.
7 *Priester*, in: Scholz, GmbHG, § 57l Rn. 3.
8 AG Heidelberg, AG 2002, 527, 528 für die AG.
9 *Priester*, in: Scholz, GmbHG, § 57l Rn. 5.
10 Näher dazu *Priester*, in: Scholz, GmbHG, § 57l Rn. 6.

IV. Voll- und teileingezahlte Anteile

6 Bestehen bei der Gesellschaft sowohl voll- als auch teileingezahlte Geschäftsanteile, kann hinsichtlich der teileingezahlten Geschäftsanteile nur eine Aufstockung des Nennbetrages erfolgen. Bei den voll eingezahlten Anteilen besteht dagegen das Wahlrecht, eine Nennbetragsaufstockung durchzuführen oder insoweit neue Geschäftsanteile auszugeben (Abs. 2 Satz 3). Die aus dem Aktienrecht stammende Regelung ist bei der GmbH überflüssig, weil sich ihr Regelungsinhalt bereits aus § 57h Abs. 1 Satz 1 ergibt.[11]

V. Teilbarkeit

7 Sowohl für die Aufstockung als auch für die Ausgabe neuer Geschäftsanteile gilt, dass diese auf jeden Betrag gestellt werden können, der lediglich durch einen Euro teilbar sein muss (Abs. 2 Satz 4). Die frühere Regelung, die insoweit eine Erleichterung dadurch vorsah, eine Teilbarkeit durch 5 (abweichend von den allgemeinen Teilbarkeitsvorschriften) vorauszusetzen, ist durch das MoMiG überholt.

C. Verstöße

8 Verstöße gegen das Gebot, bei teileingezahlten Anteilen eine Aufstockung des Nennbetrages vorzunehmen, führen zur Nichtigkeit, weil es sich bei der Regelung um eine gläubigerschützende Vorschrift handelt. Ein Teil des Schrifttums nimmt in diesem Fall Nichtigkeit der gesamten Kapitalerhöhung an.[12] Richtigerweise ist auch hier § 139 BGB anzuwenden.[13] Wenn erkennbar ist, dass die Kapitalerhöhung auch ohne die unwirksame Beschlussfassung gewollt war (z.B. weil für die Schaffung eines neuen Geschäftsanteils kein wirtschaftlicher Grund bestand), ist anzunehmen, dass die Kapitalerhöhung wirksam bleibt. Im Zweifel ist allerdings – entsprechend der Wertung des § 139 BGB – von ihrer Unwirksamkeit auszugehen.[14]

§ 57m Verhältnis der Rechte; Beziehungen zu Dritten

(1) Das Verhältnis der mit den Geschäftsanteilen verbundenen Rechte zueinander wird durch die Kapitalerhöhung nicht berührt.

(2) [1]Soweit sich einzelne Rechte teileingezahlter Geschäftsanteile, insbesondere die Beteiligung am Gewinn oder das Stimmrecht, nach der je Geschäftsanteil geleisteten Einlage bestimmen, stehen diese Rechte den Gesellschaftern bis zur Leistung der noch ausstehenden Einlagen nur nach der Höhe der geleisteten Einlage, erhöht um den auf den Nennbetrag des Stammkapitals berechneten Hundertsatz der Erhöhung des Stammkapitals, zu. [2]Werden weitere Einzahlungen geleistet, so erweitern sich diese Rechte entsprechend.

(3) Der wirtschaftliche Inhalt vertraglicher Beziehungen der Gesellschaft zu Dritten, die von der Gewinnausschüttung der Gesellschaft, dem Nennbetrag oder Wert Ihrer Geschäftsanteile oder ihres Stammkapitals oder in sonstiger Weise von den bisherigen Kapital- oder Gewinnverhältnissen abhängen, wird durch die Kapitalerhöhung nicht berührt.

Schrifttum
Literatur: s. Vorbemerkung zu §§ 57c bis 57o.

11 *Priester*, in: Scholz, GmbHG, § 57l Rn. 7.
12 *Kleindiek*, in: Lutter/Hommelhoff, GmbHG, § 57l Rn. 4; *Roth*, in: Roth/Altmeppen, GmbHG. § 57l Rn. 5; *Schnorbus*, in: Rowedder/Schmidt-Leithoff, GmbHG, § 57l Rn. 4; *Hermanns*, in: Michalski, GmbHG, § 57l Rn. 9.
13 So im Ergebnis *Ulmer*, in: Ulmer/Habersack/Löbbe, GmbHG, § 57l Rn. 10.
14 Ähnlich *Servatius*, in: Baumbach/Hueck, GmbHG, § 57l Rn. 3.

A. Ausgangslage (Abs. 1)

I. Ergänzung von § 57j

1 Abs. 1 der Vorschrift ergänzt § 57j dahin gehend, dass auch das Verhältnis der mit den Geschäftsanteilen verbundenen Rechte zueinander durch die Kapitalerhöhung nicht berührt wird.

II. Anteilsproportionaler Rechtszuwachs

2 Die rechtliche Ausstattung der neuen Geschäftsanteile ist unabhängig von § 57m unproblematisch, wenn alle bisherigen Geschäftsanteile entsprechend ihrem Nennbetrag die gleichen Rechte besitzen. Für diesen Fall gewährleistet bereits § 57j einen anteilsproportionalen Rechtszuwachs.[1] Gleiches gilt, wenn zwar **Sonderrechte** einzelner Gesellschafter bestehen, die neuen Anteile aber das Verhältnis dieser Sonderrechte zu den Stammrechten nicht verschieben. Letzteres ist insb. bei Mehrfachstimmrechten der Fall. Gewähren die Geschäftsanteile eines Gesellschafters für jeden Euro des Nennbetrages nicht nur eine, sondern z.B. zwei Stimmen, so erhalten auch die neuen Anteile automatisch dieses erhöhte Stimmrecht. Je nach Sachverhalt kann allerdings eine Anpassung des Gesellschaftsvertrages erforderlich werden.[2] Eines Rückgriffs auf § 57m Abs. 1 bedarf es nicht. Ein weiteres Beispiel sind Rechte, die an die **Person eines Gesellschafters** anknüpfen, wie bspw. Teilnahmerechte, Informationsrechte oder auch das Sonderrecht, Geschäftsführer zu bestellen und abzuberufen. Derartige, vom Anteil losgelöste Rechte werden von der Kapitalerhöhung nicht berührt.[3] Ist das Sonderrecht dagegen **einem bestimmten Geschäftsanteil zugewiesen** unabhängig davon, welche Person diesen Geschäftsanteil hält, findet keine »Vervielfältigung« dieses Rechts durch die Kapitalerhöhung statt.[4] Bei einem Alleingesellschafter dürfte § 57m eine disproportionale Aufstockung einzelner Geschäftsanteile nicht hindern, weil § 57m den Schutz besonderer Rechte einzelner Gesellschafter betrifft, der bei einem Alleingesellschafter nicht gefährdet ist.[5] Zwar kann ein Pfandgläubiger dadurch beeinträchtigt werden. Dies ist jedoch nicht auf Ebene der Kapitalerhöhungsvorschriften zu regeln, sondern muß im Verhältnis zwischen dem Pfandgläubiger und dem betroffenen Gesellschafter gelöst werden.[6]

III. Minderheitenrechte

3 Minderheitenrechte bleiben von der Kapitalerhöhung unberührt, soweit sie an eine bestimmte Beteiligungsquote anknüpfen. Denn die Beteiligungsquote jedes Gesellschafters bleibt bei der

1 *Priester*, in: Scholz, GmbHG, § 57m Rn. 3.
2 *Servatius*, in: Baumbach/Hueck, GmbHG, § 57m Rn. 2.
3 *Priester*, in: Scholz, GmbHG, § 57m Rn. 3; *Servatius*, in: Baumbach/Hueck, GmbHG, § 57m Rn. 1.
4 *Priester*, in: Scholz, GmbHG, § 57m Rn. 5; *Kleindiek*, in: Lutter/Hommelhoff, GmbHG, § 57m Rn. 7.
5 Gutachten des DNotI vom 19. Juni 2015, abrufbar unter www.dnoti.de/gutachten, Abruf-Nr. 142314.
6 *Schemmann*, NZG 2009, 201, 244; ebenso Gutachten des DNotI vom 19. Juni 2015, abrufbar unter www.dnoti.de/gutachten, Abruf-Nr. 142314; siehe auch nachfolgend Rn. 15.

Kapitalerhöhung aus Gesellschaftsmitteln unverändert (§ 57j). Soweit solche Minderheitsrechte allerdings (atypischerweise) an den Nennbetrag der Geschäftsanteile anknüpfen, erhöhen sich die entsprechenden Nennbeträge durch die Kapitalerhöhung aus Gesellschaftsmitteln.[7]

IV. Vermögens-Vorzugsrechte

4 Handelt es sich dagegen um Vermögens-Vorzugsrechte, wie sie häufig bei Beteiligungen von Finanzinvestoren *(»Private Equity«)* anzutreffen sind, ist eine Anpassung erforderlich, wenn die Kapitalerhöhung aus Gesellschaftsmitteln nicht zu einer Ausweitung des Vorzugs führen soll.[8] Als Beispiel fungiert häufig der Fall eines Dividendenvorzugs, etwa in der Art, dass z.B. bei einem Stammkapital von 500.000 € Geschäftsanteilen im Nennbetrag von insgesamt 100.000 € ein Gewinnvorzug von 6 % gebührt. Erfolgt nunmehr eine Erhöhung des Stammkapitals aus Gesellschaftsmitteln um 50 % auf nominal 750.000 € und würde der neue Geschäftsanteil im Nennbetrag von 50.000 € ebenfalls mit dem Gewinnvorrecht ausgestattet, erhielte der Gesellschafter künftig 6 % + 3 % für den neuen Geschäftsanteil, insgesamt also 9 % als Gewinnvorab. Dementsprechend ist eine Anpassung dahin gehend erforderlich, dass der Gewinnvorab entsprechend proportional herabgesetzt wird. Im Beispiel müsste der Gewinnvorab für den alten und den neuen Geschäftsanteil auf 4 % festgesetzt werden, damit der Gesellschafter auch nach der Kapitalerhöhung wirtschaftlich mit demselben Gewinnvorab beteiligt bleibt.[9] Mit Zustimmung des betroffenen Gesellschafters können die Gewinnvorzüge beider Geschäftsanteile auch abweichend, also z.B. nur ein Geschäftsanteil als Vorzugs-Geschäftsanteil ausgestaltet werden, solange nur der gesamte Gewinnvorzug im Ergebnis nicht verändert wird.[10] Soweit letzterenfalls eine Änderung des Gesellschaftsvertrages erforderlich ist, kann diese mit dem Beschluss über die Kapitalerhöhung verbunden werden.[11] Auch i.Ü. sind die Gesellschafter selbstverständlich nicht gehindert, mit Zustimmung aller Gesellschafter Abweichungen von dem Grundsatz in Abs. 1 zu beschließen und den Gesellschaftsvertrag entsprechend anzupassen.[12]

V. (Neben-) Pflichten

5 Abs. 1 gilt über seinen Wortlaut hinaus auch für die mit den Geschäftsanteilen verbundenen (Neben-) Pflichten, die durch die Kapitalerhöhung nicht verändert werden. Soweit die Pflichten an die Beteiligungsquote anknüpfen, bleiben sie bereits wegen § 57j unverändert erhalten. Soweit die Pflichten an den Nennbetrag der Geschäftsanteile anknüpfen, werden die neuen Anteile entsprechend davon erfasst; sind die Pflichten nicht Nennwert- oder Quotenbezogen, sind sie anteilig auf die alten und neuen Geschäftsanteile zu verteilen.[13] Um späteren Auseinandersetzungen vorzubeugen, empfiehlt es sich aber, unter den Gesellschaftern Einvernehmen über die Behandlung von (Neben-) Pflichten i.R.d. Kapitalerhöhung herbeizuführen und den Gesellschaftsvertrag entsprechend anzupassen.[14]

7 *Priester*, in: Scholz, GmbHG, § 57m Rn. 7; *Kleindiek*, in: Lutter/Hommelhoff, GmbHG, § 57m Rn. 9.

8 A.A. wohl *Kleindiek*, in: Lutter/Hommelhoff, GmbHG, § 57m Rn. 6, der davon ausgeht, dass die neuen Geschäftsanteile ipso iure ohne den vermögensrechtlichen Vorzug entstünden.

9 Beispiel bei *Priester*, in: Scholz, GmbHG, § 57m Rn. 4; *Servatius*, in: Baumbach/Hueck, GmbHG, § 57m Rn. 2; *Ulmer*, in: Ulmer/Habersack/Löbbe, GmbHG, § 57m Rn. 7; *Lutter*, in: KK-AktG, § 216 Rn. 6.

10 Ebenso *Priester*, in: Scholz, GmbHG, § 57m Rn. 4; *Servatius*, in: Baumbach/Hueck, GmbHG, § 57m Rn. 3; a.A. *Ulmer*, in: Ulmer/Habersack/Löbbe, GmbHG, § 57m Rn. 7 und 15; Wohl auch: *Kleindiek*, in: Lutter/Hommelhoff, GmbHG, § 57m Rn. 5.

11 *Servatius*, in: Baumbach/Hueck, GmbHG, § 57m Rn. 3.

12 *Priester*, in: Scholz, GmbHG, § 57m Rn. 13.

13 *Priester*, in: Scholz, GmbHG, § 57m Rn. 8.

14 Gleiche und zutreffende Empfehlung bei *Servatius*, in: Baumbach/Hueck, GmbHG, § 57m Rn. 5.

B. Teileingezahlte Anteile (Abs. 2)

I. Grundgedanke

6 Für teileingezahlte Geschäftsanteile enthält Abs. 2 eine Regelung, die auf den ersten Blick nicht leicht zu verstehen ist. Zunächst stellt die Regelung darauf ab, dass Rechte teileingezahlter Geschäftsanteile sich nach der **bereits geleisteten Einlage** bestimmen. Das ist bei der GmbH allerdings nicht der Regelfall (vgl. §§ 29 Abs. 3 Satz 1 und 47 Abs. 2). Die Vorschrift greift daher nur in dem – in der Praxis seltenen – Fall ein, in dem der Gesellschaftsvertrag die Gesellschafterrechte an den Teil der bereits geleisteten Einlage knüpft.[15] Ansprüche auf ausstehende Einlagen bleiben durch die Kapitalerhöhung unberührt (vgl. § 19).

II. Erhöhung der Rechte

7 Für den vorgenannten Anwendungsbereich bestimmt Abs. 2 Satz 1, dass sich die Rechte aus teileingezahlten Anteilen (insb. Gewinnbezugsrecht und Stimmrecht) um den Prozentsatz erhöhen, um den der Nennbetrag ggü. dem bisherigen Nennbetrag aufgestockt wird. Die Erhöhung führt also bei dem Gesellschafter nur im Umfang der bisherigen Einlagenleistung zu einer Rechtsvermehrung.[16] Anderenfalls wären entweder die Inhaber voll eingezahlter Geschäftsanteile benachteiligt oder, wenn die Anpassung unterbleiben würde, der Inhaber des nur teilweise eingezahlten Anteils.[17] Bei einer späteren Einzahlung erhöhen sich die Rechte des Gesellschafters nicht nur um die Einzahlung, sondern auch um die entsprechenden Teile aus der Kapitalerhöhung (Abs. 2 Satz 2).[18]

III. Liquidation

8 Das Gesetz enthält keine Sonderregelung für teileingezahlte Anteile im Fall der Liquidation. Würde man § 57m Abs. 2 Satz 1 anwenden, erhielte der Gesellschafter bei teileingezahlten Anteilen zunächst nur die tatsächlich geleisteten Einlagen, erhöht um den Prozentsatz der Nennbetragserhöhung. Der Rest würde nach den Nennbeträgen der Geschäftsanteile verteilt. Gem. § 72 sind die Gesellschafter aber am Liquiditätsüberschuss stets im Verhältnis der Nennbeträge ihrer Geschäftsanteile beteiligt, ohne dass zwischen eingezahlten und nicht voll eingezahlten Anteilen unterschieden wird. Nach allgemeiner Ansicht soll daher insoweit § 271 Abs. 3 AktG entsprechend anzuwenden sein.[19] Danach sind zunächst die Einlagen zurückzugewähren. Der Überschuss wird anschließend nach Nennbeträgen verteilt. Auch insoweit kann der Gesellschaftsvertrag natürlich Abweichungen vorsehen.

C. Rechtsfolgen

9 Die Rechtsfolgen treten mit Wirksamwerden der Kapitalerhöhung automatisch ein.[20] Anderenfalls würde das Erfordernis einer Änderung des Gesellschaftsvertrages die Kapitalerhöhung blockieren. Soweit der Text des Gesellschaftsvertrages mit der Rechtsänderung nicht mehr in Einklang steht, sind die Gesellschafter verpflichtet, an einer entsprechenden Änderung mitzuwirken; eine

---

15 Ebenso *Priester*, in: Scholz, GmbHG, § 57m Rn. 14.

16 So zutreffend *Priester*, in: Scholz, GmbHG, § 57m Rn. 15.

17 *Priester*, in: Scholz, GmbHG, § 57m Rn. 15.

18 Beispiele bei *Priester*, in: Scholz, GmbHG, § 57m Rn. 16 und bei *Servatius*, in: Baumbach/Hueck, GmbHG, § 57m Rn. 6.

19 *Priester*, in: Scholz, GmbHG, § 57m Rn. 18; *Hofmann*, GmbHR 1976, 266; *Haas*, in: Baumbach/Hueck, GmbHG, § 72 Rn. 4; *Kleindiek*, in: Lutter/Hommelhoff, GmbHG, § 57m Rn. 14; *Paura*, in: Ulmer/Habersack/Löbbe, GmbHG, § 72 Rn. 7.

20 Ganz h.M. *Servatius*, in: Baumbach/Hueck, GmbHG, § 57m Rn. 9; *Ulmer*, in: Ulmer/Habersack/Löbbe, GmbHG, § 57m Rn. 13; *Boesebeck*, DB 1960, 404; *Köhler*, AG 1984, 198; *Lutter*, in: KK-AktG, § 216 Rn. 7; Kleindiek, in: Lutter/Hommelhoff, GmbHG, § 57m Rn. 10; *Roth*, in: Roth/Altmeppen, GmbHG, § 57m Rn. 8; *Schnorbus*, in: Rowedder/Schmidt-Leithoff, GmbHG, § 57m Rn. 6; *Koch* in: Hüffer, Aktiengesetz, § 216 AktG Rn. 4.

Änderung durch den die Kapitalerhöhung beurkundenden Notar »von Amts wegen« ist nicht möglich.[21] Der Registerrichter kann darüber hinaus die Eintragung der Kapitalerhöhung verweigern, wenn die entsprechenden Anpassungen des Gesellschaftsvertrages nicht zeitgleich zum Register angemeldet werden.[22]

D. Drittbeziehungen (Abs. 3)

I. Dritte

10 Die Vorschrift erstreckt den Grundsatz, dass die Kapitalerhöhung aus Gesellschaftsmitteln nicht zu einer Veränderung der Rechtsbeziehungen zwischen den Gesellschaftern führen darf, auf Dritte. »Dritte« im Sinne von Abs. 3 sind allerdings nicht nur Außenstehende, sondern auch die Gesellschafter selbst, soweit zwischen ihnen und der Gesellschaft besondere vertragliche Beziehungen außerhalb der Mitgliedschaftsrechte bestehen.[23]

II. Auswirkungen auf Drittbeziehungen

11 Abs. 3 bestimmt, dass der wirtschaftliche Inhalt vertraglicher Beziehungen zu Dritten durch die Kapitalerhöhung aus Gesellschaftsmitteln nicht berührt wird. Auch ohne die gesetzliche Regelung würden wohl dieselben Ergebnisse über eine Anwendung der Grundsätze über eine Änderung der Geschäftsgrundlage (§ 313 BGB) erzielt.[24] Gleich wie eine Änderung der Geschäftsgrundlage werden bestehende Regelungen durch Abs. 3 mit **rechtsgestaltender Wirkung** angepasst. Im Fall einer gerichtlichen Auseinandersetzung über die Reichweite der Anpassung ergeht daher **Feststellungs-**, nicht **Gestaltungsurteil.**[25] Eine Anpassung kann allerdings ausgeschlossen sein, wenn dies in dem Vertrag mit dem Dritten so bestimmt ist oder sich sonst aus dem Inhalt des Vertrages ergibt, dass gerade keine Anpassung stattfinden soll.

III. Tantiemeansprüche

12 Hauptanwendungsfall sind Tantiemeansprüche von Geschäftsführern. Soweit diese an das Jahresergebnis oder an sonstige Bilanzkennzahlen anknüpfen, besteht kein Anpassungsbedarf, weil das Jahresergebnis bzw. die Bilanzkennzahlen durch die Kapitalerhöhung nicht beeinflusst werden. Eine Anpassung nach Abs. 3 findet jedoch statt, wenn Tantiemeansprüche (bei der GmbH eher ausnahmsweise) aufgrund der bestehenden vertraglichen Vereinbarung an Dividendenprozente oder an eine Verzinsung des Stammkapitals anknüpfen.[26] Die Anpassung gilt in allen Fällen nur für laufende Verträge. Bereits beendete Verträge bleiben unberührt. Verträge, die erst nach Wirksamwerden der Kapitalerhöhung abgeschlossen werden, unterliegen ebenfalls keiner Anpassung.[27]

IV. Genussrechte und stille Gesellschaften

13 Einer Anpassung nach Abs. 3 unterliegen ferner **Genussrechte**, die bei einer GmbH allerdings selten vorkommen werden.[28] Auch bei diesen handelt es sich nicht um Mitgliedschafts-, sondern um Gläubigerrechte. Gleiches gilt für Beteiligungen **stiller Gesellschafter.**

---

21 *Servatius*, in: Baumbach/Hueck, GmbHG, § 57m Rn. 9.

22 *Servatius*, in: Baumbach/Hueck, GmbHG, § 57m Rn. 9; *Priester*, in: Scholz, GmbHG, § 57m Rn. 12, 26; *Kleindiek*, in: Lutter/Hommelhoff, GmbHG, § 57m Rn. 11.

23 *Priester*, in: Scholz, GmbHG, § 57m Rn. 19; *Priester*, DB 1979, 681 ff.; *Kleindiek*, in: Lutter/Hommelhoff, GmbHG, § 57m Rn. 15; *Ulmer*, in: Ulmer/Habersack/Löbbe, GmbHG, § 57m Rn. 22.

24 *Servatius*, in: Baumbach/Hueck, GmbHG, § 57m Rn. 11.

25 *Priester*, in: Scholz, GmbHG, § 57m Rn. 20.

26 *Priester*, in: Scholz, GmbHG, § 57m Rn. 21.

27 *Servatius*, in: Baumbach/Hueck, GmbHG, § 57m Rn. 12.

28 *Priester*, in: Scholz, GmbHG, § 57m Rn. 22.

E. Rechtsbeziehungen zwischen Gesellschaftern und Dritten

I. Ausgangslage

In Abs. 3 nicht geregelt sind Rechtsbeziehungen zwischen Gesellschaftern und Dritten. Insoweit greifen die allgemeinen Grundsätze der Vertragsauslegung und, soweit diese nicht zum Ziel führen, die Regeln über eine Änderung der Geschäftsgrundlage (§ 313 BGB). Werden Anteile vor der Kapitalerhöhung veräußert, ist regelmäßig anzunehmen, dass auch die neuen Anteile als mitveräußert gelten, weil sie wirtschaftlich bereits vorher (in Gestalt der umgewandelten Rücklagen) Bestandteil der alten Anteile waren.[29] Gleiches gilt bei Optionen auf bestimmte Geschäftsanteile, die im Zweifel auch die neuen Anteile einschließen.[30] 14

II. Dingliche Rechte an Anteilen

Sind vorhandene Geschäftsanteile mit dinglichen Rechten (Pfandrecht, Nießbrauch) belastet, stehen das Eigentum an den neuen Anteilen dem Gesellschafter zu, weil anderenfalls das Beteiligungsverhältnis verschoben würde (§ 57j). Ob die dinglichen Rechte sich nach Durchführung der Kapitalerhöhung automatisch auch auf die neuen Anteile erstrecken, ist umstritten.[31] Jedenfalls dann, wenn sämtliche Geschäftsanteile eines Gesellschafters mit dem dinglichen Recht belastet sind, wird man annehmen können, dass eine automatische Erstreckung auf die neu ausgegebenen Geschäftsanteile wie auch auf einen etwaigen Erhöhungsbetrag stattfindet. Insoweit ergeben sich hinsichtlich der sachenrechtlichen Bestimmtheit keine Bedenken. Nachdem die Teilbarkeitsvorschriften durch das MoMiG aufgehoben wurden, könnte ein Gesellschafter allerdings auch eine Vielzahl von Anteilen halten, im Extremfall sogar nur Anteile mit Nennbeträgen von jeweils einem Euro. Ist nur ein Teil dieser Anteile pfandrechtsbelastet und erhält der Gesellschafter i.R.d. Kapitalerhöhung ebenfalls mehrere Geschäftsanteile – was nach Inkrafttreten des MoMiG zulässig ist,[32] lässt sich nicht mehr feststellen, an welchen dieser Anteile sich die dinglichen Rechte fortsetzen würden. Da die Gestaltungsfreiheit der Gesellschafter insoweit nicht eingeschränkt wird, kann in diesen Fällen keine Erstreckung der dinglichen Rechte auf die neuen Anteile mehr stattfinden. Aus diesem Grund sind entsprechende Regelungen z.B. in Verpfändungsvereinbarungen[33] empfehlenswert, nach denen künftige Anteile als mitverpfändet gelten und der Pfandgeber darüber hinaus vorsorglich verpflichtet wird, das Pfandrecht proportional auch an neuen Anteilen einzuräumen, insb. wenn es sich um Anteile handelt, die im Wege einer Kapitalerhöhung aus Gesellschaftsmitteln geschaffen werden. 15

III. Sonstige Drittverhältnisse

Die vorgenannten Ausführungen gelten entsprechend bei **Vor- und Nacherbschaft** sowie der **Testamentsvollstreckung**. Die neuen Anteile gehören dem Gesellschafter, fallen aber – wenn sämtliche bisherigen Anteile mit den Rechten belastet waren – in den Nachlass bzw. unterliegen der Testamentsvollstreckung. Die Erstreckung der Rechte auf die neuen Anteile erfolgt automatisch, eines Bestellungsaktes bedarf es nicht.[34] Besteht **Sicherungseigentum** an sämtlichen bestehenden 16

29 *Priester*, in: Scholz, GmbHG, § 57m Rn. 23; *Servatius*, in: Baumbach/Hueck, GmbHG, § 57m Rn. 13; *Ulmer*, in: Ulmer/Habersack/Löbbe, GmbHG, § 57m Rn. 28; *Roth*, in: Roth/Altmeppen, GmbHG, § 57m Rn. 13; *Geßler*, DNotZ 1960, 638 (Anwendung von § 242 BGB).

30 *Priester*, in: Scholz, GmbHG, § 57m Rn. 23; *Schippel*, DNotZ 1960, 371.

31 Dafür: *Servatius*, in: Baumbach/Hueck, GmbHG, § 57m Rn. 14; *Priester*, in: Scholz, GmbHG, § 57m Rn. 24; *Winter/Löbbe*, in: Ulmer/Habersack/Löbbe, GmbHG, § 15 Rn. 158; a.A. *Hermanns*, in: Michalski, GmbHG, § 57j Rn. 5; *Kerbusch*, GmbHR 1990, 157; *Schemmann*, NZG 2009, 241, 244.

32 Dazu *Schemmann*, NZG 2009, 241 ff.

33 So z.B. das Vertragsmuster bei *Heidenhain/Hasselmann*, Münchener Vertragshandbuch Gesellschaftsrecht Muster IV.72 Nr. 3.

34 *Priester*, in: Scholz, GmbHG, § 57m Rn. 24; *Schuler*, NJW 1960, 1428; *Teichmann*, ZGR Bd. 1, 1972, 16 ff.; *Servatius*, in: Baumbach/Hueck, GmbHG, § 57m Rn. 14.

Geschäftsanteilen, stehen die neuen Geschäftsanteile ebenfalls dem Sicherungsnehmer zu. Der Sicherungsgeber kann die (Rück-) Abtretung an sich erst mit Erreichen des Sicherungszwecks verlangen.[35] Gleiches gilt für **Treuhandabreden**. Unterliegt nur ein Teil der vorhandenen Anteile den vorgenannten Rechten, erfolgt dagegen keine automatische Erstreckung, wenn mehrere Geschäftsanteile im Zuge der Kapitalerhöhung ausgegeben werden.[36]

F. Ansprüche der Gesellschaft

17 Abs. 3 gilt – obwohl nicht von seinem Wortlaut umfasst – auch für gewinn- oder kapitalabhängige Ansprüche der Gesellschaft ggü. Dritten. Als Beispiel wird eine auf das Stammkapital der Gesellschaft bezogene Dividendengarantie genannt. Die Garantiesumme bleibt in diesem Fall durch die Kapitalerhöhung unverändert. Ihr Prozentsatz verringert sich im Verhältnis der Kapitalerhöhung.[37]

G. Verstöße

18 Verstöße gegen Abs. 2 führen nur zur Anfechtbarkeit des Kapitalerhöhungsbeschlusses, nicht zu dessen Nichtigkeit. Stimmen sämtliche Gesellschafter einer Abweichung von den Regelungen des Abs. 2 zu, ist der Beschluss in vollem Umfang wirksam. Eine Anpassung nach Abs. 1 bis 3 erfolgt dagegen automatisch. Wird die erforderliche Klarstellung im Gesellschaftsvertrag nicht vorgenommen, hat der Registerrichter die Eintragung abzulehnen (oben Rdn. 4). Die Kapitalerhöhung bleibt aber wirksam, wenn sie dessen ungeachtet eingetragen wurde. Beschließen die Gesellschafter abweichende Bestimmungen zu Abs. 1 bis 3 und stimmen nicht sämtliche in ihren Mitgliedschaftsrechten betroffene Gesellschafter einer solchen Beschlussfassung zu, ist der zugrunde liegende Beschluss unwirksam; wenn sie mitstimmen, ist der Beschluss wegen Verstoßes gegen § 57m anfechtbar.[38] Eine Abweichung von den in § 57m geregelten Rechtsfolgen kann nur durch eine der Kapitalerhöhung nachfolgende Änderung des Gesellschaftsvertrages erreicht werden.[39]

§ 57n Gewinnbeteiligung der neuen Geschäftsanteile

(1) Die neuen Geschäftsanteile nehmen, wenn nichts anderes bestimmt ist, am Gewinn des ganzen Geschäftsjahres teil, in dem die Erhöhung des Stammkapitals beschlossen worden ist.

(2) [1]Im Beschluss über die Erhöhung des Stammkapitals kann bestimmt werden, dass die neuen Geschäftsanteile bereits am Gewinn des letzten vor der Beschlussfassung über die Kapitalerhöhung abgelaufenen Geschäftsjahrs teilnehmen. [2]In diesem Fall ist die Erhöhung des Stammkapitals abweichend von § 57c Abs. 2 zu beschließen, bevor über die Ergebnisverwendung für das letzte vor der Beschlussfassung abgelaufene Geschäftsjahr Beschluss gefasst worden ist. [3]Der Beschluss über die Ergebnisverwendung für das letzte vor der Beschlussfassung über die Kapitalerhöhung abgelaufene Geschäftsjahr wird erst wirksam, wenn das Stammkapital erhöht worden ist. [4]Der Beschluss über die Erhöhung des Stammkapitals und der Beschluss über die Ergebnisverwendung für das letzte vor der Beschlussfassung über die Kapitalerhöhung abgelaufene Geschäftsjahr sind nichtig, wenn der Beschluss über die Kapitalerhöhung nicht binnen drei Monaten nach der Beschlussfassung in das Handelsregister eingetragen worden ist; der Lauf der Frist ist gehemmt, solange eine Anfechtungs- oder Nichtigkeitsklage rechtshängig ist.

Schrifttum

Literatur: s. Vorbemerkung zu §§ 57c bis 57o.

35 *Priester*, in: Scholz, GmbHG, § 57m Rn. 24.

36 Ebenso *Schemmann*, NZG 2009, 241 ff.

37 *Priester*, in: Scholz, GmbHG, § 57m Rn. 25; *Ulmer*, in: Ulmer/Habersack/Löbbe, GmbHG, § 57m Rn. 27.

38 So *Priester*, in: Scholz, GmbHG, § 57m Rn. 26; *Ulmer*, in: Ulmer/Habersack/Löbbe, GmbHG, § 57m Rn. 30; *Schnorbus*, in: Rowedder/Schmidt-Leithoff, GmbHG, § 57m Rn. 11.

39 *Ulmer*, in: Ulmer/Habersack/Löbbe, GmbHG, § 57m Rn. 30.

Übersicht

A. Gesetzlicher Regelfall (Abs. 1)

1 Wenn der Erhöhungsbeschluss nichts anderes bestimmt, nehmen die neuen Geschäftsanteile am Gewinn des gesamten Geschäftsjahres teil, in dem die Kapitalerhöhung aus Gesellschaftsmitteln beschlossen wurde. Maßgebend ist allein die Beschlussfassung, nicht die Eintragung der Kapitalerhöhung im Handelsregister.[1] Die Regelung ist zweckmäßig, weil das umgewandelte Eigenkapital der Gesellschaft im laufenden Geschäftsjahr bereits – wenn auch als »Rücklage« – zur Verfügung gestanden hat und eine unterschiedliche Behandlung in der Gewinnberechnung hinsichtlich »alter« und »neuer« Anteile damit vermieden wird.[2]

B. Anderweitige Festsetzungen (Abs. 2)

I. Festsetzungen im Kapitalerhöhungsbeschluss

2 Die Vorschrift ermöglicht es, im Kapitalerhöhungsbeschluss zu bestimmen, dass die neuen Geschäftsanteile bereits am Gewinn des letzten vor der Beschlussfassung abgelaufenen Geschäftsjahres teilnehmen. Während eine solche Bestimmung unter den Einschränkungen des Abs. 2 steht, kann dagegen ohne Weiteres bestimmt werden, dass die neuen Geschäftsanteile im Beschlussjahr nicht oder nur anteilig gewinnberechtigt sind. Insoweit handelt es sich nur um Regelungen der Ausgabe, nicht um eine Rückverlagerung des Gewinnbezugsrechts.[3]

II. Rückverlagerung

3 Eine Rückverlagerung des Gewinnbezugsrechts in das bereits abgelaufene Geschäftsjahr ist nach Abs. 2 zulässig, obgleich in der GmbH an einer solchen Regelung ein geringeres Interesse bestehen dürfte als bei der AG. Technisch ist darauf zu achten, dass in einem solchen Fall die **abweichende Beschlussreihenfolge** gemäß Abs. 2 Satz 2 eingehalten wird (abweichend von § 57c Abs. 2 erst der Erhöhungs- und anschließend der Ergebnisverwendungsbeschluss). Dies gilt unabhängig davon, ob der Beschlussfassung die letzte Jahresbilanz oder eine Zwischenbilanz (Erhöhungssonderbilanz) zugrunde gelegt wird.[4] Der Ergebnisverwendungsbeschluss muss nicht innerhalb der Dreimonatsfrist des § 57n Abs. 2 Satz 4 gefasst werden.[5] Der Ergebnisverwendungsbeschluss muss auch nicht dem Registergericht vorgelegt werden.[6]

III. Bereits vorliegender Ergebnisverwendungsbeschluss

4 Liegt bei Beschlussfassung über die Kapitalerhöhung ein Ergebnisverwendungsbeschluss bereits vor, scheidet eine Rückverlagerung des Gewinnbezugsrechts nach Abs. 2 aus.[7] Der bereits bestehende Ergebnisverwendungsbeschluss kann allerdings auch wieder aufgehoben werden,[8] bei

---

1 *Priester*, in: Scholz, GmbHG, § 57n Rn. 1; *Servatius*, in: Baumbach/Hueck, GmbHG, § 57n Rn. 1.
2 *Priester*, in: Scholz, GmbHG, § 57n Rn. 1.
3 *Servatius*, in: Baumbach/Hueck, GmbHG, § 57n Rn. 2; *Priester*, in: Scholz, GmbHG, § 57n Rn. 6.
4 *Priester*, in: Scholz, GmbHG, § 57n Rn. 3.
5 *Priester*, in: Scholz, GmbHG, § 57n Rn. 3; *Servatius*, in: Baumbach/Hueck, GmbHG, § 57n Rn. 4.
6 Allgemeine Meinung; vgl. *Servatius*, in: Baumbach/Hueck, GmbHG, § 57n Rn. 4; *Priester*, in: Scholz, GmbHG, § 57n Rn. 5; *Kleindiek*, in: Lutter/Hommelhoff, GmbHG, § 57n Rn. 4.
7 *Priester*, in: Scholz, GmbHG, § 57n Rn. 3; *Servatius*, in: Baumbach/Hueck, GmbHG, § 57n Rn. 6.
8 Zutreffend *Priester*, in: Scholz, GmbHG, § 57n Rn. 4; *Servatius*, in: Baumbach/Hueck, GmbHG, § 57n Rn. 5; a.A. *Koch*, in: Hüffer, AktG, § 217 Rn. 4; *Scholz*, in: MünchHdbGesR Bd. IV, Aktiengesellschaft, § 60 Rn. 72.

Thesaurierungsbeschlüssen mit der dafür nach Gesetz oder Gesellschaftsvertrag erforderlichen Mehrheit für Ausschüttungen, bei Ausschüttungsbeschlüssen nur mit Zustimmung sämtlicher Gesellschafter. Wird ein neuer Ergebnisverwendungsbeschluss unter Beachtung dieser Vorgaben gefasst, liegt darin im Zweifel eine konkludente Aufhebung des vorangehenden Beschlusses. Die in Abs. 2 vorausgesetzte Beschlussreihenfolge ist dann wieder eingehalten.

IV. Folgen nicht eingehaltener Reihenfolge

5 Liegt eine konkludente Aufhebung des Beschlusses nicht vor und ist die Reihenfolge nicht eingehalten, ist jedenfalls die Rückverlagerung des Gewinnbezugsrechts unwirksam. Ob auch der Kapitalerhöhungsbeschluss insgesamt **unwirksam** ist, beurteilt sich nach § 139 BGB. Im Zweifel dürfte anzunehmen sein, dass die Gesellschafter die Kapitalerhöhung auch ohne die Rückwirkung beschließen wollten, wenn nicht ausnahmsweise Gründe gegen eine solche Annahme sprechen.[9] Unabhängig davon ist der Kapitalerhöhungsbeschluss **anfechtbar**, wenn die Beschlussreihenfolge nicht eingehalten ist.[10]

V. Wirksamwerden

6 Der Ergebnisverwendungsbeschluss wird erst **wirksam**, wenn die Kapitalerhöhung in das Handelsregister eingetragen wurde (Abs. 2 Satz 3). Dadurch soll sichergestellt werden, dass zuvor keine Ausschüttungsansprüche entstehen.[11] Außerdem werden die neuen Geschäftsanteile erst mit Eintragung der Kapitalerhöhung im Handelsregister gebildet (vgl. § 57i Rdn. 17).

VI. Dreimonatsfrist

7 Der Kapitalerhöhungsbeschluss und der Ergebnisverwendungsbeschluss sind nichtig, wenn die Kapitalerhöhung nicht innerhalb von **3 Monaten** nach Beschlussfassung über die Kapitalerhöhung in das Handelsregister eingetragen wurde (Abs. 2 Satz 4). Eine sofortige Handelsregisteranmeldung ist daher unumgänglich, möglicherweise aber auch eine Vorabklärung mit dem zuständigen Registergericht, um die Eintragung zu beschleunigen. Ist die Anmeldung unverzüglich erfolgt, vollständig und steht gleichwohl zu befürchten, dass die Eintragung nicht innerhalb der Frist stattfindet, drohen dem Registergericht **Amtshaftungsansprüche**, wobei der Schaden insb. darin besteht, dass die Kapitalerhöhung wiederholt und zu diesem Zweck eine neue (Zwischen-) Bilanz aufgestellt und geprüft werden muss. Es empfiehlt sich deshalb, in der Anmeldung auf die Bedeutung der Frist aufmerksam zu machen. Der Lauf der Dreimonatsfrist wird unter den Voraussetzungen von Abs. 2 Satz 4 Halbs. 2 lediglich gehemmt (§ 209 BGB), sodass nach Wegfall des Hindernisses keine neue Frist beginnt.[12]

§ 57o Anschaffungskosten

[1]Als Anschaffungskosten der vor der Erhöhung des Stammkapitals erworbenen Geschäftsanteile und der auf sie entfallenden neuen Geschäftsanteile gelten die Beträge, die sich für die einzelnen Geschäftsanteile ergeben, wenn die Anschaffungskosten der vor der Erhöhung des Stammkapitals erworbenen Geschäftsanteile auf diese und auf die auf sie entfallenden neuen Geschäftsanteile nach dem Verhältnis der Nennbeträge verteilt werden. [2]Der Zuwachs an Geschäftsanteilen ist nicht als Zugang auszuweisen.

---

9 Ebenso *Servatius*, in: Baumbach/Hueck, GmbHG, § 57n Rn. 6; *Kleindiek*, in: Lutter/Hommelhoff, GmbHG, § 57n Rn. 3; *Roth*, in: Roth/Altmeppen, GmbHG, § 57n Rn. 5; a.A. *Ulmer*, in: Ulmer/Habersack/Löbbe, GmbHG, § 57n Rn. 4; *Meyer-Landrut*, in: Meyer-Landrut, GmbHG, Anh. § 57b § 14 KapErhG Rn. 2, die in jedem Fall Gesamt-Nichtigkeit des Kapitalerhöhungsbeschlusses annehmen wollen.

10 Ebenso *Servatius*, in: Baumbach/Hueck, GmbHG, § 57n Rn. 7.

11 *Priester*, in: Scholz, GmbHG, § 57n Rn. 5.

12 *Priester*, in: Scholz, GmbHG, § 57n Rn. 5.

Schrifttum
Literatur: s. Vorbemerkung zu §§ 57c bis 57o.

Übersicht

A. Regelungsbereich

1 Die Vorschrift regelt einen bilanziellen Sachverhalt. Sie wird praktisch nur für diejenigen Gesellschafter relevant, die bilanzierungspflichtig sind und bei denen die Geschäftsanteile zum Betriebsvermögen gehören. In diesen Fällen stellt sich bei einer Kapitalerhöhung aus Gesellschaftsmitteln die Frage, ob sich der Bilanzansatz bei dem Gesellschafter durch die Kapitalerhöhung ändert, und welche Anschaffungskosten bei einer späteren Veräußerung der Beteiligung zugrunde zu legen sind. Die Regelung in § 57o entspricht dem Verständnis des Gesetzgebers, die Kapitalerhöhung nicht als Doppelmaßnahme anzusehen, sondern als bloßen bilanziellen Vorgang zu bewerten (Vorbemerkung vor §§ 57c bis 57o Rdn. 3). Der Gesellschafter hat keinen Zugang zu buchen und keinen Gewinn auszuweisen. Die Anschaffungskosten der alten Anteile sind auf die neuen mit zu verteilen.[1]

B. Kein Zugang beim Gesellschafter

I. Unveränderte Beteiligungsverhältnisse

2 § 57o Satz 2 stellt fest, dass der Zuwachs an Geschäftsanteilen nicht als Zugang auszuweisen ist. Weder handelt es sich um einen materiellen Vermögenszuwachs noch um Zuschreibungen im Sinne von § 268 Abs. 2 Satz 2 HGB, da der Wert des Anteilsbesitzes des Gesellschafters sich durch die Kapitalerhöhung aus Gesellschaftsmitteln nicht erhöht. Der Gesellschafter ist vielmehr unverändert mit derselben Beteiligungsquote am Stammkapital der Gesellschaft beteiligt. Dies gilt sowohl, wenn die Anteile im Anlagevermögen des Gesellschafters, als auch in dessen Umlaufvermögen gehalten werden.[2]

II. Kein Gewinnausweis

3 Durch die Bestimmung in Satz 2 wird zugleich ein Gewinnausweis bei dem Gesellschafter vermieden. Dies gilt wegen § 3 KapErhStG auch steuerlich. Werden allerdings im Zuge der Kapitalerhöhung Teilrechte im Sinne von § 57k hinzuerworben, ist der dafür gezahlte Preis als Zugang auszuweisen.[3]

C. Verteilung der Anschaffungskosten

I. Verteilung auf die Geschäftsanteile

4 Anschaffungskosten für die neuen Geschäftsanteile sind bei dem Gesellschafter infolge der Kapitalerhöhung aus Gesellschaftsmitteln nicht angefallen, weil keine Gegenleistung für die neuen Geschäftsanteile erbracht wird (Vorbemerkung vor §§ 57c bis 57o Rdn. 2 und § 57c Rdn. 1). Allerdings vermindert sich durch die Kapitalerhöhung der Wert der bereits vorhandenen Geschäftsanteile im Umfang der neuen Geschäftsanteile. Aus diesem Grund sind die Anschaffungskosten

1 *Priester*, in: Scholz, GmbHG, § 57o Rn. 1.
2 *Priester*, in: Scholz, GmbHG, § 57o Rn. 2.
3 *Priester*, in: Scholz, GmbHG, § 57o Rn. 3 (sowie noch das Beispiel bei Rn. 6 in der 9. Aufl.); *Schnorbus*, in: Rowedder/Schmidt-Leithoff, GmbHG, § 57o Rn. 4; *Ulmer*, in: Ulmer/Habersack/Löbbe, GmbHG, § 57o Rn. 4; Zur Berechnung ferner *Geßler*, WM Sonderbeilage 1/1960, S. 22.

der vorhandenen Geschäftsanteile auf diese und die neuen Geschäftsanteile **im Verhältnis ihrer Nennbeträge** zu verteilen.[4] **Beispiel** (bei einem Ausgangsstammkapital von 25.000 €, einer Kapitalerhöhung um nominal 25.000 € auf insgesamt nominal 50.000 € und drei Gesellschaftern mit je einem Geschäftsanteil im Nennbetrag von 5.000 €, 10.000 € und 10.000 €):

Gesellschafter	Nennbetrag der vorhandenen Geschäftsanteile	Anschaffungskosten der vorhandenen Geschäftsanteile	Nennbetrag der neu ausgegebenen Geschäftsanteile	Anschaffungskosten Altanteile nach Aufteilung	Anschaffungskosten Neuanteile nach Aufteilung
A	5.000 €	5.000 €	5.000 €	2.500 €	2.500 €
B	10.000 €	7.500 €	10.000 €	3.750 €	3.750 €
C	10.000 €	15.000 €	10.000 €	7.500 €	7.500 €

6 Wandelt man das Beispiel dahin gehend ab, dass eine Kapitalerhöhung z.B. nur um nominal 10.000 € stattfindet, gilt dasselbe Prinzip für die Aufteilung. Es ergeben sich dann lediglich ungerade Aufteilungsbeträge. Die Summe der Anschaffungskosten der ursprünglichen Anteile (im Beispiel 27.500 €) ist in allen Fällen identisch mit der Summe der Anschaffungskosten für die Alt- und Neuanteile nach der Aufteilung.

II. Verteilung bei mehreren neuen Geschäftsanteilen eines Gesellschafters

7 Nach Inkrafttreten des MoMiG ist es zulässig, dass ein oder mehrere Gesellschafter **mehrere neue Geschäftsanteile** i.R.d. Kapitalerhöhung aus Gesellschaftsmitteln (ggf. auch mit unterschiedlichen Nennbeträgen) erhalten. In diesem Fall sind die Anschaffungskosten sämtlicher vorhandener Geschäftsanteile ebenfalls proportional auf die neuen Anteile zu verteilen. Das vorgenannte **Beispiel** lässt sich dann wie folgt fortentwickeln (Ausgangszahlen wie im ersten Fall, aber mit dem Unterschied, dass Gesellschafter A und B jeweils zwei neue Geschäftsanteile erhalten sollen, wobei die Nennbeträge dieser Geschäftsanteile bei Gesellschafter A unterschiedlich sind):

Gesellschafter	Nennbetrag der vorhandenen Geschäftsanteile	Anschaffungskosten der vorhandenen Geschäftsanteile	Nennbetrag der neu ausgegebenen Geschäftsanteile	Anschaffungskosten Altanteile nach Aufteilung	Anschaffungskosten Neuanteile nach Aufteilung
A	5.000 €	5.000 €	3.500 €	2.500 €	1.750 €
			1.500 €		750 €
B	10.000 €	7.500 €	5.000 €	3.750 €	1.875 €
			5.000 €		1.875 €
C	10.000 €	15.000 €	10.000 €	7.500 €	7.500 €

III. Kein »Mischkurs«

9 Standen die bereits vorhandenen Geschäftsanteile mit einem niedrigeren Wert zu Buche, ist der niedrigere Wert auf die Anteile zu verteilen (in den Beispielen der Geschäftsanteil des Gesellschafters B im Nennbetrag von 10.000 €, der mit 7.500 € bilanziert wurde).[5] Wurden die alten Anteile

4 *Priester*, in: Scholz, GmbHG, § 57o Rn. 4; *Servatius*, in: Baumbach/Hueck, GmbHG, § 57o Rn. 2.
5 *Priester*, in: Scholz, GmbHG, (9. Aufl. 2002), § 57o Rn. 5; *Börnstein*, DB 1960, 217; *Lutter*, in: KK-AktG, § 220 Rn. 3; *Roth*, in: Roth/Altmeppen, GmbHG, § 57o Rn. 2.

zu unterschiedlichen Preisen erworben, muss für mehrere neue Anteile kein Mischkurs gebildet zu werden. Die Buchwerte sind vielmehr getrennt auf die einzelnen Anteile – wie in den vorgenannten Beispielen geschehen – aufzuteilen.[6]

IV. Teilrechte

Erwirbt ein Gesellschafter Teilrechte hinzu, was nach Aufhebung der strengeren Teilbarkeitsvorschriften durch das MoMiG selten sein dürfte, ergibt sich der Wert des nach Zukauf entstandenen Vollrechts aus den anteilig errechneten alten Anschaffungskosten des vorhandenen Teilrechts zuzüglich der tatsächlich gezahlten Anschaffungskosten des hinzuerworbenen Teilrechts.[7] 10

§ 58 Herabsetzung des Stammkapitals

(1) Eine Herabsetzung des Stammkapitals kann nur unter Beobachtung der nachstehenden Bestimmungen erfolgen:

1. **der Beschluss auf Herabsetzung des Stammkapitals muss von den Geschäftsführern in den Gesellschaftsblättern bekanntgemacht werden; in dieser Bekanntmachung sind zugleich die Gläubiger der Gesellschaft aufzufordern, sich bei derselben zu melden; die aus den Handelsbüchern der Gesellschaft ersichtlichen oder in anderer Weise bekannten Gläubiger sind durch besondere Mitteilung zur Anmeldung aufzufordern;**
2. **die Gläubiger, welche sich bei der Gesellschaft melden und der Herabsetzung nicht zustimmen, sind wegen der erhobenen Ansprüche zu befriedigen oder sicherzustellen;**
3. **die Anmeldung des Herabsetzungsbeschlusses zur Eintragung in das Handelsregister erfolgt nicht vor Ablauf eines Jahres seit dem Tage, an welchem die Aufforderung der Gläubiger in den Gesellschaftsblättern stattgefunden hat;**
4. **mit der Anmeldung ist die Bekanntmachung des Beschlusses einzureichen; zugleich haben die Geschäftsführer die Versicherung abzugeben, dass die Gläubiger, welche sich bei der Gesellschaft gemeldet und der Herabsetzung nicht zugestimmt haben, befriedigt oder sichergestellt sind.**

(2) [1]Die Bestimmung in § 5 Abs. 1 über den Mindestbetrag des Stammkapitals bleibt unberührt. [2]Erfolgt die Herabsetzung zum Zweck der Zurückzahlung von Einlagen oder zum Zweck des Erlasses zu leistender Einlagen, dürfen die verbleibenden Nennbeträge der Geschäftsanteile nicht unter den in § 5 Abs. 2 und 3 bezeichneten Betrag herabgehen.

Schrifttum

Böhringer, Das neue GmbH-Recht in der Notarpraxis, BWNotZ 2008, 104; *Halm*, Formelle und materielle Erfordernisse der ordentlichen Kapitalherabsetzung im Recht der GmbH, DStR 1997, 1332; *Hochmuth*, Die Kapitalherabsetzung bei der GmbH unter der Geltung des MoMiG, GmbHR 2009, 349; *Jaeger*, Sicherheitsleistung für Ansprüche aus Dauerschuldverhältnissen bei Kapitalherabsetzung, DB 1996, 1069; *Kussmaul/Richter/Tcherveniachki*, Die Behandlung der Kapitalherabsetzung anlässlich der Abfindung eines lästigen Gesellschafters einer GmbH, GmbHR 2007, 911; *Lwowski/Wunderlich*, Insolvenzanfechtung von Kapitalherabsetzungs- und Umwandlungsmaßnahmen, NZI 2008, 595; *Maser/Sommer*, Die Neuregelung der »Sanierenden Kapitalherabsetzung« bei der GmbH, GmbHR 1996, 22; *Schröer*, Sicherheitsleistung für Ansprüche aus Dauerschuldverhältnissen bei Unternehmensumwandlungen, DB 1999, 317.

6 *Priester*, in: Scholz, GmbHG, (9. Aufl. 2002), § 57o Rn. 5; *Kleindiek*, in: Lutter/Hommelhoff, GmbHG, § 57o Rn. 1; *Schnorbus*, in: Rowedder/Schmidt-Leithoff, GmbHG, § 57o Rn. 2.

7 So zutreffend *Priester*, in: Scholz, GmbHG, (9. Aufl. 2002), § 57o Rn. 7 unter Hinweis auf *Geßler*, WM-Sonderbeilage 1/1960, S. 22.

Übersicht

A. Normzweck

1 Die Kapitalherabsetzung ist die Minderung des in der Satzung festgelegten Stammkapitalbetrages. Sie erfolgt durch Satzungsänderung. Das Verfahren der Kapitalherabsetzung ähnelt in Bezug auf die Regelungen zum Gläubigerschutz den Vorschriften zur Liquidation einer Gesellschaft (vgl. § 65 Abs. 2 Bekanntmachung und Gläubigeraufforderung sowie § 73 Sperrjahr), sodass bei der Herabsetzung des Stammkapitals auch von einer »Mini-Liquidation« gesprochen werden kann.

2 Dabei wird bilanziell betrachtet nur die Passivposition »Gezeichnetes Kapital« (§ 266 Abs. 3 A I HGB) verringert, was sich nicht zwingend auf das Vermögen der Gesellschaft auswirken muss. Teilweise wird daher von einem reinen Buchungsvorgang gesprochen.[1] Aus rechtlicher Sicht ermöglicht die Kapitalherabsetzung, dass das zunächst gebundene Stammkapital von der Bindungswirkung des § 30 befreit wird, um sodann anderen Zwecken zugeführt zu werden. Die Pflicht aus § 30 zur Erhaltung des Stammkapitals als Haftungsfond dient dem Schutz der Gläubiger einer Gesellschaft und fungiert als Ausgleich für die beschränkte Haftung. Durch die Kapitalherabsetzung wird diese Haftungsmasse reduziert. Deshalb hat der Gesetzgeber § 58 als weitere Vorschrift zum Schutz der Gesellschaftsgläubiger eingeführt und erlaubt eine Herabsetzung lediglich nach Einhaltung des dort normierten Verfahrens. § 58 Abs. 1 Nr. 1 und 2 enthalten materielle Voraussetzungen für das Herabsetzungsverfahren, die Bekanntmachung des Herabsetzungsbeschlusses, den Gläubigeraufruf sowie Befriedigung oder Sicherstellung der Gläubiger. Die Nr. 3 und 4 des ersten Absatzes regeln daneben die formellen Voraussetzungen, den Ablauf eines Sperrjahres und Vorlage notwendiger Nachweise bei der Anmeldung des Herabsetzungsbeschlusses zum Handelsregister. Schließlich wird die Herabsetzung des Stammkapitals durch den Verweis in § 58 Abs. 2 auf § 5 auf das Mindeststammkapital von 25.000,– € begrenzt. Eine Kapitalherabsetzung bis in die UG (haftungsbeschränkt) nach § 5a mit einem geringeren Stammkapital ist damit nicht möglich.[2] Eine Unterschreitung des Mindeststammkapitals auch bei gleichzeitiger Kapitalerhöhung bis über die Grenze ist aufgrund des klaren Wortlautes des § 58 Abs. 2 Satz 1 und dem Fehlen einer dem § 228 AktG entsprechenden Regelung abzulehnen.[3] Angesichts der ausdrücklichen Erlaubnis in § 58a Abs. 4 und des erleichterten Verfahrens wird in betreffenden Fällen gleichwohl die vereinfachte Kapitalherabsetzung durchgeführt. Eine mit einem Stammkapital von 25.000 € gegründete GmbH

---

1 *Halm*, DStR 1997, 1332 mit Verweis auf *Schilling*, in: Hachenburg, GmbHG, 6. Aufl., § 58 Rn. 2; *Zöllner/Kersting*, in Baumbach/Hueck, GmbHG, § 58 Rn. 1; a.A. *Casper*, in: Ulmer/Habersack/Löbbe, GmbHG, § 58 Rn. 5.

2 *Roth*, in Roth/Altmeppen, GmbHG, § 58 Rn. 3 und § 5a Rn. 11.

3 Dagegen *Vetter*, in: MünchKomm GmbHG, § 58 Rn. 7; *Casper*, in: Ulmer/Habersack/Löbbe, GmbHG, § 58 Rn. 26 mit Berufung auf LG Saarbrücken, GmbHR 1992, 380; dafür *Zöllner/Kersting*, in: Baumbach/Hueck, GmbHG, § 58 Rn. 4.

kann vor ihrer Handelsregistereintragung, also im Stadium der »Vor-GmbH«, den Gesellschaftsvertrag dahingehend ändern, dass eine Stammkapitalsumme unter 25.000 € vereinbart und somit eine Unternehmergesellschaft gegründet wird.[4]

Durch Art. 12 Nr. 4 des JKomG v. 22.03.2005[5] wurde im Zuge der Anpassung an den geänderten § 12n.F. der Verweis in § 58 auf »bezeichnete Blätter« gem. § 30 a.F. gestrichen und durch Bekanntmachung in den »Gesellschaftsblättern« ersetzt. Die Abschaffung des Mindestbetrages eines Geschäftsanteils (zuvor Stammeinlage genannt) von 100,– €, sowie seiner Teilbarkeit durch 50 im § 5 durch Art. 1 des MoMiG,[6] führten zu notwendigen Folgeänderungen des § 58 Abs. 2. Die Geschäftsanteile müssen nunmehr nur auf volle Euro lauten, worauf der § 58 Abs. 2 Satz 2 für Kapitalherabsetzungen zum Zwecke der Zurückzahlung von Einlagen oder des Erlasses zu leistender Einlagen verweist.[7] Die vorerst letzte Veränderung erfuhr § 58 durch das ARUG.[8] Die Umgestaltung und Vereinfachung des AktG sowie des § 10 hinsichtlich der Eintragung von Änderungen zum genehmigten Kapital wirkten sich auf § 58 Abs. 1 Nr. 1 in der Streichung der Pflicht zur dreimaligen Bekanntmachung des Herabsetzungsbeschlusses aus, sodass die Anmeldung in Abs. 1 Nr. 3 bereits nach Ablauf eines Jahres nach der ersten Bekanntmachung möglich ist und auch nur der Nachweis einer einzigen Bekanntmachung gem. Abs. 1 Nr. 4 bei der Anmeldung einzureichen ist. 3

Das durch MoMiG neu geschaffene EGGmbHG[9] ersetzt in seinem § 1 den § 86 a.F. Zur Anpassung an die Umstellung der Währung können Änderungen des Stammkapitals gem. § 1 Abs. 1 Satz 4 EGGmbHG nach dem 31.12.2001 nur dann eingetragen werden, wenn das Stammkapital auf Euro lautet. Gem. § 1 Abs. 3 Satz 3 Halbs. 2 EGGmbHG ist jedoch § 58 bei der Umstellung der Nennbeträge auf Euro dann nicht zu beachten, wenn zugleich eine Erhöhung des Stammkapitals gegen Bareinlagen beschlossen und vor der Anmeldung auch geleistet wird. Der § 1 EGGmbHG wird als »privilegierte Kapitalherabsetzung« als Unterfall der ordentlichen Herabsetzung gesehen.[10] 4

B. Kapitalherabsetzung

I. Formen der Kapitalherabsetzung

Das Gesetz unterscheidet zwischen der **ordentlichen Kapitalherabsetzung** gem. § 58 und der **vereinfachten Kapitalherabsetzung** nach §§ 58a bis f,[11] welche zum Zwecke des Ausgleichs einer Wertminderung oder sonstiger Verluste vorgenommen werden kann und – zumeist zum Zwecke der Sanierung – mit einer Kapitalerhöhung verbunden wird (mehr unter **§ 58a** Rdn. 20 ff.). Die vereinfachte Kapitalherabsetzung dient dazu, eine bestehende Unterbilanz auszugleichen, indem die Stammkapitalziffer an das tatsächlich vorhandene Stammkapital angepasst wird.[12] Sie wird daher auch als **nominelle Kapitalherabsetzung bezeichnet.**[13] Die ordentliche Kapitalherabsetzung kann demgegenüber zum Zwecke der Freisetzung des gebundenen Vermögens für die Rückzahlung oder den Erlass von Stammeinlagen, der Abfindung ausscheidender Gesellschafter oder auch der Einstellung in Rücklagen erfolgen. Wird das Vermögen zur Ausschüttung frei oder zumindest für eine 5

4 OLG Frankfurt am Main, Beschl. v. 20.12.2010 – 20 W 388/10, GmbHR 2011, 984.

5 Gesetz über die Verwendung elektronischer Kommunikationsformen in der Justiz – Justizkommunikationsgesetz v. 22.03.2005, BGBl. I 2005, S. 837.

6 Gesetz zur Modernisierung des GmbH-Rechts und zur Bekämpfung von Missbräuchen (MoMiG) v. 23.10.2008 (BT-Drucks. 16/9737) BGBl. I 2008, S. 2026, in Kraft 01.11.2008.

7 Zu Änderungen durch MoMiG und dem misslungenen Verweis in § 58 Abs. 2 Satz 2 *Hohmuth*, GmbHR 2009, 349.

8 Gesetz zur Umsetzung der Aktionärsrechterichtlinie v. 30.07.2009 (BT-Drucks. 16/13098) BGBl. I 2009, S. 2479, in Kraft 01.09.2009.

9 Verkündet durch Art. 2 MoMiG v. 23.10.2008 (BGBl. I 2008, S. 2026), in Kraft 01.11.2008.

10 Mehr *Zeidler*, in Michalski, GmbHG, EGGmbHG, § 1 Rn. 38.

11 Eingeführt durch Art. 48 EGInsO – Einführungsgesetz zur InsO v. 05.10.1994, BGBl. I 1994, S. 2911, in Kraft 01.01.1999.

12 *Priester*, in: Scholz, GmbHG, § 58 Rn. 14.

13 *Maser/Sommer*, GmbHR 1996, 22; *Waldner*, in: Michalski, GmbHG, Vorb. zu §§ 58 ff. Rn. 7.

spätere Ausschüttung in die Rücklagen abgeführt, liegt ein Fall der effektiven Kapitalherabsetzung vor. Die unterschiedlichen Ausgangsituationen erfordern verschiedene Mechanismen zum Gläubigerschutz, demnach auch unterschiedliche Herabsetzungsverfahren. So ist für die ordentliche Kapitalherabsetzung der Ablauf eines Sperrjahres vor der Anmeldung des Herabsetzungsbeschlusses sowie die Befriedigung oder Sicherstellung der Gesellschaftsgläubiger vorgesehen, während die vereinfachte Kapitalherabsetzung nur die Ausschüttung für eine längere Zeit nach der Herabsetzung sperrt, § 58d.

6 Eine Kapitalherabsetzung kann bereits in der Phase der Vor-GmbH erfolgen. Hierfür ist ein Nachtrag zum Gründungsvertrag in notariell beurkundeter Form erforderlich, dem alle Gründer zustimmen müssen.[14] Nach Auflösung einer Gesellschaft ist die Kapitalherabsetzung – soweit der Abwicklungszweck nicht gefährdet wird – grds. möglich,[15] wenngleich wenig sinnvoll.

7 Die Kapitalherabsetzung ist von anderen gesellschaftsrechtlichen Maßnahmen der Veränderung von Geschäftsanteilen, wie etwa der Einziehung i.S.v. § 34 abzugrenzen.[16] Beide können unabhängig voneinander durchgeführt werden. Nach einer erfolgten Amortisation gem. § 34 entspricht die Summe der Nennbeträge der Geschäftsanteile jedoch nicht mehr dem Stammkapital, was nicht nur einen Schönheitsfehler, sondern vielmehr einen Verstoß gegen § 5 Abs. 3 Satz 2 darstellt.[17] Durch eine Kapitalherabsetzung kann eine Anpassung durchgeführt werden, um nach der Einziehung die Summe der Geschäftsanteile wieder mit dem Stammkapital zu harmonisieren.[18]

II. Zweck der Kapitalherabsetzung

8 Die Kapitalherabsetzung kann dazu eingesetzt werden, eine **Unterbilanz** zu beseitigen, also den Zustand auszugleichen, dass die Vermögensgegenstände einer Gesellschaft nach Abzug aller Schuldpositionen unter den Betrag des Stammkapitals fallen. Hierbei wird kein Vermögen von der Bindung des § 30 frei, vielmehr wird die Stammkapitalziffer an den tatsächlichen Zustand angepasst,[19] sodass den Gläubigern keine Haftungsmasse entzogen wird. Die Herabsetzung ermöglicht eine zukünftige Ausschüttung,[20] da nachträglich anfallender Gewinn nicht mehr zur Deckung des Fehlbetrages und Auffüllung des Stammkapitals überführt werden muss. Als Gegenstück zur Kapitalerhöhung aus Gesellschaftsmitteln (§§ 57c ff.), dient die Herabsetzung der Anpassung an die bestehenden finanziellen Verhältnisse.[21] In diesen Fällen bedient sich die Praxis allerdings regelmäßig des schnelleren und einfacheren Verfahrens der vereinfachten Kapitalherabsetzung nach §§ 58a ff. (vgl. § **58a** Rdn. 2). Insb. weil diese mit einer gleichzeitigen Kapitalerhöhung verbunden werden kann und so in Sanierungsfällen effektiver ist.

9 Soweit das Stammkapital durch Aktiva gedeckt ist und keine Unterbilanz vorliegt, kann die Kapitalherabsetzung der Befreiung des Stammkapitals von der Bindungswirkung des § 30 dienen, zumindest bis zur Mindestgrenze des § 5 Abs. 1. Das frei gewordene Kapital kann zur **Gewinnausschüttung** oder **Rückzahlung von Stammeinlagen** (Zustimmungserfordernisse bei ungleichmäßiger Rückzahlung Rdn. 15) verwendet oder in die freien **Rücklagen eingestellt** werden. Zwar bewirkt die Einstellung in Rücklagen (§ 266 Abs. 3 A II HGB) wirtschaftlich betrachtet keine Änderung im Vermögen der Gesellschaft,[22] gleichwohl kann über das Kapital nun jederzeit und frei verfügt

14 Auch zu Fragen der Haftung s. *Priester*, in: Scholz, GmbHG, § 58 Rn. 44; *Waldner*, in: Michalski, GmbHG, § 58 Rn. 11.

15 Auch zum Prüfungsumfang des Registergerichts im Fall der Auflösung: OLG Frankfurt am Main, Beschl. v. 14.09.1973 – 20 W 639/73, NJW 1974, 463.

16 *Roth*, in: Roth/Altmeppen, GmbHG, § 58 Rn. 3.

17 *Altmeppen*, in: Roth/Altmeppen, GmbHG, § 34 Rn. 80.

18 *Inhester*, in: Saenger/Inhester, GmbHG, § 58 Rn. 9; *Waldner*, in: Michalski, GmbHG, Vorb. zu §§ 58 ff. Rn. 2.

19 *Casper*, in: Ulmer/Habersack/Löbbe, GmbHG, § 58 Rn. 13.

20 *Priester*, in: Scholz, GmbHG, § 58 Rn. 14.

21 *Priester*, in: Scholz, GmbHG, § 58 Rn. 14.

22 *Priester*, in: Scholz, GmbHG, § 58 Rn. 13.

werden, da die Kapitalbindung des § 30 sich nicht auf die freien Rücklagen erstreckt.[23] Die Kapitalherabsetzung kann zudem zum Zwecke des Erlasses noch **ausstehender und nicht voll eingezahlter Stammeinlagen** dienen, vgl. § 19 Abs. 3. Hierbei ist neben der Kapitalherabsetzung ein Erlassvertrag gem. § 397 BGB zwischen der Gesellschaft und den Gesellschaftern abzuschließen.[24] Scheiden Gesellschafter aus der Gesellschaft unter Einziehung ihrer Anteile vonseiten der Gesellschaft aus, haben sie einen Anspruch auf Abfindung, der nicht immer aus freien Gesellschaftsmitteln gezahlt werden kann. Hier kann die Kapitalherabsetzung zur **Abfindung ausscheidender Gesellschafter**[25] unter Korrektur des Stammkapitalbetrages mit Berücksichtigung des § 34 durchgeführt werden. Schließlich kann durch eine Kapitalherabsetzung eine **fehlerhafte Kapitalerhöhung** korrigiert werden.

Gem. § 5 Abs. 3 Satz 2 muss die Summe der Nennbeträge aller Geschäftsanteile mit dem Stammkapital übereinstimmen. Bei Minderung des Stammkapitalbetrages sind deshalb die einzelnen Geschäftsanteile an den neuen Betrag anzupassen. Dabei kann sich die Kapitalherabsetzung auf alle Geschäftsanteile gleichmäßig auswirken, sodass alle Nennbeträge der Geschäftsanteile entsprechend ihrem Verhältnis herabgesetzt werden.[26] Möglich ist aber auch einzelne Geschäftsanteile mit Zustimmung des betroffenen Gesellschafters stärker zu belasten und eine sog. disproportionale Herabsetzung zu bestimmen (s.a. Rdn. 15). Die Höhe der Nennbeträge der Geschäftsanteile muss dabei nach dem MoMiG nur auf volle Euro lauten[27] (Verweis in § 58 Abs. 2 Satz 2 auf § 5 Abs. 2 Satz 1 n.F.[28]). Die Kapitalherabsetzung kann mit und ohne Einziehung von Geschäftsanteilen oder unter ihrer Zusammenlegung erfolgen.[29] Nach dem MoMiG ist die Kapitalherabsetzung unter Einziehung und Erlass eines Geschäftsanteils für die Praxis attraktiv geworden.[30] 10

C. Kapitalherabsetzungsbeschluss

I. Gesellschafterbeschluss

1. Form der Beschlussfassung

Die Kapitalherabsetzung stellt als Änderung des Stammkapitalbetrages (vgl. § 3 Abs. 1 Nr. 3) eine Satzungsänderung dar, sodass der **Beschluss auf Herabsetzung** des Stammkapitals nach § 58 Abs. 1 Nr. 1 nur durch die Gesellschafter in der Form des § 53 ergehen kann.[31] Nach § 53 Abs. 2 muss der Beschluss (durch einen deutschen Notar[32]) notariell beurkundet sein und bedarf einer Mehrheit von drei Vierteln der abgegebenen Stimmen, soweit keine strengeren Regelungen in der Satzung getroffen wurden (s. § 53 Rdn. 41 ff., 47 ff.). 11

2. Inhalt des Beschlusses

Im Gesellschafterbeschluss sind die Entscheidung über eine Kapitalherabsetzung und der Betrag, auf den das Stammkapital herabgesetzt werden soll, anzugeben.[33] Der Betrag darf nicht unter dem Mindeststammkapital von 25.000,– € liegen (§ 58 Abs. 3 Satz 1 i.V.m. § 5 Abs. 1). Es muss nicht notwendigerweise ein bestimmter Herabsetzungsbetrag, sondern es kann ein Höchstbetrag 12

23 *Casper*, in: Ulmer/Habersack/Löbbe, GmbHG, § 58 Rn. 12.

24 *Casper*, in: Ulmer/Habersack/Löbbe, GmbHG, § 58 Rn. 62; zum konkludenten Vertragsabschluss *Priester*, in: Scholz, GmbHG, § 58 Rn. 79.

25 Zur Abfindung samt steuerlichen Aspekten s. *Kussmaul/Richter/Tcherveniachki*, GmbHR 2007, 911.

26 *Waldner*, in: Michalski, GmbHG, § 58 Rn. 11 ff.

27 *Priester*, in: Scholz, GmbHG, § 58 Rn. 25 ff.

28 Zur Unbeachtlichkeit der Ausnahme in § 58 Abs. 2 Satz 2 und dem misslungenen Wortlaut *Hochmuth*, GmbHR 2009, 349; *Zöllner/Kersting*, in: Baumbach/Hueck, GmbHG, § 58 Rn. 7a.

29 Näher *Priester*, in: Scholz, GmbHG, § 58 Rn. 16 ff.; *Casper*, in: Ulmer/Habersack/Löbbe, GmbHG, § 58 Rn. 7 ff.

30 *Hohmuth*, GmbHR 2009, 349, 351.

31 *Waldner*, in: Michalski, GmbHG, § 58 Rn. 3.

32 *Priester*, in: Scholz, GmbHG, § 58 Rn. 31.

33 Formulierungsvorschlag *Döbereiner*, in: Lorz/Pfisterer/Gerber, Formular GmbH-Recht, S. 582 ff.

beschlossen werden, solange dieser bestimmbar ist.[34] Dies kann wegen möglicher Veränderungen der finanziellen Umstände innerhalb des Sperrjahres sachdienlich sein. Der Betrag muss bei der Anmeldung zum Handelsregister durch objektive, im Beschluss genannte Kriterien festgelegt werden. Dies liegt daran, dass die Entscheidung über eine Kapitalherabsetzung den Gesellschaftern obliegt und für Dritte Bindungswirkung erzeugt, während die Anmeldung durch Geschäftsführer vollzogen wird (s. Rdn. 28). Die Entscheidungskompetenz darf nicht eigenständig von den Geschäftsführern übernommen werden.[35] Neben der Kapitalherabsetzung sollte zugleich über die Minderung der einzelnen Geschäftsanteile beschlossen werden. Hierzu sind §§ 5 Abs. 3, 58 Abs. 2 Satz 2 zu beachten, sodass die Summe der Nennbeträge der Geschäftsanteile mit dem neuen Kapitalnennbetrag übereinstimmen muss. Sollen die einzelnen Geschäftsanteile disproportional an das herabgesetzte Stammkapital angepasst werden, so muss auch dies explizit im Beschluss aufgenommen sein.[36] Erfolgt eine Bestimmung zur Minderung der einzelnen Geschäftsanteile nicht, werden die Nennbeträge der Geschäftsanteile *ipso iure* im Verhältnis der Kapitalbeteiligungen der Gesellschafter herabgesetzt.[37] Für die Berechnung der Notargebühren ist der Betrag der Kapitalherabsetzung als Geldwert maßgeblich, wobei sich die Kosten der ordentlichen und vereinfachten Kapitalherabsetzung nicht unterscheiden.[38] Es gilt die Höchstgebühr von 5.000 € (§ 47 Satz 2 KostO).

13 Fraglich ist, ob der Gesellschafterbeschluss auch den **Zweck** der Kapitalherabsetzung enthalten muss. Obwohl eine dem Aktienrecht entsprechende Regelung zur Zweckangabe nach § 222 Abs. 3 AktG im GmbHG fehlt, plädiert die herrschende Meinung für eine Zweckbenennung.[39] Zur Begründung wird teilweise darauf abgestellt, dass der Zweck in entsprechender Anwendung des § 222 Abs. 3 AktG aus Gründen des Gläubigerschutzes anzugeben ist, damit Gläubiger besser entscheiden können, ob sie der Kapitalherabsetzung zustimmen oder widersprechen möchten.[40] Zugleich wird vertreten, dass das Registergericht eine Zweckangabe zur Prüfung der Einhaltung des § 58 Abs. 2 Satz 2 benötige.[41] In einem Beschluss vom 11. November 2010 sieht das OLG Hamm[42] die Notwendigkeit der Zweckangabe in der alleinigen Befugnis der Gesellschafter einen Herabsetzungsbetrag festzulegen, an welchen die Geschäftsführer anschließend – insb. bei einem nachträglichen Zweckwegfall – gebunden sind. Die Angabe des Zweckes ist richtig. Sie wird in der Praxis empfohlen und ist auch vom Gesetzgeber mittelbar bestätigt worden.[43] Es können mehrere Zwecke nebeneinander in einem bestimmten oder bestimmbaren Stufenverhältnis verfolgt werden.[44] Aufgrund der Bindungswirkung für Geschäftsführer ist die Bestimmung von Alternativzielen gleichwohl nicht erlaubt, da die Zweckfestlegung zu den Gesellschafterpflichten gehört.

14 Eine Änderung des Betrages und des Zweckes der Kapitalherabsetzung ist bis zur Eintragung im Handelsregister möglich, da die Wirksamkeit – wie bei allen Satzungsänderungen – gem. § 54 Abs. 3 erst mit Eintragung eintritt.[45] Die Änderung bedarf richtigerweise als Satzungsänderung der Form des § 53 und muss mit einer drei Viertel Mehrheit der abgegebenen Stimmen verabschiedet

34 *Waldner*, in: Michalski, GmbHG, § 58 Rn. 6; *Priester*, in: Scholz, GmbHG, § 58 Rn. 34.

35 *Priester*, in: Scholz, GmbHG, § 58 Rn. 34; *Kleindiek*, in: Lutter/Hommelhoff, GmbHG, § 58 Rn. 7.

36 H.M. *Zöllner/Kersting*, in: Baumbach/Hueck, GmbHG, § 58 Rn. 19; *Priester*, in: Scholz, GmbHG, § 58 Rn. 35; *Vetter*, in: MünchKommGmbHG, § 58 Rn. 40.

37 *Waldner*, in: Michalski, GmbHG, § 58 Rn. 11.

38 *Waldner*, in: Michalski, GmbHG, Vorb. §§ 58 bis 58f Rn. 16.

39 *Roth*, in: Roth/Altmeppen, GmbHG, § 58 Rn. 15; *Priester*, in: Scholz, GmbHG, § 58 Rn. 37; a.A. *Zöllner/Kersting*, in: Baumbach/Hueck, GmbHG, § 58 Rn. 20; *Vetter*, in: MünchKommGmbHG, § 58 Rn. 46 ff.

40 BayObLG, Beschl. v. 16.01.1979 – 1 Z 127/78, BayObLGZ 1979, 4 = MittbayNot 1979, 30 = GmbHR 1979, 111; bejahend auch *Maser/Sommer*, GmbHR 1996, 22, 28 sowohl für die ordentliche als auch für die vereinfachte Kapitalherabsetzung; *Roth*, in: Roth/Altmeppen, GmbHG, § 58 Rn. 15.

41 *Kleindiek*, in: Lutter/Hommelhoff, GmbHG, § 58 Rn. 8.

42 OLG Hamm, Beschl. v. 11.11.2010 – I-15 W 191/10, NJW-RR 2011, 685.

43 Gesetzesbegründung zur Einführung der §§ 58a bis f (BT-Drucks. 12/3803, S. 87, 88): Zweckangabe auch ohne gesetzliche Regelung, sowohl bei § 58, als auch bei § 58a.

44 *Waldner*, in: Michalski, GmbHG, § 58 Rn. 8.

45 *Waldner*, in: Michalski, GmbHG, § 58 Rn. 9; *Inhester*, in: Saenger/Inhester, GmbHG, § 58 Rn. 14.

werden. Andere lassen eine einfache Mehrheit genügen, sofern die Verfolgung dieses Zwecks nicht eine qualifizierte Mehrheit bzw. die Zustimmung des Betroffenen erfordert.[46] Wird dabei der Betrag, um welchen das Kapital herabgesetzt werden soll, erhöht, müssen zum Schutz der Gläubiger wiederum die Vorschriften aus § 58 Abs. 1 eingehalten werden, sprich es hat eine Bekanntmachung des neuen Beschlusses zu erfolgen. Die Jahressperrfrist beginnt neu zu laufen. Die Aufhebung des Herabsetzungsbeschlusses ist nach der herrschenden Meinung zur Aufhebung von satzungsändernden Beschlüssen (s. § 53 Rdn. 66) formlos und mit satzungsgemäßer, also regelmäßig einfacher Mehrheit möglich, da eine Verschlechterung der Gläubigerinteressen aufgegeben wird.[47] Nach Aufhebung des Herabsetzungsbeschlusses entfällt die Befriedigung bzw. Sicherstellung der Gläubiger.[48] Nach Eintragung der Kapitalherabsetzung ins Handelsregister soll eine Zweckänderung nur unter Zustimmung aller Gesellschafter möglich sein.[49]

3. Gesonderte Zustimmungserfordernisse

Grds. wird der Kapitalherabsetzungsbeschluss mit einer drei Viertel Mehrheit nach § 53 Abs. 2 beschlossen, soweit keine abweichenden strengeren Regelungen in der Satzung vorgeschrieben sind. Abweichungen hiervon können sich ergeben, wenn in Sonderrechte von Gesellschaftern eingegriffen wird. Dies ist der Fall, wenn die Herabsetzung zum Zwecke der Ausschüttung an Gesellschafter unabhängig von ihrem Anteil dient, wenn also einzelne Gesellschafter partiell benachteiligt werden. In einem solchen Fall wird zum Schutz der Minderheiten und der ungleich Benachteiligten bei der Herabsetzung oder der folgenden geplanten Ausschüttung ein Zustimmungsbedürfnis bejaht.[50] Uneinigkeit besteht gleichwohl bezüglich der Frage, wer zustimmen muss. Während *Roth*[51] sich nur für die Zustimmung der Benachteiligten unter Einhaltung des Gleichheitsgebotes ausspricht, wird richtigerweise von der vorherrschenden Meinung die Zustimmung aller, auch der Abwesenden, gefordert, sodass deren Fehlen zur Anfechtbarkeit oder gar Nichtigkeit (s. Rdn. 34) des Beschlusses führen kann.[52] Wird die Kapitalherabsetzung mit der Einziehung eines Geschäftsanteils eines Gesellschafters kombiniert, so ist ihm das Stimmrecht versagt, wenn er auch für die Einziehung keines hat.[53] 15

II. Bekanntmachung des Beschlusses

1. Bekanntmachung

Die Pflicht zur dreimaligen Bekanntmachung ist zum 01.09.2009 auf Basis des ARUG[54] entfallen. 16
Die **Bekanntmachung des Herabsetzungsbeschlusses** erfolgt nunmehr einmalig durch den oder die Geschäftsführer in vertretungsberechtigter Anzahl nach § 35 in den Gesellschaftsblättern. Gem. § 12 ist dies der elektronische Bundesanzeiger, soweit nicht etwas anderes im Gesellschaftsvertrag vorgesehen ist.

Die Bekanntmachung gem. § 58 Abs. 1 Nr. 1 muss nach herrschender Meinung nur den Herab- 17
setzungsbeschluss unter Nennung des Herabsetzungsbetrages und die Aufforderung an Gläubiger

---

46 *Vetter*, in: MünchKommGmbHG, § 58 Rn. 57, 71.
47 *Priester*, in: Scholz, GmbHG, § 58 Rn. 43; *Inhester*, in: Saenger/Inhester, GmbHG, § 58 Rn. 14.
48 *Priester*, in: Scholz, GmbHG, § 58 Rn. 43.
49 *Priester*, in: Scholz, GmbHG, § 58 Rn. 42; *Waldner*, in: Michalski, GmbHG, § 58 Rn. 10; *Kleindiek*, in: Lutter/Hommelhoff, GmbHG, § 58 Rn. 8.
50 *Priester*, in: Scholz, GmbHG, § 58 Rn. 41; *Kleindiek*, in: Lutter/Hommelhoff, GmbHG, § 58 Rn. 14; *Casper*, in: Ulmer/Habersack/Löbbe, GmbHG, § 58 Rn. 23 ff.
51 *Roth*, in: Roth/Altmeppen, GmbHG, § 58 Rn. 14; bejahend auch *Heckschen*, in: Heckschen/Heidinger, GmbH, § 10 Rn. 247; *Waldner*, in: Michalski, GmbH, § 58a Rn. 15; *Kleindiek*, in: Lutter/Hommelhoff, GmbHG, § 58 Rn. 14, 17.
52 *Priester*, in: Scholz, GmbHG, § 58 Rn. 41; *Vetter*, in: MünchKommGmbHG, § 58 Rn. 64.
53 *Zöllner/Kersting*, in: Baumbach/Hueck, GmbHG, § 58 Rn. 21.
54 ARUG BT-Drucks. 16/13098 (BGBl. I 2009, S. 2479).

enthalten, sich bei der Gesellschaft zu melden.[55] Sie muss eindeutig und aus sich selbst heraus verständlich sein.[56] Im Fall einer Höchstbetragsherabsetzung sind zudem noch der Höchstbetrag und die Umstände zu nennen, nach denen sich der Maximalbetrag bestimmt.[57] Ob darüber hinaus auch der Zweck der Kapitalherabsetzung zu nennen ist, ist gesetzlich nicht geregelt. Die Rspr.[58] verneint eine solche Verpflichtung. Aus Gläubigerschutzinteressen fordert ein Teil der Lit. auch den Zweck der Kapitalherabsetzung bei der Bekanntmachung als notwendigen Bestandteil des Herabsetzungsbeschlusses zu benennen.[59] Nur in Kenntnis des Zweckes der Kapitalherabsetzung könnte ein Gläubiger die Entscheidung treffen, ob er sich bei der Gesellschaft melden und der Herabsetzung widersprechen solle, ob er zustimme und wie er künftig Geschäfte mit der Gesellschaft abwickele. Da die Angaben im Handelsregister für jedermann einsehbar sind, was das Diskretionsinteresse der Gesellschaft beeinträchtigen würde, ist richtigerweise der Zweck wegen der negativen Publizität der Rspr. folgend nicht zu veröffentlichen. Gleichwohl muss dieser auf Nachfrage dem Gläubiger mitgeteilt werden.[60]

2. Besondere Mitteilung

18 Neben der Bekanntmachung bedarf es nach § 58 Abs. 1 Nr. 1 einer **besonderen Mitteilung** an die der Gesellschaft aus Handelsbüchern oder in anderer Weise bekannten Gläubiger. Diese sind von den Geschäftsführern zu ermitteln. Dabei sind Gläubiger nur Forderungsinhaber, deren Forderung noch nicht befriedigt oder nicht dinglich gesichert ist, unabhängig davon, ob ihre Forderung bereits fällig, betagt, streitig oder bedingt ist.[61] Bei einer persönlich haftenden GmbH in einer GmbH & Co KG sind Gläubiger auch solche der KG, vgl. §§ 161, 128 HGB.[62]

19 Eine besondere Mitteilung ergeht an Gläubiger deren Forderung vor der Bekanntmachung begründet war. Ob auch später hinzutretende Gläubiger über den Kapitalherabsetzungsbeschluss zu informieren sind, ist umstritten. Nach herrschender Meinung bedarf es keiner weiteren Mitteilung,[63] eine solche könne laut *Casper* nur nach allgemeinen schuldrechtlichen Grundsätzen über Aufklärungs- und Rücksichtnahmepflichten bestehen.[64] Teilweise wird von der herrschenden Meinung eine Mitteilungspflicht bei größeren Geschäftsabschlüssen anerkannt.[65] Eine solche Benachteiligung der Neugläubiger ggü. den alten Gläubigern widerspricht dem Zweck des § 58, der darin besteht, Gläubiger vor Kapitalschmälerung zu schützen. Die Kapitalherabsetzung wäre erst nach Eintragung ins Handelsregister für die neuen Gläubiger erkennbar, gleichwohl vertrauen sie bei Vertragsabschluss auf die Haftsumme des Stammkapitals. Neben dem Gläubigerschutz spricht auch der Wortlaut der Norm für eine nochmalige Mitteilungspflicht, sonst würde die Bekanntmachung allein ausreichend sein, obschon der Gesetzgeber auch die besondere Mitteilung daneben geregelt hat. Demnach sind die praktischen Erschwernisse dieses Erfordernisses für die Gesellschaft im Interesse des Gläubigerschutzes hinzunehmen und neue Gläubiger auch nach Bekanntmachung zu informieren.[66]

---

55 *Casper*, in: Ulmer/Habersack/Löbbe, GmbHG, § 58 Rn. 40; *Kleindiek*, in: Lutter/Hommelhoff, GmbHG, § 58 Rn. 19; *Priester*, in: Scholz, GmbHG, § 58 Rn. 47; *Zöllner/Kersting*, in: Baumbach/Hueck, GmbHG, § 58 Rn. 23.

56 OLG München, Beschl. v. 04.04.2011 – 31 Wx 131/11, GmbHR 2011, 594.

57 *Inhester*, in: Saenger/Inhester, GmbHG, § 58 Rn. 15.

58 LG Augsburg, Beschl. v. 17.07.1979 – 2 HK 1715/79, MittBayNot 1979, 123.

59 *Roth*, in: Roth/Altmeppen, GmbHG, § 58 Rn. 16; *Waldner*, in: Michalski, GmbHG, § 58 Rn. 16; a.A. *Vetter*, in: MünchKommGmbHG, § 58 Rn. 88.

60 So auch *Casper*, in: Ulmer/Habersack/Löbbe, GmbHG, § 58 Rn. 40; *Priester*, in: Scholz, GmbHG, § 58 Rn. 47; a.A. *Vetter*, in: MünchKommGmbHG, § 58 Rn. 88.

61 *Inhester*, in: Saenger/Inhester, GmbHG, § 58 Rn. 16; *Waldner*, in: Michalski, GmbHG, § 58 Rn. 17.

62 *Priester*, in: Scholz, GmbHG, § 58 Rn. 49; *Waldner*, in: Michalski, GmbHG, § 58 Rn. 17.

63 *Waldner*, in: Michalski, GmbHG, § 58 Rn. 17; *Vetter*, in: MünchKommGmbHG, § 58 Rn. 91 f.

64 *Casper*, in: Ulmer/Habersack/Löbbe, GmbHG, § 58 Rn. 41; *Vetter*, in: MünchKommGmbHG, § 58 Rn. 93.

65 *Priester*, in: Scholz, GmbHG, § 58 Rn. 51 f.; bestätigend *Kleindiek*, in: Hommelhoff/Lutter, GmbHG, § 58 Rn. 22.

66 S.a. *Roth*, in: Roth/Altmeppen, GmbHG, § 58 Rn. 17; *Zöllner/Kersting*, in: Baumbach/Hueck, GmbHG, § 58 Rn. 24.

Inhaltlich entspricht die besondere Mitteilung der Bekanntmachung § 58 Abs. 1 Nr. 1 (s. Rdn. 16) und kann formlos ergehen. Aus Beweisgründen ist eine schriftliche Mitteilung dringend zu empfehlen. Wann die besondere Mitteilung ergehen muss, ist gesetzlich nicht geregelt und daher grds. bis zum Ablauf des Sperrjahres möglich. Der Normzweck wäre jedoch nur dann erfüllt, wenn Gläubiger genügend Zeit haben, sich auf die Mitteilung bei der Gesellschaft zu melden, weshalb die besondere Mitteilung mit bzw. nach der Bekanntmachung in Gesellschaftsblättern erfolgen sollte.[67] Die Mitteilungspflicht entfällt, wenn Gläubiger bereits über die Kapitalherabsetzung (nachweislich) informiert sind oder zugestimmt haben. 20

D. Gläubigerschutz

Gem. § 58 Abs. 1 Nr. 1 sind Gläubiger aufzufordern, sich bei der Gesellschaft zu melden (Rdn. 20). Anders als im Aktienrecht (vgl. § 225 Abs. 1 Satz 2 AktG) müssen die Gläubiger nicht darüber hinaus über die Sicherstellung oder Befriedigung und die Folgen bei Nichtmeldung aufgeklärt werden.[68] 21

I. Widerspruch

Gläubiger können ihre bis zur Eintragung der Kapitalherabsetzung entstandenen Forderungen anmelden und der Kapitalherabsetzung widersprechen, soweit sie nicht bereits befriedigt sind oder zugestimmt haben. Auch bestrittene Forderungen berechtigen zur Anmeldung und zum Widerspruch.[69] Die Anmeldung bedarf weder einer bestimmten Form noch eines besonderen Inhalts. Ein ausdrücklicher Widerspruch der Gläubiger ist nicht erforderlich. Es reicht aus, wenn sich die Gläubiger anlässlich der Bekanntmachung oder Mitteilung bei der Gesellschaft melden und um Begleichung einer Forderung bitten. Eine Meldung ohne Bezug zur Kapitalherabsetzung genügt gleichwohl nicht. Die Gläubigermeldung ist keine Willenserklärung, sondern wegen der mit ihr verbundenen Rechtsfolgen eine geschäftsähnliche Handlung.[70] Unterlässt es der Gläubiger sich zu melden, so wird dies als Zustimmung aufgefasst. Seine Forderung bleibt hiervon unberührt, er kann nur die Eintragung nicht mehr verhindern. Der Widerspruch hat keine Auswirkungen auf die Forderung oder das Schuldverhältnis zwischen Gläubigern und der Gesellschaft. 22

II. Befriedigung oder Sicherstellung

Entgegen der missverständlichen Formulierung in § 58 Abs. 1 Nr. 2 steht den Gläubigern im Fall einer Kapitalherabsetzung kein durchsetzbares Recht auf Befriedigung oder Sicherstellung aus dieser Norm zu.[71] § 58 ist keine eigene Anspruchsgrundlage, er normiert vielmehr eine Obliegenheit der Gesellschaft i.R.d. Herabsetzungsverfahrens,[72] bei deren Verletzung Gläubiger durch Widerspruch die Eintragung der Kapitalherabsetzung in das Handelsregister verhindern können (s.a. Rdn. 37). 23

Zu befriedigen bzw. sicher zu stellen, sind diejenigen Gläubiger, die sich nach der Bekanntmachung bei der Gesellschaft melden und der Kapitalherabsetzung nicht zustimmen. Dabei steht den Gläubigern kein Wahlrecht zu. Die Entscheidung darüber, ob eine Befriedigung oder Sicherstellung infrage kommt, liegt allein im Ermessen der Gesellschaft bzw. der Geschäftsführer. Davon unberührt bleibt das Recht des Gläubigers, seinen Anspruch geltend zu machen und ggf. auf Befriedigung aus dem Schuldverhältnis zu klagen.[73] Für die Entstehung der Forderung ist der Zeitpunkt der 24

67 Zu weit *Waldner*, in: Michalski, GmbHG, § 58 Rn. 17 »unverzüglich nach der Bekanntmachung«.

68 *Casper*, in: Ulmer/Habersack/Löbbe, GmbHG, § 58 Rn. 40; *Priester*, in: Scholz, GmbHG, § 58 Rn. 48; *Waldner*, in: Michalski, GmbHG, § 58 Rn. 16; *Zöllner/Kersting*, in: Baumbach/Hueck, GmbHG, § 58 Rn. 23a; *Vetter*, in: MünchKommGmbHG, § 58 Rn. 89.

69 *Priester*, in: Scholz, GmbHG, § 58 Rn. 60 f.

70 *Zöllner/Kersting*, in: Baumbach/Hueck, GmbHG, § 58 Rn. 27; *Vetter*, in: MünchKommGmbHG, § 58 Rn. 104.

71 *Casper*, in: Ulmer/Habersack/Löbbe, GmbHG, § 58 Rn. 43.

72 *Zöllner/Kersting*, in: Baumbach/Hueck, GmbHG, § 58 Rn. 26.

73 *Priester*, in: Scholz, GmbHG, § 58 Rn. 57.

Anmeldung maßgeblich.[74] Eine Befriedigung oder Sicherstellung ist nicht notwendig, wenn Gläubiger ein ordnungsgemäßes Angebot der Gesellschaft ablehnen. Diese Gläubiger werden danach so behandelt, als wären sie befriedigt bzw. sichergestellt.

25 Unter der **Befriedigung** sind alle zum Erlöschen der Forderung führenden Rechtshandlungen zu verstehen, also Erfüllung gem. § 362 BGB oder Erfüllungssurrogate wie Aufrechnung §§ 387 ff. BGB oder Hinterlegung §§ 372 ff. BGB.[75] Die Forderung muss zumindest erfüllbar sein oder der Gläubiger muss mit einer vorzeitigen Befriedigung einverstanden sein.[76]

26 Statt der Befriedigung kommt auch **Sicherstellung** infrage. Diese richtet sich nach den §§ 232 bis 240 BGB und kann selbst bei fälligen Forderungen erfolgen.[77] Sicherstellung ist nicht erforderlich, wenn der Gläubiger bereits i.S.d. §§ 232 ff. BGB gesichert ist oder wenn zumindest eine wirtschaftlich gleichstehende Absicherung der Forderung besteht.[78] Die Pflicht zur Sicherstellung entfällt auch, wenn Gläubiger im Fall der Insolvenz das Recht auf vorzugsweise Befriedigung aus der Deckungsmasse haben (§ 58d Abs. 2 Satz 3 ist hier nach h.M. entsprechend anzuwenden[79]). Ob auch **bestrittene Forderungen** sichergestellt werden müssen, ist umstritten. § 58 Abs. 1 Nr. 2 dient seinem Zweck nach dem Gläubigerschutz, weshalb die Gesellschaft sich nicht durch Bestreiten einer Forderung dieser einfach entledigen können soll. Deshalb müssen auch von der Gesellschaft bestrittene Forderungen sichergestellt werden.[80] Alternativ kann die Gesellschaft Feststellungsklage auf Nichtbestehen der Forderung erheben. Zum Schutz der Interessen der Gesellschaft berechtigen jedoch offensichtlich nicht bestehende und missbräuchliche Forderungsansprüche nicht zum Widerspruch und bedürfen keiner Sicherstellung.[81] Stellt der Geschäftsführer nach einer ordentlichen Prüfung fest, dass der Anspruch offensichtlich unbegründet ist, muss er diesen nicht absichern. Bei Abgabe der Versicherung gem. § 58 Abs. 1 Nr. 4 handelt er jedoch auf eigene Gefahr und ist im Fall einer Fehlentscheidung zivilrechtlichen und strafrechtlichen Folgen ausgesetzt (Rdn. 37).

27 Für die Bemessung der Höhe einer Sicherstellung bei Dauerschuldverhältnissen ist nicht die gesamte Laufzeit, sondern das konkrete Sicherungsinteresse entscheidend.[82] Dieses lässt sich nicht pauschal feststellen,[83] sondern richtet sich vielmehr nach den jeweiligen Umständen und ist für den Einzelfall zu berechnen.[84] Bei bedingten Forderungen liegt die Höhe im Ermessen und deshalb im Risikobereich des Geschäftsführers.[85]

---

74 H.M. *Casper*, in: Ulmer/Habersack/Löbbe, GmbHG, § 58 Rn. 46; *Zöllner/Kersting*, in: Baumbach/Hueck, GmbHG, § 58 Rn. 30; a.A. *Roth*, in: Roth/Altmeppen, GmbHG, § 58 Rn. 25 Meldung der Gläubiger grds. auch nach Anmeldung erlaubt, könnte aber unzulässige Rechtsausübung sein, wenn frühere Meldung möglich und zumutbar war.

75 *Zöllner/Kersting*, in: Baumbach/Hueck, GmbHG, § 58 Rn. 32.

76 *Zöllner/Kersting*, in: Baumbach/Hueck, GmbHG, § 58 Rn. 32.

77 Für eine flexiblere, am Schutzniveau der §§ 232 ff. BGB orientierte Besicherung *Vetter*, in: MünchKommGmbHG, § 58 Rn. 111.

78 H.M. *Casper*, in: Ulmer/Habersack/Löbbe, GmbHG, § 58 Rn. 50; *Priester*, in: Scholz, GmbHG, § 58 Rn. 58; *Zöllner/Kersting*, in: Baumbach/Hueck, GmbHG, § 58 Rn. 33; a.A. *Waldner*, in: Michalski, GmbHG, § 58 Rn. 22.

79 So auch *Priester*, in: Scholz, GmbHG, § 58 Rn. 58; *Zöllner/Kersting*, in: Baumbach/Hueck, GmbHG, § 58 Rn. 33.

80 *Casper*, in: Ulmer/Habersack/Löbbe, GmbHG, § 58 Rn. 51; *Priester*, in: Scholz, GmbHG, § 58 Rn. 21.

81 So auch *Kleindiek*, in: Lutter/Hommelhoff, GmbHG, § 58 Rn. 28; *Priester*, in: Scholz, GmbHG, § 58 Rn. 61.

82 BGH, Urt. v. 18.03.1996 – II ZR 299/94, DB 1996, 930 = NJW 1996, 1539.

83 *Jaeger*, DB 1996, 1069: Bemessung sollte sich nicht nach der ordentlichen Kündigung sowie gerichtlicher Anspruchsdurchsetzung richten, sondern nach der 5-Jahres-Frist des § 160 HGB.

84 *Schröer*, DB 1999, 317: gegen *Jaeger* (DB 1996, 1069) für Einzelfallberechnung des Sicherungsinteresses, trotz Aufwand in der Praxis.

85 *Priester*, in: Scholz, GmbHG, § 58 Rn. 58.

E. Verfahren der Kapitalherabsetzung

I. Anmeldung zum Handelsregister

1. Form und Inhalt

Für die Anmeldung der Kapitalherabsetzung gelten neben § 58 Abs. 1 Nr. 3 und 4 die Vorschrif- 28
ten für alle Satzungsänderungen gem. §§ 53, 54. Die Anmeldung erfolgt gem. § 78 Halbs. 2 durch sämtliche Geschäftsführer persönlich und muss gem. § 12 HGB elektronisch in notariell beglaubigter Form eingereicht werden. Theoretisch ist Stellvertretung für die Anmeldung möglich, praktisch jedoch ausgeschlossen.[86] Die abzugebende Versicherung durch die Geschäftsführer ist höchstpersönlicher Natur (s. Rdn. 31). Daher müsste der Geschäftsführer die Vollmacht beglaubigen lassen (§ 12 Abs. 2 HGB) um dann erneut vor einem Notar die höchstpersönliche Erklärung abzugeben.

Die Anmeldung muss einen Antrag zur Eintragung der Kapitalherabsetzung an das Registergericht 29
enthalten.[87] Diesem sind beizufügen: eine Ausfertigung oder beglaubigte Abschrift eines notariellen Protokolls des Kapitalherabsetzungsbeschlusses, ein Belegexemplar über die Bekanntmachung des Beschlusses gem. § 58 Abs. 1 Nr. 4, eine Versicherung sämtlicher Geschäftsführer über die Sicherstellung bzw. Befriedigung der Gläubiger gem. § 58 Abs. 1 Nr. 2 und der vollständige Satzungswortlaut gem. § 54 Abs. 1 Satz 2 (durch einen deutschen Notar beglaubigt und mit Bescheinigung versehen[88]). Eine aktualisierte Gesellschafterliste muss erst nach Wirksamwerden der Kapitalherabsetzung gem. § 40 Abs. 2 vom Notar eingereicht werden. Aus Gründen der Praktikabilität empfiehlt es sich jedoch, diese bereits der Anmeldung beizulegen. Der Zweck der Herabsetzung sowie das Durchführungsverfahren müssen nicht explizit mit eingereicht werden, da sie nicht eingetragen werden und dem Registergericht für die Prüfung nach § 58 Abs. 2 Satz 2 die Angaben in dem Herabsetzungsbeschluss ausreichen.[89]

2. Sperrjahr

Der Herabsetzungsbeschluss kann gem. § 58 Abs. 1 Nr. 3 nicht vor Ablauf eines Jahres angemeldet 30
werden. Das **Sperrjahr** beginnt mit dem Tag der Bekanntmachung des Herabsetzungsbeschlusses in den Gesellschaftsblättern gem. § 58 Abs. 1 Nr. 1, wobei der Zeitpunkt der besonderen Mitteilung (Rdn. 18 f.) unbeachtlich ist.[90] Wird der Betrag der Herabsetzung nachträglich erhöht (zur Zulässigkeit und Form s. Rdn. 14), so beginnt die Sperrzeit erst nach einer erneuten Bekanntmachung. Das Sperrjahr findet – ebenso wie bei der Liquidation – seine Berechtigung im Gläubigerschutz. Dennoch wird es in der Praxis vor allem in Sanierungsfällen als zu lang empfunden. Daher ist es der Grund, warum die Praxis eher von der vereinfachten Kapitalherabsetzung nach §§ 58a ff. Gebrauch macht.[91] Zur möglichen Umgehung der Sperrzeit durch Darlehens- und Umwandlungsmodelle s. *Heckschen*.[92]

II. Versicherungen

Bei Anmeldung der Kapitalherabsetzung zum Handelsregister ist gem. § 58 Abs. 1 Nr. 4 von 31
sämtlichen Geschäftsführern eine Versicherung darüber abzugeben, ob Gläubiger, die sich nach

86 Zumindest praxisfremd *Rühland*, in: Ziemons/Jaeger, Online GmbHG, § 58 Rn. 37 für Vertretung mit öffentlich beglaubigter Vollmacht, da Anmeldung nicht höchstpersönlich ist.
87 Formulierungsbsp. *Krafka/Kühn*, in: Krafka/Kühn, Registerrecht, Handelsregister, Rn. 1075.
88 *Böhringer*, BWNotZ 2008, 104, 110.
89 H.M. statt vieler *Priester*, in: Scholz, GmbHG, § 58 Rn. 67.
90 Vgl. BayObLG, Beschl. v. 20.09.1974 – BReg. 2 Z 43/74, BayObLGZ 1974, 359, 364 = BB 1974, 1362 = GmbHR 1974, 287, 288.
91 Vgl. *Waldner*, in: Michalski, GmbHG, § 58 Rn. 23; *Priester*, in: Scholz, GmbHG, § 58 Rn. 63; *Casper*, in: Ulmer/Habersack/Löbbe, GmbHG, § 58 Rn. 56.
92 *Heckschen*, in: Heckschen/Heidinger, GmbH, § 10 Rn. 260 ff.

Bekanntmachung gemeldet und der Kapitalherabsetzung widersprochen haben, abgesichert oder sichergestellt wurden. Aufgrund der Strafbewährung in § 82 Abs. 2 Nr. 1 bei unwahrer Versicherung handelt es sich um eine höchstpersönliche Handlung, weshalb eine Vertretung ausscheidet. Nach herrschender Meinung richtet sich der Inhalt nach dem Gesetzeswortlaut und muss darüber hinaus keine besonderen Angaben über die Gläubiger, welche sich gemeldet hatten und keine Angaben über die Art der Absicherung bzw. Abweisung bei bestrittenen Forderungen enthalten.[93] Alternativ, ist eine Negativversicherung, dass sich keine Gläubiger bei der Gesellschaft gemeldet haben oder alle zugestimmt haben, nötig. Für diese gilt das zuvor Gesagte. Ein Nachweis über besondere Mitteilung an bekannte Gläubiger gem. § 58 Abs. 1 Nr. 1 ist entbehrlich. Diese Gläubiger sind durch Ersatzansprüche gegen den Geschäftsführer (Rdn. 37) ausreichend geschützt.[94]

III. Prüfung durch Registergericht

32 Das Registergericht prüft, ob sämtliche für eine Satzungsänderung notwendigen Voraussetzungen und eine vollständige Anmeldung gegeben sind. D.h., es muss ein ordnungsgemäßer Gesellschafterbeschluss mit Mindeststammkapital und Mindestnennbeträgen der Geschäftsanteile gem. § 5 vorliegen, das Sperrjahr nach einer belegten Bekanntmachung abgelaufen und Versicherung gem. § 58 Abs. 1 Nr. 4 wirksam erbracht sein. Das Registergericht vertraut gem. § 8 Abs. 2 grds. auf die Richtigkeit der Versicherung durch die Geschäftsführer, kann bei erheblichen Zweifeln jedoch Nachweise verlangen.[95] Zweifel können durch eigene Angaben der Geschäftsführer oder durch Meldung eines Gläubigers aufkommen. Gläubiger, deren Forderungen bestritten oder übersehen wurden, können die Eintragung durch einstweiligen Rechtschutz verhindern.[96] Ob das Registergericht die Eintragung lediglich bei schweren Fehlern ablehnt, in sonstigen Fällen die Eintragung aussetzt und gem. § 398 FamFG eine Frist zur Erhebung einer negativen Feststellungsklage einräumt,[97] ist umstritten. Nach allgemeiner Ansicht trifft das Registergericht zwar keine Pflicht, es hat aber ein Recht zur Forderungsprüfung.[98] Es liegt im Ermessen des Richters trotz Zweifel eine Kapitalherabsetzung einzutragen. Im Fall noch nicht abgesicherter Forderungen wird das Registergericht eine Zwischenverfügung auf Sicherstellung oder Befriedigung erlassen. Nicht zu prüfen ist die besondere Mitteilung an bekannte Gläubiger[99] oder die Befriedigung oder Sicherstellung widersprechender Gläubiger.[100]

IV. Eintragung zum Handelsregister

33 Stellt das Registergericht fest, dass alle Voraussetzungen einer ordnungsgemäßen Kapitalherabsetzung vorliegen, trägt es diese mit Angabe des Datums des Herabsetzungsbeschlusses der Gesellschafter ins Handelsregister ein (§ 8a HGB). Eingetragen wird die Kapitalherabsetzung und der Betrag, um den das vorherige Stammkapital auf das neue Stammkapital reduziert wird. Der Zweck

93 *Vetter*, in: MünchKommGmbHG, § 58 Rn. 139 f.; *Rühland*, in: Ziemons/Jaeger, Online GmbHG, § 58 Rn. 43; *Priester*, in: Scholz, GmbHG, § 58 Rn. 66; *Waldner*, in: Michalski, GmbHG, § 58 Rn. 24; a.A. *Roth*, in: Roth/Altmeppen, GmbHG, § 58 Rn. 24a.

94 BayObLG, Beschl. v. 20.09.1974 – 2 Z 43/74, BayObLGZ 1974, 359 = BB 1974, 1362 = GmbHR 1974, 287.

95 *Priester*, in: Scholz, GmbHG, § 58 Rn. 70; OLG Frankfurt am Main, Beschl. v. 14.09.1973 – 20 W 639/73, NJW 1974, 463.

96 Ebenso *Casper*, in: Ulmer/Habersack/Löbbe, GmbHG, § 58 Rn. 53; *Kleindiek*, in: Lutter/Hommelhoff, GmbHG, § 58 Rn. 28; *Priester*, in: Scholz, GmbHG, § 58 Rn. 54; *Roth*, in: Roth/Altmeppen, GmbHG, § 58 Rn. 26; *Waldner*, in: Michalski, GmbHG, § 58 Rn. 25; a.A. nur Amtshaftungsanspruch *Zöllner/Kersting*, in: Baumbach/Hueck, GmbHG, § 58 Rn. 28.

97 So *Waldner*, in: Michalski, GmbHG, § 58 Rn. 25 keine weitere Prüfungskompetenz des Registergerichts.

98 So auch *Priester*, in: Scholz, GmbHG, § 58 Rn. 71; *Kleindiek*, in: Lutter/Hommelhoff, GmbHG, § 58 Rn. 24; *Roth*, in: Roth/Altmeppen, GmbHG, § 58 Rn. 26; a.A. *Waldner*, in: Michalski, GmbHG, § 58 Rn. 25.

99 BayObLG, Beschl. v. 20.09.1974 – 2 Z 43/74, BayObLGZ 1974, 359 = BB 1974, 1362 = GmbHR 1974, 287.

100 *Inhester*, in: Saenger/Inhester, GmbHG, § 58 Rn. 23.

und die Form bleiben unerwähnt. Die Eintragung wird durch das Registergericht bekannt gegeben, vgl. § 10 HGB. Die Eintragung hat wie bei allen Satzungsänderungen konstitutive Wirkung, vgl. § 54 Abs. 3, deshalb kann erst hiernach anders bilanziert werden. Das zuvor nach § 30 gebundene Stammkapital wird von der Bindungswirkung befreit und kann in die Rücklagen überführt oder auch ausgeschüttet werden. Eines weiteren Beschlusses der Gesellschafter bedarf es nicht mehr. Zu Zweckänderungen nach Eintragung Rdn. 14. Nach der Eintragung im Handelsregister scheidet eine insolvenzrechtliche Anfechtung aus Gründen des Bestandschutzes aus.[101]

F. Fehlerquellen und rechtliche Konsequenzen

I. Fehler bei dem Kapitalherabsetzungsbeschluss

Neben den allgemeinen Wirksamkeitsvoraussetzungen für die Abänderung von Gesellschafts- 34
verträgen (s. § 53 Rdn. 5 ff., § 54 Rdn. 7 ff.), sind die besonderen Voraussetzungen des § 58 zu beachten. Fehlt die notarielle Beurkundung des Kapitalherabsetzungsbeschlusses, ist dieser formnichtig. Dieser wird – im unwahrscheinlichen Fall der Eintragung – analog § 242 AktG geheilt.[102] Wurde der Kapitalherabsetzungsbeschluss nicht mit der notwendigen Mehrheit verabschiedet, verstößt er gegen die zwingende gesetzliche Vorschrift des § 53 Abs. 2 und wird vom Registergericht bei der Anmeldung zurückgewiesen. Erfolgt trotz der fehlenden Mehrheit/Zustimmungserfordernisses eine Eintragung, so heilt diese die Fehlerhaftigkeit des Beschlusses aufgrund der verletzten Minderheitsrechte nicht.[103] Werden bei einer Kapitalherabsetzung die Nennbeträge einzelner Geschäftsanteile stärker gemindert als andere oder soll eine Ausschüttung nicht gleichmäßig verteilt werden, bedarf dies wegen des **Minderheitenschutzes** der Zustimmung aller. Stimmen die stärker benachteiligten Gesellschafter nicht zu, ist der Beschluss nichtig, da die Geschäftsanteilreduzierung einer Teilzwangseinziehung gleichkommt (es sei denn, es sind zugleich die Voraussetzungen für eine Zwangseinziehung von Anteilen gem. § 34 gegeben).[104] Fehlt dagegen nur die Zustimmung der weniger Benachteiligten, während die stark Betroffenen einwilligen, verletzt der Beschluss zwar den gesellschaftsrechtlichen **Gleichbehandlungsgrundsatz**, ist aber lediglich anfechtbar.[105]

Nichtig sind Gesellschafterbeschlüsse, die eine Herabsetzung des Stammkapitals bis unter das Mindest- 35
stammkapital von 25.000,– € vorsehen und somit § 58 Abs. 2 Satz 1 i.V.m. § 5 Abs. 1, einer überwiegend Gläubigerinteressen schützenden Vorschrift widersprechen. Die Unterschreitung der Mindeststammkapitalgrenze ist auch bei gleichzeitiger Kapitalerhöhung, anders als bei der vereinfachten Kapitalherabsetzung gem. § 58a, nicht möglich.[106] Demgegenüber stellt die Untergrenze für Geschäftsanteile gem. § 58 Abs. 2 Satz 2 eine nicht überwiegend Gläubigerinteressen schützende Vorschrift dar, die bei Unterschreitung nur zur Anfechtbarkeit führt.[107] Da Geschäftsanteile nach dem MoMiG aber nur auf volle Euro lauten dürfen, ist dies zwischenzeitlich praktisch wenig relevant geworden. Ein Beschluss ohne Angabe des Zweckes der Kapitalherabsetzung ist wegen der Gläubigergefährdung anfechtbar, weil es dabei auch, aber nicht überwiegend um Gläubigerinteressen geht.[108] Diese Beschlüsse würde das Registergericht zur Eintragung abweisen. Ist der Zweck der Kapitalherabsetzung zwar genannt, aber nicht erreichbar, führt auch dies wie im Aktienrecht zur Anfechtbarkeit.[109] Ein anfechtbarer Beschluss kann durch einen folgenden wirksamen Beschluss geheilt werden (vgl. § 244 AktG), der aber das Sperrjahr erneut in Gang setzen würde.

---

101 *Lwowski/Wunderlich*, NZI 2008, 595.
102 *Hoffmann*, in: Michalski, GmbHG, § 53 Rn. 70; § 54 Rn. 43 ff.
103 Anders die h.M. zu § 54; wie hier *Hoffmann*, in: Michalski, GmbHG, § 54 Rn. 45 in ausführlicher Darstellung des zu § 54 geführten Streits.
104 Mit weiteren Verweisen s. *Priester*, in: Scholz, GmbHG, § 58 Rn. 41.
105 So auch *Priester*, in: Scholz, GmbHG, § 58 Rn. 41; *Lutter/Kleindiek*, in: Lutter/Hommelhoff, GmbHG, § 58 Rn. 14; *Casper*, in: Ulmer/Habersack/Löbbe, GmbHG, § 58 Rn. 23 ff.
106 LG Saarbrücken, Beschl. v. 11.06.1991 – 7 T 3/91 IV, GmbHR 1992, 380.
107 *Priester*, in: Scholz, GmbHG, § 58 Rn. 82.
108 Nicht überwiegend Gläubigerinteressen geschützt so auch *Priester*, in: Scholz, GmbHG, § 58 Rn. 82.
109 LG Hannover, Urt. v. 09.03.1995 – 21 O 84/94, GmbHR 1996, 218 = WM 1995, 2098.

II. Fehler bei der Bekanntmachung

36 Die Bekanntmachung des Herabsetzungsbeschlusses erfolgt grds. durch den oder die nach § 35 vertretungsberechtigten Geschäftsführer. Im Vordergrund der Vorschrift steht der Gläubigerschutz, welcher nach allgemeiner Ansicht allerdings auch dann nicht verletzt ist, wenn die Bekanntmachung durch ein anderes, nicht berechtigtes, Organ oder nicht durch alle Geschäftsführer veranlasst wird.[110]

37 Fehlt eine besondere Mitteilung gem. § 58 Abs. 1 Nr. 1 können die dadurch benachteiligten Gläubiger einen Schadensersatzanspruch direkt gegen den Geschäftsführer aus § 823 Abs. 2 BGB i.V.m. § 58 Abs. 1 Nr. 1 und 4 (Schutzgesetz) und daneben einen Anspruch gegen die Gesellschaft i.V.m. § 31 BGB geltend machen.[111] Gibt der Geschäftsführer bei der Anmeldung zum Handelsregister bezüglich der fehlenden Mitteilung eine unwahre Versicherung zum Zwecke der Herabsetzungseintragung ab, kann der Tatbestand des § 82 Abs. 2 Nr. 1 verletzt sein und eine Strafbarkeit des Geschäftsführers entstehen. Gleiches gilt, wenn sich Gläubiger gemeldet haben und der Geschäftsführer der Wahrheit zuwider behauptet, sie seien abgesichert worden. Die Haftung des Geschäftsführers ggü. der Gesellschaft gem. § 43 bleibt hiervon unberührt. Bei bestrittener Forderung liegt es im Risikobereich des Geschäftsführers abzuwägen, ob die Forderung offensichtlich nicht besteht und keiner Absicherung bedarf oder zu befriedigen bzw. abzusichern ist. Im Fall einer schuldhaften Fehleinschätzung kann er sich zivilrechtlich nach § 823 Abs. 2 BGB i.V.m. § 58 Abs. 1 Nr. 4 haftbar machen.[112] Auch hier kann bei Erfüllung des Tatbestandes von § 82 Abs. 2 Nr. 1 eine Strafbarkeit folgen. In dieser Situation können Gläubiger die Eintragung durch Meldung bei Gericht (einstweiliger Rechtsschutz) verhindern, haben aber keinen Anspruch auf Löschung einer bereits eingetragenen Kapitalherabsetzung.[113] Erfährt das Registergericht davon, dass Gläubiger nicht befriedigt bzw. sichergestellt wurden, kann es die Eintragung der Kapitalherabsetzung aussetzen und der Gesellschaft durch Zwischenverfügung eine Frist zur Erhebung einer negativen Feststellungsklage gegen den Gläubiger aufgeben. Unterlässt die Gesellschaft die Klageerhebung, wird die Eintragung zurückgewiesen. Da gerichtliche Verfahren meist langwierig sind, führt dies praktisch häufig dazu, dass Gesellschafter unter Druck geraten und die Gesellschaft veranlassen, die Forderung einfach auszuzahlen.

38 Die Pflicht zur Abgabe der Versicherung der Geschäftsführer erstreckt sich nicht auch auf die besonderen Mitteilungen. Demnach ist eine eingetragene Kapitalherabsetzung trotz des gänzlichen Fehlens der besonderen Mitteilungen wirksam.[114] Das Registergericht würde jedoch bei Kenntnis ihres Fehlens die Eintragung ablehnen. Zudem setzen sich die Geschäftsführer der Gefahr persönlicher Haftung aus (s.o.).

III. Fehler bei der Anmeldung

39 Das Registergericht prüft, ob das Kapitalherabsetzungsverfahren eingehalten wurde und ob die Anmeldungsunterlagen vollständig und in ordnungsgemäßer Form eingereicht wurden. Sind die Unterlagen nicht vollständig, weil z.B. die Versicherung oder der Beleg für die Bekanntmachung fehlt, erlässt das Gericht eine Zwischenverfügung und setzt eine Frist zum Nachreichen der fehlenden Dokumente oder zur Nachholung der geforderten Form.[115] Erst nach Ablauf der Frist lehnt das Registergericht die Eintragung der Kapitalherabsetzung ab.[116] Wird dagegen festgestellt, dass

110 *Waldner*, in: Michalski, GmbHG, § 58 Rn. 15; *Priester*, in: Scholz, GmbHG, § 58 Rn. 47; *Zöllner/Kersting*, in: Baumbach/Hueck, GmbHG, § 58 Rn. 23a.

111 OLG Hamburg, Urt. v. 05.07.2000 – 8 U 173/99, OLGR Hamburg 2001, 83 = GmbHR 2001, 392; *Priester*, in: Scholz, GmbHG, § 58 Rn. 85.

112 OLG Hamburg, Urt. v. 05.07.2000 – 8 U 173/99, OLGR Hamburg 2001, 83 = GmbHR 2001, 392.

113 A.A. *Roth*, in: Roth/Altmeppen, GmbHG, § 58 Rn. 28 auch Amtslöschung gem. § 395 FamFG bei Missachtung von Gläubigerschutzvorschriften möglich.

114 BayObLG, Beschl. v. 20.09.1974 – BReg. 2 Z 43/74, BayObLGZ 1974, 359 = BB 1974, 1362 = GmbHR 1974, 287.

115 *Rühland*, in: Ziemons/Jaeger, Online GmbHG, § 58 Rn. 48.

116 *Rühland*, in: Ziemons/Jaeger, Online GmbHG, § 58 Rn. 48.

der Herabsetzungsbeschluss nichtig ist, lehnt das Gericht die Eintragung sofort ab. Im Fall eines anfechtbaren Herabsetzungsbeschlusses liegt es im Ermessen des Richters die Eintragung abzuweisen oder vorzunehmen (Rdn. 32). Dabei wird seine Entscheidung davon abhängig sein, ob lediglich Vorschriften des Gesellschafterschutzes oder auch solche zum Schutz der Gläubiger verletzt wurden.[117] Das Sperrjahr ist eine primäre Vorschrift zum Gläubigerschutz (Rdn. 30). Eine Anmeldung vor Ablauf des Sperrjahres indiziert, dass sich potenzielle Gläubiger nicht melden konnten und übersehen wurden, demzufolge auch die Versicherung nach § 58 Abs. 1 Nr. 4 nicht wahr sein kann. Eine vorzeitige Anmeldung wird deshalb selbst dann abgewiesen und kann nicht aufgeschoben werden, wenn sie nach Ablauf des Sperrjahres bei Gericht eingeht oder mit gleichzeitiger Kapitalerhöhung verbunden ist.[118] Gleiches gilt, wenn die Anmeldung nicht durch sämtliche Geschäftsführer beim Registergericht eingereicht wird. Vertreten wird, dass die Unterschriften der Geschäftsführer bereits früher beglaubigt werden können.[119] Obgleich dies der praktische Regelfall sein dürfte, ist er nicht frei von Risiko für die Geschäftsführer. In der Zeit nach der Beglaubigung können sich weitere Gläubiger bei der Gesellschaft melden. Die Geschäftsführer laufen daher Gefahr, dass ihre zuvor erklärte Versicherung nicht mehr der Wahrheit entspricht, was zur Haftung der Geschäftsführer und zur Aussetzung der Eintragung führen kann.

§ 58a Vereinfachte Kapitalherabsetzung

(1) Eine Herabsetzung des Stammkapitals, die dazu dienen soll, Wertminderungen auszugleichen oder sonstige Verluste zu decken, kann als vereinfachte Kapitalherabsetzung vorgenommen werden.

(2) [1]Die vereinfachte Kapitalherabsetzung ist nur zulässig, nachdem der Teil der Kapital- und Gewinnrücklagen, der zusammen über zehn vom Hundert des nach der Herabsetzung verbleibenden Stammkapitals hinausgeht, vorweg aufgelöst ist. [2]Sie ist nicht zulässig, solange ein Gewinnvortrag vorhanden ist.

(3) [1]Im Beschluss über die vereinfachte Kapitalherabsetzung sind die Nennbeträge der Geschäftsanteile dem herabgesetzten Stammkapital anzupassen. [2]Die Geschäftsanteile müssen auf einen Betrag gestellt werden, der auf volle Euro lautet.

(4) [1]Das Stammkapital kann unter den in § 5 Abs. 1 bestimmten Mindestnennbetrag herabgesetzt werden, wenn dieser durch eine Kapitalerhöhung wieder erreicht wird, die zugleich mit der Kapitalherabsetzung beschlossen ist und bei der Sacheinlagen nicht festgesetzt sind. [2]Die Beschlüsse sind nichtig, wenn sie nicht binnen drei Monaten nach der Beschlussfassung in das Handelsregister eingetragen worden sind. [3]Der Lauf der Frist ist gehemmt, solange eine Anfechtungs- oder Nichtigkeitsklage rechtshängig ist. [4]Die Beschlüsse sollen nur zusammen in das Handelsregister eingetragen werden.

(5) Neben den §§ 53 und 54 über die Abänderung des Gesellschaftsvertrags gelten die §§ 58b bis 58 f.

Schrifttum

Fabis, Vereinfachte Kapitalherabsetzung bei AG und GmbH, MittRhNotK 1999, 170 ff.; *Hohmuth*, Die Kapitalherabsetzung bei der GmbH unter Geltung des MoMiG, GmbHR 2009, 349 ff.; *Langenfeld*, GmbH-Vertragspraxis, 2006; *Maser/Sommer*, Die Neuregelung der »Sanierenden Kapitalherabsetzung« bei der GmbH, GmbHR 1996, 22 ff.; *Heybrock*, Praxiskommentar zum GmbH-Recht, 2010.

117 *Rühland*, in: Ziemons/Jaeger, Online GmbHG, § 58 Rn. 49.
118 LG Frankfurt am Main, Beschl. v. 15.05.1991 – 3/11 T 9/91, GmbHR 1992, 381.
119 *Heckschen*, in: Heckschen/Heidinger, GmbH, § 10 Rn. 257.

A. Normzweck und Verhältnis zu § 58

1 Wie bei der Kapitalerhöhung, unterscheidet man auch bei der Kapitalherabsetzung zwischen effektiver (ordentlicher) und nomineller (vereinfachter) Herabsetzung, d.h. zwischen Herabsetzung mit und ohne Rückzahlung.[1] § 58a normiert die **vereinfachte** oder **nominelle Kapitalherabsetzung**. Soll eine Kapitalherabsetzung nur dazu dienen, Wertminderungen auszugleichen oder sonstige Verluste zu decken, soll also kein bisher gebundenes Kapital an die Gesellschafter ausgeschüttet werden, kann eine Gesellschaft auf die vereinfachte Kapitalherabsetzung nach § 58a zurückgreifen.[2]

2 Im Rahmen der Insolvenzrechtsreform[3] führte der Gesetzgeber mit den §§ 58a bis 58f ein vereinfachtes, beschleunigtes Verfahren zur Kapitalherabsetzung ein, welches mit der aktienrechtlichen Regelung der §§ 229 bis 236 AktG überwiegend übereinstimmt. Nahezu wortgleich wurden bspw. § 233 Abs. 2 AktG in § 58d Abs. 2 sowie die §§ 234, 235 AktG in §§ 58e und f übernommen. Durch die Einführung der §§ 58a bis f sollte eine eigenständige Regelung für die Zwecke der vereinfachten Kapitalherabsetzung geschaffen werden, welche auch auf die sanierende Kombination mit einer Kapitalerhöhung abstellt.[4] § 58a gilt als Grundvorschrift, welche durch die §§ 58b bis f ergänzt wird.[5] Anders als die ordentliche Kapitalherabsetzung verfolgt die vereinfachte Kapitalherabsetzung nach § 58a nicht das Ziel, das Gesellschaftsvermögen aus der Bindung des § 30 zu lösen, damit es den Gesellschaftern frei zur Verfügung steht.[6] Vielmehr hat die vereinfachte Kapitalherabsetzung das Ziel, eingetretene Verluste der Gesellschaft mit der Stammkapitalziffer bilanziell zu verrechnen und dadurch insb. eine Unterbilanz zu beseitigen.[7] Dabei soll das Stammkapital an das Aktivvermögen der Gesellschaft angepasst und hierdurch Verlustvorträge aus der Bilanz eliminiert werden.[8]

3 Systematisch gesehen haben die Gesellschafter zum Zwecke des Verlustausgleichs nun wie im Aktienrecht auch ein Wahlrecht zwischen der Anwendung der §§ 58a bis f, die ausschließlich für die vereinfachte Kapitalherabsetzung gelten, sowie der Norm des § 58, die nach wie vor auf sämtliche Herabsetzungsformen anwendbar bleibt.[9] Das bedeutet, dass wenn eine Sanierungssituation

1 *Jung/Otto*, in: BeckHdbGmbH, § 8 Rn. 110; *Casper*, in: Ulmer/Habersack/Löbbe, GmbHG, § 58a Rn. 1, 3.
2 BT-Drucks. 12/3803, S. 87.
3 Mit dem Art. 48 Nr. 4 des Einführungsgesetzes zur Insolvenzordnung (EGInsO) v. 05.10.1994, BGBl. I, Nr. 70 v. 18.10.1994, S. 2911 ff. (in Kraft seit 01.01.1999).
4 *Maser/Sommer*, GmbHR 1996, 22, 25.
5 *Arnold/Born*, in: Bork/Schäfer, GmbHG, § 58a Rn. 4; *Priester*, in: Scholz, GmbHG, § 58a Rn. 1.
6 *Hohmuth*, GmbHR 2009, 349, 351.
7 *Hohmuth*, GmbHR 2009, 349, 351; s.a. *Zöllner/Kersting*, in: Baumbach/Hueck, GmbHG, § 58a Rn. 7.
8 *Jung/Otto*, in: BeckHdbGmbH, § 8 Rn. 149.
9 *Maser/Sommer*, GmbHR 1996, 22, 25; *Priester*, in: Scholz, GmbHG, § 58a Rn. 10.

vorliegt, sich die Gesellschafter nach allgemeiner Auffassung[10] statt der vereinfachten auch weiterhin der ordentlichen Kapitalherabsetzung nach § 58 bedienen können. Dies verdeutlicht die Formulierung in § 58a Abs. 1 »*kann* als vereinfachte Kapitalherabsetzung vorgenommen werden«, wodurch die nicht abschließende Natur[11] der Vorschrift hervorgehoben wird. In der Praxis ist ein Rückgriff auf § 58 für die Sanierung einer Gesellschaft jedoch sehr unwahrscheinlich, da die Einschränkungen des § 58b Abs. 3 (Verwendung der Rücklagen) und des § 58c (Gewinnwendung) i.R.d. vereinfachten Kapitalherabsetzung wohl nicht die Erschwernisse der ordentlichen Kapitalherabsetzung nach § 58 überwiegen werden.[12]

4 Die vereinfachte Kapitalherabsetzung nach § 58a erleichtert die Sanierung durch seine Begrenzung auf Verlustsituationen. Sie ist nur zum **Ausgleich von Wertminderungen** oder zur **Deckung sonstiger Verluste** zulässig (§ 58a Abs. 1). Die Vereinfachung ggü. dem in § 58 beschriebenen Verfahren besteht im Wesentlichen darin, dass die Gläubiger nicht befriedigt und sichergestellt werden müssen und dass kein Sperrjahr (s. **§ 58** Rdn. 23 ff., **30**) eingehalten werden muss. Grund dafür ist die Tatsache, dass die vereinfachte Kapitalherabsetzung nicht zu einer Auszahlung von Gesellschaftsvermögen an die Gesellschafter führt[13] und folglich ein **vereinfachter Gläubigerschutz** ausreicht.[14] Dieser ist zum einen in § 58a Abs. 2 festgelegt. Danach ist eine vereinfachte Kapitalherabsetzung zulässig, wenn die Kapital- und Gewinnrücklagen nicht über einen Betrag von 10 % des nach der Herabsetzung verbleibenden Stammkapitals hinausgehen und kein Gewinnvortrag besteht. Zum anderen wird der geminderte Gläubigerschutz bei der vereinfachten Kapitalherabsetzung durch die §§ 58b bis d sichergestellt (s. dazu unten Rdn. 13).[15] Eine weitere Besonderheit besteht darin, dass es die §§ 58e bis f der Gesellschaft gestatten, die vereinfachte Kapitalherabsetzung bilanziell vorzuverlegen und damit eine Unterbilanz nicht nach außen offenbaren zu müssen.[16] Sie dienen damit der sanierungserleichternden Rückbeziehbarkeit von Kapitalherabsetzung und Kapitalerhöhung.[17]

5 Bei der vereinfachten Kapitalherabsetzung handelt es sich stets um eine Buchsanierung, weshalb sie in aller Regel mit einer gleichzeitigen Barkapitalerhöhung i.S.d. Abs. 4 verbunden wird (s. Näheres dazu bei Rdn. 21 f.).[18] Dies ist der typische Weg zur Sanierung einer Gesellschaft[19] und in der Praxis von erheblicher Bedeutung.[20] Die Teilnahme an einer solchen Kapitalerhöhung ist jedoch optional.[21]

6 Die §§ 58a ff. können zudem nach § 139 UmwG auch bei der Abspaltung oder Ausgliederung von Gesellschaften Anwendung finden, wenn dies erforderlich ist.[22] Dies bedeutet, sie kommt nur in Betracht, wenn keine offenen Eigenkapitalposten wie Rücklagen oder Gewinnvorträge vorhanden sind, durch deren Auflösung der Vermögensabgang kompensiert werden könnte.[23] Obwohl auch eine ordentliche Kapitalherabsetzung möglich ist, stellt die vereinfachte Kapitalherabsetzung bei **Spaltungsfällen** in der Praxis die Regel dar.[24] Die §§ 58a bis f gelten dabei zutreffend

10 S. z.B. *Casper*, in: Ulmer/Habersack/Löbbe, GmbHG, § 58a Rn. 11; *Priester*, in: Scholz, GmbHG, Vor § 58a Rn. 10.
11 *Casper*, in: Ulmer/Habersack/Löbbe, GmbHG, § 58a Rn. 11.
12 *Casper*, in: Ulmer/Habersack/Löbbe, GmbHG, § 58a Rn. 11; *Priester*, in: Scholz, GmbHG, Vor § 58a Rn. 10.
13 Wie es bei § 58 der Fall ist.
14 *Roth*, in: Roth/Altmeppen, GmbHG, § 58a Rn. 3.
15 *Waldner*, in: Michalski, GmbHG, § 58a Rn. 2.
16 *Hohmuth*, GmbHR 2009, 349, 351.
17 *Maser/Sommer*, GmbHR 1996, 22, 26.
18 *Priester*, in: Scholz, GmbHG, Vor § 58a Rn. 2.
19 *Wicke*, GmbHG, § 58a Rn. 7.
20 *Casper*, in: Ulmer/Habersack/Löbbe, GmbHG, § 58a Rn. 47.
21 *Kleindiek*, in: Lutter/Hommelhoff, GmbHG, § 58a Rn. 4.
22 Vgl. dazu *Mayer*, in: Widmann/Mayer, UmwG, § 139 Rn. 22 ff.; *Priester*, in: Scholz, GmbHG, § 58a Rn. 45.
23 *Reichert*, in: Semler/Stengel, UmwG, § 139 Rn. 8; so auch AG Berlin, Beschl. v. 28.05.2008 – 99 AR 3278/08.
24 *Waldner*, in: Michalski, GmbHG, Vorb. §§ 58 bis 58f Rn. 15.

als Rechtsfolgenverweisung.[25] Wäre es anders, könnte die vereinfachte Kapitalherabsetzung nur stattfinden, wenn bei der übertragenen Gesellschaft eine Unterbilanz aufgrund eingetretener Verluste vorläge.[26] Bei § 139 UmwG geht es jedoch um einen Bilanzausgleich und nicht eine Unternehmenssanierung.[27]

B. Vereinfachte Kapitalherabsetzung

7 Die Voraussetzungen der vereinfachten Kapitalherabsetzung entsprechen in wesentlichen Zügen denen der ordentlichen Kapitalherabsetzung nach § 58. Es entfallen lediglich der Gläubigeraufruf, eine etwaige Befriedigung oder Sicherstellung der Gläubiger sowie das Sperrjahr. Des Weiteren sind für die vereinfachte Kapitalherabsetzung gesonderte Voraussetzungen für die Beschlussfassung und die Durchführung der Herabsetzung vorgesehen.

8 Als Voraussetzungen für die vereinfachte Kapitalherabsetzung ergeben sich daher:[28]
- der Zweck der Verlustdeckung oder der Ausgleich von Wertminderungen (Abs. 1),
- die Auflösung von Kapital- und Gewinnrücklagen sowie eines Gewinnvortrags (Abs. 2),
- die Beschlussfassung über die vereinfachte Kapitalherabsetzung,
- die Beachtung der Vorschriften über das Mindeststammkapital und die Anpassung der Nennbeträge von Geschäftsanteilen,
- die Anmeldung des Herabsetzungsbeschlusses zum Handelsregister der Gesellschaft und
- die Eintragung der vereinfachten Kapitalherabsetzung in das Handelsregister (im Fall des Abs. 4 innerhalb von 3 Monaten).

I. Voraussetzungen des Abs. 1 und 2

1. Zum Zweck der Verlustdeckung (Abs. 1)

9 Entsprechend dem Ziel, eine praxisgerechte Lösung zur Beseitigung von Unterbilanzen oder Insolvenzmerkmalen anzubieten bzw. überschuldete GmbHs bei gleichzeitiger Kapitalerhöhung zu sanieren,[29] ist Voraussetzung der vereinfachten Kapitalherabsetzung, dass die sanierende Kapitalherabsetzung nur zu bestimmten, rein nominellen Zwecken erfolgen darf.[30] § 58a Abs. 1 entspricht dabei dem Wortlaut des § 229 Abs. 1 Satz 1 AktG, wonach eine vereinfachte Kapitalherabsetzung nur dem **Ausgleich von Wertminderungen** oder der **Deckung sonstiger Verluste** dienen kann. Dabei handelt es sich nicht um Alternativen; Wertminderungen sind vielmehr ein Unterfall der »sonstigen« Verluste.[31] Diese einheitliche Zwecksetzungsart ist folglich auf die bilanzielle Beseitigung von Verlusten gerichtet.[32] Der Grund für die Verluste ist irrelevant.[33] Die Ursachen können von Wertminderungen des Aktivvermögens bis hin zu Veruntreuungen reichen.[34] Wie im Aktienrecht ist hierbei eine bestimmte Mindesthöhe des Verlustes – z.B. in Relation zum Stammkapital – grds. nicht erforderlich.[35]

10 Zur Höhe und zum Zeitpunkt des Verlustes wird in § 58a explizit nichts gesagt. Da sich die Ermittlung des Verlustes jedoch nach den Grundsätzen über den **Wertansatz** in der Jahresbilanz

---

25 Überwiegende Ansicht, vgl. auch: *Priester*, in: Lutter, UmwG, § 139 Rn. 5; *Reichert*, in: Semler/Stengel, UmwG, § 139 Rn. 6.

26 *Priester*, in: Scholz, GmbHG, § 58a Rn. 44.

27 *Zöllner/Kersting*, in: Baumbach/Hueck, GmbHG, § 58a Rn. 3; *Priester*, in: Scholz, GmbHG, § 58a Rn. 44.

28 Vgl. dazu *Rabe*, in: Heybrock, Praxiskommentar zum GmbH-Recht, § 58a Rn. 13.

29 *Priester*, in: Scholz, GmbHG, § 58a Rn. 2.

30 *Maser/Sommer*, GmbHR 1996, 22, 26.

31 Hierzu zutreffend: *Waldner*, in: Michalski, GmbHG, § 58a Rn. 3; *Priester*, in: Scholz, GmbHG, § 58a Rn. 3; *Casper*, in: Ulmer/Habersack/Löbbe, GmbHG, § 58a Rn. 11.

32 *Maser/Sommer*, GmbHR 1996, 22, 26.

33 *Priester*, in: Scholz, GmbHG, § 58a Rn. 3; *Kleindiek*, in: Lutter/Hommelhoff, GmbHG, § 58a Rn. 8; *Inhester*, in: Saenger/Inhester, GmbHG, § 58a Rn. 3.

34 S. *Casper*, in: Ulmer/Habersack/Löbbe, GmbHG, § 58a Rn. 11 mit weiteren Beispielen.

35 *Priester*, in: Scholz, GmbHG, § 58a Rn. 10; *Fabis*, MittRhNotK 1999, 170, 184.

bestimmt,[36] genügen auch **drohende**, noch nicht realisierte **Verluste.**[37] Dabei muss der Verlust jedoch mit solch hoher Wahrscheinlichkeit zu erwarten sein, dass für ihn Rückstellungen i.S.d. § 249 Abs. 1 HGB gebildet werden müssen.[38] Maßgeblich ist dabei die gewissenhafte Prognose des Geschäftsführers.[39] Dieser hat plausibel und nachvollziehbar darzulegen, dass die Verluste eingetreten und nicht nur vorübergehender Natur sind.[40] Geschieht dies nicht bzw. wurden unvertretbare Bewertungsmaßstäbe herangezogen,[41] ist der Beschluss anfechtbar.[42] Dies ist vor allem für die Minderheitsgesellschafter von Bedeutung; denn der Kapitalherabsetzungsbeschluss greift erheblich in die Mitgliedschaft ein. Dadurch müssen sie vor der oberflächlichen oder willkürlichen Handhabung der Verlustschätzung geschützt werden.[43] Die Höhe und der Eintritt des Verlusts muss zudem von der Gesellschafterversammlung, der insoweit ein Ermessensspielraum zusteht, **festgestellt** werden.[44] Es bedarf dabei keiner förmlichen Erstellung einer vollständigen Zwischenbilanz.[45] Aus praktischer Sicht empfiehlt sich allerdings zum Schutz der Gesellschafterminderheit, zur Vermeidung und zum Nachweis in einem stattfindenden Anfechtungsverfahren die Aufstellung eines verkürzten Zwischenabschlusses oder einer Fortführung des letzten Jahresabschlusses.[46] Dies gilt umso mehr als dass der Registerrichter im Rahmen seines plausibilisierenden Prüfungsrechts das Recht hat, Zwischenbilanzen einzufordern (s.u. Rdn. 25). Ist der Verlust nach Feststellung der Geschäftsführung überraschend eingetreten, so müssen an die Begründung der Prognose höhere Anforderungen gestellt werden als bei Verlusten, die aufgrund anhaltend negativer Geschäftsentwicklung bereits absehbar waren, da sonst die Gläubigerschutzfunktion des § 58a Abs. 1 umgangen würde.[47]

2. Auflösung von Rücklagen und eines Gewinnvortrags (Abs. 2)

Nach § 58a Abs. 2 ist eine vereinfachte Kapitalherabsetzung nur dann zulässig, wenn die **Kapital- und Gewinnrücklagen**, welche 10 % des nach Herabsetzung verbleibenden Stammkapitals übersteigen, vorher aufgelöst wurden und kein Gewinnvortrag vorhanden ist. Dabei knüpft das Gesetz an die Begriffsdefinitionen des HGB[48] an und meint nur die Beträge, die im letzten Jahresabschluss der Gesellschaft förmlich als Kapital- oder Gewinnrücklage ausgewiesen oder als Bilanzgewinn auf die neue Rechnung vorgetragen sind.[49] Dieser Absatz dient dazu, den Missbrauch der vereinfachten Kapitalherabsetzung zu begrenzen,[50] indem er die Anwendbarkeit der vereinfachten Kapitalherabsetzung auf die Fälle beschränkt, in denen sie zum Zwecke des Verlustausgleichs unbedingt notwendig ist und die Verluste nicht anderweitig aus Eigenkapital getilgt werden können.[51] Bei einer Herabsetzung des Stammkapitals unter 25.000 € bleibt es bei der 10 %-Grenze, was bedeutet, dass Rücklagen bis 2.500 € nicht aufgelöst werden müssen.[52] Die Rücklagenzuführung kann 11

36 *Inhester*, in: Saenger/Inhester, GmbHG, § 58a Rn. 4; *Priester*, in: Scholz, GmbHG, § 58a Rn. 13.
37 Vorherrschende Meinung, s. BGH, Urt. v. 05.10.1992 – II ZR 172/91, NJW 1993, 57 (zu § 229 AktG); *Casper*, in: Ulmer/Habersack/Löbbe, GmbHG, § 58a Rn. 16; *Priester*, in: Scholz, GmbHG, § 58a Rn. 11.
38 *Inhester*, in: Saenger/Inhester, GmbHG, § 58a Rn. 4; *Priester*, in: Scholz, GmbHG, § 58a Rn. 11; vgl. dazu auch: *Hüffer/Koch*, AktG, § 229 Rn. 8.
39 *Fabis*, MittRhNotK 1999, 170, 184.
40 *Kleindiek*, in: Lutter/Hommelhoff, GmbHG, § 58a Rn. 11; *Lutter*, in: KK-AktG, § 229 Rn. 15.
41 *Casper*, in: Ulmer/Habersack/Löbbe, GmbHG, § 58a Rn. 14.
42 *Priester*, in: Scholz, GmbHG, § 58a Rn. 12; *Kleindiek*, in: Lutter/Hommelhoff, GmbHG, § 58a Rn. 11.
43 *Kleindiek*, in: Lutter/Hommelhoff, GmbHG, § 58a Rn. 9.
44 *Casper*, in: Ulmer/Habersack/Löbbe, GmbHG, § 58a Rn. 13.
45 *Zöllner/Kersting*, in: Baumbach/Hueck, GmbHG, § 58a Rn. 10; *Casper*, in: Ulmer/Habersack/Löbbe, GmbHG, § 58a Rn. 16.
46 *Kleindiek*, in: Lutter/Hommelhoff, GmbHG, § 58a Rn. 10; *Priester*, in: Scholz, GmbHG, § 58a Rn. 12.
47 *Fabis*, MittRhNotK 1999, 170, 184.
48 S. § 272 Abs. 2 und 3 HGB.
49 *Kleindiek*, in: Lutter/Hommelhoff, GmbHG, § 58a Rn. 14.
50 *Casper*, in: Ulmer/Habersack/Löbbe, GmbHG, § 58a Rn. 20.
51 *Maser/Sommer*, GmbHR 1996, 22, 27.
52 *Casper*, in: Ulmer/Habersack/Löbbe, GmbHG, § 58a Rn. 19; *Arnold/Born*, in: Bork/Schäfer, GmbHG, § 58a Rn. 14; *Priester*, in: Scholz, GmbHG, § 58a Rn. 7.

ein zulässiger Nebenzweck der vereinfachten Kapitalherabsetzung sein, sodass auch ein die Verluste übersteigender Herabsetzungsbetrag festgelegt werden darf.[53] Aufgelöst werden müssen entsprechend dem Wortlaut des Gesetzes nur Kapital- und Gewinnrücklagen, die Eigenkapital gem. §§ 266 Abs. 3 AII, III, IV, 272 Abs. 2 und 3 HGB darstellen.[54] *Nicht* aufzulösen sind hingegen Rückstellungen gem. §§ 249 und 266 Abs. 3 HGB, etwaige sich aus den gesetzlichen Bewertungsvorschriften der Handelsbilanz gem. §§ 252 bis 254 HGB ergebende stille Reserven im Aktivvermögen[55] sowie Rücklagen für eigene Geschäftsanteile i.S.d. § 272 Abs. 4 Satz 2 HGB.[56]

12 Daneben ist die vereinfachte Kapitalherabsetzung nicht zulässig, wenn ein **Gewinnvortrag** vorhanden ist. Ein solcher muss bei der Berechnung des Verlustes berücksichtigt werden und ebenfalls vorher beseitigt werden.[57] Zuständig für die Auflösung der Rücklagen und des Gewinnvortrags ist richtigerweise die Gesellschafterversammlung, da die Auflösung in die Kompetenz des die Bilanz feststellenden Organs fällt.[58] Handelt es sich um eine satzungsmäßige Rücklage, setzt ihre Auflösung einen satzungsändernden und somit beurkundungspflichtigen Gesellschafterbeschluss voraus.[59] Der buchhalterische Vollzug der beschlossenen Rücklagenauflösung kann dem Kapitalherabsetzungsbeschluss nachfolgen.[60] Umstritten ist, ob der Auflösungsbeschluss ausdrücklich gefasst werden muss oder konkludent im Herabsetzungsbeschluss enthalten ist.[61] Für die Praxis ist es daher empfehlenswert, einen separaten Auflösungsbeschluss zu fassen, der mit dem Herabsetzungsbeschluss verbunden werden kann.[62] Der buchungstechnische Vollzug erfolgt durch die Geschäftsführung und muss nicht in einer förmlichen (Zwischen-) Bilanz dokumentiert werden.[63]

13 Zum Zwecke des Gläubigerschutzes sieht das Gesetz zudem Verwendungsbeschränkungen hinsichtlich der Beträge aus der Rücklagenauflösung und der Kapitalherabsetzung. Gem. § 58b ist dabei die Ausschüttung des Buchgewinns, welcher sich aus der vereinfachten Kapitalherabsetzung und aus der vorhergegangenen Auflösung der Rücklagen ergibt, für 5 Jahre verboten (s. **§ 58b** Rdn. 9).[64] Es besteht zudem auch eine Ausschüttungssperre ggü. den Gesellschaftern bei zu hoch berechneten Kapitalherabsetzungsbeträgen (s. **§ 58c** Rdn. 8) sowie eine zeitliche und den Umfang betreffende Limitierung der Ausschüttung künftiger Gewinne (s. **§ 58d** Rdn. 11 ff., **15 ff.**).[65]

---

53 *Inhester*, in: Saenger/Inhester, GmbHG, § 58a Rn. 6, 10; *Roth*, in: Roth/Altmeppen, GmbHG, § 58a Rn. 8.

54 *Maser/Sommer*, GmbHR 1996, 22, 26.

55 *Maser/Sommer*, GmbHR 1996, 22, 26.

56 *Arnold/Born*, in: Bork/Schäfer, GmbHG, § 58a Rn. 15; *Casper*, in: Ulmer/Habersack/Löbbe, GmbHG, § 58a Rn. 22; *Priester*, in: Scholz, GmbHG, § 58a Rn. 8.

57 *Rabe*, in: Heybrock, Praxiskommentar zum GmbH-Recht, § 58a Rn. 23; *Zöllner/Kersting*, in: Baumbach/Hueck, GmbHG, § 58a Rn. 15.

58 H.M., vgl. *Priester*, in: Scholz, GmbHG, § 58a Rn. 9; *Zöllner/Kersting*, in: Baumbach/Hueck, GmbHG, § 58a Rn. 12; *Jung/Otto*, in: BeckHdbGmbH, § 8 Rn. 151; *Vetter*, in: MünchKommGmbHG, § 58a Rn. 40; a.A. *Kleindiek*, in: Lutter/Hommelhoff, GmbHG, § 58a Rn. 16, welcher die Zuständigkeit bei der Geschäftsführung sieht.

59 *Casper*, in: Ulmer/Habersack/Löbbe, GmbHG, § 58a Rn. 24; *Priester*, in: Scholz, GmbHG, § 58a Rn. 9; *Inhester*, in: Saenger/Inhester, GmbHG, § 58a Rn. 12.

60 So auch *Zöllner/Kersting*, in: Baumbach/Hueck, GmbHG, § 58a Rn. 12, 15; *Priester*, in: Scholz, GmbHG, § 58a Rn. 9a; *Vetter*, in: MünchKommGmbHG, § 58a Rn. 43; *Inhester*, in: Saenger/Inhester, GmbHG, § 58a Rn. 12; a.A. *Kleindiek*, in: Lutter/Hommelhoff, GmbHG, § 58a Rn. 15, welcher eine Verbuchung vor der Kapitalherabsetzung verlangt.

61 Konkludenten Beschluss nehmen *Waldner*, in: Michalski, GmbHG, § 58a Rn. 6 und *Vetter*, in: MünchKommGmbHG, § 58a Rn. 40 an; ablehnend: *Priester*, in: Scholz, GmbHG, § 58a Rn. 9; *Zöllner/Kersting*, in: Baumbach/Hueck, GmbHG, § 58a Rn. 12.

62 So auch *Inhester*, in: Saenger/Inhester, GmbHG, § 58a Rn. 12; *Vetter*, in: MünchKommGmbHG, § 58a Rn. 40.

63 *Zöllner/Kersting*, in: Baumbach/Hueck, GmbHG, § 58a Rn. 12; *Casper*, in: Ulmer/Habersack/Löbbe, GmbHG, § 58a Rn. 23; *Inhester*, in: Saenger/Inhester, GmbHG, § 58a Rn. 12.

64 *Langenfeld*, GmbH-Vertragspraxis, S. 351.

65 *Langenfeld*, GmbH-Vertragspraxis, S. 351.

II. Kapitalherabsetzungsbeschluss

1. Formelle Beschlussvoraussetzungen

Die vereinfachte Kapitalherabsetzung ist eine Satzungsänderung. Als solche bedarf sie eines satzungsändernden Gesellschafterbeschlusses.[66] Neben den Regelungen der §§ 58a bis f sind die Vorschriften über die Satzungsänderung gem. §§ 53 und 54 – wie auch bei der ordentlichen Kapitalherabsetzung (s. **§ 58** Rdn. 28) – anwendbar. § 58a Abs. 5 verweist dabei lediglich aus Klarstellungsgründen auf diese Vorschriften. Gem. § 53 Abs. 2 bedarf der Beschluss der notariellen Beurkundung sowie einer Mehrheit von drei Vierteln der abgegebenen Stimmen, sofern der Gesellschaftervertrag keine strengeren Voraussetzungen vorsieht (s. **§ 53** Rdn. 45, 47).[67] 14

Der Herabsetzungsbeschluss bedarf grds. **keiner sachlichen Rechtfertigung**,[68] es sei denn, er greift unmittelbar in Rechte der Gesellschafterminderheit ein.[69] Der BGH hat in seinem *Sachsenmilch*-Urt. v. 09.02.1998[70] betreffend die Anforderungen eines Herabsetzungsbeschlusses einer AG im Insolvenzverfahren entschieden, dass dieser keiner sachlichen Rechtfertigung bedarf, weil die gesetzliche Regelung bereits eine abschließende Abwägung der Interessen von Gesellschaft und Aktionären vorgenommen habe.[71] Dies lässt sich auf das GmbH-Recht übertragen.[72] 15

Die Gesellschafter treffen bei der Satzungsänderung zudem *grds.* keine **Stimmpflichten.**[73] Sie dürfen nach freiem Ermessen gegen einen Antrag stimmen, auch wenn dadurch die Annahme eines Beschlusses verhindert wird.[74] Es kann jedoch bei Beschlussfassung eine **Mitwirkungspflicht** aus Treuepflicht bestehen, wenn die Kapitalherabsetzung **zum Zwecke der Sanierung** erfolgt.[75] Für das Aktienrecht hat der BGH[76] in diesem Zusammenhang entschieden, dass die Treuepflicht es dem einzelnen Gesellschafter unter bestimmten Voraussetzungen verbiete, eine sinnvolle Sanierung aus eigennützigen Gründen scheitern zu lassen.[77] Wenn die Kapitalherabsetzung Bestandteil eines aussichtsreichen, sinnvollen und mehrheitlich angestrebten Sanierungsplans ist,[78] verlange die gesellschaftsrechtliche Treuepflicht insb. von einer Minderheit, wenn diese über eine Sperrminorität verfügt,[79] dass sie der Sanierung zustimmt. Diese Entscheidung ist wegen der vergleichbaren Interessenlage und mit Rücksicht auf die personalisiertere Gesellschafterstruktur in der GmbH ohne Zweifel übertragbar.[80] 16

2. Inhalt des Beschlusses

Im Kapitalherabsetzungsbeschluss ist zunächst anzugeben, dass es sich um eine vereinfachte Kapitalherabsetzung handelt.[81] Dies ist nicht ausdrücklich im Gesetz geregelt, wird jedoch zur Abgrenzung ggü. der ordentlichen Kapitalherabsetzung[82] – wie im Aktienrecht auch[83] – vorgenommen. 17

---

66 *Inhester*, in: Saenger/Inhester, GmbHG, § 58a Rn. 13.
67 *Rabe*, in: Heybrock, Praxiskommentar zum GmbH-Recht, § 58a Rn. 24.
68 *Inhester*, in: Saenger/Inhester, GmbHG, § 58a Rn. 14; *Priester*, in: Scholz, GmbHG, § 58a Rn. 16; *Zöllner/Kersting*, in: Baumbach/Hueck, GmbHG, § 58a Rn. 19.
69 *Priester*, in: Scholz, GmbHG, § 58a Rn. 16.
70 BGHZ 138, 71 = NJW 1998, 2054.
71 S. 1. Leitsatz des Urteils.
72 S. u.a. *Casper*, in: Ulmer/Habersack/Löbbe, GmbHG, § 58a Rn. 35; *Zöllner/Kersting*, in: Baumbach/Hueck, GmbHG, § 58a Rn. 19.
73 *Priester*, in: Scholz, GmbHG, § 58a Rn. 18; *Casper*, in: Ulmer/Habersack/Löbbe, GmbHG, § 58a Rn. 27.
74 *Rühland*, in: Ziemons/Jaeger, BeckOK GmbHG, § 58a Rn. 24.
75 *Casper*, in: Ulmer/Habersack/Löbbe, GmbHG, § 58a Rn. 27; *Priester*, in: Scholz, GmbHG, § 58a Rn. 18.
76 *Girmes*, AG, Urt. v. 20.03.1995, BGHZ 129, 136 = NJW 1995, 1739.
77 So auch *Priester*, in: Scholz, GmbHG, § 58a Rn. 18.
78 *Girmes*, AG, Urt. v. 20.03.1995, BGHZ 129, 136 = NJW 1995, 1739; s. 2. Leitsatz des Urteils.
79 *Kleindiek*, in: Lutter/Hommelhoff, GmbHG, § 58a Rn. 19.
80 *Rühland*, in: Ziemons/Jaeger, BeckOK GmbHG, § 58a Rn. 24; *Priester*, in: Scholz, GmbHG, § 58a Rn. 19.
81 *Kleindiek*, in: Lutter/Hommelhoff, GmbHG, § 58a Rn. 22; *Priester*, in: Scholz, GmbHG, § 58a Rn. 20 ff.
82 *Casper*, in: Ulmer/Habersack/Löbbe, GmbHG, § 58a Rn. 31.
83 *Oechsler*, in: MünchKommAktG, § 229 Rn. 17.

18 Des Weiteren bedarf es der Angabe eines **bestimmten**[84] **Herabsetzungsbetrages**, d.h. des Betrages, um den das Stammkapital insgesamt herabgesetzt wird.[85] Die Höhe dieses Betrages bestimmt sich nach dem abzudeckenden Verlust und der ggf. vorgesehenen Einstellung in die Kapitalrücklage.[86] Zu beachten ist dabei der in § 5 Abs. 1 festgelegte Mindestbetrag des Stammkapitals. Dieser muss grds. eingehalten werden,[87] sofern nicht ein Fall des § 58a Abs. 4 vorliegt, wonach bei gleichzeitiger Kapitalerhöhung eine Herabsetzung bis auf Null möglich wird (s.u. Rdn. 21).

19 Ferner ist zudem der **Zweck** des Beschlusses – nämlich die Verlustdeckung und ggf. die Rücklagenzuführung – anzugeben.[88] Im Gegensatz zu § 229 Abs. 1 AktG schreibt das GmbHG dies nicht ausdrücklich vor. Das OLG Hamm schließt sich in seinem Beschl. v. 11.11.2010 jedoch der herrschenden Ansicht an, da die Tatbestände des § 58a und § 229 AktG und die mit ihnen verfolgten Publizitäts- und Gläubigerschutzgründe im Wesentlichen gleichgelagert sind, sodass eine gleiche Behandlung geboten sei.[89] Dem ist zu folgen; die Pflicht zur Zweckangabe ist bereits deshalb zwingend erforderlich, da die Festsetzung des Herabsetzungszwecks allein Sache der Gesellschafter ist und die Entscheidung hierüber nicht an die Geschäftsführer delegiert werden kann.[90]

3. Anpassung des Nennbetrages (Abs. 3)

20 Bezüglich der Geschäftsanteile muss zudem gem. § 58a Abs. 3 eine **Anpassung des Nennbetrages** an das herabgesetzte Stammkapital erfolgen. Mit dieser Bestimmung sollte ein Streit innerhalb des § 58 geklärt werden.[91] Insoweit ist dort nämlich umstritten, ob bei einer Kapitalherabsetzung zur Beseitigung einer Unterbilanz die Nennbeträge der Gesellschaftsanteile an den Nennbetrag des herabgesetzten Stammkapitals angepasst werden müssen und bis zu welcher Grenze ggf. Zwerggeschäftsanteile gebildet werden dürfen.[92] Mit § 58a Abs. 3 ist eine solche Anpassung i.R.d. vereinfachten Kapitalherabsetzung nun verpflichtend, damit die aus den Geschäftsanteilen der Gesellschafter fließenden Rechte in ihrem Umfang eindeutig identifiziert werden und dadurch Rechtssicherheit entsteht.[93] Die Nennwertherabsetzung hat dabei grds. beteiligungsproportional zu erfolgen, es sei denn, die betroffenen Gesellschafter stimmen einer Abweichung zu.[94] Umstritten ist, ob es für die Anpassung ausreicht, dass die Nennwerte der herabgesetzten Geschäftsanteile bestimmbar sind oder ob eine genaue Benennung im Herabsetzungsbeschluss erforderlich ist.[95] Zu

84 *Priester*, in: Scholz, GmbHG, § 58a Rn. 22; *Waldner*, in: Michalski, GmbHG, § 58a Rn. 12; noch strenger: *Kleindiek*, in: Lutter/Hommelhoff, GmbHG, § 58a Rn. 23, der bloßen Herabsetzungsrahmen als im Prinzip unzulässig deklariert; abweichend u.a.: *Roth*, in: Roth/Altmeppen, GmbHG, § 58a Rn. 13 für den Niedrigstgrenze ausreicht.

85 *Casper*, in: Ulmer/Habersack/Löbbe, GmbHG, § 58a Rn. 32.

86 *Waldner*, in: Michalski, GmbHG, § 58a Rn. 12; *Priester*, in: Scholz, GmbHG, § 58a Rn. 21.

87 *Priester*, in: Scholz, GmbHG, § 58a Rn. 21.

88 Zur h.M. vgl. nur: *Kleindiek*, in: Lutter/Hommelhoff, GmbHG, § 58a Rn. 25; *Priester*, in: Scholz, GmbHG, § 58a Rn. 23; *Casper*, in: Ulmer/Habersack/Löbbe, GmbHG, § 58a Rn. 35; a.A. *Vetter*, in: MünchKommGmbHG, § 58a Rn. 48; *Zöllner/Kersting*, in: Baumbach/Hueck, GmbHG, § 58a Rn. 19 mit näheren Ausführungen zur Gegenauffassung.

89 OLG Hamm, Beschl. v. 11.11.2010 – I-15 W 191/10, 15 W 191/10, unter II; vgl. auch BT-Drucks. 12/3803, S. 87 f.

90 OLG Hamm, Beschl. v. 11.11.2010 – I-15 W 191/10, 15 W 191/10, unter II.; BayOblG, Beschl. v. 16.01.1979 – 4 – BReg. 1 Z 127/78, BayOblG 1979, S. 7; *Priester*, in: Scholz, GmbHG, § 58a Rn. 23.

91 S. BT-Drucks. 12/3803, S. 88.

92 BT-Drucks. 12/3803, S. 88.

93 BT-Drucks. 12/3803, S. 88.

94 *Priester*, in: Scholz, GmbHG, § 58a Rn. 26; *Vetter*, in: MünchKommGmbHG, § 58a Rn. 51; *Inhester*, in: Saenger/Inhester, GmbHG, § 58a Rn. 19.

95 Die reine Bestimmbarkeit lassen *Inhester*, in: Saenger/Inhester, GmbHG, § 58a Rn. 18; *Zöllner/Kersting*, in: Baumbach/Hueck, GmbHG, § 58a Rn. 18; *Vetter*, in: MünchKommGmbHG, § 58a Rn. 50 ausreichen für die Anpassung; a.A. *Waldner*, in: Michalski, GmbHG, § 58a Rn. 12, welcher die Angabe eines bestimmten Betrages verlangt; differenzierend *Priester*, in: Scholz, GmbHG, § 58a Rn. 22: Bestimmbarkeit

Recht ist eine Differenzierung notwendig, wonach eine Einzelaufzählung der Nennbeträge nur beim Vorliegen weniger Geschäftsanteile verlangt werden kann und bei der Herabsetzung um einen Höchstbetrag oder bei Vorhandensein einer Vielzahl von Geschäftsanteilen Bestimmbarkeit ausreicht.[96] Die Geschäftsanteile müssen dabei gemäß Abs. 3 Satz 2 aufgrund des MoMiG in Übereinstimmung mit § 5 Abs. 2 Satz 1 durch eins teilbar sein, d.h. auf volle Euro lauten, und mindestens 1 € betragen (mehr dazu unten Rdn. 29).[97] Das Fehlen einer solchen Anpassung würde den Beschluss anfechtbar machen.[98]

C. Stammkapitalherabsetzung bei gleichzeitig beschlossener Kapitalerhöhung (Abs. 4)

21 Für eine nachhaltige Sanierung der GmbH ist eine Verbindung der Stammkapitalherabsetzung mit einer gleichzeitigen Kapitalerhöhung häufig zweckmäßig. Aufgrund der relativ geringen Kapitalausstattung der Mehrzahl deutscher GmbH dürfte sie mittlerweile den praktischen Regelfall darstellen.[99] Dabei kann sowohl die vereinfachte als auch die ordentliche Kapitalherabsetzung mit einer Kapitalerhöhung verbunden werden.[100] Gem. § 58a Abs. 4 Satz 1 kann das Stammkapital im Fall der vereinfachten Kapitalherabsetzung unter den in § 5 Abs. 1 bestimmten Mindestnennbetrag von 25.000 € herabgesetzt werden, wenn er durch eine gleichzeitige Kapitalerhöhung wieder erreicht wird.[101] Das Stammkapital kann dabei bis **auf Null** heruntergesetzt werden.[102] Sacheinlagen dürfen gemäß Abs. 4 Satz 1 bei der Kapitalerhöhung nicht festgesetzt werden. Dies gilt allerdings nur für den Teil des Erhöhungsbetrages, der zur Erreichung des Mindeststammkapitals erforderlich ist.[103] Erforderlich ist eine **gleichzeitige Beschlussfassung**, d.h. dass sie innerhalb der gleichen Gesellschafterversammlung erfolgen muss.[104] Zudem bedarf es einer **gleichzeitigen Eintragung** in das Handelsregister (s.u. Rdn. 31).[105] Ein einheitlicher Gesellschafterbeschluss ist nicht erforderlich, solange die getrennten Beschlüsse in einer Versammlung erfolgen.[106]

22 Gemäß Abs. 4 Satz 2 müssen die beiden Beschlüsse ab Beschlussfassung innerhalb von 3 **Monaten** in das Handelsregister eingetragen werden (mehr dazu unten Rdn. 31).

D. Anmeldung und Eintragung ins Handelsregister

I. Inhalt und Form der Anmeldung

23 Die Anmeldung zur Eintragung der vereinfachten Kapitalherabsetzung in das Handelsregister[107] folgt den allgemeinen Vorschriften. Sie hat daher gem. § 12 Abs. 1 Satz 1 HGB elektronisch in öffentlich beglaubigter Form zu erfolgen. Anders als bei der ordentlichen Kapitalherabsetzung, bei der sämtliche Geschäftsführer mitwirken müssen (s. **§ 58** Rdn. 28), genügt es bei § 58a, dass

---

ausreichend bei Herabsetzung um einen Höchstbetrag oder bei Vorhandensein einer Vielzahl von Geschäftsanteilen, i.Ü. genaue Benennung erforderlich.

96 So auch *Priester*, in: Scholz, GmbHG, § 58a Rn. 26.

97 *Kleindiek*, in: Lutter/Hommelhoff, GmbHG, § 58a Rn. 19; *Priester*, in: Scholz, GmbHG, § 58a Rn. 26.

98 Ganz h.M., z.B. *Zöllner/Kersting*, in: Baumbach/Hueck, GmbHG, § 58a Rn. 18; *Vetter*, in: MünchKommGmbHG, § 58a Rn. 72.

99 *Inhester*, in: Saenger/Inhester, GmbHG, § 58a Rn. 28; *Arnold/Born*, in: Bork/Schäfer, GmbHG, § 58a Rn. 29; *Casper*, in: Ulmer/Habersack/Löbbe, GmbHG, § 58a Rn. 56.

100 *Waldner*, in: Michalski, GmbHG, § 58a Rn. 17.

101 *Arnold/Born*, in: Bork/Schäfer, GmbHG, § 58a Rn. 29.

102 Mittlerweile nahezu allgemeine Meinung, vgl. *Priester*, in: Scholz, GmbHG, § 58a Rn. 41; *Zöllner/Kersting*, in: Baumbach/Hueck, GmbHG, § 58a Rn. 33; *Waldner*, in: Michalski, GmbHG, § 58a Rn. 19; *Roth*, in: Roth/Altmeppen, GmbHG, § 58a Rn. 13; vgl. auch BGH, Urt. v. 05.07.1999 – II ZR 126/98 – NJW 1999, 3197.

103 *Priester*, in: Scholz, GmbHG, § 58a Rn. 40.

104 *Rabe*, in: Heybrock, Praxiskommentar zum GmbH-Recht, § 58a Rn. 36.

105 *Casper*, in: Ulmer/Habersack/Löbbe, GmbHG, § 58a Rn. 61.

106 *Zöllner/Kersting*, in: Baumbach/Hueck, GmbHG, § 58a Rn. 34.

107 Gem. § 58a Abs. 5 i.V.m. § 54 Abs. 1 Satz 1.

Geschäftsführer in vertretungsberechtigter Zahl handeln.[108] Dies richtet sich nach § 78 Halbs. 1 und nicht nach Halbs. 2, da § 58a in Halbs. 2 explizit nicht in diesem Katalog enthalten ist. Bei einer Kombination aus vereinfachter Kapitalherabsetzung und anschließender Kapitalerhöhung werden die beiden Maßnahmen in der Praxis gemeinsam zu Eintragung im Handelsregister angemeldet (mehr dazu unten Rdn. 30).[109]

24 Als Anlage sind der Anmeldung der Herabsetzungsbeschluss mit qualifizierter elektronischer Signatur des Notars[110] sowie der vollständige Wortlaut der neu gefassten Satzung beizufügen.[111] Der Zeitpunkt der Anmeldung ist nicht festgelegt; sie kann direkt nach Beschlussfassung erfolgen, da es keiner besonderen Gläubigerschutzmaßnahmen oder des Ablaufs eines Sperrjahres (vgl. **§ 58** Rdn. 30 ff.) bedarf.[112] Soweit eine solche ohnehin erstellt wurde, mag es in der Praxis ratsam sein, auch eine Zwischenbilanz zum Nachweis der Verlustdeckung (Abs. 1) beizufügen (ausführlicher unten Rdn. 25).

II. Prüfungskompetenz des Registergerichts

25 Das Registergericht prüft zunächst **formal**, ob die Voraussetzungen der vereinfachten Kapitalherabsetzung vorliegen, also insb. das Vorliegen eines erlaubten Zwecks und der Verfahrensangabe, die korrekte Anpassung der Nennbeträge der Geschäftsanteile und die notwendige Auflösung von Rücklagen.[113] Dabei können entsprechende Nachweise und Erläuterungen, wie z.B. nach herrschender Meinung[114] eine ungeprüfte und nicht testierte Zwischenbilanz verlangt werden, insb. zur Auflösung von Rücklagen, die im vorigen Jahresabschluss noch ausgewiesen waren.[115] Da bei der vereinfachten Kapitalherabsetzung die Erstellung einer Zwischenbilanz nicht als materielles Erfordernis vorausgesetzt wird, darf ein solches Ersuchen nur *ultima ratio* sein.[116]

26 Bei der Überprüfung des Verlusts kann sich das Registergericht auf eine **Plausibilitätskontrolle**[117] beschränken, d.h. es überprüft, ob überhaupt ein Verlust plausibel von der Gesellschaft prognostiziert wurde.[118] Soll die Kapitalherabsetzung auch dazu dienen, gewonnene Beträge in die Kapitalrücklage einzustellen, so muss das Registergericht auch die Einhaltung der 10 %-Grenze prüfen.[119] Zudem prüft es auch die korrekte Anpassung der Geschäftsanteile.[120]

III. Eintragung ins Handelsregister

27 Hat das Registergericht seine Prüfung abgeschlossen, trägt es gem. § 8a HGB die Kapitalherabsetzung in das Handelsregister ein. Die Eintragung ins Handelsregister ist konstitutiv, d.h. mit ihr wird die neue Stammkapitalziffer gem. § 54 Abs. 3 wirksam.[121] Danach muss der Geschäftsführer die notwendigen Buchungen vornehmen.[122] Das Gericht hat die Eintragung anschließend gem. § 10 HGB bekannt zu machen.[123]

---

108 *Casper*, in: Ulmer/Habersack/Löbbe, GmbHG, § 58a Rn. 50; *Priester*, in: Scholz, GmbHG, § 58a Rn. 23.
109 *Rabe*, in: Heybrock, Praxiskommentar zum GmbH-Recht, § 58a Rn. 44.
110 Vgl. § 12 Abs. 2 Satz 2 HGB i.V.m. § 39a BeurkG.
111 *Inhester*, in: Saenger/Inhester, GmbHG, § 58a Rn. 24.
112 *Casper*, in: Ulmer/Habersack/Löbbe, GmbHG, § 58a Rn. 51; *Zöllner/Kersting*, in: Baumbach/Hueck, GmbHG, § 58a Rn. 31.
113 *Waldner*, in: Michalski, GmbHG, § 58a Rn. 22; *Inhester*, in: Saenger/Inhester, GmbHG, § 58a Rn. 25; *Priester*, in: Scholz, GmbHG, § 58a Rn. 34 f.
114 *Priester*, in: Scholz, GmbHG, § 58a Rn. 36; *Kleindiek*, in: Lutter/Hommelhoff, GmbHG, § 58a Rn. 24; *Inhester*, in: Saenger/Inhester, GmbHG, § 58a Rn. 25; *Casper*, in: Ulmer/Habersack/Löbbe, GmbHG, § 58a Rn. 44.
115 *Kleindiek*, in: Lutter/Hommelhoff, GmbHG, § 58a Rn. 32.
116 *Casper*, in: Ulmer/Habersack/Löbbe, GmbHG, § 58a Rn. 53.
117 *Inhester*, in: Saenger/Inhester, GmbHG, § 58a Rn. 25.
118 *Casper*, in: Ulmer/Habersack/Löbbe, GmbHG, § 58a Rn. 53.
119 *Casper*, in: Ulmer/Habersack/Löbbe, GmbHG, § 58a Rn. 53.
120 *Kleindiek*, in: Lutter/Hommelhoff, GmbHG, § 58a Rn. 32.
121 *Waldner*, in: Michalski, GmbHG, § 58a Rn. 22.
122 *Priester*, in: Scholz, GmbHG, § 58a Rn. 37.
123 *Rabe*, in: Heybrock, Praxiskommentar zum GmbH-Recht, § 58a Rn. 51.

E. Fehlerquellen

I. Bei Beschluss

28 Die Nichteinhaltung der Voraussetzung des Abs. 1 und 2, d.h. der Zweck der Verlustdeckung sowie die Auflösung von Rücklagen und eines Gewinnvortrags, führen nicht zur Nichtigkeit des Herabsetzungsbeschlusses, sondern zu dessen Anfechtbarkeit, da die Vorschriften nicht schwerpunktmäßig dem Gläubigerschutz dienen.[124] Berechnungs-, Schätzungs- oder Annahmefehler bei den Verlusten führen hingegen weder zur Unwirksamkeit der Herabsetzung noch zur Nichtigkeit oder Anfechtbarkeit des Beschlusses, sondern zur Bindung der überschießenden Beträge nach § 58b Abs. 3 (vgl. **§ 58b** Rdn. 5) und § 58c (s. **§ 58c** Rdn. 8).[125]

29 Das MoMiG hat dazu geführt, dass eine bislang fehleranfällige Voraussetzung des § 58a, namentlich die in seinem Abs. 3 Satz 3 geregelte Anpassung der Nennbeträge der Geschäftsanteile, weniger praktisch relevant wurde. Die neuen Geschäftsanteile müssen mindestens 1 € betragen (Rdn. 20). Im Fall einer Unterschreitung dieses Mindestnennbetrages müssen die Geschäftsführer eine Vereinigung vornehmen, d.h. eine Zusammenlegung der Geschäftsanteile unter größtmöglicher Schonung der Gesellschafterinteressen.[126] Dieser Fall der Unterschreitung war vor dem MoMiG in § 58a Abs. 3 Satz 3 bis 5 geregelt. Dort hieß es in Satz 3, dass solche Geschäftsanteile von den Geschäftsführern zu gemeinschaftlichen Geschäftsanteilen zu vereinigen sind.[127] Der Gesetzgeber des MoMiG begründete die Streichung dieser Sätze damit, dass es eine Folge der Änderungen in § 5 sei.[128] Außerdem diene die ersatzlose Streichung der besseren Übersichtlichkeit des § 58a.[129] Angesichts des neuen Mindestnennbetrages von 1 € bedürfe es einer solchen Vorschrift nicht mehr.[130] Jedoch kann es natürlich auch künftig durchaus vorkommen, dass dieser Betrag unterschritten wird, wenn z.B. vor der Kapitalherabsetzung ein Gesellschafter lediglich 1 Euro-Anteile besessen hat.[131] Aus diesem Grund wird bei einer Unterschreitung des Mindestnennbetrages eine Zusammenlegung der Geschäftsanteile – wie im Aktienrecht auch[132] – weiterhin zwangsläufig vorzunehmen sein.[133]

II. Bei Anmeldung

30 Die Herabsetzung unter 25.000 € i.V.m. einer gleichzeitigen Kapitalerhöhung (vgl. Rdn. 21 f.) ist regelmäßig von praktischer Relevanz und unterliegt gemäß Abs. 4 Satz 2 einer **Eintragungsfrist** von 3 **Monaten** für beide Beschlüsse (Kapitalherabsetzungs- und Kapitalerhöhungsbeschluss). Diese Frist beginnt mit Beschlussfassung und endet 3 Monate später, wobei sich deren Berechnung nach §§ 187 Abs. 2 und 188 Abs. 2 BGB richtet.[134] Durch dieses Erfordernis soll ähnlich wie bisher durch § 58 Abs. 2 Satz 1 vermieden werden, dass durch eine Kapitalherabsetzung ein andauernder, gegen § 5 Abs. 1 verstoßender und damit gesetzeswidriger Zustand bei der GmbH eintritt, der dem Schutzbedürfnis der Gläubiger erheblich widersprechen würde.[135] Wird diese Frist nicht eingehalten, sind beide Beschlüsse nichtig.[136] Es können jedoch jederzeit in einer weiteren Gesellschafterversammlung gleichlautende Beschlüsse gefasst werden, wodurch eine neue Frist von 3

124 *Zöllner/Kersting*, in: Baumbach/Hueck, GmbHG, § 58a Rn. 22; *Vetter*, in: MünchKommGmbHG, § 58a Rn. 72.

125 *Kleindiek*, in: Lutter/Hommelhoff, GmbHG, § 58b Rn. 1, § 58a Rn. 35.

126 *Zöllner/Kersting*, in: Baumbach/Hueck, GmbHG, § 58a Rn. 27 f.

127 *Priester*, in: Scholz, GmbHG, § 58a Rn. 27.

128 BT-Drucks. 16/6140, S. 46.

129 *Hohmuth*, GmbHR 2009, 349, 352.

130 *Priester*, in: Scholz, GmbHG, § 58a Rn. 28.

131 *Priester*, in: Scholz, GmbHG, § 58a Rn. 28.

132 Vgl. § 222 Abs. 4 Satz 2 AktG.

133 *Priester*, in: Scholz, GmbHG, § 58a Rn. 28.

134 *Waldner*, in: Michalski, GmbHG, § 58a Rn. 24.

135 *Maser/Sommer*, GmbHR 1996, 22, 29.

136 *Arnold/Born*, in: Bork/Schäfer, GmbHG, § 58a Rn. 32.

Monaten zu laufen beginnt.[137] Im Fall der Rechtshängigkeit einer Anfechtungs- oder Nichtigkeitsklage gegen einen der Beschlüsse oder gegen beide, ist diese Frist gehemmt.[138] Der Zeitraum der Hemmung bleibt bei der Berechnung der Frist gem. § 270 BGB unberücksichtigt; nach Ende der Hemmung läuft die Frist weiter und beginnt nicht von Neuem.[139] Zudem besteht die Möglichkeit der Rückbeziehbarkeit der Kombination von Kapitalherabsetzung und Kapitalerhöhung gem. § 58f (s. **§ 58f** Rdn. 3), wonach unter bestimmten Voraussetzungen die beiden Maßnahmen in den Jahresabschluss des letzten, der Beschlussfassung vorangegangenen Geschäftsjahres rückbezogen werden können, sodass gewährleistet wird, dass bei einem Versäumen der Frist kein zur Unanwendbarkeit der Maßnahme führender Zeitverlust entsteht.[140]

31 Bei einer solchen Kombination aus vereinfachter Kapitalherabsetzung und anschließender Kapitalerhöhung sind beide Beschlüsse **gleichzeitig** im Handelsregister einzutragen.[141] Durch das gleichzeitige Wirksamwerden der beiden Bestandteile wird gewährleistet, dass sich das Stammkapital der GmbH nur für eine »logische Sekunde« unter dem Mindestnennbetrag des § 5 Abs. 1 befindet.[142] Ein Verstoß bleibt jedoch folgenlos, wenn beide Beschlüsse vor Ablauf der Dreimonatsfrist eingetragen sind. Abs. 4 Satz 4 ist bloße Ordnungsvorschrift, sie zieht nicht die Nichtigkeit der Beschlüsse nach sich.[143] Gem. § 57 Abs. 1 i.V.m. § 78 Halbs. 2 ist bei gleichzeitiger Anmeldung einer Kapitalerhöhung im Gegensatz zur vereinfachten Kapitalherabsetzung allein jedoch unbedingt das **Handeln *sämtlicher* Geschäftsführer** erforderlich.[144] Ein Verstoß führt zur Abweisung der Eintragung durch das Registergericht.

F. Vereinfachte Kapitalherabsetzung im Rahmen des insolvenzrechtlichen »Debt-Equity-Swap«

32 Auch im Insolvenzrecht findet sich die Kapitalmaßnahme der vereinfachten Kapitalherabsetzung – ggf. auch durch Kapitalschnitt auf null[145] – mit anschließender Kapitalerhöhung wieder.

33 In unternehmerischen Krisensituationen bietet der sogenannte »Debt-Equity-Swap« eine Möglichkeit, um eine kurzfristige Sanierung eines insolvenzgefährdeten Unternehmens durch einen Investor vorzunehmen.[146]

34 Dabei werden bestehende Verbindlichkeiten in Eigenkapital umgewandelt, um eine bilanzielle Überschuldung der Gesellschaft zu beseitigen.[147] Diese Umwandlung erfolgt üblicherweise durch eine vereinfachte Kapitalherabsetzung nach §§ 229 ff. AktG oder § 58a GmbHG mit anschließender Kapitalerhöhung, wobei die Forderung als Sacheinlage eingebracht wird.[148] Dazu bucht die Gesellschaft Forderungen in Höhe ihres Buch- und damit ihres Nominalwertes aus. Bei werthaltigen Forderungen erhöht sich das Eigenkapital im selben Umfang. Bei nicht werthaltigen Forderungen ist hingegen auf die Höhe des tatsächlichen Werts abzustellen nach Maßgabe der Sachkapitalerhöhungsbestimmungen.[149] Die Einbringung wiederum erfolgt entweder durch eine Forderungsübertragung, wobei die Forderung durch Konfusion erlischt, es sei denn, die Forderung ist durch

137 *Maser/Sommer*, GmbHR 1996, 22, 29.
138 *Zöllner/Kersting*, in: Baumbach/Hueck, GmbHG, § 58a Rn. 36; *Waldner*, in: Michalski, GmbHG, § 58a Rn. 24.
139 *Waldner*, in: Michalski, GmbHG, § 58a Rn. 24.
140 *Maser/Sommer*, GmbHR 1996, 22, 29 f.
141 *Rabe*, in: Heybrock, Praxiskommentar zum GmbH-Recht, § 58a Rn. 50.
142 *Maser/Sommer*, GmbHR 1996, 22, 29.
143 *Arnold/Born*, in: Bork/Schäfer, GmbHG, § 58a Rn. 33.
144 S.a. *Zöllner/Kersting*, in: Baumbach/Hueck, GmbHG, § 58a Rn. 30.
145 *Braun/Frank*, in: Braun, InsO, § 225a Rn. 7.
146 *Eilers*, GWR 2009, 3.
147 *Eilers*, GWR 2009, 3.
148 BT-Drucks. 17/5712, S. 31.
149 H.M., siehe nur *Scholz*, in: Münchener Handbuch des Gesellschaftsrechts, Band 4, § 57 Rn. 86 m.w.N.; *Knecht/Haghani*, § 18 Rn. 47.

Inhaber- oder Orderpapiere verbrieft[150], oder durch einen Erlassvertrag gem. § 397 BGB zwischen dem bisherigen Gläubiger und der Gesellschaft.[151] Der Gläubiger einer Gesellschaft verzichtet im Zuge dessen auf seine Forderung (aus Sicht der Gesellschaft eine Verbindlichkeit: »Debt«) und erwirbt dafür Anteile an dieser Gesellschaft (Eigenkapital: »Equity«). Dadurch, dass die Gläubiger damit Mitgesellschafter werden, können sie Einfluss auf die Unternehmensentscheidungen nehmen und nach einer erfolgreichen Restrukturierung an einer möglichen positiven Entwicklung des Unternehmens teilhaben.

Bisher war eine Durchsetzung von Sanierungsmaßnahmen nur mit Zustimmung der Gesellschafter möglich, was diesen aufgrund der nach § 53 GmbHG erforderlichen Dreiviertelmehrheit ein gewisses Blockadepotenzial verschaffte.[152] Der Gesetzgeber hat hierauf mit dem Gesetz zur weiteren Erleichterung der Sanierung von Unternehmen (ESUG), welches am 01.03.2012 in Kraft getreten ist, reagiert und zugunsten einer Stärkung der Gläubigerposition eine Einbeziehung der Gesellschafter in die Sanierung ermöglicht.[153] 35

Der neu eingeführte § 225a Abs. 2 InsO beinhaltet dabei Regelungen zur Umwandlung von Fremd- in Eigenkapital.[154] Damit einerseits die Umwandlung von Fremd- in Eigenkapital ein funktionstaugliches Sanierungsinstrument wird, andererseits die Rechte der Alteigentümer hinreichend gewahrt werden, soll die Umwandlung nun in den gestaltenden Teil des Insolvenzplans eingestellt werden können.[155] Im Plan ist im Einzelnen zu regeln, wie die Umwandlung einer Forderung in Eigenkapital technisch umgesetzt werden soll; dies erfolgt – wie bereits oben erläutert – üblicherweise durch einen Kapitalschnitt.[156] Die Alteigentümer werden durch die Regelung in § 225a Abs. 2 InsO zu Beteiligten i.S.d. Insolvenzverfahrens (vgl. § 221 InsO), in deren Rechtsstellung durch den gestaltenden Teil des Insolvenzplanes eingegriffen werden kann. Ihre Rechte werden unter anderem dadurch geschützt, dass sie als Beteiligte eine eigene Gruppe bilden, die in das Insolvenzplanverfahren einbezogen wird. So ist zur Annahme des Insolvenzplans und somit auch des Debt-Equity-Swap durch die Alteigentümer deren Zustimmung mit einfacher Mehrheit gem. § 244 Abs. 3, Abs. 1 Nr. 2 InsO erforderlich.[157] 36

Dennoch wird der Debt-Equity-Swap durch die Reform der InsO nur für sehr wenige Sanierungssituationen attraktiver, da bestimmte Voraussetzungen erfüllt sein müssen: 37
- Es muss sich um ein Unternehmen handeln, das ein Insolvenzverfahren eingeleitet hat;
- anschließend muss ein Insolvenzplanverfahren von den Gläubigern und dem Insolvenzverwalter initiiert worden sein (dies ist derzeit bei nur rund 2 % aller Unternehmens-Insolvenzen der Fall);
- schließlich muss mindestens ein Gläubiger in dieser Situation überzeugt sein, dass dem insolventen Unternehmen ein erfolgreiches Geschäftsmodell zu Grunde liegt und er dafür bereit und in der Lage ist, sich als maßgeblicher oder Allein-Gesellschafter trotz der aufgezeigten Risiken einzubringen.[158]

Berücksichtigt man weiter, dass Hauptgläubiger in Insolvenzsituationen in der Regel fast ausschließlich Banken sind und diese meist kein Interesse daran haben, selbst Gesellschafter zu werden, wenn sie die Beteiligung nicht schnell an einen Investor weiterreichen können, so bleibt für den Debt-Equity-Swap nach der Reform der InsO nur ein geringer Spielraum.[159] 38

150 *Scholz*, in: Münchener Handbuch des Gesellschaftsrechts, Band 4, § 57 Rn. 85.
151 BT-Drucks. 17/5712, S. 31; *Braun/Frank*, in: Braun, InsO, § 225a Rn. 7.
152 *Willemsen/Rechel*, Kommentar zum ESUG, § 225a Rn. 14.
153 *Willemsen/Rechel*, Kommentar zum ESUG, § 225a Rn. 14.
154 BT-Drucks. 17/5712, S. 31.
155 BT-Drucks. 17/5712, S. 31.
156 BT-Drucks. 17/5712, S. 31.
157 *Wicke*, GmbHG, § 53 Rn. 12a.
158 *Bauer/Dimmling*, NZI 2011, 517, 520.
159 *Bauer/Dimmling*, NZI 2011, 517, 520.

§ 58b Beträge aus Rücklagenauflösung und Kapitalherabsetzung

(1) Die Beträge, die aus der Auflösung der Kapital- oder Gewinnrücklagen und aus der Kapitalherabsetzung gewonnen werden, dürfen nur verwandt werden, um Wertminderungen auszugleichen und sonstige Verluste zu decken.

(2) [1]Daneben dürfen die gewonnenen Beträge in die Kapitalrücklage eingestellt werden, soweit diese zehn vom Hundert des Stammkapitals nicht übersteigt. [2]Als Stammkapital gilt dabei der Nennbetrag, der sich durch die Herabsetzung ergibt, mindestens aber der nach § 5 Abs. 1 zulässige Mindestnennbetrag.

(3) Ein Betrag, der auf Grund des Absatzes 2 in die Kapitalrücklage eingestellt worden ist, darf vor Ablauf des fünften nach der Beschlussfassung über die Kapitalherabsetzung beginnenden Geschäftsjahrs nur verwandt werden

1. **zum Ausgleich eines Jahresfehlbetrags, soweit er nicht durch einen Gewinnvortrag aus dem Vorjahr gedeckt ist und nicht durch Auflösung von Gewinnrücklagen ausgeglichen werden kann;**
2. **zum Ausgleich eines Verlustvortrags aus dem Vorjahr, soweit er nicht durch einen Jahresüberschuß gedeckt ist und nicht durch Auflösung von Gewinnrücklagen ausgeglichen werden kann;**
3. **zur Kapitalerhöhung aus Gesellschaftsmitteln.**

Schrifttum

Fabis, Vereinfachte Kapitalherabsetzung bei AG und GmbH, MittRhNotK 1999, 170; *Geißler*, Funktion und Durchführung der vereinfachten Kapitalherabsetzung bei der GmbH, GmbHR 2005, 1102; *Moser/Sommer*, Die Neuregelung der »Sanierenden Kapitalherabsetzung« bei der GmbH, GmbHR 1996, 22.

Übersicht

A. Normzweck

1 § 58b ist eine Ergänzung zu § 58a und regelt die Verwendung der durch die vereinfachte Kapitalherabsetzung gewonnenen Beträge. Die Regelung entspricht im wirtschaftlichen Ergebnis dem aktienrechtlichen Vorbild der §§ 230, 231 AktG, nicht jedoch der dortigen Regelungstechnik.[1] Im Aktienrecht wird im Gegensatz zum GmbHG (§ 58b) ausdrücklich die Ausschüttung an die Aktionäre untersagt (§ 230 Satz 1 AktG); jedoch kommen sie am Ende zum gleichen Ergebnis, da durch die zwingende Verwendungsvorgabe (»nur«) in § 58b Abs. 1 (Rdn. 4) implizit Zahlungen an die Gesellschafter untersagt sind.[2] Primär handelt es sich bei § 58b um eine Bilanzierungsvorschrift,

1 *Priester*, in: Scholz, GmbHG, § 58b Rn. 2.

2 BT-Drucks. 12/3803, S. 89; *Priester*, in: Scholz, GmbHG, § 58b Rn. 2.

denn die Verringerung der Stammkapitalziffer schafft auf der Passivseite einen Spielraum und somit einen Buchgewinn.[3]

2 Zweck von § 58b ist der **Gläubigerschutz.**[4] Dadurch, dass bei der vereinfachten Kapitalherabsetzung auf die strengen Gläubigerschutzmaßnahmen, wie etwa das Sperrjahr (**§ 58** Rdn. 30) oder die Sicherstellung der Gläubiger (**§ 58** Rdn. 23 ff.), verzichtet wird, müssen die Gläubiger auf andere Weise geschützt werden. Dies geschieht zum einen durch ein Auszahlungsverbot an die Gesellschafter und durch bilanzielle Verwendungsverbote hinsichtlich der frei gewordenen Beträge (Rdn. 4).[5] Eine derartige Bindung ist bereits in § 58a Abs. 1 (**§ 58a** Rdn. 9) durch die Regelung der zulässigen Zwecke der vereinfachten Kapitalherabsetzung vorgezeichnet.[6] Zum anderen werden durch die Vorschrift die überschüssigen, in die Kapitalrücklage eingestellten Beträge für 5 Jahre an die Gesellschaft gebunden (Rdn. 9) und können innerhalb dieser Zeit nur zu bestimmten Zwecken verwendet werden (Rdn. 10 ff.).[7] Beabsichtigen die Gesellschafter dennoch eine Ausschüttung der durch die Kapitalherabsetzung frei gewordenen Beträge, müssen sie den Weg über § 58 mit den damit verbundenen Gläubigerschutzvorschriften wählen.[8]

B. Verwendungsbeschränkungen für die gewonnenen Beträge

3 Die vereinfachte Kapitalherabsetzung (vgl. **§ 58a** Rdn. 7 ff.) führt zu einer Verringerung der Stammkapitalziffer, wodurch auf der Passivseite ein »Spielraum« geschaffen wird.[9] Dieser Spielraum kann wie folgt genutzt werden:

I. Verwendung zum Zwecke der Verlustdeckung (Abs. 1)

4 Gem. § 58b Abs. 1 dürfen die aus der Auflösung der Kapital- und Gewinnrücklagen und aus der Kapitalherabsetzung nach § 58a (s. **§ 58a** Rdn. 7 ff.) gewonnenen Beträge nur zum Ausgleich von Wertminderungen oder **zur Deckung sonstiger Verluste** verwendet werden. Damit spiegelt die Vorschrift wider, was bereits in § 58a Abs. 1 (s. **§ 58a** Rdn. 9) mit dem Zweck der vereinfachten Kapitalherabsetzung normiert wird.[10] Dies schließt – wie bei § 230 Satz 1 AktG auch – ein, dass die gewonnenen Beträge nicht zu Auszahlungen an die Gesellschafter und zur Befreiung der Gesellschafter von der Verpflichtung zur Leistung von Einlagen verwendet werden dürfen.[11] Abs. 1 begründet damit ein **absolutes Ausschüttungsverbot** an die Gesellschafter (zu Verstößen gegen dieses Verbot vgl. Rdn. 15).[12] Der Regelungsgehalt liegt in den Verwendungsbeschränkungen.[13] Diese betreffen nur solche Beträge, die durch die vereinfachte Kapitalherabsetzung entstanden sind, nicht jedoch das sonstige Eigenkapital.[14]

II. Einstellung in die Kapitalrücklage (Abs. 2)

5 Zudem dürfen durch die Kapitalherabsetzung gewonnene Beträge in eine **Kapitalrücklage** eingestellt werden,[15] sofern sie nicht mehr als 10 % des Stammkapitals betragen (Abs. 2 Satz 1). Zu

3 *Geißler*, GmbHR 2005, 1102, 1107.
4 Einheitsmeinung: *Priester*, in: Scholz, GmbHG, § 58b Rn. 1; *Casper*, in: Ulmer/Habersack/Löbbe, GmbHG, § 58b Rn. 2; *Inhester*, in: Saenger/Inhester, GmbHG, § 58b Rn. 1; *Vetter*, in: MünchKommGmbHG, § 58b Rn. 4.
5 *Casper*, in: Ulmer/Habersack/Löbbe, GmbHG, § 58b Rn. 2.
6 *Inhester*, in: Saenger/Inhester, GmbHG, § 58b Rn. 1.
7 *Casper*, in: Ulmer/Habersack/Löbbe, GmbHG, § 58b Rn. 2.
8 *Wicke*, GmbHG, § 58b Rn. 1.
9 *Roth*, in: Roth/Altmeppen, GmbHG, § 58b Rn. 2.
10 *Priester*, in: Scholz, GmbHG, § 58b Rn. 4.
11 BT-Drucks. 12/3803, S. 89.
12 *Casper*, in: Ulmer/Habersack/Löbbe, GmbHG, § 58b Rn. 4; *Zöllner/Kersting*, in: Baumbach/Hueck, GmbHG, § 58b Rn. 3.
13 *Rabe*, in: Heybrock, Praxiskommentar zum GmbH-Recht, § 58b Rn. 5.
14 *Zöllner/Kersting*, in: Baumbach/Hueck, GmbHG, § 58b Rn. 7.
15 *Fabis*, MittRhNotK 1779, 170, 185.

diesen Beträgen zählen der Herabsetzungsbetrag selbst, die auflösenden Teile der Kapitalrücklage sowie die Beträge aus den aufgelösten Gewinnrücklagen einschließlich des etwaigen Gewinnvortrags.[16] Abs. 2 Satz 2 beschreibt, wie für diesen Fall das Stammkapital zu berechnen ist.[17] Als Bezugsgröße ist dabei der Stammkapitalbetrag maßgebend, der nach der Kapitalherabsetzung entstanden ist. Er muss jedoch mindestens die Höhe des in § 5 Abs. 1 festgelegten Mindestnennbetrages (25.000 €) betragen. Eine mit der Herabsetzung verbundene Erhöhung des Stammkapitals bleibt dagegen unberücksichtigt.[18] Abs. 2 stellt somit eine Ausnahmevorschrift zu Abs. 1 dar[19] und enthält das bilanzielle Seitenstück zu § 58a Abs. 2.[20]

6 Will man hingegen eine Kapitalrücklage bilden, mit der die zulässige Höhe von 2.500 € überschritten wird, darf sie nur durch Zuzahlung der Gesellschafter im Wege von Agio-Leistungen ausgestattet werden.[21] Dabei gilt die 10 %-Grenze des Abs. 2 Satz 1 nicht.[22] Auch nicht von dieser Grenze erfasst ist die zwangsweise Einstellung infolge eines zu hoch prognostizierten Verlustes, was sich aus § 58c (vgl. **§ 58c** Rdn. 6) ergibt.[23]

7 Die nach Abs. 2 in die Kapitalanlage eingestellten Beträge unterliegen einer Bindung nach Abs. 3 (vgl. Rdn. 9) und sind aus diesem Grund in der Bilanz **gesondert auszuweisen.**[24]

C. Verwendungsbindung für die Kapitalrücklage (Abs. 3)

I. Sinn der Verwendungsbindung

8 Soweit die durch die vereinfachte Kapitalherabsetzung freigewordenen Beträge gemäß Abs. 2 in eine Kapitalrücklage eingestellt worden sind, unterliegen sie auch weiterhin Verwendungsbindungen (s.u. Rdn. 9 f.).[25] Dadurch, dass das GmbH-Recht **keine gesetzliche Rücklage** kennt und in Ermangelung dessen sowohl Gewinn- als auch Kapitalrücklagen aufgrund eines Beschlusses der Gesellschafter jederzeit an diese ausschüttbar gemacht werden könnten,[26] bedarf es der Regelung des § 58b Abs. 3 zur Gewährleistung des **Gläubigerschutzes.**[27] Durch diese Norm wird die Ausschüttung der im Wege der vereinfachten Kapitalherabsetzung gewonnenen Beträge an die Gesellschafter durch eine 5-jährige Bindung an die Gesellschaft verhindert.[28] Dies ist ein wesentlicher Unterschied zum Aktienrecht, welches die Bildung einer gesetzlichen Rücklage und ein Ausschüttungsverbot hinsichtlich aller Kapitalrücklagen im Sinne von § 272 Abs. 2 HGB vorsieht (vgl. § 150 AktG).[29] Amtlich begründet wird die in Abs. 3 festgelegte Bindungsfrist damit, dass die Gläubiger, nachdem die Gesellschaft die vereinfachte Kapitalherabsetzung 5 Jahre wirtschaftlich »überlebt« habe, nicht mehr gesondert schutzwürdig seien.[30] Zudem soll für einen Zeitraum von 5 Jahren Bilanzmanipulation verhindert werden, die dazu führen könnte, dass die gebundenen Mittel doch an die Gesellschafter fließen.[31] Ergänzt wird Abs. 3 durch die Gewinnausschüttungsbeschränkung des § 58d Abs. 1 (vgl. **§ 58d** Rdn. 5 ff.) sowie die Bindung zwangsweise eingestellter Beträge nach § 58c (vgl.

---

16 Vgl. *Lutter*, in: KK-AktG, § 230 Rn. 10.
17 BT-Drucks. 12/3803, S. 89.
18 *Priester*, in: Scholz, GmbHG, § 58b Rn. 6; *Hüffer/Koch*, AktG, § 231 Rn. 5.
19 *Inhester*, in: Saenger/Inhester, GmbHG, § 58b Rn. 3.
20 *Casper*, in: Ulmer/Habersack/Löbbe, GmbHG, § 58b Rn. 5.
21 *Zöllner/Kersting*, in: Baumbach/Hueck, GmbHG, § 58b Rn. 5.
22 *Casper*, in: Ulmer/Habersack/Löbbe, GmbHG, § 58b Rn. 6.
23 *Casper*, in: Ulmer/Habersack/Löbbe, GmbHG, § 58b Rn. 6.
24 *Arnold/Born*, in: Bork/Schäfer, GmbHG, § 58b Rn. 3; *Waldner*, in: Michalski, GmbHG, § 58b Rn. 4; *Priester*, in: Scholz, GmbHG, § 58b Rn. 16.
25 *Zöllner/Kersting*, in: Baumbach/Hueck, GmbHG, § 58b Rn. 8.
26 *Priester*, in: Scholz, GmbHG, § 58b Rn. 8.
27 *Zöllner/Kersting*, in: Baumbach/Hueck, GmbHG, § 58b Rn. 9; *Moser/Sommer*, GmbHR 1996, 22, 32.
28 *Inhester*, in: Saenger/Inhester, GmbHG, § 58b Rn. 6.
29 *Inhester*, in: Saenger/Inhester, GmbHG, § 58b Rn. 5.
30 BT-Drucks. 12/3803, S. 89.
31 *Kleindiek*, in: Lutter/Hommelhoff, GmbHG, § 58b Rn. 4.

§ **58c** Rdn. 8).[32] Spätere Gewinne können somit innerhalb der Grenzen des § 58d in Gewinnrücklagen eingestellt und auch ausgeschüttet werden (vgl. § **58d** Rdn. 5 ff.).[33]

II. Ausschüttungssperre

9 § 58b Abs. 3 unterwirft den Teil der Kapitalrücklage, der durch eine vereinfachte Kapitalherabsetzung entstanden ist, einer **5-jährigen Ausschüttungssperre** ggü. den Gesellschaftern.[34] Eine Ausschüttung innerhalb dieser 5-jährigen Frist darf nur nach den in Abs. 3 Nr. 1–3 genannten Zwecken erfolgen (s. Rdn. 10 ff.).[35] Die 5-Jahres-Frist beginnt mit dem Datum des Kapitalherabsetzungsbeschlusses und endet mit Ablauf des fünften nach dem Tag der Beschlussfassung beginnenden Geschäftsjahres.[36] Wird der in die Kapitalrücklage eingestellte Betrag nicht verwendet, wird er nach Ablauf der 5 Jahre frei.[37]

III. Ausnahmen von der Ausschüttungssperre

10 Innerhalb der 5-jährigen Ausschüttungssperre dürfen die Beträge zum Schutz der Gläubiger nur zur Verlustdeckung (Abs. 3 Nr. 1 und 2, s. Rdn. 11 f.) oder zu einer Umwandlung in Stammkapital (Abs. 3 Nr. 3, s. Rdn. 13) verwendet werden.[38] Die dort verwendeten Begrifflichkeiten, wie z.B. »Jahresfehlbetrag«, »Verlustvortrag« oder »Gewinnvortrag« sind i.S.d. Bilanzpositionen des § 266 Abs. 3 HGB zu verstehen.[39]

1. Ausgleich eines Jahresfehlbetrags (Nr. 1)

11 Zunächst ist eine Ausschüttung der in die Kapitalrücklage eingestellten Beträge nach Abs. 2 zulässig, wenn es dem Ausgleich eines Jahresfehlbetrages dient, soweit er nicht durch einen Gewinnvortrag aus dem Vorjahr gedeckt ist und nicht durch Auflösung von Gewinnrücklagen ausgeglichen werden kann. Mit dem in Abs. 3 Nr. 1 genannten Gewinnvortrag ist nur ein **Vortrag aus dem Geschäftsjahr nach der Kapitalherabsetzung** im Sinne von § 58a Abs. 2 Satz 2 gemeint.[40] Die Gewinnrücklagen können dabei jedoch auch aus der Zeit vor der Kapitalherabsetzung stammen, sofern die in § 58a Abs. 2 Satz 1 (s. § **58a** Rdn. 11) genannte Obergrenze eingehalten wurde.[41]

2. Ausgleich eines Verlustvortrags (Nr. 2)

12 Des Weiteren darf innerhalb der Ausschüttungssperre des Abs. 3 ausnahmsweise eine Verwendung zum Ausgleich eines Verlustvortrags aus dem Vorjahr stattfinden, soweit er nicht durch einen Jahresüberschuss gedeckt ist und nicht durch Auflösung von Gewinnrücklagen ausgeglichen werden kann. Dabei kann ein Verlust auch über 2 oder mehrere Jahre hinweg kumuliert werden und muss sich nicht auf die entstandenen Verluste des vorigen Geschäftsjahres beschränken.[42]

3. Kapitalerhöhung aus Gesellschaftsmitteln (Nr. 3)

13 Abs. 3 Nr. 3 gewährt weiterhin eine Verwendung des eingestellten Betrags innerhalb der 5-jährigen Frist zur Kapitalerhöhung aus Gesellschaftsmitteln. Bilanztechnisch ist darin eine Umbuchung von

---

32 *Casper*, in: Ulmer/Habersack/Löbbe, GmbHG, § 58b Rn. 7.
33 *Zöllner/Kersting*, in: Baumbach/Hueck, GmbHG, § 58b Rn. 7; *Priester*, in: Scholz, GmbHG, § 58b Rn. 15.
34 *Arnold/Born*, in: Bork/Schäfer, GmbHG, § 58b Rn. 4.
35 Vgl. BT-Drucks. 12/3803, S. 89.
36 *Rabe*, in: Heybrock, Praxiskommentar zum GmbH-Recht, § 58b Rn. 10; *Kleindiek*, in: Lutter/Hommelhoff, GmbHG, § 58b Rn. 9.
37 BT-Drucks. 12/3803, S. 89.
38 *Waldner*, in: Michalski, GmbHG, § 58b Rn. 6.
39 *Arnold/Born*, in: Bork/Schäfer, GmbHG, § 58b Rn. 6.
40 *Wicke*, GmbHG, § 58b Rn. 3; *Arnold/Born*, in: Bork/Schäfer, GmbHG, § 58b Rn. 6.
41 *Casper*, in: Ulmer/Habersack/Löbbe, GmbHG, § 58b Rn. 8.
42 *Casper*, in: Ulmer/Habersack/Löbbe, GmbHG, § 58b Rn. 9.

Rücklagen in Stammkapital zu verstehen.[43] Ausführlich werden die Voraussetzungen in **§ 57c** Rdn. 1 ff. beschrieben. Beschließen die Gesellschafter daraufhin eine ordentliche Kapitalherabsetzung der erhöhten Stammkapitalziffer nach § 58, können ihnen die Beträge nach einem Jahr wieder ausgezahlt werden (§ 58 Abs. 1 Nr. 3).[44] In diesem Vorgehen liegt **keine Umgehung** der 5-jährigen Verwendungsbindung, da der mit Abs. 3 bezweckte Schutz der Gläubiger in diesem Fall durch die Schutzinstrumentarien des § 58 Abs. 1 Nr. 2 (s. **§ 58** Rdn. 23 ff.) gewahrt wird.[45] Eine etwaige Unzulässigkeit folgt auch nicht aus einem Umkehrschluss aus § 58d Abs. 2 Satz 2, welcher eine Sicherung wie bei der ordentlichen Kapitalherabsetzung für eine über § 58d Abs. 1 S. 1 hinausgehende Gewinnausschüttung fordert.[46]

D. Fehlerquellen

I. Abweichender Verwendungszweck

14 Wenn die aus der vereinfachten Kapitalherabsetzung freigewordenen Beträge zu anderen als denen in Abs. 1 genannten Zwecken verwendet werden, so ist streitig, ob dies zu einer **Umdeutung in eine ordentliche Kapitalherabsetzung** nach § 58 führt. Richtigerweise muss aber an der durch Eintragung ins Handelsregister beschlossenen Rechtslage und der durch sie ausgelösten Bindung festgehalten werden.[47] Damit kommt eine Umdeutung in eine ordentliche Kapitalherabsetzung nicht in Betracht.[48] Vielmehr sind die Gläubiger in solch einem Fall ggü. der Gesellschaft zum Schadensersatz berechtigt und können in diesem Rahmen gem. § 58 Abs. 1 Nr. 2 (s. **§ 58** Rdn. 23 ff.) Sicherstellung verlangen, soweit die Gesellschaft die normgemäße gebundene Lage nicht umgehend wiederherstellt.[49]

II. Unzulässige Ausschüttungen

15 Ein Verstoß gegen das Ausschüttungsverbot an die Gesellschafter (s. Rdn. 4) verletzt Gesetze, die zum Schutz der Gesellschaft und der Gläubiger erlassen wurden.[50] Regelmäßig stellen solche Zahlungen an die Gesellschafter einen Verstoß gegen § 30 Abs. 1 dar, sodass insoweit eine Rückzahlungspflicht der Gesellschafter an die Gesellschaft aus § 31 Abs. 1 besteht.[51] Dabei muss das ursprüngliche, nichtherabgesetzte Stammkapital zugrunde gelegt werden.[52] Soweit jedoch kein Verstoß gegen § 30 vorliegt, kommt § 812 BGB zur Anwendung.[53] Die Geschäftsführer sind dabei zum Ersatz eines der Gesellschaft verbleibenden Schadens gem. § 43 verpflichtet.[54]

43 *Zöllner/Kersting*, in: Baumbach/Hueck, GmbHG, § 58b Rn. 8.

44 *Priester*, in: Scholz, GmbHG, § 58b Rn. 13.

45 *Inhester*, in: Saenger/Inhester, GmbHG, § 58b Rn. 7; *Casper*, in: Ulmer/Habersack/Löbbe, GmbHG, § 58b Rn. 10.

46 *Casper*, in: Ulmer/Habersack/Löbbe, GmbHG, § 58b Rn. 10; *Zöllner/Kersting*, in: Baumbach/Hueck, GmbHG, § 58b Rn. 10.

47 *Zöllner/Kersting*, in: Baumbach/Hueck, GmbHG, § 58b Rn. 15.

48 S. *Casper*, in: Ulmer/Habersack/Löbbe, GmbHG, § 58b Rn. 15; *Inhester*, in: Saenger/Inhester, GmbHG, § 58b Rn. 11; *Rabe*, in: Heybrock, Praxiskommentar zum GmbH-Recht, § 58b Rn. 19; *Arnold/Born*, in: Bork/Schäfer, GmbHG, § 58b Rn. 10.

49 *Rabe*, in: Heybrock, Praxiskommentar zum GmbH-Recht, § 58b Rn. 19; *Priester*, in: Scholz, GmbHG, § 58b Rn. 21; *Zöllner/Kersting*, in: Baumbach/Hueck, GmbHG, § 58b Rn. 15; a.A. *Vetter*, in: MünchKommGmbHG, § 58b Rn. 48.

50 *Zöllner/Kersting*, in: Baumbach/Hueck, GmbHG, § 58b Rn. 14.

51 *Inhester*, in: Saenger/Inhester, GmbHG, § 58b Rn. 10.

52 *Zöllner/Kersting*, in: Baumbach/Hueck, GmbHG, § 58b Rn. 14; *Casper*, in: Ulmer/Habersack/Löbbe, GmbHG, § 58b Rn. 14.

53 *Casper*, in: Ulmer/Habersack/Löbbe, GmbHG, § 58b Rn. 14; *Priester*, in: Scholz, GmbHG, § 58b Rn. 20; demgegenüber wollen *Waldner*, in: Michalski, GmbHG, § 58b Rn. 9 und *Roth*, in: Roth/Altmeppen, GmbHG, § 58b Rn. 8 stets nur auf § 812 BGB zurückgreifen; ausschließliche Anwendbarkeit des § 31 nehmen *Kleindiek*, in: Lutter/Hommelhoff, GmbHG, § 58b Rn. 5, *Zöllner/Kersting*, in: Baumbach/Hueck, GmbHG, § 58b Rn. 14 und *Vetter*, in: MünchKommGmbHG, § 58b Rn. 39 an.

54 *Kleindiek*, in: Lutter/Hommelhoff, GmbHG, § 58b Rn. 7; *Priester*, in: Scholz, GmbHG, § 58b Rn. 20.

III. Jahresabschluss verletzt Verwendungsbindungsregeln

Verletzt hingegen der Jahresabschluss das Ausschüttungsverbot oder die Verwendungsbindungsregelungen des § 58b Abs. 1 bis 3, so ist er und ein eventueller Ausschüttungsbeschluss der Gesellschafterversammlung entsprechend §§ 256 Abs. 1 Nr. 1, 241 Nr. 3 AktG **nichtig.**[55] Eine Verletzung der Verwendungsbindungsregeln kann bspw. darin liegen, dass der verbleibende Überschuss aus der Kapitalherabsetzung als Gewinn gebucht wird.[56] Ein nichtiger Jahresabschluss wird nach 3 Jahren ab Bekanntmachung gem. § 256 Abs. 6 AktG analog geheilt.[57] 16

IV. Überschreitung der 10 %-Grenze des Abs. 2

Überschreiten die gewonnenen Beträge aus der Kapitalherabsetzung bei der Einstellung in die Kapitalrücklage die Grenze in Abs. 2 von 10 % des Stammkapitals, führt dies zur Anfechtbarkeit des Kapitalherabsetzungsbeschlusses.[58] Grund dafür ist die Tatsache, dass Abs. 2 die Gesellschafterinteressen schützt.[59] Der fehlerhafte Herabsetzungsbeschluss führt dabei nicht zu dessen Nichtigkeit, da § 58c für den Fall des Prognosefehlers ausdrücklich vorschreibt, wie mit gewonnenen Beträgen zu verfahren ist.[60] Wird nicht angefochten, verbleibt der überschüssige Betrag nach Maßgabe des § 58c in der Kapitalrücklage.[61] 17

§ 58c Nichteintritt angenommener Verluste

[1]Ergibt sich bei Aufstellung der Jahresbilanz für das Geschäftsjahr, in dem der Beschluss über die Kapitalherabsetzung gefasst wurde, oder für eines der beiden folgenden Geschäftsjahre, dass Wertminderungen und sonstige Verluste in der bei der Beschlussfassung angenommenen Höhe tatsächlich nicht eingetreten oder ausgeglichen waren, so ist der Unterschiedsbetrag in die Kapitalrücklage einzustellen. [2]Für einen nach Satz 1 in die Kapitalrücklage eingestellten Betrag gilt § 58b Abs. 3 sinngemäß.

Schrifttum

Fabis, Vereinfachte Kapitalherabsetzung bei AG und GmbH, MittRhNotK 1999, 170 ff.; *Geißler*, Funktion und Durchführung der vereinfachten Kapitalherabsetzung bei der GmbH, GmbHR 2005, 1102.

Übersicht

55 *Roth*, in: Roth/Altmeppen, GmbHG, § 58b Rn. 8; *Kleindiek*, in: Lutter/Hommelhoff, GmbHG, § 58b Rn. 3; differenzierend *Vetter*, in: MünchKommGmbHG, § 58b Rn. 41 ff.

56 *Casper*, in: Ulmer/Habersack/Löbbe, GmbHG, § 58b Rn. 13.

57 *Casper*, in: Ulmer/Habersack/Löbbe, GmbHG, § 58b Rn. 13.

58 Allgemeine Auffassung: *Zöllner/Kersting*, in: Baumbach/Hueck, GmbHG, § 58b Rn. 12; *Arnold/Born*, in: Bork/Schäfer, GmbHG, § 58b Rn. 9; *Inhester*, in: Saenger/Inhester, GmbHG, § 58b Rn. 9; *Vetter*, in: MünchKommGmbHG, § 58b Rn. 40.

59 *Priester*, in: Scholz, GmbHG, § 58b Rn. 19.

60 *Waldner*, in: Michalski, GmbHG, § 58b Rn. 8.

61 *Arnold/Born*, in: Bork/Schäfer, GmbHG, § 58b Rn. 9.

A. Normzweck

1 Die vereinfachte Kapitalherabsetzung nach § 58a kann nur zur Deckung von Verlusten durchgeführt werden (s. **§ 58a** Rdn. 9 f.). Die Höhe dieser Verluste beruht auf einer Prognose im Zeitpunkt der Beschlussfassung, welche sich im Nachhinein auch als falsch herausstellen kann.[1] Wird also erst im Nachhinein deutlich, dass die Verluste in der angenommenen Höhe tatsächlich nicht eingetreten sind oder bereits ausgeglichen waren, was teilweise erst nach ein bis zwei Geschäftsjahren geschieht, greift § 58c.[2] Vorrangig ist § 58c für den Fall anwendbar, dass der Verlust zwar zu hoch erwartet, aber aufgrund ordnungsgemäßer Prognose ermittelt worden ist.[3] Dadurch, dass die Kapitalherabsetzung nach Eintragung ins Handelsregister nicht mehr rückgängig gemacht werden kann,[4] ordnet § 58c die Einstellung der etwaigen Unterschiedsbeträge in die Kapitalrücklage an.[5] Damit soll eine Ausschüttung der überschüssigen Beträge an die Gesellschafter verhindert werden.[6] § 58c dient mithin dem **Gläubigerschutz**.[7] Satz 1 der Vorschrift ist dem Wortlaut des § 232 AktG nachgebildet und beinhaltet die zwangsweise vorzunehmende Einstellung in die Kapitalrücklage.[8] Satz 2 beschränkt dabei die Verwendung der aufgrund von Satz 1 in die Kapitalrücklage eingestellten Beträge nach Maßgabe des § 58b Abs. 3 (vgl. **§ 58b** Rdn. 8 f.).[9] So dürfen die für die Verlustdeckung nicht benötigten Beträge nicht ausgeschüttet werden, sondern müssen für 5 Jahre in die Kapitalrücklage eingestellt werden.[10]

B. Voraussetzungen der Rücklageneinstellung (Satz 1)

I. Unterschiedsbetrag

2 § 58c betrifft alle bei der Beschlussfassung zur vereinfachten Kapitalherabsetzung angenommen Verluste, die tatsächlich nicht oder nicht in der prognostizierten Höhe eingetreten oder ausgeglichen sind.[11] Dies ist bspw. möglich, wenn sich eine bereits als uneinbringlich abgeschriebene Forderung doch noch realisieren lässt oder Rückstellungen sich als unnötig erweisen.[12] Die **Gründe** dafür, warum der erwartete Verlust niedriger ausfiel als gedacht, sind **unerheblich**.[13]

3 Maßgeblich für die Bestimmung des Unterschiedsbetrages ist jeweils der **Gesamtverlust** und nicht die einzelnen Posten.[14] Der Eintritt und die Höhe des Verlustes bemessen sich dabei nach handelsbilanziellen Grundsätzen.[15] Zur Berechnung des Unterschiedsbetrages muss der im Herabsetzungsbeschluss angenommene Gesamtverlust mit dem Gesamtverlust, der sich bei Aufstellung der Bilanzen aus dem Jahresabschluss tatsächlich ergibt, verglichen werden.[16]

4 **Nachträgliche Gewinne** sind von § 58c **nicht erfasst**, d.h. sie können nicht mit den eingetretenen Verlusten kompensiert werden und müssen deshalb auch nicht in die Kapitalrücklage eingestellt

---

1 *Arnold/Born*, in: Bork/Schäfer, GmbHG, § 58c Rn. 1.
2 *Casper*, in: Ulmer/Habersack/Löbbe, GmbHG, § 58c Rn. 1.
3 *Priester*, in: Scholz, GmbHG, § 58c Rn. 6.
4 *Wicke*, GmbHG, § 58c Rn. 1.
5 BT-Drucks. 12/3803, S. 89; *Rabe*, in: Heybrock, Praxiskommentar zum GmbH-Recht, § 58c Rn. 2.
6 *Waldner*, in: Michalski, GmbHG, § 58c Rn. 1.
7 *Priester*, in: Scholz, GmbHG, § 58c Rn. 2; *Zöllner/Kersting*, in: Baumbach/Hueck, GmbHG, § 58c Rn. 1; *Kleindiek*, in: Lutter/Hommelhoff, GmbHG, § 58c Rn. 2; *Vetter*, in: MünchKommGmbHG, § 58c Rn. 2.
8 *Casper*, in: Ulmer/Habersack/Löbbe, GmbHG, § 58c Rn. 1.
9 BT-Drucks. 12/3803, S. 89.
10 *Fabis*, MittRhNotK 1999, 170, 195.
11 *Waldner*, in: Michalski, GmbHG, § 58c Rn. 3.
12 *Geißler*, GmbHR 2005, 1102, 1108.
13 *Casper*, in: Ulmer/Habersack/Löbbe, GmbHG, § 58c Rn. 2.
14 *Priester*, in: Scholz, GmbHG, § 58c Rn. 4; *Casper*, in: Ulmer/Habersack/Löbbe, GmbHG, § 58c Rn. 2; *Vetter*, in: MünchKommGmbHG, § 58c Rn. 6.
15 *Inhester*, in: Saenger/Inhester, GmbHG, § 58c Rn. 2; *Roth*, in: Roth/Altmeppen, GmbHG Kommentar, § 58c Rn. 2.
16 *Waldner*, in: Michalski, GmbHG, § 58c Rn. 4.

werden.[17] Sie können jedoch i.R.d. in § 58d genannten Grenzen (vgl. **§ 58d** Rdn. 2 f.) ausgeschüttet werden.[18]

II. Maßgeblicher Zeitraum

Die Feststellung tatsächlicher Verluste erfolgt mittels der Jahresbilanz des Geschäftsjahres, in dem der Kapitalherabsetzungsbeschluss gefasst wurde, oder mittels der Jahresbilanzen der beiden nachfolgenden Geschäftsjahre.[19] Damit besteht eine auf insgesamt **drei Jahresabschlüsse** beschränkte Pflicht zur Rücklagenbildung.[20] Diese zeitliche Begrenzung auf drei Folgejahresbilanzen steht inkonsequenterweise im Gegensatz zu der 5-jährigen Bindungsfrist des freigewordenen Stammkapitals, wie es in § 58b Abs. 3 und § 58c Satz 2 für Kapitalrücklagen vorgesehen wird.[21] Dies ist wegen des klaren Wortlautes des Gesetzes hinzunehmen.[22] Auf die Eintragung des Kapitalherabsetzungsbeschlusses ins Handelsregister kommt es nicht an.[23] Dadurch kommt es zu keiner Fristverlängerung, wenn die Eintragung nicht mehr im gleichen Geschäftsjahr wie die Beschlussfassung erfolgt.[24] 5

III. Bilanzielle Behandlung

Der Unterschiedsbetrag zwischen den prognostizierten und den tatsächlich eingetretenen Verlusten ist gem. § 58c Satz 1 zwangsläufig in die Kapitalrücklage einzustellen.[25] Die 10 %-Grenze des § 58b Abs. 2 gilt dabei nicht, da § 58c insoweit *lex specialis* ist.[26] Eine Einstellungspflicht besteht somit auch dann, wenn die Kapitalrücklage bereits mehr als 10 % des Stammkapitals ausmacht.[27] Der Unterschiedsbetrag ist als »Einstellung in die Kapitalrücklage nach den Vorschriften über die vereinfachte Kapitalherabsetzung« – entsprechend § 240 Satz 2 AktG – **gesondert auszuweisen.**[28] Er muss also bilanzmäßig »in Erscheinung treten«, da der Unterschiedsbetrag mithilfe der Jahresbilanz ermittelt wird.[29] Eine solche Trennung von etwaigen anderen Kapitalrücklagen ist erforderlich, da diese Beträge i.S.d. § 58c Satz 2 nur unter den Voraussetzungen des § 58b Abs. 3 verwendet werden können (vgl. dazu **§ 58b** Rdn. 8 ff.).[30] Auf die Höhe des Unterschiedsbetrages kommt es nicht an.[31] 6

IV. Verpflichtetes Organ

Regelmäßig ist dasjenige Gesellschaftsorgan zur Einstellung in die Kapitalrücklage verpflichtet, welches den betreffenden Jahresabschluss feststellt.[32] Demnach hat zunächst der Geschäftsführer nach § 41 i.V.m. § 246 HGB den Bilanzentwurf zu fertigen.[33] Letztendlich wird die endgültige und verantwortliche Entscheidung über die Einstellung von der Gesellschafterversammlung nach § 46 Nr. 1 getroffen, es sei denn, ein anderes Organ – z.B. Aufsichtsrat oder Beirat – ist nach der 7

---

17 *Casper*, in: Ulmer/Habersack/Löbbe, GmbHG, § 58c Rn. 2.
18 *Casper*, in: Ulmer/Habersack/Löbbe, GmbHG, § 58c Rn. 2.
19 *Arnold/Born*, in: Bork/Schäfer, GmbHG, § 58c Rn. 3.
20 *Inhester*, in: Saenger/Inhester, GmbHG, § 58c Rn. 4.
21 *Zöllner/Kersting*, in: Baumbach/Hueck, GmbHG, § 58c Rn. 3.
22 *Inhester*, in: Saenger/Inhester, GmbHG, § 58c Rn. 4; *Casper*, in: Ulmer/Habersack/Löbbe, GmbHG, § 58c Rn. 4; a.A. *Zöllner/Kersting*, in: Baumbach/Hueck, GmbHG, § 58c Rn. 3, welcher dies als einen Wertungswiderspruch deutet, der vom Gesetzgeber korrigiert werden sollte.
23 *Priester*, in: Scholz, GmbHG, § 58c Rn. 7.
24 *Waldner*, in: Michalski, GmbHG, § 58c Rn. 2.
25 *Inhester*, in: Saenger/Inhester, GmbHG, § 58c Rn. 2.
26 *Casper*, in: Ulmer/Habersack/Löbbe, GmbHG, § 58c Rn. 1; *Priester*, in: Scholz, GmbHG, § 58c Rn. 9.
27 *Priester*, in: Scholz, GmbHG, § 58c Rn. 9; *Vetter*, in: MünchKommGmbHG, § 58c Rn. 21.
28 *Inhester*, in: Saenger/Inhester, GmbHG, § 58c Rn. 5; *Waldner*, in: Michalski, GmbHG, § 58c Rn. 7; *Priester*, in: Scholz, GmbHG, § 58c Rn. 9.
29 *Arnold/Born*, in: Bork/Schäfer, GmbHG, § 58c Rn. 5.
30 *Waldner*, in: Michalski, GmbHG, § 58c Rn. 7.
31 *Casper*, in: Ulmer/Habersack/Löbbe, GmbHG, § 58c Rn. 2; *Priester*, in: Scholz, GmbHG, § 58c Rn. 5.
32 *Wicke*, GmbHG, § 58c Rn. 2.
33 *Arnold/Born*, in: Bork/Schäfer, GmbHG, § 58c Rn. 7.

Satzung für die Feststellung der Bilanz zuständig.[34] Bei Prüfungspflicht obliegt es dem Abschlussprüfer (§ 316 HGB) gem. § 317 HGB (»Beachtung der gesetzlichen Vorschriften«) dann zu prüfen, ob § 58c bei der Erstellung der fraglichen drei Jahresbilanzen beachtet wurde.[35]

C. Bindung der Kapitalrücklage (Satz 2)

8 Für einen nach Satz 1 in die Kapitalrücklage eingestellten Unterschiedsbetrag gelten die Verwendungsbeschränkungen des § 58b Abs. 3 sinngemäß. Danach unterliegt der eingestellte Unterschiedsbetrag einer 5-jährigen Ausschüttungssperre, innerhalb derer er nur zur Verlustdeckung (§ 58b Abs. 3 Nr. 1 und 2) oder zu einer Umwandlung in Stammkapital (§ 58b Abs. 3 Nr. 3) verwendet werden darf.[36] Insoweit wird auf die Kommentierung zu **§ 58b** Rdn. 11 ff. verwiesen.

D. Fehlerquellen

I. Unterlassen der Einstellung in Kapitalrücklage

9 Wird aus dem betreffenden Jahresabschluss nicht ersichtlich, dass die nach § 58c Satz 1 geforderte Einstellung in die Kapitalrücklage vorgenommen wurde, so ist der Jahresabschluss entsprechend § 241 Nr. 3 und § 256 Abs. 1 Nr. 1 AktG **nichtig**, da die Gläubiger dann nicht ausreichend geschützt sind.[37] Zudem ist auch ein auf der Grundlage des Jahresabschlusses gefasster Gewinnausschüttungsbeschluss gem. § 253 Abs. 1 Satz 1 AktG analog nichtig.[38] Die Gewinnausschüttungen erfolgten dann aufgrund des nichtigen Gewinnausschüttungsbeschlusses rechtsgrundlos (§ 812 BGB) und sind daher von den Gesellschaftern – ggf. auch nach §§ 30, 31 – an die Gesellschaft zurückzuzahlen.[39] Daneben haften die Geschäftsführer aus § 43 und der Aufsichtsrat nach §§ 93, 116 AktG analog der Gesellschaft ggü. auf Schadensersatz.[40]

II. Annahme zu hoher Verluste

10 § 58c findet analoge Anwendung, wenn vorhandene Kapital- und Gewinnrücklagen bzw. ein Gewinnvortrag in zu geringem Umfang zum Ausgleich der Verluste genutzt worden sind und demzufolge der **Herabsetzungsbetrag zu hoch** bemessen worden ist.[41] D.h., sofern ein rechtswidriger Kapitalherabsetzungsbeschluss nicht angefochten, aber in das Handelsregister eingetragen wird, muss der damit gewonnene Unterschiedsbetrag in die Kapitalrücklage eingestellt werden, da sonst das Ausschüttungsverbot des § 58c Satz 2 unterlaufen werden würde.[42] Selbiges wird auch im Aktienrecht bei § 232 AktG vertreten.[43]

§ 58d Gewinnausschüttung

(1) [1]Gewinn darf vor Ablauf des fünften nach der Beschlussfassung über die Kapitalherabsetzung beginnenden Geschäftsjahrs nur ausgeschüttet werden, wenn die Kapital- und Gewinnrücklagen zusammen zehn vom Hundert des Stammkapitals erreichen. [2]Als Stammkapital gilt

---

34 *Priester*, in: Scholz, GmbHG, § 58c Rn. 10.

35 *Rabe*, in: Heybrock, Praxiskommentar zum GmbH-Recht, § 58c Rn. 10; *Kleindiek*, in: Lutter/Hommelhoff, GmbHG, § 58c Rn. 9; *Priester*, in: Scholz, GmbHG, § 58c Rn. 10; *Vetter*, in: MünchKommGmbHG, § 58c Rn. 23.

36 *Waldner*, in: Michalski, GmbHG, § 58b Rn. 4.

37 *Zöllner/Kersting*, in: Baumbach/Hueck, GmbHG, § 58c Rn. 8; *Kleindiek*, in: Lutter/Hommelhoff, GmbHG, § 58c Rn. 10.

38 *Zöllner/Kersting*, in: Baumbach/Hueck, GmbHG, § 58c Rn. 8.

39 *Waldner*, in: Michalski, GmbHG, § 58c Rn. 8; *Casper*, in: Ulmer/Habersack/Löbbe, GmbHG, § 58c Rn. 9.

40 *Rabe*, in: Heybrock, Praxiskommentar zum GmbH-Recht, § 58c Rn. 13; *Kleindiek*, in: Lutter/Hommelhoff, GmbHG, § 58c Rn. 10.

41 *Kleindiek*, in: Lutter/Hommelhoff, GmbHG, § 58c Rn. 6.

42 *Fabis*, MittRhNotK 1999, 170, 195.

43 S. z.B. *Koch*, in: Hüffer/Koch, AktG, § 232 Rn. 8.

dabei der Nennbetrag, der sich durch die Herabsetzung ergibt, mindestens aber der nach § 5 Abs. 1 zulässige Mindestnennbetrag.

(2) [1]Die Zahlung eines Gewinnanteils von mehr als vier vom Hundert ist erst für ein Geschäftsjahr zulässig, das später als zwei Jahre nach der Beschlussfassung über die Kapitalherabsetzung beginnt. [2]Dies gilt nicht, wenn die Gläubiger, deren Forderungen vor der Bekanntmachung der Eintragung des Beschlusses begründet worden waren, befriedigt oder sichergestellt sind, soweit sie sich binnen sechs Monaten nach der Bekanntmachung des Jahresabschlusses, auf Grund dessen die Gewinnverteilung beschlossen ist, zu diesem Zweck gemeldet haben. [3]Einer Sicherstellung der Gläubiger bedarf es nicht, die im Fall des Insolvenzverfahrens ein Recht auf vorzugsweise Befriedigung aus einer Deckungsmasse haben, die nach gesetzlicher Vorschrift zu ihrem Schutz errichtet und staatlich überwacht ist. [4]Die Gläubiger sind in der Bekanntmachung nach § 325 Abs. 2 auf die Befriedigung oder Sicherstellung hinzuweisen.

Schrifttum
Fabis, Vereinfachte Kapitalherabsetzung bei AG und GmbH, MittRhNotK 1999, 170; *Geißler*, Funktion und Durchführung der vereinfachten Kapitalherabsetzung bei der GmbH, GmbHR 2005, 1102.

Übersicht

A. Normzweck des § 58d

1 § 58d erweitert die dem **Gläubigerschutz** dienende Vermögensbindung der §§ 58a bis c auf spätere Gewinne.[1] Die Norm entspricht § 233 AktG.[2] Später anfallende Gewinne sollen zumindest für eine bestimmte Zeitspanne (Fünfjahresfrist, vgl. Rdn. 11 ff.) im Unternehmen gebunden sein, da sie ohne die Kapitalherabsetzung zum Ausgleich von Verlusten zu verwenden gewesen wären.[3] Damit ersetzt die Beschränkung der Gewinnausschüttung des § 58d den präventiven Gläubigerschutz, welcher bei der **ordentlichen Kapitalherabsetzung** besteht (§ 58 Rdn. 21 ff.),[4] und versucht so die Interessen der Gesellschafter und solche der Gläubiger auszugleichen.[5] Soll es, ungeachtet der Begrenzung des § 58d, dennoch zu einer Gewinnausschüttung kommen, müssen die Gesellschafter die Gläubiger gemäß Abs. 2 wie bei einer ordentlichen Kapitalherabsetzung zuvor befriedigen oder sicherstellen.[6]

---

1 *Arnold/Born*, in: Bork/Schäfer, GmbHG, § 58d Rn. 1; *Rühland*, in: Ziemons/Jaeger, Online GmbHG, § 58d Einleitung; *Zöllner/Kersting*, in: Baumbach/Hueck, GmbHG, § 58d Rn. 1; *Vetter*, in: MünchKommGmbHG, § 58d Rn. 1.

2 *Casper*, in: Ulmer/Habersack/Löbbe, GmbHG, § 58d Rn. 2; *Fabis*, MittRhNotK 1999, 170, 194; *Inhester*, in: Saenger/Inhester, GmbHG, § 58d Rn. 1; *Waldner*, in: Michalski, GmbHG, § 58d Rn. 1.

3 *Inhester*, in: Saenger/Inhester, GmbHG, § 58d Rn. 1; *Zöllner/Kersting*, in: Baumbach/Hueck, GmbHG, § 58d Rn. 1.

4 *Casper*, in: Ulmer/Habersack/Löbbe, GmbHG, § 58d Rn. 1.

5 *Fabis*, MittRhNotK 1999, 170, 195; *Rühland*, in: Ziemons/Jaeger, Online GmbHG, § 58d Rn. 1; *Waldner*, in: Michalski, GmbHG, § 58d Rn. 1.

6 *Casper*, in: Ulmer/Habersack/Löbbe, GmbHG, § 58d Rn. 1; *Priester*, in: Scholz, GmbHG, § 58d Rn. 2.

2 § 58d beinhaltet eine **absolute Ausschüttungssperre** (Abs. 1) und eine **höhenmäßige Ausschüttungsbeschränkung** (Abs. 2).[7] Gemäß Abs. 1 ist eine Gewinnausschüttung innerhalb einer Fünfjahresfrist nur zulässig, wenn die Gewinn- und Kapitalrücklagen gemeinsam zumindest 10 % des Stammkapitals nach der Kapitalherabsetzung erreichen. Zusätzlich legt Abs. 2 fest, dass die Ausschüttung eines Gewinnanteils von mehr als 4 % des Stammkapitals vor Ablauf einer Zweijahresfrist nur zulässig ist, wenn die Altgläubiger befriedigt oder sichergestellt sind.[8]

3 Die Voraussetzungen der beiden Absätze müssen kumulativ vorliegen, damit eine **Gewinnausschüttung** zulässig sein kann.[9] Sind ausreichende Rücklagen nach Abs. 1 vorhanden und eine Gewinnausschüttung somit erlaubt, darf diese jedoch nur in den in Abs. 2 festgelegten Grenzen erfolgen. Ebenso ist die Ausschüttungssperre des Abs. 1 anzuwenden, wenn wegen Sicherstellung der Gläubiger eine unbegrenzte Gewinnausschüttung zulässig wäre (Abs. 2 Satz 2).[10]

4 Anders als etwa die AG, ist die GmbH nicht zur Bildung eines gesetzlichen Reservefonds verpflichtet. Eine solche Verpflichtung soll auch nicht durch die **vereinfachte Kapitalherabsetzung** hervorgerufen werden.[11] Dies wird durch die zeitliche Begrenzung des Ausschüttungsverbots gem. § 58d Abs. 1 zum Ausdruck gebracht (vgl. Rdn. 13).[12] Zudem ist durch § 58d lediglich eine Ausschüttung des Gewinns untersagt.[13] Die Gesellschafter sind nicht daran gehindert den Gewinn anderweitig zu verwenden, etwa ihn in Rücklagen einzustellen, ihn vorzutragen oder das Kapital aus Gesellschaftsmitteln zu erhöhen.

B. Verbot der Gewinnausschüttung vor Auffüllung der Rücklagen (Abs. 1)

I. Vom Ausschüttungsverbot erfasste Zahlungen

5 Das Ausschüttungsverbot des § 58d Abs. 1 umfasst die Ausschüttung von **Gewinn**, d.h. alle einseitigen Ausschüttungen an Gesellschafter, unabhängig davon, ob dies in offener oder verdeckter Form geschieht.[14] Somit fallen auch die Zahlung von Vorschüssen und andere Umgehungstatbestände unter Abs. 1.[15] Ebenso sind Zahlungen aufgrund eines Gewinnabführungsvertrages (§ 291 AktG) untersagt.[16]

6 Von Abs. 1 nicht erfasst und somit zulässig sind Zahlungen aus anderen Rechtsgründen, wie Zahlungen an Gesellschafter, für die diese eine adäquate Gegenleistung erbringen (Drittgeschäfte), die Rückzahlung gewährter Darlehen und Zahlungen an Dritte, die auch gewinnabhängig sein können (z.B. Gewinnschuldverschreibungen, Zahlung aus partiarischen Darlehen, an Geschäftsführer zu zahlende Tantieme).[17] Bei gewinnabhängigen Zahlungen an Gesellschafter (z.B. stille Beteiligung,

7 *Kleindiek*, in: Lutter/Hommelhoff, GmbHG, § 58d Rn. 1; *Priester*, in: Scholz, GmbHG, § 58d Rn. 1; *Waldner*, in: Michalski, GmbHG, § 58d Rn. 2.

8 *Kleindiek*, in: Lutter/Hommelhoff, GmbHG, § 58d Rn. 1; *Zöllner/Kersting*, in: Baumbach/Hueck, GmbHG, § 58d Rn. 1.

9 *Rühland*, in: Ziemons/Jaeger, Online GmbHG, § 58d Rn. 2; *Waldner*, in: Michalski, GmbHG, § 58d Rn. 2.

10 *Rabe*, in: Heybrock, GmbH, § 58d Rn. 3; *Rühland*, in: Ziemons/Jaeger, Online GmbHG, § 58d Rn. 2; *Waldner*, in: Michalski, GmbHG, § 58d Rn. 2.

11 *Fabis*, MittRhNotK 1999, 170, 195; *Rühland*, in: Ziemons/Jaeger, Online GmbHG, § 58d Rn. 10; *Waldner*, in: Michalski, GmbHG, § 58d Rn. 3.

12 BT-Drucks. 12/3803, S. 89.

13 *Rabe*, in: Heybrock, GmbH, § 58d Rn. 10; *Roth*, in: Roth/Altmeppen, GmbHG, § 58d Rn. 3; *Wicke*, GmbHG, § 58d Rn. 2; *Zöllner/Kersting*, in: Baumbach/Hueck, GmbHG, § 58d Rn. 2.

14 *Inhester*, in: Saenger/Inhester, GmbHG, § 58d Rn. 4; *Vetter*, in: MünchKommGmbHG, § 58d Rn. 10f zieht eine ausdrückliche Parallele zu § 30 GmbHG.

15 *Arnold/Born*, in: Bork/Schäfer, GmbHG, § 58d Rn. 2; *Rühland*, in: Ziemons/Jaeger, Online GmbHG, § 58d Rn. 3; *Vetter*, in: MünchKommGmbHG, § 58d Rn. 11.

16 H.M. *Casper*, in: Ulmer/Habersack/Löbbe, GmbHG, § 58d Rn. 5; *Kleindiek*, in: Lutter/Hommelhoff, GmbHG, § 58d Rn. 6; *Roth*, in: Roth/Altmeppen, GmbHG, § 58d Rn. 7; *Zöllner/Kersting*, in: Baumbach/Hueck, GmbHG, § 58d Rn. 4; vertiefend *Vetter*, in: MünchKommGmbHG, § 58d Rn. 14.

17 *Casper*, in: Ulmer/Habersack/Löbbe, GmbHG, § 58d Rn. 5; *Priester*, in: Scholz, GmbHG, § 58d Rn. 3; *Rühland*, in: Ziemons/Jaeger, Online GmbHG, § 58d Rn. 4.

Genussrechte, Gewinnschuldverschreibung) ist für die Zuordnung zum Ausschüttungsverbot entscheidend, ob sie als eine (Vorweg-) Gewinnverteilung zu qualifizieren sind oder ob sie als angemessene Vergütung für eine Gegenleistung erbracht werden.[18] Zudem sind die Erfüllung von Dividendengarantien, Zahlungen aufgrund einer Gewinngemeinschaft (§ 292 Abs. 1 Nr. 1 AktG) und Verpflichtungen aus Teilgewinnabführungsverträgen (§ 292 Abs. 1 Nr. 2 AktG) bei angemessener Gegenleistung zulässig.[19] Entscheidend hier wird aber sein, dass die *causa* für die Ausschüttung bereits zum Zeitpunkt des Beschlusses der Kapitalherabsetzung gesetzt war.

II. Rücklagenhöhe

Eine Gewinnausschüttung innerhalb einer Frist von 5 Jahren ist gemäß Abs. 1 nur zulässig, wenn die Gewinn- und Kapitalrücklagen gemeinsam zumindest 10 % des Stammkapitals erreichen. Als **Stammkapital** gilt der sich durch die Kapitalherabsetzung ergebende Betrag, mindestens allerdings ein Nennbetrag von 25.000 € gem. § 5 Abs. 1. Daher müssen die Rücklagen bei einer Kapitalherabsetzung unter 25.000 € (**§ 58a** Rdn. 11) mindestens 2.500 € betragen.[20] Abgesehen von diesem Mindestwert, ist jedoch ausschließlich das herabgesetzte Stammkapital maßgeblich.[21] Gleichzeitig mit der Kapitalherabsetzung erfolgende Kapitalerhöhungen oder solche, die sich während der Fünfjahresfrist vollziehen, werden nicht einbezogen.[22] 7

Das Erreichen der **10 %-Grenze** ist während des Fünfjahreszeitraums für jedes Jahr gesondert zu prüfen.[23] Ab dem Geschäftsjahr, in dem die Rücklage die 10 %-Grenze erreicht, ist eine Gewinnausschüttung zulässig.[24] Es genügt, wenn die Rücklage in dem Jahresabschluss ausgewiesen ist, der auch die Gewinnausschüttung dokumentiert.[25] 8

Sowohl der Wortlaut des Abs. 1 (»erreichen« anstelle von »erreicht haben« in § 233 Abs. 1 AktG) als auch der Zweck des § 58d, der für eine Gewinnausschüttung eine gewisse finanzielle Konsolidierung der Gesellschaft zwecks Gläubigerschutz voraussetzt, zeigen, dass das einmalige Erreichen der 10 %-Grenze und ein Absinken danach wieder unter diese Grenze durch Verluste nicht genügt.[26] Geschieht dies nämlich, so wird die Gewinnausschüttung wieder unzulässig.[27] Die Kapital- und Gewinnrücklagen müssen vielmehr konstant die 10 %-Grenze erreicht haben. 9

Ob die 10 %ige Rücklage durch Gewinne oder Leistungen der Gesellschafter in das Eigenkapital gebildet wird, ist unerheblich.[28] 10

---

18 *Rühland*, in: Ziemons/Jaeger, Online GmbHG, § 58d Rn. 4.

19 H.M. *Casper*, in: Ulmer/Habersack/Löbbe, GmbHG, § 58d Rn. 5; *Inhester*, in: Saenger/Inhester, GmbHG, § 58d Rn. 4; *Rühland*, in: Ziemons/Jaeger, Online GmbHG, § 58d Rn. 4; *Waldner*, in: Michalski, GmbHG, § 58d Rn. 6; *Vetter*, in: MünchKommGmbHG, § 58d Rn. 17.

20 *Priester*, in: Scholz, GmbHG, § 58d Rn. 5; *Rabe*, in: Heybrock, GmbH, § 58d Rn. 6; *Zöllner/Kersting*, in: Baumbach/Hueck, GmbHG, § 58d Rn. 2.

21 *Priester*, in: Scholz, GmbHG, § 58d Rn. 5; *Rühland*, in: Ziemons/Jaeger, Online GmbHG, § 58d Rn. 5.

22 *Casper*, in: Ulmer/Habersack/Löbbe, GmbHG, § 58d Rn. 8; *Priester*, in: Scholz, GmbHG, § 58d Rn. 5; *Rabe*, in: Heybrock, GmbH, § 58d Rn. 7; *Waldner*, in: Michalski, GmbHG, § 58d Rn. 3.

23 *Rabe*, in: Heybrock, GmbH, § 58d Rn. 8.

24 *Inhester*, in: Saenger/Inhester, GmbHG, § 58d Rn. 3; *Priester*, in: Scholz, GmbHG, § 58d Rn. 6; *Rühland*, in: Ziemons/Jaeger, Online GmbHG, § 58d Rn. 7.

25 *Roth*, in: Roth/Altmeppen, GmbHG, § 58d Rn. 4; *Rühland*, in: Ziemons/Jaeger, Online GmbHG, § 58d Rn. 7.

26 H.M. *Arnold/Born*, in: Bork/Schäfer, GmbHG, § 58d Rn. 4; *Casper*, in: Ulmer/Habersack/Löbbe, GmbHG, § 58d Rn. 4; *Fabis*, MittRhNotK 1999, 170, 196; *Inhester*, in: Saenger/Inhester, GmbHG, § 58d Rn. 3; *Rühland*, in: Ziemons/Jaeger, Online GmbHG, § 58d Rn. 7; *Vetter*, in: MünchKommGmbHG, § 58d Rn. 24.

27 *Casper*, in: Ulmer/Habersack/Löbbe, GmbHG, § 58d Rn. 4; *Inhester*, in: Saenger/Inhester, GmbHG, § 58d Rn. 3; *Roth*, in: Roth/Altmeppen, GmbHG, § 58d Rn. 4; *Rühland*, in: Ziemons/Jaeger, Online GmbHG, § 58d Rn. 7.

28 *Inhester*, in: Saenger/Inhester, GmbHG, § 58d Rn. 3; *Priester*, in: Scholz, GmbHG, § 58d Rn. 6; *Rühland*, in: Ziemons/Jaeger, Online GmbHG, § 58d Rn. 6.

III. Fünfjahresfrist

11 Das Ausschüttungsverbot ist zeitlich begrenzt und schafft insoweit einen Ausgleich zwischen den Interessen der Gesellschafter und der Gläubiger.[29] Es beginnt an dem Tag der **Beschlussfassung über die Kapitalherabsetzung** – nicht mit der Eintragung des Beschlusses.[30] Für die Anknüpfung an die Beschlussfassung spricht zum einen der eindeutige Wortlaut des § 58d.[31] Zum anderen kann die Eintragung für den Beginn der Ausschüttungssperre nicht entscheidend sein, da sich die Gesellschafter, wenn sie zunächst eine Kapitalherabsetzung und im Anschluss eine Gewinnverwendung beschließen würden, widersprüchlich verhielten.[32] Zudem würde ein solches Verhalten gegen § 58a Abs. 2 verstoßen.[33] Eine vereinfachte Kapitalherabsetzung ist gem. § 58a Abs. 2 nur in dem Umfang zulässig, dass das Stammkapital nach der Herabsetzung zuzüglich eines 10 %igen Aufschlags für Rücklagen zu einer ausgeglichenen Bilanz führt, und wenn die Gesellschaft so hohe Verluste erlitten hat, dass diese nicht durch Auflösung von Gewinnvorträgen oder Rücklagen ausgeglichen werden können (§ **58a** Rdn. 11). Dürften die Gesellschafter nach der Beschlussfassung über die Kapitalherabsetzung die Ausschüttung von Gewinnen aus früheren Geschäftsjahren beschließen, statt diese zur Verlustdeckung der Gesellschaft zu verwenden, so würde dies dem eingeschränkten Anwendungsbereich entgegenstehen.[34] Die Eintragung der Kapitalherabsetzung ins Handelsregister und des Ausschüttungsverbots sind jedoch notwendig, um diese wirksam zu machen.[35]

12 Ist vor dem Kapitalherabsetzungsbeschluss ein wirksamer Gewinnverwendungsbeschluss gefasst worden, so ist dieser umzusetzen, da den Gesellschaftern Gläubigerrechte entstanden sind, in die durch den Beschluss über die Kapitalherabsetzung nicht eingegriffen werden kann.[36] Allerdings darf die Gewinnausschüttung nicht gegen § 30 verstoßen.

13 Die **Fünfjahresfrist** beginnt mit Ablauf des Geschäftsjahres, in dem der Beschluss über die Kapitalherabsetzung gefasst worden ist und umfasst somit das laufende Geschäftsjahr sowie die 5 folgenden Geschäftsjahre.[37] Diese zeitliche Regelung entspricht der in §§ 58b Abs. 3 (§ **58b** Rdn. 9), 58c Satz 2 (§ **58c** Rdn. 8). Wie oben beschrieben, berücksichtigt die zeitliche Begrenzung des Ausschüttungsverbots, dass es bei der GmbH keine gesetzliche Rücklage gibt, und dass auch die vereinfachte Kapitalherabsetzung nicht zu einer solchen führen soll.[38]

14 Auch wenn nach Ablauf der Frist, die max. 6 Jahre betragen kann, die Kapitalrücklage nicht 10 % des Stammkapitals beträgt, erlaubt § 58d eine Gewinnausschüttung. Dies schließt nach richtiger Ansicht auch Gewinne ein, die während der Fünfjahresfrist erwirtschaftet worden sind.[39] Der

---

29 *Geißler*, GmbHR 2005, 1102, 1109.

30 H.M. *Arnold/Born*, in: Bork/Schäfer, GmbHG, § 58d Rn. 5; *Kleindiek*, in: Lutter/Hommelhoff, GmbHG, § 58d Rn. 2; *Rabe*, in: Heybrock, GmbH, § 58d Rn. 11; *Roth*, in: Roth/Altmeppen, GmbHG, § 58d Rn. 5; *Vetter*, in: MünchKommGmbHG, § 58d Rn. 19; *Waldner*, in: Michalski, GmbHG, § 58d Rn. 5; früher: für Beginn mit Eintragung, heute der h.M. angeschlossen: *Priester*, in: Scholz, GmbHG, § 58d Rn. 4.

31 *Arnold/Born*, in: Bork/Schäfer, GmbHG, § 58d Rn. 5; *Rabe*, in: Heybrock, GmbH, § 58d Rn. 11.

32 *Casper*, in: Ulmer/Habersack/Löbbe, GmbHG, § 58d Rn. 6; *Waldner*, in: Michalski, GmbHG, § 58d Rn. 5; *Zöllner/Kersting*, in: Baumbach/Hueck, GmbHG, § 58d Rn. 5.

33 *Casper*, in: Ulmer/Habersack/Löbbe, GmbHG, § 58d Rn. 6.

34 *Rühland*, in: Ziemons/Jaeger, Online GmbHG, § 58d Rn. 8.

35 *Priester*, in: Scholz, GmbHG, § 58d Rn. 4; *Roth*, in: Roth/Altmeppen, GmbHG, § 58d Rn. 5.

36 *Casper*, in: Ulmer/Habersack/Löbbe, GmbHG, § 58d Rn. 6; *Inhester*, in: Saenger/Inhester, GmbHG, § 58d Rn. 5; *Zöllner/Kersting*, in: Baumbach/Hueck, GmbHG, § 58d Rn. 5.

37 *Casper*, in: Ulmer/Habersack/Löbbe, GmbHG, § 58d Rn. 6; *Kleindiek*, in: Lutter/Hommelhoff, GmbHG, § 58d Rn. 5; *Waldner*, in: Michalski, GmbHG, § 58d Rn. 5.

38 *Priester*, in: Scholz, GmbHG, § 58d Rn. 4 mit Verweis auf BT-Drucks. 12/3803, S. 89.

39 *Arnold/Born*, in: Bork/Schäfer, GmbHG, § 58d Rn. 5; *Casper*, in: Ulmer/Habersack/Löbbe, GmbHG, § 58d Rn. 7; *Priester*, in: Scholz, GmbHG, § 58d Rn. 8; *Rühland*, in: Ziemons/Jaeger, Online GmbHG, § 58d Rn. 9; *Vetter*, in: MünchKommGmbHG, § 58d Rn. 23; *Waldner*, in: Michalski, GmbHG, § 58d Rn. 5; h.M.: Erstreckung der Ausschüttungssperre auf den Gewinn aus den fünf dem Herabsetzungsbeschluss

Wortlaut des § 58d (Gewinnausschüttung »vor Ablauf des fünften […] Geschäftsjahres«) zeigt deutlich, dass es nicht darauf ankommt, ob der Gewinn in der Fünfjahresfrist erzielt wurde, sondern lediglich darauf, dass die Frist abgelaufen ist, bevor eine Gewinnausschüttung zulässig ist.[40] Dies zeigt auch der insoweit identische § 58b Abs. 3, dessen Verwendungsbeschränkung der in die Kapitalrücklage eingestellten Beträge gleichermaßen mit Ablauf des fünften nach dem Tag der Beschlussfassung beginnenden Geschäftsjahres endet (**§ 58b** Rdn. 9 ff.).[41]

C. Beschränkung der Höhe des ausschüttungsfähigen Gewinns (Abs. 2)

I. Voraussetzungen des Abs. 2 Satz 1

Aufgrund der nach einer Kapitalherabsetzung häufig niedrigen Stammkapitalziffern bietet der Abs. 1 praktisch regelmäßig nur einen geringen Gläubigerschutz. Den »wahren« Schutz bietet der Abs. 2, der ebenfalls die Stammkapitalziffer als Bemessungsgrundlage heranzieht, aber nur max. 4 % in den auf die Kapitalerhöhung folgenden 2 Geschäftsjahren zur Ausschüttung zulässt.[42] 15

1. Gewinnanteil von 4 %

Im Gegensatz zu Abs. 1, bei dem es auf den Stammkapitalbetrag nach der Kapitalherabsetzung ankommt, ist bei Abs. 2 die jeweilige Stammkapitalziffer im Zeitpunkt des Gewinnausschüttungsbeschlusses die Bemessungsgrundlage; von dieser können max. 4 % ausgeschüttet werden.[43] Kapitalerhöhungen, die zeitgleich mit oder später nach der Kapitalherabsetzung erfolgen, sind einzubeziehen.[44] 16

Die Ausschüttungsbegrenzung des Abs. 2 gilt, genauso wie das Ausschüttungsverbot, nur für **Gewinnanteile** und nicht für Zahlungen aus anderen Rechtsgründen. Es gelten die gleichen Grundsätze wie bei Abs. 1 (vgl. Rdn. 5 f.).[45] 17

Die **4 %-Grenze** betrifft den Gesamtausschüttungsbetrag. Wie dieser dann auf die Gesellschafter aufgeteilt wird, ist im Gesetz nicht festgeschrieben, sondern bestimmt sich nach Beschluss und Satzung.[46] Grds. gelten die allgemeinen Vorschriften, also vor allem das Gebot der Gleichbehandlung. Daher nehmen grds. alle Geschäftsanteile gleichmäßig am Gewinn teil (**§ 29 Abs. 3** Rdn. 41).[47] Erfolgt eine höhere Ausschüttung auf seinen Anteil für einen Gesellschafter, etwa bei Vorzügen im Rahmen der Gewinnverteilung, muss die Ausschüttung an die anderen Gesellschafter entsprechend geringer ausfallen.[48] 18

---

folgenden Geschäftsjahren: *Kleindiek*, in: Lutter/Hommelhoff, GmbHG, § 58d Rn. 5; *Roth*, in: Roth/Altmeppen, GmbHG, § 58d Rn. 5; *Zöllner/Kersting*, in: Baumbach/Hueck, GmbHG, § 58d Rn. 6.

40 *Rühland*, in: Ziemons/Jaeger, Online GmbHG, § 58d Rn. 9; *Waldner*, in: Michalski, GmbHG, § 58d Rn. 5.

41 *Rühland*, in: Ziemons/Jaeger, Online GmbHG, § 58d Rn. 9.

42 Ähnlich *Inhester*, in: Saenger/Inhester, GmbHG, § 58d Rn. 7.

43 H.M. *Inhester*, in: Saenger/Inhester, GmbHG, § 58d Rn. 8; *Priester*, in: Scholz, GmbHG, § 58d Rn. 11; *Rabe*, in: Heybrock, GmbH, § 58d Rn. 14; *Roth*, in: Roth/Altmeppen, GmbHG, § 58d Rn. 8; a.A. abstellend auf das Stammkapital zum Ende des vorangegangenen Geschäftsjahres, für das der Gewinn ausgeschüttet wird *Vetter*, in: MünchKommGmbHG, § 58d Rn. 26.

44 *Arnold/Born*, in: Bork/Schäfer, GmbHG, § 58d Rn. 6; *Casper*, in: Ulmer/Habersack/Löbbe, GmbHG, § 58d Rn. 11; *Waldner*, in: Michalski, GmbHG, § 58d Rn. 7.

45 *Inhester*, in: Saenger/Inhester, GmbHG, § 58d Rn. 8; *Kleindiek*, in: Lutter/Hommelhoff, GmbHG, § 58d Rn. 8; *Priester*, in: Scholz, GmbHG, § 58d Rn. 10.

46 *Rühland*, in: Ziemons/Jaeger, Online GmbHG, § 58d Rn. 12; *Waldner*, in: Michalski, GmbHG, § 58d Rn. 7.

47 *Kleindiek*, in: Lutter/Hommelhoff, GmbHG, § 58d Rn. 7; *Rühland*, in: Ziemons/Jaeger, Online GmbHG, § 58d Rn. 12.

48 *Casper*, in: Ulmer/Habersack/Löbbe, GmbHG, § 58d Rn. 12; *Priester*, in: Scholz, GmbHG, § 58d Rn. 11; *Roth*, in: Altmeppen/Roth, GmbHG, § 58d Rn. 8.

2. Zweijahresfrist

19 Die Ausschüttungsbeschränkung nach Abs. 2 beginnt genau wie das Ausschüttungsverbot nach Abs. 1 im Zeitpunkt des **Kapitalherabsetzungsbeschlusses.**[49] Die Auszahlung eines Gewinnanteils von mehr als 4 % des Stammkapitals ist weder in dem Geschäftsjahr, in dem der Beschluss zur Kapitalherabsetzung gefasst wird, noch in den beiden folgenden Geschäftsjahren zulässig.[50] Vor der Kapitalherabsetzung beschlossene Gewinnausschüttungen bleiben unberührt, auch wenn sie in dem Geschäftsjahr der Kapitalherabsetzung beschlossen wurden.[51] Die zeitliche Grenze ändert sich auch nicht durch einen rückwirkenden Vollzug der Herabsetzung gem. §§ 58e und f (**§ 58e** Rdn. 3 f., **§ 58f** Rdn. 3).[52] Dauert die Ausschüttungssperre des Abs. 1 länger als 2 Jahre an, hat Abs. 2 keine praktische Bedeutung.[53]

II. Ausnahme von der Ausschüttungsbeschränkung (Abs. 2 Satz 2–4)

20 Gem. § 58d Abs. 2 Satz 2–4 gilt die Ausschüttungsbegrenzung des Satzes 1 dann nicht, wenn die **Gesellschaftsgläubiger** zuvor **befriedigt oder sichergestellt** worden sind. Das Ausschüttungsverbot des § 58d Abs. 1 bleibt allerdings weiterhin bestehen. Die Regeln zur Befriedigung und Sicherstellung der Gläubiger der Gesellschaft sind auch von § 58 Abs. 1 Nr. 2 für die **ordentliche Kapitalherabsetzung** vorgesehen.[54] Diese Regeln entsprechen sich weitgehend, weshalb bzgl. der Art und Weise der Befriedigung und Sicherstellung sowie zur Behandlung streitiger Forderungen auf die Ausführungen zu § 58 verwiesen werden kann (**§ 58** Rdn. 23 f.). I.Ü. gilt das Folgende (Rdn. 21–23):

1. Zeitpunkt der Forderungsbegründung

21 Nur die Gläubiger, die bis spätestens zu dem Tag, an dem die Eintragung der Kapitalherabsetzung im Handelsregister bekannt gemacht wird, eine Forderung begründet haben, sind geschützt.[55]

2. Bekanntmachung

22 Gem. § 58d Abs. 2 Satz 4 ist nach § 325 Abs. 2 HGB in der Bekanntmachung des Jahresabschlusses darauf hinzuweisen, dass die Gläubiger, die bis zur **Bekanntmachung der Eintragung der Kapitalherabsetzung** Forderungen begründet haben, Befriedigung oder Sicherstellung dieser Forderungen verlangen können.[56] Die in der Vergangenheit größenorientierte Differenzierung bei der Art der Bekanntmachung ist entfallen.[57] Anders als in § 58 muss die Bekanntmachung keine ausdrückliche

---

49 *Casper*, in: Ulmer/Habersack/Löbbe, GmbHG, § 58d Rn. 10; *Fabis*, MittRhNotK 1999, 170, 196; *Rabe*, in: Heybrock, GmbH, § 58d Rn. 13; *Rühland*, in: Ziemons/Jaeger, Online GmbHG, § 58d Rn. 14; *Vetter*, in: MünchKommGmbHG, § 58d Rn. 29; *Zöllner/Kersting*, in: Baumbach/Hueck, GmbHG, § 58d Rn. 8.

50 *Kleindiek*, in: Lutter/Hommelhoff, GmbHG, § 58d Rn. 7; *Rabe*, in: Heybrock, GmbH, § 58d Rn. 13; *Roth*, in: Roth/Altmeppen, GmbHG, § 58d Rn. 9; *Vetter*, in: MünchKommGmbHG, § 58d Rn. 29.

51 *Casper*, in: Ulmer/Habersack/Löbbe, GmbHG, § 58d Rn. 10.

52 *Arnold/Born*, in: Bork/Schäfer, GmbHG, § 58d Rn. 7; *Priester*, in: Scholz, GmbHG, § 58d Rn. 10; *Zöllner/Kersting*, in: Baumbach/Hueck, GmbHG, § 58d Rn. 8.

53 *Rühland*, in: Ziemons/Jaeger, Online GmbHG, § 58d Rn. 15; *Waldner*, in: Michalski, GmbHG, § 58d Rn. 8.

54 *Arnold/Born*, in: Bork/Schäfer, GmbHG, § 58d Rn. 8; *Priester*, in: Scholz, GmbHG, § 58d Rn. 12; *Roth*, in: Roth/Altmeppen, GmbHG, § 58d Rn. 10.

55 *Rabe*, in: Heybrock, GmbH, § 58d Rn. 19; *Waldner*, in: Michalski, GmbHG, § 58d Rn. 9; *Zöllner/Kersting*, in: Baumbach/Hueck, GmbHG, § 58d Rn. 10.

56 *Arnold/Born*, in: Bork/Schäfer, GmbHG, § 58d Rn. 9; *Casper*, in: Ulmer/Habersack/Löbbe, GmbHG, § 58d Rn. 14, § 58d Rn. 14; *Wicke*, GmbHG, § 58d Rn. 3.

57 *Casper*, in Ulmer/Habersack/Löbbe, GmbHG, § 58d Rn. 14; *Vetter*, in MünchKommGmbHG, § 58d Rn. 32 ff.

Aufforderung zur Meldung bei der Gesellschaft enthalten.[58] Auch muss keine besondere Aufforderung an bekannte Gläubiger erfolgen (vgl. § 58 Rdn. 18).[59]

3. Gewinnverteilung nach Ablauf der Sechsmonatsfrist

Nach der Bekanntmachung des Jahresabschlusses, aufgrund dessen die Gewinnverteilung beschlossen ist, müssen sich die Gläubiger innerhalb von 6 Monaten melden.[60] Nach Ablauf dieser Frist darf die Gewinnverteilung durchgeführt werden. Ein vorher gefasster Gewinnverwendungsbeschluss, der die Ausschüttungsgrenze von 4 % übersteigt, steht unter dem Vorbehalt, dass die Ausschüttung auch nach dem die Gläubiger, die sich innerhalb der Frist gemeldet haben, befriedigt oder sichergestellt sind, nicht rechtswidrig ist. Die Gesellschaft kann jedoch vor Ablauf der Frist eine Teilausschüttung i.H.v. 4 % vornehmen und mit der restlichen Ausschüttung bis nach Fristablauf und Durchführung der Befriedigung bzw. Sicherstellung warten.[61] 23

D. Fehlerquellen

I. Beim Gewinnausschüttungsbeschluss

Ein Gewinnausschüttungsbeschluss, der gegen § 58d Abs. 1 verstößt, ist analog § 241 Nr. 3 AktG wegen der **Verletzung gläubigerschützender Normen** nichtig.[62] Dasselbe gilt für einen Verstoß gegen Abs. 2, es sei denn, dass im Zeitpunkt der Beschlussfassung die Voraussetzungen der Ausnahme des Abs. 2 Satz 2–4 vorliegen.[63] Ein Gewinnverwendungsbeschluss, der eine sofortige Ausschüttung von 4 % vorsieht und eine darüber hinausgehende Gewinnverteilung dahingehend aufschiebend bedingt, dass die Voraussetzungen der Ausnahme vorliegen, ist zulässig.[64] 24

II. Verbotswidrige Gewinnausschüttungen

Gewinnausschüttungen, die gegen § 58d Abs. 1 oder 2 verstoßen, müssen gem. § 812 Abs. 1 Satz 1, 1. Alt. zurückgezahlt werden.[65] 25

III. Haftung der Geschäftsführer

Wurde in unzulässiger Weise Gewinn ausgeschüttet, haften die Geschäftsführer gem. § 43 Abs. 2[66] ggü. der Gesellschaft auf Schadensersatz.[67] Eine Zustimmung der Gesellschafter wirkt analog § 43 Abs. 3 nicht exkulpierend.[68] 26

58 *Inhester*, in: Saenger/Inhester, GmbHG, § 58d Rn. 10; *Priester*, in: Scholz, GmbHG, § 58d Rn. 13; *Vetter*, in: MünchKommGmbHG, § 58d Rn. 33; *Zöllner/Kersting*, in: Baumbach/Hueck, GmbHG, § 58d Rn. 11.

59 *Rabe*, in: Heybrock, GmbH, § 58d Rn. 18; *Waldner*, in: Michalski, GmbHG, § 58d Rn. 9.

60 *Casper*, in: Ulmer/Habersack/Löbbe, GmbHG, § 58d Rn. 14; *Priester*, in: Scholz, GmbHG, § 58d Rn. 13.

61 *Roth*, in: Roth/Altmeppen, GmbHG, § 58d Rn. 12; *Waldner*, in: Michalski, GmbHG, § 58d Rn. 9; *Zöllner/Kersting*, in: Baumbach/Hueck, GmbHG, § 58d Rn. 13.

62 *Arnold/Born*, in: Bork/Schäfer, GmbHG, § 58d Rn. 10; *Fabis*, MittRhNotK 1999, 170, 196; *Inhester*, in: Saenger/Inhester, GmbHG, § 58d Rn. 12.

63 *Kleindiek*, in: Lutter/Hommelhoff, GmbHG, § 58d Rn. 9; *Rabe*, in: Heybrock, GmbH, § 58d Rn. 22; *Rühland*, in: Ziemons/Jaeger, Online GmbHG, § 58d Rn. 22.

64 *Casper*, in: Ulmer/Habersack/Löbbe, GmbHG, § 58d Rn. 17; *Priester*, in: Scholz, GmbHG, § 58d Rn. 16; *Vetter*, in: MünchKommGmbHG, § 58d Rn. 42; *Zöllner/Kersting*, in: Baumbach/Hueck, GmbHG, § 58d Rn. 16; a.A. *Roth*, in: Roth/Altmeppen, GmbHG, § 58d Rn. 15.

65 *Priester*, in: Scholz, GmbHG, § 58d Rn. 16; *Roth*, in: Roth/Altmeppen, GmbHG, § 58d Rn. 16; *Wicke*, GmbHG, § 58d Rn. 4; *Zöllner/Kersting*, in: Baumbach/Hueck, GmbHG, § 58d Rn. 17; a.A. für § 31 analog *Kleindiek*, in: Lutter/Hommelhoff, GmbHG, § 58d Rn. 14; *Vetter*, in: MünchKommGmbHG, § 58d Rn. 48.

66 *Inhester*, in: Saenger/Inhester, GmbHG, § 58d Rn. 12; *Rühland*, in: Ziemons/Jaeger, Online GmbHG, § 58d Rn. 23; *Waldner*, in: Michalski, GmbHG, § 58d Rn. 12.

67 *Fabis*, MittRhNotK 1999, 170, 196; *Kleindiek*, in: Lutter/Hommelhoff, GmbHG, § 58d Rn. 14; *Rabe*, in: Heybrock, GmbH, § 58d Rn. 24.

68 *Vetter*, in: MünchKommGmbHG, § 58d Rn. 46; *Zöllner/Kersting*, in: Baumbach/Hueck, GmbHG, § 58d Rn. 18.

§ 58e Beschluss über die Kapitalherabsetzung

(1) [1]Im Jahresabschluss für das letzte vor der Beschlussfassung über die Kapitalherabsetzung abgelaufene Geschäftsjahr können das Stammkapital sowie die Kapital- und Gewinnrücklagen in der Höhe ausgewiesen werden, in der sie nach der Kapitalherabsetzung bestehen sollen. [2]Dies gilt nicht, wenn der Jahresabschluss anders als durch Beschluss der Gesellschafter festgestellt wird.

(2) Der Beschluss über die Feststellung des Jahresabschlusses soll zugleich mit dem Beschluss über die Kapitalherabsetzung gefasst werden.

(3) [1]Die Beschlüsse sind nichtig, wenn der Beschluss über die Kapitalherabsetzung nicht binnen drei Monaten nach der Beschlussfassung in das Handelsregister eingetragen worden ist. [2]Der Lauf der Frist ist gehemmt, solange eine Anfechtungs- oder Nichtigkeitsklage rechtshängig ist.

(4) Der Jahresabschluss darf nach § 325 des Handelsgesetzbuchs erst nach Eintragung des Beschlusses über die Kapitalherabsetzung offengelegt werden.

Schrifttum

Fabis, Vereinfachte Kapitalherabsetzung bei AG und GmbH, MittRhNotK 1999, 170; *Brete/Thomsen*, Nichtigkeit und Heilung von Jahresabschlüssen einer GmbH, GmbHR 2008, 176; *Geißler*, Funktion und Durchführung der vereinfachten Kapitalherabsetzung bei der GmbH, GmbHR 2005, 1102; *Naraschewski*, Die vereinfachte Kapitalherabsetzung bei der Spaltung einer GmbH, GmbHR 1995, 697; *Geißler*, Funktion und Durchführung der vereinfachten Kapitalherabsetzung bei der GmbH, GmbHR 2005, 1102.

Übersicht

A. Normzweck

1 Der § 58e[1] regelt in Anlehnung an § 234 AktG, dass der bei der Herabsetzung erzielte Buchgewinn bereits in der Bilanz für das letzte Geschäftsjahr in Erscheinung treten kann.[2] Somit erlaubt das Gesetz die Feststellung einer »falschen Bilanz«, in welcher ausnahmsweise vom **Stichtagsprinzip** für das bei der Beschlussfassung über die Kapitalherabsetzung bereits abgelaufene Geschäftsjahr abgewichen wird.[3] Die Bilanz des vorangegangenen Jahres kann damit bereits so ausgewiesen werden, wie sie eigentlich erst nach der Kapitalherabsetzung vorliegt. Dies erleichtert die Sanierung und steigert die Kreditwürdigkeit[4] einer Gesellschaft durch Schaffung einer optisch verschönerten Bilanz, die weder die Unterbilanz noch die Sanierungsbedürftigkeit offen zeigt. Gleichwohl ist für einen kundigen Bilanzleser die tatsächliche Lage aus der Gewinn- und Verlustrechnung weiterhin ersichtlich.[5] Praktische Bedeutung kommt der Norm vor allem mit der gleichzeitigen Rückbeziehung einer Kapitalerhöhung gem. § 58f (vgl. **§ 58f** Rdn. 3) zu. Neben den Voraussetzungen des § 58e sind die allgemeinen Regelungen zur vereinfachten Kapitalherabsetzung insb. die beschränkte Verwendungsmöglichkeit und die Ausschüttungssperre zu beachten, §§ 53, 54, 58a ff.

---

1 Eingeführt durch Art. 48 Nr. 4 des Einführungsgesetzes zur Insolvenzordnung (EGInsO) v. 05.10.1994, BGBl. I 1994, S. 2911.

2 BT-Drucks. 12/3803, S. 89.

3 *Kleindiek*, in: Lutter/Hommelhoff, GmbHG, § 58e Rn. 1.

4 *Priester*, in: Scholz, GmbHG, § 58e Rn. 1; *Naraschewski*, GmbHR 1995, 697, 702.

5 Dennoch kritisch *Geißler*, GmbHR 2005, 1102, 1110; *Waldner*, in: Michalski, GmbHG, § 58e Rn. 1 spricht von einer »erlaubten Täuschung«.

Das MoMiG[6] brachte redaktionelle Änderungen, wie die Einführung der Überschrift sowie Anpassung des Wortlautes an § 5 n.F. und Ersetzung von »Stammeinlagen« durch »Geschäftsanteile«. Durch das ARUG[7] wurde zur Vereinfachung aus § 58f Abs. 2 Satz 2 (wie auch in §§ 57n Abs. 2, 58a Abs. 4 n.F.) die Regelung gestrichen, dass durch beantragte jedoch noch nicht erteilte staatliche Genehmigungen eine Fristhemmung eintritt. 2

B. Bilanzielle Rückwirkung der Kapitalherabsetzung

Die Rückwirkung kann gem. § 58e Abs. 1 Satz 1 für das letzte unmittelbar vor der Beschlussfassung über die Kapitalherabsetzung abgelaufene Geschäftsjahr ausgewiesen werden. Eine Rückbeziehung auf frühere Geschäftsjahre ist nach dem klaren Gesetzeswortlaut und der zutreffenden herrschenden Meinung[8] in der Literatur nicht möglich. Verzögert sich die Eintragung der Kapitalherabsetzung (z.B. durch eintragungshemmende Klagen Rdn. 7), erfolgt die Eintragung erst in dem Jahr nach der Beschlussfassung oder später. Nach richtiger, herrschender Ansicht[9] wird das Stichtagsprinzip dann auch in den Folgejahren durchbrochen. Stark hierfür spricht auch der Rechtsgedanke des Abs. 3 Satz 2. 3

Die Rückwirkung ist rein bilanzieller Natur, die materielle Wirksamkeit richtet sich weiterhin nach § 54 Abs. 3 und ist von der Eintragung im Handelsregister abhängig (Rdn. 7). Zur Verbindung der Kapitalherabsetzung mit einer Kapitalerhöhung wird auf **§ 58f** Rdn. 3 verwiesen. Die Rückwirkung bezieht sich nur auf die ausdrücklich im § 58e Abs. 1 Satz 1 genannten Bilanzpositionen, d.h. auf das Stammkapital (§ 266 Abs. 3 A I HGB) sowie die Kapital- und Gewinnrücklagen (§ 266 Abs. 3 A II, III HGB). Nur für diese wird das Stichtagsprinzip des § 252 Abs. 1 Nr. 3 HGB durchbrochen; für Vermögensgegenstände, Verbindlichkeiten und Rückstellungen verbleibt es beim Stichtagsprinzip.[10] 4

C. Beschlussfassung

Die Rückbeziehung ist nach § 58e Abs. 1 Satz 2 nur zulässig, wenn der Jahresabschluss **durch einen Beschluss der Gesellschafter festgestellt** wird. Demnach müssen die Gesellschafter sowohl für die Kapitalherabsetzung als auch für den Jahresabschluss zuständig sein (Normalzuständigkeit gem. § 46 Nr. 1). Regelt die Satzung eine abweichende Kompetenz (Aufsichtsrat, Beirat oder Gesellschafterausschuss), so scheidet die bilanzielle Rückwirkung grds. aus.[11] Dieser Umstand kann durch eine bereits in der Satzung geregelten Ausnahme berücksichtigt werden. Ist dies nicht der Fall, so ist für den Feststellungsbeschluss eine Satzungsänderung[12] bzw. ein punktueller Satzungsdurchbrechungsbeschluss[13] erforderlich. Eine von *Casper*[14] vorgeschlagene Umgehung durch Beiziehung des 5

6 Gesetz zur Modernisierung des GmbH-Rechts und zur Bekämpfung von Missbräuchen v. 23.10.2008, BGBl. I 2008, S. 2026, in Kraft 01.11.2008.

7 Gesetz zur Umsetzung der Aktionärsrechterichtlinie v. 30.07.2009, BGBl. I 2009, S. 2479, in Kraft 01.09.2009.

8 *Zöllner/Kersting*, in: Baumbach/Hueck, GmbHG, § 58e Rn. 3; *Kleindiek*, in: Lutter/Hommelhoff, GmbHG, § 58e Rn. 10; *Casper*, in: Ulmer/Habersack/Löbbe, GmbHG, § 58e Rn. 4; *Waldner*, in: Michalski, GmbHG, § 58e Rn. 3; *Priester*, in: Scholz, GmbHG, § 58e Rn. 3; *Inhester*, in: Saenger/Inhester, GmbHG, § 58e Rn. 3.

9 Ausführlich *Zöllner/Kersting*, in: Baumbach/Hueck, GmbHG, § 58e Rn. 3; bestätigend *Inhester*, in: Saenger/Inhester, GmbHG, § 58e Rn. 3; *Kleindiek*, in: Lutter/Hommelhoff, GmbHG, § 58e Rn. 10; *Waldner*, in: Michalski, GmbHG, § 58e Rn. 3; *Roth*, in: Roth/Altmeppen, GmbHG, § 58e Rn. 3; *Casper*, in: Ulmer/Habersack/Löbbe, GmbHG, § 58e Rn. 4; *Arnold/Born*, in: Bork/Schäfer, GmbHG, §§ 58e bis 58f Rn. 5; ebenso *Vetter*, in: MünchKommGmbHG, § 58e Rn. 22 f., der die einheitliche Rückwirkung jedoch nicht als zwingend erachtet.

10 *Zöllner/Kersting*, in: Baumbach/Hueck, GmbHG, § 58e Rn. 2.

11 Gesetzesbegründung BT-Drucks. 12/3803, S. 90.

12 *Roth*, in: Roth/Altmeppen, GmbHG, § 58e Rn. 4.

13 *Priester*, in: Scholz, GmbHG, § 58e Rn. 6; *Kleindiek*, in: Lutter/Hommelhoff, GmbHG, § 58e Rn. 3; *Inhester*, in: Saenger/Inhester, GmbHG, § 58e Rn. 4; *Vetter*, in: MünchKommGmbHG, § 58e Rn. 36.

14 *Casper*, in: Ulmer/Habersack/Löbbe, GmbHG, § 58e Rn. 5 spricht auch von analoger Anwendung des § 173 AktG; ähnlich *Arnold/Born*, in: Bork/Schäfer, GmbHG, §§ 58e bis 58f Rn. 6.

zuständigen Organs in die Gesellschafterversammlung kann nicht verhindern, dass der Jahresabschluss weiterhin entgegen § 58e Abs. 1 Satz 2 nicht »durch«, sondern nur »mit« den Gesellschaftern festgestellt wird. Eine von *Zöllner/Kersting*[15] vertretene analoge Anwendung des § 234 Abs. 2 AktG scheidet aufgrund des eindeutigen Wortlautes und der Gesetzesbegründung[16] aus. Umstritten ist, ob die Gesellschafter einen zuvor vom satzungsbedingt zuständigen Organ festgestellten Jahresabschluss beseitigen können. Ein Großteil der Literatur[17] hält dies nach den allgemeinen Rückholregeln sowie den Aufhebungs- und Neufeststellungsgrundsätzen für möglich, sofern eine Offenlegung noch nicht erfolgt ist und die Gewinnbezugsrechte der Gesellschafter nicht beeinträchtigt werden. Die Gegenansicht sieht darin allerdings eine Umgehung des Zweckes des § 58e Abs. 1 Satz 2.[18]

6 Nach der Regelung des § 58e Abs. 2 soll über die Feststellung des Jahresabschlusses zugleich mit dem Beschluss über die Kapitalherabsetzung beschlossen werden.[19] Gemeint ist damit – aufgrund des engen sachlichen Zusammenhangs – noch in derselben Gesellschafterversammlung.[20] Da es sich nur um eine Soll-Vorschrift handelt, bleibt ein Verstoß nach herrschender Meinung[21] folgenlos. Aus praktischer Sicht empfiehlt es sich, bei getrennter Beschlussfassung zunächst die Kapitalherabsetzung zu beschließen, da bei umgekehrter Reihenfolge der Jahresabschluss eine noch nicht beschlossene Kapitalherabsetzung ausweist. Für diesen Fall besteht gleichwohl Einigkeit darüber, dass der zuvor festgestellte Jahresabschluss unter der aufschiebenden Bedingung eines wirksamen Kapitalherabsetzungsbeschlusses gefasst werden kann.[22] Der Bilanzentwurf wird von den Geschäftsführern bereits unter Berücksichtigung der durch die Kapitalherabsetzung anstehenden Änderungen erstellt und vorgelegt.[23]

D. Eintragung

7 Die materielle Wirksamkeit der Kapitalherabsetzung hängt von deren Eintragung in das Handelsregister ab, vgl. § 54 Abs. 3. Für die Eintragung wird nach § 58e Abs. 3 Satz 1 eine Frist von 3 Monaten bestimmt. Wird die Frist nicht eingehalten, so werden beide Beschlüsse nichtig, d.h. sowohl der Kapitalherabsetzungs- als auch der Jahresabschluss-Beschluss.[24] In diesem Fall würde das Registergericht eine Eintragung ablehnen. Die Eintragungsfrist beginnt gem. § 187 Abs. 2 BGB[25] am Tag der

15 *Zöllner/Kersting*, in: Baumbach/Hueck, GmbHG, § 58e Rn. 5.

16 BT-Drucks. 12/3803, S. 90 »§ 234 Abs. 2 Satz 1 AktG nicht übernommen werden kann«.

17 *Priester*, in: Scholz, GmbHG, § 58e Rn. 8; *Roth*, in: Roth/Altmeppen, GmbHG, § 58e Rn. 2; *Vetter*, in: MünchKommGmbHG, § 58e Rn. 37; dieser Ansicht angeschlossen haben sich auch *Kleindiek*, in: Lutter/Hommelhoff, GmbHG, § 58e Rn. 3.

18 Gegen die Beseitigungsmöglichkeit *noch Casper*, in: Ulmer/Habersack/Löbbe, GmbHG, § 58e Rn. 6; *Rabe*, in: Heybrock, GmbHG, § 58e Rn. 13.

19 Formulierungsvorschlag: *Pfisterer*, in: Lorz/Pfisterer/Gerber, Formular GmbH-Recht, S. 597.

20 H.M. *Casper*, in: Ulmer/Habersack/Löbbe, GmbHG, § 58e Rn. 7; *Zöllner/Kersting*, in: Baumbach/Hueck, GmbHG, § 58e Rn. 6; *Roth*, in: Roth/Altmeppen, GmbHG, § 58e Rn. 5; *Waldner*, in: Michalski, GmbHG, § 58e Rn. 5; *Kleindiek*, in: Lutter/Hommelhoff, GmbHG, § 58e Rn. 5; *Priester*, in: Scholz, GmbHG, § 58e Rn. 9.

21 *Zöllner/Kersting*, in: Baumbach/Hueck, GmbHG, § 58e Rn. 6; *Roth*, in: Roth/Altmeppen, GmbHG § 58e Rn. 5; *Kleindiek*, in: Lutter/Hommelhoff, GmbHG, § 58e Rn. 5; *Casper*, in: Ulmer/Habersack/Löbbe, GmbHG, § 58e Rn. 7.

22 *Priester*, in: Scholz, GmbHG, § 58e Rn. 9; *Zöllner/Kersting*, in: Baumbach/Hueck, GmbHG, § 58e Rn. 6; *Kleindiek*, in: Lutter/Hommelhoff, GmbHG, § 58e Rn. 5; *Casper*, in: Ulmer/Habersack/Löbbe, GmbHG, § 58e Rn. 7; *Waldner*, in: Michalski, GmbHG, § 58e Rn. 6; *Roth*, in: Roth/Altmeppen, GmbHG, § 58e Rn. 2; *Vetter*, in: MünchKommGmbHG, § 58e Rn. 40.

23 *Kleindiek*, in: Lutter/Hommelhoff, GmbHG, § 58e Rn. 4; *Priester*, in: Scholz, GmbHG, § 58e Rn. 7.

24 Kurze Frist dient der »Bilanzwahrheit« *Casper*, in: Ulmer/Habersack/Löbbe, GmbHG, § 58e Rn. 8.

25 So auch *Casper*, in: Ulmer/Habersack/Löbbe, GmbHG, § 58e Rn. 8; *Waldner*, in: Michalski, GmbHG, § 58e Rn. 8; *Zöllner/Kersting*, in: Baumbach/Hueck, GmbHG, § 58e Rn. 8; a.A. für § 187 Abs. 1 BGB *Roth*, in: Roth/Altmeppen, GmbHG, § 58e Rn. 7; *Inhester*, in: Saenger/Inhester, GmbHG, § 58e Rn. 7; *Priester*, in: Scholz, GmbHG, § 58e Rn. 11.

Beschlussfassung. Das Ende bestimmt sich nach § 188 Abs. 2 BGB (vgl. § **58a** Rdn. 30). Wurden die beiden Beschlüsse abweichend von § 58e Abs. 2 getrennt gefasst, so ist für den Fristbeginn nach dem Sinn der Vorschrift – Verhinderung eines dauerhaften ungewissen Zustandes – der jeweils erste Beschluss entscheidend.[26] Eine Ausnahme besteht jedoch, wenn der Jahresabschluss zwar zuerst, aber vom Kapitalherabsetzungsbeschluss bedingt festgestellt wird – dann ist der Kapitalherabsetzungsbeschluss maßgebend.[27] Die Frist ist gem. § 58e Abs. 3 Satz 2 durch rechtshängige (§§ 253 Abs. 1, 261 Abs. 1 ZPO) Anfechtungs- oder Nichtigkeitsklage gehemmt (vgl. § **58a** Rdn. 30). Das Registergericht kann die Klagen daraufhin überprüfen, ob die Gesellschafter durch missbräuchliche Klageerhebung nur einen drohenden Fristablauf zu verhindern suchen.[28] Entscheidend ist die tatsächliche Eintragung in das Handelsregister – Anmeldung und Bekanntmachung sind unerheblich. Verzögerungen beim Registergericht gehen somit »zu Lasten« der Gesellschaft,[29] sodass auf eine rechtzeitige, ordnungsgemäße und vollständige Anmeldung zu achten ist. Das Registergericht kann auch explizit auf § 58e hingewiesen werden. Bei schuldhaften Verzögerungen kommen Amtshaftungsansprüche in Betracht (Art. 34 GG i.V.m. § 834 BGB). Nach herrschender Ansicht kann der Kapitalherabsetzungsbeschluss auch so festgestellt werden, dass er unabhängig von der Wirksamkeit des Jahresabschlusses und der Rückwirkungsmöglichkeit des § 58e gelten soll. In diesem Fall ist der § 58e Abs. 3 Satz 1 dahin gehend teleologisch zu reduzieren,[30] sodass eine Fristverletzung sich nicht auf den Kapitalherabsetzungsbeschluss auswirkt. Der Jahresabschluss bleibt dabei nichtig und muss erneut festgestellt werden.[31] Den Gesellschaftern bleibt unbenommen, die Beschlüsse erneut unter Einhaltung des § 58e zu fassen[32] und zur Eintragung anzumelden. Dabei ist jedoch zu beachten, dass durch Zeitverlust evtl. eine Rückbeziehung nicht mehr auf das zunächst gewollte Jahr möglich ist.[33] Dies wäre der Fall, wenn bereits ein neues Jahr angebrochen ist, da eine Rückbeziehung ausdrücklich immer nur für das Jahr unmittelbar vor der Beschlussfassung erlaubt ist (s. bereits oben Rdn. 3).

Hat das Registergericht trotz abgelaufener Frist die Kapitalherabsetzung eingetragen, ist nach Ablauf **8**
von 3 Jahren eine Heilung beider Beschlüsse[34] analog § 242 Abs. 2 Satz 1, Abs. 3 AktG möglich.[35]

E. Offenlegung

Der Jahresabschluss darf erst nach Eintragung der Kapitalherabsetzung gem. § 325 HGB offen- **9**
gelegt werden. Die Offenlegungssperre des § 58e Abs. 4 wurde aus § 236 AktG übernommen.[36]

---

26 A.A. *Roth*, in: Roth/Altmeppen, GmbHG, § 58e Rn. 6 stets Herabsetzungsbeschluss entscheidend; wie hier: *Casper*, in: Ulmer/Habersack/Löbbe, GmbHG, § 58e Rn. 8; *Kleindiek*, in: Lutter/Hommelhoff, GmbHG, § 58e Rn. 6*; Inhester*, in: Saenger/Inhester, GmbHG, § 58e Rn. 7; *Priester*, in: Scholz, GmbHG, § 58e Rn. 11; *Waldner*, in: Michalski, GmbHG, § 58e Rn. 8; *Zöllner/Kersting*, in: Baumbach/Hueck, GmbHG, § 58e Rn. 8.

27 Für die grundsätzliche Maßgeblichkeit des Feststellungsbeschlusses *Vetter*, in: MünchKommGmbHG, § 58e Rn. 40.

28 *Fabis*, MittRhNotK 1999, 170, 194.

29 Kritisch *Fabis*, MittRhNotK 1999, 170, 194 Fristhemmung bei registerbedingten Verzögerungen, wegen Verfassungskonformität und Risiko der Gesellschaft.

30 H.M. *Roth*, in: Roth/Altmeppen, GmbHG, § 58e Rn. 8; *Kleindiek*, in: Lutter/Hommelhoff, GmbHG, § 58e Rn. 9; *Priester*, in: Scholz, GmbHG, § 58e Rn. 15; *Waldner*, in: Michalski, GmbHG, § 58e Rn. 11; *Casper*, in: Ulmer/Habersack/Löbbe, GmbHG, § 58e Rn. 11; *Zöllner/Kersting*, in: Baumbach/Hueck, GmbHG, § 58e Rn. 12; *Arnold/Born*, in: Bork/Schäfer, GmbHG, §§ 58e bis 58f Rn. 10; *Vetter*, in: MünchKommGmbHG, § 58e Rn. 48.

31 *Brete/Thomsen*, GmbHR 2008, 176 allg. Nichtigkeit u. Heilung von Jahresabschlüssen.

32 *Kleindiek*, in: Lutter/Hommelhoff, GmbHG, § 58e Rn. 8.

33 *Priester*, in: Scholz, GmbHG, § 58e Rn. 13.

34 *Zöllner/Kersting*, in: Baumbach/Hueck, GmbHG, § 58e Rn. 14; *Roth*, in: Roth/Altmeppen, GmbHG, § 58e Rn. 9; *Priester*, in: Scholz, § 58e Rn. 14.

35 Statt aller *Casper*, in: Ulmer/Habersack/Löbbe, GmbHG, § 58e Rn. 10; *Vetter*, in: MünchKommGmbHG, § 58e Rn. 50.

36 BT-Drucks. 12/3803, S. 90.

Sie bezieht sich sowohl auf die Bekanntmachung als auch bereits auf die Einreichung der Unterlagen[37] und gilt für alle Gesellschaftsgrößen. Da erst die Eintragung konstitutive Wirkung entfaltet, würde ein zuvor offengelegter Jahresabschluss etwas noch nicht Bestehendes wiedergeben und zu Irrtümern des Rechtsverkehrs, insb. der Gesellschaftsgläubiger[38] führen. Der § 58e Abs. 4 ist eine Schutznorm gem. § 823 Abs. 2 BGB, sodass Gläubiger, die auf einen zu früh offengelegten Jahresabschluss vertrauen, einen dadurch entstandenen Schaden gegen die Gesellschaft geltend machen können. Einen kausalen Schaden werden Gläubiger gleichwohl kaum darlegen können, da das ausgewiesene Stammkapital dem tatsächlich bestehenden und bereits geminderten entspricht.[39] Soweit die Eintragung erfolgt, ist eine Offenlegung unverzüglich[40] nachzuholen, da die Pflicht nur verschoben wurde und nicht entfallen ist.

§ 58f Kapitalherabsetzung bei gleichzeitiger Erhöhung des Stammkapitals

(1) [1]Wird im Fall des § 58e zugleich mit der Kapitalherabsetzung eine Erhöhung des Stammkapitals beschlossen, so kann auch die Kapitalerhöhung in dem Jahresabschluss als vollzogen berücksichtigt werden. [2]Die Beschlussfassung ist nur zulässig, wenn die neuen Geschäftsanteile übernommen, keine Sacheinlagen festgesetzt sind und wenn auf jeden neuen Geschäftsanteil die Einzahlung geleistet ist, die nach § 56a zur Zeit der Anmeldung der Kapitalerhöhung bewirkt sein muss. [3]Die Übernahme und die Einzahlung sind dem Notar nachzuweisen, der den Beschluss über die Erhöhung des Stammkapitals beurkundet.

(2) [1]Sämtliche Beschlüsse sind nichtig, wenn die Beschlüsse über die Kapitalherabsetzung und die Kapitalerhöhung nicht binnen drei Monaten nach der Beschlussfassung in das Handelsregister eingetragen worden sind. [2]Der Lauf der Frist ist gehemmt, solange eine Anfechtungs- oder Nichtigkeitsklage rechtshängig ist. [3]Die Beschlüsse sollen nur zusammen in das Handelsregister eingetragen werden.

(3) Der Jahresabschluss darf nach § 325 des Handelsgesetzbuchs erst offengelegt werden, nachdem die Beschlüsse über die Kapitalherabsetzung und Kapitalerhöhung eingetragen worden sind.

Schrifttum

Böhringer, Das neue GmbH-Recht in der Notarpraxis, BWNotZ 2008, 104; *Hochmuth*, Die Kapitalherabsetzung bei der GmbH unter der Geltung des MoMiG, GmbHR 2009, 349.

Übersicht

A. Normzweck

1 § 58f ergänzt die vereinfachte Kapitalherabsetzung gem. § 58e um die Möglichkeit der gleichzeitigen Kapitalerhöhung sowie Rückwirkung beider auf das letzte Geschäftsjahr vor der Beschlussfassung

37 *Inhester*, in: Saenger/Inhester, GmbHG, § 58e Rn. 10.

38 *Casper*, in: Ulmer/Habersack/Löbbe, GmbHG, § 58e Rn. 12; *Zöllner/Kersting*, in: Baumbach/Hueck, GmbHG, § 58e Rn. 15; *Arnold/Born*, in: Bork/Schäfer, GmbHG, §§ 58e bis 58f Rn. 12.

39 *Waldner*, in: Michalski, GmbHG, § 58e Rn. 14; *Inhester*, in: Saenger/Inhester, GmbHG, § 58e Rn. 11; *Vetter*, in: MünchKommGmbHG, § 58e Rn. 56.

40 *Kleindiek*, in: Lutter/Hommelhoff, GmbHG, § 58e Rn. 12; *Waldner*, in: Michalski, GmbHG, § 58 Rn. 13.

unter Durchbrechung des Stichtagsprinzips des § 252 Abs. 1 Nr. 3 HGB. Dieses Vorgehen erleichtert die Sanierung einer Gesellschaft und erlaubt eine optische »Bilanzkosmetik«, sowohl auf der Passiv- als auch auf der Aktivseite. Durch die bilanzielle Vorverlegung der Kapitalherabsetzung sowie der Kapitalerhöhung müssen die Unterbilanz und Sanierungsbedürftigkeit nicht offenbart werden.[1] Diese lassen sich weiterhin nur aus der Gewinn- und Verlustrechnung der Bilanz und dem Handelsregister ablesen.[2] Aus diesem Grunde sind die Gläubigerschutzvorschriften aus § 58f Abs. 1 Satz 2, 3 zwingend neben den Regelungen aus § 58e einzuhalten.

§ 58f wurde i.R.d. Regelung der vereinfachten Kapitalherabsetzung für die GmbH durch Art. 48 Nr. 4 EGInsO[3] in Anlehnung an die §§ 235, 236 (zweiter Fall) AktG[4] eingeführt. Erste Änderungen redaktioneller Art, wie Überschriftseinführung und Anpassung des Wortlautes an § 5 n.F. sowie Ersetzung von »Stammeinlagen« durch »Geschäftsanteile«, erfuhr die Norm durch das MoMiG.[5] Durch das ARUG[6] wurde aus § 58f Abs. 2 Satz 2 (wie in §§ 57n Abs. 2, 58a Abs. 4 n.F.) die Regelung gestrichen, dass durch beantragte jedoch noch nicht erteilte staatliche Genehmigungen eine Fristhemmung eintritt.[7] 2

B. Rückbeziehung der Kapitalerhöhung

Die Rückbeziehung der Kapitalerhöhung hat nur bilanzielle Wirkung auf das abgelaufene Geschäftsjahr. Gemeint ist das letzte vor der Beschlussfassung über die Kapitalherabsetzung und gleichzeitige -erhöhung abgelaufene Geschäftsjahr (s. § 58e Rdn. 3). Die materielle Wirkung richtet sich nach dem – für alle Satzungsänderungen maßgeblichen – § 54 Abs. 3 und ist von der Eintragung im Handelsregister abhängig.[8] Sofern die Eintragung erst in das Geschäftsjahr nach der Beschlussfassung fällt, wird das Stichtagsprinzip auch in den Folgejahren durchbrochen.[9] § 58f erlaubt die Rückbewirkung einer Kapitalerhöhung neben der gleichzeitigen Rückbewirkung einer Kapitalherabsetzung gem. § 58e. Beides ist jedoch nicht zwingend, weshalb sich drei Gestaltungsmöglichkeiten der Kapitalherabsetzung bei gleichzeitiger Kapitalerhöhung ergeben. Zulässig sind nach herrschender Meinung eine gleichzeitige Rückbeziehung der Kapitalherabsetzung und -erhöhung (1), nur die Rückbeziehung der Kapitalherabsetzung (2) oder auch der Verzicht auf jegliche Rückbeziehung (3).[10] Gesetzlich weder in den §§ 55 ff. noch im § 58f vorgesehen und wegen möglicher Irreführung des Rechtsverkehrs nach allgemeiner Ansicht nicht zulässig, ist die alleinige Rückbeziehung der Kapitalerhöhung.[11] 3

1 *Hochmuth*, GmbHR 2009, 349, 351.
2 *Inhester*, in Saenger/Inhester, GmbHG, § 58f Rn. 1.
3 Einführungsgesetz zur InsO v. 05.10.1994, BGBl. I 1994, S. 2911.
4 BT-Drucks. 12/3803, S. 90.
5 Gesetz zur Modernisierung des GmbH-Rechts und zur Bekämpfung von Missbräuchen v. 23.10.2008, BGBl. I 2008, S. 2026, in Kraft 01.11.2008.
6 Gesetz zur Umsetzung der Aktionärsrechterichtlinie v. 30.07.2009, BGBl. I 2009, S. 2479, in Kraft 01.09.2009.
7 Vereinfachung und Anpassung an § 8n.F. s. *Roth*, in: Roth/Altmeppen, GmbHG, § 58f Rn. 2, § 57n Rn. 1; *Böhringer*, BWNotZ 2008, 104, 105.
8 *Zöllner/Kersting*, in: Baumbach/Hueck, GmbHG, § 58f Rn. 2.
9 *Zöllner/Kersting*, in: Baumbach/Hueck, GmbHG, § 58f Rn. 5, § 58e Rn. 3; *Inhester*, in: Saenger/Inhester, GmbHG, § 58f Rn. 2, § 58e Rn. 3.
10 *Inhester*, in: Saenger/Inhester, GmbHG, § 58f Rn. 3; *Roth*, in: Altmeppen/Roth, GmbHG, § 58f Rn. 2; *Zöllner/Kersting*, in: Baumbach/Hueck, GmbHG, § 58f Rn. 3; *Priester*, in: Scholz, GmbHG, § 58f Rn. 4; *Casper*, in: Ulmer/Habersack/Löbbe, GmbHG, § 58f Rn. 3.
11 *Zöllner/Kersting*, in: Baumbach/Hueck, GmbHG, § 58f Rn. 3; *Inhester*, in: Saenger/Inhester, GmbHG, § 58f Rn. 3; *Roth*, in: Roth/Altmeppen, GmbHG, § 58f Rn. 2; *Priester*, in: Scholz, GmbHG, § 58f Rn. 4; *Casper*, in: Ulmer/Habersack/Löbbe, GmbHG, § 58f Rn. 3.

C. Verfahren

I. Gleichzeitige Beschlussfassung

4 § 58f Abs. 1 Satz 1 bestimmt, dass die Beschlüsse über die Kapitalherabsetzung und die Kapitalerhöhung[12] gleichzeitig gefasst werden müssen, d.h. in derselben Gesellschafterversammlung, nicht notwendig in demselben Beschluss.[13] Anders als bei der Soll-Vorschrift des § 58e Abs. 2 handelt es sich um ein zwingendes Erfordernis.[14] Wurde bereits zuvor eine Kapitalherabsetzung beschlossen, so besteht Einigkeit darüber, dass dieser Beschluss wieder aufgehoben werden kann, um in derselben Gesellschafterversammlung mit dem Kapitalerhöhungsbeschluss neu beschlossen werden zu können.[15] Die Auffassung von *Zöllner/Kersting*, dass auch ein nachträglicher, sich auf die Kapitalherabsetzung beziehender Kapitalerhöhungsbeschluss möglich ist,[16] wäre zwar aus Gründen der Praktikabilität äußerst wünschenswert, lässt sich aus der eindeutigen gesetzlichen Regelung jedoch nicht herauslesen. Der Beschluss über den Jahresabschluss muss nicht gleichzeitig gefasst werden, hier gilt weiterhin § 58e Abs. 2.[17] Unter dem Gesichtspunkt des Gläubigerschutzes ist die Beschlussfassung erst zulässig, wenn die neuen Geschäftsanteile übernommen und eingezahlt sind und beides dem beurkundenden Notar nachgewiesen wird, § 58f Abs. 1 Satz 2, 3 (Rdn. 5 ff.).

II. Übernahme und Einzahlung der Geschäftsanteile

5 Die bei der Kapitalerhöhung entstehenden neuen Geschäftsanteile müssen nach überwiegend vertretener Ansicht bereits vor der Beschlussfassung übernommen worden sein.[18] Nach der eindeutigen gesetzlichen Regelung des § 58f Abs. 1 Satz 2 ist die Beschlussfassung »nur zulässig«, wenn – zeitlich vorgelagert – die Übernahme und Einzahlung erfolgt sind. Insofern ist die Ansicht[19], dass Einzahlung und Übernahme lediglich im Zeitpunkt der Feststellung des Jahresabschlusses abgeschlossen sein müssen, nicht überzeugend. In der Praxis wird die Übernahme aufschiebend bedingt erklärt und zusammen mit dem Erhöhungsbeschluss in demselben notariellen Protokoll in der gesetzlich vorgesehenen, zeitlichen Reihenfolge erfasst.[20]

6 Die Übernahme richtet sich nach § 55 (§ 55 Rdn. 36 ff.) und bedarf der notariell aufgenommenen oder beglaubigten Erklärung des Übernehmenden,[21] der sowohl ein Gesellschafter als auch ein Dritter sein kann. Die Übernahme wird in der Praxis unter die Bedingung des Wirksamwerdens der

12 Formulierungsbeispiel *Pfisterer*, in: Lorz/Pfisterer/Gerber, Formular GmbH-Recht, S. 605.

13 H.M. *Zöllner/Kersting*, in: Baumbach/Hueck, GmbHG, § 58f Rn. 6; *Roth*, in: Roth/Altmeppen, GmbHG, § 58f Rn. 4; *Casper*, in: Ulmer/Habersack/Löbbe, GmbHG, § 58f Rn. 5; *Waldner*, in: Michalski, GmbHG, § 58f Rn. 5; *Priester*, in: Scholz, GmbHG, § 58f Rn. 6; *Kleindiek*, in: Lutter/Hommelhoff, GmbHG, § 58f Rn. 6; *Vetter*, in: MünchKommGmbHG, § 58f Rn. 22.

14 *Roth*, in: Roth/Altmeppen, GmbHG, § 58 f. Rn. 4; *Priester*, in: Scholz, GmbHG, § 58f Rn. 6; *Kleindiek*, in: Lutter/Hommelhoff, GmbHG, § 58f Rn. 6; *Casper*, in: Ulmer/Habersack/Löbbe, GmbHG, § 58f Rn. 5, bestätigend, aber in der Folge abweichend *Zöllner/Kersting*, in Baumbach/Hueck, GmbHG, § 58f Rn. 6; *Waldner*, in: Michalski, GmbHG, § 58f Rn. 5.

15 *Inhester*, in: Saenger/Inhester, GmbHG, § 58f Rn. 4; *Casper*, in: Ulmer/Habersack/Löbbe, GmbHG, § 58f Rn. 5; *Priester*, in: Scholz, GmbHG, § 58f Rn. 6; *Vetter*, in: MünchKommGmbHG, § 58f Rn. 23; a.A. gleichzeitig, wenn im gleichen Geschäftsjahr *Waldner*, in: Michalski, GmbHG, § 58f Rn. 5.

16 *Zöllner/Kersting*, in: Baumbach/Hueck, GmbHG, § 58f Rn. 6.

17 *Inhester*, in: Saenger/Inhester, GmbHG, § 58f Rn. 4; *Priester*, in: Scholz, GmbHG, § 58f Rn. 6.

18 *Priester*, in: Scholz, GmbHG, § 58f Rn. 7; *Casper*, in: Ulmer/Habersack/Löbbe, GmbHG, § 58f Rn. 7 f.; *Kleindiek*, in: Lutter/Hommelhoff, GmbHG, § 58f Rn. 7; *Roth*, in: Roth/Altmeppen, § 58f Rn. 5.

19 *Zöllner/Kersting*, in: Baumbach/Hueck, GmbHG, § 58f Rn. 9; *Vetter*, in: MünchKommGmbHG, § 58f Rn. 25; ähnlich auch *Waldner*, in: Michalski, GmbHG, § 58f Rn. 7.

20 *Inhester*, in: Saenger/Inhester, GmbHG, § 58f Rn. 5; *Roth*, in: Roth/Altmeppen, GmbHG, § 58f Rn. 7; *Priester*, in: Scholz, GmbHG, § 58f Rn. 7: spricht von »Formalismus« und hält es – soweit im gleichen Protokoll – für möglich, erst den Beschluss und dann die Übernahme aufzunehmen; ähnlich *Casper*, in: Ulmer/Habersack/Löbbe, GmbHG, § 58f Rn. 8; früher gegen eine Protokollierung in einer Urkunde, heute der vorstehenden Literatur angeschlossen *Kleindiek*, in: Lutter/Hommelhoff, GmbHG, § 58f Rn. 7.

21 Formulierungsbsp. u. Kosten *Pfisterer*, in: Lorz/Pfisterer/Gerber, Formular GmbH-Recht, S. 605.

Kapitalerhöhung gestellt,[22] sodass die bereits eingezahlten Anteile gem. § 812 Abs. 1 Satz 1, 1. Alt. BGB ohne Berufung auf § 818 Abs. 3 BGB bei gescheiterter Kapitalerhöhung zurückgefordert werden können.[23]

Auf die neuen Geschäftsanteile muss auch bereits die Einzahlung bewirkt sein, damit die tatsächliche Zufuhr neuer finanzieller Mittel nachprüfbar ist.[24] Die Einzahlung richtet sich nach § 56a i.V.m. § 7 Abs. 2 Satz 1, sodass mindestens 25 % (soweit nicht mehr vereinbart)[25] ordnungsgemäß, d.h. endgültig zur freien Verfügung der Geschäftsführer gem. § 8 Abs. 2, eingezahlt sein müssen. Aus Gründen des Gläubigerschutzes dürfen weder offene noch verdeckte Sacheinlagen festgesetzt werden. Damit kann eine Sanierung durch Debt-Equity-Swap nicht rückwirkend abgebildet werden.[26] Vielmehr handelt es sich um eine effektive Barkapitalerhöhung, die nicht wie bei § 58a Abs. 4 auf das Mindeststammkapital begrenzt ist.[27] Wegen der ausdrücklichen gesetzlichen Regelung ist i.R.d. § 58f die Voreinzahlungsproblematik nicht relevant.[28] 7

III. Nachweise

Gem. § 58f Abs. 1 Satz 3 sind Übernahme und Einzahlung dem den Beschluss der Kapitalerhöhung beurkundenden Notar nachzuweisen. An dieser aus dem Aktienrecht übernommenen Regelung wird Kritik geübt, da der Notar ohne Hinweis seitens der Gesellschafter nicht wissen kann, ob eine normale Kapitalerhöhung oder eine solche nach § 58f gewünscht ist.[29] Wodurch der Nachweis zu erbringen ist, liegt im Ermessen des Notars.[30] Zumeist beglaubigt derselbe Notar die Übernahme (Reihenfolge str. Rdn. 5), der auch die Beschlüsse beurkundet, sodass der Nachweis sich erübrigt. Hierbei kann die Übernahme regelmäßig durch eine notariell beglaubigte Übernahmeerklärung gem. § 55 Abs. 1 und die Einzahlung durch Bankbestätigungen, Quittungen u.a. nachgewiesen werden. 8

D. Eintragung und Offenlegung

Die Beschlüsse über die Kapitalherabsetzung und -erhöhung sind gem. § 58f Abs. 2 Satz 3 **gemeinsam in das Handelsregister einzutragen.**[31] Die Eintragung muss **innerhalb von 3 Monaten** nach der Beschlussfassung (maßgebend §§ 187 Abs. 2, 188 Abs. 2 BGB) vorgenommen werden, anderenfalls werden sämtliche Beschlüsse, d.h. zur Kapitalherabsetzung, Kapitalerhöhung und zum Jahresabschluss, gem. § 58f Abs. 1 Satz 1 nichtig.[32] Der Zeitpunkt der Anmeldung ist unerheblich. Die Frist ist durch Anfechtungs- und Nichtigkeitsklagen gehemmt (ebenso Abs. 4 Satz 3 des **§ 58a** Rdn. 30). Das Registergericht kann seinerseits Nachweise der Übernahme und Einzahlung 9

---

22 *Inhester*, in: Saenger/Inhester, GmbHG, § 58f Rn. 5; *Zöllner/Kersting*, in: Baumbach/Hueck, § 58f Rn. 9; *Casper*, in: Ulmer/Habersack/Löbbe, GmbHG, § 58f Rn. 7 f.; *Roth*, in: Roth/Altmeppen, GmbHG, § 58f Rn. 5; *Priester*, in: Scholz, GmbHG, § 58f Rn. 7; *Michalski*, in: Waldner, GmbHG, § 58f Rn. 7; *Rabe*, in: Heybrock, GmbH, § 58f Rn. 15; *Pfisterer* spricht gar von immanenter Vereinbarung, in: Lorz/Pfisterer/Gerber, Formular GmbH-Recht, S. 604.

23 *Casper*, in: Ulmer/Habersack/Löbbe, GmbHG, § 58f Rn. 10.

24 *Priester*, in: Scholz, GmbHG, § 58f Rn. 8; *Inhester*, in: Saenger/Inhester, GmbHG, § 58f Rn. 6.

25 *Kleindiek*, in: Lutter/Hommelhoff, GmbHG, § 58f Rn. 8; *Priester*, in: Scholz, GmbHG, § 58f Rn. 10; a.A. *Michalski*, in: Waldner, GmbHG, § 58f Rn. 8; *Vetter*, in: MünchKommGmbHG, § 58f Rn. 31.

26 *Vetter*, in: MünchKommGmbHG, § 58f Rn. 29; *Kleindiek*, in: Lutter/Hommelhoff, GmbHG, § 58f Rn. 8; *Michalski*, in: Waldner, GmbHG, § 58f Rn. 6.

27 *Zöllner/Kersting*, in: Baumbach/Hueck, § 58f Rn. 7.

28 Ebenso *Roth*, in: Roth/Altmeppen, GmbHG, § 58f Rn. 5; *Zöllner/Kersting*, in: Baumbach/Hueck, GmbHG, § 58f Rn. 10; *Priester*, in: Scholz, GmbHG, § 58f Rn. 9 mit Hinweis der Kennzeichnung als Einlageleistung.

29 *Waldner*, in: Michalski, GmbHG, § 58f Rn. 9 f.

30 *Priester*, in: Scholz, GmbHG, § 58f Rn. 11; *Waldner*, in: Michalski, GmbHG, § 58f Rn. 10; *Casper*, in: Ulmer/Habersack/Löbbe, GmbHG, § 58f Rn. 12.

31 Kritisch *Waldner*, in: Michalski, GmbHG, § 58f Rn. 13 anders als im Aktienrecht, kann Registergericht § 58f nicht erkennen.

32 Kritisch *Waldner*, in: Michalski, GmbHG, § 58f Rn. 12.

der neuen Geschäftsanteile anfordern.[33] In der Praxis empfiehlt es sich, bei der Anmeldung mitzuteilen, dass eine Kapitalherabsetzung nach § 58f beabsichtigt ist und auch zugleich Nachweise einzureichen,[34] damit das Registergericht bemüht ist, seinerseits die dreimonatige Frist einzuhalten. Bei Verzögerungen kommen Amtshaftungsansprüche aus Art. 34 GG i.V.m. § 834 BGB infrage.[35] Die Eintragung wirkt konstitutiv, § 54 Abs. 3.

10 In Anlehnung an die Regelung des § 58e Abs. 2 darf die Offenlegung des Jahresabschlusses der Gesellschaft im elektronischen Bundesanzeiger nach § 325 HGB auch im Fall des § 58f – zum Schutze des Rechtsverkehrs – erst nach erfolgter Eintragung erfolgen (s.a. **§ 58e Rdn. 9**).

E. Fehlerquellen und Konsequenzen

11 Neben den bereits bei § 58e genannten Fehlerquellen, sind die allgemeinen Satzungsänderungsvorschriften, die Normen für die Kapitalerhöhung und -herabsetzung sowie die Besonderheiten des § 58f zu beachten. Verstöße gegen das Gleichzeitigkeitserfordernis in § 58f Abs. 1 Satz 1 führen nach überwiegender, richtiger Ansicht zur Nichtigkeit des Kapitalerhöhungsbeschlusses analog § 241 Nr. 3 AktG.[36] Die Folgen für den Kapitalherabsetzungs- und den Feststellungsbeschluss bestimmen sich nach § 139 BGB.[37] Verstöße gegen § 58f Abs. 1 Satz 1 u. 2 führen analog § 256 Abs. 1 Nr. 1 AktG zur Nichtigkeit des Jahresabschlusses.[38]

12 Bei fehlenden Nachweisen gem. § 58f Abs. 1 Satz 3 wird der Notar die Beurkundung des Kapitalerhöhungs- und -herabsetzungsbeschlusses zwar wohl nicht verweigern, sicher aber darüber aufklären und im Protokoll vermerken, dass die gewünschte Rückbewirkung auf das abgelaufene Geschäftsjahr nicht möglich ist.[39] Soweit die materiellen Voraussetzungen des § 58f Abs. 1 erfüllt sind, bleibt damit der fehlende Nachweis für die Wirksamkeit der Beschlüsse folgenlos.[40]

13 § 58f Abs. 2 Satz 3 ist eine das Registergericht bindende Sollvorschrift, sodass eine nicht gleichzeitig vorgenommene Eintragung keine Auswirkungen auf die Wirksamkeit der Beschlüsse hat.[41] Wird die Dreimonatsfrist nicht eingehalten, wobei nicht die Anmeldung, sondern die Eintragung entscheidend ist, führt dies zur Nichtigkeit der Beschlüsse. Eine gleichwohl vorgenommene Eintragung führt nach Ablauf von 3 Jahren zur Heilung der Nichtigkeit, analog §§ 242 Abs. 3, Abs. 2 Satz 1 AktG.[42] Es ist aber auch möglich, die Beschlüsse zu wiederholen.[43]

33 Insb. bei Zweifeln an Richtigkeit *Böhringer*, BWNotZ 2008, 104, 108; *Priester*, in: Scholz, GmbHG, § 58f Rn. 13; *Waldner*, in: Michalski, GmbHG, § 58f Rn. 13.

34 *Casper*, in: Ulmer/Habersack/Löbbe, GmbHG, § 58f Rn. 16.

35 *Inhester*, in: Saenger/Inhester, GmbHG, § 58e Rn. 8, § 58f Rn. 7; *Casper*, in: Ulmer/Habersack/Löbbe, GmbHG, § 58f Rn. 14, § 58e Rn. 8.

36 Ausdrücklich *Casper*, in: Ulmer/Habersack/Löbbe, GmbHG, § 58f Rn. 13; wohl auch *Priester*, in: Scholz, GmbHG, § 58f Rn. 6; *Roth*, in: Roth/Altmeppen, GmbHG, § 58f Rn. 4; a.A. *Vetter*, in: MünchKommGmbHG, § 58f Rn. 43.

37 *Casper*, in: Ulmer/Habersack/Löbbe, GmbHG, § 58f Rn. 13.

38 *Casper*, in: Ulmer/Habersack/Löbbe, GmbHG, § 58f Rn. 13; *Roth*, in: Roth/Altmeppen, GmbHG, § 58f Rn. 8; zustimmend für Verstöße gegen S. 2, differenzierend hinsichtlich solcher gegen S. 1 *Zöllner/Kersting*, in: Baumbach/Hueck, GmbHG, § 58f Rn. 12.

39 *Priester*, in: Scholz, GmbHG, § 58f Rn. 12; *Inhester*, in: Saenger/Inhester, GmbHG, § 58f Rn. 7; *Casper*, in: Ulmer/Habersack/Löbbe, GmbHG, § 58f Rn. 11.

40 *Priester*, in: Scholz, GmbHG, § 58f Rn. 12 a.E.; *Zöllner/Kersting*, in: Baumbach/Hueck, GmbHG, § 58f Rn. 12; *Waldner*, in: Michalski, GmbHG, § 58f Rn. 11; *Roth*, in: Roth/Altmeppen, GmbHG, § 58f Rn. 7; *Kleindiek*, in: Lutter/Hommelhoff, GmbHG, § 58f Rn. 4, 9; *Vetter*, in: MünchKommGmbHG, § 58f Rn. 44.

41 *Kleindiek*, in: Lutter/Hommelhoff, GmbHG, § 58f Rn. 12; *Priester*, in: Scholz, GmbHG, § 58f Rn. 14; zu praktischen Schwierigkeiten des RG *Zöllner/Kersting*, in: Baumbach/Hueck, § 58f Rn. 15.

42 *Rabe*, in: Heybrock, GmbH, § 58f Rn. 25; *Zöllner/Kersting*, in: Baumbach/Hueck, GmbHG, § 58f Rn. 14, § 58e Rn. 14; *Inhester*, in: Saenger/Inhester, § 58f Rn. 8, § 58e Rn. 8 ff.

43 Soweit im gleichen Geschäftsjahr *Inhester*, in: Saenger/Inhester, § 58f Rn. 8, § 58e Rn. 8.

Die Offenlegungssperre aus § 58f Abs. 3 ist eine Schutznorm i.S.v. § 823 Abs. 2 BGB (praktisch relevanter als bei § 58e Abs. 4), sodass Schadensersatzansprüche gegen die Gesellschaft und die Geschäftsführer geltend gemacht werden können,[44] wenn Gläubiger nachweisen können, auf die verfrühte Offenlegung vertraut zu haben und dadurch kausal geschädigt wurden (s.a. § **58e** Rdn. 9) 14

§ 59 *(weggefallen)*

Fünfter Abschnitt Auflösung und Nichtigkeit der Gesellschaft

Vorbemerkung zu §§ 60 ff.: Auflösung und Nichtigkeit der Gesellschaft

Schrifttum

Altmeppen, Verwertung von Ansprüchen der gelöschten GmbH gegen Gesellschafter und Geschäftsführer im Einvernehmen zwischen Nachtragsliquidator und Gläubiger, ZIP 2017, 497; *Arens*, Fortsetzung einer GmbH nach Eröffnung des Insolvenzverfahrens im Wege der wirtschaftlichen Neugründung, GmbHR 2017, 449; *Bork*, Insolvenzrecht, § 14 D. Exkurs: Die Liquidation von Gesellschaften (Rn. 158 ff.), 9. Aufl. 2019; *Fleischer/Trinks*, Gesellschafterstreitigkeiten als Auflösungsgrund in geschlossenen Kapitalgesellschaften, GmbHR 2019, 1209; *Gehrlein*, Möglichkeiten und Grenzen der Fortsetzung einer aufgelösten GmbH, DStR 1997, 31; *Geißler*, Die Gesellschafterrechte in der Liquidation der GmbH, DZWiR 2013, 1; *ders.*, Die Reichweite der GmbH-Auflösungsklage bei der Bewältigung fundamentaler Gesellschafterzerwürfnisse, GmbHR 2012, 1049; *ders.*, Rechtsfragen um die vereinbarten Nebenleistungspflichten der GmbH-Gesellschafter, DZWiR 2018, 151; *ders.*, Die Stellung und Funktion des GmbH-Geschäftsführers als Liquidator bei einem mangels Masse abgewiesenen Insolvenzantrag, GmbHR 2018, 1048; *Göb/Nebel*, Aktuelle gesellschaftsrechtliche Fragen in Krise und Insolvenz, NZI 2015, 750; *Hacker/Petsch*, Leere Hülse, volle Haftung? Plädoyer für eine Insolvenzaufnahme bei Unternehmensfortsetzung und wirtschaftlicher Neugründung, ZIP 2016, 761; *Hirte*, Auflösung der Kapitalgesellschaft, ZInsO 2000, 127; *Hofmann, Christian*, Der Minderheitsschutz im Gesellschaftsrecht, 2011; *Hofmann, Paul*, Zur Auflösung einer GmbH, GmbHR 1975, 217; *Konow*, Die gerichtliche Auflösung der GmbH: Zur Regelung des § 62 GmbHG und der §§ 289 ff. des Entwurfes der Bundesregierung für eine neues GmbH-Gesetz, GmbHR 1973, 217; *Leonard/Wüllner*, Grenzüberschreitende Formwechsel von Gesellschaften innerhalb der Europäischen Union, jurisPR-HaGesR 4/2017 Anm. 1; *Menkel*, Kündigung einer GmbH – Folgen für das Rechtsverhältnis der Gesellschafter, GmbHR 2017, 17; *Miras*, Fortsetzung einer GmbH nach Eröffnung des Insolvenzverfahrens, NZG 2015, 1349; *Passarge/Torwegge*, Die GmbH in der Liquidation, 3. Aufl. 2020; *Schmidt/Uhlenbruck*, Die GmbH in Krise, Sanierung und Insolvenz, 5. Aufl. 2016; *Schmidt*, Zur Ablösung des Löschungsgesetzes: Was ändert die Insolvenzrechtsreform für GmbH bzw. GmbH & Co.?, GmbHR 1994, 829; *Schönhaar*, Grundzüge des Ablaufs der Liquidation einer GmbH, GWR 2020, 1; *Schulz*, Die masselose Liquidation der GmbH, 1997; *Tavakoli/Eisenberg*, Die GmbH und ihre Verbindlichkeiten in der Liquidation, GmbHR 2018, 75; *Timm*, Der Missbrauch des Auflösungsbeschlusses durch den Minderheitsgesellschafter, JZ 1980, 665; *ders.*, Zur Sachkontrolle von Mehrheitsentscheidungen im Kapitalgesellschaftsrecht – dargestellt am Beispiel »strukturverändernder Entscheidungen« –, ZGR 1987, 403; *Volhard*, Kann die GmbH-Satzung die Einziehung des Geschäftsanteils eines Auflösungsklägers vorsehen?, GmbHR 1995, 617; *Wachter*, Umwandlung insolventer Gesellschaften, NZG 2015, 858; *Wellensiek/Schluck-Amend*, in: Römermann, Münchener Anwaltshandbuch GmbH-Recht, § 23 Die GmbH in der Krise und in der Insolvenz, 3. Aufl. 2014; *Zeising*, in: von Rechenberg/Ludwig, Kölner Handbuch Handels- und Gesellschaftsrecht, 13. Kap., K. Auflösung und Liquidation, 4. Aufl. 2017.

Übersicht Rdn.

44 *Priester*, in: Scholz, GmbHG, § 58f Rn. 16; *Casper*, in: Ulmer/Habersack/Löbbe, GmbHG, § 58f Rn. 17.

A. Systematik des fünften Abschnitts

1 Der fünfte Abschnitt des GmbHG regelt in den §§ 60 bis 74 die Auflösung und Liquidation sowie in den §§ 75 bis 77 die Nichtigkeit der Gesellschaft. Den Anfang bilden die gesetzlich bestimmten Auflösungsgründe in § 60 Abs. 1, die in den §§ 61, 62 teilweise konkretisiert werden. Daneben eröffnet § 60 Abs. 2 die Möglichkeit zur gesellschaftsvertraglichen Bestimmung von Auflösungsgründen. Die §§ 65 bis 67 und 74 regeln die Liquidation (Abwicklung) der Gesellschaft, die §§ 68 bis 73 die Rechtsverhältnisse der Gesellschaft und Gesellschafter sowie die Aufgaben der Liquidatoren. § 64 betrifft die Gesellschaft in der Insolvenz und ist damit unsystematisch verortet.

B. Stadien bis zur Vollbeendigung

2 Das Eingreifen eines Auflösungsgrundes hat nicht die Vollbeendigung und Löschung der Gesellschaft im Handelsregister zur Folge. Vielmehr durchläuft die GmbH bis zur Vollbeendigung zunächst das Liquidations- bzw. Abwicklungsstadium.[1]

I. Auflösung

1. Änderung des Gesellschaftszwecks

3 Mit Eintritt in das Abwicklungsstadium ändert sich der Zweck der Gesellschaft. Sie wird von einer werbenden zu einer auf Abwicklung ausgerichteten Gesellschaft.[2] Der Zweck der Abwicklungsgesellschaft besteht fortan darin, i.R.d. Liquidation die laufenden Geschäfte zu beenden, insb. die Forderungen einzuziehen und Gläubiger zu befriedigen, vorhandene Vermögensgegenstände der GmbH in Geld umzusetzen (zu »versilbern«) und schließlich den Erlös an die Gesellschafter zu verteilen (vgl. dazu im Einzelnen §§ 72, 73).

2. Rechtsnatur und Liquidationszusatz

4 Die Gesellschaft besteht auch nach ihrer Auflösung als juristische Person fort und verliert auch nicht ihre Eigenschaft als Handelsgesellschaft nach § 13 Abs. 3. Sie bleibt damit rechts-, partei- und grundbuchfähig und unterliegt auch weiterhin den Sonderregeln für Kaufleute.[3] Ihre Firma ist gem. § 68 Abs. 2 als Liquidationsfirma zu bezeichnen. Üblich ist es dabei, die Firma der GmbH um den Zusatz »in Liquidation« (i.L.) zu erweitern (näher dazu unter § 68 Rdn. 15).

1 Vgl. BGH, DZWiR 2014, 32, 34 (Rn. 19).

2 *Hirte*, ZInsO 2000, 127, 128; *ders.*, Kapitalgesellschaftsrecht, § 7 Rn. 7.1; *Nerlich*, in: Michalski/Heidinger/Leible/Schmidt, GmbHG, § 60 Rn. 4; *Windbichler*, Gesellschaftsrecht, § 24 Rn. 4.

3 S. BAG, NJW 1988, 2637; *Berner*, in: MünchKommGmbHG, § 60 Rn. 17; *Haas*, in: Baumbach/Hueck, GmbHG, § 60 Rn. 42; *Nerlich*, in: Michalski/Heidinger/Leible/Schmidt, GmbHG, § 60 Rn. 4 und § 69 Rn. 1; *Kleindiek*, in: Lutter/Hommelhoff, GmbHG, § 69 Rn. 1; *K. Schmidt/Cziupka*, in: Scholz, GmbHG, § 69 Rn. 2.

3. Rechtsbeziehungen

Die Auflösung der Gesellschaft bleibt ohne Auswirkungen auf bestehende Vertragsverhältnisse mit Dritten.[4] Der Eintritt der Gesellschaft in das Liquidationsstadium kann jedoch einen Grund darstellen, die Rechtsbeziehungen zu Dritten umzugestalten oder zu beenden. Insb. kann die Fortsetzung von Dauerschuldverhältnissen mit einer Liquidationsgesellschaft unmöglich oder sinnlos sein und nach §§ 313, 314 BGB zu Vertragsänderungen oder Kündigungen Anlass geben.[5] 5

4. Vertretung

Mit der Auflösung der GmbH erlischt die Vertretungsbefugnis der Geschäftsführer automatisch.[6] 6
Sie geht auf die Liquidatoren über, die jedoch häufig mit den Geschäftsführern identisch sind, vgl. § 66 Abs. 1. Sonstige mit Vollmacht ausgestattete Vertreter, etwa Prokuristen und Handlungsbevollmächtigte, behalten ihre Vertretungsmacht.[7]

II. Liquidation

Auf die Auflösung der Gesellschaft folgt deren Liquidation (Abwicklung). Bei der Liquidation handelt es sich um ein gesetzlich geregeltes, dem Gläubigerschutz dienendes Abwicklungsverfahren. Im Rahmen der Liquidation sollen das Gesellschaftsvermögen in Geld umgesetzt (»versilbert«), die Gesellschaftsgläubiger befriedigt und grds. nach Ablauf eines Sperrjahres, geregelt in § 73 Abs. 1, das verbleibende Vermögen unter den Gesellschaftern verteilt werden. Erst nachdem die Liquidation beendet wurde, kann die Gesellschaft im Handelsregister gelöscht und vollbeendet werden.[8] Die Gesellschafter können aber im Auflösungsstadium beschließen, die Liquidation der GmbH nicht zu Ende zu führen, sondern die Gesellschaft fortzusetzen (dazu § 60 Rdn. 61 ff.). 7

III. Vollbeendigung

1. Meinungsstand zur Vollbeendigung bei Vermögenslosigkeit

Nach früher herrschender Ansicht war die Gesellschaft bereits mit Eintritt der Vermögenslosigkeit beendet. Die Löschung im Handelsregister sollte lediglich deklaratorisch wirken.[9] Nach der mittlerweile ganz herrschenden Meinung,[10] die der Lehre vom Doppeltatbestand folgt, ist die Löschung im Handelsregister dagegen konstitutiv und die Gesellschaft demnach erst mit der Eintragung der Löschung der vermögenslosen GmbH im Handelsregister vollbeendet. Stellt sich nach Löschung heraus, dass die Gesellschaft noch Vermögen besitzt, ist sie nicht vollbeendet und die Löschungseintragung fehlerhaft.[11] Zur problematischen Frage, inwieweit die Parteifähigkeit einer gelöschten Gesellschaft in einem laufenden Prozess fortbestehen kann, s. § 74 Rdn. 27–29. 8

---

4 *Berner*, in: MünchKommGmbHG, § 60 Rn. 19; *Passarge*, in: Torwegge/Passarge, Die GmbH in der Liquidation, Rn. 46.

5 *Casper*, in: Ulmer/Habersack/Löbbe, GmbHG, § 60 Rn. 124; *Haas*, in: Baumbach/Hueck, GmbHG, § 60 Rn. 11.

6 BayObLG, DB 1994, 978.

7 *Gesell*, in: Rowedder/Schmidt-Leithoff, GmbHG, § 70 Rn. 2; *Zeising*, in: von Rechenberg/Ludwig, Kölner Handbuch Handels- und Gesellschaftsrecht, 13. Kap. Rn. 1404.

8 Zur sog. »Blitzlöschung« vor Ablauf des Sperrjahres bei Vermögenslosigkeit: *Haas*, in: Baumbach/Hueck, GmbHG, § 74 Rn. 2a; OLG Hamm, GmbHR 2017, 930 m. zust. Anm. *Wachter*; a.A. OLG Celle, GmbHR 2018, 1318 m. abl. Anm. *Wachter*.

9 RGZ 149, 293, 296; RGZ 155, 42, 44; RGZ 156, 23, 26; OLG Stuttgart, NJW 1969, 1493.

10 *Berner*, in: MünchKommGmbHG, § 60 Rn. 38; *Casper*, in: Ulmer/Habersack/Löbbe, GmbHG, § 60 Rn. 10 ff.; *Nerlich*, in: Michalski/Heidinger/Leible/Schmidt, GmbHG, § 60 Rn. 8; *Altmeppen*, in: Roth/Altmeppen, GmbHG, § 65 Rn. 19, 23; *Tavakoli/Eisenberg*, GmbHR 2018, 75, 81 f.

11 *Berner*, in: MünchKommGmbHG, § 60 Rn. 38 f.; *Haas*, in: Baumbach/Hueck, GmbHG, § 60 Rn. 7; *Passarge*, in: Passarge/Torwegge, Die GmbH in der Liquidation, Rn. 55; *Tavakoli/Eisenberg*, GmbHR 2018, 75, 82.

2. Überlegenheit der Lehre vom Doppeltatbestand

9 Die Lehre vom Doppeltatbestand ist aus Gründen der Rechtssicherheit überzeugend. Der Eintritt der Vermögenslosigkeit ist im Einzelfall für Dritte schwer erkennbar. Auch entspricht sie der gesetzlichen Konzeption: §§ 74 Abs. 1 Satz 2 GmbHG, 394 FamFG gehen davon aus, dass die Gesellschaft mit Löschung endet, und § 66 Abs. 5 baut ganz offenbar auf der Lehre vom Doppeltatbestand auf. Außerdem ergibt sich mit der Gründung der GmbH eine spiegelbildliche Gestaltung: Nicht nur die Entstehung setzt nach §§ 11 Abs. 1, 13 einen formalen Gestaltungsakt voraus, sondern auch die Vollbeendigung. Allein auf die Vermögenslosigkeit der Gesellschaft abzustellen, würde zudem den Interessen der Praxis widersprechen, da dies auch eine bezweckte Mantelverwendung vereiteln könnte.[12]

IV. Nachtragsliquidation

1. Zur Vermögensverwertung

10 Wurde die Gesellschaft gelöscht, obwohl sie nicht vermögenslos ist, wird eine Nachtragsliquidation notwendig (vgl. auch § 60 Rdn. 2). Außerhalb des Anwendungsbereichs von § 66 Abs. 5 (vgl. § 66 Rdn. 30 ff.) ergibt sich dies aus einer Analogie zu § 273 Abs. 4 AktG.[13] In dieser wird das noch vorhandene Vermögen zu Geld gemacht und anschließend an die Gesellschafter verteilt. Stehen der Gesellschaft noch Ansprüche zu, werden diese geltend gemacht, etwa Zahlungsansprüche gegen Gesellschafter, Geschäftsführer oder Liquidatoren.[14] Die Vollbeendigung tritt erst ein, wenn die Nachtragsliquidation abgeschlossen ist. Wird die Gesellschaft zuvor gelöscht, ist sie nach der Lehre vom Doppeltatbestand (oben Rdn. 8) dennoch nicht erloschen.

2. Bei anderen Maßnahmen

11 Problematisch sind die Fälle, in denen von einer vermögenslosen und gelöschten Gesellschaft Willenserklärungen oder andere Maßnahmen gefordert werden, etwa die Erteilung eines Arbeitszeugnisses, eine Rechnungslegung oder die Bewilligung einer Löschung im Grundbuch. Nach herrschender Meinung wird auch in diesen Fällen eine Nachtragsliquidation erforderlich.[15] Die Gegenansicht lehnt es hingegen ab, bei geringfügigen Maßnahmen eine Nachtragsliquidation einzufordern und befürwortet demgegenüber im Wege einer Analogie den Einsatz der von § 74 Abs. 2 S. 2 betroffenen Personen.[16] Dazu unter § 74 Rdn. 23.

V. Fortsetzung der aufgelösten GmbH

12 Die Gesellschaft kann nach Auflösung, aber vor Beendigung fortgesetzt werden. Hierdurch wird die Liquidationsgesellschaft in eine werbende Gesellschaft rückverwandelt. Zu den Voraussetzungen im Einzelnen unter § 60 Rdn. 61 ff.

---

12 S. zu diesen und weiteren Argumenten *Berner*, in: MünchKommGmbHG, § 60 Rn. 33 ff.; *Casper*, in: Ulmer/Habersack/Löbbe, GmbHG, § 60 Rn. 93 und 97 f.; *Haas*, in: Baumbach/Hueck, GmbHG, § 60 Rn. 6; *Nerlich*, in: Michalski/Heidinger/Leible/Schmidt, GmbHG, § 60 Rn. 9 f.; *K. Schmidt*, GmbHR 1988, 209, 210.

13 *Haas*, in: Baumbach/Hueck, GmbHG, § 60 Rn. 104; *Kleindiek*, in: Lutter/Hommelhoff, GmbHG, § 74 Rn. 19; *Schönhaar*, GWR 2020, 1, 5.

14 Vgl. allerdings BGH, GmbHR 2018, 570 m. Anm. *Wachter*: Haftung des Liquidators nach Löschung für Verstöße gegen § 73 GmbHG im Wege eines Direktanspruchs des einzigen Gesellschaftsgläubigers ohne Nachtragsliquidation analog § 268 Abs. 2, § 93 Abs. 5 AktG; hierzu *Passarge*, DB 2018, 1777; z.T. kritisch *Kleindiek*, in: Lutter/Hommelhoff, GmbHG, § 73 Rn. 13 f.

15 Vgl. BGH, NJW 1989, 220; BayObLG, BB 1984, 446; BayObLG, BB 1983, 1303; OLG Stuttgart, NJW-RR 1995, 805; *Nerlich*, in: Michalski/Heidinger/Leible/Schmidt, GmbHG, § 74 Rn. 46; *Haas*, in: Baumbach/Hueck, GmbHG, § 60 Rn. 105; *Kleindiek*, in: Lutter/Hommelhoff, GmbHG, § 74 Rn. 19; mit Modifikationen *K. Schmidt/Cziupka*, in: Scholz, GmbHG, § 74 Rn. 26 f.; *Tavakoli/Eisenberg*, GmbHR 2018, 75, 82.

16 *Müller*, in: MünchKommGmbHG, § 74 Rn. 47.

C. Überblick über die Auflösungsgründe

I. Gesetzliche Auflösungsgründe

1. Nach § 60 Abs. 1 Nr. 1–6

§ 60 Abs. 1 ordnet Gründe für die Auflösung der Gesellschaft an. Den ersten Auflösungsgrund nach § 60 Abs. 1 Nr. 1 stellt der Ablauf der festgelegten Lebensdauer der Gesellschaft dar (dazu im Einzelnen § 60 Rdn. 3–15). Darauf folgt der Auflösungsgrund nach § 60 Abs. 1 Nr. 2, der einen Gesellschafterbeschluss voraussetzt. Dieser muss, sofern in der Satzung nicht abweichend geregelt, von einer Dreiviertelmehrheit der abgegebenen Stimmen getragen sein (dazu im Einzelnen § 60 Rdn. 16–25). Die Auflösung nach § 60 Abs. 1 Nr. 3 ist Folge eines staatlichen Hoheitsaktes (vgl. dazu § 60 Rdn. 26, § 61 und § 62). Mit Eröffnung des Insolvenzverfahrens über das Vermögen der Gesellschaft ist diese nach § 60 Abs. 1 Nr. 4 ebenso aufgelöst (dazu § 60 Rdn. 27–34) wie bei rechtskräftiger Ablehnung der Verfahrenseröffnung mangels Masse nach § 60 Abs. 1 Nr. 5 (dazu § 60 Rdn. 35–41). Schließlich führt es nach § 60 Abs. 1 Nr. 6 zur Auflösung, wenn nach § 399 FamFG durch registergerichtliche Verfügung ein Mangel des Gesellschaftsvertrages festgestellt wird (dazu § 60 Rdn. 42–45). Auflösungsgründe können sich auch im Zusammenhang mit behördlichen Eingriffsbefugnissen nach §§ 3, 17 VereinsG und § 38 KWG ergeben (vgl. dazu § 60 Rdn. 53). 13

2. Nach § 60 Abs. 1 Nr. 7 und nach Nichtigerklärung

Wird die Gesellschaft wegen Vermögenslosigkeit nach § 394 Abs. 1 FamFG gelöscht, soll dies nach § 60 Abs. 1 Nr. 7 zur Auflösung der Gesellschaft führen. Tatsächlich findet jedoch gerade keine Abwicklung statt. Ist die Gesellschaft tatsächlich vermögenslos und im Handelsregister gelöscht, liegen alle Voraussetzungen für eine Vollbeendigung vor. Sie wird daher nicht aufgelöst, sondern erlischt ohne Liquidationsverfahren (s. im Einzelnen § 60 Rdn. 46–51).[17] Wird die Gesellschaft für nichtig erklärt, sind die Rechtsfolgen streitig. Eine Auflösung kommt nur nach der Ansicht in Betracht, die die Gesellschaft als existent betrachtet und daher einer Abwicklung unterwirft.[18] Nach der Gegenansicht fehlt es an einer abwicklungsfähigen Gesellschaft.[19] Da die Verhältnisse der als wirksam behandelten Gesellschaft gleichwohl abgewickelt werden müssen, ordnet § 77 Abs. 1 an, dass sich dieses Verfahren nach den Grundsätzen richtet, die auf eine aufgelöste Gesellschaft Anwendung finden. 14

II. Gesellschaftsvertragliche Auflösungsgründe

Über die gesetzlichen Auflösungsgründe hinaus können in der Satzung weitere Auflösungsgründe festgesetzt werden, etwa Tod oder Insolvenz eines Gesellschafters, Verlust eines Patents, Ausscheiden eines Gesellschafters, Beendigung der Mitarbeit eines Gesellschafters, Veräußerung des Unternehmens oder Einstellung des Betriebs.[20] Zu den inhaltlichen Schranken unter § 60 Rdn. 54–60. 15

III. Erwerb aller Geschäftsanteile durch GmbH (»Keinmann«-GmbH)

Einen Sonderfall stellt die »Keinmann«-GmbH dar, bei der die Gesellschaft selbst Inhaberin aller Geschäftsanteile ist. Allein das Zusammenfallen aller Geschäftsanteile in einer Person führt nicht zur Vollbeendigung der GmbH. Die Gesellschaft ist vielmehr aufgelöst und muss liquidiert werden.[21] Das Liquidationsvermögen steht analog §§ 45, 46 BGB den in der Satzung genannten 16

---

17 *Haas*, in: Baumbach/Hueck, GmbHG, § 60 Rn. 84; *Cziupka*, in: Scholz, GmbHG, § 60 Rn. 52.
18 So *K. Schmidt/Cziupka*, in: Scholz, GmbHG, § 75 Rn. 1.
19 Vgl. *Haas*, in: Baumbach/Hueck, GmbHG, § 75 Rn. 5.
20 Zu beispielhaften Aufzählungen s. *Wellensiek/Schluck-Amend*, in: Münchener Anwaltshandbuch GmbH-Recht, § 23 Rn. 87; *Passarge*, in: Passarge/Torwegge, Die GmbH in der Liquidation, Rn. 113 ff.; *Haas*, in: Baumbach/Hueck, GmbHG, § 60 Rn. 89.
21 H.M., s. *Nerlich*, in: Michalski/Heidinger/Leible/Schmidt, GmbHG, § 60 Rn. 25; *Altmeppen*, in: Roth/Altmeppen, GmbHG, § 60 Rn. 29; *Cziupka*, in: Scholz, GmbHG, § 60 Rn. 80.

Personen, ansonsten dem Fiskus zu.[22] Der Auflösungsgrund wird durch die Veräußerung eines Geschäftsanteils behoben und der Erwerber kann die Fortsetzung beschließen.[23]

IV. Keine Auflösungsgründe

17 Andere Veränderungen, und seien sie auch mit erheblichen Auswirkungen auf die Struktur und das Vermögen der Gesellschaft verbunden, führen nicht zur Auflösung der Gesellschaft.

1. Fortbestand der werbenden Gesellschaft

18 Das gilt für Veränderungen im Vermögen oder betriebenen Unternehmen. Dass das Gesellschaftsvermögen übertragen, der Geschäftsbetrieb eingestellt oder das betriebene Unternehmen verpachtet wird, stellt keinen Auflösungsgrund dar.[24] Auch der Tod eines Gesellschafters oder die Eröffnung des Insolvenzverfahrens über sein Vermögen führen, wenn diese Ereignisse nicht als Auflösungsgründe nach § 60 Abs. 2 in die Satzung aufgenommen wurden, nicht zur Auflösung der Gesellschaft.[25] Gleiches gilt, wenn eine für den Geschäftsbetrieb der GmbH erforderliche Gewerbeerlaubnis entzogen wurde oder eine erforderliche Konzession nicht mehr besteht.[26]

2. Beendigung der Gesellschaft ohne Auflösung und Liquidation

a) Bei Umwandlungsvorgängen

19 Im Gegensatz zu den vorgenannten Veränderungen führen Vorgänge nach dem UmwG zu einer Beendigung der Gesellschaft, jedoch ohne Auflösung und Liquidation. Vielmehr rückt der neue Rechtsträger im Wege einer Gesamtrechtsnachfolge in die Rechtsposition der Gesellschaft ein. Wird die GmbH in eine andere Rechtsform nach §§ 190, 191 UmwG umgewandelt, besteht sie nach § 202 Abs. 1 Nr. 1 UmwG in der im Umwandlungsbeschluss bestimmten Rechtsform weiter. Im Fall einer Verschmelzung der GmbH auf eine OHG, KG, Partnerschaftsgesellschaft, GmbH, AG, KGaA oder eine eG nach §§ 3, 20 Abs. 1 Nr. 2 UmwG erlischt die GmbH ohne Durchführung einer Liquidation, wenn die Verschmelzung durch Neugründung oder durch Aufnahme erfolgt und die GmbH übertragender Rechtsträger ist.[27]

b) Bei Vermögenslosigkeit

20 Auch die Löschung der Gesellschaft wegen Vermögenslosigkeit nach § 394 Abs. 1 FamFG führt zum Erlöschen ohne Auflösung und Liquidation; die Löschung der Gesellschaft wegen Vermögenslosigkeit passt deshalb nicht in die Systematik des § 60 Abs. 1 (s. schon Rdn. 14 und unter § 60 Rdn. 46).

D. Verhältnis von Liquidation und Insolvenzverfahren

21 Die Vorschriften über die gesellschaftsrechtliche Liquidation sind nur anwendbar, wenn die Gesellschaft über ihr Vermögen disponieren darf. Das scheidet aus, soweit die Verteilung im Rahmen

---

22 *Haas*, in: Baumbach/Hueck, GmbHG, § 60 Rn. 81; *Nerlich*, in: Michalski/Heidinger/Leible/Schmidt, GmbHG, § 60 Rn. 25; *Cziupka*, in: Scholz, GmbHG, § 60 Rn. 80.

23 *Cziupka*, in: Scholz, GmbHG, § 60 Rn. 80; *Haas*, in: Baumbach/Hueck, GmbHG, § 60 Rn. 102; *Altmeppen*, in: Roth/Altmeppen, GmbHG, § 60 Rn. 30; *Berner*, in: MünchKommGmbHG, § 60 Rn. 202; nach wohl a.A. wird der Fortsetzungsbeschluss von der Gesellschaft gefasst *Nerlich*, in: Michalski/Heidinger/Leible/Schmidt, GmbHG, § 60 Rn. 25; *Berner*, in: MünchKommGmbHG, § 60 Rn. 202.

24 S. *Nerlich*, in: Michalski/Heidinger/Leible/Schmidt, GmbHG, § 60 Rn. 19; *Haas*, in: Baumbach/Hueck, GmbHG, § 60 Rn. 8.

25 *Passarge*, in: Passarge/Torwegge, Die GmbH in der Liquidation, Rn. 121; zur Insolvenz auch *Haas*, in: Baumbach/Hueck, GmbHG, § 60 Rn. 85.

26 *Haas*, in: Baumbach/Hueck, GmbHG, § 60 Rn. 86; *Passarge*, in: Passarge/Torwegge, Die GmbH in der Liquidation, Rn. 121.

27 Zu allem vgl. *Haas*, in: Baumbach/Hueck, GmbHG, § 60 Rn. 4; *Passarge*, in: Passarge/Torwegge, Die GmbH in der Liquidation, Rn. 117.

eines Insolvenzverfahrens erfolgt.[28] Die problematische und streitige Frage lautet dabei, in welchem Verhältnis Insolvenz- und Liquidationsverfahren zueinanderstehen. Diese Frage kann insbesondere in zwei Konstellationen relevant werden: erstens, wenn der Insolvenzverwalter Gesellschaftsvermögen freigibt und hierdurch Gesellschaftsvermögen aus der Masse ausscheidet; zweitens, wenn nach Beendigung des Insolvenzverfahrens Vermögen verbleibt.

I. Freigabe von Massegegenständen im Insolvenzverfahren

Eine Freigabe von Gegenständen der Masse durch den Insolvenzverwalter ist nach gefestigter Rechtsprechung möglich. Da der Insolvenzverwalter vornehmlich dem Wohle der Gläubiger verpflichtet sei, könne er solche Gegenstände, die wertlos seien oder Kosten verursachten, freigeben. Daher sei er nicht gehalten, diese Gegenstände alleine deshalb in der Masse zu behalten, um eine Vollbeendigung der Gesellschaft zu bewirken.[29] Als Folge müsste ein Liquidator das aus den freigegebenen Gegenständen bestehende Gesellschaftsvermögen abwickeln. Dem ist jedoch nicht so. Das Insolvenzverfahren dient nicht nur dem Gläubigerschutz, sondern gleichermaßen der Abwicklung der Gesellschaft.[30] Die Insolvenzmasse ist danach identisch mit der Liquidationsmasse und der Insolvenzverwalter obligatorischer Liquidator. Daher muss die Masse im Insolvenzverfahren umfänglich verwertet werden und die Freigabe einzelner Objekte ausscheiden.[31] 22

II. Verbleibendes Vermögen nach Verfahrensende

Den zweiten Fall beantwortet § 199 Satz 2 InsO. Danach hat der Insolvenzverwalter den verbleibenden Überschuss an die Gesellschafter herauszugeben. Daher kommt es auch in diesem Fall nicht zu einem gesellschaftsrechtlichen Liquidationsverfahren, wohl aber zur Anwendung solcher Liquidationsgrundsätze, derer es zur Verteilung durch den Insolvenzverwalter bedarf. So muss sich der Insolvenzverwalter bei der Verteilung an § 72 ausrichten.[32] 23

§ 60 Auflösungsgründe

(1) Die Gesellschaft mit beschränkter Haftung wird aufgelöst:
1. **durch Ablauf der im Gesellschaftsvertrag bestimmten Zeit;**
2. **durch Beschluss der Gesellschafter; derselbe bedarf, sofern im Gesellschaftsvertrag nicht ein anderes bestimmt ist, einer Mehrheit von drei Vierteilen der abgegebenen Stimmen;**
3. **durch gerichtliches Urteil oder durch Entscheidung des Verwaltungsgerichts oder der Verwaltungsbehörde in den Fällen der §§ 61 und 62;**
4. **durch die Eröffnung des Insolvenzverfahrens; wird das Verfahren auf Antrag des Schuldners eingestellt oder nach der Bestätigung eines Insolvenzplans, der den Fortbestand der Gesellschaft vorsieht, aufgehoben, so können die Gesellschafter die Fortsetzung der Gesellschaft beschließen;**
5. **mit der Rechtskraft des Beschlusses, durch den die Eröffnung des Insolvenzverfahrens mangels Masse abgelehnt worden ist;**
6. **mit der Rechtskraft einer Verfügung des Registergerichts, durch welche nach § 399 des Gesetzes über das Verfahren in Familiensachen und in den Angelegenheiten der freiwilligen Gerichtsbarkeit ein Mangel des Gesellschaftsvertrags festgestellt worden ist;**

---

28 *Schluck-Amend*, in: Münchener Anwaltshandbuch GmbH-Recht, § 23 Rn. 173 f.

29 BGHZ 163, 32, 34 ff.; BGH, DZWiR 2014, 32, 34 (Rn. 19); BVerwG, ZIP 2004, 2145, 2147 f.

30 Zur Begründung aus der Systematik der InsO *K. Schmidt*, in: Schmidt/Uhlenbruck, Die GmbH in Krise, Sanierung und Insolvenz, Rn. 7.835; *Bork*, Insolvenzrecht, Rn. 159–161.

31 *Casper*, in: Ulmer/Habersack/Löbbe, GmbHG, § 60 Rn. 53; *Müller*, in: MünchKommGmbHG, § 64 Rn. 99; *K. Schmidt*, Gesellschaftsrecht, S. 1208 und S. 325 f.

32 Zu allem *Haas*, in: Baumbach/Hueck, GmbHG, § 60 Rn. 62.

7. durch die Löschung der Gesellschaft wegen Vermögenslosigkeit nach § 394 des Gesetzes über das Verfahren in Familiensachen und in den Angelegenheiten der freiwilligen Gerichtsbarkeit.

(2) Im Gesellschaftsvertrag können weitere Auflösungsgründe festgesetzt werden.

Schrifttum

S. Schrifttum zu Vorbemerkungen zu §§ 60 ff.

Übersicht

A. Systematik und Grundsätze des § 60

I. Auflösungsgründe

§ 60 nennt Gründe, die zur Auflösung der Gesellschaft führen. Teilweise werden die Auflösungsgründe durch die nachfolgenden Vorschriften konkretisiert. So werden die Auflösungstatbestände in § 60 Abs. 1 Nr. 3 durch die §§ 61 ff. näher ausgestaltet. Die Auflösungsgründe des § 60 Abs. 1 sind zugleich nicht abschließend, wie aus § 60 Abs. 2 hervorgeht. Die Gesellschafter sind vielmehr nach § 60 Abs. 2 frei darin, weitere Auflösungsgründe in der Satzung der GmbH festzulegen (zu Auflösungsgründen außerhalb des § 60 vgl. Vor §§ 60 ff. Rdn. 15 f.). 1

II. Abwicklung und Vollbeendigung

Die Auflösung führt zu einer Zäsur. Die Gesellschaft geht vom werbenden Stadium in das Abwicklungsstadium über (vgl. Vor §§ 60 ff. Rdn. 3).[1] Die Auflösung ist allerdings umkehrbar. Durch einen Fortsetzungsbeschluss kann die Gesellschaft wieder in das werbende Stadium versetzt werden (vgl. dazu Rdn. 61 ff.). Erst auf die Abwicklung der Gesellschaft folgt ihre Vollbeendigung (vgl. Vor §§ 60 ff. Rdn. 2 ff.). Diese setzt nach herrschender Meinung voraus, dass ein Doppeltatbestand erfüllt ist: Die Gesellschaft muss nach Abschluss des Liquidationsverfahrens vermögenslos und im Handelsregister gelöscht worden sein (vgl. Vor §§ 60 ff. Rdn. 8 f.). Die Löschung nach § 74 Abs. 1 Satz 2 ist daher konstitutiv.[2] Soweit noch Vermögen vorhanden ist, führt nach der Lehre vom Doppeltatbestand indes auch allein die Löschung nicht zur Vollbeendigung. Die GmbH besteht bei noch vorhandenem Vermögen vielmehr als Liquidationsgesellschaft fort.[3] Hierdurch kann der Zweck der Abwicklungsgesellschaft, eine Vollbeendigung unter vollständiger Verteilung des Gesellschaftsvermögens zu bewirken, weiterhin erreicht werden. Auflösung und Vollbeendigung fallen ausnahmsweise zusammen, wenn die vermögenslose Gesellschaft im Handelsregister nach § 394 FamFG (dazu Rdn. 46) gelöscht wird.[4] 2

---

1 *Hirte*, ZInsO 2000, 127, 128; *ders.*, Kapitalgesellschaftsrecht, 7. Aufl. 2012, § 7 Rn. 7.1; *Windbichler*, Gesellschaftsrecht, § 24 Rn. 4.

2 Heute ganz h.M., OLG Koblenz, NZG 2007, 431 f.; OLG Düsseldorf, GmbHR 2004, 572, 574; *Haas*, in: Baumbach/Hueck, GmbHG, § 60 Rn. 6; *Nerlich*, in: Michalski/Heidinger/Leible/Schmidt, GmbHG, § 60 Rn. 9; *Altmeppen*, in: Roth/Altmeppen, GmbHG, § 60 Rn. 7.

3 BGH, NJW-RR 1994, 542; BGH, WM 2014, 328 f. (Rn. 7); OLG Koblenz, NZG 2007, 431 f.; *Haas*, in: Baumbach/Hueck, GmbHG, § 60 Rn. 7; *Nerlich*, in: Michalski/Heidinger/Leible/Schmidt, GmbHG, § 60 Rn. 11; vgl. auch BGH, WM 2014, 328 f. für den Fall einer Nachtragsverteilung gem. § 211 Abs. 3 InsO.

4 S. *Cziupka*, in: Scholz, GmbHG, § 60 Rn. 6, wonach die Gesellschaft nicht aufgelöst, sondern erloschen sei.

B. Die einzelnen Auflösungsgründe

I. Auflösung durch Zeitablauf (Nr. 1)

3 Die Gesellschaft kann durch Zeitablauf aufgelöst werden. Dies setzt voraus, dass in der Satzung ein Endtermin i.S.d. § 3 Abs. 2 genannt ist, mit dem sich der Zeitpunkt der Auflösung zweifelsfrei bestimmen lässt.

1. Bestimmbarkeit

4 Es ist nicht erforderlich, dass ein bestimmtes Datum genannt wird.[5] Vielmehr reicht es aus, dass sich der Auflösungszeitpunkt bestimmen lässt, etwa weil er unmittelbar auf ein Ereignis folgt oder sich von diesem ausgehend berechnen lässt. Zum Schutz des Rechtsverkehrs dürfen jedoch keine Zweifel am Auflösungszeitpunkt bestehen bleiben. Soll die Auflösung an ein ungewisses Ereignis anknüpfen, handelt es sich nicht um eine Bestimmung über die zeitliche Dauer der Gesellschaft, sondern um eine auflösende Bedingung, die nach § 60 Abs. 2 zu behandeln ist.[6]

2. Eintragung des Endtermins

5 Der Endtermin muss nach § 10 Abs. 2 im Handelsregister eingetragen werden. Die Eintragung des Endtermins ist jedoch nur deklaratorischer Natur. Dies ergibt sich aus einer Gegenüberstellung der Auflösung durch Zeitablauf nach § 60 Abs. 1 Nr. 1 mit den Auflösungsgründen nach § 60 Abs. 2, für die keine formellen Wirksamkeitsvoraussetzungen bestehen und die auch ohne Eintragung im Handelsregister wirken.[7]

3. Auflösung und Laufzeitverlängerung

6 Tritt der Zeitablauf ein, ist die GmbH automatisch aufgelöst.[8] Diese Wirkung kann allerdings durch vorherige Änderung des Auflösungszeitpunktes in der Satzung verhindert werden. Nach Zeitablauf kann die Gesellschaft durch einen Fortsetzungsbeschluss der Gesellschafter und Satzungsänderung in das werbende Stadium zurückkehren (dazu noch grds. unter Rdn. 61 ff.).[9]

4. Gesellschafterschutz bei Laufzeitverlängerung

7 Eine Verhinderung der Auflösung durch vorherige Satzungsänderung wirft jedoch Fragen des Gesellschafterschutzes auf. Eine nachträgliche Veränderung der Zeitdauer durch Satzungsänderung kann zu einer erheblichen Beeinträchtigung der Rechte der Gesellschafter führen. Einigkeit besteht darüber, dass die betroffenen Gesellschafter einem die Laufzeit verlängernden Beschluss zustimmen müssen, soweit Nebenleistungspflichten im Sinne von § 3 Abs. 2 bestehen.[10]

a) Treuepflicht

8 Außerhalb solcher Nebenleistungspflichten scheint die herrschende Meinung bei einem verlängernden Beschluss jedoch von einem rechtfertigungsfreien Beschluss auszugehen, ebenso bei einer

5 *Altmeppen*, in: Roth/Altmeppen, GmbHG, § 60 Rn. 9.

6 *Haas*, in: Baumbach/Hueck, GmbHG, § 60 Rn. 14; *Kleindiek*, in: Lutter/Hommelhoff, GmbHG, § 60 Rn. 2; *Cziupka*, in: Scholz, GmbHG, § 60 Rn. 15.

7 *Haas*, in: Baumbach/Hueck, GmbHG, § 60 Rn. 13; *Berner*, in: MünchKommGmbHG, § 60 Rn. 79; für Behandlung nach § 60 Abs. 2 bei fehlender Eintragung *Nerlich*, in: Michalski/Heidinger/Leible/Schmidt, GmbHG, § 60 Rn. 1; für Umdeutung in einen Auflösungsgrund gem. § 60 Abs. 2 *Cziupka*, in: Scholz, GmbHG, § 60 Rn. 14.

8 *Kleindiek*, in: Lutter/Hommelhoff, GmbHG, § 60 Rn. 3; *Altmeppen*, in: Roth/Altmeppen, GmbHG, § 60 Rn. 10; *Cziupka*, in: Scholz, GmbHG, § 60 Rn. 16.

9 *Haas*, in: Baumbach/Hueck, GmbHG, § 60 Rn. 16; *Kleindiek*, in: Lutter/Hommelhoff, GmbHG, § 60 Rn. 3, 31; *Berner*, in: MünchKommGmbHG, § 60 Rn. 80; *Cziupka*, in: Scholz, GmbHG, § 60 Rn. 16.

10 RGZ 136, 185, 188; *Haas*, in: Baumbach/Hueck, GmbHG, § 60 Rn. 15, 20; *Kleindiek*, in: Lutter/Hommelhoff, GmbHG, § 60 Rn. 3; *Cziupka*, in: Scholz, GmbHG, § 60 Rn. 18.

Verkürzung der Laufzeit, was teilweise dahin gehend eingeschränkt wird, dass immerhin eine Bindung der Mehrheit an die Treuepflicht zu beachten sein soll. Hierdurch soll sich eine Stimmbindung jedoch nur ergeben, wenn die Mehrheit die verfrühte Auflösung dazu benutzt, sich das Gesellschaftsvermögen zu Zerschlagungswerten einzuverleiben.[11]

b) Rechtfertigungskontrolle

Dabei bleibt außer Betracht, dass sich durch die Laufzeitbestimmung in der Satzung ein berechtigtes Vertrauen auf den Zeitpunkt der Beendigung der GmbH gebildet hat. Die zeitliche Komponente wurde durch die Anordnung in der Satzung zum Bestandteil der Mitgliedschaft.[12] Die Grundlagen der mitgliedschaftlichen Rechtsstellung, zu denen nach dem Gesagten auch die zeitliche Komponente zählt, dürfen jedoch gegen den Willen betroffener Gesellschafter nicht ohne Rechtfertigung verändert werden.[13] 9

c) Interessenabwägung

Das bedeutet allerdings keineswegs, dass eine Verlängerung oder Verkürzung der Laufzeit stets unzulässig wäre. Bei den Gesellschaftern gebildetes Vertrauen in den Bestand der mitgliedschaftlichen Rechtsstellung kann nicht uneingeschränkt bestehen. Dem Mehrheitsprinzip ist die Folge immanent, dass bestehende Rechtspositionen verändert werden können, allerdings nur, wenn hierfür eine Rechtfertigung existiert. Dies läuft auf eine Interessenabwägung hinaus, die auch nicht durch das qualifizierte Mehrheitserfordernis des § 53 Abs. 2 obsolet wird.[14] Im Mittelpunkt einer solchen Interessenabwägung steht gewöhnlich das Gesellschaftsinteresse als Bezugspunkt der gemeinsamen Zweckerreichungsabrede und geschuldeten Förderungspflicht. Doch auch die Interessen der Mitgesellschafter sind in die Abwägung einzubeziehen. 10

d) Zeitlich begrenzte Zweckerreichungsabrede

Diese allgemeinen Grundsätze erfahren eine Modifikation. Bei der Verlängerung der Laufzeit ist zu beachten, dass sich die Gesellschafter nur für die Dauer der vereinbarten Laufzeit zur Förderung des Gesellschaftszwecks verpflichtet haben. Es muss daher ausscheiden, sie über diesen Zeitpunkt hinaus weiter hierauf zu verweisen, sodass eine Orientierung am Gesellschaftsinteresse ausscheidet. Die Rechtfertigung kann sich vielmehr nur aus einer Abwägung der beteiligten Gesellschafterinteressen ergeben. 11

e) Gesellschafterinteressen

Auf der einen Seite steht dabei das Vertrauen der dissentierenden Minderheit in die gesellschaftsvertragliche Regelung der Laufzeit, auf der anderen Seite stehen die Interessen der den Beschluss tragenden Gesellschafter an einer Fortsetzung des Gesellschaftszwecks. Hier kommt es auf die Besonderheiten des Einzelfalls an. Bieten sich etwa Geschäftschancen, die durch eine verhältnismäßig kurze Verlängerung der werbenden Tätigkeit realisiert werden können, ist die Fortsetzung für die Minderheit regelmäßig zumutbar. Anderes gilt bei signifikanter Verlängerung. Hier wird die 12

11 BGH, NJW 1980, 1278, 1279. Ganz ohne Einschränkung sogar *Kleindiek*, in: Lutter/Hommelhoff, GmbHG, § 60 Rn. 4.

12 *Cziupka*, in: Scholz, § 60 Rn. 18, will ein erhöhte Rechtmäßigkeitsvoraussetzungen auslösendes subjektives Recht auf Einhaltung der vereinbarten Dauer nur anerkennen, wenn es in der Satzung als Sonderrecht ausgewiesen ist.

13 Grundlegend untersucht und begründet in *Hofmann*, Der Minderheitsschutz im Gesellschaftsrecht, 2011, S. 133 ff.; vgl. auch unter § 29 Rdn. 40.

14 A.A. die h.M., die dem qualifizierten Mehrheitserfordernis von 3/4 eine Richtigkeitsgewähr entnehmen zu können glaubt, s. *Haas*, in: Baumbach/Hueck, GmbHG, § 60 Rn. 15; *Kleindiek*, in: Lutter/Hommelhoff, GmbHG, § 60 Rn. 6; *Cziupka*, in: Scholz, GmbHG, § 60 Rn. 18; *Casper*, in: Ulmer/Habersack/Löbbe, GmbHG, § 60 Rn. 27.

Bindung des eingebrachten Kapitals über die erwartete Laufzeit hinaus deutlich verlängert. Die Minderheit muss sich jedoch auf ein Recht zum Austritt unter Abfindung verweisen lassen, da hierdurch gerade der Zustand der von ihr favorisierten Auflösung erzeugt wird.[15]

5. Laufzeitverkürzung

13 Bei einer Verkürzung der Laufzeit gilt anderes. Es greift der allgemeine Grundsatz, dass die Mehrheit die Desinvestitionsentscheidung frei treffen darf (dazu sogleich unter Rdn. 21). Auch ohne Laufzeitbestimmung muss die Minderheit beständig mit einem Auflösungsbeschluss der Mehrheit rechnen. Nur ein besonderes Vertrauen des Minderheitsgesellschafters auf eine längere Laufzeit der Gesellschaft, das etwa auf eine Absprache der Gesellschafter zurückzuführen sein kann, rechtfertigt höhere Anforderungen.

6. Veränderung der Unauflöslichkeit

a) Satzungsänderung

14 Nach diesen Grundsätzen richtet sich auch der Fall, dass durch Satzungsänderung die im Gesellschaftsvertrag vereinbarte Unauflöslichkeit der GmbH verändert werden soll.[16] Allerdings besteht bei einer gesellschaftsvertraglich vorgesehenen Unauflöslichkeit gerade kein Recht zur freien Desinvestition, da in diesem Fall das begründete Vertrauen der Minderheit entgegen steht. Auch dieses Vertrauen besteht zugleich nicht uneingeschränkt, sondern steht unter dem Vorbehalt, dass ein satzungsändernder Beschluss durch überwiegende Interessen der Mehrheit gerechtfertigt ist.

b) Rechtfertigungskontrolle

15 Besteht Grund zu der Annahme, dass eine weitere Zweckverfolgung durch die Gesellschaft nicht sinnvoll ist, setzen sich die Interessen der Mehrheit, ihr Kapital für rentablere Investitionen freizubekommen, durch. Dieses Interesse der Mehrheit kann auf unterschiedlichen Konstellationen beruhen. Der Gesellschaft kann das Kapital, Know-how oder Personal fehlen, um ein betriebenes Unternehmen konkurrenzfähig weiterzuführen. Allerdings darf die Minderheit darauf dringen, dass vorrangig Abhilfe durch weniger einschneidende und allen Gesellschaftern zumutbare Veränderungen geschaffen wird. So kommt bei Kapitalknappheit etwa eine Kapitalerhöhung in Betracht. Unter diesen Voraussetzungen bedarf es keines einstimmigen Beschlusses, vielmehr genügt die Mehrheit von 3/4, wie sich schon aus § 53 Abs. 2, aber auch aus dem Rechtsgedanken des § 60 Abs. 1 Nr. 2 ergibt.[17]

II. Auflösung durch Beschluss der Gesellschafter (Nr. 2)

1. Bedeutung

16 Die Auflösung der Gesellschaft durch Gesellschafterbeschluss ist der praktisch häufigste Auflösungsgrund und zugleich ein (besonders) minderheitsrelevanter Vorgang. Der Beschluss ist, da es sich bei der Auflösung der Gesellschaft nicht um eine Satzungsänderung handelt, formlos möglich,[18] bedarf also insb. nicht der notariellen Beurkundung und führt mit der wirksamen Beschlussfassung bzw. dem in dem Beschluss genannten Auflösungstermin unmittelbar zur Auflösung. Der Beschluss muss den Willen zur Auflösung erkennen lassen, den Begriff Auflösung jedoch nicht enthalten.[19]

---

15 *Altmeppen*, in: Roth/Altmeppen, GmbHG, § 60 Rn. 46.

16 Nach a.A. soll hierin keine Satzungsänderung zu sehen sein, *Haas*, in: Baumbach/Hueck, GmbHG, § 60 Rn. 18.

17 A.A. *Haas*, in: Baumbach/Hueck, GmbHG, § 60 Rn. 17 f.: einstimmiger Beschluss erforderlich.

18 BGH, NJW 1999, 1481, 1483; BayObLG, NJW-RR 1995, 1001, 1002; *Cziupka*, in: Scholz, GmbHG, § 60 Rn. 23.

19 BGH, NJW 1999, 1481, 1483; BayObLG, NJW-RR 1995, 1001, 1002; *Kleindiek*, in: Lutter/Hommelhoff, GmbHG, § 60 Rn. 5; *Nerlich*, in: Michalski/Heidinger/Leible/Schmidt, GmbHG, § 60 Rn. 42; *Altmeppen*, in: Roth/Altmeppen, GmbHG, § 60 Rn. 18; *Schönhaar*, GWR 2020, 1, 2.

2. Bedingung und Befristung

Auch aufschiebend bedingte und befristete Beschlüsse sind möglich,[20] allerdings tritt zum Schutz des Rechtsverkehrs die Auflösung nur dann ein, wenn aus dem Beschluss – und sei es im Wege der Auslegung – zweifelsfrei hervorgeht, dass und zu welchem Zeitpunkt eine Auflösung der Gesellschaft gewollt ist. 17

3. Verlegung des Satzungssitzes

Ob ein Beschluss über die Verlegung des Satzungssitzes ins Ausland als Auflösungsbeschluss anzusehen ist, wird kontrovers diskutiert. Nach der Streichung des § 4a Abs. 2 durch das MoMiG können Satzungssitz und Verwaltungssitz der GmbH auseinanderfallen. Die Verlegung des Verwaltungssitzes in das Ausland ist nun jedenfalls zulässig, soweit es nicht um Zuzugsstaaten außerhalb der EU geht, die ihrerseits der Sitztheorie folgen. Ein entsprechender Beschluss ist daher nicht mehr gesetzeswidrig und kann schon aus diesem Grund nicht mehr als Auflösungsgrund angesehen werden.[21] Die Verlegung des Satzungssitzes ist nach umstrittener Ansicht hingegen weiterhin unzulässig.[22] Daher stellt sich für einen entsprechenden Beschluss weiterhin die Frage, ob er zur Auflösung der Gesellschaft führt. Sie ist zu verneinen. Sofern sich nicht etwas anderes durch Auslegung ergibt, kann nicht davon ausgegangen werden, dass sich die Gesellschafter der Unzulässigkeit ihres Sitzverlegungsbeschlusses bewusst waren und eine Auflösung der Gesellschaft mit späterer Neugründung im Ausland beschließen wollten. Daher ist im Zweifel von einer unzulässigen Satzungsänderung und daher einem nichtigen Beschluss auszugehen, der nicht zur Auflösung der Gesellschaft führt.[23] 18

4. Rechtsfolgen des Auflösungsbeschlusses

Der Auflösungsbeschluss führt die Auflösung der Gesellschaft herbei, womit diese von einer werbenden Gesellschaft zu einer Liquidationsgesellschaft wird. Die Eintragung der Auflösung ist nur deklaratorisch.[24] Eine Ausnahme gilt, wenn der Beschluss eine Satzungsänderung ist; dann wird die Auflösung erst mit deren Wirksamkeit, die wiederum von deren Eintragung abhängig ist, wirksam (dazu auch § 65 Rdn. 2, 22).[25] Der wirksame Auflösungsbeschluss kann durch die Gesellschafter nicht aufgehoben, wohl aber die Fortsetzung der Gesellschaft beschlossen werden (dazu unten Rdn. 61).[26] Auch kann er im Wege der Anfechtung beseitigt werden.[27] Dabei handelt es sich um den praktisch relevantesten Unwirksamkeitsgrund. Er erlangt Relevanz, wenn der Auflösungsbeschluss gegen den Willen der Minderheit gefasst wird. Deren Mitgliedschaft verändert sich durch den Übergang von der werbenden Phase in das Auflösungsstadium gegen ihren Willen in ebenso gravierendem Maße wie bei Strukturänderungen. 19

---

20 RGZ 145, 99, 101 ff.; OLG Jena, GmbHR 2017, 1047, 1048; *Kleindiek*, in: Lutter/Hommelhoff, GmbHG, § 60 Rn. 5; *Altmeppen*, in: Roth/Altmeppen, GmbHG, § 60 Rn. 12; *Lorscheider*, in: BeckOK GmbHG (Stand: 1.5.2020), § 60 Rn. 5; *Tavakoli/Eisenberg*, GmbHR 2018, 75, 76.

21 *Berner*, in: MünchKommGmbHG, § 60 Rn. 205; im Ergebnis ebenfalls ablehnend *Cziupka*, in: Scholz, GmbHG, § 60 Rn. 21.

22 So die wohl h.M., s. OLG München, NZG 2007, 915; *Cziupka*, in: Scholz, GmbHG, § 4a Rn. 19 ff. mit Einordnung der Rechtsprechung des EuGH.

23 Sehr str., wie hier *Cziupka*, in: Scholz, GmbHG, § 60 Rn. 21; *Leonard/Wüllner*, jurisPR-HaGesR 4/2017 Anm. 1; nach wohl h.M. soll es sich um einen Auflösungsbeschluss handeln, OLG Hamm, ZIP 1997, 1696; BayObLGZ 1992, 113; zum Meinungsstand s.a. *Kleindiek*, in: Lutter/Hommelhoff, GmbHG, § 60 Rn. 5.

24 BGH, NJW 1999, 1481, 1483; *Kleindiek*, in: Lutter/Hommelhoff, GmbHG, § 60 Rn. 5; *Nerlich*, in: Michalski/Heidinger/Leible/Schmidt, GmbHG, § 60 Rn. 48; *Cziupka*, in: Scholz, GmbHG, § 60 Rn. 26.

25 *Nerlich*, in: Michalski/Heidinger/Leible/Schmidt, GmbHG, § 60 Rn. 49; *Cziupka*, in: Scholz, GmbHG, § 60 Rn. 26.

26 *Nerlich*, in: Michalski/Heidinger/Leible/Schmidt, GmbHG, § 60 Rn. 50; *Cziupka*, in: Scholz, GmbHG, § 60 Rn. 27.

27 BGH, NJW 1980, 1278 f.; *Nerlich*, in: Michalski/Heidinger/Leible/Schmidt, GmbHG, § 60 Rn. 51; *Cziupka*, in: Scholz, GmbHG, § 60 Rn. 28.

5. Minderheitsschutz

a) Mehrheitserfordernisse

20 Der Schwerpunkt der rechtlichen Problematik bei Auflösungsbeschlüssen liegt auf den Aspekten des Minderheitsschutzes und den Mehrheitserfordernissen. Das Gesetz trägt diesem Umstand ansatzweise dadurch Rechnung, dass ein Auflösungsbeschluss von einer Dreiviertelmehrheit der abgegebenen Stimmen getragen werden muss. Diese Regelung ist dispositiv. Es können daher beliebige Mehrheitserfordernisse, auch geringere, vereinbart werden.[28] Schon daraus ergibt sich, dass durch § 60 Abs. 1 Nr. 2 ein effektiver Minderheitsschutz nicht erreicht wird. Hinzu kommt, dass gerade in den konfliktträchtigsten Gesellschaften, in denen hohe Mehrheiten durch einen dominierenden Gesellschafter(block) leicht zu erreichen sind, willkürliche Entscheidungen auch durch das Erfordernis einer Dreiviertelmehrheit nicht verhindert werden. In bestimmten Fällen können die Gesellschafter aus Gründen der Treuepflicht dazu verpflichtet sein, dem Auflösungsbeschluss zuzustimmen. Dies ist beispielsweise dann der Fall, wenn das Erreichen des Gesellschaftszwecks objektiv unmöglich ist und eine Ablehnung der Auflösung evident rechtsmissbräuchlich wäre. Voraussetzung ist aber immer, dass die zur Zustimmung angehaltenen Gesellschafter ausreichend informiert werden. Die Information an sich kann in jeder geeigneten Form erfolgen.[29]

b) Freie Desinvestitionsentscheidung

21 Aufgrund des Umstands, dass beliebige Mehrheitserfordernisse, auch geringere, vereinbart werden können (oben Rdn. 20) stellt sich die Frage nach anderen, wirksameren Schutzmechanismen. Wirksamer ist, den Minderheitsschutz durch das Erfordernis einer inhaltlichen Rechtfertigungskontrolle zu garantieren. Eine solche wird von Rechtsprechung und herrschender Meinung für Auflösungsbeschlüsse jedoch nicht nur im GmbH-, sondern auch im Aktienrecht für den Beschluss nach § 262 Nr. 2 AktG verneint. Die Desinvestitionsentscheidung soll vielmehr im freien Belieben der Gesellschaftermehrheit stehen und sich der Kontrolle anhand objektiver Kriterien entziehen. Die Formulierung hierzu lautet, ein Auflösungsbeschluss »trage seine Rechtfertigung in sich«.[30] Diese Formulierung ist verfehlt. Es handelt sich um einen Beschluss, der rechtfertigungsfrei ist, also schon keiner Rechtfertigung bedarf. Einerseits scheidet eine Orientierung am Gesellschaftsinteresse notwendigerweise aus, da den Interessen der Gesellschaft nichts so sehr widerspricht wie ihr eigener Untergang. Andererseits muss den Gesellschaftern die Entscheidungsfreiheit darüber erhalten bleiben, der Gesellschaft das gewährte Kapital wieder zu entziehen. Soll die Entscheidung des Gesellschafters, seine Investition zu beenden, wirklich in seinem freien Belieben stehen, so kann er auch nicht zur Wahrung der Interessen der Mitgesellschafter verpflichtet und daher auch der Auflösungsbeschluss nicht von einer Interessenabwägung abhängig gemacht werden. Aus den §§ 60, 61 geht hervor, dass nur von der Minderheit, nicht jedoch der Mehrheit ein objektives Bedürfnis für die Auflösung dargetan werden muss. Aus der Gegenüberstellung von § 60 Abs. 1 Nr. 2 und § 61 Abs. 1, 2 ergibt sich, dass der Gesetzgeber den von einer qualifizierten Mehrheit getragenen Auflösungsbeschluss, anders als den auf Antrag der Minderheit, nicht von weiteren Voraussetzungen abhängig machen wollte.[31] Daher ist die Mehrheit frei darin, den Gesellschaftszweck und die mit der Mitgliedschaft verbundenen Rechte der Minderheit zu beseitigen.[32]

---

28 *Haas*, in: Baumbach/Hueck, GmbHG, § 60 Rn. 17; *Kleindiek*, in: Lutter/Hommelhoff, GmbHG, § 60 Rn. 6; *Altmeppen*, in: Roth/Altmeppen, GmbHG, § 60 Rn. 12; *Cziupka*, in: Scholz, GmbHG, § 60 Rn. 22, 30.

29 OLG München, Urteil v. 15.1.2015 – 23 U 2469/14 (juris).

30 BGH, NJW 1980, 1278. Für die AG BGHZ 103, 184, 190 (Linotype); OLG Stuttgart, AG 1994, 411, 413 (»Moto Meter I«); für die übertragende Auflösung auch BVerfG, NJW 2001, 279, 281.

31 Vgl. *K. Schmidt/Bitter*, in: Scholz, GmbHG, 11. Aufl. 2015, § 60 Rn. 17.

32 BGHZ 14, 26, 38; BGHZ 103, 184, 190 f. (Linotype); *Haas*, in: Baumbach/Hueck, GmbHG, § 60 Rn. 20; *Kleindiek*, in: Lutter/Hommelhoff, GmbHG, § 60 Rn. 6; *Nerlich*, in: Michalski/Heidinger/Leible/Schmidt, GmbHG, § 60 Rn. 46 f.; *Cziupka*, in: Scholz, GmbHG, § 60 Rn. 28. Zustimmend für die AG Lutter, ZGR 1981, 171, 178; *Mülbert*, Aktiengesellschaft, Unternehmensgruppe und Kapitalmarkt,

c) Verfolgung sachfremder Zwecke

Der Schutz der widersprechenden Mitgesellschafter ist durch die Prüfung zu gewährleisten, ob die Mehrheit tatsächlich zur Desinvestition entschlossen ist oder die Möglichkeit, einen rechtfertigungsfreien Auflösungsbeschluss zu fassen, zu sachfremden Zwecken ausnutzt.[33] Der BGH bewertet es als zur Anfechtung berechtigenden Sondervorteil i.S.d. § 243 Abs. 2 AktG und Verstoß gegen die Treuepflicht, wenn der Mehrheitsgesellschafter bereits vor dem Auflösungsbeschluss mit dem Vorstand über die Übernahme wesentlicher Vermögensteile der Gesellschaft verhandelt und Absprachen trifft und damit der Minderheit die Möglichkeit nimmt, sich um Teile des Gesellschaftsvermögens zu bemühen.[34] Auch verstößt der Mehrheitsgesellschafter gegen seine der Gesellschaft geschuldete Förderungspflicht, sie als werbende Gesellschaft zu betrachten und ihr Unternehmen wirtschaftlich zu unterhalten und zu fördern, wenn er bereits vor Auflösung der Gesellschaft Maßnahmen trifft, um das von dieser betriebene Unternehmen nach Auflösung und Liquidation der Gesellschaft selbst weiterführen zu können.[35] 22

d) Minderheitsausschluss

Über diese Ansätze der Rechtsprechung hinaus müssen auch alle anderen Fälle erfasst werden, in denen keine Desinvestitionsentscheidung vorliegt. Soll der Gesellschaft das investierte Kapital zur Verfolgung des Gesellschaftszwecks mit den vorhandenen Betriebsmitteln nicht dauerhaft entzogen werden, sondern nur die Minderheit aus der Gesellschaft ausgeschlossen werden, müssen die dafür geltenden Grundsätze zur Anwendung kommen.[36] Ein Minderheitsausschluss ist in der GmbH und Unternehmergesellschaft (haftungsbeschränkt) nur aus wichtigem Grund oder evtl. unter anderen in der Satzung vorgesehenen Gründen zulässig. Daher müssen diese Anforderungen erfüllt sein, wenn es der Mehrheit nur darum geht, das Ergebnis eines Minderheitsausschlusses herbeizuführen.[37] 23

e) Umwandlungskonstellationen

Zur Begründung der Zulässigkeit einer Auflösung ohne Willen zur Desinvestition werden häufig die Möglichkeiten der Mehrheit angeführt, die Struktur der Gesellschaft im Wege der Umwandlung zu verändern. Doch dieser Vergleich geht fehl. Dient der Auflösungsbeschluss der Mehrheit dazu, die Gesellschaft zu liquidieren, das Betriebsvermögen zu erwerben und auf eine andere Gesellschaft zu übertragen, kann dasselbe Ergebnis nicht etwa durch eine Umwandlung erreicht werden. Die Umwandlung begründet ein Austrittsrecht der Minderheit, führt jedoch gerade nicht zu einem Ausschluss wider Willen. Hinzu kommen mögliche inhaltliche Anforderungen an den Umwandlungsbeschluss, die eine weitere Hürde errichten können.[38] Vielmehr gilt: Der Mehrheit steht es 24

S. 305; *Hüffer*, in: MünchKommAktG, § 243 Rn. 64; *Raiser/Veil*, Recht der Kapitalgesellschaften, § 11 Rn. 55; *Riesenhuber*, in: K. Schmidt/Lutter, AktG, § 262 Rn. 11; *Timm*, JZ 1980, 665, 667 f.

33 *Hirte*, ZInsO 2000, 127, 128. Das ist auch der Ansatz des BGH, der von einer Rechtsmissbrauchskontrolle im Einzelfall ausgeht, BGHZ 76, 352, 353; BGHZ 103, 184, 191 (Linotype).

34 BGHZ 103, 184, 193–195 (Linotype).

35 BGHZ 76, 352, 355 f.

36 Vgl. hierzu inhaltlich *Haas*, in: Baumbach/Hueck, GmbHG, § 60 Rn. 20; *Hirte*, Bezugsrechtsausschluss und Konzernbildung, 1986, S. 151 f.; *Lutter*, ZGR 1981, 171, 177 f.; *Cziupka*, in: Scholz, GmbHG, § 60 Rn. 28; *Timm*, JZ 1980, 665, 669 f.; a.A. BGHZ 103, 184, 191 f. (Linotype); für die Anwendung von Treuepflicht und Gleichbehandlungsgebot im Einzelfall *Kleindiek*, in: Lutter/Hommelhoff, GmbHG, § 60 Rn. 6; ähnlich *Altmeppen*, in: Roth/Altmeppen, GmbHG, § 60 Rn. 19.

37 A.A. *Nerlich*, in: Michalski/Heidinger/Leible/Schmidt, GmbHG, § 60 Rn. 47; *Cziupka*, in: Scholz, GmbHG, § 60 Rn. 28. S.a. *Hirte*, ZInsO 2000, 127, 128.

38 Das Erfordernis inhaltlicher Kriterien ist streitig, für inhaltliche Kriterien einerseits *Bayer*, ZIP 1997, 1613, 1624; *Feddersen/Kiem*, ZIP 1994, 1078, 1084; *Hirte*, Bezugsrechtsausschluss und Konzernbildung, 1986, S. 148; *Hofmann*, Der Minderheitsschutz im Gesellschaftsrecht, 2011, S. 549 ff. Gegen inhaltliche Anforderungen *Becker*, AG 1988, 223, 227; *Zimmermann*, in: Kallmeyer, UmwG, § 13 Rn. 12; *Drygala*, in: Lutter, UmwG, § 13 Rn. 38 ff.; *Göthel*, in: Lutter, UmwG, § 233 Rn. 52; *Meyer-Landrut/Kiem*, WM 1997, 1361, 1365; *Timm*, ZGR 1987, 403, 420.

frei, den Weg über die Vorgaben des UmwG zu beschreiten. Dass es ihr darum geht, die Minderheit aus der Gesellschaft zu drängen, ist unschädlich, solange sie alle Anforderungen, die das UmwG an diesen Vorgang stellt, auch erfüllt.

f) Beweislastverteilung

25 Wendet sich die überstimmte Minderheit gegen den Auflösungsbeschluss, gelten für die Verteilung der Beweislast die allgemeinen Grundsätze. Nach der herrschenden Meinung, die Rechtsschutz über die Treuepflicht wegen Missbrauchs der Mehrheitsherrschaft gewährt, liegt die Beweislast für deren Voraussetzungen beim Minderheitsgesellschafter.[39] Das ist jedoch verkürzt: Die Minderheit muss zunächst darlegen und beweisen, dass die Desinvestition nur vorgeschoben ist und die Mehrheit tatsächlich andere Ziele verfolgt. Gelingt dies, kehrt sich die Darlegungs- und Beweislast um: Nunmehr muss die Gesellschaft darlegen und beweisen, dass die an den tatsächlich bezweckten Vorgang zu stellenden Anforderungen erfüllt wurden. Dies kann dazu führen, dass die inhaltliche Rechtfertigung des Beschlusses darzulegen und zu beweisen ist.[40]

III. Auflösung durch Urteil oder Verwaltungsakt (Nr. 3)

26 Zur Auflösung der GmbH führt es auch, wenn die Auflösung in einem gerichtlichen Urteil oder durch Verwaltungsakt angeordnet wird. Dies richtet sich nach §§ 61, 62 und wird dort erörtert.

IV. Eröffnung des Insolvenzverfahrens (Nr. 4)

1. Insolvenzeröffnung

27 § 60 Abs. 1 Nr. 4 ordnet an, dass die Gesellschaft mit der Eröffnung des Insolvenzverfahrens aufgelöst wird. Das Insolvenzverfahren wird nach § 13 Abs. 1 InsO auf Antrag der Gesellschaft oder ihrer Gläubiger eröffnet, wenn ein Eröffnungsgrund vorliegt (ausführlich zum Insolvenzverfahren Vor § 64 Rdn. 2 ff.). Die Eröffnung des Insolvenzverfahrens führt zwingend zur Auflösung der Gesellschaft ipso iure. Der Auflösungszeitpunkt ist nach § 27 Abs. 2 Nr. 3 InsO der im Eröffnungsbeschluss angegebene Zeitpunkt nach Tag und Stunde. Die Auflösung wird von Amts wegen in das Handelsregister eingetragen.[41] Die Gesellschaft wird mit Eröffnung des Insolvenzverfahrens zur Liquidationsgesellschaft. Ihr Zweck ist fortan darauf gerichtet, das Vermögen zu verteilen.[42]

2. Kompetenzen des Insolvenzverwalters

28 Ggü. den sonstigen Auflösungsgründen besteht die Besonderheit, dass die Geschäftsführer ihre Organstellung behalten und nicht durch Liquidatoren ersetzt werden, vgl. § 66 Abs. 1.[43] Ihre Wahrnehmungszuständigkeit wird jedoch durch die Befugnisse des Insolvenzverwalters überlagert und überwiegend verdrängt, da das Vermögen der Gesellschaft zur Insolvenzmasse wird und die Verfügungsbefugnis über die Vermögensgegenstände der GmbH nach § 80 Abs. 1 InsO auf den Insolvenzverwalter übergeht (vgl. zur Möglichkeit der Freigabe von Gesellschaftsvermögen Vor §§ 60 ff. Rdn. 22).[44]

---

39 *Nerlich*, in: Michalski/Heidinger/Leible/Schmidt, GmbHG, § 60 Rn. 47.

40 Zu den allgemeinen Kriterien bei der Anfechtung von Beschlüssen *Koch*, in: Hüffer/Koch, AktG, § 243 Rn. 59 ff.

41 *Nerlich*, in: Michalski/Heidinger/Leible/Schmidt, GmbHG, § 60 Rn. 143.

42 *Haas*, in: Baumbach/Hueck, GmbHG, § 60 Rn. 42; *Nerlich*, in: Michalski/Heidinger/Leible/Schmidt, GmbHG, § 60 Rn. 145.

43 *Haas*, in: Baumbach/Hueck, GmbHG, § 60 Rn. 43; *Nerlich*, in: Michalski/Heidinger/Leible/Schmidt, GmbHG, § 60 Rn. 146.

44 *Haas*, in: Baumbach/Hueck, GmbHG, § 60 Rn. 43 f.; *Nerlich*, in: Michalski/Heidinger/Leible/Schmidt, GmbHG, § 60 Rn. 146; *Passarge*, in: Passarge/Torwegge, Die GmbH in der Liquidation, Rn. 185.

3. Vermögensverteilung an Gesellschafter

Bleibt nach Befriedigung der Insolvenzgläubiger Vermögen übrig, wird dieses an die Gesellschafter verteilt. Die Abwicklung soll nach mehrheitlich vertretener Literaturauffassung durch den Insolvenzverwalter, nicht durch Liquidatoren erfolgen (näher zu den Details und dem Streitstand Vor §§ 60 ff. GmbHG Rdn. 21 ff. m.w.N.). 29

4. Löschung bei Vermögenslosigkeit

Nach Durchführung des Insolvenzverfahrens ist die Gesellschaft nach § 394 Abs. 1 Satz 2 FamFG vom Registergericht zu löschen, wenn sie vermögenslos ist. Um den Rechtsverkehr vor vermögenslosen Gesellschaften zu schützen, muss das Registergericht die Löschung verfügen, wenn die Voraussetzungen vorliegen, ein Ermessen steht ihm nicht zu (dazu auch noch zu Nr. 7 unter Rdn. 48). 30

a) Voraussetzungen

Dies setzt voraus, dass es an Vermögensgegenständen fehlt, die zugunsten der Gläubiger verwertet werden können.[45] Hinsichtlich des Verfahrens nach § 394 FamFG sind noch zu bewirkende Zustellungen von Verwaltungsakten unerheblich. Demzufolge ist es beispielsweise auch nicht von Belang, dass die steuerliche Abwicklung der Gesellschaft noch nicht abgeschlossen ist.[46] Das kann selbst dann der Fall sein, wenn die GmbH über bilanzierungsfähige Aktiva verfügt,[47] sofern diese offensichtlich nicht realisierbar sind. Sind Forderungen hingegen realisierbar und ihre Realisierung auch beabsichtigt, schließt dies die Vermögenslosigkeit aus.[48] Daher kommt es für die Entscheidung des Registergerichts entscheidend darauf an, ob ein Liquidationsverfahren sinnvoll erscheint.[49] Regelmäßig kann es davon ausgehen, dass nach Abschluss des Insolvenzverfahrens kein Vermögen mehr vorhanden ist. Daher ist es ausreichend, wenn es nur dann Ermittlungen aufnimmt, wenn Anhaltspunkte für den Bestand von Vermögen vorliegen.[50] 31

b) Widerspruch

Das Registergericht muss vor der Löschung nach § 394 Abs. 2 FamFG den gesetzlichen Vertretern der Gesellschaft seine Absicht, die Gesellschaft zu löschen, bekannt geben und eine Frist zum Widerspruch festlegen. Nach § 394 Abs. 4 FamFG i.V.m. § 393 Abs. 5 FamFG darf die Gesellschaft erst gelöscht werden, wenn innerhalb der gesetzten und angemessenen Frist kein Widerspruch erhoben oder dieser durch rechtskräftigen Beschluss im Sinne von § 393 Abs. 3 FamFG zurückgewiesen worden ist. 32

c) Widerspruchbefugnis Dritter

Problematisch ist die Widerspruchsbefugnis Dritter, die ein berechtigtes Interesse daran haben, dass die Gesellschaft nicht gelöscht wird. § 394 Abs. 2 FamFG (Formulierung: »in diesem Fall«) legt den Schluss nahe, dass diese Dritten nur dann Widerspruch erheben dürfen, wenn die Bekanntmachung und die Bestimmung der Frist in einem elektronischen Informations- und Kommunikationssystem im Sinne von § 394 Abs. 2 Satz 2 Halbs. 1 FamFG erfolgen. Eine derartige Beschränkung lässt 33

45 BAG, NZG 2002, 1175, 1176; BayObLG, GmbHR 1999, 414; KG, GmbHR 2007, 659; OLG Frankfurt am Main, GmbHR 2006, 94; OLG Düsseldorf, GmbHR 2006, 819, 821. Zu einer detaillierten Auflistung als verwertbar anzusehender Vermögensgegenstände *Haas*, in: Baumbach/Hueck, GmbHG, Anh. § 77 Rn. 5 f.

46 OLG Hamm, Beschluss v. 3.9.2014 – 27 W 109/14 (juris) m. Anm. *Kunkel*, jurisPR-HaGesR 9/2015; anders im Verfahren nach § 74 Abs. 1 GmbHG, so OLG Hamm, Beschl. v. 1.7.2015 – I-27 W 71/15 (juris); OLG Jena, Beschl. v. 15.5.2019 – 2 W 159/19 (juris); KG, GmbHR 2020, 317, 318.

47 Hierauf stellt KG, GmbHR 2007, 659 ab.

48 KG, GmbHR 2007, 659; OLG Hamm, GmbHR 1993, 295, 298; BayObLG, BB 1994, 1307.

49 *Kleindiek*, in: Lutter/Hommelhoff, GmbHG, § 60 Rn. 16; *Altmeppen*, in: Roth/Altmeppen, GmbHG, § 75 Rn. 52.

50 *Haas*, in: Baumbach/Hueck, GmbHG, Anh. § 77 Rn. 13.

jedoch den Umstand außer Acht, dass durch die Löschung der Gesellschaft geschützte Interessen der Gesellschafter und Gläubiger beeinträchtigt werden – und dies unabhängig von der Art der Bekanntmachung nach Abschluss des Insolvenzverfahrens. Um diesen Interessen Rechnung zu tragen, muss jeder Gesellschafter und Gläubiger Widerspruch erheben dürfen, unabhängig von der Art der Bekanntmachung.[51] Das Registergericht sollte bei seiner Bekanntmachung gerade darauf achten, dass diese Interessengruppen erreicht werden und die Möglichkeit erhalten, Widerspruch zu erheben.

d) Erlöschen und Fortbestand

34 Ist die Gesellschaft tatsächlich vermögenslos, erlischt sie nach der Lehre vom Doppeltatbestand zugleich mit der Löschung im Handelsregister (vgl. dazu schon Vor §§ 60 ff. Rdn. 9). Ist hingegen Vermögen vorhanden, führt die Löschung nach der Lehre vom Doppeltatbestand nicht zur Beendigung. Vielmehr muss sie nach § 66 Abs. 5 liquidiert werden (Fall der Nachtragsliquidation). In diesem Fall bleibt die Parteifähigkeit der Gesellschaft erhalten.[52] Klagt die gelöschte Gesellschaft, muss sie die Tatsachen darlegen, aus denen sich der behauptete Anspruch und damit ihre Parteifähigkeit ergeben sollen. Diese werden für die Zulässigkeit zunächst unterstellt bis über die Begründetheit der Klage entschieden ist (doppelrelevante Tatsachen) (vgl. zur Parteifähigkeit auch § 74 Rdn. 26 ff.).[53] Auch bei anderen, nach Löschung erforderlichen Abwicklungsmaßnahmen, die nicht in einer Liquidation des Gesellschaftsvermögens bestehen, bleibt die Gesellschaft bis zu deren Abschluss nach § 273 Abs. 4 AktG analog bestehen und parteifähig.[54] Hierbei ist streitig, ob es der Bestellung von Nachtragsliquidatoren bedarf (dazu unter § 74 Rdn. 23). Auch wenn die Gesellschaft durch Eröffnung des Insolvenzverfahrens aufgelöst wird (§ 60 Abs. 1 Nr. 4 GmbHG), gilt der Grundsatz, dass Schadensersatz des Gesellschafters wegen der aus einer Schädigung der Gesellschaft resultierenden Minderung des Werts seiner Beteiligung nicht durch Leistung an sich persönlich, sondern nur durch Leistung an die Gesellschaft verlangt werden kann.[55]

V. Ablehnung der Eröffnung des Insolvenzverfahrens mangels Masse (Nr. 5)

1. Auflösung von Gesetzes wegen

35 § 60 Abs. 1 Nr. 5 dient dem Gläubigerschutz. Wird die Eröffnung des Insolvenzverfahrens wegen Masselosigkeit der Gesellschaft nach § 26 Abs. 1 Satz 1 InsO abgelehnt, führt der Beschluss des Insolvenzgerichts mit seiner Rechtskraft ipso iure zur Auflösung der Gesellschaft. Hierdurch soll eine Gläubigergefährdung durch die masselose Gesellschaft für die Zukunft ausgeschlossen werden. Davon ist der Fall abzugrenzen, dass ein eröffnetes Insolvenzverfahren nach § 207 InsO eingestellt wird. Die Gesellschaft ist dann schon nach § 60 Abs. 1 Nr. 4 aufgelöst und unter den dortigen Voraussetzungen können die Gesellschafter die Fortsetzung beschließen.[56]

2. Voraussetzungen

36 Die Eröffnung des Insolvenzverfahrens mangels Masse wird abgelehnt, wenn die Insolvenzmasse der Gesellschaft voraussichtlich nicht ausreichen wird, um die Kosten des Insolvenzverfahrens zu

---

51 I.E. ebenso *Haas*, in: Baumbach/Hueck, GmbHG, Anh. § 77 Rn. 9a. Wurde die Löschung von Amts wegen hingegen von der GmbH angeregt, ist diese bei Einstellung des Amtslöschungsverfahrens nicht beschwerdebefugt, OLG München, ZIP 2011, 2076 f.

52 BAG, NZG 2002, 1175; BGH, NJW-RR 1994, 542; BGH, WM 2014, 328 f. (Rn. 7); BPatG, Beschl. v. 21.9.2016 – 29 W (pat) 552/13 –, Rn. 44 (juris).

53 BAG, NZG 2002, 1175, 1176.

54 KG, BB 2001, 324, 326 (fortbestehender Anspruch auf Arbeitszeugnis); *Haas*, in: Baumbach/Hueck, GmbHG, Anh. § 77 Rn. 18.

55 BGH, NJW 2013, 2586, 2587 f.; *Mösinger*, BB 2013, 2126, 2127.

56 *Nerlich*, in: Michalski/Heidinger/Leible/Schmidt, GmbHG, § 60 Rn. 239. Bei Einstellung des Insolvenzverfahrens mangels einer die Verfahrenskosten deckenden Masse gem. § 207 InsO ist die Anordnung einer (insolvenzrechtlichen) Nachtragsverteilung zulässig, vgl. BGH, DZWiR 2014, 218 f. (Rn. 7 ff.); BGH, WM 2014, 328 f. (Rn. 5).

decken. Die Kosten des Insolvenzverfahrens ergeben sich aus § 54 InsO und umfassen die Gerichtskosten für das gesamte Verfahren sowie die Vergütungen und Auslagen für den vorläufigen Insolvenzverwalter, den Insolvenzverwalter und die Mitglieder des Gläubigerausschusses.

3. Rechtswirkungen

a) Eintragung

Mit Rechtskraft des abweisenden Beschlusses ist die Auflösung nach § 65 Abs. 1 Satz 2, 3 von Amts wegen in das Handelsregister einzutragen. Die Eintragung hat – wie in den übrigen Fällen des § 60 – hinsichtlich der Auflösung nur deklaratorische Bedeutung. 37

b) Abwicklung

Die Abwicklung verläuft nach den allgemeinen Grundsätzen. Das (geringfügige) Vermögen der Gesellschaft wird zunächst liquidiert, darauf folgt ihre Löschung und damit Beendigung. Da sich die Liquidation nach Gesellschafts-, nicht nach Insolvenzrecht richtet, gilt nach h.M. zwar der Grundsatz der Gleichbehandlung der Gläubiger nicht.[57] Indes kann der Gedanke der Verteilungsgerechtigkeit auch außerhalb des Insolvenzverfahrens zur Geltung kommen, insbesondere wenn die Eröffnung des Insolvenzverfahrens mangels Masse abgelehnt wird (näher unter § 70 Rdn. 14–16).[58] Sofern die Gesellschaft vermögenslos ist, fallen Auflösung und Beendigung zusammen, und sie wird nach § 394 Abs. 1 Satz 1 FamFG (vormals § 141a FGG) gelöscht. 38

c) Rechts- und Parteifähigkeit

Die Rechts- und Parteifähigkeit der Gesellschaft bleibt bestehen.[59] Die GmbH besitzt jedoch nur noch ein eingeschränktes Eigeninteresse daran, als Prozessstandschafterin tätig zu werden. Klagt sie fremde Forderungen für die Gläubiger ein, besteht die Gefahr für die Anspruchsgegner, dass diese mit ihren gegen die Gesellschaft gerichteten Ansprüchen ausfallen (insb. bei erfolgloser Klageerhebung). Eine Prozessstandschaft ist daher nur zulässig, wenn sichergestellt ist, dass die Beklagten nicht unbillig benachteiligt werden.[60] Davon ist insb. auszugehen, wenn die Gesellschaft Ansprüche geltend macht, die ihr zunächst zustanden, die sie jedoch abgetreten hat, und sich die Vermögenslage der Gesellschaft zwischen Entstehung und Geltendmachung des Anspruchs nicht wesentlich verschlechtert hat, da sich dann für den Schuldner nur ein bewusst eingegangenes Risiko verwirklicht.[61] 39

d) Liquidatoren

An die Stelle der Geschäftsführer treten nach den allgemeinen Regeln die Liquidatoren, die im Regelfall mit den vorherigen Geschäftsführern identisch sind, vgl. § 66 Abs. 1. Diese Personenidentität kann stets zu Interessenkonflikten führen, wird jedoch bei § 60 Abs. 1 Nr. 5 als besonderer Missstand empfunden: Im Vermögen der GmbH können trotz der Masselosigkeit der Gesellschaft noch erhebliche Vermögenswerte, insb. Haftungsansprüche gegen Organmitglieder, vorhanden sein. Während bei Bestellung eines Insolvenzverwalters gewährleistet erscheint, dass diese Ansprüche auch geltend gemacht werden, bestehen bei ehemaligen Geschäftsführern, die nunmehr als 40

57 *Haas*, in: Baumbach/Hueck, GmbHG, § 60 Rn. 67; *Nerlich*, in: Michalski/Heidinger/Leible/Schmidt, GmbHG, § 60 Rn. 246 f.; *Lorscheider*, in: BeckOK GmbHG (Stand: 01.05.2020), § 60 Rn 11; *Berner*, in: MünchKommGmbHG, § 60 Rn. 122 mit Hinweis auf die hiergegen geäußerte Kritik; *Geißler*, GmbHR 2018, 1048, 1051; a.A. *Tavakoli/Eisenberg*, GmbHR 2018, 75, 78.

58 Vgl. *Nerlich*, in: Michalski/Heidinger/Leible/Schmidt, GmbHG, § 73 Rn. 20; *K. Schmidt/Bitter*, in: Scholz, GmbHG, 11. Aufl. 2015, § 60 Rn. 28; *H.-F. Müller*, in: MünchKommGmbHG, § 70 Rn. 15; *Tavakoli/Eisenberg*, GmbHR 2018, 75, 78.

59 BGH, NZG 2003, 813; BAG, NZG 2002, 1175; *Cziupka*, in: Scholz, GmbHG, § 60 Rn. 36.

60 BGH, NZG 2003, 813, 814; BGH, NJW 1989, 1932, 1933.

61 BGH, NZG 2003, 813, 814.

Liquidatoren gegen sich selbst vorgehen müssten, berechtigte Zweifel.[62] De lege lata verbleibt es dennoch bei den allgemeinen Regeln, wonach die Liquidatoren das Vermögen liquidieren und diese Funktion auch von ehemaligen Geschäftsführern wahrgenommen werden kann.[63]

4. Rechtsbehelfe

41 Gegen den Beschluss des Insolvenzgerichts, mit dem die Eröffnung des Insolvenzverfahrens abgelehnt wird, kann die Gesellschaft oder ein sonstiger Antragsteller nach § 34 Abs. 1 InsO sofortige Beschwerde einlegen. Die Frist beträgt nach §§ 4 InsO, 569 Abs. 1 ZPO 2 Wochen und beginnt nach § 6 Abs. 2 Satz 1 InsO mit Verkündung der Entscheidung oder ihrer Zustellung. Gegen die Entscheidung des Beschwerdegerichts findet nach §§ 4 InsO, 574 ff. ZPO die Rechtsbeschwerde zum BGH statt.[64]

VI. Registergerichtliche Auflösungsverfügung wegen Satzungsmängeln (Nr. 6)

1. Voraussetzungen

42 Nach § 60 Abs. 1 Nr. 6 folgt die Auflösung aus einer rechtskräftigen Verfügung des Registergerichts, mit der dieses einen Mangel des Gesellschaftsvertrages feststellt. Mängel der Satzung bestehen darin, dass eine nach § 3 Abs. 1 Nr. 1 oder § 3 Abs. 1 Nr. 4 erforderliche Bestimmungen fehlt oder eine dieser Bestimmungen oder die Bestimmungen nach § 3 Abs. 1 Nr. 3 nichtig sind. Das ist der Fall, wenn die Bestimmungen des Gesellschaftsvertrages über die Firma und den Sitz der Gesellschaft sowie die Zahl und die Nennbeträge der Geschäftsanteile, die jeder Gesellschafter gegen Einlage auf das Stammkapital (Stammeinlage) übernimmt, fehlen oder nichtig sind. Im Einzelnen gilt: Die Firma muss den Vorschriften der §§ 4, 5a GmbHG, 18 Abs. 2, 22 HGB entsprechen.[65] Die Bestimmung über den Satzungssitz muss § 4a genügen und daher innerhalb des Bundesgebiets liegen. Die Vorgaben über das Stammkapital müssen in Euro lauten und bei der GmbH einen Betrag von mindestens 25.000 € ausweisen. Außerdem darf das Kapital nicht von Geschäftsunfähigen oder Minderjährigen ohne Zustimmung des gesetzlichen Vertreters übernommen sein.

2. Gebundene Entscheidung

43 Das Registergericht wird nach § 399 Abs. 4 i.V.m. Abs. 1, 2 FamFG (vormals § 144a Abs. 4 FGG) tätig.[66] Es handelt sich nicht um eine Ermessensentscheidung des Gerichts, sondern es liegt eine gebundene Entscheidung vor. Aus Gründen der Rechtssicherheit muss das Registergericht das Verfahren einleiten, wenn die Voraussetzungen vorliegen.[67] Es wird dabei von Amts wegen tätig.[68] Zuständig ist das Registergericht am Sitz der Gesellschaft.[69]

3. Verfahren und Rechtsfolge

44 Das Registergericht fordert die Gesellschaft zunächst auf, innerhalb einer gesetzten Frist den Mangel der Satzung zu beheben, indem die Eintragung in das Handelsregister angemeldet wird, oder die

62 *Haas*, in: Baumbach/Hueck, GmbHG, § 60 Rn. 64 m.w.N; *Geißler*, GmbHR 2018, 1048, 1051.

63 *K. Schmidt/Cziupka*, in: Scholz, GmbHG, § 66 Rn. 2.

64 *Berner*, in: MünchKommGmbHG, § 60 Rn. 120.

65 *Haas*, in: Baumbach/Hueck, GmbHG, Anh. § 77 Rn. 33; zum Streit darüber, ob auch ein Verstoß gegen § 30 HGB zur Nichtigkeit führt, s. ablehnend *Haas* a.a.O.; *Nerlich*, in: Michalski/Heidinger/Leible/Schmidt, GmbHG, § 60 Rn. 263; *Berner*, in: MünchKommGmbHG, § 60 Rn. 138; a.A. *Altmeppen*, in: Roth/Altmeppen, GmbHG, § 4 Rn. 43 f. (bejahend, jedoch u.U. nur Firmenmissbrauchsverfahren gem. §§ 37 Abs. 1 HGB, 392 FamFG).

66 *Cziupka*, in: Scholz, GmbHG, § 60 Rn. 41.

67 *Nerlich*, in: Michalski/Heidinger/Leible/Schmidt, GmbHG, § 60 Rn. 271; *Cziupka*, in: Scholz, GmbHG, § 60 Rn. 41.

68 *Nerlich*, in: Michalski/Heidinger/Leible/Schmidt, GmbHG, § 60 Rn. 270.

69 *Kleindiek*, in: Lutter/Hommelhoff, GmbHG, § 60 Rn. 13; *Nerlich*, in: Michalski/Heidinger/Leible/Schmidt, GmbHG, § 60 Rn. 270.

Unterlassung durch Widerspruch gegen die Aufforderung zu rechtfertigen. Zugleich hat es nach § 399 Abs. 1 FamFG i.V.m. § 399 Abs. 4 FamFG darauf hinzuweisen, dass anderenfalls ein nicht behobener Mangel i.S.d. § 399 Abs. 2 FamFG festzustellen ist und die Gesellschaft nach § 60 Abs. 1 Nr. 6 aufgelöst wird. Kommt die Gesellschaft der Aufforderung zur Behebung des Mangels nicht nach oder wird die Rechtfertigung in Form eines Widerspruchs zurückgewiesen, ergeht eine Auflösungsverfügung. Mit deren Rechtskraft ist die Gesellschaft aufgelöst,[70] wie sich aus §§ 40, 41, 45 FamFG ergibt.

4. Rechtsbehelfe

Als Rechtsbehelfe gegen die Auflösungsverfügung stehen nach § 399 Abs. 3 FamFG die Beschwerde 45
nach §§ 58 ff. FamFG und, sofern vom Beschwerdegericht oder OLG nach § 70 Abs. 1 FamFG zugelassen, die Rechtsbeschwerde nach §§ 70 ff. FamFG (vormals §§ 19, 27 FGG) zur Verfügung.[71] Sowohl die Gesellschaft als auch die Gesellschafter sind dabei beschwerdebefugt.[72] Die Mängel des Gesellschaftsvertrages können noch während des Beschwerdeverfahrens behoben werden.[73]

VII. Registergerichtliche Löschungsverfügung wegen Vermögenslosigkeit (Nr. 7)

1. Unsystematische Verortung

Der Auflösungsgrund in § 60 Abs. 1 Nr. 7 knüpft nach seinem Wortlaut die Auflösung an die Ver- 46
mögenslosigkeit der Gesellschaft. Tatsächlich geht es jedoch nicht um die Auflösung und anschließende Liquidation der Gesellschaft.[74] Da die Gesellschaft vermögenslos und vom Registergericht gelöscht worden ist, handelt es sich vielmehr um ihre Beendigung. Die Regelung passt daher nicht in die Systematik des § 60 und auch nicht zu der Zuständigkeitsordnung der übrigen Auflösungs- und Liquidationsvorschriften, wonach die Liquidatoren die Löschung der Gesellschaft betreiben.[75] In den Fällen des § 394 Abs. 1 Satz 2 FamFG wäre es außerdem stimmiger, wenn der Insolvenzverwalter nach Beendigung des Insolvenzverfahrens die Gesellschaft zur Löschung im Handelsregister anmelden würde.[76] Das würde dem Gedanken des § 199 Satz 2 InsO entsprechen.

2. Voraussetzungen von § 394 Abs. 1 FamFG

Die Beendigung der Gesellschaft tritt nicht ipso iure mit ihrer Vermögenslosigkeit ein, sondern setzt 47
ein Handeln des Registergerichts voraus. Das Verfahren richtet sich nach § 394 Abs. 1 FamFG. Nach Satz 1 kann eine GmbH, die kein Vermögen besitzt, von Amts wegen oder auf Antrag der Finanzbehörde oder der berufsständischen Organe gelöscht werden und ist nach Satz 2 von Amts wegen zu löschen, wenn das Insolvenzverfahren über das Vermögen der Gesellschaft durchgeführt worden ist und keine Anhaltspunkte dafür vorliegen, dass die Gesellschaft noch Vermögen besitzt (zur Löschung nach Beendigung des Insolvenzverfahrens schon unter Rdn. 30–34). § 394 FamFG entspricht im Wesentlichen § 141a FGG a.F.

3. Gebundene Entscheidung des Registergerichts

Der Zweck des § 60 Abs. 1 Nr. 7 besteht im Schutz des Rechtsverkehrs und damit der Gläubiger vor 48
vermögenslosen Gesellschaften. Das beantwortet die streitige Frage, ob die Verfahrenseinleitung im

70 *Nerlich*, in: Michalski/Heidinger/Leible/Schmidt, GmbHG, § 60 Rn. 272, 274.
71 *Kleindiek*, in: Lutter/Hommelhoff, GmbHG, § 60 Rn. 13.
72 OLG München, GmbHR 2006, 91, 92 f.; OLG Düsseldorf, GmbHR 2006, 819, 820 (für Gesellschaft); *Kleindiek*, in: Lutter/Hommelhoff, GmbHG, § 60 Rn. 13; *Nerlich*, in: Michalski/Heidinger/Leible/Schmidt, GmbHG, § 60 Rn. 273. S.a. KG, GmbHR 2004, 1286 zum Fortbestand der bisherigen Vertretungsverhältnisse.
73 BayObLG, GmbHR 2001, 347; *Kleindiek*, in: Lutter/Hommelhoff, GmbHG, § 60 Rn. 13.
74 Zum Zeitpunkt der Vollbeendigung der GmbH bei Vermögenslosigkeit vgl. Vor §§ 60 ff. Rdn. 8 f.
75 *Nerlich*, in: Michalski/Heidinger/Leible/Schmidt, GmbHG, § 60 Rn. 278; *Berner*, in: MünchKommGmbHG, § 60 Rn. 153.
76 *Nerlich*, in: Michalski/Heidinger/Leible/Schmidt, GmbHG, § 60 Rn. 277.

Ermessen des Gerichts steht, und zwar abschlägig, da ansonsten ein effektiver Gläubigerschutz nicht gewährleistet wäre.[77] Das Registergericht wird nach § 26 FamFG (vormals § 12 FGG) von Amts wegen tätig. Ein Antrag an das Gericht ist daher nur als Anregung, nicht als Voraussetzung zu verstehen. Im Interesse eines wirksamen Gläubigerschutzes muss das Registergericht konkreten Hinweisen auf die Vermögenslosigkeit nachgehen.[78]

4. Vermögenslosigkeit

49 Die Gesellschaft ist vermögenslos, wenn sie über keine wesentlichen Vermögenswerte verfügt, die zur Gläubigerbefriedigung oder Verteilung an die Gesellschafter geeignet sind.[79] Dabei kommt es auf die im Jahresabschluss anzusetzenden und bewertbaren Vermögensgegenstände an, während nicht-bilanzierungsfähiges Vermögen außer Betracht bleiben muss.[80] Die Masselosigkeit i.S.v. § 60 Abs. 1 Nr. 5 reicht nicht unweigerlich aus, um Vermögenslosigkeit anzunehmen, da auch eine Gesellschaft, die die Kosten des Insolvenzverfahrens nicht aufbringen kann, durchaus noch über Vermögenswerte i.S.v. § 60 Abs. 1 Nr. 7 verfügen kann.[81] Die Anforderungen sind am Normzweck auszurichten. Nur sofern der Gläubigerschutz es auch vor dem Hintergrund des gravierenden Eingriffs in die Rechtsstellung der Gesellschafter, den eine Löschung bedeutet, gebietet, ist die Gesellschaft zu löschen.[82] Steht in naher Zukunft ein Zufluss bevor, schließt dies die Vermögenslosigkeit aus, insb. wenn sich die Gesellschafter bereitfinden, die Gesellschaft mit Vermögen auszustatten.[83]

5. Rechtsbehelfe

a) Vor Löschung

50 Das Registergericht gibt dem Geschäftsführer seine Absicht, die Gesellschaft zu löschen, bekannt. Gegen diese Bekanntmachung kann die Gesellschaft, daneben aber auch jeder Dritte, der ein berechtigtes Interesse daran hat, dass die Löschung unterbleibt, Widerspruch einlegen und geltend machen, dass die Gesellschaft nicht vermögenslos ist. Wegen des mit der Löschung verbundenen Eingriffs in die Mitgliedschaft sind dies jedenfalls die Gesellschafter, daneben aber auch die Gläubiger, die durch die Löschung mit ihren Forderungen auszufallen drohen.[84] Neben dem schon zu § 60 Nr. 4 Gesagten (Rdn. 33) gilt, dass das Gericht eine angemessene Widerspruchsfrist bestimmen muss, um diesen Interessenträgern Gehör zu verleihen. Hier entfaltet die Monatsfrist in Verwaltungsverfahren insoweit Leitbildfunktion, als sie jedenfalls im Regelfall nicht unterschritten werden soll.[85] Kommt es zu keinem Widerspruch oder wird ein solcher rechtskräftig nach §§ 394 Abs. 3, 393 Abs. 3, 4 FamFG (§§ 141a Abs. 2 Satz 3, 141 Abs. 3, 4 FGG a.F.) zurückgewiesen, muss das Registergericht die Löschung der Gesellschaft verfügen. Wiederum im Interesse eines effektiven Gläubigerschutzes besteht kein Ermessensspielraum.

---

77 *Nerlich*, in: Michalski/Heidinger/Leible/Schmidt, GmbHG, § 60 Rn. 294; *Cziupka*, in: Scholz, GmbHG, § 60 Rn. 64.

78 *Haas*, in: Baumbach/Hueck, GmbHG, Anh. § 77 Rn. 8; *Nerlich*, in: Michalski/Heidinger/Leible/Schmidt, GmbHG, § 60 Rn. 294; *Cziupka*, in: Scholz, GmbHG, § 60 Rn. 59.

79 BayObLG, BB 1984, 315 f.; *Nerlich*, in: Michalski/Heidinger/Leible/Schmidt, GmbHG, § 60 Rn. 279; *Cziupka*, in: Scholz, GmbHG, § 60 Rn. 54.

80 *Nerlich*, in: Michalski/Heidinger/Leible/Schmidt, GmbHG, § 60 Rn. 280.

81 *Nerlich*, in: Michalski/Heidinger/Leible/Schmidt, GmbHG, § 60 Rn. 279.

82 Ähnlich *Haas*, in: Baumbach/Hueck, GmbHG, Anh. § 77 Rn. 10; *Nerlich*, in: Michalski/Heidinger/Leible/Schmidt, GmbHG, § 60 Rn. 294.

83 *Haas*, in: Baumbach/Hueck, GmbHG, Anh. § 77 Rn. 10.

84 *Haas*, in: Baumbach/Hueck, GmbHG, Anh. § 77 Rn. 9a.

85 I.E. *Haas*, in: Baumbach/Hueck, GmbHG, Anh. § 77 Rn. 9a; *Nerlich*, in: Michalski/Heidinger/Leible/Schmidt, GmbHG, § 60 Rn. 296.

b) Nach Löschung

Gegen die Löschung sind nach § 383 Abs. 3 FamFG keine Rechtsmittel möglich. Die gelöschte Gesellschaft bleibt gelöscht, sofern nicht ausnahmsweise das Registergericht seine Löschungsverfügung nach § 395 FamFG von Amts wegen revidiert. Voraussetzung dafür ist, dass die Löschung auf einem wesentlichen Verfahrensmangel beruht. Ein solcher liegt z.B. vor, wenn den Betroffenen nicht ausreichend Gelegenheit zum Widerspruch gegeben wurde, weil sie von der Bekanntmachung des Registergerichts nicht Kenntnis nehmen konnten oder die Widerspruchsfrist zu kurz bemessen war, oder wenn die Rechtsmittel noch nicht ausgeschöpft waren und daher keine Rechtskraft eintreten konnte.[86] Fehlte es an der vom Registergericht angenommenen Vermögenslosigkeit, liegt hingegen kein schwerer Verfahrensfehler vor.[87] Vielmehr ist die Gesellschaft nach der herrschenden Lehre vom Doppeltatbestand (dazu Vor §§ 60 ff. Rdn. 9) nicht erloschen und muss deshalb abgewickelt werden. Hierfür gelten die Grundsätze des § 66 Abs. 5 (vgl. § 66 Rdn. 30 ff.).[88] 51

6. Abgrenzung zur Nichtgesellschaft

Wird das Registergericht tätig, um eine Nichtgesellschaft zu löschen, fällt dies weder unter § 60 Abs. 1 Nr. 7 noch überhaupt unter § 60. Da eine Nichtgesellschaft nie zur Entstehung gelangt ist, kann sie auch nicht aufgelöst werden. Das Registergericht kann die GmbH nach § 397 FamFG löschen, wenn unter den Voraussetzungen der §§ 75, 76 Nichtigkeitsklage gegen sie erhoben werden könnte. Außerdem kann es sie nach § 395 FamFG von Amts wegen oder auf Antrag der berufsständischen Organe löschen, wenn die Eintragung im Register unzulässig ist, weil wesentliche Voraussetzungen für die Eintragung nicht erfüllt sind. 52

VIII. Weitere Auflösungsgründe

Neben den in § 60 genannten Auflösungsgründen existieren weitere, außerhalb des GmbHG geregelte Auflösungstatbestände.[89] Zu nennen sind die Abwicklungsverfügungen der Bundesanstalt für Finanzdienstleistungsaufsicht nach § 38 Abs. 1 KWG, wenn die Betriebserlaubnis zurückgenommen wurde, und die mit einem Verbot nach §§ 3, 17 VereinsG verbundene Auflösung der Gesellschaft, wenn ihr Zweck oder ihre Tätigkeit den in § 17 Nr. 2 VereinsG genannten Strafgesetzen zuwiderläuft oder sie sich gegen die verfassungsmäßige Ordnung oder den Gedanken der Völkerverständigung richtet. 53

C. Gesellschaftsvertraglich vereinbarte Auflösungsgründe

I. Satzungsautonomie

§ 60 Abs. 2 erweitert die Auflösungsgründe um die Festsetzungen im Gesellschaftsvertrag. Die Bestimmung ist Ausdruck der Satzungsautonomie. Die Gesellschafter sind grds. frei darin, über die gesetzlich angeordneten Auflösungsgründe hinauszugehen und im Gesellschaftsvertrag weitere Auflösungsgründe vorzusehen, nicht aber darin, gesetzliche Auflösungsgründe zu beseitigen.[90] 54

II. Bestimmtheit

Für die in der Satzung vorgesehenen Auflösungsgründe gilt ein strenges Bestimmtheitsgebot, da Zweifel über die Auflösung der Gesellschaft mit dem Gläubigerschutz unvereinbar sind. Zu unbestimmt und daher unwirksam sind Satzungsbestimmungen, die eine automatische Auflösung an 55

---

86 Ausführlich zu den Löschungsgründen *Cziupka*, in: Scholz, GmbHG, § 60 Rn. 77.

87 KG, GmbHR 2004, 1286, 1287; OLG München, GmbHR 2006, 91, 93; OLG Hamm, DB 2001, 2087, 2088; OLG Frankfurt am Main, GmbHR 1993, 298; *Cziupka*, in: Scholz, GmbHG, § 60 Rn. 77.

88 *Haas*, in: Baumbach/Hueck, GmbHG, § 60 Rn. 70.

89 S. hierzu *Haas*, in: Baumbach/Hueck, GmbHG, § 60 Rn. 71 ff.

90 *Nerlich*, in: Michalski/Heidinger/Leible/Schmidt, GmbHG, § 60 Rn. 310.

das Vorliegen eines wichtigen Grundes oder die Unmöglichkeit der Zweckerreichung knüpfen.[91] I.Ü. gelten die allgemeinen Grundsätze zu Satzungsbestimmungen. Insb. finden die Grenzen der Satzungsautonomie aus Gründen des individuellen Gesellschafterschutzes bei Verstößen gegen die guten Sitten nach § 138 BGB Anwendung.

III. Kündigungsklauseln

1. Willensakt der Gesellschafter

56 Von Auflösungsgründen sind Kündigungsklauseln zu unterscheiden, die nicht zu einer unwillkürlichen Auflösung führen, sondern einen Willensakt der Gesellschafter voraussetzen. Durch solche Klauseln können alle oder einzelne Gesellschafter zur Kündigung ermächtigt werden. Außerdem kann das Kündigungsrecht jedem Gesellschafter zur alleinigen Ausübung oder nur mehreren oder allen hierzu berechtigten Gesellschaftern gemeinsam zustehen. Läuft dies darauf hinaus, dass die Gesellschaftermehrheit kündigen muss, handelt es sich um einen (lediglich als Kündigung benannten) Fall des § 60 Abs. 1 Nr. 2, der den hierfür geltenden Regeln unterliegt.

2. Kündigung und ordentliches Austrittsrecht

a) Abgrenzungskriterien

57 Die Wahrnehmung solcher Kündigungsklauseln führt zur Auflösung der Gesellschaft, wenn diese Rechtsfolge (durch Auslegung) erkennbar den Gegenstand der Satzungsbestimmung darstellt. Nur wenn Anhaltspunkte vorliegen, dass es sich um ein ordentliches Austrittsrecht handeln soll, führt die Kündigung lediglich zum Ausscheiden des oder der kündigenden Gesellschafter.[92] Dem GmbH-Recht ist ein ordentliches Austrittsrecht anders als dem Personengesellschaftsrecht aus Gründen der Kapitalerhaltung und der dahinter stehenden Gläubigerinteressen fremd. Aus §§ 60, 61 geht hervor, dass Desinvestitionsentscheidungen nicht zum Ausscheiden der Gesellschafter und Fortbestand der Gesellschaft, sondern zu deren Auflösung führen. Die Konzeption des GmbH-Rechts ist darauf ausgelegt, dass der einzelne Gesellschafter ohne Kapitalentzug ausscheidet, indem er seine Beteiligung überträgt. Um Härten zu vermeiden, ist außerdem das Recht zum Austritt aus wichtigem Grund anerkannt. Dies schließt nicht aus, ein ordentliches Austrittsrecht durch Satzungsbestimmung zu schaffen, setzt jedoch voraus, dass ein derartiger Wille der Gesellschafter deutlich hervorgeht.

b) Wirkung im Einzelfall

58 Daher ist zu unterscheiden: Die Ausübung eines sich aus einer Kündigungsklausel ergebenden Kündigungsrechts führt regelmäßig nicht zum Ausscheiden des Gesellschafters. Die damit verbundenen gravierenden Auswirkungen für die Mitgesellschafter, deren Beteiligung an der GmbH gegen ihren Willen endet, sind hinzunehmen, wenn die Kündigungsklausel von Anfang an in der Satzung enthalten war. In diesem Fall wird der erweiterte Katalog der Auflösungsgründe zum Bestandteil der Mitgliedschaft. Die Gesellschafter schließen sich der Gesellschaft in Kenntnis der Details der Beteiligung an, weshalb sie nur bedingt schutzwürdig sind. Nur im Ausnahmefall wird sich der kündigende Gesellschafter auf seine Treuepflicht verweisen lassen müssen, wenn die Kündigung für die übrigen Gesellschafter zur Unzeit erfolgt und dem Kündigenden kein bedeutender Nachteil daraus erwächst, dass die Auflösung hinausgeschoben wird.

---

91 *Haas*, in: Baumbach/Hueck, GmbHG, § 60 Rn. 89; *Kleindiek*, in: Lutter/Hommelhoff, GmbHG, § 60 Rn. 25 f.; *Nerlich*, in: Michalski/Heidinger/Leible/Schmidt, GmbHG, § 60 Rn. 310.

92 Sehr str., s. die Darstellung des Meinungsbilds bei *Nerlich*, in: Michalski/Heidinger/Leible/Schmidt, GmbHG, § 60 Rn. 315–323; *Cziupka*, in: Scholz, GmbHG, § 60 Rn. 92 ff. Ähnlich wie hier *Haas*, in: Baumbach/Hueck, GmbHG, § 60 Rn. 90; *Cziupka*, in: Scholz, GmbHG, § 60 Rn. 94; a.A. etwa OLG Düsseldorf, GmbHR 2004, 356; *Kleindiek*, in: Lutter/Hommelhoff, GmbHG, § 60 Rn. 27: im Zweifel Ausscheiden des Gesellschafters. Wohl auch *Altmeppen*, in: Roth/Altmeppen, GmbHG, § 60 Rn. 33.

c) Verzicht bei Abfindung

Auf sein Recht zur Kündigung muss ein zur Kündigung berechtigter Gesellschafter verzichten, wenn ihm ein Ausscheiden zum Verkehrswert (zur Berechnung § 61 Rdn. 7) seiner Beteiligung angeboten wird. Dies kann entweder durch Übernahme seines Anteils durch einen anderen Gesellschafter oder durch Einziehung seines Anteils durch einstimmigen Beschluss der übrigen Gesellschafter erfolgen, um den gravierenden Auswirkungen auf die Vermögenslage der Gesellschaft und mittelbar auf das Vermögen der verbleibenden Gesellschafter Rechnung zu tragen. Hierdurch wird sowohl dem Schutz des Kündigenden, der sich nicht auf einen Abfindungsstreit einlassen muss, als auch der Mitgesellschafter, die einen Kapitalentzug nicht zu dulden brauchen, Rechnung getragen. 59

3. Nachträgliche Regelung durch Satzungsänderung

Ganz anders ist demgegenüber die Situation, wenn die Auflösungsgründe erst später in die Satzung aufgenommen werden und nicht sämtliche Gesellschafter zustimmen. Durch diese Satzungsänderung wird die Rechtsstellung der widersprechenden Gesellschafter gegen ihren Willen verändert. Eine Rechtfertigung dieser Beeinträchtigung durch die Gesellschaftsinteressen, die ansonsten regelmäßig den Bezugspunkt einer Inhaltskontrolle von Beschlüssen darstellen,[93] scheidet aus, da die Gesellschaft kein Interesse an ihrer Auflösung besitzen kann. Da auch die Notwendigkeit der Beschlusstragung durch eine qualifizierte Mehrheit von 3/4 der abgegebenen Stimmen nach § 53 Abs. 2 keine Richtigkeitsgewähr in sich trägt, kommt es darauf an, ob Gründe der beschlusstragenden Mehrheit für die Einführung des Kündigungsrechts bestehen und sich bei einer Abwägung gegen die Interessen der widersprechenden Minderheit an einer unveränderten Beibehaltung ihrer mitgliedschaftlichen Rechtsstellung durchzusetzen vermögen. 60

D. Fortsetzung der aufgelösten Gesellschaft

I. Allgemeine Voraussetzungen

1. Beschluss über Wiedereintritt in werbende Phase

Die Gesellschafter können im Liquidationsstadium beschließen, die Gesellschaft fortzusetzen und damit in das werbende Stadium zurückzukehren. Die Fortsetzung wird in das Handelsregister eingetragen, wobei es sich wiederum nur um eine deklaratorische Eintragung handelt.[94] Ein solcher Wiedereintritt setzt einen Gesellschafterbeschluss und die Beseitigung des Auflösungsgrundes voraus.[95] Hierbei kann es sich um eine wirtschaftliche Neugründung handeln, die Offenlegungspflichten nach § 8 Abs. 2[96] und die entsprechende Anwendung der Gründungsvorschriften[97] auslösen kann, da die hierfür geltenden Grundsätze auch in der Liquidation Anwendung finden.[98] Voraussetzung ist, dass die Gesellschaft nur noch als »leere Hülse« besteht, dann aber reaktiviert wird. Das ist nicht etwa schon der Fall, wenn von der Liquidationstätigkeit zum operativen Geschäft übergegangen wird.[99] Die Liquidationstätigkeit stellt in der Liquidationsphase die übliche aktive unternehmerische Tätigkeit dar. Vielmehr kann von einer »leeren Hülse« nur ausgegangen werden, wenn die Abwicklung über einen längeren Zeitraum nicht betrieben wurde, dann aber die wirtschaftliche Tätigkeit wieder aufgenommen wird.[100] 61

---

93 Dazu grundlegend *Hofmann*, Der Minderheitsschutz im Gesellschaftsrecht, 2011, S. 183–185.
94 *Gehrlein*, DStR 1997, 31; *Cziupka*, in: Scholz, GmbHG, § 60 Rn. 95.
95 *Cziupka*, in: Scholz, GmbHG, § 60 Rn. 96, 102; *Peetz*, GmbHR 2019, 326, 330.
96 Dazu BGH, NZG 2003, 972, 973; *Servatius*, in: Baumbach/Hueck, GmbHG, § 8 Rn. 15a.
97 Dazu BGH, NZG 2003, 972, 973–975; *Servatius*, in: Baumbach/Hueck, GmbHG, § 8 Rn. 13, 15a. Siehe auch oben *Simon*, § 3 Rdn. 70–80.
98 BGH, NZG 2014, 264; BGH, DB 2020, 1226, 1231 zum Fall des § 60 Abs. 1 Nr. 4; vgl. hierzu auch *Arens*, GmbHR 2017, 449.
99 BGH, NZG 2014, 264, 265; BGH, DB 2020, 1226, 1231; demgegenüber für einen weiteren Anwendungsbereich der Grundsätze der Mantelgründung *Peetz*, GmbHR 2019, 326, 331.
100 BGH, NZG 2014, 264, 265.

2. Vermögenslage

62 Die Fortsetzung ist ausgeschlossen, wenn die Vermögenslage der Gesellschaft den Auflösungsgrund darstellt. Daher muss in den Fällen der § 60 Nr. 4, 5 und 7 zunächst das Vermögen der Gesellschaft aufgestockt werden, um einen Fortsetzungsbeschluss fassen zu können (dazu Rdn. 68 ff.). Auch in den übrigen Fällen scheidet eine Fortsetzung aus, wenn aufgrund der Vermögenslage Insolvenzantrag nach § 15a InsO gestellt werden muss.[101] Hingegen brauchen die Anforderungen an das Aktivvermögen im Errichtungsstadium nicht erreicht zu werden. Da es sich nur um die Fortsetzung der früheren Gesellschaft handelt, ist es aus Gründen des Gläubigerschutzes nicht geboten, das Aktivvermögen auf die Höhe des satzungsmäßigen Stammkapitals aufzustocken. Es kann daher bei der GmbH unter 25.000 € liegen.[102]

3. Nach Beginn der Vermögensverteilung

63 Streitig sind die zeitlichen Grenzen für einen Fortsetzungsbeschluss. Nach herrschender Meinung soll auch bei der GmbH ebenso wie nach § 274 Abs. 1 Satz 1 AktG bei der AG eine Fortsetzung ausscheiden, wenn mit der Verteilung des Liquidationsvermögens an die Gesellschafter begonnen wurde.[103] Gegen eine Fortsetzung spricht, dass bei der Fortsetzung keine Kapitalausstattungskontrolle durch das Registergericht stattfindet.[104] Dieses Argument erscheint wenig stichhaltig. Ein Fortsetzungsbeschluss ist generell möglich, wie ausgeführt auch dann, wenn das Aktivvermögen der Gesellschaft das satzungsmäßige Stammkapital nicht erreicht.[105] Außerdem findet auch in der werbenden Gesellschaft keine registergerichtliche Kontrolle dahin gehend statt, ob entgegen § 30 Ausschüttungen an die Gesellschafter vorgenommen wurden. Die Gläubiger sind bei einer Fortsetzung nach Beginn der Vermögensverteilung ggü. der werbenden Gesellschaft insoweit sogar besser gestellt, als eine Verteilung und anschließende Fortsetzung ohnehin nur nach Ende des Sperrjahres nach § 73 stattfinden kann. Zu diesem Zeitpunkt sind sämtliche Gläubigerforderungen beglichen. Daher muss ein Fortsetzungsbeschluss auch nach begonnener Verteilung möglich sein.[106] Die Gesellschafter sind dann zur Rückzahlung des Erhaltenen verpflichtet, da der Rechtsgrund, die Liquidation des Gesellschaftsvermögens, entfallen ist.[107]

4. Nach Abschluss der Vermögensverteilung

64 Erst wenn die Verteilung abgeschlossen ist, muss eine Fortsetzung ausscheiden, da mit der Vermögenslosigkeit der Gesellschaft die materielle Voraussetzung für ihre Beendigung vorliegt und es nach der Lehre vom Doppeltatbestand nur noch des Formalakts der Löschung im Handelsregister bedarf, um die Gesellschaft zum Erlöschen zu bringen.[108]

---

101 BGH, DB 2020, 1226, 1231; BayObLG, NJW-RR 1998, 902, 903; *Cziupka*, in: Scholz, GmbHG, § 60 Rn. 100.

102 BGH, DB 2020, 1226, 1230 f.; BayObLG, NJW-RR 1998, 902, 903; *Cziupka*, in: Scholz, GmbHG, § 60 Rn. 100; *Gehrlein*, DStR 1997, 31.

103 So jetzt auch BGH, DB 2020, 1226, 1229 ff.; m. zust. Anm. *Gehrlein* LMK 2020, 430987; a.A. *Bayer/Goffin* EWiR 2020, 451, 452.

104 Vgl. RGZ 118, 337, 340; OLG Düsseldorf, GmbHR 1979, 227, 228; *Gehrlein*, DStR 1997, 31, 32; i.E. auch BGH, DB 2020, 1226, 1229 ff.; *Kleindiek*, in: Lutter/Hommelhoff, GmbHG, § 60 Rn. 29; *Haas*, in: Baumbach/Hueck, GmbHG, § 60 Rn. 91 f. Ausführlich zum Streitstand *Nerlich*, in: Michalski/Heidinger/Leible/Schmidt, GmbHG, § 60 Rn. 326–330.

105 *Cziupka*, in: Scholz, GmbHG, § 60 Rn. 100.

106 *Bayer/Goffin* EWiR 2020, 451, 452; so auch *Altmeppen*, in: Roth/Altmeppen, GmbHG, § 60 Rn. 44 f., wonach es ausreicht, dass die Gesellschaft weder insolvent noch masselos ist.

107 Vgl. *Cziupka*, in: Scholz, GmbHG, § 60 Rn. 99.

108 RGZ 118, 337, 340; *Cziupka*, in: Scholz, GmbHG, § 60 Rn. 98.

II. Fortsetzung in den Fällen des § 60 Abs. 1 Nr. 1 und 2

1. § 60 Abs. 1 Nr. 2

Der unproblematischste Fall einer Fortsetzung der aufgelösten GmbH ist der des § 60 Abs. 1 Nr. 2. 65
Ebenso wie die Gesellschafter durch Beschluss mit Dreiviertelmehrheit die Auflösung beschließen können, ist auch ein Beschluss über deren Fortsetzung möglich. Dabei sind kaum Gründe denkbar, aus denen sich das Erfordernis einer inhaltlichen Rechtfertigung des Fortsetzungsbeschlusses ergeben könnte. Der vorausgehende Auflösungsbeschluss bildet regelmäßig keine Grundlage für ein schutzwürdiges Vertrauen der Gesellschafter auf einen Fortbestand der Liquidation. Sollte sich durch die Fortsetzung im Ausnahmefall eine untragbare Situation für einen Gesellschafter ergeben, vermag dieser aus wichtigem Grunde auszuscheiden. Daher bedarf es auch keines einstimmigen Beschlusses.[109] In Analogie zu § 274 Abs. 1 Satz 2, 3 AktG wird jedoch von der herrschenden Meinung eine qualifizierte Beschlussmehrheit von drei Vierteln gefordert.[110]

2. § 60 Abs. 1 Nr. 1

Ist die Auflösung der GmbH gem. § 60 Abs. 1 Nr. 1 durch Ablauf der im Gesellschaftsvertrag 66
bestimmten Zeit eingetreten, kann ebenso analog § 274 Abs. 1 Satz 2 AktG mit Dreiviertelmehrheit die Fortsetzung beschlossen werden.[111] Hinzutreten muss allerdings eine Änderung des Gesellschaftsvertrages gem. §§ 53, 54 in Bezug auf die Zeitbestimmung (vgl. hierzu Rdn. 6 ff.).[112]

III. Fortsetzung in den Fällen der §§ 60 Abs. 2, 61

Davon unterscheiden sich die Fälle, in denen die Auflösung auf einen Antrag der Minderheit nach 67
§ 61 oder ein individuelles Kündigungsrecht nach § 60 Abs. 2 zurückgeht. In diesen Fällen würde das Minderheitsrecht bzw. die individuelle Kündigungsmöglichkeit entwertet, wenn die Mehrheit die Fortsetzung der Gesellschaft beschließen könnte. Hier bedarf es der Zustimmung derjenigen, von denen die Kündigung herbeigeführt wurde.[113] Gleiches gilt, wenn durch die Fortsetzung zusätzliche Leistungspflichten begründet werden, insb. bei Wiederaufleben von Nebenleistungspflichten.[114]

IV. Fortsetzung in den Fällen des § 62

Geht die Auflösung nicht auf einen Willensakt der Gesellschafter bzw. einen Auflösungsgrund in 68
der Satzung zurück, ist ihnen die Entscheidung über eine Fortsetzung der Gesellschaft genommen. Eine behördliche Auflösungsverfügung kann mit Rechtsmitteln angegriffen werden. Nur auf diesem Weg ist die Auflösung zu verhindern, nicht durch einen Fortsetzungsbeschluss.[115]

---

109 A.A. RGZ 118, 337, 341.

110 *Haas*, in: Baumbach/Hueck, GmbHG, § 60 Rn. 92; *Nerlich*, in: Michalski/Heidinger/Leible/Schmidt, GmbHG, § 60 Rn. 341; *Altmeppen*, in: Roth/Altmeppen, GmbHG, § 60 Rn. 47.

111 *Kleindiek*, in: Lutter/Hommelhoff, GmbHG, § 60 Rn. 29; *Altmeppen*, in: Roth/Altmeppen, GmbHG, § 60 Rn. 47; *Cziupka*, in: Scholz, GmbHG, § 60 Rn. 109.

112 *Lorscheider*, in: BeckOK GmbHG (Stand: 1.5.2020), § 60 Rn. 21; *Kleindiek*, in: Lutter/Hommelhoff, GmbHG, § 60 Rn. 31; *Haas*, in: Baumbach/Hueck, GmbHG, § 60 Rn. 92; *Nerlich*, in: Michalski/Heidinger/Leible/Schmidt, GmbHG, § 60 Rn. 351.

113 *Nerlich*, in: Michalski/Heidinger/Leible/Schmidt, GmbHG, § 60 Rn. 343; für § 61 auch *Haas*, in: Baumbach/Hueck, GmbHG, § 60 Rn. 94; a.A. *Altmeppen*, in: Roth/Altmeppen, GmbHG, § 60 Rn. 49; nach *Kleindiek*, in: Lutter/Hommelhoff, GmbHG, § 60 Rn. 34, scheidet der Kündigende unter Abfindung zum Liquidationswert aus der Gesellschaft aus.

114 *Haas*, in: Baumbach/Hueck, GmbHG, § 60 Rn. 92; *Kleindiek*, in: Lutter/Hommelhoff, GmbHG, § 60 Rn. 35.

115 *Haas*, in: Baumbach/Hueck, GmbHG, § 60 Rn. 93; *Altmeppen*, in: Roth/Altmeppen, GmbHG, § 60 Rn. 50.

V. Fortsetzung in den Fällen des § 60 Abs. 1 Nr. 4

1. Während des Insolvenzverfahrens

69 In den Fällen des § 60 Abs. 1 Nr. 4 ist eine Fortsetzung während der Dauer des Insolvenzverfahrens ausgeschlossen. Die Verfügungsbefugnis über das Gesellschaftsvermögen ist den Gesellschaftern im Insolvenzverfahren entzogen, und zwar nach der in der gesellschaftsrechtlichen Literatur herrschenden Meinung auch dann noch, wenn das Insolvenzverfahren beendet ist, da der Insolvenzverwalter die Verteilung des Vermögens zu Ende führt (vgl. zum Meinungsstand Vor §§ 60 ff. Rdn. 21).[116] Nur wenn das Insolvenzverfahren auf Antrag der Gesellschaft nach §§ 212, 213 InsO eingestellt oder durch Bestätigung eines Insolvenzplans, der den Fortbestand der Gesellschaft vorsieht, nach § 258 InsO aufgehoben wird, ist ein Fortsetzungsbeschluss möglich.[117] Im letzteren Fall reicht es aus, dass der Insolvenzplan die Fortsetzung der Gesellschaft als abstrakte Möglichkeit darstellt, d.h. in welcher Art und Weise sie erfolgen soll, muss nicht konkret dargelegt werden.[118] Dies unterliegt der Prüfungskompetenz des Registergerichts; eine Bindung an die Bestätigungsentscheidung des Insolvenzgerichts besteht nicht.[119] Die in § 60 Abs. 1 Nr. 4 genannten Fortsetzungsmöglichkeiten sind abschließend. Dies hat der BGH bestätigt und der Gegenauffassung eine Absage erteilt.[120] Der BGH weist zum einen auf die entsprechende Rechtsprechung zur Parallelvorschrift des § 274 Abs. 2 Nr. 1 AktG hin, wonach er zum alten Konkursrecht bereits entschieden hat, dass eine Fortsetzung der Gesellschaft nach Auflösung durch die Eröffnung des Konkursverfahrens nur in den gesetzlich bestimmten Fällen zulässig ist.[121] Darüber hinaus spreche gegen eine Fortsetzungsmöglichkeit in anderen, nicht in § 60 Abs. 1 Nr. 4 GmbHG genannten, Fällen der Umstand, dass der Wortlaut der Norm im Zuge der Insolvenzrechtsreform des Jahres 1994 nicht erweitert worden sei. Die Auflösungsfolge des § 60 Abs. 1 Nr. 4 GmbHG diene dem Gläubigerschutz und es sei im Regelfall nicht zu erwarten, dass die Gesellschaft in den nicht in § 60 Abs. 1 Nr. 4 GmbHG genannten Fällen nach Abschluss des Insolvenzverfahrens noch über maßgebliches Gesellschaftsvermögen verfügte, welches eine Fortsetzung der Gesellschaft ohne Gefährdung der Gläubiger rechtfertigen könnte.[122] Insbesondere scheidet damit aus, die Gesellschaft nach der Schlussverteilung gem. § 200 InsO fortzusetzen.[123]

2. Masseunzulänglichkeit nach § 211 InsO

70 Nach der wohl vorherrschenden Ansicht scheidet eine Fortsetzung auch aus, wenn das Insolvenzverfahren nach Anzeige der Masseunzulänglichkeit nach § 211 InsO eingestellt wird. Aus der sich daran unweigerlich anschließenden Löschung nach § 394 Abs. 1 Satz 1 FamFG ergibt sich, dass den Gesellschaftern die Befugnis zur Fortsetzung entzogen ist. Allerdings steht diese Löschung unter der Voraussetzung der Vermögenslosigkeit der Gesellschaft. Soweit die Gesellschaft nachweist, dass der Insolvenzgrund und die Masselosigkeit entfallen sind, kann die Löschung abgewendet und eine Fortsetzung beschlossen werden.[124]

116 *Haas*, in: Baumbach/Hueck, GmbHG, § 60 Rn. 95 f.

117 *Nerlich*, in: Michalski/Heidinger/Leible/Schmidt, GmbHG, § 60 Rn. 356.

118 BGH, DB 2020, 1226, 1228 f.; *Brünkmans/Brünkmans*, NZI 2019, 431, 433.

119 BGH, DB 2020, 1226, 1227 f.; *Lorscheider*, in: BeckOK GmbHG (Stand: 01.05.2020), § 60 Rn. 9i.

120 BGH, DZWiR 2015, 481, 482 (Rn. 7 ff.); zuvor auch schon OLG Schleswig-Holstein, NZG 2014, 698, 699 (Vorinstanz); OLG Celle, GmbHR 2011, 257; bestätigend BGH, DB 2020, 1226, 1227; *Haas*, in: Baumbach/Hueck, GmbHG, § 60 Rn. 95; zustimmend *Miras*, NZG 2015, 1349 ff.; a.A. *Wachter*, NZG 2015, 858, 860; *Hacker/Petsch*, ZIP 2016, 761, 763 ff.

121 BGH, WM 2004, 382, 386.

122 BGH, DZWiR 2015, 481, 482 (Rn. 10, 12).

123 BGH, DZWiR 2015, 481, 482 (Rn. 12); zuvor bereits OLG Schleswig-Holstein, NZG 2014, 698, 699 (Vorinstanz); *Haas*, in: Baumbach/Hueck, GmbHG, § 60 Rn. 95; *Gesell*, in: Rowedder/Schmidt-Leithoff, GmbHG, § 60 Rn. 76.

124 Zum Vorstehenden und zur Einstellung mangels Masse gem. § 207 InsO *Haas*, in: Baumbach/Hueck, GmbHG, § 60 Rn. 95a f.; zur Fortsetzung im Fall des § 207 InsO *Kleindiek*, in: Lutter/Hommelhoff, GmbHG, § 60 Rn. 31; insoweit a.A. *Cziupka*, in: Scholz, GmbHG, § 60 Rn. 115.

VI. Fortsetzung in den Fällen des § 60 Abs. 1 Nr. 5

Entsprechend zu § 60 Abs. 1 Nr. 4 gilt in den Fällen des § 60 Abs. 1 Nr. 5: Aus Gründen des Gläubigerschutzes scheidet es aus, die Gesellschaft bei Ablehnung der Eröffnung mangels Masse fortzusetzen.[125] Soweit jedoch die Insolvenzreife bzw. die Masselosigkeit beseitigt wurde, kann eine Fortsetzung beschlossen werden.[126] 71

VII. Fortsetzung in den Fällen des § 60 Abs. 1 Nr. 6 und 7

1. § 60 Abs. 1 Nr. 6

In den Fällen des § 60 Abs. 1 Nr. 6 kann fortgesetzt werden, wenn der Mangel behoben wird.[127] 72
Das gilt auch noch nach Eintragung der Auflösungsverfügung, da diese nicht zur Beendigung der Gesellschaft führt.[128]

2. § 60 Abs. 1 Nr. 7

Bei § 60 Abs. 1 Nr. 7 kommt eine Fortsetzung nur in Betracht, wenn doch Gesellschaftsvermögen vorhanden und die Gesellschaft daher gem. § 66 Abs. 5 zu liquidieren ist (vgl. hierzu § 66 Rdn. 30 ff.).[129] Weiter einschränkend ist eine Fortsetzung außerdem nur möglich, solange die Löschungsverfügung noch nicht rechtskräftig ist. Ist die Gesellschaft aus dem Handelsregister entfernt, dient die Verteilung eines mitunter noch vorhandenen Vermögens nur noch der Restabwicklung.[130] 73

E. GmbH & Co.KG

I. Grundsatz

Ist die GmbH Komplementärin einer GmbH & Co. KG, unterliegen sie und die KG keinem gemeinsamen Abwicklungsverfahren.[131] Während die Komplementär-GmbH nach §§ 60 bis 62, 65 aufgelöst und nach den §§ 66 bis 74 liquidiert wird, richtet sich die Auflösung der KG nach §§ 131, 161 Abs. 2 HGB und die Liquidation nach §§ 145 ff. HGB (vgl. dazu noch § 66 Rdn. 34). Daran ändert sich auch dann nichts, wenn die GmbH einzige Komplementärin der KG ist. 74

II. Die Rechtslage in der GmbH

1. Keine Auflösung ipso iure

Die Auflösung der KG stellt keinen gesetzlichen Auflösungsgrund für die GmbH dar.[132] Durch Satzungsbestimmung nach § 60 Abs. 2 kann eine abweichende Rechtsfolge angeordnet werden. 75

---

125 Einhellige Auffassung, s. nur KG, NJW-RR 1994, 229; OLG Köln, GmbHR 2010, 710, 711 f.

126 Sehr str., wie hier *Haas*, in: Baumbach/Hueck, GmbHG, § 60 Rn. 96; *Altmeppen*, in: Roth/Altmeppen, GmbHG, § 60 Rn. 53 ff.; *K. Schmidt/Bitter*, in: Scholz, GmbHG, 11. Aufl. 2015, § 60 Rn. 97; *Kleindiek*, in: Lutter/Hommelhoff, GmbHG, § 60 Rn. 33; a.A. KG, NJW-RR 1994, 229; OLG Köln, GmbHR 2010, 710, 711 f.; OLG Frankfurt am Main, GmbHR 2018, 808, 809 f.; *Cziupka*, in: Scholz, GmbHG, § 60 Rn. 117; mit Übersicht zum Streitstand *Geißler*, GmbHR 2018, 1048, 1057.

127 *Haas*, in: Baumbach/Hueck, GmbHG, § 60 Rn. 97; *Altmeppen*, in: Roth/Altmeppen, GmbHG, § 60 Rn. 58.

128 *Haas*, in: Baumbach/Hueck, GmbHG, § 60 Rn. 97; *Altmeppen*, in: Roth/Altmeppen, GmbHG, § 60 Rn. 59.

129 Str., wie hier *Haas*, in: Baumbach/Hueck, GmbHG, § 60 Rn. 98; *Nerlich*, in: Michalski/Heidinger/Leible/Schmidt, GmbHG, § 66 Rn. 106; a.A. *Kleindiek*, in: Lutter/Hommelhoff, GmbHG, § 60 Rn. 32; *Berner*, in: MünchKommGmbHG, § 60 Rn. 282 f.

130 KG, NJW-RR 1994, 229; OLG Celle, GmbHR 2008, 211, 212; KG, GmbHR 2018, 1209; *Kleindiek*, in: Lutter/Hommelhoff, GmbHG, § 60 Rn. 32; *Cziupka*, in: Scholz, GmbHG, § 60 Rn. 119.

131 *Casper*, in: Ulmer/Habersack/Löbbe, GmbHG, § 60 Rn. 157.

132 *Nerlich*, in: Michalski/Heidinger/Leible/Schmidt, GmbHG, § 60 Rn. 374; *Altmeppen*, in: Roth/Altmeppen, GmbHG, § 60 Rn. 120.

Auch ohne Vereinbarung in der Satzung kann eine Verbindung bestehen, wenn die Auflösung der KG einen wichtigen Grund zur Erhebung der Auflösungsklage nach § 61 darstellt. Davon ist auszugehen, wenn sich der Zweck der Komplementär-GmbH auf die Wahrnehmung der Geschäftsführungsaufgaben in der werbenden KG beschränkt. Mit der Auflösung der KG wird die Wahrnehmung der Geschäftsführeraufgaben und damit der Gesellschaftszweck der Komplementär-GmbH unmöglich.[133]

2. Beschlusserstreckung

76 Sind an der Komplementär-GmbH und an der KG die gleichen Personen beteiligt, führt die Auflösung der KG durch einen einstimmigen Gesellschafterbeschluss im Zweifel auch zur Auflösung der Komplementär-GmbH, wenn sich ihre Tätigkeit darauf beschränkt, die Aufgaben des Komplementärs wahrzunehmen. Ist im Gesellschaftsvertrag der KG bestimmt, dass ein mehrheitlich gefasster Beschluss ausreicht, bedarf es keiner Einstimmigkeit.[134]

III. Die Rechtslage in der KG

1. Bei Auflösung der GmbH

77 Allein die Auflösung der Komplementär-GmbH führt grds. nicht zur Auflösung der KG.[135] Die Auflösung der Komplementär-GmbH hat lediglich den Übergang der Komplementär-GmbH vom Stadium der werbenden Gesellschaft in das Stadium der Liquidationsgesellschaft zur Folge. Sie behält ihre Rechtsfähigkeit und kann daher weiterhin ihre Pflichten ggü. der KG erfüllen. Das gilt auch, wenn die Komplementär-GmbH die einzige persönlich haftende Gesellschafterin der KG ist.[136]

2. Bei Vollbeendigung der GmbH

78 Mit ihrer Vollbeendigung erlischt die GmbH (zu den Voraussetzungen unter Rdn. 2 sowie Vor §§ 60 ff. Rdn. 8 f.). Soweit hierdurch der einzige Komplementär wegfällt, kommt es bei der KG zur Auflösung. Diese führt zur Abwicklung der KG oder zur gleichzeitigen Vollbeendigung, wenn es sich um eine Zweipersonengesellschaft handelt.[137]

§ 61 Auflösung durch Urteil

(1) Die Gesellschaft kann durch gerichtliches Urteil aufgelöst werden, wenn die Erreichung des Gesellschaftszweckes unmöglich wird, oder wenn andere, in den Verhältnissen der Gesellschaft liegende, wichtige Gründe für die Auflösung vorhanden sind.

(2) [1]Die Auflösungsklage ist gegen die Gesellschaft zu richten. [2]Sie kann nur von Gesellschaftern erhoben werden, deren Geschäftsanteile zusammen mindestens dem zehnten Teil des Stammkapitals entsprechen.

(3) Für die Klage ist das Landgericht ausschließlich zuständig, in dessen Bezirk die Gesellschaft ihren Sitz hat.

---

133 *Nerlich*, in: Michalski/Heidinger/Leible/Schmidt, GmbHG, § 60 Rn. 374; *Casper*, in: Ulmer/Habersack/Löbbe, GmbHG, § 60 Rn. 159.

134 *Casper*, in: Ulmer/Habersack/Löbbe, GmbHG, § 60 Rn. 160; *Nerlich*, in: Michalski/Heidinger/Leible/Schmidt, GmbHG, § 60 Rn. 374.

135 H.M., s. OLG Hamburg, NJW 1987, 1896; OLG Hamm, ZIP 2007, 1237; *Roth*, in: Baumbach/Hopt, HGB, § 131 Rn. 20; zum Verhältnis von KG und stiller Gesellschaft vgl. auch BGH, WM 1982, 974.

136 *Nerlich*, in: Michalski/Heidinger/Leible/Schmidt, GmbHG, § 60 Rn. 376.

137 Zur Auflösung und Abwicklung der KG BGH, WM 1978, 675; BayObLG, BB 2000, 1211; OLG Hamburg, NJW 1987, 1896; auch zur Vollbeendigung OLG Hamm, ZIP 2007, 1237; *Roth*, in: Baumbach/Hopt, HGB, § 131 Rn. 36.

Schrifttum
S. Schrifttum zu Vorbemerkungen zu §§ 60 ff.

Übersicht Rdn.

A. Grundlagen

I. Überblick

1 Die seit 1892 unveränderte Vorschrift legt fest, unter welchen Voraussetzungen die in § 60 Abs. 1 Nr. 3 vorgesehene Auflösung der GmbH durch Urteil möglich ist. Sie räumt damit einer Gesellschafterminderheit die Möglichkeit ein, die Gesellschaft durch Urteil aufzulösen.[1] Sie ergänzt damit die Möglichkeit zur Auflösung durch Mehrheitsbeschluss nach § 60 Abs. 1 Nr. 2 um ein **Minderheitsrecht** in sachlich begründeten Fällen. Auf die Vor-GmbH ist § 61 nicht anwendbar.[2]

II. Bedeutung als Minderheitsrecht

2 Dieses Minderheitsrecht erlangt insb. dann Bedeutung, wenn sich die Verhältnisse in der Gesellschaft so verändert haben, dass es der Minderheit unzumutbar ist, in der Gesellschaft zu verbleiben, sie aber auch keine Möglichkeit besitzt, die Situation zum Besseren zu verändern.[3] Der GmbH-Anteil der Minderheit wird sich gerade in den Fällen, in denen ihre Situation besonders nachteilig erscheint, kaum veräußern lassen. Das Minderheitsrecht auf Auflösung bei wichtigem Grund erzeugt die Voraussetzungen

1 Siehe auch: *Schuhknecht/Werther/Irmler*, GWR 2015, 489, 491.
2 *Haas*, in: Baumbach/Hueck, GmbHG, § 61 Rn. 1.
3 *Altmeppen*, in: Roth/Altmeppen, GmbHG, § 61 Rn. 1.

dafür, dass sich die Minderheit dennoch von ihrer Beteiligung lösen kann.[4] § 61 schafft daher auch einen Ausgleich für die ggü. der Aktie erschwerte Fungibilität der Geschäftsanteile und findet daher keine Entsprechung im Aktienrecht.[5] § 61 ähnelt vielmehr § 133 HGB und bringt damit den **personalistischen Einschlag** der GmbH-Beteiligung zum Ausdruck.[6]

III. Vergleich mit § 133 HGB

3 Wie bei § 133 HGB handelt es sich bei der Auflösungsklage des § 61 um eine **Gestaltungsklage**, sodass die Gesellschaft mit Rechtskraft des stattgebenden Urteils aufgelöst ist (dazu noch Rdn. 34). Auch setzen beide Klagen einen wichtigen Grund voraus. Dieser muss bei § 61 jedoch in den **Verhältnissen der Gesellschaft** liegen, während die Auflösung nach § 133 Abs. 2 HGB auch auf Gründe in der Person der Gesellschafter gestützt werden kann (zu Überschneidungen aber noch unter Rdn. 19 f.).[7] Im Unterschied zu § 133 HGB ist die Klage nach § 61 ferner gegen die Gesellschaft und nicht gegen die widersprechenden Mitgesellschafter zu richten.[8]

B. Unentziehbarkeit, abweichende Gestaltungen

I. Zwingendes Minderheitsrecht

4 Ebenso wie andere Minderheitsrechte des GmbH-Rechts (§§ 50 Abs. 1 und 2, 66 Abs. 2) ist § 61 halbzwingend. Daher kann das Klagerecht durch Satzung oder durch (auch einstimmigen) Gesellschafterbeschluss weder entzogen noch eingeschränkt, jedoch zugunsten der Minderheit erweitert werden.[9]

II. Unzulässige Satzungsbestimmungen

5 Als **unzulässige Einschränkung** ist bspw. die Erhöhung des für die Klage erforderlichen Anteils von 10 % des Stammkapitals (§ 61 Abs. 2 Satz 2) anzusehen.[10] Gleiches gilt für eine Satzungsklausel, die für bestimmte Gründe ausschließt, dass es sich um wichtige Gründe i.S.d. § 61 handeln kann.[11] Davon sind Satzungsbestimmungen zu unterscheiden, die lediglich der Konkretisierung des wichtigen Grundes dienen, ohne eine abschließende Regelung darzustellen und die genannten Gründe als wichtige Gründe stets auszuschließen.[12]

III. Zulässige Satzungsbestimmungen

6 **Erweiterungen des Minderheitsrechts sind hingegen zulässig.**[13] So kann die Satzung etwa zusätzliche, stets ausreichende Gründe für eine Auflösungsklage vorsehen, die Höhe des für die Klage erforderlichen Mindeststammkapitalanteils unter 10 % senken oder gar jedem einzelnen Gesellschafter

4 *Kübler/Assmann*, Gesellschaftsrecht, S. 298.
5 OLG München, GmbHR 2010, 870, 871; *Haas*, in: Baumbach/Hueck, GmbHG, § 61 Rn. 1; *Fleischer/Trinks*, GmbHR 2019, 1209, 1210.
6 *Casper*, in: Ulmer/Habersack/Löbbe, GmbHG, § 61 Rn. 1.
7 *Fleischer/Trinks*, GmbHR 2019, 1209, 1212.
8 Zum Klagegegner in den Personenhandelsgesellschaften BGHZ 36, 187, 191 f.
9 BayOblG, DB 1978, 2164, 2165; *Casper*, in: Ulmer/Habersack/Löbbe, GmbHG, § 61 Rn. 3; *Geißler*, Die Reichweite der GmbH-Auflösungsklage bei der Bewältigung fundamentaler Gesellschafterzerwürfnisse, GmbHR 2012, 1049, 1050; *Haas*, in: Baumbach/Hueck, GmbHG, § 61 Rn. 2; *Cziupka*, in: Scholz, GmbHG, § 61 Rn. 2; *Schuhknecht/Werther/Irmler*, GWR 2015, 489; *Fleischer/Trinks*, GmbHR 2019, 1209, 1210 f.
10 *Haas*, in: Baumbach/Hueck, GmbHG, § 61 Rn. 3.
11 *Haas*, in: Baumbach/Hueck, GmbHG, § 61 Rn. 3; *Nerlich*, in: Michalski/Heidinger/Leible/Schmidt, GmbHG, § 61 Rn. 5; *Cziupka*, in: Scholz, GmbHG, § 61 Rn. 3.
12 *Haas*, in: Baumbach/Hueck, GmbHG, § 61 Rn. 3; *Casper*, in: Ulmer/Habersack/Löbbe, GmbHG, § 61 Rn. 52.
13 *Haas*, in: Baumbach/Hueck, GmbHG, § 61 Rn. 4.

unabhängig von der Höhe seiner Beteiligung die Klagebefugnis einräumen.[14] Auch kann bestimmt werden, dass an die Stelle des Klagerechts die Kündigung aus wichtigem Grund mit der Folge der Auflösung der Gesellschaft tritt, da die Minderheitsgesellschafter hierdurch nicht schlechter gestellt werden als bei der Auflösungsklage.[15]

IV. Problemfall Zwangseinziehung

Problematisch sind die in der Praxis anzutreffenden Satzungsbestimmungen, die eine Einziehung oder Zwangsabtretung der Geschäftsanteile des klagenden Gesellschafters nach § 34 als Folge der Erhebung der Auflösungsklage vorsehen.[16] Nach ganz herrschender Meinung sind derartige Klauseln unwirksam.[17] Das ist jedenfalls insoweit richtig, wie ein Ausschluss unabhängig von einer Abfindungsregelung angeordnet wird.[18] Andererseits ist nicht zu übersehen, dass derartige Klauseln darauf abzielen können, den Bestand der Gesellschaft zu sichern. Für sie kann sprechen, dass sich der Normzweck erreichen lässt, die gravierende Rechtsfolge der Auflösungsklage aber vermieden werden kann. Die herrschende Meinung trägt diesem Umstand Rechnung, indem sie hohe Hürden durch die Subsidiarität der Auflösungsklage errichtet (dazu sogleich Rdn. 9).[19] Der dabei entstehende Wertungswiderspruch ist nicht aufzulösen: Die Subsidiarität soll es gebieten, gegen Abfindung aus der Gesellschaft auszuscheiden, statt ihre Auflösung zu betreiben. Nichts anderes gilt aber, wenn Einziehungsklauseln für den Fall eingreifen, dass der betroffene Gesellschafter mit der Auflösungsklage seinen Willen zum Ausdruck bringt, seine Beteiligung an der Gesellschaft beenden zu wollen, und als unabdingbare Voraussetzung sichergestellt ist, dass der Kläger erhält, was er bei Liquidation der Gesellschaft erhalten würde, nämlich eine angemessene Abfindung für seine Beteiligung. Dies entspricht ebenso wie das Subsidiaritätsprinzip dem Grundsatz, dass ein Gesellschafter weichen muss, wenn die Gesellschaft ohne ihn fortgesetzt werden kann und er zudem angemessen abgefunden wird. Ein Interesse daran, die Fortführung der Gesellschaft ohne eigene Beteiligung zu verhindern, ist nicht anzuerkennen. Die Abfindung muss dem Verkehrswert der Beteiligung entsprechen. Bei Liquidation der Gesellschaft wäre dies der Liquidationswert. Da die Gesellschaft jedoch ohne den Ausgeschlossenen weitergeführt wird, entspricht der Liquidationswert nicht dem Verkehrswert. Vielmehr ist im Regelfall der Ertragswert zugrunde zu legen.[20] 7

C. Grundsatz der Subsidiarität

I. Ultima ratio-Prinzip

Um den gravierenden Rechtsfolgen der Auflösungsklage Rechnung zu tragen, ist sie als **ultima ratio** anzusehen. Sie kommt nur zur Anwendung, wenn weniger einschneidende Möglichkeiten für die Minderheit, sich von der Gesellschaft zu lösen, nicht bestehen.[21] Rechtspolitische Bedenken gegen **8**

---

14 *Cziupka*, in: Scholz, GmbHG, § 61 Rn. 36.

15 *Casper*, in: Ulmer/Habersack/Löbbe, GmbHG, § 61 Rn. 51.

16 *Nerlich*, in: Michalski/Heidinger/Leible/Schmidt, GmbHG, § 61 Rn. 7; *Schuhknecht/Werther/Irmler*, GWR 2015, 489.

17 OLG München, GmbHR 2010, 870, 871; BayObLG, DB 1978, 2164, 2165 für entsprechende Fortsetzungsklausel; *Haas*, in: Baumbach/Hueck, GmbHG, § 61 Rn. 3; *Kleindiek*, in: Lutter/Hommelhoff, GmbHG, § 34 Rn. 55; *Nerlich*, in: Michalski/Heidinger/Leible/Schmidt, GmbHG, § 61 Rn. 9; *Gesell*, in: Rowedder/Schmidt-Leithoff, GmbHG, § 61 Rn. 4; *Casper*, in: Ulmer/Habersack/Löbbe, GmbHG, § 61 Rn. 55.

18 In diesem Sinne auch *Kleindiek*, in: Lutter/Hommelhoff, GmbHG, § 61 Rn. 2.

19 So ausdrücklich *Haas*, in: Baumbach/Hueck, GmbHG, § 61 Rn. 3, 5.

20 Zur Abfindung zum objektiven Verkehrswert der Beteiligung BGHZ 116, 359, 375; BGHZ 32, 17, 23; BGHZ 16, 317, 322; BGHZ 9, 157, 168; für die AG, aber verallgemeinerungsfähig BVerfG 2007, 175, 176; *Mühlberth/Leuschner*, ZHR 170 (2006), 615, 665. Zur Ertragswertmethode BGH, NJW 2001, 2080, 2982; BGH, WM 1998, 2530, 2531. Zu Ausnahmen (Substanzwert) *Gehrlein*, Ausschluß und Abfindung von GmbH-Gesellschaftern, 1997, Rn. 534.

21 OLG Sachsen-Anhalt, NotBZ 2013, 76 (juris Rn. 23); *Altmeppen*, in: Roth/Altmeppen, GmbHG, § 61 Rn. 1; *Geißler*, GmbHR 2012, 1049, 1050; *Schuhknecht/Werther/Irmler*, GWR 2015, 489, 492; *Fleischer/Trinks*, GmbHR 2019, 1209, 1215.

die Norm haben nicht zu einer Änderung durch das MoMiG geführt. Dennoch wird allgemein auch weiterhin nach Möglichkeiten gesucht, um die gravierenden Wirkungen der Auflösungsklage zu vermeiden, insb. durch die Ausschließung und den Austritt einzelner Gesellschafter.

II. Subsidiarität der Auflösungsklage

9 Die Bedenken gegen die Norm haben sich in dem allgemein anerkannten, im Wortlaut der Norm jedoch nicht angelegten **Subsidiaritätsprinzip niedergeschlagen.** Die Klage nach § 61 kann nur äußerstes Mittel sein und ist daher ausgeschlossen, wenn andere, weniger einschneidende Maßnahmen der Konfliktbewältigung zur Verfügung stehen.[22] Als solche kommen in Betracht: Das Ausscheiden der Gesellschafter, die eine Auflösung betreiben, gegen angemessene Abfindung[23] sowie Anpassungen des Gesellschaftsvertrages. Hingegen ist es möglich, von einer Subsidiarität abzusehen, wenn die Auflösung der Gesellschaft ausnahmsweise nicht zur **Vernichtung des Unternehmenswertes** führt.[24]

III. Vorrangige Maßnahmen

10 Aus diesen Grundsätzen ergibt sich eine Staffelung zulässiger Maßnahmen, die sich an den Bedürfnissen der beeinträchtigten Minderheit sowie den Wirkungen für die an der Gesellschaft festhaltende Mehrheit orientiert: Zunächst kommen Maßnahmen überhaupt nur in Betracht, wenn die unveränderte Fortsetzung der Gesellschaft unzumutbar ist.[25] Ist dies der Fall, muss auf der nächsten Stufe geprüft werden, ob der Minderheit bereits mit einer Vertragsanpassung geholfen werden kann. Nur wenn die Unzumutbarkeit durch eine Satzungsanpassung nicht beseitigt werden kann, kommt ein Verweis der Gesellschafter auf den Austritt in Betracht. Können die Gesellschafter austreten, etwa weil die Satzung eine entsprechende Kündigungsklausel oder ein ordentliches Austrittsrecht vorsieht,[26] müssen sie sich auf diese Möglichkeit verweisen lassen.[27]

IV. Ausschluss einzelner Gesellschafter

11 Das Auflösungsrecht kann ferner hinter das **Recht zur Ausschließung einzelner Gesellschafter**[28] zurücktreten (zu den Voraussetzungen § 34 Rdn. 77 ff.). Dies gilt insb. dann, wenn die Störung auf einem nicht behebbaren Zerwürfnis der Gesellschafter beruht, für das ausschließlich oder überwiegend ein Mitgesellschafter verantwortlich ist. Dabei ist danach zu unterscheiden, ob die Voraussetzungen in der Person des Klägers oder eines anderen Gesellschafters vorliegen. Erhebt die Gesellschaft begründete Ausschließungsklage gegen den Kläger der Auflösungsklage, ist dessen Auflösungsklage als unbegründet abzuweisen.[29] Dabei muss jedoch sichergestellt sein, dass sein

---

22 Allg.M.: BGHZ 9, 157, 158; BGHZ 80, 346, 348; OLG Koblenz, ZIP 2005, 1873 f.; *Haas*, in: Baumbach/Hueck, GmbHG, § 61 Rn. 5; *Nerlich*, in: Michalski/Heidinger/Leible/Schmidt, GmbHG, § 61 Rn. 10; *Altmeppen*, in: Roth/Altmeppen, GmbHG, § 61 Rn. 1; *Gesell*, in: Rowedder/Schmidt-Leithoff, GmbHG, § 61 Rn. 2; *Cziupka*, in: Scholz, GmbHG, § 61 Rn. 7; *Casper*, in: Ulmer/Habersack/Löbbe, GmbHG, § 61 Rn. 4.

23 *Volhard*, GmbHR 1995, 617, 621.

24 BGH, NJW 1985, 1901; *Nerlich*, in: Michalski/Heidinger/Leible/Schmidt, GmbHG, § 61 Rn. 11.

25 *Nerlich*, in: Michalski/Heidinger/Leible/Schmidt, GmbHG, § 61 Rn. 11.

26 Zu solchen Gestaltungen *Hofmann*, Der Minderheitsschutz im Gesellschaftsrecht, 2011, S. 480, 483; zur Kündigung durch einen Gesellschafter *Menkel*, GmbHR 2017, 17; speziell bei Nebenleistungspflichten i.S.d. § 3 Abs. 2 s. *Geißler*, DZWiR 2018, 151, 159 f.

27 Zu allem *Cziupka*, in: Scholz, GmbHG, § 61 Rn. 8; *Kleindiek*, in: Lutter/Hommelhoff, GmbHG, § 61 Rn. 1; *Nerlich*, in: Michalski/Heidinger/Leible/Schmidt, GmbHG, § 61 Rn. 11; *Altmeppen*, in: Roth/Altmeppen, GmbHG, § 61 Rn. 1; *Gesell*, in: Rowedder/Schmidt-Leithoff, GmbHG, § 61 Rn. 3; a.A. *Casper*, in: Ulmer/Habersack/Löbbe, GmbHG, § 61 Rn. 4.

28 Hierzu *Stefanink/Punte*, GWR 2018, 403.

29 BGHZ 80, 346, 349, 351; *Cziupka*, in: Scholz, GmbHG, § 61 Rn. 10; *Casper*, in: Ulmer/Habersack/Löbbe, GmbHG, § 61 Rn. 4.

Abfindungsanspruch in angemessener Zeit erfüllt wird.[30] Liegen die Voraussetzungen für einen Ausschluss hingegen in der Person eines anderen Gesellschafters vor, ist die Auflösungsklage erst dann unbegründet, wenn dessen Ausschluss tatsächlich vollzogen wurde, da der Kläger dies regelmäßig nicht selbst bewältigen kann. Prozessual kann sich anbieten, das Verfahren über die Auflösungsklage auszusetzen, bis über das Ausschlussverfahren entschieden worden ist. Der Grundsatz der Subsidiarität steht der Auflösungsklage nicht entgegen, wenn die Parteien, insb. bei einer Zweimann-GmbH, wegen **allseitigen Verschuldens** an dem Ausschluss der jeweils anderen Partei gehindert sind.[31]

V. Verhältnis zur Nichtigkeitsklage und Anwendbarkeit der Auflösungsklage bei Mängeln des Gesellschaftsvertrages

1. Anwendungsbereich von § 75 GmbHG, §§ 397, 399 FamFG

12 Mängel, die von § 75 und den §§ 397, 399 FamFG erfasst werden (zu diesen auch schon § 60 Rdn. 42 ff.) sind durch **Nichtigkeitsklage** geltend zu machen; als **Sonderregelung** geht sie der Auflösungsklage vor.[32]

2. Übrige Mängel

13 Sind die Mängel nicht von § 75 und §§ 397, 399 FamFG erfasst, ist zwischen **Mängeln des Gründungsvertrages** und mangelhaften Satzungsbestandteilen, die auf einer **Satzungsänderung** beruhen, zu unterscheiden.

a) Gründungsvertrag

14 Für Mängel der Gründungssatzung gilt: Soweit § 75 bzw. §§ 397, 399 FamFG nicht eingreifen, lassen andere Mängel des Gesellschaftsvertrages den Bestand der Gesellschaft regelmäßig unberührt und schließen eine Auflösungsklage aus.[33] Das gilt insb., wenn der Mangel zwischenzeitlich infolge der Zusammenarbeit in der Gesellschaft seine Bedeutung verloren hat.[34] **Mängel des Gründungsvertrages** rechtfertigen eine Klage nach § 61 ausnahmsweise dann, wenn bei einer an Gegenwart und Zukunft orientierten Betrachtung die Fortsetzung der Gesellschaft unzumutbar ist.[35]

b) Vertragsänderungen

15 **Mängel aufgrund von Satzungsänderungen** können generell nur durch Anfechtungs- oder Nichtigkeitsklage entsprechend den §§ 241 ff. AktG geltend gemacht werden.[36]

VI. Verhältnis zu den Auflösungsgründen nach § 60

16 Ein **Rangverhältnis** zu den anderen Auflösungsgründen in § 60 Abs. 1 Nr. 2 und Nr. 3 besteht nicht. Ein Auflösungskläger muss sich im Grundsatz nicht entgegenhalten lassen, er hätte zunächst einen Auflösungsbeschluss herbeiführen müssen. Eine Ausnahme kann gelten, wenn nach den

---

30 In diesem Sinne auch *Haas*, in: Baumbach/Hueck, GmbHG, § 61 Rn. 5.

31 H.M., BGHZ 16, 317, 322 f.; BGHZ 80, 346, 352; *Nerlich*, in: Michalski/Heidinger/Leible/Schmidt, GmbHG, § 61 Rn. 12; *Casper*, in: Ulmer/Habersack/Löbbe, GmbHG, § 61 Rn. 4; a.A. *Altmeppen*, in: Roth/Altmeppen, GmbHG, § 61 Rn. 5.

32 *Haas*, in: Baumbach/Hueck, GmbHG, § 61 Rn. 12; *Cziupka*, in: Scholz, GmbHG, § 61 Rn. 32; *Casper*, in: Ulmer/Habersack/Löbbe, GmbHG, § 61 Rn. 24.

33 *Cziupka*, in: Scholz, GmbHG, § 61 Rn. 32; *Fastrich*, in Baumbach/Hueck, GmbHG, § 2 Rn. 43.

34 *Casper*, in: Ulmer/Habersack/Löbbe, GmbHG, § 61 Rn. 24; *Nerlich*, in: Michalski/Heidinger/Leible/Schmidt, GmbHG, § 61 Rn. 23.

35 *Haas*, in: Baumbach/Hueck, GmbHG, § 61 Rn. 12; *Cziupka*, in: Scholz, GmbHG, § 61 Rn. 32.

36 *Cziupka*, in: Scholz, GmbHG, § 61 Rn. 32; grds. auch *Casper*, in: Ulmer/Habersack/Löbbe, GmbHG, § 61 Rn. 24.

Umständen zu erwarten ist, dass ein entsprechender Beschluss gefasst werden würde, da es dann am Rechtsschutzinteresse fehlen kann.[37]

D. Wichtiger Grund

I. Maßgeblicher Zeitpunkt

17 In materieller Hinsicht setzt § 61 Abs. 1 das Vorliegen eines **wichtigen Grundes** voraus. Der maßgebliche Zeitpunkt für das Vorliegen des wichtigen Grundes ist dabei die **letzte mündliche Verhandlung**. Nach Klageerhebung eintretende Entwicklungen sind daher bis zum Zeitpunkt der letzten mündlichen Verhandlung zugunsten und zulasten des Auflösungsklägers zu berücksichtigen.[38]

II. Verhältnisse der Gesellschaft

18 Der wichtige Grund muss dabei gerade **in den Verhältnissen der Gesellschaft** zu finden sein.[39] Wichtige Gründe sind solche, die den Fortbestand der Gesellschaft aus Sicht des oder der klagenden Gesellschafter dauerhaft unmöglich, sinnlos oder sonst unzumutbar machen.[40] Nicht ausreichend sind daher solche Gründe, die lediglich den Verbleib in der GmbH hindern oder die dem Fortbestand der Gesellschaft nur vorübergehend entgegenstehen. Dies entspricht dem Subsidiaritätsgedanken (oben Rdn. 8 ff.). Der Grundsatz der Subsidiarität ist bei der Feststellung des wichtigen Grundes durch wertende Entscheidung des Gerichts zu berücksichtigen und bildet zusammen mit dem Kriterium der Zumutbarkeit den Maßstab für die Beurteilung.[41]

III. Verhältnisse der Gesellschafter

1. Regelfall

19 Obwohl der wichtige Grund in den **Verhältnissen der Gesellschaft** liegen muss, sind **Gründe in der Person einzelner Gesellschafter** nicht stets ausgeschlossen.[42] Bedeutend ist hierbei, wie **personalistisch** die einzelne Gesellschaft ausgestaltet ist.[43] Die Anforderungen sind zugleich sehr hoch: Gründe in der Person einzelner Gesellschafter reichen regelmäßig nicht aus.[44] Sie erfüllen vielmehr je nach Schwere die Voraussetzungen, um den störenden Gesellschafter auszuschließen.[45] Ein wichtiger Grund wurde daher im Fall der Verletzung gesellschaftsvertraglicher Pflichten,[46] der Pflichten als Geschäftsführer, bei Insolvenz eines Gesellschafters[47] oder der Pfändung des Geschäftsanteils eines Gesellschafters[48] verneint.

2. Ausnahmen

20 Führt der Konflikt unter den bisherigen Gesellschaftern aber zu einer **tiefgreifenden unheilbaren Zerrüttung**, so kann sich dies über die Person der Gesellschafter hinaus auf die Verhältnisse der

37 *Casper*, in: Ulmer/Habersack/Löbbe, GmbHG, § 61 Rn. 6; vgl. auch *Altmeppen*, in: Roth/Altmeppen, GmbHG, § 61 Rn. 2.
38 *Casper*, in: Ulmer/Habersack/Löbbe, GmbHG, § 61 Rn. 9.
39 *Altmeppen*, in: Roth/Altmeppen, GmbHG, § 61 Rn. 2.
40 *Cziupka*, in: Scholz, GmbHG, § 61 Rn. 27; *Casper*, in: Ulmer/Habersack/Löbbe, GmbHG, § 61 Rn. 10; noch enger *Nerlich*, in: Michalski/Heidinger/Leible/Schmidt, GmbHG, § 61 Rn. 18, der nur Unmöglichkeit gelten lässt.
41 *Casper*, in: Ulmer/Habersack/Löbbe, GmbHG, § 61 Rn. 10; *Fleischer/Trinks*, GmbHR 2019, 1209, 1215.
42 Dazu ausführlich *Geißler*, GmbHR 2012, 1049, 1050 ff.
43 *Cziupka*, in: Scholz, GmbHG, § 61 Rn. 33.
44 OLG Saarbrücken, AG 1980, 26, 28.
45 *Casper*, in: Ulmer/Habersack/Löbbe, GmbHG, § 61 Rn. 4, 22; *Haas*, in: Baumbach/Hueck, GmbHG, § 61 Rn. 11.
46 *Casper*, in: Ulmer/Habersack/Löbbe, GmbHG, § 61 Rn. 23.
47 RGZ 82, 288, 292.
48 *Casper*, in: Ulmer/Habersack/Löbbe, GmbHG, § 61 Rn. 23.

Gesellschaft erstrecken.[49] Das ist jedenfalls dann der Fall, wenn die Zerrüttung zur Folge hat, dass die Willensbildung in der Gesellschaft dauerhaft blockiert wird, eine Verständigung über zentrale Fragen nicht mehr möglich ist oder eine gedeihliche Zusammenarbeit unmöglich ist.[50] Der auf einer Zerrüttung der Gesellschafter beruhende wichtige Grund kann allerdings nicht von demjenigen Gesellschafter als Auflösungskläger geltend gemacht werden, der die Zerrüttung in einer Weise verschuldet hat, die auch ohne gesellschaftsvertragliche Regelung den Ausschluss dieses Gesellschafters rechtfertigen würde.[51]

IV. Unmöglichkeit der Zweckerreichung

1. Unmöglichkeit

Als Beispiel für einen wichtigen Grund nennt das Gesetz die Unmöglichkeit der Erreichung des **Gesellschaftszwecks**. Über den Wortlaut hinaus, der zunächst nur an eine **nachträgliche Unmöglichkeit** denken lässt (»unmöglich wird«), erfasst die Regelung auch die **anfängliche Unmöglichkeit**,[52] etwa wenn sich ein eingebrachtes Patent als nichtig herausstellt.[53] Bei der Unmöglichkeit der Zweckerreichung handelt es sich um einen in der Praxis besonders bedeutsamen Grund für eine Auflösungsklage, da die GmbH mit der Unmöglichkeit ihre Existenzberechtigung verliert. In derartigen Konstellationen scheidet es – dem Grundsatz der Subsidiarität entsprechend – regelmäßig aus, auf eine andere Art der Konfliktlösung zu verweisen.[54] 21

2. Gesellschaftszweck

Der Gesellschaftszweck ist dabei grds. nicht mit dem **Gegenstand des Unternehmens** gleichzusetzen, wenn es auch sehr wohl Zusammenhänge bzw. Berührungspunkte gibt.[55] Während der Gegenstand des Unternehmens das Tätigkeitsfeld der Gesellschaft umschreibt, gibt der Gesellschaftszweck das von den Gesellschaftern mit der Gesellschaft verfolgte Ziel an.[56] Der Gesellschaftszweck ist anhand der Satzung unter Berücksichtigung der Eintragungsunterlagen und der Anlage des Unternehmens zu ermitteln.[57] Bei der Ermittlung des Gesellschaftszwecks kommt es auf die Beweggründe einzelner Gesellschafter nicht an.[58] Eine Berücksichtigung solcher Umstände, die keinen Ausdruck in der Satzung oder in den Eintragungsunterlagen gefunden haben, scheidet regelmäßig aus.[59] Der Zweck der GmbH wird zumeist erwerbswirtschaftlicher Natur sein, in Betracht kommen aber z.B. auch gemeinnützige Zwecke.[60] 22

---

49 *Fleischer/Trinks*, GmbHR 2019, 1209, 1212 f.; dazu ausführlich *Geißler*, GmbHR 2012, 1049, 1050 ff.

50 So OLG Sachsen-Anhalt, NotBZ 2013, 76, 77 (wegen eines tiefgreifenden und offensichtlich unheilbaren Zerwürfnisses konnten in vergangenen Jahren die nach gesellschaftsvertraglicher Vorgabe einstimmigen Gesellschafterbeschlüsse nicht gefasst werden); OLG Sachsen-Anhalt, NZG 2012, 629, 630 (Zerwürfnisse der Gesellschafter, die eine gedeihliche Zusammenarbeit unmöglich machen); OLG München, GmbHR 2005, 428; BGH, NJW 1985, 1901 (wegen Prozesskosten aufgrund des Zerwürfnisses wurden die Gewinne der Gesellschaft erheblich geschmälert oder sind ganz weggefallen); *Haas*, in: Baumbach/Hueck, GmbHG, § 61 Rn. 11; *Kleindiek*, in: Lutter/Hommelhoff, GmbHG, § 61 Rn. 8. Nicht ausreichend hingegen nach OLG Brandenburg, BB 2008, 1868, wenn Zerrüttung vorliegt, diese aber die Willensbildung nicht verhindert.

51 BGHZ 80, 346, 348 f; BGH, NJW 1985, 1901, 1902; *Fleischer/Trinks*, GmbHR 2019, 1209, 1214 f.

52 *Kleindiek*, in: Lutter/Hommelhoff, GmbHG, § 61 Rn. 9; *Cziupka*, in: Scholz, GmbHG, § 61 Rn. 29; *Casper*, in: Ulmer/Habersack/Löbbe, GmbHG, § 61 Rn. 18.

53 *Cziupka*, in: Scholz, GmbHG, § 61 Rn. 29.

54 *Casper*, in: Ulmer/Habersack/Löbbe, GmbHG, § 61 Rn. 13.

55 *Haas*, in: Baumbach/Hueck, GmbHG, § 61 Rn. 7; *Casper*, in: Ulmer/Habersack/Löbbe, GmbHG, § 61 Rn. 15.

56 *Haas*, in: Baumbach/Hueck, GmbHG, § 61 Rn. 7.

57 *Haas*, in: Baumbach/Hueck, GmbHG, § 61 Rn. 7; weniger weitgehend OLG Saarbrücken, AG 1980, 26, 28.

58 RGZ 164, 129, 140; OLG Saarbrücken, AG 1980, 26, 28.

59 *Casper*, in: Ulmer/Habersack/Löbbe, GmbHG, § 61 Rn. 17 m.w.N. zum Streitstand.

60 Vgl. *Cziupka*, in: Scholz, GmbHG, § 61 Rn. 28.

3. Anwendungsfälle

23 Unmöglichkeit ist anzunehmen, wenn dauerhaft keine Aussicht auf die Verwirklichung des Gesellschaftszwecks besteht.[61] Nur vorübergehende Verhinderung der Zweckverwirklichung ist dagegen kein Auflösungsgrund.[62] Von Unmöglichkeit ist ebenfalls nicht auszugehen, wenn eine zumutbare Abhilfemöglichkeit, etwa in Form einer Kapitalerhöhung, besteht.[63] **Rechtliche Unmöglichkeit** kann sich aus einem kartellrechtlichen Verbot, aus der Untersagung eines Gewerbes oder des Betriebes einer für die Gesellschaft notwendigen Anlage ergeben.[64]

V. Weitere Gründe

24 Andere wichtige Gründe i.S.d. § 61 Abs. 1 können insb. wirtschaftlicher, rechtlicher und technischer Natur sein, soweit es sich bei diesen Gründen nicht um eine bloße Erschwerung der Betätigung der Gesellschaft handelt. Ein wichtiger **wirtschaftlicher Grund** kann z.B. vorliegen, wenn auf Dauer keine Rentabilität zu erwarten ist oder das verbliebene Kapital nicht ausreicht, um die Geschäftstätigkeit der Gesellschaft fortzuführen. Häufig führen solche Gründe jedoch bereits zur Unmöglichkeit der Zweckerreichung.[65]

E. Verfahren

I. Parteien

1. Klagender Gesellschafter

25 **Klagebefugt** sind nur Gesellschafter. Für die Gesellschafterstellung ist § 16 maßgeblich.[66] Im **Insolvenzverfahren** der Gesellschaft (vgl. Vor § 64 Rdn. 2 ff.) ist nur der Insolvenzverwalter klagebefugt.[67] Mangels Gesellschafterstellung sind Treugeber, Pfandgläubiger oder Nießbraucher am Gesellschaftsanteil nicht klagebefugt, da diesen die Mitverwaltungsrechte nicht zustehen.[68] Es kommt auch nicht auf ihre Zustimmung an. §§ 1276, 1071 BGB sind nicht anwendbar.[69] Entsprechendes gilt für den in den Anteil vollstreckenden Privatgläubiger.[70]

2. Klagegegner

26 **Klagegegner** ist die durch die Geschäftsführer gem. § 35 vertretene Gesellschaft.[71] Sind der oder die Geschäftsführer aufgrund von § 181 BGB an der Vertretung gehindert, weil sie selbst Auflösungskläger sind, ist eine Ersatzbestellung durch die Gesellschafterversammlung analog § 46 Nr. 8, durch das Registergericht (§ 29 BGB) oder das Prozessgericht (§ 57 ZPO) erforderlich. In analoger Anwendung des § 46 Nr. 8 kann auch die Gesellschaftermehrheit einen Vertreter bestellen.[72] Eine Ersatzbestellung wird auch notwendig, wenn Geschäftsführer nicht in der zur Vertretung erforderlichen Anzahl vorhanden sind.[73]

---

61 *Haas*, in: Baumbach/Hueck, GmbHG, § 61 Rn. 8; *Casper*, in: Ulmer/Habersack/Löbbe, GmbHG, § 61 Rn. 18.

62 *Gesell*, in: Rowedder/Schmidt-Leithoff, GmbHG, § 61 Rn. 6.

63 RGZ 164, 129, 139; *Altmeppen*, in: Roth/Altmeppen, GmbHG, § 61 Rn. 3.

64 *Cziupka*, in: Scholz, GmbHG, § 61 Rn. 29.

65 *Haas*, in: Baumbach/Hueck, GmbHG, § 61 Rn. 10.

66 *Cziupka*, in: Scholz, GmbHG, § 61 Rn. 16; *Altmeppen*, in: Roth/Altmeppen, GmbHG, § 61 Rn. 7.

67 *Kleindiek*, in: Lutter/Hommelhoff, GmbHG, § 61 Rn. 3.

68 *Nerlich*, in: Michalski/Heidinger/Leible/Schmidt, GmbHG, § 61 Rn. 30; *Gesell*, in: Rowedder/Schmidt-Leithoff, GmbHG, § 61 Rn. 13; *Casper*, in: Ulmer/Habersack/Löbbe, GmbHG, § 61 Rn. 28.

69 *Haas*, in: Baumbach/Hueck, GmbHG, § 61 Rn. 15; *Cziupka*, in: Scholz, GmbHG, § 61 Rn. 16.

70 *Cziupka*, in: Scholz, GmbHG, § 61 Rn. 16.

71 *Geißler*, GmbHR 2012, 1049, 1050; *Nerlich*, in: Michalski/Heidinger/Leible/Schmidt, GmbHG, § 61 Rn. 33.

72 *Haas*, in: Baumbach/Hueck, GmbHG, § 61 Rn. 18; *Kleindiek*, in: Lutter/Hommelhoff, GmbHG, § 61 Rn. 4; *Cziupka*, in: Scholz, GmbHG, § 61 Rn. 20.

73 *Haas*, in: Baumbach/Hueck, GmbHG, § 61 Rn. 18.

II. Prozessuale Wirkung eines Parteiwechsels

27 Anders als bei der Anfechtungsklage (vgl. Anhang § 47 Rdn. 68 ff.) verliert der Kläger mit der **Veräußerung seines Geschäftsanteils** während des Verfahrens seine **Klagebefugnis**. Eine Fortführung des Prozesses gem. § 265 Abs. 2 Satz 1 ZPO ist nicht möglich, da die Anteilsveräußerung nach der Klageerhebung keine Veräußerung der Streitsache darstellt. Möglich ist aber ein **gewillkürter Parteiwechsel** nach den allgemeinen Regeln, wenn der Anteilserwerber ein schutzwürdiges Interesse an der Fortführung der Auflösungsklage hat.[74] In diesem Fall ist der Eintritt sachdienlich und auch ohne Zustimmung der beklagten Gesellschaft zuzulassen. Kommt es zu einer **kraft Gesetzes eintretenden Rechtsnachfolge**, führt dies nicht zum Wegfall der Klagebefugnis, sondern zum Parteiwechsel und ggf. zur Unterbrechung des Rechtsstreits nach §§ 239 ff. ZPO.[75]

III. Streitgenossenschaft

1. Auf Klägerseite

28 Mehrere klagende Gesellschafter sind **notwendige Streitgenossen** i.S.d. § 62 ZPO und zwar auch dann, wenn jeder Einzelne von ihnen 10 % des Stammkapitals oder mehr vertritt.[76]

2. Auf Beklagtenseite

29 Die übrigen Gesellschafter können der GmbH als Nebenintervenienten nach § 66 ZPO beitreten und so ihr Interesse am Fortbestand der Gesellschaft verfolgen.[77] Es handelt sich um eine streitgenössische Nebenintervention i.S.d. § 69 ZPO, da die Rechtskraft des Auflösungsurteils auch ggü. den Nebenintervenienten Rechtskraft entfaltet.[78] Damit haben die Nebenintervenienten die Rechtsstellung von notwendigen Streitgenossen i.S.d. §§ 61, 62 ZPO.[79] In ihrer Eigenschaft als Nebenintervenienten können die übrigen Gesellschafter Prozesshandlungen auch gegen den Willen der Hauptpartei vornehmen. Von besonderer Bedeutung ist dabei die Möglichkeit, selbstständig Rechtsmittel einzulegen.[80] Die Möglichkeit entfällt allerdings mit der Klagerücknahme.[81]

3. Information der übrigen Gesellschafter

30 Wegen der *inter-omnes*-Wirkung eines Gestaltungsurteils muss das Gericht die anderen Gesellschafter im Hinblick auf deren **Anspruch auf rechtliches Gehör** (Art. 103 Abs. 1 GG) von der Klageerhebung in Kenntnis setzen.[82] Bei entsprechend großer Gesellschafterzahl kann eine Veröffentlichung in den Gesellschaftsblättern nach § 65 Abs. 2 Satz 1 (s. dazu § 65 Rdn. 26 ff.) ausreichen.[83] Nach a.A. soll es sogar genügen, ein Repräsentativorgan wie einen Gesellschafterbeirat oder einen Aufsichtsrat zu informieren.[84]

IV. Erforderliche Kapitalquote

31 Die klagende Minderheit muss nach dem Nennwert ihrer Geschäftsanteile zum Zeitpunkt der letzten mündlichen Verhandlung[85] **mindestens 10 % des nominellen Stammkapitals** vertreten.

---

74 *Haas*, in: Baumbach/Hueck, GmbHG, § 61 Rn. 14; *Kleindiek*, in: Lutter/Hommelhoff, GmbHG, § 61 Rn. 3; *Nerlich*, in: Michalski/Heidinger/Leible/Schmidt, GmbHG, § 61 Rn. 27.
75 *Casper*, in: Ulmer/Habersack/Löbbe, GmbHG, § 61 Rn. 26.
76 *Gesell*, in: Rowedder/Schmidt-Leithoff, GmbHG, § 61 Rn. 11; *Cziupka*, in: Scholz, GmbHG, § 61 Rn. 17; *Kleindiek*, in: Lutter/Hommelhoff, GmbHG, § 61 Rn. 3.
77 *Haas*, in: Baumbach/Hueck, GmbHG, § 61 Rn. 16.
78 *Casper*, in: Ulmer/Habersack/Löbbe, GmbHG, § 61 Rn. 33.
79 *Casper*, in: Ulmer/Habersack/Löbbe, GmbHG, § 61 Rn. 33.
80 Vgl. RGZ 164, 129, 131.
81 Vgl. BGH, NJW 1965, 760.
82 BVerfGE 60, 7, 15; *Cziupka*, in: Scholz, GmbHG, § 61 Rn. 21.
83 *Haas*, in: Baumbach/Hueck, GmbHG, § 61 Rn. 16.
84 *Cziupka*, in: Scholz, GmbHG, § 61 Rn. 21.
85 *Haas*, in: Baumbach/Hueck, GmbHG, § 61 Rn. 14.

Hierbei handelt es sich um eine von Amts wegen zu prüfende **Sachentscheidungsvoraussetzung.**[86] Wird diese Grenze durch Veräußerung eines Geschäftsanteils unterschritten, macht dies die Klage unzulässig.[87] Die Berechnung der Kapitalquote entspricht der bei § 50 Abs. 1 (vgl. dazu § 50 Rdn. 4 ff.).[88] Insb. eigene Anteile der GmbH bleiben daher außer Ansatz.[89] Auf die Volleinzahlung der Stammeinlage kommt es nicht an.[90] Veränderungen des Stammkapitals sind bei der Ermittlung der Kapitalquote zu berücksichtigen, wenn sie durch Eintragung in das Handelsregister vor der letzten mündlichen Verhandlung Wirksamkeit erlangen.[91]

V. Zuständigkeit, Schiedsklausel

32 Örtlich und sachlich zuständig für die Auflösungsklage ist nach § 61 Abs. 3 ausschließlich das LG am Sitz der Gesellschaft und dort die Kammer für Handelssachen, § 95 Abs. 1 Nr. 4a GVG. Die **Prorogation** ist ausgeschlossen (§ 40 Abs. 2 ZPO), zulässig ist dagegen nach allgemeiner Meinung eine Schiedsklausel im Gesellschaftsvertrag, mit der ein Schiedsgericht zur Entscheidung berufen wird.[92] Enthält der Gesellschaftsvertrag keine entsprechende Bestimmung, kann die Zuständigkeit eines Schiedsgerichts zwischen den Prozessparteien jedenfalls mit Zustimmung aller Gesellschafter vereinbart werden. Gleiches gilt für eine entsprechende Satzungsänderung.[93]

VI. Verfahrensgang

33 Im Rahmen des Gestaltungsprozesses sind **Vergleich** und **Klageanerkenntnis** nicht möglich. Die Gesellschaft kann sich also nicht mit ihrer Auflösung im Rahmen eines Vergleichs einverstanden erklären. Der beklagten GmbH bleibt es aber möglich, durch Geständnis, Säumnis und Verzicht auf die Einlegung von Rechtsmitteln Einfluss auf das Prozessergebnis zu nehmen.[94]

F. Urteil

I. Wirkung

34 Ist eine zulässige Klage erhoben und liegt ein Auflösungsgrund vor, hat das Gericht die Auflösung auszusprechen. Ein Ermessen besteht entgegen dem Wortlaut (»kann … aufgelöst werden«) nicht.[95] Die Gesellschaft ist mit der Rechtskraft des der Klage stattgebenden Urteils oder des Schiedsspruchs aufgelöst.[96] Nach Eintritt der Rechtskraft ist die Auflösung durch die Liquidatoren im Handelsregister einzutragen.[97]

---

86 *Geißler*, GmbHR 2012, 1049, 1050.

87 *Casper*, in: Ulmer/Habersack/Löbbe, GmbHG, § 61 Rn. 26; *Geißler*, GmbHR 2012, 1049, 1050; *Haas*, in: Baumbach/Hueck, GmbHG, § 61 Rn. 14.

88 *Kleindiek*, in: Lutter/Hommelhoff, GmbHG, § 61 Rn. 3.

89 *Nerlich*, in: Michalski/Heidinger/Leible/Schmidt, GmbHG, § 61 Rn. 32.

90 *Casper*, in: Ulmer/Habersack/Löbbe, GmbHG, § 61 Rn. 30.

91 *Casper*, in: Ulmer/Habersack/Löbbe, GmbHG, § 61 Rn. 30.

92 BayObLG, BB 1984, 746; *Haas*, in: Baumbach/Hueck, GmbHG, § 61 Rn. 20; *Kleindiek*, in: Lutter/Hommelhoff, GmbHG, § 61 Rn. 5; *Casper*, in: Ulmer/Habersack/Löbbe, GmbHG, § 61 Rn. 39; näher zu Schiedsklauseln *Nerlich*, in: Michalski/Heidinger/Leible/Schmidt, GmbHG, § 61 Rn. 42.

93 Ob die Zustimmung sämtlicher Gesellschafter notwendig ist, ist streitig; vgl. *Haas*, in: Baumbach/Hueck, GmbHG, § 61 Rn. 20; *Casper*, in: Ulmer/Habersack/Löbbe, GmbHG, § 61 Rn. 39; bejahend *Kleindiek*, in: Lutter/Hommelhoff, GmbHG, § 61 Rn. 5.

94 *Cziupka*, in: Scholz, GmbHG, § 61 Rn. 21; *Casper*, in: Ulmer/Habersack/Löbbe, GmbHG, § 61 Rn. 40.

95 RGZ 164, 129, 132; *Kleindiek*, in: Lutter/Hommelhoff, GmbHG, § 61 Rn. 7; *Cziupka*, in: Scholz, GmbHG, § 61 Rn. 22; *Haas*, in: Baumbach/Hueck, GmbHG, § 61 Rn. 21; *Fleischer/Trinks*, GmbHR 2019, 1209, 1219.

96 *Kleindiek*, in: Lutter/Hommelhoff, GmbHG, § 61 Rn. 6; *Haas*, in: Baumbach/Hueck, GmbHG, § 61 Rn. 22 f.

97 *Cziupka*, in: Scholz, GmbHG, § 61 Rn. 22; *Haas*, in: Baumbach/Hueck, GmbHG, § 61 Rn. 22.

II. Rechtskrafterstreckung

Durch ein **klageabweisendes Urteil** wird der Kläger nur an einer Klage mit **demselben Streitgegenstand** gehindert. Aus der objektiven Begrenzung der materiellen Rechtskraft folgt, dass die Klage wegen eines anderen wichtigen Grundes möglich bleibt. Eine Klage anderer Gesellschafter bleibt aufgrund der subjektiven Begrenzung der materiellen Rechtskraft möglich.[98] Die Rechtskraft eines klageabweisenden Urteils führt nicht dazu, dass rechtskräftig festgestellt wäre, dass die Gesellschaft besteht oder nicht aus anderen Gründen aufgelöst ist.[99] 35

III. Vorläufige Vollstreckbarkeit und einstweilige Verfügung

Die vorläufige Vollstreckbarkeit wegen der Hauptsache ist ebenso wie die einstweilige Verfügung über die Auflösung ausgeschlossen.[100] Eine dennoch ausgesprochene vorläufige Vollstreckbarkeit ist ohne Wirkung.[101] Einer einstweiligen Verfügung über die Auflösung steht entgegen, dass diese die Entscheidung durch das Auflösungsurteil im Ergebnis vorwegnehmen würde.[102] Möglich sind aber vorläufige Maßnahmen zur Sicherung und Durchführung des Klagerechts gem. §§ 938, 940 ZPO.[103] 36

IV. Streitwert

Der Streitwert bestimmt sich in entsprechender Anwendung der §§ 275 Abs. 4, 247 AktG nach billigem Ermessen. Dabei ist das Interesse des Auflösungsklägers an der Auflösung besonders zu berücksichtigen. Eine wichtige Orientierung bietet dabei der Wert des Geschäftsanteils.[104] 37

V. Rechtsmittel

Gegen die Auflösungsklage ist das Rechtsmittel der **Berufung** statthaft. Nach § 511 Abs. 2 ZPO ist die Berufung nur zulässig, wenn der Wert des Beschwerdegegenstandes 600 € übersteigt, wovon bei der Auflösung einer GmbH häufig auszugehen sein wird.[105] Die **Revision** ist nach § 543 Abs. 1 ZPO nur möglich, wenn die Revision durch das Berufungsgericht im Urteil oder durch das Revisionsgericht auf Beschwerde hin zugelassen worden ist. Nach § 543 Abs. 2 ZPO ist die Revision zuzulassen, wenn die Rechtssache grundsätzliche Bedeutung hat oder die Fortbildung des Rechts bzw. die Sicherung einer einheitlichen Rechtsprechung eine Entscheidung des Revisionsgerichtes erfordert. 38

VI. Revisibilität

Das Vorliegen eines wichtigen Grundes ist keine Tatfrage. Vielmehr handelt es sich um einen unbestimmten Rechtsbegriff, der zwar zu einem gewissen Beurteilungsspielraum des Gerichts führt,[106] aber nicht zu einer Ermessensentscheidung ermächtigt. Damit sind die Feststellungen der Instanzgerichte zum wichtigen Grund grds. voll revisibel, soweit es nicht um die richtige Ermittlung der zugrunde liegenden Tatsachen und deren Würdigungen i.R.d. tatrichterlichen Beurteilungsspielraums geht.[107] 39

---

98 Zu beidem *Haas*, in: Baumbach/Hueck, GmbHG, § 61 Rn. 22.

99 Zu allem *Cziupka*, in: Scholz, GmbHG, § 61 Rn. 22.

100 *Kleindiek*, in: Lutter/Hommelhoff, GmbHG, § 61 Rn. 6; *Cziupka*, in: Scholz, GmbHG, § 61 Rn. 22 und 26.

101 *Haas*, in: Baumbach/Hueck, GmbHG, § 61 Rn. 22; *Cziupka*, in: Scholz, GmbHG, § 61 Rn. 22.

102 *Haas*, in: Baumbach/Hueck, GmbHG, § 61 Rn. 26.

103 *Cziupka*, in: Scholz, GmbHG, § 61 Rn. 26; *Kleindiek*, in: Lutter/Hommelhoff, GmbHG, § 61 Rn. 6.

104 *Casper*, in: Ulmer/Habersack/Löbbe, GmbHG, § 61 Rn. 48; *Haas*, in: Baumbach/Hueck, GmbHG, § 61 Rn. 25; *Cziupka*, in: Scholz, GmbHG, § 61 Rn. 25.

105 *Nerlich*, in: Michalski/Heidinger/Leible/Schmidt, GmbHG, § 61 Rn. 41.

106 *Casper*, in: Ulmer/Habersack/Löbbe, GmbHG, § 61 Rn. 8.

107 *Kleindiek*, in: Lutter/Hommelhoff, GmbHG, § 61 Rn. 10; *Casper*, in: Ulmer/Habersack/Löbbe, GmbHG, § 61 Rn. 37.

G. Fortsetzung der Gesellschaft

I. Zulässigkeit

40 Die Fortsetzung der aufgelösten Gesellschaft bleibt auch im Rahmen von § 61 GmbHG möglich. Dem steht die **Rechtskraft** des Urteils nicht entgegen. Das Auflösungsurteil überführt die Gesellschaft in das Stadium der Abwicklung. Aus dem Abwicklungsstadium ist nach den allgemeinen Grundsätzen eine Rückkehr in das Stadium einer werbenden Gesellschaft möglich.[108]

II. Voraussetzungen

41 Neben der bereits nach den allgemeinen Regeln erforderlichen Dreiviertelmehrheit bedarf der Fortsetzungsbeschluss bei der Auflösung durch Auflösungsklage zusätzlich der Zustimmung des Auflösungsklägers oder der Auflösungskläger.[109] Dies wird aus der zwingenden Natur des Minderheitsrechts auf Auflösung der Gesellschaft gefolgert, da es ansonsten durch einen Fortsetzungsbeschluss der Mehrheit umgangen werden könnte. Anderes gilt jedoch, wenn es der Mehrheit gelingt, nachträglich den Auflösungsgrund zu beseitigen.[110]

H. GmbH & Co. KG

42 Bei der GmbH & Co. KG ist nach der gerichtlichen Auflösung der Komplementär-GmbH und der gerichtlichen Auflösung der KG zu unterscheiden. Zu den Grundlagen s. schon unter § 60 Rdn. 73 ff. Daher vollzieht sich die gerichtliche Auflösung der Komplementär-GmbH nach § 61, während sich die Auflösung der KG nach § 133 HGB i.V.m. § 161 Abs. 2 HGB richtet (zu Unterschieden von § 61 und § 133 HGB schon oben Rdn. 3). Da die Auflösungsklage nach § 133 HGB anders als die Auflösungsklage nach § 61 von jedem Gesellschafter erhoben werden kann, kann auch die Komplementär-GmbH auf Auflösung der KG klagen. Auch dieses Urteil entfaltet auflösende Wirkung erst mit Rechtskraft.[111] Die Auflösung der KG kann einen wichtigen Grund zur Auflösung der GmbH im Sinne von § 61 darstellen, wenn der Gesellschaftszweck der Komplementär-GmbH ausschließlich in der Geschäftsführung der KG besteht.[112]

§ 62 Auflösung durch eine Verwaltungsbehörde

(1) Wenn eine Gesellschaft das Gemeinwohl dadurch gefährdet, dass die Gesellschafter gesetzwidrige Beschlüsse fassen oder gesetzwidrige Handlungen der Geschäftsführer wissentlich geschehen lassen, so kann sie aufgelöst werden, ohne dass deshalb ein Anspruch auf Entschädigung stattfindet.

(2) Das Verfahren und die Zuständigkeit der Behörden richtet sich nach den für streitige Verwaltungssachen … geltenden Vorschriften.[1] …

Schrifttum

S. Schrifttum zu Vorbemerkungen zu §§ 60 ff.

108 *Gesell*, in: Rowedder/Schmidt-Leithoff, GmbHG, § 61 Rn. 21; *Haas*, in: Baumbach/Hueck, GmbHG, § 61 Rn. 27; *Cziupka*, in: Scholz, GmbHG, § 61 Rn. 35; *Casper*, in: Ulmer/Habersack/Löbbe, GmbHG, § 61 Rn. 49. Zu den Grundsätzen s. § 60 Rdn. 65 f.

109 H.M., BayOblG, DB 1978, 2164, 2165; *Haas*, in: Baumbach/Hueck, GmbHG, § 61 Rn. 27; *Cziupka*, in: Scholz, GmbHG, § 61 Rn. 35; *Casper*, in: Ulmer/Habersack/Löbbe, GmbHG, § 61 Rn. 49.

110 *Nerlich*, in: Michalski/Heidinger/Leible/Schmidt, GmbHG, § 61 Rn. 54 a.E.; *Gesell*, in: Rowedder/Schmidt-Leithoff, GmbHG, § 61 Rn. 21; *Cziupka*, in: Scholz, GmbHG, § 61 Rn. 35.

111 RGZ 123, 153; *Nerlich*, in: Michalski/Heidinger/Leible/Schmidt, GmbHG, § 61 Rn. 58.

112 *Nerlich*, in: Michalski/Heidinger/Leible/Schmidt, GmbHG, § 61 Rn. 56.

1 Dabei handelt es sich um den um gegenstandslose Bestandteile bereinigten Wortlaut der Norm. S. zur Entwicklung *Limpert*, in: MünchKommGmbHG, § 62 Rn. 1.

Übersicht

A. Grundlagen

I. Überblick

1 § 62 konkretisiert die in § 60 Abs. 1 Nr. 3 vorgesehene Auflösung durch eine Entscheidung des VGH oder der Verwaltungsbehörde. Die Norm ermächtigt zur Auflösung einer GmbH, die das Gemeinwohl in nachhaltiger Weise gefährdet. Damit ist sie erkennbar dem Gefahrenabwehrrecht zuzuordnen und als solche öffentlich-rechtlicher Natur.[2] Dies hat Konsequenzen für die Prüfung der behördlichen Verfügung: Ordnet die Verwaltung die Auflösung der Gesellschaft an, unterliegt sie allen Anforderungen an ein staatliches Eingriffshandeln, vor allem dem Verhältnismäßigkeitsgrundsatz.[3] Die Bedeutung der Vorschrift ist gering. Sie wurde bislang kaum angewandt, anders als der vergleichbare § 43 BGB.[4]

II. Anwendbarkeit

2 § 62 ist ggü. den Sondervorschriften aus anderen Gesetzen subsidiär. Die Gesellschaft kann etwa nach den **Spezialregelungen der § 38 KWG, §§ 3, 17 VereinsG** durch behördliche Verfügung aufgelöst werden.[5]

III. Verfahrensfragen

1. Anordnung durch Verwaltungsakt

3 Nach heute ganz herrschender Meinung ermächtigt § 62 die **Verwaltungsbehörde** dazu, die Auflösung der Gesellschaft durch **privatrechtsgestaltenden Verwaltungsakt zu verfügen.**[6] Früher ging die herrschende Meinung demgegenüber davon aus, dass die Verwaltungsbehörde vor dem VG klagen müsse, um die Auflösung herbeizuführen, wie dies auch heute noch in § 396 Abs. 1 AktG vorgesehen ist.[7] Diese Ansicht war dem Umstand geschuldet, dass es an durchgängigem verwaltungsgerichtlichem Rechtsschutz fehlte und eine gerichtliche Befassung zum Schutz der Gesellschaft

---

2 *Konow*, GmbHR 1973, 217; *Cziupka*, in: Scholz, GmbHG, § 62 Rn. 1; *Casper*, in: Ulmer/Habersack/Löbbe, GmbHG, § 62 Rn. 1.

3 *Casper*, in: Ulmer/Habersack/Löbbe, GmbHG, § 62 Rn. 1, 4, 6.

4 *Cziupka*, in: Scholz, GmbHG, § 62 Rn. 1 unter Bezugnahme auf die a.F. des § 43 BGB; *Haas*, in: Baumbach/Hueck, GmbHG, § 62 Rn. 1; *Nerlich*, in: Michalski/Heidinger/Leible/Schmidt, GmbHG, § 62 Rn. 2. Bislang wurde – soweit ersichtlich – nur ein einziger Fall bekannt: KG, JW 1937, 1270; vgl. *Lorscheider*, in: BeckOK GmbHG (Stand: 01.05.2020), § 62 Rn. 5, der zudem auf eine weitere vergleichbare Entscheidung zum schweizerischen Recht durch das Schweizerische Bundesgericht (RIW 1988, 140 ff.) hinweist.

5 Vgl. zu diesen Spezialregelungen näher *Limpert*, in: MünchKommGmbHG, § 62 Rn. 9–13; *Kleindiek*, in: Lutter/Hommelhoff, GmbHG, § 62 Rn. 1; *Gesell*, in: Rowedder/Schmidt-Leithoff, GmbHG, § 62 Rn. 12 ff.; *Casper*, in: Ulmer/Habersack/Löbbe, GmbHG, § 62 Rn. 7 ff.

6 *Haas*, in: Baumbach/Hueck, GmbHG, § 62 Rn. 11; *Kleindiek*, in: Lutter/Hommelhoff, GmbHG, § 62 Rn. 2; *Nerlich*, in: Michalski/Heidinger/Leible/Schmidt, GmbHG, § 62 Rn. 22; *Altmeppen*, in: Roth/Altmeppen, GmbHG, § 62 Rn. 4; *Gesell*, in: Rowedder/Schmidt-Leithoff, GmbHG, § 62 Rn. 7; *Cziupka*, in: Scholz, GmbHG, § 62 Rn. 13; *Casper*, in: Ulmer/Habersack/Löbbe, GmbHG, § 62 Rn. 26.

7 KG, JW 1937, 1270; *Hofmann*, GmbHR 1975, 217, 221; vgl. *Konow*, GmbHR 1973, 217, 218 m.w.N.

daher notwendig erschien.[8] Daher bestimmt Abs. 2 Satz 2 auch, dass bei fehlendem Verwaltungsstreitverfahren die Auflösung nur gerichtlich angeordnet werden kann. Die Regelung ist durch die Einführung der Verwaltungsgerichtsbarkeit in allen Ländern gegenstandslos geworden.[9]

2. Zuständigkeit

4 Zuständig ist analog § 396 Abs. 1 S. 1 AktG die oberste Landesbehörde, regelmäßig das Wirtschaftsministerium.[10] Die in Abs. 2 Satz 3 geregelte Ersatzzuständigkeit des LG ist durch die Einführung der Verwaltungsgerichtsbarkeit in allen Ländern gegenstandslos geworden.[11] Im Jahr 1960 ist an die Stelle der in Abs. 2 Satz 1 in Bezug genommenen landesrechtlichen Verwaltungsprozessvorschriften die VwGO als Bundesrecht getreten.[12]

B. Tatbestandsvoraussetzungen

I. Gesetzwidrige Beschlüsse und Handlungen

5 Eine Auflösungsverfügung der Verwaltungsbehörde setzt voraus, dass **gesetzwidrige Beschlüsse** gefasst wurden oder die Geschäftsführer **gesetzwidrige Handlungen** begangen haben. Gesetzwidrig ist jeder Verstoß gegen eine Ge- oder Verbotsnorm, ohne dass es darauf ankommt, ob es sich dabei um eine zivilrechtliche, strafrechtliche oder öffentlich-rechtliche Norm handelt.[13] Dagegen ist eine Verletzung des Gesellschaftsvertrages nicht genügend.[14] Durch den Verstoß muss **das Gemeinwohl gefährdet** sein (dazu sogleich unter Rdn. 6–7). Gesetzesverstöße ohne Gemeinwohlbezug rechtfertigen den schweren Eingriff der Auflösungsverfügung nicht und reichen zur Anwendung des § 62 daher nicht aus.[15] Bei Beschlüssen muss sich der Verstoß aus dem Inhalt des Beschlusses ergeben; die **gesetzwidrige Art des Zustandekommens** führt zur Anfechtbarkeit oder Nichtigkeit des Beschlusses, rechtfertigt die Auflösung nach § 62 aber nicht.[16]

II. Gefährdung des Gemeinwohls

1. Nachhaltigkeit

6 Die tatbestandliche Weite der Norm wird in objektiver Hinsicht durch das Erfordernis der **Gefährdung des Gemeinwohls** begrenzt. Das Gemeinwohl ist erst dann berührt, wenn die festgestellten Gesetzesverstöße die Interessen breiter Verkehrskreise oder der Öffentlichkeit insgesamt in erheblichem Maße beeinträchtigen. Demgegenüber reicht es nicht aus, wenn nur die Interessen der Mitgesellschafter oder einzelner Vertragspartner der Gesellschaft oder sonstiger Dritter betroffen sind.[17]

---

8 Vgl. *Haas*, in: Baumbach/Hueck, GmbHG, § 62 Rn. 11.

9 *Haas*, in: Baumbach/Hueck, GmbHG, § 62 Rn. 11; *Cziupka*, in: Scholz, GmbHG, § 62 Rn. 14. Abs. 2 Satz 2 bestimmt »Wo ein Verwaltungsstreitverfahren nicht besteht, kann die Auflösung nur durch gerichtliche Erkenntnis auf Betreiben der höheren Verwaltungsbehörde erfolgen«.

10 *Haas*, in: Baumbach/Hueck, GmbHG, § 62 Rn. 12; *Kleindiek*, in: Lutter/Hommelhoff, GmbHG, § 62 Rn. 2; *Altmeppen*, in: Roth/Altmeppen, GmbHG, § 62 Rn. 5; *Limpert*, in: MünchKommGmbHG, § 62 Rn. 49; *Arnold*, in: Henssler/Strohn, Gesellschaftsrecht, § 62 GmbHG Rn. 10; *Cziupka*, in: Scholz, GmbHG, § 62 Rn. 15.

11 Anders noch bei Erlass von KG, JW 1937, 1270, 1271. Abs. 2 Satz 3 lautet: »Ausschließlich zuständig ist in diesem Fall das Landgericht, in dessen Bezirk die Gesellschaft ihren Sitz hat«.

12 *Casper*, in: Ulmer/Habersack/Löbbe, GmbHG, § 62 Rn. 24. Abs. 2 Satz 1 lautet: »Das Verfahren und die Zuständigkeit der Behörden richtet sich nach den für streitige Verwaltungssachen landesgesetzlich geltenden Vorschriften«.

13 *Hofmann*, GmbHR 1975, 217, 221; *Cziupka*, in: Scholz, GmbHG, § 62 Rn. 3.

14 *Haas*, in: Baumbach/Hueck, GmbHG, § 62 Rn. 7; *Nerlich*, in: Michalski/Heidinger/Leible/Schmidt, GmbHG, § 62 Rn. 7; *Casper*, in: Ulmer/Habersack/Löbbe, GmbHG, § 62 Rn. 15.

15 Vgl. *Cziupka*, in: Scholz, GmbHG, § 62 Rn. 4.

16 *Casper*, in: Ulmer/Habersack/Löbbe, GmbHG, § 62 Rn. 20.

17 *Haas*, in: Baumbach/Hueck, GmbHG, § 62 Rn. 9; *Nerlich*, in: Michalski/Heidinger/Leible/Schmidt, GmbHG, § 62 Rn. 3; *Gesell*, in: Rowedder/Schmidt-Leithoff, GmbHG, § 62 Rn. 3; *Cziupka*, in: Scholz, GmbHG, § 62 Rn. 5; *Casper*, in: Ulmer/Habersack/Löbbe, GmbHG, § 62 Rn. 16.

2. Gefahrensituation

Eine **Gefahr** liegt vor bei einer Situation, die bei ungehindertem Ablauf des zu erwartenden Geschehens mit hinreichender Wahrscheinlichkeit zu einem Schaden führen wird.[18] Die Feststellung erfordert eine **Prognose** der zukünftigen Entwicklungen.[19] In der Vergangenheit liegende Verstöße reichen alleine nicht aus, lassen aber regelmäßig auf ein entsprechendes Verhalten in der Zukunft schließen. Dagegen muss die Eingriffsbefugnis entfallen, wenn die Gefährdung zum Zeitpunkt des Erlasses der Auflösungsentscheidung nicht mehr besteht, weil sie von den Gesellschaftern oder von den Gesellschaftsorganen beseitigt worden ist oder sich auf andere Weise erledigt hat.[20] 7

III. Zurechnung

Gegenstand der Gefahrenabwehr ist das **Verhalten der Gesellschaft**. Das Gesetz trägt der überragenden Stellung der Gesellschafter in der GmbH dadurch Rechnung, dass es als subjektives Element eine Zurechnung des Gesetzesverstoßes an die Gesellschafter fordert. Bei Gesellschafterbeschlüssen findet eine Zurechnung statt, wenn der Beschluss mit der notwendigen **Mehrheit** zustande kommt.[21] Bei gesetzwidrigen Handlungen der **Geschäftsführer** kommt es darauf an, dass die Gesellschaftermehrheit die Geschäftsführer wissentlich gewähren lässt. Dies setzt voraus, dass die Gesellschaftermehrheit von den Handlungen der Geschäftsführer und deren Gesetzwidrigkeit Kenntnis besitzt. Der Kenntnis steht es gleich, wenn sich die Gesellschafter bewusst davor verschließen, Kenntnis zu erlangen.[22] 8

C. Ermessen, Verhältnismäßigkeitsprinzip

Die Entscheidung nach § 62 steht nach wohl überwiegender Meinung im **Ermessen** der Verwaltung. Das ergibt sich zunächst aus dem Wortlaut der Norm und folgt überdies aus dem allgemeinen ordnungsrechtlichen Opportunitätsprinzip.[23] Bei der Ausübung des Ermessens ist insb. das **Verhältnismäßigkeitsprinzip** zu beachten. Die Auflösung der Gesellschaft muss daher zur Sicherung des Gemeinwohls geeignet, erforderlich und angemessen sein. In den meisten Fällen werden der Verwaltung mildere, gleich geeignete Mittel zur Verfügung stehen, um der Gefährdung des Gemeinwohls durch die Gesellschaft zu begegnen, etwa die Untersagung des Gewerbebetriebs oder Maßnahmen durch die Kartellbehörden.[24] 9

D. Rechtsfolge

Die Auflösungsverfügung wird als privatrechtsgestaltender Verwaltungsakt mit ihrer **Bekanntgabe** und daher Zustellung an die Gesellschaft **wirksam**.[25] Wie bei den übrigen in § 60 genannten 10

---

18 *Casper*, in: Ulmer/Habersack/Löbbe, GmbHG, § 62 Rn. 16.

19 *Kleindiek*, in: Lutter/Hommelhoff, GmbHG, § 62 Rn. 5.

20 *Gesell*, in: Rowedder/Schmidt-Leithoff, GmbHG, § 62 Rn. 4; *Cziupka*, in: Scholz, GmbHG, § 62 Rn. 6; *Casper*, in: Ulmer/Habersack/Löbbe, GmbHG, § 62 Rn. 14.

21 Bei Stimmenmehrheit nach *Cziupka*, in: Scholz, GmbHG, § 62 Rn. 7; *Casper*, in: Ulmer/Habersack/Löbbe, GmbHG, § 62 Rn. 20.

22 *Haas*, in: Baumbach/Hueck, GmbHG, § 62 Rn. 8; *Cziupka*, in: Scholz, GmbHG, § 62 Rn. 7; *Casper*, in: Ulmer/Habersack/Löbbe, GmbHG, § 62 Rn. 21; *Kleindiek*, in: Lutter/Hommelhoff, GmbHG, § 62 Rn. 4.

23 I.E. *Lorscheider*, in: BeckOK GmbHG (Stand: 01.05.2020), § 62 Rn. 6; zudem für eine Ermessensreduzierung auf Null: *Haas*, in: Baumbach/Hueck, GmbHG, § 62 Rn. 11; *Nerlich*, in: Michalski/Heidinger/Leible/Schmidt, GmbHG, § 62 Rn. 5, 26; *Limpert*, in: MünchKommGmbHG, § 62 Rn. 42 f.; a.A. (gebundene Entscheidung) *Cziupka*, in: Scholz, GmbHG, § 62 Rn. 16; *Altmeppen*, in: Roth/Altmeppen, GmbHG, § 62 Rn. 4.

24 *Haas*, in: Baumbach/Hueck, GmbHG, § 62 Rn. 9; *Kleindiek*, in: Lutter/Hommelhoff, GmbHG, § 62 Rn. 1; *Nerlich*, in: Michalski/Heidinger/Leible/Schmidt, GmbHG, § 62 Rn. 10 f.; *Gesell*, in: Rowedder/Schmidt-Leithoff, GmbHG, § 62 Rn. 6; *Cziupka*, in: Scholz, GmbHG, § 62 Rn. 8 ff.; *Casper*, in: Ulmer/Habersack/Löbbe, GmbHG, § 62 Rn. 6, 22 f.

25 *Altmeppen*, in: Roth/Altmeppen, GmbHG, § 62 Rn. 6; *Gesell*, in: Rowedder/Schmidt-Leithoff, GmbHG, § 62 Rn. 9; *Cziupka*, in: Scholz, GmbHG, § 62 Rn. 16; *Casper*, in: Ulmer/Habersack/Löbbe, GmbHG, § 62 Rn. 29.

Auflösungsgründen richten sich auch bei der Verfügung nach § 62 die Folgen der Auflösung nach den §§ 65 ff. Die Gesellschaft ist daher keineswegs vollbeendet, sondern muss abgewickelt werden. Ihre Auflösung ist nach § 65 zur Eintragung in das Handelsregister anzumelden.[26] Eine amtliche Benachrichtigung des Registergerichts ist jedoch ebenso wenig vorgesehen wie die bei § 3 VereinsG angeordnete **Beschlagnahme und Einziehung des Gesellschaftsvermögens.**[27] Gemessen an den hohen Voraussetzungen für die Auflösungsverfügung sind diese Rechtsfolgen überraschend schwach und tragen dem Umstand, dass von der Gesellschaft eine Gemeinwohlgefährdung ausgeht, kaum Rechnung. Die Auflösung erfolgt allerdings als Folge der Sozialpflichtigkeit des Eigentums entschädigungslos.[28]

E. Rechtsschutz

11 Der **Rechtsschutz** gegen die Auflösungsverfügung bestimmt sich nach §§ 42, 68 VwGO. Die **Anfechtungsklage** kann von der Gesellschaft und von jedem Gesellschafter erhoben werden (§ 42 Abs. 2 VwGO). Im Hinblick auf die Zuständigkeit der obersten Landesbehörde bedarf es der Durchführung eines vorherigen Widerspruchverfahrens nicht, § 68 Abs. 1 Nr. 1 VwGO.[29] Entgegen der herrschenden Meinung erscheint es mit Blick auf den mit der Klageerhebung verbundenen **Suspensiveffekt** nach § 80 Abs. 1 VwGO angebracht, vom Fortbestehen der bisherigen Vertretungsbefugnisse in der Gesellschaft auszugehen.[30]

F. Fortsetzung der Gesellschaft

12 Eine Fortsetzung der Gesellschaft bleibt möglich, allerdings genügt hierfür weder die bloße Beseitigung des Auflösungsgrundes noch die Zustimmung der Verwaltungsbehörde zum Fortsetzungsbeschluss. Ein Fortsetzungsbeschluss kann vielmehr nur dann wirksam gefasst werden, wenn die Auflösungsverfügung formell widerrufen oder zurückgenommen worden ist.[31]

§ 63 *(weggefallen)*

Vorbemerkung zu § 64 GmbHG: Die GmbH in der Insolvenz

Schrifttum

Bauer/Dimmling, Endlich im Gesetz(entwurf): Der Debt-Equity-Swap, NZI 2011, 517 ff.; *Blum*, Stillschweigend vereinbarte Kündbarkeit einer nur für einen bestimmten Zeitraum benötigten Patronatserklärung, (Anm. zu BGH, Urt. v. 20.09.2010 – II ZR 296/08 –), NZG 2010, 1331 ff.; *Bork*, Abschaffung des Eigenkapitalersatzrechts zugunsten des Insolvenzrechts?, ZGR 2007, 250 ff.; *Braun/Heinrich*, Auf dem Weg zu einer (neuen) Insolvenzplankultur in Deutschland. Ein Beitrag zu dem RegE für ein Gesetz zur weiteren Erleichterung der Sanierung von Unternehmen, NZI 2011, 505 ff.; *Dahl/Schmitz*, Eigenkapitalersatz nach dem MoMiG aus insolvenzrechtlicher Sicht, NZG 2009, 325 ff.; *Eckert/Happe*, Totgesagte leben länger. Die (vorübergehende) Rückkehr des zweistufigen Überschuldungsbegriffs, ZInsO 2008, 1098 ff.; *Fischer/Knees*, Zum Umgang des Grundpfandrechtsgläubigers mit § 135 Abs. 3 InsO, ZInsO 2009, 745 ff.; *Fliegner*, Das

26 *Cziupka*, in: Scholz, GmbHG, § 62 Rn. 19; *Haas*, in: Baumbach/Hueck, GmbHG, § 62 Rn. 14.

27 *Gesell*, in: Rowedder/Schmidt-Leithoff, GmbHG, § 62 Rn. 9; *Casper*, in: Ulmer/Habersack/Löbbe, GmbHG, § 62 Rn. 29.

28 Näher *Cziupka*, in: Scholz, GmbHG, § 62 Rn. 18.

29 *Casper*, in: Ulmer/Habersack/Löbbe, GmbHG, § 62 Rn. 31; *Limpert*, in: MünchKommGmbHG, § 62 Rn. 56.

30 So auch *Casper*, in: Ulmer/Habersack/Löbbe, GmbHG, § 62 Rn. 30. Dagegen jedoch die h.M. (Liquidatoren zuständig): *Haas*, in: Baumbach/Hueck, GmbHG, § 62 Rn. 13; *Nerlich*, in: Michalski/Heidinger/Leible/Schmidt, GmbHG, § 62 Rn. 30; *Cziupka*, in: Scholz, GmbHG, § 62 Rn. 17.

31 Ganz h.M., *Nerlich*, in: Michalski/Heidinger/Leible/Schmidt, GmbHG, § 62 Rn. 36; *Gesell*, in: Rowedder/Schmidt-Leithoff, GmbHG, § 62 Rn. 15; *Cziupka*, in: Scholz, GmbHG, § 62 Rn. 20; *Casper*, in: Ulmer/Habersack/Löbbe, GmbHG, § 62 Rn. 34, § 60 Rn. 143. S.a. § 60 Rdn. 68.

MoMiG – Vom Regierungsentwurf zum Bundestagsbeschluss, DB 2008, 1668 ff.; *Freitag*, Finanzverfassung und Finanzierung von GmbH und AG nach dem Regierungsentwurf des MoMiG, WM 2007, 1681 ff.; *Gehrlein*, Das Eigenkapitalersatzrecht im Wandel seiner gesetzlichen Kodifikationen, BB 2011, 3 ff.; *ders.*, Die Behandlung von Gesellschafterdarlehen durch das MoMiG, BB 2008, 846 ff.; *ders.*, Schadensbegrenzung bei Insolvenzverschleppung unter dem Gesichtspunkt des Schutzzweckgedankens. Zugleich Anm. zu BGH, Urt. v. 25.07.2005 – II ZR 390/03, DB 2005, 2395 ff.; *ders.*, Rechtliche Stabilisierung von Unternehmen durch Anpassung insolvenzrechtlicher Vorschriften in Zeiten der Corona-Pandemie, DB 2020, 713; *Gruschinske*, Beendigung »kapitalersetzender« Nutzungsverhältnisse vor Insolvenzeröffnung, GmbHR 2010, 179 ff.; *Haas*, Das neue Kapitalersatzrecht nach dem RegE-MoMiG, ZInsO 2007, 617 ff.; *Habersack*, Gesellschafterdarlehen nach MoMiG: Anwendungsbereich, Tatbestand und Rechtsfolgen der Neuregelung, ZIP 2007, 2145 ff.; *Heidel/Pauly/Amend*, AnwaltFormulare, 7. Aufl.; *Hirte*, Die Neuregelung des Rechts der (früher: kapitalersetzenden) Gesellschafterdarlehen durch das »Gesetz zur Modernisierung des GmbH-Rechts und zur Bekämpfung von Missbräuchen« (MoMiG), WM 2008, 1429 ff.; *Hirte*, Neuregelungen mit Bezug zum Gesellschaftsrechtlicher Gläubigerschutz und im Insolvenzrecht durch das Gesetz zur Modernisierung des GmbH-Rechts und zur Bekämpfung von Missbräuchen (MoMiG), ZInsO 2008, 689 ff.; *Hirte/Knof*, Das Gesetz zur weiteren Erleichterung der Sanierung von Unternehmen (Teil 1), DB 2011, 632 ff.; *Hirte/Knof/Mock*, Überschuldung und Finanzmarktstabilisierungsgesetz, ZInsO 2008, 1217 ff.; *Kallmeyer*, Kapitalaufbringung und Kapitalerhaltung nach dem MoMiG: Änderungen für die GmbH-Beratungspraxis, DB 2007, 2755 ff.; *Karsten Schmidt*, Gesellschafterbesicherte Drittkredite nach neuem Recht. Die Nachfolgeregelungen zu § 32a Abs. 2, § 32b GmbHG im MoMiG, BB 2008, 1966 ff.; *Karsten Schmidt*, Nutzungsüberlassung nach der GmbH-Reform. Der neue § 135 Abs. 3 InsO: Rätsel oder des Rätsels Lösung?, DB 2008, 1727 ff.; *Karsten Schmidt*, Reform der Kapitalsicherung und Haftung in der Krise nach dem Regierungsentwurf des MoMiG. Sechs Leitsätze zu § 30 GmbHG-E, § 63 GmbHG-E und § 15a InsO-E, GmbHR 2007, 1072 ff.; *Krolop*, Zur Anwendung der MoMiG-Regelungen zu Gesellschafterdarlehen auf gesellschaftsfremde Dritte. Von der Finanzierungsfolgenverantwortung des Gesellschafters zur Risikoübernahmeverantwortung des Risikokapitalgebers?, GmbHR 2009, 397 ff.; *Löser*, Ankaufsverpflichtung für Sicherungsgut des Kreditgebers als Gesellschaftssicherheit i.S.d. § 135 Abs. 2 InsO n.F., ZInsO 2010, 28 ff.; *Marotzke*, Gesellschaftsinterne Nutzungsverhältnisse nach Abschaffung des Eigenkapitalersatzrechts, ZInsO 2008, 1281 ff.; *Meyer/Degener*, Debt-Equity-Swap nach dem RegE-ESUG, BB 2011, 846 ff.; *Oppenhoff*, Die GmbH-Reform durch das MoMiG – ein Überblick, BB 2008, 1630 ff.; *Pape*, Zahlungsunfähigkeit in der Gerichtspraxis, WM 2008, 1949 ff.; *Rühle*, Die Nutzungsüberlassung durch Gesellschafter in Zeiten des MoMiG, ZIP 2009, 1358 ff.; *Servatius*, Covenants in der Restrukturierung, CFL 2013, 14 ff.; *Schmidt. K.*, Gesellschaftsrecht und Insolvenzrecht im ESUG-Entwurf, BB 2011, 1603 ff.; *Schmidt, K.*, GmbH-Reform auf Kosten der Geschäftsführer? Zum (Un-) Gleichgewicht zwischen Gesellschafterrisiko und Geschäftsführerrisiko im Entwurf eines MoMiG und in der BGH-Rechtsprechung, GmbHR 2008, 449 ff.; *Spliedt*, MoMiG in der Insolvenz – ein Sanierungsversuch, ZIP 2009, 149 ff.; *Wälzholz*, Das MoMiG kommt: Ein Überblick über die neuen Regelungen. Mehr Mobilität, Flexibilität und Gestaltungsfreiheit bei gleichzeitigem Gläubigerschutz, GmbHR 2008, 841 ff.; *Willemsen/Rechel*, Insolvenzrecht im Umbruch – ein Überblick über den RegE-ESUG, DB 2011, 834 ff.

Übersicht **Rdn.**

1 Durch das MoMiG werde das Eigenkapitalersatzrecht gestrichen (§ 30 Abs. 1 Satz 3; Streichung der §§ 32a, 32b a.F.). An seine Stelle sind rechtsformneutrale insolvenzrechtliche (§ 39 Abs. 1 Nr. 4, § 44a, §§ 135 InsO) und anfechtungsrechtliche (§§ 6, 6a AnfG) Regelungen getreten. Außerdem wurde die zuvor in § 64 Abs. 1 a.F. angesiedelte Insolvenzantragspflicht ebenfalls rechtsformneutral nach § 15a InsO überführt. Im Blick auf die in diesen Vorschriften zum Ausdruck kommende stärkere Verzahnung des Insolvenzrechts mit dem Gesellschaftsrecht ist ein Bedürfnis nach Erläuterung der insolvenzrechtlichen Begleitvorschriften unabweisbar.

A. Insolvenzgründe

2 Die InsO kennt die Eröffnungsgründe der Zahlungsunfähigkeit (§ 17 InsO) und der Überschuldung (§ 19 InsO). Drohende Zahlungsunfähigkeit bildet nur im Fall eines Eigenantrags des Schuldners einen Insolvenzgrund (§ 18 InsO). Eine Insolvenzantragspflicht der Leitungsorgane ist nach dem eindeutigen Wortlaut des § 15a Abs. 1 nicht schon bei erst **drohender Zahlungsunfähigkeit** gegeben.

I. Zahlungsunfähigkeit

3 Einschlägige Vorschriften der InsO:

§ 16 InsO Eröffnungsgrund

Die Eröffnung des Insolvenzverfahrens setzt voraus, daß ein Eröffnungsgrund gegeben ist.

§ 17 InsO Zahlungsunfähigkeit

(1) Allgemeiner Eröffnungsgrund ist die Zahlungsunfähigkeit.

(2) Der Schuldner ist zahlungsunfähig, wenn er nicht in der Lage ist, die fälligen Zahlungspflichten zu erfüllen. Zahlungsunfähigkeit ist in der Regel anzunehmen, wenn der Schuldner seine Zahlungen eingestellt hat.

4 Nach dem Wortlaut des Gesetzes liegt Zahlungsunfähigkeit vor, wenn der Schuldner außerstande ist, seine fälligen Zahlungspflichten zu erfüllen (§ 17 Abs. 2 Satz 1 InsO). Aus der Zahlungseinstellung kann auf die Zahlungsunfähigkeit geschlossen werden (§ 17 Abs. 2 Satz 2 InsO). Ergibt sich bei einer Gegenüberstellung der fälligen Verbindlichkeiten und der Zahlungsmittel des Schuldners eine **Unterdeckung**, liegt grds. Zahlungsunfähigkeit vor. Der Begriff der Zahlungsunfähigkeit hat abgesehen von der Insolvenzeröffnung Bedeutung für die Insolvenzanfechtung (§§ 129 ff. InsO), die Regelung des § 64, die Haftung aus § 823 Abs. 2 BGB, § 15a Abs. 1 InsO (§ 64 Abs. 1 a.F.) sowie die Straftatbestände der §§ 283, 283c StGB.

1. Zahlungsunfähigkeit

a) Fällige Zahlungspflicht

Fehlt es an einer Zahlungseinstellung, muss die Zahlungsunfähigkeit festgestellt werden. Der Schuldner ist zahlungsunfähig, wenn er wegen eines objektiven, kurzfristig nicht zu behebenden Mangels an Zahlungsmitteln nicht in der Lage ist, die **fälligen** Zahlungspflichten zu erfüllen (vgl. § 17 Abs. 2 InsO).[1] Eine titulierte, etwa aus einer vollstreckbaren Urkunde herrührende Forderung ist, auch wenn der Schuldner sie bestreitet und dagegen mit Rechtsbehelfen vorgeht, zu berücksichtigen, sofern der Gläubiger daraus vollstrecken kann.[2] Da nur fällige Verbindlichkeiten in Ansatz zu bringen sind,[3] können **betagte**, **künftige** oder **gestundete** Verbindlichkeiten keine Zahlungsunfähigkeit auslösen. Hat der Gesellschafter für ein Darlehen oder eine sonstige Forderung einen **Rangrücktritt** (§ 19 Abs. 2 Satz 2, § 39 Abs. 2 InsO) erklärt, ist die Verbindlichkeit mangels Fälligkeit nicht geeignet, Zahlungsunfähigkeit zu begründen. Demgegenüber sind Forderungen der Gesellschafter zu berücksichtigen, die erst im eröffneten Verfahren durch das Gesetz mit einem Rangrücktritt belegt werden (§ 39 Abs. 1 Nr. 5 InsO).[4] Erfasst werden Zahlungspflichten ggü. sämtlichen Gläubigern, gleich ob es sich um einen außenstehenden Dritten oder mit der GmbH verbundene Personen, wie Gesellschafter oder Geschäftsführer handelt. Abweichend vom früheren Recht sind insb. auch Gesellschafterdarlehen in die Liquiditätsprüfung einzubeziehen, weil ihrer Rückführung nicht mehr § 30 entgegensteht.[5] Ausnahmsweise bleibt ein Gesellschafterdarlehen außer Betracht, wenn seine Rückzahlung wegen der dadurch hervorgerufenen Zahlungsunfähigkeit durch § 64 Satz 3 verboten ist. Keine Zahlungsunfähigkeit liegt nämlich vor, wenn die unterbliebene Zahlung auf einem gegen den Schuldner ergangenen gesetzlichen oder gerichtlichen Zahlungsverbot beruht. Die **Lieferunfähigkeit** bedeutet mangels einer Zahlungspflicht keine Zahlungsunfähigkeit; anders verhält es sich, wenn sich die Lieferpflicht in einen Schadensersatzanspruch umgewandelt hat, den die Gesellschaft nicht zu befriedigen vermag. 5

b) Zu berücksichtigende Verbindlichkeiten des Schuldners

Unter Geltung der InsO ist an dem schon in Anwendung der KO maßgeblichen Erfordernis des ernsthaften Einforderns als Voraussetzung einer die Zahlungsunfähigkeit begründenden oder zu dieser beitragenden Forderung festzuhalten. Freilich ist diese Formel nichts anderes als ein überholtes Relikt, auf das man aus Verständnisgründen besser verzichten sollte. Eine Forderung ist jedenfalls dann im Sinne von § 17 Abs. 2 InsO **fällig**, wenn eine Gläubigerhandlung feststeht, aus der sich der Wille, vom Schuldner Erfüllung zu verlangen, im Allgemeinen ergibt. Hierfür genügend, aber nicht erforderlich ist die Übersendung einer Rechnung. Das Merkmal des »ernsthaften Einforderns« dient damit lediglich dem Zweck, solche Forderungen auszunehmen, die rein tatsächlich – also auch ohne rechtlichen Bindungswillen oder erkennbare Erklärung – gestundet sind.[6] Im Gegenschluss setzt die Berücksichtigung einer fälligen Forderung nicht voraus, dass sie durch eine **besondere Gläubigerhandlung** geltend gemacht wurde. Mithin ist eine gesetzliche Forderung etwa aus Delikt einzubeziehen, selbst wenn dem Gläubiger als Geschädigter der Anspruch noch gar nicht bekannt ist. Darum können auch innerhalb der 3-Wochen-Frist (§ 15a Abs. 1 InsO) fällig werdende Forderungen in die Liquiditätsbilanz einbezogen werden, obwohl es naturgemäß an einem Einfordern fehlt. Eine Zahlungszusage des Schuldners wie auch die kalendermäßige Fälligkeit der Forderung macht ein Zahlungsverlangen ohnehin entbehrlich.[7] 6

---

1 BGHZ 173, 286, 288 Rn. 8.
2 BGH, ZInsO 2010, 331 Rn. 6, 7; 2010, 1091 Rn. 7 f.
3 BGH, ZInsO 2008, 103, 104 Rn. 7.
4 BGH, ZInsO 2010, 2091 Rn. 10.
5 BGH, ZInsO 2010, 2091 Rn. 10; BGH, ZInsO 2011, 1063 Rn. 11.
6 BGH, NJW 2009, 2600, 2602 Rn. 22; NZI 2011, 680 Rn. 9; ZInsO 2012, 732 Rn. 7; DB 2013, 55 Rn. 8, 12; DB 2013, 167, Rn. 26.
7 BGH, NJW 2009, 2600, 2602 Rn. 24., 26.

7 Nachrangige Forderungen i.S.d. § 39 Abs. 1 Nr. 5 InsO sind in die Liquiditätsprognose einzubeziehen.[8] Forderungen, deren Gläubiger sich für die Zeit vor Eröffnung eines Insolvenzverfahrens mit einer späteren oder nachrangigen Befriedigung einverstanden (§ 39 Abs. 2 InsO) erklärt haben, sind hingegen bei der Prüfung der Zahlungsunfähigkeit des Schuldners nicht zu berücksichtigen.[9] Gleiches gilt für Forderungen, die rechtlich oder auch nur tatsächlich – also ohne rechtlichen Bindungswillen oder erkennbare Erklärung – gestundet sind. Unter eine derartige Stundung fällt auch ein bloßes Stillhalteabkommen[10] oder ein Vollstreckungsaufschub.[11] Ein Gläubiger, der als Inhaber einer fälligen Forderung über rund 1.000 € dem Schuldner ein langfristig rückzahlbares Darlehen über 40.000 € gewährt, ist im Blick auf die Forderung von 1.000 € mit einer späteren Befriedigung einverstanden, sodass diese Forderung bei der Beurteilung der Zahlungsunfähigkeit außer Betracht zu bleiben hat.[12] Aufgrund der Restschuldbefreiung verwandeln sich Forderungen, von den Ausnahmen des § 302 InsO abgesehen, in **unvollkommene Verbindlichkeiten**, die zwar weiterhin erfüllbar, aber deren Durchsetzung nicht mehr erzwingbar ist. Derartige unvollkommene Verbindlichkeiten können deshalb bei der Feststellung der (drohenden) Zahlungsunfähigkeit für ein nach Erteilung der Restschuldbefreiung zu eröffnendes Insolvenzverfahren nicht berücksichtigt werden.[13] Bei der Prüfung, ob der Schuldner zahlungsunfähig ist, darf eine Forderung, die früher ernsthaft eingefordert war, nicht mehr berücksichtigt werden, wenn inzwischen ein Stillhalteabkommen – das keine Stundung im Rechtssinne enthalten muss – mit dem Gläubiger geschlossen wurde. Hat der Gläubiger das Stillhalten an die Erbringung gewisser Leistungen, insb. Ratenzahlungen, geknüpft, kann der Schuldner allerdings von Neuem zahlungsunfähig werden, wenn er nicht in der Lage ist, diese Leistungen zu erbringen.[14] Bei der Annahme, ein Gläubiger habe stillschweigend in eine spätere oder nachrangige Befriedigung seiner Forderung eingewilligt, ist Zurückhaltung geboten. **Erzwungene Stundungen**, die dadurch zustande kommen, dass der Schuldner seine fälligen Verbindlichkeiten mangels liquider Mittel nicht mehr oder nur noch mit Verzögerungen begleicht, die Gläubiger aber nicht sofort klagen und vollstrecken, weil sie dies ohnehin für aussichtslos halten oder sie nicht den sofortigen Zusammenbruch des Schuldners verantworten wollen, stehen der Zahlungsunfähigkeit nicht entgegen. Dies gilt in besonderem Maße bei Nichtzahlung der Löhne von Arbeitnehmern.[15]

c) Deckungslücke

8 Unter Zahlungsunfähigkeit ist Geldilliquidität, also der Mangel an Zahlungsmitteln zu verstehen. Mit Rücksicht auf das (ungeschriebene) Merkmal der Dauer wird anstelle einer Zeitpunkt- eine Zeitraumilliquidität verlangt. Ganz geringfügige Liquiditätslücken reichen für die Annahme der Zahlungsunfähigkeit nicht aus.[16] Zwar hat der Gesetzgeber davon abgesehen, eine starre zahlenmäßige Grenze einzuführen, die automatisch über das Vorliegen der Zahlungsunfähigkeit entscheidet. Im Interesse der praktischen Handhabung des Begriffs der Zahlungsunfähigkeit kann auf eine zahlenmäßige Vorgabe nicht völlig verzichtet werden. Jedoch kommt die Einführung eines prozentualen Schwellenwerts nur in der Form in Betracht, dass sein Erreichen eine widerlegbare Vermutung für die Zahlungsunfähigkeit begründet. Aus der Überschreitung eines prozentualen Schwellenwerts der Unterdeckung kann auf den Insolvenzgrund der Zahlungsunfähigkeit geschlossen werden. Beträgt eine entsprechend dem Rechtsgedanken des § 15a Abs. 1 InsO innerhalb von 3 Wochen nicht zu beseitigende Liquiditätslücke des Schuldners weniger als 10 % seiner fälligen Gesamtverbindlichkeiten, ist regelmäßig von Zahlungsfähigkeit auszugehen, es sei denn, es ist bereits

8 BGH, ZInsO 2010, 2091 Rn. 10; ZInsO 2011, 1063 Rn. 11.
9 BGHZ 173, 286, 292 ff..; BGH, ZInsO 2010, 2091 Rn. 10.
10 BGH, ZInsO 2008, 273, 275 Rn. 25.
11 BGH, ZInsO 2012, 732 Rn. 7.
12 BGH, Beschl. v. 06.02.2014 – IX ZR 76/13, Rn. 3.
13 BGH, WM 2014, 359 Rn. 8.
14 BGH, ZInsO 2008, 273, 275 Rn. 26; DB 2013, 167 Rn. 29.
15 BGH, ZInsO 2008, 378, 380 Rn. 22 f..
16 BGHZ 163, 134, 142 f.

absehbar, dass die Lücke demnächst mehr als 10 % erreichen wird. Soll bei einer Unterdeckung von weniger als 10 % Zahlungsunfähigkeit angenommen werden, müssen besondere Umstände vorliegen, die diesen Standpunkt stützen. Ein solcher Umstand kann auch die auf Tatsachen gegründete Erwartung sein, dass sich der Niedergang des Schuldner-Unternehmens fortsetzen wird. Beträgt die Liquiditätslücke des Schuldners dagegen 10 % oder mehr, ist regelmäßig von Zahlungsunfähigkeit auszugehen, sofern nicht ausnahmsweise mit an Sicherheit grenzender Wahrscheinlichkeit zu erwarten ist, dass die Liquiditätslücke demnächst vollständig oder fast vollständig beseitigt werden wird und den Gläubigern ein Zuwarten nach den besonderen Umständen des Einzelfalls zuzumuten ist.[17] Zur Entkräftung des Indizes ist i.d.R. die Benennung konkreter Umstände erforderlich, die mit an Sicherheit grenzender Wahrscheinlichkeit erwarten lassen, dass die Liquiditätslücke zwar nicht innerhalb von 2 bis 3 Wochen – dann läge nur eine Zahlungsstockung vor –, jedoch immerhin in überschaubarer Zeit beseitigt werden wird.[18] Bei der Beurteilung, ob eine Deckungslücke vorliegt, sind Zahlungseingänge des Schuldners auch zu berücksichtigen, wenn sie anfechtbar erworben werden oder auf strafbaren Handlungen beruhen.[19] Von der Zahlungsunfähigkeit ist die insolvenzrechtlich unschädliche Zahlungsunwilligkeit zu unterscheiden. Die im Insolvenzrecht unerhebliche Zahlungsunwilligkeit liegt aber nur vor, wenn gleichzeitig Zahlungsfähigkeit gegeben ist. Lag eine Zahlungseinstellung vor, wird gem. § 17 Abs. 2 Satz 2 InsO gesetzlich vermutet, dass nicht lediglich Zahlungsunwilligkeit, sondern Zahlungsunfähigkeit vorliegt.[20]

d) Feststellung der Zahlungsunfähigkeit

Zur Feststellung der Zahlungsunfähigkeit ist eine **Liquiditätsbilanz** zu erstellen. Darin sind die aktuell verfügbaren liquiden Mittel und die kurzfristig verwertbaren Vermögensbestandteile aufzunehmen, etwa ein Bankguthaben, der Kassenbestand, ein Pkw und die monatlich zu erwartenden Zahlungen. Danach sind die im maßgeblichen Zeitpunkt verfügbaren und innerhalb von 3 Wochen mittels Forderungseingänge, Darlehensaufnahme und Veräußerungen des Anlage- und Umlaufvermögens flüssig zu machenden Mittel in Beziehung zu den an demselben Stichtag fälligen und eingeforderten Verbindlichkeiten zu setzen.[21] Ein jederzeit abrufbarer Kredit ist ungeachtet seiner tatsächlichen Auszahlung den verfügbaren Zahlungsmitteln zuzurechnen.[22] Anderes gilt für eine etwa seitens der Konzernmutter einem Gläubiger erteilte Patronatserklärung, die keine eigenen Ansprüche des Schuldners begründet. In die Bilanz sind nicht nur die binnen 3 Wochen zu erwartenden Eingänge, sondern ab dem Stichtag auch die innerhalb dieses Zeitraums **hinzukommenden Verbindlichkeiten** einzustellen, weil eine Unterdeckung von weniger als 10 % zur Vermeidung der Zahlungsunfähigkeit während der gesamten Periode gegeben sein muss.[23] Von dieser – regelmäßig die Zuziehung eines Sachverständigen erfordernden – Prüfung hängt es ab, ob die innerhalb von 3 Wochen nicht zu beseitigende Liquiditätslücke des Schuldners mehr als 10 % beträgt und folglich Zahlungsunfähigkeit eingetreten ist. Die erst nach einer Verfahrenseröffnung zu erwartenden Ansprüche aus anfechtbaren Rechtshandlungen dürfen folgerichtig nicht berücksichtigt werden.[24] Im **Anfechtungsprozess** (§§ 129 ff. InsO) ist eine Liquiditätsbilanz zur Feststellung der Zahlungsunfähigkeit nicht erforderlich, wenn im fraglichen Zeitpunkt **wesentliche** fällige Verbindlichkeiten bestanden haben, die bis zur Verfahrenseröffnung nicht mehr beglichen worden sind.[25] 9

17 BGH, DB 2013, 167, Rn. 19.
18 BGHZ 163, 134, 145; BGH, ZInsO 2009, 2148, 2149 Rn. 11.
19 BGH, NJW 2009, 2600, 2601 f. Rn. 19.
20 BGH, ZInsO 2012, 696 Rn. 18.
21 BGHZ 173, 286, 296 Rn. 30; BGH, NZI 2007, 36, 38 = NJW 2009, 2600, 2603 Rn. 37; ZInsO 2012, 976 Rn. 8.
22 BGH, Beschl. v. 20.01.2011 – IX ZR 32/10, Rn. 4, 11.
23 *Pape*, WM 2008, 1949, 1952.
24 BGHZ 173, 286, 296 Rn. 30.
25 BGH, ZInsO 2006, 1210 Rn. 28; ZInsO 2012, 976 Rn. 10; WM 2013, 180 Rn. 16.

2. Zahlungseinstellung

10 Hat der Schuldner seine Zahlungen eingestellt, begründet dies auch für die Insolvenzanfechtung gem. § 17 Abs. 2 Satz 2 InsO die gesetzliche Vermutung der Zahlungsunfähigkeit.[26] Zahlungseinstellung ist dasjenige nach außen hervortretende Verhalten des Schuldners, in dem sich typischerweise ausdrückt, dass er nicht in der Lage ist, seine fälligen Zahlungspflichten zu erfüllen. Es muss sich mindestens für die beteiligten Verkehrskreise der berechtigte Eindruck aufdrängen, dass der Schuldner außerstande ist, seinen fälligen Zahlungsverpflichtungen zu genügen. Die tatsächliche Nichtzahlung eines erheblichen Teils der fälligen Verbindlichkeiten reicht für eine Zahlungseinstellung aus.[27] Eine Zahlungseinstellung kann aus einem einzelnen, aber auch aus einer Gesamtschau mehrerer darauf hindeutender, in der Rechtsprechung entwickelter **Beweisanzeichen** gefolgert werden.[28] Sind derartige Indizien vorhanden, bedarf es nicht einer darüber hinausgehenden Darlegung und Feststellung der genauen Höhe der gegen den Schuldner bestehenden Verbindlichkeiten oder gar einer Unterdeckung von mindestens 10 %.[29] Zahlungseinstellung ist dasjenige äußere Verhalten des Schuldners, in dem sich typischerweise eine Zahlungsunfähigkeit ausdrückt. Es muss sich also mindestens für die beteiligten Verkehrskreise der berechtigte Eindruck aufdrängen, dass der Schuldner nicht in der Lage ist, seine fälligen Zahlungspflichten zu erfüllen.[30] Haben in dem für die Anfechtung maßgeblichen Zeitpunkt nicht unerhebliche fällige Verbindlichkeiten bestanden, die – wie Lohnforderungen der Arbeitnehmer[31] – bis zur Verfahrenseröffnung nicht mehr beglichen worden sind, ist regelmäßig von Zahlungseinstellung auszugehen.[32] Die tatsächliche Nichtzahlung eines **erheblichen Teils der fälligen Verbindlichkeiten** reicht für eine Zahlungseinstellung aus.[33] Dies gilt auch dann, wenn tatsächlich noch geleistete Zahlungen beträchtlich sind, aber im Verhältnis zu den fälligen Gesamtschulden nicht den wesentlichen Teil ausmachen.[34] Schon eine **dauerhaft schleppende Zahlungsweise** kann Indizwirkung für eine Zahlungseinstellung haben.[35] Gerade die schleppende Zahlung von **Löhnen** und **Gehältern** ist ein Anzeichen für eine Zahlungseinstellung.[36] Indizielle Wirkung kommt einem Schreiben des Schuldners an seine Arbeitnehmer zu, das Weihnachtsgeld nicht bezahlen zu können.[37] Ebenso verhält es sich für eine von dem Schuldner für seine Arbeitnehmer vorformulierte Erklärung, trotz eingehender Information über die eventuell drohende Insolvenz und den damit drohenden Verlust aller Arbeitsplätze mit einer Minderung des monatlichen Gehalts nicht einverstanden zu sein.[38] Indiziell wirkt die Nichtzahlung oder schleppenden Zahlung von **Steuerforderungen** oder Energielieferungen durch den Schuldner.[39] Die Rückgabe von Lastschriften stellt ein erhebliches Beweisanzeichen für eine Zahlungseinstellung dar,[40] das bei ohnehin bestehenden Liquiditätsschwierigkeiten nicht auf einen lediglich jahreszeitlich bedingten Liquiditätsengpass zurückgeführt werden kann.[41] Gleiches gilt beim Widerruf von Lastschriften durch den Schuldner infolge unzureichender Kontendeckung.[42] Die Zahlungseinstellung kann sich

26 BGH, ZInsO 2012, 976 Rn. 9.
27 BGH, WM 2015, 381 Rn. 15.
28 BGH, DB 2013, 167 Rn. 20; WM 2013, 180 Rn. 16.
29 BGH, ZInsO 2011, 1410 Rn. 13; ZInsO 2012, 976 Rn. 11.
30 BGH, ZInsO 2008, 273, 275 Rn. 21; 2012, 696 Rn. 9; 2012, 976 Rn. 10; DB 2013, 167 Rn. 20.
31 BGH, Urt. v. 8.1.2015 – IX ZR 203/12, WM 2015, 381 Rn. 18.
32 BGH, Urt. v. 10.7.2014 – IX ZR 280/13, WM 2014, 1868 Rn. 19; Urt. v. 8.1.2015 – IX ZR 203/12, WM 2015, 381 Rn. 15.
33 BGH, WM 2012, 1539 Rn. 24; DB 2013, 167 Rn. 21.
34 BGH, ZInsO 2006, 1210 Rn. 13 ff.; 2010, 673 Rn. 42; 2011, 1410 Rn. 12; DB 2013, 167 Rn. 21.
35 BGH, DB 2013, 2382 Rn. 12.
36 BGH, NJW-RR 2008, 870, 872 Rn. 20.
37 BGH, Urt. v. 8.1.2015 – IX ZR 203/12, WM 2015, 381 Rn. 21.
38 BGH, Urt. v. 8.1.2015 – IX ZR 203/12, WM 2015, 381 Rn. 22.
39 BGH, ZInsO 2011, 1410 Rn. 16; 2012, 1318 Rn. 31.
40 BGH, DB 2013, 167, Rn. 44.
41 BGH, DB 2013, 167, Rn. 44.
42 BGH, Urt. v. 12.2.2015 – IX ZR 180/12, Rn. 19.

allein in der Nichtbegleichung der Forderung eines Großgläubigers äußern, auf dessen Lieferungen der Schuldner angewiesen ist.[43] Gegen den Schuldner betriebene – auch durch Zahlungen eines Dritten abgewendete[44] – Vollstreckungsverfahren oder die Nichteinlösung eines von ihm gegebenen Schecks kann die Schlussfolgerung der Zahlungseinstellung nahelegen.[45] Ebenso verhält es sich bei einem monatelangen Schweigen des Schuldners auf Mahnungen.[46] Durch die Nichtzahlung der **Sozialversicherungsbeiträge**, der Löhne und der sonst fälligen Verbindlichkeiten über einen Zeitraum von mehr als 3 Wochen nach Fälligkeit wird für die beteiligten Verkehrskreise hinreichend erkennbar, dass die Nichtzahlung auf einem objektiven Mangel an Geldmitteln beruht. Gerade Sozialversicherungsbeiträge und Löhne werden typischerweise nur dann nicht bei Fälligkeit bezahlt, wenn die erforderlichen Geldmittel hierfür nicht vorhanden sind.[47] Die mehr als **halbjährige Nichtbegleichung von Sozialversicherungsbeiträgen** bildet ein erhebliches Beweisanzeichen für eine Zahlungseinstellung.[48] Eine Zahlungseinstellung kann gegeben sein, wenn der Schuldner infolge der ständigen verspäteten Begleichung auch seiner sonstigen Verbindlichkeiten einen **Forderungsrückstand vor sich hergeschoben** hat und demzufolge ersichtlich am Rande des finanzwirtschaftlichen Abgrunds operierte.[49] Bei fortwährenden Zahlungsrückständen kann nicht ein saisonaler Liquiditätsengpass angenommen werden.[50] Haben im fraglichen Zeitpunkt fällige Verbindlichkeiten bestanden, die **bis zur Eröffnung des Insolvenzverfahrens** nicht beglichen worden sind, ist regelmäßig von Zahlungseinstellung auszugehen.[51] Eigene Erklärungen des Schuldners, eine fällige Verbindlichkeit nicht begleichen zu können, deuten auf eine Zahlungseinstellung hin, auch wenn sie mit einer Stundungsbitte versehen sind.[52] Die tatsächliche Nichtzahlung eines erheblichen Teils der fälligen Verbindlichkeiten reicht für eine Zahlungseinstellung aus. Dies gilt auch dann, wenn tatsächlich noch geleistete Zahlungen beträchtlich sind, aber im Verhältnis zu den fälligen Gesamtschulden nicht den wesentlichen Teil ausmachen.[53] Die Zahlungseinstellung wird durch eine **erzwungene Stundung** nicht beseitigt, wenn sich der Gläubiger mit den Zahlungen zufrieden gibt, welche der Schuldner gerade noch aufbringen kann.[54] Gleiches gilt für strategische Zahlungen des Schuldners, der sich zur Schonung seiner schwindenden Liquidität auf Teilzahlungen beschränkt oder wegen seiner ungünstigen Liquiditätslage einzelne Zahlungen mit seinem Gläubiger abstimmt.[55] Eine Zahlungseinstellung dauert fort, wenn der Schuldner allenfalls an einem bestimmten Stichtag zur Befriedigung seiner Gläubiger, aber nicht auf Dauer zu einer allgemeinen Begleichung seiner alsbald fälligen Verbindlichkeiten imstande war.[56] Die Nichtzahlung einer einzelnen erheblichen Forderung kann den Schluss auf eine Zahlungseinstellung rechtfertigen.[57] Allein eine **harte Patronatserklärung** – gleich ob es sich um eine konzerninterne von der Muttergesellschaft ggü. ihrer Tochtergesellschaft oder eine konzernexterne von der Muttergesellschaft zugunsten eines Gläubigers ihrer Tochtergesellschaft abgegebene Erklärung[58] handelt – beseitigt nicht die Zahlungsunfähigkeit; anders liegt es, wenn mithilfe der durch die Patronatserklärung erlangten Mittel die Zahlungen tatsächlich wieder aufgenommen werden.[59] Eine Kreditgewährung an den Schuldner beseitigt nicht

43 BGH, DB 2013, 167, Rn. 23; Urt. v. 12.2.2015 – IX ZR 180/12, Rn. 19.
44 BGH, Urt. v. 8.1.2015 – IX ZR 203/12, WM 2015, 381 Rn. 23.
45 BGH, ZInsO 2011, 1410 Rn. 18; WM 2012, 2251 Rn. 30.
46 BGH, ZInsO 2016, 628 Rn. 13 ff.
47 BGH, NZI 2007, 36, 37 Rn. 24; WM 2012, 2251 Rn. 30.
48 BGH, DB 2013, 2382 Rn. 12.
49 BGH, ZInsO 2011, 1410 Rn. 16; WM 2012, 2251 Rn. 19; DB 2013, 167 Rn. 21.
50 BGH, WM 2012, 2251 Rn. 30.
51 BGH, WM 2012, 1539 Rn. 24.
52 BGH, NJW-RR 2009, 634, 635 Rn. 14; ZinsO 2012, 696 Rn. 27; DB 2013, 167 Rn. 21, 23.
53 BGH, ZInsO 2006, 1210, 1211 Rn. 13 ff.; WM 2010, 711 Rn. 42.
54 BGH, DB 2013, 167, Rn. 34.
55 BGH, DB 2013, 167, Rn. 34.
56 BGH, WM 2012, 2251 Rn. 19.
57 BGH, NJW 2007, 2640, 2643 Rn. 22 = WM 2010, 711 Rn. 39.
58 Vgl. BGH, ZInsO 2011, 17 ff.
59 BGH, WM 2010, 711 Rn. 48; ZInsO 2011, 1115 Rn. 17 ff., 22.

die Zahlungseinstellung, wenn der Schuldner auch unter Einsatz dieser Mittel seine Verbindlichkeiten nicht zu begleichen vermag.[60] Bei ständigen Zahlungsrückständen kann nicht ein saisonaler Liquiditätsengpass angenommen werden.[61] Die Zahlungseinstellung braucht nicht vom **Willen des Schuldners** getragen zu sein und es ist auch nicht erforderlich, dass er selbst seine Zahlungsunfähigkeit kennt, sofern diese nur objektiv vorliegt.[62] Die Voraussetzungen der Zahlungseinstellung grundsätzlich derjenige **darlegen und beweisen**, der daraus Rechte für sich herleiten will.[63] Verwirklichen sich mehrere gewichtige **Beweisanzeichen**, ermöglicht dies die Bewertung, dass eine Zahlungseinstellung vorliegt.[64] Eine Zahlungseinstellung begründet eine **Vermutung** für den Eintritt der Zahlungsunfähigkeit, die von dem Prozessgegner durch den Antrag auf Einholung eines Sachverständigengutachtens zum Nachweis, dass eine Liquiditätsbilanz eine Deckungslücke von weniger als 10 % ausweist, widerlegt werden kann.[65] Die Voraussetzungen der Insolvenzreife gelten nach den **Grundsätzen der Beweisvereitelung** als bewiesen, wenn der Geschäftsführer einer GmbH die ihm obliegende Pflicht zur Führung und Aufbewahrung von Büchern und Belegen nach §§ 238, 257 HGB, § 41 GmbHG verletzt hat und dem Gläubiger deshalb die Darlegung näherer Einzelheiten nicht möglich ist.[66] Eine eingetretene Zahlungseinstellung kann nur wieder beseitigt werden, indem der Schuldner alle Zahlungen wieder aufnimmt. Dies hat derjenige zu **beweisen**, der sich darauf beruft.[67] Von einer Wiederherstellung der Zahlungsfähigkeit kann nicht ausgegangen werden, wenn sich der Schuldner durch die Befriedigung seiner gegenwärtigen Gläubiger der Mittel entäußert, die er zur Begleichung seiner künftigen, alsbald fällig werdenden Verbindlichkeiten benötigt.[68]

3. Zahlungsstockung

11 Nach der Vermutungsregel des § 17 Abs. 2 Satz 2 InsO ist Zahlungsunfähigkeit anzunehmen, wenn der Schuldner seine Zahlungen eingestellt hat. Es ist daran festzuhalten, dass eine Zahlungsunfähigkeit, die sich voraussichtlich innerhalb kurzer Zeit beheben lässt, lediglich als Zahlungsstockung gilt und keinen Insolvenzeröffnungsgrund darstellt. Eine bloße **Zahlungsstockung** ist anzunehmen, wenn der Zeitraum nicht überschritten wird, den eine kreditwürdige Person benötigt, um sich die benötigten Mittel zu leihen. Dafür erscheinen in Anlehnung an § 15a Abs. Abs. 1 Satz 1 3 Wochen erforderlich, aber auch ausreichend.[69] Eine bloß vorübergehende Zahlungsstockung liegt darum nicht vor, wenn es dem Schuldner schon seit mehreren Monaten nicht gelungen war, seine fälligen Verbindlichkeiten spätestens innerhalb von 3 Wochen auszugleichen und die rückständigen Beträge insgesamt so erheblich waren, dass von lediglich geringfügigen Liquiditätslücken keine Rede sein kann.[70] Eine bloße Liquiditätslücke kommt hingegen in Betracht, wenn bei Gesamtverbindlichkeiten über 390.000 € der monatliche Zahlungsrückstand 1.300 bis 2.300 € beträgt und stets alsbald ausgeglichen wird.[71] Vermögen und Außenstände können eine Zahlungsunfähigkeit nur abwenden, wenn sie binnen 3 Wochen nach Eintritt einer Zahlungsstockung versilbert werden können.[72] Nicht beleihbare oder nicht kurzfristig veräußerbare Vermögenswerte lassen hingegen die Zahlungsunfähigkeit unberührt. Damit muss Zahlungsunfähigkeit nicht nur zu einem bestimmten Zeitpunkt, sondern über einen **gewissen Zeitraum** – nämlich 3 Wochen – bestehen.

---

60 BGH, ZInsO 2012, 1318 Rn. 31.
61 BGH, WM 2012, 2251 Rn. 30.
62 BGH, WM 2010, 711 Rn. 40.
63 BGH, ZInsO 2012, 648 Rn. 15.
64 BGH, ZInsO 2011, 1410 Rn. 18.
65 BGH, ZInsO 2011, 1410 Rn. 20; 2012, 696 Rn. 11, 18.
66 BGH, ZInsO 2012, 648 Rn. 16.
67 BGH, ZInsO 2012, 696 Rn. 10; WM 2012, 2251 Rn. 16; DB 2013, 167 Rn. 33.
68 BGH, WM 2012, 2251 Rn. 19.
69 BGHZ 163, 134, 139 f.
70 BGH, WM 2010, 711 Rn. 43; ZInsO 2011, 1410 Rn. 12, 16; 2012, 1318 Rn. 32; WM 2012, 2251 Rn. 19; 2013, 180 Rn. 16.
71 BGH, WM 2013, 2272 Rn. 14.
72 BGH, ZInsO 1999, 107, 109 spricht auf der Grundlage des früheren Rechts noch von 4 Wochen.

4. Beweislast

Eine einmal eingetretene Zahlungseinstellung wirkt grds. fort. Sie kann nur dadurch wieder beseitigt werden, dass der Schuldner seine Zahlungen allgemein wieder aufnimmt; dies hat derjenige darzulegen und zu beweisen, der sich auf den nachträglichen Wegfall einer zuvor eingetretenen Zahlungseinstellung beruft.[73] 12

II. Drohende Zahlungsunfähigkeit

Einschlägige Vorschriften der InsO: 13

§ 18 InsO Drohende Zahlungsunfähigkeit

(1) Beantragt der Schuldner die Eröffnung des Insolvenzverfahrens, so ist auch die drohende Zahlungsunfähigkeit Eröffnungsgrund.

(2) Der Schuldner droht zahlungsunfähig zu werden, wenn er voraussichtlich nicht in der Lage sein wird, die bestehenden Zahlungspflichten im Zeitpunkt der Fälligkeit zu erfüllen.

(3) Wird bei einer juristischen Person oder einer Gesellschaft ohne Rechtspersönlichkeit der Antrag nicht von allen Mitgliedern des Vertretungsorgans, allen persönlich haftenden Gesellschaftern oder allen Abwicklern gestellt, so ist Absatz 1 nur anzuwenden, wenn der oder die Antragsteller zur Vertretung der juristischen Person oder der Gesellschaft berechtigt sind.

1. Eigenantrag

Eine erst drohende Zahlungsunfähigkeit begründet nach dem eindeutigen Wortlaut des § 15a Abs. 1 keine Insolvenzantragspflicht.[74] Drohende Zahlungsunfähigkeit kann jedoch eine Insolvenzanfechtung (§ 133 Abs. 1 Satz 2 InsO; vgl. auch § 3 Abs. 1 Satz 2 AnfG) rechtfertigen; sie ist Tatbestandsmerkmal der §§ 283, 283d StGB. Drohende Zahlungsunfähigkeit stellt nur bei einem **Eigenantrag** des Schuldners einen Eröffnungsgrund dar. Wird ein Eigenantrag gestellt, ist das Verfahren auch zu eröffnen, wenn statt drohender Zahlungsunfähigkeit tatsächlich Überschuldung vorliegt. Ein auf drohende Zahlungsunfähigkeit gestützter Fremdantrag wäre unzulässig. Unbenommen bleibt Dritten, einen auf Überschuldung gestützten Antrag zu stellen. Abweichend von § 15 Abs. 1 InsO ist bei einer juristischen Person nicht jedes Vertretungsorgan unabhängig von der Reichweite seiner Vertretungsmacht antragsbefugt. Vielmehr ist ein Antrag nach § 18 Abs. 3 InsO nur zulässig, wenn er von allen Mitgliedern des Vertretungsorgans oder mindestens einem allein vertretungsberechtigten Mitglied gestellt wird. Wird der Antrag nicht von allen Mitgliedern gestellt, ist der Insolvenzgrund der drohenden Zahlungsunfähigkeit glaubhaft zu machen. Bei einer GmbH sind die Geschäftsführer im Stadium nur drohender Zahlungsunfähigkeit im Innenverhältnis zu einer Antragstellung nur im Einverständnis der Gesellschafter befugt. Vor einer Antragstellung ist nach § 49 Abs. 2 die Gesellschafterversammlung einzuberufen. Ergreifen die Gesellschafter keine Sanierungsmaßnahmen, ist der Geschäftsführer berechtigt, sein Amt niederzulegen. Die eigenmächtige Antragstellung kann Schadensersatzansprüche gegen die Organe begründen. 14

2. Inhaltliche Voraussetzungen

Nach der Legaldefinition liegt drohende Zahlungsunfähigkeit vor, wenn der Schuldner voraussichtlich nicht in der Lage sein wird, die bestehenden Zahlungspflichten im Zeitpunkt der Fälligkeit zu erfüllen. Eine lediglich vorübergehende Zahlungsstockung genügt nicht. Vielmehr wird eine gravierende Liquiditätskrise vorausgesetzt. Unstreitig ist, dass bei dieser Bewertung bestehende Verbindlichkeiten auch zu berücksichtigen sind, soweit sie sich – wie Forderungen auf Lohn und Miete, Entgelte für Rohstoff- und Energiebelieferung, Verpflichtungen zur Zahlung von Steuern 15

73 BGH, ZInsO 2008, 273, 275 Rn. 24.
74 BGH NZI 2020, 167 Rn. 27.

und Sozialabgaben – erst künftig verwirklichen. Bei der Bewertung sollten freilich nicht nur bereits bestehende, sondern auch während des Prognosezeitraums mit hinreichender Sicherheit zu erwartende neu begründete Verbindlichkeiten eingerechnet werden. Der **Prognosezeitraum** erstreckt sich bis zum Fälligwerden der letzten gegenwärtig bestehenden oder mit hinreichender Sicherheit künftig begründeten Verbindlichkeit. Eine verlässliche Beurteilung über einen längeren Zeitraum als das **laufende und folgende Geschäftsjahr** – also ein bis 2 Jahre – ist freilich kaum möglich. Liegt der Deckungsgrad unter 90 %, ist drohende Zahlungsunfähigkeit anzunehmen. Das Tatbestandsmerkmal der **Voraussichtlichkeit** ist dahin zu verstehen, dass der Eintritt der Zahlungsunfähigkeit überwiegend wahrscheinlich sein muss als der Nichteintritt, die Wahrscheinlichkeitsquote also 50 % überschreitet.[75] Die der Prognose innewohnende Ungewissheit kann sich dabei auf die **künftig verfügbaren liquiden Mittel**, ebenso aber auch auf den **Umfang der künftig fällig werdenden Verbindlichkeiten** beziehen. Verbindlichkeiten aus einem Darlehen können deshalb nicht nur dann drohende Zahlungsunfähigkeit begründen, wenn der Anspruch auf Rückzahlung durch eine bereits erfolgte Kündigung auf einen bestimmten in der Zukunft liegenden Zeitpunkt fällig gestellt ist, sondern auch dann, wenn aufgrund gegebener Umstände überwiegend wahrscheinlich ist, dass eine Fälligstellung im Prognosezeitraum erfolgt.[76] Drohende Zahlungsunfähigkeit liegt vor, wenn eine für die Geschäftstätigkeit der Schuldnerin unentbehrliche öffentliche Förderung ausläuft.[77]

3. Gesetzliche Modifizierung des Prognosezeitraums

Nach den Planungen des Gesetzgebers im Rahmen des Entwurfs eines Gesetzes zur Fortentwicklung des Sanierungs- und Insolvenzrechts soll § 18 Abs. 2 ab 1. Januar 2021 folgender Satz 2 angefügt werden: »In aller Regel ist ein Prognosezeitraum von 24 Monaten zugrunde zu legen.« Durch diese Regelung wird festgelegt, dass für die drohende Zahlungsunfähigkeit in aller Regel ein Prognosezeitraum von 24 Monaten zugrunde zu legen ist. Mit Hilfe der Vorschrift werden Unsicherheiten hinsichtlich der Dauer des Prognosezeitraums der drohenden Zahlungsunfähigkeit beseitigt. In Einzelfällen kann auch auf einen kürzeren oder längeren Prognosezeitraum abzustellen sein. Hierdurch können Besonderheiten der Schuldnerin oder ihres Geschäftsbetriebs berücksichtigt werden.

III. Überschuldung

16 Einschlägige Vorschriften der InsO:

§ 19 InsO Überschuldung

(1) Bei einer juristischen Person ist auch die Überschuldung Eröffnungsgrund.

(2) Überschuldung liegt vor, wenn das Vermögen des Schuldners die bestehenden Verbindlichkeiten nicht mehr deckt, es sei denn, die Fortführung des Unternehmens ist nach den Umständen überwiegend wahrscheinlich. Forderungen auf Rückgewähr von Gesellschafterdarlehen oder aus Rechtshandlungen, die einem solchen Darlehen wirtschaftlich entsprechen, für die gemäß § 39 Abs. 2 zwischen Gläubiger und Schuldner der Nachrang im Insolvenzverfahren hinter den in § 39 Abs. 1 Nr. 1 bis 5 bezeichneten Forderungen vereinbart worden ist, sind nicht bei den Verbindlichkeiten nach Satz 1 zu berücksichtigen.

(3) Ist bei einer Gesellschaft ohne Rechtspersönlichkeit kein persönlich haftender Gesellschafter eine natürliche Person, so gelten die Absätze 1 und 2 entsprechend. Dies gilt nicht, wenn zu den persönlich haftenden Gesellschaftern eine andere Gesellschaft gehört, bei der ein persönlich haftender Gesellschafter eine natürliche Person ist.

Bis zum Jahr 2008 lautete § 19 Abs. 2 wie folgt:

Überschuldung liegt vor, wenn das Vermögen des Schuldners die bestehenden Verbindlichkeiten nicht mehr deckt. Bei der Bewertung des Vermögens des Schuldners ist jedoch die Fortführung des Unternehmens zugrunde zu legen, wenn diese nach den Umständen überwiegend wahrscheinlich ist.

75 BGH, ZInsO 2014, 77 Rn. 10.
76 BGH, ZInsO 2014, 77 Rn. 10.
77 BGH, ZInsO 2016, 448 Rn. 16.

Für alle juristischen Personen und ausschließlich aus juristischen Personen bestehende Gesellschaften kennt das Gesetz mit der Überschuldung (§ 19 Abs. 1 und 3) einen zusätzlichen Eröffnungsgrund. Der Insolvenzgrund der Überschuldung ist rechtlich überaus komplex und in weiten Bereichen inhaltlich umstritten. Der Gesetzgeber trägt infolge zeitlich unterschiedlicher Fassungen des § 19 Abs. 2 InsO nicht zu einer Vereinfachung bei, weil vor dem 18.10.2008 der einstufige Überschuldungsbegriff galt, seit diesem Zeitpunkt der zunächst befristet eingeführte sog. zweistufige Überschuldungsbegriff nunmehr durch Gesetz vom 05.12.2012[78] dauerhaft maßgeblich ist. Der einstufige Überschuldungsbegriff dürfte weiter auf Sachverhalte anzuwenden sein, die am 17.10.2008 insoweit abgeschlossen waren, als in diesem Zeitpunkt das Insolvenzverfahren bereits **eröffnet** war. Die rechtlichen Schwierigkeiten spiegeln sich allerdings – zumal einstufiger und zweistufiger Überschuldungsbegriff wegen der ohnehin ungünstigen Unternehmenslage im Einzelfall vielfach zu identischen Ergebnissen führen – weniger in der praktischen Handhabung, weil die Überschuldung wegen der Probleme einer Glaubhaftmachung für Dritte (§ 14 Abs. 1 InsO) als Eröffnungsgrund kaum von Bedeutung ist, sondern vor allem die Geschäftsleiterhaftung bei verzögerter Antragstellung (§ 823 Abs. 2 BGB, § 15a InsO) und die Strafbarkeit aus § 19a Abs. 4 und 5 InsO betrifft. 17

1. Rechtspolitischer Hintergrund

Der Eröffnungsgrund der Überschuldung fußt auf der Erkenntnis, dass die juristische Person (§ 19 Abs. 1 InsO) und die Vereinigungen nach § 19 Abs. 3 InsO im Fall einer wirtschaftlichen Schieflage keinen rechtlichen Anspruch auf Unterstützung durch ihre Gesellschafter haben. Solange sämtliche Gläubiger aus dem begrenzten Haftungsfonds befriedigt werden können, darf die Gesellschaft ihre Tätigkeit fortsetzen. Umgekehrt müssen diese Verbände ihre wirtschaftliche Tätigkeit einstellen, wenn das Vermögen, also die verwertbaren Aktivposten, die bestehenden Schulden nicht mehr deckt (§ 19 Abs. 2 Satz 1 InsO). Andernfalls ginge das Risiko einer weiteren wirtschaftlichen Tätigkeit auf Kosten der Gläubiger.[79] Im Fall eines wirtschaftlichen Niedergangs tritt Überschuldung regelmäßig vor der erst nach Liquidierung verbliebener Vermögenswerte unabwendbaren Zahlungsunfähigkeit ein. 18

2. Einstufiger Überschuldungsbegriff

a) Ursprünglicher Rechtszustand der InsO: Zweistufiger Überschuldungsbegriff.

Der mit Einführung der InsO im Jahr 1999 in Kraft getretene § 19 Abs. 2 InsO 1999 ging von dem einstufigen Überschuldungsbegriff aus. Dem zuvor herrschenden zweistufigen Überschuldungsbegriff war der Gesetzgeber durch die Tatbestandsfassung des § 19 Abs. 2 InsO 1999 entgegengetreten. Nach dem **zweistufigen Überschuldungsbegriff** kann von einer Überschuldung nur dann gesprochen werden, wenn das Vermögen der Gesellschaft bei Ansatz von Liquidationswerten unter Einbeziehung der stillen Reserven die bestehenden Verbindlichkeiten nicht deckt (**rechnerische Überschuldung**) und die Finanzkraft der Gesellschaft nach überwiegender Wahrscheinlichkeit mittelfristig nicht zur Fortführung des Unternehmens ausreicht (**Überlebens- oder Fortbestehensprognose**).[80] Da auf die mittelfristige Finanzkraft des Unternehmens abgestellt wird, bedeutet die Fortbestehensprognose eine **Zahlungsfähigkeitsprognose** für einen Zeitraum von etwa 2 **Jahren** (das laufende und das folgende Geschäftsjahr).[81] Danach ist eine Gesellschaft trotz rechnerischer Überschuldung nicht insolvenzreif, wenn ihr eine positive Fortbestehensprognose gestellt werden kann. 19

b) Fortbestehensprognose als bloßer Bewertungsfaktor des Vermögens

aa) Liquidations- und Fortführungswerte

§ 19 Abs. 2 InsO 1999 misst demgegenüber der Fortbestehensprognose keine selbstständige Bedeutung zu. Zur Feststellung der Überschuldung ist maßgeblich ein Vergleich des Vermögens, das im Fall einer Eröffnung des Insolvenzverfahrens als Insolvenzmasse zur Verfügung stände, mit den 20

78 BGBl I 2012, 2418, 2424.
79 BT-Drucks. 12/7302, S. 157.
80 BGHZ 119, 201, 213 f. m.w.N.; 129, 136, 154.
81 OLG Naumburg, ZInsO 2004, 512, 513 f.; *Jaeger/Müller*, InsO, § 19 Rn. 37.

Verbindlichkeiten, die im Fall der Verfahrenseröffnung ggü. den Gläubigern beständen. Eine positive Prognose für die Lebensfähigkeit des Unternehmens – die nach Annahme des Gesetzgebers leicht vorschnell getroffen wird – darf die Annahme der Überschuldung noch nicht ausschließen. Sie erlaubt nur eine andere Art der Bewertung des Unternehmens.[82] Aus dem Aufbau der Norm des § 19 Abs. 2 InsO 1999 folgt, dass die Überschuldungsprüfung nach Liquidationswerten in Satz 1 den Regelfall und die nach Fortführungswerten in Satz 2, der eine positive Fortbestehensprognose voraussetzt, den Ausnahmefall darstellt.[83] Danach bildet die Fortbestehensprognose nur einen Faktor für die Bewertung des Vermögens. Das Vermögen der Gesellschaft kann für sich genommen nach zwei Alternativen bewertet werden: Einmal kann der Wert zugrunde gelegt werden, der bei einer Zerschlagung des Unternehmens für die Unternehmensbestandteile zu erzielen ist (sog. **Zerschlagungs- oder Liquidationswerte**). Zum anderen kann von dem Wert ausgegangen werden, den die Unternehmensbestandteile in ihrer Gesamtheit bei einer Fortführung des lebenden Unternehmens (going concern) verkörpern (sog. **Fortführungswerte**). Im letztgenannten Fall sind über die stillen Reserven hinaus auch der Firmenwert und ein »Good will« zu aktivieren. Danach können Fortführungswerte berücksichtigt werden, wenn der Gesellschaft eine **positive Fortbestehensprognose** bescheinigt werden kann, weil sie im laufenden und kommenden Geschäftsjahr voraussichtlich zur Zahlung ihrer Verbindlichkeiten in der Lage ist.

bb) Bestehen einer Überschuldung

21 Überschuldung scheidet aus, wenn nach beiden Methoden die Vermögenswerte die Schulden abdecken. Gleiches gilt in dem Ausnahmefall, dass – etwa beim Betrieb eines ertragsschwachen Kleinunternehmens auf einem eigenen Hausgrundstück in großstädtischer Innenstadtlage – die Liquidationswerte, aber nicht die Fortführungswerte die Verbindlichkeiten überschreiten, weil dann bei einer Liquidation sämtliche Gläubiger befriedigt werden können. Demgegenüber ist Überschuldung gegeben, wenn die Vermögenswerte nach beiden Methoden die Verbindlichkeiten unterschreiten. Scheidet nur bei günstiger Prognose eine Überschuldung aus, liegt keine Überschuldung vor, wenn die Fortführung des Unternehmens überwiegend wahrscheinlich ist. In aller Regel – stellt man sich die Alternative der Stilllegung oder der Fortführung einer Automobilfabrik vor – sind die Fortführungswerte erheblich höher als Zerschlagungswerte anzusetzen. Von diesen Fortführungswerten darf nach § 19 Abs. 2 InsO 1999 ausgegangen werden, wenn sie nach den Umständen überwiegend wahrscheinlich ist.[84] Ergeben auch die **Fortführungswerte eine rechnerische Überschuldung** der Gesellschaft, kann der Eröffnungsgrund, wie der Gesetzgeber ausdrücklich verlautbart hat,[85] nicht unter Berufung auf eine positive Fortführungsprognose verneint werden. Eine positive Fortführungsprognose kann für sich allein eine Insolvenzreife des Schuldners nicht ausräumen, sondern ist lediglich für die Bewertung seines Vermögens nach Fortführungs- oder Liquidationswerten von Bedeutung.[86]

cc) Beweislast

22 Gem. § 19 Abs. 2 InsO 1999 liegt eine Überschuldung vor, wenn das Vermögen des Schuldners die bestehenden Verbindlichkeiten nicht mehr deckt. Bei der Bewertung des Vermögens des Schuldners ist jedoch die Fortführung des Unternehmens zugrunde zu legen, wenn diese nach den Umständen überwiegend wahrscheinlich ist. Aus dem Aufbau des § 19 Abs. 2 InsO 1999 folgt ohne Weiteres, dass die Überschuldungsprüfung nach Liquidationswerten in Satz 1 den Regelfall und die nach Fortführungswerten in Satz 2, der eine positive Fortführungsprognose voraussetzt, den Ausnahmefall darstellt. Im Haftungsprozess wegen verbotener Zahlungen nach § 64 GmbHG hat die Geschäftsleitung daher die **Umstände darzulegen** und notfalls zu **beweisen**, aus denen sich eine günstige Prognose für den fraglichen Zeitraum ergibt.[87] Bei Feststellung einer Überschuldung zu einem

82 BT-Drucks. 12/2443, S. 115.
83 BGH, NZI 2007, 44 Rn. 3; ZInsO 2010, 2396 Rn. 11.
84 BGH, ZInsO 2010, 2396 Rn. 11.
85 BT-Drucks. 12/7302, S. 157; BT-Drucks. 12/2443, S. 115.
86 BGHZ 171, 46, 54 Rn. 19; BGH, NZI 2007, 44.
87 BGH, ZInsO 2010, 2396 Rn. 11.

bestimmten Zeitpunkt vor Verfahrenseröffnung spricht eine tatsächliche Vermutung dafür, dass die Überschuldung auch in der Folgezeit bis zur Eröffnung des Insolvenzverfahrens fortbestand.[88]

3. Zweistufiger Überschuldungsbegriff

a) Inhalt

Im Zuge des FMStG ist der Gesetzgeber ab dem 18.10.2008 durch die Neufassung des § 19 Abs. 2 Satz 1 nunmehr dauerhaft zum überholt geglaubten zweistufigen Überschuldungsbegriff zurückgekehrt. Auslöser der Regelung war die Finanzkrise, die bekanntlich zu erheblichen Wertverlusten insb. bei Aktien- und Immobilienvermögen geführt hat. Die damit verbundene Wertberichtigung konnte nach der Befürchtung des Gesetzgebers zu einer Überschuldung von Unternehmen führen, für die sich eine positive Fortbestehensprognose abzeichnet und ein »Turnaround« in wenigen Monaten zu erwarten ist. Durch die Anknüpfung an den zweistufigen Überschuldungsbegriff soll vermieden werden, dass Unternehmen, für die eine überwiegende Wahrscheinlichkeit besteht, dass sie erfolgreich am Markt operieren, ein Insolvenzverfahren durchlaufen müssen.[89] Nach der Regelung des § 19 Abs. 2 InsO liegt in Übereinstimmung mit dem bis zum Jahre 1999 maßgeblichen zweistufigen Verständnis[90] Überschuldung nur vor, wenn das Unternehmen **rechnerisch überschuldet** ist und ihm eine **negative Fortbestehensprognose** zu stellen ist. Umgekehrt fehlt es trotz rechnerischer Überschuldung an einer Überschuldung im Rechtssinne, falls die **Fortführung des Unternehmens überwiegend wahrscheinlich** ist, also eine positive Fortbestehensprognose eingreift. Reicht nach überwiegender Wahrscheinlichkeit die **Finanzkraft des Unternehmens mittelfristig** zur Fortführung aus, ist eine günstige Prognose gerechtfertigt.[91] Damit ist für die Bewertung letztlich eine **Zahlungsfähigkeitsprognose** für einen Zeitraum von etwa 2 **Jahren** (das laufende und das folgende Geschäftsjahr) ausschlaggebend. 23

b) Überschuldungsprüfung

Die rechnerische Überschuldung ist grundsätzlich auf der Grundlage einer Überschuldungsbilanz festzustellen, in der die stillen Reserven aufzudecken und Vermögenswerte der Gesellschaft mit ihren aktuellen Liquidationswerten auszuweisen sind.[92] In Anwendung des zweistufigen Überschuldungsbegriffs sind zunächst die Vermögensgegenstände nach **Liquidationswerten** – nicht Fortführungswerten – zu bewerten.[93] Sind nach dieser Prüfung die Verbindlichkeiten geringer als die Liquidationswerte, scheidet eine Überschuldung aus. Verhält es sich indessen umgekehrt, überschreiten also die Verbindlichkeiten die Aktiva, kommt es auf die Fortbestehensprognose an. Eine positive, die Überschuldung ausschließende Prognose kann gestellt werden, wenn mit **überwiegender Wahrscheinlichkeit** zu erwarten ist, dass die Gesellschaft ihre **Verbindlichkeiten in dem Prognosezeitraum** von etwa 2 Jahren (das laufende und das folgende Geschäftsjahr) erfüllen wird. Ist die Gesellschaft rechnerisch überschuldet, trägt nach der Tatbestandsfassung des § 19 Abs. 2 InsO der Geschäftsleiter die **Beweislast** für eine günstige Prognose.[94] 24

4. Fortbestehensprognose

An die Fortbestehensprognose sind unabhängig davon, ob der ein- oder zweistufige Überschuldungsbegriff einschlägig ist, **identische Anforderungen** zu stellen. Der Fortbestehensprognose als solcher kommt lediglich unter dem Blickwinkel des jeweils maßgeblichen Überschuldungsbegriffs eine unterschiedliche Tragweite zu: Rechtfertigt eine positive Fortbestehensprognose unter der 25

88 BGH, WM 2012, 1539 Rn. 19.
89 BT-Drucks. 16/10600, S. 12 f.
90 BGHZ 119, 201, 213 f. m.w.N.; 129, 136, 154; vgl. oben 2. a).
91 BGH, WM 2011, 979 Rn. 30; BT-Drucks. 16/10600, S. 13.
92 BGH NZI 2020, 167 Rn. 21.
93 BGH, WM 2011, 979 Rn. 35; BT-Drucks. 16/10600, S. 13.
94 BGH, WM 2011, 979 Rn. 31.

Geltung des einstufigen Überschuldungsbegriffs lediglich die Ansetzung der Fortführungs- anstelle der Liquidationswerte, schließt sie in Anwendung des zweistufigen Überschuldungsbegriffs bereits für sich genommen die rechtliche Überschuldung aus.[95] Eine positive Fortbestehensprognose im Sinne einer Überlebensfähigkeit des Unternehmens kann nicht auf Einschätzungen oder bloße Hoffnungen der Organe gestützt werden, sondern erfordert die Aufstellung zuverlässiger Parameter.

a) Fortführungsbereitschaft, Prognosezeitraum

26 Die Fortführungsprognose ist bei der Beurteilung der Überschuldung nur ausschlaggebend, wenn die Fortführung des Unternehmens **überwiegend**, das bedeutet zu mehr als 50 %, **wahrscheinlich** ist. Die Wahrscheinlichkeit des Fortbestehens hängt zwar in erster Linie von ökonomischen Faktoren ab. Vorrangige Voraussetzung einer günstigen Prognose ist freilich eine Fortführungsbereitschaft der Gesellschafter.[96] Fehlt sie, können nur Liquidationswerte angesetzt werden. Ein fehlender Fortführungswille kann sich in der Entlassung von Arbeitnehmern manifestieren.[97] Sind die Gesellschafter nicht an einer Fortführung interessiert, kann gleichwohl ein Fortführungswille anzunehmen sein, wenn das Unternehmen von einem Erwerber betrieben werden soll. Eine positive Fortbestehensprognose kann grds. gestellt werden, wenn die Finanzkraft des Unternehmens ausreicht, die im **laufenden und künftigen Geschäftsjahr anfallenden Verbindlichkeiten** einschließlich der laufenden Betriebskosten zu tilgen.[98] Eine positive Fortführungsprognose kann freilich nicht schon bejaht werden, wenn die Gesellschaft innerhalb des Prognosezeitraums voraussichtlich ihre fälligen Verbindlichkeiten fristgerecht bedienen kann und **nicht zahlungsunfähig** werden wird,[99] sondern nur dann, wenn innerhalb des Prognosezeitraums die **Ertragsfähigkeit der Gesellschaft wiederhergestellt** werden wird. Die Fortführungsprognose ist mithin nur positiv, wenn die überwiegende Wahrscheinlichkeit vorliegt, dass die Gesellschaft mittelfristig **Einnahmen-Überschüsse** erzielen wird, aus denen die gegenwärtigen und künftigen Verbindlichkeiten gedeckt werden können.[100] Je nach Branchengegebenheiten und Spezifika des Unternehmens kann für diese Prüfung ein kürzerer oder längerer Zeitraum in Betracht kommen. Die drohende Zahlungsunfähigkeit schließt objektiv eine positive Fortbestehensprognose der Gesellschaft aus.[101]

b) Finanzplan

27 Grundlage für die Fortbestehensprognose bildet ein von der Gesellschaft zu fertigender Ertrags- und Finanzplan mit einem schlüssigen und realisierbaren **Unternehmenskonzept** für einen angemessenen Prognosezeitraum.[102] Aus dem Unternehmenskonzept ergibt sich, welche Sanierungsmaßnahmen geplant sind, etwa eine Kapitalerhöhung, sonstige Zuschüsse der Gesellschafter, der Erlass von Gesellschafterdarlehen oder die Veräußerung nicht betriebsnotwendiger Vermögensbestandteile. Bedürfen Sanierungsmaßnahmen der Zustimmung Dritter, etwa der Gläubiger, gestattet das Konzept eine positive Prognose nur dann, wenn das Einverständnis überwiegend wahrscheinlich und nicht bereits verweigert ist. Als nicht realisierbar ist ein Konzept unbeachtlich, das etwa bei einer übertragenden Sanierung die Abtretung nicht übertragbarer Rechte vorsieht. Auf der Grundlage des Unternehmenskonzepts ist ein Finanzplan auszuarbeiten, aus dem sich ergibt, wie die Gesellschaft innerhalb des jeweiligen Zeitabschnitts unter Berücksichtigung des wirtschaftlichen Umfelds ihren fälligen Zahlungsverpflichtungen einschließlich Tilgung und Zins bei Darlehen genügen wird.

95 *Hirte/Knof/Mock*, ZInsO 2008, 1217, 1221.
96 BGH, ZInsO 2010, 2396 Rn. 13.
97 KG, ZInsO 2006, 437, 438.
98 *Hirte/Knof/Mock*, ZInsO 2008, 1217, 1223.
99 In diesem Sinne die Voraufl. sowie *Karsten Schmidt/Bitter*, in: Scholz, GmbHG, Vor § 64 Rn. 28.
100 AG Hamburg, ZInsO 2012, 183.
101 BGH NZI 2020, 167 Rn. 27.
102 BGH, ZInsO 2010, 2396 Rn. 13.

Fehlt ein solcher Finanzplan, kann zwar in einem Prozess auf andere Indikatoren zurückgegriffen werden. Im Blick auf die ihn in einem auf der Grundlage von § 15a Abs. 1 InsO, § 823 Abs. 2 BGB geführten Rechtsstreit treffende **Beweislast** ist einem Geschäftsführer dringend anzuraten, einen solchen Finanzplan zu erstellen.

c) Überschuldungsbilanz

Gegenstand der Überschuldungsbilanz ist eine **Vermögensaufstellung**, deren ausschließlicher 28
Zweck darin liegt, die Feststellung zu ermöglichen, ob der Insolvenzgrund der Überschuldung eingetreten ist. Für diese Bewertung bietet weder die Ertragswertmethode noch die Handelsbilanz eine verlässliche Grundlage. Ferner ist die Überschuldungsbilanz von der Vermögensübersicht nach § 153 InsO, der Rechnungslegung des Insolvenzverwalters (§ 66 InsO) und der Jahresrechnung im Insolvenzverfahren (§ 155 InsO) zu unterscheiden. Gleiches gilt für die **Handelsbilanz**, die der periodengerechten Gewinnermittlung dient und darum zur Feststellung des Schuldendeckungspotenzials ungeeignet ist. Für die Feststellung, dass die Gesellschaft insolvenzrechtlich überschuldet ist, bedarf es grds. der Aufstellung einer Überschuldungsbilanz, in der die Vermögenswerte der Gesellschaft mit ihren aktuellen Verkehrs- oder Liquidationswerten auszuweisen sind. Insb. sind aus der nur Buchwerte erfassenden Handelsbilanz stille Reserven nicht ersichtlich. Freilich kann einer Handelsbilanz für die Frage, ob die Gesellschaft überschuldet ist, indizielle Bedeutung zukommen. Weist die Handelsbilanz eine Überschuldung aus, erlangt sie **indizielle Bedeutung**, wenn nach Prüfung und Erläuterung der Ansätze dargelegt wird, dass keine stillen Reserven oder sonstige in der Handelsbilanz nicht ausgewiesene Vermögenswerte vorhanden sind.[103] Ohne Erläuterung ist die Vorlage der Handelsbilanz zum Nachweis der Überschuldung nicht geeignet.[104]

aa) Notwendigkeit der Erstellung

Im Zeitraum der Anwendbarkeit von § 19 Abs. 2 InsO liegt eine Überschuldung im Rechtssin- 29
ne nicht vor, wenn der Gesellschaft eine positive Fortbestehensprognose zu stellen ist. Auf der Grundlage dieser Regelung wird die Erstellung einer Überschuldungsbilanz als **entbehrlich** angesehen, wenn der Gesellschaft eine positive Fortbestehensprognose zu stellen ist.[105] Danach ist ein Überschuldungsstatus nur bei einer negativen Fortbestehensprognose zur Feststellung geboten, ob die Zerschlagungswerte die Verbindlichkeiten überschreiten. Jedoch dürfte eine verlässliche Fortbestehensprognose ohne Kenntnis der auf der Grundlage von Fortführungswerten ermittelten rechnerischen Überschuldung kaum zu treffen sein. Deswegen hat auch i.R.d. zweistufigen Überschuldungsbegriffs der Vermögensstatus als notwendige **Grundlage der Fortbestehensprognose** in den Finanzplan einzufließen.[106] Dabei ist es ohne Bedeutung, ob der Vermögensstatus nach Zerschlagungs-[107] oder Fortführungswerten[108] zu ermitteln ist, weil eine Überschuldung ohne das zweite eigenständige Merkmal einer negativen Fortbestehensprognose nicht angenommen werden kann. Soweit § 19 Abs. 1 InsO 1999 anzuwenden ist, bedarf es unabhängig vom Ergebnis der Fortbestehensprognose der Erstellung eines Vermögensstatus: Bei negativer Fortbestehensprognose sind in Anwendung von § 19 Abs. 2 1999 für die einzelnen Bestandteile des Gesellschaftsvermögens Liquidationswerte anzusetzen, im Fall einer positiven Fortbestehensprognose hingegen die Fortführungswerte.

103 BGH, NJW-RR 2005, 766, 767 = NZG 2008, 148, 149 Rn. 4; 2009, 750 Rn. 9 = WM 2011, 979 Rn. 33; ZInsO 2014, 197 Rn. 17 m.w.N; NZI 2020, 167 Rn. 21.

104 BGH, ZInsO 2012, 732 Rn. 5.

105 *Karsten Schmidt/Bitter*, in: Scholz, GmbHG, Vor § 64 Rn. 30; *Haas*, in: Baumbach/Hueck, GmbHG, § 64 Rn. 47a.

106 *Kleindiek*, in: Lutter/Hommelhoff, GmbHG, Anh zu § 64 Rn. 38.

107 *Eckert/Happe*, ZInsO 2008, 1098.

108 *Kleindiek*, in: Lutter/Hommelhoff, GmbHG, Anh zu § 64 Rn. 38.

bb) Bilanzzweck: Feststellung einer Überschuldung anhand von Liquidations- oder Fortführungswerten

30 Die Überschuldungsbilanz soll die Feststellung ermöglichen, ob das Gesellschaftsvermögen die Verbindlichkeiten deckt. Soweit infolge einer **negativen Fortbestehensprognose Liquidations- oder Zerschlagungswerte** in Rede stehen, ist zu ermitteln, welcher Preis unter Abzug der USt und der Verwertungskosten für die einzelnen Vermögensgegenstände der Gesellschaft am Markt zu erzielen ist. Es ist also der Zeitwert des einzelnen Vermögensgegenstandes unter **Auflösung stiller Reserven** anzusetzen. Mitunter kann bei einer Liquidation auch der Verkauf von Sachgesamtheiten in Betracht kommen, sodass der Erlös anteilig auf die einzelnen Vermögensgegenstände zu verteilen ist. Im Fall einer **positiven Fortbestehensprognose** hat ebenfalls eine **Einzelbewertung** der Unternehmensgegenstände nach Zeitwert unter Auflösung stiller Reserven, aber zu **Fortführungswerten** stattzufinden. Dabei geht es um den anteiligen Wert eines Wirtschaftsguts als Bestandteil des Gesamtkaufpreises für das fortgeführte Unternehmen. In der Praxis entsprechen die Fortführungswerte regelmäßig den Wiederbeschaffungswerten bzw. den Anschaffungs- und Herstellungskosten. Eine Richtschnur bilden außerdem die um **stille Reserven** zu erhöhenden Aktiva der letzten Handelsbilanz. Der Überschuldungsstatus ist – weil es auf die Frage eines Eröffnungsgrundes bzw. einer Haftung aus § 64 oder Insolvenzverschleppung (§ 823 Abs. 2 BGB, § 15a InsO) ankommt – auf einen notwendigerweise vor der Insolvenzeröffnung liegenden **Stichtag** zu erstellen. Mithin sind nach Insolvenzeröffnung entstehende **Aktiva** aus Anfechtung (§§ 129 ff. InsO), § 64 oder Insolvenzverschleppung (§ 823 Abs. 2 BGB, § 15a InsO) nicht zu berücksichtigen. Umgekehrt sind aus der Insolvenzeröffnung herrührende **Passiva** wie Kosten des Insolvenzverfahrens und Masseverbindlichkeiten (§§ 53 ff. InsO) außer Betracht zu lassen.

cc) Aktiva

31 Die Aktivseite umfasst alle Vermögenswerte der Gesellschaft, die bei Insolvenzeröffnung nach § 35 InsO als Massebestandteile (§ 35 InsO) der Verwertung zugunsten der Gläubiger unterliegen. Der **Firmenwert** ist als Vermögensbestandteil zu beachten,[109] sofern überwiegende Aussichten bestehen, im Insolvenzfall den Geschäftsbetrieb mit der Firma unter Erzielung eines darauf entfallenden Entgelts zu veräußern. Anders verhält es sich natürlich bei einer negativen Fortbestehensprognose, wo es zu einer Einzelverwertung des Gesellschaftsvermögens kommt. Einzubeziehen sind außerdem zum **Anlage- und Umlaufvermögen** gehörende Sachen und Rechte. Soweit sie als Kreditunterlage dienen, ist die Belastung auf der Aktivseite nicht mindernd zu berücksichtigen. Halbfertigerzeugnisse sind mit dem Halbfertigwert in Ansatz zu bringen, sofern sie auch im Insolvenzfall vollendet und verkauft werden können. **Immaterielle Vermögenswerte** (Patente, Gebrauchsmuster, Lizenzen, Know How) sind – auch wenn sie unentgeltlich erworben wurden (anders § 248 Abs. 2 HGB a.F.) – in Höhe ihres Veräußerungserlöses anzusetzen. **Finanzanlagen** und **Beteiligungen an Gesellschaften** zählen zu den Aktiva, **eigene Geschäftsanteile** nur, sofern eine positive Fortsetzungsprognose gerechtfertigt ist. **Forderungen** erhöhen das Vermögen, sofern sie durchsetzbar und vollwertig sind. Die Aktivierung eines Anspruchs auf Rückzahlung einer Mietkaution setzt voraus, dass der Anspruch einen nicht durch rückständige Mieten aufgezehrten realisierbaren Vermögenswert darstellt.[110] Entsprechendes gilt für Zahlungsforderungen gegen Gesellschafter, gleich ob sie Kapitalaufbringung, Kapitalerhaltung oder andere Rechtsgründe betreffen, sowie Schadensersatzansprüche gegen Geschäftsführer (§ 43 Abs. 2). Schwierigkeiten bei der Durchsetzung von Forderungen rechtfertigen Abschläge. Aktivierbar sind im Fall des Ausschlusses des Kündigungsrechts (§ 490 BGB) mit einer **Rangrücktrittserklärung** (§ 19 Abs. 2 Satz 3, § 39 Abs. 2 InsO) versehene Darlehensversprechen eines Gesellschafters. Bei der Besicherung eines Drittdarlehens durch einen Gesellschafter kann ein von ihm der Gesellschaft erteilter Freistellungsanspruch aktiviert werden. **Verlustausgleichspflichten** einer Obergesellschaft (§ 302 AktG) oder eines Gesellschafters[111] und

109 BT-Drucks. 16/10600, S. 13.
110 BGH, ZInsO 2010, 2396 Rn. 14, 18.
111 Vgl. aber BGH, NZG 2008, 148.

harte Patronatserklärungen Dritter, die zugunsten der Gläubigergesamtheit und nicht einzelner von ihnen abgegeben wurden, sind den Aktiva zuzurechnen. Von Dritten für **bestimmte Verbindlichkeiten** der Gesellschaft erbrachte Bürgschaften, Garantieversprechen und dingliche Sicherheiten sind nicht dem Vermögen zuzuordnen, weil sie durch Rückgriffsansprüche ausgeglichen werden. Gleiches gilt für einen Anspruch auf Auszahlung eines Darlehens, der durch die Rückzahlungspflicht aufgezehrt wird. Schuldnerfremde Vermögensgegenstände, an denen ein Aussonderungsrecht besteht, können nicht aktiviert werden. Aufwendungen zur Ingangsetzung und Erweiterung des Geschäftsbetriebs bilden kein verwertbares Vermögen (vgl. § 269 HGB a.F.).

dd) Passiva

Unter den Passiva sind sämtliche Verbindlichkeiten zu erfassen, die in der Insolvenz **aus der Masse**, also dem verbliebenen Gesellschaftsvermögen, zu tilgen sind. Als Befriedigungsreserve sind **Stammkapital** und **freie Rücklagen** einschließlich Gewinnvortrag oder Jahresüberschuss nicht den Verbindlichkeiten zuzuordnen.[112] Nachrangig zu befriedigende Verbindlichkeiten wie etwa Gesellschafterdarlehen (§ 39 Abs. 1 Nr. 5 InsO) sind zu berücksichtigen.[113] Außer Betracht bleiben indes Verbindlichkeiten, insb. Gesellschafterdarlehen, die mit einem **Rangrücktritt** (§ 19 Abs. 2 Satz 2, § 39 Abs. 2 InsO) ausgestattet sind.[114] Bei der Vereinbarung eines Rangrücktritts genügt der bloße Verweis auf § 39 Abs. 2 InsO; eine qualifizierte Erklärung, wie sie nach früherem Recht gefordert wurde,[115] ist entbehrlich. Entsprach ein vor Inkrafttreten des MoMiG vereinbarter Rangrücktritt nicht den von dem BGH aufgestellten inhaltlichen Anforderungen,[116] so kann eine solche Erklärung nach dem Inkrafttreten des MoMiG nicht als wirksamer Rangrücktritt im Sinne von § 39 Abs. 2 InsO verstanden werden.[117] Unberücksichtigt bleiben Forderungen, die aufschiebend bedingt auf den Insolvenzfall erlassen wurden. **Dinglich gesicherte** Verbindlichkeiten sind in voller Höhe anzusetzen. Falls der Sicherungsgegenstand zum Gesellschaftsvermögen gehört, ist auf der Aktivseite kein Wertabzug vorzunehmen. Auch durch Dritte besicherte Forderungen sind zu passivieren;[118] ein insoweit bestehender etwaiger **Freistellungsanspruch** ist unter den Aktiva zu buchen. **Noch nicht fällige** oder **gestundete Verbindlichkeiten** sind als Passiva anzusetzen. Künftige noch nicht fällige Verbindlichkeiten aus Zug um Zug zu erfüllenden Dauerschuldverhältnissen (Miete, Sukzessivlieferungsverträge) sind nicht zu berücksichtigen, sofern die Gegenleistung zugunsten des Unternehmens einen Ertragszuwachs i.H.d. Verbindlichkeit auslöst. Bei einer negativen Fortbestehensprognose sind künftige Mietforderungen nicht bis zum Ende der Laufzeit des Vertrages, sondern mit einem Abschlag zu veranschlagen; außerdem kann ein Schadensersatzanspruch des Vermieters zu berücksichtigen sein, falls nicht mit einer baldigen Nachvermietung zu rechnen ist.[119] **Betagte** und **befristete** Verbindlichkeiten, die nach § 41 InsO im Insolvenzverfahren geltend gemacht werden können, sind zu passivieren. Handelt es sich um eine bedingte Verbindlichkeit, erscheint ein am Grad der Wahrscheinlichkeit des Bedingungseintritts orientierter Abschlag angemessen.[120] Verbindlichkeiten aus unerfüllten Verträgen sind entsprechend dem Betrag einer Geldschuld, falls es sich um eine sonstige Schuld handelt, i.H.d. künftigen Aufwands zu veranschlagen. Die Einlage eines **stillen Gesellschafters** ist unabhängig von der Verlustbeteiligung als Verbindlichkeit zu buchen, weil ihm § 236 Abs. 1 HGB die Stellung eines Insolvenzgläubigers verleiht. Ist die Einlage durch den Verlustanteil aufgezehrt, findet eine Passivierung nicht statt. **Rückstellungen** können ungewisse Verbindlichkeiten (§ 249 Abs. 1 Satz 1, 1. Alt. HGB) oder drohende Verluste aus schwebenden Geschäften (§ 249 Abs. 1 Satz 1, 1. Alt. HGB) betreffen. Ungewisse Verbindlichkeiten 32

112 BGH, WM 1959, 914.
113 BGH, ZInsO 2010, 2091 Rn. 10; ZInsO 2011, 1063 Rn. 11.
114 BGH, ZInsO 2010, 2091 Rn. 7, 10.
115 BGHZ 146, 264, 271.
116 Vgl. BGHZ 146, 264, 271.
117 BGH, ZInsO 2010, 2091 Rn. 7.
118 OLG Celle, NZG 2002, 730, 731.
119 BGH, ZInsO 2010, 2396 Rn. 19.
120 *Karsten Schmidt/Bitter*, in: Scholz, GmbHG, Vor § 64 Rn. 44.

sind – gleich ob sich die Ungewissheit auf den Grund oder die Höhe der Forderung bezieht – mit dem Betrag anzusetzen, der entsprechend dem Grad der Wahrscheinlichkeit vernünftiger kaufmännischer Betrachtung entspricht. Drohende Verluste aus schwebenden Geschäften sind zu passivieren, sofern sie unabhängig von einer Insolvenz zu befürchten sind. **Kosten des Insolvenzverfahrens** finden, weil dieses gerade vermieden werden soll, keine Berücksichtigung. **Pensionsverpflichtungen** gehören ungeachtet einer Einstandspflicht des Pensionssicherungsvereins zu den Verbindlichkeiten. Ebenso sind Verpflichtungen aus einem **Sozialplan** (§§ 112, 113 InsO) zu passivieren.

d) Vermeidung der Überschuldung durch Rangrücktritt

33 Einer Gesellschaft gewährte Darlehen müssen grundsätzlich passiviert werden und können zu ihrer Überschuldung (§ 19 InsO) beitragen. Rangrücktrittsvereinbarungen dienen deshalb dem Zweck, eine Forderung im Überschuldungstatus einer Gesellschaft unberücksichtigt zu lassen und dadurch ihre Insolvenz zu vermeiden. Die Rechtsfolgen einer Rangrücktrittsvereinbarung stimmen überein, gleich ob sie zwischen einer Gesellschaft und einem Gesellschafter oder einem außenstehenden Dritten, insbesondere einem Darlehensgeber, geschlossen wurde.[121]

aa) Früheres Recht

34 Soll eine Rangrücktrittsvereinbarung die Vermeidung einer Insolvenz sicherstellen, muss sie nach der bis zum Inkrafttreten des MoMiG am 1. November 2008 maßgeblichen Gesetzeslage sowohl vor als nach Verfahrenseröffnung ausschließen, dass eine Darlehensforderung als Verbindlichkeit in die Bilanz aufgenommen wird. Demzufolge muss sich der Regelungsbereich einer Rangrücktrittsvereinbarung auf den Zeitraum vor und nach Insolvenzeröffnung erstrecken.[122] Eine Forderung braucht danach nicht passiviert zu werden, wenn der betreffende Gläubiger aufgrund eines qualifizierten Rangrücktritts sinngemäß erklärt hat, er wolle wegen der Forderung erst nach der Befriedigung sämtlicher Gesellschaftsgläubiger und – bis zur Abwendung der Krise – auch nicht vor, sondern nur zugleich mit den Einlagerückgewähransprüchen der Gesellschafter berücksichtigt, also so behandelt werden, als handele es sich bei dem Darlehen um statutarisches Kapital. Ein Rücktritt in den Rang von § 39 Abs. 2 InsO aF genügt den Anforderungen an einen qualifizierten Rangrücktritt, wenn der Gesellschafter in dieser Klasse an die letzte Stelle tritt. Als Folge des Rangrücktritts besteht keine Notwendigkeit, die Forderung in den Schuldenstatus der Gesellschaft aufzunehmen. Einer darüber hinausgehenden Erklärung des Gesellschafters, insbesondere eines Verzichts auf die Forderung, bedarf es nicht. Bei einer im engen Wortsinn unzureichenden Vereinbarung kann sich im Wege der Auslegung ergeben, dass ein umfassender Rangrücktritt gewollt war.[123]

bb) Heutiges Recht

35 Diesen Anforderungen an den Inhalt einer Rangrücktrittsvereinbarung ist auch auf der Grundlage des durch das MoMiG umgestalteten Rechts (§ 19 Abs. 2 Satz 2, § 39 Abs. 2 InsO) im Wesentlichen zu genügen. Abweichend von dem früheren Verständnis kann die Erklärung nach dem Wortlaut des § 19 Abs. 2 Satz 2, § 39 Abs. 2 darauf beschränkt werden, hinter die Forderungen aus § 39 Abs. 1 Nr. 5 InsO zurückzutreten, ohne darüber hinaus eine Gleichstellung mit den Einlagerückgewähransprüchen zu verlautbaren.[124] In Einklang mit dem bisherigen Recht ist zur Vermeidung der andernfalls unumgänglichen Insolvenzantragspflicht (§ 15a InsO) zu verlangen, dass der Rangrücktritt auch den Zeitraum vor Verfahrenseröffnung erfasst. Eine Forderung kann nicht vor Verfahrenseröffnung durchsetzbar sein, nach Verfahrenseröffnung aber ausgeblendet werden, wenn es um die Feststellung der Überschuldung geht. Der Überschuldungsstatus würde die

121 BGH, Urt. v. 5.3.2015 – IX ZR 133/14, Rn. 14.
122 BGH, Urt. v. 5.3.2015 – IX ZR 133/14, Rn. 16.
123 BGH, Urt. v. 5.3.2015 – IX ZR 133/14, Rn. 17.
124 BGH, Urt. v. 5.3.2015 – IX ZR 133/14, Rn. 18.

Schuldendeckungsfähigkeit nicht zutreffend abbilden, wenn eine vorinsolvenzliche Durchsetzungssperre fehlte. Diese rechtliche Würdigung entspricht dem Willen des Gesetzgebers, wonach – abgesehen von der Rangtiefe – an den von dem Bundesgerichtshof für eine Rangrücktrittsvereinbarung zwecks Befreiung von der Passivierungspflicht entwickelten Voraussetzungen festgehalten werden soll. Da die Neuregelung dem Geschäftsführer nach der Vorstellung des Gesetzgebers die Entscheidung, ob eine Forderung zu passivieren ist, erleichtern soll, muss ein Rangrücktritt, weil von seiner Reichweite die Geschäftsleiter treffende Insolvenzantragspflicht (§ 15a InsO) abhängt, gerade auch vor Verfahrenseröffnung gelten.[125]

cc) Rechtsfolge eines Rangrücktritts

Wird eine mit einem qualifizierten Rangrücktritt versehene Verbindlichkeit trotz Insolvenzreife beglichen, kann die Zahlung mangels eines Rechtsgrundes kondiziert werden. 36

(1) Schuldänderungsvertrag

Eine qualifizierte Rangrücktrittsvereinbarung stellt einen Schuld- oder Schuldänderungsvertrag dar, nach dessen Inhalt die Forderung des Gläubigers nicht mehr passiviert wird und nur im Falle eines die Verbindlichkeiten übersteigenden Aktivvermögens befriedigt werden darf. Aufgrund des Schuld- oder Schuldänderungsvertrages wird die Forderung mit dinglicher Kraft inhaltlich dahin umgewandelt, dass sie nicht mehr zu passivieren ist. Die Forderung bildet im Verhältnis zu den übrigen Gläubigern haftendes Kapital und darf deshalb nicht an den Forderungsinhaber ausbezahlt werden. Damit wird der Forderung vereinbarungsgemäß eine nachrangige Stellung zugewiesen, die eine Befriedigung nur aus freiem, nicht zur Schuldendeckung benötigten Vermögen der Gesellschaft gestattet. Durch die Vereinbarung wird die Rangfolge, aber nicht der Bestand der Forderung geändert, so dass etwaige Sicherungsrechte nicht berührt werden.[126] Infolge der Nachrangvereinbarung darf die Forderung nicht getilgt werden, wenn sich der Schuldner im Stadium der Insolvenzreife befindet. Darum verwirklicht sich in der Rangrücktrittsvereinbarung eine Durchsetzungssperre, die aufgrund einer rechtsgeschäftlichen Vereinbarung der Bindung kapitalersetzender Darlehen entspricht. Der Schuldner, der die Forderung bei Insolvenzreife entgegen der Rangrücktrittsvereinbarung berichtigt, hat infolge der Schuldänderung auf eine Nichtschuld geleistet.[127] Bei Zahlung auf eine Nichtschuld fehlt es, selbst wenn einem bereicherungsrechtlichen Rückforderungsanspruch § 814 BGB entgegensteht, an der Entgeltlichkeit der Leistung.[128] Ein zwischen den Parteien kraft des Rangrücktritts vereinbartes rechtsgeschäftliches Zahlungsverbot führt zur Rechtsgrundlosigkeit und damit Unentgeltlichkeit (§ 134 InsO) der Leistung.[129]

(2) Vertrag zugunsten Dritter

Eine Rangrücktrittsvereinbarung kann als Vertrag zugunsten Dritter (§ 328 Abs. 1 BGB), der zum Vorteil aller Gläubiger des Schuldners Rechte begründet, nicht durch eine Abrede des Schuldners mit dem Forderungsgläubiger aufgehoben werden.[130] Zugunsten der bisherigen Gläubiger, aber auch der nach Abschluss der Vereinbarung hinzutretenden Neugläubiger wird aufgrund der Rangrücktrittserklärung rechtsverbindlich bekundet, dass die zurücktretende Forderung mangels einer Passivierungspflicht nicht die Insolvenz des Schuldners auslösen wird, was – sofern nicht andere insolvenzverursachende Umstände hinzukommen – eine volle Befriedigung der übrigen Gläubigerforderungen erwarten lässt.[131] Im Interesse des Gläubigerschutzes

125 BGH, Urt. v. 5.3.2015 – IX ZR 133/14, Rn. 19.
126 BGH, Urt. v. 5.3.2015 – IX ZR 133/14, Rn. 32.
127 BGH, Urt. v. 5.3.2015 – IX ZR 133/14, Rn. 34.
128 BGH, Urt. v. 5.3.2015 – IX ZR 133/14, Rn. 49.
129 BGH, Urt. v. 5.3.2015 – IX ZR 133/14, Rn. 52.
130 BGH, Urt. v. 5.3.2015 – IX ZR 133/14, Rn. 35.
131 BGH, Urt. v. 5.3.2015 – IX ZR 133/14, Rn. 37.

ist es unumgänglich, eine Bindung der Vertragsparteien an eine Rangrücktrittserklärung anzuerkennen, die eine freie Aufhebung des Übereinkommens ausschließt. Darum kann die mit einer Rangrücktrittserklärung verbundene Vorsorge gegen den Eintritt eines Insolvenzgrundes nur verwirklicht werden, wenn den Gläubigern eine gesicherte Rechtsposition verschafft wird. Deshalb wird die Begründung eines selbständigen Rechts der Gläubiger bei einem Rangrücktritt stets miterklärt[132] Der Kreis der hierdurch begünstigten Gläubiger ist entgegen im Schrifttum geäußerter Bedenken hinreichend bestimmt. Es genügt, wenn die begünstigten Dritten nachträglich bestimmbar sind. Einer Beschränkung des Kreises der in den Vertrag einbezogenen Dritten bedarf es nicht, wenn durch ihre Einbeziehung eine Ausweitung des Haftungsrisikos, was wegen der auf eine Einzelforderung beschränkten Durchsetzungssperre ausgeschlossen ist, nicht eintritt. Mithin kann ein Vertrag zugunsten sämtlicher Gläubiger eines Schuldners begründet werden.[133] Als Vertrag zugunsten Dritter kann eine Rangrücktrittsvereinbarung grundsätzlich nicht ohne Mitwirkung der begünstigten Gläubiger aufgehoben werden. Allerdings kann das Recht des Dritten gemäß § 328 Abs. 2 BGB an gewisse Voraussetzungen geknüpft werden. Die von einem Rangrücktritt erfasste Forderung darf nach dem Inhalt der maßgeblichen Vereinbarung aus freiem Vermögen der Schuldnerin beglichen werden. Ein Recht der Gläubiger wird folglich nicht begründet, wenn eine zur Deckung sämtlicher Verbindlichkeiten genügende Vermögensmasse vorhanden ist. Mithin ist eine Aufhebung einer Rangrücktrittserklärung ohne Mitwirkung der Gläubiger zulässig, wenn eine Insolvenzreife der Schuldnerin nicht vorliegt oder beseitigt ist.[134]

4. Gesetzliche Modifizierung des Überschuldungstatbestands

37 Die Überschuldung wird von dem Gesetzgeber im Rahmen des Entwurfs eines Gesetzes zur Fortentwicklung des Sanierungs- und Insolvenzrechts als zwingender Insolvenzantragsgrund für juristische Personen und andere haftungsbeschränkte Rechtsträger beibehalten. Das Gesetz zeigt sich damit überzeugt davon, dass die Überschuldung auch weiterhin wichtige Funktionen im Insolvenzrecht der haftungsbeschränkten Rechtsträger übernehmen sollte. Die sich an die Überschuldung knüpfende Antragspflicht zwingt die Geschäftsleiter zu einer vorausschauenden Planung, welche ihrerseits Grundvoraussetzung für die frühzeitige Entdeckung von Krisenanzeichen ist. Zudem steht der Überschuldungstatbestand für eine hinreichend schwerwiegende Gefährdung der Gläubigerinteressen, an die sich eine Pflicht zur Antragstellung knüpfen sollte. Ist die Schuldnerin innerhalb eines absehbaren Zeitraums nicht mehr in der Lage, ihr Unternehmen fortzuführen und reicht in einer solchen Situation das schuldnerische Vermögen nicht zur Deckung aller Verbindlichkeiten aus, besteht Anlass zur Bereinigung dieser Gefährdung der Gläubigerinteressen im Rahmen eines Insolvenzverfahrens. Daher sieht das Gesetz keinen Anlass für eine Aufgabe der Überschuldung als Pflichtantragsgrund für haftungsbeschränkte Rechtsträger.

38 Allerdings wird der Zeitraum, welcher der Fortführungsprognose des § 19 Abs. 2 Satz 1 InsO zugrunde zu legen ist, auf zwölf Monate beschränkt. Hierdurch sollen die Rechtsunsicherheiten hinsichtlich der Länge des maßgeblichen Prognosezeitraums beseitigt werden. Mit der Festlegung auf einen zwölfmonatigen Prognosezeitraum entfallen zudem auch die Schwierigkeiten und Unsicherheiten, die mit längeren Prognosezeiträumen verbunden sind. Ein auf zwölf Monate beschränkter Prognosezeitraum lässt sich von den Beteiligten besser handhaben, ohne dass die Überschuldung hierdurch in ihrer Funktion beeinträchtigt wird, die Geschäftsleiter zu einem noch verhältnismäßig frühen Zeitpunkt zur Antragstellung anzuhalten. Für die Fälle, in denen die

132 BGH, Urt. v. 5.3.2015 – IX ZR 133/14, Rn. 38.
133 BGH, Urt. v. 5.3.2015 – IX ZR 133/14, Rn. 40 f.
134 BGH, Urt. v. 5.3.2015 – IX ZR 133/14, Rn. 42.

Unternehmensfortführung erst nach Ablauf der künftig maßgeblichen zwölf Monate nicht mehr gesichert ist, entsteht keine Regelungs- oder Haftungslücke. Denn nach § 2 StaRUG setzt eine allgemeine Pflicht zur Interessenwahrung der Gläubigerschaft ein, die sich zu konkreten Handlungspflichten verdichten kann, sofern nur die Gefahr eines Ausfalls hinreichend groß wird. Auch wenn daraus keine Pflicht zur Antragstellung resultiert, werden die Geschäftsleiter zur Wahrung der Interessen der Gläubigerschaft angehalten.

Die Begrenzung des Prognosezeitraums auf zwölf Monate für die Überschuldung führt zudem dazu, dass der tatbestandliche Überschneidungsbereich mit der drohenden Zahlungsunfähigkeit (§ 18 InsO) reduziert wird. Im Überschneidungsbereich bleibt es zwar bei dem bereits heute bestehenden Konkurrenzverhältnis. Dieses ist aber weiterhin so aufzulösen, dass eine die Überschuldung ausschließende Fortführungsprognose auch aus der überwiegenden Wahrscheinlichkeit eines Sanierungs- oder Restrukturierungsvorhabens resultieren kann. Die Abmilderung der Insolvenzgründe ist aus der Warte gesetzesgläubiger Entwufsverfasser sicher gut gemeint, wird aber, wie zu befürchten ist, das Grundübel des deutschen Insolvenzrechts, die häufig über Jahre gehende Insolvenzverschleppung, weiter fördern.

B. Insolvenzeröffnungsverfahren

Einschlägige Vorschriften der InsO: 39

§ 13 InsO Eröffnungsantrag

(1) Das Insolvenzverfahren wird nur auf schriftlichen Antrag eröffnet. Antragsberechtigt sind die Gläubiger und der Schuldner. Dem Antrag des Schuldners ist ein Verzeichnis der Gläubiger und ihrer Forderungen beizufügen. Wenn der Schuldner einen Geschäftsbetrieb hat, der nicht eingestellt ist, sollen in dem Verzeichnis besonders kenntlich gemacht werden

1. *die höchsten Forderungen,*
2. *die höchsten gesicherten Forderungen,*
3. *die Forderungen der Finanzverwaltung,*
4. *die Forderungen der Sozialversicherungsträger sowie*
5. *die Forderungen aus betrieblicher Altersversorgung.*

Der Schuldner hat in diesem Fall auch Angaben zur Bilanzsumme, zu den Umsatzerlösen und zur durchschnittlichen Zahl der Arbeitnehmer des vorangegangenen Geschäftsjahres zu machen. Die Angaben nach Satz 4 sind verpflichtend, wenn

1. *der Schuldner Eigenverwaltung beantragt,*
2. *die Voraussetzungen des § 22a Absatz 1 vorliegen oder*
3. *die Einsetzung eines vorläufigen Gläubigerausschusses beantragt wurde.*

Dem Verzeichnis nach Satz 3 und den Angaben nach Satz 4 und 5 ist die Erklärung beizufügen, dass die enthaltenen Angaben richtig und vollständig sind.

(2) Der Antrag kann zurückgenommen werden, bis das Insolvenzverfahren eröffnet oder der Antrag rechtskräftig abgewiesen ist.

(3) Das Bundesministerium der Justiz wird ermächtigt, durch Rechtsverordnung mit Zustimmung des Bundesrates für die Antragstellung durch den Schuldner ein Formular einzuführen. Soweit nach Satz 1 ein Formular eingeführt ist, muss der Schuldner dieses benutzen. Für Verfahren, die von den Gerichten maschinell bearbeitet, und für solche, die nicht maschinell bearbeitet werden, können unterschiedliche Formulare eingeführt werden.

§ 14 InsO Antrag eines Gläubigers

(1) Der Antrag eines Gläubigers ist zulässig, wenn der Gläubiger ein rechtliches Interesse an der Eröffnung des Insolvenzverfahrens hat und seine Forderung und den Eröffnungsgrund glaubhaft macht. War in einem Zeitraum von zwei Jahren vor der Antragstellung bereits ein Antrag auf Eröffnung eines Insolvenzverfahrens über das Vermögen des Schuldners gestellt worden, so wird der Antrag nicht allein dadurch unzulässig, dass die Forderung erfüllt wird. In diesem Fall hat der Gläubiger auch die vorherige Antragstellung glaubhaft zu machen.

(2) Ist der Antrag zulässig, so hat das Insolvenzgericht den Schuldner zu hören.

(3) Wird die Forderung nach Antragstellung erfüllt, so hat der Schuldner die Kosten des Verfahrens zu tragen, wenn der Antrag als unbegründet abgewiesen wird.

§ 15 InsO Antragsrecht bei juristischen Personen und Gesellschaften ohne Rechtspersönlichkeit

(1) Zum Antrag auf Eröffnung eines Insolvenzverfahrens über das Vermögen einer juristischen Person oder einer Gesellschaft ohne Rechtspersönlichkeit ist außer den Gläubigern jedes Mitglied des Vertretungsorgans, bei einer Gesellschaft ohne Rechtspersönlichkeit oder bei einer Kommanditgesellschaft auf Aktien jeder persönlich haftende Gesellschafter, sowie jeder Abwickler berechtigt. Bei einer juristischen Person ist im Fall der Führungslosigkeit auch jeder Gesellschafter, bei einer Aktiengesellschaft oder einer Genossenschaft zudem auch jedes Mitglied des Aufsichtsrats zur Antragstellung berechtigt.

(2) Wird der Antrag nicht von allen Mitgliedern des Vertretungsorgans, allen persönlich haftenden Gesellschaftern, allen Gesellschaftern der juristischen Person, allen Mitgliedern des Aufsichtsrats oder allen Abwicklern gestellt, so ist er zulässig, wenn der Eröffnungsgrund glaubhaft gemacht wird. Zusätzlich ist bei Antragstellung durch Gesellschafter einer juristischen Person oder Mitglieder des Aufsichtsrats auch die Führungslosigkeit glaubhaft zu machen. Das Insolvenzgericht hat die übrigen Mitglieder des Vertretungsorgans, persönlich haftenden Gesellschafter, Gesellschafter der juristischen Person, Mitglieder des Aufsichtsrats oder Abwickler zu hören.

(3) Ist bei einer Gesellschaft ohne Rechtspersönlichkeit kein persönlich haftender Gesellschafter eine natürliche Person, so gelten die Absätze 1 und 2 entsprechend für die organschaftlichen Vertreter und die Abwickler der zur Vertretung der Gesellschaft ermächtigten Gesellschafter. Entsprechendes gilt, wenn sich die Verbindung von Gesellschaften in dieser Art fortsetzt.

I. Antrag

1. Antragsberechtigte

40 Ein Insolvenzverfahren wird gem. § 13 Abs. 1 Satz 1 InsO nur auf **schriftlichen Antrag**, also nicht von Amts wegen, eröffnet. Antragsberechtigt sind nach § 13 Abs. 1 Satz 2 InsO der **Schuldner** und seine **Gläubiger**. Handelt es sich bei dem Schuldner um eine juristische Person, ist nach § 15 Abs. 1 InsO jedes Mitglied des Vertretungsorgans ungeachtet seiner Vertretungsbefugnis, also auch in Fällen der Gesamtvertretung, allein antragsberechtigt. Von der aus § 13 Abs. 1, § 15 Abs. 1 InsO folgende **Antragsberechtigung** ist die **Insolvenzantragspflicht** nach § 15a InsO zu unterscheiden, der Vertretungsorgane (§ 15a Abs. 1 InsO) und im Fall der Führungslosigkeit Gesellschafter einer GmbH sowie Mitglieder des Aufsichtsrats einer AG oder Genossenschaft (§ 15a Abs. 3 InsO) unterliegen. Ein Antrag des Gläubigers kann auf Zahlungsunfähigkeit und Überschuldung (§§ 17, 19 InsO), der eines Schuldners zusätzlich auf drohende Zahlungsunfähigkeit (§ 18 Abs. 1 InsO) gestützt werden. Ist ein **Kreditinstitut** betroffen, ist nach § 46b KWG ausschließlich die BaFin antragsbefugt.

2. Antrag des Schuldners

a) Inhaltliche Anforderungen

aa) Eröffnungsgrund

41 Von dem Schuldner ist entsprechend § 253 Abs. 2 Nr. 2 ZPO i.V.m. § 4 InsO zu verlangen, dass einen Eröffnungsgrund in substanziierter, nachvollziehbarer Form darlegt. Erforderlich – aber

auch genügend – ist die Mitteilung von Tatsachen, welche die wesentlichen Merkmale eines Eröffnungsgrundes im Sinne von §§ 17 ff. InsO erkennen lassen. Die tatsächlichen Angaben müssen die Finanzlage des Schuldners nachvollziehbar darstellen, ohne dass sich daraus bei zutreffender Rechtsanwendung schon das Vorliegen eines Eröffnungsgrundes ergeben muss; eine **Schlüssigkeit im technischen Sinne** ist nicht vorauszusetzen. Der Schuldner muss – wie sich im Umkehrschluss aus § 14 Abs. 1 InsO ergibt – den Eröffnungsgrund nicht glaubhaft machen.[135] Wenn das Insolvenzgericht die Voraussetzungen eines Eröffnungsgrundes nicht als gegeben ansieht, hat es in Ausübung der ihm obliegenden Amtsermittlungspflicht nunmehr eigenständig aufzuklären, ob der Eröffnungsantrag begründet ist.[136] Die Amtsermittlungspflicht (§ 5 Abs. 1 InsO) setzt dann ein, wenn der Verfahrensstand aufgrund gerichtsbekannter Umstände oder aufgrund der Angaben der Verfahrensbeteiligten, insbesondere des Antragstellers, Anlass für Ermittlungen bietet. Jedenfalls greift die Amtsermittlungspflicht, wenn ein Insolvenzantrag zulässig ist.[137] Äußert sich der Antragsteller dezidiert zu den Vermögensverhältnissen des Schuldners, ist die Schwelle vom Zulassungszum Eröffnungsverfahren bereits überschritten.[138]

bb) Weitere Angaben zu den Gläubigern und zu dem Unternehmen

§ 13 Abs. 1 Satz 3 InsO bestimmt, dass der Schuldner seinem Eigenantrag auf Eröffnung des Insolvenzverfahrens verpflichtend ein **Verzeichnis seiner Gläubiger** und **ihrer Forderungen** beifügen soll. Fehlt es an dieser Aufstellung gänzlich, sind also nicht nur einzelne Gläubiger vergessen worden, ist der Antrag unzulässig.[139] Gleiches gilt, wenn zumutbare Anstrengungen unterlassen wurden, um ein vollständiges Verzeichnis vorlegen zu können.[140] Ergänzend hat der Schuldner, sofern er einen nicht eingestellten Geschäftsbetrieb führt, gem. § 13 Abs. 1 Satz 4 InsO die Forderungen nach Höhe und Person des Gläubigers zu spezifizieren. Ferner hat der Schuldner nach § 13 Abs. 1 Satz 5 InsO Angaben zur Bilanzsumme, umsatzerlösen und Zahl der beschäftigten Arbeitnehmer zu machen. Verpflichtend ist die Vorlage der Angaben zu den einzelnen Gläubigern gem. § 13 Abs. 1 Satz 6 nur, wenn der Schuldner gleichzeitig die Eigenverwaltung beantragt, das laufende Unternehmen die Größenklassen des § 22a InsO erreicht oder die Einsetzung eines vorläufigen Gläubigerausschusses beantragt wird. Werden diese Angaben nicht gemacht, ist der Antrag, nach erfolgloser Gewährung einer Frist zur Behebung des Mangels, als unzulässig zu erachten.[141] Die Vorschrift soll einen ordnungsgemäßen Ablauf des Insolvenzverfahrens gewährleisten. Das einzureichende Gläubigerverzeichnis ist von zentraler Bedeutung für die frühzeitige Einbindung der Gläubiger in das Verfahren. Schon derzeit hat der Schuldner, der einen zulässigen Eröffnungsantrag gestellt hat, im Rahmen seiner Auskunfts- und Mitwirkungspflicht (§ 20 InsO) dem Gericht die Informationen zur Verfügung zu stellen, die zur Prüfung des Insolvenzgrunds erforderlich sind. Dies wird nunmehr im Hinblick auf ein Verzeichnis der Gläubiger und ihrer jeweiligen Forderungen schon bei der Antragstellung unter den Voraussetzungen des § 13 Abs. 1 Satz 4 InsO verpflichtend.[142] Dabei ist – wie dies nach § 305 Abs. 1 Nr. 3 InsO bereits für Verbraucher gilt – umfassend über die vorhandenen Gläubiger und die Höhe ihrer Forderungen Mitteilung zu machen. Jedoch beeinträchtigt es die Zulässigkeit eines Eröffnungsantrags nicht, wenn trotz gebührender Anstrengung des Schuldners bei der Zusammenstellung des Verzeichnisses vereinzelte Gläubiger oder einzelne Forderungen im Verzeichnis fehlen. Fehlt das Verzeichnis in den Fällen des § 13 Abs. 1 Satz 4 InsO dagegen **vollständig**, wird der Antrag i.d.R. **unzulässig** sein.[143] Soweit Angaben zu Bilanzsumme, Umsatzerlösen und der durchschnittlichen Zahl der Arbeitnehmer verpflichtend sind, führt das Fehlen einer dieser 42

135 BGHZ 153, 205, 207; BGH, WM 2007, 1754 Rn. 8.
136 BGH, WM 2007, 1754, 1755 Rn. 14.
137 BGH, ZIP 2012, 139 Rn. 11.
138 BGH, WM 2007, 1754 Rn. 13.
139 AG Mönchengladbach, ZIP 2013, 536; *Vallender,* MDR 2012, 61.
140 AG Mönchengladbach, ZIP 2013, 536.
141 *Vallender,* MDR 2012, 61, 62.
142 BT-Drucks. 17/5712, S. 22 f.
143 BT-Drucks. 17/5712, S. 23.

Angaben, aber nicht ihre Unrichtigkeit, zur Unzulässigkeit des Antrags. Wird gegen eine GmbH ein Insolvenzantrag gestellt, hat der **Geschäftsführer** über die **rechtlichen, wirtschaftlichen und tatsächlichen Verhältnisse** der von ihm vertretenen Gesellschaft einschließlich gegen Gesellschafter und ihn selbst gerichteter Ansprüche Auskunft zu erteilen. Er ist hingegen nicht verpflichtet, über seine **eigenen Vermögensverhältnisse** und die Realisierbarkeit etwaiger gegen ihn gerichteter Ansprüche Angaben zu machen.[144]

b) Vertretung der juristischen Person

43 Ist Schuldner eine juristische Person, insb. eine GmbH, fehlt dieser selbst die Handlungsfähigkeit. Ein Insolvenzantrag kann für sie folglich nur durch Vertreter gestellt werden.

aa) Antragstellung durch Mitglieder des Vertretungsorgans

(1) Mitwirkung einzelner oder aller Mitglieder

44 Bei einer juristischen Person sind insb. die Mitglieder des Vertretungsorgans sowie die Liquidatoren befugt, einen Insolvenzantrag im Namen der Gesellschaft zu stellen (§ 15 Abs. 1 Satz 1 InsO). Ein Bevollmächtigter der Gesellschaft, gleich ob Prokurist oder Generalbevollmächtigter, ist zur Antragstellung nicht berechtigt. Geschäftsführer und Liquidatoren sind nach dem Wortlaut des § 15 Abs. 1 Satz 1 InsO **ohne Rücksicht auf ihre** gesellschaftsrechtliche **Vertretungsbefugnis**, also auch in Fällen einer Gesamtvertretung, kraft durch die InsO verliehener Vertretungsmacht **einzeln befugt**, einen Eröffnungsantrag zu stellen.[145] Da die Rechtsprechung den **faktischen Geschäftsführer** der Insolvenzantragspflicht des § 15a InsO und damit i.V.m. § 823 Abs. 2 BGB der Insolvenzverschleppungshaftung unterwirft,[146] ist ihm – was mittelbar § 6 Abs. 5 wegen der dort genannten Obliegenheiten entnommen werden kann – ebenfalls i.R.d. § 15 ein Antragsrecht zuzubilligen.[147] Nur wenn der Antrag auf **drohende Zahlungsunfähigkeit** gestützt und nicht von allen vertretungsberechtigten Mitgliedern gestellt wird, kommt es ausnahmsweise auf die Vertretungsmacht des antragstellenden Mitglieds des Vertretungsorgans an (§ 18 Abs. 3 InsO). **Gesellschaftern** und **Aufsichtsratsmitgliedern** ist – abgesehen vom Fall der Führungslosigkeit (§ 15 Abs. 1 Satz 2 InsO) – eine Antragstellung verwehrt; stehen ihnen Forderungen gegen die Gesellschaft zu, können sie in ihrer Eigenschaft als Gläubiger einen Fremdantrag stellen. Die Geschäftsführer sind jedenfalls zu einer Antragstellung verpflichtet, wenn die Gesellschafter sie durch einen mit 3/4-Mehrheit gefassten Gesellschafterbeschluss (§ 60 Abs. 1 Nr. 2) hierzu anweisen. Selbst ein mit einfacher Mehrheit gefasster Beschluss ist von dem andernfalls fristlos kündbaren Geschäftsführer zu befolgen.[148] Eine Weisung der Gesellschafterversammlung, keinen Insolvenzantrag zu stellen, ist mit Rücksicht auf die Insolvenzantragspflicht (§ 15a InsO) nur verbindlich, wenn tatsächlich kein Insolvenzgrund eingreift. Abweichend von einem Eröffnungsantrag können für eine insolvente Gesellschaft im eröffneten Verfahren Anträge nur durch die vertretungsbefugten Organe wirksam gestellt werden (BGH, ZInsO 2016, 906 Rn. 12 ff.).

(2) Glaubhaftmachung des Eröffnungsgrundes

45 Uneingeschränkt zulässig ist ein von allen Mitgliedern des Vertretungsorgans unterzeichneter Antrag. Wird der auf Zahlungsunfähigkeit (§ 17 InsO) oder Überschuldung (§ 19 InsO) gestützte Antrag nicht von allen Mitgliedern des Vertretungsorgans gestellt, ist er nur zulässig, wenn zusätzlich der geltend gemachte Eröffnungsgrund **glaubhaft** gemacht wird (§ 15 Abs. 2 Satz 1 InsO). Das Insolvenzgericht hat in diesem Fall die anderen Geschäftsführer anzuhören (§ 15 Abs. 2 Satz 3 InsO). Ein aus **drohender Zahlungsunfähigkeit** (§ 18 InsO) hergeleiteter Insolvenzantrag kann,

---

144 BGH, WM 2015, 729 Rn. 10 ff.
145 BGH, NJW-RR 2008, 1439 Rn. 5.
146 BGH, NZI 2006, 63.
147 *Schmerbach*, in: FK-InsO, § 15 Rn. 11; a.A. *Karsten Schmidt/Bitter*, in: Scholz, GmbHG, Vor § 64 Rn. 66.
148 BGH, NJW 2005, 3069; NZG 2008, 148.

wenn nicht alle Mitglieder des Vertretungsorgans zusammenwirken, ohnehin nur durch einen vertretungsberechtigten Geschäftsführer wirksam gestellt werden. Auch dieser Antrag bedarf der Glaubhaftmachung; ferner sind die übrigen Mitglieder des Vertretungsorgans anzuhören.

bb) Vertretung bei Führungslosigkeit

Im Fall der Führungslosigkeit einer GmbH (§ 15 Abs. 1 Satz 2 InsO) sind die **Gesellschafter**, bei einer AG und Genossenschaft auch die **Mitglieder des Aufsichtsrats** jeweils einzeln antragsbefugt. 46

(1) Begriff der Führungslosigkeit

Nach der Legaldefinition des § 10 Abs. 2 Satz 2 InsO (ebenso § 35 Abs. 1 Satz 2) ist eine Gesellschaft führungslos, die **keinen organschaftlichen Vertreter**, also weder einen Geschäftsführer noch einen Liquidator, hat. Führungslosigkeit ist anzunehmen, wenn nach Errichtung der GmbH der wirksamen Bestellung einer Person zum ersten Geschäftsführer ein Bestellungsverbot entgegensteht. Gleiches gilt in Fällen, in denen das Amt des **einzigen** Geschäftsführers durch Tod, Amtsunfähigkeit, Abberufung oder Amtsniederlegung endet, ohne dass ein anderer Geschäftsführer ordnungsgemäß eingesetzt wird. Eine Gesellschaft ist auch führungslos, wenn der rechtsunwirksam bestellte Geschäftsführer faktisch das Unternehmen leitet. Das Vorhandensein eines **faktischen Geschäftsführers** beseitigt also die Führungslosigkeit nicht. Nimmt hingegen ein wirksam bestellter Geschäftsführer sein Amt faktisch nicht wahr, weil er unerreichbar oder nicht handlungswillig ist, scheidet Führungslosigkeit aus. Mit der wirksamen Bestellung eines Geschäftsführers oder Liquidators wird die Führungslosigkeit beseitigt. 47

(2) Vertretungsbefugnisse

Unter der Voraussetzung der Führungslosigkeit sind nach § 15 Abs. 1 Satz 2 InsO einzelne **Gesellschafter** sowie bei einer AG und Genossenschaft außerdem einzelne **Aufsichtsratsmitglieder** zur Antragstellung berechtigt. Handelt es sich um eine GmbH, sind nach der eindeutigen Gesetzfassung Mitglieder eines obligatorischen wie auch fakultativen Aufsichtsrats nicht zur Antragstellung befugt.[149] Gesellschafter und Aufsichtsratsmitglieder haben – gleich ob einzelne oder alle den Antrag stellen – die **Führungslosigkeit glaubhaft** zu machen (§ 15 Abs. 2 Satz 2 InsO). Wird der Antrag nicht von allen Gesellschaftern oder Aufsichtsratsmitgliedern gestellt, ist als weitere Zulässigkeitsvoraussetzung der **Eröffnungsgrund glaubhaft** zu machen (§ 15 Abs. 2 Satz 1 InsO). Das Insolvenzgericht hat die übrigen Gesellschafter oder Aufsichtsratsmitglieder zu hören (§ 15 Abs. 2 Satz 3 InsO). 48

c) Rücknahme des Antrags

Ein Insolvenzantrag kann nach § 13 Abs. 2 InsO bis zur Verfahrenseröffnung oder seiner Abweisung zurückgenommen werden. Im Fall der Vertretung einer GmbH durch mehrere Geschäftsführer oder der Führungslosigkeit einer aus mehreren Gesellschaftern bestehenden GmbH bestünde danach die Möglichkeit, dass der von einem Geschäftsführer oder Gesellschafter gestellte Antrag von einem anderen Geschäftsführer oder Gesellschafter zurückgenommen wird – und der zuerst Handelnde nunmehr seinen Antrag wiederholt. Zur Vermeidung derartiger Komplikationen ist grds. nur der Geschäftsführer oder Gesellschafter, der den **Antrag gestellt** hat, zu dessen Rücknahme befugt.[150] Abweichende Vorstellungen der einer Antragstellung widersprechenden Antragsberechtigten können i.R.d. gebotenen Anhörung (§ 15 Abs. 2 Satz 3 InsO) berücksichtigt werden. Ist der antragstellende Geschäftsführer abberufen worden oder der antragstellende Gesellschafter ausgeschieden und damit die jeweilige Rücknahmefähigkeit entfallen, sind ausnahmsweise die 49

---

149 *Kleindiek*, in: Lutter/Hommelhoff, GmbHG, Anh zu § 64 Rn. 45; *Gehrlein*, Das neue GmbH-Recht S. 67 f.; a.A. *Karsten Schmidt/Bitter*, in: Scholz, GmbHG, Vor § 64 Rn. 67.

150 BGH, NZI 2008, 550 Rn. 5 m.w.N.

verbliebenen Geschäftsführer und Gesellschafter zur Rücknahme des Antrags befugt, sofern sich dies nicht als **Rechtsmissbrauch** darstellt.[151]

3. Antrag eines Gläubigers

50 Neben dem Schuldner sind auch Gläubiger antragsbefugt (§ 13 Abs. 1 Satz 2 InsO). Auf einen Gläubigerantrag wird das Verfahren eröffnet, wenn der Antragsteller Inhaber einer gegen die GmbH gerichteten Forderung ist, ein Insolvenzgrund eingreift und der Antragsteller ein rechtliches Interesse an der Eröffnung hat. Seine Forderung und den Insolvenzgrund hat der Antragsteller glaubhaft zu machen (§ 14 Abs. 1 InsO). Die Darlegungserfordernisse sind die Gleichen wie im Fall eines Schuldnerantrags. Ein Antrag auf Eröffnung des Insolvenzverfahrens ist gegen einen **bestimmten Schuldner** zu richten. Ein Insolvenzantrag, der gegen eine gelöschte Handelsgesellschaft gerichtet ist, kann nicht in dem Sinne ausgelegt oder umgedeutet werden, dass er als Eröffnungsantrag gegen den Rechtsnachfolger zu behandeln ist.[152]

a) Gläubigerstellung, Eröffnungsgrund

51 Gläubiger ist jeder **Inhaber einer Forderung**, die am Insolvenzverfahren teilnimmt. Erfasst werden alle persönlichen Gläubiger der Gesellschaft, die einen bestehenden, nicht notwendig fälligen Anspruch gegen die Gesellschaft haben. Eine Insolvenzforderung i.S.d. **§ 38 InsO** liegt vor, wenn der anspruchsbegründende Tatbestand schon vor Verfahrenseröffnung abgeschlossen ist, mag sich eine Forderung des Gläubigers daraus auch erst nach Beginn des Insolvenzverfahrens ergeben. Nur die schulrechtliche Grundlage des Anspruchs muss schon vor Eröffnung des Insolvenzverfahrens entstanden sein. Unerheblich ist, ob die Forderung selbst schon entstanden oder fällig ist. Für die Frage, ob Steuerforderungen Insolvenzforderungen sind, ist entscheidend, ob die Hauptforderung ihrem Kern nach bereits vor Eröffnung des Insolvenzverfahrens entstanden ist. Auf die Frage, ob der Anspruch zum Zeitpunkt der Eröffnung des Insolvenzverfahrens im steuerrechtlichen Sinne entstanden ist, kommt es dagegen nicht an. Beitragsforderungen der Versicherungsträger entstehen, sobald ihre im Gesetz oder aufgrund eines Gesetzes bestimmten Voraussetzungen vorliegen.[153] Der antragstellende Gläubiger, dessen Forderung im Eröffnungsverfahren getilgt wird, kann seinem Antrag weitere Forderungen unterlegen.[154] Gesellschafter und Geschäftsführer, auch Arbeitnehmer der GmbH können als Inhaber einer Forderung zu den Gläubigern gehören. Allerdings folgt allein aus der Leistung der **Stammeinlage** keine Gläubigerstellung des Gesellschafters. Auch **nachrangige Gläubiger** (§ 39 InsO), insb. Gesellschafter als Darlehensgeber der GmbH (§ 39 Abs. 1 Nr. 5 InsO), sind zu berücksichtigen und damit antragsbefugt. Ebenso berührt ein Rangrücktritt (§ 39 Abs. 2 InsO) nicht die Gläubigerstellung. Absonderungsberechtigte Gläubiger sind kraft ihrer persönlichen Forderung antragsberechtigt. Der Fremdantrag kann nur auf **Zahlungsunfähigkeit** (§ 17 InsO) und **Überschuldung** (§ 19 InsO) gestützt werden; drohende Überschuldung (§ 18 InsO) ist nur bei einem Eigenantrag der Gesellschaft ein Eröffnungsgrund.

b) Glaubhaftmachung

52 Der Gläubiger hat den Eröffnungsgrund und seine Forderung glaubhaft zu machen (§ 14 Abs. 1 InsO). Eine Glaubhaftmachung des Insolvenzgrundes ist auch geboten, wenn der Gläubiger trotz Befriedigung seiner Forderung wegen eines früheren anhängigen Verfahrens seinen Antrag weiter verfolgt (§ 14 Abs. 1 Satz 2 InsO).[155] Die Glaubhaftmachung fortbestehender Zahlungsunfähigkeit setzt nach dem Ausgleich der Forderung des antragstellenden Gläubigers nicht stets voraus, dass der Gläubiger neue Tatsachen vorträgt, die für eine auch jetzt noch bestehende Zahlungsunfähigkeit

151 BGH, NZI 2008, 550, 551 Rn. 10 ff.
152 BGH, WM 2008, 2128 f. Rn. 7.
153 BGH, ZVI 2011, 408 Rn. 3, 4.
154 BGH, ZInsO 2012, 593 Rn. 6.
155 BGH, WM 2013, 1033 Rn. 6 ff.

sprechen. Bei der Beurteilung, ob nach dem Ausgleich der Forderung des antragstellenden Gläubigers die Zahlungsunfähigkeit des Schuldners weiterhin wahrscheinlich ist, können zum einen die näheren Umstände des vorangegangenen, in § 14 Abs. 1 Satz 2, 1. Halbsatz InsO angesprochenen Insolvenzantrags von Bedeutung sein. Schließlich kann dem Grundsatz Bedeutung zukommen, wonach eine einmal eingetretene, nach außen in Erscheinung getretene Zahlungsunfähigkeit regelmäßig erst beseitigt wird, wenn die geschuldeten Zahlungen an die Gesamtheit der Gläubiger im Allgemeinen wieder aufgenommen werden können.[156] Die Glaubhaftmachung setzt eine **schlüssige Darlegung** der Forderung voraus. Handelt es sich um den Eröffnungsantrag eines **Sozialversicherungsträgers**, erfordert eine schlüssige Darlegung der Forderungen der Einzugsstelle regelmäßig eine Aufschlüsselung nach Monat und Arbeitnehmer. Zur Glaubhaftmachung muss die Einzugsstelle über einen bloßen Kontoauszug hinaus Leistungsbescheide oder Beitragsnachweise der Arbeitgeber vorlegen.[157] Eine nähere Aufschlüsselung ist entbehrlich, sofern von dem Schuldner selbst gefertigte Datensätze (sog. softcopys) vorgelegt werden.[158] Der Insolvenzantrag eines **Finanzamts**, mit dessen Voraussetzungen sich das Beschwerdegericht bisher noch nicht befasst hat, ist grds. nur zulässig, wenn Steuerbescheide und ggf. etwaige Steueranmeldungen des Schuldners vorgelegt werden. Eine Liste der in der Vollstreckung befindlichen Rückstände reicht hierzu nicht aus. Eine Glaubhaftmachung der Forderung durch das Finanzamt durch Vorlage der Bescheide kann ausnahmsweise entbehrlich sein, wenn das Finanzamt die ausstehenden Steuern genau beschreibt und der Schuldner sich lediglich auf Erlassanträge und Gegenansprüche beruft.[159] Die Glaubhaftmachung der Forderung und des Insolvenzgrundes muss nicht notwendig durch Vorlage eines Titels und einer Bescheinigung über einen fruchtlosen Vollstreckungsversuch erfolgen, ausreichend ist auch, dass der antragstellende Gläubiger den Eröffnungsgrund auf andere Weise glaubhaft macht.[160] Die Glaubhaftmachung erfolgt nach Maßgabe von § 4 InsO, § 294 ZPO, also auch mittels eidesstattlicher Versicherung. Eine Überschuldung wird ein außenstehender Gläubiger nur schwer glaubhaft machen können. An die Glaubhaftmachung **bestrittener Forderungen**, auf die zugleich der Insolvenzgrund der Zahlungsunfähigkeit gestützt wird, sind hohe Anforderungen zu stellen. Es gehört nicht zu den Aufgaben des Insolvenzgerichts, den Bestand ernsthaft bestrittener, rechtlich zweifelhafter Forderungen zu überprüfen. Fällt die tatsächliche oder rechtliche Beurteilung nicht eindeutig aus, ist der Gläubiger schon mit seiner Glaubhaftmachung gescheitert.[161] Steht die wirksame Kündigung eines Darlehens durch einen Gesellschafter außer Streit, bedarf die angemeldete Forderung, wenn sich die GmbH lediglich auf eine Kündigung »zur Unzeit« beruft, keines weiteren Nachweises.[162] Ist die Forderung nicht tituliert, gehen Zweifel zulasten des antragstellenden Gläubigers, der auf den Prozessweg zu verweisen ist.[163] Soll der Insolvenzgrund **allein** aus der Forderung des Antragstellers hergeleitet werden, ist sie nicht nur glaubhaft zu machen, sondern zur vollen Überzeugung des Insolvenzgerichts nachzuweisen.[164] Der Beweis kann durch Vorlage eines **Titels** über die Forderung – gleich ob es sich um eine vollstreckbare Urkunde oder ein Gerichtsurteil handelt – geführt werden. In diesem Fall obliegt es dem Schuldner, etwaige Einwände gegen die Forderung in dem dafür vorgesehenen Verfahren überprüfen zu lassen.[165] Solange die Vollstreckbarkeit nicht auf diese Weise beseitigt ist, braucht das Insolvenzgericht die Einwendungen des Schuldners nicht zu beachten. Einwendungen gegen eine auf einer vollstreckbaren Urkunde beruhenden Forderung sind im Insolvenzeröffnungsverfahren nicht zu berücksichtigen, falls der Schuldner die

156 BGH, ZInsO 2015, 301 Rn. 8 ff.
157 BGH, ZInsO 2006, 828 Rn. 8.
158 BGH, ZInsO 2015, 1566 Rn. 8 ff.
159 BGH, ZInsO 2006, 828 Rn. 8; 2009, 1533 Rn. 3; 2011, 1614 Rn. 4; NZI 2012, 95 Rn. 3.
160 BGH, WuM 2009, 144 f. Rn. 3.
161 BGH, ZInsO 2006, 145, 146 Rn. 6.
162 BGH, ZInsO 2011, 1063 Rn. 10.
163 BGH, NZI 2007, 408, 409 Rn. 7.
164 BGH, WM 2006, 492, 493; ZInsO 2008, 103, 104 Rn. 6 ff.; ZInsO 2010, 2091 Rn. 14; ZInsO 2016, 1575 Rn. 14.
165 BGH, NZI 2007, 408, 409 Rn. 7 = WM 2008, 227, 228 Rn. 9.

für die Einstellung der Zwangsvollstreckung erforderliche Sicherheitsleistung nicht erbracht hat und der Titel weiter vollstreckbar ist.[166] Genügt bereits eine vollstreckbare Urkunde zum Nachweis der dem Antrag eines Gläubigers zugrunde liegenden Forderung, so ist ein im **Urkundenprozess erstrittener vollstreckbarer Titel**, der immerhin auf einer uneingeschränkten rechtlichen Schlüssigkeitsprüfung beruht, ebenfalls als hinreichender Forderungsnachweis zu erachten.[167] Gleiches gilt, sofern es sich um eine vollstreckbare öffentlich-rechtliche Forderung handelt.[168]

c) Rechtliches Interesse

53 In aller Regel wird einem Gläubiger, dem eine Forderung zusteht und der einen Eröffnungsgrund glaubhaft macht, das rechtliche Interesse an der Eröffnung des Insolvenzverfahrens schon wegen des staatlichen Vollstreckungsmonopols nicht abgesprochen werden können.[169] Ein rechtliches Interesse, das von Amts wegen zu prüfen ist, kann einem Gläubiger nicht bereits mit Rücksicht auf den geringen Betrag seiner Forderung abgesprochen werden.[170] Ferner hängt das Rechtsschutzinteresse für einen Insolvenzantrag generell nicht davon ab, ob der Gläubiger in dem Verfahren eine Befriedigung erlangen kann. Auch im Fall **völliger Masseunzulänglichkeit** wird das Rechtsschutzinteresse für einen Eröffnungsantrag nicht berührt.[171] Wird die Anfechtungsklage eines Gläubigers gegen den Erwerber eines Grundstücks des Schuldners in einem Vorprozess rechtskräftig abgewiesen, kann ihm ein Rechtsschutzinteresse für einen unter Vorlage des vollstreckbaren Titels gegen den Schuldner gerichteten Insolvenzantrag nicht versagt werden, weil das klageabweisende Urteil weder für das Insolvenzverfahren noch für eine in seinem Rahmen zu erhebende Anfechtungsklage Rechtskraft entfaltet.[172] Die sich auf einen bestimmten Vermögensgegenstand beschränkende Anordnung einer **Nachtragsverteilung** in einem früheren Konkurs- oder Insolvenzverfahren lässt mit Rücksicht auf die demgegenüber umfassende Beschlagnahmewirkung eines Insolvenzverfahrens das Rechtsschutzbedürfnis für einen Insolvenzantrag unberührt.[173] Nach Eröffnung eines Insolvenzverfahrens über das Vermögen des Schuldners sind weitere **Anträge auf Eröffnung des Verfahrens** über das bereits insolvenzbefangene Vermögen **unzulässig**; das gilt gleichermaßen für Gläubiger- und für Eigenanträge und auch für solche, die vor Eröffnung gestellt worden sind.[174] Vermag der nach Eröffnung des Insolvenzverfahrens selbstständig tätige Schuldner die daraus herrührenden Verbindlichkeiten nicht zu erfüllen, haben die **Neugläubiger**, solange das Insolvenzverfahren nicht abgeschlossen ist, grds. kein rechtlich geschütztes Interesse an der **Eröffnung eines weiteren Insolvenzverfahrens.**[175] Hat indessen der Insolvenzverwalter erklärt, dass das **Vermögen aus der selbstständigen Tätigkeit** des Schuldners **nicht** zur Insolvenzmasse gehört, kann auf Antrag eines Neugläubigers ein auf dieses Vermögen **beschränktes zweites Insolvenzverfahren** eröffnet werden.[176] Dem Antragsteller ist dagegen ein rechtliches Interesse abzusprechen, wenn er **insolvenzfremde Zwecke** verfolgt und es ihm um die Erreichung anderer Ziele als desjenigen der Befriedigung der eigenen Forderung im Rahmen eines Insolvenzverfahrens geht. Das gilt insb., wenn mit dem Antrag nur ein lästiger Wettbewerber oder Vertragspartner ausgeschaltet werden soll[177] oder die Finanzverwaltung mit einem Antrag die Abgabe einer Steuererklärung zu erzwingen sucht.[178] Notwendig ist in diesen Fällen aber stets, dass **ausschließlich** insolvenzfremde Zwecke verfolgt werden; erstrebt der Gläubiger auch

166 BGH, ZInsO 2010, 331 Rn. 6, 7.
167 BGH, Beschl. v. 17.6.2010 – IX ZB 250/09, Rn. 3, juris.
168 BGH, ZInsO 2010, 1091 Rn. 7 f.
169 BGH, ZInsO 2006, 824, 825 Rn. 7.
170 BGH, NJW-RR 1986, 1188 f.; BGH, HFR 2009, 1254 Rn. 2.
171 BGH, ZInsO 2010, 2091 Rn. 11, Beschl. v. 15.9.2016 – IX ZB 32/16.
172 BGH, Beschl. v. 15.9.2016 – IX ZB 32/16.
173 BGH, ZInsO 2011, 94 Rn. 5.
174 BGH, ZInsO 2008, 924 Rn. 8 ff.
175 BGH, ZInsO 2004, 739.
176 BGH, ZInsO 2011, 1350 Rn. 7 ff.
177 BGH, WM 1962, 929, 930 f.; NZI 2008, 121, 122 Rn. 14.
178 AG Kaiserslautern, ZInsO 2006, 111, 112.

eine Befriedigung, ist es unschädlich, wenn er zugleich einen Wettbewerber eliminieren will.[179] Ein Rechtsschutzinteresse scheitert nicht daran, dass der Gläubiger mit der Verfahrenseröffnung bezweckt, auf einen von dem Schuldner gegen seine Feuerversicherung geführten Rechtsstreit Einfluss zu nehmen. Es gehört gerade zu den Aufgaben des Insolvenzverwalters, die in Versicherungsansprüchen liegenden Werte der Masse zu realisieren.[180] Insolvenzzweckwidrig handelt ein Gläubiger, der nur zu seinem eigenen Vorteil und zum Nachteil anderer Gläubiger Vermögensgegenstände des Schuldners zu ermitteln sucht, um nach Rücknahme seines Antrags außerhalb eines Insolvenzverfahrens darauf im Vollstreckungsweg zuzugreifen.[181] Ferner fehlt ein rechtliches Interesse, sofern Zahlungen zahlungsunwilliger, aber solventer Schuldner durchgesetzt werden sollen.[182] Der Antrag eines Gläubigers, dessen Forderung **zweifelsfrei vollständig dinglich gesichert** ist, entbehrt eines rechtlichen Interesses.[183] Der Antrag eines Gläubigers ist jedoch nicht deshalb unzulässig, weil er **keine Auskunft** über die tatsächlichen Voraussetzungen eines Anfechtungsanspruchs gegen sich erteilt.[184] Auf eine infolge einer Einrede dauerhaft nicht durchsetzbare (insb. verjährte) Forderung kann ein Eröffnungsantrag nicht gestützt werden. Der Insolvenzantrag eines nachrangigen (§ 39 Abs. 1 Nr. 5 InsO) Gläubigers ist auch dann zulässig, wenn dieser im eröffneten Verfahren keine Befriedigung erwarten kann (§ 174 Abs. 3 InsO).[185]

Ein Eröffnungsantrag, der unabhängig von den Vermögensverhältnissen des Schuldners und etwa bestehenden Ansprüchen gegen Gesellschafter, Geschäftsführer und Anfechtungsgegner ausschließlich auf eine Abweisung des Antrags mangels einer die Kosten des Insolvenzverfahrens deckenden Masse (§ 26 InsO) gerichtet ist, ist wegen Fehlens eines Rechtsschutzinteresses unzulässig. Ein grob obstruktives Verhalten des Schuldners kann darauf schließen lassen, dass dieser eine gesetzmäßige Durchführung des Insolvenzverfahrens nicht ernsthaft anstrebt. Das ist insbesondere dann der Fall, wenn der Schuldner seine Vermögenslosigkeit nur vortäuscht oder seine Vermögensverhältnisse vorsätzlich so verschleiert, dass eine sinnvolle Sachaufklärung und damit ein ordnungsgemäßes Verfahren nicht möglich ist.[186] Ein Antrag ist Teil einer »Firmenbestattung«, wenn die Verwertung des auch aus Ansprüchen gegen Geschäftsführer und Gesellschafter bestehenden Gesellschaftsvermögens zugunsten der Gläubiger und die Durchsetzung von Anfechtungsansprüchen zur gemeinschaftlichen Gläubigerbefriedigung verhindert werden soll. Als »Firmenbestattung« wird ein Vorgang bezeichnet, bei dem sich die Verantwortlichen dazu entschließen, eine Gesellschaft verdeckt zu liquidieren, um ein Insolvenzverfahren zu vermeiden oder solange wie möglich hinauszuzögern. Regelmäßig werden dazu planmäßig die Vermögensgegenstände der Gesellschaft soweit wie möglich an nahestehende Personen, Nachfolgeunternehmen oder mit den Verantwortlichen verbundene Dritte übertragen, Forderungen der Gläubiger hingegen nicht mehr erfüllt. Äußere Anzeichen hierfür sind der Austausch der Geschäftsführer, die Veräußerung aller Gesellschaftsanteile, der Verlust der Geschäftsunterlagen und schließlich der Insolvenzantrag, der keinerlei verwertbare Vermögensgegenstände mehr ausweist.[187] 53a

4. Bedingter Antrag

Als Prozesshandlungen sind Anträge auf Eröffnung des Insolvenzverfahrens nach den allgemeinen Regeln **grds. bedingungsfeindlich**. Zwar gilt auch für Insolvenzanträge die weitere auf Prozesshandlungen allgemein anzuwendende Regel, dass sie an eine **bloße innerprozessuale Bedingung** 54

179 BGH, ZInsO 2011, 1063 Rn. 5 ff.
180 BGH, NZI 2011, 632 Rn. 4, 6 jeweils a.E.
181 BGH, NZI 2008, 240 Rn. 7.
182 BGH, ZInsO 2006, 824, 825 = NZI 2008, 240 Rn. 7.
183 BGH, ZInsO 2008, 103, 104 Rn. 12 = NZI 2011, 632 Rn. 6, ZInsO 2016, 1575, 104 Rn. 17 ff., Beschl. v. 15.9.2016 – IX ZB 32/16.
184 BGH, NZI 2008, 240 Rn. 8 ff.
185 BGH, ZInsO 2010, 2091 Rn. 9 ff.
186 BGH ZInsO 2020, 1310 Rn. 7.
187 BGH ZInsO 2020, 1310 Rn. 9 f..

geknüpft werden und deshalb hilfsweise für den Fall zur Entscheidung gestellt werden können, dass ein bestimmtes innerprozessuales Ereignis eintritt. Von einer solchen bloß innerprozessualen Bedingung, die etwa vorliegt, wenn der Antrag auf Verfahrenseröffnung an die Stundungsbewilligung geknüpft wird, ist aber nicht auszugehen, wenn der Schuldner den mit einem Eigenantrag auf Eröffnung des Insolvenzverfahrens verbundenen Restschuldbefreiungsantrag nur hilfsweise für den Fall stellt, dass das Insolvenzgericht den Antrag eines Gläubigers für zulässig und begründet hält. Ein Vorrangverhältnis, wie es innerhalb eines **bestehenden Prozessrechtsverhältnisses** bei einer eventuellen Klagehäufung dann als unbedenklich angesehen wird, wenn die Antragstellung vom Ergebnis der Sachentscheidung des Gerichts über den Hauptanspruch abhängig sein soll, kommt zwischen verschiedenen Insolvenzanträgen nicht in Betracht.[188] Der Schuldner kann einen Eröffnungsantrag nebst Antrag auf Stundung der Verfahrenskosten und Restschuldbefreiung wirksam unter der prozessualen Bedingung stellen, dass das Insolvenzgericht auf einen Gläubigerantrag seine – vom Schuldner bestrittene – **internationale Zuständigkeit** bejaht.[189]

5. Aufrechterhaltung des Antrags nach Begleichung der zugrunde liegenden Forderung

55 Auch im Anwendungsbereich des § 14 Abs. 1 Satz 2 InsO entfällt das Tatbestandsmerkmal des rechtlichen Interesses nicht. Allerdings sind in diesem Fall strenge Anforderungen an das Rechtsschutzinteresse und die Glaubhaftmachung des Insolvenzgrundes zu stellen, sodass ein rechtliches Interesse an einer Verfahrensfortführung regelmäßig nur bei **Finanzbehörden** und **Sozialversicherungsträgern** anzuerkennen sein wird, weil diese öffentlichen Gläubiger nicht verhindern können, dass sie weitere Forderungen gegen den Schuldner erwerben. Wird die Forderung des antragstellenden Sozialversicherungsträgers nach Stellung des Insolvenzantrages erfüllt, entfällt das Rechtsschutzinteresse dieses Gläubigers an der Eröffnung des Insolvenzverfahrens, wenn der Schuldner das Arbeitsverhältnis des bei dem Gläubiger versicherten Arbeitnehmers gekündigt und die Betriebsstätte geschlossen hat.[190] Die Glaubhaftmachung des Eröffnungsgrundes setzt nach dem Ausgleich der Forderung des antragstellenden Gläubigers nicht stets voraus, daß er **neue Tatsachen** vorträgt, um die fortbestehende Zahlungsunfähigkeit zu unterlegen.[191]

II. Zuständiges Gericht

1. Mittelpunkt der wirtschaftlichen Tätigkeit

a) Inländische Zuständigkeit

56 Die durch die InsO dem Insolvenzgericht überantworteten Aufgaben nimmt für den gesamten Bezirk eines LG ein nach durch das Landesrecht bestimmtes innerhalb des Bezirks gelegenes Amtsgericht wahr (§ 2 Abs. 1 InsO). Die Länder sind gem. § 2 Abs. 2 Satz 1 InsO ermächtigt, durch Rechtsverordnung ein anderes Amtsgericht zum Insolvenzgericht für den Landgerichtsbezirk zu bestimmen und die Zuständigkeit eines Insolvenzgerichts über den Landgerichtsbezirk hinaus zu erstrecken. § 3 Abs. 1 Satz 1 InsO begründet eine **ausschließliche örtliche Zuständigkeit** des Insolvenzgerichts, in dessen Bezirk der Schuldner seinen **allgemeinen Gerichtsstand** hat. Im Fall einer GmbH oder anderen juristischen Person ist dies der Sitz der Vereinigung (§ 17 ZPO). Falls der Mittelpunkt der wirtschaftlichen Tätigkeit an einem anderen Ort liegt, ist das dortige Insolvenzgericht zuständig (§ 3 Abs. 1 Satz 2 InsO). Stellt die Gesellschaft ihre wirtschaftliche Tätigkeit ein, ist das Insolvenzgericht an ihrem Satzungssitz zuständig.[192] Unmaßgeblich ist eine nur zum Zwecke der Abwicklung vorgenommene Verlegung des Verwaltungssitzes, wenn am neuen Ort eine selbstständige wirtschaftliche Tätigkeit nicht mehr stattfindet.[193]

188 BGH, ZInsO 2010, 828 Rn. 7; 2012, 545 Rn. 12.
189 BGH, ZInsO 2012, 545 Rn. 14.
190 BGH, ZInsO 2012, 1565 Rn. 7 f.
191 BGH, ZInsO 2015, 301 Rn. 8 ff.
192 BayObLG, ZInsO 2003, 1142, 1143.
193 BayObLG, NZI 2004, 88.

b) Auslandsberührung

Unterhält die Gesellschaft den »**Mittelpunkt ihrer hauptsächlichen Interessen**« (COMI »centre of main interests«) in einem anderen Mitgliedstaat der EU, ist gem. Art. 3, 4 EuInsVO die Zuständigkeit des ausländischen, nach dortigem innerstaatlichen Recht zu bestimmenden Gerichts eröffnet. Art. 3 Abs. 1 Satz 2 EuInsVO stellt für Gesellschaften und juristische Personen bis zum Beweis des Gegenteils die Vermutung auf, dass der Mittelpunkt ihrer hauptsächlichen Interessen der Ort des satzungsmäßigen Sitzes ist. Die Vermutung ist widerlegbar; sie muss jedoch durch hinreichende Anhaltspunkte entkräftet werden. Die Vermutung des Art. 3 Abs. 1 Satz 2 EuInsVO kann widerlegt werden, wenn objektive und für Dritte feststellbare Umstände belegen, dass der Interessenmittelpunkt in Wirklichkeit in einem anderen Mitgliedstaat als am satzungsmäßigen Sitz liegt. Dies kann insbesondere bei einer sogenannten Briefkastenfirma der Fall sein, die im Mitgliedstaat, in dem sich ihr satzungsmäßiger Sitz befindet, keiner Tätigkeit nachgeht. Als relevante, für Dritte erkennbare Umstände, die auf einen abweichenden Mittelpunkt der hauptsächlichen Interessen hindeuten, können etwa außerhalb des satzungsmäßigen Sitzes belegene Immobilien sprechen, für die Mietverträge abgeschlossen sind und die mithilfe eines im dortigen Mitgliedstaat ansässigen Kreditinstituts finanziert wurden.[194] Die engste Beziehung hat die Gesellschaft ohne Rücksicht auf den Satzungssitz zu dem Ort, an dem zuletzt für Dritte erkennbar die Entscheidungen getroffen und die Tätigkeiten entfaltet worden sind. Der Eintrag in das Handelsregister spielt insoweit nur eine untergeordnete Rolle. Kann der Interessenmittelpunkt in einem anderen Mitgliedstaat nicht hinreichend sicher festgestellt werden, gibt der **satzungsmäßige Sitz** den Ausschlag. Wenn die Schuldnergesellschaft im Register gelöscht ist und sie jedwede Tätigkeit eingestellt hat, kommt es zur Bestimmung des zuständigen Gerichts auf den **Zeitpunkt ihrer Löschung und der Einstellung ihrer Tätigkeit** an. Denn nur so ist sichergestellt, dass an dem Ort das Insolvenzverfahren durchgeführt wird, zu dem die Gesellschaft objektiv und für Dritte erkennbar die engsten Beziehungen hat. Die internationale Zuständigkeit für die Eröffnung eines Insolvenzverfahrens über das Vermögen einer Gesellschaft mit Sitz im Ausland, die ihren Geschäftsbetrieb eingestellt hat und nicht abgewickelt wird, richtet sich danach, wo sie bei **Einstellung ihrer Tätigkeit** den Mittelpunkt ihrer hauptsächlichen Interessen hatte.[195] 57

Falls sich Vermögen einer solchen Gesellschaft im Inland befindet, kann ein **Partikularinsolvenzverfahren** (§§ 354 ff. InsO) eröffnet werden. Die Vorschrift des § 354 Abs. 2 InsO, die für ein Partikularverfahren **inländisches Vermögen** in Ausnahmefällen ausreichen lässt, ist wie alle Vorschriften des autonomen deutschen internationalen Insolvenzrechts im Geltungsbereich der EuInsVO nicht anwendbar. Ein Sekundärinsolvenzverfahren, ist, wenn der Schuldner eine Niederlassung im Gebiet eines anderen Mitgliedstaats hat, nur zulässig, wenn der Schuldner im Inland eine **Niederlassung** hat; allein inländisches Vermögen reicht nicht aus.[196] Eine Niederlassung ist nach der Legaldefinition des Art. 2 Buchst. h) EuInsVO jeder Tätigkeitsort, an dem der Schuldner einer wirtschaftlichen Aktivität von nicht vorübergehender Art nachgeht, welche den Einsatz von Personal und Vermögenswerten voraussetzt. Dass die Ausübung einer wirtschaftlichen Tätigkeit in dieser Definition mit dem **Vorhandensein von Personal** verknüpft wird, zeigt, dass ein **Mindestmaß an Organisation** und eine **gewisse Stabilität** erforderlich sind. Im Umkehrschluss ergibt sich daraus, dass das **bloße Vorhandensein einzelner Vermögenswerte** oder von Bankkonten grundsätzlich nicht den Erfordernissen für eine Qualifizierung als »Niederlassung« genügt.[197] Die Belegenheit eines Grundstücks des Schuldners im Inland reicht somit nicht aus. Erforderlich ist eine nach außen hin wahrnehmbare wirtschaftliche Tätigkeit, die durch Personal erbracht wird.[198] Hat das Gericht eines anderen Mitgliedstaats der EU ein Hauptinsolvenzverfahren eröffnet, so ist, solange dieses Insolvenzverfahren anhängig ist, ein bei einem inländischen Insolvenzgericht gestellter Antrag 58

194 BGH, ZInsO 2012, 1491 Rn. 9 f.
195 BGH, ZIP 2012, 139 Rn. 9 ff., 15; ZInsO 2012, 1491 Rn. 9 f.
196 BGH, ZInsO 2011, 231 Rn. 4.
197 BGH, ZInsO 2012, 699 Rn. 6 ff.
198 BGH, ZInsO 2012, 1491 Rn. 6 f.

auf Eröffnung eines solchen Verfahrens über das zur Insolvenzmasse gehörende Vermögen gem. Art. 102 § 3 Abs. 1 Satz 1 EGInsO unzulässig. Ein entgegen dieser Bestimmung eröffnetes Verfahren darf nach Satz 2 der Vorschrift nicht fortgesetzt werden. Es ist gem. Art. 102 § 4 Abs. 1 Satz 1 EGInsO von Amts wegen zugunsten der Gerichte des anderen Mitgliedstaats der EU einzustellen. Nach der Bestimmung des Art. 102 § 4 Abs. 2 Satz 1 EGInsO bleiben **Wirkungen des Insolvenzverfahrens**, die vor dessen Einstellung bereits eingetreten und nicht auf die Dauer dieses Verfahrens beschränkt sind, auch dann bestehen, wenn sie Wirkungen eines in einem anderen Mitgliedstaat der EU eröffneten Insolvenzverfahrens widersprechen, die sich nach der Europäischen Insolvenzverordnung auf das Inland erstrecken. Dies gilt jedoch nicht in Fällen, in denen das zweite Insolvenzverfahren im Inland nicht irrtümlich, sondern **in Kenntnis des ersten Hauptinsolvenzverfahrens** im Ausland eröffnet worden ist. Dann können dem inländischen Verfahren keine Rechtswirkungen beigemessen werden.[199]

2. Amtsermittlung

59 Die Vorschrift des § 5 Abs. 1 Satz 1 InsO verpflichtet das Gericht, **alle Umstände zu ermitteln**, die für das Insolvenzverfahren von Bedeutung sind. Diese Ermittlungspflicht von Amts wegen setzt jedoch nur dann ein, wenn der **Verfahrensstand Anlass** für Ermittlungen bietet. Bei der Frage, wann Ermittlungen erforderlich sind, hat das Gericht einen gewissen Beurteilungsspielraum. Das Gericht ist nicht verpflichtet, ohne jeden konkreten Anhaltspunkt »ins Blaue hinein« Ermittlungen anzustellen, sondern nur dann, wenn es aufgrund gerichtsbekannter Umstände oder aufgrund der Angaben der Verfahrensbeteiligten, insbesondere des Antragstellers, hierzu veranlasst wird. Ebenso wenig muss es tätig werden, wenn der das Verfahren einleitende Insolvenzantrag schon mangels ordnungsgemäßer Darlegung eines Insolvenzgrundes nicht zulässig ist. Deswegen muss ein Antragsteller, um die Prüfung der örtlichen Zuständigkeit des angerufenen Gerichts nach § 3 InsO zu ermöglichen und somit seinen Antrag zulässig zu machen, alle die örtliche Zuständigkeit des angerufenen Gerichts begründenden Tatsachen angeben. Erst dann ermittelt das Gericht, sofern erforderlich, nach § 5 Abs. 1 Satz 1 InsO die seine Zuständigkeit begründenden Umstände von Amts wegen.[200]

3. Prüfungsprogramm

60 Das Insolvenzgericht, bei dem ein Antrag auf Eröffnung eines Insolvenzverfahrens eingeht, hat in einem ersten Prüfungsschritt der Frage nachzugehen, ob der Antrag zulässig ist. Dies ist der Fall, wenn er von einem **Antragsberechtigten** gestellt ist und die **Verfahrensvoraussetzungen** wie die **Zuständigkeit des Gerichts** und die **Insolvenzverfahrensfähigkeit** des Schuldners gegeben sind. Bei dem Antrag eines Gläubigers ist nach § 14 Abs. 1 InsO zusätzlich erforderlich, dass ein rechtliches Interesse an der Verfahrenseröffnung besteht und der Eröffnungsgrund und der Anspruch des Gläubigers glaubhaft gemacht sind. Die Begründetheit des Antrags setzt zusätzlich voraus, dass der **Eröffnungsgrund** vom Gericht festgestellt (§ 16 InsO) und eine die **Kosten des Verfahrens** deckende Masse vorhanden ist (vgl. § 26 Abs. 1 InsO). Im Rahmen des § 26 Abs. 1 Satz 1 InsO ist gem. § 35 Abs. 1 InsO ein erst nach Verfahrenseröffnung realisierbarer **Neuerwerb** zu berücksichtigen. Folgerichtig sind auch Forderungen als Vermögenswert einzustellen, die nur im **Prozessweg** und auf der Grundlage der **Gewährung von Prozesskostenhilfe** durchsetzbar sind. Danach ist ein Insolvenzverfahren zu eröffnen, wenn die Verfahrenskosten erst im Laufe des Verfahrens durch den Einzug der dem Schuldner zustehenden Forderungen bestritten werden können.[201] Bei der Beurteilung, ob das Schuldnervermögen zur Kostendeckung ausreicht, können folglich **Steuererstattungsansprüche** von Bedeutung sein.[202] Die Eröffnung des Insolvenzverfahrens setzt einen Insolvenzgrund im **Zeitpunkt der Eröffnung** (Eröffnungsstunde) voraus; dessen nachträglicher Wegfall kann nur im Verfahren des § 212 InsO geltend gemacht werden. Dies folgt daraus, dass in

199 BGHZ 177, 12, 17 ff.
200 BGH, ZInsO 2012, 143 Rn. 11 f.
201 BGH, WM 2013, 54 Rn. 12.
202 BGH, ZInsO 2010, 1224.

der Eröffnungsentscheidung nach § 27 Abs. 2 Nr. 3 InsO die Stunde der Eröffnung anzugeben ist und hierdurch jeglicher Zweifel ausgeschlossen werden soll, wann die Wirkungen der mit der Eröffnung verbundenen Eingriffe in die Rechte des Schuldners und in die Rechte Dritter eintreten.[203] Wird die einem Gläubigerantrag zugrunde liegende Forderung vor der Verfahrenseröffnung **erfüllt**, ist der Antrag abzuweisen. Dies gilt freilich nach § 14 Abs. 1 Satz 2 InsO nicht, wenn bereits in einem Zeitraum von 2 **Jahren vor Antragstellung** ein Insolvenzantrag gegen den Schuldner gestellt worden war. Insolvenzreifen Schuldnern soll damit nicht gestattet werden, wiederholt Insolvenzanträge durch Erfüllung abzuwenden. Bezogen auf diesen Zeitpunkt ist daher gem. § 17 InsO auch die Zahlungsunfähigkeit oder Überschuldung (§ 19 InsO) des Schuldners festzustellen. Über die Eröffnung eines Insolvenzverfahrens über das Vermögen eines Schuldners kann, wenn **mehrere Anträge** gestellt werden, nur einheitlich entschieden werden. Mehrere gleichzeitig anhängige Insolvenzanträge sind deshalb spätestens mit der Verfahrenseröffnung miteinander zu verbinden.[204] Dem zuständigen Registergericht wird der Eröffnungsbeschluss mitgeteilt (§ 31 Nr. 1 InsO); er wird sodann in das **Handelsregister** eingetragen (§ 32 HGB). Wird die Eröffnung des Verfahrens mangels einer kostendeckenden Masse abgelehnt, erfolgt ebenfalls eine Mitteilung an das Registergericht (§ 31 Nr. 2 InsO). In beiden Fällen wird die GmbH kraft Gesetzes aufgelöst (§ 60 Abs. 1 Nr. 4, 5). Im Beschwerdeverfahren gegen die Abweisung der Verfahrenseröffnung mangels Masse ist die **nach Erlass** des Ablehnungsbeschlusses erfolgte Befriedigung der Forderung des den Insolvenzantrag stellenden Gläubigers nicht zu berücksichtigen.[205]

4. Beschwerde

a) Staathaftigkeit

Gemäß § 6 Abs. 1 InsO unterliegen Entscheidungen des Insolvenzgerichts nur in den Fällen einem Rechtsmittel, in denen die Insolvenzordnung die sofortige Beschwerde vorsieht. Für die Entscheidung über den Insolvenzantrag lediglich **vorbereitende richterliche Anordnungen** sieht die Insolvenzordnung kein Rechtsmittel vor; sie sind im Allgemeinen nicht beschwerdefähig. Eine sofortige Beschwerde kann analog § 21 Abs. 1 Satz 2 InsO statthaft sein, wenn das Insolvenzgericht im Eröffnungsverfahren eine Maßnahme anordnet, die von vornherein **außerhalb seiner gesetzlichen Befugnisse** liegt und in den **grundrechtlich geschützten Bereich** des Schuldners eingreift. Gegen die Anordnung des Insolvenzgerichts, ein **Sachverständigengutachten** darüber zu erheben, in welchem Staat sich der Mittelpunkt der hauptsächlichen Interessen des Schuldners befindet, ist danach die sofortige Beschwere nicht statthaft.[206] Die Entscheidung des Insolvenzgerichts, den Schuldner im Eröffnungsverfahren nach **Antrag auf Anordnung der Eigenverwaltung** nicht zur Begründung von Masseverbindlichkeiten zu ermächtigen, kann nicht mit der sofortigen Beschwerde angefochten werden. Die Vorschriften der §§ 270a, 270b InsO sehen insgesamt keine Rechtsmittel gegen die im Rahmen des Eröffnungs- oder des Schutzschirmverfahrens getroffenen Entscheidungen des Insolvenzgerichts vor.[207] 61

b) Beschwer

Gegen die Ablehnung seines Eröffnungsantrags kann der Gläubiger **Beschwerde** bzw. **Rechtsbeschwerde** einlegen (§ 34 Abs. 1, §§ 6, 7 InsO, 569, 574 ZPO). Wird das Insolvenzverfahren auf Antrag eines Gläubigers eröffnet, kann der Schuldner dieser Entscheidung unter Berufung auf einen fehlenden Insolvenzgrund wie auch eine fehlende Kostendeckung mit der Beschwerde entgegentreten.[208] Wird das Insolvenzverfahren auf **Antrag des Schuldners** eröffnet, steht ihm gegen 62

203 BGHZ 169, 17, 20 ff.
204 BGH, ZInsO 2012, 504 Rn. 6.
205 BGH, WM 2011, 135 Rn. 3.
206 BGH, ZIP 2012, 1615 Rn. 6 ff.
207 BGH, ZInsO 2013, 460 Rn. 6 ff.
208 BGH, NZI 2004, 625.

diese Entscheidung grds. kein Beschwerderecht zu. Diese rechtliche Würdigung beruht auf der Erwägung, dass der Schuldner durch die seinem Antrag entsprechende Verfahrenseröffnung **keine formelle Beschwer** als Zulässigkeitsvoraussetzung für die Einlegung eines Rechtsmittels erleidet. Daran anknüpfend ist einem Schuldner, der die auf seinem Antrag beruhende Verfahrenseröffnung unter dem Gesichtspunkt einer die **Kosten des Verfahrens nicht deckenden Masse** (§ 26 InsO) beanstandet, die Beschwer abzusprechen. Der Zweck einer rechtzeitigen Antragstellung darf nicht durch die den Organen an die Hand gegebene faktische Befugnis, den Antrag auf Eröffnung des Insolvenzverfahrens hinauszuzögern und die Verfahrenseröffnung durch den Hinweis auf die Masselosigkeit der Gesellschaft letztlich zu verhindern, angetastet werden. Anderenfalls bestünde die naheliegende Gefahr, dass Gesellschaftsorgane die Schuldnerin vor Antragstellung ausplündern, um danach mithilfe eines Eigenantrags die Eröffnung des Insolvenzverfahrens und die Verwirklichung etwaiger Haftungsansprüche zu vereiteln.[209] Eine **Beschwerde des Schuldners** gegen die Eröffnung des Insolvenzverfahrens ist mangels einer formellen Beschwer auch dann unzulässig, wenn neben dem Schuldner ein **Gläubiger** einen Insolvenzantrag gestellt hat. Ein bloßer Sinneswandel des Schuldners nach Antragstellung, der nicht zur Rücknahme des Insolvenzantrags vor der Verfahrenseröffnung geführt hat, begründet keine Beschwer.[210] Wird das Insolvenzverfahren eröffnet, so steht nach § 34 Abs. 2 InsO nur dem **Schuldner** die sofortige Beschwerde zu. Bei juristischen Personen ist dies die juristische Person selbst, nicht jedoch der **einzelne Gesellschafter** oder das einzelne Mitglied. Auch der **gesetzliche Vertreter** ist nicht kraft eigenen Rechts zur Beschwerde befugt.[211] Wird das auf **Antrag des Schuldners** eröffnete Verbraucherinsolvenzverfahren in ein Regelinsolvenzverfahren übergeleitet, hat der **Schuldner** hiergegen das Rechtsmittel der sofortigen Beschwerde.[212] Wird das Verfahren auf **Eigenantrag des Schuldners** als Verbraucherinsolvenz eröffnet, steht hiergegen einem **Gläubiger** ein Beschwerderecht auch nicht mit dem Ziel zu, das Verfahren als Regelinsolvenzverfahren fortzuführen.[213]

c) Erledigungserklärung

63 Der Antragsteller kann die Hauptsache nur so lange für erledigt erklären, wie das Gericht den **Eröffnungsbeschluss noch nicht erlassen** hat. Dies folgt auch aus § 13 Abs. 2 InsO, wonach ein Eröffnungsantrag nur bis zur Eröffnung zurückgenommen werden kann. Der Begriff »Eröffnung« bezeichnet hier den Eröffnungsbeschluss als solchen, nicht den rechtskräftigen Eröffnungsbeschluss. Die der Vorschrift des § 13 Abs. 2 InsO zugrunde liegende Überlegung, die Wirkungen der Eröffnung dürften durch eine Antragsrücknahme nicht mehr in Zweifel gezogen werden, gilt für die Erledigungserklärung in gleicher Weise.[214] Die Insolvenzordnung sieht nicht vor, dass dem Schuldner vor der Eröffnung des Insolvenzverfahrens Gelegenheit gegeben werden muss, die dem Antrag zugrunde liegende Forderung zu begleichen.[215] Wird ein Insolvenzantrag wegen nachträglicher Erfüllung der Forderung des Antragstellers abgelehnt, hat der Schuldner unabhängig von einem Erledigungsantrag die Kosten zu tragen (§ 14 Abs. 3 InsO).

d) Maßgeblicher Sachverhalt

64 Im Fall einer Beschwerde gegen einen **Eröffnungsbeschluss** kommt es auf die tatsächlichen Verhältnisse im **Zeitpunkt der Entscheidung des Insolvenzgerichts** an. War im Zeitpunkt der Eröffnungsstunde ein Insolvenzgrund gegeben, bleibt eine dagegen eingelegte sofortige Beschwerde ohne Erfolg, wenn der Insolvenzgrund bis zur Entscheidung des Beschwerdegerichts entfallen ist. Wurde hingegen ein Antrag auf Eröffnung des Insolvenzverfahrens **abgewiesen**, bleibt es bei dem

209 BGH, ZInsO 2007, 663, 664 Rn. 3 = NZI 2008, 557.
210 BGH, ZInsO 2012, 504 Rn. 4.
211 BGH, Beschl. v. 19.2.2009 – IX ZB 198/07 Rn. 3, juris.
212 BGH, WM 2013, 1036 Rn. 7 ff.
213 BGH, WM 2013, 1036 Rn. 15.
214 BGH, Beschl. v. 26.6.2008 – IX ZB 238/07, Rn. 5, juris.
215 BGH, ZInsO 2012, 593 Rn. 7.

allgemeinen Grundsatz, dass die Sach- und Rechtslage im Zeitpunkt der Entscheidung des Beschwerdegerichts maßgebend ist. Liegen die Eröffnungsvoraussetzungen in diesem Zeitpunkt – sei es auch erstmals – vor, ist das Insolvenzverfahren zu eröffnen.[216] Sind die Eröffnungsvoraussetzungen im Zeitpunkt der Eröffnungsentscheidung gegeben, kann diese nicht durch den nachträglichen Ausgleich der Forderung des Gläubigers zu Fall gebracht werden.[217]

e) Wirksamkeit eines Eröffnungsbeschlusses

Es entspricht allgemeiner Auffassung, dass die Rechtskraft des Beschlusses über die Eröffnung des Insolvenzverfahrens für sämtliche Beteiligten bindende Wirkung hat und auch dann hinzunehmen ist, wenn er verfahrensfehlerhaft ergangen ist, sofern nicht ausnahmsweise ein Mangel vorliegt, der zur Nichtigkeit des Eröffnungsbeschlusses führt.[218] Die Nichtigkeit folgt nicht daraus, dass gegen einen Verbraucher ein Regelinsolvenzverfahren eröffnet wurde.[219] Nichtig ist hingegen ein nach Abwicklung einer Gesellschaft gegen eine nicht existierende Person ergangener Eröffnungsbeschluss.[220] Ebenso verhält es sich, wenn der Eröffnungsbeschluss nicht von dem Richter unterschrieben wurde,[221] 65

III. Befugnisse im eröffneten Verfahren

1. Zweck des Insolvenzverfahrens

Von der durch die Insolvenzeröffnung bedingten Auflösung der GmbH (§ 60 Abs. 1 Nr. 4) ist ihre **Vollbeendigung** zu unterscheiden, die erst nach der Abwicklung eintritt. Auch die Firma der GmbH wird durch die Eröffnung nicht berührt. Den Insolvenzverwalter trifft nicht die Obliegenheit, die GmbH als juristische Person zu liquidieren. Vielmehr hat der Verwalter vorrangig die Interessen der Gläubiger zu wahren. Auch die InsO geht von dieser Sicht aus. Gem. § 1 InsO dient das Insolvenzverfahren in erster Linie dazu, die Gläubiger eines Schuldners gemeinschaftlich zu befriedigen. Der in § 1 Abs. 2 Satz 1 des RegE zur InsO vorgesehene weitere Zweck, für die **Abwicklung** juristischer Personen und Gesellschaften ohne Rechtspersönlichkeiten zu sorgen, ist nicht Gesetz geworden. Unabhängig davon, welche Rückschlüsse im Einzelnen aus der Gesetzgebungsgeschichte zu ziehen sind, wäre eine Abwicklung der juristischen Person jedenfalls dem als »wesentlich« hervorgehobenen gesetzlichen Hauptzweck des Gesamtvollstreckungs- oder Insolvenzverfahrens untergeordnet: Würde sie die Gläubigerbefriedigung verkürzen, hat diese uneingeschränkt Vorrang.[222] 66

2. Insolvenzmasse

a) Vorhandenes Vermögen nebst Neuerwerb

Die Insolvenzmasse erfasst nach § 35 InsO das gesamte Gesellschaftsvermögen einschließlich der Firma und eines nach Eröffnung liegenden Neuerwerbs.[223] Die Insolvenzmasse bildet bei einer Gesellschaft das gesamte Sachvermögen im Sinne der Mobiliar- und Immobiliargegenstände einschließlich der Beteiligungen an anderen Unternehmen. Hinzu kommen Forderungen der Gesellschaft aus Lieferungen und Leistungen, Forderungen der Gesellschaft gegen Gesellschafter aus dem Gesellschaftsverhältnis (§§ 5, 7, 9, 19 GmbHG), Ansprüche gegen die Geschäftsführer (§ 43 Abs. 2, § 64 GmbHG), gesetzliche Ansprüche sowie verwertbare Immaterialgüterrechte.[224] Pfändbar und massezugehörig sind Patentrechte (§ 15 Abs. 1 Satz 2 PatG), Geschmacks- und 67

216 BGH, NZI 2008, 391 Rn. 6.
217 BGH, ZInsO 2012, 504 Rn. 14.
218 BGH, ZInsO 2014, 37 Rn. 12.
219 BGH, WM 2011, 946 Rn. 8.
220 BGH, ZInsO 2008, 973 Rn. 13; ZInsO 2014, 37 Rn. 12.
221 BGH, ZInsO 2014, 37 Rn. 12.
222 BGHZ 148, 252, 258 f.; 163, 32, 35 f.
223 BGHZ 85, 221.
224 *Schmidt*, in: Schmidt/Uhlenbruck, Die GmbH in Krise, Sanierung und Insolvenz, 5. Aufl., Rn. 7.11.

Gebrauchsmusterrechte (§ 30 Abs. 1 Nr. 2 GeschmMG, § 22 Abs. 1 Satz 2 GebrMG) sowie Marken (§ 29 Abs. 3 MarkenG).[225] Ausschließliche Lizenzen fallen im Unterschied zu einfachen Lizenzen in die Masse.[226] Ein Geheimverfahren gehört, gleichgültig, ob ihm eine patentfähige Erfindung zugrunde liegt oder nicht, dann zum Geschäftsvermögen des Erfinders, wenn dieser durch gewerbliche Ausnutzung des Verfahrens seinen Willen kundgetan hat, es wirtschaftlich zu verwerten.[227] Zur Insolvenzmasse gehört auch das Handelsgeschäft des Schuldners. Mit dem Geschäft fällt alles in die Insolvenzmasse, was dem Geschäftsbetrieb dient: Nicht nur die pfändbaren Gegenstände, sondern auch die nicht der Pfändung unterliegenden, dem Unternehmen zugehörigen vermögenswerten Gegenstände, Beziehungen und Verhältnisse. Dazu zählt auch der Firmenname des Unternehmens.[228] Das Unternehmen der Gesellschaft ist von dem Verwalter bis zur Entscheidung der Gläubigerversammlung (§§ 157, 159 InsO, die nicht durch eine eigenmächtige Betriebseinstellung präkludiert werden darf, fortzuführen.[229] Eine vorzeitige Stilllegung des Betriebs ist gemäß § 158 InsO nur mit Zustimmung des vorläufigen Gläubigerausschusses zulässig.[230] Einer GmbH können in der Insolvenz mangels der Möglichkeit eines Vollstreckungsschutzes keine pfändungsfreie Gegenstände (§ 36) verbleiben.[231] Mangels einer Haftung der Gesellschafter (§ 13 Abs. 2) hat der Insolvenzverwalter auf deren Vermögen keinen Zugriff. In Konstellationen der Durchgriffshaftung kann zwar der Verwalter nach § 93 InsO die Forderungen der Gläubiger im Interesse der Masse unmittelbar gegen die Gesellschafter klageweise durchsetzen; ein unmittelbarer Zugriff auf das Gesellschaftervermögen ist ihm auch in diesen Fällen verwehrt.[232]

b) Vertragsangebot

68 Ein Vertragsangebot verschafft dem Empfänger eine rechtlich geschützte Position. Gemäß § 145 BGB ist der Antragende an den Antrag gebunden, wenn er die Bindung nicht ausgeschlossen hat. Gemäß § 146 BGB erlischt der Antrag erst, wenn er abgelehnt oder nicht nach den §§ 147 bis 149 BGB rechtzeitig angenommen wird. Zur Masse gehört die Rechtsposition des Angebotsempfängers nach den allgemeinen Regeln (§§ 35, 36 InsO) dann, wenn sie abtretbar (§§ 398 ff. BGB) und damit pfändbar (§§ 851, 857 ZPO) ist. Ob dies der Fall ist, lässt sich nicht generell, sondern nur für den jeweiligen Einzelfall durch Auslegung der Parteierklärungen entscheiden. Sehr oft wird ein Vertragsangebot, das sich an einen bestimmten Angebotsempfänger richtet, ausschließlich für diesen bestimmt sein. Eine Abtretung kommt dann nicht in Betracht. Dem Anbieter kann nicht ohne oder sogar gegen seinen Willen ein anderer als der gewollte Vertragspartner aufgedrängt werden. Es gibt jedoch Ausnahmen. Das aus der Gebundenheit des Antragenden folgende Recht des Angebotsempfängers kann jedenfalls dann abgetreten werden, wenn letzterem die entsprechende Befugnis vertraglich eingeräumt worden ist. Hat der Antragende sich ausdrücklich oder den Umständen nach damit einverstanden erklärt, dass der Angebotsempfänger den Antrag an einen beliebigen Dritten weiterleiten kann, wird ihm dieser Dritte nicht ohne oder gegen seinen Willen aufgedrängt.[233] Die Antragenden waren von vornherein mit einem anderen Vertragspartner als dem Schuldner einverstanden. Die Rechtsposition, welche der Schuldner nach Zugang der Angebote innehatte, war abtretbar, damit pfändbar und fiel als Neuerwerb in die Insolvenzmasse. Gemäß § 80 Abs. 1 InsO war es Sache des Verwalters, über die Annahme oder Ablehnung des Angebots zu entscheiden.[234]

---

225 Vgl. *Ahrens*, in: Ahrens/Gehrlein/Ringstmeier, § 35 Rn. 112 ff.
226 Vgl. *Ahrens*, in: Ahrens/Gehrlein/Ringstmeier, § 35 Rn 116.
227 BGH, Urt. v. 25.1.1955 – I ZR 15/53, BGHZ 16, 172, 175.
228 BGH, Urt. v. 27.9.1982 – II ZR 51/82, BGHZ 85, 221, 222 f.
229 *Baumbach/Hueck/Haas*, § 60 Rn. 42.
230 *Jaeger/Henckel*, InsO, § 35 Rn. 11; *Baumbach/Hueck/Haas*, § 60 Rn. 42.
231 *Jaeger/Müller*, InsO, § 35 Rn. 145.
232 BGHZ 165, 85, 89 ff.
233 BGH, Urt. v. 26.2.2015 – IX ZR 174/13, WM 2015, 620 Rn. 17 ff.
234 BGH, Urt. v. 26.2.2015 – IX ZR 174/13, WM 2015, 620 Rn. 20.

Der Verwalter ist auch im Insolvenzverfahren über das Vermögen einer Gesellschaft befugt, einen Massegegenstand freizugeben. Ein rechtlich schutzwürdiges Bedürfnis, dem Verwalter die Möglichkeit der **Freigabe** einzuräumen, besteht regelmäßig dort, wo zur Masse Gegenstände gehören, die wertlos sind oder Kosten verursachen, welche den zu erwartenden Veräußerungserlös möglicherweise übersteigen. Dies hat insb. bei **wertausschöpfend belasteten** oder **erheblich kontaminierten Grundstücken** große praktische Bedeutung. Es wäre mit dem Zweck der Gläubigerbefriedigung nicht zu vereinbaren, wenn der Insolvenzverwalter in solchen Fällen gezwungen wäre, Gegenstände, die nur noch geeignet sind, das Schuldnervermögen zu schmälern, allein deshalb in der Masse zu behalten, um eine Vollbeendigung der Gesellschaft zu bewirken. Das berechtigte Interesse der Gläubiger, aus der Masse eine Befriedigung ihrer Ansprüche zu erhalten und deshalb möglichst die Entstehung von Verbindlichkeiten zu vermeiden, die das zur Verteilung zur Verfügung stehende Vermögen schmälern, hat i.R.d. insolvenzrechtlichen Abwicklung unbedingten Vorrang. Erklärt der Verwalter die Freigabe eines vom Schuldner rechtshängig gemachten Anspruchs, wird dadurch der Insolvenzbeschlag aufgehoben mit der Folge, dass die **Unterbrechung des Verfahrens endet.**[235] Die Erklärung des Insolvenzverwalters, den Rechtsstreit nicht aufzunehmen (§ 85 Abs. 2 InsO), ist bei Berücksichtigung der gesetzlichen Auslegungsregeln der §§ 133, 157 BGB dahingehend aufzufassen, dass er den Rechtsstreit den Schuldner freigebe, ihm also dessen Fortsetzung überlasse. Damit hat der Schuldner die Prozessführungsgewalt, die er durch die Eröffnung des Insolvenzverfahrens verlor, wiedergewonnen. Er kann daher den Rechtsstreit von sich aus aufnehmen.[236] Die Ablehnung der Aufnahme des Prozesses ist danach notwendigerweise mit der Freigabe des streitgegenständlichen Massevermögens verbunden; denn der Schuldner erhält die gesetzliche Prozessführungsbefugnis nur zurück, sofern der Streitgegenstand wieder zum massefreien Vermögen gehört.[237] 69

3. Grundsätze ordnungsgemäßer Verwaltung

Die Pflicht zur ordnungsgemäßen Bewahrung und Verwaltung der Insolvenzmasse ist vielfach nicht schon dann erfüllt, wenn es dem Verwalter gelingt, den Bestand der Masse zu erhalten. Der Insolvenzverwalter kann gehalten sein, bis zur endgültigen Verteilung der Masse nicht benötigte Gelder nicht nur zu sichern, sondern auch zinsgünstig anzulegen Dies gilt schon deshalb, weil nicht benötigte Gelder Zinsen tragen könnten. Zur Masseverwaltungspflicht gehört danach auch ein allgemeines Wertmehrungsgebot. Das gilt auch und gerade im Rahmen einer Betriebsfortführung, wenn auch unter Berücksichtigung der besonderen Bedingungen eines Insolvenzverfahrens, der Orientierung allen Handelns des Insolvenzverwalters am Insolvenzzweck der bestmöglichen gemeinschaftlichen Gläubigerbefriedigung (§ 1 InsO) und der maßgeblichen Entscheidungen der Insolvenzgläubiger (§§ 157, 158 InsO) über die Zukunft des schuldnerischen Unternehmens.[238] Wird dem Verwalter einer insolventen Immobiliengesellschaft eine Eigentumswohnung zu einem überaus günstigen Preis angeboten, handelt es sich um ein Geschäft, welches die Masse ohne sonderlichen Aufwand und ohne großes Risiko erheblich vermehrt hätte. Darum ist die Entscheidung des Verwalters, die Wohnung nicht für die Masse zu erwerben, mit einer ordentlichen und gewissenhaften Insolvenzverwaltung nicht zu vereinbaren.[239] 70

Der Insolvenzverwalter ist für die Anmeldung solcher Angelegenheiten befugt und gegebenenfalls auch verpflichtet, die im Zusammenhang mit der Ausübung seiner Rechte zur Verwaltung und Verwertung der Insolvenzmasse eintreten, etwa die Anmeldung einer Firmenänderung bei einer Veräußerung der bisherigen Firma, das Ausscheiden eines Kommanditisten oder das Ausscheiden eines Gesellschafters bei einer in Insolvenz befindlichen OHG.[240] Der Insolvenzverwalter hat der 71

---

235 BGHZ 163, 32, 34 ff.; BVerwG, ZInsO 2004, 1206, 1208 f.
236 BGH, Urt. v. 21.10.1965 – Ia ZR 144/63, NJW 1966, 51.
237 BGH, Urt. v. 21.4.2005 – IX ZR 281/03, BGHZ 163, 32, 36.
238 BGH, Urt. v. 16.3.2017 – IX ZR 253/15, ZInsO 2017, 827 Rn. 13.
239 BGH, Urt. v. 16.3.2017 – IX ZR 253/15, ZInsO 2017, 827 Rn. 15.
240 OLG Köln, ZInsO 2001, 717, 718.

Rechnungslegungspflicht nach § 41 GmbHG zu genügen, den testierten Jahresabschluss zum Handelsregister einzureichen und die steuerlichen Angelegenheiten der Gesellschaft auch für den Zeitraum vor Verfahrenseröffnung umfassend zu erledigen. Die Arbeitgeberpflichten treffen den Insolvenzverwalter auch im Blick auf die Abführung von Sozialversicherungsbeiträgen.[241]

4. Befugnisse des Verwalters

a) Verfügungen

72 Das Recht, über das zur Insolvenzmasse gehörende Vermögen des Schuldners zu verfügen, geht auf den Insolvenzverwalter über (§ 80 Abs. 1 InsO). Dessen Verfügungsbefugnis ist prinzipiell unbeschränkt. Der Verwalter ist zwar verpflichtet, von seiner Verfügungsbefugnis nur nach den Bestimmungen der Insolvenzordnung Gebrauch zu machen. Unwirksam ist eine Verfügung des Verwalters aber regelmäßig nur, wenn sie dem Insolvenzzweck der gleichmäßigen Gläubigerbefriedigung (§ 1 Satz 1 InsO) klar und eindeutig zuwiderläuft.[242] Wirksam sind dagegen Verfügungen des Insolvenzverwalters, die nur unzweckmäßig oder sogar unrichtig sind.[243] Durch einen nicht novierenden Vergleich über eine Insolvenzforderung wird die betroffene Forderung modifiziert, verstärkt, unstreitig gestellt und als solche neu begründet, ohne dass ihre Qualität als Insolvenzforderung dadurch jedoch eine Änderung erfährt.[244] Insolvenzzweckwidrig ist die weitergehende Vereinbarung des Insolvenzverwalters mit einem Insolvenzgläubiger, dessen Forderung zu einer Masseforderung aufzuwerten, wenn der Masse daraus kein Vorteil erwächst. Eine solche Abrede widerspricht der vom Gesetz gewollten grundsätzlichen Gleichbehandlung aller Gläubiger[245] Verfügungen des Schuldners nach Verfahrenseröffnung oder nach Erlass eines vorläufigen Verfügungsverbots sind – abgesehen von Fällen eines grundbuchmäßigen Gutglaubensschutzes – gemäß § 81 Abs. 1 Satz 1 InsO schlechthin unwirksam.[246]

b) Einzug von Forderungen

73 Der Insolvenzverwalter hat die dem Schuldner zustehenden Forderungen einzuziehen. Die Bestimmung des § 82 InsO schützt den Leistenden in seinem Vertrauen auf die Empfangszuständigkeit seines Gläubigers, wenn ihm die Eröffnung des Insolvenzverfahrens über dessen Vermögen solange unbekannt geblieben ist, wie er den Leistungserfolg noch zu verhindern vermag. Der Schutz des § 82 InsO beschränkt sich allerdings auf den guten Glauben des Leistenden in den Fortbestand der zum Zeitpunkt des Entstehens der Verbindlichkeit noch gegebenen, durch die Eröffnung des Insolvenzverfahrens oder den Erlass eines vorläufigen Verfügungsverbots nachträglich entfallenden Empfangszuständigkeit des Schuldners. Die Vorschrift greift hingegen nicht zugunsten des Leistenden ein, wenn durch eine von dem Schuldner nach Eröffnung des Insolvenzverfahrens oder nach Erlass eines vorläufigen Verfügungsverbots getroffene Verfügung – gleich ob im Wege einer Forderungsabtretung (§§ 398 ff. BGB) oder einer Einziehungsermächtigung (§ 362 Abs. 2, § 185 Abs. 1) – die Einziehungsbefugnis eines Dritten begründet werden soll. Verfügungen des Schuldners nach Verfahrenseröffnung oder nach Erlass eines vorläufigen Verfügungsverbots sind – abgesehen von Fällen eines grundbuchmäßigen Gutglaubensschutzes – gemäß § 81 Abs. 1 Satz 1 InsO schlechthin unwirksam. Beruht das Einziehungsrecht eines Dritten auf einer solchen Verfügung, ist die Regelung des § 81 Abs. 1 Satz 1 InsO mit der dort enthaltenen Nichtigkeitsfolge gegenüber § 82 InsO vorrangig.[247]

241 *Baumbach/Hueck/Haas*, § 60 Rn. 48.
242 BGH, Urt. v. 8.5.2014 – IX ZR 118/12, BGHZ 201, 121 Rn. 13.
243 BGH, Urt. v. 20.3.2014 – IX ZR 80/13, ZInsO 2014, 1009 Rn. 14.
244 BGH, Urt. v. 10.3.1994 – IX ZR 98/93, ZIP 1994, 720, 722.
245 BGH, Urt. v. 28.2.1985 – IX ZR 157/84, ZIP 1985, 553, 554.
246 BGH, Beschl. v. 12.7.2012 – IX ZR 210/11, ZInsO 2012, 1417 Rn. 6.
247 BGH, Beschl. v. 12.7.2012 – IX ZR 210/11, ZInsO 2012, 1417 Rn. 6.

Ermächtigt der noch uneingeschränkt verfügungsbefugte Schuldner einen anderen zum Empfang einer Leistung (§ 362 Abs. 2, § 185 Abs. 1 BGB), wird ein Drittschuldner im Falle einer nach Verfahrenseröffnung an den Ermächtigten bewirkten Leistung gemäß § 82 Satz 1 InsO von seiner Schuld befreit, wenn er keine Kenntnis von der Verfahrenseröffnung hatte. Erteilt der Schuldner die Ermächtigung hingegen erst nach Verfahrenseröffnung oder nach Erlass eines Verfügungsverbots (§ 81 Abs. 1 Satz 1, § 24 Abs. 1, § 21 Abs. 2 Satz 1 Nr. 2 InsO), ist die Ermächtigung als Verfügung unwirksam. Dann kommt einer Leistung auch des gutgläubigen Drittschuldners an den vermeintlich Ermächtigten keine schuldbefreiende Wirkung zu.[248] 74

c) Einzug im Gesellschaftsverhältnis wurzelnder Forderungen gegen Gesellschafter

Nach Insolvenzeröffnung offenbart sich dem Verwalter nicht selten, dass gegen die Gesellschafter Forderungen aus dem Gesellschaftsverhältnis bestehen. Dabei kann es sich insbesondere um offene Einlageforderungen oder Schadensersatzansprüche aus der Gründung oder Geschäftsführung handeln. Die Geltendmachung dieser Forderungen weist § 46 Nr. 2, 8 der Bestimmung des Gesellschafterversammlung zu. Es liegt auf der Hand, dass Gesellschafter nach Verfahrenseröffnung im Eigeninteresse vielfach wenig geneigt sind, den Weg zur Geltendmachung dieser Ansprüche zu ebnen. Aus dieser Erwägung ist nach Verfahrenseröffnung ein Gesellschafterbeschluss zur Geltendmachung dieser Forderungen entbehrlich. 75

Die statutarisch verbindliche Resteinlageschuld des Gesellschafters gegenüber der insolventen GmbH wird mit Eröffnung des Insolvenzverfahrens aufgrund der Anforderung durch den Insolvenzverwalter fällig. Zwar entscheidet die Gesellschafterversammlung grundsätzlich nach § 46 Nr. 2 GmbHG über die Einforderung von Geldeinlagen. Dies gilt nicht nur für die Stammeinlage selbst, sondern auch für ein darüber hinaus zu leistendes Aufgeld. Mit der Eröffnung des Insolvenzverfahrens entfällt jedoch für den Insolvenzverwalter bei der Einforderung ausstehender Einlageforderungen die Notwendigkeit der Einholung eines Gesellschafterbeschlusses gemäß § 46 Nr. 2 GmbHG. Denn mit der Verfahrenseröffnung geht das Recht, die zur Insolvenzmasse der GmbH im Sinne des § 35 InsO zählende Forderung geltend zu machen, auf den Insolvenzverwalter über. Mit dem Wegfall der bisherigen Rechtszuständigkeit entfällt auch die Kompetenz der Gesellschafterversammlung. Sobald die Liquidität für die Gläubigerbefriedigung im Rahmen des Insolvenzverfahrens zur Verfügung stehen muss, ist der Zufluss des Eigenkapitals nicht mehr Gegenstand des unternehmerischen Ermessens. Dementsprechend ist der Insolvenzverwalter an gesetzliche oder satzungsrechtliche Einschränkungen, die Art oder Zeitpunkt der Geltendmachung der Ansprüche betreffen und ihre Durchsetzung erschweren, nicht gebunden. 76

Diese Grundsätze sind im Stadium des eröffneten Insolvenzverfahrens auf das Agio in der Ausgestaltung als statutarische Nebenleistungspflicht auch dann übertragbar, wenn das Agio zumindest im Grundsatz nicht in erster Linie dem alleinigen Gläubigerschutz dient, sondern im Interesse der Gesellschaft liegt. Denn das Agio verliert seine primäre Funktion als in die freie Kapitalrücklage einstellbares, nicht gebundenes Eigenkapital jedenfalls dann, wenn die Gesellschaft in die Insolvenz geraten ist. Dementsprechend entfällt in dieser Situation auch hinsichtlich des Agio die Notwendigkeit eines Einforderungsbeschlusses der Gesellschafterversammlung aufgrund des § 46 Nr. 2 GmbHG oder einer entsprechenden statutarischen Vereinbarung.[249] 77

d) Einzug von Schadensersatzansprüchen gegen Geschäftsführer

Grundsätzlich bedarf es gemäß § 46 Nr. 8 GmbHG ebenfalls eines Beschlusses der Gesellschafterversammlung, wenn die Gesellschaft Ansprüche – auch deliktische Ansprüche – gegen ihren Geschäftsführer geltend machen will. Auch diese Regelung gilt nicht mehr in der Insolvenz der Gesellschaft. 78

248 BGH, Beschl. v. 12.7.2012 – IX ZR 210/11, ZInsO 2012, 1417 Rn. 7.

249 BGH, Urt. v. 15.10.2007 – II ZR 216/06, ZInsO 2008, 42 Rn. 16 ff.; anders wohl *Ulmer/Casper*, GmbHG, 2. Aufl., § 64 Rn. 76.

79 Die Vorschrift macht die Verfolgung derartiger Ansprüche – abgesehen von etwaigen Opportunitätsgründen, die hier keine Rolle spielen – deshalb von einem Beschluss der Gesellschafter abhängig, weil dem obersten Gesellschaftsorgan vorbehalten und nicht dem Entschluss der Geschäftsführer überlassen werden soll, ob ein Geschäftsführer wegen Pflichtverletzung belangt und die damit verbundene Offenlegung innerer Gesellschaftsverhältnisse trotz der für Ansehen und Kredit der Gesellschaft möglicherweise abträglichen Wirkung in Kauf genommen werden soll. Da diese Gesichtspunkte auch zutreffen, wenn sich der Geschäftsführer nicht mehr im Amt befindet, ist § 46 Nr. 8 GmbHG auf die Geltendmachung von Ersatzansprüchen gegen einen ausgeschiedenen Geschäftsführer gleichfalls anwendbar.

80 Ein Gesellschafterbeschluss ist materielles Erfordernis für die Geltendmachung der Forderung, so dass eine ohne Beschluss der Gesellschafter erhobene Klage wegen Fehlens einer materiellen Anspruchsvoraussetzung als unbegründet abzuweisen ist.[250] Durch § 46 Nr. 8 GmbHG soll unter anderem verhindert werden, dass die mit der Inanspruchnahme des Geschäftsführers wegen Pflichtverletzung verbundene Offenlegung innerer Gesellschaftsverhältnisse trotz der für Ansehen und Kredit der Gesellschaft möglicherweise abträglichen Wirkung ohne Einschaltung des obersten Gesellschaftsorgans geschieht. Zum Schutz der Gesellschaft im Geschäftsverkehr kann über ein Vorgehen gegen den Geschäftsführer nur die Gesellschafterversammlung entscheiden.

81 Anders verhält es sich jedoch im Insolvenzverfahren der Gesellschaft. Im Insolvenzverfahren verdienen die Interessen der Gesellschaftsgläubiger an einer Vermehrung der Masse den Vorrang, während ein Schutzbedürfnis der in der Regel nur abzuwickelnden Gesellschaft nicht mehr gegeben ist. Für eine Entschließung der Gesellschafter besteht daher keine Notwendigkeit mehr.[251]

e) Behandlung gegenseitiger Verträge

82 Es obliegt dem Insolvenzverwalter, die Wahlrechte nach §§ 103 ff. InsO auszuüben. Daraus folgt im Gegenschluss, dass der Geschäftsführer nicht befugt ist, über die Durchführung von Verträgen zu befinden, die von beiden Seiten nicht vollständig erfüllt sind. Kein Wahlrecht ist eröffnet, sofern ein Vertrag vor Verfahrenseröffnung vollständig erfüllt ist. Im Falle eines Lizenzkaufs ist der Lizenzvertrag im Sinne von § 103 InsO in der Regel beiderseits vollständig erfüllt, wenn die gegenseitigen Hauptleistungspflichten ausgetauscht sind, also der Lizenzgeber die Lizenz erteilt und der Lizenznehmer den Kaufpreis gezahlt hat. Anders verhält es sich, wenn die Lizenz mangels Vereinbarung der Zahlung eines Entgelts nicht aufgrund eines typischen Kaufvertrags erteilt wird. Vielmehr handelt es sich um einen Austauschvertrag eigener Art, wenn sich Konzerngesellschaften der Schuldnerin im Interesse eines gemeinsamen Markenauftritts zur Nutzung der Marke Ecosoil und die Schuldnerin im Gegenzug zur unentgeltlichen Einräumung eines entsprechenden Nutzungsrechts für die Dauer des Bestehens des Ecosoil-Konzerns verpflichten. Dieser gegenseitige Vertrag wurde allerdings vor Eröffnung des Insolvenzverfahrens beiderseits vollständig erfüllt. Die Schuldnerin hat den Gesellschaften bereits vor Eröffnung des Insolvenzverfahrens eine entsprechende Lizenz eingeräumt, die Gesellschaften haben diese Lizenz daraufhin vereinbarungsgemäß genutzt. Es ist nicht ersichtlich, dass Nebenleistungspflichten der Lizenzvertragsparteien offen sind, die zur Anwendung des § 103 InsO führen könnten.[252]

f) Vollmachten

83 Die für die Gesellschaft ausgesprochenen Prokuren und Handlungsvollmachten erlöschen gemäß § 117 Abs. 1 InsO materiellrechtlich durch die Eröffnung des Insolvenzverfahrens.[253] Nach Verfahrenseröffnung ist der Entscheidung der Gesellschafterversammlung nicht mehr vorbehalten (§ 46

250 BGH, Urt. v. 14.7.2004 – VIII ZR 224/02, ZInsO 2004, 1203 Rn. 20.
251 BGH, Urt. v. 14.7.2004 – VIII ZR 224/02, ZInsO 2004, 1203 Rn. 22.
252 BGH, Urt. v. 25.10.2015 – I ZR 173/14, ZInsO 2016, 150 Rn. 45.
253 LG Halle, ZIP 2004, 2294, 2295.

Nr. 7 GmbHG), Bevollmächtigte einzusetzen. Vielmehr kann allein der Insolvenzverwalter eine Handlungsvollmacht wie auch eine Prokura erteilen.[254]

IV. Organisationsverfassung der GmbH

Die Eröffnung des Insolvenzverfahrens hat auf die Struktur der betroffenen Gesellschaft keinen 84
Einfluss. Das gilt unabhängig von der Rechtsform der Gesellschaft. Die GmbH bleibt nach Verfahrenseröffnung als rechts- und handlungsfähiger Rechtsträger mit seinen Organen bestehen. Die Satzung und das GmbHG sind weiter beachtlich, werden allerdings durch die Regelungen der InsO überlagert.

1. Außenverhältnis

In der Insolvenz wird die Vertretungsmacht der Geschäftsführer (§ 35 GmbHG) durch die 85
Verwaltungs- und Verfügungsbefugnis des Insolvenzverwalters (§§ 80 ff. InsO) verdrängt. Ausnahmsweise sind Maßnahmen des Insolvenzverwalters wegen Insolvenzzweckwidrigkeit unbeachtlich: Voraussetzung für die Unwirksamkeit ist danach außer einer **Evidenz der Insolvenzzweckwidrigkeit**, dass sich dem Geschäftspartner aufgrund der Umstände des Einzelfalls ohne Weiteres begründete Zweifel an der Vereinbarkeit der Handlung mit dem Zweck des Insolvenzverfahrens aufdrängen mussten.[255] Der Insolvenzverwalter übt nach ständiger Rechtsprechung als **Partei kraft Amtes** die Verwaltungs- und Verfügungsbefugnis des Vermögensinhabers in eigenem Namen und aus eigenem Recht, nicht als Vertreter des Schuldners, aus. Dem steht nicht entgegen, dass der Gemeinschuldner mit der Eröffnung des Insolvenzverfahrens nicht aufgehört hat, Rechtsträger des betroffenen Vermögens zu sein.[256] Der Schuldner steht hinsichtlich der Masse einer geschäftsunfähigen gesetzlich vertretenen Person gleich. Die aus § 80 InsO fließende Verwaltungs- und Verfügungsbefugnisse des Verwalters ist jedenfalls nicht geringer als die eines gesetzlichen Vertreters.[257] Klagen gegen den Verwalter sind am Sitz der GmbH zu erheben (§ 19a ZPO). Der Verwalter des Vermögens einer in Insolvenz gefallenen GmbH kann deren **Firma mit dem Handelsgeschäft** rechtswirksam veräußern; ein Gesellschafter kann der Veräußerung grds. nicht widersprechen, auch wenn sein Name in der Firma enthalten ist.[258] Damit kann der Verwalter im Wege einer übertragenden Sanierung das gesamte Unternehmen an einen Erwerber veräußern. Mit Zustimmung des Gläubigerausschusses ist dies bereits vor dem Berichtstermin möglich (§ 158 Abs. 1 InsO). Zur Abwicklung des Unternehmens kann der Verwalter dann eine andere Firma wählen. Im Einvernehmen mit dem Insolvenzverwalter kann die Gesellschafterversammlung die Firma der GmbH ändern.[259] Der Erwerber unterliegt im Blick auf Verbindlichkeiten der insolventen GmbH nicht einer Haftung nach § 25 HGB,[260] § 75 AO[261] oder § 613a Abs. 1 Satz 1 BGB.[262] Die Arbeitsverhältnisse gehen indessen auf den Erwerber über (§ 613a Abs. 1 Satz 1 BGB). Infolge der Insolvenzeröffnung gehen **Prokura** und **Handlungsvollmacht** unter (§ 117 InsO). Der Insolvenzverwalter – nicht die Gesellschafterversammlung (§ 46 Nr. 7) – ist nach Verfahrenseröffnung berechtigt, eine neue Handlungsvollmacht, aber nicht eine neue Prokura,[263] zu erteilen. In der Wahrnehmung seiner Verwaltungs- und Verfügungsbefugnis unterliegt der Verwalter weder der Kontrolle der Gesellschafterversammlung noch eines – gleich ob fakultativen oder obligatorischen – Aufsichtsrats.

254 *Scholz/Bitter*, GmbHG, Vor § 64 Rn. 120.
255 BGHZ 150, 353, 360 ff.
256 BGHZ 88, 331, 334.
257 BGHZ 49, 11, 16 f.
258 BGHZ 85, 221.
259 OLG Karlsruhe, NJW 1993, 1931.
260 BGHZ 104, 151, 153.
261 BFHE 186, 318, 320.
262 BAG, NJW 1980, 1124.
263 BGH, WM 1958, 430, 431; str. a.A. *Karsten Schmidt/Bitter*, in: Scholz, GmbHG, Vor § 64 Rn. 83.

2. Innenverhältnis

86 Partei- und Prozessfähigkeit des Schuldners bleiben von der Eröffnung des Insolvenzverfahrens unberührt. Gleiches gilt für die Organstellung der Organe einer juristischen Person. Die Organe bleiben bestehen, nehmen aber nur solche Kompetenzen wahr, die nicht die Insolvenzmasse betreffen.[264]

a) Gesellschafter

87 Die Rechtsstellung der Gesellschafter wird infolge der Insolvenz der GmbH erheblich beschnitten. Zwar bleibt die Zuständigkeit der **Gesellschafterversammlung** für die **Bestellung** und die **Abberufung** der Geschäftsführer (§ 46 Nr. 5 GmbHG) erhalten, soweit der Gesellschaftsvertrag nichts anderes vorsieht. Freilich kann die Gesellschafterversammlung mit neu bestellten Geschäftsführern keine Vergütungsansprüche gegen die GmbH begründenden Dienstverträge schließen. Die Gesellschafterversammlung ist dem Verwalter nicht übergeordnet. Sie kann den Geschäftsführern nur noch insoweit Weisungen erteilen, als nicht die Masse berührt ist. **Informationsrechte** der Gesellschafter (§ 51a) im Blick auf nach Verfahrenseröffnung liegende Sachverhalte sind rein insolvenzrechtlicher Natur. Da Informationspflichten des Verwalters nur ggü. dem Gericht (§ 58 InsO) und der Gläubigerversammlung (§§ 79, 156 InsO) bestehen, sind die Gesellschafter auf Akteneinsicht (§ 299 ZPO, § 4 InsO), Einsichtnahme in Rechnungslegungsunterlagen (§§ 66, 154 InsO) sowie in die Insolvenztabelle (§ 175 InsO) beschränkt. Ein **Aufsichtsrat** bleibt – beschränkt auf eine Überwachung der nicht mehr verwaltungs- und verfügungsbefugten – Geschäftsführung im Amt; seine Mitglieder sind, weil ihnen keine Vergütungsansprüche gegen die Masse zustehen, zur Niederlegung des Amtes berechtigt.

aa) Gesellschafterbeschlüsse

88 Die Gesellschafter sind ungeachtet der Verfahrenseröffnung berechtigt, Gesellschafterbeschlüsse zu fassen. Insbesondere können sie Geschäftsführer bestellen und abberufen. Mangels Verwaltungs- und Verfügungsbefugnis sind sie jedoch gehindert, mit einem Geschäftsführer einen Dienstvertrag zu schließen.[265] Ist kein Geschäftsführer mehr vorhanden, können die Gesellschafter analog § 46 Nr. 8 GmbHG einen Vertreter zur Wahrnehmung ihrer Interessen bestellen oder beim Amtsgericht die Ernennung eines Notgeschäftsführers (§ 29 BGB) beantragen.[266] Das den Geschäftsführern gegenüber bestehende Weisungsrecht ist auf den den Geschäftsführern verbliebenen Gestaltungsrahmen insbesondere des freigegebenen Vermögens begrenzt.[267] Weisungsrechte gegenüber dem Insolvenzverwalter bestehen naturgemäß nicht.

89 Die Gesellschafter können den Geschäftsleitern Entlastung (§ 46 Mr. 5 GmbHG) erteilen; der damit nur im Bereich der GmbH zugunsten der Geschäftsleiter verbundene Haftungsverzicht wirkt nicht gegenüber der Masse.[268] Vor Verfahrenseröffnung von den Gesellschaftern beschlossene Nachschüsse (§ 26 GmbHG) zieht der Verwalter ein. Die Gesellschafter sind nach Verfahrenseröffnung nicht befugt, den Beschluss aufzuheben. Erfolgt der Beschluss – wenig wahrscheinlich – nach Verfahrenseröffnung, handelt es sich ebenfalls um einen von dem Insolvenzverwalter geltend zu machenden Neuerwerb (§ 35 Abs. 1 InsO).[269] Die Gesellschafterversammlung entscheidet über die Genehmigung von Anteilsübertragungen (§ 15 Abs. 4 GmbHG) und über die Einziehung (§ 34 GmbHG) von Geschäftsanteilen. Rechte aus eigenen Geschäftsanteilen der GmbH werden nach Verfahrenseröffnung von dem Insolvenzverwalter wahrgenommen.

---

264 BGH, ZInsO 2006, 260 Rn. 6.

265 *Scholz/Bitter*, GmbHG, 11. Aufl., Vor § 64 Rn. 142.

266 *Scholz/Bitter*, GmbHG, 11. Aufl., Vor § 64 Rn. 151.

267 *Scholz/Bitter*, GmbHG, 11. Aufl., Vor § 64 Rn. 142.

268 *Uhlenbruck/Hirte*, InsO, 14. Aufl., § 11 Rn. 188; *Scholz/Bitter*, GmbHG, 11. Aufl., Vor § 64 Rn. 143; *Ulmer/Casper*, GmbHG, 2. Aufl., § 64 Rn. 79.

269 *Jaeger/Müller*, InsO, § 35 Rn. 171.

bb) Satzungsänderungen

Allein die Gesellschafter besitzen die Kompetenz zu Satzungsänderungen. Diese sind zulässig, soweit sie mit dem Insolvenzverfahren vereinbar sind. Im Insolvenzverfahren von besonderer Bedeutung sind Satzungsänderungen über eine Kapitalerhöhung. 90

(1) Ablauf einer Kapitalerhöhung

Eine reguläre Kapitalerhöhung verwirklicht sich bei der GmbH in mehreren Stadien vom Kapitalerhöhungsbeschluss (§ 53 GmbHG), über die Übernahmeerklärung hinsichtlich der neuen Stammeinlage (§ 55 GmbHG), die Einzahlung der Mindesteinlage (§ 56a GmbHG), die Anmeldeversicherung der Geschäftsführung über die Einzahlung (§ 57 Abs. 2 GmbHG) und schließlich die Eintragung der Kapitalerhöhung in das Handelsregister (§ 54 Abs. 3 GmbHG). Da der Kapitalerhöhungsbeschluss, mit dem die förmliche Übernahme üblicherweise verbunden wird, die maßgebliche Zäsur bildet, kann grundsätzlich erst nach Eintritt dieser Voraussetzung die Einlage geleistet werden.[270] 91

(2) Vorauszahlungen auf künftige Kapitalerhöhung

Erhebliche rechtliche Risiken können Vorauszahlungen auf eine vor Verfahrenseröffnung beschlossene Kapitalerhöhung bergen. Dies gilt insbesondere, wenn der Gesellschafter eine Voreinzahlung auf eine erst noch zu beschließende Kapitalerhöhung leistet. Voreinzahlungen auf eine künftige Kapitalerhöhung haben grundsätzlich nur dann Tilgungswirkung, wenn der eingezahlte Betrag im Zeitpunkt der Beschlussfassung und der mit ihr üblicherweise verbundenen Übernahmeerklärung noch als solcher im Gesellschaftsvermögen zweifelsfrei vorhanden ist. Dies ist dann der Fall, wenn und soweit sich der geschuldete Betrag entweder in der Kasse der Gesellschaft befindet oder der Gesellschafter auf ein Konto der Gesellschaft einzahlt, soweit dieses anschließend und fortdauernd bis zur Fassung des Kapitalerhöhungsbeschlusses ein Guthaben ausweist.[271] Ausnahmsweise können Voreinzahlungen unter engen Voraussetzungen als wirksame Erfüllung der später übernommenen Einlageschuld anerkannt werden, wenn nämlich die Beschlussfassung über die Kapitalerhöhung im Anschluss an die Voreinzahlung mit aller gebotenen Beschleunigung nachgeholt wird, ein akuter Sanierungsfall vorliegt, andere Maßnahmen nicht in Betracht kommen und die Rettung der sanierungsfähigen Gesellschaft scheitern würde, falls die übliche Reihenfolge der Durchführung der Kapitalerhöhungsmaßnahme beachtet werden müsste.[272] 92

(3) Bindung an vor Insolvenz beschlossene Kapitalerhöhung

Das geltende Recht kennt keine Regel, die zu der Annahme nötigen könnte, die zwischenzeitliche Eröffnung des Insolvenzverfahrens über das Vermögen der Gesellschaft stehe der Eintragung und damit dem Wirksamwerden einer vorher beschlossenen und ordnungsgemäß angemeldeten Kapitalerhöhung ipso iure entgegen. Der Beschluss, das Stammkapital der Gesellschaft zu erhöhen, wird zwar häufig noch in der Erwartung gefasst worden sein, damit dem Eintritt der Gesellschaftsinsolvenz entgegenwirken zu können. Die Gesellschafter sind aber, wenn sie infolge der Enttäuschung dieser Erwartung die Kapitalerhöhung nicht wirksam werden lassen wollen, nicht gehindert, die Geschäftsführer bis zur Eröffnung des Insolvenzverfahrens anzuweisen, die Anmeldung zurückzunehmen. Auch danach bleibt ihnen bis zur Eintragung die Möglichkeit, den Kapitalerhöhungsbeschluss aufzuheben. Darüber hinaus ist der einzelne Gesellschafter, dem die kritische Lage der Gesellschaft bei Übernahme der neuen Stammeinlage nicht bekannt war, zusätzlich dadurch geschützt, dass er regelmäßig berechtigt ist, den Übernahmevertrag aus wichtigem Grund zu kündigen.[273] 93

---

270 BGH, Urt. v. 26.6.2006 – II ZR 43/05, BGHZ 168, 201 Rn. 13.
271 BGH, Urt. v. 19.1.2016 – II ZR 61/15, ZInsO 2016, 707 Rn. 18.
272 BGH, Urt. v. 26.6.2006 – II ZR 43/05, BGHZ 168, 201 Rn. 15.
273 BGH, Urt. v. 7.11.1994 – II ZR 248/93, ZIP 1995, 28, 29; zustimmend *Scholz/Priester*, GmbHG, 11. Aufl., § 55 Rn. 91; *Ulmer/Casper*, GmbHG, 2. Aufl., § 55 Rn. 36.

Dieser Würdigung ist uneingeschränkt zu folgen, soweit die Wirksamkeit einer beschlossenen, aber noch nicht eingetragenen Kapitalerhöhung grundsätzlich durch die Verfahrenseröffnung nicht berührt wird. Eine Befugnis der Gesellschafter, den Kapitalerhöhungsbeschluss nach Verfahrenseröffnung aufzuheben oder den Geschäftsführer zur Rücknahme der Anmeldung anzuweisen, erscheint mit Blick auf § 80 InsO bedenklich.[274] Rechtfertigen lässt sich die höchstrichterliche Auffassung nur aus der Erwägung, dass der Gesellschafterbeschluss den gesellschaftsrechtlichen Bereich der Gesellschaft bis zur Eintragung nicht verlassen hat und deshalb nicht der Verfügungsbefugnis des Insolvenzverwalters untersteht.[275] Überaus fragwürdig erscheint jedenfalls das dem Gesellschafter bei Unkenntnis der kritischen Lage der Gesellschaft zugebilligte außerordentliche Kündigungsrecht, weil das Insolvenzrisiko von dem Gesellschafter zu tragen ist.[276]

(4) Kapitalerhöhung nach Verfahrenseröffnung

94 Nach Verfahrenseröffnung kann eine Kapitalerhöhung (§ 55 GmbHG) beschlossen werden, die freilich als Neuerwerb in die Masse fällt (§ 35 Abs. 1 InsO). Deshalb liegt es im Interesse der Gesellschafter, eine Kapitalerhöhung nach Verfahrenseröffnung nur im Zusammenhang eines Insolvenzplans (§§ 217 ff. InsO) zu beschließen, der eine Sanierung vorsieht.[277] Kraft eines Insolvenzplans kann weitergehend eine Kapitalerhöhung gegen den Willen der Gesellschafter beschlossen werden, um die Gesellschafter im Rahmen eines »Debt-Equity-Swap« aus der Gesellschaft zu verdrängen.[278] Die Leistungen auf die Einlagen sind an den Insolvenzverwalter zu erbringen.

cc) Nichtigkeits- und Anfechtungsklage

95 Das GmbH-Gesetz enthält – anders als das AktG – keine eigenständige Regelung über die Geltendmachung von Beschlussmängeln. Es entspricht jedoch der ständigen Rechtsprechung des Bundesgerichtshofs, dass die aktienrechtlichen Vorschriften entsprechend heranzuziehen sind, sofern ein bestimmtes Beschlussergebnis festgestellt ist.[279] Für die Frage, wer richtiger Beklagter der gegen die Beschlüsse der Gesellschafterversammlung erhobenen Klage ist, ist die Norm des § 80 Abs. 1 InsO heranzuziehen. Danach geht durch die Eröffnung des Insolvenzverfahrens das Recht des Schuldners, das zur Insolvenzmasse gehörende Vermögen zu verwalten und über es zu verfügen auf den Insolvenzverwalter über. Dies hat zur Folge, dass immer dann, wenn Beschlüsse der Gesellschafterversammlung angefochten werden, die das zur Insolvenzmasse gehörende Vermögen betreffen, die Klage gegen den Insolvenzverwalter zu richten ist.[280] Anfechtungs- und Nichtigkeitsklagen gegen Beschlüsse der Gesellschafterversammlung einer GmbH, die die Feststellung des Jahresabschlusses, die Entlastung des Geschäftsführers sowie die Übernahme von Personalkosten zum Gegenstand haben, sind nach Eröffnung des Insolvenzverfahrens gegen den Insolvenzverwalter zu richten, weil das Recht der Schuldnerin, das zur Insolvenzmasse gehörende Vermögen zu verwalten und über es zu verfügen, auf den Insolvenzverwalter übergeht.[281] Bei Beschlüssen, deren erfolgreiche Anfechtung eine Vermehrung der Masse zur Folge hat, ist ausnahmsweise stets die Gesellschaft selbst richtige Partei, weil dem Verwalter die Verteidigung eines solchen Beschlusses nicht angesonnen werden kann.[282] Der Insolvenzverwalter kann in dieser Funktion Beschlüsse der Gesellschafterversammlung nicht angreifen.[283]

---

274 *Jaeger/Müller*, InsO, § 35 Rn. 165.
275 BayObLG, ZIP 2004, 1426.
276 *Jaeger/Müller*, InsO, § 35 Rn. 166 ff.
277 *Ulmer/Casper*, GmbHG, 2. Aufl., § 64 Rn. 78; *Scholz/Bitter*, GmbHG, 11. Aufl., Vor § 64 Rn. 145.
278 *Ulmer/Casper*, GmbHG, 2. Aufl., § 64 Rn. 78; *Scholz/Bitter*, GmbHG, 11. Aufl., Vor § 64 Rn. 145.
279 BGH, Beschl. v. 24.3.2016 – IX ZB 32/15, ZInsO 2016, 906 Rn. 20.
280 OLG München, GmbHR 2011, 89, 90.
281 OLG München, GmbHR 2011, 89, 90; *Baumbach/Hueck/Haas*, GmbHG, 20. Aufl., § 60 Rn. 56.
282 *Baumbach/Hueck/Haas*, GmbHG, 20. Aufl., § 60 Rn. 56.
283 *Baumbach/Hueck/Haas*, GmbHG, 20. Aufl., § 60 Rn. 56.

dd) Bestellung des Abschlussprüfers

Die gesetzliche Anordnung in § 155 Abs. 3 Satz 2 InsO, dass die Wirksamkeit der Bestellung eines Abschlussprüfers für ein vor der Eröffnung des Insolvenzverfahrens endendes Geschäftsjahr durch die nach der Bestellung erfolgte Eröffnung nicht berührt wird, gilt nicht nur für das Geschäftsjahr vor der Eröffnung des Verfahrens, sondern auch für die davor liegenden Geschäftsjahre. 95a

(1) Zuständigkeit außerhalb der Insolvenz

Der Abschlussprüfer einer Kapitalgesellschaft wird gem. § 318 Abs. 1 Satz 1 HGB von den Gesellschaftern gewählt, sofern nicht von der Gestaltungsmöglichkeit des § 318 Abs. 1 Satz 2 HGB Gebrauch gemacht worden ist. Nach der Wahl haben die gesetzlichen Vertreter, bei Zuständigkeit des Aufsichtsrats dieser, unverzüglich den Prüfungsauftrag zu erteilen (§ 318 Abs. 1 Satz 4 HGB). Mit der Eröffnung des Insolvenzverfahrens liegt nach § 155 Abs. 3 Satz 1 InsO die Zuständigkeit zur Bestellung des Abschlussprüfers nicht mehr bei den Gesellschaftern, sondern die Bestellung kann nur auf Antrag des Insolvenzverwalters durch das Gericht erfolgen. Dies gilt im Fall der Eigenverwaltung nach §§ 270 ff. InsO entsprechend. In der Insolvenz einer Kapitalgesellschaft gilt bei angeordneter Eigenverwaltung für die Bestellung des Abschlussprüfers § 318 HGB mit der Maßgabe, dass die Bestellung ausschließlich durch das Amtsgericht auf Antrag der Schuldnerin erfolgt (vgl. § 281 Abs. 3 Satz 1, § 270 Abs. 1 InsO).[284]

(2) Zuständigkeit in der Insolvenz

Ab der Insolvenzeröffnung liegt die Bestellungsbefugnis nach Antrag des Insolvenzverwalters beim Gericht. Eine vor Verfahrenseröffnung erfolgte Bestellung bleibt für das laufende Geschäftsjahr wirksam. Zwar nennt § 155 Abs. 3 Satz 2 InsO ausdrücklich nur das »Geschäftsjahr vor der Eröffnung«. Hätte der Gesetzgeber im Hinblick auf Zweifel an der Arbeit der bisherigen Prüfer die Stellung des Insolvenzverwalters stärken wollen, hätte es nahegelegen, auf § 155 Abs. 3 Satz 2 InsO zu verzichten und dem Insolvenzverwalter insgesamt die Auswahl der Abschlussprüfer zuzuweisen, soweit eine Prüfung noch nicht stattgefunden hat. Es erscheint widersinnig, in der Insolvenz zwar eine Bindung an die Prüferbestellung der Gesellschafter für den unmittelbar vor der Eröffnung liegenden »Schlüsseljahresabschluss« anzunehmen, eine Bindung hingegen für die davorliegenden, für die Insolvenz regelmäßig weniger interessanten Jahre zu verneinen.[285]

b) Geschäftsführer

aa) Grundsatz

Ist die Schuldnerin eine GmbH, bleiben die Geschäftsführer im Amt. Ihnen obliegen die Aufgaben der Schuldnerin im Insolvenzverfahren (§ 35 GmbHG). Der Insolvenzverwalter ist nicht berechtigt, einen Geschäftsführer abzuberufen; er kann zur Vermeidung von Masseforderungen jedoch nach § 113 InsO dessen **Anstellungsvertrag kündigen.**[286] Sieht der Verwalter von dieser Möglichkeit ab, kann er die Geschäftsführer als Mitarbeiter einsetzen. Die **Geschäftsführer** haben die den Schuldner treffenden Auskunfts- und Mitwirkungspflichten (§§ 20, 97, 98, 101 InsO) zu erfüllen; sie können für die GmbH Rechtsbehelfe einlegen (§§ 34, 253 InsO), Anträge stellen (§ 161 Satz 2, §§ 212, 213, 218 Abs. 1 InsO) und von dem Verwalter Auskunft verlangen. Daneben obliegt ihnen die Verwaltung des massefreien Vermögens der GmbH sowie die Aufrechterhaltung der internen Organisation wie die Einberufung von Gesellschafterversammlungen. Der Verwalter kann ohne die Notwendigkeit eines Gesellschafterbeschlusses (§ 46 Nr. 2) **rückständige Einlagen** ggü. den Gesellschaftern einfordern. Ebenso ist der Verwalter zu einer Kaduzierung (§ 21) sowie zum Regress gegen Mitgesellschafter (§ 24) berechtigt. Weitere der Masseanreicherung dienende Forderungen 96

284 278a BGH, ZInsO 2018, 1673 Rn. 7.
285 278b BGH, ZInsO 2018, 1673 Rn. 16.
286 BGH, NJW-RR 2007, 624, 626 Rn. 21.

werden von dem Verwalter geltend gemacht: Ansprüche aus Vorbelastungshaftung, aus Gründungshaftung (§ 9a), aus einer Haftung des Sacheinlegers (§ 19 Abs. 4). Schadensersatzansprüche gegen Geschäftsführer (§ 43), auch wegen Insolvenzverschleppung (§§ 15a InsO, 823 Abs. 2 BGB), gegen Aufsichtsräte und herrschende Gesellschafter werden – ohne die Notwendigkeit eines Gesellschafterbeschlusses (§ 46 Nr. 8) – ebenso von dem Verwalter verfolgt. Der Verwalter hat nach § 155 InsO den **Rechnungslegungspflichten** der GmbH in Bezug auf die Masse zu genügen.

bb) Freies Vermögen

97 Der Insolvenzverwalter ist nicht der gesetzliche Vertreter der Schuldnerin in Bezug auf das freie Vermögen, das nicht zur Masse gehört. Nach ständiger Rechtsprechung des Reichsgerichts und des Bundesgerichtshofs ist der Verwalter nicht Vertreter des Schuldners, sondern Partei kraft Amtes. Partei- und Prozessfähigkeit des Schuldners bleiben von der Eröffnung des Insolvenzverfahrens unberührt. Gleiches gilt für die Organstellung der Organe einer juristischen Person. Die Organe bleiben bestehen, nehmen aber nur solche Kompetenzen wahr, die nicht die Insolvenzmasse betreffen. Der Verwalter ist damit nicht der gesetzliche Vertreter der Gesellschaft in Bezug auf das »freie« Vermögen, das nicht zur Masse gehört. Insoweit wird die Gesellschaft vielmehr weiter durch ihre Geschäftsführer vertreten.[287] Nicht die Insolvenzmasse betreffende öffentlichrechtliche Streitigkeiten der Gesellschaft etwa im Blick auf eine Gewerbeuntersagung werden von den Geschäftsführern betrieben.[288] Gibt der Insolvenzverwalter Schadensersatzansprüche gegen Gesellschafter frei, können diese mit Zustimmung der Gesellschafterversammlung (§ 46 Nr. 6 GmbHG) von dem Geschäftsführer verfolgt werden.[289]

cc) Wahrnehmung der Schuldneraufgaben

98 Die Geschäftsführer nehmen die Aufgaben der selbst nicht handlungsfähigen Gesellschaft in dem Insolvenzverfahren war. Insoweit wirkt ihre Vertretungsbefugnis fort. Die Geschäftsführer bleiben im Amt und vertreten die GmbH (§ 35 Abs. 1 GmbHG), soweit nicht das Verwaltungs- und Verfügungsrecht des Insolvenzverwalters nach § 80 Abs. 1 InsO betroffen ist.[290] Mehrere Mitglieder des Vertretungsorgans sind nach Maßgabe der bis zur Verfahrenseröffnung geltenden Regelungen vertretungsbefugt.[291] Sofern gesetzlich oder kraft Gesellschaftsvertrages Gesamtvertretung besteht, gelten grundsätzlich auch diese Regeln fort.[292] Darum können die Geschäftsleiter für die Gesellschaft Rechtsbehelfe nach §§ 34, 253 InsO einlegen, Einreden gegen die Schlussrechnung des Insolvenzverwalters erheben (§ 66 InsO), Anträge gegenüber dem Gericht mit dem Ziel der Verfahrensbeendigung (§§ 212, 213 InsO)[293] oder im Blick auf einen Untersagungsantrag nach § 161 Satz 2 InsO stellen.[294] Ferner können die Geschäftsführer der Feststellung angemeldeter Forderungen widersprechen und insoweit einen Antrag auf Wiedereinsetzung in den vorigen Stand (§ 186 InsO) erheben.[295] Das Vorschlagsrecht für einen Insolvenzplan (§ 218 Abs. 1 InsO) wie auch die Eigenverwaltung (§ 270 Abs. 2 InsO) nehmen die Geschäftsführer wahr. Auskunftsrechte der Gesellschaft gegen den Insolvenzverwalter werden von den Geschäftsleitern geltend gemacht.[296] Da diese Maßnahmen regelmäßig nicht die laufende Geschäftsführung betreffen, haben die Geschäftsleiter die Zustimmung der Gesellschafterversammlung einzuholen und deren Weisungen zu beachten.[297]

287 BGH ZInsO 2006, 260 Rn. 6.
288 VG Gießen, ZIP 2005, 2072, 2074.
289 *Baumbach/Hueck/Haas*, § 60 Rn. 53.
290 VG Gießen, ZIP 2005, 2072, 2074.
291 BGH, ZInsO 2016, 906 Rn. 13.
292 BGH, ZInsO 2016, 906 Rn. 13.
293 BGH, ZInsO 2016, 906 Rn. 14.
294 BGH, ZInsO 2016, 906 Rn. 13.
295 Vgl. *Scholz/Bitter,* Vor § 64 Rn. 150.
296 *Scholz/Bitter,* Vor § 64 Rn. 150.
297 *Baumbach/Hueck/Haas*, § 60 Rn. 47.

dd) Innergesellschaftsrechtliche Funktionen

Unberührt von der Insolvenz bleiben die innergesellschaftsrechtlichen Funktionen der Geschäftsführer. Soweit der durch das Insolvenzverfahren nicht verdrängte gesellschaftsrechtliche Bereich berührt ist, bleiben sämtliche gesellschafts- und registerrechtlichen Pflichten weiterhin beim Gesellschafter bzw. Geschäftsführer. Hierzu gehört auch die Anmeldung der Abberufung eines früheren Geschäftsführers einer GmbH und die Bestellung eines neuen zum Geschäftsführer. Diese Maßnahmen betreffen nur die Vertretungsverhältnisse der Gesellschaft und nicht die Insolvenzmasse. Die Erfüllung dieser Pflichten gemäß §§ 39, 78 GmbHG obliegt weiterhin dem Geschäftsführer und nicht dem Insolvenzverwalter.[298] Ausnahmsweise kann der Insolvenzverwalter das Ausscheiden von Geschäftsführern anmelden, falls kein weiterer Geschäftsführer mehr vorhanden ist.[299] Die Einberufung der Gesellschafterversammlung,[300] die mangels insolvenzfreien Vermögens auf Kosten der Gesellschafter stattfindet,[301] und die Einreichung der Gesellschafterliste zum Handelsregister[302] obliegt weiterhin den Geschäftsführern. 99

Es ist anerkannt, dass die Eröffnung des Insolvenzverfahrens den gesellschaftsrechtlichen Bereich außerhalb der Insolvenzmasse nicht berührt. Somit sind Anmeldungen von Rechtsänderungen, die die Insolvenzmasse nicht betreffen, nach wie vor von den Organen der Gesellschaft vorzunehmen. Wirksamkeit erlangt die Erhöhung des Stammkapitals nicht durch die Anmeldung, sondern als Änderung des Gesellschaftsvertrags erst durch die Eintragung im Handelsregister (§ 54 Abs. 3 GmbHG). Sonach ist der Insolvenzverwalter zur Anmeldung einer beschlossenen Erhöhung des Stammkapitals auch nach Eröffnung des Insolvenzverfahrens nicht berufen, da sie bis zur Erlangung der Rechtswirksamkeit nach § 54 Abs. 3 GmbHG der Dispositionsbefugnis der Gesellschafter unterliegt. Nachdem Rechte des Insolvenzverwalters hier nicht berührt sind, steht ihm die Vertretungsbefugnis für die Gesellschaft im gegenständlichen Verfahren nicht zu.[303] 100

ee) Dienstverhältnis

Durch die Eröffnung des Insolvenzverfahrens über das Vermögen der Gesellschaft wird der Anstellungsvertrag des Geschäftsführers nicht beendet, wie sich aus §§ 108 Abs. 1, 113 Abs. 1 InsO ergibt. Danach bestehen Dienstverhältnisse mit Wirkung für die Insolvenzmasse fort, können allerdings von dem Insolvenzverwalter nach Maßgabe des § 113 Abs. 1 InsO gekündigt werden. Diese Vorschriften gelten für alle Dienstverhältnisse einschließlich desjenigen eines (beherrschenden) Gesellschafter-Geschäftsführers in der Insolvenz der Gesellschaft.[304] Mit der Bestellung des Insolvenzverwalters geht die Kündigungsbefugnis der Gesellschafterversammlung (§ 46 Nr. 5 GmbHG) auf ihn über (vgl. § 113 InsO). Das gilt auch für die »Nachschiebebefugnis«, die der Verwalter seinerseits nicht innerhalb von zwei Wochen nach Kenntniserlangung von dem nachgeschobenen Grund ausüben muss.[305] 101

Eine schuldhafte Insolvenzverschleppung durch den Geschäftsführer einer GmbH berechtigt diese zur Kündigung seines Anstellungsvertrages aus wichtigem Grund (§ 626 Abs. 1 BGB). § 64 GmbHG weist der Gesellschaft einen Ersatzanspruch gegen ihren Geschäftsführer im Fall einer Masseverkürzung zugunsten einzelner Gläubiger zu. Aus dieser Sicht ist es der Gesellschaft im Rahmen von § 626 Abs. 1 BGB nicht zuzumuten, einen ihre Insolvenz schuldhaft verschleppenden Geschäftsführer weiterzubeschäftigen und ihm auch noch über die Eröffnung des Insolvenzverfahrens hinaus – bis zum Wirksamwerden einer etwaigen Kündigung durch den Insolvenzverwalter 102

298 OLG Köln, ZInsO 2001, 717, 718; OLG Rostock, Rpfleger 2003, 444, 445.
299 LG Baden-Baden, ZIP 1996, 1352.
300 *Scholz/Bitter*, GmbHG Vor § 64 Rn. 150; *Ulmer/Casper*, GmbHG § 64 Rn. 76.
301 *Ulmer/Casper*, GmbHG § 64 Rn. 76.
302 *Baumbach/Hueck/Haas*, § 60 Rn. 45; *Ulmer/Casper*, § 64 Rn. 76.
303 BayObLG, BB 2004, 797.
304 BGH, ZInsO 2005, 762, 763.
305 BGH, ZInsO 2005, 762, 763.

gemäß § 113 Abs. 1 InsO – Gehalt aus der Insolvenzmasse § 55 Abs. 1 Nr. 2 InsO zu zahlen. Die Ausschlussfrist des § 626 Abs. 2 Satz 1 BGB beginnt nicht vor Beendigung des pflichtwidrigen Dauerverhaltens.[306] Demgegenüber stellt allein die Verfahrenseröffnung keinen außerordentlichen Kündigungsgrund dar, weil andernfalls die Wertung des § 133 InsO unterlaufen würde. Ordentlich kann das Dienstverhältnis mit einer Frist von drei Monaten gemäß § 113 Satz 3 InsO gekündigt werden.[307] Solange das Dienstverhältnis fortdauert, kann der Insolvenzverwalter den Geschäftsführer als Gehilfen im Bereich der Insolvenzverwaltung einsetzen. Dabei nimmt der Geschäftsführer keine Organbefugnisse wahr. Zu Lasten der Masse kann er nur auf der Grundlage einer ihm von dem Insolvenzverwalter erteilten Vollmacht tätig werden.

ff) Auskunftspflicht

103 Die Auskunfts- und Mitwirkungspflichten des Schuldners aus § 97 InsO gelten gemäß § 20 Abs. 1 Satz 2 InsO auch im Insolvenzeröffnungsverfahren. Wenn sich das Eröffnungsverfahren gegen eine Gesellschaft und damit nicht gegen eine natürliche Person richtet, sind gemäß § 20 Abs. 1 Satz 2, § 101 Abs. 1 Satz 1 InsO die Mitglieder des Vertretungsorgans zur Auskunft verpflichtet. Insoweit handelt es sich um persönliche Pflichten der Geschäftsleiter im Insolvenzverfahren, so dass ein Weisungsrecht der Gesellschafterversammlung nicht besteht.[308]

(1) Grundsatz

104 Die Regelung des § 101 Abs. 1 Satz 2 InsO will dem Missbrauch begegnen, dass Geschäftsleiter ihr Amt in der Krise niederlegen, um sich ihren verfahrensrechtlichen Verpflichtungen zu entziehen. Vor diesem Hintergrund unterliegen die ehemaligen Mitglieder des Vertretungsorgans nicht einer lediglich subsidiären Auskunftspflicht, die erst eingreift, wenn neu bestellte Organe die Auskunft nicht erteilen können oder wollen. Vielmehr ist der Auskunftspflicht im Interesse einer effektiven Verfahrensförderung auch dann uneingeschränkt zu genügen, wenn neu bestellte Vertretungsorgane vorhanden sind.[309] Der Auskunftspflicht unterliegt auch ein nicht in das Handelsregister eingetragener faktischer Geschäftsführer, weil er auch der Insolvenzantragspflicht des § 15a InsO nachzukommen hat.[310] Für die Qualifizierung einer Person als faktischer Geschäftsführer genügt es nicht, das sie auf die satzungsmäßigen Geschäftsführer gesellschaftsintern einwirkt. Erforderlich ist auch ein nach außen hervortretendes, üblicherweise der Geschäftsführung zuzurechnendes Handeln.[311] In Fällen der Führungslosigkeit trifft die Auskunftspflicht nach § 101 Abs. 1 Satz 2 InsO die Gesellschafter.

(2) Umfang der Auskunftspflicht

105 Wird gegen eine GmbH ein Insolvenzantrag gestellt, hat der Geschäftsführer über die rechtlichen, wirtschaftlichen und tatsächlichen Verhältnisse der von ihm vertretenen Gesellschaft einschließlich gegen Gesellschafter und ihn selbst gerichteter Ansprüche Auskunft zu erteilen. Er ist hingegen nicht verpflichtet, über seine eigenen Vermögensverhältnisse und die Realisierbarkeit etwaiger gegen ihn gerichteter Ansprüche Angaben zu machen.

106 Die Auskunftspflicht des Geschäftsführers einer GmbH erstreckt sich inhaltlich auf sämtliche rechtlichen, wirtschaftlichen und tatsächlichen Verhältnisse der Gesellschaft. In diesem Rahmen hat er auch Tatsachen zu offenbaren, die Forderungen der insolventen Gesellschaft gegen ihn selbst – etwa aus § 64 GmbHG – nahelegen können. Auskunft ist nach §§ 20, 97 InsO über alle das Verfahren betreffenden Verhältnisse zu erteilen. Dieser Begriff ist weit auszulegen und umfasst

306 BGH, ZInsO 2005, 762, 763.
307 BGH, ZInsO 2005, 762, 763.
308 *Baumbach/Hueck/Haas*, § 60 Rn. 47.
309 BGH, ZInsO 2015, 740 Rn. 8.
310 *Piekenbrock,* in: Ahrens/Gehrlein/Ringstmeier, § 101 Rn. 4.
311 BGHZ 150, 61, 69 = ZInsO 2002, 582.

alle rechtlichen, wirtschaftlichen und tatsächlichen Verhältnisse, die für das Verfahren in irgendeiner Weise von Bedeutung sein können. Die Verpflichtung zur Auskunft ist nicht davon abhängig, dass an den Schuldner entsprechende Fragen gerichtet werden. Der Schuldner muss vielmehr die betroffenen Umstände von sich aus, ohne besondere Nachfrage offenlegen, soweit sie offensichtlich für das Insolvenzverfahren von Bedeutung sein können und nicht klar zutage liegen. Von dem Geschäftsführer einer GmbH ist namentlich über alle Aktiva und Passiva der Gesellschaft, also sämtliche Forderungen und Verbindlichkeiten, Auskunft zu erteilen. Die Auskunftspflicht des Geschäftsführers erstreckt sich auch auf die tatsächlichen Umstände, durch die Forderungen der Gesellschaft oder gegen sie gerichtete Verbindlichkeiten entstanden sind. Ansprüche der insolventen Gesellschaft gegen Gesellschafter und Geschäftsführer sind Bestandteil der Insolvenzmasse. Die Auskunftspflicht dient darum auch dem Zweck, Ansprüche des insolventen Unternehmens gegen Gesellschafter oder Geschäftsführer aufzudecken. Mit Rücksicht auf den Vorrang der Gläubigerinteressen sind von den Geschäftsführern folglich Informationen zu offenbaren, die sich zum Nachteil der Gesellschafter oder auch zum eigenen Nachteil auswirken können.[312]

3. Haftung des Geschäftsführers und des Insolvenzverwalters

a) Haftungsbereiche

107 Bei einer Gesellschaftsinsolvenz bestehen getrennte Haftungsbereiche des Insolvenzverwalters einerseits (§ 60 f InsO) und der Geschäftsleiter andererseits (§ 43 Abs. 2 GmbHG, § 93 Abs. 2 Satz 1 AktG). Den Insolvenzverwalter trifft eine Haftung, wenn ihm eine Pflichtverletzung bei der Verwaltung der Insolvenzmasse anzulasten ist. Hingegen kommt eine Haftung der Geschäftsleiter nur in Betracht, soweit sie im inneren Organisationsbereich der Gesellschaft tätig werden oder von dem Verwalter freigegebenes Vermögen verwalten.

b) Geschützter Personenkreis

108 Der Insolvenzverwalter ist gemäß § 60 Abs. 1 Satz 1 InsO allen Beteiligten zum Schadensersatz verpflichtet, wenn er schuldhaft die Pflichten verletzt, die ihm nach diesem Gesetz obliegen. Insolvenzspezifische Pflichten hat der Verwalter gegenüber dem Schuldner und insbesondere den Insolvenzgläubigern, aber auch gegenüber den Massegläubigern im Sinne der §§ 53 ff. InsO sowie gegenüber den Aussonderungs- und Absonderungsberechtigten wahrzunehmen. So hat er für eine möglichst weitgehende gleichmäßige Befriedigung der Insolvenzforderungen zu sorgen (§§ 1, 187 ff. InsO), Massegläubiger vorweg (§ 53 InsO) und gegebenenfalls in der Rangfolge des § 209 InsO zu befriedigen sowie die dinglichen Rechte der Aussonderungs- und Absonderungsberechtigten (§§ 47. ff. InsO) zu beachten. Insolvenzspezifische Pflichten obliegen dem Verwalter danach im Verhältnis zu einer insolventen Schuldnerin, aber – gleich ob es sich um die Vorstände einer Aktiengesellschaft oder die Geschäftsführer einer GmbH handelt – nicht im Verhältnis zu ihren Organen. Der Verwalter hat gegenüber den Organen nur insoweit Pflichten zu erfüllen, als diese ihm als Vertreter der Schuldnerin oder Insolvenz- oder Massegläubiger gegenübertreten.[313] Der Geschäftsführer ist ausschließlich Schuldner der Masse, dem gegenüber der Verwalter keine insolvenzspezifischen Pflichten zu erfüllen hat.[314]

109 Deswegen kann der Geschäftsführer einer insolventen GmbH nicht von dem Insolvenzverwalter Schadensersatz verlangen, weil dieser es versäumt hat, aussichtsreiche Anfechtungsansprüche (§§ 129 ff. InsO) zu verfolgen, welche den auf § 64 GmbHG gestützten Erstattungsanspruch gegen den Geschäftsführer vermindert hätten. Ebenso scheidet eine Schadensersatzpflicht aus, sofern der Insolvenzverwalter eine Haftpflichtversicherung der GmbH der Versicherungsnehmerin beendet hat, die gegen den Geschäftsführer gerichtete Ansprüche aus § 64 GmbHG abgedeckt hätte.[315]

312 BGH, ZInsO 2015, 740 Rn. 11 ff.
313 BGH, ZInsO 2016, 1058 Rn. 14.
314 BGH, ZInsO 2016, 1058 Rn. 15.
315 BGH, ZInsO 2016, 1058 Rn. 15.

110 Diese Würdigung bedeutet im Ergebnis jedoch nicht, dass der Insolvenzverwalter bei Nichtfortführung einer Versicherung in jedem Fall von jeder Haftung freigestellt ist. Den Insolvenzverwalter treffen Versicherungspflichten im Interesse des Schuldners und seiner Gläubiger zum Zweck der Obhut und des Erhalts des Schuldnervermögens. Unter dem Gesichtspunkt der bestmöglichen Wahrung der Gläubigerinteressen kann es geboten sein, eine zugunsten des Geschäftsführers einer insolventen GmbH abgeschlossene Haftpflichtversicherung aufrechtzuerhalten, sofern Haftungsansprüche gegen den Geschäftsführer mangels finanzieller Leistungsfähigkeit nicht durchsetzbar sind.[316]

c) Haftungsmaßstab

111 Bedeutsame Parallelen zwischen Geschäftsführer- und Verwalterhaftung zeigen sich bei der Bestimmung des einschlägigen Haftungsmaßstabs. Handelt es sich um die Wahrnehmung von der Gesellschaft zugewiesenen Geschäftschancen durch den Geschäftsführer oder Verwalter zur Förderung des eigenen wirtschaftlichen Interesses, hat die höchstrichterliche Rechtsprechung den jeweiligen Pflichtenmaßstab angenähert.

aa) Pflichtverletzung

112 Der Insolvenzverwalter ist allen Beteiligten zum Schadensersatz verpflichtet, wenn er schuldhaft die Pflichten verletzt, die ihm nach der Insolvenzordnung obliegen (§ 60 Abs. 1 Satz 1 InsO). Zu seinen Pflichten gehört es, das zur Insolvenzmasse gehörende Vermögen zu bewahren und ordnungsgemäß zu verwalten. Diese Pflicht hat sich am gesetzlichen Leitbild des ordentlichen und gewissenhaften Insolvenzverwalters auszurichten, welches an die handels- und gesellschaftsrechtlichen Sorgfaltsanforderungen angelehnt ist (§ 347 Abs. 1 HGB, § 93 Abs. 1 Satz 1 AktG, § 34 Abs. 1 Satz 1 GenG, § 43 Abs. 1 GmbHG), aber den Besonderheiten des Insolvenzverfahrens Rechnung zu tragen hat. Maßstab aller unternehmerischen Entscheidungen des Insolvenzverwalters im Rahmen einer Betriebsfortführung ist der Insolvenzzweck der bestmöglichen gemeinschaftlichen Befriedigung der Insolvenzgläubiger (§ 1 InsO) sowie das von den Gläubigern gemeinschaftlich beschlossene Verfahrensziel – Abwicklung des Unternehmens, Veräußerung oder Insolvenzplan – als Mittel der Zweckerreichung.[317] Zur Masseverwaltungspflicht gehört danach auch ein allgemeines Wertmehrungsgebot.[318] Ist die Schuldnerin im Immobiliensektor tätig, handelt der Verwalter pflichtwidrig, wenn er den der Masse günstigen Ankauf einer Wohnung unterlässt.[319]

bb) Wettbewerbsverstoß

113 Das gemäß § 88 Abs. 1 AktG den Vorstand einer Aktiengesellschaft treffende Verbot, im Geschäftszweig der Gesellschaft für eigene oder fremde Rechnung Geschäfte zu machen, gilt für den geschäftsführenden Gesellschafter einer Personengesellschaft, einer Erwerbs-BGB-Gesellschaft und den Geschäftsführer einer Gesellschaft mit beschränkter Haftung. Aus der Treuepflicht des Geschäftsführers wird hergeleitet, dass es ihm ohne ausdrückliche Erlaubnis nicht gestattet ist, im Geschäftszweig der Gesellschaft Geschäfte für eigene Rechnung zu tätigen oder tätigen zu lassen oder den Vollzug bereits von der Gesellschaft abgeschlossener Verträge durch Abwicklung auf eigene Rechnung oder in sonstiger Weise zu beeinträchtigen oder zu vereiteln. Der Geschäftsführer darf Geschäftschancen nicht für sich, sondern nur für die Gesellschaft ausnutzen und hat ihr, wenn er hiergegen verstößt, einen dadurch entstandenen Schaden zu ersetzen.[320] Dieser Rechtsgedanke lässt sich auf einen Insolvenzverwalter übertragen, der das Unternehmen des Insolvenzschuldners fortführt. Bietet sich ihm die Möglichkeit, ein für die Masse vorteilhaftes Geschäft zu schließen,

316 BGH, ZInsO 2016, 1058 Rn. 16.
317 BGH, Urt. v. 16.3.2017 – IX ZR 253/15, ZInsO 2017, 827 Rn. 12.
318 BGH, Urt. v. 16.3.2017 – IX ZR 253/15, ZInsO 2017, 827 Rn. 13.
319 BGH, Urt. v. 16.3.2017 – IX ZR 253/15, ZInsO 2017, 827 Rn. 15.
320 BGH, Urt. v. 16.3.2017 – IX ZR 253/15, ZInsO 2017, 827 Rn. 20.

ist ihm jedenfalls dann verboten, das Geschäft an sich zu ziehen, wenn die Geschäftschance in den Geschäftsbereich des Schuldnerunternehmens fällt und diesem zugeordnet ist.[321]

4. Zurechnung von Pflichtverletzungen des Verwalters zum Nachteil der Masse

Von der persönlichen Haftung des Verwalters zu trennen ist die Haftung der Masse für Pflichtverletzungen dieser Person. Die Zurechnung von unerlaubten Handlungen erfolgt nach heute allgemeiner Auffassung in entsprechender Anwendung von § 31 BGB. Danach ist für eine Zurechnung Voraussetzung, dass zwischen den Aufgaben des Verwalters und der schädigenden Handlung ein sachlicher, nicht bloß zufälliger zeitlicher und örtlicher Zusammenhang besteht. Der Verwalter darf sich nicht so weit von seinen Aufgaben entfernt haben, dass er für Außenstehende erkennbar außerhalb des allgemeinen Rahmens der ihm übertragenen Aufgaben gehandelt hat.[322] Auch für vertragliche Pflichtverletzungen bildet § 31 BGB die einschlägige Zurechnungsnorm.[323] Gleiches gilt beim Handeln eines Geschäftsführers. 114

5. Führungslose GmbH im Prozess

Legt der einzige Geschäftsführer einer GmbH sein Amt nieder, ist eine gegen die Gesellschaft gerichtete Klage mangels gesetzlicher Vertretung und daraus folgender **Prozessunfähigkeit** unzulässig (§ 52 Abs. 1 ZPO). Daran ändert § 35 Abs. 1 Satz 2 GmbHG nichts. Nach dieser Vorschrift wird die Gesellschaft bei einer Führungslosigkeit, also beim Fehlen eines Geschäftsführers, von ihren Gesellschaftern gesetzlich vertreten, wenn ihr ggü. Willenserklärungen abzugeben oder Schriftstücke zuzustellen sind. Das betrifft etwa die Zustellung der Klageschrift. Darin erschöpft sich die Prozessführung aber nicht. Einen Prozess kann die GmbH nur führen, wenn ihre Vertreter nicht nur zur Passivvertretung, sondern auch zur Aktivvertretung befugt sind, also auch Willenserklärungen mit Wirkung für die Gesellschaft abgeben können. Eine solche Rechtsmacht haben die Gesellschafter in den Fällen des § 35 Abs. 1 Satz 2 GmbHG nicht. Durch § 35 Abs. 1 Satz 2 GmbHG soll lediglich ermöglicht werden, dass der Gesellschaft auch dann Schriftstücke zugestellt werden können, wenn ihr Geschäftsführer sein Amt niedergelegt und die Gesellschaft damit keinen gesetzlichen Vertreter mehr hat. Nur diesen Zustellungsmangel wollte der Gesetzgeber heilen, nicht aber die Grundsätze der Prozessfähigkeit ändern. Dafür besteht auch kein Bedürfnis, weil – etwa im weiteren Verlauf eines durch Klagezustellung eingeleiteten Prozesses – der Mangel der Prozessfähigkeit durch Bestellung eines Notgeschäftsführers (§ 29 BGB) oder eines Prozesspflegers (§ 57 ZPO) geheilt werden kann.[324] 115

6. Insolvenz und Bestand der Gesellschaft

Gemäß § 60 Abs. 1 Nr. 4 GmbHG wird die GmbH durch Eröffnung des Insolvenzverfahrens aufgelöst. Die Gesellschaft besteht freilich nach der Insolvenzeröffnung als Rechtsträgerin grundsätzlich fort. Sie bleibt Inhaberin des Gesellschaftsvermögens, Gläubigerin der dazu gehörenden Ansprüche sowie Schuldnerin der Verbindlichkeiten. Die Verfahrenseröffnung wird im Handelsregister publiziert, so dass die Gesellschaft aufgelöst wird und ihren Zweck im Sinne einer Abwicklung ändert. Die aufgelöste Gesellschaft tritt in das Liquidationsstadium ein und besteht mit dem Liquidationszweck fort. Damit ist die Gesellschaft nicht erloschen, aber auch keine werbende Gesellschaft mehr. Die Rechts- und Parteifähigkeit der Gesellschaft bleibt ungeachtet eines Insolvenzverfahrens so lange erhalten, als sie über Vermögen verfügt.[325] 116

321 BGH, Urt. v. 16.3.2017 – IX ZR 253/15, ZInsO 2017, 827 Rn. 21.
322 BGH, NZI 2006, NZI 2006, 592 Rn. 3.
323 *Scholz/Bitter*, Vor § 64 Rn. 31.
324 BGH, ZInsO 2010, 2404 Rn. 11 ff.
325 VG Gießen, ZIP 2005, 2074, 2076.

a) Auflösung der Gesellschaft

117 Eine GmbH ist mit Insolvenzeröffnung aufgelöst (§ 60 Abs. 1 Nr. 4 GmbHG). Sie ist aber damit noch nicht vollbeendigt. Das Fehlen eines den Kosten entsprechenden liquiden Vermögens, das nach§ 207 InsO zur Einstellung des Insolvenzerfahrens führt (Masselosigkeit), ist mit der Vermögenslosigkeit nicht gleichzusetzen. Darum verliert die Gesellschaft noch nicht ihre Fähigkeit, vor Gericht zu klagen und verklagt zu werden. Eine Vertretung durch Liquidatoren erfolgt nach § 66 Abs. 1 GmbHG nicht in den Fällen der Gesellschaftsauflösung durch Insolvenz, solange dieses Verfahren schwebt.[326] Als Folge der Insolvenzeröffnung geht die Verwaltungs- und Verfügungsbefugnis auf den Insolvenzverwalter über (§ 80 InsO). Lediglich für den nicht auf den Insolvenzverwalter übergegangenen Restbereich an gesellschaftsrechtlichen Befugnissen bleiben die Zuständigkeiten des Geschäftsführers erhalten.[327] Ist eine GmbH infolge Zurückweisung eines Insolvenzantrags wegen Masselosigkeit aufgelöst worden (§ 60 Abs. 1 Nr. 5 GmbHG), kann die Gesellschaft gleichwohl mit der Behauptung, ihr stehe ein vermögensrechtlicher Anspruch zu, einen Aktivprozess führen. Insoweit gilt sie weiterhin als parteifähig.[328]

b) Liquidation der Gesellschaft

118 Mit der Auflösung ändert sich der Zweck der Gesellschaft von der werbenden Tätigkeit hin auf den Abwicklungszweck. In der sich nun anschließenden Liquidationsphase ist die Gesellschaft abzuwickeln. Ist dies geschehen und ein etwaiges Restvermögen an die Teilhaber ausgekehrt worden, ist die Gesellschaft mit ihrer Löschung im Handelsregister vollbeendet.

aa) Aufgabe des Insolvenzverwalters

119 Dem Insolvenzverwalter obliegt nach § 199 Satz 2 InsO grundsätzlich die Abwicklung der Gesellschaft.[329] Das Insolvenzverfahren dient allerdings vorrangig dazu, die Gläubiger des Schuldners gemeinschaftlich zu befriedigen, indem dessen Vermögen verwertet und der Erlös verteilt wird (§ 1 Abs. 1 InsO). Daraus folgt, dass das Ziel einer Vollbeendigung der Gesellschaft im Insolvenzverfahren jedenfalls dort zurücktreten muss, wo es in Widerspruch zu den Belangen der Gläubigergesamtheit gerät. Das berechtigte Interesse der Gläubiger, aus der Masse eine Befriedigung ihrer Ansprüche zu erhalten und deshalb möglichst die Entstehung von Verbindlichkeiten zu vermeiden, die das zur Verteilung zur Verfügung stehende Vermögen schmälern, hat im Rahmen der insolvenzrechtlichen Abwicklung unbedingten Vorrang.[330]

bb) Entbehrlichkeit einer Liquidation

120 Ist die Liquidation abgeschlossen und verteilbares Vermögen unstreitig nicht mehr vorhanden, ist die Gesellschaft materiell-rechtlich nicht mehr existent; auch mit begrenztem Zweck »gilt« sie nicht mehr als rechtsfähige Person »fortbestehend«, wie das zunächst nach der Auflösung der Fall war. Denn das dauerte nur bis zur Beendigung der Liquidation an. Da die Liquidation der Verwertung und Verteilung des verbliebenen Gesellschaftsvermögens dient, ist sie nach ihrem Zwecke beendet, wenn keine Liquidationsmasse mehr vorhanden ist.[331] Dies gilt auch dann, wenn die Löschung einer GmbH wegen Vermögenslosigkeit erfolgte und tatsächlich kein Vermögen, das (noch) zu verteilen sein könnte, vorhanden ist. Eine Liquidation hat nicht stattgefunden und kann auch nicht stattfinden, weil kein Aktivvermögen vorhanden ist. Die GmbH existiert infolge Vollbeendigung sachlich-rechtlich nicht mehr und kann deshalb auch nicht mehr rechtsfähig sein.[332] Eine

326 BGH, ZIP 1996, 842.
327 BGH, ZIP 1994, 1685; ZIP 1996, 842.
328 BGH, WM 2003, 969, 970.
329 *Witt*, in: *Gehrlein/Witt/Volmer*, GmbH-Recht in der Praxis, 3. Aufl., 10. Kap. Rn. 11.
330 BGH, BGHZ 163, 32, 35 f.
331 BGH, BGHZ 74, 212, 213.
332 BGH, ZIP 1981, 1268.

juristische Person ist unabhängig von ihrer Löschung im einschlägigen Register voll beendet und nicht mehr parteifähig, wenn sie aufgelöst worden ist und kein Vermögen mehr besitzt.[333]

c) Löschung der Gesellschaft

Die Löschung einer vermögenslosen GmbH nach § 394 Abs. 1 FamFG hat zur Folge, dass die Gesellschaft grundsätzlich ihre Rechtsfähigkeit verliert und damit nach § 50 Abs. 1 ZPO auch ihre Fähigkeit, Partei eines Rechtsstreits zu sein. Die Gesellschaft ist materiell-rechtlich nicht mehr existent. Nur wenn Anhaltspunkte dafür bestehen, dass noch verwertbares Vermögen vorhanden ist, bleibt die Gesellschaft trotz der Löschung rechts- und parteifähig.[334] Als Vermögen kommen etwa Ansprüche der insolventen GmbH gegen Geschäftsführer aus § 64 GmbHG in Betracht.[335] Die Löschung hat keine rechtsgestaltende Wirkung in den Sinn, dass sie die GmbH endgültig erlöschen lässt, sondern beurkundet nur eine Tatsache. Stellt sich nach der Löschung heraus, dass die Gesellschaft noch Vermögen hat, so wird nunmehr ihre Abwicklung durchgeführt.[336] Wertlose Aktiva und Forderungen, wegen derer nicht vollstreckt werden kann, sind kein verwertbares Vermögen. In solchen Fällen ist das Interesse des Gläubigers einer liquidierten und gelöschten Gesellschaft, für die lediglich abstrakte Möglichkeit, dass sich doch noch Zugriffsmasse findet, einen Vollstreckungstitel erwirken zu können, nicht schützenswert.[337] 121

Diese Grundsätze gelten auch bei Löschung einer GmbH im Handelsregister nach Durchführung des Insolvenzverfahrens. Sie steht der Anordnung einer Nachtragsverteilung ausnahmsweise nicht entgegen. Sofern noch Vermögen vorhanden ist, ist eine Gesellschaft trotz ihrer Löschung nicht beendet und bleibt für eine Nachtragsliquidation parteifähig. Entsprechend kann eine Nachtragsverteilung nach § 203 InsO angeordnet werden.[338] Folglich ist die Gesellschaft trotz der Löschung nicht beendigt.[339] 122

d) Fortsetzung der aufgelösten Gesellschaft

Wird eine Gesellschaft mit beschränkter Haftung durch die Eröffnung des Insolvenzverfahrens über das Vermögen der Gesellschaft aufgelöst, kann sie nur in den in § 60 Abs. 1 Nr. 4 GmbHG genannten Fällen fortgesetzt werden. Dies gilt auch dann, wenn die Gesellschaft über ein das satzungsgemäße Stammkapital übersteigendes Vermögen verfügt und alle Gläubiger im Insolvenzverfahren befriedigt wurden. 123

Gegen eine Fortsetzungsmöglichkeit in anderen als den in § 60 Abs. 1 Nr. 4 GmbHG genannten Fällen spricht der Umstand, dass der Wortlaut der Norm im Zuge der Insolvenzrechtsreform des Jahres 1994 nicht erweitert wurde Die Regelung in § 60 Abs. 1 Nr. 4 GmbHG ordnet nicht nur die Auflösung der Gesellschaft im Fall der Eröffnung des Insolvenzverfahrens über ihr Vermögen an, sondern sieht ausdrücklich die Möglichkeit der Fortsetzung vor, wenn das Verfahren auf Antrag der Gesellschaft gemäß §§ 212, 213 InsO eingestellt wird oder nach Bestätigung eines Insolvenzplans, welcher den Fortbestand der Gesellschaft vorsieht, aufgehoben wird. In diesen Fällen kann die Gesellschaft durch einen Fortsetzungsbeschluss der Gesellschafter nach allgemeinen Grundsätzen fortgesetzt werden. Der Gesetzgeber hat mit § 60 Abs. 1 Nr. 4 GmbHG zwei gangbare Wege aufgezeigt, die sowohl den Erhalt der Gesellschaft als auch deren weitere Teilnahme am Marktgeschehen ermöglichen.[340] 124

333 BGH, WM 1986, 145.
334 BGH, ZInsO 2015, 1411 Rn. 19.
335 BGH, WM 2000, 2158, 2159.
336 BGH, BGHZ 48, 303, 307.
337 BGH, ZInsO 2015, 1411 Rn. 19.
338 BGH, ZInsO 2014, 340 Rn. 7.
339 BGH, ZInsO 2015, 1396 Rn. 12.
340 BGH, ZInsO 2015, 1576 Rn. 7 ff.

125 Bei einer Beendigung des Insolvenzverfahrens nach Schlussverteilung gemäß § 200 InsO besteht demgegenüber regelmäßig kein fortsetzungsfähiges Unternehmen. Die Auflösungsfolge des § 60 Abs. 1 Nr. 4 GmbHG dient dem Gläubigerschutz und es ist im Regelfall nicht zu erwarten, dass die Gesellschaft in den nicht in § 60 Abs. 1 Nr. 4 GmbHG genannten Fällen nach Abschluss des Insolvenzverfahrens noch über maßgebliches Gesellschaftsvermögen verfügt, welches eine Fortsetzung der Gesellschaft ohne Gefährdung der Gläubiger rechtfertigen könnte.[341]

V. Insolvenzplan

126 Grds. bildet das Insolvenzverfahren ein Gesamtvollstreckungsverfahren. Durch die Einrichtung des **Insolvenzplanverfahrens** (§§ 217 ff. InsO) schafft das Gesetz die Möglichkeit, im Interesse der Gläubigerautonomie vom Regelverfahren abzuweichen. Der Insolvenzplan dient insb. dem Zweck, das insolvente Unternehmen zu erhalten (§ 1 Satz 1 InsO), und ist darum ein **Sanierungsinstrument**. Allerdings kann auch im Rahmen eines Insolvenzplans eine Liquidation des Unternehmens erfolgen. Allerdings bietet das Insolvenzplanverfahren auch die Möglichkeit einer gesellschaftsrechtlichen Umstrukturierung des Unternehmens und bildet deshalb das »gesellschaftsrechtliche Kernstück« des Insolvenzrechts.[342] Zulässig sind auch verfahrensleitende bzw. verfahrensbegleitende Insolvenzpläne, die das Regelinsolvenzverfahren lediglich in Verfahrensfragen ergänzen, aber nicht ersetzen.

1. Gang des Verfahrens

127 Die Befriedigung der Gläubiger, die Verwertung der Masse und die Haftung des Schuldners nach der Beendigung des Insolvenzverfahrens können nach § 217 InsO in einem Insolvenzplan abweichend von den sonstigen Vorschriften der InsO geregelt werden. Nach § 217 Satz 2 InsO können, wenn sich das Verfahren gegen eine juristische Person richtet, auch die Anteils- oder Mitgliedschaftsrechte der an dem Schuldner beteiligten Personen in den Plan einbezogen werden. Am Insolvenzplanverfahren wirken mithin nicht mehr nur der Schuldner und seine Gläubiger, sondern die Gesellschafter als zusätzliche Beteiligte mit.[343] Zur Vorlage eines Insolvenzplans sind der **Insolvenzverwalter** und der **Schuldner** berechtigt (§ 218 Abs. 1 InsO). In dem Plan sind – abhängig von ihrer jeweiligen Rechtsstellung – **Beteiligtengruppen** zu bilden (§ 222 InsO); innerhalb der jeweiligen Gruppe sind die einzelnen Gläubiger gleichzubehandeln (§ 226 Abs. 1 InsO). Die Inhaber von Anteils- und Mitgliedschaftsrechten sind bei der Gruppenbildung und Abstimmung nur zu berücksichtigen, wenn durch den Plan tatsächlich in ihre Rechte eingegriffen wird.[344] Sie genießen damit wie auch die Gläubiger Minderheitenschutz und haben das Recht, sich gegen den Plan mit Rechtsmitteln zu wehren. Der Insolvenzplan wird von dem Gericht geprüft und im Fall schwerwiegender Mängel zurückgewiesen (§ 231 InsO). Wird er nicht von dem Gericht zurückgewiesen, bedarf er der Annahme durch die Beteiligten und der Zustimmung des Schuldners (§§ 235 ff. InsO). Der Anschließend hat das Gericht den Plan zu bestätigen (§ 248 InsO); erlangt der Beschluss Rechtskraft, treten die in dem Plan festgelegten Wirkungen für und gegen alle Beteiligten ein (§ 254 InsO). Der Insolvenzplan ist seiner Rechtsnatur nach den **Rechtsgeschäften** zuzuordnen.

2. Inhalt des Insolvenzplans

128 Der Insolvenzplan besteht nach § 219 Satz 1 InsO aus einem darstellenden und gestaltenden Teil. Ferner kann eine Vermögensübersicht sowie ein Ergebnis- und Finanzplan (§ 229 InsO) nebst Anlagen hinzutreten. Soweit gesetzliche Vorschriften nicht der Disposition der Gläubiger unterliegen und die Vorschriften über den Insolvenzplan keine von den gesetzlichen Vorschriften abweichenden Regelungen ermöglichen, führt eine gleichwohl in einen Insolvenzplan

341 BGH, ZInsO 2015, 1576 Rn. 12.
342 *K. Schmidt*, BB 2011, 1603, 1607.
343 *Hirte/Knof*, DB 2011, 632, 637.
344 BT-Drucks. 17/5712, S. 30.

aufgenommene Bestimmung dazu, dass der Insolvenzplan gegen die Vorschriften über den Inhalt des Insolvenzplans verstößt. Voraussetzung für die Zulässigkeit des Planinhalts ist immer, dass nur plandispositive Gegenstände geregelt werden. Von planfesten Vorschriften, die auch dann zwingend zu beachten sind, wenn die Befriedigung der Insolvenzgläubiger über einen Insolvenzplan erfolgen soll, darf nicht abgewichen werden, es sei denn, es bestehen Sondervorschriften, die eine Abweichung ausdrücklich zulassen. Diejenigen Vorschriften, welche das Insolvenzplanverfahren selbst regeln, werden von § 217 InsO nicht genannt und unterliegen deshalb nicht einer gestaltenden Regelung.[345] § 217 InsO dient dazu, die Arten von Regelungen festzulegen, die in einem Insolvenzplan getroffen werden können. Der Insolvenzplan ist mithin die privatautonome, den gesetzlichen Vorschriften entsprechende Übereinkunft der mitspracheberichtigten Beteiligten über die Verwertung des haftenden Schuldnervermögens unter voller Garantie des Werts der Beteiligungsrechte.[346]

a) Darstellender Teil

Im darstellenden Teil ist gem. § 220 Abs. 1 InsO zu beschreiben, welche Maßnahmen nach der Eröffnung des Insolvenzverfahrens getroffen worden sind oder noch getroffen werden sollen, um die Grundlagen für die geplante Gestaltung der Rechte der Beteiligten zu schaffen. Danach sind alle diejenigen Angaben unerlässlich, welche die Gläubiger für ein sachgerechtes Urteil über den Insolvenzplan, gemessen an ihren eigenen Interessen, benötigen. Ein gewisser Grundbestand an Informationen muss im darstellenden Teil grundsätzlich enthalten sein und darf nur ausnahmsweise entfallen.[347] Da nach § 220 Abs. 2 InsO Angaben zu den Grundlagen und Auswirkungen des Plans zu machen sind, muss er sich zur **Vermögens-, Finanz- und Ertragslage** des Unternehmens äußern. Falls eine Sanierung vorgesehen ist, bedarf es einer **Erläuterung des Sanierungskonzepts** auch im Blick auf Änderungen der Rechtsform, der Satzung oder der Beteiligungsverhältnisse. Betriebsänderungen im Blick auf Stilllegung von Betriebsteilen sowie personelle Maßnahmen wie eine Entlassung von Teilen der Belegschaft sind offenzulegen. Überdies hat der Plan die beabsichtigte Art der Verwertung zu bezeichnen, die in einer Liquidation, einer Sanierung des Unternehmensträgers oder einer übertragenden Sanierung bestehen kann. Es ist anzugeben, inwieweit von den gesetzlichen Verwertungsregeln abgewichen werden soll. Zu den wesentlichen Entscheidungsgrundlagen gehört auch eine **Vergleichsrechnung**, welche Befriedigung die Gläubiger ohne den Insolvenzplan zu erwarten haben. Sollen sich die wesentlichen Vorteile des Plans darin manifestieren, dass Arbeitsplätze erhalten werden und für die Gläubiger der Vertragspartner nicht entfällt, bedarf es einer Begründung, wie sich die Situation im Regelinsolvenzverfahren darstellen würde.[348] Da das Gesetz auf dem Grundgedanken beruht, dass kein Beteiligter durch den Insolvenzplan schlechter als ohne ihn gestellt werden darf (§ 245 Abs. 1 Nr. 1, § 247 Abs. 2 Nr. 1, § 251 Abs. 1 Nr. 2 InsO), erläutert die Vergleichsrechnung den Umfang der Gläubigerbefriedigung bei einer Verwertung der Masse mit und ohne Plan und unterrichtet die Gläubiger folglich, inwieweit der Plan ihre Befriedigungsaussichten verbessert. Nähere Angaben sind darum für die Vergleichsberechnung erforderlich, inwieweit der Plan die Befriedigungschancen der Gläubiger verändert. Hierbei ist der Umfang der Masse von wesentlicher Bedeutung. Anzugeben sind jedenfalls die Werte, die im Verhältnis zur Größe des Verfahrens von Bedeutung sind für die Meinungsbildung der Gläubiger und des Gerichts Der darstellende Teil des Insolvenzplans leidet an einem erheblichen Mangel, wenn die Vergleichsrechnung mit mehreren Fehlern behaftet ist, die für die Gläubigerbefriedigung von Bedeutung sind.[349] 129

345 BGH, WM 2018, 1105 Rn. 23 f.
346 BGH, WM 2018, 1105 Rn. 23.
347 BGH, ZInsO 2015, 1398 Rn. 29.
348 BGH, ZInsO 2015, 1398 Rn. 30.
349 BGH, WM 2018, 1105 Rn. 33 ff.

b) Gestaltender Teil

aa) Reichweite der Gestaltungsmacht

130 Gegenstand des Insolvenzplans ist die Befriedigung der absonderungsberechtigten Gläubiger und der Insolvenzgläubiger, die Verwertung der Insolvenzmasse und deren Verteilung an die Beteiligten sowie die Haftung des Schuldners nach Beendigung des Insolvenzverfahrens. Der gestaltende Teil legt fest, wie die Rechtsstellung der Beteiligten – des Schuldners, der absonderungsberechtigten Gläubiger, der sonstigen Insolvenzgläubiger und der Gesellschafter (§ 217 InsO) – durch den Plan geändert werden soll (§ 221 InsO). Massegläubiger sind nach den gesetzlichen Regeln keine Beteiligten des Planverfahrens (§ 221 Satz 1 InsO). Vergütungsansprüche des Insolvenzverwalters können als Masseverbindlichkeiten nicht Gegenstand eines Insolvenzplans sein.[350] Der Schuldner oder Insolvenzverwalter, der einen Insolvenzplan vorlegt, ist nicht verpflichtet, in dem darstellenden Teil die möglichen **Versagungsgründe für die Restschuldbefreiung** darzulegen. Eine rechtskräftige Verurteilung wegen Insolvenzstraftaten ist zu offenbaren, wenn nach dem Insolvenzplan der Schuldner selbst oder bei einer juristischen Person deren organschaftlicher Vertreter das Unternehmen fortführen sollen. Dann könnten frühere Straftaten erhebliche Bedenken gegen seine Zuverlässigkeit wecken und zugleich Zweifel an den Erfolgsaussichten des Plans begründen.[351] In einem Insolvenzplan kann nicht geregelt werden, nach welchem Modus die Forderungen der Gläubiger zu berechnen sind. Die Vorschriften über die Feststellung der Forderungen der Insolvenzgläubiger können in einem Insolvenzplan nicht abbedungen werden.[352] Modifiziert werden können dagegen die Vorschriften über die **Verteilung** (§ 217 InsO). Der Insolvenzplan kann darum vorsehen, dass die Gläubiger wirksam bestrittener Forderungen binnen einer bestimmten Ausschlussfrist Tabellenfeststellungsklage erheben müssen, andernfalls die Forderung bei der Verteilung nicht berücksichtigt wird. Die Klagefrist beginnt jedoch erst mit Rechtskraft des Beschlusses zu laufen, der den Insolvenzplan bestätigt.[353] In den gestaltenden Teil des Insolvenzplans (§ 221 Satz 2 InsO) kann gemäß § 259 Abs. 3 Satz 1 InsO eine Regelung aufgenommen werden, die dem Insolvenzverwalter nach Bestätigung des Insolvenzplans und Aufhebung des Insolvenzverfahrens die Befugnis verleiht, einen anhängigen Anfechtungsrechtsstreit fortzuführen. Die auf einen noch nicht beendeten, »anhängigen Rechtsstreit« zugeschnittene Regelung erlaubt aber nicht, eine Anfechtungsklage erst nach Aufhebung des Verfahrens einzuleiten. Ein anhängiger Rechtsstreit im Sinne des § 259 Abs. 3 Satz 1 InsO scheidet auch dann aus, wenn zum Zeitpunkt der Verfahrensaufhebung lediglich eine Anfechtungsklage eingereicht, aber noch nicht zugestellt ist.[354] Der Verwalter kann nach § 221 Satz 2 InsO durch den gestaltenden Teil des Insolvenzplans dazu **bevollmächtigt** werden, die zur Umsetzung notwendigen Maßnahmen zu ergreifen und offensichtliche Fehler zu berichtigen. Eine solche Korrektur bedarf aber gem. § 248a InsO der Bestätigung durch das Insolvenzgericht, das zuvor einen bestehenden Gläubigerausschuss, die Gläubiger und die Anteilseigner, sofern ihre Rechte berührt sind, und den Schuldner anzuhören hat. Ein Insolvenzplan kann nicht vorsehen, dass ein anwaltlicher Treuhänder nach Verfahrensaufhebung eine Masseforderung zum Zwecke einer Nachtragsverteilung zugunsten der Gläubigergesamtheit einzieht. Kann der Insolvenzverwalter auf der Grundlage eines Insolvenzplans infolge der Regelung des § 259 Abs. 3 Satz 1 InsO nur bereits anhängige Insolvenzanfechtungsprozesse nach Verfahrensende weiterverfolgen, kann einem Treuhänder durch einen Insolvenzplan nicht die Befugnis verliehen werden, nach Verfahrensaufhebung eine Forderung des Schuldners klageweise im Interesse der Gläubigergesamtheit einzuziehen.[355] Da § 259 Abs. 1 InsO infolge seiner zwingenden Natur eine nur partielle Wiedererlangung der

350 BGH, Beschl. v. 16.2.2017 – IX ZB 103/15, WM 2017, 489 Rn. 23.
351 BGH, ZInsO 2012, 173 Rn. 8 ff.
352 BGH, NJW-RR 2009, 839 Rn. 25, 26.
353 BGH, ZInsO 2010, 1448 Rn. 9, 12.
354 BGH, WM 2018, 1105 Rn. 16.
355 BGH, WM 2018, 1105 Rn. 21 ff.

Verfügungsbefugnis des Schuldners nach Aufhebung des Insolvenzverfahrens nicht zulässt, scheidet im Insolvenzplanverfahren eine **Nachtragsverteilung** aus.[356]

bb) Einbeziehung der Anteilsrechte in den Plan

(1) Rechtliche Ausgangslage

Umstrukturierungsmaßnehmen, die wie Kapital- und Umwandlungsmaßnahmen den Gesellschaftern vorbehalten sind, konnte der Insolvenzplan bislang nicht anordnen, allerdings seine Bestätigung von einer Umsetzung dieser Maßnahmen abhängig machen (§ 249 InsO). Die für die Reorganisation des Unternehmens erforderlichen Änderungen der rechtlichen Verhältnisse der Gesellschaft konnten folglich nur i.R.d. § 249 InsO durch einen bedingten Insolvenzplan umgesetzt werden. Dies lief darauf hinaus, dass ein Gesellschafterrechte berührender Insolvenzplan erst bestätigt werden kann, wenn er gesellschaftsrechtlich – etwa durch einen Fortsetzungsbeschluss, eine Kapitalerhöhung oder eine Auswechslung der Gesellschafter – umgesetzt ist. Insb. auf die **gesellschaftsrechtlichen Strukturen** des Insolvenzschuldners konnte der Insolvenzplan keine Auswirkungen haben. Derartige Maßnahmen mussten vielmehr außerhalb des Insolvenzplanverfahrens getroffen werden. Im Insolvenzplan konnte allerdings vorgesehen werden, dass vor der Bestätigung des Plans bestimmte Leistungen erbracht oder andere Maßnahmen verwirklicht werden sollen. Dies können auch Leistungen Dritter wie der Vorzugsaktionäre sein.[357] Eine – die Rechte der bisherigen Gesellschafter nicht beeinträchtigende – übertragende Sanierung wird den Interessen der Gläubiger vielfach nicht gerecht, weil an den Rechtsträger gebundene Berechtigungen wie **Lizenzen, öffentlichrechtliche Genehmigungen, vorteilhafte langfristige Verträge** oder Verlustvorträge auf ein Nachfolgeunternehmen nicht übergehen.[358] Deswegen eröffnet der Gesetzgeber nunmehr durch § 225a InsO Befugnisse, in Rechte der Gesellschafter des Schuldnerunternehmens einzugreifen. 131

(2) Die Neukonzeption des § 225a InsO

Der Paradigmenwechsel zum bisherigen Recht kommt in § 225a Abs. 1 InsO zum Ausdruck, wonach die Mitgliedschaftsrechte nur unberührt bleiben, wenn der Insolvenzplan nichts anderes bestimmt. § 225a Abs. 2 InsO ermöglicht den von der Praxis gewünschten **Dept-Equaty-Swap**, nämlich **die Umwandlung der Forderungen** von Gläubigern in **Anteils- oder Mitgliedschaftsrechte** an dem Schuldner. Im Insolvenzplan kann nunmehr gem. § 225a Abs. 3 InsO **jede Regelung** getroffen werden, die **gesellschaftsrechtlich zulässig** ist, insb. die Fortsetzung einer aufgelösten Gesellschaft oder die Übertragung von Anteils- oder Mitgliedschaftsrechten.[359] Danach kann beschlossen werden, dass Stammeinlagen auf einen Kapitalerhöhungsbetrag durch Leistung von Sacheinlagen übernommen werden können. Kapitalerhöhungen und -herabsetzungen, die Gewährung von Sacheinlagen und der Ausschluss des Bezugsrechts kommen in Betracht.[360] Gegenstand der Sacheinlage können nicht nur – wie in § 225a Abs. 2 InsO vorgesehen – Forderungen gegen die Gesellschaft, sondern alle sacheinlagefähigen Vermögensgüter sein.[361] 132

(3) Dept-Equaty-Swap

§ 225a Abs. 2 InsO sieht die Umwandlung von Fremdkapital in Eigenkapital vor. Auf diese Weise geht das Eigentum an dem Unternehmen auf die Gläubiger über, denen es im Fall einer Überschuldung wirtschaftlich bereits gehört.[362] Dies geschieht **außerhalb des Insolvenzverfahrens** durch einen Beschluss der Altgesellschafter, nach dessen Inhalt das Kapital – unter Umständen bis auf 133

356 BGH, WM 2018, 1105 Rn. 30.
357 BGH, NZI 2010, 603 Rn. 22, 23.
358 *Braun/Heinrich*, NZI 2011, 505, 508.
359 *Braun/Heinrich*, NZI 2011, 505, 507.
360 *Willemsen/Rechel*, BB 2011, 834, 839.
361 *Hirte/Knof/Mock*, DB 2011, 632, 638.
362 *Braun/Heinrich*, NZI 2011, 505, 508.

Null – herabgesetzt wird. Dadurch kann die einzubringende Forderung in ein angemessenes Verhältnis zum Wert des Unternehmens gebracht werden. Bei der anschließenden **Kapitalerhöhung** wird die Forderung des Gläubigers entsprechend ihrem Wert als Sacheinlage eingebracht. Anschließend erlischt die Forderung durch Konfusion oder aufgrund eines Erlassvertrages (§ 397 BGB).[363] Diese Vorgehensweise setzt jedoch gesellschaftsrechtlich das **Einverständnis der Altgesellschafter** voraus, die sich – um die Hereinnahme der Gläubiger als Gesellschafter verwirklichen zu können – einem ihre eigenen Anteilsrechte verwässernden Bezugsrechtsausschluss unterwerfen müssen.[364] Damit einerseits die Umwandlung von Fremd- in Eigenkapital ein funktionstaugliches Sanierungsinstrument wird, andererseits die Rechte der Alteigentümer hinreichend gewahrt werden, soll die Umwandlung in den **gestaltenden Teil** des Insolvenzplans eingestellt werden können. Die Inhaber von Anteils- oder Mitgliedschaftsrechten am Schuldner sind so als Beteiligte in das Insolvenzplanverfahren eingebunden und können als eigene Gruppe über den Plan und damit über den Forderungsumtausch abstimmen.

134 Im Plan ist im Einzelnen zu regeln, wie die Umwandlung einer Forderung in Eigenkapital technisch umgesetzt werden soll. Dies erfolgt – wie auch außerhalb des Insolvenzverfahrens – durch eine **Kapitalherabsetzung** mit anschließender **Kapitalerhöhung**, wobei die **Forderung als Sacheinlage** eingebracht wird. Einem **Kapitalschnitt**, durch den das Kapital um den durch Wertminderungen und Verluste aufgezehrten Teil herabgesetzt wird, folgt die Einlage der Forderung gegen die insolvente Gesellschaft.[365] Es ist allgemein anerkannt, dass auch Forderungen, die gegen die Gesellschaft selbst gerichtet sind, als Sacheinlage einlagefähig sind. Die Einbringung erfolgt entweder durch eine **Forderungsübertragung**, wobei die Forderung durch Konfusion erlischt, oder durch einen **Erlassvertrag**. Zugleich sind Regelungen für evtl. bestellte Sicherheiten zu treffen. Ein Gläubiger, dessen Forderung gesichert ist, wird sich regelmäßig überlegen müssen, ob er einer Umwandlung seiner Forderung in einen Anteil zustimmt und hierdurch möglicherweise seine Sicherung verliert oder ob er seine Forderung behält und den Ausfall beim Sicherungsgeber geltend macht. Es ist im Plan insb. anzugeben, welche **Kapitalmaßnahmen** durchgeführt werden sollen, mit welchem Wert ein Anspruch anzusetzen ist und wem das Bezugsrecht zustehen soll. Zur Frage der **Werthaltigkeit des Anspruchs** sind ggf. Gutachten einzuholen. Die Werthaltigkeit der Forderung wird aufgrund der Insolvenz des Schuldners regelmäßig reduziert sein, und der Wert wird nicht dem buchmäßigen Nennwert entsprechen, sondern deutlich darunter liegen.[366] Hierbei kann auch die **Quotenerwartung** berücksichtigt werden. Der Insolvenzplan hat eine entsprechende **Wertberichtigung** vorzusehen. Zugleich muss für die Kapitalerhöhung, die vom Inferenten übernommen wird, ein **Bezugsrechtsausschluss zulasten der Anteilsinhaber** geregelt werden.[367] Ist eine Kapitalherabsetzung beabsichtigt, so sind die zugrunde liegenden Wertminderungen und sonstige Verluste nach den Vorschriften des Handelsgesetzbuches zu ermitteln und zu erläutern, die für den Jahresabschluss gelten. Zu ihrer Wirksamkeit müssen die im Insolvenzplan gefassten Beschlüsse in das jeweilige **Handels-, Genossenschafts-, Partnerschafts- oder Vereinsregister** eingetragen werden. Dies obliegt regelmäßig den Organen des Schuldners. Zur Vereinfachung des Verfahrens wird der **Insolvenzverwalter** jedoch ermächtigt, die Anmeldungen anstelle der Organe selbst zu veranlassen (vgl. § 254a Abs. 2 InsO).[368]

135 Den Gläubigern, die durch eine Umwandlung ihrer Forderungen zu Anteilsinhabern werden, kommt das **Sanierungsprivileg** des § 39 Abs. 4 Satz 2 InsO und ggf. das **Kleinbeteiligungsprivileg** des § 39 Abs. 5 InsO zugute. Erwirbt der Gläubiger die Anteile aufgrund eines Debt-Equity-Swap in einem Insolvenzplan, ist davon auszugehen, dass sie zum Zweck der Sanierung i.S.d. § 39 Abs. 4 InsO erworben wurden.[369] Das Sanierungsprivileg kann insb. **Bedeutung** erlangen, wenn

---

363 *Meyer/Degener*, BB 2011, 846, 847.
364 *Meyer/Degener*, BB 2011, 846, 847.
365 Vgl. *Hirte/Knof/Mock*, DB 2011, 632, 638; *Bauer/Dimmling*, NZI 2011, 517, 518.
366 *Hirte/Knof/Mock*, DB 2011, 632, 642; vgl. *Willemsen/Rechel*, BB 2011, 834, 839.
367 *Hirte/Knof/Mock*, DB 2011, 632, 638.
368 BT-Drucks. 17/5712, S. 31 f.
369 BT-Drucks. 17/5712, S. 32.

der Gläubiger nicht seine gesamte Forderung als Gesellschaftsanteil einbringt oder der Gesellschaft nach dem Anteilserwerb ein Darlehen gewährt.[370]

136 Werden Anteilsrechte in einen Insolvenzplan einbezogen, so muss im Fall ihrer Einziehung eine **finanzielle Kompensation** vorgesehen werden, sofern die Anteile noch werthaltig sind.[371] Hierfür hat der **Plan** nach § 251 Abs. 3 InsO ggf. die **erforderlichen Mittel** zur Verfügung zu stellen. Allerdings ist im Insolvenzverfahren **regelmäßig von einer Wertlosigkeit** der Anteile auszugehen. In diesem Fall ist auch eine **Entschädigung nicht erforderlich**. Der verfassungsrechtliche Eigentumsschutz der betroffenen Anteilsinhaber wird durch die Regelungen zum Minderheitenschutz und zum Rechtsmittel gegen die Planbestätigung in den §§ 245, 251 und 253 InsO gewährleistet. Damit ist sichergestellt, dass ein Anteilsinhaber für einen Verlust seines Anteilsrechts eine angemessene Entschädigung erhält. Eine Entschädigung ist nach § 251 Abs. 3 Satz 2 InsO **außerhalb des Insolvenzverfahrens** geltend zu machen, damit keine Verzögerung eintritt.[372] § 225a Abs. 4 InsO sieht ausdrücklich vor, dass die Maßnahmen nach § 225a Abs. 2 und 3 InsO Vertragspartner nicht zu einer Vertragskündigung berechtigen. Dadurch soll der breitflächigen Beendigung von Vertragsverhältnissen vorgebeugt werden. Unberührt bleiben vertragliche Regelungen, welche die Beendigung des Vertrages an Pflichtverletzungen des Schuldners knüpfen, die nicht mit Maßnahmen nach § 225a Abs. 2 und 3 InsO in Zusammenhang stehen. Schließlich regelt § 225a Abs. 5 die Abfindung von Gesellschaftern, die im Zuge von Maßnahmen nach § 225a Abs. 2 und 3 InsO ihre Mitgliedschaft fristlos kündigen. Im Interesse des Sanierungserfolgs richtet sich ihre Abfindung nach der Vermögenslage der Gesellschaft, die sich bei einer Abwicklung ergeben hätte. Überdies kann die Fälligkeit von Abfindungszahlungen hinausgeschoben werden.

cc) Bevorrechtigte Gläubiger

137 Die Rechte **absonderungsberechtigter Gläubiger** werden im Zweifel durch den Plan nicht berührt (§ 223 InsO). In Rechte aussonderungsberechtigter Gläubiger und Massegläubiger, die nicht zu den Beteiligten gehören, wie auch sonstiger Dritter kann der Plan nicht eingreifen (§ 223 InsO). Damit sind etwa **Sanierungsbeiträge** absonderungsberechtigter Gläubiger bzw. Teilverzichte und Teilstundungen von Forderungen gemeint. Eingriffe in ihre Rechte können die Bestätigung des Insolvenzplans gefährden, wenn sie schlechtergestellt werden (§ 251 InsO). Es sind mindestens drei **Gruppen von Insolvenzgläubigern** zu bilden: Die absonderungsberechtigten Gläubiger, wenn in deren Rechte eingegriffen werden soll, die einfachen Insolvenzgläubiger und die nachrangigen Insolvenzgläubiger innerhalb der jeweiligen Rangklassen, soweit deren Forderungen nicht als erlassen gelten sollen (§ 222 Abs. 1 Nr. 1 bis 3 InsO). Es können weitere Gruppen gebildet werden (§ 222 Abs. 2 InsO), insb. die Arbeitnehmer, wenn sie in erheblichem Maße als Gläubiger beteiligt sind, in einer Gruppe zusammengefasst werden (§ 222 Abs. 3 InsO). § 222 Abs. 1 Nr. 4 InsO gestattet nunmehr auch die Einbeziehung der **Gesellschafter**, wenn deren Anteilsrechte in den Plan einbezogen werden. Innerhalb der jeweiligen Gruppe gilt der **Grundsatz der Gleichbehandlung** der Gläubiger (§ 226 Abs. 1 InsO); allerdings kann eine unterschiedliche Behandlung im Einverständnis der betroffenen vorgesehen werden (§ 226 Abs. 2 InsO).

dd) Nachrangige Gläubiger

138 Die **Forderungen nachrangiger Gläubiger** – also etwa der Gesellschafter als Darlehensgeber (§ 39 Abs. 1 Nr. 5 InsO) – gelten als erlassen, soweit der Plan nichts anderes vorsieht (§ 225 Abs. 1 InsO). Gleiches gilt in der Insolvenz einer AG für unselbstständige Ansprüche von Vorzugsaktionären auf Nachzahlung von Vorzugsdividenden.[373] Der Schuldner gilt im Zweifel von seinen Schulden befreit, nachdem er die im gestaltenden Teil vorgesehene Befriedigung seiner Gläubiger bewirkt hat

370 *Meyer/Degener*, BB 2011, 846, 848.
371 *Bauer/Dimmling*, NZI 2011, 517, 518.
372 BT-Drucks. 17/5712, S. 32; *Bauer/Dimmling*, NZI 2011, 517, 518.
373 BGH, NZI 2010, 603 Rn. 27 ff.

(§ 227 Abs. 1 InsO).[374] Zugleich erlischt eine Gesellschafterhaftung (§ 227 Abs. 2 InsO). Insofern führt der Plan zu einer Restschuldbefreiung des Schuldners. Allerdings kommt nach Bestätigung des Insolvenzplans und Aufhebung des Insolvenzverfahrens eine weitere Stundung der Verfahrenskosten nicht in Betracht.[375]

ee) Differenzierung der Beteiligtengruppen

139 Gem. § 222 Abs. 2 InsO können aus den Gläubigern mit **gleicher Rechtsstellung** Gruppen gebildet werden, in denen Gläubiger mit gleichartigen wirtschaftlichen Interessen zusammengefasst werden. In Rechtsprechung und Literatur wird folgerichtig nicht in Zweifel gezogen, dass innerhalb der nach § 222 Abs. 1 InsO zu bildenden, sich an der Rechtsstellung der Beteiligten ausrichtenden Gruppen weiter differenziert werden kann, wenn diese Gruppen sachgerecht voneinander abgegrenzt werden und der Plan die Kriterien für die Abgrenzung wiedergibt (§ 222 Abs. 2 Satz 2 und 3 InsO).[376] Aus dem Insolvenzplan muss sich ergeben, nach welchen Vorschriften die Gruppen gebildet worden sind. Weiter sind die Kriterien der Abgrenzung im Plan anzugeben und die für die Gruppenbildung nach § 222 InsO maßgeblichen Erwägungen zu erläutern. Es muss dargelegt werden, auf Grund welcher gleichartiger insolvenzbezogener wirtschaftlicher Interessen eine bestimmte Gruppe gebildet wurde und ob alle Beteiligten, deren wichtigsten insolvenzbezogenen wirtschaftlichen Interessen übereinstimmen, derselben Gruppe zugeordnet wurden. Fehlen solche Erläuterungen, ist der Plan nach § 231 Abs. 1 InsO wegen eines Verstoßes gegen § 222 Abs. 2 Satz 3 InsO zurückzuweisen.[377] Der Insolvenzplan darf keine Präklusionsregeln vorsehen, durch welche die Insolvenzgläubiger, die sich am Insolvenzverfahren nicht beteiligt haben, mit ihren Forderungen in Höhe der vorgesehenen Quote ausgeschlossen sind. Solche Regelungen verstoßen gegen den Grundsatz, dass innerhalb jeder Gruppe allen Beteiligten gleiche Rechte anzubieten sind.[378] Die Inhaber von Anteils- oder Mitgliedschaftsrechten am Schuldner sind bei der Abstimmung über den Insolvenzplan nach § 220 Abs. 2 InsO zu beteiligen, wenn in ihre **Rechte** durch den Plan **eingegriffen** werden soll. Der Kreis der Personen, die über die Zustimmung zum Plan entscheiden, ist deshalb über die Gläubiger hinaus entsprechend zu erweitern; die entsprechenden Angaben sind in den darstellenden Teil des Plans aufzunehmen. § 222 Abs. 1 Satz 2 Nr. 4 InsO stellt klar, dass die am Schuldner beteiligten Personen eine **eigene Gruppe** (oder mehrere eigene Gruppen) bilden, wenn durch den Insolvenzplan in ihre Anteils- oder Mitgliedschaftsrechte eingegriffen werden soll.[379] Es können **verschiedene Gruppen gebildet** werden, in denen Anteilsinhaber mit gleichartigen wirtschaftlichen Interessen zusammengefasst werden. Voraussetzung ist, dass innerhalb dieses Personenkreises sachgerechte Abgrenzungskriterien im Hinblick auf die wirtschaftliche Interessenlage bestehen.[380]

ff) Vollstreckbarkeit – Widerspruchsfreiheit

140 Ein Insolvenzplan entbehrt der erforderlichen Klarheit und Widerspruchsfreiheit, wenn zwar eine feste Insolvenzquote bestimmt wird, ihre Fälligkeit aber von aufschiebenden Bedingungen abhängt, die tatsächlich nicht eintreten können und die gebotene Vollstreckungsfähigkeit in Frage stellen. Der Grundsatz der Klarheit gebietet den Verzicht auf mehrdeutige und folglich irreführende Regelungen, die einen falschen Eindruck erwecken können. Die Planvorschläge erfordern eine widerspruchsfreie Konzeption und müssen ihrem Inhalt nach so gefasst werden, dass sie weder Widersprüche noch Zweifel aufkommen lassen, welche etwa die künftige Vollstreckbarkeit

---

374 BGH, WM 2011, 1082 Rn. 11.
375 BGH, WM 2011, 1082 Rn. 11.
376 BGH, Beschl. v. 10.1.2008 – IX ZB 97/07 (unveröffentlicht).
377 BGH, ZInsO 2015, 1398 Rn. 10.
378 BGH, ZInsO 2015, 1398 Rn. 11 ff.
379 *Braun/Heinrich*, NZI 2011, 505, 507.
380 BT-Drucks. 17/5712, S. 31.

beeinträchtigen können. Die einzelnen Regelungen des gestaltenden Teils müssen Art, Zeit und Umfang der Gläubigerbefriedigung eindeutig und umfassend festlegen.[381]

Ein Insolvenzplan kann mit einer aufschiebenden oder eine auflösende Bedingung (§ 158 Abs. 1 BGB) verknüpft werden. Eine unmögliche Bedingung liegt vor, wenn eine Übereinkunft mit einer Bedingung verbunden wird, von der feststeht, dass sie sich nicht verwirklichen kann.[382] Das Gesetz geht, wie insbesondere § 726 Abs. 1 ZPO entnommen werden kann, davon aus, dass der Bestimmtheit und Vollstreckbarkeit eines Titels genügt sein kann, wenn seine Durchsetzung vom Eintritt einer bestimmten Tatsache abhängt, wozu insbesondere der Eintritt einer aufschiebenden Bedingung gehört.[383] Eine Vollstreckung kann jedoch nur stattfinden, wenn das maßgebliche Ereignis einer aufschiebenden Bedingung ungewiss ist, aber eintreten kann. Fehlt es daran, ist der Titel nicht vollstreckungsfähig.[384] 141

gg) Restschuldbefreiung

Im Insolvenzplanverfahren ist ein entsprechender Beschluss nicht vorgesehen. Vielmehr wird das Insolvenzverfahren aufgehoben, sobald die Bestätigung des Insolvenzplans rechtskräftig ist (§ 258 InsO). Der Schuldner wird gemäß § 227 Abs. 1 InsO mit der im gestaltenden Teil des Insolvenzplans vorgesehenen Befriedigung der Insolvenzgläubiger von seinen restlichen Verbindlichkeiten gegenüber diesen Gläubigern befreit.[385] 142

3. Planverfahren

a) Vorprüfung

Nur der **Insolvenzverwalter** und der **Schuldner** sind berechtigt, dem Insolvenzgericht einen Insolvenzplan vorzulegen (§ 218 Abs. 1 InsO). Die **Gläubiger** selbst haben kein Initiativrecht; jedoch kann die Gläubigerversammlung den Verwalter beauftragen, einen Insolvenzplan auszuarbeiten (§ 157 Satz 2 InsO). An der Aufstellung eines von dem Verwalter zu errichtenden Plans wirken – falls vorhanden – der **Gläubigerausschuss**, der **Betriebsrat**, der **Sprecherausschuss der leitenden Angestellten** und der **Schuldner** beratend mit (§ 218 Abs. 3 InsO). Der erstellte Insolvenzplan, der nur bei Einreichung bis zum Schlusstermin berücksichtigt wird (§ 218 Abs. 1 Satz 3 InsO), unterliegt einer **Vorprüfung** durch das Gericht (§ 231 InsO), ob er insb. von einem Berechtigten verfasst ist und den von dem Gesetz aufgestellten inhaltlichen Vorgaben genügt. Ein Insolvenzplan ist zurückzuweisen, wenn er offensichtlich **keine Aussicht auf Annahme** durch die Gläubiger hat (§ 231 Abs. 1 Nr. 2 InsO). Bei der anzustellenden Prognose ist in erster Linie der Inhalt des Planes selbst zu berücksichtigen. In die Beurteilung können aber auch im Verfahren bereits erfolgte Stellungnahmen der Gläubiger einbezogen werden, die freilich mit Vorsicht zu bewerten sind, weil sich die Meinung der Gläubiger bis zur Abstimmung über den Plan noch ändern kann.[386] Das Gericht prüft unter Berücksichtigung sämtlicher rechtlicher Gesichtspunkte, ob die gesetzlichen Bestimmungen über das Vorlagerecht und den Inhalt des Plans beachtet sind. Dabei hat es nicht nur offensichtliche Rechtsfehler zu beanstanden. Es prüft, ob der gestaltende Teil des Insolvenzplans für die unmittelbare Gestaltungswirkung und die Vollstreckbarkeit bestimmt genug ist, ob die Informationen im darstellenden Teil für die Entscheidung der Beteiligten und des Gerichts ausreichen und ob die Plananlagen vollständig und richtig sind. Dem Insolvenzgericht ist hingegen eine Prüfung, ob der Plan wirtschaftlich zweckmäßig gestaltet ist und ob er voraussichtlich Erfolg haben wird, verwehrt.[387] Die Prüfung in diesem Verfahrensabschnitt umfasst auch die Vorschriften zur 143

381 BGH, WM 2018, 1105 Rn. 37, 39.
382 BGH, WM 2018, 1105 Rn. 42 f.
383 BGH, WM 2018, 1105 Rn. 48.
384 BGH, WM 2018, 1105 Rn. 49.
385 BGH, WM 2018, 1105 Rn. 51.
386 BGH, ZIP 2011, 340 Rn. 3; ZInsO 2011, 1550 Rn. 2.
387 BGH, ZInsO 2015, 1398 Rn. 8.

Bildung von Gruppen. Das Insolvenzgericht untersucht, ob im Insolvenzplan die Pflichtgruppen nach der unterschiedlichen Rechtsstellung der Gläubiger gebildet sind (§ 222 Abs. 1 InsO).[388] Die Kontrolle ist darauf zu erstrecken, ob bei der fakultativen Gruppenbildung nach § 222 Abs. 2 InsO Gläubiger mit gleicher Rechtsstellung und mit gleichartigen wirtschaftlichen Interessen zusammengefasst und die Gruppen sachgerecht voneinander abgegrenzt sind, es also für die Unterscheidung zwischen zwei oder mehr gebildeten Gruppen einen sachlich gerechtfertigten Grund gibt.[389] Bei dem Ablehnungsgrund der **fehlenden Erfüllbarkeit** des Insolvenzplans (§ 231 Abs. 1 Nr. 3 InsO) sind dem Insolvenzgericht maßvolle Prognosen erlaubt. Vor diesem Hintergrund kann die Würdigung, dass eine Umsetzung des Plans an der bereits erfolgten rechtsverbindlichen Veräußerung des Grundstücks scheitert, nicht beanstandet werden.[390] Dies gilt auch dann, wenn der Schuldner die Wirksamkeit der Zustimmung des Gläubigerausschusses zur Veräußerung bestreitet. Handlungen des Insolvenzverwalters sind nach § 164 InsO im Außenverhältnis selbst dann wirksam, wenn ein Verstoß gegen die §§ 160 bis 163 InsO vorliegt. Dies gilt auch für die Veräußerung des Unternehmens im Ganzen, sofern diese ohne die Einholung der Zustimmung der Gläubigerversammlung erfolgt.[391] Salvatorische Klauseln in einem Insolvenzplan, wonach einzelne unwirksame Bestimmungen die Wirksamkeit des Plans insgesamt nicht beeinträchtigen, sind nicht zulässig.[392] Die Bewertung von Massegegenständen kann im gerichtlichen Vorprüfungsverfahren regelmäßig nicht beanstandet werden.[393] Steht bereits im Zeitpunkt der Vorprüfung mit an Sicherheit grenzender Wahrscheinlichkeit fest, dass ein Insolvenzplan aus Gründen des Minderheitenschutzes nach § 251 InsO nicht bestätigt werden wird, führte es zu einer unnötigen Verfahrensverzögerung, wenn zunächst das Erörterungs- und Abstimmungsverfahren vorbereitet und durchgeführt würde. Eine solche Verzögerung soll durch die Vorprüfung gerade vermieden werden.[394]

144 Um der Gefahr zu begegnen, dass der Schuldner sein Planinitiativrecht zu dem Zweck missbraucht, das Insolvenzverfahren durch Vorlage immer neuer Pläne zu verzögern, sieht § 231 Abs. 2 InsO ein Zurückweisungsrecht des Gerichts auf Antrag des Insolvenzverwalters mit Zustimmung des Gläubigerausschusses vor. Voraussetzung dafür ist, dass der erste Plan entweder von den Gläubigern abgelehnt (§§ 244 bis 246 InsO), vom Gericht nicht bestätigt (§ 248 InsO) oder vom Schuldner nach öffentlicher Bekanntmachung des Erörterungstermins zurückgezogen worden ist. Nach dem eindeutigen Wortlaut dieser Regelung besteht das Zurückweisungsrecht des Gerichts nur dann, wenn das Planverfahren hinsichtlich des ersten Plans **mindestens bis zur (negativen) Abstimmung der Gläubiger** gediehen ist. Das Scheitern eines Planes vor der Bekanntmachung des Erörterungstermins, namentlich durch Zurückweisung im gerichtlichen Vorprüfungsverfahren nach § 231 Abs. 1 InsO, eröffnet das Zurückweisungsrecht nicht. Weist das Insolvenzgericht einen Insolvenzplan von Amts wegen zurück, kann ein neuer Plan nicht allein auf Antrag des Insolvenzverwalters und mit Zustimmung des Gläubigerausschusses zurückgewiesen werden.[395]

b) Beschlussfassung über Insolvenzplan

aa) Stellungnahmen, Ladung

145 Wird der Plan nicht von dem Gericht zurückgewiesen, sind Stellungnahmen zu dem Plan seitens des Gläubigerausschusses, des Betriebsrats, des Sprecherausschusses der leitenden Angestellten und – je nachdem, wer den Plan eingereicht hat – des Schuldners und des Verwalters einzuholen (§ 232 InsO). Der Insolvenzplan ist nebst Anlagen und den eingeholten Stellungnahmen in der

388 *Kübler/Bierbach*, Handbuch Restrukturierung in der Insolvenz, 2. Aufl., § 28 Rn. 18.
389 BGH, ZInsO 2015, 1398 Rn. 9.
390 BGH, Beschl. v. 03.02.2011 – IX ZB 243/08, Rn. 3.
391 BGH, ZInsO 2011, 1550 Rn. 4.
392 BGH, ZInsO 2015, 1398 Rn. 23 ff.
393 BGH, ZInsO 2015, 1398 Rn. 38.
394 BGH, Beschl. v. 20.7.2016 – IX ZB 13/16, ZInsO 2017, 1779 Rn. 9.
395 BGH, ZInsO 2015, 1398 Rn. 42.

Geschäftsstelle zur Einsicht der Beteiligten niederzulegen (§ 234 InsO). Abgestimmt wird über den Plan in einem von dem Gericht zu bestimmenden **Erörterungs- und Abstimmungstermin** (§ 235 Abs. 1 InsO). Der auch öffentlich bekannt zu machende Termin (§ 235 Abs. 2 InsO) soll nicht über einen Monat hinaus angesetzt werden; er kann gleichzeitig mit der Einholung von Stellungnahmen nach § 232 InsO anberaumt werden. Soweit **Anteils-** oder **Mitgliedschaftsrechte** der am Schuldner beteiligten Personen in den Plan einbezogen sind, bedarf es nach § 235 Abs. 3 InsO ihrer gesonderten **Ladung** unter Beifügung des Insolvenzplans. Die Übernahme einer Beteiligung durch einen Gläubiger setzt nach § 230 Abs. 2 seine individuelle **Zustimmung** voraus.[396]

bb) Abstimmung in Gruppen

Die Abstimmung erfolgt jeweils innerhalb der in dem gestaltenden Teil festgelegten **Gläubigergruppen**; stimmberechtigt sind alle darin bezeichneten Gläubiger, deren Rechte durch den Plan beeinträchtigt werden (§§ 237, 238 InsO). Die Feststellung des Stimmrechts eines Gläubigers, **dessen Forderung bestritten** wird, hat gem. § 237 Abs. 1 InsO nach § 77 Abs. 2 InsO zu erfolgen. Der Gläubiger ist stimmberechtigt, soweit sich in der Gläubigerversammlung der Verwalter und die erschienenen stimmberechtigten Gläubiger über das Stimmrecht geeinigt haben. Kommt es nicht zu einer Einigung, so entscheidet das **Insolvenzgericht abschließend**. In einem anschließenden Verfahren über die Bestätigung des Insolvenzplans werden die Feststellungen zum Stimmrecht nicht mehr überprüft.[397] Die am Schuldner beteiligten Personen bilden gem. § 222 Abs. 1 Nr. 4 InsO eine **eigene Gruppe** (oder mehrere eigene Gruppen), wenn durch den Insolvenzplan in ihre Anteils- oder Mitgliedschaftsrechte eingegriffen werden soll. Ebenso wie die Gläubiger müssen auch die **Inhaber von Anteils- oder Mitgliedschaftsrechten** am Schuldner nicht zwangsläufig gleichbehandelt werden, auch wenn sie die gleiche Rechtsstellung haben. Es können **verschiedene Gruppen** – insb. nach § 222 Abs. 3 InsO für Kleingläubiger – gebildet werden, in denen Anteilsinhaber mit gleichartigen wirtschaftlichen Interessen zusammengefasst werden. Voraussetzung ist, dass innerhalb dieses Personenkreises sachgerechte Abgrenzungskriterien im Hinblick auf die wirtschaftliche Interessenlage bestehen.[398] Bei Einbeziehung der Anteils- oder Mitgliedschaftsrechte erfolgt die Willensbildung der Gesellschafter innerhalb ihrer **besonderen Gruppe**. Damit verdrängen die Regelungen des Insolvenzplans die allgemeinen gesellschaftsrechtlichen Anforderungen an die Beschlussfassung.[399] 146

cc) Stimmrechte der Gesellschafter

Werden die am Schuldnerunternehmen beteiligten Personen als **eigene Gruppe** am Zustandekommen des Insolvenzplans beteiligt, so können sie mit Mehrheit entscheiden, ob der Teil des Unternehmenswerts ausreichend ist, den ihnen der Insolvenzplan zuweist. Die **Zustimmung ihrer Gruppe** liegt vor, wenn die Summe der Beteiligungen der zustimmenden Anteilsinhaber mehr als die Hälfte der Summe der Beteiligungen der abstimmenden Anteilsinhaber beträgt. Auf eine **Kopfmehrheit** nach § 244 Abs. 1 Nr. 1 InsO kommt es hingegen nicht an. Hier setzen sich die Wertungen des Gesellschaftsrechts durch, nach denen für Beschlüsse i.d.R. die Mehrheit des Kapitals entscheidet.[400] Nach § 238a Abs. 1 InsO richtet sich das **Stimmrecht** der am Schuldner beteiligten Personen ausschließlich nach der **Höhe ihrer Beteiligung** am gezeichneten Kapital des Schuldners bzw., je nach Art des Rechtsträgers, an dessen Vermögen. Evtl. bestehende Stimmrechtsbeschränkungen, Mehrstimmrechte oder Sonderstimmrechte bleiben bei der Bemessung des Stimmrechts außer Betracht.[401] Die Stimmrechte im Planverfahren entsprechen damit nicht zwangsläufig den Stimmrechten, die den jeweiligen Anteilsinhabern nach Maßgabe des einschlägigen Gesellschaftsrechts 147

396 *Hirte/Knof/Mock*, DB 2011, 632, 639.
397 BGH, ZInsO 2011, 280 Rn. 7.
398 BT-Drucks. 17/5712, S. 31.
399 *Hirte/Knof/Mock*, DB 2011, 632, 639 f.
400 BT-Drucks. 17/5712, S. 33.
401 *Braun/Heinrich*, NZI 2011, 505, 507.

zustehen. In der Insolvenz kann lediglich noch die **Kapitalbeteiligung** relevant sein. Daher ist zu ermitteln, welcher Anteil am Rechtsträger dem einzelnen Anteilsinhaber zusteht. Bei Kapitalgesellschaften ist dabei auf den Anteil am eingetragenen Haftkapital abzustellen.[402] Die Regelung des § 238a Abs. 2 InsO stellt durch die Verweisung auf § 225a Abs. 1 InsO klar, dass die Ausübung des Stimmrechts davon abhängt, ob der Plan zu einer **Beeinträchtigung der Anteils- und Mitgliedschaftsrechte** der in Abs. 1 genannten Personen führt. Ist dies nicht der Fall, besteht kein Stimmrecht bei der Abstimmung über den Plan.[403]

dd) Abstimmungsergebnis

148 Jede Gruppe der Beteiligten stimmt nach § 243 InsO über den Plan ab. Der Insolvenzplan ist angenommen (§ 244 Abs. 1 Nr. 1 und 2 InsO), wenn **innerhalb jeder Gläubigergruppe** (§ 243 InsO) die Mehrheit sowohl nach der **Zahl der Gläubiger** als auch der **Summe der Forderungen** erreicht ist. Die Zustimmung der **Anteilsinhaber** ist nach § 244 Abs. 3 InsO gegeben, wenn die Summe der Beteiligungen der zustimmenden Anteilsinhaber mehr als die Hälfte der Summe der Beteiligungen der abstimmenden Anteilsinhaber beträgt. Damit stelle das Gesetz anstelle der Kopf- auf die Kapitalmehrheit ab.[404] Es genügt nicht, wenn die Mehrheit der Gruppen zustimmt; vielmehr wird die **Zustimmung aller Gruppen** verlangt,[405] damit auch der Gruppe der Anteilsinhaber.[406]

ee) Obstruktionsverbot

149 Das **Obstruktionsverbot** des § 245 Abs. 1 InsO will verhindern, dass ein sinnvoller Plan am Widerstand einzelner Gläubiger scheitert. Darum gilt die Zustimmung der Gläubiger einer bestimmten Gruppe als erteilt, wenn die Gläubiger durch den Plan nicht schlechter als ohne ihn gestellt werden und angemessen an dem Erlös partizipieren. § 245 Abs. 3 Nr. 1 und 2 InsO erstreckt das bestehende Obstruktionsverbot auf **die am Schuldner beteiligten Personen**. Eine angemessene Beteiligung der Anteilsinhaber einer Gruppe verlangt zum einen, dass **kein Gläubiger** wirtschaftliche Werte erhält, die den Betrag seines Anspruchs übersteigen, also dass er mehr bekommt als er zu beanspruchen hat. Zum anderen bedeutet eine angemessene Beteiligung, dass **kein rechtlich gleichstehender Anteilsinhaber** durch den Plan bessergestellt wird.[407] Wenn z.B. die Angehörigen einer Gruppe der geringfügig beteiligten Anteilsinhaber im Sinne von § 222 Abs. 3 Satz 2 InsO nach dem Plan mehr bekommen sollen als die übrigen, rechtlich gleichstehenden Anteilsinhaber, kann die fehlende Zustimmung der Gruppe dieser übrigen Anteilsinhaber nicht durch das **Obstruktionsverbot** überwunden werden.[408] Die Zustimmung der Anteilinhaber gilt nach § 246 InsO als erteilt, wenn sich keiner der Beteiligten an der Abstimmung beteiligt.[409] Auch der **Schuldner** hat dem Plan zuzustimmen; sein Einverständnis gilt als erteilt, wenn er nicht spätestens im Abstimmungstermin widerspricht (§ 247 Abs. 1 InsO).

4. Gerichtliche Bestätigung

a) Keine Bindung an Vorprüfung

150 Das Insolvenzgericht ist bei seiner Entscheidung, ob die Bestätigung eines Insolvenzplans zu versagen ist, nicht an seine im Rahmen der Vorprüfung des Insolvenzplans getroffene Entscheidung gebunden. § 231 InsO enthält keine Regelung, wonach das Insolvenzgericht bei der Entscheidung über die Bestätigung eines Insolvenzplans nach § 250 InsO an das Ergebnis seiner Vorprüfung

---

402 BT-Drucks. 17/5712, S. 33.
403 BT-Drucks. 17/5712, S. 33; *Braun/Heinrich*, NZI 2011, 505, 507.
404 BT-Drucks. 17/5712, S. 33; *Hirte/Knof/Mock*, DB 2011, 632, 640.
405 *Hirte/Knof/Mock*, DB 2011, 632, 640.
406 *Meyer/Degener*, BB 2011, 846, 848.
407 *Meyer/Degener*, BB 2011, 846, 848.
408 BT-Drucks. 17/5712, S. 34.
409 *Braun/Heinrich*, NZI 2011, 505, 507.

gebunden ist. Vielmehr hat das Insolvenzgericht unabhängig von der im Rahmen der Vorprüfung getroffenen Entscheidung stets zu prüfen, ob die Bestätigung eines Insolvenzplans nach § 250 InsO von Amts wegen zu versagen ist.[410] Die Vorprüfung eines Insolvenzplans nach § 231 InsO zielt nicht auf eine Selbstbindung des Gerichts. Sie dient in erster Linie dazu, einer Verfahrensverzögerung durch aussichtslose Insolvenzpläne vorzubeugen. Sinn und Zweck ist weder die inhaltliche Optimierung des vorgelegten Insolvenzplans noch die Sicherstellung der Annahme durch einen Beteiligten. Gegen eine Bindung an das Ergebnis der Vorprüfung sprechen zudem die nur eingeschränkten Rechtsschutzmöglichkeiten. § 231 Abs. 3 InsO sieht Rechtsmittel nur bei einer Zurückweisung des Insolvenzplans vor. Hielte man eine Selbstbindung des Insolvenzgerichts für möglich, käme eine unbeanstandete Weiterleitung des Insolvenzplans durch das Insolvenzgericht einem Ausschluss von Rechtsmitteln gegen einen den Insolvenzplan bestätigenden Beschluss gleich, obwohl § 253 Abs. 1 InsO gerade auch die Bestätigung eines Insolvenzplans einer gerichtlichen Prüfung unterwirft. Diese Regelung liefe – wenn das Ergebnis der Vorprüfung bindend wäre – weitgehend leer.[411]

b) Bedingter Plan

Ist der Plan von den Beteiligten ordnungsgemäß angenommen worden, bedarf er noch der gerichtlichen Bestätigung (§ 248 InsO). Handelt es sich um einen bedingten Insolvenzplan (§ 249 InsO), kann er selbst bestimmte **Bestätigungsvoraussetzungen** statuieren, etwa – falls nicht § 225a InsO zur Anwendung gelangt – Kapital- und Umwandlungsmaßnahmen. Werden diese Voraussetzungen nicht binnen angemessener Frist erfüllt, ist die Bestätigung zu versagen (§ 249 Satz 3 InsO). Die Bestätigung eines Insolvenzplans kann nicht von der Bedingung abhängig gemacht werden, dass das Insolvenzgericht die Vergütung des Insolvenzverwalters vor der Bestätigung des Insolvenzplans festsetzt. Planbedingung können nur solche Umstände sein, die vor der Bestätigung des Insolvenzplans eintreten können. § 249 InsO bestimmt ausdrücklich, dass die Voraussetzungen, von denen die Bestätigung des Plans abhängen soll, erfüllt sein müssen, bevor das Gericht den Insolvenzplan bestätigen darf. Dies ist für die verbindliche Festsetzung der Vergütung des Insolvenzverwalters regelmäßig nicht möglich, weil die Festsetzung der Gesamtvergütung die Fälligkeit voraussetzt, diese im Regelfall aber erst mit Verfahrensbeendigung eintritt. Erst die rechtskräftige Bestätigung des Insolvenzplans ermöglicht die Aufhebung des Insolvenzverfahrens (§ 258 Abs. 1 InsO), so dass eine Festsetzung der endgültigen Vergütung vor der Bestätigung des Insolvenzplans ausscheidet.[412] 151

c) Wesentlicher Mangel

Die Bestätigung ist einem Insolvenzplan zu versagen, wenn das Verfahren an unheilbaren Mängeln – der fehlenden Einladung eines Gläubigers zum Erörterungs- und Abstimmungstermin (§ 235 Abs. 3 InsO)[413] – leidet (§ 250 Nr. 1 InsO) oder die Planannahme unlauter, etwa durch Begünstigung eines Gläubigers, erlangt wurde (§ 250 Nr. 2 InsO).[414] Insoweit hat das Gericht zu prüfen, ob die Vorschriften über den Inhalt des Plans (§§ 217, 219 bis 230 InsO), das Insolvenzplanverfahren (§§ 218, 231, 232, 234 bis 243 InsO), die Annahme durch die Beteiligten (§§ 244 bis 246a InsO) und die Zustimmung des Schuldners (§ 247 InsO) beachtet wurden. Hingegen ist dem Insolvenzgericht eine Prüfung, ob der Plan wirtschaftlich zweckmäßig gestaltet ist und ob er voraussichtlich Erfolg haben wird, versagt.[415] Ein wesentlicher Verstoß liegt stets vor, wenn es sich um einen Mangel handelt, der Einfluss auf die Annahme des Insolvenzplans gehabt haben kann. Es muss nicht feststehen, sondern lediglich ernsthaft in Betracht kommen, dass der Mangel tatsächlich 152

410 BGH, Beschl. v. 16.2.2017 – IX ZB 103/15, WM 2017, 489 Rn. 14 f.
411 BGH, Beschl. v. 16.2.2017 – IX ZB 103/15, WM 2017, 489 Rn. 16.
412 BGH, Beschl. v. 16.2.2017 – IX ZB 103/15, WM 2017, 489 Rn. 42 f.
413 BGH, ZInsO 2011, 280 Rn. 5.
414 Vgl. BGHZ 162, 283.
415 BGH, Beschl. v. 16.2.2017 – IX ZB 103/15, WM 2017, 489 Rn. 14.

Einfluss auf die Annahme des Plans hatte.[416] Ein Verfahrensmangel ist behebbar, wenn ein Wiederholung des Vorgangs durch Nachbesserung oder Neuvornahme möglich ist, ohne dass ein früherer Verfahrensabschnitt wie der Abstimmungs- oder Erörterungstermin wiederholt werden müsste.[417]

aa) Ladung und Durchführung der Gläubigerversammlung

153 Die Ladung zur Gläubigerversammlung in einen **zu kleinen Sitzungssaal**, von dem die Versammlung in einen größeren Sitzungssaal verlegt wurde, stellt keinen Verfahrensmangel in einem wesentlichen Punkt (§ 250 Nr. 1 InsO) dar.[418] Die Ladung zur Gläubigerversammlung hat gem. § 74 Abs. 2 Satz 1 InsO die **Zeit**, den **Ort** und die **Tagesordnung** anzugeben. Stellt sich allerdings bei oder vor Sitzungsbeginn heraus, dass der vorgesehene Sitzungssaal zu klein ist, bestehen gegen eine **Verlegung** in einen anderen Sitzungssaal keine Bedenken, wenn der neue Sitzungssaal durch Aushang bekannt gemacht und in kurzer Zeit unschwer zu erreichen ist.[419] Jede Gläubigerversammlung, auch der Erörterungs- und Abstimmungstermin über einen Insolvenzplan gem. § 235 InsO, ist so durchzuführen, dass eine geordnete Willensbildung und Abstimmung der Gläubiger möglich ist. Zeichnet sich ab, dass die erforderliche Mehrheit für den Plan bereits gesichert ist, ist eine länger andauernde weitere Erörterung auf Verlangen einzelner ablehnender Gläubiger nicht mehr zwingend geboten.[420]

bb) Angaben im darstellenden Teil

154 Nach § 220 Abs. 2 InsO muss der darstellende Teil eines Insolvenzplans alle Angaben zu den Grundlagen und den Auswirkungen des Plans enthalten, die für die Entscheidung der Gläubiger über die Zustimmung zum Plan und für dessen gerichtliche Bestätigung erheblich sind. Bindende, in allen Planverfahren einzuhaltende Vorgaben können dabei schon wegen der Vielzahl der in Betracht kommenden Pläne sowie der unterschiedlichen Schuldner nicht gemacht werden. Diese sind vom Umfang und der jeweiligen wirtschaftlichen Bedeutung des Unternehmens abhängig. Ein wesentlicher Verstoß i.S.d. § 250 InsO gegen die Verfahrensvorschrift über den **Inhalt des darstellenden Teils** des Insolvenzplans liegt dann vor, wenn es sich um einen Mangel handelt, der **Einfluss auf die Annahme des Insolvenzplans** gehabt haben könnte. Nach § 220 Abs. 2 InsO soll der darstellende Teil alle sonstigen Angaben zu den Grundlagen und den Auswirkungen des Plans enthalten, die für die Entscheidung der Gläubiger über die Zustimmung zum Plan und für dessen gerichtliche Bestätigung erheblich sind. Dazu gehören diejenigen Informationen und Erklärungen, die den Beteiligten in jedem Insolvenzverfahren gegeben werden müssen, etwa das Verzeichnis der Massegegenstände (§ 151 InsO), das Gläubigerverzeichnis (§ 152 InsO) und die Vermögensübersicht (§ 153 InsO). Unerlässlich sind alle diejenigen Angaben, welche die Gläubiger für ein sachgerechtes Urteil über den Insolvenzplan, gemessen an ihren eigenen Interessen, benötigen.[421] Ein solcher wesentlicher Mangel ist anzunehmen, wenn die Angaben erforderlich sind für die Vergleichsberechnung zu der Frage, inwieweit der Plan die Befriedigungschancen der Gläubiger verändert. Hierbei ist der Umfang der Masse von wesentlicher Bedeutung. Grundlage für die naturgemäß nur mögliche Schätzung wird i.d.R. das nach § 151 Abs. 1 InsO vom Verwalter aufzustellende Verzeichnis der Massegegenstände sein und die dabei nach § 151 Abs. 2 InsO anzugebenden Werte. Anzugeben sind jedenfalls die Werte, die im Verhältnis zur Größe des Verfahrens von Bedeutung sind für die Meinungsbildung der Gläubiger und des Gerichts.[422] Ein wesentlicher Mangel scheidet aus, wenn das Fehlen der Vorlage einer **Liquiditätsberechnung in tabellarischer Form** durch schriftsätzliche Ausführungen zu den Einnahmen und Ausgaben des Schuldners im Planzeitraum

416 BGH, WM 2018, 1105 Rn. 54.
417 BGH, WM 2018, 1105 Rn. 57.
418 BGH, ZInsO 2010, 1448 Rn. 28.
419 BGH, ZInsO 2010, 1448 Rn. 29 f.
420 BGH, ZInsO 2010, 1448 Rn. 34 ff.
421 BGH, WM 2012, 1640 Rn. 9.
422 BGH, ZInsO 2010, 1448 Rn. 41 ff.

behoben wurde.[423] Notwendiger Inhalt des darstellenden Teils des Insolvenzplans ist es, die Gläubiger auf **Darlehensforderungen gegen Gesellschafter** hinzuweisen und diese zu bewerten, um eine Grundlage für die Abstimmung oder ggf. zuvor für Nachfragen und Erörterungen zu schaffen.[424] Bestehende **Anfechtungsansprüche** sind, wenn sie für das Insolvenzverfahren von Bedeutung sind, in den darstellenden Teil aufzunehmen. Im gestaltenden Teil ist zu regeln, ob bis zur Aufhebung des Insolvenzverfahrens anhängig gemachte Anfechtungsklagen fortgeführt werden, weil andernfalls die Prozessführungsbefugnis des Insolvenzverwalters für die Anfechtungsklagen entfällt. Anzusprechen sind jedoch nur Anfechtungsansprüche, die wahrscheinlich bestehen, die also sinnvollerweise geltend gemacht werden.[425] **Unrichtige Angaben** über **Einkommen** oder **Vermögen** des Schuldners stellen einen Verstoß gegen § 220 Abs. 2 InsO dar und führen zu einer Versagung der Bestätigung von Amts wegen; denn es handelt sich insoweit um einen Mangel des Plans, der Einfluss auf seine Annahme gehabt haben könnte.[426] Unrichtige Vorstellungen über weitergehender Möglichkeiten einer erfolgreichen Insolvenzanfechtung, über die Befugnis eines Forderungseinzugs durch einen Treuhänder, über die Richtigkeit der Vergleichsrechnung und über die Fälligkeit und Durchsetzbarkeit der Quote können ersichtlich Einfluss auf die Annahme des Insolvenzplans gehabt haben.[427]

d) Antrag eines Beteiligten

Auf den Antrag eines Gläubigers oder einer an dem Schuldner beteiligten Person ist nach § 251 155 InsO die Bestätigung zu versagen, wenn dieser spätestens im Abstimmungstermin **ausdrücklich widersprochen** hat und durch den Plan **ungünstiger** als ohne den Plan stehen würde. Zu vergleichen ist die Position des Beteiligten bei Abwicklung des Insolvenzverfahrens nach den Vorschriften der InsO und bei Ausführung des Insolvenzplans. Bringt der Plan für den widersprechenden Beteiligten wirtschaftliche Nachteile, hat der Widerspruch Erfolg. Die Vorschrift des § 251 InsO soll jedem Gläubiger den Wert garantieren, den seine Rechtsposition im Insolvenzverfahren noch hat. Die Mehrheitsentscheidung ist keine ausreichende Legitimation dafür, dass einem einzelnen Beteiligten gegen seinen Willen Vermögenswerte entzogen werden.[428] Zulässig ist der Antrag, die Bestätigung des Insolvenzplans zu versagen, nur, wenn der Gläubiger **spätestens im Abstimmungstermin** die Verletzung seines wirtschaftlichen Interesses glaubhaft macht. Dazu muss er Tatsachen vortragen und glaubhaft machen, aus denen sich die überwiegende Wahrscheinlichkeit seiner Schlechterstellung durch den Insolvenzplan ergibt. Die Prüfung des Insolvenzgerichts ist auf die von dem Beteiligten vorgebrachten und glaubhaft gemachten Tatsachen und Schlussfolgerungen beschränkt.[429] Die abstrakte Möglichkeit, durch eine künftige Entwicklung – etwa das Entstehen von Steuererstattungsansprüchen in unbekannter Höhe während der Wohlverhaltensphase – Vorteile zu erlangen, die durch den Insolvenzplan ausgeschlossen werden, reicht für die Glaubhaftmachung einer Schlechterstellung durch den Insolvenzplan nicht aus.[430]

Eine **Einschränkung** oder der **Verlust des Mitgliedschaftsrechts** im Insolvenzplanverfahren ist un- 156 bedenklich, weil der Anteilsinhaber nach Eröffnung eines Insolvenzverfahrens, das ohne den Plan zu einer Abwicklung und damit Löschung des insolventen Rechtsträgers im Register führt, ohnehin nicht mehr mit dem Erhalt seines Anteils- oder Mitgliedschaftsrechts rechnen kann. Dem im Einzelfall möglicherweise fortbestehenden restlichen Vermögenswert des Anteils- oder Mitgliedschaftsrechts ist durch einen **Ausgleich im Insolvenzplan** Rechnung zu tragen. § 251 Abs. 3 InsO stellt klar, dass in einem Plan dafür Vorsorge getroffen werden kann, dass ein Gläubiger oder eine Minderheit von Gläubigern bzw. ein Anteilsinhaber oder eine Minderheit von Anteilsinhabern eine

423 BGH, ZInsO 2010, 85 Rn. 3.
424 BGH, ZInsO 2010, 1448 Rn. 47.
425 BGH, ZInsO 2010, 1448 Rn. 54 ff.
426 BGH, WM 2012, 1640 Rn. 9.
427 BGH, WM 2018, 1105 Rn. 55.
428 BGH, WM 2012, 1640 Rn. 6.
429 BGH, WM 2011, 946 Rn. 11; WM 2012, 1640 Rn. 6.
430 BGH, ZInsO 2007, 491 Rn. 10.

Schlechterstellung durch den Plan geltend macht. Sieht der Plan vor, dass ein Gläubiger oder Anteilsinhaber für eine nachgewiesene Schlechterstellung einen **finanziellen Ausgleich** erhält, liegt im Ergebnis keine Schlechterstellung mehr vor. Damit besteht auch kein Grund, die Bestätigung des Plans zu versagen. Die Finanzierung des Ausgleichs muss durch eine **Rücklage**, eine **Bankbürgschaft** oder in **ähnlicher Weise** gesichert sein. Der Rechtsstreit um den finanziellen Ausgleich ist außerhalb des Insolvenzverfahrens in einem gesonderten **Rechtsstreit vor den ordentlichen Gerichten** auszutragen, damit hierdurch die Planbestätigung und die Aufhebung des Planverfahrens nicht verzögert wird. Allerdings muss das **Gericht vor der Bestätigung des Plans prüfen**, ob die bereitgestellten Mittel für die Beteiligten **ausreichend** sind, um eine Schlechterstellung des widersprechenden Beteiligten durch den Plan auszugleichen.[431] Soll die durch einen Insolvenzplan verursachte Schlechterstellung eines Beteiligten mittels einer Kompensationsregelung ausgeglichen werden, muss die Finanzierung der zum Ausgleich vorgesehenen Mittel gesichert sein und durch diese zusätzlichen Mittel ein vollständiger Ausgleich der Schlechterstellung eindeutig erreicht werden können.[432] Im Fall einer Rückstellung wird eine **fehlende Schlechterstellung** fingiert.[433]

5. Beschwerde gegen Versagung der Bestätigung

a) Beschwerdeberechtigte

157 Wird die Bestätigung des Insolvenzplans abgelehnt, steht dagegen nur den **Gläubigern**, dem **Schuldner** und den am Schuldner beteiligten **Gesellschaftern**, aber nicht dem Insolvenzverwalter ein Rechtsmittel offen (§ 253 InsO).[434] Gerügt werden kann mit dem Rechtsmittel die Verletzung von Vorschriften über die Bestätigung des Insolvenzplans (§§ 248 bis 252 InsO).[435] Die Regelung des § 253 Abs. 2 InsO verschärft die Voraussetzungen für die Zulässigkeit der sofortigen Beschwerde. Bislang kam einzelnen Beschwerdeberechtigten erhebliches **Störpotenzial** zu, weil die Erhebung einer sofortigen Beschwerde gegen die Bestätigung des Plans nach der Regelung des § 254 Abs. 1 InsO, wonach die Wirkungen des Plans bis zu seiner Rechtskraft suspendiert sind, den Eintritt der Wirkungen des Insolvenzplans – z.T. erheblich – verzögerte.[436] Weitergehend gestattet § 253 Abs. 4 Satz 1 InsO auf Antrag des Verwalters die Zurückweisung einer Beschwerde, wenn das alsbaldige Wirksamwerden des Insolvenzplans vorrangig erscheint, weil die Nachteile einer Verzögerung des Planvollzugs die Nachteile für den Beschwerdeführer überwiegen. Falls die Beschwerde Aussicht auf Erfolg gehabt hätte, kann der Beschwerdeführer Schadensersatz aus der Masse verlangen (§ 253 Abs. 4 Satz 3 InsO). Bei schwerwiegenden Pflichtverstößen wird die Abwägung jedoch zugunsten des Beschwerdeführers ausfallen (§ 253 Abs. 4 Satz 2 InsO).

b) Beschwerdevoraussetzungen

158 Allgemeine Voraussetzung einer Beschwerde ist unabhängig von § 253 Abs. 2 Nr. 1 bis 3 InsO das Vorliegen einer **Beschwer**. Die Beschwerde setzt deshalb voraus, dass der Plan überhaupt in die Rechte des Beschwerdeführers eingreift. Neben der materiellen Beschwer in Gestalt einer **wirtschaftlichen Beeinträchtigung** muss damit auch eine **formelle Beschwer** vorliegen.[437] Nach § 253 Abs. 2 Nr. 1 InsO ist die Beschwerde nur dann zulässig, wenn der Beschwerdeführer zuvor seine verfahrensmäßigen Möglichkeiten ausgeschöpft hat, um die Bestätigung des Plans zu verhindern. Der Beschwerdeführer hat seine Beschwer durch einen **schriftlichen** oder zu **Protokoll des Abstimmungstermins** erklärten **Widerspruch** zweifelsfrei geltend zu machen. Im Interesse der Planbarkeit des Verfahrens ist eine eindeutige Äußerung des Beschwerdeführers zwingend. § 253 Abs. 2

431 BT-Drucks. 17/5712, S. 35.
432 BGH, Beschl. v. 20.7.2016 – IX ZB 13/16, ZInsO 2017, 1779 Rn. 14.
433 *Hirte/Knof/Mock*, DB 2011, 632, 641.
434 BGH, NJW-RR 2009, 839 Rn. 7 ff.; BT-Drucks. 17/5712, S. 35.
435 *Hirte/Knof/Mock*, DB 2011, 693.
436 BT-Drucks. 17/5712, S. 35; *Hirte/Knof/Mock*, DB 2011, 693.
437 *Hirte/Knof/Mock*, DB 2011, 693.

Nr. 2 InsO knüpft das Beschwerderecht zum einen an eine **Beteiligung des Beschwerdeführers an der Abstimmung**, zum anderen muss dabei auch **gegen den Plan gestimmt** worden sein. § 253 Abs. 2 Nr. 3 InsO führt eine **Erheblichkeitsschwelle** für die Zulässigkeit der sofortigen Beschwerde ein. Eine **wesentliche Schlechterstellung** in diesem Sinne wird jedenfalls dann nicht angenommen werden können, wenn die Abweichung von dem Wert, den der Gläubiger voraussichtlich bei einer Verwertung ohne Insolvenzplan erhalten hätte, **unter 10 %** liegt. Damit wird insb. die Beschwerde solcher Personen ausgeschlossen, die eine kleine Forderung nur zu dem Zweck erworben haben, gegen den Plan zu opponieren und sich ihr Obstruktionspotenzial ggf. abkaufen zu lassen. Eine Gefährdung des Sanierungserfolgs durch derartige Störmanöver wird damit in Zukunft erschwert. Der Beschwerdeführer hat die Schlechterstellung nach § 253 Abs. 2 Nr. 3 InsO glaubhaft zu machen.[438] Dies gilt auch dann, wenn der Beschwerdeführer eine Verletzung von § 251 InsO nicht geltend macht, sondern die Beschwerde auf Verstöße gegen § 250 InsO stützt.[439] Schließlich verdeutlicht § 253 Abs. 2 Nr. 3 InsO, dass eine Beschwer nur dann vorliegt, wenn ein etwaiger Nachteil nicht durch eine Zahlung nach § 251 Abs. 3 InsO ausgeglichen wird.[440] Die Zulässigkeit der Beschwerde hängt jedoch nicht davon ab, dass der Beschwerdeführer erstinstanzlich einen Minderheitenschutzantrag nach § 251 InsO gestellt hat.[441] Da § 253 Abs. 2 Nr. 3 InsO lediglich eine Zulässigkeitsvoraussetzung für die Beschwerde gegen die Bestätigung eines Insolvenzplans bildet, hat sich – falls eine wesentliche Schlechterstellung glaubhaft gemacht wurde – das Programm für die Prüfung ihrer Begründetheit nicht gewandelt.[442]

c) Belehrung

159 § 253 Abs. 3 InsO stellt sicher, dass dem Kreis der betroffenen Personen die Notwendigkeit der Mitwirkung während des Verfahrens für die Geltendmachung ihrer Rechte nach § 253 InsO bekannt gemacht wird. Hatte der Beschwerdeführer **keine Kenntnis** und keine Möglichkeit der Kenntnisnahme hiervon, erscheint es aus rechtsstaatlichen Gründen geboten, ihn nicht grds. von Rechtsmitteln auszuschließen.[443] Weist das Landgericht auf Antrag des Insolvenzverwalters die Beschwerde gegen die Bestätigung eines Insolvenzplans durch eine **Eilentscheidung nach § 253 Abs. 4 InsO** unverzüglich zurück, ist gegen diese Entscheidung eine Rechtsbeschwerde nicht statthaft.[444]

6. Beschwerde gegen Bestätigung

160 Für die Zulässigkeit der **sofortigen Beschwerde** der Beteiligten, mit der geltend gemacht wird, dass dem Insolvenzplan gem. § 250 InsO von Amts wegen die Bestätigung hätte versagt werden müssen, genügt, dass der Beteiligte geltend macht, durch den Insolvenzplan in seinen Rechten beeinträchtigt zu werden. Eine **Beschwer** in Form einer Schlechterstellung durch den Plan ggü. einem durchgeführten (Regel-) Insolvenzverfahren ist nicht erforderlich.[445]

7. Wirksamwerden des Plans

a) Allgemeine Regeln

161 Mit der rechtskräftigen Bestätigung des Plans treten die im gestaltenden Teil festgelegten Wirkungen ein (§ 254 Abs. 1 InsO). Der Schuldner wird im Insolvenzplanverfahren nach § 227 Abs. 1 InsO mit der im gestaltenden Teil vorgesehenen Befriedigung der Insolvenzgläubiger von seinen

438 BT-Drucks. 17/5712, S. 35 f.
439 BGH, ZInsO 2014, 1552 Rn. 25 f.
440 *Hirte/Knof/Mock*, DB 2011, 693.
441 BGH, ZInsO 2014, 1552 Rn. 6 ff.
442 BGH, ZInsO 2014, 1552 Rn. 34 ff.
443 BT-Drucks. 17/5712, S. 36.
444 BGH, Beschl. v. 17.9.2014 – IX ZB 13/14.
445 BGH, ZInsO 2010, 1448 Rn. 23, 26; ZInsO 2012, 173 Rn. 7.

restlichen Verbindlichkeiten gegenüber diesen Gläubigern ohne Möglichkeit einer Nachforderung nach Verfahrensbeendigung befreit, sofern im Insolvenzplan nichts anderes bestimmt ist.[446] Bestimmte **Forderungen** sind damit bspw. (teilweise) erlassen oder gestundet; **Erlass** und **Stundung** wirken nach § 254b InsO (§ 254 Abs. 1 Satz 3 InsO a.F.) auch zulasten von Gläubigern, die ihre Forderung nicht angemeldet haben.[447] Der Insolvenzplan darf keine **Präklusionsregeln** vorsehen, durch welche die Insolvenzgläubiger, die sich am Insolvenzverfahren nicht beteiligt haben, mit ihren Forderungen in Höhe der vorgesehenen Quote ausgeschlossen sind. Solche Regelungen verstoßen gegen den Grundsatz, dass innerhalb jeder Gruppe allen Beteiligten gleiche Rechte anzubieten sind[448] Insolvenzgläubiger, die ihre Forderungen nicht angemeldet haben, unterliegen nicht nur den negativen, sondern auch den positiven Planwirkungen. Sie können damit die Planquote beanspruchen, die auf Forderungen ihrer Art im Insolvenzplan festgeschrieben wurde.[449] Eine solche Forderung ist nach Annahme und Bestätigung des Insolvenzplans sowie Aufhebung des Insolvenzverfahrens nicht ausgeschlossen.[450] Ist eine Forderung nicht zur Tabelle festgestellt worden und liegt auch keine Entscheidung des Insolvenzgerichts über das Stimmrecht oder über die vorläufige Berücksichtigung der Forderung gem. § 256 Abs. 1 Satz 1 InsO vor, kann der Gläubiger einer vom Schuldner bestrittenen Forderung folglich erst dann wirksam eine Frist nach § 255 Abs. 1 Satz 2 InsO setzen, wenn seine Forderung vom Prozessgericht rechtskräftig festgestellt worden ist. Frühere Fristsetzungen sind wirkungslos.[451] **Verpflichtungen**, etwa Sicherungsgut der Masse zu überlassen, sind als bestehend zu behandeln. **Willenserklärungen** als Voraussetzung einer dinglichen Verfügung gelten als abgegeben. Regressansprüche der Gläubiger gegen Dritte wie Bürgen und Pfandbesteller werden nicht berührt (§ 254 Abs. 2 Satz 1 InsO). In den Insolvenzplan aufgenommene **dingliche Erklärungen** (§ 228 InsO) gelten mit Wirksamwerden des Plans als abgegeben (§ 254 Abs. 1 Satz 2 InsO). Der Insolvenzplan bestimmt für die nicht nachrangigen Forderungen, inwieweit sie gekürzt oder gestundet werden (§ 224 InsO). Daneben kommt ein Zinserlass oder die Umwandlung einer Forderung in ein langfristiges Darlehen in Betracht.

b) Gesellschaftsrechtliche Umstrukturierungen

aa) Differenzhaftung

162 Um Planungssicherheit für die Gläubiger zu erzielen, die i.R.d. Planverfahrens Forderungen gegen den Schuldner im Wege der Sacheinlage einbringen und damit Anteilsinhaber werden, wird eine spätere **Nachschusspflicht nach den Grundsätzen der Differenzhaftung** durch § 254 Abs. 4 InsO ausgeschlossen.[452] Diese besteht nach den gesellschaftsrechtlichen Kapitalaufbringungsregeln immer dann, wenn im Rahmen einer Kapitalerhöhung der Wert der Forderungen, die als Sacheinlage eingebracht worden sind, zu hoch angesetzt war. Scheitert die Sanierung später, droht dem Gläubiger unter Umständen nicht nur der Ausfall seiner Forderung, sondern auch eine Nachschusspflicht, gerichtet auf die Differenz zwischen dem Nennbetrag der Einlage und dem wirklichen Wert der Forderung. Durch den **Ausschluss dieser Haftung** ist sichergestellt, dass der Schuldner oder – in einer weiteren Insolvenz – dessen Insolvenzverwalter später nicht geltend machen kann, dass die eingebrachte Forderung im Plan überbewertet war. Um eine Sanierung im Planverfahren zu ermöglichen, brauchen die Gläubiger Kalkulationssicherheit.[453]

---

446 BGH, ZInsO 2015, 1398 Rn. 12.
447 BGH, ZIP 2012, 1359 Rn. 9.
448 BGH, ZInsO 2015, 1398 Rn. 11 ff.
449 BGH, ZInsO 2015, 1398 Rn. 12.
450 BGH, ZIP 2012, 1359 Rn. 11.
451 BGH, ZIP 2012, 1359 Rn. 12 ff., 23.
452 *Hirte/Knof/Mock*, DB 2011, 632, 642; *Bauer/Dimmling*, NZI 2011, 517, 518; kritisch *K. Schmidt*, BB 2011, 1603, 1609.
453 BT-Drucks. 17/5712, S. 36; vgl. *Willemsen/Rechel*, BB 2011, 834, 839.

bb) Gesellschaftsrechtliche Anforderungen

In dem Insolvenzplan getroffene gesellschaftsrechtliche Regelungen treten mit der Rechtskraft der gerichtlichen Bestätigung des Plans in Kraft, ohne dass es Mitwirkungshandlungen der Organe – wie die Zustimmung der Hauptversammlung für eine Kapitalmaßnahme – bedarf.[454] Mit seiner Bestätigung gelten die in den Plan aufgenommenen Willenserklärungen der Beteiligten gem. § 254a Abs. 1 InsO als in der **vorgeschriebenen Form** abgegeben. Eine zusätzliche notarielle Beurkundung oder Beglaubigung der Willenserklärungen – insb. des Kapitalerhöhungsbeschlusses (§ 53 GmbHG) und der Übernahmeerklärung (§ 55 GmbHG) – ist wegen der gerichtlichen Bestätigung des Plans nicht erforderlich.[455] Dies entspricht hinsichtlich der Begründung, Änderung, Übertragung oder Aufhebung von **Rechten an einer GmbH** und der Abtretung von Anteilen an diesen bereits der geltenden Rechtslage und wird nun aufgrund der erweiterten Möglichkeiten des Insolvenzplans im Anwendungsbereich ausgedehnt. § 254a Abs. 2 bestimmt, dass der Plan auch die **Gesellschafterbeschlüsse** und **Erklärungen** zur **Übertragung von Anteilen** oder zur Entgegennahme von Sacheinlagen ersetzt, die für die enthaltenen gesellschaftsrechtlichen Regelungen notwendig sind. Alle für die beabsichtigte Maßnahme erforderlichen **Formvorschriften** gelten als gewahrt. Auch ersetzt das Insolvenzplanverfahren die Bekanntmachungen, die nach dem einschlägigen Gesellschaftsrecht erforderlich sind. Nicht durch den Plan ersetzt werden nachfolgende konstituierende **Publizitätsakte** wie die Eintragung ins Register. Die erforderlichen **Anmeldungen** obliegen nach dem jeweiligen Gesellschaftsrecht den zuständigen Organen des Schuldners. Zur Vereinfachung des Verfahrens und zur Vermeidung von Verzögerungen wird der **Insolvenzverwalter** jedoch ermächtigt, die Anmeldungen anstelle der Organe zu veranlassen.[456] Das Registergericht hat nur noch eine eingeschränkte Prüfungskompetenz, weil das wirksame Zustandekommen des Plans von dem Insolvenzgericht zu kontrollieren war.[457] 163

8. Planerfüllung

Nach Rechtskraft des Bestätigungsbeschlusses hat der Verwalter unstreitige Masseansprüche zu berichtigen und für streitige oder noch nicht fällige Sicherheit zu leisten. Für nicht fällige Masseansprüche kann auch ein Finanzplan vorgelegt werden, aus dem sich ergibt, dass ihre Erfüllung gewährleistet ist (§ 258 Abs. 2 InsO). Danach beschließt das Insolvenzgericht die Aufhebung des Verfahrens (§ 258 Abs. 1 InsO). Zugleich endet das Amt des Insolvenzverwalters; der Schuldner erlangt seine Verfügungsbefugnis zurück (§ 259 Abs. 1 InsO). Ausnahmsweise darf der Verwalter nach Bestätigung eines Insolvenzplans und Aufhebung des Verfahrens (§ 258 Abs. 1) einen anhängigen Anfechtungsprozess fortsetzen, wenn dies im gestaltenden Teil des Insolvenzplans vorgesehen (§ 259 Abs. 2) ist.[458] Die Klage muss im Zeitpunkt des Wirksamwerdens der Verfahrensaufhebung nicht nur eingereicht, sondern auch bereits zugestellt worden sein.[459] Nach Beendigung des Verfahrens darf der Verwalter auf der Grundlage des § 259 Abs. 3 keinen neuen Rechtsstreit einleiten.[460] Ein Insolvenzplan kann dem Insolvenzverwalter nicht die Befugnis verleihen, nach rechtskräftiger Bestätigung des Insolvenzplans und Verfahrensaufhebung eine Insolvenzanfechtungsklage zu erheben.[461] Der Insolvenzplan kann die Befugnis des Insolvenzverwalters, anhängige Anfechtungsklagen fortzuführen, auf bestimmte Verfahren beschränken.[462] Die Planerfüllung obliegt dem Schuldner. Als Druckmittel einer zügigen Planerfüllung sieht § 255 InsO die **Hinfälligkeit** einer Stundung 164

454 BT-Drucks. 17/5712, S. 30.
455 *Hirte/Knof/Mock*, DB 2011, 632, 638 f.; *Braun/Heinrich*, NZI 2011, 505, 507; *Bauer/Dimmling*, NZI 2011, 517, 518.
456 BT-Drucks. 17/5712, S. 36 f.
457 *Hirte/Knof/Mock*, DB 2011, 632, 639.
458 BGH, ZInsO 2006, 38.
459 BGH, WM 2013, 938 Rn. 8 ff.
460 BGH, ZInsO 2010, 82.
461 BGH, WM 2018, 1105 Rn. 16.
462 BGH, WM 2013, 714 Rn. 5.

oder eines Erlasses einer Forderung vor, wenn der Gläubiger den Schuldner schriftlich gemahnt und diesem ohne Erfolg eine zweiwöchige Nachfrist gesetzt hat. Ferner können Gläubiger festgestellter, unbestrittener Forderungen aus dem Plan die **Zwangsvollstreckung** betreiben (§ 257 InsO). Ein Insolvenzplan kann nicht vorsehen, dass ein anwaltlicher Treuhänder nach Verfahrensaufhebung eine Masseforderung zum Zwecke einer Nachtragsverteilung zugunsten der Gläubigergesamtheit einzieht.[463]

9. Behandlung nicht angemeldeter Forderungen

165 Forderungen von Gläubigern, die sich im Insolvenzplanverfahren nicht gemeldet haben, können auch noch nach Abschluss des Planverfahrens geltend gemacht werden. Dem Planverfahren kommt **keine Ausschlusswirkung** zu. Gem. § 254 Abs. 1 InsO entfaltet der Insolvenzplan seine Wirkungen zwar auch für und gegen solche Insolvenzgläubiger. Diese werden mit ihren Forderungen den Beschränkungen unterworfen, die der Plan für vergleichbare Ansprüche vorsieht. Damit ist aber nicht ausgeschlossen, dass sich nach der Bestätigung des Plans Gläubiger melden, mit deren Forderungen – auch in der durch den Plan reduzierten Höhe – bei der Gestaltung des Plans nicht zu rechnen war. Solche unbekannten Gläubiger können im Einzelfall, abhängig von der Höhe der Forderung, die dem Plan zugrunde liegende Finanzplanung stören. Es ist geboten, eine Sanierung des Unternehmens nicht daran scheitern zu lassen, dass Gläubiger, die sich verschwiegen haben, nach Abschluss des Verfahrens wegen Ansprüchen in beträchtlicher Höhe die Zwangsvollstreckung gegen den Schuldner betreiben.[464]

a) Vollstreckungsschutz

166 Diesem Zweck dient der **besondere Vollstreckungsschutz** nach § 259a Abs. 1 und 2 InsO, der nur auf Antrag gewährt wird. Zuständig ist das **Insolvenzgericht**, weil es die Verhältnisse des Unternehmens aufgrund der vorangegangenen Befassung mit dem Insolvenzplan am besten beurteilen kann. Der Vollstreckungsschutz ist zu gewähren, wenn **beträchtliche Forderungen** nach Abschluss des Verfahrens durchgesetzt werden sollen und dadurch die **Sanierung gefährdet** würde. Die Gefährdung kann insb. darin bestehen, dass die **ordnungsgemäße Durchführung des Insolvenzplans** unmöglich gemacht würde oder dem Unternehmen zur **Fortsetzung seiner Tätigkeit benötigte Gegenstände** entzogen würden. Der Vollstreckungsschutz kann in der einstweiligen Einstellung der Zwangsvollstreckung oder der vollständigen oder teilweisen Aufhebung bereits erfolgter Vollstreckungsmaßnahmen bestehen; das Gericht kann aber auch künftige Vollstreckungsmaßnahmen untersagen. Dabei kann die Zwangsvollstreckung auch für die Dauer von einigen Jahren, max. jedoch für 3 **Jahre**, untersagt werden. Das Gericht wird den Schutz aber etwa nur gewähren, wenn die **begründete Aussicht** besteht, das sanierte Unternehmen werde die nachträglich geltend gemachten Forderungen – jedenfalls nach Erfüllung des Insolvenzplans und in Raten – aus den **erwirtschafteten Erträgen** bezahlen können. Unberührt von der Vorschrift bleiben die Rechte des Schuldners nach § 765a ZPO.[465]

b) Verjährung

167 Als weitere Maßnahme, die eine Gefährdung der Sanierung durch nachträglich geltend gemachte Ansprüche verhindern soll, dient eine besondere Verjährungsregelung. Ansprüche, die nicht bis zum Abstimmungstermin angemeldet worden sind und die mithin nicht in die Finanzplanung im Planverfahren aufgenommen werden konnten, verjähren nach § 259b Abs. 1 InsO in **einem Jahr**. Die Verjährungsfrist läuft nach § 259a Abs. 2 InsO von der **Rechtskraft des Beschlusses** an, mit dem der Plan bestätigt worden ist. Jedoch beginnt die Verjährungsfrist nicht vor der Fälligkeit der Forderung. Die besondere Verjährungsfrist erfasst **alle Ansprüche**, selbst wenn für sie – wie

---

463 BGH, WM 2018, 1105 Rn. 21.
464 BT-Drucks. 17/5712, S. 37.
465 BT-Drucks. 17/5712, S. 37 f.

z.B. bei titulierten Forderungen nach allgemeinem Recht – die 30-jährige Verjährungsfrist gilt. Die Jahresfrist ist nur dann maßgeblich ist, wenn sie – beginnend nach Maßgabe des § 259b Abs. 2 – **früher vollendet** wird als die Verjährung nach den **allgemeinen Vorschriften.** § 259b Abs. 4 stellt sicher, dass ein Anspruch nicht verjährt, während der Gläubiger aufgrund einer Anordnung des Insolvenzgerichts nach § 259a InsO keine Möglichkeit hat, seinen Anspruch geltend zu machen.[466]

10. Aufrechnung nach rechtskräftiger Bestätigung

Ein bei Eröffnung des Insolvenzverfahrens bestehendes **Aufrechnungsrecht** bleibt auch dann erhalten, wenn die **aufgerechnete Gegenforderung** nach einem rechtskräftig bestätigten Insolvenzplan als **erlassen** gilt. Die Aufrechnung mit einer Forderung, die nach dem Insolvenzplan als erlassen gilt, bleibt gem. § 94 InsO möglich, wenn die Aufrechnungslage bereits z.Zt. **der Eröffnung des Insolvenzverfahrens** bestand. Nach § 94 InsO wird das bei Verfahrenseröffnung bestehende Recht eines Insolvenzgläubigers zur Aufrechnung »durch das Verfahren nicht berührt«. Bereits unter der Geltung der KO, der Vergleichsordnung und der Gesamtvollstreckungsordnung konnte eine bei Eröffnung des Verfahrens bestehende Aufrechnungsmöglichkeit auch noch im Verfahren ausgeübt werden (§ 53 KO, § 54 Satz 1 VglO, § 7 Abs. 4 GesO). Von den Wirkungen eines Vergleichs wurde dieses Recht nicht berührt (§ 54 Satz 2 VglO). An dieser Rechtslage wollte der Gesetzgeber der InsO festhalten. Eine vor Insolvenzeröffnung erworbene Aufrechnungsbefugnis und die daraus folgende **Selbstexekutionsbefugnis** sind eine von der Rechtsordnung weitgehend geschützte Rechtsstellung (vgl. §§ 389, 392, 406 BGB), die auch im Insolvenzverfahren uneingeschränkt anerkannt bleiben soll. Letztlich erscheint ausschlaggebend, dass mit der InsO die nach früherem Recht bestehenden Aufrechnungsmöglichkeiten nicht beschränkt werden sollten.[467] 168

VI. Begründung von Masseverbindlichkeiten durch den Schuldner im Eröffnungsverfahren nach § 270b InsO

1. Ermächtigung des Gerichts

Handelt es sich um ein Eröffnungsverfahren zur Vorbereitung einer Sanierung nach § 270b InsO, kommt die Begründung von Masseverbindlichkeiten durch den Schuldner nach § 270b Abs. 3 Satz 1 in Verbindung mit Satz 2 InsO nur in Betracht, wenn das Insolvenzgericht den Schuldner auf dessen Antrag zur Begründung von Masseverbindlichkeiten ermächtigt hat. Dies entspricht der Begründung des Gesetzgebers, der es dem Schuldner in diesem besonderen Verfahren ausdrücklich ermöglichen wollte, über die Anordnung nach § 270b Abs. 3 InsO gleichsam in die Rechtsstellung eines starken vorläufigen Insolvenzverwalters einzurücken.[468] Soweit vereinzelt die Auffassung vertreten wird, in Eröffnungsverfahren nach § 270a InsO begründe der Schuldner schon originär nach dem Gesetz Masseverbindlichkeiten, ohne dass es eines Antrag auf Ermächtigung zur Begründung von Masseverbindlichkeiten bedürfe, betrifft dies einen anderen Sachverhalt. Diese Ansicht weicht zwar von der weit überwiegend vertretenen Meinung ab, nach welcher der Schuldner oder der vorläufige Sachwalter im Eröffnungsverfahren nach § 270a InsO nur dann Masseverbindlichkeiten begründet, wenn ihn das Insolvenzgericht auf einen entsprechenden Antrag dazu ermächtigt hat. Sie wird aber nur für das Eröffnungsverfahren nach § 270a InsO vertreten. Im Verfahren zur Vorbereitung einer Sanierung nach § 270b InsO bedarf es dagegen nach allen in der Rechtsprechung und im Schrifttum vertretenen Auffassungen einer Einzel- oder Globalermächtigung des Insolvenzgerichts, Masseverbindlichkeiten zu begründen.[469] 169

466 BT-Drucks. 17/5712, S. 38.
467 BGH, ZInsO 2011, 1154 Rn. 9 ff.
468 BGH, Beschl. v. 24.3.2016 – IX ZR 157/14, WM 2016, 805 Rn. 4.
469 BGH, Beschl. v. 24.3.2016 – IX ZR 157/14, WM 2016, 805 Rn. 6.

2. Kein Wahlrecht hinsichtlich des Gebrauchs der Ermächtigung

170 Hat das Insolvenzgericht gemäß § 270b Abs. 3 InsO angeordnet, dass die Schuldnerin Masseverbindlichkeiten begründet, gelten für die Schuldnerin dieselben Grundsätze wie für den starken vorläufigen Insolvenzverwalter (§ 21 Abs. 2 Satz 1 Nr. 2 Fall 1, § 22 Abs. 1 Satz 1 InsO). Dieser begründet Masseverbindlichkeiten nach Maßgabe des § 55 Abs. 2 InsO. Die Regelung des § 270b Abs. 3 InsO hat den Zweck, das Vertrauen in den eigenverwaltenden Schuldner zu stärken und ihn dadurch zu unterstützen, dass ihm die Möglichkeit eröffnet wird, über eine Anordnung des Gerichts in die Rechtsstellung eines starken vorläufigen Insolvenzverwalters einzurücken. Der eigenverwaltende Schuldner hat die Wahl, ob er sich bei Gericht Einzelermächtigungen zur Begründung von Masseverbindlichkeiten erteilen oder aber sich mit einer globalen Ermächtigung ausstatten lässt.[470] Hat sich der Schuldner mit der globalen Ermächtigung ausstatten lassen, steht er grundsätzlich einem starken vorläufigen Insolvenzverwalter gleich. Es steht nicht in seinem Belieben, ob er im Einzelfall Masseverbindlichkeiten oder Insolvenzforderungen begründet. Maßgebend hierfür ist allein das Gesetz, insbesondere § 55 Abs. 2 InsO.[471]

3. Begründung von Masseverbindlichkeiten

a) Verbindlichkeiten nach § 55 Abs. 2 Satz 1 InsO

171 Die hier in Rede stehenden Verbindlichkeiten der Schuldnerin gegenüber der Beklagten auf Zahlung von Sozialversicherungsbeiträgen wurden nicht von der Schuldnerin im Rahmen ihrer Ermächtigung nach § 270b Abs. 3 InsO begründet, sondern beruhen auf den vor dem Insolvenzantrag abgeschlossenen Arbeitsverträgen mit den Beschäftigten. Für § 55 Abs. 2 Satz 1 InsO gilt nichts anderes als bei § 55 Abs. 1 Nr. 1 InsO. Die Verbindlichkeit muss durch den Verwalter/Schuldner selbst erst begründet worden sein.[472]

b) Verbindlichkeiten nach § 55 Abs. 2 Satz 2 InsO

172 Die Ansprüche der Arbeitnehmer auf Arbeitsentgelt aus Arbeitsverträgen, die bei Insolvenzantragstellung bereits bestanden, sind Masseverbindlichkeiten, wenn sie der starke vorläufige Insolvenzverwalter tatsächlich weiterbeschäftigt und nicht freistellt, denn § 55 Abs. 2 Satz 2 InsO erfasst ein Verhalten des vorläufigen starken Insolvenzverwalters, mit dem er die Gegenleistung nutzt, obwohl er dies pflichtgemäß hätte unterbinden. Masseverbindlichkeiten wurden folglich gegenüber den Arbeitnehmern nach § 55 Abs. 2 Satz 2 InsO begründet, soweit die Schuldnerin nach der Anordnung gemäß § 270b Abs. 3 InsO die Arbeitnehmer – wie geschehen – weiter beschäftigt hat.[473] Für die Arbeitnehmeranteile der Sozialversicherungsbeiträge gilt nichts anderes. Denn sie sind Bestandteil des Bruttolohnanspruchs der Arbeitnehmer im Sinne einer Masseverbindlichkeit. Die Verpflichtung zur Zahlung des Bruttoentgelts stellt in vollem Umfang eine Geldschuld des Arbeitgebers gegenüber dem Arbeitnehmer dar.[474] Dieses Verständnis des § 55 Abs. 2 Satz 2 InsO liegt auch der Regelung des § 55 Abs. 3 Satz 2 InsO zugrunde. Diese ergibt nur dann einen Sinn, wenn die Arbeitnehmeranteile der Sozialversicherungsbeiträge im Falle des § 55 Abs. 2 Satz 2 InsO Masseverbindlichkeiten sind. Andernfalls ginge die entsprechend § 55 Abs. 3 Satz 1 InsO vorgesehene Herabstufung zur Insolvenzforderung stets ins Leere.[475]

c) Umqualifizierung der Masseverbindlichkeiten in Insolvenzforderungen nach § 55 Abs. 3 InsO

173 § 55 Abs. 3 InsO findet im Schutzschirmverfahren analog Anwendung, wenn der Schuldner gemäß § 270b Abs. 3 InsO ermächtigt worden ist, Masseverbindlichkeiten zu begründen. § 270b Abs. 3

470 BGH, Urt. v. 16.6.2016 – IX ZR 114/15, WM 2016, 1310 Rn. 18.
471 BGH, Urt. v. 16.6.2016 – IX ZR 114/15, WM 2016, 1310 Rn. 22.
472 BGH, Urt. v. 16.6.2016 – IX ZR 114/15, WM 2016, 1310 Rn. 23.
473 BGH, Urt. v. 16.6.2016 – IX ZR 114/15, WM 2016, 1310 Rn. 25.
474 BGH, Urt. v. 16.6.2016 – IX ZR 114/15, WM 2016, 1310 Rn. 26.
475 BGH, Urt. v. 16.6.2016 – IX ZR 114/15, WM 2016, 1310 Rn. 28.

Satz 2 InsO sieht die Anwendbarkeit nicht vor, weil dort lediglich § 55 Abs. 2 InsO in Bezug genommen worden ist. Hinsichtlich § 55 Abs. 3 InsO besteht jedoch eine planwidrige Regelungslücke, die durch analoge Anwendung zu schließen ist.[476] Sollte der Schuldner dem starken vorläufigen Verwalter weitgehend gleichgestellt werden, ist nicht anzunehmen, dass für die Problematik des § 55 Abs. 3, die hier in gleicher Weise auftritt, etwas anderes gelten und die Gefahr des Scheiterns der Sanierung heraufbeschworen werden sollte, die § 55 Abs. 3 InsO gerade ausräumen will. Die entsprechende Anwendung dieser Vorschrift liegt umso näher, als durch die Stärkung der Eigenverwaltung die Sanierung des schuldnerischen Unternehmens begünstigt werden sollte.[477]

Hintergrund der Regelung des § 55 Abs. 3 InsO ist es, auch dem starken vorläufigen Insolvenzverwalter, der den Betrieb fortführt und die Leistung der Arbeitnehmer einfordert oder entgegennimmt, eine sinnvolle Insolvenzgeldvorfinanzierung zu ermöglichen. Er soll hinsichtlich der Fortführung des Betriebes nicht schlechter gestellt werden als ein schwacher vorläufiger Insolvenzverwalter, der keine Masseverbindlichkeiten nach § 55 Abs. 2 InsO begründen kann. Andernfalls hätte beim starken vorläufigen Insolvenzverwalter die Bundesagentur für Arbeit die übergegangenen Ansprüche als Masseverbindlichkeiten geltend machen und die Masse auszehren können, was häufig zur Masseunzulänglichkeit führen würde.[478] § 55 Abs. 3 Sätze 1 und 2 InsO setzen übereinstimmend voraus, dass die Masseverbindlichkeit noch nicht erfüllt ist. § 55 Abs. 3 Satz 2 InsO grenzt zudem ausdrücklich danach ab, inwieweit erfüllt ist. Die Umqualifizierung findet nur statt, »soweit« die Ansprüche bestehen bleiben. Dies war hinsichtlich der hier tatsächlich gezahlten Arbeitnehmeranteile nicht der Fall. Die Voraussetzungen des § 55 Abs. 3 InsO lagen deshalb nicht vor.[479] 174

C. Haftung von Geschäftsführern und Gesellschaftern im Rahmen der Eigenverwaltung

I. Aufgabenzuweisung in der Eigenverwaltung

Die Verteilung der Aufgaben in der Eigenverwaltung ergibt sich aus §§ 270 ff InsO. Vor Verfahrenseröffnung kann auf den Antrag auf Eröffnung in Eigenverwaltung nach § 270a Abs. 1 Satz 2 InsO ein vorläufiger Sachwalter bestellt werden, dem insbesondere die Kontrollbefugnisse der §§ 274, 275 InsO zustehen. Gleiches gilt gemäß § 270b Abs. 2 Satz 1, §§ 270a, 274, 275 InsO im Schutzschirmverfahren. Der Sachverwalter tritt verallgemeinernd ausgedrückt an die Stelle eines im Regelinsolvenzverfahren eingesetzten vorläufigen Insolvenzverwalters, wobei ihm neben der Überwachung des Schuldners (§ 274 Abs. 2 InsO) und der Zustimmung bei außergewöhnlichen Maßnahmen (§ 275 InsO) insbesondere die Insolvenzanfechtung (§ 280 InsO) und die Führung der Insolvenztabelle (§ 270c Satz 2 InsO) obliegen. Demgegenüber nimmt der Schuldner abweichend von einem Regelverfahren gemäß § 270 Abs. 1 Satz 1 InsO die Verwaltungs- und Verfügungsbefugnis über sein Vermögen alleine wahr. Darum hat er die Masse zu sichern und zu verwalten und grundsätzlich das Unternehmen bis zum Berichtstermin fortzuführen. In diesem Zusammenhang hat der Schuldner notwendige Zahlungen zu veranlassen und den Zahlungsverkehr abzuwickeln, falls nicht der Sachwalter die Kassenführung gemäß § 275 Abs. 2 InsO an sich zieht. Der Schuldner hat unter Beachtung der Aus- und Absonderungsrechte das Sicherungsgut zu verwerten (§ 282 InsO) und gemäß § 279 InsO die Wahlrechte aus §§ 103 ff. InsO auszuüben. Die Verteilung des Erlöses an die Gläubiger ist von dem Schuldner zu verantworten (§ 283 Abs. 2 InsO). Im Schutzschirmverfahren (§ 270b InsO) als besonderer Form der vorläufigen Eigenverwaltung (§ 270a InsO) hat der Schuldner entsprechend dem Verfahrensziel einen Insolvenzplan auszuarbeiten (§ 270b Abs. 1 InsO). Ferner ist der Eintritt der Zahlungsunfähigkeit unverzüglich anzuzeigen (§ 270b Abs. 4 Satz 2 InsO).[480] 175

476 BGH, Urt. v. 16.6.2016 – IX ZR 114/15, WM 2016, 1310 Rn. 31.
477 BGH, Urt. v. 16.6.2016 – IX ZR 114/15, WM 2016, 1310 Rn. 33.
478 BGH, Urt. v. 16.6.2016 – IX ZR 114/15, WM 2016, 1310 Rn. 37.
479 BGH, Urt. v. 16.6.2016 – IX ZR 114/15, WM 2016, 1310 Rn. 38.
480 Vgl. im Einzelnen *Thole/Brünkmans*, ZIP 2013, 1097.

II. Haftung des Geschäftsführers

176 Die Eigenverwaltung betrifft regelmäßig das Vermögen einer insolvenzreifen juristischen Person und als typischer Rechtsform des Mittelstandes das einer GmbH. Es liegt auf der Hand, dass einem Geschäftsführer in einer derartigen Krisensituation vielfältige Haftungsgefahren drohen.

1. Zahlungsverbot des § 64 GmbHG

177 Ab dem Eintritt der Insolvenzreife unterliegen gemäß § 64 Satz 1 GmbHG, § 92 Abs. 2 Satz 1 AktG, § 99 Satz 1 GenG und § 130a Abs. 1 Satz 1 HGB Geschäftsleiter einer GmbH, einer AG, einer Genossenschaft sowie einer GmbH & Co KG, die keine natürliche Person als persönlich haftenden Gesellschafter hat, dem Verbot, Zahlungen zu Lasten des Gesellschaftsvermögens zu bewirken. Die Regelungen sind unbeschadet geringfügiger tatbestandlicher Unterschiede in einem einheitlichen Sinne zu deuten[481] und untersagen dem Geschäftsleiter – schlagwortartig ausgedrückt – jegliche Zahlungen aus dem Gesellschaftsvermögen nach Eintritt der Insolvenzreife.[482] Ausnahmsweise sind jeweils nach Satz 2 dieser Bestimmungen Zahlungen erlaubt, die mit der Sorgfalt eines ordentlichen und gewissenhaften Geschäftsmanns vereinbar sind.[483]

a) Voraussetzungen der Vorschrift

178 Der zeitliche Anwendungsbereich der Regelung ist ab der materiellen Insolvenz der Gesellschaft, also Zahlungsunfähigkeit oder Überschuldung, eröffnet. Das Zahlungsverbot entfaltet damit sofort ab Eintritt der Insolvenzreife und nicht erst ab dem Ende der dreiwöchigen Insolvenzantragsfrist Bindungswirkung.[484] Der in der Person der Gesellschaft begründete Anspruch entsteht bereits mit Vornahme der verbotenen Zahlungen, nicht etwa erst nach Verfahrenseröffnung.[485] Der Begriff der »Zahlungen« ist als haftungsbegründende, von dem Geschäftsführer veranlasste[486] Rechtshandlung[487] in einem weiten Sinne auszulegen,[488] der jede Übertragung von Vermögensgegenständen oder Wirtschaftsgütern einschließt.[489] Bei einem Verstoß gegen die Zahlungsverbote sind nach Auffassung der Rechtsprechung die einzelnen Vermögensabflüsse von den Geschäftsleitern jeweils durch Rückzahlung an die Masse abzugelten.[490] Zusammengefasst braucht die Gesellschaft zur Begründung eines Anspruchs aus § 64 GmbHG im Fall der Insolvenz lediglich darzulegen, dass ein nach Insolvenzreife gezahlter Betrag in der Insolvenzmasse fehlt.[491]

b) Folgerungen für Eigenverwaltung

179 Steht eine Haftung aus § 64 GmbHG im Raum, ist zu klären, ob die Vorschrift in den jeweiligen Verfahrensstadien der Eigenverwaltung überhaupt anwendbar ist.

---

481 Vgl. BT-Drucks. 7/3441, S. 47; BGH, Urt. v. 26.3.2007 – II ZR 310/05, WM 2007, 973 Rn. 7.
482 Vgl. nur BGH, Beschl. v. 5.2.2007 – II ZR 51/06, WM 2007, 1465 Rn. 4, Leitsatz 1.
483 Vgl. BGH, Urt. v. 8.1.2001 – II ZR 88/99, BGHZ 146, 264, 274 f.
484 BGH, Urt. v. 16.3.2009 – II ZR 280/07, WM 2009, 851 Rn. 12.
485 BGH, Beschl. v. 23.9.2010 – IX ZB 204/09, ZInsO 2010, 2101 Rn. 13.
486 BGH, Urt. v. 16.3.2009 – II ZR 32/08, WM 2009, 955 Rn. 13.
487 *Baumbach/Hueck/Haas*, GmbHG, 31. Aufl., § 64 Rn. 63.
488 BGH, Urt. v. 16.3.2009 – II ZR 32/08, WM 2009, 955 Rn. 12; *Müller*, NZG 2015, 1021, 1022.
489 BT-Drucks. 16/6140, S. 112; *Scholz/Schmidt*, § 64 Rn. 28 ff.; *Baumbach/Hueck/Haas*, § 64 Rn. 65; *Sandhaus*, in: Gehrlein/Born/Simon, § 64 Rn. 16; *Müller*, DB 2015, 723; *Casper*, ZIP 2016, 793, 794.
490 BGH, Urt. v. 8.1.2001 – II ZR 88/99, BGHZ 146, 264, 278 f.; v. 28.1.2016 – II ZR 394/13, WM 2016, 275 Rn. 49.
491 BGH, Urt. v. 18.3.1974 – II ZR 2/72, NJW 1974, 1088, 1089; *Thole*, Gläubigerschutz durch Insolvenzrecht, 2010, S. 693; *Müller*, NZG 2015, 1021, 1022; *Habersack/Foerster*, NZG 2016, 153, 177.

aa) Vorläufige Eigenverwaltung

(1) Grundsatz

Wäre die Regelung des § 64 GmbHG ab Stellung eines Insolvenzantrages nicht mehr anwendbar,[492] weil sich der Regelungszweck der Norm darin erschöpft, den Geschäftsführer nach Insolvenzreife zur Antragstellung zu veranlassen,[493] könnte der Geschäftsführer nach Anordnung der auf einem Insolvenzantrag beruhenden vorläufigen Eigenverwaltung nicht mehr aus dieser Norm in Anspruch genommen werden. Es ist jedoch kein tragfähiger Grund ersichtlich, die Bestimmung des § 64 GmbHG einschließlich der Parallelvorschriften nach Antragstellung für unbeachtlich zu erklären. Der zeitliche Anwendungsbereich der Regelung ist ab der materiellen Insolvenz der Gesellschaft, also Zahlungsunfähigkeit oder Überschuldung, eröffnet. Das Zahlungsverbot entfaltet damit sofort ab Eintritt der Insolvenzreife und nicht erst ab dem Ende der dreiwöchigen Insolvenzantragsfrist Bindungswirkung. Auch wenn ein Geschäftsleiter wegen laufender Sanierungsbemühungen innerhalb der längstens dreiwöchigen Frist des § 15a Abs. 1 Satz 1 InsO noch keinen Antrag auf Eröffnung des Insolvenzverfahrens stellen muss, hat er doch das Gesellschaftsvermögen für den Fall zu sichern, dass die Sanierungsbemühungen fehlschlagen und das Vermögen im Rahmen eines Insolvenzverfahrens zu verteilen ist.[494] Der Zweck der Sicherung des Insolvenzvermögens ist auch im Zeitraum zwischen der Antragstellung und der Verfahrenseröffnung verpflichtend, weil das Zahlungsverbot eine gleichmäßige Verteilung der Masse gerade nach Verfahrenseröffnung sicherstellen soll.[495] Andernfalls hätte der Geschäftsführer einen Freibrief, im Anschluss an die Antragstellung die Masse nach eigenem Ermessen auf die Gläubiger zu verteilen.[496] Die Haftung aus § 64 GmbHG kann der Geschäftsleiter nur vermeiden, indem er sich nach Antragstellung weitgehend passiv verhält.[497] 180

(2) Privilegierung

Der Geschäftsführer unterliegt gemäß § 64 Satz 2 GmbHG keiner Erstattungspflicht, sofern die Zahlung mit der Sorgfalt eines ordentlichen Geschäftsmannes vereinbar ist. Bei der Interpretation der Norm ist nach Antragstellung eine gewisse Großzügigkeit angezeigt, weil die Befolgung der Antragspflicht erkennen lässt, dass es nicht mehr um typische Konstellationen einer Insolvenzverschleppung geht.[498] Darum darf der Geschäftsführer Zahlungen vornehmen, welche für die Betriebsfortführung durch einen künftigen – vorläufigen – Verwalter unverzichtbar sind.[499] Entsprechend der Rechtslage vor Antragstellung ist der Geschäftsführer berechtigt,[500] trotz Insolvenzreife rückständige Umsatz- und Lohnsteuern an das Finanzamt[501] und rückständige Arbeitnehmeranteile zur Sozialversicherung an die Einzugsstelle zu entrichten.[502] Wird der öffentliche Gläubiger vor der Zahlung über die Insolvenzlage der Gesellschaft unterrichtet, wird nach Verfahrenseröffnung vielfach die Insolvenzanfechtung durchgreifen.[503] Überdies dürften mit Rücksicht auf die der 181

492 In diesem Sinne *Brinkmann*, DB 2012, 1369.
493 Vgl. *Haas*, ZHR 178 (2014), 603, 605.
494 BGH, Urt. v. 16.3.2009 – II ZR 280/07, WM 2009, 851 Rn. 12.
495 OLG Brandenburg, ZIP 2007, 724, 725; OLG Köln, GmbHR 2014, 1039; *Sandhaus*, in: *Gehrlein/Born/Simon*, § 64 Rn. 8; *Bachmann*, ZIP 2015, 101, 107; *Thole/Brünkmanns*, ZIP 2013, 1097, 1100 f; *Schmidt/Poertzgen*, NZI 2013, 369, 376; *Thole/Brünkmans*, ZIP 2013, 1097, 1101; *Weber/Knapp*, ZInsO 2014, 2245, 2250 f; aA *Haas*, ZHR 178 (2014), 603, 619 ff.
496 *Klinck*, DB 2014, 938, 939.
497 *Bachmann*, ZIP 2015, 101, 102.
498 *Bachmann*, ZIP 2015, 101,108; *Thole/Brünkmans*, ZIP 2013, 1097, 1101.
499 *Schmidt/Poertzgen*, NZI 2013, 369, 374.
500 *Thole*, DB 2015, 662, 665.
501 Vgl. nur BGH, Urt. v. 25.1.2011 – II ZR 196/09, WM 2011, 406 Rn. 11 ff.
502 Vgl. nur BGH, Urt. v. 25.1.2011 – II ZR 196/09, WM 2011, 406 Rn. 17 ff.
503 *Schmidt/Undritz*, § 270a Rn. 7.

Masse zukommende Gegenleistung Zahlungen auf Bargeschäfte über betriebsnotwendige Leistungen nicht zu beanstanden sein.[504]

(3) Einsetzung eines vorläufigen Verwalters

182 Im Regelverfahren ist zu berücksichtigen, dass nach Antragstellung vielfach ein vorläufiger Verwalter bestellt wird, so dass Verfügungen nur mit dessen Zustimmung Wirksamkeit entfalten (§ 21 Abs. 2 Nr. 2 Fall 2 InsO). Das Erfordernis der Zustimmung lässt die haftungsbegründende Notwendigkeit der Mitwirkung des Geschäftsführers nicht entfallen, so dass dieser weiter von den Bindungen des § 64 GmbHG nicht befreit ist.[505] Das Einverständnis des von dem Geschäftsleiter zutreffend informierten vorläufigen Verwalters dürfte grundsätzlich entweder das für eine Haftung aus § 64 GmbHG erforderliche Verschulden des Geschäftsführers entfallen lassen oder den Ausnahmetatbestand der Sorgfalt eines ordentlichen Geschäftsmannes (§ 64 Satz 2 GmbHG) erfüllen.[506] Wird ein starker vorläufiger Verwalter eingesetzt (§ 22 Abs. 1 Satz 1 InsO), kann der Geschäftsführer mangels Verfügungsbefugnis und ihm zurechenbarer Zahlungen aus § 64 GmbHG nicht mehr haftbar gemacht werden.[507] Trifft der Geschäftsführer trotz fehlender Befugnis eine Verfügung, die der vorläufige Verwalter nicht mehr rückgängig machen kann, unterliegt er freilich der Haftung des § 64 GmbHG.[508] Andererseits ist der Geschäftsführer nicht verpflichtet, den vorläufigen Verwalter von einer der Masse nachteiligen Handlung abzuhalten.[509]

183 Wird im Vorfeld der Eigenverwaltung ein vorläufiger Sachwalter (§ 270a Abs. 1 InsO) bestellt, bleibt die Verfügungsbefugnis des Geschäftsführers gleichwohl unberührt. Deswegen hat er weiter den Pflichten des § 64 GmbHG zu genügen.[510] Der Einwand, der Geschäftsführer werde nunmehr als Walter der Gläubigerinteressen tätig,[511] überzeugt nicht, weil er mangels Geltung des § 276a InsO im Eröffnungsverfahren weiter den Weisungen der Gesellschafterversammlung nachzukommen hat.[512] Die Einleitung des an keine strengen Voraussetzungen geknüpften Eigenverwaltungsverfahrens, das nur bei offensichtlicher Aussichtslosigkeit zu versagen ist (§ 270a InsO), bietet keine Gewähr dafür, dass die Gläubigerinteressen stets hinreichend gewahrt werden.[513] Die mitunter zu beobachtende erhebliche Dauer des Eröffnungsverfahrens bewirkt keine Suspendierung des § 64 GmbHG,[514] weil das Eröffnungsverfahren seiner Rechtsnatur nach nicht auf einen längeren Zeitraum angelegt ist. Davon abgesehen gilt § 64 GmbHG nicht zuletzt bei einer in der Praxis leider häufiger zu beobachtenden dauerhaften Verschleppung. Ferner wird § 64 GmbHG nicht durch das insolvenzrechtliche Schutzsystem verdrängt.[515] Schon im Gläubigerinteresse ist es geboten, gerade in dieser Phase § 64 GmbHG für anwendbar zu erklären.[516]

184 Allerdings ist der Geschäftsleiter bei vorläufiger Eigenverwaltung regelmäßig von der Haftung befreit, sofern er im Einvernehmen mit allen Mitgliedern des vorläufigen Gläubigerausschusses oder im Einverständnis mit dem vorläufigen Sachwalter handelt.[517] Die Zustimmung des Gläubigerausschusses wirkt haftungsbefreiend, weil dieser gemäß § 272 Abs. 1 Nr. 1 InsO die Aufhebung der

504 *Bachmann*, ZIP 2015, 101, 108.
505 *Spliedt*, in: Schmidt/Uhlenbruck, Rn. 9.148.
506 *Schmidt/Poertzgen*, NZI 2013, 369, 374.
507 *Schmidt/Poertzgen*, NZI 2013, 369, 374.
508 *Schmidt/Poertzgen*, NZI 2013, 369, 374.
509 *Baumbach/Hueck/Haas*, § 64 Rn. 67a.
510 *Spliedt*, in: Schmidt/Uhlenbruck, Rn. 9.148.
511 In diesem Sinne *Haas*, ZHR 178 (2014), 603, 613.
512 *Klinck*, DB 2014, 938, 940.
513 *Klinck*, DB 2014, 938, 940.
514 In diesem Sinne *Haas*, ZHR 178 (2014), 603, 615.
515 *Spliedt*, in: Schmidt/Uhlenbruck, Rn. 9148; aA *Haas* ZHR 178 (2014), 603, 622 ff.
516 *Klinck*, DB 2014, 938, 940.
517 *Schmidt/Poertzgen*, NZI 2013, 369, 376; zweifelnd *Schmidt/Undritz*, § 270 Rn. 21; aA *Klink*, DB 2014, 938, 941.

Eigenverwaltung erwirken kann. Ähnliches gilt für den vorläufigen Sachwalter, der gemäß § 274 Abs. 3 InsO durch eine Mitteilung an den Gläubigerausschuss den Anstoß für eine Beendigung der Eigenverwaltung geben kann. Wer die vorläufige Eigenverwaltung beenden kann, ist berechtigt, bei ihrer Ausübung haftungsbefreiende Weisungen zu erteilen. Ferner ist die Tilgung von Masseverbindlichkeiten gestattet.[518] Auch wenn eine Masseverbindlichkeit pflichtwidrig begründet wurde, muss sie, ohne dass § 64 GmbHG entgegensteht, berichtigt werden. Eine davon zu trennende Frage ist es, ob wegen der Begründung der Verpflichtung, die tatbestandsmäßig nicht von § 64 GmbHG erfasst wird,[519] eine anderweitige Haftung durchgreift. Eine solche Haftung folgt aus § 43 Abs. 2 GmbHG, weil die Gesellschaft durch nachteilige Verträge einen Schaden erleidet.[520] Wie sonst im Eröffnungsverfahren sind dem Geschäftsführer Ausgaben zum Zwecke einer ordnungsgemäßen Betriebsfortführung gestattet.[521]

bb) Eröffnung in Eigenverwaltung

Im Regelinsolvenzverfahren entfaltet das Zahlungsverbot des § 64 GmbHG nach Verfahrenseröffnung keine Wirkung gegenüber dem Geschäftsführer. Dieser ist wegen des Verlusts der Verfügungsbefugnis (§§ 80 ff. InsO) nicht in der Lage, masseschmälernde Anordnungen zu treffen.[522] Ferner ist zu berücksichtigen, dass der Normzweck des § 64 GmbHG, das Schuldnervermögen zu sichern, mit der Verfahrenseröffnung untergeht. Im Regelinsolvenzverfahren kommt es vielfach zur Liquidation des Schuldnervermögens, die § 64 GmbHG – nur bis zur Verfahrenseröffnung – gerade verhindern will.[523] Darum kann die Vorschrift nach Verfahrenseröffnung keine Anwendung finden.[524] Die Interessen der Insolvenz- und Massegläubiger werden insoweit hinreichend und abschließend durch die Haftung des Insolvenzverwalters nach §§ 60, 61 InsO InsO gesichert.[525] 185

Obwohl im Rahmen des Eigenverwaltungsverfahrens die Verfügungsbefugnis des Schuldners und damit des Geschäftsführers einer GmbH auch nach Verfahrenseröffnung unangetastet bleibt, findet § 64 GmbHG auch dort keine weitere Anwendung. Es darf nicht aus dem Blick verloren werden, dass die Eigenverwaltung, falls eine Sanierung nicht gelingt, in eine mit § 64 GmbHG unvereinbare Liquidation des Schuldnerunternehmens münden kann.[526] Die Interessen der Gläubigergesamtheit nimmt nach Verfahrenseröffnung im Eigenverwaltungsverfahren der Sachwalter wahr. Eine Legitimation zugunsten der Anwendung des § 64 GmbHG ist nicht mehr gegeben.[527] Sollen gemäß § 283 Abs. 2 InsO die Gläubiger durch den Schuldner im Rahmen einer Liquidation befriedigt werden, kann § 64 GmbHG nicht mehr gelten.[528] Dass den Gesetzesmaterialien kein Anhalt für oder gegen die Anwendbarkeit des § 64 GmbHG entnommen werden kann,[529] spricht dafür, dass der Gesetzgeber entsprechend der herkömmlichen Würdigung § 64 GmbHG nicht mehr als einschlägig erachtet. Wenig überzeugend erscheint es, nach Verfahrenseröffnung § 64 GmbHG für anwendbar zu erklären, aber den Geschäftsführer mit Rücksicht auf den Zweck der 186

518 *Bachmann*, ZIP 2015, 101,108; aA *Klinck*, DB 2014, 938, 941.
519 BGH, Urt. v. 30.3.1998 – II ZR 146/96, BGHZ 138, 211, 216 f.; Urt. v. 29.11.1999 – II ZR 273/98, BGHZ 143, 184, 187 f.; v. 18.11.2014 – II ZR 231/13, BGHZ 203, 218 Rn 17; *Scholz/Schmidt*, GmbHG Rn. 33; *Habersack/Foerster*, ZHR 178 (2014), 387, 395.
520 Vgl. *Scholz/Schneider*, § 43 Rn. 100.
521 *Schmidt/Poertzgen*, NZI 2013, 369, 375 f.
522 *Thole/Brünkmans*, ZIP 2013, 1097, 1100; *Bachmann*, ZIP 2015, 101, 107.
523 Vgl. *Klinck*, DB 2014, 938, 942.
524 *Baumbach/Hueck/Haas* § 64 Rn. 67b; *Haas*, ZHR 178 (2014), 603, 607 ff.; *Weber/Knapp*, ZInsO 2014, 2245, 2253; aA *Klinck*, DB 2014, 938, 942.
525 *Schmidt/Poertzgen*, NZI 2013, 369, 376.
526 Vgl. *Klinck*, DB 2014, 938, 940; *Schmidt/Undritz*, § 270 Rn. 19.
527 *Baumbach/Hueck/Haas*, § 64 Rn. 67b.
528 *Spliedt*, in: Schmidt/Uhlenbruck, Rn. 9.147; *Thole/Brünkmans*, ZIP 2013, 1097, 1100.
529 Vgl. *Bachmann*, ZIP 2015, 101, 107.

Unternehmensfortführung auf der Grundlage des § 64 Satz 2 GmbHG generell von einer Haftung freizustellen,[530] wenn er in Einklang mit den Vorgaben der InsO eine den Gläubigerinteressen entsprechende Verwertung und Verteilung der Masse vornimmt.[531] Immerhin ist zu berücksichtigen, dass der Schuldner und damit auch der Geschäftsführer ohnehin an den Insolvenzzweck mit der Folge gebunden ist, dass insolvenzzweckwidrige Maßnahmen unwirksam sind.[532]

c) Folgerungen für Schutzschirmverfahren

187 Ein Schutzschirmverfahren kann gemäß § 270b Satz 1 InsO nur eingeleitet werden, sofern der Schuldner drohend zahlungsunfähig oder überschuldet ist. Folglich ist für eine Anordnung nach § 270b InsO kein Raum, wenn bei der Gesellschaft bereits der Insolvenzgrund der Zahlungsunfähigkeit verwirklicht ist. Kommt ein Schutzschirmverfahren mit anderen Worten nur bei erst drohender Zahlungsunfähigkeit in Betracht, gilt das Zahlungsverbot des § 64 Satz 1 und 2 GmbHG – noch – nicht. Leistet der Geschäftsführer Zahlungen, ist er mangels Eingreifen des Insolvenzgrundes der Zahlungsunfähigkeit nicht der Haftung des § 64 GmbHG unterworfen. Hingegen kann ein Schutzschirmverfahren bei schon eingetretener Überschuldung, also dem Insolvenzgrund des § 19 InsO, angeordnet werden. In diesem Fall kann sich der Geschäftsführer der Gefahr aussetzen, für gleichwohl bewirkte Zahlungen nach § 64 GmbHG verantwortbar gemacht zu werden.

188 Im Falle der Überschuldung oder dem nachträglichen Eintritt der Zahlungsunfähigkeit sind zugunsten des Geschäftsführers die haftungsbeschränkenden Grundsätze zu berücksichtigen, die im Rahmen der vorläufigen Eigenverwaltung entwickelt wurden. Da dem Sanierungsgedanken verstärkte Bedeutung zukommt, entsprechen Zahlungen, die eine Betriebsfortführung fördern, im angemessenen und erforderlichen Umfang der Sorgfalt eines ordentlichen Geschäftsmannes (§ 64 Satz 2 GmbHG).[533]

d) Zahlungsverbot des § 64 Satz 3 GmbHG, § 92 Abs. 2 Satz 3 AktG

189 In Einklang mit den vorstehenden Ausführungen ist auch § 64 Satz 3 GmbHG bzw. § 92 Abs. 2 Satz 3 AktG zu Lasten der Geschäftsleiter bis zu Verfahrenseröffnung anwendbar. Allerdings werden die tatbestandlichen Voraussetzungen der Vorschriften im Zeitraum der Antragstellung bis zur Verfahrenseröffnung vielfach nicht gegeben sein. Der Gesetzgeber erblickt in § 64 Satz 3 GmbHG, nach dessen Inhalt der Geschäftsführer Zahlungen an Gesellschafter zu erstatten hat, die zur Zahlungsunfähigkeit der Gesellschaft führen mussten, eine Ergänzung der Haftung der Gesellschafter aus Existenzvernichtung. Die Vorschrift knüpft den Erstattungsanspruch an die Voraussetzung, dass die Zahlung zur Zahlungsunfähigkeit der Gesellschaft führen musste. Die Zahlungsunfähigkeit wird durch eine Zahlung an den Gesellschafter nicht verursacht, wenn die Gesellschaft bereits zahlungsunfähig ist.[534]

190 Bei dieser Sachlage hat § 64 Satz 3 GmbHG einen der materiellen Insolvenzreife vorgelagerten, engen Anwendungsbereich, der am ehesten vor Antragstellung erfüllt sein wird. Ist ein Insolvenzantrag wegen Zahlungsunfähigkeit bereits gestellt, kann die Vorschrift nicht mehr eingreifen. Hingegen kann sie ausnahmsweise einschlägig sein, wenn der Eigenantrag auf drohende Zahlungsunfähigkeit (§ 18 InsO) oder vor Eintritt der Zahlungsunfähigkeit auf Überschuldung (§ 19 InsO) gestützt ist. Insbesondere im Schutzschirmverfahren (§ 270b InsO), das bei drohender Zahlungsunfähigkeit in Betracht kommt, können Zahlungen an Gesellschafter den Tatbestand des § 64 Satz 3 GmbHG erfüllen, wenn sie die Zahlungsunfähigkeit der Gesellschaft auslösen.

---

530 In diesem Sinne *Bachmann*, ZIP 2015, 101, 108; *Schmidt/Undritz*, § 270 Rn. 21.
531 In diesem Sinne *Klinck*, DB 2014, 938, 942.
532 *Thole/Brünkmans*, ZIP 2013, 1097, 1100.
533 *Schmidt/Poertzgen*, NZI 2013, 369, 375 f.
534 BGH, Urt. v. 9.10.2012 – II ZR 298/11, BGHZ 195, 42 Rn. 7.

2. Insolvenzverschleppungshaftung

a) Grundsätze

Wird eine GmbH zahlungsunfähig oder überschuldet, hat der Geschäftsführer nach § 15a Abs. 1 Satz 1 InsO, § 64 Abs. 1 GmbHG a.F. ohne schuldhaftes Zögern, spätestens aber drei Wochen nach Eintritt der Zahlungsunfähigkeit oder Überschuldung einen Insolvenzeröffnungsantrag zu stellen. Diese Vorschriften sind Schutzgesetze i.S. d. § 823 Abs. 2 BGB. Ihr Schutzzweck erfasst nicht nur Alt-, sondern auch Neugläubiger, die in Unkenntnis der Insolvenzreife der Gesellschaft noch in Rechtsbeziehungen zu ihr getreten sind.[535] Der objektive Tatbestand des Schutzgesetzes ist erfüllt, wenn der Geschäftsleiter trotz erkennbarer Insolvenzreife keinen Antrag auf Eröffnung des Insolvenzverfahrens stellt.[536] Die Antragspflicht endet, sobald ein ordnungsgemäßer Insolvenzantrag gestellt worden ist. Auf die Verfahrenseröffnung kommt es nicht an.[537] Die Erfüllung der Antragspflicht wirkt ex nunc, beseitigt also nicht eine bereits eingetretene Insolvenzverschleppung.[538] 191

b) Folgerungen

Endet die Insolvenzverschleppungshaftung mit der Antragstellung, kommt ihr im vorliegenden Zusammenhang keine Bedeutung zu. Eine vorläufige Eigenverwaltung (§ 270a InsO), ein Schutzschirmverfahren (§ 270b InsO) und die Eröffnung in Eigenverwaltung (§ 270 InsO) setzen einen Insolvenzantrag voraus. Nachdem er tatsächlich gestellt worden ist, scheidet eine Insolvenzverschleppungshaftung begrifflich aus. Schließt die Antragstellung eine Insolvenzverschleppungshaftung aus,[539] kann allenfalls eine Aufklärungspflicht des Geschäftsleiters gegenüber einem neuen Vertragspartner in Betracht kommen, deren Verletzung Ansprüche aus Verschulden bei Vertragsschluss begründet.[540] 192

3. Haftung aus § 43 Abs. 2 GmbHG, § 93 Abs. 2 AktG

a) Pflichtenmaßstab

Die Vorschriften über die Haftung der Geschäftsleiter – insbesondere § 43 Abs. 2 GmbHG, § 93 Abs. 2 AktG – sind mit Rücksicht auf die fortbestehende Befugnis zum Abschluss von Verpflichtungs- und Verfügungsgeschäften grundsätzlich sowohl während eines vorläufigen Eigenverwaltungs- bzw. Schutzschirmverfahrens als auch nach Anordnung der Eigenverwaltung anwendbar.[541] Der Pflichtenmaßstab der Geschäftsleiter ist nach Insolvenzantragstellung in einem vorläufigen Eigenverwaltungsverfahren wie auch nach Anordnung der Eigenverwaltung im Vergleich zur Tätigkeit der werbenden Gesellschaft leicht modifiziert. Bereits im vorläufigen Eigenverwaltungsverfahren hat der Schuldner im Gläubigerinteresse insolvenzspezifische Pflichten zu erfüllen.[542] Nach Verfahrenseröffnung ist das Interesse der Gesellschaft nunmehr vor dem Hintergrund des § 276a InsO an dem Interesse der Gläubiger als den wirtschaftlichen Eigentümern des Unternehmens[543] auszurichten.[544] Darum haben die Geschäftsführer der Sorgfalt eines ordentlichen und gewissenhaften Insolvenzverwalters zu genügen.[545] Immerhin wird man sagen können, dass die Gesellschafterinteressen in einem Konflikt mit den Gläubigerbelangen zurücktreten müssen, weil 193

535 BGH, Urt. v. 14.5.2012 – II ZR 130/10, ZInsO 2012, 1367 Rn. 9.
536 BGH, Urt. v. 14.5.2012 – II ZR 130/10, ZInsO 2012, 1367 Rn. 10.
537 MünchKomm-InsO/*Klöhn* § 15a Rn. 132.
538 *Scholz/Schmidt*, § 64 Rn. 166; MünchKomm-InsO/*Klöhn*, § 15a Rn. 132.
539 *Ulmer/Casper*, GmbHG § 64 Rn. 160.
540 *Gottwald/Haas/Kolman/Pauw*, Insolvenzrechtshandbuch, 5. Aufl., § 92 Rn. 136.
541 *Brinkmann*, DB 2012, 1369; *Bachmann*, ZIP 2015, 101, 104.
542 *Brinkmann*, DB 2012, 1369; *Thole/Brünkmans*, ZIP 2013, 1097, 1098.
543 MünchKomm-InsO/*Klöhn*, § 276a Rn. 8.
544 MünchKomm-InsO/*Klöhn*, § 276a Rn. 5.
545 *Spliedt*, in: Schmidt/Uhlenbruck, Rn. 9.134, Rn. 9.145; *Ringstmeier*, in: Ahrens/Gehrlein/Ringstmeier, § 270 Rn. 29, 32.

die Legalitätspflicht und damit die Pflicht zur Beachtung der einschlägigen insolvenzrechtlichen Regelungen in der Insolvenz den Gläubigerbelangen den Vorrang zuweist. Ob der Insolvenzverwalter und damit der Geschäftsführer in der Eigenverwaltung für eine unternehmerische Fehlentscheidung haftet, ist am Insolvenzzweck der bestmöglichen Befriedigung der Insolvenzgläubiger unter Berücksichtigung der von den Insolvenzgläubigern getroffenen Verfahrensentscheidungen zu messen.[546] Die sog. Business-Judement-Rule des § 93 Abs. 1 Satz 2 AktG, der zufolge eine Pflichtverletzung nicht vorliegt, wenn das Leitungsorgan bei einer unternehmerischen Entscheidung vernünftigerweise annehmen durfte, auf der Grundlage angemessener Information zum Wohle der Gesellschaft zu handeln, kann in diesem Rahmen für Insolvenzverwalter und damit auch für die Geschäftsleiter bei der Eigenverwaltung gelten.[547]

b) Innenhaftung im Verhältnis zur Gesellschaft

194 Die Vorschriften der § 43 Abs. 2 GmbHG, § 93 Abs. 2 AktG begründen eine Binnenhaftung der Geschäftsleiter im Verhältnis zu dem Unternehmen. Der Geschäftsführer haftet bei Verletzung seiner Pflichten nur der Gesellschaft und nicht den Gesellschaftsgläubigern. Insbesondere ist er einer Haftung enthoben, wenn er einen Gesellschafterbeschluss oder eine Weisung des einzigen Gesellschafters befolgt.[548] Zwar umfassen die Pflichten zur ordnungsgemäßen Geschäftsführung, die dem Geschäftsführer einer GmbH bzw. den Mitgliedern des Vorstands einer Aktiengesellschaft aufgrund ihrer Organstellung obliegen, auch die Verpflichtung, dafür zu sorgen, dass sich die Gesellschaft rechtmäßig verhält und ihren gesetzlichen Verpflichtungen nachkommt. Diese Legalitätspflicht besteht aber grundsätzlich nur der Gesellschaft gegenüber und nicht auch im Verhältnis zu außenstehenden Dritten. Denn die Bestimmungen der § 43 Abs. 1 GmbHG, § 93 Abs. 1 AktG regeln allein die Pflichten des Geschäftsführers bzw. Vorstandsmitglieds aus seinem durch die Bestellung begründeten Rechtsverhältnis zur Gesellschaft. Sie dienen nicht dem Zweck, Gesellschaftsgläubiger vor den mittelbaren Folgen einer sorgfaltswidrigen Geschäftsleitung zu schützen.[549]

c) Erfasste Schäden

195 Die Schadenersatzpflicht aus § 43 Abs. 2 GmbHG, § 93 Abs. 2 AktG beschränkt sich auf die Eigenschäden der Gesellschaft.

aa) Fehlender Eigenschaden

196 Wird Baugeld nicht zur Bezahlung der beteiligten Bauhandwerker, sondern für baufremde Ausgaben, also für andere Gesellschaftszwecke eingesetzt, so entsteht dadurch zwar möglicherweise den Bauunternehmern, nicht aber ohne weiteres der Gesellschaft ein Schaden. An einem solchen fehlt es insbesondere dann, wenn mit dem Geld andere Gesellschaftsschulden beglichen oder – gleichwertige – Vermögensgegenstände für die Gesellschaft angeschafft werden.[550] Verschlechtern sich infolge einer verzögerten Antragstellung die Befriedigungsaussichten der Gläubiger, manifestiert sich darin kein Schaden der Gesellschaft.[551] Auch die Begründung von Verbindlichkeiten nach Antragstellung bedeutet keinen Schaden der Gesellschaft.[552] Gemäß § 64 GmbHG verbotene Zahlungen lösen keinen Schaden der Gesellschaft aus, soweit dadurch Verbindlichkeiten zurückgeführt werden.[553] Da die Gesamtgläubigerschäden nur über § 64 GmbHG und § 823 Abs. 2 BGB, § 15a InsO

546 BGH, ZInsO 2017, 827 Rn. 12.
547 *Brinkmann*, DB 2012, 1369 f.
548 BGH, Urt. v. 14.12.1959 – II ZR 187/57, BGHZ 31, 258, 278.
549 BGH, Urt. v. 10.7.2012 – VI ZR 341/10, ZInsO 2012, 1953 Rn. 22, 23.
550 BGH, Urt. v. 21.3.1994 – II ZR 260/92, ZIP 1994, 872, 874.
551 *Baumbach/Haas*, GmbHG § 64 Rn. 160.
552 BGH, Urt. v. 30.3.1998 – II ZR 146/96, BGHZ 138, 211, 216 f.
553 *Michalski/Haas/Ziemons*, § 43 Rn. 209.

ausgeglichen werden, sind die mit einer Insolvenz typischerweise verbundenen Zerschlagungsverluste nicht nach § 43 Abs. 2 GmbHG zu ersetzen.[554] Ein Eigenschaden der Gesellschaft tritt nicht ein, wenn durch eine keinen Deliktstatbestand ausfüllende Pflichtwidrigkeit des Geschäftsleiters ein Dritter eine Vermögenseinbuße erleidet.[555] Die Annahme von Schmiergeld durch den Geschäftsführer begründet nur dann einen Eigenschaden der Gesellschaft, wenn diese ohne das Schmiergeld eine höhere vertragliche Leistung erhalten hätt.[556]

bb) Verbindung von Eigen- und Fremdschaden

Aufgrund der Legalitätspflicht ist der Geschäftsführer verpflichtet, im Rahmen der Eigenverwaltung 197
die maßgeblichen gesetzlichen Vorgaben zu beachten. Rechtshandlungen, welche die Gläubiger benachteiligen, können ausnahmsweise eine Haftung gegenüber der Gesellschaft auslösen, wenn dieser selbst aus der Maßnahme ein Schaden erwächst.[557] Als Beispiel wäre an die Missachtung von Sanierungs- und Verwertungschancen zu denken.[558] Gleiches dürfte gelten, wenn Geschäftsleiter das Gesellschaftsvermögen schmälern, indem sie Bestandteile beiseite schaffen.[559]

cc) Eigenschaden wegen Haftung für Fremdschaden

Hingegen könnte ein Schaden der Gesellschaft fehlen, wenn der Geschäftsleiter mit Aus- und Ab- 198
sonderungsrechten belastetes Vermögen zugunsten der Gesellschaft verwertet. Ein Schaden kann auch aus einer solchen Maßnahme erwachsen, sofern der Berechtigte die Gesellschaft in Haftung nimmt.[560] Falls die Gesellschaft für ein Fehlverhalten ihres Geschäftsführers einstehen muss, erleidet sie nämlich selbst einen Schaden.[561]

d) Außenhaftung gegenüber Gläubigern

Infolge des Binnenhaftungskonzepts kann eine Haftung des Geschäftsleiters im Verhältnis zu außen- 199
stehenden Dritten lediglich aus anderen speziellen Anspruchsgrundlagen hergeleitet werden.[562]

aa) Deliktsrecht

Die von der GmbH zum Schutz absoluter Rechtsgüter zu beachtenden Pflichten können auch 200
ihren Geschäftsführer in einer Garantenstellung aus den ihm übertragenen organisatorischen Aufgaben treffen und bei Verletzung dieser Pflichten seine deliktische Eigenhaftung auslösen. Der Geschäftsführer einer GmbH haftet unmittelbar, wenn er persönlich eine unerlaubte Handlung begeht. Derjenige, der in vorwerfbarer Weise bei der Entziehung des Eigentums eines Dritten mitwirkt, ohne selbst Besitz zu erlangen, haftet grundsätzlich dem Eigentümer nach § 823 Abs. 1 BGB auf Schadensersatz. Den Geschäftsführer trifft die Verpflichtung, durch entsprechende Maßnahmen eine Verletzung des Vorbehaltseigentums der Lieferanten durch Dispositionen über die Lieferungen im Rahmen des Möglichen zu verhindern. Kommt er dieser Pflicht nicht nach, haftet er dem Eigentümer aus § 823 Abs. 1 BGB.[563] Diese Rechtsprechung ist einschlägig, wenn der Geschäftsführer bei der Eigenverwaltung Aus- und Absonderungsrechte von Gläubigern verletzt.[564]

---

554 *Michalski/Haas/Ziemons*, § 43 Rn. 209.
555 BGH, Urt. v. 10.7.2012 – VI ZR 341/10, ZInsO 2012, 1953 Rn. 19 ff.
556 *Ulmer/Paefgen*, GmbHG § 43 Rn. 189.
557 *Thole/Brünkmans*, ZIP 2013, 1097, 1100.
558 *Thole/Brünkmans*, ZIP 2013, 1097, 1100.
559 *Bachmann*, ZIP 2015, 101, 102.
560 *Lücke/Simon*, in: Saenger/Inhester, § 43 Rn. 50.
561 *Koppensteiner/Gruber*, in: Rowedder/Schmidt-Leithoff, § 43 Rn. 22.
562 BGH, Urt. v. 10.7.2012 – VI ZR 341/10, ZInsO 2012, 1953 Rn. 24.
563 BGH, Urt. v. 5.12.1989 – VI ZR 335/88, BGHZ 109, 297, 302 ff.
564 *Thole/Brünkmans*, ZIP 2013, 1097, 1099.

bb) Haftung für erfolglosen Sanierungsversuch

201 Das zuständige Gesellschaftsorgan braucht bei Feststellung einer Insolvenzlage gemäß § 15a InsO nicht unbedingt sofort einen Insolvenzantrag zu stellen. Es muss nur ohne schuldhaftes Zögern handeln. Das schließt die Befugnis und gegebenenfalls sogar die Pflicht ein, mit der Sorgfalt eines ordentlichen und gewissenhaften Geschäftsleiters zu prüfen und zu entscheiden, ob nicht andere, weniger einschneidende Maßnahmen besser als ein Insolvenzverfahren geeignet sind, Schaden von der Gesellschaft, ihren Gläubigern und der Allgemeinheit abzuwenden. Das hierdurch der Unternehmensleitung eingeräumte pflichtmäßige Ermessen wird durch die für seine Ausübung gesetzte Höchstfrist von drei Wochen noch unterstrichen, aber auch begrenzt.[565]

202 Das geschäftsführende Gesellschaftsorgan muss bei einer erkannten Überschuldung nach pflichtmäßigem Ermessen die Aussichten und Vorteile eines Sanierungsversuchs gegen die Nachteile abwägen, die nicht eingeweihten Kunden bei einem Scheitern des Versuchs durch zwischenzeitliche Vermögensbewegungen entstehen können. Entscheidet es sich nach sorgfältiger und gewissenhafter Prüfung für einen solchen Versuch und darf es ihn den Umständen nach als sinnvoll ansehen, so verstößt es nicht schon deshalb gegen die guten Sitten oder das Betrugsverbot, weil eine für das Gelingen des Versuchs unerlässliche Fortführung des Betriebs unter Geheimhaltung seiner bedrängten Lage die Möglichkeit einschließt, dass hierdurch Getäuschte bei einem Zusammenbruch des Unternehmens einen Schaden erleiden, der ihnen bei sofortiger Einleitung eines Insolvenzverfahrens erspart geblieben wäre. Erst wenn ernste Zweifel an dem Gelingen eines Sanierungsversuchs bestehen und deshalb damit zu rechnen ist, dass er den Zusammenbruch des Unternehmens allenfalls verzögern, aber nicht auf die Dauer verhindern wird, kann der Vorwurf sittenwidrigen Handelns zum Schaden der Gläubiger (§ 826 BGB) vor allem dann berechtigt sein, wenn dieses Handeln auf eigensüchtigen Beweggründen beruht.[566] Damit räumt die Rechtsprechung Geschäftsleitern durchaus Ermessen ein, innerhalb der Frist des § 15a InsO einen Sanierungsversuch in die Wege zu leiten. Fehlen eigensüchtige Beweggründe, dürfte eine deliktische Haftung der Geschäftsleiter nach einer gescheiterten Sanierung ausscheiden.

cc) Verschulden bei Vertragsschluss

203 Da Vertragsbeziehungen nur zwischen der der Gesellschaft und einem Vertragspartner zustande kommen, ist für eine Vertragshaftung des Geschäftsleiters regelmäßig kein Raum. Ein Insolvenzverwalter, der pflichtwidrig eine erkennbar nicht gedeckte Masseschuld begründet, haftet ohne Hinzutreten besonderer Umstände nicht persönlich aus Verschulden bei Vertragsschluss. Mehr als das im Geschäftsverkehr übliche Verhandlungsvertrauen nimmt auch ein Verwalter nicht in Anspruch, der als solcher in Erscheinung tritt. Von einem besonderen Vertrauenstatbestand lässt sich erst dann sprechen, wenn der Verwalter beim Verhandlungspartner ein zusätzliches, von ihm persönlich ausgehendes Vertrauen auf die Vollständigkeit und Richtigkeit seiner Erklärungen und die Durchführbarkeit des vereinbarten Geschäftes hervorgerufen hat.[567] Diese Grundsätze können auf den Geschäftsleiter in Ausübung der Eigenverwaltung übertragen werden.[568] Besondere haftungsbegründende Umstände werden regelmäßig nicht gegeben sein.[569] Eine Haftung dürfte ohne eine besondere garantieähnliche Erklärung auch dann nicht eingreifen, wenn der Geschäftsleiter einen Vertrag in dem Bewusstsein schließt, dass die Masse nicht zur Begleichung der Verbindlichkeit ausreicht.[570] Schon gar nicht haftet der Geschäftsleiter, sofern er die fehlende Leistungsfähigkeit der Gesellschaft lediglich pflichtwidrig nicht erkennt.[571]

---

565 BGH, Urt. v. 9.7.1979 – II ZR 118/77, BGHZ 75, 96, 108.

566 BGH, Urt. v. 9.7.1979 – II ZR 118/77, BGHZ 75, 96, 114.

567 BGH, Urt. v. 24.5.2005 – IX ZR 114/01, ZInsO 2005, 885, 886; BGH, ZInsO 2018, 1200 Rn. 37 ff.

568 Vgl. BGH, Urt. v. 14.4.1987 – IX ZR 260/86, BGHZ 100, 346, 351 f.

569 *Thole/Brünkmans*, ZIP 2013, 1097, 1099.

570 BGH, Urt. v. 18.10.1993 – II ZR 255/92, GmbHR 1994, 464, 465 f; v. 6.6.1994 – II ZR 292/91, BGHZ 126, 181, 189 f.

571 BGH, Urt. v. 18.10.1993 – II ZR 255/92, GmbHR 1994, 464, 465 f; v. 6.6.1994 – II ZR 292/91, BGHZ 126, 181, 189 f.; *Scholz/Schneider*, § 43 Rn. 314; *Ulmer/Paefgen*, § 43 Rn. 345; aA *Brinkmann*, DB 2012, 1369, 1370.

4. Haftung aus §§ 60, 61 InsO

Der vorstehende Befund belegt, dass ein umfassender Schutz der Gläubiger der Gesellschaft wegen schadensstiftender Handlungen der Geschäftsleiter im Eigenverwaltungsverfahren nicht gegeben ist, solange gegen diesen Personenkreis ein Direktanspruchs nicht durchgreift. Zwar unterliegt der Sachwalter gemäß § 274 Abs. 1, § 60 InsO einer Haftung, die sich jedoch auf seine Überwachungsaufgabe beschränkt und darum nicht tauglich ist, die durch die Geschäftsleiter beeinträchtigten Gläubigerbelange umfassend zu wahren.[572] Zudem verweist die Bestimmung des § 274 Abs. 1 InsO bewusst nicht auf § 61 InsO, weil Masseverbindlichkeiten nur durch den Schuldner selbst begründet werden.[573] Mithin zeigt sich bei strikter Gesetzesbefolgung im Blick auf die Haftung der Geschäftsleiter im Vergleich zum Regelinsolvenzverfahren, wo der Insolvenzverwalter nach §§ 60, 61 InsO haftet, ein spürbares, schwerlich hinnehmbares Haftungsdefizit.[574] Darum sind die Regelungen der §§ 60, 61 InsO auf die Geschäftsleiter einer in Eigenverwaltung befindlichen Gesellschaft analog anwendbar.[575] 204

a) Haftung der Gesellschaft

Es mag ein auf den ersten Blick fernliegender Gedanke sein, den eigenverwaltenden Schuldner selbst einer Haftung nach §§ 60, 61 InsO zu unterziehen, weil dessen gesamtes Vermögen (§ 35 Abs. 1 InsO) ohnehin im Verfahren zugunsten der Gläubiger verwertet wird und darum eine besondere Haftungsmasse zur Befriedigung von Ansprüchen aus §§ 60, 61 InsO nicht vorhanden ist.[576] Eine Besserstellung der Geschädigten könnte allenfalls daraus erwachsen, dass ihre Ansprüche aus §§ 60, 61 InsO zu Masseverbindlichkeiten aufgewertet werden.[577] Freilich steht der Befund, dass der Schuldner außerstande ist, seinen bestehenden Verbindlichkeiten zu genügen, einer Haftung für weitere Ansprüche rechtlich nicht entgegen.[578] Allerdings steckt in der Frage des Regelungsbedürfnisses für eine zusätzliche Haftung ein richtiger Kern: Unabhängig von der Realisierbarkeit etwaiger Ansprüche bedarf es aus Gläubigersicht einer Haftung der Gesellschaft nach §§ 60, 61 InsO nicht, wenn diese für haftungsbegründende Maßnahmen ihres Geschäftsleiters, welcher rein faktisch wie ein Insolvenzverwalter agiert, ohnehin nach allgemeinen Grundsätzen einstehen muss. 205

aa) Haftung der Masse für Handlungen des Insolvenzverwalters

Falls der Insolvenzverwalter durch eine insolvenzspezifische, aber auch eine insolvenzunspezifische Pflichtwidrigkeit einen Einzelschaden eines Beteiligten verursacht, haftet die Insolvenzmasse in analoger Anwendung des § 31 BGB gemäß § 55 Abs. 1 Nr. 1 InsO hierfür.[579] Speziell die Zurechnung von unerlaubten Handlungen des Insolvenzverwalters zu Lasten der Masse erfolgt nach § 31 BGB. Danach ist für eine Zurechnung Voraussetzung, dass zwischen den Aufgaben des Verwalters und der schädigenden Handlung ein sachlicher, nicht bloß zufälliger zeitlicher und örtlicher Zusammenhang besteht. Der Verwalter darf sich nicht so weit von seinen Aufgaben entfernt haben, dass er für Außenstehende erkennbar außerhalb des allgemeinen Rahmens der ihm übertragenen Aufgaben gehandelt hat.[580] Die Zurechnungsnorm des § 31 BGB ermöglicht es, die Masse für die Verletzung vertraglicher oder deliktischer Pflichten durch den Insolvenzverwalter haften zu 206

572 *Bachmann*, ZIP 2015, 101, 102; *Thole/Brünkmans*, ZIP 2013, 1097, 1101.
573 *Bachmann*, ZIP 2015, 101, 102; *Schmidt/Undritz*, § 274 Rn. 6.
574 In diesem Sinne *Thole/Brünkmans*, ZIP 2013, 1097, 1102 ff.
575 BGH, ZInsO 2018, 1200 Rn. 47 ff.
576 *Bachmann*, ZIP 2015, 101, 103.
577 *Thole/Brünkmans*, ZIP 2013, 1097, 1102; aA *Spliedt*, in: Schmidt/Uhlenbruck, Rn. 9.140.
578 BGH, Urt. v. 29.6.1972 – II ZR 123/71, BGHZ 59, 148, 149 ff.; Urt. v. 17.3.1987 – VI ZR 282/85, 100, 190, 198.
579 *Jaeger/Gerhardt*, InsO, 2007, § 60 Rn. 186; MünchKomm-InsO/*Schoppmeyer*, § 60 Rn. 112.
580 BGH, Beschl. v. 29.6.2006 – IX ZR 48/04, NZI 2006, 592 Rn. 3.

lassen.[581] Die Haftung des Verwalters aus § 61 InsO beruht darauf, dass der Primäranspruch aus der Masseverbindlichkeit nicht gegen den Schuldner durchgesetzt werden kann,[582] es also zur Nichterfüllung einer Masseverbindlichkeit kommt.[583] Dies bedeutet, dass Pflichtverletzungen des Insolvenzverwalters, die eine Haftung nach §§ 60, 61 InsO auslösen, regelmäßig zugleich Ansprüche gegen die Masse begründen.[584] Im Blick auf die jeweils in Betracht kommenden Ansprüche sind die Masse und der Verwalter als Gesamtschuldner anzusehen, ohne dass die Masse primär verpflichtet wäre.[585]

bb) Haftung der Gesellschaft für Maßnahmen der Geschäftsleitung in der Eigenverwaltung

207 Ebenso haftet die Gesellschaft bei einer Eigenverwaltung ihren Gläubigern nach § 31 BGB für Pflichtverletzungen ihrer Geschäftsleiter. Da die insolvente Gesellschaft ohnehin gegenüber ihren Gläubigern für Pflichtverletzungen des Geschäftsführers einzutreten hat, besteht kein praktisches Bedürfnis, für derartige Pflichtverletzungen eine zusätzliche Haftung der Gesellschaft aus §§ 60, 61 InsO herzuleiten.[586] Der Zweck der §§ 60, 61 InsO liegt darin, im Falle von Pflichtverletzungen neben dem Schuldner einen personenverschiedenen, leistungsfähigen Dritten in Regress zu nehmen zu können.[587] Dieser Zweck wird verfehlt, wenn sich die Haftung aus §§ 60, 61 InsO unmittelbar gegen den Schuldner richtet. Die Regelung der §§ 60, 61 InsO will Dritte mit Hilfe eines Direktanspruchs der Ungelegenheit entheben, sich aus Ansprüchen des Schuldners gegen den Verwalter zu befriedigen.[588] Darum erscheint es wenig sachgerecht, eine Haftung der Gesellschaft aus §§ 60, 61 InsO gegenüber Verfahrensbeteiligten allein zu dem Zweck zu konstruieren, damit diese mit Hilfe des in § 43 Abs. 2 GmbHG wurzelnden Freistellungsanspruch der Gesellschaft gegen die Geschäftsleiter Rückgriff nehmen können.[589]

b) Haftung der Geschäftsleiter

208 Als Zwischenergebnis ist festzuhalten, dass die Gesellschaft im Rahmen der Eigenverwaltung ohne die Notwendigkeit eines Rückgriffs auf §§ 60, 61 BGB für Pflichtverletzungen ihres Geschäftsleiters gegenüber ihren Gläubigern einzutreten hat. Als Flankenschutz ist dieser Haftung entsprechend dem Modell der Regelverwaltung eine Eigenhaftung der Geschäftsleiter aus §§ 60, 61 InsO zur Seite zu stellen.[590]

aa) Haftungsbedürfnis

209 Sollen Gläubiger bei der Eigenverwaltung nicht schlechter als im Regelinsolvenzverfahren gestellt werden, drängt sich der Gedanke auf, die Geschäftsführer, die der Sache nach zugleich die Aufgaben des Insolvenzverwalters verrichten, nach §§ 60, 61 InsO haftbar zu machen.[591] Hierfür spricht die weitere Erwägung, dass die Geschäftsführer nach Eröffnung des Eigenverwaltungsverfahrens nicht mehr aufgrund gesellschaftsrechtlicher Leitungsmacht tätig werden, sondern insolvenzrechtliche

581 BGH, Urt. v. 1.12.2005 – IX ZR 115/01, ZInsO 2006, 100 Rn. 16; BAG, Urt. v. 25.1.2007 – 6 AZR 559/06, ZIP 2007, 1169 Rn. 24.

582 *Jaeger/Gerhardt*, § 61 Rn. 1.

583 MünchKomm-InsO/*Schoppmeyer*, § 61 Rn. 30.

584 *Spliedt*, in: Schmidt/Uhlenbruck, Rn. 9.142.

585 BGH, Urt. v. 1.12.2005 – IX ZR 115/01, ZInsO 2006, 100 Rn. 15 f.; BAG, Urt. v. 25.1.2007 – 6 AZR 559/06, ZIP 2007, 1169 Rn. 24; MünchKomm-InsO/*Schoppmeyer*, § 60 Rn. 112; HmbKomm-InsO/*Weitzmann*, § 60 Rn. 3; *Uhlenbruck/Sinz*, § 60 Rn. 129.

586 Zutreffend MünchKomm-InsO/*Tetzlaff*, § 270 Rn. 167.

587 *Spliedt*, in: Schmidt/Uhlenbruck, Rn. 9.140; *Kübler/Flöther*, § 18 Rn. 6.

588 Vgl. MünchKomm-InsO/*Schoppmeyer*, § 60 Rn. 1.

589 *Bachmann*, ZIP 2015, 101, 104; *Weber/Knapp*, ZInsO 2014, 2245, 2250; aA *Thole/Brünkmans*, ZIP 2013, 1097, 1103.

590 BGH, ZInsO 2018, 1200 Rn. 47 ff.

591 Vgl. *Thole/Brünkmans*, ZIP 2013, 1097, 1106.

Rechte und Pflichten ausüben.[592] Es wäre ungereimt, im Falle einer Pflichtverletzung nur den auf eine bloße Überwachung beschränkten Sachwalter[593] gemäß § 274 Abs. 1, § 60 InsO haftbar zu machen,[594] hingegen die Geschäftsleiter als Entscheidungsträger der Eigenverwaltung von einer insolvenzrechtlichen Haftung freizustellen. Da der Schuldner selbst im Eigenverwaltungsverfahren die Funktionen des Insolvenzverwalters übernimmt, erscheint vielmehr eine Haftung seiner Vertretungsorgane aus §§ 60, 61 InsO durchaus angemessen.[595] Dabei fällt ins Gewicht, dass die Geschäftsleiter anstelle einer Regelinsolvenz auch im Eigeninteresse ihrer häufig daneben gegebenen Gesellschafterstellung den Weg des Eigenverwaltungsverfahrens einschlagen, wodurch nicht zuletzt die Zahlung einer Verwaltervergütung erspart wird.[596]. Eine rein gesellschaftsrechtliche Haftung aus § 43 GmbHG, § 93 AktG würde ausblenden, dass die Eigenverwaltung auf besonderen insolvenzrechtlichen Befugnissen beruht.[597] Nach dem Willen des Gesetzes (§ 270 Abs. 2 Nr. 2 InsO) darf die Eigenverwaltung nur angeordnet werden, wenn sie nicht zu Nachteilen für die Gläubiger führen wird, zu denen auch die Massegläubiger zählen. Nachteile ließen sich nicht ausschließen, wenn die Verfahrensbeteiligten haftungsrechtlich einen geringeren Schutz als in einem Regelverfahren genießen würden. Die Gleichstellung des Eigenverwaltungsverfahrens mit dem Regelverfahren erfordert daher als Äquivalent der Haftung des Insolvenzverwalters eine Haftung der Geschäftsleiter. Einem etwaigen Missbrauch des Verfahrens kann nur zuverlässig vorgebeugt werden, indem den Geschäftsleitern die Haftung eines Insolvenzverwalters aus §§ 60, 61 InsO aufgebürdet wird.[598]

bb) Außenhaftung statt bloßer Innenhaftung

Uneinigkeit herrscht allerdings, ob es sich insoweit um eine Innenhaftung der Geschäftsführer im **210** Verhältnis zu der Gesellschaft oder eine Außenhaftung gegenüber den Gläubigern der Gesellschaft handelt. Teils wird einer Innenhaftung der Geschäftsleiter der Vorrang gegeben. Zwar könne der Geschäftsführer dogmatisch gesehen nicht einem Insolvenzverwalter gleichgestellt werden. Immerhin sei aber zu beachten, dass er nach § 64 GmbHG einer Krisenhaftung unterliege.[599] Infolge ihrer Legalitätspflicht hätten die Geschäftsführer den speziellen Pflichten der Gesellschaft in der Insolvenz zu genügen. Deswegen seien die Geschäftsleiter der Gesellschaft im Innenverhältnis zum Ausgleich verpflichtet, soweit diese nach §§ 60, 61 InsO Gläubigern hafte.[600]

(1) Haftung als Gegenstück der Verwaltungsbefugnis

Entscheidend ist in vorliegendem Zusammenhang die unleugbare Erkenntnis,[601] dass sich im In- **211** teresse einer Gleichstellung der Eigenverwaltung mit dem Regelinsolvenzverfahren eine Haftung der Geschäftsleiter, die faktisch das Verwalteramt ausüben,[602] nach §§ 60, 61 InsO aufdrängt. Wer die Rechte und Pflichten eines Insolvenzverwalters wahrnimmt, sollte damit als Gegenstück notwendig der Insolvenzverwalterhaftung unterliegen. Dabei ist zu beachten, dass der Geschäftsführer die durch die Verfahrenseröffnung zunächst verlorene und kraft Anordnung der Eigenverwaltung verliehene[603] Verfügungsbefugnis nach §§ 80 ff. InsO ausübt. Da die Verfügungsbefugnis

592 *Madaus*, KTS 2015, 115, 124.
593 *Bachmann*, ZIP 2015, 101, 102.
594 *Madaus*, KTS 2015, 115, 125.
595 Zutreffend *Madaus*, KTS 2015, 115, 125; vgl. auch *Thole/Brünkmans*, ZIP 2013, 1097, 1102 ff.
596 *Kübler/Flöther*, § 18 Rn. 4.
597 *Madaus*, KTS 2015, 115, 124.
598 BGH, ZInsO 2018, 1200 Rn. 62.
599 *Thole/Brünkmans*, ZIP 2013, 1097, 1104.
600 *Thole/Brünkmans*, ZIP 2013, 1097, 1105, 1106; zu Recht skeptisch *Scholz/Schmidt*, § 64 Rn. 26 Fn. 1.
601 *Thole/Brünkmans*, ZIP 2013, 1097, 1103; *Bachmann*, ZIP 2015, 101, 103.
602 *Bachmann*, ZIP 2015, 101, 103.
603 *Ringstmeier*, in: Ahrens/Gehrlein/Ringstmeier, InsO, 3. Aufl., § 270 Rn. 32; unklar BGH ZInsO 2017, 704 Rn. 8.

insolvenzrechtlicher Natur ist, erweisen sich insolvenzzweckwidrige Verfügungen als unwirksam.[604] Der Geschäftsleiter verwertet besicherte Gegenstände (§ 282 InsO), befindet sowohl über die Erfüllung nicht vollständig abgewickelter Verträge (§ 279 InsO) als auch über die Ausübung von Sonderkündigungsrechten (§§ 109, 113 InsO), kann die Feststellung einer Forderung durch seinen Widerspruch verhindern (§ 283 Abs. 1 InsO) und entscheidet über die Aufnahme unterbrochener (§ 240 ZPO) Rechtsstreitigkeiten.[605] Damit werden dem Geschäftsführer Befugnisse übertragen, die nicht in seiner gesellschaftsrechtlichen Organstellung wurzeln.[606] Folglich wird der Geschäftsführer als Amtswalter mit gesetzlich bestimmten Rechten und Pflichten tätig.[607] Die persönliche Haftung des Insolvenzverwalters beruht auf der ihm durch die Berufung in dieses Amt verliehenen Handlungsmacht. Dieser Haftungsgrund gilt gleichermaßen für die Organe einer Gesellschaft, die kraft Anordnung der Eigenverwaltung in den Rechts- und Pflichtenkreis eines Insolvenzverwalters einrücken.[608] Verantwortet die Geschäftsleitung einer eigenverwalteten Gesellschaft im weiten Umfang Funktionen eines Insolvenzverwalters, muss sie notwendigerweise für etwaige Pflichtverletzungen in diesem Bereich gleich einem Insolvenzverwalter haften.[609] Der Insolvenzverwalter wird bei der Ausübung seines privaten Amtes gegenüber einer Vielzahl von Rechtsträgern in verschiedenster Weise zur Erfüllung des Insolvenzzwecks tätig. Damit sind Risiken für diejenigen verbunden, die die Insolvenzordnung in Abhängigkeit zu seiner Amtsführung bringt.[610] Infolge des Übergangs der Befugnisse des Insolvenzverwalters auf die Organe der Gesellschaft wird deren Verantwortungsbereich im Vergleich zu dem Rechtszustand vor Verfahrenseröffnung deutlich gesteigert. Um eine verantwortliche Ausübung der ihnen in der Eigenverwaltung verliehenen Befugnisse eines Insolvenzverwalters sicherzustellen, erweist sich eine Haftung der Geschäftsleiter nach §§ 60, 61 InsO als unumgänglich.[611] Schließlich kann nicht außer Betracht bleiben, dass vielfach die vor Antragstellung tätigen und nunmehr die Eigenverwaltung betreibenden Geschäftsführer der Gesellschaft die unternehmerische Verantwortung dafür tragen, dass es zu der Insolvenz gekommen ist. Wird den Geschäftsleitern ungeachtet früherer unternehmerischer Misserfolge dank der Eigenverwaltung die – sozusagen letzte – Möglichkeit einer Sanierung des insolventen Unternehmens in Eigenregie eingeräumt, ist mit der Fortsetzung der Geschäftsführung eine verschärfte Haftung nach insolvenzrechtlichen Grundsätzen unweigerlich verbunden.[612]

(2) Unbeschränkte Außenhaftung mit Verwaltung betrauter natürlicher Personen

212 Mit den insolvenzrechtlichen Rechten und Pflichten der Geschäftsleiter geht notwendig eine Haftung aus §§ 60, 61 InsO einher. Da die Geschäftsleiter für Pflichtverletzungen ohnedies gegenüber der Gesellschaft schon nach § 43 Abs. 2 GmbHG eine Innenhaftung trifft, wäre es wenig sachgerecht, mit Hilfe einer Analogie die Regelung der §§ 60, 61 InsO im Eigenverwaltungsverfahren zu einer Innenhaftung gegenüber der Gesellschaft auszugestalten. Vielmehr entspricht es der Konzeption des § 56 InsO, die Insolvenzverwaltung natürlichen Personen zu übertragen, die unbeschränkt nach außen haften.[613] Vor diesem Hintergrund sprechen alle guten Gründe für eine Außenhaftung der Geschäftsleiter nach §§ 60, 61 InsO gegenüber den Verfahrensbeteiligten.[614] Eine Haftung

604 *Schmidt/Undritz*, § 270 Rn. 17.
605 *Madaus*, KTS 2015, 115, 124; *Ringstmeier*, in: Ahrens/Gehrlein/Ringstmeier, § 270 Rn. 31.
606 *Madaus*, KTS 2015, 115, 124; *Häsemeyer*, Rn. 8.13.
607 *Häsemeyer*, Rn. 8.13; *Schmidt/Undritz*, InsO, 19. Aufl., § 270 Rn. 17.
608 BGH, ZInsO 2018, 1200 Rn. 57.
609 BGH, ZInsO 2018, 1200 Rn. 54.
610 BGH, ZInsO 2018, 1200 Rn. 58.
611 BGH, ZInsO 2018, 1200 Rn. 59.
612 BGH, ZInsO 2018, 1200 Rn. 60.
613 *Häsemeyer*, Rn. 8.14; MünchKomm-InsO/*Tetzlaff* § 270 Rn. 180; *Madaus*, KTS 2015, 115, 125 f; vgl. BGH, Beschl. v. 19.9.2013 – IX (AR) VZ 1/12, BGHZ 198, 225 Rn. 27.
614 AG Duisburg, ZIP 2005, 2335; *Häsemeyer*, Rn. 8.14; *Madaus*, KTS 2015, 115, 125 f.; *Kübler/Flöther*, § 18 Rn. 26 ff.; MünchKomm-InsO/*Tetzlaff*, § 270 Rn. 179 f.; HmbKomm-InsO/*Fiebig*, § 270 Rn. 43; *Hill*, ZInsO 2010, 1825, 1829.

nach § 61 InsO scheidet nicht deshalb aus, weil der Sachverwalter bei der Begründung von Masseverbindlichkeiten mitwirkt (§ 275 InsO).[615] Vielmehr besteht eine gesamtschuldnerische Haftung des Geschäftsleiters und des Sachwalters, wenn Masseverbindlichkeiten nicht beglichen werden können.[616] Es ist kein tragfähiger Grund ersichtlich, Geschäftsleiter im Verhältnis zu dem Insolvenzverwalter bei der Begründung von Masseverbindlichkeiten durch die Nichtanwendung des § 61 InsO zu privilegieren.[617]

c) Geschützter Personenkreis

Aus §§ 60, 61 InsO können nur die Verfahrensbeteiligten Ansprüche gegen den Insolvenzverwalter herleiten. Insolvenzspezifische Pflichten hat der Verwalter gegenüber dem Schuldner und insbesondere den Insolvenzgläubigern, aber auch gegenüber den Massegläubigern im Sinne der §§ 53 ff. InsO sowie gegenüber den Aussonderungs- und Absonderungsberechtigten wahrzunehmen. So hat er für eine möglichst weitgehende gleichmäßige Befriedigung der Insolvenzforderungen zu sorgen (§§ 1, 187 ff. InsO), Massegläubiger vorweg (§ 53 InsO) und gegebenenfalls in der Rangfolge des § 209 InsO zu befriedigen sowie die dinglichen Rechte der Aussonderungs- und Absonderungsberechtigten (§§ 47 ff.) zu beachten. Insolvenzspezifische Pflichten obliegen dem Verwalter danach im Verhältnis zu einer insolventen Schuldnerin, aber – gleich ob es sich um die Vorstände einer Aktiengesellschaft oder die Geschäftsführer einer GmbH handelt – nicht im Verhältnis zu ihren Organen.[618] Da der Schuldner selbst zu dem geschützten Personenkreis gehört, kann eine GmbH im Eigenverwaltungsverfahren den Geschäftsführer für Pflichtverletzungen sowohl gemäß § 43 Abs. 2 GmbHG als auch nach § 60 InsO – die Regelung des § 61 InsO dürfte ihre gegenüber regelmäßig nicht eingreifen – auf Schadensersatz in Anspruch nehmen. Zwischen beiden Vorschriften besteht dann Anspruchskonkurrenz. Möglicherweise ist nicht auszuschließen, dass in bestimmten Konstellationen, wenn etwa die Missachtung der Vorgaben der Gläubiger keine gesellschaftsrechtliche Pflicht verletzt,[619] nur eine Haftung nach § 60 InsO durchgreift. 213

5. Haftung wegen Firmenbestattung

Auch bei gläubigerbenachteiligenden Geschäften kommt eine Haftung nach § 826 BGB in Betracht, wenn die Gesamtumstände des Geschäfts über eine vom Schuldner vorsätzlich herbeigeführte Gläubigerbenachteiligung hinausgehen.[620] Es kommt nicht darauf an, ob zusätzlich zur Sittenwidrigkeit nach § 826 BGB besondere Umstände vorliegen, sondern allein darauf, ob der beanstandete Vorgang über einen bloßen Anfechtungstatbestand hinaus noch besondere Umstände aufweist, die den Vorwurf der Sittenwidrigkeit rechtfertigen. Dabei kann die Frage der Sittenwidrigkeit regelmäßig nur auf Grund einer umfassenden Gesamtwürdigung des einzelnen Vertrages unter Berücksichtigung aller den Vertrag kennzeichnenden Umstände beurteilt werden, namentlich der objektiven Verhältnisse, unter denen der Vertrag zustande gekommen ist, und seiner Auswirkungen sowie der subjektiven Merkmale wie des verfolgten Zwecks und des zugrunde liegenden Beweggrunds.[621] 213a

Eine vorsätzliche sittenwidrige Schädigung liegt etwa im Fall einer sogenannten Firmenbestattung vor. Kennzeichnend ist ein Verhalten, bei dem sich die Verantwortlichen dazu entschließen, eine Gesellschaft verdeckt zu liquidieren, um ein Insolvenzverfahren zu vermeiden oder solange wie möglich hinauszuzögern. Regelmäßig werden dazu planmäßig die Vermögensgegenstände der Gesellschaft soweit wie möglich an nahestehende Personen, Nachfolgeunternehmen oder mit den 213b

615 In diesem Sinne *Madaus*, KTS 2015, 115, 126.
616 MünchKomm-InsO/*Tetzlaff*, § 270 Rn. 179 f.
617 *Klein/Thiele*, ZInsO 2013, 2233, 2244 f; aA *Scholz/Schmidt*, GmbHG § 64 Rn. 26.
618 BGH, Beschl. v. 14.4.2016 – IX ZR 161/15, ZInsO 2016, 1058 Rn. 14.
619 BGH, Urt. v. 16.3.2017 – IX ZR 253/15, ZInsO 2017, 827 Rn. 12.
620 BGH, Urteil vom 08.02.2018 – IX ZR 103/17, WM 2018, 1264 Rn. 55.
621 BGH, Urteil vom 08.02.2018 – IX ZR 103/17, WM 2018, 1264 Rn. 56.

Verantwortlichen verbundene Dritte übertragen, Forderungen der Gläubiger soweit möglich hingegen nicht mehr erfüllt. Für einen Anspruch aus einer vorsätzlich sittenwidrigen Schädigung gemäß § 826 BGB genügt es auch, wenn ein Fall planvollen und zielgerichteten Entzugs von Vermögen bei Insolvenzreife der Schuldnerin vorliegt, dieser im Vordergrund des Rechtsgeschäfts steht und aufgrund der persönlichen Beziehungen zwischen den Vertragsparteien der Sache nach einem Insichgeschäft nahesteht. Weiter kommt ein Schadensersatzanspruch aus § 826 BGB nach der Rechtsprechung des Senats in Betracht, wenn der Schuldner planmäßig mit eingeweihten Helfern zusammenwirkt, um sein wesentliches Vermögen dem Zugriff von Gläubigern zu entziehen.[622]

III. Haftung der Gesellschafter

214 Gesellschafter können in der Insolvenz ihres Unternehmens verschiedensten Ansprüchen ausgesetzt sein. Die maßgeblichen Haftungstatbestände bleiben auch in der Eigenverwaltung wirksam.[623] Nachfolgend sollen lediglich spezielle Problemlagen der Eigenverwaltung erörtert werden.

1. Einflussnahme auf die Geschäftsführung

215 Da die Eigenverwaltung anstelle eines Insolvenzverwalters durch die Organe der insolventen Gesellschaft erfolgt, versucht § 276a InsO der Gefahr verfahrensfremder Einflussnahmen durch die Gesellschafter vorzubeugen. Ist der Schuldner eine juristische Person oder eine Gesellschaft ohne Rechtspersönlichkeit, so haben gemäß § 276a InsO der Aufsichtsrat, die Gesellschafterversammlung oder entsprechende Organe keinen Einfluss auf die Geschäftsführung des Schuldners.

a) Weisungen

216 Die Bestimmung des § 276a Satz 1 InsO stellt klar, dass Weisungen der Gesellschafterversammlung oder des Aufsichtsrat einer Gesellschaft an die Geschäftsführungsorgane des Unternehmens im Eigenverwaltungsverfahren unzulässig sind. Überwachungsorgane im Sinne der Vorschrift sind je nach Rechtsform insbesondere der Aufsichtsrat und die Hauptversammlung sowie die Gesellschafterversammlung.[624] Den Kontrollorganen sollen in der Eigenverwaltung keine weitergehende Einflussrechte als in der Regelinsolvenz zuwachsen. Der Vorstand einer AG, die Geschäftsführer einer GmbH und die geschäftsführenden Gesellschafter einer Personengesellschaft sind mithin im Innenverhältnis von gesellschaftsrechtlichen Weisungen freigestellt.[625] Bei der AG kommt hinzu, dass dem Aufsichtsrat im Blick auf die Geschäftsführung ein Weisungsrecht gegenüber den Vorstandsmitgliedern grundsätzlich verwehrt ist.[626] Da eine Unterscheidung danach, ob die Weisung Gläubigernachteile hervorruft, mitunter schwierig zu treffen ist, kann für vermeintlich gläubigerfreundliche Weisungen eine Ausnahme nicht gelten.[627] Weisungen einer Konzernmutter an die Konzerntochter, die von einem Aufsichtsrat, einer Gesellschafterversammlung oder einem sonstigen Organ wahrgenommen werden, sind unbeachtlich.[628] Infolge ihres Bezugs zu Kontroll- und Weisungsrechten sind auch allgemeine Prüfungs- und Auskunftsrechte (vgl. etwa § 51a GmbHG) der Gesellschafter suspendiert.[629] Im Antragsverfahren ist § 276a InsO mangels eines Verweises der §§ 270a, 270b InsO auf diese Regelung unanwendbar; eine Vorwirkung auf das Antragsverfahren bedürfte einer gesetzlichen Grundlage.[630] Es wäre auch nicht angemessen, den Gesellschaftern

---

622 BGH, Urteil vom 08.02.2018 – IX ZR 103/17, WM 2018, 1264 Rn. 58.

623 *Madaus*, KTS 2015, 115, 124.

624 BT-Drucks. 17/5712, S. 42.

625 HK-InsO/*Landfermann*, hier und nachfolgend 6. Aufl., § 276a Rn. 6.

626 BGH, Urt. v. 5.5.2008 – II ZR 108/07, NJW-RR 2008, 1134 Rn. 13; HmbKomm-InsO/*Fiebig*, § 276a Rn. 6.

627 HK-InsO/*Landfermann*, § 276a Rn. 6; aA *Zipperer*, ZIP 2012, 1492, 1494 f.

628 HK-InsO/*Landfermann*, § 276a Rn. 7.

629 *Schmidt/Undritz*, § 276a Rn. 2.

630 *Schmidt/Undritz*, § 276a Rn. 3; *Zipperer*, ZIP 2012, 1494 f; aA *Ströhmann/Längsfeld*, NZI 2013, 273 f.; HK-InsO/*Landfermann*, § 276a Rn. 16.

bereits in einem Stadium, in dem die Verfahrenseröffnung noch völlig ungeklärt ist, zentrale Befugnisse zu entziehen.[631] Wird die Geschäftsleitung im Antragsverfahren ausgetauscht, sollte das Gericht freilich genau prüfen, ob sich daraus Nachteile ergeben, die einer Eigenverwaltung entgegenstehen (§ 270 Abs. 2 Nr. 2 InsO).[632]

b) Wechsel der Geschäftsleitung

217 Grundsätzlich obliegt die Abberufung und Bestellung von Geschäftsführungsorganen im Regelinsolvenzverfahren allein den Gesellschaftern.[633] Eine Mitwirkung des Insolvenzverwalters ist entbehrlich, weil die Organe nicht mehr vertretungsbefugt sind. Anders verhält es sich im Eigenverwaltungsverfahren, weil die Vertretung der Gesellschaft weiterhin dem Geschäftsführungsorgan obliegt. Eine Ausrichtung der Geschäftsführung an den Gläubigerinteressen wäre gefährdet, wenn die Geschäftsleiter befürchten müssten, von den Gesellschaftern nach deren Interessenlage abberufen zu werden.[634] Aus dieser Erwägung ist die Abberufung und Bestellung von Mitgliedern der Geschäftsleitung gemäß § 276a Satz 2 InsO nur wirksam, wenn der Sachwalter zustimmt. Zur Sicherung der Unabhängigkeit der Geschäftsführung wird ein Austausch von Organen an die Zustimmung des Sachwalters gekoppelt.[635] Eine Zustimmungspflicht des Sachwalters ist nach § 276a Satz 3 InsO gegeben, wenn die Maßnahme nicht zu Nachteilen für die Gläubiger führt. Die Voraussetzungen des Ausnahmetatbestands sind von der Gesellschaft zu beweisen,[636] so dass etwaige Zweifel zu ihren Lasten gehen.[637]

c) Insolvenzfreier Bereich

218 Nicht berührt werden die Befugnisse der Gesellschafterorgane, die sich nicht auf die Verwaltung der Masse beziehen. Hier bleiben – wie im Bereich der Regelverwaltung – die Befugnisse der Gesellschafter voll erhalten. Die Kompetenzen einer Hauptversammlung für die Wahl oder die Abberufung von Aufsichtsratsmitgliedern wie auch für Satzungsänderungen können wahrgenommen werden.[638] Ebenso kann ein Aktionär gemäß § 122 Abs. 1 AktG die Einberufung der Hauptversammlung verlangen.[639] Uneingeschränkt sind die Befugnisse der Organe schließlich, soweit – etwa nach einer auch bei einem insolventen Verband möglichen Freigabe[640] – insolvenzfreies Vermögen betroffen ist.

2. Gesellschaft mit beschränkter Haftung (GmbH)

219 Eine allgemeine Gesellschafterhaftung kann im Eigenverwaltungsverfahren nicht aus dem ohnedies gemäß § 276a InsO suspendierten unternehmerischen Einfluss des Gesellschafters hergeleitet werden.

a) Unzulässige Zahlungen

220 Die Grundsätze der Kapitalerhaltung (§ 30 GmbHG) gelten auch im Zeitraum des Eigenverwaltungsverfahrens. Unter Verstoß von § 30 GmbHG bewirkte Zahlungen sind folglich von den Gesellschaftern zu erstatten.[641] Solche Zahlungen dürften mit Rücksicht auf das Gläubigerinteresse

631 *Pape,* in: *Kübler/Prütting/Bork,* InsO, § 276a Rn. 6.
632 *Schmidt/Undritz,* § 276a Rn. 3.
633 BGH, Beschl. v. 24.3.2016 – IX ZB 32/15, ZInsO 2016, 906 Rn. 19.
634 HK-InsO/*Landfermann,* § 276a Rn. 11.
635 *Schmidt/Undritz,* § 276a Rn. 5.
636 HK-InsO/*Landfermann,* § 276a Rn. 13.
637 *Schmidt/Undritz,* InsO § 276a Rn. 5.
638 HK-InsO/*Landfermann,* § 276a Rn. 9; *Schmidt/Undritz,* § 276a Rn. 4.
639 *Schmidt/Undritz,* § 276a Rn. 4.
640 *Uhlenbruck/Hirte,* § 35 Rn. 305; *Jaeger/Windel,* § 80 Rn. 30; offen gelassen von BGH, Urt. v. 9.3.2017 – IX ZR 177/15, ZInsO 2017, 704 Rn. 9.
641 *Brinkmann,* DB 2012, 1369, 1372.

zudem als evident insolvenzzweckwidrig zu bewerten sein.[642] Verfügungen des Insolvenzverwalters sind unwirksam, welche dem Insolvenzzweck der gleichmäßigen Gläubigerbefriedigung (vgl. § 1 Satz 1 InsO) offenbar zuwiderlaufen, bei denen der Verstoß also für einen verständigen Beobachter ohne weiteres ersichtlich ist.[643] Mithin wäre auch ein sonstiger, zumindest bereicherungsrechtlicher Erstattungsanspruch begründet.[644] Ebenso unterliegt der Gesellschafter einer Haftung nach § 826 BGB, sofern er einen existenzvernichtenden Eingriff vornimmt.[645] Ferner besteht ein Erstattungsanspruch, wenn die Gesellschaft verbotswidrige Auszahlungen nach § 199 InsO an den Gesellschafter erbringt.[646]

b) Darlehen

221 Wird eine Gesellschafterdarlehen vor Verfahrenseröffnung gewährt, erleidet es im Insolvenzverfahren den Nachrang des § 39 Abs. 1 Nr. 5 InsO. Dies gilt auch für eine etwa nach Antragstellung gegebene kurzfristige Zwischenfinanzierung. Vermieden werden kann die Nachrangigkeit durch eine Ermächtigung zur Begründung von Masseverbindlichkeiten. Falls der Kredit erst nach Verfahrenseröffnung ausgereicht wird, finden die Restriktionen des § 39 Abs. 1 Nr. 5, § 135 InsO keine Anwendung, so dass eine Masseforderung gegeben ist.[647]

3. Offene Handelsgesellschaft (oHG)

222 Für das Regelinsolvenzverfahren ist anerkannt, dass Schuldner der durch Rechtshandlungen des Insolvenzverwalters nach Verfahrenseröffnung begründeten Masseverbindlichkeiten (§ 55 Abs. 1 Nr. 1 Fall 1 InsO) der Insolvenzschuldner ist, sich die Haftung während des Verfahrens jedoch auf die Gegenstände der Insolvenzmasse beschränkt. Diese Grundsätze gelten allgemein, also bei der Insolvenz einer natürlichen Person, aber auch einer Gesellschaft ohne Rechtspersönlichkeit. Die Gesellschafter einer offenen Handelsgesellschaft haften darum nicht persönlich für die Kosten des Insolvenzverfahrens über das Vermögen der Gesellschaft und die von dem Verwalter in diesem Verfahren begründeten Masseverbindlichkeiten.[648]

223 Da der Gesellschafter bei der Eigenverwaltung die Geschäftsführung weiter ausübt, könnte man abweichend von vorstehenden Erwägungen zu der Folgerung einer Haftung für die von ihm veranlassten Verbindlichkeiten gelangen. Im Eigenverwaltungsverfahren ist der Gesellschafter aber nicht als Teilhaber, sondern gemäß § 276a InsO in seiner Funktion als Mitglied der Geschäftsleitung zur Geschäftsführung berufen. Deshalb hat der Gesellschafter die Masse fremdnützig zu verwalten. Ist kein Raum für gesellschaftsrechtliche Einflussrechte auf die Geschäftsführung, haften die Gesellschafter folgerichtig nicht nach § 128 HGB.[649] Verletzt der Gesellschafter Geschäftsführungspflichten, haftet er im Innenverhältnis nach § 280 BGB. Entgegen § 708 BGB gilt ein objektiver Sorgfaltsmaßstab; eine Billigung der Maßnahme durch die Gesellschafter wirkt im Blick auf § 276a InsO nicht haftungsbefreiend.[650] Da § 276a InsO nicht bereits im Rahmen der vorläufigen Eigenverwaltung gilt,[651] bleibt die Haftung aus § 128 HGB für Verbindlichkeiten aus diesem Verfahrensstadium bestehen.

---

642 *Brinkmann*, DB 2012, 1369, 1372.
643 BGH, Urt. v. 20.3.2088 – IX ZR 68/06, NJW-RR 2008, 1074 Rn. 4.
644 *Brinkmann*, DB 2012, 1369, 1372.
645 Vgl. BGH, Urt. v. 16.7.2007 – II ZR 3/04, BGHZ 173, 246.
646 *Gottwald/Haas*, Insolvenzrechtshandbuch, 5. Aufl., § 90 Rn. 57.
647 *Spliedt*, in: *Schmidt/Uhlenbruck*, Rn. 9.133.
648 BGH, Urt. v. 24.9.2009 – IX ZR 234/07, ZInsO 2009, 2198 Rn. 10 ff.
649 *Gottwald/Haas*, Insolvenzrechtshandbuch, 5. Aufl., § 90 Rn. 61; *Haas*, ZHR 178 (2014), 603, 617 f.; aA MünchKomm-InsO/*Klöhn*, § 276a Rn. 35.
650 *Gottwald/Haas*, Insolvenzrechtshandbuch, 5. Aufl., § 90 Rn. 61 f.
651 *Pape*, in: *Kübler/Prütting/Bork*, § 276a Rn. 6.

IV. Geltendmachung der Ansprüche

224 Die Bestimmung des § 280 InsO sieht vor, dass neben der Insolvenzanfechtung (§§ 129 ff. InsO) die Verfolgung von Gesamtschäden (§ 92 InsO) sowie der persönlichen Haftung der Gesellschafter (§ 93 InsO) von dem Sachwalter wahrgenommen wird. Es erscheint eine Auslegung vorzugswürdig und interessengerecht, dem Sachwalter die Geltendmachung aller Schadensersatzansprüche gegen Organvertreter und Gesellschafter zuzuweisen.

1. Inhalt der Verweisungsnormen

a) § 92 InsO

225 Ansprüche der Gläubiger auf Ersatz des Gesamtschadens, den sie gemeinsam durch eine Verminderung der Insolvenzmasse erlitten haben, können gemäß § 92 InsO nur von dem Insolvenzverwalter verfolgt werden. § 92 InsO enthält keine Anspruchsgrundlage, sondern regelt die Einziehung einer aus einer anderen Rechtsgrundlage herrührenden Forderung. Die Norm erfasst nur solche Schadensersatzansprüche, die auf einer Verkürzung der Insolvenzmasse beruhen; ihr Zweck ist es, eine gleichmäßige Befriedigung der Gläubiger aus dem Vermögen des wegen Masseverkürzung haftpflichtigen Schädigers zu sichern. Maßgebliche Voraussetzung des Einziehungsrechts ist folglich eine Verminderung der Insolvenzmasse, die sich in einer Verringerung der Aktiva oder in einer Vermehrung der Passiva manifestieren kann.[652]

b) § 93 InsO

226 Nach § 93 InsO kann im Insolvenzverfahren über das Vermögen einer Personengesellschaft die persönliche Haftung des Gesellschafters für Verbindlichkeiten der Gesellschaft während der Dauer des Insolvenzverfahrens nur von dem Insolvenzverwalter der Gesellschaft geltend gemacht werden. Bei der gerichtlichen Geltendmachung der Gesellschafterhaftung wird der Insolvenzverwalter als gesetzlicher Prozessstandschafter der einzelnen Gläubiger tätig, weil der in Anspruch genommene Gesellschafter durch Zahlung an ihn konkrete Gläubigerforderungen zum Erlöschen bringt.[653] Die Ermächtigung nach § 93 InsO gilt für die unmittelbare unbeschränkte persönliche Haftung der Gesellschafter einer Gesellschaft ohne Rechtspersönlichkeit; sie kann nicht auf beliebige andere Fälle gesamtschuldnerischer Haftung wie die Haftung aus § 133 UmwG übertragen werden.[654]

2. Folgerungen

227 Die Bestimmung des § 92 InsO erfasst Gesamtschäden, die als Vermehrung der Aktiva oder Passiva durch Pflichtverletzungen der eigenverwaltenden Geschäftsleiter verursacht wurden. Dagegen beschränkt sich § 93 InsO auf die Haftung der Gesellschafter einer Personengesellschaft. Diese Bestimmung sollte im Rahmen des § 280 InsO auf jegliche Gesellschafterhaftung ausgedehnt werden, weil es sich um typische Fälle eines Interessenwiderstreits im Verhältnis zu dem Geschäftsführer handelt, in denen der Grundsatz der Verwaltungs- und Verfügungsbefugnis des Schuldners durchbrochen werden sollte.[655]

a) Gesamtschaden

228 Bestimmte Ansprüche der Gesellschaft sollten wegen der Gefahr einer Unvoreingenommenheit nicht von den Geschäftsleitern geltend gemacht werden.[656] Zur Anwendung des § 92 InsO genügt es, wenn die Insolvenzgläubiger gemeinschaftlich durch eine Verminderung des zur Insolvenzmasse gehörenden Vermögens vor oder nach der Eröffnung des Insolvenzverfahrens einen Schaden erlitten

652 BGH, Beschl. v. 14.7.2011 – IX ZB 210/10, ZInsO 2011, 1453 Rn. 11.
653 BGH, Beschl. v. 12.7.2012 – IX ZR 217/11, ZInsO 2012, 1587 Rn. 9.
654 BGH, Beschl. v. 20.6.2013 – IX ZR 221/12, DB 2013, 1661 Rn. 1.
655 KF-InsO/*Foltis*, § 280 Rn. 1.
656 MünchKomm-InsO/*Kirchhof*, § 280 Rn. 1.

haben.[657] Pflichtverletzungen der Geschäftsleiter begründen wegen der daraus folgenden Verbindlichkeit einen Gesamtschaden der Gesellschaft. Ansprüche wegen eines Gesamtschadens aus § 92 InsO richten sich darum typischerweise gegen die Organe der Gesellschaft, welche die Eigenverwaltung durchführen.[658] Es kann aber nicht verlangt werden, dass der Schuldner einer Forderung selbst gegen sich vorgeht.[659] Zur Vermeidung einer Interessenkollision hat anstelle der verbliebenen Organe der Sachwalter Ansprüche gegen Organmitglieder einer Kapitalgesellschaft wegen Pflichtverletzungen zu verfolgen.[660] Mithin obliegt die Geltendmachung der Ansprüche gegen Geschäftsleiter aus § 43 Abs. 2 GmbHG, § 92 Abs. 2 AktG dem Sachwalter.[661] Dabei sollte es keinen Unterschied machen, ob die Ansprüche vor oder nach Eröffnung des Eigenverwaltungsverfahrens entstanden sind. Gleiches sollte für – notwendigerweise vorinsolvenzrechtliche – Ansprüche aus § 64 GmbHG[662] und aus § 823 Abs. 2 BGB, § 15a InsO[663] gelten.

229 Macht sich der Geschäftsleiter infolge von Pflichtverletzungen in der Eigenverwaltung nach §§ 60, 61 InsO haftbar, ist dieser Schaden ebenfalls durch den Sachwalter geltend zu machen. Mindert der Insolvenzverwalter durch ein pflichtwidriges Verhalten die Insolvenzmasse, handelt es sich um einen Gesamtschaden (§ 92 InsO) der Gemeinschaft der Gläubiger. Der Schaden ist von dem hierfür gemäß § 60 InsO verantwortlichen Insolvenzverwalter durch Zahlung an die Insolvenzmasse auszugleichen. Der Gemeinschaftsschaden kann nicht durch einen der betroffenen Masse- oder Insolvenzgläubiger verfolgt werden; vielmehr obliegt die Durchsetzung während des Insolvenzverfahrens einem Sonderverwalter oder neu bestellten Insolvenzverwalter.[664] Diese Grundsätze sind auf die Eigenverwaltung mit der Maßgabe zu übertragen, dass Schadensersatzansprüche aus §§ 60, 61 gegen den Geschäftsführer von dem Sachwalter durchzusetzen sind.

230 Anders verhält es sich indessen für einen Einzelschaden, der infolge einer Pflichtwidrigkeit in der Person eines bestimmten Gläubigers entstanden ist. Ein solcher Schaden ist etwa verwirklicht, wenn der Insolvenzverwalter Aus- und Absonderungsrechte einzelner Berechtigter verletzt. Den daraus resultierenden Einzelschaden hat der Geschädigte, weil an ihn anstelle der Masse Ersatz zu leisten ist, und nicht der Sachwalter zu verfolgen.[665]

b) Gesellschafterhaftung

231 Die Bestimmung des § 93 InsO ist auf eine Gesellschaft ohne Rechtspersönlichkeit zugeschnitten, etwa die Kommanditistenhaftung aus § 171 Abs. 2 HGB.[666] Die Vorschrift sollte im Rahmen der Eigenverwaltung generell Ansprüche gegen die Gesellschafter einer GmbH erfassen.[667] Hierfür streitet der Gedanke, dass der Sachwalter gemäß § 280 InsO sämtliche Insolvenzanfechtungsansprüche und mithin insbesondere Anfechtungsansprüche gegen Gesellschafter (§ 135 InsO) zu verfolgen hat.[668] Für Ansprüche im Zusammenhang mit der Gewährung von Gesellschafterhilfen sollte folgerichtig stets der Sachwalter zuständig sein.[669] Dies hätte die wünschenswerte Folge, dass sich sämtliche Ansprüche gegen Organe und Gesellschafter in der Hand des Sachwalters vereinigen.

---

657 BGH, ZInsO 2017, 827 Rn. 10.
658 *Ringstmeier,* in: Ahrens/Gehrlein/Ringstmeier, § 280 Rn. 1.
659 KF-InsO/*Foltis,* § 280 Rn. 2.
660 MünchKomm-InsO/*Kirchhof,* § 280 Rn. 3.
661 *Brinkmann,* DB 2012, 1369; KF-InsO/*Foltis,* § 280 Rn. 2.
662 *Gottwald/Haas* Insolvenzrechtshandbuch, 5. Aufl., § 90 Rn. 81; HK-InsO/*Landfermann* § 280 Rn. 4.
663 *Pape,* in: *Kübler/Prütting/Bork,* InsO, § 280 Rn. 2.
664 BGH, Beschl. v. 14.5.2009 – IX ZR 93/08, ZInsO 2009, 2008 Rn. 6.
665 BGH, Beschl. 10.7.2008 – IX ZB 172/07, ZInsO 2008, 921 Rn. 13.
666 *Gottwald/Haas* Insolvenzrechtshandbuch, 5. Aufl., § 90 Rn. 80.
667 *Spliedt,* in: *Schmidt/Uhlenbruck,* Rn. 9.51.
668 KF-InsO/*Foltis,* § 280 Rn. 2.
669 MünchKomm-InsO/*Kirchhof,* § 280 Rn. 3.

3. Besonderheiten bei der GmbH

a) Entbehrlichkeit eines Gesellschafterbeschlusses für Inanspruchnahme von Geschäftsführern und Gesellschaftern

Demgegenüber wäre ein enges Verständnis des § 280 InsO gerade im Bereich der GmbH untunlich. 232
Ersatzansprüche gegen Gesellschafter und Geschäftsführer können gemäß § 46 Nr. 8 GmbHG nur auf der Grundlage eines Gesellschafterbeschlusses durchgesetzt werden. Ein Gesellschafterbeschluss ist materielles Erfordernis für die Geltendmachung der Forderung, so dass eine ohne Beschluss der Gesellschafter erhobene Klage wegen Fehlens einer materiellen Anspruchsvoraussetzung als unbegründet abzuweisen ist.[670] Es bedarf keiner näheren Darlegung, dass die Gesellschafter gerade in der Insolvenz schwerlich geneigt sein werden, einen solchen Beschluss zu fassen. Dementsprechend wird das Beschlusserfordernis als entbehrlich erachtet, wenn die Geltendmachung des Anspruchs im weitesten Sinne zum Zweck der Gläubigerbefriedigung geboten ist.[671] Darum bedarf es für die Geltendmachung eines Schadensersatzanspruchs gegen Geschäftsführer und Gesellschafter einer GmbH dann keines Beschlusses der Gesellschafterversammlung, wenn über das Vermögen der Gesellschaft das Insolvenzverfahren eröffnet worden ist.[672] Vielmehr kann der Insolvenzverwalter unmittelbar den Anspruch verfolgen. Ebenso hängt die Einforderung rückständiger Einlagen gemäß § 46 Nr. 2 GmbHG von einem Gesellschafterbeschluss ab. Auch hier wird ein Beschluss als entbehrlich erachtet, wenn der Anspruch in der Insolvenz von dem Verwalter betrieben wird. Sobald die Liquidität für die Gläubigerbefriedigung im Rahmen des Insolvenzverfahrens zur Verfügung stehen muss, ist der Zufluss des Eigenkapitals nicht mehr Gegenstand des unternehmerischen Ermessens. Dementsprechend ist der Insolvenzverwalter an gesetzliche oder satzungsrechtliche Einschränkungen, die Art oder Zeitpunkt der Geltendmachung der Ansprüche betreffen und ihre Durchsetzung erschweren, nicht gebunden.[673] Diese Folgerungen zur Entbehrlichkeit eines Gesellschafterbeschlusses gelten in gleicher Weise für die Eigenverwaltung, weil § 276a InsO Weisungen der Gesellschafter an die Geschäftsleiter untersagt.

b) Übergang der Anspruchsverfolgung von Geschäftsleiter auf Sachwalter

Das Gesetz bezweckt in diesen Konstellationen eine Beschränkung der Geschäftsführerkompe- 233
tenz,[674] um eine unbefangene Vertretung der Gesellschaft sicherzustellen, welche von sachfremden Erwägungen unbeeinflusst ist und sachdienliche Gesellschaftsbelange wahrt.[675] Die Gefahr einer Interessenkollision wäre umso größer, wenn in der Insolvenz die Verfolgung eines Anspruchs nicht von einem Gesellschafterbeschluss abhinge und der Geschäftsleiter – der vielfach zugleich Gesellschafter ist – entgegen der Intention des Gesetzes nach eigenem Ermessen vorgehen dürfte. Sofern die internen Mitwirkungsrechte der Gesellschafterversammlung nach § 276a InsO suspendiert sind, muss in der Insolvenz zugleich die damit korrespondierende Zuständigkeit der Geschäftsleitung, die durch die Notwendigkeit eines Gesellschafterbeschlusses gezügelt werden soll, entfallen.[676] Aus dieser Erwägung ist im Regelverfahren der Insolvenzverwalter und im Eigenverwaltungsverfahren der Sachwalter zur Verwirklichung der Ansprüche gegen Geschäftsführer und Gesellschafter einer GmbH berufen.

D. Insolvenzverschleppungshaftung

Einschlägige Vorschriften der InsO: 234

670 BGH, Urt. v. 14.7.2004 – VIII ZR 224/02, ZInsO 2004, 1203, 1204, 1205.
671 *Scholz/Schmidt*, § 46 Rn. 152.
672 BGH, Urt. v. 14.7.2004 – VIII ZR 224/02, ZInsO 2004, 1203, 1204, 1205.
673 BGH, Urt. v. 10.5.1982 – II ZR 89/81, BGHZ 84, 47, 48; BGH, Urt. v. 15.10.2007 – II ZR 216/06, ZInsO 2008, 42 Rn. 18.
674 BGHZ 28, 355, 357; *Scholz/Schmidt*, § 46 Rn. 139.
675 Vgl. BGH, NJW-RR 2007, 98 Rn. 5.
676 Vgl. BGH, ZInsO 2008, 42 Rn. 18.

§ 15a InsO Antragspflicht bei juristischen Personen und Gesellschaften ohne Rechtspersönlichkeit

(1) Wird eine juristische Person zahlungsunfähig oder überschuldet, haben die Mitglieder des Vertretungsorgans oder die Abwickler ohne schuldhaftes Zögern, spätestens aber drei Wochen nach Eintritt der Zahlungsunfähigkeit oder Überschuldung, einen Eröffnungsantrag zu stellen. Das Gleiche gilt für die organschaftlichen Vertreter der zur Vertretung der Gesellschaft ermächtigten Gesellschafter oder die Abwickler bei einer Gesellschaft ohne Rechtspersönlichkeit, bei der kein persönlich haftender Gesellschafter eine natürliche Person ist; dies gilt nicht, wenn zu den persönlich haftenden Gesellschaftern eine andere Gesellschaft gehört, bei der ein persönlich haftender Gesellschafter eine natürliche Person ist.

(2) Bei einer Gesellschaft im Sinne des Absatzes 1 Satz 2 gilt Absatz 1 sinngemäß, wenn die organschaftlichen Vertreter der zur Vertretung der Gesellschaft ermächtigten Gesellschafter ihrerseits Gesellschaften sind, bei denen kein persönlich haftender Gesellschafter eine natürliche Person ist, oder sich die Verbindung von Gesellschaften in dieser Art fortsetzt.

(3) Im Fall der Führungslosigkeit einer Gesellschaft mit beschränkter Haftung ist auch jeder Gesellschafter, im Fall der Führungslosigkeit einer Aktiengesellschaft oder einer Genossenschaft ist auch jedes Mitglied des Aufsichtsrats zur Stellung des Antrags verpflichtet, es sei denn, diese Person hat von der Zahlungsunfähigkeit und der Überschuldung oder der Führungslosigkeit keine Kenntnis.

I. Grundlagen

235 Wer berechtigt ist, für eine GmbH einen Insolvenzantrag zu stellen, ergibt sich aus § 15 InsO. An diese Vorschrift anknüpfend regelt § 15a InsO, der im Zuge des MoMiG an die Stelle des § 64 Abs. 1 a.F. getreten ist, welche Personen nach Eintritt der Insolvenzreife der GmbH verpflichtet sind, unverzüglich einen Insolvenzantrag zu stellen. Wird dieser Verpflichtung nicht genügt, unterliegen die Verantwortlichen ggü. den Gesellschaftsgläubigern der aus § 823 Abs. 2 BGB, § 15a Abs. 1 InsO hergeleiteten **Insolvenzverschleppungshaftung**. Danach bildet § 15a InsO ein Schutzgesetz zugunsten sämtlicher Gläubiger, sowohl der **Altgläubiger**, deren Forderungen gegen die GmbH bereits vor Insolvenzreife entstanden waren, als auch der **Neugläubiger**, die nach Eintritt der Insolvenzreife Forderungen gegen die GmbH erworben haben. Erfasst werden jedoch nur solche Gläubiger, die ihre Forderung bereits **vor Verfahrenseröffnung** erworben haben,[677] sodass der BA wegen der nach Eröffnung zu leistenden Insolvenzgeldes kein Anspruch aus § 823 Abs. 2 BGB, § 15a InsO, wohl aber aus § 826 BGB,[678] zusteht. Durch die rechtzeitige Einleitung des Insolvenzverfahrens sollen Altgläubiger vor einer Verringerung der Haftungsmasse und Neugläubiger vor Vertragsabschlüssen mit notleidenden Gesellschaften geschützt werden.[679] Der die Ersatzpflicht begründende Vorwurf an die Organmitglieder liegt darin, Gläubiger – in der Praxis vornehmlich Neugläubiger, die nach Insolvenzreife Gläubiger der GmbH geworden sind – durch die Fortsetzung der Geschäftstätigkeit der insolventen GmbH geschädigt zu haben. Von der deliktischen Insolvenzverschleppungshaftung sind etwaige Ansprüche von Vertragspartnern aus Verschulden aus Vertragsschluss zu trennen, die auf den Vorwurf gestützt werden, den gebotenen Hinweis auf die wirtschaftlichen Schwierigkeiten versäumt zu haben. Aus einer Insolvenzverschleppung können die GmbH selbst und ihrer Gesellschafter keine deliktischen Ansprüche gegen die Geschäftsführer herleiten. Unter dem Gesichtspunkt der **Massesicherungspflicht** sieht § 64 gesetzliche Ansprüche gegen Organmitglieder vor, die das Gesellschaftsvermögen nach Insolvenzeintritt durch Zahlungen gemindert oder durch Leistungen an Gesellschafter die Zahlungsunfähigkeit verursacht haben. Im Einzelfall kann die Gesellschaft möglicherweise aus § 43 Abs. 2 Schadensersatzansprüche gegen Geschäftsleiter herleiten, die es versäumt haben, Erfolg versprechende Sanierungs- und Restrukturierungsmaßnahmen zu treffen.

II. Verpflichteter Personenkreis

236 Infolge der rechtsformneutralen Ausgestaltung gilt die Antragspflicht für alle Unternehmensleiter von Gesellschaften, die keine natürliche Person als persönlich haftenden Gesellschafter haben. Dies sind neben der GmbH Unternehmen wie AG, Genossenschaft, KGaA sowie KG und OHG,

677 BGHZ 108, 134, 136 f.
678 BGHZ 175, 58, 62 Rn. 13; BGH, NJW-RR 2010, 351, 352 Rn. 7.
679 BGH, ZInsO 2013, 2556 Rn. 7.

die keine natürliche Person als persönlich haftenden Gesellschafter haben. Die Bestimmung findet ferner auf die SE, aber auch auf **Auslandsgesellschaften** Anwendung, wenn deren Insolvenz nach deutschem Recht abgewickelt wird. Der Insolvenzantragspflicht unterliegen nur Organmitglieder und im Fall der Führungslosigkeit die Gesellschafter der GmbH. Allerdings ist zu beachten, dass außerhalb des Pflichtenkreises aus § 15a InsO stehende Dritte sich als Teilnehmer (§ 830 BGB) der unerlaubten Handlung (§ 823 Abs. 2 BGB, § 15a InsO) ersatzpflichtig machen können.[680] Dies gilt auch für Gesellschafter, die den Geschäftsführer dahin beeinflussen, von einer Antragstellung abzusehen. Freilich setzt die Teilnahme eine vorsätzliche, also nicht nur fahrlässige Haupttat des Organmitglieds voraus. Der Antragspflicht ist nur genügt, wenn die gesetzlichen Anforderungen an einen richtigen Eröffnungsantrag im Sinne von § 13 InsO – einschließlich der Angaben zu den Gläubigern – beachtet werden.[681] Fehlen lediglich einzelne Gläubiger, so ist der Antrag gleichwohl zulässig und der Antragspflicht genügt.[682]

1. Antragspflicht der Organmitglieder

Infolge der rechtsformneutralen Ausgestaltung des § 15a Abs. 1 InsO unterliegen der Insolvenzantragspflicht insb. die **Mitglieder des Vertretungsorgans** und die **Abwickler**. Im Blick auf den verpflichteten Personenkreis stimmt § 15a Abs. 1 InsO mit § 15 Abs. 1 InsO überein. Ebenso wie jeder einzelne Geschäftsführer nach § 15 Abs. 1 zur Antragstellung berechtigt ist, hat jeder einzelne Geschäftsführer der Antragspflicht des § 15a Abs. 1 zu genügen. Eine Ressortverteilung enthebt einen intern unzuständigen Geschäftsführer nicht der Antragspflicht.[683] Ausgeschiedene Organmitglieder sind nicht antragspflichtig; ist die Antragspflicht bereits entstanden, wird sie durch eine spätere Amtsniederlegung mit der Folge einer unbeschränkten Haftung nicht berührt. Davon abgesehen kann mit der Amtsniederlegung die Pflicht einhergehen, die verbliebenen Organmitglieder oder – im Fall der Führungslosigkeit – die Gesellschafter zu einer Antragstellung zu veranlassen. Eine Weisung der Gesellschafterversammlung an die Geschäftsführer, trotz Insolvenzreife von einer Antragstellung abzusehen, ist unbeachtlich. Wird der Geschäftsführer, weil er zu erkennen gibt, dieser Weisung nicht zu folgen, abberufen, ist er infolge des Amtsverlusts nicht mehr antragspflichtig und auch nicht verpflichtet, verblieben Geschäftsführer auf die Antragspflicht hinzuweisen. Im Fall einer solchen Weisung kann der Geschäftsführer auch von sich aus zur Vermeidung einer Haftung sein Amt mit sofortiger Wirkung niederlegen.[684] Der Verschleppungshaftung unterliegen dann verbliebene Geschäftsführer oder im Fall der Führungslosigkeit die Gesellschafter. Der Insolvenzantragspflicht hat auch ein **faktischer Geschäftsführer** zu genügen, der zwar rechtlich nicht dem geschäftsführenden Organ einer Kapitalgesellschaft angehört, tatsächlich aber wie ein Organmitglied auftritt und handelt.[685] Insoweit macht es keinen Unterschied, ob der faktische Geschäftsführer fehlerhaft bestellt wurde oder das Amt ohne Bestellungsakt im Einverständnis der Gesellschafter ausübt. 237

2. Antragspflicht der Gesellschafter

a) Führungslosigkeit als Voraussetzung der Antragspflicht

In Übereinstimmung mit den Regelungen des § 15 Abs. 1 Satz 2 InsO werden die Gesellschafter durch § 15a Abs. 3 InsO bei **Führungslosigkeit** der GmbH kraft einer Ersatzzuständigkeit verpflichtet, den wegen Zahlungsunfähigkeit oder Überschuldung gebotenen Insolvenzantrag zu stellen. Auf diese Weise soll eine **Umgehung der Insolvenzantragspflicht** verhindert und ein mittelbarer Anreiz geschaffen werden, zur Befreiung von der eigenen Antragspflicht aktionsfähige Vertreter für die Gesellschaft einzusetzen. Sobald nämlich ein neuer Geschäftsführer wirksam bestellt ist, geht die Antragspflicht auf diesen über.[686] Der Gesetzgeber hat den Vorschlag, die Insolvenzantragspflicht bei Bestehen eines Aufsichtsrats – gleich ob er obligatorischer oder fakultativer Art ist – daneben oder gar im Verhältnis zu den Gesellschaftern vorrangig den Aufsichtsratsmitgliedern der GmbH 238

680 BGH, NJW 2005, 3137; vgl. auch BGHZ 90, 381, 399 mit Rückgriff auf § 826 BGB.
681 BT-Drucks. 17/5712, S. 23.
682 *Hirte/Knof/Mock*, DB 2011, 632.
683 BGH, NJW 1994, 2149, 2150.
684 BGHZ 78, 82, 92; 121, 257, 262.
685 BGHZ 104, 44; 150, 61, 69.
686 BR-Drucks. 354/07, S. 127.

aufzuerlegen, in Einklang mit der Regelung des § 35 Abs. 1 abgelehnt. Im Fall der Führungslosigkeit einer GmbH trifft also alleine die Gesellschafter eine die Insolvenzverschleppungshaftung auslösende Insolvenzantragspflicht, selbst wenn ein – obligatorischer oder fakultativer – Aufsichtsrat vorhanden ist. Mitglieder des Aufsichtsrats unterliegen im Fall der Führungslosigkeit nur dann einer Insolvenzantragspflicht, wenn es sich um eine AG oder Genossenschaft handelt. Bemerkenswert ist, dass Gesellschafter einer AG und einer Genossenschaft nach § 15 Abs. 1 Satz 2 InsO zur Antragstellung berechtigt sind, aber nicht der Antragspflicht des § 15a InsO unterliegen.

b) Keine Antragspflicht mangels Kenntnis von Führungslosigkeit und Insolvenzreife

239 Wie sich aus § 15a Abs. 3 Halbs. 2 InsO ergibt, besteht keine Antragspflicht, falls der Gesellschafter von dem **Insolvenzgrund** (Zahlungsunfähigkeit, Überschuldung) oder der **Führungslosigkeit** keine Kenntnis hat. Die Antragspflicht entfällt, wenn der Gesellschafter **entweder** den Insolvenzgrund oder die Führungslosigkeit nicht kennt. Mit Kenntnis ist positive Kenntnis und nicht bloßes Kennenmüssen gemeint. Obwohl dem Gesellschafter keine näheren Nachforschungspflichten auferlegt werden, kann Kenntnis anzunehmen sein, wenn er sich bewusst der Kenntnisnahme verschlossen hat: Hat der Gesellschafter Kenntnis von dem Insolvenzgrund, besteht für ihn Anlass, sich darüber zu vergewissern, warum der Geschäftsführer keinen Insolvenzantrag stellt. Mithilfe der bei der Erkundigung gewonnenen Informationen kann er die Führungslosigkeit feststellen. Umgekehrt hat ein Gesellschafter, dem die Führungslosigkeit bekannt ist, Grund, sich über die Vermögensverhältnisse der Gesellschaft zu unterrichten. Den Gesellschafter trifft die volle **Beweislast** für diese Entlastung. Er hat darzulegen, die auf Zahlungsunfähigkeit bzw. Überschuldung und Führungslosigkeit hindeutenden Umstände nicht gekannt zu haben. Allerdings hat nach Auffassung des Gesetzgebers der **kleinbeteiligte Gesellschafter** geringeren Anlass, in derartige Überlegungen einzutreten.[687] Im Blick auf diese weitreichenden Pflichten sollte in der Praxis – soweit möglich – ein regelmäßig tagender Gesellschafterbeirat eingerichtet werden. Ist eine **juristische Person** Gesellschafter einer führungslosen GmbH, ist unter Berücksichtigung der Grundsätze der Wissenszurechnung[688] auf den Kenntnisstand ihrer Organmitglieder abzustellen.

3. Antragspflicht nach Gläubigerantrag

240 Die Antragstellung durch ein Organmitglied – bei Führungslosigkeit durch einen Gesellschafter – befreit die anderen Organmitglieder bzw. Gesellschafter von der Antragstellung unabhängig davon, auf welchen Eröffnungsgrund der Antrag gestützt wurde. Wird der Antrag indes zurückgenommen, lebt bei fortbestehender Insolvenzreife die Antragspflicht wieder auf.[689] Ein verspätet gestellter Antrag ist, weil es sich um ein **Dauerdelikt** handelt, nicht geeignet, eine schon eingetretene Verschleppung rückwirkend zu heilen. Demgegenüber ist ein Gläubigerantrag nicht geeignet, die Antragspflicht zu suspendieren, weil er jederzeit zurückgenommen werden kann. Die Antragspflicht endet darum erst, wenn das Verfahren auf den Gläubigerantrag eröffnet oder die Eröffnung mangels Masse abgelehnt worden ist.[690]

III. Zeitpunkt des Antrags

241 Die Antragspflicht entsteht mit der Verwirklichung eines Insolvenzgrundes. Gleichwohl müssen die Antragspflichtigen nicht in unmittelbarer zeitlicher Folge, sondern nach dem Gesetzeswortlaut »ohne schuldhaftes Zögern«, spätestens nach Ablauf einer Frist von 3 Wochen, zur Antragstellung schreiten. Damit gewährt das Gesetz insb. Geschäftsleitern eine Karenzfrist, um Sanierungsmöglichkeiten auszuloten.

1. Beginn der Frist

242 Die nachrangige Antragspflicht der **Gesellschafter** aktualisiert sich nach § 15a Abs. 3 InsO mit der Kenntnis des Insolvenzgrundes und der Führungslosigkeit. Auch hinsichtlich der Organmitglieder knüpft die Rechtsprechung den Fristbeginn an die subjektive Wahrnehmung des Insolvenzgrundes. Danach beginnt die Frist des § 15a Abs. 1 InsO erst zu laufen, wenn das Organ **positive Kenntnis**

687 BR-Drucks. 354/07, S. 128.
688 Vgl. *Gehrlein/Weinland*, in: juris-PK-BGB, § 166 Rn. 9 ff.
689 AG Hamburg, ZInsO 2006, 559, 660.
690 BGH, NJW 2009, 157, 158; OLG Dresden, NZI 1999, 117.

von dem Insolvenzgrund hat.[691] Dem steht es gleich, wenn sich das Organmitglied böswillig einer Kenntnisnahme verschließt. Im Schrifttum wird teils – möglicherweise in einer durch den gesetzgeberischen Willen kaum veranlassten Überbetonung des Wortlauts von § 15a InsO – auf den früheren Zeitpunkt des objektiven Eintritts des Insolvenzgrundes abgestellt.[692] Vorzugswürdig erscheint es, im Blick auf den für ein Organmitglied offenkundigen Eröffnungsgrund der Zahlungsunfähigkeit zeitgleich mit dessen Eintritt die Antragspflicht beginnen zu lassen. Soweit es auf den schwerer feststellbaren Eröffnungsgrund der Überschuldung ankommt, ist der Zeitpunkt maßgeblich, in dem der Insolvenzgrund zutage tritt.[693] Für die (zivil-)gerichtliche Praxis hat die Streitfrage nur nachrangige Bedeutung, weil die Insolvenzverschleppungshaftung bereits im Fall einer nur **fahrlässigen Versäumung** der Antragspflicht (vgl. § 15a Abs. 5 InsO) eingreift.[694]

2. Ende der Frist

Die Antragsfrist beträgt höchstens 3 **Wochen** (§ 15a Abs. 1 Satz 1 InsO). Der Antrag auf Eröffnung 243
des Insolvenzverfahrens ist bei Eintritt der Insolvenzreife grundsätzlich **sofort** zu stellen. Die **höchstens dreiwöchige Frist** ist nur dann eröffnet, wenn eine rechtzeitige Sanierung ernstlich zu erwarten ist. Die Voraussetzung dieser Ausnahme hat nach allgemeinen Grundsätzen derjenige darzulegen, der sich darauf beruft.[695] Bis zu dieser Zeitschranke muss spätestens entweder der Insolvenzgrund beseitigt oder ein Insolvenzantrag gestellt worden sein. Mit Hilfe von Forderungsverzicht und Erlassverträgen, einer Kapitalerhöhung, freiwilliger Zuschüsse oder mit einem Rangrücktritt versehener Darlehen der Gesellschafter können Zahlungsunfähigkeit und/oder Überschuldung ausgeräumt werden. Nicht mit einem Rangrücktritt ausgestattete Gesellschafter- und Drittdarlehen sowie Stundungsvereinbarungen können nur die Zahlungsunfähigkeit, aber keine Überschuldung beheben. Drittzahlungen etwa von Gesellschaftern berühren nicht die Überschuldung, wenn ein Regressanspruch gegen die GmbH gegeben ist. Die Antragspflicht entfällt nur, wenn der Insolvenzgrund nachhaltig, also nicht nur vorübergehend beseitigt und sein Wiedereintritt nicht bereits absehbar ist.[696] Auch das Einverständnis sämtlicher Gläubiger, die werbende Geschäftstätigkeit fortzusetzen, lässt mangels einer Dispositionsbefugnis die Antragspflicht nicht entfallen. Die 3-Wochen-Frist ist eine **Höchstfrist**, die nur aus triftigen Gründen ausgeschöpft werden darf. Erweist sich eine Sanierung als nicht realisierbar, ist unverzüglich und nicht erst nach Fristablauf der Antrag zu stellen.[697] Gleiches gilt, wenn feststeht, dass eine Sanierung innerhalb der Antragsfrist nicht umgesetzt werden kann. Wird der Insolvenzantrag verfrüht gestellt, kann dies eine Haftung ggü. der GmbH, aber nicht im Verhältnis zu deren Gläubigern auslösen.

3. Gesetzliche Modifizierung der Antragspflicht

Hinsichtlich der Sanierungsbemühungen zur Beseitigung einer eingetretenen Zahlungsunfähigkeit und Überschuldung wird von dem Gesetzgeber im Rahmen des Entwurfs eines Gesetzes zur Fortentwicklung des Sanierungs- und Insolvenzrechts durch die neue Regelung des § 15a InsO differenziert. Bei der Zahlungsunfähigkeit bleibt es dabei, dass die Ungewissheit über eine Wiederherstellung der Zahlungsfähigkeit der Gesellschaft längstens drei Wochen hinzunehmen ist. Zur Beseitigung einer Überschuldung stehen hingegen zukünftig bis zu sechs Wochen zur Verfügung. Die Verlängerung soll es der Schuldnerin ermöglichen, laufende Sanierungsbemühungen außergerichtlich noch zu einem erfolgreichen Abschluss zu bringen, oder gegebenenfalls eine Sanierung im präventiven Restrukturierungsrahmen oder auf der Grundlage eines Eigenverwaltungsverfahrens ordentlich und gewissenhaft vorzubereiten. Im Übrigen bleibt es jedoch dabei, dass nach Eintritt der Zahlungsunfähigkeit oder Überschuldung ein Eröffnungsantrag ohne schuldhaftes Zögern zu stellen ist. Dies bedeutet, dass die Höchstfristen nicht ausgeschöpft werden dürfen, wenn zu einem früheren Zeitpunkt feststeht, dass eine nachhaltige Beseitigung der Zahlungsunfähigkeit bzw. Überschuldung nicht erwartet werden kann.

691 BGHZ 75, 96, 110 f.; BGH, NZG 2004, 42.
692 So nunmehr *Karsten Schmidt*, in: *Scholz*, GmbHG, Anh. § 64 Rn. 33.
693 *Kleindiek*, in: *Lutter/Hommelhoff*, GmbHG, Anh zu § 64 Rn. 51.
694 BGHZ 75, 96, 111; 126, 181, 199; BGH, NJW-RR 2007, 759 f. Rn. 8.
695 BGH, ZInsO 2012, 648 Rn. 11.
696 BGH, NJW 2007, 3130, 3131 Rn. 15.
697 BGHZ 75, 96, 111 f.

Durch die Verlängerung des maximalen Antragszeitraums für den Insolvenzgrund der Überschuldung sollen Sanierungschancen erhalten werden, die eine Fortführung des Unternehmens notwendig machen Der neue § 15b InsO sieht vor, dass beim Vorliegen einer Überschuldung Zahlungen, die im ordnungsgemäßen Geschäftsgang erfolgen, insbesondere solche Zahlungen, die der Aufrechterhaltung des Geschäftsbetriebes dienen, als mit der Sorgfalt eines ordentlichen und gewissenhaften Geschäftsleiters im Sinne der § 64 Satz 2 GmbHG, § 92 Abs. 2 Satz 2 AktG, § 130a Abs. 1 Satz 2, auch in Verbindung mit § 177a Satz 1, HGB und § 99 Satz 2 GenG vereinbar gelten, solange die Antragspflichtigen die Vorbereitung der Antragstellung oder Maßnahmen zur nachhaltigen Beseitigung der Überschuldung mit der Sorgfalt eines ordentlichen und gewissenhaften Geschäftsleiters betreiben. Die Antragspflichtigen sollen insoweit nicht durch die engen Grenzen der genannten Vorschriften beschränkt werden.

IV. Anspruchsinhaber

1. Alt- und Neugläubiger

244 Durch die dem Geschäftsführer einer GmbH auferlegte Antragspflicht werden nicht nur die bei Eintritt der Insolvenzreife bereits vorhandenen Gesellschaftsgläubiger (die »**Altgläubiger**«), sondern auch die erst später bis zur Antragstellung neu hinzukommenden (die »**Neugläubiger**«) geschützt. Diese wären, wenn der Geschäftsführer seiner Pflicht nachgekommen wäre, nicht in die Gläubigerstellung gelangt; sie hätten mit der Gesellschaft keinen Vertrag mehr geschlossen, ihr keinen Kredit gewährt und damit keinen Schaden erlitten. Die Ursache für diesen Schaden liegt in dem Verstoß gegen die Schutzvorschrift des § 15a InsO. Das hat nach allgemeinen Schadensersatzregeln zur Folge, dass der dem Vertragspartner auf diese Weise rechtswidrig und schuldhaft zugefügte Schaden zu ersetzen ist.[698] Die Verletzung von **Ab- und Aussonderungsrechten** wird nicht durch § 15a InsO geschützt, weil insoweit unmittelbare deliktische Ansprüche gegeben sind.[699] Auf dem Gesellschaftsverhältnis beruhende Ansprüche der Gesellschafter können nicht über § 15a InsO gegen Geschäftsführer durchgesetzt werden, weil der Schutzzweck der Vorschrift auf Gläubiger bezogen ist. Anders verhält es sich jedoch, falls Gesellschafter durch den Abschluss von Drittgeschäften (nicht nachrangige) Insolvenzgläubiger sind. Ein **Vermieter**, der dem Mieter vor Insolvenzreife Räume überlassen hat, ist regelmäßig **Altgläubiger** und erleidet keinen Neugläubigerschaden infolge der Insolvenzverschleppung, weil er sich bei Insolvenzreife nicht von dem Mietvertrag hätte lösen können.[700]

2. Forderungserwerb nach Verfahrenseröffnung

245 Die einen Schadensersatzanspruch des Gläubigers tragende Forderung muss **vor Verfahrenseröffnung** gegen die GmbH entstanden sein. Wer in dem Zeitraum, in dem die dem Geschäftsführer zum Schutz der Gesellschaftsgläubiger auferlegte Pflicht zur rechtzeitigen Insolvenzantragstellung zu erfüllen war, nicht Gläubiger der Gesellschaft war, kann sich nicht aus eigenem Recht auf die Verletzung der Schutzpflicht aus § 15a InsO berufen. Die Verpflichtung der **BA** zur Zahlung von Insolvenzausfallgeld an die Arbeitnehmer einer GmbH wird erst durch die Eröffnung des Insolvenzverfahrens infolge rückständiger Lohn- und Gehaltsansprüche ausgelöst, sodass ihre erst nach Verfahrenseröffnung erworbene Gläubigerstellung ausschließlich aus den auf sie übergegangenen Forderungen der Arbeitnehmer folgt und mithin ein Ersatzanspruch ausscheidet.[701] Insoweit kommen jedoch Ansprüche aus § 826 BGB in Betracht. Es entspricht gefestigter Rechtsprechung, dass der Geschäftsführer einer GmbH, dem eine Insolvenzverschleppung vorzuwerfen ist, der Arbeitsverwaltung für nicht vom Schutzbereich des § 64 GmbHG abgedeckte Vermögensschäden aus § 826 BGB haften kann.[702] Gleichfalls sind die **Sozialversicherungsträger**, die Beitragsansprüche gegen eine GmbH nach Entstehung der Insolvenzantragspflicht erworben haben, deshalb nicht in den Schutzbereich des § 15a InsO einbezogen, weil ihre Gläubigerstellung im Rechtssinne nicht auf der Versäumung der Antragspflicht, sondern auf dem Bestehen eines versicherungspflichtigen Beschäftigungsverhältnisses beruht.[703] Ebenso gehört der Pensionssicherungsverein nicht zu den durch § 15a InsO geschützten Insolvenzgläubigern, weil

698 BGHZ 126, 181, 192 f.; BGH, WM 2011, 979 Rn. 40.
699 BGHZ 100, 19, 24.
700 BGH, ZInsO 2013, 2556 Rn. 8.
701 BGHZ 108, 134, 136 f.
702 BGHZ 175, 58, 62 Rn. 14; BGH, NJW-RR 2010, 351, 352 Rn. 7.
703 BGH, NJW 1999, 2182, 2183.

Ansprüche und Anwartschaften auf ihn nach Verfahrenseröffnung übergehen.[704] **Massegläubiger** genießen gleichfalls keinen Schutz durch § 15a InsO.

V. Verschulden – Sorgfaltsmaßstab

Der Schadensersatzanspruch setzt schuldhaftes Verhalten des Antragspflichtigen voraus. Da § 15a Abs. 3 InsO bereits Fahrlässigkeit mit Strafe bedroht, genügt für den Schadensersatzanspruch ebenfalls eine **fahrlässige Verletzung** der Antragspflicht,[705] die grundsätzlich vermutet werden kann.[706] Kenntnis der Insolvenzreife und der Führungslosigkeit ist lediglich erforderlich, soweit der Anspruch gegen Gesellschafter gerichtet ist (§ 15a Abs. 3 InsO). Von Organmitgliedern ist zur Vermeidung des Fahrlässigkeitsvorwurfs die Beachtung **der Sorgfalt eines ordentlichen Geschäftsleiters** zu verlangen. Für den subjektiven Tatbestand der Insolvenzverschleppung genügt die Erkennbarkeit der Insolvenzreife für den Geschäftsführer, wobei die Erkennbarkeit vermutet wird.[707] Bei Anzeichen einer wirtschaftlichen und finanziellen Krise einer GmbH hat ihr Geschäftsführer die Pflicht, sich durch Aufstellung eines Vermögensstatuts einen Überblick über den Vermögensstand zu verschaffen und notfalls unter fachkundiger Prüfung zu entscheiden, ob eine positive Fortbestehungsprognose besteht.[708] Einer Handelsbilanz kann für die Frage, ob die Gesellschaft überschuldet ist, indizielle Bedeutung zukommen. Weist die Handelsbilanz eine Überschuldung aus, erlangt sie **indizielle Bedeutung**, wenn nach Prüfung und Erläuterung der Ansätze dargelegt wird, dass **keine stille Reserven** oder sonstige in der Handelsbilanz nicht ausgewiesene Vermögenswerte vorhanden sind.[709] Kein Verschulden liegt vor, wenn der Geschäftsleiter aufgrund einer höchstrichterlich ungeklärten Bewertungsfrage nicht von Überschuldung ausgehen muss.[710] Das Vorhandensein eines weiteren Geschäftsführers entbindet den anderen selbst dann nicht von seiner eigenen Verantwortlichkeit für die für die rechtzeitige Stellung eines Insolvenzantrags, wenn diese untereinander in zulässiger Weise eine Aufteilung der Geschäfte vorgenommen haben.[711] Ein organschaftlicher Vertreter einer Gesellschaft verletzt seine Insolvenzantragspflicht nicht schuldhaft, wenn er bei fehlender eigener Sachkunde zur Klärung des Bestehens der Insolvenzreife der Gesellschaft den Rat eines **unabhängigen, fachlich qualifizierten Berufsträgers** einholt, diesen über sämtliche für die Beurteilung erheblichen Umstände ordnungsgemäß informiert und nach eigener Plausibilitätskontrolle der ihm daraufhin erteilten Antwort dem Rat folgt und von der Stellung eines Insolvenzantrags absieht.[712] Aus dem Sinn und Zweck des Zahlungsverbots nach § 64 GmbHG und der Insolvenzantragspflicht nach § 15a InsO (»ohne schuldhaftes Zögern«) folgt aber, dass eine solche Prüfung durch einen sachkundigen Dritten **unverzüglich vorzunehmen** ist und dass sich der **Geschäftsführer** nicht mit einer unverzüglichen Auftragserteilung begnügen darf, sondern auch auf eine **unverzügliche Vorlage** des Prüfergebnisses hinwirken muss.[713] Dem Geschäftsführer kann aus **Vertrag mit Schutzwirkung zugunsten Dritter** ein Ersatzanspruch gegen den von der GmbH beauftragten Berater zustehen, der die Insolvenzreife der Gesellschaft pflichtwidrig nicht erkennt.[714] 246

VI. Reichweite der Haftung

§ 15a InsO stellt ein Schutzgesetz im Sinne von § 823 Abs. 2 BGB dar. Deswegen haben die außenstehenden Gesellschaftsgläubiger, nicht die GmbH selbst und deren Gesellschafter, einen deliktischen Anspruch gegen den Geschäftsführer, der seiner gesetzlichen Verpflichtung zur rechtzeitigen Insolvenzantragstellung nicht genügt.[715] Wenn ein Geschäftsführer schuldhaft verspätet Insolvenzantrag stellt, haftet er den **Gläubigern** der von ihm geführten GmbH nach § 823 Abs. 2 BGB i.V.m. § 15a InsO wegen Insolvenzverschleppung auf Ersatz des ihnen durch die Pflichtverletzung 247

704 BGHZ 110, 342, 361 f.
705 BGHZ 75, 96, 111; 126, 181, 199; BGH, NJW-RR 2007, 759 f. Rn. 8; WM 2012, 1539 Rn. 8.
706 BGH, WM 2012, 1539 Rn. 11.
707 BGH, ZInsO 2011, 970 Rn. 38; 2012, 1177 Rn. 13; 2012, 1367 Rn. 11.
708 BGH, WM 2012, 1539, 11.
709 BGH, NJW-RR 2005, 766, 767 = NZG 2008, 148, 149 Rn. 4; 2009, 750 Rn. 9.
710 BGH, NJW-RR 2007, 759 Rn. 8.
711 BGH, NJW 1994, 2149, 2150.
712 BGH, NJW 2007, 2119; ZInsO 2012, 1177 Rn. 16.
713 BGH, ZInsO 2012, 1177 Rn. 19.
714 BGH, ZInsO 2012, 1312 Rn. 27 ff.
715 BGHZ 29, 100, 102 f.; 100, 19, 21.

entstandenen Schadens. Zwischen der Insolvenzverschleppung und dem eingetretenen Schaden muss ein **unmittelbarer Zusammenhang** gegeben sein. Er fehlt, wenn sich die GmbH nach der vormals entstandenen Insolvenzantragspflicht wirtschaftlich wieder erholt hat und, ohne dass dem Geschäftsführer ein Verstoß gegen § 15a InsO anzulasten ist, später in Insolvenz geraten ist.[716] Ist die Insolvenzreife für einen früheren Zeitpunkt bewiesen, so gilt der Nachweis der im Zeitpunkt des Geschäftsabschlusses noch andauernden Verletzung der Insolvenzantragspflicht jedenfalls bei relativ zeitnah erteilten Aufträgen als geführt, sofern der beklagte Geschäftsführer nicht seinerseits darlegt, dass im Zeitpunkt der Auftragserteilung die Überschuldung nachhaltig beseitigt und damit die Antragspflicht – wieder – entfallen. Diesen zeitlichen Zusammenhang hat der Bundesgerichtshof bei einem Zeitraum von neun Monaten bis zu einem Jahr zwischen der festgestellten Überschuldung und den nachfolgenden Geschäftsabschlüssen als gegeben angesehen.[717] Die Forderungen müssen bereits **vor Insolvenzeröffnung** entstanden sein, sodass der **Pensionssicherungsverein**, auf den nach § 9 Abs. 2 BetrAVG Ansprüche der Versorgungsberechtigten übergehen, und die **BA**, die durch die Zahlung von Insolvenzgeld an die Arbeitnehmer einen Regressanspruch gegen die GmbH (§ 187 Satz 1 SGB III) erwirbt, nicht dem geschützten Personenkreis gehören.[718] Im Hinblick auf den Umfang des Schadens ist zwischen den **Altgläubigern** und den **Neugläubigern** zu unterscheiden. Ansprüche aus § 823 Abs. 2 BGB, § 15a InsO **verjähren** nach den für deliktische Ansprüche allgemein geltenden Vorschriften, also gem. § 195 BGB binnen 3 Jahren.[719] Die Verjährungsfrist beginnt mit der Eröffnung des Verfahrens, im Fall der Masselosigkeit der Ablehnung der Eröffnung, nicht schon der Versäumung des Antrags zu laufen. Stehen mit der Insolvenzverschleppung weitere Ansprüche in Verbindung (etwa aus § 823 Abs. 2 BGB, § 263 StGB), gilt insoweit die allgemeine Verjährung der §§ 195 ff. BGB.

1. Altgläubiger: Quotenschaden

248 Altgläubiger sind solche Gläubiger, die bei Eintritt der Insolvenzreife ihre Gläubigerstellung bereits erlangt hatten, also solche Gläubigern, denen die GmbH bereits etwas schuldete, bevor Insolvenzreife eintrat. Der Anspruch der Altgläubiger ist auf den **Quotenschaden** beschränkt, mithin den Betrag, um den sich die Insolvenzmasse und damit die dem einzelnen Gläubiger verbleibende Quote durch die Insolvenzverschleppung verringert hat. Dabei ist auf den fiktiven Zeitpunkt ordnungsgemäßer Insolvenzantragstellung abzustellen.[720] Der Quotenschaden kann nur zutreffend ermittelt werden, wenn in die Vergleichsrechnung alle sonstigen der GmbH gegen den Geschäftsführer, sei es auch in seiner Eigenschaft als Gesellschafter, zustehenden Forderungen eingestellt werden. Ansprüche wegen Verletzung des Kapitalerhaltungsgebots, aus Eigenkapitalersatz oder wegen schuldhaft fehlerhafter Geschäftsführung sind bei **Ermittlung des Quotenschadens**, auch wenn sie noch nicht realisiert worden sind, mit ihrem rechnerischen Wert mindernd anzusetzen. Die fiktive Quote ist aus dem Verhältnis der den Altgläubigern bei Insolvenzreife zur Verfügung stehenden Masse zu ihren damaligen Forderungen zu ermitteln. Die Quote ist mit den tatsächlichen Insolvenzforderungen der – in der Insolvenz noch vorhandenen Altgläubiger – zu multiplizieren; von dem Ergebnis ist der auf die Altgläubiger entfallende Masseanteil abzuziehen, der sich aus dem Verhältnis ihrer Forderungen zur Summe der Insolvenzforderungen ergibt.[721] Ausnahmsweise kann der Altgläubiger – freilich auf der Grundlage von § 823 Abs. 2 BGB, § 263 StGB – seinen vollen Schaden ersetzt verlangen, wenn er infolge einer Täuschung zu einer Vorleistung veranlasst oder an einer anfechtungsfreien Vollbefriedigung im Wege einer Zug-um-Zug-Leistung gehindert wurde. Ferner kommen Ansprüche aus § 823 Abs. 1 BGB, § 823 Abs. 2 BGB, § 246

716 BGH, NJW-RR 2007, 759 Rn. 10; BGHZ 164, 50, 56.
717 BGH NZI 2020, 167 Rn. 24.
718 BGH, NJW 1989, 3277; BGHZ 110, 342, 361 f.
719 BGH, WM 2011, 979 Rn. 13 ff.
720 BGHZ 126, 181, 190.
721 BGHZ 138, 211, 221.

StGB in Betracht, wenn der Geschäftsführer zugunsten eines Altgläubigers begründete insolvenzfeste Sicherheiten verwertet.

2. Neugläubiger: Vertrauensschaden

Neugläubiger sind solche Gläubiger, die ihre Forderung gegen die GmbH nach Eintritt der Insolvenzantragspflicht erworben haben. Zu den Neugläubigern gehört auch eine Bank, wenn der Kreditvertrag zwar schon vor Entstehen der Insolvenzantragspflicht geschlossen, eine Krediterweiterung aber erst danach vereinbart wurde. Bei **Dauerschuldverhältnissen** bildet also der Zeitpunkt der Insolvenzantragspflicht die Zäsur für die Bewertung, inwieweit der Anspruchsinhaber als Alt- oder Neugläubiger anzusehen ist.[722] Ein Vermieter, der dem Mieter vor Insolvenzreife Räume überlassen hat, ist regelmäßig Altgläubiger und erleidet keinen Neugläubigerschaden, weil er sich bei Insolvenzreife nicht hätte von dem Mietvertrag lösen können.[723] Die Neugläubiger haben einen Anspruch auf Ausgleich des **vollen** – nicht durch den Quotenschaden begrenzten – **Vertrauensschadens**, der ihnen dadurch entsteht, dass sie in Rechtsbeziehungen zu einer überschuldeten oder zahlungsunfähigen GmbH getreten sind. Diese Bewertung trägt dem Umstand Rechnung, dass Neugläubiger bei rechtzeitiger Antragstellung gar nicht mehr in vertragliche Rechtsbeziehungen zu der GmbH getreten wären. War die Gesellschaft zu einem früheren Zeitpunkt überschuldet, hat sie sich aber im Zeitpunkt des Vertragsschlusses erholt, scheidet ein Schadensersatzanspruch aus, weil der Gläubiger nicht in Rechtsbeziehungen zu einer überschuldeten oder zahlungsunfähigen Gesellschaft getreten ist.[724] Überschuldung bzw. Zahlungsunfähigkeit müssen also im Zeitpunkt der Gläubigerschädigung gegeben sein.[725] Der Ersatzanspruch erfasst lediglich das **negative**, nicht auch das **positive Interesse** des Geschäftspartners.[726] Der Neugläubiger so zu stellen, wie wenn er keine Rechtsbeziehung zu der Gesellschaft begründet hätte. Danach kann der Gläubiger, der an eine insolvente Gesellschaft geliefert hat, jedenfalls seine Anschaffungs- oder Herstellungskosten einschließlich der Vertriebskosten, bei Werken seine Selbstkosten beanspruchen.[727] Wegen der Begrenzung auf das negative Interesse hat die vereinbarte Vergütung und damit der **Gewinnaufschlag** grds. außer Betracht zu bleiben. Eine Bank kann bei einer Darlehensvergabe die Darlehenssumme nebst ihrer Refinanzierungskosten, aber nicht die der GmbH berechneten höheren Zinsen als Schaden beanspruchen.[728] Dagegen kann ein Gewinn zu berücksichtigen sein, wenn dem Gläubiger der Abschluss eines Drittgeschäfts über die Leistung – insb. der Verkauf marktgängiger Ware – ohne Weiteres möglich gewesen wäre.[729] Erbringt die insolvenzreife Gesellschaft eine mangelhafte Bauleistung, kann nicht als Schadensersatz verlangt werden, so gestellt zu werden, als hätte die Gesellschaft den Werkvertrag ordnungsgemäß erfüllt.[730] Der Schutzbereich der Insolvenzantragspflicht umfasst jedoch solche Schäden des Neugläubigers, die durch eine **fehlerhafte Bauleistung der insolvenzreifen Gesellschaft** am Bauwerk verursacht werden und von dieser wegen fehlender Mittel nicht mehr beseitigt werden können.[731] Dagegen besteht mangels eines Zurechnungszusammenhangs kein Schadensersatzanspruch, wenn der insolvenzreife Bauunternehmer eine Haustür einer geringeren als der vereinbarten Sicherheitsstufe einbaut und es zu einem Wohnungsdiebstahl kommt.[732] Wird ein Arbeitnehmer nach Insolvenzreife eingestellt, kann er Schadensersatz nur aufgrund der Darlegung beanspruchen, dass er bei Kenntnis der Insolvenzreife durch Übernahme einer anderen 249

722 BGH, NJW-RR 2007, 759 Rn. 13.
723 BGH, ZInsO 2013, 2556 Rn. 8 ff.
724 BGHZ 164, 50, 56; BGHZ 126, 181.
725 BGH, NJW-RR 2007, 759 Rn. 9.
726 BGH, ZInsO 2012, 1367 Rn. 13 ff.
727 BGH, ZInsO 2012, 1367 Rn. 13, 15.
728 BGH, NJW-RR 2007, 759 Rn. 21.
729 BGH, NZG 2009, 750, 751 Rn. 16; WM 2011, 979 Rn. 40; ZInsO 2012, 648 Rn. 27.
730 BGH, ZInsO 2012, 1367 Rn. 12 ff., 19.
731 BGH, ZInsO 2012, 1367 Rn. 23 ff.
732 BGH, ZInsO 2015, 318 Rn. 12 ff.

Stelle Vergütungsansprüche erworben hätte.[733] Der Schadensersatzanspruch des Gläubigers ist nicht um die auf ihn entfallende Insolvenzquote zu kürzen, sondern dieser ist vielmehr verpflichtet, die Insolvenzforderung Zug um Zug gegen die Erfüllung des Schadensersatzanspruchs an den Geschäftsführer abzutreten.[734] Der Anspruch ist nicht im Wege der *Vorteilsausgleichung* um solche Zahlungsbeträge zu kürzen, welche die GmbH nach Eintritt der Insolvenzreife auf Altforderungen des Gläubigers erbracht hat, weil dies aufgrund wertender Betrachtung zu einer unbilligen Entlastung des Geschäftsführers führen würde.[735] Der Anspruch eines leichtfertigen Gläubigers kann durch ein **Mitverschulden** (§ 254 BGB) reduziert werden. Der BGH hat die Frage offen gelassen, ob der auf Ersatz des negativen Interesses gerichtete Anspruch über **Kontrahierungsschäden** hinaus auch auf gesetzliche Schuldverhältnisse zu erstrecken ist. Denn im Streitfall wurden von der klagenden Krankenkasse Beitragsausfälle geltend gemacht, die als positives Interesse nicht erstattungsfähig sind.[736] Soweit etwa **gesetzliche Ansprüche** – etwa aus ungerechtfertigter Bereicherung oder Delikt – im Raum stehen, scheidet ein Schadensersatzanspruch gegen den Geschäftsführer aus, weil diese Ansprüche nicht in den Schutzbereich des § 64 Abs. 1 GmbHG fallen.[737] Hier kann aber in gewissen Fällen § 826 BGB anwendbar sein, weil eine Insolvenzverschleppung jedenfalls dann den Tatbestand der Vorschrift erfüllt, wenn die Schädigung der Unternehmensgläubiger billigend in Kauf genommen wird.[738]

3. Verfolgung des Anspruchs

250 Zwar handelt es sich bei dem Anspruch der Altgläubiger auf Ersatz des Quotenschadens um einen in der Person des jeweiligen Gläubigers begründeten Anspruch. Der Quotenschaden der **Altgläubiger** wird freilich i.R.d. Insolvenzverfahrens ohne die Notwendigkeit einer Abtretung gem. § 92 InsO von dem **Insolvenzverwalter** verfolgt.[739] Dem Gläubiger ist eine Klage auch mit dem Antrag auf Feststellung der Ersatzpflicht oder Zahlung an den Insolvenzverwalter verwehrt. Kommt es nicht zu einer Verfahrenseröffnung, kann der einzelne Gläubiger seinen Anspruch ausnahmsweise gegen den Geschäftsführer selbstständig verfolgen. Der Verwalter ist im Rahmen seines Klagerechts grds. berechtigt, durch einen Vergleich über die Ansprüche zu disponieren. Im Interesse der Masse darf der Verwalter mit dem Geschäftsführer freilich nur einen Vergleich schließen, wenn dieser der Haftungsverwirklichung und damit der Auffüllung der Masse objektiv dienlich ist. Als Schadensersatz ist so viel in die Insolvenzmasse zu zahlen, dass alle Gläubiger diejenige Quote erhalten, die auf sie entfallen wäre, wenn die Insolvenz ohne schuldhafte Verschleppung hätte eröffnet werden können. Für die Berechnung des Quotenschadens regelmäßig aus, dass der Insolvenzverwalter darlegt, welche Vermögenswerte der GmbH auf diese Weise verloren gegangen sind und der Insolvenzmasse nunmehr fehlen.[740] Der Geschäftsführer kann dem Insolvenzverwalter nicht entgegenhalten, im Blick auf die weggegebene Leistung die Geltendmachung Erfolg versprechender Anfechtungsansprüche versäumt zu haben.[741] Der Vertrauensschaden der Neugläubiger ist nicht von dem Insolvenzverwalter, sondern von den **Neugläubigern** selbst geltend zu machen. Die einzelnen Neugläubiger sind befugt, ihren nicht auf Ersatz eines Quotenschadens begrenzten Anspruch auf Ausgleich ihres negativen Interesses gem. § 15a InsO ggü. dem Geschäftsführer der GmbH – auch in deren Insolvenz – eigenständig geltend zu machen. Dies folgt bereits daraus, dass der Ersatzanspruch darauf gerichtet ist, sie so zu stellen, wie wenn sie mit der insolvenzreifen Gesellschaft gar nicht in

733 LAG Hessen, MDR 2001, 350, 351.
734 BGH, NJW-RR 2007, 759 Rn. 20.
735 BGH, BB 2007, 1243.
736 BGH, NZG 2003, 923.
737 BGHZ 164, 50, 60 ff.; a.A. *Gehrlein*, DB 2005, 2395; *Kleindiek*, in: Lutter/Hommelhoff, GmbHG, Anh zu § 64 Rn. 76.
738 BGHZ 108, 134, 142.
739 BGHZ 175, 58, 61 f. Rn. 10, BGH, NJW-RR 2007, 759 Rn. 12.
740 BGH, NJW-RR 1986, 579, 581.
741 BGH, NJW 1996, 850 f.

Rechtsbeziehungen getreten wären. Für eine konkurrierende, Befugnis des Insolvenzverwalters zur Geltendmachung eines Quotenschadens der Neugläubiger (§ 823 Abs. 2 BGB, § 15a InsO) oder eines solchen Schadens als Gesellschaftsschaden nach § 15a InsO ist daneben kein Raum. Anders als bei den Altgläubigern, die infolge der Insolvenzverschleppung regelmäßig einen einheitlichen Quotenverringerungsschaden und insofern einen Gesamtgläubigerschaden erleiden, besteht grds. kein einheitlicher Quotenschaden der Neugläubiger, der einer Geltendmachung durch den Insolvenzverwalter zugänglich wäre.[742] Mithin scheidet ein wirksamer Verzicht auf oder Vergleich über diese Ansprüche durch die GmbH oder den Insolvenzverwalter mit Bindungswirkung zulasten der Neugläubiger aus.

VII. Beweislast

Den Beweis für das Vorliegen der objektiven Voraussetzungen der Insolvenzantragspflicht einschließlich des eingetretenen Schadens hat grds. der Gläubiger zu erbringen. Dem Gläubiger kommen **Beweiserleichterungen** zugute, wenn der Geschäftsführer die Pflicht zur Führung und Aufbewahrung von Büchern und Belegen (§ 257 HGB, § 74 Abs. 2 GmbHG) missachtet hat.[743] Der Beweis des ersten Anscheins spricht dafür, dass ein Dauerschuldverhältnis bei Eintritt der Insolvenzantragspflicht gekündigt worden wäre.[744] Weist die Handelsbilanz eine Überschuldung aus, erlangt sie **indizielle Bedeutung**, wenn nach Prüfung und Erläuterung der Ansätze dargelegt wird, dass keine stille Reserven oder sonstige in der Handelsbilanz nicht ausgewiesene Vermögenswerte vorhanden sind.[745] Falls die Insolvenzreife für einen früheren Zeitpunkt bewiesen ist, so gilt der Nachweis der im Zeitpunkt des Geschäftsabschlusses noch andauernden Verletzung der Insolvenzantragspflicht (Dauerdelikt) jedenfalls bei relativ zeitnah erteilten Aufträgen als geführt, sofern der beklagte Geschäftsführer nicht seinerseits darlegt, dass im Zeitpunkt der Auftragserteilung die Überschuldung nachhaltig beseitigt und damit die Antragspflicht – wieder – entfallen war.[746] Steht fest, dass die Gesellschaft zu einem bestimmten Zeitpunkt rechnerisch überschuldet war, so ist es Sache des Geschäftsführers, die Umstände darzulegen, die es aus damaliger Sicht rechtfertigten, das Unternehmen trotzdem fortzuführen. Hierzu ist er weit besser in der Lage als ein außenstehender Gläubiger, der in aller Regel von den für die Zukunftsaussichten der Gesellschaft maßgebenden Umständen keine Kenntnis haben wird. Dem Geschäftsführer ist die Darlegung dieser Umstände zumutbar, weil er ohnehin zu einer **laufenden Prüfung der Unternehmenslage** verpflichtet ist.[747] Ist eine rechnerische Überschuldung nachgewiesen, trägt also der Geschäftsleiter die Beweislast einer positiven Fortbestehensprognose.[748] Für den **subjektiven Tatbestand** des § 15a InsO genügt die Erkennbarkeit der Insolvenzreife für den Geschäftsführer, wobei ein entsprechendes Verschulden zu **vermuten** ist.[749] Verschulden scheidet aus, wenn der Geschäftsführer den Rat eines unabhängigen, fachlich qualifizierten Berufsträgers einholt, der nach Einblick in die Geschäftsbücher und sonstigen Unterlagen der Gesellschaft eine Insolvenzreife der nicht festzustellen vermag.[750] 251

E. Grundzüge des Insolvenzanfechtungsrechts

I. Rechtsnatur

Die Insolvenzanfechtung dient dem Zweck, über die erst ab Insolvenzeröffnung eingreifende Regelung der §§ 80 ff. InsO hinaus bereits im zeitlichen Vorfeld der Insolvenzeröffnung eine Verkürzung 252

742 BGHZ 138, 211, 214; 175, 58, 61 f. Rn. 10.
743 BGH, BB 2007, 1243.
744 BGH, NJW-RR 2007, 759 Rn. 14.
745 BGH, NJW-RR 2005, 766, 767 = NZG 2008, 148, 149 Rn. 4; 2009, 750 Rn. 9 = WM 2011, 979 Rn. 33.
746 BGH, WM 2011, 979 Rn. 10.
747 BGHZ 126, 181, 200.
748 OLG Saarbrücken, NZG 2001, 414, 415.
749 BGHZ 143, 184, 185 f.; 171, 46, 49 Rn. 8; BGH, WM 2011, 979 Rn. 38.
750 BGH, NJW 2007, 2118, 2120 Rn. 16 ff.

der Aktivmasse wie auch eine Vermehrung der Passivmasse zu verhindern. Mit Hilfe der Insolvenzanfechtung sollen Vermögensverschiebungen in zeitlicher Nähe vor Insolvenzeröffnung rückgängig gemacht werden, um die Vermögensgegenstände als Bestandteile des Schuldnervermögens im Interesse der Gleichbehandlung der Gläubiger der Verwertung zuzuführen. Gemäß § 129 Abs. 1 InsO kann der Insolvenzverwalter nach Maßgabe der §§ 130 bis 146 InsO die Rechtshandlungen anfechten, die vor der Eröffnung des Insolvenzverfahrens vorgenommen worden sind und die Insolvenzgläubiger benachteiligen. Anders als die in §§ 119 ff. BGB geregelte zivilrechtliche Anfechtung einer Willenserklärung ist die Insolvenzanfechtung kein **Gestaltungsrecht**, sondern ein **schuldrechtlicher Anspruch**. Sie wird nicht »erklärt«, sondern wie jeder andere schuldrechtliche Anspruch auch außergerichtlich oder gerichtlich geltend gemacht. Die Rechtsfolgen einer erfolgreichen Anfechtung ergeben sich aus § 143 InsO. Der Anfechtungsgegner wird wie ein verklagter Bereicherungsschuldner behandelt, der sich nicht auf den Wegfall der Bereicherung berufen kann. Was durch die anfechtbare Handlung aus dem Vermögen des Schuldners veräußert, weggegeben oder aufgegeben ist, muss zur Insolvenzmasse zurückgewährt werden. Die Insolvenzanfechtung hat also nicht die Unwirksamkeit der angefochtenen Rechtshandlung zur Folge. Wird etwa die Abtretung einer Forderung angefochten und liegen die Voraussetzungen eines Anfechtungstatbestandes vor, hat der Anfechtungsgegner die Forderung rückabzutreten. Solange dies nicht erfolgt ist, bleibt er Inhaber der Forderung.[751]

II. Anfechtungsvoraussetzungen (§ 129 InsO)

253 Die Insolvenzanfechtung ist regelmäßig an vier Voraussetzungen geknüpft: Stets muss eine Rechtshandlung des Schuldners oder eines Dritten und eine Gläubigerbenachteiligung vorliegen sowie zwischen beiden Merkmalen ein Zurechnungszusammenhang bestehen (§ 129 InsO). Schließlich muss als vierte Voraussetzung ein Anfechtungstatbestand der §§ 130 bis 136 InsO eingreifen.

1. Rechtshandlung

254 Rechtshandlung ist jedes von einem Willen getragene Handeln, das rechtliche Wirkungen auslöst und das Vermögen des Schuldners zum Nachteil der Insolvenzgläubiger verändern kann. Zu den Rechtshandlungen zählen daher nicht nur Willenserklärungen als Bestandteil von Rechtsgeschäften aller Art und rechtsgeschäftsähnliche Handlungen, sondern auch Realakte, denen das Gesetz Rechtswirkungen beimisst, wie das Einbringen einer Sache, das zu einem Vermieterpfandrecht führt, eine Verbindung, Vermischung und Verarbeitung (§§ 946 ff. BGB) oder das Brauen von Bier, das die Biersteuer und die Sachhaftung des Bieres entstehen lässt. Als Rechtshandlung kommt danach jede Handlung in Betracht, die zum (anfechtbaren) Erwerb einer Gläubiger- oder Schuldnerstellung führt.[752] Die Rechtshandlung muss grundsätzlich nicht von dem Schuldner vorgenommen werden. Sie kann auch auf einen Dritten, insbesondere den Gläubiger oder einen Leistungsempfänger, zurückgehen. §§ 130, 131, 135 und 136 betreffen Rechtshandlungen sowohl des Schuldners als auch des Anfechtungsgegners. Demgegenüber beschränken § 132 Abs. 1 und Abs. 2, § 133 Abs. 1 und Abs. 2 sowie § 134 InsO die Anfechtung auf eine Rechtshandlung des Schuldners; zusätzlich verlangt § 133 Abs. 2 InsO die Mitwirkung durch eine dem Schuldner nahestehende Person.

255 Anfechtbar können auch solche Rechtshandlungen sein, durch die der Schuldner Vermögensbestandteile mit Hilfe einer Mittelsperson vermöge einer **mittelbaren Zuwendung** an den gewünschten Empfänger verschiebt, ohne notwendigerweise mit diesem äußerlich in unmittelbare Rechtsbeziehungen zu treten. Für den Dritten muss hierbei erkennbar gewesen sein, dass es sich um eine Leistung des Schuldners gehandelt hat. Eine mittelbare Zuwendung scheidet aus, wenn die Zwischenperson mit ihrer Leistung an den Gläubiger auch eine eigene

751 BGH, Urt. v. 16.10.2014 – IX ZR 282/13, WM 2014, 2189 Rn. 10.
752 BGH, Urt. v. 22.10.2009 – IX ZR 14/06, ZInsO 2009, 2334 Rn. 14 f.

Verbindlichkeit zu tilgen sucht.[753] Eine mittelbare Zuwendung ist danach gegeben, wenn der Empfänger erkennen kann, dass bei einer Gesamtzahlung ein bestimmter Teilbetrag auf den Schuldner entfällt.[754]

2. Gläubigerbenachteiligung

Eine objektive Gläubigerbenachteiligung tritt ein, wenn sich die Befriedigungsmöglichkeiten der Insolvenzgläubiger ohne die Handlung bei wirtschaftlicher Betrachtungsweise günstiger gestaltet hätten. Dies kann geschehen durch eine Verringerung des Aktivvermögens oder durch eine Vermehrung der Passiva.[755] Eine Gläubigerbenachteiligung im Sinne der insolvenzrechtlichen Anfechtungsvorschriften ist mit anderen Worten gegeben, wenn eine Rechtshandlung entweder die Schuldenmasse vermehrt oder die Aktivmasse verkürzt und dadurch den Zugriff auf das Schuldnervermögen vereitelt, erschwert oder verzögert hat.[756] Ein erschwerter Zugriff kann vorliegen, für einen aufgegebenen Vermögenswert ein anderer in das Schuldnervermögen gelangt, dieser jedoch für die Gläubiger minder leicht oder weniger rasch verwertbar ist.[757] Die Aktivmasse verringert sich durch Verfügungen wie Abtretung, Übereignung, Belastung, Verzicht und Erlass. Die Schuldenmasse wird durch das Eingehen von Verbindlichkeiten vergrößert. Rechtshandlungen, die ausschließlich schuldnerfremdes Vermögen betreffen, wirken sich nicht auf die Insolvenzmasse und damit die Befriedigungsmöglichkeiten der Insolvenzgläubiger aus. Eine Gläubigerbenachteiligung scheidet folglich aus, wenn der Schuldner ein **anfechtungsfestes Absonderungsrecht** durch Zahlung ablöst, soweit deren Höhe den Erlös nicht überschreitet, den der Absonderungsberechtigte bei der Verwertung des mit dem Absonderungsrecht belasteten Gegenstandes hätte erzielen können. Das Sicherungseigentum eines Absonderungsberechtigten wird durch einen zwischen dem Schuldner und einem Dritten vereinbarten Unternehmensveräußerungsvertrag nicht berührt, wenn sich der Schuldner das Eigentum an den mitveräußerten Gegenständen bis zur vollständigen Kaufpreiszahlung vorbehalten und der Schuldner mit dem Erwerber eine Direktzahlung an den Absonderungsberechtigten vereinbart hat.[758] Überträgt der Schuldner ein von ihm durch einen notariell beurkundeten Vertrag mit Hilfe von Treuhandmitteln gekauftes Grundstück ohne Zwischenauflassung an sich selbst kraft einer ihm von dem Veräußerer eingeräumten Auflassungsvollmacht auf einen Dritten, liegt eine Gläubigerbenachteiligung nicht vor, weil eine Auflassung des Grundstücks von dem Voreigentümer an den Schuldner und ein e Eigentumsübertragung auf ihn nicht stattfand.[759] Die gesamtschuldnerische Haftung einer vom Schuldner abgespaltenen Gesellschaft nach § 133 UmwG steht der gläubigerbenachteiligenden Wirkung von Zahlungen aus dem Vermögen des Schuldners nicht entgegen.[760] 256

Bei einer Zahlung des Schuldners durch Einschaltung eines Dritten ist zwischen der **Anweisung auf Schuld** und der **Anweisung auf Kredit** zu unterscheiden. Bei einer Anweisung auf Schuld tilgt der Angewiesene mit der von dem Schuldner als Anweisendem veranlassten Zahlung an den Empfänger eine eigene, gegenüber dem Schuldner bestehende Verbindlichkeit, so dass sich im Verlust dieser Forderung eine Gläubigerbenachteiligung äußert. Im Rahmen einer Anweisung auf Kredit nimmt der Angewiesene die Zahlung an den Empfänger hingegen ohne eine Verpflichtung gegenüber dem anweisenden Schuldner vor. Da dem Angewiesenen aus der Tilgung der gegen den Schuldner gerichteten Verbindlichkeit unmittelbar eine Rückgriffsforderung gegen diesen erwächst, scheidet eine Gläubigerbenachteiligung aus, weil sich in der Person des Schuldners ein bloßer 257

753 BGH, Urt. v. 28.1.2016 – IX ZR 185/13, WM 2016, 427 Rn. 11.
754 BGH, Urt. v. 28.1.2016 – IX ZR 185/13, WM 2016, 427 Rn. 13 f.
755 BGH, Urt. v. 17.3.2011 – IX ZR 166/08, WM 2011, 803 Rn. 8.
756 BGH, Urt. v. 20.1.2011 – IX ZR 58/10, ZInsO 2011, 421 Rn. 12.
757 BGH, Urt. v. 22.12.2005 – IX ZR 190/02, BGHZ 165, 343, 350.
758 BGH, Beschl. v. 19.3.2009 – IX ZR 39/08, ZInsO 2009, 828.
759 BGH, Beschl. v. 4.2.2016 – IX ZA 28/15, WM 2016, 557 Rn. 7.
760 BGH, ZInsO 2019, 2458 Rn. 8.

Gläubigerwechsel verwirklicht.[761] Ein Bauherr bringt durch eine Zahlung an den Subunternehmer des späteren Schuldners, seines Auftragnehmers, nicht nur die Werklohnforderung des Subunternehmers gegen den Schuldner, sondern aufgrund der entsprechenden Einwilligung des Schuldners auch dessen Werklohnforderung gegen den Bauherr in Höhe der Direktzahlung nach § 362 Abs. 2, § 185 Abs. 1 BGB zum Erlöschen. Die Zahlung erfolgt somit zur Erfüllung einer eigenen Verbindlichkeit des Bauherrn gegenüber dem Schuldner. Damit liegt keine Anweisung auf Kredit, sondern eine Anweisung auf Schuld vor, bei welcher eine Gläubigerbenachteiligung gegeben ist.[762]

3. Zurechnungszusammenhang

258 Zwischen der angefochtenen Rechtshandlung und der Beeinträchtigung des Gläubigerzugriffs muss ein ursächlicher Zusammenhang in dem Sinne bestehen,[763] dass sich die Masse ohne das Dazwischentreten der angefochtenen Rechtshandlung und die damit verbundene Veräußerung, Weggabe oder Aufgabe von Werten aus dem Schuldnervermögen günstiger gestaltet hätte.[764] Dies ist der Fall, wenn die Befriedigungsmöglichkeiten der Gläubiger ohne die angefochtene Rechtshandlung günstiger wären, sie ohne die Rechtshandlung also eine bessere Befriedigung erlangt hätten. Ein ursächlicher Zusammenhang fehlt dagegen, wenn der Gläubiger auch ohne die angefochtene Rechtshandlung nicht erfolgreich hätte vollstrecken können. Für die Ursächlichkeit genügt es, dass die Rechtshandlung im natürlichen Sinne eine Bedingung für die Gläubigerbenachteiligung darstellt.

III. Deckungsanfechtung (§§ 130, 131, 132 InsO)

259 Die §§ 130 bis 132 InsO enthalten Tatbestände der **besonderen Insolvenzanfechtung**, weil dieses Regelungen im Unterschied etwa zu § 133 ff. InsO im AnfG kein Gegenstück finden. In der Praxis bedeutsam sind die Vorschriften der §§ 130, 131 InsO, weil sie einem Gläubiger im unmittelbaren zeitlichen Vorfeld der Insolvenz – innerhalb des sog, kritischen Zeitraums von drei Monaten vor der Antragstellung – gewährte **Sicherungen** und **Befriedigungen** der Anfechtung unterwerfen. Sicherungen und Befriedigungen werden einheitlich als **Deckung**, daran anknüpfend die Tatbestände der §§ 130, 131 InsO als sog. **Deckungsanfechtung** bezeichnet.

1. Kongruente Deckung (§ 130 InsO)

260 Handelt es sich um eine **kongruente Deckung**, also eine Sicherung oder Befriedigung, die der Gläubiger konkret beanspruchen konnte, ist die Anfechtung nach § 130 Abs. 1 Satz 1 Nr. 1 InsO an einschränkende Voraussetzungen, insbesondere die Kenntnis des Anfechtungsgegners von der Zahlungsunfähigkeit des Schuldners, gebunden. Die Vorschrift unterstellt kongruente und – erst Recht – inkongruente Deckungen der Anfechtung.[765] Darum bedarf im Rahmen des § 130 InsO keiner Differenzierung zwischen kongruenten und inkongruenten Deckungen. Anfechtbar sind in den letzten **drei Monaten vor Antragstellung** vorgenommenen Deckungen, wenn der Gläubiger die tatsächlich gegebene Zahlungsunfähigkeit kannte (§ 131 Abs. 1 Satz 1 Nr. 1 InsO). Gleiches gilt für **nach Antragstellung** erfolgte Deckungen, wenn dem Gläubiger die Zahlungsunfähigkeit oder die Antragstellung bekannt war.

a) Gläubigerstellung des Anfechtungsgegners

261 Nach dem Wortlaut des § 130 InsO sind nur die gegenüber einem Insolvenzgläubiger vorgenommenen Rechtshandlungen anfechtbar. Insolvenzgläubiger ist jeder persönliche Gläubiger, der einen zur Zeit der Eröffnung des Insolvenzverfahrens begründeten Vermögensanspruch gegen den

761 BGH, Urt. v. 17.12.2015 – IX ZR 287/14, Rn. 13; Urt. v. 28.1.2016 – IX ZR 185/13, WM 2016, 427 Rn. 26.

762 BGH, Urt. v. 17.12.2015 – IX ZR 287/14, Rn. 14.

763 BGH, Urt. v. 23.2.1984 – IX ZR 26/83, BGHZ 90, 207, 212.

764 RGZ 33, 120 (123); BGH, Urt. v. 11.5.1989–IX ZR 222/88, NJW-RR 1989, 1010.

765 BGH, Urt. v. 14.10.2010 – IX ZR 16/10, ZInsO 2010, 2295 Rn. 9.

Schuldner hat. Es kommt mithin darauf an, ob der Gläubiger in der Insolvenz eine Forderung im Sinne des § 38 InsO oder einen nachrangigen Anspruch (§ 39 InsO) gehabt hätte. Ansprüche eines Versicherers auf Versicherungsprämien aus der Zeit vor der Insolvenzeröffnung stellen nur eine Insolvenzforderung dar. Dies gilt ebenfalls für Ansprüche auf Versicherungsprämien für eine private Krankenversicherung.[766] Erfüllungsleistungen an den Schuldner selbst können nicht Gegenstand der §§ 130, 131 InsO sein. Gläubiger, die ohne die erlangte Deckung an dem anschließenden Insolvenzverfahren in Bezug auf die befriedigte Forderung nur im Rang der §§ 38, 39 InsO teilgenommen hätten, sind Insolvenzgläubiger iSd § 130 InsO.[767] Die Tilgung einer fremden Verbindlichkeit durch den Schuldner ist nicht nach § 130 anfechtbar, weil der Zahlungsempfänger kein Gläubiger des Schuldners, sondern eines Dritten, in dessen Interesse die Leitung erfolgte, ist.[768] Allerdings kommt eine Anfechtung in Betracht, wenn der Schuldner auf eine objektiv nicht bestehende – rechtsgrundlose – vermeintlich eigene Verbindlichkeit zahlt und dies der Empfänger erkennt.[769] Erbringt der Schuldner einer noch nicht durchsetzbaren steuerrechtlichen Haftungsverbindlichkeit eine Zahlung an das Finanzamt, ist davon auszugehen, dass er dadurch seine Haftungsverbindlichkeit und nicht die ihr zugrunde liegende Steuerschuld des Dritten tilgen will.[770]

b) Zahlungsunfähigkeit

Vielfach kann im Anfechtungsprozess aus tatsächlichen Gründen die **Zahlungsunfähigkeit** (§ 17 Abs. 1 InsO) nicht mehr mit Hilfe einer Liquiditätsbilanz nachgewiesen werden. Dann besteht die Möglichkeit, die Zahlungsunfähigkeit aus einer Zahlungseinstellung (§ 17 Abs. 2 Satz 2 InsO) herzuleiten. **Zahlungseinstellung** ist dasjenige äußere Verhalten des Schuldners, in dem sich typischerweise eine Zahlungsunfähigkeit ausdrückt. Es muss sich also mindestens für die **beteiligten Verkehrskreise** der berechtigte Eindruck aufdrängen, dass der Schuldner nicht in der Lage ist, seine fälligen Zahlungspflichten zu erfüllen.[771] Die tatsächliche Nichtzahlung eines **erheblichen Teils der fälligen Verbindlichkeiten** reicht für eine Zahlungseinstellung aus. Dies gilt auch dann, wenn tatsächlich noch geleistete Zahlungen beträchtlich sind, aber im Verhältnis zu den fälligen Gesamtschulden nicht den wesentlichen Teil ausmachen.[772] Die Zahlungseinstellung kann auf Grund der Nichtbezahlung **nur einer – nicht unwesentlichen – Forderung** gegenüber einer einzigen Person erkennbar werden. Für eine erfolgreiche Anfechtung muss diese Person dann allerdings gerade der Anfechtungsgegner sein.[773] Durch die Nichtzahlung von **Sozialversicherungsbeiträgen**, **Löhnen** oder sonst **fälligen Verbindlichkeiten** über einen Zeitraum von mehr als drei Wochen nach Fälligkeit kann für die beteiligten Verkehrskreise hinreichend erkennbar werden, dass die Nichtzahlung auf einem objektiven Mangel an Geldmitteln beruht. Gerade Sozialversicherungsbeiträge und Löhne werden typischerweise nur dann nicht bei Fälligkeit bezahlt, wenn die erforderlichen Geldmittel hierfür nicht vorhanden sind.[774] Die schleppende Zahlung von Löhnen und Gehältern ist ein Anzeichen für eine Zahlungseinstellung.[775] **Eigene Erklärungen** des Schuldners, eine fällige Verbindlichkeit nicht begleichen zu können, deuten auf eine Zahlungseinstellung hin, auch wenn sie mit einer Stundungsbitte versehen sind.[776] 262

766 BGH, Urt. v. 7.4.2016 – IX ZR 145/15, WM 2016, 1127 Rn. 9.
767 BGH, Urt. v. 6.4.2006 – IX ZR 185/04, ZInsO 2006, 544 Rn 12.
768 BGH, Urt. v. 3.3.2005 – IX ZR 441/00, BGHZ 162, 276 (279); 5.2.2004–IX ZR 473/00, ZInsO 2004, 499 ff.
769 BGH, Urt. v. 19.1.2012 – IX ZR 2/11, WM 2012, 326 Rn. 10 ff.
770 BGH, Urt. v. 19.1.2012 – IX ZR 2/11, WM 2012, 326 Rn. 20 ff.
771 BGH, Urt. v. 20.12.2007 – IX ZR 93/06, ZInsO 2008, 273 Rn 21.
772 BGH, Urt. v. 12.10.2006 – IX ZR 228/03, ZInsO 2006, 1210 Rn 13 ff.; v. 11.2.2010 – IX ZR 104/07, ZInsO 2010, 673 Rn 42.
773 BGH, Urt. v. 11.2.2010 – IX ZR 104/07, ZInsO 2010, 673 Rn 39.
774 BGH, Urt. v. 12.10.2006 – IX ZR 228/03, ZInsO 2006, 1210 Rn. 24
775 BGH, Urt. v. 14.2.2008 – IX ZR 38/04, ZInsO 2008, 378 Rn 20.
776 BGH, Urt. v. 18.12.2008 – IX ZR 79/07, ZIP 2009, 573 Rn 14.

c) Kenntnis der Zahlungsunfähigkeit

aa) Kenntnis der Umstände nebst rechtlicher Einordnung

263 Die Kenntnis der Zahlungsunfähigkeit muss im **Zeitpunkt der Vornahme der Rechtshandlung**, also spätestens bei Eintritt ihrer Rechtswirkungen (§ 140), gegeben sein; unschädlich ist eine der Rechtshandlung nachfolgende Kenntnisnahme. Kenntnis bedeutet positive Kenntnis, das heißt für **sicher gehaltenes Wissen.**[777] Grob fahrlässige Unkenntnis der Zahlungsunfähigkeit genügt nicht.[778] Gegenstand der Kenntnis kann nur eine tatsächlich bereits eingetretene Zahlungsunfähigkeit sein, denn Kenntnis kann sich nur auf ein bereits verwirklichtes Ereignis beziehen. Kenntnis der Zahlungsunfähigkeit ist gegeben, wenn der Gläubiger aus den ihm bekannten Tatsachen und dem Verhalten des Schuldners bei **natürlicher Betrachtungsweise** den zutreffenden Schluss gezogen hat, dass der Schuldner wesentliche Teile, dh 10 % und mehr, seiner fällig gestellten Verbindlichkeiten in einem Zeitraum von drei Wochen nicht wird tilgen können.[779] Die Kenntnis allein der die Zahlungsunfähigkeit begründenden Tatsachen genügt nicht; vielmehr muss der Gläubiger wenigstens laienhaft das Zahlungsverhalten des Schuldners in diesem Sinne bewerten, weil andernfalls bereits fahrlässige Unkenntnis ausreichen würde.[780] Der Anfechtungsgegner kennt die Zahlungsunfähigkeit, wenn er bei Leistungsempfang seine Ansprüche ernsthaft eingefordert hat, diese verhältnismäßig hoch sind und er weiß, dass der Schuldner nicht in der Lage ist, die Forderungen zu erfüllen.[781] Die **Nichtzahlung von Löhnen und Sozialversicherungsbeiträgen**, die typischerweise nur dann nicht bei Fälligkeit ausgeglichen werden, wenn die erforderlichen Geldmittel hierfür nicht vorhanden sind, deutet auf die Zahlungsunfähigkeit des Unternehmens hin. Dies gilt aber nur für **institutionelle Gläubiger** und **Gläubiger mit Insiderkenntnissen**, aber grundsätzlich nicht für außerhalb der Finanzbuchhaltung ohne Leitungsaufgaben im kaufmännischen Bereich des Unternehmens eingesetzte **Arbeitnehmer.**[782]

bb) Kenntnis der die Zahlungsunfähigkeit begründen Umstände

264 Der Kenntnis der Zahlungsunfähigkeit steht nach § 130 Abs. 2 InsO die Kenntnis von Umständen gleich, die zwingend auf die Zahlungsunfähigkeit schließen lassen. Danach greift die Anfechtung durch, wenn der Anfechtungsgegner die Tatsachen positiv kennt, aus denen sich die Zahlungsunfähigkeit ergibt. Die Regelung bildet eine unwiderlegliche **Rechtsvermutung.** Vorausgesetzt wird, dass der Gläubiger die tatsächlichen Umstände kennt, aus denen bei zutreffender rechtlicher Bewertung die Zahlungsunfähigkeit zweifelsfrei folgt. Dann vermag er sich nicht mit Erfolg darauf zu berufen, dass er den an sich zwingenden **Schluss von den Tatsachen auf die Rechtsfolge** selbst nicht gezogen habe.[783] Die Vermutung der Zahlungsunfähigkeit nach § 17 Abs. 2 Satz 2 InsO kann nicht durch den Nachweis der Zahlungsunwilligkeit des Schuldners widerlegt werden; erforderlich ist der Nachweis der Zahlungsfähigkeit. Eine Zahlungseinstellung kann zwar auch auf Zahlungsunwilligkeit beruhen. Die im Insolvenzrecht unerhebliche Zahlungsunwilligkeit liegt aber nur vor, wenn gleichzeitig Zahlungsfähigkeit gegeben ist.[784]

---

777 BGH, Urt. v. 27.3.2008 – IX ZR 98/07, NJW 2008, 2190 Rn 14; v. 19.2.2009 – IX ZR 62/08, WM 2009, 521 Rn 13.

778 BGH, Urt. v. 19.2.2009 – IX ZR 62/08, WM 2009, 521 Rn 13.

779 BGH, Urt. v. 12.10.2006 – IX ZR 228/03, ZInsO 2006, 1210 Rn. 30.

780 BGH, Urt. v. 27.4.1995 – IX ZR 147/94, NJW 1995, 2103, 2105; v. 19.2.2009 – IX ZR 62/08, WM 2009, 521 Rn. 13.

781 BGH, Urt. v. 25.9.1997 – IX ZR 231/96, NJW 1998, 607, 608; v. 22.1.1998 – IX ZR 99/97, NJW 1998, 1318, 1320.

782 BGH, Urt. v. 19.2.2009 – IX ZR 62/08, WM 2009, 521 Rn. 16 f.

783 BGH, Urt. v. 20.11.2001 – IX ZR 48/01, BGHZ 149, 178, 185; v. 19.2.2009 – IX ZR 62/08, NJW 2009, 1202 Rn. 13; v. 15.10.2009 – IX ZR 201/08, ZInsO 2009, 2244 Rn. 11.

784 BGH, Urt. v. 15.3.2012 – IX ZR 239/09, WM 2012, 711 Rn. 17, 18.

2. Inkongruente Deckung (§ 131 InsO)

Ist eine inkongruente Deckung gegeben, weil der Gläubiger keinen Anspruch auf die konkrete Form der Erfüllung hatte, unterwirft § 131 Abs. Nr. 1 InsO eine im letzten Monat vor Antragstellung erfolgte Deckung ohne zusätzliche Voraussetzungen der Anfechtung. Erfolgte die inkongruente Deckung im zweiten oder dritten Monat vor der Antragstellung, greift die Anfechtung durch, wenn der Schuldner zahlungsunfähig war (§ 131 Abs. 1 Nr. 2 Inso) oder dem Gläubiger die Benachteiligung der weiteren Gläubiger bekannt war (§ 131 Abs. 1 Nr. 3 InsO). 265

Inkongruenz ist gegeben, wenn die Sicherung oder Befriedigung, die der Gläubiger erhalten hat, **nicht einem bestehenden Anspruch** entspricht, vielmehr von dem mit dem Schuldner vereinbarten Schuldverhältnis abweicht. Die geschuldete Leistung ist in Auslegung der Vereinbarung objektiv zu bestimmen, ohne dass möglicherweise abweichenden subjektiven Vorstellungen der Beteiligten Bedeutung zukommt. Die Kongruenz zwischen Anspruch und Deckungsleistung ist im Interesse der Gläubigergleichbehandlung nach **strengen Maßstäben** zu beurteilen.[785] Das Recht des Gläubigers, die **konkrete Leistung einzufordern**, unterscheidet kongruente von inkongruenten Rechtshandlungen.[786] Mithin ist eine Leistung kongruent, wenn der Gläubiger die ihm erbrachte Leistung auf der Grundlage des Schuldverhältnisses auch im Klageweg hätte durchsetzen können.[787] Lediglich geringfügige Abweichungen von der nach dem Inhalt des Anspruchs typischen und gesetzmäßigen Erfüllung, die der Verkehrssitte (§§ 157, 242 BGB) oder Handelsbräuchen (§ 346 HGB) entsprechen, schaden nicht. So sind Leistungen durch **bargeldlose Überweisung** und **eigene Schecks** kongruent. Das gilt auch für Abbuchungen im Lastschriftverfahren aufgrund einer Einziehungsermächtigung des Schuldners.[788] Die Hingabe eines **Eigenwechsels** ist mangels Verkehrsüblichkeit inkongruent, umso mehr die Zahlung durch einen eine weitere Verbindlichkeit verkörpernden **Kundenwechsel**.[789] Erfüllt ein **Dritter auf Anweisung** des Schuldners dessen Verbindlichkeit, ohne dass eine insolvenzfeste Vereinbarung zwischen Gläubiger und Schuldner vorgelegen hat, ist die Befriedigung inkongruent. Die auf **Anweisung** des zahlungsunfähigen Zwischenmieters erfolgte Direktzahlung des Endmieters an den Vermieter gewährt diesem folglich eine inkongruente Deckung.[790] Allerdings ist eine Drittzahlung kongruent, wenn sie auf einer vor Ausführung der Leistung getroffenen dreiseitigen **Kongruenzvereinbarung** beruht.[791] Inkongruent ist eine nach Auszahlung eines Darlehens dem Darlehensgeber gewährte **nachträgliche Sicherung**, wenn siese nach dem ursprünglichen Darlehensvertrag nicht geschuldet war.[792] Eine während der kritischen Zeit im Wege der **Zwangsvollstreckung** erlangte Sicherheit oder Befriedigung ist als inkongruent anzusehen.[793] Wer einen Insolvenzantrag zur Durchsetzung von Ansprüchen eines einzelnen Gläubigers missbraucht, erhält eine Leistung, die ihm nach Sinn und Zweck der gesetzlichen Regelung auf diesem Weg nicht zusteht. Die Leistung ist inkongruent, auch außerhalb des Dreimonatszeitraums der Deckungsanfechtung. Entsprechendes gilt, wenn ein Insolvenzantrag nicht gestellt, sondern nur angedroht ist.[794] 266

---

785 BGH, Urt. v. 15.11.1960 –V ZR 35/59, BGHZ 33, 389, 393.

786 BGH, Urt. v. 10.6.1999 – VII ZR 157/98, NJW 1999, 3780, 3781; v. 9.6.2005 – IX ZR 152/03, ZInsO 2005, 766, 767.

787 BGH, Urt. v. 3.4.1968 – VIII ZR 23/66, WM 1968, 683.

788 BGH, Urt. v. 9.1.2003 – IX ZR 85/02, ZInsO 2003, 178, 179; v. 12.10.2006 – IX ZR 228/03, ZInsO 2006, 1210 Rn. 9.

789 OLG Celle, Urt. v. 5.5.1958 – 1 U 23/58, NJW 1958, 1144, 1145.

790 BGH, Urt. v. 20.1.2011 – IX ZR 58/10, ZInsO 2011, 421 Rn. 17.

791 BGH, Urt. v. 15.12.2015 – IX ZR 287/13, ZInsO 2016, 326 Rn. 15 ff.

792 BGH, Urt. v. 18.3.2010 – IX ZR 57/09, ZInsO 2010, 807 Rn. 16.

793 BGH, Urt. v. 9.9.1997 – IX ZR 14/97, BGHZ 136, 309, 311 ff.; v. 22.1.2004 – IX ZR 39/03, BGHZ 157, 350, 353; v. 23.3.2006 – IX ZR 116/03, BGHZ 167, 11 Rn. 9; v. 17.9.2009 – IX ZR 106/08, ZInsO 2010, 43 Rn. 6.

794 BGH, Urt. v. 7.3.2013 – IX ZR 216/12, ZInsO 2013, 778 Rn. 11 f.

3. Unmittelbar nachteiliges Rechtsgeschäft (§ 132 InsO)

267 Eine Kongruenzvereinbarung ist nur dann gemäß §§ 130, 131 InsO anfechtbar, wenn dadurch die Kongruenz einer Deckung hergestellt werden soll, die nicht auf der Grundlage eines privilegierten Bargeschäfts stattfindet. Die Tatbestände der §§ 130, 131 InsO sollen nicht solche Fälle erfassen, in denen ein schuldrechtlicher Vertrag im Sinne des § 132 InsO sofort bargeschäftlich erfüllt wird. Da bei einem Bargeschäft (§ 142 InsO) eine unmittelbare Gläubigerbenachteiligung ausscheidet, würde der Zweck des § 132 InsO verfehlt, wenn die Erfüllung eines nicht unmittelbar benachteiligenden und deshalb nach § 132 InsO unanfechtbaren Deckungsgeschäfts als Deckungshandlung anfechtbar wäre. Deshalb verdrängt die Vorschrift des § 132 InsO bei Abschluss einer Kongruenzvereinbarung die Regelung des § 131 InsO, wenn hierdurch eine Sicherung oder Befriedigung auf der Grundlage eines privilegierten Bargeschäfts ermöglicht wird. Nach Sinn und Zweck der §§ 132, 142 InsO ist eine abändernde Kongruenzvereinbarung, durch die ein Bargeschäft erst ermöglicht wird, mithin der Deckungsanfechtung entzogen. Die nachträgliche Kongruenzvereinbarung unterfällt regelmäßig auch nicht der Anfechtung nach § 132 InsO, weil sie infolge der damit verbundenen Leistungserbringung durch den späteren Anfechtungsgegner die Forderung des Schuldners gegen seinen Vertragspartner erst werthaltig macht und deshalb die Gläubiger nicht unmittelbar benachteiligt.[795]

IV. Vorsatzanfechtung (§ 133 InsO)

268 Die in § 133 Abs. 1 InsO geregelte Vorsatzanfechtung knüpft im Wesentlichen an die allgemeinen Erfordernisse jeder Anfechtung an: Sie setzt eine – auf den Schuldner zurückgehende – **Rechtshandlung**, eine **Gläubigerbenachteiligung** und einen **Zurechnungszusammenhang** voraus. Daneben müssen die **subjektiven Merkmale eines Benachteiligungsvorsatzes** des Schuldners und seiner **Kenntnis** bei dem Anfechtungsgegner hinzutreten. Die Anfechtungsfrist beträgt bei kongruenten Deckungshandlungen vier, ansonsten zehn Jahre.

1. Rechtshandlung des Schuldners

269 Während im Rahmen der §§ 130, 131 InsO auch Rechtshandlungen des Anfechtungsgegners der Anfechtung unterliegen, setzt die Vorsatzanfechtung des § 133 InsO eine Rechtshandlung des Schuldners voraus. § 133 Abs. 1 InsO verlangt eine Rechtshandlung des Schuldners, die von seinem Benachteiligungsvorsatz geleitet ist. Der Schuldner muss darüber entscheiden können, ob er eine Leistung erbringt oder verweigert. Grundsätzlich fehlt es an einer solchen Rechtshandlung des Schuldners, wenn der Gläubiger eine Befriedigung im Wege der Zwangsvollstreckung erlangt.[796] Eine durch Zwangsvollstreckungsmaßnahmen des Gläubigers erlangte Zahlung kann der Vorsatzanfechtung unterliegen, wenn eine Schuldnerhandlung oder eine der Handlung gleichstehende Unterlassung zum Erfolg der Vollstreckungsmaßnahme beigetragen hat.[797] Der Beitrag des Schuldners muss bei wertender Betrachtung dazu führeen, dass die Vollstreckungstätigkeit zumindest auch als eigene, willensgeleitete Entscheidung des Schuldners anzusehen ist. In dieser Hinsicht muss der Beitrag des Schuldners ein der Vollstreckungstätigkeit des Gläubigers zumindest vergleichbares Gewicht erreichen.[798] Daran fehlt es, wenn der Schuldner sich darauf beschränkt, die berechtigte Vollstreckung eines Gläubigers hinzunehmen, und sich angesichts einer bevorstehenden oder bereits eingeleiteten Vollstreckungsmaßnahme nicht anders verhält, als er dies auch ohne die Vollstreckungsmaßnahme getan hätte, und seinen Geschäftsbetrieb in üblicher Weise fortsetzt.[799]

---

795 BGH, Urt. v. 17.12.2015 – IX ZR 287/15, BGHZ 208, 243 = ZInsO 2016, 326 Rn. 19.
796 BGH, Urt. v. 1.6.2017 – IX ZR 48/15, WM 2017, 1315 Rn. 14; v. 1.6.2017 – IX ZR 114/16, Rn. 6.
797 BGH, Urt. v. 1.6.2017 – IX ZR 48/15, WM 2017, 1315 Rn. 15; v. 1.6.2017 – IX ZR 114/16, Rn. 7.
798 BGH, Urt. v. 1.6.2017 – IX ZR 48/15, WM 2017, 1315 Rn. 17; v. 1.6.2017 – IX ZR 114/16, Rn. 9.
799 BGH, Urt. v. 1.6.2017 – IX ZR 48/15, WM 2017, 1315 Rn. 18; v. 1.6.2017 – IX ZR 114/16, Rn. 10.

2. Nachweis des Benachteiligungsvorsatzes und der Kenntnis

Die subjektiven Tatbestandsmerkmale der Vorsatzanfechtung können – weil es sich um innere, dem Beweis nur eingeschränkt zugängliche Tatsachen handelt – meist nur mittelbar aus objektiven Tatsachen hergeleitet werden.[800] Sind der Schuldner und der Anfechtungsgegner über bestimmte Umstände im Bilde, kann auf einen Benachteiligungsvorsatz des Schuldners und spiegelbildlich dessen Kenntnis bei dem Anfechtungsgegner ausgegangen werden. Insoweit haben sich in der Rechtsprechung bestimmte **Fallgruppen** herausgebildet, welche ein **Indiz** für den Vorsatz und dessen Kenntnis gestatten. 270

a) Kenntnis der Zahlungsunfähigkeit

Sind beide Teile über die Zahlungsunfähigkeit des Schuldners unterrichtet, kann von einem Benachteiligungsvorsatz des Schuldners und dessen Kenntnis bei dem Gläubiger ausgegangen werden, weil der Schuldner weiß, nicht sämtliche Gläubiger befriedigen zu können, und dem Gläubiger bekannt ist, dass infolge der ihm erbrachten Leistung die Befriedigungsmöglichkeit anderer Gläubiger vereitelt oder zumindest erschwert wird.[801] Einem Schuldner, der weiß, dass er nicht alle seine Gläubiger befriedigen kann, und der Forderungen eines einzelnen Gläubigers vorwiegend deshalb erfüllt, um diesen von der Stellung des Insolvenzantrags abzuhalten, kommt es nicht in erster Linie auf die Erfüllung seiner gesetzlichen oder vertraglichen Pflichten, sondern auf die Bevorzugung dieses einzelnen Gläubigers an; damit nimmt er die Benachteiligung der Gläubiger im Allgemeinen in Kauf. Aber auch dann, wenn nicht festgestellt werden kann, dass der Schuldner einen einzelnen Gläubiger befriedigt, um ihn von der Vollstreckung oder von der Stellung eines Insolvenzantrags abzuhalten, handelt er mit Benachteiligungsvorsatz, wenn er nur weiß, dass er zur Zeit der Wirksamkeit der Rechtshandlung (§ 140 InsO) zahlungsunfähig war. Diese Grundsätze gelten auch dann, wenn eine kongruente Leistung angefochten wird.[802] 271

Bei der Vermutung, dass der andere Teil im Falle einer Zahlungsvereinbarung oder einer sonstigen Zahlungserleichterung die Zahlungsunfähigkeit des Schuldners zur Zeit der angefochtenen Handlung nicht kannte, handelt es sich um eine widerlegbare gesetzliche Vermutung. Zur Widerlegung der Vermutung kann sich der Insolvenzverwalter auf alle Umstände berufen, die über die Gewährung der Zahlungserleichterung und die darauf gerichtete Bitte des Schuldners hinausgehen. Die Vermutung kann auch durch den Nachweis widerlegt werden, dass der Anfechtungsgegner Umstände kannte, die bereits vor Gewährung der Zahlungserleichterung bestanden und aus denen nach der gewährten Zahlungserleichterung wie schon zuvor zwingend auf eine Zahlungsunfähigkeit des Schuldners zu schließen war.[803] 271a

b) Inkongruenz nebst Zweifel an der Liquidität des Schuldners

Ebenso bildet eine inkongruente Deckung, bei welcher der Schuldner anderes oder mehr leistet als geschuldet, wegen der ihr innewohnenden Begünstigungstendenz ein Beweisanzeichen für einen Benachteiligungsvorsatz des Schuldners und dessen Kenntnis bei dem Gläubiger, wenn die Wirkungen der Rechtshandlung zu einem Zeitpunkt eintraten, als zumindest aus der Sicht des Empfängers der Leistung Anlass bestand, an der Liquidität des Schuldners zu zweifeln.[804] Verdächtig wird die Inkongruenz allerdings erst, sobald ernsthafte Zweifel an der Zahlungsfähigkeit des Schuldners auftreten, die Gegenmaßnahmen gut informierter und durchsetzungskräftiger Gläubiger auslösen, welche in einer späteren Insolvenz die Gleichbehandlung aller Gläubiger durchbrechen. Der 272

800 BGH, Urt. v. 7.9.2017 – IX ZR 224/16, WM 2017, 1910 Rn. 23; v. 12.10.2017 – IX ZR 50/15, WM 2017, 2322 Rn. 9.

801 BGH, Urt. v. 7.9.2017 – IX ZR 224/16, WM 2017, 1910 Rn. 23; v. 12.10.2017 – IX ZR 50/15, WM 2017, 2322 Rn. 9.

802 BGH, Urt. v. 14.9.2017 – IX ZR 108/16, WM 2017, 1988 Rn. 20; v. 14.9.2017 – IX ZR 3/16, Rn. 8.

803 BGH ZInsO 2020, 1306 Rn. 17 ff.

804 BGH, Urt. v. 19.9.2013 – IX ZR 4/13, ZInsO 2013, 2213 Rn. 14.

auslösende Umstand für die von einer inkongruenten Deckung vermittelte Indizwirkung liegt danach in einer ernsthaften Besorgnis bevorstehender Zahlungskürzungen oder -stockungen des Schuldners, weil sich damit die Gefährdung der anderen, nicht in gleicher Weise begünstigten Gläubiger aufdrängt. Ein Benachteiligungsvorsatz und dessen Kenntnis kann nicht allein aus dem Umstand hergeleitet werden, dass der Schuldner seinem Gläubiger nachträglich eine sofort bei Bestellung und nicht erst im Insolvenzfall wirksame Sicherung gewährt, wenn keine Zweifel an der Liquidität der Schuldnerin bestanden.[805]

c) Sondervorteil für den Insolvenzfall

273 Eine Vereinbarung, die Nachteile für das Schuldnervermögen erst im Insolvenzfall begründet, gestattet den Schluss auf einen Benachteiligungsvorsatz des Schuldners und seine Kenntnis bei dem Anfechtungsgegner. Die gezielte Gewährung eines Sondervorteils gerade für den Insolvenzfall muss zwangsläufig die Rechte der anderen Gläubiger schmälern und begründet darum nach allgemeiner Erfahrung den Schluss auf einen entsprechenden Willen. In dieser Weise verhält es sich, sofern eine besondere Sicherung aufschiebend bedingt gerade für den Fall der Insolvenz des Schuldners vereinbart wird, um bei Insolvenzreife dem Sicherungsnehmer Sicherungsgut zu verschaffen und damit den übrigen Gläubigern zu entziehen.[806] Gleiches gilt, wenn der für Mietforderungen bürgende Schuldner nur deshalb in den Mietvertrag eintritt, um die Mietdorderungen nach Verfahrenseröffnung zu Masseverbindlichkeiten (§ 55 Abs. 1 Nr. 2 Fall 2, § 108 Abs. 1 Satz 1, § 109 Abs. 1 Satz 1 InsO) aufzuwerten.[807]

d) Gegenläufige Indizien

aa) Ernsthafter, aber gescheiterter Sanierungsversuch

274 Ist die angefochtene Rechtshandlung Bestandteil eines ernsthaften, letztlich aber fehlgeschlagenen Sanierungsversuchs, kann dies dafür sprechen, dass sich der Schuldner von einem anfechtungsrechtlich unbedenklichen Willen hat leiten lassen. Voraussetzung für den Wegfall des Vorsatzes auf Schuldnerseite ist, dass zu der Zeit der angefochtenen Handlung ein schlüssiges, von den tatsächlichen Gegebenheiten ausgehendes Sanierungskonzept vorlag, das mindestens in den Anfängen schon in die Tat umgesetzt war und die ernsthafte und begründete Aussicht auf Erfolg rechtfertigte.[808] Der Sanierungsplan des Schuldners muss nicht den formalen Erfordernissen entsprechen, wie sie das Institut für Wirtschaftsprüfer e.V. in dem IDW Standard S6 (IDWS6) oder das Institut für die Standardisierung von Unternehmenssanierungen (ISU) als Mindestanforderungen an Sanierungskonzepte (MaS) aufgestellt haben.[809] Welche Kenntnisse der Gläubiger haben muss, um vom Wegfall des Benachteiligungsvorsatzes bei dem Schuldner ausgehen zu können, hängt davon ab, ob die Sanierung ein rentabel wirtschaftendes, durch einen Forderungsausfall in eine Krise geratenes oder ein unrentabel arbeitendes und deshalb restrukturierungsbedürftiges Unternehmen betrifft. Der Gläubiger, der im Rahmen eines Sanierungsvergleichs quotal auf seine Forderungen verzichtet in der Annahme, andere Gläubiger verzichteten in ähnlicher Weise, kann von einer Sanierung des Schuldnerunternehmens allein durch diese Maßnahme nur ausgehen, wenn nach seiner Kenntnis die Krise allein auf Finanzierungsproblemen beruht, etwa dem Ausfall berechtigter Forderungen des Schuldners.[810] Hingegen kann der Gläubiger im Fall eines unwirtschaftlich arbeitenden Unternehmens nur dann von einem schlüssigen Sanierungskonzept ausgehen, wenn er in Grundzügen über die wesentlichen Grundlagen des Konzeptes informiert ist; dazu gehören die Ursachen der

805 BGH, Urt. v. 7.11.2013 – IX ZR 248/12, ZInsO 2013, 2376 Rn. 12.
806 BGH, Urt. v. 7.11.2013 – IX ZR 248/12, ZInsO 2013, 2376 Rn. 15.
807 BGH, Beschl. v. 26.4.2012 – IX ZR 73/11, ZInsO 2012, 971 Rn. 8.
808 BGH, Urt. v. 21.1.2016 – IX ZR 84/13, ZInsO 2016, 448 Rn. 17; v. 12.5.2016 – IX ZR 65/14, ZInsO 2016, 1251 Rn. 15.
809 BGH, Urt. v. 12.5.2016 – IX ZR 65/14, ZInsO 2016, 1251 Rn. 19.
810 BGH, Urt. v. 12.5.2016 – IX ZR 65/14, ZInsO 2016, 1251 Rn. 31.

Insolvenz, die Maßnahmen zu deren Beseitigung und eine positive Fortführungsprognose.[811] Der Gläubiger ist nicht verpflichtet, das Sanierungskonzept des Schuldners fachmännisch zu prüfen oder prüfen zu lassen; er darf sich auf die Angaben des Schuldners oder dessen Berater zu den Erfolgsaussichten des Konzeptes verlassen, solange er keine Anhaltspunkte dafür hat, dass er getäuscht werden soll oder dass der Plan keine Chancen auf dauerhaften Erfolg bietet.[812]

bb) Bargeschäft

Im Falle eines bargeschäftsähnlichen Leistungsaustausches ist dieser Schluss von erkannter drohender oder eingetretener Zahlungsunfähigkeit des Schuldners auf eine durch die angefochtene Zahlung bewirkte Gläubigerbenachteiligung nicht gerechtfertigt. Insofern gilt für die Kenntnis des Anfechtungsgegners nichts anderes als für den Benachteiligungsvorsatz des Schuldners. Dem Gläubiger kann in diesem Fall wegen des gleichwertigen Leistungsaustauschs wie dem Schuldner trotz Kenntnis von dessen Zahlungsunfähigkeit die gläubigerbenachteiligende Wirkung der an ihn bewirkten Leistung nicht bewusst geworden sein. Die gesetzliche Vermutung des § 133 Abs. 1 Satz 2 InsO greift dann nicht ein. Der zweite Teil des Vermutungstatbestandes ist nicht erfüllt. Anders liegt es nach dem bisherigen Rechtszustand nur, wenn der Anfechtungsgegner weiß, dass der Schuldner unrentabel arbeitet und bei der Fortführung seines Geschäfts weitere Verluste erwirtschaftet. Dann weiß er auch, dass der bargeschäftsähnliche Leistungsaustausch den übrigen Gläubigern des Schuldners nicht nutzt, sondern infolge der an den Anfechtungsgegner fließenden Zahlungen Nachteile bringt.[813] Seit 1. April 2017 scheidet die Anfechtung bei Bargeschäften gemäß § 142 Abs. 1 InsO nur aus, wenn dem Anfechtungsgegner ein unlauteres Verhalten des Schuldners bekannt ist. 275

V. Bargeschäft

1. Regelungszweck

Unter dem Gesichtspunkt des Bargeschäfts (§ 142 InsO) werden Leistungen der Anfechtung entzogen, für die **unmittelbar eine gleichwertige Gegenleistung** in das Schuldnervermögen gelangt ist. Dieser Ausnahmeregelung liegt der wirtschaftliche Gesichtspunkt zugrunde, dass ein Schuldner, der sich in der Krise befindet, praktisch vom Geschäftsverkehr ausgeschlossen würde, wenn selbst die von ihm abgeschlossenen wertäquivalenten Bargeschäfte der Anfechtung unterlägen. In diesem Fall findet wegen des ausgleichenden Vermögenswertes keine Vermögensverschiebung zu Lasten des Schuldners, sondern eine bloße **Vermögensumschichtung** statt.[814] Im Falle eines Bargeschäfts scheidet gemäß § 142 Abs. 1 InsO eine Anfechtung nach § 130 Abs. 1 InsO aus; ebenso ist die Anfechtung nach § 133 InsO gesperrt, es sei denn, der Anfechtungsgegner hat die Unlauterkeit des Schuldners erkannt. 276

2. Voraussetzungen

aa) Parteivereinbarung

Eine Bardeckung ist gemäß § 142 InsO eine Leistung des Schuldners, für die unmittelbar eine gleichwertige Gegenleistung in sein Vermögen gelangt. Durch die Worte »für die« wird ausgedrückt, dass eine Bardeckung nur vorliegt, wenn Leistung und Gegenleistung durch Parteivereinbarung miteinander verknüpft sind. Nur eine der Parteivereinbarung entsprechende Leistung ist kongruent und geeignet, den Bargeschäftseinwand auszufüllen.[815] Daraus folgt im Gegenschluss, dass im Falle inkongruenter Leistungen, die ihrer Art nach nicht der Vertragsabrede entsprechen, für das Bargeschäftsprivileg kein Raum ist. 277

---

811 BGH, Urt. v. 12.5.2016 – IX ZR 65/14, ZInsO 2016, 1251 Rn. 34.
812 BGH, Urt. v. 12.5.2016 – IX ZR 65/14, ZInsO 2016, 1251 Rn. 27.
813 BGH, Urt. v. 4.5.2017 – IX ZR 285/16, ZInsO 2017, 1366 Rn. 9.
814 BGH, Urt. v. 10.7.2014 – IX ZR 192/13, BGHZ 202, 59 = ZInsO 2014, 1602 Rn. 9.
815 BGH, Urt. v. 10.7.2014 – IX ZR 192/13, BGHZ 202, 59 = ZInsO 2014, 1602 Rn. 10.

bb) Gleichwertigkeit

278 Voraussetzung eines Bargeschäfts ist, dass der Leistung des Schuldners eine gleichwertige Gegenleistung gegenübersteht. Nur dann ist das Geschäft für die (spätere) Masse **wirtschaftlich neutral.** Arbeitslohn gleicht die während des abgelaufenen Zeitabschnitts erbrachte Arbeitstätigkeit aus. Diese hatte für den Arbeitgeber, der seinen Geschäftsbetrieb im fraglichen Zeitraum fortsetzte, praktischen Nutzen. Dabei ist davon auszugehen, dass der Arbeitnehmer angemessen vergütet wurde. Anzeichen dafür, dass die geschuldete Vergütung in einem Missverhältnis zu dem übertragenen Verantwortungsbereich stand, sind nicht ersichtlich. Mit Rücksicht auf den Gesetzeszweck ist es unschädlich, falls dem Schuldner ein höherer Wert als dem Gegner zugeflossen sein sollte.[816]

cc) Unmittelbarkeit

279 Unter dem Gesichtspunkt des Bargeschäfts werden gemäß § 142 InsO Leistungen privilegiert, für die unmittelbar eine gleichwertige Gegenleistung in das Schuldnervermögen gelangt ist. Leistung und Gegenleistung müssen beim Bargeschäft zwar nicht Zug um Zug erbracht werden. Allerdings setzt das in der Vorschrift enthaltene Tatbestandsmerkmal »unmittelbar« voraus, dass Leistung und Gegenleistung in einem **engen zeitlichen Zusammenhang** ausgetauscht werden. Der Gesichtspunkt der bloßen Vermögensumschichtung greift nur, wenn der Leistungsaustausch in einem unmittelbaren zeitlichen Zusammenhang vorgenommen wird. Der hierfür unschädliche Zeitraum lässt sich nicht allgemein festlegen. Er hängt wesentlich von der Art der ausgetauschten Leistungen und davon ab, in welcher Zeitspanne sich der Austausch nach den Gepflogenheiten des Geschäftsverkehrs vollzieht.[817] Bei länger währenden Vertragsbeziehungen ist nach der Rechtsprechung des Senats für die Annahme eines Bargeschäfts zu verlangen, dass die jeweiligen Leistungen und Gegenleistungen zeitlich oder gegenständlich teilbar sind und zeitnah – entweder in Teilen oder abschnittsweise – ausgetauscht werden. Wenn zwischen dem Beginn einer anwaltlichen Tätigkeit und der Erbringung einer Gegenleistung mehr als 30 Tage liegen, ist ein Bargeschäft zu verneinen. Bei Anforderung eines Vorschusses ist eine anfechtungsrechtliche Bargeschäftsausnahme anzunehmen, wenn in regelmäßigen Abständen Vorschüsse eingefordert werden, die in etwa dem Wert einer zwischenzeitlich entfalteten oder in den nächsten **30 Tagen** noch zu erbringenden Tätigkeit entsprechen. Ferner kann vereinbart werden, Teilleistungen gegen entsprechende Vergütungen zu erbringen.[818] Abweichend von diesen Grundsätzen ist im Rahmen von Arbeitsverhältnissen gemäß § 142 Abs. 2 Satz 2 InsO ein unmittelbarer zeitlichen Zusammenhang gegeben, wenn der Zeitraum zwischen Arbeitsleistung und Entgeltzahlung drei Monate nicht übersteigt.

dd) Maßgebender Beurteilungszeitpunkt

280 Eine Bardeckung ist gemäß § 142 InsO eine Leistung des Schuldners, für die unmittelbar eine gleichwertige Gegenleistung in sein Vermögen gelangt. Durch die Worte »für die« wird ausgedrückt, dass eine Bardeckung nur vorliegt, wenn Leistung und Gegenleistung durch Parteivereinbarung miteinander verknüpft sind. Nur eine der Parteivereinbarung entsprechende Leistung ist kongruent und geeignet, den Bargeschäftseinwand auszufüllen. Maßgebender Zeitpunkt für das Vorliegen eines Bargeschäfts ist derjenige, in dem die **zeitlich erste Leistung** eines Vertragsteils erbracht wird. Bis dahin können die Beteiligten den Inhalt ihrer Vereinbarungen noch abändern, ohne den Charakter der Bardeckung zu gefährden. Hat hingegen eine Partei – gleich ob der Schuldner oder sein Gläubiger – schon vorgeleistet, erscheint jede nachträgliche Änderung allein mit Bezug auf die Art der Gegenleistung im Hinblick auf die Gleichbehandlung aller Gläubiger als verdächtig.[819]

---

816 BGH, Urt. v. 10.7.2014 – IX ZR 192/13, BGHZ 202, 59 = ZInsO 2014, 1602 Rn. 12, 13.
817 BGH, Urt. v. 10.7.2014 – IX ZR 192/13, BGHZ 202, 59 = ZInsO 2014, 1602 Rn. 15.
818 BGH, Urt. v. 10.7.2014 – IX ZR 192/13, BGHZ 202, 59 = ZInsO 2014, 1602 Rn. 33.
819 BGH, Urt. v. 17.12.2015 – IX ZR 287/15, BGHZ 208, 243 = ZInsO 2016, 326 Rn. 21.

VI. Schenkungsanfechtung (§ 134 InsO)

§ 134 Abs. 1 verlangt eine – tatbestandlich mit Leistung umschriebene **Rechtshandlung des Schuldners**, eine **Gläubigerbenachteiligung** nebst **Zurechnungszusammenhang** sowie die **Unentgeltlichkeit** der Leistung gegenüber dem Anfechtungsgegner als dem **Leistungsempfänger**. Die **Anfechtungsfrist** beträgt **vier Jahre**. 281

1. Leistung des Schuldners (Rechtshandlung) – Leistungsempfänger als Anfechtungsgegner

Als Leistung ist jede **Rechtshandlung** des Schuldners zu verstehen, die dazu dient, einen zugriffsfähigen Gegenstand aus dem Vermögen des Schuldners im Interesse eines anderen zu entfernen.[820] Neben sachenrechtlichen Verfügungen – Übertragung, Belastung, inhaltliche Änderung und Aufgabe eines Rechts – sind der Abschluss von Schenkungen und anderen unentgeltlichen Verträgen, Forderungserlass, Verzicht, Gebrauchsüberlassungen wie Leihe und nicht rechtsgeschäftliche Handlungen im Sinne der § 946 ff. BGB zu nennen. Die Rechtshandlung braucht nicht wirksam zu sein; es genügt, wenn sie dem Begünstigten ermöglicht, den Vermögenswert zu nutzen oder weiter zu übertragen.[821] Die **Gläubigerbenachteiligung** folgt bereits aus der Unentgeltlichkeit, wenn die Verfügung das den Gläubigern haftende Vermögen betrifft.[822] Anfechtungsgegner ist, wer die unentgeltliche Leistung als **Gläubiger** erlangt hat.[823] Es kommt nicht darauf an, dass die Bereicherung zum Zeitpunkt der Geltendmachung des Anspruchs noch vorliegt. 282

2. Unentgeltlichkeit

Bei der Beurteilung, ob eine Leistung des Schuldners unentgeltlich im Sinne von § 134 Abs. 1 InsO erfolgte, ist zwischen Zwei-Personen-Verhältnissen und Drei-Personen-Verhältnissen zu unterscheiden. 283

a) Zwei-Personen-Verhältnis

Im Zwei-Personen-Verhältnis ist eine Verfügung als unentgeltlich anzusehen, wenn ihr nach dem Inhalt des Rechtsgeschäfts keine Leistung gegenübersteht, dem Leistenden also keine dem von ihm aufgegebenen Vermögenswert entsprechende Gegenleistung zufließen soll.[824] 284

aa) Austauschgeschäft

Die Regelung des § 134 Abs. 1 InsO ist jedenfalls nicht einschlägig, wenn beide Teile nach den objektiven Umständen der Vertragsanbahnung, der Vorüberlegungen der Parteien und des Vertragsschlusses selbst von einem Austauschgeschäft ausgehen und zudem in gutem Glauben von der Werthaltigkeit der dem Schuldner gewährten Gegenleistung überzeugt sind, die sich erst aufgrund einer nachträglichen Prüfung als wertlos erweist. In Rahmen eines Geschäftsanteilskaufvertrages (§§ 433, 453 BGB) unterliegt es aufgrund der Vertragsfreiheit der Entschließung der Beteiligten, die wechselseitig zu erbringenden Leistungen zu konkretisieren. Dabei ist davon auszugehen, dass jeder Vertragsteil zum Schutz gegen eine Übervorteilung seine eigenen Interessen bei der Bewertung von Leistung und Gegenleistung hinreichend wahrnimmt. Deshalb bildet der Irrtum über den Wert einer Sache keinen Beschaffenheitsmangel, so dass die Wirksamkeit des ohne Täuschung über das Wertverhältnis begründeten synallagmatischen Austauschgeschäfts nicht berührt wird. Eine Leistung ist nicht unentgeltlich, wenn der Schuldner zu der Leistung verpflichtet gewesen ist. Der von der Rechtsordnung bei der Anfechtung wegen unentgeltlicher Leistung (§ 134 Abs. 1 InsO) zu beachtende Beurteilungsspielraum wird darum jedenfalls dann nicht verlassen, sofern beide Parteien subjektiv in gutem Glauben der Überzeugung sind, bei der Bemessung von Leistung 285

---

820 BGH, Urt. v. 21.1.1993 – IX ZR 275/91, BGHZ 121, 179, 182.
821 BGH, Urt. v. 22.3.2001 – IX ZR 373/98, ZIP 2001, 889, 890.
822 BGH, Urt. v. 3.3.2005 – IX ZR 441/00, BGHZ 162, 276, 283.
823 BGH, Urt. v. 17.12.2009 – IX ZR 16/09, ZInsO 2010, 521 Rn. 13.
824 BGH, Urt. v. 29.10.2015 – IX ZR 123/13, ZInsO 2016, 36 Rn. 6.

und Gegenleistung einen interessengerechten Ausgleich gefunden zu haben. Nachträgliche bessere Erkenntnisse sind nicht geeignet, die von den Parteien in Wahrnehmung ihrer eigenen Belange ohne Willensmangel frei verantwortete Preisgestaltung in Frage zu stellen.[825]

bb) Gewährung eines Gesellschafterdarlehens

286 Die Auszahlung eines Gesellschafterdarlehens an die Gesellschaft kann in der Insolvenz des Gesellschafters nicht als unentgeltliche Leistung des Gesellschafters angefochten werden. Die Ausreichung eines Darlehens ist grundsätzlich ein entgeltliches Geschäft, weil der Darlehensvertrag den Darlehensnehmer nach § 488 Abs. 1 Satz 2 BGB verpflichtet, einen vereinbarten Zins zu zahlen, jedenfalls aber das zur Verfügung gestellte Darlehen bei Fälligkeit zurückzuzahlen. Handelt es sich nach diesen Grundsätzen um ein entgeltliches Geschäft, kann die von dem Schuldner erbrachte Zuwendung nicht schon deshalb als unentgeltlich angefochten werden, weil die Gegenleistung ausgeblieben ist. Hiervon sind Fallgestaltungen zu unterscheiden, in denen ein verlorener Zuschuss formal in die Form eines Darlehens gekleidet worden ist. Hierdurch kann der Schutz der Gläubigergesamtheit vor unentgeltlichen Verfügungen des Schuldners nicht vereitelt werden.[826] Die Abwertung des Rückzahlungsanspruchs beschränkt sich vielmehr in tatsächlicher und zeitlicher Hinsicht auf Fälle, in denen das Insolvenzverfahren über das Vermögen der Gesellschaft eröffnet worden ist. § 39 Abs. 1 Nr. 5 InsO enthält lediglich eine für den Fall der Insolvenz der Gesellschaft eingreifende Regelung.[827] Auf eine Gewährung oder das Stehenlassen eines Darlehens in der Krise der Gesellschaft im Sinne des § 32a Abs. 1 GmbHG a.F. kann für die nach neuem Recht zu beurteilenden Fälle aufgrund der Aufgabe des Merkmals »kapitalersetzend« und der nun voraussetzungslosen Anordnung des Nachrangs für alle Ansprüche aus Gesellschafterdarlehen und Forderungen aus Rechtshandlungen, die einem solchen Darlehen wirtschaftlich entsprechen, nicht mehr abgestellt werden.[828]

cc) Gewährung gewinnunabhängiger Ausschüttungen an Gesellschafter

287 Zahlungen, mit denen eine Kommanditgesellschaft den Anspruch auf Rückgewähr einer Einlage oder auf Zahlung eines Auseinandersetzungsguthabens erfüllt, sind keine unentgeltliche Leistung.[829] Über die Regelung des § 169 Abs. 1 HGB hinaus sind Ausschüttungen an die Kommanditisten zulässig, wenn der Gesellschaftsvertrag dies vorsieht oder die Ausschüttung durch das Einverständnis aller Gesellschafter gedeckt ist. Solche Ausschüttungen können in der Weise vereinbart werden, dass sie auch insoweit zu gewähren und zu belassen sind, als sie nicht durch Gewinne gedeckt sind, also letztlich in Form einer festen Kapitalverzinsung oder garantierter Mindesttantieme zu Lasten des Kapitals gehen. Sie sind entgeltlich, wenn sie Gegenleistung für die Pflichteinlage sind.[830] Dass diese Zinszahlungen auf etwaige Gewinne angerechnet werden, lässt die Verpflichtung zu deren Zahlung nicht für den Fall entfallen, dass Gewinne nicht erwirtschaftet werden.[831] Vielmehr ist ein Kommanditist, wenn an ihn auf der Grundlage einer Ermächtigung im Gesellschaftsvertrag eine Auszahlung geleistet wurde, obwohl sein Kapitalanteil durch Verlust unter den auf die bedungene Einlage geleisteten Betrag herabgemindert ist oder durch die Auszahlung unter diesen Betrag herabgemindert wird oder eine bereits bestehende Belastung vertieft wird, nur dann zur Rückzahlung an die Gesellschaft verpflichtet, wenn der Gesellschaftsvertrag dies hinreichend klar vorsieht.[832]

---

825 BGH, Urt. v. 15.9.2016 – IX ZR 250/15, ZInsO 2016, 2345 Rn. 23.
826 BGH, Urt. v. 13.10.2016 – IX ZR 184/14, ZIP 2016, 2483 Rn. 14.
827 BGH, Urt. v. 13.10.2016 – IX ZR 184/14, ZIP 2016, 2483 Rn. 21.
828 BGH, Urt. v. 13.10.2016 – IX ZR 184/14, ZIP 2016, 2483 Rn. 16.
829 BGH, Urt. v. 20.4.2017 – IX ZR 189/16, WM 2017, 1312 Rn. 7.
830 BGH, Urt. v. 20.4.2017 – IX ZR 189/16, WM 2017, 1312 Rn. 9.
831 BGH, Urt. v. 20.4.2017 – IX ZR 189/16, WM 2017, 1312 Rn. 10.
832 BGH, Urt. v. 20.4.2017 – IX ZR 189/16, WM 2017, 1312 Rn. 11.

dd) Zahlungen des Komplementärs für KG

Als Komplementärin haftet die Schuldnerin nach § 161 Abs. 2, § 128 Satz 1 HGB persönlich und unbeschränkt für die Verbindlichkeiten der KG. Ihre daraus resultierenden Verbindlichkeiten sind von denjenigen der KG verschieden. Es handelt sich um eine gesetzliche, primäre, zur Schuld der Gesellschaft akzessorische Haftung. Zahlte die Schuldnerin auf ihre Haftungsverbindlichkeit, erlosch diese. Die Zahlung stellt sich dann als eine entgeltliche Leistung im Zwei-Personen-Verhältnis dar. Entgeltlichkeit wird dort nicht nur dadurch begründet, dass dem Leistenden eine vereinbarte Gegenleistung zufließt. Die Erfüllung einer eigenen entgeltlichen rechtsbeständigen Schuld schließt als Gegenleistung die dadurch bewirkte Schuldbefreiung mit ein. Darum ist auch die Erfüllung von Ansprüchen aus gesetzlichen Schuldverhältnissen entgeltlich.[833] Eine Anfechtung wegen Unentgeltlichkeit (§ 134 InsO) scheidet aus, wenn keine unentgeltliche Zuwendung des Schuldners gegeben ist. Für die Annahme der Unentgeltlichkeit im Sinne des § 134 Abs. 1 InsO kommt es nicht auf eine synallagmatische Verknüpfung von Leistung und Gegenleistung. Die treuhänderische Übertragung von Vermögenswerten kann infolge des Rückforderungsanspruchs des Treugebers nicht als unentgeltlich betrachtet werden.[834] 288

ee) Rechtsgrundlose Leistungen

Der Schuldner, der im Zwei-Personen-Verhältnis auf eine tatsächlich nicht bestehende Schuld leistet, nimmt keine unentgeltliche Leistung vor, wenn er irrtümlich annimmt, zu einer entgeltlichen Leistung verpflichtet zu sein. Leistet der Schuldner, weil er sich irrtümlich hierzu verpflichtet hält, steht ihm hinsichtlich der Leistung ein Bereicherungsanspruch nach § 812 Abs. 1 Satz 1 BGB zu. Der Empfänger ist von vornherein diesem Bereicherungsanspruch ausgesetzt. Insoweit fehlt es bei einer solchen Leistung an einem endgültigen, vom Empfänger nicht auszugleichenden, freigiebigen Vermögensverlust des Schuldners. Anders ist dies, wenn der Empfänger nicht mit einer Verpflichtung belastet wird, die der Unentgeltlichkeit entgegenstehen kann. Dies ist bei einer rechtsgrundlosen Leistung der Fall, sofern dem Schuldner kein Rückforderungsanspruch zusteht. Daher liegt eine unentgeltliche und deshalb anfechtbare Leistung des Schuldners vor, wenn er in Kenntnis des fehlenden Rechtsgrundes handelt. Unter diesen Umständen ist eine Rückforderung nach § 814 BGB ausgeschlossen.[835] 289

ff) Treuhandvereinbarung

Sofern Vermögenswerte auf der Grundlage einer wirksamen Vereinbarung treuhänderisch übertragen werden sollten, kann die Vermögensverlagerung infolge des Rückforderungsanspruchs des Treugebers nicht als unentgeltlich betrachtet werden.[836] Die vom Konto der Schuldnerin auf das Konto der Beklagten überwiesenen Beträge sollten dieser nicht auf Dauer verbleiben, sondern zur Tilgung von Verbindlichkeiten der Schuldnerin gegenüber deren Gläubigern eingesetzt werden. Die Beklagte war daher von vornherein einem Anspruch der Schuldnerin ausgesetzt, die erhaltenen Mittel entweder zu Gunsten der Schuldnerin zu verausgaben oder sie der Schuldnerin zurück zu gewähren.[837] 290

b) Drei-Personen-Verhältnis

aa) Tilgung der Verbindlichkeiten einer Schwestergesellschaft

Wird der spätere Insolvenzschuldner als dritte Person in einen Zuwendungsvorgang eingeschaltet, kommt es für die Frage der Unentgeltlichkeit seiner Leistung nicht darauf an, ob er selbst einen Ausgleich für seine Leistung erhalten hat.[838] Maßgeblich ist vielmehr, ob der Zuwendungsempfänger seinerseits eine **Gegenleistung** zu erbringen hat. Bezahlt der Verfügende die gegen einen Dritten 291

833 BGH, Urt. v. 29.10.2015 – IX ZR 123/13, WM 2016, 44 Rn. 8.
834 BGH, Urt. v. 10.9.2015 – IX ZR 215/13, WM 2015, 1996 Rn. 7.
835 BGH, Urt. v. 20.4.2017 – IX ZR 252/16, WM 2017, 1215 Rn. 13 ff.
836 BGH, Urt. v. 7.9.2017 – IX ZR 224/16, WM 2017, 1910 Rn. 15.
837 BGH, Urt. v. 7.9.2017 – IX ZR 224/16, WM 2017, 1910 Rn. 14.
838 BGH, Urt. v. 10.9.2015 – IX ZR 220/14, WM 2015, 2062 Rn. 8.

gerichtete Forderung des Zuwendungsempfängers, liegt dessen Gegenleistung in der Regel darin, dass er mit der Leistung, die er gemäß § 267 Abs. 2 BGB nur bei Widerspruch seines Schuldners ablehnen kann, eine werthaltige Forderung gegen diesen verliert. Ist hingegen die Forderung des Zuwendungsempfängers wertlos, verliert dieser wirtschaftlich nichts, was als Gegenleistung für die Zuwendung angesehen werden kann.[839] In solchen Fällen ist die Tilgung einer fremden Schuld als unentgeltliche Leistung anfechtbar. Waren die Forderungen des Anfechtungsgegners gegen eine Schwestergesellschaft der Schuldnerin zu dem Zeitpunkt, als die Schuldnerin sie beglich, wirtschaftlich wertlos, weil die Schwestergesellschaft insolvenzreif war, greift § 134 Abs. 1 InsO durch. Dabei ist unerheblich, ob der Anfechtungsgegner bei Eröffnung des Insolvenzverfahrens über das Vermögen der Schwestergesellschaft eine auf seine Forderung entfallende Quote erhalten hätte.[840]

bb) Zahlungen eines Komplementärs an Gläubiger der KG

292 Befriedigt ein persönlich haftender Gesellschafter die Forderung eines Gläubigers gegen die Gesellschaft und erlischt dadurch die Haftungsverbindlichkeit des Gesellschafters, ist seine Leistung im Insolvenzverfahren über sein Vermögen nicht als unentgeltliche Leistung anfechtbar. Mit der Erfüllung der Forderungen der Beklagten gegen die KG erlosch die darauf bezogene, akzessorische Haftungsverbindlichkeit der Schuldnerin. Im Freiwerden von dieser Schuld liegt der Ausgleich im Verhältnis zwischen der Beklagten und der Schuldnerin, der die Anwendung von § 134 InsO ausschließt.[841] Dabei kommt es nicht darauf an, ob der Anspruch der Beklagten gegen die persönlich haftende Gesellschafterin aus § 161 Abs. 2, § 128 Satz 1 HGB Aussicht auf Befriedigung bot und deshalb werthaltig war. Bei Leistungen in einem Drei-Personen-Verhältnis spielt die Werthaltigkeit einer Forderung des Leistungsempfängers insoweit eine Rolle, als es darum geht, ob der Empfänger außerhalb seines Verhältnisses zum Leistenden ein Vermögensopfer erbringt, das die empfangene Leistung als entgeltlich qualifiziert. Anders verhält es sich, wenn der Leistungsempfänger einen eigenen Anspruch gegen den Leistenden hatte. Bringt die Leistung diesen Anspruch zum Erlöschen, sei es auch nur als Folge der Akzessorietät zu der getilgten Verbindlichkeit eines Dritten, dann liegt bereits darin die ausgleichende Gegenleistung des Empfängers, die es rechtfertigt, die empfangene Leistung in seinem Verhältnis zum Leistenden als entgeltlich zu beurteilen, gleichviel ob der Anspruch gegen den Leistenden im Voraus werthaltig erschien oder nicht.[842] Ebenso ist die Leistung desjenigen, der einer Schuld beigetreten ist und an den Gläubiger des insolventen Forderungsschuldners zahlt, als entgeltlich zu beurteilen, weil mit der Leistung auch die eigene Verpflichtung des Leistenden gegenüber dem Gläubiger aus dem Schuldbeitritt erlischt.[843]

cc) Zahlungen des Gesellschafters auf debitorisches Bankkonto der Gesellschaft

293 Die Zahlung eines Schuldners auf ein debitorisch geführtes Girokonto seines Gläubigers in der Insolvenz des Schuldners ist nur dann als – mittelbare – unentgeltliche Leistung gegenüber der Bank anfechtbar, wenn der Wille des Schuldners erkennbar darauf gerichtet war, die Zahlung im Endergebnis der Bank zur Tilgung ihrer Forderung gegen den Kontoinhaber zuzuwenden. Dass der Schuldner in Kenntnis der Kontoüberziehung zahlt, genügt hierfür nicht.[844]

3. Unentgeltlichkeit der Gewährung einer Sicherung

a) Sicherung einer Eigenverbindlichkeit

294 Die nachträgliche Bestellung einer Sicherheit für eine eigene, entgeltlich begründete Verbindlichkeit ist nicht als unentgeltliche Verfügung anfechtbar. Im Unterschied dazu wird die nachträgliche

839 BGH, Urt. v. 25.2.2016 – IX ZR 12/14, WM 2016, 553 Rn. 10.
840 BGH, Urt. v. 4.2.2016 – IX ZR 42/14, WM 2016, 465 Rn. 10.
841 BGH, Urt. v. 29.10.2015 – IX ZR 123/13, WM 2016, 44 Rn. 9.
842 BGH, Urt. v. 29.10.2015 – IX ZR 123/13, WM 2016, 44 Rn. 11.
843 BGH, Urt. v. 29.10.2015 – IX ZR 123/13, WM 2016, 44 Rn. 10.
844 BGH, Beschl. v. 9.7.2015 – IX ZR 207/13, WM 2015, 1531 Rn. 2.

Besicherung einer fremden Schuld als unentgeltlich eingestuft, wenn der Sicherung keine vereinbarungsgemäße Gegenleistung des Sicherungsnehmers gegenübersteht.[845]

b) Sicherung einer Fremdverbindlichkeit

aa) Unanfechtbare Verpflichtung

Eine die Unentgeltlichkeit ausschließende Gegenleistung ist bei der nachträglichen Besicherung einer Drittschuld gegeben, wenn der Sicherungsgeber zur Bestellung der Sicherheit auf Grund einer entgeltlich begründeten Verpflichtung gehalten war. Die Besicherung beruht auf einer entgeltlichen Vereinbarung, wenn dem Sicherungsgeber für seine Leistung die Kreditgewährung an den Dritten versprochen wird. Denn eine die Unentgeltlichkeit ausgleichende Gegenleistung kann auch an einen Dritten bewirkt werden.[846] Hat der Schuldner der Bank bei Abschluss des Kontokorrentkreditvertrages mit der GmbH seinerseits als Gegenleistung zur Sicherung ihres gegen die GmbH gerichteten Rückzahlungsanspruchs die Bestellung einer Grundschuld zugesagt, liegen die Voraussetzungen einer Schenkungsanfechtung nicht vor, weil die Kreditgewährung an die GmbH die Gegenleistung für die Besicherung bildet. Da sich der Schuldner gegenüber der Bank unanfechtbar zur Bestellung der Sicherung verpflichtet hatte, ist es ohne Bedeutung, dass die vereinbarte Sicherung erst nach der Darlehensgewährung an die GmbH erbracht wurde.[847] 295

bb) Freiwillige Nachbesicherung

Im Unterschied dazu wird die nachträgliche Besicherung einer fremden Schuld als unentgeltlich eingestuft, wenn der Sicherung keine vereinbarungsgemäße Gegenleistung des Sicherungsnehmers gegenübersteht.[848] Erfolgte die freiwillige Besicherung nicht spätestens Zug-um-Zug mit der Darlehensauszahlung an den Dritten, sondern erst später, liegt eine unentgeltliche Nachbesicherung vor.[849] 296

F. Behandlung von Gesellschafterdarlehen in der Insolvenz

I. Aufgabe des früheren Eigenkapitalersatzrechts

Gesellschafterdarlehen, die der GmbH in der Krise gewährt oder belassen wurden, waren nach früherer, auf einer Analogie zu §§ 30, 31 GmbHG beruhender Rechtsprechung wie haftendes Eigenkapital zu behandeln. Infolge der **Gleichsetzung der Kreditmittel mit Stammkapital** war es der Gesellschaft verboten, das Darlehen an den Gesellschafter zurückzuzahlen. Gleichwohl erhaltene Darlehenstilgungen hatte der Gesellschafter der GmbH zu erstatten.[850] Die zwar im Ansatz einfachen, infolge ständiger Umgehungsversuche jedoch höchst komplexen,[851] auf im Inland tätige Auslandsgesellschaften unanwendbaren[852] Rechtsprechungsregeln und damit die Rechtsfigur des eigenkapitalersetzenden Darlehens wurden im Zuge des MoMiG zwecks Deregulierung durch die Neufassung des § 30 Abs. 1 Satz 3 GmbHG aufgegeben, wonach Satz 1 der Vorschrift nicht auf Gesellschafterdarlehen und ihnen wirtschaftlich entsprechende Rechtshandlungen anzuwenden ist.[853] Tilgungsleistungen der Gesellschaft auf Gesellschafterdarlehen sind nunmehr auch in einer Krise – sofern § 64 Satz 3 GmbHG nicht entgegensteht – unbedenklich zulässig;[854] umgekehrt kann auch 297

845 BGH, Beschl. v. 6.12.2012 – IX ZR 105/12, ZInsO 2013, 73 Rn. 3.
846 BGH, Beschl. v. 6.12.2012 – IX ZR 105/12, ZInsO 2013, 73 Rn. 4.
847 BGH, Beschl. v. 6.12.2012 – IX ZR 105/12, ZInsO 2013, 73 Rn. 5.
848 BGH, Beschl. v. 6.12.2012 – IX ZR 105/12, ZInsO 2013, 73 Rn. 5.
849 BGH, Urt. v. 20.12.2012 – IX ZR 21/12, ZInsO 2013, 240 Rn. 31.
850 Vgl. nur etwa BGH, NZI 2005, 283; *Gehrlein*, BB 2011, 3 f.
851 Vgl. etwa BGH, NJW-RR 2007, 391.
852 *Hirte*, WM 2008, 1429, 1430.
853 BR-Drucks. 354/07, S. 95; *Gehrlein*, BB 2011, 3, 5.
854 *Oppenhoff*, BB 2008, 1630, 1632; *Kallmeyer*, DB 2007, 2755, 2758.

die Rückzahlung des Darlehens von der Gesellschaft nicht mehr unter Berufung auf ihre finanzielle Lage verweigert werden.[855]

297a Das Eigenkapitalersatzrecht in Gestalt der Rechtsprechungsregeln (§§ 30, 31 GmbHG aF analog) ist jedenfalls anwendbar, wenn das Insolvenzverfahren vor dem Inkrafttreten des MoMiG am 1. November 2008 eröffnet worden ist. Die Rechtsprechungsregeln und die hieraus resultierende Durchsetzungssperre wurden mit Inkrafttreten des MOMIG aufgehoben (§ 30 Abs. 1 Satz 3 GmbHG). Ein Erstattungsanspruch, der nach Maßgabe der früheren Rechtsprechungsregeln über den Eigenkapitalersatz vor diesem Zeitpunkt entstanden ist, kann auch nach dem 1. November 2008 unabhängig davon verfolgt werden, ob und wann ein Insolvenzverfahren eröffnet wurde. Art. 103d Satz 2 EGInsO bestimmt, dass im Rahmen von nach dem 1. November 2008 eröffneten Insolvenzverfahren auf vor diesem Tag vorgenommene Rechtshandlungen die bis dahin geltenden Vorschriften der Insolvenzordnung über die Anfechtung von Rechtshandlungen anzuwenden sind, soweit sie für den Anfechtungsgegner günstiger sind. Die Vorschrift befasst sich ausschließlich mit insolvenzrechtlichen Regelungen und trifft keine Aussage zur Anwendbarkeit anderer Vorschriften, wenn das Insolvenzverfahren nach dem Stichtag eröffnet wurde. Die auf §§ 30, 31 GmbHG aF beruhenden Grundsätze des Eigenkapitalersatzrechts sind gesellschaftsrechtlicher Natur. Sie wurden stets eigenständig neben § 135 InsO aF angewendet. Ein Wille des Gesetzgebers, die Anwendbarkeit des Eigenkapitalersatzrechts zu regeln, wenn das Insolvenzverfahren nach dem Stichtag eröffnet wurde, hat in Art. 103d EGInsO keinen Ausdruck gefunden. Die Fortgeltung der Rechtsprechungsgrundsätze in solchen Altfällen richtet sich nach den Grundsätzen des intertemporalen Rechts zu Voraussetzungen, Inhalt und Wirkungen eines Schuldverhältnisses im Falle von Normänderungen ohne Übergangsbestimmungen. Das gilt nicht nur für die Rechtsprechungsregeln über eigenkapitalersetzende Darlehen, sondern auch für diejenigen über eine eigenkapitalersetzende Nutzungsüberlassung. Diese Grundsätze sind auf die GmbH & Co KG übertragbar.[856]

298 Mit der **Streichung der Rechtsprechungsregeln** wurden zugleich die damit korrespondierenden §§ 32a, 32b GmbHG aufgehoben. Das Tatbestandsmerkmal »kapitalersetzend« findet im neuen Recht keinen Platz mehr. Gesellschafterdarlehen werden nicht mehr »kapitalähnlich« behandelt.[857] Auch die Ausfallhaftung der Mitgesellschafter (§ 31 Abs. 3 GmbHG) wird bei der Rückgewähr kapitalersetzender Leistungen beseitigt.[858] Diese Umgestaltung soll zu einer wesentlichen Straffung des GmbH-Rechts beitragen, das gerade im Interesse der mittelständischen Wirtschaft einfach und leicht handhabbar bleiben soll. Schutzlücken werden durch flankierende Regelungen im Insolvenz- und Anfechtungsrecht geschlossen.[859] Grundgedanke des neuen Rechts ist es, Gesellschafterdarlehen ohne Rücksicht auf einen Eigenkapitalcharakter einer **insolvenzrechtlichen Sonderbehandlung** zu unterwerfen. Deshalb knüpfen die Rechtsfolgen der Gewährung von Gesellschafterdarlehen als tatbestandliche Voraussetzung an die Insolvenz der Gesellschaft an. Damit wird künftig nicht mehr auf eine »Krise«, sondern die Insolvenz der Gesellschaft abgehoben. Die Behandlung von Gesellschafterdarlehen wird folglich auf eine rein **insolvenz- und anfechtungsrechtliche Basis** gestellt:[860] In der Insolvenz sind sie **nachrangig**; ihre im Vorfeld der Insolvenz unabhängig von einer Gesellschaftskrise zulässige[861] Rückzahlung kann **angefochten** werden.[862] Rückzahlungen sind danach erst ein Jahr vor und in der Insolvenz der GmbH kritisch.[863]

---

855 BR-Drucks. 354/07, S. 95.
856 BGH WM 2020, 279 Rn. 23 ff.
857 *Hirte*, WM 2008, 1429, 1430.
858 *K. Schmidt*, GmbHR 2008, 449, 453.
859 *Fliegner*, DB 2008, 1668, 1670.
860 *Habersack*, ZIP 2005, 2145; *Karsten Schmidt*, GmbHR 2007, 1072, 1076.
861 *Hirte*, WM 2008, 1429, 1430.
862 *Karsten Schmidt*, GmbHR 2007, 1072, 1077; *Haas*, ZInsO 2007, 617 f.
863 BR-Drucks. 354/07, S. 96.

II. Insolvenzrechtliche Regelungen

1. Nachrang von Gesellschafterdarlehen

Einschlägige Vorschriften der InsO: 299

§ 39 InsO Nachrangige Insolvenzgläubiger

(1) Im Rang nach den übrigen Forderungen der Insolvenzgläubiger werden in folgender Rangfolge, bei gleichem Rang nach dem Verhältnis ihrer Beträge, berichtigt:

1. bis 4. …

5. nach Maßgabe der Absätze 4 und 5 Forderungen auf Rückgewähr eines Gesellschafterdarlehens oder Forderungen aus Rechtshandlungen, die einem solchen Darlehen wirtschaftlich entsprechen.

(2) Forderungen, für die zwischen Gläubiger und Schuldner der Nachrang im Insolvenzverfahren vereinbart worden ist, werden im Zweifel nach den in Absatz 1 bezeichneten Forderungen berichtigt.

(3) …

(4) Absatz 1 Nr. 5 gilt für Gesellschaften, die weder eine natürliche Person noch eine Gesellschaft als persönlich haftenden Gesellschafter haben, bei der ein persönlich haftender Gesellschafter eine natürliche Person ist. Erwirbt ein Gläubiger bei drohender oder eingetretener Zahlungsunfähigkeit der Gesellschaft oder bei Überschuldung Anteile zum Zweck ihrer Sanierung, führt dies bis zur nachhaltigen Sanierung nicht zur Anwendung von Absatz 1 Nr. 5 auf seine Forderungen aus bestehenden oder neu gewährten Darlehen oder auf Forderungen aus Rechtshandlungen, die einem solchen Darlehen wirtschaftlich entsprechen.

(5) Absatz 1 Nr. 5 gilt nicht für den nicht geschäftsführenden Gesellschafter einer Gesellschaft im Sinne des Absatzes 4 Satz 1, der mit 10 Prozent oder weniger am Haftkapital beteiligt ist.

Die Bestimmung des § 39 unterwirft bestimmte Arten von Insolvenzforderungen (§ 38 InsO) 300 einem Nachrang. Diese Forderungen dürfen erst nach Befriedigung der sonstigen Insolvenzgläubiger im Rangverhältnis des § 39 Abs. 1 Nr. 1 bis 5 befriedigt werden. **Gesellschafterdarlehen** werden durch § 39 Abs. 1 Nr. 5 InsO dem untersten Nachrang zugeordnet. Sie können erst nach Aufforderung durch das Insolvenzgericht angemeldet werden (§ 174 Abs. 3 InsO). Im Fall eines Rangrücktritts wird eine Forderung erst nach dem Rang des § 39 Abs. 1 Nr. 5 InsO beachtet. In der Praxis läuft dies auf einen regelmäßigen Ausfall der Gesellschafterdarlehen hinaus. Allerdings kann vor Eintritt der Insolvenz die Darlehensrückzahlung von der GmbH nicht verweigert werden. Eine etwaige Tilgung unterliegt jedoch der Anfechtung nach § 135 Abs. 1 Nr. 2 InsO. Der Geschäftsführer kann eine Darlehensrückzahlung verweigern, die mit § 64 Satz 3 InsO unvereinbar ist. Eine dingliche Besicherung des nachrangigen Darlehens bleibt nach Insolvenzeintritt grds. erhalten, kann aber nach § 135 Abs. 1 Nr. 1 InsO angefochten werden. Ist die Sicherung unanfechtbar, kann sich der Gesellschafter daraus abgesondert befriedigen.

a) Art der Forderung

Infolge der generalisierenden Betrachtungsweise des Gesetzes werden in der Insolvenz sämtliche 301 **Gesellschafterdarlehen** ohne Rücksicht darauf, ob sich die Gesellschaft im Zeitpunkt ihrer Gewährung oder des späteren Stehenlassens in einer **Krise** befand, nachrangig behandelt.[864] Als Gesellschafterdarlehen ist jedes Darlehen,[865] also auch ein Sachdarlehen, zinsloses Gefälligkeitsdarlehen oder partiarisches Darlehen, eines an einer Gesellschaft i.S.d. § 39 Abs. 1 Nr. 5 beteiligten Gesellschafters oder diesem gleichgestellten Dritten anzusehen. Infolge der generalisierenden Betrachtungsweise des Gesetzes werden in der Insolvenz sämtliche Gesellschafterdarlehen ohne Rücksicht darauf, ob sich die Gesellschaft im Zeitpunkt ihrer Gewährung oder des späteren Stehenlassens in einer Krise befand, wie Eigenkapital behandelt. Der Nachrang erfasst jedes Darlehen, gleich ob es

864 BGH, WM 2015, 1119 Rn. 5 ff.

865 *Gehrlein*, BB 2011, 3, 5.

herkömmlich als kapitalersetzend zu charakterisieren oder mit einer anderen oder überhaupt keiner Zweckbestimmung verknüpft ist, folglich auch ein Überbrückungsdarlehen.[866] Der Nachrang greift naturgemäß nur, wenn das Darlehen auch tatsächlich ausgezahlt wurde; er ist auch zu beachten, wenn der Darlehensbetrag auf der Grundlage eines unwirksamen Vertrages gewährt wurde und daher nur ein Bereicherungsanspruch besteht. In Konsequenz der gesetzlichen Regelung dürfte der Nachrang unabhängig von einer Stundung auch für aus einem Darlehen abgeleitete Zinsansprüche gelten. Allerdings unterliegt die Zahlung von Zinsen auf ein Darlehen durch die Gesellschaft nicht der Anfechtung nach § 135 InsO.[867] Ungeachtet des Entstehungsgrundes entsprechen einem Darlehen alle – etwa aus normalen Austauschgeschäften von Kauf bis Miete und Pacht herrührende – Forderungen, die der Gesellschaft – ob auf einem Rechtsgeschäft beruhend, oder rein faktisch – **gestundet** wurden, weil jede Stundung bei wirtschaftlicher Betrachtungsweise eine Darlehensgewährung bewirkt.[868] Darlehensgleich sind auch rechtsgrundlose Zahlungen auf einen etwa wegen eines Vertretungsmangels unwirksamen Darlehensvertrag.[869] Stehen gelassene Gehaltsansprüche eines Gesellschafters können darum wirtschaftlich einem Darlehen entsprechen.[870] Gleiches dürfte gelten, wenn der Gesellschaft ein ungewöhnlich langer, über die 30-Tage-Frist des § 286 Abs. 3 BGB hinausgehender Zahlungstermin für die Begleichung einer Gesellschafterforderung gewährt wird. Wird die aus einem üblichen Austauschgeschäft herrührende Forderung eines Gesellschafters über einen Zeitraum von mehr als drei Monaten rechtsgeschäftlich oder faktisch zugunsten seiner Gesellschaft gestundet, handelt es sich grundsätzlich um eine darlehensgleiche Forderung.[871] Ein Stehen lassen ist anzunehmen, wenn der Gesellschafter davon absieht, seine offene Forderung gerichtlich durchzusetzen.[872] Stehen gelassene Gewinne wie auch Gewinnvorträge sind als darlehensgleich zu bewerten.

302 Eine ausdrückliche Stundungsabrede zwischen Gesellschafter und Gesellschaft ist entbehrlich, es genügt vielmehr, dass der Gesellschafter von der Berechtigung, die Forderung einzuziehen, faktisch keinen Gebrauch macht. Die Schwelle zur Stundung ist bereits überschritten, wenn die Forderung länger als bei einem Bargeschäft üblich nicht geltend gemacht wird. Wird das Gehalt des Gesellschafter-Geschäftsführers binnen 30 Tagen nach Fälligkeit ausbezahlt, kommt wegen des bargeschäftlichen Leistungsaustauschs eine Stundungswirkung nicht in Betracht.[873] Gleiches gilt, wenn Mietforderungen des Gesellschafters binnen 30 Tagen nach Fälligkeit befriedigt werden.[874] Die Zahlung eines Nutzungsentgelts kann gegenüber dem Gesellschafter nicht als Befriedigung eines Darlehens, sondern nur als Befriedigung einer darlehensgleichen Forderung angefochten werden.[875] Die Begleichung von Nutzungsentgelten unterliegt als gleichgestellte Forderungen mithin nur der Anfechtung, wenn sie im Anschluss an eine mindestens faktische Stundung erfolgte, nicht aber, sofern die Vergütung fristgemäß gezahlt wurde.[876] Ist im Rahmen eines **cash-pools** die poolführende Konzernmutter Gesellschafterin eines Tochterunternehmens, so bildet die Glattstellung eines Soll-Saldos ein Darlehen. Die Tilgung kurzfristiger, spätestens binnen 3 Wochen zurückzuzahlender **Überbrückungskredite**, die nach früherem Recht nicht als Eigenkapitalersatz behandelt wurden, unterliegt wie jede andere Darlehensrückzahlung der Anfechtung. Wandelt der Gesellschafter sein Darlehen in eine Kapitalrücklage um, fällt deren Auszahlung nicht in den Tatbestand des § 135 InsO; vielmehr sind lediglich §§ 130, 133 InsO einschlägig. Wird bei einem **cash-pool**

866 BGH, DB 2013, 810 Rn. 14.
867 BGH, ZInsO 2019, 1734 Rn. 43; sehr zweifelhaft, weil Zinsen nicht anders als die Hauptforderung behandelt werden sollten.
868 BGH, ZInsO 2014, 1602 Rn. 50; *Gehrlein*, BB 2008, 846, 852; *ders.*, BB 2011, 1, 6.
869 BGH, ZInsO 2019, 1734 Rn. 30.
870 BGH, ZInsO 2014, 1602 Rn. 50.
871 BGH, ZInsO 2019, 1732 Rn. 13 ff
872 BAG ZIP 2014, 927 Rn. 31.
873 BGH, ZInsO 2014, 1602 Rn. 51.
874 BGH, ZInsO 2015, 559 Rn. 70 ff.
875 BGH, ZInsO 2015, 559 Rn. 65 ff.
876 *Rühle*, ZIP 2009, 1358, 1360; *G. Fischer*, in: FS Wellensich, 2011, S. 443, 445.

ein Habensaldo von dem Geschäftskonto der Schuldnerin abgeführt und mittels Verrechnung ein ihr gewährtes Darlehen getilgt, kommt eine Anfechtung in Betracht. Das Bargeschäftsprivileg des § 142 InsO dürfte im Rahmen von § 135 InsO – also auch für einen cash-pool oder kurzfristige Überbrückungskredite – nicht gelten. Davon abgesehen dürfte ohnehin der von § 142 InsO geforderte zeitliche Zusammenhang infolge faktisch gewährter Stundungen regelmäßig fehlen. Die Vorschriften der §§ 130 ff. InsO sind neben § 135 InsO anwendbar. Wird eine Gesellschafterhilfe erst im **Eröffnungsverfahren** oder **nach Verfahrenseröffnung** gewährt, ist § 39 Abs. 1 Nr. 5 InsO unanwendbar.

b) Betroffene Gesellschaften

Mit Hilfe von § 39 Abs. 4 Satz 1 InsO werden die Regelungen **rechtsformneutral** auf alle Gesell- 303
schaften ausgedehnt, die weder eine natürliche Person noch eine Gesellschaft, bei der ein persönlich haftender Gesellschafter eine natürliche Person ist, als Gesellschafter haben.[877] Vom Anwendungsbereich der Norm ausgenommen sind folglich lediglich Gesellschaften, wo **wenigstens eine natürliche Person** als persönlich haftender Gesellschafter uneingeschränkter Haftung unterworfen ist. Somit werden von dem Gesetz die Kapitalgesellschaften GmbH, AG, KGaA, SE und dank der insolvenzrechtlichen und nicht gesellschaftsrechtlichen Anknüpfung im Inland ansässige **ausländische Kapitalgesellschaften**[878] wie etwa die Limited erfasst. Entsprechendes gilt für die Genossenschaft, auch diejenige europäischen Rechts (SCE) und eine GmbH & Co KG, aber auch eine OHG und selbst eine GbR ohne natürliche Person als persönlich haftenden Gesellschafter.[879] Eine Bürgschaft oder eine interne Verlustausgleichspflicht einer natürlichen Person schließt die Anwendbarkeit der Regelung nicht aus; anders verhält es sich nur, wenn die natürliche Person als Gesellschafter eine akzessorische Außenhaftung für alle Gesellschaftsverbindlichkeiten trifft. Die Regelung ist auch einschlägig, sofern sich eine dieser Gesellschaft bereits in Liquidation befindet. Der **Idealverein** fällt ebenso wie die **Stiftung** mangels einer Beteiligung von Gesellschaftern an einem Haftkapital nicht unter die Regelung.[880] Dagegen dürfte die Vor-GmbH erfasst werden, weil sie keine persönliche Außenhaftung der Gesellschafter kennt. Beteiligungswerte mehrer Gesellschafter sind zu addieren, wenn sie sich im Sinne eines koordinierten Vorgehens unter dem Dach einer Gesellschaft zusammengeschlossen haben, um etwa bei einer Betriebsaufspaltung einer anderen, insolvent gewordenen Gesellschaft die benötigten Betriebsgegenstände mietweise zu überlassen.[881]

c) Darlehensgeber

aa) Gesellschafter und gleichgestellte Dritte

In erster Linie gehören Gesellschafter zu den Normadressaten der Regelung. Ohne Bedeutung 304
ist, ob der Gesellschafter in die Gesellschafterliste aufgenommen ist. Mithilfe des Tatbestands der gleichgestellten Forderungen sollen nach dem Willen des Gesetzgebers die personellen und sachlichen Erweiterungen des früheren § 32a GmbHG von dem neuen Recht übernommen werden. In personeller Hinsicht ist darum abweichend von § 138 InsO der Kreis der dem Gesellschafter nahestehenden Personen auf der Grundlage der Rechtsprechung zu § 32a Abs. 3 Satz 1 GmbHG a.F. zu determinieren. Auf dieser Basis ist etwa ein **Strohmann**, der mit ihm überlassenen Mitteln eines Gesellschafters der Gesellschaft einen Kredit gewährt, in den Normbereich einbezogen. Gleiches dürfte für **Treuhandverhältnisse**, Nießbraucher des Geschäftsanteils, atypische stille Gesellschafter, Unterbeteiligte, und mittelbar, etwa über eine Zwischenholding beteiligte Gesellschafter[882] gelten. Ist ein Gesellschafter sowohl an der darlehensnehmenden als auch der darlehensgebenden

877 *Gehrlein*, BB 2011, 3, 5.
878 BT-Drucks. 16/6140, S. 57.
879 BGH, NJW 2009, 997, 998 Rn. 11 ff., 14; *Hirte*, WM 2008, 1429, 1433.
880 Vgl. BGH, ZInsO 2010, 1003 zur Analogie von § 64 GmbHG auf Vereinsvorstände.
881 BGH, ZInsO 2015, 559 Rn. 51.
882 Vgl. BGH, NZG 2008, 507, 508 Rn. 9.

Gesellschaft beteiligt, unterliegt die Darlehensgeberin der Regelung des § 39 Abs. 1 Nr. 5 nur, wenn der Gesellschafter kraft einer Mehrheitsbeteiligung herrschenden Einfluss auf die darlehensgebende Gesellschaft ausüben kann.[883] Ausreichend ist es, wenn der Gesellschafter der Schuldnerin mit 50 % an der darlehensgebenden GmbH beteiligt und zugleich deren alleinvertretungsberechtigter Geschäftsführer ist.[884] Beteiligungswerte mehrer Gesellschafter sind zu addieren, wenn sie sich im Sinne eines koordinierten Vorgehens unter dem Dach einer Gesellschaft zusammengeschlossen haben, um etwa bei einer Betriebsaufspaltung einer anderen, insolvent gewordenen Gesellschaft die benötigten Betriebsgegenstände mietweise zu überlassen.[885] Der **Inhaber eines Pfandrechts** an dem Gesellschaftsanteil ist als gesellschaftsgleicher Dritter zu betrachten, wenn er sich durch weiter gehende Nebenabreden eine Position einräumen lässt, die nach ihrer konkreten Ausgestaltung im wirtschaftlichen Ergebnis der Stellung eines Gesellschafters gleich- oder doch jedenfalls nahekommt.[886] Nicht anders ist es zu behandeln, wenn ein Dritter das Darlehen für Rechnung eines Gesellschafters gewährt. Zu den gleichgestellten Forderungen gehören grundsätzlich auch Darlehensforderungen von Unternehmen, die mit dem Gesellschafter **horizontal oder vertikal verbundenen** sind.[887] Ist ein Gesellschafter sowohl an der darlehensnehmenden als auch der darlehensgebenden Gesellschaft beteiligt, unterliegt die Darlehensgeberin der Regelung des § 39 Abs. 1 Nr. 5 nur, wenn der Gesellschafter kraft einer Mehrheitsbeteiligung herrschenden Einfluss auf die darlehensgebende Gesellschaft ausüben kann.[888] Nicht erforderlich ist, dass der Kredit jederzeit durch Kündigung fällig gestellt werden kann. Diese Voraussetzung waren in einer vom BGH entschiedenen Sache gegeben. C. konnte als Mehrheitsgesellschafter der Gesellschafterin nach eigenem Ermessen über den Abzug des Darlehens befinden. Zudem war C. mittelbar an der darlehensnehmenden Schuldnerin beteiligt. Er verfügte über die Hälfte der Geschäftsanteile an der X- GmbH, die ihrerseits 10 vom Hundert der Aktien der Y- AG, der Mehrheitskommanditistin der Schuldnerin, hielt. Aufgrund der hier anzustellenden wirtschaftlichen Betrachtungsweise ist es ohne Bedeutung, dass C. nicht unmittelbar an der Schuldnerin beteiligt war. Die Bestimmungen über die Behandlung von Gesellschafterdarlehen im Insolvenzverfahren über das Vermögen der darlehensnehmenden Gesellschaft setzen, weil deren Gesellschafter keine Finanzierungsentscheidung zu treffen haben, abgesehen von dem Kleinbeteiligtenprivileg des § 39 Abs. 5 InsO keine Mindestbeteiligung voraus. Entsprechendes hat auch im Falle einer mittelbaren Beteiligung an der darlehensnehmenden Gesellschaft zu gelten.[889] Gewährt ein außenstehender Dritter einem Gesellschafter der späteren Insolvenzschuldnerin und dessen Ehefrau ein Darlehen, welches der Gesellschafter zur Gewährung eines Darlehens an die Gesellschaft verwendet, ist die Rückzahlung des Darlehens an den Dritten durch die Gesellschaft dem Dritten gegenüber nicht als Rückgewähr eines Gesellschafterdarlehens anfechtbar.[890] Demgegenüber liegt ein Gesellschafterdarlehen vor, wenn der Gesellschafter die Darlehensmittel von einem dritten Kreditgeber erhält, aber bei der Darlehensgewährung gegenüber der Gesellschaft als Darlehensnehmer auftritt und den Darlehensvertrag mit der Gesellschaft schliesst.[891]

304a Eine Rechtshandlung kann wirtschaftlich einem Gesellschafterdarlehen entsprechen, wenn sie im Zusammenhang mit einem Treuhandverhältnis erfolgt. Nach allgemeiner Meinung steht in den Fällen, in denen ein Treuhänder als Gesellschafter Mitglied des Verbandes ist, diese Stellung aber für fremde Rechnung hält, der Treugeber einem Gesellschafter gleich; das Darlehen des Treugebers unterfällt daher dem Gesellschafterdarlehensrecht. Entscheidend ist, dass sich die Auswirkungen der Gesellschafterstellung des Treuhänders vollständig im Vermögen des Treugebers niederschlagen,

---

883 Vgl. BGH, NZG 2008, 507, 508 Rn. 10.
884 BGH, ZInsO 2013, 1573 Rn. 24 ff.; ZInsO 2015, 559 Rn. 50.
885 BGH, ZInsO 2015, 559 Rn. 51.
886 BGHZ 119, 191, 195.
887 BGH, ZInsO 2013, 543 Rn. 14 ff.
888 BGH, ZInsO 2013, 543 Rn. 20 ff.
889 BGH WM 2019, 180 Rn. 15.
890 BGH WM 2020, 694 Rn. 6 ff.
891 BGHZ 105, 168, 184 f.

dieser wirtschaftlich wie ein Gesellschafter anzusehen ist[892] Bei einem doppelseitigen Treuhandverhältnis, bei dem der Gesellschafter als Treugeber seinen Gesellschaftsanteil auf einen Treuhänder überträgt, der ihn zugleich treuhänderisch zugunsten des Darlehensgebers hält, ist zu unterscheiden. Der Gesellschafter, welcher seinen Gesellschaftsanteil auf den Treuhänder überträgt, steht regelmäßig auch nach Übertragung des Gesellschaftsanteils einem Gesellschafter gleich, weil sich die Gesellschaftsbeteiligung des Treuhänders wirtschaftlich vollständig im Vermögen des Treugebers niederschlägt. Dass die Treuhand zugleich dem Darlehensgeber als Sicherheit dient, ändert nichts an der grundsätzlich fortbestehenden wirtschaftlichen Beteiligung des Gesellschafter-Treugebers.[893] Der der Darlehensgeber, zu dessen Gunsten eine doppelseitige Treuhand besteht, ist nicht ohne weiteres einem Gesellschafter gleichzustellen. Dies ist nicht gerechtfertigt, wenn die dem Dritten aus der doppelseitigen Treuhand eingeräumten Rechte sich auf die Sicherungsfunktion beschränken. Anders als einem Treuhänder, der nach außen über die Rechtsstellung des Gesellschafters verfügt und hierbei in seiner Rechtsmacht nicht beschränkt ist, stehen dem Darlehensgeber bei der doppelseitigen Treuhand nur die im Innenverhältnis eingeräumten Rechte zu. Im Regelfall ist die Situation eines durch eine doppelseitige Treuhand begünstigten Drittdarlehensgebers vergleichbar der eines typischen Pfandgläubigers, der sich im Sicherungsfall nur aus dem Wert des Gesellschaftsanteils befriedigen kann. Mangels Weisungsbefugnis fehlt es an der unternehmerischen Beteiligung und den zu fordernden Einwirkungsmöglichkeiten auf die Geschäftsführung, so dass die Einbeziehung in die Regelungen über Gesellschafterdarlehen in der typischen Ausgestaltung der doppelseitigen Treuhand demgemäß grundsätzlich ausscheidet.[894]

Eine Rechtshandlung kann weiter wirtschaftlich einem Gesellschafterdarlehen entsprechen, wenn 304b der Darlehensgeber sich aufgrund von Vereinbarungen Rechte einräumen lässt, die im Rahmen einer Gesamtwürdigung dazu führen, dass er eine einem Gesellschafter vergleichbare Stellung innehat. Darlehen eines Dritten entsprechen wirtschaftlich einem Gesellschafterdarlehen, wenn sich die Tätigkeit der Gesellschaft als eine eigene unternehmerische Betätigung des finanzierenden Dritten darstellt. Dies setzt einerseits einen rechtlichen Einfluss auf die Entscheidungen der Gesellschaft voraus und erfordert andererseits eine Teilnahme des Dritten am wirtschaftlichen Erfolg der Gesellschaft.[895] Im Ausgangspunkt kann die Darlehensgewährung durch einen Dritten keiner anderen Beurteilung unterliegen als die Stellung eines atypischen stillen Gesellschafters. Wesentlich für den Nachrang von Ansprüchen eines atypischen stillen Gesellschafters sind einerseits seine Beteiligung am Gewinn der Gesellschaft, etwa wie bei einem Kommanditisten, und andererseits in atypischer Weise eingeräumte Mitwirkungsrechte, die eine weitreichende Einflussnahme auf die Geschäftsführung und die Gestaltung der Gesellschaft erlauben.[896] Es genügt für den unternehmerischen Einfluss nicht, dass sich der Dritte für seine Darlehensansprüche den Gesellschaftern zustehende Forderungen, Ansprüche und Rechte abtreten, verpfänden oder in anderer Form als Sicherheit übertragen lässt. Die Gewährung von Sicherheiten für ein Darlehen stellt für sich genommen keine ausreichende Grundlage für eine Gleichstellung des Dritten mit einem Gesellschafter dar. Diese erfordert vielmehr, dass der Dritte über seine Rolle als Fremdkapitalgeber hinausgeht.[897]

Darlehen **naher Familienangehöriger** von Gesellschaftern gehören hingegen nicht zu den gleich- 305 gestellten Forderungen; insoweit begründet auch § 138 InsO keine Beweiserleichterungen. Der Anwendbarkeit von § 39 Ab. 1 Nr. 5 InsO steht zwar nicht entgegen, dass es sich bei dem Darlehensgeber nicht um einen Gesellschafter des Schuldners handelt, weil der Anwendungsbereich der durch das MoMiG aufgehobenen Vorschrift des § 32a Abs. 3 Satz 1 GmbHG auch in personeller Hinsicht übernommen werden sollte. Von der Neuregelung werden daher auch Rechtshandlungen Dritter erfasst, welche der Darlehensgewährung durch einen Gesellschafter wirtschaftlich

892 BGH, Urt. v. 25.06.2020 – IX ZR 243/18, WM 2020, 1368 Rn. 34 f
893 BGH, Urt. v. 25.06.2020 – IX ZR 243/18, WM 2020, 1368 Rn. 36.
894 BGH, Urt. v. 25.06.2020 – IX ZR 243/18, WM 2020, 1368 Rn. 37 f.
895 BGH, Urt. v. 25.06.2020 – IX ZR 243/18, WM 2020, 1368 Rn. 30.
896 BGH, Urt. v. 25.06.2020 – IX ZR 243/18, WM 2020, 1368 Rn. 32.
897 BGH, Urt. v. 25.06.2020 – IX ZR 243/18, WM 2020, 1368 Rn. 33.

entsprechen. Der **atypisch stille Gesellschafter** einer **GmbH & Co. KG** steht mit seinen Ansprüchen wirtschaftlich dem Gläubiger eines Gesellschafterdarlehens insolvenzrechtlich gleich, wenn in einer Gesamtbetrachtung seine Rechtsposition nach dem Beteiligungsvertrag der eines Kommanditisten im Innenverhältnis weitgehend angenähert ist. Dies ist der Fall, wenn im Innenverhältnis das Vermögen der Geschäftsinhaberin und die Einlage des Stillen als gemeinschaftliches Vermögen behandelt werden, die Gewinnermittlung wie bei einem Kommanditisten stattfindet, die Mitwirkungsrechte des Stillen in der Kommanditgesellschaft der Beschlusskompetenz eines Kommanditisten in Grundlagenangelegenheiten zumindest in ihrer schuldrechtlichen Wirkung nahe kommen und die Informations- und Kontrollrechte des Stillen denen eines Kommanditisten nachgebildet sind.[898] Eine einem Gesellschafterdarlehen wirtschaftlich entsprechende Rechtshandlung liegt nicht schon vor, wenn es sich bei dem Darlehensgeber um eine nahestehende Person (§ 138 Abs. 1 Nr. 2, Abs. 2 Nr. 3 InsO) handelt. Entscheidend gegen die Anwendung des § 138 InsO im Anwendungsbereich des § 39 Abs. 1 Nr. 5 InsO spricht, dass die Vorschrift in der Sache auf einen anderen Regelungsbereich zugeschnitten ist. Hiervon werden Handlungen erfasst, die sich ohnehin durch eine besondere Verdächtigkeit auszeichnen (§ 131 Abs. 2 Satz 2, § 132 Abs. 3 i.V.m. § 130 Abs. 3, § 133 Abs. 2 InsO) oder bei denen die in § 138 InsO genannte Person der Insolvenz besonders nahe steht (§ 130 Abs. 3 InsO). Gewährt hingegen eine nahestehende Person der Gesellschaft ein Darlehen, ist dies für sich genommen unverdächtig.[899]

306 Die Einstufung der Leistung als Gesellschafterdarlehen ändert sich auch nach einer **Abtretung** der Forderung an einen Nichtgesellschafter grds. nicht (§ 404 BGB).[900] **Tritt der Gesellschafter** eine gegen die Gesellschaft gerichtete **Darlehensforderung** binnen eines Jahres vor Antragstellung ab und tilgt die Gesellschaft anschließend die Verbindlichkeit gegenüber dem Zessionar, unterliegt nach Verfahrenseröffnung **neben dem Zessionar** auch der **Gesellschafter der Anfechtung.**[901] Dies gilt auch bei der Abtretung einer Sicherung für ein Gesellschafterdarlehen.[902] Freilich ist eine analoge Anwendung des § 135 Nr. 2 InsO zugunsten solcher Zessionare zu erwägen, die ihre Forderung länger als ein Jahr vor dem Eröffnungsantrag erworben haben. Ebenso verhält es sich, wenn ein Gesellschafter seine **Beteiligung** abgibt, aber seine Stellung als Darlehensgeber behält: Geschah dies innerhalb der Jahresfrist des § 135 Abs. 1 Nr. 2 InsO, bleibt er dem Nachrang verhaftet, während er bei einer früheren Veräußerung seiner Beteiligung wie ein sonstiger Darlehensgeber zu behandeln ist.[903] Ein Darlehensgeber, der nach der Darlehensgewährung Anteile an der Gesellschaft erwirbt, unterliegt uneingeschränkt dem Nachrang.[904] Anders verhält es sich, wenn der Darlehensgeber den Kredit vor Erwerb der Gesellschafterstellung abgezogen hat. Ebenfalls von der Regelung nicht betroffen ist, wer isoliert den Geschäftsanteil, aber nicht auch die Darlehensforderung erwirbt. Hat ein Darlehensgeber keine Gesellschafterstellung, werden ihm aber durch Nebenabreden (**financial covenants**) Einflussrechte eingeräumt, die das Gesetz nur einem maßgeblich beteiligten Gesellschafter zubilligt, so sind die Regeln über Gesellschafterdarlehen anwendbar.[905] Falls das Gesellschafterdarlehen länger als ein Jahr vor Insolvenzeröffnung erstattet wurde, kommt eine Anfechtung nach § 133 Abs. 1 InsO in Betracht. Haftet neben der Gesellschaft für die Verbindlichkeit ein **außenstehender Dritter**, kann dieser sich im Fall einer Inanspruchnahme durch den Gesellschafter auf den Nachrang berufen, wenn die Verbindlichkeit im Innenverhältnis von der Gesellschaft zu tragen ist.

307 Ob eine Rechtshandlung nach § 135 Abs. 1 InsO anfechtbar ist, hängt zum einen davon ab, ob der Anfechtungsgegner Gesellschafter der Schuldnerin ist. Zum anderen muss es sich um eine Forderung auf Rückgewähr eines Darlehens im Sinne des § 39 Abs. 1 Nr. 5 InsO oder eine gleichgestellte

898 BGH, ZInsO 2012, 1775 Rn. 10 ff.
899 BGH, ZInsO 2011, 626; ebenso bereits zum früheren Kapitalersatzrecht BGH, NZG 2009, 782.
900 BGHZ 104, 33, 43; BGH, NJW 2008, 1153, 1156 Rn. 29 ff.
901 BGH, ZInsO 2013, 543 Rn. 28 ff.
902 BGH WM 2019, 650 Rn. 84 ff.
903 BGH, DB 2012, 47, 48 Rn. 15 f.; WM 2015, 1119 Rn. 3.
904 BGH, DB 2014, 651 Rn. 15.
905 *Krolop*, GmbHR 2009, 397, 400 f.; *Servatius*, CFL 2013, 14 ff.

Forderung handeln. Dies gilt auch für die Rückführung einer stillen Einlage.[906] Sofern der Anfechtungsgegner unmittelbar am Haftkapital der Gesellschaft beteiligt ist, seine Beteiligung über das Kleinbeteiligungsprivileg des § 39 Abs. 5 InsO hinausgeht und kein Fall des § 39 Abs. 4 Satz 2 InsO vorliegt, sind die Tatbestandsvoraussetzungen des § 135 Abs. 1 InsO in personeller Hinsicht erfüllt. In diesem Fall kommt es nicht darauf an, ob die Rechte des Anfechtungsgegners aus dem Darlehen oder der dem Darlehen gleichgestellten Forderung diesem für sich genommen eine Rechtsposition verschaffen, die der eines Gesellschafters entspricht. Dabei ist eine mittelbare Beteiligung am Haftkapital der Gesellschaft für eine Gesellschafterstellung ausreichend, wenn diese der unmittelbaren Beteiligung gleichsteht.[907] Es entspricht einhelliger Meinung, dass die von einem (mittelbaren) Alleingesellschafter zusätzlich übernommene stille Einlage als darlehensgleiche Leistung dieses Gesellschafters anzusehen ist.[908]

bb) Freistellung von dem Nachrang

§ 39 Abs. 4 Satz 2, Abs. 5 InsO statuieren mit dem Sanierungs- und Kleinbeteiligtenprivileg zwei Ausnahmetatbestände, in denen der insolvenzrechtliche Nachrang von Gesellschafterdarlehen durchbrochen wird. 308

cc) Kleinbeteiligtenprivileg

Das **Kleinbeteiligtenprivileg** befreit Darlehensgeber von dem Nachrang, die mit bis zu 10 % an dem Haftkapital der Gesellschaft beteiligt sind und nicht zu den geschäftsführenden Gesellschaftern gehören. Infolge der Geschäftsführung werden kleinbeteiligte Gesellschafter/Geschäftsführer oder über ein Aktienpaket verfügende Vorstände von der Privilegierung nicht erfasst. Ein gering beteiligter Gesellschafter profitiert nicht vom Kleinbeteiligtenprivileg, wenn er wie ein **faktischer Geschäftsführer** agiert; Gleiches gilt für einen atypisch geschäftsführenden Kommanditisten. Dagegen genießt das Privileg ein Gesellschafter, der nur als Prokurist oder Aufsichtsrat eingesetzt ist. Maßgeblich für die Bewertung ist allein die Kapitalbeteiligung, nicht hingegen die Stimmkraft oder die Gewinnbeteiligung. Es kommt also auf das Verhältnis des Nennbetrages zum Haftkapital an. Außer Betracht bleiben auch die Möglichkeiten der Informationsbeschaffung und der Einflussnahme. Der zu mehr als 10 % beteiligte Gesellschafter kann sich nicht darauf berufen, dass die Kreditvergabe in keinem Zusammenhang mit seiner Gesellschafterstellung steht, er die Gesellschafterstellung nur treuhänderisch oder vorübergehend innehat. Bei einer aufeinander **abgestimmten Kreditvergabe durch mehrere Gesellschafter** sind die Beteiligungen zu addieren. Hingegen kommt es nur auf die Beteiligungsverhältnisse eines Mitgesellschafters als Treugeber an, der einem anderen Gesellschafter Mittel zwecks einer Kreditvergabe überlässt. Ferner ist die Beteiligung eines Mutterkonzerns und seiner Tochtergesellschaft an der darlehensnehmenden Gesellschaft zusammenzurechnen. Die Voraussetzungen des Kleinbeteiligtenprivilegs müssen nicht nur im Zeitpunkt der Kreditgabe, sondern während der gesamten Dauer des Darlehensverhältnisses gegeben sein. Ein Gesellschafter kann die Vergünstigung des Kleinbeteiligtenprivilegs folglich nicht nachträglich durch Verringerung seiner Beteiligung oder Aufgabe der Geschäftsführung gewinnen. Umgekehrt verliert ein privilegierter Kreditgeber für sein Darlehen diesen Status, sofern er nachträglich seine Beteiligung erhöht oder die Geschäftsführung übernimmt. Dagegen dürfte der Nachrang ausscheiden, wenn länger als ein Jahr vor Antragstellung die Geschäftsführung niedergelegt oder die Beteiligung auf höchstens 10 % verringert wird. Kommt das Kleinbeteiligungsprivileg einem Gesellschafter zustatten, gilt das auch für **außenstehende Dritte**, die – etwa als Unterbeteiligter, Treuhänder und Treugeber, Pfandgläubiger oder Nießbraucher – einem Gesellschafter gleichbehandelt werden. 309

906 BGH, Beschl. v. 23.11.2017 – IX ZR 218/16, WM 2017, 2399 Rn. 5.
907 BGH, Beschl. v. 23.11.2017 – IX ZR 218/16, WM 2017, 2399 Rn. 6.
908 BGH, Beschl. v. 23.11.2017 – IX ZR 218/16, WM 2017, 2399 Rn. 7.

dd) Sanierungsprivileg

(1) Anteilserwerb

310 In erster Linie zugeschnitten ist die Regelung auf einen von einem Neugesellschafter ab dem Stadium der **drohenden Zahlungsunfähigkeit** gewährten Kredit. Privilegiert ist – wenngleich dies wenig sachgerecht erscheint – jedenfalls nicht ein reiner Sanierungskredit, sondern nur eine mit einem erstmaligen Anteilserwerb verbundene Kreditgewährung. Mithin profitiert ein Altgesellschafter, der ein Sanierungsdarlehen gewährt, mangels eines Anteilserwerbs nicht von der Regelung. Unschädlich ist es, wenn die Kreditgewährung nicht durch den Gesellschafter, sondern eine ihm **nahestehende dritte Person** (vgl. oben d), etwa ein Tochterunternehmen, erfolgt. Da das **Sanierungsprivileg** auf den Anteilserwerb und nicht die Kreditvergabe im Zeitpunkt drohender bzw. eingetretener Zahlungsunfähigkeit oder Überschuldung abstellt, werden Altkredite begünstigt, wenn der Kreditgeber in einer Sanierungssituation eine Beteiligung erwirbt.[909] In einer solchen Lage wird erwartet, dass der Neugesellschafter jedenfalls das Management austauscht und damit das Unternehmen auf einen besseren Weg führt. Ohne Bedeutung ist es, auf welche Weise die Beteiligung – etwa durch Anteilsabtretung von einem Gesellschafter oder im Zuge einer Kapitalerhöhung – erworben wurde.

311 Obwohl dies dem Wortlaut entspricht, dürfte die Vorschrift nicht Gesellschaftern zugutekommen, die in der Krise ihre Beteiligung geringfügig (symbolisch) aufstocken; mit mehr als 10 % beteiligten Altgesellschaftern bleibt vielmehr das Sanierungsprivileg verschlossen; das Sanierungsprivileg dürfte allerdings einem kleinbeteiligten Gesellschafter zugutekommen, der seine Beteiligung über die 10 %-Grenze erhöht; nicht ausreichend ist dagegen ein Erwerb bis zu einer Quote von 10 %, weil der Gesellschafter dann als Kleinbeteiligter noch nicht zum Adressatenkreis der Regelung gehörte. Unerheblich ist es, ob die Beteiligung von einem professionellen Sanierer, einer Bank oder einem »einfachen« Gesellschafter übernommen wurde. Lässt sich ein Kreditgeber wegen der Insolvenzreife des Unternehmens durch Nebenabreden (**financial covenants**) weitgehende Mitspracherechte einräumen, kommt ihm, weil er wie ein Gesellschafter zu behandeln ist, auch das Sanierungsprivileg zustatten. Der Anteilserwerb und damit das Darlehen wird nur privilegiert, wenn er ab dem Zeitpunkt **drohender bzw. eingetretener Zahlungsunfähigkeit** oder **Überschuldung** erfolgt. Der zeitliche Korridor für Sanierungsbemühungen dürfte durch die Neuregelung, die nicht mehr an das Merkmal der Krise anknüpft, im Vergleich zum bisherigen Recht verkürzt werden, weil sich drohende Zahlungsunfähigkeit vielfach erst nach Eintritt der Krise abzeichnet.

(2) Sanierungseignung

312 Das mit dem Anteilserwerb verbundene Darlehen muss auf der Grundlage einer ex-ante-Betrachtung nach **objektiven Maßstäben zur Sanierung geeignet** sein. Danach müssen – neben dem im Regelfall als selbstverständlich zu vermutenden Sanierungswillen – nach der pflichtgemäßen Einschätzung eines objektiven Dritten im Augenblick des Anteilserwerbs die Gesellschaft (objektiv) sanierungsfähig und die für ihre Sanierung konkret in Angriff genommenen Maßnahmen zusammen objektiv geeignet sein, die Gesellschaft in überschaubarer Zeit durchgreifend zu sanieren. Auf die lediglich subjektive Motivation des Sanierers kann es nach dem Gesetzeszweck schon deshalb nicht entscheidend ankommen, weil andernfalls die schutzwürdigen Interessen der übrigen Gesellschaftsgläubiger in ihrer Wertigkeit nur von dessen Behauptung, er verfolge Sanierungsabsichten, abhingen und deren Befriedigungschancen allein in seiner Hand lägen.[910]

313 Ein Sanierungsversuch setzt mindestens ein in sich **schlüssiges Konzept** voraus, das von den erkannten und erkennbaren tatsächlichen Gegebenheiten ausgeht und nicht offensichtlich undurchführbar ist. Sowohl für die Frage der Erkennbarkeit der Ausgangslage als auch für die Prognose der Durchführbarkeit ist auf die Beurteilung eines unvoreingenommenen – nicht notwendigerweise unbeteiligten –, branchenkundigen Fachmanns abzustellen, dem die vorgeschriebenen oder

909 Insoweit kritisch *Bork*, ZGR 2007, 250, 259.
910 BGHZ 165, 106, 112 f.

üblichen Buchhaltungsunterlagen zeitnah vorliegen. Eine solche Prüfung muss die **wirtschaftliche Lage des Schuldners** im Rahmen seiner Wirtschaftsbranche analysieren und die Krisenursachen sowie die Vermögens-, Ertrags- und Finanzlage erfassen. Das gilt grds. auch für den Versuch der Sanierung eines kleineren Unternehmens, weil dabei ebenfalls Gläubiger in für sie beträchtlichem Umfange geschädigt werden können; lediglich das Ausmaß der Prüfung kann dem Umfang des Unternehmens und der verfügbaren Zeit angepasst werden. Ein umsetzbares Sanierungskonzept scheidet aus, wenn neben erheblichen Verlusten und Umsatzrückgängen sowie dem Weggang eines Großkunden auch die Branchenaussichten ungünstig sind.[911] War die Sanierung nach diesen Maßstäben objektiv möglich, schadet es nicht, wenn sie gleichwohl gescheitert ist. Die Sanierungseignung könnte hingegen in Fällen eines Anteilserwerbs durch Altkreditgeber fraglich erscheinen.

(3) Dauer des Privilegs

314 Das Sanierungsprivileg kommt Darlehen, aber auch einem Darlehen wirtschaftlich gleichstehenden Gesellschafterhilfen zugute. Die begünstigten Darlehen werden, gleich ob es sich um ein privilegiertes Alt- oder Neudarlehen handelt, bis zum **Zeitpunkt der »nachhaltigen Sanierung«** und nicht nur – wie noch im RefE vorgesehen – bis zur **»Beseitigung der drohenden Zahlungsunfähigkeit«** vom Nachrang verschont. Das Sanierungsprivileg schützt den Gesellschafter also nicht auf Dauer, sondern entbindet das Darlehen nur so lange von dem Nachrang, bis die im Zeitpunkt des Anteilserwerbs und der Darlehensgewährung bestehende Schieflage überwunden ist.[912] Dies ist in Anlehnung an § 135 Abs. 1 Nr. 2 InsO anzunehmen, wenn die Kreditwürdigkeit der Gesellschaft über einen Zeitraum von mindestens einem Jahr wiederhergestellt ist. Bei Eintritt einer späteren Krise erlangt das stehen gelassene Darlehen nicht abermals das Sanierungsprivileg, wenn der Gesellschafter nunmehr weitere Anteile erwirbt, weil die Regelung maßgeblich beteiligten Gesellschaftern bei einem weiteren Anteilserwerb nicht zustattenkommt.

d) Vereinbarter Nachrang

315 Durch die **Formulierung »nachrangiges Darlehen«** wird in einem Darlehensvertrag hinsichtlich der Forderung auf Darlehensrückgewähr eine Rangrücktrittsvereinbarung i.S.d. § 39 Abs. 2 InsO für den Fall der Insolvenz des Schuldners getroffen. Der Begriff der Nachrangigkeit kann nur so verstanden werden, dass sich der Nachrang auf den Rückforderungsanspruch (§ 488 Abs. 1 Satz 2 BGB) beziehen und der Darlehensgeber im Insolvenzfall des Darlehensnehmers deshalb mit seinem Anspruch hinter anderen Gläubigern zurückstehen soll. Die in einer solchen Klausel ausdrücklich getroffene Vereinbarung erfüllt auch die an eine Rangrücktrittsvereinbarung zu stellende Mindestanforderung einer zweiseitigen Vereinbarung zwischen Schuldner und Gläubiger. Sie hat einen zulässigen Inhalt, weil sie einen Rangrücktritt vorsieht und nicht zulasten anderer Gläubiger geht. Entsprechend der gesetzlichen Auslegungsregel des § 39 Abs. 2 InsO bezeichnet der nicht näher beschriebene Nachrang im Zweifel eine Berichtigung der von der Vereinbarung erfassten Gläubigerforderung erst nach den in § 39 Abs. 1 InsO benannten Forderungen.[913] Die in einem zur Finanzierung des Schulbetriebs zwischen den Eltern der Schüler und dem Schulträger abgeschlossenen Darlehensvertrag enthaltene Rangrücktrittserklärung ist nicht überraschend, wenn sie eingangs des Vertrages zugleich mit der Darlehenssumme vereinbart wird und die Eltern in einem Begleitschreiben auf die mit dem Schulbesuch verbundenen finanziellen Belastungen hingewiesen und dabei, drucktechnisch besonders hervorgehoben, auch um die Ausreichung eines nachrangigen Darlehens gebeten werden.[914] Ein zwischen den Parteien kraft des Rangrücktritts vereinbartes rechtsgeschäftliches Zahlungsverbot führt zur Rechtsgrundlosigkeit und damit Unentgeltlichkeit (§ 134 InsO) der Leistung.[915] Der insolvenzrechtliche Begriff der unentgeltlichen Leistung setzt

911 BGH, NJW 1998, 1561, 1563 f.
912 *Gehrlein*, BB 2008, 846, 851.
913 BGH, DB 2014, 1069 Rn. 7.
914 BGH, DB 2014, 1069 Rn. 8 ff.
915 BGH, Urt. v. 5.3.2015 – IX ZR 133/14, Rn. 52.

eine Einigung über die Unentgeltlichkeit als solche nicht voraus. Maßgebend ist in erster Linie der objektive Sachverhalt. Erst wenn feststeht, dass der Zahlungsempfänger einen Gegenwert für seine Zuwendung erbracht hat, ist zu prüfen, ob gleichwohl der Hauptzweck des Geschäfts Freigiebigkeit gewesen ist. Bei Zahlung auf eine Nichtschuld fehlt es, selbst wenn einem bereicherungsrechtlichen Rückforderungsanspruch § 814 BGB entgegensteht, an der Entgeltlichkeit der Leistung.[916]

e) Vermeidung der Überschuldung durch Rangrücktritt

316 Einer Gesellschaft gewährte Darlehen müssen grundsätzlich passiviert werden und können zu ihrer Überschuldung (§ 19 InsO) beitragen. Rangrücktrittsvereinbarungen dienen deshalb dem Zweck, eine Forderung im Überschuldungsstatus einer Gesellschaft unberücksichtigt zu lassen und dadurch ihre Insolvenz zu vermeiden. Die Rechtsfolgen einer Rangrücktrittsvereinbarung stimmen überein, gleich ob sie zwischen einer Gesellschaft und einem Gesellschafter oder einem außenstehenden Dritten, insbesondere einem Darlehensgeber, geschlossen wurde.[917]

aa) Früheres Recht

317 Soll eine Rangrücktrittsvereinbarung die Vermeidung einer Insolvenz sicherstellen, muss sie nach der bis zum Inkrafttreten des MoMiG am 1. November 2008 maßgeblichen Gesetzeslage sowohl vor als nach Verfahrenseröffnung ausschließen, dass eine Darlehensforderung als Verbindlichkeit in die Bilanz aufgenommen wird. Demzufolge muss sich der Regelungsbereich einer Rangrücktrittsvereinbarung auf den Zeitraum vor und nach Insolvenzeröffnung erstrecken.[918] Eine Forderung braucht danach nicht passiviert zu werden, wenn der betreffende Gläubiger aufgrund eines qualifizierten Rangrücktritts sinngemäß erklärt hat, er wolle wegen der Forderung erst nach der Befriedigung sämtlicher Gesellschaftsgläubiger und – bis zur Abwendung der Krise – auch nicht vor, sondern nur zugleich mit den Einlagerückgewähransprüchen der Gesellschafter berücksichtigt, also so behandelt werden, als handele es sich bei dem Darlehen um statutarisches Kapital. Ein Rücktritt in den Rang von § 39 Abs. 2 InsO aF genügt den Anforderungen an einen qualifizierten Rangrücktritt, wenn der Gesellschafter in dieser Klasse an die letzte Stelle tritt. Als Folge des Rangrücktritts besteht keine Notwendigkeit, die Forderung in den Schuldenstatus der Gesellschaft aufzunehmen. Einer darüber hinausgehenden Erklärung des Gesellschafters, insbesondere eines Verzichts auf die Forderung, bedarf es nicht. Bei einer im engen Wortsinn unzureichenden Vereinbarung kann sich im Wege der Auslegung ergeben, dass ein umfassender Rangrücktritt gewollt war.[919]

bb) Heutiges Recht

318 Diesen Anforderungen an den Inhalt einer Rangrücktrittsvereinbarung ist auch auf der Grundlage des durch das MoMiG umgestalteten Rechts (§ 19 Abs. 2 Satz 2, § 39 Abs. 2 InsO) im Wesentlichen zu genügen. Abweichend von dem früheren Verständnis kann die Erklärung nach dem Wortlaut des § 19 Abs. 2 Satz 2, § 39 Abs. 2 darauf beschränkt werden, hinter die Forderungen aus § 39 Abs. 1 Nr. 5 InsO zurückzutreten, ohne darüber hinaus eine Gleichstellung mit den Einlagerückgewähransprüchen zu verlautbaren.[920] In Einklang mit dem bisherigen Recht ist zur Vermeidung der andernfalls unumgänglichen Insolvenzantragspflicht (§ 15a InsO) zu verlangen, dass der Rangrücktritt auch den Zeitraum vor Verfahrenseröffnung erfasst. Eine Forderung kann nicht vor Verfahrenseröffnung durchsetzbar sein, nach Verfahrenseröffnung aber ausgeblendet werden, wenn es um die Feststellung der Überschuldung geht. Der Überschuldungsstatus würde die Schuldendeckungsfähigkeit nicht zutreffend abbilden, wenn eine vorinsolvenzliche Durchsetzungssperre fehlte. Diese rechtliche Würdigung entspricht dem Willen des Gesetzgebers, wonach – abgesehen

916 BGH, Urt. v. 5.3.2015 – IX ZR 133/14, Rn. 49.
917 BGHZ 204, 231 Rn. 14.
918 BGHZ 204, 231 Rn. 16.
919 BGHZ 204, 231 Rn. 17.
920 BGHZ 204, 231 Rn. 18.

von der Rangtiefe – an den von dem Bundesgerichtshof für eine Rangrücktrittsvereinbarung zwecks Befreiung von der Passivierungspflicht entwickelten Voraussetzungen festgehalten werden soll. Da die Neuregelung dem Geschäftsführer nach der Vorstellung des Gesetzgebers die Entscheidung, ob eine Forderung zu passivieren ist, erleichtern soll, muss ein Rangrücktritt, weil von seiner Reichweite die Geschäftsleiter treffende Insolvenzantragspflicht (§ 15a InsO) abhängt, gerade auch vor Verfahrenseröffnung gelten.[921]

cc) Rechtsfolge eines Rangrücktritts

319 Wird eine mit einem qualifizierten Rangrücktritt versehene Verbindlichkeit trotz Insolvenzreife beglichen, kann die Zahlung mangels eines Rechtsgrundes kondiziert werden.

(1) Schuldänderungsvertrag

320 Eine qualifizierte Rangrücktrittsvereinbarung stellt einen Schuld- oder Schuldänderungsvertrag dar, nach dessen Inhalt die Forderung des Gläubigers nicht mehr passiviert wird und nur im Falle eines die Verbindlichkeiten übersteigenden Aktivvermögens befriedigt werden darf. Aufgrund des Schuld- oder Schuldänderungsvertrages wird die Forderung mit dinglicher Kraft inhaltlich dahin umgewandelt, dass sie nicht mehr zu passivieren ist. Die Forderung bildet im Verhältnis zu den übrigen Gläubigern haftendes Kapital und darf deshalb nicht an den Forderungsinhaber ausbezahlt werden. Damit wird der Forderung vereinbarungsgemäß eine nachrangige Stellung zugewiesen, die eine Befriedigung nur aus freiem, nicht zur Schuldendeckung benötigten Vermögen der Gesellschaft gestattet. Durch die Vereinbarung wird die Rangfolge, aber nicht der Bestand der Forderung geändert, so dass etwaige Sicherungsrechte nicht berührt werden.[922] Infolge der Nachrangvereinbarung darf die Forderung nicht getilgt werden, wenn sich der Schuldner im Stadium der Insolvenzreife befindet. Darum verwirklicht sich in der Rangrücktrittsvereinbarung eine Durchsetzungssperre, die aufgrund einer rechtsgeschäftlichen Vereinbarung der Bindung kapitalersetzender Darlehen entspricht. Der Schuldner, der die Forderung bei Insolvenzreife entgegen der Rangrücktrittsvereinbarung berichtigt, hat infolge der Schuldänderung auf eine Nichtschuld geleistet.[923]

(2) Vertrag zugunsten Dritter

321 Eine Rangrücktrittsvereinbarung kann als Vertrag zugunsten Dritter (§ 328 Abs. 1 BGB), der zum Vorteil aller Gläubiger des Schuldners Rechte begründet, nicht durch eine Abrede des Schuldners mit dem Forderungsgläubiger aufgehoben werden.[924] Zugunsten der bisherigen Gläubiger, aber auch der nach Abschluss der Vereinbarung hinzutretenden Neugläubiger wird aufgrund der Rangrücktrittserklärung rechtsverbindlich bekundet, dass die zurücktretende Forderung mangels einer Passivierungspflicht nicht die Insolvenz des Schuldners auslösen wird, was – sofern nicht andere insolvenzverursachende Umstände hinzukommen – eine volle Befriedigung der übrigen Gläubigerforderungen erwarten lässt.[925] Im Interesse des Gläubigerschutzes ist es unumgänglich, eine Bindung der Vertragsparteien an eine Rangrücktrittserklärung anzuerkennen, die eine freie Aufhebung des Übereinkommens ausschließt. Darum kann die mit einer Rangrücktrittserklärung verbundene Vorsorge gegen den Eintritt eines Insolvenzgrundes nur verwirklicht werden, wenn den Gläubigern eine gesicherte Rechtsposition verschafft wird. Deshalb wird die Begründung eines selbständigen Rechts der Gläubiger bei einem Rangrücktritt stets miterklärt[926] Der Kreis der hierdurch begünstigten Gläubiger ist entgegen im Schrifttum geäußerter Bedenken hinreichend bestimmt. Es genügt, wenn die begünstigten Dritten nachträglich bestimmbar sind. Einer Beschränkung des Kreises der

921 BGHZ 204, 231 Rn. 19.
922 BGHZ 204, 231 Rn. 32.
923 BGHZ 204, 231 Rn. 34.
924 BGHZ 204, 231 Rn. 35.
925 BGHZ 204, 231 Rn. 37.
926 BGHZ 204, 231 Rn. 38.

in den Vertrag einbezogenen Dritten bedarf es nicht, wenn durch ihre Einbeziehung eine Ausweitung des Haftungsrisikos, was wegen der auf eine Einzelforderung beschränkten Durchsetzungssperre ausgeschlossen ist, nicht eintritt. Mithin kann ein Vertrag zugunsten sämtlicher Gläubiger eines Schuldners begründet werden.[927] Als Vertrag zugunsten Dritter kann eine Rangrücktrittsvereinbarung grundsätzlich nicht ohne Mitwirkung der begünstigten Gläubiger aufgehoben werden. Allerdings kann das Recht des Dritten gemäß § 328 Abs. 2 BGB an gewisse Voraussetzungen geknüpft werden. Die von einem Rangrücktritt erfasste Forderung darf nach dem Inhalt der maßgeblichen Vereinbarung aus freiem Vermögen der Schuldnerin beglichen werden. Ein Recht der Gläubiger wird folglich nicht begründet, wenn eine zur Deckung sämtlicher Verbindlichkeiten genügende Vermögensmasse vorhanden ist. Mithin ist eine Aufhebung einer Rangrücktrittserklärung ohne Mitwirkung der Gläubiger zulässig, wenn eine Insolvenzreife der Schuldnerin nicht vorliegt oder beseitigt ist.[928]

(3) Insolvenzanfechtung nach § 134 Abs. 1 InsO

322 Eine trotz eines qualifizierten Rangrücktritts im Stadium der Insolvenzreife bewirkte Zahlung kann als unentgeltliche Leistung angefochten werden.

(a) Unentgeltlichkeit

323 Unentgeltlich ist danach eine Leistung, wenn ein Vermögenswert des Verfügenden zugunsten einer anderen Person aufgegeben wird, ohne dass dem Verfügenden ein entsprechender Vermögenswert zufließen soll. Der insolvenzrechtliche Begriff der unentgeltlichen Leistung setzt eine Einigung über die Unentgeltlichkeit als solche nicht voraus. Maßgebend ist in erster Linie der objektive Sachverhalt. Erst wenn feststeht, dass der Zahlungsempfänger einen Gegenwert für seine Zuwendung erbracht hat, ist zu prüfen, ob gleichwohl der Hauptzweck des Geschäfts Freigiebigkeit gewesen ist. Bei Zahlung auf eine Nichtschuld fehlt es, selbst wenn einem bereicherungsrechtlichen Rückforderungsanspruch § 814 BGB entgegensteht, an der Entgeltlichkeit der Leistung.[929]

(b) Rechtswirkungen eines Rangrücktritts

324 Die Gewährung eines nach früherem Recht kapitalersetzenden Darlehens oder auch das Stehenlassen eines Darlehens mit der Folge seiner Umqualifizierung in Gesellschaftskapital ist als unentgeltliche Leistung des Gesellschafters an seine Gesellschaft zu bewerten. Der durch die Überlassung eigenkapitalersetzender Mittel bewirkte Rangrücktritt des Anspruchs auf Rückzahlung, der in der Insolvenz dessen wirtschaftliche Wertlosigkeit zur Folge hat, wird ohne ausgleichende Gegenleistung der Gesellschaft gewährt. Wird umgekehrt ein kraft Eigenkapitalersatzrecht gesperrter Zahlungsanspruch befriedigt, liegt wegen der verbotenen Zahlung aus dem Stammkapital eine unentgeltliche Leistung der Gesellschaft an den Gesellschafter vor.[930] Die Parteien haben mit einem Rangrücktritt ein rechtsgeschäftliches Zahlungsverbot vereinbart, als dessen Rechtsfolge Zahlungen des Schuldners an den Gläubiger im Stadium der Insolvenzreife ohne Rechtsgrund erbracht werden. Rechtlich sind ein gesetzliches und ein rechtsgeschäftliches Zahlungsverbot gleich zu behandeln. Mithin führt auch das zwischen den Parteien kraft des Rangrücktritts vereinbarte rechtsgeschäftliche Zahlungsverbot zur Rechtsgrundlosigkeit und damit Unentgeltlichkeit der Leistung.[931]

2. Gesellschafterbesicherte Darlehensansprüche

325 Einschlägige Vorschriften der InsO:

927 BGHZ 204, 231 Rn. 40 f.
928 BGHZ 204, 231 Rn. 42.
929 BGHZ 204, 231 Rn. 49.
930 BGHZ 204, 231 Rn. 51.
931 BGHZ 204, 231 Rn. 52.

§ 44a InsO Gesicherte Darlehen

In dem Insolvenzverfahren über das Vermögen einer Gesellschaft kann ein Gläubiger nach Maßgabe des § 39 Abs. 1 Nr. 5 für eine Forderung auf Rückgewähr eines Darlehens oder für eine gleichgestellte Forderung, für die ein Gesellschafter eine Sicherheit bestellt oder für die er sich verbürgt hat, nur anteilsmäßige Befriedigung aus der Insolvenzmasse verlangen, soweit er bei der Inanspruchnahme der Sicherheit oder des Bürgen ausgefallen ist.

a) Anwendungsvoraussetzungen

Der § 32a GmbHG a.F. nachgebildete § 44a InsO befasst sich mit **Darlehensforderungen** bzw. **gleichgestellten Forderungen außenstehender Dritter** gegen die Gesellschaft, für die ein **Gesellschafter** eine – wobei eine persönliche und dingliche gleichstehen – Sicherheit erbracht hat. Die Bestellung einer Sicherheit durch den Gesellschafter für ein Fremddarlehen entspricht wirtschaftlich einer unmittelbaren Darlehensgewährung durch ihn an die Gesellschaft. Deswegen ist die Regelung nur anwendbar, wenn die Sicherung **rechtswirksam** bestellt wurde. Die Vorschrift dürfte auch anwendbar sein, wenn die Gesellschaft neben dem Gesellschafter selbst eine Sicherung gewährt hat. Tatbestandlich muss sich also um eine Drittforderung gegen die Gesellschaft handeln, die der Gesellschafter besichert. 326

b) Vorrangige Geltendmachung gegen Gesellschafter

Forderungen dieser Art erleiden trotz der missverständlichen Formulierung des § 44a keinen **Nachrang** i.S.d. § 39 Abs. 1 Nr. 5 InsO. Die Vorschrift besagt lediglich, dass der Dritte mit Insolvenzeröffnung zunächst Befriedigung aus dem Gesellschaftervermögen suchen muss und nur mit seiner Restforderung am Insolvenzverfahren über das Vermögen der Gesellschaft teilnimmt. § 39 Abs. 1 Nr. 5 findet im Verhältnis des Gesellschafters zur Gesellschaft, aber nicht eines Drittgläubigers zur Gesellschaft Anwendung. Der Drittgläubiger nimmt an dem Insolvenzverfahren nur teil, soweit er bei der Inanspruchnahme der Sicherheit des Gesellschafters ausgefallen ist. Uneinheitlich beantwortet wird die Frage, ab wann und in welcher Höhe der Drittgläubiger seine Forderung in der Insolvenz der Gesellschaft anmelden darf. Die Anmeldung der Forderung in der Insolvenz der Gesellschaft setzt nicht voraus, dass der Gläubiger zuvor aus der Sicherheit gegen den Gesellschafter vorgegangen ist. Daran anknüpfend kann der Gläubiger die Forderung in voller Höhe und nicht nur den erwarteten Ausfallbetrag anmelden.[932] Es gilt nämlich der **Grundsatz der Doppelberücksichtigung** (§ 43 InsO), während das Ausfallprinzip des § 52 InsO unanwendbar ist, weil die Sicherheit nicht von der Gesellschaft selbst gestellt wurde.[933] 327

c) Rückgriff des Gesellschafters, Doppelsicherung

Löst der (sichernde) Gesellschafter das Darlehen ab, kann er seinen Regressanspruch gegen die Gesellschaft nur als **nachrangige Forderung** (§ 39 Abs. 1 Nr. 5 InsO) geltend machen.[934] Hat der Gesellschafter vor Insolvenzeröffnung tatsächlich ggü. der Gesellschaft Regress genommen, ist er – wenn dies binnen Jahresfrist vor Antragstellung geschah – der **Anfechtung** (§ 135 Abs. 1 Nr. 2 InsO) ausgesetzt.[935] Im Fall einer **Doppelsicherung** durch die Gesellschaft und den Gesellschafter muss die Gesellschaft die abgesonderte Befriedigung an der von ihr gegebenen – etwa dinglichen – Sicherheit dulden, erlangt dann aber einen Erstattungsanspruch gegen den Gesellschafter.[936] Weitergehend wird vertreten, dass der Gläubiger aus der Sicherheit gegen die Gesellschaft erst vorgehen darf, soweit er mit seiner Sicherheit gegen den Gesellschafter ausgefallen ist.[937] Genießt der 328

932 *Freitag*, WM 2007, 1681, 1684.
933 *Bitter*, in: MünchKommInsO, 2. Aufl., § 43 Rn. 23.
934 BGHZ 192, 9 Rn. 9; BGH, ZInsO 2013, 1577 Rn. 21; *Karsten Schmidt*, BB 2008, 1966, 1968.
935 BGHZ 192, 9 Rn. 9; BGH, ZInsO 2013, 1577 Rn. 21; *Karsten Schmidt*, BB 2008, 1966, 1970.
936 BGH, NJW 1985, 858.
937 *Bork*, in: FS Ganter, 2010, S. 136 ff.

Gesellschafter das Kleinbeteiligungs- oder Sanierungsprivileg, greift die Bestimmung nicht ein, weil in einem solchen Fall auch ein von dem Gesellschafter selbst gegebenes Darlehen nicht dem Nachrang des § 39 Abs. 1 Nr. 5 InsO unterfiele.[938]

3. Anfechtung der Befriedigung und Sicherung von Gesellschafterdarlehen

329 Einschlägige Vorschriften der InsO:
§ 135 InsO Gesellschafterdarlehen

(1) Anfechtbar ist eine Rechtshandlung, die für die Forderung eines Gesellschafters auf Rückgewähr eines Darlehens im Sinne des § 39 Abs. 1 Nr. 5 oder für eine gleichgestellte Forderung
1. *Sicherung gewährt hat, wenn die Handlung in den letzten zehn Jahren vor dem Antrag auf Eröffnung des Insolvenzverfahrens oder nach diesem Antrag vorgenommen worden ist, oder*
2. *Befriedigung gewährt hat, wenn die Handlung im letzten Jahr vor dem Eröffnungsantrag oder nach diesem Antrag vorgenommen worden ist.*

(2) Anfechtbar ist eine Rechtshandlung, mit der eine Gesellschaft einem Dritten für eine Forderung auf Rückgewähr eines Darlehens innerhalb der in Absatz 1 Nr. 2 genannten Fristen Befriedigung gewährt hat, wenn ein Gesellschafter für die Forderung eine Sicherheit bestellt hatte oder als Bürge haftete; dies gilt sinngemäß für Leistungen auf Forderungen, die einem Darlehen wirtschaftlich entsprechen.

(3) Wurde dem Schuldner von einem Gesellschafter ein Gegenstand zum Gebrauch oder zur Ausübung überlassen, so kann der Aussonderungsanspruch während der Dauer des Insolvenzverfahrens, höchstens aber für eine Zeit von einem Jahr ab der Eröffnung des Insolvenzverfahrens nicht geltend gemacht werden, wenn der Gegenstand für die Fortführung des Unternehmens des Schuldners von erheblicher Bedeutung ist. Für den Gebrauch oder die Ausübung des Gegenstandes gebührt dem Gesellschafter ein Ausgleich; bei der Berechnung ist der Durchschnitt der im letzten Jahr vor Verfahrenseröffnung geleisteten Vergütung in Ansatz zu bringen, bei kürzerer Dauer der Überlassung ist der Durchschnitt während dieses Zeitraums maßgebend.

(4) § 39 Abs. 4 und 5 gilt entsprechend.

a) Normzweck

330 Gesellschafterdarlehen, die einer GmbH in der Krise gewährt oder belassen werden, waren nach bisheriger, auf einer Analogie zu §§ 30, 31 GmbHG beruhender Rechtsprechung wie haftendes Eigenkapital zu behandeln. Infolge der Gleichsetzung der Kreditmittel mit Stammkapital war es der Gesellschaft verboten, das Darlehen an den Gesellschafter zurückzuzahlen. Gleichwohl erhaltene Darlehenstilgungen hatte der Gesellschafter der GmbH zu erstatten. Diese Rechtsprechungsregeln und damit die Rechtsfigur des **eigenkapitalersetzenden Darlehens** wurden i.R.d. **MoMiG** aufgegeben. Mit der Streichung der Rechtsprechungsregeln wurden die damit korrespondierenden §§ 32a, 32b GmbHG beseitigt. Das Tatbestandsmerkmal »kapitalersetzend« findet im neuen Recht keinen Platz mehr. Die Behandlung von Gesellschafterdarlehen wird folglich auf eine rein insolvenz- und anfechtungsrechtliche Basis gestellt: In der Insolvenz sind Gesellschafterdarlehen und gleichgestellte Verbindlichkeiten nach § 39 Abs. 1 Nr. 5 nachrangig; Tilgungsleistungen der Gesellschaft auf derartige Forderungen sind künftig auch in einer Krise unbedenklich zulässig; umgekehrt kann auch die Rückzahlung des Darlehens von der Gesellschaft nicht mehr unter Berufung auf eine Krise verweigert werden. Durch die Streichung des Kapitalersatzes entstehende Schutzlücken werden durch die Neufassung des § 135 (vgl. außerhalb der Insolvenz § 6 AnfG) geschlossen. § 135 Abs. 1 Nr. 1 unterwirft eine Rechtshandlung der Anfechtung, die innerhalb der letzten 10 Jahre vor dem Eröffnungsantrag für ein Darlehen oder eine gleichgestellte Forderung des Gesellschafters **Sicherung** gewährt hat; Entsprechendes gilt nach § 135 Abs. 1 Nr. 2 für eine Rechtshandlung, durch die dem Gesellschafter im letzten Jahr vor dem Eröffnungsantrag **Befriedigung** gewährt wurde. Damit

938 *Freitag*, WM 2007, 1681, 1684.

wird künftig nicht mehr auf eine »Krise«, sondern die Insolvenz der Gesellschaft abgehoben. § 135 Abs. 3 ist an die Stelle der kapitalersetzenden Nutzungsüberlassung getreten. Der anfechtungsrechtliche Regelungszweck des § 135 geht dahin, infolge des gesellschaftsrechtlichen Näheverhältnisses über die finanzielle Lage ihres Betriebs regelmäßig **wohlinformierten Gesellschaftern** die Möglichkeit zu versagen, der Gesellschaft zur Verfügung gestellte Kreditmittel zulasten **der Gläubigergesamtheit** zu entziehen.[939] Der Bundesgerichtshof geht davon aus, dass die Legitimationsgrundlage auch des neuen Rechts nach dem Inhalt der Gesetzesmaterialien mit der **Finanzierungsfolgenverantwortung** des Gesellschafters harmoniert.[940] Klagen auf Erstattung eines Gesellschafterdarlehens kann der Verwalter gem. § 22 ZPO am **Sitz der Gesellschaft** erheben.[941]

b) Anfechtung von Befriedigung und Sicherung

aa) Rechtshandlung, Gläubigerbenachteiligung

Die Anfechtung setzt entsprechend den allgemeinen Grundsätzen eine **Rechtshandlung** (§ 129 InsO) voraus,[942] durch welche die Gläubiger eine mindestens **mittelbare Benachteiligung** erfahren haben. Es gelten die allgemeinen Grundsätze: Eine Gläubigerbenachteiligung besteht, wenn die Befriedigungsmöglichkeit der Insolvenzgläubiger in irgendeiner Weise objektiv beeinträchtigt worden ist.[943] Wird ein besichertes Gesellschafterdarlehen innerhalb eines Jahres vor Antragstellung zurückgewährt, scheitert eine Anfechtung (§ 135 Abs. 1 Nr. 2 InsO) nicht an einer fehlenden Gläubigerbenachteiligung: Denn die Sicherung ist ihrerseits anfechtbar, wenn sie binnen 10 Jahren vor Antragstellung gewährt wurde (§ 135 Abs. 1 Nr. 1 InsO). Die Rechtshandlung braucht nicht von dem Schuldner herzurühren; anfechtbar sind auch Vollstreckungsmaßnahmen des Anfechtungsgegners, wegen der in Rede stehenden Forderungen also regelmäßig solche des **Gesellschafters.** Weitere objektive oder subjektive Erfordernisse stellt das Gesetz nicht auf. Die Befriedigung oder Besicherung nicht nachrangiger Insolvenzforderungen bildet keine Gläubigerbenachteiligung, wenn die Insolvenzmasse zur Befriedigung dieser Forderungen ausreicht und lediglich nachrangige Forderungen unberücksichtigt bleiben.[944] Zahlt ein Gesellschafter, dem im letzten Jahr vor dem Eröffnungsantrag von der Gesellschaft Darlehen zurückgewährt worden sind, die erhaltenen Beträge **an die Gesellschaft zurück**, um die ursprüngliche Vermögenslage der Gesellschaft wiederherzustellen, entfällt die mit der Rückgewährung eingetretene objektive Gläubigerbenachteiligung. Erfolgt die Rückzahlung auf ein im Soll geführtes Konto einer Bank, für das der Gesellschafter eine Sicherheit bestellt hat oder als Bürge haftet, kann die Rückführung des Saldos nach § 135 Abs. 2 anfechtbar sein.[945] Die in der Erstattung eines Gesellschafterdarlehens liegende Gläubigerbenachteiligung wird nicht beseitigt, indem der Gesellschafter die empfangenen Darlehensmittel zwecks Erfüllung einer von ihm übernommenen Kommanditeinlagepflicht an die Muttergesellschaft der Schuldnerin weiterleitet, welche der Schuldnerin anschließend Gelder in gleicher Höhe auf der Grundlage einer von ihr übernommenen Verlustdeckungspflicht zur Verfügung stellt.[946] Gewährt ein Gesellschafter seiner Gesellschaft fortlaufend zur Vorfinanzierung der von ihr abzuführenden Sozialversicherungsbeiträge Kredite, die in der **Art eines Kontokorrentkredits** jeweils vor Erhalt des Nachfolgedarlehens mit öffentlichen Beihilfen **abgelöst** werden, ist die Anfechtung wie bei einem Kontokorrentkredit auf die **Verringerung des Schuldsaldos im Anfechtungszeitraum** beschränkt.[947] Ebenso verhält es sich bei Zahlungen auf einen unwirksamen Darlehensvertrag.[948] Diese Grundsätze gelten nicht, wenn 331

939 BGH, ZInsO 2013, 543 Rn. 18.
940 BGH, ZInsO 2013, 543 Rn. 18.
941 *Heidel*, in: *Heidel/Pauly/Amend*, § 15 Rn. 300; vgl. ebendort Rn. 301 Formular einer Klageschrift.
942 BGH, ZInsO 2013, 1577 Rn. 15.
943 BGHZ 105, 168, 187.
944 BGH, ZInsO 2013, 609 Rn. 2 ff.
945 BGH, ZInsO 2013, 1577 Rn. 16.
946 BGH WM 2019, 1087 16 ff.
947 BGH, DB 2013, 810 Rn. 16 ff.
948 BGH, ZInsO 2019, 1734 Rn. 41.

mehrere der allgemeinen Liquiditätsbeschaffung dienende Darlehen nacheinander gewährt und angelöst werden. Hier ist vielmehr die Summe der Darlehen maßgeblich.[949]

332 Ausnahmsweise kommt es nicht zu einer Gläubigerbenachteiligung, wenn die **Masse** ohne die Anfechtung **ausreicht**, um **alle Gläubiger zu befriedigen**. Dies erfordert grundsätzlich auch die Deckung solcher Forderungen, gegen die ein Widerspruch erhoben worden ist, weil jener durch eine Feststellungsklage (§ 179 InsO) beseitigt werden kann. Grundsätzlich spricht freilich nach der Lebenserfahrung ein **Anscheinsbeweis** dafür, dass in dem eröffneten Verfahren die Insolvenzmasse nicht ausreicht, um alle Gläubigeransprüche zu befriedigen. Zur Entkräftung des Anscheinsbeweises muss sich der Anfechtungsgegner eingehend mit allen zum Vermögen des Schuldners gehörenden Posten befassen und aufzeigen, dass es heute noch ausreicht, um alle zu berücksichtigenden Gläubigerforderungen zu tilgen.[950]

332a Hat die Gesellschaft ein Darlehen ihrem Gesellschafter teilweise erstattet, wird die damit verbundene Gläubigerbenachteiligung durch eine nachfolgende Zahlung des Gesellschafters an die Gesellschaft nicht beseitigt, wenn der Gesellschaft in diesem Umfang eine weitere Darlehensforderung gegen den Gesellschafter zusteht. Durch die Zahlung des Gesellschafters von 4,5 Mio. € wird nicht ein früherer Darlehensvertrag über 3,5 Mio. € wiederhergestellt, wenn ein Anspruch der Schuldnerin auf Gewährung weiterer Darlehensmittel über 4,5 Mio. € besteht. Die Beseitigung einer Gläubigerbenachteiligung kommt nur in Betracht, wenn die fragliche Zahlung allein auf den Anfechtungsanspruch angerechnet werden kann. Diese Annahme verbietet sich, wenn eine sonstige Forderung der Schuldnerin gegen ihren Gesellschafter begründet ist.[951] Die hypothetische Erwägung, ob ein Darlehensanspruch der Schuldnerin gegen den Gesellschafter auch nach Verfahrenseröffnung bestanden hätte, ist im Rahmen der Insolvenzanfechtung ohne Bedeutung. Zum einen erfolgte die Darlehenszahlung vor und nicht nach Verfahrenseröffnung. Zum anderen hat der Gesellschafter bis zur Gewährung der Darlehensmittel von einem etwaigen außerordentlichen Kündigungsrecht nach § 490 BGB, dessen Voraussetzungen zudem nicht festgestellt sind, tatsächlich keinen Gebrauch gemacht.[952]

bb) Art der Forderung, Darlehensgeber, betroffene Gesellschaften

333 Der nach Insolvenzeintritt durch § 39 Abs. 1 Nr. 5 InsO angeordnete Nachrang von Gesellschafterdarlehen wird im Vorfeld der Insolvenz durchgesetzt, indem Rückzahlungen der Gesellschaft auf Forderungen dieser Art gem. § 135 InsO der Anfechtung unterliegen. § 135 Abs. 1 unterwirft mithin die Befriedigung und Sicherung eines **Gesellschafterdarlehens** und **gleichgestellter Forderungen** i.S.d. § 39 Abs. 1 Nr. 5 der Anfechtung. Die Tilgung kurzfristiger, spätestens binnen 3 Wochen zurückzuzahlender **Überbrückungskredite**, die nach früherem Recht nicht als Eigenkapitalersatz behandelt wurden, unterliegt wie jede andere Darlehensrückzahlung der Anfechtung.[953] Wandelt der Gesellschafter sein Darlehen in eine Kapitalrücklage um, fällt deren Auszahlung nicht in den Tatbestand des § 135 InsO; vielmehr sind lediglich § 130, 133 InsO einschlägig. Wird bei einem **cash-pool** ein Habensaldo von dem Geschäftskonto der Schuldnerin abgeführt und mittels Verrechnung ein ihr gewährtes Darlehen getilgt, kommt eine Anfechtung in Betracht. Das Bargeschäftsprivileg des § 142 InsO dürfte im Rahmen von § 135 InsO – also auch für einen cash-pool oder kurzfristige Überbrückungskredite – nicht gelten.[954] Im Blick auf den Charakter der Forderung, den Darlehensgeber und die betroffenen Gesellschaften kann auf die vorstehenden Ausführungen zu § 39 Abs. 1 Nr. 5, Abs. 4, 5 InsO verwiesen werden. Infolge der Verweisung des § 135 Abs. 4 auf § 39 Abs. 4 und 5 ist die Anfechtung ausgeschlossen, wenn der Darlehensgeber unter das Sanierungs- oder Kleinbeteiligtenprivileg fällt.

949 BGH, WM 2014, 329 Rn. 5 f.
950 BGH, DB 2014, 651 Rn. 20.
951 BGH, DB 2020, 53 Rn. 19.
952 BGH, DB 2020, 53 Rn. 21.
953 BGH, ZInsO 2013, 717 Rn. 14; BGH, ZInsO 2013, 1577 Rn. 29.
954 *Gehrlein*, BB 2011, 3, 6.

einer Sicherung. Eine Anfechtung nach § 135 Abs. 2 InsO scheidet aus, wenn die Rechtshandlung gegenüber dem Empfänger der Anfechtung nach § 135 Abs. 1 InsO unterliegt.[968] Eine Sicherung hat nicht deshalb unberücksichtigt zu bleiben, weil sie von dem Gesellschafter bestellt wurde, bevor er in die Gesellschafterstellung eingerückt ist. Ein Gesellschafter unterliegt als Sicherungsgeber auch dann der Anfechtung, wenn er seine **Beteiligung erst nach Gewährung der Finanzierungshilfe** erworben hat.[969] In der **Insolvenz der Gesellschaft** wäre der **Darlehensgeber** gem. § 44a InsO gehalten gewesen, sich vorrangig aus der von dem **Gesellschafter gestellten Sicherung** zu befriedigen. Vor Verfahrenseröffnung war der **Gesellschafter** verpflichtet, die **Gesellschaft** von einer Inanspruchnahme durch den Darlehensgeber **freizustellen.** In diesem Fall hätte seine **Regressforderung im Rang nach den Insolvenzforderungen** (§ 39 Abs. 1 Nr. 5 InsO) gestanden. Tilgt entgegen diesen Grundsätzen die Gesellschaft das Drittdarlehen, unterwirft § 135 Abs. 2 InsO die damit verbundene Befreiung des Gesellschafters von seiner Sicherung der Anfechtung. Der Regelung des § 135 Abs. 2 InsO liegt der Rechtsgedanke zugrunde, dass **es wirtschaftlich einer Darlehensgabe** des Gesellschafters an seine Gesellschaft (§ 135 Abs. 1 InsO) entspricht, wenn er einem Dritten für einen der Gesellschaft überlassenen Kredit eine Sicherung gewährt. Deswegen wird eine **Gesellschaftersicherung anfechtungsrechtlich wie Vermögen der Gesellschaft** behandelt und die Befreiung des Gesellschafters von seiner Sicherung der gläubigerbenachteiligen Rückführung eines Gesellschafterdarlehens gleichgestellt.[970]

Die Vorschrift setzt eine **Rechtshandlung der Gesellschaft** voraus, durch die eine Sicherung des Gesellschafters frei wird. Eine Rechtshandlung der Gesellschaft liegt in der mit ihrer Bank getroffenen **Kontokorrentabrede**, nach deren Inhalt Einzahlungen zu einer Verringerung des Kreditsaldos führen. Erbringt der Gesellschafter auf der Grundlage der Kontokorrentvereinbarung aus seinem Vermögen eine Zahlung auf das Kreditkonto, ist dies als Rechtshandlung der Gesellschaft zu bewerten, wenn der Gesellschafter mit der Zahlung einen **(künftigen) Rückgewähranspruch** aus § 135 Abs. 1 Nr. 2 InsO tilgt.[971] Gleiches gilt, wenn die Darlehensrückführung auch durch Kontoverfügungen des vorläufigen Verwalters veranlasst wurde, gleich ob er nur mitbestimmend (§ 21 Abs. 2 Satz 1 Nr. 2 Fall 2 InsO) tätig oder mit voller Verwaltungs- und Verfügungsbefugnis ausgestattet (§ 22 Abs. 1 Satz 1, § 21 Abs. 2 Satz 1 Nr. 2 Fall 1 InsO) ist.[972] 341

Als Sicherung sind neben der ausdrücklich genannten Bürgschaft **alle Personal- oder Sachsicherheiten** zu berücksichtigen.[973] Zahlungen der Gesellschaft an einen durch einen Gesellschafter gesicherten Gläubiger sind danach innerhalb **eines Jahres** anfechtbar. Freilich richtet sich die Anfechtung, weil der Tatbestand in der Sicherung der Gesellschaftsverbindlichkeit durch den Gesellschafter seine innere Rechtfertigung findet, nicht gegen den Gläubiger des Anspruchs, sondern gem. § 143 Abs. 3 Satz 1 InsO gegen den **Gesellschafter als Sicherungsgeber.**[974] Dies ist nur folgerichtig, weil der Gesellschafter durch die Leistung der Gesellschaft von seiner Sicherheit befreit wurde. Gegenstand der Anfechtung nach § 135 Abs. 2 InsO ist die Befreiung des Gesellschafters von der von ihm für ein Drittdarlehen übernommenen Sicherung.[975] Der Anspruch ist nach § 143 Abs. 3 Satz 2 InsO auf die Höhe der übernommenen Bürgschaft, bei einer dinglichen Sicherung auf den Wert der bestellten Sicherheit beschränkt. Handelt es sich um eine Realsicherheit, kann sich der Gesellschafter von der Inanspruchnahme befreien, indem er die als Sicherheit dienenden Gegenstände der Masse zur Verfügung stellt (§ 143 Abs. 3 Satz 3 InsO). Bei **Rückführung eines Kontokorrentkredits** bildet der **Höchstbetrag** des von der Gesellschaft **im letzten Jahr vor der Insolvenzeröffnung** in Anspruch genommenen Kredits den Ausgangspunkt für die Berechnung des gegen 342

968 BGH, Urt. v. 25.06.2020 – IX ZR 243/18, WM 2020, 1368 Rn. 13.
969 BGH, DB 2014, 651 Rn. 15.
970 BGH, DB 2014, 651 Rn. 18.
971 BGH, ZInsO 2013, 1577 Rn. 16.
972 BGH, DB 2014, 651 Rn. 9.
973 BGH, DB 2014, 651 Rn. 14.
974 BR-Drucks. 354/07, S. 132.
975 BGH, DB 2014, 651 Rn. 13.

den Gesellschafter gerichteten Erstattungsanspruchs. Soweit dieser Betrag aus Mitteln der Schuldnerin zurückgezahlt wurde, greift der Anfechtungsanspruch aus § 143 Abs. 3 Satz 1, § 135 Abs. 2 InsO gegen den Gesellschafter als Sicherungsgeber durch.[976] Besteht im Blick auf die Rückführung des Darlehens ein Anfechtungsanspruch gegen den Darlehensgeber und den Gesellschafter, hat der Verwalter die **Wahl**, welchen Anspruch er verfolgt.[977] Das Verhältnis zwischen Gesellschaft und Gesellschafter bestimmt und begrenzt den Anspruch; dieser kann nicht über das hinausgehen, was der **Gesellschafter** aus der **übernommenen Sicherheit geschuldet** hätte. Führt die Gesellschaft das besicherte Drittdarlehen nur teilweise zurück und kann es deshalb weiterhin zur Inanspruchnahme des Gesellschafters durch den Gläubiger der Gesellschaft kommen, darf die **Summe** aus dem Anspruch gem. § 135 Abs. 2, § 143 Abs. 3 und der **fortbestehenden Verpflichtung des Gesellschafters** aus der Sicherheit dessen ohne die teilweise Rückführung des Darlehens bestehende Verpflichtung nicht überschreiten. Ob und gegebenenfalls in welcher Höhe ein Anspruch besteht, kann im Fall einer nur teilweisen Rückführung des besicherten Drittdarlehens durch die Gesellschaft und einer der Höhe nach beschränkten Sicherheit nur beantwortet werden, wenn Feststellungen dazu getroffen sind, in **welcher Höhe** der Gesellschafter dem Gläubiger aus der Sicherheit **weiterhin verpflichtet** geblieben ist.[978]

343 Gegenstand der Anfechtung nach § 135 Abs. 2 InsO bildet die durch die Zahlung der Gesellschaft bewirkte Befreiung des Gesellschafters von der von ihm für ein Drittdarlehen übernommenen Sicherung. Folglich werden die Gesellschaftsgläubiger benachteiligt, wenn das durch den Gesellschafter besicherte Darlehen entgegen der Vorstellung des Gesetzes aus Mitteln der Gesellschaft getilgt wird. Tilgt eine Gesellschaft ein von ihr selbst und ihrem Gesellschafter besichertes Darlehen gegenüber dem Darlehensgeber, liegt die Gläubigerbenachteiligung bei der Anfechtung der Befreiung des Gesellschafters von seiner Sicherung in dem Abfluss der Mittel aus dem Gesellschaftsvermögen, weil der Gesellschafter im Verhältnis zur Gesellschaft zur vorrangigen Befriedigung der von ihm besicherten Verbindlichkeit verpflichtet ist (§ 44a InsO).[979] Wird eine Darlehensverbindlichkeit der GmbH, für welche die GmbH selbst und ein **Gesellschafter** Sicherheit geleistet haben, nach Eröffnung des Insolvenzverfahrens über das Vermögen der GmbH infolge der Verwertung der von ihr gegebenen Sicherheit getilgt und die Gesellschaftersicherheit dadurch frei, stellt sich die Frage, ob der Insolvenzverwalter darauf zugreifen kann. Sie ist von den Instanzgerichten kontrovers beurteilt worden.[980] Der Fall, dass ein **doppelt gesicherter Gläubiger** nach der Eröffnung des Insolvenzverfahrens über das Vermögen der Gesellschaft durch Verwertung der Gesellschaftssicherheit befriedigt und die Gesellschaftersicherheit hierdurch frei wird, ist gesetzlich nicht geregelt. Bei wertender Betrachtung besteht kein Unterschied zwischen der Rückzahlung eines gesellschaftergesicherten Darlehens innerhalb der Fristen des § 135 Abs. Nr. 2 InsO und derjenigen nach der Eröffnung des Insolvenzverfahrens. Der gesetzlich geregelte Fall (§ 135 Abs. 2, § 143 Abs. 3 InsO) lässt ausreichen, dass Mittel der Gesellschaft aufgewandt wurden und dass die vom Gesellschafter gestellte Sicherheit hierdurch freigeworden ist. Nichts anders gilt in dem Fall der Befriedigung des Gläubigers nach der Eröffnung des Insolvenzverfahrens. Darum ist der **Gesellschafter entsprechend § 143 Abs. 3 InsO** zur Erstattung des an den Gläubiger ausgekehrten Betrages zur Insolvenzmasse verpflichtet.[981]

344 Erfüllt der Schuldner einen Werkvertrag, für den ein Dritter eine Anzahlungsbürgschaft übernommen hat, liegt darin gegenüber dem Gesellschafter, der dem Dritten für die Bürgschaft eine Sicherheit gestellt hat, keine Rückgewähr einer gleichgestellten Forderung. Die von der Schuldnerin erbrachten Werkleistungen sind keine zur Anfechtung nach § 135 Abs. 2 InsO führenden Leistungen auf die allein von der Beklagten besicherten Ansprüche der Bank. Die Anzahlungsbürgschaften der

976 BGH, DB 2014, 651 Rn. 23.
977 BGH, DB 2014, 651 Rn. 25.
978 BGH, ZInsO 2013, 1577 Rn. 21 ff.
979 BGH, Urt. v. 13.07.2017 – IX ZR 173/16, ZInsO 2017, 1844 Rn. 14 ff.
980 Bejahend OLG Hamm (27. Senat) ZInsO 2011, 1602; verneinend OLG Hamm (8. Senat), ZInsO 2011, 820.
981 BGH, WM 2011, 2376.

Bank sicherten nur den bedingten Anspruch auf Rückgewähr der von dem Auftraggeber geleisteten Anzahlungen bei Scheitern der Vertragserfüllung. Der Anspruch auf Rückzahlung einer Vorleistung oder einer Abschlagszahlung ist ein aufschiebend bedingter Anspruch. Soweit die Schuldnerin die den jeweiligen Dritten geschuldeten Werke fertiggestellt hat und die Vertragserfüllung nicht gescheitert ist, sind die von den Anzahlungsbürgschaften gesicherten Forderungen nicht entstanden. Es kann dahinstehen, ob in der Werkleistung die Rückzahlung einer einem Darlehen wirtschaftlich entsprechenden Forderung des Auftraggebers gesehen werden könnte. Diese Forderung wurde von der Beklagten nicht besichert.[982]

d) Anspruch der Masse auf Nutzungsüberlassung

aa) Nutzungsanspruch

345 Die insolvenzrechtlichen Regelungen über Verträge finden auf Nutzungsverhältnisse zwischen Gesellschaft und Gesellschafter grds. Anwendung. Wählt der Verwalter Erfüllung des Vertrages, ist der Gesellschafter zur Gebrauchsüberlassung verpflichtet. Fehlt es an einem wirksamen Nutzungsverhältnis oder beendet der Insolvenzverwalter den Vertrag, begründet § 135 Abs. 3 ein gesetzliches Schuldverhältnis zwischen der Masse und dem Gesellschafter.[983]

(1) Verpflichteter

346 Der Gesetzgeber hat in Anlehnung an ein österreichisches Vorbild die Fallgruppe der eigenkapitalersetzenden Nutzungsüberlassung eigenständig und damit abweichend von dem in der bisherigen Rechtsprechung entwickelten Modell i.R.d. § 135 Abs. 3 InsO rechtsformneutral für alle Gesellschaften ohne natürliche Person als persönlich haftenden Gesellschafter geregelt. Danach ist der (nicht nach § 39 Abs. 4 und 5 InsO privilegierte) Gesellschafter, ein ihm **gleichgestellter Dritter** (§ 39 Abs. 1 Nr. 5 InsO)[984] wie auch ein **Dritterwerber** des von dem Gesellschafter überlassenen Gegenstandes im Interesse sachgerechter Sanierungsbemühungen verpflichtet, seinen **Aussonderungsanspruch** (§ 47 InsO) während der Dauer des Insolvenzverfahrens, längstens aber für eine Frist von **einem Jahr** ab dessen Eröffnung, nicht geltend zu machen. Eine Aussonderungssperre kann in der Insolvenz einer Gesellschaft auch gegenüber einem mittelbaren Gesellschafter geltend gemacht werden.[985]

(2) Erhebliche Bedeutung des Gegenstandes

347 Der Nutzungsanspruch ist nur gegeben, wenn der Gegenstand für die Fortführung des Unternehmens des Schuldners – was bei betrieblich genutzten Grundstücken regelmäßig anzunehmen ist, aber auch für bewegliche Sachen, Rechte und immaterielle Gegenstände gelten kann – von **erheblicher Bedeutung** (§ 21 Abs. 2 Satz 1 Nr. 5 InsO) ist.[986] Sie kann sich daraus ergeben, dass der Betriebsablauf ohne das Wirtschaftsgut tatsächlich oder wirtschaftlich erheblich beeinträchtigt oder gar unmöglich gemacht würde. Ferner muss hinzukommen, dass das Wirtschaftsgut zu dem gleichen (häufig ermäßigten; vgl. nachfolgend bb)) Entgelt von dritter Seite nicht erlangt werden kann. Entfällt die erhebliche Bedeutung vor Ablauf eines Jahres, ist der Gegenstand an den Gesellschafter herauszugeben. Die Bestimmung ist bei einer masselosen Insolvenz wie auch einer fehlenden Unternehmensfortführung[987] begrifflich unanwendbar. Gleiches dürfte gelten, wenn es zu einer übertragenden Sanierung kommt.[988] Da die Vorschrift unabdingbar ist, kann sie nicht durch **vertragliche Lösungsklauseln**, wonach das Nutzungsverhältnis infolge der Insolvenz endet, umgangen werden.[989]

982 BGH, Beschl. v. 26.01.2017 – IX ZR 125/15, WM 2017, 445 Rn. 7.
983 *G. Fischer,* in: FS Wellensiek, 2011, S. 443, 445 f.
984 *Gehrlein,* BB 2011, 3, 9 f.; *G. Fischer,* in: FS Wellensiek, 2011, S. 443, 447.
985 BGH, ZInsO 2015, 559 Rn. 47 ff.
986 *Wälzholz,* GmbHR 2008, 841, 848.
987 BGH, ZInsO 2015, 559 Rn. 62.
988 *Gehrlein,* BB 2011, 3, 9; *G. Fischer,* in: FS Wellensiek, 2011, S. 443, 447.
989 *Marotzke,* ZInsO 2008, 1281, 1283.

(3) Nutzungsverhältnis

348 Die Nutzungsüberlassung kann auf **Miete, Pacht**, einem Leasing- oder Lizenzvertrag, aber auch auf unentgeltlicher Leihe oder einem **nicht rechtsgeschäftlichen Gefälligkeitsverhältnis** beruhen. Wirkt ein Mietverhältnis gemäß § 108 Abs. 1 Satz 1 InsO über die Verfahrenseröffnung hinaus fort, kann der Gesellschafter auch nach Verfahrenseröffnung die vereinbarte vertragliche Miete als Masseverbindlichkeit beanspruchen.[990] In diesem Fall ist § 135 Abs. 3 mangels eines Aussonderungsrechts unanwendbar und weiter das volle vertraglich vereinbarte Nutzungsentgelt geschuldet. Eine Herabsetzung des Nutzungsentgelts nach § 135 Abs. 3 scheidet aus, wenn der Überlassungsvertrag fortwirkt und der Gesellschafter gegenüber dem Insolvenzverwalter keine Aussonderung verlangen kann.[991] Da die Vorschrift unabdingbar ist, kann sie nicht durch vertragliche Lösungsklauseln, wonach das Nutzungsverhältnis infolge der Insolvenzeröffnung endet, umgangen werden.[992] Der Verwalter muss nicht die Höchstnutzungsdauer von einem Jahr voll ausschöpfen, ist aber zur Vermeidung von Schadensersatzansprüchen gehalten, den Gesellschafter auf eine beabsichtigte Nutzungsbeendigung hinzuweisen, sobald sich diese abzeichnet.[993] Die Bestimmung ist mangels einer Betriebsfortführung im Fall einer masselosen Insolvenz wie auch einer Insolvenzeröffnung ohne Fortsetzung des Unternehmens unanwendbar. Wegen der gehinderten Unternehmensfortsetzung gilt Gleiches[994] im Fall einer Kollision mit zugunsten außenstehender Dritter bestellter **Grundpfandrechte**[995] und im Fall einer **Doppelinsolvenz** von Gesellschaft und Gesellschafter.[996] Die Rechtsfolgen des § 135 Abs. 3 InsO verwirklichen sich nur, wenn sich der Verwalter im Rahmen einer formfreien **einseitigen empfangsbedürftigen Willenserklärung** ggü. dem Gesellschafter ausdrücklich darauf beruft. Der Verwalter hat analog § 103 Abs. 2 Satz 2 und 3 InsO auf Anfrage des Gesellschafters unverzüglich zu erklären, ob der die Rechte aus § 135 Abs. 3 InsO wahrnimmt.

bb) Nutzungsentgelt

349 Bis Ablauf der Jahresfrist hat der Gesellschafter die Gegenstände zu den vereinbarten Konditionen, aber im Unterschied zu den bisherigen Rechtsprechungsregeln **nicht unentgeltlich** dem Betrieb zur Verfügung zu stellen.[997] Das für die Überlassung vereinbarte Entgelt bildet einschließlich der verabredeten Zahlungsmodalitäten für die nach der Verfahrenseröffnung liegenden Zeiträume eine **Masseverbindlichkeit** (§ 55 Abs. 1 Nr. 2 InsO), während vorherige Rückstände einfache, im Fall der Stundung sogar nach § 39 Abs. 1 Nr. 5 InsO nachrangige Forderungen darstellen. Damit statuiert die Vorschrift ein **gesetzliches, entgeltliches Nutzungsverhältnis** für den Zeitraum nach Insolvenzeröffnung.[998] War zwar eine bestimmte Vergütung vereinbart, diese aber nicht gezahlt worden, bemisst sich die Höhe nach dem im letzten Jahr vor der Insolvenzeröffnung – bei kürzer Überlassungsdauer während dieser Zeit – im **Durchschnitt** tatsächlich Geleisteten.[999] Nachzahlungen in Erwartung der alsbaldigen Verfahrenseröffnung bleiben außer Betracht. Abweichend vom Gesetzeswortlaut und in Einklang mit den sonstigen Anfechtungsnormen sollte auf den im letzten Jahr bis zum **Eröffnungsantrag** und nicht den im letzten Jahr bis zur Verfahrenseröffnung gezahlten Durchschnittsbetrag abgestellt werden, weil im Eröffnungsstadium regelmäßig keine Zahlungen erfolgen.[1000] Bei der Berechnung der durchschnittlichen Vergütung sind solche Zahlungen nicht

990 BGH, ZInsO 2015, 559 Rn. 58.
991 BGH, ZInsO 2015, 559 Rn. 57 ff.
992 *Marotzke*, ZInsO 2008, 1281 (1283).
993 *Karsten Schmidt*, DB 2008, 1727, 1734.
994 *Fischer/Knees*, ZInsO 2009, 745.
995 BGHZ 140, 147, 152 ff.
996 BGH, NJW 2008, 2188, 2189 Rn. 12 ff.
997 BGH, ZInsO 2015, 559 Rn. 34 ff.
998 BGH, ZInsO 2015, 559 Rn. 59; *Karsten Schmidt*, DB 2008, 1727, 1733.
999 BGH, ZInsO 2015, 559 Rn. 53, 55; *Hirte*, ZInsO 2008, 689, 693.
1000 BGH, ZInsO 2015, 559 Rn. 56; *Gehrlein*, BB 2011, 3, 9; *G. Fischer*, in: FS Wellensiek, 2011, S. 443, 447.

zu berücksichtigen, die der Verwalter wirksam angefochten hat.[1001] Maßgeblich ist das Entgelt, das der Gesellschafter trotz der Insolvenzeröffnung behalten darf.[1002] Abgesehen von § 135 Abs. 1 Nr. 2 InsO kommt in den letzten 3 Monaten vor Antragstellung auch eine Anfechtung nach § 130 InsO in Betracht. Ernsthaft eingeforderte, aber verspätet geleistete Zahlungen können nach § 130 anfechtbar sein, wenn die Zahlung innerhalb des 3-Monate-Zeitraums vor Antragstellung stattfand. Einer Anfechtung nach § 130 InsO kann bei pünktlicher Zahlung der Bargeschäftseinwand (§ 142 InsO) entgegenstehen. Trotz eines Bargeschäfts kann eine Vorsatzanfechtung (§ 133 Abs. 1 InsO) durchgreifen, wenn etwa ein deutlich überhöhtes Nutzungsentgelt gezahlt wird. Von dem Gesellschafter ohne Erfolg verlangte vereinbarte Zahlungen sind nicht zu berücksichtigen.[1003] Falls der Gesellschafter tatsächlich die geschuldete Vergütung nicht verlangt hat, wird ihm zugemutet, den Gegenstand der Gesellschaft auch weiter unentgeltlich zu belassen. Außerdem hat die weitere Nutzung auch dann unentgeltlich zu erfolgen, wenn es sich von vornherein um ein unentgeltliches Nutzungsverhältnis – Leihe – gehandelt hat. Wegen der Verweisung des § 135 Abs. 4 auf § 39 Abs. 3 und 4 InsO gelten zugunsten des Gesellschafters das **Sanierungs- und Kleinbeteiligtenprivileg.** Tritt ein außenstehender Dritter infolge des Erwerbs eines Grundstücks von einem Gesellschafter als Vermieter in dessen Mietverhältnis mit seiner Gesellschaft ein, ist er nicht verpflichtet, der Gesellschaft das Grundstück auf der Grundlage von § 135 Abs. 3 InsO zur Nutzung zu überlassen, auch wenn der Verkäufer hierzu verpflichtet wäre.[1004]

cc) Rechtsfolgen für Vertragsverhältnis zwischen Gesellschafter und Gesellschaft

Auf den Überlassungsvertrag zwischen dem Gesellschafter und der Gesellschaft sind grds. §§ 103 ff. InsO anwendbar. 350 Dabei ist zwischen Verträgen über **unbewegliche Sachen** und **sonstige Wirtschaftsgüter** zu unterscheiden: Nach § 109 Abs. 2 InsO besteht ein Mietverhältnis über **Immobilien** fort, sofern Grundstück oder Räumlichkeiten dem Schuldner vor Verfahrenseröffnung überlassen waren. In diesem Fall kann der Insolvenzverwalter die Erfüllung nicht nach § 103 InsO verweigern; das Nutzungsrecht des Verwalters beruht folglich auf dem Vertrag und nicht auf § 135 Abs. 3 InsO.[1005] Der Regelungsinhalt des § 108 Abs. 1 Satz 1 InsO beschränkt sich auf Miet- und Pachtverhältnisse des Schuldners über unbewegliche Gegenstände oder Räume. Miet- und Pachtverträge über bewegliche Gegenstände werden hingegen nicht von § 108 Abs. 1 Satz 1 InsO erfasst, sondern sind – sofern nicht der Sonderfall des § 108 Abs. 1 Satz 2 InsO vorliegt – gemäß § 103 InsO abzuwickeln. Betrifft ein Mietverhältnis unbewegliche und bewegliche Gegenstände, ist § 108 Abs. 1 Satz 1 InsO für den gesamten Vertrag maßgeblich, wenn die Vermietung des unbeweglichen Gegenstandes den Schwerpunkt des Vertrages ausmacht.[1006] Rückständige Nutzungsentgelte kann der Gesellschafter als Insolvenzgläubiger geltend machen (§ 108 Abs. 2 InsO); nachrangig im Sinne von § 39 Abs. 1 Nr. 5 InsO sind nur solche Entgeltforderungen, die der Gesellschafter darlehensgleich – faktisch gestundet – stehen gelassen hat. Darlehenegleich sind Forderungen aus einer Schuldverschreibung.[1007] Die Entgeltansprüche des Vermieters bilden ab Insolvenzeröffnung Masseforderungen (§ 55 Abs. 2 Nr. 1, § 108 InsO).[1008] Solange der Vertrag fortwirkt, ist das vereinbarte und nicht ein nach § 135 Abs. 3 vermindertes Entgelt zu bezahlen.[1009] Allerdings ist der Verwalter berechtigt, das Nutzungsverhältnis mit einer gesetzlichen Kündigungsfrist von 3 Monaten zu kündigen (§ 109 Abs. 1 Satz 1 InsO). Aus der Insolvenzsituation als solcher kann ein **fristloses Kündigungsrecht** nicht hergeleitet werden.[1010] Auch dem Gesellschafter als Vermieter ist ein auf die

1001 BGH, ZInsO 2015, 559 Rn. 55; *Rühle*, ZIP 2009, 1358, 1362.
1002 *G. Fischer*, in: FS Wellensiek, 2011, S. 443, 447.
1003 *G. Fischer*, in: FS Wellensiek, 2011, S. 443, 448 f.
1004 BGHZ 166, 125, 133.
1005 BGH, ZInsO 2015, 559 Rn. 58.
1006 BGH, ZInsO 2015, 559 Rn. 30.
1007 BGH WM 2019, 650 Rn. 58 ff.
1008 BGH, ZInsO 2015, 559 Rn. 58.
1009 BGH, ZInsO 2015, 559 Rn. 60 f.
1010 *Karsten Schmidt*, DB 2008, 1727, 1733.

Insolvenz gestütztes außerordentliches Kündigungsrecht verwehrt (§ 112 InsO). Die an das frühere tatsächliche Entgelt angepasste Vergütungspflicht gilt vor allem dann, wenn der Insolvenzverwalter von dem **Sonderkündigungsrecht** des § 109 InsO Gebrauch macht, aber die Weiternutzung des Vermögensgegenstandes beansprucht. Handelt es sich um **bewegliche Sachen** oder **Rechte**, hat der Verwalter nach § 103 InsO die Erfüllungswahl. Entscheidet er sich für eine Erfüllung, gilt das Nutzungsverhältnis **einschließlich der Vergütungsvereinbarung** fort.[1011] Lehnt der Verwalter die Erfüllung ab, kann der Gesellschafter als Vermieter, Verpächter, Leasing- oder Lizenzgeber den daraus folgenden Nichterfüllungsschaden als Insolvenzforderung beanspruchen (§ 103 Abs. 2 InsO). Selbst wenn der Verwalter Nichterfüllung wählt, kann er einer Aussonderung entgegentreten und die Rechte aus § 135 Abs. 3 InsO erheben. Dann tritt das **gesetzliche Nutzungsverhältnis** des § 135 Abs. 3 InsO an die Stelle des vertraglichen.[1012]

dd) Beendigung des Nutzungsverhältnisses vor Insolvenz

351 Ungeklärt ist, wie es sich rechtlich verhält, wenn das Nutzungsrecht vor Antragstellung – etwa durch den von § 181 BGB befreiten Alleingesellschafter/Geschäftsführer – beendet wird.[1013] Hier könnte man an eine Anfechtung (§§ 130, 131, 133 InsO) der auf die Nutzungsbeendigung gerichteten Rechtshandlung denken;[1014] erwogen wird auch, von den Gesellschafter einem Anspruch auf Wertersatz für den Entzug auf die Dauer eines Jahres zu unterwerfen.[1015] Ferner dürfte § 135 Abs. 3 InsO zulasten eines (ehemaligen) Gesellschafters anzuwenden sein, der seine Geschäftsanteile innerhalb der Jahresfrist des § 135 Abs. 1 Nr. 2 InsO veräußert hat. Hat der Gesellschafter den Nutzungsgegenstand auf einen Dritten übertragen, dürfte dieser ebenfalls den Pflichten des § 135 Abs. 3 unterliegen, falls die Veräußerung innerhalb der Jahresfrist des § 135 Abs. 1 Nr. 2 InsO erfolgte.[1016] Der Verweisung des § 135 Abs. 4 InsO auf § 39 Abs. 4 und 5 InsO, die **Umgehungen** gerade ausschließen sollen, ist nicht zu entnehmen, dass sich der Gesellschafter seiner Verpflichtung durch Übertragung des Vermögensgegenstandes auf Angehörige entziehen kann. Wirkt der **Geschäftsführer** an der vorzeitigen Beendigung des Nutzungsverhältnisses mit, kann er sich schadensersatzpflichtig machen.

ee) Nutzungsrecht bei Konkurrenz mit Drittansprüchen

352 Im Eigenkapitalersatzrecht war anerkannt, dass das unentgeltliche Nutzungsrecht der Gesellschaft bzw. des Insolvenzverwalters an einem mit einem Grundpfandrecht belasteten Grundstück des Gesellschafters mit dem Beschluss über die Anordnung der Zwangsverwaltung endet.[1017] Dies hat auch für das Nutzungsrecht aus § 135 Abs. 3 InsO zu gelten, weil der Grundpfandrechtsgläubiger als außenstehender Dritter nicht verpflichtet sein kann, sich mit einem ermäßigten Entgelt zu begnügen. Allerdings steht dem Verwalter in dieser Lage ein Ausgleichsanspruch gegen den Gesellschafter zu. Im Fall einer **Doppelinsolvenz** über das Vermögen der Gesellschaft und des Gesellschafters endete die Wirkung einer eigenkapitalersetzenden Gebrauchsüberlassung nach bisheriger Rechtsprechung spätestens mit Ablauf des der Insolvenzeröffnung über das Vermögen des Schuldners nachfolgenden Kalendermonat. Der insoweit maßgebliche Gedanke, dass Gläubiger des Gesellschafters nicht den Eigenkapitalersatzregeln unterstehen, ist auch auf das neue Recht übertragbar. Da die Gesellschaft im Vergleich zum Eigenkapitalersatzrecht durch die Verpflichtung zur Zahlung einer Nutzungsvergütung ungünstiger gestellt wird, wäre es nicht einsichtig, ihr im Fall eines Zugriffs von Gesellschaftergläubigern auf ein Grundpfandrecht oder bei Eintritt der Gesellschafterinsolvenz mehr Rechte als unter dem früheren Rechtszustand zuzuerkennen.[1018]

1011 *Gehrlein*, BB 2011, 3, 9.
1012 BGH, ZInsO 2015, 559 Rn. 61.
1013 Vgl. *Gehrlein*, BB 2011, 3, 10.
1014 *Rühle*, ZIP 2009, 1358, 1364; *Gruschinske*, GmbHR 2010, 179, 181 f.
1015 *Karsten Schmidt*, DB 2008, 1727, 1733.
1016 *Rühle*, ZIP 2009, 1358, 1364 f.
1017 BGHZ 140, 147.
1018 *Gehrlein*, BB 2011, 1, 10.

4. Einzelanfechtung

Einschlägige Vorschriften der InsO: 353

§ 6 InsO Gesellschafterdarlehen

(1) Anfechtbar ist eine Rechtshandlung, die für die Forderung eines Gesellschafters auf Rückgewähr eines Darlehens im Sinne des § 39 Abs. 1 Nr. 5 der Insolvenzordnung oder für eine gleichgestellte Forderung

1. *Sicherung gewährt hat, wenn die Handlung in den letzten zehn Jahren vor Erlangung des vollstreckbaren Schuldtitels oder danach vorgenommen worden ist, oder*
2. *Befriedigung gewährt hat, wenn die Handlung im letzten Jahr vor Erlangung des vollstreckbaren Schuldtitels oder danach vorgenommen worden ist.*

Wurde ein Antrag auf Eröffnung eines Insolvenzverfahrens nach § 26 Abs. 1 der Insolvenzordnung abgewiesen, bevor der Gläubiger einen vollstreckbaren Schuldtitel erlangt hat, so beginnt die Anfechtungsfrist mit dem Antrag auf Eröffnung des Insolvenzverfahrens.

(2) Die Anfechtung ist ausgeschlossen, wenn nach dem Schluss des Jahres, in dem der Gläubiger den vollstreckbaren Schuldtitel erlangt hat, drei Jahre verstrichen sind. Wurde die Handlung später vorgenommen, so ist die Anfechtung drei Jahre nach dem Schluss des Jahres ausgeschlossen, in dem die Handlung vorgenommen worden ist.

Die Anfechtbarkeit der Befriedigung von Gesellschafterdarlehen ist in §§ 6, 6a AnfG neu geregelt worden. Bei der außerhalb eines Insolvenzverfahrens eingreifenden Anfechtbarkeit wird der Zeitpunkt, ab dem die Anfechtungsfrist von einem bzw. 10 Jahren zurückgerechnet wird, im Interesse des Gläubigers vorverlegt. Da der Gläubiger Zeit benötigt, um einen Titel gegen die Gesellschaft zu erwirken, und erst nach erfolgloser Vollstreckung gegen die Gesellschaft zur Anfechtung schreitet, knüpfen die Anfechtungsfristen an den **Zeitpunkt der Erlangung des vollstreckbaren Schuldtitels** gegen die Gesellschaft als Berechnungsbeginn und nicht mehr an die Geltendmachung der Anfechtung an (§ 6 Abs. 1 Satz 1 AnfG). Wenn ein Antrag auf Eröffnung des Insolvenzverfahrens mangels Masse abgewiesen wurde, bevor der Gläubiger einen Schuldtitel erstritten hat, läuft die Frist gem. § 6 Abs. 1 Satz 2 AnfG in Angleichung an die Situation eines eröffneten Insolvenzverfahrens ab der **Antragstellung**. Jedoch bleibt es bei dem Zeitpunkt der Erlangung des Titels, wenn das Insolvenzverfahren erst danach eröffnet wurde.[1019] Die Zeit, die der Gläubiger benötigt, um einen vollstreckbaren Titel zu erlangen oder ein mangels Masse erfolgloses Insolvenzverfahren zu betreiben, wird nicht in die Anfechtungsfrist eingerechnet. § 6 Abs. 2 AnfG sieht, nachdem die Anfechtungsfrist nicht mehr an den Zeitpunkt der Geltendmachung der Anfechtung gebunden ist, für die Ausübung der Anfechtung eine Ausschlussfrist von 3 Jahren ab Erwirkung des Titels vor.[1020] Die in § 135 InsO entwickelten Grundsätze – etwa zum Ausscheiden eines Gesellschafters oder der Abtretung des Darlehens – sind auf § 6 AnfG zu übertragen. 354

§ 6a AnfG Gesicherte Darlehen 355

Anfechtbar ist eine Rechtshandlung, mit der eine Gesellschaft einem Dritten für eine Forderung auf Rückgewähr eines Darlehens innerhalb der in § 6 Abs. 1 Satz 1 Nr. 2 und Satz 2 genannten Fristen Befriedigung gewährt hat, wenn ein Gesellschafter für die Forderung eine Sicherheit bestellt hatte oder als Bürge haftete; dies gilt sinngemäß für Leistungen auf Forderungen, die einem Darlehen wirtschaftlich entsprechen. § 39 Abs. 4 und 5 der Insolvenzordnung und § 6 Abs. 2 gelten entsprechend.

Mit Hilfe von § 6a AnfG wird die Regelung des § 135 Abs. 2 InsO über die Bestellung einer Sicherheit in das Anfechtungsgesetz übernommen.[1021] Das Kleinbeteiligtenprivileg dürfte auch im Rahmen dieser Vorschrift gelten. In diesen Fällen hat nach § 11 AnfG der Gesellschafter die 356

1019 BR-Drucks. 354/07, S. 133.
1020 BR-Drucks. 354/07, S. 133.
1021 BR-Drucks. 354/07, S. 134.

Vollstreckung zu dulden oder den als Sicherung verwendeten Gegenstand dem Gläubiger zur Verfügung zu stellen.

G. Besonderheiten aufgrund der Corona-Pandemie

357 Zur wirtschaftlichen Bewältigung der Corona-Pandemie wurden weitreichende gesetzliche Regelungen geschaffen, die auch das Gesellschafts- und Insolvenzrecht betreffen. Hierzu kann nur ein grober Überblick gegeben werden.[1022]

I. Aussetzung der Insolvenzantragspflicht

358 Die Antragspflicht des § 15a InsO wird gem. § 1 Satz 1 COVInsAG für beide Insolvenzgründe, Zahlungsunfähigkeit (§ 17 InsO) und Überschuldung (§ 19 InsO), bis zum 30.09.2020 suspendiert. Die Antragspflicht wurde für den Insolvenzgrund der Überschuldung zwischenzeitlich bis 31.12.2020 ausgesetzt. Der Gesetzgeber verwehrt gem. § 1 Satz 2 COVInsAG die Aussetzung der Antragspflicht, wenn die Insolvenzreife nicht auf den Folgen der Ausbreitung des SARS-CoV-2-Virus (COVID-19-Pandemie) beruht oder wenn keine Aussichten darauf bestehen, eine bestehende Zahlungsunfähigkeit zu beseitigen. Folglich ist ein Insolvenzantrag zu stellen, wenn die Zahlungsunfähigkeit nicht durch die Folgen der Ausbreitung von COVID-19 ausgelöst wurde. Selbst wenn die Zahlungsunfähigkeit auf die Ausbreitung von COVID-19 zurückgeht, bleibt die Antragspflicht nach § 1 Satz 2 COVInsAG erhalten, falls keine Aussichten bestehen, eine bestehende Zahlungsunfähigkeit zu beseitigen. Dies bedeutet, dass eine coronabedingte Zahlungsunfähigkeit die Antragspflicht bei fehlenden Aussichten der Wiederherstellung der Zahlungsfähigkeit nicht suspendiert. Wer sich auf den in § 1 Satz 2 COVInsAG statuierten Ausnahmetatbestand und damit – vor dem Hintergrund der Tatbestände des § 64 GmbHG und der §§ 823 Abs. 2 BGB, § 15a InsO – auf eine fortbestehende Antragspflicht stützt, trägt hierfür nach dem Willen des Gesetzgebers die Beweislast. Erschwert wird die Beweislast, wenn der Schuldner Endes des Jahres 2019 nicht insolvenzreif war. Die Antragspflichtigen werden über die zu ihren Gunsten ausschlagende Beweislast zusätzlich durch die Vermutung des § 1 Satz 3 COVInsAG entlastet, dass bei bestehender Zahlungsfähigkeit zum 31.12.2019 grds. davon auszugehen ist, dass die spätere Insolvenzreife auf der COVID-19-Pandemie beruht und Aussichten darauf bestehen, eine bestehende Zahlungsunfähigkeit zu beseitigen.

II. Gläubigerantrag

359 Ein Gläubigerantrag könnte dazu führen, dass überlebensfähige Unternehmen in die Insolvenz geraten. Um dies zu verhindern, hat der Gesetzgeber die Bestimmung über die Aussetzung der Antragspflicht (§ 1 COVInsAG) durch § 3 COVInsAG ergänzt, der Gläubigeranträgen mithilfe einer Art Schonfrist zeitliche Schranken setzt. Wird ein Gläubigerantrag zwischen dem 28.03.2020 und 28.06.2020 gestellt, ist er nur begründet, wenn bereits am 01.03.2020 Insolvenzreife vorlag. Darin ist eine Verschärfung gegenüber § 27 InsO zu sehen, weil es für die Verfahrenseröffnung grundsätzlich genügt, wenn sich ein Insolvenzgrund im Zeitpunkt der Eröffnungsentscheidung verwirklicht und nicht zusätzlich zu einem vorgelagerten Zeitpunkt. Durch diese Regelung wird für einen Zeitraum von drei Monaten verhindert, dass von der COVID-19-Pandemie betroffene Unternehmen, die am 01.03.2020 noch nicht insolvent waren, durch Gläubigerinsolvenzanträge in ein Insolvenzverfahren gezwungen werden können.

III. Insolvenzverschleppungshaftung aus § 823 Abs. 2 BGB, § 15a InsO

Kommt es gem. § 1 COVInsAG zu keiner Aussetzung der Antragspflicht, weil es sich nicht um eine
360 coronabedingte Insolvenz handelt, gelten die anerkannten Haftungsgrundsätze weiter. Eine Verschleppungshaftung kann Geschäftsleiter nicht treffen, wenn die Antragspflicht gem. § 1 COVInsAG ausgesetzt ist. Ohne Antragspflicht gibt es keine Insolvenzverschleppung. Tritt Insolvenzreife ab dem 01.03.2020 ein, scheidet für danach eingegangene Verbindlichkeiten eine Verschleppungshaftung aus, solange – also mindestens bis 30.09.2020 – keine Antragspflicht besteht. Schwierig

---

1022 Vgl. etwa Gehrlein, DB 2020, 713.

gestaltet sich die Beurteilung von Sachverhalten, in denen schon vor dem 01.03.2020 Insolvenzreife eingetreten war, gleichwohl aber § 1 COVInsAG eingreift. Nach der in der Gesetzesbegründung zum Ausdruck kommenden Intention des Gesetzgebers, die Rechtswohltat des § 1 COVInsAG auch bereits insolventen Unternehmen, denen die Beweislastregel des § 1 Satz 2 COVInsAG oder die Vermutung des § 1 Satz 3 COVInsAG für die Zukunft zugutekommt, zu gewähren, sollte einer Verschleppungshaftung die nachträgliche Aussetzung der Antragspflicht in Einklang mit der Wertung des § 2 Abs. 2, 3 StGB auch für die Vergangenheit entgegenstehen. Jedenfalls müsste man, falls die Aussetzung der Antragspflicht die Haftung für die Vergangenheit nicht entfallen lässt, das Verschuldenserfordernis in einem neuen Licht betrachten.[1023]

IV. Insolvenzanfechtung

Die Insolvenzanfechtung wird erschwert, um Unternehmen, die von der Aussetzung der Antragspflicht profitieren, nicht vom Geschäftsverkehr abgeschnitten werden. 361

1. Darlehen

Besonders weitreichend wir der Schutz der Darlehensgeber ausgestaltet, die von der Anfechtung weitgehend freigestellt werden. 362

a) Kredite außenstehender Dritter

Die Kreditgewährung wird besonders privilegiert. Die bis zum 30.09.2023 erfolgende Rückgewähr eines in dem bis zum 30.09.2020 laufenden Aussetzungszeitraum gewährten neuen Kredits sowie die im Aussetzungszeitraum erfolgte Bestellung von Sicherheiten zur Absicherung solcher Kredite gilt nach § 2 Abs. 1 Nr. 2 Hs. 1 COVInsAG als nicht gläubigerbenachteiligend. Die Privilegierung erfasst während des Aussetzungszeitraums, mithin für bis zum 30.09.2020 gewährte neue Kredite und bis dahin bewilligte Sicherungen, die derartige Kredite betreffen. Wurde der Kredit bis 30.09.2020 ausgereicht, bildet eine bis zum 30.09.2023 erfolgende Rückgewähr des Kredits keine Gläubigerbenachteiligung. Eine bis zum 30.09.2020 für einen solchen Kredit gewährte Sicherung stellt dauerhaft, also über den 30.09.2023 hinaus, keine Gläubigerbenachteiligung dar. Infolge der fingierten fehlenden Gläubigerbenachteiligung (§ 129 InsO) scheidet eine Insolvenzanfechtung nach allen Tatbeständen aus. 363

b) Gesellschafterdarlehen

Ebenso wie Drittkredite werden Gesellschafterdarlehen privilegiert. § 2 Abs. 1 Nr. 2 Hs. 2 COVInsAG stellt klar, dass die Rückgewähr von Krediten durch Gesellschafter unter den gleichen Voraussetzungen wie die Rückgewähr von Drittfinanzierungen geschützt werden, um auch Gesellschaftern Anreize zu bieten, dem Unternehmen in der Krise Liquidität zuzuführen. Die Erstattung des Gesellschafterdarlehens ist kraft § 2 Abs. 1 Nr. 2 Hs. 2 COVInsAG als nicht gläubigerbenachteiligend und folglich unanfechtbar zu qualifizieren, wenn das neue Darlehen im Aussetzungszeitraum bis 30.09.2020 ausbezahlt und bis 30.09.2023 erstattet wurde. Auch § 135 Abs. 2 InsO ist unanwendbar. Dem Ziel, Gesellschafter zur Darlehensgewährung zu animieren, dient auch die Suspendierung des insolvenzrechtlichen Nachrangs (§ 39 Abs. 1 Nr. 5 InsO) von Gesellschafterdarlehen und von Forderungen aus wirtschaftlich vergleichbaren Rechtshandlungen durch § 2 Abs. 1 Nr. 2 Hs. 3 COVInsAG. Ebenso ist § 44a InsO unanwendbar, so dass der Gläubiger eine durch einen Gesellschafter gesicherte Forderung in der Insolvenz der Gesellschaft voll anmelden kann. Zu Recht nicht privilegiert wird die Stellung von Sicherheiten für ein Gesellschafterdarlehen. § 2 Abs. 1 Nr. 2 Hs. 2 COVInsAG erstreckt die Anwendung von Hs. 1 allein auf die Gewährung von Gesellschafterdarlehen, nicht aber auf deren Besicherung. 364

2. Deckungen

Während des Aussetzungszeitraums bis 30.09.2020 bewirkte Deckungshandlungen, also die Sicherung oder Befriedigung von Forderungen, werden durch § 2 Abs. 1 Nr. 4 InsCorAG anfechtungsfrei 365

1023 Vgl. Gehrlein, DB 2020, 713, 718.

gestellt. Rechtshandlungen, die dem anderen Teil eine Sicherung oder Befriedigung gewährt oder ermöglicht haben, die dieser in der Art und zu der Zeit beanspruchen konnte, sind in einem späteren Insolvenzverfahren nicht anfechtbar. Wie der Bezugnahme auf § 1 COVInsAG zu entnehmen ist, gilt die Regelung nur für im Aussetzungszeitraum bis 30.09.2020 vorgenommene Deckungen. Die anfechtungsrechtliche Privilegierung wird durch § 2 Abs. 1 Nr. 4 Satz 2 COVInsAG auf gewisse inkongruente, also nicht vertragsgemäße, Deckungen erstreckt. Weiterhin möglich bleibt die Anfechtung in der Aufzählung nicht genannter inkongruenter Deckungen.

Eine Ausnahme i.S. der Anfechtbarkeit ist gem. § 2 Nr. 4 Satz 1 Hs. 2 COVInsAG zu beachten, wenn dem anderen Teil bekannt war, dass die Sanierungs- und Finanzierungsbemühungen des Schuldners nicht zur Beseitigung einer eingetretenen Zahlungsunfähigkeit geeignet gewesen sind. Dann können sämtliche Anfechtungstatbestände, soweit ihre sonstigen Voraussetzungen eingreifen, angewendet werden. Eine Anfechtung kann also erfolgen, wenn dem anderen Teil bekannt war, dass die Sanierungs- und Finanzierungsbemühungen der Schuldnerin oder des Schuldners nicht zur Beseitigung der Insolvenzreife geeignet gewesen sind. Die Beweislast dafür liegt bei demjenigen, der sich auf die Anfechtbarkeit berufen möchte, also dem Insolvenzverwalter.

V. Coronabedingte Milderung des Überschuldungstatbestands

366 Schließlich sieht § 4 COVInsAG für die Prüfung der Fortführungsprognose des § 19 Abs. 2 Satz 1 InsO im Rahmen des Überschuldungsbegriffs mit Hilfe der Verkürzung des Prognosezeitraums eine erhebliche Milderung vor. Wenn die Schuldnerin zum 31. Dezember 2019 nicht zahlungsunfähig war (Nr. 1), in dem letzten, vor dem 1. Januar 2020 abgeschlossenen Geschäftsjahr ein positives Ergebnis aus der gewöhnlichen Geschäftstätigkeit erwirtschaftet hat (Nr. 2) und der Umsatz aus der gewöhnlichen Geschäftstätigkeit im Kalenderjahr 2020 im Vergleich zum Vorjahr um mehr als 40 vom Hundert eingebrochen ist (Nr. 3) verkürzt sich der Prognosezeitraum auf vier Monate. Richtigerweise sollte die Grundvoraussetzung in § 4 Nr. 1. COVInsAG abweichend vom Wortlaut statt fehlende Zahlungsfähigkeit als fehlende Überschuldung verstanden werden, weil eine am 31. Dezember 2019 zahlungsfähige, aber überschuldete und damit insolvente Gesellschaft nicht von den Corona-Erleichterungen profitieren sollte. Dies soll nur vorübergehend bis zu einer zu erwartenden Normalisierung der wirtschaftlichen Lage gelten; deshalb wird die Regelung bis zum 31. Dezember 2021 befristet. Dies bedeutet, dass durch die Corona-Krise in eine Schieflage geratene Unternehmen eine günstige Fortführungsprognose im Blick auf die Zahlungsfähigkeit von lediglich vier Monaten benötigen. Dies Milderung ist verantwortbar, weil sie nur Unternehmen zugute kommt, die vor der Corona-Krise Gewinne erwirtschaftet haben.

§ 64 Haftung für Zahlungen nach Zahlungsunfähigkeit oder Überschuldung

[1]Die Geschäftsführer sind der Gesellschaft zum Ersatz von Zahlungen verpflichtet, die nach Eintritt der Zahlungsunfähigkeit der Gesellschaft oder nach Feststellung ihrer Überschuldung geleistet werden. [2]Dies gilt nicht von Zahlungen, die auch nach diesem Zeitpunkt mit der Sorgfalt eines ordentlichen Geschäftsmanns vereinbar sind. [3]Die gleiche Verpflichtung trifft die Geschäftsführer für Zahlungen an Gesellschafter, soweit diese zur Zahlungsunfähigkeit der Gesellschaft führen mussten, es sei denn, dies war auch bei Beachtung der in Satz 2 bezeichneten Sorgfalt nicht erkennbar. [4]Auf den Ersatzanspruch finden die Bestimmungen in § 43 Abs. 3 und 4 entsprechende Anwendung.

Schrifttum

Altmeppen/Wilhelm, Quotenschaden, Individualschaden und Klagebefugnis bei der Verschleppung des Insolvenzverfahrens über das Vermögen der GmbH, NJW 1999, 673; *Altmeppen*, Persönliche Haftung des Aufsichtsrats für Verletzung der Massesicherungspflicht der Geschäftsleiter, ZIP 2010, 1973, 1976; *Arends/Möller*, Aktuelle Rechtsprechung zur Geschäftsführer-Haftung in Krise und Insolvenz der GmbH, GmbHR 2008, 169; *Bitter*, Corona und die Folgen nach dem COVID-19-Insolvenzaussetzungsgesetz (COVInsAG), ZIP 2020, 685; *Bitter*, § 64 GmbHG, Neustart durch den Gesetzgeber erforderlich, ZIP 2016, 6; *Böcker*, Wildwuchsbekämpfung und erster Formschnitt bei § 64 Satz 3 GmbHG, Besprechung des BGH-Urteils vom 9.10.2012 – II ZR 298/11, DZWiR 2013, 403; *Böcker/Poertzgen*, Kausalität und Verschulden beim künftigen § 64 Satz 3 GmbHG, WM 2007, 1203; *Bork*, Grundtendenzen des Insolvenzanfechtungsrechts, ZIP 2008, 1041; *Bork*, Pflichten der Geschäftsführung in Krise und Sanierung, ZIP 2011,

101; *Bork*, Besprechung des BGH-Urteils vom 9.10.2012 – II ZR 298/11, EWiR 2013, 75, 76; *Brand*, Insolvenzverursachungshaftung bei aufsteigenden Kreditsicherheiten, NZG 2012, 1374; *Brünkmans*, Insolvenzbedingte Sonderaktiva im Insolvenzgutachten für eine GmbH unter besonderer Berücksichtigung der Geschäftsführerhaftung aus § 64 Satz 1 GmbHG, ZInsO 2011, 2167; *Cahn*, Das Zahlungsverbot nach § 92 Abs. 2 Satz 3 AktG – aktien- und konzernrechtliche Aspekte des neuen Liquiditätsschutzes, Der Konzern 2009, 7; *Commandeur/Frings*, Zahlungen des GmbH-Geschäftsführers von debitorisch geführten Konten, NZG 2010, 613; *Dahl/Schmitz*, Probleme von Überschuldung und Zahlungsunfähigkeit FMStG und MoMiG, NZG 2009, 567; *Desch/Bunnemann*, Anmerkung zu OLG München, Urt. v. 06.05.2010 – 23 U 1564/10, BB 2010, 1881; *Fleck*, Zur Haftung des GmbH-Geschäftsführers, GmbHR 1974, 224; *Flume*, Die Haftung des GmbH-Geschäftsführers bei Geschäften nach Konkursreife der GmbH, ZIP 1994, 337; *Gehrlein*, Rechtliche Stabilisierung von Unternehmen durch Anpassung insolvenzrechtlicher Vorschriften in Zeiten der Corona-Pandemie, DB 2020, 713; *Gehrlein*, Die Behandlung von Gesellschaftsdarlehen durch das MoMiG, BB 2008, 846; *Giedinghagen/Göb*, Anm. zu BGH, Urt. v. 25.01.2011 – II ZR 16/09, EWiR 2011, 257; *Greulich/Bunnemann*, Geschäftsführerhaftung für zur Zahlungsunfähigkeit führende Zahlungen an die Gesellschafter nach § 64 II 3 GmbHG-RefE – Solvenztest im deutschen Recht, NZG 2006, 681; *Greulich/Rau*, Zur partiellen Insolvenzverursachungshaftung des GmbH-Geschäftsführers nach § 64 S 3 GmbHG-RegE, NZG 2008, 284; *Greulich/Rau*, Zur Insolvenzverursachungshaftung des Geschäftsleiters einer Auslandsgesellschaft mit Inlandsverwaltungssitz, NZG 2008, 565; *Haas*, Aktuelle Fragen zur Krisenhaftung des GmbH-Geschäftsführers nach § 64 GmbHG, GmbHR 2010, 1; *Haas*, Gewährt die Haftungsnorm in § 64 Satz 3 GmbHG ein Leistungsverweigerungsrecht?, DStR 2010, 1991; *Haas*, § 64 S. 3 GmbHG – Erste Eckpunkte des BGH, NZG 2013, 41; *Hölzle*, Gesellschafterfremdfinanzierung und Kapitalerhaltung im Regierungsentwurf des MoMiG, GmbHR 2007, 729; *Jordan*, Gläubigerschutz in der kapitallosen Gesellschaft, Diss. 2010; *Hölzle/Schulenberg*, Das »Gesetz zur vorübergehenden Aussetzung der Insolvenzantragspflicht und zur Begrenzung der Organhaftung bei einer durch die COVID-19-Pandemie bedingten Insolvenz (COVID-19-Insolvenzaussetzungsgesetz – COVInsAG)« – Kommentar, ZIP 2020, 633; *Kiefner/Langen*, Massesicherungspflicht und Versagen des Überwachungsorgans – Zum Haftungsgefälle zwischen obligatorischem und fakultativem Aufsichtsrat, NJW 2011, 192; *Knof*, Die neue Insolvenzverursachungshaftung nach § 64 Satz 3 RegE-GmbHG, DStR 2007, 1536; *Knof*, Die neue Insolvenzverursachungshaftung nach § 64 Satz 3 RegE-GmbHG (Teil II), DStR 2007, 1580; *Markgraf/Henrick*, Die D&O-Versicherung und § 64 S. 1 GmbHG – Schein-Assekuranz oder Risikoübernahme?, NZG 2018, 1290; *Nolting-Hauff/Greulich*, Was von der Insolvenzverursachungshaftung des Geschäftsführers nach § 64 S. 3 GmbHG bleibt – Zugleich Besprechung von BGH v. 9.10.2012 – II ZR 298/11, GmbHR 2013, 169; *Poertzgen*, Geschäftsführerhaftung aus § 64 Satz 1 GmbHG – Anwendungspraxis und rechtspolitische Kritik, ZInsO 2011, 305; *Poertzgen*, Die künftige Insolvenzverschleppungshaftung nach dem MoMiG, GmbHR 2007, 1258; *Poertzgen*, Neues zur Insolvenzverschleppungshaftung – der Regierungsentwurf des MoMiG, NZI 2008, 9; *Poertzgen*, Organhaftung wegen Insolvenzverschleppung, 2006; *Poertzgen*, Kommentar zu BGH v. 23.6.2015, GmbHR 2015, 929; *Poertzgen*, Anmerkung zum Urteil des BGH v. 8.12.2015, NZI 2016, 274; *Primozic/Brugugnone*, Geschäftsführerhaftung bei der Bestellung von Kreditsicherheiten, NJW 2013, 1709; *Ringel/Willemer*, Zur Anwendung von § 64 GmbHG auf eine englische Limited, NZG 2010, 56; *K. Schmidt*, Aufsichtsratshaftung bei Insolvenzverschleppung – Das »Doberlug« – BGH, Urt. v. 20.09.2010 als neues Zeugnis eines unausgereiften Haftungskonzepts, GmbHR 2010, 1319; *Römermann*, Die Aussetzung der Insolvenzantragspflicht im COVInsAG und ihre Folgen, NJW 2020, 1108; *K. SchmidtSchluck-Amend, Änderungen im Insolvenzrecht durch das COVID-19-Insolvenzaussetzungsgesetz, NZI 2020, 289; K. Schmidt*, Reform der Kapitalsicherung und Haftung in der Krise nach dem Regierungsentwurf des MoMiG, GmbHR 2007, 1072; *K. Schmidt*, Debitorisches Bankkonto und Insolvenzverschleppungshaftung – Ist Geben seliger denn Nehmen?, ZIP 2008, 1401; *Schön*, GmbH-Geschäftsführerhaftung für Steuerschulden – zur Konkurrenz zwischen dem Fiskus und den privatrechtlichen Gläubigern einer GmbH, FS Westermann, 2006, S. 1469; *Schulze-Osterloh*, Grenzen des Gläubigerschutzes bei fahrlässiger Konkursverschleppung, AG 1984, 141; *Schulze-Osterloh*, Zahlungen nach Eintritt der Insolvenzreife (§ 64 Abs. 2 GmbHG; §§ 92 Abs. 3, 93 Abs. 3 Nr. 6 AktG), FS Bezzenberger, 2000, S. 415; *Spliedt*, MoMiG in der Insolvenz – ein Sanierungsversuch, ZIP 2009, 149; *Strohn*, Existenzvernichtungshaftung, §§ 30, 31, 43 GmbHG und § 64 Satz 3 GmbHG – Koordinierungsbedarf?, ZHR 173 (2009), 589; *Strohn*, Faktische Organe – Rechte, Pflichten, Haftung, DB 2011, 158; *Theiselmann/Redeker*, Die Geschäftsführer-Haftung für Zahlungen nach Insolvenzreife, GmbHR 2008, 961; *Thole*, Die Aussetzung der Insolvenzantragspflicht nach dem COVID-19-Insolvenz-Aussetzungsgesetz und ihre weiteren Folgen, ZIP 2020, 650; *Weiß*, Strafbarkeit der Geschäftsführer wegen Untreue bei Zahlungen »entgegen« § 64 GmbHG?, GmbHR 2011, 350; *Winstel/Skauradszun*, Zahlungen an mehrere Gesellschafter in der Krise – Verteilungsmaßstäbe im Rahmen des § 64 Satz 3 GmbHG –, GmbHR 2011, 185.

Übersicht

A. Überblick

I. Inhalt, Geschichte

1 Die Vorschrift normiert zwei Geschäftsführerhaftungstatbestände für Zahlungen der Gesellschaft im zeitlichen Zusammenhang mit der Verwirklichung der materiellen Insolvenztatbestände der Zahlungsunfähigkeit (§ 17 InsO) und der Überschuldung (§ 18 InsO). Satz 1 betrifft Zahlungen, die nach Verwirklichung dieser Insolvenztatbestände geleistet werden. Satz 3 enthält einen separaten Haftungstatbestand, der an Zahlungen anknüpft, die zeitlich vor der Verwirklichung der genannten Insolvenztatbestände liegen können, aber die Insolvenz in gewisser Weise (mit-)verursacht haben. Während Satz 1 Zahlungen an jegliche Dritte erfasst, gilt Satz 3 nur für Zahlungen an Gesellschafter. Für beide Haftungstatbestände erklärt Satz 4 Vorschriften des § 43 Abs. 3 und 4 über Verzicht und Verjährung der Ansprüche sowie über Weisungen der Gesellschafter als Grund für die Zahlungen für anwendbar.

2 Die jetzige Fassung des § 64 galt abgesehen von Satz 3 von 1892 bis zum 31.10.2008 (MoMiG[1]) als Abs. 2 des § 64a.F.[2] Satz 3 wurde durch das MoMiG neu eingefügt. Die vormals in Abs. 1 geregelte Insolvenzantragspflicht der Geschäftsführer ist seither rechtsformübergreifend in § 15a InsO geregelt.[3]

II. Normzweck, Systematik, Andere Anspruchsgrundlagen

3 Satz 1 bezweckt unmittelbar den Gläubigerschutz.[4] Die Anspruchsberechtigung der Gesellschaft ist nur technisches Vehikel.[5] Zur Erreichung des Gläubigerschutzes zielt § 64 auf Masseerhaltung bzw. -sicherung durch haftungsbedingte Verhaltensanreize für die Verantwortlichen der Gesellschaft.[6]

1 Gesetz zur Modernisierung des GmbH-Rechts und zur Bekämpfung von Missbräuchen [MoMiG] v. 23.10.2008, BGBl. I, S. 2026.
2 Vgl. *K. Schmidt*, in: Scholz, GmbHG, § 64 Rn. 1.
3 Vgl. auch RegBegr. MoMiG, BT-Drucks. 16/6140, S. 55.
4 Vgl. BGH, GmbHR 2009, 654, 655; BGH, GmbHR 2000, 182, 183; *K. Schmidt*, in: Scholz, GmbHG, § 64 Rn. 6.
5 Anders *Altmeppen/Wilhelm*, NJW 1999, 673, 678 u. 681, die daraus einen primären Schutz der Gesellschaft und nur einen mittelbaren Schutz der Gläubiger herleiten.
6 Vgl. *Haas*, in: Baumbach/Hueck, GmbHG, § 64 Rn. 3.

Die Gleichbehandlung der Gläubiger ist kein selbstständiger Schutzzweck,[7] aus dem Rückschlüsse für Tatbestand und Rechtsfolge hergeleitet werden könnten, sondern lediglich allgemeines Ziel der insolvenzrechtlichen Normen (§ 1 InsO).[8] Auch Satz 3 dient unmittelbar dem Gläubigerschutz,[9] bedient sich dazu aber anders als Satz 1 des Konzepts eines Liquiditätsschutzes zugunsten der »außenstehenden« Gläubiger. Der Tatbestand ist auf die Verursachung der Zahlungsunfähigkeit durch Zahlungen speziell an Gesellschafter beschränkt. Eine echte Insolvenzverursachungshaftung[10] und damit eine Haftung für Handlungen im Vorfeld[11] materieller Insolvenz ergibt sich daraus im praktischen Ergebnis nur, wenn bei entsprechenden Zahlungen noch keine Überschuldung vorliegt.[12] Die vorrangige Befriedigung der Gläubiger[13] vor den Gesellschaftern ist kein eigenständiger Zweck des Satzes 3, sondern Reflex des Ziels der Verhinderung von Zahlungen an die Gesellschafter.[14]

Die Haftung nach Satz 1 steht in engem zeitlich-sachlichen Zusammenhang zur sog. Insolvenzverschleppungshaftung auf der Grundlage der Antragspflicht des § 15a InsO als Schutzgesetz i.S.d. § 823 Abs. 2 BGB (dazu ausführlich Vor § 64 Rdn. 73). § 64 selbst ist kein Schutzgesetz iSd. § 823 II BGB.[15] Nach BGH und herrschender Meinung handelt es sich dabei systematisch um der Art nach verschiedene Haftungstatbestände.[16] Satz 1 ist ein Ersatzanspruch eigener Art[17] und nicht deliktsrechtlicher[18] oder schadensersatzrechtlicher[19] Natur.[20] Deshalb sollen – freilich im Wege der Auslegung – Versicherungsbedingungen einer D&O-Versicherung, die sich auf »Schadensersatzansprüche« beziehen, nicht § 64 InsO umfassen.[21] § 830 BGB findet deshalb keine Anwendung,[22] ebenso wenig die Regel über die örtliche Zuständigkeit gemäß § 32 ZPO.[23] § 29 ZPO begründet 4

7 Unklar BGH, ZIP 2008, 747, 748. A.A wohl *Casper*, in: Ulmer/Habersack/Löbbe/Löbbe, GmbHG, § 64 Rn. 4.

8 Näher dazu *K. Schmidt*, in: Scholz, GmbHG, § 64 Rn. 6.

9 *Casper*, in: Ulmer/Habersack/Löbbe, GmbHG, § 64 Rn. 136.

10 *Casper*, in: Ulmer/Habersack/Löbbe, GmbHG, § 64 Rn. 136.

11 *K. Schmidt*, in: Scholz, GmbHG, § 64 Rn. 80; *Casper*, in: Ulmer/Habersack/Löbbe, GmbHG, § 64 Rn. 136.

12 Praktisch tritt Zahlungsunfähigkeit häufig erst ein, wenn die Gesellschaft bereits überschuldet ist, also materielle Insolvenz nach § 19 InsO vorliegt, vgl. Vor § 64 Rn. 18. s.a. *Strohn*, ZHR 173 (2009), 589, 590 f.

13 Vgl. *Haas*, in: Baumbach/Hueck, GmbHG, § 64 Rn. 7, der dies aus einer Übertragung der Wertung des § 199 Satz 2 InsO ableitet.

14 Kritisch *Casper*, in: Ulmer/Habersack/Löbbe, GmbHG, § 64 Rn. 136.

15 BGH, ZInsO 2020, 362, 362 f.; BGH, ZInsO 2019, 1529, 1529 f.

16 Vgl. BGH, NJW 1994, 2220, 2223; *Haas*, in: Baumbach/Hueck, GmbHG, § 64 Rn. 7; *Kleindiek*, in: Lutter/Hommelhoff, GmbHG, § 64 Rn. 4. Ebenso zu § 130a Abs. 2 HGB, obwohl dieser von »Ersatz des entstandenen Schadens« spricht, BGH, GmbHR 2007, 936, 937; *Casper*, in: Ulmer/Habersack/Löbbe, GmbHG, § 64 Rn. 12: Bestätigung der Sichtweise durch die Verschiebung der Insolvenzantragspflicht von § 64 Abs. 1 a.F. in § 15a InsO; a.A. *K. Schmidt*, in: Scholz, GmbHG, § 64 Rn. 10 f.: Einheitlicher Tatbestand der Insolvenzverschleppungshaftung aus §§ 823 Abs. 2 BGB, 15a InsO und § 64 als deliktischer Schadensersatzanspruch. Wiederum anders *Altmeppen*, in: Roth/Altmeppen, GmbHG, § 64 Rn. 35, der den Schutzgesetzcharakter der Insolvenzantragspflicht (§ 15a InsO) in Abrede stellt und in § 64 Satz 1 auch die Haftung wegen Insolvenzverschleppung einheitlich verankert sieht. Zur Frage, ob § 64 neben §§ 823 Abs. 2 BGB, 15a InsO entbehrlich ist, vgl. *Haas*, in: Baumbach/Hueck, GmbHG, § 64 Rn. 146: nicht entbehrlich; *Poertzgen*, NZI 2008, 9, 12: entbehrlich; vgl. auch *Poertzgen*, ZInsO 2011, 305, 311 ff.

17 BGH, NJW 1974, 1088, 1089.

18 BGH, GmbHR 2008, 702, 703.

19 BGH, GmbHR 2007, 596, 597.

20 OLG Brandenburg, Urt. v. 26.02.2013 – 6 U 32/11, juris Rn. 97 ff.; vgl. *Haas*, in: Baumbach/Hueck, GmbHG, § 64 Rn. 12.

21 OLG Düsseldorf, NZI 2018, 758, 760 ff.; dagegen zu Recht *Haas*, in: Baumbach/Hueck, GmbHG, § 64 Rn. 44; *Markgraf/Henrick*, NZG 2018, 1290, 1294.

22 BGH, GmbHR 2008, 702, 703; *Casper*, in: Ulmer/Habersack/Löbbe, GmbHG, § 64 Rn. 81; *Haas*, in: Baumbach/Hueck, GmbHG, § 64 Rn. 12 u. 14. Im Ergebnis, aber von seinem Standpunkt aus mit anderer Begründung, ebenso *K. Schmidt*, in: Scholz, GmbHG, § 64 Rn. 55: Beweiserleichterung des § 64 komme nur den Geschäftsführern zugute.

23 LG Magdeburg, Beschl. v. 19.04.2012, – 5 O 2044/11, juris Rn. 4.

die Zuständigkeit am Sitz der Gesellschaft, da der Anspruch auf das organschaftliche Verhältnis zw. Gesellschaft und Geschäftsführer gestützt ist; Erfüllungsort ist grundsätzlich der Sitz der Gesellschaft.[24] Jedenfalls bei eröffnetem Insolvenzverfahren in Deutschland sind deutsche Gerichte entsprechend Art. 3 der Verordnung (EG) Nr. 1346/2000 des Rates vom 29.5.2000 über Insolvenzverfahren international zuständig, auch wenn der Beklagte seinen Wohnsitz in einem Drittstaat hat.[25] Inhalt und Umfang der Ersatzpflicht werden nicht auf einen Gesamtgläubigerschaden begrenzt, sondern sind weitergehend grds. an der vollumfänglichen Wiederauffüllung der durch den zahlungsbedingten Vermögensabfluss geschmälerten Masse ausgerichtet.[26] Während der Haftung für die Verletzung der Insolvenzantragspflicht eine zeitlich-verfahrensrechtliche Perspektive zugrunde liegt, hat Satz 1 eine gegenständliche Perspektive bezogen auf die konkreten Zahlungen. Weitere Ersatzansprüche gegen Geschäftsführer im Zusammenhang mit der Insolvenz können sich neben § 64[27] insb. aus § 43 Abs. 2,[28] aus §§ 280 Abs. 1, 311 Abs. 3 BGB sowie §§ 823 Abs. 2 BGB i.V.m. § 263 StGB bzw. anderweitigen Schutzgesetzen wie z.B. §§ 82 Abs. 2 Nr. 2, 265b StGB, §§ 331 ff. HGB, § 15a Abs. 4 InsO,[29] aus § 826 BGB[30] und aus § 823 Abs. 1 BGB wegen Beeinträchtigung der Positionen von Sicherungsnehmern der Gesellschaft[31] oder wegen verfrühter Antragstellung[32] ergeben. Auch der Straftatbestand der Untreue (§ 266 StGB) soll nach einer Ansicht bei Verstoß gegen § 64 GmbHG verwirklicht sein können.[33]

5 Satz 3 führt im Ergebnis zu einer Ausschüttungssperre im Vorfeld materieller Insolvenz und weist insoweit Ähnlichkeiten zu § 30 Abs. 1 auf.[34] Die dortige bilanzielle, auf das Stammkapital bezogene Betrachtungsweise wird durch die hier maßgebliche Betrachtung der Solvenz bzw. Liquidität ergänzt.[35] Zudem bestehen Ähnlichkeiten zur angelsächsischen Figur des *solvency test*[36] sowie zur deutschen Figur des *existenzvernichtenden Eingriffs*.[37] Anders als §§ 30, 31 oder die Existenzvernichtungshaftung trifft die Haftung aus Satz 3 nur die Geschäftsführer.[38] In Satz 3 wird zudem eine Vorverlagerung des Zahlungsverbots aus Satz 1[39] sowie eine Ergänzung der

24 BGH, NZG 2019, 1113, 1113 f.; OLG München, NZG 2017, 749, 749.

25 EuGH, NZG 2015, 154, 154 ff.; BGH, NZI 2014, 881, 881 f.;.

26 A.A. *K. Schmidt*, in: Scholz, GmbHG, § 64 Rn. 11: Ausgleich nur der Quotenverringerung, die durch Insolvenzverschleppung entstanden ist.

27 *Haas*, in: Baumbach/Hueck, GmbHG, § 64 Rn. 218.

28 Wegen Unterlassens Erfolg versprechender Sanierungs- und Restrukturierungsmaßnahmen, dazu Vor § 64 Rn. 64. Allgemein zu den Pflichten der Geschäftsführung in der Krise *Bork*, ZIP 2011, 101, 101 ff. Zum Verhältnis der Streitgegenstände zw. § 64 und § 43 siehe OLG München, ZInsO 2018, 2310, 2314 f.

29 *Haas*, in: Baumbach/Hueck, GmbHG, § 64 Rn. 214.

30 Unterlassen der Aufklärung über die »Krisensituation«, vgl. insb. zur Haftung ggü. der Arbeitsverwaltung BGH, GmbHR 2008, 315, 316; BAG, GmbHR 1998, 1221, 1225.

31 *Haas*, in: Baumbach/Hueck, GmbHG, § 64 Rn. 212.

32 Vgl. zu Eingriffen in die Mitgliedschaft BGH, MDR 1990, 901, 903; OLG München, ZIP 1990, 1552, 1553.

33 Vgl. dazu *Weiß*, GmbHR 2011, 350, 358.

34 *K. Schmidt*, in: Scholz, GmbHG, § 64 Rn. 78 f.; vgl. zu den allgemeinen Grundlagen den Überblick bei *Jordan*, S. 139 ff.

35 RegE MoMiG, BT-Drucks. 16/6140, S. 46; *Haas*, in: Baumbach/Hueck, GmbHG, § 64 Rn. 7.

36 RegE MoMiG, BT-Drucks. 16/6140, S. 46; *K. Schmidt*, in: Scholz, GmbHG, § 64 Rn. 79; *K. Schmidt*, GmbHR 2007, 1072, 1079. Eine unbesehene Übertragung dürfte aber nicht möglich, sondern eine eigenständige Entwicklung auf der Grundlage des Sorgfaltsmaßstabs des Satzes 2 maßgeblich sein, vgl. *Casper*, in: Ulmer/Habersack/Löbbe, GmbHG, § 64 Rn. 137.

37 Der BGH sieht Satz 3 als weitere gesetzliche Regelung des existenzvernichtenden Eingriffs, BGH, NZG 2012, 1379, 1381. RegE MoMiG, BT-Drucks. 16/6140, S. 46; vgl. auch *Casper*, in: Ulmer/Habersack/Löbbe, GmbHG, § 64 Rn. 137.

38 Dazu *K. Schmidt*, in: Scholz, GmbHG, § 64 Rn. 81: deshalb sei der Hinweis der Regierungsbegründung, Satz 3 enthalte keine abschließende Regelung der Existenzvernichtungshaftung, überflüssig.

39 *Haas*, in: Baumbach/Hueck, GmbHG, § 64 Rn. 7; hingegen sieht *K. Schmidt*, in: Scholz, GmbHG, § 64 Rn. 18 u. 78 ff. darin wegen seiner Ansicht zu Satz 1, darin sei kein Zahlungsverbot enthalten, zwar keine Vorverlagerung, erkennt aber in Satz 3 ebenfalls ein Zahlungsverbot und nimmt die Haftung nach Satz 3

Insolvenzanfechtungstatbestände insb. des im Einzelfall häufig wegen seiner zeitlichen und subjektiven Voraussetzungen nicht eingreifenden § 135 InsO[40] gesehen. Im Ergebnis kann Satz 3 zur zeitlichen Vorverlagerung der Wertung des insolvenzrechtlichen Nachrangs von Gesellschafterdarlehen (§ 39 Abs. 1 Nr. 5 InsO)[41] und zu einem entsprechenden Zahlungsverbot im vorinsolvenzlichen Bereich führen, obwohl seit dem MoMiG nach § 30 wegen dessen Abs. 1 Satz 3 allgemein keine Besonderheiten mehr für Gesellschafterdarlehen gelten.[42]

Satz 1 beinhaltet ein selbstständiges Zahlungsverbot ab Eintritt materieller Insolvenz (§§ 17, 19 InsO).[43] Satz 3 statuiert ein Zahlungsverbot, nicht i.S.d. Vertiefung materieller Insolvenz, sondern i.S.d. Verursachung von Zahlungsunfähigkeit.[44] 6

III. Anwendungsbereich

Der für jede GmbH einschließlich der UG (haftungsbeschränkt) geltende § 64 wird in § 71 Abs. 4[45] sowie über § 71 Abs. 4 auch in den Fällen der §§ 75, 77 in Bezug genommen. Nach wohl überwiegender Ansicht gilt die Vorschrift auch für die Vor-GmbH.[46] Weder § 19 InsO noch § 64 gelten für die Vorgründungsgesellschaft.[47] Keine Anwendung findet die Vorschrift auf den Verein.[48] Sätze 1 und 3 stellen materielles Insolvenzrecht dar und gelten somit für nach ausländischem Recht gegründete Gesellschaften mit Verwaltungssitz im Inland,[49] nicht aber ohne Weiteres für reine inländische Zweigniederlassungen einer ausländischen Hauptniederlassung.[50] 7

In zeitlicher Hinsicht gilt das Zahlungsverbot nach Satz 1 ab Eintritt der Überschuldung oder Zahlungsunfähigkeit,[51] auch bereits vor Ablauf der 3-Wochenfrist des § 15a InsO,[52] und über den Zeitpunkt einer Insolvenzantragstellung hinaus bis zur Eröffnung des Insolvenzverfahrens.[53] Mit Verfahrenseröffnung gelten ausschließlich die Regeln des Insolvenzverfahrens, auch für den 8

---

damit aus dem von ihm befürworteten einheitlichen Haftungstatbestand einer Insolvenzverschleppungshaftung heraus.

40 Begr. RegE MoMiG, BT-Drucks. 16/6140, S. 46. Dazu *K. Schmidt*, in: Scholz, GmbHG, § 64 Rn. 79.

41 Ausdrücklich BGH, NZG 2012, 1379, 1380.

42 Vgl. *Gehrlein*, BB 2008, 846, 849; vgl. zur strafrechtlichen Bedeutung bzgl. Bankrott gemäß § 283 StGB in Abgrenzung zur bloßen Gläubigerbegünstigung gemäß § 283c StGB: BGH, NZI 2017, 542, 543 f.

43 BGH, Urt. v. 25.01.2011 – II ZR 196/09, juris Rn. 13; BGH, GmbHR 2010, 1200, 1202; vgl. dazu auch *K. Schmidt*, in: Scholz, GmbHG, § 64 Rn. 11, der das in § 64 Abs. 1 enthaltene Zahlungsverbot jedoch nur als Teil eines einheitlichen Verbots- und Haftungstatbestandes des »wrongful trading« betrachtet, dessen dogmatische Grundlage in § 823 Abs. 2 BGB zu finden sei.

44 *K. Schmidt*, in: Scholz, GmbHG, § 64 Rn. 79 f.

45 Vgl. *Haas*, in: Baumbach/Hueck, GmbHG, § 64 Rn. 44.

46 *Haas*, in: Baumbach/Hueck, GmbHG, § 64 Rn. 44; *Nerlich*, in: Michalski, GmbHG, § 64 Rn. 6. Zur Geltung des Insolvenzgrundes der Überschuldung vgl. *Haas*, in: Baumbach/Hueck, GmbHG, § 64 Rn. 44.

47 *Casper*, in: Ulmer/Habersack/Löbbe, GmbHG, § 64 Rn. 32; *Haas*, in: Baumbach/Hueck, GmbHG, § 64 Rn. 44.

48 BGH, DStR 2010, 1143, 1144; *Altmeppen*, in: Roth/Altmeppen, GmbHG, § 64 Rn. 5.

49 RegE MoMiG, BT-Drucks. 16/6140, S. 47; zu § 64 Abs. 2 a.F. BGH, NZG 2017, 1034, 1035; BGH, NZG 2016, 550, 551 und BGH, NZG 2015, 101, 102 f. sowie EuGH, NZG 2016, 115 ff. und weiter OLG Jena, NZI 2013, 807, 807 f. m. krit. Anm. *Poertzgen* sowie KG, GmbHR 2010, 99, 100; zu § 64 Sätze 1 und 3: *Casper*, in: Ulmer/Habersack/Löbbe, GmbHG, § 64 Rn. 35; *Haas*, in: Baumbach/Hueck, GmbHG, § 64 Rn. 45 ff., 59; *Müller*, in: MünchKommGmbHG, § 64 Rn. 143; ebenso, aber mit anderer Begründung *Altmeppen*, in: Roth/Altmeppen, GmbHG, § 64 Rn. 5: nicht disponibles Gläubigerschutzrecht; einschränkend *Greulich/Rau*, NZG 2008, 565, 569 zur Ltd. Anders bzgl. Satz 1 dagegen *Ringe/Willemer*, NZG 2010, 56, 57. Zu Satz 2 a.A. *K. Schmidt*, in: Scholz, GmbHG, § 64 Rn. 80, da wegen Bezugs zu § 30 genuines Gesellschaftsrecht.

50 *Casper*, in: Ulmer/Habersack/Löbbe, GmbHG, § 64 Rn. 36.

51 BGH, GmbHR 2009, 654, 655.

52 BGH, GmbHR 2009, 654, 655; *Haas*, in: Baumbach/Hueck, GmbHG, § 64 Rn. 84; a.A. *Theiselmann/Redeker*, GmbHR 2008, 961, 964.

53 *Haas*, in: Baumbach/Hueck, GmbHG, § 64 Rn. 146 u. 60; *Bitter/Baschnagel*, ZInsO 2018, 557, 574.

Fall der Eigenverwaltung.[54] Ordnet das Insolvenzgericht vor Insolvenzeröffnung ein allgemeines Verfügungsverbot nach § 21 Abs. 2 Satz 1 Nr. 2, 1. Alt. InsO an, endet die Anwendbarkeit des § 64 insoweit bereits in diesem Zeitpunkt. Die Anordnung eines bloßen Zustimmungsvorbehalts nach § 21 Abs. 2 Satz 1 Nr. 2, 2. Alt. InsO soll der Anwendbarkeit hingegen nicht entgegenstehen.[55] Bei Satz 3 besteht die Besonderheit, dass er bereits im Vorfeld materieller Insolvenz und darüber hinaus (Überschuldung) so lange eingreifen kann, wie noch keine Zahlungsunfähigkeit eingetreten ist.

B. Haftung nach § 64 Satz 1 u. 2

I. Geschäftsführer

9 Haftungsadressaten und damit Schuldner des Erstattungsanspruchs aus Satz 1 sind die Geschäftsführer[56] und im Fall des § 71 Abs. 4 die Liquidatoren. Daneben trifft die Haftung auch sog. faktische Geschäftsführer.[57] Wegen der eigenständigen Bedeutung des § 64können aus § 15a InsO keine Erweiterungen abgeleitet werden.[58] Insb. Gesellschafter, Mitglieder eines Aufsichts- oder Beirats oder Prokuristen sind daher ohne Weiteres keine Haftungsadressaten.[59] Dies gilt für Gesellschafter auch im Fall der Führungslosigkeit.[60] Insb. Aufsichts- und ggf. Beiratsmitglieder können aber aufgrund der Verletzung ihrer eigenen Überwachungspflicht im Zusammenhang mit der Insolvenz haften.[61] Die Haftung der Mitglieder eines fakultativen Aufsichtsrats setzt allerdings anders als § 64 einen Schaden der Gesellschaft voraus, der noch nicht bei bloßer Minderung der Insolvenzmasse und damit i.d.R. nicht vorliegt.[62] Eine Haftung nach den Grundsätzen der Teilnahme scheidet mangels Anwendbarkeit des § 830 BGB aus (Rdn. 4).

10 Sind mehrere Geschäftsführer bestellt, sind sie – vorbehaltlich ggf. einer Geschäftsverteilung[63] – ungeachtet einer etwaigen internen Ressortverteilung und etwaiger Vertretungsregelungen jeweils einzeln nach § 64 verantwortlich, mehrere als Gesamtschuldner.[64] Entscheidend ist die formale Geschäftsführerposition, auf den Grund der Übernahme des Amtes kommt es nicht an.[65] Sachlich

---

54 Vgl. *Haas*, in: Baumbach/Hueck, GmbHG, § 64 Rn. 87. Anders generell OLG Hamm, ZIP 1980, 280, 281; anders für das Eigenverwaltungsverfahren: *Klinck*, DB 2014, 938, 942; kritisch auch *Bitter/Baschnagel*, ZInsO 2018, 557, 575 f.

55 BFH, NZI 2018, 117, 119; *Bitter/Baschnagel*, ZInsO 2018, 557, 574; bei pflichtgemäßer Zustimmung des vorläufigen Insolenzverwalters ist jedoch zugleich von einer nach Satz 2 privilegierten Zahlung auszugehen, vgl. *Haas*, in: Baumbach/Hueck, GmbHG, § 64 Rn. 85.

56 Auch wer das Amt nur »kommissarisch« übernimmt und auch bereits vor Eintragung im Handelsregister, OLG München, GmbHR 2017, 147, 147.

57 Vgl. BGH, GmbHR 2008, 702, 703; *Kleindiek*, in: Lutter/Hommelhoff, GmbHG, § 64 Rn. 6; *Haas*, in: Baumbach/Hueck, GmbHG, § 64 Rn. 16; ausführlich *Strohn*, DB 2011, 158, 158 ff. Zur restriktiven Handhabung der Figur des faktischen Geschäftsführers vgl. OLG München, BKR 2010, 505, 507 f.

58 Anders *Haas*, in: Baumbach/Hueck, GmbHG, § 64 Rn. 16, der eine Erstreckung über natürliche Personen hinaus auf Personenmehrheiten befürwortet.

59 *Kleindiek*, in: Lutter/Hommelhoff, GmbHG, § 64 Rn. 8; *Haas*, in: Baumbach/Hueck, GmbHG, § 64 Rn. 14.

60 *Kleindiek*, in: Lutter/Hommelhoff, GmbHG, § 64 Rn. 8; vgl. auch *Poertzgen*, NZI 2008, 9, 11; a.A. *Haas*, in: Baumbach/Hueck, GmbHG, § 64 Rn. 14; *K. Schmidt*, in: Scholz, GmbHG, § 64 Rn. 55.

61 Vgl. § 52 GmbHG, §§ 116, 93 AktG, vgl. auch *Kleindiek*, in: Lutter/Hommelhoff, GmbHG, § 64 Rn. 9.

62 BGH, NJW 2011, 221, 222 (*Doberlug*); kritisch dazu mit Blick auf das Haftungskonzept des § 64 insgesamt *K. Schmidt*, GmbHR 2010, 1319, 1321; vgl. auch *Kiefner/Langen*, NJW 2011, 192, 196, die zudem innerhalb des obligatorischen Aufsichtsrats zwischen paritätischer und Drittelmitbestimmung differenzieren und bei Letzterer den Verweis auf §§ 116, 93 AktG teleologisch reduzieren und § 93 Abs. 3 Nr. 6 AktG ausnehmen wollen.

63 Dazu BGH, NZG 2019, 225, 225 f.

64 BGH, NZG 2019, 225, 225 ff. u. 229; BGH, GmbHR 1994, 460, 461; *Haas*, in: Baumbach/Hueck, GmbHG, § 64 Rn. 13.

65 *Haas*, in: Baumbach/Hueck, GmbHG, § 64 Rn. 13.

muss dem in Anspruch Genommenen die konkrete Zahlung aufgrund einer Veranlassung oder pflichtwidrigen Unterlassung durch ihn zurechenbar sein.[66] Ist ein Anspruch einmal entstanden, kann er nicht mehr durch Amtsniederlegung beseitigt werden.[67]

II. Zurechenbar geleistete Zahlungen

1. Definition

Der Begriff der »Zahlungen« wird untechnisch verstanden und nach Maßgabe des Normzwecks 11
weit ausgelegt.[68] Satz 1 dient der Masseerhaltung und -sicherung im Stadium materieller Insolvenz. Daher wird unter Zahlung allgemein jede die Masse schmälernde Vermögensleistung aus dem Gesellschaftsvermögen verstanden.[69] Für den Tatbestand der Zahlung als solchen ist irrelevant, ob eine Verpflichtung zur Vornahme der Zahlung bestand und aus welchen Motiven sie sonst vorgenommen wurde.[70]

2. Geschütztes Gesellschaftsvermögen

Eine Zahlung setzt die Betroffenheit des geschützten Gesellschaftsvermögens voraus. Dieses kann 12
unter Rückgriff auf die Grundsätze des § 35 InsO bestimmt werden.[71] Zahlungen aus echten Drittmitteln[72] sind ebenso unschädlich wie die Herausgabe von Vermögensgegenständen, für die in der Insolvenz ein Aussonderungsrecht besteht.[73] Deshalb ist die Weggabe eines Treugutes an den aussonderungsberechtigten Treugeber keine Zahlung.[74] Das Kriterium des aussonderungsfähigen Treugutes ist auch für die Beurteilung von Zahlungen von Konzerngesellschaften an die insolvente Gesellschaft zwecks Weiterleitung an Gläubiger der einzahlenden Konzerngesellschaft oder der insolventen Gesellschaft maßgeblich.[75] Eine bloße Zweckabrede bzw. Weisung der Konzerngesellschaft als Gesellschafter reicht zur Begründung einer Masseneutralität nicht aus, kann aber im Rahmen einer Gesamtschau bzw. des Satzes 2 relevant sein.[76] Unerheblich ist sowohl die Herkunft der Mittel als auch die Tatsache, dass es sich wirtschaftlich um einen »durchlaufenden Posten« handelt.[77] Entscheidend ist, dass die Mittel in das Schuldnervermögen gelangt und dort für Gläubiger

---

66 BGH, GmbHR 2009, 937, 938 zu § 130a Abs. 2 HGB; *Kleindiek*, in: Lutter/Hommelhoff, GmbHG, § 64 Rn. 7; *Haas*, in: Baumbach/Hueck, GmbHG, § 64 Rn. 62.

67 Vgl. *Haas*, in: Baumbach/Hueck, GmbHG, § 64 Rn. 15; vgl. zu von der Ansicht des BGH und der h.M. gänzlich anderen Einordnungen des Zahlungsbegriffs auf der Grundlage einer anderen dogmatischen Einordnung des § 64 *Altmeppen*, in: Roth/Altmeppen, GmbHG, § 64 Rn. 35 ff.

68 *K. Schmidt*, in: Scholz, GmbHG, § 64 Rn. 28; *Altmeppen*, in: Roth/Altmeppen, GmbHG, § 64 Rn. 10; *Haas*, in: Baumbach/Hueck, GmbHG, § 64 Rn. 67.

69 Vgl. BGH, NJW 2009, 1598, 1599; *K. Schmidt*, in: Scholz, GmbHG, § 64 Rn. 28; *Altmeppen*, in: Roth/Altmeppen, GmbHG, § 64 Rn. 10; *Kleindiek*, in: Lutter/Hommelhoff, GmbHG, § 64 Rn. 15 f.; *Nerlich*, in: Michalski, GmbHG, § 64 Rn. 14.

70 OLG Celle, GmbHR 2008, 101, 102; *Haas*, in: Baumbach/Hueck, GmbHG, § 64 Rn. 66.

71 *Haas*, in: Baumbach/Hueck, GmbHG, § 64 Rn. 64; *Theiselmann/Redeker*, GmbHR 2008, 961, 966; für das Anfechtungsrecht vgl. BGH, ZIP 2007, 435, 436.

72 *Haas*, in: Baumbach/Hueck, GmbHG, § 64 Rn. 65.

73 OLG Hamburg, NZG 2010, 1225, 1225; *Haas*, in: Baumbach/Hueck, GmbHG, § 64 Rn. 65; vgl. auch BGH, NJW 1987, 2433, 2434.

74 BGH, DStR 2008, 1346, 1347; *K. Schmidt*, in: Scholz, GmbHG, § 64 Rn. 34; *Haas*, in: Baumbach/Hueck, GmbHG, § 64 Rn. 65.

75 BGH, DStR 2008, 1346, 1347: Masseneutralität nur bei Verbuchung der eingehenden Gelder auf einem Treuhandkonto unter Begründung von Aussonderungsrechten nach § 47 InsO für den Treugeber; BGH, NJW 2003, 2316, 2317 (Weiterleitung einer von Organgesellschaft erhaltenen Gutschrift durch Geschäftsführer des Organträgers an Finanzamt bei Organschaft); zur GmbH & Co. KG, OLG Celle, ZIP 2007, 2210, 2210.

76 BGH, DStR 2008, 1346, 1347; *Haas*, in: Baumbach/Hueck, GmbHG, § 64 Rn. 65.

77 *Kleindiek*, in: Lutter/Hommelhoff, GmbHG, § 64 Rn. 16.

pfändbar geworden sind.[78] Umgekehrt zählt Treuhandvermögen der Gesellschaft als Treugeberin zum geschützten Vermögen.[79]

13 Eine Sondervorschrift enthält § 28e Abs. 1 Satz 2 SGB IV.[80] Danach gilt seit dem 01.01.2008[81] die Zahlung des von dem Beschäftigten zu tragenden Anteils des Gesamtsozialversicherungsbeitrags als aus dem Vermögen des Beschäftigten erbracht. Daraus wird teilweise abgeleitet, dass das geschützte Gesellschaftsvermögen insoweit erst gar nicht betroffen ist.[82] Die Rechtsprechung scheint dem nicht zu folgen.[83]

14 Nicht betroffen ist das geschützte Gesellschaftsvermögen durch die bloße Begründung von Verbindlichkeiten der Gesellschaft, die deshalb nach richtiger Ansicht des BGH keine Zahlung darstellt.[84] Das gilt zudem für den Abschluss gegenseitiger Verträge, auch wenn es zu einer Haftung nach § 103 Abs. 2 InsO kommt.[85] Allenfalls werden die Befriedigungsaussichten der Gesamtgläubigerschaft verschlechtert. Entscheidend ist aber, ob die verteilungsfähige Masse angegriffen wird.[86] Sobald der Gesellschaft im Zusammenhang mit der neu begründeten Verbindlichkeit Mittel zufließen, die nicht dem Vollstreckungszugriff der Gläubiger entzogen sind, ist das geschützte Gesellschaftsvermögen bei Verwendung dieser Mittel betroffen. Dies kann auch bei einem reinen Passivtausch der Fall sein. Führt eine Überweisung von einem debitorischen Konto an einen (anderen) Gläubiger der Gesellschaft unter Inanspruchnahme einer (noch weiteren) Kreditlinie – wenn auch nur für eine logische Sekunde – zu einem pfändbaren[87] Auszahlungsanspruch, ist das Gesellschaftsvermögen entgegen der wohl vom BGH vertretenen Ansicht[88] betroffen.[89] Dass Gesellschaftszahlungen zulasten eines debitorischen Kontos – so der BGH – im Ergebnis grundsätzlich (Rdn. 15) zulasten der Bank als Gläubigerin gehen, kann erst im Rahmen einer Gesamtschau Berücksichtigung finden (Rdn. 21 ff.).

15 Mit Blick auf den Zweck der Verhinderung einer Masseverkürzung ist das geschützte Vermögen nicht betroffen, wenn die abfließenden Gegenstände wertlos oder den tatsächlichen Wert erschöpfend mit Rechten Dritter belastet sind.[90] Nicht betroffen ist das geschützte Vermögen auch bei Zahlungen an absonderungsberechtigte Gläubiger bis zur Höhe des Wertes des Sicherungsgutes.[91] Dies gilt auch bei

78 *Kleindiek*, in: Lutter/Hommelhoff, GmbHG, § 64 Rn. 16.

79 Vgl. auch OLG Düsseldorf, ZIP 1998, 2101, 2102.

80 Vgl. dazu insgesamt *Haas*, in: Baumbach/Hueck, GmbHG, § 64 Rn. 65.

81 Zum zeitlichen Anwendungsbereich der Norm BGH, ZIP 2008, 747, 748; OLG Hamburg, ZIP 2008, 749, 749.

82 So ausdrücklich noch *Haas*, in: Baumbach/Hueck, GmbHG, § 64 Rn. 64a in der 20. Aufl., jetzt zurückhaltender unter Rn. 65, jetzt; a.A. *Bork*, ZIP 2008, 1041, 1043; *Kolmann*, in: Saenger/Inhester, GmbHG, § 64 Rn. 25.

83 Vgl. BGH, Urt. v. 25.01.2011 – II ZR 196/09, juris Rn. 17, der die Vorschrift nicht erwähnt; BGH, NJW 2010, 870 zur Gläubigerbenachteiligung bei § 129 InsO; vgl. auch BGH, ZIP 2009, 2301; *Giedinghagen/Göb*, EWiR 2011, 257, 258.

84 Vgl. BGH, DStR 2007, 1003, 1004; *Haas*, in: Baumbach/Hueck, GmbHG, § 64 Rn. 68; *K. Schmidt*, in: Scholz, GmbHG, § 64 Rn. 33; a.A. *Diekmann/Marsch-Barner*, in: MünchHdbGesR, Bd. 3, § 46 Rn. 51; *Poertzgen*, GmbHR 2007, 1258, 1262.

85 *Haas*, in: Baumbach/Hueck, GmbHG, § 64 Rn. 68; a.A. wohl *Flume*, ZIP 1994, 337, 341.

86 *Kleindiek*, in: Lutter/Hommelhoff, GmbHG, § 64 Rn. 16; *Haas*, in: Baumbach/Hueck, GmbHG, § 64 Rn. 64.

87 Vgl. auch *Haas*, in: Baumbach/Hueck, GmbHG, § 64 Rn. 77 (Zahlung, falls pfändbarer Anspruch auf Auszahlung des Darlehens) mit Verweis auf die Rechtsprechung zu § 129 InsO, vgl. BGH, ZIP 2002, 489, 490 zu einem tatsächlich abgerufenen Darlehen; s. aber auch BGH, ZIP 2008, 747, 748 zur Differenzierung zwischen Anfechtungsrecht und § 64.

88 BGH, NJW 2009, 1598, 1599; BGH, ZIP 2007, 1006, 1007.

89 Ebenso wohl *K. Schmidt*, in: Scholz, GmbHG, § 64 Rn. 39. Dafür spricht auch der Vergleichsfall, dass die Überweisung zunächst auf ein anderes Konto der Gesellschaft erfolgt oder Barmittel abgehoben werden.

90 *Haas*, in: Baumbach/Hueck, GmbHG, § 64 Rn. 69.

91 BGH, GmbHR 2015, 925, 926; OLG Hamburg, NZG 2010, 1225, 1225; OLG Oldenburg, ZIP 2004, 1315, 1317; *Haas*, in: Baumbach/Hueck, GmbHG, § 64 Rn. 69.

Zahlungseingängen auf einem debitorischen Konto (dazu Rdn. 23), wenn vor Insolvenzreife die Sicherheit vereinbart und die Forderung der Gesellschaft entstanden und werthaltig geworden ist.[92] Dabei ist unerheblich, ob das Absonderungsrecht insolvenzrechtlich anfechtbar ist; eine spätere Anfechtung führt nicht zum Wiederaufleben der Haftung.[93] Betroffen ist das geschützte Vermögen jedoch, wenn eine vor Insolvenzreife zur Sicherheit abgetretene Forderung erst nach Eintritt der materiellen Insolvenz entsteht oder bereits vorher entstanden ist, aber dann erst werthaltig wird, und der Geschäftsführer dies verhindern konnte (vgl. Rdn. 17).[94] Davon ist wiederum eine Rückausnahme zu machen, wenn die sicherungsabgetretene Forderung aus einem Geschäft über die Lieferung einer sicherungsübereigneten Sache entsteht und daher lediglich ein neutraler Sicherheitentausch bewirkt wird.[95]. Eine andere Frage ist, ob damit bereits der Tatbestand der Zahlung zu verneinen ist oder die Nichtbetroffenheit des geschützten Vermögens erst im Rahmen von Satz 2 berücksichtigt wird.[96]

3. Erfasste Handlungen

Als Zahlung kommen nach herrschender Meinung jegliche Rechtshandlungen in Betracht.[97] Erfasst sind sowohl Geldleistungen in Form der Übereignung von Geldstücken als auch der unbaren Zahlung durch Buchgeldtransfer.[98] Dabei ist unerheblich, ob Letzteres auf einer Lastschrift aufgrund Abbuchungs- oder Einzugsermächtigung,[99] durch Überweisung[100] oder durch die Einreichung eines Kundenschecks[101] erfolgt.[102] Ebenso erfasst sind Leistungen an Zahlungs statt oder zahlungshalber,[103] insb. Forderungsabtretungen.[104] So können sowohl Aufrechnung als auch Verrechnung von Forderungen und Verbindlichkeiten Zahlungen sein.[105] Auch jede sonstige Übertragung von Vermögensgegenständen oder Wirtschaftsgütern kann eine Zahlung darstellen.[106] Dazu sollen nach verbreitet vertretener Ansicht neben Werkleistungen auch bloße Dienstleistungen gehören.[107] Soweit höchstpersönliche Dienstleistungen betroffen sind, spricht dagegen, dass wegen ihrer Zeitgebundenheit die Haftungsmasse dadurch nicht zulasten der Gläubiger geschmälert worden 16

92 BGH, GmbHR 2015, 925, 926; BGH, NJW 2016, 1092, 1092 ff.; BGH, NZG 2016, 658, 661 f.; *Poertzgen*, GmbHR 2015, 929, 930.

93 BGH, GmbHR 2015, 925, 930; BGH, NJW 2016, 1092, 1092 ff.; BGH, NZG 2016, 658, 661 f.; vgl. aber auch *Poertzgen*, GmbHR 2015, 929, 930 f. mit dem Hinweis, dass der Ausschluss einer Haftung wohl nicht für nach Eintritt der Insolvenzreife abgeschlossene Sicherheiten gilt.

94 BGH, GmbHR 2015, 925, 927; BGH, NJW 2016, 1092, 1092 ff.; BGH, NZG 2016, 658, 661 f.; *Poertzgen*, GmbHR 2015, 929, 930.

95 BGH, NJW 2016, 1092, 1093 f.; *Bitter*, ZIP 2016, 6, 8; *Poertzgen*, NZI 2016, 272, 274 ff.

96 Wohl für Berücksichtigung im Rahmen von Satz 1 BGH, GmbHR 2015, 925, 926, jedoch ausdrücklich die Darlegungs- und Beweislast dem Geschäftsführer zuweisend (S. 929); für Satz 2: OLG Oldenburg, ZIP 2004, 1315, 1317.

97 BGH, GmbHR 1994, 539, 543; *Kleindiek*, in: Lutter/Hommelhoff, GmbHG, § 64 Rn. 16; *Haas*, in: Baumbach/Hueck, GmbHG, § 64 Rn. 66; a.A. (nur Geldzahlungen): RGZ 159, 211, 234.

98 Vgl. BGH, ZIP 2007, 1006, 1007; *K. Schmidt*, in: Scholz, GmbHG, § 64 Rn. 29 u. 35.

99 BGH, WM 2007, 2246, 2247; *Haas*, in: Baumbach/Hueck, GmbHG, § 64 Rn. 66.

100 OLG Celle, ZIP 2007, 2210, 2210; *Haas*, in: Baumbach/Hueck, GmbHG, § 64 Rn. 66.

101 BGH, ZIP 2007, 1006, 1007; *Haas*, in: Baumbach/Hueck, GmbHG, § 64 Rn. 66.

102 Für den Bewirkenszeitpunkt bei Lastschrift vgl. *Casper*, in: Ulmer/Habersack/Löbbe, GmbHG, § 64 Rn. 89 (bereits Belastung des Kontos); *Haas*, in: Baumbach/Hueck, GmbHG, § 64 Rn. 66 (mit der herrschenden Genehmigungstheorie Verstreichenlassen der Widerspruchsfrist).

103 Vgl. zum Scheck *Casper*, in: Ulmer/Habersack/Löbbe, GmbHG, § 64 Rn. 89; *K. Schmidt*, in: Scholz, GmbHG, § 64 Rn. 29.

104 *K. Schmidt*, in: Scholz, GmbHG, § 64 Rn. 29; *Wicke*, GmbHG, § 64 Rn. 20: Übertragung von Rechten.

105 *Haas*, in: Baumbach/Hueck, GmbHG, § 64 Rn. 67; *K. Schmidt*, in: Scholz, GmbHG, § 64 Rn. 29.

106 *Kleindiek*, in: Lutter/Hommelhoff, GmbHG, § 64 Rn. 16, offen gelassen von BGH, NZG 2012, 1379, 1381.

107 OLG Düsseldorf, GmbHR 1996, 616, 619; *Kleindiek*, in: Lutter/Hommelhoff, GmbHG, § 64 Rn. 16; *Wicke*, GmbHG, § 64 Rn. 20; a.A. *K. Schmidt*, in: Scholz, GmbHG, § 64 Rn. 32: Dienstleistungen nein, Werkleistungen ja.

sein kann.[108] Als Zahlung ist auch der Forderungsverzicht oder -erlass anzusehen, da er die Masse schmälert.[109] Das Unterlassen der Erzielung einer möglichen höheren Vergütung bspw. bei Weggabe eines Gegenstandes unter dem Marktpreis stellt keine eigenständige Zahlung dar; der Umstand ist ggf. bei der Bewertung des weggegebenen Gegenstands zu berücksichtigen.[110] Die Frage ist im Übrigen, ob die Gegenleistung berücksichtigungsfähig ist und zum Verneinen des Zahlungstatbestandes führt.

17 Überweisungen oder Einzahlungen Dritter auf ein debitorisches Bankkonto der Gesellschaft sind nach BGH grundsätzlich als Zahlungen der Gesellschaft an die Bank als Gläubigerin vom Zahlungsverbot erfasst (siehe Rdn. 14 f. und Rdn. 23).[111] Die Geschäftsführer haben solche Zahlungen danach – notfalls unter Einrichtung eines neuen (kreditorischen) Kontos – durch Mitteilung an die Schuldner der Gesellschaft ebenso zu verhindern wie gesellschaftseigene Einzahlungen bzw. Überweisungen auf solche Konten.[112] Eine Pflicht zur Umleitung von Zahlungen auf ein kreditorisches Konto besteht aber nicht bei Forderungen, für die der Bank ein Absonderungsrecht zusteht (Rdn. 15).[113] Auch über den Fall des debitorischen Kontos hinaus wird angenommen, dass Zahlungen eines Gesellschaftsschuldners an einen anderen Gesellschaftsgläubiger auf Veranlassung des Geschäftsführers tatbestandlich sind.[114] Entgegen der wohl vom BGH vertretenen Ansicht[115] müssen konsequenterweise auch Überweisungen von einem debitorischen Konto an andere Gläubiger der Gesellschaft als Zahlungen angesehen werden, soweit das geschützte Gesellschaftsvermögen betroffen ist (Rdn. 21).[116] Im Fall eines über und unter Null oszillierenden Kontos sind dann sämtliche Abgänge Zahlungen i.S.d. § 64, während bei Eingängen danach zu differenzieren ist, inwieweit das Konto jeweils im maßgeblichen Zeitpunkt debitorisch ist.[117] Die Umbuchung von einem kreditorischen Konto auf ein debitorisches Konto führt ebenso wenig zu einer doppelten Haftung wie eine Überweisung von einem kreditorischen Konto an einen sonstigen Gläubiger der Gesellschaft.[118] Denn auch das Abheben von Geld vom Konto zugunsten der Gesellschaft stellt keine Zahlung dar.[119] Dasselbe gilt für die Umbuchung zwischen zwei debitorischen Konten, da in der Begründung einer Verbindlichkeit keine Zahlung liegt. Eine andere Frage ist, ob und inwieweit sich die verschiedenen Maßnahmen aufgrund einer Gesamtschau neutralisieren können. Die aufgrund einer Zahlung von einem debitorischen Konto durch das höhere Debet vergrößerte Zinsschuld stellt schon deshalb keine Zahlung dar, weil es sich nur um die Begründung einer Verbindlichkeit handelt.[120]

108 Abgestellt werden könnte z.B. auf eingesetztes oder abgenutztes Material.

109 A.A. *K. Schmidt*, in: Scholz, GmbHG, § 64 Rn. 32 mit Ausnahme für den Forderungsverzicht als Bestandteil eines Vergleichs.

110 Anders *Haas*, in: Baumbach/Hueck, GmbHG, § 64 Rn. 67.

111 BGH, GmbHR 2015, 925, 926; BGH, GmbHR 2007, 596, 598; a.A. *K. Schmidt*, in: Scholz, GmbHG, § 64 Rn. 39: nicht die Summe der einzelnen Eingänge, sondern der Saldo des Kontokorrents; ebenso *Haas*, in: Baumbach/Hueck, GmbHG, § 64 Rn. 70; vgl. auch *Kleindiek*, in: Lutter/Hommelhoff, GmbHG, § 64 Rn. 26. Eingehend *K. Schmidt*, ZIP 2008, 1401, 1407. Der 9. Senat des BGH nimmt für die Insolvenzanfechtung dagegen eine Gesamtschau und damit im Ergebnis eine Auszahlung i.H.d. Saldos an, BGH, NZI 2002, 311, 313.

112 Vgl. BGH, GmbHR 2015, 925, 926; BGH, NJW 2000, 668, 669; OLG Brandenburg, Urt. v. 26.02.2013 – 6 U 32/11, juris Rn. 77; *Arends/Möller*, GmbHR 2008, 169, 170 f.

113 BGH, GmbHR 2015, 925, 926, dogmatisch begründet mit Satz 2; BGH, NJW 2016, 1092, 1092 ff.

114 OLG Schleswig, Urt. v. 14.02.2007 – 9 U 97/06, juris Rn. 11; *K. Schmidt*, in: Scholz, GmbHG, § 64 Rn. 33.

115 BGH, NJW 2009, 1598, 1599; BGH, ZIP 2007, 1006, 1007.

116 Ebenso *K. Schmidt*, in: Scholz, GmbHG, § 64 Rn. 39.

117 Vgl. dazu auch *K. Schmidt*, ZIP 2008, 1401, 1407.

118 Vgl. aber *K. Schmidt*, in: Scholz, GmbHG, § 64 Rn. 38 aE.

119 Vgl. auch *K. Schmidt*, ZIP 2008, 1401, 1407.

120 Vgl. BGH, ZIP 2007, 1006, 1007.

Bloßes Unterlassen des Geschäftsführers stellt grds. keine Zahlung dar.[121] Deshalb ist das Unterlassen der Kündigung eines Dauerschuldverhältnisses keine Zahlung.[122] Abzugrenzen davon ist das gesellschaftsinterne Unterlassen der Verhinderung von Zahlungen durch die Gesellschaft als Element der Verletzung der internen Kontrollpflicht i.R.d. Zurechnung.[123] Ähnlich ist auch der Nichtwiderspruch bei Abbuchungen von einem Bankkonto zu werten, der Bestandteil der unbaren Zahlung ist.[124] 18

4. Zurechnung

Die im Namen der Gesellschaft erfolgte Zahlung muss durch die Gesellschaft vorgenommen worden sein. Das ist der Fall, wenn sie dem Geschäftsführer zugerechnet werden kann.[125] Zurechenbarkeit ist gegeben, wenn die Zahlung vom Geschäftsführer veranlasst wurde oder pflichtwidrig nicht verhindert worden ist.[126] Dabei ist zu berücksichtigen, dass ein Geschäftsführer in der Krise eine umfassende Kontrollpflicht sowohl ggü. Mitgeschäftsführern als auch ggü. Mitarbeitern und Arbeitsabläufen hat.[127] Deshalb wird weithin angenommen, dass Zahlungen i.d.R. zurechenbar sind.[128] Ausnahmen können sich insb. für Zahlungen ergeben, die auf Zwangsvollstreckungsmaßnahmen beruhen.[129] Soweit auch insoweit eine Mitwirkung als ausreichend angesehen wird,[130] kann dem nur für den Fall gefolgt werden, dass das Gesetz dem Gesellschafter insoweit tatsächlich eine Wahl lässt.[131] Kontenverrechnungen zulasten der Gesellschaft, die die Bank ohne jeweilige erneute Veranlassung aufgrund einer sog. »Cross Pledge«-Vereinbarung vornimmt, sollen dem Geschäftsführer zuzurechnen sein, wenn er sie als Geschäftsführer für die Gesellschaft schon vor der Krise vereinbart hat.[132] Grds. wird für jede Rechtshandlung des Geschäftsführers separat zu prüfen sein, ob sie eine Haftung auslöst.[133] Eine Ausnahme gilt für die Fälle, in denen eine Gesamtschau anzustellen ist. 19

5. Wirtschaftliche Betrachtung und Gesamtschau

Grds. führt der bloße Vermögensabfluss in vorstehendem Sinne zur haftungsbegründenden Zahlung. Zahlungsvorgänge stehen allerdings häufig in Zusammenhang mit anderen Vorgängen, die die Masse vergrößern. Zweck des Zahlungsverbotes ist lediglich, Masseverkürzungen zu verhindern. Vermögensvorteile, die die Masse ohne die Zahlung nicht gehabt hätte, sollen ihr durch die Geschäftsführerhaftung nicht zukommen.[134] Dabei sind zwei Konstellationen zu unterscheiden. 20

121 *K. Schmidt*, in: Scholz, GmbHG, § 64 Rn. 32.

122 *Haas*, in: Baumbach/Hueck, GmbHG, § 64 Rn. 68 mit Hinweis auf eine dennoch mögliche Haftung nach § 43 Abs. 2; *Diekmann/Marsch-Barner*, in: MünchHdbGesR, Bd. 3, § 46 Rn. 51.

123 *K. Schmidt*, in: Scholz, GmbHG, § 64 Rn. 35.

124 *Haas*, in: Baumbach/Hueck, GmbHG, § 64 Rn. 66.

125 *Kleindiek*, in: Lutter/Hommelhoff, GmbHG, § 64 Rn. 7; *Haas*, in: Baumbach/Hueck, GmbHG, § 64 Rn. 63; *K. Schmidt*, in: Scholz, GmbHG, § 64 Rn. 54; vgl. zu § 130a Abs. 2 HGB auch BGH, GmbHR 2009, 937, 938.

126 *Kleindiek*, in: Lutter/Hommelhoff, GmbHG, § 64 Rn. 7; *Haas*, in: Baumbach/Hueck, GmbHG, § 64 Rn. 63; vgl. zu § 130a Abs. 2 HGB auch BGH, GmbHR 2009, 937, 938.

127 OLG Oldenburg, ZIP 2004, 1315, 1316; *Haas*, in: Baumbach/Hueck, GmbHG, § 64 Rn. 62.

128 *Haas*, in: Baumbach/Hueck, GmbHG, § 64 Rn. 62; *Kleindiek*, in: Lutter/Hommelhoff, GmbHG, § 64 Rn. 7.

129 Vgl. auch BGH, GmbHR 2009, 937, 938: Abbuchung aufgrund Kontopfändung; *Kleindiek*, in: Lutter/Hommelhoff, GmbHG, § 64 Rn. 7; *Haas*, in: Baumbach/Hueck, GmbHG, § 64 Rn. 62.

130 *Haas*, in: Baumbach/Hueck, GmbHG, § 64 Rn. 62.

131 Vgl. OLG München, DStR 2011, 279, 279.

132 OLG München, NZI 2013, 317, 318 f. mit grds. zustimmender, aber auch auf die Besonderheit des Falles (Verrechnung mit Geschäftsführerkonto) hinweisenden Anmerkung von *Kamke/Hacker*; kritisch *Primozic*, NJW 2013, 1709, 1710 ff.

133 *Haas*, in: Baumbach/Hueck, GmbHG, § 64 Rn. 62 f.

134 BGH, NZG 2015, 149, 149 f.; *Haas*, in: Baumbach/Hueck, GmbHG, § 64 Rn. 69.

Einmal geht es um die Berücksichtigung von hinreichend verknüpften Gegenleistungen. Der BGH scheint Gegenleistungen i.R.d. Satz 2 zu berücksichtigen, selbst wenn sie eine Masseverkürzung erst gar nicht entstehen lassen.[135] Der BGH mag dabei im Auge haben, dass auch Satz 2 entsprechende Zahlungen bereits auf Tatbestandsebene ausschließt, gleichzeitig sich aber auch die Beweislast des Geschäftsführers zwanglos ergibt (Rdn. 27). Zum anderen handelt es sich um die Frage, ob und inwieweit einzelne Vorgänge als wirtschaftlich zusammengehörig und damit in einer Gesamtschau bewertet werden müssen, um den wirtschaftlichen Gehalt des Sachverhalts richtig zu erfassen.[136]

21 Nach Ansicht des BGH berühren Zahlungen von einem debitorischen Konto an einzelne Gesellschaftsgläubiger generell weder die verteilungsfähige Vermögensmasse noch gehen sie zum Nachteil der Gläubigergesamtheit. Es handele sich vielmehr um eine Zahlung mit Kreditmitteln, welche einen bloßen Gläubigeraustausch zur Folge habe.[137] Etwas anderes gelte nur dann, wenn die entsprechende Forderung der Bank durch die Gesellschaft besichert sei und die Sicherheit dem Gesellschaftsvermögen mit der Inanspruchnahme der Kreditlinie entzogen werde (vgl. Rdn. 15).[138] Gegen diese Sichtweise wird teilweise der Gläubigergleichbehandlungsgrundsatz angeführt.[139] Die Gläubigergleichbehandlung ist aber nicht selbstständiger Schutzzweck des § 64 $2) und daher ohne Bedeutung. Allerdings ist auch bei Zahlungen von debitorischen Konten das Gesellschaftsvermögen betroffen (Rdn. 14), sodass insoweit zunächst ein Vermögensabfluss vorliegt. Insofern ist zunächst kein Grund ersichtlich, die Bank anders zu behandeln als andere Gläubiger, die Zahlungsmittel zur Verfügung stellen. Entscheidend für die Beurteilung, ob eine Zahlung vorliegt, ist hier der Blick auf die durch den Abruf der Kreditlinie der Gesellschaft neu zur Verfügung stehenden Mittel. Da diese unmittelbar wieder abfließen, liegt insoweit grds. zunächst eine Zahlung vor. Die wirtschaftliche Neutralität sollte nicht mit einem pauschalen Verweis auf einen bloßen Gläubigertausch begründet werden. Damit würde die Effektivität des Zahlungsverbotes des Satzes 1 gefährdet. Verlangt werden sollte auch hier, dass eine materielle Verknüpfung zwischen dem Erhalt der Mittel und ihrer Verwendung für die Befriedigung von Gläubigern besteht, die die Gesamtschau rechtfertigt. Die Gewährung weiterer Mittel aufgrund eines Abrufs einer (weiteren) Kreditlinie mag i.d.R. zweckgebunden erfolgen und daher im Ergebnis i.d.R. nicht haftungsrelevant sein;[140] dies muss aber nicht in jedem Fall so sein.

22 Die Sichtweise des BGH zur Zahlung von einem debitorischen Konto an andere Gläubiger der Gesellschaft steht in gewissem Widerspruch zu seiner Beurteilung der Fälle der Durchleitung von Zahlungen von Konzerngesellschaften (Rdn. 12), wenn die in der Überweisung von einem debitorischen Konto liegende Darlehensaufnahme zweckgebunden für die Umschuldung gewährt wird. Denn auch in den Durchleitungsfällen sind die Mittel nur zweckgebunden überlassen worden.

135 BGH, WM 1986, 237, 239; vgl. auch OLG Hamburg, GmbHR 2005, 1497, 1501; vgl. auch BGH, NZG 2015, 149, 149 f., der im Rahmen des § 130a HGB zwischen Masseverkürzung und Massezufluss differenziert und für die Frage des Vorliegens eines ausgleichenden Massezuflusses auf den Zeitpunkt des Zuflusses abstellt; a.A. für unmittelbare Gegenleistungen (Berücksichtigung bereits beim Zahlungsbegriff aufgrund wertender Betrachtung) *Haas*, in: Baumbach/Hueck, GmbHG, § 64 Rn. 75; *Casper*, in: Ulmer/Habersack/Löbbe, GmbHG, § 64 Rn. 87, allerdings mit einer 2-stufigen Prüfung mit Beweislast des Geschäftsführers auf der 2. Stufe im Rahmen des Zahlungsbegriffs außerhalb von Satz 2; *Müller*, in MünchKommGmbHG, § 64 Rn. 149 mit entsprechendem Verständnis von BGH, NJW 1974, 1088, 1089 und NJW 2003, 2316, 2317.

136 Vgl. *Haas*, in: Baumbach/Hueck, GmbHG, § 64 Rn. 70.

137 BGH, GmbHR 2010, 428, 429; zustimmend *Commandeur/Frings*, NZG 2010, 613, 614; *Poertzgen*, GmbHR 2015, 929, 929.

138 BGH, GmbHR 2010, 428, 429; vgl. auch OLG München, GmbHR 2014, 139, 141; vgl. *Poertzgen*, NZI 2016, 272, 274 ff.

139 *Haas*, in: Baumbach/Hueck, GmbHG, § 64 Rn. 77.

140 Vgl. *Casper*, in: Ulmer/Habersack/Löbbe, GmbHG, § 64 Rn. 115 zur Umschuldung: Das Darlehen werde i.d.R. nur zweckgebunden zur Umschuldung gewährt, sodass es ohne diese Verwendung erst gar nicht zur Verfügung gestanden hätte.

Dort verneint der BGH die Haftung im Ergebnis aber mit einem Verweis auf eine Strafbarkeit nach § 266 StGB gestützt auf Satz 2 und nicht mangels Zahlung.[141] Konsequenter wäre auch hier der Weg über eine Gesamtschau.[142]

Geht es um Eingänge auf einem debitorischen Konto durch Einzahlungen oder Überweisungen 23
durch Schuldner der Gesellschaft, nimmt der 2. Senat[143] des BGH – anders als der 9. Senat[144] für das Insolvenzanfechtungsrecht nach §§ 129 ff. InsO und gegen Kritik aus dem Schrifttum[145] – keine Gesamtschau des Kontokorrents im Betrachtungszeitraum vor und stellt nicht auf den Saldo ab. Im Ergebnis sind deshalb grds. sämtliche Eingänge auf einem debitorischen Konto haftungsbegründend zu summieren. Etwas anderes gilt mangels Betroffenheit des geschützten Vermögens, soweit die Bank absonderungsberechtigt ist (dazu Rn. 15).[146] Zur Vermeidung einer ausufernden Haftung des Geschäftsführers wurde in der Literatur unter Berufung auf die Rechtsprechung des 9. Senats[147] eine Gesamtbetrachtung des Saldos eines Kontokorrents bei Bankkonten gefordert.[148] Die Ansicht des BGH erscheint allerdings grds. konsequent, wenn auf der Grundlage des Verständnisses der Norm als Ersatzanspruch eigener Art, der auf die Wiederauffüllung der Masse gerichtet ist, eine Einzelbetrachtung vorgenommen wird. Im Einzelfall muss aber berücksichtigungsfähig sein, wenn der Eingang auf einem debitorischen Konto ermöglicht, dass die Gesellschaft weiterhin Kredit in Anspruch nehmen kann.[149] Voraussetzung ist nach BGH allerdings, dass die Mittel für die Masse gesichert werden, was mangels Massezuflusses nicht bei bloßer Befriedigung einzelner Gläubiger der Fall ist (bloßer Gläubigertausch), wohl aber bei Abhebung zugunsten der Barkasse oder Überweisung auf ein kreditorisches Konto.[150] Ein Ersatzanspruch scheidet zudem aus, wenn der Zahlungseingang auf einem debitorischen Konto dazu führt, dass eine Gesellschaftssicherheit frei wird und der Verwertung zugunsten aller Gläubiger zur Verfügung steht.[151]

Bei der Beurteilung einzelner Vorgänge wird teilweise eine wertende Betrachtung mit Blick auf das 24
Stadium der Insolvenz angelegt. So soll in der Ausreichung eines Darlehens selbst bei Werthaltigkeit des Rückzahlungsanspruchs eine haftungsauslösende Zahlung liegen können.[152] Das Gleiche soll für die Besicherung aus dem Gesellschaftsvermögen gelten.[153]

III. Privilegierte Zahlungen (Satz 2)

Satz 2 enthält nicht nur einen Exkulpationstatbestand im Sinne einer Beweislastregel,[154] sondern 25
nimmt davon erfasste Zahlungen bereits aus dem Tatbestand des Zahlungsverbots aus.[155] Aus der Negativregelung in Satz 2 ergibt sich, dass der Geschäftsführer die Darlegungs- und Beweislast dafür trägt, dass die Zahlung trotz materieller Insolvenz mit der Sorgfalt eines ordentlichen Kaufmanns vereinbar

141 BGH, ZIP 2008, 1229, 1230.

142 Kritisch auch *Kleindiek*, in: Lutter/Hommelhoff, GmbHG, § 64 Rn. 29; vgl. auch *Altmeppen*, in: Roth/Altmeppen, GmbHG, § 64 Rn. 13: Keine Zahlung bei unentgeltlicher Zuwendung an die Gesellschaft mit Zweckbindung der Weiterleitung an bestimmten Gläubiger.

143 BGH, GmbHR 2015, 925, 926; BGH, NJW 2016, 1092, 1092 ff.; BGH, NZG 2016, 658, 661 f.; BGH, NJW 2009, 1598, 1599; BGH, ZIP 2007, 1006, 1007; *Poertzgen*, GmbHR 2015, 929, 929.

144 BGH, NZI 2002, 311, 313.

145 Vgl. insb. *K. Schmidt*, ZIP 2008, 1401, 1407; *Haas*, in: Baumbach/Hueck, GmbHG, 20. Aufl., § 64 Rn. 69.

146 BGH, GmbHR 2015, 925, 926.

147 BGH, NZI 2002, 311, 313.

148 *Haas*, in: Baumbach/Hueck, GmbHG, 20. Aufl., § 64 Rn. 69; *K. Schmidt*, in: Scholz, GmbHG, § 64 Rn. 42; *K. Schmidt*, ZIP 2008, 1401, 1407.

149 *Casper*, in: Ulmer/Habersack/Löbbe, GmbHG, § 64 Rn. 106.

150 BGH, GmbHR 2015, 925, 928 f.

151 BGH, GmbHR 2015, 925, 927 f.

152 *Haas*, in: Baumbach/Hueck, GmbHG, § 64 Rn. 67.

153 *Haas*, in: Baumbach/Hueck, GmbHG, § 64 Rn. 67.

154 Wie etwa § 280 Abs. 1 Satz 2 BGB oder § 831 Abs. 1 Satz 2 BGB.

155 *K. Schmidt*, in: Scholz, GmbHG, § 64 Rn. 49.

war.[156] Der Ausnahmetatbestand soll grds. eng auszulegen sein.[157] Dem kann nur insoweit gefolgt werden, als nicht Sachverhaltsaspekte betroffen sind, die bei Erfassung des vollen wirtschaftlichen Gehalts des Sachverhaltes bereits die Minderung der zu erhaltenden Masse und damit den Zahlungstatbestand infrage stellen.

26 Satz 2 beinhaltet nicht nur einen Verschuldens-, sondern auch einen Pflichtenmaßstab.[158] Es geht nicht nur um die Frage, ob eine nach Satz 1 verbotene Zahlung nach Satz 2 vorgenommen werden *durfte*. Ebenso hat sich der Geschäftsführer zu fragen, ob er eine Zahlung vornehmen muss, um der Sorgfalt eines ordentlichen Geschäftsleiters zu genügen.[159] Beurteilungsmaßstab für die Sorgfalt eines ordentlichen Geschäftsmannes ist mit Eintritt der materiellen Insolvenz nicht mehr der Gesellschaftszweck, sondern das Interesse der Gläubiger.[160] Dabei besteht aber keine Pflicht zur Gläubigergleichbehandlung.[161] Ein eigenständiges öffentliches Interesse am Bestand überlebensfähiger Betriebe ist nicht anzuerkennen.[162] Auch dieser Zweck ist in das maßgebende Gläubigerinteresse eingebunden. Zahlungen entsprechen deshalb dann der Sorgfalt eines ordentlichen Geschäftsleiters, wenn sie ex ante mehr Vor- als Nachteile für die Gläubigergesamtheit bringen.[163] Ob die Vorteile eintreten, ist unerheblich.[164]

27 Im Rahmen des Satzes 2 berücksichtigt die Rechtsprechung Gegenleistungen, die die Gesellschaft für die Weggabe des Vermögensgegenstandes erhalten hat.[165] In der Literatur wird verbreitet bereits das Vorliegen einer Zahlung verneint (Rdn. 20).[166] Nur vereinzelt werden Gegenleistungen für gänzlich unbeachtlich gehalten.[167] Inhaltlich ist nach BGH nicht allein ausreichend, dass die Masse im Ergebnis nicht verkürzt wurde. Es kommt auf die richtige wirtschaftliche Zuordnung an, d.h. einer einzelnen Zahlung muss ein bestimmter Vermögenszugang gerade als Gegenleistung zugeordnet werden können.[168] Die Gegenleistung muss für eine Verwertung durch die Gläubiger geeignet sein, was auf Arbeits- und Dienstleistungen i.d.R. ebenso wenig zutrifft wie mangels Erhöhung der Insolvenzmasse auf Energieversorgungs-, Telekommunikationsleistungen und Internet oder Kabelfernsehen; auch geringwertige Verbrauchsgüter führen häufig nicht zu einer Masseerhöhung.[169] Der BGH hat klargestellt, dass der Gegenstand eines (ausgleichenden) Massezuflusses nicht noch bei Eröffnung des Insolvenzverfahrens vorhanden sein muss.[170] Maßgeblich für die Bewertung ist der

156 BGH, GmbHR 2007, 936, 937; *Kleindiek*, in: Lutter/Hommelhoff, GmbHG, § 64 Rn. 31; *K. Schmidt*, in: Scholz, GmbHG, § 64 Rn. 49.
157 *K. Schmidt*, in: Scholz, GmbHG, § 64 Rn. 49; *Altmeppen*, in: Roth/Altmeppen, GmbHG, § 64 Rn. 21; *Haas*, in: Baumbach/Hueck, GmbHG, § 64 Rn. 89 f.
158 *Haas*, in: Baumbach/Hueck, GmbHG, § 64 Rn. 88.
159 *Kleindiek*, in: Lutter/Hommelhoff, GmbHG, § 64 Rn. 33.
160 BGH, GmbHR 2001, 190, 193; *Haas*, in: Baumbach/Hueck, GmbHG, § 64 Rn. 91 f.
161 *Kleindiek*, in: Lutter/Hommelhoff, GmbHG, § 64 Rn. 34.
162 *Haas*, in: Baumbach/Hueck, GmbHG, § 64 Rn. 92.
163 BGH, ZIP 2008, 72, 73; *Haas*, in: Baumbach/Hueck, GmbHG, § 64 Rn. 89 f.
164 *Haas*, in: Baumbach/Hueck, GmbHG, § 64 Rn. 89 f.
165 BGH, ZIP 1986, 456, 459.
166 So *Haas*, in: Baumbach/Hueck, GmbHG, § 64 Rn. 75; *K. Schmidt*, in: Scholz, GmbHG, § 64 Rn. 41; *Casper*, in: Ulmer/Habersack/Löbbe, GmbHG, § 64 Rn. 118; *Kleindiek*, in: Lutter/Hommelhoff, GmbHG, § 64 Rn. 17; vgl. OLG Brandenburg, GmbHR 2002, 910, 911.
167 Vgl. *Schulze-Osterloh*, in: FS Bezzenberger, 2000, 415, 423 ff., allerdings auch mit Verweis auf Satz 2; Vgl. auch *Altmeppen*, in: Roth/Altmeppen, GmbHG, § 64 Rn. 15 f. u. 36 ff. mit Blick auf sein Konzept vom Zahlungsbegriff.
168 BGH, NZG 2017, 1034, 1035; BGH, NZG 2015, 149, 149 f. zu § 130a HGB, jeweils mit ausdrücklichem Hinweis darauf, dass der Ersatzanspruch nicht lediglich auf den Ausgleich einer Quote gerichtet, sondern die jeweilige einzelne Zahlung Gegenstand der Betrachtung ist.
169 BGH, NZG 2017, 1034, 1035.
170 BGH, NZG 2017, 1034, 1035; BGH, NZG 2015, 149, 149 f. zu § 130a HGB. Vgl. dagegen die missverständliche und wohl entgegengesetzte frühere Rechtsprechung in BGH, ZIP 2003, 1005, 1006: »ein Gegenwert in das Gesellschaftsvermögen gelangt und voll erhalten geblieben ist«; BGH, ZIP 2010, 2400, 2400; vgl. *Müller*, in: MünchKommGmbHG, § 64 Rn. 149.

Zeitpunkt, in dem die Masseverkürzung durch einen Massezufluss (ganz oder teilweise) ausgeglichen wird.[171] Entscheidend ist, ob und in welchem Umfang ein ausgleichender Wert endgültig in das Gesellschaftsvermögen gelangt ist.[172] Dieser Sichtweise ist zuzustimmen, zumal es nicht darauf ankommt, dass das Insolvenzverfahren eröffnet wird. Unerheblich ist, ob der Zufluss mit oder ohne Zutun des Geschäftsführers erfolgte.[173] Entscheidend ist der nachhaltige, oder nach BGH der »endgültige« Massezufluss. Fließt ein zunächst endgültig zugeflossener Gegenstand wieder ab, stellt sich die Frage, ob eine neuerliche Zahlung i.S.d. Satzes 1 vorliegt; für einen anderen »Verlust« des Gegenstandes haftet der Geschäftsführer mangels Zahlung nicht nach Satz 1. Erhält die Gesellschaft Mittel mit der Maßgabe, diese in bestimmter Weise zu verwenden, soll dies allein den folgenden Mittelabfluss (Zahlung) nicht privilegieren können.[174] Darüber hinaus muss eine hinreichend enge Verknüpfung vorliegen, die dem Zweck der effektiven Massesicherung in der Krise gerecht wird. Dienste des Arbeitnehmers, die im Übrigen die Masse als solche schon nicht erhöhen können, sind nicht Gegenleistung für die Zahlung der Lohnsteuer an das Finanzamt.[175] Unerheblich ist ein zeitlicher Zusammenhang, es kommt allein darauf an, dass der Zufluss dem Abfluss wirtschaftlich zugeordnet werden kann.[176] Der BGH hat entschieden, dass die Wertung des § 142 InsO keine Berücksichtigung findet; ein Bargeschäft ist nicht privilegiert.[177] Bloße Hoffnungen auf Wertzufluss reichen nicht aus[178], insbesondere nicht die bloße Aussicht auf eine Erstattung gezahlter Umsatzsteuer[179]. Eine haftungsmindernde Berücksichtigung kann nur in Höhe ihres Wertes unter Berücksichtigung der Verwertbarkeit in der Insolvenz erfolgen, d.h. die Bewertung selbst erfolgt inhaltlich so, als wäre das Insolvenzverfahren eröffnet.[180]

Der Sorgfalt eines ordentlichen Geschäftsmannes entsprechen auch Zahlungen, die der Geschäfts- 28
führer zur Durchführung eines ernsthaften und gerechtfertigten Sanierungsversuchs vornimmt.[181] Maßstäbe für die Rechtfertigung des Sanierungsversuchs sind insb. die Vereinbarkeit mit § 15a InsO[182] sowie die Finanzlage der Gesellschaft.[183] Im Ausgangspunkt hindert das Zahlungsverbot – als Reflex von § 64 – das Unternehmen nach Insolvenzreife fortzuführen[184]; allenfalls soweit ausnahmsweise eine konkrete Chance auf Sanierung und Fortführung im Insolvenzverfahren zunichte gemacht würden, können Zahlungen zur Vermeidung noch größerer Nachteile das Verhalten entfallen lassen.[185] Es muss begründete Aussicht bestehen, dass eine Sanierung mit dem Ziel der Beseitigung der materiellen Insolvenz zur Abwendung der Stellung des Insolvenzantrags

---

171 BGH, NZG 2017, 1034, 1035; BGH, NZG 2015, 149, 149 f. zu § 130a HGB.

172 BGH, NZG 2017, 1034, 1035; BGH, NZG 2015, 149, 149 f. zu § 130a HGB mit Verweis auf RGZ 159, 211, 230.

173 BGH, NZG 2017, 1034, 1035.

174 BGH, ZIP 2003, 1005, 1006: Erhalt einer Gutschrift der Organgesellschaft zwecks Weiterleitung an das Finanzamt.

175 OLG Düsseldorf, NZG 1999, 894, 894 f.; *Haas*, in: Baumbach/Hueck, GmbHG, § 64 Rn. 71; a.A. *Schön*, in: FS Westermann, 2006, 1469, 1483 f.

176 BGH, NZG 2017, 1034, 1035.

177 BGH, NZG 2017, 1034, 1035 f.

178 *Haas*, in: Baumbach/Hueck, GmbHG, § 64 Rn. 90.

179 OLG Hamburg, DStR 2017, 2621, 2624.

180 BGH, NZG 2017, 1034, 1036: Liquidationswerte; vgl. auch *Casper*, in: Ulmer/Habersack/Löbbe, GmbHG, § 64 Rn. 95.

181 Vgl. BGH, GmbHR 2015, 925, 927; BGH, GmbHR 2008, 142, 143; OLG Hamburg, NZG 2010, 1225, 1226; *K. Schmidt*, in: Scholz, GmbHG, § 64 Rn. 52; *Haas*, in: Baumbach/Hueck, GmbHG, § 64 Rn. 91 f.; *Müller*, in: MünchKommGmbHG, § 64 Rn. 154.; *Kleindiek*, in: Lutter/Hommelhoff, GmbHG, § 64 Rn. 33.

182 Nach OLG Hamburg, NZG 2010, 1225, 1226 müssen die Sanierungsbemühungen i.d.R. innerhalb der 3-Wochenfrist abgeschlossen sein; bei Vorliegen besonderer Umstände komme aber eine maßvolle Verlängerung in Betracht.

183 *K. Schmidt*, in: Scholz, GmbHG, § 64 Rn. 52.

184 BGH, ZInso 2019, 1529, 1529 f.

185 BGH, ZInso 2019, 1529, 1529 f.

Erfolg versprechend sein kann oder jedenfalls nicht aussichtslos ist.[186] Insoweit können zur Aufrechterhaltung des Betriebs insb. laufende Wasser-, Strom-, Heizkosten sowie laufende Lohn-, Miet- und Steuerschulden beglichen werden.[187] Auch kommen Zahlungen zur Aufrechterhaltung des Zahlungs-, Kredit- und Leistungsverkehrs in Betracht.[188] Nur diejenigen Zahlungen entsprechen der Sorgfalt eines ordentlichen Geschäftsmanns, die zur Aufrechterhaltung des Unternehmens i.S.d. Erhalts der Sanierungschancen erforderlich sind; im Übrigen ist von Anfang an das Gesellschaftsvermögen für den Fall zu sichern, dass die Sanierungsbemühungen scheitern.[189] Eine Pflicht zur Gleichbehandlung der Gläubiger besteht dabei nicht.[190] Die vorrangige Befriedigung einzelner Gläubiger stellt allerdings keinen rechtfertigenden Zweck dar.[191] Auch Zahlungen, die im Fall späterer Insolvenzeröffnung größere Nachteile von der Masse abwenden, können privilegiert sein.[192]

29 Zielt § 64 darauf ab, das Gesellschaftsvermögen in der Phase materieller Insolvenz nach insolvenzrechtlichen Maßstäben zusammenzuhalten, ist dem Geschäftsführer auch der Einwand eröffnet, die Zahlung wäre bei normalem Lauf auch im Insolvenzfall als Masseschuld beglichen worden.[193] Der Geschäftsführer darf nicht für Zahlungen haften, die insb. z.B. in der Phase einer vorläufigen Insolvenzverwaltung die Masse geschmälert hätten.[194] Die Schwierigkeit besteht in der Abgrenzung der Bestimmung des hypothetischen Verlaufs. Keinesfalls darf der Geschäftsführer sein Geschäftsleiterermessen an die Stelle des insolvenzrechtlichen Ermessens des Verwalters setzen.[195] Insoweit geht die Ansicht zu weit, die allgemein Zahlungen privilegiert, die ein besonnener Insolvenzverwalter vorgenommen hätte.[196] Eine allgemeine selbstständige Befugnis des Geschäftsführers, die Gesellschaft im Gläubigerinteresse weiterzuführen, gibt es nicht.[197]

30 Grds. haftet der Geschäftsführer für Zahlungen unabhängig davon, ob die Gesellschaft zur Vornahme der Zahlung verpflichtet ist. Insoweit setzt sich das Zahlungsverbot im Ergebnis gegen Zahlungspflichten der Gesellschaft durch. Eine Pflichtenkollision ergibt sich aber, wenn das Gesetz für den Fall materieller Insolvenz Zahlungspflichten vorsieht, für die der Geschäftsführer persönlich haftet. Zu entscheiden ist dann, welche Norm sich durchsetzt. Dies betrifft zunächst die strafbewehrte (§ 266a StGB) Pflicht zur Abführung der Arbeitnehmeranteile zur Sozialversicherung. § 266a StGB ist Schutzgesetz gem. § 823 Abs. 2 BGB, sodass sich der Geschäftsführer zwischen einer sich daraus oder aus § 64 Satz 1 ergebenden Haftung entscheiden müsste. Der BGH löst die Kollision zugunsten der Abführungspflicht auf, indem er entsprechende Zahlungen als mit der Sorgfalt eines ordentlichen Geschäftsmannes vereinbar ansieht.[198] Obwohl der BGH in Strafsachen

186 OLG München, GmbHR 2014, 139, 141 (vage Hoffnung genügt nicht); vgl. auch *Haas*, in: Baumbach/Hueck, GmbHG, § 64 Rn. 91.

187 OLG Hamburg, NZG 2010, 1225, 1226; OLG Celle, GmbHR 2008, 101, 102; OLG Schleswig, ZInsO 2007, 948, 950; OLG Düsseldorf, NZG 1999, 1066, 1068; *Haas*, in: Baumbach/Hueck, GmbHG, § 64 Rn. 91; *K. Schmidt*, in: Scholz, GmbHG, § 64 Rn. 52; vgl. aber auch OLG Dresden, GmbHR 2005, 173, 174.

188 So *Kleindiek*, in: Lutter/Hommelhoff, GmbHG, § 64 Rn. 33.

189 OLG Brandenburg, ZInsO 2016, 852 (n.rk., anhängig beim BGH unter II ZA 2/16).

190 *Haas*, in: Baumbach/Hueck, GmbHG, § 64 Rn. 93; *Kleindiek*, in: Lutter/Hommelhoff, GmbHG, § 64 Rn. 33.

191 *Haas*, in: Baumbach/Hueck, GmbHG, § 64 Rn. 91.

192 BGH, GmbHR 2008, 142, 143; *Kleindiek*, in: Lutter/Hommelhoff, GmbHG, § 64 Rn. 34; *K. Schmidt*, in: Scholz, GmbHG, § 64 Rn. 52.

193 So mit Recht *K. Schmidt*, in: Scholz, GmbHG, § 64 Rn. 53.

194 *K. Schmidt*, in: Scholz, GmbHG, § 64 Rn. 53 mit Beispielen.

195 Vgl. OLG Hamburg, GmbHR 2007, 1037, 1040; *K. Schmidt*, in: Scholz, GmbHG, § 64 Rn. 53; *Haas*, in: Baumbach/Hueck, GmbHG, § 64 Rn. 91.

196 Vgl. dazu *Casper*, in: Ulmer/Habersack/Löbbe, GmbHG, § 64 Rn. 117.

197 Vgl. OLG München, GmbHR 2014, 139, 141. Vgl. *Nerlich*, in: Michalski, GmbHG, § 64 Rn. 22, der neben dem Gläubigerinteresse kumulativ das öffentliche Interesse am Bestand lebensfähiger Betriebe anführt; vgl. auch *Altmeppen*, in: Roth/Altmeppen, GmbHG, § 64 Rn. 28.

198 BGH, Urt. v. 25.01.2011 – II ZR 196/09, juris Rn. 18; BGH, ZIP 2007, 1265, 1266.

innerhalb der 3-Wochenfrist des § 15a Abs. 1 InsO einen Rechtfertigungsgrund annimmt und eine Strafbarkeit verneint,[199] ist Satz 2 nach Ansicht des 2. Zivilsenates bereits innerhalb dieser Insolvenzantragspflicht anwendbar.[200] Diese Grundsätze gelten wegen des fortbestehenden und mit Blick auf die Bemessung einer Strafe bzw. Straffreiheit rechtlich relevanten Interessenkonfliktes auch für die Nachzahlung von Rückständen, obwohl der Geschäftsführer schon mit der Nichtabführung der laufenden Steuer den Tatbestand erfüllt und sich persönlich ersatzpflichtig gemacht hat.[201] Die Zahlung von Arbeitgeberbeiträgen zur Sozialversicherung nach Insolvenzreife ist nicht nach Satz 2 gerechtfertigt.[202] Auch mit Blick auf die Haftung des Geschäftsführers für die schuldhafte Verletzung von Pflichten aus dem Steuerverhältnis aus §§ 34, 69 AO sieht der BGH entsprechend vorzunehmende Zahlungen einschließlich von Rückständen als privilegiert an.[203] Auch hier wendet der BGH Satz 2 bereits innerhalb der 3-Wochenfrist des § 15a Abs. 1 InsO an.[204] Der BGH rekurriert schließlich mit Blick auf § 266 StGB auch in dem Fall einer Zweckabrede für der Gesellschaft zur Verfügung gestellte Mittel auf Satz 2.[205] Erwogen wird die Anwendbarkeit des Satzes 2 darüber hinaus auch für den Fall des Unterlassens des noch möglichen Widerrufs einer vor Eintritt der Insolvenzreife auf dem Konto der Gesellschaft eingereichten Lastschrift mit Verweis auf die mögliche persönliche Haftung des Geschäftsführers ggü. dem betroffenen Gläubiger aus § 826 BGB.[206]

IV. Zeitlicher Bezugspunkt (Zahlungsunfähigkeit, Überschuldung)

Die nicht privilegierte Zahlung muss nach Eintritt der Zahlungsunfähigkeit der Gesellschaft oder nach Feststellung ihrer Überschuldung geleistet worden sein. Auf den Ablauf der Insolvenzantragsfrist (§ 15a InsO) kommt es nicht an.[207] Leistungszeitpunkt ist der Zeitpunkt des zugrunde liegenden Verhaltens des Geschäftsführers, der Eintritt der Erfüllungswirkung ist unerheblich.[208] Zahlungsunfähigkeit ist definiert in § 17 Abs. 2 InsO. Zeitlicher Bezugspunkt ist ihr Eintritt, der vorliegt, sobald ihr Tatbestand objektiv erfüllt ist.[209] Überschuldung ist definiert in § 19 Abs. 2 InsO und insoweit auch abhängig von dessen jeweils geltender Fassung.[210] Für die Überschuldung kommt es trotz des insoweit irreführenden Wortlauts (»Feststellung«) ebenfalls auf den Zeitpunkt an, in dem der Tatbestand der Überschuldung objektiv verwirklicht ist.[211] Mit Blick auf eine Prüfung der positiven Fortbestehensprognose wird dem Geschäftsführer ein Beurteilungsspielraum zugebilligt.[212] 31

---

199 BGH, ZIP 2005, 1678, 1679.

200 Vgl. BGH, Urt. v. 25.01.2011 – II ZR 196/09, juris Rn. 11 ff., der auf den Zeitpunkt des Eintritts der Insolvenzreife abstellt; *Casper*, in: Ulmer/Habersack/Löbbe, GmbHG, § 64 Rn. 122; a.A. *Kolmann*, in: Saenger/Inhester, GmbHG, § 64 Rn. 49: Keine Rechtfertigung nach Ablauf der 3-Wochenfrist.

201 BGH, Urt. v. 25.01.2011 – II ZR 196/09, juris Rn. 18; a.A. *Kolmann*, in: Saenger/Inhester, GmbHG, § 64 Rn. 49.

202 BGH, NZG 2009, 913, 913.

203 BGH, Urt. v. 25.01.2011 – II ZR 196/09, juris Rn. 11 ff.; BGH, ZIP 2007, 1265, 1266; a.A. zu Rückständen *Kolmann*, in: Saenger/Inhester, GmbHG, § 64 Rn. 49; FG Münster, NZI 2017, 492, 494; *vgl. auch Casper*, in: Ulmer/Habersack/Löbbe, GmbHG, § 64 Rn. 124, der seine früher vertretene Differenzierung zwischen strafbewehrten und bußgeldbewehrten Pflichten aufgegeben hat.

204 BGH, Urt. v. 25.01.2011 – II ZR 196/09, juris Rn. 29; vgl. zur Frage der steuerrechtlichen Haftung im Zeitraum der Insolvenzantragspflicht BFH, ZIP 2009, 122, 123 wohl entgegen zuvor BFH, ZIP 2007, 1604, 1606 f.

205 Ablehnend zu Recht *Kleindiek*, in: Lutter/Hommelhoff, GmbHG, § 64 Rn. 29.

206 *Haas*, in: Baumbach/Hueck, GmbHG, § 64 Rn. 100.

207 BGH, WM 2009, 851, 851; *Altmeppen*, in: Roth/Altmeppen, GmbHG, § 64 Rn. 7.

208 BGH, GmbHR 2009, 654, 654; *K. Schmidt*, in: Scholz, GmbHG, § 64 Rn. 45.

209 *K. Schmidt*, in: Scholz, GmbHG, § 64 Rn. 46.

210 *K. Schmidt*, in: Scholz, GmbHG, § 64 Rn. 47.

211 *K. Schmidt*, in: Scholz, GmbHG, § 64 Rn. 47: Noch bedingt durch den bis 1986 geltenden Überschuldungsbegriff, der allgemein auf die bilanzielle Feststellung abstellte; *Wicke*, GmbHG, § 64 Rn. 20; *Altmeppen*, in: Roth/Altmeppen, GmbHG, § 64 Rn. 7.

212 OLG Schleswig, GmbHR 2010, 864, 865.

V. Verschulden

32 Subjektiv setzt der Haftungstatbestand des Satzes 1 Verschulden des Geschäftsführers voraus. Nach BGH und herrschender Meinung genügt, wenn dem Geschäftsführer hinsichtlich sämtlicher anspruchsbegründender Tatsachen mindestens Fahrlässigkeit zur Last fällt.[213] Zulasten des Geschäftsführers sollen auch dessen Kenntnisse über die Verhältnisse der Gesellschaft zu berücksichtigen sein, die er in seiner Eigenschaft als Geschäftsführer erlangt hat, z.B. als Organmitglied der Muttergesellschaft[214]; dem ist zuzustimmen unter der Voraussetzung, dass die Kenntnisse konkret belegt sind, eine abstrakte (Organ)Zurechnung kommt hier nicht in Betracht. Wie i.R.d. Satz 2 wird das Verschulden vermutet.[215] Ist der objektive Tatbestand des Satzes 1 erfüllt, hat der Geschäftsführer sich zu exkulpieren, also darzulegen und zu beweisen, dass er mit Blick auf sämtliche den jeweiligen Tatbestandsmerkmalen zugrunde liegenden Tatsachen die Sorgfalt eines ordentlichen Geschäftsmannes beachtet hat.[216] Der Geschäftsführer kann sich nicht auf die Grundsätze des innerbetrieblichen Schadensausgleichs berufen.[217]

33 Verschulden setzt insb. hinsichtlich Zahlungsunfähigkeit und Überschuldung deren – ebenfalls vermutete – Erkennbarkeit für einen Geschäftsführer voraus.[218] Damit ein Geschäftsführer eine (objektiv) erkennbare Zahlungsunfähigkeit oder Überschuldung auch rechtzeitig erkennen kann, obliegt ihm die Pflicht zur beständigen wirtschaftlichen Selbstkontrolle und zu einer entsprechenden Organisation.[219] Die Vereinbarung einer internen Ressortaufteilung entbindet den danach nicht zuständigen Geschäftsführer nicht von seiner eigenen Verantwortung für die Erfüllung der Pflichten aus § 64.[220] Allgemein sind zunächst eine wechselseitige Kontrolle sowie die ordnungsgemäße Überwachung durch den betreffenden Ressortgeschäftsführer zu gewährleisten.[221] Mit Eintritt der Krise aktualisiert sich die Mitverantwortung der nicht zuständigen Geschäftsführer für das Verhalten des zuständigen Geschäftsführers. Sie haben ihn zu überwachen und zu kontrollieren, letztlich sogar jede Zahlung zu prüfen.[222] Im Rahmen des Gebotenen und rechtlich Möglichen ist dafür Sorge zu tragen, dass keine Zahlungen mehr erfolgen.[223] Sie haben auf eine Einhaltung des Zahlungsverbotes durch den zuständigen Geschäftsführer ggf. auch unter Einschaltung der Gesellschafter hinzuwirken.[224] Auch ggü. dem zuständigen Geschäftsführer besteht eine Verschuldensvermutung, die zur Haftung für Zahlungen eines anderen Geschäftsführers führt, wenn er nicht darlegt und beweist, alles ihm Mögliche zur Verhinderung verbotener Zahlungen unternommen zu haben.[225]

---

213 BGHZ 126, 181, 199; BGHZ 75, 97, 111; OLG Celle, GmbHR 2008, 1034, 1035; *Haas*, in: Baumbach/Hueck, GmbHG, § 64 Rn. 104; *K. Schmidt*, in: Scholz, GmbHG, § 64 Rn. 47; *Kleindiek*, in: Lutter/Hommelhoff, GmbHG, § 64 Rn. 36; a.A. (positive Kenntnis des Geschäftsführers von der Insolvenzreife erforderlich): *Schulze-Osterloh*, AG 1984, 141, 144; OLG Düsseldorf, ZIP 1985, 876, 886 zu § 92 Abs. 3 AktG a.F.

214 OLG München, GmbHR 2017, 147, 147.

215 BGH, ZIP 2007, 1265, 1266; *Kleindiek*, in: Lutter/Hommelhoff, GmbHG, § 64 Rn. 36; *K. Schmidt*, in: Scholz, GmbHG, § 64 Rn. 59.

216 Vgl. *Haas*, in: Baumbach/Hueck, GmbHG, § 64 Rn. 104.

217 BGH, NZI 2020, 182, 183 f.

218 BGHZ 143, 184, 185; *Kleindiek*, in: Lutter/Hommelhoff, GmbHG, § 64 Rn. 36 f.; *K. Schmidt*, in: Scholz, GmbHG, § 64 Rn. 47.

219 BGH, ZInsO 2019, 1529, 1529f; BGH, NZI 2012, 812, 813; BGH, NZG 2012, 672, 673; BGH, ZIP 2007, 1265, 1266; OLG Celle, GmbHR 2008, 1034, 1035; *Haas*, in: Baumbach/Hueck, GmbHG, § 64 Rn. 104.

220 BGH, ZIP 1994, 891, 892.

221 OLG Schleswig, EWiR 2008, 49, 50; vgl. aber auch OLG München, EWiR 2008, 275, 276; *Haas*, in: Baumbach/Hueck, GmbHG, § 64 Rn. 106.

222 BGH, ZIP 1994, 891, 892; *Kleindiek*, in: Lutter/Hommelhoff, GmbHG, § 64 Rn. 39; *Haas*, in: Baumbach/Hueck, GmbHG, § 64 Rn. 106.

223 *Haas*, in: Baumbach/Hueck, GmbHG, § 64 Rn. 106.

224 *Haas*, in: Baumbach/Hueck, GmbHG, § 64 Rn. 106.

225 Vgl. BGH, ZIP 1994, 891, 892.

Die individuellen Fähigkeiten des jeweiligen Geschäftsführers sind unerheblich, können ihn also nicht entlasten.[226] Erforderlich ist ggf. die Einholung fachkundigen Rechtsrates.[227] Ist dieser fehlerhaft, entlastet den Geschäftsführer die Einholung nur, wenn der Berater vollständig und umfassend instruiert wurde, der Geschäftsführer sich dem Rat entsprechend verhält und ihm aufgrund einer anzustellenden Plausibilitätskontrolle keine offensichtlichen Unrichtigkeiten hätten auffallen müssen.[228] Bei der Einholung externen Rats hat der Geschäftsführer nicht nur die unverzügliche Beauftragung, sondern auch die unverzügliche Vorlage des Prüfungsergebnisses sicherzustellen.[229] 34

VI. Insolvenzeröffnung, Anspruchsentstehung, Auswirkung wirtschaftlicher Genesung

Der 2. Senat des BGH hatte in einem früheren Urteil ausgeführt, dass der Erstattungsanspruch aus Satz 1 *grds.* die Eröffnung eines Insolvenzverfahrens voraussetze, da Satz 1 die Erhaltung der verteilungsfähigen Vermögensmasse einer insolvenzreifen GmbH im Interesse der Gesamtheit ihrer Gläubiger als künftige Insolvenzgläubiger bezwecke; davon geht ein Teil des Schrifttums bis heute aus.[230] Dem kann nicht gefolgt werden,[231] wie sich nun auch aus jüngeren Entscheidungen des 2. und 9. Senats des BGH ergibt: 35

Der BGH hatte in der früheren Entscheidung anstelle der Insolvenzeröffnung ihre Ablehnung mangels Masse (§ 26 Abs. 1 InsO) mit dem Argument genügen lassen, dass in einem solchen Fall die verhältnismäßige Befriedigung aller Insolvenzgläubiger keine Rolle mehr spiele. Damit hatte er die Begründung für die Statuierung des Tatbestandsmerkmals sogleich selbst wieder zurückgenommen.[232] Dies ist richtig, da die systematische Stellung des § 64 im Anschluss an § 60 Abs. 1 Nr. 5 zeigt, dass die gleichmäßige Befriedigung sämtlicher Gläubiger nicht selbstständiger Zweck des Ersatzanspruchs sein kann (Rdn. 3). Dann fragt sich aber, womit die Statuierung einer (ungeschriebenen) Voraussetzung der Insolvenzeröffnungsentscheidung (§ 26 Abs. 1 InsO oder § 27 InsO) gerechtfertigt werden könnte. Teilweise wird die Rechtfertigung aus dem Gläubigerschutzzweck des § 64 hergeleitet. Erst mit einem Eröffnungs- oder, mangels Masse, Abweisungsbeschluss komme es zu einem Insolvenzbeschlag des Vermögens zugunsten der Gläubiger und stelle sich die Frage, ob Befriedigungschancen der Gläubiger verkürzt worden seien.[233] Abgesehen davon, dass die gleichmäßige Gläubigerbefriedigung kein Zweck des § 64 selbst ist, ist diese Ansicht zu formalistisch. Letztlich verlangt diese Ansicht nur, dass in einer verfahrensrechtlichen Entscheidung das Vorliegen der Insolvenzgründe und eine Gefährdung der Gläubiger bestätigt werden. § 64 ist aber eine rein materiell-rechtliche Norm, deren Voraussetzungen sich auch ohne ein solches Verfahren 36

226 *Haas*, in: Baumbach/Hueck, GmbHG, § 64 Rn. 104.

227 BGH, NZG 2012, 672, 673; OLG Oldenburg, ZInsO 2009, 154, 156; *K. Schmidt*, in: Scholz, GmbHG, § 64 Rn. 58.

228 BGH, ZIP 2007, 1265, 1267; *Haas*, in: Baumbach/Hueck, GmbHG, § 64 Rn. 104.

229 BGH, NZG 2012, 672, 673.

230 BGH, MDR 2000, 1388, 1389; ebenso, auch nach MoMiG, *Haas*, in: Baumbach/Hueck, GmbHG, § 64 Rn. 24 ff.; *Diekmann/Marsch-Barner*, in: MünchHdbGesR, Bd. 3, § 46 Rn. 52; *Kleindiek*, in: Lutter/Hommelhoff, GmbHG, § 64 Rn. 40, der allerdings nur eine sehr geringe praktische Relevanz der Frage sieht; *Nerlich*, in: Michalski, GmbHG, § 64 Rn. 23; vor MoMiG *Fleck*, GmbHR 1974, 224, 230; vgl. auch *Casper*, in: Ulmer/Habersack/Löbbe, GmbHG, § 64 Rn. 128, der den Anspruch mit der Zahlung entstehen lassen will, ihn aber als bis zur Insolvenzeröffnungsentscheidung gehemmt ansieht.

231 Ebenfalls dagegen *Poertzgen*, Organhaftung, S. 220 (§ 5 III 1 a); bzgl. Satz 3 wohl auch *Böcker/Poertzgen*, WM 2007, 1203, 1208; ebenso wohl *K. Schmidt*, in: Scholz, GmbHG, § 64 Rn. 72, obwohl es sich nach dessen Modell bei § 64 um einen Teil eines einheitlichen Haftungstatbestands der Insolvenz*verschleppungs*haftung handelt.

232 Maßgebliches Argument für das Ausreichen der Ablehnungsentscheidung nach § 26 Abs. 1 InsO war für den BGH vielmehr, dass die Haftung erst recht bei solchen besonders krassen Vermögensverschlechterungen eingreifen müsse, vgl. BGH, NJW 2001, 304, 305. Kritisch ggü. dieser Entscheidung auch *Casper*, in: Ulmer/Habersack/Löbbe, GmbHG, § 64 Rn. 129.

233 *Haas*, in: Baumbach/Hueck, GmbHG, § 64 Rn. 25; *Haas*, GmbHR 2010, 1, 2 ff.

feststellen lassen.[234] Dies zeigt sich insb., wenn ein Insolvenzgrund zunächst vorliegt, dann aber wieder beseitigt werden kann. Es kann hier keinen Unterschied machen, ob es erst gar nicht zu einem Insolvenzantrag kommt oder ob ein solcher bspw. mangels Masse abgelehnt wird und der Insolvenzgrund dann im Liquidationsverfahren[235] beseitigt wird. Systematisch ist darüber hinaus der Zusammenhang des Satzes 1 mit Satz 3 zu berücksichtigen. Jedenfalls Satz 3 verwirklicht den Gläubigerschutz ähnlich wie § 30 Abs. 1 (Rdn. 5) durch eine Sicherung des Haftungsfonds und hat eine gegenständliche Perspektive (Rdn. 4). Bezweckt ist der Schutz des Haftungsfonds in der speziellen Situation der materiellen Insolvenz. Dies gilt aufgrund der Besonderheiten der Situation der materiellen Insolvenz auch für das Zahlungsverbot des Satzes 1.[236] Auf einen Insolvenzantrag kommt es nicht an, was nun auch rechtssystematisch durch die Verschiebung der Insolvenzantragspflicht in § 15a InsO bestätigt wird (Rdn. 2). Zudem würde andernfalls der präventive Charakter eingeschränkt, der durch die haftungstechnische Verhaltensteuerung bewirkt werden soll (Rdn. 3).

37 Ohne die Frage zu erörtern, hat der 2. Senat des BGH in einer neueren Entscheidung für die Entstehung des Anspruchs aus § 64 unter Verweis auf seine Rechtsprechung zu § 31 Abs. 1 auf den Zeitpunkt der die Masse schmälernden Zahlung abgestellt.[237] Damit verzichtet auch der 2. Zivilsenat des BGH nun offenbar auf das Erfordernis eines Insolvenzantrags.[238] Ausdrücklich hat dies der 9. Zivilsenat nochmals klargestellt.[239]

38 Letztlich dürfte nicht die formale Insolvenzeröffnungsentscheidung, sondern die Frage entscheidend sein, ob der Anspruch unbegrenzt fortbesteht oder endet und wie es sich auf den Ersatzanspruch auswirkt, wenn die materielle Insolvenz nachhaltig wieder beseitigt ist.[240] Diese Frage wird praktisch vor allem dann relevant werden, wenn es der Gesellschaft zwischenzeitlich besser geht, sie dann aber doch in die Insolvenz geht. Ein Anspruch nach § 31 Abs. 1 bleibt nach BGH und herrschender Meinung bestehen, selbst wenn das Stammkapital auf andere Weise nachhaltig wieder hergestellt sein sollte.[241] Bei Satz 1 jedoch ergäbe sich ein Wertungswiderspruch zu dem Fall der Insolvenzeröffnung, wenn man anerkennt, dass der Geschäftsführer einen »Rückerstattungsanspruch« gegen die Gesellschaft i.H.d. tatsächlichen Insolvenzquote des durch die verbotene Zahlung befriedigten Gläubigers haben kann (Rdn. 40). Mindestens müssen dem Geschäftsführer die Rechte vorbehalten bleiben. Im Falle der nachhaltigen wirtschaftlichen Genesung, deren Nachweis dem Geschäftsführer obliegt, wird daher im Ergebnis eine Haftung ausscheiden.[242]

---

234 So auch *Brünkmans*, ZIP 2011, 2167, 2171 f.

235 Im Liquidationsverfahren ist zudem auch die Pfändung des Ersatzanspruchs nach Satz 1 im Wege der Einzelvollstreckung durch einzelne Gläubiger möglich, vgl. BGH, NJW 2001, 304, 305.

236 Ebenso wertet *Haas*, in: Baumbach/Hueck, GmbHG, § 64 Rn. 24 ff. die Entscheidung des BGH. Dagegen nehmen verbreitet auch diejenigen, die die Insolvenzeröffnung als Voraussetzung des Erstattungsanspruchs ansehen, einen Verjährungsbeginn mit Vornahme der Zahlung an, vgl. nur *Kleindiek*, in: Lutter/Hommelhoff, GmbHG, § 64 Rn. 41. Dann würde der Verjährungsbeginn aber vor dem Zeitpunkt der Anspruchsentstehung liegen. Für die Konstruktion einer auflösenden Bedingung gibt es dagegen keine Grundlage.

237 BGH, NZI 2009, 486, 488.

238 Dennoch an der Gegenansicht festhaltend *Haas*, in: Baumbach/Hueck, GmbHG, § 64 Rn. 12.

239 BGH, NZI 2011, 73, der dies auch als h.M. bezeichnet; ausdrücklich OLG München, ZInsO 2018, 177, 178 f.

240 Vgl. zu Satz 3 im Sinne eines Korrektivs *Böcker/Poertzgen*, WM 2007, 1203, 1208.

241 BGH, GmbHR 2000, 771, 772; *Wicke*, GmbHG, § 31 Rn. 2.

242 Einschränkungs- und bedingungslos für einen Wegfall des Ersatzanspruchs durch nachhaltige wirtschaftliche (Wieder) Gesundung *Haas*, in: Baumbach/Hueck, GmbHG, § 64 Rn. 24 ff. und 84; vgl. auch *K. Schmidt*, in: Scholz, GmbHG, § 64 Rn. 97; *Müller*, in: MünchKommGmbHG, § 64 Rn. 191; *Hölzle*, GmbHR 2007, 729, 732; vgl. zum Gedanken des Bestehenbleibens des Anspruchs auch *Altmeppen*, ZIP 2010, 1973, 1976. Abzugrenzen davon ist der Fall, dass eine Rückzahlung durch den Gläubiger erfolgt, die die Haftung bereits insoweit entfallen lassen kann, dazu *Casper*, in: Ulmer/Habersack/Löbbe, GmbHG, § 64 Rn. 151 zu Satz 3.

VII. Inhalt der Ersatzpflicht

Der Ersatzanspruch geht auf den Ersatz des unter Verstoß gegen Satz 1 gezahlten Betrags abzüglich etwaiger mindernd zu berücksichtigender Vorteile, insb. einer Gegenleistung.[243] Eine Aufrechnung mit Insolvenzforderungen ist dem Geschäftsfüher versagt.[244] Für die Verzinsung gelten die allgemeinen Regeln (Verzug). Da der Geschäftsführer nicht zugleich Empfänger der Zahlung ist, finden § 143 Abs. 1 Satz 2 InsO, § 849 BGB und § 286 Abs. 2 Nr. 4 BGB keine Anwendung bzw. bringen kein anderes, besonderes Ergebnis.[245] 39

BGH und herrschende Meinung gehen davon aus, dass der Geschäftsführer nicht anspruchsmindernd gelten machen kann, dass der unter Verstoß gegen Satz 1 konkret befriedigte Gläubiger zumindest die Insolvenzquote erhalten hätte.[246] Hintergrund ist, dass die Insolvenzquote erst nach Durchführung des Insolvenzverfahrens feststeht und der Geschäftsführer dann entgegen dem Zweck des § 64 erst anschließend in Anspruch genommen werden könnte.[247] Im Ergebnis muss aber die Besserstellung der Masse zulasten des Geschäftsführers verhindert werden. Deshalb tritt der Geschäftsführer nach Erfüllung seiner Haftungsverbindlichkeit an die Stelle des befriedigten Gläubigers und kann einen Anspruch in der Höhe und dem Rang gegen die Masse geltend machen, die bzw. der auch für den Anspruch des befriedigten Gläubigers gegolten hätte.[248] Begründet wird dies verbreitet mit einer Analogie zu § 144 Abs. 1 InsO.[249] Nach der Rechtsprechung soll dem Geschäftsführer die Geltendmachung eines solchen Anspruchs von Amts wegen im Urteil vorzubehalten sein.[250] 40

Eine unter Verstoß gegen Satz 1 erfolgte Zahlung löst häufig nicht nur einen Ersatzanspruch gegen den Geschäftsführer, sondern auch einen Anfechtungsanspruch nach §§ 129 ff. InsO gegen den Gläubiger aus, der die Zahlung empfangen hat. Soweit es dem Insolvenzverwalter gelingt, durch Insolvenzanfechtung eine Rückerstattung der Zahlung zu erreichen, entfällt ein Erstattungsanspruch nach Satz 1.[251] Die Haftung des Geschäftsführers nach Satz 1 ist aber nicht subsidiär ggü. den Anfechtungsregeln oder einem konkreten Anfechtungsanspruch und besteht unabhängig davon.[252] Im Ergebnis steht also dem Insolvenzverwalter das Wahlrecht zu, gegen wen er insb. aufgrund besserer Erfolgsaussichten vorgeht.[253] Hat der Insolvenzverwalter 41

---

243 BGH, NJW 1974, 1088, 1089; vgl. auch BGH, NJW 2003, 2316, 2317; *Haas*, in: Baumbach/Hueck, GmbHG, § 64 Rn. 108.

244 BGH, NZI 2019, 932.

245 *Kleindiek*, in: Lutter/Hommelhoff, GmbHG, § 64 Rn. 44.

246 BGH, ZIP 2007, 1501, 1501; *Altmeppen*, in: Roth/Altmeppen, GmbHG, § 64 Rn. 17; a.A. auf der Grundlage ihres jeweiligen Normverständnisses *K. Schmidt*, in: Scholz, GmbHG, § 64 Rn. 69: Gegenbeweis zulässig; *Altmeppen*, in: Roth/Altmeppen, GmbHG, § 64 Rn. 40: Verlustausgleichsanspruch.

247 Vgl. *Haas*, in: Baumbach/Hueck, GmbHG, § 64 Rn. 111.

248 BGH, GmbHR 2001, 190, 194; vgl. auch BGH, NZI 2013, 395, 395 f.; OLG Jena, ZIP 2002, 986, 987; vgl. auch *Haas*, in: Baumbach/Hueck, GmbHG, § 64 Rn. 111.

249 Vgl. *Haas*, in: Baumbach/Hueck, GmbHG, § 64 Rn. 88; *Kleindiek*, in: Lutter/Hommelhoff, GmbHG, § 64 Rn. 46.

250 BGH, NZG 2016, 658, 662; BGH, NZI 2013, 395, 395 f.; BGH, BB 2005, 1869, 1871; OLG Brandenburg, Urt. v. 26.02.2013 – 6 U 32/11, juris Rn. 91; OLG Jena, ZIP 2002, 986, 986; ebenso *Kleindiek*, in: Lutter/Hommelhoff, GmbHG, § 64 Rn. 46; a.A. *Haas*, in: Baumbach/Hueck, GmbHG, § 64 Rn. 111 f.: Vorbehalt nicht erforderlich, da Anspruch des Geschäftsführers erst mit Erfüllung entstehe und daher für Haftungsprozess bedeutungslos sei, anders ggf. bei § 259 ZPO.

251 BGH, GmbHR 2015, 925, 928; BGH, NZG 2015, 149, 149 f. zu § 130a HGB; *Poertzgen*, GmbHR 2015, 929, 930.

252 BGH, ZInsO 2018, 1955, 1955 f.; BGH, BB 1996, 499, 500; *Haas*, in: Baumbach/Hueck, GmbHG, § 64 Rn. 109.

253 BGH, ZInsO 2016, 1058, 1058 f.: keine Haftung des Insolvenzverwalters gegenüber dem Geschäftsführer aus § 60 InsO wegen unterlassener Anfechtung oder wegen Nichtzahlung der Prämien an eine D&O-Versicherung, da dem Geschäftsführer als bloßem Schuldner der Masse gegenüber keine insolvenzspezifischen Pflichten bestehen; *Haas*, in: Baumbach/Hueck, GmbHG, § 64 Rn. 109.

ein Anfechtungsrecht noch nicht ausgeübt, steht dem Geschäftsführer kein Leistungsverweigerungsrecht zu.[254]

42 Der Geschäftsführer kann Zug um Zug gegen Erfüllung seiner Verbindlichkeit aus Satz 1 entsprechend § 255 BGB die Abtretung von Ersatzansprüchen verlangen, die der Gesellschaft gegen den befriedigten Gläubiger aus der Zahlung zustehen.[255]

VIII. Darlegungs- und Beweislast

43 Die Darlegungs- und Beweislast für das Vorliegen einer Zahlung zu einem Zeitpunkt, in dem die Gesellschaft zahlungsunfähig oder überschuldet war, obliegt der Gesellschaft.[256] Mit Blick auf eine Überschuldung gem. § 19 InsO in der bis zum 17.10.2008 geltenden Fassung trägt allerdings der Geschäftsführer die Darlegungs- und Beweislast für eine positive Fortbestehensprognose.[257] Dem Geschäftsführer ist es trotz seiner Verantwortlicheit für die Buchhaltung (§ 41 InsO) nicht verwehrt, sich hinsichtlich der vom Insolvenzverwalter vorgelegten Buchhaltung auf deren Fehlerhaftigkeit zu berufen; allerdings ist ein nur pauschaler Einwand unbeachtlich.[258] Vom Geschäftsführer sind die Privilegierung nach Satz 2, die Exkulpation sowie behauptete Vorteile für die Masse, die die Haftung für die Summe der einzelnen Zahlungen mindern, darzulegen und zu beweisen.[259] Dies gilt auch für die Nichtbetroffenheit des geschützten Vermögens aufgrund von Absonderungsrechten.[260] Geschäftsführer haben zur Ermöglichung ihrer Verteidigung ein begrenztes Einsichtsrecht in die Bücher der Gesellschaft.[261] Vorgänge, die in seinem eigenen Geschäfts- und Verantwortungsbereich als Geschäftsführer liegen, kann er grds. nicht mit Nichtwissen bestreiten, sondern hat ggf. von seinem Auskunftsrecht Gebrauch zu machen.[262]

IX. Anspruchsinhaber, Zuständigkeit

44 Anspruchsinhaber ist die Gesellschaft.[263] Nach Eröffnung des Insolvenzverfahrens ist der Insolvenzverwalter gem. § 80 InsO für die Geltendmachung des Anspruchs gegen den Geschäftsführer zuständig.[264] Außerhalb eines Insolvenzverfahrens, d.h. vor einer Insolvenzeröffnungsentscheidung oder im Fall der Ablehnung der Eröffnung mangels Masse, bleibt es bei der organschaftlichen Vertretung.[265] Praktisch dürfte es deshalb so lange nicht zu einer Geltendmachung kommen, wie der pflichtige Geschäftsführer daran mitwirken muss. Allerdings steht es den Gläubigern offen, außerhalb eines Insolvenzverfahrens, auch nach Ablehnung der Insolvenzeröffnung mangels Masse, im Wege der Einzelzwangsvollstreckung in den Anspruch zu vollstrecken.[266] Den Gläubigern steht

254 OLG Oldenburg, GmbHR 2004, 1014, 1015; *Haas*, in: Baumbach/Hueck, GmbHG, § 64 Rn. 109; a.A. OLG Hamm, GmbHR 1993, 584, 585; vgl. zu der Frage auch BGH, BB 1996, 499, 500.

255 OLG Brandenburg, Urt. v. 26.02.2013 – 6 U 32/11, juris Rn. 91; *Haas*, in: Baumbach/Hueck, GmbHG, § 64 Rn. 110 für noch nicht eingezogene Anfechtungsansprüche mit Verweis auf OLG Oldenburg, GmbHR 2004, 1014, 1015.

256 BGH, GmbHR 2005, 1117, 1121; BGH, WM 2009, 851, 851 ff.; BGH, NZG 2014, 100, 101 f.; *K. Schmidt*, in: Scholz, GmbHG, § 64 Rn. 73. Zur sekundären Darlegungslast des Geschäftsführers für das Vorhandensein stiller Reserven nach Erläuterung der Gesellschaft zum Vorliegen eines handelsbilanziell nicht durch Eigenkapital gedeckten Fehlbetrags BGH, WM 2009, 851, 851 ff.; OLG Brandenburg, GmbHR 2015, 1094 (n.rk., anhängig beim BGH zu Az. II ZR 56/15).

257 BGH, DStR 2011, 130, 131.

258 BGH, NZI 2018, 204, 205.

259 *K. Schmidt*, in: Scholz, GmbHG, § 64 Rn. 73.

260 BGH, GmbHR 2015, 925, 929.

261 BGH, GWR 2010, 356, 356; OLG München, Urt. v. 23.10.2013 – 7 U 50/13, juris Rn. 31 (§ 810 BGB).

262 OLG München, Urt. v. 23.10.2013 – 7 U 50/13, juris Rn. 31.

263 *K. Schmidt*, in: Scholz, GmbHG, § 64 Rn. 71.

264 BGH, GmbHR 2000, 1149, 1150; *Casper*, in: Ulmer/Habersack/Löbbe, GmbHG, § 64 Rn. 129; *K. Schmidt*, in: Scholz, GmbHG, § 64 Rn. 71: nicht § 92 InsO, der Anspruch gehört zur Insolvenzmasse.

265 *K. Schmidt*, in: Scholz, GmbHG, § 64 Rn. 72.

266 BGH, GmbHR 2000, 1149, 1150; *Casper*, in: Ulmer/Habersack/Löbbe, GmbHG, § 64 Rn. 129.

jedoch gestützt auf § 64 GmbHG kein unmittelbarer Anspruch gegen den Geschäftsführer zu, weder aus § 823 II BGB (§ 64 ist kein Schutzgesetz, s. Rdn. 4) noch analog § 62 II AktG (der auch iRd. § 31 I nicht greift); dies gilt auch nach Abschluss der Liquidation, trotz Verstoßes gegen § 73 I.[267] Soweit eine Geltendmachung für die Gesellschaft durch einen Geschäftsführer oder einen Liquidator infrage steht,[268] stellt sich die Frage, ob über die Geltendmachung gem. § 46 Nr. 8 die Gesellschafterversammlung zu entscheiden hat. Gegen die Geltung des § 46 Nr. 8 für Ansprüche aus Satz 1 spricht, dass der Anspruch wegen des Gläubigerschutzcharakters nicht zur Disposition der Gesellschafter stehen darf.[269]

C. Haftung nach § 64 Satz 3

I. Grundlagen

1. Systematische Bedeutung des Satzes 1 für die Auslegung

Der Gesetzgeber hat sich bei Schaffung der Zahlungsunfähigkeitsverursachungshaftung nach Satz 3 mit der Verortung in § 64 und der Verwendung der Begriffe aus Satz 1 (Geschäftsführer, Zahlung, Zahlungsunfähigkeit) sowie mit dem Verweis auf Satz 2 an die Regelung in Satz 1 angelehnt. Dennoch dürfen die Auslegungsergebnisse zu Satz 1 nicht unbesehen für Satz 3 übernommen werden. Satz 3 unterscheidet sich in drei wesentlichen Punkten von Satz 1: (i) Satz 3 ist nur auf die Zahlungsunfähigkeit bezogen, nicht auf die Überschuldung; (ii) Satz 3 verlangt die »Herbeiführung« der Zahlungsunfähigkeit durch die Zahlung und lässt nicht eine Zahlung im Stadium der Zahlungsunfähigkeit genügen; (iii) Satz 3 erfasst nur Zahlungen an Gesellschafter, nicht auch an andere Gläubiger. 45

Daraus ergibt sich Folgendes: Satz 3 zielt anders als Satz 1 speziell auf einen Liquiditätsschutz, da Zahlungen anders als nach Satz 1 nur relevant sind, wenn sie sich auf die Zahlungsfähigkeit auswirken können. Den Gesellschaftern wird im Vergleich zu sonstigen Gläubigern bereits im vorinsolvenzlichen Stadium eine besondere Verantwortung auferlegt. Vor diesem Hintergrund muss Satz 3 zunächst aus sich heraus ausgelegt werden. Diese Ergebnisse können sodann unter Berücksichtigung der konzeptionellen Unterschiede mit Satz 1 verprobt werden. Die Bedeutung des Satzes 1 für Satz 3 ist insoweit nachrangig. 46

2. Zahlungen auf fällige und durchsetzbare Gesellschafterforderungen

Kontrovers diskutiert wurde zunächst, ob fällige und durchsetzbare Ansprüche des Gesellschafters gegen die Gesellschaft bei der Prüfung der Zahlungsunfähigkeit berücksichtigt werden müssen. Nach allgemeinen Regeln ist dies grds. der Fall.[270] Bestimmte man den Begriff der Zahlungsunfähigkeit in Satz 3 – wie auch in Satz 1 – nach allgemeinen Regeln und stellte man fällige und durchsetzbare Gesellschafterforderungen in den Liquiditätsstatus ein, könnten Zahlungen auf diese Ansprüche die Zahlungsunfähigkeit *per definitionem* grds. nicht auslösen, da mit dem Mittelabfluss gleichzeitig entsprechend der Bestand der relevanten Verbindlichkeiten abnimmt. Eine Ausnahme bestünde insofern nur in dem Fall, dass durch die Zahlung des vollen Forderungsbetrags aus einer unwesentlichen eine wesentliche Deckungslücke würde.[271] I.Ü. wäre der Anwendungsbereich des Satzes 3 im Wesentlichen auf Fälle offener oder verdeckter Ausschüttungen beschränkt, könnte aber 47

---

267 BGH, ZInsO 2019, 362, 363.

268 Für den Insolvenzverwalter gilt § 46 Nr. 8 nicht, *Haas*, in: Baumbach/Hueck, GmbHG, § 64 Rn. 41.

269 *Haas*, in: Baumbach/Hueck, GmbHG, § 64 Rn. 41.

270 S. Vor § 64 Rdn. 7.

271 Vereinfachtes Beispiel: Verbindlichkeiten von 100 stehen liquide Mittel von 91 ggü. (Keine Zahlungsunfähigkeit wegen nur unwesentlicher Unterdeckung von weniger als 10 %). Erfüllt der Geschäftsführer nun eine Forderung eines Gesellschafters von 50, stehen Verbindlichkeiten von 50 liquide Mittel von 41 ggü. Aus der unwesentlichen Unterdeckung wird eine wesentliche Unterdeckung von über 10 %. Durch die Zahlung wird also Zahlungsunfähigkeit herbeigeführt. S. dazu *Haas*, in: Baumbach/Hueck, GmbHG, § 64 Rn. 129 f.; *Haas*, GmbHR 2010, 1, 6.

auch hier leicht durch eine (auch konkludente) Vereinbarung über die Fälligkeit der Ausschüttung ausgehebelt werden.[272]

48 Der BGH hat entschieden, dass fällige Gesellschafterforderungen bei der Beurteilung der Verursachung der Zahlungsunfähigkeit gemäß Satz 3 zu berücksichtigen sind.[273] Er folgt damit der Ansicht, die in dem beschränkten Anwendungsbereich eine bewusste Entscheidung des Gesetzgebers sieht.[274] Der BGH hat damit zwei weitere dazu vertretene Ansichten zurückgewiesen. Eine erste Gegenansicht wollte zur Erweiterung des Anwendungsbereichs den Zahlungsbegriff ggü. Satz 3 weiter auslegen. Nicht nur die Weggabe von Aktiva, sondern auch sonstige Einwirkungen auf die Zahlungsfähigkeit sollen danach als Zahlung anzusehen sein.[275] Bereits vor der »Krise« begründete, nun fällige und durchsetzbare Gesellschafterforderungen dürften in der »Krise« erfüllt werden und seien bei der Beurteilung der Zahlungsunfähigkeit zu berücksichtigen. In der »Krise« dürften aber keine weiteren Forderungen mehr begründet werden. Eine zweite, hier in der Erstauflage vertretene Gegenansicht, wollte fällige und durchsetzbare Gesellschafterforderungen hingegen bei der Beurteilung der Frage, ob eine Zahlung zur Zahlungsunfähigkeit führt, gänzlich unberücksichtigt lassen.[276] Nach dieser Ansicht sollte das Zahlungsverbot des Satzes 3 entsprechend für Zahlungen auf fällige und durchsetzbare Gesellschafterforderungen gelten.

49 Die Entscheidung des BGH ist auf ein geteiltes Echo gestoßen[277], hat aber für die Praxis weitgehend Klarheit geschaffen. Der Anwendungsbereich des Satzes 3 erstreckt sich nach Ansicht des BGH allerdings neben dem Fall der Vergrößerung einer unwesentlichen zu einer wesentlichen Deckungslücke auch auf den Bereich unrechtmäßiger Vermögensverschiebungen.[278] Davon erfasst sieht der BGH die Zahlung auf eine nicht im insolvenzrechtlichen Sinn fällige Forderung, etwa eine tatsächlich nicht ernsthaft eingeforderte oder einem Rangrücktritt unterliegende Gesellschafterforderung, sowie die Zahlung auf eine Gesellschafterforderung, die als solche noch nicht zur Zahlungsunfähigkeit führt, diese aber dadurch auslöst, dass in deren Folge Kreditgeber außerhalb des Gesellschafterkreises ihre Kredite abziehen.[279]

50 Auf Basis der Ansicht des BGH liegt Satz 3 derselbe Zahlungsunfähigkeitsbegriff wie Satz 1 und anderen Vorschriften wie etwa § 15a InsO zugrunde.[280]

51 Keine Rolle spielt in diesem Zusammenhang die Diskussion, ob Satz 3 als ungeschriebene Rechtsfolge ein Leistungsverweigerungsrecht der Gesellschaft beinhaltet. Aus einem Leistungsverweigerungsrecht nach Satz 3 könnte nicht geschlossen werden, dass Gesellschafterforderungen bei der Prüfung der Zahlungsunfähigkeit für Zwecke des Satzes 3 unberücksichtigt bleiben, da dies auf einen Zirkelschluss hinausliefe.[281] Dafür entscheidend sind vielmehr die vorgenannten Überlegungen zu Satz 3. Das Zahlungsverbot, das sich für fällige und durchsetzbare Gesellschafterforderungen

---

272 S. *K. Schmidt*, in: Scholz, GmbHG, § 64 Rn. 91 Fn. 10.

273 BGH, NZG 2012, 1379, 1380.

274 OLG München, BB 2010, 1880, 1881; *Altmeppen*, in: Roth/Altmeppen, GmbHG, § 64 Rn. 76 ff.; *Desch/Bunnemann*, BB 2008, 1880, 1881; *Verse*, in: Scholz, GmbHG, § 29 Rn. 93; *Winstel/Skauradszun*, GmbHR 2011, 185, 186 f.; *Arnold*, in: Henssler/Strohn, Gesellschaftsrecht, § 64 GmbHG Rn. 63.

275 *Haas*, in: Baumbach/Hueck, GmbHG, § 64 Rn. 129; *Haas*, GmbHR 2010, 1, 6.

276 So wohl OLG Stuttgart, Beschl. v. 14.04.2009 – 1 Ws 32/09, juris Rn. 27 f. (im Rahmen einer Strafbarkeitsprüfung); *Spliedt*, ZIP 2009, 149, 159 f.; *Dahl/Schmitz*, NZG 2009, 567, 569 f.

277 Vgl. die Übersicht bei *Altmeppen*, ZIP 2013, 801, 802 f. Vgl. kritisch z.B. *Haas*, NZG 2013, 41, 42 ff., hingegen zustimmend z.B. *Brand*, NZG 2012, 1374, 1375.

278 BGH, NZG 2012, 1379, 1381.

279 BGH, NZG 2012, 1379, 1381.

280 BGH, NZG 2012, 1379, 1380. Zum Begriff der Zahlungsunfähigkeit und Berücksichtigung der sog. Passiva II vgl. BGH, NZI 2018, 204, 205 ff. Vgl. mit Blick auf die Gegenansichten zu dem danach gegebenen unterschiedlichen Verständnis ggü. Satz 1 *Müller*, in: MünchKommGmbHG, § 64 Rn. 190; vgl. auch *Greulich*, in: Schulze, jurisPR-HaGesR 7/2010 Anm. 3, Anm. zum OLG München, Urt. v. 6.5.2010.

281 *Desch/Bunnemann*, BB 2010, 1881, 1881; *Nolting-Hauff/Greulich*, GmbHR 2013, 169, 173. Anders dagegen *Dahl/Schmitz*, NZG 2009, 567, 569.

auch nach Ansicht des BGH in dem von ihm vertretenen Anwendungsbereich des Satzes 3 ergeben kann, führt nicht dazu, dass fällige und durchsetzbare Gesellschafterforderungen bei der Prüfung der Zahlungsunfähigkeit nach allgemeinen Regeln, also insb. i.R.d. § 15a InsO außer Betracht bleiben.[282] Andernfalls hätte Satz 3 eine Verzögerung der Insolvenzantragspflicht und eine Perpetuierung einer Krisenfinanzierung aus Gesellschafterhand zur Folge.[283]

II. Geschäftsführer

Hinsichtlich der potenziell Anspruchsverpflichteten gelten für Satz 3 keine Besonderheiten ggü. Satz 1, sodass auf die dortigen Ausführungen verwiesen werden kann (Rdn. 9 ff.).[284] 52

III. Zahlungen an Gesellschafter

1. Zahlungsbegriff

Wie in Satz 1 gilt auch in Satz 3 grds. ein weiter Zahlungsbegriff.[285] Erfasst sein können grds. alle Vermögensabflüsse.[286] Besonderheiten ggü. Satz 1 ergeben sich im Ergebnis daraus, dass die Zahlung kausal mit der Zahlungsunfähigkeit verknüpft ist. Insoweit kommt es zu Einschränkungen des Haftungstatbestands, die allerdings nicht im Zahlungsbegriff, sondern im Kausalitätserfordernis wurzeln. Praktisch von Interesse sind für den Zahlungsbegriff vor diesem Hintergrund Maßnahmen, die sich auf die Liquidität der Gesellschaft auswirken.[287] Andererseits führt die kausale Verknüpfung mit der Zahlungsunfähigkeit nicht zu einer uferlosen Erweiterung des Zahlungsbegriffs ggü. Satz 1 im Sinne einer bloßen Zahlungsunfähigkeitsverursachung.[288] Dann hätte es des Merkmals der Zahlung in Satz 3 nicht bedurft. Vielmehr kommt ihm eine eigenständige und damit tendenziell eine die Haftung einschränkende Bedeutung zu. Auch i.R.d. Satz 3 sind wegen der Wortlautgrenze deshalb weder die Begründung neuer Verbindlichkeiten noch Vermögensminderungen durch reines Unterlassen der Geltendmachung von Forderungen als Zahlung anzusehen.[289] Insofern wirkt sich die vom BGH klargestellte Berücksichtigung der sog. Passiva II[290] bei der Prüfung der Zahlungsunfähigkeit für Satz 3 nicht bei der Verursachung aus. 53

Die Bestellung dinglicher Sicherheiten für Verbindlichkeiten von Gesellschaftern kann eine Zahlung darstellen.[291] Auf die Wahrscheinlichkeit der Inanspruchnahme kommt es nicht an, soweit bereits die Bestellung dazu führt, dass sich die Gesellschaft nicht mehr durch eigene Verwertung des Gegenstandes kurzfristig Zahlungsmittel verschaffen kann.[292] I.Ü. ist für die Beurteilung der 54

---

282 Vgl. dazu Vor § 64 Rdn. 8.

283 Vgl. dazu OLG München, BB 2010, 1880, 1881.

284 *K. Schmidt*, in: Scholz, GmbHG, § 64 Rn. 87.

285 *Müller*, in: MünchKommGmbHG, § 64 Rn. 182; *Haas*, in: Baumbach/Hueck, GmbHG, § 64 Rn. 125; *Böcker/Poertzgen*, WM 2007, 1203, 1203.

286 Vgl. *Müller*, in: MünchKommGmbHG, § 64 Rn. 182. Der BGH hat ausdrücklich offen gelassen, ob über Geldzahlungen hinaus auch andere Abflüsse von Vermögenswerten erfasst sein können, BGH, NZG 2012, 1379, 1381.

287 *Kleindiek*, in: Lutter/Hommelhoff, GmbHG, § 64 Rn. 51; *Müller*, in: MünchKommGmbHG, § 64 Rn. 182.

288 So aber in Ansätzen *Haas*, in: Baumbach/Hueck, GmbHG, § 64 Rn. 129: Zahlung als Einwirkung auf die Zahlungsunfähigkeit.

289 Zur Begründung neuer Verbindlichkeiten: *Kleindiek*, in: Lutter/Hommelhoff, GmbHG, § 64 Rn. 51; *Casper*, in: Ulmer/Habersack/Winter, GmbHG, § 64 Rn. 139; *K. Schmidt*, in: Scholz, GmbHG, § 64 Rn. 88; *Knof*, DStR 2007, 1536, 1538; a.A. *Haas*, in: Baumbach/Hueck, GmbHG, § 64 Rn. 129. Zum Unterlassen: *Müller*, in: MünchKommGmbHG, § 64 Rn. 182 u. 147; *Knof*, DStR 2007, 1536, 1538; a.A. *Haas*, in: Baumbach/Hueck, GmbHG, § 64 Rn. 127 f.; *Greulich/Bunnemann*, NZG 2006, 681, 684.

290 BGH, NZI 2018, 204, 205 ff.

291 *Haas*, in: Baumbach/Hueck, GmbHG, § 64 Rn. 127 f.; *K. Schmidt*, in: Scholz, GmbHG, § 64 Rn. 88; *Müller*, in: MünchKommGmbHG, § 64 Rn. 182.

292 Vgl. *Müller*, in: MünchKommGmbHG, § 64 Rn. 182; *Cahn*, Der Konzern 2009, 7, 10.

Inanspruchnahme auf den Zeitpunkt der Bestellung abzustellen; die in diesem Zeitpunkt erkennbaren Entwicklungen sind zu berücksichtigen.[293] Die Gewährung von Personalsicherheiten zugunsten des Gesellschafters stellt keine Zahlung dar, da es sich um die Begründung von Verbindlichkeiten handelt.[294]

55 Teilweise wird aus der Beschränkung der möglichen Zahlungsempfänger auf Gesellschafter abgeleitet, dass wie bei § 30 nur Zahlungen erfasst sind, die *causa societatis* erfolgen.[295] Die Gegenansicht lässt sämtliche Zahlungen an Gesellschafter genügen, da es sich bei Satz 3 um eine Norm zum Schutze der Liquidität und nicht des Kapitals handele.[296] Der insolvenzrechtliche Bezug der Vorschrift spricht gegen die Relevanz eines Ausschüttungscharakters der Zahlung, sodass letzterer Ansicht zu folgen ist.

56 Wie auch bei Satz 1 ist entgegen teilweise vertretener Ansicht[297] unerheblich, ob die Gesellschaft zur Zahlung an den Gesellschafter verpflichtet ist, ob also eine grds. fällige und durchsetzbare Gesellschafterforderung besteht.[298] Dies gilt unabhängig davon, ob sie dem Kleinstbeteiligungs- oder dem Sanierungsprivileg unterfallen.[299] Der Rechtsgrund für die Zahlung an den Gesellschafter ist grds. unerheblich.[300] Auch die Zahlung von Nutzungsentgelt an Gesellschafter ist erfasst, kann aber i.R.d. Satzes 2 privilegiert sein.[301]

57 Bilanzielle Betrachtungsweisen sind für den Zahlungsbegriff unerheblich, da es auf die Liquidität ankommt. Rückzahlungen von Darlehen können ebenso eine Zahlung darstellen wie das Ausreichen von Darlehen bei Vollwertigkeit des Rückzahlungsanspruchs.[302]

58 Zahlungen können entweder vom Geschäftsführer selbst vorgenommen werden oder diesem zuzurechnen sein. Geht es um die Zurechnung, ist zu beachten, dass die Gesellschafter als Empfänger oftmals Zugang zur »Gesellschaftskasse« haben. Eine Zurechnung scheidet aber nicht von vornherein aus, nur weil Gesellschafter eigenmächtig gehandelt haben. Hier ist eine Zurechnung möglich, wenn eine mögliche Verhinderung pflichtwidrig unterlassen wurde.[303] Der Zahlungsverkehr aus der Gesellschaft mit den Gesellschaftern fällt dann jedenfalls in die Gesamtverantwortung der Geschäftsführung, wenn es um die Existenzgefährdung der Gesellschaft geht.[304]

2. Gesellschafter als Empfänger

59 Empfänger der Zahlung muss ein Gesellschafter sein, ohne dass es auf die Größe seiner Beteiligung an der Gesellschaft ankommt.[305] Erfasst sind auch Zahlungen an Dritte, die wirtschaftlich als

293 *Greulich/Bunnemann*, NZG 2006, 681, 684.

294 *Müller*, in: MünchKommGmbHG, § 64 Rn. 182; a.A. *Cahn*, Der Konzern 2009, 7, 9 f.

295 Vgl. auch *Cahn*, Der Konzern 2009, 7, 11 zu § 92 Abs. 2 Satz 3 AktG.

296 *K. Schmidt*, in: Scholz, GmbHG, § 64 Rn. 91; *Casper*, in: Ulmer/Habersack/Löbbe, GmbHG, § 64 Rn. 141.

297 *Altmeppen*, in: Roth/Altmeppen, GmbHG, § 64 Rn. 76 ff.

298 *K. Schmidt*, in: Scholz, GmbHG, § 64 Rn. 91 u. 93. Vgl. zu nicht fälligen Gesellschafterforderungen, die bei der Zahlungsunfähigkeitsprüfung nicht passiviert werden dürfen, deren Erfüllung also in jedem Fall Zahlungen darstellen *Kleindiek*, in: Lutter/Hommelhoff, GmbHG, § 64 Rn. 56.

299 *K. Schmidt*, in: Scholz, GmbHG, § 64 Rn. 93; a.A. *Cahn*, Der Konzern 2009, 7, 12.

300 *K. Schmidt*, in: Scholz, GmbHG, § 64 Rn. 93.

301 Vgl. ausführlich *K. Schmidt*, in: Scholz, GmbHG, § 64 Rn. 93.

302 *Müller*, in: MünchKommGmbHG, § 64 Rn. 184.

303 *K. Schmidt*, in: Scholz, GmbHG, § 64 Rn. 89; vgl. auch *Cahn*, Der Konzern 2009, 7, 10; vgl. aber auch *Müller*, in: MünchKommGmbHG, § 64 Rn. 185: Veranlassung fehle regelmäßig bei Diebstahl oder Unterschlagung.

304 *Haas*, in: Baumbach/Hueck, GmbHG, § 64 Rn. 123 f.; *Casper*, in: Ulmer/Habersack/Löbbe, GmbHG, § 64 Rn. 140: bei den für Satz 3 erforderlichen Größenordnungen regelmäßig Zurechenbarkeit an den Geschäftsführer.

305 *K. Schmidt*, in: Scholz, GmbHG, § 64 Rn. 91; *Kleindiek*, in: Lutter/Hommelhoff, GmbHG, § 64 Rn. 25.

Zahlungen an einen Gesellschafter anzusehen sind.[306] Das Gleiche gilt für Zahlungen durch Dritte, die für Rechnung der Gesellschaft erfolgen; hier ist auf Ebene der Kausalität zu prüfen, ob sie tatsächlich die Zahlungsunfähigkeit nach sich ziehen können.[307] Maßgeblich ist grds. der Zeitpunkt der Zahlung der Gesellschaft.[308] Ist der Empfänger in diesem Zeitpunkt nicht mehr Gesellschafter, ist die Zahlung dennoch von Satz 3 erfasst, wenn sie an ihn noch als vormaliger Gesellschafter erfolgt.[309] Umgekehrt kann eine Zahlung vor Begründung der Gesellschafterstellung erfasst sein, wenn sie im engen zeitlichen und sachlichen Zusammenhang mit der nachfolgenden Begründung der Gesellschafterstellung des Empfängers steht.[310]

IV. Privilegierte Zahlungen (Satz 2)

Dem Wortlaut nach scheint der zweite Halbs. des Satz 3 lediglich hinsichtlich des Sorgfaltsmaßstabs auf Satz 2 zu verweisen, i.Ü. aber keine echte Privilegierung bestimmter Zahlungen, sondern eine Verschuldensvermutung zu enthalten.[311] Richtigerweise ist Satz 2 i.R.d. Satzes 3 allerdings in gleicher Weise wie bei Satz 1 anwendbar.[312] Mithin sind Zahlungen, die mit der Sorgfalt eines ordentlichen Geschäftsmannes vereinbar sind, vom Tatbestand des Satzes 3 ausgenommen. 60

Inhaltlich gelten die Ausführungen zu Satz 2 grds. entsprechend (Rdn. 25 ff.).[313] Insb. können Gegenleistungen i.R.d. Satz 2 zu berücksichtigen sein. Teilweise wird verlangt, dass die Gegenleistung liquiditätswirksam sein müsse.[314] Diese Sichtweise ist zu eng, wenn sie darauf abzielt, Gegenleistungen unberücksichtigt zu lassen, die den Mittelabfluss nicht unmittelbar kompensieren.[315] Um einen sinnvollen Leistungsaustausch zwischen der GmbH und ihren Gesellschaftern aufgrund der Haftungsgefahr nicht frühzeitig abzuschneiden, müssen begründete Sanierungsmaßnahmen oder z.B. Gegenleistungen in Form von Dienstleistungen, die betriebsnotwendig sind und die Insolvenz abwenden können, auch dann möglich sein, wenn sie nicht unmittelbar liquiditätswirksam sind.[316] Inwieweit eine Gegenleistung liquiditätswirksam ist, kann allerdings für die Frage relevant sein, ob sie (zugleich) den Zurechnungszusammenhang unterbricht, weil sie die Zahlung als konkreten Mittelabfluss i.R.d. Liquiditätsprüfung kompensiert.[317] Die Abgrenzung kann im Einzelfall für die Darlegungs- und Beweislast Bedeutung haben, auch wenn der Unterschied angesichts der sekundären Darlegungs- und Beweislast des Geschäftsführers beim Zurechnungszusammenhang praktisch gering sein dürfte. 61

Bedeutsam kann Satz 2 darüber hinaus insb. auch für die Beurteilung von Zahlungen der Gesellschaft im Rahmen eines *cash pool*-Systems sein.[318] 62

---

306 *K. Schmidt*, in: Scholz, GmbHG, § 64 Rn. 91; *Knof*, DStR 2007, 1536, 1538; *Casper*, in: Ulmer/Habersack/Löbbe, GmbHG, § 64 Rn. 141 mit Verweis auf Fälle des Management-Buy-Out, qualifizierte Näheverhältnisse (familiäre Verbundenheit, verbundene Unternehmen) sowie der Treuhand, des Nießbrauchs oder der atypischen stillen Beteiligung.

307 Vgl. *K. Schmidt*, in: Scholz, GmbHG, § 64 Rn. 88; vgl. auch *Kleindiek*, in: Lutter/Hommelhoff, GmbHG, § 64 Rn. 54 ff.; *Cahn*, Der Konzern 2009, 7, 16.

308 *Casper*, in: Ulmer/Habersack/Löbbe, GmbHG, § 64 Rn. 141.

309 *K. Schmidt*, in: Scholz, GmbHG, § 64 Rn. 92.

310 *Müller*, in: MünchKommGmbHG, § 64 Rn. 186 mit beispielhaftem Verweis auf einen »Leveraged Buyout«.

311 Vgl. auch *K. Schmidt*, in: Scholz, GmbHG, § 64 Rn. 103.

312 *Haas*, in: Baumbach/Hueck, GmbHG, § 64 Rn. 137 f.; *K. Schmidt*, in: Scholz, GmbHG, § 64 Rn. 103: Erst-recht-Schluss; ebenso *Müller*, in: MünchKommGmbHG, § 64 Rn. 188.

313 *Haas*, in: Baumbach/Hueck, GmbHG, § 64 Rn. 137 f.; vgl. *Knof*, DStR 2007, 1580, 1584; *K. Schmidt*, in: Scholz, GmbHG, § 64 Rn. 103.

314 *Kleindiek*, in: Lutter/Hommelhoff, GmbHG, § 64 Rn. 51.

315 Dazu *Knof*, DStR 2007, 1580, 1584; vgl. auch *Müller*, in: MünchKommGmbHG, § 64 Rn. 188.

316 *Knof*, DStR 2007, 1580, 1584; vgl. auch *Böcker/Poertzgen*, WM 2007, 1203, 1203.

317 Vgl. *Knof*, DStR 2007, 1580, 1584. Wie bei Satz 1 dürften Gegenleistungen dagegen nicht bereits beim Zahlungsbegriff berücksichtigt werden können (so aber wohl *Müller*, in: MünchKommGmbHG, § 64 Rn. 188).

318 *Greulich/Rau*, NZG 2008, 284, 287; *Haas*, in: Baumbach/Hueck, GmbHG, § 64 Rn. 137 f.

V. Bezug zur Zahlungsunfähigkeit

63 Satz 3 statuiert eine Haftung für Zahlungen nur insoweit, als diese zur Zahlungsunfähigkeit führen mussten. Der Haftungstatbestand des Satzes 3 ist erst vollendet, wenn Zahlungsunfähigkeit tatsächlich eingetreten ist (»musste«).[319]

64 Eine Haftung für die Herbeiführung einer Überschuldung kann Satz 3 angesichts des klaren Wortlauts entgegen teilweise vertretener Ansicht[320] nicht entnommen werden.[321] Satz 3 greift andererseits unabhängig davon, ob die Zahlung im Stadium der Überschuldung erfolgt.[322]

65 Für den Begriff der Zahlungsunfähigkeit ist grds. § 17 Abs. 2 InsO maßgeblich.[323] Nicht zuletzt auch für den Zurechnungszusammenhang von Bedeutung ist, dass die Beurteilung der Zahlungsunfähigkeit auf der Grundlage einer Zeitraumbetrachtung erfolgt und nicht ausschließlich auf einen konkreten Zeitpunkt bezogen ist.[324]

66 Der erforderliche Zurechnungszusammenhang zwischen Zahlung und konkret eingetretener Zahlungsunfähigkeit setzt zunächst voraus, dass die Zahlung für die eingetretene Zahlungsunfähigkeit kausal geworden ist. Daran fehlt es, wenn im Zeitpunkt der Zahlung bereits Zahlungsunfähigkeit vorlag[325] oder wenn die Zahlungsunfähigkeit aus anderen Gründen nicht im Sinne einer *conditio sine qua non* durch die infrage stehende Zahlung bedingt ist.[326]

67 Welche Anforderungen darüber hinaus an den erforderlichen Zurechnungszusammenhang zu stellen sind, ist nicht eindeutig und wird im Einzelnen unterschiedlich beurteilt. Die Regierungsbegründung zum MoMiG nennt einerseits *Zahlungen, die ohne Hinzutreten weiterer Kausalbeiträge zur Zahlungsunfähigkeit führen.*[327] Andererseits müsse sich im Moment der Zahlung (nur) *klar abzeichnen*, dass die Gesellschaft *unter normalem Verlauf der Dinge* ihre Verbindlichkeiten nicht mehr werde erfüllen können.[328] Die Zahlung muss also nicht monokausal für die Zahlungsunfähigkeit sein, da sie nicht in dem Moment der Zahlung, also quasi mit der Zahlung eintreten muss, sondern sich auch erst später ergeben kann.[329] Zu der Zahlung können also weitere Liquiditätsabflüsse hinzutreten, ohne dass dies den erforderlichen Zurechnungszusammenhang zwingend unterbrechen würde.[330]

68 Der Wortlaut (»führen musste« – nicht führt) zeigt, dass nicht jede kausal gewordene Zahlung die Haftung auslöst, sondern nur eine Zahlung, bei der – aufgrund einer ex post Betrachtung – ex ante davon auszugehen war, dass sie unter Berücksichtigung anderer erkennbarer Umstände, die für die Liquidität von Bedeutung sind, zur Zahlungsunfähigkeit führen musste.[331] Außergewöhnliche Umstände, die eine Zahlungsunfähigkeit verhindern konnten, mit deren Eintritt aber realistischerweise nicht zu rechnen war, sollen außer Betracht bleiben; auf sie kann sich der Geschäftsführer nicht berufen.[332] Der BGH lässt es ausreichen, wenn nicht die Zahlung selbst, sondern dadurch ausgelöste Kreditkündigungen

---

319 *Kleindiek*, in: Lutter/Hommelhoff, GmbHG, § 64 Rn. 54; *K. Schmidt*, in: Scholz, GmbHG, § 64 Rn. 96.
320 *Casper*, in: Ulmer/Habersack/Löbbe, GmbHG, § 64 Rn. 147.
321 *Haas*, in: Baumbach/Hueck, GmbHG, § 64 Rn. 133; *K. Schmidt*, in: Scholz, GmbHG, § 64 Rn. 96.
322 *K. Schmidt*, in: Scholz, GmbHG, § 64 Rn. 96.
323 *Casper*, in: Ulmer/Habersack/Löbbe, GmbHG, § 64 Rn. 142.
324 *Knof*, DStR 2007, 1536, 1539; *Greulich/Bunnemann*, NZG 2006, 681, 685.
325 BGH, NZG 2012, 1379, 1380. In diesem Fall haftet der Geschäftsführer nach Satz 1.
326 *K. Schmidt*, in: Scholz, GmbHG, § 64 Rn. 98; *Müller*, in: MünchKommGmbHG, § 64 Rn. 192; vgl. auch *Casper*, in: Ulmer/Habersack/Löbbe, GmbHG, § 64 Rn. 148.
327 RegBegr. MoMiG, BT-Drucks. 16/6140, S. 46 f.
328 RegBegr. MoMiG, BT-Drucks. 16/6140, S. 46 f.
329 *Kleindiek*, in: Lutter/Hommelhoff, GmbHG, § 64 Rn. 62 ff.; *K. Schmidt*, in: Scholz, GmbHG, § 64 Rn. 98 f.; *Haas*, in: Baumbach/Hueck, GmbHG, § 64 Rn. 136.
330 *Kleindiek*, in: Lutter/Hommelhoff, GmbHG, § 64 Rn. 62 ff.
331 So *K. Schmidt*, in: Scholz, GmbHG, § 64 Rn. 101.
332 *Müller*, in: MünchKommGmbHG, § 64 Rn. 192; *Haas*, in: Baumbach/Hueck, GmbHG, § 64 Rn. 135.

anderer Gläubiger zur Zahlungsunfähigkeit führen mussten.[333] Das OLG Celle hat dem Geschäftsführer die Berufung auf nachträgliche freiwillige Stützungszahlungen der Gesellschafter an die Gesellschaft zur Hinauszögerung der Zahlungsunfähigkeit über einen Zeitraum von 13 Monaten versagt, da sie nicht zum »normalen Lauf der Dinge« einer wirtschaftenden Gesellschaft zählten.[334]

I.Ü. werden unterschiedliche Anforderungen an die Prognose im Zeitpunkt der Zahlung gestellt. 69
Ein Teil der Literatur legt ein eher weites Verständnis zugrunde. Die Möglichkeit[335] der Illiquidität soll ausreichen. Wohl überwiegend wird ihre überwiegende Wahrscheinlichkeit[336] gefordert. Die strenge Ansicht spricht sich für das Erfordernis einer (ex ante) mit an Sicherheit grenzender Wahrscheinlichkeit und damit für eine stärkere Eingrenzung der Haftung aus.[337] Mit der verbreitet vertretenen Ansicht ist auch mit Blick auf den Wortlaut (»führen *musste*«) eine überwiegende Wahrscheinlichkeit zu fordern, aber auch ausreichend. Ein strengerer Maßstab würde den Verhaltensanreiz, den Satz 3 zum Schutz der Gläubiger setzt, weitgehend leer laufen lassen. Im Ergebnis ist die Prognoseentscheidung wertender Natur, in deren Rahmen ein enger zeitlicher Zusammenhang Indizwirkung haben kann.[338] Feste Faustformeln sind damit hingegen nicht vereinbar.[339] Maßgeblich ist eine Prognoseentscheidung, in die neben den vorhersehbaren Ausgaben einschließlich der sog. Passiva II die vorhandenen Zahlungsmittel und die zu erwartenden Zahlungseingänge periodisch geordnet gegenüberzustellen sind.[340]

VI. Verschulden

Der Anspruch aus Satz 3 setzt ebenso wie derjenige aus Satz 1 Verschulden voraus.[341] Die genannten Grundsätze (Rdn. 32 ff.) gelten entsprechend.[342] Erforderlich ist, dass bei Beachtung der Sorgfalt eines ordentlichen Geschäftsmannes erkennbar war, dass die Zahlung zur Zahlungsunfähigkeit führen musste.[343] Die Erkennbarkeit wird widerleglich vermutet.[344] 70

Abzugrenzen ist dieses Verschuldenserfordernis bzw. der Entlastungsbeweis durch den Geschäftsführer von dem objektiven Tatbestandsmerkmal des Zurechnungszusammenhangs, dass nämlich nach einer Prognose im Zeitpunkt der Zahlung diese zur Zahlungsunfähigkeit führen musste. Die Abgrenzung erfolgt nicht allein nach einer objektiven und einer subjektiven Sichtweise bezogen auf die Erkennbarkeit der Zahlungsunfähigkeit. Denn wegen der Anknüpfung an die Sorgfalt eines ordentlichen Geschäftsmannes ist insoweit auch das Verschuldenserfordernis objektiv und nicht subjektiv-individuell ausgerichtet.[345] Der Unterschied ist vielmehr darin zu sehen, dass sich der Zurechnungszusammenhang als objektives Tatbestandsmerkmal aus einem »*ex-post* gefällten *ex-ante* Urteil«[346] ergibt, während es für das Verschulden bzw. den Entlastungsbeweis darauf ankommt, ob 71

333 BGH, NZG 2012, 1379, 1381.
334 OLG Celle, GmbHR 2012, 1185, 1187; zu Recht kritisch *Giedinghagen/Göb*, EWiR 2013, 203, 204.
335 So wohl *Casper*, in: Ulmer/Habersack/Löbbe, GmbHG, § 64 Rn. 149, der allerdings wohl auf der Ebene des subjektiven Tatbestandes korrigieren will.
336 *K. Schmidt*, in: Scholz, GmbHG, § 64 Rn. 101; *Haas*, in: Baumbach/Hueck, GmbHG, § 64 Rn. 135; *Knof*, DStR 2007, 1536, 1540: mehr als 50 %.
337 Ähnlich *Müller*, in: MünchKommGmbHG, § 64 Rn. 193; *Cahn*, Der Konzern 2009, 7, 13.
338 *K. Schmidt*, in: Scholz, GmbHG, § 64 Rn. 99.
339 *K. Schmidt*, in: Scholz, GmbHG, § 64 Rn. 99; a.A. *Casper*, in: Ulmer/Habersack/Löbbe, GmbHG, § 64 Rn. 149: Kausalität nur, wenn Zahlungsunfähigkeit binnen eines Jahres eintritt; *Haas*, in: Baumbach/Hueck, GmbHG, § 64 Rn. 141: widerlegliche Vermutung des Zusammenhangs bei Eintritt innerhalb von 6 Monaten.
340 *Müller*, in: MünchKommGmbHG, § 64 Rn. 194.
341 *Haas*, in: Baumbach/Hueck, GmbHG, § 64 Rn. 137 f.
342 Vgl. *Haas*, in: Baumbach/Hueck, GmbHG, § 64 Rn. 137 f.
343 *K. Schmidt*, in: Scholz, GmbHG, § 64 Rn. 102.
344 *Kleindiek*, in: Lutter/Hommelhoff, GmbHG, § 64 Rn. 38; *K. Schmidt*, in: Scholz, GmbHG, § 64 Rn. 102.
345 *K. Schmidt*, in: Scholz, GmbHG, § 64 Rn. 101.
346 *K. Schmidt*, in: Scholz, GmbHG, § 64 Rn. 101.

der Geschäftsführer die relevanten Umstände aufgrund besonderer Umstände subjektiv nicht erkennen konnte und deshalb nicht kennen musste.[347] Bedeutung hat die Abgrenzung mit Blick auf die Verteilung der Darlegungs- und Beweislast.[348]

72 Ein Geschäftsführer kann sich zu seiner Entlastung nicht auf einen Gesellschafterbeschluss berufen, mit dem er zur Zahlung angewiesen wurde.[349] Eine Gesellschafterweisung kann das zwingende Zahlungsverbot des Satzes 3 nicht aushebeln.[350]

VII. Insolvenzeröffnung, Anspruchsentstehung, Auswirkung wirtschaftlicher Genesung

73 Ähnlich wie bei Satz 1 setzt der Anspruch aus Satz 3 nicht die Insolvenzeröffnung oder die Ablehnung eines Insolvenzantrags mangels Masse voraus.[351] Der Anspruch entsteht mit der Verwirklichung des Tatbestands unter Einschluss des Eintritts der Zahlungsunfähigkeit. Auf die Eröffnung des Insolvenzverfahrens oder die Ablehnung eines Insolvenzantrags mangels Masse kommt es auch für die Geltendmachung des Anspruchs nicht an.[352]

74 Unterschiedlich beurteilt wird, wie sich die Beseitigung der einmal eingetretenen Zahlungsunfähigkeit auf den Anspruch auswirkt. Einer Ansicht nach soll dadurch die Kausalität zwischen Zahlung und Zahlungsunfähigkeit unterbrochen werden.[353] Dagegen spricht, dass die Kausalität konkret auf die zunächst eingetretene Zahlungsunfähigkeit bezogen ist und insoweit von späteren Entwicklungen unberührt bleibt, wenn nicht gerade eine Rückzahlung durch den konkret begünstigten Gläubiger erfolgt. A.A. nach soll die Haftung nach ihrem Schutzzweck voraussetzen, dass die Zahlungsunfähigkeit noch im Zeitpunkt der Geltendmachung des Anspruchs besteht.[354] Konsequenterweise wird man wie bei Satz 1 zu entscheiden haben (dazu Rdn. 38). Die Darlegungs- und Beweislast für den Wegfall der wirtschaftlichen Rechtfertigung des Anspruchs muss den Geschäftsführer treffen.

VIII. Rechtsfolgen

1. Inhalt der Ersatzpflicht

75 Wie der Anspruch aus Satz 1 ist auch der Anspruch aus Satz 3 nicht auf Schadensersatz, sondern die Erstattung des unter Verstoß gegen Satz 3 geleisteten Zahlungsbetrags gerichtet.[355] Auch für die Verzinsung ergeben sich keine Besonderheiten.[356] Die Gesellschaft hat etwaige eigene Ansprüche gegen den empfangenden Gesellschafter (z.B. aus § 31) Zug um Zug gegen Zahlung durch den

347 *K. Schmidt*, in: Scholz, GmbHG, § 64 Rn. 102; vgl. auch *Müller*, in: MünchKommGmbHG, § 64 Rn. 196. Einen Unterschied wohl verneinend *Kleindiek*, in: Lutter/Hommelhoff, GmbHG, § 64 Rn. 65 ff.

348 *K. Schmidt*, in: Scholz, GmbHG, § 64 Rn. 101; vgl. aber auch *Kleindiek*, in: Lutter/Hommelhoff, GmbHG, § 64 Rn. 66 f., der unter Leugnung relevanter Unterschiede im praktischen Ergebnis wohl dem Anspruchsteller die Darlegungs- und Beweislast zuordnet.

349 *K. Schmidt*, in: Scholz, GmbHG, § 64 Rn. 104.

350 BGH, NZG 2012, 1379, 1381.

351 Vgl. zur Frage der Anspruchsentstehung auch *Casper*, in: Ulmer/Habersack/Löbbe, GmbHG, § 64 Rn. 155; a.A. *Müller*, in: MünchKommGmbHG, § 64 Rn. 173.

352 *Casper*, in: Ulmer/Habersack/Löbbe, GmbHG, § 64 Rn. 155; a.A. *Müller*, in: MünchKommGmbHG, § 64 Rn. 191.

353 *Casper*, in: Ulmer/Habersack/Löbbe, GmbHG, § 64 Rn. 151, der allerdings eine Ausnahme für den Fall zulässt, dass der negative Effekt der Zahlung trotz einer Rückzahlung fortdauert, z.B. weil Banken infolge des Verhaltens Kreditlinien gekündigt haben.

354 *Böcker/Poertzgen*, WM 2007, 1203, 1208; *Hölzle*, GmbHR 2007, 729, 732: Haftung auflösend bedingt durch den Wegfall des Insolvenzgrundes; vgl. auch *Müller*, in: MünchKommGmbHG, § 64 Rn. 191; *K. Schmidt*, in: Scholz, GmbHG, § 64 Rn. 97.

355 *Müller*, in: MünchKommGmbHG, § 64 Rn. 198; *Haas*, in: Baumbach/Hueck, GmbHG, § 64 Rn. 139; trotz seiner schadensersatzrechtlichen Deutung des § 64 im Ergebnis ebenso *K. Schmidt*, in: Scholz, GmbHG, § 64 Rn. 109.

356 *Kleindiek*, in: Lutter/Hommelhoff, GmbHG, § 64 Rn. 68.

Geschäftsführer an diesen abzutreten, § 255 BGB.[357] Auch i.Ü. gelten die Ausführungen zu Satz 1 entsprechend, d.h. auch zur Insolvenzquote[358] und zum Verhältnis zur Anfechtung.

2. Leistungsverweigerungsrecht

Unterschiedlich beurteilt wurde zunächst, ob der Gesellschaft bzw. dem Geschäftsführer ein Leistungsverweigerungsrecht zusteht. Eine Ansicht entnahm Satz 3 die ungeschriebene Rechtsfolge eines Leistungsverweigerungsrechts der Gesellschaft, das sich aus der mit dem Zahlungsverbot verknüpften Leistungsverweigerungspflicht des Geschäftsführers ergebe.[359] Die Gegenansicht verneint ein Leistungsverweigerungsrecht aus Satz 3, da Satz 1 und Satz 3 einheitlich auszulegen seien und aus Satz 1 nach allgemeiner Ansicht kein Leistungsverweigerungsrecht abgeleitet werde und weil kein Schutzbedürfnis zugunsten des Geschäftsführers oder der Gesellschaft bestehe.[360] Der BGH hat entschieden, dass die Gesellschaft die Zahlung verweigern kann, wenn diese die Zahlungsunfähigkeit verursacht.[361] Die Gesellschaft müsse den Mittelabfluss verhindern können. Der Geschäftsführer sei insofern an anderslautende Weisungen der Gesellschafter gemäß Satz 4 i.V.m. § 43 Abs. 3 Satz 3 nicht gebunden. Im Fall des späteren Eintritts der Zahlungsunfähigkeit werde so ggf. ein Nachrang der Gesellschafterforderung gem. § 39 Abs. 1 Nr. 5 InsO realisiert und der Insolvenzverwalter nicht auf eine Zurückholung des Betrags verwiesen. Das Leistungsverweigerungsrecht entfalle wieder, wenn die Gesellschaft der drohenden Zahlungsunfähigkeit begegnen könne und saniert werde. 76

Die eigentliche Frage ist, ob daraus für die Gesellschaft ein eigenständiges Leistungsverweigerungsrecht im materiellen Sinn folgt, das die Durchsetzbarkeit der Forderung für die Dauer des Zahlungsverbotes hindert und damit materielle Wirkungen hinsichtlich der Gesellschafterforderung zeitigen, also z.B. den Verzug ausschließen kann. Mit der Verwendung des Begriffs des Leistungsverweigerungsrechts und der Zuweisung an die Gesellschaft dürfte der BGH von einem materiellen Verständnis ausgehen, auch wenn er zur Begründung eher auf die bloße tatsächliche Verhinderung des Mittelabflusses abstellt.[362] Selbst bei Zugrundelegung eines solchen materiellen Verständnisses kann aber keinesfalls angenommen werden, dass die Gesellschafterforderung mangels Durchsetzbarkeit aus dem Liquiditätsstatus herausfällt. Dies wäre ein Zirkelschluss (Rdn. 51).[363] Mit Blick auf die Ausführungen des BGH dürfte für die Praxis – entgegen der hier in der Erstauflage vertretenen Ansicht[364] –im Übrigen ein materielles Verständnis zugrunde zu legen sein. Indes ist nicht zu verkennen, dass damit dem Gesellschafter zwangsweise eine gewisse Finanzierungsverantwortung auferlegt wird, da sein Zahlungsanspruch z.B. infolge Zinsausfalls entwertet werden kann. Die Zuweisung dieser Nachteile an den Gesellschafter sind aber jedenfalls in dem nur für Gesellschafter geltenden Satz 3 angelegt. Letztlich ergeben sich gewichtige Gründe für ein materielles Verständnis auch aus den Ungereimtheiten und Widersprüchen, die sich bei Annahme eines bloß tatsächlichen Zahlungsverbotes bei fortbestehender Zahlungspflicht der Gesellschaft ergeben können.[365] 77

---

357 *K. Schmidt*, in: Scholz, GmbHG, § 64 Rn. 109; *Knof*, DStR 2007, 1580, 1584.

358 *Haas*, in: Baumbach/Hueck, GmbHG, § 64 Rn. 140 mit Hinweis auf die geringere Relevanz wegen des Nachrangs nach § 39 Abs. 1 Nr. 5 InsO.

359 LG Berlin, GmbHR 2010, 201, 202; *K. Schmidt*, in: Scholz, GmbHG, § 64 Rn. 106; *Müller*, in: MünchKommGmbHG, § 64 Rn. 197; *Hölzle*, GmbHR 2007, 729, 732; *Dahl/Schmitz*, NZG 2009, 567, 569 f.; *Spliedt*, ZIP 2009, 149, 160; *Desch/Bunnemann*, BB 2010, 1881, 1881; *Winstel/Skauradszun*, GmbHR 2011, 185, 187; wohl auch *Casper*, in: Ulmer/Habersack/Löbbe, GmbHG, § 64 Rn. 154.

360 OLG München, BB 2010, 1880, 1881; OLG München, GmbHR 2011, 195, 196; *Haas*, in: Baumbach/Hueck, GmbHG, § 64 Rn. 107; *Haas*, DStR 2010, 1991, 1991.

361 BGH, NZG 2012, 1379, 1381.

362 BGH, NZG 2012, 1379, 1381.

363 *Böcker*, DZWiR 2013, 403, 409; *Bork*, EWiR 2013, 75, 76; vgl. auch *Altmeppen*, ZIP 2013, 801, 807. Anders aber wohl *Spliedt*, ZIP 2010, 149, 160, dies ebenfalls verkennend *Haas*, NZG 2013, 41, 44 f.

364 Vgl. auch *Nolting-Hauff/Greulich*, GmbHR 2013, 169, 173; *Bork*, EWiR 2013, 75, 76.

365 Vgl. dazu *Altmeppen*, ZIP 2013, 801, 807.

IX. Darlegungs- und Beweislast

78 Die Darlegungs- und Beweislast hinsichtlich der Tatbestandsmerkmale der Zahlung, der Zahlungsunfähigkeit und des ausreichenden Zurechnungszusammenhangs trifft den Anspruchsteller, also die Gesellschaft.[366] Der Geschäftsführer als Verpflichteter ist darlegungs- und beweispflichtig hinsichtlich einer Privilegierung nach Satz 2 und der Exkulpation beim Verschulden.[367]

79 Insb. mit Blick auf den hinreichenden Zusammenhang zwischen Zahlung und Zahlungsunfähigkeit wird i.R.d. freien Beweiswürdigung (§ 286 ZPO) zulasten des Geschäftsführers zu berücksichtigen sein, wenn dieser keine ausreichende Dokumentation der Liquiditätsplanung und etwaiger weiterer Grundlagen seiner Entscheidungsfindung vorgenommen hat.[368] Insoweit finden zugunsten der Gesellschaft die Grundsätze über die sekundäre Darlegungs- und Beweislast Anwendung.[369] Im Ergebnis wird der Geschäftsführer substanziiert darzulegen haben, warum er bei einer konkreten Zahlung davon ausgegangen ist, dass durch sie eine Zahlungsunfähigkeit nicht herbeigeführt werden würde.[370]

X. Anspruchsinhaber, Zuständigkeit

80 Anspruchsinhaber ist die Gesellschaft. Es gelten insoweit auch mit Blick auf die Zuständigkeit für die Geltendmachung keine Besonderheiten ggü. Satz 1.

D. Verzicht, Vergleich, Weisung, Verjährung (Satz 4)

81 Satz 4 erklärt die Vorschriften des § 43 Abs. 3 und 4 für entsprechend anwendbar. Die Verweisung gilt sowohl für die Haftung nach Satz 1 als auch für diejenige nach Satz 3.[371] Gem. §§ 43 Abs. 3 Satz 2, 9b Abs. 1 Satz 1 ist ein Verzicht der Gesellschaft auf Ansprüche aus Satz 1 oder Satz 3 oder ein Vergleich der Gesellschaft über diese Ansprüche unwirksam, soweit der Ersatz zur Befriedigung der Gläubiger der Gesellschaft erforderlich ist. Im Fall der Insolvenz wird dies regelmäßig der Fall sein. Zu beachten ist, dass diese Beschränkungen für die Gesellschaft gelten, nicht aber unmittelbar für einen Insolvenzverwalter.[372] Dieser kann sich aber ggf. nach § 60 InsO schadensersatzpflichtig machen.[373] Ausnahmen können sich aus § 9b Abs. 1 Satz 2 ergeben.[374]

82 Gem. § 43 Abs. 3 Satz 3 sind Gesellschafterweisungen an sich nur dann unbeachtlich, soweit der Ersatz zur Befriedigung der Gläubiger der Gesellschaft erforderlich ist. Im Rahmen des § 64 liegt aber entweder bereits materielle Insolvenz vor (Satz 1) oder wird durch die Zahlung hervorgerufen (Satz 3). Deshalb werden die weggegebenen Vermögensgegenstände typischerweise für die Befriedigung der Gläubiger erforderlich sein.[375]

83 Gem. § 43 Abs. 4 verjähren Ansprüche aus Satz 1 und 3 in 5 Jahren ab ihrer Entstehung gem. § 200 BGB.

366 *K. Schmidt*, in: Scholz, GmbHG, § 64 Rn. 105.
367 *K. Schmidt*, in: Scholz, GmbHG, § 64 Rn. 105.
368 *K. Schmidt*, in: Scholz, GmbHG, § 64 Rn. 105.
369 *Müller*, in: MünchKommGmbHG, § 64 Rn. 195; *K. Schmidt*, in: Scholz, GmbHG, § 64 Rn. 105.
370 *Knof*, DStR 2007, 1580, 1584.
371 *Casper*, in: Ulmer/Habersack/Löbbe, GmbHG, § 64 Rn. 155.
372 BGH, NJW 2018, 2494, 2495 f.; *Haas*, in: Baumbach/Hueck, GmbHG, § 64 Rn. 40; *Casper*, in: Ulmer/Habersack/Löbbe, GmbHG, § 64 Rn. 132, 155.
373 *Casper*, in: Ulmer/Habersack/Löbbe, GmbHG, § 64 Rn. 132, 155.
374 Dazu und zu einer weiter gehenden teleologischen Reduktion ausführlicher *K. Schmidt*, in: Scholz, GmbHG, § 64 Rn. 74 f.
375 *Böcker/Poertzgen*, WM 2007, 1203, 1207.

E. Materielle Bedeutung der Zahlungsverbote

Weder Satz 1 noch Satz 3 sind Verbotsgesetze gem. § 134 BGB.[376] Eine Zahlung unter Verstoß gegen das jeweilige Zahlungsverbot ist nicht nichtig und kann nicht allein aufgrund eines Verstoßes etwa nach § 812 BGB zurückgefordert werden, da sie deshalb nicht rechtsgrundlos oder ungültig wird.[377] Die Erfüllungswirkung einer unter Verstoß gegen § 64 erfolgten Zahlung wird durch das Zahlungsverbot nicht berührt.[378] Entsprechend sind auch Leistungs- oder Fälligkeitsvereinbarungen, die mit dem Zahlungsverbot unvereinbar sind, nicht unwirksam.[379] Materiell ergeben sich insoweit keine Auswirkungen aus Satz 3. 84

Stehen im Fall des Satzes 3 mehreren Gesellschaftern Zahlungsansprüche zu und führt das Zahlungsverbot dazu, dass der Geschäftsführer nicht alle Ansprüche voll befriedigen kann, richtet sich die Beantwortung der Frage, ob und in welchem Umfang der Geschäftsführer die Ansprüche jeweils befriedigen darf, nach allgemeinen Regeln; aus § 64 ergeben sich hierzu keine Besonderheiten.[380] 85

G. COVID-19-Insolvenzaussetzungsgesetz (COVInsAG)

Als Reaktion auf die Corona-Pandemie und die wirtschaftlichen Auswirkungen der darauf getroffenen Maßnahmen ist am 27.03.2020 das Gesetz zur vorübergehenden Aussetzung der Insolvenzantragspflicht und zur Begrenzung der Organhaftung bei einer durch die COVID-19-Pandemie bedingten Insolvenz (COVID-19-Insolvenzaussetzungsgesetz – COVInsAG) als Artikel 1 des Gesetzes zur Abmilderung der Folgen der COVID-19-Pandemie im Zivil-, Insolvenz- und Strafverfahrensrecht in Kraft getreten. Für § 64 hat dies im Wesentlichen folgende Bedeutung (im Übrigen muss an dieser Stelle auf weiterführende Literatur verwiesen werden[381]): Gemäß § 2 Abs. 1 Nr. 1 COVInsAG gelten Zahlungen, die im ordnungsgemäßen Geschäftsgang erfolgen, insbesondere solche Zahlungen, die der Aufrechterhaltung oder Wiederaufnahme des Geschäftsbetriebes oder Umsetzung eines Sanierungskonzepts dienen, als mit der Sorgfalt eines ordentlichen und gewissenhaften Geschäftsleiters im Sinne des § 64 Satz 2 vereinbar, soweit nach § 1 COVInsAG die Pflicht zur Stellung eines Insolvenzantrags ausgesetzt ist. 86

Ausweislich der Gesetzesbegründung sollen zum Schutz der Geschäftsleiter haftungsbeschränkter Unternehmensträger auch vor weiteren Haftungsgefahren auch die an die Insolvenzreife geknüpften Zahlungsverbote einschließlich § 64 Satz 1 für den Zeitraum der Aussetzung der Antragspflicht ausgesetzt werden, soweit es um Geschäftsführungsmaßnahmen im ordnungsgemäßen Geschäftsgang, einschließlich der Maßnahmen zur Aufrechterhaltung oder Wiederaufnahme der Geschäftstätigkeit, aber auch zur sanierungsbedingten Umstellung des Geschäftsbetriebs und -modells, geht.[382] Geschäftsleiter sollen bei der Fortführung des Unternehmens nicht durch die engen Zahlungsverbote beschränkt werden. Sie sollen vielmehr die erforderlichen Maßnahmen ergreifen können, um das Unternehmen im ordentlichen Geschäftsgang fortzuführen. Dies schließe nicht nur Maßnahmen der Aufrechterhaltung oder Wiederaufnahme des Geschäftsbetriebs ein, sondern auch Maßnahmen im Zuge der Neuausrichtung des Geschäfts im Rahmen einer Sanierung.[383] 87

Liegen die Voraussetzungen des § 2 Abs. 1 Nr. 1 COVInsAG vor, scheidet eine Haftung des Geschäftsführers sowohl nach Satz 1 als auch nach Satz 3 (siehe Rn. 60) aus, da ohne Weiteres die Privilegierung nach Satz 2 unwiderleglich als erfüllt gilt. Die Beweislast für das Vorliegen der 88

376 *Müller*, in: MünchKommGmbHG, § 64 Rn. 137; *Poertzgen*, Organhaftung, S. 219.

377 *K. Schmidt*, in: Scholz, GmbHG, § 64 Rn. 83 und 107.

378 *Müller*, in: MünchKommGmbHG, § 64 Rn. 137; *Poertzgen*, Organhaftung, S. 219.

379 *K. Schmidt*, in: Scholz, GmbHG, § 64 Rn. 107.

380 S. zu dieser Frage auch *Winstel/Skauradszun*, GmbHR 2011, 185, 187 ff.

381 Vgl. nur *Gehrlein*, DB 2020, 713; Thole, ZIP 2020, 650; *Bitter* 2020, 685.

382 BT-Drs. 19/18110, S. 19.

383 »Formulierungshilfen der Bundesregierung Entwurf eines Gesetzes zur Abmilderung der Folgen der COVID-19-Pan-demieim Zivil-, Insolvenz-undStrafverfahrensrecht«, abgerufen am 15.08.2020 unter https://www.bmjv.de/SharedDocs/Gesetzgebungsverfahren/Dokumente/Corona-Pandemie.pdf?__blob=publicationFile&v=3.

Voraussetzungen des Satzes 2 und damit auch der Voraussetzungen von § 2 Abs. 1 Nr. 1 COVInsAG trägt der Geschäftsführer, wobei freilich die dabei im Rahmen des § 2 Abs. 1 Nr. 1 COVInsAG nach § 1 COVInsAG geltenden Vermutungen zur Anwendung kommen. Andere Haftungstatbestände bleiben unberührt, so insbesondere die Haftung wegen Eingehungsbetrugs, wegen Nichtabführung von Sozialversicherungsbeiträgen und nach § 43.

Voraussetzungen sind, dass (i) im Zeitpunkt der Zahlung die Pflicht zur Stellung eines Insolvenzantrags nach § 1 COVInsAG ausgesetzt ist und dass (ii) die Zahlung im ordnungsgemäßen Geschäftsgang erfolgt.

89 Der Zahlungsbegriff des § 2 Nr. 1 COVInsAG ist zweckentsprechend identisch zu demjenigen des § 64 unabhängig davon, wie man ihn im Rahmen des § 64 bestimmen will; den dazu bestehenden teils unterschiedlichen Ansichten kommt daher keine Bedeutung zu. Unerheblich ist zudem, ob eine Zahlung eine gegenwärtige Verpflichtung betrifft oder zukunftsbezogen ist.[384]

90 Unter welchen Voraussetzungen eine Zahlung im ordnungsgemäßen Geschäftsgang erfolgt, wird nicht näher definiert. Die Zahlungszwecke der Aufrechterhaltung des Geschäftsbetriebs, der Wiederaufnahme des Geschäftsbetriebs und der Umsetzung eines Sanierungskonzepts werden lediglich beipielhaft aufgezählt und beschränken den Anwendungsbereich insoweit nicht, verdeutlichen gleichwohl die Zielrichtung. Die beispielhafte Nennung des Zahlungszwecks der Umsetzung eines Sanierungskonzepts und der Hinweis der Gesetzsbegründung, auch die Umstellung des Geschäftsbetriebs und -modells solle möglich sein, zeigt, dass der Rahmen des bei Zahlung bestehenden Geschäftsbetriebs keine Grenze bildet. In der praktischen Anwendung dürften der gesetzgeberische Verweis auf einen ordnungsgemäßen Geschäftsgang daher lediglich als Verweis auf den allgemeinen Sorgfaltsmaßstab des § 43 Abs. 1 GmbHG zu verstehen sein und aufzeigen, dass die Coronakrise umgekehrt von allgemeinen Pflichten nicht entbindet.[385] Allenfalls dürften besondere Missbrauchsfälle auszuscheiden sein. Abzulehnen und vor dem Hintergrund von Wortlaut und Zweck der Vorschrift nicht begründbar sind Einschränkungen zum Schutz der Insolvenzmasse wie ein Erfordernis, dass die Maßnahme der Erhaltung oder Mehrung der Vermögensmasse im Interesse der Gläubiger dient.[386] Auf der Grundlage des weiten Verständnisses der Norm können neben den üblichen und laufenden Zahlungen des Betriebs z.B. auch Investitionen und Zahlungen auf rückständige Lieferantenverbindlichkeiten erfolgen.[387]

91 Die Aussetzung der Insolvenzantragspflicht (§ 1 COVInsAG) gilt zunächst bis zum 30.09.2020, kann aber gemäß § 4 COVInsAG durch das Bundeministerium der Justiz bis höchstens 31.03.2021 verlängert werden. Sie wurde verlängert bis 31.12.2020, jedoch nur die Pflicht zur Stellung einer Insolvenzantragspflicht wegen Überschuldung, also nicht wegen Zahlungsunfähigkeit.[388] Die Aussetzung gilt nach § 1 Satz 2 COVInsAG nicht, wenn die Insolvenzreife nicht auf den Folgen der Ausbreitung des SARSCoV-2-Virus (COVID-19-Pandemie) beruht oder wenn keine Aussichten darauf bestehen, eine bestehende Zahlungsunfähigkeit zu beseitigen. Nach § 1 Satz 3 COVInsAG wird vermutet, dass die Insolvenzreife auf den Auswirkungen der COVID-19-Pandemie beruht und Aussichten darauf bestehen, eine bestehende Zahlungsunfähigkeit zu beseitigen, wenn der Schuldner am 31.12.2019 nicht zahlungsunfähig war. Die Vermutung ist widerleglich, ausweislich der Gesetzesbegründung jedoch nur ganz ausnahmsweise und unter höchsten Voraussetzungen, wenn nämlich kein Zweifel daran bestehen kann, dass die COVID-19-Pandemie nicht ursächlich für die Insolvenzreife war und die Beseitigung der eingetretenen Insolvenzreife nicht gelingen konnte.[389]

---

384 *Römermann*, NJW 2020, 1108, 1110.

385 Für ein weites Verständnis, gleichwohl vorsichtiger Thole, ZIP 2020, 650, 655; *Hölzle/Schulenberg*, ZIP 2020, 633, 641.

386 So aber wohl *Bitter*, ZIP 2020, 685, 691.

387 Vgl. *Schluck-Amend*, NZI 2020, 289, 292.

388 Gesetz zur Änderung des COVID-19-Insolvenzaussetzungsgesetzes, BGBl. 2020 I, S. 2016.

389 »Formulierungshilfen der Bundesregierung Entwurf eines Gesetzes zur Abmilderung der Folgen der COVID-19-Pan-demieim Zivil-, Insolvenz-undStrafverfahrensrecht«, S. 26, abgerufen am 15.08.2020 unter https://www.bmjv.de/SharedDocs/Gesetzgebungsverfahren/Dokumente/Corona-Pandemie.pdf?__blob=publicationFile&v=3.

Greift die Vermutung nicht und besteht im Zahlungszeitpunkt nach allgemeinen Regeln Zahlungsunfähigkeit (auf eine Überschuldung kommt es nicht an), ist als Prognosezeitraum für die Beurteilung, ob (keine) Aussichten darauf bestehen, dass eine bestehende Zahlungsunfähigkeit beseitigt wird, auf den Zeitraum bis zum Ablauf der Geltung des COVInsAG, zunächst also den 30.09.2020 abzustellen.[390] Im Falle der Verlängerung bis höchstens zum 31.03.2021 muss diese Verlängerung dem Geschäftsführer auch dann zugute kommen, wenn im Zeitpunkt der Zahlung die Verlängerung noch nicht feststand. Inhaltlich greift die Ausnahme nur, wenn die Wiederherstellung der Zahlungsunfähigkeit gänzlich unwahrscheinlich ist.[391]

§ 65 Anmeldung und Eintragung der Auflösung

(1) [1]Die Auflösung der Gesellschaft ist zur Eintragung in das Handelsregister anzumelden. [2]Dies gilt nicht in den Fällen der Eröffnung oder der Ablehnung der Eröffnung des Insolvenzverfahrens und der gerichtlichen Feststellung eines Mangels des Gesellschaftsvertrags. [3]In diesen Fällen hat das Gericht die Auflösung und ihren Grund von Amts wegen einzutragen. [4]Im Falle der Löschung der Gesellschaft (§ 60 Abs. 1 Nr. 7) entfällt die Eintragung der Auflösung.

(2) [1]Die Auflösung ist von den Liquidatoren in den Gesellschaftsblättern bekanntzumachen. [2]Durch die Bekanntmachung sind zugleich die Gläubiger der Gesellschaft aufzufordern, sich bei derselben zu melden.

Schrifttum

S. Schrifttum zu Vorbemerkungen zu §§ 60 ff.

Übersicht

390 So überzeugend *Römermann,* in Nerlich/Römermann, InsO, COVInsAG § 1 Rn. 34.

391 *Römermann*, in Nerlich/Römermann, InsO, COVInsAG § 1 Rn. 33.

A. Überblick

1 Die zuletzt durch das ARUG[1] geänderte Norm stellt sicher, dass die Auflösung der Gesellschaft publik gemacht wird. Dazu sieht § 65 Abs. 1 die Pflicht vor, die Auflösung zur Eintragung in das Handelsregister anzumelden. Die Eintragung wirkt dabei nur deklaratorisch.[2] Ferner regelt § 65 Abs. 2 die Bekanntmachung der Auflösung durch die Liquidatoren in den Gesellschaftsblättern, die mit dem sog. Gläubigeraufruf zu verbinden ist und den Lauf des Sperrjahres nach § 73 Abs. 1 in Gang setzt.

B. Anmeldung

I. Voraussetzungen der Anmeldepflicht

2 Die Anmeldepflicht erstreckt sich auf alle Fälle, in denen eine eingetragene Gesellschaft aufgelöst wird. Daher ist eine zur Eintragung angemeldete, aber noch nicht eingetragene Vor-GmbH nicht erfasst. Da die Auflösung jedoch ein Eintragungshindernis darstellt, ist sie dem Registergericht mitzuteilen.[3] Auch ist nur dann von einer Auflösung i.S.d. Vorschrift auszugehen, wenn der Auflösungstatbestand bereits verwirklicht ist. Bedarf es zur Auflösung einer gleichzeitig mit dem Auflösungsbeschluss gebilligten Satzungsänderung, wird die Auflösung wegen § 54 Abs. 3 erst mit der Eintragung der Satzungsänderung wirksam (dazu auch noch Rdn. 13, 22 und § 67 Rdn. 10).[4] Eine gesonderte Pflicht, die Auflösung zur Eintragung in das Handelsregister anzumelden, besteht in diesem Fall nicht.

II. Ausnahmen von der Anmeldepflicht

1. Eintragung der Auflösung von Amts wegen

3 Eine Pflicht zur Anmeldung besteht nicht, wenn die Auflösung bereits von Amts wegen einzutragen ist.[5] Die Eintragung muss insb. in den in § 65 Abs. 1 Satz 2 genannten Fällen von Amts wegen erfolgen.

a) Eröffnung des Insolvenzverfahrens

4 Hiervon ist zunächst die Eröffnung des Insolvenzverfahrens durch Eröffnungsbeschluss gem. § 27 InsO betroffen. Dieser Vorgang stellt nach § 60 Abs. 1 Nr. 4 einen Auflösungsgrund dar.[6] Das Registergericht trägt die Auflösung der Gesellschaft nach § 65 Abs. 1 Satz 2 sowie die Eröffnung des Insolvenzverfahrens nach § 32 HGB von Amts wegen in das Handelsregister ein. Auch die Abwicklung richtet sich nicht nach Gesellschafts-, sondern nach Insolvenzrecht.[7] Daher wird der Eröffnungsbeschluss nach § 30 InsO bekannt gemacht. § 32 Abs. 2 Satz 2 HGB ordnet außerdem an, dass sich der Vertrauensschutz nicht nach § 15 HGB bestimmt. Vielmehr sind §§ 80 bis 82 InsO einschlägig. Auch der Gläubigeraufruf nach § 65 Abs. 2 entfällt (zu diesem Rdn. 26 ff.). Die öffentliche Aufforderung an die Gläubiger erfolgt vielmehr nach § 28 InsO durch das Insolvenzgericht.[8]

---

1 Gesetz zur Umsetzung der Aktionärsrechte-Richtlinie (ARUG) v. 30.07.2009, BGBl. I 2009, 2479.

2 *K. Schmidt/Cziupka*, in: Scholz, GmbHG, § 65 Rn. 11; *Paura*, in: Ulmer/Habersack/Löbbe, GmbHG, § 65 Rn. 4; *Kleindiek*, in: Lutter/Hommelhoff, GmbHG, § 65 Rn. 5; *Haas*, in: Baumbach/Hueck, GmbHG, § 65 Rn. 15.

3 *K. Schmidt/Cziupka*, in: Scholz, GmbHG, § 65 Rn. 3.

4 *Haas*, in: Baumbach/Hueck, GmbHG, § 65 Rn. 2; *Nerlich*, in: Michalski/Heidinger/Leible/Schmidt, GmbHG, § 65 Rn. 2; *Gesell*, in: Rowedder/Schmidt-Leithoff, GmbHG, § 65 Rn. 2; *Paura*, in: Ulmer/Habersack/Löbbe, GmbHG, § 65 Rn. 4.

5 *Paura*, in: Ulmer/Habersack/Löbbe, GmbHG, § 65 Rn. 8; *Haas*, in: Baumbach/Hueck, GmbHG, § 65 Rn. 5; *K. Schmidt/Cziupka*, in: Scholz, GmbHG, § 65 Rn. 2.

6 S. im Einzelnen § 60 Rdn. 27 ff.

7 Dazu schon Vor §§ 60 ff. Rdn. 21 ff.

8 *K. Schmidt/Cziupka*, in: Scholz, GmbHG, § 65 Rn. 14, 21; *Paura*, in: Ulmer/Habersack/Löbbe, GmbHG, § 65 Rn. 12.

b) Weitere Fälle des § 65 Abs. 1 Satz 2

§ 65 Abs. 1 Satz 2 nennt außerdem die **Ablehnung der Eröffnung des Insolvenzverfahrens mangels Masse** nach § 26 InsO und die gerichtliche Feststellung eines **Mangels des Gesellschaftsvertrags** nach § 399 Abs. 4 FamFG. Beide Fälle führen nach § 60 Abs. 1 Nr. 5, 6 zur Auflösung der Gesellschaft. Die Eintragung der Auflösung erfolgt von Amts wegen. Anders als bei der Eröffnung des Insolvenzverfahrens sind jedoch die **Bekanntmachung der Auflösung** und der **Gläubigeraufruf** nach § 65 Abs. 2 nicht entbehrlich, da eine Benachrichtigung der Gläubiger nicht auf andere Weise sicher gestellt wird.[9] 5

c) Abwicklungsverfügung nach KWG

Die Entscheidung der Bundesanstalt für Finanzdienstleistungsaufsicht nach **§ 38 KWG**, ein Institut abzuwickeln, wirkt nach § 38 Abs. 1 Satz 2 KWG wie ein Auflösungsbeschluss. Sie ist dem Registergericht nach § 38 Abs. 1 Satz 3 KWG mitzuteilen und von diesem von Amts wegen einzutragen. Damit entfällt die Anmeldepflicht für die Gesellschaft. Auch hier bleibt es aber bei der Pflicht zur Bekanntmachung und zum Gläubigeraufruf nach § 65 Abs. 2.[10] 6

d) Abwicklungsverfügung nach VereinsG

Auf die Anzeige der Behörde, die ein unanfechtbar gewordenes Verbot einer GmbH verfügt hat, wird die Auflösung nach **§§ 7 Abs. 2, 17 VereinsG** von Amts wegen in das Handelsregister eingetragen. Damit entfällt die Anmeldepflicht der Gesellschaft. Die Abwicklung folgt eigenen Regeln. Sie vollzieht sich nach **§§ 13, 17 VereinsG**, die als speziellere Vorschriften dem Liquidationsverfahren nach §§ 66 ff. vorgehen.[11] Zum Schutz des Rechtsverkehrs muss es dennoch bei den Pflichten nach § 65 Abs. 2 bleiben. 7

2. Auflösung wegen Vermögenslosigkeit

An einer Pflicht zur Anmeldung der Eintragung fehlt es auch, wenn die Gesellschaft von Amts wegen aufgrund **Vermögenslosigkeit** gelöscht wird. Nach § 65 Abs. 1 Satz 4 entfällt die Eintragung der Auflösung, da es sich bei der in § 60 Abs. 1 Nr. 7 genannten Vermögenslosigkeit nicht um einen Auflösungsgrund handelt, sondern die Gesellschaft mit ihrer Löschung durch das Registergericht beendet wird.[12] 8

3. Nichtigkeitsurteil

a) Eintragung der Nichtigkeit nach § 75

Umstritten ist, ob eine durch Urteil nach § 75 festgestellte Nichtigkeit der Gesellschaft von Amts wegen in das Handelsregister einzutragen ist. Soweit dies in Analogie zu § 275 Abs. 4 Satz 3 AktG bejaht wird, erübrigt sich eine Anmeldung durch die Gesellschaft.[13] Da die Liquidatoren jedenfalls gem. § 75 Abs. 2 i.V.m. § 248 Abs. 1 Satz 2 AktG verpflichtet sind, das Urteil unverzüglich beim 9

9 *K. Schmidt/Cziupka*, in: Scholz, GmbHG, § 65 Rn. 15 f., 21; *Paura*, in: Ulmer/Habersack/Löbbe, GmbHG, § 65 Rn. 13 f.

10 *Gesell*, in: Rowedder/Schmidt-Leithoff, GmbHG, § 65 Rn. 8; *K. Schmidt/Cziupka*, in: Scholz, GmbHG, § 65 Rn. 19; *Paura*, in: Ulmer/Habersack/Löbbe, GmbHG, § 65 Rn. 16.

11 *Gesell*, in: Rowedder/Schmidt-Leithoff, GmbHG, § 65 Rn. 8; *K. Schmidt/Cziupka*, in: Scholz, GmbHG, § 65 Rn. 20; *Paura*, in: Ulmer/Habersack/Löbbe, GmbHG, § 65 Rn. 17.

12 Dazu schon unter § 60 Rdn. 46–52.

13 Für Eintragung von Amts wegen *Haas*, in: Baumbach/Hueck, GmbHG, § 65 Rn. 5; *Altmeppen*, in: Roth/Altmeppen, GmbHG, § 75 Rn. 28; *Paura*, in: Ulmer/Habersack/Löbbe, GmbHG, § 65 Rn. 20; Eintragung gem. § 65 Abs. 1 erforderlich: *Kleindiek*, in: Lutter/Hommelhoff, GmbHG, § 75 Rn. 5; *Gesell*, in: Rowedder/Schmidt-Leithoff, GmbHG, § 65 Rn. 8; *K. Schmidt/Cziupka*, in: Scholz, GmbHG, § 65 Rn. 18.

Handelsregister einzureichen, und diese Verpflichtung gem. § 14 HGB erzwingbar ist, ist die praktische Bedeutung des Streits gering.[14]

b) Eintragung der Löschung nach § 397 FamFG

10 Das Registergericht kann in den Fällen, in denen nach §§ 75, 76 Nichtigkeitsklage erhoben werden könnte, auch die Löschung der Gesellschaft nach § 397 FamFG verfügen. Dabei ist umstritten, ob diese Löschung einen Auflösungsgrund darstellt.[15] Unabhängig davon ist eine Anmeldung nach § 65 Abs. 1 Satz 1 entbehrlich, da die Eintragung ins Handelsregister von Amts wegen bewirkt wird.[16] Die Pflichten zur **Bekanntmachung** und zum **Gläubigeraufruf** nach **§ 65 Abs. 2** bleiben jedoch bestehen.

III. Fortsetzung der Gesellschaft

11 Ein die Auflösung aufhebender **Fortsetzungsbeschluss**[17] ist grds. ebenfalls zur Eintragung im Handelsregister anzumelden.[18] Wurde jedoch die Auflösung nicht ins Handelsregister eingetragen und war der Auflösungsgrund auch sonst nicht in einer den Rechtsverkehr beeinflussenden Weise nach außen getreten, braucht der Fortsetzungsbeschluss nicht eingetragen zu werden. Auch braucht die Auflösung nicht nachträglich zur Eintragung angemeldet zu werden, wenn die Fortsetzung der Gesellschaft beschlossen wurde. An einer solchen Eintragung besteht kein Interesse, wenn die Gesellschaft fortgesetzt wird.[19]

C. Adressaten der Anmeldepflicht

I. Gesellschaft vertreten durch Liquidatoren

12 Anders als § 263 AktG bestimmt § 65 den Adressaten der Anmeldepflicht nicht. Daher trifft die Verpflichtung die **Gesellschaft** selbst. Sie wird durch ihre **gesetzlichen Vertreter** wahrgenommen. Da die Geschäftsführer mit der Auflösung ihre Vertretungsbefugnis verlieren, sind dies die **Liquidatoren**. Aus § 78 ergibt sich, dass sie in zur Vertretung berechtigter Zahl tätig werden müssen.[20] Da die Geschäftsführer einer GmbH nach § 66 Abs. 1 im Regelfall zu den sog. »geborenen« Liquidatoren der GmbH werden, sind Liquidatoren und Geschäftsführer zumeist identisch.[21]

---

14 *Limpert*, in: MünchKommGmbHG, § 65 Rn. 27; *Baukelmann*, in: Rowedder/Schmidt-Leithoff, GmbHG, § 75 Rn. 34.

15 Für Auflösungsgrund *K. Schmidt/Cziupka*, in: Scholz, GmbHG, § 75 Rn. 10; *Limpert*, in: MünchKommGmbHG, § 65 Rn. 27; a.A. *Haas*, in: Baumbach/Hueck, GmbHG, § 75 Rn. 5; vgl. auch schon unter Vor §§ 60 ff. Rdn. 14.

16 *K. Schmidt/Cziupka*, in: Scholz, GmbHG, § 65 Rn. 18; *Paura*, in: Ulmer/Habersack/Löbbe, GmbHG, § 65 Rn. 18.

17 Zu den Voraussetzungen § 60 Rdn. 61 ff.

18 *Haas*, in: Baumbach/Hueck, GmbHG, § 65 Rn. 20; *Nerlich*, in: Michalski/Heidinger/Leible/Schmidt, GmbHG, § 65 Rn. 31; *Altmeppen*, in: Roth/Altmeppen, GmbHG, § 65 Rn. 10; *Cziupka*, in: Scholz, GmbHG, § 60 Rn. 107.

19 Zum Vorstehenden *Haas*, in: Baumbach/Hueck, GmbHG, § 65 Rn. 6, 20; *Kleindiek*, in: Lutter/Hommelhoff, GmbHG, § 65 Rn. 3; *Nerlich*, in: Michalski/Heidinger/Leible/Schmidt, GmbHG, § 65 Rn. 32 f.; *Altmeppen*, in: Roth/Altmeppen, GmbHG, § 65 Rn. 10; *Cziupka*, in: Scholz, GmbHG, § 60 Rn. 107. Nach *K. Schmidt*, in: Scholz, GmbHG, 11. Aufl. 2015, § 65 Rn. 5, sollen hingegen sowohl die Auflösung als auch der Fortsetzungsbeschluss nachträglich eingetragen werden müssen; ebenso BayObLG, DB 1987, 2139, 2140; *Arnold*, in: Henssler/Strohn, Gesellschaftsrecht, § 65 GmbHG Rn. 11.

20 BayObLG, BB 1994, 958, 959; BayObLG, BB 1994, 960, 961; OLG Oldenburg, GmbHR 2005, 367, 368; LG Halle, NZI 2004, 631; *Haas*, in: Baumbach/Hueck, GmbHG, § 65 Rn. 7; *Kleindiek*, in: Lutter/Hommelhoff, GmbHG, § 65 Rn. 2; *Nerlich*, in: Michalski/Heidinger/Leible/Schmidt, GmbHG, § 65 Rn. 9; *Altmeppen*, in: Roth/Altmeppen, GmbHG, § 65 Rn. 5; *Gesell*, in: Rowedder/Schmidt-Leithoff, GmbHG, § 65 Rn. 2; *K. Schmidt/Cziupka*, in: Scholz, GmbHG, § 65 Rn. 6; *Paura*, in: Ulmer/Habersack/Löbbe, GmbHG, § 65 Rn. 3 f.; *Tavakoli/Eisenberg*, GmbHR 2018, 75, 77.

21 Dazu noch unter § 66 Rdn. 7.

II. Geschäftsführer bei konstitutiver Eintragung

Soweit die Wirkungen der Auflösung erst mit der Eintragung einsetzen, sind die Geschäftsführer weiterhin vertretungsberechtigt. Dies ist der Fall, wenn die Auflösung eine **Satzungsänderung** voraussetzt und Satzungsänderung und Auflösung gleichzeitig eingetragen werden sollen. Hier wirkt die Registereintragung wegen § 54 Abs. 3 **konstitutiv** (s.a. unter § 60 Rdn. 19). Daher muss die Anmeldung von den **Geschäftsführern**, nicht den Liquidatoren vorgenommen werden.[22] 13

III. Führungslose Gesellschaft

Ausgeschiedene Geschäftsführer oder Liquidatoren sind nicht zur Anmeldung verpflichtet oder berechtigt.[23] Dies gilt auch dann, wenn die Gesellschaft **führungslos** ist.[24] Hierzu kann es kommen, wenn in Abweichung von § 66 Abs. 1 die Geschäftsführer nicht die »geborenen« Liquidatoren der Gesellschaft sind und die »gekorenen« Liquidatoren ihre Stellung noch nicht angetreten haben. Es kann sich auch daraus ergeben, dass die »geborenen« Liquidatoren ihre Geschäftsführerstellung vor Auflösung der Gesellschaft bereits verloren haben. Hier bleibt nur die Möglichkeit, gerichtlich **Notgeschäftsführer** nach **§ 29 BGB** bestellen zu lassen. Antragsberechtigt ist jeder Beteiligte. Hierzu zählt, wer ein berechtigtes Interesse an der Bestellung glaubhaft machen kann. Das sind neben den Gesellschaftern und Gläubigern der Gesellschaft auch die ausgeschiedenen Geschäftsführer (s.a. unter § 66 Rdn. 16, sowie zur Bestellung von Nachtragsliquidatoren § 74 Rdn. 24 f.).[25] 14

D. Verfahren der Anmeldung

I. Zuständigkeit

Die Anmeldung erfolgt beim Registergericht am **Sitz der Gesellschaft.**[26] Der Sitz ist nach § 4a der Ort im Inland, den der Gesellschaftsvertrag bestimmt. Bestehen **Zweigniederlassungen**, wird die Auflösung nach § 13 Abs. 1 Satz 2 HGB bei dem Registergericht der Hauptniederlassung angemeldet und eingetragen.[27] 15

II. Form

Die **Form** der Anmeldung bestimmt sich nach **§ 12 Abs. 1 HGB.** Sie ist elektronisch in öffentlich beglaubigter Form einzureichen. Der **Auflösungsgrund** ist bei der Anmeldung zu benennen. Er muss jedoch nur in den Fällen des § 65 Abs. 1 Satz 2 eingetragen werden, wie sich aus § 65 Abs. 1 Satz 3 ergibt.[28] Auch in anderen Fällen ist die Eintragung jedoch zulässig und zweckmäßig.[29] Nachweise, aus denen sich der Auflösungsgrund ergibt, brauchen nicht eingereicht zu werden. Im 16

22 *K. Schmidt/Cziupka*, in: Scholz, GmbHG, § 65 Rn. 6; *Haas*, in: Baumbach/Hueck, GmbHG, § 65 Rn. 7; *Paura*, in: Ulmer/Habersack/Löbbe, GmbHG, § 65 Rn. 4; *Tavakoli/Eisenberg*, GmbHR 2018, 75, 77.

23 *Haas*, in: Baumbach/Hueck, GmbHG, § 65 Rn. 8; *Nerlich*, in: Michalski/Heidinger/Leible/Schmidt, GmbHG, § 65 Rn. 11.

24 *K. Schmidt/Cziupka*, in: Scholz, GmbHG, § 65 Rn. 7; *Paura*, in: Ulmer/Habersack/Löbbe, GmbHG, § 65 Rn. 4.

25 *Haas*, in: Baumbach/Hueck, GmbHG, § 65 Rn. 8; *K. Schmidt/Cziupka*, in: Scholz, GmbHG, § 65 Rn. 7; *Paura*, in: Ulmer/Habersack/Löbbe, GmbHG, § 65 Rn. 5.

26 *Haas*, in: Baumbach/Hueck, GmbHG, § 65 Rn. 12; *K. Schmidt/Cziupka*, in: Scholz, GmbHG, § 65 Rn. 9; *Paura*, in: Ulmer/Habersack/Löbbe, GmbHG, § 65 Rn. 23.

27 *K. Schmidt/Cziupka*, in: Scholz, GmbHG, § 65 Rn. 9; *Limpert*, in: MünchKommGmbHG, § 65 Rn. 11; *Haas*, in: Baumbach/Hueck, GmbHG, § 65 Rn. 12; *Hopt*, in: Baumbach/Hopt, HGB, § 13 Rn. 10, 12.

28 *K. Schmidt/Cziupka*, in: Scholz, GmbHG, § 65 Rn. 4; *Haas*, in: Baumbach/Hueck, GmbHG, § 65 Rn. 10.

29 *K. Schmidt/Cziupka*, in: Scholz, GmbHG, § 65 Rn. 11; *Nerlich*, in: Michalski/Heidinger/Leible/Schmidt, GmbHG, § 65 Rn. 14.

Hinblick auf die Ermittlungspflicht des Registerrichters nach § 26 FamFG ist dies jedoch zweckmäßig. In den Fällen des § 60 Abs. 1 Nr. 1 genügt ein Hinweis auf die Satzung.[30]

III. Fristen

17 Eine **Anmeldefrist** ist nicht vorgesehen. Gleichwohl besteht Einigkeit darüber, dass im Hinblick auf den Schutz des Rechtsverkehrs die Anmeldung **unverzüglich**, also ohne schuldhaftes Zögern erfolgen muss. Eine kurzfristige Verzögerung kann im Hinblick auf die Belange der Gesellschaft gerechtfertigt sein, etwa wenn bei **zweifelhafter Rechtslage** Rechtsrat eingeholt werden muss.[31]

IV. Bedingung und Befristung

18 Die Anmeldung zum Handelsregister kann als **Verfahrenshandlung** nicht von einer **Bedingung** abhängig gemacht oder durch **Befristungen** eingeschränkt werden.[32] Von der Anmeldung ist die angemeldete Tatsache zu unterscheiden, sodass es zulässig ist, die Auflösung der Gesellschaft befristet zum Jahresende zu beschließen.[33] Die Auflösung darf zum Schutz des Rechtsverkehrs jedoch nicht vor dem bestimmten Zeitpunkt eingetragen werden.[34]

V. Erzwingbarkeit

19 Die Pflicht zur Anmeldung durch die Verantwortlichen kann vom Registergericht grds. durch Festsetzung von **Zwangsgeld** nach **§ 14 HGB** durchgesetzt werden. Dies gilt wegen § 79 Abs. 2 nicht, wenn der zugrunde liegende Auflösungsbeschluss zugleich eine Satzungsänderung zum Inhalt hat und der Eintragung wegen § 54 Abs. 3 ausnahmsweise konstitutive Wirkung zukommt (dazu schon Rdn. 2, 13).[35] Die Festsetzung des Zwangsgeldes erfolgt ggü. den anmeldepflichtigen Personen, nicht ggü. der GmbH.[36] Auch die Gesellschafter sind nicht Adressaten der Zwangsmaßnahme, und zwar selbst dann nicht, wenn die Gesellschaft führungslos ist.[37] Das Zwangsgeldverfahren richtet sich nach §§ 388 bis 391 FamFG.

E. Eintragung der Auflösung und Bekanntmachung durch das Registergericht

I. Inhalt der Eintragung

20 Das Registergericht trägt die Auflösung nach § 43 Nr. 6 b) dd) HRV in Spalte 6 der Abteilung B des Handelsregisters ein. In den Fällen der Eintragung von Amts wegen nach § 65 Abs. 1 Satz 2 ist auch

30 *Haas*, in: Baumbach/Hueck, GmbHG, § 65 Rn. 10; *Nerlich*, in: Michalski/Heidinger/Leible/Schmidt, GmbHG, § 65 Rn. 13; *Paura*, in: Ulmer/Habersack/Löbbe, GmbHG, § 65 Rn. 24; *K. Schmidt/Cziupka*, in: Scholz, GmbHG, § 65 Rn. 9.

31 RGZ 145, 99, 103; *Haas*, in: Baumbach/Hueck, GmbHG, § 65 Rn. 9; *Kleindiek*, in: Lutter/Hommelhoff, GmbHG, § 65 Rn. 3; *Paura*, in: Ulmer/Habersack/Löbbe, GmbHG, § 65 Rn. 7; *Altmeppen*, in: Roth/Altmeppen, GmbHG, § 65 Rn. 9.

32 BayObLG, GmbHR 1992, 672, 674; OLG Hamm, GmbHR 2007, 762, 763; OLG Jena, GmbHR 2017, 1047, 1048; *Haas*, in: Baumbach/Hueck, GmbHG, § 65 Rn. 10; *Limpert*, in: MünchKommGmbHG, § 65 Rn. 10.

33 OLG Jena, GmbHR 2017, 1047, 1048; vgl. auch OLG Hamm, GmbHR 2007, 762, 763.

34 OLG Hamm, GmbHR 2007, 762, 763; OLG Jena, GmbHR 2017, 1047, 1048; *K. Schmidt/Cziupka*, in: Scholz, GmbHG, § 65 Rn. 8; *Limpert*, in: MünchKommGmbHG, § 65 Rn. 10; *Altmeppen*, in: Roth/Altmeppen, GmbHG, § 65 Rn. 2; *Kleindiek*, in: Lutter/Hommelhoff, GmbHG, § 65 Rn. 4; a.A. *Haas*, in: Baumbach/Hueck, GmbHG, § 65 Rn. 10.

35 *Haas*, in: Baumbach/Hueck, GmbHG, § 65 Rn. 13; *Arnold*, in: Henssler/Strohn, Gesellschaftsrecht, § 65 GmbHG Rn. 3; *Paura*, in: Ulmer/Habersack/Löbbe, GmbHG, § 65 Rn. 27 f.; *Altmeppen*, in: Roth/Altmeppen, GmbHG, § 65 Rn. 8; *Limpert*, in: MünchKommGmbHG, § 65 Rn. 17.

36 KGJ 41, 123, 130; *Limpert*, in: MünchKommGmbHG, § 65 Rn. 16.

37 *K. Schmidt/Cziupka*, in: Scholz, GmbHG, § 65 Rn. 10.

der Auflösungsgrund nach § 65 Abs. 1 Satz 3 einzutragen, in allen übrigen Fällen ist seine Eintragung zulässig und zweckmäßig.[38]

II. Unrichtigkeit der Eintragung

Sind die Voraussetzungen der Auflösung nicht erfüllt, ist die Eintragung im Handelsregister unrichtig und kann auf Antrag gelöscht werden. Das Registergericht kann auch von Amts wegen nach § 395 FamFG löschen, wenn eine wesentliche Eintragungsvoraussetzung fehlte und die Eintragung daher unzulässig war.[39] 21

III. Wirkung der Eintragung

1. Deklaratorischer Charakter

Die Eintragung wirkt grds. nur **deklaratorisch.**[40] Die Eintragung nach § 65 Abs. 1 verlautbart lediglich den unabhängig von ihr wirksamen Auflösungstatbestand.[41] Eine unrichtige Eintragung führt daher weder zur Auflösung der Gesellschaft noch steht es der Wirksamkeit der Auflösung entgegen, wenn die Eintragung unterbleibt.[42] **Konstitutiver Charakter** kommt der Eintragung nur zu, wenn der Auflösungsbeschluss gleichzeitig eine **Satzungsänderung** zum Inhalt hat. Dies liegt jedoch an der Wirkung der Eintragung nach § 54 Abs. 3, nicht an der nach § 65.[43] Einen Anwendungsfall bildet es etwa, wenn die satzungsmäßig festgelegte Dauer der Gesellschaft abgekürzt wird.[44] 22

2. Fortbestand der Gesellschaft

Die Eintragung der Auflösung lässt den Bestand der Gesellschaft unberührt. Sie führt dazu, dass die vormals werbende Gesellschaft mit einem geänderten, auf die Liquidation gerichteten Gesellschaftszweck fortbesteht. Die Gesellschaft bleibt **parteifähig** und **Formkaufmann** nach § 6 HGB (dazu auch schon Vor §§ 60 ff. GmbHG Rdn. 4).[45] 23

3. Publizitätswirkung

Mit der Eintragung der Auflösung ist ein **Vertrauensschutz** über **§ 15 HGB** verbunden. Solange die Auflösung nicht im Handelsregister eingetragen und bekannt gemacht ist, kann die Auflösung einem **Dritten** nur entgegengehalten werden, wenn sie ihm bekannt war. Dies ergibt sich aus § 15 Abs. 1 HGB. Ist die Auflösung eingetragen und vom Registergericht veröffentlicht, muss ein Dritter sie gem. § 15 Abs. 2 HGB gegen sich gelten lassen, es sei denn, dass Rechtshandlungen innerhalb der ersten 15 Tage nach der Bekanntmachung vorgenommen wurden und er die Auflösung weder kannte noch kennen musste. Bei unrichtiger Bekanntmachung schützt § 15 Abs. 3 HGB jeden Dritten in seinem Glauben an die Richtigkeit der Bekanntmachung. Wegen des Fortbestands der Gesellschaft in der Liquidationsphase ist die praktische Bedeutung der Rechtsscheinstatbestände 24

---

38 Für Zulässigkeit *Haas*, in: Baumbach/Hueck, GmbHG, § 65 Rn. 14; für Zweckmäßigkeit auch *K. Schmidt/Cziupka*, in: Scholz, GmbHG, § 65 Rn. 4, 11.

39 *K. Schmidt/Cziupka*, in: Scholz, GmbHG, § 65 Rn. 12.

40 BFH, DStRE 2007, 1076, 1079; OLG Oldenburg, GmbHR 2005, 367 f.; *Haas*, in: Baumbach/Hueck, GmbHG, § 65 Rn. 15; *Kleindiek*, in: Lutter/Hommelhoff, GmbHG, § 65 Rn. 5.

41 *Altmeppen*, in: Roth/Altmeppen, GmbHG, § 65 Rn. 11.

42 *K. Schmidt/Cziupka*, in: Scholz, GmbHG, § 65 Rn. 11; *Limpert*, in: MünchKommGmbHG, § 65 Rn. 34.

43 *Nerlich*, in: Michalski/Heidinger/Leible/Schmidt, GmbHG, § 65 Rn. 21; *Haas*, in: Baumbach/Hueck, GmbHG, § 65 Rn. 15; *Limpert*, in: MünchKommGmbHG, § 65 Rn. 34; *K. Schmidt/Cziupka*, in: Scholz, GmbHG, § 65 Rn. 11; *Tavakoli/Eisenberg*, GmbHR 2018, 75, 77. Dazu auch schon Rdn. 2, 13.

44 *Paura*, in: Ulmer/Habersack/Löbbe, GmbHG, § 65 Rn. 4, 33. Zur Auflösung durch Zeitablauf § 60 Rdn. 3 ff.

45 *Haas*, in: Baumbach/Hueck, GmbHG, § 65 Rn. 15; *Limpert*, in: MünchKommGmbHG, § 65 Rn. 35.

jedoch gering.[46] Da die **Gesellschafter** keine Dritten i.S.d. § 15 HGB sind, können sie sich auf dessen Rechtsscheinswirkung nicht berufen.[47]

IV. Bekanntmachung durch das Registergericht

25 Die Eintragung der Auflösung der GmbH wird nach **§ 10 HGB** vom Registergericht bekannt gemacht. Diese Bekanntmachung durch das Registergericht ist von der Bekanntmachung nach § 65 Abs. 2, zu der die Liquidatoren verpflichtet sind, zu unterscheiden (dazu sogleich Rdn. 26 ff.). Die Veröffentlichung nach § 10 HGB erfolgt in den vorgesehenen elektronischen Informations- und Kommunikationssystemen. Seit 01.01.2007 ist dies für alle Bundesländer das Internetportal »www.handelsregisterbekanntmachungen.de«. Die **Eröffnung des Insolvenzverfahrens** wird nach § 32 Abs. 2 Satz 1 HGB nicht durch das Registergericht bekannt gemacht. Vielmehr wird die Publizität durch die insolvenzrechtlich vorgesehenen Bekanntmachungspflichten sichergestellt, insb. durch die Bekanntmachung des Eröffnungsbeschlusses nach § 30 Abs. 1 InsO. Die Pflicht des Registergerichts erschöpft sich darin, die Eröffnung des Insolvenzverfahrens einzutragen. Auch der Vertrauensschutz richtet sich nicht nach § 15 HGB, sondern nach den insolvenzrechtlichen Vorschriften, insb. nach §§ 81 ff. InsO.[48]

F. Bekanntmachung der Auflösung und Gläubigeraufruf, Abs. 2

I. Grundsatz

26 Unabhängig von der Eintragung und Bekanntmachung der Auflösung durch das Registergericht nach § 10 HGB sieht § 65 Abs. 2 eine gesonderte **Bekanntmachung** der Auflösung durch die Liquidatoren nebst **Gläubigeraufruf** vor. Der Gläubigeraufruf stellt die Aufforderung an die Gläubiger dar, sich bei der Gesellschaft zu melden. Hierdurch soll sichergestellt werden, dass die Gläubiger wegen ihrer Ansprüche Befriedigung aus dem Gesellschaftsvermögen suchen können.[49] Bekanntmachung und Gläubigeraufruf müssen **gleichzeitig** erfolgen.[50] Die bis 2009 erforderliche dreifache Bekanntmachung wurde durch das ARUG abgeschafft.[51]

II. Inhalt und Form der Bekanntmachung

27 Der Auflösungsgrund muss in der Bekanntmachung nicht angegeben werden[52] Auch besondere Aufforderungen sind nicht erforderlich.[53] Insb. eine individuelle Aufforderung an die bekannten Gläubiger ist nicht notwendig.[54] Üblich ist folgender Wortlaut: »Die Gesellschaft ist aufgelöst. Die Gläubiger der Gesellschaft werden hiermit aufgefordert, sich unter Angabe des Grundes und der

---

46 *K. Schmidt/Cziupka*, in: Scholz, GmbHG, § 65 Rn. 13; *Kleindiek*, in: Lutter/Hommelhoff, GmbHG, § 65 Rn. 5; *Limpert*, in: MünchKommGmbHG, § 65 Rn. 35.

47 *Nerlich*, in: Michalski/Heidinger/Leible/Schmidt, GmbHG, § 65 Rn. 21; *Limpert*, in: MünchKommGmbHG, § 65 Rn. 35.

48 Vgl. *Nerlich*, in: Michalski/Heidinger/Leible/Schmidt, GmbHG, § 65 Rn. 20 f.; *K. Schmidt/Cziupka*, in: Scholz, GmbHG, § 65 Rn. 14; *Paura*, in: Ulmer/Habersack/Löbbe, GmbHG, § 65 Rn. 34; *Limpert*, in: MünchKommGmbHG, § 65 Rn. 33, 35.

49 *Lorscheider*, in: BeckOK GmbHG (Stand: 01.05.2020), § 65 Rn. 9; *Paura*, in: Ulmer/Habersack/Löbbe, GmbHG, § 65 Rn. 35, 43.

50 *Haas*, in: Baumbach/Hueck, GmbHG, § 65 Rn. 18; *Nerlich*, in: Michalski/Heidinger/Leible/Schmidt, GmbHG, § 65 Rn. 24, 26; *K. Schmidt/Cziupka*, in: Scholz, GmbHG, § 65 Rn. 24; *Paura*, in: Ulmer/Habersack/Löbbe, GmbHG, § 65 Rn. 38.

51 Gesetz zur Umsetzung der Aktionärsrechte-Richtlinie, BT-Drucks. 16/11642.

52 *Nerlich*, in: Michalski/Heidinger/Leible/Schmidt, GmbHG, § 65 Rn. 25; *Gesell*, in: Rowedder/Schmidt-Leithoff, GmbHG, § 65 Rn. 9; *Paura*, in: Ulmer/Habersack/Löbbe, GmbHG, § 65 Rn. 41.

53 *Paura*, in: Ulmer/Habersack/Löbbe, GmbHG, § 65 Rn. 44; *K. Schmidt/Cziupka*, in: Scholz, GmbHG, § 65 Rn. 24.

54 *Haas*, in: Baumbach/Hueck, GmbHG, § 65 Rn. 17.

Höhe ihres Anspruchs bei der Gesellschaft zu melden.«[55] Die Form der Bekanntgabe richtet sich nach § 12. Sie muss daher jedenfalls im elektronischen Bundesanzeiger erfolgen sowie daneben in weiteren Informationsmedien, sofern der Gesellschaftsvertrag dies bestimmt.

III. Folgen bei unterlassener Bekanntmachung

An eine bestimmte **Frist** sind die Liquidatoren bei der Bekanntmachung nicht gebunden.[56] Die Verpflichtung aus § 65 Abs. 2 ist auch nicht nach § 14 HGB erzwingbar.[57] Dennoch besteht ein Interesse der Gesellschaft und Gesellschafter an einer unverzüglichen Bekanntmachung der Auflösung. Jede Verzögerung der Bekanntmachung hat zur Folge, dass das Sperrjahr nach § 73 Abs. 1 nicht zu laufen beginnt. Unter der Prämisse, dass verteilungsfähiges Vermögen nach Befriedigung der Gläubiger und Ablauf des Sperrjahres vorhanden ist, verzögert sich eine Verteilung des Gesellschaftsvermögens an die Gesellschafter bei einer verspäteten Bekanntmachung. Daher stellt eine unterlassene oder verzögerte Bekanntmachung eine **Pflichtverletzung** ggü. der Gesellschaft dar, sodass ihr Ansprüche auf Schadensersatz nach §§ 43, 71 Abs. 4 zustehen können. Regelmäßig wird es aber an einem Schaden der Gesellschaft fehlen.[58] Näher liegen **Schäden der Gesellschafter**, da eine verspätete Verteilung des Liquidationsvermögens zu ihren Lasten geht. Da sie somit ein berechtigtes und schützenswertes Interesse daran haben, dass die Liquidatoren ihren Pflichten aus § 65 Abs. 2 nachkommen, liegt es nahe, sie als weitere Schutzsubjekte der Bestimmung einzuordnen.[59] Dies steht allerdings im Widerspruch zu der generellen Tendenz, Geschäftsführerpflichten eine **Schutzwirkung** zugunsten der Gesellschafter abzusprechen und daraus folgende Schadensersatzansprüche abzulehnen.[60] Diese Tendenz überzeugt jedoch nur insoweit, als die jeweilige Geschäftsführerpflicht nach ihrer gesetzlichen Konzeption nur die Gesellschaft selbst sowie allenfalls die Gesamtheit der Gesellschafter zu Schutzsubjekten erhebt. Eine solche Schutzrichtung liegt bei der allgemeinen Pflicht zu ordentlicher Geschäftsführung nahe. Bei spezielleren Pflichten, die individuellen Interessen dienen sollen, muss hingegen anderes gelten.[61] Zu den Ansprüchen der **Gesellschaftsgläubiger** bei Verletzung der Sperrfrist s. ausführlich unter § 73 Rdn. 20 ff., insb. 28. 28

IV. Ausnahmen

1. Insolvenzverfahren

Keines Gläubigeraufrufs bedarf es bei der Auflösung durch die **Eröffnung des Insolvenzverfahrens.** In diesem Fall wird die Gesellschaft nicht nach den Regelungen des GmbHG, sondern nach insolvenzrechtlichen Regelungen liquidiert (dazu auch schon Vor §§ 60 ff. GmbHG Rdn. 21 ff.). Die öffentliche Aufforderung an die Gläubiger erfolgt durch das Insolvenzgericht nach §§ 28, 30 InsO. Die Gläubiger melden ihre Forderungen beim Insolvenzverwalter, nicht bei der Gesellschaft an.[62] 29

---

55 Vgl. *Nerlich*, in: Michalski/Heidinger/Leible/Schmidt, GmbHG, § 65 Rn. 24; *K. Schmidt/Cziupka*, in: Scholz, GmbHG, § 65 Rn. 24.

56 *Nerlich*, in: Michalski/Heidinger/Leible/Schmidt, GmbHG, § 65 Rn. 26.

57 *Kleindiek*, in: Lutter/Hommelhoff, GmbHG, § 65 Rn. 9; *Nerlich*, in: Michalski/Heidinger/Leible/Schmidt, GmbHG, § 65 Rn. 29; *Gesell*, in: Rowedder/Schmidt-Leithoff, GmbHG, § 65 Rn. 11; *Paura*, in: Ulmer/Habersack/Löbbe, GmbHG, § 65 Rn. 45.

58 *Haas*, in: Baumbach/Hueck, GmbHG, § 65 Rn. 19; *Nerlich*, in: Michalski/Heidinger/Leible/Schmidt, GmbHG, § 65 Rn. 30; *K. Schmidt/Cziupka*, in: Scholz, GmbHG, § 65 Rn. 28; *Paura*, in: Ulmer/Habersack/Löbbe, GmbHG, § 65 Rn. 46.

59 A.A. *Limpert*, in: MünchKommGmbHG, § 65 Rn. 51. Nach *K. Schmidt/Cziupka*, in: Scholz, GmbHG, § 65 Rn. 28, ist die Frage bislang ungeklärt.

60 Vgl. den Überblick bei *Schneider*, in: Scholz, GmbHG, § 43 Rn. 3, 300 ff.

61 S. die kritische Darstellung bei *Hofmann*, Der Minderheitsschutz im Gesellschaftsrecht, 2011, S. 256–263 und 276–284. S. zur ähnlich gelagerten Frage nach Ansprüchen der Gesellschafter bei Beeinträchtigungen des Gewinnziehungsanspruchs unter § 29 Rdn. 21.

62 *Nerlich*, in: Michalski/Heidinger/Leible/Schmidt, GmbHG, § 65 Rn. 23; *K. Schmidt/Cziupka*, in: Scholz, GmbHG, § 65 Rn. 21; *Paura*, in: Ulmer/Habersack/Löbbe, GmbHG, § 65 Rn. 36.

2. Löschung nach § 394 FamFG

30 Bekanntmachung und Gläubigeraufruf sind außerdem im Fall der **Löschung wegen Vermögenslosigkeit** gem. § 394 FamFG entbehrlich, da der Normzweck nicht erreicht werden kann, wenn kein Vermögen zur Befriedigung der Gläubiger vorhanden ist.[63]

§ 66 Liquidatoren

(1) In den Fällen der Auflösung außer dem Fall des Insolvenzverfahrens erfolgt die Liquidation durch die Geschäftsführer, wenn nicht dieselbe durch den Gesellschaftsvertrag oder durch Beschluss der Gesellschafter anderen Personen übertragen wird.

(2) Auf Antrag von Gesellschaftern, deren Geschäftsanteile zusammen mindestens dem zehnten Teil des Stammkapitals entsprechen, kann aus wichtigen Gründen die Bestellung von Liquidatoren durch das Gericht erfolgen.

(3) [1]Die Abberufung von Liquidatoren kann durch das Gericht unter derselben Voraussetzung wie die Bestellung stattfinden. [2]Liquidatoren, welche nicht vom Gericht ernannt sind, können auch durch Beschluss der Gesellschafter vor Ablauf des Zeitraums, für welchen sie bestellt sind, abberufen werden.

(4) Für die Auswahl der Liquidatoren findet § 6 Abs. 2 Satz 2 und 3 entsprechende Anwendung.

(5) [1]Ist die Gesellschaft durch Löschung wegen Vermögenslosigkeit aufgelöst, so findet eine Liquidation nur statt, wenn sich nach der Löschung herausstellt, dass Vermögen vorhanden ist, das der Verteilung unterliegt. [2]Die Liquidatoren sind auf Antrag eines Beteiligten durch das Gericht zu ernennen.

Schrifttum

S. Schrifttum zu Vorbemerkungen zu §§ 60 ff.

Übersicht

63 *Haas*, in: Baumbach/Hueck, GmbHG, § 65 Rn. 17; *Altmeppen*, in: Roth/Altmeppen, GmbHG, § 65 Rn. 41; *K. Schmidt/Cziupka*, in: Scholz, GmbHG, § 65 Rn. 22.

A. Grundlagen

I. Überblick

§ 66 steht am Anfang der Vorschriften über das Liquidationsverfahren. Die §§ 66 ff. regeln die Abwicklung der Gesellschaft vor allem mit Rücksicht auf den Schutz der Gesellschaftsgläubiger, daneben auch unter Beachtung der Interessen der Gesellschafter, vor allem der Minderheitsgesellschafter. Sie sind daher **zwingendes Recht**.[1] § 66 bestimmt, dass außerhalb eines Insolvenzverfahrens die **Liquidatoren** für die Abwicklung zuständig sind.[2] Abs. 1 regelt die **ordentliche**, Abs. 2 die **außerordentliche Bestellung** und Abs. 3 die **Abberufung** der Liquidatoren. Abs. 4 schränkt durch Verweis auf die Ausschlussgründe des § 6 Abs. 2 Satz 2 den Kreis der möglichen Liquidatoren ein. Bei Abs. 5 handelt es sich um eine spezielle Regelung zur **Nachtragsliquidation**. Sie betrifft den Fall, dass eine gelöschte Gesellschaft noch Vermögen besitzt und daher zu Unrecht gelöscht wurde. Hierzu begründet Abs. 5 eine Zuständigkeit des Gerichts zur Bestellung der Liquidatoren. 1

II. Anwendungsbereich

Die §§ 66 ff. finden auf jede aufgelöste Gesellschaft Anwendung. Das gilt auch für die Vorgesellschaft, soweit die Vorschriften nicht gerade eine Handelsregistereintragung voraussetzen.[3] Von diesem Grundsatz ausgenommen sind die Fälle, in denen die Gesellschaft in einem anderen Verfahren abgewickelt wird oder eine Abwicklung nicht erforderlich ist. 2

1. Abwicklung bei Insolvenzverfahren

Nach Abs. 1 richtet sich die Liquidation der Gesellschaft im **Insolvenzverfahren** nicht nach §§ 66 ff. Vielmehr wickelt der Insolvenzverwalter die Gesellschaft ab. Das gilt auch in den seltenen Fällen, in denen **nach Abschluss des Insolvenzverfahrens** weiteres Gesellschaftsvermögen vorhanden ist. Nach § 199 Satz 2 InsO führt der Insolvenzverwalter die Abwicklung über die insolvenzrechtliche Gläubigerbefriedigung hinaus zu Ende (s.a. schon Vor §§ 60 ff. Rdn. 23).[4] Diese Anordnung ist sachgerecht, da der Insolvenzverwalter mit der Vermögenslage der Gesellschaft bestens vertraut ist. Das Verteilungsverfahren richtet sich nach den Vorgaben in §§ 72 ff. Das **Sperrjahr** des § 73 braucht nicht eingehalten zu werden, da der Gläubigerschutz schon im Insolvenzverfahren ausreichend berücksichtigt wurde.[5] 3

---

1 *Nerlich*, in: Michalski/Heidinger/Leible/Schmidt, GmbHG, § 66 Rn. 2; *Haas*, in: Baumbach/Hueck, GmbHG, § 66 Rn. 2.

2 Zum Verhältnis von insolvenzrechtlicher und gesellschaftsrechtlicher Abwicklung s. Vor §§ 60 ff. GmbHG Rdn. 21–23.

3 BGH, GmbHR 2008, 654, 655; OLG Hamm, WM 1985, 658, 659; *Haas*, in: Baumbach/Hueck, GmbHG, § 66 Rn. 3; *K. Schmidt/Cziupka*, in: Scholz, GmbHG, § 66 Rn. 3; *Nerlich*, in: Michalski/Heidinger/Leible/Schmidt, GmbHG, § 66 Rn. 6; ausführlich *Paura*, in: Ulmer/Habersack/Löbbe, GmbHG, § 66 Rn. 6.

4 *Haas*, in: Baumbach/Hueck, GmbHG, § 66 Rn. 2; *K. Schmidt*, in: Schmidt/Uhlenbruck, Die GmbH in Krise, Sanierung und Insolvenz, S. 875 f.; *ders.*, GmbHR 1994, 829, 831; *Nerlich*, in: Michalski/Heidinger/Leible/Schmidt, GmbHG, § 66 Rn. 3; *Müller*, in: MünchKommGmbHG, § 66 Rn. 3.

5 *Wegener*, in: Uhlenbruck, InsO, § 199 Rn. 6.

2. Abwicklung bei fehlender Masse

4 Demgegenüber finden §§ 66 ff. Anwendung, wenn die Gesellschaft nach § 60 Abs. 1 Nr. 5 aufgelöst ist.[6] Voraussetzung ist, dass die Eröffnung eines Insolvenzverfahrens nach § 26 Abs. 1 InsO mangels Masse abgewiesen oder ein bereits eröffnetes Insolvenzverfahren nach § 207 Abs. 1 InsO mangels Masse eingestellt worden ist.

3. Vereinsverbot und Vermögenslosigkeit

5 Nicht anzuwenden sind §§ 66 ff., wenn eine GmbH als Konsequenz aus einem **Vereinsverbot** nach § 3 VereinsG abgewickelt wird. Die dann einschlägige Abwicklung nach §§ 13, 17 VereinsG geht dem gesellschaftsrechtlichen Liquidationsverfahren vor (s. schon § 65 Rdn. 7).[7] Wird die Gesellschaft wegen **Vermögenslosigkeit** nach § 394 FamFG gelöscht, erlischt sie ohne Liquidationsverfahren, sodass auch in diesem Fall die §§ 66 ff. nicht zur Anwendung kommen.[8]

III. Organstellung und Anstellungsverhältnis

6 Wie beim Geschäftsführer sind auch beim Liquidator **Bestellungs- und Anstellungsverhältnis** zu unterscheiden. Die in § 66 geregelte Bestellung und Abberufung betrifft nur die **Organstellung** des Liquidators. Das Anstellungsverhältnis bleibt demgegenüber ungeregelt. Seine Begründung und Beendigung richtet sich daher nach den allgemeinen Regeln.[9] Bei den geborenen Liquidatoren (Rdn. 7) besteht das bisherige Anstellungsverhältnis fort.[10] Soweit ein Liquidator durch Satzung oder Gesellschafterbeschluss bestellt wurde, ist erforderlich, dass sich die Gesellschaft mit einem solchen Liquidator über den Anstellungsvertrag einigt.[11] Das gilt auch bei einer gerichtlichen Bestellung der Liquidatoren.[12] Nimmt der Liquidator die Bestellung an, wird seine Organstellung begründet (dazu auch Rdn. 9, 14). Fehlt es an einer vertraglichen Abrede mit der Gesellschaft, ergibt sich der Anspruch des gerichtlich bestellten Liquidators auf Vergütung und Auslagenersatz aus einer analogen Anwendung von § 265 Abs. 4 AktG.[13]

B. Bestimmung der Liquidatoren durch die Gesellschaft, Abs. 1

I. Geborene Liquidatoren als gesetzlicher Regelfall

7 Die Bestimmung der Liquidatoren ist der Gesellschaft überlassen. Sofern es an Regelungen in der Satzung fehlt und auch kein Gesellschafterbeschluss existiert, kommt § 66 Abs. 1 Halbs. 1 zur Anwendung. Danach sind alle z.Zt. der Auflösung amtierenden Geschäftsführer **geborene**

---

6 BGH, NJW 2009, 157 (Rn. 28); *Haas*, in: Baumbach/Hueck, GmbHG, § 66 Rn. 2; *Müller*, in: MünchKommGmbHG, § 66 Rn. 4; i.E. *K. Schmidt/Cziupka*, in: Scholz, GmbHG, § 66 Rn. 2; a.A. *Schulz*, Die masselose Liquidation der GmbH, 1997, S. 106 ff.: Einsetzung eines Notliquidators analog §§ 29, 48 BGB.

7 *Gesell*, in: Rowedder/Schmidt-Leithoff, GmbHG, § 65 Rn. 8; *Nerlich*, in: Michalski/Heidinger/Leible/Schmidt, GmbHG, § 66 Rn. 5; *Paura*, in: Ulmer/Habersack/Löbbe, GmbHG, § 65 Rn. 17.

8 *K. Schmidt/Cziupka*, in: Scholz, GmbHG, § 66 Rn. 2.

9 Vgl. *K. Schmidt/Cziupka*, in: Scholz, GmbHG, § 66 Rn. 52; *Haas*, in: Baumbach/Hueck, GmbHG, § 66 Rn. 23; *Nerlich*, in: Michalski/Heidinger/Leible/Schmidt, GmbHG, § 66 Rn. 72; *Lorscheider*, in: BeckOK GmbHG (Stand; 1.5.2020), § 66 Rn. 25.

10 *Kleindiek*, in: Lutter/Hommelhoff, GmbHG, § 66 Rn. 9; *Haas*, in: Baumbach/Hueck, GmbHG, § 66 Rn. 17; LG Halle (Saale), Urteil v. 10.03.2017 – 5 O 170/15 (juris).

11 *Haas*, in: Baumbach/Hueck, GmbHG, § 66 Rn. 17; *Müller*, in: MünchKommGmbHG, § 66 Rn. 73.

12 *Haas*, in: Baumbach/Hueck, GmbHG, § 66 Rn. 23; *Nerlich*, in: Michalski/Heidinger/Leible/Schmidt, GmbHG, § 66 Rn. 72.

13 *Haas*, in: Baumbach/Hueck, GmbHG, § 66 Rn. 23; *Kleindiek*, in: Lutter/Hommelhoff, GmbHG, § 66 Rn. 9; *Altmeppen*, in: Roth/Altmeppen, GmbHG, § 66 Rn. 42; *K. Schmidt/Cziupka*, in: Scholz, GmbHG, § 66 Rn. 53; *Nerlich*, in: Michalski/Heidinger/Leible/Schmidt, GmbHG, § 66 Rn. 76; *Müller*, in: MünchKommGmbHG, § 66 Rn. 74; OLG Düsseldorf, GmbHR 2019, 1293, 1294 bzgl. eines gerichtlich bestellten Nachtragsliquidators.

Liquidatoren, ohne dass ein Bestellungsakt oder eine Amtsannahme erforderlich wäre.[14] Die Geschäftsführer sind aus dem Anstellungsvertrag regelmäßig verpflichtet, die **Abwicklung** der Gesellschaft zu übernehmen, da es sich um die Fortsetzung der geschuldeten Aufgaben unter verändertem Zweck handelt.[15] Die Auflösung stellt für sich allein noch keinen wichtigen Grund dar, der den Geschäftsführer zur Kündigung berechtigen würde.[16] Gleichwohl gilt auch für ihn der Grundsatz, dass er sein Amt als Liquidator jederzeit und ohne Grund niederlegen kann, auch wenn damit eine Pflichtverletzung ggü. der Gesellschaft verbunden ist (dazu Rdn. 24). Zu den Vertretungsregeln, insb. der streitigen Frage, ob sich die Vertretungsbefugnis der Liquidatoren nach der bisherigen Befugnis der Geschäftsführer richtet, s. § 68 Rdn. 5–10.

II. Satzungsvorgaben

Nach Abs. 1 Halbs. 2 kann die Satzung anstelle der Geschäftsführer oder auch neben diesen andere Personen als Liquidatoren vorsehen. Hierbei sind, wie regelmäßig, strenge Maßstäbe an die **Bestimmbarkeit** dieser Personen anzulegen.[17] Streitig ist, ob die Satzung die Kompetenz zur Bestimmung der Liquidatoren der Gesellschafterversammlung entziehen und einem anderen Gesellschaftsorgan, einzelnen Gesellschaftern oder Dritten **übertragen** kann. Dies wird mit dem Argument verneint, es handele sich bei § 66 um zwingendes Organisationsrecht, von dem zum Schutz der Gesellschafter nicht abgewichen werden dürfe.[18] Stattdessen muss die Streitfrage jedoch nach einem elementaren Prinzip des Liquidationsrechts entschieden werden: Die Grundsätze, die für die werbende Phase gelten, können auf die Liquidationsphase angewandt werden, soweit keine spezielleren Vorschriften existieren und auch die Zielsetzung des Auflösungsverfahrens nicht entgegensteht (s. § 69 Rdn. 1). Da derartiges nicht erkennbar ist, kann weiterhin § 45 Abs. 2 und somit der Grundsatz gelten, dass die Gesellschafter eigene Kompetenzen übertragen können.[19] Wegen (hier vertretener) **Diskontinuität** von werbender Phase und Liquidationsphase kann eine auf die Geschäftsführer bezogene Regelung aber nicht ohne Weiteres auf die Liquidatoren bezogen werden (zum Grundsatz § 68 Rdn. 10, 13).[20] Außerdem bleiben die Kompetenzen zur **Abberufung** nach Abs. 3 und das **Minderheitsrecht** nach Abs. 2 zwingend. Dadurch bleibt es den Gesellschaftern möglich, die Fremdentscheidung zu korrigieren. 8

III. Gesellschafterbeschluss

Die Liquidatoren können ferner durch Beschluss der Gesellschafterversammlung bestellt werden. 9
Hierfür genügt grds. die **einfache Mehrheit**, wenn nicht die Satzung für die Wahl der Liquidatoren

14 BGH, ZInsO 2009, 105; BFH, GmbHR 2001, 839; BFH, GmbHR 2001, 927; OLG Karlsruhe, ZIP 2008, 505; OLG Zweibrücken, ZIP 2003, 1954; *Haas*, in: Baumbach/Hueck, GmbHG, § 66 Rn. 12; *Kleindiek*, in: Lutter/Hommelhoff, GmbHG, § 66 Rn. 2; *Gesell*, in: Rowedder/Schmidt-Leithoff, GmbHG, § 66 Rn. 3; *K. Schmidt/Cziupka*, in: Scholz, GmbHG, § 66 Rn. 4 f.; *Paura*, in: Ulmer/Habersack/Löbbe, GmbHG, § 66 Rn. 16.

15 *Haas*, in: Baumbach/Hueck, GmbHG, § 66 Rn. 12; *Altmeppen*, in: Roth/Altmeppen, GmbHG, § 66 Rn. 18; *Lorscheider*, in: BeckOK GmbHG (Stand: 01.05.2020), § 66 Rn. 27.

16 *K. Schmidt/Cziupka*, in: Scholz, GmbHG, § 66 Rn. 6; *Nerlich*, in: Michalski/Heidinger/Leible/Schmidt, GmbHG, § 66 Rn. 25; *Haas*, in: Baumbach/Hueck, GmbHG, § 66 Rn. 12.

17 *Haas*, in: Baumbach/Hueck, GmbHG, § 66 Rn. 13.

18 RGZ 145, 99, 104; *Nerlich*, in: Michalski/Heidinger/Leible/Schmidt, GmbHG, § 66 Rn. 26; *Gesell*, in: Rowedder/Schmidt-Leithoff, GmbHG, § 66 Rn. 9; *Altmeppen*, in: Roth/Altmeppen, GmbHG, § 66 Rn. 22.

19 I.E. und mit teils anderer Begründung *Löffler*, in: Heybrock, Praxiskommentar zum GmbH-Recht, § 66 Rn. 6; *K. Schmidt/Cziupka*, in: Scholz, GmbHG, § 66 Rn. 11; *Paura*, in: Ulmer/Habersack/Löbbe, GmbHG, § 66 Rn. 23; *Müller*, in: MünchKommGmbHG, § 66 Rn. 26.

20 Vgl. OLG Frankfurt am Main, GmbHR 2019, 1284, 1287 ff., wonach eine Satzungsbestimmung zur Befreiung der Geschäftsführer von den Beschränkungen des § 181 BGB durch Gesellschafterbeschluss nicht auf die Liquidatoren erstreckt werden kann.

andere Stimmverhältnisse fordert.[21] Schreibt die Satzung **Qualifikationsmerkmale** voraus, müssen diese bei Bestellung der Liquidatoren eingehalten werden.[22] Ist der Beschluss unwirksam, bleibt es bei der Abwicklung durch die geborenen Liquidatoren.[23] Dagegen lebt das Amt des geborenen Liquidators nicht wieder auf, wenn eine andere Person zunächst wirksam zum Liquidator bestellt ist, ihr Amt dann jedoch wieder verliert, etwa durch Niederlegung.[24] Die Bestellung wird nicht bereits mit dem Beschluss wirksam. Vielmehr bedarf es einer entsprechenden Erklärung der Gesellschaft und der Annahme durch den Liquidator. Sofern der Bestellte bei dem Gesellschafterbeschluss zugegen ist, genügt es, wenn er der Bestellung nicht widerspricht.[25]

C. Bestellung der Liquidatoren durch Gericht

10 Die Liquidatoren können ihr Amt auch durch gerichtliche Bestellung erhalten.

I. Bestellung aus wichtigem Grund, Abs. 2

1. Zwingendes Minderheitsrecht

11 § 66 Abs. 2 enthält ein **Minderheitsrecht.** Eine Minderheit, die 10 % des Gesellschaftskapitals hält, kann einen Antrag auf Bestellung von Liquidatoren stellen. Dieses Antragsrecht ist **zwingend**, da § 66 Abs. 2 zum unabdingbaren Bestand formeller Minderheitsrechte gehört und als solches einen Bestandteil der Mitgliedschaft bildet.[26] Seine Voraussetzungen können durch die Satzung daher nur erleichtert werden, etwa durch Ausgestaltung als Individualrecht.[27]

2. Antragsberechtigung

12 Antragsberechtigt sind ausschließlich die **Gesellschafter**, nicht etwa die Gläubiger oder Liquidatoren der Gesellschaft.[28] Der Antrag muss darauf gerichtet sein, Liquidatoren zu bestellen, weil solche nicht (in erforderlicher Zahl) vorhanden sind. Möglich ist auch eine **Antragshäufung:** Mit dem Antrag, die alten Liquidatoren nach Abs. 3 abzuberufen (zu den Kriterien Rdn. 17 ff.), kann ein weiterer Antrag auf Neubestellung von Liquidatoren nach Abs. 2 verbunden werden.[29]

3. Wichtiger Grund

13 Der Antrag ist begründet, wenn ein **wichtiger Grund** dafür besteht, Liquidatoren auf gerichtlichem Wege zu bestellen. Bei der Beurteilung des wichtigen Grundes gelten Besonderheiten, die sich aus

---

21 OLG Frankfurt am Main, NZG 1999, 833, 834 f.; *Haas*, in: Baumbach/Hueck, GmbHG, § 66 Rn. 14; *Kleindiek*, in: Lutter/Hommelhoff, GmbHG, § 66 Rn. 4; *K. Schmidt/Cziupka*, in: Scholz, GmbHG, § 66 Rn. 10; *Paura*, in: Ulmer/Habersack/Löbbe, GmbHG, § 66 Rn. 27.

22 *Haas*, in: Baumbach/Hueck, GmbHG, § 66 Rn. 14; *Altmeppen*, in: Roth/Altmeppen, GmbHG, § 66 Rn. 27; *Nerlich*, in: Michalski/Heidinger/Leible/Schmidt, GmbHG, § 66 Rn. 28.

23 *Haas*, in: Baumbach/Hueck, GmbHG, § 66 Rn. 14; *Nerlich*, in: Michalski/Heidinger/Leible/Schmidt, GmbHG, § 66 Rn. 32.

24 LG Frankenthal, GmbHR 1996, 131; *Haas*, in: Baumbach/Hueck, GmbHG, § 66 Rn. 12; *Kleindiek*, in: Lutter/Hommelhoff, GmbHG, § 66 Rn. 4; *Altmeppen*, in: Roth/Altmeppen, GmbHG, § 66 Rn. 23; *K. Schmidt*, in: Scholz, GmbHG, 11. Aufl. 2015, § 66 Rn. 31.

25 BGHZ 52, 316, 321; *Haas*, in: Baumbach/Hueck, GmbHG, § 66 Rn. 14; *Paura*, in: Ulmer/Habersack/Löbbe, GmbHG, § 66 Rn. 29.

26 *Paura*, in: Ulmer/Habersack/Löbbe, GmbHG, § 66 Rn. 34; *K. Schmidt/Cziupka*, in: Scholz, GmbHG, § 66 Rn. 16. Zur Bestimmung des Inhalts der Mitgliedschaft *Hofmann*, Der Minderheitsschutz im Gesellschaftsrecht, 2011, S. 122–129.

27 *Haas*, in: Baumbach/Hueck, GmbHG, § 66 Rn. 19; *Nerlich*, in: Michalski/Heidinger/Leible/Schmidt, GmbHG, § 66 Rn. 36; *Gesell*, in: Rowedder/Schmidt-Leithoff, GmbHG, § 66 Rn. 10; *K. Schmidt/Cziupka*, in: Scholz, GmbHG, § 66 Rn. 16; *Paura*, in: Ulmer/Habersack/Löbbe, GmbHG, § 66 Rn. 33; *Müller*, in: MünchKommGmbHG, § 66 Rn. 28.

28 *K. Schmidt/Cziupka*, in: Scholz, GmbHG, § 66 Rn. 16, 21; *Müller*, in: MünchKommGmbHG, § 66 Rn. 29.

29 *K. Schmidt/Cziupka*, in: Scholz, GmbHG, § 66 Rn. 18.

den Unterschieden zur werbenden Phase ergeben. In der werbenden Gesellschaft ist für die Beurteilung eines wichtigen Grundes das **Gesellschaftsinteresse** üblicherweise von zentraler Bedeutung.[30] Die Aufgabe der Liquidatoren besteht jedoch darin, die Gesellschaft aufzulösen. Im Liquidationsstadium scheidet das Gesellschaftsinteresse als Referenzpunkt der Prüfung daher aus.[31] Vielmehr kommt es auf die **Gesellschafter** an. Da deren wohlverstandenes Interesse darauf gerichtet ist, dass die Gesellschaft ordnungsgemäß liquidiert wird, liegt ein wichtiger Grund vor, wenn dies ohne Entscheidung des Gerichts nicht gewährleistet erscheint.[32] Diese Voraussetzung liegt vor, wenn es an der für eine ordnungsgemäße Liquidation **notwendigen Anzahl** von Liquidatoren fehlt und ihre Bestellung wegen der Untätigkeit der Gesellschafter auch nicht absehbar ist. Fehlen demgegenüber Liquidatoren nur vorübergehend, muss das Gericht beachten, dass die Kompetenz zur Bestimmung der Liquidatoren nach Abs. 1 bei der Gesellschaftermehrheit liegt und die Minderheit der Mehrheit daher nicht zuvorkommen und gerichtlich Liquidatoren bestellen lassen darf.[33] Die Bestellung von **Notliquidatoren** analog §§ 29, 48 BGB (dazu unter Rdn. 16) ist demgegenüber nur vorübergehender Natur und steht einer dauerhaft angelegten Berufung nach Abs. 2 nicht im Wege.[34]

4. Zuständigkeit und Verfahren

Zuständig ist nach §§ 23a Abs. 1 Nr. 2, Abs. 2 Nr. 4 GVG, 375 Nr. 6, 377 Abs. 1 FamFG das Amts- 14
gericht am statutarischen Sitz der Gesellschaft. Es entscheidet im unternehmensrechtlichen Verfahren nach §§ 376, 375 Nr. 6 FamFG, und zwar nach § 38 FamFG durch begründeten **Beschluss.**[35] Das Gericht ermittelt den Sachverhalt nach § 26 FamFG von Amts wegen.[36] Es wählt unparteiische Personen als geeignete Liquidatoren aus und ist nicht an die Vorschläge der Antragsteller gebunden. Es entscheidet auch darüber, ob es einen oder mehrere Liquidatoren bestellt und welche Vertretungsregeln gelten. Es braucht dabei weder die Vorgaben der Satzung noch die Regel in § 68 Abs. 1 Satz 2 (Gesamtvertretung) zu beachten.[37] Soweit es einen wichtigen Grund bejaht, muss das Gericht einen Liquidator bestellen. Diese Entscheidung steht daher entgegen dem Wortlaut von Abs. 2 **nicht** im **Ermessen** des Gerichts. Ein Ermessensspielraum besteht demgegenüber bei der **Auswahl** der Liquidatoren und ihrer **Vertretungsmacht.**[38] Der Liquidator ist mit dem Beschluss des Gerichts bestellt, sein Amt beginnt jedoch erst mit seiner **Annahme**, zu der er nicht verpflichtet ist.[39]

5. Rechtsmittel

Gegen den Beschluss des Gerichts kann nach §§ 402 Abs. 1, 375 Nr. 6, 58 ff. FamFG beim ent- 15
scheidenden Gericht innerhalb eines Monats nach Bekanntgabe (§ 63 Abs. 1 FamFG) Beschwerde eingelegt werden. Das entscheidende Gericht kann abhelfen, wenn es die Beschwerde für begründet hält, anderenfalls entscheidet das OLG als Beschwerdegericht nach §§ 68, 69 FamFG. Soweit

30 Dazu exemplarisch für die Gewinnverwendung § 29 Rdn. 29–33. Ausführlich *Hofmann*, Der Minderheitsschutz im Gesellschaftsrecht, 2011, S. 133 ff.

31 S. § 60 Rdn. 21; *Hofmann*, Der Minderheitsschutz im Gesellschaftsrecht, 2011, S. 193 f. und S. 688 f.

32 Vgl. *Nerlich*, in: Michalski/Heidinger/Leible/Schmidt, GmbHG, § 66 Rn. 41; *Altmeppen*, in: Roth/Altmeppen, GmbHG, § 66 Rn. 33.

33 *K. Schmidt/Cziupka*, in: Scholz, GmbHG, § 66 Rn. 23; vgl. OLG Düsseldorf, GmbHR 2019, 588, 589.

34 Zu allem *K. Schmidt/Cziupka*, in: Scholz, GmbHG, § 66 Rn. 23; *Nerlich*, in: Michalski/Heidinger/Leible/Schmidt, GmbHG, § 66 Rn. 42 f.

35 *K. Schmidt/Cziupka*, in: Scholz, GmbHG, § 66 Rn. 17, 25; *Haas*, in: Baumbach/Hueck, GmbHG, § 66 Rn. 21; *Müller*, in: MünchKommGmbHG, § 66 Rn. 37, 41; *Kleindiek*, in: Lutter/Hommelhoff, GmbHG, § 66 Rn. 6.

36 *K. Schmidt/Cziupka*, in: Scholz, GmbHG, § 66 Rn. 24; *Müller*, in: MünchKommGmbHG, § 66 Rn. 38.

37 Zu allem Vorstehenden *K. Schmidt/Cziupka*, in: Scholz, GmbHG, § 66 Rn. 26; *Müller*, in: MünchKommGmbHG, § 66 Rn. 42.

38 *K. Schmidt/Cziupka*, in: Scholz, GmbHG, § 66 Rn. 26; *Haas*, in: Baumbach/Hueck, GmbHG, § 66 Rn. 21; *Müller*, in: MünchKommGmbHG, § 66 Rn. 41 f.

39 *K. Schmidt/Cziupka*, in: Scholz, GmbHG, § 66 Rn. 26; *Müller*, in: MünchKommGmbHG, § 66 Rn. 43.

zugelassen, schließt sich daran nach §§ 70 ff. FamFG die Rechtsbeschwerde zum BGH (§ 133 GVG) an. **Beschwerdeberechtigt** sind bei **ablehnender** Entscheidung die Antragsteller, § 59 Abs. 2 FamFG. Sie müssen auch weiterhin über eine Beteiligung von mindestens 10 % verfügen.[40] Bei **stattgebender** Entscheidung sind die abberufenen Liquidatoren sowie die Gesellschaft beschwert. Daneben soll nach herrschender Meinung auch jeder Gesellschafter, der nicht im Lager der Antragsteller steht, beschwerdebefugt sein.[41] Es erscheint zwar inkonsequent, dies aus der Mitgliedschaft herzuleiten und daher die Entscheidung über die Liquidatorenbestellung als Individualrecht zu behandeln, da doch die Antragstellung nach Abs. 2 eine Minderheitsbeteiligung von 10 % voraussetzt. Im Ergebnis verdient die herrschende Meinung dennoch Zustimmung, da die Bedeutung der Liquidatorenbestellung für die Gesellschafter erheblich ist und es daher vorzugswürdig erscheint, die Quote des Abs. 2 auf ihren unmittelbaren Anwendungsbereich zu beschränken.

II. Notbestellung nach §§ 29, 48 BGB analog

16 Von der gerichtlichen Bestellung nach Abs. 2 ist die Notbestellung analog §§ 29, 48 BGB zu unterscheiden. Eine Notbestellung kann erfolgen, wenn Liquidatoren in erforderlicher Zahl nicht vorhanden sind und die Gesellschaft deshalb handlungsunfähig ist.[42] Die Notbestellung darf stets nur **vorübergehenden Charakter** besitzen, da die Bestellung der Liquidatoren den Gesellschaftern obliegt. Das wird dadurch gewahrt, dass die Bestellung ipso iure endet, wenn der Mangel behoben ist, insb. Liquidatoren nach Abs. 1 oder 2 bestellt werden.[43] Auch muss der Aufgabenkreis des Notliquidators auf die **Angelegenheiten** beschränkt werden, in denen ein dringendes Bedürfnis für eine Vertretung der Gesellschaft besteht.[44] Das **Antragsrecht** steht jedem der am Liquidationsverfahren Beteiligten zu. Dies sind die Gesellschafter, die Gläubiger und die Schuldner der Gesellschaft.[45] In Betracht kommen aber auch ehemalige Geschäftsführer, frühere und amtierende Liquidatoren sowie der Kommanditist bei einer GmbHG & Co. KG.[46]

III. Bestellung nach § 38 Abs. 2 S. 2 KWG

16a Erfolgt die Auflösung der Gesellschaft gem. § 38 Abs. 1 KWG (vgl. dazu § 60 Rdn. 53), ergibt sich aus § 38 Abs. 2 S. 2 KWG ein weiterer Fall der gerichtlichen Bestellung der Liquidatoren.[47]

D. Abberufung der Liquidatoren, Abs. 3

I. Abberufung durch Gesellschafterbeschluss

1. Kompetenz

17 Die ordentliche Abberufung von Liquidatoren nach Abs. 3 Satz 2 stellt, wenngleich erst im Anschluss an die außerordentliche Abberufung geregelt, den praktischen Regelfall dar.[48] Hiernach können die

40 *Haas*, in: Baumbach/Hueck, GmbHG, § 66 Rn. 22; *K. Schmidt/Cziupka*, in: Scholz, GmbHG, § 66 Rn. 27.
41 OLG Düsseldorf, DB 1998, 1132; *Haas*, in: Baumbach/Hueck, GmbHG, § 66 Rn. 22, 27; *Kleindiek*, in: Lutter/Hommelhoff, GmbHG, § 66 Rn. 6; *K. Schmidt/Cziupka*, in: Scholz, GmbHG, § 66 Rn. 27; *Paura*, in: Ulmer/Habersack/Löbbe, GmbHG, § 66 Rn. 46; a.A. noch OLG Hamm, DB 1977, 2090.
42 BayObLG, BB 1976, 998; OLG München, GmbHR 2005, 1431; *Haas*, in: Baumbach/Hueck, GmbHG, § 66 Rn. 33; *Kleindiek*, in: Lutter/Hommelhoff, GmbHG, § 66 Rn. 7; *Nerlich*, in: Michalski/Heidinger/Leible/Schmidt, GmbHG, § 66 Rn. 53; *Gesell*, in: Rowedder/Schmidt-Leithoff, GmbHG, § 66 Rn. 15; *K. Schmidt/Cziupka*, in: Scholz, GmbHG, § 66 Rn. 30.
43 OLG Köln, GmbHR 2008, 103 f.
44 OLG München, GmbHR 2005, 1431, 1432.
45 *Haas*, in: Baumbach/Hueck, GmbHG, § 66 Rn. 33; *Nerlich*, in: Michalski/Heidinger/Leible/Schmidt, GmbHG, § 66 Rn. 54.
46 *K. Schmidt/Cziupka*, in: Scholz, GmbHG, § 66 Rn. 32; *Paura*, in: Ulmer/Habersack/Löbbe, GmbHG, § 66 Rn. 49. Zum Kommanditisten BayObLG, BB 1976, 998.
47 *Haas*, in: Baumbach/Hueck, GmbHG, § 66 Rn. 36; *Müller*, in: MünchKommGmbHG, § 66 Rn. 51.
48 *Nerlich*, in: Michalski/Heidinger/Leible/Schmidt, GmbHG, § 66 Rn. 62; *Gesell*, in: Rowedder/Schmidt-Leithoff, GmbHG, § 66 Rn. 25.

Liquidatoren jederzeit und ohne wichtigen Grund abberufen werden, sofern sie nicht durch Gericht bestellt worden sind. Die Kompetenz zur Abberufung liegt bei der Gesellschafterversammlung. Während die Kompetenz zur Bestellung per Satzung auf ein anderes Organ übertragen werden kann (dazu Rdn. 8), gilt dies nicht für die Abberufung.[49] Die Gefahren für die Gesellschafter wären unverhältnismäßig, wenn die Fremdbestimmung nicht korrigiert werden könnte.

2. Verfahren

Die Gesellschafterversammlung entscheidet durch Beschluss mit einfacher Mehrheit, wenn nicht durch die Satzung strengere Anforderungen festgelegt sind.[50] Soweit die betroffenen Liquidatoren zugleich Gesellschafter sind, stimmen sie mit, sofern es sich nicht um eine Abberufung aus wichtigem Grund handelt oder i.S.d. § 47 Abs. 4 ein Zusammenhang mit der Versagung einer Entlastung besteht.[51] Nach diesen Grundsätzen kann sich auch der Gesellschafter einer Einmann-GmbH als Liquidator abberufen.[52] Die Abberufung wirkt mit ihrem Zugang beim betroffenen Liquidator im Sinne von § 130 Abs. 1 Satz 1 BGB. Die Eintragung im Handelsregister nach § 67 Abs. 1 wirkt nur deklaratorisch.[53] 18

3. Besonderheiten bei Satzungsbestimmungen

Andere Voraussetzungen gelten, wenn ein **satzungsmäßiges Sonderrecht** auf das Liquidatorenamt besteht. Zur Abberufung eines auf diese Weise privilegierten Liquidators ist dessen Zustimmung oder ein wichtiger Grund erforderlich.[54] Auch ist es wie bei § 38 Abs. 2 möglich, die Abberufungsmöglichkeit auf den Fall zu beschränken, dass ein wichtiger Grund vorliegt.[55] Voraussetzung ist, dass sich eine entsprechende Bestimmung in der Satzung zweifelsfrei auf die Liquidatoren bezieht.[56] 19

II. Abberufung durch Gericht

1. Anwendungsbereich

Spiegelbildlich zur außerordentlichen Bestellung nach Abs. 2 sieht das Gesetz in Abs. 3 Satz 1 die Möglichkeit vor, die Liquidatoren **außerordentlich abzuberufen.** Das Registergericht kann sowohl die nach Abs. 1 berufenen als auch die vom Gericht nach Abs. 2 bestellten Liquidatoren jederzeit abberufen.[57] Hiervon werden auch solche Liquidatoren erfasst, denen die Satzung ein Sonderrecht 20

---

49 I.E., allerdings aus einer Parallele zur anders beurteilten Bestellung gefolgert *Haas*, in: Baumbach/Hueck, GmbHG, § 66 Rn. 24; *Nerlich*, in: Michalski/Heidinger/Leible/Schmidt, GmbHG, § 66 Rn. 64.

50 *Haas*, in: Baumbach/Hueck, GmbHG, § 66 Rn. 24; *Nerlich*, in: Michalski/Heidinger/Leible/Schmidt, GmbHG, § 66 Rn. 63.

51 *Haas*, in: Baumbach/Hueck, GmbHG, § 66 Rn. 24; *K. Schmidt/Cziupka*, in: Scholz, GmbHG, § 66 Rn. 40.

52 KGJ 45, 178, 181; *Müller*, in: MünchKommGmbHG, § 66 Rn. 62; *Haas*, in: Baumbach/Hueck, GmbHG, § 66 Rn. 24; *K. Schmidt/Cziupka*, in: Scholz, GmbHG, § 66 Rn. 40.

53 *Haas*, in: Baumbach/Hueck, GmbHG, § 66 Rn. 25; *Nerlich*, in: Michalski/Heidinger/Leible/Schmidt, GmbHG, § 66 Rn. 65; *Gesell*, in: Rowedder/Schmidt-Leithoff, GmbHG, § 67 Rn. 2; *Paura*, in: Ulmer/Habersack/Löbbe, GmbHG, § 66 Rn. 65.

54 *Nerlich*, in: Michalski/Heidinger/Leible/Schmidt, GmbHG, § 66 Rn. 66; *Gesell*, in: Rowedder/Schmidt-Leithoff, GmbHG, § 66 Rn. 26; *K. Schmidt/Cziupka*, in: Scholz, GmbHG, § 66 Rn. 41; *Paura*, in: Ulmer/Habersack/Löbbe, GmbHG, § 66 Rn. 57.

55 *K. Schmidt/Cziupka*, in: Scholz, GmbHG, § 66 Rn. 41; *Haas*, in: Baumbach/Hueck, GmbHG, § 66 Rn. 24; *Paura*, in: Ulmer/Habersack/Löbbe, GmbHG, § 66 Rn. 57; a.A. *Kleindiek*, in: Lutter/Hommelhoff, GmbHG, § 66 Rn. 11; *Altmeppen*, in: Roth/Altmeppen, GmbHG, § 66 Rn. 47; *Gesell*, in: Rowedder/Schmidt-Leithoff, GmbHG, § 66 Rn. 26.

56 So auch *Altmeppen*, in: Roth/Altmeppen, GmbHG, § 66 Rn. 47. Zum Grundsatz der Diskontinuität und den Anforderungen daran, Satzungsbestimmungen für Geschäftsführer auch auf Liquidatoren anzuwenden, s. *Brünkmans*, § 68 Rdn. 10, 13.

57 *Haas*, in: Baumbach/Hueck, GmbHG, § 66 Rn. 26; *Nerlich*, in: Michalski/Heidinger/Leible/Schmidt, GmbHG, § 66 Rn. 67; *K. Schmidt/Cziupka*, in: Scholz, GmbHG, § 66 Rn. 42; *Löffler*, in: Heybrock, Praxiskommentar zum GmbH-Recht, § 66 Rn. 20.

auf das Liquidatorenamt zuspricht, da es sich um eine Abberufung aus wichtigem Grund handelt.[58] Außerdem erstreckt sich die Abberufungskompetenz auf die nach Abs. 5 ernannten Nachtragsliquidatoren.[59] Die nach §§ 29, 48 BGB bestellten Notliquidatoren können ebenfalls nach Abs. 3 abberufen werden. Da ihr Amt jedoch mit der Bestellung anderer Liquidatoren schon ipso iure endet (oben Rdn. 16), dient ihre förmliche Abberufung nach Abs. 3 nur der Klarstellung.[60]

2. Voraussetzungen

21 Wegen der Voraussetzungen der Abberufung verweist Abs. 3 Satz 1 auf die Voraussetzungen der Bestellung. Auch für die Abberufung bedarf es daher eines Antrags, der von Gesellschaftern, deren Geschäftsanteile zusammen wenigstens 10 % des Stammkapitals erreichen, getragen wird. Daneben ist ein wichtiger Grund für die Abberufung erforderlich. Dieser setzt eine Gefährdung des Abwicklungszwecks voraus und liegt insb. bei Pflichtverletzungen oder mangelnder fachlicher Eignung vor.[61] Davon ist die mangelnde Eignung im Sinne von Abs. 4 i.V.m. § 6 Abs. 2 Satz 2 und 3 zu unterscheiden: Sie führt ipso iure zum Erlöschen der Bestellung, sofern sie nachträglich eintritt (s. Rdn. 29).[62]

3. Anwendungsfälle

22 Ein wichtiger Grund liegt vor, wenn der Liquidator die Gesellschaftermehrheit begünstigt, da hierdurch seine Pflicht zur **Unparteilichkeit** verletzt wird.[63] Außerdem können **unüberbrückbare Differenzen** der Liquidatoren untereinander oder zwischen ihnen und den Gesellschaftern Grund zur Abberufung geben.[64] Dabei ist als weiterer Faktor zu berücksichtigen, dass die Liquidation nicht nur den Interessen der Gesellschafter dient, sondern dem Gläubigerschutz eine herausragende Bedeutung zukommt. Der Austausch der Liquidatoren ist daher auch unter Berücksichtigung der Gläubigerinteressen durchzuführen.[65]

4. Wirksamwerden

23 Die Abberufung wird nach §§ 40, 41 FamFG mit ihrer Bekanntgabe an den Liquidator durch das Gericht wirksam. Die Eintragung nach § 67 Abs. 1 ist nur deklaratorisch.[66]

E. Amtsniederlegung

I. Erklärung

24 Der Liquidator kann seine Organstellung jederzeit einseitig beenden, indem er erklärt, sein Amt niederzulegen.[67] Die Amtsniederlegung wirkt sofort und unabhängig davon, ob ein wichtiger

---

58 *Nerlich*, in: Michalski/Heidinger/Leible/Schmidt, GmbHG, § 66 Rn. 68; *K. Schmidt/Cziupka*, in: Scholz, GmbHG, § 66 Rn. 42.

59 KG, GmbHR 2005, 1613, 1615; OLG Köln, NZG 2003, 341; *Haas*, in: Baumbach/Hueck, GmbHG, § 66 Rn. 26.

60 *K. Schmidt/Cziupka*, in: Scholz, GmbHG, § 66 Rn. 42; *Nerlich*, in: Michalski/Heidinger/Leible/Schmidt, GmbHG, § 66 Rn. 68.

61 KG, GmbHR 2005, 1613, 1615; OLG Frankfurt am Main, GmbHR 2018, 1070, 1071; vgl. auch OLG Köln, NZG 2003, 341.

62 OLG Köln, NZG 2003, 341; BayObLG, BB 1987, 1625, 1627; *K. Schmidt/Cziupka*, in: Scholz, GmbHG, § 66 Rn. 45; *Haas*, in: Baumbach/Hueck, GmbHG, § 66 Rn. 26; *Nerlich*, in: Michalski/Heidinger/Leible/Schmidt, GmbHG, § 66 Rn. 68.

63 *Paura*, in: Ulmer/Habersack/Löbbe, GmbHG, § 66 Rn. 41; *Nerlich*, in: Michalski/Heidinger/Leible/Schmidt, GmbHG, § 66 Rn. 43; vgl. auch OLG Frankfurt am Main, GmbHR 2018, 1070, 1071 ff.

64 Zu beidem *Nerlich*, in: Michalski/Heidinger/Leible/Schmidt, GmbHG, § 66 Rn. 43.

65 Ähnlich *Nerlich*, in: Michalski/Heidinger/Leible/Schmidt, GmbHG, § 66 Rn. 43.

66 Zu beidem *Haas*, in: Baumbach/Hueck, GmbHG, § 66 Rn. 26.

67 *Haas*, in: Baumbach/Hueck, GmbHG, § 66 Rn. 29; *Löffler*, in: Heybrock, Praxiskommentar zum GmbH-Recht, § 66 Rn. 23; *Kleindiek*, in: Lutter/Hommelhoff, GmbHG, § 66 Rn. 10; *Altmeppen*, in: Roth/Altmeppen, GmbHG, § 66 Rn. 51; *Paura*, in: Ulmer/Habersack/Löbbe, GmbHG, § 66 Rn. 70.

Grund vorliegt oder auch nur behauptet wird.[68] Ein wichtiger Grund kann jedoch darüber entscheiden, ob der Liquidator mit der Amtsniederlegung seine Pflichten ggü. der Gesellschaft verletzt und Schadensersatz schuldet (s.a. schon oben Rdn. 7).[69]

II. Empfangszuständigkeit

Die Erklärung der Amtsniederlegung erfolgt ggü. der **Gesellschaft**. Diese wird jedenfalls durch die anderen Liquidatoren vertreten.[70] Entsprechend § 35 Abs. 2 Satz 1 genügt auch die Erklärung ggü. einem einzelnen der übrigen Liquidatoren. Außerdem kann die Erklärung ggü. allen **Gesellschaftern** als dem Bestellungsorgan abgegeben werden.[71] Nach a.A. soll die Erklärung demgegenüber nur dann ggü. den Gesellschaftern erfolgen dürfen, wenn es an Liquidatoren fehlt,[72] oder umgekehrt immer zwingend die Gesellschafterversammlung als Bestellungsorgan zuständig sein.[73] Ist der einzige Gesellschafter zugleich einziger Liquidator, bleibt nur die Möglichkeit, die Niederlegung ggü. dem Registergericht zu erklären.[74] Außerdem ist das Registergericht empfangszuständig, wenn der Liquidator nach Abs. 2 bestellt wurde.[75] 25

III. Organstellung und Anstellungsvertrag

Die Amtsniederlegung betrifft die Organstellung des Liquidators. Sein Anstellungsverhältnis muss durch Kündigung beendet werden. Mit der Kündigung des Anstellungsverhältnisses bringt der Liquidator zum Ausdruck, für die Gesellschaft nicht mehr als Liquidator tätig sein und daher auch die Organstellung niederlegen zu wollen.[76] Im umgekehrten Fall ist dies nicht so eindeutig. Regelmäßig wird eine Amtsniederlegung zugleich auch als Kündigung des Anstellungsvertrages zu verstehen sein. Aus den Umständen kann sich jedoch anderes ergeben.[77] 26

F. Eignung zum Liquidator, Abs. 4

I. Voraussetzungen für natürliche Personen

Die Eignung zum Liquidatorenamt bemisst sich durch den Verweis in Abs. 4 nach § 6 Abs. 2 Satz 2 und 3. Hiernach scheidet als Liquidator aus, wer nach § 1903 BGB als Betreuter bei seinen Vermögensangelegenheiten einem Einwilligungsvorbehalt unterliegt, wem durch Urteil oder vollziehbare 27

68 BayObLG, GmbHR 1994, 259; *Gesell*, in: Rowedder/Schmidt-Leithoff, GmbHG, § 66 Rn. 31; *K. Schmidt/Cziupka*, in: Scholz, GmbHG, § 66 Rn. 54.

69 *Haas*, in: Baumbach/Hueck, GmbHG, § 66 Rn. 29; *Nerlich*, in: Michalski/Heidinger/Leible/Schmidt, GmbHG, § 66 Rn. 81; *Gesell*, in: Rowedder/Schmidt-Leithoff, GmbHG, § 66 Rn. 31; *K. Schmidt/Cziupka*, in: Scholz, GmbHG, § 66 Rn. 54.

70 *Nerlich*, in: Michalski/Heidinger/Leible/Schmidt, GmbHG, § 66 Rn. 79; *Gesell*, in: Rowedder/Schmidt-Leithoff, GmbHG, § 66 Rn. 30.

71 *K. Schmidt/Cziupka*, in: Scholz, GmbHG, § 66 Rn. 55.

72 BayObLG, GmbHR 1994, 259; *Kleindiek*, in: Lutter/Hommelhoff, GmbHG, § 66 Rn. 10; *Altmeppen*, in: Roth/Altmeppen, GmbHG, § 66 Rn. 52.

73 *Haas*, in: Baumbach/Hueck, GmbHG, § 66 Rn. 30; *Paura*, in: Ulmer/Habersack/Löbbe, GmbHG, § 66 Rn. 70.

74 BayObLG, GmbHR 1994, 259, 260; *Haas*, in: Baumbach/Hueck, GmbHG, § 66 Rn. 30; *Nerlich*, in: Michalski/Heidinger/Leible/Schmidt, GmbHG, § 66 Rn. 79; *Altmeppen*, in: Roth/Altmeppen, GmbHG, § 66 Rn. 52; offen gelassen von LG Memmingen, NZG 2004, 828.

75 *Kleindiek*, in: Lutter/Hommelhoff, GmbHG, § 66 Rn. 10; *Altmeppen*, in: Roth/Altmeppen, GmbHG, § 66 Rn. 52; *Müller*, in: MünchKommGmbHG, § 66 Rn. 71; a.A. (Erklärung nur ggü. der Gesellschaft) *Nerlich*, in: Michalski/Heidinger/Leible/Schmidt, GmbHG, § 66 Rn. 79; a.A. (Erklärung ggü. dem Registergericht und der Gesellschaft) *Haas*, in: Baumbach/Hueck, GmbHG, § 66 Rn. 30; zweifelnd, aber anratend *K. Schmidt/Cziupka*, in: Scholz, GmbHG, § 66 Rn. 55.

76 BayObLG, DB 1994, 977, 978; *K. Schmidt/Cziupka*, in: Scholz, GmbHG, § 66 Rn. 54; *Haas*, in: Baumbach/Hueck, GmbHG, § 66 Rn. 29.

77 *K. Schmidt/Cziupka*, in: Scholz, GmbHG, § 66 Rn. 54; *Gesell*, in: Rowedder/Schmidt-Leithoff, GmbHG, § 66 Rn. 31; *Paura*, in: Ulmer/Habersack/Löbbe, GmbHG, § 66 Rn. 71.

Verwaltungsentscheidung eine Tätigkeit untersagt ist, die mit dem Unternehmensgegenstand zumindest teilweise übereinstimmt oder wer innerhalb der letzten 5 Jahre seit Rechtskraft des Urteils wegen einer der unter § 6 Abs. 2 Satz 2 Nr. 3 aufgeführten vorsätzlichen Straftaten verurteilt wurde. Dem steht nach § 6 Abs. 2 Satz 3 eine Verurteilung im Ausland wegen einer vergleichbaren Tat gleich.

II. Personenverbände als Liquidatoren

28 Da § 6 Abs. 2 Satz 1 nicht in der Verweisung des § 66 Abs. 4 enthalten ist, entfällt die Beschränkung auf natürliche Personen. Als Liquidatoren kommen somit auch **juristische Personen des Privatrechts und öffentlichen Rechts** in Betracht, nicht dagegen **Behörden.**[78] Anstelle einer Behörde kann jedoch ein Beamter oder Angestellter der Behörde als Liquidator berufen werden.[79] Auch **Personenhandelsgesellschaften** können Liquidatoren sein.[80] Dabei müssen die vertretungsberechtigten Organmitglieder oder Gesellschafter die Anforderungen in § 6 Abs. 2 Satz 2, 3 erfüllen, da anderenfalls der Schutzzweck der Norm nicht gewährleistet wäre.[81] Soweit ihre Anerkennung als teilrechtsfähig reicht, kommt auch in Betracht, der **GbR** die Eignung als Liquidatorin zuzusprechen.[82] Dies wird jedoch richtigerweise verneint, da es wegen der fehlenden Registereintragung der GbR an der notwendigen **Publizität der Vertretungsverhältnisse** im Liquidationsstadium der GmbH fehlen würde.[83]

III. Rechtsfolgen bei Verstößen und Eignungsversicherung

29 Liegt ein Ausschlussgrund vor, ist die Bestellung zum Liquidator nach § 134 BGB unwirksam.[84] Tritt einer der genannten Hinderungsgründe nachträglich ein, endet die Amtszeit damit automatisch.[85] Die Liquidatoren müssen in der Anmeldung zur Handelsregistereintragung versichern, dass keine ihrer Bestellung entgegenstehenden Hindernisse vorliegen. Bei gerichtsbestellten Liquidatoren wird diese Erklärung von Amts wegen im Verfahren eingeholt (dazu und zur Versicherung unter § 67 Rdn. 19–25).[86]

G. Liquidation nach Löschung der Gesellschaft wegen Vermögenslosigkeit, Abs. 5

I. Anwendungsbereich

30 Abs. 5 hat einen **begrenzten Anwendungsbereich**. Die Bestimmung erfasst nur den Fall, dass die Gesellschaft wegen Vermögenslosigkeit nach § 394 Abs. 1 FamFG gelöscht wurde und lässt andere Fälle, in denen sich nach der Löschung herausstellt, dass noch Vermögen vorhanden ist, außer Betracht.[87]

---

78 *Haas*, in: Baumbach/Hueck, GmbHG, § 66 Rn. 6; *Nerlich*, in: Michalski/Heidinger/Leible/Schmidt, GmbHG, § 66 Rn. 17; *Altmeppen*, in: Roth/Altmeppen, GmbHG, § 66 Rn. 12; *Gesell*, in: Rowedder/Schmidt-Leithoff, GmbHG, § 66 Rn. 8; *K. Schmidt/Cziupka*, in: Scholz, GmbHG, § 66 Rn. 47; *Paura*, in: Ulmer/Habersack/Löbbe, GmbHG, § 66 Rn. 12.

79 *K. Schmidt/Cziupka*, in: Scholz, GmbHG, § 66 Rn. 47.

80 *Haas*, in: Baumbach/Hueck, GmbHG, § 66 Rn. 7; *Nerlich*, in: Michalski/Heidinger/Leible/Schmidt, GmbHG, § 66 Rn. 18; *K. Schmidt/Cziupka*, in: Scholz, GmbHG, § 66 Rn. 47; *Paura*, in: Ulmer/Habersack/Löbbe, GmbHG, § 66 Rn. 13.

81 I.E. *Kleindiek*, in: Lutter/Hommelhoff, GmbHG, § 66 Rn. 1.

82 Zu den Kriterien für ihre Teilrechtsfähigkeit BGHZ 146, 341.

83 *Haas*, in: Baumbach/Hueck, GmbHG, § 66 Rn. 7; *K. Schmidt/Cziupka*, in: Scholz, GmbHG, § 66 Rn. 47; *Paura*, in: Ulmer/Habersack/Löbbe, GmbHG, § 66 Rn. 13.

84 *Haas*, in: Baumbach/Hueck, GmbHG, § 66 Rn. 5a; *Nerlich*, in: Michalski/Heidinger/Leible/Schmidt, GmbHG, § 66 Rn. 13; *Paura*, in: Ulmer/Habersack/Löbbe, GmbHG, § 66 Rn. 11.

85 BayObLG, BB 1987, 1625, 1626; VGH Hessen, GmbHR 1991, 426; *Haas*, in: Baumbach/Hueck, GmbHG, § 66 Rn. 5a; *Nerlich*, in: Michalski/Heidinger/Leible/Schmidt, GmbHG, § 66 Rn. 13; *K. Schmidt/Cziupka*, in: Scholz, GmbHG, § 66 Rn. 48; *Paura*, in: Ulmer/Habersack/Löbbe, GmbHG, § 66 Rn. 11.

86 *Kleindiek*, in: Lutter/Hommelhoff, GmbHG, § 67 Rn. 6, 8; *Haas*, in: Baumbach/Hueck, GmbHG, § 67 Rn. 14; *Altmeppen*, in: Roth/Altmeppen, GmbHG, § 67 Rn. 11; *Ensthaler*, in: Ensthaler/Füller/Schmidt, GmbHG, § 67 Rn. 8; a.A. *Gesell*, in: Rowedder/Schmidt-Leithoff, GmbHG, § 67 Rn. 6.

87 *Haas*, in: Baumbach/Hueck, GmbHG, § 66 Rn. 37; *Nerlich*, in: Michalski/Heidinger/Leible/Schmidt, GmbHG, § 66 Rn. 91, 92; *K. Schmidt/Cziupka*, in: Scholz, GmbHG, § 66 Rn. 56.

Nach der **Lehre vom Doppeltatbestand** ist eine Gesellschaft erst dann beendet, wenn sie vermögenslos (dazu § 60 Rdn. 30 f.) und im Handelsregister gelöscht worden ist (zur Lehre vom Doppeltatbestand vgl. Vor §§ 60 ff. GmbHG Rdn. 8 f.). Ist dagegen tatsächlich noch Vermögen vorhanden, ist die Gesellschaft mit ihrer Löschung nach § 394 Abs. 1 FamFG lediglich **aufgelöst**, und es besteht Abwicklungsbedarf. Mit der Löschung der Gesellschaft enden jedoch die Ämter der Geschäftsführer und Liquidatoren.[88] Daher müssen neue Liquidatoren bestellt werden. Diese sollen nach ganz herrschender Meinung ausschließlich durch Gericht bestellt werden dürfen.[89] Die Bestellung der Nachtragsliquidatoren erfolgt dabei gemäß § 66 Abs. 5 S. 2 ausschließlich auf Antrag, eine Bestellung von Amts wegen kann mangels Rechtsgrundlage nicht erfolgen.[90]

II. Bestellung durch Gericht und Gesellschafter

Die Beschränkung auf eine gerichtliche Bestellung der Liquidatoren erscheint zweifelhaft. Solange 31
die Gesellschaft besteht, ist auch die **Mitgliedschaft** der Gesellschafter nicht erloschen. Zu dieser gehört das Recht, nach § 66 Abs. 1 die Liquidatoren zu bestellen. Dieses wird beschnitten, wenn die Bestellung ausnahmslos auf Antrag eines Beteiligten durch Gericht erfolgen soll.[91] Das gilt gleichermaßen in den anderen Fällen, in denen die Gesellschaft gelöscht wurde, obwohl noch Vermögen vorhanden war oder sonstiger Abwicklungsbedarf bestand.[92] Auch in diesen Fällen kann eine Bestellung von Liquidatoren notwendig werden. Diese soll sich nach ganz herrschender Meinung nach § 273 Abs. 4 AktG analog richten, sodass ebenfalls auf Antrag eines Beteiligten eine gerichtliche Bestellung von Liquidatoren erfolgt.[93] Das Argument der ganz herrschenden Meinung lautet hierbei, dass sich eine gelöschte Gesellschaft nicht ohne vorherige Einschaltung des Gerichts im Rechtsverkehr betätigen soll.[94] Dies kann jedoch auf andere Art gewährleistet werden. Eine tatsächlich nicht erloschene Gesellschaft ist von Amts wegen wieder in das Handelsregister einzutragen.[95] Bis zu dieser Eintragung kann den Liquidatoren untersagt sein, im Rechtsverkehr für die Gesellschaft aufzutreten. Daher sollte in allen Fällen, in denen die gelöschte Gesellschaft nicht erloschen ist, die gerichtliche Bestellung von Liquidatoren nur als zusätzliche Möglichkeit verstanden werden, um eine Beendigung der Gesellschaft auch in den (nicht fernliegenden) Fällen gesellschafterlicher Untätigkeit zu ermöglichen.[96]

III. Abwicklungsverfahren

Da die Gesellschaft mit ihrer Löschung im Handelsregister aufgelöst ist, findet in Ansehung des 32
noch vorhandenen Vermögens ein gewöhnliches Abwicklungsverfahren nach §§ 68 ff. statt.[97]

---

88 BGH, NJW-RR 1994, 542; BayObLG, NJW-RR 1998, 613, 614 jeweils zu § 2 LöschG; KG, NJW-RR 2004, 1555; *Heinemann*, in: Keidel, FamFG, § 394 Rn. 32.

89 *K. Schmidt/Cziupka*, in: Scholz, GmbHG, § 66 Rn. 57; *Haas*, in: Baumbach/Hueck, GmbHG, § 66 Rn. 40; *Müller*, in: MünchKommGmbHG, § 66 Rn. 83.

90 OLG Bremen, NZG 2016, 627.

91 Für Anhörung der Gesellschafter *Nerlich*, in: Michalski/Heidinger/Leible/Schmidt, GmbHG, § 66 Rn. 97.

92 Zu den Anwendungsfällen s. *Brünkmans*, § 74 Rdn. 21–23.

93 Für die ganz h.M. OLG Koblenz, NZG 2007, 431, 432; OLG Hamm, NZG 2001, 1040, 1041; OLG Frankfurt am Main, NJW-RR 1993, 932; *Altmeppen*, in: Roth/Altmeppen, GmbHG, § 74 Rn. 28; *Haas*, in: Baumbach/Hueck, GmbHG, § 66 Rn. 35; *K. Schmidt/Cziupka*, in: Scholz, GmbHG, § 74 Rn. 31. Nach *K. Schmidt*, in: Scholz, GmbHG, 11. Aufl. 2015, § 74 Rn. 22, bedarf es einer gerichtlichen Bestellung, die Gesellschafter dürfen diese jedoch durch Bestellung eigener Liquidatoren absetzen. Dagegen ausdrücklich *Nerlich*, in: Michalski/Heidinger/Leible/Schmidt, GmbHG, § 74 Rn. 53.

94 *Müller*, in: MünchKommGmbHG, § 66 Rn. 83.

95 *K. Schmidt/Cziupka*, in: Scholz, GmbHG, § 66 Rn. 58; *Müller*, in: MünchKommGmbHG, § 66 Rn. 82.

96 S.a. unter *Brünkmans*, § 74 Rdn. 25.

97 *K. Schmidt/Cziupka*, in: Scholz, GmbHG, § 66 Rn. 59; *Haas*, in: Baumbach/Hueck, GmbHG, § 66 Rn. 41; *Müller*, in: MünchKommGmbHG, § 66 Rn. 88; zu Fragen der prozessualen Geltendmachung von Ansprüchen s. *Altmeppen*, ZIP 2017, 497, 500 f.

H. Mitbestimmte Gesellschaft

33 Sämtliche dargestellten Grundsätze gelten auch für die mitbestimmte GmbH.[98] Ein vorhandener **Arbeitsdirektor**, der nach § 33 MitbestG bzw. § 13 MontanMitbestG berufen wurde, wird zu einem geborenen Liquidator. Er kann aber, wie jeder Liquidator, abberufen werden.[99] Auch setzt sich die Kompetenz des Aufsichtsrats, einen Arbeitsdirektor zu bestellen, in der Liquidationsphase nicht fort. § 265 Abs. 6 AktG findet auf die GmbH keine analoge Anwendung, sodass gekorene Liquidatoren nach § 66 bestellt werden.[100] Da die Auflösung der Gesellschaft die Mitbestimmung jedoch nicht beseitigt, ist weiterhin ein Arbeitsdirektor unter den Liquidatoren erforderlich.[101]

I. GmbH & Co. KG

34 Bei der Liquidation der GmbH & Co. KG ist nach der Liquidation der Komplementär-GmbH und der Liquidation der KG zu unterscheiden. Bei der Liquidation der Komplementär-GmbH gilt § 66 uneingeschränkt.[102] Die Liquidation der KG richtet sich nach §§ 145 ff., § 161 Abs. 2 HGB. Nach **§ 146 Abs. 1 HGB** sind mangels abweichender Vereinbarungen alle Gesellschafter geborene Liquidatoren. Daher sind im gesetzlich vorgesehenen Regelfall nicht nur die Komplementär-GmbH, sondern sämtliche Kommanditisten zu Liquidatoren berufen. In einer **Publikums-KG** kann sich dies bei entsprechender Größe als nicht praktikabel erweisen. Im Wege **ergänzender Auslegung** des Gesellschaftsvertrages kann sich in diesen Fällen ergeben, dass aus Praktikabilitätsgründen die bisherigen Leitungsregeln fortbestehen sollen und daher die Komplementär-GmbH Liquidatorin der KG sein soll.[103] Die Gegenansicht schlägt vor, eine Lösung über einen **gerichtlichen Antrag** nach §§ 147, 161 Abs. 2 HGB zu suchen. Das Gericht kann die Geschäftsführer der Komplementär-GmbH zu Liquidatoren der Publikums-KG bestellen. Die bei einer Vielzahl von Liquidatoren bei der Publikums-KG auftretenden praktischen Probleme stellen den wichtigen Grund i.S.d. § 147 HGB dar, um die Kommanditisten als geborene Liquidatoren abzulösen.[104]

§ 67 Anmeldung der Liquidation

(1) Die ersten Liquidatoren sowie ihre Vertretungsbefugnis sind durch die Geschäftsführer, jeder Wechsel der Liquidatoren und jede Änderung ihrer Vertretungsbefugnis sind durch die Liquidatoren zur Eintragung in das Handelsregister anzumelden.

(2) Der Anmeldung sind die Urkunden über die Bestellung der Liquidatoren oder über die Änderung in den Personen derselben in Urschrift oder öffentlich beglaubigter Abschrift beizufügen.

(3) [1]In der Anmeldung haben die Liquidatoren zu versichern, dass keine Umstände vorliegen, die ihrer Bestellung nach § 66 Abs. 4 in Verbindung mit § 6 Abs. 2 Satz 2 Nr. 2 und 3 sowie

---

98 *Haas*, in: Baumbach/Hueck, GmbHG, § 66 Rn. 15; *Nerlich*, in: Michalski/Heidinger/Leible/Schmidt, GmbHG, § 66 Rn. 8; *K. Schmidt/Cziupka*, in: Scholz, GmbHG, § 66 Rn. 12; *Müller*, in: MünchKommGmbHG, § 66 Rn. 50; *Altmeppen*, in: Roth/Altmeppen, GmbHG, § 66 Rn. 26.

99 *Nerlich*, in: Michalski/Heidinger/Leible/Schmidt, GmbHG, § 66 Rn. 8; *K. Schmidt/Cziupka*, in: Scholz, GmbHG, § 66 Rn. 12; differenzierend *Gesell*, in: Rowedder/Schmidt-Leithoff, GmbHG, § 66 Rn. 6.

100 *Haas*, in: Baumbach/Hueck, GmbHG, § 66 Rn. 15; *Altmeppen*, in: Roth/Altmeppen, GmbHG, § 66 Rn. 26; *Paura*, in: Ulmer/Habersack/Löbbe, GmbHG, § 66 Rn. 24; *Müller*, in: MünchKommGmbHG, § 66 Rn. 50; *K. Schmidt/Cziupka*, in: Scholz, GmbHG, § 66 Rn. 12.

101 *Haas*, in: Baumbach/Hueck, GmbHG, § 66 Rn. 15; *K. Schmidt/Cziupka*, in: Scholz, GmbHG, § 66 Rn. 12; *Paura*, in: Ulmer/Habersack/Löbbe, GmbHG, § 66 Rn. 15; *Müller*, in: MünchKommGmbHG, § 66 Rn. 50.

102 *Nerlich*, in: Michalski/Heidinger/Leible/Schmidt, GmbHG, § 66 Rn. 108.

103 *Müller*, in: MünchKommGmbHG, § 66 Rn. 91; *Altmeppen*, in: Roth/Altmeppen, GmbHG, § 66 Rn. 55; *K. Schmidt*, in: Scholz, GmbHG, 11. Aufl. 2015, § 66 Rn. 59; zurückhaltender *K. Schmidt/Cziupka*, in: Scholz, GmbHG, § 66 Rn. 62; a.A. *Nerlich*, in: Michalski/Heidinger/Leible/Schmidt, GmbHG, § 66 Rn. 110; *Gesell*, in: Rowedder/Schmidt-Leithoff, GmbHG, § 66 Rn. 33.

104 Vgl. *Nerlich*, in: Michalski/Heidinger/Leible/Schmidt, GmbHG, § 66 Rn. 108–110; *Gesell*, in: Rowedder/Schmidt-Leithoff, GmbHG, § 66 Rn. 33.

Satz 3 entgegenstehen, und dass sie über ihre unbeschränkte Auskunftspflicht gegenüber dem Gericht belehrt worden sind. 2§ 8 Abs. 3 Satz 2 ist anzuwenden.

(4) Die Eintragung der gerichtlichen Ernennung oder Abberufung der Liquidatoren geschieht von Amts wegen.

Schrifttum

Altmeppen, Verwertung von Ansprüchen der gelöschten GmbH gegen Gesellschafter und Geschäftsführer im Einvernehmen zwischen Nachtragsliquidator und Gläubiger, ZIP 2017, 497; *Arens*, Die Löschung der GmbH: zivil- und steuerrechtliche Folgen im Lichte aktueller Rechtsprechung, DB 2017, 2913; *Bork*, Insolvenzrecht, 7. Aufl. 2014; *Büchel/von Rechenberg*, Handbuch des Fachanwalts Handels- und Gesellschaftsrecht, 2009; Danzeglocke/Fischer, Sperrjahr und Ausschüttungssperre bei Liquidation der GmbH & Co. KG, NZG 2019, 886; *Winkeljohann/Förschle/Deubert*, Sonderbilanzen – Von der Gründungsbilanz bis zur Liquidationsbilanz, 5. Aufl. 2016; *Erle*, Die Funktion des Sperrjahres in der Liquidation der GmbH, GmbHR 1998, 216; *Fleischer*, Zur organschaftlichen Treuepflicht der Geschäftsleiter im Aktien- und GmbH-Recht, WM 2003, 1045; *Gehrlein*, Möglichkeiten und Grenzen der Fortsetzung einer aufgelösten GmbH, DStR 1997, 31; *Geißler*, Die Gesellschafterrechte in der Liquidation der GmbH, DZWiR 2013, 1; ders., Die Stellung und Funktion des GmbH-Geschäftsführers als Liquidator bei einem mangels Masse abgewiesenen Insolvenzantrag, GmbHR 2018, 1048; *Hirte*, Auflösung der Kapitalgesellschaft, ZInsO 2000, 127; *Hofmann, Christian*, Der Minderheitsschutz im Gesellschaftsrecht, 2011; *Hofmann, Paul*, Zur Auflösung einer GmbH, GmbHR 1975, 217; *Kind/Frank/Heinrich*, Die Pflicht zur Prüfung von Jahresabschluss und Lagebericht nach § 316 I 1 HGB in der Insolvenz, NZI 2006, 205; *Konow*, Die gerichtliche Auflösung der GmbH: Zur Regelung des § 62 GmbHG und der §§ 289 ff. des Entwurfes der Bundesregierung für eine neues GmbH-Gesetz, GmbHR 1973, 217; *Konzen*, Der Gläubigerschutz bei Liquidation der masselosen GmbH, Festschrift für Ulmer zum 70. Geburtstag, 2003, S. 323; *Passarge/Torwegge*, Die GmbH in der Liquidation, 2008; *Paulus*, Freiheit und Gleichheit als Grenzmarkierung zwischen Zivilrecht und Insolvenzrecht, Festschrift für Medicus zum 80. Geburtstag, 2009, S. 281; Peetz, Fortsetzung einer GmbH in der Liquidation, GmbHR 2019, 326; *Römermann*, Münchener Anwaltshandbuch GmbH-Recht, 3. Aufl. 2014; *Roth*, Das Sperrjahr bei Liquidation der GmbH & Co. KG, GmbHR, 2017, 901; *Schmidt/Uhlenbruck*, Die GmbH in Krise, Sanierung und Insolvenz, 5. Aufl. 2016; *K. Schmidt*, Zur Gläubigersicherung im Liquidationsrecht der Kapitalgesellschaften, Genossenschaften und Vereine, ZIP 1981, 1; *ders.*, Löschung und Beendigung der GmbH, GmbHR 1988, 209; *ders.*, Zur Ablösung des Löschungsgesetzes: Was ändert die Insolvenzrechtsreform für GmbH bzw. GmbH & Co.?, GmbHR 1994, 829; Schönhaar, Grundzüge des Ablaufs der Liquidation einer GmbH, GWR 2020, 1; *Schulz*, Die masselose Liquidation der GmbH, 1997; *Tavakoli/Eisenberg*, Die GmbH und ihre Verbindlichkeiten in der Liquidation, GmbHR 2018, 75; *Terner*, Die Befreiung des GmbH-Liquidators von den Beschränkungen des § 181 BGB, DStR 2017, 160; *Timm*, Der Missbrauch des Auflösungsbeschlusses durch den Minderheitsgesellschafter. Zugleich Anm. zu BGH, JZ 1980, 355 = JZ 1980, 665; *ders.*, Zur Sachkontrolle von Mehrheitsentscheidungen im Kapitalgesellschaftsrecht – dargestellt am Beispiel »strukturverändernder Entscheidungen« –, ZGR 1987, 403; *Volhard*, Kann die GmbH-Satzung die Einziehung des Geschäftsanteils eines Auflösungsklägers vorsehen?, GmbHR 1995, 617; *Wehmeyer*, Die Behandlung von Mängelansprüchen in der Liquidation einer GmbH, GmbHR 2018, R112.

Übersicht

A. Überblick

1 § 67 regelt die Eintragung der Liquidatoren und ihrer Vertretungsbefugnis in das Handelsregister und stellt damit die Parallelvorschrift zu § 39 in der werbenden Phase dar. Die Bestimmung will sicherstellen, dass sich die Vertreter der Gesellschaft sowie der Umfang ihrer Vertretungsmacht auch im Liquidationsverfahren aus dem Handelsregister ergeben. Durch die Eintragung der Liquidatoren sowie die Bekanntmachung dieser Eintragung nach § 10 HGB soll allgemein ersichtlich werden, wer die Abwicklung vornimmt und über Vertretungsmacht in der aufgelösten Gesellschaft verfügt.[1] Daher normiert Abs. 1 die Pflicht, eben diese Tatsachen zur Eintragung anzumelden. Nur in den Fällen der gerichtlichen Ernennung oder Abberufung erfolgt die Eintragung nach Abs. 4 von Amts wegen und bildet damit die Ausnahme. Abs. 2 bestimmt, welche Urkunden der Anmeldung in welcher Form beizufügen sind. Abs. 3 will sicherstellen, dass die Liquidatoren für ihr Amt geeignet sind, und normiert daher besondere Erklärungspflichten.

B. Wirkungen der Eintragung

2 Die Eintragungen nach Abs. 1 sind nur deklaratorischer Natur.[2] Die Bekanntmachung der Eintragungen richtet sich nach § 10 HGB und erfolgt von Amts wegen in den dazu bestimmten elektronischen Informations- und Kommunikationssystemen.[3] Die eingetragenen Tatsachen entfalten Rechtsscheinswirkung nach § 15 HGB. Die Folgen unterlassener Eintragungen und Bekanntmachungen bestimmen sich nach § 15 Abs. 1, die unrichtiger Bekanntmachungen nach § 15 Abs. 3.[4]

C. Anmeldepflichtige Tatsachen

3 Sowohl die Identität der Liquidatoren als auch die Art ihrer Vertretungsmacht sind zur Eintragung in das Handelsregister anzumelden. Die Anmeldepflicht bezieht sich auf alle erstmalig begründeten Umstände wie auch jegliche Änderungen.

I. Person der Liquidatoren und Vertretungsmacht

4 Daher sind die Namen der ersten Liquidatoren ebenso wie ein Wechsel in der Person der Liquidatoren anzumelden. Ein solcher Wechsel kann sich durch Abberufung durch die Gesellschaft, durch Amtsniederlegung oder durch Tod des Liquidators ergeben. Auch Veränderungen von Art und Umfang der Vertretungsmacht der Liquidatoren sind anzumelden. Endet das Liquidatorenamt durch Beendigung der Liquidation, reicht eine Anmeldung nach § 74 Abs. 1 Satz 1 aus. Die Anmeldung

1 BayObLG, WM 1982, 1288, 1290; *Kleindiek*, in: Lutter/Hommelhoff, GmbHG, § 67 Rn. 1.

2 BayObLG, GmbHR 1994, 478, 479; BFH/NV 2016, 939; FG Thüringen, Urt. v. 13.12.2016 – 2 K 222/16; *K. Schmidt*, in: Scholz, GmbHG, § 67 Rn. 5; *Haas*, in: Baumbach/Hueck, GmbHG, § 67 Rn. 16; *Kleindiek*, in: Lutter/Hommelhoff, GmbHG, § 67 Rn. 10; *Gesell*, in: Rowedder/Schmidt-Leithoff, GmbHG, § 67 Rn. 2.

3 *K. Schmidt*, in: Scholz, GmbHG, § 67 Rn. 14; *Kleindiek*, in: Lutter/Hommelhoff, GmbHG, § 67 Rn. 9; *Haas*, in: Baumbach/Hueck, GmbHG, § 67 Rn. 15.

4 BayObLG, NJW-RR 1988, 98, 99; *K. Schmidt*, in: Scholz, GmbHG, § 67 Rn. 15; *Haas*, in: Baumbach/Hueck, GmbHG, § 67 Rn. 16; *Kleindiek*, in: Lutter/Hommelhoff, GmbHG, § 67 Rn. 10.

des Inhalts, dass die Liquidation beendet und die Gesellschaft zu löschen ist, enthält zugleich die Anmeldung, dass auch das Liquidatorenamt beendet ist.[5]

II. Ausnahmen bei Vermögenslosigkeit, Insolvenz und gerichtlicher Bestellung

Wird die Löschung der Gesellschaft von Amts wegen nach § 60 Abs. 1 Nr. 7 i.V.m. § 394 FamFG verfügt, findet keine Liquidation statt. Da die Gesellschaft über kein Vermögen verfügt, erlischt sie mit der Löschung. Daher fehlt es in diesen Fällen an Liquidatoren, sodass auch keine Pflicht zur Anmeldung besteht.[6] Wird die Gesellschaft nach § 60 Abs. 1 Nr. 4 aufgelöst, findet kein Liquidations-, sondern ein Insolvenzverfahren statt. Daher werden keine Liquidatoren berufen, und entsprechend bedarf es auch keiner Anmeldung.[7] Anderes gilt, wenn die Gesellschaft aus anderem Grunde aufgelöst ist und die Liquidatoren mit der Auflösung sogleich die Löschung der Gesellschaft beantragen, weil die Gesellschaft über kein verteilungsfähiges Vermögen verfügt. Die Pflicht, die ersten Liquidatoren anzumelden, bleibt in diesen Fällen bestehen.[8] Grund ist, dass für jedermann erkennbar die Verantwortlichkeit für die Abwicklung aus dem Handelsregister erkennbar sein soll. Sollten doch Abwicklungsmaßnahmen erforderlich werden, darf kein Zweifel darüber bestehen, wer für diese zuständig und verantwortlich ist.[9] Werden Liquidatoren nach § 66 Abs. 2, 3 oder §§ 29, 48 Abs. 1 BGB durch Gericht bestellt oder abberufen (dazu § 66 Rdn. 10–16a), liegt ein eintragungspflichtiger Vorgang vor. Die Eintragung erfolgt jedoch nach Abs. 4 von Amts wegen, sodass keine Anmeldungspflicht besteht (s. Rdn. 26).[10] 5

III. Art der Vertretungsmacht

1. Generelle Regel

Die Art der Vertretungsmacht ist als generelle Regel anzumelden.[11] Vor allem muss sich aus der Eintragung ergeben, ob den Liquidatoren Alleinvertretungsmacht, Gesamtvertretungsmacht oder eine Form gemeinschaftlicher Vertretungsmacht zusteht.[12] Diese generelle Regel gilt dann für alle Liquidatoren, sofern nicht bei einzelnen abweichende Bestimmungen eingetragen sind.[13] 6

2. Einzelner Liquidator

Ist nur ein einziger Liquidator vorhanden, sind die Eintragungsanforderungen umstritten. Nach überwiegender Ansicht genügt es nicht, dass schlicht seine Vertretungsmacht eingetragen wird. Vielmehr muss auch in diesem Fall eine generelle Vertretungsregel, die auf eine Gruppe von Liquidatoren Anwendung finden kann, angemeldet werden. Dies wird zu Recht auf Rechtssicherheitserwägungen und die Parallele zu §§ 8 Abs. 4, 10 Abs. 1 Satz 2 gestützt.[14] 7

---

5 BGH, NJW 1970, 1044, 1045; BayObLG, NJW-RR 1994, 617, 618; *K. Schmidt*, in: Scholz, GmbHG, § 67 Rn. 9 und § 74 Rn. 22; *Nerlich*, in: Michalski, GmbHG, § 74 Rn. 49; *Altmeppen*, Roth/Altmeppen, GmbHG, § 74 Rn. 9; a.A. noch die ältere Rechtsprechung, s. RGZ 109, 394.

6 *Kleindiek*, in: Lutter/Hommelhoff, GmbHG, § 67 Rn. 3; *Haas*, in: Baumbach/Hueck, GmbHG, § 67 Rn. 4. Zur systemwidrigen Verortung der Löschung von Amts wegen in § 60 GmbHG s. dort, Rdn. 46.

7 *K. Schmidt*, in: Scholz, GmbHG, § 67 Rn. 2.

8 BayObLG, WM 1982, 1288, 1290; *Haas*, in: Baumbach/Hueck, GmbHG, § 67 Rn. 4; Altmeppen, in: Roth/Altmeppen, GmbHG, § 67 Rn. 7.

9 BayObLG, WM 1982, 1288, 1290.

10 *Kleindiek*, in: Lutter/Hommelhoff, GmbHG, § 67 Rn. 6.

11 BGH ZIP 2016, 2359, 2361.

12 *Haas*, in: Baumbach/Hueck, GmbHG, § 67 Rn. 3.

13 *Gsell*, in: Rowedder/Schmidt-Leithoff, GmbHG, § 67 Rn. 2; *Haas*, in: Baumbach/Hueck, GmbHG, § 67 Rn. 3.

14 BGH, DStR 2007, 1452 f.; OLG Dresden, GmbHR 2005, 1310; *Haas*, in: Baumbach/Hueck, GmbHG, § 67 Rn. 3; *Kleindiek*, in: Lutter/Hommelhoff, GmbHG, § 67 Rn. 9; *Gsell*, in: Rowedder/Schmidt-Leithoff, GmbHG, § 67 Rn. 2; a.A. OLG Hamm, NJW-RR 1988, 221, 222; OLG Hamm, GmbHR 2005, 1308, 1309; *K. Schmidt*, in: Scholz, GmbHG, § 67 Rn. 3.

IV. Befreiungen von § 181 BGB

8 Auch Befreiungen vom Verbot des Selbstkontrahierens nach § 181 BGB müssen zur Eintragung angemeldet werden.[15]

D. Anmeldepflichtige Personen

I. Anmeldepflicht der Liquidatoren

9 Sowohl die bisherigen Geschäftsführer als auch Dritte können zu Liquidatoren der Gesellschaft werden. Im ersten Fall spricht man von »geborenen«, im zweiten Fall von »gekorenen« Liquidatoren. Beide Gruppen sind unabhängig von dieser Unterscheidung stets verpflichtet, die Eintragung ihrer Person und Vertretungsmacht als Liquidatoren anzumelden. Dies ergibt sich daraus, dass die Anmeldepflicht der Gesellschaft obliegt und von ihrem zur Vertretung berechtigten Organ wahrgenommen wird. In diese Organstellung rücken die Liquidatoren mit der Auflösung ein. Im Fall geborener Liquidatoren müssen daher die bisherigen Geschäftsführer ihre Stellung als Liquidatoren zur Eintragung anmelden. Mit der Auflösung der Gesellschaft endet ihr bisheriges Amt, und ein neues beginnt. Ihre Voreintragung als Geschäftsführer ersetzt die Eintragung als Liquidatoren daher nicht. Werden stattdessen andere Personen zu Liquidatoren bestimmt (gekorene Liquidatoren), verlieren die Geschäftsführer mit der Auflösung ihre Vertretungsberechtigung. Daher sind sie zur Anmeldung von Eintragungen nicht mehr berechtigt. Entgegen dem Wortlaut von Abs. 1 müssen daher auch die gekorenen Liquidatoren ihre Eintragung selbst anmelden.[16]

II. Ausnahme bei Satzungsänderung

10 Anderes gilt ausnahmsweise, wenn die Auflösung eine Satzungsänderung voraussetzt. In diesem Fall ist die Gesellschaft wegen § 54 Abs. 3 erst mit der Eintragung der Satzungsänderung aufgelöst. Bis zu diesem Zeitpunkt sind die Geschäftsführer daher weiterhin vertretungsberechtigt. Melden sie zugleich die Satzungsänderung und die zukünftigen Liquidatoren an, sind sie für beide Anmeldungen zuständig.[17]

III. Zahl der Anmeldenden

11 Bei einer Mehrzahl von Liquidatoren richtet sich nach den Vertretungsverhältnissen in der Gesellschaft, wie viele von ihnen die Anmeldung vornehmen müssen.[18] Daher muss sie nur dann von allen vorgenommen werden, wenn Gesamtvertretung besteht. Fehlt es an der danach erforderlich Zahl an Liquidatoren, müssen Notliquidatoren nach §§ 29, 48 BGB bestellt werden.[19] Zu deren Bestellung s. im Einzelnen Rdn. 16.

IV. Wechsel in der Person der Liquidatoren

12 Bei einem Personenwechsel muss der neue Liquidator die Anmeldung seiner Eintragung vornehmen. Dies folgt wiederum daraus, dass die Gesellschaft zur Anmeldung verpflichtet ist und die

15 *Haas*, in: Baumbach/Hueck, GmbHG, § 67 Rn. 3; *Gsell*, in: Rowedder/Schmidt-Leithoff, GmbHG, § 67 Rn. 2.

16 Allg. M., s. *K. Schmidt*, in: Scholz, GmbHG, § 67 Rn. 8; *Kleindiek*, in: Lutter/Hommelhoff, GmbHG, § 67 Rn. 2; *Haas*, in: Baumbach/Hueck, GmbHG, § 67 Rn. 4; *Altmeppen*, in: Roth/Altmeppen, GmbHG, § 67 Rn. 5; *Gsell*, in: Rowedder/Schmidt-Leithoff, GmbHG, § 65 Rn. 2.

17 BayObLG, GmbHR 1994, 478, 479; OLG Hamm, NZG 2017, 465, 467; *K. Schmidt*, in: Scholz, GmbHG, § 67 Rn. 8; *Haas*, in: Baumbach/Hueck, GmbHG, § 67 Rn. 4; *Kleindiek*, in: Lutter/Hommelhoff, GmbHG, § 67 Rn. 2; *Gsell*, in: Rowedder/Schmidt-Leithoff, GmbHG, § 67 Rn. 3.

18 BayObLG, GmbHR 1994, 478, 479; *K. Schmidt*, in: Scholz, GmbHG, § 67 Rn. 8; *Ensthaler*, in: Ensthaler/Füller/Schmidt, GmbHG, § 67 Rn. 2.

19 *K. Schmidt*, in: Scholz, GmbHG, § 67 Rn. 8; *Haas*, in: Baumbach/Hueck, GmbHG, § 67 Rn. 6; *Gsell*, in: Rowedder/Schmidt-Leithoff, GmbHG, § 67 Rn. 3.

Vertretungsmacht des alten Liquidators schon mit der Beendigung seiner Stellung, nicht erst mit (eben nur deklaratorischer) Eintragung erloschen ist (s. schon Rdn. 9).[20]

V. Erlöschen der Vertretungsbefugnis

13 Nicht nur die Entstehung, sondern auch die Beendigung organschaftlicher Vertretung ist zur Eintragung im Handelsregister anzumelden. Für die Geschäftsführer, deren Amt mit der Auflösung der Gesellschaft endet, ergibt sich dies aus § 39 Abs. 1. Die Anmeldung dieser Eintragung fällt in die Zuständigkeit der Liquidatoren, da die Pflicht der Gesellschaft obliegt und von den Geschäftsführern nicht mehr erfüllt werden kann.[21] Aus § 67 Abs. 1 ergibt sich Gleiches für die Liquidatoren, wenn deren Organstellung entfällt.[22] Ein an die Stelle des alten tretender neuer Liquidator meldet an, dass die Vertretungsbefugnis des Vorgängers erloschen ist (s. schon Rdn. 12).[23] Auch bei Wiedereintritt der Gesellschaft in das werbende Stadium (zu den Voraussetzungen unter § 60 Rdn. 61–73) endet die Organstellung der Liquidatoren. Die Pflicht zur Anmeldung trifft in diesem Fall die Geschäftsführer der nunmehr erneut werbenden Gesellschaft.

VI. Zuständigkeit und Zwang

14 Für sämtliche Anmeldungen ist das Registergericht am statutarischen Gesellschaftssitz nach § 7 Abs. 1 i.V.m. § 376 Abs. 1 FamFG zuständig.[24] Das Registergericht kann die Anmeldung durch die Verhängung von Zwangsgeld nach § 14 HGB erzwingen. Obwohl die Gesellschaft Adressatin der Anmeldepflicht ist, wird das Zwangsgeld aus Zweckmäßigkeitsgründen gegen die Liquidatoren verhängt. Ist der Liquidator eine juristische Person, ist es an deren gesetzlichen Vertreter zu richten.[25]

E. Form der Anmeldung und beizufügende Unterlagen, Abs. 2

I. Öffentliche Beglaubigung

15 Für die Anmeldung selbst gilt § 12 HGB. Sie ist daher elektronisch in öffentlich beglaubigter Form einzureichen.[26] Abs. 2 regelt, welche Unterlagen der Anmeldung in welcher Form beizufügen sind. Die Vorgabe lautet, dass der Anmeldung die Urkunden über die Bestellung der Liquidatoren in Urschrift oder öffentlich beglaubigter Abschrift beigefügt werden müssen. Gleiches gilt, wenn sich bei den Liquidatoren Veränderungen ergeben haben.

II. Bestellung der Liquidatoren in Satzung

16 Gründet die Bestellung zum Liquidator auf den Vorgaben der Satzung, kann zum Nachweis der Bestellung auf diese verwiesen werden. Sieht sie vor, dass die Geschäftsführer das Amt der Liquidatoren ausüben, genügt ein Verweis auf ihre Eintragung als Geschäftsführer.[27] Eine Erklärung des Inhalts, dass sich ggü. diesen Satzungsvorgaben keine Veränderungen ergeben haben, ist nicht erforderlich.[28]

20 *K. Schmidt*, in: Scholz, GmbHG, § 67 Rn. 8; *Haas*, in: Baumbach/Hueck, GmbHG, § 67 Rn. 5.
21 S. OLG Köln, BB 1984, 1066; *K. Schmidt*, in: Scholz, GmbHG, § 67 Rn. 8; *Haas*, in: Baumbach/Hueck, GmbHG, § 67 Rn. 4; *Kleindiek*, in: Lutter/Hommelhoff, GmbHG, § 67 Rn. 5; *Gsell*, in: Rowedder/Schmidt-Leithoff, GmbHG, § 67 Rn. 3. Dagegen tendenziell BayObLG, DNotZ 1995, 219, 220 f.
22 *Kleindiek*, in: Lutter/Hommelhoff, GmbHG, § 67 Rn. 4; *Haas*, in: Baumbach/Hueck, GmbHG, § 67 Rn. 5.
23 *Haas*, in: Baumbach/Hueck, GmbHG, § 67 Rn. 5.
24 *K. Schmidt*, in: Scholz, GmbHG, § 67 Rn. 10; *Kleindiek*, in: Lutter/Hommelhoff, GmbHG, § 67 Rn. 5.
25 *K. Schmidt*, in: Scholz, GmbHG, § 67 Rn. 13; *Haas*, in: Baumbach/Hueck, GmbHG, § 67 Rn. 7.
26 *K. Schmidt*, in: Scholz, GmbHG, § 67 Rn. 9; *Haas*, in: Baumbach/Hueck, GmbHG, § 67 Rn. 8; *Gsell*, in: Rowedder/Schmidt-Leithoff, GmbHG, § 67 Rn. 4.
27 *Ensthaler*, in: Ensthaler/Füller/Schmidt, GmbHG, § 67 Rn. 6; *Kleindiek*, in: Lutter/Hommelhoff, GmbHG, § 67 Rn. 7.
28 H.M., LG Bremen, ZIP 1994, 1186; *Ensthaler*, in: Ensthaler/Füller/Schmidt, § 67 Rn. 6; *Kleindiek*, in: Lutter/Hommelhoff, GmbHG, § 67 Rn. 7; a.A. *K. Schmidt*, in: Scholz, GmbHG, § 67 Rn. 11; *Haas*, in: Baumbach/Hueck, GmbHG, § 67 Rn. 9; *Nerlich*, in: Michalski, GmbHG, § 67 Rn. 10; *Gsell*,

III. Bestellung der Liquidatoren durch Gesellschafterbeschluss

17 Beruht die Bestellung auf einem Gesellschafterbeschluss, genügt es, das Protokoll der Gesellschafterversammlung vorzulegen.[29] Da die Bestellung durch die Gesellschafterversammlung auch in der Form des § 48 Abs. 2 als schriftlicher Gesellschafterbeschluss erfolgen kann, genügt die Vorlage dieser Urkunde in einfacher Schriftform, da es sich um eine Urschrift handelt.[30]

IV. Wechsel der Liquidatoren

18 Beruht die Stellung der anmeldepflichtigen Liquidatoren auf einem Wechsel, müssen Unterlagen, aus denen sich dieser Wechsel ergibt, eingereicht werden, etwa das Protokoll über den Gesellschafterbeschluss, in dem die bisherigen Liquidatoren abberufen und die Nachfolger bestimmt wurden, oder die Sterbeurkunde des bisherigen Liquidators. Auch ein Urteil oder Verwaltungsakt kann vorgelegt werden, wenn sich daraus die Gründe ergeben, die einer weiteren Ausübung des Amtes durch den bisherigen Liquidator entgegenstehen.[31]

F. Versicherungen der Liquidatoren, Abs. 3

I. Eignungsprüfung

19 Abs. 3 enthält die Versicherungen, die von den Liquidatoren abgegeben werden müssen, um ihre Eignung für das angetretene Amt nachzuweisen. Sie dienen dazu, dem Registergericht die Prüfung zu erleichtern, ob ein Verbotstatbestand vorliegt.[32] Insb. soll so darauf verzichtet werden können, einen Bundeszentralregisterauszug einzuholen.[33] Im Einzelnen müssen die Liquidatoren versichern, dass keine Umstände vorliegen, die ihrer Bestellung nach § 66 Abs. 4 i.V.m. § 6 Abs. 2 Satz 2 Nr. 2 und 3 sowie Satz 3 entgegenstehen, und dass sie über ihre unbeschränkte Auskunftspflicht ggü. dem Gericht belehrt worden sind.

II. Erfasste Liquidatoren

1. Grundsatz

20 Jeder Liquidator muss unabhängig von der Art seiner Bestellung eine Versicherung nach Abs. 3 abgeben. Selbst wenn nicht alle Liquidatoren an der Anmeldung mitwirken, weil die Bestimmungen der Satzung eine Vertretung zulassen (s.o. Rdn. 11), sind auch die vertretenen Liquidatoren zur Versicherung verpflichtet.[34] Ist Liquidator eine juristische Person, müssen sämtliche ihrer organschaftlichen Vertreter eine Versicherung abgeben.[35]

2. Geborene Liquidatoren

21 Auch die geborenen Liquidatoren werden nicht durch ihre bisherige Stellung als Geschäftsführer von der Pflicht entbunden. Es ist erneut sicherzustellen, dass ihrer Betätigung als Vertreter der Gesellschaft keine persönlichen Mängel entgegenstehen.[36] Eine Ausnahme erscheint nur möglich,

---

in: Rowedder/Schmidt-Leithoff, GmbHG, § 67 Rn. 4: Versicherung erforderlich, dass kein anderer Liquidator bestellt wurde.

29 *Haas*, in: Baumbach/Hueck, GmbHG, § 67 Rn. 9.

30 *Ensthaler*, in: Ensthaler/Füller/Schmidt, GmbHG, § 67 Rn. 5.

31 *Haas*, in: Baumbach/Hueck, GmbHG, § 67 Rn. 9.

32 BayObLG, BB 1984, 238; BayObLG, NJW-RR 1988, 98; OLG München, NJW-RR 2009, 971, 972.

33 BGH, NZG 2010, 829, 830; OLG Frankfurt, GmbHR 2015, 863, 864 f.; OLG Schleswig, NZG 2015, 232, 233, Rz. 16; OLG München, NJW-RR 2009, 971; *Haas*, in: Baumbach/Hueck, GmbHG, § 67 Rn. 10.

34 *K. Schmidt*, in: Scholz, GmbHG, § 67 Rn. 12; *Haas*, in: Baumbach/Hueck, GmbHG, § 67 Rn. 11; *Kleindiek*, in: Lutter/Hommelhoff, GmbHG, § 67 Rn. 8.

35 *K. Schmidt*, in: Scholz, GmbHG, § 67 Rn. 12; *Haas*, in: Baumbach/Hueck, GmbHG, § 67 Rn. 11.

36 BayObLG, WM 1982, 1288, 1290; *Haas*, in: Baumbach/Hueck, GmbHG, § 67 Rn. 11; *Kleindiek*, in: Lutter/Hommelhoff, GmbHG, § 67 Rn. 8. Zweifelnd *K. Schmidt*, in: Scholz, GmbHG, § 67 Rn. 12.

wenn die Bestellung zum Geschäftsführer und die zum Liquidator nahe aufeinanderfolgen. Davon kann jedenfalls nicht ausgegangen werden, wenn diese Zeitpunkte mehr als ein Jahr auseinanderliegen.[37]

3. Gerichtlich bestellte Liquidatoren

Demgegenüber erübrigt sich bei den nach § 66 Abs. 2 gerichtlich bestellten Liquidatoren die Versicherung, da bei der gerichtlichen Bestellung die Eignungsvoraussetzungen von Amts wegen überprüft werden.[38] 22

III. Inhalt der Versicherung

1. Kein pauschaler Verweis und Form

Die Versicherung muss die einzelnen Bestellungshindernisse aufführen und verneinen. Ein pauschaler und verneinender Verweis auf alle Hindernisse im Sinne von § 6 Abs. 2 Satz 2 und 3 genügt nicht.[39] Vielmehr müssen die Liquidatoren die Hindernisse im Einzelnen aufführen und erklären, dass ihrer Bestellung keines dieser Hindernisse entgegensteht.[40] Als Teil der Anmeldung nach § 12 Abs. 1 HGB unterliegt die Versicherung dessen Formerfordernis und ist daher in öffentlich beglaubigter Form abzugeben.[41] 23

2. Straftatbestände

Bis zur Klärung durch den BGH waren die Obergerichte uneinig darüber, wie detailliert die Erklärung über das Nichtvorliegen von Straftatbeständen ausfallen muss. Eine Ansicht forderte, dass ein Liquidator sämtliche Straftatbestände, die einer Bestellung entgegenstehen können, im Einzelnen aufführt und verneint.[42] Der BGH hat nun für die Bestellung zum Geschäftsführer entschieden, dass die generelle Erklärung genügt, »noch nie, weder im Inland noch im Ausland, wegen einer Straftat verurteilt worden« zu sein.[43] Die Begründung des BGH ist ebenso für Liquidatoren einschlägig: Durch die Versicherung des Geschäftsführers solle das Registergericht auf schnelle und einfache Art diejenigen Informationen erhalten, die es sich sonst selbst verschaffen müsste. Die generelle Erklärung, nie, weder im In- noch im Ausland, wegen einer Straftat verurteilt worden zu sein, schließe die Versicherungen nach § 6 Abs. 2 Nr. 3 einschließlich des Satz 2 ein.[44] Damit spricht sich der BGH gegen die Befürchtungen der Gegenansicht aus, einem Geschäftsführer oder Liquidator sei womöglich nicht bekannt, dass auch eine Verurteilung aufgrund von Straftatbeständen außerhalb des StGB einer Bestellung entgegensteht.[45] Gibt ein Liquidator an, noch nie, weder im Inland noch im Ausland, wegen einer Straftat verurteilt worden zu sein, muss diese Erklärung 24

---

37 BayObLGZ 1982, 303, 308; BayObLG, NJW-RR 1988, 98 (ohne nähere Zeitangabe).

38 *K. Schmidt*, in: Scholz, GmbHG, § 67 Rn. 12; *Ensthaler*, in: Ensthaler/Füller/Schmidt, GmbHG, § 67 Rn. 8; *Kleindiek*, in: Lutter/Hommelhoff, GmbHG, § 67 Rn. 8; *Haas*, in: Baumbach/Hueck, GmbHG, § 67 Rn. 11 und 14; *Altmeppen*, in: Roth/Altmeppen, GmbHG, § 67 Rn. 11 a.A. *Gsell*, in: Rowedder/Schmidt-Leithoff, GmbHG, § 67 Rn. 6.

39 BayObLG, BB 1984, 238; OLG München, NJW-RR 2009, 971, 972; *Ensthaler*, in: Ensthaler/Füller/Schmidt, GmbHG, § 67 Rn. 8; *Kleindiek*, in: Lutter/Hommelhoff, GmbHG, § 67 Rn. 8 i.V.m. § 6 Rn. 17; *Gsell*, in: Rowedder/Schmidt-Leithoff, GmbHG, § 67 Rn. 6; a.A. *K. Schmidt*, in Scholz, GmbHG, § 67 Rn. 12.

40 Laut OLG Frankfurt a.M., GmbHR 2015, 863, 865, muss die Versicherung so umfassend und eindeutig formuliert sein, dass sie eigene Wertungen des Geschäftsführers gerade nicht enthält; dazu Podewils, jurisPR-HaGesR 6/2015 Anm. 2. Siehe auch OLG Schleswig, NZG 2015, 232, 234, Rz. 24.

41 *Haas*, in: Baumbach/Hueck, GmbHG, § 67 Rn. 12.

42 OLG München, NJW-RR 2009, 971, 972.

43 BGH, NZG 2010, 829, 830; so schon Vorinstanz So OLG Karlsruhe, NZG 2010, 557, 558 f.; siehe auch BGH, NZG 2011, 871, 872, Rz. 15; *Haas*, in: Baumbach/Hueck, GmbHG, § 67 Rn. 12.

44 BGH, NZG 2010, 829, 830.

45 OLG München, NJW-RR 2009, 971, 972.

dahin gehend verstanden werden, dass es tatsächlich nie zu irgendeiner Verurteilung kam. Liegt hingegen eine Verurteilung vor, muss der Liquidator diese offenlegen, auch wenn er sie als nicht für den Katalog des § 6 Abs. 2 Nr. 3 relevant einschätzt. Er muss sodann den Katalog des § 6 Abs. 2 Nr. 3 im Einzelnen verneinen.[46]

IV. Aufklärung über unbeschränkte Auskunftspflicht

25 Die Liquidatoren müssen nach Abs. 3 Satz 1 a.E. außerdem erklären, darüber aufgeklärt worden zu sein, dass ihre Auskunftspflicht unbeschränkt ist. Sie kommen nicht in den Genuss der Erleichterungen des § 53 Abs. 1 BZRG. Danach darf sich ein Verurteilter als unbestraft bezeichnen und braucht den der Verurteilung zugrunde liegenden Sachverhalt nicht zu offenbaren, wenn die Verurteilung nicht in das Führungszeugnis (oder nur in ein besonderes Führungszeugnis) aufzunehmen oder zu tilgen ist. Über diese Schlechterstellung ggü. § 53 Abs. 1 BZRG müssen die Liquidatoren belehrt werden. Diese Belehrung kann nach § 67 Abs. 3 Satz 2 i.V.m. § 8 Abs. 3 Satz 2 auch durch einen Notar erfolgen.[47] Auch diese Versicherung unterliegt dem Formerfordernis des § 12 HGB, sodass sie in öffentlich beglaubigter Form einzureichen ist.[48]

G. Gerichtliche Bestellung oder Abberufung, Abs. 4

I. Gerichtliches Tätigwerden

26 Abs. 4 bestimmt, dass bei gerichtlicher Bestellung oder Abberufung von Liquidatoren die Eintragung von Amts wegen veranlasst wird. Eine solche gerichtliche Bestellung erfolgt in den Fällen des § 66 Abs. 2, also auf Antrag einer Minderheit und bei Vorliegen eines wichtigen Grundes, sowie nach herrschender Meinung in der Nachtragsliquidation.[49] Außerdem kann das Gericht analog §§ 29, 48 Abs. 1 BGB Notliquidatoren bestellen und abberufen. Auch in diesen Fällen veranlasst es die Eintragung von Amts wegen.[50] Daher bedarf es in diesen Fällen keiner Anmeldung durch die Liquidatoren (s. schon Rdn. 5). Auch eine Versicherung nach Abs. 3 brauchen sie nicht abzugeben, da die Eignungsvoraussetzungen vom Gericht von Amts wegen überprüft werden (s. schon Rdn. 22).[51]

II. Auflösung mangels Masse

27 Wird die Gesellschaft nach § 60 Nr. 5 aufgrund Ablehnung des Insolvenzverfahrens mangels Masse aufgelöst, wird die Auflösung nach § 65 Abs. 1 Satz 2, 3 mit Rechtskraft des abweisenden Beschlusses von Amts wegen in das Handelsregister eingetragen.[52] Damit geht jedoch keine gerichtliche Bestellung der Liquidatoren einher. Auch hier gilt daher Abs. 1, wonach die Liquidatoren zur Anmeldung verpflichtet sind.[53]

---

46 S. *Kleindiek*, in: Lutter/Hommelhoff, GmbHG, § 6 Rn. 17.

47 LG Bremen, GmbHR 1999, 865 f.; *K. Schmidt*, in: Scholz, GmbHG, § 67 Rn. 12; *Haas*, in: Baumbach/Hueck, GmbHG, § 67 Rn. 10.

48 *Ensthaler*, in: Ensthaler/Füller/Schmidt, GmbHG, § 67 Rn. 10; *Haas*, in: Baumbach/Hueck, GmbHG, § 67 Rn. 12.

49 Zur Kritik daran s. § 74 Rdn. 25.

50 *K. Schmidt*, in: Scholz, GmbHG, § 67 Rn. 6; *Haas*, in: Baumbach/Hueck, GmbHG, § 67 Rn. 13.

51 *Ensthaler*, in: Ensthaler/Füller/Schmidt, GmbHG, § 67 Rn. 8; *Kleindiek*, in: Lutter/Hommelhoff, GmbHG, § 67 Rn. 6, 8; *Haas*, in: Baumbach/Hueck, GmbHG, § 67 Rn. 11 und 14; *Altmeppen*, in: Roth/Altmeppen, GmbHG, § 67 Rn. 11; a.A. *Gsell*, in: Rowedder/Schmidt-Leithoff, GmbHG, § 67 Rn. 6.

52 S. § 60 Rdn. 37.

53 BayObLG, NJW-RR 1988, 98.

§ 68 Zeichnung der Liquidatoren

(1) [1]Die Liquidatoren haben in der bei ihrer Bestellung bestimmten Form ihre Willenserklärungen kundzugeben und für die Gesellschaft zu zeichnen. [2]Ist nichts darüber bestimmt, so muss die Erklärung und Zeichnung durch sämtliche Liquidatoren erfolgen.

(2) Die Zeichnungen geschehen in der Weise, dass die Liquidatoren der bisherigen, nunmehr als Liquidationsfirma zu bezeichnenden Firma ihre Namensunterschrift beifügen.

Schrifttum
S. Schrifttum zu § 67.

Übersicht

A. Überblick

1 Die Norm regelt die Vertretung der Gesellschaft in der Liquidationsphase. Die Auflösung der Gesellschaft bedeutet auch für ihre Vertretung eine Zäsur. Die bisherigen Vertretungsregeln enden und werden durch liquidationsspezifische ersetzt.[1] § 68 ist damit das Pendant zu § 35 Abs. 2 und wird durch § 70 ergänzt. Aus beiden Vorschriften ergibt sich, dass es sich bei den Liquidatoren um das Vertretungs- und Geschäftsführungsorgan der aufgelösten Gesellschaft handelt. Abs. 1 Satz 1 bestimmt außerdem, dass die Vertretungsregeln von der Gesellschaft festgelegt werden können, während Satz 2 Gesamtvertretung durch sämtliche Liquidatoren zur dispositiven Regel erklärt. Abs. 2 legt fest, dass die Liquidatoren im Namen der Liquidationsgesellschaft auftreten. Durch den obligatorischen Liquidationszusatz wird verdeutlicht, dass sich die Gesellschaft in der Abwicklung befindet. Dies dient dem Schutz des Rechtsverkehrs.

B. Vertretung und Geschäftsführung

I. Grundsatz

2 Die Grundsätze zur Geschäftsführung und Vertretung durch die Liquidatoren entsprechen im Ansatz denen durch die Geschäftsführer. Die Vertretungsmacht der Liquidatoren ist im Außenverhältnis unbeschränkbar und damit insb. nicht etwa auf Abwicklungsmaßnahmen beschränkt, wie sich aus einer jedenfalls sinngemäßen Heranziehung des § 37 Abs. 2 ergibt.[2] Demgegenüber stehen die Geschäftsführung und damit das Innenverhältnis zur Disposition der Gesellschafter und können

1 BGH, NJW-RR 2009, 333, 334.
2 OLG Stuttgart, ZIP 1986, 647; LG Köln, DNotZ 1980, 422; *K. Schmidt*, in: Scholz, GmbHG, § 68 Rn. 2; *Altmeppen*, in: Roth/Altmeppen, GmbHG, § 68 Rn. 2; *Kleindiek*, in: Lutter/Hommelhoff, GmbHG, § 68 Rn. 5; *Ensthaler*, in: Ensthaler/Füller/Schmidt, GmbHG, § 68 Rn. 3.

an die Bedürfnisse der Gesellschaft angepasst werden. Hierfür gelten die in § 70 niedergelegten Grundsätze (s. im Einzelnen dort Rdn. 3–9).

II. Beschränkungen bei Missbrauch der Vertretungsmacht

3 Nur die allgemeinen bürgerlich-rechtlichen Grundsätze zum Missbrauch der Vertretungsmacht können als generell geltende Prinzipien des Zivilrechts zu Beschränkungen der Liquidatoren im Außenverhältnis führen.[3] Dabei gelten die für den Missbrauch der Vertretungsmacht durch Geschäftsführer anerkannten Grundsätze. Jedenfalls bei kollusivem Zusammenwirken von Liquidator und Geschäftspartner zum Schaden der Gesellschaft ist der Geschäftspartner nicht schutzwürdig und das Geschäft daher nach den Grundsätzen über die Vertretung ohne Vertretungsmacht zu behandeln. Nach umstrittener, aber zutreffender Ansicht ist die Schutzwürdigkeit des Vertragspartners auch zu verneinen, wenn das pflichtwidrige Handeln des Liquidators evident ist, sodass auch grob fahrlässige Unkenntnis schadet.[4]

III. Eintragungspflicht

4 Die Vertretungsregeln nach Abs. 1 Satz 1 stellen eintragungspflichtige Tatsachen dar und müssen daher nach § 67 Abs. 1 zur Eintragung im Handelsregister angemeldet werden. Die Eintragung ist deklaratorisch. § 15 HGB findet Anwendung.[5]

C. Art der Vertretungsmacht, Abs. 1 Satz 2

I. Grundsatz der Gesamtvertretung und abweichende Vereinbarungen

5 Abs. 1 Satz 1 bestimmt, dass die Liquidatoren ihre Willenserklärungen im Namen der Gesellschaft in der Form abzugeben haben, die ihrer Bestellung entspricht. Damit überlässt es die Norm der Gesellschaft, die Vertretungsregeln festzulegen und daher Alleinvertretung, Gesamtvertretung oder gemeinschaftliche Vertretung zu wählen.

1. Grundsatz der Gesamtvertretung

6 Abs. 1 Satz 2 ordnet als dispositive Regel für die Aktivvertretung eine Gesamtvertretung durch sämtliche Liquidatoren an (Kollegialprinzip). Dies gilt für die gekorenen ebenso wie die geborenen Liquidatoren.[6] Gesamtvertretung verlangt nicht eine gemeinschaftliche Ausübung der Vertretung. Es genügt vielmehr, dass der handelnde Liquidator zur Vornahme eines Rechtsgeschäfts von den übrigen ermächtigt wird. Fehlt es daran, kann ein alleine vorgenommenes Geschäft von den übrigen Liquidatoren oder den Gesellschaftern genehmigt werden.[7] Gesamtvertretungsmacht wird hingegen nicht zur Einzelvertretungsmacht, wenn Liquidatoren ausfallen.[8] Vielmehr muss in diesen

---

3 *Kleindiek*, in: Lutter/Hommelhoff, GmbHG, § 68 Rn. 5; *Altmeppen*, in: Roth/Altmeppen, GmbHG, § 68 Rn. 3; *Ensthaler*, in: Ensthaler/Füller/Schmidt, GmbHG, § 68 Rn. 2.

4 *K. Schmidt*, in: Scholz, GmbHG, § 70 Rn. 3; *Altmeppen*, in: Roth/Altmeppen, GmbHG, § 73 Rn. 24. Ausführlich zu den Voraussetzungen *Zöllner/Noack*, in: Baumbach/Hueck, GmbHG, 21. Aufl. 2017, § 37 Rn. 45 und 50 (dort auch Rn. 46–49 zu den streitigen Fallgruppen); *Beurskens*, in Baumbach/Hueck, GmbHG, § 37 Rn. 72i.

5 *Ensthaler*, in: Ensthaler/Füller/Schmidt, GmbHG, § 68 Rn. 11. S. dazu schon unter § 67 Rdn. 2.

6 BGH, NJW-RR 2009, 333, 334.

7 *K. Schmidt*, in: Scholz, GmbHG, § 68 Rn. 4; *Haas*, in: Baumbach/Hueck, GmbHG, § 68 Rn. 2; (beide unter Heranziehung der zum oHG-Recht ergangenen Entscheidung KG, JR 1926, 2354). S. auch *Nerlich*, in: Michalski, GmbHG, § 68 Rn. 4; *Gsell*, in: Rowedder/Schmidt-Leithoff, GmbHG, § 68 Rn. 3.

8 BGH, NJW 1993, 1654; *Ensthaler*, in: Ensthaler/Füller/Schmidt, GmbHG, § 68 Rn. 6; *Haas*, in: Baumbach/Hueck, GmbHG, § 68 Rn. 2; *Kleindiek*, in: Lutter/Hommelhoff, GmbHG, § 68 Rn. 3; *Gsell*, in: Rowedder/Schmidt-Leithoff, GmbHG, § 68 Rn. 3; a.A. *Altmeppen*, in: Roth/Altmeppen, GmbHG, § 68 Rn. 7: nur insoweit, als der Gesellschaftsvertrag erkennen lässt, dass Einzelvertretungsmacht generell nicht erwünscht ist. Zweifelnd auch *Nerlich*, in: Michalski, GmbHG, § 68 Rn. 5.

Fällen für jeden ausgefallenen Liquidator Ersatz bestellt werden. Dies kann durch Gesellschafterbeschluss oder gerichtliche Entscheidung nach § 66 Abs. 2 erfolgen. Daneben kann ein Notliquidator nach §§ 29, 48 Abs. 1 Satz 2 BGB bestellt werden.[9]

2. Besonderheiten bei Passivvertretung

Für die Passivvertretung der Gesellschaft finden besondere Grundsätze Anwendung. Für diese gilt § 35 Abs. 2 Satz 2, der über die Verweisung in § 69 Abs. 1 entsprechende Anwendung findet. Erklärungen mit Wirkung für die Gesellschaft können trotz Gesamtvertretungsregel auch ggü. einem einzelnen Liquidator abgegeben werden. Diese Regelung ist zwingend.[10] Außerdem muss die Gesellschaft zum Schutz des Rechtsverkehrs stets über eine zur Entgegennahme von Erklärungen zuständige Person verfügen. Fehlt es an Liquidatoren, wird die Gesellschaft nach §§ 69 Abs. 1, 35 Abs. 1 Satz 2 durch die Gesellschafter passiv vertreten.[11] 7

3. Abweichende Bestimmungen

Statt der Gesamtvertretung kann auch Einzelvertretung durch jeden Liquidator oder gemeinschaftliche Vertretung durch mehrere (aber nicht alle, sonst Gesamtvertretung) vereinbart werden. Auch unechte Gesamtvertretung ist möglich. Danach wirken ein Liquidator und ein Prokurist zusammen, wobei nach dem Grundsatz der Selbstorganschaft ein Handeln der Liquidatoren ohne Mitwirkung eines Prokuristen möglich bleiben muss.[12] Solche abweichenden Regelungen können zugleich mit der Bestellung, durch Anordnung in der Satzung oder durch einen späteren Gesellschafterbeschluss getroffen werden.[13] Hierzu reicht ebenso wie bei der Abberufung und Neubestellung von Liquidatoren ein mit einfacher Mehrheit gefasster Beschluss aus.[14] Umstritten ist, ob dies auch gilt, wenn die Gesellschafter mit ihrem Beschluss von den Vorgaben der Satzung abweichen. Nach zutreffender Ansicht ist dies zu verneinen und vielmehr eine Satzungsänderung zu fordern.[15] Die Bestimmungen der Satzung sind zur Vertrauensgrundlage für alle Gesellschafter geworden, die nur durch eine Satzungsänderung beseitigt werden kann. Die Gegenansicht lässt demgegenüber einen mit einfacher Mehrheit gefassten Gesellschafterbeschluss zu und beruft sich dabei auf den Wortlaut von Abs. 1 Satz 2 (»ist nichts darüber bestimmt«).[16] 8

4. Vom Gericht bestellte Liquidatoren

Für gerichtlich bestellte Liquidatoren gelten Besonderheiten. Bestimmt das Gericht die Liquidatoren nach § 66 Abs. 2 oder als Notliquidatoren nach §§ 28, 49 BGB, kann es dabei zugleich auch deren Vertretungsbefugnis regeln. Das Gericht ist dabei weder an etwaige Vorgaben in der Satzung noch in einem Gesellschafterbeschluss gebunden. Hingegen können die Gesellschafter von den 9

9 *Nerlich*, in: Michalski, GmbHG, § 68 Rn. 5; *Ensthaler*, in: Ensthaler/Füller/Schmidt, GmbHG, § 68 Rn. 6.

10 Zu allem Vorstehenden *K. Schmidt*, in: Scholz, GmbHG, § 68 Rn. 7; *Haas*, in: Baumbach/Hueck, GmbHG, § 68 Rn. 3; *Gsell*, in: Rowedder/Schmidt-Leithoff, GmbHG, § 68 Rn. 2.

11 *K. Schmidt*, in: Scholz, GmbHG, § 68 Rn. 7; *Haas*, in: Baumbach/Hueck, GmbHG, § 68 Rn. 3; *Nerlich*, in: Michalski, GmbHG, § 68 Rn. 6.

12 *K. Schmidt*, in: Scholz, GmbHG, § 68 Rn. 6; *Haas*, in: Baumbach/Hueck, GmbHG, § 68 Rn. 8; *Gsell*, in: Rowedder/Schmidt-Leithoff, GmbHG, § 70 Rn. 2; *Nerlich*, in: Michalski, GmbHG, § 68 Rn. 12.

13 BGH, NJW-RR 2009, 333, 334; *Nerlich*, in: Michalski, GmbHG, § 68 Rn. 7; *Kleindiek*, in: Lutter/Hommelhoff, GmbHG, § 68 Rn. 2.

14 *Gsell*, in: Rowedder/Schmidt-Leithoff, GmbHG, § 68 Rn. 4; *Nerlich*, in: Michalski, GmbHG, § 68 Rn. 8; *Kleindiek*, in: Lutter/Hommelhoff, GmbHG, § 68 Rn. 2; *Altmeppen*, in: Roth/Altmeppen, GmbHG, § 68 Rn. 9; *Ensthaler*, in: Ensthaler/Füller/Schmidt, GmbHG, § 68 Rn. 8. Zur Berufung von Liquidatoren s. § 66 Rdn. 7–15.

15 *Altmeppen*, in: Roth/Altmeppen, GmbHG, § 68 Rn. 12; *Nerlich*, in: Michalski, GmbHG, § 68 Rn. 9; *K. Schmidt*, in: Scholz, GmbHG, § 68 Rn. 5a.

16 *Haas*, in: Baumbach/Hueck, GmbHG, § 68 Rn. 5; *Kleindiek*, in: Lutter/Hommelhoff, GmbHG, § 68 Rn. 2; *Gsell*, in: Rowedder/Schmidt-Leithoff, GmbHG, § 68 Rn. 4.

Vorgaben des Gerichts nicht abweichen.[17] Ihnen ist es daher verwehrt, die Vertretungsbefugnis ihrerseits regeln zu wollen. Auch Satzungsbestimmungen entfalten keine Wirkung. Ordnet das Gericht demgegenüber keine Regel an, gelten die allgemeinen Grundsätze (zu diesen Rdn. 8). Primär gelten die Vorgaben in der Satzung oder die Vorgaben eines Gesellschafterbeschlusses. Hilfsweise findet Abs. 1 Satz 2 und daher Gesamtvertretung Anwendung.[18]

5. Keine Fortgeltung früherer Regelungen

10 Für Satzungsbestimmungen über die Vertretungsmacht gilt der Grundsatz der Diskontinuität: Eine für das werbende Stadium, also die Geschäftsführer geltende Regelung gilt ohne weitere Anhaltspunkte nicht in der Liquidationsphase, und zwar nach der Rechtsprechung und entgegen dem überwiegenden Schrifttum auch dann nicht, wenn die früheren Geschäftsführer zu Liquidatoren werden (geborene Liquidatoren).[19] Die Rechtsprechung stützt dies darauf, dass es gerade keinen allgemeinen Grundsatz gibt, wonach die für den Geschäftsführer im Gesellschaftsvertrag getroffenen Regelungen ohne Weiteres auch für den Liquidator gelten sollen.[20] Die Regelungen über die Vertretung durch die Geschäftsführer können daher nur dann auf das Liquidationsstadium ausgedehnt werden, wenn Anhaltspunkte dafür existieren, dass sie auch auf diesen Zeitraum Anwendung finden sollen.[21] Ebenso bezieht sich eine den Geschäftsführern aufgrund Gesellschafterbeschlusses überantwortete Einzelvertretungsbefugnis nur auf diese, nicht jedoch auf die Liquidatoren.[22]

D. Verbot des Selbstkontrahierens

I. Verbot mit Befreiungsvorbehalt

11 Wie für alle Vertreter der Gesellschaft gilt auch für die Liquidatoren das Verbot des Selbstkontrahierens nach § 181 BGB. Eine Befreiung von diesem Verbot ist zugleich möglich. Hierzu bedarf es einer Satzungsbestimmung, evtl. im Wege einer Satzungsänderung. Soweit in der Satzung entsprechend vorgesehen, kann die Befreiung auch im Wege eines Gesellschafterbeschlusses erfolgen.[23] Eine dem Geschäftsführer konkret erteilte Befreiung von den Beschränkungen des § 181 BGB – sei es unmittelbar im Gesellschaftsvertrag oder aber mit Gesellschafterbeschluss aufgrund einer im Gesellschaftsvertrag enthaltenene entsprechenden Ermächtigung – gilt nicht für den Geschäftsführer als (geborenen) Liquidator fort.[24] Die erforderliche Mehrheit kann in der Satzung festgelegt werden, insb. ein einfacher Mehrheitsbeschluss für ausreichend erklärt werden.[25] Ohne Satzungsermächtigung soll demgegenüber selbst ein einstimmiger Beschluss der Gesellschafter den Liquidator

---

17 *Gsell*, in: Rowedder/Schmidt-Leithoff, GmbHG, § 68 Rn. 7; *Haas*, in: Baumbach/Hueck, GmbHG, § 68 Rn. 9; *Kleindiek*, in: Lutter/Hommelhoff, GmbHG, § 68 Rn. 3.

18 Zu allem Vorstehenden *Nerlich*, in: Michalski, GmbHG, § 68 Rn. 13; *Haas*, in: Baumbach/Hueck, GmbHG, § 68 Rn. 9; *Kleindiek*, in: Lutter/Hommelhoff, GmbHG, § 68 Rn. 3; *Altmeppen*, in: Roth/Altmeppen, GmbHG, § 68 Rn. 11; *Ensthaler*, in: Ensthaler/Füller/Schmidt, GmbHG, § 68 Rn. 10.

19 BGH, NJW-RR 2009, 333, 334; OLG Hamm, GmbHR 2011, 432, 433; OLG Karlsruhe, NZG 2008, 236, 237; *Kleindiek*, in: Lutter/Hommelhoff, GmbHG, § 68 Rn. 2, 4; *Gsell*, in: Rowedder/Schmidt-Leithoff, GmbHG, § 68 Rn. 3. Für geborene Liquidatoren a.A. *K. Schmidt*, in: Scholz, GmbHG, § 68 Rn. 5 (Grundsatz der Amts- und Kompetenzkontinuität); *Nerlich*, in: Michalski, GmbHG, § 68 Rn. 10; *Ensthaler*, in: Ensthaler/Füller/Schmidt, GmbHG, § 68 Rn. 7; befürwortend auch *Haas*, in: Baumbach/Hueck, GmbHG, § 68 Rn. 4. Offen gelassen von BayObLG, DNotZ 1995, 222, 223.

20 BayObLG, DNotZ 1998, 843, 844; OLG Zweibrücken, NJW-RR 1999, 38, 39.

21 BGH, NJW-RR 2009, 333, 334.

22 BayObLG, DNotZ 1998, 843, 844.

23 OLG Frankfurt a.M., DNotZ 2020, 219, 221.

24 BGH, NZG 2009, 72; OLG Frankfurt a.M., DNotZ 2020, 219, 220.

25 BayObLG, BB 1985, 1148 (Rn. 13); *Kleindiek*, in: Lutter/Hommelhoff, GmbHG, § 68 Rn. 4. Zweifelnd *Nerlich*, in: Michalski, GmbHG, § 68 Rn. 8.

nicht von dem Verbot des § 181 BGB befreien können.[26] Nach dem *OLG Düsseldorf* ist eine durch Gesellschafterbeschluss gefasste konkrete Vertretungsregelung hinsichtlich der Befreiung von den Beschränkungen des § 181 BGB nur dann eintragungsfähig, wenn die die abstrakte Vertretungsbefugnis von Liquidatoren regelnde Ergänzung der Satzung mindestens gleichzeitig miteingetragen werden kann.[27] Das ist zweifelhaft, da das Verbot des § 181 BGB dem Schutz der Gesellschaft und der dahinter stehenden Gesellschafter, nicht dem Schutz des Rechtsverkehrs dient. Über diesen Schutz können die Gesellschafter disponieren, da ansonsten auch eine entsprechende Satzungsbestimmung nicht weiterhelfen könnte. Somit sprechen nur Gründe des Minderheitsschutzes für hohe Voraussetzungen, die bei einstimmigem Beschluss aber nicht entgegenstehen. Angesichts der jüngeren obergerichtlichen Rechtsprechung sollte der Weg über eine punktuelle Satzungsdurchbrechung allerdings möglichst vermieden werden, indem die Satzung schon bei Erstellung oder durch nachträgliche Satzungsänderung Vorsorge für die Vertretung in der Liquidation trifft, oder jedenfalls vor dem Auflösungbeschluss mit dem Registergericht eine Abstimmung stattfinden.[28]

II. Grundsatz der Diskontinuität

Eine auf die Geschäftsführer bezogene Befreiung gilt im Liquidationsstadium nicht fort. Dabei sind zwei umstrittene Konstellationen zu unterscheiden. 12

1. Befreiung der Geschäftsführer in der Satzung

Im ersten Fall befreit die Satzung die Geschäftsführer von dem Verbot des Selbstkontrahierens. Hier wird insb. für die geborenen Liquidatoren unterschiedlich beurteilt, ob damit auch zugleich eine Befreiung der Liquidatoren einhergeht.[29] Die herrschende Meinung, insb. die Rechtsprechung, betont in diesem und anderem Kontext zu Recht die Zäsur, die der Übergang von der werbenden Phase in das Liquidationsstadium für die Vertreter der Gesellschaft mit sich bringt (s. etwa schon die Begründung dafür, dass auch bei den geborenen Liquidatoren erneut eine Versicherung nach § 67 Abs. 3 abgegeben werden muss, vgl. § 67 Rdn. 21). Wegen der unterschiedlichen Zielsetzung von werbender Gesellschaft und Liquidationsgesellschaft kann nicht ohne Weiteres davon ausgegangen werden, dass die für die Gesellschaft und reflexartig die Gesellschafter nicht ungefährliche Befreiung vom Verbot des § 181 BGB auch über die werbende Phase hinaus gelten soll. Die Gesellschafter müssen vielmehr darüber befinden, ob ihnen eine solche Befreiung auch für das Liquidationsstadium sinnvoll erscheint. Daher bedarf es besonderer Anhaltspunkte dafür, dass eine solche Fortgeltung gewollt ist.[30] 13

2. Gesellschafterbeschluss aufgrund von Satzungsermächtigung

Im zweiten Fall ermächtigt die Satzung zu einem befreienden Gesellschafterbeschluss, der erst die Befreiung der Geschäftsführer vom Verbot des Selbstkontrahierens herbeiführt. Dabei ist weiter 14

---

26 BayObLG, NJW-RR 1996, 611, 612; OLG Düsseldorf, GmbHR 2017, 36, 37; OLG Zweibrücken, NJW-RR 1999, 38, 39; OLG Frankfurt a.M., DNotZ 2020, 219, 221 f; a.A. *Kleindiek*, in: Lutter/Hommelhoff, GmbHG, § 68 Rn.

27 OLG Düsseldorf, GmbHR 2017, 36, 37.

28 *Arens*, DB 2017, 2913, 2914; *Fuchs/Grimm*, EWiR 2017, 367, 368 Anm. zu OLG Köln, NZG 2016, 1314; *Brombach*, GWR 2016, 442.

29 Für Diskontinuität BGH, NJW-RR 2009, 333, 335; OLG Köln, NZG 2016, 1314, 1315; OLG Frankfurt a.M., GmbHR 2012, 394; OLG Zweibrücken, GmbHR 2011, 1209, 1210; OLG Rostock, NZG 2002, 288 f.; BayObLG, NJW-RR 1996, 611, 612; OLG Düsseldorf, NJW-RR 2001, 51 f.; OLG Hamm, NJW-RR 2001, 1044 f.; *Kleindiek*, in: Lutter/Hommelhoff, GmbHG, § 68 Rn. 4; *Gsell*, in: Rowedder/Schmidt-Leithoff, GmbHG, § 68 Rn. 6; a.A. und daher für die geborenen Liquidatoren eine Fortgeltung befürwortend *K. Schmidt*, in: Scholz, GmbHG, § 68 Rn. 5a; *Nerlich*, in: Michalski, GmbHG, § 68 Rn. 11; *Ensthaler*, in: Ensthaler/Füller/Schmidt, GmbHG, § 68 Rn. 3;.

30 Zu weit aber BayObLG, NJW-RR 1996, 611, 612, das davon ausgeht, dass sich regelmäßig durch Auslegung der Wille der Gesellschafter zur Kontinuität feststellen lasse.

danach zu differenzieren, ob diese Ermächtigung bereits zugunsten der Geschäftsführer im werbenden Stadium ausgeübt wurde oder nunmehr im Liquidationsstadium erstmalig ausgeübt werden soll. Im ersten Unterfall stellt sich die Frage, ob die erfolgte Befreiung der Geschäftsführer auch für die Liquidatoren wirkt. Dies wird überwiegend zu Recht mit denselben Argumenten verneint, die auch für eine entsprechende Befreiung durch die Satzung angeführt werden.[31] Im zweiten Unterfall ist problematisch, ob die sich auf das werbende Stadium beziehende Ermächtigung in der Satzung, durch Gesellschafterbeschluss vom Verbot des § 181 BGB befreien zu können, auch in der Liquidationsphase fortwirkt. Dies wird von einem Teil der Rechtsprechung und Literatur bejaht,[32] verdient jedoch keine Zustimmung. Auch in diesem Fall muss gelten, dass sich eine entsprechende Bestimmung in der Satzung, die eine Befreiung der Geschäftsführer durch Gesellschafterbeschluss erlaubt, grundsätzlich nicht auch auf die Liquidatoren bezieht.[33] Anderes gilt nur, wenn entsprechende Anhaltspunkte vorhanden sind. Es sind keine Gründe ersichtlich, warum die von der herrschenden Meinung betonte Differenzierung nach werbendem und auflösendem Stadium bei dieser Frage nunmehr unbedeutend sein sollte. Fehlen entsprechende Anhaltspunkte, müssen die Gesellschafter zunächst die Satzung ändern.

E. Zeichnung für die Liquidationsgesellschaft, Abs. 2

15 Nach Abs. 2 zeichnen die Liquidatoren für die Gesellschaft, indem sie der Firma ihre Namen beifügen. Die Firma selbst bleibt unverändert, wird jedoch um den Liquidationszusatz ergänzt. Üblicherweise wird das Liquidationsstadium durch den Zusatz »in Liquidation« bzw. »i.L.« verdeutlicht. Auch der Zusatz »in Abwicklung« verdeutlicht das Liquidationsstadium, während die Abkürzung »i.A.« wegen ihrer Mehrdeutigkeit (»im Auftrag«) vermieden werden sollte.[34] Die Bestimmung schützt den Rechtsverkehr vor Irreführung. Bleibt sie unbeachtet, berührt dies die Wirksamkeit des Vertreterhandelns nicht.[35] Verkennt der Vertragspartner wegen falscher oder irreführender Bezeichnung durch die Liquidatoren, dass es sich um eine Gesellschaft in Abwicklung handelt, kommen jedoch Schadensersatzansprüche in Betracht. Da die vorvertraglichen Beziehungen nur mit der Gesellschaft bestehen, haftet nur diese aus §§ 280 Abs. 1, 311 Abs. 2, 241 Abs. 2 BGB, indem ihr das Verhalten des Liquidators nach § 31 BGB zugerechnet wird. Die Gesellschaft kann dann ihrerseits bei den Liquidatoren nach §§ 71 Abs. 4, 43 Abs. 1, 2 Rückgriff nehmen.[36] Eine Vertretereigenhaftung nach §§ 280 Abs. 1, 311 Abs. 3 Satz 2 BGB ist zwar möglich,[37] die Voraussetzungen werden regelmäßig aber nicht vorliegen.[38] Daneben kommt eine Direkthaftung nach § 823 Abs. 2 BGB

31 OLG Rostock, NZG 2004, 288 f.; *Ensthaler*, in: Ensthaler/Füller/Schmidt, GmbHG, § 68 Rn. 3; *Kleindiek*, in: Lutter/Hommelhoff, GmbHG, § 68 Rn. 4; *Nerlich*, in: Michalski, GmbHG, § 68 Rn. 11; *Altmeppen*, in: Roth/Altmeppen, GmbHG, § 68 Rn. 5.

32 OLG Zweibrücken, GmbHR 2011, 1209, 1210; NJW-RR 1999, 38, 39; BayObLG, NJW-RR 1996, 611, 612; LG Bremen, GmbHR 1991, 67; *Terner*, DStR 2017, 160, 162; *Ensthaler*, in: Ensthaler/Füller/Schmidt, GmbHG, § 68 Rn. 3; *Kleindiek*, in: Lutter/Hommelhoff, GmbHG, § 68 Rn. 4; *Gsell*, in: Rowedder/Schmidt-Leithoff, GmbHG, § 68 Rn. 3 und 6. Differenzierend *K. Schmidt*, in: Scholz, GmbHG, § 68 Rn. 5a.

33 OLG Frankfurt a.M. DNotZ 2020, 219, 221; OLG Düsseldorf, GmbHR 2017, 36, 37; OLG Köln, NZG 2016, 1314, 1315; OLG Frankfurt a.M., GmbHR 2012, 394.

34 *K. Schmidt*, in: Scholz, GmbHG, § 68 Rn. 9; *Altmeppen*, in: Roth/Altmeppen, GmbHG, § 68 Rn. 14. Unbedenklich nach *Haas*, in: Baumbach/Hueck, GmbHG, § 68 Rn. 11; *Kleindiek*, in: Lutter/Hommelhoff, GmbHG, § 68 Rn. 6.

35 Allg. M., *K. Schmidt*, in: Scholz, GmbHG, § 68 Rn. 9; *Altmeppen*, in: Roth/Altmeppen, GmbHG, § 68 Rn. 15; *Ensthaler*, in: Ensthaler/Füller/Schmidt, GmbHG, § 68 Rn. 13; *Haas*, in: Baumbach/Hueck, GmbHG, § 68 Rn. 12; *Kleindiek*, in: Lutter/Hommelhoff, GmbHG, § 68 Rn. 7; *Gsell*, in: Rowedder/Schmidt-Leithoff, GmbHG, § 68 Rn. 8; *Nerlich*, in: Michalski, GmbHG, § 68 Rn. 17.

36 *K. Schmidt*, in: Scholz, GmbHG, § 68 Rn. 12; *Haas*, in: Baumbach/Hueck, GmbHG, § 68 Rn. 13; *Gsell*, in: Rowedder/Schmidt-Leithoff, GmbHG, § 68 Rn. 10.

37 *Gsell*, in: Rowedder/Schmidt-Leithoff, GmbHG, § 68 Rn. 10.

38 So *Altmeppen*, in: Roth/Altmeppen, GmbHG, § 68 Rn. 18. S. auch *K. Schmidt*, in: Scholz, GmbHG, § 68 Rn. 13.

in Betracht. Die Einordnung von § 68 als Schutzgesetz wird nach zutreffender und inzwischen h.A. bejaht, da § 68 Warn- und Schutzfunktion für den Rechtsverkehr wahrnimmt und damit individualschützende Wirkung entfaltet.[39]

§ 69 Rechtsverhältnisse von Gesellschaft und Gesellschaftern

(1) Bis zur Beendigung der Liquidation kommen ungeachtet der Auflösung der Gesellschaft in bezug auf die Rechtsverhältnisse derselben und der Gesellschafter die Vorschriften des zweiten und dritten Abschnitts zur Anwendung, soweit sich aus den Bestimmungen des gegenwärtigen Abschnitts und aus dem Wesen der Liquidation nicht ein anderes ergibt.

(2) Der Gerichtsstand, welchen die Gesellschaft zur Zeit ihrer Auflösung hatte, bleibt bis zur vollzogenen Verteilung des Vermögens bestehen.

Schrifttum
S. Schrifttum zu § 67.

Übersicht

A. Überblick

Die Vorschrift erklärt in Abs. 1 die für die werbende Gesellschaft geltenden Vorschriften im Grundsatz auch für die Liquidationsphase für anwendbar. Sie verdeutlicht damit, dass der Übergang in das Abwicklungsstadium die Gesellschaft in ihrem Bestand unberührt lässt, insb. ihre Rechtsstellung 1

39 Unter Berufung auf die wirtschaftliche Bedeutung des § 68 OLG Frankfurt am Main, NJW 1991, 3286, 3287; OLG Frankfurt am Main, NJW-RR 1998, 1246; OLG Naumburg, OLGR, Naumburg 2, 482 f.; i.E. auch *Kleindiek*, in: Lutter/Hommelhoff, GmbHG, § 68 Rn. 6; *Haas*, in: Baumbach/Hueck, GmbHG, § 68 Rn. 13; *Altmeppen*, in: Roth/Altmeppen, GmbHG, § 68 Rn. 19; *Gsell*, in: Rowedder/Schmidt-Leithoff, GmbHG, § 68 Rn. 10; *Nerlich*, in: Michalski, GmbHG, § 68 Rn. 21. S. auch *K. Schmidt*, in: Scholz, GmbHG, § 68 Rn. 13.

nach außen nur insoweit tangiert wird, als der Eintritt in das Liquidationsstadium durch einen Firmenzusatz kenntlich gemacht werden muss (dazu unter § 68 Rdn. 15). Dabei ist der Verweis in Abs. 1 auf die Bestimmungen über die werbende Phase unvollständig. Erwähnt werden nur der zweite und dritte Abschnitt. Gleichwohl ist allgemein anerkannt, dass auch die übrigen Abschnitte Anwendung finden.[1] Das gilt zugleich in unterschiedlichem Maße: Da der erste Abschnitt die Errichtung der Gesellschaft betrifft, können nur vereinzelt Vorschriften auf das Liquidationsstadium Anwendung finden. Die übrigen Abschnitte finden demgegenüber deutlich breitere Anwendung. Dabei gilt stets, dass die spezielleren Regelungen im fünften Abschnitt vorgehen. Zudem ist darauf zu achten, ob das Wesen der Liquidation nicht zu einer Abkehr von oder Modifikation zu den Vorschriften der übrigen Abschnitte zwingt. Entgegen dem Wortlaut von Abs. 1 sind diese Einschränkungen alternativ, nicht kumulativ anzuwenden.[2] Abs. 2 betrifft den Gerichtsstand der Gesellschaft. Die Vorgabe lautet, dass der letzte Gerichtsstand der werbenden Gesellschaft auch für die Liquidationsgesellschaft fortgilt.

B. Fortbestand der Gesellschaft und des Gesellschaftszwecks

2 Die Gesellschaft besteht auch nach der Auflösung unverändert fort. Sie ist weiterhin juristische Person und Handelsgesellschaft im Sinne von § 13 Abs. 1, 3. Damit behält sie ihre Rechts- und Parteifähigkeit.[3] Auch die Firma besteht unverändert fort und ist um einen die Liquidationsphase kennzeichnenden Zusatz zu erweitern.[4] Der Zweck der Gesellschaft besteht grds. ebenfalls fort. Es gehört zu den Aufgaben der Liquidatoren, die laufenden Geschäfte zu beenden und für eine an den Interessen der Gesellschafter ausgerichtete Verwaltung des Gesellschaftsvermögens zu sorgen (dazu unter § 70 Rdn. 11–21). Um diesen Anforderungen gerecht werden zu können, müssen sie sich am bisherigen Zweck orientieren. Zugleich wird der Zweck durch die Abwicklung überlagert.[5] Die Liquidatoren richten ihre Einzelmaßnahmen auf die Vollbeendigung der Gesellschaft aus. Ihre Aufgaben sind erfüllt, wenn die Vorgaben des § 73 eingehalten, das Vermögen der Gesellschaft vollständig verteilt und die Gesellschaft im Handelsregister gelöscht worden ist. Hierdurch unterscheidet sich die Zweckverfolgung in der Liquidation von der Zweckverfolgung in der werbenden Phase. Bedeutsam wird dies für die Bestimmung der Gesellschaftsinteressen, die ausgehend von der Zweckbestimmung der Gesellschaft zu ermitteln sind. Dies ist für den Inhalt der Treuepflicht bedeutend, da sich dieser an den Gesellschafts- und Gesellschafterinteressen orientiert und für die wohlverstandenen Interessen der Beteiligten zu berücksichtigen ist, dass die Gesellschaft auf Vollbeendigung ausgerichtet ist.[6] Hierauf ist an entsprechender Stelle näher einzugehen (Rdn. 25 f.).

---

1 Einhellige Ansicht, s. *Nerlich*, in: Michalski, GmbHG, § 69 Rn. 3; *K. Schmidt*, in: Scholz, GmbHG, § 69 Rn. 9; *Gsell*, in: Rowedder/Schmidt-Leithoff, GmbHG, § 69 Rn. 1; *Altmeppen*, in: Roth/Altmeppen, GmbHG, § 69 Rn. 2; *Ensthaler*, in: Ensthaler/Füller/Schmidt, GmbHG, § 69 Rn. 11–13; *Haas*, in: Baumbach/Hueck, GmbHG, § 69 Rn. 1.

2 Abs. 1 ist daher so zu lesen: »*soweit sich aus den Bestimmungen des gegenwärtigen Abschnitts oder aus dem Wesen der Liquidation nicht ein anders ergibt*«, s. *Gsell*, in: Rowedder/Schmidt-Leithoff, GmbHG, § 69 Rn. 1; *Haas*, in: Baumbach/Hueck, GmbHG, § 69 Rn. 1; *Nerlich*, in: Michalski, GmbHG, § 69 Rn. 3.

3 S. BAG, NJW 1988, 2637; OLG Hamm, Urt. v. 15.3.2016 – 27 U 80/15, Rn. 28; *Nerlich*, in: Michalski, GmbHG, § 60, Rn. 4 und § 69 Rn. 1; *Kleindiek*, in: Lutter/Hommelhoff, GmbHG, § 69 Rn. 1; *Gehrlein*, DStR 1997, 31. Ausführlich zu den sich daraus ergebenden Konsequenzen *K. Schmidt*, in: Scholz, GmbHG, § 69 Rn. 2–8; vgl. auch schon unter Vor §§ 60 ff. Rdn. 4.

4 Dazu unter § 68 Rdn. 15.

5 *K. Schmidt*, in: Scholz, GmbHG, § 69 Rn. 3; *Nerlich*, in: Michalski, GmbHG, § 60, Rn. 2; *Kleindiek*, in: Lutter/Hommelhoff, GmbHG, § 69 Rn. 2. Nach der Gegenansicht findet zwar eine Zweckänderung statt, da die Gesellschaft fortan ganz auf Durchführung der Liquidation gerichtet ist, s. *Altmeppen*, in: Roth/Altmeppen, GmbHG, § 69 Rn. 3. Praktische Auswirkungen dürfte das jedoch nicht haben.

6 Vgl. *K. Schmidt*, in: Scholz, GmbHG, § 69 Rn. 3; *Gsell*, in: Rowedder/Schmidt-Leithoff, GmbHG, § 69 Rn. 22; *Kleindiek*, in: Lutter/Hommelhoff, GmbHG, § 69 Rn. 2.

C. Die anwendbaren Vorschriften im Einzelnen

I. Die Bestimmungen des ersten Abschnitts

1. Unanwendbare Vorschriften

Die Bestimmungen des ersten Abschnitts sind unanwendbar, soweit sie ausschließlich die Errichtung der Gesellschaft regeln, während solche Vorschriften, die sich auf die errichtete Gesellschaft beziehen, auch im Liquidationsstadium gelten.[7] Folgende Vorschriften sind unanwendbar oder doch jedenfalls bedeutungslos: §§ 1, 2, 5, 5a, 7, 9c, 10, 11, da sie ausschließlich die Errichtung der Gesellschaft betreffen. 3

2. Anwendbar aufgrund Verweisung

Andere Vorschriften beziehen sich ebenfalls auf die Errichtung der Gesellschaft, erscheinen daher zunächst irrelevant, finden jedoch kraft Verweisung Anwendung. So ist § 6, der die Bestellung der Geschäftsführer regelt, nicht einschlägig, da die Liquidatoren in der Phase der Auflösung an die Stelle der Geschäftsführer treten und für ihre Bestellung § 67 gilt. § 66 Abs. 4 verweist jedoch auf § 6 Abs. 2 Satz 2 und 3. Daneben findet auch § 6 Abs. 3 Anwendung: folglich können natürliche und andere Personen nicht nur Geschäftsführer, sondern auch Liquidatoren werden (dazu im Einzelnen unter § 66 Rdn. 27 f.).[8] Auch § 8 betrifft die Errichtung der Gesellschaft. Da gerade im Liquidationsstadium zahlreiche Eintragungspflichten bestehen, finden einzelne seiner Bestimmungen über Verweise im 5. Abschnitt jedoch Anwendung, so § 8 Abs. 3 Satz 2 über § 67 Abs. 3 Satz 2. 4

3. Anwendbar wegen andauernder Bedeutung

Demgegenüber beziehen sich die übrigen Vorschriften auf die errichtete Gesellschaft und gelten bereits aus diesem Grunde fort. 5

a) Satzungsbestimmungen, § 3 GmbHG

§ 3 ist insoweit bedeutsam, als auch in der Liquidation die Satzung die in § 3 vorgesehenen Bestimmungen enthalten muss. Außerdem besitzen die Bestimmungen über die Laufzeit der Gesellschaft in § 3 Abs. 2 für die Auflösung und evtl. Fortsetzung der Gesellschaft Relevanz (s. dazu § 60 Rdn. 3–13 sowie 67). Weiter können auch Nebenleistungspflichten fortbestehen, wenn eine an ihrem Zweck orientierte Interpretation der entsprechenden Vorgaben im Gesellschaftsvertrag ergibt, dass sie auch im Liquidationsstadium fortbestehen sollen.[9] Außerdem können mit Zustimmung der betroffenen Gesellschafter neue Nebenleistungspflichten eingeführt werden, was nach §§ 3 Abs. 2, 53 in die Satzung aufgenommen werden muss.[10] 6

b) §§ 4, 4a, 9, 9a, 9b, 12 GmbHG

Die bisherige Firma ist mit dem Liquidationszusatz fortzuführen. Dessen Hinzufügung bedeutet keine Firmenänderung (s. schon § 68 Rdn. 15).[11] § 4 gilt daher fort. Eine Firmenänderung bleibt auch im Liquidationsstadium möglich.[12] Da sich am Sitz der Gesellschaft im Liquidationsstadium nichts ändert, gilt auch § 4a fort (dazu auch Rdn. 28).[13] Die Differenzhaftung nach § 9, 7

---

7 *Haas*, in: Baumbach/Hueck, GmbHG, § 69 Rn. 2.
8 *Gsell*, in: Rowedder/Schmidt-Leithoff, GmbHG, § 69 Rn. 5; *Haas*, in: Baumbach/Hueck, GmbHG, § 69 Rn. 2; *K. Schmidt*, in: Scholz, GmbHG, § 69 Rn. 16.
9 *K. Schmidt*, in: Scholz, GmbHG, § 69 Rn. 12.
10 *Gsell*, in: Rowedder/Schmidt-Leithoff, GmbHG, § 69 Rn. 3.
11 *K. Schmidt*, in: Scholz, GmbHG, § 69 Rn. 13; *Kleindiek*, in: Lutter/Hommelhoff, GmbHG, § 69 Rn. 1.
12 *K. Schmidt*, in: Scholz, GmbHG, § 69 Rn. 13; *Gsell*, in: Rowedder/Schmidt-Leithoff, GmbHG, § 69 Rn. 3.
13 *K. Schmidt*, in: Scholz, GmbHG, § 69 Rn. 14.

Schadensersatzansprüche nach § 9a und eine Gründerhaftung nach § 9b können auch im Liquidationsstadium geltend gemacht werden. Da Bekanntmachungen auch im Liquidationsstadium erfolgen und notwendig sein können, ist § 12 anwendbar.[14]

II. Die Bestimmungen des zweiten Abschnitts

8 Der zweite Abschnitt, der die Rechtsverhältnisse der Gesellschaft und Gesellschafter regelt, findet überwiegend Anwendung. Im Gegensatz zum ersten Abschnitt bildet die Unanwendbarkeit von Vorschriften die Ausnahme. Insb. die Vorschriften zur Gewinnverteilung und Kapitalerhaltung werden jedoch von den spezielleren Vorschriften des 5. Abschnitts überlagert.

1. Anwendbare Vorschriften

a) §§ 13 bis 18 GmbHG

9 §§ 13 bis 18 betreffen die Vorschriften über die Rechtsstellung der Gesellschaft als juristische Person, als Gesellschaft mit Haftungsbeschränkung sowie die Bestimmungen über die Geschäftsanteile. Sie gelten fort.[15]

b) Kapitalaufbringung, §§ 19 bis 25 GmbHG

10 §§ 19 bis 25 betreffen die Kapitalaufbringung und deren Durchsetzung und gelten grds. im Liquidationsstadium fort.[16] Für die Einziehung rückständiger Einlagen gelten jedoch Besonderheiten. Da die Gesellschaft in der Liquidationsphase ohnehin auf eine Verteilung ihres Vermögens an die Gesellschafter ausgerichtet ist, gilt § 19 Abs. 2 mit der Besonderheit fort, dass rückständige Rücklagen nur noch eingezogen werden müssen, wenn hierfür ein Bedürfnis besteht. Dieses Bedürfnis kann sich auf Gründe des Gläubigerschutzes oder auf den Grundsatz der Gleichbehandlung der Gesellschafter stützen. Rückständige Einlagen müssen daher ohne Rücksicht auf die Fälligkeitsvereinbarung und ohne Gesellschafterbeschluss nach § 46 Nr. 2 eingezogen werden, wenn der Grundsatz vorrangiger Gläubigerbefriedigung betroffen ist, sie also zur Erfüllung der Verbindlichkeiten oder Beendigung der Geschäftstätigkeit (dazu § 70 Rdn. 18) erforderlich sind.[17]. Darüber hinaus darf es zu keiner Ungleichbehandlung der Mitgesellschafter kommen (s. dazu § 72 Rdn. 17 f.).[18] Auch die Kaduzierung nach §§ 21 ff. ist weiterhin möglich.[19] Auch für die Ausfallhaftung nach § 24 gilt, dass sie auf den Fall beschränkt ist, dass es des geschuldeten Betrags zur Gläubigerbefriedigung oder zur Gleichbehandlung der Gesellschafter bedarf.[20] Nachschüsse nach §§ 26 bis 28, die vor der Auflösung beschlossen wurden, sind wie offene Einlagen zu behandeln.[21] Außerdem können sie eingefordert werden, wenn dies in der Satzung auch für die aufgelöste Gesellschaft vorgesehen ist

---

14 Zu allem Vorstehenden *K. Schmidt*, in: Scholz, GmbHG, § 69 Rn. 18 f.

15 *K. Schmidt*, in: Scholz, GmbHG, § 69 Rn. 22; *Gsell*, in: Rowedder/Schmidt-Leithoff, GmbHG, § 69 Rn. 7; *Kleindiek*, in: Lutter/Hommelhoff, GmbHG, § 69 Rn. 5.

16 *K. Schmidt*, in: Scholz, GmbHG, § 69 Rn. 23; *Gsell*, in: Rowedder/Schmidt-Leithoff, GmbHG, § 69 Rn. 8; *Kleindiek*, in: Lutter/Hommelhoff, GmbHG, § 69 Rn. 5.

17 In diesem Sinne BGH, NJW 1992, 2229 f.; BGH, NJW 1963, 102; BGH, NJW 1968, 398, 399 f.; *K. Schmidt*, in: Scholz, GmbHG, § 69 Rn. 23; *Gsell*, in: Rowedder/Schmidt-Leithoff, GmbHG, § 69 Rn. 8; *Haas*, in: Baumbach/Hueck, GmbHG, § 69 Rn. 4; *Ensthaler*, in: Ensthaler/Füller/Schmidt, GmbHG, § 69 Rn. 4; *Kleindiek*, in: Lutter/Hommelhoff, GmbHG, § 69 Rn. 5; *Gehrlein*, DStR 1997, 31.

18 I.E. *Haas*, in: Baumbach/Hueck, GmbHG, § 69 Rn. 4; *K. Schmidt*, in: Scholz, GmbHG, § 69 Rn. 23 f.

19 *Haas*, in: Baumbach/Hueck, GmbHG, § 69 Rn. 4; *Gsell*, in: Rowedder/Schmidt-Leithoff, GmbHG, § 69 Rn. 8; *K. Schmidt*, in: Scholz, GmbHG, § 69 Rn. 26.

20 *Gsell*, in: Rowedder/Schmidt-Leithoff, GmbHG, § 69 Rn. 8.

21 *K. Schmidt*, in: Scholz, GmbHG, § 69 Rn. 27; *Kleindiek*, in: Lutter/Hommelhoff, GmbHG, § 69 Rn. 6; *Haas*, in: Baumbach/Hueck, GmbHG, § 69 Rn. 5; *Gsell*, in: Rowedder/Schmidt-Leithoff, GmbHG, § 69 Rn. 9.

und sie daher nicht nur der Zweckverfolgung im werbenden Stadium, sondern auch der Gläubigerbefriedigung in der Liquidation zu dienen bestimmt sind.[22]

2. Unanwendbare und vom Liquidationszweck überlagerte Vorschriften

a) Gewinnausschüttung, § 29 GmbHG

§ 29 findet demgegenüber keine Anwendung. Gewinne dürfen in der Liquidationsphase nicht bezogen werden, da § 73 Vorrang besitzt.[23] Die in der Mitgliedschaft wurzelnden Ansprüche vermögensrechtlicher Art beschränken sich in der Liquidationsphase auf anteilige Beteiligung am Liquidationserlös nach § 72. Eine Ausnahme gilt für einen vor der Auflösung beschlossenen Gewinnverteilungsbeschluss, der auch in der Liquidationsphase noch ausgeführt werden darf. Da der Anspruch noch vor der Auflösung entstanden ist, bestimmen sich die Schranken der Kapitalausschüttung an die Gesellschafter nach § 30, nicht nach § 73 (s. näher unter § 72 Rdn. 10).[24] 11

b) Kapitalerhaltung, §§ 30 bis 34 GmbHG

Im Grundsatz gelten die Kapitalerhaltungsvorschriften der §§ 30 bis 32 fort. Sie werden jedoch durch § 73 überlagert.[25] Dies führt zu einer vollständigen Verteilungssperre, bis die Vorgaben des § 73 erfüllt und damit die Voraussetzungen der Vermögensverteilung geschaffen sind, auch wenn § 30 nicht entgegen steht.[26] Umgekehrt steht § 30 nicht entgegen, wenn § 73 eine Ausschüttung zulässt.[27] Gleiches gilt für die Bestimmungen zur Einziehung nach §§ 33, 34. Auch diese Vorschriften gelten zwar fort, Abfindungen an die Gesellschafter unterliegen jedoch der Ausschüttungssperre des § 73. Daran kann die Einziehung scheitern.[28] Außerdem sind Rückforderungen nach § 31 auch in der Liquidationsphase möglich.[29] 12

III. Bestimmungen des dritten Abschnitts

Im dritten Abschnitt ergibt sich ein geteiltes Bild. Die Vorschriften über die Geschäftsführung werden von den spezielleren Vorschriften des fünften Abschnitts über die Liquidatoren überlagert, finden aber durch Verweise oder zur Lückenfüllung in beträchtlichem Umfang dennoch Anwendung. Die übrigen Vorschriften des dritten Abschnitts zur Organisation des Gesellschaftslebens finden überwiegend weiterhin Anwendung, da der Eintritt der Gesellschaft in das Abwicklungsstadium an ihrer Bedeutung nichts ändert. 13

---

22 *Haas*, in: Baumbach/Hueck, GmbHG, § 69 Rn. 5; ähnlich *K. Schmidt*, in: Scholz, GmbHG, § 69 Rn. 27; *Kleindiek*, in: Lutter/Hommelhoff, GmbHG, § 69 Rn. 6; a.A. *Gsell*, in: Rowedder/Schmidt-Leithoff, GmbHG, § 69 Rn. 9: Behandlung wie vor Auflösung beschlossene Nachschüsse.

23 *Gsell*, in: Rowedder/Schmidt-Leithoff, GmbHG, § 69 Rn. 9; *Haas*, in: Baumbach/Hueck, GmbHG, § 69 Rn. 6; *Kleindiek*, in: Lutter/Hommelhoff, GmbHG, § 69 Rn. 7.

24 *K. Schmidt*, in: Scholz, GmbHG, § 69 Rn. 28; *Haas*, in: Baumbach/Hueck, GmbHG, § 69 Rn. 6; *Gsell*, in: Rowedder/Schmidt-Leithoff, GmbHG, § 69 Rn. 9; *Kleindiek*, in: Lutter/Hommelhoff, GmbHG, § 69 Rn. 7.

25 Zum Verhältnis von § 30 und § 73 auch unter § 73 Rdn. 7. sowie unter § 71 Rdn. 17 und § 72 Rdn. 10.

26 *K. Schmidt*, in: Scholz, GmbHG, § 69 Rn. 29; *Kleindiek*, in: Lutter/Hommelhoff, GmbHG, § 69 Rn. 8.

27 *K. Schmidt*, in: Scholz, GmbHG, § 69 Rn. 29; *Haas*, in: Baumbach/Hueck, GmbHG, § 69 Rn. 7.

28 *K. Schmidt*, in: Scholz, GmbHG, § 69 Rn. 31; *Kleindiek*, in: Lutter/Hommelhoff, GmbHG, § 69 Rn. 9; *Haas*, in: Baumbach/Hueck, GmbHG, § 69 Rn. 10; *Gsell*, in: Rowedder/Schmidt-Leithoff, GmbHG, § 69 Rn. 10.

29 *K. Schmidt*, in: Scholz, GmbHG, § 69 Rn. 29; *Gsell*, in: Rowedder/Schmidt-Leithoff, GmbHG, § 69 Rn. 10. Zur analogen Anwendung des § 31 bei Verstößen gegen § 73s. unter § 73 Rdn. 20.

1. Vertretung und Geschäftsführung

14 Im Grundsatz regelt der fünfte Abschnitt die Vertretung und Geschäftsführung durch die Liquidatoren eigenständig.

a) Unanwendbare Vorschriften und Ausnahmen

15 § 35 wird durch die spezielleren §§ 68, 70 verdrängt, §§ 38, 39 werden durch §§ 66 Abs. 3, 67 ausgeschlossen. Da die Regelungen zur Vertretung und Geschäftsführung im fünften Abschnitt jedoch unvollständig sind, müssen ergänzend einzelne Grundsätze, die für die Geschäftsführer gelten, herangezogen werden. Hier ist an die Grundsätze zur Passivvertretung und die Anwendung des § 35 Abs. 2 Satz 2 zu erinnern.[30] Ist kein Liquidator vorhanden, wird die Gesellschaft durch die Gesellschafter passiv vertreten, sodass auch § 35 Abs. 1 Satz 2 Anwendung findet. Überdies muss auch § 35 Abs. 3 für den Liquidator gelten.[31] Außerdem kann das Recht der Gesellschafter zur Abberufung der Liquidatoren in der Satzung in Entsprechung zu § 38 Abs. 2 beschränkt werden.[32]

b) Durch Verweisung anwendbar

16 Außerdem erklärt § 71 Abs. 4 die Rechte und Pflichten der Geschäftsführer aus §§ 37, 41, 43 (mit Ausnahme des Abs. 3) für anwendbar. Daher gilt weiterhin nach § 37, dass die Satzung die Vertretungsmacht (nur) mit Wirkung für das Innenverhältnis beschränken kann. Auch können die Gesellschafter den Liquidatoren im Beschlusswege Anweisungen erteilen.[33] Außerdem gelten die in § 43 geregelten Pflichtbindungen auch für die Liquidatoren. § 43 Abs. 3 wird nicht durch § 71 Abs. 4, sondern durch § 73 Abs. 3 für anwendbar erklärt. Dass er weiterhin Anwendung findet, ergibt sich i.Ü. schon daraus, dass die Kapitalerhaltungsgrundsätze in der Liquidation fortgelten.[34] Nach §§ 41, 71 Abs. 4 sind die Liquidatoren zur Buchführung verpflichtet. Daneben gelten auch §§ 42, 42a.[35] Die Rechnungslegungspflichten werden im Einzelnen unter § 71 erörtert. Schließlich gilt § 35a über § 71 Abs. 5 in modifizierter Form.

c) Konzeptionell anwendbar

17 Weitere Bestimmungen sind nicht über eine Verweisung, sondern deshalb anwendbar, weil sie weder durch besondere Vorschriften im fünften Abschnitt verdrängt werden, noch dem Wesen der Liquidation entgegen stehen. Daher gilt § 40 fort. Die Liquidatoren sind verpflichtet, bei einer Veränderung des Gesellschafterkreises eine Gesellschafterliste einzureichen.[36] § 43a kommt bei Krediten an Liquidatoren und andere in der Bestimmung genannte Personen (mit Ausnahme der nicht mehr vorhandenen Geschäftsführer) zur Anwendung.[37] § 44 gilt fort und gestattet die Bestellung stellvertretender Liquidatoren.[38] Zur Geltung des § 39 Abs. 1 s. unter § 67 Rdn. 13.

---

30 S. unter § 68 Rdn. 7.

31 Zum Vorstehenden *K. Schmidt*, in: Scholz, GmbHG, § 69 Rn. 33.

32 *Haas*, in: Baumbach/Hueck, GmbHG, § 69 Rn. 14. Zur Abberufung der Liquidatoren im Einzelnen unter § 66 Rdn. 17–23.

33 *Haas*, in: Baumbach/Hueck, GmbHG, § 69 Rn. 13.

34 *Haas*, in: Baumbach/Hueck, GmbHG, § 69 Rn. 17. I.E. auch *K. Schmidt*, in: Scholz, GmbHG, § 69 Rn. 36.

35 *Gsell*, in: Rowedder/Schmidt-Leithoff, GmbHG, § 69 Rn. 13.

36 *K. Schmidt*, in: Scholz, GmbHG, § 69 Rn. 34.

37 *K. Schmidt*, in: Scholz, GmbHG, § 69 Rn. 36; *Gsell*, in: Rowedder/Schmidt-Leithoff, GmbHG, § 69 Rn. 13.

38 *K. Schmidt*, in: Scholz, GmbHG, § 69 Rn. 36; *Haas*, in: Baumbach/Hueck, GmbHG, § 69 Rn. 17; *Gsell*, in: Rowedder/Schmidt-Leithoff, GmbHG, § 69 Rn. 13.

2. Sonstige Bestimmungen

Die sonstigen Bestimmungen des dritten Abschnitts betreffen die Rechte der Gesellschafter und die Organisation der Gesellschafterversammlung. 18

a) Kompetenzen der Gesellschafter

§ 46 gilt im Grundsatz fort, zumeist jedoch mit Einschränkungen: Nr. 1 wird von § 71 Abs. 2 Satz 1 verdrängt, soweit es um die Feststellung des Jahresabschlusses geht. Gewinnverwendungsbeschlüsse können gefasst werden, führen jedoch nicht zu einer Ausschüttung. Vielmehr werden ausgewiesene Gewinne nur als Rechnungsposten geführt und können bei der abschließenden Verteilung des Gesellschaftsvermögens berücksichtigt werden.[39] Nr. 1a und 1b gelten fort, haben aber ohnehin einen sehr eingeschränkten Anwendungsbereich. Nr. 2 ist ausgeschlossen, da die Einlagen durch die Liquidatoren eingefordert werden können.[40] Hierfür gelten die gerade unter Rdn. 10 dargestellten Grundsätze. Bei Nr. 3, 4 ist § 73 zu beachten.[41] Nr. 5 wird durch § 66 verdrängt, soweit es um die Bestellung und Abberuf der Liquidatoren geht (s. dort), findet aber auf die Entlastung Anwendung.[42] Nr. 6 ist anwendbar, da die Liquidatoren ebenfalls wie die Geschäftsführer von den Gesellschaftern kontrolliert werden.[43] Prokuristen und Handlungsbevollmächtigte können zur Abwicklung der Gesellschaft bestellt werden, sodass auch Nr. 7 gilt. Nr. 8 betrifft die Ansprüche der Gesellschaft gegen ihre Vertreter und gilt ebenfalls in der Liquidation.[44] Außerdem kann der Gesellschaftsvertrag weiterhin Zuständigkeiten der Gesellschafter bestimmen, soweit dem nicht zwingendes Recht entgegen steht.[45] Gleiches gilt für die Allzuständigkeit der Gesellschafterversammlung, mit der diese nahezu jede Angelegenheit an sich ziehen und im Innenverhältnis bindend entscheiden kann. Über solche Weisungen kann die Gesellschafterversammlung trotz des Ausschlusses von Nr. 2 auch Einfluss auf die Einforderung von Einlagen nehmen,[46] wobei auch hier die für Liquidatoren geltenden Grundsätze (s. Rdn. 10) Anwendung finden. 19

b) Übrige Vorschriften

§ 45 über die Rechte der Gesellschafter gilt fort.[47] Bei der Ausübung ihrer Rechte müssen die Gesellschafter gleichwohl Beschränkungen hinnehmen, die sich aus der Ausrichtung der Gesellschaft auf die Liquidation ergeben (dazu auch sogleich unter Rdn. 25–27). §§ 47 bis 52 gelten fort.[48] Für § 49 gilt einschränkend, dass die Gesellschafterversammlung nach §§ 49 Abs. 1, 2, 71 Abs. 4 durch die Liquidatoren in den in § 49 Abs. 2 genannten Fällen einberufen wird, demgegenüber aber § 49 Abs. 3 keine Anwendung findet, da sein Zweck, über Maßnahmen gewinnbringenderer Geschäftstätigkeit zu beraten, in der Liquidationsphase nicht erreicht werden kann.[49] 20

---

39 *Nerlich*, in: Michalski, GmbHG, § 71 Rn. 18. S.a. unter § 71 GmbHG Rdn. 17.
40 *K. Schmidt*, in: Scholz, GmbHG, § 69 Rn. 38.
41 *Gsell*, in: Rowedder/Schmidt-Leithoff, GmbHG, § 69 Rn. 14.
42 *K. Schmidt*, in: Scholz, GmbHG, § 69 Rn. 38; *Gsell*, in: Rowedder/Schmidt-Leithoff, GmbHG, § 69 Rn. 14.
43 BGH, NJW 2004, 365, 366; *K. Schmidt*, in: Scholz, GmbHG, § 69 Rn. 38.
44 *Haas*, in: Baumbach/Hueck, GmbHG, § 69 Rn. 18; *K. Schmidt*, in: Scholz, GmbHG, § 69 Rn. 38; *Gsell*, in: Rowedder/Schmidt-Leithoff, GmbHG, § 69 Rn. 14.
45 *K. Schmidt*, in: Scholz, GmbHG, § 69 Rn. 38.
46 *K. Schmidt*, in: Scholz, GmbHG, § 69 Rn. 38.
47 *K. Schmidt*, in: Scholz, GmbHG, § 69 Rn. 37; *Gsell*, in: Rowedder/Schmidt-Leithoff, GmbHG, § 69 Rn. 13.
48 *K. Schmidt*, in: Scholz, GmbHG, § 69 Rn. 37, 39 f.; *Gsell*, in: Rowedder/Schmidt-Leithoff, GmbHG, § 69 Rn. 15 f.
49 Vgl. *Gsell*, in: Rowedder/Schmidt-Leithoff, GmbHG, § 69 Rn. 15; *Haas*, in: Baumbach/Hueck, GmbHG, § 69 Rn. 19; *K. Schmidt*, in: Scholz, GmbHG, § 69 Rn. 37.

IV. Bestimmungen des vierten Abschnitts

21 Obwohl in § 69 nicht aufgeführt, sind auch die Vorschriften des 4. Abschnitts über Satzungsänderungen grds. anwendbar.[50] Dabei ist im Einzelfall zu prüfen, ob die jeweilige Satzungsänderung mit dem Wesen der Liquidation vereinbar ist. Entscheidend ist dafür ihre Vereinbarkeit mit den Interessen der Gläubiger und dissentierenden (Minderheits-) Gesellschafter. Das gilt auch, soweit sie zwar vor der Auflösung beschlossen wurde, sich ihre Wirkung jedoch erst im Liquidationsstadium entfaltet.[51]

1. Allgemeine Grundsätze

22 Satzungsänderungen sind auch im Liquidationsstadium grds. zulässig. Dabei ist im Einzelfall jedoch zu berücksichtigen, ob eine Gläubigerbenachteiligung zu befürchten ist oder die überstimmten Gesellschafter in ihrer Rechtsstellung beeinträchtigt werden. Wegen möglicher Gläubigerbenachteiligung (Erschwerung der Geltendmachung von Forderungen nach § 73) können Firmenänderung, Sitzverlegung und Änderung des Unternehmensgegenstandes unzulässig sein. Sprechen sachliche Gründe für derartige Maßnahmen, sind sie jedoch zulässig. Eine Firmenänderung ist daher möglich, wenn das Unternehmen zusammen mit der bisherigen Firma veräußert wird.[52] Die Liquidatoren haben sicherzustellen, dass die Gläubiger ausreichend informiert werden, um Irreführungen zu vermeiden. Veränderungen des Unternehmensgegenstandes sind i.V.m. einem Wiedereintritt in das werbende Stadium denkbar.[53] Näher dazu unter § 60 Rdn. 61–64.

2. Beeinträchtigungen bei Kapitalmaßnahmen

23 Kapitalmaßnahmen sind der wohl relevanteste und zugleich problematischste Fall einer Satzungsänderung im Liquidationsstadium. Beeinträchtigungen der Gläubiger sind durch effektive Kapitalherabsetzungen denkbar. Ein damit verbundener Kapitalabfluss ist mit dem Wesen der Liquidation regelmäßig unvereinbar, es sei denn, es bestehen ausnahmsweise sachliche Gründe im Gesellschaftsinteresse, insb. zur Vorbereitung einer Wiederaufnahme der werbenden Tätigkeit.[54] Selbst dann gilt jedoch § 73, dessen Ausschüttungsverbot auch durch sachliche Gründe im Gesellschaftsinteresse nicht überwunden werden kann.[55] Aus Sicht der Minderheitsgesellschafter sind Kapitalerhöhungsbeschlüsse relevant. Sie sind entgegen herrschender Meinung nur dann rechtmäßig, wenn sachliche Interessen der beschlusstragenden Mehrheit an der Kapitalerhöhung bestehen und sich gegen die Interessen der widersprechenden Minderheit durchsetzen (Abwägungslösung).[56] Sind sie zur

---

50 BayObLG, NJW-RR 1987, 1175, 1177; OLG Frankfurt am Main, NJW 1974, 463; *K. Schmidt*, in: Scholz, GmbHG, § 69 Rn. 41; *Haas*, in: Baumbach/Hueck, GmbHG, § 69 Rn. 20; *Gsell*, in: Rowedder/Schmidt-Leithoff, GmbHG, § 69 Rn. 17; *Kleindiek*, in: Lutter/Hommelhoff, GmbHG, § 69 Rn. 13; *Nerlich*, in: Michalski, GmbHG, § 69 Rn. 54.

51 OLG Frankfurt am Main, NJW 1974, 463.

52 I.E. auch *Haas*, in: Baumbach/Hueck, GmbHG, § 69 Rn. 23; *Gsell*, in: Rowedder/Schmidt-Leithoff, GmbHG, § 69 Rn. 18. Genereller BayObLG, NJW-RR 1996, 417; *Nerlich*, in: Michalski, GmbHG, § 69 Rn. 56.

53 *K. Schmidt*, in: Scholz, GmbHG, § 69 Rn. 41; *Haas*, in: Baumbach/Hueck, GmbHG, § 69 Rn. 23.

54 *Haas*, in: Baumbach/Hueck, GmbHG, § 69 Rn. 22. S. zu einer anderen Konstellation OLG Frankfurt am Main, NJW 1974, 463, 464: Abwicklungsgesellschaft kann ein schutzwürdiges Interesse daran haben, durch eine Kapitalherabsetzung auch eine geringere Steuerbelastung zu erreichen.

55 In diesem Sinne OLG Frankfurt am Main, NJW 1974, 463, 464; *Haas*, in: Baumbach/Hueck, GmbHG, § 69 Rn. 22; *Gsell*, in: Rowedder/Schmidt-Leithoff, GmbHG, § 69 Rn. 18; *K. Schmidt*, in: Scholz, GmbHG, § 69 Rn. 42; *Altmeppen*, in: Roth/Altmeppen, GmbHG, § 69 Rn. 11; *Nerlich*, in: Michalski, GmbHG, § 69 Rn. 58.

56 Gegen diesen Ansatz die wohl h.M., die Kapitalerhöhungen für generell zulässig erklärt, s. *Gsell*, in: Rowedder/Schmidt-Leithoff, GmbHG, § 69 Rn. 18; tendenziell auch *Haas*, in: Baumbach/Hueck, GmbHG, § 69 Rn. 21. Nach *K. Schmidt*, in: Scholz, GmbHG, § 69 Rn. 42, sind sie anfechtbar, wenn ein treuwidriger Zweck verfolgt wird.

Gläubigerbefriedigung oder Durchführung von Beendigungsmaßnahmen erforderlich, setzen sie sich gegen die Minderheitsinteressen (regelmäßig) durch.[57] I.Ü. fehlt ihnen die Rechtfertigung.

V. Bestimmungen des sechsten Abschnitts

Die Bestimmungen des sechsten Abschnitts sind insoweit anwendbar, als sie auf den Liquidator oder Gesellschafter Bezug nehmen.[58] 24

VI. Fortgeltung der Pflichtbindungen der Gesellschafter

1. Fortbestand der Treuepflicht und des Gleichbehandlungsgrundsatzes

Die für die GmbH allgemein anerkannte Treuepflicht gilt, jedenfalls im Ansatz, auch im Liquidationsstadium fort.[59] Weiterhin sind die Gesellschafter sich gegenseitig sowie auch der Gesellschaft ggü. verpflichtet, bei der Wahrnehmung ihrer Rechte auf die Interessen der Mitgesellschafter und der Gesellschaft Rücksicht zu nehmen. Den Bezugspunkt zur Bestimmung von Inhalt und Reichweite der Treuepflicht bildet weiterhin das am Gesellschaftszweck ausgerichtete Gesellschaftsinteresse, wobei zu beachten ist, dass der Zweck nunmehr in der Abwicklung der Gesellschaft besteht. Die Treuepflicht ist daher vor allem darauf gerichtet, die Abwicklung der Gesellschaft zu fördern.[60] Außerdem gilt der allgemeine Gleichbehandlungsgrundsatz fort.[61] 25

a) Verstöße

Verstöße gegen die Treuepflicht und den Gleichbehandlungsgrundsatz können vor allem darin bestehen, dass ein Gesellschafter versucht, sich das Gesellschaftsvermögen unter Benachteiligung der Mitgesellschafter unter Wert anzueignen. Diese Frage wird sich in den meisten Fällen bereits für den Auflösungsbeschluss stellen (und wurde dort erörtert, s. § 60 Rdn. 20–25). Sie kann aber auch im Auflösungsstadium relevant werden, wenn ein entsprechender Beschluss erst dann gefasst und eine entsprechende Vermögensaneignung betrieben wird.[62] Da den Gesellschaftern ein in der Mitgliedschaft wurzelnder Anspruch auf ihre anteilsmäßige Beteiligung am verteilungsfähigen Liquidationserlös zusteht, stellt ein solches Vorgehen einen Eingriff in ihre Mitgliedschaft dar, gegen den sie sich zur Wehr setzen können, sei es durch Beschlussanfechtung (zu den Kriterien § 60 Rdn. 20–25) oder im Wege einer Unterlassungs- oder Schadensersatzklage. Da unter den Gesellschaftern eine Sonderbeziehung existiert, zu deren Pflichteninhalt das Verbot gehört, sich unter Benachteiligung der Mitgesellschafter am Gesellschaftsvermögen zu bereichern, kann dieser Anspruch nicht nur auf Deliktsrecht, sondern auch auf § 280 Abs. 1 BGB gestützt werden.[63] Außerdem sind die Gesellschafter aus der Treuepflicht angehalten, die Abwicklung nicht zu behindern.[64] 26

---

57 BayObLG, NJW-RR 1996, 417. I.E. auch *Kleindiek*, in: Lutter/Hommelhoff, GmbHG, § 69 Rn. 13; *Altmeppen*, in: Roth/Altmeppen, GmbHG, § 69 Rn. 10; *Nerlich*, in: Michalski, GmbHG, § 69 Rn. 57. Allgemein für die Zulässigkeit einer bei Eintritt des Auflösungsgrundes bereits beschlossenen und ins Handelsregister eingetragenen bedingten Kapitalerhöhung bei der AG BGH, NJW 1957, 1279 f.

58 Bezogen auf Liquidator *Haas*, in: Baumbach/Hueck, GmbHG, § 69 Rn. 25.

59 *Kleindiek*, in: Lutter/Hommelhoff, GmbHG, § 69 Rn. 2; *Haas*, in: Baumbach/Hueck, GmbHG, § 69 Rn. 3; *Altmeppen*, in: Roth/Altmeppen, GmbHG, § 69 Rn. 13; *Nerlich*, in: Michalski, GmbHG, § 69 Rn. 6; *Gsell*, in: Rowedder/Schmidt-Leithoff, GmbHG, § 69 Rn. 22.

60 LG Halle, Urt. v. 10.3.2017 – 5 O 170/15; *Gsell*, in: Rowedder/Schmidt-Leithoff, GmbHG, § 69 Rn. 22; *Altmeppen*, in: Roth/Altmeppen, GmbHG, § 69 Rn. 13; *Kleindiek*, in: Lutter/Hommelhoff, GmbHG, § 69 Rn. 2.

61 *Kleindiek*, in: Lutter/Hommelhoff, GmbHG, § 69 Rn. 5.

62 Vgl. *Gsell*, in: Rowedder/Schmidt-Leithoff, GmbHG, § 69 Rn. 22.

63 I.E. sehr str., doch ausführlich begründet bei *Hofmann*, Der Minderheitsschutz im Gesellschaftsrecht, 2011, § 7.

64 *K. Schmidt*, in: Scholz, GmbHG, § 69 Rn. 8. Für Personengesellschaften OLG Düsseldorf, MDR 1976, 665, 666.

b) **Ausschluss aus wichtigem Grund**

27 Auch die Verpflichtung des Gesellschafters, bei wichtigem Grund zu weichen, besteht in der Liquidationsphase grds. fort. Der wichtige Grund kann nunmehr jedoch nur noch darin bestehen, dass ein Verbleib des Gesellschafters der Durchführung der Liquidation entgegensteht.[65] Die daran zu stellenden Anforderungen sind geringer als in der werbenden Gesellschaft, da die Mitgliedschaft ohnehin beendet wird und nur sicherzustellen ist, dass der Gesellschafter zum Liquidationswert abgefunden wird.

D. Gerichtsstand der Gesellschaft, Abs. 2

28 Nach § 17 Abs. 1 Satz 1 ZPO bestimmt sich der allgemeine Gerichtsstand einer GmbH nach ihrem Sitz. Der Sitz der Gesellschaft ist nach § 4a stets der im Gesellschaftsvertrag bestimmte Ort.[66] Wird der statutarische Sitz im Abwicklungsstadium verlegt, entsteht hierdurch nach § 17 Abs. 1 Satz 1 ZPO ein Gerichtsstand am neuen Satzungssitz.[67] § 69 Abs. 2 bestimmt, dass Gläubiger die Gesellschaft jedoch zusätzlich am bisherigen Gerichtsstand verklagen können, wenn dieser z.Zt. der Auflösung bestand.[68] Für Zweigniederlassungen gilt Abs. 2 nicht, sodass ein dort nach § 21 ZPO bestehender Gerichtsstand mit Aufhebung der Zweigniederlassung untergeht.[69]

§ 70 Aufgaben der Liquidatoren

[1]Die Liquidatoren haben die laufenden Geschäfte zu beendigen, die Verpflichtungen der aufgelösten Gesellschaft zu erfüllen, die Forderungen derselben einzuziehen und das Vermögen der Gesellschaft in Geld umzusetzen; sie haben die Gesellschaft gerichtlich und außergerichtlich zu vertreten. [2]Zur Beendigung schwebender Geschäfte können die Liquidatoren auch neue Geschäfte eingehen.

Schrifttum
S. Schrifttum zu § 67.

Übersicht Rdn.

65 OLG Frankfurt am Main, NZG 2002, 1022, 1023.

66 *Altmeppen*, in: Roth/Altmeppen, GmbHG, § 69 Rn. 17.

67 Vgl. *K. Schmidt*, in: Scholz, GmbHG, § 69 Rn. 44; *Haas*, in: Baumbach/Hueck, GmbHG, § 69 Rn. 26; *Nerlich*, in: Michalski, GmbHG, § 69 Rn. 62; *Gsell*, in: Rowedder/Schmidt-Leithoff, GmbHG, § 69 Rn. 23; *Kleindiek*, in: Lutter/Hommelhoff, GmbHG, § 69 Rn. 15.

68 Vgl. *K. Schmidt*, in: Scholz, GmbHG, § 69 Rn. 44; *Haas*, in: Baumbach/Hueck, GmbHG, § 69 Rn. 26; *Kleindiek*, in: Lutter/Hommelhoff, GmbHG, § 69 Rn. 15.

69 *Gsell*, in: Rowedder/Schmidt-Leithoff, GmbHG, § 69 Rn. 23; *Haas*, in: Baumbach/Hueck, GmbHG, § 69 Rn. 26.

A. Überblick

1 Die Vorschrift regelt die Stellung der Liquidatoren als geschäftsführende und vertretungsberechtigte Organmitglieder der Gesellschaft. Sie erwähnt verschiedene Gruppen von Geschäften, die in den Pflichtenkreis der Liquidatoren fallen: Die Liquidatoren haben die laufenden Geschäfte der Gesellschaft zu beenden, ihre eingegangenen Verpflichtungen zu erfüllen und ihre Forderungen einzuziehen. Neue Geschäfte sollen demgegenüber nach Satz 2 nur eingegangen werden dürfen, soweit dies zur Beendigung schwebender Geschäfte notwendig ist. Außerdem ist das Vermögen der Gesellschaft zu veräußern und die Gesellschaft umfänglich zu vertreten. Diese Aufzählung ist zugleich nur exemplarisch. Die Liquidatoren rücken umfänglich in die Position der Geschäftsführer ein und sind nach §§ 71 Abs. 4, 43 Abs. 1 verpflichtet, sich bei ihrer Tätigkeit an der Sorgfalt auszurichten, die ein ordentlicher Geschäftsmann walten lässt.[1] Sie vertreten die Gesellschaft bei allen Rechtsgeschäften, auch bei solchen mit Gesellschaftern sowie in Prozessen gegen Gesellschafter, insb. auch in Anfechtungsprozessen gegen den Auflösungsbeschluss.[2] Zu ihren Aufgaben gehört weiterhin, das Vermögen an die Gesellschafter zu verteilen, wenn die Voraussetzungen hierfür gegeben sind. Stellen sie fest, dass die Gesellschaft überschuldet ist, oder wird sie im Laufe der Abwicklung zahlungsunfähig, müssen die Liquidatoren nach §§ 11 Abs. 3, 15a Abs. 1 InsO binnen von 3 Wochen Insolvenzantrag stellen (näher dazu unter § 64).[3] Sie üben außerdem für die Gesellschaft den Besitz aus (Organbesitz).[4]

B. Grundsätze von Vertretung und Geschäftsführung

I. Vertretungsmacht

2 Die Vertretungsmacht der Liquidatoren ist nach §§ 71 Abs. 4, 37 Abs. 2 unbeschränkbar und entspricht der Vertretungsmacht der Geschäftsführer.[5] Allerdings ist die Zielrichtung unterschiedlich: Während die Geschäftsführer die Geschäfte der werbenden Gesellschaft leiten, übernehmen die Liquidatoren die Abwicklung der Gesellschaft.[6] Zugleich folgt daraus nicht etwa, dass die Vertretungsmacht im Außenverhältnis auf Abwicklungsmaßnahmen begrenzt ist.[7] Sie ist vielmehr ebenso wie die der Geschäftsführer unbeschränkt. Nur der Grundsatz des Missbrauchs der Vertretungsmacht bildet eine (von hohen Voraussetzungen abhängige) Schranke.[8]

II. Geschäftsführungsbefugnis

3 Davon ist die Geschäftsführungsbefugnis zu unterscheiden. Beschränkungen sind hier möglich, sie wirken jedoch allein im Innenverhältnis.[9] Solche Beschränkungen kann die Satzung enthalten (zu den Voraussetzungen unter Rdn. 9), sie können aber auch von Weisungen der Gesellschafter

1 *K. Schmidt*, in: Scholz, GmbHG, § 70 Rn. 6; *Kleindiek*, in: Lutter/Hommelhoff, GmbHG, § 70 Rn. 17.
2 BGHZ 36, 207; *K. Schmidt*, in: Scholz, GmbHG, § 70 Rn. 2.
3 *Haas*, in: Baumbach/Hueck, GmbHG, § 70 Rn. 3.
4 *K. Schmidt*, in: Scholz, GmbHG, § 70 Rn. 2.
5 *Schönhaar*, GWR 2020, 1, 2.
6 *Gsell*, in: Rowedder/Schmidt-Leithoff, GmbHG, § 73 Rn. 2.
7 OLG Stuttgart, ZIP 1986, 647; LG Köln, DNotZ 1980, 422; *K. Schmidt*, in: Scholz, GmbHG, § 68 Rn. 2 und § 70 Rn. 3; *Haas*, in: Baumbach/Hueck, GmbHG, § 70 Rn. 2; *Altmeppen*, in: Roth/Altmeppen, GmbHG, § 68 Rn. 2; *Kleindiek*, in: Lutter/Hommelhoff, GmbHG, § 68 Rn. 5 und § 70 Rn. 2; *Ensthaler*, in: Ensthaler/Füller/Schmidt, GmbHG, § 68 Rn. 3; *Gsell*, in: Rowedder/Schmidt-Leithoff, GmbHG, § 70 Rn. 5; *Geißler*, DZWiR 2013, 1.
8 S. dazu § 68 Rdn. 3.
9 *Nerlich*, in: Michalski, GmbHG, § 70 Rn. 2; *Gsell*, in: Rowedder/Schmidt-Leithoff, GmbHG, § 70 Rn. 3.

ausgehen, denen die Liquidatoren ebenso wie die Geschäftsführer unterliegen (dazu unter Rdn. 5–8). Beides ergibt sich durch den Verweis in § 71 Abs. 4 auf § 37 Abs. 1.[10] Auch ohne explizite Vorgaben muss sich die Geschäftstätigkeit der Liquidatoren an dem Ziel ausrichten, die Vollbeendigung der Gesellschaft herbeizuführen, also eine wirtschaftlich sinnvolle Abwicklung zu betreiben.[11] Nach § 71 Abs. 4 i.V.m. § 43 gilt dabei als Maßstab die Sorgfalt eines ordentlichen Geschäftsmannes. Entsprechend zur Tätigkeit der Geschäftsführer in der werdenden Phase steht den Liquidatoren ein an den Zielen der Liquidation ausgerichtetes Ermessen zu.[12]

1. Pflicht zur Geschäftsführung

4 Die Liquidatoren sind zur Geschäftsführung persönlich verpflichtet.[13] Sie können sich der Mithilfe von Prokuristen, Handlungsbevollmächtigten und Angestellten bedienen, diesen aber nicht die gesamte Geschäftstätigkeit überlassen.[14] Daher dürfen sie keine Generalvollmacht erteilen, da dies zu einer faktischen Liquidatorenbestellung unter Umgehung der Vorgaben des § 66 führen würde.[15] Die interne Zuständigkeit für die Bestellung von Prokuristen und Generalhandlungsbevollmächtigten richtet sich weiterhin nach § 46 Nr. 7. Ein fehlender Gesellschafterbeschluss berührt die Wirksamkeit der Bestellung solcher Dritter durch die Liquidatoren im Außenverhältnis jedoch nicht.[16] Zum Zeitpunkt der Auflösung bestehende Prokuren und Handlungsvollmachten bleiben bestehen.[17]

2. Weisungen der Gesellschafter

5 Aus § 71 Abs. 4 i.V.m. § 37 Abs. 1 ergibt sich, dass die Liquidatoren den Weisungen durch Gesellschafterbeschlüsse unterliegen. Diese können in Gestalt von Einzelweisungen oder eines Liquidationsplans erfolgen.[18]

a) Voraussetzungen des Gesellschafterbeschlusses

6 Dabei ist problematisch, dass diese Weisungen den Anspruch aller oder einzelner Gesellschafter auf das ihnen zustehende Restvermögen beeinträchtigen können. Für solche Beschlüsse wird daher ganz überwiegend Einstimmigkeit oder zumindest die Zustimmung betroffener Gesellschafter gefordert.[19] Diesen minderheitsschützenden Vorgaben wird im Regelfall zu folgen sein, anderes kann sich im Einzelfall aber aus übergeordneten Interessen ergeben. Widersprechende Gesellschafter müssen Beeinträchtigungen durch Gesellschafterbeschlüsse hinnehmen, wenn diesen Gesellschaftsinteressen zugrunde liegen, die sich gegen die Individualinteressen der widersprechenden Minderheit durchsetzen.[20] In der Liquidationsphase ist dieses kollektivierte Interesse zwar stark gewandelt, da der Zweck der Gesellschaft nur noch in ihrer Auflösung besteht. Sofern die reibungslose Abwicklung der Gesellschaft es jedoch ausnahmsweise erfordert, muss ein Gesellschafter auch im

---

10 S.a. unter § 69 Rdn. 16.

11 *Nerlich*, in: Michalski, GmbHG, § 70 Rn. 2.

12 *Kleindiek*, in: Lutter/Hommelhoff, GmbHG, § 70 Rn. 6; *Nerlich*, in: Michalski, GmbHG, § 70 Rn. 17; *Altmeppen*, in: Roth/Altmeppen, GmbHG, § 70 Rn. 22.

13 *Gsell*, in: Rowedder/Schmidt-Leithoff, GmbHG, § 70 Rn. 2.

14 *K. Schmidt*, in: Scholz, GmbHG, § 70 Rn. 1; *Gsell*, in: Rowedder/Schmidt-Leithoff, GmbHG, § 70 Rn. 2; *Geißler*, DZWiR 2013, 1, 4.

15 *K. Schmidt*, in: Scholz, GmbHG, § 70 Rn. 1; *Nerlich*, in: Michalski, GmbHG, § 70 Rn. 4.

16 Für Bestellung durch Geschäftsführer BGHZ 112, 166, 168; für Liquidatoren *K. Schmidt*, in: Scholz, GmbHG, § 70 Rn. 1; *Gsell*, in: Rowedder/Schmidt-Leithoff, GmbHG, § 70 Rn. 2.

17 S. unter Vor §§ 60 ff. Rdn. 6; *Gsell*, in: Rowedder/Schmidt-Leithoff, GmbHG, § 70 Rn. 2.

18 *K. Schmidt*, in: Scholz, GmbHG, § 70 Rn. 5.

19 Einstimmigkeit nach *Nerlich*, in: Michalski, GmbHG, § 70 Rn. 8; *Ensthaler*, in: Ensthaler/Füller/Schmidt, GmbHG, § 70 Rn. 7; Zustimmung betroffener Gesellschafter nach *K. Schmidt*, in: Scholz, GmbHG, § 70 Rn. 6; *Haas*, in: Baumbach/Hueck, GmbHG, § 70 Rn. 13.

20 Zu diesen Grundsätzen *Hofmann*, Der Minderheitsschutz im Gesellschaftsrecht, 2011, § 3 D (S. 121–148).

Liquidationsstadium eine beeinträchtigende Maßnahme hinnehmen, sofern sie auch bei Abwägung mit seinen Interessen nicht als unverhältnismäßig erscheint.

b) Anwendungsfälle

Diese Grundsätze können relevant werden, wenn die Weisungen die Art der Verwertung des Gesellschaftsvermögens betreffen, bspw. die Frage, ob das geführte Unternehmen als Ganzes veräußert oder zerschlagen werden soll.[21] Hier vermögen die allgemeinen Grundsätze zu tragfähigen Ergebnissen zu führen. Ein sachlich gerechtfertigter Mehrheitsbeschluss vermag sich gegen die widersprechende Minderheit durchzusetzen. Ein seltenerer Anwendungsfall kann in der Weisung an die Liquidatoren bestehen, ausstehende Forderungen der Gesellschaft gegen einzelne Gesellschafter nicht einzutreiben. In diesen Fällen kommt es darauf an, ob die ausstehenden Ansprüche benötigt werden, um Gläubigerinteressen zu befriedigen oder alle Gesellschafter gleichmäßig bei der Verteilung des Restvermögens zu berücksichtigen (zu den Grundsätzen § 69 Rdn. 10 und § 72 Rdn. 17 f.). Im ersten Fall dürfen die Liquidatoren dem Gesellschafterbeschluss nicht Folge leisten (sogleich Rdn. 8), im zweiten Fall nur, wenn die betroffenen Gesellschafter zugestimmt haben. 7

c) Bindung der Liquidatoren und Grenzen

Grds. sind die Liquidatoren an Weisungen gebunden. Das gilt nicht, soweit die Weisung zu einem pflichtwidrigen Handeln anhält. Darunter fallen jedenfalls gesetzeswidrige Weisungen, etwa des Inhalts, die Insolvenzantragspflicht zu missachten.[22] Daneben müssen sich die Liquidatoren solchen Weisungen widersetzen, die zu einer Beeinträchtigung der Gläubigerinteressen führen[23] oder die Minderheit in ihrer Rechtsstellung verletzen.[24] Von einer Verletzung der Rechte der Minderheitsgesellschafter ist insb. bei Verstößen gegen den Gleichbehandlungsgrundsatz und bei Beeinträchtigungen der Rechtsstellung, die nicht durch die Liquidationsinteressen gerechtfertigt sind, auszugehen (Rdn. 6 f.). 8

3. Satzungsvorgaben

Beschränkungen können auch in Satzungsbestimmungen enthalten sein. Dabei ist es eine Frage des Einzelfalls, ob sich Beschränkungen für Geschäftsführer auch auf die Liquidatoren beziehen sollen. Davon kann nicht ohne Weiteres ausgegangen werden, da sich die Geschäftsführung in der Liquidationsphase grundlegend von der in der werbenden Phase unterscheidet.[25] Gleiches gilt für Gesellschafterbeschlüsse, mit denen Weisungen an die Geschäftsführer ausgesprochen wurden.[26] Damit entsteht ein Gleichlauf zur Vertretung, für die in weitem Umfang der Grundsatz der Diskontinuität gilt (s. § 68 Rdn. 12–14). 9

4. Herbeiführung von Gesellschafterbeschlüssen

Für einzelne Maßnahmen kann es notwendig bzw. zur Vermeidung von Schadensersatzansprüchen sinnvoll sein, eine Entscheidung der Gesellschafter herbeizuführen. Hierzu können die Liquidatoren nach §§ 71 Abs. 1, 49 Abs. 1, 2 eine Gesellschafterversammlung einberufen.[27] 10

21 *Gsell*, in: Rowedder/Schmidt-Leithoff, GmbHG, § 70 Rn. 3.

22 *K. Schmidt*, in: Scholz, GmbHG, § 70 Rn. 5; *Nerlich*, in: Michalski, GmbHG, § 70 Rn. 9; *Gsell*, in: Rowedder/Schmidt-Leithoff, GmbHG, § 70 Rn. 3.

23 *K. Schmidt*, in: Scholz, GmbHG, § 70 Rn. 5; *Haas*, in: Baumbach/Hueck, GmbHG, § 70 Rn. 12; vgl. *Altmeppen*, in: Roth/Altmeppen, GmbHG, § 70 Rn. 10.

24 Vgl. *Altmeppen*, in: Roth/Altmeppen, GmbHG, § 70 Rn. 10.

25 *Haas*, in: Baumbach/Hueck, GmbHG, § 70 Rn. 12 (»allenfalls eingeschränkte Weitergeltung«); *Nerlich*, in: Michalski, GmbHG, § 70 Rn. 7.

26 *Nerlich*, in: Michalski, GmbHG, § 70 Rn. 8.

27 *Haas*, in: Baumbach/Hueck, GmbHG, § 70 Rn. 14; *Nerlich*, in: Michalski, GmbHG, § 70 Rn. 13.

C. Abwicklung der Geschäfte der Gesellschaft

11 Die zunächst wichtigste Aufgabe der Liquidatoren besteht darin, die bestehenden Geschäfte der Gesellschaft abzuwickeln.[28] Darunter sind solche Geschäfte zu verstehen, die in der werbenden Phase begründet wurden und nunmehr der Ausrichtung auf die Vollbeendigung entsprechend beendet werden.

I. Begleichung von Verbindlichkeiten

12 Hierbei ist von wesentlicher Bedeutung, die bestehenden Verbindlichkeiten zu erfassen, die benötigten finanziellen Mittel zu kalkulieren und anschließend die Verbindlichkeiten zu begleichen.[29]

1. Gesellschafter als Gläubiger

13 Gesellschaftsgläubiger sind mit ihren drittbezogenen Forderungen gesellschaftsfremden Gläubigern gleichgestellt, wie sich aus der Systematik der §§ 72, 73 ergibt.[30] Daher brauchen sie solche Forderungen gegen die Gesellschaft nicht zurückzustellen. Demgegenüber werden gesellschaftsbezogene Forderungen nur nachrangig behandelt. Sie dürfen erst nach Ablauf des Sperrjahres und Befriedigung oder Besicherung bekannter Gläubigerforderungen erfüllt werden.[31] Gewinnziehungsansprüche sind wie Drittforderungen zu behandeln, wenn sie vor der Auflösung bereits entstanden waren, der Gewinnverwendungsbeschluss daher vor Auflösung gefasst wurde. Dann steht nur § 30 entgegen.[32] Nach Wegfall der §§ 32a, 32b sind Darlehensgeschäfte mit den Gesellschaftern nunmehr als Drittgeschäfte zu behandeln.[33] Etwas anderes gilt, wenn sie mit einem vereinbarten Rangrücktritt versehen sind. Dann gehen sie den Forderungen der übrigen Gläubiger nach und dürfen erst nach Ablauf des Sperrjahres nach § 73 befriedigt werden.[34] Der Liquidator darf auch eine ihm selbst zustehende Forderung erfüllen, da es sich um die Erfüllung einer Verbindlichkeit im Sinne von § 181 BGB handelt.[35]

2. Verteilungsgerechtigkeit im Liquidationsverfahren

14 Bei der Erfüllung der Verbindlichkeiten der Gesellschaft sind die Liquidatoren im Ansatz an keine Vorgaben gebunden, sondern können Zweckmäßigkeitserwägungen walten lassen.[36] Dieser Grundsatz erfährt Einschränkungen, wenn sich die Gesellschaft in Zahlungsschwierigkeiten befindet und eine Erfüllung aller Verbindlichkeiten ausscheidet.

---

28 *Schönhaar*, GWR 2020, 1, 2.

29 *Schönhaar*, GWR 2020, 1, 2 f.

30 BGHZ 53, 71, 74; *K. Schmidt*, in: Scholz, GmbHG, § 70 Rn. 8; *Gsell*, in: Rowedder/Schmidt-Leithoff, GmbHG, § 70 Rn. 10; *Haas*, in: Baumbach/Hueck, GmbHG, § 70 Rn. 6; *Kleindiek*, in: Lutter/Hommelhoff, GmbHG, § 70 Rn. 9; *Altmeppen*, in: Roth/Altmeppen, GmbHG, § 70 Rn. 16.

31 BGH, NJW 1985, 1898; *Ensthaler*, in: Ensthaler/Füller/Schmidt, GmbHG, § 70 Rn. 5; *Nerlich*, in: Michalski, GmbHG, § 70 Rn. 21; *Altmeppen*, in: Roth/Altmeppen, GmbHG, § 70 Rn. 18; *Gsell*, in: Rowedder/Schmidt-Leithoff, GmbHG, § 70 Rn. 10. S.a. unter § 72 Rdn. 10.

32 *Altmeppen*, in: Roth/Altmeppen, GmbHG, § 70 Rn. 19; *Gsell*, in: Rowedder/Schmidt-Leithoff, GmbHG, § 70 Rn. 10. Einschränkend *Haas*, in: Baumbach/Hueck, GmbHG, § 69 Rn. 6.

33 *K. Schmidt*, in: Scholz, GmbHG, § 70 Rn. 9; *Gsell*, in: Rowedder/Schmidt-Leithoff, GmbHG, § 70 Rn. 10; *Kleindiek*, in: Lutter/Hommelhoff, GmbHG, § 70 Rn. 10 f.; *Nerlich*, in: Michalski, GmbHG, § 70 Rn. 20; *Altmeppen*, in: Roth/Altmeppen, GmbHG, § 70 Rn. 21; a.A. *Ensthaler*, in: Ensthaler/Füller/Schmidt, GmbHG, § 70 Rn. 5.

34 *Haas*, in: Baumbach/Hueck, GmbHG, § 70 Rn. 6.

35 *K. Schmidt*, in: Scholz, GmbHG, § 70 Rn. 8; *Gsell*, in: Rowedder/Schmidt-Leithoff, GmbHG, § 70 Rn. 12; *Haas*, in: Baumbach/Hueck, GmbHG, § 70 Rn. 5; *Nerlich*, in: Michalski, GmbHG, § 70 Rn. 22; *Altmeppen*, in: Roth/Altmeppen, GmbHG, § 70 Rn. 16.

36 *Schönhaar*, GWR 2020, 1, 3.

a) Gleichbehandlung der Gesellschafter

15 Eine Ungleichbehandlung unter den Gesellschaftern ist mit den innergesellschaftlichen Pflichtbindungen unvereinbar, die auch in der Liquidationsphase gelten (s. § 69 Rdn. 25). Reicht das Gesellschaftsvermögen zur Begleichung sämtlicher Verbindlichkeiten nicht aus, dürfen einzelne Gesellschafter nicht zum Nachteil der Mitgesellschafter bevorzugt werden.[37] In einem solchen Fall hat jeder Gesellschafter vielmehr nur Anspruch auf anteilige Befriedigung.[38] Danach richtet sich auch die Behandlung ausstehender Einlageverpflichtungen. Diese müssen eingezogen werden, soweit sie zur Befriedigung der Gläubigerforderungen anderer Gesellschafter benötigt werden.[39]

b) Gleichbehandlung der Gläubiger

16 Auch die Befriedigung sonstiger Gläubiger steht nicht im freien Ermessen der Liquidatoren. Zwar existiert außerhalb des Insolvenzverfahrens kein allgemeiner Grundsatz, der eine Gläubigergleichbehandlung gebietet;[40] zugleich sind auch dem Zivilrecht Ansätze einer Verteilungsgerechtigkeit bei Erfüllungsschwierigkeiten nicht gänzlich fremd. Die Gläubiger einer Gattungsschuld bilden eine »Interessen«- oder »Gefahrengemeinschaft«, die eine anteilige Befriedigung ihrer Forderungen gebietet.[41] Damit stimmt es überein, dass auch außerhalb des Insolvenzverfahrens eine anteilige Befriedigung der Gläubiger gefordert wird. Dies gilt jedenfalls, wenn die Eröffnung des Insolvenzverfahrens mangels Masse abgelehnt wird, und wird daraus abgeleitet, dass auch in diesen Fällen die insolvenzrechtlichen Grundsätze gelten.[42] Gleiches wird zu Recht gefordert, wenn Grund zur Annahme besteht, dass nicht alle Gläubiger volle Befriedigung werden erlangen können.[43] Bei alledem sollte beachtet werden, dass die Liquidatoren in erster Linie dem Wohl der aufgelösten Gesellschaft verpflichtet sind. Laufen die genannten Ansätze einer Verteilungsgerechtigkeit der Zweckmäßigkeit der Liquidation und den Interessen der Gesellschaft entgegen, sind Abweichungen gerechtfertigt. Denkbar ist, dass einzelne Verbindlichkeiten trotz Zahlungsschwierigkeiten in voller Höhe erfüllt werden dürfen, da der Gesellschaft ansonsten Nachteile drohen, etwa weil sie auf noch nicht erbrachte Gegenleistungen angewiesen ist.

II. Einziehung von Forderungen

1. Verwertung der Ansprüche

17 Die Einziehung der Forderungen vergrößert ebenso wie die Versilberung des Unternehmensvermögens die Abwicklungsmasse und bereitet die Verteilung an die Gesellschafter vor. Der Begriff der »Einziehung« ist weit zu verstehen und schließt sämtliche Verwertungsmaßnahmen ein, soweit sie

---

37 BGHZ 53, 71, 74; *Nerlich*, in: Michalski, GmbHG, § 70 Rn. 23; *Ensthaler*, in: Ensthaler/Füller/Schmidt, GmbHG, § 70 Rn. 4; a.A. *Altmeppen*, in: Roth/Altmeppen, GmbHG, § 70 Rn. 17.

38 BGHZ 53, 71, 74.

39 BGHZ 53, 71, 74; *Gsell*, in: Rowedder/Schmidt-Leithoff, GmbHG, § 70 Rn. 14. Zu den Grundsätzen der Einforderung ausstehender Einlagen im Liquidationsverfahren s. § 69 Rdn. 10. Zur Einziehung im Verteilungsverfahren unter § 72 Rdn. 17 f.

40 BGHZ 53, 71, 74; *K. Schmidt*, in: Scholz, GmbHG, § 70 Rn. 10; *Haas*, in: Baumbach/Hueck, GmbHG, § 70 Rn. 5; *Kleindiek*, in: Lutter/Hommelhoff, GmbHG, § 70 Rn. 9; *Nerlich*, in: Michalski, GmbHG, § 70 Rn. 23; *Altmeppen*, in: Roth/Altmeppen, GmbHG, § 70 Rn. 14 f.; *Gsell*, in: Rowedder/Schmidt-Leithoff, GmbHG, § 70 Rn. 11. Zur Verteilungsgerechtigkeit im Insolvenzverfahren *Paulus*, FS Medicus, 2009, S. 281, 289 ff.

41 S. grundlegend RGZ 84, 125, 128–130. Dazu *Paulus*, FS Medicus, 2009, S. 281, 288.

42 *K. Schmidt*, in: Scholz, GmbHG, § 73 Rn. 9; *Nerlich*, in: Michalski, GmbHG, § 73 Rn. 20; *Konzen*, FS Ulmer, 2003, S. 323, 346–348; vgl. *Tavakoli/Eisenberg*, GmbHR 2018, 75, 78; a.A. *Altmeppen*, in: Roth/Altmeppen, GmbHG, § 70 Rn. 15.

43 *Nerlich*, in: Michalski, GmbHG, § 73 Rn. 19; *Kleindiek*, in: Lutter/Hommelhoff, GmbHG, § 73 Rn. 8; *K. Schmidt*, in: Scholz, GmbHG, § 73 Rn. 9; einschränkend *Gsell*, in: Rowedder/Schmidt-Leithoff, GmbHG, § 73 Rn. 11 (Möglichkeit, aber nicht Pflicht zur Befriedigung pro rata); a.A. *Haas*, in: Baumbach/Hueck, GmbHG, § 70 Rn. 5; *Ensthaler*, in: Ensthaler/Füller/Schmidt, GmbHG, § 73 Rn. 8.

sich als ordnungsgemäße Geschäftsführung im Interesse an einer Vermehrung des Liquidationsvermögens erweisen. Daher können Forderungen auch verkauft oder aufgerechnet werden.[44]

2. Forderungen gegen Gesellschafter

18 Bei Ansprüchen gegen die Gesellschafter ist wiederum danach zu unterscheiden, ob es sich um Drittansprüche oder Ansprüche aus dem Gesellschaftsverhältnis handelt. Während Drittansprüche eingezogen werden müssen, weil nur dies einer ordentlichen Abwicklungstätigkeit entspricht, bestehen bei gesellschaftsbezogenen Ansprüchen Einschränkungen: Sie müssen eingefordert werden, wenn sie zur Gläubigerbefriedigung oder sonstigen Beendigung der Abwicklung erforderlich sind oder über den Liquidationsanteil des Gesellschafters hinausgehen.[45] Fehlt es daran, steht dem Gesellschafter ein Leistungsverweigerungsrecht zu.[46] Liegen die Voraussetzungen hingegen von, kann der Gesellschafter nicht etwa mit einem Anspruch auf den Liquidationserlös aufrechnen. Dieser besteht nur dem Grunde nach, seine Höhe ist erst bekannt, wenn die Verteilungsvoraussetzungen vorliegen. Erst dann tritt auch Fälligkeit ein.[47]

III. Versilberung des Gesellschaftsvermögens

1. Grundsätze

19 Die Verwertung des Gesellschaftsvermögens dient der Schaffung und Vermehrung des verteilungsfähigen Vermögens, kann aber auch schon erforderlich sein, um überhaupt die Verbindlichkeiten der Gesellschaft begleichen zu können. Dem Interesse der Gesellschafter an einem hohen Verteilungserlös entspricht die Verpflichtung der Liquidatoren, sich um einen möglichst hohen Erlös für das Gesellschaftsvermögen zu bemühen.[48] Hier kommt der Weisungsgebundenheit der Liquidatoren besondere Bedeutung zu (s. Rdn. 5–8). Die Verwertung erfolgt regelmäßig, jedoch nicht zwingend durch Veräußerung an Dritte. Soweit sich hierdurch ein ggü. der Zerschlagung höherer Erlös erzielen lässt, ist vornehmlich das Unternehmen als Ganzes zusammen mit der Firma zu veräußern.[49] Gegenstände, die der Gesellschaft von den Gesellschaftern zur Nutzung überlassen wurden, werden nach § 732 BGB analog an diese zurückgegeben, nicht verwertet.[50]

2. Veräußerung an Gesellschafter

20 Bei einer Veräußerung des Gesellschaftsvermögens an die Gesellschafter besteht die Gefahr einer Benachteiligung der Gläubiger oder Mitgesellschafter. Beides ist pflichtwidrig. Daher muss der Liquidator sicherstellen, dass der Verkehrswert erzielt wird.[51] Was den Minderheitsschutz angeht, ist das alleine nicht ausreichend. Der Widerspruch eines Mitgesellschafters ist zwar unbeachtlich, wenn dieser keinen Vermögensnachteil erleidet und selbst zur Übernahme nicht bereit oder imstande

---

44 *Haas*, in: Baumbach/Hueck, GmbHG, § 70 Rn. 7; *Nerlich*, in: Michalski, GmbHG, § 70 Rn. 24.

45 S. dazu unter § 72 Rdn. 17 f.

46 Dazu auch unter § 69 Rdn. 10. I.E. so auch *Haas*, in: Baumbach/Hueck, GmbHG, § 70 Rn. 7; *Nerlich*, in: Michalski, GmbHG, § 70 Rn. 25; *Gsell*, in: Rowedder/Schmidt-Leithoff, GmbHG, § 70 Rn. 14. s.a. *Gehrlein*, DStR 1997, 31. Zur Beweislastverteilung RGZ 45, 153, 155.

47 *Gsell*, in: Rowedder/Schmidt-Leithoff, GmbHG, § 70 Rn. 14; *Nerlich*, in: Michalski, GmbHG, § 70 Rn. 25. Zum Anspruch auf den Verteilungserlös unter § 72 Rdn. 2.

48 *Gsell*, in: Rowedder/Schmidt-Leithoff, GmbHG, § 70 Rn. 15; *Schönhaar*, GWR 2020, 1, 3.

49 *K. Schmidt*, in: Scholz, GmbHG, § 70 Rn. 14; *Haas*, in: Baumbach/Hueck, GmbHG, § 70 Rn. 8a; *Nerlich*, in: Michalski, GmbHG, § 70 Rn. 27; *Tavakoli/Eisenberg*, GmbHR 2018, 75, 78. Damit geht eine Firmenänderung einher, zu deren Zulässigkeit unter § 69 Rdn. 7.

50 *K. Schmidt*, in: Scholz, GmbHG, § 70 Rn. 13; *Haas*, in: Baumbach/Hueck, GmbHG, § 70 Rn. 8b; *Schönhaar*, GWR 2020, 1, 3.

51 I.E. auch *K. Schmidt*, in: Scholz, GmbHG, § 70 Rn. 13; *Gsell*, in: Rowedder/Schmidt-Leithoff, GmbHG, § 70 Rn. 17; *Kleindiek*, in: Lutter/Hommelhoff, GmbHG, § 70 Rn. 14. S. auch *Haas*, in: Baumbach/Hueck, GmbHG, § 70 Rn. 8.

ist.[52] Es kann jedoch einen Verstoß gegen den Gleichbehandlungsgrundsatz darstellen, wenn einzelne Vermögenswerte oder auch das ganze Vermögen auf einen Gesellschafter übertragen werden, obwohl auch andere Gesellschafter daran interessiert sind. Allerdings ist die Ungleichbehandlung sachlich gerechtfertigt, wenn ein Gesellschafter mehr bietet als die übrigen Gesellschafter und Dritte. Außerdem ist darauf zu achten, dass die Liquidation der Gesellschaft dem Mehrheitsgesellschafter nicht allein dazu dient, das Unternehmen unter Ausschluss der Minderheit weiterzuführen.[53]

IV. Vermögensverwaltung

Da sich die Verwertung des Gesellschaftsvermögens hinziehen kann, entspricht es einer ordentlichen Geschäftsführung, dieses Vermögen zu verwalten. Grundstücke sind daher zu vermieten oder zu verpachten, Barvermögen ist anzulegen, gewerbliche Schutzrechte zu lizenzieren, um nur einige Beispiele zu nennen. Auch hierbei müssen sich die Liquidatoren an dem Ziel orientieren, das Vermögen zugunsten eines hohen Verteilungsvolumens zu mehren.[54] 21

D. Eingehung neuer Geschäfte

Der Wortlaut von Satz 2 beschränkt die Eingehung neuer Geschäft auf den Fall, dass schwebende Geschäfte unmittelbar beendet werden. Dies ist jedoch zu eng. Die den Liquidatoren obliegende Beendigung der laufenden Geschäfte meint die Beendigung der Geschäftstätigkeit insgesamt.[55] Daher werden alle Geschäfte, die zur Abwicklung sinnvoll sind, von der Geschäftsführungsbefugnis umfasst.[56] Die Liquidatoren dürfen insoweit unternehmerisch tätig sein, wie es zur Abwicklung der Gesellschaft notwendig ist, etwa zur Vermeidung von Abwicklungsverlusten den Betrieb zeitlich begrenzt fortführen.[57] Damit geht es einher, dass sie nicht etwa zu einer möglichst schnellen Abwicklung verpflichtet sind. Eine vorzeitige Beendigung von Verträgen etwa geht regelmäßig mit einem Verlust einher, sodass sie einer ordnungsgemäßen Geschäftsführung gerade nicht entspricht.[58] Gleiches gilt für Kapitalanlagen. Eine schnelle Beendigung kann zu einem Ausstieg zur Unzeit führen und Verluste oder jedenfalls verlorene Gewinne nach sich ziehen. Die Grenze wird dadurch gezogen, dass ein Liquidator nicht faktisch die werbende Tätigkeit der Gesellschaft fortsetzen darf.[59] Ein solcher Vorgang wirft alle Fragen auf, die eine Fortsetzung der Gesellschaft mit sich bringt, und muss dementsprechend den dafür geltenden Voraussetzungen unterliegen (zu diesen 22

52 Diese Fragen müssen insgesamt als wenig geklärt gelten. Ähnlich *K. Schmidt*, in: Scholz, GmbHG, § 70 Rn. 14; Für andere Kriterien *Nerlich*, in: Michalski, GmbHG, § 70 Rn. 26, 28; *Gsell*, in: Rowedder/Schmidt-Leithoff, GmbHG, § 70 Rn. 17.

53 Dazu ausführlicher unter § 60 Rdn. 22 f. A.A. *Gsell*, in: Rowedder/Schmidt-Leithoff, GmbHG, § 70 Rn. 17 (Schutz alleine der Vermögensinteressen der Minderheitsgesellschafter).

54 *Gsell*, in: Rowedder/Schmidt-Leithoff, GmbHG, § 70 Rn. 21; vgl. auch *K. Schmidt*, in: Scholz, GmbHG, § 70 Rn. 15.

55 *K. Schmidt*, in: Scholz, GmbHG, § 70 Rn. 7 und 16; *Haas*, in: Baumbach/Hueck, GmbHG, § 70 Rn. 4; *Gsell*, in: Rowedder/Schmidt-Leithoff, GmbHG, § 70 Rn. 7.

56 Allg.M., s. *Haas*, in: Baumbach/Hueck, GmbHG, § 70 Rn. 10; *Gsell*, in: Rowedder/Schmidt-Leithoff, GmbHG, § 70 Rn. 7; *Kleindiek*, in: Lutter/Hommelhoff, GmbHG, § 70 Rn. 16; *Ensthaler*, in: Ensthaler/Füller/Schmidt, GmbHG, § 70 Rn. 10; *Altmeppen*, in: Roth/Altmeppen, GmbHG, § 70 Rn. 5.

57 *K. Schmidt*, in: Scholz, GmbHG, § 70 Rn. 7; *Haas*, in: Baumbach/Hueck, GmbHG, § 70 Rn. 4; *Nerlich*, in: Michalski, GmbHG, § 70 Rn. 12; *Gsell*, in: Rowedder/Schmidt-Leithoff, GmbHG, § 70 Rn. 8; *Geißler*, DZWiR 2013, 1.

58 *Nerlich*, in: Michalski, GmbHG, § 70 Rn. 15.

59 Zum Vorstehenden s. RGZ 72, 236, 240; OLG Karlsruhe, GmbHR 1960, 24, 25 (Erwerb von Grundstücken unter erheblicher Kreditaufnahme überschreitet Grenzen des Satz 2); *K. Schmidt*, in: Scholz, GmbHG, § 70 Rn. 16; *Gsell*, in: Rowedder/Schmidt-Leithoff, GmbHG, § 70 Rn. 8; *Haas*, in: Baumbach/Hueck, GmbHG, § 70 Rn. 10; *Nerlich*, in: Michalski, GmbHG, § 70 Rn. 15; *Altmeppen*, in: Roth/Altmeppen, GmbHG, § 70 Rn. 5. Zu ähnlichen Erwägungen im Konkursverfahren s. BGH, NJW 1980, 55 f.

unter § 60 Rdn. 61 ff.).[60] Auch sind stets die Kosten zu berücksichtigen. Soweit eine Verlängerung der Liquidationsphase mehr kostet als einbringt, kann es den Grundsätzen einer ordnungsgemäßen Geschäftsführung entsprechen, die Beendigung zu beschleunigen, etwa auch unter frühzeitiger Beendigung von Verträgen.[61]

E. Sonstige Aufgaben

23 Den Liquidatoren obliegt es auch, den Publizitätspflichten nachzukommen. Sie müssen nach § 67 die Auflösung zur Eintragung in das Handelsregister anmelden und nach § 65 Abs. 2 bekannt machen. Auch ihre eigene Eintragung als Liquidatoren der Gesellschaft sowie der Schluss der Liquidation nach § 74 Abs. 1 Satz 1. sind anzumelden. Sie haben außerdem die Liquidationsbilanzen nach § 71 Abs. 1 aufzustellen. Weitere Pflichten bestehen darin, das Sperrjahr nach § 73 einzuhalten und schließlich das Vermögen an die Gesellschafter nach § 72 zu verteilen. Nach § 74 Abs. 2 haben sie dafür Sorge zu tragen, dass nach Beendigung der Liquidation die Bücher und Schriften der Gesellschaft sicher aufbewahrt werden.

F. Pflichtverletzungen und Haftung der Liquidatoren

24 Die Haftung der Liquidatoren ggü. der Gesellschaft richtet sich nach §§ 71 Abs. 4, 43 und setzt voraus, dass sie ihre Pflichten verletzen.[62] Dies kommt insb. in Betracht, wenn sie ihre Tätigkeit nicht darauf ausrichten, die Gesellschaft zu liquidieren.[63] Die Gesellschafter beschließen nach § 46 Nr. 8 darüber, Schadensersatzansprüche gegen die Liquidatoren geltend zu machen. Pflichtverletzungen können außerdem einen Grund zur außerordentlichen Kündigung des Dienstvertrages darstellen. Um sich gegen diese Folgen abzusichern, können die Liquidatoren im Vorfeld einer Maßnahme einen Gesellschafterbeschluss herbeiführen.[64]

§ 71 Eröffnungsbilanz; Rechte und Pflichten

(1) Die Liquidatoren haben für den Beginn der Liquidation eine Bilanz (Eröffnungsbilanz) und einen die Eröffnungsbilanz erläuternden Bericht sowie für den Schluss eines jeden Jahres einen Jahresabschluss und einen Lagebericht aufzustellen.

(2) [1]Die Gesellschafter beschließen über die Feststellung der Eröffnungsbilanz und des Jahresabschlusses sowie über die Entlastung der Liquidatoren. [2]Auf die Eröffnungsbilanz und den erläuternden Bericht sind die Vorschriften über den Jahresabschluss entsprechend anzuwenden. [3]Vermögensgegenstände des Anlagevermögens sind jedoch wie Umlaufvermögen zu bewerten, soweit ihre Veräußerung innerhalb eines übersehbaren Zeitraums beabsichtigt ist oder diese Vermögensgegenstände nicht mehr dem Geschäftsbetrieb dienen; dies gilt auch für den Jahresabschluss.

(3) [1]Das Gericht kann von der Prüfung des Jahresabschlusses und des Lageberichts durch einen Abschlussprüfer befreien, wenn die Verhältnisse der Gesellschaft so überschaubar sind, dass eine Prüfung im Interesse der Gläubiger und der Gesellschafter nicht geboten erscheint. [2]Gegen die Entscheidung ist die Beschwerde zulässig.

---

60 I.E. so auch *K. Schmidt*, in: Scholz, GmbHG, § 70 Rn. 16; *Gsell*, in: Rowedder/Schmidt-Leithoff, GmbHG, § 70 Rn. 9; vgl. auch *Kleindiek*, in: Lutter/Hommelhoff, GmbHG, § 70 Rn. 7; *Altmeppen*, in: Roth/Altmeppen, GmbHG, § 70 Rn. 12.

61 Vgl. *Kleindiek*, in: Lutter/Hommelhoff, GmbHG, § 70 Rn. 6.

62 *K. Schmidt*, in: Scholz, GmbHG, § 70 Rn. 4; *Gsell*, in: Rowedder/Schmidt-Leithoff, GmbHG, § 70 Rn. 3; *Haas*, in: Baumbach/Hueck, GmbHG, § 69 Rn. 17.

63 *Nerlich*, in: Michalski, GmbHG, § 70 Rn. 13.

64 *K. Schmidt*, in: Scholz, GmbHG, § 70 Rn. 6; *Haas*, in: Baumbach/Hueck, GmbHG § 70 Rn. 14; *Nerlich*, in: Michalski, GmbHG, § 70 Rn. 13.

(4) Im übrigen haben sie die aus §§ 37, 41, 43 Abs. 1, 2 und 4, § 49 Abs. 1 und 2, § 64 sich ergebenden Rechte und Pflichten der Geschäftsführer.

(5) Auf den Geschäftsbriefen ist anzugeben, dass sich die Gesellschaft in Liquidation befindet; im Übrigen gilt § 35a entsprechend.

Schrifttum

S. Schrifttum zu § 67.

Übersicht

A. Überblick

Die Vorschrift regelt eine Reihe wichtiger Pflichten der Liquidatoren. In den Abs. 1 bis 3 finden sich die Vorgaben zur Rechnungslegung im Liquidationsstadium. Den Liquidatoren wird die Pflicht übertragen, zunächst die Schlussbilanz der werbenden Gesellschaft, die Eröffnungsbilanz der Liquidationsgesellschaft und fortlaufend die regulären Jahresabschlüsse zu erstellen. Auch die Liquidationsschlussbilanz und die im Einzelnen umstrittene Schlussrechnung sind zu erstellen. Mit Abs. 4 verlässt die Vorschrift den Bereich der Rechnungslegung und verweist für die weiteren Pflichten der Liquidatoren auf die für Geschäftsführer geltenden Vorschriften. Abs. 4 bringt damit zum Ausdruck, dass weder § 71 noch die §§ 68, 70 die Aufgaben, Pflichten und Kompetenzen der Liquidatoren abschließend regeln, sondern vielmehr ein Rückgriff auf die für Geschäftsführer geltenden Bestimmungen notwendig ist. Von dieser Verweisung ist § 43 Abs. 3 ausgenommen, da die Haftung der Liquidatoren für Verstöße gegen Kapitalerhaltungsvorschriften in § 73 Abs. 3 gesondert geregelt ist. Abs. 5 betrifft die Angaben auf Geschäftsbriefen. Diese müssen alle Angaben des § 35a enthalten und zusätzlich angegeben, dass sich die Gesellschaft in Liquidation befindet. Damit wiederholt die Bestimmung z.T. die schon in § 68 Abs. 2 enthaltenen Vorgaben. 1

B. Rechnungslegungspflichten der Liquidatoren

I. Geltungsbereich

2 Die Liquidatoren treffen Rechnungslegungspflichten, wenn ein gesellschaftsrechtliches Liquidationsverfahren durchgeführt wird, daher nicht in den Fällen der Amtslöschung und bei Durchführung eines Insolvenzverfahrens, da die Gesellschaft in der Insolvenz gerade nicht nach §§ 66 ff. abgewickelt wird.[1] Die Rechnungslegung im Insolvenzverfahren obliegt vielmehr dem Insolvenzverwalter.[2]

II. Zwingender Charakter und Haftung

3 Die Rechnungslegungspflichten sind zwingend. Eine Befreiung durch die Gesellschafter scheidet daher aus.[3] Bei Verstößen gegen die Rechnungslegungspflichten gilt, wie auch in allen anderen Fällen, in denen die Liquidatoren Pflichtverletzungen begehen, dass sie der Gesellschaft nach §§ 43 Abs. 2, 71 Abs. 4 zu Schadensersatz verpflichtet sind.[4]

III. Grundsatz der Bilanzkontinuität

4 Auf die Rechnungslegung in der Liquidation finden bis auf wenige Ausnahmen die für die werbende Phase geltenden Grundsätze Anwendung.[5] Es gilt daher auch der Grundsatz der Bilanzkontinuität von werbender Phase und Liquidationsphase.[6] Begründet wird dies damit, dass die Bilanzierung dem Bereich der externen Rechnungslegung zuzurechnen sei, der auch nach der Auflösung überwiegend unberührt bleibe.[7]

1. Grundsatz der Unternehmensfortführung

5 Daher richten sich die Eröffnungsbilanz wie auch die folgenden Rechnungslegungen nach ganz herrschender Ansicht nach den allgemeinen Rechnungslegungsvorschriften, wie sie für die werbende Gesellschaft gelten. Es handelt sich daher nicht um Verteilungsbilanzen, sondern um die Rechnungslegung für eine weiter fortbestehende, kapitalgesellschaftlich verfasste und als Formkaufmann geltende Gesellschaft.[8] Die Eröffnungsbilanz wird daher als fortgeführte Ertragsbilanz aufgestellt[9] und vom Grundsatz der Unternehmensfortführung nach § 252 Abs. 1 Nr. 2 HGB ausgegangen, obwohl der Geschäftsbetrieb nur noch mit dem Ziel der Vollbeendigung der Gesellschaft

---

1 *K. Schmidt*, in: Scholz, GmbHG, § 71 Rn. 10.

2 *Haas*, in: Baumbach/Hueck, GmbHG, § 71 Rn. 5; *Gsell*, in: Rowedder/Schmidt-Leithoff, GmbHG, § 71 Rn. 9; *K. Schmidt*, in: Scholz, GmbHG, § 71 Rn. 3.

3 OLG Stuttgart, NJW-RR 1995, 805, 806; *Haas*, in: Baumbach/Hueck, GmbHG, § 71 Rn. 11; *Gsell*, in: Rowedder/Schmidt-Leithoff, GmbHG, § 71 Rn. 7; *Kleindiek*, in: Lutter/Hommelhoff, GmbHG, § 71 Rn. 1; *Nerlich*, in: Michalski, GmbHG, § 71 Rn. 22; *Tavakoli/Eisenberg*, GmbHR 2018, 75, 76.

4 LG Halle, Urt. v. 10.3.2017 – 5 O 170/15; *K. Schmidt*, in: Scholz, GmbHG, § 71 Rn. 10; *Haas*, in: Baumbach/Hueck, GmbHG, § 71 Rn. 11; *Nerlich*, in: Michalski, GmbHG, § 71 Rn. 22.

5 *K. Schmidt*, in: Scholz, GmbHG, § 71 Rn. 2; *Ensthaler*, in: Ensthaler/Füller/Schmidt, GmbHG, § 74 Rn. 2; *Altmeppen*, in: Roth/Altmeppen, GmbHG, § 71 Rn. 20.

6 Dazu die Begründung zum Bilanzrichtliniengesetz, BT-Drucks. 10/317, S. 113; *K. Schmidt*, in: Scholz, GmbHG, § 71 Rn. 4; *Nerlich*, in: Michalski, GmbHG, § 71 Rn. 9; *Ensthaler*, in: Ensthaler/Füller/Schmidt, GmbHG, § 74 Rn. 2.

7 *K. Schmidt*, in: Scholz, GmbHG, § 71 Rn. 4. Grundlegend a.A. *Haas*, in: Baumbach/Hueck, GmbHG, § 71 Rn. 16.

8 *K. Schmidt*, in: Scholz, GmbHG, § 71 Rn. 21.

9 KG, NZG 2001, 845, 846; *K. Schmidt*, in: Scholz, GmbHG, § 71 Rn. 22; *Kleindiek*, in: Lutter/Hommelhoff, GmbHG, § 71 Rn. 2; *Gsell*, in: Rowedder/Schmidt-Leithoff, GmbHG, § 71 Rn. 10; *Altmeppen*, in: Roth/Altmeppen, GmbHG, § 71 Rn. 20; *Nerlich*, in: Michalski, GmbHG, § 71 Rn. 8; *Deubert*, in: Winkeljohann/Förschle/Deubert, Sonderbilanzen, 5. Aufl. 2016, Teil T, Rn. 20; a.A. *Haas*, in: Baumbach/Hueck, GmbHG, § 71 Rn. 16.

fortgesetzt wird.[10] Die Gegenansicht befürwortet demgegenüber, die zu erwartenden Erlöse aus der Veräußerung der Vermögensgegenstände anzusetzen und nur dann von den Fortführungswerten auszugehen, wenn die Veräußerung des Unternehmens im Ganzen bevorsteht.[11]

2. Keine Neubewertung der Vermögensgegenstände

Nach vorzugswürdiger herrschender Meinung werden die Vermögengegenstände (außer in den Fällen des Abs. 2 Satz 3) nicht neu bewertet.[12] Für das Anlage- und Umlaufvermögen gilt das Anschaffungswertprinzip nach § 253 HGB. Die Vermögensgegenstände dürfen daher höchstens mit den Anschaffungs- oder Herstellungskosten angesetzt werden. Die hierdurch entstehenden stillen Reserven werden nicht aufgelöst.[13] Durch die Neufassung des § 266 HGB durch das BilMoG haben sich Veränderungen für immaterielle Vermögensgegenstände ergeben. Weiterhin müssen Konzessionen, gewerbliche Schutzrechte und ähnliche Rechte und Werte sowie Lizenzen an solchen Rechten und Werten entgeltlich erworben sein, um bilanziert werden zu können. Die Entwicklungsaufwendungen für selbst geschaffene immaterielle Vermögensgegenstände des Anlagevermögens können demgegenüber nach § 248 Abs. 2 HGB als Aktivposten in die Bilanz aufgenommen werden. Das gilt jedoch nicht für selbst geschaffene Marken, Drucktitel, Verlagsrechte, Kundenlisten oder vergleichbare immaterielle Vermögensgegenstände des Anlagevermögens.[14] 6

3. Ausnahmen

Der Grundsatz der Bilanzkontinuität gilt zugleich nicht einschränkungslos. Den Besonderheiten des Liquidationsverfahrens wird dadurch Rechnung getragen, dass Abs. 2 nur die entsprechende Anwendung der für die werbende Gesellschaft geltenden Vorschriften anordnet und damit Raum für notwendige Abweichungen schafft.[15] 7

a) Einstellung der Betriebstätigkeit

Neue Bewertungsansätze dürfen daher gewählt werden, wenn die Vermögensverteilung nach Ablauf des Sperrjahres unmittelbar bevorsteht.[16] Auch der Vorschlag, dass ein Übergang von der Ertrags- zur Vermögensbilanz mit tatsächlicher Einstellung der Betriebstätigkeit geboten ist,[17] verdient Zustimmung. § 252 Abs. 1 Nr. 2 HGB, der von der Unternehmensfortführung ausgeht, gilt so lange, wie die tatsächlichen Gegebenheiten nicht anderes gebieten. Die Liquidatoren bereiten mit Eintritt der Gesellschaft in die Liquidationsphase zwar die Verteilung des Gesellschaftsvermögens vor, sind hierbei jedoch angehalten, den gewöhnlichen Geschäftsbetrieb zunächst weiterzuführen, soweit dies mit den Interessen der Gesellschafter übereinstimmt (s. § 70 Rdn. 22). Wird die Betriebstätigkeit jedoch eingestellt, ändern sich die tatsächlichen Gegebenheiten so gravierend, dass für eine Bilanzierung anhand der Grundsätze der Firmenfortführung kein Raum verbleibt.[18] Stattdessen sind die voraussichtlichen Veräußerungswerte anzusetzen.[19] 8

---

10 *Rasner*, in: Rowedder/Schmidt-Leithoff, GmbHG, § 71 Rn. 10; *Altmeppen*, in: Roth/Altmeppen, GmbHG, § 71 Rn. 20; *Peetz*, GmbHR 2019, 326, 327; a.A. *Haas*, in: Baumbach/Hueck, GmbHG, § 71 Rn. 16.

11 *Haas*, in: Baumbach/Hueck, GmbHG, § 71 Rn. 16.

12 *K. Schmidt*, in: Scholz, GmbHG, § 71 Rn. 22; *Kleindiek*, in: Lutter/Hommelhoff, GmbHG, § 71 Rn. 2.

13 *Kleindiek*, in: Lutter/Hommelhoff, GmbHG, § 71 Rn. 2; *Gsell*, in: Rowedder/Schmidt-Leithoff, GmbHG, § 71 Rn. 10. Nach *Altmeppen*, in: Roth/Altmeppen, GmbHG, § 71 Rn. 22, soll hierzu jedoch eine Ausnahme gelten, wenn die Verteilung unmittelbar bevorsteht und der Liquidationserlös feststeht.

14 Vgl. *Gsell*, in: Rowedder/Schmidt-Leithoff, GmbHG, § 71 Rn. 10; schon zur alten Rechtlage a.A. *Haas*, in: Baumbach/Hueck, GmbHG, § 71 Rn. 17.

15 Begründung zum Bilanzrichtliniengesetz, BT-Drucks. 10/317, S. 107; *K. Schmidt*, in: Scholz, GmbHG, § 71 Rn. 4; *Nerlich*, in: Michalski, GmbHG, § 71 Rn. 10.

16 S. *K. Schmidt*, in: Scholz, GmbHG, § 71 Rn. 21.

17 *Kleindiek*, in: Lutter/Hommelhoff, GmbHG, § 71 Rn. 2; *Gsell*, in: Rowedder/Schmidt-Leithoff, GmbHG, § 71 Rn. 10.

18 *Peetz*, GmbHR 2019, 326, 327.

19 *Peetz*, GmbHR 2019, 326, 327.

b) Die Ausnahmen des Abs. 2 Satz 3

9 Die bedeutendste Abweichung von den vor Auflösung geltenden Grundsätzen benennt Abs. 2 Satz 3. Die Bestimmung sieht vor, einzelne Vermögensgegenstände nicht mehr als Anlage-, sondern als Umlaufvermögen zu bilanzieren und so den Fortschritt der Abwicklung in der Bilanzierung zu dokumentieren. Sie dient damit der schrittweisen Annäherung der erfolgsbezogenen an die verteilungsbezogene Bilanzierung.[20] Sie gilt für sämtliche Bilanzen der Liquidationsgesellschaft, neben der Eröffnungsbilanz also auch für die Jahresbilanzen in der Liquidationsphase.[21]

aa) Voraussetzungen

10 In zwei Fällen wird Anlagevermögen wie Umlaufvermögen behandelt. Das betrifft zum einen den Fall, dass die Veräußerung von Vermögensgegenständen innerhalb eines übersehbaren Zeitraums beabsichtigt ist. Erforderlich ist dafür, dass die Veräußerung realisierbar und wahrscheinlich erscheint und außerdem in zeitlicher Nähe bevorsteht. Davon ist auszugehen, wenn die Veräußerung binnen eines Jahres ab dem Bilanzstichtag erfolgen soll.[22] Dass Abs. 2 Satz 3 für den Jahresabschluss gilt und somit jährlich die Möglichkeit zur Neubewertung besteht, spricht dagegen, einen längeren Zeitraum als ein Jahr zugrunde zu legen.[23] Zum anderen geht es um die Fälle, in denen Vermögensgegenstände nicht mehr dem Geschäftsbetrieb dienen. Voraussetzung dafür ist, dass der Vermögensgegenstand aus dem laufenden Geschäftsbetrieb effektiv entfernt wurde, während eine bloße Änderung der Zweckbestimmung im Sinne von § 247 Abs. 2 HGB nicht ausreicht.[24]

bb) Rechtsfolgen

11 Rechtsfolge für beide Fallgestaltungen ist, dass keine Bindung an Buchwerte mehr besteht, sondern der voraussichtlich erzielbare Preis dieser Gegenstände anzusetzen ist, wobei nach dem Niederstwertgebot des § 253 Abs. 4 Satz 2 HGB die Anschaffungs- oder Herstellungskosten die Obergrenze bilden.[25]

IV. Feststellung der Bilanzen und Entlastung der Liquidatoren

12 Die Rechnungsabschlüsse werden auch in der Liquidation von der Gesellschafterversammlung festgestellt, wie sich aus Abs. 2 Satz 1 ergibt.[26] Die Fristen richten sich nach § 42a Abs. 2 Satz 1 i.V.m. § 264 HGB. Daher muss die Feststellung innerhalb von 8 Monaten, bei kleinen Gesellschaften innerhalb von 11 Monaten nach Ablauf des maßgebenden Geschäftsjahres erfolgen.[27] Ein Jahresüberschuss wird zwar ausgewiesen, es darf jedoch wegen § 73 keine Gewinnverteilung stattfinden,

---

20 *K. Schmidt*, in: Scholz, GmbHG, § 71 Rn. 24; *Gsell*, in: Rowedder/Schmidt-Leithoff, GmbHG, § 71 Rn. 11; *Nerlich*, in: Michalski, GmbHG, § 71 Rn. 70; *Kleindiek*, in: Lutter/Hommelhoff, GmbHG, § 71 Rn. 2.

21 *K. Schmidt*, in: Scholz, GmbHG, § 71 Rn. 24.

22 *Altmeppen*, in: Roth/Altmeppen, GmbHG, § 71 Rn. 23; *Kleindiek*, in: Lutter/Hommelhoff, GmbHG, § 71 Rn. 2; *Gsell*, in: Rowedder/Schmidt-Leithoff, GmbHG, § 71 Rn. 11.

23 *Nerlich*, in: Michalski, GmbHG, § 71 Rn. 11. Für einen Zeitraum von bis zu 2 Jahren demgegenüber *K. Schmidt*, in: Scholz, GmbHG, § 71 Rn. 24.

24 S. *K. Schmidt*, in: Scholz, GmbHG, § 71 Rn. 24; *Altmeppen*, in: Roth/Altmeppen, GmbHG, § 71 Rn. 24.

25 *Gsell*, in: Rowedder/Schmidt-Leithoff, GmbHG, § 71 Rn. 11; *Altmeppen*, in: Roth/Altmeppen, GmbHG, § 71 Rn. 24; *K. Schmidt*, in: Scholz, GmbHG, § 71 Rn. 24.

26 *Gsell*, in: Rowedder/Schmidt-Leithoff, GmbHG, § 71 Rn. 17; *Nerlich*, in: Michalski, GmbHG, § 71 Rn. 21 und 29; *K. Schmidt*, in: Scholz, GmbHG, § 71 Rn. 29; *Haas*, in: Baumbach/Hueck, GmbHG, § 71 Rn. 13.

27 *Gsell*, in: Rowedder/Schmidt-Leithoff, GmbHG, § 71 Rn. 17; *Haas*, in: Baumbach/Hueck, GmbHG, § 71 Rn. 13; *Altmeppen*, in: Roth/Altmeppen, GmbHG, § 71 Rn. 29.

weswegen auch kein Ergebnisverwendungsbeschluss gefasst wird.[28] Der Feststellungsbeschluss der Gesellschafterversammlung ist nach § 243 AktG analog anfechtbar.[29] Die Anfechtung kann, anders als in der AG (§ 257 Abs. 1 Satz 2 AktG) auch auf inhaltliche Mängel des Abschlusses gestützt werden, insb. auf Verstöße gegen bilanzrechtliche Vorschriften.[30] Die Entlastung der Liquidatoren durch die Gesellschafterversammlung richtet sich nach den Grundsätzen des § 46 Nr. 5.[31] Ebenso wenig wie den Geschäftsführern steht den Liquidatoren ein Anspruch auf Beschlussfassung und Entlastung zu.[32]

V. Offenlegung, Abschlussprüfung und Befreiung durch Gericht, Abs. 3

Die Rechnungslegung in der Liquidation unterliegt der Abschlussprüfung nach §§ 316 ff. HGB.[33] 13
Die gesamte Rechnungslegung ist außerdem nach §§ 325 ff. HGB offenzulegen.[34] Ausgenommen hiervon ist die Schlussrechnung, da sie rein interne Rechenschaft gibt (s. § 71 Rdn. 27).[35] Nach Abs. 3 kann die Gesellschaft von der Pflicht zur Abschlussprüfung befreit werden, wenn die Verhältnisse der Gesellschaft so überschaubar sind, dass eine Prüfung im Interesse der Gesellschafter und Gläubiger nicht geboten erscheint. Dies läuft auf eine Abwägung der Interessen der Gläubiger und Gesellschafter an einer Prüfung und der Gesellschaft an deren Vermeidung, etwa aus Zeit- und Kostengründen, hinaus.[36] Antragsberechtigt ist die Gesellschaft, die von den Liquidatoren vertreten wird.[37] Zuständig ist das Registergericht am Sitz der Gesellschaft nach §§ 375 Nr. 6, 376 FamFG. Eine Befreiung kommt für jede Rechnungslegung in der Liquidationsphase in Betracht. Häufig werden die Voraussetzungen jedoch in einem späteren Stadium der Liquidation vorliegen, weil die fortschreitenden Liquidationsmaßnahmen die Vermögenslage und damit die Rechnungslegung beständig überschaubarer machen.[38] Umgekehrt ist bei bestehender Geschäftstätigkeit in nennenswertem Umfang eine Befreiung nicht zu erwarten. Außerdem können die Größe und Struktur der Gesellschaft einer Befreiung entgegen stehen.[39] Demgegenüber wird die Offenlegungspflicht nach §§ 325 ff. HGB von der Befreiung nicht erfasst und daher stets geschuldet.[40]

C. Schlussbilanz der werbenden Gesellschaft

I. Zeitraum

Der Auflösungszeitpunkt bedeutet auch für die Rechnungslegung eine Zäsur.[41] Das laufende Ge- 14
schäftsjahr endet mit dem Tag vor dem Auflösungsdatum, für die Rechnungslegung beginnt mit Auflösung daher ein neuer Abrechnungszeitraum.[42] Für das letzte Geschäftsjahr der werbenden Gesellschaft muss eine letzte Rechnungslegung erfolgen, die das Ergebnis der werbenden Gesellschaft

28 *Altmeppen*, in: Roth/Altmeppen, GmbHG, § 71 Rn. 19 und 30; *Gsell*, in: Rowedder/Schmidt-Leithoff, GmbHG, § 71 Rn. 14; *Nerlich*, in: Michalski, GmbHG, § 71 Rn. 33.

29 KG, NZG 2001, 845, 846; *Altmeppen*, in: Roth/Altmeppen, GmbHG, § 71 Rn. 27.

30 KG, NZG 2001, 845, 846.

31 *Altmeppen*, in: Roth/Altmeppen, GmbHG, § 71 Rn. 31.

32 *Gsell*, in: Rowedder/Schmidt-Leithoff, GmbHG, § 71 Rn. 27.

33 *K. Schmidt*, in: Scholz, GmbHG, § 71 Rn. 14; *Gsell*, in: Rowedder/Schmidt-Leithoff, GmbHG, § 71 Rn. 8; *Haas*, in: Baumbach/Hueck, GmbHG, § 71 Rn. 30; *Nerlich*, in: Michalski, GmbHG, § 71 Rn. 27.

34 KG, NZG 2003, 1119, 1120; *Haas*, in: Baumbach/Hueck, GmbHG, § 71 Rn. 33; *Nerlich*, in: Michalski, GmbHG, § 71 Rn. 27.

35 *Haas*, in: Baumbach/Hueck, GmbHG, § 71 Rn. 33.

36 *Nerlich*, in: Michalski, GmbHG, § 71 Rn. 36.

37 *Haas*, in: Baumbach/Hueck, GmbHG, § 71 Rn. 32.

38 *Nerlich*, in: Michalski, GmbHG, § 71 Rn. 36; *Haas*, in: Baumbach/Hueck, GmbHG, § 71 Rn. 32.

39 Zu beiden Aspekten *Kind/Frank/Heinrich*, NZI 2006, 205; *K. Schmidt*, in: Scholz, GmbHG, § 71 Rn. 25.

40 *K. Schmidt*, in: Scholz, GmbHG, § 71 Rn. 26; *Nerlich*, in: Michalski, GmbHG, § 71 Rn. 32.

41 *Tavakoli/Eisenberg*, GmbHR 2018, 75, 76.

42 *Altmeppen*, in: Roth/Altmeppen, GmbHG, § 71 Rn. 8 f.; *Kleindiek*, in: Lutter/Hommelhoff, GmbHG, § 71 Rn. 3 und 8; *K. Schmidt*, in: Scholz, GmbHG, § 71 Rn. 8; *Gsell*, in: Rowedder/Schmidt-Leithoff, GmbHG, § 71 Rn. 19.

bis zum Auflösungszeitpunkt ausweist.[43] Sie bezieht sich auf ein Rumpfgeschäftsjahr, wenn die Auflösung nicht gerade zum Ende des Geschäftsjahres wirksam wird.[44] Dieses Rumpfgeschäftsjahr endet am Tag vor dem Auflösungsdatum.[45]

II. Zuständigkeit, Prüfung und Offenlegung

15 Die Schlussbilanz wird von den Liquidatoren erstellt, obwohl sich die Rechnungslegung auf einen Zeitraum bezieht, zu dem nicht sie, sondern die Geschäftsführer die Gesellschaft geleitet haben. Da deren Amt jedoch mit der Auflösung beendet wurde, fällt die Zuständigkeit den Liquidatoren zu.[46] Der Abschluss muss nach § 316 HGB geprüft und nach §§ 325 ff. HGB offengelegt werden. Eine Befreiung nach § 71 Abs. 3 kommt nicht in Betracht, da sich diese Bestimmung auf die Liquidationsphase bezieht.[47]

III. Bestandteile und Bewertungsansätze

16 Da es sich um einen Abschluss zur werbenden Phase der Gesellschaft handelt, kommen die Bestimmungen zu den Jahresabschlüssen in §§ 264 ff. HGB ohne Einschränkung zur Anwendung. Erforderlich sind daher eine Bilanz nach §§ 266 ff. HGB, eine Gewinn- und Verlustrechnung nach §§ 275 ff. HGB, ein Anhang nach §§ 284 ff. HGB und ein Lagebericht nach § 289 HGB. Dabei ist vom Grundsatz der Unternehmensfortführung auszugehen.[48] Dass die Eröffnungsbilanz der Liquidationsgesellschaft wegen Abs. 2 Satz 3 mitunter anderen Regeln folgt, wirkt sich auf die Ansätze in der Schlussbilanz der werbenden Gesellschaft nicht aus. Die hierdurch möglichen Abweichungen vom Grundsatz der Bilanzidentität gründen im Übergang von der werbenden zur auflösenden Phase und sind damit gerechtfertigt.[49]

IV. Gewinnverwendung

17 Diese Rechnungslegung weist das Ergebnis für das letzte Geschäftsjahr aus. Auf ihrer Grundlage sind daher auch Gewinnverwendungs- und Ausschüttungsbeschlüsse für das Geschäftsjahr vor der Auflösung möglich. Vom Zeitpunkt der Auflösung an gilt jedoch § 73, der ein absolutes Ausschüttungsverbot vor Ablauf des Sperrjahres und Befriedigung bzw. Besicherung der Gläubiger anordnet (s. im Einzelnen § 73 Rdn. 3 ff.). Sämtliche Gewinnansprüche, die erst nach der Auflösung entstanden sind, unterfallen dieser Ausschüttungssperre. Das gilt auch, wenn sich der Gewinnanspruch auf einen Zeitraum vor der Auflösung bezieht, etwa das Rumpfgeschäftsjahr vor der Auflösung.[50] Bei den ausgewiesenen Gewinnansprüchen handelt es sich daher nur um Rechnungsposten, die bei der abschließenden Vermögensverteilung an die Gesellschafter

---

43 *K. Schmidt*, in: Scholz, GmbHG, § 71 Rn. 8; *Gsell*, in: Rowedder/Schmidt-Leithoff, GmbHG, § 71 Rn. 4; a.A. *Deubert*, in: Winkeljohann/Förschle/Deubert, Sonderbilanzen, Teil T, Rn. 64.

44 *Tavakoli/Eisenberg*, GmbHR 2018, 75, 76.

45 BayObLG, GmbHR 1994, 331, 332; BFH, DB 1974, 1990; *Altmeppen*, in: Roth/Altmeppen, GmbHG, § 71 Rn. 9; *K. Schmidt*, in: Scholz, GmbHG, § 71 Rn. 8; *Gsell*, in: Rowedder/Schmidt-Leithoff, GmbHG, § 71 Rn. 19; *Haas*, in: Baumbach/Hueck, GmbHG, § 71 Rn. 2; *Nerlich*, in: Michalski, GmbHG, § 71 Rn. 19; *Geißler*, DZWiR 2013, 1, 3.

46 *Haas*, in: Baumbach/Hueck, GmbHG, § 71 Rn. 2; *Nerlich*, in: Michalski, GmbHG, § 71 Rn. 16; *Altmeppen*, in: Roth/Altmeppen, GmbHG, § 71 Rn. 25.

47 *Haas*, in: Baumbach/Hueck, GmbHG, § 71 Rn. 4; *Nerlich*, in: Michalski, GmbHG, § 71 Rn. 18.

48 So und zum Meinungsstand *Haas*, in: Baumbach/Hueck, GmbHG, § 71 Rn. 3; *K. Schmidt*, in: Scholz, GmbHG, § 71 Rn. 8; *Nerlich*, in: Michalski, GmbHG, § 71 Rn. 17; *Gsell*, in: Rowedder/Schmidt-Leithoff, GmbHG, § 71 Rn. 20.

49 *Gsell*, in: Rowedder/Schmidt-Leithoff, GmbHG, § 71 Rn. 20; *Haas*, in: Baumbach/Hueck, GmbHG, § 71 Rn. 3; *Nerlich*, in: Michalski, GmbHG, § 71 Rn. 16, 20.

50 Zu allem Vorstehenden BFH, GmbHR 1999, 429; *K. Schmidt*, in: Scholz, GmbHG, § 71 Rn. 9; *Gsell*, in: Rowedder/Schmidt-Leithoff, GmbHG, § 71 Rn. 20.

berücksichtigt werden.[51] Nur soweit der Gewinnverwendungsbeschluss schon vor der Auflösung gefasst wurde, wird der Anspruch der Gesellschafter auf Ausschüttung nicht vom Ausschüttungsverbot des § 73 erfasst. Er wird als vor der Auflösung entstandenes Gläubigerrecht behandelt.[52] S. hierzu auch unter § 72 Rdn. 10.

D. Liquidationseröffnungsbilanz

Nach Abs. 1 sind die Liquidatoren verpflichtet, die Liquidationseröffnungsbilanz und einen erläuternden Bericht zu erstellen. 18

I. Zeitraum

Diese Eröffnungsbilanz für die Liquidationsphase folgt unmittelbar auf die letzte Bilanz der werbenden Gesellschaft. Es handelt sich um die erste Bilanz der Gesellschaft in der Liquidationsphase. Ihr Stichtag ist der Tag der Auflösung der Gesellschaft.[53] Abhängig davon, ob mit dem letzten Geschäftsjahr ein volles Kalenderjahr oder ein Rumpfgeschäftsjahr vorliegt (Rdn. 14), handelt es sich bei dem ersten Geschäftsjahr der Liquidationsgesellschaft um ein volles Kalender- oder ein Rumpfgeschäftsjahr. Im Fall eines Rumpfgeschäftsjahres ergänzt sich dieses mit dem letzten Rumpfgeschäftsjahr der werbenden Phase zu einem vollen Kalenderjahr.[54] 19

II. Erstellungsfrist

Zur Erstellung der Eröffnungsbilanz haben die Liquidatoren nach Abs. 2 Satz 2 i.V.m. § 264 Abs. 1 Satz 3 HGB 3 Monate Zeit, berechnet ab tatsächlicher Auflösung, nicht etwa ab der nur deklaratorisch wirkenden Eintragung in das Handelsregister.[55] Überwiegend wird kleinen Gesellschaften nach § 264 Abs. 1 Satz 4 HGB aus Praktikabilitätserwägungen eine Frist von 6 Monaten zugestanden, da die Unterlagen häufig weniger leicht präsent und auswertbar sind als bei größeren Gesellschaften.[56] Dagegen wird eingewandt, dass nur eine zügige Erstellung dem ordnungsgemäßen Geschäftsgang entspreche.[57] Das aber ist Frage des Einzelfalls und die Anwendbarkeit der Fristverlängerung auf kleine Gesellschaften daher im Ansatz zu bejahen. 20

III. Inhalt und Verhältnis zur Schlussbilanz

Inhaltlich gelten die allgemeinen Grundsätze, die unter B. (Rdn. 2–13) dargestellt wurden. Daraus folgt, dass sich die Eröffnungsbilanz mit der Schlussbilanz des letzten Rumpfjahres der werbenden Gesellschaft decken kann. Hierdurch erübrigt sich die Aufstellung der Eröffnungsbilanz jedoch nicht etwa. Da sie nicht allein dem internen Informationsbedürfnis der Gesellschafter dient, können die Liquidatoren auch nicht von den Gesellschaftern von der Pflicht zur Erstellung befreit werden.[58] Abweichungen zur Schlussbilanz der werbenden Phase sind möglich. Abs. 2 Satz 3 gilt nur für die Eröffnungsbilanz der Liquidationsgesellschaft, nicht für die Schlussbilanz der werbenden 21

51 *Gsell*, in: Rowedder/Schmidt-Leithoff, GmbHG, § 71 Rn. 20; *Nerlich*, in: Michalski, GmbHG, § 71 Rn. 18.
52 *Altmeppen*, in: Roth/Altmeppen, GmbHG, § 73 Rn. 11.
53 BayObLG, GmbHR 1994, 331, 332.
54 *Altmeppen*, in: Roth/Altmeppen, GmbHG, § 71 Rn. 12; *Nerlich*, in: Michalski, GmbHG, § 71 Rn. 30.
55 *Altmeppen*, in: Roth/Altmeppen, GmbHG, § 71 Rn. 10; *K. Schmidt*, in: Scholz, GmbHG, § 71 Rn. 13; *Kleindiek*, in: Lutter/Hommelhoff, GmbHG, § 71 Rn. 6; *Gsell*, in: Rowedder/Schmidt-Leithoff, GmbHG, § 71 Rn. 7; *Haas*, in: Baumbach/Hueck, GmbHG, § 71 Rn. 12; *Nerlich*, in: Michalski, GmbHG, § 71 Rn. 25.
56 *Gsell*, in: Rowedder/Schmidt-Leithoff, GmbHG, § 71 Rn. 7; *Nerlich*, in: Michalski, GmbHG, § 71 Rn. 25; *Kleindiek*, in: Lutter/Hommelhoff, GmbHG, § 71 Rn. 6.
57 *Haas*, in: Baumbach/Hueck, GmbHG, § 71 Rn. 12.
58 *K. Schmidt*, in: Scholz, GmbHG, § 71 Rn. 10; *Gsell*, in: Rowedder/Schmidt-Leithoff, GmbHG, § 71 Rn. 7.

Gesellschaft.[59] Sofern danach in der Eröffnungsbilanz Neubewertungen erforderlich sind, ergeben sich Abweichungen ggü. der Schlussbilanz.

IV. Erläuternder Bericht

22 Die Liquidationseröffnungsbilanz ist nach Abs. 1 durch einen erläuternden Bericht zu ergänzen.[60] Dieser entspricht formell dem Anhang und dem Lagebericht nach §§ 284 ff., 289 HGB und ersetzt diese zugleich.[61] Er muss jedoch den Besonderheiten des Liquidationsstadiums gerecht werden und damit insb. auf die voraussichtliche Entwicklung der Liquidation eingehen und – soweit einschlägig – von den allgemeinen Grundlagen abweichende Bewertungsgrundsätze und damit Unterschiede zur letzten Schlussbilanz erklären.[62] Fehlt es an diesen Abweichungen (weitgehend), ist der Bericht wegen der weitgehend identischen Erläuterungen in der Schlussbilanz der werbenden Gesellschaft dennoch nicht obsolet.[63] Eine Gewinn- und Verlustrechnung ist demgegenüber – im Gegensatz zur letzten Bilanz der werbenden Phase – nicht Bestandteil der Liquidationseröffnungsbilanz.[64]

E. Die laufende Rechnungslegung

I. Pflicht zu periodischer Rechnungslegung

23 Auch in der Liquidationsphase ist eine periodische Rechnungslegung erforderlich.[65] Weiterhin müssen Jahresabschlüsse nebst Lageberichten bis zur Beendigung der Liquidation aufgestellt werden. Diese Rechnungslegung folgt im Grundsatz den allgemeinen Regeln, wie sie für die werbende Gesellschaft gelten, allerdings mit den Besonderheiten des Abs. 2 Satz 3 für das Anlagevermögen (s. Rdn. 9–11).[66] Sie dient dazu, die Gesellschafter über die Tätigkeit der Liquidatoren im vergangenen Geschäftsjahr zu informieren, nicht aber, die Vermögensverteilung vorzuzeichnen. Dies ist der Schlussrechnung nach § 74 vorbehalten.[67]

II. Zeitraum und Feststellung

24 Der Lauf der ersten Rechnungslegungsperiode beginnt mit dem Auflösungszeitpunkt und endet mit dem Kalenderjahr, wie sich aus Abs. 1 ergibt.[68] Fortan gilt daher das Kalenderjahr, wovon die Gesellschafter jedoch abweichen und stattdessen im Beschlusswege den Lauf des bisherigen Geschäftsjahres festlegen können.[69] Die Liquidatoren können nur dann ein abweichendes Geschäftsjahr

59 *K. Schmidt*, in: Scholz, GmbHG, § 71 Rn. 8.

60 *Altmeppen*, in: Roth/Altmeppen, GmbHG, § 71 Rn. 15.

61 *K. Schmidt*, in: Scholz, GmbHG, § 71 Rn. 11; *Nerlich*, in: Michalski, GmbHG, § 71 Rn. 28; *Haas*, in: Baumbach/Hueck, GmbHG, § 71 Rn. 22.

62 *Haas*, in: Baumbach/Hueck, GmbHG, § 71 Rn. 22; *Gsell*, in: Rowedder/Schmidt-Leithoff, GmbHG, § 71 Rn. 12; *Altmeppen*, in: Roth/Altmeppen, GmbHG, § 71 Rn. 16; *Nerlich*, in: Michalski, GmbHG, § 71 Rn. 28.

63 *Gsell*, in: Rowedder/Schmidt-Leithoff, GmbHG, § 71 Rn. 12.

64 *Haas*, in: Baumbach/Hueck, GmbHG, § 71 Rn. 22; *Kleindiek*, in: Lutter/Hommelhoff, GmbHG, § 71 Rn. 4; *Gsell*, in: Rowedder/Schmidt-Leithoff, GmbHG, § 71 Rn. 11; *Nerlich*, in: Michalski, GmbHG, § 71 Rn. 21.

65 *K. Schmidt*, in: Scholz, GmbHG, § 71 Rn. 9; *Altmeppen*, in: Roth/Altmeppen, GmbHG, § 71 Rn. 33; *Gsell*, in: Rowedder/Schmidt-Leithoff, GmbHG, § 71 Rn. 13.

66 *Kleindiek*, in: Lutter/Hommelhoff, GmbHG, § 71 Rn. 9; *Gsell*, in: Rowedder/Schmidt-Leithoff, GmbHG, § 71 Rn. 16.

67 S. zum Meinungsstand *Haas*, in: Baumbach/Hueck, GmbHG, § 71 Rn. 8.

68 *Gsell*, in: Rowedder/Schmidt-Leithoff, GmbHG, § 71 Rn. 13; *Haas*, in: Baumbach/Hueck, GmbHG, § 71 Rn. 23.

69 *Gsell*, in: Rowedder/Schmidt-Leithoff, GmbHG, § 71 Rn. 13; *Altmeppen*, in: Roth/Altmeppen, GmbHG, § 71 Rn. 13; *K. Schmidt*, in: Scholz, GmbHG, § 71 Rn. 18; *Haas*, in: Baumbach/Hueck, GmbHG, § 71 Rn. 23; *Nerlich*, in: Michalski, GmbHG, § 71 Rn. 30; a.A. *Deubert*, in: Winkeljohann/Förschle/Deubert,

festlegen, wenn sie hierzu in der Satzung ermächtigt werden.[70] Die Jahresabschlüsse werden nach Abs. 2 Satz 1 von den Gesellschaftern durch Beschluss festgestellt. Hierfür gelten § 42a Abs. 1 bis 3 entsprechend (zur Anwendbarkeit § 69 Rdn. 16). Der Feststellungsbeschluss muss daher nach § 42a Abs. 2 innerhalb von 8 Monaten, bei kleinen Gesellschaften innerhalb von 11 Monaten nach Ablauf des maßgeblichen Jahres erfolgen.[71]

III. Bestandteile und Bewertungsansätze

Die Bewertung richtet sich nach den allgemeinen, für die Rechnungslegung in der Liquidation geltenden Grundsätzen (s. unter B.). Bestandteile sind die Jahresbilanz, die Gewinn- und Verlustrechnung, der Anhang und der Lagebericht. Im Anhang sind die Bewertungsansätze zu erläutern, insb. Abweichungen von den gewöhnlichen Grundsätzen zu begründen.[72] Abs. 2 Satz 3 findet Anwendung. Mit fortschreitender Liquidation werden die Besonderheiten des Abs. 2 Satz 3 stärkere Bedeutung gewinnen und sich damit die Jahresabschlüsse stärker von den Grundlagen eines gewöhnlichen Jahresabschlusses entfernen.[73] Im Lagebericht wird vor allem über den Stand der Liquidation Auskunft erteilt.[74] Hier finden sich Angaben zu dem zu erwartenden Liquidationsüberschuss oder -fehlbetrag.[75] Die Gewinn- und Verlustrechnung gibt den Fortgang der nach § 70 geschuldeten Tätigkeit der Liquidatoren wieder.[76] 25

F. Liquidationsschlussbilanz und Schlussrechnung

I. Inhalt der Liquidationsschlussbilanz

Am Ende der Abwicklung steht die Liquidationsschlussbilanz. Sie wird weder von § 71 noch § 74 ausdrücklich gefordert. Dennoch ist anerkannt, dass die Liquidatoren verpflichtet sind, eine solche aufzustellen.[77] Das ergibt sich aus der generellen Verpflichtung der Liquidatoren, über jedes Geschäftsjahr und damit auch über das letzte (Rumpf-) Geschäftsjahr der Liquidationsphase Rechnung zu legen.[78] Als gewöhnliche Rechnungslegung besteht sie aus einer Bilanz, einer Gewinn- und Verlustrechnung für den verbliebenen Abwicklungszeitraum, einem Anhang und einem Lagebericht.[79] 26

II. Inhalt der Schlussrechnung

Problematisch ist das Verhältnis zu der in § 74 Abs. 1 vorausgesetzten Schlussrechnung. Bei dieser handelt es sich um die abschließende interne Rechnungslegung der Liquidatoren ggü. den 27

Sonderbilanzen, 5. Aufl. 2016, Teil T, Rn. 203: Fortgeltung der bisherigen Bestimmungen im Gesellschaftsvertrag über das Geschäftsjahr.

70 OLG Stuttgart, NJW-RR 1992, 1391 f. (für die Geschäftsführer); *K. Schmidt*, in: Scholz, GmbHG, § 71 Rn. 18.

71 *Haas*, in: Baumbach/Hueck, GmbHG, § 71 Rn. 13; *Gsell*, in: Rowedder/Schmidt-Leithoff, GmbHG, § 71 Rn. 17; *Kleindiek*, in: Lutter/Hommelhoff, GmbHG, § 71 Rn. 10.

72 *Haas*, in: Baumbach/Hueck, GmbHG, § 71 Rn. 26; *Gsell*, in: Rowedder/Schmidt-Leithoff, GmbHG, § 71 Rn. 16.

73 *Gsell*, in: Rowedder/Schmidt-Leithoff, GmbHG, § 71 Rn. 14.

74 *Gsell*, in: Rowedder/Schmidt-Leithoff, GmbHG, § 71 Rn. 16; *Altmeppen*, in: Roth/Altmeppen, GmbHG, § 71 Rn. 17.

75 *Haas*, in: Baumbach/Hueck, GmbHG, § 71 Rn. 27.

76 *Haas*, in: Baumbach/Hueck, GmbHG, § 71 Rn. 25; *Gsell*, in: Rowedder/Schmidt-Leithoff, GmbHG, § 71 Rn. 15.

77 *Schönhaar*, GWR 2020, 1, 4; *Tavakoli/Eisenberg*, GmbHR 2018, 75, 79 f.

78 *Haas*, in: Baumbach/Hueck, GmbHG, § 71 Rn. 28; *Altmeppen*, in: Roth/Altmeppen, GmbHG, § 71 Rn. 33; *Schönhaar*, GWR 2020, 1, 4; *Tavakoli/Eisenberg*, GmbHR 2018, 75, 79.

79 Nach *Haas*, in: Baumbach/Hueck, GmbHG, § 71 Rn. 28 erübrigt sich der Lagebericht, nach *Nerlich*, in: Michalski, GmbHG, § 71 Rn. 39 ist er fakultativ, aber sinnvoll.

Gesellschaftern im Sinne von § 259 BGB.[80] Da sie nur der internen Rechnungslegung dient, braucht sie weder veröffentlicht noch geprüft zu werden. Sie muss jedoch der Gesellschafterversammlung zur Feststellung vorgelegt werden.[81]

III. Verhältnis von Schlussbilanz und Schlussrechnung

28 Nach überwiegender Ansicht erfüllt bereits die Liquidationsschlussbilanz den Zweck der internen Rechnungslegung.[82] Sie muss das zur Verteilung zur Verfügung stehende Vermögen ausweisen.[83] Daraus ergibt sich auch, dass sie vor der Verteilung erstellt werden muss.[84] Richtigerweise ist davon auszugehen, dass es nach der Schlussbilanz keine Fortsetzung der Liquidation geben kann und sie daher bereits Rechenschaft über die Schlussverteilung geben muss.[85] Dann verbleibt für die Schlussrechnung nur ein beschränkter Anwendungsbereich. Sie kann nur noch über den Ablauf des Verteilungsverfahrens Aufschluss geben.[86]

G. Weitere Maßnahmen der Rechnungslegung

29 Verbreitet werden über diese gesetzlich vorgeschriebenen Rechnungslegungsmaßnahmen weitere Schritte für sinnvoll gehalten, die intern über den Stand der Liquidation Auskunft geben. Diese sollen die Vermögenslage der Gesellschaft dokumentieren und die Entwicklung der Abwicklung darstellen. Vor allem sollen sie dazu dienen, eine etwaige Überschuldung der Gesellschaft festzustellen. Hierin wird ihr über die Jahresbilanz hinausgehender Mehrwert gesehen.[87] Als Maßnahmen zur rein internen Unterrichtung und Information unterliegen sie nicht den Rechnungslegungspflichten. Sie brauchen daher nicht festgestellt, geprüft und offengelegt zu werden.[88]

H. Auf die Liquidatoren anwendbare Vorschriften, Abs. 4

30 Abs. 4 führt die in §§ 37, 41, 43 Abs. 1, 2 und 4, § 49 Abs. 1 und 2, § 64 benannten Rechte und Pflichten der Geschäftsführer an und erklärt diese auch auf die Liquidatoren für anwendbar. Diese Aufzählung ist unvollständig. Schon bei § 69 wurden die im Einzelnen auf die Liquidatoren anwendbaren Vorschriften dargestellt. Außerdem ergeben sich wesentliche Rechte und Pflichten der Liquidatoren aus §§ 72, 73 (s. im Einzelnen dort).

---

80 *Gsell*, in: Rowedder/Schmidt-Leithoff, GmbHG, § 71 Rn. 26; *Altmeppen*, in: Roth/Altmeppen, GmbHG, § 71 Rn. 34; *Nerlich*, in: Michalski, GmbHG, § 71 Rn. 48; *Deubert*, in: Winkeljohann/Förschle/Deubert, Sonderbilanzen, Teil T, Rn. 281; *Tavakoli/Eisenberg*, GmbHR 2018, 75, 80.

81 *Gsell*, in: Rowedder/Schmidt-Leithoff, GmbHG, § 71 Rn. 27; *Haas*, in: Baumbach/Hueck, GmbHG, § 71 Rn. 28; *Kleindiek*, in: Lutter/Hommelhoff, GmbHG, § 71 Rn. 13; *Nerlich*, in: Michalski, GmbHG, § 71 Rn. 40–42; *Schönhaar*, GWR 2020, 1, 4.

82 *Haas*, in: Baumbach/Hueck, GmbHG, § 71 Rn. 29; *Gsell*, in: Rowedder/Schmidt-Leithoff, GmbHG, § 71 Rn. 26.

83 *Altmeppen*, in: Roth/Altmeppen, GmbHG, § 71 Rn. 34.

84 *Gsell*, in: Rowedder/Schmidt-Leithoff, GmbHG, § 71 Rn. 26; *Altmeppen*, in: Roth/Altmeppen, GmbHG, § 71 Rn. 34.

85 *Haas*, in: Baumbach/Hueck, GmbHG, § 71 Rn. 28; *Kleindiek*, in: Lutter/Hommelhoff, GmbHG, § 71 Rn. 13. Nach *Gsell*, in: Rowedder/Schmidt-Leithoff, GmbHG, § 71 Rn. 26 soll demgegenüber erst die Schlussrechnung den Verteilungsplan für das Restvermögen enthalten. Ganz anders *Deubert*, in: Winkeljohann/Förschle/Deubert, Sonderbilanzen, Teil T, Rn. 282, wonach die Schlussrechnung den Zeitraum von der Liquidations-Schlussbilanz bis zur Vermögenslosigkeit umfassen soll.

86 *Nerlich*, in: Michalski, GmbHG, § 71 Rn. 49; *Kleindiek*, in: Lutter/Hommelhoff, GmbHG, § 71 Rn. 13; *Tavakoli/Eisenberg*, GmbHR 2018, 75, 80 f.

87 *Kleindiek*, in: Lutter/Hommelhoff, GmbHG, § 71 Rn. 11; *Nerlich*, in: Michalski, GmbHG, § 71 Rn. 47; *K. Schmidt*, in: Scholz, GmbHG, § 71 Rn. 31.

88 *Kleindiek*, in: Lutter/Hommelhoff, GmbHG, § 71 Rn. 11.

I. Angaben auf den Geschäftsbriefen, Abs. 5

Abs. 5 erklärt § 35a für anwendbar und bringt damit zum Ausdruck, dass die Geschäftsbriefe der Liquidationsgesellschaft alle Angaben enthalten müssen, die für Geschäftsbriefe der werbenden Gesellschaft gelten. Darüber hinaus wird bestimmt, dass die Geschäftsbriefe kenntlich machen müssen, dass sich die Gesellschaft in Liquidation befindet. Diese Vorgabe ergibt sich schon aus § 68 Abs. 2.[89] Wie schon dort ist auch hier darauf hinzuweisen, dass eine Zuwiderhandlung die Wirksamkeit rechtsgeschäftlicher Erklärungen für die Gesellschaft nicht berührt.[90] Bei Zuwiderhandlungen ergeben sich die Sanktionen aus § 79.[91] 31

§ 72 Vermögensverteilung

[1]Das Vermögen der Gesellschaft wird unter die Gesellschafter nach Verhältnis ihrer Geschäftsanteile verteilt. [2]Durch den Gesellschaftsvertrag kann ein anderes Verhältnis für die Verteilung bestimmt werden.

Schrifttum
S. Schrifttum zu § 67.

Übersicht

A. Überblick

Die Vorschrift regelt die Verteilung des Gesellschaftsvermögens an die Gesellschafter und bestimmt einen dispositiven Verteilungsschlüssel. Ihr Standort im Gesetz ist zweifelhaft, da die Verteilung des Gesellschaftsvermögens voraussetzt, dass die Vorgaben des § 73 erfüllt wurden. Die Verteilung bildet daher den Schluss des Liquidationsverfahrens. Auf sie folgen nur noch wenige Maßnahmen, die in § 74 geregelt sind und für die Kosten anfallen können. Diese Kosten müssen bei der Verteilung berücksichtigt und Beträge hierfür zurückbehalten werden.[1] Die Vorgaben des § 72 sollten daher auf die in § 73 enthaltenen Vorschriften folgen.[2] Schuldnerin des Verteilungsanspruchs ist 1

89 *Kleindiek*, in: Lutter/Hommelhoff, GmbHG, § 71 Rn. 15; *Nerlich*, in: Michalski, GmbHG, § 71 Rn. 83; *Haas*, in: Baumbach/Hueck, GmbHG, § 71 Rn. 37.
90 *Gsell*, in: Rowedder/Schmidt-Leithoff, GmbHG, § 71 Rn. 31.
91 OLG Frankfurt, GmbHR 2016, 366.
1 *Altmeppen*, in: Roth/Altmeppen, GmbHG, § 73 Rn. 8; *Gsell*, in: Rowedder/Schmidt-Leithoff, GmbHG, § 74 Rn. 6. S. dazu im Einzelnen unter § 74 Rdn. 5.
2 *Kleindiek*, in: Lutter/Hommelhoff, GmbHG, § 72 Rn. 1; *Altmeppen*, in: Roth/Altmeppen, GmbHG, § 72 Rn. 1; *K. Schmidt*, in: Scholz, GmbHG, § 72 Rn. 3.

die Gesellschaft, vertreten durch die Liquidatoren.[3] Dem Wesen einer haftungsbeschränkten Gesellschaft entsprechend gibt es keine Ausfallhaftung der Gesellschafter in der Liquidationsphase. Ist das Vermögen negativ, erhalten sie nichts, müssen jedoch auch keine Nachschüsse leisten oder den Gläubigern persönlich haften.[4]

B. Mitgliedschaftlicher Anspruch auf Verteilungserlös

I. Bestand, Konkretisierung und Fälligkeit

2 Die Norm setzt den ungeschriebenen, aber allseits anerkannten Anspruch der Gesellschafter auf den Überschuss nach Befriedigung der Gläubiger voraus.[5] Dieser wurzelt als zunächst abstrakter Anspruch in der Mitgliedschaft. Er konkretisiert sich zu einem durchsetzbaren Anspruch, wenn die Gesellschaft aufgelöst wird und ein verteilungsfähiger Überschuss vorhanden ist.[6] Hingegen bedarf es zur Entstehung (insoweit anders als bei § 29) keines Gesellschafterbeschlusses.[7] Der Anspruch wird mit Ablauf des Sperrjahres nach § 73 fällig.[8] Ab diesem Zeitpunkt kann er daher klageweise durchgesetzt werden.[9] Der Anspruch kann formlos abgetreten werden. Die Abtretung wird jedoch erst mit der Entstehung des Anspruchs wirksam, also nach Auflösung, wenn verteilungsfähiges Vermögen vorhanden ist.[10]

II. Verjährung

3 Der Anspruch verjährt innerhalb der regelmäßigen Verjährungsfrist des § 195 BGB, und der Fristbeginn richtet sich nach § 199 BGB, beginnt also mit dem Ablauf des Jahres, in dem der Anspruch entstanden ist und der Gläubiger von Anspruch und Person des Schuldners Kenntnis erlangt oder grob fahrlässig nicht erlangt hat. Nach § 199 Abs. 4 gilt eine Verjährungshöchstfrist von 10 Jahren. Diese Vorgaben sind in den Grenzen des § 202 BGB dispositiv. Für abweichende Satzungsbestimmungen gilt, dass sie die Rechte der Gesellschafter nicht übermäßig beschränken dürfen.[11] Abweichungen von den zum Beitrittszeitpunkt geltenden Satzungsbestimmungen oder von § 195 BGB sind regelmäßig nur mit Zustimmung aller Gesellschafter möglich, da sich ein berechtigtes Vertrauen auf die zum Zeitpunkt des Beitritts geltende Regelung gebildet hat.[12] Ein Mehrheitsbeschluss kann ausreichen,[13] jedoch nur unter der hohen Voraussetzung, dass sich Gesellschaftsinteressen gegen die Interessen widersprechender Gesellschafter im Rahmen einer Abwägung durchsetzen.

---

3 *Kleindiek*, in: Lutter/Hommelhoff, GmbHG, § 72 Rn. 1; *Gsell*, in: Rowedder/Schmidt-Leithoff, GmbHG, § 72 Rn. 6; *Haas*, in: Baumbach/Hueck, GmbHG, § 72 Rn. 9.

4 *Haas*, in: Baumbach/Hueck, GmbHG, § 72 Rn. 2; *Nerlich*, in: Michalski, GmbHG, § 72 Rn. 5; *K. Schmidt*, in: Scholz, GmbHG, § 72 Rn. 22.

5 *Gsell*, in: Rowedder/Schmidt-Leithoff, GmbHG, § 72 Rn. 1; *Nerlich*, in: Michalski, GmbHG, § 72 Rn. 1. Nach *Haas*, in: Baumbach/Hueck, GmbHG, § 72 Rn. 2, ergibt sich der Anspruch unmittelbar aus der Norm. Dieser Unterschied kann bedeutsam werden, wenn der Gesetzgeber den Anspruch entwertet.

6 BGH, NJW 1984, 492, 493; BGH, NJW 1989, 458: »Nach der Rechtsprechung des Senats handelt es sich bei dem Anspruch des GmbH-Gesellschafters auf Abfindung oder das Auseinandersetzungsguthaben nicht um einen bereits bestehenden, nur noch nicht fälligen, also betagten, sondern um einen künftigen Anspruch, der erst mit dem Ausscheiden des Gesellschafters oder der Auflösung der GmbH entsteht (...), allerdings seit Beginn der Mitgliedschaft in der Person des Gesellschafters im Kern vorhanden ist.« S.a. *Nerlich*, in: Michalski, GmbHG, § 72 Rn. 6; *Haas*, in: Baumbach/Hueck, GmbHG, § 72 Rn. 2.

7 *Kleindiek*, in: Lutter/Hommelhoff, GmbHG, § 72 Rn. 1.

8 *K. Schmidt*, in: Scholz, GmbHG, § 72 Rn. 3; *Altmeppen*, in: Roth/Altmeppen, GmbHG, § 72 Rn. 3; *Gsell*, in: Rowedder/Schmidt-Leithoff, GmbHG, § 72 Rn. 2; *Haas*, in: Baumbach/Hueck, GmbHG, § 72 Rn. 2.

9 *Nerlich*, in: Michalski, GmbHG, § 72 Rn. 12; *Gsell*, in: Rowedder/Schmidt-Leithoff, GmbHG, § 72 Rn. 10.

10 Vgl. BGH, NJW 1984, 492, 493; BGH, NJW 1989, 458; *Haas*, in: Baumbach/Hueck, GmbHG, § 72 Rn. 8; *Nerlich*, in: Michalski, GmbHG, § 72 Rn. 6; *Gsell*, in: Rowedder/Schmidt-Leithoff, GmbHG, § 72 Rn. 2.

11 *Gsell*, in: Rowedder/Schmidt-Leithoff, GmbHG, § 72 Rn. 11; *Nerlich*, in: Michalski, GmbHG, § 72 Rn. 10; *Haas*, in: Baumbach/Hueck, GmbHG, § 72 Rn. 15.

12 *Gsell*, in: Rowedder/Schmidt-Leithoff, GmbHG, § 72 Rn. 11; Sehr str.

13 *Haas*, in: Baumbach/Hueck, GmbHG, § 72 Rn. 15. S. *Nerlich*, in: Michalski, GmbHG, § 72 Rn. 10 zum Meinungsstand.

Hierfür trägt die Gesellschaft die Darlegungs- und Beweislast. Denkbar ist etwa, dass eine Verkürzung der Verjährung für eine effektive Abwicklung aus Sicht ex ante notwendig erscheint.

III. Erledigung und Fortbestand

Der Anspruch erledigt sich durch Beendigung der Vermögensverteilung, sei es durch Auskehr von Vermögen oder mangels verteilungsfähigen Vermögens.[14] In den Fällen eines Fortsetzungsbeschlusses besteht er fort, nun aber wiederum nur als abstrakter Anspruch, dessen Konkretisierung durch die Auflösung der Gesellschaft bedingt ist und erst nach Ablauf des Sperrjahres nach § 73 fällig wird.[15] Rechtswidrige Fortsetzungsbeschlüsse kann jeder widersprechende Gesellschafter anfechten.[16] Er muss bei der Verteilung so gestellt werden, als sei ordnungsgemäß abgewickelt worden, was zulasten der fortsetzenden Mitgesellschafter gehen kann.[17] 4

C. Ausschluss und Beschränkungen des Verteilungsanspruchs

§ 72 ist dispositiv, wie sich aus Satz 2 ergibt. Abweichende Vereinbarungen sind daher möglich.[18] Solche Abweichungen sind durch Vorgaben in der Satzung oder durch formlosen Gesellschafterbeschluss möglich. Beides kann auch noch im Stadium der Abwicklung erfolgen.[19] 5

I. Gesellschafterbeschluss

Erfolgen Beschränkungen des Anspruchs im Wege eines Gesellschafterbeschlusses, sind die Wirkungen auf die mitgliedschaftliche Rechtsstellung der Gesellschafter zu berücksichtigen. Dabei ist zu beachten, dass es sich bei dem Verteilungsanspruch um einen elementaren und unentziehbaren Vermögensanspruch der Gesellschafter handelt.[20] Nachteilige Abweichungen von der dispositiven Gesetzeslage sind daher nur mit Zustimmung der betroffenen Gesellschafter möglich, was regelmäßig dazu führen wird, dass der Beschluss nur einstimmig gefasst werden kann.[21] Bei Verstoß hiergegen ist der Beschluss nach allgemeinen Grundsätzen fehlerhaft und daher anfechtbar.[22] Zur Verkürzung der Verjährung s. schon Rdn. 3. 6

II. Satzungsbestimmung

Besteht zum Beitrittszeitpunkt jedoch bereits eine von der Gesetzeslage abweichende Satzungsregelung, muss sich der Gesellschafter darauf verweisen lassen, dass seine Mitgliedschaft von vornherein keinen oder nur einen beschränkten Auseinandersetzungsanspruch beinhaltet. Es ist daher möglich, dass Gesellschaftsanteile ausgegeben werden, die keinen Anspruch auf den Liquidationserlös vermitteln. In diesem Fall können andere Gesellschafter, aber auch Dritte bezugsberechtigt sein. Die Liquidatoren werden durch solche Bestimmungen verpflichtet, die Verteilung an den 7

14 *K. Schmidt*, in: Scholz, GmbHG, § 72 Rn. 6; *Gsell*, in: Rowedder/Schmidt-Leithoff, GmbHG, § 72 Rn. 5.
15 *Gsell*, in: Rowedder/Schmidt-Leithoff, GmbHG, § 72 Rn. 5.
16 Zu den Voraussetzungen eines Fortsetzungsbeschlusses s. § 60 Rdn. 61 ff.
17 *K. Schmidt*, in: Scholz, GmbHG, § 72 Rn. 16; *Kleindiek*, in: Lutter/Hommelhoff, GmbHG, § 72 Rn. 12; *Haas*, in: Baumbach/Hueck, GmbHG, § 72 Rn. 6.
18 *Kleindiek*, in: Lutter/Hommelhoff, GmbHG, § 72 Rn. 1; *Haas*, in: Baumbach/Hueck, GmbHG, § 72 Rn. 2; *Nerlich*, in: Michalski, GmbHG, § 72 Rn. 4.
19 *Gsell*, in: Rowedder/Schmidt-Leithoff, GmbHG, § 72 Rn. 14; *Kleindiek*, in: Lutter/Hommelhoff, GmbHG, § 72 Rn. 9.
20 *K. Schmidt*, in: Scholz, GmbHG, § 72 Rn. 3; *Gsell*, in: Rowedder/Schmidt-Leithoff, GmbHG, § 72 Rn. 2; *Nerlich*, in: Michalski, GmbHG, § 72 Rn. 7.
21 *K. Schmidt*, in: Scholz, GmbHG, § 72 Rn. 2; *Gsell*, in: Rowedder/Schmidt-Leithoff, GmbHG, § 72 Rn. 2 und 13; *Ensthaler*, in: Ensthaler/Füller/Schmidt, GmbHG, § 72 Rn. 1; *Kleindiek*, in: Lutter/Hommelhoff, GmbHG, § 72 Rn. 9; *Haas*, in: Baumbach/Hueck, GmbHG, § 72 Rn. 2, 12; *Altmeppen*, in: Roth/Altmeppen, GmbHG, § 72 Rn. 4.
22 Vgl. *Nerlich*, in: Michalski, GmbHG, § 72 Rn. 12.

Satzungsvorgaben auszurichten.[23] Gesellschaftsfremde Dritte erwerben durch ihre Benennung als Begünstigte in der Satzung kein Forderungsrecht im Sinne von § 328 BGB. Die Bestimmungen können daher durch Satzungsänderung auch gegen ihren Willen geändert werden.[24] Sie besitzen vielmehr nur dann einen schuldrechtlichen Anspruch auf den Liquidationserlös, wenn eine entsprechende vertragliche Vereinbarung mit der Gesellschaft existiert.[25] Dabei ist § 311b Abs. 2 BGB zu beachten.

D. Ermittlung der Verteilungsmasse

8 Die Höhe des Anspruchs richtet sich (mangels abweichender Vereinbarungen) nach der Beteiligungshöhe des Gesellschafters und der Verteilungsmasse.

I. Verteilungsmasse

9 Die Verteilungsmasse besteht aus dem Vermögen der Gesellschaft, das nach Befriedigung der Gläubiger und Ablauf des Sperrjahres nach § 73 verbleibt. Hiervon sind zusätzlich Ansprüche abzuziehen, die jedenfalls ihrem Grunde nach schon angelegt sind und für die daher Rücklagen zu bilden sind. Dabei kann es sich vor allem um Steuerschulden, Vergütungen der Liquidatoren und Kosten für die Verwahrung der Unterlagen i.S.d. § 74 handeln.[26] Außerdem sind noch ausstehende Ansprüche der Gesellschafter vorab zu befriedigen. Davon sind alle Ansprüche erfasst, die nicht wie Drittforderungen behandelt werden dürfen, zugleich aber nicht lediglich in dem allgemeinen Anspruch auf den Verteilungserlös nach § 72 aufgehen.

II. Vorabbefriedigung gesellschaftsbezogener Forderungen

10 Hierbei handelt es sich um die gesellschaftsbezogenen Forderungen der Gesellschafter, die gerade nicht vor Ablauf des Sperrjahres erfüllt werden durften.[27] Solche Forderungen mindern die Verteilungsmasse nicht, sondern stellen Rechnungsposten dar, die im Verteilungsverfahren vorab an die Gesellschafter zu begleichen sind.[28] Anwendungsfälle sind mit Nachrang ausgestattete Gesellschafterdarlehen[29] und die Rückzahlung von Nachschüssen nach § 30 Abs. 2[30]. Bei Gewinnansprüchen ist nach dem Zeitpunkt der Beschlussfassung zu unterscheiden. Wurde der Gewinnverwendungsbeschluss vor der Auflösung gefasst, ist der Anspruch nicht vom Ausschüttungsverbot des § 73 erfasst. Er ist dann als Gläubigerrecht schon vor der Auflösung entstanden. Seiner Erfüllung kann nur § 30, nicht aber § 73 entgegenstehen. Sämtliche Gewinnansprüche, die nach der Auflösung entstanden sind, unterfallen hingegen der Ausschüttungssperre des § 73. Dies gilt auch, wenn sich der Gewinnanspruch auf einen Zeitraum vor der Auflösung bezieht, etwa ein Rumpfgeschäftsjahr vor der Auflösung.[31] Bei Letzteren handelt es sich daher um nunmehr vorab zu befriedigende

---

23 *K. Schmidt*, in: Scholz, GmbHG, § 72 Rn. 5; *Nerlich*, in: Michalski, GmbHG, § 72 Rn. 8; *Kleindiek*, in: Lutter/Hommelhoff, GmbHG, § 72 Rn. 9; *Gsell*, in: Rowedder/Schmidt-Leithoff, GmbHG, § 72 Rn. 4 und 13.

24 *Gsell*, in: Rowedder/Schmidt-Leithoff, GmbHG, § 72 Rn. 4; *Nerlich*, in: Michalski, GmbHG, § 72 Rn. 8; *Kleindiek*, in: Lutter/Hommelhoff, GmbHG, § 72 Rn. 9.

25 In diesem Sinne wohl *K. Schmidt*, in: Scholz, GmbHG, § 72 Rn. 5.

26 S. *Kleindiek*, in: Lutter/Hommelhoff, GmbHG, § 72 Rn. 3.

27 *Ensthaler*, in: Ensthaler/Füller/Schmidt, GmbHG, § 70 Rn. 5; *Nerlich*, in: Michalski, GmbHG, § 70 Rn. 21; *Altmeppen*, in: Roth/Altmeppen, GmbHG, § 70 Rn. 18; *Kleindiek*, in: Lutter/Hommelhoff, GmbHG, § 72 Rn. 7; vgl. auch BGH, NJW 1985, 1898 f. Demgegenüber werden die Gesellschafter mit ihren Drittansprüchen wie gesellschaftsfremde Gläubiger behandelt, s. dazu § 70 Rdn. 13.

28 *Kleindiek*, in: Lutter/Hommelhoff, GmbHG, § 72 Rn. 7.

29 Zu diesen unter § 70 Rdn. 13. S.a. *Haas*, in: Baumbach/Hueck, GmbHG, § 70 Rn. 6; *Gsell*, in: Rowedder/Schmidt-Leithoff, GmbHG, § 72 Rn. 15 und § 73 Rn. 23.

30 *Kleindiek*, in: Lutter/Hommelhoff, GmbHG, § 72 Rn. 7.

31 Zu allem BFH, GmbHR 1999, 429, 430; *K. Schmidt*, in: Scholz, GmbHG, § 69 Rn. 28 und § 73, Rn. 2b; *Nerlich*, in: Michalski, GmbHG, § 73 Rn. 5; *Haas*, in: Baumbach/Hueck, GmbHG, § 69 Rn. 6; *Gsell*,

gesellschaftsbezogene Forderungen. Reicht die Masse zu ihrer Befriedigung nicht aus, greift der Grundsatz der Verteilungsgerechtigkeit ein. Sie sind daher um den Verteilungsschlüssel zu kürzen.[32]

E. Verteilungsverfahren

I. Anspruchsinhaber

Gläubiger des Anspruchs sind alle Gesellschafter, deren Mitgliedschaft zum Zeitpunkt der Verteilung im Sinne von § 16 besteht. Zu diesem Zeitpunkt ausgeschlossene Gesellschafter haben ihre Mitgliedschaft bereits verloren und sind daher nicht mehr anspruchsberechtigt.[33] Eine Ausnahme gilt, wenn der Gesellschafter zwar ausgeschlossen wurde, seine Anteile jedoch weiter hält und eine Abfindung bislang nicht erhalten hat. Mangels abweichender (und wirksam vereinbarter) Bestimmungen im Gesellschaftsvertrag steht dem Gesellschafter bei Ausschluss ein Anspruch auf Abfindung zum Verkehrswert zu.[34] Im Verteilungsverfahren entspricht sein Anspruch auf Abfindung seiner Beteiligung am Verteilungserlös, da dieser dem Verkehrswert im Abwicklungsstadium entspricht. Daher besitzt er einen Anspruch auf Beteiligung an der Verteilungsmasse in Höhe seines Anspruchs.[35] Befinden sich alle Anteile in der Hand der Gesellschaft und sind daher keine Gesellschafter vorhanden (Keinmann-Gesellschaft), steht der Erlös dem Fiskus analog §§ 45, 1936 BGB zu (s. schon Vor §§ 60 ff. Rdn. 16).[36] 11

II. Befriedigung durch Geldleistung oder Sachwerte

1. Grundsatz

Die Gesellschafter haben Anspruch auf Geldleistung.[37] Daher ist das Vermögen der Gesellschaft im Regelfall zu verwerten und der Erlös an die Gesellschafter auszukehren.[38] Das gilt auch für Sacheinlagen, da diese nach § 7 Abs. 3 der Gesellschaft endgültig zur freien Verfügung überlassen wurden.[39] 12

2. Ausnahmen

Von diesen Grundsätzen können die Vorgaben der Satzung abweichen. Sie können vorsehen, dass einzelne Vermögensgegenstände an die Gesellschafter übereignet werden sollen. Das kommt insb. in Betracht, wenn die Gesellschafter ihre Einlageleistung in Sachwerten erbracht haben[40] oder mehrere Gegenstände gleicher Gattung vorhanden sind, etwa Aktien.[41] Fehlt es an derartigen 13

---

in: Rowedder/Schmidt-Leithoff, GmbHG, § 69 Rn. 9 und § 73 Rn. 21–23; *Altmeppen*, in: Roth/Altmeppen, GmbHG, § 73 Rn. 11.

32 *Kleindiek*, in: Lutter/Hommelhoff, GmbHG, § 72 Rn. 7.

33 *K. Schmidt*, in: Scholz, GmbHG, § 72 Rn. 4; *Gsell*, in: Rowedder/Schmidt-Leithoff, GmbHG, § 72 Rn. 3; *Nerlich*, in: Michalski, GmbHG, § 72 Rn. 7.

34 Grundlegend BVerfG, ZIP 2007, 175, 176 (Siemens/Nixdorf); BVerfG, ZIP 2000, 1670, 1672 (Moto Meter); BVerfG, NJW 1999, 3769, 3771 (DAT/Altana); BVerfG, NZG 2000, 28, 29 (Hartmann & Braun); BVerfG, NJW 2007, 3268, 3270; BGHZ 147, 108, 115.

35 I.E. so auch *Haas*, in: Baumbach/Hueck, GmbHG, § 72 Rn. 5.

36 *Gsell*, in: Rowedder/Schmidt-Leithoff, GmbHG, § 72 Rn. 3; *Nerlich*, in: Michalski, GmbHG, § 72 Rn. 7.

37 *K. Schmidt*, in: Scholz, GmbHG, § 72 Rn. 7; *Altmeppen*, in: Roth/Altmeppen, GmbHG, § 72 Rn. 6; *Gsell*, in: Rowedder/Schmidt-Leithoff, GmbHG, § 72 Rn. 7; *Haas*, in: Baumbach/Hueck, GmbHG, § 72 Rn. 3.

38 *K. Schmidt*, in: Scholz, GmbHG, § 72 Rn. 7 und § 70 Rn. 30; *Kleindiek*, in: Lutter/Hommelhoff, GmbHG, § 72 Rn. 10.

39 *K. Schmidt*, in: Scholz, GmbHG, § 72 Rn. 7; *Gsell*, in: Rowedder/Schmidt-Leithoff, GmbHG, § 72 Rn. 7; *Haas*, in: Baumbach/Hueck, GmbHG, § 72 Rn. 3.

40 *Haas*, in: Baumbach/Hueck, GmbHG, § 72 Rn. 11; *Altmeppen*, in: Roth/Altmeppen, GmbHG, § 72 Rn. 6.

41 *Kleindiek*, in: Lutter/Hommelhoff, GmbHG, § 72 Rn. 10; *Altmeppen*, in: Roth/Altmeppen, GmbHG, § 72 Rn. 6; *Nerlich*, in: Michalski, GmbHG, § 72 Rn. 16; *Gsell*, in: Rowedder/Schmidt-Leithoff, GmbHG, § 72 Rn. 8.

Satzungsbestimmungen, bedarf diese Verteilungsmethode der Zustimmung der betroffenen Gesellschafter.[42] Wird die Zustimmung verweigert und wendet die Gesellschaft ein, dass eine Zustimmung aus der Treuepflicht geschuldet ist, trägt sie hierfür die Beweislast. Die Anforderungen an eine solche aus der Treuepflicht resultierende Pflicht zur Entgegennahme von Vermögengegenständen sind hoch, im Zweifel bleibt es bei dem Anspruch des Gesellschafters auf Barabfindung.[43] Auch ist der Gleichbehandlungsgrundsatz zugunsten solcher Gesellschafter, die selbst in Geld abgefunden werden, zu beachten, sofern eine Benachteiligung durch die Verteilung einzelner Vermögengegenstände an die Mitgesellschafter in Betracht kommt. Eine Verteilung von Vermögengegenständen an einzelne Gesellschafter ist daher regelmäßig nur bei Zustimmung der Mitgesellschafter rechtmäßig.[44] Deren Zustimmung ist entbehrlich, wenn ihnen kein Nachteil droht. Die Gesellschaft kann nachweisen, dass die Gegenstände zum Verkehrswert angesetzt werden und daher eine Bevorzugung der Empfänger über den Wert ihres Liquidationsanspruchs hinaus ausscheidet. Melden die hiervon ausgeschlossenen Gesellschafter jedoch ihrerseits Interesse an den Gegenständen an, kommt es darauf an, ob sachliche Gründe für die Bevorzugung der übrigen Gesellschafter existieren. Fehlt es daran, kommt aus Gründen der Verteilungsgerechtigkeit nur eine Versilberung in Betracht.[45]

3. Abgrenzung zu anderen Vorgängen

14 Davon zu unterscheiden ist die Rückgabe solcher Gegenstände, die der Gesellschaft nur zur Nutzung überlassen wurden. Da es sich um die Befriedigung des Rückgabeanspruchs handelt, sind diese Gegenstände in natura zurückzugewähren.[46] Auch ist die Verteilung von Gesellschaftsvermögen von der Veräußerung von Gesellschaftsvermögen an die Gesellschafter zu unterscheiden. Dabei handelt es sich nicht um eine Verteilungsmaßnahme, sondern um eine Versilberung des Gesellschaftsvermögens.[47] Die Liquidatoren müssen darauf achten, dass der Kaufpreis einem Drittvergleich standhält, da weder die Gläubiger benachteiligt noch die Ansprüche der Mitgesellschafter auf Beteiligung am Liquidationserlös verkürzt werden dürfen.[48] Unter diesen Voraussetzungen ist es zulässig, den Kaufpreisanspruch mit dem Verteilungsanspruch zu verrechnen.[49] Ausführlicher hierzu unter § 70 Rdn. 20.

III. Verteilungsmaßstab

1. Dispositiver Verteilungsmaßstab

15 Der Verteilungsmaßstab richtet sich nach Satz 2 primär nach den Vorgaben der Satzung, in Ermangelung solcher nach den Vorgaben in Satz 1. Danach wird das Vermögen der Gesellschaft nach dem Verhältnis der Nominalanteile der Beteiligungen zueinander verteilt.[50] Relevant sind nur die von Gesellschaftern gehaltenen Anteile, die eigenen Anteile der Gesellschaft bleiben unberücksichtigt, stattdessen erhöhen sich die übrigen Anteile entsprechend.[51] Die Gesellschafterversammlung kann

---

42 *K. Schmidt*, in: Scholz, GmbHG, § 72 Rn. 8; *Nerlich*, in: Michalski, GmbHG, § 72 Rn. 15; *Gsell*, in: Rowedder/Schmidt-Leithoff, GmbHG, § 72 Rn. 8; *Haas*, in: Baumbach/Hueck, GmbHG, § 72 Rn. 11.

43 Ähnlich *Nerlich*, in: Michalski, GmbHG, § 72 Rn. 15 f.

44 *K. Schmidt*, in: Scholz, GmbHG, § 72 Rn. 8; *Gsell*, in: Rowedder/Schmidt-Leithoff, GmbHG, § 72 Rn. 8.

45 Insgesamt wenig geklärte Fragen, s. ähnliche Ansätze bei *K. Schmidt*, in: Scholz, GmbHG, § 72 Rn. 8; *Gsell*, in: Rowedder/Schmidt-Leithoff, GmbHG, § 72 Rn. 8; *Haas*, in: Baumbach/Hueck, GmbHG, § 72 Rn. 11.

46 *K. Schmidt*, in: Scholz, GmbHG, § 72 Rn. 7; *Gsell*, in: Rowedder/Schmidt-Leithoff, GmbHG, § 72 Rn. 7; *Haas*, in: Baumbach/Hueck, GmbHG, § 72 Rn. 3; *Nerlich*, in: Michalski, GmbHG, § 72 Rn. 16.

47 *Nerlich*, in: Michalski, GmbHG, § 72 Rn. 17.

48 *Altmeppen*, in: Roth/Altmeppen, GmbHG, § 72 Rn. 7; *K. Schmidt*, in: Scholz, GmbHG, § 70 Rn. 13; *Gsell*, in: Rowedder/Schmidt-Leithoff, GmbHG, § 70 Rn. 17.

49 *Altmeppen*, in: Roth/Altmeppen, GmbHG, § 72 Rn. 7.

50 *Schönhaar*, GWR 2020, 1, 4.

51 *Kleindiek*, in: Lutter/Hommelhoff, GmbHG, § 72 Rn. 11; *Gsell*, in: Rowedder/Schmidt-Leithoff, GmbHG, § 72 Rn. 5; *Haas*, in: Baumbach/Hueck, GmbHG, § 72 Rn. 5. Zur Verteilung bei rechtswidrig fortgesetzter Gesellschaft s. RGZ 81, 70.

nicht nur von der dispositiven Regelung in Satz 1, sondern auch von eventuellen Vorgaben in der Satzung abweichen und einen anderen Verteilungsmaßstab festsetzen. Da es in der letzten Phase des Liquidationsverfahrens nur noch um die Befriedigung der Gesellschafterinteressen geht, sind die Gesellschafter zur freien Disposition über das verbleibende Gesellschaftsvermögen berechtigt. An einen solchen Beschluss sind die Liquidatoren nach §§ 71 Abs. 4, 37 Abs. 1 gebunden.[52]

2. Minderheitsschutz

Bei einem solchen Beschluss rückt der Minderheitsschutz in den Vordergrund. Ein mehrheitlich gefasster Gesellschafterbeschluss kann einzelne Gesellschafter gegen deren Willen in ihren berechtigten, auf die Satzung oder dispositive Gesetzeslage gestützten Erwartungen beeinträchtigen. Die allgemeinen Grundsätze zur Rechtfertigung von Beeinträchtigungen der mitgliedschaftlichen Rechtsstellung sind in diesem Stadium nicht anwendbar, da Gründe im Interesse der Gesellschaft zur Rechtfertigung eines minderheitsbeeinträchtigenden Gesellschafterbeschlusses ausscheiden, wenn es nur noch um die Verteilung des verbliebenen Gesellschaftsvermögens geht.[53] Auch eine Abwägung der Interessen der beschlusstragenden und dissentierenden Gesellschaftergruppen gegeneinander scheidet aus, da die Gesellschafterinteressen im Verteilungsstadium allseitig darauf gerichtet sind, einen möglichst hohen Verteilungserlös zu erzielen. Daher bedürfen Abweichungen von den Bestimmungen der Satzung oder von Satz 1 der Zustimmung durch den Beschlussinhalt benachteiligter Gesellschafter. 16

3. Ausstehende Einlageforderungen

a) Berücksichtigung ausstehender Einlageforderungen

Bei der Verteilung ist zu berücksichtigen, ob die Einlageverpflichtungen der Gesellschafter erfüllt wurden. Ausstehende Einlagen brauchen im Auflösungsstadium grds. nicht mehr erbracht zu werden. Auch sonstige im Gesellschaftsverhältnis wurzelnde Ansprüche der Gesellschaft gegen die Gesellschafter werden nur noch ausnahmsweise eingefordert (zu Grundsatz und Ausnahmen s. § 70 Rdn. 18). Bei der Verteilung muss dies jedoch Berücksichtigung finden, um eine Benachteiligung der Mitgesellschafter auszuschließen. Vor allem muss eine gleichmäßige Beteiligung aller am Verlust gewährleistet sein.[54] Dies geschieht durch eine Orientierung an den Vorgaben des § 271 Abs. 3 AktG.[55] 17

b) Beispielsrechnung

Zur Verdeutlichung ein Beispiel: Die GmbH hat ein Stammkapital von 50.000 €, das die drei Gesellschafter A, B und C im Verhältnis 2/5, 2/5 und 1/5 aufzubringen haben. A und B haben die von ihnen jeweils geschuldeten 20.000 € eingebracht, während C seine Einlage i.H.v. 10.000 € schuldig geblieben ist. Verfügt die Gesellschaft über ein verteilungsfähiges Vermögen von 100.000 €, kann ein jede Benachteiligung ausschließendes Ergebnis auf zwei Arten erzielt werden. A und B kann zunächst die Einlage i.H.v. jeweils 20.000 € zurückgewährt und anschließend der verbleibende Betrag von 60.000 € im Verhältnis von 2/5, 2/5 und 1/5 verteilt werden. Alternativ hierzu kann das Verteilungsvermögen im Verhältnis von 2/5, 2/5 und 1/5 aufgeteilt werden. Die Forderung des C i.H.v. 20.000 € kann gegen die ausstehende Einlageforderung i.H.v. 10.000 € aufgerechnet werden. Der hierdurch bei der Gesellschaft verbleibende Betrag i.H.v. 10.000 € muss seinerseits im Verhältnis von 2/5, 2/5 und 1/5 an die Gesellschafter A, B und C verteilt werden. Auf beiden 18

52 *Altmeppen*, in: Roth/Altmeppen, GmbHG, § 72 Rn. 4.

53 Zu den Grundlagen *Hofmann*, Der Minderheitsschutz im Gesellschaftsrecht, 2011, S. 156–195.

54 *Kleindiek*, in: Lutter/Hommelhoff, GmbHG, § 72 Rn. 11; *Haas*, in: Baumbach/Hueck, GmbHG, § 72 Rn. 4; *Altmeppen*, in: Roth/Altmeppen, GmbHG, § 72 Rn. 10; *Gsell*, in: Rowedder/Schmidt-Leithoff, GmbHG, § 72 Rn. 12; *Ensthaler*, in: Ensthaler/Füller/Schmidt, GmbHG, § 72 Rn. 4.

55 *Gsell*, in: Rowedder/Schmidt-Leithoff, GmbHG, § 72 Rn. 12; *Haas*, in: Baumbach/Hueck, GmbHG, § 72 Rn. 4.

Wegen erhalten diese 44.000 € (A), 44.000 € (B) und 12.000 € (C). Reicht nun aber das verteilungsfähige Vermögen nicht einmal zur Rückgewähr der erbrachten Einlagen aus, genügt es nicht, die gewährten Einlagen anteilig rückzuerstatten. Stehen nur 30.000 € zur Verteilung an, erhalten A und B jeweils 15.000 €. A und B können in diesem Fall nicht etwa jeweils 2/5 der ausstehenden Einlage von 10.000 € einfordern. Vielmehr muss zunächst die Einlage des C dem verteilungsfähigen Vermögen hinzugerechnet werden. Diese 40.000 € sind nun rechnerisch im Verhältnis 2/5, 2/5 und 1/5 zu verteilen. Da hierdurch A und B jeweils 16.000 € erhielten, haben sie eine Ausfallforderung gegen C i.H.v. jeweils 1.000 €, die sie direkt von diesem einfordern können. Eine Umwegszahlung an die Gesellschaft ist in diesem Stadium weder notwendig noch sinnvoll. Dem C steht es jedoch frei, seine Einlage i.H.v. 10.000 € an die Gesellschaft zu erbringen und anschließend 8.000 € als anteilige Forderung i.H.v. 1/5 des gesamten Verteilungsvermögens von 40.000 € einzufordern.

F. Ansprüche bei fehlerhafter Verteilung

I. Ansprüche auf Schadensersatz gegen die Liquidatoren

19 Verstoßen die Liquidatoren im Verteilungsstadium gegen ihre Pflichten und kommt es hierdurch zu einem Schaden der Gesellschafter, stellt sich die Frage nach ihren Ansprüchen gegen die Liquidatoren. Zu einer fehlerhaften Verteilung kann es etwa kommen, wenn das Liquidationsvermögen falsch errechnet wird, bei Sachleistungen unrichtige Wertbemessungen zugrunde gelegt werden oder gegen die Verteilungsbestimmungen in der Satzung oder den Gesellschafterbeschlüssen verstoßen wird.[56] Nach ganz herrschender Meinung kommen in diesen Fällen nur deliktsrechtliche Ansprüche, insbesondere § 826 BGB in Betracht.[57] Dieser Standpunkt ist geprägt von dem Verständnis, dass die Liquidatoren ebenso wie die Geschäftsführer ihre Pflichten nur der Gesellschaft, nicht jedoch den Gesellschaftern schulden.[58] Die Wertungen aus der werbenden Phase können jedoch nicht einfach in das Liquidationsstadium übernommen werden. Vielmehr ist nach den verschiedenen Stadien der Liquidationsphase zu differenzieren. Während des Sperrjahres stehen die Gläubigerinteressen im Vordergrund. Die hiernach geschuldeten Pflichten einzuhalten, steht im Interesse der Liquidationsgesellschaft, da diese bei pflichtwidrigem Verhalten ihrer Liquidatoren über § 31 BGB von den Gläubigern in Anspruch genommen werden kann. Davon unterscheidet sich das Stadium der Vermögensverteilung: Die Gesellschaft verliert hierdurch ihr Vermögen, und ihre Vollbeendigung durch Löschung steht unmittelbar bevor. Es existiert in diesem Stadium weder ein Interesse der Gesellschaft an einer pflichtgemäßen Verteilung, noch kommt sie als Haftungssubjekt in Betracht. Vielmehr dienen die auf die Vermögensverteilung gerichteten Pflichten der Liquidatoren ausschließlich den Interessen der Gesellschafter. Dies begründet ungeachtet der mit der Gesellschaft bestehenden organschaftlichen Beziehung eine Sonderbeziehung der Liquidatoren mit den Gesellschaftern, die als Grundlage einer Haftung nach § 280 Abs. 1 BGB bei schuldhaft fehlerhafter Verteilung des Liquidationsvermögens herangezogen werden kann.

II. Bereicherungsrechtliche Ansprüche gegen Mitgesellschafter

20 Auch besteht gegen einen durch fehlerhafte Verteilungsmaßnahmen bereicherten Gesellschafter ein Anspruch aus § 812 BGB. Dieser steht jedenfalls der Gesellschaft zu.[59] Da durch die Bereicherung zugleich der Anspruch der Mitgesellschafter gemindert wird, können diese unmittelbar gegen den bereicherten Mitgesellschafter vorgehen. Gründe, die gegen eine Direktzahlung sprechen würden,

---

56 Vgl. *Gsell*, in: Rowedder/Schmidt-Leithoff, GmbHG, § 72 Rn. 10.

57 *Kleindiek*, in: Lutter/Hommelhoff, GmbHG, § 72 Rn. 12; *Altmeppen*, in: Roth/Altmeppen, GmbHG, § 72 Rn. 13; *Haas*, in: Baumbach/Hueck, GmbHG, § 72 Rn. 20. *Nerlich*, in: Michalski, GmbHG, § 72 Rn. 13.

58 Für die h.M. und zum Meinungsstand *Zöllner/Noack*, in: Baumbach/Hueck, GmbHG, 21. Aufl. 2017, § 43 Rn. 64. Zur Kritik daran *Hofmann*, Der Minderheitsschutz im Gesellschaftsrecht, 2011, § 6, v.a. S. 280–282. Zur Schutzrichtung der Geschäftsleiterpflichten auch *Bayer*, NJW 2000, 2609, 2611; *Fleischer*, WM 2003, 1045, 1046 ff.

59 *Kleindiek*, in: Lutter/Hommelhoff, GmbHG, § 72 Rn. 12. *Haas*, in: Baumbach/Hueck, GmbHG, § 72 Rn. 19; *Nerlich*, in: Michalski, GmbHG, § 72 Rn. 12.

existieren nicht. Eine Zahlung an der Gesellschaft vorbei, die in der werbenden Gesellschaft gegen die Kapitalerhaltungsgrundsätze verstößt und dem Schutz der Gläubiger und Mitgesellschafter widersprechen kann, ist im Endstadium der Liquidation unbedenklich, da das Vermögen ohnehin nur noch zur Verteilung an die Gesellschafter dient.[60]

§ 73 Sperrjahr

(1) Die Verteilung darf nicht vor Tilgung oder Sicherstellung der Schulden der Gesellschaft und nicht vor Ablauf eines Jahres seit dem Tage vorgenommen werden, an welchem die Aufforderung an die Gläubiger (§ 65 Abs. 2) in den Gesellschaftsblättern erfolgt ist.

(2) [1]Meldet sich ein bekannter Gläubiger nicht, so ist der geschuldete Betrag, wenn die Berechtigung zur Hinterlegung vorhanden ist, für den Gläubiger zu hinterlegen. [2]Ist die Berichtigung einer Verbindlichkeit zur Zeit nicht ausführbar oder ist eine Verbindlichkeit streitig, so darf die Verteilung des Vermögens nur erfolgen, wenn dem Gläubiger Sicherheit geleistet ist.

(3) [1]Liquidatoren, welche diesen Vorschriften zuwiderhandeln, sind zum Ersatz der verteilten Beträge solidarisch verpflichtet. [2]Auf den Ersatzanspruch finden die Bestimmungen in § 43 Abs. 3 und 4 entsprechende Anwendung.

Schrifttum
S. Schrifttum zu § 67.

Übersicht

60 I.E. auch *K. Schmidt*, in: Scholz, GmbHG, § 72 Rn. 17; *Gsell*, in: Rowedder/Schmidt-Leithoff, GmbHG, § 72 Rn. 10; *Altmeppen*, in: Roth/Altmeppen, GmbHG, § 72 Rn. 12; *Haas*, in: Baumbach/Hueck, GmbHG, § 72 Rn. 21; wohl auch *Nerlich*, in: Michalski, GmbHG, § 72 Rn. 12.

A. Überblick

1 Die Vorschrift regelt in Abs. 1 und 2 die Voraussetzungen dafür, dass eine Verteilung des Gesellschaftsvermögens an die Gesellschafter nach § 72 erfolgen darf. Sie ordnet ein absolutes Ausschüttungsverbot an, solange nicht alle bekannten Verbindlichkeiten der Gesellschaft befriedigt oder gesichert sind und außerdem ein Sperrjahr, das den Gläubigern dazu dient, ihre Forderungen anzumelden, abgelaufen ist. Sie verschärft die Kapitalerhaltungsgrundsätze ggü. der werbenden Phase und den Bindungen durch § 30. Während des Sperrjahres darf unabhängig von der Höhe des vorhandenen Vermögens keinerlei Ausschüttung erfolgen.[1] Davon sind auch Abschlagszahlungen und Darlehen an die Gesellschafter erfasst.[2] Auch § 43a gilt weiterhin.[3] Das Gesetz will unabhängig von einer Prüfung der konkreten Vermögenslage sicherstellen, dass alle bekannten Gläubiger der Gesellschaft vorrangige Befriedigung erhalten und unbekannte Gläubiger ein Jahr lang Zeit haben, ihre Ansprüche geltend zu machen. Um die Wirksamkeit der Bestimmungen sicherzustellen, ordnet Abs. 3 die Haftung der Liquidatoren bei einem Verstoß gegen die Bestimmungen der Abs. 1, 2 an.

B. Zwingendes Recht

2 Die Vorschrift stellt die wesentliche Säule des Gläubigerschutzes im Liquidationsverfahren dar. Deswegen steht sie nicht zur Disposition der Gesellschafter. Sie kann weder durch die Satzung noch durch einen Gesellschafterbeschluss verändert werden.[4] Daneben scheidet auch eine Dispositionsbefugnis der bekannten Gläubiger aus. Wegen der Möglichkeit, dass unbekannte Gläubiger existieren, darf mit der Verteilung vor Ablauf des Sperrjahres auch dann nicht begonnen werden, wenn sämtliche bekannten Gläubiger zustimmen.[5]

C. Lauf und Bedeutung des Sperrjahres

I. Beginn des Sperrjahres

3 Das Verbot, Gesellschaftsvermögen an die Gesellschafter auszuschütten, beginnt bereits mit der Auflösung der Gesellschaft.[6] Davon ist das in Abs. 1 geregelte Sperrjahr zu unterscheiden, das erst mit der Aufforderung an die Gläubiger nach § 65 Abs. 2 beginnt. Die Frist des Sperrjahres beginnt am Erscheinungstag des Gesellschaftsblattes, in dem die Aufforderung enthalten ist, zu laufen. Dies setzt allerdings voraus, dass die Auflösung wirksam beschlossen wurde.[7] Die vorherige Eintragung der Auflösung in das Handelsregister ist für den Beginn der Sperrfrist nicht erforderlich, wenn nicht die Auflösung mit einer Satzungsänderung einhergehen muss.[8] Eine dreimalige Aufforderung wie nach alter Gesetzeslage ist nach Änderung des § 65 durch § 14b Nr. 9 ARUG nicht mehr erforderlich (dazu § 65 Rdn. 26). Zu den Anforderungen an die Veröffentlichung und die Folgen, wenn Fehler unterlaufen, s. § 65 Rdn. 27 f.

---

1 *K. Schmidt*, in: Scholz, GmbHG, § 73 Rn. 1; *Kleindiek*, in: Lutter/Hommelhoff, GmbHG, § 73 Rn. 1.

2 BGH, NZG 2009, 659, 662; *K. Schmidt*, in: Scholz, GmbHG, § 73 Rn. 2c; *Nerlich*, in: Michalski, GmbHG, § 73 Rn. 8.

3 *Kleindiek*, in: Lutter/Hommelhoff, GmbHG, § 73 Rn. 2.

4 OLG Rostock, NJW-RR 1996, 1185, 1186; *K. Schmidt*, in: Scholz, GmbHG, § 73 Rn. 4; *Nerlich*, in: Michalski, GmbHG, § 73 Rn. 2; *Kleindiek*, in: Lutter/Hommelhoff, GmbHG, § 73 Rn. 1; *Gsell*, in: Rowedder/Schmidt-Leithoff, GmbHG, § 73 Rn. 5; *Haas*, in: Baumbach/Hueck, GmbHG, § 73 Rn. 2.

5 OLG Rostock, NJW-RR 1996, 1185, 1186; *K. Schmidt*, in: Scholz, GmbHG, § 73 Rn. 4; *Nerlich*, in: Michalski, GmbHG, § 73 Rn. 2; *Kleindiek*, in: Lutter/Hommelhoff, GmbHG, § 72 Rn. 1; *Altmeppen*, in: Roth/Altmeppen, GmbHG, § 73 Rn. 10; *Ensthaler*, in: Ensthaler/Füller/Schmidt, GmbHG, § 73 Rn. 2; *Gsell*, in: Rowedder/Schmidt-Leithoff, GmbHG, § 73 Rn. 5; *Haas*, in: Baumbach/Hueck, GmbHG, § 73 Rn. 2.

6 *K. Schmidt*, in: Scholz, GmbHG, § 73 Rn. 1; *Nerlich*, in: Michalski, GmbHG, § 73 Rn. 10; *Ensthaler*, in: Ensthaler/Füller/Schmidt, GmbHG, § 73 Rn. 3.

7 *Nerlich*, in: Michalski, GmbHG, § 65 Rn. 26.

8 DNotI-Report 2/2017, 10, 11; vgl. *Nerlich*, in: Michalski, GmbHG, § 65 Rn. 26.

II. Ablauf des Sperrjahres

Der Ablauf dieses Sperrjahres ist nur die Mindestvoraussetzung dafür, dass eine Vermögensverteilung an die Gesellschafter stattfinden darf. Auch danach besteht die Sperre fort, wenn bekannte Verbindlichkeiten noch nicht befriedigt oder im Sinne von Abs. 2 gesichert sind. Außerdem lässt der Ablauf des Sperrjahres die Ansprüche der Gläubiger unberührt. Es handelt sich daher nicht etwa um eine Ausschlussfrist.[9] Werden im Verlauf des begonnenen Verteilungsverfahrens Verbindlichkeiten bekannt, sind diese weiterhin vorrangig zu befriedigen und die Verteilungsmaßnahmen zu unterbrechen.[10] 4

III. Absichernde Wirkung

Zugleich sichert § 73 jedoch auch die Liquidatoren und Gesellschafter ab. Werden die Vorgaben eingehalten, können die Gläubiger unbekannter Forderungen im Ergebnis leer ausgehen. Die Liquidatoren haben ihre Pflichten nicht verletzt, wenn sie den Vorgaben des § 73 entsprechen und anschließend das Vermögen an die Gesellschafter verteilen. Daher scheiden gegen sie gerichtete Schadensersatzansprüche der Gläubiger aus. Die Gesellschafter sind zwar bereichert, jedoch mit Rechtsgrund, da nach Ablauf des Sperrjahres und Befriedigung aller Gläubiger eine Verteilung an sie stattfinden durfte.[11] § 73 besitzt insoweit Ausgleichsfunktion.[12] 5

IV. Registergerichtliche Verfügungen

Der Lauf des Sperrjahres hat auch Bedeutung für die Verfügungen des Registergerichts. Das Erlöschen der Gesellschaft darf regelmäßig erst eingetragen werden, wenn das Sperrjahr abgelaufen ist. Davor ist eine Eintragung nur zulässig, wenn das Gesellschaftsvermögen durch Gläubigerbefriedigung erschöpft ist und keine Verteilung an die Gesellschafter mehr stattfindet.[13] In diesem Fall sind die Voraussetzungen von § 394 FamFG gegeben, der anordnet, dass eine GmbH, die kein Vermögen besitzt, von Amts wegen zu löschen ist (dazu § 60 Rdn. 46 ff.). Wird nach Löschung eine Nachtragsliquidation notwendig, brauchen Gläubigeraufruf nach § 65 Abs. 2 und Sperrjahr nach § 73 nicht beachtet zu werden.[14] 6

D. Verhältnis zu § 30 und Qualifizierung der Gesellschafteransprüche

I. Spezialitätsverhältnis zu § 30

§ 30 ist auch in der Liquidationsphase weiterhin anwendbar, doch ist § 73 ggü. § 30 spezieller. Diese Spezialität bringt es mit sich, dass die Sperre des § 30 aufgehoben ist, wenn § 73 eine Vermögensverteilung gestattet. § 30 kann daher nur relevant werden, wenn Ansprüche nicht von § 73 erfasst werden (Rdn. 8). Bei einem Verstoß gegen § 73 ist die Verfügung wirksam, doch kann das Geleistete zurückgefordert werden. Anspruchsgrundlage hierfür ist § 31 analog, selbst wenn kein 7

---

9 *K. Schmidt*, in: Scholz, GmbHG, § 73 Rn. 3; *Nerlich*, in: Michalski, GmbHG, § 73 Rn. 11; *Kleindiek*, in: Lutter/Hommelhoff, GmbHG, § 73 Rn. 4 und § 73 Rn. 8; *Altmeppen*, in: Roth/Altmeppen, GmbHG, § 73 Rn. 12; *Ensthaler*, in: Ensthaler/Füller/Schmidt, GmbHG, § 73 Rn. 12; *Gsell*, in: Rowedder/Schmidt-Leithoff, GmbHG, § 73 Rn. 3.

10 *K. Schmidt*, in: Scholz, GmbHG, § 73 Rn. 3 und 13; *Nerlich*, in: Michalski, GmbHG, § 73 Rn. 11 und 34; *Kleindiek*, in: Lutter/Hommelhoff, GmbHG, § 73 Rn. 4; *Altmeppen*, in: Roth/Altmeppen, GmbHG, § 73 Rn. 4; *Haas*, in: Baumbach/Hueck, GmbHG, § 73 Rn. 5.

11 I.E. *Kleindiek*, in: Lutter/Hommelhoff, GmbHG, § 73 Rn. 9; *Gsell*, in: Rowedder/Schmidt-Leithoff, GmbHG, § 73 Rn. 24; *Haas*, in: Baumbach/Hueck, GmbHG, § 73 Rn. 9; *Erle*, GmbHR 1998, 216, 222.

12 Vgl. hierzu auch RGZ 124, 210, 214 f.

13 OLG Jena, GmbHR 2015, 1093 f.; OLG Köln, NZG 2005, 83, 84; *K. Schmidt*, in: Scholz, GmbHG, § 73 Rn. 3; *Nerlich*, in: Michalski, GmbHG, § 73 Rn. 12; *Altmeppen*, in: Roth/Altmeppen, GmbHG, § 73 Rn. 13; *Ensthaler*, in: Ensthaler/Füller/Schmidt, GmbHG, § 73 Rn. 4; *Gsell*, in: Rowedder/Schmidt-Leithoff, GmbHG, § 73 Rn. 4.

14 OLG Hamm, GmbHR 1987, 470, 471; *Gsell*, in: Rowedder/Schmidt-Leithoff, GmbHG, § 73 Rn. 2.

Verstoß gegen § 30 vorliegt, da sich die Kapitalerhaltung in der Liquidation nach § 73 richtet.[15] Für noch nicht vollzogene Leistungen folgt aus § 73 ein Leistungsverweigerungsrecht.[16]

II. Erfasste Gesellschafterforderungen

8 Der genauen Einordnung der Gesellschafteransprüche kommt für die Bestimmung der Reichweite des § 73 besondere Bedeutung zu. Nur die Ansprüche, die im Gesellschaftsverhältnis wurzeln, sind regelmäßig von der Sperre des § 73 erfasst, nicht jedoch Ansprüche, die auf eine Gläubigerstellung des Gesellschafters zurückgehen.[17] Ausnahmen gelten, wenn Ansprüche zwar im Gesellschaftsverhältnis wurzeln, aber doch als selbstständiges Forderungsrecht behandelt werden, weil sie nicht in Zusammenhang mit der Einlageleistung stehen oder eine Verselbstständigung erfahren haben. Letzteres ist bei einem vor der Auflösung beschlossenen Gewinnverwendungsbeschluss der Fall, der folglich nicht von der Ausschüttungssperre erfasst wird.[18] Ersteres gilt seit Wegfall der §§ 32a, 32b für Ansprüche aus Gesellschafterdarlehen, die daher auch nicht an § 73 scheitern.[19] Da diese Ansprüche nicht durch § 73 gesperrt sind, kann § 30 relevant werden. Bei Gewinnverwendung ist § 30 zu beachten, bei Drittansprüchen hingegen nicht.[20] Zu den Gewinnansprüchen der Gesellschafter s.a. unter § 72 Rdn. 10 und § 69 Rdn. 11.

E. Tilgung bekannter Verbindlichkeiten, Abs. 2

I. Bekannte Verbindlichkeiten

9 Abs. 2 regelt das Verfahren zur Tilgung und Absicherung bekannter Verbindlichkeiten. Bekannte Gläubiger i.S.d. Vorschriften verfügen über Forderungen gegen die Gesellschaft, die den Liquidatoren nach Grund und Höhe im Wesentlichen bekannt sind.[21] Es geht primär um bekannte Forderungen gegen die Gesellschaft.[22] Daher braucht die Person des Gläubigers nicht bekannt zu sein, so etwa bei Inhaberschuldverschreibungen.[23] Vielmehr haben die Liquidatoren in diesen Fällen Nachforschungen anzustellen und bei Erfolglosigkeit Sicherheit zu leisten.[24] Ohne Weiteres bekannt sind alle Forderungen, die von den Liquidatoren selbst begründet werden. Fahrlässig unbekannte Forderungen sind für die Haftung von Bedeutung, stehen der Kenntnis jedoch nicht gleich.[25] Eine Meldung des Gläubigers nach § 65 Abs. 2 Satz 2 ist nicht Voraussetzung dafür, dass

---

15 BGH, NZG 2009, 659, 662; BGH, NJW 2009, 2127, 2131; *Haas*, in: Baumbach/Hueck, GmbHG, § 73 Rn. 17; *K. Schmidt*, in: Scholz, GmbHG, § 73 Rn. 5; *Kleindiek*, in: Lutter/Hommelhoff, GmbHG, § 73 Rn. 11, 15.

16 *K. Schmidt*, in: Scholz, GmbHG, § 73 Rn. 5.

17 *K. Schmidt*, in: Scholz, GmbHG, § 73 Rn. 2b; *Nerlich*, in: Michalski, GmbHG, § 73 Rn. 5; *Gsell*, in: Rowedder/Schmidt-Leithoff, GmbHG, § 73 Rn. 21; vgl. auch BGH, NJW 1973, 1695.

18 *K. Schmidt*, in: Scholz, GmbHG, § 73 Rn. 2b; *Nerlich*, in: Michalski, GmbHG, § 73 Rn. 5; *Gsell*, in: Rowedder/Schmidt-Leithoff, GmbHG, § 73 Rn. 21 f.

19 *K. Schmidt*, in: Scholz, GmbHG, § 73 Rn. 2b; *Nerlich*, in: Michalski, GmbHG, § 73 Rn. 7. Zur alten Rechtslage unter Geltung der §§ 32a, 32b *Gsell*, in: Rowedder/Schmidt-Leithoff, GmbHG, § 73 Rn. 23.

20 *Fastrich*, in: Baumbach/Hueck, GmbHG, § 30 Rn. 29 f.; *Gsell*, in: Rowedder/Schmidt-Leithoff, GmbHG, § 73 Rn. 22 und zu den Gewinnansprüchen auch § 70 Rn. 10 und *Altmeppen*, in: Roth/Altmeppen, GmbHG, § 70 Rn. 19.

21 RGZ 92, 77, 80; *Nerlich*, in: Michalski, GmbHG, § 73 Rn. 14; *Ensthaler*, in: Ensthaler/Füller/Schmidt, GmbHG, § 73 Rn. 6; *Haas*, in: Baumbach/Hueck, GmbHG, § 73 Rn. 6.

22 *K. Schmidt*, in: Scholz, GmbHG, § 73 Rn. 6; *Nerlich*, in: Michalski, GmbHG, § 73 Rn. 14; *Gsell*, in: Rowedder/Schmidt-Leithoff, GmbHG, § 73 Rn. 7; Niemeyer/König, MDR 2014, 749, 750.

23 *Nerlich*, in: Michalski, GmbHG, § 73 Rn. 15; a.A. *Kleindiek*, in: Lutter/Hommelhoff, GmbHG, § 73 Rn. 5.

24 *Gsell*, in: Rowedder/Schmidt-Leithoff, GmbHG, § 73 Rn. 8. Niemeyer/König, MDR 2014, 749, 750 f., stellen auf die Kenntnis der Gesellschaft als maßgebliches Rechtssubjekt ab.

25 *K. Schmidt*, in: Scholz, GmbHG, § 73 Rn. 6; *Nerlich*, in: Michalski, GmbHG, § 73 Rn. 14; *Gsell*, in: Rowedder/Schmidt-Leithoff, GmbHG, § 73 Rn. 8; *Haas*, in: Baumbach/Hueck, GmbHG, § 73 Rn. 6.

eine Verbindlichkeit als bekannt gilt. Sie erleichtert dem Gläubiger jedoch den Nachweis darüber, dass seine Forderung bekannt war.[26]

II. Nachforschungspflichten

Die Anforderungen an die Nachforschungspflichten der Liquidatoren sind problematisch. Im Ansatz sind Nachforschungen erforderlich, wenn der Liquidator die Tatsachen kennt, aus denen sich eine Inanspruchnahme ergeben kann. Sie müssen aber auch im Einzelfall zumutbar sein. Dabei ist einerseits zu beachten, dass den Gläubigern, die nicht berücksichtigt werden, erhebliche Nachteile drohen. Das spricht für strenge Nachforschungspflichten.[27] Andererseits ist die Pflicht der Liquidatoren, nach § 65 Abs. 2 die Gläubiger der Gesellschaft zur Meldung aufzufordern, zu berücksichtigen. Hieraus folgt die Obliegenheit der Gläubiger, für eine Wahrung ihrer Rechte selbst zu sorgen.[28] Diese Umstände sind im Rahmen einer Abwägung zu berücksichtigen und davon ausgehend die Nachforschungspflichten der Liquidatoren im Einzelfall zu bestimmen. Im Zweifel ist es den Liquidatoren und Gesellschaftern zuzumuten, die Verteilung auszusetzen, bis offene Fragen geklärt sind.[29] S.a. noch unter Rdn. 19 und 26. 10

III. Erfüllung der Verbindlichkeiten

1. Erfüllungspflicht

Die Liquidatoren sind verpflichtet, unabhängig von einer Anmeldung durch den Gläubiger alle bekannten und überdies fälligen, unbedingten und unstreitigen Verbindlichkeiten der Gesellschaft zu erfüllen.[30] Das ergibt sich schon aus § 70 (s. dort Rdn. 12 ff.). Bei diesen Forderungen reicht es nicht aus, nur Sicherheit zu leisten oder zu hinterlegen. Irrelevant ist, ob die Forderungen vor oder nach der Auflösung entstanden sind.[31] Für betagte Forderungen verbleibt es bei Fälligkeitsvereinbarungen, sie werden durch den Lauf des Sperrjahres nicht fällig.[32] 11

2. Insolvenzantragspflicht und Verteilungsgerechtigkeit

Bei der Befriedigung der Gläubiger müssen die Liquidatoren keine bestimmte Reihenfolge einhalten, sondern können sich von Zweckmäßigkeitserwägungen leiten lassen.[33] Anderes gilt, wenn eine Befriedigung aller Gläubiger ausscheidet oder zweifelhaft erscheint. Auch im Liquidationsverfahren sind die Liquidatoren verpflichtet, Insolvenzantrag zu stellen (zu den Voraussetzungen unter § 60 Rdn. 27 ff.). Wird das Insolvenzverfahren eröffnet, richtet sich die Gläubigerbefriedigung nach Insolvenzrecht. Danach findet eine pro rata-Verteilung statt. Wird die Eröffnung mangels Masse abgelehnt, verbleibt die Gläubigerbefriedigung hingegen bei den Liquidatoren. Auch dann gilt der Grundsatz der Verteilungsgerechtigkeit (dazu schon unter § 70 Rdn. 14), sodass die Liquidatoren 12

---

26 *Kleindiek*, in: Lutter/Hommelhoff, GmbHG, § 73 Rn. 5; *Ensthaler*, in: Ensthaler/Füller/Schmidt, GmbHG, § 73 Rn. 6.

27 Für strenge Nachforschungspflichten *Nerlich*, in: Michalski, GmbHG, § 73 Rn. 15; *Altmeppen*, in: Roth/Altmeppen, GmbHG, § 73 Rn. 3; *Gsell*, in: Rowedder/Schmidt-Leithoff, GmbHG, § 73 Rn. 8.

28 *K. Schmidt*, in: Scholz, GmbHG, § 73 Rn. 6.

29 *Altmeppen*, in: Roth/Altmeppen, GmbHG, § 73 Rn. 3; vgl. *K. Schmidt*, ZIP 1981, 1, 3.

30 *K. Schmidt*, in: Scholz, GmbHG, § 73 Rn. 9; *Nerlich*, in: Michalski, GmbHG, § 73 Rn. 17; *Altmeppen*, in: Roth/Altmeppen, GmbHG, § 73 Rn. 5; *Ensthaler*, in: Ensthaler/Füller/Schmidt, GmbHG, § 73 Rn. 9; *Haas*, in: Baumbach/Hueck, GmbHG, § 73 Rn. 3; *Kleindiek*, in: Lutter/Hommelhoff, GmbHG, § 73 Rn. 6.

31 *Gsell*, in: Rowedder/Schmidt-Leithoff, GmbHG, § 73 Rn. 9; *Nerlich*, in: Michalski, GmbHG, § 73 Rn. 17.

32 *Ensthaler*, in: Ensthaler/Füller/Schmidt, GmbHG, § 73 Rn. 12.

33 *K. Schmidt*, in: Scholz, GmbHG, § 73 Rn. 9; *Haas*, in: Baumbach/Hueck, GmbHG, § 73 Rn. 3; *Gsell*, in: Rowedder/Schmidt-Leithoff, GmbHG, § 73 Rn. 11; *Kleindiek*, in: Lutter/Hommelhoff, GmbHG, § 73 Rn. 8; *Nerlich*, in: Michalski, GmbHG, § 73 Rn. 17; *Altmeppen*, in: Roth/Altmeppen, GmbHG, § 73 Rn. 5; *Ensthaler*, in: Ensthaler/Füller/Schmidt, GmbHG, § 73 Rn. 8; *Schönhaar*, GWR 2020, 1, 3.

das verbleibende Vermögen auf die Gläubiger pro rata verteilen müssen.[34] Relevanter ist ein anderer Fall: Zeichnen sich im Laufe des Liquidationsverfahrens Zweifel an einer ausreichenden Masse ab, sind die Voraussetzungen für eine Insolvenzantragspflicht aber noch nicht erfüllt, sind die Liquidatoren nach wohl ü.A. aus dem Grundsatz der Verteilungsgerechtigkeit heraus verpflichtet, zunächst eine anteilige Befriedigung der Gläubiger vorzunehmen.[35] Erst wenn sich abzeichnet, dass die vorhandenen Mittel zur vollständigen Befriedigung aller Gläubiger ausreichen, dürfen die Gläubiger wieder voll befriedigt werden. Ausstehende Forderungen aus dem Gesellschaftsverhältnis gegen die Gesellschafter, insb. Einlagenforderungen, müssen eingezogen werden, wenn das vorhandene Gesellschaftsvermögen zur Befriedigung der Gläubiger nicht ausreicht (dazu näher § 69 Rdn. 10; § 70 Rdn. 18).[36]

F. Hinterlegung und Sicherheitsleistung, Abs. 2

I. Regelungszweck

13 § 73 Abs. 1 knüpft die Verteilung des Vermögens an die Gesellschafter an die Voraussetzung, dass alle Verbindlichkeiten erfüllt worden sind. Wegen der damit im Einzelfall verbundenen praktischen Schwierigkeiten ermöglicht es Abs. 2 den Liquidatoren, unter bestimmten Voraussetzungen auch hinterlegen und Sicherheit leisten zu dürfen. Hierdurch wird keine Pflicht zu Hinterlegung und Sicherheitsleistung begründet. Es handelt sich vielmehr um eine Möglichkeit, trotz offener Verbindlichkeiten der Gesellschaft eine Vermögensverteilung an die Gesellschafter vornehmen zu dürfen. Sehen die Liquidatoren bei noch offenen Verbindlichkeiten von Hinterlegung und Sicherheitsleistung ab, darf trotz Ablaufs des Sperrjahres keine Vermögensverteilung stattfinden.[37]

II. Verhältnis von Hinterlegung und Sicherheitsleistung

14 Abs. 2 scheint streng nach Hinterlegung und Sicherheitsleistung für verschiedene Konstellationen zu unterscheiden. Auch die Hinterlegung ist jedoch eine Form der Sicherheitsleistung, die für den Schuldner vor allem wegen § 378 BGB häufig vorzugswürdig, zur Sicherung des Gläubigers aber nicht notwendig ist. Dem von § 73 verfolgten Ziel, einen Forderungsausfall für die Gläubiger durch die Vermögensverteilung an die Gesellschafter zu verhindern, wird durch jede Form von Sicherheitsleistung Rechnung getragen. Ein Spezialitätsverhältnis von Hinterlegung und sonstiger Sicherheitsleistung existiert daher nicht.[38]

III. Die Hinterlegung

1. Anwendungsbereich

15 Das Gesetz unterscheidet in Abs. 2 nach bekannten Forderungen, die vom Gläubiger nicht eingefordert werden, und anderen Zahlungshindernissen. Meldet sich ein bekannter Gläubiger nicht, ist der geschuldete Betrag nach dem Wortlaut der Norm zu hinterlegen, sofern die Voraussetzungen

34 *K. Schmidt*, in: Scholz, GmbHG, § 73 Rn. 9; *Nerlich*, in: Michalski, GmbHG, § 73 Rn. 20; a. A. *Geißler*, GmbHR 2018, 1048, 1054 f.

35 I.E. auch *Nerlich*, in: Michalski, GmbHG, § 73 Rn. 19; *Gsell*, in: Rowedder/Schmidt-Leithoff, GmbHG, § 73 Rn. 11; *Kleindiek*, in: Lutter/Hommelhoff, GmbHG, § 73 Rn. 8; *K. Schmidt*, in: Scholz, GmbHG, § 73 Rn. 9; a.A. *Ensthaler*, in: Ensthaler/Füller/Schmidt, GmbHG, § 73 Rn. 8; *Altmeppen*, in: Roth/Altmeppen, GmbHG, § 70 Rn. 15.

36 *Gsell*, in: Rowedder/Schmidt-Leithoff, GmbHG, § 73 Rn. 12.

37 *K. Schmidt*, in: Scholz, GmbHG, § 73 Rn. 10; *ders.*, ZIP 1981, 1, 4; *Gsell*, in: Rowedder/Schmidt-Leithoff, GmbHG, § 73 Rn. 17; *Kleindiek*, in: Lutter/Hommelhoff, GmbHG, § 73 Rn. 7; a.A. *Ensthaler*, in: Ensthaler/Füller/Schmidt, GmbHG, § 73 Rn. 4.

38 I.E. auch *Gsell*, in: Rowedder/Schmidt-Leithoff, GmbHG, § 73 Rn. 13; *Nerlich*, in: Michalski, GmbHG, § 73 Rn. 22; *K. Schmidt*, in: Scholz, GmbHG, § 73 Rn. 10; *Kleindiek*, in: Lutter/Hommelhoff, GmbHG, § 73 Rn. 7; a.A. *Haas*, in: Baumbach/Hueck, GmbHG, § 73 Rn. 6.

für eine Hinterlegung vorliegen.[39] Dabei ist erneut daran zu erinnern, dass bekannte, unstreitige, unbedingte und fällige Forderungen beglichen werden müssen, auch wenn sie der Gläubiger nicht anmeldet (Rdn. 11). Die Möglichkeit zur Hinterlegung bezieht sich daher nur auf Fälle, in denen ein Leistungshindernis besteht. Abs. 2 bezieht sich unmittelbar auf den in § 372 BGB genannten Annahmeverzug und gestattet die Hinterlegung eines Geldbetrags. Darüber hinaus dürfen die Liquidatoren aber auch dann hinterlegen, wenn einer der anderen Fälle des § 372 BGB vorliegt. Daher dürfen auch Wertpapiere, sonstige Urkunden und Kostbarkeiten hinterlegt werden, und zwar nicht nur bei Annahmeverzug, sondern auch bei unverschuldeter Ungewissheit über die Person des Gläubigers.[40] Da die Gläubigerinteressen auch durch Sicherheitsleistung ausreichend Beachtung finden, bedarf es keiner Erweiterung der Hinterlegungsbefugnis über den Anwendungsbereich des § 372 BGB hinaus.[41]

2. Berechtigung

16 Soweit die Voraussetzungen zur Hinterlegung vorliegen, darf der Liquidator hinterlegen, ist hierzu jedoch nicht verpflichtet. Da § 73 sicherstellen will, dass alle Gläubigerforderungen möglichst getilgt, jedenfalls aber besichert sind, bevor eine Vermögensverteilung an die Gesellschafter stattfindet, dürfen die Verbindlichkeiten auch dann beglichen werden, wenn eine Hinterlegung oder Besicherung ausreichen würde. Das kommt insb. bei betagten Forderungen in Betracht, soweit sie erfüllbar sind, was nach § 271 Abs. 2 BGB im Zweifel der Fall ist.[42] Außerdem steht es dem Liquidator frei, zwischen Hinterlegung und sonstiger Sicherheitsleistung nach Zweckmäßigkeitsgesichtspunkten zu wählen (soeben Rdn. 15). Dem Liquidator steht auch die Entscheidung darüber, bei der Hinterlegung auf die Rücknahmemöglichkeit zu verzichten, zunächst frei.[43] Um die von § 73 bezweckte Gläubigersicherung zu erreichen, muss vor Vollbeendigung der Gesellschaft auf die Rücknahme jedoch verzichtet werden.[44] Die Hinterlegung besitzt dann nach § 378 BGB Erfüllungswirkung.

IV. Die Sicherheitsleistung

1. Anwendungsbereich

17 In den Fällen, in denen eine Verbindlichkeit zurzeit nicht beglichen werden kann oder streitig ist, muss Sicherheit geleistet werden, bevor die Verteilung beginnen kann. Hauptanwendungsfälle sind Unklarheiten über die Person des Gläubigers oder dessen Annahmeverzug (wobei hier wahlweise auch eine Hinterlegung in Betracht kommen kann, Rdn. 15). Außerdem brauchen betagte Forderungen nicht erfüllt zu werden. Ist die Erfüllbarkeit abweichend von § 271 Abs. 2 BGB hinausgeschoben, ändert auch das Liquidationsverfahren nichts daran, dass nicht erfüllt werden darf. Bedingte Forderungen können vor Eintritt der Bedingung nicht erfüllt werden.[45]

---

39 Die Norm schafft daher nicht die Voraussetzungen für eine Hinterlegung, sondern setzt sie voraus, *Ensthaler*, in: Ensthaler/Füller/Schmidt, GmbHG, § 73 Rn. 13.

40 *K. Schmidt*, in: Scholz, GmbHG, § 73 Rn. 10; *Gsell*, in: Rowedder/Schmidt-Leithoff, GmbHG, § 73 Rn. 15.

41 I.E. so auch *Gsell*, in: Rowedder/Schmidt-Leithoff, GmbHG, § 73 Rn. 15.

42 Vgl. *Ensthaler*, in: Ensthaler/Füller/Schmidt, GmbHG, § 73 Rn. 14; *Gsell*, in: Rowedder/Schmidt-Leithoff, GmbHG, § 73 Rn. 6 und 16.

43 *Kleindiek*, in: Lutter/Hommelhoff, GmbHG, § 73 Rn. 7.

44 *K. Schmidt*, in: Scholz, GmbHG, § 73 Rn. 10. Tendenziell auch *Nerlich*, in: Michalski, GmbHG, § 73 Rn. 25.

45 So oder ähnlich *Nerlich*, in: Michalski, GmbHG, § 73 Rn. 26; *Gsell*, in: Rowedder/Schmidt-Leithoff, GmbHG, § 73 Rn. 16; *Haas*, in: Baumbach/Hueck, GmbHG, § 73 Rn. 7; *Kleindiek*, in: Lutter/Hommelhoff, GmbHG, § 73 Rn. 7.

2. Arten der Sicherheitsleistung

18 Die Sicherheitsleistung richtet sich primär nach Maßgabe der §§ 232 bis 240 BGB, daneben sind aber die kaufmännischen Gepflogenheiten zu beachten, sodass auch andere Arten der Sicherung in Betracht kommen.[46] Vor allem sind Bürgschaften auch über § 232 Abs. 2 BGB hinaus zulässig, wenn es sich um einen Bürgen handelt, dessen Solvenz nicht zweifelhaft ist. Diese Voraussetzung liegt bei der Bürgschaft von Kreditinstituten vor.[47] Hingegen sind Bürgschaften von Gesellschaftern nur mit Zustimmung des Gläubigers zulässig.[48] Verspricht bei einem Unternehmenskauf der Erwerber, die Verbindlichkeiten der Gesellschaft zu tilgen, handelt es sich dabei um eine lediglich im Innenverhältnis wirkende Schuldübernahme, die nicht als Sicherheitsleistung gelten kann.[49] Der einzelne Gläubiger kann über seinen Schutz aus § 73 jedoch disponieren und darauf sogar ganz verzichten, sodass er sich mit eigentlich unzureichenden Maßnahmen begnügen kann.[50] Bei Ansprüchen auf Altersversorgung aus einer betrieblichen Altersversorgung, die erst in Zukunft fällig werden und wegen der Anpassungspflicht nach § 16 BetrAVG der Höhe nach noch ungewiss sind, kann die Gesellschaft durch Zahlung einer Einmalprämie eine Zusage von einer Pensionskasse oder einem Lebensversicherungsunternehmen zugunsten des Versorgungsempfängers nach § 4 Abs. 4 BertAVG erwerben.[51] Die Höhe der Zahlung der Gesellschaft richtet sich nach einer versicherungsmathematischen Schätzung.[52]

3. Streitige Forderungen

19 Im Hinblick auf streitige Forderungen bedarf der Wortlaut der Norm einer Korrektur. Offensichtlich unbegründete Forderungen brauchen nicht besichert zu werden.[53] Der Höhe nach unklare, dem Grunde nach aber als möglicherweise bestehend zu beurteilende Forderungen bedürfen demgegenüber einer Sicherheitsleistung.[54] Da die Grenzen fließend sind, laufen die Liquidatoren Gefahr, einem Irrtum zu unterliegen und sich haftbar zu machen. Für ihr Verschulden kommt es entscheidend darauf an, ob sie zum Zeitpunkt der Verteilung des Vermögens an die Gesellschafter davon ausgehen durften, dass die streitige Forderung offensichtlich unbegründet war.[55] Bei Zweifeln können sie im Wege einer negativen Feststellungsklage Klärung suchen.[56]

---

46 *K. Schmidt*, in: Scholz, GmbHG, § 73 Rn. 11; *Nerlich*, in: Michalski, GmbHG, § 73 Rn. 29; *Haas*, in: Baumbach/Hueck, GmbHG, § 73 Rn. 7.

47 *Kleindiek*, in: Lutter/Hommelhoff, GmbHG, § 73 Rn. 7; *Ensthaler*, in: Ensthaler/Füller/Schmidt, GmbHG, § 73 Rn. 20; *Gsell*, in: Rowedder/Schmidt-Leithoff, GmbHG, § 73 Rn. 18; *Haas*, in: Baumbach/Hueck, GmbHG, § 73 Rn. 7. Weiter gehend *Nerlich*, in: Michalski, GmbHG, § 73 Rn. 30.

48 *Altmeppen*, in: Roth/Altmeppen, GmbHG, § 73 Rn. 6; *Ensthaler*, in: Ensthaler/Füller/Schmidt, GmbHG, § 73 Rn. 20; *Gsell*, in: Rowedder/Schmidt-Leithoff, GmbHG, § 73 Rn. 18; *Haas*, in: Baumbach/Hueck, GmbHG, § 73 Rn. 7.

49 *K. Schmidt*, in: Scholz, GmbHG, § 73 Rn. 11.

50 *K. Schmidt*, in: Scholz, GmbHG, § 73 Rn. 11.

51 *K. Schmidt*, in: Scholz, GmbHG, § 73 Rn. 11; *Nerlich*, in: Michalski, GmbHG, § 73 Rn. 32; *Gsell*, in: Rowedder/Schmidt-Leithoff, GmbHG, § 73 Rn. 19.

52 *Nerlich*, in: Michalski, GmbHG, § 73 Rn. 32; *Kleindiek*, in: Lutter/Hommelhoff, GmbHG, § 73 Rn. 7; *Ensthaler*, in: Ensthaler/Füller/Schmidt, GmbHG, § 73 Rn. 19; *Haas*, in: Baumbach/Hueck, GmbHG, § 73 Rn. 7.

53 *K. Schmidt*, in: Scholz, GmbHG, § 73 Rn. 12; *Haas*, in: Baumbach/Hueck, GmbHG, § 73 Rn. 8; *Ensthaler*, in: Ensthaler/Füller/Schmidt, GmbHG, § 73 Rn. 21. A.A.: Niemeyer/König, MDR 2014, 749, 753 f.

54 BAG, NZA 2003, 1049, 1050.

55 *Haas*, in: Baumbach/Hueck, GmbHG, § 73 Rn. 8; *Ensthaler*, in: Ensthaler/Füller/Schmidt, GmbHG, § 73 Rn. 21; *Nerlich*, in: Michalski, GmbHG, § 73 Rn. 27; *K. Schmidt*, ZIP 1981, 1, 3.

56 *K. Schmidt*, in: Scholz, GmbHG, § 73 Rn. 12; *ders.*, ZIP 1981, 3; *Nerlich*, in: Michalski, GmbHG, § 73 Rn. 27; *Haas*, in: Baumbach/Hueck, GmbHG, § 73 Rn. 8.

G. Rechtsfolgen von Verstößen gegen § 73 Abs. 1 und 2

I. Anspruch auf Rückgewähr nach § 31

1. Wirksamkeit pflichtwidriger Verfügungen

Unter Verstoß gegen § 73 vorgenommene Verfügungen an die Gesellschafter sind wirksam.[57] Eine Ausnahme gilt, wenn Liquidator und Gesellschafter kollusiv zusammenwirken[58] oder wenn das pflichtwidrige Handeln des Liquidators evident ist.[59] Bei wirksamer Verfügung sind die Gesellschafter der Gesellschaft zur Rückgewähr verpflichtet. Anspruchsgrundlage hierfür ist § 31 analog.[60] Die Voraussetzungen für eine analoge Anwendung bestehen, da die ratio legis des § 73 dem Normzweck der §§ 30, 31 nahe steht, wenngleich die Schutzrichtungen nicht völlig deckungsgleich sind. § 73 dient ausschließlich dem Gläubigerschutz, während die dem § 30 innewohnende Komponente, das Interesse der Gesellschaft (und damit auch der Gesellschafter) an der Erhaltung ihres Kapitals, fehlt.[61] 20

2. Erfasste Leistungen

Die Rückgewährpflicht nach § 31 analog erstreckt sich auf alle Leistungen an Gesellschafter, die nicht als Gläubigerrechte einzuordnen sind (zur Abgrenzung Rdn. 8). Daher wird nicht nur die in der Vorschrift erwähnte Verteilung von Geldvermögen, sondern auch die von Sachwerten erfasst. Auch Kredite an die Gesellschafter, mit denen der Liquidationsanspruch vorfinanziert wird, sind betroffen.[62] Voraussetzung ist nicht etwa, dass eine Unterbilanz herbeigeführt wird, da § 73 die Kapitalerhaltung ggü. § 30 verschärft.[63] Soweit neben den Verstoß gegen § 73 jedoch ein solcher gegen § 30 tritt, besteht i.H.d. erzeugten oder verschärften Unterbilanz ein Rückgewähranspruch der Gesellschaft gegen den Gesellschafter aus § 31 (direkt).[64] Alle Ansprüche bestehen jedoch nur in der Höhe, die zur Gläubigerbefriedigung erforderlich ist, da eine Kapitalerhaltung im Gesellschaftsinteresse im Liquidationsstadium ausscheidet.[65] 21

3. Ausfallhaftung und Rückgriff

Auch die übrigen Grundsätze des § 31 kommen zur Anwendung. Allerdings ist die Gutgläubigkeit der Gesellschafter nach § 31 Abs. 2 irrelevant, da die Rückforderung gerade dem Ziel dient, einen 22

---

57 Allg. M., *K. Schmidt*, in: Scholz, GmbHG, § 73 Rn. 19; *Altmeppen*, in: Roth/Altmeppen, GmbHG, § 73 Rn. 24; *Haas*, in: Baumbach/Hueck, GmbHG, § 73 Rn. 17; *Kleindiek*, in: Lutter/Hommelhoff, GmbHG, § 73 Rn. 11.

58 Ganz h.M., BGH, NJW 1973, 1695 f.; *K. Schmidt*, in: Scholz, GmbHG, § 73 Rn. 19; *Nerlich*, in: Michalski, GmbHG, § 73 Rn. 43; *Haas*, in: Baumbach/Hueck, GmbHG, § 72 Rn. 17; *Kleindiek*, in: Lutter/Hommelhoff, GmbHG, § 73 Rn. 11; *Altmeppen*, in: Roth/Altmeppen, GmbHG, § 68 Rn. 3; *Ensthaler*, in: Ensthaler/Füller/Schmidt, GmbHG, § 68 Rn. 2.

59 Str., wie hier *K. Schmidt*, in: Scholz, GmbHG, § 70 Rn. 3; *Altmeppen*, in: Roth/Altmeppen, GmbHG, § 73 Rn. 24. Ausführlich zu den Voraussetzungen des Missbrauchs der Vertretungsmacht *Beurskens*, in: Baumbach/Hueck, GmbHG, § 37 Rn. 71. S.a. unter § 68 Rdn. 3.

60 BGH, NZG 2009, 659, 662; *K. Schmidt*, in: Scholz, GmbHG, § 73 Rn. 19; *Altmeppen*, in: Roth/Altmeppen, GmbHG, § 73 Rn. 25; *Gsell*, in: Rowedder/Schmidt-Leithoff, GmbHG, § 73 Rn. 33; *Haas*, in: Baumbach/Hueck, GmbHG, § 73 Rn. 17. Nach OLG Rostock, NJW-RR 1996, 1185, 1186 ist die Rückforderung hingegen auf Bereicherungsrecht zu stützen.

61 *Nerlich*, in: Michalski, GmbHG, § 73 Rn. 56.

62 *Altmeppen*, in: Roth/Altmeppen, GmbHG, § 73 Rn. 25; *Ensthaler*, in: Ensthaler/Füller/Schmidt, GmbHG, § 73 Rn. 23.

63 BGH, NZG 2009, 659, 662; BGH, NJW 2009, 2127, 2131; *Haas*, in: Baumbach/Hueck, GmbHG, § 73 Rn. 17; *K. Schmidt*, in: Scholz, GmbHG, § 73 Rn. 5; *Kleindiek*, in: Lutter/Hommelhoff, GmbHG, § 73 Rn. 11, 15; *Altmeppen*, in: Roth/Altmeppen, GmbHG, § 73 Rn. 26.

64 *K. Schmidt*, in: Scholz, GmbHG, § 73 Rn. 19.

65 *K. Schmidt*, in: Scholz, GmbHG, § 73 Rn. 19; *Nerlich*, in: Michalski, GmbHG, § 73 Rn. 59.

wirksamen Gläubigerschutz sicherzustellen.[66] Die übrigen Gesellschafter haften nach § 31 Abs. 3 ersatzweise, und ein Rückgriff gegen die Liquidatoren nach § 31 Abs. 6 ist möglich, soweit ein Gesellschafter über den selbst empfangenen Betrag hinaus in Anspruch genommen wird, also insb. in den Fällen des § 31 Abs. 3.[67] Nur soweit der Gesellschafter bereichert ist, trägt er im internen Ausgleich den Schaden, nicht die Liquidatoren.[68]

4. Verfolgungsrecht der Gläubiger

23 Der Anspruch nach § 31 analog steht der Gesellschaft zu. Zur Geltendmachung bedarf es keines Gesellschafterbeschlusses nach § 46 Nr. 8.[69] Ob daneben auch ein Verfolgungsrecht der Gläubiger analog §§ 264 Abs. 3, 62 Abs. 2 AktG besteht, ist umstritten.[70] Der BGH hat sich jüngst gegen ein Verfolgsungsrecht des Gläubigers ausgesprochen. Für eine analoge Anwendung sei mangels einer planwidrigen Regelgungslücke kein Raum.[71]

II. Haftung der Liquidatoren nach Abs. 3

1. Anwendungsbereich

24 Verstoßen die Liquidatoren gegen die Pflichten aus Abs. 1 und 2, steht der Gesellschaft gegen diese ein Anspruch nach Abs. 3 zu. Die Vorschrift findet nur auf Liquidatoren, nicht auf sonstige für die Gesellschaft Handelnde Anwendung.[72] Die Haftung soll nach bestrittener Ansicht einen Gesellschafterbeschluss voraussetzen, wenn der Anspruch von der Gesellschaft geltend gemacht wird.[73] Das wird zu Recht mit der Begründung abgelehnt, dass es sich nicht um einen Anspruch handelt, der den Interessen der Gesellschaft dient, weswegen § 46 Nr. 8 nur formal einschlägig ist, der Gesetzeszweck aber nicht erfüllt werden kann.[74]

2. Voraussetzungen

25 Voraussetzung ist neben einem objektiven Verstoß gegen die Pflichten aus § 73 auch ein Verschulden des Liquidators. Aus der Parallele zur Haftung des Geschäftsführers ergibt sich, dass die Beweislastverteilung den dort anerkannten Regeln folgt, dem Liquidator daher vor allem der Nachweis fehlenden Verschuldens obliegt.[75] War die Forderung der Gesellschaft unbekannt, fehlt es an einer

66 *K. Schmidt*, in: Scholz, GmbHG, § 73 Rn. 19; *Nerlich*, in: Michalski, GmbHG, § 73 Rn. 59; *Altmeppen*, in: Roth/Altmeppen, GmbHG, § 73 Rn. 27.

67 *K. Schmidt*, in: Scholz, GmbHG, § 73 Rn. 22 und 24; *Nerlich*, in: Michalski, GmbHG, § 73 Rn. 57; *Haas*, in: Baumbach/Hueck, GmbHG, § 73 Rn. 24; *Altmeppen*, in: Roth/Altmeppen, GmbHG, § 73 Rn. 27 und 32 f.

68 *Gsell*, in: Rowedder/Schmidt-Leithoff, GmbHG, § 73 Rn. 34; *Haas*, in: Baumbach/Hueck, GmbHG, § 73 Rn. 24; *Altmeppen*, in: Roth/Altmeppen, GmbHG, § 73 Rn. 32 f. Ausführlich *K. Schmidt*, in: Scholz, GmbHG, § 73 Rn. 35; *Nerlich*, in: Michalski, GmbHG, § 73 Rn. 64–67.

69 *Altmeppen*, in: Roth/Altmeppen, GmbHG, § 73 Rn. 20; *Gsell*, in: Rowedder/Schmidt-Leithoff, GmbHG, § 73 Rn. 33. S.a. OLG Rostock, NJW-RR 1996, 1185, 1186 für einen bereicherungsrechtlichen Anspruch gegen die Gesellschafter.

70 Dafür *Altmeppen*, in: Roth/Altmeppen, GmbHG, § 73 Rn. 29; *Haas*, in: Baumbach/Hueck, GmbHG, § 73 Rn. 18; *Kleindiek*, in: Lutter/Hommelhoff, GmbHG, § 73 Rn. 15; *Nerlich*, in: Michalski, GmbHG, § 73 Rn. 62; siehe auch hier Vorlauflage; dagegen (nur Pfändung des Anspruchs der Gesellschaft) *Gsell*, in: Rowedder/Schmidt-Leithoff, GmbHG, § 73 Rn. 33; *Paura*, in: Ulmer/Habersack/Löbbe, GmbHG, 2. Aufl. § 73 Rn 51.

71 BGH NZG 2020, 260, 261.

72 *K. Schmidt*, in: Scholz, GmbHG, § 73 Rn. 27; *Nerlich*, in: Michalski, GmbHG, § 73 Rn. 44.

73 *Gsell*, in: Rowedder/Schmidt-Leithoff, GmbHG, § 73 Rn. 28; *Nerlich*, in: Michalski, GmbHG, § 73 Rn. 47.

74 *K. Schmidt*, in: Scholz, GmbHG, § 73 Rn. 28.

75 *K. Schmidt*, in: Scholz, GmbHG, § 73 Rn. 26; *Nerlich*, in: Michalski, GmbHG, § 73 Rn. 45; *Kleindiek*, in: Lutter/Hommelhoff, GmbHG, § 73 Rn. 12; *Altmeppen*, in: Roth/Altmeppen, GmbHG, § 73 Rn. 15; *Gsell*, in: Rowedder/Schmidt-Leithoff, GmbHG, § 73 Rn. 26; *Haas*, in: Baumbach/Hueck, GmbHG, § 73 Rn. 12.

objektiven Pflichtverletzung.[76] Daher obliegt der Nachweis, dass die Forderung bekannt war, dem Anspruchsgläubiger.[77] Wegen der praktischen Schwierigkeiten, diesen Nachweis zu führen, müssen ihm Beweiserleichterungen zugestanden werden. Legt er Umstände dar, die auf eine Kenntnis des Liquidators hinweisen, muss dieser substanziiert bestreiten.[78]

3. Entlastungsnachweis

Steht fest, dass die Forderung dem Liquidator bekannt war, sind die Anforderungen an eine Entlastung hoch. Die Berufung darauf, die Forderung für unwirksam gehalten zu haben, reicht nicht aus.[79] Um dem in § 73 zum Ausdruck kommenden hohen Gläubigerschutzniveau zu genügen, muss der Liquidator in diesen Fällen vielmehr Nachforschungen anstellen. Daher besteht für eine Haftungsbefreiung bei fahrlässiger Unkenntnis vom Bestand der Forderung kein Raum.[80] Es gehört zur Sorgfaltspflicht des Liquidators, sich einen umfassenden Überblick über die Geschäftslage der Gesellschaft zu verschaffen und davon ausgehend notwendige Erkundigungen anzustellen. Auch kann er sich von seiner Haftung nicht dadurch befreien, dass er auf Veranlassung der Gesellschafter handelt, wie sich aus dem Verweis in Abs. 3 Satz 2 auf § 43 Abs. 3 Satz 3 ergibt.[81] Schon unter Rdn. 19 wurde darauf hingewiesen, dass der Liquidator bei umstrittenen Forderungen im Zweifel den Weg über die negative Feststellungsklage beschreiten kann. 26

4. Haftungsfolgen

Liegen die Anspruchsvoraussetzungen vor, folgt daraus ein Schadensersatzanspruch der Gesellschaft. Den Schaden erleiden die Gläubiger, die mit ihren Forderungen ausfallen, weil die Ausschüttung an die Gesellschafter trotz der noch offenen Forderungen erfolgte. Hieraus wird gefolgert, dass dieser Schaden zu ersetzen sei.[82] Das ist im Ergebnis und der Höhe nach auch so, da die Gesellschaft keinen Bedarf besitzt, über die bestehenden Ansprüche der Gläubiger hinaus kapitalisiert zu werden (s. Rdn. 29). Systematisch stimmig lässt sich die Brücke zwischen Anspruchsinhaberschaft der Gesellschaft und letztlich bei den Gläubigern eintretendem Schaden dadurch schlagen, dass für den Schadenseintritt bei der Gesellschaft auf den Zeitpunkt der rechtswidrigen Ausschüttung abgestellt wird, zu dem die Gesellschaft den Forderungen der Gläubiger ausgesetzt war und sich die Kapitalerhaltung nach den Grundsätzen der Abs. 1 und 2 richtete.[83] Mehrere Liquidatoren haften nach Abs. 3 Satz 1 solidarisch. Daher finden die Regeln zur Gesamtschuld nach §§ 421 ff. BGB und, da eine Verschuldenshaftung vorliegt, auch § 254 BGB Anwendung.[84] 27

5. Verfolgungsrecht der Gläubiger

Für den Haftungsanspruch gegen den Liquidator hat der BGH nunmehr klargestellt, dass ein Gläubiger nicht darauf verwiesen ist, den Anspruch nur im Wege der Pfändung und Überweisung geltend zu machen, sondern ein Verfolgungsrecht gegen den Liquidator besitzt.[85] Dies wird 28

76 *Altmeppen*, in: Roth/Altmeppen, GmbHG, § 73 Rn. 15; *Gsell*, in: Rowedder/Schmidt-Leithoff, GmbHG, § 73 Rn. 26.

77 *Gsell*, in: Rowedder/Schmidt-Leithoff, GmbHG, § 73 Rn. 26; *Altmeppen*, in: Roth/Altmeppen, GmbHG, § 73 Rn. 16.

78 *Altmeppen*, in: Roth/Altmeppen, GmbHG, § 73 Rn. 16; zweifelnd *Gsell*, in: Rowedder/Schmidt-Leithoff, GmbHG, § 73 Rn. 26.

79 *Altmeppen*, in: Roth/Altmeppen, GmbHG, § 73 Rn. 15.

80 Zu Recht *Altmeppen*, in: Roth/Altmeppen, GmbHG, § 73 Rn. 16.

81 *Kleindiek*, in: Lutter/Hommelhoff, GmbHG, § 73 Rn. 12; *Haas*, in: Baumbach/Hueck, GmbHG, § 73 Rn. 12.

82 *Gsell*, in: Rowedder/Schmidt-Leithoff, GmbHG, § 73 Rn. 30; *Kleindiek*, in: Lutter/Hommelhoff, GmbHG, § 73 Rn. 12.

83 *Haas*, in: Baumbach/Hueck, GmbHG, § 73 Rn. 13. Zum Meinungsstand s. *Nerlich*, in: Michalski, GmbHG, § 73 Rn. 45.

84 *K. Schmidt*, in: Scholz, GmbHG, § 73 Rn. 34; *Haas*, in: Baumbach/Hueck, GmbHG, § 73 Rn. 12.

85 BGH, ZIP 2018, 870 Rn. 30 ff.

übereinstimmend mit der herrschenden Meinung aus Zweckmäßigkeitserwägungen und einer Analogie zu §§ 93 Abs. 5, 268 Abs. 2 AktG hergeleitet.[86] Ein unmittelbarer Anspruch des Gläubigers gegen den Liquidator besteht demnach jedenfalls dann, wenn die Liquidation der GmbH beendet und lediglich ein Gläubiger vorhanden ist. Dem ist aus den gleichen Gründen wie oben zum Verfolgungsrecht bei § 31 analog (Rdn. 23) zuzustimmen. Eine effektive Rechtsdurchsetzung ist anderenfalls nicht gewährleistet, da die Liquidatoren und Gesellschafter kein Interesse an der Durchsetzung des Anspruchs haben und eine Pfändung und Überweisung des Anspruchs der Gesellschaft zeitintensiv, kostenträchtig und nicht prozessökonomisch ist.[87] Das Schutzdefizit nach Beendigung der Liquidation steht in Diskrepanz zu dem Gläubigerschutz des Aktienrechts und widerspricht der Regelungsabsicht des GmbHG und insbesondere des § 73.[88] Zu beachten ist aber weiterhin, dass sich der einzelne Gläubiger keinen Vorteil ggü. anderen Gläubigern verschaffen darf. Daher besitzt eine Geltendmachung durch die Gesellschaft Vorrang. Der Gläubiger kann der Gesellschaft eine angemessene Frist setzen, nach deren Ablauf er selbst klagen darf.[89] Wenn die Gesellschaft bereits gelöscht ist, besteht nach dem BGH ein solcher Vorrang nicht.[90] In diesem Fall darf der Gläubiger unmittelbar selbst klagen. Jedenfalls wenn nur ein Gläubiger vorhanden ist, soll wegen der durch Zulassung des Direktanspruchs bezweckten vereinfachten Gläubigerbefriedigung auch keine Klage auf Zahlung an die Gesellschaft erforderlich sein. Für den Fall, dass auch andere Gläubiger Ansprüche besitzen, hat der BGH die Frage allerdings im Ergebnis offen gelassen. Im Fall einer Gläubigermehrheit spricht die Gleichbehandlung der Gläubiger dafür, dass Klage auf Zahlung an die Gesellschaft zu erheben ist.[91] Hierdurch wird allerdings eine Nachtragsliquidation notwendig.[92]

Es spricht viel dafür, dass die Erwägungen des BGH zur Zulassung des Verfolgungsrechts auch für weitere Fälle Geltung beanspruchen sollten, etwa der Einlagenrückgewähr oder anderer Pflichtverletzung der Geschäftsführer zum Schaden der masselosen bzw. gelöschten Gesellschaft und ihrer unbefriedigten Gläubiger.[93] Denn auch hinsichtlich der Durchsetzung von Ansprüchen gegen Gesellschafter und Geschäftsführer besteht das gleiche Schutzdefizit und gelten die gleichen Zweckmäßigkeitsgesichtspunkte, die einen Direktanspruch nach dem BGH erforderlich machen. Auf diese Weise wird zudem die Rechtsunsicherheit entschärft, die in praktisch relevanten Fällen bei der Verwertung von Ansprüchen der gelöschten GmbH entsteht, in denen ein Nachtragsliquidator einem Gläubigerprätendenten einen angeblichen Anspruch gegen Gesellschafter oder Geschäftsführer erfüllungshalber abtritt.[94] Einer Einschränkung des Verfolgungsrechts auf unverzichtbare Ansprüche bedarf es dabei richtigerweise nicht,[95] wenn nicht tatsächlich ein Anspruchsverzicht wirksam beschlossen wurde.

6. Anspruchshöhe

29 Die Gläubiger erhalten nur so viel, wie sie zum Zeitpunkt, zu dem ihre Forderung bekannt war, erhalten hätten. Dies bemisst sich nach dem Vermögen, das zu diesem Zeitpunkt zur Verfügung

86 BGH, ZIP 2018, 870 Rn. 30. Für die herrschende Meinung in der Literatur *K. Schmidt*, in: Scholz, GmbHG, § 73 Rn. 29; *Nerlich*, in: Michalski, GmbHG, § 73 Rn. 49; *Kleindiek*, in: Lutter/Hommelhoff, GmbHG, § 73 Rn. 13; *Altmeppen*, in: Roth/Altmeppen, GmbHG, § 73 Rn. 21; *Haas*, in: Baumbach/Hueck, GmbHG, § 73 Rn. 13.

87 Instruktiv BGH, ZIP 2018, 870 Rn. 42.

88 BGH, ZIP 2018, 870 Rn. 43.

89 *K. Schmidt*, in: Scholz, GmbHG, § 73 Rn. 29, 32; *Nerlich*, in: Michalski, GmbHG, § 73 Rn. 49.

90 BGH, ZIP 2018, 870 Rn. 55.

91 Zu pauschal *Nerlich*, in: Michalski, GmbHG, § 73 Rn. 51.

92 BAG, NZA 2003, 1049, 1050; *K. Schmidt*, in: Scholz, GmbHG, § 73 Rn. 28; *Nerlich*, in: Michalski, GmbHG, § 73 Rn. 48; *Altmeppen*, in: Roth/Altmeppen, GmbHG, § 73 Rn. 18; s. auch *Haas*, in: Baumbach/Hueck, GmbHG, § 73 Rn. 13 und 16.

93 *Altmeppen*, in: Roth/Altmeppen, GmbHG, § 43 Rn. 94; § 73 Rn. 21.

94 Dazu eingehend *Altmeppen*, ZIP, 2017, 497.

95 So aber *Altmeppen*, in: Roth/Altmeppen, GmbHG, § 43 Rn. 95.

stand. Der Anspruch der Gesellschaft besteht daher als Summe der den einzelnen übergangenen Gläubigern zustehenden Ansprüche.[96]

III. Haftung der Liquidatoren nach § 823 Abs. 2 BGB i.V.m. § 73

Nach bisher verbreiteter Ansicht ist § 73 zudem Schutzgesetz zugunsten der Gläubiger. Dies wird damit begründet, dass die gläubigerschützende Funktion des § 73 stärker ist als die des § 30. Während § 30 auch dem Interesse an einer effektiven Zweckverfolgung und damit dem Gesellschafts- wie auch Gesellschafterinteresse diene, schieden diese Gesichtspunkte in der Liquidationsphase aus. Das Zweckverfolgungsinteresse der Gesellschaft sei durch das Ziel der Vollbeendigung überlagert, und den Gesellschaftern sei nur noch an einer Verteilung des Vermögens gelegen.[97] Mit Urteil vom 13.3.2018 hat sich der II. Zivilsenat des BGH nunmehr der Gegenauffassung[98] angeschlossen und den Schutzgesetzcharakter des § 73 verneint.[99] Die Entscheidung reiht sich damit ein in die höchstrichterliche Rechtsprechung zu den §§ 30, 43 sowie zu § 93 Abs. 1 AktG.[100] Zur Begründung hat der BGH im Wesentlichen ausgeführt, die Innenhaftung des § 73 entspreche den Kapitalerhaltungsregeln der §§ 30, 31 und bezwecke ebenso nur einen mittelbaren Schutz über einen Anspruch der Gesellschaft. Das Kapitalerhaltungsgebot sei auch strenger gefasst, begründe jedoch keine gegenüber § 30 erhöhten Pflichten im Verhältnis zu außenstehenden Dritten. Gegen den Schutzgesetzcharakter spreche überdies die Verweisung auf § 43 Abs. 3 und Abs. 4, was auch einen Verweis auf die Vergleichs- und Verzichtsverbote des § 9b Abs. 1 beinhaltet.[101] Schließlich würde anderenfalls die Verjährungsregelung des § 43 Abs. 4 unterlaufen. Wegen der Direkthaftung der Liquidatoren aufgrund des nunmehr anerkannten Gläubigerverfolgungsrechts (siehe oben Rdn. 28) bedarf es allerdings auch nicht mehr zwingend der Begründung eines weiteren Individualanspruchs aus § 823 Abs. 2 BGB i.V.m. § 73.[102] 30

IV. Ansprüche gegen die Gesellschafter

Bereicherungsrechtliche Ansprüche der Gläubiger gegen die Gesellschafter scheiden demgegenüber aus. Es fehlt an der Unmittelbarkeit der Bereicherung.[103] Damit besteht wegen des Verstoßes gegen § 73 nur das Verfolgungsrecht der Gläubiger gegen die Gesellschafter aus § 31 analog i.V.m. §§ 264 Abs. 3, 62 Abs. 2 AktG analog (Rdn. 23). Im Ausnahmefall kann ein Anspruch aus § 826 BGB hinzutreten.[104] 31

H. Latente Ansprüche und Ansprüche unbekannter Gläubiger

Von den durch Verstoß gegen die Vorgaben des § 73 geschädigten Gläubigern sind die Gläubiger latenter Ansprüche (insb. Gewährleistungs- und Garantieansprüche) und unbekannten Gläubiger zu unterscheiden. Sie verlieren mit Ablauf des Sperrjahres ihre Ansprüche nicht, da es sich nicht um eine Ausschlussfrist handelt (s. Rdn. 4). Erst wenn die Gesellschaft vermögenslos und 32

96 *K. Schmidt*, in: Scholz, GmbHG, § 73 Rn. 21 und 33; *Nerlich*, in: Michalski, GmbHG, § 73 Rn. 53.
97 I.E. bejaht von *Gsell*, in: Rowedder/Schmidt-Leithoff, GmbHG, § 73 Rn. 29; *Kleindiek*, in: Lutter/Hommelhoff, GmbHG, § 73 Rn. 14; *Nerlich*, in: Michalski, GmbHG, § 73 Rn. 52. Grundlegend *K. Schmidt*, in: Scholz, GmbHG, § 73 Rn. 32; *ders.*, ZIP 1981, 1, 8; *Haas*, in: Baumbach/Hueck, GmbHG, § 73 Rn. 23; *ders.*, WM 2003, 1929, 1933.
98 Zur Gegenauffassung *Altmeppen*, in: Roth/Altmeppen, GmbHG, § 73 Rn. 23.
99 BGH, ZIP 2018, 870.
100 BGH, NJW 1990, 1725, 1729 f.; BGH, NJW 1979, 1829.
101 BGH, ZIP 2018, 870.
102 So schon *Altmeppen*, in: Roth/Altmeppen, GmbHG, § 73 Rn. 23.
103 *K. Schmidt*, in: Scholz, GmbHG, § 73 Rn. 19; *Haas*, in: Baumbach/Hueck, GmbHG, § 73 Rn. 23; *Nerlich*, in: Michalski, GmbHG, § 73 Rn. 60; *Altmeppen*, in: Roth/Altmeppen, GmbHG, § 73 Rn. 30; *Gsell*, in: Rowedder/Schmidt-Leithoff, GmbHG, § 73 Rn. 33.
104 Näher dazu *K. Schmidt*, in: Scholz, GmbHG, § 73 Rn. 20; *Haas*, in: Baumbach/Hueck, GmbHG, § 73 Rn. 23.

im Handelsregister gelöscht ist, werden die Ansprüche gegenstandslos (zum Doppeltatbestand des Erlöschens unter Vor §§ 60 ff. Rdn. 8 f.).[105] Sie laufen jedoch Gefahr, mit ihren Forderungen im Ergebnis auszufallen, wenn kein Vermögen mehr vorhanden ist.[106] Gegen die Gesellschafter bestehen keine Ansprüche, denn in Übereinstimmung mit § 73 an sie ausgekehrtes Vermögen wurde wirksam und mit Rechtsgrund auf sie übertragen.[107] Der Gegenansicht,[108] welche einen zugunsten der Gläubiger einzuziehenden Bereicherungsanspruch der Gesellschaft wegen Wegfall des Rechtsgrunds (§ 812 Abs. 1 S. 2 Alt. 1 BGB) befürwortet, wenn sich nach abgeschlossener Vermögensverteilung latent vorhandene bzw. unbekannte Verbindlichkeiten der GmbH zeigen, ist nicht zu folgen. Eine Sicherheitsleistung für Mängelansprüche ist nach Abs. 2 S. 2 nur erforderlich bei denjenigen Ansprüchen, für die konkrete Anhaltspunkte bestehen.[109] Bis dahin werden sie als unbekannte Ansprüche behandelt. Als Sicherung des Gläubigers bei latenten Mängelansprüchen kommt in Betracht, einer Verkürzung dieser Rechte durch Anforderung einer Gewährleistungsbürgschaft zu begegnen. Soweit für Ansprüche Sicherheiten bestellt wurden, können diese auch nach der Vollbeendigung der Gesellschaft und damit Wegfall der besicherten Hauptforderung geltend gemacht werden.[110] So kann etwa ein Gesellschafter als Bürge in Anspruch genommen werden. Nach Befriedigung des Gläubigers besitzt er einen Anspruch gegen die Mitgesellschafter auf anteiligen Ausgleich.[111]

I. Vorläufiger Rechtsschutz

33 Um eine Beeinträchtigung ihrer Rechte bei (bevorstehenden und andauernden) Verstößen gegen die Vorgaben des § 73 und eine Verteilung des Vermögens an die Gesellschafter zu verhindern, können die Gläubiger gegen die Gesellschaft auf Unterlassung klagen und dies mit vorläufigem Rechtschutz verbinden. Bei Geldforderungen und solchen Ansprüchen, die in Geldforderungen übergehen können, ist ein dinglicher Arrest nach §§ 916 ff. ZPO möglich.[112] Soweit ein dinglicher Arrest wegen fehlender Voraussetzungen ausscheidet, können sie eine einstweilige Verfügung nach §§ 935 ff. ZPO beantragen.[113] Ein Vorgehen gegen die Liquidatoren im Wege der Unterlassungsklage kann allerdings nicht auf §§ 823 Abs. 2, 1004 BGB i.V.m. § 73 gestützt werden, da es sich nach dem BGH bei § 73 nicht um ein Schutzgesetz zugunsten der Gläubiger handelt (Rdn. 30). Ob das Gläubigerverfolgungsrecht für einen vorgreiflichen Rechtsschutz taugt, ist ebenfalls fraglich. Für bereits erfolgte unberechtigte Vermögensverteilungen in Betracht zu ziehen ist vorläufiger Rechtsschutz zur Sicherung des Rückgewähranspruchs aus § 11 AnfG.[114] Die unberechtigte

---

105 *K. Schmidt*, in: Scholz, GmbHG, § 73 Rn. 16; Zu Gewährleistungsansprüchen in der Liquidation ferner *Wehmeyer*, GmbHR 2018, R112.

106 *K. Schmidt*, in: Scholz, GmbHG, § 73 Rn. 13; *Gsell*, in: Rowedder/Schmidt-Leithoff, GmbHG, § 73 Rn. 30; *Nerlich*, in: Michalski, GmbHG, § 73 Rn. 50; *Altmeppen*, in: Roth/Altmeppen, GmbHG, § 73 Rn. 34; *Ensthaler*, in: Ensthaler/Füller/Schmidt, GmbHG, § 73 Rn. 10.

107 *K. Schmidt*, in: Scholz, GmbHG, § 73 Rn. 18; *ders.*, ZIP 1981, 1, 6.

108 *Tavakoli/Eisenberg*, GmbHR 2018, 75, 82 f.

109 *Wehmeyer*, GmbHR 2018, R112, § 114; DNotI-Gutachten Nr. 107885, III. 3.

110 BGH, NJW 2003, 1250, 1251; *K. Schmidt*, in: Scholz, GmbHG, § 74 Rn. 16; *Kleindiek*, in: Lutter/Hommelhoff, GmbHG, § 74 Rn. 4; *Haas*, in: Baumbach/Hueck, GmbHG, § 74 Rn. 16; *Nerlich*, in: Michalski, GmbHG, § 74 Rn. 42. S.a. § 74 Rdn. 20.

111 OLG Hamburg, ZIP 1985, 1390, 1391; *Altmeppen*, in: Roth/Altmeppen, GmbHG, § 73 Rn. 34.

112 *K. Schmidt*, in: Scholz, GmbHG, § 73 Rn. 14; *Nerlich*, in: Michalski, GmbHG, § 73 Rn. 36; *Kleindiek*, in: Lutter/Hommelhoff, GmbHG, § 73 Rn. 10; *Haas*, in: Baumbach/Hueck, GmbHG, § 73 Rn. 11; *Altmeppen*, in: Roth/Altmeppen, GmbHG, § 73 Rn. 11; *Ensthaler*, in: Ensthaler/Füller/Schmidt, GmbHG, § 73 Rn. 15.

113 *Nerlich*, in: Michalski, GmbHG, § 73 Rn. 37; *Kleindiek*, in: Lutter/Hommelhoff, GmbHG, § 73 Rn. 10; *Altmeppen*, in: Roth/Altmeppen, GmbHG, § 73 Rn. 11; *Ensthaler*, in: Ensthaler/Füller/Schmidt, GmbHG, § 73 Rn. 15; a.A. *Haas*, in: Baumbach/Hueck, GmbHG, § 73 Rn. 11 (fehlendes Rechtsschutzbedürfnis).

114 OLG Stuttgart, NZI 2010, 277.

Verteilung eines vermeintlichen Liquidationsüberschusses kann gegenüber den Gesellschaftern eine unentgeltliche Leistung i.S.v. § 4 Abs. 1 AnfG sein.[115]

J. Grundsätze in der GmbH & Co. KG

Eine KG unterliegt in der Liquidation den Vorgaben des § 155 HGB. Ein Sperrjahr nach dem Vorbild des § 73 ist nicht vorgesehen, und auch an einem Aufruf an die Gläubiger oder einer Pflicht zur Sicherheitsleistung fehlt es. Zum Schutz der Gläubiger der Gesellschaft wird von der ganz herrschenden Meinung die Regelung des § 73 jedoch auch auf die GmbH & Co. KG angewandt.[116] Grund ist, dass die GmbH & Co. KG mangels einer natürlichen Person als unbeschränkt persönlich haftendem Komplementär vom gesetzlichen Leitbild so stark abweicht, dass zusätzlicher Gläubigerschutz unverzichtbar erscheint.[117] Ist neben der Komplementär-GmbH auch eine natürliche Person als persönlich haftender Gesellschafter vorhanden, besteht allerdings kein Anlass, von den Liquidationsvorschriften des HGB abzuweichen.[118] Dies führt bei der typischen GmbH & Co. KG dazu, dass bei der Auflösung die KG sowohl den Vorgaben des § 155 HGB als auch des § 73 unterliegt. Zum Zeitpunkt des Auflösungsbeschlusses bereits im festgestellten Jahresabschluss ausgewiesene entnahmefähige Gewinnanteile auf den Kapitalkonten dürfen jedoch auch in der Liquidation noch ausgeschüttet werden.[119] Wird auch die GmbH aufgelöst, gelten für diese zusätzlich alle für sie geltenden Vorschriften und damit auch die Bestimmungen des § 73.[120] Für den Fristbeginn des Sperrjahres kann, nachdem § 65 Abs. 2 für die KG nicht gilt, allein auf die Bekanntmachung der Auflösung der KG im Handelsregister abgestellt werden.[121] Die Bekanntmachung der Auflösung der Komplementär-GmbH im Bundesanzeiger[122] ist für sich genommen nicht aufschlussreich, da diese unabhängig von einer Liquidation der KG erfolgen kann. Erst die Vollbeendigung, nicht schon die Auflösung der Komplementär-GmbH führt zur Auflösung der KG.[123] Daher kann die Auflösung der Komplementärin auch keine Frist für die KG in Gang setzen. 34

§ 74 Schluss der Liquidation

(1) [1]Ist die Liquidation beendet und die Schlussrechnung gelegt, so haben die Liquidatoren den Schluss der Liquidation zur Eintragung in das Handelsregister anzumelden. [2]Die Gesellschaft ist zu löschen.

(2) [1]Nach Beendigung der Liquidation sind die Bücher und Schriften der Gesellschaft für die Dauer von zehn Jahren einem der Gesellschafter oder einem Dritten in Verwahrung zu geben. [2]Der Gesellschafter oder der Dritte wird in Ermangelung einer Bestimmung des Gesellschaftsvertrags oder eines Beschlusses der Gesellschafter durch das Gericht bestimmt.

---

115 Vgl. zur Auszahlung eines Scheinauseinandersetzungsguthabens BGH, NJW 2014, 305, 308 (zu § 134 InsO).

116 *K. Schmidt*, in: Scholz, GmbHG, § 73 Rn. 40; *Nerlich*, in: Michalski, GmbHG, § 73 Rn. 72; *Altmeppen*, in: Roth/Altmeppen, GmbHG, § 73 Rn. 35; krit. zur Ausschüttungssperre *Danzeglocke/Fischer* NZG 2019, 886, 889. Zur Anwendung von § 30 auf die GmbH & Co. KG s. BGHZ 60, 324, 328 f.; BGHZ 110, 342, 346 f.

117 Mit dieser Begründung Anwendung von §§ 30, 31 bejaht durch BGH, NJW 1973, 1036; BGH, NJW 1978, 160; BGH, NJW 1990, 1725. Siehe zur entsprechenden Begründung für § 73 *Schmidt*, in: Scholz, GmbHG, § 73 Rn. 40; *Gsell*, in: Rowedder/Schmidt-Leithoff, GmbHG, § 73 Rn. 37; *Roth*, GmbHR 2017, 901, 904; *Danzeglocke/Fischer* NZG 2019, 886, 887.

118 *Roth*, GmbHR 2017, 901, 904; vgl. *Danzeglocke/Fischer* NZG 2019, 886, 887.

119 *Roth*, GmbHR 2017, 901, 905.

120 *K. Schmidt*, in: Scholz, GmbHG, § 73 Rn. 40.

121 *Roth*, GmbHR 2017, 901, 905.

122 So ein möglicher Vorschlag von *K. Schmidt*, in: Scholz, GmbHG, § 65 Rn. 28.

123 BGH, ZIP 1980, 44, 45; OLG Naumburg, Beschl. v. 2.11.2016 – 12 Wx 19/16; FG Sachsen, Urt. v. 17.8.2017 – 8 K 654/17; a.A. *K. Schmidt*, in: Scholz, GmbHG, § 60 Rn. 115.

(3) [1]Die Gesellschafter und deren Rechtsnachfolger sind zur Einsicht der Bücher und Schriften berechtigt. [2]Gläubiger der Gesellschaft können von dem Gericht zur Einsicht ermächtigt werden.

Schrifttum
S. Schrifttum zu § 67.

Übersicht

A. Überblick

1 Die Vorschrift regelt die letzten Pflichten der Liquidatoren zur Beendigung der Liquidation und etabliert zugleich Rechte der Gesellschafter und Gläubiger, die über die Existenz der Gesellschaft hinaus andauern. In Abs. 1 werden die Liquidatoren verpflichtet, bei Schluss der Liquidation Rechnung zu legen und die Löschung der Gesellschaft zu betreiben. Abs. 2 bestimmt, dass die Liquidatoren die Bücher und Schriften der Gesellschaft in Verwahrung geben müssen. Diese Pflichten gehören noch ins Liquidationsstadium. Wegen der angeordneten Verwahrdauer von 10 Jahren überdauert ihre Wirkung jedoch die Lebenszeit der Gesellschaft, die beendet ist, wenn sie kein Vermögen mehr besitzt und im Handelsregister gelöscht wird.[1] In Abs. 3 ist das Recht geregelt, Einsicht in die Unterlagen der Gesellschaft zu nehmen. Hierzu können die Gesellschafter, ihre Rechtsnachfolger und Gläubiger berechtigt sein. Hinzu tritt die weitere Pflicht, die letzten Verbindlichkeiten der Gesellschaft zu erfüllen, die das Gesetz jedoch nicht anführt.

1 Lehre vom Doppeltatbestand, s. dazu Vor §§ 60 ff. Rdn. 8 f.

B. Die Pflichten der Liquidatoren

I. Erstellen von Schlussrechnung und Liquidationsschlussbilanz

Am Schluss der Liquidationsphase schulden die Liquidatoren nach Abs. 1 Satz 1 die Erstellung der Schlussrechnung. Dem geht die Liquidationsschlussbilanz voraus.[2] Sie besteht neben einer Bilanz aus einer Gewinn- und Verlustrechnung für den verbliebenen Abwicklungszeitraum, einem Anhang und einem Lagebericht.[3] Sie muss das zur Verteilung zur Verfügung stehende Vermögen ausweisen.[4] Außerdem muss ihr Anhang einen Vorschlag zur Verteilung des Liquidationsüberschusses enthalten.[5] Bei der Schlussrechnung handelt es sich demgegenüber um die abschließende interne Rechnungslegung der Liquidatoren ggü. den Gesellschaftern im Sinne von § 259 BGB. Ihr über die Liquidationsschlussbilanz hinausgehender Informationsgehalt besteht darin, dass sie über den Verlauf des Verteilungsverfahren Auskunft gibt.[6] Nach umstrittener Ansicht ist die Pflicht, die Schlussrechnung zu erstellen, zwar der Gesellschaft geschuldet.[7] Sie dient jedoch ausschließlich zur Information der Gesellschafter, weshalb diese dispositionsbefugt sind und einstimmig verzichten können.[8] Näher zur Schlussrechnung § 71 Rdn. 26–28. 2

II. Anmeldungen zum Handelsregister

1. Beendigung der Liquidation

Nach Abschluss aller übrigen Beendigungsmaßnahmen sind die Liquidatoren nach Abs. 1 Satz 1 verpflichtet, den Schluss der Liquidation zum Handelsregister anzumelden. Dazu gehört es, alle zur Eintragung erforderlichen Maßnahmen zu ergreifen, insb. Rückfragen des Registergerichts zu beantworten und dessen Anweisungen nachzukommen.[9] Die Anmeldung nach Abs. 1 Satz 1 lautet darauf, dass die Liquidation beendet ist.[10] Sie enthält zugleich die Erklärung, dass das Liquidatorenamt beendet ist.[11] 3

2. Löschung der Gesellschaft

Wie aus Satz 2 hervorgeht, ist die Gesellschaft nach dem Ende der Liquidation zu löschen. Dabei handelt es sich nicht um eine Amtslöschung, sondern eine solche auf Antrag. Daher ist in der Anmeldung nach Abs. 1 Satz 1 zugleich ein Antrag auf Löschung der Gesellschaft im Handelsregister enthalten.[12] Das Registergericht hat nicht nur die Beendigung der Liquidation, sondern auch 4

---

2 *Gsell*, in: Rowedder/Schmidt-Leithoff, GmbHG, § 71 Rn. 25; a.A. *Altmeppen*, in: Roth/Altmeppen, GmbHG, § 71 Rn. 7.

3 Nach *Haas*, in: Baumbach/Hueck, GmbHG, § 71 Rn. 28 erübrigt sich der Lagebericht, nach *Nerlich*, in: Michalski, GmbHG, § 71 Rn. 39 ist er fakultativ, aber sinnvoll.

4 *Altmeppen*, in: Roth/Altmeppen, GmbHG, § 71 Rn. 34.

5 *Haas*, in: Baumbach/Hueck, GmbHG, § 71 Rn. 28; *Kleindiek*, in: Lutter/Hommelhoff, GmbHG, § 74 Rn. 8; vgl. *Geißler*, GmbHR 2018, 1048, 1056.

6 *Altmeppen*, in: Roth/Altmeppen, GmbHG, § 71 Rn. 34; *Nerlich*, in: Michalski, GmbHG, § 71 Rn. 48 f.; *Deubert*, in: Winkeljohann/Förschle/Deubert, Sonderbilanzen, 5. Aufl. 2016, Teil T, Rn. 280 ff.; *Haas*, in: Baumbach/Hueck, GmbHG, § 71 Rn. 29.

7 *K. Schmidt*, in: Scholz, GmbHG, § 74 Rn. 3; *Gsell*, in: Rowedder/Schmidt-Leithoff, GmbHG, § 74 Rn. 3; *Nerlich*, in: Michalski, GmbHG, § 74 Rn. 8.

8 *Gsell*, in: Rowedder/Schmidt-Leithoff, GmbHG, § 71 Rn. 27 und § 74 Rn. 4 S.a. unter § 71 Rdn. 28.

9 *Gsell*, in: Rowedder/Schmidt-Leithoff, GmbHG, § 74 Rn. 6.

10 *Nerlich*, in: Michalski, GmbHG, § 74 Rn. 15; *Kleindiek*, in: Lutter/Hommelhoff, GmbHG, § 74 Rn. 10.

11 BGH, NJW 1970, 1044, 1045; BayObLG, NJW-RR 1994, 617, 618; *K. Schmidt*, in: Scholz, GmbHG, § 74 Rn. 22; *Haas*, in: Baumbach/Hueck, GmbHG, § 74 Rn. 4; *Kleindiek*, in: Lutter/Hommelhoff, GmbHG, § 74 Rn. 10; *Nerlich*, in: Michalski, GmbHG, § 74 Rn. 49; *Altmeppen*, in: Roth/Altmeppen, GmbHG, § 74 Rn. 8.

12 *K. Schmidt*, in: Scholz, GmbHG, § 74 Rn. 6.

das Erlöschen der Gesellschaft einzutragen.[13] Es ist aus § 26 FamFG berechtigt und verpflichtet, Nachforschungen anzustellen, um die Voraussetzungen der Löschung zu prüfen und damit eine Nachtragsliquidation zu vermeiden.[14] Versäumen die Liquidatoren es, diesen Antrag zu stellen, kann das Registergericht die Eintragung nach § 14 HGB erzwingen, aber auch pragmatisch vorgehen und die Löschung unter den Voraussetzungen von § 60 Abs. 1 Nr. 7 i.V.m. § 394 FamFG selbst verfügen, da diese Möglichkeit auch nach Beendigung der Liquidation fortbesteht. Zwar ist die Löschung nach § 74 Abs. 1 Satz 2 von weiteren Voraussetzungen abhängig als nur der Vermögenslosigkeit der Gesellschaft. Dennoch verdrängt sie die Amtslöschung wegen Vermögenslosigkeit nach § 60 Abs. 1 Nr. 7 i.V.m. § 394 FamFG nicht.[15]

III. Erfüllung letzter Verbindlichkeiten

5 Die noch ausstehenden Verbindlichkeiten der Gesellschaft, die nicht vor der Verteilung des Gesellschaftsvermögens erfüllt werden konnten, sind zu begleichen. Hierzu gehören die Steuerschulden der Gesellschaft und die Kosten für die Eintragung und Veröffentlichung der Löschung.[16] Auch für die Aufbewahrung der Dokumente der Gesellschaft (Rdn. 8–17) können noch Kosten anfallen. Die Liquidatoren mussten die für diese Maßnahmen erforderlichen Mittel zurückhalten und von einer Verteilung an die Gesellschafter absehen.[17]

IV. Übergabe der Bücher

6 Die letzte von den Liquidatoren geschuldete Handlung besteht in der Übergabe der Bücher nach Abs. 2.[18] Sie bildet den Schlusspunkt ihrer Tätigkeit, da zuvor alle anderen Pflichten erfüllt sein müssen.

C. Entlastung der Liquidatoren

7 Die Liquidatoren besitzen ebenso wenig wie die Geschäftsführer einen Anspruch auf Entlastung. Nur sofern die Liquidatoren eine Gesellschafterversammlung einberufen und sich die Gesellschafter für eine Entlastung entscheiden, findet eine solche statt.[19] Dabei gelten die Grundsätze, die auch auf eine Entlastung der Geschäftsführer Anwendung finden. Die Entscheidung steht grds. wie auch dort im pflichtgemäßen Ermessen der Gesellschafter. Danach scheidet es grds. aus, die Liquidatoren bei vorsätzlichen oder grob fahrlässigen Pflichtverstößen zu entlasten.[20] Allerdings steht die Beendigung der Gesellschaft unmittelbar bevor, daher bestehen gute Gründe dafür, den Gesellschaftern ein breiteres Ermessen zuzubilligen. Eine rechtmäßige Entlastung schließt interne Schadensersatzforderungen aus, befreit jedoch nicht von Ansprüchen der Gläubiger.[21] Daher

13 Zu Formulierungsvorschlägen *Gsell*, in: Rowedder/Schmidt-Leithoff, GmbHG, § 74 Rn. 5; *K. Schmidt*, in: Scholz, GmbHG, § 74 Rn. 6; *Kleindiek*, in: Lutter/Hommelhoff, GmbHG, § 74 Rn. 11.

14 *K. Schmidt*, in: Scholz, GmbHG, § 74 Rn. 5; *Haas*, in: Baumbach/Hueck, GmbHG, § 74 Rn. 5; *Kleindiek*, in: Lutter/Hommelhoff, GmbHG, § 74 Rn. 10; *Nerlich*, in: Michalski, GmbHG, § 74 Rn. 12.

15 Grundlegend *K. Schmidt*, in: Scholz, GmbHG, § 74 Rn. 9; *Nerlich*, in: Michalski, GmbHG, § 74 Rn. 14. I.E. *Kleindiek*, in: Lutter/Hommelhoff, GmbHG, § 74 Rn. 11; *Haas*, in: Baumbach/Hueck, GmbHG, § 74 Rn. 5.

16 *Gsell*, in: Rowedder/Schmidt-Leithoff, GmbHG, § 74 Rn. 6; s.a. *Haas*, in: Baumbach/Hueck, GmbHG, § 74 Rn. 2.

17 *Gsell*, in: Rowedder/Schmidt-Leithoff, GmbHG, § 74 Rn. 6; *Altmeppen*, in: Roth/Altmeppen, GmbHG, § 73 Rn. 8.

18 *Gsell*, in: Rowedder/Schmidt-Leithoff, GmbHG, § 74 Rn. 2; *Kleindiek*, in: Lutter/Hommelhoff, GmbHG, § 74 Rn. 5.

19 *Nerlich*, in: Michalski, GmbHG, § 74 Rn. 10; *Kleindiek*, in: Lutter/Hommelhoff, GmbHG, § 74 Rn. 8; *Altmeppen*, in: Roth/Altmeppen, GmbHG, § 74 Rn. 11; *Gsell*, in: Rowedder/Schmidt-Leithoff, GmbHG, § 74 Rn. 4.

20 Nach Rechtsprechung des BGH zur AG kommt es auf schwerwiegende Gesetzes- oder Satzungsverstöße an, s. BGH, NZG 2005, 77, 78. S. zur GmbH OLG Düsseldorf, NZG 2001, 991, 992 f. Zu den Grundsätzen ausführlich *Zöllner/Noack*, in: Baumbach/Hueck, GmbHG, § 46 Rn. 41–49.

21 Zu diesen unter § 73 Rdn. 28.

brauchen die Gesellschafter bei ihrer Entscheidung keine Rücksicht auf die Gläubiger zu nehmen. Auch das Gesellschaftsinteresse braucht nicht mehr beachtet zu werden. Es geht daher nur noch um den Schutz einer überstimmten Minderheit. Folglich steht die Entscheidung im freien Ermessen der Gesellschafter, wenn sie sich einstimmig für eine Entlastung aussprechen. Die praktische Bedeutung der Entlastung ist nach allem begrenzt. Eine Entlastung kommt namentlich in Betracht, wenn die Liquidatoren eine Verteilung des Gesellschaftsvermögens ohne vorherige Sicherheitsleistung vorgenommen haben, weil sie die angemeldeten Forderungen einzelner Gläubiger für unbegründet hielten.[22] Statt eine negative Feststellungsklage zu erheben, kann nachträglich Entlastung gesucht werden.

D. Aufbewahrung der Bücher und Schriften der Gesellschaft, Abs. 2

Abs. 2 bestimmt, dass die Bücher und Schriften der Gesellschaft nach Beendigung der Liquidation für 8
die Dauer von 10 Jahren in Verwahrung zu geben sind. Es handelt sich dabei nicht um eine auf die Liquidation folgende Maßnahme, sondern um den letzten Schritt der Liquidation.[23] Die Pflicht besteht auch, wenn die Gesellschaft ohne Liquidationsverfahren erlischt, also in den Fällen des § 394 FamFG.[24]

I. Begründung der Pflichten zur und aus der Verwahrung

Das Gesetz begnügt sich damit, die zur Begründung der Verwahrung führende Pflicht zu benennen 9
und die daraus resultierenden Pflichten und Rechte zu bestimmen, ohne sich zu deren Rechtsgrund zu äußern. Einsichtig ist die Pflicht der Liquidatoren, für die Sicherstellung der Verwahrung sorgen zu müssen. Es handelt sich um eine organschaftliche Aufgabe der Liquidatoren, bei deren Verletzung sie der Gesellschaft zu Schadensersatz nach §§ 71 Abs. 4, 43 Abs. 2 verpflichtet sind.[25] Problematisch sind demgegenüber die Pflichten der Verwahrer. Sie entspringen weder der Mitgliedschaft noch einer Organstellung, da zwar Gesellschafter oder Liquidatoren zu Verwahrern bestellt werden können, hierzu jedoch nicht aus ihrer Verbindung zur Gesellschaft verpflichtet sind. Die Verwahrung wird vielmehr rechtsgeschäftlich zwischen der Gesellschaft und dem Verwahrer begründet, wobei damit zugleich auch ein gesetzliches Schuldverhältnis des Verwahrers mit den nach Abs. 3 Begünstigten entsteht. Nur so sind die gesetzlich angeordneten Phänomene zu erklären: Einerseits entsteht die Pflicht zur Verwahrung nur mit Zustimmung des Verwahrers.[26] Außerdem muss die Vergütung des Verwahrers individuell geregelt werden. Schuldnerin ist dabei die Gesellschaft.[27] Andererseits bestehen die Pflichten des Verwahrers trotz Fortfalls der Gesellschaft fort. Die Gesellschaft und damit die Gläubigerin des (rechtsgeschäftlich begründeten) Verwahrungsanspruchs erlischt mit ihrer Vollbeendigung, dennoch bleiben die Ansprüche der Gesellschafter und Gläubiger auf Einsicht nach Abs. 3 während der gesamten Laufzeit der Verwahrung bestehen.

II. Erfasste Unterlagen

Die Pflicht zur Verwahrung erstreckt sich auf alle Bücher und Schriften der Gesellschaft. Hiervon 10
werden alle von der Gesellschaft geführten und gesammelten Unterlagen erfasst. Die Terminologie

---

22 Dazu unter § 73 Rdn. 10, 19, 26.

23 *Gsell*, in: Rowedder/Schmidt-Leithoff, GmbHG, § 74 Rn. 7; *K. Schmidt*, in: Scholz, GmbHG, § 74 Rn. 27.

24 *K. Schmidt*, in: Scholz, GmbHG, § 74 Rn. 27.

25 *K. Schmidt*, in: Scholz, GmbHG, § 74 Rn. 29; *Haas*, in: Baumbach/Hueck, GmbHG, § 74 Rn. 10; *Gsell*, in: Rowedder/Schmidt-Leithoff, GmbHG, § 74 Rn. 8.

26 Allg. M., *K. Schmidt*, in: Scholz, GmbHG, § 74 Rn. 30; *Gsell*, in: Rowedder/Schmidt-Leithoff, GmbHG, § 74 Rn. 9; für Gerichtsbestellung auch *Kleindiek*, in: Lutter/Hommelhoff, GmbHG, § 74 Rn. 14; *Haas*, in: Baumbach/Hueck, GmbHG, § 74 Rn. 9.

27 *K. Schmidt*, in: Scholz, GmbHG, § 74 Rn. 30; *Haas*, in: Baumbach/Hueck, GmbHG, § 74 Rn. 11; *Nerlich*, in: Michalski, GmbHG, § 74 Rn. 22.

deckt sich damit mit der in § 51a.[28] Zu den wichtigsten Unterlagen zählen die in §§ 257 HGB, 147 AO genannten Dokumente, insb. also die Jahresabschlüsse und die Buchhaltung der Gesellschaft. Darüber hinaus ist die gesamte Korrespondenz der Gesellschaft zu verwahren, einschließlich der im Liquidationsverfahren angefallenen Unterlagen.[29] Erfasst sind auch Unterlagen, die in – gemäß § 347 Abs. 4 HGB zulässiger – elektronischer Form vorhanden sind.[30]

III. Aufbewahrungsfrist

11 Die Dauer der Verwahrung beträgt nach Abs. 2 Satz 1 10 Jahre. Der Lauf der Frist beginnt mit der Übergabe der Unterlagen an die Verwahrer, nicht mit der möglicherweise zuvor eintretenden Beendigung der Gesellschaft.[31] Im Verhältnis zu anderen Verwahrungsfristen gilt: Soweit die andernorts angeordnete Aufbewahrungsfrist für Unterlagen zum Schluss der Liquidation bereits abgelaufen ist, bedarf es keiner weiteren Aufbewahrung dieser Dokumente. Besondere Bedeutung besitzen die Fristen nach §§ 257 HGB, 147 AO.[32] Anderenfalls werden die Unterlagen von der Zehnjahresfrist des Abs. 2 Satz 1 voll erfasst, auch wenn andere Verwahrungsfristen früher enden.[33] Umgekehrt bleiben aus anderen Vorschriften begründete längere Fristen unberührt und können daher zu längeren Laufzeiten führen, wiederum insb. die Fristen nach §§ 257 HGB, 147 AO.[34]

IV. Person des Verwahrers

1. Auswahl

12 Verwahrer kann ein Gesellschafter oder ein Dritter sein. Übernimmt ein Liquidator die Verwahrung, steht diese Aufgabe nicht in Zusammenhang mit seinen Pflichten als Liquidator. Die Willensbildung in der Gesellschaft richtet sich nach Abs. 2 Satz 2. Der Verwahrer kann im Gesellschaftsvertrag benannt sein oder durch Gesellschafterbeschluss bestimmt werden. Außerdem kann die Satzung das Bestimmungsrecht den Liquidatoren übertragen.[35] Fehlt eine gesellschaftsinterne Willensbildung, ist der Verwahrer vom Registergericht zu bestimmen. Einen entsprechenden Antrag können die Liquidatoren, Gesellschafter oder Gläubiger stellen.[36] Bei der Unternehmensveräußerung ist es ausreichend, wenn der Erwerber die Unterlagen verwahrt. Für alle von ihm nicht übernommenen Unterlagen muss daneben ein weiterer Verwahrer bestellt werden.[37]

---

28 *K. Schmidt*, in: Scholz, GmbHG, § 74 Rn. 27; *Nerlich*, in: Michalski, GmbHG, § 74 Rn. 18; *Altmeppen*, in: Roth/Altmeppen, GmbHG, § 74 Rn. 12.

29 BayObLG, NJW 1968, 56; *Haas*, in: Baumbach/Hueck, GmbHG, § 74 Rn. 7; *Gsell*, in: Rowedder/Schmidt-Leithoff, GmbHG, § 74 Rn. 7; *K. Schmidt*, in: Scholz, GmbHG, § 74 Rn. 27.

30 OLG Celle, NZG 2018, 265, 266.

31 *K. Schmidt*, in: Scholz, GmbHG, § 74 Rn. 28; *Gsell*, in: Rowedder/Schmidt-Leithoff, GmbHG, § 74 Rn. 7; *Nerlich*, in: Michalski, GmbHG, § 74 Rn. 19; *Haas*, in: Baumbach/Hueck, GmbHG, § 74 Rn. 8; *Altmeppen*, in: Roth/Altmeppen, GmbHG, § 74 Rn. 13.

32 *K. Schmidt*, in: Scholz, GmbHG, § 74 Rn. 28; *Nerlich*, in: Michalski, GmbHG, § 74 Rn. 19; *Haas*, in: Baumbach/Hueck, GmbHG, § 74 Rn. 7 f.; *Gsell*, in: Rowedder/Schmidt-Leithoff, GmbHG, § 74 Rn. 7; *Kleindiek*, in: Lutter/Hommelhoff, GmbHG, § 74 Rn. 12.

33 *K. Schmidt*, in: Scholz, GmbHG, § 74 Rn. 28; *Haas*, in: Baumbach/Hueck, GmbHG, § 74 Rn. 8; *Gsell*, in: Rowedder/Schmidt-Leithoff, GmbHG, § 74 Rn. 7; *Nerlich*, in: Michalski, GmbHG, § 74 Rn. 19.

34 *K. Schmidt*, in: Scholz, GmbHG, § 74 Rn. 28; *Nerlich*, in: Michalski, GmbHG, § 74 Rn. 19; *Kleindiek*, in: Lutter/Hommelhoff, GmbHG, § 74 Rn. 13; *Haas*, in: Baumbach/Hueck, GmbHG, § 74 Rn. 8; *Altmeppen*, in: Roth/Altmeppen, GmbHG, § 74 Rn. 15.

35 *Haas*, in: Baumbach/Hueck, GmbHG, § 74 Rn. 9; *Nerlich*, in: Michalski, GmbHG, § 74 Rn. 20; *Kleindiek*, in: Lutter/Hommelhoff, GmbHG, § 74 Rn. 14. S. auch *Geißler*, DZWiR 2013, 1, 6.

36 *Nerlich*, in: Michalski, GmbHG, § 74 Rn. 20; *Haas*, in: Baumbach/Hueck, GmbHG, § 74 Rn. 9; *Kleindiek*, in: Lutter/Hommelhoff, GmbHG, § 74 Rn. 14; *Altmeppen*, in: Roth/Altmeppen, GmbHG, § 74 Rn. 12.

37 *K. Schmidt*, in: Scholz, GmbHG, § 74 Rn. 32; *Haas*, in: Baumbach/Hueck, GmbHG, § 74 Rn. 9; *Kleindiek*, in: Lutter/Hommelhoff, GmbHG, § 74 Rn. 14.

2. Zustimmung

13 Der zum Verwahrer Bestellte muss zustimmen.[38] Das gilt auch für den gerichtlich bestellten Verwahrer.[39] Soweit jedoch der Gesellschaftsvertrag die Verwahrung durch einen namentlich benannten Gesellschafter anordnet, gilt eine Besonderheit. Da die Pflicht zur Verwahrung in diesem Fall einen Bestandteil der Mitgliedschaft bildet, hat der betroffene Gesellschafter seine Zustimmung bereits mit Übernahme seiner Mitgliedschaft akzeptiert.

V. Inhalt des Einsichtsrechts und Berechtigte

1. Inhalt

14 Das Einsichtsrecht erstreckt sich auf alle verwahrten Unterlagen im Sinne von Abs. 2. Es bezieht sich auf die Zeit nach Beendigung der Gesellschaft und damit die Zeit, zu der § 51a keine Anwendung mehr finden kann.[40] Es umfasst das Recht, Abschriften anzufertigen, insb. also die Unterlagen zu fotokopieren. Auch Dritte, insb. Sachverständige können hinzugezogen werden.[41] Hierbei kann ein Konflikt mit Geheimhaltungsinteressen auftreten. Dieser Konflikt ist regelmäßig deutlich schwächer ausgeprägt als bei § 51a, da die Gesellschaft nicht mehr existiert und gegen Wettbewerbsnachteile durch das Bekanntwerden von Unternehmensinterna nicht mehr geschützt zu werden braucht. Soweit die Unterlagen bei einem Rechtsnachfolger, der das Unternehmen weiterführt, aufbewahrt werden, besteht der Konflikt hingegen fort. Hier verbleibt nur, im Wege einer Interessenabwägung zu bestimmen, ob Beschränkungen des Einsichtsrechts geboten sind.

2. Berechtigte

a) Gesellschafter und Rechtsnachfolger

15 Berechtigt sind die Gesellschafter, deren Mitgliedschaft zum Zeitpunkt der Beendigung der Liquidation bestand, sowie ihre Rechtsnachfolger. Den zuvor ausgeschiedenen Gesellschaftern fehlt das berechtigte Interesse an einer Einsichtnahme, sie sind daher nicht erfasst.[42] Dies entspricht der Rechtslage bei § 51a, wonach die Berechtigung zur Einsicht mit Beendigung der Mitgliedschaft endet.[43] Ihnen kann als Gläubiger ein Einsichtsrecht zustehen oder sich aus § 810 BGB ergeben.[44] Letzteres kommt insb. in Betracht, wenn ihnen (etwa im Rahmen einer Nachtragsliquidation) eine Inanspruchnahme droht.[45] Gleiches gilt für die Geschäftsführer.[46]

b) Gläubiger

16 Gläubiger der Gesellschaft haben nur ein Einsichtsrecht, wenn sie hierzu vom Registergericht ermächtigt werden. Die Ermächtigung wird nur erteilt, wenn ein rechtliches Interesse glaubhaft

---

38 *K. Schmidt*, in: Scholz, GmbHG, § 74 Rn. 30; *Gsell*, in: Rowedder/Schmidt-Leithoff, GmbHG, § 74 Rn. 9.
39 OLG Stuttgart, BB 1984, 2169; *Nerlich*, in: Michalski, GmbHG, § 74 Rn. 20; *Kleindiek*, in: Lutter/Hommelhoff, GmbHG, § 74 Rn. 14; *Haas*, in: Baumbach/Hueck, GmbHG, § 74 Rn. 9.
40 *K. Schmidt*, in: Scholz, GmbHG, § 74 Rn. 33.
41 *K. Schmidt*, in: Scholz, GmbHG, § 74 Rn. 36; *Haas*, in: Baumbach/Hueck, GmbHG, § 74 Rn. 12; *Kleindiek*, in: Lutter/Hommelhoff, GmbHG, § 74 Rn. 16; *Gsell*, in: Rowedder/Schmidt-Leithoff, GmbHG, § 73 Rn. 10.
42 *K. Schmidt*, in: Scholz, GmbHG, § 74 Rn. 35; *Haas*, in: Baumbach/Hueck, GmbHG, § 74 Rn. 13; *Nerlich*, in: Michalski, GmbHG, § 74 Rn. 25; a.A. *Altmeppen*, in: Roth/Altmeppen, GmbHG, § 74 Rn. 16; *Gsell*, in: Rowedder/Schmidt-Leithoff, GmbHG, § 73 Rn. 10.
43 Dort ganz h.M., s. *Zöllner/Noack*, in: Baumbach/Hueck, GmbHG, § 51a Rn. 7.
44 *Haas*, in: Baumbach/Hueck, GmbHG, § 74 Rn. 13; *Kleindiek*, in: Lutter/Hommelhoff, GmbHG, § 74 Rn. 16.
45 S. *Nerlich*, in: Michalski, GmbHG, § 74 Rn. 25.
46 *K. Schmidt*, in: Scholz, GmbHG, § 74 Rn. 35; *Kleindiek*, in: Lutter/Hommelhoff, GmbHG, § 74 Rn. 16; *Altmeppen*, in: Roth/Altmeppen, GmbHG, § 74 Rn. 18; *Gsell*, in: Rowedder/Schmidt-Leithoff, GmbHG, § 73 Rn. 11.

gemacht wird.[47] Ein solches ist jedenfalls dann anzunehmen, wenn die Behauptung auf noch bestehende Vergütungsansprüche gestützt wird.[48] Das rechtliche Interesse entscheidet auch über den Umfang des Einsichtsrechts, wobei grundsätzlich keine sachliche Einschränkung geboten ist.[49] Unterlagen, die offensichtlich nicht erfasst sind, dürfen allerdings zurückgehalten werden.[50] So können auch etliche Konflikte mit Geheimhaltungspflichten im Kundeninteresse vermieden werden, wenn es sich bei der Gesellschaft um einen Finanzdienstleister handelte. Treten sie dennoch auf, muss den berechtigten Interessen der Geschäftspartner und Kunden des Unternehmens Rechnung getragen werden. Das Einsichtsinteresse der Gläubiger darf sich nur unter der Voraussetzung durchsetzen, dass eine Abwägung aller Umstände des Einzelfalls zugunsten des Gläubigers ausfällt.[51] Entgegen ganz h.M. genießt das Einsichtsrecht dabei keinen regelmäßigen Vorrang.[52] Gleiches gilt, wenn Verletzungen des Persönlichkeitsrechts denkbar sind, wobei auch hier die theoretische Möglichkeit nicht ausreicht, sondern eine Abwägung anhand konkreter Umstände erfolgen muss.[53] In diesen Konfliktfällen kann die Zwischenschaltung eines zur Berufsverschwiegenheit verpflichteten Dritten Abhilfe schaffen. Sichtet dieser die Unterlagen und gibt nur die für den Antragsteller unmittelbar erforderlichen Informationen weiter, kann den Interessen der beeinträchtigten Dritten Rechnung getragen werden.

VI. Rechtsdurchsetzung

17 Die Pflicht der Liquidatoren, die Bücher in Verwahrung zu geben, wird vom Registergericht nur auf Antrag der Gesellschafter oder Gläubiger, nicht aber selbsttätig durchgesetzt.[54] Bei bestehender Verwahrung sind die begünstigten Gesellschafter, ihre Rechtsnachfolger und die Gläubiger zur Durchsetzung des Einsichtsrechts berechtigt, da die Gesellschaft ab ihrer Vollbeendigung nicht mehr existiert. Ihr Forderungsrecht wurzelt nach hier vertretener Konstruktion in dem mit der Übernahme der Verwahrung entstehenden gesetzlichen Schuldverhältnis (Rdn. 9). Der Anspruch der ehemaligen Gesellschafter bzw. ihrer Rechtsnachfolger kann nur im Zivilprozess durchgesetzt werden.[55] Demgegenüber muss das Einsichtsrecht der Gläubiger nach Abs. 3 Satz 2 vom Registergericht angeordnet werden. Es wird dabei auf Antrag des Berechtigten tätig. Antragsgegner ist der Verwahrer.[56] Ordnet das Gericht das Einsichtsrecht an und kommt es zu Unstimmigkeiten zwischen Verwahrer und Gläubiger, entscheidet hierüber das Registergericht im unternehmensrechtlichen

47 *K. Schmidt*, in: Scholz, GmbHG, § 74 Rn. 35; *Haas*, in: Baumbach/Hueck, GmbHG, § 74 Rn. 14; *Gsell*, in: Rowedder/Schmidt-Leithoff, GmbHG, § 73 Rn. 10; *Altmeppen*, in: Roth/Altmeppen, GmbHG, § 74 Rn. 16.

48 OLG Celle, NZG 2018, 265.

49 OLG Celle, NZG 2018, 265.

50 In seiner Generalität daher zu weit OLG Braunschweig, WM 1992, 1912; s.a. *Haas*, in: Baumbach/Hueck, GmbHG, § 74 Rn. 14, wonach sich die Ermächtigung generell auch auf alle Unterlagen vor der Auflösung der Gesellschaft erstrecken soll.

51 Im Ansatz so auch BayObLG, NZG 2003, 439; OLG Braunschweig, WM 1992, 1912; *K. Schmidt*, in: Scholz, GmbHG, § 74 Rn. 35; *Haas*, in: Baumbach/Hueck, GmbHG, § 74 Rn. 14; *Nerlich*, in: Michalski, GmbHG, § 74 Rn. 26.

52 So jedoch BayObLG, NZG 2003, 439; OLG Braunschweig, WM 1992, 1912; *K. Schmidt*, in: Scholz, GmbHG, § 74 Rn. 35; *Haas*, in: Baumbach/Hueck, GmbHG, § 74 Rn. 14; *Gsell*, in: Rowedder/Schmidt-Leithoff, GmbHG, § 73 Rn. 10; *Altmeppen*, in: Roth/Altmeppen, GmbHG, § 74 Rn. 16.

53 So auch BayObLG, NZG 2003, 439, 440; *Haas*, in: Baumbach/Hueck, GmbHG, § 74 Rn. 14.

54 BayObLG NJW 1968, 56; *Haas*, in: Baumbach/Hueck, GmbHG, § 74 Rn. 10; *Gsell*, in: Rowedder/Schmidt-Leithoff, GmbHG, § 73 Rn. 8.

55 *K. Schmidt*, in: Scholz, GmbHG, § 74 Rn. 37; *Nerlich*, in: Michalski, GmbHG, § 74 Rn. 17.

56 BayObLG, NZG 2003, 439; *Haas*, in: Baumbach/Hueck, GmbHG, § 74 Rn. 14; *Gsell*, in: Rowedder/Schmidt-Leithoff, GmbHG, § 73 Rn. 8.

Verfahren nach § 375 Nr. 6 FamFG. Dies ist wegen der Sachnähe zur Entscheidung über das Einsichtsrecht ggü. einem zivilprozessualen Verfahren vorzugswürdig.[57]

E. Beendigung der Liquidation und Erlöschen der Gesellschaft

I. Voraussetzungen

Die Gesellschaft ist zu löschen, wenn das Sperrjahr abgelaufen ist und sie über kein verteilungsfähiges Vermögen mehr verfügt. Nach der Lehre vom Doppeltatbestand ist die Gesellschaft nur dann tatsächlich erloschen, wenn sie im Handelsregister gelöscht und kein Vermögen mehr vorhanden ist.[58] Die Löschung setzt voraus, dass das Liquidationsverfahren ordnungsgemäß beendet wurde.[59] Nur im Ausnahmefall darf sie schon vor Ablauf des Sperrjahres gelöscht werden, wenn durch Gläubigerbefriedigung das Vermögen der Gesellschaft aufgebraucht ist und eine Verteilung an die Gesellschafter daher ausscheidet (s. schon § 73 Rdn. 6).[60] 18

II. Rechtsfolgen

Mit dem Erlöschen endet die Parteifähigkeit der Gesellschaft. Damit entfällt der Schuldner für gegen sie gerichtete Forderungen.[61] Der Fortbestand von Verbindlichkeiten hindert das Erlöschen der Gesellschaft nicht.[62] Gläubiger, deren Ansprüche bis zur Beendigung unbekannt geblieben sind, fallen mit ihren Forderungen aus.[63] Wurden die Vorgaben des § 73 eingehalten und stellt sich nachträglich heraus, dass weitere Verbindlichkeiten bestehen, findet keine Nachtragsliquidation statt.[64] 19

III. Fortbestand von Sicherheiten

Demgegenüber wird der Grundsatz der Akzessorietät für bestellte Sicherheiten durchbrochen. Obwohl mit der Beendigung der Gesellschaft der Schuldner der besicherten Forderungen entfällt, gehen akzessorische Sicherheiten nicht unter, sondern bestehen als selbstständige Forderungen fort. Dies wird aus reinen Zweckmäßigkeitserwägungen hergeleitet, da anderenfalls der mit dem Sicherungsmittel verfolgte Zweck, die Sicherung der Gläubiger auch für den Fall, dass sie mit ihrer Forderung gegen die Gesellschaft ausfallen, verfehlt würde.[65] Ob ein Gläubiger, der es versäumt hat, 20

57 I.E. OLG Oldenburg, BB 1983, 1434; *Haas*, in: Baumbach/Hueck, GmbHG, § 74 Rn. 14; a.A. *Nerlich*, in: Michalski, GmbHG, § 74 Rn. 17. Zum Meinungsstand ausführlich *K. Schmidt*, in: Scholz, GmbHG, § 74 Rn. 37.

58 Zur h.L. vom Doppeltatbestand s. Vor §§ 60 ff. GmbHG Rdn. 8 f. und *Nerlich*, in: Michalski, GmbHG, § 74 Rn. 31; *Kleindiek*, in: Lutter/Hommelhoff, GmbHG, § 74 Rn. 6 f.; *Schönhaar*, GWR 2020, 1, 4; vgl. auch OLG Düsseldorf, NZG 2015, 1161.

59 Die Liquidation ist noch nicht beendet, wenn ein die Gesellschaft betreffendes Steuerverfahren noch nicht abgeschlossen ist, KG NZG 2019, 1294; OLG Hamm, NZG 2015, 953, 954, Rz. 5; OLG Hamm, NZG 2015, 1159, Rz. 14; dazu *Frystatzki*, GmbH-StB 2015, 290. A.A.: OLG Düsseldorf, NZG 2020, 264, 265; OLG Jena, GmbHR 2015, 1093, 1094; OLG Düsseldorf, GmbHR 2014, 658; *Arens*, DB 2017, 2913, 2915; *Kunkel*, jurisPR-HaGesR 9/2015 Anm. 3.

60 OLG Jena, BeckRS 2019, 23313; OLG Hamm, GmbHR 2017, 930; OLG Köln, NZG 2005, 83, 84; *Nerlich*, in: Michalski, GmbHG, § 73 Rn. 12; *Altmeppen*, in: Roth/Altmeppen, GmbHG, § 73 Rn. 13; *Ensthaler*, in: Ensthaler/Füller/Schmidt, GmbHG, § 73 Rn. 4; *Gsell*, in: Rowedder/Schmidt-Leithoff, GmbHG, § 73 Rn. 4; *Kleindiek*, in: Lutter/Hommelhoff, GmbHG, § 74 Rn. 3; ausführlich unter Darstellung der Entwicklung des Meinungsstandes *K. Schmidt*, in: Scholz, GmbHG, § 74 Rn. 14.

61 Zur Frage, ob hierdurch die Verbindlichkeiten der Gesellschaft erlöschen oder nur das Haftungssubstrat entfällt, s. *K. Schmidt*, in: Scholz, GmbHG, § 74 Rn. 15; *Nerlich*, in: Michalski, GmbHG, § 74 Rn. 42.

62 *Haas*, in: Baumbach/Hueck, GmbHG, § 74 Rn. 16.

63 *K. Schmidt*, in: Scholz, GmbHG, § 74 Rn. 17; *Niemeyer/König*, MDR 2014, 749.

64 *K. Schmidt*, in: Scholz, GmbHG, § 74 Rn. 21. S.a. § 73 Rdn. 32; a.A. *Tavakoli/Eisenberg*, GmbHR 2018, 75, 82 f.

65 Allg. M., s. BGH, NJW 2003, 1250, 1251; *K. Schmidt*, in: Scholz, GmbHG, § 74 Rn. 16; *Kleindiek*, in: Lutter/Hommelhoff, GmbHG, § 74 Rn. 4; *Haas*, in: Baumbach/Hueck, GmbHG, § 74 Rn. 16; *Nerlich*, in: Michalski, GmbHG, § 74 Rn. 42.

seine Forderung vor Beendigung der Liquidation geltend zu machen, die Sicherheiten in Anspruch nehmen kann, hängt davon ab, ob dies vom Sicherungszweck erfasst ist.[66]

F. Nachtragsliquidation

I. Notwendigkeit

21 Eine Nachtragsliquidation wird notwendig, wenn die Liquidation endet, bevor alle zur Vollbeendigung der Gesellschaft erforderlichen Maßnahmen erfolgt sind. Den Hauptanwendungsfall stellt es dar, wenn die Gesellschaft noch über Vermögen verfügt. In Betracht kommt dies vor allem, wenn ihr Zahlungsansprüche gegen Gesellschafter oder Liquidatoren zustehen.[67] Die Gesellschaft ist in diesen Fällen gerade nicht erloschen.[68] Um ihre Vollbeendigung herbeizuführen, bedarf es einer Nachtragsliquidation. Da es bei der Nachtragsliquidation allein um diesen Zweck geht, scheidet es aus, dass die Gesellschafter während der Nachtragsliquidation die Fortsetzung der Gesellschaft beschließen (zur Fortsetzung s. § 60 Rdn. 61 ff.).[69]

II. Wirkung

22 Die Gesellschaft ist, da noch nicht beendet, in der Nachtragsliquidation parteifähig. Sie kann daher prozessbeteiligt und Gegenstand von Vollstreckungsmaßnahmen sein.[70] Die Nachtragsliquidation und die hierfür bestellten Nachtragsliquidatoren sind im Handelsregister einzutragen.[71] Ein Sperrjahr nach § 73 beginnt nicht (erneut) zu laufen, und es bedarf auch keiner Eröffnungsbilanz.[72] Für den Schluss gilt demgegenüber, dass die bei Beendigung eines Liquidationsverfahrens zu beachtenden Vorgaben (erneut) einzuhalten sind.[73] Die Nachtragsliquidation einer nach § 394 FamFG gelöschten Gesellschaft, bei der sich das Vorhandensein von Vermögen herausgestellt hat, richtet sich nach § 66 Abs. 5 (s. unter § 66 Rdn. 30–32).

III. Abwicklungsmaßnahmen nicht-vermögensrechtlicher Art

23 Soweit Abwicklungsmaßnahmen nicht-vermögensrechtlicher Art nach Beendigung der Gesellschaft notwendig werden, ist das Verfahren umstritten. Die herrschende Meinung fordert auch in diesen Fällen eine Nachtragsliquidation unter Beachtung der allgemeinen Anforderungen.[74] Soweit lediglich Einzelmaßnahmen eingefordert werden, die mit geringem Aufwand verbunden sind, ist dies jedoch abzulehnen. Die Erteilung eines Arbeitszeugnisses, eine Rechnungslegung oder die

66 BGH, NJW 2003, 1250, 1251. Generell verneinend *Nerlich*, in: Michalski, GmbHG, § 74 Rn. 42.

67 Zu diesen Ansprüchen im Einzelnen unter § 73 Rdn. 20 ff. S. BFH, DStR 2015, 2489, 2491, Rz. 16; BAG, NZA 2003, 1049, 1050; BGH, NJW 1989, 220. Zu anderen vermögensrechtlichen Positionen s. OLG Köln, GmbHR 1993, 823 (Erwerb dinglicher Rechte an Grundstück durch grundbuchrechtliche Erklärungen). S. auch *Gsell*, in: Rowedder/Schmidt-Leithoff, GmbHG, § 74 Rn. 18.

68 Niemeyer/König, MDR 2014, 749.

69 *K. Schmidt*, in: Scholz, GmbHG, § 74 Rn. 23; *Nerlich*, in: Michalski, GmbHG, § 74 Rn. 35; *Altmeppen*, in: Roth/Altmeppen, GmbHG, § 74 Rn. 39.

70 *K. Schmidt*, in: Scholz, GmbHG, § 74 Rn. 24; *Kleindiek*, in: Lutter/Hommelhoff, GmbHG, § 74 Rn. 18.

71 *K. Schmidt*, in: Scholz, GmbHG, § 74 Rn. 23; *Altmeppen*, in: Roth/Altmeppen, GmbHG, § 74 Rn. 39; *Nerlich*, in: Michalski, GmbHG, § 74 Rn. 59.

72 *K. Schmidt*, in: Scholz, GmbHG, § 74 Rn. 23; *Altmeppen*, in: Roth/Altmeppen, GmbHG, § 74 Rn. 37; *Nerlich*, in: Michalski, GmbHG, § 74 Rn. 56.

73 *K. Schmidt*, in: Scholz, GmbHG, § 74 Rn. 23; *Nerlich*, in: Michalski, GmbHG, § 74 Rn. 56.

74 Tendenziell BGH, NJW 1989, 220; BayObLG, BB 1984, 446 (Zustellung eines Steuerbescheids oder Beiladung vom FG); BayObLG, BB 1983, 1303 (steuerliche Pflichten); OLG Stuttgart, NJW-RR 1995, 805 (fehlende Eröffnungsbilanz). Nach *Nerlich*, in: Michalski, GmbHG, § 74 Rn. 46; *Haas*, in: Baumbach/Hueck, GmbHG, § 60, Rn. 106, ergibt sich dies aus einer Analogie zu § 273 Abs. 4 AktG. Wegen dieser Ansprüche nicht-vermögensrechtlicher Art und dem von der h.M. angenommenen Fortbestand der Gesellschaft findet der Begriff der »Lehre vom erweiterten Doppeltatbestand« Verwendung, s. *Gsell*, in: Rowedder/Schmidt-Leithoff, GmbHG, § 74 Rn. 21; *Nerlich*, in: Michalski, GmbHG, § 74 Rn. 31.

Bewilligung einer Löschung im Grundbuch rechtfertigen es nicht, dass die Gesellschaft als fortbestehend behandelt wird.[75] Es ist mit unverhältnismäßigem Aufwand verbunden, die mit der Nachtragsliquidation verbundenen Pflichten einzufordern und Nachtragsliquidatoren zu bestellen. Hinzu tritt das Problem, dass die Gesellschaft nicht (mehr) über Vermögen verfügt und daher die mit der Nachtragsliquidation verbundenen Kosten nicht tragen kann. Soweit vermögensrechtliche Ansprüche betroffen sind, ist jedoch anerkannt, dass die Nachtragsliquidation nur eröffnet wird, wenn die entsprechende Vermögensposition die Kosten der Nachtragsliquidation übersteigt.[76] Auch von diesem Grundsatz müsste daher bei einer Nachtragsliquidation wegen Abwicklungsmaßnahmen nicht-vermögensrechtlicher Art abgewichen werden. Es verbliebe nur, die Kosten der Nachtragsliquidation von dem Antragsteller einzufordern, was wiederum unverhältnismäßig erscheint. Der Vorschlag, stattdessen einen Handlungsbevollmächtigten zu bestimmen, der vom Registergericht bestellt werden kann und die ausstehende Maßnahme durchführt, erscheint daher vorzugswürdig.[77] Die Gesellschaft bleibt danach erloschen, und der Handlungsbevollmächtigte erbringt Leistungen, die von ihr geschuldet waren. Auch hier fallen für den Antragsteller Kosten an, deren Höhe ggü. der Nachtragsliquidation jedoch geringer ausfallen dürfte. Soweit die erforderliche Maßnahme – wie häufig – im Zusammenhang mit den verwahrten Schriften der Gesellschaft steht, bietet es sich an, den Verwahrer zum Handlungsbevollmächtigten zu bestellen, was dessen Zustimmung voraussetzt. Dass der Fortbestand von Pflichten der Gesellschaft nach deren Erlöschen und ihre Wahrnehmung durch einen Handlungsbevollmächtigten keinen Systembruch bedeutet, zeigt sich gerade an den in Abs. 3 angeordneten Rechten und Pflichten, die ebenfalls die Gesellschaft überdauern und von den gesellschaftsfremden Verwahrern wahrgenommen werden.

G. Bestellung von Nachtragsliquidatoren

I. Ende des Liquidatorenamtes

Das Liquidatorenamt endet mit der Löschung der Gesellschaft im Handelsregister.[78] Das ist vor 24
dem Hintergrund der Lehre vom Doppeltatbestand inkonsequent, aber der Rechtssicherheit geschuldet. Aus Gründen der Rechtssicherheit leben die Liquidatorenämter auch nicht automatisch wieder auf, wenn sich herausstellt, dass noch Gesellschaftsvermögen vorhanden ist. Hierdurch wird vermieden, dass nach den Liquidatoren gefahndet werden muss. Vielmehr bedarf es einer Neubestellung. Damit entspricht die Rechtslage der im Aktienrecht (§ 273 Abs. 4 AktG).[79]

II. Bestellung nach § 66

Da die Gesellschaft nicht erloschen ist, besteht auch die mitgliedschaftliche Rechtsstellung der 25
Gesellschafter fort. Daher richtet sich die Bestellung der Liquidatoren nach § 66. Die Gesellschafter können, sobald sie von der Nachtragsliquidation Kenntnis erlangen, die Nachtragsliquidatoren bestellen. Dies wird von der ganz h.M. anders beurteilt, die eine gerichtliche Bestellung fordert.[80]

75 Zu Beispielen für erforderliche Maßnahmen *Haas*, in: Baumbach/Hueck, GmbHG, § 60, Rn. 105.

76 Dazu *Nerlich*, in: Michalski, GmbHG, § 74 Rn. 51.

77 *K. Schmidt*, in: Scholz, GmbHG, § 74 Rn. 20 f.; *ders.*, GmbHR 1988, 209, 212 f.

78 *Nerlich*, in: Michalski, GmbHG, § 74 Rn. 33.

79 Ständige Rechtsprechung und h.M., s. BGHZ 53, 266 (Rn. 11) = BGH, NJW 1970, 1044; BGH, NJW 1985, 2479; OLG Frankfurt am Main, NJW-RR 1993, 932; OLG Hamm, NZG 2001, 1040, 1041; OLG Koblenz, NZG 2007, 431, 432; *K. Schmidt*, in: Scholz, GmbHG, § 74 Rn. 22; *Altmeppen*, in: Roth/Altmeppen, GmbHG, § 74 Rn. 28; *Nerlich*, in: Michalski, GmbHG, § 74 Rn. 49; a.A. noch die alte Rechtsprechung, RGZ 109, 387, 393. Zur Anwendung von § 273 Abs. 4 Satz 1 AktG auf die Bestellung eines Nachtragsliquidators für eine GmbH, die sich bereits zum Zeitpunkt ihrer Löschung aus dem Handelsregister in einem auf Zahlung von Schadensersatz gerichteten, rechtshängigen Passivprozess befand, der noch immer rechtshängig ist, siehe OLG Frankfurt am Main, GmbHR 2015, 653.

80 OLG Koblenz, NZG 2007, 431, 432; OLG Hamm, NZG 2001, 1040, 1041; OLG Frankfurt am Main, NJW-RR 1993, 932; *Haas*, in: Baumbach/Hueck, GmbHG, § 60, Rn. 106; *Altmeppen*, in: Roth/Altmeppen, GmbHG, § 74 Rn. 29. Nach *K. Schmidt*, in: Scholz, GmbHG, § 74 Rn. 22, bedarf es einer

Dies bedeutet jedoch einen Eingriff in die Kompetenzen der Gesellschafter, für den Gründe nicht erkennbar sind (dazu schon § 66 Rdn. 31). Im praktischen Ergebnis wird die registergerichtliche Bestellung von Notliquidatoren auf Antrag allerdings häufig notwendig sein, da vom Erlöschen der Gesellschaft ausgehende Gesellschafter nur selten Veranlassung sehen werden, tätig zu werden. Antragsberechtigt ist, wer ein rechtliches Interesse an der Nachtragsliquidation glaubhaft macht.[81] Ein solches kann bei Gesellschaftern und Gesellschaftsorganen, darunter auch früheren Liquidatoren, sowie Gläubigern der Gesellschaft und sonstigen Dritten, etwa Beschäftigten der Gesellschaft, vorhanden sein.[82] Die Vertretungsmacht der Nachtragsliquidatoren ist unbeschränkbar, da die Grundsätze zu den Liquidatoren auf sie Anwendung finden.[83] Etwas anderes soll gelten, wenn sie lediglich zur Durchführung einer einzelnen Maßnahme nicht-vermögensrechtlicher Art bestellt werden.[84] Für eine solche bedarf es nach hier vertretener Ansicht jedoch keiner Bestellung von Nachtragsliquidatoren (s. Rdn. 23). Die stattdessen eingesetzten Handlungsbevollmächtigten sind in ihrer Vertretungsmacht auf die jeweilige Maßnahme beschränkt.[85]

H. Parteifähigkeit der Gesellschaft

I. Erlöschen mit Beendigung

26 Mit dem Erlöschen endet die Parteifähigkeit der Gesellschaft. Nach ihrer Löschung im Handelsregister besteht sie nach der Lehre vom Doppeltatbestand fort, wenn sie noch über Vermögen verfügt. Da sie weiter parteifähig ist, sind Aktiv- und Passivprozesse weiter möglich. Ist sie demgegenüber vermögenslos und im Handelsregister gelöscht, ist sie nicht mehr parteifähig.

II. Fortbestand in laufenden Prozessen

27 Wird die Gesellschaft während eines laufenden Prozesses gelöscht, bleibt ihre Parteifähigkeit unberührt.[86] Bei Aktivprozessen ist dies evident, wenn die Gesellschaft gerade um Vermögenspositionen streitet, die eine Vermögenslosigkeit ausschließen.[87] Problematischer sind Passivprozesse, da die Gesellschaft durch diese keine Vermögensposition erwerben, sondern in Anspruch genommen werden soll. Da der Fortbestand von Verbindlichkeiten einer Beendigung der Gesellschaft gerade nicht im Wege steht,[88] kann hieraus alleine die Parteifähigkeit der Gesellschaft nicht gefolgert werden.

1. Passivprozess um Ansprüche nicht-vermögensrechtlicher Art

28 Es ist jedoch anerkannt, dass auch gegen eine erloschene Gesellschaft Ansprüche nicht-vermögensrechtlicher Art geltend gemacht werden können. Zu ihrer Befriedigung muss nach herrschender Meinung ein Nachtragsliquidator, nach hier vertretener Ansicht ein

---

gerichtlichen Bestellung, die Gesellschafter dürfen diese jedoch durch Bestellung eigener Liquidatoren absetzen. Dagegen ausdrücklich *Nerlich*, in: Michalski, GmbHG, § 74 Rn. 53.

81 BAG, NZG 2008, 270 (Prozessbeteiligter); OLG Hamburg, NZG 2002, 296 (Inhaber titulierter Forderung); OLG Koblenz, NZG 2007, 431, 432 (ehemaliger Gesellschafter); *K. Schmidt*, in: Scholz, GmbHG, § 74 Rn. 22; *Nerlich*, in: Michalski, GmbHG, § 74 Rn. 50.

82 *K. Schmidt*, in: Scholz, GmbHG, § 74 Rn. 22; *Altmeppen*, in: Roth/Altmeppen, GmbHG, § 74 Rn. 31.

83 OLG Koblenz, NZG 2007, 431, 432; a.A. OLG München, NZG 2008, 555, 557.

84 *Altmeppen*, in: Roth/Altmeppen, GmbHG, § 74 Rn. 38; *Nerlich*, in: Michalski, GmbHG, § 74 Rn. 54.

85 Im Anschluss an *K. Schmidt*, in: Scholz, GmbHG, § 74 Rn. 20.

86 Zur Beteiligtenfähigkeit nach § 61 Nr. 1 VwGO siehe VG Gelsenkirchen, BeckRS 2014, 58027; kritisch dazu Kunkel, jurisPR-HaGesR 1/2015 Anm. 2.

87 BAG, NZA 2003, 1049, 1050; *K. Schmidt*, in: Scholz, GmbHG, § 74 Rn. 17b; *Nerlich*, in: Michalski, GmbHG, § 74 Rn. 37; *Kleindiek*, in: Lutter/Hommelhoff, GmbHG, § 74 Rn. 4; *Haas*, in: Baumbach/Hueck, GmbHG, § 74 Rn. 18; *Gsell*, in: Rowedder/Schmidt-Leithoff, GmbHG, § 74 Rn. 30.

88 *Kleindiek*, in: Lutter/Hommelhoff, GmbHG, § 74 Rn. 4; *Haas*, in: Baumbach/Hueck, GmbHG, § 74 Rn. 16.

Handlungsbevollmächtigter bestellt werden (s. Rdn. 23). Konsequenterweise steht es dem Fortgang des Prozesses, in dem um diese Ansprüche gestritten wird, nicht entgegen, wenn die Gesellschaft gelöscht wird.[89]

2. Passivprozess um Ansprüche vermögensrechtlicher Art

29 Die herrschende Meinung bejaht den Fortgang des Prozesses darüber hinaus auch in den Fällen, in denen um vermögensrechtliche Ansprüche gestritten wird.[90] Stichhaltig ist dabei jedenfalls das Argument, dass für den Fall des Obsiegens ein Kostenerstattungsanspruch der Gesellschaft und damit eine Vermögensposition der Gesellschaft bestehen kann.[91]

3. Darlegungslast

30 Soweit ein Kläger seine Klage gegen die Gesellschaft darauf stützt, dass noch Vermögen vorhanden ist, behauptet er eine doppelt-relevante Tatsache. Für die Zulässigkeit der Klage ist entscheidend, dass er einen substanziierten Vortrag bietet, etwa darlegt, worauf seiner Ansicht nach bestehende Ansprüche der Gesellschaft zu stützen sind.[92] Bloße Behauptungen sind nicht ausreichend. Gleiches gilt für in der Nachtragsliquidation für die Gesellschaft angestrengte Prozesse.[93]

I. Die GmbH & Co. KG

31 Auch die Beendigung der Liquidation einer Komplementär-GmbH richtet sich nach den dargestellten Grundsätzen, die der KG demgegenüber nach §§ 161 Abs. 2, 157 HGB. Die GmbH scheidet erst mit der Vollbeendigung, nicht schon mit ihrer Auflösung aus der KG aus.[94] Dabei ist zu beachten, dass wegen der unbeschränkten Haftung nach §§ 161 Abs. 2, 128 HGB sowie des Freistellungsanspruchs der GmbH gegen die KG nach §§ 161 Abs. 2, 110 HGB eine Vollbeendigung der GmbH vor Beendigung der KG vermieden werden sollte.[95] Gerade wegen der Ansprüche nach § 110 HGB gegen die KG wird eine Vollbeendigung der GmbH ohne vorherige Vollbeendigung der KG praktisch auch gar nicht möglich sein.

§ 75 Nichtigkeitsklage

(1) Enthält der Gesellschaftsvertrag keine Bestimmungen über die Höhe des Stammkapitals oder über den Gegenstand des Unternehmens oder sind die Bestimmungen des Gesellschaftsvertrags über den Gegenstand des Unternehmens nichtig, so kann jeder Gesellschafter, jeder Geschäftsführer und, wenn ein Aufsichtsrat bestellt ist, jedes Mitglied des Aufsichtsrats im Wege der Klage beantragen, dass die Gesellschaft für nichtig erklärt werde.

(2) Die Vorschriften der §§ 246 bis 248 des Aktiengesetzes finden entsprechende Anwendung.

---

89 BAG, NJW 1982, 1831 (Feststellung, dass die außerordentliche Kündigung eines Arbeitnehmers wegen Vertragsverletzung unwirksam war); *K. Schmidt*, in: Scholz, GmbHG, § 74 Rn. 19; *Nerlich*, in: Michalski, GmbHG, § 74 Rn. 37; *Haas*, in: Baumbach/Hueck, GmbHG, § 74 Rn. 18; *Kleindiek*, in: Lutter/Hommelhoff, GmbHG, § 74 Rn. 5; *Gsell*, in: Rowedder/Schmidt-Leithoff, GmbHG, § 74 Rn. 30.

90 *K. Schmidt/Cziupka*, in: Scholz, GmbHG, § 74 Rn. 21; *Haas*, in: Baumbach/Hueck, GmbHG, § 74 Rn. 19; a.A. BGH, NJW 1982, 238.

91 *K. Schmidt/Cziupka*, in: Scholz, GmbHG, § 74 Rn. 22; *Nerlich*, in: Michalski/Heidinger/Leible/Schmidt, GmbHG, § 74 Rn. 37; *Haas*, in: Baumbach/Hueck, GmbHG, § 74 Rn. 19.

92 BAG, NZA 2003, 1049, 1050.

93 *K. Schmidt/Cziupka*, in: Scholz, GmbHG, § 74 Rn. 22; *Haas*, in: Baumbach/Hueck, GmbHG, § 74 Rn. 19; *Nerlich*, in: Michalski/Heidinger/Leible/Schmidt, GmbHG, § 74 Rn. 39. S.a. schon § 60 Rdn. 34.

94 OLG Naumburg, Beschl. v. 2.11.2016 – 12 Wx 19/16.

95 S. ausführlich *K. Schmidt/Cziupka*, in: Scholz, GmbHG, § 74 Rn. 55; vgl. auch *Nerlich*, in: Michalski/Heidinger/Leible/Schmidt, GmbHG, § 74 Rn. 61; *Gsell*, in: Rowedder/Schmidt-Leithoff, GmbHG, § 74 Rn. 31.

A. Allgemeines

1 Die Vorschriften der §§ 75 bis 77 behandeln die Nichtigkeit der Gesellschaft. Sie entsprechen im Wesentlichen den Regelungen der §§ 275 bis 277 AktG. In den in § 75 abschließend aufgezählten Fällen kann Nichtigkeitsklage erhoben werden, die im Erfolgsfall zur Auflösung der Gesellschaft für die Zukunft und zu ihrer Abwicklung führt (§ 77 GmbHG). Bei der Nichtigkeit i.S.v. §§ 75 ff. geht es also nicht um eine Nichtigkeit von Anfang an i.S.d. Rechtsgeschäftslehre, sondern lediglich um die Vernichtbarkeit der (wirksamen entstandenen) Gesellschaft.[1]

2 § 75 enthält zwar eine abschließende Aufzählung der Gründe für die Erhebung einer Nichtigkeitsklage, nämlich fehlende Bestimmung über die Höhe des Stammkapitals und fehlende oder nichtige Bestimmungen über den Gegenstand des Unternehmens, entfaltet jedoch keine Sperrwirkung ggü. den Regeln zur amtswegigen Löschung einer Gesellschaft (§ 399 FamFG). Deshalb und weil die in § 75 genannten Mängel des Gesellschaftsvertrags regelmäßig bereits dazu führen, dass die Gesellschaft gar nicht erst eingetragen wird, ist die praktische Bedeutung der Vorschrift gering.[2]

B. Anwendungsbereich

3 Die Regelung des § 75 ist auf die Vor-GmbH nicht anzuwenden. Die Rechtsfolgen von Mängeln des Gesellschaftsvertrags der Vor-GmbH bestimmen sich nach den Grundsätzen über die fehlerhafte Vorgesellschaft.[3] Auf die aufgelöste GmbH kann die Nichtigkeitsklage grds. angewandt werden. Freilich wird es einer solchen Klage regelmäßig am Rechtschutzbedürfnis fehlen, weil die damit angestrebte Rechtsfolge ihrerseits nur in der Auflösung der GmbH besteht.[4]

C. Nichtigkeitsgründe

4 Laut § 3 Abs. 1 muss der Gesellschaftsvertrag enthalten: Firma und Sitz der Gesellschaft (Nr. 1), den Unternehmensgegenstand (Nr. 2), den Betrag des Stammkapitals (Nr. 3) und die Zahl und die Nennbeträge der Geschäftsanteile, die jeder Gesellschafter gegen Einlage auf das Stammkapital (Stammeinlage) übernimmt (Nr. 4). Fehlt es an einem dieser notwendigen Inhalte oder bestehen insoweit Mängel, so ist die Eintragung abzulehnen.[5] Erfolgt sie dennoch, so kann nach Eintragung der Gesellschaft ins Handelsregister in allen Fällen des Fehlens eines notwendigen Inhalts des Gesellschaftsvertrags das Registergericht nach § 399 Abs. 4 FamFG einschreiten, mit dem Ziel, die Gesellschaft aufzulösen. Im Fall des Fehlens oder der Nichtigkeit einer Bestimmung über den Unternehmensgegenstand (§ 3 Abs. 1 Nr. 2) und bei Fehlen des Betrags des Stammkapitals (§ 3 Abs. 1 Nr. 3) besteht zusätzlich die Möglichkeit einer amtswegigen Löschung (§ 397 S. 2 FamFG)

---

1 Vgl. nur *Hillmann*, in: MünchKommGmbHG, § 75 Rn. 3.
2 Vgl. *Haas*, in: Baumbach/Hueck, GmbHG, § 75 Rn. 2.
3 *Hillmann*, in: MünchKommGmbHG, § 75 Rn. 4.
4 *K. Schmidt/Cziupka*, in: Scholz, GmbHG, § 75 Rn. 5.
5 S. dazu ausführlich § 3 Rdn. 27.

oder eben der Erhebung einer Nichtigkeitsklage nach § 75. Die Wirkung einer Amtslöschung nach § 397 S. 2 FamFG bemisst sich wie diejenige einer erfolgreichen Nichtigkeitsklage nach § 77.[6]

I. Keine Bestimmungen über die Höhe des Stammkapitals

Die Nichtigkeitsklage ist nur erfolgreich, wenn eine Bestimmung über die Höhe des Stammkapitals fehlt, nicht aber, wenn eine solche Bestimmung des Gesellschaftsvertrags lediglich nichtig ist. Wird also bspw. die Mindeststammkapitalziffer des § 5 unterschritten, ohne dass die Gesellschaft als UG (haftungsbeschränkt) i.S.d. § 5a firmiert, so liegt zwar eine nichtige Bestimmung des Betrags des Stammkapitals vor, nicht aber ein vollständiges Fehlen einer solcher Bestimmung, mit der Folge, dass eine Nichtigkeitsklage nach § 75 nicht gegeben ist. 5

II. Fehlen einer Bestimmung über den Unternehmensgegenstand

Ein vollständiges Fehlen des Unternehmensgegenstandes wird allenfalls sehr selten vorliegen. Bloße Ungenauigkeiten oder die mangelnde Bestimmtheit des Unternehmensgegenstands stehen dem Fehlen nicht gleich und sind allenfalls Eintragungshindernis.[7] 6

III. Nichtigkeit der Bestimmung über den Unternehmensgegenstand

Praktisch bedeutsamer ist der Fall der Nichtigkeit der Bestimmungen über den Gegenstand des Unternehmens. Eine solche ist dann gegeben, wenn der im Gesellschaftsvertrag angegebene Unternehmensgegenstand auf eine gesetzes- oder sittenwidrige Tätigkeit abzielt (§§ 134, 138 BGB) oder wenn er nur zum Schein vereinbart wird (§ 117 BGB), etwa um den in Wirklichkeit verfolgten Unternehmensgegenstand zu verdecken.[8] 7

Sowohl das Fehlen einer Regelung über den Unternehmensgegenstand als auch die Nichtigkeit einer solchen Regelung sind nach § 76 heilbar.[9] 8

Ein nachträgliches Auseinanderfallen von tatsächlichem und satzungsmäßigem Unternehmensgegenstand ist kein Nichtigkeitsgrund. Es liegt insoweit kein Scheingeschäft vor, weil und sofern der ursprünglich festgelegte Unternehmensgegenstand seinerzeit tatsächlich gewollt war. Auch für eine analoge Anwendung von § 75 auf diese Fallgestaltung ist kein Raum, zumal die Gesellschafter durch Unterlassungs- und Schadensersatzansprüche gegen die Geschäftsführer sowie durch Austritts-, Auflösungs- und Kündigungsrechte aus wichtigem Grund hinreichend geschützt sind.[10] 9

D. Nichtigkeitsklage und gerichtliche Entscheidung

I. Klageart

Die Nichtigkeitsklage ist Gestaltungsklage, da im Erfolgsfall die Gesellschaft durch rechtsgestaltenden Richterspruch für nichtig erklärt wird und zwar mit Wirkung für die Zukunft (§ 77). Die Nichtigkeit kann auch im Wege der Widerklage, nicht aber im Wege einer bloßen Einrede, etwa ggü. einer Klage der Gesellschaft auf Zahlung rückständiger Einlagen, geltend gemacht werden.[11] 10

---

6 *Heinemann*, in: Keidel, FamFG, 20. Aufl. 2020, § 397 Rn. 25.

7 *Hillmann*, in: MünchKommGmbHG, § 75 Rn. 10.

8 *Hillmann*, in: MünchKommGmbHG, § 75 Rn. 11.

9 S. dazu § 76 Rdn. 2, 4 ff.

10 *Hillmann*, in: MünchKommGmbHG, § 75 Rn. 12; *Paura*, in: Ulmer/Habersack/Löbbe, GmbHG, § 75 Rn. 20; a.A. (für analoge Anwendung von § 75 auf die Konstellation des nachträglichen Auseinanderfallens von vereinbartem und tatsächlichem Unternehmensgegenstand) *K. Schmidt/Cziupka*, in: Scholz, GmbHG, § 75 Rn. 21; *Haas*, in: Baumbach/Hueck, GmbHG, § 75 Rn. 16.

11 *Hillmann*, in: MünchKommGmbHG, § 75 Rn. 13.

II. Klagebefugnis

11 Klagebefugt sind nur die in § 77 Abs. 1 genannten Personen, also jeder einzelne Gesellschafter, jeder einzelne Geschäftsführer und jedes einzelne Mitglied des Aufsichtsrats, sofern ein solcher besteht. Dabei spielt es keine Rolle, ob es sich um einen obligatorischen oder fakultativen Aufsichtsrat handelt. Unerheblich ist in allen Fällen, ob die Klageerhebung mit, ohne oder gegen den Willen der übrigen Gesellschafter, Geschäftsführer oder Aufsichtsratsmitglieder erfolgt.[12]

III. Klagefrist

12 Ob und wenn ja welche Klagefrist besteht, ist in der Lit. umstritten. Einigkeit herrscht dahin gehend, dass jedenfalls die materielle Ausschlussfrist des § 246 Abs. 1 AktG nicht gilt. Die Verweisung in § 75 Abs. 2 wird insoweit einhellig als Redaktionsversehen angesehen.[13] Teilweise wird allerdings eine entsprechende Anwendung von § 275 Abs. 3 AktG befürwortet. Danach muss bei einer AG die Klage auf Nichtigerklärung binnen 3 Jahren nach Eintragung der Gesellschaft erhoben werden. Für die Heranziehung dieser 3-Jahres-Frist mag man anführen, dass die §§ 275 bis 277 AktG im Wesentlichen die gleiche Funktion haben wie im GmbH-Recht die §§ 75 bis 77. Gerade dieser weitgehende Gleichlauf spricht aber dafür, bestehende Unterschiede im Wortlaut der Vorschriften umso schwerer zu gewichten. Hinsichtlich der Klagefrist enthält § 75 gerade keine ausdrückliche Regelung, was im Ergebnis gegen eine entsprechende Anwendung der 3-Jahres-Frist spricht.[14] Eine Grenze für die Erhebung der Nichtigkeitsklage bildet daher nur das Institut der Verwirkung, das freilich nur in Ausnahmefällen eingreifen wird und zudem einem amtswegigen Vorgehen nach § 397 oder § 399 FamFG nicht entgegensteht.

IV. Vorherige Aufforderung zur Beseitigung des Mangels

13 Anders als in § 275 Abs. 2 AktG fehlt in § 75 eine ausdrückliche Bestimmung, wonach Nichtigkeitsklage erst erhoben werden kann, nachdem der Klageberechtigte die Gesellschaft aufgefordert hat, den Mangel zu beseitigen und die Gesellschaft binnen 3 Monaten dieser Aufforderung nicht nachgekommen ist. Deshalb ist bei der GmbH nicht von einer grundsätzlichen Obliegenheit auszugehen, eine solche Aufforderung an die Gesellschaft zu richten, ehe Klage erhoben werden kann.[15] Freilich kann die Klageerhebung treuwidrig sein, wenn ein nach § 76 behebbarer Mangel vorlag und es dem Kläger auch zumutbar war, seine Mitgesellschafter zur Mangelbeseitigung aufzufordern.[16]

V. Passivlegitimation

14 Passivlegitimiert ist die Gesellschaft als Beklagte. Sie wird durch ihre Geschäftsführer und, falls ein solcher vorhanden ist, durch den Aufsichtsrat vertreten, § 75 Abs. 2 i.V.m. § 246 Abs. 2 Satz 2 AktG. Klagt ein Geschäftsführer, so ist der Aufsichtsrat zur Vertretung berufen; klagt ein Aufsichtsratsmitglied, so wird die Gesellschaft nur von den Geschäftsführern vertreten (§ 246 Abs. 2 Satz 3 AktG). Hat die Gesellschaft keinen Aufsichtsrat und klagt ein Geschäftsführer oder klagen Geschäftsführer und Aufsichtsratsmitglieder, so kann dies zur Folge haben, dass die Gesellschaft

---

12 Vgl. *Haas*, in: Baumbach/Hueck, GmbHG, § 75 Rn. 21.

13 Vgl. nur *Haas*, in: Baumbach/Hueck, GmbHG, § 75 Rn. 3, wonach die Verweisung entsprechend »dem schludrigen Stil moderner gesellschaftsrechtlicher Gesetzgebung« missglückt ist; vgl. hierzu allgemein *Hacker/Appleby/Schiele*, Cabinet reshuffles and government watchdogs, 2010, S. 453 ff.

14 I.E. ebenso *Hillmann*, in MünchKommGmbHG, § 75 Rn. 20; *Altmeppen*, in: Roth/Altmeppen, GmbHG, § 75 Rn. 24; *Kleindiek*, in: *Lutter/Hommelhoff*, GmbHG, § 75 Rn. 2; a.A. *Haas*, in: Baumbach/Hueck, GmbHG, § 75 Rn. 26.

15 A.A. (für analoge Anwendung von § 275 Abs. 2 AktG) *Haas*, in: Baumbach/Hueck, GmbHG, § 75 Rn. 27.

16 Ähnlich *Hillmann*, in: MünchKommGmbHG, § 75 Rn. 21; vgl. zur Treuepflicht auch *Bender/Lechleiter/Schweinsteiger/Weigl*, ZFR 2013, 11.

keinen gesetzlichen Vertreter für die Nichtigkeitsklage hat. Ihm muss dann durch das Prozessgericht ein Vertreter (§ 57 ZPO) oder durch das Registergericht analog § 29 BGB ein Notgeschäftsführer bestellt werden, sofern nicht die Gesellschafter nach § 46 Nr. 8 einen besonderen Vertreter berufen.[17]

VI. Zuständiges Gericht

Zuständig ist gem. § 75 Abs. 2 i.V.m. § 246 Abs. 3 Satz 2 das LG (Kammer für Handelssachen), in 15
dessen Bezirk die Gesellschaft ihren Sitz hat.

VII. Kein Freigabeverfahren

Ein Freigabeverfahren findet nicht statt. Dass die Verweisung des § 75 Abs. 2 streng genommen 16
auch § 246a AktG umfasst, ist offensichtlich verfehlt. § 246a AktG behandelt das aktienrechtliche Freigabeverfahren. Dessen Übertragbarkeit auf das GmbH-Recht ist generell schon zweifelhaft.[18] Jedenfalls passt es auf eine Nichtigkeitsklage von vornherein nicht. Dementsprechend verweisen die aktienrechtlichen Nichtigkeitsvorschriften gerade nicht auf § 246a AktG (vgl. § 275 Abs. 4 AktG).

VIII. Gerichtliche Entscheidung

Das Gericht entscheidet durch Gestaltungsurteil. Nach § 75 Abs. 2 i.V.m. § 248 Abs. 1 Satz 1 17
AktG wirkt das rechtskräftige Nichtigkeitsurteil auch für und gegen diejenigen Gesellschafter, Geschäftsführer und Aufsichtsratsmitglieder, die nicht Klage erhoben haben, außerdem für und gegen jeden Dritten. Ein rechtskräftiges, Klage abweisendes Urteil wirkt hingegen nur unter den Parteien.[19]

Das rechtskräftige Nichtigkeitsurteil ist mit Rechtskraftzeugnis unverzüglich durch die Liquidato- 18
ren zum Handelsregister einzureichen. Die Zuständigkeit der Liquidatoren folgt daraus, dass die Rechtskraft des Nichtigkeitsurteils unmittelbar zur Auflösung der Gesellschaft führt, die Geschäftsführer ab diesem Zeitpunkt also nicht mehr Vertretungsorgan sind.[20] Die Nichtigkeit der Gesellschaft wird nach Einreichung des rechtskräftigen Nichtigkeitsurteils sodann vom Registergericht von Amts wegen in das Handelsregister eingetragen, daneben ist eine Anmeldung der Auflösung durch die Liquidatoren nicht erforderlich.[21] Zu den Wirkungen der Nichtigkeit im Einzelnen vgl. die Kommentierung zu § 77.

§ 76 Heilung von Mängeln durch Gesellschafterbeschluss

Ein Mangel, der die Bestimmungen über den Gegenstand des Unternehmens betrifft, kann durch einstimmigen Beschluss der Gesellschafter geheilt werden.

A. Allgemeines

Die Vorschrift regelt die Heilung von zwei der drei in § 75 Abs. 1 genannten Mängel des Gesell- 1
schaftsvertrags, nämlich des Fehlens oder der Nichtigkeit der Bestimmungen über den Gegenstand

17 *Hillmann*, in: MünchKommGmbHG, § 75 Rn. 24.
18 Ablehnend KG, ZIP 2011, 1474.
19 *Haas*, in: Baumbach/Hueck, GmbHG, § 75 Rn. 29.
20 *Hillmann*, in: MünchKommGmbHG, § 75 Rn. 30.
21 *Haas*, in: Baumbach/Hueck, GmbHG, § 75 Rn. 32; *Hillmann*, in: MünchKommGmbHG, § 75 Rn. 31 m.w.N. auch der Gegenansicht.

des Unternehmens. In ihrer derzeitigen Fassung beruht die Vorschrift auf Art. 3 Nr. 12 des Gesetzes zur Durchführung der Ersten Richtlinie des Rates der Europäischen Gemeinschaften zur Koordinierung des Gesellschaftsrechts vom 15.08.1969.[1]

B. Heilbare Mängel

2 Heilbar sind ausweislich des Wortlauts des § 76 nur Mängel, die den Unternehmensgegenstand betreffen, gleichviel, ob entsprechende gesellschaftsvertragliche Bestimmungen vollständig fehlen oder nichtig sind.

3 Der dritte in § 75 Abs. 1 genannte Nichtigkeitsgrund, nämlich das Fehlen von Bestimmungen über die Höhe des Stammkapitals, ist in § 76 nicht erwähnt und dementsprechend einer Heilung nicht zugänglich.[2] Aus § 399 Abs. 1, 4 FamFG ergibt sich nichts anderes.[3] Diese Vorschrift betrifft die Möglichkeit, Satzungsmängel nach einer entsprechenden Aufforderung durch das Registergericht durch Satzungsänderung zu beheben, umfasst aber gerade nicht das Fehlen einer Bestimmung über das Stammkapital, sondern lediglich deren Nichtigkeit. Fehlt es also vollständig an einer Bestimmung über das Stammkapital der GmbH, so besteht weder eine Heilungsmöglichkeit durch Satzungsänderung noch entsprechend § 76; es bleibt nur die Auflösung der Gesellschaft, ggf. verbunden mit einer Neugründung.

C. Verfahren der Heilung

4 Beim Heilungsbeschluss handelt es sich um einen satzungsändernden Beschluss, bei dem die Voraussetzungen der §§ 53, 54 einzuhalten sind. Insbesondere muss der Beschluss notariell beurkundet und ins Handelsregister eingetragen werden.

5 Daneben verlangt § 76 ausdrücklich die Einstimmigkeit des Gesellschafterbeschlusses. Sind nicht sämtliche Gesellschafter bei der Gesellschafterversammlung anwesend, so bedarf die Zustimmung der nicht anwesenden Gesellschafter einer gesonderten Beurkundung.

6 Eine Zustimmungspflicht besteht – wie bei anderen Gesellschafterbeschlüssen auch – nur ausnahmsweise und kann sich im Einzelfall aus der Treupflicht der Gesellschafter ergeben.[4] Eine Zustimmungspflicht erscheint etwa dann denkbar, wenn sich die Gesellschafter über den Unternehmensgegenstand eigentlich einig waren, dieser aber versehentlich nicht in den Gesellschaftsvertrag aufgenommen worden ist.[5]

D. Rechtsfolgen der Heilung

7 Wird der Gesellschafterbeschluss ins Handelsregister eingetragen, so beseitigt er den zur Nichtigkeit der Gesellschaft führenden Mangel mit der Folge, dass eine etwa bereits erhobene Nichtigkeitsklage als unbegründet abzuweisen ist. Ein nach Rechtskraft des Nichtigkeitsurteils gefasster oder in das Handelsregister eingetragener Gesellschaftsbeschluss nach § 76 führt zur Fortsetzung der Gesellschaft, sofern die dafür erforderlichen Voraussetzungen vorliegen.[6] Die Zulässigkeit einer Fortsetzung der Gesellschaft richtet sich nach den allgemeinen Voraussetzungen.[7]

---

1 BGBl. I, S. 1146.

2 *Hillmann*, in: MünchKommGmbHG, § 76 Rn. 2; ebenso die ganz h.M. zu § 276 AktG, vgl. nur *Koch*, in: Hüffer/Koch, AktG, 14. Aufl. 2020, § 276 Rn. 1.

3 So aber *Altmeppen*, in: Roth/Altmeppen, GmbHG, § 76 Rn. 3; *Haas*, in: Baumbach/Hueck, GmbHG, § 76 Rn. 3; *Lieder*, in: Michalski/Heidinger/Leible/Schmidt, GmbHG, § 76 Rn. 5; ähnlich *K. Schmidt/Cziupka*, in: Scholz, GmbHG, § 76 Rn. 7.

4 *Lieder*, in: Michalski/Heidinger/Leible/Schmidt, GmbHG, § 76 Rn. 11; *Kleindiek*, in: Lutter/Hommelhoff, GmbHG, § 76 Rn. 2; ähnlich DSkGE 2010, 344 (m. abl. Anm. *Baumann/Frenzel*).

5 *Hillmann*, in: MünchKommGmbHG, § 76 Rn. 7.

6 *Haas*, in: Baumbach/Hueck, GmbHG, § 76 Rn. 12 f.; *Hillmann*, in: MünchKommGmbHG, § 76 Rn. 9.

7 Vgl. hierzu § 60 Rdn. 61 ff.

§ 77 Wirkung der Nichtigkeit

(1) Ist die Nichtigkeit einer Gesellschaft in das Handelsregister eingetragen, so finden zum Zwecke der Abwicklung ihrer Verhältnisse die für den Fall der Auflösung geltenden Vorschriften entsprechende Anwendung.

(2) Die Wirksamkeit der im Namen der Gesellschaft mit Dritten vorgenommenen Rechtsgeschäfte wird durch die Nichtigkeit nicht berührt.

(3) Die Gesellschafter haben die versprochenen Einzahlungen zu leisten, soweit es zur Erfüllung der eingegangenen Verbindlichkeiten erforderlich ist.

Übersicht

A. Allgemeines

Die Vorschrift enthält Regelungen zu den Rechtsfolgen eines nach § 75 ergangenen Nichtigkeitsurteils. Insoweit verweist Abs. 1 auf die Regelungen zur Abwicklung einer aufgelösten Gesellschaft, also auf die §§ 60 bis 74. Den Abs. 2 und 3 kommt kein eigenständiger Regelungsgehalt zu, betonen sie doch nur Konsequenzen des Umstands, dass die erfolgreiche Nichtigkeitsklage lediglich zur Auflösung mit Wirkung für die Zukunft führt, also Rechte Dritter bis zur Vollbeendigung der Gesellschaft nicht berührt werden und rückständige Einlagen der Gesellschafter geleistet werden müssen.[1] 1

B. Rechtsfolgen der Nichtigkeit

I. Eintragung ins Handelsregister

Das rechtskräftige Nichtigkeitsurteil führt zur Auflösung der Gesellschaft. Die Eintragung ins Handelsregister[2] wirkt insoweit nur deklaratorisch.[3] 2

II. Anwendung der Abwicklungsregeln

Mit Rechtskraft des Nichtigkeitsurteils ist die Gesellschaft mit Wirkung für die Zukunft aufgelöst. Sie ist sodann nach den Regeln der §§ 60 bis 74 abzuwickeln. Das heißt insbesondere, dass die Gesellschaft nunmehr durch ihre Liquidatoren vertreten wird,[4] die sodann die laufenden Geschäfte der Gesellschaft zu beendigen, ihre Verpflichtungen zu erfüllen, ihre Forderungen einzuziehen und das Vermögen der Gesellschaft in Geld umzusetzen haben (§ 70 GmbHG). 3

III. Rechtsgeschäfte mit Dritten

§ 77 Abs. 2 stellt (überflüssigerweise) klar, dass die Wirksamkeit der im Namen der Gesellschaft mit Dritten geschlossenen Rechtsgeschäfte durch die Nichtigkeit nicht berührt wird. Dies ist Konsequenz des Umstands, dass die Gesellschaft als Abwicklungsgesellschaft fortbesteht. Weder für die Zeit vor Rechtskraft des Nichtigkeitsurteils noch für den Zeitraum bis zu ihrer Vollbeendigung werden also Rechte Dritter durch die Auflösung der Gesellschaft berührt.[5] 4

---

1 *K. Schmidt/Cziupka*, in: Scholz, GmbHG, § 77 Rn. 2 f.; *Hillmann*, in: MünchKommGmbHG, § 77 Rn. 4 f.
2 Vgl. hierzu oben § 75 Rdn. 18.
3 *Lieder*, in: Michalski/Heidinger/Leible/Schmidt, GmbHG, § 77 Rn. 2.
4 Vgl. hierzu oben § 70 Rdn. 2.
5 Vgl. nur *Hillmann*, in: MünchKommGmbHG, § 77 Rn. 4.

IV. Rückständige Einlagen

5 Ebenfalls lediglich klarstellender Natur ist § 77 Abs. 3, wonach die Gesellschafter die versprochenen Einzahlungen zu leisten haben, soweit es zur Erfüllung der eingegangenen Verbindlichkeiten erforderlich ist. Zutreffend wird in der Literatur darauf hingewiesen, dass der Wortlaut nicht nur überflüssig, sondern auch unvollständig ist. Rückständige Einlagen müssen nämlich nicht nur eingezahlt werden, soweit sie zur Befriedigung der Gläubiger, sondern auch soweit sie zur Verteilung des Vermögens unter die Gesellschafter (§ 72) erforderlich sind.[6]

Sechster Abschnitt Ordnungs-, Straf- und Bußgeldvorschriften

§ 78 Anmeldepflichtige

Die in diesem Gesetz vorgesehenen Anmeldungen zum Handelsregister sind durch die Geschäftsführer oder die Liquidatoren, die in § 7 Abs. 1, § 57 Abs. 1, § 57i Abs. 1, § 58 Abs. 1 Nr. 3 vorgesehenen Anmeldungen sind durch sämtliche Geschäftsführer zu bewirken.

Schrifttum

Auer, Die antizipierte Anmeldung bei der GmbH, DNotZ 2000, 498; *Commichau*, Die Anmeldung der Abberufung eines einzigen Geschäftsführers einer GmbH, MittBayNot 1996, 17; *Ising*, Handelsregisteranmeldungen durch den beurkundenen Notar, NZG 2012, 289; *Seebach*, Die Mitwirkung des Prokuristen bei Handelsregisteranmeldungen des Prinzipals, RNotZ 2015, 68; *Ulbert*, Die GmbH im Handelsregisterverfahren, 1997; *Waldner*, Handelsregisteranmeldung auf Vorrat, ZNotP 2000, 188 sowie die bei § 79 genannte Literatur.

Übersicht

A. Rechts- und Normentwicklung

1 Die Norm ist in ihrem Kern unverändert seit 1892. 1980 wurde in Halbs. 2 die Anmeldung von Zweigniederlassungen gestrichen, ferner wurde mit Wirkung ab 01.01.1995 die Bezugnahme auf § 57i aufgenommen. Mit dem MoMiG wurde die amtliche Überschrift eingefügt.

B. Regelungsgegenstand

2 Die Norm regelt, wer in der GmbH für die Erklärung der Anmeldung zur Eintragung im Handelsregister zuständig ist. Die Vorschrift **gilt sowohl für die Fälle der Anmeldepflicht** (§§ 39, 65, 67, 74, Fortsetzungsbeschluss nach § 60) **als auch für die Fälle der im Belieben der Gesellschaft stehenden Anmeldungen** (§§ 7, 54 Abs. 1, 57 Abs. 1, 57i, 58 Abs. 1 Nr. 3; wirtschaftliche Neugründung). Über ihren Wortlaut hinaus gilt sie **auch für die in anderen Gesetzen geregelten Handelsregisteranmeldungen**, unabhängig davon, ob eine Anmeldepflicht besteht oder nicht (§§ 13 Abs. 1, 3, 31 Abs. 1, 53 Abs. 1 HGB, 294 AktG, 16, 38, 198 UmwG). Die Norm hat in Halbs. 1 insofern klarstellende Bedeutung, als dort bestimmt ist, dass die Vertretung im Registerverfahren

6 *Paura*, in: Ulmer/Habersack/Löbbe, GmbHG, § 77 Rn. 6.

den allgemeinen Regeln organschaftlicher Vertretung folgt, und stellt gleichzeitig klar, dass nicht jede Erklärung im Namen der Gesellschaft genügt, etwa (ohne Bevollmächtigung durch die Geschäftsführung) durch Prokuristen, Handlungsbevollmächtigte etc.

In Halbs. 2 knüpft die Vorschrift an die in bestimmten Fällen von den Vertretungsorganen zusätzlich abzugebenden Erklärungen an und statuiert die Verantwortlichkeit sämtlicher Organwalter für die entsprechenden Registeranmeldungen. 3

Die Vorschrift **gilt** (anders als § 79) **nur für Anmeldungen und nicht für Erklärungen anderer Art ggü. dem Registergericht**, etwa die Einreichung der Gesellschafterliste nach § 40 Abs. 1. 4

C. Regelungszweck

§ 78 ist (anders als § 79) **keine Vorschrift zur Erzwingung der Registerpublizität**. Die Norm legt vielmehr die Zuständigkeit der Organe für Handelsregisteranmeldungen fest und hat insoweit verfahrensrechtlichen Gehalt. Halbs. 2 führt mittelbar i.V.m. § 82 zur Einstandspflicht jedes Organwalters für die Richtigkeit der jeweils mit der Anmeldung zu versichernden Tatsachen. 5

D. Anmeldezuständigkeit

I. Allgemeines

1. Handelsregisteranmeldung

Bei der **Anmeldung** handelt es sich um den **verfahrenseinleitenden Antrag i.S.d. §§ 7, 23 ff. FamFG.**[1] Die Erklärung wird erst mit Eingang bei Gericht wirksam.[2] 6

2. Organstellung; Insolvenzverwalter

Die Vorschrift knüpft für die Anmeldeberechtigung an die Organstellung an. Die Vertretungsbefugnis ist im Anmeldeverfahren von Amts wegen zu prüfen.[3] Weder bei Halbs. 2 noch bei Halbs. 1 kommt es darauf an, ob der Geschäftsführer bzw. Liquidator als solcher im Handelsregister bereits eingetragen ist. Die **Vorschrift des § 15 HGB gilt** nur für den Geschäftsverkehr, **nicht** auch im Verfahrensrecht.[4] »Geschäftsführer« i.S.d. § 78 ist auch der Stellvertreter i.S.d. § 44.[5] 7

Die Anmeldezuständigkeit verbleibt auch im **Insolvenzverfahren** den Geschäftsführern.[6] Neben den Geschäftsführern kann aber der Insolvenzverwalter die Anmeldung vornehmen, wenn die Insolvenzmasse berührt ist;[7] eine handelsrechtliche Pflicht besteht aber in keinem Fall.[8] 8

3. Bevollmächtigung

Da die Handelsregisteranmeldung keine höchstpersönliche Erklärung ist, ist eine **Bevollmächtigung Dritter** für die Anmeldeerklärung als Verfahrenshandlung **stets**[9] **zulässig** (§ 378 Abs. 1 9

1 Allg. M., *Wicke*, in: Scholz, GmbHG, § 78 Rn. 4.
2 OLG Düsseldorf, NJW-RR 2000, 702.
3 KG, NJW-RR 2004, 331.
4 OLG Schleswig, MittBayNot 1998, 456.
5 *Kleindiek*, in: Lutter/Hommelhoff, GmbHG, § 44 Rn. 1; *Paefgen*, in: Ulmer/Habersack/Winter, GmbHG, § 44 Rn. 3; zum stellv. Geschäftsführer *v. Venrooy* GmbHR 2010, 169.
6 OLG Hamm, ZIP 2017, 820; BayObLG, DNotZ 2004, 881; OLG Köln, NJW-RR 2001, 147; OLG Rostock, Rpfleger 2003, 444.
7 OLG Hamm, ZIP 2018, 596; BayObLG, DNotZ 2004, 881; LG Baden-Baden, GmbHR 1996, 682.
8 DNotI-Internet-Gutachten 100948; a.A. *Casper*, in: Ulmer/Habersack/Winter, GmbHG, § 78 Rn. 17; *Krafka*, Registerrecht, Rn. 107; AG Berlin-Charlottenburg, NJW-RR 1997, 31; vgl. auch BGH, NJW 1981, 822.
9 Str., wie hier *Altmeppen*, in: Roth/Altmeppen, GmbHG, § 78 Rn. 5; *Preuß*, in: Fleischhauer/Wochner, Handelsregisterrecht, Rn. 84 f.; für Differenzierung nach Ununterscheidbarkeit zwischen Anmeldung und

FamFG), bedarf aber der Form des § 12 Abs. 1 Satz 2 HGB.[10] Auch Handelsregistervollmachten sind auslegungsfähig, wie im Rahmen von § 29 GBO geht die Tendenz der Praxis aber zur restriktiven Interpretation.[11] Die Bevollmächtigung muss von einem im Zeitpunkt der Bevollmächtigung zuständigen Vertretungsorgan erteilt sein, wobei auch eine Generalvollmacht – ohne Verschaffung einer organgleichen Stellung – in Betracht kommt,[12] ferner ein Handeln in Untervollmacht[13]. Dementsprechend hängt der Fortbestand der Vollmacht nicht von dem Fortbestand der Organstellung der sie erteilenden Person bis zum Eingang der Anmeldung ab.[14] Für den **Notar** gilt die **Vollmachtsvermutung des § 378 Abs. 2 FamFG** (und zwar nach nunmehr h.M. unabhängig vom Bestehen einer Anmeldepflicht[15]), i.Ü. § 11 Satz 4 Halbs. 2 FamFG.

Dass die Handelsregisteranmeldung durch Bevollmächtigte erklärt werden kann, bedeutet nicht, dass der Prokurist einer GmbH bereits kraft seiner Prokuristenstellung ohne Vollmacht in der Form des § 12 Abs. 1 Satz 2 HGB zur Vornahme von Handelsregisteranmeldungen berechtigt wäre, und zwar auch nicht für Anmeldungen des »laufenden Betriebs« (d.h. außerhalb von Grundlagengeschäften).[16]

10 Höchstpersönlicher Natur sind dagegen zusätzlich abzugebende strafbewehrte Erklärungen der Organwalter, insb. zu Inhabilitätsgründen (§ 6) und zur Kapitalaufbringung.[17]

4. Beteiligte des Anmeldeverfahrens

11 Nicht abschließend geklärt ist, wer im Anmeldeverfahren **Verfahrensbeteiligter** i.S.d. (§§ 7, 383) FamFG ist. »**Antragsteller**« i.S.d. § 7 Abs. 1 FamFG ist nach zutreffender Ansicht **allein die Gesellschaft.**[18] Ob der Organwalter die Anmeldung als »eigene Erklärung«[19] oder im Namen der Gesellschaft abgibt, ist eine im Wesentlichen terminologische Frage. Dass Antragsteller allein die Gesellschaft ist, äußert sich schon darin, dass zurückweisende Entscheidungen bei einem Wechsel in der Geschäftsführung nur der neuen Geschäftsführung bekannt zu geben ist, daneben auch darin, dass für die Gebühren der Anmeldung nur die Gesellschaft haftet, § 23 Nr. 7 GNotKG.[20] Der (ggf. ehemalige) Geschäftsführer/Liquidator ist nur dann weiterer Beteiligter (§ 7 Abs. 2 Nr. 1 FamFG), wenn es um seine persönliche Amtsstellung (z.B. §§ 7, 39) geht, eine ihn treffende

---

zusätzlicher Erklärung etwa *Beurskens*, in: Baumbach/Hueck, GmbHG, § 78 Rn. 8; BayObLG, NJW 1987, 136 (Kapitalerhöhung).

10 H.M.; vgl. auch zur Anmeldung bei Personengesellschaft OLG Schleswig, FGPrax 2010, 147.

11 OLG Düsseldorf, NZG 2013, 540; *Heinemann*, in: Keidel, FamFG, § 374 Rn. 47; s. aber auch KG, MittBayNot 2014, 178 (Anmeldung der Änderung der Geschäftsanschrift durch Handlungsbevollmächtigten).

12 OLG Frankfurt am Main, GmbHR 2012, 751; *Altmeppen*, in: Roth/Altmeppen, § 78 Rn. 4, str.; zur Ermächtigung eines Handlungsbevollmächtigten gem. § 54 HGB: KG, NZG 2014, 150.

13 OLG Frankfurt am Main, GmbHR 2012, 751.

14 OLG Düsseldorf, GmbHR 2018, 424; OLG Hamm, GmbHR 2012, 903; BayObLG, BB 1974, 1089 f.; *Ries*, in: Röhricht/Graf von Westphalen, HGB, § 12 Rn. 10; *Schaub*, in. Ebenroth/Boujong/Joost/Strohn, HGB, § 12 Rn. 90; differenzierend *Krafka*, Registerrecht, Rn. 109.

15 *Ising*, NZG 2012, 289; OLG Oldenburg FGPrax 2011, 311; OLG Karlsruhe, GmbHR 2011, 308; Bumiller/Harders, FamFG, § 378 Rn. 4; *Heinemann*, in: Keidel, FamFG, § 378 Rn. 8; Gutachten DNotI-Report 2010, 112; zur Satzungsänderung s. § 54 Rdn. 13; a.A. [Anwendung nur bei Anmeldepflicht] etwa *Holzer*, in: Prütting/Helms, FamFG, § 378 Rn. 14.

16 H.M, *Krafka*, Registerrecht, Rn. 116; KG, NotBZ 2016, 310; OLG Karlsruhe, NJW-RR 2015, 94; restriktiv auch OLG Düsseldorf, NZG 2012, 1223; unklar obiter dictum KG, NZG 2014, 150 unter Berufung auf BGHZ 116, 190.

17 Allg. M., *Altmeppen*, in: Roth/Altmeppen, GmbHG, § 78 Rn. 5.

18 Heute h.M., *Casper*, in: Ulmer/Habersack/Winter, GmbHG, § 78 Rn. 12; *Roth*, in: Bork/Schäfer, GmbHG, § 78 Rn. 4; *Heinemann*, in: Keidel, FamFG, § 374 Rn. 44a; *Holzer*, in: Prütting/Helms, FamFG, § 382 Rn. 26 ff.; vgl. OLG Köln, NZG 2010, 507 zur Eintragung der Auflösung; für Beteiligung der Gesellschaft auch *Krafka*, NZG 2009, 650, 651 f.

19 So *Peifer*, in: MünchKommAktG, § 184 Rn. 6–8.

20 *Hellstab*, in: Korintenberg, GNotKG, § 23 Rn. 6.

öffentlich-rechtliche Anmeldepflicht besteht und/oder er strafbewehrte Erklärungen abzugeben verpflichtet ist.[21] Die Differenzierung zwischen konstitutiv wirkenden und deklaratorisch wirkenden Registereintragungen kann dabei als Faustregel dienen. Der **Notar** ist auch dann nicht Beteiligter, wenn er von seinem Recht aus § 378 Abs. 2 FamFG Gebrauch macht.[22]

II. Zahl der Anmeldenden

1. Anmeldung in vertretungsberechtigter Anzahl

§ 78 Halbs. 1 verlangt die Abgabe[23] durch organschaftliche Vertreter in vertretungsberechtigter Anzahl. Besteht im Zeitpunkt des Wirksamwerdens der Erklärung noch Gesamtvertretung, reicht die Unterzeichnung durch den späteren Alleingeschäftsführer nicht aus.[24] Bei aufschiebend befristeter Geschäftsführerbestellung genügt es nicht, dass das Amt im Zeitpunkt der Eintragung begonnen hat.[25] Umgekehrt ist die Anmeldung durch einen Geschäftsführer zulässig, der erst aufschiebend bedingt durch die Handelsregistereintragung sein Amt verliert, gleich, ob durch Niederlegung oder Abberufung.[26] Die **Mitwirkung eines Prokuristen** ist in Gestalt einer **unechten Gesamtvertretung** (analog § 78 Abs. 3 Satz 1 AktG) **möglich**, nicht aber in Gestalt der gemischten Gesamtprokura.[27] Jeder anmeldende Geschäftsführer muss im Zeitpunkt des Wirksamwerdens der Anmeldung diese Funktion (noch) innehaben;[28] nach Wirksamwerden der Abberufung/Niederlegung kann der **Ex-Geschäftsführer** die Anmeldung **nicht** mehr vornehmen.[29] Dies gilt auch dann, wenn es sich um den einzigen Geschäftsführer handelte.[30] Die bloße persönliche Betroffenheit von einer Anmeldung begründet hier ebenso wenig wie in anderen Fällen (Veränderung der Vertretungsbefugnis etc.) eine Alleinzuständigkeit. Folgt man der Auffassung, die die Amtsniederlegung des Alleingesellschafter-Geschäftsführers ohne Neubestellung für unwirksam hält,[31] erübrigt sich das Problem. Auch in anderen Fällen folgt aus der persönlichen Betroffenheit eines (ggf. Ex-) Organwalters noch nicht dessen alleinige Anmeldebefugnis, etwa bei Veränderungen hinsichtlich seiner Vertretungsbefugnis. 12

2. Anmeldung durch sämtliche Geschäftsführer

Halbs. 2 bestimmt, dass **bestimmte Anmeldungen** nur wirksam sind, wenn sie durch **sämtliche Geschäftsführer** erklärt werden. Dies betrifft namentlich die **Gründung** – einschließlich der wirtschaftlichen Neugründung[32] – sowie **Kapitalmaßnahmen**, daneben die Änderung des Gesellschaftsvertrages im Stadium der Vor-GmbH.[33] 13

21 Vgl. BGHZ 105, 324 Rn. 13; *Heinemann*, in: Keidel, FamFG, § 374 Rn. 44c; a.A. noch BayObLG, GmbHR 1988, 71.

22 Vgl. OLG Nürnberg, NZG 2010, 623.

23 Zum maßgeblichen Zeitpunkt (Analogie zu § 130 Abs. 2 BGB): OLG Zweibrücken, GmbHR 2014, 251.

24 BayObLG, DNotZ 2004, 881.

25 Vgl. OLG Düsseldorf, NJW-RR 2000, 702 und DNotI-Gutachten Nr. 87476 (Internet).

26 BGH, GmbHR 2011, 925.

27 Allg. M., OLG Frankfurt am Main, FGPrax 2005, 135; BayObLG, NJW 1973, 2068; ausf. DNotI-Gutachten Fax-Abruf-Nr. 91958, zur Anmeldung der Änderung der inländischen Geschäftsanschrift OLG Karlsruhe, GmbHR 2014, 1046; Seebach, RNotZ 2015, 68.

28 *Casper*, in: Ulmer/Habersack/Winter, GmbHG, § 78 Rn. 14 f.; näher *Waldner*, ZNotP 2000, 188 ff.; *Bärwald*, GmbHR 2000, 421, 422 f.; *Auer*, DNotZ 2000, 498, 503 f.; *Kallrath*, DNotZ 2000, 533, 534.

29 OLG Bamberg, NZG 2012, 1106; OLG Zweibrücken, GmbHR 1999, 479; BayObLGZ 1981, 227; a.A. LG Köln, GmbHR 1998, 183; LG Nürnberg-Fürth, MittBayNot 1980, 123.

30 OLG Frankfurt am Main, ZIP 2006, 1769; LG Berlin, ZIP 1993, 197; *Kleindiek*, in: Lutter/Hommelhoff, GmbHG, § 78 Rn. 1; *Beurksens*, in: Baumbach/Hueck, GmbHG, § 78 Rn. 2; a.A. *Kießling/Eichele*, GmbHR 1999, 1165, 1173 f.; *Altmeppen*, in: Roth/Altmeppen, GmbHG, § 78 Rn. 7; Müller, BB 1998, 329.

31 H.M., OLG Düsseldorf, GmbHR 2015, 1271; OLG München, NZG 2011, 432; OLG Köln, NZG 2008, 340; OLG Düsseldorf, DStR 2001, 454; *Kleindiek*, in: Lutter/Hommelhoff, GmbHG, § 38 Rn. 43.

32 *Podewils*, GmbHR 2010, 684, 685.

33 *Servatius*, in: Henssler/Strohn, § 78 GmbHG Rn. 6.

14 Der Wortlaut des Gesetzes ist insoweit zu eng, als Kapitalmaßnahmen nach heute herrschender Meinung auch im Liquidationsstadium zulässig sind, sodass für die entsprechenden Anmeldungen die, d.h. **sämtliche Liquidatoren** zuständig sind.[34]

15 Einen weiteren Fall der Anmeldung durch sämtliche Geschäftsführer regeln die §§ 160, 222, 225c, 265, 278 UmwG. Bei der Verschmelzung oder Spaltung zur Neugründung einer GmbH wird die Anmeldung hingegen von dem übertragenden Rechtsträger vorgenommen (§§ 38, 137 UmwG), sodass sich eine Anmeldung durch die Geschäftsführer der übernehmenden GmbH erübrigt.

III. Rücknahme der Anmeldung

16 **Bis zur Eintragung** ist die **Rücknahme der Anmeldung jederzeit möglich**, auch bei nur deklaratorischen Eintragungen. Muss die Anmeldung von mehreren Personen ausgehen, genügt schon die Rücknahme durch eine Person, um die Zulässigkeit des Antrags entfallen zu lassen.[35]

E. Beschwerde (§§ 58, 382 Abs. 4 FamFG)

17 Von der verfahrensrechtlichen Frage, wer in Anmeldeverfahren Antragsteller ist (Rdn. 11) und der materiell-rechtlich Frage, wessen Erklärungen erforderlich sind (Rdn. 12 ff.) zu **unterscheiden** ist die Frage, wer im Fall einer Beeinträchtigung seiner Interessen durch die gerichtliche Entscheidung zur Beschwerde berechtigt ist. Dies ist in den Fällen der konstitutiven Eintragungen grds. nur die Gesellschaft, in den Fällen der deklaratorischen Eintragungen auch die von der Eintragung bzw. Nicht-Eintragung persönlich Betroffenen.[36] Der die Anmeldung übermittelnde Notar ist in eigener Person zwar nicht beschwerdeberechtigt, jedoch kann im Regelfall unterstellt werden, dass eine von ihm unterzeichnete Beschwerde für den Anmeldepflichtigen bzw. Anmeldenden erhoben wird.[37]

§ 79 Zwangsgelder

(1) [1]Geschäftsführer oder Liquidatoren, die §§ 35a, 71 Abs. 5 nicht befolgen, sind hierzu vom Registergericht durch Festsetzung von Zwangsgeld anzuhalten; § 14 des Handelsgesetzbuchs bleibt unberührt. [2]Das einzelne Zwangsgeld darf den Betrag von fünftausend Euro nicht übersteigen.

(2) In Ansehung der in §§ 7, 54, 57 Abs. 1, § 58 Abs. 1 Nr. 3 bezeichneten Anmeldungen zum Handelsregister findet, soweit es sich um die Anmeldung zum Handelsregister des Sitzes der Gesellschaft handelt, eine Festsetzung von Zwangsgeld nach § 14 des Handelsgesetzbuchs nicht statt.

Schrifttum

Ammon, Die Anmeldung zum Handelsregister, DStR 1993, 1025; *Bassenge*, Tatsachenermittlung, Rechtsprüfung und Ermessensausübung in den registergerichtlichen Verfahren nach §§ 132 bis 144 FGG, Rpfleger 1974, 173; *Heinemann*, Das Verfahren in Registersachen und das unternehmensgerichtliche Verfahren nach dem FamFG, FGPrax 2009, 1; *Hofmann*, Zwangsgeldverfahren in der freiwilligen Gerichtsverfahren, Rpfleger 1991, 283.

Übersicht

34 *Beurskens*, in: Baumbach/Hueck, GmbHG, § 78 Rn. 14; *Casper*, in: Ulmer/Habersack/Winter, GmbHG, § 78 Rn. 20.

35 *Krafka* Registerrecht, Rn. 83.

36 *Kleindiek*, in: Lutter/Hommelhoff, GmbHG, § 78 Rn. 8.

37 OLG Düsseldorf, NotBZ 2014, 53; *Krafka*, Registerrecht, Rn. 125.

A. Rechts- und Normentwicklung

1 Ursprünglich beschränkte sich die Norm auf den heutigen Abs. 2. 1969 wurde dann durch das Gesetz zur Umsetzung der Ersten Richtlinie der neue Abs. 1 als Sanktionsnorm zu den zeitgleich eingeführten §§ 35a, 71 Abs. 3 (seit BiRiLiG: Abs. 5) eingefügt. Weitere Änderungen betreffen die Ersetzung der »Ordnungsstrafe« durch das Zwangsgeld durch das EGStGB im Jahr 1974, die Umstellung von DM auf Euro durch das NaStraG im Jahr 2001 und die Einfügung der amtlichen Überschrift durch das MoMiG im Jahr 2008. Die Auslassungen in Abs. 2 betreffen die bis heute nicht aufgehobene Bezugnahme auf den schon 1937 aufgehobenen § 80 (Abs. 5).[1]

B. Regelungsgegenstand/Regelungszweck

2 Das Zwangsgeld ist keine Ahndung vergangener Verstöße, sondern **Zwangs- und Beugemaßnahme zur Bewirkung rechtmäßigen Verhaltens.**[2] § 79 enthält in Abs. 1 eine Rechtsgrundlage für die Verhängung von Zwangsgeldern aufgrund der in Satz 1 genannten Verstöße nicht registerrechtlicher Natur. Sie soll damit zur Einhaltung der entsprechenden Publizitätspflichten beitragen. Abs. 2 zieht die Konsequenz daraus, dass bei den konstitutiv wirkenden Registereintragungen ein öffentlich-rechtlicher Registerzwang nicht besteht, sodass für ein Zwangsgeld nach § 14 HGB grds.[3] kein Raum ist und stellt gleichzeitig klar, dass die **allgemeine Vorschrift des § 14 HGB auch im GmbH-Recht gilt.** Die Aufzählung in Abs. 2 ist nicht abschließend: Zu nennen sind hier noch § 58a Abs. 5 GmbHG, Anmeldungen nach dem UmwG (vgl. § 316 Abs. 2 UmwG) sowie § 294 AktG.

3 Von den durch § 79 GmbHG bzw. § 14 HGB sanktionierten Einreichungspflichten zu unterscheiden ist die Einreichungspflicht nach § 335 HGB.

C. Zwangsgelder

I. Sanktionierte Pflichten

4 Der Anwendungsbereich von Abs. 1 ist auf Verstöße gegen §§ 35a, 71 Abs. 5 begrenzt, wobei Verstöße nicht nur von deutschen GmbHs, sondern auch von **ausländischen Gesellschaften** begangen werden können (§ 35a Abs. 4).

5 Anmelde- und Einreichungspflichten, die Grundlage eines Zwangsgelds nach § 14 HGB sein können, können sich für die GmbH aus §§ 39, 40 Abs. 1, 52 Abs. 2 Satz 1 (i.V.m. § 37 Abs. 4 Nr. 3, 3a AktG) und Satz 2, 65, 67, 74, 75 Abs. 2 (i.V.m. § 248 Abs. 1 Satz 2 AktG) GmbHG, der Fassung eines Fortsetzungsbeschlusses, und §§ 13, 13e, 13g, 53 HGB (s.a. § 316 Abs. 1 UmwG) sowie § 298 AktG analog ergeben. Pflichten zur Einreichung von Unterschriftszeichnungen bestehen nicht mehr. **Grds. fallen nur Anmeldungen für deklaratorisch wirkende Eintragungen unter § 14 HGB**, nicht dagegen Anmeldungen, bei denen erst die Eintragung die Rechtsänderung herbeiführt und die im Belieben der Gesellschaft stehen. Wegen § 13g HGB ist **die Verhängung von Zwangsgeldern auch gegen Organwalter ausländischer Gesellschaften möglich,**[4] nach Maßgabe von § 13e Abs. 3 HGB auch gegen ständige Vertreter deutscher Zweigniederlassungen.[5] Nach herrschender Meinung setzt die Verhängung von Maßnahmen nach § 14 HGB in diesen Fällen aber voraus, dass sich der Adressat im Inland aufhält.[6]

---

1 Aufhebung durch Gesetz v. 30.01.1937, RGBl. I, 166.

2 *Wicke*, in: Scholz, GmbHG, § 79 Rn. 11.

3 Zu Ausnahmen s. Rdn. 7 a.E.

4 *Ries*, in: Röhricht/Graf v. Westphalen, HGB, § 13e Rn. 14.

5 *Wicke*, in: Scholz, GmbHG, § 79 Rn. 19a.

6 BayObLGZ 1978, 121, 127; krit. *Ries*, in: Röhricht/Graf v. Westphalen, HGB, § 13e Rn. 14.

II. Voraussetzungen der Zwangsgeldverhängung

1. Abs. 1

6 Für die Verhängung eines Zwangsgeldes nach Abs. 1 genügt **jeder Verstoß gegen § 35a oder § 71 Abs. 5.** Hierunter fallen das vollständige Fehlen ebenso wie fehlerhafte (unvollständige oder unrichtige) Angaben. Inhalt der Verfügung kann auch die Berichtigung des Geschäftsbriefs sein.[7]

2. § 14 HGB

7 Die Verhängung von Zwangsgeldern nach § 14 HGB setzt einen Verstoß gegen eine der in Rdn. 5 genannten Anmelde- bzw. Einreichungspflichten voraus. Die **Vervollständigung einer nur fakultativen Anmeldung** kann hingegen nicht mit Zwangsgeld erzwungen werden, vielmehr ist die Anmeldung im Fall ihrer Unvollständigkeit nach Zwischenverfügung zurückzuweisen.[8] Nach der in Anbetracht des Wortlauts von § 14 HGB und der Löschungsmöglichkeit nach § 395 FamFG fragwürdigen herrschenden Meinung **soll anderes gelten, nachdem die Eintragung trotz Unvollständigkeit der Unterlagen vorgenommen worden ist.**[9] Das soll auch für die Nachholung einer wirksamen Anmeldeerklärung selbst gelten.

3. Kein Verschulden

8 **Auf ein Verschulden des Adressaten kommt es nicht an.** Hierin liegt der Unterschied zu Ordnungsgeld und -haft. Unberührt bleibt der öffentlich-rechtliche Verhältnismäßigkeitsgrundsatz.[10]

III. Rechtsfolgen und Verfahren

9 Für das Verfahren gelten die §§ 388 ff. FamFG (früher: §§ 132 ff. FGG). **Adressaten und Schuldner der Maßnahmen sind die jeweils amtierenden – und zwar alle in Betracht kommenden**[11] **– Organwalter** (Geschäftsführer/Liquidatoren), nicht die Gesellschaft als solche.[12] Die **GmbH haftet für das Zwangsgeld nicht.** Bedarf die Anmeldung des Zusammenwirkens mehrerer Organwalter, ist das Verfahren nur einheitlich gegen alle zulässig.[13] Überwiegend befürwortet wird die Verantwortlichkeit von Stellvertretern (§ 44)[14] und faktischen Organpersonen.[15]

10 Zuständig ist das AG des Gesellschaftssitzes. Nach Erlangung glaubhafter Kenntnis (§ 388 Abs. 1 FamFG) von einem Verstoß ist das **Registergericht ohne Entschließungsermessen zum Einschreiten verpflichtet.** Für die Sachverhaltsaufklärung gilt der Amtsermittlungsgrundsatz des § 26 FamFG. Weder Androhung noch Festsetzung setzen den Vollbeweis des Verstoßes voraus; vielmehr hat das Gericht einzuschreiten, sobald es glaubhaft von dem Verstoß erfährt.[16]

11 Der Verhängung des Zwangsgelds ist **zwingend die Androhung vorgeschaltet.** Die Verfügung muss die verletzte Pflicht genau bezeichnen[17] und das drohende Zwangsgeld genau

7 *Wicke*, in: Scholz, GmbHG, § 79 Rn. 3, s. aber OLG Frankfurt am Main, GmbHR 2016, 366: keine Ermächtigung zur Aufforderung zur Vorlage eines korrigierten Muster-Geschäftsbriefs.

8 Ganz h.M., *Krafka*, in: MünchKommHGB, § 14 Rn. 4; *Ransiek*, in: Ulmer/Habersack/Winter, GmbHG, § 79 Rn. 10; *Baukelmann*, in: Rowedder/Schmidt-Leithoff, GmbHG, § 79 Rn. 6.

9 KGJ 41 A 123, 130; BayObLG, DNotZ 1989, 393; *Schaub*, in: Ebenroth/Boujong/Joost/Strohn, HGB, § 14 Rn. 13; *Ransiek*, in: Ulmer/Habersack/Winter, GmbHG, § 79 Rn. 10; ablehnend zu Recht *Heinemann*, in: Keidel, FamFG, § 388 Rn. 17.

10 Allg. M., *Wicke*, in: Scholz, GmbHG, § 79 Rn. 13.

11 *Baukelmann*, in: Rowedder/Schmidt-Leithoff, GmbHG, § 79 Rn. 17.

12 Ganz h.M., OLG Hamburg, GmbHR 2011, 828; BayObLG, GmbHR 1994, 331; KG, OLGRspr. 4, 463; *Wicke*, in: Scholz, GmbHG, § 79 Rn. 18; *Heinemann*, in: Keidel, FamFG, § 388 Rn. 28.

13 H.M., *Wicke*, in: Scholz, GmbHG, § 79 Rn. 19.

14 Ganz h.M. *Paefgen*, in: Ulmer/Habersack/Winter, GmbHG, § 44 Rn. 3.

15 Zu beidem krit. *Ransiek*, in: Ulmer/Habersack/Winter, GmbHG, § 79 Rn. 4, 5.

16 Allg. M., *Wicke*, in: Scholz, GmbHG, § 79 Rn. 21; *Bumiller/Harders*, FamFG, § 388 Rn. 15.

17 BayObLGZ 1967, 463; *Bassenge*, Rpfleger 1974, 173.

beziffern.[18] Wird die Verpflichtung nicht erfüllt und fristgemäß auch kein Rechtsmittel erhoben, ist das Zwangsgeld unter Androhung eines erneuten Zwangsgeldes **festzusetzen** (§ 389 FamFG). Die **Grundsätze über den Fortsetzungszusammenhang** gelten entsprechend.[19] Wird die Verpflichtung vor der Beitreibung (ggf. auch verspätet) erfüllt, ist die Zwangsgeldfestsetzung nach überwiegender Auffassung aufzuheben.[20] Eine **Umwandlung in Haft ist nicht zulässig.**[21]

Rechtsmittel gegen die Androhung ist der Einspruch (§ 390 FamFG), gegen die Festsetzung die Beschwerde (§ 391 FamFG). Die Prüfung der materiellen Voraussetzungen der Zwangsgeldfestsetzung ist ausschließlich dem Einspruchsverfahren vorbehalten.[22] Im Einspruchs- und Beschwerdeverfahren ist die Gesellschaft Beteiligte.[23] 12

Der Höchstbetrag jedes einzelnen Zwangsgelds darf nach § 14 Satz 2 HGB und § 79 Abs. 1 Satz 2 5.000 € nicht übersteigen. Der Mindestbetrag ist nach Art. 6 Abs. 1 Satz 1 EGStGB 5 €. Die Vollstreckung festgesetzter Beträge erfolgt gem. § 1 Abs. 1 Nr. 3 JBeitrO. 13

§§ 80–81 GmbHG

(weggefallen)

§ 82 Falsche Angaben

(1) Mit Freiheitsstrafe bis zu drei Jahren oder mit Geldstrafe wird bestraft, wer
1. **als Gesellschafter oder als Geschäftsführer zum Zweck der Eintragung der Gesellschaft über die Übernahme der Geschäftsanteile, die Leistung der Einlagen, die Verwendung eingezahlter Beträge, über Sondervorteile, Gründungsaufwand und Sacheinlagen,**
2. **als Gesellschafter im Sachgründungsbericht,**
3. **als Geschäftsführer zum Zweck der Eintragung einer Erhöhung des Stammkapitals über die Zeichnung oder Einbringung des neuen Kapitals oder über Sacheinlagen,**
4. **als Geschäftsführer in der in § 57i Abs. 1 Satz 2 vorgeschriebenen Erklärung oder**
5. **als Geschäftsführer einer Gesellschaft mit beschränkter Haftung oder als Geschäftsleiter einer ausländischen juristischen Person in der nach § 8 Abs. 3 Satz 1 oder § 39 Abs. 3 Satz 1 abzugebenden Versicherung oder als Liquidator in der nach § 67 Abs. 3 Satz 1 abzugebenden Versicherung falsche Angaben macht.**

(2) Ebenso wird bestraft, wer
1. **als Geschäftsführer zum Zweck der Herabsetzung des Stammkapitals über die Befriedigung oder Sicherstellung der Gläubiger eine unwahre Versicherung abgibt oder**
2. **als Geschäftsführer, Liquidator, Mitglied eines Aufsichtsrats oder ähnlichen Organs in einer öffentlichen Mitteilung die Vermögenslage der Gesellschaft unwahr darstellt oder verschleiert, wenn die Tat nicht in § 331 Nr. 1 oder Nr. 1a des Handelsgesetzbuchs mit Strafe bedroht ist.**

18 *Wicke*, in: Scholz, GmbHG, § 79 Rn. 23; *Bumiller/Harders*, FamFG, § 388 Rn. 19.
19 *Altmeppen*, in: Roth/Altmeppen, GmbHG, § 79 Rn. 2.
20 BayObLG, DB 1979, 1981; *Bumiller/Harders*, FamFG, § 388 Rn. 20.
21 Allg. M., *Wicke*, in: Scholz, GmbHG, § 79 Rn. 32.
22 OLG Schleswig, ZInsO 2010, 1157 m.w.N.
23 Vgl. BGHZ 105, 324 zum Anmeldeverfahren.

Übersicht

A. Einführung in die Straftatbestände des § 82

I. Regelungsinhalt

1 § 82 will den Gefahren begegnen, die sich aus der Haftungsbeschränkung der GmbH ergeben und enthält hierzu (ähnlich §§ 399, 400 AktG) eine **Reihe von Einzelstraftatbeständen**[1]. Mit Strafe bedroht wird zum einen das Machen von falschen, unwahren oder verschleiernden Angaben bei Anmeldungen zum Zweck der Eintragung ins Handelsregister (Abs. 1 Nr. 1: bei Gründung – Gründungsschwindel; Abs. 1 Nr. 3 und 4: bei Erhöhung des Stammkapitals – Kapitalerhöhungsschwindel; Abs. 2 Nr. 1: bei der Herabsetzung des Stammkapitals – Kapitalherabsetzungsschwindel; Abs. 1 Nr. 5: in der Versicherung über die Eignung von Geschäftsführern und Liquidatoren – Eignungsschwindel). Zum anderen sollen falsche Darstellungen im Sachgründungsbericht (Abs. 1 Nr. 2: Sachgründungsschwindel) oder in öffentlichen Mitteilungen über die Vermögenslage (Abs. 2 Nr. 2 – Geschäftslagetäuschung) strafrechtlich sanktioniert werden.

2 Bedeutung kann § 82 dadurch erlangen, dass er in allen Tatbeständen als **abstraktes Gefährdungsdelikt**[2] einer Vielzahl von Adressaten gleichsam vorbeugenden Schutz gewährt, denn (anders als beim Betrug, § 263 StGB) sind weder ein Irrtum noch eine Täuschungsabsicht noch der Eintritt eines Vermögensschadens bzw. einer schadensgleichen Vermögensgefährdung vorausgesetzt. Diese

1 Zur Entstehungsgeschichte *Dannecker*, in: Michalski/Heidinger/Leible/Schmidt, GmbHG, § 82 Rn. 5 ff.; *Schaal*, in: Rowedder/Schmidt-Leithoff, GmbHG, § 82 Rn. 3.

2 BGH, wistra 2005, 68 zu § 82 Abs. 1 Nr. 1.

»Vorfeldstrafbarkeit« ist auch gerechtfertigt. Denn die GmbH ist mit ihrer geringen Kapitalausstattung und ihrer Haftungsbegrenzung einerseits und den erheblichen Manipulationsmöglichkeiten andererseits hat sich als attraktiv für Wirtschaftskriminelle erwiesen. Sie können sich mit GmbH-Mänteln und undurchschaubaren Firmenkonstruktionen (zumal bei grenzüberschreitender Delinquenz) gut hinter einer scheinbar rechtskonformen Fassade verbergen.

Das Gesetz sieht in allen Tatvarianten Geldstrafe oder **Freiheitsstrafe bis zu 3 Jahren** vor. Der Versuch ist nicht strafbar (§ 23 Abs. 1, § 12 Abs. 2 StGB). In der Regel werden Strafverfahren vor dem Amtsgericht geführt, beim Landgericht ist zuständig eine Wirtschaftsstrafkammer, § 74c Abs. 1 GVG. Im Strafverfahren kann – als Maßregel der Sicherung und Besserung – ein **Berufsverbot nach §§ 70, 70a StGB** unter den dort genannten Voraussetzungen verhängt werden. Eine rechtskräftige Verurteilung wegen eines der in § 82 genannten Delikte hat zwingend den 5-jährigen **Ausschluss vom Geschäftsführeramt** der GmbH (und vom Vorstandamt einer AG) zur Folge, vgl. § 6 Abs. 2 Nr. 3c (und § 76 Abs. 2 Nr. 3c AktG). Das gilt es auch bei der Anwendung der §§ 154, 154a StPO zu bedenken, selbst wenn die Strafandrohungen hinter denen der Grundtatbestände des Betruges (§ 263 StGB), der Untreue (§ 266 StGB) oder der Insolvenzstraftaten nach §§ 283 ff. StGB zurückbleiben. Durch das Machen strafbewährter Falschangaben werden zudem betriebsbezogene Pflichten im Sinne des **§ 30 OWiG** verletzt, so dass auch die Verhängung einer **Geldbuße gegen die GmbH** in Betracht kommt. 3

Die einzelnen Straftatbestände ergeben sich erst durch ein »Zusammenlesen« der Regelungen des § 82 mit den darin in Bezug genommenen Pflichten, die sich aus dem GmbHG ergeben. Man mag solche Normen »unechte Blankettnormen« nennen; verfassungsrechtlich wirft die Inbezugnahme bzw. Verweisung keine Bedenken auf, zumal es sich um Sonderdelikte handelt, bei deren Adressaten auf Grund ihrer Tätigkeit entsprechende Fachkenntnisse vorausgesetzt werden können, die sie in die Lage versetzen, den Regelungsgehalt der Vorschrift zu verstehen und die Verhaltensweisen daran auszurichten[3]. 4

II. Anwendungsbereich

§ 82 gilt nicht nur für die GmbH, sondern seit dem Inkrafttreten des MoMiG (vom 23.10.2008) auch für die ihr rechtlich gleichgestellte **Unternehmergesellschaft** (§ 5a)[4]. Nach hM (entsprechend der zu §§ 399 ff AktG) können die Tatbestände des § 82 (ausgenommen dessen Abs. 1 Nr. 5) nicht durch Organe **nach ausländischem Gesellschaftsrecht verfasster Gesellschaften** verwirklicht werden, auch wenn diese GmbH-ähnlich ausgestaltet sind und ihren Verwaltungssitz oder Zweigniederlassungen in Deutschland haben[5]. Begründet wird dies zum einen mit der (nach Aufgabe der Sitztheorie in Folge der Rechtsprechung des EuGH) nunmehr anzuwendenden Gründungstheorie, wonach – jedenfalls für Fragen der Gründung und der Kapitalaufbringung – allein das Recht des Gründungsstaates maßgeblich sei[6]. Die außerstrafrechtlichen Normen des GmbHG, auf die Bezug genommen werde, setzten voraus, dass die Gesellschaft ihren satzungsgemäßen Sitz im Inland hat (§ 4a)[7]. Vor allem aber wäre die Wortlautgrenze überschritten (Verstoß gegen das aus Art. 103 GG abzuleitende Analogieverbot im Strafrecht), wenn man unter »Gesellschaft« auch ausländische Gesellschaften oder unter den in den jeweiligen Tatbeständen adressierten Täter auch Organe solcher 5

3 Vgl. BGH, NZG 2005, 132, 136 zu §§ 399, 400 AktG.

4 Hierzu Weiß, wistra 2010, 361.

5 Vgl. je mwN *Ransiek*, in: Ulmer/Habersack/Löbbe, GmbHG, vor § 82 Rn. 69; *Dannecker*, in: Michalski/Heidinger/Leible/Schmidt, GmbHG, § 82 Rn. 23a; *Beurskens*, in: Baumbach/Hueck, GmbHG, § 82 Rn. 1; *Ibold* in Graf/Jäger/Wittig, Wirtschafts- und SteuerstrafR, 2. Aufl., GmbHG § 82 Rn. 3; zu § 399 AktG auch *Raum*, in: Henssler/Strohn, GesellschaftsR, AktG § 399 Rn. 1a; aA *Hohmann,* in MünchKommStGB, GmbHG § 82 Rn. 3.

6 Vgl. BGH, NStZ 2010, 632 mwN (zur Verantwortlichkeit des Directors einer Ltd.).

7 *Altenhain*, in: MünchKommGmbHG, § 82 Rn. 14.

ausländischer Gesellschaften subsumieren wollte. Durchwegs zwingend ist dies freilich nicht[8]. Ausgehend von der hM wird § 82 Abs. 1 Nr. 5 als Ausnahmetatbestand verstanden, der vermeiden soll, dass inländische Bestellungshindernisse durch die Bestellung als Auslandsgesellschaft mit Niederlassungen in Deutschland umgangen werden.

III. Geschütztes Rechtsgut

6 § 82 verfolgt zum einen den Zweck, jede Täuschung der Öffentlichkeit (der Allgemeinheit) über die wesentlichen wirtschaftlichen Grundlagen des Unternehmens zu verhindern. Geschützt wird das Vertrauen der Gesellschaftsgläubiger oder sonstiger interessierter Dritter in die **Richtigkeit und Zuverlässigkeit (den Wahrheitsgehalt) der Handelsregistereintragungen** und deren Grundlagen oder sonstige öffentliche Mitteilungen über die Vermögenslage der Gesellschaft. Die Vorschrift soll zum anderen **jeden, der mit der Gesellschaft in Geschäftsverbindung steht oder eintreten will**, etwa Gesellschaftsgläubiger, künftige Gesellschafter oder sonstige Dritte, vor Täuschungen schützen und ihm die Möglichkeit geben, sich durch Einsicht in das Handelsregister und dessen Unterlagen über die wirtschaftliche Lage des Unternehmens zu unterrichten[9]; insoweit sind die Straftatbestände des § 82 auch **Schutzgesetze** iSv § 823 Abs. 2 BGB für Personen, die im Vertrauen auf die Richtigkeit und Vollständigkeit der zum Handelsregister gemachten Angaben oder an die Öffentlichkeit über die Vermögenslage gemachten Mitteilungen einen Schaden erlitten haben[10]. Diese Personen können im Strafverfahren die nach der StPO den Verletzten zustehenden Rechte und Befugnisse wahrnehmen, etwa im Klageerzwingungsverfahren (§ 172 StPO), als Adhäsionskläger (§ 403 StPO) oder sonstige Auskunfts- und Beistandsrechte (zB § 406e StPO). Die aktuellen Gesellschafter werden nach hM nicht durch § 82 geschützt[11], nach überwiegender Auffassung auch nicht die GmbH als solche (deren Interesse, ordnungsgemäß errichtet zu sein)[12].

IV. Sonderdelikte

7 Die Tatbestände des § 82 sind echte **Sonderdelikte**, denn sie erfassen als Täter nur solche Personen, die bei der GmbH eine **besondere Pflichtenstellung** mit Bezug auf die Kapitalerhaltung und -aufbringung haben und rechtlich wirksame Erklärungen ggü. dem Registergericht abzugeben haben, insbesondere Geschäftsführer, Gesellschafter, Liquidatoren und – für § 82 Abs. 2 Nr. 5 – Geschäftsleiter ausländischer juristischer Personen. Täter, Mittäter oder mittelbarer Täter kann daher nur eine Person sein, die die jeweils geforderte Sondereigenschaft besitzt, alle anderen können sich nur als Teilnehmer (Gehilfe oder Anstifter) strafbar machen. So kann etwa ein Prokurist, wenn er selbst eine unrichtige Erklärung abgibt oder dabei hilft, zwar kein Täter, aber Gehilfe sein[13]. Gleiches gilt für Mitwirkende aus rechts- und wirtschaftsberatenden Berufen; inwieweit diese sich darauf berufen können, nur »neutrale Handlungen« vorgenommen zu haben, ist Tatfrage und bedarf einer bewertenden Betrachtung in jedem Einzelfall[14]. Für Teilnehmer an einer Tat des § 82 ist – da es sich bei der in § 82 genannten Pflichtenstellung um ein besonderes persönliches Merkmal gemäß § 28 Abs. 1 StGB handelt – eine Strafmilderung vorzunehmen.

---

8 Vgl. zu § 399 AktG: *Hefendehl*, in BeckOGK AktG, § 399 Rn. 52 ff.; *Weiß*, in MünchKommAktG, vor § 399 Rn. 13 ff.

9 BGH, ZIP 2017, 224.

10 OLG München, GmbHR 1999, 1137; NJW-RR 2000, 1130 und ZIP 2004, 461, 464: Ein Kläger kann nicht verlangen, so gestellt zu werden, als hätte der anmeldende Gesellschafter wahre Angaben gemacht (etwa mit der Folge, dass die GmbH nicht gegründet worden wäre und er sie nicht erworben hätte).

11 *Dannecker*, in: Michalski/Heidinger/Leible/Schmidt, GmbHG, § 82 Rn. 15.

12 *Dannecker/Müller*, in BeckOK GmbHG, § 82 Rn. 13; *Altmeppen* in: Roth/Altmeppen, GmbHG, § 82 Rn. 3.

13 BGH, NStZ-RR 2010, 79.

14 Vgl. BGH, NStZ 2018, 328; NStZ 2017, 337.

B. Gründungsschwindel, § 82 Abs. 1 Nr. 1

I. Täterkreis

Bei § 82 Abs. 1 Nr. 1 geht es um die erstmalige Anmeldung einer GmbH zum Handelsregister. Den objektiven Tatbestand können nur Personen erfüllen, die aufgrund ihrer **besonderen Pflichtenstellung** falsche Erklärungen ggü. dem Registergericht mit dem Ziel abgeben, die erste Eintragung im Sinne einer Neugründung zu bewirken (§ 7 Abs. 1). 8

1. Geschäftsführer

Täter können in erster Linie der **Geschäftsführer** und der **stellvertretende Geschäftsführer** (§ 44) 9 sein. Sie haben die GmbH zum Handelsregister anzumelden und werden vom GmbHG schon als Geschäftsführer bezeichnet, obwohl die GmbH als Rechtsperson (§ 11) noch nicht entstanden ist. Nach gefestigter Rechtsprechung der Strafsenate des BGH ist als Geschäftsführer nicht nur der formell zum Geschäftsführer Berufene anzusehen, sondern auch derjenige, der (neben oder zusammen mit dem formell bestellten Geschäftsführer) die Geschäftsführung mit Einverständnis der Gesellschafter ohne förmliche Bestellung faktisch übernommen und ausgeübt hat[15]. Dieser Begriff des **faktischen Geschäftsführers**, der in der zivilrechtlichen Rechtsprechung des BGH entsprechend verwandt wird[16], ist erfüllt, wenn sowohl betriebsintern als auch nach außen alle Dispositionen weitgehend von dem faktischen Geschäftsführer ausgehen und er im Übrigen auf sämtliche Geschäftsvorgänge bestimmenden Einfluss nimmt. Die Unternehmensführung darf nicht einseitig angemaßt, sondern muss mit dem Einverständnis der Gesellschafter, das als eine konkludente Bestellung zu werten ist, erfolgt sein[17]. Weitere Voraussetzung für einen faktischen Geschäftsführer ist, dass er gegenüber dem formellen Geschäftsführer die überragende Stellung in der Gesellschaft mit beschränkter Haftung einnimmt oder zumindest das deutliche Übergewicht hat. Diese faktische Betrachtungsweise des Tatbestandsmerkmals »als Geschäftsführer« gilt auch für § 82 Abs. 1 Nr. 1 (und Nr. 3) und ergibt sich aus dem Sinn und Zweck, da diese Straftatbestände in gleicher Weise wie die Insolvenzverschleppung darauf abzielen, die Allgemeinheit vor einer kriminellen Handhabung der Geschäftsführung einer GmbH zu schützen; auch hier gilt, dass derjenige, der die faktische Geschäftsführung innehat und die Führung der Geschäfte bestimmt, auch die Pflichten erfüllen muss, die den Geschäftsführer treffen, und dass er bei deren Verletzung die strafrechtlichen Folgen zu tragen hat, die das Gesetz an eine solche Pflichtverletzung durch den Geschäftsführer knüpft. Für die Gründungstäuschung gem. § 82 Abs. 1 Nr. 1 folgt die strafrechtliche Verantwortlichkeit des faktischen Geschäftsführers zusätzlich daraus, dass die GmbH im Regelfall bei der Anmeldung noch nicht im Handelsregister eingetragen ist und deshalb als solche noch nicht besteht. Somit kann derjenige, der »als Geschäftsführer« für die einzutragende GmbH tätig wird, ohnehin noch kein rechtswirksam bestellter GmbH-Geschäftsführer sein. Meint ein Täter irrig, ohne formelle Bestellung nicht den in § 82 in Bezug genommenen Pflichten zu unterliegen, liegt allenfalls ein Verbotsirrtum (§ 17 StGB) vor, der regelmäßig – da nicht unvermeidbar – nicht aus der Strafbarkeit führt[18].

Die weite Auslegung des Geschäftsführerbegriffs überschreitet weder die Grenzen richterlicher Rechtsfortbildung, noch verstößt sie gegen das **Analogieverbot** oder den Grundsatz der Tatbestandsbestimmtheit des Art. 103 Abs. 2 GG. Die insoweit von der Literatur vorgebrachten 10

15 BGH, NJW 2000, 2285; st. Rspr., vgl. nur BGHSt 3, 32, 37; 21, 101, 103; 31, 118, 122; 46, 62 65; BGHR, GmbHG § 64 Abs. 1 Antragspflicht 2 und 3; BGH, StV 1984, 461 f.; NStZ 2000, 34, 35; NJW 2013, 1892; NZI 2015, 186.

16 Vgl. BGHZ 41, 282, 287; 47, 341, 343; 75, 96, 106; 104, 44, 46.

17 Anders beim beherrschenden Mehrheitsgesellschafter, BGHZ 65, 15, 19 ff; offengelassen bei Duldung, BGHSt 31, 118, 123.

18 BGH, Urt. v. 19.4.1984 – 1 StR 736/83.

Bedenken, damit werde der Sonderdeliktscharakter der Vorschrift aufgehoben, überzeugen nicht[19]. Der Gesetzgeber scheint überdies mit der ständigen Rechtsprechung des BGH einverstanden zu sein; im Gesetzgebungsverfahren des MoMiG hat er keine Veranlassung gesehen hat, den schon früher von der Kommentarliteratur angeführten Bedenken durch eine gesetzliche Neuordnung der strafrechtlichen Vorschriften nachzugehen.

2. Gründungsgesellschafter

11 Täter insb. hinsichtlich falscher Angaben zur Übernahme der Geschäftsanteile kann auch ein **GmbH-Gründungsgesellschafter** sein, auch wenn er seinen Kapitalanteil nur treuhänderisch halten sollte[20]. Er kann Mittäter mit dem Geschäftsführer oder – wenn dieser gutgläubig handelt – mittelbarer Täter sein, wenn (nur) er die Unrichtigkeit der Angaben kennt und dennoch die Anmeldung veranlasst. Ist eine juristische Person Gesellschafter, so kommen als Täter deren vertretungsberechtigten Organe gem. § 14 Abs. 1 Nr. 1 StGB in Betracht.

12 Der Gesellschafter ist etwa dann Täter im Sinne von § 82, wenn bereits der Gesellschaftsvertrag falsche Angaben über die Gesellschafter (etwa die Aufnahme toter oder gar erfundener Personen) enthält. Aufgrund dieses Identitätsschwindels ist die Erklärung ggü. dem Registergericht falsch, wenn anhand der angegebenen Personalien eine zweifelsfreie Identifizierung der zur Übernahme der Gesellschaftsanteile Verpflichteten nicht möglich ist.[21] Dagegen ist die Angabe über eine Person nicht falsch, die einen Gesellschafteranteil im Außenverhältnis übernimmt, im Innenverhältnis aber für eine andere Person hält und nach deren Anweisungen handelt (Treuhandverhältnis).

3. Gremienentscheidung

13 Wenn die als Täter in Frage kommenden Personen Mitglied eines mehrköpfigen Gremiums sind und gemeinsam eine Entscheidung treffen oder treffen müssen (vgl. §§ 7, 8 »die Geschäftsführer«), sind alle Mitglieder des betroffenen Organs Mittäter (§ 25 Abs. 2 StGB), die Kenntnis davon haben, dass eine unrichtige oder verschleiernde Erklärung beschlossen werden soll und gleichwohl an deren Umsetzung mitwirken. Zwar wird das Wissen des einen Organmitglieds nicht einem anderen zugerechnet. Allerdings setzt eine Geschäftsverteilung oder Ressortaufteilung auf der Ebene der Geschäftsführung eine klare und eindeutige, nicht notwendigerweise schriftliche Abgrenzung der Geschäftsführungsaufgaben auf Grund einer von allen Mitgliedern des Organs mitgetragenen Aufgabenzuweisung voraus, die die vollständige Wahrnehmung der Geschäftsführungsaufgaben durch hierfür fachlich und persönlich geeignete Personen sicherstellt und ungeachtet der Ressortzuständigkeit eines einzelnen Geschäftsführers die Zuständigkeit des Gesamtorgans insbesondere für nicht delegierbare Angelegenheiten der Geschäftsführung wahrt[22]. Hat ein Organmitglied hiervon ausgehend eigene Kenntnis oder »pflichtwidrige« Unkenntnis, kann es ihn nicht entlasten, dass er auch bei dahingehenden Bemühungen wegen des Widerstands der anderen Organmitglieder einen Beschluss nicht hätte verhindern können. Vielmehr hat er alles ihm Mögliche und zumutbare zu tun, um das Zustandekommen eines solchen Beschlusses zu verhindern, ggf. sein Amt niederzulegen[23]. Bei den Falschangabedelikten kommt hinzu, dass Geschäftsführer und Gesellschafter nicht nur faktisch die Macht haben, den Eintritt der geschaffenen Gefahr für das geschützte Rechtsgut durch Richtigstellung zu beseitigen, sondern sowohl jeder Geschäftsführer als auch jeder Gesellschafter als einer der mit besonderen Pflichten ausgestatteten Entscheidungsträger im strafrechtlichen Sinne

---

19 Ransiek, in: Ulmer/Habersack/Löbbe, GmbHG, vor § 82 Rn. 57 ff.; aA zB auch *Kleindiek*, in: Lutter/Hommelhoff, GmbHG, § 84 Rn. 7; *Joerden*, JZ 2001, 309, der eine gesetzliche Regelung fordert und *Schulz*, StraFo 2003, 155; zusammenfassend *Löffeler*, wistra 1989, 121.

20 BayObLG, NJW 1994, 2967 ff.

21 *Tiedemann*, in: Scholz, GmbHG, § 82 Rn. 66; ausführlich *Ransiek*, in: Ulmer/Habersack/Winter, GmbHG, § 82 Rn. 13, 14.

22 BGH, DStR 2019, 455.

23 Grundlegend BGHSt 37, 106 ff – Lederspray; OLG Stuttgart, NStZ 1981, 27, 28; krit. *Ransiek*, in: Ulmer/Habersack/Löbbe, GmbHG, vor § 82 Rn. 68 f.

auch Garant ist und damit auch Täter durch Unterlassen sein kann (§ 13 StGB). Hat ein Organmitglied durch vorangegangenes Tun oder auch nur aufgrund eigener Kenntnis der unrichtigen Angaben den Einblick, dass es zu einer fehlerhaften Eintragung der GmbH kommt, hat er die Verpflichtung, die Gründung der GmbH zu verhindern.

II. Tathandlung

Tathandlung ist das **Abgeben falscher Erklärungen**, die eine der oben genannten Personen **zum Zwecke der Eintragung der Gesellschaft** ggü. dem Registergericht (§ 7 Abs. 1) abgibt. Falsche Angaben ggü. dem Notar oder der Industrie- und Handelskammer werden erfasst, wenn sie dem Registergericht weitergeleitet werden und zugehen. 14

1. Zum Zwecke der Eintragung

Die Angaben müssen im Zusammenhang mit der erstmaligen Eintragung der GmbH erfolgen. Von dem Tatbestand sind nicht erfasst sind daher gründungsähnliche Vorgänge, wie etwa die Umwandlung einer GmbH in eine AG oder umgekehrt. Auch die Rück-Umwandlung einer aufgelösten GmbH in eine wieder werbend tätige Gesellschaft fällt nicht unter § 82 Abs. 1 Nr. 1, ebenso wenig eine »wirtschaftliche Neugründung« unter Verwendung eines bereits existierenden GmbH-Mantels (bei zugleich erfolgter Kapitalerhöhung kann § 82 Abs. 1 Nr. 3 einschlägig sein). 15

2. Falsche Angaben

Erklärungen oder Angaben sind **falsch**, wenn sie objektiv mit der wirklichen Sachlage nicht übereinstimmen. Werden erhebliche Umstände verschwiegen, wird die Äußerung insgesamt falsch[24]. Dabei kommt es darauf an, ob die nicht mitgeteilten Umstände die Gesamtangabe in rechtlich erheblicher Weise verändern[25]. Falsch können Angaben zur Höhe oder der Art der Anteile (Bar- oder Sacheinlage) oder in Bezug auf die Person des Übernehmers sein.[26] Bewertungen sind jedenfalls dann falsch, wenn sie schlechthin nicht vertretbar sind.[27] Hinweise für die Beurteilung, ob falsche Angaben gemacht werden, ergeben sich insb. aus den dem Eintragungsantrag beizufügenden Unterlagen, dem Gesellschaftsvertrag nach § 8 Abs. 1 Nr. 1, der Gesellschafterliste nach § 8 Abs. 1 Nr. 3, den Verträgen nach § 8 Abs. 1 Nr. 4, den Unterlagen nach § 8 Abs. 1 Nr. 5 sowie aus der Versicherung nach § 8 Abs. 2. 16

3. Tatvollendung und -beendigung

Maßgebender Zeitpunkt für die Beurteilung der Richtigkeit einer Angabe ist der Eingang beim Registergericht[28]. Dieser Zeitpunkt wird allgemein auch als derjenige für die Tatvollendung angenommen; bei schriftlicher oder elektronischer Übermittlung (§ 12 Abs. 2 HGB) müssen die Angaben den amtlichen Bereich des Registergerichts erreicht haben, bei mündlichen Angaben wird eine Kenntnisnahme durch den zuständigen Beamten gefordert[29]. Hat ein Geschäftsführer oder Gesellschafter eine (wann auch immer erkannte) Unrichtigkeit bis dahin berichtigt, wozu sogar eine Pflicht bestehen kann, ist er straflos; der Versuch nicht strafbar. Demgegenüber beseitigt eine Berichtigung nach dem genannten Zeitpunkt die Strafbarkeit nicht. Anderes ist weder rechtsdogmatisch begründbar (der strafbefreiende Rücktritt vom vollendeten Delikt oder tätige Reue bedürften gesetzlicher Reglung), noch besteht hierfür ein anerkennenswertes Bedürfnis, denn der Gesetzgeber 17

---

24 BGH, ZIP 2017, 224.

25 *Tiedemann/Rönnau*, in: Scholz, GmbHG, § 82 Rn. 72; *Schaal*, in: Rowedder/Schmidt-Leithoff, GmbHG, § 82 Rn. 19.

26 *Beurskens*, in: Baumbach/Hueck, GmbHG, § 82 Rn. 15.

27 RGSt 39, 222, 223; *Ransiek*, in: Ulmer/Habersack/Winter, GmbHG, Rn. 16; *Tiedemann*, in: Scholz, GmbHG, Rn. 60.

28 BGH, ZIP 2017, 224 Rn. 52.

29 *Dannecker*, in: Michalski/Heidinger/Leible/Schmidt, GmbHG, § 82 Rn. 125 ff.

wollte bewusst die Erklärungsberechtigten zu besonderer Sorgfalt bei den schadensgeneigten Angaben anhalten, was auch gegen die teilweise befürwortete analoge Anwendung der Vorschriften über die tätige Reue (vgl. zB § 264 Abs. 5, § 264a Abs. 3 StGB) spricht. Mit Eingang der Anmeldung beim Registergericht ist die Tat zugleich beendet, was den Lauf der Verjährung in Gang setzt, die 5 Jahre beträgt (§ 78a, 78 Abs. 3 Nr. 4, § 78a StGB)[30]. Das ist konsequent, da auch sonst bei abstrakten Gefährdungsdelikten, die als Tätigkeitsdelikte ausgestaltet sind, Tatbeendigung mit dem vollständigen Abschluss der tatbestandlichen Ausführungshandlung, nicht erst mit Entfallen der geschaffenen Gefahr eintritt.

III. Gegenstand der Angaben

18 § 82 nennt die für die Ersteintragung relevanten Umstände, auf die sich die Angaben beziehen müssen.

1. Übernahme der Geschäftsanteile

19 Strafbar nach § 82 Abs. 1 Nr. 1 sind falsche Angaben zur **Übernahme der Geschäftsanteile.** Nach § 3 Abs. 1 Nr. 4 muss schon der Gesellschaftsvertrag den Betrag enthalten, den jeder Gesellschafter als Teil des gesamten Stammkapitals (»**Einlageversprechen**«)[31] einbringt. Die Angaben sind falsch, wenn das Einlageversprechen nicht mit der tatsächlich gewollten Übernahme übereinstimmt. Auch werden Fälle der Identitätstäuschung erfasst, wenn etwa nicht existente Personen als Gründungsgesellschafter angegeben werden oder die im Gesellschaftsvertrag genannten Personen in Wahrheit keine Stammeinlage übernommen haben. Falsch sind auch solche Angaben, die die zweifelsfreie Identifizierung des Versprechenden verhindern. Ebenso sind Angaben unwahr, wenn verschwiegen wird, dass die Übernahme angefochten ist oder aus anderen Gründen als nichtig angesehen wird.

2. Leistung der Bar- oder Sacheinlagen

20 Forensisch häufiger kommt die Variante des § 82 Abs. 1 Nr. 1 vor, die falsche Angaben zur **Erbringung der Stammeinlage** zum Gegenstand haben. Unter »Leistung der Einlagen« lassen sich sowohl die tatsächliche **Zahlung von Geldeinlagen**, als auch die Erbringung von **Sacheinlagen** verstehen. Letztere werden allerdings – ohne erweiterten Bedeutungsinhalt – gesondert in § 82 Abs. 1 Nr. 1 genannt.

a) Zahlung von Geldeinlagen

21 Für die Zahlung von **Geldeinlagen** ist maßgeblich, dass das Stammkapital »effektiv«, d.h. wirtschaftlich und im zivilrechtlichen Sinne, aus GmbH-fremden Mittel aufgebracht sein muss. Dazu ist ein Vergleich anzustellen zwischen dem Betrag, der sich aus dem Gesellschaftsvertrag ergibt und dem **Betrag, der tatsächlich eingegangen und geringer ist**. Nach § 7 Abs. 2 Satz 2 darf eine Anmeldung der GmbH erst erfolgen, wenn auf jeden Geschäftsanteil mindestens ein Viertel und insgesamt die Hälfte der gesetzlichen Stammeinlage, also 12.500 € eingezahlt wurde. Falsch sind Angaben bei der Anmeldung, wenn Leistungen auf Geld- oder Sacheinlagen überhaupt nicht oder nicht in der angegebenen Höhe erbracht worden sind. Unwahr sind Angaben, wenn keine Bareinzahlung erfolgt ist, sondern nur ein Wechsel oder Scheck, eine andere Sachleistung eingereicht oder die Leistungen im Wege der Aufrechnung erbracht wurden[32]. Ob Angaben zur erbrachten Zahlungen falsch sind, kann sich sowohl aus Erklärungen in beigefügten Unterlagen wie aus einem Vergleich von Einzahlungsquittungen über die Stammeinlage mit korrespondierenden Kassenberichten ergeben.

---

30 BGH, NJW 2000, 2285; aus BGH, wistra 1987, 212 (spätestens mit Eintragung) ergibt sich nichts Anderes; nach der Gegenauffassung ist die Tat erst mit Eintragung in Handelsregister bzw. Entscheidung des Registergerichts hierüber beendet.

31 *Ransiek*, in: Ulmer/Habersack/Löbbe, GmbHG, § 82 Rn. 20.

32 RGSt 36, 185, 186; RGSt 73, 232 ff.; RGSt 53, 149, 153 f.

aa) Scheinzahlungen

Nicht wirksam erbrachte Geldleistungen sind **Scheinzahlungen**, denn sie stehen **nicht zur endgültigen und freien Verfügbarkeit** des Geschäftsführers. Solche sind etwa das kurzzeitig von einer Bank ausgeliehene Vorzeigegeld[33] oder Gelder, bei denen die Gesellschaft dem Einzahlenden zur Absicherung eines von ihm aufgenommenen Kredites haftet oder für die eine Verpflichtung zur Verpfändung besteht[34]. Ebenso ist unwahr die Erklärung, es sei Barzahlung erfolgt, wenn ein Fall der Aufrechnung oder Sacheinlage vorliegt.[35] Unwahr ist auch das Verschweigen, dass die Einlage in Wahrheit auf das Privatkonto des Geschäftsführers geleistet worden ist.[36] Der BGH hat in einem von ihm entschiedenen Einzelfall allerdings noch keinen Beweis für eine Scheinzahlung darin gesehen, dass schon ein halbes Jahr nach Gründung das Stammkapital einer GmbH trotz Fehlens einer nach außen erkennbar gewordenen Geschäftstätigkeit nicht mehr vorhanden ist. Dies könne zwar darauf hindeuten, dass es die Bareinzahlung von Anfang an nicht der Geschäftsführung zur freien Verfügung stand. Im zu entscheidenden Fall sei dies jedoch (allein) kein tragfähiges Indiz, weil der Geschäftsführer das Stammkapital vor Gründung der Gesellschaft in bar erhalten und die Einzahlung auch quittiert hatte. Ob dies nur zum Schein erfolgte oder nicht, erschließe sich aus dem späteren Verkauf der GmbH nicht.[37] Es ist also zu unterscheiden zwischen der Phase der Mittelaufbringung und der Phase der reinen Mittelverwendung. Soll etwa die erbrachte Stammeinlage später zweckgebunden zur Ablösung einer Forderung Dritter verwendet werden, soll dies einer Erfüllungswirkung nicht entgegenstehen.[38] 22

bb) Hin- und Herzahlen

Auch Gelder, die dem Gesellschafter zuvor als Darlehen gewährt wurden[39] oder Beträge, die dem Einzahler sofort als Darlehen zur Verfügung gestellt werden (sog. Hin-und Herzahlen)[40], stehen der Gesellschaft nicht endgültig zur freien Verfügung, anderslautende Angaben sind folglich falsch iSv § 82 Abs. 1 Nr. 1. Die für die Erfüllung der Einlageschuld (§ 19 Abs. 1 GmbHG) erforderliche Leistung liegt auch dann nicht vor, wenn der gezahlte Einlagebetrag absprachegemäß umgehend zurückfließt oder die Einlageforderung durch eine schwächere Rückzahlungsforderung ersetzt wird. Wenn ein bloßes Hin- und Herzahlen vorliegt, nämlich eine Einlageleistung vereinbart wird, die wirtschaftlich der Rückzahlung der Einlage entspricht und die nicht als verdeckte Sacheinlage nach § 19 Abs. 4 zu beurteilen ist, tritt eine Befreiung von der Einlagepflicht nicht ein (§ 19 Abs. 5 Satz 1). Etwas anderes gilt nur, wenn die besonderen Voraussetzungen des § 19 Abs. 5 erfüllt sind, also eine die Einlagepflicht substituierende Vereinbarung getroffen wird, die auf ihrer Grundlage erbrachte Leistung durch einen – in voller Höhe der behaupteten Einlage – vollwertigen, jederzeit fälligen oder durch fristlose Kündigung fällig werdenden Rückzahlungsanspruch gedeckt ist und der Geschäftsführer diese Umstände bei der Anmeldung angibt[41]. 23

b) Sacheinlagen

Sacheinlagen sind alle nicht in Geld geleisteten Einlagen wie zB Grundstücke, dingliche oder Immaterialgüterrechte, (nicht verpfändete) Forderungen oder Sachgesamtheiten (Unternehmen), 24

---

33 BGH, ZIP 2006, 1633, 1634.

34 BGHZ 96, 231, 241 f.; BGH, GA 1977, 340, 341.

35 *Tiedemann/Rönnau*, in: Scholz, GmbHG, § 82 Rn. 89; *Beurskens*, in: Baumbach/Hueck, GmbHG, § 82 Rn. 15; *Schaal*, in: Rohwedder/Schmidt-Leithoff, GmbHG, § 82 Rn. 26.

36 BayObLG, wistra 1987, 191.

37 BGH, wistra 2005, 68 m. Anm. *Wegner*, wistra 2005, 150.

38 BGH, NStZ 1996, 238.

39 BGH, ZIP 2006, 1633, 1634.

40 BGH, ZIP 2005, 2203.

41 BGH, NJW 2009, 3093 zu Einlagezahlung auf Cash-Pool Konto bei negativem Saldo zulasten der Gesellschaft; insgesamt str., vgl. *Dannecker*, in: Michalski/Heidinger/Leible/Schmidt, GmbHG, § 82 Rn. 99; auch *Gehrlein*, Das neue GmbH-Recht S. 36.

die einen Vermögenswert besitzen und übertragbar sind. Eingebrachte Sacheinlagen entfalten nur dann Erfüllungswirkung, wenn sie nach Art und Höhe im Gesellschaftsvertrag aufgeführt sind (§ 5 Abs. 4) und vor der Anmeldung sichergestellt ist, dass sie endgültig zur freien Verfügung der Geschäftsführung stehen. Nach § 8 Abs. 2 ist die Versicherung abzugeben, dass die in § 7 Abs. 2 und 3 bezeichneten Leistungen auf die Geschäftsanteile bewirkt sind und dass der Gegenstand der Sacheinlage endgültig zur freien Verführung des Geschäftsführers steht, was (ggf.) durch weiter gehende Nachweise zu belegen ist (§ 8 Abs. 2 Satz 2). Falsch sind Angaben zur Sacheinlage etwa dann, wenn ein einzubringendes Patent nicht (mehr) besteht[42], ein Grundstück mit einer Hypothek oder Grundschuld belastet ist oder das Grundstück zu hoch bewertet oder die Zahlung einer Bareinlage mit der von vornherein erklärten Absicht erfolgt, ein Grundstück zu erwerben, das in Wirklichkeit überteuert ist.

25 Umstritten ist, ob im Falle einer **verdeckten Sacheinlage** falsche Angaben auch dann vorliegen können, wenn der Wert der tatsächlich gewollten Sacheinlage (der vom Gesellschafter der Gesellschaft zum Preis der vereinbarten Bareinlage »verkaufte« Vemögensgegenstand[43]) den Wert der (vereinbarten) Geldeinlage wenigstens erreicht. Eine verdeckte Sacheinlage befreit nach § 19 Abs. 4 (in der seit MoMiG geltenden Fassung) den Gesellschafter weiterhin nicht von seiner Einlageverpflichtung, führt nun aber – bezogen auf den Zeitpunkt der Anmeldung bzw. der Leistung – zur Anrechnung des Wertes der Vermögensgegenstände, die der Gesellschafter auf Grund der nunmehr als schuldrechtlich und dinglich wirksam angesehenen Verträge über die verbotene Sacheinlage tatsächlich erbracht hat. Diese Anrechnung erfolgt jedoch nicht vor Eintragung ins Handelsregister. Die diesem gegenüber gemachte Angabe, es sei eine Bareinlage (und nicht, wie tatsächlich, eine Sacheinlage) vorgenommen, ist jedenfalls falsch; die Erheblichkeit dieses Umstands folgt schon daraus, dass regelmäßig die Umgehung der für Sachgründungen geltenden Vorschriften intendiert ist[44].

3. Verwendung eingezahlter Beträge

26 Als weitere Variante nennt § 82 Abs. 1 Nr. 1 (wie § 399 Abs. 1 Nr. 1 AktG) falsche Angaben über die »**Verwendung eingezahlter Beträge**«. Dies dient bestenfalls[45] der Klarstellung, dass offenzulegen ist, ob die Geldeinlagen, die geleistet werden, zum Zeitpunkt der Anmeldung tatsächlich noch vollständig zur Verfügung stehen (und nicht bereits für Steuern o.ä. verausgabt wurden). Werden keine Angaben hierzu gemacht, wird der Eindruck hervorgerufen, es läge keine Änderung zum eingezahlten Kapital vor.

4. Sondervorteile und Gründungsaufwand

27 Angaben über den **Aufwand, der für die Vorbereitung, Errichtung und Eintragung** der Gesellschaft entstanden ist, müssen ebenso wie **mitgliedschaftliche Sondervorteile** oder **sonstige Sondervorteile**, die einem einzelnen Gesellschafter oder Dritten von der GmbH eingeräumt werden, zu ihrer Wirksamkeit in den nach § 8 Abs. 1 Nr. 1 dem Registergericht einzureichenden Gesellschaftsvertrag aufgenommen werden. Erfasst hiervon werden auch Vergütungen für beratende Tätigkeiten aus Anlass der GmbH-Gründung (Gründerlohn).

28 Falsch sind Angaben, mit denen ein **Gründungsaufwand** behauptet wird, der gar nicht oder nicht in der angegebenen Höhe entstanden ist; auch scheinbare Verbindlichkeiten verfälschen die Information zur Vermögenslage der GmbH[46]. Falsch sind ferner Angaben über den Rechtsgrund solcher Leistungen, deren Wert oder die Person des Empfängers. Unwahr können auch Angaben sein über

---

42 RGSt 49, 340 f.

43 Vgl. BGHSt 28, 314, 319; BGHZ 132, 133, 135.

44 Str.; wie hier *Ransiek*, in: Ulmer/Habersack/Löbbe, GmbHG, § 82 Rn. 31 f.

45 Da § 8 – anders als § 37 AktG – keine Angaben über die Verwendung der eingezahlten Beträge enthält, liegt die Annahme, diese Tatvariante sei ein Redaktionsversehen, nicht fern, vgl. *Schaal*, in: Rohwedder/Schmidt-Leithoff, GmbHG, § 82 Rn. 40.

46 *Tiedemann/Rönnau*, in: Scholz, GmbHG, § 82 Rn. 103 mwN.

die Höhe der Zahlungen für Beratungsleistungen, Aufwendungen für die Anbahnung und die konkrete Vorbereitung der Gründung. Wird ein Aufwand oder ein Sondervorteil verschwiegen, obwohl ein solcher vereinbart ist, sind die Angaben gegenüber dem Registergericht auch dann falsch, wenn der Gründungsaufwand oder der Sondervorteil mangels Aufnahme in den Gesellschaftsvertrag nicht wirksam vereinbart wurde, aber der Zahlungsempfänger/der Begünstigte faktisch mit einer Erfüllung rechnen kann[47].

IV. Subjektiver Tatbestand

29 Eine Strafbarkeit wegen Gründungsschwindel nach § 82 Abs. 1 Nr. 1 setzt Vorsatz voraus; fahrlässiges Handeln ist in § 82 nicht mit Strafe bedroht. **Bedingter Vorsatz** ist ausreichend und gegeben, wenn der Täter ernsthaft damit rechnet, dass seine Angaben, die er als Geschäftsführer oder Gesellschafter gegenüber dem Registergericht macht, unzutreffend, aber für die Eintragung der GmbH, die er bezweckt, erforderlich sind. Täuschungs- oder Schädigungsabsicht sind nicht erforderlich. Glaubt der Täter irrig (was Tatfrage ist), bei einer Nachmeldung müssten keine Angaben über eine zwischenzeitliche Verwendung der Bareinlagen gemacht werden, irrt er über ein (normatives) Tatbestandsmerkmal und handelt entsprechend § 16 StGB ohne Vorsatz[48].

C. Sachgründungsschwindel, § 82 Abs. 1 Nr. 2

30 Mit Blick auf die bei Sachgründungen zu besorgende erhöhte Gefahr unseriöser GmbH-Gründungen durch Einbringung wertloser oder überbewerteter Sacheinlagen stellt § 82 Abs. 1 Nr. 2 falsche **Angaben in einem Sachbericht** – der **zeitlich der Anmeldung vorgelagert** ist und hierauf auch nicht abzielen muss – unter Strafe. Taugliche Täter sind nur die Personen, die bei der von ihnen vorgenommenen Erstellung des Sachberichts **(Gründungs-)Gesellschafter** waren; es entlastet sie nicht, dass die nachfolgend ausgeschieden sind[49]. Ein Geschäftsführer, der wissentlich einen falschen Sachgründungsbericht zur GmbH-Anmeldung vorlegt, kann sich nach Abs. 1 Nr. 1 strafbar machen.

31 Da der Sachgründungsbericht schriftlich zu erstatten ist, kommen nur **falsche schriftliche Angaben** in Betracht. »Falsch« ist – wie bei Abs. 1 Nr. 1 – ein Auseinanderfallen von Angaben und objektiver Wirklichkeit, was auch bei unvollständigen Angaben der Fall sein kann. Im Sachbericht haben die Gesellschafter die für die »Angemessenheit« der Sacheinlagen »wesentlichen« Umstände darzulegen (§ 5 Abs. 4 Satz 2). Was angemessen und was wesentlich ist, richtet sich zum einen nach dem Zweck, die Prüfung der Ordnungsgemäßheit einer Sachgründung zu erleichtern, andererseits nach den Umständen des Einzelfalles und der Eigenart des eingebrachten Vermögensgegenstandes (Alter, Marktwert, Verwendung)[50]. Tathandlung kann etwa eine falsche Angabe über den überhöhten Wert eines Grundstücks sein. Die Strafbarkeit falscher Angaben zum nicht näher bestimmten Merkmal der Wesentlichkeit der Umstände ist eher restriktiv und unter Beachtung des Verhältnismäßigkeitsgrundsatzes zu beurteilen, regelmäßig können daher nur **eindeutige Beurteilungsfehler** »falsch« sein. Wird gar kein Bericht abgegeben liegt kein Fall des § 82 Abs. 1 Nr. 2 vor; die Berichtspflicht statuiert keine Erfolgsabwendungspflicht, sondern nur eine Handlungspflicht.

32 § 82 Abs. 1 Nr. 2 setzt **Vorsatz** voraus, das zu Abs. 1 Nr. 1 Gesagte gilt entsprechend. **Vollendet** ist die Tat nach allgemeiner Auffassung nicht bereits mit Unterzeichnung des Sachberichts, sondern erst, wenn er Dritten zugänglich gemacht wird, wobei hierzu mit Blick auf den weiten Schutzzweck des § 82 alle Teilnehmer am Rechtsverkehr (etwa auch der beurkundende Notar) rechnen[51]. Eine

47 *Ransiek*, in: Ulmer/Habersack/Löbbe, GmbHG, § 82 Rn. 44; *Tiedemann/Rönnau*, in: Scholz, GmbHG, § 82 Rn. 101, 103.

48 BGH, NStZ 1993, 442.

49 *Tiedemann/Rönnau*, in: Scholze, GmbHG, § 82 Rn. 123; *Beurskens*, in: Baumbach/Hueck, GmbHG, 82 Rn. 21; aA *Schaal*, in: Rowedder/Schmidt-Leithoff, GmbHG, § 82 Rn. 53.

50 *Tiedemann/Rönnau*, in: Scholz, GmbHG, § 82 Rn. 125.

51 *Dannecker*, in: Michalski/Heidinger/Leible/Schmidt, GmbHG, § 82 Rn. 153; aA *Ransiek*, in: Ulmer/Habersack/Löbbe, GmbHG, § 82 Rn. 77.

Einreichung beim Registergericht ist nicht erforderlich. In Fortsetzung der in Rdn. 17 aufgezeigten Rechtsprechung wird man auch hier mit Vollendung zugleich **Beendigung** der Tat (und damit Verjährungsbeginn) annehmen können.

D. Kapitalerhöhungsschwindel, § 82 Abs. 1 Nr. 3 und Abs. 1 Nr. 4

I. Allgemeines

33 Wie bei der ersten Einzahlung des Stammkapitals soll auch die Aufbringung neuen Kapitals zugunsten der übrigen und zukünftigen Gesellschafter durch das Strafrecht geschützt werden. Deshalb stellen § 82 Abs. 1 Nr. 3 falsche Angaben bei der Kapitalerhöhung gem. den §§ 55 ff., d.h. durch die Aufbringung wirtschaftlich »neuen« Kapitals (**effektive Kapitalerhöhung**), und § 82 Abs. 1 Nr. 4 bei der Kapitalerhöhung aus Gesellschaftsmitteln nach den §§ 57c ff. (**nominelle Kapitalerhöhung**) unter Strafe. Vorausgesetzt wird jeweils eine bereits gegründete GmbH. Täter können nur deren **bestellter und/oder faktischer Geschäftsführer** (vgl. Rdn. 9) einschl. Stellvertreter (§ 44) sein, nicht aber Gesellschafter, Liquidatoren oder Insolvenzverwalter, die beiden Letztgenannten auch dann nicht, obwohl dies vernünftig wäre, soweit sie Kapitalerhöhungen (nach § 254a Abs. 3 Satz 3 InsO) anmelden. In beiden Varianten des Kapitalerhöhungsschwindels geht es letztlich um an das Registergericht gerichtete Angaben. Dementsprechend ist – wie bei § 82 Abs. 1 Nr. 1 – die Tat jeweils erst mit Zugang der Anmeldung beim Registergericht vollendet, in diesem Zeitpunkt zugleich beendet (s.o. Rdn. 17).

II. Tathandlung nach §§ 82 Abs. 1 Nr. 3

34 **Tathandlung nach § 82 Abs. 1 Nr. 3** ist wie bei § 82 Abs. 1 Nr. 1 das wenigstens bedingt vorsätzliche Machen falscher (also unrichtiger oder unvollständiger, s.o.) Angaben gegenüber dem Registergericht, das zum Zwecke der Eintragung der Erhöhung des Stammkapitals in das Handelsregister erfolgt[52]. **Gegenstand strafbar falscher Erklärungen** können das zu zeichnende neue Kapital (als Bar- oder Sacheinlage), dessen Einbringung oder – was auch § 82 Abs. 1 Nr. 4 tautologisch hervorhebt – die zum Zweck der Kapitalerhöhung neu eingebrachten Sacheinlagen sein. **Angaben zur Zeichnung des Kapitals**, also zur Verpflichtung eines (neuen) Gesellschafters auf Übernahme seines Geschäftsanteils am erhöhten Kapital (§ 55 Abs. 1), können insbesondere falsch sein, wenn die Identität des Übernehmers (vgl. § 57 Abs. 3 Nr. 2; auch des Strohmanns/Treuhänders, nicht notwendigerweise des Hintermanns) oder die Art oder die Höhe der auf ihn entfallende Einlange nicht, nicht richtig oder nicht vollständig benannt sind. Angaben über die **Einbringung des neuen Kapitals** sind falsch, wenn die Art der Einlage unzutreffend ist, wenn die behauptete **Bareinlage** nicht, nicht in angegebener Höhe oder nicht zur endgültigen und feien Verfügung der GmbH geleistet wird oder bei Anmeldung nicht bereits ein Viertel erbracht wurde (§ 57), nicht indes, wenn das neue Kapital nicht direkt auf das Stammkapital geleistet, sondern zur Vereinfachung des Zahlungsweges ein Darlehensgeber befriedigt wird[53]. Unwahr ist die behauptete Zahlung einer Bareinlage auch dann, wenn sie sich aufgrund einer Abtretung der GmbH noch auf einem Festgeldkonto befindet[54]. Soll die Kapitalerhöhung durch die Aufbringung einer **Sacheinlage** (vgl. §§ 56, 57 Abs. 3 Nr. 3) erfolgen, muss dies ausdrücklich im Beschluss über die Kapitalerhöhung enthalten sein. Für die verdeckte Sacheinlage gelten die zu § 82 Abs. 1 Nr. 1 gemachten Ausführungen; der Schutzbereich des Abs. 1 Nr. 3 kann im Lichte der Neufassung des § 19 durch das MoMiG nicht weiter sein als der Schutzbereich des Abs. 1 Nr. 1.

52 HM; *Dannecker*, in: Michalski/Heidinger/Leible/Schmidt, GmbHG, § 82 Rn. 160; *Schaal*, in: Rowedder/Schmidt-Leithoff, GmbHG, § 82 Rn. 55; *Altenhain*, in: MünchKommGmbHG, § 82 Rn. 79.

53 BGHZ 119, 177, 191.

54 OLG Jena, GmbHR 1998, 1041, 1043.

III. Tathandlung nach § 82 Abs. 1 Nr. 4

§ 82 Abs. 1 Nr. 4 betrifft einen strafrechtlichen Spezialfall. Als Tathandlung beschrieben ist das wenigstens bedingt vorsätzliche Machen falscher Angaben bei der nach § 57c Abs. 1 vorzunehmenden Erhöhung des Stammkapitals aus Gesellschaftsmitteln, insb. durch **Umwandlung von Rücklagen in Stammkapital**. Der zur Anmeldung verpflichtete Geschäftsführer hat nach § 57i Abs. 1 Satz 2 ggü. dem Registergericht zu erklären, dass die materiellen Voraussetzungen der Kapitalerhöhung aus Gesellschaftsmitteln nicht entfallen sind (**Negativerklärung**); der Sache nach geht es also um eine Berichtigungspflicht, der der Geschäftsführer nachzukommen hat. Ob hier wie bei Abs. 1 Nr. 3 eine Erklärung »zum Zweck der Eintragung« zu fordern ist, ist umstritten, der Streit aber ohne praktische Relevanz, da »falsch« iSd § 82 Abs. 1 Nr. 4 nur Angaben »in der nach § 57i Abs. 1 Satz 2 vorgeschriebenen Erklärung« sein können, die allein den Zweck hat, eine Eintragung herbeizuführen. **Objektiv falsch** sind Angaben bspw. wenn sich die Vermögenslage der GmbH seit dem Stichtag der zugrunde gelegten Bilanz bis zum Tag der Anmeldung verschlechtert hat, oder die Rücklagen, die zur Kapitalerhöhung benutzt werden sollen, durch Verluste geschmälert oder aufgezehrt worden sind. Welche Konsequenzen sich daraus ergeben, dass § 57a Abs. 1 Satz 2 die Erklärung des Geschäftsführers an sein Wissen knüpft (»nach seiner Kenntnis«), ist umstritten. Vielfach ist zu lesen, hieraus ergebe sich für § 82 Abs. 1 Nr. 4 eine Strafbarkeitsgrenze insoweit, als dem Geschäftsführer die Unrichtigkeit seiner Angaben bekannt gewesen sein müsse; bei Unkenntnis könne er sich, auch wenn er vor Abgabe der Erklärung pflichtwidrig keine Erkundigungen unternommen hat, in Ermangelung eines Fahrlässigkeitstatbestandes nicht strafbar machen[55]. Das erscheint indes zweifelhaft. Mit seiner Erklärung, ein für die Kapitalerhöhung maßgeblicher Umstand sei »nach seiner Kenntnis« (nicht) gegeben, erklärt er zugleich, eine **solche Kenntnis zu haben**. Hat sich der Geschäftsführer die erforderliche positive Gewissheit aber nicht verschafft, ist die Erklärung – offenkundig – schon deswegen falsch. Anderes wäre auch mit dem Sinn der Vorschrift, sicherzustellen, dass das zur Kapitalerhöhung geschaffene Kapital auch tatsächlich zur Verfügung steht und die Information hierüber valabel ist, schwer zu vereinbaren[56]. 35

E. Eignungsschwindel, § 82 Abs. 1 Nr. 5

I. Allgemeines

Wer sich als Geschäftsführer oder Liquidator zum Registergericht anmeldet, hat zu versichern, dass seiner Bestellung keine Umstände gemäß § 6 Abs. 2 Satz 2 Nr. 2 (Berufsverbot) oder Nr. 3 (Verurteilung wegen bestimmter Straftaten) oder nach Satz 3 (Verurteilung im Ausland), sog. Inhabilitätsgründe entgegenstehen und dass er über die unbeschränkte Auskunftspflicht gegenüber dem Gericht belehrt worden war (§ 8 Abs. 3, § 39 Abs. 3, § 66 Abs. 4, § 67 Abs. 4); der Katalog der kraft Gesetzes zum Ausschluss vom Amt führenden Gründe wurde durch das MoMiG 2008[57] und das 51. StGB-ÄnderungsG 2017 sukzessive erweitert. § 82 Abs. 1 Nr. 5 flankiert diese **Pflicht zur Selbstauskunft**, indem er die Abgabe einer falschen Versicherung unter Strafe stellt. Damit soll zum einen dem Registergericht ein wegen der hohen Zahl von Anmeldungen ansonsten angeblich nicht leistbarer Aufwand erspart werden, der mit einer nach § 41 Abs. 1 Nr. 1 BZRG möglichen Regelanforderung von Bundeszentralregisterauskünften verbunden wäre[58]. Zum anderen soll verhindert werden, dass eine GmbH (oder UG) von ungeeigneten Personen geleitet wird; so dient auch § 82 36

55 So noch Voraufl.; auch *Tiedemann/Rönnau*, in Scholz, GmbHG, § 82 Rn. 141; *Altenhain*, in MünchKommGmbHG, § 82 Rn. 86; *Beurskens*, in Baumbach/Hueck, GmbHG, § 82 Rn. 36 f.; *Ransiek*, in: Ulmer/Habersack/Löbbe, GmbHG, § 82 Rn. 94.

56 Wie hier *Schaal*, in: Rowedder/Schmidt-Leithoff, GmbHG, § 82 Rn. 66.

57 *Gehrlein*, Das neue GmbH-Recht, S. 85 ff.; *K. Schmidt*, GmbHR 2008, 449, 450.

58 BT-Drs. 8/1347, S. 34; BGH, NZG 2010, 829; zu verfassungsrechtlichen Bedenken einerseits *Ransiek*, in: Ulmer/Habersack/Löbbe, GmbHG, § 82 Rn. 102, anderseits *Tiedemann/Rönnau*, in: Scholz, GmbHG, § 82 Rn. 146; *Dannecker*, in Michalski/Heidinger/Leible/Schmidt, GmbHG, § 82 Rn. 193a.

Abs. 1 Nr. 5 letztlich dem Gläubigerschutz, weshalb auch diese Strafnorm **Schutzgesetz** iSv § 823 Abs. 2 BGB sein kann[59].

II. Täterkreis

37 Als taugliche Täter kommen **Geschäftsführer** unabhängig von der Wirksamkeit ihrer Bestellung (s.o. Rn 9) und alle förmlich bestellten oder faktischen[60] **Liquidatoren** (§ 66) in Betracht, ferner – seit der durch das MoMiG erweiterten Fassung – auch **Geschäftsleiter ausländischer juristischer Personen**, die gemäß § 13g Abs. 2, 5, § 13e Abs. 3 Satz 2 HGB bei der Eintragung einer inländischen Zweigniederlassung eine entsprechende Erklärung über das Nichtbestehen von Bestellungshindernissen abgeben müssen (um einem Unterlaufen der inländischen Bestellungsverbote entgegen zu wirken). Hierzu rechnen etwa der Director einer englischen Ltd., die Geschäftsführer/Verwalter einer französischen oder luxemburgischen SARL oder einer spanischen SL. Ist Liquidator eine juristische Person, ist der gesetzliche Vertreter, den die Erklärungspflicht trifft und dessen Inhabilität zur Ungeeignetheit des Liquidators führt (arg. § 66 Abs. 4), möglicher Täter. Gesellschafter, Aufsichtsratsmitglieder und andere beteiligte Dritte (vgl. § 8 Abs. 3 Satz 2) können nur Anstifter oder Gehilfe sein (s.o. Rdn. 7).

III. Tathandlung

1. falsche Angaben in einer Versicherung

38 Tathandlung ist das Machen unrichtiger oder unvollständiger Angaben in einer (ggf. ergänzenden) Versicherung gegenüber dem Registergericht nach § 8 Abs. 3, § 39 Abs. 3 oder § 67, gleich ob diese im Zusammenhang mit einer Neugründung oder einer Änderung der Geschäftsführung steht. Es geht um die gesetzlich geforderte Tatsachenmitteilung, in der das Wort »versichern« selbst nicht verwendet werden muss, es genügt vielmehr jede Wendung (»erklären«, »angeben« u.a.), die hinreichend erkennen lässt, dass es sich um die erforderliche, eigenverantwortliche Bekundung des Betroffenen handelt[61]. Zwar kennt § 6 weitere Ausschlussgründe, die das Registergericht im Rahmen der Amtsermittlung prüfen muss, freiwillige Angaben hierzu sollen aber nicht vom Tatbestand des § 82 Abs. 1 Nr. 5 erfasst sein[62], ebenso wenig die Nichtabgabe einer Versicherung (etwa des bestellten aber straffällig gewordenen Geschäftsführers). Auch eine Berichtigungspflicht bei veränderten Umständen nach Abgabe der Versicherung wird allgemein verneint.

2. Berufs- und Gewerbeverbot

39 Nach § 6 Abs. 2 Nr. 2 ist ein Geschäftsführer ungeeignet, wenn gegen ihn ein Berufsverbot verhängt wurde, das in einem Urteil (zB gem. § 70 StGB in einem Strafurteil oder diesem gleichstehenden Strafbefehl oder in einer ehrengerichtlichen Ausschließung nach § 114 Abs. 1Nr. 5 BRAO) oder einer vollziehbaren Verwaltungsentscheidung (zB eine Handwerksuntersagung nach § 16 HandwO oder ein Gewerbeverbot nach § 35 GewO[63]) ausgesprochen ist. Ob ein nur vorläufiges, nach § 132a StPO (und also nicht durch Urteil) ergangenes oder ein nach § 70a StGB zur Bewährung ausgesetztes (und nicht zur Strafbarkeit nach § 145c StGB führendes) Berufsverbot mitgeteilt werden muss, erscheint zweifelhaft. Eine Versicherung kann aber auch dann falsch sein, wenn der Unternehmensgegenstand oder der Gegenstand des Verbots (die nach § 6 Abs. 2 Nr. 2 zueinander in Relation zu setzen sind) unzutreffend angegeben oder irreführend umschrieben werden.

---

59 BayObLG, GmbHR 1982, 210; *Schaal,* in: Rowedder/Schmidt-Leithoff, GmbHG, § 82 Rn. 2; aA Vorauf.; Roth/Altmeppen, GmbHG, § 82 Rn. 24.

60 BGH, NStZ 2000, 34, 36; BayObLG, GmbHR 1990, 29.

61 OLG Karlsruhe, BB 2012, 1439.

62 OLG Brandenburg, NotBZ 2012 34 ff.

63 KG, NZG 2012, 430 und 750; aA BayObLG, NJW-RR 1986, 1362.

3. Verurteilung wegen Katalogstraftat

Nach § 6 Abs. 2 Nr. 3 ist vom Geschäftsführeramt ausgeschlossen, wer eine der darin **abschließend aufgeführten Straftatbestände** vorsätzlich begangen hat, er deswegen verurteilt wurde und die Verurteilung nicht länger als fünf Jahre zurückliegt, gleich ob die Verurteilung im Inland oder im Ausland erfolgt (vgl. § 6 Abs. 3 Satz 3). Zu diesen Katalogtaten zählen nicht mehr nur die Insolvenzverschleppung und andere Insolvenzdelikte, sondern auch Falschangaben nach § 82 oder nach § 399 AktG sowie unrichtige Darstellungen nach HGB, AktG und UmwG. Zur Inhabilität führen ferner Verurteilungen wegen einer Reihe anderer Straftaten, darunter Betrug, Untreue, Subventions- oder Kapitalanlagebetrug, Sportwettbetrug oder Manipulation von Wettbewerben, wenn **mindestens ein Jahr Freiheitsstrafe** (für eine dieser Taten als Einzelstrafe[64] oder für mehrere davon auch als Gesamtstrafe) verhängt wurde (§ 6 Abs. 3 Nr. 3e); bei tateinheitlicher Verurteilung wegen einer Katalogtat mit einer Nicht-Katalogtat wird es darauf ankommen, ob allein wegen der Katalogtat eine mindestens einjährige Freiheitsstrafe verhängt worden wäre. Falsche Angaben liegen demzufolge vor, wenn derartige Vorstrafen nicht, nicht zutreffend oder nicht vollständig mitgeteilt werden; ein Berufen auf eine beschränkte Offenbarungspflicht nach dem BZRG ist ausgeschlossen, § 53 Abs. 2 BZRG. Verurteilungen, die seit mehr als fünf Jahren (gerechnet ab Zugang der Versicherung beim Registergericht, ausgenommen Zeiten, in welchen der Täter auf behördliche Anordnung in einer Anstalt verwahrt wurde) rechtskräftig sind, führen nicht zum Ausschluss vom Amt und unterliegen folglich auch nicht einer strafbewehrten Mitteilungspflicht. Es ist zwar keineswegs ausgeschlossen, dass auch andere Verurteilungen, bspw. Verurteilungen wegen Untreuehandlungen unterhalb der Jahresgrenze Hinweise auf eine fehlende Eignung als Geschäftsführer geben können, strafbewehrt nach § 82 Abs. 1 Nr. 5 ist das Unterlassen dahingehender Angaben indes nicht. 40

IV. Subjektiver Tatbestand

Auch für § 82 Abs. 1 Nr. 5 genügt Eventualvorsatz (er hält die Unrichtigkeit seiner Versicherung für möglich und billigt dies); eine Täuschungsabsicht ist ebenfalls nicht erforderlich. Teilweise wird vertreten, der Täter müsse mit der Absicht handeln, seine Eintragung herbeizuführen. Das wird vom Wortlaut der Vorschrift, die ein Handeln »zum Zweck der Eintragung« nicht fordert, nicht getragen[65]. Wer glaubt, die geforderten Angaben seien unzumutbar, handelt vorsätzlich; der darin allenfalls liegende Verbotsirrtum (§ 17 StGB) ist vermeidbar. 41

V. Vollendung, Beendigung

Ein Eignungsschwindel ist nach allg. Ansicht vollendet (und erst dann strafbar), wenn die abzugebende Versicherung dem Registergericht zugeht. Mit diesem Zeitpunkt tritt auch Beendigung und damit Verjährungsbeginn ein, nicht erst mit der Entscheidung des Registergerichts über die Eintragung oder Ablehnung der Eintragung (str., s.o. Rdn. 17). 42

F. Kapitalherabsetzungsschwindel, § 82 Abs. 2 Nr. 1

Voraussetzung einer Kapitalherabsetzung ist nach § 58, dass der Geschäftsführer die Versicherung abgibt, dass die Gläubiger, die sich bei der Gesellschaft gemeldet und der Herabsetzung nicht zugestimmt haben, befriedigt oder sichergestellt sind. Den damit beabsichtigten Schutz der Vermögensinteressen der Gläubiger, insb. der Altgläubiger, die einer Herabsetzung des Stammkapitals widersprochen haben, will § 82 Abs. 2 Nr. 1 stärken[66], indem er das Machen falscher Angaben (nicht schon die unterlassene Versicherung) mit Strafe bedroht. Potenzieller Täter ist (nur) der bestellte oder der faktische **Geschäftsführer** (s.o. Rdn. 9), der eine **Kapitalherabsetzung** nach den §§ 78 und 58 Abs. 1 Nr. 3 beim Registergericht anzumelden hat, nicht aber – obwohl ihnen eine 43

64 Vgl. KG, GmbHR 2015, 868; ausführlich *Weiß*, wistra 2009, 211.
65 *Dannecker*, in: Michalski/Heidinger/Leible/Schmidt, GmbHG, § 82, Rn. 204 mwN.
66 OLG Jena, GmbHR 1998, 1041, 1043 f.

entsprechende Anmeldung möglich wäre – Liquidatoren. Auf die vereinfachte Kapitalherabsetzung, die eine entsprechende Versicherung nicht vorsieht, ist § 82 Abs. 2 Nr. 1 nicht anwendbar.

44 Die Versicherung muss ggü. dem Registergericht abgegeben werden. Da keine bestimmte Form vorgesehen ist, reicht jede Erklärung im Sinne von § 58 Abs. 1 Nr. 4 aus. Falsch sind solche Angaben, in denen die Gesellschaftsgläubiger, die sich gemeldet und der Herabsetzung widersprochen haben, nicht erwähnt werden oder behauptet wird, sie hätten einer Kapitalherabsetzung zugestimmt. Unwahr ist die Versicherung auch dann, wenn sie verschweigt, dass der Kreis der betroffenen Gläubiger zB mangels Ablaufs der Jahresfrist (§ 58 Abs. 1 Nr. 3) noch nicht endgültig bestimmt ist. Unvollständig – und damit falsch iSv § 82 Abs. 2 Nr. 1 – ist eine Versicherung, die nicht mitteilt, wann und wie die Bekanntmachung erfolgte[67]; auch muss angegeben werden, wie die Befriedigung oder Sicherstellung bewirkt worden ist. Hält der Geschäftsführer die Unrichtigkeit bzw. Unvollständigkeit seiner Versicherung für möglich und billigt er dies, handelt er – was für eine Strafbarkeit nach § 82 Abs. 2 Nr. 1 ausreicht – bedingt vorsätzlich. Glaubt er irrig, eine geltend gemachte Forderung bestehe nicht (wofür nicht ausreicht, dass sie bestritten ist), handelt er ohne Vorsatz (§ 16 StGB). Erkennt der Täter erst nach Vollendung der Tat (Zugang beim Registergericht, s.o. Rn 17) die Unwahrheit seiner Erklärung, ist er zur Berichtigung verpflichtet. Unterlässt er dies wiederum entgegen seiner Verpflichtung, liegt eine Tatbegehung durch Unterlassen vor[68].

G. Geschäftslagetäuschung, § 82 Abs. 2 Nr. 2

I. Allgemeines

45 Die unrichtige Darstellung der Vermögensverhältnisse (wozu die Vermögenslage zählt) in der Eröffnungsbilanz, im Jahresabschluss, im Lagebericht oder in einem Zwischen- bzw. Einzelabschluss wurde für alle Kapitalgesellschaften durch das BiRiLiG in § 331 Nr. 1 und Nr. 1a HGB unter Strafe gestellt. Hierzu ergänzend und **subsidiär** droht § 82 Abs. 2 Nr. 2 (ähnlich § 400 AktG) den Personen mit Strafe, die als Geschäftsführer, Liquidator oder Mitglied des Aufsichtsrats oder ähnlicher Organe »in einer öffentlichen Mitteilung« die Vermögenslage der Gesellschaft unwahr darstellen oder verschleiern. **Zweck** der Vorschrift ist nach hM der Schutz künftiger Gesellschafter, der Gläubiger, der Arbeitnehmer und der Allgemeinheit, in diesem Umfang ist die Norm auch **Schutzgesetz** iSv § 823 Abs. 2 BGB (s.o. Rdn. 6).

II. Täterkreis

46 Taugliche Täter sind bestellte oder faktische Geschäftsführer bzw. Liquidatoren (s.o. Rdn. 9, 37) sowie Mitglieder des (obligatorischen oder fakultativen) Aufsichtsrates oder eines ähnlichen Organs (Beirat, Verwaltungsrat, Ausschuss), wenn dieses die wenigstens teilweise Überwachung der Geschäftsführung zur Aufgabe hat. Auch für letztgenannte ist nicht entscheidend, ob sie rechtswirksam gewählt oder bestellt sind, sondern dass sie ihre Funktion mit Billigung der übrigen Gesellschaftsorgane nach außen tatsächlich ausüben. Auf die Bezeichnung des Gremiums kommt es nicht an. Die strafrechtliche Verantwortlichkeit trifft jedes Mitglied, wenn es »als« Gesellschaftsorgan (also nicht lediglich privat) handelte, was der Fall ist, wenn die Öffentlichkeit die Mitteilung als Ausübung der Organstellung verstehen muss[69].

III. Tathandlung

47 § 82 Abs. 2 Nr. 2 betrifft nur **öffentliche Mitteilungen.** Das können Verlautbarungen in mündlicher (zB Interview, Rede, Fernsehauftritt), schriftlicher (zB Zeitungsanzeige, Prospekt, Brief, Lagebericht, Sanierungsplan) oder jeden sonstigen Form (zB auf einem Datenmedium) sein. Maßgeblich

67 HM; aA *Ransiek*, in Ulmer/Habersack/Löbbe, GmbHG, § 82 Rn. 118; *Tiedemann/Rönnau*, in: Scholz, GmbHG, § 82 Rn. 158.

68 Im Einzelnen str.; ausführlich *Tiedemann/Rönnau*, in Scholz, GmbHG, § 82 Rn. 116 ff.

69 *Beurskens*, in: Baumbach/Hueck, GmbHG, § 82 Rn. 51.

ist, dass sie einem unbegrenzten Personenkreis zugänglich gemacht werden, was auch bei Mitteilungen an das Handelsregister, an den Kundenkreis einer Bank oder an eine größere Gläubigergruppe der Fall ist, nicht aber bei rein gesellschaftsinternen Mitteilungen. Inhaltlich muss sich die Mitteilung auf die **Vermögenslage** beziehen. Diese Voraussetzung ist erfüllt, wenn ein Gesamtbild über die wirtschaftliche Lage des Unternehmens ermöglicht und der Eindruck der Vollständigkeit erweckt wird; die wirtschaftliche Lage ist dabei nicht nur im Sinne des Bilanzvermögens zu verstehen, sondern als Summe aller Umstände und Verhältnisse, die für die wirtschaftliche Beurteilung und die Kreditwürdigkeit der GmbH von Bedeutung sind (wie etwa die Finanz- oder Ertragslage oder Investitionsentscheidungen)[70]. Die Subsidiarität gegenüber § 331 HGB hat zur Folge, dass zB die in der Eröffnungsbilanz oder im Jahresabschluss darzustellende Vermögenslage der Gesellschaft nicht in den Anwendungsbereich des § 82 Abs. 2 Nr. 2 fällt.

Unwahr ist die Darstellung, wenn die angegebenen Tatsachen objektiv mit der wirklichen Sachlage nicht übereinstimmen, zB von dritter Seite seien der in wirtschaftlichen Schwierigkeiten befindlichen GmbH Beträge auf einem Anderkonto zur Verfügung gestellt worden, obgleich das nicht der Fall ist[71]. Auch unvollständige oder vollständig verschwiegene Angaben über erhebliche Sachverhalte machen die gemachte Mitteilung falsch. Enthalten die Angaben Wertungen, Prognosen oder Schätzungen, sind sie unwahr, wenn die zugrundeliegenden Tatsachen oder die daraus gezogenen Schlussfolgerungen unwahr sind oder wenn feststeht, dass eine abgegebene Bewertung schlechthin nicht vertretbar ist. **Verschleiert** wird die Vermögenslage der Gesellschaft, wenn sie an sich zutreffend dargestellt wird, die Angaben aber die wahren Tatsachen unkenntlich oder so undeutlich machen, dass im Gesamtergebnis ein unvollständiges oder verfälschtes Bild entsteht[72]. Die Erkennbarkeit der wahren Vermögenslage muss erschwert, aber nicht ausgeschlossen sein[73]. 48

Ein Geschäftsführer kann sich auch durch **Unterlassen** strafbar machen, wenn er gegen eine falsche Darstellung der Vermögenslage durch andere Gesellschaftsorgane nicht einschreitet oder wenn er nachträglich erkennt, dass die von ihm oder anderen Verantwortlichen gemachten Angaben seinerzeit unwahr oder verschleiernd waren, er gleichwohl eine Berichtigung unterlässt[74]. 49

IV. Vorsatz

In subjektiver Hinsicht setzt § 82 Abs. 2 Nr. 2 weder positive Kenntnis von der Unrichtigkeit der versicherten Tatsachen noch Täuschungs- oder Schädigungsabsicht voraus. Ausreichend ist **Eventualvorsatz.** Glaubt der Mitteilende, die Lage der Gesellschaft »rosiger« als tatsächlich zutreffend darstellen zu dürfen, um Sanierungsmaßnahmen nicht zu gefährden, handelt er vorsätzlich. Verkennt er irrig die negative Bedeutung bestimmter Umstände für die Vermögenslage (was Tatfrage ist) und irrt so über die Unrichtigkeit der gemachten Angaben, liegt ein Vorsatz ausschließender Tatbestandsirrtum (§ 16 Abs. 1 StGB) vor; fahrlässiges Nichterkennen der Unrichtigkeit ist von § 82 Abs. 2 Nr. 2 nicht mit Strafe bedroht. 50

V. Vollendung, Beendigung

Die Geschäftslagetäuschung ist vollendet (und dann strafbar), wenn eine Darstellung im oben beschriebenen Sinn der Öffentlichkeit zugänglich gemacht worden ist, was jedenfalls dann der Fall ist, wenn die Mitteilung einem Empfänger zugegangen oder bspw. im Internet abrufbar ist. Kenntnisnahme ist nicht vorausgesetzt, spätestens sie führt aber zur Tatbeendigung[75]. 51

70 BGHSt 49, 381 f. (EM-TV) zu § 400 AktG, mit zust. Anm. *Ransiek*, JR 2005, 161 ff.; dazu auch BVerfG, ZIP 2016, 1096 (kein Verstoß gegen Bestimmtheitsgebot).

71 OLG Stuttgart, wistra 1984, 114.

72 Vgl. RGSt. 37, 433 f.; 41, 293 ff.; 68, 346 ff.

73 *Altenhain*, in: MünchKommGmbHG, § 82 Rn. 114 mwN.

74 S.o. Rdn. 5; *Ibold*, in: Graf/Jäger/Wittig, Wirtschafts- und SteuerstrafR, 2. Aufl., GmbHG, § 82 Rn. 125; *Beurskens*, in Baumbach/Hueck, GmbHG, § 82 Rn. 54.

75 Im Einzelnen str., vgl. *Ransiek*, in: Ulmer/Habersack/Löbbe, GmbHG, § 82 Rn. 141; *Altenhain*, in MünchKommGmbHG, § 82 Rn. 128 mwN.

§ 83 GmbHG

(weggefallen)

§ 84 Verletzung der Verlustanzeigepflicht

(1) Mit Freiheitsstrafe bis zu drei Jahren oder mit Geldstrafe wird bestraft, wer es als Geschäftsführer unterläßt, den Gesellschaftern einen Verlust in Höhe der Hälfte des Stammkapitals anzuzeigen.

(2) Handelt der Täter fahrlässig, so ist die Strafe Freiheitsstrafe bis zu einem Jahr oder Geldstrafe.

Übersicht

A. Allgemeines

1 § 84 konkretisiert die allgemeine Verpflichtung der Geschäftsführer, sich regelmäßig einen Überblick über die finanzielle Situation der Gesellschaft zu verschaffen, und flankiert als **echtes Unterlassungsdelikt** die besonderen Pflichten und zivilrechtlichen Haftungsrisiken des Geschäftsführers in der Krise der GmbH, indem er das vorsätzliche (Abs. 1) oder fahrlässige (Abs. 2) Unterlassen der Unterrichtung der Gesellschafter bei einem Verlust in Höhe der Hälfte des Stammkapitals (vgl. § 49 Abs. 3) unter Strafe stellt. Die § 401 AktG nachgebildete Vorschrift beruht in ihrer seit dem 1.1.1981 geltenden Fassung auf dem GmbHÄndG von 1980. Durch das MoMiG vom 23.10.2008 ist die bis dahin in § 84 Abs. 1 Nr. 2 enthaltene Strafvorschrift wegen Verletzung der Insolvenzantragspflicht in den diese Pflicht regelnden § 15a InsO (dort Ab. 4 bis 6) verlagert worden.

2 Durch § 84 soll das Interesse von Gesellschaftsgläubigern, Gesellschaftern oder dritten Personen an wirtschaftlich gesunden Gesellschaften geschützt und den Gefahren vorgebeugt werden, die sich für das Wirtschaftsleben daraus ergeben, dass die GmbH als eigene Rechtspersönlichkeit nur mit ihrem Gesellschaftsvermögen haftet[1]. § 84 ist für die Gesellschafter und die Gesellschaft **Schutzgesetz** iSv § 823 Abs. 2 BGB[2]. Die von § 84 geforderte Handlungspflicht knüpft allein an einen Verlust großen Ausmaßes an (als starkes Indiz für eine Krise) und ist nicht vom Eintritt eines (drohenden) Schadens oder eines konkreten Gefährdungserfolgs abhängig; § 84 ist **abstraktes Gefährdungsdelikt.** Der Versuch ist nicht strafbar (§§ 12, 23 Abs. 1 StGB).

3 Die UG, für die § 5a Abs. 4 die Geltung des § 49 Abs. 3 ausschließt, fällt nach überwiegender Auffassung nicht in den **Anwendungsbereich** des § 84; ob dies auch für GmbH-ähnliche Auslandsgesellschaften (z.B. die britische Ltd.) gilt, die ihren Verwaltungssitz und Betrieb im Inland haben und deutschem Insolvenzrecht unterfallen, ist str.[3]

B. Tathandlung

I. Täterkreis

4 § 84 ist Sonderdelikt: Nur der **Geschäftsführer** ist tauglicher Täter (wenn dieser verhindert ist, sein Stellvertreter, vgl. § 44). Wer diese Eigenschaft nicht aufweist (etwa der Liquidator), kann nur Anstifter oder Gehilfe sein; für ihn gilt die Strafmilderung des § 28 Abs. 1 StGB. Nach herrschender und zutreffender Auffassung wird nicht nur dem formell eingetragenen Strohgeschäftsführer,

1 BGH, NJW 1982, 1952; BGHZ 29, 100, 106; 126, 181, 194
2 *Schaal*, in: Rowedder/Schmidt-Leithoff, GmbHG, § 84 Rn. 2 mwN; str.
3 Vgl. *Altenhain*, in: MünchKommGmbHG, § 84 Rn. 5.

sondern auch dem **faktischen Geschäftsführer**[4] unter Strafandrohung auferlegt, den Gesellschaftern einen Verlust großen Ausmaßes anzuzeigen. Bei mehreren Geschäftsführern obliegt jedem einzeln die Information der Gesellschafter, unabhängig davon, ob er alleine eine Gesellschafterversammlung nach § 49 Abs. 1 einberufen kann[5]. Auch der ausgeschiedene Geschäftsführer ist strafrechtlich verantwortlich, wenn die Unterrichtungspflicht schon bestand, bevor er ausgeschieden war oder sein Amt niedergelegt hatte.

II. Unterlassene Verlustanzeige

Der Unterlassungstatbestand des § 84 ist erfüllt, wenn der Geschäftsführer seiner **Handlungspflicht** zur Anzeige des Vermögensverlustes nicht nachkommt. Er muss nicht notwendigerweise eine Gesellschafterversammlung einberufen, jede unverzügliche Unterrichtung aller Gesellschafter genügt. Eine bestimmte Form für die Mitteilung schreibt das Gesetz nicht vor, sie kann mündlich wie schriftlich erfolgen. § 84 Abs. 1 verlangt insbesondere nicht die Vorlage einer Vermögensaufstellung. Die Gesellschafter können auf die Mitteilungspflicht des Geschäftsführers nach § 84 in der Satzung der GmbH nicht von vornherein verzichten[6]. Allerdings entfällt die Pflicht zur Anzeige, wenn alle Gesellschafter bereits Kenntnis von dem Verlust hatten. Dies kann sowohl auf Informationen anderer Geschäftsführer, einzelner Gesellschafter oder Dritter beruhen. Die **Unkenntnis** ist deshalb **ungeschriebenes Tatbestandsmerkmal** des § 84. 5

Wie der **Verlust der Hälfte des Stammkapitals** festgestellt wird, ist im Einzelnen im Gesetz nicht beschrieben. Wegen des sachlichen Zusammenhangs mit der durch das Strafrecht unterstützten zivilrechtlichen Vorschrift des § 49 Abs. 3 liegt es nahe, dies nach den für die Aufstellung der Jahresbilanz geltenden **handelsrechtlichen Regeln** vorzunehmen. Der Verlust muss sich allerdings nicht aus einer Bilanz ergeben, andernfalls würde der nicht oder schlampig buchführende Geschäftsführer privilegiert. Die herrschende Meinung stellt für die Bewertung auf die **Fortführungswerte** nach § 42i.V.m. § 252 Abs. 1 Nr. 2 HGB ab. Zeichnet sich der Zusammenbruch der Gesellschaft ab und wird wegen des großen Verlustes eine Bilanz nicht mehr aufgestellt, so können ausnahmsweise die Liquidationswerte angesetzt werden[7]. Ist danach das Stammkapital so gemindert, dass es nur noch zur Hälfte vorhanden ist, das Vermögen der GmbH also nur noch zur Hälfte das ausgewiesene Garantiekapital erreicht[8], greift die Unterrichtungspflicht. 6

III. Vorsatz oder Fahrlässigkeit

Der Tatbestand des § 84 kann vorsätzlich (Abs. 1) und fahrlässig (Abs. 2) begangen werden. Für den **Vorsatz** reicht dolus eventualis. Vorsätzlich handelt danach nicht nur der Geschäftsführer, der den Verlust kennt, sondern auch derjenige, der das Vorliegen eines Verlustes in der erforderlichen Höhe für möglich hält und, dies billigend, die Gesellschafter nicht unverzüglich unterrichtet. Nimmt er demgegenüber irrig an, ein zur Unterrichtungspflicht führender Verlust bestehe nicht oder die Gesellschafter seien bereits unterrichtet, liegt ein Tatbestandsirrtum vor. In Betracht kommt dann aber eine Strafbarkeit wegen Fahrlässigkeit (§ 16 Abs. 1 S. 2 StGB). Glaubt der Täter hingegen bei vollständiger Kenntnis des Sachverhalts, eine Handlungspflicht bestehe nicht, kommt nur ein (für einen Geschäftsführer regelmäßig vermeidbarer) Ver- bzw. Gebotsirrtum nach § 17 StGB in Betracht. 7

Auch die **fahrlässige Unterlassung der Mitteilung** ist strafbar, wenn die Möglichkeit zur Erfüllung der Handlungspflicht vorwerfbar (z.B. nicht bei Krankheit) nicht wahrgenommen wurde. Wenigstens Fahrlässigkeit liegt vor, wenn der Geschäftsführer nach Erkennen des Verlustes die Anzeige 8

4 Zum Meinungsstreit (mit aA) vgl. *Tiedemann/Rönnau,* in: Scholz, GmbHG, § 84 Rn. 17 f.; *Voßen,* in: BeckOK GmbHG, § 84 Rn. 6.

5 *Ransiek,* in: Ulmer/Habersack/Löbbe, GmbHG, § 84 Rn. 9.

6 HM; *Beurskens,*in: Baumbach/Hueck, GmbHG, § 84 Rn. 9; *Servatius,* in: Henssler/Strohn, GmbHG, § 84 Rn. 3; *Kliedieck,* in: Lutter/Hommelhoff, GmbHG, § 84 Rn. 8 je mwN.

»vergisst«. Der Vorwurf ist auch zu erheben, wenn er den Verlust trotz vorhandener Möglichkeiten nicht erkennt, ihn nicht ermittelt oder falsch berechnet. Auch handelt er fahrlässig, wenn er den Verlust für möglich hält, aber darauf vertraut, er sei innerhalb der Anzeigefrist wieder ausgeglichen worden oder in Wahrheit nicht eingetreten. Der Vorwurf der Fahrlässigkeit kann auch dann erhoben werden, wenn der Geschäftsführer sich darauf beruft, die Höhe des Verlustes verkannt zu haben, weil keine Buchführung vorgenommen oder keine Bilanz aufgestellt wurde.

IV. Rechtswidrigkeit und Schuld

9 Diskutiert wird die Frage, ob die Erfüllung der Anzeigepflicht wegen **Unzumutbarkeit normgemäßen Verhaltens** entfallen kann. Dies ist abzulehnen. § 84 liegt zugrunde, dass das Interesse der Gesellschafter höher zu gewichten ist, als das Interesse der Gesellschaft an einer stillen Sanierung, weshalb Rechtfertigungs- oder Entschuldigungsgründe regelmäßig nicht eingreifen. Das gilt auch dann, wenn der Täter durch die Unterrichtung mit einer Inanspruchnahme aus Haftung, mit arbeitsrechtlichen Konsequenzen oder Strafanzeige zu rechnen hat. Die Rechtsfolgen eines vorangegangenen Pflichtverstoßes können nicht einen weiteren Pflichtverstoß rechtfertigen[9].

V. Konkurrenzen

10 Mit einer unterlassenen Insolvenzantragstellung kann Tatmehrheit, nicht aber Tateinheit vorliegen, weil die Antragspflicht nach § 15a InsO einen anderen Inhalt und einen anderen Adressaten hat. Auch mit anderen Delikten, etwa einem Betrug zum Nachteil von Lieferanten durch Fortführung der GmbH trotz Zahlungsunfähigkeit[10], liegt regelmäßig Tatmehrheit vor. Vorstellbar wäre eine tateinheitliche Verwirklichung des Untreuetatbestandes (§ 266 StGB), wenn durch das Unterlassen vorsätzlich eine Sanierung der GmbH verhindert und dieser gerade dadurch ein Nachteil zugefügt wird.

§ 85 Verletzung der Geheimhaltungspflicht

(1) Mit Freiheitsstrafe bis zu einem Jahr oder mit Geldstrafe wird bestraft, wer ein Geheimnis der Gesellschaft, namentlich ein Betriebs- oder Geschäftsgeheimnis, das ihm in seiner Eigenschaft als Geschäftsführer, Mitglied des Aufsichtsrats oder Liquidator bekanntgeworden ist, unbefugt offenbart.

(2) [1]Handelt der Täter gegen Entgelt oder in der Absicht, sich oder einen anderen zu bereichern oder einen anderen zu schädigen, so ist die Strafe Freiheitsstrafe bis zu zwei Jahren oder Geldstrafe. [2]Ebenso wird bestraft, wer ein Geheimnis der in Absatz 1 bezeichneten Art, namentlich ein Betriebs- oder Geschäftsgeheimnis, das ihm unter den Voraussetzungen des Absatzes 1 bekanntgeworden ist, unbefugt verwertet.

(3) [1]Die Tat wird nur auf Antrag der Gesellschaft verfolgt. [2]Hat ein Geschäftsführer oder ein Liquidator die Tat begangen, so sind der Aufsichtsrat und, wenn kein Aufsichtsrat vorhanden ist, von den Gesellschaftern bestellte besondere Vertreter antragsberechtigt. [3]Hat ein Mitglied des Aufsichtsrats die Tat begangen, so sind die Geschäftsführer oder die Liquidatoren antragsberechtigt.

7 *Ransiek*, in: Ulmer/Habersack/Löbbe, GmbHG, § 84 Rn. 14 f.; *Tiedemann/Rönnau*, in: Scholz, GmbHG, § 84 Rn. 30.

8 *Ransiek*, in: Ulmer/Habersack/Löbbe, GmbHG, § 84 Rn. 11.

9 Wie hier *Altenhain*, in: MünchKommGmbHG, § 84 Rn. 19.

10 BGH, NJW 1998, 767.

Übersicht

A. Allgemeines

I. Regelungsgehalt und Schutzzweck der Norm

1 Die mit Wirkung zum 1.1.1981 in das GmbHG aufgenommene, § 404 AktG nachgebildete[1] Vorschrift des § 85 will die maßgeblichen Organmitglieder einer GmbH mit den Mitteln des Strafrechts nachdrücklich dazu anhalten, eine Preisgabe von Geheimnissen der Gesellschaft, namentlich eines Betriebs- oder Geschäftsgeheimnisses, die regelmäßig auch das Vermögen der Gesellschaft schädigt, zu verhindern. Sie enthält zwei Tatvarianten: 1. das Offenbaren eines Geheimnisses, das im Grundtatbestand mit bis zu einem Jahr Freiheitsstrafe geahndet wird, bei einem qualifizierten Handeln des Täters gegen Entgelt oder in Bereicherungs- oder in Schädigungsabsicht (§ 86 Abs. 2 Satz 1) mit bis zu 2 Jahren; 2. das unbefugte Verwerten (§ 85 Abs. 2 Satz 2). Vergleichbare Regelungen finden sich in § 151 GenG oder § 315 UmwG, nicht aber für Personenhandelsgesellschaften, Stiftungen und Vereine. Dem Geheimnisschutz dienen auch §§ 203, 204 StGB (für die dort genannten Personen) und gesellschaftsformunabhängig § 23 GeschGehG (vormals § 17 UWG). § 85 ist auf die Unternehmergesellschaft (UG) anwendbar, nicht aber auf ausländische, GmbH-ähnliche Gesellschaften[2]. Der Versuch des § 85 ist nicht strafbar, weil er im Gesetz nicht ausdrücklich unter Strafe gestellt ist (§§ 12, 23 Abs. 1 StGB). Die Verjährungsfrist beträgt 5 Jahre (§ 78 Abs. 3 Nr. 4 StGB). Ein durch die Tat erlangter Vermögensvorteil ist einzuziehen (§§ 73, 73c StGB), Tatmittel (zB Datenträger) können eingezogen werden (§ 74 StGB). Auch kann ein Berufsverbot verhängt werden (§ 70 StGB). Indes scheidet die Auferlegung einer Unternehmensgeldbuße nach § 30 OWiG regelmäßig aus, da die Gesellschaft selbst gegen eine Straftat einer Organperson geschützt werden soll und durch die Tat nicht bereichert ist[3].

2 § 85 schützt in erster Linie das materielle (wirtschaftliche), aber auch das immaterielle **Interesse der Gesellschaft** an der Wahrung ihrer **Geschäftsgeheimnisse**[4]. Ob darüber hinaus auch die Gesellschafter oder – noch weitergehend – das allgemeine Vertrauen in die Funktionsfähigkeit der GmbH als Institution geschützt werden, ist streitig[5]. Auch wenn häufig die Geheimhaltungsinteressen der Gesellschaft und der Gesellschafter gleichgelagert sind: sie sind nicht untrennbar. Nur der Rechtsträger ist Inhaber des geschützten Geheimnisses. Dementsprechend setzt die Strafverfolgung nach § 85 Abs. 3 S. 1 einen »Antrag der Gesellschaft« voraus; aus § 85 Abs. 2 S. 3, der nur dem Umstand Rechnung trägt, dass nicht immer ein Aufsichtsrat gebildet ist, ergibt sich nichts anderes. Deshalb ist richtig, dass § 85 GmbHG die Gesellschafter ebenso wenig schützt wie die Gläubiger, Arbeitnehmer, Geschäftspartner oder gar die Allgemeinheit. § 85 ist in allen Tatvarianten **Schutzgesetz im Sinne von § 823 Abs. 2 BGB**. Im Gleichlauf mit einer sich auch aus §§ 43, 71 Abs. 4, § 52 iVm § 116, 93 AktG gegenüber der Gesellschaft ergebenden Haftung aber auch aus

1 BT-Drs. 8/1347, S. 56.

2 BGH, NJW 1997, 533, 534 zu § 404 AktG.

3 Vgl. BeckOK-OWiG/Meyberg, § 30 Rn. 77 ff.

4 BGH, NJW 1996, 2576.

5 Vgl. nur *Schaal,* in Rowedder/Schmidt-Leihoff, GmbHG, § 85 Rn. 1; *Dannecker/Müller,* in: BeckOK GmbHG, § 85 Rn. 8 ff.; *Ibold,* in: Graf/Jäger/Wittig, Wirtschafts- und SteuerstrafR, 2. Aufl., GmbHG § 85 Rn. 5; Altenhain in: MünchKommGmbHG, § 85 Rn. 5 f. je mwN.

Kapitalerhaltungsgründen ist Schadenersatz (zumindest vorrangig) in das Gesellschaftsvermögen zu leisten. Zugleich ist § 85 ein Verbotsgesetz iSv § 134 BGB[6].

II. Deliktsnatur

3 § 85 ist **abstraktes Gefährdungsdelikt**. In keiner Tatvariante setzt die Strafbarkeit voraus, dass durch die Offenbarung eines Geheimnisses oder seine Verwertung ein Schaden entstanden oder eine konkrete Gefahr eingetreten ist. Dies dürfte allerdings regelmäßig zu erwarten sein, so dass sich vielfach vorrangig eine Prüfung der Voraussetzungen des Untreuetatbestandes des § 266 StGB aufdrängt. Besondere Bedeutung entfaltet § 85 in den Fällen, in denen ein kausal verursachter Vermögensnachteil nicht oder nur mit nicht mehr vertretbarem Aufwand mit der für eine Verurteilung erforderlichen Sicherheit nachgewiesen werden kann.

4 § 85 ist **Sonderdelikt**. Täter können nur Personen mit besonderen Pflichten ggü. der Gesellschaft sein, wie die Geschäftsführer, stellvertretende und auch faktische Geschäftsführer, Mitglieder von Aufsichtsorganen oder Liquidatoren. Wenn diese besonderen persönlichen Pflichten fehlen, kommt im Hinblick auf § 85 eine Teilnahme (Anstifter oder Gehilfe) in Betracht – Strafen sind nach § 49 Abs. 1, § 28 Abs. 1 StGB zu mildern – aber auch ein täterschaftlich begangener Geheimnisverrat nach § 203 StGB oder § 23 GeschGehG.

5 § 85 ist **Antragsdelikt**. In allen Tatvarianten wird die Tat nur auf einen entsprechenden Strafantrag verfolgt (§ 85 Abs. 3). Die Gesellschaft soll selbst entscheiden können, ob sie sich mit strafrechtlichen Mitteln vor dem Bruch der Geheimhaltungspflicht schützen will und den Bruch der Geheimnisse öffentlich machen will.

B. Objektiver Tatbestand

I. Täterkreis

6 Den **Tatbestand** können nur Personen erfüllen, die mit besonderen Geheimhaltungspflichten ggü. der Gesellschaft ausgestattet sind: die Geschäftsführer, stellvertretende Geschäftsführer (§ 44), faktische Geschäftsführer, Mitglieder des Aufsichtsrats oder Liquidatoren. Wird die Liquidation durch eine juristische Person oder eine Personengesellschaft durchgeführt, richtet sich die Strafbarkeit der handelnden Person nach § 14 Abs. 1 und 2 StGB. Hinsichtlich anderer Personen gelten die allgemeinen Vorschriften der §§ 203, 204 StGB oder § 23 GeschGehG. Das Geheimnis muss dem Täter »in seiner Eigenschaft« als Funktionsträger bekannt geworden sein. Dass setzt in zeitlicher Hinsicht voraus, dass er bei Kenntniserlangung (nicht aber notwendigerweise bei Offenbarung oder Verwertung) die ihn zum Täter qualifizierende Stellung innehatte. Gefordert wird zudem, dass ein funktionaler Zusammenhang zwischen der Kenntniserlangung und der Organstellung bestand, das Geheimnis dem Täter also nicht privat bekannt wurde (was Tatfrage ist und regelmäßig zu verneinen sein dürfte).

II. Geheimnis der Gesellschaft

7 Tatgegenstand sind Geheimnisse der Gesellschaft. Die nur beispielhafte Nennung von Betriebs- und Geschäftsgeheimnissen (»namentlich«) zeigt, dass der Begriff des Geheimnisses **weit zu fassen** ist und auch solche Tatsachen umfasst, denen kein bestimmter Vermögenswert zukommt[7]. Es geht um den Schutz der materiellen Güter (Produktionsstätte, Produktionsmittel, Werkzeuge, Maschinen, Computerprogramme etc.), aber auch des geistigen Eigentums wie Informationen über Produktionsverfahren, Kalkulationsunterlagen, Patente etc oder anderer betriebsbezogener Tatsachen, wie etwa Sicherheitskonzepte, Kalkulationen, Vertragsabschlüsse, erlangte Angebote, oder beabsichtigte

6 Vgl. BGH, NJW 1992, 737, 739 zu § 203 StGB.
7 BGH, NJW 2006, 3424.

Zusammenschlüsse mit anderen Unternehmen. Geschützt werden aber auch die Wettbewerbsfähigkeit, das Ansehen und das Vertrauen einer Gesellschaft[8]. Die früher verwendete Abgrenzung zwischen Betriebsgeheimnis als Bestandteil der technischen und Geschäftsgeheimnis als Element der kaufmännischen Seite ist – zumal nach Inkrafttreten des GeschGehG – ohne tatbestandliche Relevanz und daher entbehrlich.

Geheimnisse einer Gesellschaft sind sämtliche **betriebsbezogenen Tatsachen**, die 1. im Interesse oder zum Schutz der Gesellschaft einem nur begrenzten Personenkreis (wozu neben Betriebsangehörigen auch einzelne Kunden oder Lieferanten gehören können) bekannt und damit **nicht offenkundig** sind, an deren Geheimhaltung das Unternehmen 2. ein objektives Interesse hat und hinsichtlich der jedenfalls nach herrschender Auffassung 3. ein erkennbarer Geheimhaltungswille besteht. Kein Geheimnis liegt vor, wenn dies gesetzlich ausgeschlossen ist (zB § 17 GentechnikG), oder wenn die Tatsachen jedermann zugänglich, bereits nach § 325 HGB offengelegt oder sonst einem so großen Personenkreis bekannt gemacht sind, dass eine noch größere Verbreitung ohne Auswirkung bliebe; dass die Tatsachen bereits einzelnen Personen verraten worden sind, nimmt ihnen die Geheimniseigenschaft nicht. Allein der Wille der Gesellschaftsorgane, etwa die Einordnung einer Tatsache als Geheimnis, kann und darf den Strafrechtsschutz des § 85 nicht auslösen; insofern kommt es auch nicht darauf an, ob sie als »vertraulich« gekennzeichnet sind. Es bedarf vielmehr eines objektiven, an den Maßstäben sachgerechter Unternehmensführung ausgerichteten **Geheimhaltungsinteresses**, was zu bejahen ist, wenn das Bekanntwerden der Gesellschaft Schaden zufügen könnte[9]. Dies ist auch bei »ungünstigen« (Zahlungsunfähigkeit) oder »rechtswidrigen« Tatsachen (zu Bestechungsleistungen, Steuerhinterziehung etc.) der Fall (zum »Whistle-Blowing« s.u.). Die Rechtsprechung fordert darüber hinaus, dass die Tatsachen nach dem erkennbaren Willen des Betriebsinhabers geheim gehalten werden sollen (**Geheimhaltungswille**)[10], wobei freilich auch ein sich aus der Sache ergebender, konkludenter Wille für ausreichend erachtet wird[11]. Eingewandt wird, dass gerade in großen Gesellschaften die Willensbildungsorgane häufig nicht alle Geschäftsgeheimnisse kennen und nicht zeitnah über neue Tatsachen (etwa Forschungsergebnisse) informiert sind und daher einen konstitutiven Geheimhaltungswillen hierzu nicht begründen könnten. Einigkeit besteht aber insoweit, als das zuständige Willensbildungsorgan (ausdrücklich oder konkludent) einen **Willen zur Offenbarung** bilden und äußern und damit ein Geheimhaltungsinteresse aufgeben kann. Ob hierdurch – mit der Rspr. – die Geheimniseigenschaft entfällt, oder – mit der Gegenmeinung – eine Offenbarung nicht mehr »unbefugt« erfolgt, dürfte in der Praxis zu keinen unterschiedlichen Ergebnissen führen[12]. 8

Oberstes **Willensbildungsorgan** für den Geheimhaltungswillen ist die Gesamtheit der Gesellschafter. Diese sind ggü. den Geschäftsführern und Betriebsleitern weisungsbefugt und haben diesen ggü. auch den Geheimhaltungswillen zu bilden und zu erklären. Schwierig an der Vorschrift ist, dass die Geschäftsführer oder Liquidatoren ebenso für die Bildung des Geheimhaltungswillens zuständig sein können, dies regelmäßig sogar sind. Das kann dazu führen, dass die maßgeblichen Organmitglieder im Fall widerstreitender Interessen innerhalb der Gesellschaft Geschädigte aber auch potenzielle Täter des § 85 sein können. Um der hierin liegenden Missbrauchsgefahr zu begegnen, ein unbefugt offenbarendes Organ könnte sich selbst einer Strafbarkeit entziehen (etwa mit dem Argument, in der Offenbarung liege zugleich ein manifestierter Offenbarungswille), ist es angezeigt, die Aufgabe des Geheimniswillens im Interesse eines objektiven Geheimhaltungsinteresses für unwirksam zu erachten, wenn sie sachlich nicht vertretbar ist. Ein Interessenwiderstreit entsteht freilich nicht, wenn der Geschäftsführer zugleich 9

8 BGH, NJW 1996, 2576; OLG Karlsruhe, NJOZ 2006, 2190, 2191.

9 *Altenhain*, in: MünchKommGmbHG, § 85 Rn. 14 mwN; zur Abtretung von Gehaltsansprüchen, vgl. BGH, NJW 1996, 2576.

10 BGH, NStZ 2014, 325; NJW 2006, 3424 je mwN; ebenso *Schaal*, in: Rowedder/Schmitt-Leithoff, GmbHG, § 85 Rn. 10; aA: vgl. Voraufl.; *Dannecker*, in: Michalski/Heidinger/Leible/Schmidt, GmbHG, § 85 Rn. 31 ff.; *Altenhain*, in: MüKo-GmbHG, 3. Aufl, § 85 Rn. 16 mwN.

11 BayObLG, wistra 1994, 149; str.

12 Wie hier *Ransiek*, in: Ulmer/Habersack, GmbHG, § 85 Rn. 22.

alleiniger Gesellschafter der GmbH ist. Dann ist allein sein Wille dafür maßgeblich, ob eine Tatsache der Geheimhaltung unterliegen soll. Mit der Offenbarung einer Tatsache gibt er konkludent auch ein eventuelles Geheimhaltungsinteresse auf und nimmt – im Sinne der oben genannten Rspr. – der Tatsache einen Geheimhaltungscharakter, so dass diese nicht mehr dem Tatbestand des § 85 unterfällt[13]. In der **Insolvenz** geht die Dispositionsbefugnis des »Geheimnisherrn« auf den Insolvenzverwalter über.[14]

III. Offenbaren

10 Tathandlung in der Variante des **§ 85 Abs. 1** ist das unbefugte **Offenbaren.** Umfasst ist jede Handlung, durch die Tatsachen, die zum Zeitpunkt der Handlung geheim sind, einem anderen als denjenigen, die die Tatsachen bis dahin kannten, bekannt gemacht werden. Es geht um die Vermittlung von Wissen an jemanden, das diesem noch verborgen ist oder von dem dieser jedenfalls noch keine sichere Kenntnis hat. Auch die Mitteilung an einen Schweigepflichtigen kann tatbestandsmäßiges Offenbaren sein[15]. Anforderungen an die Art und Weise des Offenbarens stellt das Gesetz nicht. Es liegt vor, wenn das Geheimnis einer anderen Person schriftlich zugeht oder mündlich mitgeteilt wird. Das können sein: Veröffentlichung, Auskunftserteilung, Akteneinsichtsgewährung, mündliche Weitergabe, Verschaffung von Zugang zu Dateien. Ein Geheimnis kann auch durch **Unterlassen** offenbart werden. Da die möglichen Täter des § 85 regelmäßig auch eine strafrechtliche Garantenstellung im Sinne des § 13 StGB innehaben, können sie sich bspw. auch dadurch strafbar machen, dass sie den Zugriff Dritter nicht verhindern[16]. Streitig ist, wann die Tat vollendet (und damit strafbar ist): ist eine Tatsache bereits dann offenbart, wenn ein bislang Uninformierter die Möglichkeit hat, vom Geheimnis Kenntnis zu nehmen, oder ob erst dann, wenn Dritte hiervon tatsächlich Kenntnis nimmt? Versteht man § 85 mit der hM zutreffend als abstraktes Gefährdungsdelikt, so genügt zur Tatvollendung, dass das Geheimnis so aus der geschützten Sphäre herausgetragen wurde, gleich ob mündlich, schriftlich, in verkörperter Form oder auf sonstige Weise, dass mindestens ein Nichteingeweihter davon **Kenntnis nehmen kann**[17]. Wer sich die Ohren zuhält, kann nicht wahrnehmen. Wer das Erzählte inhaltlich nicht versteht, hat wahrgenommen. Wer Papiere an sich nimmt, ohne ein darin enthaltenes Geschäftsgeheimnis zu entdecken, kann wahrnehmen. Wer einen passwortgesicherten oder verschlüsselten Datenträger annimmt, kann wahrnehmen, auch wenn er noch nicht über die zum Zugang erforderlichen Kenntnisse verfügt. Der Tatbestand des § 85 ist auch dann vollendet, wenn ein Schweigepflichtiger Dokumente, die Geheimnisse enthalten, vorsätzlich in seinem Büro offen herum liegen lässt, und so einem anderen, der Zugang zum Büro hat (ohne sich diesen verbotenerweise zu verschaffen), ermöglicht, darin Einsicht zu nehmen[18].

IV. Verwerten

11 Die mit einem höheren Strafrahmen bedrohte Tatvariante des **§ 85 Abs. 2 Satz 2** setzt (inhaltsgleich zu § 204 Abs. 1 StGB) ein **Verwerten** des Geheimnisses voraus, also ein irgendwie geartetes wirtschaftliches Nutzen des Geheimnisses, um für sich oder einen Dritten einen Vermögensvorteil zu realisieren. Das setzt nicht notwendigerweise ein Offenbaren voraus (etwa wenn der Täter den Kundenstamm oder das Produktions-Know-how zum Aufbau eines eigenen Betriebes nutzt; nach hM auch, wenn er Insiderinformationen für sich nutzt[19]) stets aber (wie der Begriff »verwertet« statt »verwendet« zeigt) eine Nutzung des in einem Geheimnis liegenden wirtschaftlichen Werts. Ob

13 BGH, NZG 2018, 191, 193.

14 BGHZ 109, 260, 270.

15 BGHZ 116, 272; BayObLG, NStZ 1995, 187, jeweils zu § 203 StGB.

16 *Dannecker*, in: Michalski/Heidinger/Leibel/Schmidt, GmbHG, § 85 Rn. 49; *Ransiek*, in: Ulmer/Habersack/Löbbe, GmbHG, § 85 Rn. 27 je mwN.

17 Wie hier *Dannecker*, in: Michalski/Heidinger/Leibel/Schmidt, GmbHG, § 85 Rn. 50; *Schaal*, in: Rowedder/Schmidt-Leithoff, GmbHG, § 85 Rn. 30; aA *Altenhain*, in: MünchKommGmbHG, § 85 Rn. 28 f.

18 Anders noch Voraufl.

19 AA *Dannecker*, in: Michalski/Heidinger/Leible/Schmidz, GmbHG, § 85 Rn. 51.

tatsächlich ein Gewinn erzielt wird, ist ebenso irrelevant wie die Frage, ob dem Geheimnisinhaber dadurch ein Nachteil entstanden ist. In der Variante des Verwertens ist die Tat vollendet mit dem Beginn der ersten Nutzbarmachung.

V. Unbefugt

Der objektive Tatbestand setzt voraus, dass die Offenbarung oder Verwertung des Geheimnisses **unbefugt** erfolgt ist. Hat das zuständige Willensbildungsorgan das Geheimhaltungsinteresse (wirksam) generell aufgegeben, entfällt bereits die Geheimniseigenschaft. In allen anderen Fällen indiziert die Weitergabe des Geheimnisses die Unbefugtheit. Sie kann aber entfallen, wenn die konkrete Weitergabe im Einzelfall gestattet oder sogar geboten war. Zwar knüpft § 85 – anders als § 82 oder § 84 – nicht unmittelbar an eine zivilrechtliche Norm an, sondern begründet originär (nicht akzessorisch) strafrechtliche Pflichten. Gleichwohl kann eine gesellschaftsrechtlich erlaubte oder gebotene Offenbarung (vgl. § 51a) ebenso wenig zur Strafbarkeit führen, wie eine sich aus anderen Gesetzen ergebende Offenbarungspflicht, etwa gegenüber Finanz- oder Kartellbehörden (§ 93 AO, § 59 GWB) oder in Fällen des »out sourcing« öffentlicher Aufgaben auf privatrechtlich organisierte Unternehmen die Pflicht der dahinterstehenden juristischen Person des öffentlichen Rechts (z.B. eine Kommune), gegenüber einem Journalisten bestimmte Umstände offenzulegen[20]. Auch andere Auskunftspflichten (etwa nach § 106 Abs. 2 BetrVG oder Zeugenpflichten in Zivil- und Strafverfahren) lassen die Unbefugtheit entfallen, ebenso wie eine (wirksame, sachlich nicht unvertretbare) Zustimmung zur Weitergabe durch das zuständige Willensbildungsorgan. Nach richtiger aber umstrittener Ansicht bringt das Tatbestandsmerkmal »unbefugt« nicht lediglich zum Ausdruck, dass die Handlung rechtswidrig sein müsse. War die konkrete Offenbarung im vorbezeichneten Sinn erlaubt, entfällt stets bereits ein tatbestandsmäßiges Handeln[21]; ein Handeln zur Wahrnehmung berechtigter eigener Interessen (vgl. §§ 134, 193 StGB) oder im mutmaßlichen Einverständnis kann hingegen im Ausnahmefall eine Tat rechtfertigen. Bedeutung kommt dieser Streitfrage (nur) in Irrtumsfällen bei der Anstiftung oder der Beihilfe zu, ansonsten gibt es im Ergebnis keine Unterschiede[22]. 12

VI. »Whistleblowing«

»Whistleblower« (besser: »Hinweisgeber«) sind Personen, die ihnen bekannt gewordene tatsächliche oder vermeintliche Missstände oder Fehlverhaltensweise in Unternehmen an die Öffentlichkeit bringen wollen. Dieses Phänomen zumeist altruistisch motivierten Handelns ist bereits seit etlichen Jahren aus der Arbeitswelt ebenso wenig hinwegzudenken, wie aus der Praxis der Strafverfolgung[23]. An der Aufdeckung von Straftaten besteht ein erhebliches öffentliches Interesse. Man unterscheidet das sog. »interne« **Whistleblowing**, bei dem Arbeitnehmer – zumeist anonym oder unter Umgehung interner Berichtswege – an die Geschäftsleitung, den Betriebsrat oder andere Stellen im Unternehmen berichten; hierzu wurden teilweise (u.a. als Compliance-Maßnahme) »Whistleblowingsysteme« (Ethikhotlines) errichtet, deren Nutzen und deren datenschutzrechtlichen Anforderungen kontrovers diskutiert werden. Häufiger und problematischer ist die Weitergabe von Unternehmensinterna an Dritte, sog. **»externes« Whistleblowing**. Besondere Bekanntheit erlangten u.a. die Aufdeckung von Mängeln im Pflegebereich[24], der Gammelfleischskandal oder der Ankauf von Kundendaten und belastendem Material zu Steuerstraftaten deutscher Steuerbürger mithilfe 13

---

20 Vgl. VG Arnsberg, Urt. v. 30.01.2009 – 12 K 136/08; OVG Hamburg, ZUM 2011, 91.

21 Wie hier z.B. *Schaal*, in: Rowedder/Schmidt-Leithoff, GmbHG, § 85 Rn. 13; *Altenhain*, in: MünchKommGmbHG, § 85 Rn. 35 f.; *Ibold*, in: Graf/Jäger/Wittig, Wirtschafts- und Steuerstrafrecht, 2. Aufl. GmbHG § 85 Rn. 19 mwN auch zur Gegenansicht.

22 Ausführlich *Ransiek*, in: Ulmer/Habersack/Löbbe, GmbHG, § 85 Rn. 28 ff.

23 *Hefendehl*, Alle lieben Whistleblowing, FS Amelung, S. 617 ff.; *ders.*, JZ 2006, 119.

24 Vgl. EGMR, NJW 2011, 3501 ff. (die Kündigung der Altenpflegerin Heinisch, die die Staatsanwaltschaft über Missstände im Pflegebereich informiert hatte, ist entgg. Vorinstanz unwirksam).

liechtensteinischer und schweizerischer Banken[25]. Mit dem zum 24.6.2019 in Kraft getretenen **GeschGehG** wurden (in Umsetzung der Geheimschutz-RL 2016/943/EU) erstmals außerhalb des Beamtenrechts (vgl. § 67 Abs. 2 Nr. 3 BBG, § 37 Abs. 2 Nr. 3 BeamtStG)[26] allgemeinverbindliche Regelungen zum Schutz von Hinweisgebern in Deutschland etabliert[27]. Unter den in § 5 GeschGehG genannten Voraussetzungen kann sich ein Handeln des Hinweisgebers als nicht mehr unbefugt (iSv § 85) darstellen. Die Tatbestandsmäßigkeit entfällt auch bei der GmbH-internen Weitergabe nicht schon deswegen, dass der Hinweisadressat selbst der Schweigepflicht unterliegt (s.o.); war diesem indes die Tatsache bereits bekannt (etwa weil dem Hinweisgeber dessen Verstrickung verborgen geblieben war), wäre die Tat lediglich versucht und schon deswegen straflos. Nach umstrittener aber zutreffender hM entfällt die Tatbestandsmäßigkeit ferner nicht deswegen, weil sittenwidrige, sozialschädliche oder rechtswidrige Umstände offenbart werden; würde man insoweit ein Geheimhaltungsinteresse verneinen, wäre auch derjenige straffrei, der derartige Informationen aus Eigennutz einem Konkurrenten verkauft. Hieran hat auch § 2 Abs. 1 GeschGehG, der ein berechtigtes (im Sinne der Geheimschutz-RL »legitimes«) Interesse am Geheimnis voraussetzt, nichts geändert[28]. Ist aber in einem Unternehmen ein »Whistleblowingsystem« installiert, ist ein Geheimhaltungswille insoweit aufgegeben, als die (mitunter sogar erwünschte) Weitergabe auch von ansonsten geheimen Informationen in diesem Rahmen erfolgt. Darüber hinaus ist – neben speziellen Anzeigerechten wie etwa § 17 Abs. 2 ArbSchG oder § 13 Abs. 1 AGG – nach § 5 Nr. 2 GeschGehG die Erlangung, die Nutzung und die Offenlegung eines Geschäftsgeheimnisses erlaubt (mithin nicht iSv § 85 tatbestandsmäßig, nach aA gerechtfertigt), wenn dies zur Aufdeckung einer rechtswidrigen (nicht notwendigerweise strafbaren) Handlung oder eines beruflichen oder sonstigen (z.B. ethisch zu missbilligenden[29]) Fehlverhaltens erfolgt und die Handlung geeignet ist, das allgemeine öffentliche Interesse zu schützen. Der Hinweisgeber muss eine Aufdeckung bezwecken, was bei der Weitergabe von Informationen an einen Wettbewerber oder sonstiger Verwertung nicht angenommen werden kann. Darüber hinaus soll es nach der (insoweit über die Geheimschutz-RL hinausgehenden) Gesetzesfassung nicht auf die Motivation des Hinweisgebers ankommen, sondern nur auf eine objektive Eignung, gewichtige Belange der Allgemeinheit zu schützen. Einer solchen Eignung steht nach verbreiteter Auffassung nicht entgegen, dass der Hinweisgeber auch aus Rachsucht oder Gewinnstreben handelt[30].

VII. Due Diligence

14 Auch bei der Preisgabe von Geschäftsgeheimnissen im Rahmen einer Due Diligence Prüfung im Zusammenhang mit der Veräußerung von Geschäftsanteilen stellt sich die Frage, unter welchen Voraussetzungen eine solche erlaubt ist. Grundsätzlich wird auch insofern die Zustimmung aller Gesellschafter gefordert[31], ggf. unter Ausschluss des veräußerungswilligen Anteilseigners. Ist indes die Gesellschaft an der Transaktion beteiligt und nicht lediglich Objekt derselben, wird dem

25 Vgl. BVerfG, Beschl. v. 09.11.2010 – 2 BvR 2101/09: verfassungsrechtlich unbedenklich können die so erlangten Daten (unbeschadet einer möglicherweise strafbaren Herkunft) jedenfalls für die Bewertung eines Anfangsverdachts einer Steuerstraftat und die Anordnung einer Wohnungsdurchsuchung herangezogen werden.

26 Das Vorhaben, in § 612a BGB klarere Regelungen zum Informantenschutz zu schaffen (vgl. Voraufl.) wurde aufgegeben.

27 Die sog. EU-Whistleblower-Richtlinie zum Schutz von Personen, die Verstöße gegen das EU-Recht melden, muss in den Mitgliedstaaten bis 17.12.2021 umgesetzt werden; hierzu zB *Wiedmann/Seyfert*, CCZ 2019, 12.

28 *Dannecker/Müller*, in: BeckOK-GmbHG, § 85 Rn. 38 f.

29 Vgl. OLG Oldenburg, Beschl. v. 21.5.2019 – 1 Ss 72/19.

30 Zum Ganzen vgl. Alexander, WettbewerbsR, 2. Aufl., Rn. 2004 ff; *Hiéramente*, in BeckOK-GeschGehG, § 5 Rn. 28 ff; *Ohly*, in: Harte-Bavemann/Ohly/Kalbfuss, GeschGehG, § 5 Rn. 44 ff.

31 OLG Köln, EWiR 2014, 415.

Geschäftsführer zugebilligt, im Rahmen pflichtgemäßer Geschäftsführung zu entscheiden, ob die Preisgabe von Informationen dem Geschäftsinteresse dient[32].

C. Subjektiver Tatbestand

Zur Erfüllung des **subjektiven Tatbestandes** muss sich der Vorsatz auf sämtliche Merkmale des objektiven Tatbestandes erstrecken. Jede Vorsatzform kommt in Betracht, es reicht schon der Eventualvorsatz (**dolus eventualis**). Der Täter muss erkennen, dass die Information oder Tatsache ein Geheimnis der Gesellschaft ist. Der Irrtum, es liege die Zustimmung der Gesellschafter oder der zuständigen Leitungspersonen der Gesellschaft für die Weitergabe der Information vor (was Tatfrage ist), kann das Vorliegen eines den Vorsatz ausschließenden **Tatbestandsirrtum** nach § 16 StGB bedeuten. Nimm der Täter hingegen irrig an, ein anderer Geschäftsführer oder Gesellschafter sei befugt oder habe die Zuständigkeit, für die Gesellschaft über die Weitergabe der Information zu entscheiden, liegt ein (zumeist vermeidbarer) **Verbotsirrtum** vor (§ 17 StGB). 15

D. Qualifikationen

Als Qualifikation wird die Tat nach § 85 Abs. 2 Satz 1 höher bestraft, wenn der Täter gegen **Entgelt** handelt, wenn er sich also mit dem Empfänger des Geheimnisses bei Begehung der Tat darüber einig ist, dass der für sich oder einen Dritten erstrebte Vermögensvorteil die Gegenleistung für die Offenbarung sein soll (Unrechtsvereinbarung). Es kommt für die Erfüllung der Qualifikation nicht darauf an, ob das Entgelt tatsächlich geflossen ist. 16

Zur Erfüllung der beiden anderen Varianten des § 85 Abs. 2 Satz 1 muss es dem Täter **auf die Bereicherung oder die Schädigung ankommen** (zielgerichtetes Handeln iS eines dolus directus ersten Grades). Die Absicht, sich oder einen anderen zu bereichern, braucht nicht auf die Erlangung eines rechtswidrigen Vermögensvorteils gerichtet zu sein; rechtswidrig wäre der Vorteil überdies, wenn ein berechtigter Anspruch nur durch die Geheimnisoffenbarung durchgesetzt werden kann. Schädigungsabsicht liegt vor, wenn es dem Täter darauf ankommt, seiner Gesellschaft einen materiellen oder auch nur immateriellen[33] Nachteil zuzufügen. Mit Eintritt der Bereicherung oder des Schadens ist die Tat zugleich beendet. 17

E. Strafantrag

Die Strafverfolgung wegen Geheimnisverrat setzt nach **§ 85 Abs. 3** einen **Antrag der Gesellschaft** voraus. Nicht ausreichend wäre es, das allein die Staatsanwaltschaft da öffentliche Interesse an der Strafverfolgung bejaht. Antragsberechtigt ist das jeweilige Vertretungsorgan (ggf. auch ein Aufsichtsrat oder ein von den Gesellschaftern bestellter besonderer Vertreter), nicht aber der einzelne Anteilseigner. Ob bei einem Kollegialorgan jedes Mitglied allein antragsberechtigt ist, wofür spricht, dass so im Interesse des »Geheimnisherrn« die Möglichkeit besteht, ein Strafverfahren gegen ein oder mehrere Organmitglieder herbeizuführen, oder der Antrag in vertretungsberechtigter Zahl zu stellen ist oder ob es eines Mehrheitsbeschlusses bedarf, ist streitig[34]. Der Strafantrag ist innerhalb von drei Monaten zu stellen, nachdem der Antragsberechtigte von Tat und Täter Kenntnis erlangt haben (§ 77b StGB); ist antragsbefugt ein Kollegialorgan, wird die Frist bei Kenntnis nur eines (nicht selbst an der Tat beteiligten) Organmitglieds in Lauf gesetzt. 18

F. Konkurrenzen

Da das Verwerten auch ohne Offenbaren möglich ist (s.o.) besteht zwischen beiden tatbestandsalternativen keine Spezialität. Indes geht § 85 als lex spezialis den §§ 203, 204 StGB als den allgemeinen 19

32 *Dannecker/Müller*, in: BeckOK-GmbHG, § 85 Rn. 30a; *Hohmann*, in: MünchKommStGB, GmbHG § 85 Rn. 42; *Rittmeister*, M&A Review 2008, 528.

33 Zutreffend *Schaal*, in: Rowedder/Schmidt-Leithoff, GmbHG, § 85 Rn. 28.

34 Vgl. *Dannecker/Müller*, in: BeckOK-GmbHG, § 85 Rn. 89; *Ransieck*, in: Ulmer/Habersach/Löbbe, GmbHG, § 85 Rn. 39 ff.; *Schaal*, in: Rohwedder/Schmidt-Leithoff, GmbHG, § 85 Rn. 38 je mwN.

Vorschriften zum Schutz von Privatgeheimnissen vor; zu § 404 AktG, § 315 UmwG ist § 85 subsidiär. Tateinheit ist möglich bei gleichzeitigem Verstoß gegen § 23 GeschGehG[35] aber auch mit sonstigen Delikten des StGB, etwa der Unterschlagung (§ 246 StGB), mit Landesverrat oder geheimdienstlicher Agententätigkeit (§§ 94, 98, 99 StGB), aber auch mit Untreue (§ 266 StGB), obgleich § 85 als abstraktes Gefährdungsdelikt seinen Anwendungsbereich im Vorfeld der Untreue nach § 266 StGB hat und daher i.d.R. konsumiert wird, wenn ein gerade durch das Offenbaren oder Verwerten entstandener Vermögensschaden festgestellt wird. Findet § 85 aus diesem Wege Aufnahme in die Urteilsformel, erscheint sie auch im Bundeszentralregister (BZR). Ist das Geheimnis in einer Urkunde oder einem sonstigen Gegenstand verkörpert, den sich der Täter durch Unterschlagung (§ 246 StGB) oder Diebstahl (§ 242 StGB) beschafft hat, so ist die anschließende Verwertung des Geheimnisses mitbestrafte Nachtat.

§ 86 Verletzung der Pflichten bei Abschlussprüfungen

(1) Mit Freiheitsstrafe bis zu einem Jahr oder mit Geldstrafe wird bestraft, wer als Mitglied eines Aufsichtsrats oder als Mitglied eines Prüfungsausschusses einer Gesellschaft, die kapitalmarktorientiert im Sinne des § 264d des Handelsgesetzbuchs, die CRR-Kreditinstitut im Sinne des § 1 Absatz 3d Satz 1 des Kreditwesengesetzes, mit Ausnahme der in § 2 Absatz 1 Nummer 1 und 2 des Kreditwesengesetzes genannten Institute, oder die Versicherungsunternehmen ist im Sinne des Artikels 2 Absatz 1 der Richtlinie 91/674/EWG des Rates vom 19. Dezember 1991 über den Jahresabschluss und den konsolidierten Abschluss von Versicherungsunternehmen (ABl. L 374 vom 31.12.1991, S. 7), die zuletzt durch die Richtlinie 2006/46/EG (ABl. L 224 vom 16.8.2006, S. 1) geändert worden ist,

1. **eine in § 87 Absatz 1 bezeichnete Handlung begeht und dafür einen Vermögensvorteil erhält oder sich versprechen lässt oder**
2. **eine in § 87 Absatz 1 bezeichnete Handlung beharrlich wiederholt.**

(2) Ebenso wird bestraft, wer als Mitglied eines Aufsichtsrats oder als Mitglied eines Prüfungsausschusses einer Gesellschaft, die kapitalmarktorientiert im Sinne des § 264d des Handelsgesetzbuchs oder die CRR-Kreditinstitut ist im Sinne des § 1 Absatz 3d Satz 1 des Kreditwesengesetzes, mit Ausnahme der in § 2 Absatz 1 Nummer 1 und 2 des Kreditwesengesetzes genannten Institute,

1. **eine in § 87 Absatz 2 oder 3 bezeichnete Handlung begeht und dafür einen Vermögensvorteil erhält oder sich versprechen lässt oder**
2. **eine in § 87 Absatz 2 oder 3 bezeichnete Handlung beharrlich wiederholt.**

§ 87 Bußgeldvorschriften

(1) Ordnungswidrig handelt, wer als Mitglied eines Aufsichtsrats oder als Mitglied eines Prüfungsausschusses einer Gesellschaft, die kapitalmarktorientiert im Sinne des § 264d des Handelsgesetzbuchs, die CRR-Kreditinstitut im Sinne des § 1 Absatz 3d Satz 1 des Kreditwesengesetzes, mit Ausnahme der in § 2 Absatz 1 Nummer 1 und 2 des Kreditwesengesetzes genannten Institute, oder die Versicherungsunternehmen ist im Sinne des Artikels 2 Absatz 1 der Richtlinie 91/674/EWG des Rates vom 19. Dezember 1991 über den Jahresabschluss und den konsolidierten Abschluss von Versicherungsunternehmen (ABl. L 374 vom 31.12.1991, S. 7), die zuletzt durch die Richtlinie 2006/46/EG (ABl. L 224 vom 16.8.2006, S. 1) geändert worden ist,

1. **die Unabhängigkeit des Abschlussprüfers oder der Prüfungsgesellschaft nicht nach Maßgabe des Artikels 4 Absatz 3 Unterabsatz 2, des Artikels 5 Absatz 4 Unterabsatz 1 Satz 1 oder des Artikels 6 Absatz 2 der Verordnung (EU) Nr. 537/2014 des Europäischen Parlaments und des Rates vom 16. April 2014 über spezifische Anforderungen an die Abschlussprüfung bei Unternehmen von öffentlichem Interesse und zur Aufhebung des Beschlusses 2005/909/EG der Kommission (ABl. L 158 vom 27.5.2014, S. 77, L 170 vom 11.6.2014, S. 66) überwacht oder**

35 *Dannecker*, in: Michalski/Heidinger/Leible/Schmidt, GmbHG, § 85 Rn. 84.

2. eine Empfehlung für die Bestellung eines Abschlussprüfers oder einer Prüfungsgesellschaft vorlegt, die nicht auf einem Verlangen der Aufsichtsbehörde nach § 36 Absatz 1 Satz 2 des Versicherungsaufsichtsgesetzes beruht und

a) die den Anforderungen nach Artikel 16 Absatz 2 Unterabsatz 2 oder 3 der Verordnung (EU) Nr. 537/2014 nicht entspricht oder

b) der ein Auswahlverfahren nach Artikel 16 Absatz 3 Unterabsatz 1 der Verordnung (EU) Nr. 537/2014 nicht vorangegangen ist.

(2) Ordnungswidrig handelt, wer als Mitglied eines Aufsichtsrats, der einen Prüfungsausschuss nicht bestellt hat, einer Gesellschaft, die kapitalmarktorientiert im Sinne des § 264d des Handelsgesetzbuchs oder die CRR-Kreditinstitut ist im Sinne des § 1 Absatz 3d Satz 1 des Kreditwesengesetzes, mit Ausnahme der in § 2 Absatz 1 Nummer 1 und 2 des Kreditwesengesetzes genannten Institute, den Gesellschaftern einen Vorschlag für die Bestellung eines Abschlussprüfers oder einer Prüfungsgesellschaft vorlegt, der den Anforderungen nach Artikel 16 Absatz 5 Unterabsatz 1 der Verordnung (EU) Nr. 537/2014 nicht entspricht.

(3) Ordnungswidrig handelt, wer als Mitglied eines Aufsichtsrats, der einen Prüfungsausschuss bestellt hat, einer in Absatz 2 genannten Gesellschaft den Gesellschaftern einen Vorschlag für die Bestellung eines Abschlussprüfers oder einer Prüfungsgesellschaft vorlegt, der den Anforderungen nach Artikel 16 Absatz 5 Unterabsatz 1 oder Unterabsatz 2 Satz 1 oder Satz 2 der Verordnung (EU) Nr. 537/2014 nicht entspricht.

(4) Die Ordnungswidrigkeit kann mit einer Geldbuße bis zu fünfzigtausend Euro geahndet werden.

(5) Verwaltungsbehörde im Sinne des § 36 Absatz 1 Nummer 1 des Gesetzes über Ordnungswidrigkeiten ist bei CRR-Kreditinstituten im Sinne des § 1 Absatz 3d Satz 1 des Kreditwesengesetzes, mit Ausnahme der in § 2 Absatz 1 Nummer 1 und 2 des Kreditwesengesetzes genannten Institute, und bei Versicherungsunternehmen im Sinne des Artikels 2 Absatz 1 der Richtlinie 91/674/EWG die Bundesanstalt für Finanzdienstleistungsaufsicht, im Übrigen das Bundesamt für Justiz.

§ 88 Mitteilungen an die Abschlussprüferaufsichtsstelle

(1) Die nach § 87 Absatz 5 zuständige Verwaltungsbehörde übermittelt der Abschlussprüferaufsichtsstelle beim Bundesamt für Wirtschaft und Ausfuhrkontrolle alle Bußgeldentscheidungen nach § 87 Absatz 1 bis 3.

(2) In Strafverfahren, die eine Straftat nach § 86 zum Gegenstand haben, übermittelt die Staatsanwaltschaft im Falle der Erhebung der öffentlichen Klage der Abschlussprüferaufsichtsstelle die das Verfahren abschließende Entscheidung. Ist gegen die Entscheidung ein Rechtsmittel eingelegt worden, ist die Entscheidung unter Hinweis auf das eingelegte Rechtsmittel zu übermitteln.

§§ 86 bis 88 GmbHG

Übersicht

A. Allgemeines

I. Regelungsinhalt

1 Die §§ 86 bis 88 wurden durch das **Abschlussprüfungsreformgesetz (AReG)** mit Wirkung zum 17.6.2016[1] ins GmbHG eingefügt und betreffen die Verletzung von Pflichten des Aufsichtsrats oder eines von diesem bestellten Prüfungsausschusses von in der Rechtsform der GmbH geführten Unternehmen von öffentlichem Interesse bei der Überwachung der Unabhängigkeit und bei der Auswahl und Bestellung der Abschlussprüfer und Prüfungsgesellschaften. Mehr als eine nur untergeordnete kriminalpolitische Bedeutung ist bislang nicht erkennbar. Grundnorm ist § 87, der verschiedene Bußgeldtatbestände enthält. Hieran anknüpfend normiert § 86 Straftatbestände für qualifizierte Verstöße. Flankierend enthält § 88 Mitteilungspflichten für ergangene Bußgeld- und strafgerichtliche Entscheidung, damit berufsaufsichtsrechtliche Maßnahmen getroffen und bekannt gemacht werden können[2].

2 Hintergrund der Regelungen ist die im Jahr 2010 von der Europäischen Kommission eingeleitete umfassende Reform der gesetzlichen Abschlussprüfungen zum Schutz von »Unternehmen von öffentlichen Interesse« (Public Interest Entities, sog. PIEs). Mit der **Richtlinie des Europäischen Parlaments und des Rates 2014/56/EU** (zur Änderung der Richtlinie 2006/43/EG über Abschlussprüfungen und Jahresabschlüssen- Abschlussprüfer-RL)[3] und der direkt geltenden **Verordnung (EU) 537/2014 vom 16.4.2014** (Abschlussprüfer-VO)[4] wurden die Mitgliedsstaaten der EU dazu angehalten, die Überwachung von Unternehmensabschlüssen und die Auswahl der Prüfer und Prüfungsgesellschaften strenger zu reglementieren. Dies sollte für die in Art. 2 Nr. 3 d der Abschlussprüfer-RL aufgeführten »Unternehmen von öffentlichem Interesse« gelten aber auch für solche, die von den Mitgliedstaten bestimmt worden sind. Mit dem AReG sollen die prüfungsbezogenen Vorgaben der Abschlussprüferrichtlinie umgesetzt (insbesondere deren Art. 30, 30a) und das nationale Recht an die Vorgaben der Verordnung (EU) Nr. 537/2014 betreffend die Auswahl und die Tätigkeit von Abschlussprüfern angepasst werden[5]. Die Gesetzgebungskompetenz des Bundes wird in Art. 74 Abs. 1 Nr. 11 GG gesehen: eine bundesgesetzliche Regelung sei zur Wahrung der Rechts- und Wirtschaftseinheit im gesamtstaatlichen Interesse erforderlich (Art. 72 Abs. 2 GG). Unter den zahlreichen Änderungen in den gesellschaftsformspezifischen Gesetzen sind die im HGB über die Prüfung von Jahres- und Konzernabschlüssen (§§ 317 bis 324, §§ 333a, 334 Abs. 2a und 335c HGB) anzusprechen, die gegenüber den Spezialgesetzen – also auch dem GmbHG – als Auffangtatbestände anzusehen sind, soweit nicht vorrangig die unmittelbar geltende Verordnung (EU) Nr. 537/2014 direkt Anwendung findet. Die §§ 86 und 87 GmbHG sind den §§ 333a und 334 Abs. 2 HGB nachgebildet, § 88 dem 335c HGB; ihre geltende Fassung beruht auf Art. 10 des Gesetzes zur Umsetzung der Zweiten Zahlungsdienstrichtlinie vom 17.7.2017.

3 Mit der Einführung der **in § 87 genannten Ordnungswidrigkeitentatbestände** hätte Deutschland bereits formal die Umsetzung der in Art. 30 Abs. 1 und Art. 30a Abs. 1 lit. f der überarbeiteten Abschlussprüferrichtlinie des Europäischen Parlaments und des Rates 2014/56/EU und die in der Verordnung (EU) Nr. 537/2014 vom 16.4.2016 normierten prüfungsbezogenen Pflichten von Mitgliedern eines Aufsichtsrats und eines Prüfungsausschusses von in der Rechtsform einer Gesellschaft mit beschränkter Haftung betriebenen »Unternehmens von öffentlichem Interesse« erfüllt; die Mitgliedsstaaten und die zuständigen Verwaltungsbehörden sollten bei Verstößen gegen die Richtlinie »befugt« sein, »mindestens« verwaltungsrechtliche Sanktionen zu verhängen. Als Reaktion auf die Finanzkrise wollte der deutsche Gesetzgeber aber darüberhinausgehend durch die **Strafnorm des § 86** besonders gravierende Verstöße gegen die prüfungsbezogenen Pflichten sanktionieren und

---

1 BGBl. I S. 1152.

2 Einen Überblick geben u.a. *Blönik/Woodtli*, Der Konzern 2016, 75; *Anders*, NZG 2018, 961; *Schüppen*, NZG 2016, 247; *Schilha*, ZIP 2016, 1316.

3 ABl. L 158, S. 196 (Richtlinie 2006/43/EG vom 9.6.2006, ABl. L 157 S. 87).

4 ABl. L 158, S. 77, ber. ABl. L 170, S. 66.

5 BT-Drs. 18/7219, S. 27 ff.

damit die Qualität von Abschlussprüfungen verbessern und die Aussagekraft der Prüfungsergebnisse steigern. Damit §§ 86, 87 nicht im Widerspruch zu § 21 Abs. 1 Satz 1 OWiG stehen (in den Fällen, in denen eine Handlung gleichzeitig eine Straftat und eine Ordnungswidrigkeit darstellt, Straftat und Ordnungswidrigkeit mithin zueinander in Tateinheit stehen, darf nur das Strafgesetz angewendet werden), wird § 87 mit seinen Tatbestandsmerkmalen gleichsam zum »Grundtatbestand« eines eigenständigen, »qualifizierten« Vergehen nach § 86 Abs. 1 Nr. 1 und 2 und Abs. 2 Nr. 1 und 2 ausgestaltet; der Versuch ist nicht strafbar (§§ 12, 23 Abs. 1 StGB).

Flankierend enthält **§ 88**, der § 335c HGB nachgebildet ist, verschiedene Maßnahmen zur Umsetzung der in Art. 30 Abs. 3, Art. 30a, 30c, 30f der Richtlinie 2014/56/EU postulierten **Mitteilungs- und Veröffentlichungspflichten.** Um »eine unzureichende Durchführung von Abschlussprüfungen aufzudecken, zu berichtigen und zu verhindern«, sollen nicht nur Sanktionen (einschließlich des Entzugs der Zulassung) verhängt werden, sondern auch die Entscheidungen der zuständigen Verwaltungsbehörden über berufsaufsichtsrechtliche Maßnahmen und die staatsanwaltschaftlichen und gerichtlichen Entscheidungen jeweils in angemessener Weise (zB auf der Webseite der zuständigen Behörden) bekanntgemacht bzw. veröffentlicht werden. Zuständig hierfür ist die **Abschlussprüferaufsichtsstelle (APAS)** beim Bundesamt für Wirtschaft und Ausfuhrkontrolle (Art. 2 AReG), die jede rechtskräftige Bußgeldentscheidung nach § 87 und jede rechtskräftige Verurteilung wegen einer Straftat nach § 86 für die Dauer von fünf Jahren auf ihrer Internetseite öffentlich bekannt macht (§ 69 Abs. 1a, Abs. 3 WPO); die Mitteilung darf keine personenbezogenen Daten enthalten (§ 69 Abs. 1 Satz 2, Abs. 1a WPO). Darüber hinaus sieht § 69 Abs. 2 WPO eine Anonymisierung auch im Hinblick auf das betroffene Unternehmen insbesondere dann vor, wenn eine Nennung des Unternehmens den Beteiligten einen unverhältnismäßig großen Schaden zufügen würde. Im Rahmen dieser Abwägung ist insbesondere zu berücksichtigen, ob sich aus einer Nennung des betroffenen Unternehmens Rückschlüsse auf die betroffene natürliche Person ergeben könnten[6]. Die APAS nahm entsprechende Bekanntmachungen bereits für andere von ihr getroffenen berufsaufsichtlichen Maßnahmen vor; durch die Bündelung der Bekanntmachung der abschlussprüfungsbezogenen Entscheidungen soll den Marktteilnehmern (zu deren Erleichterung) eine einheitliche Informationsplattform zur Verfügung gestellt werden, auf der sie alle abschlussprüfungsbezogenen Entscheidungen abrufen können. Durch dieses »naming and shaming« erhofft man sich bessere Transparenz (Erwägungsgrund 15 der RL 2014/56/EU), unausgesprochen wohl aber auch eine besonders abschreckende Wirkung[7]. Aufgrund der Unterrichtung der APAS kann diese auch zusammengefasste Informationen den sog. Ausschuss für Aufsichtsstellen (Art. 30 AbschlussprüferVO) übermitteln. 4

II. Anwendungsbereich

§§ 86, 87 sind nicht für alle **Gesellschaften mbH** anwendbar, sondern allein für solche »von öffentlichem Interesse«. Der deutsche Gesetzgeber hat von der Möglichkeit der Erweiterung des europarechtlichen PIE-Begriffs keinen Gebrauch gemacht. Er übernimmt – trotz der im Hinblick auf die Lesbarkeit vorgebrachten Kritik – den in Art. 2 Nr. 13 der Richtlinie 2014/56/EU – dort unabhängig von der Rechtsform – definierten Begriff wortgleich in § 86 Abs. 1 und in § 87 Abs. 1. Danach ist eine GmbH dann »von öffentlichem Interesse«, wenn sie tätig ist als 5

- Unternehmen, das kapitalmarktorientiert im Sinne des § 264d HGB ist (vgl. § 324 HGB), wenn sie also einen organisierten Markt im Sinn des § 2 Abs. 11 WpHG durch von ihr ausgegebene Wertpapiere im Sinn des § 2 Abs. 1 WpHG in Anspruch nimmt oder die Zulassung solcher Wertpapiere zum Handel an einem organisierten Markt beantragt hat (beispielsweise von der GmbH ausgegebene Schuldscheine oder Genussrechte an der Börse gehandelt werden);
- CRR-Kreditinstitut im Sinne des § 1 Abs. 3d Satz 1 KWG ist (Capital Requirements Regulation, früher sog. Einlagenkreditinstitut, das Einlagen und andere rückzahlbare Gelder des

6 BT-Drs. 18/7219, S. 50.

7 Zur Kritik *Müller*, in BeckOK GmbHG, § 88 Rn. 11 ff.; dagegen *Roth/Altmeppen*, GmbHG, § 88 Rn. 5.

Publikums entgegen nimmt und Kredit für eigene Rechnung gewährt), mit Ausnahme der in § 2 Abs. 1 Nr. 1 und 2 KWG genannten Institute (u.a. Deutsche Bundesbank und die Kreditanstalt für Wiederaufbau);
– oder Versicherungsunternehmen im Sinne des Art. 2 Abs. 1 der Versicherungsbilanz-Richtlinie 91/674/EWG des Rates vom 19.12.1991, zuletzt geändert durch die Richtlinie 2006/46/EG; ausgenommen sind dort genannte Versicherungsvereine auf Gegenseitigkeit und Rückversicherer.

6 Die §§ 86 bis 88 kommen ferner nur dann zur Anwendung, wenn die betreffende GmbH kraft Gesetzes[8] oder Satzung (§ 52 Abs. 1) einen **Aufsichtsrat** hat. Nicht ausreichend ist nach hM, dass die GmbH ein dem Aufsichtsrat ähnliches Organ, wie etwa einen Verwaltungs- oder Beirat hat. Allerdings darf die Bezeichnung des Gremiums nicht ausschlaggebend sein, maßgeblich ist vielmehr, dass ein errichtetes Gremium inhaltlich die Aufgaben eines Aufsichtsrats wahrnimmt, insbesondere die in Bezug genommenen Überwachungspflichten[9]. Für einen freiwillig durch Satzung geschaffenen Aufsichtsrat sollen die §§ 86 bis 88 nur gelten, wenn dieser nach der Satzung die »Persönlichen Voraussetzungen für Aufsichtsratsmitglieder« nach **§ 100 Abs. 5 AktG** erfüllen muss[10]. Hat die GmbH einen solchen Aufsichtsrat und hat dieser einen Prüfungsausschuss bestellt, sind die Überwachungshandlungen der Mitglieder des Prüfungsausschusses nach den Vorschriften der §§ 86, 87 GmbHG zu beurteilen. Verfügt die GmbH über keinen solchen Aufsichtsrat, hat sie ebenfalls (zwingend) einen Prüfungsausschuss einzurichten (§§ 324, 340k Abs. 5 Satz 1, §§ 333a, 334 Abs. 2a, Abs. 4 HGB), der sich insbesondere mit den in § 107 Abs. 3 Satz 2 und 3 AktG beschriebenen Aufgaben befasst. Für dessen Mitglieder greifen dann aber zur Beurteilung der Überwachungshandlungen die iW inhaltsgleichen Ordnungswidrigkeitentatbestände der §§ 333a, 334, 340n und § 341n HGB[11].

III. Schutzzweck

7 Geschütztes Rechtsgut der §§ 86, 87 sind die Qualität der Abschlussprüfungen und das Vertrauen der Öffentlichkeit in die Jahresabschlüsse und konsolidierten Abschlüsse von Unternehmen öffentlichen Interesses und damit einhergehend das Funktionieren der Märkte und eine erhöhte Finanzstabilität[12]. §§ 86, 87 sollen so zum Verbraucher- und Anlegerschutz beitragen. Sie sind Schutzgesetze iSv § 823 Abs. 2[13]; ob ein kausal verursachter Schaden nachweisbar ist, ist eine andere Frage.

IV. Deliktsnatur

1. Blankettnorm

8 §§ 86, 87 sind **Blankettnormen.** Denn sie werden erst durch Instrumente der EU wie die (direkt geltende) Verordnung (EU) Nr. 537/2014 sowie durch die Richtlinien 91/674/EWG vom 19.12.1991, zuletzt geändert durch die Richtlinie 2006/46/EG vom 16.8.2006, sowie die Richtlinie 2014/56/EU vom 16.4.2014 ausgefüllt. Diese sind nicht nur zur europarechtskonformen Anwendung und Auslegung heranzuziehen (Art. 30a und 30b der Richtlinie 2014/56/EU machen sogar detaillierte Vorgaben, welche verwaltungsrechtlichen Sanktionen und Maßnahmen zu verhängen sind und geben auch vor, welche Kriterien bei der Sanktionsbemessung berücksichtigt werden sollen), sondern bestimmen die Voraussetzungen der Ahndbarkeit einer Tat. Auch wenn

8 Vgl. § 6 Abs. 1 des Gesetzes über die Mitbestimmung der Arbeitnehmer, § 3 Abs. 1 des Gesetzes über die Mitbestimmung der Arbeitnehmer in den Aufsichtsräten und Vorständen des Bergbaus und der Eisen und Stahl erzeugenden Industrie, § 1 Abs. 1 Nr. 3 Satz 2 des Gesetzes über die Drittelbeteiligung der Arbeitnehmer im Aufsichtsrat sowie § 18 Abs. 2 Satz 1 des Kapitalanlagegesetzbuchs.

9 *Ransiek*, in: Ulmer/Habersack/Löbbe, GmbHG, §§ 86–88 Rn. 48; str.

10 *Beurskens*, in: Baumbach/Hueck, GmbHG, § 86 Rn. 3 mwN.

11 BT-Drs. 18/7219, S. 46 ff., S. 59 und 60.

12 Erwägungsgründe 1, 4, 5 der Verordnung (EU) Nr. 537/2014.

13 *Schaal*, in: Rowedder/Schmidt-Leithoff, GmbHG, § 86 Rn. 3; str.

die Verweisungskette es dem Normanwender nicht leicht macht zu erkennen, welche konkreten Handlungen mit Bußgeld oder Strafe bedroht sind, so kann die Verweisung auf Vorschriften des Unionsrecht mit Blick auf Art. 103 Abs. 2 GG durchgreifende verfassungsrechtliche Bedenken nicht begründen: das Bestimmtheitsgebot schließt es nicht aus, den Tatbestand erst durch Verweisung auf – wie hier – ordnungsgemäß veröffentlichte Vorschriften eines anderen Normgebers, insbesondere der Europäischen Union, vollständig zu umschreiben, wenn – was hier ebenfalls gegeben ist – die Blankettnorm die Art der Strafe bestimmt und hinreichend klar erkennen lässt, worauf sich die Verweisung bezieht und die Voraussetzungen der Strafbarkeit dort hinreichend deutlich (gemessen auch am Normadressaten) umschrieben sind[14]. Ob die Qualifikationstatbestände des § 86 selbst hinreichend bestimmt sind, ist eine andere Frage (s.u.).

2. Abstraktes Gefährdungsdelikt, Sonderdelikt

Durch die Sanktionierung der in §§ 86, 87 beschriebenen Tathandlungen soll Gefahren aus der 9
Verletzung von Pflichten bei Abschlussprüfungen entgegengewirkt werden, ein konkreter Gefährdungserfolg oder gar der Eintritt eines Vermögensschadens wird nicht vorausgesetzt. § 86 ist deswegen **abstraktes Gefährdungsdelikt**. Überdies ist § 86 echtes **Sonderdelikt**, da nur der darin genannte Täterkreis den Tatbestand verwirklichen kann; insoweit kommt für alle anderen allenfalls eine Teilnahme als Anstifter oder Gehilfe in Betracht, für die die Strafmilderung nach §§ 49, 28 Abs. 1 StGB zu beachten ist. Die Tatbeteiligung an der Ordnungswidrigkeit des § 87 richtet sich nach § 14 OWiG, der die Problematik der Sonderdelikte nicht kennt[15].

V. Täterkreis

Als Täter der §§ 86, 87 kommen nur **Mitglieder eines Aufsichtsrats** (nicht eines diesem nur ähn- 10
lichen Verwaltungs- oder Beirats) **oder eines von diesem eingesetzten Prüfungsausschusses** (s.o. Rdn. 6) in Betracht – unabhängig davon, ob die GmbH über einen fakultativen oder über einen obligatorischen Aufsichtsrat verfügt. Als Prüfungsausschuss ist jeder von einem (hinreichend qualifizierten, § 107 Abs. 4, § 100 Abs. 5 AktG) Aufsichtsrat eingerichtete Ausschuss anzusehen, der mit der Auswahl, Beauftragung und Überwachung des Abschlussprüfers betraut wird (vgl. § 107 Abs. 3, § 111 Abs. 2 Satz 3, § 119 Abs. 1 Nr. 4 AktG); auch insoweit kommt es nicht auf die Bezeichnung, sondern auf die inhaltlich wahrgenommenen Aufgaben an. Ist ein Prüfungsausschuss bestellt worden, befreit dies nicht den Aufsichtsrat von seinen Überwachungspflichten (vgl. Art. 39 Abs. 6 RL 2014/56/EU – vormals Art. 41 Abs. 2 der Abschlussprüfer-RL 2006/43/EG –, wonach die Überwachungspflicht des Prüfungsausschusses »unabhängig von der Verantwortung der Mitglieder des Verwaltungs-, Leitungs- oder Aufsichtsorgans des geprüften Unternehmens oder anderer Mitglieder« besteht).

Die Tätereigenschaft muss **zum Zeitpunkt der Tat** vorliegen, späteres Ausscheiden aus dem Aufsichtsrat oder Prüfungsausschuss ist unbeachtlich. Täter kann neben dem förmlich bestellten Organmitglied auch derjenige sein, der aufgrund einer (nicht notwendigerweise rechtswirksamen) Bestellung die Organstellung **faktisch** wahrnimmt[16]. Hierzu sowie zur Verantwortlichkeit eines jeden Mitglieds eines **Kollegialorgans** gilt das zu § 82 Gesagte (s. dort Rdn. 9, 13).

14 Vgl. BVerfG, DÖV 2020, 638; NZG 2018, 831; NVwZ 2012, 504; wistra 2010, 396; *Ransiek*, in: Ulmer/Habersack/Löbbe, GmbHG, §§ 86–88 Rn. 20 f.

15 § 14 OWiG: »Beteiligen sich mehrere an einer Ordnungswidrigkeit, so handelt jeder von ihnen ordnungswidrig. Dies gilt auch dann, wenn besondere persönliche Merkmale (§ 9 Abs. 1), welche die Möglichkeit der Ahndung begründen, nur bei einem Beteiligten vorliegen.«

16 *Müller*, in: BeckOK GmbHG, § 86 Rn. 45; aA *Ransiek*, in: Ulmer/Habersack/Löbbe, GmbHG, §§ 86–88 Rn. 47; *Altenhain*, in: MünchKommGmbHG, § 82 Rn. 37.

B. Tatbestände des § 87

I. Tathandlung nach § 87 Abs. 1 Nr. 1

11 Nach § 87 Abs. 1 Nr. 1 liegen Verstöße vor, wenn die Verpflichtungen zur **Überwachung der Unabhängigkeit der Abschlussprüfer** aus der Abschlussprüfer-VO nicht eingehalten werden:

Art. 4 Abs. 3 Unterabs. 2 Abschlussprüfer-VO (der § 319a Abs. 1 Nr. 1 HGB aF ersetzt) verlangt die Überwachung, ob ein Wirtschaftsprüfer von der Abschlussprüfung ausgeschlossen ist, weil er in den letzten drei Jahren jeweils mehr als 15 % der Gesamteinnahmen aus seiner beruflichen Tätigkeit von der zu prüfenden Kapitalgesellschaft erhalten hat und dies auch im laufenden Geschäftsjahr zu erwarten ist (was er mitzuteilen hat und sich auch aus den Transparenzberichten gem. Art. 13 Abschlussprüfer-VO ersehen lassen sollte). Wenn die von einem solchen Unternehmen von öffentlichem Interesse gezahlten Honorare weiterhin über 15 % der insgesamt von dem Abschlussprüfer oder der Prüfungsgesellschaft oder gegebenenfalls dem Konzernabschlussprüfer vereinnahmten Honorare hinausgehen, muss der Prüfungsausschuss (oder der Aufsichtsrat) anhand »objektiver« Gründe darüber entscheiden können, ob der Abschlussprüfer, die Prüfungsgesellschaft oder der Konzernabschlussprüfer bei diesem Unternehmen oder dieser Unternehmensgruppe die Abschlussprüfung für einen weiteren Zeitraum, der in jedem Fall zwei Jahre nicht überschreiten darf, durchführen darf[17]. Tatbestandsmäßig ist es insbesondere, keine Entscheidung zu treffen.

Art. 5 Abs. 4 Unterabs. 1 S. 1 Abschlussprüfer-VO verlangt die Überwachung, ob der Prüfungsausschuss nach gebührender Beurteilung gebilligt hat, dass ein Abschlussprüfer oder eine Prüfungsgesellschaft, der bzw. die eine Abschlussprüfung bei einem Unternehmen von öffentlichem Interesse durchführt, und — sofern der Abschlussprüfer bzw. die Prüfungsgesellschaft einem Netzwerk angehört — jedes Mitglied dieses Netzwerks, ohne Gefährdung der Unabhängigkeit andere als die verbotenen Nichtprüfungsleistungen nach den Absätzen 1 und 2 erbringen darf.

Art. 6 Abs. 2 Abschlussprüfer-VO verlangt die Überprüfung, ob ein Abschlussprüfer oder eine Prüfungsgesellschaft gegenüber dem Prüfungsausschuss jährlich schriftlich erklärt hat, dass der Abschlussprüfer bzw. die Prüfungsgesellschaft, Prüfungspartner und Mitglieder der höheren Führungsebene und das Leitungspersonal, die die Abschlussprüfung durchführen, unabhängig vom geprüften Unternehmen sind.

II. Tathandlungen nach § 87 Abs. 1 Nr. 2

12 Nach § 87 Abs. 1 Nr. 2 liegen Verstöße vor, wenn die Pflichten bei der **Auswahl des Abschlussprüfers** nicht eingehalten werden:

Art. 16 Abs. 2 Unterabs. 2 und 3 Abschlussprüfer-VO verlangt, dass der Prüfungsausschuss dem Verwaltungs- oder Aufsichtsorgan des geprüften Unternehmens eine Empfehlung für die Bestellung von Abschlussprüfern oder Prüfungsgesellschaften vorlegt. Abgesehen vom Fall der Erneuerung eines Prüfungsmandats gemäß Art. 17 Abs. 1 und 2 Abschlussprüfer-VO **muss die Empfehlung begründet werden und mindestens zwei Vorschläge für das Prüfungsmandat enthalten**, und der Prüfungsausschuss unter Angabe der Gründe seine Präferenz für einen der beiden Vorschläge mitteilen. Der Prüfungsausschuss muss in seiner Empfehlung mitteilen, dass diese frei von ungebührlicher Einflussnahme durch Dritte ist. Tatbestandsmäßig iSv § 87 Abs. 1 Nr. 2a handelt also, wer eine Empfehlung abgibt ohne die nach dem Gesetz erforderlichen Angaben und Begründungen. Wer eine Empfehlung abgibt, ohne dass das Auswahlverfahren den (im Interesse der Fairness) in Art. 16 Abs. 3 Abschlussprüfer-VO genannten Kriterien erfüllt, handelt tatbestandsmäßig iSv § 87 Abs. 1 Nr. 2b.

---

17 Die hinreichende Bestimmtheit der Norm wird bezweifelt; str. ist auch, ob der Verlängerungszeitraum das 4. und 5. oder das 5. und 6. Jahr betrifft; vgl. Wicke, GmbHG, §§ 86–88 Rn. 8; Roth/Altmeppen, GmbHG, § 87 Rn. 5.

III. Tathandlung nach § 87 Abs. 2

§ 87 Abs. 2 betrifft (nur) Mitglieder von **Aufsichtsräten, die keinen Prüfungsausschuss bestellt** haben. Geahndet wird die Vorlage eines Vorschlags für die Bestellung eines Abschlussprüfers oder einer Prüfungsgesellschaft, der den Anforderungen nach **Art. 16 Abs. 5 Unterabs. 1 Abschlussprüfer-VO** nicht entspricht. Dieser verlangt, dass der vom Aufsichtsrat an die Gesellschafterversammlung oder Aktionärshauptversammlung des geprüften Unternehmens gerichtete Vorschlag für die Bestellung von Abschlussprüfern oder Prüfungsgesellschaften die Empfehlung und Präferenz gemäß Abs. 2 enthält, die der Prüfungsausschuss oder das Gremium mit vergleichbarer Funktion ausgesprochen bzw. angegeben hat. 13

IV. Tathandlung nach § 87 Abs. 3

§ 87 Abs. 3 betrifft **Aufsichtsräte, die einen Prüfungsausschuss bestellt** haben. Wie in Abs. 2 wird die Vorlage eines Vorschlags für die Bestellung eines Abschlussprüfers oder einer Prüfungsgesellschaft geahndet. Ist ein Prüfungsausschuss bestellt, muss dieser **Vorschlag Art. 16 Abs. 1 oder Unterabs. 1 oder Unterabs. 2 S. 1 oder S. 2 Abschlussprüfer-VO** genügen, der verlangt, dass der Aufsichtsrat im Vorschlag benennen muss, dass dieser von der Präferenz des Prüfungsausschusses abweicht, und die Gründe angeben, weshalb der Empfehlung nicht gefolgt wird. Ferner wird verlangt, dass die vom Aufsichtsrat empfohlenen Prüfer oder Prüfungsgesellschaften an dem in Art. 16 Abs. 3 Abschlussprüfer-VO beschriebenen Auswahlverfahren teilgenommen haben müssen. 14

V. Subjektiver Tatbestand

Die Ordnungswidrigkeitentatbestände des § 87 Abs. 1 bis 3 verlangen vorsätzliches Handeln (§ 10 OWiG). **Vorsatz** ist gegeben, wenn der Täter alle Tatbestandsmerkmale der einzelnen Tatbestände und damit auch die Pflichten aus den die Blankettnormen ausfüllenden europarechtlichen Vorgaben der maßgeblichen Richtlinien und Verordnungen kennt (hM). **Bedingter Vorsatz** reicht aus, wenn der Täter die Verwirklichung der Bußgeldtatbestände für möglich hält. Für einen behaupteten **Irrtum** gelten über § 11 OWiG die für das Strafrecht maßgeblichen Grundsätze. 15

C. Tatbestände des § 86

§ 86 GmbHG knüpft an die Tathandlungen der Bußgeldvorschrift des § 87 an, Abs. 1 an § 87 Abs. 1, Abs. 2 an § 87 Abs. 1 bis 3. Durch die Verwirklichung eines qualifizierenden Tatbestandselements (in der jeweiligen Nr. 1 der Erhalt eines Vermögensvorteils als Gegenleistung, in der jeweiligen Nr. 2 die beharrliche Wiederholung) wird der Pflichtverstoß zu einer Straftat heraufgestuft. Ob die beiden zusätzlichen Tatbestandsmerkmale des § 86 tatsächlich die Strafbarkeit des Aufsichtsrats und des Prüfungssauschusses begründen können, weil »eine Sanktionierung lediglich als Ordnungswidrigkeit im Hinblick auf die entsprechend höhere kriminelle Energie nicht ausreichend« erscheint[18], wird – mit Blick auf den Bestimmtheitsgrundsatz des Art. 103 Abs. 2 GG – für zweifelhaft erachtet[19]. Die Qualifikationstatbestände lassen sich aber durch Auslegung hinreichend präzisieren. 16

I. Erhalten oder Versprechenlassen eines Vermögensvorteils

§ 86 Abs. 1 Nr. 1 und Abs. 2 Nr. 1 knüpfen daran an, dass sich der Täter für die Begehung des Pflichtverstoßes einen Vermögensvorteil versprechen lässt oder einen solchen erhält. Die Straftatbestände reihen sich insoweit in andere Korruptionsdelikte ein (vgl. §§ 299, 229a, 331, 332 StGB). 17

---

18 Gesetzesbegründung zu § 333a HGB in BT-Drs. 18/7219, S. 48.
19 Vgl. *Ransiek*, in: Ulmer/Habersack/Löbbe, GmbHG, §§ 86–88 Rn. 42.

Anders als aber zB in § 299 StGB, wo der Begriff des »Vorteils« verwendet wird, spricht § 86 von einem »Vermögensvorteil«, so dass nur geldwerte Vorteile (auch zB ersparte Aufwendungen), durch die der Täter also seine Vermögensposition materiell verbessert und auf die der Täter keinen Anspruch hat, erfasst sind; die Gegenmeinung, die darunter alle Leistungen verstanden wissen will, die das Aufsichtsrats- oder Prüfungsausschussmitglied in eine wirtschaftlich, rechtlich oder persönliche bessere Lage bringen, mithin auch immaterielle Vorteile, übersteigt die zur Bestimmung der Strafbarkeit maßgebliche Wortlautgrenze. Auch Vorteile für einen Dritten, die nicht zugleich die Vermögensposition des Aufsichtsrats- oder Prüfungsausschussmitglieds verbessern, unterfallen nicht § 86. Freilich hätte es dem Gesetzgeber gut gestanden, solche Strafbarkeitslücken nicht zu eröffnen.

Ob der Täter in der Tatvariante »erhalten« den Vorteil seinem Vermögen »einverleibt« hat, ist ohne Bedeutung, da auch »**sich versprechen lassen**« tatbestandsmäßig ist. Ausreichend hierfür ist ein konkretes Angebot, einen Vermögensvorteil (im oben genannten Sinn) gewähren zu wollen; nicht festgestellt werden muss, dass dieser später tatsächlich erbracht worden ist.

18 Wie bei §§ 299 und 332 ff StGB ist ein Konnex zwischen Vorteil und der in § 86 beschriebenen Handlung im Sinne einer **Unrechtsvereinbarung** vorausgesetzt (was sich aus dem Wort »dafür« ergibt). Zwischen dem Vorteilsversprechenden bzw. -gewährenden (der sich selbst nicht nach § 86 strafbar macht) und dem Aufsichtsrats- oder Prüfungsausschussmitglied muss zumindest konkludent eine Übereinkunft bestehen, dass der Vermögensvorteil gerade um der pflichtwidrig vermindert oder gar nicht erbrachten Überwachungsleistungen wegen geleistet wird. Der Pflichtverstoß wird regelmäßig ein solches Gegenseitigkeitsverhältnis indizieren.

II. Beharrliches Wiederholen

19 § 86 Abs. 1 Nr. 2 und Abs. 2 Nr. 2 knüpfen daran an, dass eine der in §§ 87 Abs. 1 bzw. der in § 87 Abs. 2 oder 3 genannten Ordnungswidrigkeiten »beharrlich wiederholt« wird. Diese Tatbestandsvoraussetzung, die sich ähnlich zB auch in § 148 GewO, § 15a Abs. 2 AÜG, § 95b EnWG, § 56 Abs. 3 Satz 2, § 56f Nr. 2 und 3, § 67g Abs. 1 Nr. 2 und 3, § 70b Abs. 1 Nr. 2 und 3, §§ 184e, 184f und § 238 StGB findet, wird in den Gesetzesmaterialien nicht näher erläutert und dementsprechend kontrovers diskutiert[20]; eine Umschreibung als »zäh oder hartnäckig« oder »besonders hartnäckig« bringt wenig Erkenntnisgewinn. Klar erscheint, dass die vorangehende Ordnungswidrigkeit nicht nur objektiv vorliegen, sondern der Täter mit entsprechendem Vorsatz gehandelt haben muss. Auch spricht alles dafür, dass die Straftat nicht als Kumulation begangener Pflichtverstöße verstanden werden kann, sondern (nur) ein einzelner (nicht verjährter) Pflichtverstoß zur Strafbarkeit führen kann, wenn sich dieser als »beharrliches Wiederholen« erweist[21]. Streit besteht über die Frage, ob die Wiederholung voraussetzt, dass jeweils gegen die gleiche Variante des § 87 verstoßen wurde[22]. Aus Wortlaut (»eine in … bezeichnete Handlung«) und Systematik des § 86 ergibt sich mE, dass einerseits Verstöße bei Auswahl und Überwachung des Prüfers iSv § 87 Abs. 1 gleich in welcher Tatvariante, andererseits Verstöße im Vorschlagsverfahren iSv § 87 Abs. 2 und 3 (wiederum gleich in welcher Variante) wiederholt werden können. Es wäre auch nicht recht einsichtig, weshalb sich eine Person aus dem in Frage kommenden Täterkreis, die jedes Jahr einen anderen Verstoß aus dem gleichen Pflichtenkreis begeht, schon im Ausgangspunkt besser stehen soll, als eine, der es an Kreativität bei der Begehung von Pflichtverstößen mangelt. Umstritten ist ferner, ob »Beharrlichkeit« – wie etwa bei § 238 StGB – auf eine innere Einstellung des Täters im Sinne einer »rechtsfeindlichen Gesinnung«, einer »gesteigerten Gleichgültigkeit« oder einem Handeln in der Absicht,

20 Zu Bedenken gegen die Bestimmtheit vgl. *Heghmanns*, ZjS 2010, 269 und *Kudlich*, JA 2010, 389.

21 *Ransiek*, in: Ulmer/Habersack/Löbbe, GmbHG, §§ 86–88 Rn. 44.

22 Bejahend: *Altenhain*, in: MünchKommGmbHG, § 86 Rn. 13; Wicke, GmbHG, § 84 Rn. 16; verneinend: *Beurskens*, in: Baumbach/Hueck, GmbHG, § 86 Rn. 13.

»sich auch in Zukunft entsprechend zu verhalten«[23], abstellt (mit der Folge, dass bereits die zweite OWi zum Straftatbestand qualifiziert werden kann)[24], oder ob – ggf. darüber hinaus – in einem objektive Sinne die mehrfache Verletzung der Pflicht vorangegangen sein muss[25]. Richtig erscheint, dass einerseits allein die Wiederholung eines Pflichtverstoßes nicht ausreichend ist, vielmehr in der erneuten Tat eine erhöhte kriminelle Energie[26] deutlich werden muss (als rechtsfeindliche Einstellung oder Gleichgültigkeit gegenüber einem früheren Verfahren oder einer bereits verhängten oder bevorstehenden Sanktion[27]), andererseits eine in jedem Einzelfall Gültigkeit beanspruchende, zur Begründung der Beharrlichkeit erforderliche (Mindest-) Anzahl von Angriffen des Täters nicht festgelegt werden kann.

III. Subjektiver Tatbestand

Das Aufsichtsrats- oder Prüfungsausschussmitglied macht sich dann nach § 86 strafbar, wenn es nicht nur hinsichtlich des Pflichtverstoßes nach § 86, sondern auch hinsichtlich der Erfüllung der beiden zusätzlich verlangten Tatbestandselemente zumindest bedingt vorsätzlich handelt. 20

D. Rechtsfolgen für Straftaten nach § 86

§ 86 GmbHG sieht als Vergehen einen Strafrahmen von **Freiheitsstrafe bis zu einem Jahr** oder Geldstrafe vor. Hat der Täter aus der Tat einen Vermögensvorteil erlangt, so ist dieser oder dessen Wert **einzuziehen**, § 73, 73c StGB. Daneben kann das Gericht – als Maßregel der Besserung und Sicherung – ein **Berufsverbot** von einem bis fünf Jahren nach **§§ 70, 70a StGB** unter den dort genannten Voraussetzungen verhängen. Einer gesonderten Umsetzung der in Art 30a Abs. 1e) der geänderten Abschlussprüfer-RL 2014/46/EU geforderten Sanktionierung (»ein vorübergehendes Verbot der Wahrnehmung von Aufgaben bei Prüfungsgesellschaften oder Unternehmen von öffentlichem Interesse für die Dauer von bis zu drei Jahren, das gegen Mitglieder einer Prüfungsgesellschaft oder eines Verwaltungs- oder Leitungsorgans eines Unternehmens von öffentlichem Interesse auszusprechen«) bedurfte es nicht, wobei zu berücksichtigen war, dass die Verhängung eines Berufsverbots als tiefgreifender Eingriff in die Berufsfreiheit des Art. 12 GG (entsprechend § 70 StGB und der dazu entwickelten Rechtsprechung) nur in besonders schweren Fällen in Betracht kommt[28]. 21

Rechtskräftige Verurteilungen werden auf der Internetseite der APAS (s.o. Rdn. 4) **veröffentlicht.** Für Verfahren, die eine Straftat nach § 86 zum Gegenstand haben, sieht deshalb **§ 88 Abs. 2 eine Mitteilungspflicht an die APAS** vor. Zuständig ist die Staatsanwaltschaft, die nicht nur rechtskräftige (verurteilende oder freisprechende) Entscheidungen übermitteln muss, sondern bereits ihre abschließende Entscheidung, wenn sie öffentliche Anklage erhebt, idR durch eine Anklageschrift (§ 170 Abs. 1 StPO) oder einen Antrag auf Erlass eines Strafbefehls (§ 407 Abs. 1 StPO). Da nur rechtskräftige Entscheidungen veröffentlicht werden, ist nach § 88 Abs. 2 Satz 2 die Entscheidung 22

23 Vgl. BGHSt 54, 189, 196 = NJW 2010, 1680, 1682 zu § 238 StGB.

24 *Raniseck*, in: Ulmer/Habersack/Löbbe, GmbHG, §§ 86–88 Rn. 45; *Schaal*, in: Rowedder/Schmidt-Leihoff, GmbHG, § 86 Rn. 12; *Saenger* in Saenger/Inhester, GmbHG, § 84 Rn. 5; *Anders*, NZG 2018, 961, 969.

25 *Altenhain*, in: MünchKommGmbHG, § 86 Rn. 13; *Beurskens*, in: Baumbach/Hueck, GmbHG, § 86 Rn. 13.

26 BT-Drs. 18/7219, S. 48, 59.

27 Vgl. BGH, wistra 1992, 184, 185 zu § 148 GewO; BGH, NZV 1992, 286 zu § 25 StVG.

28 BT-Drs. 18/7219, S. 48; zustimmend *Kleindiek*, in: Lutter/Hommelhoff, GmbHG, § 86 Rn. 14; Schaal, in: Rowedder/Schmidt-Leithoff, GmbHG, § 87 Rn. 13.

auch unter Hinweis auf ein eingelegtes Rechtmittel zu übermitteln. Nach Sinn und Zweck der Vorschrift ist auch eine nach Anklageerhebung erfolgte Verfahrenseinstellung mitzuteilen.

E. Rechtsfolgen für die Ordnungswidrigkeiten nach § 87

23 Für die Zuwiderhandlung gegen die Bußgeldtatbestände sieht **§ 87 Abs. 4** (wie § 334 Abs. 3 HGB) eine **Geldbuße bis zu 50.000 EUR** vor. Nach § 17 Abs. 3 OWiG sind Grundlage für die Zumessung der Geldbuße die Bedeutung der Ordnungswidrigkeit und der Vorwurf, der den Täter trifft. Auch die wirtschaftlichen Verhältnisse des Täters kommen in Betracht. Nach § 17 Abs. 4 OWiG soll die Geldbuße den wirtschaftlichen Vorteil, den der Täter aus der Ordnungswidrigkeit gezogen hat, übersteigen. Reicht das gesetzliche Höchstmaß hierzu nicht aus, kann es überschritten werden. Ähnlich (etwas ausführlicher) sind die (bei der Anwendung des § 87 zu beachtenden) Vorgaben aus § 30b der geänderten Abschlussprüferrichtlinie 2014/46/EU: »Die Behörden haben bei der Festlegung der Art und der Höhe der verwaltungsrechtlichen Sanktionen und Maßnahmen allen relevanten Umständen Rechnung zu tragen, einschließlich gegebenenfalls a) der Schwere und der Dauer des Verstoßes; b) des Grads an Verantwortung der verantwortlichen Person; c) der Finanzkraft der verantwortlichen Person, wie sie sich beispielsweise aus dem Gesamtumsatz des verantwortlichen Unternehmens oder den Jahreseinkünften der verantwortlichen natürlichen Person ablesen lässt; d) der Höhe der von der verantwortlichen Person erzielten Mehrerlöse oder verhinderten Verluste, sofern diese sich beziffern lassen; e) der Grad der Bereitwilligkeit der verantwortlichen Person, mit der zuständigen Behörde zusammenzuarbeiten; f) früherer Verstöße der verantwortlichen natürlichen oder juristischen Person«.

24 **Zuständig** für das Bußgeldverfahren ist die Bundesanstalt für Finanzdienstleistungsaufsicht (BAFin), wenn die GmbH ein Kreditinstitut oder eine Versicherung ist, in allen anderen Fällen das Bundesamt für Justiz (BfJ), **§ 87 Abs. 5**. Das Verfahren richtet sich nach dem OWiG. Alle (rechtskräftigen[29]) Bußgeldentscheidungen auf der Grundlage von § 87 Abs. 1 bis 3 (nicht Verfahrenseinstellungen nach § 47 OWiG) werden durch die zuständige Verwaltungsbehörde **der APAS übermittelt, § 88 Abs. 1**, der nun die **Veröffentlichung** auf ihrer Internetseite obliegt (§ 69 WPO, s.o. Rdn. 4).

29 HM; *Beurskens*, in Baumbach/Hueck, GmbHG, § 88 Rn. 2; Roth/Altmeppen, GmbHG, § 88 Rn. 3; Wicke, GmbHG, § 88 Rn. 19.

Einführungsgesetz zum Gesetz betreffend die Gesellschaften mit beschränkter Haftung (GmbHG-Einführungsgesetz – EGGmbHG)

Artikel 2 G. v. 23.10.2008 BGBl. I S. 2026, 2031 (Nr. 48); zuletzt geändert durch Artikel 15 G. v. 23.06.2017 BGBl. I S. 1822 Geltung ab 01.11.2008; FNA: 4123-3 Recht der Gesellschaften mit beschränkter Haftung

§ 1 Umstellung auf Euro

(1) [1]Gesellschaften, die vor dem 1. Januar 1999 in das Handelsregister eingetragen worden sind, dürfen ihr auf Deutsche Mark lautendes Stammkapital beibehalten; Entsprechendes gilt für Gesellschaften, die vor dem 1. Januar 1999 zur Eintragung in das Handelsregister angemeldet und bis zum 31. Dezember 2001 eingetragen worden sind. [2]Für Mindestbetrag und Teilbarkeit von Kapital, Einlagen und Geschäftsanteilen sowie für den Umfang des Stimmrechts bleiben bis zu einer Kapitaländerung nach Satz 4 die bis dahin gültigen Beträge weiter maßgeblich. [3]Dies gilt auch, wenn die Gesellschaft ihr Kapital auf Euro umgestellt hat; das Verhältnis der mit den Geschäftsanteilen verbundenen Rechte zueinander wird durch Umrechnung zwischen Deutscher Mark und Euro nicht berührt. [4]Eine Änderung des Stammkapitals darf nach dem 31. Dezember 2001 nur eingetragen werden, wenn das Kapital auf Euro umgestellt wird.

(2) [1]Bei Gesellschaften, die zwischen dem 1. Januar 1999 und dem 31. Dezember 2001 zum Handelsregister angemeldet und in das Register eingetragen worden sind, dürfen Stammkapital und Stammeinlagen auch auf Deutsche Mark lauten. [2]Für Mindestbetrag und Teilbarkeit von Kapital, Einlagen und Geschäftsanteilen sowie für den Umfang des Stimmrechts gelten die zu dem vom Rat der Europäischen Union nach Artikel 123 Abs. 4 Satz 1 des Vertrages zur Gründung der Europäischen Gemeinschaft unwiderruflich festgelegten Umrechnungskurs in Deutsche Mark umzurechnenden Beträge des Gesetzes in der ab dem 1. Januar 1999 geltenden Fassung.

(3) [1]Die Umstellung des Stammkapitals und der Geschäftsanteile sowie weiterer satzungsmäßiger Betragsangaben auf Euro zu dem nach Artikel 123 Abs. 4 Satz 1 des Vertrages zur Gründung der Europäischen Gemeinschaft unwiderruflich festgelegten Umrechnungskurs erfolgt durch Beschluss der Gesellschafter mit einfacher Stimmenmehrheit nach § 47 des Gesetzes betreffend die Gesellschaften mit beschränkter Haftung; § 53 Abs. 2 Satz 1 des Gesetzes betreffend die Gesellschaften mit beschränkter Haftung ist nicht anzuwenden. [2]Auf die Anmeldung und Eintragung der Umstellung in das Handelsregister ist § 54 Abs. 1 Satz 2 und Abs. 2 Satz 2 des Gesetzes betreffend die Gesellschaften mit beschränkter Haftung nicht anzuwenden. [3]Werden mit der Umstellung weitere Maßnahmen verbunden, insbesondere das Kapital verändert, bleiben die hierfür geltenden Vorschriften unberührt; auf eine Herabsetzung des Stammkapitals, mit der die Nennbeträge der Geschäftsanteile auf einen Betrag nach Absatz 1 Satz 4 gestellt werden, ist jedoch § 58 Abs. 1 des Gesetzes betreffend die Gesellschaften mit beschränkter Haftung nicht anzuwenden, wenn zugleich eine Erhöhung des Stammkapitals gegen Bareinlagen beschlossen und diese in voller Höhe vor der Anmeldung zum Handelsregister geleistet werden.

Schrifttum

Böhringer, Notarielle Formalien bei der »Euro«-Umstellung für die GmbH, BWNotZ 1999, 81; *Heidinger*, Die Umstellung der GmbH auf Euro durch Aufstockung der Geschäftsanteile, GmbHR 2000, 414; *Heidinger*, Euro-Umstellung bei der GmbH durch Kapitalschnitt, DNotZ 2001, 750; *Heidinger*, Praktische Fälle – Neue Probleme der Euroumstellung im Gesellschaftsrecht, ZNotP 2002, 179; *Kopp/Heidinger*, Notar und Euro, 2. Aufl. 2001; *Kopp/Schuck*, Der Euro in der notariellen Praxis, 2. Aufl. 2000; *Ries*, Der Euro und die GmbH – Probleme aus der handelsregisterrechtlichen Praxis, GmbHR 2000, 264; *Schick/Trapp*, Die Konsequenzen der Einführung des Euro für die GmbH, GmbHR 1998, 209; *Schneider*, Die Anpassung des GmbH-Rechts bei Einführung des Euro, NJW 1998, 3158; *Seibert*, Die Umstellung des Gesellschaftsrechts auf den Euro, ZGR 1998, 1; *Simon*, Umstellung des Stammkapitals einer GmbH von DM auf Euro: Wahl der richtigen Umrechnungsmethode, DB 2008, 1616; *Wachter*, Einführung des Euro bei der GmbH, NotBZ 1999, 137; *Waldner*, Umstellung einer GmbH auf den Euro, ZNotP 1998, 490; *Werner*, Kapitalumstellung einer GmbH auf die Währungseinheit, NotBZ 2002, 21; *Zeidler*, Ausgewählte Probleme des neuen § 86 GmbHG, NZG 1999, 13.

Übersicht

1

A. Rechts- und Normentwicklung

Das Übergangsrecht zur Euro-Einführung geht auf das EuroEG zurück und war zunächst in § 86 GmbHG verortet. Nach dem Inkrafttreten zum 01.01.2000 wurde Abs. 3 Satz 2 mit Wirkung zum 01.01.2007 geändert. Mit Inkrafttreten des MoMiG wurde die Regelung dann zu § 1 EGGmbHG, (zwecks Anpassung an § 5 Abs. 2 Satz 1 GmbHG) in Satz 4 geändert und mit einer amtlichen Überschrift versehen.

2

B. Regelungsgegenstand

Die Norm ist im Kontext von § 5 GmbHG zu sehen und gewährt GmbHs mit einem auf DM lautenden Stammkapital **Bestandsschutz** (Abs. 1) bzw. erlaubte für den Übergangszeitraum von 1999 bis 2001, während dessen die DM nicht mehr Währung, sondern nur noch Rechnungseinheit war (Art. 2 Euro-VO II) noch die Gründung von GmbHs mit einem auf DM lautenden Stammkapital (Abs. 2). Da nach wie vor **sehr viele Altgesellschaften mit DM-Kapitalbeträgen** existieren, hat die Vorschrift auch heute noch **große praktische Bedeutung.**[1] Der Bestandsschutz bezieht sich insb. auch auf die Rechtsbeziehungen im Innenverhältnis. Abs. 3 regelt Einzelheiten zur (fakultativen, s.o.) Euro-Umstellung. Für die Umwandlung von Gesellschaften mit DM-Stammkapital ist die Übergangsvorschrift des § 318 Abs. 2 UmwG zu beachten.

3

C. Regelungszweck

Die Abs. 1 und 2 dienen – im Interesse einer möglichst schonenden Regelung[2] – dem Bestandsschutz (auch im Interesse der Entlastung der Registergerichte) und der Regelung der Frage, ob und in welchem Umfang auf vor dem 01.01.2002 eingetragene Gesellschaften partiell noch früheres GmbH-Recht anwendbar ist. **Abs. 3 erleichtert** ggü. §§ 53, 54 GmbHG die in einer Euro-Umstellung stets liegende **Satzungsänderung**. Grund der Erleichterung ist, dass die bloße Umstellung im Kern rein formaler Natur ist.[3]

4

D. Altgesellschaften (Abs. 1)

Gesellschaften, die entweder vor dem 01.01.1999 eingetragen worden sind oder die zwar erst **in den Jahren 1999, 2000 oder 2001 eingetragen** worden sind, deren **Eintragung aber vor dem 01.01.1999 beantragt worden** ist, kommen in den Genuss des Bestandsschutzes nach Abs. 1 Satz 1. Darauf, ob der vor dem 01.01.1999 gestellte Antrag vollständig, d.h. die Gesellschaft noch

1 *Hoffmann/Lieder*, GmbHR 2010, R 209.
2 BegrRegE, BT-Drucks. 13/9347, S. 38.
3 BegrRegE, BT-Drucks. 13/9347, S. 39.

im Jahr 1998 eintragungsreif war, kommt es nicht an, wohl aber auf die Wirksamkeit der Anmeldung.[4] Der **Bestandsschutz betrifft** neben den Vorschriften zu Stammkapital und Nennbeträgen (§ 5 GmbHG a.F.) auch die **Rechte und Pflichten der Gesellschafter im Verhältnis zur Gesellschaft** (Beispiel: § 47 Abs. 2 GmbHG a.F.) **sowie untereinander** und gilt bis zu einer Änderung (d.h. Erhöhung oder Herabsetzung, nicht nur Umstellung, s. S. 3) des Stammkapitals.

Zulässig bleibt neben der Veräußerung und Belastung auch die **Teilung und Zusammenlegung von in DM denominierten Geschäftsanteilen.** Bei der Teilung muss das vor Inkrafttreten des EuroEG geltende Recht beachtet werden, d.h. der Nennbetrag der neuen Teilgeschäftsanteile muss mindestens 500 DM betragen und durch hundert teilbar sein (§ 5 Abs. 1, Abs. 3 Satz 2 GmbHG a.F.). Der **Teilungsvorgang als solcher** richtet sich seit dem 01.11.2008 nach dem ab diesem Zeitpunkt geltenden materiellen Recht. 5

Zur Verbindung von Umstellung und Glättung unten Rdn. 18 ff. 6

Für Altgesellschaften ordnet S. 4 eine **Registersperre** an, wonach eine Kapitalveränderung nur nach Euro-Umstellung eingetragen werden darf. Ein Verstoß hiergegen macht die Kapitalmaßnahme nicht unwirksam,[5] beseitigt die Sperre für die Zukunft aber auch nicht.[6] Das Erfordernis der Euro-Umstellung setzt nicht voraus, dass alle DM-Angaben in der Satzung angepasst werden.[7] Andere Satzungsänderungen als die in Satz 4 genannten sind von der Registersperre nicht betroffen.[8] 7

E. Übergangsgesellschaften (Abs. 2)

Bis Ende 2001 konnten GmbHs auch bei Anmeldung – nicht notwendigerweise Errichtung der Gründungsurkunde[9] – nach dem 01.01.1999 **noch mit einem auf DM lautenden Stammkapital eingetragen** werden, obwohl der Euro bereits ab 1999 an die Stelle der DM getreten war (vgl. § 5 GmbHG a.F.). Anders als bei den Altgesellschaften ist der **DM-Betrag hier aber nur mehr Umrechnungswert** (ausgehend von dem Umrechnungskurs 1:1,95583). Deshalb mussten bzw. müssen Stammkapital und Nennbeträge bereits den Vorgaben in Euro entsprechen, Entsprechendes gilt für die Teilung (Beispiel: Stammkapital von DM 48.895,75 DM = 25.000,00 €). Anders als bei den Altgesellschaften bedarf es hier zur »Umstellung« auf Euro keiner Änderung der Satzung im materiellen Sinne,[10] die alten DM-Angaben reduzierten sich zum »ästhetischen Problem«.[11] Die praktische Bedeutung von Abs. 2 ist gering, da nur wenige Gesellschaften von der Möglichkeit der Gründung mit DM-Beträgen Gebrauch gemacht haben.[12] 8

Zur Anpassung des Satzungswortlauts ist gleichwohl eine Satzungsänderung nach §§ 53, 54 unerlässlich.[13] Da der Austausch des DM-Stammkapitals durch den entsprechenden Euro-Betrag noch weniger als eine Umstellung bei Altgesellschaften bedeutet, ist die Privilegierungsvorschrift des Abs. 3 auf Übergangsgesellschaften erst recht (entsprechend) anzuwenden.[14] Entsprechendes gilt für die Registersperre nach Abs. 1 Satz 4.[15] 9

---

4 *Ulmer*, in: Ulmer/Habersack/Winter, § 86 Rn. 8 f.; einschränkend *Heidinger*, in: Michalski, EGGmbHG, § 1 Rn. 9.
5 *Heidinger*, ZNotP 2002, 179, 181.
6 *Heidinger*, in: Michalski, EGGmbHG, § 1 Rn. 19.
7 A.A. *Heidinger*, in: Michalski, EGGmbHG, § 1 Rn. 20.
8 *Ulmer*, in: Ulmer/Habersack/Winter, § 86 Rn. 13.
9 LG Bonn, GmbHR 1999, 864.
10 *Bayer*, in: Lutter/Hommelhoff, EGGmbHG, § 1 Rn. 7.
11 *Zeidler*, NZG 1999, 13, 14.
12 *Ries*, GmbHR 2000, 264.
13 *Schneider*, in: Scholz, EGGmbHG, § 1 Rn. 29; *Altmeppen*, in: Roth/Altmeppen, EGGmbHG, § 1 Rn. 18.
14 H.M., *Ulmer*, in: Ulmer/Habersack/Winter, § 86 Rn. 40; *Altmeppen*, in: Roth/Altmeppen, EGGmbHG, § 1 Rn. 18; a.A. *Heidinger*, in: Michalski, EGGmbHG, § 1 Rn. 24.
15 *Altmeppen*, in: Roth/Altmeppen, EGGmbHG, § 1 Rn. 18.

F. Neugesellschaften

10 Nicht ausdrücklich geregelt ist die Neueintragung von Gesellschaften nach dem 31.12.2001. Aus Abs. 2 Satz 1 folgt i.V.m. dem seit 01.01.1999 geltenden GmbH-Recht aber ohne Weiteres, dass für nach dem 31.12.2001 eingetragene Gesellschaften, unabhängig vom Anmeldedatum und vom Verschulden des Antragstellers an einer ggf. verzögerten Eintragung, ausschließlich das neue Recht gilt. **Seit dem 01.01.2002** können **Neueintragungen** also nur noch mit **Euro-Stammkapitalien** erfolgen. Wird hiergegen verstoßen, ist nicht § 75 GmbHG, wohl aber § 399 FamFG anwendbar.[16]

G. Umstellung und Glättung (Abs. 3)

I. Reine Umstellung (Altgesellschaften)

1. Überblick

11 Die Privilegierung der bloßen Umstellung und weiterer satzungsmäßiger Betragsangaben gilt nach zutreffender Ansicht nicht nur für Altgesellschaften, sondern auch für Übergangsgesellschaften.[17] Eine **Umstellung auf Euro ohne Kapitalveränderung** ist **auch noch nach dem 31.12.2001 möglich**. Ein Zwang zur Umstellung besteht nicht. Die Gesellschafter können es auch bei dem DM-Statut belassen.

12 Abs. 3 enthält für die in einer Euro-Umstellung liegende Satzungsänderung **Erleichterungen materiell-rechtlicher und formell-rechtlicher Art.** Satz 1 Halbs. 2 legt abweichend von § 53 Abs. 2 das erforderliche Quorum auf die einfache Mehrheit fest und befreit von dem Erfordernis der notariellen Beurkundung. Abs. 3 Satz 2 privilegiert die Umstellung bei Bekanntmachung, wobei der Verweis auf § 54 Abs. 2 Satz 2 ein Redaktionsversehen ist und es richtig § 10 HGB heißen müsste.[18] Die Vorschrift gilt entsprechend für die Umstellung anderer satzungsmäßiger Betragsangaben, wobei Angaben zum Gründungsaufwand in DM belassen werden sollten.[19] Der Registervollzug der Euro-Umstellung des Kapitals kann nicht davon abhängig gemacht werden, dass alle Angaben umgestellt werden.

2. Einzelheiten zur Satzungsänderung (Abs. 3 Satz 1, 2)

13 Ob **statutarische Erschwerungen für Satzungsänderungen** (vgl. § 53 Abs. 2 Satz 2, z.B. erhöhtes Quorum, Vetorechte für einzelne Gesellschafter etc.) auch für die Euro-Umstellung gelten, ist umstritten, nach richtiger Ansicht aber zu bejahen.[20] **Abs. 3 Satz 1 gilt insoweit** also **nicht entsprechend.**

14 Als weitere Erleichterung sieht **Art. 45 Abs. 1 EGHGB** vor, dass die Anmeldung der Umstellung nicht notariell beglaubigt zu werden braucht.

15 Die Erleichterungen gem. Satz 1 und 2 betreffen nur die Umstellung der Kapitalziffer, der Nennbeträge der Geschäftsanteile und statutarischer Betragsangaben. Wird mit der Umstellung eine Kapitaländerung verbunden, gelten für die Maßnahme insgesamt die allgemeinen Grundsätze.[21] In solchen Fällen kommt bei Zusammenfassung in einem Beschluss eine Anwendung der Privilegierung nicht in Betracht, während bei **Aufteilung in mehrere Beschlüsse** eine getrennte Beurteilung für jeden Beschluss und damit auch ein separater Registervollzug der Umstellung denkbar sind.

16 *Altmeppen*, in: Roth/Altmeppen, § 75 Rn. 14.
17 S. Rdn. 9.
18 *Ulmer*, in: Ulmer/Habersack/Winter, § 86 Rn. 21.
19 *Schneider*, in: Scholz, EGGmbHG, § 1 Rn. 61.
20 *Schneider*, in: Scholz, EGGmbHG, § 1 Rn. 31; *Bayer*, in: Lutter/Hommelhoff, EGGmbHG, § 1 Rn. 10.
21 Ganz h.M., etwa *Schneider*, in: Scholz, § 1 Rn. 29; *Ulmer*, in: Ulmer/Habersack/Winter, § 86 Rn. 16; vgl. BayObLG, NJW-RR 2002, 1189.

Das Ergebnis der Umstellung zum Kurs von 1:1,95583 ist **für registertechnische Zwecke** in entsprechender Anwendung von Art. 5 Euro-VO I **auf zwei Stellen hinter dem Komma zu runden** (vgl. § 3 Abs. 4 EGAktG).[22] Dabei hat die Gesellschaft die Wahl, ob sie zunächst das Stammkapital rundet und sodann diesen Betrag quotal auf die einzelnen Anteile verteilt oder ob sogleich die Nennbeträge der Geschäftsanteile gerundet werden und die Summe der Nennbeträge dann das Stammkapital bildet (Methode des Herunterbrechens oder Additionsmethode).[23] Eine durch die Rundung ggf. entstehende Differenz zwischen Stammkapital und Summe der Nennbeträge ist hinzunehmen.[24] 16

3. Rechtsfolgen

Die in der Praxis sehr seltene bloße Umstellung von DM auf Euro **führt noch nicht zum Wegfall der früher für Teilbarkeit, Stimmrecht usw. maßgeblichen DM-Beträge.**[25] Das Mindeststammkapital bleibt also 50.000 DM, und jeder Geschäftsanteil muss einen Mindestnennbetrag von 500 DM haben und ein Vielfaches von 100 DM sein. Die aus registertechnischen Gründen notwendige **Rundung hat rein rechnerische Bedeutung**; sie berührt das Verhältnis der mit den Geschäftsanteilen verbundenen Rechte zueinander nicht.[26] 17

II. Umstellung und Glättung (Altgesellschaften)

1. Allgemeines

Kapitalerhöhungen und Kapitalherabsetzungen (einschließlich Kapitalglättungen) sind nach Satz 4 nur zulässig, wenn sie mit einer Euro-Umstellung verbunden sind. Wird hiergegen verstoßen, ist der entsprechende Beschluss nichtig (§ 241 Nr. 3 AktG analog), wobei aber § 242 Abs. 3 Satz 1 AktG entsprechend gilt. Eine **Glättung ohne Umstellung ist nicht möglich.**[27] 18

Für die Glättung des Stammkapitals und der Geschäftsanteile kommen Kapitalerhöhung wie Kapitalherabsetzung in Betracht. Satz 3 Halbs. 1 ordnet an, die entsprechenden Vorschriften grds. uneingeschränkt einzuhalten sind. Von diesem Grundsatz gibt es nur eine Ausnahme, nämlich den in Halbs. 2 geregelten Fall der Kapitalherabsetzung i.V.m. einer Kapitalerhöhung.[28] 19

Mit Inkrafttreten des MoMiG gilt, dass **Stammkapital und Nennbeträge** nach Glättung **nur noch auf volle Euro lauten müssen.**[29] Wird die Umstellung mit einer Veränderung des Kapitals verbunden, ist **keine bestimmte Reihenfolge der zwei Schritte vorgeschrieben**, sodass bei Aufstockung (s. Rdn. 24) auch die Kapitalerhöhung i.H.e. DM-Betrages mit anschließender Umstellung zulässig ist.[30] Voraussetzung hierfür ist aber die Einhaltung von Abs. 1 Satz 4. 20

Eine disproportionale Aufstockung ist nach allgemeinen Grundsätzen nur mit Zustimmung der betroffenen Gesellschafter zulässig. Z.B. über die Homepage des BMJ kann auf ein Hilfsprogramm (»GmbH-Euro-Rechner«) zugegriffen werden, mithilfe dessen diejenigen Mindesterhöhungsbeträge errechnet werden können, bei denen sich keine Veränderung der Beteiligungsquoten ergeben.[31] 21

Für die mit einer Glättung verbundene Euro-Umstellung ist wie der reinen Umstellung die Rundung durch Auf- bzw. Abrundung auf zwei Stellen hinter dem Komma zulässig und geboten.[32] 22

---

22 LG Bonn, NJW 2000, 3221.

23 LG Bielefeld, RNotZ 2008, 501; *Heidinger*, in: Michalski, EGGmbHG, § 1 Rn. 20.

24 *Schneider*, in: Scholz, EGGmbHG, § 1 Rn. 28; vgl. auch LG Stuttgart, BWNotZ 2004, 41.

25 *Schneider*, in: Scholz, EGGmbHG, § 1 Rn. 13; *Ulmer*, in: Ulmer/Habersack/Winter, § 86 Rn. 11.

26 *Heidinger*, in: Heckschen/Heidinger, § 12 Rn. 10.

27 OLG Frankfurt am Main, NJW-RR 2003, 1616; *Heidinger*, in: Heckschen/Heidinger, § 12 Rn. 16.

28 S. hierzu Rdn. 30.

29 *Bayer*, in: Lutter/Hommelhoff, EGGmbHG, § 1 Rn. 14; *Schneider*, in: Scholz, EGGmbHG, § 1 Rn. 14; *Ulmer*, in: Ulmer/Habersack/Winter, § 86 Rn. 14.

30 LG Bremen, GmbHR 2000, 287.

31 Vgl. auch *Schneider*, NJW 1998, 3158, 3159 und *Birner/Mehler*, MittBayNot 1999, 269.

32 *Ulmer*, in: Ulmer/Habersack/Winter, § 86 Rn. 27.

2. Kapitalerhöhung

23 In Betracht kommt die Kapitalerhöhung **entweder gegen Sach- oder Bareinlagen oder aus Gesellschaftsmitteln.**

24 Wird die **Umstellung mit einer Kapitalerhöhung verbunden**, muss die Kapitalerhöhung die hierfür geltenden Vorschriften vollständig einhalten, insb. **müssen neue – wie alte – Geschäftsanteile zulässige**, d.h. runde **Nennbeträge erhalten** und der Kapitalerhöhungsbeschluss muss inhaltlich klarstellen, wie die einzelnen Geschäftsanteile in Euro umgestellt und sodann erhöht werden.[33] Eine Glättung durch Kapitalerhöhung ist nur durch Aufstockung bestehender Anteile, nicht durch Bildung neuer Anteile mit »krummen« Beträgen möglich.[34] Ein Aufstockungsbetrag muss § 5 Abs. 2 GmbHG hingegen nicht genügen.[35] Die Glättung muss auch nicht auf den nächsthöheren zulässigen Betrag lauten (s. aber Rdn. 28 a.E.).[36] Stimmt aufgrund der mit der Euro-Umstellung einhergehenden Rundung die Summe mehrerer Einzelerhöhungen nicht mit der für die Erhöhung erforderlichen Summe überein, so ist dies unschädlich, wenn sich die Differenzen gegenseitig aufheben und beide Maßnahmen miteinander verwirklicht werden.[37]

25 Fraglich ist, ob eine Aufstockung auch im Fall der Glättung voraussetzt, dass die Anteile volleingezahlt sind oder noch dem ersten Gesellschafter oder seinem Gesamtrechtsnachfolger zustehen. Die inzwischen herrschende Meinung verneint dies unter Bezugnahme auf die mit § 1 Abs. 3 bezweckte Privilegierung der Glättung zur Euro-Umstellung.[38]

26 Hält die GmbH **eigene Anteile**, kommt eine Kapitalerhöhung gegen Einlagen nicht in Betracht, weil der Gesellschaft aus dem eigenen Anteil kein Bezugsrecht zustehen kann, sodass eine Erhöhung insoweit und damit zwingend insgesamt (s. Rdn. 29) ausscheiden muss. Es verbleiben die Möglichkeiten der Kapitalerhöhung aus Gesellschaftsmitteln oder der Kapitalherabsetzung.

27 Ist, was bei Vorhandensein mehrerer Geschäftsanteile mit verschiedenen Nennbeträgen häufig der Fall sein wird, eine Verhältnis wahrende Kapitaländerung nicht möglich, liegt eine teilweise Bezugsrechtsbeeinträchtigung vor, der der betroffene Gesellschafter zustimmen muss. Auch scheidet in diesen Fällen wegen § 57j eine Kapitalerhöhung aus Gesellschaftsmitteln aus.[39]

28 Verfahrensmäßig gelten für die Kapitalerhöhung i.Ü. die allgemeinen Grundsätze. Insb. bedarf es **formgerechter Übernahmeerklärungen** und einer **Liste der Übernehmer.**[40] Zur kostenmäßigen Behandlung der Kombination s. § 45 Abs. 2 EGHGB *Heidinger*, in: Heckschen/Heidinger, § 12 Rn. 18. Zu beachten ist, dass § 45 Abs. 2 EGHGB nicht durch das MoMiG an die neue Teilbarkeitsregelung des § 5 Abs. 2 Satz 1 n.F. angepasst wurde, woraus folgt, dass die Kostenprivilegierung nach wie vor eine Glättung auf einen durch 10 teilbaren Euro-Betrag voraussetzt.

29 Da für die erfolgreiche Glättung die Glättung sämtlicher Geschäftsanteile erforderlich ist, kann eine Glättung an der fehlenden Bereitschaft auch nur eines Gesellschafters zur Aufstockung scheitern. Aus der **gesellschaftsrechtlichen Treuepflicht** der Gesellschafter untereinander kann die Verpflichtung folgen, an der Kapitalerhöhung zur Glättung teilzunehmen.[41] Dies gilt uneingeschränkt für

---

33 OLG Hamm, GmbHR 2011, 654; *Heidinger*, in: Heckschen/Heidinger, § 12 Rn. 27.

34 LG Mühlhausen, v. 11.06.2003 – 3 O 1228/01 (unveröff.), OLG Braunschweig, v. 26.02.2002 – 3 U 176/02 (unveröff.), *Bayer*, in: Lutter/Hommelhoff, EGGmbHG, § 1 Rn. 17; großzügiger bei unmittelbarer Zusammenlegung OLG Hamm, GmbHR 2003, 899; s.a. KG, DB 2005, 548, 549.

35 LG Bremen, DNotI-Report 1999, 123 = GmbHR 2000, 287; LG Bonn, NJW 2000, 3221.

36 LG Bonn, NJW 2000, 3221.

37 LG Stuttgart, BWNotZ 2004, 41.

38 *Schneider*, in: Scholz, EGGmbHG, § 1 Rn. 53; *Bayer*, in: Lutter/Hommelhoff, EGGmbHG, § 1 Rn. 20; *Ulmer*, in: Ulmer/Habersack/Winter, § 86 Rn. 28; *Ries*, GmbHR 2000, 264, 266; a.A. etwa *Waldner*, ZNotP 1998, 490, 491.

39 *Zeidler*, NZG 1999, 13, 19; *Ries*, GmbHR 2000, 264; *Kallmeyer*, GmbHR 1998, 963, 965.

40 BayObLG, NJW-RR 2002, 1189.

41 Näher *Ulmer*, in: Ulmer/Habersack/Winter, § 86 Rn. 32 ff.

eine Kapitalerhöhung aus Gesellschaftsmitteln[42] und eingeschränkt, d.h. nach Maßgabe des Verhältnismäßigkeitsgrundsatzes, für effektive Kapitalerhöhungen.[43]

3. Kapitalherabsetzung

30 Die Kapitalherabsetzung ist als **ordentliche** (§ 58) **oder vereinfachte** (§ 58a) möglich, und zwar nach den jeweils geltenden Regeln, d.h. ohne Privilegierungen. Wenn nicht die Voraussetzungen des § 58a (Verlustausgleich oder Wertminderungsausgleich) vorliegen, müssen also Gläubigeraufruf und Sperrjahr eingehalten werden (§ 58 Abs. 1). Eine **disproportionale Herabsetzung** ist nach allgemeinen Grundsätzen **nur mit Zustimmung der betroffenen Gesellschafter** zulässig.[44]

4. Kapitalschnitt (Satz 3 Halbs. 2)

31 § 58 Abs. 1 GmbHG findet keine Anwendung (d.h. insb. Sperrjahr und Aufgebot sind überflüssig), wenn mit der Kapitalherabsetzung eine Barkapitalerhöhung in mindestens derselben Höhe beschlossen wird und die Einlagen in voller Höhe vor der Handelsregisteranmeldung erbracht werden. Der Kapitalerhöhungsbetrag muss also den zur Glättung verwendeten Reduzierungsbetrag übersteigen.[45] Dies ist **keine vereinfachte Kapitalherabsetzung i.S.d. §§ 58a ff. GmbHG**, sodass insb. die Erleichterung des § 58a Abs. 4 nicht anwendbar ist.

5. Kombination

32 Eine Kombination von Auf- und Abstockung zur Glättung ist nicht zulässig.[46]

H. Umwandlung

33 Für die Umwandlung von Gesellschaften, deren Kapital noch auf DM lautet, gilt die Sondervorschrift des § 318 Abs. 2 UmwG.

34 Der Bestandsschutz in Abs. 1 u. 2 deckt auch die Beteiligung einer GmbH mit DM-Stammkapital als übertragender Rechtsträger an einer Umwandlung. Einen Formwechsel in eine AG ohne Umstellung auf Euro und Kapitalmaßnahme lässt § 1 Abs. 1 Satz 2 aber nicht zu.

§ 2 Übergangsvorschriften zum Transparenz- und Publizitätsgesetz

§ 42a Abs. 4 des Gesetzes betreffend die Gesellschaften mit beschränkter Haftung in der Fassung des Artikels 3 Abs. 3 des Transparenz- und Publizitätsgesetzes vom 19. Juli 2002 (BGBl. I S. 2681) ist erstmals auf den Konzernabschluss und den Konzernlagebericht für das nach dem 31. Dezember 2001 beginnende Geschäftsjahr anzuwenden.

1 § 42a GmbHG regelt in seinen Abs. 1 bis 3 das Verfahren zur Feststellung des Jahresabschlusses durch die Gesellschafter und die dem vorgelagerte Vorlage des Jahresabschlusses durch die Geschäftsführer. Dies betrifft grds. nur den nach HGB aufzustellenden Einzelabschluss der GmbH.

2 Mit dem Transparenz- und Publizitätsgesetz (TransPuG) v. 26.07.2007 wurden weitreichende Veränderungen im Bereich der Rechnungslegung und insb. auch der Konzernrechnungslegung vorgenommen. Soweit eine GmbH als Mutterunternehmen i.S.d. § 290 Abs. 1 HGB zur Aufstellung eines Konzernabschlusses und eines Konzernlageberichts verpflichtet ist, gelten nach § 42a Abs. 4 GmbHG die für den Einzelabschluss der GmbH vorgesehenen Verfahrensabläufe gem. § 42a Abs. 1 bis 3 GmbHG entsprechend.

42 Vgl. BGH, NJW 1987, 189.
43 *Zöllner/Fastrich*, in: Baumbach/Hueck, § 55 Rn. 57; ausf. *Ulmer*, in: Ulmer/Habersack/Winter, § 86 Rn. 32 ff.
44 *Schneider*, in: Scholz, § 1 Rn. 55; *Heidinger*, in: Heckschen/Heidinger, § 12 Rn. 19.
45 *Ulmer*, in: Ulmer/Habersack/Winter, § 86 Rn. 23.
46 *Heidinger*, in: Heckschen/Heidinger, § 12 Rn. 24; a.A. LG Dresden, DNotI-Report 2003, 94.

3 Nach § 2 EGGmbHG gelten diese Regelungen erstmals für einen Konzernabschluss und einen Konzernlagebericht für ein nach dem 31.12.2001 beginnendes Geschäftsjahr.

4 § 2 EGGmbHG wurde durch das MoMiG v. 23.10.2008 (Bundesgesetzblatt I 2008, 2026) eingeführt und ist an die Stelle des damit ersatzlos aufgehobenen und seinerzeit mit dem TransPuG eingefügten § 87 GmbHG getreten.

§ 3 Übergangsvorschriften zum Gesetz zur Modernisierung des GmbH-Rechts und zur Bekämpfung von Missbräuchen

(1) [1]Die Pflicht, die inländische Geschäftsanschrift bei dem Gericht nach § 8 des Gesetzes betreffend die Gesellschaften mit beschränkter Haftung in der ab dem Inkrafttreten des Gesetzes vom 23. Oktober 2008 (BGBl. I S. 2026) am 1. November 2008 geltenden Fassung zur Eintragung in das Handelsregister anzumelden, gilt auch für Gesellschaften, die zu diesem Zeitpunkt bereits in das Handelsregister eingetragen sind, es sei denn, die inländische Geschäftsanschrift ist dem Gericht bereits nach § 24 Abs. 2 der Handelsregisterverordnung mitgeteilt worden und hat sich anschließend nicht geändert. [2]In diesen Fällen ist die inländische Geschäftsanschrift mit der ersten die eingetragene Gesellschaft betreffenden Anmeldung zum Handelsregister ab dem 1. November 2008, spätestens aber bis zum 31. Oktober 2009 anzumelden. [3]Wenn bis zum 31. Oktober 2009 keine inländische Geschäftsanschrift zur Eintragung in das Handelsregister angemeldet worden ist, trägt das Gericht von Amts wegen und ohne Überprüfung kostenfrei die ihm nach § 24 Abs. 2 der Handelsregisterverordnung bekannte inländische Anschrift als Geschäftsanschrift in das Handelsregister ein; in diesem Fall gilt die mitgeteilte Anschrift zudem unabhängig von dem Zeitpunkt ihrer tatsächlichen Eintragung ab dem 31. Oktober 2009 als eingetragene inländische Geschäftsanschrift der Gesellschaft, wenn sie im elektronischen Informations- und Kommunikationssystem nach § 9 Abs. 1 des Handelsgesetzbuchs abrufbar ist. [4]Ist dem Gericht keine Mitteilung im Sinne des § 24 Abs. 2 der Handelsregisterverordnung gemacht worden, ist ihm aber in sonstiger Weise eine inländische Geschäftsanschrift bekannt geworden, so gilt Satz 3 mit der Maßgabe, dass diese Anschrift einzutragen ist, wenn sie im elektronischen Informations- und Kommunikationssystem nach § 9 Abs. 1 des Handelsgesetzbuchs abrufbar ist. [5]Dasselbe gilt, wenn eine in sonstiger Weise bekannt gewordene inländische Anschrift von einer früher nach § 24 Abs. 2 der Handelsregisterverordnung mitgeteilten Anschrift abweicht. [6]Eintragungen nach den Sätzen 3 bis 5 werden abweichend von § 10 des Handelsgesetzbuchs nicht bekannt gemacht.

(2) 1§ 6 Abs. 2 Satz 2 Nr. 3 Buchstabe a, c, d und e des Gesetzes betreffend die Gesellschaften mit beschränkter Haftung in der ab dem 1. November 2008 geltenden Fassung ist auf Personen, die vor dem 1. November 2008 zum Geschäftsführer bestellt worden sind, nicht anzuwenden, wenn die Verurteilung vor dem 1. November 2008 rechtskräftig geworden ist. [2]Entsprechendes gilt für § 6 Abs. 2 Satz 3 des Gesetzes betreffend die Gesellschaften mit beschränkter Haftung in der ab dem 1. November 2008 geltenden Fassung, soweit die Verurteilung wegen einer Tat erfolgte, die den Straftaten im Sinne des Satzes 1 vergleichbar ist.

(3) [1]Bei Gesellschaften, die vor dem 1. November 2008 gegründet worden sind, findet § 16 Abs. 3 des Gesetzes betreffend die Gesellschaften mit beschränkter Haftung in der ab dem 1. November 2008 geltenden Fassung für den Fall, dass die Unrichtigkeit in der Gesellschafterliste bereits vor dem 1. November 2008 vorhanden und dem Berechtigten zuzurechnen ist, hinsichtlich des betreffenden Geschäftsanteils frühestens auf Rechtsgeschäfte nach dem 1. Mai 2009 Anwendung. [2]Ist die Unrichtigkeit dem Berechtigten im Fall des Satzes 1 nicht zuzurechnen, so ist abweichend von dem 1. Mai 2009 der 1. November 2011 maßgebend.

(4) 1§ 19 Abs. 4 und 5 des Gesetzes betreffend die Gesellschaften mit beschränkter Haftung in der ab dem 1. November 2008 geltenden Fassung gilt auch für Einlagenleistungen, die vor diesem Zeitpunkt bewirkt worden sind, soweit sie nach der vor dem 1. November 2008 geltenden Rechtslage wegen der Vereinbarung einer Einlagenrückgewähr oder wegen einer verdeckten

Sacheinlage keine Erfüllung der Einlagenverpflichtung bewirkt haben. [2]Dies gilt nicht, soweit über die aus der Unwirksamkeit folgenden Ansprüche zwischen der Gesellschaft und dem Gesellschafter bereits vor dem 1. November 2008 ein rechtskräftiges Urteil ergangen oder eine wirksame Vereinbarung zwischen der Gesellschaft und dem Gesellschafter getroffen worden ist; in diesem Fall beurteilt sich die Rechtslage nach den bis zum 1. November 2008 geltenden Vorschriften.

Übersicht

A. Allgemeines

§ 3 EGGmbHG enthält Übergangsvorschriften zum am 01.11.2008 in Kraft getretenen MoMiG.[1] 1
Die Übergangsvorschriften der Abs. 1, 3 und 4 haben nur für solche Gesellschaften Bedeutung, die vor dem Inkrafttreten des MoMiG gegründet wurden.[2]

B. Anmeldung der inländischen Geschäftsanschrift (Abs. 1)

Gem. § 8 Abs. 4 Nr. 1 GmbHG n.F. muss in der Anmeldung der Gesellschaft auch eine inlän- 2
dische Geschäftsanschrift angegeben werden.[3] § 3 Abs. 1 EGGmbHG bestimmt nun, dass auch solche Gesellschaften, die bereits vor dem Inkrafttreten des MoMiG ins Handelsregister eingetragen worden sind, ihre inländische Geschäftsanschrift anmelden müssen. Diese Verpflichtung mussten solche Altgesellschaften bei der ersten die Gesellschaft nach Inkrafttreten des MoMiG betreffenden Anmeldung, spätestens aber bis zum 31.10.2009 erfüllen.

Lediglich in den Fällen, in denen dem Registergericht die Geschäftsanschrift über § 24 Abs. 2 HRV 3
bekannt geworden ist, bedurfte es keiner erneuten Mitteilung der Geschäftsanschrift.

Für Gesellschaften, die ihrer Pflicht bis zum 31.10.2009 nicht nachgekommen sind, kann das Re- 4
gistergericht von Amts wegen die kostenfreie Eintragung einer ihm bekannten Geschäftsanschrift anordnen. Ist dem Registergericht weder nach § 24 Abs. 2 HRV noch anderweitig eine inländische Geschäftsanschrift bekannt geworden, kann es die Gesellschaft im Wege der Zwischenverfügung zur Anmeldung ihrer inländischen Geschäftsanschrift auffordern.

C. Hinderungstatbestände zur Geschäftsführerbestellung (Abs. 2)

§ 6 Abs. 2 Satz 2 Nr. 3 GmbHG sieht einen ggü. der alten Rechtslage erweiterten Katalog vorsätz- 5
lich begangener Straftaten vor, die, sofern eine entsprechende rechtskräftige Verurteilung erfolgt ist, für die Dauer von 5 Jahren einen Hinderungsgrund für die Geschäftsführerbestellung darstellen.[4] § 3 Abs. 2 EGGmbHG regelt nun, dass Geschäftsführer, die bereits vor dem Inkrafttreten des MoMiG rechtskräftig wegen einer der neu in § 6 Abs. 2 Satz 2 Nr. 3 Buchst. a), c), d) oder e) GmbHG aufgenommenen Straftaten rechtskräftig verurteilt worden sind, weiterhin im Amt bleiben dürfen.

Abzustellen ist insoweit nicht auf den Zeitpunkt der Verurteilung, sondern den des Eintritts 6
der Rechtskraft. Liegt diese am 01.11.2008 oder danach vor, so führt die Verurteilung wegen einer der neuen im Katalog aufgenommenen vorsätzlichen Straftaten zu einer Beendigung der

1 Gesetz zur Modernisierung des GmbH-Rechts und zur Bekämpfung von Missbräuchen v. 23.10.2008 (BGBl. I 2026).
2 *Schmidt*, in: Michalski/Heidinger/Leible/Schmidt, GmbHG, § 3 EGGmbHG Rn. 3.
3 Vgl. dazu näher § 8 GmbHG Rdn. 45.
4 Vgl. dazu im Einzelnen § 6 GmbHG Rdn. 9 f.

Geschäftsführerstellung bzw. dazu, dass die fragliche Person nicht zum Geschäftsführer bestellt werden kann.

7 Der Vertrauensschutz für vor dem 01.11.2008 in Rechtskraft erwachsene Verurteilungen gilt nur für die konkrete Geschäftsführerbestellung. Für nach dem Inkrafttreten des MoMiG zu übernehmende Bestellungen gilt die neue Rechtslage auch dann, wenn die Verurteilung bereits vor dem 01.11.2008 in Rechtskraft erwachsen ist.[5]

8 Neben einer Erweiterung des Straftatenkatalogs enthält § 6 Abs. 2 Satz 2 Nr. 3 GmbHG n.F. aber auch eine Einschränkung dahin gehend, dass fahrlässig begangene Insolvenzstraftaten nunmehr kein Bestellungshindernis mehr darstellen. Insoweit ist davon auszugehen, dass für eine Person, die vor dem 01.11.2008 wegen einer fahrlässigen Insolvenzstraftat rechtskräftig verurteilt wurde, ab dem Inkrafttreten des MoMiG die neue, insoweit günstigere, Rechtslage gilt. Ab dem Inkrafttreten des MoMiG können solche Personen also zu Geschäftsführern bestellt werden, sofern keine anderweitigen Bestellungshindernisse vorliegen.[6]

D. Gutglaubenserwerb (Abs. 3)

9 Nach § 16 Abs. 3 GmbHG kann ein Geschäftsanteil oder ein Recht daran wirksam vom Nichtberechtigten erworben werden, wenn der Veräußerer als Inhaber des Geschäftsanteils in der im Handelsregister aufgenommenen Gesellschafterliste eingetragen ist.[7] Geschützt wird der gute Glaube an die Richtigkeit der Gesellschafterliste. Die Übergangsregelung des § 3 Abs. 3 EGGmbHG unterscheidet danach, zu welchem Zeitpunkt die Gesellschafterliste unrichtig war.

10 Ist die Unrichtigkeit der Gesellschafterliste erst am 01.11.2008 oder danach eingetreten, so gilt auch für Altgesellschaften die neue Rechtslage.

11 Sofern die Gesellschafterliste bereits vor dem Inkrafttreten des MoMiG Unrichtigkeiten aufwies, also eine unrichtige Liste vor dem 01.11.2008 ins Handelsregister aufgenommen wurde,[8] ist für den gutgläubigen Erwerb nach der Zurechenbarkeit der Unrichtigkeit zu differenzieren. Ist die Unrichtigkeit dem Berechtigten zuzurechnen, so ist ein gutgläubiger Erwerb des entsprechenden Geschäftsanteils erst nach dem 01.05.2009 möglich. Ist die Unrichtigkeit der Gesellschafterliste dem Berechtigten nicht zuzurechnen, kann ein gutgläubiger Erwerb frühestens nach dem 01.11.2011 erfolgen. Berechtigter im Sinne dieser Vorschrift ist derjenige, der infolge der Verfügung durch den Nichtberechtigten nach § 16 Abs. 3 GmbHG einen Rechtsverlust am Geschäftsanteil erleiden würde.

E. Verdeckte Sacheinlagen und verbotenes Hin- und Herzahlen (Abs. 4)

12 Mit § 19 Abs. 4 und 5 GmbHG n.F. wurden die verdeckte Sacheinlage und der vorabgesprochene Rückfluss einer Einlageleistung (Hin- und Herzahlen) erstmals gesetzlich ausdrücklich geregelt. Gleichzeitig wurden die Rechtsfolgen ggü. den von der Rechtsprechung entwickelten Regeln abgemildert. Im Fall der verdeckten Sacheinlage sind danach die Vereinbarungen und Rechtshandlungen zu ihrer Durchführung nicht mehr nichtig. Auf die gleichwohl fortbestehende Einlagepflicht des Gesellschafters wird der Wert der vom Gesellschafter erbrachten Sachleistung angerechnet.[9] Für den Fall des Hin- und Herzahlens sieht § 19 Abs. 5 GmbHG eine begrenzte Ausnahme von der fehlenden Erfüllungswirkung einer Einlageleistung vor.[10]

5 *Bunnemann*, in: Bunnemann/Zirngibl, Auswirkungen des MoMiG auf bestehende GmbHs, § 3 Rn. 31.
6 So auch *Schmidt*, in: Michalski/Heidinger/Leible/Schmidt, GmbHG, § 3 EGGmbHG Rn. 11.
7 Vgl. dazu und zu den Ausnahmen näher § 16 GmbHG Rdn. 33 ff.
8 Vgl. *Kort*, GmbHR 2009, 169, 171.
9 Vgl. dazu näher § 19 GmbHG Rdn. 45, 48 ff.
10 S. dazu näher § 19 GmbHG Rdn. 65 ff.

Hinsichtlich des zeitlichen Anwendungsbereichs ordnet § 3 Abs. 4 EGGmbHG eine grundsätzliche Rückwirkung der Neuregelungen des § 19 Abs. 4 und 5 GmbHG an.[11] 13

Die Neuregelungen des § 19 Abs. 4 und 5 GmbHG gelten danach auch für solche Einlageleistungen, die vor dem 01.11.2008 bewirkt wurden. Unter Bewirken ist hier die Erfüllung des Tatbestands der verdeckten Sacheinlage bzw. des Hin- und Herzahlens zu verstehen.[12] Mit anderen Worten: Verdeckte Sacheinlagen und Hin- und Herzahlen sind seit dem Inkrafttreten des MoMiG unabhängig davon grds. nach der neuen Rechtslage zu behandeln, wann der jeweilige Tatbestand erfüllt wurde. 14

Gegen diese Rückwirkung wurden in der Literatur teilweise verfassungsrechtliche Bedenken geltend gemacht.[13] Dem ist zum einen entgegenzuhalten, dass die Regeln zur verdeckten Sacheinlage und zum Hin- und Herzahlen bis zum Inkrafttreten des MoMiG ohnehin nicht kodifiziert waren. Zum anderen liegt kein verfassungsrechtlich geschützter Vertrauenstatbestand vor. Denn weder war nach alter Rechtslage der fragliche Sachverhalt bislang durch Erfüllung der Einlageverpflichtung abgeschlossen noch ist ein Vertrauen auf das Scheitern und die Rückabwicklung durch Vindikations- und Bereicherungsansprüche schutzwürdig.[14] 15

Eine Ausnahme von der Rückwirkung enthält § 3 Abs. 4 Satz 2 EGGmbHG für die Fälle, in denen bereits vor Inkrafttreten des MoMiG ein Zahlungsanspruch der Gesellschaft gegen den Gesellschafter wegen verdeckter Sacheinlage oder Hin- und Herzahlens durch rechtskräftiges Urteil festgestellt worden ist oder in denen bereits eine dahin gehende wirksame Vereinbarung zwischen der Gesellschaft und dem Gesellschafter getroffen worden ist. In diesen Fällen gilt weiterhin die alte Rechtslage, also die von der Rechtsprechung entwickelten Regeln.[15] 16

11 Hierzu BGH, DStR 2016, 923.

12 *Schmidt*, in: Michalski/Heidinger/Leible/Schmidt, GmbHG, § 3 EGGmbHG Rn. 17.

13 Vgl. *Grigoleit/Rieder*, GmbH-Recht nach dem MoMiG, 2009, Rn. 185; *Pentz*, GmbHR 2009, 505, 506 f.; *Söder/Bömeke*, Angelegenheiten moderner Gesellschaftsrechtsgesetzgebung, 2011, S. 111; *Wälzholz*, MittBayNot 2008, 425, 431.

14 So zu Recht *Seibt*, in: Scholz, GmbHG, § 3 EGGmbHG Rn. 8.

15 Vgl. dazu näher § 19 GmbHG Rdn. 44, 64.

Anhänge

Anhang 1: Internationales Gesellschaftsrecht[1]

Schrifttum

Bayer/J. Schmidt, Das Vale-Urteil des EuGH: Die endgültige Bestätigung der Niederlassungsfreiheit als »Formwechselfreiheit«, ZIP 2012, 1481–1492; *Bayer/J. Schmidt*, Grenzüberschreitende Mobilität von Gesellschaften: Formwechsel durch isolierte Satzungssitzverlegung. Zugleich Besprechung EuGH v. 25. 10. 2017 – Rs C-106/16, ZIP 2017, 2145 – Polbud, ZIP 2017, 2225 – 2234; *Bungert/de Raet*, Grenzüberschreitender Formwechsel in der EU, DB 2014, 761–766; *Ebke*, Überseering: »Die wahre Liberalität ist Anerkennung«, JZ 2003, 927–933; *Ebke*, Gesellschaften aus nicht privilegierten Drittstaaten im Internationalen Privatrecht: »Utopia Limited; oder: Die Blüten des Fortschritts«, in Festschrift für Hans-Jürgen Hellwig zum 70. Geburtstag, 2010, S. 117–141; *Eidenmüller*, Ausländische Kapitalgesellschaften im deutschen Recht, 2004; *Eidenmüller*, Entscheidungsanmerkung BGH v. 13.3.2003 (Überseering), JZ 2003, 526–529; *Henssler/Mansel*, Die Limited Liability Partnership als Organisationsform anwaltlicher Berufsausübung, NJW 2007, 1393–1400; *Hübner*, Kollisionsrechtliche Behandlung von Gesellschaften aus »nicht-privilegierten« Drittstaaten, 2011; *Hübner*, Kollisions- und europarechtliche Einordnung von § 64 S. 1 GmbHG, IPRax 2015, S. 297–303; *Hübner*, Eine Rom-VO für das Internationale Gesellschaftsrecht – zugleich ein Beitrag zur Kohärenz im Internationalen Gesellschaftsrecht, ZGR 2018, 149–185; *Kieninger*, Niederlassungsfreiheit als Freiheit der nachträglichen Rechtswahl, NJW 2017, 3624–3627; *Kindler*, Insolvenzrecht als Tätigkeitsausübungsregel. Die sachliche Reichweite der Niederlassungsfreiheit nach dem Kornhaas-Urteil des EuGH, EuZW 2016, 136–139; *Kindler*, Unternehmensmobilität nach »Polbud«: Der grenzüberschreitende Formwechsel in Gestaltungspraxis und Rechtspolitik, NZG 2018, 1–8; *W.-H. Roth*, Grenzüberschreitender Formwechsel nach VALE, in Festschrift für Michael Hoffmann-Becking zum 70. Geburtstag, 2013, S. 956–996; *Schön*, Das System der gesellschaftsrechtlichen Niederlassungsfreiheit nach VALE, ZGR 2013, 333–365; *Sonnenberger (Hrsg.)*, Vorschläge und Berichte zur Reform des europäischen und deutschen internationalen Gesellschaftsrechts, 2007; *Teichmann*, Die Auslandsgesellschaft & Co., ZGR 2014, 220–251; *Verse*, Niederlassungsfreiheit und grenzüberschreitende Sitzverlegung – Zwischenbilanz nach »National Grid Indus« und »Vale«, ZEuP 2013, 459–495; *Trautrims*, Geschichte und Bedeutung von Sitz- und Gründungstheorie im deutschen Recht, ZHR 176 (2012), S. 435–455; *Weller*, Unternehmensmitbestimmung für Auslandsgesellschaften, in Festschrift für Peter Hommelhoff zum 70. Geburtstag, 2012, S. 1275–1297; *Weller*, Sitzverlegungen von Gesellschaften in Europa, Schriftenreihe des Zentrums für Europäisches Wirtschaftsrecht der Universität Bonn, Nr. 198 (Teil 1), 2012, 1–34; *Weller*, Das autonome Unternehmenskollisionsrecht, IPRax 2017, 167–178; *Weller/Hübner*, Kornhaas und seine Auswirkungen auf insolvenznahe Haftungsinstrumente, in: Festschrift für Klaus Pannen, 2017, 259–269; *Weller/Rentsch*, Die Kombinationslehre beim grenzüberschreitenden Rechtsformwechsel, IPRax 2013, 530–536; *Weller/Schulz*, Die Anwendung des § 64 GmbHG auf Auslandsgesellschaften, IPRax 2014, 336–340.

Übersicht

1 Ein Teil der nachfolgenden Ausführungen ist in modifizierter sowie aktualisierter Form entnommen aus *Hübner*, Kollisionsrechtliche Behandlung von Gesellschaften aus »nicht-privilegierten« Drittstaaten, 2011.

A. Einführung

I. Gesellschaftsstatut (Einheitsstatut)

1 Der Sinn und Zweck des Internationalen Gesellschaftsrechts besteht darin, das Heimatrecht der jeweiligen Gesellschaft zu bestimmen. Der Auftrag des Internationalen Gesellschaftsrechts konzentriert sich auf die Frage, nach welchem Sachrecht sich die gesellschaftsrechtlichen Verhältnisse bei Sachverhalten mit Auslandsbezug beurteilen.[2] Es ist die Rechtsordnung zu ermitteln, nach der die betroffene Gesellschaft »entsteht, lebt und vergeht«.[3] Das durch die Verweisung berufene Gesellschaftsstatut entscheidet grundsätzlich einheitlich über die Innen- und Außenbeziehungen der Gesellschaft.[4] Die sogenannte Einheitslehre führt dazu, dass die jeweilige Gesellschaft vollständig dem Regime einer Rechtsordnung, der *lex societatis*, unterliegt.

2 Exemplarisch für die Reichweite des Gesellschaftsstatuts steht die Auflistung in dem seit 2009 nicht mehr weiter verfolgten Referentenentwurf zum Internationalen Gesellschaftsrecht, der auf einem Vorschlag des Deutschen Rates für IPR basiert. Das Gesellschaftsstatut umfasst nach Art. 10 Abs. 2 EGBGB-E:[5]

3 *1. »die Rechtsnatur und die Rechts- und Handlungsfähigkeit,*
2. die Gründung und die Auflösung,
3. den Namen und die Firma,

2 *Kindler*, in: MünchKommBGB, Internationales Gesellschaftsrecht, Rn. 1.
3 BGHZ 25, 134, 144.
4 *Weller*, in: MünchKommGmbHG, Internationales Gesellschaftsrecht, Rn. 316; Staudinger/*Großfeld*, Internationales Gesellschaftsrecht, Rn. 13; *Kropholler*, IPR, § 55 II.
5 RefE Internationales Gesellschaftsrecht; *Sonnenberger* (Hrsg.), Vorschläge und Berichte zur Reform des europäischen und deutschen internationalen Gesellschaftsrechts.

4. die Organisations- sowie die Finanzverfassung,
5. die Vertretungsmacht der Organe,
6. den Erwerb und den Verlust der Mitgliedschaft und die mit dieser verbundenen Rechte und Pflichten,
7. die Haftung der Gesellschaft, des Vereins oder der juristischen Person sowie die Haftung ihrer Mitglieder und Organmitglieder für Verbindlichkeiten der Gesellschaft, des Vereins oder der juristischen Person,
8. die Haftung wegen der Verletzung gesellschaftsrechtlicher Pflichten.«[6]

II. Motive für die Wahl eines anderen Gesellschaftsstatuts

Die Motive für die Gründung einer ausländischen Gesellschaft bzw. den »Wechsel« in eine Rechtsform ausländischen Rechts sind mannigfaltig. Im Zuge der EuGH-Rechtsprechung waren zahlreiche Gründer vor allem daran interessiert, die (vermeintlich) aufwendigeren Gründungsvoraussetzungen des deutschen GmbHG, vor allem die deutschen Mindestkapitalvorschriften, zu vermeiden. Da zudem die Gerichte eine Haftung wegen materieller Unterkapitalisierung ablehnen[7], kam es zu einem regelrechten »Boom« der britischen *private limited company* mit deutschem Verwaltungssitz.[8] Dieser Abwanderung begegnete der Gesetzgeber mit dem MoMiG[9], das explizit den Wettbewerb der Rechtsordnungen annahm. Mit der Einführung der Unternehmergesellschaft in § 5a GmbHG hat der Gesetzgeber auf diesen Trend reagiert. Die bisher empirisch erhobenen Zahlen nach der Reform des GmbHG durch das MoMiG scheinen dem Gesetzgeber Recht zu geben.[10] 4

Weitere Gründe für eine solche Regelungsarbitrage können funktionalere Leitungsstrukturen ausländischer Gesellschaftsformen sein, wie etwa eine monistische Leitungsstruktur, bei denen Gesellschafter als sog. *Non-Executive Directors* durch die Mitgliedschaft im Board stärker Einfluss auf das operative Geschäft nehmen können.[11] Ein weiteres wesentliches Anliegen der Unternehmer kann die Umgehung der zwingenden deutschen Regeln zur Unternehmensmitbestimmung sein.[12] Dabei nutzen verschiedene Gesellschaften die Möglichkeit, die unternehmerische Mitbestimmung über die Einsetzung eines Komplementärs ausländischer Rechtsform, zumeist einer britischen *private limited company* oder einer niederländischen *Besloten Vennootschap* (BV), zu umgehen.[13] Wie sich der Brexit auf diese Entwicklung auswirken wird, ist gegenwärtig noch nicht absehbar.[14] 5

B. Theorien zur Ermittlung des Gesellschaftsstatuts

I. Gründungstheorie

1. Historische Grundlagen

Die Gründungstheorie[15] wurde im 18. Jahrhundert im Vereinigten Königreich entwickelt. Entscheidend war, dass sie den Wirtschaftsinteressen des Vereinigten Königreichs förderlich war. Die Gründungstheorie ermöglichte es der Britischen Krone, die Rechtsstandards des Vereinigten Königreichs in die Kolonien und andere Einflussgebiete zu exportieren.[16] Beispielsweise konnte eine Aktiengesellschaft nach britischem Recht in einem fremden Staat aufgebaut werden, ohne 6

6 Vgl. dazu Rdn. 67 ff.
7 Vgl. BGHZ 31, 258, 268 ff.; BGHZ 68, 312, 316 ff.
8 *Kornblum*, GmbHR 2014, 694, 702: Rückgang von in Deutschland registrierten britischen Limiteds im fünften aufeinanderfolgenden Jahr.
9 BT-Drucks. 16/6140, 25.
10 *Kornblum*, GmbHR 2014, 694, 702; *Braun/Eidenmüller/Engert/Hornuf*, ZHR 2013, 131, 146 f.
11 *Weller*, Sitzverlegungen von Gesellschaften in Europa: rechtliche und praktische Probleme, ZEW Nr. 198, 15.
12 *Sick*, GmbHR 2011, 1196 ff.; *Weller*, in: FS Hommelhoff, 1275, 1279 f.
13 Vgl. ausführlich *Teichmann*, ZGR 2014, 220 ff.
14 *Weller/Thomale/Benz*, NJW 2016, 2378 ff.
15 Vgl. ausführlich *Trautrims*, ZHR 2012, 435 ff.; *Großfeld*, in: FS Westermann, 199, 200 ff.
16 Staudinger/*Großfeld*, Internationales Gesellschaftsrecht, Rn. 27; *Großfeld*, in: FS Westermann, 199, 204.

dass man die Herrschaft des britischen Rechts aufgeben musste. Auch war das britische Aktienrecht in der zweiten Hälfte des 19. Jahrhunderts weniger streng als die Aktienrechte der meisten anderen, vor allem der kontinentaleuropäischen Staaten.[17] Z.B. wurde die öffentlich-rechtliche Genehmigungspflicht für die Gründung von Aktiengesellschaften abgeschafft; zudem waren die Vorschriften in Bezug auf Sachgründung und Kapitalaufbringung zurückhaltender ausgestaltet als in den meisten kontinentaleuropäischen Rechtsordnungen.[18] Sofern Aktiengesellschaften mit Sitz in Großbritannien nach nicht-britischem Recht organisiert waren, handelte es sich in der Regel um Gesellschaften aus Commonwealth-Staaten, die aber an dem Vorbild des britischen Rechts ausgerichtet waren.[19]

7 Hinzu kommt, dass die Gründung nach britischem Recht ein Anknüpfungspunkt für die Gewährung von diplomatischem Schutz ist.[20] Dies kann vor allem bei Enteignungen von transnationalen Unternehmen im Rahmen von Auslandsinvestitionen relevant werden. In einem solchen Fall besteht seit langem Konsens, dass der Heimatstaat dem Unternehmen diplomatischen Schutz gewähren kann, indem er z.B. Schadensersatz von dem Eingriffsstaat fordert.[21] An diesem Schutz hatte das Vereinigte Königreich als der größte Kapitalexporteur zu Kolonialzeiten ein besonderes Interesse. Die Gründungstheorie kommt insofern den Interessen eines kapitalexportierenden Landes entgegen.[22]

8 Die Gründungstheorie ist kennzeichnend für den gesamten anglo-amerikanischen Rechtskreis. Sowohl das US-amerikanische Zivilprozessrecht für die Verfahren vor den Bundesgerichten[23] als auch das US-amerikanische *Restatement of the Law*[24] folgen der Gründungstheorie – und zwar sowohl für inneramerikanische Fälle als auch für grenzüberschreitende (»internationale«) Sachverhalte. Ihre dogmatische Grundlage liegt im Dunkeln. *Vagts* vermutet, dass ihre Grundlage in dem Konzessionssystem zu finden ist; sie gehe auf die Auffassung zurück, *»that a corporation is a creation of the state in an active sense«*.[25] Andererseits wird die Grundlage auch in dem britischen Verständnis von *domicile* als dem Geburtsort, also dem *domicile of origin* gesehen.[26] Dies entspricht in Kontinentaleuropa dem Staatsangehörigkeitsprinzip für natürliche Personen.

2. Anknüpfungspunkt und Rechtsfolgen

9 Es gibt nicht nur eine einzige Form der Gründungstheorie. Vielmehr sind unterschiedliche Formen der Anknüpfung an »das Gründungsrecht« entwickelt worden.[27] Ziel der verschiedenen Methoden war und ist es, eine Annäherung an die Sitztheorie oder auch eine Verbindung beider Theorien zu schaffen.[28] In Betracht gezogen wurden u.a. der Ort des statuarischen Sitzes, der Ort der Registereintragung oder der Ort, nach dessen Recht die Gesellschaft organisiert ist.[29]

10 Der Referentenentwurf zu dem Internationalen Gesellschaftsrecht,[30] den der Gesetzgeber seit 2009 nicht weiterverfolgt hat, sieht eine stufenweise Anknüpfung vor, die im Übrigen nicht nur Kapital-,

17 *Großfeld*, in: FS Westermann, 199, 202.
18 *Latty*, 65 Yale L.J. 137, 166, 130 (1955).
19 *Beitzke*, ZHR 1964/65, 1, 18.
20 *Großfeld*, in: FS Westermann, 199, 202.
21 *Großfeld*, Unternehmensrecht, 319; *Großfeld*, AWD 1972, 537.
22 *Batiffol/Lagarde*, Traité élémentaire de Droit International Privé, Bd. 1 Nr. 194, 240.
23 Federal Rules of Civil Procedures, § 17 (b), 28 U.S.C.A.
24 Restatement of the Law, Conflict of Laws (Second), Bd. 2, St. Paul, Minn. 1971, § 297.
25 *Vagts*, 83 Harv. L. Rev. 739, 741 (1970).
26 *Großfeld*, in: FS Westermann, 199, 202.
27 *Kindler*, in: MünchKommBGB, Internationales Gesellschaftsrecht, Rn. 387 ff.; *Eidenmüller*, RabelsZ 2006, 474, 475 f. Fn 5; *Kaulen*, IPRax 2008, 389, 390 ff.; *Zimmer*, RabelsZ 2003, 298, 299 ff.
28 Vgl. *Hoffmann*, ZVglRWiss 2002, 283 ff.; *Kaulen*, IPRax 2008, 389, 390 ff.
29 Vgl. *Hübner*, Kollisionsrechtliche Behandlung von Gesellschaften aus »nicht-privilegierten« Drittstaaten, S. 48 ff.
30 RefE Internationales Gesellschaftsrecht; *Wagner/Timm*, IPRax 2009, 81 ff.; *Leuering*, ZRP 2009, 73, 75 ff.

sondern auch Personengesellschaften[31] umfasst. Er ordnet in § 10 Abs. 1 Satz 1 EGBGB-E die Anwendung der Registrierungstheorie an. Die Gesellschaften werden nach dem Recht an ihrem Ort der Registrierung beurteilt. Dies entspricht bei der GmbH ihrem Satzungssitz, da eine GmbH gem. § 10 GmbHG ihren satzungsmäßigen Sitz in das Handelsregister eintragen lassen muss. Damit wird ein Gleichlauf von Registrierungsort, Registersitz und Satzungssitz hergestellt. Etwas Anderes gilt für Vorgesellschaften, Gesellschaften bürgerlichen Rechts oder Personenhandelsgesellschaften. Bei diesen Gesellschaften scheitert jeweils die Anknüpfung an dem fehlenden Ort der Registrierung. Vorgesellschaften und Gesellschaften bürgerlichen Rechts sind nicht registerfähig, während Personenhandelsgesellschaften nach §§ 106, 162 HGB in das Handelsregister einzutragen sind. Ihre Eintragung ist aber nicht konstitutiv, sodass bei nicht-registrierten Personenhandelsgesellschaften die Anknüpfung an den Registrierungsort versagen kann. Daher soll in diesen Fällen gem. § 10 Abs. 1 Satz 2 EGBGB-E die Organisationstheorie greifen, d.h. als Gesellschaftsstatut gilt das Recht, wonach die Gesellschaft organisiert ist.[32] Dabei soll von dem Auftreten der Gesellschaft im Rechtsverkehr auf ihre Organisation geschlossen werden. Jedoch können die Gesellschafter mittels Vorlage der Gründungsdokumente nachweisen, dass die Gesellschaft nach einer anderen Rechtsordnung organisiert ist.[33]

Bemerkenswert ist im Hinblick auf den Referentenentwurf, dass er die »Gründungstheorie« als Sach- 11
normverweisung, d.h. als Verweisung auf das nationale Sachrecht begreift.[34] Zwar sieht das EGBGB im Grundsatz eine Verweisung auf die gesamte ausländische Rechtsordnung (Kollisions- und Sachrecht) gem. Art. 4 Abs. 1 EGBGB vor; der Referentenentwurf entnimmt aber der Gründungsentscheidung der Gesellschafter eine Rechtswahl, sodass in diesem Fall eine Sachnormverweisung nach Art. 4 Abs. 2 EGBGB anzunehmen ist. Der Hintergrund dieser Norm ist, dass die Parteien mit ihrer Rechtswahl das materielle Recht des jeweiligen Staates auf ihre Gesellschaft anwenden und damit das Kollisionsrecht ausschalten wollen.

II. Sitztheorie

Die Sitztheorie geht auf das Domizilprinzip zurück, das in Kontinentaleuropa bis in das 19. Jahrhundert 12
für natürliche Personen galt.[35] Unter Domizil verstand man – anders als in dem anglo-amerikanischen Rechtsraum – nicht den Geburtsort, sondern den tatsächlichen Wohnsitz.[36] Dem »Abstammungswohnsitz« kam nur subsidiäre Bedeutung für den Fall zu, dass kein Wahlwohnsitz festzustellen war.[37] Der Wohnsitz der natürlichen Person wurde als »der bleibende Mittelpunkt der Lebensverhältnisse und Geschäfte«[38] bzw. »Mittelpunkt ihrer wirtschaftlichen Tätigkeit«[39] betrachtet. Diese Vorstellung wurde später auf die juristischen Personen übertragen, sodass man die juristischen Personen auch in diesem Bereich den natürlichen – ebenso wie im Vereinigten Königreich – gleichgestellt hat.[40] Daher leuchtet es ein, dass in Anbetracht des Vorrangs des tatsächlichen Wohnsitzes vor dem Geburtsort die Anknüpfung an das Domizil nur zu der Sitztheorie führen konnte.[41] Daran änderte sich auch nichts, nachdem sich der Übergang von dem Domizil- zu dem Staatsangehörigkeitsprinzip für natürliche Personen vollzogen hatte.[42]

31 *W.-H. Roth*, ZGR 2014, 168 ff.; *Walden*, Das Kollisionsrecht der Personengesellschaften im deutschen, europäischen und US-amerikanischem Recht; *Trautrims*, Das Kollisionsrecht der Personengesellschaften.
32 *Hoffmann*, ZVglRWiss 2002, 283, 306.
33 RefE Internationales Gesellschaftsrecht, S. 9.
34 RefE Internationales Gesellschaftsrecht, S. 9.
35 *Großfeld*, in: FS Westermann, 199, 203.
36 Vgl. Einleitung § 23 Preußisches Allgemeines Landrecht.
37 *Savigny*, System des heutigen römischen Rechts, Bd. 8, S. 106.
38 *Lesse*, Busch's Archiv für Theorie und Praxis des Allgemeinen deutschen Handels- und Wechselrechts 1875, 19, 21.
39 *Gebhard*, in: Niemeyer, Zur Vorgeschichte des IPR im BGB, 23, 51.
40 *Gebhard*, in: Niemeyer, Zur Vorgeschichte des IPR im BGB, 23, 90.
41 *Großfeld*, in: FS Westermann, 205.
42 *Beitzke*, Juristische Personen, S. 24 ff.

13 Die Sitztheorie fand ihre erste gesetzliche Niederlegung in Belgien in dem Belgischen Gesetz über Handelsgesellschaften von 1873.[43] In Frankreich betrachtete man seit einem Urteil des Kassationshofes (*Cour de Cassation*) von 1857 den Sitz als den tatsächlichen Verwaltungssitz.[44] Diese Interpretation als Verwaltungssitz entnahm man einer Analogie zu Art. 102 Code Civil, der seinem Wortlaut nach für Franzosen – nicht für Ausländer – an den Wohnsitz anknüpft. Die Entwicklungen in Frankreich und Belgien beeinflussten insoweit auch die deutsche Anknüpfungslehre. Dies zeigte sich in den Übereinkommen zwischen dem Norddeutschen Bund und der Schweiz von 1869 und dem Vertrag des Deutschen Reiches mit Italien von 1873, die jeweils an den Verwaltungssitz anknüpften. Des Weiteren stützte man sich bei der Beurteilung des Sitzes auf Art. 209 und 210 ADHGB, die auf den Verwaltungssitz abstellten.[45] 1882 äußerte sich das Reichsgericht, indem es zu dem Sitz einer Gesellschaft feststellte, »dass eine Aktiengesellschaft, welche nach den Gesetzen des Staates, in welchem sie ihren Sitz hat, zu Recht besteht, auch in anderen Staaten als solche anzuerkennen ist«.[46] Die Beratungen zum BGB und zum EGBGB gingen von einem Entwurf aus, der eine automatische Anerkennung ausländischer Aktiengesellschaften ausdrücklich vorsah. Allerdings sprach sich das Auswärtige Amt gegen diesen Vorschlag aus. Das Amt befürchtete, dass es in der Folge eine wichtige Verhandlungsposition für den Abschluss von Staatsverträgen verlieren würde.[47] Im Ergebnis kam es somit zu keiner ausdrücklichen Normierung der Frage der Anerkennung ausländischer Gesellschaften im EGBGB.

14 Zwar blieb eine gesetzgeberische Tätigkeit aus; aber schon Anfang des 20. Jahrhunderts wandte das Reichsgericht die Sitztheorie unter Bezugnahme auf seine ständige Rechtsprechung und der herrschenden Meinung im Schrifttum an.[48] Das Reichsgericht hatte sich mit dem Fall einer Gesellschaft zu befassen, die in den USA gegründet und inkorporiert worden war. Ihr Geschäftsbetrieb fand in Mexiko statt, wo sie einige Bergwerke betrieb. In Hamburg fanden jedoch alle Generalversammlungen statt; dort waren auch ihre Gesellschafter ansässig. Demnach befand sich ihr tatsächlicher Verwaltungssitz in Hamburg. Das Reichsgericht wandte die »strenge« Sitztheorie an und kam zu dem Ergebnis, dass auf die US-amerikanische Gesellschaft aufgrund ihres inländischen Verwaltungssitzes deutsches Recht anzuwenden war. Es stellte fest, dass es sich nicht um eine Aktiengesellschaft nach deutschem Recht handelt.[49] Das Reichsgericht behandelte die Gesellschaft dementsprechend als nicht rechtsfähigen Verein i.S.v. § 22 BGB.[50] Diese Entscheidung des Reichsgerichts bestimmte in der Folge die Leitlinien der Rechtsprechung und wurde 1970 von dem BGH bestätigt.[51] Die Sitztheorie war damit bis in die 1990er Jahre die in Deutschland vorherrschende Theorie zur Bestimmung des Gesellschaftsstatuts.

C. Die Rechtsquellen des Internationalen Gesellschaftsrechts – Gespaltenes Kollisionsrecht?

I. Europäisches Primärrecht in der Rechtsprechung des EuGH

15 In die Kontroverse zwischen Sitz- und Gründungstheorie ist durch die Rechtsprechung des EuGH Bewegung gekommen.[52] In den maßgeblichen Entscheidungen hatte sich der EuGH mit der

43 *Großfeld*, Unternehmensrecht, S. 38.
44 *Isay*, Die Staatsangehörigkeit der juristischen Personen, S. 92 ff.
45 Handelsappellationsgericht für Bayern, Urt. v. 19.02.1863, Buschs Archiv für Theorie und Praxis des Allgemeinen deutschen Handelsrechts 1863, 417.
46 RGZ 7, 68, 70.
47 *Hartwieg/Korkisch*, S. 334 ff.
48 RG, JW 1904, 231, 232.
49 RG, JW 1904, 231, 232.
50 RG, JW 1904, 231, 232.
51 BGHZ 25, 134, 144; vgl. auch BayObLGZ 1986, 91 mit Besprechung *Ebke*, ZGR 1987, 245 ff.
52 Vgl. umfassend *Ebke*, 16 EBLR 9–54 (2005); als Leitentscheidung wird auch die *Seghers*-Entscheidung des EuGH v. 10.07.1986 (EuGH, NJW 1987, 571) genannt. Darin setzte sich der EuGH mit der Vereinbarkeit eines niederländischen Gesetzes zur Krankenversicherung mit der Niederlassungsfreiheit gem. Art. 49, 54 AEUV (*ex* 43, 48 EGV) auseinander. Dieses Gesetz führte dazu, dass die Geschäftsführer

Niederlassungsfreiheit von mitgliedstaatlichen Gesellschaften zu befassen, die in anderen EU-Mitgliedstaaten im Rechtsverkehr auftraten. Der EuGH hat aus den Art. 49, 54 AEUV gefolgert, dass der Maßstab für alle gesellschaftsrechtlichen Fragen das Gesellschaftsrecht ist, nach dem die Gesellschaft gegründet worden ist (Gründungsstatut). An dieser Rechtsprechung änderte auch Art. 293 Spiegelstrich 3 EGV a.F. nichts, in dem zugunsten der Mitgliedstaaten kein vermeintlicher Rechtssetzungsvorbehalt für die Beibehaltung der Rechtspersönlichkeit bei Verlegung des Sitzes oder Verschmelzung geregelt war.[53] Das Fehlen eines entsprechenden Übereinkommens hinderte nach Ansicht des EuGH nicht, dass Gesellschaften in Europa die Niederlassungsfreiheit in Anspruch nehmen können. Zu den maßgeblichen Entscheidungen gehören: *Daily-Mail*[54], *Centros*,[55] *Überseering*[56], *Inspire Art*[57], *Sevic*[58], *Cartesio*[59] und *Vale*[60].

1. Daily-Mail

16 Die *Daily-Mail*-Entscheidung[61] des EuGH betraf eine britische *private limited company*, die ihren Verwaltungssitz von einem Mitgliedstaat (Großbritannien) in einen anderen Mitgliedstaat (Niederlande) verlegen wollte. Für eine solche Sitzverlegung musste nach dem damaligen britischen Steuerrecht das britische Finanzministerium zustimmen.

17 Der EuGH sah darin keinen Verstoß gegen die Niederlassungsfreiheit. Die Möglichkeiten und die Modalitäten der innereuropäischen Sitzverlegung seien ein Problem, welches nicht durch die Niederlassungsfreiheit gelöst sei.[62] Folglich sei das Erfordernis einer Wegzugsgenehmigung durch das britische Finanzministerium europarechtskonform, auch wenn es eine Wegzugsbeschränkung darstelle.[63] Es ist jedoch klarzustellen, dass *Daily-Mail* nicht eine gesellschaftskollisionsrechtliche Frage, sondern eine steuerrechtliche Regelung betraf. Weder die Anerkennung der Gesellschaft noch ihre Befugnis zur Sitzverlegung wurden durch die betroffenen Rechtsordnungen, die jeweils der Gründungstheorie folgten, infrage gestellt; vielmehr ging es um die Vereinbarkeit des britischen Steuerrechts mit der Niederlassungsfreiheit. Dennoch hat das berühmte *obiter dictum* zu einer intensiven wissenschaftlichen Auseinandersetzung über die Folgen für das Internationale Gesellschaftsrecht geführt.[64]

---

einer Gesellschaft in Bezug auf den Anschluss an dieses System unterschiedlich behandelt werden, je nachdem, ob es sich um eine Gesellschaft niederländischen Rechts handelte oder nicht. Der EuGH sah darin einen ungerechtfertigten Eingriff in die Niederlassungsfreiheit der Gesellschaft. Er urteilte, dass Art. 49, 54 AEUV (*ex* 43, 48 EGV) dahingehend auszulegen sind, »dass sie es nicht zulassen, dass die zuständigen Stellen eines Mitgliedstaats dem Geschäftsführer einer Gesellschaft eine Leistung aufgrund einer nationalen Krankenversicherungsregelung nur aus dem Grund verweigern, weil die Gesellschaft nach den Rechtsvorschriften eines anderen Mitgliedstaats, in dem sie auch ihren Sitz hat, gegründet wurde, auch wenn sie dort keine Geschäftstätigkeiten entfaltet«.

53 EuGH, NJW 2003, 3614 Rn. 54; vgl. auch zum Verständnis des Art. 293 Spiegelstrich 3 EGV a.F.: *Ebke*, JZ 2003, 927, 928.

54 EuGHE 1988, 5483, 5512.

55 EuGH v. 9.3.1999 – *Centros* – WM 1999, 958.

56 EuGH v. 5.11.2002 – *Überseering* – IPRax 2003, 65.

57 EuGH v. 30.9.2003 – *Inspire* – NJW 2003, 3331.

58 EuGH v. 13.12.2005 – *Sevic* – NJW 2006, 425.

59 EuGH v. 18.12.2008 – *Cartesio* – NJW 2009, 569.

60 EuGH v. 12.7.2012 – *Vale* – NJW 2012, 2715 ff.

61 EuGH v. 27.09.1988 – *Daily Mail* – EuGHE 1988, 5483 ff. Zu Einzelheiten dieser Entscheidung s. *Behrens*, IPRax 1989, 354 ff.; *Ebenroth/Eyles*, DB 1989, 363 ff., 413 ff.; *Ebke/Gockel*, 24 Int'l Law 1990, 239; *Großfeld/Luttermann*, JZ 1989, 386 ff.; *Sandrock/Austmann*, RIW 1989, 249 ff.

62 EuGHE 1988, 5483, 5512.

63 *Hoffmann*, in: Sandrock/Wetzler, 227, 231.

64 Vgl. statt aller *Kindler*, in: MünchKommBGB, Internationales Gesellschaftsrecht, Rn. 112 m.w.N.

2. Centros

18 Die nächste Entscheidung des EuGH[65] behandelte eine Zuzugskonstellation der sekundären Niederlassungsfreiheit. Die Centros Ltd. war in Großbritannien am 18.05.1992 gegründet und registriert worden, operativ war sie jedoch ausschließlich in Dänemark tätig. Den Antrag auf Eintragung einer »Zweigniederlassung« von Centros in Dänemark lehnten die dänischen Behörden ab. Sie begründeten dies mit einer Umgehung der strengeren dänischen Gründungsvorschriften (Mindestkapital).

19 Der EuGH bejahte einen Verstoß gegen die Niederlassungsfreiheit. Die Eintragungsverweigerung unter Berufung auf inländisches Gesellschaftsrecht verstoße gegen Art. 49, 54 AEUV, wenn die Gesellschaft an dem Hauptsitz keine Geschäftstätigkeit entfaltet. Es fehle an einem Missbrauch der Niederlassungsfreiheit, auch wenn die Gründung im Ausland allein von der Umgehung inländischer Normen motiviert ist. Die Gründe, aus denen eine Gesellschaft im Gründungsstaat gegründet wird, seien für die nachfolgende Ausübung der Niederlassungsfreiheit irrelevant.

3. Überseering

20 In dem Urteil in der Rechtssache *Überseering*[66] entschied der EuGH über die Vorlage des VII. Senats des BGH vom 30.03.2000 in einem Fall der primären Niederlassungsfreiheit.[67] Eine in den Niederlanden in der Rechtsform der BV gegründete Kapitalgesellschaft führte ihre Geschäfte in Deutschland weiter. In einem Schadensersatzprozess hatte das Landgericht Düsseldorf darüber zu befinden, ob die Gesellschaft nach Verlegung ihres Verwaltungssitzes nach Deutschland rechtsfähig und damit nach § 50 Abs. 1 ZPO parteifähig sei. Gemäß der nach der *lex fori* anzuwendenden Sitztheorie beurteilte sich die Rechtslage nach deutschem Recht. Die Gesellschaft war als Schöpfung des niederländischen Rechts rechtlich inexistent; es hätte einer Neugründung in Deutschland bedurft. Mangels Rechts- und Parteifähigkeit der Gesellschaft war die Klage daher als unzulässig abzuweisen.

21 Der EuGH sah auch hierin einen Verstoß gegen die Niederlassungsfreiheit, da die Versagung der Rechts- und Parteifähigkeit einer Gesellschaft mangels inländischer Neugründung gegen die Niederlassungsfreiheit verstoße. Die Kernaussage des EuGH lautet, dass das Gründungsstatut der niederländischen BV in Deutschland als Zuzugsstaat anzuerkennen ist.

22 Der VII. Zivilsenat des BGH entschied in dem endgültigen Urteil in der Rechtssache *Überseering*, dass eine in einem anderen Mitgliedstaat gegründete Gesellschaft nach der Verlegung des Verwaltungssitzes nach Deutschland rechtsfähig ist.[68] Diesem hat sich der II. Zivilsenat bald danach angeschlossen.[69] Es lässt sich damit festhalten, dass auf EU-Auslandsgesellschaften die Gründungstheorie anwendbar ist.

---

65 EuGH v. 09.03.1999 – *Centros* – NJW 1999, 2027. Zu den Einzelheiten dieser Entscheidung s. *Behrens*, IPRax 1999, 323 ff.; *Ebke*, JZ 1999, 656; *Eidenmüller*, ZIP 2002, 2233 ff.; *Fleischer*, DStR 2000, 1015 ff.; *Kieninger*, ZGR 1999, 724 ff.; *Kindler*, NJW 1999, 1993 ff.; *Meilicke*, DB 1999, 627 ff.; *W.-H. Roth*, ZGR 2000, 311 ff.; *Sandrock*, BB 1999, 1337 ff.; *Sandrock*, in: Sandrock/Wetzler, 33 ff.; *Ulmer*, JZ 1999, 662 ff. Vgl. auch *v. Halen*, Das Gesellschaftsstatut nach der Centros-Entscheidung des EuGH.

66 EuGH v. 5.11.2002 – *Überseering* – IPRax 2003, 65. Zu den Einzelheiten der Entscheidung s. *Behrens*, IPRax 2003, 193 ff.; *Ebke*, JZ 2003, 927 ff.; *Ebke*, in: FS Thode, 593 ff.; *Eidenmüller*, JZ 2003, 526; *Forsthoff*, DB 2002, 2471 ff.; *Henze*, DB 2003, 2159 ff.; *Kindler*, NJW 2003, 1073 ff.; *Leible/Hoffmann*, RIW 2002, 925 ff.; *Meilicke*, GmbHR 2003, 793 ff.; *Paefgen*, WM 2003, 561 ff.; *W.-H. Roth*, IPRax 2003, 117 ff.; *Schanze/Jüttner*, AG 2003, 665 ff.; *Weller*, IPRax 2003, 207 ff.; *Weller*, IPRax 2003, 324 ff.

67 BGH, EuZW 2000, 412 ff.

68 BGH, NJW 2003, 1461; *Eidenmüller*, JZ 2003, 526.

69 BGH, NJW 2005, 1648.

4. Inspire Art

Das Urteil des EuGH in *Inspire Art*[70] betraf eine britische Gesellschaft, deren Geschäftstätigkeit sich ausschließlich auf die Niederlande beschränkte. Diese Gesellschaft fiel in den Anwendungsbereich des niederländischen Gesetzes für Scheinauslandsgesellschaften (WFBV).[71] Das Gesetz enthielt eine Reihe von Sonderanknüpfungen zugunsten des niederländischen Rechts für sogenannte Scheinauslandsgesellschaften. In Art. 1, 2 Abs. 1 WFBV gab der niederländische Gesetzgeber formal ausländischen Gesellschaften verschiedene weitgehende Offenlegungspflichten auf. Weiter sah Art. 4 Abs. 4 WFBV vor, dass die Geschäftsführer neben der Gesellschaft persönlich als Gesamtschuldner für die während ihrer Geschäftsführung im Namen der Gesellschaft vorgenommenen Rechtshandlungen haften, solange die Verpflichtungen zur Offenlegung im Handelsregister nicht erfüllt sind. Zudem enthielt Art. 4 Abs. 1 WFBV für formal ausländische Gesellschaften die Verpflichtung, ein Mindestkapital in Anlehnung an das für niederländische Gesellschaften geltende Recht aufzubringen. Wenn und solange diese Verpflichtung nicht erfüllt ist, sollte eine unbeschränkte gesamtschuldnerische Haftung der Geschäftsführer eingreifen. Das Handelsregister lehnte die Eintragung der Gesellschaft als »Zweigniederlassung« unter Hinweis auf das WFBV ab. Bei den Normen des WFBV handelte es sich um Gründungsvorschriften, aber auch um Vorschriften, die während des Bestehens der Gesellschaft eingreifen. 23

Der EuGH bewertete auch die Regelung des WFBV als Verstoß gegen die Niederlassungsfreiheit. Mit dieser Entscheidung steht fest, dass ebenfalls die in einem nationalen Recht vorgesehenen Normen des Gesellschaftsrechts des Niederlassungsstaats nicht auf eine in einem anderen Mitgliedstaat wirksam gegründete Gesellschaft angewendet werden dürfen. In dem Geltungsbereich der Niederlassungsfreiheit sind mit dieser Entscheidung die Würfel gegen die Anwendung der Sitztheorie gefallen.[72] 24

5. Sevic

Die Entscheidung in *Sevic*[73] behandelte die Frage, ob das Registergericht die Eintragung einer Verschmelzung in das Handelsregister in Deutschland generell ablehnen kann, weil einer der beteiligten Rechtsträger seinen Satzungssitz in einem anderen Mitgliedstaat hat. Der EuGH stellte fest, dass die damalige Norm in dem deutschen UmwG, wonach nur die Verschmelzung von Rechtsträgern mit Sitz in Deutschland vorgesehen war, die Niederlassungsfreiheit beschränke. Auf der Ebene der Rechtfertigung wandte der EuGH seinen sogenannten »Vier-Faktoren«-Test im Sinne einer Verhältnismäßigkeitsprüfung[74] an. Verweigert das Recht eines Mitgliedstaates generell die Eintragung einer Verschmelzung eines inländischen und eines ausländischen Rechtsträgers, so werden grenzüberschreitende Verschmelzungen auch dann verhindert, wenn Allgemeininteressen wie die Interessen der Gläubiger, Minderheitsgesellschafter und der Arbeitnehmer oder die Lauterkeit des Handelsverkehrs nicht berührt sind. Eine solche Regelung ist unverhältnismäßig, sodass eine Verweigerung der Eintragung gegen die Niederlassungsfreiheit verstoße. Bereits vor Verabschiedung der Verschmelzungsrichtlinie[75] hat der EuGH damit Möglichkeiten für grenzüberschreitende 25

70 EuGH v. 30.09.2003 – *Inspire* – NJW 2003, 3331 ff. Zu den Einzelheiten der Entscheidung s. *Bayer*, BB 2003, 2357 ff.; *Behrens*, IPRax 2004, 20 ff.; *Ebke*, in: FS Thode, 593 ff.; *Eidenmüller*, JZ 2004, 24 ff.; *Kindler*, NZG 2003, 1086 ff.; *Leible/Hoffmann*, EuZW 2003, 677 ff.; *Sandrock*, ZvglRWiss, 2003, 447 ff.; *Schanze/Jüttner*, AG 2003, 665 ff.; *Weller*, DStR 2003, 1800 ff.; *Zimmer*, NJW 2003, 3585 ff.; Zu den Folgen für die Praxis *Riegger*, ZGR 2004, 510 ff.

71 EuGH, NJW 2003, 3331, 3332.

72 *Ebke*, BB 2003, Heft 1, »Die Erste Seite«.

73 EuGH v. 13.12.2005 – *Sevic* – NJW 2006, 425. Zu den Einzelheiten der Entscheidung, *Bayer/Schmidt*, ZIP 2006, 210 ff.; *Behrens*, EuZW 2006, 65 ff.; *Kieninger*, EWS 2006, 49 ff.; *Leible/Hoffmann*, RIW 2006, 161 ff.; *Lutter/Drygala*, JZ 2006, 770 ff.; *Oechsler*, NJW 2006, 812 ff.; *Paal*, RIW 2006, 142 ff.; *Ringe*, DB 2005, 2806 ff.

74 Vgl. zu dem Grundsatz der Verhältnismäßigkeit im Europarecht *Trstenjak/Beysen*, EuR 2012, 265 ff.

75 Richtlinie 2005/56/EG des Europäischen Parlaments und des Rates vom 26.10.2005 über die Verschmelzung von Kapitalgesellschaften aus verschiedenen Mitgliedstaaten, ABl. EU Nr. L 310 S. 1.

Verschmelzungen geschaffen. Solche Sachverhalte sind inzwischen durch das europäische Sekundärrecht geregelt.

6. Cartesio

26 In *Cartesio*[76] hatte sich der EuGH mit einer Frage zu befassen, die ihn bereits im Fall *Daily-Mail* – allerdings nur in seinem *obiter dictum* – beschäftigt hatte: Kann der Wegzugsstaat der inländischen Gesellschaft die Rechtspersönlichkeit versagen, wenn sie ihren tatsächlichen Verwaltungssitz in einen anderen Mitgliedstaat verlegen möchte? Im Fall *Cartesio* wollte eine ungarische Kommanditgesellschaft ihren Verwaltungssitz unter Beibehaltung des ungarischen Gesellschaftsstatuts nach Italien verlegen. Das ungarische Handelsgericht verweigerte die nach ungarischem Recht notwendige Eintragung der Sitzverlegung in das Handelsregister; es begründete dies damit, dass das ungarische Recht eine solche identitätswahrende Verlegung des Verwaltungssitzes nicht erlaube.

27 In seinem Urteil kam der EuGH zu dem Ergebnis, dass die ungarischen Regelungen nicht gegen die Niederlassungsfreiheit verstoßen. Darin bestätigt der Gerichtshof die Ratio seiner *Daily-Mail*-Entscheidung: Eine Gesellschaft ist eine Schöpfung der inländischen Rechtsordnung. Der Heimatstaat habe daher über den Anknüpfungspunkt sowohl für die Inkorporation nach seinem Recht als auch für die Beibehaltung des Statuts zu entscheiden (»Geschöpftheorie«[77]). Die Anwendbarkeit der Niederlassungsfreiheit setzt also voraus, dass überhaupt eine Gesellschaft im Sinne des Rechts eines Mitgliedstaates vorliegt. Ob das der Fall ist, ist eine nach nationalem Recht zu beantwortende Vorfrage, die ihrerseits noch nicht von der Niederlassungsfreiheit umfasst ist. Anknüpfungspunkt für diese Vorfrage kann dabei – wie im ungarischen Recht – ein im Inland belegener Verwaltungssitz sein. Die einzelne mitgliedstaatliche Rechtsordnung ist demnach europarechtlich nicht gebunden, die Verlegung des Verwaltungssitzes aufgrund eines Wegzugs zu gestatten. Sieht die mitgliedstaatliche Rechtsordnung eine identitätswahrende Verlegung des Verwaltungssitzes nicht vor oder sanktioniert sie diese anderweitig, kann der tatsächliche Verwaltungssitz nicht ohne den Wechsel des anwendbaren Rechts verlegt werden. Der EuGH unterscheidet folglich zwischen Wegzugs- und Zuzugsbeschränkungen: Während der Zuzug ausländischer EU-Gesellschaften grundsätzlich nicht beschränkt werden darf, sind Wegzugsbeschränkungen niederlassungsrechtlich zulässig.

28 In einem *obiter dictum* stellt der EuGH einen anderen Aspekt der *Daily-Mail*-Entscheidung klar. In seiner Entscheidung in *Daily-Mail* hatte der EuGH geäußert, dass die Niederlassungsfreiheit in Bezug auf Wegzugsbeschränkungen des Wegzugsstaates nicht verletzt sei, wenn die Gesellschaft Zweigniederlassungen oder Tochtergesellschaften im Ausland gründen könne.[78] Dies hat er in *Cartesio* korrigiert und festgestellt, dass sich der Gewährleistungsgehalt der Niederlassungsfreiheit auch auf die Hauptniederlassung erstreckt. In einem weiteren *obiter dictum* betont der EuGH die Unterscheidung zwischen der Verlegung des tatsächlichen Verwaltungssitzes ohne Formwechsel (*Daily-Mail, Cartesio*) und dem grenzüberschreitenden Formwechsel.[79] Soweit das Recht des Aufnahmestaates einen solchen Formwechsel generell zulässt, dürfe der Herkunftsstaat nicht die Beendigung und Abwicklung der Gesellschaft herbeiführen. In dieser Konstellation kann der Heimatstaat den Formwechsel nicht mehr verbieten.

29 Für die AG und die GmbH zeitigte *Cartesio* keine Folgen, da der Gesetzgeber durch das MoMiG bereits die Rechtslage geklärt hatte. § 5 AktG und § 4a GmbHG schreiben zwar einen inländischen

76 EuGH v. 18.12.2008 – *Cartesio* – NJW 2009, 569; vgl. zu den Einzelheiten der Entscheidung *Däubler/Heuschmid*, NZG 493 ff.; *Kindler*, IPRax 2009, 289 ff.; *Kindler*, NZG 2009, 130 ff.; *Knof/Mock*, ZIP 2009, 30 ff.; *Leible/Hoffmann*, BB 2009, 58 ff.; *Mörsdorf*, EuZW 2009, 97 ff.; *Teichmann*, ZIP 2009, 393 ff.; *Weller*, IPRax 2009, 202 ff.; *Werner*, GmbHR 2009, 191 ff.; *Wöhlert*, GWR 2009, 161; *Zimmer/Naendrup*, NJW 2009, 545 ff.

77 *Kieninger*, EWS 2008, Heft 6, »Die Erste Seite«.

78 EuGH – *Daily-Mail* – Slg. 1988, 5483.

79 D.h., dass eine Gesellschaft mittels Umwandlung ohne Beendigung und Abwicklung in eine Rechtsform eines anderen Mitgliedstaats überführt wird.

Satzungssitz vor, eine grenzüberschreitende Verlegung des Verwaltungssitzes soll aber nach dem Willen des Gesetzgebers möglich sein.[80] Der EuGH hat dennoch insbesondere mit seinem *obiter dictum* zu dem grenzüberschreitenden Formwechsel die Mobilität von Gesellschaften im europäischen Binnenmarkt gesteigert. Nachdem der EuGH bereits in *Sevic* Beschränkungen des Zuzugsstaates für unzulässig erklärt hatte, wird die grenzüberschreitende Mobilität von Gesellschaften durch das vorliegende *obiter dictum* dahingehend erweitert, dass auch der Wegzugsstaat keine Beschränkungen für grenzüberschreitende Formwechsel aufstellen darf. Gleichzeitig hat der EuGH klargestellt, dass der Wegzugsstaat weiterhin über die Verlegung des Verwaltungssitzes seiner eigenen Gesellschaftsformen entscheiden darf.

7. Vale

Mit der Entscheidung *Vale*[81] hat der EuGH nach Auffassung von *Schön* den Schlusspunkt für die 30
primärrechtliche Ausformung des Rechts der grenzüberschreitenden Sitzverlegungen gesetzt.[82] Der Entscheidung lag folgender Sachverhalt eines grenzüberschreitenden Formwechsels zugrunde: Eine italienische Gesellschaft hatte ihre Löschung aus dem Handelsregister beantragt und das Handelsregister darauf hingewiesen, dass sie ihren Satzungs- und Verwaltungssitz nach Ungarn verlegen werde. Das italienische Handelsregister entsprach dem Antrag sowie der Eintragung des Fortführungsvermerks und löschte die Gesellschaft. Anschließend beantragten die Gesellschafter die Eintragung im ungarischen Handelsregister sowie eines Rechtsnachfolgevermerks im Hinblick auf die gelöschte (!) italienische Gesellschaft. Das ungarische Handelsregister lehnte jedoch die Eintragung ab und begründete dies damit, dass das ungarische Recht nur eine »Umwandlung« ungarischer Gesellschaften vorsehe; zudem könne eine in einem anderen Mitgliedstaat gegründete Gesellschaft nicht als Rechtsvorgängerin in das ungarische Handelsregister eingetragen werden.[83]

Der EuGH urteilte, dass die Versagung der Eintragung mit dieser Begründung einen Verstoß gegen 31
das Diskriminierungsverbot der Niederlassungsfreiheit sei.[84] Soweit das Recht des Zuzugsstaats inländischen Gesellschaften die Umwandlung bzw. den Formwechsel ermögliche, ergebe sich aus Art. 49, 54 AEUV ein Anspruch von Gesellschaften aus anderen Mitgliedstaaten, eine Umwandlung in eine Gesellschaft des Zuzugsstaats vornehmen zu können. Diese Aussage ist im europarechtlichen Äquivalenzgrundsatz fundiert.[85] Gleichzeitig betont der EuGH aber auch die grundsätzliche Regelungsautonomie des Zuzugsstaats hinsichtlich der Gründungs- und Umwandlungsvoraussetzungen.[86] Sie finden jedoch ihre Grenze in den Grundsätzen der Äquivalenz und der Effektivität, wonach das Recht des Zuzugsstaats den Formwechsel nicht übermäßig erschweren darf und so z.B. die Dokumente des Ausgangsstaats gebührend berücksichtigen muss. Eine nähere Konkretisierung dieser Anforderung hat der EuGH in dieser Rechtssache nicht vorgenommen.

Nach *Verse* ist damit zwischen der Zuständigkeit des Wegzugsstaats für den Schutz der *stakeholder* (Gesellschafter, Gläubiger und Arbeitnehmer) und der Zuständigkeit des Zuzugsstaats für die 32
Gründung und die Funktionsweise der neuen Rechtsform zu trennen.[87]

---

80 BT-Drucks. 16/6140, S. 12.

81 EuGH v. 12.07.2012 – *Vale* – NJW 2012, 2715 ff.; zu den Einzelheiten der Entscheidung *Behme*, NZG 2012, 936 ff.; *Böttcher/Kraft*, NJW 2012, 2701 ff.; *W.-H. Roth*, in: FS Hoffmann-Becking, 965 ff.; *Schön*, ZGR 2013, 333 ff.; *Verse*, ZEuP 2013, 458 ff.; *Weller/Rentsch*, IPRax 2013, 530 ff.

82 *Schön*, ZGR 2013, 333, 334.

83 EuGH, NJW 2012, 2715.

84 Dass die Gesellschaft möglicherweise als Anknüpfungspunkt für die Niederlassungsfreiheit infolge der Löschung gar nicht mehr bestand, haben der EuGH und GA Jääskinen mit unterschiedlichen Begründungen als irrelevant dargestellt. So stellte der EuGH fest, es sei »nicht Sache des Gerichtshofs, darüber zu entscheiden, ob VALE Construzioni aufgrund ihrer Löschung im Handelsregister von Rom erloschen ist«.

85 Vgl. *J.König*, Der Äquivalenzgrundsatz in der Rechtsprechung des Europäischen Gerichtshofs.

86 Vgl. *Verse*, ZEuP 2013, 458, 488.

87 *Verse*, ZEuP 2013, 458, 491.

8. Kornhaas

33 Mit dem Urteil Kornhaas hat der EuGH eine grundlegende Entscheidung für die Reichweite der Niederlassungsfreiheit getroffen.[88] In dem Urteil waren die zwei Fragen aufgeworfen, die sich im Internationalen Gesellschaftsrecht stets bei der Anwendung deutschen Rechts auf ausländische Gesellschaften mit inländischem Verwaltungssitz stellen: (1) Führt die international-privatrechtliche Anknüpfung zur Anwendung deutschen Rechts auf die Auslandsgesellschaft? (2) Steht die Anwendung deutschen Rechts im Einklang mit der Niederlassungsfreiheit?[89] Beide Fragen hat der EuGH in der vorliegenden Entscheidung für die praktisch eminent wichtige Haftungsnorm des § 64 Abs. 2 S. 1 GmbHG a.F. (seit MoMiG: § 64 S. 1 GmbHG) bejaht.

34 Die Beantwortung der ersten Vorlagefrage war durch die Anfang Dezember 2014 ergangene Entscheidung H/H.K.[90] vorgezeichnet. Diese betraf die Frage nach der internationalen Zuständigkeit iSv. Art. 3 EuInsVO a.F. bei Klagen gem. § 64 Abs. 2 S. 1 GmbHG a.F. Bereits darin hatte der EuGH klargestellt, dass § 64 Abs. 2 S. 1 GmbHG a.F. von den allgemeinen Regeln des Zivil- und Handelsrechts abweiche, da die Norm auf das Merkmal der Zahlungsunfähigkeit bzw. der Überschuldung der Gesellschaft abstelle; daher fände die EuGVVO keine Anwendung.[91] Die Übertragung dieser Rechtsprechung zur internationalen Zuständigkeit auf die Frage des anwendbaren Rechts gem. Art. 4 EuInsVO a.F. erforderte keinen großen Begründungsaufwand, da der EuGH bereits in der Rechtssache H/H.K. § 64 Abs. 2 S. 1 GmbHG a.F. als insolvenzrechtliche Norm qualifiziert hatte.

35 Noch relevanter erscheint rückblickend die Antwort auf die zweite Vorlagefrage, in der der EuGH die Vereinbarkeit von § 64 Abs. 2 S. 1 GmbHG a.F. mit Art. 49, 54 AEUV bejahte. Der Gewährleistungsgehalt der Niederlassungsfreiheit sei bei der Anwendung der vorliegenden Haftungsnorm nicht betroffen. Zur Begründung grenzte er seine beiden Judikate in den Rechtssachen Überseering und Inspire Art von dem vorliegenden Fall ab. In beiden Fällen hatte der Gerichtshof einen Verstoß gegen die Niederlassungsfreiheit erkannt. Das erste Urteil betrifft die Nichtanerkennung der Rechtsfähigkeit der Auslandsgesellschaft, das zweite die Anwendung von inländischen Mindestkapitalregeln auf die Auslandsgesellschaft. Der vorliegende Fall sei nicht vergleichbar, weil § 64 Abs. 2 S. 1 GmbHG a.F. nicht bei Gründung der Gesellschaft oder ihrer späteren Niederlassung in einem anderen Mitgliedstaat, sondern erst ab materieller Zahlungsunfähigkeit oder Überschuldung greife. Damit handelt es sich bei dieser Norm um eine sog. Marktrückzugsregel.[92] Insofern weckt das Urteil Assoziationen an eine Bereichsausnahme für Marktrückzugsregeln, wie sie bei der Warenverkehrsfreiheit seit Keck anerkannt sind.[93]

36 Aus kollisionsrechtlicher Sicht ist die Feststellung des EuGH interessant, dass § 64 Abs. 2 S. 1 GmbHG a.F. die Existenz einer Gesellschaft voraussetze. Nachdem die kollisionsrechtliche Verweisung zum deutschen Recht führt, muss auf der Ebene des Sachrechts das normative Tatbestandsmerkmal »Gesellschaft« der inländischen Sachnorm (§ 64 Abs. 2 S. 1 GmbHG a.F.) durch eine funktional gleichwertige ausländische Rechtserscheinung (private limited by shares britischen Rechts) erfüllt werden. Diesen Vorgang bezeichnet man in der Methodik des IPR als Substitution.[94]

37 Aus dem Urteil des EuGH sind die folgenden Konsequenzen abzuleiten: In kollisionsrechtlicher Hinsicht führt die Antwort auf die erste Vorlagefrage zu einer weiteren Konturierung der Systembegriffe des Gesellschafts- und Insolvenzrechts.[95] Zunächst ist festzustellen, dass diese Auslegung des

---

88 EuGH, Urt. v. 10.12.2015, – C-594/14 – *Kornhaas/Dithmar*, EuZW 2016, 155; vgl. dazu *Kindler*, EuZW 2016, 136 ff.; *Weller/Hübner*, NJW 2016, 225.

89 *Weller*, in: MünchKommGmbHG, Internationales Gesellschaftsrecht, Rn. 426, 473.

90 EuGH, Urt. v. 4.12.2014 – C-295/13 – *H./H.K.*, EuZW 2015, 141.

91 EuGH, Urt. v. 4.12.2014 – C-295/13 – *H./H.K.*, EuZW 2015, 141, 142.

92 Vgl. *Kindler*, in: MünchKommBGB, Internationales Gesellschaftsrecht, Rn. 441; *Kindler*, EuZW 2016, 136 ff.

93 *Kindler*, NJW 2007, 1785, 1786 f.

94 *Hübner*, IPRax 2015, 297, 301; *Weller/Schulz*, IPRax 2014, 336, 338 f.

95 *Weller/Schulz*, IPRax 2014, 336, 337 f.

Insolvenzstatuts durch den EuGH den Gläubigerschutz im Inland stärkt.[96] Dabei ist festzuhalten, dass nicht allein die gesetzliche Verortung – wie vorliegend im GmbHG – die kollisionsrechtliche Qualifikation determiniert. Die Entscheidung bedeutet keine Einschränkung der europarechtlich fundierten Gründungstheorie, sondern ist eine Konsequenz aus der analytischen Methode des IPR. Die Zuordnung von § 64 Abs. 2 S. 1 GmbHG a.F. zu dem Insolvenzstatut impliziert aber eine Einschränkung der Reichweite des Gesellschaftsstatuts. Mit der Antwort auf die zweite Vorlagefrage trägt der EuGH maßgeblich zur Präzisierung des Gewährleistungsgehalts der Niederlassungsfreiheit bei.

Noch ungeklärt ist die Auswirkung dieser Entscheidung auf die kollisions- und europarechtliche Einordnung anderer Haftungsinstrumente an der Schnittstelle von Gesellschafts- und Insolvenzrecht wie die Insolvenzverursachungshaftung nach § 64 S. 3 GmbHG oder die Insolvenzverschleppungshaftung nach § 823 Abs. 2 iVm. § 15a InsO.[97] Es ist nicht auszuschließen, dass deutsche Gerichte die beiden zu Beginn angeführten Fragen dem EuGH auch in Bezug auf weitere Haftungsinstrumente vorlegen werden. Es spricht jedoch einiges dafür, dass die Anwendung insolvenzrechtlicher Haftungstatbestände auf Auslandsgesellschaften mit der Niederlassungsfreiheit kompatibel ist.[98] 38

9. Polbud

Das *Polbud*-Verfahren betraf sodann wieder den Fall einer Wegzugsbeschränkung. In einem Verfahren beim polnischen Handelsregister beantragte eine polnische Gesellschaft, dass sie ihren Satzungssitz nach Luxemburg verlegen und die Gesellschaft als eine solche luxemburgischen Rechts weiterführen wolle. Da das polnische Recht für den Fall der grenzüberschreitenden Satzungssitzverlegung zwingend den Ablauf eines Liquidationsverfahrens vorsah, forderten die polnischen Behörden daraufhin die Unterlagen zur Durchführung der Liquidation an. Die Gesellschafter verweigerten dies unter Hinweis auf die Weiterführung als Gesellschaft luxemburgischen Rechts. Das Registergericht lehnte daher die Löschung aus dem Register mangels Liquidationsverfahren ab. Die Besonderheit des Verfahrens bestand darin, dass sich aus dem Verlegungsbeschluss der Gesellschafter nicht ergab, ob es sich um eine reine Satzungssitzverlegung einer polnischen Gesellschaft nach Luxemburg, d.h. ohne Verlegung des Verwaltungssitzes handelte.[99] 38a

In der *Cartesio*-Entscheidung hatte der EuGH inzidenter erklärt, dass der grenzüberschreitende Formwechsel durch den Wegzugsstaat nicht verhindert werden dürfte.[100] Dennoch hatte ein Großteil der Literatur aufgrund der bisherigen EuGH-Rechtsprechung einen Realbezug zum Wegzugsstaat für nötig gehalten, damit sich die Gesellschaft auf die Niederlassungsfreiheit berufen könne.[101] In der *Vale*-Entscheidung hatte der EuGH ausgeführt: »In Bezug auf das Vorliegen einer Beschränkung der Niederlassungsfreiheit ist darauf hinzuweisen, dass der Niederlassungsbegriff im Sinne der Bestimmungen des Vertrags über die Niederlassungsfreiheit die tatsächliche Ausübung einer wirtschaftlichen Tätigkeit mittels einer festen Einrichtung im Aufnahmemitgliedstaat auf unbestimmte Zeit impliziert. Daher setzt er eine tatsächliche Ansiedlung der betreffenden Gesellschaft und die Ausübung einer wirklichen wirtschaftlichen Tätigkeit in diesem Staat voraus […].«[102] Dem entsprach auch das Verständnis von *GA Kokott* in ihren Schlussanträgen; sie erachtete den Anwendungsbereich der Niederlassungsfreiheit nur für eröffnet, wenn die Gesellschaft im Zuzugsstaat auch eine reale wirtschaftliche Tätigkeit entfaltet.[103] 38b

96 *Weller/Hübner*, NJW 2016, 225; *dies.*, in: FS Pannen, 2017, 259 ff.
97 Vgl. *Hübner*, IPRax 2015, 297, 303.
98 *Weller/Hübner*, NJW 2016, 225; *dies.*, in: FS Pannen, 2017, 259 ff.
99 EuGH NJW 2017, 3639 – *Polbud.*
100 EuGH NJW 2009, 569, 571, Rn. 110, 111 – *Cartesio.*
101 *Mörsdorf/Jopen*, ZIP 2012, 1399; *W.-H. Roth*, FS Hoffmann-Becking 2013, S. 970, 989 ff.; *Teichmann*, DB 2012, 2088; *Verse*, ZEuP 2013, 458, 478; vgl. *v. Hein*, in: MünchKomm BGB, Art. 3 EGBGB Rn. 106–109; a.A. *Bayer/J. Schmidt*, ZIP 2012, 1481 ff.
102 EuGH IPRax 2013, 566, Rn. 34 – *Vale.*
103 *GA Kokott*, BeckRS 2017, 108853, Rn. 38.

38c Der EuGH urteilte jedoch anders. Im Gegensatz zu *GA Kokott* und einem Großteil des deutschen Schrifttums kommt es für den EuGH auf das Entfalten tatsächlicher wirtschaftlicher Tätigkeit im Zuzugsstaat nicht an. Dies folgert er aus einem Vergleich mit der Konstellation in *Centros*, in der nur die dänische Zweigniederlassung der englischen Gesellschaft wirtschaftlich tätig war. Der isolierte Satzungssitzwechsel zu einem späteren Zeitpunkt entspräche diesem Vorgehen.[104] Insofern überzeugt die Entscheidung des EuGH. Aus der Entscheidungsfolge des EuGH in *Centros*, *Überseering*, *Inspire Art* und *SEVIC* ergibt sich, dass sich Auslandsgesellschaften, die im Inland tätig sind, auf die Niederlassungsfreiheit berufen können. Ob dies mittels Gründung einer Auslandsgesellschaft, grenzüberschreitender Verschmelzung oder grenzüberschreitenden Formwechsels geschieht, rechtfertigt keinen Unterschied für die Frage der Niederlassungsfreiheit, da es letztlich auf den Endzustand ankommen muss.[105] Die tatsächliche Ausübung der wirtschaftlichen Tätigkeit scheint für den EuGH stattdessen eine Frage der Rechtfertigung zu sein, die im Einzelfall als Rechtsmissbrauch eine Einschränkung der Niederlassungsfreiheit rechtfertigen kann.[106]

38d Mit der Polbud-Entscheidung erweiterte der EuGH die Gestaltungsfreiheit der Gesellschafter, indem er nunmehr eine reine Satzungssitzverlegung, d.h. ohne Verlegung des Verwaltungssitzes ermöglicht. Den Gesellschaftern wird somit die Rechtswahlfreiheit nicht mehr nur im Gründungsstadium wie durch Centros oder Inspire Art, sondern vor allem auch zu einem späteren Zeitpunkt ermöglicht. Mit diesem Urteil betont und stärkt der Gerichtshof weiter die Rechtswahlfreiheit innerhalb der EU und damit die Unternehmensmobilität als zentrales Ziel des Binnenmarkts.[107]

II. Völkerrecht

1. EMRK

39 Der BGH hat in seiner Trabrennbahn-Entscheidung zu der Rechtsfähigkeit schweizerischer Gesellschaften mit inländischem Verwaltungssitz die EMRK herangezogen.[108] Er hat jedoch einen Einfluss von Art. 6 Abs. 1, Art. 14 EMRK i.V.m. Art. 1 Abs. 1 und Art. 5 des ersten Zusatzprotokolls auf die Anerkennung der Rechtsfähigkeit ausländischer juristischer Personen abgelehnt. Die EMRK stelle nur den Grundrechtsschutz für die ausländischen juristischen Personen, die nach dem Kollisionsrecht anzuerkennen seien, sicher.[109] Sie regele aber nicht die Fragen der kollisionsrechtlichen Anerkennung, die den nationalen Rechtsordnungen vorbehalten seien. Der BGH hat damit die Diskussion um die Anerkennung ausländischer juristischer Personen aufgrund der EMRK für die Praxis beendet. Eine Pflicht zur Anerkennung ergibt sich nicht aus Art. 6 Abs. 1, Art. 14 EMRK i.V.m. Art. 1 Abs. 1 und Art. 5 des ersten Zusatzprotokolls. Die EMRK wirkt sich damit nicht auf die Frage der Anerkennung ausländischer Gesellschaften im Internationalen Gesellschaftsrecht aus.

2. GATS

40 Der BGH hat 2008 in der Frage, wie sich das GATS-Abkommen auf das autonome Internationale Gesellschaftsrecht auswirkt, Klarheit geschaffen. In seiner Entscheidung zu der Rechtsfähigkeit schweizerischer Gesellschaften mit inländischem Verwaltungssitz hat der II. Zivilsenat des BGH festgestellt,[110] dass sich aus dem GATS keine Verpflichtung zu der Anerkennung von Gesellschaften

---

104 EuGH NJW 2017, 3639, 3641, Rn. 38 – *Polbud*; vgl. dazu auch *Bochmann/Cziupka*, GmbHR 2017, 1261; *Cziupka*, in: Scholz, GmbHG, § 4a Rn. 20; *Bungert/Wansleben*, DB 2017, 2591 ff.; *Hübner*, LMK 2017, 400167; *Kieninger*, NJW 2017, 3624 ff.; *Kindler*, NZG 2018, 1 ff.; *Mörsdorf*, ZIP 2017, 2381 ff.; *Schollmeyer*, ZGR 2018, 186 ff.; *H.P. Westermann*, in: Scholz, GmbHG, Anh. § 4a Rn. 73 ff.; *Wicke*, DStR 2017, 2684 ff.

105 *Schön*, ZGR 2013, 333, 359 f.

106 EuGH NJW 2017, 3639, 3641, Rn. 39 – *Polbud*; so schon *Bayer/J. Schmidt*, ZIP 2012, 1481, 1486 f.

107 Vgl. *Cziupka*, in: Scholz, GmbHG, § 4a Rn. 20; *Hübner*, LMK 2017, 400167.

108 BGH, NJW 2009, 289, 290; Weller, IPRax 2017, 167 ff.; vgl. dazu Rdn. 59 ff.

109 BGH, DStR 2009, 59, 61.

110 BGH, NJW 2009, 289, 290.

aus GATS-Mitgliedstaaten ergibt. Dies folge aus dem Zweck des GATS-Abkommens, das auf die Förderung des Dienstleistungsverkehrs gerichtet sei und nur die Mitgliedstaaten selbst betreffe; subjektive Rechte der Angehörigen des Staates begründe es dagegen nicht. Eine völkerrechtsfreundliche Auslegung des nationalen Rechts[111] scheitere im Übrigen daran, »dass das Übereinkommen international nicht so verstanden wird«.[112] Für die Praxis ist damit geklärt, dass das GATS keinen Einfluss auf die internationalprivatrechtliche Behandlung von ausländischen Kapitalgesellschaften hat.

3. Bilaterale Staatsverträge

Neben dem deutsch-US-amerikanischen Freundschafts-, Handels- und Schifffahrtsvertrag (FHSV)[113] und den Niederlassungsabkommen mit anderen EU-Staaten hat die Bundesrepublik Deutschland einige andere bilaterale Staatsverträge geschlossen, in denen sich zumeist auch eine Vorschrift über die »gegenseitige Anerkennung von Gesellschaften« findet. In der Entscheidung zu dem deutsch-US-amerikanischem FHSV hat der BGH ausgeführt: »Das Personalstatut (Gesellschaftsstatut) einer juristischen Person und damit auch deren Rechts- und Parteifähigkeit im Verhältnis zwischen der Bundesrepublik Deutschland und den Vereinigten Staaten von Amerika richtet sich grundsätzlich nach dem Recht des Staates, in dem die juristische Person gegründet wurde.«[114] 41

Die einschlägigen bilateralen Staatsverträge lassen sich wie folgt systematisieren:[115] In einigen Staatsverträgen sind ausdrückliche Kollisionsnormen enthalten, während bei anderen eine Anerkennung der Gesellschaften nur über den Umweg der Meistbegünstigungsklausel als Kollisionsnorm in Betracht kommt. Staatsverträge mit ausdrücklichen Kollisionsnormen unterteilen sich wiederum nach solchen, die für die Frage der Anerkennung die uneingeschränkte Gründungstheorie, die »halbseitige« Gründungstheorie, die Sitztheorie oder besondere Anknüpfungspunkte wählen. 42

a) Uneingeschränkte Gründungstheorie

Eine Festschreibung der uneingeschränkten Gründungstheorie gilt in dem Verhältnis zu den USA als einem der wichtigsten außereuropäischen Handels- und Wirtschaftspartner. Zudem ist die Gründungstheorie auch in dem Verhältnis zu Irland[116] und zu Spanien[117] staatsvertraglich festgeschrieben. Da beide jedoch Mitglieder der EU sind, ergibt sich die Geltung der Gründungstheorie bereits aus dem vorrangigen AEUV, vgl. Art. 3 Nr. 2 EGBGB. 43

b) »Halbseitige« Gründungstheorie

Des Weiteren gibt es ca. vierzig bilaterale Staatsverträge, in denen die Gründungstheorie nur halbseitig festgelegt wird.[118] Wirksam gegründete Gesellschaften aus diesen Staaten werden nach ihrem 44

111 Vgl. BVerfG, NJW 1982, 507, 510 – *Eurocontrol I*; NJW 1982, 512, 514 – *Eurocontrol II*.
112 BGH, NJW 2009, 289, 290; *Lehmann*, RIW 2004, 816 ff.; *Jung*, NZG 2008, 681, 683.
113 Art. XXV Abs. 5 Satz 2 Freundschafts-, Handels- und Schifffahrtsvertrag zwischen der Bundesrepublik »Deutschland und den Vereinigten Staaten von Amerika vom 29.10.1954 (BGBl. 1956 II, S. 488): Gesellschaften, die gemäß den Gesetzen und sonstigen Vorschriften des einen Vertragsteils in dessen Gebiet errichtet sind, gelten als Gesellschaften dieses Vertragsteils; ihr rechtlicher Status wird in den Gebieten des anderen Vertragsteils anerkannt.« Vgl. *Kaulen*, Die Anerkennung von Gesellschaften unter Art. XXV Abs. 5 Satz 2 des deutsche-US/amerikanischem Freundschafts-, Handels- und Schifffahrtsvertrag von 1954; *Paal*, RIW 2005, 735–740 zu einem etwaigen völkerrechtlichen *genuine link*-Vorbehalt.
114 BGH, NZG 2005, 44; vgl. zu den vermeintlichen Auswirkungen von Meistbegünstigungsklauseln in anderen Staatsverträgen *Hübner*, Kollisionsrechtliche Behandlung von Gesellschaften aus »nicht-privilegierten« Drittstaaten, S. 97 ff.
115 Eidenmüller-*Rehm*, Ausländische Kapitalgesellschaften, § 2 Rn. 11 ff.
116 Art. 13 Handels- und Schifffahrtsvertrag zwischen dem Deutschen Reich und dem Irischen Freistaat vom 12.05.1930, RGBl. 1931 II, S. 115; in Kraft seit dem 21.12.1931, RGBl. 1931 II, S. 692.
117 Art. 15 Abs. 1, 2 des Niederlassungsvertrags zwischen der Bundesrepublik Deutschland und Spanien vom 23.04.1970, BGBl. 1972 II, S. 1041; in Kraft seit dem 26.11.1972, BGBl. 1972 II, S. 1557.
118 Aufzählung bei Eidenmüller-*Rehm*, Ausländische Kapitalgesellschaften, § 2 Rn. 15 und *Spahlinger/Wegen*, Internationales Gesellschaftsrecht, Rn. 260.

Gründungsrecht beurteilt, während deutsche Gesellschaften in dem Vertragsstaat nur bei Verwaltungssitz im Inland anerkannt werden. In der Regel handelt sich bei den Staatsverträgen um sog. Kapital- oder Investitionsschutzabkommen, die die Bundesrepublik Deutschland mit den jeweiligen Ländern geschlossen hat. Zu diesen Ländern zählen u.a. Indien[119] und Pakistan[120] sowie Katar[121], Kuwait[122] und der Oman[123].

45 Die Investitionsschutzabkommen enthalten Normen, die sich auf die Förderung und den Schutz von Kapitalanlagen von Staatsangehörigen und Gesellschaften der jeweils anderen Vertragspartei beziehen. Zudem finden sich in den Abkommen Diskriminierungsverbote und Meistbegünstigungsklauseln zugunsten der Staatsangehörigen und Gesellschaften der jeweils anderen Vertragspartei.[124] Hinzu treten Ergänzungen der Bestimmungen durch Definitionen des Begriffes »Gesellschaften«. Die Definitionen der Gesellschaften knüpfen regelmäßig an den Sitz der deutschen Gesellschaft an, d.h. den tatsächlichen Verwaltungssitz der Gesellschaft.[125] Im Ergebnis bedeutet dies: Solange Deutschland in dem Verhältnis zu Nicht-EU/EWR-Staaten der Sitztheorie folgt, bewirken diese Abkommen keine inhaltliche Änderung der kollisionsrechtlichen Beurteilung von Gesellschaften.

c) Sitztheorie

46 Gegenüber ca. 80 Ländern ist die Sitztheorie staatsvertraglich festgeschrieben.[126] Dazu zählen Abkommen über die Förderung und den gegenseitigen Schutz von Kapitalanlagen, soweit nicht Art. 49, 54 AEUV eine andere Regelung treffen.[127] Zu diesen Ländern gehören u.a.: Argentinien[128], Iran[129], Japan[130], Mexiko[131], Russland[132], Saudi-Arabien[133] und die Vereinigten Arabischen Emirate[134].

d) Besondere Anknüpfungspunkte

47 In dem Verhältnis zu einigen Staaten sind besondere Anknüpfungskriterien staatsvertraglich fixiert worden. So gilt gegenüber Deutschlands wichtigem Handelspartner China,[135] dass ausländische

119 Art. 1a) Kapitalschutzabkommen vom 10.07.1995, BGBl. 1998 II, S. 619; in Kraft seit dem 13.07.1998, BGBl. 1998 II, S. 2265.

120 Art. 8 Abs. 4 Kapitalschutzabkommen vom 25.11.1959, BGBl. 1961 II, S. 793; in Kraft seit dem 28.04.1962, BGBl. 1962 II S. 460.

121 Art. 1 Nr. 4 Kapitalschutzabkommen vom 14.06.1996, BGBl. 1998 II, S. 628; in Kraft seit dem 29.01.1999, BGBl. 1999 II S. 81.

122 Art. 1 Nr. 3 Kapitalschutzabkommen vom 30.03.1994, BGBl. 1997 II, S. 166; in Kraft seit dem 15.11.1997, BGBl. 1999 II S. 1987.

123 Art. 1 Nr. 4 Kapitalschutzabkommen vom 25.06.1979, BGBl. 1985 II, S. 354; in Kraft seit dem 04.02.1986, BGBl. 1986 II S. 460.

124 *Spahlinger/Wegen*, Internationales Gesellschaftsrecht, Rn. 257.

125 *Kindler*, in: MünchKommBGB, Internationales Gesellschaftsrecht, Rn. 326; *Ebenroth/Bippus*, RIW 1988, 336, 338.

126 Eidenmüller-*Rehm*, Ausländische Kapitalgesellschaften, § 2 Rn. 16.

127 *Kindler*, in: MünchKommBGB, Internationales Gesellschaftsrecht, Rn. 328.

128 BGBl. II S. 1244; in Kraft seit 08.11.1993, BGBl. II S. 2036.

129 BGBl. 2004 II S. 55; in Kraft seit 23.06.2005 BGBl. II S. 769.

130 RGBl. 1927 II S. 1087; in Kraft seit 17.04.1928, RGBl. II S. 238.

131 BGBl. 2000 II S. 866; in Kraft seit 23.03.2001, BGBl. II S. 175.

132 BGBl. 1990 II S. 342; in Kraft getreten am 05.08.1991, BGBl. II S. 951; der Vertrag gilt zwischen der Bundesrepublik Deutschland und der Russischen Föderation fort, BGBl. 1992 II S. 1016.

133 BGBl. 1998 II S. 593; in Kraft seit 08.01.1999, BGBl. II S. 57.

134 BGBl. 1998 II S. 1474; in Kraft seit 25.07.1998, BGBl. II S. 1474.

135 Laut Statistischem Bundesamt war die Volksrepublik China im Jahr 2009 das zweitgrößte Herkunfts- und achtgrößte Bestimmungsland in der Rangfolge der Handelspartner im Außenhandel der Bundesrepublik Deutschland (Statistisches Bundesamt, Außenhandel – Rangfolge der Handelspartner im Außenhandel der Bundesrepublik Deutschland 2009 vom 16.12.2010).

Gesellschaften grundsätzlich nur anerkannt werden, wenn sie von der chinesischen Regierung anerkannt, registriert und zu der wirtschaftlichen Zusammenarbeit mit dem Ausland berechtigt sind. Deutsche Gesellschaften werden hingegen dann anerkannt, wenn sich ihr Sitz, d.h. der tatsächliche Verwaltungssitz in Deutschland befindet.[136] Aus den Kapitalschutzabkommen mit einigen afrikanischen Ländern (z.B. Niger[137] und Zentralafrikanische Republik[138]) oder auch Antigua und Barbuda[139] ergibt sich, dass für Gesellschaften aus diesen Ländern eine Mischung aus Gründungs- und Kontrolltheorie[140] gilt, während sich die Anerkennung deutscher Gesellschaften nach der Sitztheorie beurteilt. Danach sind die Gesellschaften aus diesen Ländern anzuerkennen, wenn sie in dem jeweiligen Land gegründet wurden und in dem Eigentum eines Staatsangehörigen dieses Landes stehen.

III. Autonomes Recht

Nachfolgend ist der Frage nachzugehen, wie die nationalen Gerichte die wegweisenden Entscheidungen des EuGH umgesetzt haben.[141] Traditionell folgte die deutsche höchstrichterliche Rechtsprechung der Sitztheorie.[142] Gleiches galt für die unterinstanzlichen Gerichte.[143] Die Rechtsprechung des EuGH zu der Niederlassungsfreiheit der Gesellschaften im Binnenmarkt stellt die überkommene international-gesellschaftsrechtliche Rechtsprechung der deutschen Gerichte infrage. Insbesondere in der Rechtssache *Überseering*[144] drängte sich für die deutsche Rechtsprechung die Frage nach der Umsetzung der Entscheidungen des EuGH auf. Diese Entscheidung bot die Gelegenheit zu einer höchstrichterlichen Klärung des alten Streits zwischen Sitz- und Gründungstheorie auf europarechtlicher Ebene in Zuzugsfällen. Wie bereits dargestellt,[145] entschied der EuGH am 05.11.2002, dass sich die Rechts- und damit die Parteifähigkeit einer niederländischen Gesellschaft in Deutschland nach niederländischem Recht beurteilen.[146] 48

1. Der Inhalt der Jersey-Entscheidung

Die Vorlage des VII. Zivilsenats des BGH an den EuGH veranlasste den II. Zivilsenat, in seiner *Jersey*-Entscheidung vom 01.07.2002 die Sitztheorie zu modifizieren.[147] Die Entscheidung behandelt die Verlegung des tatsächlichen Verwaltungssitzes einer Gesellschaft von der Kanalinsel Jersey nach Deutschland. Da die Kanalinseln Jersey und Guernsey gem. Art. 355 Abs. 5 Buchst. c) AEUV i.V.m. dem Protokoll Nr. 3 zur BeitrA 1972[148] nicht zu der EU zählen, gilt die Niederlassungsfreiheit 49

136 Art. 1 Nr. 3 Kapitalschutzabkommen vom 07.10.1983, BGBl. 1985 II, S. 30; in Kraft seit dem 18.03.1985 II, S. 639.
137 Art. 8 Abs. 4 Kapitalschutzabkommen vom 17.09.1974, BGBl. 1975 II, S. 1237; in Kraft seit dem 14.12.1975, BGBl. 1976 II S. 137.
138 Art. 8 Abs. 4 Kapitalschutzabkommen vom 23.08.1965, BGBl. 1967 II S. 1657; in Kraft seit dem 21.01.1968, BGBl. 1991 II S. 1041.
139 Art. 1 Nr. 3 Kapitalschutzabkommen vom 05.11.1998, BGBl. 2000 II, S. 858; in Kraft seit dem 28.02.2001, BGBl. II S. 247.
140 Eidenmüller-*Rehm*, Ausländische Kapitalgesellschaften, § 2 Rn. 14; vgl. auch zur Kontrolltheorie *Kindler*, in: MünchKommBGB, Internationales Gesellschaftsrecht, Rn. 352 ff.; die Kontrolltheorie stellt zur Ermittlung des Gesellschaftsstatuts im Wesentlichen auf die Staatsangehörigkeit der natürlichen oder juristischen Personen ab, die hinter der juristischen Person oder der Gesellschaft stehen.
141 Zu den Einzelheiten der Sitztheorie in der Rechtsprechung des BGH s. *Ebke*, in: FS 50 Jahre BGH, Bd. II, 799 ff.
142 RG, JW 1904, 231; BGHZ 25, 134, 144.
143 OLG Düsseldorf, NJW-RR 1995, 1124; OLG Frankfurt am Main, NJW 1990, 2204; OLG Hamburg, NJW 1986, 2199; KG, DB 1997, 1124, 1125.
144 BGH, RIW 2000, 555.
145 Siehe Rdn. 20 ff.
146 EuGH, RIW 2002, 945, 948.
147 BGHZ 151, 204; NJW 2002, 3539 ff.
148 BGBl 1972 II S. 1338.

gem. Art. 49, 54 AEUV nicht für Gesellschaften aus Jersey.[149] Kollisionsrechtlich handelt es sich bei derartigen Gesellschaften um Gesellschaften aus einem Drittstaat. Der BGH entschied, dass die in Rede stehende Gesellschaft aus Jersey, über deren effektiven Verwaltungssitz zwischen den Parteien Streit herrschte, ihren effektiven Verwaltungssitz in Deutschland habe. Sie sei daher in Deutschland als Gesellschaft bürgerlichen Rechts (bzw. offene Handelsgesellschaft) anzusehen. Als solche sei sie in Deutschland parteifähig (§ 50 Abs. 1 ZPO). Diese Lösung war möglich geworden, weil der BGH im Jahr 2001 die Rechtsfähigkeit der GbR anerkannt hatte.[150] Die Lösung des BGH (häufig als »modifizierte Sitztheorie« bezeichnet) war vorher zwar in der Literatur diskutiert, aber u.a. aufgrund der fehlenden Rechtsfähigkeit der GbR stets verworfen worden.[151] Wendet man die modifizierte Sitztheorie auf eine ausländische Gesellschaft an, kommt es zu einer »Spaltung der Rechtspersönlichkeit«[152], da ihr Heimatstaat sie weiterhin als Kapitalgesellschaft qualifiziert.

2. Folgeprobleme der Jersey-Entscheidung

50 Gegen die modifizierte Sitztheorie sprechen sowohl europarechtliche Erwägungen als auch ihre fehlende dogmatische Grundlage im Kollisionsrecht. Die nach dem *Jersey*-Urteil des II. Zivilsenats vom 01.07.2002 eingetretene Spaltung der Rechtspersönlichkeit führt zu unlösbaren kollisions-, sach- und internationalprozessrechtlichen Problemen. Im Übrigen ist sie europarechtswidrig, sofern sie auf Gesellschaften aus einem anderen EU-Mitgliedstaat angewendet werden sollte.[153]

3. Verstoß gegen die Niederlassungsfreiheit und die Korrektur durch den BGH

51 Nach der EuGH-Entscheidung in der Rechtssache *Überseering* muss einer in einem anderen Mitgliedstaat gegründeten Kapitalgesellschaft die Rechtsfähigkeit nach ihrem Gründungsstatut zuerkannt werden. Einen Statutenwechsel mit allen seinen Rechtsfolgen, wie ihn die Sitztheorie für den Zuzug einer ausländischen Gesellschaft verlangt, ist danach jedenfalls für Gesellschaften in dem Geltungsbereich des AEUV mit der Niederlassungsfreiheit nicht vereinbar.[154] Dies hat der II. Zivilsenat des BGH in einem 2005 ergangenen Urteil unmissverständlich klargestellt.[155] Das Urteil behandelt die mögliche Haftung eines Geschäftsführers (»*director*«) einer britischen *private limited company* mit inländischem Verwaltungssitz. Aus den Urteilen des EuGH in *Überseering* und *Inspire Art* folge, so der Senat, nicht nur, dass sich die Rechtsfähigkeit der Gesellschaften nach dem Recht an dem Ort ihrer Gründung beurteilt; die rechtsgeschäftliche Haftung eines Geschäftsführers einer europäischen Auslandsgesellschaft richte sich vielmehr ebenfalls nach dem jeweiligen Gründungsrecht.[156] Die Frage nach dem autonomen Kollisionsrecht für europäische Auslandsgesellschaften ist geklärt: Sie werden auf kollisionsrechtlicher Ebene nach ihrem Gründungsrecht beurteilt. Gegenüber EU-Auslandsgesellschaften gilt also die Gründungstheorie.[157]

4. Kollisionsrechtliche und andere Bedenken gegen die modifizierte Sitztheorie

52 Gegen die Lösung der *Jersey*-Entscheidung bestehen neben der europarechtlichen Problematik, die der BGH bereits korrigiert hat, weitere Bedenken, die ebenfalls im Hinblick auf Gesellschaften aus Drittstaaten bestehen. In der Beurteilung des BGH in der *Jersey*-Entscheidung liegt nach der

---

149 Jersey ist auch nicht Teil des Abkommens über den Europäischen Wirtschaftsraum und hat auch keinen Staatsvertrag mit Deutschland über die gegenseitige Anerkennung von Gesellschaften abgeschlossen.

150 BGHZ 146, 341; NJW 2001, 1056; BGH, NJW 2002, 1207.

151 *Zimmer*, BB 2000, 1361, 1363 m.w.N.

152 *Behrens*, IPRax 2003, 193, 199; *Ebke*, JZ 2003, 927, 929.

153 *Bartels*, ZHR 2012, 412 ff.; *Ebke*, in: FS Thode, 593, 611.

154 *Bayer*, BB 2003, 2357, 2363; *Behrens*, IPRax 2003, 193, 199; *Ebke*, JZ 2003, 927, 929; *Ebke*, in: FS Thode, 593, 598; *Leible/Hoffmann*, EuZW 2003, 677, 681; *Ziemons*, ZIP 2003, 1913, 1917; *Zimmer*, NJW 2003, 3585, 3586; a.A. *Kindler*, NZG 2003, 1086, 1089.

155 BGH, NJW 2005, 1648.

156 BGH, NJW 2005, 1648 f.

157 *Ebke*, BB 2005, Heft 23, »Die Erste Seite«.

Dogmatik des Internationalen Privatrechts eine Transposition vor.[158] Die ausländische Gesellschaft wird zu einer inländischen Gesellschaft, um die wohlerworbenen Rechte der Gesellschaft zu wahren. Voraussetzung für eine Transposition eines ausländischen Rechtsinstituts in ein inländisches ist, dass zwischen den beiden Rechtsinstituten eine sog. Funktionsäquivalenz besteht, d.h., dass die beiden im Wesentlichen vergleichbar sind.[159] Eine schweizerische Aktiengesellschaft müsste sich beispielsweise im Inland als Gesellschaft bürgerlichen Rechts gem. §§ 705 ff. BGB behandeln lassen. Die Folge dieser Umqualifizierung wäre u.a. eine persönliche Haftung der Gesellschafter analog § 128 HGB, die durch die Konstruktion einer Kapitalgesellschaft gerade vermieden werden soll.[160] Zudem käme es in Vertretungsfragen zu einem Wechsel von Fremdorganschaft bei Kapitalgesellschaften zu einer Selbstorganschaft bei der neu geschaffenen Personengesellschaft.[161] Es erscheint daher fraglich, wie eine solche Gesellschaft im Inland rechtsverbindliche Handlungen vornehmen soll. Die modifizierte Sitztheorie führt damit zu einer grundlegenden gesellschaftsrechtlichen Strukturänderung, die an sich allein dem Willen der Gesellschafter vorbehalten ist. Mit seiner Entscheidung setzt sich der BGH somit an die Stelle der Gesellschafterversammlung der ausländischen Kapitalgesellschaft. Diese wäre allein dafür zuständig, mit satzungsändernder Mehrheit über eine eventuelle Umwandlung in eine Personengesellschaft (deutschen Rechts) zu entscheiden.[162] Eine deutsche Personengesellschaft stellt für eine ausländische Kapitalgesellschaft keine funktionsäquivalente Rechtsform dar.

Des Weiteren birgt die Umqualifizierungslösung des BGH Probleme im Prozess- und Vollstre- 53
ckungsrecht. Zwar kann die Gesellschaft als rechtsfähige GbR deutschen Rechts vor den Gerichten im Inland klagen bzw. verklagt werden; es ist aber denkbar, dass die Gesellschaft in ihrer Eigenschaft als ausländische Gesellschaft ihren Anspruch ein zweites Mal vor den Gerichten ihres Heimatstaats geltend macht.[163] Es wäre sogar eine Doppeltitulierung desselben Anspruchs möglich, wenn das ausländische Gericht sich auf den Standpunkt stellt, dass über den Anspruch der klagenden ausländischen Kapitalgesellschaft noch nicht entschieden wurde. Insofern wäre der Einwand der doppelten Rechtshängigkeit gem. § 328 Abs. 1 Nr. 1 ZPO entkräftet.[164] Gleiches gilt auch für die Fallkonstellation, dass die ausländische Kapitalgesellschaft im Inland nicht Klägerin, sondern Beklagte ist. In vollstreckungsrechtlicher Hinsicht könnte eine Versagung der Anerkennung eines möglichen ausländischen Titels wegen Verstoßes gegen die Rechtskraft einer deutschen Gerichtsentscheidung oder gegen eine inländische Rechtshängigkeit unmöglich werden, weil der Titel von der ausländischen Kapitalgesellschaft im Ausland erstritten wurde und somit eine andere Klägerin (als die deutsche GbR) betrifft.[165] Für die Vollstreckung stellt sich das Problem, dass ein Titel gegen die inländische GbR nicht den Zugriff auf das in dem Gründungsstaat belegene Vermögen der dortigen Kapitalgesellschaft erlaubt. Eine Vollstreckung in das im Ausland belegene Vermögen der Kapitalgesellschaft wäre damit nicht möglich.

Das Urteil des BGH in der *Jersey*-Entscheidung ist dessen ungeachtet vor dem Hintergrund der damals 54
ausstehenden Entscheidung des EuGH in der Rechtssache *Überseering* zu betrachten. Es handelt sich letztlich um ein »Ablenkungsmanöver«,[166] mit dem der II. Zivilsenat des BGH zu verhindern versucht hat, dass der EuGH über die Frage der Europarechtskonformität der Sitztheorie entscheiden konnte.[167] Die *Jersey*-Entscheidung war eine Einzelfallentscheidung in einer besonderen Situation. Sie ist nach Auffassung von *Ebke* nur als »Rettungsversuch«

158 *v. Hoffmann/Thorn*, IPR, § 6 Rn. 38 f.
159 *Forsthoff*, DB 2002, 2471, 2476; *Behrens*, IPRax 2003, 192, 199 ff.
160 *Raiser/Veil*, Recht der Kapitalgesellschaften, § 1 Rn. 2.
161 *Binz/Mayer*, BB 2005, 2361, 2364.
162 *Behrens*, IPRax 2003, 193 ff.
163 *Binz/Mayer*, BB 2005, 2361, 2365.
164 *Binz/Mayer*, BB 2005, 2361, 2365.
165 *Henze*, BB 2000, 2053, 2054.
166 *Ebke*, in: FS Thode, 593, 611.
167 *Henze*, DB 2003, 2159, 2164, der zu den Absichten des II. Zivilsenats Stellung nimmt.

der Sitztheorie zu verstehen, von dem der BGH mit guten Gründen abweichen kann.[168] Der II. Zivilsenat hat jedoch mit einem Urteil zu der Rechtsfähigkeit schweizerischer Gesellschaften im Jahr 2008 die Anwendung der modifizierten Sitztheorie gegenüber Gesellschaften aus Drittstaaten bestätigt.[169]

55 Da der II. Zivilsenat des BGH von seiner Auffassung nicht abgewichen ist, blieb nur die Hoffnung, dass ein anderer Zivilsenat des BGH einen Drittstaaten-Fall geschäftsplanmäßig zugewiesen bekommt und von der Rechtsansicht des II. Senats abweichen möchte. In einem solchen Fall müsste die Frage dem Großen Zivilsenat des BGH nach § 132 Abs. 2 GVG vorgelegt werden.[170] Dieser könnte eine endgültige Klärung der Rechtsfrage herbeiführen. In einem Sachverhalt aus dem Jahr 2009 bestand diese Gelegenheit für den IX. Zivilsenat, da er über die Rechts- und Parteifähigkeit einer Gesellschaft aus Singapur zu entscheiden hatte. In seinem Beschluss hat der IX. Zivilsenat jedoch die modifizierte Sitztheorie ausdrücklich bestätigt.[171] Die angesprochenen Probleme bestehen damit nach wie vor.[172]

5. Behandlung von Gesellschaften aus EWR-Staaten

56 Ob die Niederlassungsfreiheit i.S.v. Art. 49, 54 AEUV auch für Gesellschaften aus dem Raum des EWR-Abkommens, die nicht der EU angehören (Norwegen, Island und Liechtenstein), gilt, hat der BGH in seiner Entscheidung vom 19.09.2005 bejaht.[173] Eine in einem EWR-Staat gegründete Kapitalgesellschaft ist in einem anderen Vertragsstaat des EWR-Abkommens auf der Grundlage der in Art. 31 i.V.m. Art. 34 EWR-Abkommen[174] garantierten Niederlassungsfreiheit in der Rechtsform, in der sie gegründet worden ist, anzuerkennen. Diese Rechtsfolge, welche sich auch aus der Rechtssache *Überseering* ergibt, gilt auch innerhalb der Wissenschaft als unumstritten.[175]

57 Wie schon das OLG Frankfurt am Main als Vorinstanz festgestellt hat,[176] entspricht die durch das EWR-Abkommen gewährte Niederlassungsfreiheit grundsätzlich der des AEUV. Zwar seien die Entscheidungen des EuGH für Mitgliedstaaten des EWR nicht unmittelbar verbindlich, eine Unterscheidung zwischen Gesellschaften aus EU- und EWR-Staaten könne angesichts der weitgehend angeglichenen Rechtslage aber nicht gerechtfertigt werden.[177] Diese Auffassung erklärt sich daraus, dass das EWR-Abkommen dem Unionsrecht weitgehend nachgebildet worden ist. In den Kernbereichen des Binnenmarkts, der Grundfreiheiten und des Wettbewerbsrechts, aber auch in anderen Bereichen zeigt sich dies sogar an dem Wortlaut der jeweils einschlägigen Normen.[178] Dies gilt gleichermaßen für die hier einschlägige Niederlassungsfreiheit gem. Art. 49 AEUV und Art. 31 EWR-Abkommen. Deshalb hat der EFTA-Gerichtshof keinen Anlass gesehen, die Vorschriften zu der Niederlassungsfreiheit aus dem EWR-Abkommen anders auszulegen als die des AEUV.[179]

58 Zudem sprechen Sinn und Zweck des EWR-Abkommens sowie historische Überlegungen für die inhaltsgleiche Auslegung der in den Verträgen enthaltenden Freiheiten. Denn es ist zu berücksichtigen, dass das EWR-Abkommen auf einem politischen Tauschgeschäft beruht, wonach die EWR-/EFTA-Staaten das Primär- und Sekundärrecht der EU weitgehend übernehmen und dafür ihren

168 *Ebke*, in: Sandrock/Wetzler, 101, 121; *Ebke*, in: FS Thode, 595, 612–614.
169 BGH, NJW 2009, 289 ff.
170 *Ebke*, in: Sandrock/Wetzler, 101, 122.
171 BGH, ZIP 2009, 2385 f.
172 Vgl. *Bartels*, ZHR 2012, 412 ff.
173 BGH, DStR 2005, 1870 ff.
174 EWR-Abkommen vom 02.05.1992 (BGBl. 1993 II, 266). Das EWR-Abkommen ist am 01.01.1994 in Kraft getreten (BGBl. 1994 II, 515).
175 V.d. Groeben/Schwarze-*Troberg/Tiedje*, vor Art. 43–48 EG, Rn. 56 f.; Palandt/*Heldrich*, Anh. zu Art. 12 EGBGB, Rn. 6; *Ebke*, in: FS Thode, 595, 608 dort Fn. 63; *Leible/Hoffmann*, RIW 2002, 925, 927; *Meilicke*, GmbHR 2003, 793, 798; *Spindler/Berner*, RIW 2003, 949, 957; *Weller*, DStR 2003, 1800, 1803.
176 OLG Frankfurt am Main, IPRax 2004, 56, 58.
177 OLG Frankfurt am Main, IPRax 2004, 56, 58.
178 *Baudenbacher/Buschle*, IPRax 2004, 26, 29.
179 EFTA-GH, Slg. 1998, 205; Rn. 21; Slg. 2000–2001, 123, Rn. 7; Slg. 2000–2001, 163, Rn. 7.

Bürgern und Unternehmen der Zugang zu dem EU-Binnenmarkt gewährt wird.[180] Der EuGH hat in der Rechtssache *Ospelt*[181] anerkannt, dass das EWR-Abkommen mit dem AEUV in den Mitgliedstaaten einheitlich ausgelegt werden muss. Damit steht fest, dass das EWR-Abkommen wie eine Klammer zwischen den beteiligten EU- und EWR-Staaten zu einer privilegierten Verbindung führt.[182] Eine einschränkende Auslegung der Niederlassungsfreiheit ist in dem Verhältnis zu einem EWR-Staat nicht gerechtfertigt. Deshalb sind die Aussagen des EuGH in den Rechtssachen *Überseering* und *Inspire Art* auch in dem Verhältnis zu den EWR-Staaten in Anwendung zu bringen.[183]

6. Trabrennbahn-Entscheidung des BGH

Mit Urteil vom 27.10.2008 hat der II. Zivilsenat des BGH entschieden, dass nach gegenwärtiger 59
Rechtslage auf eine schweizerische Gesellschaft die Sitz- und damit nicht die Gründungstheorie Anwendung findet.[184] Folglich hat der BGH die Einführung der Gründungstheorie in die Hände des Gesetzgebers gelegt. Von Seiten des BGH ist kein Umschwenken auf die Gründungstheorie gegenüber Gesellschaften aus Drittstaaten, die nicht staatsvertraglich privilegiert sind, zu erwarten.

In seinem Urteil hat der BGH zunächst festgestellt, dass sich die Anwendung der Gründungstheorie 60
gegenüber Gesellschaften aus der Schweiz nicht aus der Anwendung völkerrechtlicher Verträge ergibt. Trotz EFTA-Mitgliedschaft der Schweiz seien die Verträge über die Europäische Union oder den Europäischen Wirtschaftsraum inklusive der ihnen innewohnenden Niederlassungsfreiheit nicht auf schweizerische Gesellschaften auszudehnen. Gleiches gelte für die Bilateralen Verträge I & II[185] sowie die multilateralen völkerrechtlichen Verträge EMRK oder GATS, aus denen sich keine Anerkennungspflicht ergebe. Gegenüber Gesellschaften aus nicht-privilegierten Staaten sei daher weiterhin die modifizierte Sitztheorie anzuwenden. Anschließend erteilt der BGH der Einführung eines Sonderrechts gegenüber Gesellschaften aus der Schweiz eine Absage. Im Gegensatz zu dem OLG Hamm, das sich aufgrund der fortschreitenden Annäherung der Schweiz an die EU in rechtlicher Hinsicht für die Anwendung der Gründungstheorie entschied, hat der BGH hervorgehoben, dass die Schweiz die notwendigen völkerrechtlichen Verträge bewusst nicht ratifiziert habe. Eine Anwendung der Gründungstheorie aus Gründen der Rechtssicherheit kommt für den BGH nicht in Betracht, da andernfalls bei anderen Staaten auch stets zu fragen sei, ob die jeweilige Rechtsordnung der deutschen weitestgehend angenähert ist. Für die Schweiz gälten daher die allgemeinen Regeln des deutschen Internationalen Gesellschaftsrechts, sodass für die kollisionsrechtliche Beurteilung schweizerischer Gesellschaften das Recht an dem Ort des tatsächlichen Verwaltungssitzes maßgeblich sei.[186] Wie der BGH klarstellt, ist »eine in der Schweiz gegründete Aktiengesellschaft [mit inländischem Verwaltungssitz] also nur dann in Deutschland rechtsfähig, wenn sie im deutschen Handelsregister eingetragen ist, was eine Neugründung voraussetzt.«

Obwohl das Schrifttum intensiv diskutiert,[187] ob der Übergang zu der Gründungstheorie in 61
dem Geltungsbereich der Niederlassungsfreiheit auch einer Anwendung derselben gegenüber

180 *Baudenbacher/Buschle*, IPRax 2004, 26, 31.
181 EuGH C-452/01 *Ospelt*, Slg. 2003, I-9743, Rn. 28.
182 *Baudenbacher/Buschle*, IPRax 2004, 26, 31.
183 BGH, DStR 2005, 1870.
184 BGH, NJW 2009, 289 ff. Zu den Einzelheiten der Entscheidung *Goette*, DStR 2009, 63; *Gottschalk*, ZIP 2009, 948 ff.; *Hellgardt/Ilmer*, NZG 2009, 94 ff.; *Kieninger*, NJW 2009, 292 f.; *Kindler*, IPRax 2009, 189 ff.; *Werner*, GmbHR 2009, 191 ff.; *Wöhlert*, GWR 2009, 161; vgl. Rdn. 39 f.; vgl. auch *Weller*, IPrax 2017, 167 ff.
185 *Hübner*, Kollisionsrechtliche Behandlung von »nicht-privilegierten« Drittstaaten, S. 141–145.
186 BGHZ 97, 269, 271.
187 Für die Einführung der Gründungstheorie: Ulmer/Habersack/Winter-*Behrens*, GmbHG, Einl. B Rn. 36; *Eidenmüller*, ZIP 2002, 2233, 2244; *Leible/Hoffmann*, ZIP 2003, 925, 930; *Paefgen*, WM 2003, 561, 570; Eidenmüller/*Rehm*, Ausländische Kapitalgesellschaften im deutschen Recht, § 2 Rn. 87; für die Beibehaltung der Sitztheorie: *Hüffer*, AktG, § 1 Rn. 32 f.; *Kindler*, in: MünchKommBGB, Internationales Gesellschaftsrecht, Rn. 455; Reithmann/Martiny/*Hausmann*, Int. Vertragsrecht, Rn. 5066; *Wiedemann*,

Gesellschaften aus Drittstaaten nach sich zieht, sieht der BGH keinen Grund, diese Rechtsprechung zu ändern.[188] Der Senat stellt fest, dass der Gesetzgeber bisher keine Regelung getroffen habe. Dabei setzt sich der BGH mit den aktuellen Reformvorhaben des deutschen Gesetzgebers in dem Bereich des Gesellschaftsrechts, vor allem dem MoMiG und dem Referentenentwurf zum Internationalen Gesellschaftsrecht auseinander. § 4a GmbHG und § 5 AktG hätten keinen Einfluss auf die Anerkennung ausländischer Gesellschaften mit Verwaltungssitz im Inland. Daraufhin widmet sich der BGH dem Referentenentwurf zum Internationalen Gesellschaftsrecht, der zu dem damaligen Zeitpunkt die Einführung der Gründungstheorie vorsah.[189] Jedoch habe der Gesetzgeber das Vorhaben noch nicht verabschiedet, da »im politischen Meinungsbildungsprozess Bedenken gegen den Referentenentwurf geäußert worden [seien]«. Daher stehe es dem Senat nicht zu, »der Willensbildung des demokratisch legitimierten Gesetzgebers vorzugreifen«[190], zumal die Gesellschaft schweizerischen Rechts mit inländischem Verwaltungssitz rechts- und damit parteifähig sei. Zwar sei sie nach der Jersey-Entscheidung des BGH[191] nicht als Aktien- oder Kapitalgesellschaft zu qualifizieren, sie sei aber als rechtsfähige Personenhandelsgesellschaft deutschen Rechts, also als GbR oder oHG einzuordnen. Wie die Rechtsfolgen der persönlichen Haftung der Gesellschafter aufzufangen seien, sei Aufgabe des Innenrechts der jeweiligen Gesellschaft.

IV. Quellen des Internationalen Gesellschaftsrechts

62 Als Rechtsquellen kommen neben dem deutschen autonomen Recht das Europäische Primärrecht in Gestalt von Art. 49, 54 AEUV und das Völkervertragsrecht in Betracht.[192] Das deutsche autonome Recht ist nicht kodifiziert und hat grundsätzlich die modifizierte Sitztheorie zum Gegenstand. Das Europäische Primärrecht in Form der Niederlassungsfreiheit nach Art. 49, 54 AEUV führt zu der Anwendung der Gründungstheorie auf EU-Auslandsgesellschaften.[193] Schließlich enthalten auch zahlreiche bilaterale völkerrechtliche Verträge der Bundesrepublik Deutschland (häufig Investitionsschutzabkommen) kollisionsrechtliche Regelungen.[194]

63 Diese Rechtsquellen stehen nach Art. 3 EGBGB in einem Rangverhältnis. Ausgangspunkt für den Rechtsanwender ist nach der *lex fori* grundsätzlich das autonome Recht. Vor dem autonomen Recht genießt aber das Recht der völkerrechtlichen Verträge nach Art. 3 Abs. 2 EGBGB Vorrang. Das völkervertragliche Gesellschaftskollisionsrecht tritt wiederum hinter dem unionsrechtlichen Recht zurück. Dies ergibt sich deklaratorisch aus Art. 3 Abs. 1 EGBGB, konstitutiv folgt dies aber aus dem Anwendungsvorrang des Europäischen Primärrechts.[195] In der praktischen Anwendung bietet es sich daher an, die Prüfung bei dem vorrangigen Europäischen Primärrecht zu beginnen.

D. Kollisionsrechtlicher Charakter von §§ 4a S. 2 GmbHG, 5 Abs. 2 AktG

64 Seit der Einführung der §§ 4a GmbHG, 5 AktG und der damit verbundenen Streichung von §§ 4a Abs. 2 GmbHG, 5 Abs. 2 AktG durch das MoMiG können deutsche Gesellschaften nach deutschem Sachrecht ihren Verwaltungssitz (nicht den Satzungssitz!) ins Ausland verlegen.[196] Ziel des

---

GesR II § 1 IV 2, 3; Palandt/*Heldrich*, Anh. zu Art. 12 EGBGB Rn. 9; Bayer, BB 2003, 2357, 2363 f.; *Ebke*, JZ 2003, 927, 929 f.; *Horn*, NJW 2004, 893, 897; *Weller*, ZGR 2006, 748, 765.

188 BGH, NJW 2009, 289, 290 f.

189 RefE Internationales Gesellschaftsrecht, Art. 10 Abs. 1 EGBGB-E.

190 BGH, NJW 2009, 289, 291; vgl. zum Richter als Ersatzgesetzgeber *Steiner*, NJW 2001, 2919 ff. m.w.N.; *Söllner*, ZG 1995, 1 ff.

191 BGHZ 151, 204.

192 *Weller*, in: MünchKommGmbHG, Internationales Gesellschaftsrecht, Rn. 338 ff.; *ders.*, IPRax 2009, 202 ff.

193 Siehe Rdn. 15 ff.

194 Siehe Rdn. 41 ff.

195 *Weller*, in: MünchKommGmbHG, Internationales Gesellschaftsrecht, Rn. 347.

196 Vgl. zur innerdeutschen Sitzverlegung *Cziupka*, in: Scholz, GmbHG, § 4a Rn. 17; *Meckbach*, NZG 2014, 526 ff.

Gesetzgeber war es, deutschen Gesellschaften die Verlegung des Verwaltungssitzes zu ermöglichen, ohne den Satzungssitz verlegen zu müssen, d.h. Satzungs- und Verwaltungssitz sollten damit auf der Ebene des Sachrechts entkoppelt werden können.[197] Der Satzungssitz muss seit dem MoMiG jedenfalls auf der Ebene des Sachrechts mit dem Verwaltungssitz nicht mehr übereinstimmen. Dies führt dazu, dass die bisherige Rechtsprechung, die an die grenzüberschreitenden Verwaltungssitzverlegung einer deutschen Kapitalgesellschaft die Auflösung und Liquidation knüpfte, nicht mehr aufrecht erhalten werden kann.[198] Das GmbHG und das AktG erlauben somit den Wegzug deutscher Gesellschaften. Daran könnte auch das ausländische mitgliedstaatliche Kollisions- und Sachrecht nichts ändern, da sich aus der Niederlassungsfreiheit entsprechend der EuGH-Rechtsprechung nach *Centros*, *Überseering* und *Inspire Art* eine Anerkennungsverpflichtung für den Zuzugsstaat ergibt. Für die Praxis empfiehlt es sich, diese Frage einschließlich der notwendigen Mehrheitserfordernisse in der Satzung bzw. dem Gesellschaftsvertrag zu regeln.[199] Wie *Kindler* ausführt, schafft der deutsche Gesetzgeber damit die Voraussetzungen für deutsche Scheinauslandsgesellschaften.[200] Inländische Konzerne können ihre Tochtergesellschaften mit Verwaltungssitz im Ausland in Form deutscher GmbHs führen. Dies ist auch ein erklärtes Ziel des Gesetzgebers.[201]

Einige Autoren messen den §§ 4a GmbHG, 5 AktG kollisionsrechtlichen Gehalt bei; sie erhielten versteckte Kollisionsnormen, da der Gesetzgeber nur auf diese Weise die angestrebte Mobilität erreichen könne.[202] Allerdings überzeugt diese Ansicht nicht. Die Streichung von §§ 4a Abs. 2 GmbHG, 5 Abs. 2 AktG wirkt sich ausschließlich auf der Ebene des Sachrechts aus.[203] Hätte der Gesetzgeber eine versteckte Kollisionsnorm innerhalb des Sachrechts schaffen wollen, hätte er dies zumindest in der Begründung gekennzeichnet. Einen Hinweis auf eine kollisionsrechtliche Dimension der Streichung der §§ 4a Abs. 2 GmbHG, 5 Abs. 2 AktG findet sich in der Begründung zum MoMiG nicht. Ein solcher wäre aber bei einer solch gravierenden Veränderung in Form der Abkehr von der gewohnheitsrechtlich fundierten Sitztheorie zu erwarten gewesen. Gegen einen kollisionsrechtlichen Gehalt spricht auch, dass der Gesetzgeber eine Veränderung der internationalprivatrechtlichen Rechtslage durch den Referentenentwurf im Internationalen Gesellschaftsrecht parallel angestrebt hat. Wenn der Gesetzgeber mit den §§ 4a GmbHG, 5 AktG Kollisionsnormen hätte schaffen wollen, wäre eine Veränderung des EGBGB durch den nicht weiter verfolgten Referentenentwurf zum Internationalen Gesellschaftsrecht nicht notwendig gewesen. Es ist vielmehr davon auszugehen, dass es sich bei den §§ 4a GmbHG, 5 AktG allein um sachrechtliche Normen und nicht um versteckte Kollisionsnormen handelt. Diese Auffassung hat auch der BGH in der Trabrennbahn-Entscheidung bestätigt.[204] 65

Um eine wirkungsvolle Anwendung von §§ 4a GmbHG, 5 AktG zu gewährleisten, erfordert es zukünftig eine entsprechende kollisionsrechtliche Flankierung. Eine solche hätte der Referentenentwurf zum Internationalen Gesellschaftsrecht bereitgestellt. Ohne eine entsprechende Regelung im Kollisionsrecht läuft die Regelung der §§ 4a GmbHG, 5 AktG für Verlegungen des Verwaltungssitzes ins Ausland außerhalb des Geltungsbereichs von AEUV, EWR und bilateralen Staatsverträgen ins Leere, wenn die ausländische Rechtsordnung der Sitztheorie folgt. Durch die Streichung von §§ 4a Abs. 2 GmbHG, 5 Abs. 2 AktG hat der deutsche Gesetzgeber die Sitztheorie nicht abgeschafft. 66

---

197 BT-Drucks. 16/6140, S. 29.

198 *Gehrlein/Witt*, GmbH-Recht in der Praxis, S. 12.

199 *Otte*, BB 2009, 344 f.

200 *Kindler*, AG 2007, 721, 722.

201 BT-Drucks. 16/6140, S. 29.

202 *Bayer*, in: Lutter/Hommelhoff, GmbHG, § 4a Rn. 15; *Cziupka*, in: Scholz, GmbHG, § 4a Rn. 24; *Fastrich*, in: Baumbach/Hueck, GmbHG, § 4a Rn. 11; *Hoffmann*, ZIP 2007, 1581, 1582; *Verse*, ZEuP 2013, 458, 466 m.w.N.

203 *Weller*, in: MünchKommGmbHG, Internationales Gesellschaftsrecht, Rn. 384.

204 BGH, NJW 2009, 289, 291; *Eidenmüller*, ZGR 2007, 168, 204; *Kindler*, AG 2007, 721, 725; vgl. Rdn. 59 ff.

E. Qualifikation – Kollisionsrechtliche Abgrenzung zu angrenzenden Regelungsbereichen

I. Maßstab des Art. 10a EGBGB-E

67 Unter das Gesellschaftsstatut nach der *lex fori* fallen alle in Art. 10 Abs. 2 EGBGB-E aufgeführten Bereiche.[205] Sie sind jedoch von anderen möglicherweise anwendbaren Statuten abzugrenzen. Besonders relevant ist dies in Haftungsfragen, wie z.B. der Haftung wegen Verletzung gesellschaftsrechtlicher Pflichten, vgl. Art. 10 Abs. 2 Nr. 8 EGBGB-E. Nach dem Referentenentwurf[206] zählen dazu die Innenhaftung von Organmitgliedern und Mitgliedern untereinander wegen Verletzung allgemeiner Treuepflichten oder sonstiger besonderer Verhaltenspflichten aus dem Gesellschaftsvertrag bzw. der Satzung oder aus Gesetz oder auch andere gesellschaftsrechtliche Pflichten, die den Schutz Dritter und die Haftung ihnen gegenüber bezwecken.[207] Die Entscheidung, ob und wann bei einer Verletzung gesellschaftsrechtlicher Pflichten auch die außervertragliche Haftung, insbesondere aus Delikt, dem Gesellschaftsstatut unterfällt oder aber gesondert anzuknüpfen ist, ist der Rechtsprechung überantwortet.[208]

68 Der Referentenentwurf weist auf die Abgrenzung zu angrenzenden Rechtsgebieten (Vertrags-, Delikts- oder Insolvenzrecht) hin. Diese Abgrenzung erfolgt in der Regel mittels der sog. Qualifikation.[209] Bei dieser handelt es sich um die Subsumtion des relevanten Sachverhalts unter den im Tatbestand der Kollisionsnorm genannten Anknüpfungsgegenstand.[210] Nach *Kegel/Schurig* hat die Qualifikation zwei wesentliche Facetten. Einerseits dient sie der angesprochenen Abgrenzung der betroffenen Statute unter Berücksichtigung der Systembegriffe wie Gesellschafts-, Delikts- oder Insolvenzrecht. Diese müssen nicht mit den Begriffen des Sachrechts übereinstimmen. Es bedarf häufig der Auslegung. Andererseits muss das fragliche Rechtsinstitut einem der Systembegriffe zugeordnet werden.[211] Diese Zuordnung geschieht durch die sog. funktionale Qualifikation, nach der der Sinn und Zweck des jeweiligen Rechtsinstituts mit dem des Systembegriffs korrespondieren muss.[212]

69 Als problematisch erscheinen in dem skizzierten Bereich der Haftung wegen der Verletzung gesellschaftsrechtlicher Pflichten nach Art. 10 Abs. 1 Nr. 8 EGBGB-E u.a. die Existenzvernichtungs-[213], die Insolvenzverschleppungs-[214] oder auch die Insolvenzverursachungshaftung[215].

70 Vor dem Hintergrund der gesetzgeberischen Bestrebungen durch das MoMiG, die Krisenverantwortlichkeit vermehrt in das Insolvenzrecht zu verlagern,[216] ist es notwendig, das Gesellschafts- von dem Insolvenzstatut funktional abzugrenzen. Der Grund für die zunehmende Bedeutung des Insolvenzrechts in grenzüberschreitenden Sachverhalten liegt in der Anwendung der Gründungstheorie auf EU-Auslandsgesellschaften. Im Insolvenzrecht erfolgt eine territoriale Anknüpfung.[217]

---

205 Vgl. RefE Internationales Gesellschaftsrecht; siehe Rdn. 3.

206 BGH, NJW 2005, 1648 ff.

207 RefE Internationales Gesellschaftsrecht, S. 12.

208 RefE Internationales Gesellschaftsrecht, S. 12.

209 *Kegel/Schurig*, IPR, § 7 S. 327 ff.; *v. Hoffmann/Thorn*, IPR, § 6 Rn. 1 ff.

210 *v. Hoffmann/Thorn*, IPR, § 6 Rn. 1.

211 *Sonnenberger*, in MünchKommBGB, Einl. IPR, Rn. 451.

212 *v. Hoffmann/Thorn*, IPR, § 6 Rn. 27 ff.

213 *Hübner*, Kollisionsrechtliche Behandlung von »nicht-privilegierten« Drittstaaten, S. 217–221.

214 *Hübner*, Kollisionsrechtliche Behandlung von »nicht-privilegierten« Drittstaaten, S. 223–225.

215 *Hübner*, Kollisionsrechtliche Behandlung von »nicht-privilegierten« Drittstaaten, S. 229–230.

216 *Bork*, ZGR 2007, 250, 267.

217 Vgl. Art. 3 Abs. 1 Satz 1 EuInsVO, der auf den Mittelpunkt der tatsächlichen Interessen (*center of main interest* – COMI) abstellt. Als COMI wird der Mittelpunkt der hauptsächlichen Interessen des Insolvenzschuldners bezeichnet. Nach Art. 3 EuInsVO sind zu der Eröffnung eines Insolvenzverfahrens international die Gerichte des Mitgliedsstaates zuständig, in dessen Gebiet der Schuldner den Mittelpunkt seiner hauptsächlichen Interessen hat. Gleichzeitig bestimmt Art. 4 EuInsVO, dass für das Insolvenzverfahren und seine Wirkungen das Insolvenzrecht des Mitgliedstaats gilt, in dem das Verfahren eröffnet wird.

Daher erweist es sich als widerstandsfähig gegen eine Minderung des Gläubigerschutzes aus Sicht der *lex fori.*[218] Deutsches Insolvenzrecht kann somit innerhalb des Geltungsbereichs des AEUV auf EU-ausländische Gesellschaften angewendet werden. Das Insolvenzrecht blickt nicht auf das Gründungsstatut der Gesellschaft, sondern auf den territorialen Schwerpunkt der Geschäftstätigkeit (COMI).[219] Daher bietet es sich im methodisch vertretbaren Rahmen als ein Mittel zu der Bekämpfung gläubigerschädigender Handlungen der tätigen Gesellschaften mit inländischem Verwaltungssitz an.

II. Abgrenzung zum Insolvenzstatut

Einen wesentlichen Beitrag zur Reichweite des Insolvenzstatuts in Abgrenzung zu dem Gesellschaftsstatut liefert das Case Law des EuGH zur Auslegung von Art. 3, 4 EuInsVO, d.h. die Entscheidungen *Gourdain/Nadler*[220], *Seagon/Deko Marty*[221], *German Graphics Graphische Maschinen*[222], *FTex*[223], *Nickel & Goeldner Spediti*on[224] und *H./H.K.*[225] sowie *Kornhaas*[226]. 71

Die erste relevante Entscheidung in dieser Hinsicht erging in der Rechtssache *Gourdain/Nadler-*[227]zur französischen action en *comblement du passif* (»Insolvenzverschleppungshaftung des GmbH-Geschäftsführers«). Entscheidungen sind dem Insolvenzverfahren zuzuordnen, »wenn sie unmittelbar aus diesem Verfahren hervorgehen und sich eng innerhalb des Rahmens eines Konkurs- oder Vergleichsverfahrens in dem vorgenannten Sinne halten«[228]. Die heranzuziehenden Indizien teilt der EuGH in prozessual und materiell-rechtliche ein: zur ersten Gruppe gehöre die Zuständigkeit der Insolvenzgerichte sowie die Einziehungs- und Prozessführungsbefugnis der Insolvenzverwalter; zur zweiten Gruppe zähle das Kriterium der Mehrung der Aktiva der insolventen Gesellschaft mit dem Ziel, die haftende Vermögensmasse zu Gunsten der Gesamtheit der Gläubiger zu vergrößern.[229] Der EuGH betont, dass es für eine insolvenzrechtliche Einordnung nicht stets der Erfüllung aller Kriterien bedürfe; sie seien auch nicht abschließend.[230] 72

Das Urteil des EuGH in der Rechtssache *Seagon/Deko Marty*[231] hat die Aussagen der Entscheidung *Gourdain/Nadler*[232] weiter spezifiziert. Nach Auffassung des EuGH besteht ein insolvenzspezifischer Konnex zwischen den Insolvenzanfechtungsregeln und dem Insolvenzverfahren. Die Erhebung einer Insolvenzanfechtungsklage durch einen Insolvenzverwalter diene dem Interesse aller Gläubiger, weil eine für die Gläubiger nachteilige Vermögensverschiebung vor Eröffnung des Insolvenzverfahrens rückgängig gemacht werden soll. Dies entspricht den prozessualen und materiell-rechtlichen Kriterien der Entscheidung *Gourdain/Nadler*: zum einen ist der Insolvenzverwalter einziehungs- und prozessführungsbefugt; zum anderen verfolgen die Insolvenzanfechtungsregeln ebenso den Zweck, die Aktiva der insolventen Gesellschaft zu Gunsten der Gesamtheit der Gläubiger zu vermehren. 73

218 *Schön*, Der Konzern 2004, 162, 168.
219 *Kahan*, in: Hopt/Wymeersch, Capital Markets and Company Law, 145, 148.
220 EuGH, Urt. v. 22.02.1979 – Rs. C-133/78, *Gourdain/Nadler*, BeckEuRS 1979, 74734.
221 EuGH, Urt. v. 12.02. 2009 – C-339/07, *Seagon/Deko Marty*, NJW 2009, 2189 f.
222 EuGH, Urt. v. 10.9.2009 – C-292/08, *German Graphics Graphische Maschinen*, NZI 2009, 741.
223 EuGH, Urt. v. 19.4.2012 – C-213/10 – *FTex*, NZI 2012, 469, 471 f.
224 EuGH, Urt. v. 4.9.2014 – Rs. C-157/13 – *Nickel & Goeldner Spedition GmbH/»Kintra«* UAB, NZI 2014, 919.
225 EuGH, Urt. v. 4.12.2014, – C-295/13 – *H./H.K*, EuZW 2015, 141; vgl. dazu *Kindler*, EuZW 2015, 143 f.
226 EuGH, Urt. v. 10.12.2015, – C-594/14 – *Kornhaas/Dithmar*, EuZW 2016, 155; vgl. dazu *Kindler*, EuZW 2016, 136 ff.; *Weller/Hübner*, NJW 2016, 225.
227 *Weller*, in: MünchKomm-GmbHG, Internationales Gesellschaftsrecht, Rn. 407.
228 EuGH, Urt. v. 22.2.1979 – Rs. C-133/78 – *Gourdain/Nadler*, BeckEuRS 1979, 74734.
229 EuGH, Urt. v. 22.2.1979 – Rs. C-133/78 – *Gourdain/Nadler*, BeckEuRS 1979, 74734.
230 *Weller*, in: MünchKomm-GmbHG, Internationales Gesellschaftsrecht, Rn. 407; *Haubold*, IPRax 2002, 157, 163.
231 EuGH, Urt. v. 12.2.2009 – C-339/07 – *Seagon/Deko Marty*, NJW 2009, 2189 f.
232 EuGH, Urt. v. 22.2.1979 – C-133/78 – *Gourdain/Nadler*, BeckEuRS 1979, 74734.

74 Mit der Entscheidung *German Graphics Graphische Maschinen*[233] schränkte der EuGH die in der Literatur diskutierte extensive Auslegung des Art. 4 EuInsVO[234] etwas ein. Die EuInsVO dürfte nicht weit ausgelegt werden; hingegen sei der in Art. 1 Abs. 1 EuGVVO enthaltene Begriff »Zivil- und Handelssachen« und damit der Anwendungsbereich der EuGVVO weit zu fassen,[235] was aus der Zusammenschau der Erwägungsgründe 7[236] und 15[237] der EuGVVO mit dem Erwägungsgrund 6 der EuInsVO[238] zu folgern sei. Eine Klage gegen den Insolvenzverwalter auf Grundlage einer Eigentumsvorbehaltsklausel stehe nicht in unmittelbarem und engem Zusammenhang mit dem Insolvenzverfahren.[239] Gegen einen solchen Zusammenhang spreche insbesondere, dass die aufgeworfene Rechtsfrage von der Eröffnung eines Insolvenzverfahrens unabhängig sei.[240] In die gleiche Richtung deutet die Entscheidung *FTex*[241] des EuGH. Die Klage aus einer vom Insolvenzverwalter abgetretenen Forderung sei nicht insolvenzrechtlich einzuordnen, da diese Forderung nicht mehr in engem Verhältnis mit dem Insolvenzverfahren stehe.[242] Anders als der Insolvenzverwalter agiere der Zessionar vor allem aus egoistischen Motiven.[243]

75 In *Nickel & Goeldner*[244] erläutert der EuGH, dass anstelle des prozessualen Kontexts der Klage die Rechtsgrundlage für die Zuordnung zum Zivil- oder Insolvenzrecht entscheidend sei. Zu prüfen ist, ob der fragliche Anspruch aus den allgemeinen Regelungen des Zivil- und Handelsrechts oder aus den abweichenden Spezialregelungen für Insolvenzverfahren resultiert.[245]

76 *(unbesetzt)*

77 In den Vorlageentscheidungen *H./H.K.*[246] und *Kornhaas*[247] erhielt der EuGH die Gelegenheit, die Rechtsprechung aus *Nickel & Goeldner* auf die international-zivilverfahrensrechtliche und kollisionsrechtliche Einordnung des § 64 S. 1 GmbHG zu übertragen. In beiden Verfahren urteilte der Gerichtshof, dass die auf § 64 S. 1 GmbHG gestützte Klage eines Insolvenzverwalters dem Insolvenzrecht zuzuordnen sei.[248] Die Klage sei anlässlich eines Insolvenzverfahrens erhoben worden und habe ihren Ursprung im Insolvenzverfahrensrecht und nicht in anderen Regeln.[249] Obwohl die Norm den Begriff der Insolvenz nicht erwähne, ändere dies nichts an ihrem engen Zusammenhang mit dem Insolvenzverfahren. Da es für die Anwendung des § 64 S. 1 GmbHG der materiellen Zahlungsunfähigkeit der GmbH bedürfe, könne sie nicht dem allgemeinen Zivil- und Verfahrensrecht

233 EuGH, Urt. v. 10.09.2009 – C-292/08 – *German Graphics Graphische Maschinen*, NZI 2009, 741.

234 Vgl. dazu *Weller*, in: MünchKomm-GmbHG, Internationales Gesellschaftsrecht, Rn. 408.

235 EuGH, Urt. v. 10.09.2009 – C-292/08 – *German Graphics Graphische Maschinen*, NZI 2009, 741, 742.

236 »Der sachliche Anwendungsbereich dieser Verordnung sollte sich, von einigen genau festgelegten Rechtsgebieten abgesehen, auf den wesentlichen Teil des Zivil- und Handelsrechts erstrecken.«.

237 »Im Interesse einer abgestimmten Rechtspflege müssen Parallelverfahren so weit wie möglich vermieden werden, damit nicht in zwei Mitgliedstaaten miteinander unvereinbare Entscheidungen ergehen. Es sollte eine klare und wirksame Regelung zur Klärung von Fragen der Rechtshängigkeit und der im Zusammenhang stehenden Verfahren sowie zur Verhinderung von Problemen vorgesehen werden, die sich aus der einzelstaatlich unterschiedlichen Festlegung des Zeitpunkts ergeben, von dem an ein Verfahren als rechtshängig gilt. Für die Zwecke dieser Verordnung sollte dieser Zeitpunkt autonom festgelegt werden.«.

238 Siehe Fn 27.

239 EuGH, Urt. v. 10.09.2009 – C-292/08 – *German Graphics Graphische Maschinen*, NZI 2009, 741, 742 f.

240 EuGH, Urt. v. 10.09.2009 – C-292/08 – *German Graphics Graphische Maschinen*, NZI 2009, 741, 743.

241 EuGH, Urt. v. 19.4.2012 – C-213/10 – *FTex*, NZI 2012, 469, 471 f.

242 EuGH, Urt. v. 19.4.2012 – C-213/10 – *FTex*, NZI 2012, 469, 472.

243 EuGH, Urt. v. 19.4.2012 – C-213/10 – *FTex*, NZI 2012, 469, 472.

244 EuGH, Urt. v. 4.9.2014 – Rs. C-157/13 – *Nickel & Goeldner/»Kintra«* –, NZI 2014, 919, 921.

245 EuGH, Urt. v. 04.09.2014 – Rs. C-157/13 – *Nickel & Goeldner/»Kintra«* –, NZI 2014, 919, 921.

246 EuGH, Urt. v. 04.12.2014 – C-295/13 – *H./H.K.*, EuZW 2015, 141.

247 EuGH, Urt. v. 10.12.2015 – C-594/14 – *Kornhaas/Dithmar*, EuZW 2016, 155.

248 EuGH, Urt. v. 04.12.2014 – C-295/13 – *H./H.K.*, EuZW 2015, 141, 142; EuGH, Urt. v. 10.12.2015 – C-594/14 – *Kornhaas/Dithmar*, EuZW 2016, 155, 156.

249 EuGH, Urt. v. 04.12.2014 – C-295/13 – *H./H.K.*, EuZW 2015, 141, 142; EuGH, Urt. v. 10.12.2015 – C-594/14 – *Kornhaas/Dithmar*, EuZW 2016, 155, 156.

i.S.v. Art. 1 Abs. 1 EuGVVO zugeordnet werden.[250] Dass die Klage auch ohne Eröffnung eines Insolvenzverfahrens erhoben werden könne, stehe einer Einordnung als insolvenzrechtlich nicht entgegen.[251] Es sollte nicht »künstlich«[252] zwischen der Klage aus § 64 S. 1 GmbHG und den Insolvenzanfechtungsklagen, die der EuGH in der Rechtssache *Seagon/Deko Marty*[253] bereits insolvenzrechtlich qualifiziert hat, unterschieden werden.

Zusammenfassend lässt sich festhalten, dass die angeführten Kriterien aus *Gourdain/Nadler* weiterhin gelten. Die Rechtsprechung des EuGH zeigt, dass häufig das materielle Indiz über die insolvenzrechtliche Einordnung entscheidet. Die entscheidende Frage ist, ob die fragliche Norm der Vermögensmehrung der Aktiva der insolventen Gesellschaft zu Gunsten aller Gläubiger dient. 78

F. Sitzverlegung

Im Fall einer Sitzverlegung sind sowohl Zuzugs- und als auch Wegzugsrechtsordnung zu betrachten, da die Gesellschaft nur fortbesteht, wenn dies beide Rechtsordnungen vorsehen (Kombinationslehre).[254] Für die Beurteilung der Wirksamkeit ist zwischen kollisionsrechtlicher und sachrechtlicher Ebene zu trennen. 79

I. Formen der Sitzverlegung

Als Formen der Sitzverlegung kommen zum einen die Verlegung des Verwaltungssitzes (unter II.), zum anderen die Verlegung des Satzungssitzes (unter III.) in Betracht. Wesentlicher Unterschied zwischen beiden Formen des Sitzwechsels ist, dass bei einer Verlegung des isolierten Verwaltungssitzes die Gesellschaft in ihrer ursprünglichen Rechtsform erhalten bleibt. Insofern bezeichnet man diese Form der Sitzverlegung als rechtsformwahrende Sitzverlegung.[255] Der Rechtsträger bewahrt also seine Identität. Im Fall bestehender Vertragsverhältnisse, deren Fortbestehen für das Unternehmen von besonderer Wichtigkeit ist, ist dies entsprechend zu berücksichtigen. Bei einer Verlegung des Verwaltungssitzes ändert sich zudem das Insolvenzstatut im Anwendungsbereich der EuInsVO, da der Anknüpfungspunkt das COMI i.S.v. Art. 3, 4 EUInsVO ist. Diese Variante des Forum Shopping ist nach der Entscheidung des EuGH *Interedil* auch dann möglich, wenn die Sitzverlegung kurz vor Einleitung des Insolvenzverfahrens erfolgt.[256] Die sachrechtlichen Grenzen hat der Gesetzgeber durch die Einführung des § 4a GmbHG aufgehoben.[257] 80

Anders als bei der Verlegung des Verwaltungssitzes bedeutet eine Verlegung des Satzungssitzes (grenzüberschreitender Formwechsel), dass sich die Rechtsform des Unternehmens ändert. Allerdings erfolgt auch der grenzüberschreitende Formwechsel identitätswahrend (Kontinuitätsprinzip), d.h. der Rechtsträger bleibt bestehen. Der Vorteil gegenüber einer grenzüberschreitenden Verschmelzung, die über die partielle Gesamtrechtsnachfolge in vielen Fällen dieselben Ergebnisse erzielt, liegt auf der Hand: Es entsteht kein neuer Rechtsträger. Die Gesamtrechtsnachfolge führt aber nach deutschem Sachrecht nicht zum Übergang von öffentlich-rechtlichen Genehmigungen oder Lizenzen.[258] Weiterhin kann eine Verschmelzung – je nach Vertragslage – Kündigungsrechte der wichtigen Vertragspartner auslösen; alternativ kann eine Abtretung oder Übertragung zumindest 81

250 EuGH, Urt. v. 04.12.2014 – C-295/13 – *H./H.K.*, EuZW 2015, 141, 142; EuGH, Urt. v. 10.12.2015 – C-594/14 – *Kornhaas/Dithmar*, EuZW 2016, 155, 156.

251 EuGH, Urt. v. 04.12.2014 – C-295/13 – *H./H.K.*, EuZW 2015, 141, 142.

252 EuGH, Urt. v. 04.12.2014 – C-295/13 – *H./H.K.*, EuZW 2015, 141, 142.

253 EuGH, Urt. v. 12.02.2009 – C-339/07, *Seagon/Deko Marty*, NJW 2009, 2189 f.

254 *Weller/Rentsch*, IPRax 2013, 530 ff.; vgl. auch *Zwirlein*, ZGR 2018, 900 ff.

255 *Weller*, Sitzverlegungen und von Gesellschaften in Europa: rechtliche und praktische Probleme, ZEW Nr. 198, S. 9.

256 EuGH v. 20.10.2011 – C-369/09, *Interedil*, ZIP 2011, 2153 ff., Rn. 54 ff.; zu den Motiven der Insolvenzarbitrage, *Weller*, Sitzverlegungen und von Gesellschaften in Europa: rechtliche und praktische Probleme, ZEW Nr. 198, S. 11 ff.

257 Siehe Rdn. 64 ff.

258 Schmitt/Hörtnagel/Stratz/*Stratz*, UmwG, § 20 Rn. 89; Semler/Stengel-*Kübler*, UmwG, § 20 Rn. 71.

von der Genehmigung des Vertragspartners abhängen. Ähnliches gilt in den Fällen, in denen eine *Change-of-Control*-Klausel vereinbart ist. Eine Verschmelzung kann auch wegen der steuerrechtlichen Implikationen Nachteile enthalten. Beispielsweise kann bei einem Rechtsträgerwechsel Grunderwerbssteuer wegen des Eigentumsübergangs anfallen; dies gilt aber nicht bei einem identitätswahrendem Rechtsformwechsel.[259]

II. Verwaltungssitzverlegung

82 Die Anforderungen an die Verwaltungssitzverlegung haben die Entscheidungen *Überseering* aus Sicht des Zuzugsstaats und *Daily-Mail/Cartesio* aus der des Wegzugsstaats präzisiert. Für den Zuzugsstaat gilt, dass dieser die Verlegung des Verwaltungssitzes einer ausländischen juristischen Person als Begründung einer Zweigniederlassung akzeptieren muss, soweit der Gründungsstaat diese ebenfalls hingenommen hat.[260] Die Regelungsmacht des Wegzugsstaats (i.d.R. dem Gründungsstaat), dem die juristische Person ihre Existenz verdankt, geht so weit, dass sie nicht nur über die Entstehung und Wirksamkeit, sondern auch über deren Fortbestand bei Verlegung des Verwaltungssitzes über die Grenze entscheiden darf. Konkret darf der jeweilige Mitgliedsstaat den Beschluss über die Verwaltungssitzverlegung als Auflösungsbeschluss interpretieren.[261] Dies hat der deutsche Gesetzgeber aber mit den §§ 4a S. 2 GmbHG, 5 Abs. 2 AktG nicht getan, sondern mit dem MoMiG deutschen Kapitalgesellschaften bewusst die Verlegung des Verwaltungssitzes ermöglichen wollen.[262] Es ist jedoch zu berücksichtigen, dass jedes rechtliche Wegzugshindernis mit der Niederlassungsfreiheit vereinbar sein muss. Unklar ist jedoch, welche Wegzugshindernisse gegen die Niederlassungsfreiheit verstoßen.[263]

83 Der Schutz der *stakeholder* erfolgt unterschiedlich. Für die Minderheitsgesellschafter, denen eine Übervorteilung durch die Mehrheit droht, besteht kein Schutzbedürfnis, da weder das Gesellschaftsstatut noch der Gerichtsstand (vgl. Art. 22 Nr. 2 EuGVO) geändert wird. Die Gläubiger sind vor der potenziellen Verlagerung von Gesellschaftsvermögen zu schützen. Eine einheitliche kollisionsrechtliche Behandlung ist durch die EuInsVO sichergestellt, da diese zum Schutz der Gläubiger Sonderanknüpfungen nach Art. 5–15 EuInsVO, insbesondere das Sekundärinsolvenzverfahren nach Art. 28 ff. EuInsVO kennt. Vertragsstatut und Gerichtsstand ändern sich hier ebenfalls nicht. Schließlich hat die reine Verwaltungssitzverlegung auch keinen Einfluss auf die unternehmerische Mitbestimmung, sodass die Arbeitnehmer insofern keines Schutzes bedürfen.

III. Satzungssitzverlegung/Grenzüberschreitender Formwechsel

84 Terminologisch und auch inhaltlich sind die häufig zusammen genannten Begriffe der Satzungssitzverlegung und des grenzüberschreitenden Formwechsels voneinander zu trennen. Eine Verlegung des Satzungssitzes geht nicht zwingend mit einem Formwechsel einher.[264] Vielmehr ist es theoretisch denkbar, dass eine Gesellschaft unter Wahrung ihrer rechtlichen Identität die Aufnahme in das Handelsregister des Zuzugsstaats begehrt. Unklar war bis zur *Polbud*-Entscheidung[265], ob dieses Verhalten im Einklang mit der Niederlassungsfreiheit steht.[266] Laut *Weller* knüpfen die EU-Mitgliedstaaten das Fortbestehen ihrer eigenen Kapitalgesellschaftsformen an die Voraussetzung eines inländischen Satzungssitzes, vgl. §§ 4a GmbHG, 5 AktG.[267] Der Satzungssitz bestimmt die

259 Boruttau/*Fischer*, GrEStG, § 1 Rn. 60.
260 *Schön*, ZGR 2013, 333, 355.
261 *W.-H. Roth*, in: FS Hoffmann-Becking, 965, 972 ff.; *Schön*, ZGR 2013, 333, 355.
262 Siehe Rdn. 64 ff.
263 Vgl. EuGH v. 29.11.2011 – *National Grid Indus* – DStR 2011, 2334 ff., worin der EuGH eine Wegzugsbesteuerung als rechtfertigungsbedürftig ansieht.
264 *Weller*, LMK 2012, S. 336113 (beck-online).
265 Vgl. dazu Rdn. 38a-38d.
266 *Müller-Graff*, FS Hellwig, 265 ff., der sich dafür ausspricht. A.A. *Schön*, ZGR 2013, 333, 356; *G. H. Roth*, Vorgaben der Niederlassungsfreiheit für das Kapitalgesellschaftsrecht, S. 36 ff.
267 *Weller*, LMK 2012, S. 336113 (beck-online).

Zuständigkeit des Handelsregisters, in dem die konstitutive Eintragung zu erfolgen hat, vgl. § 7 Abs. 1 GmbHG. Mit der *Polbud*-Entscheidung ist nun geklärt, dass auch der isolierte Satzungssitzwechsel unter die Niederlassungsfreiheit fällt.[268]

Die bisherige Praxis behalf sich mit der analogen Anwendung der Vorschriften zum nationalen Formwechsel i.S.v. §§ 190 ff. UmwG i.V.m. Grundsätzen der *Vale*-Entscheidung des EuGH,[269] um einen grenzüberschreitenden Hineinformwechsel zu ermöglichen.[270] Für den Herausformwechsel stellen die Obergerichte und Teile der Literatur auf eine Lösung über die §§ 190 ff. UmwG ab; bestimmte Schutzlücken zu Lasten Dritter wie Gläubiger und Arbeitnehmer sollen über die analoge Anwendung der Bestimmungen der §§ 122a ff. UmwG zur grenzüberschreitenden Verschmelzung geschlossen werden.[271] 85

IV. Ausblick: Umsetzung der Mobilitätsrichtlinie

Der EuGH hat sich auch in diesem Kontext als »Motor der Integration« erwiesen. Dies zeigt das Zusammenspiel zwischen den Entscheidungen des OLG Nürnberg[272] mit der *Vale*-Entscheidung oder auch die Polbud-Entscheidung[273]. Infolge der weiterhin bestehenden Unsicherheiten war eine Regelung durch eine Ergänzung des UmwG um einen grenzüberschreitenden Formwechsel angezeigt. Idealerweise wird der europäische Gesetzgeber tätig und nimmt sich einer Änderung oder Ergänzung des sekundären Unionsrechts an. Eine grenzüberschreitende Sitzverlegungsrichtlinie ist zwingend notwendig, um eine rechtssichere Durchführung grenzüberschreitender Formwechsel sowohl im Wegzugs- als auch im Zuzugsstaat zu ermöglichen.[274] 86

Erfreulicherweise hat die EU-Kommission nun einen solchen Vorschlag im Rahmen des Company Law Package 2018 vorgelegt.[275] Nach seinem Grundkonzept soll die Richtlinie (EU) 2019/2121 (Mobilitätsrichtlinie) zum einen die existierenden Regeln zur grenzüberschreitenden Verschmelzung (§§ 122a ff. UmwG) weitergehend als bisher harmonisieren sowie überhaupt eine europäische Regelung für die grenzüberschreitende Spaltung und vor allem zum grenzüberschreitenden Formwechsel implementieren.[276] 87

---

268 So auch BeckOGK UmwG/*Schürnbrand/Forster* Stand: 1.10.2019, § 190 Rn. 6 ff.; *Althoff/Narr* in Böttcher/Harbighorst/Schulte Umwandlungsrecht, 2. Aufl., § 190 UmwG Rn. 16 ff.; *Drinhausen/Keinaht* in Henssler/Strohn Gesellschaftsrecht, 4. Aufl., § 190 UmwG Rn. 17 f.; *Hoger* in Lutter, Umwandlungsgesetz, 6. Aufl., Einf. Rn. 38 ff.

269 Vgl. dazu Rdn. 30-32.

270 OLG Nürnberg, DNotZ 2014, 150 ff. m.Anm. *Hübner*, IPRax 2015, 134 ff.

271 OLG Saarbrücken NZG 2020, 390 ff., das sogar eine Vorwirkung der Richtlinie (EU) 2019/2121 (Mobilitätsrichtlinie) annimmt; vgl. auch OLG Frankfurt a. M. NZG 2017, 423 ff.; KG ZIP 2016, 1223 ff.; *Althoff/Narr* in Böttcher/Harbighorst/Schulte Umwandlungsrecht, 2. Aufl., § 190 UmwG Rn. 22a; *Hoger* in Lutter, Umwandlungsgesetz, 6. Aufl., Einf. Rn. 39 f.; *Winter/Marx/de Decker*, DStR 2017, 1664, 1666]; *Teichmann*, ZIP 2017, 1190, 1191; *Wicke*, DStR 2012, 1756, 1758; *Heckschen*, ZIP 2015, 2049, 2060; vgl. für einen Rückgriff auf die Regeln zur Sitzverlegung der SE nach Art. 8 SEVO, §§ 12 ff. SEAG *Seibold*, ZIP 2017, 456, 459; *Bayer/Schmidt* ZIP 2012, 1481, 1488; dagegen allerdings KG ZIP 2016, 1223, vgl. hierzu *Zwirlein*, ZGR 2017, 114 ff.

272 OLG Nürnberg, DNotZ 2014, 150 ff.

273 Siehe Rdn. 30 ff.

274 *Schön*, ZGR 2013, 333, 365.

275 280a COM (2018) 241 final; vgl. dazu *J. Schmidt*, Der Konzern 2018, 229 ff., 273 ff.; *dies.*, Cross-border mergers and divisions, and transfers of seat: is there a need to legislate, PE 559.960; *dies.*, ECFR 2019, 222 ff.; *Habersack*, ZHR 182 (2018) 495 ff.; *U. Noack/Kraft*, DB 2018, 1577 ff.; *Benz/Hübner/Zimmermann*, ZIP 2018, 2254 ff.; *M. Noack*, AG 2018, 780 ff.; *M. Noack/Habrich*, AG 2019, 908 ff.; *Bungert/Wansleben*, DB 2018, 2094 ff.; *Hoffmann*, EuZW 2018, 785 ff.; *Knaier*, GmbHR 2018, 607 ff.; *Schollmeyer*, NZG 2018, 977 ff.; *Selent*, NZG 2018, 1171 ff.; *Wicke*, DStR 2018, 2642 ff.; *Winner*, ECFR 2019, 44 ff.; *Garcimartin Alférez/Gandia*, ECFR 2019, 15 ff.; *Teichmann*, NZG 2019, 241 ff.; *ders.*, ECFR 2019, 3 ff.

276 *Teichmann*, NZG 2019, 241, 242 ff.

88 Inhaltlich folgt die Richtlinie für alle drei Umwandlungsvarianten dem üblichen Verfahren für grenzüberschreitende Verschmelzung: Plan, Bericht des Managements, Prüfung durch einen externen Sachverständigen, Beschluss durch die Gesellschafterversammlungen der beteiligten Gesellschaften und Kontrolle der Rechtmäßigkeit durch die zuständigen nationalen Stellen.[277] Mit der Vorgabe der Verfahrensschritte und der Koordination der Registerverfahren in den betroffenen Mitgliedstaaten setzt sich die Mobilitätsrichtlinie ein ambitioniertes Ziel. Angesichts dieser Zielsetzung überrascht es nicht, dass eine grenzüberschreitende Umwandlung einen erheblichen prozeduralen Aufwand bedeutet.[278] Die weitere wesentliche Neuerung besteht in einem möglichst einheitlichen Schutz der »Stakeholder« (Minderheitsgesellschafter, Gläubiger und Arbeitnehmer) für alle Umwandlungsarten.[279]

89 Die Mobilitätsrichtlinie ist gemäß Art. 3 Abs. 1 bis zum 31. Januar 2023 in dem nationalen Recht umzusetzen. Das BMJV hat bereits eine Expertenkommission für den Entwurf des Gesetzes zur Umsetzung der Umwandlungsrichtlinie (UmRUG) eingesetzt.[280]

90 Trotz des immensen Fortschritts durch die Mobilitätsrichtlinie bleiben offene Stellen. Dazu gehören eine europaweite Regelung des Internationalen Gesellschaftsrechts, die Einbeziehung von anderen Rechtsträgern wie Personengesellschaften in den Anwendungsbereich der neuen Umwandlungsregeln und grundlegende europaweite Evaluierung und ggf. Reform der EU-Vorschriften zur Arbeitnehmermitbestimmung.[281]

G. Anwendung des inländischen Rechts trotz ausländischen Gesellschaftsstatuts

93 Eine Anwendung des deutschen Rechts ist unter bestimmten Voraussetzungen auch denkbar, wenn ein ausländisches Gesellschaftsstatut kollisionsrechtlich zur Anwendung berufen ist. Ausnahmen zu dem kollisionsrechtlichen Anwendungsbefehl können aus dem sog. *ordre public* nach Art. 6 EGBGB, Sonderanknüpfungen oder der sog. Substitution/Anpassung folgen.

I. Der ordre public als Korrektiv im Internationalen Gesellschaftsrecht

1. Sitztheorie und ordre public

94 Bisher ist es in der Rechtspraxis selten zu einem Verstoß gegen den *ordre public* gem. Art. 6 EGBGB im Internationalen Gesellschaftsrecht gekommen. Eine Ausnahme bildeten die Gründungen liechtensteinischer Rechtsformen, die Gegenstand deutscher Rechtsprechung waren.[282] Bei dieser Rechtsprechung bezüglich liechtensteinischer Gesellschaften ist jedoch zu berücksichtigen, dass sie aufgrund der Anwendbarkeit der Niederlassungsfreiheit auf EWR-Gesellschaften[283] mittlerweile hinfällig ist. Damit kann diese Rechtsprechung nicht mehr als Maßstab für die Vereinbarkeit drittstaatlichen Gesellschaftsrechts mit dem deutschen *ordre public* dienen. Der Grund für fehlende Rechtsprechung und Erfahrungen mit der Anwendung des deutschen *ordre public* auf ausländisches Gesellschaftsrecht liegt jedoch in der Sitztheorie begründet.[284] Diese beurteilt ausländische Gesellschaften nach den Vorstellungen des inländischen Gesellschaftsrechts. Folglich konnten ausländische Gesellschaftsformen aus dem inländischen Recht herausgehalten werden, sodass sich die Rechtspraxis mit ihnen kaum auseinandersetzen musste. Die Sitztheorie besaß also

277 Vgl. *J. Schmidt*, BB 3/2020, Die Erste Seite.

278 *Brehm/Schümmer*, NZG 2020, 538 ff.

279 *Teichmann*, NZG 2019, 241, 248; vgl. auch *J. Schmidt*, Der Konzern 2018, 273 ff.

280 Die Mitglieder der Expertenkommission sind: Prof. Dr. Jessica Schmidt, Universität Bayreuth; Prof. Dr. Christoph Teichmann, Universität Würzburg; Notar Prof. Dr. Heribert Heckschen, Dresden; Rechtsanwältin Dr. Susanne Zwirlein, München.

281 *J. Schmidt*, Der Konzern 2018, 273, 284 f.; vgl. auch *Habersack*, ZHR 182 (2018) 495 ff.

282 AG Hamburg MDR 1964, 1009; OLG Stuttgart NJW 1965, 1139; BGHZ 78, 318, NJW 1981, 522, IPRax 1981, 130.

283 Ulmer/Habersack/Winter/*Behrens*, GmbHG, Einl. B. Rn. 154.

284 Ulmer/Habersack/Winter/*Behrens*, GmbHG, Einl. B. Rn. 154.

eine Abwehrfunktion. Sie ähnelt somit der negativen Funktion des *ordre public*, der primär fremde Rechtsvorstellungen, die nicht mit den wesentlichen Grundsätzen des deutschen Rechts vereinbar sind, abwehrt.[285]

Eine möglicherweise notwendige Anwendung des *ordre public* verlagert das Problem von der Anknüpfung im Internationalen Gesellschaftsrecht aus dem Besonderen Teil des Internationalen Privatrechts zu einem des Allgemeinen Teils des Internationalen Privatrechts.[286] Infolge dieser Entwicklung wird die Bedeutung des allgemeinen Kollisionsrechts für das Internationale Gesellschaftsrecht zunehmen. Darüber hinaus wird es – zumindest anfangs – schwierig sein, die Generalklausel des *ordre public* mit entsprechendem Inhalt zu füllen.[287] Bei einer etwaigen Einführung der Gründungstheorie könnte sich ein grundsätzlicher Konflikt jeder Rechtsordnung entwickeln: Die Abwägung zwischen möglichst hoher Rechtssicherheit und gleichzeitig möglichst hoher Einzelfallgerechtigkeit.[288] Gerade im Internationalen Gesellschaftsrecht ist die Rechtssicherheit ein hohes Gut, da grundlegende Rechtsfolgen an die kollisionsrechtliche Einordnung von ausländischen Gesellschaften geknüpft werden.[289] Dies zeigt sich beispielsweise an der Umqualifizierungslösung des BGH in der *Jersey*-Entscheidung.[290] Der BGH hob darin die Haftungsbeschränkung der ausländischen Kapitalgesellschaft auf, indem er sie in eine inländische Personenhandelsgesellschaft umqualifizierte. Daher hat ein Gesellschafter einer ausländischen Gesellschaft ein großes Interesse an der kollisionsrechtlichen Einordnung seiner Gesellschaft. Die Unbestimmtheit des Art. 6 EGBGB und seine daraus resultierende Ausfüllungsbedürftigkeit, vor allem im Internationalen Gesellschaftsrecht, tragen nur sehr eingeschränkt zur Rechtssicherheit bei, obwohl die Rechtssicherheit ein erklärtes Ziel der Anknüpfung an das Recht des Registrierungsorts ist.[291] Da das Kollisionsrecht nicht nur unterschiedliche Sachrechtssysteme, sondern auch deren Änderungen wie z.B. das MoMiG erfassen muss, muss es flexibler und offener als das geschlossene interne System des Sachrechts sein.[292] Diese Beobachtung offenbart, dass das Maß an Rechtssicherheit, das im Sachrecht allein zu erzielen ist, im Kollisionsrecht nicht von vornherein erreicht werden kann. 95

Es gilt aber zu beachten, dass der *ordre public* nur als Korrektiv bei unerträglichen Abweichungen von deutschen Standards infrage kommt. Mit seiner Formel zu dem *ordre public*-Vorbehalt hat der BGH der Rechtspraxis eine deutliche Restriktion auferlegt.[293] Der *ordre public*-Vorbehalt soll nur dann eingreifen, wenn »das Ergebnis der Anwendung ausländischen Rechts […] im Einzelfall zu den Grundgedanken der deutschen Regelung und der in ihnen liegenden Gerechtigkeitsvorstellungen […] in einem so schwerwiegenden Widerspruch steht, dass seine Anwendung für untragbar angesehen werden muss.«[294] Inländische Gerichte müssten sich durch das zur Anwendung berufene ausländische Recht zu Entscheidungen genötigt sehen, die nicht im Einklang mit den elementaren Grundsätzen der deutschen Rechtsordnung stehen. Dies ist insbesondere der Fall, wenn die Anwendung des ausländischen Rechts mit den Grundrechten unvereinbar ist, vgl. Art. 6 Satz 2 EGBGB. 96

285 Vgl. Deutscher Rat für Internationales Privatrecht (*Sonnenberger/Bauer*, in: Sonnenberger, Reform des GesR, 61): »…obgleich die bisherige Erfahrung zeigt, dass das Gesellschaftsrecht nur selten Anlass gibt, die ordre public-Klausel einzusetzen.«.

286 *Kindler*, in: MünchKommBGB, Internationales Gesellschaftsrecht, Rn. 377; vgl. auch *Ebenroth*, Vermögenszuwendungen, S. 359.

287 *Ebenroth*, Vermögenszuwendungen, S. 359; *Ebenroth*, Konzernkollisionsrecht, S. 16; *Nußbaum*, IPR, S. 61.

288 Vgl. zu dem Problem im Internationalen Schuldvertragsrecht, *Mankowski*, ZeuP 2002, 804 ff.

289 *Kindler*, in: MünchKommBGB, Internationales Gesellschaftsrecht, Rn. 380.

290 BGHZ 151, 204; s. Rdn. 48 ff.

291 RefE Internationales Gesellschaftsrecht, S. 9.

292 *Benecke*, Gesetzesumgehung, S. 299.

293 BGHZ 54, 123, 130, 132, 140; BGHZ 56, 180, 191; BGHZ 75, 32.

294 BGHZ 54, 123, 130, 132, 140; BGHZ 56, 180, 191; BGHZ 75, 32; *v. Hoffmann/Thorn*, IPR, S. 271.

2. Gründungstheorie und ordre public

97 Voraussichtlich wird der *ordre public* unter Geltung der Gründungstheorie keine große Bedeutung erlangen. Zum einen zeigt sich an der soeben genannten Formulierung des BGH, dass es sich um extreme Fälle handeln muss, die sich mit den elementaren Grundsätzen der deutschen Rechtsordnung nicht vereinbaren lassen. Es ist schwer im Vorhinein zu ermessen, wie häufig Grundrechte bei gesellschaftsrechtlich zu qualifizierenden Sachverhalten Anwendung finden sollen. Die Anwendung von Art. 6 EGBGB liegt eher in anderen Bereichen des Internationalen Privatrechts wie dem Internationalen Familienrecht nahe. Es ist daher nicht zu erwarten, dass inländische Richter den *ordre public* häufig als Korrektiv zu dem ausländischen Gesellschaftsrecht zur Anwendung bringen. Zum anderen unterliegt die Entwicklung des deutschen Gesellschaftsrechts einem stetigen Wandel. Der deutsche Gesetzgeber trägt in dem Bereich des Gesellschaftsrechts einerseits den Vorgaben der europäischen Rechtssetzungsorgane durch die Umsetzung von Richtlinien und der Einführung von supranationalen Rechtsformen (SE oder EPG) Rechnung; andererseits berücksichtigt er die Rechtsprechung des EuGH.[295] Unter dem Eindruck der Urteile des EuGH zu der Niederlassungsfreiheit sieht sich der nationale Regelungsgeber zunehmend unter dem Druck, seine Gesellschaftsrechtsformen »den tatsächlichen Anforderungen der Praxis anzupassen«[296] und die Wettbewerbsfähigkeit der deutschen Gesellschaftsformen in dem internationalen Vergleich zu stärken.

98 Infolge dieser Entwicklungen verändert sich das deutsche Gesellschaftsrecht immer stärker. Als Beispiel aus dem MoMiG sei die Unternehmergesellschaft als haftungsbeschränkte Gesellschaft ohne Mindestkapital genannt. Aufgrund dieser Veränderungen im eigenen Gesellschaftsrecht öffnet sich das deutsche Bewusstsein für andere Gesellschaftsformen immer weiter, sodass die Einführung der Gründungstheorie auf kollisionsrechtlicher Ebene nachvollziehbar ist. Dementsprechend ist auch keine übermäßige Anwendung des *ordre public* zu erwarten. Dies gilt insbesondere für Gesellschaftsformen aus dem europäischen Ausland, da sie den Harmonisierungsbestrebungen der EU unterliegen. Anderes gilt für Gesellschaften aus Drittstaaten, zu denen keine staatsvertraglichen Bindungen bestehen. Mangels Harmonisierung gegenüber den Drittstaaten ist es denkbar, dass der *ordre public* eher bei Sachverhalten mit drittstaatlichen Gesellschaften eingreift. Jedoch muss der Rechtsanwender bedenken, dass er die Gründungstheorie durch die Anwendung des *ordre public* nicht aushebeln darf. Der häufige Einsatz des ordre public würde eine etwaige Kodifikation der Gründungstheorie unterlaufen und zudem der Funktion des *ordre public* als »Notbremse«[297] widersprechen. Der *ordre public* darf nach seiner Konzeption nur zu einer Korrektur im Ausnahmefall eingesetzt werden.[298] Nur ein entsprechend dosierter Einsatz entspräche der hergebrachten Funktion des *ordre public*. Art. 6 EGBGB eignet sich zu einer Korrektur des gefundenen Ergebnisses im Einzelfall. Ziel des Internationalen Privatrechts ist der internationale Entscheidungseinklang.[299] Um dieses Ziel nicht zu gefährden, lässt sich die generelle Anwendung deutschen Gesellschaftsrechts auf ausländische Gesellschaften wie die Arbeitnehmermitbestimmung oder etwaige Fragen einer Durchgriffshaftung nicht auf den *ordre public* stützen.[300]

3. Zusammenfassung

99 Mit der im Referentenentwurf im Jahr 2008 angedachten Einführung der Gründungstheorie hätte der Gesetzgeber einen Paradigmenwechsel von der gewohnheitsrechtlich begründeten Sitztheorie zu einer kodifizierten Gründungstheorie gewagt. Diesen Paradigmenwechsel wollte der Gesetzgeber in den bestehenden kollisionsrechtlichen Rahmen einpassen, indem er als Korrektiv zu der Gründungstheorie den *ordre public* benennt. Der Gesetzgeber betritt mit der Anwendung des *ordre public* im Internationalen Gesellschaftsrecht Neuland, wenn man von den Fällen in dem Zusammenhang mit liechtensteinischen Gesellschaftsgründungen absieht. Die fehlende Notwendigkeit, den *ordre public* auf ausländische

295 Vgl. RefE Internationales Gesellschaftsrecht, S. 5.
296 RegE MoMiG, S. 56.
297 *Kieninger*, NJW 2009, 292, 293.
298 Vgl. *Kegel/Schurig*, IPR, § 16; *Kropholler*, IPR, § 36.
299 Vgl. umfassend *Kropholler*, IPR, S. 36 ff.
300 Ulmer/Habersack/Winter/*Behrens*, GmbHG, Einl. B Rn. 155.

Gesellschaftsformen anzuwenden, liegt in der Sanktionswirkung der Sitztheorie gegenüber ausländischen Gesellschaftsformen begründet. Eine häufige Anwendung des *ordre public* wäre unter Geltung der Gründungstheorie jedoch aus den genannten Gründen unwahrscheinlich. Als Leitlinie gilt, dass der *ordre public* nur bei unerträglichen Abweichungen von deutschen Rechtsvorstellungen eingreift, vgl. Art. 6 EGBGB.[301] Um der gesetzgeberischen Entscheidung zugunsten der Anwendung des ausländischen Gesellschaftsrechts nicht zu widersprechen, müssten die inländischen Richter von einer übermäßigen Anwendung des *ordre public* auf ausländische Rechtsformen absehen. Derzeit scheint die Einführung einer Regelung auf Grundlage des Referentenentwurfs unwahrscheinlich, auch wenn mit dem GEDIP-Entwurf ein weiterer Regelungsvorschlag in Form einer Rom-VO für das Internationale Gesellschaftsrecht auf dem Tisch liegt.[302]

II. Sonderanknüpfung am Beispiel der unternehmerischen Mitbestimmung

Die unternehmerische Mitbestimmung – anders als die betriebliche[303] – zählt zu der Unternehmens- **100**
verfassung und unterliegt dem Personalstatut der jeweiligen Gesellschaft.[304] Dies zeigt sich vor allem bei der GmbH, bei der das Erreichen der Schwellengrenzen des Mitbestimmungsgesetzes (MitbestG) zu der Einführung einer dualistischen Leitungsverfassung mit Geschäftsführung und Aufsichtsrat zwingt. Erreicht die GmbH die mitbestimmungsrelevante Arbeitnehmeranzahl, muss gem. § 52 GmbHG, § 77 BetrVG ein Aufsichtsrat gebildet werden. Dieser Eingriff in die Organisationsverfassung der GmbH verdeutlicht, welchen Einfluss die unternehmerische Mitbestimmung auf die Verfassung der Gesellschaft haben kann. Nach der aktuellen Gesetzeslage ist daher das deutsche Mitbestimmungsrecht nicht auf ausländische Gesellschaften anwendbar, da es nicht zu deren Personalstatut gehört. Insofern wäre der Gesetzgeber aufgerufen, sich der Problematik anzunehmen, wenn er die unternehmerische Mitbestimmung auf ausländische Gesellschaften mit inländischem Verwaltungssitz erstrecken möchte. Die Lösung des Problems könnte sachrechtlich in der Schaffung eines sog. »Mitbestimmungserstreckungsgesetzes«[305] liegen. Dazu wäre eine rechtsformneutrale Regelung erforderlich, die sowohl den Großteil der inländischen als auch der ausländischen Gesellschaften erfasst.[306]

Zu überlegen wäre auf kollisionsrechtlicher Ebene, ob die Mitbestimmung *de lege ferenda* durch **101**
eine Sonderanknüpfung als Eingriffsrecht i.S.v. Art. 9 Abs. 1 Rom I-VO gegenüber ausländischen Gesellschaften zur Anwendung gebracht werden kann.[307]

1. Keine analoge Anwendung des MitbestG

Für eine analoge Anwendung des MitbestG spricht, dass keine Änderung der geltenden Gesetze not- **102**
wendig wäre. Allerdings normiert § 1 Abs. 1 MitbestG, dass die Regeln über die Mitbestimmung nur auf die Aktiengesellschaft, die Kommanditgesellschaft auf Aktien, die GmbH oder die Genossenschaft anwendbar sind. Die grammatikalische Auslegung, die für eine Beschränkung auf die genannten deutschen Gesellschaftsformen spricht, wird unterstützt von den Materialien zum MitbestG, wonach ausländische Gesellschaften nicht erfasst sind.[308] Eine Anwendung des MitbestG widerspräche dem Willen des Gesetzgebers. Folglich scheidet nicht nur eine unmittelbare Anwendung, sondern auch eine analoge

301 *Ebke*, in FS Hellwig, 117, 138.

302 Groupe européen de droit international privé (GEDIP), Draft rules on the law applicable to companies and other bodies, ZEuP 2017, 500 ff.; vgl. dazu *Hübner*, ZGR 2018, 149, 170 ff.

303 ErfK/*Koch*, BetrVG § 1 Rn. 5; Rolfs/Giesen/Kreikebohm/Udsching/*Besgen*, BeckOK ArbeitsR, § 1 Rn. 6 BetrVG.

304 BGH, IPRax 1983, 70, 71; OLG Stuttgart, NJW-RR 1995, 1067, 1069; *Kindler*, in: MünchKommBGB, Internationales Gesellschaftsrecht, Rn. 568; Staudinger/*Großfeld*, Internationales Gesellschaftsrecht, Rn. 510; Ulmer/Habersack/Winter/*Behrens*, GmbHG, Einl. B Rn. 98; *Grassmann*, Rn. 1069 ff.; *Kropholler*, IPR, S. 582; *v. Bar*, IPR II, Rn. 445; *Ebke*, 31 Int'l Law 1997, 961, 967 f.; *Eidenmüller*, ZIP 2002, 2233, 2237; *Meilicke*, GmbHR 2003, 793, 805; *Riegger*, ZGR 2004, 510, 518.

305 *Seyboth*, AuR 2008, 132, 135; *Weller*, in: FS Hommelhoff, 1275, 1283 ff.

306 Dies fordert auch *Müller-Graff*, ZHR 2004, 1, 3.

307 Vgl. *Behrens*, in: Sonnenberger, Reform des GesR, S. 428; *Thüsing*, ZIP 2004, 381, 382.

308 BT-Drucks. 7/4845, S. 4, zitiert nach *Thüsing*, ZIP 2004, 38, 1, 382.

Anwendung der Mitbestimmungsregeln aus, da eine planwidrige Regelungslücke ausweislich der Gesetzesmaterialien nicht vorliegt.[309]

2. Voraussetzungen der Sonderanknüpfung

103 Notwendig für eine Sonderanknüpfung[310] ist zunächst, dass es sich bei den relevanten Normen um international zwingende Normen bzw. Eingriffsnormen i.S.v. Art. 9 Abs. 1 Rom-I-VO handelt. Es muss sich um Normen handeln, die jedenfalls im öffentlichen Interesse (Gemeinwohlbelang) zu Eingriffen in private Rechtsverhältnisse berechtigen; für eine solche Norm spricht, wenn sie strafbewehrt ist, Rechtsgeschäfte generell verbietet oder eine Genehmigungserfordernis aufstellt.[311] Weiterhin bedarf es eines hinreichend engen Bezugs zum Inland.[312]

104 Während ein hinreichend enger Inlandsbezug bei einem inländischen Verwaltungssitz anzunehmen sein dürfte, bestehen Zweifel an dem internationalen Geltungswillen der deutschen Regeln zur unternehmerischen Mitbestimmung. Die Materialien lassen einen solchen Willen nicht erkennen. Die Frage der Mitbestimmung hat der Gesetzgeber unter Hinweis auf die europäischen Richtlinien und die deutschen Umsetzungsgesetze ausgeklammert.[313] *Weller* weist demgegenüber auf die Entscheidung des Bundesverfassungsgerichts zur unternehmerischen Mitbestimmung hin.[314] Dieses hatte ausgeführt, dass die unternehmerische Mitbestimmung zur politischen Sicherung der Marktwirtschaft geeignet sei und dem Allgemeinwohl diene.[315] Vor diesem Hintergrund ist eine Sonderanknüpfung durchaus denkbar.

3. Konformität einer Sonderanknüpfung mit dem Europarecht

105 Sofern der Gesetzgeber die Sonderanknüpfung in dem Bereich der unternehmerischen Mitbestimmung gegenüber ausländischen Gesellschaften anwenden möchte, stellt sich die Frage nach der Vereinbarkeit mit der Niederlassungsfreiheit. In der Entscheidung *Arblade* hat der EuGH klargestellt, dass selbst Normen, die zum *ordre public* oder den international zwingenden Normen der jeweiligen Rechtsordnung gehören, am Maßstab der primärrechtlichen Grundfreiheiten zu messen sind.[316]

106 Der EuGH hat in einem *obiter dictum* in der *Überseering*-Entscheidung[317] den Arbeitnehmerschutz als einen zwingenden Grund des *europäischen* Allgemeinwohls eingestuft.[318] Die konkrete Frage, ob die unternehmerische Mitbestimmung zu dem europäischen Allgemeinwohl zählt, war aber nicht Gegenstand der *Überseering*-Entscheidung.[319] Die Erwähnung von Arbeitnehmerschutz durch den EuGH in der *Inspire Art*-Entscheidung allein erlaubt jedoch nicht zwingend den Rückschluss auf die Zulässigkeit einer Sonderanknüpfung der unternehmerischen Mitbestimmung gegenüber ausländischen Gesellschaften.

107 Ob eine Sonderanknüpfung der unternehmerischen Arbeitnehmermitbestimmung dem »Vier-Faktoren«-Test des EuGH standhält, wird im deutschen Schrifttum uneinheitlich beantwortet.[320]

---

309 *Thüsing*, ZIP 2004, 381, 382; *Zimmer*, in: Europ. Auslandsgesellschaften in Deutschland, 365, 369 ff.

310 Grundlegend *Wengler*, ZVglRWiss 1941, 168 ff.

311 *Looschelders*, IPR, Art. 34 Rn. 11.

312 Staudinger/*Magnus*, Art. 34 Rn. 76 ff.

313 RefE Internationales Gesellschaftsrecht, S. 7 f.: »Der Entwurf regelt weiterhin nicht, welche Rechtsordnung auf die Beteiligung der Arbeitnehmer in den Organen einer Gesellschaft anzuwenden ist.«.

314 *Weller*, in: FS Hommelhoff, 1275, 1289.

315 BVerfG 50, 290, 351.

316 EuGH v. 23.11.1999 – *Arblade* – NZA 2000, 85.

317 EuGH – *Überseering* – Slg. 2002, I-9919, Rn. 92.

318 Eidenmüller/*Eidenmüller*, Ausl. Kapitalgesellschaften im deutschen Recht, § 3 Rn. 23.

319 *Jestädt*, Niederlassungsfreiheit und Gesellschaftskollisionsrecht, 304; *Riegger*, ZGR 2004, 510, 520; a.A. *Kindler*, NJW 2003, 1073, 1079; *Thüsing*, ZIP 2004, 381, 385.

320 Dagegen (Auswahl): *Ebke*, BB 2003, 1; *Ebke*, JZ 2003, 927, 931; m.w.N.; *Eidenmüller*, ZIP 2002, 2233, 2242; *Forsthoff*, DB 2002, 2471, 2477; Hirte/Bücker/*Müller-Bonanni*, Grenzüberschreitende Gesellschaften, § 14 Rn. 22; *Zöllner*, GmbHR 2006, 1, 10; dafür (Auswahl): *Behrens*, in: Sonnenberger, Reform des GesR, S. 401 (428); *Kindler*, NJW 2003, 1073, 1079; *Schanze/Jüttner*, AG 2003, 30, 36; *Kindler*, in: MünchKommBGB, Internationales Gesellschaftsrecht, 570 ff.; *Thüsing*, ZIP 2004, 381, 383 ff.

Unbestritten führt die Anwendung bzw. das »Aufpfropfen«[321] der deutschen Regeln über die unternehmerische Mitbestimmung zu zusätzlichen Pflichten der zuziehenden europäischen Gesellschaft. Eine solche Marktzutrittsregel, die nicht lediglich die Tätigkeit beschränkt, stellt einen Eingriff in die Niederlassungsfreiheit dar.[322]

Zur Rechtfertigung muss die unternehmerische Mitbestimmung dem nichtdiskriminierenden Schutz anerkannter, nicht wirtschaftlicher Interessen dienen und im Übrigen verhältnismäßig sein (4-Faktoren-Test).[323] Die unternehmerische Arbeitnehmermitbestimmung könnte einen Gemeinwohlbelang darstellen, der das Beschränken etwaiger Privatinteressen der Gesellschafter rechtfertigen könnte. Eine nichtdiskriminierende Anwendung der unternehmerischen Mitbestimmung auf ausländische Gesellschaften nehmen einige Autoren schon allein deshalb an, weil die deutschen Mitbestimmungsgesetze inländische Gesellschaften genauso treffen wie die ausländischen.[324] Diese Argumentation übersieht, dass sich für die ausländischen Gesellschaften mit häufig monistischen Führungsstrukturen erhebliche Probleme in der Umsetzung der unternehmerischen Mitbestimmung ergeben, während demgegenüber deutsche Gesellschaften über eine auf die Mitbestimmung abgestimmte Organisationsverfassung verfügen.[325] 108

Einige Autoren zählen die paritätische unternehmerische Mitbestimmung nicht zu dem *europäischen* Gemeinwohl, sodass es demnach bereits an einem Allgemeinwohlzweck fehle.[326] Dass die unternehmerische Mitbestimmung nach deutschem Recht unter den Begriff des »Allgemeinwohlinteresses« zu fassen ist, ergibt sich nicht aus der *Überseering*-Entscheidung.[327] Darin spricht der EuGH lediglich davon, dass es sich nicht ausschließen lässt, »dass zwingende Gründe des Gemeinwohls, wie der Schutz […] der Arbeitnehmer […], unter bestimmten Umständen und unter Beachtung bestimmter Voraussetzungen Beschränkungen der Niederlassungsfreiheit rechtfertigen können.«[328] Zweifel daran nähren auch die Meinungsverschiedenheiten, die sich bei der Verabschiedung diverser Richtlinien wie z.B. der SE-VO[329] gezeigt haben. Obwohl das Verhandlungsmodell bei der SE eingeführt worden ist,[330] kann angesichts der unterschiedlichen Auffassungen zwischen den Mitgliedstaaten bisher nicht davon ausgegangen werden, dass die unternehmerische Mitbestimmung deutscher Prägung als ein europäischer Allgemeinwohlzweck zu begreifen ist. Die unternehmerische Mitbestimmung deutscher Prägung ist in der SE-RL nur *einer* von mehreren möglichen Mitbestimmungsstandards, vgl. Erwägungsgrund 5.[331] Danach sieht der Europäische Gesetzgeber von einer einheitlichen Regelung »angesichts der in den Mitgliedstaaten bestehenden Vielfalt an Regelungen und Gepflogenheiten für die Beteiligung der Arbeitnehmervertreter an der Beschlussfassung in Gesellschaften« ab. Gegen diese Argumentation wird eingewandt, dass das Allgemeinwohlinteresse nicht europäisch, d.h. in allen Mitgliedstaaten anerkannt, zu definieren sei; vielmehr könnten auch nationale Gemeinwohlinteressen europarechtskonform sein, wie sich bei den Instituten der Sonderanknüpfung und des *ordre public* nach Art. 9, 21 Rom-I-VO zeige.[332] 109

Sollte der EuGH einen Gemeinwohlzweck der unternehmerischen Mitbestimmung bejahen, müsste dieser Schutz auch erforderlich sein, d.h. es dürfte kein weniger einschneidendes, gleich geeignetes Mittel ersichtlich sein. In diesem Zusammenhang verweisen einige Autoren auf die betriebliche 110

321 *Thüsing*, ZIP 2004, 381, 383.
322 *Forsthoff*, DB 2471, 2477; *Weller*, in: FS Hommelhoff, 1275, 1291.
323 *Behrens*, IPRax 2004, 20, 25.
324 *Franzen*, RdA 2004, 257, 262; auch Eidenmüller/*Rehm*, ZGR 2004, 159, 184.
325 *Franzen*, RdA 2004, 257, 262; *Thüsing*, ZIP 2004, 381, 384.
326 Vgl. *Ebke*, JZ 2003, 927, 931.
327 EuGH – *Überseering* – Slg. 2002, I-9919, Rn. 92.
328 EuGH – *Überseering* – Slg. 2002, I-9919, Rn. 92.
329 Verordnung 2157/2001.
330 Vgl. *Reichert/Brandes*, ZGR 2003, 767; *Heinze*, ZGR 23003, 66, 80 ff.
331 Richtlinie 2001/86/EG des Rates v. 08.10.2001 zur Ergänzung des Statuts der Europäischen Gesellschaft hinsichtlich der Beteiligung der Arbeitnehmer, ABl. EU Nr. L 294 S. 22.
332 *Weller*, in: FS Hommelhoff, 1275, 1292.

Mitbestimmung und andere Instrumente auf betrieblicher Ebene, die die Arbeitnehmerinteressen hinreichend schützten.[333] Allerdings verfolgen die beiden Mitbestimmungsformen unterschiedliche Zwecke.[334] Die unternehmerische Mitbestimmung soll ein Mitspracherecht der Arbeitnehmer bei der Überwachung und strategischen Ausrichtung des Unternehmens sichern, während sich die betriebliche Seite der Mitbestimmung auf den Arbeitsplatz bezieht. Sofern allerdings andere, nicht notwendigerweise identische Regelungen des Heimatstaates dem Schutzniveau der deutschen Arbeitnehmermitbestimmung entsprechen, kann die Erforderlichkeit einer deutschen Sonderanknüpfung entfallen.[335] Das Beibehalten des ausländischen Mitbestimmungsregimes wäre das mildere Mittel, da andernfalls die Leitungsstrukturen der Gesellschaft an das deutsche Mitbestimmungsrecht anzupassen wären.[336]

111 Schließlich müsste die Anwendung der deutschen Mitbestimmung verhältnismäßig i.e.S. sein. Daran bestehen im Hinblick auf den tiefen Eingriff in die Organisationsstruktur monistisch verfasster Gesellschaften zumindest Zweifel. Eine Gesellschaft mit monistischer Struktur müsste Arbeitnehmervertreter in ihren Verwaltungsrat (*board*) aufnehmen, was den Einfluss der Arbeitnehmervertreter auf das operative Geschäft erhöhen würde, oder eine dualistische Struktur mit Aufsichtsrat wählen. Die aus dieser »Umformung« folgenden praktischen Probleme sind zahlreich und rühren aus der exponierten Stellung der unternehmerischen Mitbestimmung in Deutschland.[337] Diese Veränderungen der Gesellschaftsstruktur führen zu dem Ergebnis, dass die ausländischen Gesellschaften nicht in der Form ihres Heimatstatuts anerkannt werden. Die mögliche veränderte Gesellschaftsform bezeichnet *Müller-Bonanni* daher als ein »hybrides Gebilde« aus ausländischem und deutschem Gesellschaftsrecht.[338] Einer solchen Argumentation stellen *Weller/Gruber* die Überlegung entgegen, dass in einer monistisch verfassten Leitungsstruktur die Arbeitnehmervertreter den Posten von sog. *Non-Executive Directors* bekleiden können, die nicht in das Tagesgeschäft eingebunden sind und nur Kontrollausschüssen zugeordnet sind.[339] Zudem könne man sich an dem europäischen Verhandlungsmodell orientieren, das aus dem SE-Statut und der Verschmelzungsrichtlinie bekannt sei.[340]

4. Anwendung gegenüber Drittstaaten

112 Die Anwendung des MitbestG auf ausländische Gesellschaften mit inländischem Verwaltungssitzes ist *de lege lata* ausgeschlossen. An einer europarechtskonforme Anwendung der deutschen Regeln über die unternehmerische Mitbestimmung auf Gesellschaften aus EU-Mitgliedsstaaten, die im Inland tätig sind, bestehen zumindest Zweifel.

113 Damit ist jedoch nichts über eine etwaige Sonderanknüpfung gegenüber Drittstaaten gesagt. Dafür bedürfte es eines internationalen Geltungswillens der Mitbestimmung. Ein solcher ist aus dem MitbestG nicht hinreichend zu erkennen, da der Anwendungsbereich gem. § 1 MitbestG nur inländische und keine ausländischen Gesellschaftsformen erfasst. Es fällt daher schwer, aus der aktuellen Gesetzeslage auf einen internationalen Geltungswillen zu schließen. Soweit man den internationalen Geltungswillen des MitbestG bejaht, muss man über eine Sonderanknüpfung nachdenken. Hier ist der deutsche Gesetzgeber gefordert, für Klarheit zu sorgen.[341]

---

333 *Eidenmüller*, JZ 2004, 24, 29; *Eidenmüller*, ZIP 2002, 2233, 2242; Eidenmüller/*Rehm*, ZGR 2004, 159, 185; *Müller-Bonanni*, GmbHR 2003, 1235, 1238; *Schanze/Jüttner*, AG 2003, 661, 668; *Seibt*, in: Henssler/Willemsen/Kalb, Arbeitsrecht: Kommentar 2010, § 1 MitbestG, Rn. 8; *Ziemons*, ZIP 2003, 1913, 1917.

334 *Bayer*, AG 2004, 534, 538; *Franzen*, RdA 2004, 257, 263; *Weiss/Seifert*, ZGR 2009, 542, 569 ff.

335 *Eberspächer*, ZIP 2008, 1951, 1956; *Franzen*, RdA 2004, 257, 263; *Weiss/Seifert*, ZGR 2009, 542, 579.

336 *Eberspächer*, ZIP 2008, 1951, 1956; *Franzen*, RdA 2004, 257, 263.

337 Hirte/Bücker-*Müller-Bonanni*, Grenzüberschr. Gesellschaften, § 14 Rn. 22; *W.-H. Roth*, IPRax 2003, 117, 118; *Veit/Wichert*, AG 2004, 14, 18.

338 Hirte/Bücker-*Müller-Bonanni*, Grenzüberschr. Gesellschaften, § 14 Rn. 22.

339 *Weller/Gruber*, NZG 2003, 297, 298; *Reichert/Brandes*, ZGR 2003, 767, 795 f.

340 *Weller*, in: FS Hommelhoff, 1275, 1294.

341 Vgl. den Antrag der SPD-Bundestagsfraktion »Demokratische Teilhabe von Belegschaften und ihren Vertretern an unternehmerischen Entscheidungen stärken« v. 16.06.2010, BT-Drucks. 17/2122.

III. Anpassung als Transformationskonzept?

114 Obwohl Schutzlücken in dem Bereich des Gläubigerschutzes durch gleichlaufende Qualifikation vermieden werden können,[342] kommt es aufgrund der unterschiedlichen Zielrichtung der verschiedenen Gesellschaftsrechtsordnungen in dem europäischen, aber auch in dem außereuropäischen Bereich häufig zu unterschiedlichen Qualifikationen der entsprechenden Institute des Gläubigerschutzes. Diese Friktionen resultieren aus der Liberalisierung des Gesellschaftskollisionsrechts im Geltungsbereich des AEUV.[343] Deshalb hängt der Gläubigerschutz entscheidend davon ab, ob er auch dem Gesellschaftsstatut unterfällt. Andernfalls besteht die Gefahr, dass die beiden anwendbaren Rechtsordnungen den Gläubigerschutz in verschiedenen Statuten (Gesellschaft-, Delikts- oder Insolvenzstatut) gewährleisten, die jeweils gläubigerschützenden Statute aber im konkreten Fall keine Anwendung finden.[344]

115 Da aufgrund der Sachnormverweisung auf das ausländische Gesellschaftsrecht nach dem Europäischen Primärrecht oder nach dem bisher nicht verabschiedeten Referentenentwurf gem. Art. 10 Abs. 1 EGBGB-E ausländische Gesellschaften ihrem Heimatpersonalstatut unterworfen sind, der kollisionsrechtliche Anwendungsbefehl aber deutsches Delikts- oder Kollisionsrecht zur Anwendung bringen würde, besteht eine gewisse Wahrscheinlichkeit, dass es zu Normwidersprüchen kommt. Folglich könnten die Gläubiger schutzlos gestellt sein, da die Rechtsnormen der verschiedenen Rechtsordnungen nicht aufeinander abgestimmt sind. Es käme damit zu dem inakzeptablen Ergebnis, dass beide beteiligten Sachrechte dem betroffenen Gläubiger bei einem rein mitgliedstaatlichen Sachverhalt jeweils einen Anspruch zubilligen würden, die entsprechenden Anspruchsgrundlagen aber wegen der Verweisung des Kollisionsrechts nicht zur Anwendung kommen. Damit würde das Kollisionsrecht und nicht das jeweilige Sachrecht dazu führen, dass das Gläubigerschutzniveau absinkt. Dies kann von beiden Rechtsordnungen als Ergebnis nicht akzeptiert werden. Notwendig wird eine Korrektur in Form eines Methodenwechsels, indem der Rechtsanwender die beiden Rechtsordnungen und ihre Lösungen des Problems vergleicht.[345]

116 In dem US-amerikanischen Kollisionsrecht spricht man in einem solchen Fall von einem *false conflict*,[346] wenn die Rechtsordnungen kraft des eigenen Internationalen Privatrechts zu Ergebnissen kommen, die von dem abweichen, was die Rechtsordnungen jeweils bei isolierter Anwendung als das richtige Ergebnis ansehen. Die Methodik des Internationalen Privatrechts hält in solchen Fällen die Option der sog. Anpassung[347] oder Angleichung[348] bereit.[349]

117 Bei einer fehlenden Abstimmung zwischen zwei betroffenen Rechtsordnungen handelt es sich um einen sog. Normenmangel.[350] Die Verweisung auf eine andere Rechtsordnung geht *prima facie* »ins Leere«, obwohl die Rechtsordnung einen entsprechenden Anspruch einem anderen Statut zuordnet. Ein solcher Normenmangel ist das Resultat der analytischen Methode des Internationalen Privatrechts,[351]

342 Z.B. durch die insolvenzrechtliche Qualifikation der Insolvenzverschleppungshaftung. Diese wird somit wie das funktional entsprechende Rechtsinstitut im britischen Recht, das *wrongful trading*, im Insolvenzstatut verortet.

343 *Merkt*, ZGR 2004, 305, 323.

344 *Merkt*, ZGR 2004, 305, 323.

345 *V. Bar/Mankowski*, IPR I, S. 712.

346 vgl. *Kegel/Schurig*, IPR, S. 312.

347 So *v. Hoffmann/Thorn*, IPR, S. 231 Fn. 56; *Neuhaus*, Grundbegriffe des IPR, S. 353; *Kropholler*, IPR, S. 234 ff.; *Looschelders*, IPR, Vorbem. zu Art. 3–6 EGBGB, Rn. 58 ff.; umfassend zu der Anpassung im Internationalen Privatrecht *Looschelders*, Die Anpassung im IPR.

348 So *Kegel/Schurig*, IPR, S. 306 ff.

349 Anpassung und Angleichung sind synonyme Begriffe und bezeichnen dasselbe kollisionsrechtliche Institut. Der überwiegende Teil der Lehre bevorzugt den Begriff der Anpassung, da dieser deutlicher mache, dass nicht eine Rechtsordnung oder Norm als solche einer anderen »angeglichen« werde, sondern nur die Rechtsanwendung aus Wertungsgründen im Einzelfall modifiziert werde, vgl. *Kropholler*, IPR, S. 234; *v. Hoffmann/Thorn*, IPR, S. 231 Fn. 56.

350 *v. Bar/Mankowski*, IPR I, S. 712; *Kegel/Schurig*, IPR, S. 123, 307 ff.

351 Grundlegend *Goldschmidt*, in: FS M. Wolff, 202, 208 ff.

wonach der zu beurteilende Sachverhalt unter sachlichen und zeitlichen Gesichtspunkten aufgespalten und zerlegt wird. Infolge der unterschiedlichen Wertungen des Internationalen Privatrechts sind mehrere Rechtsordnungen zu der Behandlung eines einheitlichen Sachverhalts berufen. Dies bezeichnet man als *dépeçage*.[352] Im Bereich des Internationalen Gesellschaftsrechts können sowohl das Gesellschafts-, als auch das Vertrags-, das Delikts- oder das Insolvenzstatut betroffen sein.[353]

118 Die Lösung der Anpassungsproblematik ist auf kollisions- oder auf sachrechtlichem Weg möglich.[354] Einerseits können Kollisionsnormen der *lex fori* entsprechend angepasst werden, sodass die gesamte Rechtsbeziehung einer Rechtsordnung unterstellt wird, sog. kollisionsrechtliche Lösung. Andererseits kann der Richter ausnahmsweise neue Sachnormen schaffen, indem er das Sachrecht im Einzelfall ändert, sog. sachrechtliche Lösung. Der zweite Weg wird als »ultima ratio«[355] bezeichnet, da auf diese Weise neue Normen im Sachrecht geschaffen werden, die in keiner der beiden beteiligten Rechtsordnungen vorgesehen sind.[356] Dies gilt allerdings auf kollisionsrechtlicher Ebene auch für die Abänderung der Verweisung im Einzelfall, die auch nicht von der verweisenden Rechtsordnung vorgesehen ist. Allerdings streiten Gesichtspunkte der Praktikabilität häufig für die kollisionsrechtliche Lösung, weil die Ausdehnung des Anwendungsbereichs der Verweisungsnorm konstruktiv einfacher ist als die Kreation einer neuen Norm im Sachrecht.[357] Entscheidend ist regelmäßig, welche Lösung den geringsten Eingriffs in das geltende Recht bedeutet.[358] Dazu bedarf es einer Interessenabwägung im Einzelfall; als vorzugswürdig gilt grundsätzlich die kollisionsrechtliche Lösung.[359] Dafür spricht vor allem die Tatsache, dass die Verweisungen des Internationalen Privatrechts den Normenmangel erst herbeigeführt haben.[360]

1. Anpassungslage

119 Voraussetzung für eine Anpassung ist eine Anpassungslage aufgrund eines Normenmangels. Die beiden betroffenen Rechtsordnungen müssen isoliert zu einem Ergebnis kommen, das von der nach den Verweisungsregeln ermittelte Rechtslage abweicht, obwohl die jeweiligen Ergebnisse sich funktional entsprechen.[361]

120 *Henssler* und *Mansel* veranschaulichen einen Fall des Normenmangels am Beispiel der britischen *Limited Liability Partnership* (*LLP*) mit inländischen Geschäftsaktivitäten, deren Gesellschafter infolge fahrlässiger Beratungsfehler in Deutschland möglicherweise persönlich haften.[362] In dieser Konstellation sind britisches Gesellschafts- sowie deutsches Vertrags- und Deliktsstatut zu kombinieren.

121 Zunächst stellt sich die kollisionsrechtliche Frage, welches Recht auf die persönliche Haftung anzuwenden ist. Die Anwendbarkeit deutschen Vertragsrechts kann sich auf drei Wegen ergeben: Entweder kraft ausdrücklicher Rechtswahl nach Art. 3 Rom I-VO oder aufgrund des Niederlassungsortes der Kanzlei nach Art. 4 Abs. 1 b), Art. 19 Rom I-VO oder gem. Art. 6 Abs. 1 a) Rom I-VO wegen der möglichen Verbrauchereigenschaft des Mandanten.[363] Deutsches Deliktsrecht könnte über Art. 4

352 *Jayme*, in: FS Kegel, 253 ff.; *Kegel/Schurig*, IPR, S. 123 ff.

353 Vgl. zu der Haftungsverfassung einer britischen *LLP* in Deutschland und der Notwendigkeit einer Anpassung, *Henssler/Mansel*, NJW 2007, 1393 ff.

354 *v. Bar/Mankowski*, IPR I, S. 712; *Kegel/Schurig*, IPR, S. 312 ff.

355 *v. Hoffmann/Thorn*, IPR, S. 233.

356 *v. Hoffmann/Thorn*, IPR, S. 234.

357 Vgl. *Henssler/Mansel*, NJW 2007, 1393, 1397 sehen die kollisionsrechtliche Lösung als »konstruktiv einfacher« an.

358 *Sonnenberger*, in MünchKommBGB, Einl. IPR, Rn. 613.

359 H.M.: Erman-*Hohloch*, Einl. Art. 3 Rn. 46; *v. Hoffmann/Thorn*, IPR, S. 233 f.; *Kropholler*, IPR, S. 240; a.A. *Sonnenberger*, in MünchKommBGB, Einl. IPR, Rn. 541; *v. Bar/Mankowski*, IPR I, S. 712 f., die eine sachrechtliche Lösung bevorzugen.

360 *Kegel*, in: FS Lewald, 259, 285.

361 *Henssler/Mansel*, NJW 2007, 1393, 1396; *Henssler/Mansel*, in: FS Horn, 403, 414 ff.

362 *Henssler/Mansel*, NJW 2007, 1393, 1395 ff.

363 *Henssler/Mansel*, NJW 2007, 1393, 1395.

Abs. 3 Rom II-VO Anwendung finden; mit hoher Wahrscheinlichkeit befindet sich auch der Erfolgs- oder Deliktsort gem. Art. 4 Abs. 1 Rom II-VO infolge der inländischen Geschäftsaktivitäten in Deutschland. Das Gesellschaftsstatut der *LLP* ist hingegen das britische Recht, wie sich aus der Rechtsprechung des EuGH zu der Niederlassungsfreiheit ergibt. Es liegt somit ein Fall der *dépeçage* vor.

Eine vertragsrechtliche Haftung des *LLP*-Gesellschafters nach deutschem Recht erscheint fraglich. 122
Der Mandatsvertrag besteht zwischen dem Mandanten und der Gesellschaft; der einzelne Gesellschafter ist nicht Partei des Mandatsvertrags. Somit besteht keine vertragliche Haftung des betroffenen Gesellschafters. Eine Haftung aus §§ 280 Abs. 1, 311 Abs. 3 Satz 2, 241 Abs. 2 BGB entfällt nach der Rechtsprechung des BGH ebenso, da der BGH eine Haftung von Freiberuflern wegen der Inanspruchnahme persönlichen Vertrauens allein aufgrund der Berufsträgerschaft ablehnt.[364] Eine deliktsrechtliche Haftung nach deutschem Recht scheitert an der Grundannahme, dass das deutsche Deliktsrecht nur ausnahmsweise reine Vermögensschäden ersetzt: Nur in den Fällen vorsätzlicher sittenwidriger Schädigung nach § 826 BGB oder bei Verletzungen von Schutzgesetzen wie bspw. § 823 Abs. 2 BGB i.V.m. § 263 Abs. 1 oder § 266 Abs. 1 StGB. Regelmäßig wird jedoch ein fahrlässiger Beratungsfehler vorliegen, oder es wird sich zumindest kein vorsätzlicher Beratungsfehler nachweisen lassen. Nach britischem Gesellschaftsrecht gibt es hingegen keine persönliche Haftung für Beratungsfehler. Eine solche sieht das englische Recht nur in dem richterrechtlichen Institut der fahrlässigen Vermögenshaftung des Deliktsrechts – dem *tort of negligence* – vor. Da in diesem Fall jedoch deutsches Deliktsrecht anwendbar ist, scheidet eine Haftung nach britischem Recht aus. Die einzige Möglichkeit, eine persönliche Haftung nach deutschem Recht zu begründen, besteht nach § 8 Abs. 2 PartGG. Danach haften einzelne Partner einer Partnerschaftsgesellschaft[365] ausnahmsweise neben der Partnerschaft für ihre beruflichen Fehler.

Somit besteht die befremdliche Rechtslage, dass beide Rechtsordnungen bei isolierter Anwendung 123
eine Haftung vorsehen. Die kombinierten kollisionsrechtlichen Verweisungen führen aber dazu, dass die Gesellschafter keiner persönlichen Haftung für fahrlässige Beratungsfehler unterliegen. Aufgrund der kollisionsrechtlichen Verweisungen käme es mithin zu einem Ausschluss der Haftung des fehlerhaft handelnden Anwalts, was den übereinstimmenden Wertungen der beiden Rechtsordnungen widerspricht. Damit besteht also eine Anpassungslage, die auf dem kollisions- oder sachrechtlichem Weg aufgelöst werden muss.

2. Durchführung der Anpassung

Als Alternativen kommen sowohl eine kollisions- als auch eine materiell-rechtliche Lösung infrage. 124
Kollisionsrechtlich ließe sich entweder an eine Anpassung des Gesellschafts- oder des Deliktsstatuts denken. Gegen eine methodisch denkbare Anpassung mittels des deutschen Gesellschaftsrechts spricht jedoch die EuGH-Rechtsprechung zu der Niederlassungsfreiheit, die eine Anerkennung der EU-ausländischen Gesellschaft als solche vorschreibt. Daher kommt eher eine Anpassung des Deliktsrechts in Betracht. Ausnahmsweise könnte man die Verweisung auf das britische Gesellschaftsrecht auf die fahrlässige Vermögenshaftung nach britischem Deliktsrecht ausdehnen. Mittels »irregulärer

364 BGH, NJW 1989, 293, 294; NJW 1991, 32, 33; NJW 1992, 2080, 2083; vgl. umfassend *Ebke*, Die zivilrechtliche Verantwortlichkeit der wirtschaftsprüfenden, steuer- und rechtsberatenden Berufe im internationalen Vergleich; vgl. zu der möglichen Haftung des Abschlussprüfers nach § 311 Abs. 3 BGB *Ebke*, in: MünchKommHBG, § 323 Rn. 115 ff.

365 Der der *LLP* vergleichbare Organisationstypus im deutschen Recht ist die Partnerschaftsgesellschaft, auch wenn sie im Gegensatz zu der *LLP* nur Berufsträgern offen steht. Insofern gibt es im deutschen Recht kein funktional entsprechendes Äquivalent. Die *LLP* angloamerikanischen Zuschnitts und die Partnerschaftsgesellschaft deutschen Rechts entspringen jedoch ähnlichen Regelungsanliegen der Gesetzgeber. Den Freien Berufen soll infolge der stark gestiegenen Haftungsrisiken eine Gesellschaftsform zur Verfügung stehen, die eine personalistische Organisation und steuerrechtliche Transparenz mit einer Einschränkung der persönlichen, akzessorischen und gesamtschuldnerischen Haftung kombinieren kann. Die Partnerschaftsgesellschaft ist somit die der *LLP* am nächsten stehende deutsche Gesellschaftsform. Vgl. ausführlich *Henssler/Mansel*, in: FS Horn, 403, 416 ff.

Qualifikation«[366] wird die deliktsrechtliche Vermögenshaftung für Schäden eines Mandanten im britischen Recht als gesellschaftsrechtlich qualifiziert. Nach der kollisionsrechtlichen Ebene ist diese Option jedoch in dem Geltungsbereich des AEUV auch an der Niederlassungsfreiheit zu messen. Allerdings fehlt es bereits an einem Eingriff in die Niederlassungsfreiheit, da lediglich das Gründungsrecht auf die *LLP* angewendet wird. Die Gesellschafter würden persönlich nach britischem Deliktsrecht haften; dies müssten die international zuständigen deutschen Gerichte auf den Fall anwenden.

125 Alternativ käme eine sachrechtliche Anpassung über die Grundsätze des Rechtsscheins nach deutschem Recht infrage.[367] Ausgangspunkt wäre die Überlegung, dass erfahrene Mandanten einer in dem Vereinigten Königreich tätigen *LLP* – unabhängig von einer Rechtswahl – im Hinblick auf die Beratungsfehler davon ausgehen, dass der betroffene Gesellschafter für fahrlässige Beratungsfehler nach *tort-law*-Grundsätzen haftet. Gegen diese Konstruktion spricht allerdings, dass die Gesellschaft mit der Verwendung der britischen Rechtsform nicht den Rechtschein setzt, nach den Grundsätzen des britischen *tort law* haften zu wollen. Regelmäßig wird der deutsche Rechtsverkehr die Grundlage des Rechtscheintatbestandes, also die britischen Rechtsprechungsgrundsätze zu der fahrlässigen Vermögenshaftung nicht kennen. Damit besteht keine hinreichende Grundlage für eine auf den Rechtschein gestützte Haftung. Eine sachrechtliche Lösung auf diesem Weg ist damit unmöglich. Im Übrigen ist die kollisionsrechtliche Lösung über die irreguläre, extensive Qualifikation die praktikablere Anpassungsmöglichkeit, da sie einen geringeren konstruktiven Aufwand erfordert.[368]

126 Mithin sollte hier der kollisionsrechtlichen Lösung gefolgt werden. Das Institut der fahrlässigen Vermögenshaftung im britischen Deliktsrecht wird als gesellschaftsrechtlich qualifiziert, sodass auf die Beratungsfehler der in Deutschland tätigen *LLP*-Gesellschafter britisches Deliktsrecht anzuwenden ist. Dieses Beispiel offenbart die zunehmende Bedeutung des allgemeinen Internationalen Privatrechts im zusammenwachsenden Europäischen Binnenmarkt, auch in den Fällen mit Berührung zu dem Gesellschaftskollisionsrecht. Das Institut der Anpassung bietet den rechtlichen Rahmen, um – wenn auch über Umwege – einen effektiven Gläubigerschutz bei grenzüberschreitenden Sachverhalten zu gewährleisten. Dabei ist abschließend zu berücksichtigen, dass der Weg über die Angleichung einer möglichen Lösung über den *ordre public* vorgeht.[369] Ob sich diese Fälle auch nach dem Vollzug des Brexit weiterhin stellen werden, hängt von den zwischen UK und EU ausgehandelten Bedingungen der weiteren Zusammenarbeit ab.

H. Ausblick

127 Die Reform des Internationalen Gesellschaftsrechts liegt weiter »auf Eis«.[370] Dies bedarf mit Rücksicht auf die im Rechtsverkehr erforderliche Rechtsicherheit der Verbesserung, zumal Konzepte wie das des Deutschen Rates für Internationales Privatrecht bzw. der Referentenentwurf auf dem Tisch liegen. Außerdem ist der deutsche Gesetzgeber bei der Anwendung der deutschen unternehmerischen Mitbestimmung auf Auslandsgesellschaften gefordert. Gleichzeitig lässt auch das Nichthandeln des Gesetzgebers in den verschiedenen Bereichen den Schluss zu, dass er mit dem gegenwärtigen Zustand einverstanden ist.

128 Demgegenüber erweist sich der EuGH auf europäischer Ebene als konstanter »Motor der Integration«; im Unterschied dazu agiert die EU-Kommission insoweit eher zurückhaltend. Es bleibt zu hoffen, dass die EU-Kommission die Realisierung der bereits häufig geforderten Sitzverlegungsrichtlinie ernsthaft betreibt.[371] Dies gilt schon deshalb, weil der Weg über eine grenzüberschreitende Verschmelzung Nachteile in anderen Rechtsbereichen mit sich bringt, die eine entsprechende Transaktion behindern und kommerziell höchst unattraktiv erscheinen lassen.

---

366 *Henssler/Mansel*, in: FS Horn, 403, 419; *Henssler/Mansel*, NJW 2007, 1393, 1397.

367 *Henssler/Mansel*, in: FS Horn, 403, 420.

368 *Henssler/Mansel*, in: FS Horn, 403, 420; *Henssler/Mansel*, NJW 2007, 1393, 1397.

369 BeckOK BGB/*Lorenz*, EGBGB, Einl IPR Rn. 9.

370 Vgl. *Hübner*, ZGR 2018, 149, 170 ff.; *J. Schmidt*, Der Konzern 2018, 273, 284 f.

371 *Schön*, ZGR 2013, 333, 365; *Teichmann*, ZGR 2014, 220, 223.

Anhang 2: Die GmbH als verbundenes Unternehmen (Konzernrecht)

Schrifttum

Altmeppen, Zum richtigen Verständnis der neuen §§ 293a– 293g AktG zu Bericht und Prüfung beim Unternehmensvertrag, ZIP 1998, 1853; *Bayer*, Grenzüberschreitende Unternehmensverträge, 1988, 141; *Binnewies*, Konzerneingangskontrolle in der abhängigen Gesellschaft, 1996; *Clemm*, Die Grenzen der Weisungsfolgepflicht des Vorstands der beherrschten AG bei bestehendem Beherrschungsvertrag, ZHR 141 (1977), 197; *Dauner-Lieb*, Die Existenzvernichtungshaftung – Schluss der Debatte?, DStR 2006, 2034; *Emmerich*, Supermarkt und die Folgen – BGHZ 105, 324, Jus 1992, 102; *Geßler*, Bestandsschutz der beherrschten Gesellschaft im Vertragskonzern, ZHR 140 (1976), 433; *Grauer*, Konzernbildungskontrolle im GmbH-Recht, 1991; *Grüner*, Die Beendigung von Gewinnabführungs- und Beherrschungsverträgen, 2003; *Haas*, Anm. zu BGH, Urt. v. 25.07.2005 – II ZR 390/03, NZI 2006, 61; *Hahn*, Aktuelle Zweifelsfragen bei der Begründung und Beendigung von Unternehmensverträgen mit der GmbH als Untergesellschaft, NZG 2001, 728; *Heckschen*, Gelöste und ungelöste zivilrechtliche Fragen des GmbH-Konzernrechts, DB 1989, 29; *Hengeler/Hoffmann-Becking*, Insolvenz im Vertragskonzern, in: FS Hefermehl, 1976, S. 283; *Hoffmann-Becking*, Gelöste und ungelöste Fragen zum Unternehmensvertrag der GmbH, WIB 1994, 57; *Hommelhoff*, Die Konzernleitungspflicht, 1982; *Immenga*, Bestandsschutz der beherrschten Gesellschaft im Vertragskonzern?, ZHR 140 (1976), 301; *Kleindiek*, Fehlerhafte Unternehmensverträge im GmbH-Recht, ZIP 1988, 613; *ders.*, Strukturvielfalt im Personengesellschafts-Konzern 1991; *Kley*, Die Rechtsstellung der außenstehenden Aktionäre bei der vorzeitigen Beendigung von Unternehmensverträgen, 1986; *Koerfer/Selzner*, Minderheitenschutz beim Abschluss von GmbH-Beherrschungsverträgen, GmbHR 1997, 285; Koppensteiner, Zum Gewinnabführungsvertrag der GmbH, RdW 1985, 170; *Krieger*, Beendigung von Beherrschungs- und Gewinnabführungsverträgen (Beiträge zum Wirtschafts- und Bankrecht Bd. 1), 1989, S. 99; *Krieger/Jannott*, Änderung und Beendigung von Beherrschungs- und Gewinnabführungsverträgen im Aktien- und GmbH-Recht, DStR 1995, 1473; *Lutter*, Die zivilrechtliche Haftung in der Unternehmensgruppe, ZGR 1982, 244; *ders.*, in: Hommelhoff/Semler/Doralt/G.H. Roth, Entwicklungen im GmbH-Konzernrecht, ZGR Sonderheft 6 (1986); *ders.*, Treupflichten und ihre Anwendungsprobleme, ZHR 162 (1998), 164; *Lutter/Banjera*, Die Haftung wegen Existenzvernichtung, ZGR 2002, 402; *Lutter/Timm*, Konzernrechtlicher Präventivschutz im GmbH-Recht, NJW 1982, 407; *Martens*, Die existentielle Wirtschaftsabhängigkeit, 1979; *Pentz*, Cash-Pooling im Konzern, S. 23 ff.; *Priester*, Bildung und Auflösung von GmbH-Konzernen, in: Hommelhoff/Semler/Doralt/G.H. Roth, Entwicklungen im GmbH-Konzernrecht, ZGR Sonderheft 6 (1986); *ders.*, Liquidationsausstattung der abhängigen Gesellschaft und unterjährige Verlustdeckung bei Unternehmensverträgen, ZIP 1989, 1301; *ders.*, Hinzutritt außenstehender Gesellschafter beim GmbH-Unternehmensvertrag, in: FS Peltzer 2001, 327; *ders.*, »Holzmüller« im GmbH-Recht, FS Westermann, 2008, 1281; *Raiser*, Wettbewerbsverbote als Mittel des konzernrechtlichen Präventivschutzes, FS Stimpel, 1985, 855; *Röhricht*, Die GmbH im Spannungsfeld zwischen wirtschaftlicher Dispositionsfreiheit ihrer Gesellschafter und Gläubigerschutz, in: FS 50 Jahre BGH, Bd. I, 2000, S. 83; *ders.*, Insolvenzrechtliche Aspekte im Gesellschaftsrecht, ZIP 2005, 505; *K. Schmidt*, Konzernrecht, Minderheitenschutz und GmbH-Innenrecht, GmbHR 1979, 121; *U. H. Schneider*, Konzernbildung, Konzernleitung und Verlustausgleich im Konzernrecht der Personengesellschaften, ZGR 1980, 511; *ders.*, Stimmverbote im GmbH-Konzern ZHR 150 (1986), 609; *Sina*, Grenzen des Konzern-Weisungsrechts nach § 308 AktG, AG 1991, 1; *Strohn*, Existenzvernichtungshaftung – Vermögensvermischungshaftung – Durchgriffshaftung, ZInsO, 2008, 706; *Timm*, Treupflichten im Aktienrecht, WM 1991, 481; *ders.*, Rechtsfragen der Änderung und Beendigung von Unternehmensverträgen, in: FS Kellermann, 1991, S. 461; *P. Ulmer*, Der Gläubigerschutz im faktischen GmbH-Konzern bei Fehlen von Minderheitsgesellschaftern, ZHR 148 (1984), 391; *ders.*, Fehlerhafte Unternehmensverträge im GmbH-Recht, BB 1989, 10; *Ulrich*, Durchbrechung der Haftungsbeschränkung im GmbH-Unternehmensverbund und ihre Grenzen, GmbHR 2007, 1289; *Vetter*, Die Zuständigkeit der Hauptversammlung beim Abschluss eines Beherrschungs- und Gewinnabführungsvertrages mit einer GmbH, BB 1989, 2125; *Weller*, Die Neuausrichtung der Existenzvernichtungshaftung durch den BGH und ihre Implikationen für die Praxis, ZIP 2007, 1681; *Wiedemann*, Reflexionen zur Durchgriffshaftung, ZGR 2002, 283; *H. Wilhelm*, Beendigung des Beherrschungs- und Gewinnabführungsvertrages, 1975; *J. Wilhelm*, Rechtsform und Haftung bei der juristischen Person, 1981; *Windbichler*, Unternehmensverträge und Zusammenschlusskontrolle, 1977; *Winter/Marx*, »Grenzüberschreitende« Organschaft mit zugezogenen EU-/EWR-Gesellschaften – Neue Gestaltungsmöglichkeiten aufgrund des BMF-Schreibens vom 23.3.2011; *Zöllner*, Inhalt und Wirkungen von Beherrschungsverträgen bei der GmbH, ZGR 21 (1992), S. 173; *ders.*, Gläubigerschutz durch Gesellschafterhaftung bei der GmbH, in: FS Konzen, 2006, S. 1.

Übersicht

A. Einführung

1 Das »GmbH-Konzernrecht« befasst sich mit dem Recht der GmbH bei dem Vorliegen einer Unternehmensverbindung (s. hierzu Rdn. 5). Zwar beinhaltet das GmbHG – anders als das AktG – insoweit keine Regelungen. Es ist aber heute anerkannt, wie diese Regelungslücke zu schließen ist. Insoweit wird ebenso wie bei der AG zwischen Vertragsverhältnissen und einer faktischer Beherrschung unterschieden.

Anerkannt ist zunächst, dass eine GmbH (auch) als untergeordnete Gesellschaft Teil eines **Vertragskonzerns** sein kann, indem sie sich durch Abschluss eines Unternehmensvertrages gem. den §§ 291 ff. AktG bspw. verpflichtet, den Weisungen des herrschenden Unternehmens Folge zu leisten (Beherrschungsvertrag) oder seinen Gewinn abzuführen (Gewinnabführungsvertrag). Die durch den Vertragsabschluss entstehende Gefahrenlage wird im GmbH-Konzernrecht durch eine partielle Analogie zu §§ 302 ff. AktG ausgeglichen. Der unternehmensvertraglich gebundenen GmbH steht daher ein Anspruch auf Verlustausgleich zu, wohingegen eine Pflicht zur Vereinbarung von Ausgleichs- und Abfindungsleistungen – wie sie die §§ 304, 305 AktG vorsehen –regelmäßig nicht besteht (s. Rdn. 19). 2

Liegt eine **faktische Beherrschung** vor, d.h. kann ein anderes Unternehmen unmittelbar oder mittelbar (insb. über seine Mehrheitsbeteiligung) einen beherrschenden Einfluss auf die GmbH ausüben, kommt es – wie auch bei der Aktiengesellschaft – zu einer Steigerung des Gefährdungspotenzials für die Minderheitsgesellschafter und Gläubiger der GmbH. Um dieser besonderen Gefahrenlage zu begegnen, wird indessen nicht auf die Regelungen der §§ 311 ff. AktG zurückgegriffen (s. Rdn. 52 ff.), welche der beherrschenden Gesellschaft die Möglichkeit nachteiliger Einflussnahme unter der Prämisse des Ausgleichs am Ende des Geschäftsjahres erlauben. Bei der abhängigen GmbH kommen vielmehr allgemeine Schutzinstrumente zur Anwendung. Die Rechtsprechung hat insoweit ein zweistufiges Modell entwickelt, welches zwischen **Konzerneingangskontrolle** und **Konzernleitungskontrolle** (Schranken der Einflussnahme) unterscheidet, wobei i.R.d. Leitungskontrolle zwischen dem **Schädigungsverbot** und der Haftung für **existenzvernichtende Eingriffe** zu unterscheiden ist (s. Rdn. 62 ff., 68 ff.). Im Hinblick auf die Konzerneingangskontrolle, welche sich mit Maßnahmen befasst, die den Eintritt in die Abhängigkeit verhindern sollen, ist zwischen Vorkehrungen in der Satzung (etwa Vinkulierungen s. Rdn. 55), der materiellen Beschlusskontrolle, aufgrund derer Beschlüsse der Gesellschafter, die die Abhängigkeit als Folge haben, unter Treupflichtgesichtspunkten kontrolliert werden können (im Einzelnen streitig, s. Rdn. 56) und Wettbewerbsverboten (s. Rdn. 59) zu unterscheiden. Hinzu kommen Mitteilungspflichten im Hinblick auf den Beteiligungsbesitz (s. Rdn. 58). Kern des GmbH-Konzernrechts ist das **Schädigungsverbot** des herrschenden Gesellschafters, welches sich aus der Treupflicht ableitet. Jede nachteilige Einflussnahme (z.B. Konzernumlage), die zu einem Schaden bei der GmbH führt, ist dem herrschenden Gesellschafter verboten, wobei es für die Anwendung des sich aus allgemeinen Grundsätzen ableitenden Schädigungsverbots nicht darauf ankommt, ob der herrschende Gesellschafter ein Unternehmen ist und tatsächlich die Voraussetzung des § 17 AktG erfüllt (s. Rdn. 62). Geschieht dies doch, haftet der herrschende Gesellschafter auf Schadensersatz. Neben das Schädigungsverbot tritt die Haftung des Gesellschafters aus **existenzvernichtendem Eingriff** auf der Grundlage von § 826 BGB, wobei es sich wiederum nicht um ein konzernspezifisches Instrument handelt (zu den Folgen auf die Unternehmenseigenschaft und die Abhängigkeit, s. Rdn. 78). Nach diesem Modell kommt es zu einer Haftung des Gesellschafters (Innenhaftung ggü. der GmbH), wenn dieser missbräuchliche kompensationslose Eingriffe vorgenommen hat, welche zur Insolvenz der Gesellschaft führen oder diese vertiefen. Häufige Fälle sind die Übertragung von Vermögenswerten der Gesellschaft an einen Gesellschafter ohne marktgerechte Gegenleistung oder die mangelnde Abrufbarkeit von Geldern im Rahmen eines Cash-pool-Systems (s. Rdn. 72). Demgegenüber hat die neuere Rechtsprechung die Rechtsfigur des **qualifiziert faktischen Konzerns aufgegeben**, bei welcher es zur entsprechenden Anwendung der §§ 302 ff. AktG beim Vorliegen von nachteiligen nicht ausgleichsfähigen Maßnahmen kam (s. Rdn. 82). 3

Die Vorschriften über die **Eingliederung** (§§ 319 ff. AktG) finden auf die GmbH keine Anwendung (s. Rdn. 10). Gleiches gilt für die Regelungen zum **Squeeze-out** (§§ 327a ff. AktG, s. Rdn. 10). 4

B. Überblick: Anwendbarkeit der aktienrechtlichen und handelsrechtlichen Regelungen

I. §§ 15 bis 19 ff. AktG

Es ist allgemein anerkannt, dass die Regelungen der §§ 15 bis 19 AktG, die sich mit unterschiedlichen Unternehmensverbindungen befassen, namentlich der Mehrheitsbeteiligung oder 5

Beherrschung durch ein Unternehmen (§§ 16, 17 AktG), der Konzernierung (§ 18 AktG), der wechselseitigen Beteiligung (§ 19 AktG) und der Verbindung durch Unternehmensvertrag (§§ 291, 292 AktG) rechtsformneutral ausgestaltet sind und daher auf die GmbH Anwendung finden. Auch der Begriff des »GmbH-Konzernrechts« (s.o. Rdn. 1) setzt an dieser Definition der Unternehmensverbindung an, was u.a. darauf zurückzuführen ist, dass bei dem Vorliegen einer solchen Unternehmensverbindung typische (konzernspezifische) Gefahren bestehen (s.u. a. Rdn. 12 sowie Rdn. 43, 54). Indessen kommt diesen Begrifflichkeiten im GmbH-Recht anders als im Aktienrecht eine geringere Bedeutung zu. Auch im Aktienrecht folgen aus den §§ 15 bis 19 ff. AktG keine unmittelbaren Rechtsfolgen, jedoch bauen verschiedene Regelungen auf die in den §§ 15 ff. AktG definierten Begrifflichkeiten auf (vgl. bspw. die §§ 311 ff. AktG für die Abhängigkeit i.S.v. § 17 AktG). Im GmbH-Konzernrecht ist dies nur sehr eingeschränkt der Fall. Die Vorschriften zum Vertragskonzern stellen (wie auch im AktG) nicht auf das Vorliegen eines Konzerns ab, sondern auf den Abschluss eines Unternehmensvertrages.[1] Zudem finden die Grundsätze zum Schädigungsverbot basierend auf Treupflichtverletzung ebenso wie diejenigen des existenzvernichtenden Eingriffs unabhängig von der Abhängigkeit und der Unternehmenseigenschaft des herrschenden Unternehmens Anwendung (s. Rdn. 62 sowie Rdn. 78). Die Bedeutung dieser Begrifflichkeiten spielt u.a. i.R.d. § 56 Abs. 2 AktG (Verbot der Zeichnung von Aktien) und des § 71d AktG (Erwerb von eigenen Aktien), welche auf eine GmbH, die von einer AG abhängig ist, anwendbar sind, eine Rolle.

II. §§ 291 ff. AktG

6 Die Regelungen der §§ 291 ff. AktG finden auf die GmbH als herrschende Gesellschaft bzw. Obergesellschaft unmittelbare Anwendung, wenn der andere Vertragsteil eine AG oder KGaA ist (s. Rdn. 11). Zu einer entsprechenden Anwendung der §§ 291 ff. AktG kommt es unter Beachtung verschiedener GmbH-spezifischer Modifikationen, soweit es sich bei der GmbH um den anderen Vertragsteil handelt (s. zu den Abweichungen im Einzelnen Rdn. 13 ff.). In steuerlicher Hinsicht ist auf die §§ 14, 17 KStG sowie § 2 Abs. 2 GewStG zu verweisen (s. Rdn. 45).

III. §§ 311 ff. AktG

7 Die §§ 311 ff. AktG, welche den Schutz von abhängigen AG bezwecken, finden nur auf die GmbH Anwendung, wenn es sich bei der GmbH um das herrschende Unternehmen handelt und eine AG oder KGaA die abhängige Gesellschaft ist. Auf die GmbH als abhängige Gesellschaft finden sie keine Anwendung. Im GmbH-Recht wird der Schutz über das Schädigungsverbot und den existenzvernichtenden Eingriff hergestellt (s. im Einzelnen Rdn. 52 ff.).

IV. §§ 20 bis 22 AktG

8 Die Regelungen zu den Mitteilungspflichten nach § 20 finden nur Anwendung, wenn eine GmbH an einer AG oder KGaA beteiligt ist. Mitteilungspflichten einer AG ggü. einer GmbH können sich aus § 21 AktG ergeben. Sonstige Offenlegungspflichten können unabhängig von der Rechtsform des Gesellschafters aus Treupflichtgesichtspunkten folgen (s. Rdn. 58).

V. §§ 290 ff. HGB

9 Die Rechnungslegungsvorschriften der §§ 290 ff. HGB finden auf eine Muttergesellschaft in der Rechtsform der GmbH Anwendung. Die dort verwendeten Begrifflichkeiten zur Feststellung des beherrschenden Einflusses unterscheiden sich allerdings von denjenigen des AktG (zu diesen oben Rdn. 5).

VI. §§ 319 bis 327a AktG

10 Die Regelungen zur Eingliederung und zum squeeze-out sind auf die GmbH nicht anwendbar.

---

1 *Beurskens*, in: Baumbach/Hueck, GmbHG, SchlAnhKonzernR, Rn. 15.

C. Vertragskonzern

Das GmbH-Gesetz selbst enthält keine Regelungen zu Unternehmensverträgen. Nach allgemeiner Auffassung sind auf die GmbH jedoch (in großen Teilen) die Regelungen der §§ 291 ff. AktG in entsprechender Weise anwendbar. Eine GmbH kann sich daher ebenso wie andere Rechtsformen an Unternehmensverträgen der §§ 291, 292 AktG, namentlich Beherrschungs- und Gewinnabführungsverträgen sowie den sog. anderen Unternehmensverträgen i.S.d. § 292 AktG (Gewinngemeinschaft, Teilgewinnabführungsvertrag und Betriebsführungsvertrag), beteiligen (zu den steuerlichen Voraussetzungen für die Anerkennung eines Gewinnabführungsvertrages, s. Rdn. 45).[2] Ist die **GmbH der andere Vertragsteil** eines Unternehmensvertrags mit einer AG, ergeben sich im Vergleich zum Aktienrecht keine Besonderheiten. In diesem Fall finden die §§ 291 ff. AktG einschließlich der Berichtspflichten der §§ 293a ff. AktG unmittelbar Anwendung. Handelt es sich bei der **GmbH** um die **abhängige bzw. konzernierte Gesellschaft**, sind gewisse Anpassungen der aktienrechtlichen Regelungen der §§ 291 ff. AktG erforderlich. Dies ist u.a. der Fall im Hinblick auf die erforderlichen Zustimmungsbeschlüsse der Gesellschaften zum Vertragsabschluss (s. Rdn. 16, 18), die Pflicht zur Festsetzung von Ausgleichs- und Abfindungsleistungen (s. Rdn. 19), die Pflicht zur Anwendung der Berichtspflichten gem. den §§ 293a ff. AktG (s. Rdn. 20) und den Zustimmungsbeschlüssen für die Aufhebung, die Kündigung und die Änderung des Vertrages (s. Rdn. 28, 32, 37). Hinzu kommt beim Gewinnabführungsvertrag die Frage nach der Inanspruchnahme von vorvertraglichen Rücklagen (s. Rdn. 46). Die weitere Frage, ob der Abschluss eines Unternehmensvertrages für die einzelne GmbH sinnvoll ist, ist im Einzelfall unter Berücksichtigung ihres Gesellschaftszwecks, ihrer (typischen) Struktur, den steuerlichen Vorgaben (s. im Einzelnen Rdn. 13, 43) sowie den mit den verschiedenen Unternehmensverträgen verfolgten Zwecken zu entscheiden (s. hierzu Rdn. 12, 43). 11

I. Beherrschungsverträge

1. Inhalt des Beherrschungsvertrages

Beherrschungsverträge sind zunächst dadurch charakterisiert, dass eine Gesellschaft ihre Leitung einem anderen Vertragsteil unterstellt. Folge diese Unterstellung unter die fremde Leitung ist, dass die abhängige Gesellschaft dem Willen des herrschenden Unternehmens untergeordnet wird, indem sie den **Weisungen** des herrschenden Unternehmens – und damit regelmäßig seinen Interessen – zu folgen hat (analog § 308 Abs. 1 Satz 2 AktG). Weitere Rechtsfolge des Beherrschungsvertrages ist die **Verlustausgleichspflicht**, welche den anderen Vertragsteil verpflichtet, während der Vertragsdauer alle Jahresfehlbeträge auszugleichen (§ 302 AktG). Sie rührt daher, dass ein beherrschungsvertraglich gebundenes Unternehmen unter wirtschaftlichen Aspekten und seines ggf. unvernünftigen Handelns keine Gewähr auf Gewinn für seine Gesellschafter und Gläubiger bietet. Zudem steht den Gläubigern bei Beendigung des Beherrschungsvertrages ein Anspruch auf **Sicherheitsleistung** zu (§ 303 Abs. 1, zu Umwandlung in einen Zahlungsanspruch, s. Rdn. 25). **Ausgleichs- und Abfindungsansprüche** (§§ 304, 305 AktG) der Gesellschafter der gebundenen GmbH bestehen anders als im Aktienrecht nach herrschender Meinung nicht, soweit alle Gesellschafter dem Abschluss des Beherrschungsvertrages zugestimmt haben (s. aber Rdn. 19). Außerdem **haften** die gesetzlichen Vertreter des herrschenden Unternehmens der abhängigen GmbH für jeden Schaden, der durch die Erteilung von Weisungen entstanden ist, und ihr Verhalten nicht der Sorgfalt eines ordentlich und gewissenhaft handelnden Geschäftsleiters entsprochen hat (§ 309 Abs. 2 AktG analog, s. Rdn. 26). 12

2. Gründe zum Abschluss eines Beherrschungsvertrages

Da die Gesellschafterversammlung der GmbH – anders als dies bei der AG aufgrund § 76 AktG der Fall ist – ihren Geschäftsführern bereits Weisungen zu allen Maßnahmen der Geschäftsführung 13

2 Grundlegend BGHZ 105, 324, 332 = NJW 1995, 295; *Emmerich/Habersack*, Konzernrecht, § 32 Rn. 1.

erteilen kann, wird teilweise darauf hingewiesen, dass das Bedürfnis in der GmbH nach einem Beherrschungsvertrag, um Weisungen durchsetzen zu können, naturgemäß geringer sei.[3] Teilweise wird weiter vertreten, dass mit besonderen Gesellschaftsvertragsgestaltungen ähnliche Ergebnisse erzielt werden könnten, wie mit einem Beherrschungsvertrag (z.B. durch Übertragung eines Weisungsrechts an einzelne Gesellschafter). Dies trifft nur z.T. zu. Denn auf Grundlage eines Beherrschungsvertrages können nachteilige Weisungen im Konzerninteresse unter Missachtung der Minderheitsinteressen durchgesetzt werden (**Zulässigkeit von nachteiligen Weisungen** analog § 308 Abs. 1 Satz 2 AktG; zu den Rechtsfolgen s. § 302, § 303 AktG – Verlustübernahmepflicht und Sicherheitsleistung s. Rdn. 25 ff.), was auf der Grundlage eines einfachen satzungsmäßigen Weisungsrechts oder über einen Gesellschafterbeschluss nicht zulässig wäre, sondern zu Schadensersatzansprüchen wegen Treupflichtverletzung führen würde (s. zur Schadensersatzpflicht aufgrund Treupflichtverletzung bei Konzernumlage die Ausführungen zu § 13 Rdn. 36 ff., sowie sogleich Rdn. 62 ff.). Weiterhin bestehen Unterschiede, insoweit als bei der nicht beherrschungsvertraglich gebundenen GmbH Weisungen des herrschenden Unternehmens den Weg über die Gesellschafterversammlung nehmen müssen, während dies bei Vorliegen eines Beherrschungsvertrages nicht der Fall ist. Dort kann die herrschende Gesellschaft die Geschäftsführer der GmbH direkt anweisen. Hinzu kommen die funktionssteigernden Regelungen des MoMiG. Der durch dieses eingeführte § 30 Abs. 1 Satz 2 GmbHG befreit die beherrschungsvertraglich gebundene GmbH ebenso wie diejenige, die einen Gewinnabführungsvertrag abgeschlossen hat, von den **Eigenkapitalersatzvorschriften** (s. hierzu in Einzelnen die Ausführungen zu § 30), was in größeren Konzernen – insb. i.R.d. **cash-poolings** – zu erheblichen Erleichterungen führen kann[4], wie auszuführen sein wird, verbleiben aber Risiken (s. Rn. 20a). In der Praxis kommt dem Beherrschungsvertrag daher auch bei der Rechtsform der GmbH eine nicht unerhebliche Funktion zu, auch wenn seine Häufigkeit zurückgegangen ist, nachdem für die Anerkennung der **steuerlichen Organschaft** der Abschluss eines Gewinnabführungsvertrages ausreichend ist (§§ 14 und 17 KStG). Grenzüberscheitend haben Beherrschungsverträge bis dato nur in beschränktem Umfang Bedeutung erlangt, was u.a. auf die mangelnde Anerkennung der steuerlichen Organschaft zurückzuführen war.[5] Es wird abzuwarten sein, ob die Anzahl grenzüberschreitender Verträge mit der Änderung des § 14 KStG zunimmt (s.a. Rdn. 45).

3. Voraussetzungen für das Zustandekommen eines Beherrschungsvertrages

14 Die Voraussetzung für den wirksamen Abschluss eines Unternehmensvertrages ist seit der Supermarktentscheidung des BGH (BGHZ 105, 324) im Wesentlichen geklärt: Erforderlich sind ein schriftlicher Unternehmensvertrag, welcher die Leitung der Untergesellschaft zum Gegenstand haben und ggf. Abfindungs- und Ausgleichsregelungen vorweisen muss (s. Rdn. 15). Hinzukommen die Zustimmungsbeschlüsse der abhängigen und der herrschenden Gesellschaft (s. Rdn. 16, 18, insb. zu den erforderlichen Mehrheiten, streitig). Demgegenüber ist nach herrschender Meinung eine Anwendung der Regelungen der §§ 293a ff. AktG, welche sich namentlich mit der Berichterstellung, der Prüfung des Beherrschungsvertrages durch Vertragsprüfer und der Anfertigung des Prüfberichts befassen, bei einem einstimmigen Zustimmungsbeschluss zum Beherrschungsvertrag nicht erforderlich (im Einzelnen streitig, s. Rdn. 20). Gleiches gilt nach herrschender Meinung für die Ausgleichs- und Abfindungsleistungen (s. Rdn. 19; streitig).

a) Vertragsschluss

15 Für den Abschluss des Beherrschungsvertrages sind bei der abhängigen GmbH **formal die Geschäftsführer** zuständig (§ 35 GmbHG i.V.m. § 293 AktG analog). Jedoch bedarf der Abschluss zu seiner Wirksamkeit der Zustimmung der Gesellschafter der abhängigen und der herrschenden

3 *Hommelhoff*, in: Lutter/Hommelhoff, GmbHG, Anh. § 13 Rn. 46.

4 *Ulrich*, GmbHR 2007, 1289, 1294; s. auch *Emmerich/Habersack*, Konzernrecht, § 32 Rn. 3; *Pentz*, Cash-Pooling im Konzern S. 23 ff.

5 S. ausführlich *Bayer*, Grenzüberschreitende Beherrschungsverträge, 141.

Gesellschaft (s. Rdn. 16, 18).[6] Der Abschluss des Beherrschungsvertrages ist nicht von der Vertretungsmacht der Geschäftsführung gedeckt.[7] Der Beherrschungsvertrag als von den Zustimmungsbeschlüssen zu unterscheidendes Subjekt bedarf der **Schriftform** (§ 293 Abs. 3 AktG entsprechend § 126 BGB).[8] Gem. § 291 Abs. 1 AktG muss der Beherrschungsvertrag seinem **Inhalt** nach die **Leitung der Untergesellschaft** zum Gegenstand haben, wobei diese Formulierung die Führung der Geschäfte – wie sie in § 45 Abs. 1 GmbHG vorgesehen ist – mit abdeckt.[9] Eine solche pauschale Umschreibung ist ausreichend; jedoch können der Umfang des Weisungsrechts sowie dessen Schranken im Vertrag näher umschrieben werden.[10] Soweit es zu einer Vereinbarung über einen Ausgleich bzw. eine Abfindung kommt, muss auch diese im Vertrag enthalten sein (s. hierzu Rdn. 19). Enthält der Vertrag ein Umtausch- oder Abfindungsangebot, besteht mit Rücksicht auf § 15 Abs. 4 GmbHG die Pflicht zur **notariellen Beurkundung.**[11]

b) Zustimmungsbeschlüsse

aa) Zustimmungsbeschluss der beherrschten Gesellschaft

Der Abschluss des Beherrschungsvertrages bedarf aufseiten der beherrschten GmbH eines Zustim- 16
mungsbeschlusses der Gesellschafter. Hinsichtlich der erforderlichen Beschlussmehrheit geht eine in der Literatur vertretene Auffassungdavon aus, dass der Beschluss der **Zustimmung aller Gesellschafter** bedarf.[12] Sie begründet dies damit, dass eine Änderung des Zwecks der Gesellschaft und eine Vermehrung der den Gesellschaftern nach dem Vertrag obliegenden Leistungen entsprechend den Vorschriften der §§ 33 Abs. 1 Satz 2 BGB und § 53 Abs. 3 GmbHG die Zustimmung aller Gesellschafter verlange. Demgegenüber lässt die Gegenmeinung eine qualifizierte Mehrheit in Form der 3/4-Mehrheit ausreichen, soweit auf die Interessen der Minderheit zumindest durch die Aufnahme von Abfindungsregeln nach § 305 AktG Rücksicht genommen wird.[13] Dies ergebe sich aus dem Umstand, dass das UmwG in allen Fällen einer von einer Strukturänderung betroffenen Gesellschaft die satzungsändernde Mehrheit genügen lasse und dem Minderheitsgesellschafter die Möglichkeit des Ausscheidens gegen Abfindung gewähre. Der Bundesgerichtshof hat sich jüngst letzterer Auffassung unter Hinweis darauf angeschlossen, dass die Wirksamkeitsvoraussetzungen für Unternehmensverträge primär aus einer entsprechenden Anwendung der Vorschriften über Satzungsänderungen abzuleiten seien. Es bedürfe bei der GmbH anders als bei der AG nicht des zusätzlichen Schutzes der Gesellschafter bei Abschluss eines Unternehmensvertrages durch die analoge Anwendug des § 291 AktG, da die Gesellschafter der GmbH das zentrale Leitungsorgan darstellten und in der Gesellschafterversammlung die für die Geschicke in der Gesellschaft wesentlichen Entscheidungen treffen und durch Weisung an die Geschäftsführer umsetzen könnten.[14] Die weitere Frage, ob das herrschende Unternehmen im Hinblick auf den Zustimmungsbeschluss ein

6 BGHZ 105, 324, 332 = NJW 1989, 295; LG Berlin, AG 1992, 918 (Interhotel).
7 BGHZ 105, 332 = NJW 1989, 295.
8 BGHZ 105, 324, 342.
9 *Casper*, in: Ulmer/Habersack/Löbbe, GmbHG, Anh. § 77 Rn. 195.
10 *Casper*, in: Ulmer/Habersack/Löbbe, GmbHG, Anh. § 77 Rn. 195.
11 *Beurskens*, in: Baumbach/Hueck, GmbHG, SchlAnhKonzernR, Rn. 102; *Emmerich/Habersack*, Konzernrecht, § 32 Rn. 11.
12 *Beurskens*, in: Baumbach/Hueck, GmbHG, SchlAnhKonzernR, Rn. 106; *Weller/Discher*, in: Bork/Schäfer, GmbHG, Anh. § 13 Rn. 26; *Emmerich/Habersack*, Konzernrecht, § 32 Rn. 14 m.w.N.; *Altmeppen*, in: Roth/Altmeppen, GmbHG, Anh. § 13 Rn. 40; *Emmerich*, in: Scholz, GmbHG, Anh. § 13 Rn. 146 ff. m.w.N.; *Casper*, in: Ulmer/Habersack/Löbbe, GmbHG, Anh. § 77 Rn. 204; *Kleindiek*, Strukturvielfalt, S. 77 ff.; *Raiser/Veil*, Kapitalgesellschaften, § 62 Rn. 25; *K. Schmidt*, GmbHR 1979, 121, 124; *P. Ulmer*, BB 1989, 10, 13.
13 *Hommelhoff*, in: Lutter/Hommelhoff, GmbHG, Anh. § 13 Rn. 65 m.w.N.; *Schnorbus*, in: Rowedder/Schmidt-Leithoff, GmbHG, Anh. § 52 Rn. 95; *Grauer*, Konzernbildungskontrolle, S. 168, 189 ff.; *Koppensteiner*, RdW 1985, 170; *Heckschen*, DB 1989, 29; *Hahn*, NZG 2001, 728, 731 ff.; *Koerfer/Selzner*, GmbHR 1997, 285, 287 ff.
14 BGH NZG 2019, 1149 ff.

Stimmverbot gem. § 47 Abs. 4 Satz 2 GmbHG trifft,[15] wird von der wohl herrschenden Meinung unter Verweis auf den Umstand verneint, dass sich § 47 Abs. 4 Satz 2 nicht auf Satzungsfragen beziehe,[16] was auch für Fragen gesellschaftsrechtlicher Organisationsakte in gleichem Maße gelten müsse. Im Ergebnis kommt es jedoch auf die Frage des Stimmverbots nicht an, wenn – wie von der herrschenden Meinung angenommen – alle Gesellschafter dem Abschluss des Beherrschungsvertrages zustimmen müssen.

17 Der Zustimmungsbeschluss der Gesellschaft ist **notariell zu beurkunden.**[17] Der Zustimmungsbeschluss und der Unternehmensvertrag sind zur Eintragung in das **Handelsregister der abhängigen Gesellschaft anzumelden** (§§ 53 Abs. 2 und 54 Abs. 1 GmbHG).[18] In das Register sind neben dem Zustimmungsbeschluss und dessen Datum das Bestehen und die Art des Unternehmensvertrages, der andere Vertragsteil und das Datum des Unternehmensvertrages einzutragen. Der Eintragung kommt **konstitutive** Wirkung zu.

bb) Zustimmungsbeschluss der herrschenden Gesellschaft

18 Entsprechend § 293 Abs. 2 AktG haben die Gesellschafter der herrschenden Gesellschaft dem Abschluss eines Beherrschungsvertrages mit einer GmbH zuzustimmen. Der Grund hierfür liegt in der Wirkung des Beherrschungsvertrages als satzungsüberlagernd (materiell satzungsändernde Wirkung), weil das Weisungsrecht der Gesellschafterversammlung auf das herrschende Unternehmen übergeht und es zudem zu einer Änderung des Gesellschaftszwecks kommt. Ausreichend ist insoweit eine **qualifizierte Mehrheit** i.H.v. 3/4 der bei der Beschlussfassung vertretenen Stimmen des Stammkapitals.[19] Da es zu einer Satzungsüberlagerung kommt, ist die für Satzungsänderungen vorgesehene Mehrheit erforderlich und ausreichend. Der Zustimmungsbeschluss bedarf lediglich dann der **notariellen Beurkundung**, wenn es sich bei der Obergesellschaft um eine AG oder SE handelt. Bei den anderen Gesellschaftsformen (auch GmbH) ist **Schriftform** ausreichend. Weder Zustimmungsbeschluss noch Vertrag bedürfen der **Eintragung in das Handelsregister** der herrschenden Gesellschaft noch der notariellen Beurkundung (vgl. § 294 AktG).[20]

cc) Pflicht zur Vereinbarung von Ausgleichs- und Abfindungsleistungen?

19 Im GmbH-Recht ist die Festsetzung eines Ausgleichs oder einer Abfindung – wie in den §§ 304, 305 AktG für die AG vorgesehen – nicht erforderlich, soweit davon ausgegangen wird, dass alle Gesellschafter der untergeordneten GmbH dem Abschluss des Beherrschungsvertrages zustimmen müssen. Denn in diesem Fall können sie selbst für die Wahrung ihrer Rechte sorgen.[21] Geht man davon aus, dass für den Abschluss des Beherrschungsvertrages eine 3/4 Mehrheit ausreichend ist (s. Rdn. 16) oder beruht der Abschluss des Vertrages auf einer Verdichtung zu einer Zustimmungspflicht aus Treupflicht (bspw. wenn nur durch den Abschluss des Vertrages die Überlebensfähigkeit der Gesellschaft gesichert werden kann[22]), so muss zum Schutz der Minderheit jedenfalls

15 So auch der Fall in BGHZ 105, 324, 333.

16 OLG Stuttgart, AG 1998, 585, 586 f.; *Weller/Discher*, in: Bork/Schäfer, GmbHG Anh. § 13 Rn. 26; *Emmerich*, in: Scholz, GmbHG, Anh. § 13 Rn. 147; *Hommelhoff*, in: Lutter/Hommelhoff, GmbHG, Anh. § 13 Rn. 65; *Grauer*, Konzernbildungskontrolle, S. 192 f.; s. im Einzelnen *U. H. Schneider*, ZHR 150 (1986), 609; a.A. *J. Wilhelm*, Rechtsform, S. 119 ff.

17 *Emmerich/Habersack*, Konzernrecht, § 32 Rn. 11.

18 BGHZ 105, 324, 331 f., 342 = NJW 1989, 295 (Supermarkt); BGHZ 116, 37, 43 f. = NJW 1992, 505 (Stromlieferung); BGH, LM Nr. 2 zu § 293 AktG = NJW 1992, 1452 (Siemens/NRG).

19 BGHZ 105, 324, 333 f. (Supermarkt); BGHZ 115, 187, 192 (Video); BGH, LM Nr. 2 zu § 293 AktG = NJW 1992, 1452 (Siemens/NRG); OLG Zweibrücken, GmbHR 1999, 665; *Emmerich*, in: Scholz, GmbHG, Anh. § 13 Rn. 148 ff. m.w.N.; a.A. *Vetter*, BB 1989, 2125.

20 BGHZ 105, 324, 337.

21 *Emmerich/Habersack*, Konzernrecht, § 32 Rn. 25; *Zöllner*, ZGR 1992, 173, 193, 199 ff.

22 *Emmerich*, in: Scholz, GmbHG, Anh. § 13 Rn. 159; *Emmerich*, Jus 1992, 102, 104; *Timm*, WM 1991, 481, 483.

in Analogie zu § 305 AktG eine angemessene **Barabfindung** im Vertrag festgesetzt werden.[23] Die Pflicht zur **Abfindung in Anteilen** der herrschenden Gesellschaft hängt von der Rechtsform der herrschenden Gesellschaft ab. Soweit es sich bei dieser um eine AG handelt, ist dies möglich. Handelt es sich bei ihr um eine GmbH, scheitert diese Verpflichtung demgegenüber regelmäßig an der mangelnden Fungibilität der Anteile. Ob auch eine **Ausgleichspflicht** entsprechend § 304 AktG besteht – soweit von einer Pflicht zur Anwendung des § 304 AktG – wie teilweise vertreten – ausgegangen wird (s.o.) –, ist streitig. Teilweise wird eine solche mit Verweis auf die Möglichkeit abgelehnt, dass die Abfindungsleistung und die Anfechtungsmöglichkeit bei nicht ausreichender Angemessenheit einen ausreichenden Schutz gewährten.[24] Nach a.A. ist demgegenüber von dem Bestehen eines Ausgleichsanspruchs auszugehen, da es nicht gerechtfertigt sei, die Gesellschafter zum Ausscheiden aus der Gesellschaft zu zwingen.[25] Letzterer Auffassung ist zuzustimmen. Denn die Regelungen zum Vertragskonzern gehen von einem Wahlrecht des Gesellschafters zwischen Ausgleich- und Abfindung aus, was bei der Verkürzung auf einen Abfindungsanspruch verkannt werden würde. Beinhaltet der Beherrschungsvertrag – soweit erforderlich (s.o.) – keine Ausgleichs- bzw. Abfindungsansprüche, ist er **nichtig** (streitig).[26] Bei nicht angemessenem Angebot ist der Zustimmungsbeschluss **anfechtbar** (§ 243 Abs. 2 AktG analog). Zudem ist zu erwägen, dem außenstehenden Gesellschafter das Spruchverfahren entsprechend § 1 Nr. 1 und 2 SpruchG zu eröffnen.[27]

dd) Weitere Wirksamkeitsvoraussetzungen?

Inwieweit die Regelungen der §§ 293a ff. AktG, namentlich die **Berichterstellung** u.a. über die Art und Höhe des Ausgleichs bzw. der Abfindung, die Prüfung des Beherrschungsvertrages durch Vertragsprüfer und die Anfertigung des Prüfberichts, bei Abschluss eines Beherrschungsvertrages mit einer GmbH anzuwenden sind, ist umstritten. Z.T. wird der Rückgriff auf diese Regelungen für erforderlich gehalten.[28] Nach a.A. ist eine entsprechende Anwendung auf die GmbH abzulehnen.[29] Nach zutreffender Ansicht ist je nach dem Schutzbedürfnis der Minderheitsgesellschafter zu differenzieren. Entscheidend für die entsprechende Anwendung der §§ 293a ff. AktG, welche vor allem auf eine Erläuterung der Angemessenheit des Ausgleichs bzw. der Abfindung abstellen, muss sein, ob für den Abschluss eines Beherrschungsvertrages bei der untergeordneten Gesellschaft Einstimmigkeit oder qualifizierte Mehrheit gefordert wird. Soweit Einstimmigkeit gefordert wird, kann auf die entsprechende Anwendung der §§ 293a ff. AktG verzichtet werden, da der einzelne Gesellschafter in seiner Position selbst entscheiden kann, welche Berichte er für die Prüfung benötigt.[30] Wird demgegenüber eine Zustimmung zum Vertragsabschluss mit qualifizierter Mehrheit als ausreichend angesehen, so verbleibt es bei der Anwendung der §§ 293a ff.[31] 20

23 *Emmerich*, in: Scholz, GmbHG, Anh. § 13 Rn. 160; *Emmerich/Habersack*, § 32 Rn. 26; *Grauer*, Konzernbildungskontrolle, S. 202; *Kleindiek*, ZIP 1988, 613, 617 f.; *Lutter*, in: Hommelhoff, Entwicklungen im GmbH-Konzernrecht, S. 197 f.; *Priester*, in: Hommelhoff, Entwicklungen im GmbH-Konzernrecht, S. 151, 156 ff.

24 *Ulmer*, in: Hachenburg, GmbHG, § 77 Anh. Rn. 213.

25 *Schnorbus*, in: Rowedder/Schmidt-Leithoff, GmbHG, Anh. § 52 Rn. 58; *Emmerich*, in: Scholz, GmbHG, Anh. § 13 Rn. 161, 161a – auch zur Höhe des möglichen Ausgleichs; *Emmerich/Habersack*, Konzernrecht, § 32 Rn. 27.

26 *Emmerich*, in: Scholz, GmbHG, Anh. § 13 Rn. 162; *Emmerich/Habersack*, Konzernrecht, § 32 Rn. 28; a.A. *Altmeppen*, in: Roth/Altmeppen, GmbHG, Anh. § 13 Rn. 88; *Schnorbus*, in: Rowedder/Schmidt-Leithoff, GmbHG, Anh. § 52 Rn. 98.

27 *Emmerich/Habersack*, Konzernrecht, § 32 Rn. 28.

28 *Hommelhoff*, in: Lutter/Hommelhoff, GmbHG, Anh. § 13 Rn. 57 ff.

29 *Weller/Discher*, in: Bork/Schäfer, GmbHG, Anh. § 13 Rn. 26, 28.

30 *Beurskens*, in: Baumbach/Hueck, GmbHG, SchlAnhKonzernR, Rn. 104; *Emmerich/Habersack*, Aktien- und GmbH-Konzernrecht, § 293a Rn. 11; *Emmerich/Habersack*, Konzernrecht, § 32 Rn. 5; *Hüffer/Koch*, AktG, § 293a Rn. 7; i.E. auch *Altmeppen*, in: Roth/Altmeppen, GmbHG, Anh. § 13 Rn. 48; *Altmeppen*, ZIP 1998, 1853, 1857 f.

31 *Emmerich/Habersack*, Konzernrecht, § 32 Rn. 5, die in diesem Fall die Anwendung der §§ 293a ff. erwägen, s. auch *Emmerich*, in: Emmerich/Habersack, Aktien- und GmbH- Konzernrecht, § 291 AktG, Rn. 77.

21 Gem. § 30 Abs. 1 S. 2, 1.Var. GmbHG gilt das in § 30 Abs. 1 S. 1 GmbHG geregelte Kapitalerhaltungsrecht nicht bei dem Bestehen eines Unternehmensvertrages im Sinne von § 291 AktG (Beherrschungs- oder Gewinnabführungsvertrag). Nach dem Gesetzeswortlaut sollen generell die Leistungen der Gesellschaft beim Bestehen eines Beherrschungs- oder Gewinnabführungsvertrages vom Anwendungsbereich des Kapitalerhaltungsrechts ausgenommen sein, wobei zur Rechtfertigung dieser Regelung auf die Verlustausgleichspflicht des herrschenden Unternehmens nach § 301 AktG verwiesen wird. Allerdings kann nicht davon ausgegangen werden, dass mit der Regelung des § 30 Abs. 1 S. 2, 1.Var. GmbHG jegliche Risiken die hinsichtlich der Beteiligung an einem Cash-Pool bestehen, ausgeschlossen werden. Jedenfalls, wenn der andere Vertragsteil voraussichtlich seine Verpflichtung zum Verlustausgleich gem. § 302 AktG nicht erfüllen wird können, darf die abhängige Gesellschaft zu Lasten des gebundenen Kapitals keine Leistungen mehr in den Cash-Pool erbringen, da es ansonsten zu einer Haftung der Geschäftsführung gem. § 43 GmbHG kommen kann.[32] Zudem ist davon auszugehen, dass bereits zuvor im Falle einer Bonitätsverschlechterung des herrschenden Unternehmens die Geschäftsführung des vertraglich unterworfenen Unternehmens eine Prüfungspflicht dahingehend trifft, ob der Situation gegebenenfalls mit ausreichenden Sicherheiten begegnet werden kann. Ist dies nicht der Fall, spricht einiges dafür, dass die Vergünstigungen des § 30 Abs. 1 S. 2, 1.Var GmbHG entfallen, zumal dann regelmäßig ein Verlustausgleich gefährdet ist.[33]

c) Folgen des Beherrschungsvertrages

aa) Weisungsrecht

22 Folge eines wirksam zustande gekommenen Beherrschungsvertrages ist, dass die abhängige GmbH der Leitung der Obergesellschaft in den zentralen **Leitungsfunktionen** unterstellt wird. Die Obergesellschaft kann den Geschäftsführern der gebundenen GmbH Weisungen erteilen (§ 308 Abs. 1 Satz 2 AktG analog). Wie bei der AG können Weisungen erteilt werden, die für die abhängige GmbH **nachteilig** sind, wenn sie den Belangen des herrschenden Unternehmens oder konzernverbundenen Gesellschaften dienen.[34] Beispiele sind Konzernverrechnungspreise, die das herrschende Unternehmen begünstigen, Verlagerung von Aktivitäten mit Zukunft auf das herrschende Unternehmen, Einbeziehung in den cash-pool oder sonstiges Abziehen von Liquidität. Allen Maßnahmen ist als ungeschriebenes Tatbestandsmerkmal gemein, dass sie die abhängige Gesellschaft nicht **unverhältnismäßig** beeinträchtigen dürfen.[35] Entscheidend ist insoweit, ob dem der Gesellschaft zugefügten Schaden ein mindestens genauso großer Vorteil bei einem anderen Konzernunternehmen gegenübersteht.[36] Weiter dürfen die Weisungen nach herrschender Meinung keinen **existenzvernichtenden** Charakter aufweisen (z.B. Weisung, die gesamte Produktion zu übertragen), auch wenn sie im Konzerninteresse liegen.[37] Zwar wird insoweit eingewandt, dass der Wortlaut des § 308 AktG über die Förderung des Konzerninteresses hinaus keine Anforderungen stelle und die Gesellschafter

32 *Pentz*, Cash-Pooling im Konzern, S. 23 ff.; *Altmeppen*, NZG 2010, 361, 364.

33 *Pentz*, Cash-Pooling im Konzern, S. 23 ff.

34 S. im Einzelnen *Hüffer/Koch*, AktG, § 308 Rn. 15 ff.

35 *Hüffer/Koch*, AktG, § 308 Rn. 17; *Emmerich*, in: Scholz, GmbHG, Anh. § 13 Rn. 176; *Koppensteiner*, in: KK-AktG, § 308 Rn. 47.

36 S. zum Begriff: *Koppensteiner*, in: KK-AktG, § 308 Rn. 53; *Krieger*, in: MünchHdbAG, § 71 Rn. 153; *Emmerich/Habersack*, Konzernrecht, § 23 Rn. 25 ff.; *Hommelhoff*, Die Konzernleitungspflicht, S. 149; *Sina*, AG 1991, 1, 7 f.

37 OLG Düsseldorf, AG 1990, 490, 492; *Hüffer/Koch*, AktG § 308 Rn. 19 m.w.N.; *Krieger*, in: MünchHdbAG, § 71 Rn. 153; *Weller/Discher*, in: Bork/Schäfer, GmbHG, Anh. § 13 Rn. 16; *Emmerich*, in: Emmerich/Habersack, Aktien- und GmbH-Konzernrecht, § 308 Rn. 60 ff.; *Hommelhoff*, Konzernleitungspflicht, S. 150; *Immenga*, ZHR 140 (1976), 301, 304 ff.; *Geßler*, ZHR 140 (1976), 433, 436 ff.; *Sina*, AG 1991, 1, 7 f.; *Clemm*, ZHR 141 (1977), 197, 204 ff.; *Ulmer*, ZHR 148 (1984), 391, 408 ff.; a.A. *Koppensteiner*, in: KK-AktG, § 308 AktG Rn. 50 ff.; *Altmeppen*, in: MünchKommAktG, § 308 Rn. 118 ff., welche der einzelnen Konzerngesellschaft keinen Schutz zubilligen und deshalb existenzvernichtende Weisungen zulassen wollen.

auch in der Lage seien, den Abfindungsanspruch zu wählen, wenn sie eine ausreichende Sicherheit anstrebten.[38] Hiergegen spricht jedoch, dass die §§ 300 ff. und §§ 304 ff. AktG und dort insb. die Regelungen zum Gläubigerschutz vom Fortbestand der Gesellschaft ausgehen.

Unterschiede zur Situation bei der AG bestehen im Hinblick auf das Weisungsrecht insoweit, als das Weisungsrecht des herrschenden Unternehmens mit demjenigen der Gesellschafter über die Gesellschafterversammlung (§ 37 Abs. 1 GmbHG) in Kollision treten kann. Der BGH hat im *Supermarkt-Beschluss* festgestellt, dass durch den Beherrschungsvertrag die Weisungskompetenz der Gesellschafterversammlung auf die herrschende Gesellschaft übertragen wird,[39] und damit dem herrschenden Unternehmen das Recht zugebilligt, in die Kompetenzen des Weisungsorgans einzugreifen. Anderes gilt jedoch für Fragen, die der Gesellschafterversammlung per Gesetz zugewiesen sind, wie insb. Satzungsänderungen (§ 53 GmbHG), Kapitalveränderungen (§§ 55 ff. GmbHG), Zustimmung zu Unternehmensverträgen (§ 293 AktG analog) und Bestellung und Abberufung von Geschäftsführern. In diesen Fällen kann sich ein gegenläufiges Weisungsrecht der herrschenden Gesellschaft nicht ggü. der Gesellschafterversammlung durchsetzten. Demgegenüber sind Grundlagengeschäfte, d.h. außergewöhnliche Maßnahmen, für die die Geschäftsführer in der unabhängigen Gesellschaft entsprechend § 116 HGB die Zustimmung der Gesellschafter einzuholen gehabt hätten, grds. durch das Weisungsrecht der herrschenden Gesellschaft erfasst. Anderes gilt nur, soweit die Maßnahmen nicht mehr durch den Zweck und den Gegenstand der Gesellschaft gedeckt sind.[40] Ob weiter dahin zu unterscheiden ist, ob es sich um eine ganz außergewöhnliche Geschäftsführungsentscheidung – wie etwa bei der Veräußerung wesentlicher Betriebsteile – handeln muss,[41] ist fragwürdig. Nach hier vertretener Ansicht ist zutreffender Weise alleine darauf abzustellen, ob der Tatbestand der Existenzgefährdung erfüllt ist bzw. ob es sich um ein durch Zweck und Gegenstand nicht gedecktes Grundlagengeschäft handelt, was in beiden Fällen der Durchsetzung der Weisung entgegensteht. 23

Der **Aufsichtsrat** der abhängigen Gesellschaft untersteht demgegenüber nicht den Weisungen des herrschenden Unternehmens. Indessen stellt sich die Frage, inwieweit dem Aufsichtsrat entsprechend § 111 Abs. 4 AktG Zustimmungsrechte zustehen, wenn es um eine Maßnahme geht, für die das herrschende Unternehmen eine konkrete Weisung ausgesprochen hat bzw. die dem allgemeinen Weisungsrecht unterliegt. Geht es um den fakultativen Aufsichtsrat, werden seine Zustimmungsrechte durch das Weisungsrecht überlagert.[42] Ist hingegen ein **obligatorischer Aufsichtsrat** aufgrund des Mitbestimmungsgesetzes betroffen, wendet die herrschende Meinung § 308 Abs. 3 AktG in entsprechender Weise an.[43] 24

bb) Verlustausgleich/Sicherheitsleistung

Folge des Abschlusses eines Beherrschungsvertrages ist, auch wenn er mit einer GmbH als abhängiger Gesellschaft zustande gekommen ist, dass die herrschende Gesellschaft zum **Verlustausgleich** gem. § 302 AktG analog[44] und zur **Sicherheitsleistung** gem. § 303 AktG analog verpflichtet ist. Die Verlustausgleichspflicht verpflichtet das herrschende Unternehmen als anderen Vertragsteil jeden während der Vertragsdauer entstandenen Jahresfehlbetrag auszugleichen, der nicht durch eine 25

38 *Koppensteiner*, in: KK-AktG, § 308 Rn. 50.

39 BGHZ 105, 324, 331; OLG Stuttgart, AG 1998, 585; *Zöllner*, ZGR 1992, 173, 182.

40 Zur Grenzziehung vgl. *Emmerich*, in: Scholz, GmbHG, Anh. § 13 Rn. 174.

41 Für Unzulässigkeit einer Weisung insoweit OLG Stuttgart, AG 1998, 585, 586; a.A. *Altmeppen*, in: Roth/Altmeppen, GmbHG, Anh. § 13 Rn. 51.

42 Allg. Auffassung s. *Casper*, in: Ulmer/Habersack/Löbbe, GmbHG, Anh. § 77 Rn. 240; *Emmerich/Habersack*, Konzernrecht, § 32 Rn. 34.

43 *Emmerich/Habersack*, Konzernrecht, § 32 Rn. 34; *Emmerich/Habersack*, Aktien- und GmbH-Konzernrecht, § 307 Rn. 70; *Casper*, in: Ulmer/Habersack/Löbbe, GmbHG, Anh. § 77 Rn. 240; *Hommelhoff*, in: Lutter/Hommelhoff, GmbHG, Anh. § 13 Rn. 46; *Hoffmann-Becking*, WiB 1994, 57, 61; *Zöllner*, ZGR 1992, 173, 181; a.A. *Liebscher*, GmbH-Konzernrecht, Tz. 692; *Altmeppen*, in: Roth/Altmeppen, GmbHG, Anh. § 13 Rn. 55, welche nur von einer Pflicht zur rechtzeitigen Information ausgehen.

44 Allgemeine Auffassung, s. nur *Emmerich*, in: Scholz, GmbHG, Anh. 13 Rn. 180.

Entnahme aus anderen Gewinnrücklagen, die während der Vertragsdauer in sie eingestellt worden sind, kompensiert wurde. Auch für die GmbH gilt das Verbot der Auflösung vorvertraglicher Rücklagen zur Deckung eines Jahresfehlbetrages (§ 302 Abs. 1 AktG analog).[45] Anderes kann nur gelten, wenn alle Gesellschafter im Beherrschungsvertrag einer anderen Regelung zugestimmt haben oder es sich um eine Einpersonengesellschaft handelt.[46] § 303 AktG analog eröffnet den Gläubigern der beherrschungsvertraglich gebundenen GmbH bei Beendigung des Unternehmensvertrages ggü. dem herrschenden Unternehmen zunächst einen Anspruch auf **Sicherheitsleistung.** Darüber hinaus gewährt diese Vorschrift, wenn die Inanspruchnahme des herrschenden Unternehmens anstelle der abhängigen GmbH endgültig feststeht (z.B. bei Ablehnung der Eröffnung des Insolvenzverfahrens mangels Masse), einen Zahlungsanspruch.[47]

cc) Haftung des herrschenden Unternehmens

26 Die Regelungen zur Haftung des herrschenden Unternehmens und seiner Organmitglieder kommen in entsprechender Weise zur Anwendung, wenn die beherrschte Gesellschaft eine GmbH ist. Dementsprechend haften das herrschende Unternehmen (gem. §§ 280, 249 ff. BGB) und die gesetzlichen Vertreter des herrschenden Unternehmens (§ 309 Abs. 2 AktG analog) ggü. der Untergesellschaft auf **Schadensersatz** für die Erteilung von beherrschungsvertraglichen Weisungen, wenn sie die Schranken aus dem Beherrschungsvertrag, der Satzung oder dem Gesetz schuldhaft missachten (s. Rdn. 23). Gleiches gilt bei Missachtung des Verbots der Existenzgefährdung (s. Rdn. 22). Die Ersatzansprüche der abhängigen Gesellschaft können durch Gesellschafter im Wege der actio pro socio verfolgt werden (§ 309 Abs. 4 AktG analog, s. die Ausführungen zu § 13 Rdn. 53).

dd) Haftung der Organmitglieder des abhängigen Unternehmens

27 Neben dem herrschenden Unternehmen und dessen Organmitgliedern können auch die Organmitglieder des abhängigen Unternehmens haften. Dies ist der Fall, wenn sie in sorgfaltswidriger Weise unzulässige schädigende Weisungen befolgt haben (§ 310 AktG analog). Die Ersatzansprüche der abhängigen Gesellschaft können durch die Gesellschafter verfolgt werden (§ 310 Abs. 4 AktG analog, s. die Ausführungen zu § 13).

4. Änderung des Vertrages

28 Von einer Änderung des Unternehmensvertrages ist dann auszugehen, wenn eine zweiseitige rechtsgeschäftliche Vereinbarung der Parteien gegeben ist, die noch während der Laufzeit des Vertrages wirksam werden soll.[48] Eine solche ist etwa bei der Auswechselung des herrschenden Unternehmens,[49] dem Beitritt eines weiteren herrschenden Unternehmens[50] oder der Verlängerung des Vertrages[51] gegeben. Keine Änderung des Vertrages ist bei einer Änderungskündigung (einseitig),[52] dem Rechtsformwechsel einer der beteiligten Gesellschaften[53] oder der Gesamtrechtsnachfolge gegeben. Eine Änderung des Beherrschungsvertrages bedarf der gleichen **formalen Voraussetzungen** wie der Abschluss des Vertrages.[54] Im Ergebnis bedeutet dies, dass der Änderung ein **Zustimmungsbeschluss**

45 S. im Einzelnen *Hüffer/Koch*, AktG, § 302 Rn. 8 ff.
46 *S. Liebscher*, GmbH-Konzernrecht, Rn. 428 ff.
47 BGHZ 95, 330 ff., 345, s. im Einzelnen *Hüffer/Koch*, AktG, § 303 Rn. 2 ff.
48 BGH, NJW 1979, 2103.
49 BGHZ 65, 49, 53 = NJW 1976, 1653; BGHZ 72, 394, 398 f. = NJW 1979, 369.
50 BGHZ 119, 1 = NJW 1992, 2760; BGHZ 138, 136 = NJW 1998, 1866.
51 LG München I, AG 2000, 318, 319; *Hüffer/Koch*, AktG, § 295 Rn. 7.
52 BGH, AG 1979, 289; bestätigt durch BGHZ 122, 211, 232; OLG Celle, AG 1978, 318.
53 *Koppensteiner*, in: KK-AktG, § 295 Rn. 7.
54 *Beurskens*, in: Baumbach/Hueck, GmbHG, SchlAnhKonzernR, Rn. 94; *Emmerich/Habersack*, Konzernrecht, § 32 Rn. 39; *Hommelhoff*, in: Lutter/Hommelhoff, GmbHG, Anh. § 13 Rn. 86; *Altmeppen*, in: Roth/Altmeppen, GmbHG, Anh. § 13 Rn. 101; s.a. *Liebscher*, GmbH-Konzernrecht Tz. 804 (nur für personalistische Gesellschaften).

zugrunde zu liegen hat, dem die Gesellschafterversammlung **der beherrschten GmbH** mit qualifizierter Mehrheit zugestimmt hat,[55] und dass die Änderung im Handelsregister anzumelden und einzutragen ist.[56] Weiter ist nach überwiegender Auffassung zur Änderung des Beherrschungsvertrages die **Zustimmung der Gesellschafter des herrschenden Unternehmens** notwendig (streitig),[57] wobei insoweit eine qualifizierte Mehrheit ausreichend ist (s. Rdn. 18). Grund hierfür ist, dass ansonsten die für den Abschluss von Unternehmensverträgen erforderlichen Voraussetzungen umgangen werden könnten, wenn an die Änderung des Vertrages geringere Anforderungen gestellt werden würden als an den Abschluss.[58] Eine **Ermächtigung in der Satzung** zugunsten der Geschäftsführer zur Änderung des Unternehmensvertrages ist nach überwiegender Meinung nicht ausreichend.[59] Ob eine solche zumindest im Hinblick auf **redaktionelle Änderungen** (s. § 179 AktG) genutzt werden kann, ist streitig,[60] im Ergebnis aber zu verneinen, da der Unternehmensvertrag seinem Charakter nach als materieller Satzungsbestandteil zu verstehen ist.[61]

5. Beendigung des Vertrages

Für die **Kündigung** und die **Beendigung** eines Unternehmensvertrages mittels Aufhebungsvertrages 29 gelten die §§ 296 bis 299 AktG grds. in entsprechender Weise (s. im Einzelnen unten Rdn. 30 ff.). Weitere Beendigungsgründe können – wie bei der AG – im Zeitablauf, der Insolvenz einer der Vertragsparteien und dem Rücktritt liegen (s. im Einzelnen unten Rdn. 39). Soweit die Wirksamkeitsvoraussetzungen für den Abschluss des Unternehmensvertrages nicht gegeben waren, kommen die Regelungen über die fehlerhafte Gesellschaft zur Anwendung (s. im Einzelnen unten Rdn. 40).

a) Kündigung

Zu unterscheiden ist zwischen der ordentlichen (s. Rdn. 31) und der außerordentlichen Kündigung 30 (s. Rdn. 34).

aa) Ordentliche Kündigung

Beinhaltet der Unternehmensvertrag selbst die Möglichkeit zur **ordentlichen Kündigung**, kann 31 er entsprechend der vorgesehenen Regelung gekündigt werden. Ohne eine solche Regelung besteht kein Recht zur ordentlichen Kündigung des Beherrschungsvertrages.[62] Soweit der Vertrag Ausgleichs- oder Abfindungsregelungen enthalten sollte, was bei einer beherrschten GmbH nicht zwingend der Fall sein muss (s. Rdn. 19), ist ein Sonderbeschluss der außenstehenden Gesellschafter der beherrschten GmbH erforderlich (analog § 297 Abs. 2 AktG). Die **Kündigungsfrist** bestimmt

---

55 Nach der in Fn. 13 zitierten Meinung wäre für die Änderung des Vertrages ebenso wie für die Zustimmung eine 3/4 Mehrheit ausreichend; s. zum Erfordernis des Sonderbeschlusses bei Änderung der Vorgaben zum Ausgleich oder der Abfindung, *Hoffmann-Becking*, WiB 1994, 57.

56 Zu den Einzelheiten s. *Hüffer/Koch*, AktG, § 295 Rn. 9.

57 *Emmerich/Habersack*, Konzernrecht, § 32 Rn. 40; *Kiefner*, in: MünchHdbGmbH, § 70 Rn. 32; *Krieger*, in: U. Schneider, Beherrschungs- und Gewinnabführungsverträge, S. 99; *Liebscher*, GmbH-Konzernrecht, Tz. 799; a.A. *Casper*, in: Ulmer/Habersack/Löbbe, GmbHG, Anh. 77 Rn. 211; *Altmeppen*, in: Roth/Altmeppen, GmbHG, Anh. § 13 Rn. 103.

58 S. *Koppensteiner*, in: KK-AktG, § 295 Rn. 2.

59 *Emmerich/Habersack*, Konzernrecht, § 32 Rn. 40; *Hommelhoff*, in: Lutter/Hommelhoff, GmbHG, Anh. § 13 Rn. 86; *Emmerich*, in: Scholz, GmbHG, Anh. § 13 Rn. 188; *Weller/Discher*, in: Bork/Schäfer, GmbHG, Anh. § 13 Rn. 44; a.A. *Liebscher*, GmbH-Konzernrecht, Tz. 799.

60 Ablehnend *Beurskens*, in: Baumbach/Hueck, GmbHG, Schlussanh. § 77 Rn. 124; demgegenüber für die Möglichkeit redaktioneller Änderungen *Emmerich/Habersack*, Konzernrecht, § 32 Rn. 40; s. insoweit auch *Hommelhoff*, in: Lutter/Hommelhoff, GmbHG Anh. § 13 Rn. 86 und *Casper*, in: Ulmer/Habersack/Löbbe, GmbHG, Anh. § 77 Rn. 214, der aber redaktionelle Änderungen zulassen will, wenn in der Satzung eine Ermächtigung an den Aufsichtsrat enthalten ist.

61 *Beurskens*, in: Baumbach/Hueck, GmbHG, SchlAnhKonzernR, § 77 Rn. 124.

62 *Hüffer/Koch*, AktG, § 297 Rn. 11.

sich nach der getroffenen Vereinbarung; fehlt eine solche, sollte insoweit auf § 132 HGB (mindestens 6 Monate) zurückgegriffen werden.[63]

32 Streitig ist, ob die Kündigung seitens der beherrschten GmbH der **Zustimmung** der Gesellschafter bedarf, wobei teilweise die Zustimmung aller Gesellschafter[64] und teilweise die Zustimmung mit qualifizierter Mehrheit[65] gefordert wird, oder ob es sich um eine reine Geschäftsführungsmaßnahme handelt,[66] sodass die Zustimmung entbehrlich ist und – soweit Abfindungs- und Ausgleichsleistungen im Vertrag vorgesehen sind – nur ein Sonderbeschluss der außenstehenden Gesellschafter erforderlich ist. **Der BGH** hat sich jüngst gegen letztere Auffassung ausgesprochen.[67] Der BGH hat die Kündigung eines Beherrschungsvertrages richtigerweise als innergesellschaftsrechtlichen Organisationsakt der beherrschten Gesellschaft eingestuft (u.a. Rückgabe des Weisungsrechts an die Gesellschafterversammlung, Wiedererlangung des Gewinnbezugsrechts und Verlust der Ausgleichsansprüche). Aus dieser Einstufung ergibt sich jedenfalls, dass die Gesellschafter der abhängigen Gesellschaft über die Kündigung des Beherrschungs- oder Gewinnabführungsvertrages per Gesellschafterbeschluss zu entscheiden haben. Welchen Bedingungen die Beschlussfassung im Einzelnen unterliegt, hat der BGH offengelassen. Von einer Zustimmung aller Gesellschafter wird nicht auszugehen sein, da die Kündigung nicht zu einer Änderung des ursprünglichen Zwecks (vielmehr Rückkehr zum festgelegten Zweck) führt und es auch nicht zu einer Vermehrung der Leistungen kommt. Teilweise wird eine qualifizierte Mehrheit gem. § 53 GmbHG sowie ein Sonderbeschluss analog § 296 Abs. 2 AktG der Minderheitsgesellschafter verlangt.[68] Zutreffender erscheint es, einen Gesellschafterbeschluss mit einfacher Mehrheit sowie die Zustimmung der Gesellschafter zu verlangen, die durch die Kündigung des Vertrages Rechte verlieren.

Zudem hat der BGH festgestellt, dass der herrschende Gesellschafter der abhängigen GmbH bei der Beschlussfassung über die ordentliche Kündigung **stimmberechtigt** ist. Da der Beschluss über die Kündigung die inneren Angelegenheiten der Gesellschaft betreffe (u.a. Veränderung der Organisationsstruktur), komme es nach den von der Rechtsprechung entwickelten Grundsätzen zu einer Ausnahme vom Stimmverbot für so gen. körperschaftliche Sozialakte.[69]

33 Nach h.A. ist eine **Zustimmung der Gesellschafterversammlung der herrschenden Gesellschaft** demgegenüber nicht erforderlich, da die Beendigung aus Sicht der Obergesellschaft eine reine Geschäftsführungsmaßnahme darstellt.[70] Nach a.A. wird hingegen ein Beschluss der Gesellschafterversammlung mit einfacher Mehrheit verlangt, da es sich bei der Aufhebung um eine außergewöhnliche

63 *Koppensteiner*, in: KK-AktG, § 297 Rn. 6; *Hüffer/Koch*, AktG, § 297 Rn. 15; a.A. für § 723 II BGB *Windbichler*, Unternehmensverträge und Zusammenschlusskontrolle, S. 75 f.

64 OLG Oldenburg, NZG 2000, 1138, 1139 (aufgehoben durch BGH, LM Nr. 11 zu § 53 GmbHG = NJW 2002, 822, wobei dies aus anderen Gründen geschehen ist); LG Konstanz, ZIP 1992, 1736, 1737 (aufgehoben durch das OLG Karlsruhe Fn. 61; *Ebenroth/Wilken*, WM 1993, 1617 ff.; *Fleischer/Rentsch*, NZG 2000, 1141; *Hoffmann-Becking*, WIB 1994, 57, 62 f.

65 *Casper*, in: Ulmer/Habersack/Löbbe, GmbHG, Anh. § 77 Rn. 215; *Emmerich/Habersack*, Konzernrecht, § 32 Rn. 47; *Grüner*, Die Beendigung von Gewinnabführungs- und Beherrschungsverträgen, S. 75; *Krieger*, in: MünchHdbGmbH, § 70 Rn. 41; *Emmerich*, in: Scholz, GmbHG, Anh. § 13 Rn. 195.

66 BayOblG, NJW-RR 2003, 907; OLG Frankfurt am Main, AG 1994, 85 = NJW-RR 1994, 296; OLG Karlsruhe, AG 1995, 38 = NJW-RR 1994, 1062; LG Essen, AG 1999, 135 = NZG 1998, 860; *Altmeppen*, in: Roth/Altmeppen, GmbHG, Anh. § 13 Rn. 97; *Liebscher*, in: MünchKommGmbHG, Anh. § 13 Rn. 929; *Servatius*, in: Michalski, GmbHG, Syst. Darst. 4 Rn. 219, 234; *Schnorbus*, in: Rowedder/Schmidt-Leithoff, GmbHG Anh. § 52 Rn. 125.

67 BGH, AG 2011, 668, 669.

68 *Emmerich/Habersack*, Konzernrecht, § 32 Rn. 47, 43; *Beurskens*, in: Baumbach/Hueck, GmbHG, SchlAnhKonzernR, Rn. 128; *Beck* GmbHR 2014, 1075, 1078; MüKo/*Liebscher* GmbH, Anh. zu § 13 Rn. 995; *Wachter*, GmbHR 2015, 360, 370; *Wicke*, GmbHR 2017, 686, 689.

69 S. BGHZ 18, 205, 210; BGHZ 51, 209, 215 f.; GmbHR 2007, 260 m. Anm. *Wackerbarth*; BGHZ 48, 163, 166 f.; GmbHR 2003, 171 m. Anm. *Riehm*.

70 *Emmerich/Habersack*, Konzernrecht, § 32 Rn. 47, 43; *Liebscher*, GmbH-Konzernrecht, Tz. 821.

Maßnahme handele.[71] Zuzustimmen ist letzterer Auffassung, sodass entscheidend ist, welche Rechtsform die herrschende Gesellschaft hat (bei AG § 76 AktG), welche Folgen im konkreten Fall mit der Aufhebung und dort insb. der ggf. zu gewährenden Sicherheitsleistung gem. § 303 AktG verbunden sind und ob sie als außergewöhnlich einzustufen sind.

bb) Außerordentliche Kündigung

Eine **außerordentliche Kündigung** des Vertrages ist entspr. § 297 AktG bei Vorliegen eines wichtigen Grundes möglich (allg. Meinung),[72] wobei unerheblich ist, ob der Vertrag befristet oder unbefristet abgeschlossen worden ist. Ein wichtiger Grund kommt u.a. in Betracht, wenn das herrschende Unternehmen nicht in der Lage ist, seine Vertragspflichten zu erfüllen. Hierzu zählt insb. die Verpflichtung zum Verlustausgleich (§ 302 AktG) oder diejenige zur Ausgleichsleistung oder zur Abfindung (§ 304 f. AktG), wenn auch Letztere bei der GmbH seltener zum Tragen kommen wird. Es muss nicht abgewartet werden, bis konkrete Leistungsausfälle eintreten.[73] Gekündigt werden kann vielmehr früher, wenn eine entsprechende Prognose vorliegt, wobei kurzfristige Schwierigkeiten noch nicht ausreichen. Liegen diese Voraussetzungen vor, kann neben der abhängigen GmbH auch der herrschende Vertragsteil kündigen, da ihm nicht zugemutet werden kann, bis zu seinem Untergang zu erfüllen. Weitere Fälle, die als wichtiger Grund einzustufen sind, sind schwerwiegende Vertragsverletzungen,[74] die andauernde Erteilung unzulässiger Weisungen (s. hierzu Rdn. 22), die Eröffnung des Insolvenzverfahrens über einen der Vertragspartner oder die kartellrechtliche Untersagungsverfügung.[75] Zudem können die Vertragsparteien nach herrschender Ansicht im Vertrag den Eintritt bestimmter Sachverhalte als wichtigen Grund festlegen.[76] Nicht als wichtiger Grund anzuerkennen ist demgegenüber die Veräußerung der Beteiligung durch das herrschende Unternehmen (str.),[77] die Verschlechterung der Ertragslage der Gesellschaft[78] oder die bessere Verwertbarkeit nach dem Wegfall des Unternehmensvertrages.[79] 34

cc) Erklärungszuständigkeit, Zustimmungsbeschluss, Form

Die **Kündigungserklärung** – eine einseitige empfangsbedürftige Willenserklärung gem. § 130 BGB – ist vom jeweiligen Vertragsteil abzugeben. Die GmbH wird dabei durch ihre Geschäftsführer vertreten (§ 35 GmbHG). Für den anderen Vertragsteil hat das jeweils zuständige Vertretungsorgan zu handeln. Die Kündigung bedarf eines Beschlusses der Gesellschafter der abhängigen GmbH, wobei die gleichen Voraussetzungen wie für den Abschluss des Vertrages eingehalten werden müssen (s.o. im Einzelnen Rdn. 32). Den Mehrheitsgesellschafter der abhängigen Gesellschaft trifft insoweit kein Stimmverbot (s.o. Rdn. 32). Hinsichtlich der Anforderungen der Beschlussfassung seitens der herrschenden Gesellschaft ist entscheidend, ob es sich für sie als außergewöhnliche Maßnahme darstellt, soweit es sich bei Letzterer um eine GmbH handelt (für die AG gilt § 76 AktG, s.o. Rdn. 33). Die Kündigung kann nicht von der Zustimmung Dritter abhängig gemacht 35

---

71 *Casper*, in: Ulmer/Habersack/Löbbe, GmbHG, Anh. § 77 Rn. 214; *Roth/Altmeppen*, GmbHG, Anh. § 13 Rn. 104 f.; *Grüner*, Die Beendigung von Gewinnabführungs- und Beherrschungsverträgen, S. 76 ff.

72 BGHZ 122, 211, 229 = NJW 1993, 1976 (SIS); *Schnorbus*, in: Rowedder/Schmidt-Leithoff, GmbHG, Anh. 52, Rn. 126; *Hommelhoff*, in: Lutter/Hommelhoff, GmbHG, Anh. § 13 Rn. 86; *Casper*, in: Ulmer/Habersack/Löbbe, GmbHG, Anh. § 77 Rn. 216; *Emmerich/Habersack*, Konzernrecht, § 32 Rn. 45.

73 S. *Hüffer/Koch*, AktG, § 297 Rn. 4.

74 AG 1989, 253, 254.

75 *Windbichler*, Unternehmensverträge und Zusammenschlusskontrolle, S. 26, 80 ff.

76 BGHZ 122, 211 = NJW 1993, 1976; OLG Frankfurt am Main, AG 2008, 826; KG, AG 2009, 30, 34; OLG München, WM 2009, 1038, 1042; a.A. LG Ingolstadt, AG 1991, 24, 25; s. hierzu auch *Hüffer/Koch*, AktG, § 297 Rn. 8.

77 OLG Düsseldorf, AG 1995, 137, 138; LG Duisburg, AG 1994, 379 f.; LG Frankenthal, AG 1989, 253, 254; *Hüffer/Koch*, AktG, § 297 Rn. 7; a.A. LG Bochum, ZIP 1986, 1386; *Krieger/Jannott*, DStR 1995, 1473, 1476.

78 *Koppensteiner*, in: KK-AktG, § 297 Rn. 18.

79 BGH, AG 2011, 668, 669.

werden (streitig).[80] Hinsichtlich der Form der Kündigung verlangt § 297 AktG **Schriftform** (§ 126 BGB), was über die analoge Anwendung des § 297 AktG auch für die GmbH gilt.

6. Folgen der Kündigung

36 Durch die Kündigung wird der Beherrschungsvertrag beendet. Der **Eintragung im Handelsregister** kommt insoweit nur **deklaratorische Bedeutung** zu. Die erfolgte Kündigung begründet indessen die Pflicht zur Anmeldung der Änderung bei dem zuständigen Handelsregister. Endet der Beherrschungsvertrag während des Geschäftsjahres, besteht die **Verlustausgleichspflicht** für den entsprechenden zeitanteiligen Jahresfehlbetrag. Auch der Ausgleich – soweit existent – ist zeitanteilig zu begleichen. Gläubiger können gem. § 303 AktG analog **Sicherheitsleistung** verlangen. Der Anspruch der Gläubiger auf eine Sicherheitsleistung für Verbindlichkeiten, die bis zur Bekanntmachung der Eintragung der Beendigung des Beherrschungs- und Gewinnabführungsvertrages begründet, aber erst danach fällig werden ist entsprechend den Nachhaftungsregeln in §§ 26, 160 HGB und § 327 Abs. 4 AktG auf Ansprüche, die vor Ablauf von fünf Jahren nach der Bekanntmachung fällig werden, begrenzt.[81] Mit Beendigung des Beherrschungsvertrages geht die Leitungsmacht unter. Zu der Frage, wie mit Verträgen zu verfahren ist, die während der Dauer des Beherrschungsvertrages zwischen den Parteien abgeschlossen worden sind und zu einer im Konzerninteresse liegenden Benachteiligung der abhängigen GmbH führen, besteht noch keine Rechtsprechung. Richtigerweise muss der Gesellschaft ein Rücktritts- oder Kündigungsrecht zustehen; ggf. muss sie sich auch auf eine Anpassung des Vertrages an die geänderten Umstände berufen können.[82] Eine weiter gehende Verpflichtung dahin gehend, dass die herrschende Gesellschaft nach Aufhebung des Vertrages eine Art **Wiederaufbauhilfe** leisten müsste, besteht nach zutreffender Ansicht nicht.[83]

a) Aufhebung

37 Der Beherrschungsvertrag kann durch **vertragliche Aufhebung** beendet werden. Dies setzt übereinstimmende Willenserklärungen der Vertragsparteien voraus. Die Aufhebung bedarf eines Beschlusses der Gesellschafter der abhängigen GmbH, wobei die gleichen Voraussetzungen wie für den Abschluss des Vertrages eingehalten werden müssen (s.o. im Einzelnen Rdn. 32). Den Mehrheitsgesellschafter der abhängigen Gesellschaft trifft insoweit kein Stimmverbot (s.o. Rdn. 32). Hinsichtlich der Anforderungen der Beschlussfassung seitens der herrschenden Gesellschaft ist entscheidend, ob sich die Aufhebung für sie als außergewöhnliche Maßnahme darstellt, soweit es sich bei diesem um eine GmbH handelt (für die AG gilt § 76 AktG, s.o. Rdn. 33). Der Aufhebungsvertrag bedarf der **Schriftform** (§ 296 Abs. 1 Satz 3 AktG analog). Entsprechend § 296 Abs. 1 Satz 1 AktG ist eine Aufhebung nur zum Ende des Geschäftsjahres der verpflichteten Gesellschaft oder des sonst vertraglich bestimmten Abrechnungszeitraumes möglich. Eine rückwirkende Aufhebung ist gem. § 296 Abs. 1 Satz 2 AktG analog nicht zulässig.[84]

38 Mit Eintritt des vereinbarten Aufhebungszeitpunkts enden die beherrschungsvertraglichen Bindungen. Die Eintragung in das **Handelsregister** hat nur **deklaratorische** Wirkung. Jedoch besteht eine Pflicht zur Anmeldung entsprechend § 298 AktG. Die Pflicht zur **Sicherheitsleistung** analog § 302 AktG (s.a. Rdn. 25) entsteht mit dem Beendigungszeitpunkt.[85] Der Ausgleichsanspruch analog § 304 AktG, soweit einschlägig, setzt sich bis zum Beendigungszeitpunkt fort (s. hierzu Rdn. 19).

---

80 *Hüffer/Koch*, AktG, § 297 Rn. 19; *Timm*, in: FS Kellermann, 1991, S. 461, 474 f.

81 BGH, ZIP 2014, 2282.

82 S. im Einzelnen *H. Wilhelm*, Die Beendigung des Beherrschungs- und Gewinnabführungsvertrages, S. 57 ff.; *Koppensteiner*, in: KK-AktG, § 297 Rn. 64.

83 *Hüffer/Koch*, AktG, § 296 Rn. 9; *Koppensteiner*, in: KK-AktG, § 297 Rn. 63 f. mit zahlreichen weiteren Nachweisen; *Priester*, ZIP 1989, 1301, 1305; a.A. *H. Wilhelm*, Beendigung des Beherrschungs- und Gewinnabführungsvertrages, S. 120; *Martens*, Die existenzielle Wirtschaftsabhängigkeit, S. 42 ff.; s.a. OLG Düsseldorf, AG 1990, 490, 492.

84 *Emmerich/Habersack*, Konzernrecht, § 32 Rn. 43.

85 *Koppensteiner*, in: KK-AktG, § 296 Rn. 17.

Ggf. gewährte Abfindungsleistungen sind nicht zurückzugewähren.[86] Eine weiter gehende Verpflichtung dahin gehend, dass die herrschende Gesellschaft nach Aufhebung des Vertrages eine Art. **Wiederaufbauhilfe** leisten müsste, besteht nach zutreffender Ansicht nicht.[87]

b) Weiterte Beendigungsgründe

Der Unternehmensvertrag kann auch auf andere Weise, ohne dass weitere Maßnahmen erforderlich wären, enden. Hierzu zählt Zeitablauf bei **befristeten Verträgen**, die Auflösung eines Vertragsteils etwa durch **Insolvenz (im Einzelnen streitig)**,[88] die **Verschmelzung** oder **Eingliederung** der beherrschten Gesellschaft[89] oder ein **kartellrechtliches Verbot**.[90] Ein **Rücktrittsrecht** vom Beherrschungsvertrag nach den gesetzlichen Regelungen besteht nach der ganz herrschenden Meinung in der Rechtsprechung nur bis der Unternehmensvertrag in Vollzug gesetzt wird;[91] anschließend kann der Vertrag nur aus wichtigem Grund gekündigt werden (s. hierzu Rdn. 30 ff.). Entscheidend ist insoweit beim Beherrschungsvertrag die Eintragung in das Handelsregister. Ein **vertraglicher Rücktrittsvorbehalt** ist ebenso zu behandeln. Auch er ist nur zulässig, wenn er sich auf die Zeit bis zur Eintragung in das Handelsregister bezieht.[92] Jedoch kann der Rücktrittsgrund als wichtiger Grund zur Kündigung des Vertrages aufzufassen sein.[93] Ob der **Wegfall der Unternehmenseigenschaft** bei dem anderen Vertragsteil zur Beendigung des Vertrages führen kann, ist streitig[94] und davon abhängig, welche Anforderungen an das Unternehmen i.S.v. § 291 AktG gestellt werden. Mit Blick auf den Sinn und Zweck der unternehmensvertraglichen Regelungen dürfte eine Vertragsbeendigung anzunehmen sein. Bezweifelt wird zudem, ob der Vertrag mit der nachträglichen Beteiligung eines neuen außenstehenden Gesellschafters analog § 307 AktG endet.[95] Diese Frage, die bei der GmbH in der Praxis nur selten von Bedeutung sein wird, ist im Ergebnis nur dann zu bejahen, soweit der Auffassung gefolgt wird, dass zum Abschluss des Vertrages nicht alle Gesellschafter zustimmen müssen (s. Rdn. 16), da in diesem Fall der durch das AktG verfolgte Sicherungszweck auch bei der GmbH einschlägig ist. 39

7. Fehlerhafter Vertrag

Fehlt einem Unternehmensvertrag ein Wirksamkeitserfordernis, wendet die höchstrichterliche Rechtsprechung die Regeln über die **fehlerhafte Gesellschaft** an.[96] Folge hiervon ist, dass der Unternehmensvertrag für die Vergangenheit als wirksam behandelt wird. Von dem Fehlen eines solchen 40

86 *Hüffer/Koch*, AktG, § 296 Rn. 9; *Koppensteiner*, in: KK-AktG, § 296 Rn. 17; *Altmeppen*, in: MünchKommAktG, § 296 Rn. 40.

87 *Hüffer/Koch*, AktG, § 296 Rn. 9; *Koppensteiner*, in: KK-AktG, § 297 Rn. 63 f. mit zahlreichen weiteren Nachweisen; *Priester*, ZIP 1989, 1301, 1305; a.A. *H. Wilhelm*, Beendigung des Beherrschungs- und Gewinnabführungsvertrages, S. 120; *Martens*, Die existenzielle Wirtschaftsabhängigkeit, S. 42 ff.; s.a. OLG Düsseldorf, AG 1990, 490, 492.

88 BGHZ 103, 1, 6 = NJW 1988, 1326 (Familienheim); BayObLG, ZIP 1998, 1872; *Hüffer/Koch*, AktG, § 297 Rn. 22 und 22a; abstellend auf die gerichtl. Bestätigung des Insolvenzplans mit Liquidationsregelung: *Kley*, Die Rechtsstellung der außenstehenden Aktionäre, 216; *Hengeler/Hoffmann-Becking*, in: FS Hefermehl, 1976, 283, 298; s. aber a.A. *Koppensteiner*, in: KK-AktG § 297 Rn. 44 f. m.w.N.

89 LG Mannheim, AG 1995, 89; *Koppensteiner*, in: KK-AktG, § 295 Rn. 51 m.w.N.

90 *Koppensteiner*, in: KK-AktG, § 296 Rn. 49 f.; s.a. *Windbichler*, Unternehmensverträge und Zusammenschlusskontrolle S. 26 f. m.w.N.

91 *Hüffer/Koch*, AktG, § 297 Rn. 23; *Koppensteiner*, in: KK-AktG, § 297, 14.

92 BGHZ 122, 211, 225 f. = NJW 1993, 1976 (SSI); LG Ingolstadt, AG 1991, 24, 26.

93 *Koppensteiner*, in: KK-AktG, § 296 Rn. 15.

94 Dafür: *Koppensteiner*, in: KK-AktG, § 296 Rn. 49 f.; *Hüffer/Koch*, AktG, § 297 Rn. 22 m.w.N.

95 *Altmeppen*, in: Roth/Altmeppen, GmbHG, Anh. § 13 Rn. 95; s. zu dem ganzen auch *Priester*, in: FS Peltzer, 2001, S. 327.

96 BGHZ 103, 1, 4 f.; BGHZ 116, 37, 39 f.; BGH, ZIP 2002, 35, 36; OLG Oldenburg, NZG 2000, 1138, 1139, m. Anm. *Fleischer/Rentsch*.

Wirksamkeitserfordernisses ist der BGH in der Entscheidung Familienheim[97] bei dem Fehlen des Zustimmungsbeschlusses, der nicht in das Handelsregister eingetragen war, ausgegangen. Weitere Wirksamkeitsmängel können bspw. Formfehler (§ 125 BGB) oder eine Anfechtung (§§ 119 ff. BGB) aufseiten der beherrschten GmbH sein, ebenso wie Beschlussmängel oder Formmängel aufseiten der herrschenden Gesellschaft (s. zu den Erfordernissen Rdn. 14 ff.). Weitere Voraussetzungen für die Anwendung der Regel über die fehlerhafte Gesellschaft sind, dass die Vertragsparteien einen wirksamen Vertragsschluss wollten[98] und der Vertrag zudem in Vollzug gesetzt worden ist. Für Letzteres muss neben dem jedenfalls genügenden Verlustausgleich[99] jede weitere typische Handlung aufgrund des Vertrages ausreichen (z.B. Weisungen § 308 AktG analog oder Gewinnabführung).[100] Inwieweit weiter vorausgesetzt wird, dass der Beherrschungsvertrag in das Handelsregister eingetragen worden ist, ist streitig;[101] Die besseren Gründe sprechen dafür, eine Eintragung für die entsprechende Anwendung der Regeln über die fehlerhafte Gesellschaft nicht für notwendig zu erachten.

41 Folge der Anwendung der Grundsätze über die fehlerhafte Gesellschaft ist, dass der Vertrag als **wirksam behandelt wird**, bis sich einer der Vertragsparteien auf die **Nichtigkeit beruft** (nur zukünftige Geltendmachung der Nichtigkeit), was auch durch eine **Kündigung aus wichtigem Grund** erfolgen kann.[102] Demzufolge sind während der Dauer des fehlerhaften Vertrags Verlustausgleichsleistungen gem. § 302 AktG analog bzw. – soweit vereinbart – Ausgleichs- oder Abfindungszahlungen gem. §§ 304 ff. AktG zu leisten.

42 Die Parteien können sich, solange es nicht zu einer Heilung des Mangels gekommen ist, auf die **Unwirksamkeit des Vertrages** berufen oder diesen durch **Kündigung aus wichtigem Grund** beenden. Insoweit reicht die Erklärung durch eine der Parteien des Vertrages aus.[103] Zuständig für die Beendigung des unzureichenden Zustandes ist vorrangig der Geschäftsführer der GmbH (§ 37 GmbHG). Er ist verpflichtet, sich ggü. der GmbH auf die Unwirksamkeit des Vertrages zu berufen. Bei dem Unterlassen eines Tätigwerdens des Geschäftsführers ist eine Notzuständigkeit der Gesellschafter entsprechend § 744 Abs. 2 BGB zu bejahen.[104]

II. Gewinnabführungsvertrag

43 Ebenso kann eine GmbH Partner eines **Gewinnabführungsvertrages** als untergeordnete Gesellschaft sein. Charakteristisches Merkmal eines solchen Gewinnabführungsvertrages ist, dass sich die betreffende GmbH verpflichtet, ihren gesamten Gewinn, d.h. den Bilanzgewinn, der ohne Gewinnabführungsvertrag bestünde, an das (herrschende) Unternehmen abzuführen (§ 291 Abs. 1 Satz 1, 2. Alt. AktG analog). Teilweise werden Beherrschungs- und Gewinnabführungsvertrag zusammen abgeschlossen. In diesem Fall kommen die §§ 302 ff. AktG – wie oben zum Beherrschungsvertrag beschrieben (Rdn. 22 ff.) – auf die GmbH zur Anwendung. Möglich und heute häufiger anzutreffen[105] ist der

---

97 BGHZ 103, 1, 4 f. = NJW 1988, 1326; BGHZ 105, 168, 182 = NJW 1988, 3143 (HSW); BGHZ 116, 37, 39; BGHZ 116, 37, 39 = NJW 1992, 505 (Stromlieferung); OLG Koblenz, AG 1991, 142; OLG München, AG 1991, 358, 361; OLG Oldenburg, NZG 2000, 1138, 1139; LG Ingolstadt, AG 1991, 24, 25.

98 LG München, ZIP 2008, 242, 243 (HBV/Uni Credit).

99 BGHZ 103, 1, 4 f. = NJW 1988, 1326, 1327 (Familienheim); BGHZ 116, 37, 39; BGHZ 116, 37, 39 = NJW 1992, 505 (Stromlieferung).

100 *Weller/Discher*, in: Bork/Schäfer, GmbHG, Anh. § 13 Rn. 45.

101 Als nicht erforderlich ansehend: BGHZ 116, 37, 39 f. = NJW 1992, 505 (Stromlieferung); NJW 2002, 822, 823; BGH, ZIP 2005, 252; *Emmerich/Habersack*, Konzernrecht, § 32 Rn. 29; a.A. *Servatius*, in: Michalski, GmbHG, Syst. Darst. 4, Rn. 245; *Beurskens*, in: Baumbach/Hueck, GmbHG, SchlAnhKonzernR, Rn. 112; *Liebscher*, GmbH-Konzernrecht, Tz. 622; *Emmerich*, in: Scholz, GmbHG, Anh. § 13 Rn. 163; *Weller/Discher*, in: Bork/Schäfer, GmbHG, Anh. § 13 Rn. 45.

102 BGH, NZG 2005, 361, 262; BGH, ZIP 2002, 35, 36; BGHZ 103, 1, 4 f. = NJW 1988, 1326 (Familienheim); BGHZ 116, 37, 39 = NJW 1992, 505 (Stromlieferung).

103 BGH, NJW 2002, 822, 823.

104 *Emmerich/Habersack*, Konzernrecht, § 32 Rn. 31.

105 *Emmerich/Habersack*, Konzernrecht, § 32 Rn. 48; *Casper*, in: Ulmer/Habersack/Löbbe, GmbHG, Anh. § 77 Rn. 193.

Abschluss eines Gewinnabführungsvertrages ohne Beherrschungsvertrag. In dem Fall eines solchen **isolierten Gewinnabführungsvertrages** kommen die §§ 302 bis 307 AktG in entsprechender Weise zur Anwendung; nicht zur Anwendung gelangt indessen § 308 AktG, da der Gewinnabführungsvertrag kein Weisungsrecht begründet. In der Praxis sind solche isolierten Gewinnabführungsverträge häufig anzutreffen, da sie allein ausreichend sind, um ein **körperschaftsteuerliches Organschaftsverhältnis** nach den §§ 17, 14 KStG zu begründen und so das Einkommen der Organgesellschaft dem Organträger zuzurechnen (zu den steuerlichen Voraussetzungen für die Anerkennung s. Rdn. 45).[106] Nur die Obergesellschaft ist dann Steuerschuldner. Die bisher nur geringe Bedeutung internationaler Gewinnabführungsverträge wird sich ggf. mit der Änderung des § 14 KStG, namentlich seiner Ausweitung auf EU- und EWR-Gesellschaften, ändern.[107]

1. Abschluss des Gewinnabführungsvertrages

44 Der Abschluss eines Gewinnabführungsvertrages führt zu einer Änderung des Zwecks der Gesellschaft (§ 33 BGB), da ihr Ziel nicht mehr die Gewinnerzielung im Gesellschaftsinteresse ist, sondern vielmehr diejenige i.S.d. herrschenden Unternehmens. Dementsprechend ist im Hinblick auf die untergeordnete GmbH ein **Zustimmungsbeschluss aller Gesellschafter** erforderlich[108] (h.M., s.a. Rdn. 16; s. dort auch zur abweichenden Meinung, die eine Dreiviertel-Mehrheit ausreichen lassen will). Seitens des herrschenden Unternehmens ist ein **Beschluss der Gesellschafter** mit einer **qualifizierten Mehrheit** von 3/4 erforderlich.[109] Anders als der Beherrschungsvertrag kann der Gewinnabführungsvertrag auch mit Rückwirkung abgeschlossen werden (zum Inhalt s.a. Rdn. 43).

45 Aus steuerlicher Sicht ist darauf hinzuweisen, dass eine steuerliche Organschaft auf der Grundlage eines Gewinnabführungsvertrages nur dann anerkannt wird, wenn der Gewinnabführungsvertrag nach den Vorgaben des Gesellschaftsrechts wirksam ist und bei der Durchführung des Vertrages die gesellschaftsrechtlichen Vorgaben berücksichtigt werden. Fehlt es hieran, wird die steuerliche Organschaft nicht anerkannt, mit der weiteren Konsequenz, dass abgeführte Gewinne als verdeckte Gewinnausschüttung qualifiziert werden bzw. keine Qualifikation als Betriebsstätte i.S.d. § 2 Abs. 2 GewStG stattfindet.[110]

Bei Abfassung bzw. der Durchführung eines Gewinnabführungsvertrages sind daher u.a. die folgenden Kriterien zu berücksichtigen:

a) Gem. § 17 S. 2 Nr. 1 KStG darf ein Gewinnabführungsvertrag den in § 301 AktG genannten Betrag nicht überschreiten.[111]
b) Gem. § 17 S. 2 Nr. 2 KStG ist erforderlich, dass zwischen den Parteien des Gewinnabführungsvertrages eine Verlustübernahme durch Verweis auf die Vorschrift des § 302 AktG in seiner jeweiligen Fassung vereinbart wird. Der Bundesfinanzhof[112] und die Finanzverwaltung[113] verlangen aufgrund der vorgenannten Regelung des KStG, dass der Gewinnabführungsvertrag eine dem § 302 AktG entsprechende Vereinbarung enthalten muss, wobei sich das Regelungserfordernis auf § 302 Abs. 1 und Abs. 3 sowie – nach der Einführung des Abs. 4 durch das Gesetz zur Anpassung von Verjährungsvorschriften an das Gesetz zur Modernisierung des Schuldrechts mit Wirkung vom 15.12.2004 – auch auf diesen bezieht.[114] Fehlt es bspw. an einem Verweis auf Abs. 4 (Verjährungsvorschrift) im Gewinnabführungsvertrag, wird der

106 S. ausführlich *Busch*, in: MünchHdbGesR, Bd. III, § 72.
107 *Winter/Marx*, DStR 2011, 1101.
108 *Emmerich*, in: Scholz, GmbHG, Anh. § 13 Rn. 201; *Emmerich/Habersack*, Konzernrecht § 32 Rn. 49.
109 *Emmerich*, in: Scholz, GmbHG, Anh. § 13 Rn. 201.
110 BFH DStR 2011, 219 ff.; s. *Kutsch*, GmbHR 2010, 953 m.w.N.; das BVerfG hat eine dagegen gerichtete Verfassungsbeschwerde nicht zur Entscheidung angenommen (s. Kammerbeschluss v. 31.08.2010; StEd 2010, 627).
111 *Dötsch*, in: Dötsch/Pung/Mohlenbrock, KStG, § 17 Rn. 17.
112 BFH DStR 2001, 219 ff.
113 R 66 Abs. 3 KStR.
114 BFH DStR 2011, 219 ff.

Gewinnabführungsvertrag steuerlich nicht anerkannt, wie im zitierten BFH-Urteil entschieden. Nachdem Gesetze nicht statisch sind und daher nicht ausgeschlossen werden kann, dass die Regelung des § 302 AktG nochmals eine Änderung erfährt, ist zu empfehlen, eine dynamische Verweisungsklausel im Hinblick auf den § 302 AktG – wie ihn schon der Wortlaut des § 17 S. 2 Nr. 2 enthält (in seiner jeweiligen Fassung) – in den Gewinnabführungsvertrag aufzunehmen.[115]

c) Der Gewinnabführungsvertrag muss auf mindestens fünf Jahre abgeschlossen sein (§ 14 Abs. 1 Satz 1 KStG), wobei es sich um Zeitjahre (volle fünf Jahre) handeln muss.[116] Zudem muss der Gewinnabführungsvertrag während seiner gesamten Geltungsdauer auch durchgeführt werden (§ 14 Abs. 1 Satz 1 Nr. 3 S. 1 KStG).[117]
d) Die bisherige Voraussetzung des § 14 Abs. 1 Satz 1 Halbs. 1 KStG, wonach die Organgesellschaft eine Kapitalgesellschaft mit Sitz und Verwaltung im Inland sein muss, ist durch das Gesetz zur Änderung und Vereinfachung der Unternehmensbesteuerung und des steuerlichen Reisekostenrechts[118] abgeändert worden. Nun können auch nach ausländischem Recht gegründete Kapitalgesellschaften mit inländischer Geschäftsleitung und Sitz in einem Mitgliedstaat der EU oder des EWR Organgesellschaften sein (Aufgabe des doppelten Inlandbezugs).[119]

2. Gewinnabführung

46 Besteht durch Vertrag eine Pflicht zur Gewinnabführung, ist für die GmbH fraglich, ob § 301 AktG entsprechend anzuwenden ist. Nach dieser Regelung zur Ermittlung des abführbaren Gewinns ist vom Jahresüberschuss auszugehen, wie er sich ohne eine Pflicht zur Gewinnabführung ergäbe, wobei von diesem Betrag gem. § 301 Satz 1 AktG die Verlustvorträge aus dem Vorjahr sowie die Beträge, die in die gesetzliche Rücklage nach § 300 AktG einzustellen sind, abzuziehen sind. Die Vorschrift zur gesetzlichen Rücklagenbildung nach § 300 AktG gilt für die GmbH nicht, sodass auch die in § 301 AktG vorgesehen Beschränkung für die GmbH gegenstandslos ist.[120] Demgegenüber kommt der vorgeschriebene Abzug des Verlustvortrages auch bei der GmbH zur Anwendung.[121] Die weitere Frage, ob eine Abführung von Beträgen aus der **Auflösung von anderen Gewinnrücklagen**, die vor Vertragsbeginn gebildet wurden, zulässig ist, ist in der Literatur umstritten, auch wenn diese Frage in der Praxis nur selten eine Rolle spielen wird, da bei **Begründung einer steuerlichen Organschaft** die Anwendung der Regelungen der §§ 301 und 302 AktG im Vertrag festgeschrieben sein muss, mit der Folge, dass vorvertragliche Gewinnrücklagen nicht ausgeschüttet werden können.[122] Für den seltenen Fall, dass keine Organschaft angestrebt wird, stehen sich zwei Meinungen ggü., wonach die erste die Zulässigkeit der Ausschüttung vorvertraglicher Gewinnrücklagen in der Mehrpersonengesellschaft, wenn nicht alle Gesellschafter zustimmen, verneint,[123] während die zweite eine solche zulässt.[124] Zu folgen ist ersterer Auffassung, da dies den gesetzlichen Vorgaben des Gewinnabführungsvertrages entspricht und nicht angenommen werden kann, dass ein stillschweigender Verzicht vorliegt. Bei der **Einpersonengesellschaft** bestehen hingegen keine Bedenken gegen die Auflösung, da der Gläubigerschutz über die §§ 30, 31 hergestellt wird.[125]

---

115 S. im Einzelnen *Dötsch*, in: Dötsch/Pung/Mohlenbrock, KStG, § 17 Rn. 4 ff.
116 BFH DStR 2011, 219 ff.
117 *Emmerich/Habersack*, Konzernrecht, Aktien- und GmbH-Konzernrecht, § 291 Rn. 51b; *Schäfer*, GmbHR 2011, 806 ff.
118 BGBl. I 285.
119 *Dötsch*, in: Dötsch/Pung/Mohlenbrock, § 17 Rn. 8.
120 *Hoffmann-Becking*, WIB 1994, 57, 61.
121 *Schnorbus*, in: Rowedder/Schmidt-Leithoff, GmbHG, Anh. § 52 Rn. 117.
122 *Hoffmann-Becking*, WIB 1994, 57, 61.
123 *Liebscher*, GmbH-Konzernrecht, Tz. 732; *Altmeppen*, in: MünchKommAktG, § 301 Rn. 11.
124 Dafür: *Emmerich*, in: Scholz, GmbHG, Anh. § 13 Rn. 204; *Casper*, in: Ulmer/Habersack/Löbbe, GmbHG, Anh. § 77 Rn. 224.
125 S. *Emmerich*, in: Scholz, GmbHG, Anh. § 13 Rn. 206.

Demgegenüber können Beträge, die **während der Laufzeit** des Gewinnabführungsvertrages in **andere Gewinnrücklagen** eingestellt worden sind, entnommen und als Gewinn abgeführt werden (§ 301 Abs. 1 Satz 2 AktG analog). Ein während der Laufzeit vorgetragener Gewinn darf analog § 301 Satz 2 AktG dem Jahresüberschuss für die Berechnung des abzuführenden Gewinns zugerechnet werden. Sonstige Gewinnrücklagen können im Hinblick auf die Gewinnabführung nicht berücksichtigt werden. 47

Eine weitere Grenze für die Gewinnabführung, welche in den GmbH-rechtlichen **Kapitalerhaltungsvorschriften** bestand, ist durch das MoMiG, namentlich § 30 Abs. 1 Satz 2 GmbHG) abgeschafft worden,[126] was insb. in Konzernen, welche einem cash-pooling nachgehen, zu Erleichterungen führen kann (s.o. Rdn. 13). 48

3. Folgen

Die §§ 302 und 303 AktG, welche die Verpflichtung zur **Verlustübernahme** und zur **Sicherheitsleistung** ggü. der herrschenden Gesellschaft begründen, sind sowohl bei Bestehen von Beherrschungs- und Gewinnabführungsverträgen in Kombination als auch bei insolierten Gewinnabführungsverträgen anwendbar, wenn es sich bei der untergeordneten Gesellschaft um eine GmbH handelt.[127] Ist nur ein isolierter Gewinnabführungsvertrag abgeschlossen worden, bleiben die Regeln zum Schutz der Minderheit anwendbar, welche die Rechtsprechung im Hinblick auf die faktischen Konzernverhältnisse entwickelt hat (s. im Einzelnen Rdn. 52 ff.). 49

4. Andere Unternehmensverträge

Die in § 292 AktG niedergelegten Regeln über die anderen Unternehmensverträge, namentlich die Gewinngemeinschaft, der Teilgewinnabführungsvertrag und der Betriebsführungsvertrag finden im GmbH-Recht Anwendung.[128] Im Hinblick auf die **Gewinngemeinschaft** verpflichtet sich die GmbH, ihren Gewinn (bzw. den Gewinn einzelner ihrer Betriebe) ganz oder z.T. mit dem Gewinn anderer Unternehmen zur Aufteilung eines gemeinschaftlichen Gewinns zusammenzulegen. Bei Beteiligung einer GmbH ist streitig, ob der Vertragsabschluss der Zustimmung der Gesellschafter der GmbH nebst anschließender Eintragung in das Handelsregister bedarf oder ob er von der Vertretungsmacht des Geschäftsführers abgedeckt ist.[129] Zuzustimmen ist ersterer Auffassung, weil mit solchen Verträgen große Gefahren verbunden sind. Hinsichtlich der erforderlichen Mehrheit des Zustimmungsbeschlusses herrscht ebenfalls Streit. Zu unterscheiden ist nach zutreffender Ansicht, ob die GmbH abhängig ist oder nicht. Ist sie abhängig, bedarf es wegen § 33 BGB der Zustimmung aller Gesellschafter; ist sie nicht abhängig, ist eine qualifizierte Mehrheit ausreichend.[130] 50

Die Regelungen zum **Teilgewinnabführungsvertrag**, durch den sich eine GmbH verpflichtet, nur einen Teil des Gewinns oder den einzelner ihrer Betriebe ganz oder z.T. abzuführen, sind ebenfalls auf die GmbH anwendbar. Schließlich sind auch die Regeln zum **Betriebspachtvertrag** (§ 292 Abs. 1 Nr. 3, 1. Alt. AktG), durch den die GmbH den Betrieb ihres Unternehmens an einen anderen verpachtet, auf die GmbH anwendbar. Gleiches gilt für den **Betriebsüberlassungsvertrag** gem. § 292 Abs. 1 Nr. 3, 2. Alt. AktG, bei dem die vertragliche Verpflichtung nicht in der Pacht, sondern in einer anderweitigen Überlassung des Betriebes besteht. Im Rahmen Letzterer existieren u.a. Abweichungen bei der Kündigung, da insoweit befristete außerordentliche Kündigungen möglich sind.[131] 51

---

126 *Emmerich/Habersack*, Konzernrecht, § 32 Rn. 51.

127 *Emmerich/Habersack*, Konzernrecht, § 32 Rn. 51.

128 LG Berlin, ZIP 1991, 1180, 1182; *Emmerich*, in: Scholz, GmbHG, Anh. § 13 Rn. 212 f.; *Servatius*, in: Michalski, GmbHG, Syst. Darst. 4, Rn. 312; *Casper*, in: Ulmer/Habersack/Löbbe, GmbHG, Anh. § 77 Rn. 220.

129 *Altmeppen*, in: Roth/Altmeppen, GmbHG, § 13 Anh. Rn. 123.

130 *Emmerich/Habersack*, Konzernrecht, § 32 Rn. 53.

131 S. im Einzelnen *Hüffer/Koch*, AktG, § 297 Rn. 9.

D. Schutzsystem bei faktischer Abhängigkeit der GmbH

I. Einführung

52 Von einer faktischen Abhängigkeit einer GmbH ist nach den Begrifflichkeiten des GmbH-Konzernrechts auszugehen, wenn eine GmbH von einem anderen **Unternehmen** abhängig ist, und zwar ohne dass ein Beherrschungsvertrag besteht. Im Hinblick auf den **Unternehmensbegriff** gilt im GmbH-Recht der zum Aktienrecht entwickelte, sodass Unternehmen jeder Gesellschafter ohne Rücksicht auf seine Rechtsform ist, wenn er neben der Beteiligung an der GmbH anderweitige wirtschaftliche Interessenbindungen aufweist, die nach Art und Intensität die ernsthafte Sorge begründen, dass er wegen dieser Bindungen seinen aus der Mitgliedschaft folgenden Einfluss auf die GmbH nachteilig ausüben könne.[132] Der **Abhängigkeitsbegriff** ergibt sich aus § 17 AktG, mit der Folge, dass von einer Abhängigkeit der GmbH auszugehen ist, wenn das andere Unternehmen unmittelbar oder mittelbar einen beherrschenden Einfluss ausüben kann.[133] Jedoch sind die Folgen der faktischen Abhängigkeit bei der GmbH von derjenigen der AG zu unterscheiden. Nach allgemeiner Auffassung führt die faktische Abhängigkeit bei der GmbH als untergeordneter Gesellschaft nicht zur Anwendung der §§ 311 ff. AktG; vielmehr hat die Rechtsprechung für die faktisch abhängige SE ein zweistufiges Modell entwickelt, welches zwischen **Konzerneingangskontrolle** (s. Rdn. 53 ff.) und **Schranken der Einflussnahme (Schädigungsverbot**, s. Rdn. 62 ff.) und Haftung für **existenzvernichtende Eingriffe**, s. Rdn. 68 ff.) unterscheidet. Das Schädigungsverbot und die Haftung für existenzvernichtende Eingriffe sind keine spezifischen Instrumente des Rechts der verbundenen Unternehmen, sondern folgen bereits aus allgemeinen Grundsätzen; sie erfordern deshalb nicht das Vorliegen eines Unternehmens bzw. das Vorliegen der Abhängigkeit (s. sogleich Rdn. 62, 78), auch wenn diese tatsächlich häufig gegeben sein dürften.

II. Konzerneingangskontrolle

53 Die Konzerneingangskontrolle befasst sich vor diesem Hintergrund vor allem mit der Frage, welche Maßnahmen vor Eintritt der Abhängigkeit greifen, um dieser begegnen zu können. Hier ist zwischen statutarischen Vorkehrungen (s. Rdn. 55), der materiellen Beschlusskontrolle (im Einzelnen streitig, s. Rdn. 56 f.), Wettbewerbsverboten (s. Rdn. 59) und Mitteilungspflichten (s. Rdn. 58) zu unterscheiden.

1. Anfälligkeit der GmbH für Abhängigkeitssituationen

54 Wie bereits eingangs dargelegt, ist die GmbH wegen ihrer Organisation, die dadurch gekennzeichnet ist, dass über die Gesellschafterversammlung als oberstes Organ Weisungen an den Geschäftsführer gegeben werden können, besonders geeignet für eine Einbindung in einen faktischen Konzern. Indessen steigt für die Minderheitsgesellschafter das Gefährdungspotenzial bei dem Vorliegen von Abhängigkeit, da der Mehrheitsgesellschafter über die Weisungsmöglichkeit in der Gesellschafterversammlung Einfluss auf die Geschäftsführung ausüben kann und die abhängige GmbH tatsächlich auf eine an seinen Interessen ausgerichtete Konzernpolitik verpflichten kann. Daher besteht bei einem solchen Zustand die Gefahr, dass das herrschende Unternehmen auch zum Nachteil der GmbH von seiner Möglichkeit Gebrauch macht. Die Ursachen für das Entstehen dieser Abhängigkeit bei einer bisher nicht beherrschten GmbH bestehen vor allem im Anteilserwerb (ein Unternehmergesellschafter erwirbt eine weitere Beteiligung an der GmbH und damit die Mehrheit[134] oder ein neuer Unternehmergesellschafter tritt ein), dem Erlangen der Unternehmenseigenschaft

132 BGHZ 69, 334, 336 = NJW 1978, 104; BGHZ 74, 359, 364 f. = NJW 1979, 2401; BGHZ 80, 69, 72 = NJW 1981, 1512; BGHZ 95, 330, 337 = NJW 1986, 188; BGHZ 135, 107, 113 = NJW 1997, 1855; BGH, NJW 2001, 2973, 2974; s. im Einzelnen *Hüffer/Koch*, AktG, § 15 Rn. 8 m.w.N.

133 S. zu den Einzelheiten *Hüffer/Koch*, AktG, § 17 Rn. 4 ff.

134 BGH, ZIP 2008, 1872 = NJW-RR 2008, 1722.

(ein einfacher Mehrheitsgesellschafter nimmt eine wirtschaftliche Tätigkeit auf und wird Unternehmen[135]) oder dem Wegfallen eines Wettbewerbsverbots (s. Rdn. 59).[136]

a) **Statutarische Vorkehrungen**

Um den Eintritt dieser besonderen Gefahrenlage zu verhindern, stehen den Minderheitsgesellschaftern verschiedene Möglichkeiten zu. Zunächst können in die Satzung Regelungen aufgenommen werden, die den Eintritt einer Abhängigkeitssituation erschweren bzw. ausschließen. In der Praxis als besonders wirksam hat sich eine **Vinkulierung der Anteile** erwiesen, durch welche die Übertragung von Anteilen an die Zustimmung der Gesellschaft gebunden wird (§ 15 Abs. 5; zur Möglichkeit statt der Zustimmung der Gesellschaft diejenige der Gesellschafter in der Satzung vorzusehen, s. § 15 GmbHG Rdn. 54). Da der übertragungswillige Gesellschafter insoweit nicht gem. § 47 Abs. 4 vom Stimmrecht ausgeschlossen ist, kann es sich anbieten, die Anteilsübertragung von der Zustimmung aller Gesellschafter abhängig zu machen oder ein Stimmverbot für den veräußernden und erwerbenden Gesellschafter vorzusehen.[137] Neben der Vinkulierung können **Abtretungspflichten** (im Erbfall), **An- und Vorkaufsrechte, Höchst- und Mehrfachstimmrechte, Ausschlussrechte** ggü. fremden Unternehmergesellschaftern oder **Wettbewerbsverbote** in die Satzung eingeführt werden. Sieht die Satzung keine Regelungen zu der Frage vor, in welchen Fällen einem Gesellschafter Befreiung von einer statutarischen Vorkehrung zur Erschwerung der Abhängigkeit erteilt werden kann, ist zur Befreiung eine Satzungsänderung erforderlich (§ 53 GmbHG), wobei der Beschluss der materiellen Beschlusskontrolle (s. unter Rdn. 56 f.) zugänglich ist. Auch können die Stimmverbote des § 47 Abs. 4 bei der Befreiung von Satzungserfordernissen eine Rolle spielen (bei Befreiung vom Konkurrenzverbot Ausschluss des betroffenen Gesellschafters vom Stimmrecht).[138] 55

b) **Materielle Beschlusskontrolle**

Ist Voraussetzung für den Eintritt der Abhängigkeit ein Beschluss der Gesellschafter der abhängigen Gesellschaft (z.B. durch Aufhebung von Satzungsinstrumenten, die dem Konzerneingangsschutz dienen, s. Rdn. 55), können die Minderheitsgesellschafter gegen einen zustimmenden Beschluss im Wege der **Anfechtungsklage** vorgehen. Insoweit stellt sich die Frage nach einer **materiellen Beschlusskontrolle** durch die Gerichte. Der BGH hat in seiner Entscheidung *Süssen* im Hinblick auf einen Beschluss zur Befreiung von einem satzungsmäßigen Wettbewerbsverbot, das zugleich in die Abhängigkeit von einem Wettbewerber führte, festgestellt, dass ein solcher Beschluss grds. rechtwidrig ist.[139] Begründet hat der BGH die Einziehung dieser Schranke damit, dass aufgrund der Herrschaftsmöglichkeit eine starke Gefahr für die Leistungs- und Wettbewerbsfähigkeit und damit den Bestand der abhängigen Gesellschaft entstehe. Streitig ist, ob diese Rechtsprechung auch auf andere Fälle von Beschlüssen anwendbar ist, die zwar zu einer Abhängigkeit führen, jedoch nicht von einem Konkurrenzunternehmen. Die herrschende Meinung bejaht dies unter Hinweis auf die allgemein aus der Abhängigkeit resultierende Gefahrenlage,[140] während z.T. ein Schutz der 56

---

135 BGH, NJW 1981, 1512, 1513.

136 S. *Hommelhoff*, in: Lutter/Hommelhoff, GmbHG, Anh. § 13 Rn. 29 ff.; *Lutter/Timm*, NJW 1982, 407, 411; *Raiser*, in: FS Stimpel, 1985, S. 855; *Beurskens*, in: Baumbach/Hueck, GmbHG, SchlAnhKonzernR, Rn. 36; *Schnorbus*, in: Rowedder/Schmidt-Leithoff, GmbHG, Anh. § 52 Rn. 31 ff.; *Weller/Discher*, in: Bork/Schäfer, GmbHG, Anh. § 13 Rn. 49; *Binnewies*, Konzerneingangskontrolle in der abhängigen Gesellschaft, S. 143 ff.

137 *Beurskens*, in: Baumbach/Hueck, GmbHG, SchlAnhKonzernR Rn. 33; *Hommelhoff*, in: Lutter/Hommelhoff, GmbHG, Anh. § 13 Rn. 30.

138 BGH, NJW 1981, 1512, 1513 (Süssen).

139 BGH, NJW 1981, 1513, 1514 = BGHZ 80, 69 (Süssen).

140 *Hommelhoff*, in: Lutter/Hommelhoff, GmbHG, Anh. § 13 Rn. 31; *Casper*, in: Ulmer/Habersack/Löbbe, GmbHG, Anh. 77 Rn. 56, 58; *Emmerich/Habersack*, Aktien- und GmbH-Konzernrecht, Anh. § 318 Rn. 12; *Emmerich/Habersack*, Konzernrecht, § 8 Rn. 9; *Decher*, in: MünchHdbGmbH, § 68 Rn. 4; *Binnewies*, Die Konzerneingangskontrolle in der abhängigen Gesellschaft, S. 224 ff.; *Liebscher*,

Minderheitsgesellschafter durch Stimmrechtsausschluss nach § 47 IV GmbHG als ausreichend angesehen bzw. das Konzept der Beschlusskontrolle als nicht ausreichend kalkulierbarer Faktor angesehen wird.[141] Zu folgen ist ersterer Auffassung. Zu sehen ist zunächst, dass das Stimmverbot des § 47 Abs. 4 (wie gerade in der Süssen-Entscheidung) zahlreiche Gestaltungen (u.a. nahe stehende Personen des vom Stimmrecht Ausgeschlossenen) nicht erfasst und dementsprechend nicht als Ersatz für die Beschlusskontrolle dienen kann. Entscheidend muss vielmehr sein, welche Gefahrenlage sich aus der Abhängigkeit ergibt. Sicherlich war diese aufgrund der Konkurrenztätigkeit des von dem Wettbewerbsverbot zu befreienden Gesellschafters besonders groß und führte nach den Urteilsgründen dazu, dass es an einem Maßstab für eine sachgerechte Maßnahme und damit für die Frage der Benachteiligung fehlte. Jedoch schließt diese dem Urteil zugrunde liegende besonders hohe Gefahrenlage nicht aus, dass auch anders gestaltete Abhängigkeitssituationen (ohne Konkurrenzgesellschafter) eine Gefahr für die abhängige Gesellschaft darstellen. Denn schon die Möglichkeit des herrschenden Unternehmens, per se nachteilige Einflussnahmen durchsetzen zu können, die nicht einzeln insolierbar und daher im Ergebnis nicht in vollem Umfang ausgleichbar sind, stellen eine Gefahrenlage dar, die eine Beschlusskontrolle rechtfertigt.

57 Im Rahmen der Beschlusskontrolle haben die Gerichte nach dem vom BGH entwickelten Maßstab zu untersuchen, ob die Begründung der Abhängigkeit im konkreten Fall durch sachliche Gründe im Interesse der Gesellschaft geboten ist, wobei die Interessen der Beteiligten abzuwägen sind und die Verhältnismäßigkeit von Mittel und Zweck sicherzustellen ist.[142] Dabei ist neben der Frage der **Konkurrenztätigkeit**, die als besonders gefährlich einzustufen ist (s.o. Rdn. 56),[143] u.a. derjenigen nachzugehen, ob die Gesellschaft personalistisch strukturiert ist oder nicht. Denn für ersteren Fall wird zu Recht darauf hingewiesen, dass der gemeinsame Zweckverfolgungswille durch die Abhängigkeitsbegründung gestört werden könnte.[144] Zu berücksichtigen ist ebenfalls das Tätigkeitsgebiet und der Unternehmensgegenstand der Gesellschaft, und es ist zu fragen, ob sich mögliche nachteilige Einflussnahmen einfach abgrenzen lassen werden können oder ob das herrschende Unternehmen aufgrund seiner Marktposition von seiner Einflussmöglichkeiten breitflächig Gebrauch machen kann.[145] In letzterem Fall sind die aus der Abhängigkeit resultierenden Gefahren größer, sodass wiederum schwerwiegendere Gründe im Interesse der Leistungs- und Wettbewerbsfähigkeit der Gesellschaft dafür sprechen müssen, sie nicht in die Abhängigkeit führen lassen zu dürfen.

c) Mitteilungspflichten

58 Im GmbH-Konzern gelten nicht die aktienrechtlichen Mitteilungspflichten der §§ 20 ff. AktG (s.a. Rdn. 8). Jedoch besteht nach h.A. eine treupflichtbedingte Offenlegungspflicht des herrschenden Unternehmens ggü. den Mitgesellschaftern im Hinblick auf die Offenlegung ihres Beteiligungsbesitzes und ihrer Beziehung zu anderen Unternehmen, auch ohne vorherige Aufforderung.[146] Hierfür sprechen auch die Entscheidungen des BGH, nach denen ein GmbH-Gesellschafter grds. verpflichtet ist, seinen Mitgesellschafter über Vorgänge, die dessen mitgliedschaftliche Vermögensinteressen berühren und ihm nicht bekannt sein können, vollständig und zutreffend zu informieren.[147]

GmbH-Konzernrecht, Tz. 270; *Lutter/Timm*, NJW 1982, 409; *Schnorbus*, in: Rowedder/Schmidt-Leithoff, GmbHG, Anh. § 52 Rn. 35; zurückhaltend *Emmerich*, in: Scholz, GmbHG, Anh. § 13 Rn. 51 f.

141 *Altmeppen*, in: Roth/Altmeppen, GmbHG, Anh. § 13 Rn. 130; *Servatius*, in: Michalski, GmbHG, System. Darst. 4, Rn. 416.

142 BGH, NJW 1981, 1513, 1524 (Süssen).

143 BGH, NJW 1981, 1513, 1524 (Süssen); *Casper*, in: Ulmer/Habersack/Löbbe, GmbHG, Anh. § 77 Rn. 60.

144 *Casper*, in: Ulmer/Habersack/Löbbe, GmbHG, Anh. § 77 Rn. 60.

145 *Hommelhoff*, in: Lutter/Hommelhoff, GmbHG, Anh. § 13 Rn. 31; *Schnorbus*, in: Rowedder/Schmidt-Leithoff, GmbHG, Anh. § 52 Rn. 33; *Casper*, in: Ulmer/Habersack/Löbbe, GmbHG, Anh. § 77 Rn. 60.

146 OLG Stuttgart, AG 2000, 229, 231; *Pentz*, in: Rowedder/Schmidt-Leithoff, GmbHG, § 13 Rn. 72; *Emmerich/Habersack*, Aktien- und GmbH Konzernrecht, § 20 Rn. 12; *Altmeppen*, in: Roth/Altmeppen, GmbHG, Anh. § 13 Rn. 138; *Weller/Discher*, in: Bork/Schäfer, GmbHG, Anh. § 13 Rn. 52.

147 BGH, NJW 2007, 917, 918; zur GbR s. BGH, NJW-RR 2003, 169.

d) Ungeschriebenes Wettbewerbsverbot

Zudem besteht, jedenfalls bei einem personalistischem Zuschnitt der Gesellschaft,[148] ein ungeschriebenes Wettbewerbsverbot analog § 112 HGB bei einer beherrschenden Stellung eines Gesellschafters in einer mehrgliedriger GmbH, welches sich auch auf mit ihm verbundene Unternehmen erstrecken kann.[149] Hiernach ist es dem herrschenden Mehrheitsgesellschafter untersagt, mit seiner GmbH in Wettbewerb zu treten.[150] Zur Befreiung von dem Wettbewerbsverbot s. Rdn. 55. 59

e) Abhängigkeit: Vorlagepflichtige Maßnahme für Gesellschafterversammlung

Nach den Grundsätzen des GmbH-Rechts haben die Geschäftsführer der Gesellschafterversammlung Maßnahmen, die einen außergewöhnlichen Charakter haben und mit besonderen Risiken verbunden sind, vorzulegen.[151] Zu diesen Maßnahmen zählt die – durch die Satzung gedeckte – Begründung eines Abhängigkeitsverhältnisses,[152] etwa wenn ein Gesellschafter seine Anteile veräußern will und der Erwerber dadurch herrschendes Unternehmen wird. Gleiches gilt für die Ausgliederung wesentlicher Betriebsteile, etwa durch »Umhängen« von einer auf die andere Gesellschaft. Handelt es sich insoweit um strukturändernde Maßnahmen i.S.d. Holzmüller- bzw. Gelatine-Rechtsprechung, ist ein Zustimmungsbeschluss mit qualifizierter Mehrheit von 3/4 der abgegebenen Stimmen erforderlich (streitig).[153] Ein diese Vorgaben nicht beachtender Beschluss kann angefochten werden,[154] wobei von einer Treuwidrigkeit insb. auszugehen ist, wenn Dritte mittelbar beteiligt werden sollen oder sich ein Gesellschafter einen Sondervorteil verschaffen will.[155] 60

III. Schranken des Einflusses

Soweit es um nachteilige Einflussnahmen seitens der übergeordneten Gesellschaft geht, folgt das GmbH-Konzernrecht anderen Grundsätzen als das Aktienrecht. Während Letzteres eine gesetzliche Regelung in den §§ 311 ff. AktG erfahren hat, wonach dem herrschenden Unternehmen nachteilige Einflussnahmen unter der Voraussetzung des Ausgleichs am Ende des Geschäftsjahres erlaubt sind, gilt diese Privilegierung bei der GmbH nicht.[156] Vielmehr sind dem herrschenden Unternehmen jegliche nachteilige Veranlassungen auf die abhängige GmbH untersagt, soweit nicht alle Gesellschafter zustimmen oder kein Minderheitsgesellschafter vorhanden ist. Nach ganz herrschender Auffassung stützt sich dieses Schädigungsverbot auf die auch zwischen den Gesellschaftern zur Anwendung gelangenden Treupflichten und eröffnet Ansprüche auf Schadensersatz und ggf. Unterlassen (s. Rdn. 62 ff.). Neben dem Schädigungsverbot wird der Schutz der abhängigen Gesellschaft über das Verbot der Existenzvernichtung und die sich daran anschließende Haftung bewirkt (s. Rdn. 68 ff.). Die Frage, ob hierneben noch die Grundsätze zum qualifiziert faktischen Konzern Anwendung finden können, wird durch die höchstrichterliche Rechtsprechung abgelehnt (s. Rdn. 82). 61

---

148 Z.T. wird kein personalistischer Zuschnitt verlangt, S. *Emmerich/Habersack*, Aktien- und GmbH Konzernrecht Anh. § 318 Rn. 17; *Altmeppen*, in: Roth/Altmeppen, GmbHG, Anh. § 13 Rn. 139 f.; BGH, GmbHR 1987, 302.

149 BGH, NJW 1984, 1351 zur KG.

150 BGHZ 89, 162, 165 f. = NJW 1984, 1351; BGH, GmbHR 1987, 302.

151 S. statt aller *Beurskens*, in: Baumbach/Hueck, GmbHG, § 37 Rn. 46, 47 ff.

152 *Emmerich/Habersack*, Konzernrecht, § 9 Rn. 10; *Casper*, in: Ulmer/Habersack/Löbbe, GmbHG, Anh. § 77 Rn. 69.

153 *Priester*, in: FS Westermann 2008, S. 1281, 1286 ff.; *Casper*, in: Ulmer/Habersack/Löbbe, GmbHG, Anh. § 77 Rn. 70; *Reichert*, AG 2005, 150; a.A. *Liebscher*, GmbH-Konzernrecht Tz. 935; *Schnorbus*, in: Rowedder/Schmidt-Leithoff, GmbHG, Anh. § 52 Rn. 44.

154 *Casper*, in: Ulmer/Habersack/Löbbe, GmbHG, Anh. §77 Rn. 70 m.w.N.

155 S.*Krieger*, in: MünchHdBGesR, § 68 Rn. 15; ähnlich *Emmerich*, in: Scholz, GmbHG, Anh. § 13 Rn. 62b; LG Frankfurt am Main, ZIP 1993, 830, 831.

156 Zur Nichtanwendung der §§ 311 ff. AktG auf die GmbH, s. *Emmerich/Habersack*, Konzernrecht, § 29 Rn. 9.

1. Schädigungsverbot

a) Grundlagen

62 Befindet sich eine GmbH in einer Abhängigkeitssituation, finden die allgemeinen Grundsätze zur Treupflichtverletzung Anwendung, wobei dies unabhängig von der **Unternehmenseigenschaft** (s. hierzu Rdn. 54) der herrschenden Partei gilt. Aus diesen Grundsätzen ergibt sich, dass die herrschende Gesellschaft als Gesellschafter der abhängigen GmbH ebenso wie die sonstigen Gesellschafter ein **Schädigungsverbot trifft.**[157] Sie darf ihre Einflussmöglichkeiten nicht zum Nachteil der Gesellschaft nutzen. Anderes gilt nur, wenn alle Gesellschafter der nachteiligen Maßnahme **zugestimmt** haben bzw. wenn keine Minderheitsgesellschafter vorhanden sind.[158] In diesem Fall gilt das **Schädigungsverbot nicht (Disponibilität der Treupflicht)**. Vielmehr findet sich die Grenze der Einflussnahme dann in der Insolvenzverursacherhaftung (s. Rdn. 68 ff.).

63 Zurückzuführen ist das konzernrechtliche Schädigungsverbot auf die Grundsatzentscheidung ITT,[159] in der der BGH mitgliedschaftliche Treupflichten nicht nur für das Verhältnis zwischen den Gesellschaftern und der Gesellschaft anerkannt hat, sondern auch für das Verhältnis der Gesellschafter untereinander, welche gerade im Konzernrecht von entscheidender Bedeutung sind. In der Rechtsprechung ist von einer solchen Schädigung unter Verletzung der Treupflicht bspw. bei **Konzernumlagen** (s. Ausführungen zu § 13 Rdn. 36 ff.) ausgegangen worden. Weiter kommen etwa die Nutzung von Rechten und Sachen, der Abzug von Liquidität (u.a. im Rahmen eines stringenten cash-poolings[160]), die Verlagerung von Gewinnen (u.a. durch verdeckte Gewinnausschüttungen) oder die Umlenkung von Geschäftschancen als nachteilige Veranlassung in Betracht.[161] Über diese Fälle der einfachen Abhängigkeit setzt sich das Schädigungsverbot nach h.A. in **mehrstufigen Unternehmensverbindungen** fort, soweit es zu Einwirkungen der Mutter- auf die Enkelgesellschaft kommt, auch wenn die Mutter nicht direkt an der Enkelgesellschaft beteiligt ist.[162]

b) Maßstab

64 Der Maßstab für die Frage, wann eine Schädigung vorliegt, ist aus dem Nachteilsbegriff der §§ 311 ff. AktG abzuleiten. Ist es aufseiten der abhängigen Gesellschaft zu einer Minderung oder konkreten Gefährdung der Vermögens- oder Ertragslage gekommen, muss daher geprüft werden, ob ein pflichtbewusster und ordentlicher Geschäftsführer einer unabhängigen Gesellschaft diese Maßnahme ebenfalls vorgenommen hätte.[163] Unerheblich ist insoweit allerdings auf welche Weise die Schädigung eingetreten ist. Erfasst werden direkte Weisungen außerhalb der gesetzlichen Zuständigkeitsordnung wie indirekte Einflussnahmen auf die Geschäftsführung über die Gesellschafterversammlung. Zum Wegfall des Schädigungsverbots bei Zustimmung der Gesellschafter bzw. nicht Vorhandensein von Minderheitsgesellschaftern s. Rdn. 62.

c) Rechtsfolge

65 Ist eine Schädigung der Gesellschaft durch nachteilige Maßnahmen festgestellt worden, besteht ein **Anspruch der Gesellschaft** aus Treupflichtverletzung, welcher sich auf **Schadensersatz, Unterlassen**

---

157 Ganz h.M. BGHZ 65, 15; BGHZ 95, 330, 340 = NJW 1986, 188 (Autokran); *Casper*, in: Ulmer/Habersack/Löbbe, GmbHG Anh. § 77 Rn. 71 ff.; *Emmerich/Habersack*, Konzernrecht, § 30 Rn. 7; *Emmerich*, in: Scholz, GmbHG, Anh. § 13 Rn. 68, 70; *Beurskens*, in: Baumbach/Hueck, GmbHG, SchlAnhKonzernR, Rn. 42; *Hommelhoff*, in: Lutter/Hommelhoff, GmbHG Anh. § 13 Rn. 39; *Liebscher*, GmbH-Konzernrecht, Tz. 315 ff.; *Schnorbus*, in: Rowedder/Schmidt-Leithoff, GmbHG, Anh. § 52 Rn. 56; a.A. *J. Wilhelm*, Rechtsform und Haftung bei der juristischen Person, S. 253, 326, 352 ff., für eine spezifische Konzernverschuldenshaftung *Lutter*, ZGR 1982, 244, 265 ff.; *U.H. Schneider*, ZGR 1980, 511, 532 ff.

158 *Emmerich/Habersack*, Konzernrecht, § 30 Rn. 7 ff.

159 BGHZ 65, 15, 18 ff. = NJW 1976, 191 (ITT).

160 *Emmerich/Habersack*, Konzernrecht, § 30 Rn. 14.

161 BGH, BB 1977, 465; BGH, NJW 1989, 2104; BGH, WM 1978, 1205.

162 BGHZ 89, 162, 165 ff. = NJW 1984, 1351 (Heumann/Ogilvy).

163 S. zum Nachteilsbegriff *Hüffer/Koch*, AktG, § 311 Rn. 25 m.w.N.

und ggf. auf die **Rückgängigmachung** der Maßnahme beziehen kann.[164] Der Anspruch auf Schadensersatz richtet sich nach den §§ 249 ff. BGB. Bei einer Wahrnehmung von Geschäftschancen der abhängigen Gesellschaft durch das herrschende Unternehmen kann der dabei erzielte Gewinn nach § 252 BGB heraus verlangt werden.[165] Das Vertretenmüssen ist entsprechend § 93 Abs. 2 AktG zu beurteilen, mit der Folge, dass das herrschende Unternehmen im Prozess die **Darlegungs- und Beweislast** trifft.[166] Geltend zu machen ist der Anspruch durch den Geschäftsführer der abhängigen GmbH auf der Grundlage eines Gesellschafterbeschlusses (§ 46 Nr. 8). Insoweit besteht für das herrschende Unternehmen ein **Stimmverbot** gem. § 47 Abs. 4 Satz 2 (s.a. § 47 GmbHG Rdn. 32 ff.).[167]

Den **Gesellschaftern** der abhängigen Gesellschaft steht die Möglichkeit der **actio pro socio** zu (entsprechend dem Rechtsgedanken der §§ 317 Abs. 1 Satz 2 AktG, 117 Abs. 1 Satz 2 AktG), mit welcher auf eine Leistung an die Gesellschaft geklagt werden kann (s. die Ausführungen zu § 13 Rdn. 53). Bei Bestehen eines **unmittelbaren Eigenschadens** kann dieser durch den einzelnen Gesellschafter aus eigenem Recht geltend gemacht werden (s. die Ausführungen zu § 13 Rdn. 53). Nimmt das herrschende Unternehmen in **Umgehung der Gesellschafterversammlung** Einfluss, können den Gesellschaftern Unterlassungs- bzw. Beseitigungsansprüche aus eigenem Recht zustehen.[168] Zudem besteht die Möglichkeit der **Anfechtung** treupflichtwidriger Beschlüsse. 66

Die **Rechte der Gläubiger** bestehen bei einer Schädigung der abhängigen Gesellschaft in der Möglichkeit, sich die Schadensersatzansprüche der Gesellschaft pfänden und überweisen zu lassen.[169] In diesem Fall kommt es nicht zur Anwendung von § 46 Nr. 8 GmbHG (Beschlusserfordernis). Zudem besteht für die Gläubiger die Möglichkeit, das herrschende Unternehmen unmittelbar auf Leistung an sich in Anspruch zu nehmen, wobei dies nur bis zur Deckung der Forderung gegen die abhängige Gesellschaft möglich ist (§§ 317 Abs. 4, 309 Abs. 4 Satz 3 AktG analog).[170] 67

2. Existenzvernichtungshaftung

Wie oben ausgeführt, greift das Schädigungsverbot aufgrund gesellschafterlicher Treupflicht bei Mehrgliedrigkeit der Gesellschaft ein, versagt aber bei Fehlen von Minderheitsgesellschaftern oder bei der Zustimmung aller Gesellschafter zu der Schädigung (Grund: Treupflicht ist grds. disponibel, s.o. Rdn. 62). Da auch ein Rückzug auf Kapitalerhaltungsvorschriften insoweit (etwa beim Entzug von Geschäftschancen[171]) keinen ausreichenden Schutz gewährt, hat die Rechtsprechung eine Haftung der Gesellschafter zur Vermeidung einer »kalten Liquidation« unter Umgehung der Liquidationsvorschriften zulasten der Gläubiger entwickelt. Diese hat sich über die Stufe der Missbrauchshaftung (s. Rdn. 69) zur heutigen **Existenzvernichtungshaftung** entwickelt.[172] 68

164 BGHZ 65, 15, 18 ff. = NJW 1976, 191 (ITT); BGHZ 95, 330, 340 = NJW 1986, 188 (Autokran); *Casper*, in: Ulmer/Habersack/Löbbe, GmbHG, Anh. § 77 Rn. 87; *Emmerich*, in: Scholz, GmbHG, Anh. § 13 Rn. 85 ff.; *Emmerich/Habersack*, Konzernrecht, § 30 Rn. 18; a.A. für Klage aus eigenem Recht: *Lutter*, ZHR 162 (1998), 164, 180.

165 BGH, WM 1978, 1205.

166 *Schnorbus*, in: Rowedder/Schmidt-Leithoff, GmbHG, Anh. § 52 Rn. 83.

167 *Emmerich/Habersack*, Konzernrecht, § 30 Rn. 16.

168 *Emmerich/Habersack*, Konzernrecht, § 30 Rn. 18.

169 *Schnorbus*, in: Rowedder/Schmidt-Leithoff, GmbHG, Anh. § 52 Rn. 81; *Liebscher*, GmbH-Konzernrecht, Tz. 403.

170 BGHZ 95, 330, 340 = NJW 1986, 188.

171 S. hierzu *Röhricht*, in: FS 50 Jahre BGH, Bd. I, 2000, S. 83, 92 ff.; *Fastrich*, in: Baumbach/Hueck, GmbHG, § 13 Rn. 60; *Zöllner*, in: FS Konzen, 2006, S. 1, 13.

172 *Röhricht*, in: FS 50 Jahre BGH, Bd. I, 2000, S. 83, 92 ff.; *ders.*, ZIP 2005, 505, 514; s. *Fastrich*, in: Baumbach/Hueck, GmbHG, § 13 Rn. 57, 60 ff.

a) **Rechtsprechungsüberblick**

69 Erstmals wurde dieser neue Ansatz vom BGH in seinem Urteil *Bremer Vulkan*[173] verfolgt. In dieser Entscheidung wurde eine **Missbrauchshaftung des Gesellschafters** einer GmbH bei kompensationslosen Eingriffen in das dem Gläubigerschutz dienende Gesellschaftsvermögen angenommen, sofern sie die Insolvenz der GmbH bewirkt oder vertieft haben. Zugleich hat der BGH in der Entscheidung Bremer Vulkan die Rechtsprechung zum **qualifiziert faktischen Konzern** aufgegeben (hierzu noch bei Rdn. 82).

70 In den weiteren Entscheidungen *KBV, Autovertragshändler und Handelsvertreter*[174] hat der BGH erstmals die Existenzvernichtungshaftung formuliert. In diesen Entscheidungen ist der BGH unter Hinweis auf den dem Kapitalgesellschaftsrecht zugrunde liegenden Grundsatz, wonach das Gesellschaftsvermögen in der Gesellschaft zur Befriedigung ihrer Gläubiger verbleiben muss, von einem Missbrauch der GmbH als Rechtsform ausgegangen, wenn Mittel durch gezielten, betriebsfremden Zwecken dienenden Eingriff entzogen wurden, die die Gesellschaft zur Erfüllung ihrer Verbindlichkeiten benötigte. Die Rechtsfolge dieses Eingriffs lag nach der damaligen Rechtsprechung im Verlust des Haftungsprivilegs und damit in der persönlichen Haftung der verantwortlichen Gesellschafter (analog § 128 HGB), soweit der der GmbH zugefügte Nachteil nicht bereits nach den §§ 30, 31 GmbHG ausgeglichen werden konnte.

71 In den Entscheidungen *Trihotel, Gamma und Sanitary*[175] hat der BGH zwar noch an der Existenzvernichtungshaftung des Gesellschafters für missbräuchliche, zur Insolvenz der Gesellschaft führende oder diese vertiefende kompensationslose Eingriffe in das Gesellschaftsvermögen festgehalten, jedoch hat er das Bestehen einer eigenständigen Haftungsfigur und auch das Erfordernis der Subsidiarität zu §§ 30, 31 GmbHG aufgegeben (s. zur nun möglichen Anspruchskonkurrenz Rdn. 79). Nach der neuen Rechtsprechung ist Anknüpfungspunkt für die Existenzvernichtungshaftung die Schädigung des im Gläubigerinteresse zweckgebundenen Gesellschaftsvermögens, wobei der Haftungstatbestand eine besondere Fallgruppe des § 826 BGB darstellt und eine Haftung der Gesellschafter ggü. der Gesellschaft begründet (Innenhaftung).[176] Erfasst wird namentlich die zur Insolvenz führende oder eine solche vertiefende planmäßige »Entziehung« von Vermögen der Gesellschaft, wenn dies zudem zum unmittelbaren oder mittelbaren Vorteil eines Gesellschafters oder eines Dritten geschieht. Das gleiche gilt, wenn bei einer Gesellschaft in Liquidation ein Vermögensentzug unter Verletzung des § 73 GmbHG stattfindet.[177] Die Existenzvernichtungshaftung soll wie eine über das gesetzliche Kapitalerhaltungssystem hinausgehende Entnahmesperre wirken, indem sie die Selbstbedienung der Gesellschafter vor den Gläubigern der Gesellschaft durch die Anordnung der Schadensersatzpflicht ausgleicht.[178]

b) **Voraussetzungen der Existenzvernichtungshaftung**

aa) **Eingriff in Gesellschaftsvermögen**

72 Voraussetzung der Existenzvernichtungshaftung ist zunächst ein **missbräuchlicher kompensationsloser Eingriff** in das Gesellschaftsvermögen, wobei unter das Gesellschaftsvermögen nicht nur das bilanzielle Vermögen der GmbH fällt, sondern etwa auch Geschäftschancen.[179] Für das weitere

---

173 BGH, NJW 2001, 3622.

174 BGHZ 151, 181 = NJW 2002, 3024 (KBV); BGH, NJW-RR 2005, 335 (Autovertragshändler); BGH, NZG 2005, 214 (Handelsvertreter), jeweils m.w.N.

175 BGH, NJW 2007, 2689 (Trihotel); BGHZ 176, 204 (GAMMA); BGH, NJW-RR 2008, 629; BGH, NJW-RR 2008, 1417; BGH, NZG 2009, 545 (Sanitary).

176 BGH, NJW 2007, 2689, 2690, 2692 (Trihotel); BGH, NZG 2012, 667, 669; BGH, DStR 2013, 1094, 1096.

177 BGH, NZG 2012 667, 669.

178 BGH, NJW 2007, 2689, 2692 (Trihotel).

179 *Pentz*, in: Rowedder/Schmidt-Leithoff, GmbHG, § 13 Rn. 113; s.a. *Strohn*, ZInsO 2008, 706, 708; *Weller/Discher*, in: Bork/Schäfer, GmbHG, § 13 Rn. 43; *Bayer*, in: Lutter/Hommelhoff, § 13 Rn. 32 ff.

Erfordernis des Eingriffs ist jede Veranlassung einer nachteiligen Maßnahme ausreichend, welche u.a. dadurch gekennzeichnet sind, dass für das Entzogene gar keine oder keine marktgerechte Gegenleistung erbracht wird bzw. Ansprüche der Gesellschaft vereitelt werden. Im Einzelnen zählen hierzu die direkte Überführung von Mitteln aus dem Vermögen der Gesellschaft in die eigene Vermögenssphäre des Gesellschafters[180] oder die Übernahme des Kundenstamms (Geschäftschancen), wenn dies **ohne entsprechenden Ausgleich** geschieht.[181] Erfasst wird auch die Übertragung von Vermögenswerten der Gesellschaft an den Gesellschafter, soweit dafür **keine marktgerechte Gegenleistung** erbracht wird.[182] Gleiches gilt, wenn für die Übertragung der Vermögenswerte mit einer Leistung gegen gerechnet wird, die nach dem bis zum 1.11.2008 geltenden Kapitalersatzrecht verhaftet war.[183] Ein Eingriff kann auch gegeben sein, wenn die Übertragung der Vermögenswerte der Gesellschaft in eine von ihrem Alleingesellschafter beherrschte Schwestergesellschaft erfolgt, wenn die Übertragung ohne angemessenen Wertausgleich erfolgt.[184] Ebenso kann ein Eingriff gegeben sein, wenn Gelder durch eine Tochtergesellschaft in einen konzernübergreifenden **cash-pool** eingelegt werden, und die Tochter ihre eingezahlten Mittel wegen der Insolvenz der die Mittel verwaltenden Konzerngesellschaft nicht abrufen kann und bei der Verwaltung der Mittel keine ausreichende Rücksichtnahme auf die Interessen der Tochtergesellschaft genommen wurde.[185] Als Eingriff wurde darüber hinaus die durch einen Gesellschafter betriebene **prozessuale Vereitelung** der Durchsetzung eines gegen ihn als Alleingesellschafter bestehenden Anspruchs durch Herbeiführung eines rechtskräftigen Versäumnisurteils gewertet, soweit der Erhalt der Gesellschaft von der Begleichung der Forderung abhing.[186] Schließlich liegt ein Eingriff darin, dass im Hinblick auf eine sich in Liquidation befindliche GmbH das Gesellschaftsvermögen unter Wert auf eine neu gegründete Gesellschaft übertragen wird.[187]

Managementfehler als solche begründen hingegen nicht den Tatbestand des existenzvernichtenden 73
Eingriffs (bspw.: Anwachsen lassen von Forderungen ggü. Tochtergesellschaften durch mangelnde Nutzung der Möglichkeit der Vorkasse).[188] Auch soweit eine marktgerechte Gegenleistung geleistet wird, scheidet der Tatbestand der Existenzvernichtungshaftung aus,[189] da die Maßnahme in diesem Fall nicht nachteilig ist.[190] Nicht erfüllt war der Tatbestand zudem bei einer vorfristigen Aufhebung

180 BGH, NJW-RR 2008, 918, der Überweisungen aus dem Gesellschaftsvermögen auf das eigene Konto betraf.

181 BGH, NJW-RR 2005, 335 (Autovertragshändler); BGH vom 18.06.2013 – II ZR 217/12, BeckRS 2013, 12877.

182 S. BGH, NJW-RR 2005, 335 (Autovertragshändler) und BGH, NJW 2002, 3024 (KBV), etwa durch die Übertragung sämtlicher Forderungen sowie des Warenbestandes einer insolvenzreifen Gesellschaft auf eine andere Gesellschaft gegen eine in der Summe nicht ausreichende Übernahme von Verbindlichkeiten (Fehlbetrag von 380.00 DM); s.a. BGH, NJW 2007, 2689 (Trihotel), wo die Herabsetzung eines umsatzbezogenen Pauschalhonorars auf einen Betrag vereinbart worden war, der derart unvertretbar niedrig war, dass eine Insolvenz bereits im Zeitpunkt der Vereinbarung praktisch unausweichlich war.

183 BGH, NJW 2002, 3024 (KBV), wo die Übertragung von Anlagegütern an einen Gesellschafter veranlasst worden war, wobei auf den zu leistenden Kaufpreis aufgelaufene Mietpreis- und Leasingforderungen verrechnet wurden, die eigenkapitalersatzverhaftet waren.

184 BGH, DStR 2013, 1094, 1096.

185 BGH, NJW 2001, 3622 ff. (Bremer Vulkan), wo Mittel in einen Liquiditätsverbund (cash-pooling) eingebracht worden waren und die Verwaltung derselben ohne Rücksichtnahme auf das Interesse der einbringenden Gesellschaft an der Aufrechterhaltung ihrer Fähigkeit, ihren Verbindlichkeiten nachzukommen, durchgeführt worden war. S. auch die Empfehlungen zur Vermeidung einer Haftung aus Existenzvernichtung im Cash Pool, *Pentz*, Cash Pooling im Konzern, S. 23 ff.

186 BGH, BB 2009, 1037, 1038.

187 BGH, NZG 2012, 667, 669.

188 BGH, NZG 2005, 214 (Handelsvertreter); *Pentz*, in: Rowedder/Schmidt-Leithoff, GmbHG, § 13 Rn. 113; *Bayer*, in: Lutter/Hommelhoff, § 13 Rn. 37.

189 *Pentz*, in: Rowedder/Schmidt-Leithoff, GmbHG, § 13 Rn. 114; BGH, NZG 2012, 667.

190 BGH, NJW 2007, 2689, 2693 (Trihotel), wo eine Sicherungsübereignung von Vermögensgegenständen (Hotelmobiliar) veranlasst worden war, wobei die Vermögensgegenstände weiter benutzt werden konnten und nicht nachgewiesen wurde, dass die Kreditfähigkeit der Gesellschaft durch die Sicherungsübereignung eingeschränkt war.

eines Pachtvertrages unter gleichzeitigem Neuabschluss mit einer anderen Gesellschaft[191] oder bei einem Ausschluss einer GmbH aus einem cash-pool-System.[192] Ebenfalls wurde in der Entscheidung GAMMA das **Unterlassen** einer **hinreichenden Kapitalausstattung** (hier: Unterlassen der Absicherung übernommener Arbeitnehmer gegen eine Insolvenz) **nicht** als existenzvernichtender Eingriff in diesem Sinne angesehen, da das Unterlassen einer hinreichenden Kapitalausstattung dem notwendigen »Eingriff« nicht gleichgestellt werden kann (s. insoweit aber auch die Ausführungen zu § 13 Rdn. 22).[193]

bb) Insolvenzverursachung oder -vertiefung

74 Durch den Eingriff muss als Erfolg eine Insolvenzverursachung oder -vertiefung eingetreten sein, welche **kausal** zu einem Gläubigerausfall führt.[194] Mitursächlichkeit reicht aus.[195] Insoweit trifft den Insolvenzverwalter die Darlegungs- und Beweislast.[196] Eine Insolvenzgefährdung kann demgegenüber das Eingreifen der Existenzvernichtungshaftung nicht begründen.

cc) Vermögensentzug bei einer GmbH in Liquidation

75 Bei einer GmbH in Liquidation ist es ausreichend, wenn der Vermögensentzug gegen § 73 GmbHG verstößt, also die Vermögensgegenstände der Gesellschaft unter Wert verkauft werden. Diese Umstände sind von demjenigen darzulegen, der sich auf sie beruft (in dem zu entscheidenden Fall durch den Insolvenzverwalter).[197]

dd) Sittenwidrigkeit

76 Zur Erfüllung des Merkmals der Sittenwidrigkeit reicht im Ergebnis die Verwirklichung des objektiven Tatbestandes aus. Wird der Gesellschaft das Vermögen planmäßig mit der Folge ihrer mangelnden Solvenz zum eigenen Vorteil entzogen, ist nach der Rechtsprechung zugleich das Tatbestandsmerkmal der Sittenwidrigkeit erfüllt.[198] Liegt ein solcher *systematischer* Vermögenstransfer vor, wird die Sittenwidrigkeit indiziert, und es ist Sache des Gesellschafters, die Sittenwidrigkeit zu widerlegen.[199]

ee) Verschulden

77 Im Hinblick auf das Verschulden i.R.d. § 826 BGB ist mindestens **Eventualvorsatz**[200] erforderlich. Es muss durch den Gesellschafter (s. zum Adressaten Rdn. 78) also billigend in Kauf genommen worden sein, dass durch eine von ihm selbst oder mit seiner Zustimmung veranlasste Maßnahme das Gesellschaftsvermögen sittenwidrig geschädigt wird. Dafür reicht es aus, dass ihm die Tatsachen bewusst sind, die den Eingriff sittenwidrig machen, während ein Bewusstsein der Sittenwidrigkeit nicht erforderlich ist.[201]

---

191 BGH, NJW 2007, 2689, 2694 (Trihotel).

192 OLG Köln, DStR 2009, 1490.

193 BGHZ 176, 204 = NJW 2008, 2437 (GAMMA); s.a. *Pentz*, in: Rowedder/Schmidt-Leithoff, GmbHG, § 13 Rn. 114.

194 BGHZ 173, 246 = NJW 2007, 2689, 2692 (Trihotel); BGHZ 176, 204 = NJW 2008, 2437, 2440 (Gamma); *Pentz*, in: Rowedder/Schmidt-Leithoff, GmbHG, § 13 Rn. 115; *Bayer*, in: Lutter/Hommelhoff, § 13 Rn. 38.

195 *Casper*, in: Ulmer/Habersack/Löbbe, GmbHG Anh. § 77 Rn. 142.

196 BGHZ 173, 246 = NJW 2007, 2689, 2692 (Trihotel).

197 BGH, NZG 2012, 667, 669.

198 BGHZ 173, 246 = NJW 2007, 2689, 2692 (Trihotel).

199 *Pentz*, in: Rowedder/Schmidt-Leithoff, GmbHG, § 13 Rn. 116; *Weller/Discher*, in: Bork/Schäfer, GmbHG § 13 Rn. 46, 50; *Dauner-Lieb*, DStR 2006, 2034, 2037; *Weller*, ZIP 2007, 1681, 1685.

200 BGHZ 173, 246 = NJW 2007, 2689, 2692 (Trihotel).

201 BGHZ 173, 246 = NJW 2007, 2689, 2692 (Trihotel); BGHZ 179, 344 = NJW 2009, 2127, 2129 (Sanitary); BGH, DStR 2013, 1094, 1096; *Pentz*, in: Rowedder/Schmidt-Leithoff, GmbHG, § 13 Rn. 116; s.a. *Bayer*, in: Lutter/Hommelhoff, § 13 Rn. 40.

ff) Haftungsadressat

Adressaten des Tatbestandes des existenzvernichtenden Eingriffs sind die **Gesellschafter** der GmbH. Die 78
Unternehmenseigenschaft des Schädigers wird demgegenüber nicht vorausgesetzt (s. hierzu Rdn. 52).[202] Der Alleingesellschafter einer Einpersonen-GmbH kann dabei ebenso Adressat der Haftung sein wie die einvernehmlich handelnden Gesellschafter einer Mehrpersonengesellschaft, wobei dies auch gilt, wenn sie selbst kein Vermögen erhalten haben.[203] Gesellschafter, die der Maßnahme **widersprochen** haben, haften demgegenüber nicht;[204] sie trifft auch keine Pflicht zur Abwendung des existenzvernichtenden Eingriffs.[205] Neben dem Gesellschafter als solchen kann Adressat des Tatbestandes des existenzvernichtenden Eingriffs auch derjenige sein, der nicht an der geschädigten GmbH, jedoch an einer GmbH beteiligt ist, die ihrerseits Gesellschafterin der geschädigten GmbH ist (**Gesellschafter-Gesellschafter**).[206] Weiter werden **mittelbare Beteiligungen** erfasst, namentlich wenn eine Muttergesellschaft bzw. deren Gesellschafter nachteilige Maßnahmen bei der Enkelgesellschaft veranlasst.[207] **Nichtgesellschafter** – einschließlich der **Geschäftsführer**[208] – können als **Anstifter** und **Gehilfen**[209] gem. § 830 BGB haftbar sein. Mehrere Schadensersatzpflichtige haften gem. § 840 BGB als Gesamtschuldner.

gg) Rechtsfolge

Ist der Tatbestand erfüllt, kommt es als Rechtsfolge zu einer schadensersatzrechtlichen **Innenhaf-** 79
tung des den Tatbestand erfüllenden Gesellschafters (s.a. Rdn. 78) ggü. der geschädigten Gesellschaft. Soweit es zum Insolvenzverfahren der Gesellschaft gekommen ist, ist der Anspruch durch den **Insolvenzverwalter** geltend zu machen (§ 80 Abs. 1 InsO),[210] außerhalb der Insolvenz (keine Eröffnung mangels Masse) ist der Anspruch durch die Gläubiger selbst nach **Pfändung und Überweisung** des Anspruchs, welcher auf einem zuvor eingeklagten Titel beruht, geltend zu machen.[211] Der Schaden ist in Anwendung der **§§ 249 ff. BGB** zu ermitteln, wobei der Schaden **begrenzt** ist auf den Betrag, der zur Befriedigung der Gläubiger sowie zur Begleichung der weiteren Kosten – insb. des Insolvenzverfahrens – notwendig ist.[212] Eine Wiederherstellung der **Lebensfähigkeit der Gesellschaft** kann nicht verlangt werden.[213] Zur konkreten Berechnung ist entsprechend den Grundsätzen der §§ 249 ff. BGB darauf abzustellen, wie die GmbH ohne das schädigende Ereignis (Eingriff, der zur Verursachung bzw. Vertiefung der Insolvenz geführt hat) stehen würde. Der Schaden besteht daher in den durch den existenzvernichtenden Eingriff **abgezogenen Mitteln**, wobei auch Beeinträchtigungen einer **Erwerbsaussicht** oder des **Kundenstamms** sowie entgangene **Gewinne** (§ 252 BGB) zu berücksichtigen sind.[214] Werden die abgezogenen Mittel zur Verfügung gestellt

202 BGH, NZG 2002, 520, 521 = NJW 2002, 1803.

203 BGH, NZG 2002, 520, 521 = NJW 2002, 1803; *Wiedemann*, ZGR 2003, 283, 292.

204 *Pentz*, in: Rowedder/Schmidt-Leithoff, GmbHG, § 13 Rn. 111; *Liebscher*, in: MünchKommGmbHG, Anh. § 13 Rn. 582; *Casper*, in: Ulmer/Habersack/Löbbe, GmbHG, Anh. § 77 Rn. 124; *Lutter/Banerjea*, ZGR 2002, 402, 439.

205 *Pentz*, in: Rowedder/Schmidt-Leithoff, GmbHG, § 13 Rn. 111; *Casper*, in: Ulmer/Habersack/Löbbe, GmbHG, Anh. § 77 Rn. 127.

206 BGHZ 173, 246 = NJW 2007, 2689, 2693 (Trihotel).

207 S. auch BGHZ 173, 246 = NJW 2007, 2689, 2693 (Trihotel); *Emmerich/Habersack*, Konzernrecht, § 31 Rn. 10.

208 *Pentz*, in: Rowedder/Schmidt-Leithoff, GmbHG, § 13 Rn. 111; *Casper*, in: Ulmer/Habersack/Löbbe, GmbHG, Anh. § 77 Rn. 123 m.w.N.

209 BGH Beschluss v. 11.10.2010, BeckRS 2010, 28382; BGH, Urteil v. 18.6.2013, BeckRS 2013 12877.

210 BGHZ 173, 246 = NJW 2007, 2689, 2693 (Trihotel).

211 BGHZ 173, 246 = NJW 2007, 2689, 2693 (Trihotel); s.a. BGH, NJW-RR 2600, 254.

212 BGHZ 173, 246 = NJW 2007, 2689, 2691 (Trihotel); BGHZ 179, 344 = NJW 2009, 2127, 2129 (Sanitary); *Pentz*, in: Rowedder/Schmidt-Leithoff, GmbHG, § 13 Rn. 118.

213 BGH, NJW-RR 2005, 335, 336 f.; *Pentz*, in: Rowedder/Schmidt-Leithoff, GmbHG, § 13 Rn. 118; *Weller/Discher*, in: Bork/Schäfer, GmbHG, § 13 Rn. 53.

214 *Sprau*, in: Palandt, BGB, 70. Aufl., § 826 Rn. 14; zum Gewinnausfall s. BGHZ 173, 246 = NJW 2007, 2689, 2695 (Trihotel).

und wird daraufhin das Insolvenzverfahren beendet, sind noch die **Kosten des Insolvenzverfahrens** und ggf. die **Prozesskosten** und die Kosten des **Prozessfinanzierers** zu begleichen.[215] Gelingt es demgegenüber nicht, das Insolvenzverfahren aufzuhalten, ist weiter wie folgt zu unterscheiden: Hat der existenzvernichtende Eingriff die Insolvenz der Gesellschaft verursacht, so muss dem jeweiligen Gläubiger seine volle Forderung erstattet werden, da das Gesellschaftsvermögen ohne die Insolvenz zur Erfüllung der Forderung ausgereicht hätte. Anzurechnen hat sich der jeweilige Gläubiger die im Insolvenzverfahren auf seine Forderung erzielte Quote.[216] Ist es durch den Eingriff hingegen nur zu einer Vertiefung des Insolvenzverfahrens gekommen, ist zu ermitteln, welches Gesellschaftsvermögen ohne den die Insolvenz vertiefenden Eingriff zu Verfügung gestanden hätte und welche Quote der Gläubiger bei Zugrundelegung desselben erreicht hätte. Der Schaden des Gläubigers besteht dann in der Verschlechterung seiner Quote. **Verzugszinsen** sind ab der Entziehung des Vermögens zu entrichten, da die Schadensersatzforderung auf einer unerlaubten Handlung beruht.[217] Die **Verjährung** richtet sich nach den allgemeinen Regelungen (§§ 195, 199 Abs. 1 BGB);[218] auf die Kenntnis des Schädigers kommt es dabei selbst dann nicht an, wenn er Organ der Gesellschaft ist.[219] Nach § 199 Abs. 1 Nr. 2 BGB beginnt die regelmäßige Verjährungsfrist erst mit dem Schluss des Jahres, in dem der Gläubiger (im zu entscheidenden Fall: der Insolvenzverwalter) von den den Anspruch begründenden Umständen Kenntnis erlangt oder ohne grobe Fahrlässigkeit erlangen müsste. Von einer Kenntnis oder groben Unkenntnis kann bei der Haftung eines Teilnehmers aber nur ausgegangen werden, wenn sowohl die Umstände bekannt oder infolge grober Fahrlässigkeit unbekannt sind, die in Bezug auf die Handlungen des Haupttäters einen Ersatzanspruch begründen, als auch die Umstände, aus denen sich ergibt, dass auch der Teilnehmer als Haftender in Betracht kommt.[220]

hh) Darlegungs- und Beweislast

80 Hinsichtlich der Darlegungs- und Beweislast gilt nach der BGH-Entscheidung *Trihotel*, dass die Gesellschaft bzw. der Insolvenzverwalter i.R.d. § 826 BGB als Gläubigerin grds. die Darlegungs- und Beweislast für alle objektiven und subjektiven Tatbestandsmerkmale des Delikts trifft, sodass durch sie u.a. auch der Nachweis der Kausalität zu erbringen ist.[221] So hat er u.a. für den Nachweis des Schadens bei dem Entzug von Vermögen zu belegen, warum der erzielte Preis unverhältnismäßig war und welcher Preis in der konkreten Lage hätte erzielt werden können.[222] Teilweise wird aus dieser Entscheidung abgeleitet, dass Beweiserleichterungen generell ausgeschlossen seien.[223] Nach anderen sollen Beweiserleichterungen demgegenüber weiterhin möglich sein, wobei wie folgt zu unterscheiden ist. Nach einer ersten Auffassung soll stets auf die im TBB-Urteil[224] zugebilligten Beweiserleichterungen zurückgegriffen werden können.[225] Nach einer zweiten Auffassung soll auf eine

---

215 Obiter: BGHZ 173, 246 = NJW 2007, 2689, 2693 (Trihotel); *Altmeppen*, in: Roth/Altmeppen, GmbHG, § 13 Rn. 91.

216 Im Ergebnis ebenso: *Haas*, NZI 2006, 61, 62; *Casper*, in: Ulmer/Habersack/Löbbe, GmbHG, Anh. § 77 Rn. 157; *Emmerich/Habersack*, Aktien- und GmbH Konzernrecht, Anh. § 318 Rn. 35; kritisch *Altmeppen*, in: Roth/Altmeppen, GmbHG, § 13 Rn. 92.

217 BGH, NJW-RR 2008, 918, 919.

218 *Pentz*, in: Rowedder/Schmidt-Leithoff, GmbHG, § 13 Rn. 118; *Casper*, in: Ulmer/Habersack/Löbbe, GmbHG, Anh. § 77 Rn. 165; a.A. *Liebscher*, GmbH-Konzernrecht, Tz. 558 für die Anwendung der §§ 128, 129 HGB.

219 BGHZ 179, 344 = NJW 2009, 2127 Tz. 34 – Sanitary (zu § 852 BGB a.F.); vgl. auch BGH, NJW-RR 1989, 1255, 1258 f.; BGH, DStR 2011, 930.

220 BGH, Urteil v. 3.5.2011, BeckRS 2011, 19296; BGH, NJW-RR 2011, 844, BGH, NJOZ 2010, 2277; BGH, NZG 2012, 1069, 1070.

221 Eindeutig insoweit: BGHZ 173, 246 = NJW 2007, 2689, 2693.

222 BGH, NZG 2012, 667, 669.

223 *Liebscher*, in: MünchKommGmbHG, Anh. § 13 Rn. 570 f.

224 Nach dem Urteil reichte es aus, wenn der Kläger (ein Gläubiger) die Umstände darlegte, die eine Annahme nahe legten, dass bei der Unternehmensführung im Hinblick auf das Konzerninteresse die eigenen Belange der GmbH über einzelne Eingriffe hinaus beeinträchtigt worden seien, s. BGH, NJW 1993, 1200, 1203 (TBB).

225 *Emmerich/Habersack*, Konzernrecht, § 31 Rn. 23.

Einzelfallbetrachtung abgestellt und von einer Minderung der Darlegungslast ausgegangen werden, wenn die beweispflichtige Partei außerhalb der von ihr darzulegenden Geschehensabläufe steht und keine nähere Kenntnis der maßgeblichen Tatsachen besitzt (insb., wenn ein Gläubiger beweisbelastet ist).[226] Nach einer dritten Meinung soll ein Rückgriff auf Beweiserleichterungen zumindest bei der Schadenshöhe erforderlich sein.[227] Zu folgen ist der zweiten Auffassung. Sie entspricht den von der Rechtsprechung erarbeiteten allgemeinen Grundsätzen zur **sekundären Darlegungslast**[228] und lässt sich mit der *Trihotel*-Entscheidung, welche sich lediglich auf die Darlegungslast der Gesellschaft ggü. den Gesellschaftern (Innenhaftung) bezieht und in der die von der Gesellschaft zu tragende Darlegungs- und Beweislast noch mit dem Begriff »grundsätzlich« abgeschwächt wurde, vereinbaren. Im Ergebnis ist daher wie folgt zu unterscheiden: Wird der existenzvernichtende Eingriff durch die Gesellschaft bzw. den Insolvenzverwalter ggü. ihren (eigenen) Gesellschaftern geltend gemacht, so werden anhand der Bilanzen und sonstigen Unterlagen der Gesellschaft regelmäßig ausreichende Informationen zur Geltendmachung der Ersatzansprüche bestehen, sodass der Rückgriff auf eine Beweiserleichterung nicht gerechtfertigt ist. Wird der Eingriff hingegen durch einen nicht an der Gesellschaft Beteiligten (etwa einen Gläubiger, zu dieser Möglichkeit, s.o. Rdn. 78) verfolgt, erscheint eine Minderung der Darlegungslast des Gläubigers durch eine Mitwirkungspflicht bzw. sekundäre Behauptungslast des betreffenden Gesellschafters als angezeigt. Dies kann dabei auch die Schadenshöhe erfassen, soweit sich eine Schätzung nach § 287 ZPO nicht als ausreichendes Mittel darstellen sollte.

ii) Konkurrenzen

Die Ansprüche aus § 826 BGB bestehen neben Ansprüchen aus §§ 30, 31 GmbHG (Anspruchskonkurrenz). 81 Hierdurch wird dem Insolvenzverwalter bzw. der Gesellschaft die Rechtsverfolgung vereinfacht, weil auch dann, wenn der Nachweis eines existenzvernichtenden Nachweises nicht gelingt, die Rechtsverfolgung auf verbotene Auszahlungen i.S.d. §§ 30, 31 GmbHG gestützt werden kann.[229] Ungeklärt ist indessen noch das Verhältnis des Anspruchs der Gesellschaft zu eigenen Ansprüchen der Gläubiger aus § 826 BGB.[230]

IV. Qualifiziert faktischer Konzern?

Bei einer Schädigung der GmbH aufgrund nachteiliger Einflussnahmen, die einem Einzelausgleich 82 nicht zugänglich ist, hatte die Rechtsprechung vor der Entscheidung *Bremer Vulkan*[231] die Grundsätze zum qualifiziert faktischen Konzern[232] angewendet, bei denen es zu einer entsprechenden Anwendung der §§ 302 ff. AktG (insb. Verlustausgleich) kam. In den Urteilen *Trihotel, Gamma und Sanitary* hat der BGH, wie schon in seiner Entscheidung *Bremer Vulkan*, die Haftung im sog. qualifiziert faktischen Konzern aufgegeben.[233] Ob dies im Ergebnis überzeugen kann, erscheint allerdings fraglich, da das derzeit bestehende Schutzsystem des GmbH-Rechts keine Lösungen für die im Konzern nicht seltenen Fälle der fehlenden Quantifizierbarkeit der zugefügten Nachteile vorsieht.[234]

---

226 *Pentz*, in: Rowedder/Schmidt-Leithoff, GmbHG, § 13 Rn. 119; *Casper*, in: Ulmer/Habersack/Löbbe, GmbHG, Anh. § 77 Rn. 143.

227 *Altmeppen*, in: Roth/Altmeppen, GmbHG, § 13 Rn. 97.

228 BGH, NJW 1990, 3151; BGH, NJW 1999, 714; *Wagner*, in: MünchKommZPO, § 138 Rn. 21.

229 BGHZ 173, 246 = NJW 2007, 2689, 2693 (Trihotel); BGH, NZG 2012, 1069; BGH, DStR 2013, 1094, 1097.

230 BGH, NZG 2009, 545, 548.

231 BGH, NJW 2001, 3622.

232 S. dazu BGHZ 122, 123, 130 = NJW 1993, 1200 (TBB).

233 Klar: BGH, NZG 2007, 667, 668 f. – Trihotel: »… unter Aufgabe der Haftung im sogenannten qualifiziert faktischen Konzern«; vgl. auch bereits BGH, NJW 2001, 3622, 3623: »Der Schutz einer abhängigen Gesellschaft gegenüber Eingriffen ihres Alleingesellschafters folgt nicht dem Haftungssystem des Konzernrechts des Aktiengesetzes [§§ 291 ff. AktG]«.

234 Für eine entsprechende Anwendung der §§ 302 ff. AktG: *Emmerich/Habersack*, Konzernrecht, § 30 Rn. 21.

Anhang 3: Die Besteuerung der GmbH und ihrer Gesellschafter

Übersicht

A. Wesen und Systematik des Körperschaftsteuerrechts

I. Entwicklung des Körperschaftsteuerrechts

1 Die Entwicklung der Besteuerungssystematik der GmbH-Besteuerung lässt sich historisch in drei große Abschnitte unterteilen: Das klassische **Doppelbelastungssystem,** das körperschaftsteuerliche **Anrechnungsverfahren,** das **Halbeinkünfteverfahren** und schließlich das **Teileinkünfteverfahren** mit Einführung der **Abgeltungssteuer.**

2 Die GmbH wurde erstmals mit Einführung des Körperschaftsteuergesetzes vom 30.3.1920[1] reichseinheitlich einer eigenständigen Steuer für Kapitalgesellschaften, der sog. Körperschaftsteuer, unterworfen. Die wirtschaftliche Doppelbelastung des ausgeschütteten Gewinns, zum einen auf Ebene der Kapitalgesellschaft zum anderen auf Ebene der Anteilseigner, wurde nicht mehr wie zuvor durch Freistellung auf Anteilseignerebene vermieden, sondern systematisch bewusst in Kauf genommen. Der Körperschaftsteuertarif setzte sich zunächst zusammen aus einem proportionalen Basissteuersatz i.H.v. 10 % für thesaurierte Gewinne und einer Dividendensteuer für Ausschüttungen von Erwerbsgesellschaften mit Zuschlägen i.H.v. 2 % bis 10 % in Abhängigkeit von der Rentabilität der Gesellschaft. Durch das Gesetz über Änderungen im Finanzwesen vom 8.4.1922[2] wurde das Nebeneinander von Basissteuersatz und progressiver Zuschlagssteuer durch einen einheitlichen Steuersatz in Höhe von 20 % für thesaurierte Gewinne und i.H.v. 15 % für Ausschüttungen ersetzt. Dieses klassische System der Doppelbelastung galt – wenn auch durch die Einführung eines gespaltenen Körperschaftsteuertarifs für thesaurierte und ausgeschüttete Gewinne[3] zwischenzeitlich versucht wurde, die Verwerfungen abzumildern – grundsätzlich bis zur Einführung des Anrechnungsverfahrens im Jahr 1977 fort.

3 Diese bis dahin geltende Doppelbelastung lehnte der Wissenschaftliche Beirat beim Bundeministerium der Finanzen in einem 1967 veröffentlichten Gutachten zur Reform der direkten Steuern grundlegend ab und trat für eine Anrechnung der Körperschaftsteuer auf die Steuerschuld des Anteilseigners ein.[4] Ähnlich verhalten sich die Überlegungen der Steuerreformkommission in einem Gutachten aus dem Jahr 1971, in dem die Ein- und Durchführung eines Anrechnungsverfahrens näher konkretisiert wurden.[5] Die wissenschaftliche Diskussion befasste sich mit zahlreichen

1 RGBl. I 1920, 393.
2 RGBl. I 1922, 335.
3 Vgl. Gesetz zur Änderung steuerlicher Vorschriften und zur Sicherung der Haushaltsführung vom 24.6.1953, BGBl. I 1953, 413.
4 Vgl. Schriftenreihe des BMF, Heft 9/1967, S. 50 ff.
5 Vgl. Schriftenreihe des BMF, Heft 17, 1971.

Reformmodellen, die im Wesentlichen alle die Milderung oder Beseitigung der Doppelbelastung bezweckten.[6]

4 Einzug in das KStG 1977[7] fand schließlich ein **Vollanrechnungsverfahren mit gespaltenem Körperschaftsteuersatz.** Die Doppelbelastung wurde hierbei technisch wie folgt beseitigt: Das steuerpflichtige Einkommen der Gesellschaft wird zunächst einem von der Höhe der Ausschüttung unabhängigen einheitlichen Körperschaftsteuersatz unterworfen. Bei den Anteilseignern werden nur die ausgeschütteten Gewinne zur Einkommensteuer herangezogen. Die Anteilseigner erhalten eine Steuergutschrift über die Körperschaftsteuer, die auf den ausgeschütteten Gewinn entfällt. Wird der Gewinn später ausgeschüttet, reduziert sich die Körperschaftsteuer auf Ebene der Gesellschaft. Auf Ebene der Anteilseigner erfolgt dann die Besteuerung der Ausschüttung mit dem individuellen Einkommensteuersatz. Hierbei wurde die von der Kapitalgesellschaft entrichtete, reduzierte Körperschaftsteuer auf die nach dem individuellen Steuersatz bemessene Einkommensteuer des Anteilseigners angerechnet bzw. erstattet. Wirtschaftlich stellte die auf Ebene der Körperschaften entrichtete Körperschaftsteuer eine Vorauszahlung auf die Ertragsteuer des Anteilseigners dar.[8] Der ausgeschüttete Gewinn einer Kapitalgesellschaft wurde damit im Ergebnis so besteuert, als hätte der Anteilseigner den Gewinn selbst erwirtschaftet.

5 Das Anrechnungssystem hatte bis zum Jahr 2001 Bestand. Lediglich die Thesaurierungs- sowie die Ausschüttungsbelastung variierte in den Folgejahren. Erheblicher Kritik war das Anrechnungssystem aber bis zuletzt aufgrund seiner Kompliziertheit sowie seiner aufgrund der Beschränkung auf inländische Anteilseigner mangelnden Unionsrechtstauglichkeit ausgesetzt.

6 Zur Abhilfe der bestehenden Problematik wurde i.R.d. Brühler Empfehlungen zur Reform der Unternehmensbesteuerung die Abschaffung des Anrechnungsverfahrens und seine Ersetzung durch das Halbeinkünfteverfahren empfohlen[9] und schließlich mit Wirkung zum 1.1.2001 durch das Steuersenkungsgesetz[10] eingeführt. Die Vorbelastung auf Ebene der Kapitalgesellschaft bleibt demnach von Gewinnausschüttungen unberührt. Der Körperschaftsteuersatz liegt einheitlich bei 25 %, ohne Unterscheidung zwischen thesaurierten und ausgeschütteten Gewinnen. Die körperschaftsteuerliche Vorbelastung wird auf Ebene des Anteilseigners dahingehend pauschal berücksichtigt, dass der Anteilseigner seine ausgeschütteten Gewinnanteile nur zur Hälfte als Einnahmen aus Kapitalvermögen zu versteuern hat. Ist eine natürliche Person Anteilseigner und hält sie die Beteiligung im Privatvermögen, wird die Belastung auf der Ebene der Gesellschaft durch die begünstigte Besteuerung des Gesellschafters nach §§ 20 Abs. 1 Nr. 1, 32d EStG ausgeglichen, dh. 25 % Einkommensteuer zzgl. Solidaritätszuschlag auf die Ausschüttung.

7 Da die auf thesaurierte Gewinne gezahlte Körperschaftsteuer während der Geltung des Anrechnungsverfahrens im Ergebnis die Funktion einer Einkommensteuervorauszahlung hatte, war der Gesetzgeber gezwungen, Übergangsvorschriften zu schaffen. Ansonsten wäre die zuletzt 40 %ige Steuerbelastung auf bereits erzielte Gewinne von Kapitalgesellschaften definitiv geworden, ohne dass das Körperschaftsteuerminderungspotential für den Ausschüttungsfall noch hätte realisiert werden können. Die auf diese (Alt-)Gewinne ursprünglich mit Vorauszahlungscharakter erhobene Körperschaftsteuer wandelt sich zur echten Ertragsteuer auf der Ebene der Gesellschaft. Den Übergang vom Anrechnungs- zum Halbeinkünfteverfahren gestaltete der Gesetzgeber in der Weise, dass er die unterschiedlich mit Körperschaftsteuer belasteten, thesaurierten Teilbeträge an verwendbarem Eigenkapital zum Ende der Anwendung des Anrechnungsverfahrens in mehreren Schritten zusammenfasste, umgliederte und nochmals gesondert feststellte. So wurde erreicht, dass in den

6 Ausführlich zu den unterschiedlichen Reformmodellen: *Streck*, in Streck, KStG, 9. Aufl. 2018, Vor § 1 Rn. 17.

7 Vgl. Körperschaftsteuerreformgesetz vom 31.8.1976, BGBl. I 1976, 2597; BStBl. I 1976, 445.

8 BFH, BFH/NV 1998, 746; BStBl. II 2001, 261.

9 Vgl. Schriftenreihe des BMF, Heft 66/1999, S. 31 ff.

10 Gesetz zur Senkung der Steuersätze und zur Reform der Unternehmensbesteuerung vom 23.10.2000, BGBl. I 2000, 1433.

Gesellschaften allenfalls noch ein Teilbetrag von mit 40 % Körperschaftsteuer vorbelastetem Eigenkapital (EK40) vorhanden war. Das darin enthaltene Körperschaftsteuerminderungspotential wurde in ein Körperschaftsteuerguthaben iHv. 1/6 des EK40 umgewandelt. Das Körperschaftsteuerguthaben konnte von den Kapitalgesellschaften während einer Übergangszeit von ursprünglich 15 Jahren – später 18 Jahren – realisiert werden.[11]

Durch das Unternehmensteuerreformgesetz vom 14.8.2008[12] wurde der Körperschaftsteuersatz ab dem Veranlagungszeitraum 2008 von 25 % auf 15 % abgesenkt. Die Gewerbesteuer ist nicht mehr als Betriebsausgabe abzugsfähig. Die Gesamtsteuerbelastung der GmbH sinkt damit auf ca. 29 % bis 32 %. Für natürliche Personen sowie Personengesellschaften mit natürlichen Personen als Gesellschaftern, die Anteile an Kapitalgesellschaften im Betriebsvermögen halten, sind nach dem 31.12.2008 zufließende Dividenden zu 60 % steuerpflichtig und unterliegen dem persönlichen Einkommensteuersatz des jeweiligen Gesellschafters (sog. Teileinkünfteverfahren, § 3 Nr. 40d EStG i.d.F. des UntStRefG 2008). Betriebsausgaben können entsprechend zu 60 % steuermindernd berücksichtigt werden (§ 3c Abs. 2 Satz 1 EStG i.d.F. des UntStRefG 2008). 8

Werden die Anteile im Privatvermögen gehalten, unterliegen die Dividenden ab dem Veranlagungszeitraum 2009 grundsätzlich der Abgeltungsteuer von 25 %; zu den Ausnahmen siehe § 32d Abs. 2 EStG. Bei den körperschaftsteuerpflichtigen Anteilseignern ändert sich nichts. 9

Dieses Körperschaftsteuersystem hat im Grundsatz Gültigkeit bis heute. Von großer praktischer Bedeutung für die Auslegung der körperschaftsteuerlichen Vorschriften sind die Körperschaftsteuer-Richtlinien 2015 sowie die amtlichen Hinweise hierzu. Hierbei handelt es sich um Verwaltungsvorschriften der Finanzverwaltung im Sinne von Art. 108 Abs. 7 GG. Sie entfalten interne Bindungswirkung für die Finanzverwaltung. 10

II. Steuerpflicht der GmbH

1. Beginn der Steuerpflicht

Die GmbH ist **Körperschaftsteuersubjekt.** Die Körperschaftssteuerpflicht entsteht mit Gründung der Vor-GmbH durch Abschluss des Gesellschaftsvertrags.[13] Streitig ist, ob dies auch gilt, wenn die Gründung scheitert.[14] Die Vor-GmbH und die später eingetragene GmbH bilden steuerlich ein und dasselbe Rechtssubjekt.[15] Gewinn und Verlust sind in dem Jahr der Eintragung einheitlich zu ermitteln. Die Vorgründungsgesellschaft ist hingegen weder mit der Vor-GmbH noch mit der GmbH identisch. Sie ist im Zweifel eine steuerpflichtige Mitunternehmerschaft.[16] 11

2. Umfang: Unbeschränkte und beschränkte Steuerpflicht

a) **Unbeschränkte Steuerpflicht:** GmbH als Körperschaft i.S.d. § 1 Abs. 1 Nr. 1 KStG sind im Inland mit **sämtlichen Einkünften** unbeschränkt steuerpflichtig, wenn sie **entweder Sitz oder Ort der Geschäftsleitung im Inland** haben, § 1 Abs. 2 KStG. Was neben dem Festland der Bundesrepublik Deutschland ebenfalls zum Inland zählt, regelt § 1 Abs. 3 KStG. 12

Unter Sitz i.S.v. § 1 KStG ist der Satzungssitz zu verstehen (vgl. § 11 AO). Das ist der im Gesellschaftsstatut festgelegte Ort der Gründung und Registrierung der Gesellschaft im Handelsregister. Der Satzungssitz ist damit eindeutig festgelegt. In der Praxis häufig streitanfällig ist hingegen der Ort der Geschäftsleitung. Der Begriff entspricht in seinen wesentlichen Merkmalen der 13

11 Vgl. ausführlich zur Systematik des Körperschaftsteuerguthabens: *Binnewies*, in: Streck, KStG, 9. Aufl. 2018, § 37 Rn. 1 ff.

12 BGBl. I 2007, 1912.

13 BFH, BStBl. II 1990, 468.

14 *Streck*, in: Streck, KStG, 9. Aufl. 2018, § 1 Rn. 20.

15 BFH, BStBl. II 1993, 352, auch bei Wechsel der Gesellschafter vor Eintragung.

16 BFH, BStBl. II 1990, 91.

gesellschaftsrechtlichen Begrifflichkeit des Verwaltungssitzes. Der tatsächliche Ort der Geschäftsleitung kann auch unbewusst oder unbemerkt, z.B. durch Zuzug, im Inland liegen.

14 **Ort der Geschäftleistung** ist gemäß § 10 AO der Ort, der als **Mittelpunkt der geschäftlichen Oberleitung** dient, d.h. jener Ort, an dem der für die Geschäftsführung maßgebliche Wille gebildet wird. Es kommt auf das **Gesamtbild der Verhältnisse** an. Folgende Kriterien sind maßgeblich:
- Ort der Entscheidung der Maßnahmen für die laufende Geschäftsführung;
- Ort der Umsetzung der Maßnahmen der laufenden Geschäftsführung;
- Ort der Korrespondenz;
- Ort der Aufbewahrung der Geschäftsunterlagen.

15 Nicht entscheidend sind hingegen:
- Ort, an dem die Gesellschafterversammlung stattfindet;
- Ort, an dem die Gesellschafter wesentliche Entscheidungen treffen und Weisungen erteilen;
- Ort der Ansässigkeit von Aufsichtsorganen.[17]

16 Zur Qualifikation der Gesellschaft ausländischen Rechts als Körperschaft i.S.v. § 1 Abs. 1 Nr. 1 KStG ist der sogenannte **Typenvergleich** anzustellen. Auch hier ist eine Gesamtschau anzustellen. Kriterien sind:
- Fremdorganschaft bei Geschäftsführung und Vertretung;
- Trennung der Vermögenssphären von Gesellschafter und Gesellschaft;
- beschränkte Haftung, also Haftung nur für Verbindlichkeiten der Gesellschaft nur mit dem Gesellschaftsvermögen;
- freie Übertragbarkeit der Anteile;
- Gewinnzuteilung aufgrund eines Ausschüttungsbeschlusses;
- Aufbringung von Gesellschaftskapital durch Einlage.

17 Bei der Qualifikation einer Kapitalgesellschaft ausländischen Rechts ist streng zwischen **zivilrechtlicher Qualifikation und steuerrechtlicher Qualifikation** zu unterscheiden. Diese können auseinanderlaufen.

18 aa) **Zivilrechtliche Qualifikation**: Sofern die Gesellschaft ihren Sitz, also ihren **Satzungssitz im Inland** hat, muss es sich um eine Gesellschaft deutschen Rechts handeln, die nach deutschem Recht entstanden und durch Eintragung im inländischen Handelsregister zur juristischen Person geworden ist.

19 Eine **Kapitalgesellschaft ausländischen Rechts** ist nach ausländischem Recht gegründet und registriert. Steuerlich interessant wird diese Gesellschaft, wenn sie ihren Ort der Geschäftsleitung ins Inland verlegt. Zivilrechtlich ist im Hinblick auf die Anerkennung der Gesellschaft als juristische Person zu differenzieren:
- Ist die Gesellschaft in einem **EU-Staat oder einem EWR-Staat** gegründet und registriert und folgt dieser Staat der sogenannten **Gründungstheorie**, wird die Gesellschaft bei Verlegung des Orts der Geschäftsleitung ins Inland hier als juristische Person anerkannt. Dies ist Ausfluss der Niederlassungsfreiheit.[18] Der Gründungstheorie folgen z.B. England, Niederlande, Finnland, Dänemark.
- Ist die Gesellschaft in einem **EU-/EWR-Staat gegründet** und registriert und vertritt dieser die **Sitztheorie**, wird die Gesellschaft in Deutschland nicht als juristische Person anerkannt. Sofern der Wegzugsstaat die Sitztheorie vertritt, dh. auf die Gesellschaft das Recht des Landes angewandt wird, in dem die Gesellschaft ihren Ort des Verwaltungssitzes/Ort der Geschäftsleitung hat, führt die Verlegung des Orts der Geschäftsleitung zivilrechtlich zur **Auflösung der Gesellschaft**. Da auch in Deutschland nach jedenfalls noch hM die Sitztheorie vertreten wird, würden

17 Vgl. nur BFH, BFH/NV 1988, 63; BStBl. II 1995, 175; BStBl. II 1991, 554.
18 Vgl. nur EuGH, MDR 1999, 752 (Centros); NJW 2002, 3614 (Überseering); DStR 2003, 845 (Inspire Art).

in diesem Fall sowohl der Wegzugsstaat als auch der Zuzugsstaat (Deutschland) von einer zivilrechtlichen Auflösung der Gesellschaft ausgehen.

– Ist die Gesellschaft in einem **Drittstaat** gegründet und registriert, ist nach h.M. wiederum die Sitztheorie ausschlaggebend. Allerdings kommt es nicht darauf an, ob auch der Wegzugsstaat der Sitztheorie folgt. Mangels Anwendung der Niederlassungsfreiheit ist Deutschland frei, unabhängig von der Rechtsansicht des Wegzugsstaats die Sitztheorie zu vertreten und im Fall der Verlegung des Orts der Geschäftsleitung aus dem Drittstaat ins Inland die zivilrechtliche Auflösung der Gesellschaft zu folgern. Etwas anderes gilt für EWR-Staaten.[19] Auch kann in völkerrechtlichen Verträgen eine gegenseitige Anerkennung von Gesellschaften vereinbart sein.[20]

Europarechtlich nach wie vor gesichert ist, dass der jeweilige EU-Staat für den Fall des **Wegzugs**, d.h. der Verlegung des Verwaltungssitzes/Orts der Geschäftsleitung, frei ist, die Sitztheorie zu vertreten und daran die zivilrechtliche Auflösung der Gesellschaft zu knüpfen.[21] 20

bb) **Steuerrechtliche Qualifikation:** Sofern zivilrechtlich die Verlegung des Verwaltungssitzes/Orts der Geschäftsleitung vom Ausland ins Inland akzeptiert wird, d.h. die Rechtspersönlichkeit der Gesellschaft nach zivilrechtlichen Grundsätzen nicht verloren geht, ist von einem Körperschaftsteuersubjekt i.S.v. § 1 Abs. 1 Nr. 1 KStG auszugehen. 21

Bezüglich der Qualifikation zuziehender Gesellschaften für Zwecke der Körperschaftsteuer, die aufgrund der Sitztheorie als nicht rechtsfähig in Deutschland anzusehen sind, hat der BFH für Zwecke der Ertragsteuer ausgeführt, dass die ausländische Kapitalgesellschaft mit dem Grenzübertritt zwar **zivilrechtlich ihre Rechtsfähigkeit verliert**, sie aber gemäß § 1 Abs. 1 Nr. 5 i.V.m. § 3 KStG **Körperschaftsteuersubjekt** sei.[22] Dabei ist der BFH auch in Folgeentscheidungen geblieben.[23] Insoweit fallen Zivilrecht und Steuerrecht auseinander. Im Zuge der Reform durch das SEStEG wurde der Katalog der Gesellschaftsformen in § 1 Abs. 1 Nr. 1 KStG als beispielhaft und nicht abschließend formuliert. Vor diesem Hintergrund geht die herrschende Auffassung davon aus, dass Kapitalgesellschaften ausländischen Rechts, die zwar zivilrechtlich ihre Rechtspersönlichkeit verlieren, im Übrigen aber dem steuerlich anzustellenden **Typenvergleich** standhalten unter § 1 Abs. 1 KStG zu subsumieren sind.[24] Dieser gilt m.E auch für in Großbritannien gegründete und in Deutschland ansässige Ltds. 22

Eine Körperschaft i.S.v. § 1 Abs. 1 Nr. 1 KStG ist nur dann nicht gegeben, wenn der **Wegzugsstaat der Sitztheorie** folgt und damit von einer Auflösung der nach seinem Recht gegründeten Gesellschaft ausgeht, wenn diese den Verwaltungssitz/Ort der Geschäftsleitung nach Deutschland verlegt. Insoweit ist zivilrechtlich von einer Personengesellschaft auszugehen und nach hM wohl auch steuerrechtlich.[25] 23

cc) **Zivilrechtliche Konsequenzen:** Bleibt die zuziehende Gesellschaft nach zivilrechtlichen Grundsätzen als juristische Person aus deutscher Sicht bestehen, erfolgt **kein Vermögensübergang.** Der Zuzug ist identitätswahrend. 24

Verliert die Gesellschaft beim Zuzug nach zivilrechtlichen Grundsätzen ihre Qualität als juristische Person, geht das Zivilrecht von einer **teilrechtsfähigen Personengesellschaft** oder einem Einzelunternehmen aus. 25

dd) **Steuerrechtliche Konsequenzen:** Behält die Gesellschaft im Zeitpunkt des Zuzugs ihre Qualität als juristische Person, ist von einem **identitätswahrenden Zuzug** auch steuerrechtlich auszugehen. 26

19 Vgl. BGH, GmbHR 2005, 1483.
20 Vgl. den Vertrag mit den USA vom 29.10.1954, BGBl. II 1956, 487.
21 EuGH, DStR 2009, 121 (Cartesio).
22 BFH, BStBl. II 1992, 972.
23 BFH, BStBl. II 1998, 649; BStBl. II 1999, 473; BFH/NV 1994, 663; BStBl. II 2013, 186.
24 Vgl. *Kahle/Cortez*, FR 2014, 673, mwN.
25 Vgl. *Kahle/Cortez*, FR 2014, 673, mwN.

Das gilt auch, wenn zwar zivilrechtlich aus deutscher Sicht und aufgrund der hier vertretenen Sitztheorie vom Verlust der Rechtsfähigkeit auszugehen ist, jedoch nach dem sogenannten **Typenvergleich** steuerlich von einer Körperschaft auszugehen ist. Auch in diesem Fall gilt § 1 Abs. 1 Nr. 1 KStG. Ein Vermögensübergang findet steuerlich nicht statt. Dieser ist lediglich dann gegeben, wenn auch der Wegzugsstaat von einer zivilrechtlichen Auflösung ausgeht.

27 Die in **§ 4 Abs. 1 Satz 8 EStG geregelte Verstrickung**, nach der die Begründung des deutschen Besteuerungsrechts hinsichtlich des Gewinns aus der Veräußerung eines Wirtschaftsguts einer Einlage gleichsteht, findet über § 8 Abs. 1 KStG auch bei Körperschaften Anwendung. Die Wirtschaftsgüter, die der Gesellschaft zuzuordnen sind, sind im Inland mit dem **gemeinen Wert** anzusetzen. Dies betrifft die Wirtschaftsgüter, die aus einer ausländischen Betriebsstätte in eine inländische Betriebsstätte überführt werden oder aufgrund der Zentralfunktion des Stammhauses dem Ort der Geschäftsleitung der Gesellschaft zugeordnet werden (z.B. Tochterbeteiligungen, z.B. Lizenzen, z.B. Firmenwert).

28 Der **Ansatz mit dem gemeinen Wert** wird uE unabhängig davon gewährt, ob das Ausland von einer Entstrickung ausgeht.[26]

29 b) **Beschränkte Steuerpflicht:** Beschränkt steuerpflichtig ist eine Körperschaft mit ihren **inländischen Einkünften i.S.d. § 49 EStG**, wenn sie weder Sitz noch Ort der Geschäftsleitung im Inland hat. Auch bei der Erhebungsform ergeben sich Unterschiede zwischen unbeschränkter und beschränkter Steuerpflicht. Während die KSt bei unbeschränkter Steuerpflicht durch Veranlagung erhoben wird, ist bei beschränkter bzw. partieller Steuerpflicht eine Veranlagung für Einkünfte, die dem Steuerabzug unterliegen, ausgeschlossen. Hierfür ist die KSt uU durch den Steuerabzug abgegolten, § 32 Abs. 1 Nr. 1 KStG.

3. Steuerbefreiungen

30 Anders als im Einkommensteuerrecht gibt es grundsätzlich keine objektiven, wohl aber subjektive Befreiungen. Persönliche Steuerbefreiungen sind abschließend in § 5 KStG aufgezählt. Sie gelten nur bei nach § 1 Abs. 1 KStG unbeschränkt steuerpflichtigen Körperschaften (Umkehrschluss aus § 5 Abs. 2 Nr. 3 KStG). Lediglich bei den in § 5 Abs. 1 Nr. 1, 2, ^{2}a und 15 KStG aufgeführten Unternehmen ergibt sich eine uneingeschränkte Befreiung. Die übrigen Aufzählungen des § 5 Abs. 1 KStG enthalten unter gewissen Voraussetzungen eingeschränkte Steuerbefreiungen. Bedeutsame Befreiungen sind:

31 § 5 Abs. 1 Nr. 5 KStG: Berufsverbände ohne öffentlich-rechtlichen Charakter (Deutsche Steuergewerkschaft, Industriegewerkschaft Metall). Einer Befreiung bedarf es nicht für öffentlich-rechtliche Berufsverbände, da diese bereits nicht unter § 1 Abs. 1 KStG fallen (Ärzte-, Steuerberater-, Rechtsanwalts-, Notarkammern; Handwerkerinnungen).

32 § 5 Abs. 1 Nr. 7 KStG: Politische Parteien iSd. § 1 des Parteiengesetzes und ihre Gebietsverbände.[27] In die Organisationsstruktur der Partei eingebundene Teilorganisationen sind Teil einer Partei.[28] Politische Vereine sind dagegen nicht befreit.

33 § 5 Abs. 1 Nr. 9 KStG: Gemeinnützige Körperschaften. Das sind Körperschaften, die nach Satzung **und** nach tatsächlicher Geschäftsführung ausschließlich und unmittelbar gemeinnützigen, mildtätigen oder kirchlichen Zwecke dienen.

34 Bedeutsam i.R.d. GmbH-Rechts ist die sog. gemeinnützige GmbH (gGbmH).

35 Die Begriffsbestimmungen sind in der AO geregelt (§§ 51 – 68 AO). Ob die Voraussetzungen der Steuerbefreiung wegen Gemeinnützigkeit vorliegen, wird vom Finanzamt von Amts wegen – auch

26 Vgl. *Binnewies*, GmbH-StB 2007, 121.
27 Vgl. BMF-Schreiben vom 8.8.1988, BStBl. I 1988, 443.
28 Vgl. hierzu BFH, DB 1989, 156.

ohne Antrag – im Veranlagungsverfahren entschieden. Sind die Voraussetzungen der Steuerbefreiung erfüllt, kann die Körperschaft nicht auf die Anwendung der Befreiungsvorschrift »verzichten« (keine »Options«-Möglichkeit).

Wird ein »wirtschaftlicher Geschäftsbetrieb« i.S.d. § 14 AO unterhalten, ist die Steuerbefreiung insoweit ebenfalls ausgeschlossen (vgl. jeweils Satz 2 des § 5 Abs. 1 Nr. 5, Nr. 7 und Nr. 9 KStG). Hierbei handelt es sich um eine selbständige nachhaltige Tätigkeit mit der Absicht der Erzielung von Einnahmen oder anderer wirtschaftlicher Vorteile, die keine bloße Vermögensverwaltung i.S.d. § 14 Satz 3 AO darstellt. Gewinnerzielungsabsicht ist nicht erforderlich, § 14 Satz 2 AO. Wirtschaftliche Geschäftsbetriebe sind z.B. entgeltliche Mitgliederberatung und Steuerberatung (Buchführung und/oder Erstellung von Steuererklärungen). 36

Die Voraussetzungen für die Steuerbefreiung einer gGmbH gem. § 5 Abs. 1 Nr. 9 KStG müssen grds. veranlagungszeitraumbezogen erfüllt werden. Ist die tatsächliche Geschäftsführung einer gemeinnützigen GmbH demnach nicht während des gesamten Besteuerungszeitraums auf die ausschließliche und unmittelbare Erfüllung der steuerbegünstigten Zwecke gerichtet, führt dies grundsätzlich nur zu einer Versagung der Steuerbefreiung für diesen Besteuerungszeitraum. Veranlagungszeitraumübergreifend schädlich sein können jedoch verdeckte Gewinnausschüttungen. Schüttet eine gemeinnützige GmbH die aus der gemeinnützigen Tätigkeit erzielten Gewinne überwiegend verdeckt an ihre steuerpflichtigen Gesellschafter aus, liegt ein schwer wiegender Verstoß gegen § 55 Abs. 1 Nr. 1 bis 3 AO vor, der die Anwendung des § 61 Abs. 3 AO ermöglicht.[29] 37

4. Ende der Steuerpflicht

Die Körperschaftsteuerpflicht endet erst mit der tatsächlichen Beendigung der Liquidation. Der Beginn eines Liquidationsverfahrens oder die Eröffnung eines Insolvenzverfahrens berührt die subjektive Steuerpflicht dem Grunde nach nicht. Es gelten aber besondere Besteuerungsgrundsätze. Der Verlust der Rechtsfähigkeit einer GmbH durch ihre Löschung im Handelsregister muss nicht zwingend mit dem Ende der Körperschaftsteuerpflicht einhergehen. Die Handelsregistereintragung hat insoweit nur deklaratorische Bedeutung. Hat die GmbH ungeachtet ihrer zivilrechtlichen Beendigung noch steuerliche Pflichten zu erfüllen, greift sie gegen sie ergangene Steuerbescheide an, ist noch bilanzierungsfähiges Vermögen zu verteilen oder ist ggf. das Sperrjahr gem. § 73 GmbHG noch nicht abgelaufen, besteht die Steuerpflicht zunächst fort. Maßgeblich ist somit, dass die GmbH jegliche Tätigkeit einstellt, dh. nicht nur die eigentliche werbende Tätigkeit, sondern auch die Verwertungstätigkeit im Rahmen ihrer Abwicklung.[30] 38

Durch Verschmelzung, Aufspaltung oder Formwechsel in eine Personengesellschaft nach den Vorschriften des UmwG endet die Körperschaftsteuerpflicht der übertragenden GmbH mit Ablauf des steuerlichen Übertragungsstichtags gem. § 2 Abs. 1 UmwStG. Für ertragsteuerliche Zwecke ist die GmbH ab diesem Zeitpunkt als erloschen anzusehen, da ihr keine Einkünfte und kein Vermögen mehr zuzurechnen sind.[31] Auf den Zeitpunkt der Registereintragung kommt es nicht an. 39

Die unbeschränkte Körperschaftsteuerpflicht fällt weg, wenn eine GmbH ihren Sitz **und** den Ort der Geschäftsleitung ins Ausland verlegt.[32] Die Verlegung des Sitzes führt zwangsläufig zur Auflösung der GmbH. Bezieht die GmbH in diesem Fall inländische Einkünfte i.S.d. § 49 EStG, wechselt die GmbH – wenn es sich nach dem Wegzug um eine Körperschaft i.S.d. § 2 KStG handelt – in die beschränkte Steuerpflicht. Verlegt eine inländische GmbH unter Aufrechterhaltung ihrer zivilrechtlichen Rechtsfähigkeit nur ihren Verwaltungssitz ins Ausland, endet die unbeschränkte Körperschaftsteuerpflicht nicht. Es entsteht eine doppelansässige Gesellschaft. Verlegt eine nach 40

29 Vgl. BFH, BStBl. II 2012, 226.
30 Vgl. *Oellerich*, in: Mössner/Seeger/Oellerich, KStG, 4. Aufl. 2019, § 1 Rz. 122.
31 Vgl. Tz. 02.10 UmwSt-Erlass 2011, BStBl. I 2011, 1314; *Slabon*, in: Haritz/Menner, UmwStG, 4. Aufl. 2015, § 2 Rz. 54.
32 Vgl. BFH, BFH/NV 2010, 1864.

ausländischem Recht gegründete Körperschaft, die ihre Geschäftsleitung ins Inland verlegt hat, die Geschäftsleitung ins Ausland zurück, endet ihre unbeschränkte Steuerpflicht und wechselt ggf. in die beschränkte Körperschaftsteuerpflicht.[33]

III. Prüfungssystematik

41 **Ertragsteuerpflicht Körperschaftsteuerpflicht**

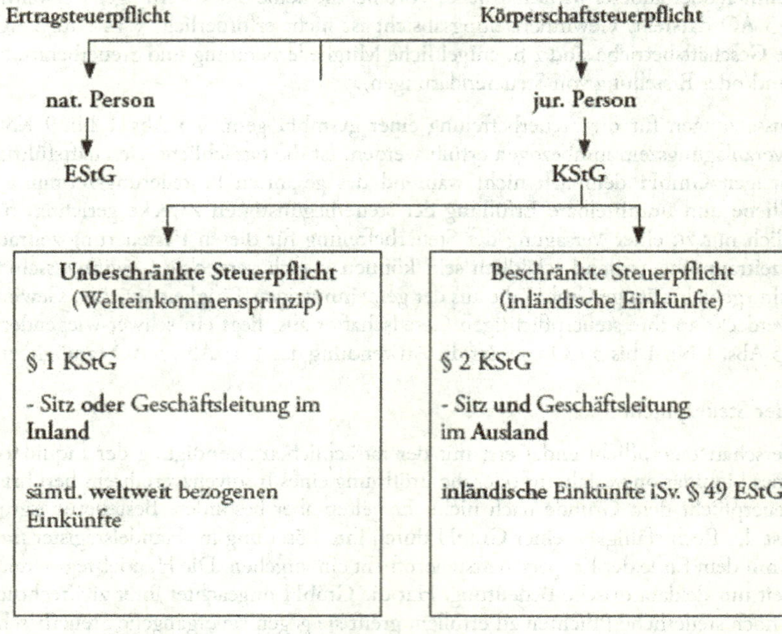

1.	**Körperschaftsteuersubjekt** ⇨ zB inländische Kapitalgesellschaft i.S.v. § 1 Abs. 1 Nr. 1 KStG oder ausländische Kapitalgesellschaft (Typenvergleich) ⇨ subjektive Befreiung nach § 5 KStG
2.	**Körperschaftsteuerobjekt** ⇨ sämtliche Einkünfte, dh. Gewinn od. Verlust nach Betriebsvermögensvergleich, führen zu pos. oder neg. gewerblichen Einkünften ⇨ Ausnahme § 8b KStG
3.	**Besteuerungsumfang** unbeschränkte Steuerpflicht beschränkte Steuerpflicht
4.	Abweichende Zuweisung des Besteuerungsrechts durch DBA

33 Vgl. zu den Rechtsfolgen: *Mössner*, in: Mössner/Seeger/Oellerich, KStG, 4. Aufl. 2019, § 12 Rz. 588.

IV. Gewerbesteuer

1. Beginn und Ende der Gewerbesteuerpflicht

Die GmbH selbst ist kraft Rechtsform in vollem Umfang gewerbesteuerpflichtig, unabhängig davon, welche Tätigkeit die GmbH tatsächlich ausübt (§ 2 Abs. 2 Nr. 2 GewStG). Damit ist bspw. auch die vermögensverwaltende GmbH (Holding) gewerbesteuerpflichtig. Die GmbH hat stets nur einen einheitlichen Gewerbebetrieb.[34] 42

Beginn und Ende der Gewerbesteuerpflicht sind nicht im Gesetz geregelt.[35] Bei der GmbH beginnt die Gewerbesteuerpflicht spätestens mit der Eintragung im Handelsregister, unabhängig von der Tätigkeit. Die GmbH ist bereits im Stadium der Vor-GmbH gewerbesteuerpflichtig, wenn sie nach außen in Erscheinung tretende geschäftliche Tätigkeiten entfaltet, die über den Kreis bloßer Vorbereitungshandlungen hinausgehen.[36] 43

Die Gewerbesteuerpflicht endet nicht bereits mit der Beendigung der aktiven gewerblichen Betätigung, sondern erst mit Ende der rechtlichen Existenz der GmbH. Im Fall der Liquidation ist das der Zeitpunkt, in dem das Vermögen an die Gesellschafter verteilt worden ist. 44

Die Gewerbesteuer ist eine Betriebssteuer, dh. sie mindert als Aufwand das Ergebnis laut Handels- und Steuerbilanz. Gem. § 4 Abs. 5b EStG ist die Gewerbesteuer jedoch keine Betriebsausgabe und darf den steuerlichen Gewinn daher nicht mindern. Die handelsrechtlich als Aufwand gebuchte Gewerbesteuer ist dem Ergebnis laut steuerlichem Jahresabschluss daher außerbilanziell wieder hinzuzurechnen. 45

Eine Anrechnung der Gewerbesteuer auf die Körperschaftsteuer bei Kapitalgesellschaften findet nicht statt. 46

2. Bemessungsgrundlage

Gem. § 6 GewStG ist Besteuerungsgrundlage für die Gewerbesteuer der Gewerbeertrag. Der Gewerbeertrag ist in § 7 GewStG geregelt. Ausgangsgröße ist der nach den Vorschriften des EStG und KStG zu ermittelnde Gewinn aus dem Gewerbebetrieb. Auch außerbilanzielle Hinzurechnungen, wie insbesondere verdeckte Gewinnausschüttungen, wirken sich auf die Höhe des Gewerbeertrags aus. Der so ermittelte Gewerbeertrag wird sodann um Hinzurechnungen gem. § 8 GewStG erhöht um Kürzungen gem. § 9 GewStG gemindert. 47

Bei Kapitalgesellschaften gehört zum Gewerbeertrag auch die Veräußerung einzelner Wirtschaftsgüter, aber auch die Veräußerung oder Aufgabe des gesamten Gewerbebetriebs. Mit Wirkung seit dem Erhebungszeitraum 2002 gehört bei Kapitalgesellschaften zudem auch die Veräußerung oder Aufgabe einer Mitunternehmeranteils zum Gewerbeertrag, § 7 Satz 2 GewStG. 48

Den als Ausgangspunkt für die Ermittlung des Gewerbeertrags zugrunde zu legenden Gewinn i.S.v. § 7 GewStG dürfen der Verlustabzug nach § 10d EStG i.V.m. § 8 Abs. 1 KStG sowie die Freibeträge nach §§ 24 und 25 KStG nicht mindern.[37] § 10a GewStG enthält eine eigene Regelung zur Ermittlung und Verlustverrechnung negativer Gewerbeerträge, die sich auf den Verlustvortrag beschränkt, einen Verlustrücktrag dagegen nicht zulässt. Da die Höhe des Gewerbeverlusts durch die gewerbesteuerlichen Hinzurechnungen und Kürzungen beeinflusst wird, die Höhe des Verlustabzugs iSd. § 10d EStG hingegen nicht, kann ein Gewerbeverlust entstehen, obwohl ein ertragsteuerlicher Gewinn vorliegt. 49

Die Gewinne/Verluste aus einem Anteil an einer Personengesellschaft sind in der Ausgangsgröße für die Gewerbeertragsermittlung der GmbH enthalten, obwohl die Personengesellschaft selbstständig gewerbesteuerpflichtig ist. In diesem Fall erfolgt eine Kürzung über § 9 Nr. 2 GewStG. 50

34 Vgl. R 2.4 Abs. 4 GewStR.
35 Vgl. hierzu R 2.5 bis R 2.7 GewStR.
36 BFH, BStBl. II 2017, 1071.
37 R 7.1 Abs. 4 GewStR.

51 Steuerbefreiungen sind in § 3 GewStG geregelt. Sie decken sich größtenteils mit den Steuerbefreiungen in § 5 KStG.

52 **Es gilt folgendes Ermittlungsschema:**

	Gewinn aus Gewerbebetrieb (Einkommen nach KStG vor Verlustabzug)
+	Zinsen
+	Bezüge persönlich haftender Gesellschafter einer KGaA
+	Streubesitzdividenden
+	Verlustanteile aus Mitunternehmergemeinschaften
+	Spenden iSv. § 9 Abs. 1 Nr. 2 KStG
+	ausschüttungsbedingte Teilwertabschreibungen
+	ausländische Steuern
./.	Grundbesitzabzüge
./.	Gewinnanteile aus Mitunternehmerschaften
./.	Schachtelerträge
./.	Anteile nicht im Inland belegener Betriebstätten
./.	Spenden
=	Gewerbeertrag vor Verlustabzug
./.	Gewerbeverlustabzug
=	**Gewerbeertrag**

3. Festsetzung des Steuermessbetrags

53 Aus dem Gewerbeertrag, der gem. § 11 Abs. 1 Satz 3 GewStG auf volle € 100,– abzurunden ist, ergibt sich nach Abzug des Freibetrags gem. § 11 Abs. 1 GewStG unter Multiplikation der Steuermesszahl gem. § 11 Abs. 2 GewStG der Steuermessbetrag:

	Gewerbeertrag
./.	Freibetrag gem. § 11 Abs. 1 GewStG
=	Gekürzter Gewerbeertrag
x	Steuermesszahl gem. § 11 Abs. 2 i.H.v. 3,5 %
=	**Steuermessbetrag**

54 Zu beachten ist, dass Kapitalgesellschaften der Freibetrag gem. § 11 Abs. 1 GewStG nicht zusteht.

55 Bis zum Steuermessbetrag ist als Landesbehörde das Finanzamt zuständig. Dieses ermittelt die Besteuerungsgrundlagen und setzt den Steuermessbetrag für den Erhebungszeitraum fest. Falls erforderlich, ist das Finanzamt auch für die Zerlegung des Steuermessbetrags gem. §§ 28 ff. GewStG zuständig. Im Hinblick auf die Besteuerungsgrundlage für gewerbesteuerliche Zwecke hat die Körperschaftsteuerfestsetzung keine Bindungswirkung. Bestehen Einwände gegen die Höhe des Gewerbeertrags, ist stets isoliert (auch) der Gewerbesteuermessbescheid anzufechten. Daneben bestimmt § 35b GewStG, dass der Gewerbesteuermessbescheid aufzuheben oder zu ändern ist, wenn u.a. der Körperschaftsteuerbescheid aufgehoben oder geändert wird. Hierbei handelt es sich um eine eigenständige Änderungsvorschrift. Diese gilt jedoch nur für nachfolgende Änderungen.

56 Der maßgebliche Erhebungszeitraum ist gem. § 14 Satz 2 GewStG grds. das Kalenderjahr. Bei abweichendem Wirtschaftsjahr gilt der Gewerbeertrag als in dem Erhebungszeitraum bezogen, in dem das Wirtschaftsjahr endet, § 10 Abs. 2 GewStG.

4. Festsetzung der Gewerbesteuer und Erhebung

57 Die Festsetzung der Gewerbesteuer durch Gewerbesteuerbescheid sowie die Erhebung, einschließlich Stundung, Erlass und Niederschlagung, erfolgen durch die jeweilige Gemeinde. Ausgangspunkt für die Festsetzung ist der Steuermessbetrag:

Steuermessbetrag
x Hebesatz der Gemeinde iSv. § 16 GewStG
= Festzusetzende Gewerbesteuer

Der Hebesatz wird durch die jeweilige Gemeinde in den Grenzen des § 16 Abs. 2 bis 5 GewStG selbst festgelegt. Gem. § 16 Abs. 4 Satz 2 GewStG muss der Hebesatz mindestens 200 % betragen. Die Festsetzung des Hebesatzes erfolgt durch kommunale Satzung. 58

Für den Gewerbesteuerbescheid ist der Gewerbesteuermessbescheid des Finanzamts Grundlagenbescheid. Dieser wird der betroffenen Gemeinde vom Finanzamt mitgeteilt. Die Gemeinde ist hieran gebunden. Einwendungen gegen die Gewerbesteuerpflicht oder die Höhe des Messbetrags sind im Einspruchs- und Klageverfahren gegen den Gewerbesteuermessbescheid geltend zu machen. 59

V. Wesentliche Besteuerungsunterschiede zur Personengesellschaft

Neben insbesondere gesellschafts- und haftungsrechtlichen Gründen sowie wirtschaftlichen Aspekten spielen sowohl im Rahmen der Unternehmensgründung als auch bei späteren Überlegungen zu Umstrukturierungen auch steuerliche Parameter eine erhebliche Rolle. Die Entscheidung für die GmbH oder den Weg raus aus der GmbH kann nicht von einzelnen Gesichtspunkten abhängig gemacht werden, sondern muss stets die Gesamtsituation des Unternehmens in den Blick nehmen. 60

In steuerlicher Hinsicht sind insbesondere die laufende Besteuerung sowohl der Gesellschaft als auch ihrer Gesellschafter, Thesaurierungsmöglichkeiten und -belastungen, Verlustnutzungsmöglichkeiten, das Risiko verdeckter Gewinnausschüttungen, der Erwerb und die Veräußerung von Gesellschaftsanteilen, Leistungsvergütungen, die Möglichkeit von Pensionszusagen und die (vorweggenommene) Erbfolge in die Entscheidung mit einzubeziehen. Daneben existieren aber auch zahlreiche weitere steuerliche Gesichtspunkte, die entscheidend sein können.[38] 61

Bei der Rechtsformwahl steht die GmbH insbesondere in Konkurrenz mit der GmbH & Co. KG. 62

Die GmbH und ihre Gesellschafter unterliegen einer effektiven Gesamtsteuerbelastung i.H.v. ca. 48,33 %, geht man davon aus, dass die Anteile an der GmbH von einer natürlichen Person im Privatvermögen gehalten werden. Die Steuerbelastung setzt sich zusammen aus der Körperschaftsteuer i.H.v. 15 % zzgl. Solidaritätszuschlag, der Gewerbesteuer i.H.v. 16,67 % (bei einem unterstellten Hebesatz von 400 %) sowie der Kapitalertragsteuer auf Gewinnausschüttungen i.H.v. 25 % zzgl. Solidaritätszuschlag. Werden Gewinne auf Ebene der GmbH thesauriert, fällt keine Ausschüttungsbesteuerung an. Es bleibt bei der Belastung mit Körperschaft- und Gewerbesteuer. Es besteht eine Thesaurierungsbelastung i.H.v. ca. 29,83 %. Die Gewerbesteuer ist – anders als bei der GmbH & Co. KG – nicht auf die Körperschaftsteuer anrechenbar. Das an einen Gesellschafter-Geschäftsführer gezahlte Gehalt mindert den Gewinn auf Ebene der GmbH und damit die Bemessungsgrundlage für Körperschaft- und Gewerbesteuer und wird beim Geschäftsführer nach seinem persönlichen Einkommensteuertarif versteuert. Verluste auf Ebene der GmbH können im Rahmen des Verlustvor- und -rücktrags gem. § 10d EStG nur auf dieser Ebene genutzt werden. 63

Die GmbH & Co. KG selbst unterliegt nicht der Einkommensbesteuerung. Auf Ebene der GmbH & Co. KG findet vielmehr eine gesonderte und einheitliche Feststellung der Besteuerungsgrundlagen statt, die ihren Gesellschaftern entsprechend ihrer Beteiligung an Gewinn und Verlust zugeteilt werden und bei diesen der Besteuerung nach dem persönlichen Einkommensteuertarif unterliegen. Es kann sich daher nach dem derzeitigen Einkommensteuertarif eine Einkommensteuerbelastung i.Hv. bis zu 42 % (bis einem zu versteuernden Einkommen i.H.v. € 260.532,–) bzw. i.H.v. 45 % (ab € 260.533,–) ergeben. Die Regelsteuerbelastung der GmbH & Co. KG und ihrer Gesellschafter (Einkommensteuer/Gewerbesteuer/Solidaritätszuschlag/Gewerbesteueranrechnung) beläuft sich 64

38 Vgl. *Neumayer*, in: GmbH-Handbuch, Teil III Rz. 1 (Okt. 2016).

unter Annahme eines Einkommensteuersatzes i.H.v. 42 % und einem Gewerbesteuerhebesatz von 400 % auf 44,28 %, unter Annahme eines Einkommensteuersatzes i.H.v. 45 % auf 47,44 %.

65 Verluste, die bei der GmbH & Co. KG entstehen, werden ihren Gesellschaftern unmittelbar zugerechnet und können unter den Beschränkungen des § 15a EStG mit anderen positiven Einkünften verrechnet werden. Anders als bei der GmbH unterliegen die Gewinne der GmbH & Co. KG auf Ebene der Gesellschafter unabhängig davon, ob diese entnommen oder thesauriert werden, der Besteuerung. Zur Beseitigung der unterschiedlichen Thesaurierungsbelastung von GmbH und GmbH & Co. KG gewährt § 34a EStG die Möglichkeit einer Tarifermäßigung für vom Gesellschafter nicht entnommene Gewinne. Erst im Zeitpunkt der Entnahme kommt es zur Nachversteuerung. Die Gesamtsteuerbelastung entspricht dann derjenigen der GmbH.[39]

66 Die GmbH & Co. KG selbst ist lediglich Gewerbesteuersubjekt. Leistungsvergütungen an Gesellschafter-Geschäftsführer mindern die Bemessungsgrundlage nicht. Zum Gewerbeertrag nach § 7 GewStG zählen neben dem Gesamthandsbereich auch gewinnwirksame Vorgänge des Sonderbetriebsvermögensbereichs.[40] Die Gewerbesteuerbelastung i.H.v. 16,67 % (bei einem unterstellten Hebesatz iHv. 400 %) kann – im Gegensatz zur GmbH – gem. § 35 EStG typisiert i.H.v. 380 % des Gewerbesteuermessbetrags auf die Einkommensteuer der Gesellschafter angerechnet werden. Unter Berücksichtigung des Solidaritätszuschlags kommt es bei einem Hebesatz von 400,9 % zu einer Vollentlastung der Gewerbesteuer.[41]

67 Pensionsrückstellungen für Gesellschafter-Geschäftsführer einer GmbH sind durch die Bildung von Pensionsrückstellungen steuerlich abzugsfähig. Eine Besteuerung auf Ebene des Gesellschafters erfolgt erst im Auszahlungszeitpunkt als Einkünfte gem. § 19 EStG. Bei der GmbH & Co. KG wirken sich Pensionszusagen als Vorab-Vergütungen für Gesellschafter-Geschäftsführer – jedenfalls bei der Direktzusage – im Ergebnis i.d.R. nicht steuermindernd aus.[42]

68 Im Gegensatz zur GmbH besteht bei der GmbH & Co. KG nicht die Gefahr verdeckter Gewinnausschüttungen. Allerdings lässt sich die Gefahr verdeckter Gewinnausschüttungen häufig bereits im Vorfeld durch klare und drittübliche Vertragsgestaltungen vermeiden.

69 Die Veräußerung einer Mitunternehmerbeteiligung an einer GmbH & Co. KG ist gem. § 16 EStG steuerpflichtig und unterliegt grds. der Besteuerung i.H.d. persönlichen Steuertarifs des Gesellschafters. Gem. § 34 Abs. 2 und 3 EStG kann der Gesellschafter ab dem 55. Lebensjahr einmal im Leben und bis zum einem Höchstbetrag von € 5 Mio. einen ermäßigten Steuersatz hierauf in Anspruch nehmen. Der ermäßigte Steuersatz beträgt 56 % des durchschnittlichen Steuersatzes, der sich ergäbe, wenn die tarifliche Einkommensteuer nach dem gesamten zu versteuernden Einkommen zzgl. der dem Progressionsvorbehalt unterliegenden Einkünfte zu bemessen wäre, mindestens jedoch 14 %, § 34 Abs. 3 Satz 2 EStG.

70 Gewinne aus der Veräußerung von GmbH-Geschäftsanteilen unterliegen im Umfang von 60 % dem persönlichen Einkommensteuertarif des Veräußerers, wenn es sich um eine Beteiligung im Privatvermögen i.H.v. mindestens 1 % am Stammkapital oder – unabhängig von der Beteiligungshöhe – um eine solche im Betriebsvermögen handelt. Andernfalls findet die Abgeltungssteuer mit einem Steuersatz von 25 % Anwendung, wenn es sich um Anteile handelt, die nach dem 31.12.2008 angeschafft wurden.

71 Spielen steuerliche Aspekte für die unternehmerische Entscheidung die ausschlaggebende Rolle, muss in jedem Einzelfall eine genaue Steuerbelastungsrechnung durchgeführt werden. Eine pauschale Aussage über die steuerliche Vorteilhaftigkeit von GmbH oder GmbH & Co. KG lässt sich nicht treffen.

39 Zur Kritik der Vorschrift: *Wacker*, in: Schmidt, EStG, 37. Aufl. 2018, § 34a Rn. 5.

40 Vgl. *Selder*, in: Glanegger/Güroff, GewStG, 9. Aufl. 2017, § 7 Rn. 9.

41 Vgl. *Wacker*, in: Schmidt, EStG, 38. Aufl. 2019, § 35 Rn. 2.

42 Vgl. *Heilck*, BB 2017, 632, 634.

B. Laufende Besteuerung der GmbH

I. Besteuerung im Gründungsstadium der GmbH

1. Vorgründungsgesellschaft

Die vor Unterzeichnung des notariellen Gesellschaftsvertrags bestehende Vorgründungsgesellschaft ist in aller Regel eine Personengesellschaft.[43] Sie ist damit nicht körperschaftsteuerpflichtig. Deren positive und negative Einkünfte sind auf Ebene der Gesellschaft gem. §§ 179, 180 Abs. 1 Nr. 2a AO gesondert und einheitlich festzustellen und den Gesellschaften für besteuerungszwecke anteilig zuzurechnen. Übt die Vorgründungsgesellschaft bereits eine gewerbliche Tätigkeit aus, erzielen die Gesellschafter hieraus Einkünfte i.S.d. § 15 Abs. 1 Satz 1 Nr. 2 EStG. Die Vorgründungsgesellschaft ist in diesem Fall auch gewerbesteuerpflichtig. 72

Da die Vorgründungsgesellschaft nicht mit der späteren Vor-GmbH identisch ist, können in dieser Phase entstandene Verluste nicht später durch die Vor-GmbH bzw. GmbH steuerlich genutzt werden. Vielmehr können die Gesellschafter der Vorgründungsgesellschaft die ihnen zugewiesenen Verlustanteile unmittelbar mit etwaigen positiven Einkünften aus anderen Einkunftsquellen verrechnen. 73

Etwaige Buchführungs- und Bilanzierungspflichten sowie steuerliche Pflichten, z.B. Abgabe von Umsatzsteuer-Voranmeldungen, Umsatzsteuerjahreserklärungen und Feststellungserklärungen treffen unmittelbar die Vorgründungsgesellschaft, vertreten durch die Gründungsgesellschafter der GmbH. 74

2. GmbH-Vorgesellschaft

Mit Entstehung der Vor-GmbH beginnt die Körperschaftsteuerpflicht, sofern sie später als GmbH in das Handelsregister eingetragen wird.[44] Die Handelsregistereintragung entfaltet insoweit Rückwirkung. Andernfalls stellt auch die Vor-GmbH lediglich eine Personengesellschaft dar, die zu keinem Zeitpunkt körperschaftsteuerpflichtig ist.[45] Steuerlich wird insoweit nicht zwischen unechter und echter Vor-GmbH unterschieden.[46] 75

Anders als im Hinblick auf die Gewerbesteuerpflicht ist eine nach außen gerichtete geschäftliche Tätigkeit für die Begründung der Körperschaftsteuerpflicht nicht erforderlich. 76

Mit der Eintragung in das Handelsregister wird die GmbH Gesamtrechtsnachfolgerin der Vor-GmbH und übernimmt sämtliche steuerlichen Rechte und Pflichten der Vor-GmbH. Die erstmalige Steuerfestsetzung gegenüber der eingetragenen GmbH umfasst somit auch den Zeitraum zwischen Abschluss des notariellen Gesellschaftsvertrags und der Handelsregistereintragung.[47] Eine zivilrechtliche Rückbeziehung der GmbH-Gründung auf einen Zeitpunkt vor Abschluss des Gesellschaftsvertrags wird steuerlich grds. nicht anerkannt.[48] Eine Ausnahme vom steuerlichen Rückwirkungsverbot kommt in Betracht, wenn die Rückwirkung nur eine kurze Zeitspanne umfasst und die Anerkennung der Rückwirkung nach den Umständen des Falles vertretbar erscheint.[49] 77

II. Ermittlung der Bemessungsgrundlage

Bemessungsgrundlage ist das zu **versteuernde Einkommen** (§§ 7, 8 KStG). Der Begriff entspricht systematisch der Bestimmung gem. § 2 Abs. 5 EStG für die Einkommensbesteuerung 78

43 Zu Ausnahmen vgl. BFH, BStBl. III 1952, 172.
44 Vgl. BFH, BStBl. II 1993, 352.
45 BFH, BStBl. II 2010, 991.
46 Zwischen echter und unechter Vorgesellschaft unterscheidend: *Martini*, DStR 2011, 337.
47 BFH, BStBl. II 1993, 352.
48 BFH, BStBl. II 1983, 247.
49 Vgl. BFH vom 28.2.1990 – I R 52/89, BFH/NV 1991, 564.

natürlicher Personen.[50] Bei den Gewinneinkunftsarten wird grds. zwischen der Ermittlung durch Betriebsvermögensvergleich und Überschussrechnung unterschieden. Auf die Totalperiode eines Unternehmens gesehen, kommen beide Methoden zum gleichen Ergebnis. Aufgrund des Grundsatzes der Periodenabgrenzung bei der Bilanzierung auf der einen und des Zu- und Abflussprinzips bei der Überschussrechnung auf der anderen Seite ergeben sich jedoch Unterschiede im Hinblick auf die einzelnen Veranlagungszeiträume. Weiteres Beispiel, bei dem es zwischen der Gewinnermittlung durch Betriebsvermögensvergleich und Einnahme-Überschuss-Rechnung zu erheblichen Unterschieden kommt, ist die Einstellung von Rückstellungen oder von Rechnungsabgrenzungsposten.

79 **Gewinnermittlung bei den Einkünften nach § 2 Abs. 2 Nr. 1 EStG**

Betriebsvermögensvergleich§§ 4 Abs. 1, 5 Abs. 1 EStG		**Gewinnermittlung nach Durchschnittssätzen§ 13a EStG**	**Überschussrechnung nach§ 4 Abs. 3 EStG**
Betriebsvermögen am Schluss des Wirtschaftsjahrs ./. Betriebsvermögen am Schluss des vorangegangenen Wirtschaftsjahrs = Gewinn + Entnahmen ./. Einlagen		Einheitswertabhängige Gewinnemittlung	Betriebseinnahmen ./. Betriebsausgaben = Gewinn
§ 4 Abs. 1 EStG Gewinnermittlung durch **originäre Steuerbilanz** – buchführungspflichtige Land- und Forstwirte – freiwillig buchführende Land- und Forstwirte und Freiberufler	**§ 5 Abs. 1 EStG** **Maßgeblichkeit der Handelsbilanz** bei buchführenden Gewerbetreibenden – Kaufleute und Handelsgesellschaften – nach § 141 AO Verpflichtete – freiwillig Buchführende	nicht buchführungspflichtige Land- und Forstwirte unter bestimmten Voraussetzungen	nicht buchführende – Kleingewerbebetreibende – Freiberufler – Land- und Forstwirte,die nicht unter § 13aEStG fallen
			Zufluss- und Abflussprinzip (§ 11 EStG) Ausnahmen bei Anlagevermögen (§ 4 Abs. 3 Satz 3 und Satz 4 EStG)
Abzugsverbot für Kosten der Lebensführung (§ 12 EStG); sog. gemischte Aufwendungen auch nicht teilweise als Betriebsausgaben abziehbar (§ 12 Nr. 1 Satz 2 EStG)			

80 Besteuert wird der Gewinn (§ 8 KStG i.V.m. § 5 EStG). Die GmbH muss bilanzieren, da sie kraft Rechtsform Vollkaufmann ist und als solcher nach § 238 HGB Bücher zu führen hat. Die bilanzielle Gewinnermittlung der GmbH erfolgt weitgehend nach den Regeln des Einkommensteuerrechts (§ 8 Abs. 1 KStG i.V.m. §§ 5 bis 7g EStG). Zu eliminieren sind verdeckte Einlagen und verdeckte Gewinnausschüttungen. Ferner sind besondere abziehbare und nicht abziehbare Aufwendungen (§§ 9, 10 KStG) zu berücksichtigen. Verluste aus vorangegangenen Veranlagungszeiträumen sind

50 Vgl. *Roser*, in: Gosch, KStG, 3. Aufl., 2015, § 7 Rz. 20.

i.R.d. §§ 8c, 8d KStG[51] abzugsfähig, nicht aber auf den Gesellschafter übertragbar[52] (Ausnahme: Organschaft).

Gewinnformel beim Betriebsvermögensvergleich: 81

	Betriebsvermögen am Ende des Wirtschaftsjahrs
./.	Betriebsvermögen am Schluss des vorangegangenen Wirtschaftsjahrs
+	Entnahmen
./.	Einlagen
=	**Gewinn**
+	nicht abziehbare Aufwendungen (§§ 3c, 4 Abs. 5 EStG, § 10 KStG)
./.	steuerfreie Betriebseinnahmen (§ 3 EStG, § 8b KStG)
./.	besonders abziehbare Aufwendungen (§ 9 KStG), soweit noch nicht gewinnmindernd berücksichtigt
=	**steuerlicher Gewinn**

Unter Betriebsvermögen ist hier das Betriebsreinvermögen (Eigenkapital) zu verstehen und nicht die Gesamtheit aller Wirtschaftsgüter, die zu einem Betrieb gehören. Zu vergleichen sind demnach zwei Eigenkapitalgrößen, deren Differenz um Entnahmen und Einlagen zu korrigieren ist, weil diese Vermögensveränderungen nicht durch den Betrieb veranlasst sind. 82

Zur Ermittlung des Betriebsreinvermögens wird eine Bilanz aufgestellt. Betriebsreinvermögen ist die Differenz zwischen der Summe aller Aktiva und der Summe aller Passiva, im Ergebnis also das Eigenkapital. 83

▶ **Beispiel:**

Die Eröffnungsbilanz einer in 2020 gegründeten GmbH ergibt folgendes Bild: 84

Bilanz zum 31.12.2020

Aktiva		Passiva	
Grund und Boden	€ 100	Eigenkapital	€ 300
Gebäude	€ 150	Verbindlichkeiten	€ 100
Maschinen	€ 100		
Kasse	€ 50		
	€ 400		€ 400

Im Geschäftsjahr 2021 kommt es zu folgenden Geschäftsvorfällen:

AfA Gebäude: € 5

AfA Maschinen: € 10

Gehalt: € 10

Forderungen: € 50

51 Siehe hierzu BMF-Schreiben vom 16.4.1999, BStBl. I 1999, 455; *Binnewies/Lemmer*, AG 2018, 703; BFH, DStRE 2003, 166, Beitrittsaufforderung an das BMF; zum Fall eines Gestaltungsmissbrauchs durch Erwerb nicht werthaltiger Forderungen: BFH, GmbHR 2001, 528.

52 Zu Gestaltungsmöglichkeiten: BFH, FR 2002, 277.

Vereinnahmte Entgelte: € 50

Zum 31.12.2018 ist folgende Bilanz zu erstellen:

Bilanz zum 31.12.2021

Aktiva		Passiva	
Grund und Boden	€ 100	Eigenkapital	€ 375
Gebäude	€ 145	Verbindlichkeiten	€ 100
Maschinen	€ 90		
Forderungen	€ 50		
Kasse	€ 90		
	€ 475		€ 475

85 Der Unterschiedsbetrag zwischen dem Betriebsreinvermögen zum 31.12.2020 und dem Betriebsreinvermögen zum 31.12.2021 beträgt damit € 75,–. Dies ist der i.R.d. Einkünfte aus Gewerbebetrieb (§ 8 Abs. 1 Satz 1 und Abs. 2 KStG i.V.m. § 15 EStG) zu erfassende Gewinn. In der Gewinn- und Verlustrechnung ist als Ertrag € 100,– (€ 50,– erwirtschaftete Entgelte und € 50,– Forderungen) und als Aufwendungen € 25,– (€ 5,– AfA Gebäude, € 10,– AfA Maschinen und € 10,– Gehalt) zu erfassen, so dass sich auch hier ein Gewinn von € 75,– ergibt.

86 Wäre die GmbH nicht bilanzierungs- und buchführungspflichtig, dürfte sie ihren Gewinn durch Einnahme-Überschuss-Rechnung nach § 4 Abs. 3 EStG ermitteln. Die Überschussermittlung nach § 4 Abs. 3 EStG ist eine Geldverkehrsrechnung. Sie erleichtert dem Steuerpflichtigen die Gewinnermittlung, indem auf die Darstellung von Vermögensumschichtungen verzichtet und lediglich an Betriebseinnahmen und Betriebsausgaben angeknüpft wird. Eine periodengerechte Gewinnermittlung ist bei der Überschussrechnung nicht gewährleistet. In vorstehendem Beispiel ergäbe sich in 2021 lediglich ein Gewinn i.H.v. € 25,–, da die Forderungen i.H.v. € 50,– mangels Zufluss noch nicht zu berücksichtigen wären.

87 Dieses Ergebnis belegt die periodengerechtere Gewinnermittlung durch Betriebsvermögensvergleich.

88 Die Ermittlung des steuerlichen Gewinns durch Betriebsvermögensvergleich baut grds. auf der Handelsbilanz auf. Dies bringt der Gesetzgeber in § 5 Abs. 1 Satz 1 EStG zum Ausdruck. Für den Schluss des Wirtschaftsjahrs ist demnach das Betriebsvermögen anzusetzen, das nach den handelsrechtlichen Grundsätzen ordnungsgemäßer Buchführung auszuweisen ist. Statuiert wird damit die materielle Maßgeblichkeit. Die formelle sowie die umgekehrte Maßgeblichkeit wurden abgeschafft.[53] Die Bilanz ist gem. § 60 Abs. 1 Satz 1 EStDV der Steuererklärung in Abschrift beizufügen. Entsprechen sich die Ansätze dem Grunde und der Höhe nach in Handels- und Steuerbilanz, kann der Steuerpflichtige eine sog. Einheitsbilanz führen. Dies dient der Vereinfachung und Kostenersparnis. Durch das BilMoG, in dessen Zuge die Maßgeblichkeit der Handelsbilanz für die Steuerbilanz durch weitere spezielle steuerbilanzielle Vorschriften eingeschränkt wurde, wird die Erstellung einer Einheitsbilanz zunehmend zurückgedrängt.[54] Widersprechen sich Ansätze in Handels- und Steuerbilanz dem Grunde oder der Höhe nach, bestehen technisch zwei Möglichkeiten. Gem. § 60 Abs. 2 Satz 1 EStDV kann der Steuerpflichtige zum einen die handelsbilanziellen Ansätze und Beträge durch Zusätze oder Anmerkungen den steuerlichen Vorschriften anpassen (sog. Überleitungs- oder Anpassungsrechnung). Zum anderen kann der Steuerpflichtige gem. § 60 Abs. 2 Satz 2 EStDV auch eine eigenständige, den steuerlichen Vorschriften entsprechende Bilanz (Steuerbilanz), beifügen. Der Unterschied zwischen dem Kapital laut Handelsbilanz und dem

53 Vgl. *Weber-Grellet*, in: Schmidt, EStG, 39. Aufl. 2020, § 5 Rn. 26.
54 Vgl. *Weber-Grellet*, ZRP 2008, 146, 147.

Kapital laut Steuerbilanz wird in der Praxis in der Steuerbilanz durch sog. »steuerliche Ausgleichsposten« erfasst.[55] Gem. § 5b EStG muss sowohl die Überleitungsrechnung als auch eine gesonderte Steuerbilanz nach amtlich vorgeschriebenem Datensatz (E-Bilanz) an das Finanzamt übermittelt werden.[56]

Aufgrund der zunehmenden, von den handelsbilanziellen Grundsätzen abweichenden steuerlichen Ansatzpflichten und Ansatzwahlrechte sowie zur besseren Übersichtlichkeit und Nachvollziehbarkeit kann die Erstellung einer eigenständigen Steuerbilanz empfehlenswert sein.[57] 89

III. Besteuerungsgrundsätze

1. Steuerbelastung für Gewinne

Der Körperschaftsteuertarif beträgt 15 % (§ 23 Abs. 1 KStG). Der Abzugsteuersatz für beschränkt steuerpflichtige Körperschaften beträgt ebenfalls 15 % (§ 32 Abs. 3 Satz 2 KStG). Gleiches gilt i.R.v. § 50a Abs. 7 EStG. 90

Die Gewerbesteuer ist nicht als Betriebsausgabe abzugsfähig (§ 8 KStG, § 4 Abs. 5b EStG). Die Gewerbesteuer mindert weder ihre eigene Bemessungsgrundlage noch die Bemessungsgrundlage für die Körperschaftsteuer. Im Ergebnis stellt die Gewerbesteuer auf der Ebene der Gesellschaft ungekürzten Aufwand dar. Damit ist der Hebesatz des Standorts der Gesellschaft von großer Bedeutung. 91

Rechnet man Körperschaftsteuer i.H.v. 15 % und Gewerbesteuer zusammen, ergibt sich eine Gesamtsteuerbelastung auf der Ebene der Körperschaft von ca. 29 % (unterstellter Hebesatz von 400 %). 92

Insbesondere für Unternehmen, die aufgrund ihres Unternehmensgegenstands von der Gewerbesteuer befreit sind (z.B. Pflegeheim, vgl. § 3 GewStG), kann sich die Rechtsform der Kapitalgesellschaft anbieten. Werden die Anteile im Privatvermögen gehalten, unterliegt der Gewinn auf der Ebene der Gesellschaft lediglich einer Definitivbelastung von 15 % (KSt). Die Dividenden unterliegen ab VZ 2009 (siehe unten) der Abgeltungsteuer von 25 %, wenn die Gesellschafter die Anteile im Privatvermögen halten. 93

▶ Beispiel:

Gewinn	100	94
./.	15 KSt (15 %)	
=	85	
./.	21,25 (25 %)	
=	63,75	

Gesamtsteuerbelastung: 36,25 %

2. Nichtabziehbare Aufwendungen

a) Überblick

Der Handelsbilanzgewinn ist um bestimmte Aufwendungen einer GmbH, die den steuerlichen Gewinn nicht mindern dürfen, zu korrigieren. Es existieren allgemeine einkommensteuerliche Abzugsverbote, die über § 8 Abs. 1 KStG auch für die Körperschaftsteuer gelten. Zu nennen sind insbesondere § 3c EStG (Ausgaben im Zusammenhang mit steuerfreien Einnahmen), § 4 Abs. 5 95

55 Vgl. *Hottmann*, in: Hottmann ua., Die GmbH im Steuerrecht, 4. Aufl. 2015, Abschnitt E Rn. 368.
56 Vgl. hierzu *Winkeljohann/Briese*, in: Beck'scher Bilanz-Kommentar, 12. Aufl. 2020, § 274 Rn. 239.
57 Vgl. *Winkeljohann/Briese*, in: Beck'scher Bilanz-Kommentar, 12. Aufl., 2019, § 274 Rn. 241.

EStG (Ausgaben mit typisiertem Zusammenhang zur privaten Lebensführung), § 4 Abs. 5b EStG (Abzugsverbot für Gewerbesteuer). Darüber hinaus kommen spezielle körperschaftsteuerliche Abzugsverbote zum Tragen, z.B. § 8 Abs. 3 Satz 2 KStG (verdeckte Gewinnausschüttungen) § 8a KStG i.V.m. § 4h EStG (Zinsschranke), § 8b Abs. 3 und Abs. 5 KStG (Fiktion nicht abzugsfähiger Betriebsausgaben bei Anteilsveräußerungen und Dividenden), § 10 KStG. Schließlich sind abgabenrechtliche Abzugsverbote zu berücksichtigen, beispielsweise § 160 AO (Nichtbenennung des Empfängers).

96 Die Versagung des Betriebsausgabenabzugs und die damit einhergehende Hinzurechnung der entsprechenden Beträge erfolgt jeweils außerhalb der Bilanz.

b) Einschränkungen des Betriebsausgabenabzugs für Zinsaufwand (Zinsschranke)

aa) Überblick

97 Die sog. Zinsschrankenregelung gem. § 4h EStG, geschaffen im Zuge des Unternehmenssteuerreformgesetzes 2008[58], ersetzt die Bestimmungen zur Gesellschafterfremdfinanzierung in § 8a KStG a.F.[59] Im Gegensatz zu § 8a KStG a.F, der nur die Zahlung von Zinsen an wesentlich beteiligte Anteilseigner, Nahestehende und rückgriffsberechtigte Dritte durch Kapitalgesellschaften einschränkte, erfasst die in § 4h EStG geregelte Zinsschranke jede Art der Fremdfinanzierung, also insbesondere auch die Bankenfinanzierung.[60] § 4h EStG ist über den Verweis in § 8 Abs. 1 Satz 1 KStG auch auf Körperschaften anwendbar. § 8a KStG erweitert und modifiziert die Regelungen des § 4h EStG für Körperschaften.

98 Soweit die Regelung Zinsaufwendungen eines »Betriebs« einschränkt, gilt für Kapitalgesellschaften, dass diese – im Gegensatz zu natürlichen Personen – stets nur einen einheitlichen Betrieb unterhalten. § 4h EStG i.V.m. § 8a KStG ist somit auf Kapitalgesellschaften nur einmal anzuwenden. Besonderheiten gelten für Organschaften. Hier gilt der Organkreis als »Betrieb« i.S.d. § 4h EStG, vgl. § 15 Satz 1 Nr. 3 Satz 2 KStG. § 4h EStG ist für die Ermittlung des Gewinns der Organgesellschaft nicht anzuwenden. Zinsaufwendungen und Zinserträge werden vielmehr dem Organträger zugerechnet.[61]

99 § 4h Abs. 1 Satz 1 EStG beschränkt den Betriebsausgabenabzug für Zinsaufwendungen auf die Höhe des in demselben Wirtschaftsjahr erzielten Zinsertrags. Ein darüber hinausgehender negativer Zinssaldo ist nur bis zur Höhe von 30 % des um die Zinsaufwendungen und um die nach § 6 Abs. 2 Satz 1 EStG abzuziehenden, nach § 6 Abs. 2a Satz 2 EStG gewinnmindernd aufzulösenden und nach § 7 EStG abgesetzten Beträge erhöhten und um die Zinserträge verminderten maßgeblichen Gewinns abziehbar (verrechenbares EBITDA, vgl. § 4h Abs. 1 Satz 2). § 4h Abs. 1 Satz 3 EStG sieht einen sog. EBITDA-Vortrag für den Fall vor, dass das mögliche Zinsabzugsvolumen nicht ausgeschöpft wird.

100 § 4h Abs. 2 EStG regelt drei Ausnahmetatbestände der Abzugsbeschränkung (Freigrenze, Konzernklausel, Eigenkapitalvergleich). In § 4h Abs. 3 EStG werden die maßgeblichen Begrifflichkeiten definiert. § 4h Abs. 4 EStG regelt das Verfahren zur gesonderten Feststellung des EBITDA-Vortrags sowie des Zinsvortrags. § 4h Abs. 5 EStG regelt für bestimmte Konstellationen den Untergang eines nicht verbrauchten EBITDA-Vortrags bzw. nicht verbrauchten Zinsvortrags.

58 BGBl. I 2008, 1912.

59 Das BMF hat mit Schreiben vom 4.7.2008 – IV C 7 – S 2742-a/07/10001, BStBl. I 2008, 718 ausführlich zur Anwendung der Zinsschranke Stellung genommen.

60 Vgl. *Loschelder*, in: Schmidt, EStG, 39. Aufl. 2020, § 4h Rn. 1; *Schwedhelm*, in: Streck, KStG, 9. Aufl. 2018, § 8a Rn. 2.

61 Ausführlich zur Zinsschranke in der Organschaft: *Neumann*, in: Gosch, KStG, 3. Aufl. 2015, § 15 Rn. 36 ff.

bb) Verrechenbares EBITDA

Das verrechenbare EBITDA ermittelt sich für Körperschaften gem. § 4h Abs. 1 Satz 2 EStG i.V.m. § 8a Abs. 1 Satz 1 und 2 KStG nach folgendem Grundschema:[62] 101

Einkommen der Körperschaft im Sinne des § 8 Abs. 1 KStG vor Anwendung des § 4h EStG

./. Zinserträge

\+ Zinsaufwendungen

\+ Abschreibungen nach § 6 Abs. 2 und 2a sowie § 7 EStG

\+ Verlustabzug im Sinne von § 10d EStG (Verlustrück- und -vortrag)

\+ Spendenabzug im Sinne von § 9 Abs. 1 Satz 1 Nr. 2 KStG

= steuerliches EBITDA.

Hierbei ist zu beachten, dass durch die Anknüpfung an das Einkommen steuerfreie Einnahmen 102 durch Gewinnausschüttungen und Anteilsveräußerungen gem. § 8b KStG das steuerliche EBITDA vermindern. Lediglich im Umfang von 5 % der als nicht abzugsfähig fingierten Betriebsausgaben fließen diese in die Bemessungsgrundlage ein. Dies kann insbesondere bei Holdinggesellschaften zu Problemen führen.[63]

Verdeckte Gewinnausschüttungen erhöhen die Bemessungsgrundlage, da diese außerbilanziell dem 103 Einkommen hinzugerechnet werden. Werden Zinszahlungen in verdeckte Gewinnausschüttungen umqualifiziert, erhöhen sie das maßgebliche Einkommen und sind nicht als Zinsaufwendungen anzusetzen.

Zinserträge sind Erträge aus Kapitalforderungen jeder Art, die das Einkommen erhöht haben, § 4h 104 Abs. 3 Satz 3 EStG. Kapitalforderung ist grds. jede auf eine Geldleistung gerichtete Forderung ohne Rücksicht auf die Dauer der Kapitalüberlassung oder den Rechtsgrund des Anspruchs.[64] Dividendenbezüge fallen nicht hierunter. Ebenfalls nicht erfasst werden sollen Zinsen nach §§ 233 ff. AO.[65]

Zinsaufwendungen sind Vergütungen für Fremdkapital, die den maßgeblichen Gewinn gemindert ha- 105 ben, § 4h Abs. 3 Satz 2 EStG. Soweit Zinsaufwendungen vom Betriebsausgabenabzug ausgeschlossen sind (z.B. §§ 3c Abs. 2 Satz 1, 4 Abs. 4a, 4 Abs. 5 Satz 1 Nr. 8a), bleiben sie damit unberücksichtigt.

Konsequenterweise führen gem. § 4h Abs. 3 Satz 4 EStG auch die Auf- und Abzinsung unverzinsli- 106 cher oder niedrig verzinslicher Verbindlichkeiten oder Kapitalforderungen ebenfalls zu Zinserträgen oder Zinsaufwendungen. Nach Auffassung der Finanzverwaltung sollen jedoch Erträge aufgrund der erstmaligen Bewertung von Verbindlichkeiten gem. § 6 Abs. 1 Nr. 3 Satz 1 EStG ausgenommen sein.[66] Das FG Münster hat diese Sichtweise abgelehnt, da sie weder eine Stütze im Wortlaut noch einen Anhaltspunkt in der Gesetzesbegründung hat.[67] Auch die Auf- und Abzinsung und Bewertungskorrekturen von Verbindlichkeiten oder Kapitalforderungen mit einer Laufzeit am Bilanzstichtag von weniger als zwölf Monaten sollen nach Auffassung der Finanzverwaltung unberücksichtigt bleiben. Auch diese Auffassung ist uE mit dem Wortlaut des § 4h Abs. 3 Satz 4 EStG unvereinbar.

cc) Ausnahmen von der Zinsschranke

§ 4h Abs. 2 EStG regelt drei Ausnahmetatbestände der Abzugsbeschränkung. 107

62 BMF vom 4.7.2008 – IV C 7 – S 2742-a/07/10001, BStBl. I 2008, 718 Tz. 41.
63 Vgl. hierzu *Rödder/Stangl*, DB 2007, 479.
64 Vgl. BFH, BFH/NV 1997, 175.
65 BMF vom 4.7.2008 – IV C 7 – S 2742-a/07/10001, BStBl. I 2008, 718 Tz. 16.
66 BMF vom 4.7.2008 – IV C 7 – S 2742-a/07/10001, BStBl. I 2008, 718 Tz. 27.
67 FG Münster, EFG 2018, 98; Revision anhängig unter IV R 16/17.

(1) Kleinbetriebsklausel

108 Gem. § 4h Abs. 2 Satz 1 Buchst. a) greift die Zinsschranke nicht, wenn die die Zinserträge übersteigenden Zinsaufwendungen (negativer Zinssaldo) weniger als € 3 Mio. betragen. Es handelt sich um eine Freigrenze. Damit ergreift die Zinsschranke den vollen Saldo, wenn die € 3 Mio.-Grenze überschritten wird.

(2) Konzernklausel

109 § 4h Abs. 2 Satz 1 Buchst. b) EStG schließt die Anwendung der Zinsschranke aus, wenn der Betrieb nicht oder nur anteilmäßig zu einem Konzern gehört (Stand-Alone-Klausel).

110 Ein Betrieb gehört zu einem Konzern, wenn er nach IFRS, HGB oder US-GAAP mit einem oder mehreren anderen Betrieben konsolidiert wird oder werden könnte, § 4h Abs. 3 Satz 5 EStG.[68] Gem. § 4h Abs. 3 Satz 6 EStG gehört ein Betrieb auch dann zu einem Konzern, wenn seine Finanz- und Geschäftspolitik mit einem oder mehreren anderen Betrieben einheitlich bestimmt werden kann (Beherrschungsverhältnis). Aufgrund dieses erweiterten Konzernbegriffs liegt ein Konzern auch dann vor, wenn eine natürliche Person die Beteiligung an zwei Personen- oder Kapitalgesellschaften hält, die sie beherrscht, oder wenn eine natürliche Person ein Einzelunternehmen betreibt und darüber hinaus Gesellschafter einer Personen- oder Kapitalgesellschaft ist, die sie beherrscht (sog. Gleichordnungskonzern).[69]

111 § 4h Abs. 2 Satz 1 Buchst. b) EStG wird für Körperschaften, dh. insbesondere Kapitalgesellschaften, durch § 8a Abs. 2 KStG ergänzt. Demnach ist die Zinsschranke selbst bei fehlender Konzernzugehörigkeit anwendbar, wenn die Kapitalgesellschaft mehr als 10 % der die Zinserträge übersteigenden Zinsaufwendungen an einen zu mehr als 25 % unmittelbar oder mittelbar beteiligten Anteilseigner, eine diesem nahe stehende Person i.S.d. § 1 Abs. 2 AStG oder einen Dritten, der auf den zu mehr als 25 % beteiligten Anteilseigner oder eine diesem nahestehende Person zurückgreifen kann, zahlt (»schädliche Gesellschafterfremdfinanzierung«). Für das Gegenteil trägt die Kapitalgesellschaft die Feststellungslast. Hinsichtlich der Rückgriffsmöglichkeit der 3. Alternative der schädlichen Gesellschafterfremdfinanzierung soll nach der Gesetzesbegründung[70] sowie der Auffassung der Finanzverwaltung[71] eine wirtschaftliche Betrachtungsweise maßgeblich sein.[72] Ein schädlicher Rückgriff liege demnach bereits dann vor, wenn der Anteilseigner/Nahestehende dem Dritten gegenüber faktisch für die Erfüllung der Schuld einsteht. Auf eine konkrete rechtliche Durchsetzbarkeit komme es nicht an. Ebenfalls erfasst werden sollen sog. »Back-to-back-Finanzierungen.[73]

(3) Escape-Klausel

112 Schließlich ist die Zinsschranke nach dem Eigenkapitalvergleich gem. § 4h Abs. 2 Satz 1 Buchst. c) EStG auch dann nicht anwendbar, wenn die Eigenkapitalquote des Betriebs die Eigenkapitalquote des Konzerns, zu dem er gehört, nicht unterschreitet (sog. Escape-Klausel). Maßgeblich ist die Eigenkapitalquote am Schluss des vorangegangenen Abschlussstichtags. Bei Neugründung eines Betriebs stellt die Finanzverwaltung ausnahmsweise auf das Eigenkapital in der Eröffnungsbilanz ab, das mit der Eigenkapitalquote des Konzerns am vorangegangenen Abschlussstichtag zu vergleichen ist.[74] Ein Unterschreiten der Eigenkapitalquote des Konzerns bis zu 2 % ist gem. § 4h Abs. 2 Satz 1 Buchst. c) Satz 2 EStG unschädlich.

---

68 Vgl. BMF vom 4.7.2008 – IV C 7 – S 2742-a/07/10001, BStBl. I 2008, 718 Tz. 59.

69 Vgl. BMF vom 4.7.2008 – IV C 7 – S 2742-a/07/10001, BStBl. I 2008, 718 Tz. 60; kritisch *Schulz*, DB 2008, 2043, 2045, m.w.N.

70 BT-Drs. 16/4841.

71 BMF vom 4.7.2008 – IV C 7 – S 2742-a/07/10001, BStBl. I 2008, 718 Tz. 83.

72 Kritisch s. *Kreft/Schmitt-Homann*, BB 2008, 2099, 2101.

73 Vgl. BMF vom 4.7.2008 – IV C 7 – S 2742-a/07/10001, BStBl. I 2008, 718 Tz. 83.

74 Vgl. BMF vom 4.7.2008 – IV C 7 – S 2742-a/07/10001, BStBl. I 2008, 718 Tz. 70.

Der Nachweis der Eigenkapitalquote soll nur durch die Vorlage deutschsprachiger Abschlüsse bzw. beglaubigter Übersetzungen sowie einer testierten Konzernbilanz erbracht werden können.[75] 113

Die Eigenkapitalquote ist das Verhältnis des Eigenkapitals zur Bilanzsumme; sie bemisst sich nach dem Konzernabschluss, der den Betrieb umfasst, und ist für den Betrieb auf der Grundlage des Jahresabschlusses oder Einzelabschlusses zu ermitteln, vgl. § 4h Abs. 2 Satz 1 Buchst. c) Satz 3 EStG. Für den Eigenkapitalvergleich sind gem. § 4h Abs. 2 Satz 1 Buchst. c) Sätze 5 bis 7 EStG bestimmte Korrekturen von Eigenkapital und Bilanzsumme des Konzernabschlusses oder/und des Abschlusses des Betriebs erforderlich, die außerhalb des Abschlusses in einer Nebenrechnung vorzunehmen sind. 114

Bei der Ermittlung der Eigenkapitalquote des Betriebs ist das nach den jeweils relevanten Rechnungslegungsstandards ermittelte **Eigenkapital** um folgende Größen zu modifizieren:[76] 115

+	im Konzernabschluss enthaltener Firmenwert, soweit er auf den Betrieb entfällt,
+/./.	Korrektur der Wertansätze der Vermögensgegenstände und Schulden,
+	die Hälfte des Sonderpostens mit Rücklageanteil (§ 273 HGB),
./.	Eigenkapital, das keine Stimmrechte vermittelt – mit Ausnahme von Vorzugsaktien -
./.	Anteile an anderen Konzerngesellschaften,
./.	Einlagen der letzten sechs Monate vor dem maßgeblichen Abschlussstichtag, soweit ihnen Entnahmen oder Ausschüttungen innerhalb der ersten sechs Monate nach dem maßgeblichen Abschlussstichtag gegenüberstehen;
+/./.	Sonderbetriebsvermögen ist dem Betrieb der Mitunternehmerschaft zuzuordnen.

Die **Bilanzsumme** des Betriebs ist wie folgt zu verändern:[77] 116

+	im Konzernabschluss enthaltener Firmenwert, soweit er auf den Betrieb entfällt,
+/./.	Korrektur der Wertansätze der Vermögensgegenstände und Schulden,
./.	Anteile an anderen Konzerngesellschaften,
./.	Einlagen der letzten sechs Monate vor dem maßgeblichen Abschlussstichtag, soweit ihnen Entnahmen oder Ausschüttungen innerhalb der ersten sechs Monate nach dem maßgeblichen Abschlussstichtag gegenüberstehen,
./.	Kapitalforderungen, die nicht im Konzernabschluss ausgewiesen sind und denen Verbindlichkeiten im Sinne des § 4h Abs. 3 EStG in mindestens gleicher Höhe gegenüberstehen;
+/./.	Sonderbetriebsvermögen ist dem Betrieb der Mitunternehmerschaft zuzuordnen.

Auch § 4h Abs. 2 Satz 1 Buchst. c) EStG wird – vergleichbar wie § 4h Abs. 2 Satz 1 Buchst. b) EStG – für Körperschaften ergänzt. Gem. § 8a Abs. 3 KStG scheidet der entlastende Eigenkapitalvergleich aus, wenn eine schädliche Gesellschafterfremdfinanzierung bei der konzernzugehörigen Gesellschaft oder einem andern konzernzugehörigen Rechtsträger gegeben ist. Die Escape-Klausel greift nur, wenn die Vergütungen für Fremdkapital der Körperschaft oder eines anderen, demselben Konzern zugehörenden Rechtsträgers an einen zu mehr als 25 % unmittelbar oder mittelbar beteiligten Anteilseigner, eine diesem nahe stehende Person i.S.d. § 1 Abs. 2 AStG oder einen Dritten, der auf den zu mehr als 25 % beteiligten Anteilseigner oder eine diesem nahe stehende Person 117

75 Vgl. Gesetzesbegründung, BT-Drs. 16/4841.
76 Vgl. BMF vom 4.7.2008 – IV C 7 – S 2742-a/07/10001, BStBl. I 2008, 718 Tz. 75.
77 Vgl. BMF vom 4.7.2008 – IV C 7 – S 2742-a/07/10001, BStBl. I 2008, 718 Tz. 76.

zurückgreifen kann, nicht mehr als 10 % der die Zinserträge übersteigenden Zinsaufwendungen betragen. Die Körperschaft muss dies nachweisen. Der Nachweis muss i.R.d. § 8a Abs. 3 KStG für sämtliche zum Konzern gehörenden Rechtsträger erbracht werden.[78]

118 Betroffen sind nur solche Zinsaufwendungen, die im voll konsolidierten Konzernabschluss ausgewiesen sind, § 8a Abs. 3 Satz 2 HS 1 KStG. Konzerninterne Verbindlichkeiten, die aufgrund der Schuldenkonsolidierung nicht im Konzernabschluss enthalten sind, sind bei der Ermittlung der 10 %-Grenze nicht zu berücksichtigen.

119 Entgegen der Auffassung der Finanzverwaltung hat der BFH mit Urteil vom 11.11.2015 entschieden, dass im Hinblick auf die 10 %-Grenze Vergütungen für Fremdkapital der einzelnen qualifiziert beteiligten Gesellschafter nicht zusammenzurechnen sind.[79]

dd) EBITDA- und Zinsvortrag und deren Untergang

120 Soweit der negativen Zinssaldo das verrechenbare EBITDA nicht ausschöpft, kann der Steuerpflichtige den nicht ausgeschöpften Betrag in spätere Wirtschaftsjahre vortragen (EBITDA-Vortrag), vgl. § 4h Abs. 1 Satz 3 HS 1 EStG. Der EBITDA-Vortrag ist auf fünf Wirtschaftsjahre begrenzt. Ein EBITDA-Vortrag, der in dem fünften auf seine Feststellung folgenden Wirtschaftsjahr nicht bzw. nicht vollständig mit Zinsaufwendungen verrechnet worden ist, verfällt demnach.

121 Ehe es zu einem möglichen Zinsvortrag kommt, gilt folgende Verwendungsreihenfolge: In Höhe der EBITDA-Vorträge aus den Vorjahren, beginnend mit dem ältesten Vortrag, können Zinsaufwendungen, die nach § 4h Abs. 1 Satz 1 EStG grds. nicht abgezogen werden können, steuerlich berücksichtigt werden. Sie mindern die EBITDA-Vorträge in ihrer zeitlichen Reihenfolge, § 4h Abs. 1 Satz 4 EStG.

122 Danach verbleibende nicht abziehbare Zinsaufwendungen sind (kein Wahlrecht) – zeitlich unbeschränkt – in die folgenden Wirtschaftsjahre vorzutragen (Zinsvortrag), vgl. § 4h Abs. 1 Satz 5 EStG. Sie erhöhen die Zinsaufwendungen dieser Wirtschaftsjahre, nicht aber den maßgeblichen Gewinn, vgl. § 4h Abs. 1 Satz 6 EStG. Zinsvorträge können daher nach dem Wortlaut dazu führen, dass die Kleinbetragsklausel gem. § 4h Abs. 2 Satz 1 Buchst. a) EStG überschritten wird.[80]

123 Gem. § 4h Abs. 4 EStG werden der EBITDA-Vortrag und der Zinsvortrag entsprechend § 10d Abs. 4 EStG auf den Schluss eines Veranlagungszeitraums gesondert festgestellt.

124 Gem. § 4h Abs. 5 Satz 1 EStG gehen ein nicht verbrauchter EBITDA-Vortrag und ein nicht verbrauchter Zinsvortrag bei Aufgabe oder Übertragung des Betriebs unter. Gem. § 4h Abs. 5 Satz 2 EStG kommt es zu einem (quotalen) Untergang, wenn ein Mitunternehmer aus einer Personengesellschaft ausscheidet. § 4h Abs. 4 Satz 3 EStG ordnet für Personengesellschaften, an denen unmittelbar oder mittelbar eine Kapitalgesellschaft als Mitunternehmer beteiligt ist, die entsprechende Anwendung des § 8c KStG an.

125 Gem. § 8a Abs. 1 Satz 3 KStG gelten bei Körperschaften die §§ 8c und 8d KStG für den Zinsvortrag entsprechend. Demnach fällt ein Zinsvortrag grds. vollständig weg, wenn mehr als 50 % der Anteile innerhalb von fünf Jahren, sowie anteilig, wenn zwischen 25 % und 50 % der Anteile übertragen werden. Soweit das BVerfG § 8c Abs. 1 Satz 1 KStG inzwischen für verfassungswidrig erklärt hat,[81] läuft der Verweis derzeit ins Leere, bis der Gesetzgeber ggf. eine Neuregelung schafft.[82] Stille Reserven i.S.d. § 8c Abs. 1 Satz 7 KStG sind nur zu berücksichtigen, soweit sie die nach § 8c Abs. 1 Satz 6 KStG abziehbaren nicht genutzten Verluste übersteigen. Stille Reserven »retten« den Zinsvortrag also nur, soweit sie höher sind als die nicht genutzten Verluste.

78 Vgl. BMF vom 4.7.2008 – IV C 7 – S 2742-a/07/10001, BStBl. I 2008, 718 Tz. 80.
79 Vgl. BFH, BStBl. II 2017, 319.
80 Vgl. *Hick*, in: Herrmann/Heuer/Raupach, EStG/KStG, § 4h EStG Rn. 35 (Sept. 2016). Kritisch hierzu *Köhler/Hahne*, DStR 2008, 1505, 1512.
81 Vgl. BVerfG, BStBl. II 2017, 1082.
82 Vgl. *Blumenberg/Crezelius*, DB 2017, 1405, 1409.

In Umwandlungsfällen gehen EBITDA- und Zinsvorträge ebenfalls, ganz oder anteilig, unter, vgl. §§ 4 Abs. 2 Satz 2, 15 Abs. 3, 20 Abs. 9, 24 Abs. 6 UmwStG. 126

Nach Auffassung der Finanzverwaltung soll im Fall der Aufgabe oder Übertragung eines Teilbetriebs der anteilige Untergang eines EBITDA- oder Zinsvortrags sein.[83] Eine derart weitgehende Auslegung lässt sich uE dem Wortlaut nicht entnehmen.[84] Gleiches gilt erst Recht für die Übertragung einzelner Wirtschaftsgüter. 127

ee) Verfassungswidrigkeit der Zinsschranke

Mit Beschluss vom 18.12.2013 hat es der BFH in einem Aussetzungsverfahren gem. § 69 Abs. 3 FGO als ernstlich zweifelhaft erachtet, ob die Einschränkungen des Betriebsausgabenabzugs für Zinsaufwendungen gem. § 4h EStG mit Art. 3 Abs. 1 GG vereinbar ist.[85] Mit Urteil vom 14.10.2015 hat der BFH die Regelung des § 4h EStG i.V.m. § 8a KStG dem BVerfG zur verfassungsrechtlichen Überprüfung vorgelegt.[86] 128

Mit der Zinsschranke – so der BFH – habe der Gesetzgeber das Gebot der folgerichtigen Ausgestaltung der Körperschaftsteuer am Gebot der finanziellen Leistungsfähigkeit unterbrochen. Die Körperschaftsteuer bemesse sich nach dem Einkommen der Körperschaft und damit nach deren Ertragskraft. Insoweit dürfe nur das Nettoeinkommen besteuert werden. Die Zinsschranke führe aber gerade dazu, dass nicht das Nettoeinkommen der Besteuerung unterliege. 129

c) Einschränkung des Betriebsausgabenabzugs bei Aufwendungen für Rechteüberlassungen

Durch das »Gesetz gegen schädliche Steuerpraktiken im Zusammenhang mit Rechteüberlassungen« vom 27.6.2017[87] hat der Gesetzgeber mit § 4j EStG, der ebenfalls über § 8 Abs. 1 KStG für die Körperschaftsteuer Geltung erlangt, eine neue Abzugsbeschränkung für betrieblich veranlasste Lizenzzahlungen und andere Aufwendungen für die Überlassung von Immaterialgüterrechte an nahestehende Personen i.S.d. § 1 Abs. 2 AStG geschaffen.[88] Die Vorschrift dient der Versagung steuerlicher Vorteile durch sog. Lizenzboxen.[89] Lizenzboxregelungsregime führen dazu, dass Lizenzzahlungen im Inland als Betriebsausgaben in voller Höhe die steuerliche Bemessungsgrundlage reduzieren und zugleich im betreffenden Land des Lizenzgläubigers aufgrund eines Präferenzregimes keiner oder nur einer geringen Besteuerung unterliegen. Für den Übergangszeitraum bis 30.6.2021, bis zu dem schädliche Präferenzregime in einigen Staaten bestehen bleiben werden, werden die Steuermehreinnahmen aus der Anwendung der Neuregelung auf Zahlungen an Empfänger mit substanzieller Geschäftstätigkeit in diesen Staaten auf € 30 Mio. pro Jahr geschätzt.[90] 130

§ 4j EStG erfasst dem Grunde nach Aufwendungen eines Steuerpflichtigen für die Überlassung von Immaterialgüterrechten durch nahe stehende Personen i.S.d. § 1 Abs. 2 AStG, die als Einnahmen bei der nahe stehenden Person einem besonderen Besteuerungsregime und dadurch einer niedrigeren Steuerbelastung als 25 % unterliegen.[91] 131

83 Vgl. BMF vom 4.7.2008 – IV C 7 – S 2742-a/07/10001, BStBl. I 2008, 718 Tz. 47.
84 So auch *Hick*, in: Herrmann/Heuer/Raupach, EStG/KStG, § 4h EStG Rn. 113 (Sept. 2016).
85 BFH, BStBl. II 2014, 947; vgl. hierzu OFD Frankfurt aM vom 24.6.2016 – S 2742a A-3-St 51, n.v. (juris).
86 BFH, BStBl. II 2017, 1240.
87 BGBl. I 2017, 2074.
88 Vgl. hierzu: *Ditz/Qulitzsch*, DStR 2017, 1561; *Richter/John*, WPg 2017, 1090; *Hagemann/Kahlenberg*, ISR 2017, 413; *Kramer*, IStR 2018, 1; *Schnitger*, DB 2018, 147; *Kussmaul/Ditzler*, StB 2018, 8; *Moser*, FR 2018, 309; *Moser*, IStR 2018, 313; *Reiter*, IStR 2018, 80.
89 BR-Drs. 59/17 vom 27.1.2017, S. 8.
90 BR-Drs. 59/17 vom 27.1.2017, S. 5.
91 Vgl. *Gosch*, in: Kirchhof, EStG, 18. Aufl. 2019, § 4j Rn. 7 ff.; *Loschelder*, in: Schmidt, EStG, 39. Aufl. 2020, § 4j Rn. 9 ff.

132 Durch § 4j EStG wird die steuerliche Abzugsfähigkeit von Lizenzzahlungen an die Höhe der Besteuerung im Empfängerland geknüpft. Der nicht abziehbare Teil wird durch folgende Formel ermittelt:

$$\frac{25\,\% - \text{Belastung durch Ertragsteuern in }\%}{25\,\%}$$

133 Je niedriger die Steuerbelastung auf die Lizenzzahlungen in dem betreffenden ausländischen Staat ausfällt, desto höher ist die Betriebsausgabenabzugsbeschränkung im Inland. Erst wenn die Steuerbelastung in dem ausländischen Staat 25 % erreicht, sind die Lizenzzahlungen im Inland voll abzugsfähig.

134 Die Abzugsbeschränkung ist hingegen nicht anzuwenden, soweit die Präferenzregelung, aus der sich die niedrige Besteuerung der Einnahmen des (nahestehenden) Gläubigers oder weiteren Gläubigers aus der Rechteüberlassung ergibt, dem Nexus-Ansatz der OECD entspricht. Hierzu verweist die Regelung auf Kapitel 4 des Abschlussberichts zu Aktionspunkt 5 des OECD-Berichts. Nicht zuletzt wegen dieser komplexen Regelung ist § 4j EStG erheblicher Kritik ausgesetzt.[92]

135 Die Vorschrift des § 4j EStG ist erstmals für Aufwendungen anwendbar, die nach dem 31.12.2017 entstehen, vgl. § 52 Abs. 8a EStG.

3. Steuerfreiheit von Sanierungsgewinnen

136 Gerät eine GmbH in wirtschaftliche Schwierigkeiten, so verzichten nicht selten auch Fremdgläubiger zur Sanierung der Gesellschaft auf Forderungen. Bei Fremdgläubigern kommt – soweit überhaupt noch Werthaltigkeit gegeben ist – eine Einlage nicht in Betracht. Aus diesem Grund sind die dadurch entstehenden Gewinne auf Ebene der GmbH grds. steuerpflichtig. Häufig sind ausreichend hohe Verlustvorträge entweder nicht vorhanden oder können aufgrund der Regelung über die Mindestbesteuerung gem. § 10d Abs. 2 EStG nicht vollständig ausgenutzt werden.

137 Da eine Steuerpflicht von Sanierungsgewinnen den wirtschaftlichen Erfolg von Sanierungsmaßnahmen konterkarieren würde, sah § 3 Nr. 66 EStG a.F. bis zu seiner Abschaffung zum 1.1.1998 vor, dass Erhöhungen des Betriebsvermögens, die dadurch entstehen, dass Schulden zum Zweck der Sanierung ganz oder teilweise erlassen werden, steuerfrei sind.

138 Nachdem im Jahr 1997 § 3 Nr. 66 EStG ersatzlos aufgehoben wurde, hat die Finanzverwaltung im Wege des Erlasses versucht, Abhilfe zu schaffen.[93] Hier kam immer wieder die Frage auf, ob die Finanzverwaltung im Erlasswege die gesetzgeberische Wertung konterkarieren kann. Der BFH hat sich dazu wiederholt positiv geäußert. Umso überraschender kam die Entscheidung des **Großen Senats beim BFH** vom 28.11.2016.[94] Auf Vorlage des X. Senats sieht der Große Senat nunmehr in diesen beiden BMF-Schreiben einen Verstoß gegen den Grundsatz der Gesetzmäßigkeit der Verwaltung.

139 Das Bundesfinanzministerium hat mit **BMF-Schreiben vom 27.4.2017**[95] relativ rasch reagiert und einen weitgehenden Vertrauensschutz auf die alte Rechtslage gewährt. Maßgeblicher Stichtag für das BMF ist der 8.2.2017 als der Tag, an dem die Entscheidung des großen Senats veröffentlicht wurde. Überraschend schnell, aber im Inhalt zu erwarten, hat der **BFH** in mehreren Entscheidungen klargestellt, dass auch dieses Schreiben vom 27.4.2017 für die Gerichte nicht bindend ist.[96] Mit **BMF-Schreiben vom 29.3.2018** hat die Finanzverwaltung klargestellt, die Entscheidungen des

92 Vgl. *Loschelder*, in: Schmidt, EStG, 39. Aufl. 2020, § 4j Rn. 19 mwN.
93 BMF-Schreiben vom 27.3.2003, BStBl. I 2003, 240 und vom 22.12.2009, BStBl. I 2010, 18.
94 BStBl. II 2017, 393; vgl. dazu *Hinder/Broekmann*, GmbHR 2017, 324.
95 BMF-Schreiben vom 27.4.2017 – IV C 6-S 2140/13/10003, BStBl. I 2017, 741.
96 BFH, BStBl. II 2018, 232 (Verfassungsbeschwerde anhängig unter 2 BvR 2637/17); BFH, BStBl. II 2018, 236; BFH/NV 2018, 817; BFH/NV 2018, 822; DB 2018, 2473.

BFH nicht über den Einzelfall hinaus anzuwenden.[97] Die Finanzverwaltung sehe sich durch den erkennbaren Willen des Gesetzgebers (Schuldenerlass bis einschließlich 8.2.2017) bestätigt. Sieht der Finanzbeamte sich jedoch außerhalb des Anwendungsbereichs der besagten BMF-Schreiben, besteht keine gerichtliche Möglichkeit, diese Entscheidung überprüfen zu lassen.

Unabhängig von den BMF-Schreiben ist stets vorrangig zu prüfen ist, ob **nach den allgemeinen Grundsätzen Billigkeitsmaßnahmen** nach § 163 bzw. § 227 AO möglich sind. Die allgemeinen Grundsätze der persönlichen und/oder sachlichen Unbilligkeit bleiben bestehen. Der große Senat des BFH hat lediglich festgestellt, dass nicht in typisierter Form auf die aufgehobenen Grundsätze des ehemaligen § 3 Nr. 66 EStG a.F. zurückgegriffen werden kann. 140

Der Gesetzgeber hat ebenfalls zügig reagiert. Im **Gesetz gegen schädliche Steuerpraktiken im Zusammenhang mit Rechteüberlassungen** vom 27.6.2017[98] wurde ein neuer **§ 3a EStG** zu Sanierungserträgen geschaffen. Entsprechende Folgeänderungen enthält das KStG und GewStG. Der **zeitliche Anwendungsbereich** der neuen Vorschriften ist auf Fälle beschränkt, in denen die Schulden ganz oder teilweise nach dem 8.2.2017 erlassen wurden.Auf Antrag ist die Regelung auch für »Altschuldenbelasse« anwendbar (§ 52 Abs. 4a Satz 3 EStG). 141

Die Neuregelung **wurde zunächst nicht mit der EU-Kommission abgestimmt** ist. Sie stand unter dem Vorbehalt eines positiven Notifizierungsverfahrens. Vorübergehend bestand die Gefahr, dass die EU-Kommission die Regelung als unzulässige Beihilfe betrachtet. Inzwischen hat die EU-Kommission durch einen sog. *»Comfort-Letter«* mitgeteilt, dass sie in einem Sanierungserlass keine EU-rechtswidrige Beihilfe sieht. Der Gesetzgeber hat dies klarstellend umgesetzt.[99] 142

Inhaltlich erweist sich die Vorschrift als sehr kompliziert und schwer handhabbar. Nach § 3a Abs. 1 EStG »sind« (damit kein Wahlrecht) **Sanierungserträge steuerfrei**. Den Sanierungsertrag beschränkt das Gesetz auf Betriebsvermögensmehrungen oder Betriebseinnahmen aus einem Schuldenerlass zum Zweck einer unternehmensbezogenen Sanierung. Nach § 3a Abs. 2 EStG liegt eine **unternehmensbezogene Sanierung** vor, wenn der Steuerpflichtige für den Zeitpunkt des Schuldenerlasses die Sanierungsbedürftigkeit und die Sanierungsfähigkeit des Unternehmens, die Sanierungseignung des betrieblich begründeten Sanierungserlasses und die Sanierungsabsicht der Gläubiger nachweist. Für insolvenzrechtliche Sanierungsmaßnahmen sieht § 3a Abs. 5 EStG erleichterte Voraussetzungen vor. 143

Der Sanierungsertrag ist jedoch nicht per se steuerfrei gestellt. § 3a Abs. 1 Satz 2 EStG verlangt, dass steuerliche **Wahlrechte** in dem Jahr, in dem der Sanierungsertrag erzielt wird und im Folgejahr im zu sanierenden Unternehmen gewinnmindernd auszuüben sind. Insbesondere ist der niedrigere Teilwert, der nach § 6 Abs. 1 Nr. 1 Satz 2 und Nr. 2 Satz 2 EStG angesetzt werden kann, im Sanierungsjahr oder im Folgejahr anzusetzen. Darüber hinaus sind nach § 3a Abs. 3 EStG zunächst die nichtabziehbaren Beträge i.S.v. § 3c Abs. 4 EStG, die im Veranlagungszeitraum vor dem Sanierungsjahr und im Sanierungsjahr anzusetzen sind, vom Sanierungsertrag abzuziehen. Darüber hinaus sieht Abs. 3 Satz 2 einen mit 14 Ziffern vorgegebenen »**Verlustverrechnungsreigen**« vor. Hierdurch soll sichergestellt werden, dass Verluste, bei denen ansonsten eine Verlustverrechnungsbeschränkung gegeben ist, vorrangig mit dem Sanierungsertrag saldiert werden. Nach Satz 3 können ausnahmsweise auch Saldierungsbeiträge von nahestehenden Personen herangezogen werden. 144

4. Berücksichtigung von Verlusten

a) Verlustrück- und vortrag: 145

Erwirtschaftet die GmbH Verluste, so können diese (Wahlrecht) bis zur Höhe von € 1 Mio. auf den vorangegangenen VZ zurückgetragen werden (§ 8 Abs. 1 KStG i.V.m. § 10d Abs. 1 EStG).[100] Ein

97 BMF-Schreiben vom 29.3.2018 – IV C 6-S 2140/13/10003, BStBl. I 2018, 588.
98 BGBl. I 2017, 2074.
99 Gesetz vom 11.12.2018 (BGBl. I 2018, 2338).
100 Siehe dazu *Schwedhelm*, in: Streck, KStG, 9. Aufl. 2018, § 8 Rz. 420; BFH, GmbHR 2003, 1441.

verbleibender Verlust ist zeitlich unbegrenzt vorzutragen, in jedem Folgejahr aber nur bis zur Höhe von € 1 Mio. unbeschränkt, darüber hinaus nur bis zu 60 % des € 1 Mio. übersteigenden Gesamtbetrags der Einkünfte (§ 8 Abs. 1 KStG i.V.m. § 10d Abs. 2 EStG).

▶ **Beispiel:**[101]

146 Eine neu gegründete GmbH erzielt im ersten Jahr ihrer Existenz einen Anlaufverlust i.H.v. € 20 Mio. Die laufenden Einkünfte der folgenden Jahre betragen jeweils € 2 Mio. Es ergibt sich für die Folgejahre:

	€
Laufende Einkünfte	2.000.000,–
./. verrechenbarer Sockelbetrag	1.000.000,–
	1.000.000,–
davon 60 % verrechenbar	600.000,–
zu versteuerndes Einkommen	400.000,–
Ertragsteuer 30 % (GewSt + KSt)	120.000,–

147 b) **Verlustuntergang nach § 8c KStG:**

Die Verlustabzugsbeschränkung aus § 8c KStG stellt ausschließlich auf den **Anteilseignerwechsel** bzw. den **Übergang von Stimmrechten** ab. Auf die Zuführung neuen Betriebsvermögens kommt es nicht mehr an.

148 Das BVerfG hat § 8c KStG in Teilen für verfassungswidrig erklärt. Soweit der Verlustvortrag bei einer Übertragung von Anteilen von mehr als 25 % aber nicht mehr als 50 % nach Satz 1 anteilig wegfällt, hält das BVerfG diese Regelung für verfassungswidrig.[102]

149 Daraufhin hat der Gesetzgeber diese Regelung (§ 8c Abs. 1 Satz1 a.F.) ersatzlos gestrichen.

150 Das BVerfG führt aus, dass Typisierungen und Vereinfachungen im Steuerrecht grundsätzlich im Ermessen des Gesetzgebers stehen, dieses Ermessen iRv. § 8c KStG jedoch überschritten wurde. Die bloße Anknüpfung an die Anteilsübertragung mit den Prozent-Sätzen des Gesetzes ist nach Auffassung des BVerfG nicht sachlich gerechtfertigt. Das BVerfG hat zwar nur für den anteiligen Wegfall entschieden. Die Argumente können aber für die Anteilsübertragung von mehr als 50 % ebenso einschlägig sein. Das FG Hamburg hat dem BVerfG daher mit Beschluss vom 29.8.2017 auch die Frage zur Entscheidung vorgelegt, ob § 8c Abs. 1 Satz 2 KStG gegen Art. 3 Abs. 1 GG verstößt.[103]Das BVerfG hat bislang nicht abgewogen, ob eine sachliche Rechtfertigung mit der Neuregelung von § 8d KStG gegeben ist.

151 Die Verlustabzugsbeschränkung aus § 8c KStG ist wie folgt formuliert:

– Werden innerhalb eines Zeitraums von fünf Jahren mittelbar oder unmittelbar mehr als **50 % der Anteile** an einen Erwerber, nahe stehende Personen oder eine Gruppe mit gleichgerichteten Interessen übertragen, geht der vorhandene Verlustvortrag **vollständig verloren** (§ 8c Abs. 1 Satz 1 KStG). Bei der Feststellung der Grenze von 50 % sind die schädlichen Anteilserwerbe, die bereits zu einem quotalen Untergang des Verlustvortrags geführt haben, mit zu berücksichtigen.

152 Als ein **Erwerber** gilt auch eine Gruppe von Erwerbern mit gleichgerichteten Interessen (§ 8c Abs. 1 Satz 2 KStG).

101 Unter Anlehnung an *Strunk/Kaminski*, Stbg 2004, 2, 5.
102 BVerfG, DStR 2017, 1094.
103 101a FG Hamburg, EFG 2017, 1906.

▶ **Beispiel:**

A ist Alleingesellschafter der A-GmbH. Bei der A-GmbH sind Verluste aufgelaufen. B und C erwerben jeweils 30 % der Anteile. B und C sind nicht miteinander verbunden. Resultat der Veräußerung ist keine Streichung des Verlustvortrags, da nicht mehr als 50 % an einen Erwerber, nahe stehende Personen oder Personen mit gleichgerichteten Interessen übertragen wurden. 154

Dem Anteilseignerwechsel durch Übertragung vorhandener Geschäftsanteile oder Aktien steht eine **Kapitalerhöhung** gleich, soweit sie zu einer entsprechenden Veränderung der Beteiligungsquoten am Kapital der Gesellschaft führt (§ 8c Abs. 1 Satz 3 KStG). 155

Die Rechtsfolge der Verlustabzugsbeschränkung tritt **im VZ der schädlichen Anteilsübertragung** ein. Der Abzugsbeschränkung unterliegt damit der Verlustvortrag, der auf den Schluss des VZ, der der ersten schädlichen Anteilsübertragung vorangeht, festgestellt wurde, sowie der laufende Verlust im VZ bis zur schädlichen Anteilsübertragung. 156

Eine **Ausnahme** gilt durch die sog. Konzernklausel gem. § 8c Abs. 1 Satz 4 KStG. Privilegiert werden dadurch Umstrukturierungen innerhalb eines Konzerns, solange hieraus keine Verschiebung zugunsten Dritter resultiert. Unschädlich sind demnach Übertragungen auf einer Ebene sowie die Verkürzung oder Verlängerung von Beteiligungsketten.[104] 158

Eine weitere **Ausnahme** gilt, wenn **stille Reserven** vorhanden sind (§ 8c Abs. 1 Sätze 5 ff. KStG). 159

§ 8c KStG schlägt gem. § 10a Satz 8 GewStG auch auf die **GewSt** durch. Gleiches gilt für den Zinsvortrag nach der neu eingeführten Zinsschranke. Sowohl der **gewerbesteuerliche Verlust** als auch der **Zinsvortrag** gehen bei schädlichem Anteilseignerwechsel entsprechend § 8c KStG verloren. 160

Die Einführung von § 8c KStG stellt ein **wirtschaftliches Hemmnis** für Gesellschaften in der Krise sowie neugegründete Gesellschaften mit Anlaufverlusten dar. Abhilfe soll insoweit das Sanierungsprivileg gem. § 8c Abs. 1a KStG schaffen. Demnach ist für die Anwendung des § 8c Abs. 1 KStG ein Beteiligungserwerb zum Zweck der Sanierung des Geschäftsbetriebs der Körperschaft unbeachtlich. Hierin liegt nach Auffassung des EuGH keine unzulässige Beihilfe.[105] 161

c) Fortführungsgebundener Verlustvortrag gem. § 8d KStG

Mit **§ 8d KStG** versucht der Gesetzgeber durch das Gesetz zur Weiterentwicklung der steuerlichen Verlustverrechnung bei Körperschaften vom 20.12.2016[106] ein weiteres Mal, **den viel zu weitreichenden § 8c KStG einzugrenzen.**[107] Auch die verbesserte Konzernklausel nach § 8c Abs. 1 Satz 5 KStG und die Verschonungsregel nach § 8c Abs. 1 Satz 6 bis 9 KStG können nicht alle die Fälle erfassen, die nichts mit einem missbräuchlichen Mantelkauf zu tun haben. Mit dem neuen § 8d KStG versucht man, diese Lücke zu schließen, indem man auf die **Fortführung des Geschäftsbetriebs** abstellt. 162

§ 8d KStG enthält eine Vielzahl unbestimmter Rechtsbegriffe, die eine rechtssichere Anwendung der Vorschrift in der Gestaltungsberatung fast unmöglich macht. Eine Vielzahl von Rechtsstreitigkeiten ist vorprogrammiert. Die Negativvoraussetzungen für die Fortführung des Verlustvortrags sind zu weit gefasst. Die Mehrzahl dieser Maßnahmen ist in der Sanierungsberatung betriebswirtschaftlich sinnvoll und zum Teil sogar zwingend geboten. Da es keine Wesentlichkeitsgrenze gibt, können bereits kleine Änderungen zu einem Totalverlust führen. Zudem wäre es ausreichend gewesen, ein Saldierungsverbot zwischen den Gewinnen aus diesen anderen Betätigungen und den fortführungsgebundenen Verlustvorträgen anzuordnen. 163

---

104 Vgl. zu den Voraussetzungen BMF vom 28.11.2017 – IV C 2-S 2745-a/09/10002:004, BStBl. I 2017, 1645 Tz. 39–48; *Olbing*, in: Streck, 9. Aufl. 2018, § 8c Rz. 36 ff.

105 Vgl. EuGH vom 28.6.2018, DStR 2018, 1434.

106 BGBl. I 2016, 2998.

107 Vgl. dazu *Neumann/Heuser*, GmbHR 2017, 281 und *Kußmaul/Palm/Licht*, GmbHR 2017, 1009.

164 Es bestehen aber nicht nur **verfassungsrechtliche**, sondern vor allem auch **EU-rechtliche Bedenken.** Die Kommission hat sich noch nicht dazu geäußert, ob sie in § 8d KStG eine unzulässige Beihilfe sieht. Nach den Unsicherheiten mit § 8c Abs. 1a KStG verwundert es, dass der Gesetzgeber nicht vorher die Kommission offiziell einbezogen hat. Denn ein Vertrauensschutz des Steuerpflichtigen besteht bei einer EU-Rechtswidrigkeit nicht.

165 **§ 8c KStG** ist nach einem schädlichen Beteiligungserwerb auf Antrag **nicht anzuwenden, wenn** die Körperschaft seit ihrer Gründung oder zumindest seit dem Beginn des dritten Veranlagungszeitraums, der dem Veranlagungszeitraum nach Satz 5 vorausgeht, ausschließlich denselben Geschäftsbetrieb unterhält und in diesem Zeitraum bis zum Schluss des Veranlagungszeitraums des schädlichen Beteiligungserwerbs kein Ereignis i.S.v. Abs. 2 stattgefunden hat (= **vorgelagerte Betrachtungsweise**).

166 Grundvoraussetzung für das Eingreifen des § 8d KStG ist, dass überhaupt ein **schädlicher Beteiligungserwerb nach § 8c KStG** vorliegt. Erst mit dem Eintritt der Schädlichkeit sind die nachfolgenden Punkte zu prüfen. Dieses ist von Bedeutung bei einem gestreckten Erwerb, der sich über einen längeren Zeitraum hinzieht, aber zusammenzurechnen ist. Wird mehrmals die Schädlichkeitsgrenze überschritten, sind die Voraussetzungen getrennt nach den jeweiligen Umständen zum jeweiligen Zeitpunkt zu prüfen.

167 Maßgeblich ist die Fortführung des **Geschäftsbetriebs.** Nach § 8d Abs. 1 Satz 3 KStG umfasst der Geschäftsbetrieb die von einer einheitlichen Gewinnerzielungsabsicht getragenen, nachhaltigen, sich gegenseitig ergänzenden und fördernden Betätigungen der Körperschaft und bestimmt sich nicht nach quantitativen, sondern nach qualitativen Merkmalen in einer Gesamtbetrachtung. **Qualitative Merkmale** sind insbesondere die angebotenen Dienstleistungen oder Produkte, der Kunden- und Lieferantenkreis, die bedienten Märkte und die Qualifikation der Arbeitnehmer. Der Gesetzgeber hat damit einen neuen Begriff eingeführt, bei dem nicht klar ist, in welchem Verhältnis er zu der bisher verwendeten Begrifflichkeit steht: Z.B. § 16 EStG (Betrieb/Teilbetrieb), § 5 Abs. 1 Nr. 9 KStG (wirtschaftlicher Geschäftsbetrieb), § 8 AStG (eingerichteter Geschäftsbetrieb). Die einzelnen Kriterien sind auslegungsbedürftig und damit streitanfällig.

168 Kernproblem der Norm ist die Frage, ob die Körperschaft immer **nur einen einheitlichen Geschäftsbetrieb hat oder mehrere unabhängige Geschäftsbetriebe** haben kann. § 8d Abs. 1 Satz 1 KStG spricht für die erste, Abs. 2 Satz 2 Nr. 3 spricht hingegen für die zweite Sichtweise. Diese Vorfrage hat weitreichende Auswirkungen auf die weitere Anwendung der Norm. So würde die Einstellung des einen (Teil-)Geschäftsbetriebs nicht zum Untergang des Verlusts eines anderen (Teil-) Geschäftsbetriebs führen, wenn sie rechtlich selbstständig nebeneinander bestehen würden. Dieses würde es erforderlich machen, innerbetrieblich das einheitlich nach § 8 KStG ermittelte Einkommen auf die verschiedenen Geschäftsbetriebe aufzuteilen. Diese Aufteilung hätte den sachgerechten Vorteil, dass sich schädliche Maßnahmen auf den (Teil-)Geschäftsbetrieb beschränken, in dem die Maßnahme unmittelbar vorgenommen wird. Andererseits würde bei einer Gesamtbetrachtung die Einstellung eines von mehreren (Teil-)Geschäftsbetrieben nicht zwingend zum Totalverlust nach Abs. 1 Satz 2 Nr. 1 führen.

169 Dieser Geschäftsbetrieb darf **nicht eingestellt** oder ruhend gestellt sein. Erfolgte dieses vor dem 1.1.2016, ergibt sich der Ausschluss aus § 34 Abs. 6a Satz 1 KStG. Für die Einstellung und Ruhendstellung nach dem 31.12.2015 aus § 8d Abs. 1 Satz 2 Nr. 1 KStG. Solche Altverluste können unter keinen Voraussetzungen über Abs. 1 Satz 1 fortgeführt werden. Bei der Frage, ob ein Geschäftsbetrieb eingestellt ist, wird man auf die Grundsätze der Betriebsaufgabe i.S.v. § 16 EStG zurückgreifen können. Danach ist eine Willensentscheidung oder Handlung erforderlich, die darauf gerichtet ist, den (Geschäfts-)Betrieb als selbstständigen Organismus nicht mehr in seiner bisherigen Form bestehen zu lassen. Hierzu ist kein ausdrücklicher Liquidationsbeschluss erforderlich. Andererseits führt ein solcher Beschluss noch nicht zur Einstellung.[108] Erforderlich ist die nach außen erkennbare Umsetzung dieses Willens. Dabei ist eine bloße Reduzierung des Geschäftsbetriebs

---

108 A.A. *Leibner/Dötsch*, in: Dötsch/Pung/Möhlenbrock, KStG § 8d Rn. 54 (Juni 2019).

unschädlich. Zum Teil wird zu Unrecht die Ansicht vertreten, auch das Absinken der verbleibenden Tätigkeit auf ein geringes Maß könne der Einstellung gleichgesetzt werden.[109] Diese Ansicht würde zu nicht lösbaren Abgrenzungsproblemen führen. Wegen des eindeutigen (zu strengen) Wortlauts der Vorschrift, wird man die Einbringung/Ausgliederung des Geschäftsbetriebs in/auf eine andere Gesellschaft als Geschäftsbetriebseinstellung werten müssen, da die Körperschaft den ursprünglichen Geschäftsbetrieb nicht unmittelbar selbst fortführt.

Darüber hinaus verlangt Abs. 1 Satz 1, dass die Körperschaft seit ihrer Gründung oder zumindest seit dem Beginn des dritten Veranlagungszeitraums, der dem Veranlagungszeitraum nach Satz 5 vorausgeht, bis zum schädlichen Beteiligungserwerb **ausschließlich denselben Geschäftsbetrieb unterhält**. Wie bereits dargelegt ist unklar, ob es mehrere Geschäftsbetriebe geben kann, die unabhängig voneinander zu beurteilen sind und wie sich Veränderungen in dem (Teil-)Geschäftsbetrieb auf die anderen (Teil-) Geschäftsbetriebe bzw. den (Gesamt-)Geschäftsbetrieb auswirken. Unabhängig davon muss ein Strukturwandel weiterhin möglich sein. Dieses gilt insbesondere für die Sanierung des bisher verlustträchtigen (Teil-)Geschäftsbetriebs. Die Frage, in welchem Maße sich die qualitativen Merkmale nach § 8d Abs. 1 Satz 4 KStG ändern müssen, damit es nicht mehr derselbe Geschäftsbetrieb ist, lässt sich nicht mit der notwendigen Bestimmtheit beantworten. U.E. sind die bisherigen Grundsätze des Branchenwechsels maßgeblich. 170

Ein weiterer absoluter Ausschlussgrund nach § 8d Abs. 1 Satz 2 Nr. 2 KStG ist das **Bestehen einer Organschaft oder die Beteiligung an einer Mitunternehmerschaft** zu Beginn der dreijährigen Vorlaufzeit nach § 8d Abs. 1 Satz 1 KStG. Wurde die Organschaft vorher aufgehoben bzw. die Mitunternehmerschaft beendet, können die daraus vorher angesammelten Verluste über § 8d KStG unter den allgemeinen Voraussetzungen fortgeführt werden. 171

Darüber hinaus verlangt § 8d Abs. 1 Satz 1 KStG in diesem Zeitraum über den schädlichen Beteiligungserwerb hinaus bis zum Schluss des Veranlagungszeitraums des schädlichen Beteiligungserwerbs, dass **kein Ereignis i.S.v. § 8d Abs. 2 KStG** stattgefunden hat. Diese sind: 172

§ 8d Abs. 2 Satz 2 Nr. 1 KStG: Der Geschäftsbetrieb wird ruhend gestellt

Hier stellt sich die Frage, ob jede noch so kurze Unterbrechung zu einem schädlichen Ruhen führt. Hier müssen u.E. zunächst die Unterbrechungen ausgeschieden werden, die nicht durch eine unternehmerische Entscheidung bedingt sind, sondern durch von außen kommende Ereignisse (z.B. Streik und Brandschaden). Zudem muss die Unterbrechung von einer gewissen Dauer sein. Der klassische Fall wird daher die Betriebsverpachtung sein. Ob es daneben noch andere Anwendungsfälle gibt, muss bezweifelt werden. In der Gestaltungsberatung ist daher Wert darauf zu legen, dass möglichst lange zumindest ein Restbetrieb fortgeführt wird. 173

§ 8d Abs. 2 Satz 2 Nr. 2 KStG: Der Geschäftsbetrieb wird einer andersartigen Zweckbestimmung zugeführt

Hier liegt eine Überschneidung mit der Fortführungspflicht nach § 8d Abs. 1 Satz 1 KStG vor. Es stellen sich daher die gleichen Probleme. Was ist ein noch unschädlicher Strukturwandel, welche betriebswirtschaftlich notwendigen Sanierungsmaßnahmen sind zulässig, wo beginnt der schädliche Branchenwechsel? Die qualitativen Kriterien in Abs. 1 Satz 4 sind wenig hilfreich. Es sollte daher auf die alte Rechtsprechung zu § 8 Abs. 4 KStG a.F. zurückgegriffen werden. 174

§ 8d Abs. 2 Satz 2 Nr. 3 KStG: Die Körperschaft nimmt einen zusätzlichen Geschäftsbetrieb auf

Hier wiederholt sich die vom Gesetzgeber unbeantwortete Grundsatzfrage, ob es überhaupt mehrere selbstständige Geschäftsbetriebe innerhalb einer Körperschaft geben kann. Falls ja, ist es fast unmöglich, die Ausweitung eines vorhandenen Geschäftsbetriebs von der Aufnahme eines neuen Geschäftsbetriebs abzugrenzen. Im Zweifel müssen für neue Geschäftsfelder vorhandene oder neue 175

109 So *Leibner/Dötsch*, in: Dötsch/Pung/Möhlenbrock, KStG § 8d Rn. 55 (Juni 2019).

Tochter-Kapitalgesellschaften verwendet werden. Hier muss jedoch darauf geachtet werden, dass dadurch nicht ein neuer, zusätzlicher Geschäftsbetrieb in Form einer Holding entsteht.

§ 8d Abs. 2 Satz 2 Nr. 4 KStG: Die Körperschaft beteiligt sich an einer Mitunternehmerschaft

176 Nicht erfasst sind Beteiligungen an Kapitalgesellschaften sowie vermögensverwaltenden Personengesellschaften. Unschädlich ist auch das mittelbare Halten von Mitunternehmeranteilen über eine zwischengeschaltete Kapitalgesellschaft. Bei Gesellschaftsformen, die an sich mitunternehmerfähig sind, gewinnen Beteiligungsformen an Bedeutung, bei denen der Gesellschafter durch die Einschränkung der Mitunternehmerinitiative und/oder des Mitunternehmerrisikos steuerlich nicht als Mitunternehmer zu qualifizieren ist. Bei der (verfehlten) engen Sichtweise des Gesetzes wird man nicht davon ausgehen können, dass die Ausgliederung des Geschäftsbetriebs von der Körperschaft auf eine Mitunternehmerschaft zulässig ist.

§ 8d Abs. 2 Satz 2 Nr. 5 KStG: Die Körperschaft nimmt die Stellung eines Organträgers i.S.d. § 14 Abs. 1 KStG ein

177 Aufgrund der Verweisung in § 17 KStG wird man leider davon ausgehen müssen, dass nicht nur eine Organschaft gegenüber Aktiengesellschaften, der Kommanditgesellschaft auf Aktien etc., sondern auch gegenüber GmbHs unzulässig ist. Zulässig bleibt die Begründung einer Organschaft, wenn die Körperschaft nicht die Rolle des Organträgers, sondern der Organgesellschaft einnimmt. Hier wird man mangels anderweitiger gesetzlicher Regelung in § 15 KStG davon ausgehen dürfen, dass auf der Ebene der Organgesellschaft der laufende Gewinn mit dem vororganschaftlichen fortführungsgebundenen Verlustvortrag saldiert wird, bevor das dann verbleibende Einkommen der Organgesellschaft dem Organträger zugerechnet wird.

§ 8d Abs. 2 Satz 2 Nr. 6 KStG: Auf die Körperschaft werden Wirtschaftsgüter übertragen, die sie zu einem geringeren als dem gemeinen Wert ansetzt

178 An dieser unscheinbaren Norm werden die meisten Gestaltungen scheitern, wenn man sie wortgetreu anwendet. Diese Vorschrift steht im unvereinbaren Widerspruch zu § 6 EStG. Sie differenziert nicht danach, von wem das Wirtschaftsgut übertragen wird und in welchem Zusammenhang (Kauf oder Einlage) das geschieht. Der Gesetzgeber dachte an die Übertragung von Betriebsvermögen, das nach dem UmwStG an sich zum gemeinen Wert, aber unter bestimmten Voraussetzungen auch zum Buch- oder Zwischenwert, bei dem aufnehmenden Rechtsträger angesetzt werden darf. Da dieses im Wesentlichen nur bei Betrieben und Teilbetrieben möglich ist, würde hier bereits § 8d Abs. 2 Satz 2 Nr. 3 bzw. 4 KStG zum Tragen kommen, und das unabhängig davon, mit welchem Wert dieses bei der Körperschaft angesetzt wird (somit auch bei dem gemeinen Wert). Relevant bliebe in diesem Zusammenhang nur der qualifizierte Anteilstausch nach § 21 Abs. 1 Satz 2 UmwStG. Ansonsten ist bei der Übertragung von einzelnen Wirtschaftsgütern § 6 EStG zu beachten. Dort darf die Körperschaft jedoch (abgesehen von § 6 Abs. 6 EStG) nie den gemeinen Wert ansetzen. Maßgeblich sind die Anschaffungskosten oder bei Einlagen der Teilwert, der i.d.R. geringer ist, als der gemeine Wert. Kauft die Körperschaft ein Wirtschaftsgut, muss damit kontrolliert werden, ob die Anschaffungskosten dem gemeinen Wert entsprechen, was nur selten der Fall sein wird. Bei Handelswaren ist dieses nie der Fall. Dies gilt auch bei dem Erwerb von Dritten, wo an sich nicht die Gefahr einer missbräuchlichen Gestaltung gegeben ist. Erfolgt vom Gesellschafter eine offene oder verdeckte Einlage bei der Körperschaft, ist nach § 6 Abs. 1 Nr. 5 EStG nicht der gemeine Wert, sondern »nur« der Teilwert anzusetzen. Der wahlweise Ansatz des gemeinen Werts ist nicht zulässig. Verkauft die Gesellschaft deshalb das Wirtschaftsgut an die Körperschaft zum gemeinen Wert, besteht die Gefahr der vGA wegen eines zu hohen Preises. Der gemeine Wert dient als Bezugsgröße für den Verkauf des Gegenstands durch die Körperschaft, nicht aber für den Ankauf. Auch hier zeigt sich, wie wenig die neue Vorschrift durchdacht und in das normale Regelwerk eingepasst ist.

179 Ein **einmaliger, auch kurzfristiger Verstoß** reicht aus. Diese schädlichen Ereignisse müssen nicht mehr zum Zeitpunkt des schädlichen Beteiligungserwerbs vorliegen. So ist z.B. die Aufnahme und spätere Einstellung eines zusätzlichen Geschäftsbetriebs innerhalb des Dreijahreszeitraums

schädlich, auch wenn die Einstellung vor dem schädlichen Beteiligungserwerb erfolgte. Diese Ereignisse sind nach § 8d Abs. 1 Satz 1 KStG auch nach dem schädlichen Beteiligungserwerb von Relevanz, solange sie in dem Veranlagungszeitraum erfolgen, in den der schädliche Beteiligungserwerb fällt. Erst in dem nachfolgenden Veranlagungszeitraum kommt § 8d Abs. 2 KStG zur KStG Anwendung. Diese Differenzierung ist von erheblicher Bedeutung, da die Stille-Reserve-Klausel des § 8d Abs. 2 KStG nicht i.R.d. § 8d Abs. 1 KStG gilt.

Die **Dauer** dieser **vorgelagerten Betrachtungsweise** ist nicht wirtschaftsjahrbezogen, sondern bezieht sich auf die Veranlagungszeiträume. Maßgeblich sind grundsätzlich drei volle Jahre, wobei der Veranlagungszeitraum, in den der schädliche Beteiligungserwerb fällt, nicht mitzählt. Eine Verkürzung ist nur für den Fall der Gründung anzusehen. Maßgeblich wird hier nicht die zivilrechtliche Gründung, sondern der Beginn der Körperschaftsteuerpflicht sein. Bei ausländischen Körperschaften ist der Gründung der Beginn der deutschen beschränkten oder unbeschränkten Steuerpflicht gleichzusetzen. Die Rückwirkungsfiktion z.B. aus dem UmwStG wird zu berücksichtigen sein (z.B. Umwandlung einer Tochter-Personengesellschaft in eine Kapitalgesellschaft). 180

Die Begünstigungen des § 8d KStG kommen nicht automatisch zum Tragen. Die Rechtsfolgen sind **antragsgebunden.** Nach § 8d Abs. 1 Satz 5 KStG ist der Antrag in der Steuererklärung für die Veranlagung des Veranlagungszeitraums zu stellen, in den der schädliche Beteiligungserwerb fällt. Der Antrag muss daher schriftlich erfolgen. Ein konkludenter Antrag ist nicht möglich. Es handelt sich um eine nicht verlängerbare Ausschlussfrist. Da der Wortlaut insoweit eindeutig ist, sollte daher immer überlegt werden, ob vorsorglich ein solcher gestellt werden sollte. Unklar ist jedoch, ob der Antrag auch zurückgenommen werden kann.[110] Das Gesetz schweigt dazu. Um dem Betroffenen die notwendigen Handlungsmöglichkeiten zu geben, muss ihm die Möglichkeit gegeben werden, den Antrag zurückzunehmen, um sicherzustellen, dass er auf, bei der Erklärung noch nicht erkennbare, Umstände nachträglich reagieren kann. Eine Begrenzung des Antrags auf einen Teil der Verluste ist nicht vorgesehen. Dieses gilt auch dann, wenn nach § 8c Abs. 1 Satz 1 KStG nur ein Teil der Verluste vom Untergang bedroht ist. Von daher sollte nur ein Antrag gestellt werden, wenn der schädliche Beteiligungserwerb zu einem vollständigen Verlust des Verlustvortrags führen würde oder absehbar ist, dass der fortführungsgebundene Verlustvortrag relativ rasch ausgenutzt werden kann, bevor es zu einem schädlichen Ereignis nach § 8d Abs. 2 KStG kommen könnte.[111] 181

Diese ganze Konzeption zeigt, wie **wenig durchdacht und kontraproduktiv** diese Regelung ist. Die Vor- und Nachteile des Antrags sind sorgsam abzuwägen, wobei bei der Erklärung i.d.R. noch gar nicht absehbar ist, wie sich der zu erhaltende Verlust z.B. durch eine spätere Bp. ändern kann bzw. was für Maßnahmen nach der Antragstellung notwendig werden, die aber nach Abs. 2 schädlich sind. Von daher ist der Gesetzgeber gerade in diesem Bereich aufgefordert, möglichst rasch eine Entschärfung vorzunehmen: Der Antrag muss noch bis zur bestandskräftigen Veranlagung gestellt werden können. Es muss klargestellt werden, dass er zurückgenommen werden kann. Der Antrag sollte auf den Teil des Verlusts beschränkt werden, der von § 8c Abs. 1 KStG bedroht wird. 182

Nach § 8d Abs. 1 Satz 6 bis 8 KStG wird der Verlustvortrag, der zum Schluss des Veranlagungszeitraums verbleibt, in den der schädliche Beteiligungserwerb fällt, zum **fortführungsgebundenen Verlust**. Dieser ist gesondert auszuweisen und festzustellen; § 10d Abs. 4 EStG gilt entsprechend. Der fortführungsgebundene Verlustvortrag ist von dem nach § 10d Abs. 4 EStG festgestellten Verlustvortrag abzuziehen. 183

Die **Umqualifizierung** ist **extrem weitgehend**. Erfasst sind auch die Verluste, die nach dem schädlichen Beteiligungserwerb bis zum Ende des Veranlagungszeitraums angefallen sind. Erfasst ist der gesamte Verlustvortrag, der sich nicht auf den Teil beschränkt, der nach § 8c Abs. 1 Satz 1 KStG nur anteilig wegfallen würde. Die Stille-Reserve-Klausel des § 8c Abs. 1 Satz 6 ff. KStG kommt nicht zur Anwendung. Betroffen sind alle Arten der Verluste, die nach § 8c KStG wegfallen würden. 184

---

110 Vgl. *Leibner/Dötsch*, in: Dötsch/Pung/Möhlenbrock, KStG, § 8d Rn. 26 (Juni 2019).

111 Vgl. zu den Kriterien der Antragstellung auch *Dressler/Rogall*, DB 2016, 2375.

Allein die Verluste, die in den Veranlagungszeiträumen nach dem schädlichen Beteiligungserwerb anfallen, werden nach den normalen Regeln behandelt. Erst wenn für diese neuen Verluste ein neuer schädlicher Beteiligungserwerb nach § 8c KStG vorliegt, stellt sich die Frage des § 8d KStG. Hierbei würde es sich um ein separates Verfahren handeln.

185 Die Umqualifizierung erfolgt in einem **gesonderten Feststellungsverfahren**, auf das § 10d Abs. 4 EStG entsprechend anwendbar ist. Dieser fortführungsbedingte Verlustvortrag ist nach § 8d Abs. 1 Satz 8 KStG vor dem verbleibenden Verlustvortrag nach § 10 Abs. 4 EStG zu verwenden. Hierbei gelten nicht die Beschränkungen des § 10d Abs. 2 EStG.

186 § 8d Abs. 1 Satz 9 KStG regelt ab dem VZ 2017 das **Verhältnis zum** neu geschaffenen **§ 3a EStG.** In der Verlustverbrauchsreihenfolge des § 3a EStG ist zunächst der fortführungsgebundene Verlustvortrag zumindest zu verwenden, bevor der verbleibende Verlustvortrag nach § 10d Abs. 4 EStG zur Minderung des Sanierungsertrags herangezogen wird.

187 Dieser fortführungsbedingte Verlustvortrag kann nach § 8d Abs. 2 KStG **nachträglich untergehen.** Nach zutreffendem Verständnis ist diese Aufzählung abschließend,[112] so dass sich andere für den »normalen« Verlustvortrag schädliche Ereignisse (insbesondere § 8c KStG, §§ 4 Abs. 2, 11 Abs. 3, 15 Abs. 3 UmwStG) nicht auf den fortführungsgebundenen Verlustvortrag auswirken.[113]

188 Nur soweit **stille Reserven** i.S.v. § 8c Abs. 1 Satz 6 bis 9 KStG vorhanden sind, bleibt der fortführungsgebundene Verlustvortrag erhalten. Hierbei ist auf den Schluss des dem schädlichen Ereignisses vorangegangenen Veranlagungszeitraums abzustellen. In der Folgezeit kann auch dieser Teil des (zunächst) erhaltenden fortführungsgebundenen Verlustvortrags (ganz oder teilweise) untergehen, wenn ein weiteres schädliches Ereignis eintritt und der Verlustvortrag noch nicht aufgebraucht ist und zu diesem Zeitpunkt nicht ausreichende stille Reserven vorliegen.

189 Zu den schädlichen Ereignissen zählen:
- Der Geschäftsbetrieb wird eingestellt,
- der Geschäftsbetrieb wird ruhend gestellt,
- der Geschäftsbetrieb wird einer andersartigen Zweckbestimmung zugeführt,
- die Körperschaft nimmt einen zusätzlichen Geschäftsbetrieb auf,
- die Körperschaft beteiligt sich an einer Mitunternehmerschaft,
- die Körperschaft nimmt die Stellung eines Organträgers i.S.d. § 14 Abs. 1 KStG ein oder
- auf die Körperschaft werden Wirtschaftsgüter übertragen, die sie zu einem geringeren als dem gemeinen Wert ansetzt.

190 Auch bei dieser nachgelagerten Kontrolle findet **keine Wesentlichkeitsbetrachtung** statt. Bereits ein kleiner Verstoß führt zum Verlust des gesamten bis dahin noch nicht aufgebrauchten fortführungsbedingten Verlustvortrags. Maßgeblich ist der Bestand zum Schluss des vorangegangenen Veranlagungszeitraums. Der drohende Untergang des fortführungsbedingten Verlustvortrags und damit die nachgelagerte Kontrolle endet erst, wenn dieser vollständig aufgebraucht ist.

d) Berücksichtigung von Verlusten ausländischer Beteiligungsgesellschaften

191 Hält eine GmbH wiederum Geschäftsanteile an einer anderen Kapitalgesellschaft, können auf Ebene der Tochtergesellschaft entstandene Verluste aufgrund des geltenden Trennungsprinzips grds. – abgesehen vom Vorliegen eines Organschaftsverhältnisses – durch die Mutter-GmbH steuerlich nicht berücksichtigt werden.

192 Gleiches gilt für den Fall, dass im Hinblick auf die Verluste der Tochter-Kapitalgesellschaft die Voraussetzungen für eine Teilwertabschreibung auf die Beteiligung vorliegen.[114] Auch eine mittelbare

112 So auch *Leibner/Dötsch*, in: Dötsch/Pung/Möhlenbrock, KStG § 8d Rn. 47 (Juni 2019).

113 A.A. zu § 8c KStG *Förster/Von Cölln*, DStR 2017, 8.

114 Vgl. zu den Voraussetzungen für eine Teilwertabschreibung auf die Beteiligung im Verlustfall: BFH, BStBl. II 1989, 274; BStBl. II 2004, 416.

Berücksichtigung der Verluste auf diesem Weg ist nicht möglich. Gewinnminderungen im Zusammenhang mit Anteilen an in- und ausländischen Körperschaften bleiben gem. § 8b Abs. 3 KStG unberücksichtigt. Die fehlende Möglichkeit zur Bildung einer ertragsteuerlichen Organschaft mit einer Körperschaft, die (auch) ihre Geschäftsleitung im Ausland hat, und damit die fehlende Möglichkeit zur Verrechnung von Auslandsverlusten auf Ebene der inländischen Muttergesellschaft führt zu Verwerfungen im Vergleich zum reinen Inlandsfall.

Mit seinem Grundsatzurteil in der Rechtssache »*Marks & Spencer*« hat der EuGH die Nichtanerkennung von »finalen Verlusten« ausländischer Tochtergesellschaften unter bestimmten Voraussetzungen als europarechtswidrig qualifiziert.[115] Der Entscheidung lag ein britischer Sachverhalt über den dort geltenden Konzernabzug zugrunde. Die britische Steuerverwaltung versagte der Marks & Spencer plc die Berücksichtigung von Verlusten ihrer Tochtergesellschaften in Belgien, Deutschland und Frankreich. Aufgrund sich immer stärker abzeichnender Verluste wurde die französische Tochtergesellschaft veräußert, die deutsche und die belgische Tochtergesellschaften wurden liquidiert. Mangels einer gewerblichen Tätigkeit im Inland wurden die Verluste i.R.d. Konzernabzugs nicht anerkannt. Zwischen Mutter- und Tochtergesellschaft, jeweils mit Sitz in Großbritannien wäre eine vertikale Verlustverrechnung durch den sog. Konzernabzug möglich gewesen. Daher legte der High Court of Justice (England & Wales) dem EuGH insbesondere die Frage vor, ob es eine Beschränkung i.S.v. Art. 43 EG i.V.m. Art. Art. 48 EG darstellt, wenn Vorschriften eines Mitgliedstaats wie die Bestimmung des Vereinigten Königreichs über den Konzernabzug eine Muttergesellschaft, die in diesem Staat Steuerinländer ist, daran hindern, ihre steuerpflichtigen Gewinne in diesem Staat dadurch zu senken, dass sie sie mit Verlusten verrechnet, die Tochtergesellschaften in anderen Mitgliedstaaten, in denen sie Steuerinländer sind, entstanden sind, während eine solche Verrechnung möglich wäre, wenn es sich um Verluste von im Sitzstaat der Muttergesellschaft ansässigen Tochtergesellschaften handelte. 193

Nach Sichtweise des EuGH bestehe eine unzulässige Beschränkung der Niederlassungsfreiheit gem. Art. 43 und 48 EGV (jetzt Art. 49 AEUV), wenn bei einer inländischen Muttergesellschaft die Verluste nur inländischer, nicht aber anderer EU-/EWR-Tochtergesellschaften berücksichtigt werden, selbst wenn die Beschränkung zwar grds. gerechtfertigt ist, der Verlustausschluss jedoch auch endgültige Verluste ausschließt, die dann bestehen, wenn die ausländische Tochtergesellschaft sämtliche Möglichkeiten zur Verlustnutzung ausgeschöpft hat und sie keine Möglichkeit mehr hat, die Verluste künftig selbst oder durch Übertragung auf Dritte zu nutzen. 194

Unklar blieb, unter welchen Voraussetzungen Verluste als finale Verluste anzusehen sind. Nach überwiegender Auffassung im steuerrechtlichen Schrifttum sollen finale Verluste jedenfalls dann vorliegen, wenn das ausländische Steuerrecht systembedingt keine Verlustverrechnung kennt, der Verlustvortrag wegen zeitlicher Begrenzung entfällt sowie im Liquidationsfall.[116] Ungeklärt ist darüber hinaus die Höhe der europarechtlich zwingend zu berücksichtigenden Verluste, der Zeitpunkt der grenzüberschreitenden Verlustnutzung, die Nachweisanforderungen im Hinblick auf die Finalität der Verluste, die Voraussetzungen für das Vorliegen einer Missbräuchlichkeit, die mögliche Erstreckung auch auf Drittstaatenfälle sowie die Frage, ob die europarechtlich zwingende Berücksichtigung finaler Auslandsverluste auch für die Gewerbesteuer gilt.[117] 195

Der BFH hat in mehreren Nachfolgeentscheidungen zu der Frage der Berücksichtigung ausländischer Betriebsstättenverluste und damit einhergehend zur Frage der »Finalität« sowie zum Zeitpunkt der Berücksichtigung Stellung genommen.[118] Nach Auffassung des BFH liegen finale Verluste vor, 196

115 EuGH, BFH/NV 2006, 117. Nachfolgend EuGH, IStR 2007, 631. Vgl. zur Nichtberücksichtigung von finalen Betriebsstättenverlusten: EuGH vom 15.5.2008, Rs. C-414/06, *Lidl Belgium*, BStBl. II 2009, 692; EuGH vom 23.10.2008, Rs. C-157/07, *Krankenheim Ruhesitz Wannsee*, BStBl. II 2009, 566.

116 Vgl. *Mayr*, BB 2008, 1816.

117 Vgl. *Henkel*, in: Mössner ua., Steuerrecht international tätiger Unternehmen, 5. Aufl. 2018, Kap. 7 Rn. 7.105.

118 BFH, BStBl. II 2009, 630; BFH/NV 2010, 1744; BFH/NV 2014, 963. Vgl. auch FG Hamburg, EFG 2014, 2084; FG Düsseldorf, EFG 2015, 313. Zur nachfolgenden Diskussion über die Reichweite der »Finalität«: *Mitschke*, IStR 2014, 37; *Cordewener*, EuZW 2015, 295; *Niemann/Dodos*, DStR 2016, 1057.

wenn die Verluste im Quellenstaat aus tatsächlichen Gründen nicht mehr berücksichtigt werden können oder ihr Abzug in jenem Staat zwar theoretisch noch möglich, aus tatsächlichen Gründen aber so gut wie ausgeschlossen ist und ein wider Erwarten dennoch erfolgter späterer Abzug im Inland verfahrensrechtlich noch rückwirkend nachvollzogen werden könnte. An einer »Finalität« fehle es hingegen, wenn der Betriebsstättenstaat nur einen zeitlich begrenzten Vortrag von Verlusten zulässt. Der ausnahmsweise Abzug der Betriebsstättenverluste sei nicht im Veranlagungszeitraum des Entstehens der Verluste, sondern in jenem Veranlagungszeitraum vorzunehmen, in welchem sie »final« geworden sind. Schließlich seien die in den Gewinn ausnahmsweise einbezogenen »finalen« Betriebsstättenverluste auch in die Ermittlung des Gewerbeertrages einzubeziehen.

197 Umstritten war, ob der EuGH in seiner Entscheidung vom 25.2.2010 in der Rechtssache »*X Holding BV*«[119] eine Abkehr von seiner »*Marks & Spencer*-Doktrin« vollzogen hat.[120] Der EuGH sah die Beschränkung des persönlichen Anwendungsbereichs der niederländischen Gruppenbesteuerung auf inländische Mutter- und Tochtergesellschaften zur Wahrung der Aufteilung der Besteuerungsbefugnisse zwischen den Mitgliedstaaten sowie zur Verhinderung einer manipulativen Verlustverschiebung als gerechtfertigt an. Zu der Frage der Berücksichtigung finaler Verluste verhielt sich die Entscheidung hingegen nicht. Nachdem sich die Diskussion durch das Urteil des EuGH in der Rechtssache »*A Oy*«[121], mit der der EuGH erneut an der Rechtsfigur der finalen Verluste festhält und die Besteuerungsbefugnisse der Mitgliedstaaten einschränkt, sorgen die jüngste Entscheidung des EuGH in der Rechtssache »*Timac Agro Deutschland*«[122] zu ausländischen Betriebsstättenverlusten sowie eine Folgeentscheidung des BFH vom 22.2.2017[123], in der der BFH die *Timac Agro*-Rechtsprechung umsetzt, erneut für erhebliche Unsicherheiten.[124]

198 In dem der Entscheidung des BFH vom 22.2.2017 zugrunde liegenden Sachverhalt wurde die im Zuge einer Anteilsveräußerung an den Erwerber geleistete Ausgleichszahlung für einen bei der ausländischen Betriebsstätte, bei der abkommensrechtlich die Freistellungsmethode galt, zu erwartenden Verlust weder einfachgesetzlich noch als sog. »finaler Verlust« als steuerlich berücksichtigungsfähig anerkannt. Der BFH gewährte keinen Vertrauensschutz auf die Fortgeltung der bisherigen Rechtslage. Die Rechtsprechung des BFH gilt nur für DBA-Fälle mit der Freistellungsmethode. Offen gelassen hat der BFH bisher die Fragestellung, was gilt, wenn die Anrechnungsmethode relevant ist.[125]

199 Die Folgen für die zukünftige grenzüberschreitende Verlustberücksichtigung zwischen Mutter- und Tochtergesellschaft nach der »*Marks & Spencer*«-Rechtsprechung sind bislang ungeklärt. Sie werden von der jüngsten Rechtsprechung es EuGH sowie des BFH zu ausländischen Betriebsstättenverlusten nicht unmittelbar vorgezeichnet. Im steuerrechtlichen Schrifttum wird dem BFH aufgrund des jüngsten Urteils jedoch inzwischen eine gewisse Distanz gegenüber der Anerkennung von Auslandsverlusten – gleich ob sie final sind und gleich aufgrund welcher Sachverhaltskonstellation – zugesprochen.[126]

200 Jüngst hatte der EuGH in der Rechtssache »Bevola«[127] die Möglichkeit, sich erneut mit der Anerkennung finaler ausländischer Betriebsstättenverluste zu befassen. Der EuGH folgt mit diesem Urteil den Schlussanträgen des Generalanwalts, der an der Geltung der »Marks & Spencer«-Rechtsprechung ausdrücklich festhielt,[128] und betont, dass ein Mitgliedstaat verpflichtet ist, die finalen ausländischen

119 EuGH, *X Holding BV,* BFH/NV 2010, 1064.
120 So *Günkel/Wagner*, Ubg 2010, 603; *Mitschke*, IStR 2011, 185, 188.
121 EuGH, *A Oy,* HFR 2013, 366.
122 EuGH, *Timac Agro Deutschland,* BStBl. II 2016, 362.
123 BFH, BStBl. II 2017, 709.
124 Vgl. hierzu *Sillich/Schneider*, IStR 2017, 809; *Jung/Mielke*, IStR 2017, 496.
125 Vgl. hierzu *Sillich/Schneider*, IStR 2017, 809, 811 ff.
126 *Jung/Mielke*, IStR 2017, 496, 498.
127 EuGH, Rs. C-650/16, Anm. hierzu von *Broke*, SAM 2018, 99. Vgl. auch *Brandis*, DStR 2018, 2051.
128 Vgl. hierzu *Eisendle*, ISR 2018, 126.

Betriebsstättenverluste des Stammhauses i.R.d. Besteuerung im Inland abzuziehen, wenn das Stammhaus nachweisen kann, dass die Verluste der im Ausland belegenen Betriebsstätte final sind. Zur Annahme finaler Verluste führt das höchste Gericht aus, »*dass die Verluste einer gebietsfremden Betriebsstätte endgültig werden, wenn die Gesellschaft, der sie gehört, zum einen alle Möglichkeiten zum Abzug dieser Verluste ausgeschöpft hat, die ihr das Recht des Mitgliedstaats bietet, in dem diese Betriebsstätte belegen ist, und zum anderen über diese Betriebsstätte keine Einnahmen mehr erzielt, so dass keine Möglichkeit mehr besteht, dass die Verluste in diesem Mitgliedstaat berücksichtigt werden.* »Somit kann die Timac Agro-Entscheidung des EuGH doch als ein Ausrutscher anzusehen.[129]

5. Einlagekonto nach § 27 KStG

Da Einlagen den Gewinn der Gesellschaft nicht erhöhen, führt auch die Rückgewähr von Einlagen nicht zu steuerbaren Einnahmen (§ 20 Abs. 1 Nr. 2 EStG). Dazu ist der **Bestand** an Einlagen in einem Einlagekonto,[130] ausgehend vom Bestand am Ende des vorangegangenen Wirtschaftsjahrs, um die jeweiligen Zu- und Abgänge des Wirtschaftsjahrs fortzuschreiben und zum 31.12. des laufenden Jahrs **gesondert festzustellen.** Hierzu muss die Kapitalgesellschaft auf den Schluss eines jeden Wirtschaftsjahrs eine Erklärung zur gesonderten Feststellung abgeben. Der Bescheid über die gesonderte Feststellung zum Ende eines Wirtschaftsjahrs ist Grundlagenbescheid für die gesonderte Feststellung des Folgejahrs (§ 27 Abs. 2 KStG). Über Leistungen, für die das steuerliche Einlagekonto gemindert wurde, muss die Kapitalgesellschaft ihren Gesellschaftern eine Bescheinigung nach vorgeschriebenem Muster ausstellen (§ 27 Abs. 3 KStG). 201

Bei Auskehrungen aus dem Gesellschaftsvermögen ist ein unmittelbarer Zugriff auf das Einlagekonto grundsätzlich nicht möglich. § 27 Abs. 1 Satz 3 KStG fingiert eine **Verwendungsreihenfolge.** Nach § 27 Abs. 1 Satz 3 KStG gilt der ausschüttbare Gewinn als zuerst verwendet. Als ausschüttbarer Gewinn gilt das um das gezeichnete Kapital geminderte in der Steuerbilanz ausgewiesene Eigenkapital abzüglich des Bestands des steuerlichen Einlagekontos (§ 27 Abs. 1 Satz 5 KStG). Im Ergebnis hat die Dividenden(Besteuerung) Vorrang vor der Auskehrung von Einlagen. 202

Ferner schreibt § 27 Abs. 1 Satz 3 eine **zeitliche Fiktion** vor. Bei der Prüfung, ob ausschüttbarer Gewinn oder Einlage ausgekehrt wird, wird auf die Feststellung zum Schluss des vorangegangenen Wirtschaftsjahrs abgestellt. 203

a) Steuerrechtliche Behandlung von Auskehrungen aus dem Einlagekonto

aa) Ebene der auskehrenden Gesellschaft:

Auf der Ebene der auskehrenden Gesellschaft ist die Auskehrung von Einlagen an die Gesellschafter steuerneutral. Insbesondere ist keine KapESt einzubehalten (§ 43 Abs. 1 Satz 1 Nr. 1 und Satz 3 EStG). 203.1

bb) Ebene der Gesellschafter

(1) Natürliche Personen mit Beteiligung im Privatvermögen

Handelt es sich um einen Anteil im Privatvermögen und erreicht die Beteiligung **nicht die 1 %-Grenze** des § 17 EStG, ist die Rückzahlung unabhängig von ihrer Höhe beim Empfänger **steuerlich nicht zu erfassen.** 204

Einkünfte aus Kapitalvermögen i.S.v. § 20 Abs. 1 Nr. 1 EStG sind nicht gegeben, da Auskehrungen aus dem steuerlichen Einlagekonto ausdrücklich ausgenommen sind (§ 20 Abs. 1 Nr. 1 Satz 3 EStG). Auch der Veräußerungstatbestand i.S.v. **§ 20 Abs. 2 Nr. 1 EStG** ist nicht erfüllt, da es sich bei der Auskehrung nicht um eine Veräußerung handelt. Dies kann aus § 17 Abs. 4 Satz 1 EStG 205

129 Ebenso von *Broke*, SAM 2018, 103.

130 BMF-Schreiben vom 4.6.2003, BStBl. I 2003, 366; dazu *Dötsch/Pung*, DB 2003, 1345; *Franz*, GmbHR 2003, 818.

geschlossen werden. § 17 Abs. 4 Satz 1 EStG definiert die Auskehrung aus dem steuerlichen Einlagekonto ausdrücklich als Veräußerung i.S.v. § 17 Abs. 1 EStG. Dies wäre nicht erforderlich, wenn von einer Veräußerung auszugehen wäre.

206 Erreicht die Beteiligung im Privatvermögen die **1 %-Grenze** des § 17 EStG, erzielt der Empfänger steuerpflichtige Einkünfte, wenn die Auskehrung aus dem steuerlichen Einlagekonto die Anschaffungskosten der Beteiligung übersteigt. **§ 17 Abs. 4 Satz 1 EStG** ordnet an, dass es sich um einen Veräußerungsgewinn handelt. Dieser Veräußerungsgewinn unterliegt gem. § 3 Nr. 40 Satz 1 c) Satz 2 EStG dem Teileinkünfteverfahren.

▶ **Beispiel 1:**[131]

207 A und B gründen die AB-GmbH. Beide erbringen ihren Anteil an der Stammeinlage i.H.v. je € 25.000,–. Das für den Geschäftsbetrieb zusätzlich benötigte Kapital leistet nach einem Gesellschafterbeschluss allein A iHv. € 100.000,–. Drei Jahre später erfolgt eine Gewinnausschüttung i.H.v. je € 120.000,– an A und B. In der Gewinnausschüttung ist eine Rückzahlung aus dem steuerlichen Einlagekonto i.H.v. je € 30.000,– enthalten. Die Gewinnausschüttung unterliegt i.H.v. je € 90.000,– bei A und B dem Teileinkünfteverfahren bzw. der Abgeltungsteuer. I.H.d. Rückzahlung aus dem steuerlichen Einlagekonto von € 30.000,– mindern sich jeweils die Anschaffungskosten von A und B.

208 Die (fortgeführten) Anschaffungskosten von A betragen € 95.000,– (Stammeinlage € 25.000,– + offene Einlage € 100.000,–./. Rückzahlung aus dem steuerlichen Einlagekonto € 30.000,–). Bei einer späteren Veräußerung der Beteiligung oder Liquidation der Gesellschaft sind die Anschaffungskosten nur noch i.H.v. € 95.000,– zu berücksichtigen. Die (fortgeführten) Anschaffungskosten von B betragen € 0,–, sie werden sogar um den Betrag von € 5.000,– überschritten (Stammeinlage € 25.000,–./. Rückzahlung aus dem steuerlichen Einlagekonto € 30.000,–). Im des die Anschaffungskosten übersteigenden Betrag von € 5.000,– liegt bei B ein Gewinn nach § 17 Abs. 4 EStG vor, der ebenfalls dem Teileinkünfteverfahren unterliegt. Bei einer späteren Veräußerung der Beteiligung oder Liquidation der Gesellschaft sind die Anschaffungskosten nur noch i.H.v. € 0,– zu berücksichtigen.

▶ **Beispiel 2:**

209 A kauft 100 % der Anteile an der X-GmbH, die in wirtschaftlichen Schwierigkeiten steckt für € 1,–. Er führt die Gesellschaft aus der Krise und erwirtschaftet in den nachfolgenden Jahren Gewinne. Bei einer Gewinnausschüttung i.H.v. € 200.000,– werden € 50.000,– aus dem steuerlichen Einlagekonto verwendet. Die zurückgewährten Einlagen stammen vom vorhergehenden Gesellschafter X.

210 Die Gewinnausschüttung unterliegt i.H.v. € 150.000,– bei A dem Teileinkünfteverfahren bzw. der Abgeltungsteuer. I.H.d. Rückzahlung aus dem steuerlichen Einlagekonto von € 50.000,– mindern sich die Anschaffungskosten von A. Da A aber nur Anschaffungskosten i.H.v. € 1,– hatte, entsteht i.H.d. übersteigenden Betrags von € 49.999,– ein Gewinn nach § 17 Abs. 4 EStG, der ebenfalls dem Teileinkünfteverfahren unterliegt. X konnte die i.H.v. € 50.000,– geleistete Einlage im Jahr der Veräußerung der Beteiligung bei dem Veräußerungsverlust nach § 17 EStG gegebenenfalls mit weiteren nachträglichen Anschaffungskosten mindernd ansetzen.

(2) Natürliche Person mit Beteiligung im Betriebsvermögen

211 Wird die Beteiligung von der natürlichen Person in einem Betriebsvermögen gehalten, unterliegt der den **Buchwert der Beteiligung übersteigende Betrag** gem. § 3 Nr. 40 Satz 1 lit. a EStG dem Teileinkünfteverfahren.

131 Vgl. OFD Frankfurt vom 4.2.2014 – S 2244 A-41-St 215, n.v. (juris).

(3) Körperschaft mit Tochterbeteiligung

Soweit die Auskehrung aus dem Einlagekonto der Tochtergesellschaft auf der Ebene der Muttergesellschaft mit dem Buchwert verrechnet werden kann, ist keine steuerbare Vermögensmehrung gegeben.[132] Die h.M. in der Literatur sowie die Finanzverwaltung subsumieren den Buchwert übersteigenden Teil der Einlagerückzahlung unter **§ 8b Abs. 2 KStG.**[133] Auch der BFH tendiert hierzu.[134] Ist nur handelsrechtlich eine Eigenkapitalauskehrung gegeben, steuerrechtlich ein Bestand im Einlagenkonto aber nicht vorhanden, handelt es sich unstreitig um eine Ausschüttung, die unter **§ 8b Abs. 1 KStG** zu subsumieren ist.[135] 212

b) Problemfälle

Bei der Anwendung von § 27 KStG kommt es in der Praxis immer wieder zu Schwierigkeiten, die nicht zuletzt auch zu **Haftungsrisiken** der steuerlichen Berater führen. Verschiedene Fehlerquellen führen dazu, dass keine steuerneutrale Auskehrung aus dem Einlagekonto gegeben ist, sondern Einkünfte aus Kapitalvermögen verauslagt werden. 213

aa) Bindungswirkung des Feststellungsbescheids auf der Ebene der Gesellschaft gem. § 27 Abs. 2 Satz 1 KStG

Das Einlagekonto ist gem. § 27 Abs. 2 Satz 1 KStG zum Schluss eines Wirtschaftsjahrs gesondert festzustellen. Die Feststellung erfolgt gegenüber der Gesellschaft. Der Bescheid ist **Grundlagenbescheid** für den Bescheid über die gesonderte Feststellung zum folgenden Feststellungszeitpunkt. Entsprechend haben unbeschränkt steuerpflichtige Kapitalgesellschaften sowie sonstige Körperschaften eine Erklärung zur gesonderten Feststellung des Bestands des steuerlichen Einlagekontos auf den Schluss des jeweiligen Wirtschaftsjahrs abzugeben. 214

Hinzuweisen ist in diesem Zusammenhang darauf, dass es insoweit ausschließlich auf die **unbeschränkte Steuerpflicht gem. § 1 Abs. 1 Nr. 1 KStG** ankommt. Damit hat eine Kapitalgesellschaft deutschen Rechts eine solche Erklärung stets abzugeben, da Kapitalgesellschaften deutschen Rechts zwingend ihren Satzungssitz im Inland haben und dies für die unbeschränkte Körperschaftsteuerpflicht gem. § 1 Abs. 1 Nr. 1 KStG ausreicht. Auf eine Ansässigkeit der Kapitalgesellschaft i.S.e. DBA kommt es insoweit nicht an. 215

Bei der **Erstellung der Feststellungserklärung** ist größte Sorgfalt geboten. Geschäftsführer und ggf. auch Gesellschafter der Gesellschaft sind nach **offenen bzw. verdeckten Einlagen** zu befragen. 216

(1) Zu erfassende Zuflüsse

Insbesondere folgende **Zuflüsse** sind im Einlagekonto zu erfassen: 217
- **Ausgabeaufgeld** bei Ausgabe neuer Anteile (Agio),
- **Zuzahlungen** in Form von Nachschüssen und sonstigen **Zahlungen in die Rücklage** i.S.v. § 272 Abs. 2 Nr. 4 HGB,
- verdeckte Einlagen,
- Rückzahlungen vGA,
- **Herabsetzung des Nennkapitals** ohne Auszahlung an die Anteilseigner,
- bei Sachgründung oder Sachkapitalerhöhung sowie in Einbringungsfällen gem. § 20 UmwStG das in der Bilanz auszuweisende **Eigenkapital,** soweit es das Stammkapital übersteigt,
- **Forderungsverzicht** bei Werthaltigkeit der Forderung.

132 Vgl. nur BFH, GmbHR 2010, 323.
133 Vgl. BMF-Schreiben vom 28.4.2003 – IV A 2-S 2750a – 7/03, BStBl. I 2003, 292; *Eilers/Wienand*, GmbHR 2000, 1229, 1235.
134 Vgl. BFH, GmbHR 2010, 323; GmbHR 2010, 1098; dazu *Schwetlik*, GmbH-StB 2010, 62.
135 BFH, GmbHR 2010, 160.

218 Für den steuerlichen Berater schwierig zu erkennen sind insbesondere im laufenden Geschäftsjahr erbrachte **verdeckte Einlagen**. Hiernach sind Geschäftsführer und Gesellschafter ausdrücklich zu befragen.

(2) Keine nachträgliche Erfassung

219 Die Einlage kann nur in dem Jahr zur Erfassung im Einlagekonto erklärt werden, in dem sie der Gesellschaft zugeflossen ist. Ist sie im **Jahr des Zuflusses** in der Erklärung und damit auch im Feststellungsbescheid gem. § 27 Abs. 2 Satz 1 KStG nicht erfasst, ist eine Erfassung in späteren Jahren nicht möglich. Dies verhindert die Grundlagen-Folgebescheidfunktion.

▶ **Beispiel:**

220 Im Jahr 2017 verzichtet Gesellschafter A auf eine Forderung gegenüber der A-GmbH, deren alleiniger Gesellschafter er ist. Der Forderungsverzicht ist aus der beim Finanzamt eingereichten Bilanz erkennbar. Hier ist eine Rücklage gem. § 272 Abs. 2 Nr. 4 HGB erfasst und in den Erläuterungen zur Bilanz ausdrücklich erwähnt. Versehentlich wird die Einlage in der Erklärung gem. § 27 Abs. 2 Satz 4 KStG nicht erfasst. Der Feststellungsbescheid zum 31.12.2017 weist ein Einlagekonto von null aus.[136]

bb) Bindungswirkung auf der Ebene der Gesellschafter

221 Gem. **§ 20 Abs. 1 Nr. 1 Satz 3 EStG** gehören Bezüge aus Anteilen an einer Körperschaft nicht zu den Einnahmen aus Kapitalvermögen, soweit für diese Eigenkapital i.S.v. § 27 KStG als verwendet gilt. Daraus schließt der BFH, dass ein Gesellschafter sich nicht darauf berufen kann, dass steuerliche Einlagekonto sei im Bescheid über die Feststellung des steuerlichen Einlagekontos auf der Ebene der Gesellschaft unzutreffend ausgewiesen. Vielmehr gilt nach Auffassung des BFH das steuerliche Einlagekonto für Leistungen der Körperschaft nur als verwendet, sofern dies der Feststellung auf der Ebene der Gesellschaft gem. § 27 Abs. 2 KStG zu entnehmen ist.[137]

222 **Beratungshinweis:** Bestehen Unsicherheiten über die Feststellung bzw. die Verwendung des steuerlichen Einlagekontos, muss dies durch die Gesellschaft iRd. Anfechtung des Feststellungsbescheids nach § 27 Abs. 2 Satz 1 KStG geltend gemacht werden. Der Gesellschafter kann sich iRd. Rechtsbehelfsverfahrens gegen seinen ESt-/KSt-Bescheid nicht auf eine fehlerhafte Feststellung des Einlagekontos berufen.

cc) Unterjährige Einlagen

223 Für die Bestimmung der **Verwendung des Einlagekontos** zur Finanzierung von Auskehrungen aus der Gesellschaft wird gem. § 27 Abs. 1 Satz 3 KStG jedenfalls für die Bestimmung des ausschüttbaren Gewinns auf den Schluss des vorangegangenen Wirtschaftsjahrs abgestellt. Stimmt das Wirtschaftsjahr mit dem Kalenderjahr überein, ist dies der 31.12. des Vorjahrs.

▶ **Beispiel:**

224 A tätigt am 1.6.2012 eine Einlage zur Sicherstellung der Liquidität der A-GmbH. Im Oktober 2012 wird der entsprechende Betrag wieder ausgekehrt, da die Liquidität nicht mehr benötigt wird. Das Einlagekonto zum 31.12.2011 beträgt null. A geht von einer steuerneutralen Rückzahlung der von ihm kurzfristig gewährten Einlageleistung aus.

225 Die Auskehrung aus der A-GmbH ist nur steuerneutral, wenn das Geld **darlehensweise** überlassen wurde oder es sich tatsächlich um eine Auskehrung aus dem Einlagekonto handelt.

---

136 Zu einer Korrektur nach § 129 AO vgl. FG Berlin-Brandenburg, EFG 2017, 231; FG Münster, EFG 2018, 11.

137 BFH, DStR 2010, 1833; FG Baden-Württemberg, EFG 2012, 949, bestätigt durch BFH, GmbHR 2015, 1099.

Nach dem Wortlaut von § 27 Abs. 1 Satz 3 KStG ist für die Bestimmung des ausschüttbaren Gewinns auf den Bestand des Einlagekontos **zum Schluss des vorangegangenen Wirtschaftsjahrs** abzustellen. Die ganz h.M. schließt hieraus, dass die zeitliche Fiktion von § 27 Abs. 1 Satz 3 KStG auch den verwendbaren Bestand des steuerlichen Einlagekontos umfasst. Sowohl Sinn und Zweck der gesonderten Feststellung des steuerlichen Einlagekontos als auch der Umstand, dass der festgestellte Bestand des steuerlichen Einlagekontos Grundlage für die Ermittlung des ausschüttbaren Gewinns ist, legen es nahe, die Verwendung des steuerlichen Einlagekontos auf den positiven Bestand zum vorangegangenen Feststellungszeitpunkt zu begrenzen.[138] 226

Nach der **Systematik von § 27 Abs. 1 Satz 3 KStG** ist vorliegend daher von der Auskehrung zwischenzeitlich erwirtschafteter Gewinne, also ausschüttbarem Gewinn auszugehen. Die Auskehrung unterliegt auf der Ebene der A-GmbH der Kapitalertragsteuer und auf der Ebene des A der Dividendenbesteuerung. Dies gilt unabhängig davon, wie der »Auskehrungsbeschluss« gefasst wird. Ein direkter Zugriff auf das Einlagekonto ist nicht möglich.[139] 227

Wirtschaftlich und ausgehend vom Zweck des Gesetzes würde es zwar Sinn machen, auch einen **unterjährigen Zugang zum Einlagekonto** bereits zur Finanzierung einer in demselben Wirtschaftsjahr vorgenommenen Leistung heranzuziehen. Für den Fall des Zuzugs ausländischer Gesellschaften ins Inland wird dies von § 27 Abs. 2 Satz 3 KStG gesetzlich dadurch geregelt, dass die unterjährige – im Zeitpunkt des Zuzugs der ausländischen Gesellschaft – Erfassung von Einlagen im Einlagekonto zurückbezogen wird auf den Schluss des Vorjahrs. Eine analoge Anwendung dieser Regelung scheitert jedoch am klaren **Wortlaut von § 27 Abs. 1 Satz 3 KStG**. Dem steht auch nicht entgegen, dass der BFH zu § 37 KStG entschieden hat, dass zur Finanzierung einer ordentlichen Gewinnausschüttung auch unterjährige Zugänge zum Körperschaftsteuerguthaben genutzt werden konnten.[140] Der entsprechende Wortlaut in § 37 Abs. 3 KStG ist nicht identisch mit dem des § 27 Abs. 1 Satz 3 KStG. Entgegen der Auffassung von *Dötsch* können unterjährige Zu- und Abgänge zum Einlagekonto daher nicht miteinander verrechnet werden.[141] 228

dd) Bedeutung der Bescheinigung gem. § 27 Abs. 3 KStG

Gem. § 27 Abs. 3 Satz 1 KStG sind Leistungen, für die nach § 27 Abs. 1 Satz 3 KStG das steuerliche Einlagekonto als verwendet gilt, von der Gesellschaft zu bescheinigen. Ist in der Bescheinigung die Verwendung des Einlagekontos zu niedrig bescheinigt worden, erfolgt gem. § 27 Abs. 5 Satz 1 KStG keine Korrektur. 229

Nach der Rechtsprechung des BFH gilt die Verwendung des steuerlichen Einlagekontos nur dann als durch die Bescheinigung festgeschrieben, wenn mindestens einem Anteilseigner eine Bescheinigung i.S.v. § 27 Abs. 3 KStG **ausgehändigt** wurde.[142] Solange dies nicht erfolgt ist, ist die Gesellschaft demnach bezüglich einer Korrektur frei. 230

Ist allerdings für eine Leistung **bis zum Tag der Bekanntmachung der erstmaligen Feststellung des Bestands** des steuerlichen Einlagekontos gem. § 27 Abs. 2 Satz 1 KStG eine Bescheinigung seitens der Gesellschaft nicht ausgestellt, wird der Betrag der Einlagenrückgewähr als mit € 0,– bescheinigt fingiert (§ 27 Abs. 5 Satz 2 KStG). Hiervon ist selbst dann keine Ausnahme zu machen, wenn Gesellschaft und Gesellschafter den Tatbestand einer Ausschüttung subjektiv gar nicht realisieren.[143] 231

---

138 BMF-Schreiben vom 4.6.2003 – 2003–06-04 IV A 2-S 2836–2/03, BStBl. I 2003, 366 Tz. 10; *Bauschatz*, in: Gosch, KStG, 3. Aufl. 2015, § 27 Rz. 48; *Binnewies*, GmbHR 2010, 1101; BFH, BStBl. II 2013, 560; vgl. auch BFH, DStR 2010, 1833.

139 Vgl. BFH, GmbHR 2015, 1099.

140 BFH, BStBl. II 2008, 390.

141 BFH, BStBl. II 2013, 560; a.A. *Dötsch*, in: Dötsch/Jost/Pung, KStG, § 27 Rn. 44 (April 2017).

142 BFH, BStBl. II 2009, 974.

143 Vgl. nur OFD Münster vom 27.11.2009 – S 2836–7-ST 13–33, GmbHR 2010, 56.

232 Nach der Rechtsprechung ist eine nachträgliche Änderung auch dann nicht möglich, wenn der Feststellungsbescheid noch unter dem Vorbehalt der Nachprüfung steht. Das Gesetz stellt in diesem Punkt ausdrücklich nicht auf den Gesichtspunkt der Bestandskraft ab. Da § 27 Abs. 5 Satz 2 KStG vom Gesetzgeber nachträglich eingefügt wurde, geht die Rechtsprechung ferner davon aus, dass es sich um eine zielgerichtete Änderung der bis 2005 geltenden Rechtslage handele, welche nicht im Wege der Auslegung und/oder teleologischen Reduktion rückgängig gemacht oder durch sachliche Billigkeitsmaßnahmen korrigiert werden könne. Schließlich sei die Regelung auch mit übergeordnetem Recht vereinbar. Der Gesetzgeber habe mit der Vereinfachung nicht die Grenzen seines Gestaltungsspielraums überschritten.[144]

▶ **Beispiel:**

233 A erhält von der A-GmbH, deren alleiniger Gesellschafter-Geschäftsführer er ist, im Oktober 2017 eine Provisionszahlung, für die es keine Rechtsgrundlage gibt. Ausschüttbarer Gewinn ist nicht vorhanden, zum 31.12.2016 ist jedoch ein entsprechender positiver Bestand im Einlagekonto ausgewiesen. Die Unwirksamkeit der Provisionsvereinbarung ist A nicht bewusst. Am 27.11.2018 erfolgt die erstmalige Feststellung des Einlagekontos auf den 31.12.2017. IRd. Betriebsprüfung im Jahr 2019 wird die vGA aufgedeckt und entsprechende Einkünfte aus Kapitalvermögen bei A veranlagt.

234 A kann sich nicht auf § 20 Abs. 1 Nr. 1 Satz 3 EStG berufen. Da **bis zum Tag der Bekanntgabe der erstmaligen Feststellung des Einlagekontos** i.S.v. § 27 Abs. 2 KStG zum Schluss des Wirtschaftsjahrs der Leistung (2017) eine Steuerbescheinigung i.S.v. § 27 Abs. 3 KStG nicht erteilt wurde, gilt der Betrag der Einlagenrückgewähr im Jahr 2017 als mit € 0,– bescheinigt (§ 27 Abs. 5 Satz 2 KStG). Eine Korrektur ist nach dem Wortlaut des Gesetzes nicht möglich. Allerdings muss u.E. eine Billigkeitsmaßnahme nach § 163 AO möglich sein.[145]

235 Auch eine **Rückgängigmachung der Ausschüttung** ist nicht möglich. Gewinnausschüttungen einer Kapitalgesellschaft, egal ob offen oder verdeckt, können mit steuerlicher Wirkung nicht rückgängig gemacht werden. Dies gilt selbst dann, wenn die Gesellschaft einen Anspruch auf Rückzahlung der Ausschüttung hat. Der einmal erfolgte Zufluss einer Ausschüttung bleibt von dem Rückzahlungsanspruch unberührt, wenn es zu einem tatsächlichen Zufluss – auch durch Verrechnung – beim Gesellschafter gekommen ist. Das Entstehen eines Rückgewähranspruchs kann den tatsächlich vollzogenen Zufluss der Kapitalerträge nicht ungeschehen machen. Das Behaltendürfen einer Ausschüttung ist nicht Merkmal des Zuflusses i.S.v. §§ 11, 20 Abs. 1 Nr. 1 EStG.[146]

236 Auch die **tatsächliche Erfüllung eines Rückzahlungsanspruchs** kann den tatsächlichen Zufluss der Ausschüttung nicht ungeschehen machen. Es bleibt bei der steuerlichen Erfassung der Ausschüttung beim Gesellschafter. Nach ständiger Rechtsprechung des BFH wird die Rückzahlung von Beteiligungserträgen unabhängig vom Bestehen einer etwaigen gesellschaftsrechtlichen Rückforderungsgrundlage (z.B. §§ 57 ff. AktG, §§ 30 ff. GmbHG) oder Satzungsklauseln als gesellschaftsrechtlich veranlasste Anschaffungskosten auf die Beteiligung und somit als **Einlage** qualifiziert. Dies gilt sowohl im Fall der offenen Ausschüttung als auch im Fall der verdeckten Ausschüttung. Diese steuerliche Betrachtungsweise gilt sowohl auf der Ebene der Gesellschaft als auch auf der Ebene des Gesellschafters.[147] Es ist darauf zu achten, dass die **Rückzahlung** der Ausschüttung als Einlage iRd. Erklärung gem. § 27 Abs. 2 Satz 4 KStG erfasst wird.

---

144 FG Schleswig-Holstein, EFG 2014, 581, bestätigend BFH, BStBl. II 2015, 816; FG Rheinland-Pfalz, EFG 2014, 2081; vgl. auch FG Berlin-Brandenburg, DStRE 2014, 216; durch den BFH aus anderen Gründen aufgehoben: BFH, BFH/NV 2015, 623.

145 Vgl. FG Rheinland-Pfalz, EFG 2014, 2081; betätigt durch BFH, BFH/NV 2018, 450; FG Sachsen, EFG 2017, 156; Az. des BFH: I R 45/16.

146 Vgl. nur BFH, BFH/NV 1998, 308.

147 Vgl. nur BFH, BStBl. II 2001, 173; BFH/NV 2000, 1201; DStR 2004, 2143; FG Köln, EFG 2007, 514; aus der Literatur vgl. nur *Levedag*, in: Schmidt, EStG, 38. Aufl. 2019, § 20 Rn. 25.

Bei Einreichen der Erklärung zum steuerlichen Einlagekonto ist der Geschäftsführer der GmbH zu befragen, ob eine Bescheinigung über die Auskehrung von Einlagen zu erstellen ist. 237

6. Konto nach § 28 KStG

Ebenfalls gesondert festzustellen ist das Nennkapital, das aus der Umwandlung von Rücklagen entstanden ist (§ 28 KStG). Im Fall der Herabsetzung des Nennkapitals gelten diese umgewandelten Rücklagenbeträge als vorab verwendet. Die Auskehrung muss auf einem amtlich vorgeschriebenen Vordruck bescheinigt werden. Sie unterliegt als Gewinnausschüttung dem Teileinkünfteverfahren (§ 20 Abs. 1 Nr. 2 EStG). Ohne diese Regelung wäre es möglich, zunächst die Rücklagen zu einer Kapitalerhöhung zu verwenden, um dann diese Beträge steuerfrei im Rahmen einer Kapitalherabsetzung auszuschütten. Eine Einlage gilt nur als ausgeschüttet, wenn keine anderen Rücklagen vorhanden sind. 238

C. Dividendenbesteuerung auf Ebene der Gesellschafter

I. Teileinkünfteverfahren

Für **natürliche Personen** sowie Personengesellschaften mit natürlichen Personen als Gesellschaftern, die Anteile an Kapitalgesellschaften im Betriebsvermögen halten, werden nach dem 31.12.2008 zufließende **Dividenden** nur noch zu 40 % von der Steuer freigestellt. 60 % der Dividenden sind steuerpflichtig und unterliegen dem persönlichen Einkommensteuersatz des jeweiligen Gesellschafters (Teileinkünfteverfahren nach § 3 Nr. 40 Buchst. d EStG). 239

Korrespondierend zum Teileinkünfteverfahren können in wirtschaftlichem Zusammenhang stehende **Betriebsausgaben** zu 60 % steuermindernd berücksichtigt werden (§ 3c Abs. 2 Satz 1 EStG).[148] 240

Nach ursprünglicher Auffassung der **Finanzverwaltung** sollten Betriebsausgaben anteilig zu kürzen sein, wenn sie mit Wirtschaftsgütern im Zusammenhang stehen, die vom Gesellschafter einer Kapitalgesellschaft dieser unentgeltlich oder vergünstigt überlassen werden.[149] 241

Der **BFH** stimmt dem nur in Teilen zu. Nach Auffassung des BFH sind die Aufwendungen nur anteilig unter Anwendung des § 3c Abs. 2 EStG anzusetzen, wenn die Aufwendungen ganz oder teilweise gesellschaftsrechtlich veranlasst sind. Das sei der Fall, wenn der Verzicht auf ein angemessenes Entgelt dem Drittvergleich nicht standhält und damit gesellschaftsrechtlich veranlasst ist. Wird das Entgelt für die Überlassung der Wirtschaftsgüter abgesenkt, weil dies der Marktentwicklung entspricht oder es erlassen wird i.R.e. Sanierung, an der auch andere Gläubiger teilnehmen, sind die Aufwendungen durch das Überlassungsverhältnis und nicht gesellschaftsrechtlich veranlasst und daher voll abzugsfähig. Zweifel gehen zulasten des Finanzamts, das die Kürzung von – an sich gegebenen – Betriebsausgaben nachzuweisen hat.[150] 242

Jedenfalls voll abzugsfähig sind **substanzbezogene Aufwendungen** wie z.B. AfA oder Erhaltungsaufwendungen für der Gesellschaft zur Nutzung überlassene Wirtschaftsgüter. Da die Substanzgewinne voll steuerpflichtig sind, müssen auch die substanzbezogenen laufenden Aufwendungen (AfA, Erhaltungsaufwand, u.E. auch Zinsen für die Kredite, die die Anschaffung finanzieren, a.A. Finanzverwaltung) voll abzugsfähig sein.[151] Dies gilt unabhängig davon, ob die Überlassung der Wirtschaftsgüter unentgeltlich oder teilentgeltlich, also gesellschaftsrechtlich veranlasst, erfolgt ist. 243

---

148 Zur Anwendung des Halbabzugsverfahrens bei der Ermittlung eines Veräußerungsverlusts vgl. BFH, BStBl. II 2010, 220; BFH/NV 2010, 399; BStBl. II 2010, 627, zur Schädlichkeit des Bezugs auf nur geringer Einnahmen im Geltungsbereich des Teileinkünfteverfahren: BFH, GmbHR 2011, 1219, zum Ganzen: *Binnewies*, GmbH-StB 2011, 150.

149 BMF-Schreiben vom 8.11.2010 – IV C 6-S 2128/07/10001, 2010/0805444, BStBl. I 2010, 1292.

150 BFH, BStBl. II 2013, 802; BFH/NV 2013, 1081; DB 2013, 2059.

151 BFH, BFH/NV 2013, 1081.

244 Problematisch ist die Aussage des IV. Senats zur **Feststellung der endgültigen Ertraglosigkeit** der Beteiligung. Diese ist erst gegeben, wenn die Beteiligung für den symbolischen Kaufpreis von € 1,– verkauft oder ohne Auskehrung liquidiert ist.[152] Nach Auffassung des IV. Senats hat das FG im Zeitpunkt seiner Entscheidung zu prüfen, ob Einnahmen ausgeschlossen sind.[153] U.E. gilt die Beteiligung als ertraglos, wenn bis zur Entscheidung keine Erträge erzielt werden. Kommt es später zu Erträgen, gilt § 175 AO.

Die Finanzverwaltung setzt auch diese Rechtsprechung im Wesentlichen um.[154]

245 Der **Gesetzgeber hat mit Wirkung ab 1.1.2015** auch insoweit im Wesentlichen die ursprünglich von der Finanzverwaltung vertretene Auffassung ins Gesetz geschrieben. Nach § 3c Abs. 2 Satz 6 EStG gilt das 40-prozentige Abzugsverbot ungeachtet eines wirtschaftlichen Zusammenhangs des Teilabzugsverfahrens auch für Betriebsvermögensminderungen, Betriebsausgaben oder Veräußerungskosten eines Gesellschafters, soweit diese mit einer im Gesellschaftsverhältnis veranlassten unentgeltlichen oder teilentgeltlichen Überlassung von Wirtschaftsgütern im Zusammenhang stehen. Voraussetzung ist auch hier, dass der Gesellschafter zu mehr als 25 % unmittelbar oder mittelbar beteiligt ist oder war. Bei einer teilentgeltlichen Überlassung gilt das 40-prozentige Abzugsverbot nur für den unentgeltlichen Teil.

246 Die 60 %-ige Steuerpflicht nach dem Teileinkünfteverfahren gilt auch für **Veräußerungsgewinne** von im Betriebsvermögen gehaltenen Anteilen an Kapitalgesellschaften sowie von Anteilen i.S.v. § 17 EStG. Entsprechendes gilt für die Teilanerkennung von Anschaffungskosten (§ 3 Nr. 40 Buchst. a EStG, § 3c Abs. 2 Satz 1 EStG).

II. Abgeltungssteuer

247 Die Abgeltungsteuer gilt grds. nur für **natürliche Personen, die Finanzanlagen im Privatvermögen** halten. Die Abgeltungsteuer gilt nicht für Unternehmer, die die Finanzanlagen im Betriebsvermögen halten sowie für Kapitalgesellschaften. Für betriebliche und institutionelle Anleger wird die Kapitalertragsteuer weiterhin als »Vorauszahlung« erhoben. Besonderheiten gelten gem. § 32 KStG für steuerbefreite Körperschaften sowie für beschränkt steuerpflichtige Körperschaften.[155] Darüber hinaus sieht § 44a Abs. 5 EStG Ausnahmen für Kapitalertragsteuer-Abzug für Kapitalgesellschaften vor.

248 Die Neuerungen **gelten** grundsätzlich für Kapitalerträge, die nach dem 31.12.2008 zufließen (§ 52a Abs. 1 EStG). Veräußerungs- und Erlösgewinne (insbesondere bei Aktien) führen grundsätzlich nur dann zu Einkünften aus Kapitalvermögen, wenn die Wirtschaftsgüter nach dem 31.12.2008 angeschafft wurden.

1. Steuertarif

249 Es gilt ein einheitlicher Steuertarif i.H.v. pauschal 25 % der Bemessungsgrundlage (§ 32d Abs. 1 Satz 1 EStG). Der pauschale Steuertarif i.H.v. 25 % ermäßigt sich um eine etwaige **anrechenbare ausländische Steuer** (§§ 32d Abs. 1 Satz 2 und Abs. 5, 43a Abs. 3 Satz 1 EStG). Im Höchstfall kommt es zu einer Reduzierung der Abschlagsteuer auf € 0,–.

250 Die Kirchensteuer wird wahlweise direkt mit dem **Kapitalertragsteuer-Abzug** einbehalten. Soweit die Kirchensteuer auf Kapitalerträge entfällt oder bereits beim Kapitalertragsteuer-Abzug erhoben wird, entfällt der **Sonderausgabenabzug** nach § 10 Abs. 1 Nr. 4 EStG. Es wird vielmehr die Einkommensteuer auf Kapitalerträge bzw. der Kapitalertragsteuer-Abzug pauschal gemindert (§§ 32d Abs. 1 Satz 3 – 5 EStG, 43a Abs. 1 Satz 2 und 3 EStG). Im Fall der Kirchensteuerpflicht ermäßigt

152 Zum Verkauf zu € 1,– aber weiteren mittelbaren Gegenleistungen vgl. FG Hamburg, EFG 2013, 206, die NZB hatte keinen Erfolg; BFH vom 12.4.2013 – IX B 182/12, nv. (juris).

153 Genauso FG Münster, EFG 2013, 204.

154 BMF-Schreiben vom 23.10.2013 – C 6-S 2128/07/10001, 2013/935028, BStBl. I 2013, 1269, OFD Nordrhein-Westfalen vom 13.11.2013, GmbHR 2013, 1342.

155 Vgl. hierzu *Streck*, in: Streck, KStG, 9. Aufl. 2018, § 32 Rn. 6 f.

sich die Kapitalertragsteuer bzw. die auf die Kapitalerträge entfallende Einkommensteuer um 25 %. Auf diesen verminderten Betrag ist die Kirchensteuer aufzuschlagen. Die Formel ergibt sich aus § 32d Abs. 1 Satz 4 EStG. Abzugsfähig bleibt die Kirchensteuer, soweit eine Veranlagung der privaten Kapitaleinkünfte mit der tariflichen ESt zwangsweise nach § 32d Abs. 2 EStG oder auf Antrag nach § 32d Abs. 6 EStG stattfindet.

2. Werbungskosten

Werbungskosten[156] können i.R.d. Abgeltungsteuer nicht mehr geltend gemacht werden (§ 2 Abs. 2 Satz 2 EStG). Der bisherige Werbungskostenpauschbetrag wird mit dem bisherigen Sparer-Freibetrag zusammengefasst zu einem **Sparer-Pauschbetrag** i.H.v. € 801,– bzw. € 1.602,– bei zusammen veranlagten Ehegatten. 251

Die Streichung des tatsächlichen Werbungskostenabzugs kann zu einer unverhältnismäßigen und dem Leistungsfähigkeitsprinzip nicht mehr entsprechenden Besteuerung führen, wenn die Kapitalanlagen fremdfinanziert sind. Bei **fremdfinanzierten Kapitalanlagen** muss insoweit überlegt werden, diese einer anderen Einkunftsart zuzuordnen, z.B. durch Erzielung der Einkünfte durch eine gewerblich geprägte Personengesellschaft. Ferner ist das **Wahlrecht** aus § 32d Abs. 2 Nr. 3 EStG zu prüfen. Mit mindestens 25 % Beteiligte oder mit mindestens 1 % Beteiligte und beruflich für die Gesellschaft tätige können die Besteuerung nach dem Teileinkünfteverfahren beantragen. 252

Sofern die Kapitalerträge aufgrund von § 20 Abs. 8 EStG (**Subsidiaritätsprinzip**) unter andere Einkunftsarten zu subsumieren sind, gilt zwingend das allgemeine Veranlagungsverfahren zum individuellen Steuersatz. Das Werbungskostenabzugsverbot ist nicht einschlägig, da auch der Sparer-Pauschbetrag nicht gilt. Es ist die verpflichtende Veranlagung zum individuellen Steuersatz vorzunehmen. Für Dividenden gilt das Teileinkünfteverfahren (60 %) mit Betriebsausgabenabzug iHv. 60 % (§ 3 Nr. 40, § 3c Abs. 2 EStG). 253

Bei der **wahlweisen Veranlagung** zum **individuellen Steuersatz** (§ 32d Abs. 6 i.V.m. § 20 Abs. 9 Satz 1, 2. Halbsatz EStG) gilt hingegen das Werbungskostenabzugsverbot und die Bemessungsgrundlage von 100 % der Dividende. Insoweit besteht eine wenig nachvollziehbare Differenzierung zwischen Dividenden im Privatvermögen und Dividenden im Betriebsvermögen. 254

Verluste aus Kapitalvermögen sind nicht mit Einkünften aus anderen Einkunftsarten auszugleichen und auch nicht nach § 10d EStG verrechenbar (§§ 20 Abs. 6, 43a Abs. 3 EStG). Verluste, die nicht innerhalb eines Jahres ausgeglichen werden, dürfen lediglich in den Folgejahren mit Gewinnen aus Kapitalvermögen verrechnet werden (Verlustvortrag). Veräußerungsverluste können nur mit Veräußerungsgewinnen ausgeglichen werden. 255

III. Belastungsvergleich zwischen Anteilen im Betriebs- und Privatvermögen

	Privatvermögen	**Betriebsvermögen**	255.1
ESt-Tarif	25 %	45 %	
Gewinn	€ 100,–	€ 100,–	
Abzgl. Steuern auf Gesellschaftsebene	**€ 29,83**	**€ 29,83**	
Gewinn nach Steuern = Dividende	€ 70,17	€ 70,17	
Steuerpflichtige Dividende	€ 70,17	€ 42,11 (60 %)	
Steuern auf Gesellschafterebene	**€ 18,51**	**€ 19,99**	
Gesamtsteuerbelastung	**€ 48,34**	**€ 49,82**	

156 Zur Zuordnung der Werbungskosten zur einzelnen Quelle der Einkünfte aus Kapitalvermögen bei Vermögensverwaltungsgebühren vgl. FG Düsseldorf vom 25.8.2006 – 12 K 6440/04 E, n.v. (juris).

IV. Steuerbefreiung bei Mutterkapitalgesellschaften

256 Bei (auch im Ausland ansässigen) unbeschränkt oder beschränkt steuerpflichtigen Körperschaften erfolgt die Steuerfreistellung von Dividenden durch § 8b KStG.[157] Zwischengesellschaftliche Gewinnausschüttungen sollen hierdurch nur auf Ebene der am Ende einer Beteiligungskette stehenden natürlichen Personen besteuert werden.[158] Hier sind sowohl Gewinnausschüttungen als auch Gewinne aus Anteilsveräußerungen steuerfrei. Die Art der Tätigkeit der empfangenden Gesellschaft ist unerheblich. Erfasst werden insbesondere auch reine Holdinggesellschaften.

257 Besonderheiten gelten für Organschaften. § 15 Abs. 1 Satz 1 Nr. 2 Satz 1 KStG versagt die Anwendung von § 8b Abs. 1 bis 6 KStG auf Ebene der Organgesellschaft und ordnet die Anwendung des § 8b KStG gem. § 15 Abs. 1 Satz 1 Nr. 2 Satz 2 KStG auf Ebene des Organträgers an. Dies ist konsequent, da die Organgesellschaft ihren Gewinn »brutto« an den Organträger abzuführen hat.

258 Nach **§ 8b Abs. 1 KStG** wird eine allgemeine Steuerbefreiung für inländische und ausländische Beteiligungserträge eingeführt. Hierunter fallen insbesondere ordentliche Ausschüttungen, Vorabausschüttungen, aber auch verdeckte Gewinnausschüttungen und Ausschüttungen auf Genussrechte.[159] Hierdurch verbleibt es – vorbehaltlich des Korrespondenzprinzips gem. § 8b Abs. 1 Satz 2 KStG für Bezüge, die nach dem 31.12.2013 zufließen – auf Ebene von Körperschaften bei einer Körperschaftsteuerbelastung i.H.v. 15 % so lange, bis der Gewinn an eine natürliche Person ausgeschüttet wird. Auf den Hinzurechnungsbetrag gem. § 10 Abs. 1 AStG sowie die Ermittlung der dem Hinzurechnungsbetrags zugrunde liegenden Einkünfte gem. § 10 Abs. 3 AStG ist § 8b Abs. 1 bzw. sind § 8b Abs. 1 und 2 KStG nicht anzuwenden, vgl. § 10 Abs. 2 Satz 3 und Abs. 3 Satz 4 AStG.[160]

259 Auch die Gewinne aus der Veräußerung inländischer und ausländischer Beteiligung werden nach **§ 8b Abs. 2 KStG** steuerfrei gestellt. Dabei kommt es grundsätzlich weder auf eine Mindestbehaltensfrist noch auf eine Mindestbeteiligung an. Der Begriff der Veräußerung ist weit auszulegen. Hierunter fallen insbesondere auch Einbringungen nach § 21 UmwStG unter Aufdeckung stiller Reserven. Gleiches gilt nach h.M. für Übertragungsgewinne i.R.v. Umwandlungen.[161] Der maßgebliche Veräußerungsgewinn wird gem. § 8b Abs. 2 Satz 2 KStG legal definiert als der Betrag, um den der Veräußerungspreis oder der an dessen Stelle tretende Wert nach Abzug der Veräußerungskosten[162] den Buchwert übersteigt. § 8b Abs. 2 Satz 3 KStG erweitert den Anwendungsbereich auf Gewinne aus der Auflösung von Tochtergesellschaften[163], der Herabsetzung des Nennkapitals sowie aus Wertaufholungen gem. § 6 Abs. 1 Nr. 2 Satz 3 EStG, soweit es nicht zuvor zu einer steuerwirksamen Teilwertabschreibung gekommen ist.

260 **§ 8b Abs. 3 KStG** ordnet als Kehrseite der Steuerbefreiung von Veräußerungsgewinnen die steuerliche Berücksichtigung fingierter nicht abzugsfähiger Betriebsausgaben i.H.v. 5 % zur Abgeltung laufender Aufwendungen an (Satz 1) und untersagt, dass sich Gewinnminderungen im Zusammenhang mit den in Abs. 2 genannten begünstigten Anteilen auf Ebene der Mutterkapitalgesellschaft steuerlich auswirken (Satz 3). Zu diesen nicht berücksichtigungsfähigen Gewinnminderungen zählen insbesondere Veräußerungs- und Auflösungsverluste, Wertminderungen in

---

157 Zur Gesetzesentwicklung: *Geißer*, in: Mössner/Seeger/Oellerich, KStG, 4. Aufl. 2019, § 8b Rn. 12 ff.; *Binnewies*, in: Streck, KStG, 9. Aufl. 2018, § 8b Rn. 12 ff.

158 Vgl. *Binnewies*, in: Streck, KStG, 9. Aufl. 2018, § 8b Rn. 1.

159 Zum sachlichen Anwendungsbereich: *Geißer*, in: Mössner/Seeger/Oellerich, KStG4 Aufl. 2017, § 8b Rn. 35 ff.; *Binnewies*, in: Streck, KStG. 9. Aufl. 2019, § 8b Rn. 32 ff.

160 Vgl. ausführlich *Gosch*, in: Gosch, KStG, 3. Aufl. 2015, § 8b Rn. 25 ff.

161 Vgl. BMF vom 28.4.2003 – IV A 2-S 2750a-7/03, BStBl. I 2003, 292 Tz. 23; *Gosch*, in: Gosch, KStG, 3. Aufl. 2015, § 8b Rn. 188.

162 Zum Begriff der Veräußerungskosten: *Binnewies*, in: Streck, KStG, 9. Aufl. 2018, § 8b Rn. 66a.

163 Zum Verhältnis von Abs. 1 und Abs. 2 bei Liquidationen: BMF vom 28.4.2003 IV A 2-S 2750a-7/03, BStBl. I 2003, 292 Tz. 7; *Watermeyer*, in: Herrmann/Heuer/Raupach, EStG/KStG, § 8b KStG Rn. 81 (Juni 2014); *Gosch*, in: Gosch, KStG, 3. Aufl. 2015, § 8b Rn. 211.

Tochterkapitalbeteiligungen durch die Herabsetzung des Nennkapitals sowie Wertminderungen aufgrund von Teilwertabschreibungen gem. § 6 Abs. 1 Nr. 2 EStG.[164] Durch den Ausschluss des § 3c Abs. 1 EStG gem. § 8b Abs. 3 Satz 2 KStG bleiben die bei der Muttergesellschaft tatsächlich angefallenen Aufwendungen voll abzugsfähig. § 8b Abs. 3 Satz 4 KStG erweitert die Abzugsbeschränkungen auf Gewinnminderungen aus Darlehensforderungen[165] sowie aus der Inanspruchnahme von Sicherheiten wesentlich beteiligter Gesellschafter. Die Regelung gilt ab dem Veranlagungszeitraum 2008 für Gesellschafter, die zu mehr als 25 % unmittelbar oder mittelbar an der Gesellschaft, der das Darlehen[166] oder die Sicherheit gewährt wurde, beteiligt sind oder waren. Die »wesentliche« Beteiligung muss nicht zwingend im Zeitpunkt der Darlehensgewährung bzw. Sicherheitengestellung oder im Zeitpunkt der Gewinnminderung bestehen.[167] Gem. Satz 6 besteht wiederum eine Entlastungsmöglichkeit für den wesentlich beteiligten Gesellschafter (Escape-Klausel). Will der wesentlich beteiligte Gesellschafter die Gewinnminderung im Zusammenhang mit einer Darlehensforderung oder Inanspruchnahme einer Sicherheit steuerlich geltend machen, muss er nachweisen, dass auch ein fremder Dritter das Darlehen bei sonst gleichen Umständen gewährt oder noch nicht zurückgefordert hätte.

§ 8b Abs. 4 KStG beschränkt die Freistellung nach Abs. 1 für sog. Streubesitzdividenden, die nach 261
dem 28.2.2013 zufließen. Demnach gilt die Steuerbefreiung für Dividenden auf Ebene der Muttergesellschaft nicht, wenn die Dividende aus einer Beteiligung resultiert, die zu Beginn des Kalenderjahres nicht unmittelbar mindestens 10 % am Grund- oder Stammkapital der Tochtergesellschaft vermittelt. Ein unterjähriges Absinken der Beteiligung unter die schädliche 10 %-Grenze ist unschädlich.[168] Nach Satz 6 gilt der unterjährige Erwerb einer Beteiligung von mindestens 10 % als zu Beginn des Kalenderjahres erfolgt. UE muss diese Fiktion – entgegen dem zu kurz gefassten Wortlaut – auch für den Fall gelten, dass sich die Beteiligung durch Zuerwerb unterjährig über die 10 %-Grenze erhöht, ohne dass hierbei der Erwerb selbst die 10 %-Quote erreichen muss.[169] Andernfalls ergäben sich sachgerecht nicht auflösbare Abgrenzungsprobleme.[170]

§ 8b Abs. 5 KStG fingiert 5 % der von der Mutterkapitalgesellschaft bezogenen Dividende als nicht 262
abziehbare Betriebsausgaben. Damit besteht die Steuerfreistellung nach Abs. 1 im Ergebnis nur i.H.v. 95 %.

§ 8 Abs. 6 KStG ordnet die Rechtsfolgen der Abs. 1 bis 5 auch für den Fall an, dass eine Mitunter- 263
nehmerschaft zwischengeschaltet ist.

§ 8b Abs. 7 und Abs. 8 KStG schränkt die Anwendung der Abs. 1 bis 6 auf sog. Finanzunterneh- 264
men sowie Versicherungen ein. § 8b Abs. 7 KStG wurde durch das sog. BEPS-Umsetzungsgesetz[171] auf den bankspezifischen Bereich eingeschränkt. Insbesondere Finanzunternehmen – wozu auch reine Holdinggesellschaften zählen können[172] – werden nach der Neufassung nur noch dann erfasst, wenn hieran wiederum Kreditinstitute oder Finanzdienstleistungsinstitute unmittelbar oder

164 Vgl. *Geißer*, in: Mössner/Seeger/Oellerich, KStG, 4. Aufl. 2018, § 8b Rn. 279.

165 Teilwertabschreibung, Forderungsausfall oder Verzicht (soweit nicht in Höhe des werthaltigen Teils Einlage).

166 163a Zum Stehenlassen einer fälligen Gesellschafterforderung aus Lieferung und Leistung als Gesellschafterdarlehen: BFH, BFH/NV 2018, 1092.

167 BFH, BStBl. II 2014, 859.

168 Vgl. OFD Frankfurt vom 2.12.2013 – S 2750a A – 19 – St 52, DStR 2014, 427.

169 So auch *Haisch/Helios*, DB 2013, 724; *Intemann*, BB 2013, 1239; *Binnewies*, GmbH-StB 2013, 255; *Binnewies*, GmbH-StB 2014, 242; *Mössner*, IStR 2014, 497. A.A: OFD Frankfurt vom 2.12.2013 – S 2750a A – 19 – St 52, DStR 2014, 427.

170 Vgl. zu unterschiedlichen Sachverhaltskonstellationen: *Binnewies*, in: Streck, KStG, 9. Aufl. 2018, § 8b Rn. 97c.

171 Gesetz zur Umsetzung der Änderungen der EU-Amtshilferichtlinie und von weiteren Maßnahmen gegen Gewinnkürzungen und -verlagerungen vom 20.12.2016, BGBl. I 2016, S. 3000.

172 Vgl. zum weiten Anwendungsbereich des § 8b Abs. 7 KStG aF auf Holdinggesellschaften: *Binnewies/Zapf*, GmbH-StB 2015, 226.

mittelbar zu mehr als 50 % beteiligt sind und die Anteile zum Zeitpunkt des Zugangs zum Betriebsvermögen als Umlaufvermögen auszuweisen sind. Die Neuregelung gilt ab dem 1.1.2017.[173] Zur Sicherstellung der Einhaltung der Vorgaben der Mutter-Tochter-Richtlinie ordnet **§ 8b Abs. 9 KStG** eine Rückausnahme von den in Abs. 7 und 8 geregelten Einschränkungen an.

265 Durch **§ 8b Abs. 10 KStG** versucht der Gesetzgeber die durch Wertpapierleihgeschäfte vermeintlich missbräuchlich beabsichtigten Steuervorteile durch ein Betriebsausgabenabzugsverbot für die entsprechenden Leihgebühren zu verhindern.[174]

266 **§ 8b Abs. 11 KStG** regelt die körperschaftsteuerliche Behandlung von Anteilen an Unterstützungskassen.

V. Steuerabzug vom Kapitalertrag

1. Entstehung der Kapitalertragsteuer und Systematik des Abzugsverfahrens

267 Inländische Dividendenausschüttungen einer GmbH i.S.d. § 20 Abs. 1 Nr. 1 EStG unterliegen gem. § 43 Abs. 1 Satz 1 Nr. 1 EStG an der Quelle dem Abzug vom Kapitalertrag (Kapitalertragsteuer). Hierbei handelt es sich nicht um eine eigenständige Steuerart, sondern um eine besondere Erhebungsform. Die einbehaltene und abgeführte Kapitalertragsteuer dient für Rechnung des Dividendengläubigers als Vorauszahlung auf die Einkommen- bzw. Körperschaftsteuer. Die Kapitalertragsteuer beträgt u.a. für Dividenden 25 %, § 43a Abs. 1 Satz 1 Nr. 1 EStG. Das Verfahren zum Einbehalt und Abführung der Kapitalertragsteuer ist in den §§ 43 ff. EStG sehr technisch geregelt.

268 Die Kapitalertragsteuer entsteht gem. § 44 Abs. 1 Satz 2 EStG in dem Zeitpunkt, in dem die Kapitalerträge dem Gläubiger zufließen. Jeder einzelne Zahlungsvorgang löst Kapitalertragsteuer aus. Es handelt sich nicht um eine Jahressteuer. Der Zuflusszeitpunkt ist für besondere Fälle in § 44 Abs. 2 EStG geregelt. Bei offenen Gewinnausschüttungen fließen dem Gläubiger Dividenden an dem Tag zu, der im Beschluss als Tag der Auszahlung bestimmt ist, § 44 Abs. 2 Satz 1 EStG. Bei fehlender Bestimmung gilt gem. § 44 Abs. 2 Satz 2 EStG als Zeitpunkt des Zufließens der Tag nach der Beschlussfassung. Für verdeckte Gewinnausschüttungen verbleibt es bei der Grundregel des § 44 Abs. 1 Satz 2 EStG. Für Mehrabführungen aus vororganschaftlicher Zeit i.S.d. § 14 Abs. 3 KStG gilt § 44 Abs. 7 EStG. Die Kapitalertragsteuer entsteht in diesem Fall im Zeitpunkt der Feststellung der Handelsbilanz der Organgesellschaft, spätestens jedoch acht Monate nach Ablauf des Wirtschaftsjahrs der Organgesellschaft.

269 Der Steuerabzug ist gem. § 43 Abs. 1 Satz 3 EStG ungeachtet des § 3 Nr. 40 EStG sowie des § 8b KStG vorzunehmen. Gleiches gilt gem. § 50d Abs. 1 Satz 1 EStG für § 43b EStG sowie für Befreiung nach Doppelbesteuerungsabkommen. Bemessungsgrundlage für den Kapitalertragsteuerabzug ist damit der volle Kapitalertrag, unabhängig davon, ob die Anteile von einer natürlichen Person im Betriebsvermögen oder von einer Körperschaft gehalten werden.[175]

270 Entrichtungspflichtiger ist bei Dividendenausschüttungen gem. § 44 Abs. 1 Satz 3 EStG der Schuldner der Kapitalerträge und damit die ausschüttende GmbH. Gem. § 45a EStG muss die ausschüttende GmbH innerhalb der Fristen des § 44 Abs. 1 Satz 5 EStG die (tatsächlich) einbehaltene Kapitalertragsteuer nach amtlich vorgeschriebenem Muster und auf elektronischem Weg beim Finanzamt anmelden. Gem. § 44 Abs. 1 Satz 5 HS 2 EStG ist die Kapitalertragsteuer bei Dividendenausschüttungen zu demselben Zeitpunkt abzuführen, in dem die Kapitalerträge dem Gläubiger (ggf. fiktiv) zufließen. Die monatsweise Abführung gem. § 44 Abs. 1 Satz 5 HS 1 EStG gilt in diesem Fall nicht.

271 Für Sachausschüttungen gelten Besonderheiten. Reicht der in Geld geleistete Kapitalertrag nicht zur Deckung der Kapitalertragsteuer aus, hat der Gläubiger der Kapitalerträge gem. § 44 Abs. 1

173 Ausführlich zu § 8b Abs. 7 Satz 2 a.F.: *Binnewies*, in: Streck, KStG, 9. Aufl. 2018, § 8b Rn. 182 ff.
174 Vgl. BFH, BStBl. II 2016, 961.
175 Vgl. *Levedag*, in: Schmidt, EStG, 39. Aufl. 2020, § 43 Rn. 9.

Satz 7 EStG der ausschüttenden GmbH den Fehlbetrag zur Verfügung zu stellen. Alternativ kann die ausschüttende GmbH den Fehlbetrag ohne Einwilligung des Gläubigers der Kapitalerträge von einem bei ihr auf den Namen des Gläubigers der Kapitalerträge lautenden Konto einziehen, § 44 Abs. 1 Satz 8 EStG. Widerspricht der Gläubiger der Kapitalerträge nicht vor Zufluss der Kapitalerträge, darf die ausschüttenden GmbH gem. § 44 Abs. 1 Satz 9 EStG den Fehlbetrag auch von einem Kontokorrentkonto oder Verrechnungskonto einziehen.

2. Anrechnung der einbehaltenen Kapitalertragsteuer

Auf die Einkommen- bzw. Körperschaftsteuer ist die einbehaltene und abgeführte Kapitalertragsteuer – soweit sie nicht für natürliche Personen, die die Anteile im Privatvermögen halten, Abgeltungswirkung entfaltet – gem. § 36 Abs. 2 Nr. 2 Buchst. b) EStG anzurechnen, sofern keine Erstattung beantragt wurde. 272

Gem. § 45a Abs. 2 Nr. 1 EStG ist die ausschüttende GmbH verpflichtet, dem Gläubiger der Kapitalerträge auf Verlangen eine Bescheinigung über die einbehaltene und abgeführte Kapitalertragsteuer nach amtlich vorgeschriebenem Muster auszustellen.[176] Der Aussteller einer Bescheinigung, die den gesetzlichen Vorgaben des § 45a Abs. 2 bis 5 EStG nicht entspricht, haftet für die aufgrund der fehlerhaften Bescheinigung verkürzten Steuern oder zu Unrecht gewährten Steuervorteile. Von der Haftung wird er nur frei, wenn er die unzutreffende Bescheinigung nach § 45a Abs. 6 EStG durch eine berichtigte Bescheinigung ersetzt und für den Fall der Übermittlung in Papierform zurückfordert. 273

Die Anrechnung der abgeführten Kapitalertragsteuer auf die Steuer des Gläubigers der Kapitalerträge erfolgt gem. § 36 Abs. 2 Satz 2 EStG nur, wenn der Gläubiger der Kapitalerträge die Bescheinigung dem Finanzamt vorlegt. Aus diesem Grund hat der Gläubiger der Kapitalerträge einen Rechtsanspruch auf die Bescheinigung.[177] 274

Da die Anmeldung der Kapitalertragsteuer gem. § 168 AO einer Steuerfestsetzung unter dem Vorbehalt der Nachprüfung gleichsteht, ist auch der Gläubiger der Kapitalerträge zur Anfechtung der Kapitalertragsteueranmeldung befugt.[178] Der Prüfungsumfang einer solchen Drittanfechtung ist jedoch darauf beschränkt, ob der Schuldner der Kapitalerträge die Steueranmeldung vornehmen durfte. 275

3. Haftung für die Kapitalertragsteuer

Gem. § 44 Abs. 5 Satz 1 EStG haftet die GmbH als Schuldnerin der Kapitalerträge für die Kapitalertragsteuer, die sie einzubehalten und abzuführen hat, es sei denn, sie weist nach, dass sie die ihr auferlegten Pflichten weder vorsätzlich noch grob fahrlässig verletzt hat. Die Haftung wird demnach zunächst durch einen objektiven Pflichtenverstoß, den die Finanzbehörde nachzuweisen hat, ausgelöst. Die GmbH ist wiederum für den fehlenden Vorsatz oder die fehlende grobe Fahrlässigkeit beweisbelastet. Die Inanspruchnahme der GmbH erfolgt grds. durch Haftungsbescheid gem. § 191 AO oder gem. § 167 Abs. 1 AO durch Nachforderungsbescheid.[179] Das Finanzamt hat insoweit ein Wahlrecht. Es müssen aber in jedem Fall die Voraussetzungen des § 44 Abs. 5 EStG vorliegen. Eines gesonderten Haftungs- oder Nachforderungsbescheids bedarf es nur dann nicht, soweit die GmbH die Kapitalertragsteuer angemeldet hat und lediglich die Abführung an das Finanzamt unterlassen hat, § 44 Abs. 5 Satz 3 EStG. In diesem Fall gilt die Steueranmeldung gem. § 168 AO bereits als Steuerfestsetzung unter dem Vorbehalt der Nachprüfung. 276

176 Vgl. zur Ausstellung von Steuerbescheinigungen für Kapitalerträge: BMF vom 15.12.2017 – IV C 1-S 2401/08/10001:018, BStBl. I 2018, 13.

177 Vgl. BGH, NJW 1992, 368.

178 BFH, BStBl. II 2013, 682.

179 BFH, BStBl. II 2001, 67; BStBl. II 2010, 142.

277 Der Gläubiger der Kapitalerträge kann nur unter den Voraussetzungen des § 44 Abs. 5 Satz 2 in Anspruch genommen werden. Liegen sowohl die Voraussetzungen für die Haftung des Schuldners der Kapitalerträge als auch für die Inanspruchnahme des Gläubigers der Kapitalerträge vor, sind beide Gesamtschuldner der Kapitalertragsteuer i.S.v. § 44 AO. Das Finanzamt hat ein Auswahlermessen, wen von beiden es in Anspruch nimmt.

278 Wird der Gläubiger der Kapitalerträge jedoch für den betreffenden Veranlagungszeitraum ohnehin zur Einkommen- oder Körperschaftsteuer veranlagt, bleibt für eine Inanspruchnahme des Schuldners grds. kein Raum.[180]

4. Ausnahmen vom Steuerabzug

279 Ausnahmen vom Einbehalt der Kapitalertragsteuer bestehen gem. § 43 Abs. 2 EStG, § 43a Abs. 3 EStG, § 44a EStG sowie §§ 43b, 50g EStG bzw. DBA i.V.m. § 50d Abs. 2 EStG.

280 Gem. § 43 Abs. 2 Satz 3 EStG ist u.a. kein Steuerabzug vorzunehmen bei ausländischen Kapitalerträgen sowie bei Gewinnen aus der Veräußerung von Anteilen an Körperschaften, wenn Gläubigerin der Kapitalerträge eine im Inland unbeschränkt steuerpflichtige Körperschaft ist (Nr. 1) oder die Kapitalerträge Betriebseinnahmen eines inländischen Betriebs sind (Nr. 2).

281 § 43b EStG setzt die sog. Mutter-Tochter-Richtlinie um.[181] Gem. § 43b EStG wird die Kapitalertragsteuer auf Antrag für Ausschüttungen einer im Inland unbeschränkt steuerpflichtigen Tochtergesellschaft an ihre Muttergesellschaft mit Sitz und Geschäftsleitung in einem anderen EU-Staat oder für Ausschüttungen an eine in einem anderen EU-Staat gelegene Betriebsstätte (auch einer inländischen Muttergesellschaft) nicht erhoben. Hierzu muss die Muttergesellschaft gem. § 43b Abs. 2 Satz 1 Nr. 2 i.V.m. Satz 4 EStG zum Zeitpunkt der Entstehung der Kapitalertragsteuer nachweislich ununterbrochen für mindestens zwölf Monate zu mindestens 10 %[182] unmittelbar am Kapital der Tochtergesellschaft beteiligt sein. Vergleichbare Befreiungen existieren nach den geltenden Doppelbesteuerungsabkommen.

282 Die Freistellung vom Abzug der Kapitalertragsteuer in den Fällen des § 43b EStG bzw. nach DBA erfolgt nur auf Antrag der Muttergesellschaft unter Vorlage einer Freistellungsbescheinigung. Der Antrag auf Ausstellung einer Freistellungsbescheinigung ist beim Bundeszentralamt für Steuern (BZSt) nach amtlich vorgeschriebenem Vordruck zu stellen. Das Verfahren regelt § 50d Abs. 2 EStG. Die Freistellung vom Abzug der Kapitalertragsteuer unterliegt den Beschränkungen der nationalen Antimissbrauchsvorschrift gem. § 50d Abs. 3 EStG.

283 Unabhängig von einer Befreiung vom Kapitalertragsteuereinbehalt ist dennoch zwingend die Kapitalertragsteueranmeldung vorzunehmen, § 45a Satz 2 EStG. Der Grund für die Nichtabführung ist hierbei anzugeben, § 45a Satz 3 EStG.

5. § 50d Abs. 3 EStG

a) Europarechtswidrigkeit von § 50d Abs. 3 EStG a.F.

284 § 50d Abs. 3 EStG wurde erstmals durch das Gesetz zur Bekämpfung des Missbrauchs und zur Bereinigung des Steuerrechts (StMBG) vom 21.12.1993[183] als sog. »Anti-*treaty-shopping*«- bzw. »Anti-*directive-shopping*«-Vorschrift ins Gesetz aufgenommen.[184] Sie dient der Verhinderung einer

---

180 Vgl. hierzu *Lindberg*, in: Blümich, EStG/KStG/GewStG, § 44 EStG Rn. 31 f. (Dez. 2018).

181 Richtlinie 2011/96/EU des Rates vom 30.11.2011 über das gemeinsame Steuersystem der Mutter- und Tochtergesellschaften verschiedener Mitgliedstaaten, ABl. L 345 vom 29.12.2011, S. 8.

182 Vgl. zu der zeitlichen Veränderung der Beteiligungsquoten *Levedag*, in: Schmidt, EStG, 39. Aufl. 2020, § 43b Rn. 7.

183 BGBl. I 1993, 2310.

184 Zur weiteren Entwicklung siehe *Klein/Hagena*, in: Herrmann/Heuer/Raupach, EStG/KStG, § 50d EStG Rn. 51 (August 2019).

missbräuchlichen Ausnutzung eines DBA oder Regelungen der Union. Im Blick hat der Gesetzgeber Gesellschaften, die über Sitzländer mit einem günstigen DBA (d.h. mit der Verpflichtung der Bundesrepublik Deutschland, keinen oder nur einen geringen Steuerabzug zu erheben) ganz oder teilweise steuerbefreite Lizenzen, Zinsen oder Dividenden aus der Bundesrepublik Deutschland abziehen.[185]

Die Vorschrift wurde durch das Jahressteuergesetz 2007 vom 13.12.2006[186] zunächst erheblich verschärft. Inzwischen hat der EuGH durch Urteil vom 20.12.2017 in den verbundenen Rechtssachen »*Deister Holding*« und »*Juhler Holding*«[187] auf Vorlagen des FG Köln durch Beschlüsse vom 8.7.2016[188] und 31.8.2016[189] § 50d Abs. 3 EStG in der durch das Jahressteuergesetz 2007 geänderten Fassung mit der Niederlassungsfreiheit gem. Art. 49 AEUV sowie Art 1 Abs. 2 und Art. 5 der Mutter-Tochter-Richtlinie für unvereinbar erklärt. 285

Der EuGH stützt seine Entscheidung insbesondere auf die Erwägung, dass Beschränkungen der Regelungen der Mutter-Tochter-Richtlinie sowie der Niederlassungsfreiheit zur Verhinderung von Steuerhinterziehungen und Missbräuchen einer zielgerichteten Ausgestaltung der entsprechenden nationalen Vorschrift bedürfen. Ihr Zweck muss darin bestehen und ihre Rechtsfolgen müssen sich darauf beschränken, rein künstliche, jeder wirtschaftlichen Realität bare Konstruktionen, die allein dazu errichtet wurden, ungerechtfertigte Steuervorteile zu nutzen, von der europarechtlich verbürgten Steuerbegünstigung auszunehmen. Eine allgemeine Vermutung für das Vorliegen von Steuerhinterziehung und Missbrauch – wie sie § 50d Abs. 3 EStG a.F. unter Erfüllung der entsprechend dort geregelten Voraussetzungen aufstellt – könne keine Steuermaßnahme rechtfertigen, die die Ziele einer Richtlinie oder die Ausübung einer vom Vertrag garantierten Grundfreiheit beeinträchtigt. 286

Im Ergebnis stellt der EuGH fest, dass nationale Behörden bei der Prüfung, ob ein Vorgang Steuerhinterziehung und Missbrauch als Beweggrund hat, den jeweiligen Sachverhalt als Ganzes individuell zu prüfen hat. Er versagt damit nationalen Vorschriften, die bestimmte Gruppen von Steuerpflichtigen automatisch vom Steuervorteil ausnehmen, ohne dass die Steuerbehörde auch nur einen Anfangsbeweis oder ein Indiz für die Steuerhinterziehung oder den Missbrauch beizubringen hat, ihre Europarechtskonformität. 287

§ 50d Abs. 3 EStG in der bis einschließlich 31.12.2011 geltenden Fassung darf somit nicht mehr angewendet werden. Dies hat die Finanzverwaltung mit BMF-Schreiben vom 4.4.2018 anerkannt.[190] 288

b) § 50d Abs. 3 EStG n.F.

Nachdem bereits vor den Vorlagebeschlüssen des FG Köln sowie der sich daran anschließende Entscheidung des EuGH vom 20.12.2017 erhebliche europarechtliche Zweifel an § 50d Abs. 3 EStG laut wurden, hat der Gesetzgeber die Vorschrift durch das Beitreibungsrichtlinie-Umsetzungsgesetz vom 7.12.2011[191] neu gefasst. Gestrichen wurde insbesondere die starre Regelung, dass mindestens 10 % der Bruttoerträge der ausländischen Gesellschaft aus eigener Wirtschaftstätigkeit stammen müssen. Vielmehr ist nunmehr eine komplexe Aufteilungsklausel vorgesehen. Die Regelung sollte damit »zielgenauer« ausgestaltet werden. Die Neufassung des § 50d Abs. 3 EStG ist ab dem 1.1.2012 anwendbar. 289

185 Vgl. Gesetzentwurf, BT-Drs. 12/5630 vom 7.9.1993, S. 65.
186 BGBl. I 2006, 2878.
187 EuGH, *Deister Holding AG und Juhler Holding A/S,* DStR 2018, 119.
188 FG Köln, EFG 2016, 1801.
189 FG Köln, EFG 2017, 51.
190 BMF vom 4.4.2018 IV – B 3-S 2411/07/10016–14, BStBl. I 2018, 589.
191 Gesetz zur Umsetzung der Beitreibungsrichtlinie sowie zur Änderung steuerlicher Vorschriften vom 13.12.2011, BGBl. I 2011, 2592.

290 Nach der Neufassung entfällt der Anspruch einer ausländischen Gesellschaft auf völlige oder teilweise Befreiung nach den Absätzen 1 oder 2 des § 50d EStG, **soweit**

- an der ausländischen Gesellschaft Personen beteiligt sind, denen die Erstattung oder Freistellung nicht zustände, wenn sie die Einkünfte unmittelbar erzielten, **und**
- die von der ausländischen Gesellschaft im betreffenden Wirtschaftsjahr erzielten Bruttoerträge nicht aus eigener Wirtschaftstätigkeit stammen, **sowie**
- in Bezug auf diese Erträge für die Einschaltung der ausländischen Gesellschaft wirtschaftliche oder sonst beachtliche Gründe fehlen **oder**
- die ausländische Gesellschaft nicht mit einem für ihren Geschäftszweck angemessen eingerichteten Geschäftsbetrieb am allgemeinen wirtschaftlichen Verkehr teilnimmt.

291 Positiv formuliert, besteht die Entlastungsberechtigung nach § 50d Abs. 2 EStG fort, **soweit**

- an der ausländischen Gesellschaft Personen beteiligt sind, denen die Erstattung oder Freistellung ebenfalls zustände **oder**
- die von der ausländischen Gesellschaft in dem betreffenden Wirtschaftsjahr erzielten Bruttoerträge aus eigener Wirtschaftstätigkeit stammen **oder**
- in Bezug auf die Erträge für die Einschaltung der ausländischen Gesellschaft wirtschaftliche oder sonst beachtliche Gründe bestehen **und** (kumulativ) die ausländische Gesellschaft mit einem für ihren Geschäftszweck angemessen eingerichteten Geschäftsbetrieb am allgemeinen wirtschaftlichen Verkehr teilnimmt.

292 Nach der Neufassung des § 50d Abs. 3 EStG besteht nun eine gesetzlich festgelegte »quotale« Missbrauchsvermutung. Auch die Neufassung des § 50d Abs. 3 EStG erfüllt nicht die Kriterien, die der EuGH in den Rechtssachen *»Deister Holding«* und *»Juhler Holding«* im Hinblick auf die Europarechtskonformität nationaler Missbrauchsverhinderungsvorschriften aufgestellt hat.

293 Die Finanzverwaltung versuchte, den Vorwurf der Europarechtswidrigkeit auch des § 50d Abs. 3 n.F. EStG durch das BMF-Schreiben vom 4.4.2018 zu entkräften. Demnach soll § 50d Abs. 3 Satz 2 EStG auf Muttergesellschaften aus dem EU-/EWR-Ausland keine Anwendung mehr finden. Hierdurch sind bei der Prüfung der Voraussetzungen des Abs. 3 Satz 1 EStG nunmehr auch organisatorische, wirtschaftliche und sonst beachtliche Merkmale des Konzerns zu berücksichtigen. Zudem wird anerkannt, dass eine Gesellschaft auch insoweit am allgemeinen wirtschaftlichen Verkehr teilnimmt, als sie ihre Bruttoerträge aus der Verwaltung von Wirtschaftsgütern erzielt. Im Hinblick auf eine Beteiligungsverwaltung soll dies nur gelten, wenn die Gesellschaft ihre Rechte als Gesellschafterin auch tatsächlich ausübt. Für einen angemessen eingerichteten Geschäftsbetrieb wird schließlich nicht mehr gefordert, dass die Gesellschaft im Ansässigkeitsstaat für die Ausübung ihrer Tätigkeit ständig sowohl geschäftsleitendes als auch anderes Personal beschäftigt. Im Ergebnis senkt die Finanzverwaltung damit die Anforderungen an Holdinggesellschaften.

c) Beschluss des EuGH vom 14.6.2018 in der Rechtssache »GS«

294 Mit Beschluss vom 17.5.2017 hat das FG Köln auch die Frage der Vereinbarkeit des § 50d Abs. 3 EStG in der seit dem 1.1.2012 geltenden Fassung mit der Niederlassungsfreiheit gem. Art. 49 AEUV sowie den Regelungen der Mutter-Tochter-Richtlinie dem EuGH zur Vorabentscheidung vorgelegt.[192]

295 Hierauf hat der EuGH in der Rechtssache »GS« mit Beschluss vom 14.6.2018[193] seine Rechtsauffassung in den verbundenen Rechtssachen »Deister Holding und Juhler Holding« bestätigt und entschieden, dass Art. 1 Abs. 2 der Mutter-Tochter-Richtlinie sowie die Niederlassungsfreiheit gem. Art. 49 AEUV mit der Vorschrift des § 50d Abs. 3 EStG in der ab dem 1.1.2012 geltenden Fassung unvereinbar sind.

---

192 188a Vgl. FG Köln, EFG 2017, 1518.
193 188b EuGH, DStR 2018, 1479.

Soweit die Mutter-Tochter-Richtlinie den Mitgliedstaaten die Möglichkeit einräumt, einzelstaatliche oder vertragliche Bestimmungen zur Verhinderung von Steuerhinterziehungen und Missbräuchen anzuwenden, wahre § 50d Abs. 3 EStG 2012 – so der EuGH – insoweit nicht den Grundsatz der Verhältnismäßigkeit, als die Vorschrift nicht allein auf Missbrauchsfälle abziele. Vielmehr handele es sich um eine unzulässige, generalisierende Vorschrift, die abstrakt eine bestimmte Gruppe von Steuerpflichtigen automatisch von dem grds. vorgesehenen Steuervorteil ausnimmt. Eine individuelle Prüfung einer Steuerhinterziehungs- oder Missbrauchsabsicht erfolge nicht.

Im Hinblick auf das Vorliegen einer möglichen Missbräuchlichkeit stellt der EuGH Folgendes klar:
- Der Umstand, dass eine in einem Mitgliedstaat niedergelassene Gesellschaft in ihrem Gründungsmitgliedstaat keine Tätigkeit entfaltet und ihre Tätigkeiten ausschließlich oder hauptsächlich in einem anderen Mitgliedstaat über eine Tochtergesellschaft ausübt, stellt noch kein missbräuchliches und betrügerisches Verhalten dar.
- Eine allgemeine Hinterziehungs- oder Missbrauchsvermutung ohne Anfangsbeweis für das Fehlen wirtschaftlicher Gründe oder zumindest hinreichende Indizien für eine Steuerhinterziehung oder einen Missbrauch ist unzulässig.
- Ebenso unzulässig ist eine unwiderlegbare Hinterziehungs- oder Missbrauchsvermutung ohne Möglichkeit zum Gegenbeweis durch den Steuerpflichtigen.
- Erforderlich ist in jedem Einzelfall eine umfassende Prüfung der betreffenden Situation unter Berücksichtigung der organisatorischen, wirtschaftlichen oder sonst beachtlichen Merkmale der gesamten Unternehmensgruppe.

Ergänzend stellt der EuGH auch einen Verstoß gegen die Niederlassungsfreiheit gem. Art. 49 AEUV fest. § 50d Abs. 3 EStG 2012 sei eine diskriminierende Steuerbestimmung, die die Ausübung der Niederlassungsfreiheit beschränkt. Sie sei dazu geeignet, eine gebietsfremde Muttergesellschaft davon abzuhalten, in Deutschland durch eine dort niedergelassene Tochtergesellschaft wirtschaftlich tätig zu werden.

Für noch offene Fälle gilt, dass das Auslegungsurteil zumindest präjudizielle Bindung entfaltet und dadurch zu einer faktischen *erga-omnes*-Bindung führt. Letztinstanzliche Gerichte sind gehalten, die Auslegung des EuGH anzuwenden oder bei Zweifeln dem Gerichtshof erneut vorzulegen. Da das FG Köln für sämtliche finanzgerichtliche Klagen gegen das BZSt, das für die Erteilung der Freistellungsbescheide und -bescheinigungen gem. § 50d EStG zuständig ist, eine sachliche Sonderzuständigkeit besitzt, dürfte zukünftig eine einheitliche Anwendung i.S.d. EuGH-Rechtsprechung gesichert sein.

VI. Ertragsteuerliche Behandlung inkongruenter Gewinnausschüttungen

Die Gewinnverteilung bei Kapitalgesellschaften folgt gem. § 29 Abs. 3 Satz 1 GmbHG grds. der kapitalmäßigen Beteiligung des jeweiligen Gesellschafters. Eine abweichende Gewinnverteilung ist gem. § 29 Abs. 3 Satz 2 GmbHG zulässig, wenn im Gesellschaftsvertrag ein anderer Maßstab der Verteilung festgesetzt wird. Zulässig sind auch allgemeine Öffnungsklauseln, die alljährlich individuelle Abweichungen i.R.d. Gewinnverteilungsbeschlusses ermöglichen.[194] Im gesellschaftsrechtlichen Schrifttum anerkannt ist auch ein satzungsdurchbrechender Gesellschafterbeschluss über eine abweichende Gewinnverteilung unter Zustimmung sämtlicher Gesellschafter.[195] 296

Die ertragsteuerliche Anerkennung und Zurechnung disquotaler Gewinnausschüttungen ist in ihren Einzelheiten noch nicht abschließend geklärt. Die Rechtsprechung erkennt sie – ertragsteuerlich – an, wenn sie auf einer zivilrechtlich wirksamen Grundlage basiert.[196] Mit Urteil vom 19.8.1999 hat der BFH inkongruente Gewinnausschüttungen mit nachfolgender inkongruenter 297

194 Vgl. BayObLG, NJW-RR 2002, 248.

195 Vgl. *Hommelhoff*, in: Lutter/Hommelhoff, GmbHG, 20. Aufl. 2019, § 29 Rz. 39; *Verse*, in: Scholz, GmbHG, 12. Aufl. 2018, § 29 Rz. 76.

196 Vgl. BFH, BFH/NV 2012, 1330.

Wiedereinlage (sog. Schütt aus-hol-zurück-Verfahren) zur Nutzung von Verlustvorträgen durch einzelne Gesellschafter auch vor dem Hintergrund des § 42 AO steuerlich anerkannt.[197] Ebenso hat der BFH beispielsweise eine inkongruente Gewinnausschüttung an einen ausscheidenden Gesellschafter in Höhe des dem ausscheidenden Gesellschafter zustehenden Anteils an den thesaurierten Gewinnen ohne Weiteres anerkannt.[198]

298 Die Finanzverwaltung fordert zwingend zumindest eine in der Satzung der GmbH verankerte Öffnungsklausel. Ein steuerlicher Gestaltungsmissbrauch i.S.d. § 42 AO soll vorliegen, wenn für die vom gesetzlichen Verteilungsschlüssel abweichende Gewinnverteilung keine beachtlichen wirtschaftlich vernünftigen außersteuerlichen Gründe nachgewiesen werden.[199] Bis dahin hatte die Finanzverwaltung noch vertreten, dass eine inkongruente Gewinnverteilung durch eine »besondere Leistung« des begünstigten Gesellschafters für den Gesellschaftszweck gerechtfertigt sein müsse.[200] Hiervon hat die Finanzverwaltung Abstand genommen.

299 Mit Urteil vom 14.9.2016 hat das FG Köln entschieden, dass inkongruente Gewinnausschüttungen nicht nur dann ertragsteuerlich anzuerkennen sind, wenn im Gesellschaftsvertrag gem. § 29 Abs. 3 Satz 2 GmbHG ein anderer Maßstab der Verteilung als das Verhältnis der Geschäftsanteile im Gesellschaftsvertrag festgesetzt ist oder eine Öffnungsklausel besteht, sondern auch dann, wenn diese auf einem einstimmigen Gesellschafterbeschluss beruht.[201]

300 Die Rechtsprechung zeigt jedoch, dass im jeweiligen Einzelfall zu prüfen ist, ob trotz zivilrechtlicher Wirksamkeit einer inkongruenten Gewinnausschüttung ein Missbrauch von rechtlichen Gestaltungsmöglichkeiten gem. § 42 AO vorliegt.

VII. Gewerbesteuerliche Behandlung von Dividenden

301 Bezieht eine Körperschaft, gewerbliche Personengesellschaft oder eine natürliche Person, die die Beteiligung in einem Betriebsvermögen hält, Dividenden, so unterliegen diese über § 7 Satz 1 GewStG grds. auch der Gewerbesteuer. Über § 7 Satz 1 GewStG finden gleichermaßen auch die Steuerbefreiungen gem. § 3 Nr. 40 EStG und § 8b Abs. 1 KStG Anwendung. Besonderheiten gelten über die Hinzurechnungsvorschrift des § 8 Nr. 5 GewStG sowie die Kürzungsvorschrift des § 9 Nr. 2a GewStG.

1. Körperschaft als Empfänger einer Dividende

302 Bei Körperschaften als Dividendenempfänger bedingen sich die §§ 8 Nr. 5, 9 Nr. 2a GewStG gegenseitig. Beide Vorschriften sind daher systematisch zwingend zusammen zu prüfen.

303 Gem. § 8 Nr. 5 GewStG werden dem Gewerbeertrag gem. § 7 GewStG die nach § 3 Nr. 40 EStG oder § 8b Abs. 1 KStG außer Ansatz bleibenden Dividenden, soweit diese nicht die Voraussetzungen des § 9 Nr. 2a GewStG erfüllen, nach Abzug der mit diesen Einnahmen in wirtschaftlichem Zusammenhang stehenden Betriebsausgaben, soweit sie nach § 3c Abs. 2 EStG und § 8b Abs. 5 und 10 KStG unberücksichtigt bleiben, hinzugerechnet.

304 Für empfangende Körperschaften bedeutet dies, dass dem Gewerbeertrag, in dem bereits über § 7 Satz 1 GewStG die fiktiv nicht abzugsfähigen Betriebsausgaben i.H.v. 5 % gem. § 8b Abs. 5 KStG enthalten sind, gem. § 8 Nr. 5 GewStG die übrigen 95 % der Dividende hinzugerechnet werden. Im Ergebnis wird die Dividende dadurch zu 100 % im Gewerbeertrag erfasst. Die tatsächlich geleisteten Aufwendungen (insbesondere Finanzierungsaufwendungen) sind im Gegenzug voll abzugsfähig.[202]

197 BFH, BStBl. II 2001, 43.
198 BFH, BFH/NV 2015, 495.
199 BMF vom 17.12.2013 – IV C 2-S 2750-a/11/10001, BStBl. I 2014, 63.
200 BMF vom 7.12.2000 – IV A 2 – S 2810 – 4/00, BStBl I 2001, 47.
201 FG Köln, EFG 2016, 1875; Revision anhängig unter VIII R 28/16.
202 Tatsächlich geleistete Finanzierungsaufwendungen sind gem. § 8 Nr. 1 Buchst. a) GewStG wiederum im Umfang von 25 % dem Gewerbeertrag hinzuzurechnen.

Liegen die Voraussetzungen des § 9 Nr. 2a GewStG vor (sog. gewerbesteuerliche Schachtelbeteiligung), erfolgt keine Hinzurechnung. Erforderlich ist demnach, dass die Beteiligung zu Beginn des Erhebungszeitraums mindestens 15 % des Grund- oder Stammkapitals beträgt. Die Voraussetzung »Ansatz bei der Ermittlung des Gewinns nach § 7 GewStG« ist i.R.d. § 8 Nr. 5 GewStG nicht maßgeblich, da sich beide Regelungen ansonsten ausschließen würden.[203] Maßgeblich ist die Beteiligungshöhe zu Beginn des Erhebungszeitraums.[204] Es gilt – anders als bei § 8b Abs. 4 Satz 6 KStG – ein strenges Stichtagsprinzip. Da nach § 14 GewStG der Erhebungszeitraum stets das Kalenderjahr ist, ist grds. auch für die Gewerbesteuer die Beteiligung zum 1.1. des Kalenderjahres maßgeblich. Veränderungen vor oder nach diesem Zeitpunkt sind ohne Belang. Nach Auffassung des BFH ist die Besitzzeitanrechnung gem. § 4 Abs. 2 Satz 3 i.V.m. § 23 Abs. 1 UmwStG i.R.e. qualifizierten Anteilstauschs nicht auf den Zeitpunkt der Schachtelbeteiligung gem. §§ 8 Nr. 5, 9 Nr. 2a GewStG anzuwenden.[205] Aufgrund der steuerlichen Rückwirkungsmöglichkeiten bei Verschmelzungen und Spaltungen sowie bei Einbringungen muss diese u.E. auch auf den Besitzzeitpunkt i.S.d. § 9 Nr. 2a GewStG angewendet werden.[206] 305

Strittig war bislang, ob die Kürzungsvorschrift des § 9 Nr. 2a GewStG auf die fiktiv nicht abziehbaren Betriebsausgaben i.S.d. § 8b Abs. 5 KStG Anwendung findet. Dies hätte zum Ergebnis, dass – für den Fall einer gewerbesteuerlichen Schachtelbeteiligung – Dividenden zu 100 % gewerbesteuerfrei wären. Nach Auffassung des BFH scheidet eine Kürzung des Gewerbeertrags um die nach § 8b Abs. 5 KStG nicht abzugsfähigen Betriebsausgeben nach § 9 Nr. 2a GewStG aus, da es sich bei diesem Betrag nicht um eine Dividende, sondern um einen fiktiven Hinzurechnungsbetrag handelt.[207] Der Gesetzgeber hat dies durch § 9 Nr. 2a Satz 4 GewStG klargestellt. 306

Im Ergebnis schlägt die Fiktion nicht abzugsfähiger Betriebsausgaben im Umfang von 5 % auch auf die gewerbesteuerliche Behandlung durch. 307

2. Natürliche Person als Empfänger der Dividende

Bezieht eine natürliche Person Dividenden in einem gewerblichen Betriebsvermögen gelten im Grundsatz auch hier die §§ 8 Nr. 5, 9 Nr. 2a GewStG. Unterschiede ergeben sich im Vergleich zu Körperschaften als Dividendenempfänger aus dem Umstand, dass Beteiligungserträge im Umfang von 60 % im Gewerbeertrag gem. § 7 Satz 1 GewStG enthalten sind. 308

Werden die Voraussetzungen des Schachtelbeteiligungsprivilegs nicht erfüllt, bestimmt § 8 Nr. 5 GewStG eine Hinzurechnung des nicht einkommensteuerpflichtigen Teils der Dividende (40 %), abzüglich einkommensteuerlich nichtabziehbarer Aufwendungen gem. § 3c Abs. 2 EStG. Der gewerbesteuerlichen Hinzurechnung werden damit die positiven Nettobeträge der einkommensteuerbefreiten Dividende unterworfen. 309

Liegt eine Schachtelbeteiligung zu Beginn des Erhebungszeitraums iHv. mindestens 15 % vor, findet gem. § 9 Nr. 2a GewStG eine Kürzung des im Gewerbeertrag gem. § 7 Satz 1 GewStG enthaltenen steuerpflichtigen Teils der Dividende (60 %) statt. Gem. § 9 Nr. 2a Satz 3 GewStG wird der Kürzungsbetrag um den einkommensteuerlich abzugsfähigen Teil der beteiligungsbezogenen Aufwendungen gemindert. Hierdurch kommt es lediglich zu einer Kürzung um die einkommensteuerpflichtige Nettodividende. Eine negative Kürzung für den Fall eines Überhangs der abziehbaren Aufwendungen über den steuerpflichtigen Anteil der Dividende ist ausgeschlossen.[208] 310

---

203 Vgl. BFH, BFH/NV 2012, 449; *Hofmeister*, in: Blümich, EStG/KStG/GewStG, § 8 GewStG Rn. 575 (Dez. 2018); *Güroff*, in: Glanegger/Güroff, GewStG, 9. Aufl. 2017, § 8 Nr. 5 Rn. 7.

204 R 9.3 Satz 2 GewStR 2009.

205 BFH, BStBl. II 2015, 303; entgegen Tz. 04.15 UmwSt-Erlass 2011, BStBl. I 2011, 1314.

206 So Tz. 04.15, 12.04, 23.06 UmwSt-Erlass 2011, BStBl. I 2011, 1314; *Nöcker*, FR 2014, 819; *Roser*, in: Lenski/Steinberg, GewStG, § 9 Nr. 2a Rz. 36 (Nov. 2017).

207 BFH, BStBl. II 2007, 585.

208 Vgl. Berechnungsbeispiele bei *Neumann*, in: GmbH-Handbuch, Rz. III 902 (März 2018).

D. Verdeckte Gewinnausschüttungen (vGA)

I. Begriff der vGA

311 Eine verdeckte Gewinnausschüttung i.S.d. § 8 Abs. 3 KStG ist bei einer GmbH[209] eine Vermögensminderung oder verhinderte Vermögensmehrung, die durch das Gesellschaftsverhältnis veranlasst ist, sich auf die Höhe des Unterschiedsbetrags gem. § 4 Abs. 1 Satz 1 EStG i.V.m. § 8 Abs. 1 KStG auswirkt und in keinem Zusammenhang mit einer offenen Ausschüttung steht.[210]

▶ **Beispiele:**

312 – Nutzungsüberlassung;[211]
– Befreiung von einer Verbindlichkeit;
– Kassenfehlbeträge führen nicht zwingend zu einer vGA,[212] grundsätzlich rechtfertigen ungeklärte Vermögenszuwächse beim Gesellschafter-Geschäftsführer auch keine Hinzuschätzungen bei der GmbH;[213]
– Risikogeschäfte, wie zB Devisentermingeschäfte, führen idR nicht zur vGA;[214]
– Unterhaltung einer Segelyacht[215] oder eines Einfamilienhauses;[216] Auslandsreisen im privaten Interesse.[217] Eine vGA ist nur gegeben, wenn deren Veranlassung ersichtlich im Gesellschaftsverhältnis liegt.[218] Es gelten hier die zur Liebhaberei entwickelten Kriterien;[219]
– eine vGA kann in dem Verzicht auf die Geltendmachung einer Schadensersatzforderung nur gesehen werden, wenn der Schadensersatzanspruch zivilrechtlich voraussichtlich durchsetzbar gewesen wäre;[220] ob das Entstehen eines Schadensersatzanspruchs die vGA vermeidet, ist streitig;[221]
– eine Forderungsverrechnung ist i.d.R. keine vGA, da es an der Gewinnausschüttung fehlt;[222]
– akzeptiert ein Gesellschafter-Geschäftsführer ein »unrichtiges« gerichtliches Urteil zugunsten einer nahestehenden Person, kann dies eine vGA sein;[223]
– Spende an einen »nahestehenden« Verein[224], Kirche[225] oder eine Stiftung;[226]

---

209 Zu den Besonderheiten bei einer AG: *Binnewies*, DStR 2003, 2105.

210 Ständige Rechtsprechung seit BFH, BStBl. II 1989, 631; *Gosch*, in: Gosch, KStG, 3. Aufl. 2015, § 8 Rn. 169, 171; *Schwedhelm*, in: Streck, KStG, 9. Aufl. 2018, § 8 Rn. 160 ff.

211 BFH, GmbHR 2005, 637; FG München, EFG 2003, 800: zu einem Einfamilienhaus bzw. einer Ferienwohnung; BFH, GmbHR 2011, 601, im Anschluss an FG München, EFG 2010, 1403: zu einem betrieblichen Flugzeug, das privat genutzt wurde.

212 FG Köln, GmbHR 1999, 1109, bestätigt durch BFH, DStRE 2000, 1201; siehe aber FG Düsseldorf, EFG 2003, 342, mit Anm. *Neu*; a.A. auch BFH, BB 2005, 84; GmbHR 2018, 1073.

213 Siehe BFH, BFH/NV 2003, 1450, FG Köln, DStRE 2002, 1529, bestätigend; und BFH, BFH/NV 2003, 1221, gegen FG Rheinland-Pfalz, EFG 2002, 1145.

214 BFH, GmbHR 2005, 1003; DB 2004, 1968; BFH/NV 2003, 1093; GmbHR 2002, 1033, mit Anm. *Hoffmann*; BStBl. II 2003, 487; *Wassermeyer*, FR 1997, 563, gegen BMF-Schreiben vom 19.12.1996, BStBl. I 1997, 112; siehe auch BMF-Schreiben vom 20.5.2003, BStBl. I 2003, 333; *Prinz*, FR 2002, 1171.

215 BFH, GmbHR 1997, 317; siehe auch BFH, GmbHR 1998, 1134, zu Devisentermingeschäften; und FG München, EFG 2003, 800, zu einer Ferienwohnung.

216 BFH, GmbHR 2005, 637: Als Miete ist die Kostenmiete plus Gewinnaufschlag anzusetzen, Sonderabschreibungen sind nicht zu berücksichtigen. Siehe auch Niedersächsisches FG, DStRE 2004, 18, die NZB hatte keinen Erfolg; BFH, BFH/NV 2005, 1528; kritisch *Kohlepp*, DStR 2009, 357.

217 BFH, BStBl. II 2005, 666; BFH/NV 2009, 216.

218 BFH, BFH/NV 2008, 1534.

219 *Haas*, DStR 2008, 1997.

220 BFH, GmbHR 2004, 190; BStBl. II 1997, 89; dazu BMF-Schreiben vom 19.12.1996, BStBl. I 1997, 112; dazu *Wassermeyer*, FR 1997, 563; *Paus*, FR 1997, 565; zur Schadensersatzhaftung des alleinigen Gesellschafter-Geschäftsführers siehe BGH, DStR 2000, 645.

221 Siehe BFH, GmbHR 2005, 60, mit Anm. *Schwedhelm/Binnewies*; *Wassermeyer*, GmbHR 2005, 149.

222 Niedersächsisches FG, GmbHR 2000, 191.

223 BFH, GmbHR 2000, 440.

224 Schleswig-Holsteinisches FG, EFG 2000, 193, mE unzutreffend.

225 BFH, BFH/NV 2008, 988.

226 FG Hamburg, EFG 2008, 634, die NZB hatte keinen Erfolg; BFH, BFH/NV 2008, 1704.

- Lösegeldzahlungen;[227]
- Lizenzgebühren;[228]
- Golfclubbeiträge;[229]
- Erwerb eigener Anteile;[230]
- Aufwendungen für Feiern und Bewirtung von Gästen, wenn eine Mitveranlassung durch private Interessen des Gesellschafters nicht auszuschließen ist (z.B. Geburtstagsfeier eines Gesellschafter-Geschäftsführers i.R.e. Betriebsfests);[231]
- Nichtteilnahme an einer Kapitalerhöhung;[232]
- durch fehlerhafte Bilanzierung ausgelöste Vermögensverschiebungen sind keine vGA;[233]
- Schmiergeldzahlung an Gesellschafter-Geschäftsführer.[234]

Eine vGA tritt in dem Augenblick ein, in dem sie i.d.S. das Einkommen der Kapitalgesellschaft beeinflusst.[235] Dieser Augenblick muss weder mit dem tatsächlichen Vermögensabfluss noch mit dem Zufluss beim Gesellschafter zusammenfallen. Mithin kann keine vGA vorliegen, wenn im Jahresabschluss einer GmbH Rücklagen auf ausstehende Einlagen umgebucht werden oder eine Pensionszahlung gegen eine Pensionsrückstellung gebucht wird,[236] wohl aber bei Wertberichtigung einer Forderung gegen den Gesellschafter.[237] 313

Entsprechend führen Vorgänge, die Schadensersatzansprüche gegen den Gesellschafter auslösen, nicht zur vGA. Erst der spätere Verzicht auf die Rückforderung kann eine vGA sein. Dies hat der BFH noch einmal für eine AG bestätigt.[238] Verluste aus Risikogeschäften führen nicht zur vGA, selbst wenn die Geschäfte nicht zum unmittelbaren Unternehmensgegenstand gehören.[239] 314

Nicht jede durch das Gesellschaftsverhältnis veranlasste Unterschiedsbetragsminderung ist eine vGA. Die Annahme einer vGA setzt zusätzlich voraus, dass die Unterschiedsbetragsminderung bei der Körperschaft die »abstrakte« Eignung hat, beim Gesellschafter einen sonstigen Bezug i.S.d. § 20 Abs. 1 Nr. 1 Satz 2 EStG auszulösen (sog. »Vorteilsgeeignetheit«).[240] 315

Eine vGA muss subjektiv nicht gewollt sein. Insoweit ist ein Wissen oder Nichtwissen um die vGA unerheblich.[241] Entscheidend ist nur, ob ein ordnungsgemäßer Geschäftsleiter einem Nichtgesellschafter den Vorteil nicht gewährt bzw. die Einkommensänderung nicht bewirkt hätte. Daher führt nach Ansicht des BFH eine Zahlung auch dann zur vGA, wenn sie in der irrtümlichen Annahme einer Zahlungsverpflichtung erfolgt, sofern die angenommene Zahlungsverpflichtung zur vGA geführt hätte.[242] 316

---

227 FG Berlin, EFG 2001, 308.
228 BFH, FR 2001, 246.
229 FG Hamburg, EFG 2002, 708.
230 FG Sachsen-Anhalt, EFG 2003, 1267; *Schwedhelm,* in: Streck, KStG, 9. Aufl. 2018, § 8 Anh. Rn. 598.
231 BFH, DStR 2004, 1691, m.w.N., gegen FG Baden-Württemberg, DStRE 2003, 478; zur Kritik *Pezzer,* FR 2004, 1279.
232 FG Münster, EFG 2004, 368, aufgehoben durch BFH, BStBl. II 2009, 197 = GmbHR 2005, 633, mit Anm. *Fritsche,* nach der Entscheidung ist eine vGA nur gegeben, wenn die GmbH für ihr Bezugsrecht ein Entgelt erzielen konnte.
233 BFH, GmbHR 1998, 1044.
234 Sächsisches FG, EFG 2005, 1074, m.E. zweifelhaft.
235 *Schwedhelm,* in: Streck, KStG, 9. Aufl. 2018, § 8 Rn. 195, m.w.N.
236 FG Düsseldorf, DStR 2011, 1007.
237 BFH, BStBl. II 2004, 1010.
238 BFH, BFH/NV 2011, 69; zur Problematik, inwieweit derartige Schadensersatzansprüche vorausgehende vGA rückgängig machen, siehe *Schwedhelm/Binnewies,* GmbHR 2005, 65, 151; und *Schwedhelm,* in: Streck, KStG, 9. Aufl. 2018, § 8 Rz. 215.
239 BFH, BStBl. II 2003, 487; BFH/NV 2004, 1482; BMF vom 14.12.2015, DStZ 2016, 137.
240 BFH, BStBl. II 2004, 131; BFH/NV 2011, 2116; *Gosch,* in: Gosch, KStG, 3. Aufl. 2015, § 8 Rn. 170; *Schwedhelm,* in: Streck, KStG, 9. Aufl. 2018, § 8 Rn. 166.
241 FG Berlin-Brandenburg, EFG 2011, 1737.
242 BFH, BStBl. II 2011, 55, mit Anm. *Kamps,* GmbHR 2008, 943; *Pezzer,* FR 2009, 32.

317 Der I. Senat des BFH misst dem Maßstab des Fremdvergleichs eine eigenständige Bedeutung bei.[243] Ausgangspunkt der Prüfung ist für den BFH, ob der Aufwand zugunsten eines Gesellschafters betrieblich oder gesellschaftsrechtlich veranlasst ist. Kriterium ist dabei auch die Üblichkeit.[244] Es wird geprüft, ob ein ordentlicher und gewissenhafter Geschäftsleiter die Vereinbarung auch mit einem Nichtgesellschafter getroffen hätte.

318 Diese Prüfung erfolgt jedoch nicht nur aus Sicht der Kapitalgesellschaft, sondern auch aus Sicht des Dritten. Hätte dieser einer für die Gesellschaft vorteilhaften Vereinbarung nicht zugestimmt, kann deren Veranlassung im Gesellschaftsverhältnis liegen (sog. doppelter Fremdvergleich).[245] Zwischenzeitlich hat der BFH diese Rechtsprechung dahingehend eingeschränkt, dass es sich bei dem doppelten Fremdvergleich nur um ein widerlegbares Indiz handelt.[246]

319 Die Korrektur der vGA erfolgt nach Ansicht des BFH außerhalb der Bilanz.[247] Dies bedeutet am Beispiel einer Rückstellung für eine Tantieme oder Pensionszusage, dass die Rückstellung bestehen bleibt und die durch die Rückstellungsbildung im konkreten Jahr eingetretene Vermögensminderung außerhalb der Bilanz korrigiert wird. Ist die Korrektur in dem Jahr der Rückstellungsbildung bzw. -erhöhung nicht mehr möglich, so kann sie nicht durch Auflösung der Rückstellung in einem späteren Jahr nachgeholt werden.[248] Gleiches gilt für eine Verbindlichkeit der Gesellschaft gegenüber dem Gesellschafter oder einem Nahestehenden, die als vGA zu qualifizieren ist.[249]

320 Vermögensminderungen oder verhinderte Vermögensmehrungen einer ausländischen Kapitalgesellschaft können eine vGA an den inländischen Gesellschafter sein.[250] Dabei erfolgt die Prüfung auf der Ebene des inländischen Gesellschafters nach den Grundsätzen des deutschen Steuerrechts.

► **Beispiel:**

321 Bei einer Kapitalgesellschaft ausländischen Rechts, die steuerlich auch im Ausland als ansässig zu qualifizieren ist, erfolgt eine Abspaltung. Die Abspaltung ist auf der Ebene der Gesellschaft nach ausländischem Steuerrecht steuerneutral. Der Teilbetriebsbegriff nach deutschem Verständnis ist nicht erfüllt, so dass die Voraussetzungen von § 15 UmwStG nicht gegeben sind.

322 Zur Beurteilung, ob auf der Ebene des inländischen Gesellschafters eine Ausschüttung anzusetzen ist (vGA im Wege der Sachausschüttung), prüft die deutsche Finanzverwaltung den Sachverhalt unter Anwendung deutschen Rechts. Da die Voraussetzungen von § 15 UmwStG nicht vorliegen, wäre nach deutschem Steuerrecht auf der Ebene der Gesellschaft ein steuerneutraler Vorgang nicht gegeben. Liegen die Voraussetzungen für § 15 UmwStG bei der Abspaltung nicht vor, geht die deutsche Finanzverwaltung von einer Sachausschüttung an den Gesellschafter und dessen Wiedereinlage in die neugegründete aufnehmende Gesellschaft aus. Damit kann beim inländischen Gesellschafter eine bei den Einkünften aus Kapitalvermögen zu erfassende verdeckte Sachausschüttung gegeben sein.

II. Sonderbedingungen für beherrschende Gesellschafter

323 Das Fehlen einer im Voraus getroffenen, klaren und eindeutigen Vereinbarung zwischen Kapitalgesellschaft und ihrem beherrschenden Gesellschafter[251] indiziert die gesellschaftsrechtliche

---

243 BFH, BStBl. II 1990, 454.

244 BFH, BFH/NV 2015, 237, m.w.N.; *Schwedhelm*, in: Streck, KStG, 8. Aufl. 2014, § 8 Rn. 240.

245 Dazu *Schwedhelm*, in: Streck, KStG, 9. Aufl. 2018, § 8 Rn. 271, m.w.N., zur Kritik an dieser Rechtsprechung Rn. 272.

246 *Schwedhelm*, in: Streck, KStG, 9. Aufl. 2018, § 8 Rn. 240.

247 *Schwedhelm*, in: Streck, KStG, 9. Aufl. 2018, § 8 Rn. 280, m.w.N.

248 Zuletzt BFH, BFH/NV 2010, 1709.

249 FG Schleswig-Holstein, EFG 2008, 637.

250 BFH, BStBl. II 2013, 1024; *Binnewies/Wollweber*, DStR 2014, 628; *Golombek*, BB 2014, 855; *Espanol/Kaminski/Strunk/Pallast*, IStR 2016, 653.

251 Zur Beherrschung siehe *Schwedhelm*, in: Streck, KStG, 9. Aufl. 2018, § 8 Rn. 395 ff.

Veranlassung und damit die vGA, insbesondere wenn gegen klare zivilrechtliche Formvorschriften verstoßen wird.[252] Andererseits steht der Wirksamkeit und Klarheit der Vereinbarung nicht entgegen, wenn sich der Inhalt der Vereinbarung erst im Wege der Auslegung ermitteln lässt. Dabei kommt der tatsächlichen Durchführung des Vereinbarten eine entscheidende Bedeutung zu.[253] Die fehlende Durchführung indiziert nur dann keine vGA, wenn hierfür überzeugende Gründe vorliegen.[254]

Bemerkenswert ist in diesem Zusammenhang eine Entscheidung des Finanzgerichts München.[255] 324
Hier hat die GmbH von ihrem beherrschenden Gesellschafter urheberrechtliche Nutzungsrechte erworben und bezahlt. Die Bezahlung war angemessen, es fehlte jedoch an einer im Voraus getroffenen, klaren und zivilrechtlich wirksamen Vereinbarung. Das Finanzgericht München ließ offen, ob es sich bei der Bezahlung für die Lizenzüberlassung um eine vGA handelt. Sollte dies der Fall sein – so das Gericht –, sei jedenfalls die Überlassung der Nutzungsrechte eine wertgleiche Einlage, da die urheberrechtlichen Nutzungsrechte ein bilanzierungsfähiges immaterielles Wirtschaftsgut darstellen. Damit wird die Vermögensminderung aufgrund der Zahlung des Nutzungsentgelts durch eine entsprechende Vermögensmehrung durch Einlage der Nutzungsrechte kompensiert.

III. VGA an Nahestehende

Die Annahme einer vGA setzt **keinen Zufluss beim Gesellschafter** selbst voraus. Die Zuwendung 325
des Vorteils an eine dem Gesellschafter nahestehende Person genügt, um beim Gesellschafter von entsprechenden Einnahmen gemäß § 20 Abs. 1 Nr. 1 Satz 2 EStG ausgehen zu können.[256] Dies hat der BFH mit Urteil vom 14.3.2017 nochmals bestätigt.[257] Nach ständiger Rechtsprechung des BFH kann eine vGA auch ohne tatsächlichen Zufluss beim Gesellschafter anzunehmen sein, wenn der Vorteil dem Gesellschafter mittelbar in der Weise zugewendet wird, dass eine ihm nahestehende Person aus der Vermögensverlagerung Nutzen zieht. Das »Nahestehen« i.d.S. kann familienrechtlicher, gesellschaftsrechtlicher, schuldrechtlicher oder auch rein tatsächlicher Art sein.[258]

Die **Zuwendung eines Vermögensvorteils** an eine nahestehende Person ist dann, wenn andere 326
Ursachen für die Zuwendung als das Nahestehen des Empfängers zu einem Gesellschafter auszuschließen sind, unabhängig davon als vGA zu beurteilen, ob auch der Gesellschafter selbst ein vermögenswertes Interesse an dieser Zuwendung hat. Nach der Rechtsprechung des BFH spricht der Beweis des ersten Anscheins dafür, dass die nahestehende Person den Vorteil ohne ihre Beziehung zum Gesellschafter nicht erhalten hätte.[259]

Der **Beweis des ersten Anscheins** für die Veranlassung durch das Gesellschaftsverhältnis kann durch 327
die Feststellung erschüttert werden, dass die Zuwendung des Vorteils ihre Ursache ausschließlich in einer vom Gesellschaftsverhältnis zum nahestehenden Gesellschafter unabhängigen Beziehung der Kapitalgesellschaft zum Empfänger zugewendet hat. Dasselbe gilt, wenn der unmittelbare Empfänger der Zuwendung (auch) einem anderen Gesellschafter nahesteht und anzunehmen ist, dass nur dieser ihm etwas zuwenden wollte. Im konkret entschiedenen Fall ist eine **Lebensgemeinschaft** Grundlage für die Annahme der Voraussetzung des Nahestehens.[260] Eine bestehende Lebensgemeinschaft mit gemeinsamen Haushalt lässt darauf schließen, dass der Gesellschafter ein wirtschaftliches Eigeninteresse daran hat, dass dem Lebenspartner/der Lebenspartnerin eine Zuwendung der Gesellschaft gewährt wird.

---

252 BFH, BFH/NV 2012, 612.
253 BFH, BFH/NV 2012, 1003.
254 Siehe FG Köln, DStRE 2015, 599; FG Hamburg, DStRE 2015, 597 und DStZ 2016, 433 zur »Nichtdurchführung eines bedingten Gehaltsverzichts«.
255 FG München, EFG 2012, 1083.
256 Vgl. nur BFH, BFH/NV 2006, 722; *Gosch*, in: Gosch, KStG, 3. Aufl. 2015, § 8 Rn. 227 ff.
257 BFH, BFH/NV 2017, 1174.
258 BFH, BFH/NV 2017, 1174.
259 BFH, BStBl. II 2016, 219; BFH/NV 2017, 1174.
260 Vgl. BFH, BFH/NV 2017, 1174.

328 Allerdings ist nach Auffassung des BFH eine vGA nicht anzunehmen, wenn die **Vermögensminderung dem Gesellschafter nicht bekannt** und sie auch nicht in seinem Interesse ist.[261] Nur wenn andere Ursachen, als die Nähe des Empfängers zum Gesellschafter auszuschließen sind, liegt ein Zufluss beim Gesellschafter vor.[262] Steht der Begünstigte mehreren Gesellschaftern nahe, muss festgestellt werden, ob die Zuwendung durch die Beziehung zu allen oder nur zu einzelnen nahestehenden Gesellschaftern veranlasst ist.[263] Bei einem Nahestehen zu mehreren Gesellschaftern ist die Zurechnung der vGA offen.

▶ **Beispiel:**

329 A ist Geschäftsführer der X-GmbH. Seine Ehefrau und seine drei Kinder sind mit anderen Gesellschafter der X-GmbH. A lebt neuerdings von seiner Familie getrennt und ist mit seiner Freundin zusammengezogen. A hat sich im Streit getrennt. A erhält bei der X-GmbH weiterhin ein Gehalt, ohne dass feststellbar ist, dass er hierfür arbeitet bzw. in welchem Umfang er arbeitet.

330 Im vorliegenden Fall ist offen, ob der Ehefrau des A sowie seinen Kindern ab der familienrechtlichen Trennung eine vGA zugerechnet werden kann. Aufgrund der Trennung von A kann nicht automatisch davon ausgegangen werden, dass den Gesellschaftern ein Vorteil zufließt durch die Gehaltszahlung an A. Nur wenn andere (z.B. gesellschaftsrechtliche) Gründe auszuschließen sind, kann die unangemessene Gehaltszahlung auf die familienrechtliche Beziehung zurückgeführt werden. Sollte dies der Fall sein, ist die konkrete Zurechnung schwierig. Handelt es sich um **minderjährige Kinder**, ist diesen u.E. ein solcher Vorteil nicht zuzurechnen. Empfänger der vGA wäre dann nur die Ehefrau. Nur wenn Ehefrau und (volljährige) Kinder gleichermaßen Kenntnis und Einfluss auf die Gehaltszahlung haben, wäre die vGA gleichmäßig zuzurechnen.

331 Eine vGA an den Nahestehenden setzt nicht voraus, dass der Gesellschafter, dem er nahesteht, beherrschend ist.[264] Für den Nahestehenden gilt grundsätzlich nichts anderes als für den Gesellschafter. Auch ein Minderheitsgesellschafter oder nur geringfügig beteiligter Gesellschafter kann der Empfänger einer vGA sein. Die Höhe der Beteiligungsquote des Gesellschafters, dem die Person nahesteht, kann aber ein Indiz für das wirtschaftliche Interesse an der Vorteilsgewährung sein. Die Indizwirkung, dass eine Vermögensminderung der GmbH durch das Gesellschaftsverhältnis veranlasst ist, mindert sich mit der geringer werdenden Beteiligung.

332 Erfolgt die Vermögenszuwendung an eine Person, die nur einem Gesellschafter nahesteht, so liegt eine vGA nur an diesen Gesellschafter vor.[265]

333 Der Gesellschafter einer Personengesellschaft, die an einer GmbH beteiligt ist, ist nicht Empfänger einer vGA, ggf. aber die Personengesellschaft, weil der Gesellschafter nahestehende Person ist.[266]

IV. Typische Problemfelder verdeckter Gewinnausschüttungen

1. Geschäftsführervergütung und Pensionszusagen

a) Höhe der Gesamtausstattung

334 Ausgangspunkt für die Vergütungsregelung ist die Festlegung einer Angemessenheitsobergrenze für die Gesamtausstattung.[267] Gesamtausstattung ist die Summe des jährlichen Entgelts und der

---

261 BFH, BStBl. II 2007, 830; BFH/NV 2007, 2291.

262 BFH, DStR 2004, 2143.

263 BFH, BFH/NV 2005, 1266; BFH/NV 2011, 449; BFH/NV 2017, 1174.

264 BFH, BStBl. II 2011, 62, mit Anm. *Pezzer*, FR 2009, 587, und *Briese*, GmbHR 2009, 326; BFH, BFH/NV 2015, 234.

265 FG Berlin-Brandenburg, EFG 2015, 123, bestätigt durch BFH, GmbHR 2017, 993.

266 BFH, BStBl. II 2015, 687.

267 *Zimmermann*, GmbHR 2002, 353; *Böth*, StBp 2002, 134; *Rischar*, StB 2002, 335; zur Sicht der Finanzverwaltung BMF-Schreiben vom 14.10.2002, BStBl. I 2002, 972; dazu *Altendorf*, NWB F 4, 4695 (Okt. 2003); *ders.*, GmbH-StB 2003, 292; *Krupske*, GmbHR 2003, 208; *Zimmermann*, DB 2003, 786.

sonstigen Leistungen, wie private Pkw- und Telefon-Nutzung, Versicherungen, Pensionszusage etc. Für die Bestimmung der Angemessenheit einer Gesamtausstattung gibt es keine festen Regeln.[268] Der angemessene Betrag ist vielmehr im Einzelfall durch Schätzung zu ermitteln. Nach Ansicht des BFH ist bei dieser Schätzung zu berücksichtigen, dass nicht nur ein bestimmtes Gehalt als »angemessen« angesehen werden kann, sondern der Bereich der Angemessenheit sich auf eine gewisse Bandbreite von Beträgen erstreckt.[269] 338

Unangemessen sind nur diejenigen Bezüge, die den oberen Rand dieser Bandbreite übersteigen. Indizien sind Art und Umfang der Tätigkeit, die künftigen Ertragsaussichten des Unternehmens, das Verhältnis des Geschäftsführergehalts zum Gesamtgewinn und zur verbleibenden Kapitalverzinsung[270] sowie das Entgelt, das vergleichbare Unternehmen ihren Geschäftsführern für gleiche Leistungen zahlen.[271] 335

Wo im konkreten Einzelfall die Grenze zwischen noch angemessener und schon unangemessener Vergütung verläuft, ist nach Ansicht des BFH eine Sachverhaltsfrage, die vom Finanzgericht zu entscheiden ist und revisionsrechtlich nur auf Verfahrensfehler oder einen Verstoß gegen die Denkgesetze hin überprüft werden kann. Dies gilt selbst dann, wenn »sich aus den vorhandenen Schätzungsgrundlagen gleichermaßen andere Beträge hätten ableiten lassen«.[272] Besteht die Vergütung zum Teil aus variablen Bezügen, so kann deren Angemessenheit – jedenfalls wenn es sich um Gewinntantiemen handelt – nicht isoliert beurteilt werden.[273] 336

Hinsichtlich des Entgelts kann für die Beratung ein statistischer Fremdvergleich[274] Ausgangspunkt sein, der sodann den individuellen Gegebenheiten (Art und Umfang der Tätigkeit, Ertragsaussichten, Kapitalverzinsung) anzupassen ist.[275] Zu berücksichtigen ist, dass die statistisch erfassten Vergütungen i.d.R. neben Versicherungsleistungen und Pensionszusagen gewährt werden. Fehlen im individuellen Fall solche Nebenleistungen, kann ein höheres Entgelt gewährt werden.[276] Der BFH räumt den Finanzgerichten bei der Anwendung der Gehaltsstrukturuntersuchungen einen breiten Ermessensspielraum ein.[277] 337

---

268 Siehe z.B. FG Berlin-Brandenburg, DStRE 2008, 688.

269 BFH, BStBl. II 2004, 132; zur Anwendung der Bandbreite-Rechtsprechung des BFH auf andere Fälle der vGA – hier eines Grundstückskaufpreises – siehe FG Berlin, EFG 2004, 370.

270 Nach Niedersächsischem FG, EFG 2000, 647, müssen mindestens 25 % des »Geschäftserfolgs« der GmbH verbleiben; ähnlich FG Hamburg, EFG 2001, 160; BMF-Schreiben vom 14.10.2002, BStBl. I 2002, 972: Angemessenheit gegeben, wenn Jahresüberschuss vor Steuern mindestens so hoch wie Geschäftsführervergütung; m.E. unsinnig, siehe BFH, DStR 2003, 1969; BStBl. II 1992, 690.

271 Z.B. BFH, BFH/NV 1992, 341; BStBl. II 1992, 690; BFH/NV 1999, 370, jeweils zum Geschäftsführer einer Steuerberatungs-GmbH; siehe auch OFD Karlsruhe vom 17.4.2001, GmbHR 2001, 538.

272 BFH, GmbHR 2003, 1071.

273 BFH, GmbHR 2003, 1071; GmbHR 2003, 1214; BStBl. II 2004, 136.

274 Siehe z.B. *Tänzer*, GmbHR 2005, 1256.

275 Siehe hierzu *Glade*, DB 1998, 691; *Janssen*, GmbHR 2007, 749; FG Brandenburg, DStRE 1997, 639, r.k.r.; Hessisches FG, EFG 2000, 1032; EFG 2000, 287; GmbHR 1998, 650, vorrangig ist der innerbetriebliche Vergleich, Sachverständigengutachten nur in Ausnahmefällen; FG München, EFG 2000, 700, bei Handwerksbetrieb 50 % über Tarif; FG Düsseldorf, EFG 2001, 1069: Einer besonders guten Ertragslage ist dadurch Rechnung getragen, dass erst bei krasser Abweichung von den statistischen Zahlen eine vGA angenommen wird (im konkreten Fall 40 % auf den statistischen Wert); insoweit bestätigt durch BFH, BStBl. II 2003, 418; FG Baden-Württemberg, DStRE 2006, 1279: Statistik nicht maßgebend bei starkem Personenbezug.

276 Nach FG Köln, EFG 1996, 1006, r.k.r., 15 % für eine fehlende Versorgungszusage und 5 % für fehlende Unfallversicherung.

277 Siehe BFH, BStBl. II 2003, 418: »Oberes Quartil um 40 vH erhöht«; BFH, BFH/NV 2003, 822: »Durchschnittliches Gehalt gleich großer Unternehmen + 145 vH wegen überdurchschnittlicher Gewinnsituation./. 90 vH, weil die Statistik auch Gesellschafter-Geschäftsführer beinhalte«; BFH, GmbHR 2003, 1214: »Das FG ist zwar berechtigt und ggf. verpflichtet, solche Untersuchungen zu berücksichtigen; es kann aber gleichwohl zu dem Ergebnis kommen, dass die von ihm zu beurteilende Gestaltung Besonderheiten aufweist, die eine mehr oder weniger große Abweichung von den Untersuchungsergebnissen

▶ **Hinweis:**

Weichen die Vorstellungen des Gesellschafter-Geschäftsführers aufgrund besonderer Umstände (zB Ertragsstärke des Unternehmens, besonderer persönlicher Einsatz) von den statistischen Zahlen erheblich ab, empfiehlt sich die Einholung eines individuellen Vergütungsgutachtens einer Unternehmensberatung, um die Rechtfertigung des Gehalts frühzeitig zu dokumentieren.

339 Zusätzliche Leistungen, wie eine Bürgschaft oder Darlehensübernahme, sind nach Ansicht des FG Berlin-Brandenburg[278] nicht durch das Dienst-, sondern durch das Gesellschaftsverhältnis veranlasst und rechtfertigen daher keine höhere Vergütung.

340 Umsatz und Umsatzrenditen des Besitzunternehmens sind im Fall einer Betriebsaufspaltung nicht in den Fremdvergleich einzubeziehen.[279]

341 Eine vGA ist die Anstellung eines Gesellschafter-Geschäftsführers, der weder geeignet noch zeitlich in der Lage ist, diese Aufgabe zu erfüllen, selbst wenn ein anderer (hier der Ehemann) diese Aufgabe wahrnimmt.[280]

342 VGA liegt auch dann vor, wenn eine unentgeltliche Tätigkeit ausdrücklich vereinbart wurde und dennoch Zahlungen erfolgen.[281]

343 Auch ein besonderes »Know-how-Entgelt«, das neben dem Geschäftsführergehalt zusätzlich gezahlt wird, kann nach Ansicht des BFH unter Fremdvergleichgesichtspunkten problematisch sein.[282]

344 Nach der Rechtsprechung des BFH erfordert die Aufnahme einer Tätigkeit für eine weitere Gesellschaft nicht zwingend eine Gehaltsreduzierung, wenn der Mehrfach-Geschäftsführer seinen Einsatz nicht einschränkt.[283] Grundsätzlich ist jeder Geschäftsführervertrag gesondert auf seine Angemessenheit zu prüfen.[284] Dies bedeutet allerdings nicht, dass eine Mehrfachbeschäftigung bei der Beurteilung der Angemessenheit gänzlich außer Betracht zu lassen ist. Schuldet der Geschäftsführer seine gesamte Arbeitskraft und erhält er eine Vergütung an der Obergrenze eines angemessenen Gehalts, so ist bei Aufnahme einer weiteren Tätigkeit i.d.R. eine Vergütungsreduzierung vorzunehmen.[285] Eine Anpassung der Pensionszusage ist nicht zwingend.[286]

345 Etwas anderes gilt nur dann, wenn der Steuerpflichtige nachweist, dass es zu keiner Einschränkung der Tätigkeit gekommen ist, oder dass die anderweitige Tätigkeit Vorteile für die Gesellschaft mit sich bringt.[287]

346 Bei kleineren GmbHs mit mehreren Geschäftsführern sind nach der Rechtsprechung des BFH im Einzelfall nach den unterschiedlichen Aufgaben, der Beanspruchung und den Verantwortlichkeiten

---

rechtfertigen.« Siehe auch FG Düsseldorf, DStRE 2003, 671: »Ein gegenüber dem Mittelwert leicht erhöhten Betrag«. Gegen eine formale Anwendung der Statistiken siehe FG Berlin-Brandenburg, EFG 2010, 517; Sächsisches FG, GmbHR 2010, 1115.

278 FG Berlin-Brandenburg, EFG 2008, 232.

279 BFH, BFH/NV 2010, 472.

280 BFH, BFH/NV 1998, 749; anders, m.E. zu Recht, Niedersächsisches FG, GmbHR 1998, 1234: Ehemann als Generalbevollmächtigter; ferner FG Saarland, EFG 2002, 1555: Kein Vorteilsausgleich.

281 BFH, BFH/NV 2000, 750.

282 BFH, GmbHR 2010, 828.

283 BFH, BFH/NV 2000, 225.

284 *Schwedhelm*, in: Streck, KStG, 9. Aufl. 2018, Anh. § 8 Rn. 287.

285 Siehe BFH, GmbHR 2003, 1071; DStR 2003, 1567; DStR 2004, 1919; GmbHR 2004, 1400; ferner FG Niedersachsen, DStRE 2005, 159: Bei Reduktion auf 50 % der Arbeitskraft nur 50 % der fremdüblichen Vergütung, zu pauschal, daher aufgehoben durch BFH, GmbHR 2005, 635, mit Anm. *Hoffmann*; FG Brandenburg, EFG 2002, 1405, bestätigt durch BFH, GmbHR 2005, 697.

286 BFH, BFH/NV 2005, 245; gegen FG Münster, EFG 2004, 1006.

287 BFH, GmbHR 2003, 1071; GmbHR 2003, 1214.

Zu- und Abschläge vorzunehmen.[288] Es ist daher nicht zulässig, die sich aufgrund statistischer Erhebung ergebende Gehaltsgröße für ein Unternehmen mit der Anzahl der Geschäftsführer zu multiplizieren. Umgekehrt ist es u.E. unzutreffend, ein solches statistisches Gehalt durch die Anzahl der Geschäftsführer zu teilen. Vielmehr ist unter Berücksichtigung der jeweiligen Haftungsrisiken und der von den Geschäftsführern tatsächlich ausgeführten Tätigkeiten die Angemessenheitsgrenze zu schätzen. So geht das FG des Saarlandes[289] davon aus, dass bei einer mittelgroßen Familien-GmbH, in der Vater, Sohn und Tochter als Geschäftsführer tätig sind, jeweils Abschläge i.H.v. 30 % der fremdüblichen Gesamtvergütung für einen fremden Geschäftsführer vorzunehmen sind.

Unschädlich ist die jährliche Neufestsetzung der Vergütung, sofern sie rechtzeitig erfolgt.[290] Ob dies 347
allerdings auch dem Erfordernis der »Üblichkeit« entspricht, könnte zweifelhaft sein.[291] Entsprechend problematisch sind Gehaltserhöhungen in kurzen Zeitabständen.[292] Gehaltssteigerungen iRd. Angemessenheit sind selbst dann anzuerkennen, wenn sie zu ungewöhnlichen Gehaltssprüngen führen.[293]

Bei beherrschenden Gesellschafter-Geschäftsführern muss die Vergütung entsprechend dem Ver- 348
einbarten gezahlt werden.[294] Die Verbuchung erst bei Erstellung des Jahresabschlusses lässt auf eine vGA schließen. Nur wenn die Gesellschaft in einer nachweisbaren Liquiditätskrise ist, kann das Gehalt gestundet werden.[295] Die Umwandlung in ein Darlehen bedarf der ausdrücklichen Vereinbarung. Ferner gelten für den beherrschenden Gesellschafter Beträge, die ihm die GmbH schuldet, bereits mit Fälligkeit als zugeflossen.[296] Allerdings liegen vGA nur vor, soweit Zahlungen oder Rückstellungen erfolgen. Die bewusste »Nichtdurchführung« (»konkludenter Verzicht«) eines Vertrags führt nicht zur vGA.[297]

b) Zusammensetzung der Vergütung

Ist der Rahmen einer angemessenen Vergütung gefunden, ist die Art der Vergütung festzulegen. 349
Üblich ist die Gewährung einer Festvergütung zuzüglich einer Gewinntantieme (unüblich ist eine Nur-Gewinntantieme[298] oder eine Nur-Pensionszusage[299]), aber auch Festvergütung zuzüglich Pensionszusage oder reine Festvergütung.[300] Problematisch ist eine freie Mitarbeit neben der

288 Siehe BFH, BStBl. II 2004, 139; BFH/NV 2011, 1396; BFH/NV 2014, 385; FG Berlin-Brandenburg, EFG 2008, 717; EFG 2010, 517; BFH, DStR 2009, 1194.

289 EFG 2011, 1541.

290 *Schwedhelm*, in: Streck, KStG, 9. Aufl. 2018, § 8 Rn. 376 f.

291 Siehe hierzu auch BFH, BFH/NV 1995, 164; FG Saarland, GmbHR 1994, 336.

292 Siehe FG Hamburg, EFG 2004, 1006, aufgehoben und abgewiesen durch BFH, GmbHR 2005, 1143.

293 FG Saarland, EFG 1998, 686.

294 BFH, BFH/NV 2001, 1149; GmbHR 1997, 414; BFH/NV 1997, 712, hierzu *Schlagheck*, StBp 1998, 92; FG Baden-Württemberg, GmbHR 2000, 343; eine nur teilweise durchgeführte Gehaltsvereinbarung anerkennend FG München, EFG 2000, 584.

295 BFH, BFH/NV 2002, 543; FG München, EFG 2009, 38.

296 BFH, BFH/NV 2005, 526; BStBl. II 1984, 480; umgekehrt – also für Zahlungen des Gesellschafters an die GmbH – gilt dies nicht, siehe BFH, BStBl. II 2016, 778 zu Tantiemenrückzahlungen.

297 BFH, BStBl. II 2014, 493, betrifft Weihnachtsgeld; BStBl. II 2014, 491, betrifft Tantiemen;, BStBl. II 2014, 495, betrifft Urlaubs- und Weihnachtsgeld; BMF vom 12.5.2014, BStBl. I 2014, 860; *Briese*, DB 2014, 1334.

298 BFH, BStBl. II 1993, 311; a.A. im Ausnahmefall FG Hamburg, EFG 1999, 727: aufgehoben durch BFH, BStBl. II 2002, 111; siehe aber BFH, BFH/NV 2002, 1178, eine Nur-Gewinntantieme in der Aufbauphase anerkennend; ebenso BMF-Schreiben vom 1.2.2002, BStBl. I 2002, 214; ferner FG Hamburg, EFG 2002, 287, eine Nur-Tantieme ablehnend.

299 Eine Nur-Pensionszusage ist unüblich und führt zur vGA; BFH, BStBl. II 2013, 41; BMF-Schreiben vom 13.12.12, BStBl. I 2013, 58; dies gilt nach Ansicht des Sächsischen FG auch für den Minderheitsgesellschafter, DStRE 2007, 756.

300 BFH, BB 2002, 2321: Keine vGA, wenn neben monatlichem Festgehalt eine weitere Festvergütung bei Erreichen bestimmter Umsatzgrenzen gezahlt wird; dazu *Engers*, DB 2003, 116; anders BFH, GmbHR 2005, 111, bei vom Umsatz abhängigen variablen Gehältern.

Geschäftsführertätigkeit.[301] Die Vergütung ist so festzulegen, dass sie entweder Beträge nennt oder aber die Beträge allein durch einen Rechenvorgang zu ermitteln sind. Die Vereinbarung einer »angemessenen Vergütung« ist unzureichend, selbst wenn die Ermittlung der »Angemessenheit« einem Dritten übertragen wird.[302]

350 Verzichtet der Geschäftsführer auf das Festgehalt, nicht aber auf die Tantieme, führt dies zur vGA, wenn keine zeitliche und betragsmäßige Begrenzung erfolgt.[303] Nach dem FG Münster ist eine Nur-Gewinntantieme bei zeitlich geringfügiger Tätigkeit zulässig.[304]

c) Festvergütung

351 Im Vertrag sind die Höhe der Festvergütung und ihre Zahlungsweise festzulegen.

▶ **Formulierung:**

352 »Der Geschäftsführer erhält ein jährliches Festgehalt von € 150.000,–, das in monatlich gleichen Teilbeträgen am jeweiligen Monatsletzten auszuzahlen ist.« Oder: »Der Geschäftsführer erhält ein monatliches Festgehalt von € 10.715,–, das jeweils am Monatsletzten auszuzahlen ist. Ferner erhält der Geschäftsführer ein Urlaubs- und Weihnachtsgeld jeweils in Höhe eines monatlichen Festgehalts. Das Urlaubsgeld ist mit dem Junigehalt, das Weihnachtsgeld mit dem Dezembergehalt auszuzahlen. Besteht das Dienstverhältnis nicht während des gesamten Kalenderjahrs, sind Urlaubs- und Weihnachtsgeld zeitanteilig zu zahlen.«

353 Abweichende Fälligkeitsregelungen stehen in der Gefahr, als unüblich angesehen zu werden.[305]

354 Urlaubs- und Weihnachtsgelder werden vom BFH als Vergütung für Dienste im laufenden Geschäftsjahr angesehen.[306] Sie sind daher beim beherrschenden Gesellschafter nur zeitanteilig anzuerkennen, wenn sie nicht bereits zu Beginn des Jahrs vereinbart waren.[307]

355 Eine »ständige Übung« genügt nicht, wenn die Zahlung laut Vertrag »freiwillig« erfolgte.[308] »Umsatzgestufte« Weihnachtsgelder sind grundsätzlich zulässig.[309]

356 Ausdrückliche vertragliche Vereinbarungen zur Arbeitszeit und zu den zu erbringenden Leistungen sind u.E. nicht notwendig, da aufgrund eines Dienst- oder Arbeitsvertrags grundsätzlich die gesamte Arbeitsleistung geschuldet wird. Nur wo hiervon Abweichendes gelten soll, ist ggf. eine ausdrückliche Regelung erforderlich.[310]

d) Tantiemen

357 Umsatzabhängige Tantiemen sind nach der Rechtsprechung des BFH nur ausnahmsweise steuerlich anzuerkennen, wenn hierfür besondere Gründe vorliegen.[311] Für die Praxis muss vor Umsatztantiemen wegen der derzeitigen Rechtsprechung aber nachdrücklich gewarnt werden.

---

301 FG München, EFG 2002, 1251.
302 BFH, BB 1998, 1193.
303 BFH, BStBl. II 2002, 111.
304 FG Münster, EFG 2003, 802.
305 BFH, BStBl. II 1990, 454; BStBl. II 1996, 383; siehe auch *Frischholz*, StBp 1995, 11, m.w.N.; FG Rheinland-Pfalz, DStRE 2003, 295, zu einer Festbetragstantieme, die erst nach zehn Jahren fällig wird; zur Stundung siehe auch Hessisches FG, DStRE 2003, 161.
306 BFH, BStBl. II 1992, 434.
307 FG Hamburg, GmbH-StB 1997, 205.
308 FG Hamburg, GmbHR 2000, 291.
309 FG Saarland, EFG 2003, 1195.
310 Siehe BFH, BFH/NV 2010, 66.
311 BFH, BFH/NV 1999, 519: VGA bei spartenbezogener Umsatztantieme; GmbHR 2005, 111; GmbHR 2006, 1339; zu einer Immobilienmakler-GmbH Hessisches FG, EFG 2005, 479, mit Anm. *Neu*; anders nur BFH, BFH/NV 1994, 124; und BFH/NV 2004, 1424: Keine vGA bei einem Minderheitsgesellschafter

Gewinntantiemen sind zulässig und üblich.[312] Bei Umstellung von einer reinen Festvergütung auf eine Festvergütung zuzüglich Tantieme ist die Festvergütung ggf. zu reduzieren.[313] Bei beherrschenden Gesellschaftern ist auf die Klarheit der Regelung zu achten. Die Bezugsgröße der Tantieme muss eindeutig sein.[314] Vorbehaltsklauseln, die die Erteilung oder die Höhe der Tantieme in das Ermessen der Gesellschaft stellen, führen zur vGA.[315] Eine unübliche Tantiemenvereinbarung mit einem Fremdgeschäftsführer behält ihre Gültigkeit, wenn sich der Geschäftsführer an der Gesellschaft beteiligt.[316] 358

Ist Bemessungsgrundlage der Tantieme das nach dem KStG zu versteuernde Einkommen, so sind Änderungen zB durch eine Betriebsprüfung – positiv wie negativ – zu berücksichtigen.[317] Ist Anknüpfungspunkt die Steuer- oder Handelsbilanz, ist eine entsprechende Vertragsformulierung empfehlenswert.[318] Zur vGA führt eine Regelung, die es der Gesellschafterversammlung überlässt, ob eine Anpassung erfolgt oder nicht (schädlicher Vorbehalt).[319] 359

Nach der Rechtsprechung des BFH muss die Bemessungsgrundlage für eine Tantieme an den Gesellschafter-Geschäftsführer jedenfalls dann um noch nicht ausgeglichene Verlustvorträge gekürzt werden, wenn tantiemenberechtigte Gesellschafter-Geschäftsführer für den Verlust (mit-)verantwortlich sind.[320] 360

Die Berücksichtigung eines Verlustrücktrags (»Negativ-Tantieme«) ist nicht erforderlich, aber auch nicht schädlich.[321] 361

Die Modifizierung der Bemessungsgrundlage (zB im Hinblick auf Sonderabschreibungen etc.) ist möglich,[322] setzt aber eine präzise Vertragsformulierung voraus.[323] Das FG Hessen[324] hat eine Koppelung an den Wertzuwachs des Unternehmens abgelehnt. Nach dem FG Sachsen-Anhalt[325] soll ein schädlicher Vorbehalt gegeben sein, wenn der Jahresüberschuss vor Zuführung zu Sonderposten mit Rücklagenanteil als Bemessungsgrundlage vereinbart wurde. 362

---

und wenn alle anderen Mitarbeiter eine Umsatztantieme bekommen; FG Berlin, EFG 1998, 1218, rkr.; siehe auch BFH, BStBl. II 1999, 321: Umsatztantieme auch dann vGA, wenn nur im Gewinnfall zu zahlen; BStBl. II 2003, 329; gegen FG Brandenburg, EFG 2002, 163: Zahlung eines Festbetrags bei Erreichung bestimmter Umsatzgrenzen zulässig; ebenso BFH, BFH/NV 2006, 1711; aber anders BFH, GmbHR 2005, 111, bei vom Umsatz abhängigen variablen Gehältern. FG Berlin-Brandenburg, EFG 2014, 1332: Keine vGA, wenn »Gewinnabsaugung« ausgeschlossen ist; FG Baden-Württemberg, EFG 2015, 2213, für einen dem beherrschenden Gesellschafter nahestehenden Prokuristen, der ausschließlich für den Vertrieb zuständig war. Zu weiteren Nachweisen siehe *Schwedhelm,* in Streck, KStG, 9. Aufl. 2018, Anh. § 8 Rn. 310.

312 *Schwedhelm*, in: Streck, KStG, 9. Aufl. 2018, Anh. § 8 Rn. 314.

313 FG Schleswig-Holstein, EFG 2002, 636.

314 Siehe BFH, GmbHR 2003, 1502: »Vorläufiger Gewinn« oder »vorläufiges Ergebnis« unklar; BFH, BStBl. II 1992, 362; FG Berlin, GmbHR 1996, 706, rkr.: »Gewinn vor Steuern« ist unklar; FG Nürnberg, DStRE 2000, 912: Ist »Reingewinn vor Steuern« vereinbart, wird aber berechnet auf »Basis Reingewinn vor Steuern und Tantiemen«, ist das anteilig vGA, m.E. falsch; wie hier Niedersächsisches FG, EFG 2001, 916.

315 Siehe BFH, BStBl. II 1992, 851; hierzu kritisch *Hoffmann*, GmbHR 1994, 234; FG Hamburg, EFG 1990, 125, rkr.; Niedersächsisches FG, GmbHR 1990, 420; FG Berlin-Brandenburg, EFG 2015, 325.

316 BFH, BFH/NV 2004, 88; Niedersächsisches FG, EFG 2001, 1068.

317 BFH, BStBl. II 1971, 600; FG Köln, GmbHR 2000, 581.

318 Niedersächsisches FG, EFG 2000, 807.

319 FG Berlin-Brandenburg, EFG 2015, 325.

320 BFH, BStBl. II 2008, 314; BFH/NV 2011, 1920; zur Kritik *Schwedhelm*, in: Streck, KStG, 9. Aufl. 2018, Anh. § 8 Rn. 315.

321 FG Baden-Württemberg, EFG 2015, 2215.

322 Zur rohgewinnbezogenen Tantieme BFH, BStBl. II 1997, 703; DStRE 1999, 142; BStBl. II 1999, 241; OFD Frankfurt vom 25.7.2000 – S 2742 A-19-St II 10, BB 2000, 1770.

323 Beispiele bei *Carlé*, KÖSDI 1989, 7719.

324 FG Hessen, EFG 2002, 490.

325 FG Sachsen-Anhalt, EFG 2006, 1931.

363 Bei der Ermittlung des Prozentsatzes der Tantieme – so der BFH – wird ein ordentlicher und gewissenhafter Geschäftsleiter aber darauf achten, dass die Tantieme i.V.m. den übrigen Gehaltsbestandteilen nicht zu einer unangemessen hohen Gesamtausstattung führt. Hierzu kann er eine Prognose über die zukünftigen Gewinnaussichten der Gesellschaft anstellen und auf diese Weise ermitteln, welcher Tantiemensatz zu der angestrebten angemessenen Gesamtausstattung führt. In diesem Zusammenhang kann es im Einzelfall ein Indiz für eine gesellschaftsrechtliche Veranlassung sein, wenn der variable Anteil mehr als 25 % der Gesamtausstattung beträgt. Ob das Abweichen von der durch den BFH vorgegebenen Regel ein Indiz für eine gesellschaftsrechtliche Veranlassung ist, obliegt allein der Beurteilung durch das Finanzgericht. Insbesondere für den Fall, dass die Ertragslage der Gesellschaft starken Schwankungen unterliegt, hat der BFH unter Hinweis auf das BMF-Schreiben vom 1.2.2002[326] bei abweichenden Vereinbarungen eine gesellschaftsrechtliche Veranlassung verneint.[327]

364 Wurde eine Prognose nicht angestellt und lässt sich eine solche auch nicht mehr rekonstruieren, kann es – so der BFH in den beiden zitierten Entscheidungen – genügen, wenn der Tantiemensatz als solcher einem Fremdvergleich standhält. In einem solchen Fall würde – so der BFH – ein ordentlicher Geschäftsleiter die Gesamtausstattung allerdings auf einen Höchstbetrag begrenzen, um eine unkalkulierbare Gehaltsentwicklung zu vermeiden. Nur soweit die Gesamtausstattung diesen Höchstbetrag, der im Zweifel vom Finanzgericht zu ermitteln ist, überschreitet, liegt eine vGA vor.

365 Eine Begrenzung (Deckelung) der Gewinntantieme verlangt der BFH ferner, wenn i.R.d. Prognoseberechnung zum Zeitpunkt des Vertragsabschlusses sprunghafte Gewinnanstiege ernsthaft im Raum stehen. Fehlt in einem solchen Fall die Begrenzung, führt dies nicht dazu, dass der Anstellungsvertrag oder die darin enthaltene Tantiemevereinbarung insgesamt steuerlich nicht anzuerkennen wäre. Vielmehr ist in diesem Fall die über den »Deckelungsbetrag« hinausgehende Leistung eine vGA.

366 **Anmerkung:** Mit den beiden vorstehend zitierten Urteilen hat der BFH – wie er mehrfach klargestellt hat[328] – seine 75/25 Tantieme-Rechtsprechung[329] nicht aufgegeben. Allein die Beurteilung der Gesamtausstattung als angemessen, wie sie im vorgenannten Fall vom Finanzgericht festgestellt wurde,[330] genügt dem BFH nicht. Es ist weiterhin zu prüfen, ob das Verhältnis des Tantiemensatzes zu einer auf den Zusagezeitpunkt bezogenen Gewinnprognose und/oder zu dem monatlichen Fixgehalt eine gesellschaftsrechtliche Veranlassung indiziert. Allerdings legt der BFH die Beurteilung dieser Frage in die Hände der Finanzgerichte.

367 Hält eine Tantiemevereinbarung im Zeitpunkt ihres Abschlusses einem Fremdvergleich stand und erhöht sich die Bemessungsgrundlage für die Tantieme später in unerwartetem Maße, so führt die entsprechende Erhöhung der Tantieme nur dann zu einer vGA, wenn die Gesellschaft die Vereinbarung zu ihren Gunsten hätte anpassen können und darauf aus im Gesellschaftsverhältnis liegenden Gründen verzichtete.[331]

368 Tantiemeversprechen gegenüber einem[332] oder mehreren Geschäftsführern dürfen grundsätzlich insgesamt den Satz von 50 vH der Bemessungsgrundlage nicht übersteigen.[333] Dies gilt selbst bei einem nicht beherrschenden Gesellschafter.[334]

---

326 BMF-Schreiben vom 1.2.2002, BStBl. I 2002, 219.

327 BFH, GmbHR 2003, 1071; GmbHR 2003, 1214, siehe auch FG Baden-Württemberg, EFG 2001, 851; insoweit bestätigt durch BFH, DStR 2003, 1567, muss eine Obergrenze vereinbart werden, wenn die GmbH im Zeitpunkt der Zusage bereits so ertragsstark ist, dass bei Vereinbarung eines »üblichen« Tantiemensatzes ein Gehalt zu erwarten ist, das einem Fremdvergleich nicht standhält.

328 BFH, GmbHR 2004, 512; zu FG Düsseldorf, EFG 2003, 1036; siehe auch FG Düsseldorf, DStRE 2004, 144, bestätigt durch BFH, GmbHR 2004, 1536, mit Anm. *Hoffmann*; FG Düsseldorf, EFG 2004, 1481.

329 BFH, BStBl. II 1995, 549.

330 Siehe FG Düsseldorf, DStRE 2004, 144.

331 BFH, BStBl. II 2003, 418; siehe auch im zweiten Rechtszug FG Düsseldorf, EFG 2004, 222.

332 BFH, BFH/NV 2000, 1245.

333 Siehe BFH, BB 2003, 2210; GmbHR 2001, 115; BStBl. II 1995, 549; anders im Fall einer entsprechenden Vereinbarung, die vor der gesellschaftsrechtlichen Beteiligung geschlossen wurde BFH, GmbHR 2004, 136.

334 BFH, DStR 2000, 1728.

Bemessungsgrundlage für die 50 %-Grenze ist der handelsrechtliche Jahresüberschuss vor Abzug der Gewinntantieme und der ertragsabhängigen Steuern.[335] Sonderabschreibungen sind dem Jahresüberschuss wieder hinzuzurechnen.[336] Ausnahmen hat der BFH bisher (ähnlich wie für Umsatztantiemen) nur zugelassen 369

– für die Anlaufphase;[337]
– wenn ein Fremdgeschäftsführer eine gleich hohe Tantieme erhält.[338]

Für Freiberufler gelten keine Besonderheiten.[339] Offengelassen hat der BFH die Frage, ob eine höhere Tantieme vereinbart werden kann, wenn der Erfolg des Unternehmens in besonderer Weise von der Person des Geschäftsführers abhängt.[340]

Tantiemenzahlungen gelten dem beherrschenden Gesellschafter bereits mit Feststellung des Jahresabschlusses als zugeflossen, sofern nicht zivilrechtlich wirksam und fremdüblich etwas anderes vereinbart wurde.[341] Wird eine Tantieme vor Fälligkeit ausbezahlt, so ist der Verzicht auf eine Verzinsung vGA,[342] sofern die Gewährung von Vorschüssen nicht von vornherein klar vereinbart wurde.[343] 370

Das Rückwirkungsverbot gilt nicht nur für ein abgelaufenes Wirtschaftsjahr, sondern auch innerhalb eines Wirtschaftsjahrs. Beispiel: Vereinbarung einer Gewinntantieme am 1.11. für das laufende Wirtschaftsjahr. Hier sind steuerlich nur 2/12 der Tantieme anzuerkennen.[344] 371

e) **Anpassungsregelungen**

Der BFH[345] geht davon aus, dass das Gehalt eines Geschäftsführers laufenden Anpassungen unterliegt. Die Gewinntantieme ist anlässlich jeder tatsächlich vorgenommenen Gehaltsanpassung, spätestens jedoch nach Ablauf von drei Jahren, auf ihre Angemessenheit zu überprüfen. Umgekehrt führt die Erhöhung der Tantieme vor Ablauf der Vertragslaufzeit zur vGA.[346] 372

Die Vereinbarung einer absoluten Obergrenze der Tantieme vermeidet die Notwendigkeit, die Vertragsvereinbarung alle drei Jahre zu überprüfen und ggf. anzupassen. Die Obergrenze kann mE großzügig (z.B. Begrenzung auf ein Jahresfestgehalt) bemessen werden, wenn die Prognoseberechnung bei Vertragsabschluss realistisch war. 373

Eine Vertragsvereinbarung, wonach das Festgehalt im gleichen Prozentsatz steigt oder fällt, in dem Gehälter nach einem bestimmten Tarifvertrag und einer Tarifklasse steigen oder fallen, ist steuerlich unproblematisch. 374

Weitergehende Vertragsvereinbarungen im Hinblick auf eine Anpassung der Bezüge[347] halte ich weder für erforderlich noch für zweckmäßig. Sie beinhalten vielmehr das Risiko, als 375

335 BMF-Schreiben vom 1.2.2002, BStBl. I 2002, 219; BFH, BStBl. II 2004, 136.
336 Sächsisches FG, EFG 2006, 436.
337 BFH, DStR 2000, 919; BStBl. II 2000, 547; siehe auch FG Schleswig-Holstein, EFG 2002, 495, bestätigt durch BFH, GmbHR 2004, 672.
338 BFH, GmbHR 2001, 115.
339 BFH, BFH/NV 1999, 379.
340 Siehe BFH, BStBl. II 2000, 547.
341 BFH, BFH/NV 2011, 1057; *Schwedhelm*, in: Streck, KStG, 9. Aufl. 2018, Anh. § 8 Rn. 354.
342 BFH, BStBl. II 1998, 545.
343 So FG Köln, DStRE 2003, 1225, wegen nicht hinreichender Klarheit der Vereinbarung aufgehoben durch BFH, BStBl. II 2004, 307.
344 BFH, BB 1998, 1193; a.A. FG Rheinland-Pfalz, DStRE 1999, 754.
345 BFH, BStBl. II 1995, 549.
346 BFH, BFH/NV 2000, 1247.
347 Siehe z.B. *Korn*, KÖSDI 1996, 10815; *Tillmann/Schmidt*, GmbHR 1995, 796; *Fritsche/Köhl*, GmbHR 1996, 677; *Neumann*, GmbHR 1996, 740, 822.

»Vorbehaltsklausel« angesehen zu werden und gefährden damit die Anerkennung der gesamten Vergütung.[348]

f) Pensionszusagen[349]

376 Pensionszusagen bedürfen schon aufgrund des § 6a EStG (und damit auch bei nicht beherrschenden Gesellschaftern) der Schriftform und der Rechtsverbindlichkeit.[350] Dabei ist auf eine klare Formulierung zu achten.

377 Ist Bezugsgröße das letzte Festgehalt, sollte klargestellt werden, auf welches Jahr oder auf den Durchschnitt welcher Jahre sich der Prozentsatz bezieht. Ob das Gebot der Klarheit einer Auslegung der Vereinbarung entgegensteht, ist zweifelhaft.[351] Die FG-Rechtsprechung geht von einer Auslegungsfähigkeit aus.[352] Das Protokoll über den Beschluss der Gesellschafterversammlung genügt nicht, wenn das Protokoll keine Fixierung von Art und Höhe der Pensionszusage enthält.[353]

378 § 6a EStG schreibt kein Mindestpensionsalter vor. Die Pensionsrückstellung ist daher immer nach dem in der Zusage vorgesehenen Alter zu berechnen.[354] Eine Zusage auf ein Endalter unter 65 Jahre indiziert bei einem beherrschenden Gesellschafter eine vGA[355]. Nach Ansicht der Finanzverwaltung[356] ist bei Neuzusagen nach dem 9.12.2016 bei einer Altersgrenze unter 62 davon auszugehen, dass die Rückstellung in voller Höhe, zur vGA führt. Liegt die Altersgrenze unter dem 67 Lebensjahr soll anteilig eine vGA vorliegen. Für Zusagen bis zum 9.12.2016 sollen die Altersgrenzen bei 60 und 65 Jahren liegen. Die Anhebung der Altersgrenzen in der gesetzlichen Rentenversicherung ab 2007 hat nach der Rechtsprechung jedenfalls keinen Einfluss auf die steuerliche Beurteilung von Zusagen, die vor 2007 erteilt wurden.[357]

379 Für die Frage, ob eine vGA vorliegt ist grundsätzlich auf den Zeitpunkt der Zusage abzustellen. Ist einem nicht beherrschenden Gesellschafter Geschäftsführer eine Pensionszusage erteilt worden, die die strengeren Anforderungen für beherrschende Gesellschafter-Geschäftsführer nicht erfüllt, führt dies grundsätzlich nicht zur vGA, wenn der nicht beherrschende Gesellschafter-Geschäftsführer zum beherrschenden wird (sog. »Statuswechsel«).[358]

380 Eine Regelung, wonach die Versorgungsverpflichtung durch eine einmalige Zahlung in Höhe der zum Abfindungszeitpunkt (noch) bestehenden steuerlichen Rückstellung abgefunden werden kann,

348 Siehe FG Brandenburg, EFG 2004, 1161: Keine tatsächliche Durchführung des Vertrags und damit Nichtanerkennung einer Tantieme, weil trotz Anpassungsklausel keine Anpassung erfolgte, aufgehoben durch BFH, GmbHR 2005, 940.

349 *Arteaga*, GmbHR 1998, 265; *ders.*, BB 1998, 977; *Flore*, GmbH-StB 1997, 246; *Langohr-Plato*, Stbg 1997, 535; *ders.*, Stbg 2002, 393, 458; *Wochinger*, Stbg 1999, 193; *Schmidt*, GmbH-StB 1999, 169; *Mahlow*, DB 1999, 2590; *Hieb/Keser*, GmbHR 2001, 453; *Paus*, GmbHR 2001, 607; *Weber/Dahlbender*, GmbH-StB 2001, 329; *Weltkamp*, DStZ 2003, 291; *Mahlow*, DB 2005, 2651; *Wellisch/Gahl*, BB 2009, 2340.

350 BFH, BFH/NV 2011, 452, auch bei Änderungen der Pensionszusage.

351 BFH, GmbHR 2005, 942; bis zur Gesetzesänderung durch das StÄndG 2001 hat der BFH eine Auslegung akzeptiert, siehe BFH, BStBl. II 1984, 65; BFH/NV 1999, 972; gegen Niedersächsisches FG, EFG 1998, 782; BFH, GmbHR 1998, 1048; siehe auch BFH, BStBl. II 2001, 612: Festlegung der fiktiven Jahresnettoprämie ausreichend; vorausgehend BFH, BFH/NV 1999, 1643; siehe auch BMF-Schreiben vom 28.8.2001, BStBl. I 2001, 594.

352 FG Schleswig-Holstein, EFG 2010, 889.

353 BFH, BStBl. II 2004, 121; gegen Niedersächsisches FG, EFG 2002, 1021; FG des Saarlandes, EFG 1988, 592.

354 BFH, BStBl. II 2016, 1008; BFH/NV 2015, 500; Hessisches FG, EFG 2013, 1508; BMF vom 9.12.2016, BStBl. I 2016, 1427.

355 BFH, GmbHR 2005, 1510.

356 BMF vom 9.12.2016, BStBl. I 2016, 1427.

357 BFH, BStBl. II 2016, 1008; BFH/NV 2014, 728; BFH/NV 2015, 500.

358 BMF vom 9.12.2016, BStBl. I 2016, 1427; offen gelassen von BFH, BStBl. II 2016, 1008.

ist ein schädlicher Vorbehalt gem. § 6a Abs. 1 Nr. 1 EStG, weil die Abfindung unter dem Barwert der Versorgungsleistung liegt.[359]

Wird an eine Umsatztantieme angeknüpft, die als vGA zu werten ist, so ist auch die Zusage eine vGA.[360] **381**

Pensionszusagen sind »unangemessen« (und damit vGA auch bei nicht beherrschenden Gesellschaftern), wenn sie dem Berechtigten erstmals in einem Alter gewährt werden, zu dem ein ordentlicher Geschäftsleiter eine solche Zusage nicht erteilt hätte. Zusagen nach Vollendung des 60. Lebensjahrs führen daher grds. zur vGA;[361] ebenso eine Zusage nach Ausbruch einer lebensbedrohenden Erkrankung.[362] **382**

Ist die Zahlung einer Pension nicht an die tatsächliche Beendigung des Dienstverhältnisses, sondern »nur« an das Erreichen des Ruhestandsalters geknüpft, führt dies nicht zur vGA.[363] **383**

Wird das Dienstverhältnis des Gesellschafter-Geschäftsführers nach Erreichen des in der Pensionszusage vorgesehenen Ruhestandsalters fortgeführt, so muss die Geschäftsführervergütung auf die Versorgungsleistung angerechnet werden. Soweit dies nicht erfolgt, liegt nach Ansicht des BFH in Höhe des nicht angerechneten Betrags eine vGA vor.[364] **384**

Eine vGA wird vermieden, wenn der vereinbarte Eintritt des Versorgungsfalls aufgeschoben wird, bis der Begünstigte endgültig seine Geschäftsführerfunktion beendet. In diesem Fall dürfen die Pensionszusagen nach versicherungsmathematischen Grundsätzen erhöht werden.[365] **385**

Bei einem beherrschenden Gesellschafter-Geschäftsführer müssen zwischen dem Zeitpunkt der Zusage und dem vorgesehenen Zeitpunkt für den Eintritt in den Ruhestand mindestens zehn Jahre liegen (sog. Erdienbarkeit).[366] Eine kurzfristige Unterbrechung der Dienstzeit ist unschädlich.[367] Ansonsten führt die Berücksichtigung von Vordienstzeiten zur vGA.[368] Scheidet der Gesellschafter-Geschäftsführer bei einer unverfallbaren Pensionszusage vor Ablauf der zehn Jahre als Geschäftsführer aus, wird die bis dahin gebildete Rückstellung mangels tatsächlicher Durchführung zur vGA.[369] Der Erdienungszeitraum ist nicht gewahrt, wenn der beherrschende Gesellschafter-Geschäftsführer vor Ablauf von zehn Jahren in den Ruhestand treten kann.[370] **386**

Bei einem nicht beherrschenden Gesellschafter-Geschäftsführer kann hingegen auch eine vor der Zusage liegende Dienstzeit berücksichtigt werden, wenn der Geschäftsführer vor Zusage seit mehr als zwölf Jahren im Betrieb tätig gewesen ist und eine aktive Dienstzeit von mindestens drei Jahren verbleibt.[371] Dabei sind auch Zeiträume zu berücksichtigen, in denen das Unternehmen noch nicht als GmbH geführt wurde.[372] **387**

---

359 BFH, GmbHR 1999, 303; BMF-Schreiben vom 6.4.2005, GmbHR 2005, 796; *Paus*, GmbHR 2005, 975.

360 BFH, BFH/NV 2010, 244; vorgehend FG Düsseldorf, EFG 2008, 1227.

361 BFH, BFH/NV 1999, 1125; BStBl. II 1995, 478; BStBl. II 2003, 926; FG München, EFG 2004, 1789, bestätigt durch BFH, BFH/NV 2006, 616.

362 BFH, BFH/NV 2005, 385.

363 BFH, BFH/NV 2014, 781.

364 BFH, BFH/NV 2008, 1273; BStBl. II 2015, 413; nach FG Köln, EFG 2015, 1220, gilt dies auch, wenn die Vergütung mit Eintritt des Versorgungsfalls gekürzt wurde, Rev. I R 32/15; ferner FG Berlin-Brandenburg, EFG 2016, 1916: vGA auch wenn der Geschäftsführervertrag beendet und durch einen Beratervertrag ersetzt wird, NZB I B 104/16; zur Kritik *Schwedhelm/Höpfner*, GmbHR 2013, 800; *Kamchen/Kling*, NWB 2014, 1270; *Hoffmann*, GmbHR 2014, 497; *Otto*, GmbHR 2014, 617.

365 BFH, BStBl. II 2015, 413; FG Köln, EFG 2015, 1220.

366 BFH, BStBl. II 1995, 419; BFH/NV 2014, 728; *Wellisch/Kutzner* BB 2016, 2135.

367 BFH, GmbHR 2002, 795; gegen FG Köln, EFG 2002, 46.

368 BFH, BStBl. II 2014, 174.

369 BFH, BFH/NV 2014, 864; *Paus*, FR 2014, 1129.

370 FG Münster, EFG 2004, 600, bestätigt durch BFH, GmbHR 2005, 1510.

371 BFH, BStBl. II 1997, 440; GmbHR 1998, 338; zur Übergangsregelung siehe BMF-Schreiben vom 7.3.1997, BStBl. I 1997, 637.

372 BFH, BStBl. II 2000, 504.

388 Durch nachträgliche Verlängerung des Zeitraums kann die vGA verhindert werden,[373] allerdings nur ab Änderung der Zusage.[374] Die vom BFH vorgegebenen Zeiträume haben jedoch nur indizielle Bedeutung. Im Einzelfall kann eine Pensionszusage auch bei Unterschreitung der regulären Erdienbarkeitszeit anerkannt werden.[375]

389 Die Einhaltung der Zehnjahresfrist gilt auch für die Erhöhung einer Pensionszusage,[376] selbst wenn die Erhöhung aufgrund der Abhängigkeit der Pension von der gezahlten Vergütung aus einer (angemessenen) sprunghaften Erhöhung des Festgehalts resultiert (»Pensionssprung« nach »Gehaltssprung«). Allenfalls eine Anpassung durch Koppelung an dynamische Steigerungen des Gehalts (z.B. tarifvertragliche Steigerungen) ist ohne Einhaltung einer Wartefrist zulässig.[377] Nach FG Hamburg ist eine nachträgliche Dynamisierung nach Vollendung des 60. Lebensjahres vGA.[378] Auf die Erdienbarkeit kommt es hingegen nicht an, wenn die Altersversorgung im Wege der echten Barlohnumwandlung durch den Gesellschafter-Geschäftsführer finanziert werden.[379]

390 Wird eine Einbeziehung von Vordienstzeiten vereinbart, so sind diese bei der Rückstellung in der Bilanz zu berücksichtigen und außerbilanziell durch eine vGA zu korrigieren.[380] Werden Vordienstzeiten bei der Rückstellungsbildung berücksichtigt, ohne dass dies vereinbart war, so ist die gebildete Pensionsrückstellung fehlerhaft und in der Bilanz zu berichtigen. Sie führt – wenn die Zusage als solche angemessen ist – nicht zur vGA.[381]

391 Die Gewährung einer Pensionszusage unmittelbar nach Anstellung des Geschäftsführers ist nach Ansicht der Finanzverwaltung[382] und nach der Rechtsprechung[383] »unüblich« und damit idR eine vGA. Etwas anderes gilt, wenn die GmbH aus einem bestehenden Unternehmen hervorgegangen ist.[384] Eine Wartezeit von fünf Jahren ist in jedem Fall ausreichend.[385] Bei einem Geschäftsführer mit Branchenerfahrung genügen 18 Monate.[386] Ohne Branchenerfahrung genügen 15 Monate nicht.[387] Nach Auffassung der Finanzverwaltung[388] ist eine Probezeit von zwei bis drei Jahren – bei Neugründung von fünf Jahren – i.d.R. ausreichend.

392 Zuführungen zu einer Rückstellung für eine Pensionszusage, die ohne Beachtung der Probezeit vereinbart worden ist, werden bis zum Ablauf der Probezeit als vGA behandelt.[389] Nach der Rechtsprechung des BFH wächst eine Pensionszusage, die unter Einräumung einer unangemessen kurzen Probezeit gewährt wird, auch nach Ablauf einer objektiv angemessenen Probezeit nicht in die Angemessenheit hinein. Zuführungen zur Rückstellung nach Ablauf einer angemessenen Probezeit

---

373 BFH, GmbHR 1998, 944; *Hoffmann*, DStR 1998, 1625.

374 BFH, BB 2003, 2549; GmbHR 2005, 1510.

375 Siehe BFH, DStRE 2004, 1287; BStBl. II 2003, 416, dazu BMF-Schreiben vom 13.5.2003, BStBl. I 2003, 300; BFH, BFH/NV 2002, 1055; für eine vGA auch wenn der Zeitraum nur um wenige Monate unterschritten wurde FG Bremen, EFG 2008, 1324, die NZB wurde für unzulässig erklärt, BFH vom 19.11.2008 I B 111/08, nv. (juris).

376 BFH, FR 2009, 672.

377 BFH, DStR 2015, 2064; zur Gefahr einer Überversorgung siehe Hessisches FG, GmbHR 2000, 625, Rev. unzulässig, siehe BFH, BFH/NV 2001, 1285.

378 FG Hamburg, EFG 2016, 1357.

379 373a BFH, BFH/NV 2018, 887.

380 BFH, BStBl. II 2014, 174.

381 BFH, GmbHR 2002, 860, mit Anm. *Hoffmann*; BFH/NV 2009, 608.

382 BMF-Schreiben vom 14.5.1999, BStBl. I 1999, 512.

383 BFH, BStBl. II 1993, 455; BStBl. II 2005, 882 mit Anm. *Hoffmann*.

384 BFH, DStRE 1999, 630; BStBl. II 1999, 318; DStRE 2000, 26; BStBl. II 2002, 670; FG Rheinland-Pfalz, EFG 2003, 184; FG Berlin-Brandenburg, EFG 2014, 482; EFG 2014, 1713.

385 BFH, BStBl. II 1999, 316.

386 BFH, GmbHR 1998, 1049; siehe auch BFH, BFH/NV 2004, 373.

387 BFH, GmbHR 1998, 893.

388 BMF-Schreiben vom 14.5.1999, BStBl. I 1999, 512.

389 So auch BFH, BFH/NV 2010, 1310, vorgehend FG Saarland, EFG 2009, 774.

bleiben vGA.[390] Die Finanzverwaltung hat sich entgegen ihrer früheren Auffassung[391] dieser Entscheidung des BFH angeschlossen. Sie geht bei Pensionszusagen, die nach dem 29.7.2010 erteilt worden sind, davon aus, dass eine unter Verletzung der Grundsätze der Probezeit gewährte Pensionszusage nicht mehr in die Angemessenheit hineinwachsen kann.[392]

Der BFH verlangt die Finanzierbarkeit der Pensionszusage.[393] Für die Beurteilung der Finanzierbarkeit ist aber nur der versicherungsmathematische Barwert (§ 6a Abs. 3 Satz 2 Nr. 2 EStG) anzusetzen.[394] Abzustellen ist nicht auf den jeweiligen Bilanzstichtag, sondern auf den Zeitpunkt der Zusage.[395] Fällt die Finanzierbarkeit aufgrund einer späteren Vermögensentwicklung fort, so ist eine Einschränkung oder ein Widerruf der Pensionszusage erst dann notwendig, wenn eine entsprechende zivilrechtliche Grundlage besteht und ein ordentlicher und gewissenhafter Geschäftsleiter in der gegebenen Situation gegenüber einem Fremdgeschäftsführer von diesen Möglichkeiten Gebrauch gemacht hätte. Die bloße bilanzielle Überschuldung ist kein Grund für eine solche Anpassung.[396] Bei einer kombinierten Zusage (Altersversorgung, Invalidität, Witwenpension) ist jede einzeln zu beurteilen.[397] Immaterielle Wirtschaftsgüter wie ein Firmenwert sind bei positiver Fortführungsprognose bei der Beurteilung der Finanzierbarkeit heranzuziehen.[398] Nach dem FG Berlin[399] ist bei der Berechnung der Steuerrückstellung i.R.d. fiktiven Überschuldungsbilanz nur der Teilwert der Pensionsrückstellung anzusetzen. VGA ist die Pensionszusage nur, soweit sie nicht finanzierbar ist. Ggf. ist die Rückstellung also teilweise anzuerkennen.[400] Eine rückgedeckte Pensionszusage ist grundsätzlich finanzierbar, sofern die Beträge zur Versicherung geleistet werden.[401] 393

Die Höhe der Pensionszusage einschließlich der gesetzlichen Rentenanwartschaften darf 75 % der Aktivbezüge (= tatsächlich gezahltes Entgelt) nicht überschreiten.[402] Im Fall einer andernfalls vorliegenden Überversorgung ist die Rückstellung i.H.d. Überversorgung aufzulösen.[403] Eine Dynamisierung der Rente ist zulässig.[404] Eine Überversorgung ist aus steuerrechtlicher Sicht regelmäßig auch dann gegeben, wenn die Versorgungsanwartschaft trotz dauerhaft abgesenkter Aktivbezüge unverändert beibehalten 394

390 BFH, BStBl. II 2013, 41.

391 BMF-Schreiben vom 14.5.1999, BStBl. I 1999, 512.

392 BMF-Schreiben vom 14.12.2012, BStBl. I 2013, 58; *Killat*, DB 2013, 195; *Altendorf*, GmbH-StB 2013, 80.

393 BFH, BStBl. II 1999, 316; BFH/NV 1993, 330; BVerfG, GmbHR 1998, 750; BFH, BStBl. II 2005, 657; BStBl. II 2005, 659; BFH/NV 2001, 1147; BFH/NV 2002, 675.

394 BFH, BStBl. II 2005, 659; BFH/NV 2001, 1147; BFH/NV 2002, 675; BStBl. II 2005, 662; GmbHR 2003, 778.

395 BFH, BStBl. II 2005, 653 mit Anm. *Hoffmann*, GmbHR 2001, 399; FG Köln, EFG 1999, 1098, aufhebend.

396 BFH, GmbHR 2003, 778; BStBl. II 2005, 653.

397 BFH, BFH/NV 2001, 1142; eingehend zu dem Widerstreit zwischen BFH und FinVerw. *Gosch*, DStR 2001, 822; Checkliste zu den Anforderungen der Rechtsprechung bei *Wochinger*, Stbg 1999, 193, 203.

398 BFH, GmbHR 2004, 1034; gegen FG Nürnberg, DStRE 2003, 1340; FG Brandenburg, EFG 2001, 708, die Revision führte zur Zurückverweisung: BFH, BStBl. II 2003, 416.

399 FG Berlin, EFG 2005, 1961, mit Anm. *Neu*.

400 BFH, BStBl. II 2005, 659.

401 FG Berlin-Brandenburg, EFG 2014, 482.

402 BFH, BStBl. II 2004, 937; BStBl. II 1996, 421; siehe hierzu *Briese*, GmbHR 2004, 1132; *Brenner*, DStZ 1996, 65; *Höfer*, BB 1996, 41; *Gosch*, DStZ 1997, 1; zur Überversorgung durch eine Witwenklausel, wenn die Ehefrau selbst als Geschäftsführerin einen Pensionsanspruch hat FG des Saarlandes, EFG 2001, 1316, insoweit bestätigt durch BFH, BFH/NV 2003, 347; zur Berücksichtigung sonstiger Rentenansprüche BFH, BFH/NV 2007, 1350; die Rechtsprechung des BFH ablehnend FG Berlin-Brandenburg, EFG 2015, 321; Rev. eingel., I R 4/15.

403 BFH, BB 2004, 1956; a.A. FG München, DStRE 2004, 390; siehe auch BMF-Schreiben vom 3.11.2004, BStBl. I 2004, 1045; *Langohr-Plato*, INF 2005, 134; *Briese*, DStR 2005, 272.

404 BFH, BStBl. II 1996, 423; BB 1996, 582; zu den Grenzen Hessisches FG, GmbHR 2000, 625, Rev. unzulässig, siehe BFH, BFH/NV 2001, 1285.

und nicht ihrerseits gekürzt wird; darauf, ob die Kürzung der Anwartschaft nach arbeitsrechtlichen Maßgaben zulässig ist, kommt es nicht an.[405] Erfolgt hingegen während einer bloß temporären Unternehmenskrise allein eine zeitlich begrenzte Herabsetzung der aktiven Bezüge, muss es nicht zwingend sofort zu einer Absenkung der Versorgung kommen, um den Maßgaben der Überversorgung zu entsprechen.

395 Von der Prüfung einer Überversorgung wird abgesehen, wenn die laufenden Aufwendungen für die Altersversorgung (Sozialversicherungsbeiträge und Zuführung zur Pensionsrückstellung) 30 % des steuerpflichtigen Arbeitslohns nicht übersteigen.[406] Eine Umwandlung von Barlohn in Versorgungsleistungen ist bei entsprechender Absicherung des Versorgungsanspruchs zulässig.[407]

396 Das Fehlen einer Pensionszusage an übrige Arbeitnehmer ist – wenn diese nicht die gleiche Tätigkeit wie der Gesellschafter ausüben – ebenso wenig ein Indiz einer vGA wie eine Widerrufsklausel entsprechend § 6a Abs. 1 Nr. 2 EStG.[408] Die sofortige Unverfallbarkeit einer nach sechs Dienstjahren erteilten Pensionszusage ist kein Indiz einer vGA, wenn die Zusage eine proportionale Kürzung bei vorzeitigem Ausscheiden vorsieht.[409] Das Fehlen einer Rückdeckversicherung begründet keine vGA.[410]

397 Die Zusage einer Hinterbliebenenpension zugunsten des nichtehelichen Lebensgefährten führt nicht zur vGA,[411] wohl aber eine Witwenpension zugunsten einer erheblich (30 Jahre) jüngeren Ehefrau.[412] Die Zusage an die neue Lebenspartnerin oder Ehefrau nach dem Tod der bis dahin begünstigten Ehefrau oder Lebenspartnerin stellt eine Neuzusage dar mit der Folge, dass die Zusage erdienbar sein muss.[413]

398 Nach dem FG München[414] ist die Zusage einer nicht rückgedeckten Invaliditätsrente auch bei gewährleisteter Finanzierung vGA. Gleiches gilt nach dem FG Berlin[415] für eine sofort unverfallbare Invaliditätsrente. Der BFH[416] hat die Entscheidung des FG München in der Sache bestätigt. Eine vGA liege aber nicht wegen des Risikos, sondern wegen der Unüblichkeit einer dienstzeitunabhängigen Invaliditätsversorgung i.H.v. 75 % des Bruttogehalts vor.

399 Die Zahlungen für eine Rückdeckversicherung sind keine vGA, auch wenn die Pensionszusage als vGA anzusehen ist.[417] Auch die Zahlungen für eine Betriebsunterbrechungsversicherung, die auch das Erkrankungsrisiko des Gesellschafter-Geschäftsführers mit abdeckt, ist keine vGA, wenn nur die GmbH Bezugsberechtigter ist.[418]

400 Der Verzicht des Gesellschafter-Geschäftsführers auf eine unverfallbare Pensionszusage ist Einlage in Höhe des Teilwerts der Anwartschaft.[419]

401 Erfolgt der Verzicht auf eine unverfallbare Pensionszusage gegen Zahlung einer angemessenen Abfindung, so ist dies grundsätzlich keine vGA, wenn die Abfindung betrieblich veranlasst ist. Dies ist

405 BFH, BStBl. II 2012, 665; FG Köln, EFG 2015, 1563; a.A. FG Berlin-Brandenburg, EFG 2015, 321; aufgehoben durch BFH, BStBl. II 2017, 678; *Briese*, GmbHR 2015, 463.
406 BFH, BFH/NV 1996, 596, m.w.N.
407 BFH, DStR 2005, 63.
408 BFH, BStBl. II 1999, 318; BStBl. II 1999, 316.
409 BFH, BFH/NV 2004, 373; FG Köln, EFG 2001, 1235, bestätigt durch BFH, BFH/NV 2002, 952; FG Berlin, DStRE 2002, 167; BMF-Schreiben vom 9.12.2002, BStBl. I 2002, 1393; dazu *Höfer/Kaiser*, DStR 2003, 274; *Langohr-Plato*, INF 2003, 256.
410 BFH, BFH/NV 1998, 796; *Heildesheim*, DStZ 2002, 747.
411 FG Münster, DStRE 2000, 361; bestätigt durch BFH, GmbHR 2001, 304, mit Anm. *Bickenbach*; BMF-Schreiben vom 25.7.2002, BStBl. I 2002, 706.
412 FG Nürnberg, EFG 2000, 701.
413 BFH, BFH/NV 2014, 731.
414 FG München, EFG 2002, 941.
415 FG Berlin, DStRE 2002, 167.
416 BFH, BStBl. II 2005, 841; dazu *Höfer/Kaiser*, DStR 2004, 2136.
417 BFH, BStBl. II 2004, 131; gegen FG Köln, EFG 2002, 712.
418 BFH, BFH/NV 2015, 1273.
419 *Schwedhelm*, in: Streck, KStG, 9. Aufl. 2018, § 8 Rz. 101, m.w.N.

regelmäßig der Fall, wenn die Abfindung im Zusammenhang mit der Beendigung des Dienstverhältnisses steht.[420] In diesen Fällen spricht es nicht gegen die betriebliche Veranlassung, wenn die Abfindung vor Eintritt des Versorgungsfalls gezahlt wird.[421]

Etwas anderes gilt nach Ansicht des BFH, wenn die Abfindung vor Beendigung des Dienstverhältnisses erfolgt. Hier sieht der BFH in Höhe der Abfindung eine vGA, die nicht durch die Auflösung der Pensionsrückstellung kompensiert wird.[422] 402

Die Höhe einer Abfindung darf die Grenze der Angemessenheit und damit den Barwert der künftigen Pensionsleistungen zum Zeitpunkt der Abfindung gem. § 6a Abs. 3 Nr. 2 EStG nicht überschreiten. Maßgebend ist, was der Versorgungsberechtigte aufwenden müsste, um einen gleich hohen Versorgungsanspruch bei einem gleichwertigen Schuldner zu erwerben.[423] In diesen Fällen ist die Abtretung von Ansprüchen aus einer Rückdeckversicherung zur Abfindung ebenso zulässig[424] wie die Abfindung der Pensionszusage mit einer Direktversicherung.[425] 403

Bei einem beherrschenden Gesellschafter-Geschäftsführer muss das Abfindungsversprechen vor Zahlung,[426] nicht aber bereits im Zeitpunkt der Zusage[427] klar und eindeutig vereinbart sein. Die Vereinbarung bereits bei Zusage ist aber zulässig.[428] Schriftform ist u.E. nicht erforderlich.[429] 404

Der auf dem Gesellschaftsverhältnis beruhende Verzicht auf eine noch nicht unverfallbare Pensionszusage führt auf Ebene der Kapitalgesellschaft i.H.d. Teilwerts der Pensionsanwartschaften zu einer Einkommenserhöhung, ohne dass dieser Erhöhung kompensatorisch eine verdeckte Einlage gegenüberstünde.[430] 405

Die Abfindung einer verfallbaren Pensionszusage ist eine vGA.[431] 406

Beim Gesellschafter ist die Abfindung – soweit sie nicht als vGA zu qualifizieren ist – nach § 34 EStG und ggf. nach § 24 EStG begünstigter Arbeitslohn.[432] 407

g) Sonstige Vergütungsbestandteile

Steuerfreie Zuschläge für Sonntags-, Feiertags- oder Nachtarbeit sowie die Vereinbarung von Überstundenvergütungen werden bei Gesellschafter-Geschäftsführern i.d.R. nicht anerkannt.[433] Dies gilt auch bei mehreren Gesellschafter-Geschäftsführern.[434] Auch wenn Fremdarbeitnehmern eine entsprechende 408

420 BFH, GmbHR 2010, 924; FG Münster, EFG 2009, 1779; *Schwedhelm/Olbing/Binnewies*, GmbHR 2009, 1233, 1242.

421 FG Münster, EFG 2009, 1779.

422 BFH, BFH/NV 2014, 795; BFH/NV 2014, 797.

423 BFH, BStBl. II 2005, 261; BMF-Schreiben vom 6.4.2005, BStBl. I 2005, 619; *Frotscher*, in: Frotscher/Maas, KStG/UmwStG, § 8 KStG, Anh. Pensionszusage (Juli 2015); *Wellisch/Quast/Machill*, BB 2007, 987.

424 *Reuter*, GmbHR 2002, 6.

425 Siehe BFH, BStBl. III 1967, 328.

426 *Frotscher*, in: Frotscher/Maas, KStG/UmwStG, § 8 KStG Anh., Pensionszusage (Juli 2015); *Förster*, DStR 2006, 2149; *Lang*, in: Dötsch/Pung/Möhlenbrock, KStG, § 8 Abs. 3 (Teil D) Rn. 690 (Dez. 2014), m.w.N; a.A. BFH, BFH/NV 2014, 795; BStBl. II 2014, 729: Die Möglichkeit der Abfindung muss frühzeitig im Vertrag vorgesehen werden.

427 So grds. *Rupp* in Dötsch/Jost/Pung/Witt, § 8 Abs. 3 Rn. 692 (März 2007), ansonsten nur bei gesellschaftsrechtlichen Veränderungen, z.B. Verkauf der Anteile.

428 BFH, BFH/NV 2008, 1273.

429 A.A. BMF-Schreiben vom 6.4.2005, BStBl. I 2005, 619; offengelassen von BFH, BFH/NV 2006, 1515.

430 BFH, BFH/NV 2014, 795; BFH/NV 2014, 797.

431 BFH, BStBl. II 2004, 106, mit Anm. *Wendt*, FR 2004, 209, und *Gosch*, StBp 2004, 53; BFH, BFH/NV 2006, 1515.

432 BFH, BFH/NV 2002, 638; BStBl. II 2003, 177; BStBl. II 2003, 748; BStBl. II 2004, 106; BFH/NV 2004, 17; BFH/NV 2004, 624; BFH/NV 2005, 546; BStBl. II 2007, 581; FG München, EFG 2003, 467.

433 Siehe BFH, BFH/NV 2012, 1127, und die Nachweise bei *Schwedhelm*, in: Streck, KStG, 9. Aufl. 2018, Anh. § 8 Rn. 354; ferner FG Münster, BB 2016, 726 zum faktischen (Gesellschafter-) Geschäftsführer.

434 BFH, BStBl. II 2001, 655, mit Anm. *Prühs*, DB 2002, 114; FG Köln, EFG 2001, 1516.

Überstundenvergütung gezahlt wird, genügt dies nicht, um eine vGA zu vermeiden.[435] Es muss jedenfalls der tatsächliche Arbeitseinsatz des Geschäftsführers belegt werden und es darf keine andere erfolgsabhängige Vergütung gezahlt werden.[436]

409 Zu regeln ist die Gehaltsfortzahlung im Krankheitsfall oder bei sonstiger unverschuldeter Verhinderung sowie der Einfluss auf die Tantieme. Fortzahlungen bis zu sechs Monaten sind verbreitet und bisher nicht angegriffen worden. Bei langer Erkrankung sollte auch die Tantieme zeitanteilig gekürzt werden. Ohne vertragliche Vereinbarung ist zweifelhaft, ob und in welcher Höhe ein Anspruch auf Gehaltsfortzahlung besteht.[437]

410 Arbeitszeitkontomodelle führen nach Ansicht der Finanzverwaltung bei Geschäftsführern zum sofortigen Zufluss von Arbeitslohn[438] und nach Ansicht des BFH bei der Gesellschaft zur vGA, selbst wenn das Gehalt entsprechend gemindert wird.[439] Das FG Thüringen hat hingegen Zahlungen an eine überbetriebliche Versorgungskasse anerkannt, wenn das Gehalt des Gesellschafter-Geschäftsführers um die entsprechenden Beträge gekürzt wurde.[440]

h) Nebenleistungen

411 Sämtliche Sachleistungen sind vertraglich festzulegen. Hierzu gehören
– private Pkw-Nutzung, private Telefon-Nutzung,
– Wohnraumüberlassung,
– Versicherungen,
– Arbeitgeberdarlehen.[441]

412 Die private Pkw-Nutzung ist für den Gesellschafter-Geschäftsführer nur dann keine vGA, wenn sie ausdrücklich gestattet wird.[442] Allerdings setzt eine solche Nutzungsüberlassung nicht zwingend die Vereinbarung im Geschäftsführervertrag voraus. Auch mündliche oder konkludente Vereinbarungen sind anzuerkennen. Hierbei spielt die tatsächliche Handhabung eine ausschlaggebende Rolle.[443] Dort, wo die Nutzung gestattet ist, ist der Sachbezug Lohn.[444] Dem hat die Finanzverwaltung sich inzwischen angeschlossen.[445]

413 Ist die private Nutzung vertraglich nicht gestattet, kann eine verbotswidrige Nutzung nicht unterstellt werden.[446]

414 Dort, wo eine vGA vorliegt, ist die Höhe der Gewinnausschüttung mit dem Fremdvergleichspreis, nicht mit dem lohnsteuerlichen Wert (1 %-Regelung) anzusetzen.[447] Die Finanzverwaltung will aus Praktikabilitätsgründen i.d.R. weiterhin die 1 %-Regelung anwenden.[448]

---

435 BFH, GmbHR 2005, 109; gegen FG Köln, EFG 2004, 601; FG Bremen, EFG 2004, 1163.

436 BFH, BFH/NV 2006, 131, zu einem Fall, in dem Überstundenvergütungen, die der Auftraggeber an die GmbH für Arbeiten des Geschäftsführers leistete, an diesen als Bestandteil der Geschäftsführervergütung weitergeleitet wurden.

437 Siehe *Wimmer*, DStR 1997, 247: Sechs Wochen und beschränkt auf 80 % der Vergütung.

438 BMF-Schreiben vom 17.6.2009, BStBl. I 2009, 1286; a.A. FG Düsseldorf, EFG 2012, 1400; FG Niedersachsen, EFG 2012, 1397; FG Hessen, EFG 2012, 1243; *Graefe*, DStR 2012, 2419.

439 BFH, BStBl. II 2016, 489 zur Barlohnumwandlung zugunsten Zeitwertkonten-Modell; dazu *Schwedhelm/Zapf*, DB 2016, 2200; *Paus*, DStZ 2016, 785.

440 Thüringer FG, EFG 2016, 1634, bestätigt durch BFH, DStR 2018, 1359.

441 OFD Hannover vom 2.11.1998, DStR 1998, 1964.

442 BFH, BStBl. II 2012, 260; BStBl. II 2012, 262.

443 BFH, BStBl. II 2012, 266; BStBl. II 2012, 262.

444 BFH, BStBl. II 2012, 266.

445 BMF-Schreiben vom 3.4.2012, BStBl. I 2012, 478.

446 BFH, BStBl. II 2013, 1044.

447 BFH, BStBl. II 2012, 260; BFH/NV 2014, 153; a.A. FG Berlin-Brandenburg, EFG 2013, 1955; siehe auch *Eisman*, DStR 2013, 2740; der Fremdvergleichspreis gilt auch, wenn der PKW ausschließlich privat genutzt wird, siehe FG Saarland, EFG 2015, 800, aufgehoben durch BFH, GmbHR 2015, 1053.

448 BMF-Schreiben vom 3.4.2012, BStBl. I 2012, 478.

Die Gewährung von 30 bis 40 Urlaubstagen wird i.d.R. steuerlich nicht aufgegriffen. Zu vermeiden 415
sind allzu hohe Urlaubsrückstellungen.[449]

Reisekosten, Verpflegungsmehraufwendungen, Übernachtungskosten und Nebenkosten, die bei 416
betrieblich veranlassten Reisen anfallen und dem Geschäftsführer von der GmbH erstattet werden, sind Betriebsausgaben.[450] Nach dem FG Niedersachsen[451] ist eine klare und im Voraus getroffene Vereinbarung nicht erforderlich, in der Beratung aber zu empfehlen.

2. Ausländische Ferienimmobilien

Nach Auffassung des BFH ist die unentgeltliche oder verbilligte Überlassung einer Ferienimmobilie 417
durch eine ausländische Kapitalgesellschaft an den inländischen Gesellschafter eine vGA.[452]

Richtig ist, dass auch Vermögensminderungen oder verhinderte Vermögensmehrungen einer aus- 418
ländischen Kapitalgesellschaft vGA an den inländischen Gesellschafter sein können.[453] Die Entscheidungen zu den ausländischen Ferienimmobilien stehen aber im unmittelbaren Widerspruch zu der bisheriger Rechtsprechung des I. Senates des BFH, wonach beschränkt steuerpflichtige ausländische Körperschaften anders als unbeschränkt steuerpflichtige Körperschaften eine außerbetriebliche Sphäre haben können. So erzielen nach der Entscheidung des BFH aus 2001[454] ausländische Kapitalgesellschaften, die keine Einkünfteerzielungsabsicht haben keine steuerpflichtige Einkünfte. Dass die zum Erwerb oder der Errichtung einer ausschließlich privat genutzten Ferienimmobilie gegründete oder erworbenen ausländische Kapitalgesellschaft keine Gewinnerzielungsabsicht hat, dürfte auf der Hand liegen. Daher entscheidet der I. Senat 2013 kurzerhand, dass es jedenfalls bei der Überlassung von Ferienimmobilien »nichts zur Sache« tue, wenn die Gesellschaft keine Gewinne erziele. »In casu« sei die Existenz einer außerbetriebliche Sphäre bei ausländischen Kapitalgesellschaften unbeachtlich, weil die Gewinnlosigkeit gerade darauf beruhe, dass die Gesellschaft auf ein angemessenes Entgelt verzichte.

Für die Praxis ist im Ergebnis wichtig, dass das Problem durch die Entscheidungen des BFH und 419
die Diskussion in der Literatur präsent ist. Die aus der unentgeltlichen Nutzung der durch eine Kapitalgesellschaft gehaltenen Ferienimmobilie ausgelösten vGA sind zu erklären, da anderenfalls nicht nur steuerliche, sondern auch steuerstrafrechtliche Risiken im Raum stehen. Die Erklärungspflicht gilt auch für die Vergangenheit (§ 153 AO).

3. Darlehen an den Gesellschafter

Seit Abschaffung des Anrechnungsverfahrens bestehen zusätzliche Anreize, Ausschüttungen zu 420
unterlassen und durch Darlehen zu ersetzen.[455] Die Praxis zeigt, dass die Finanzverwaltung geneigt ist, bei längerfristiger Vermeidung der Ausschüttung durch Darlehensgewährung eine vGA

449 FG Nürnberg, DStRE 2000, 912; FG Rheinland-Pfalz, DStRE 2003, 295.

450 BFH, BStBl. II 1999, 321.

451 Niedersächsisches FG, GmbHR 2000, 442; EFG 2003, 1196.

452 Siehe BFH/NV 2005, 1528, vorausgehend FG Niedersachsen, EFG 2004, 124, zu einer schweizer AG; dagegen schon *Binnewies*, Steueranwalt 2005/2006, 66; *Janssen*, NWB 2010, 3058; BFH, BStBl. II 2013, 1024 zu einer spanischen S.L., dazu und zu den möglichen Konsequenzen aus den Änderungen des DBA Deutschland-Spanien seit 1.1.2013 *Binnewies/Wollweber*, DStR 2014, 628; *Glombek*, BB 2014, 855; *Rindermann-Haugwitz*, BB 2015, 2654; *Milatz/Christopeit*, BB 2015, 1750; *Espanol/Kaminski/Strunk/Pallast*, IStR 2016, 653, auch zum spanischen Steuerrecht; die Rechtsprechung des BFH zu Recht ablehnend *Piltz*, DStR 2014, 684; dagegen *Haase*, DStR 2014, 1481; *Olfen/Plattes/Meineke*, DStR 2016, 355, zum Steuerstrafrecht.

453 BFH, BStBl. II 2013, 1024; *Binnewies/Wollweber*, DStR 2014, 628; *Golombek*, BB 2014, 855; *Espanol/Kaminski/Strunk/Pallast*, IStR 2016, 653.

454 BFH, BStBl. II 2002, 861; kritisch *Prinz*, FR 2002, 1171.

455 *Seeger*, StuB 2000, 667.

zu unterstellen. Der Zeitpunkt der vGA und des Zuflusses beim Gesellschafter wird zumeist von der Finanzverwaltung willkürlich aufgegriffen. Die Finanzverwaltung stützt sich in diesen Fällen insbesondere auf die Rechtsprechung des VIII. Senat des BFH.

421 Die Darlehensgewährung selbst – also die Hingabe der Valuta – durch die GmbH an den Gesellschafter ist keine vGA, da sich das Darlehen nicht auf das Einkommen auswirkt (Aktivtausch). Etwas anderes kann gelten, wenn die Rückzahlung von Anfang an nicht gewollt ist,[456] von Seiten der Gesellschaft auf den Darlehensanspruch später verzichtet wird oder die Forderung an Wert verliert und abgeschrieben wird.

422 Zu berücksichtigen ist, dass der Streit um die vGA in diesen Fällen i.d.R. nicht auf der Ebene der Gesellschaft, sondern auf der Ebene des Gesellschafters geführt wird. Die Gesellschaft hat dem Gesellschafter ein Darlehen gewährt und weist diese Forderung in ihrer Bilanz aus. Nunmehr kommt der Betriebsprüfer und behauptet, die Hingabe des Darlehens sei vGA, es sei auf die Forderung konkludent verzichtet worden oder die Forderung sei nicht mehr werthaltig. Die durch die Ausbuchung oder Abschreibung der Forderung verursachte bilanzielle Vermögensminderung wird von dem Prüfer durch die außerbilanzielle Hinzurechnung kompensiert. Auf Ebene der Gesellschaft kommt es so zu keinem steuerlichen Mehrergebnis. Ein Rechtsbehelf gegen den Körperschaftsteuer- oder Gewerbesteuermessbescheid wäre mangels Beschwer unbegründet. Steuerliche Auswirkungen ergeben sich in den beschriebenen Fällen ausschließlich auf Ebene des Gesellschafters, weil der Prüfer regelmäßig bei ihm den Zufluss unterstellt. Daher sind die relevanten Entscheidungen zu diese Fällen nicht vom I. Senat zu § 8 KStG sondern von den Einkommensteuersenaten, insbesondere von dem VIII. Senat zu § 20 Abs. 1 Satz 2 EStG ergangen.

423 Der VIII. Senat des BFH hat formal die Begriffsdefinition des I. Senat für einer vGA i.S.d. § 20 I Nr. 1 Satz 2 EStG übernommen,[457] stellt letztlich aber nur auf den Vermögensvorteil beim Gesellschafter ab und ist sehr am Fremdvergleich orientiert.

▶ **Beispiel452[458]:**

424 Der Alleingesellschafter-Geschäftsführer einer GmbH kauft ein Einfamilienhaus. Den Kaufpreis zahlt die GmbH und bucht den Betrag auf einem Verrechnungskonto als Forderung gegen den Gesellschafter. Zinsen für die Forderung werden ebenfalls auf dem Verrechnungskonto gebucht. Tilgungen erfolgen nicht, wodurch sich die Forderung der GmbH gegen den Gesellschafter in den Folgejahren erhöht.

425 Die Betriebsprüfung nimmt vGA an, »da weder gesonderte Darlehensverträge abgeschlossen wurden, noch Grundpfandrechte zugunsten der GmbH eingetragen wurden….«. Das Finanzamt setzt beim Gesellschafter entsprechende Einkünfte aus Kapitalvermögen an.

426 Das FG[459] weist die Klage gegen die Einkommensteuerbescheide ab. Zwar erkennt es unter Hinweis auf die Rechtsprechung des VIII. Senates[460] an, dass es an einer Vorteilszuwendung an den Gesellschafter fehlt, wenn es sich bei der Leistung der GmbH an den Gesellschafter um einen Kreditgewährung handelt. Dies setze aber voraus, »dass der Gesellschafter von Anfang an ernstlich bestrebt

---

456 Dann handelt es sich nicht um ein Darlehen, sondern um eine Ausschüttung, siehe z.B. FG Nürnberg, EFG 2016, 907, zur Darlehensgewährung an eine Schweizer Briefkastenfirma, Az. des BFH: VIII R 3/16.

457 BFH, BStBl. II 2007, 393; BFH/NV 2007, 2291; BStBl. II 2016, 219.

458 Siehe auch BFH, GmbHR 2015, 996, dort geht der Senat von einer vGa i.S.d. § 20 Abs. 1 Nr. 1 Satz 2 EStG aus, obwohl nach dem Sachverhallt auf Ebene der Kapitalgesellschaft keine Gewinnminderung vorlagt – die Geldzuflüsse auf dem Konto des Gesellschafters waren als Einnahmen in der Kasse der GmbH erfasst –; ausdrücklichen offengelassen, ob eine Gewinnminderung auch Voraussetzung für eine vGa nach § 20 Abs. 1 Nr. 2 Satz 2 EStG darstellt in DStR 2004, 2143; BFH, BFH/NV 2015, 683; FR 2015, 607; ähnlich der IV. Senat, siehe BFH, BStBl. II 2016, 219, zur vGA an den Nahestehenden, der VI. Senat, siehe BFH, BStBl. II 2016, 778 und der X. Senat, BFH/NV 2010, 1246.

459 FG Baden-Württemberg vom 8.2.2012 – 4 K 3298/10, n.v. (juris).

460 BFH, BStBl. II 1982, 245.

ist, die erhaltenen Mittel in absehbarer Zeit wieder zurückzuzahlen«. Dies sei im vorliegenden Fall nicht erkennbar, da Möglichkeiten zur Tilgung nicht genutzt wurden, so dass davon auszugehen sei, dass ein Rückzahlungsverpflichtung von vornherein nicht begründet werden sollte.

Der BFH[461] hat die Entscheidung wegen der »Fremdüblichkeit des Darlehensvertrages hinsichtlich seiner tatsächliche Durchführung« bestätigt. Die Rechtsprechung des VIII. Senates überzeugt nicht. Allenfalls in besonders extrem atypischen Gestaltungen können Umstände für eine gewollte Ausschüttung durch die Darlehensvergabe sprechen, d.h. für den Willen der GmbH, eine Rückzahlung des Darlehens vom Auszahlungszeitpunkt an nicht mehr zu fordern. So hat der BFH eine vGA angenommen, weil Zahlungen an den Gesellschafter nicht als Darlehen, sondern als durchlaufende Posten gebucht wurden. Fehlende Tilgung und Erhöhung des Darlehens um Zinsen sind u.E. hingegen nicht ausreichend eine von den zivilrechtlichen Gegebenheiten abweichende steuerliche Zurechnung des Vermögens vorzunehmen.[462] Solange die GmbH einen zivilrechtlich durchsetzbaren Anspruch gegen den Gesellschafter hat, ist ihr Vermögen nicht gemindert und das des Gesellschafters nicht vermehrt.[463] Entscheidend kann u.E. nur sein, ob im Falle der Insolvenz der GmbH der Insolvenzverwalter den Darlehensanspruch gegen den Gesellschafter durchsetzen könnte. Dies dürften unzweifelhaft sein, solange die Auszahlung an den Gesellschafter nachzuweisen ist und mit dessen Zustimmung als Forderung gegen ihn verbucht. 427

Entsprechendes gilt hinsichtlich des Verzichts auf den Rückzahlungsanspruch. Eine vGA kommt nur in Betracht, soweit konkrete Anhaltspunkte vorliegen, die einen Verzicht indizieren. Auch hier ist auf die gegebene Zivilrechtslage abzustellen. Nur wenn sich der Gesellschafter in einer gerichtlichen Auseinandersetzung mit Aussicht auf Erfolg auf einen Verzicht berufen kann, ist ein Vermögensvorteil für den Gesellschafter gegeben. Solange für die GmbH der Darlehensanspruch durchsetzbar ist, fehlt es an einer Vermögensminderung der GmbH und an einem Vermögensvorteil in Form des als Darlehen gewährten Betrages. Fehlt die Vermögensminderung/der Vermögensvorteil stellt sich die Frage nach der gesellschaftsrechtlichen Veranlassung nicht. Ob das Darlehen in seiner konkreten Form so auch einem fremden Dritten gewährt worden wäre, stellt sich nicht. Die Fremdüblichkeit ist ein Maßstab für die steuerliche Beurteilung einer Vermögensminderung der GmbH/eines Vermögensvorteils des Gesellschafters, sie kann eine solche aber nicht begründen. Ebenso wenig wie § 8 Abs. 3 Satz 2 KStG es erlaubt, Einkünfte des Gesellschafters der GmbH zuzurechnen,[464] erlaubt die Vorschrift es, Vermögen abweichend von den zivilrechtlichen Gegebenheiten zuzurechnen. Rechtsgrundlage hierfür kann allenfalls § 39 Abs. 2 AO sein unter den dort geregelten Voraussetzungen. 428

Keine vGA ist die Hingabe eines Darlehens an den Anteilseigner ohne Besicherung,[465] es sei denn, die Darlehensforderung ist ohne Sicherheit von Anfang an wertlos.[466] Werden ungesicherte Darlehen gewährt, so kann die spätere Wertberichtigung eine vGA darstellen, wenn dem Ausfallrisiko nicht durch einen entsprechend hohen Zinssatz Rechnung getragen wurde.[467] Zu beachten ist aber, 429

461 BFH, FR 2015, 607.

462 Siehe auch BFH, BFH/NV 2001, 584, keine vGA nur weil der Zinsanspruch nicht bilanziell ausgewiesen wurde.

463 Vgl. auch FG Münster vom 15.05.2019 – 13 K 2556/15 K, G, EFG 2019, 1553,

464 BFH, DStR 1995, 1873; *Schwedhelm*, in: Streck, 9. Aufl. 2018, § 8 Anh Rn. 1406, m.w.N.

465 BFH, BStBl. II 1998, 573; BFH/NV 2005, 916; BFH, BStBl. II 2008, 568; FG Köln EFG 2008, 154.

466 BFH/NV 1999, 1515; FG Düsseldorf, EFG 1994, 124; FG Nürnberg, EFG 2016, 907, zur Darlehnsgewährung an einen Dritten – Auslandsgesellschaft – im vermuteten Interesse des Gesellschafters; vgl. auch FG Münster vom 15.05.2019 – 13 K 2556/15 K, G, EFG 2019, 1553.

467 FG Baden-Württemberg, EFG 2015, 841; BFH, BStBl. III 1958, 451; BStBl. II 1975, 48 betreffend nahestehende Körperschaften; BStBl. II 1990, 795; BFH/NV 2007, 1710; BFH/NV 2011, 2116; BStBl. II 2016, 491; FG Düsseldorf, EFG 1994, 124; Hessisches FG, EFG 1996, 451; *Neumann*, GmbHR 1996, 424; *Schwedhelm/Olbing/Binnewies*, GmbHR 2009, 1238; zu den vGA-Risiken beim »Cash Management« *Podewils*; GmbHR 2009, 803; zu internationalen Upstream-Darlehen *Schultes-Schnitzlein/Piontek*, IWB 2016, 511.

dass es zur Vermögensminderung erst kommt, wenn das Darlehen tatsächlich abgeschrieben wird.[468] § 6 Abs. 1 Nr. 2 Satz 2 EStG gewährt ein Wahlrecht zur Teilwertabschreibung, keine Pflicht.

430 Werden Gewinnausschüttungen durch Darlehen ersetzt, ist die Darlehensforderung gegen den Gesellschafter regelmäßig werthaltig, soweit sie durch den Gewinnanspruch gedeckt ist. Dabei ist zu beachten, dass die Ausschüttung KapEst auslöst, somit nur die Nettodividende zur Verrechnung mit dem Darlehen zur Verfügung steht.

431 Die Teilwertabschreibung beinhaltet noch keinen Zufluss beim Gesellschafter, dies ist erst bei einem Verzicht der Fall[469] oder wenn nicht mehr mit einer Rückzahlung zu rechnen ist.[470] Dementsprechend bleibt die Verpflichtung zur Verzinsung des vollen Darlehens bestehen. Wird auf die Verzinsung des abgeschriebenen Teils der Forderung verzichtet, ist dies vGA.[471]

4. Empfängerbenennung und vGA

432 Die Kapitalgesellschaft hat keine Privatsphäre (s.o.). Daher sind alle Vermögensminderungen der Kapitalgesellschaft Betriebsausgaben sofern es sich nicht um (verdeckte) Gewinnausschüttungen handelt.[472]

▶ **Beispiel:**

433 Nach der Rechtsprechung des BFH führen Kassenfehlbeträge nicht zwingend zur vGA.[473] Liegt aber keine vGA vor handelt es sich bei der Vermögensminderung zwingend um Betriebsausgaben. Zu versagen ist der Betriebsausgabenabzug nur, wenn § 160 AO oder ein anderes gesetzliches Abzugsverbot greift.

434 Umgekehrt: Wird auf Verlangen des Finanzamtes der Empfänger einer als Betriebsausgabe geltend gemachten Zahlung nicht benannt, kann zwar nach § 160 AO die Betriebsausgabe versagt werden; eine vGA liegt jedoch nicht vor.[474] Dies gilt aber nur dann, wenn glaubhaft ist, dass die Gelder an Dritte geflossen sind,[475] nicht dann, wenn die angeblichen Betriebsausgaben Entnahmen verdecken, wobei grundsätzlich das FA zu beweisen hat, dass Zuwendungen an den AntE oder ihm Nahestehende erfolgt sind.[476]

435 Nach FG München[477] soll eine Barzahlung an eine im Ausland ansässige Person bei Verletzung der Mitwirkungspflicht vGA sein Dies ist u.E. unzutreffend, soweit es nur um die nicht hinreichende Benennung des Empfängers geht; hier greift nur die Rechtsfolge des § 160 AO. Für eine Zuwendung an den Gesellschafter oder Nahestehenden trägt das Finanzamt die Feststellungslast, selbst wenn die Zahlung in das Ausland geflossen ist. Nur wo der festgestellte Sachverhalt für einen Vermögenszufluss beim Gesellschafter oder Nahestehenden spricht, kann sich die Feststellungslast umkehren.[478]

436 Schmiergeld an Dritte, die § 4 Abs. 5 Nr. 10 EStG unterfallen, sind zwar Betriebsausgaben und keine vGA, dürfen den Gewinn aber nicht mindern (nicht abzugsfähige Betriebsausgabe). VGA mit der Folge einer eventuellen Haftung der GmbH für KapESt und Besteuerung des Zuflusses beim Anteilseigner ist nur bei Schmiergeldzahlungen an Nahestehende denkbar. Unterfallen Zahlungen

468 BFH, BStBl. II 2011, 62.
469 BFH, BStBl. II 2004, 1010; BFH/NV 2007, 1710.
470 FG Berlin-Brandenburg, EFG 2004, 1866.
471 BFH, BStBl. II 2016, 491; kritisch *Paus*, FR 2016, 802.
472 464a Vgl. jüngst FG München, EFG 2018, 1388.
473 FG Köln, GmbHR 1999, 1109, bestätigt durch BFH, DStRE 2000, 1201.
474 466 FG Düsseldorf, EFG 2003, 1040.
475 Vgl. FG Düsseldorf, EFG 1979, 345.
476 467a Vgl. aber auch BFH, GmbHR 2018, 1073.
477 EFG 2015, 831.
478 BFH/NV 2014, 1501.

aus betrieblichen Gründen an Dritte nicht dem Abzugsverbot des § 4 Abs. 5 Nr. 10 EStG, kann sich die Frage der Empfängerbenennung (§ 160 AO) stellen.

Empfängt der Gesellschafter-Geschäftsführer von Dritten Schmiergelder, muss er sie zivilrechtlich 437
an die GmbH herausgeben. Eine vGA tritt dann ein, wenn die GmbH auf diese Ansprüche verzichtet oder sie nicht geltend macht.[479]

5. Liebhaberei und vGA

Unterhält eine Kapitalgesellschaft im Interesse ihres Gesellschafters ein Wirtschaftsgut (Segelyacht, 438
Einfamilienhaus, Ferienwohnung), aus dem Verluste resultieren, so ist der Verzicht auf die Vereinbarung eines Aufwendungsersatzes nach der Rechtsprechung des I. Senates des BFH vGA.[480] Gleiches gilt nach BFH, wenn die Kapitalgesellschaft eine Verlusttätigkeit im privaten Interesse ihres Gesellschafters ausübt.[481] Ob ein Verlustgeschäft im Interesse des Gesellschafters oder der Gesellschaft durchgeführt wird, ist nach den zur Liebhaberei entwickelten Kriterien zu entscheiden.[482] Der BFH sieht nicht lediglich den Verlust als vGA an, die GmbH muss einen über den reinen Verlustausgleich hinausgehenden Gewinnaufschlag verlangen,[483] was bei Nichtgeltendmachung zu einer entsprechend höheren vGA führt.[484] Anders FG Münster[485] zur Nutzung von Ferienwohnungen einer AG durch ihre Aktionäre: Keine vGA auf Ebene der AG, Sachbezug nach § 20 Abs. 1 Nr. 1 EStG in Höhe der vergleichbaren Bruttomiete auf Ebene des Aktionärs.

6. Kauf eigener Anteile und vGA

Bei dem Kauf oder Verkauf von Gesellschaftsanteilen ist der Preis zu vereinbaren, der mit einem 439
NichtAntE vereinbart würde. Unangemessene Preise zu Lasten der Körperschaft führen zur vGA.[486] Bei Börsenpapieren, z.B. Aktien, ist der Börsenkurs maßgebend, im Übrigen regelmäßig der gemeine Wert.[487] Das vereinfachte Ertragswertverfahren (§§ 199 ff. BewG) ist u.E. allenfalls als Anknüpfungspunkt für eine Schätzung verwendbar.[488] Ist mit dem Kauf der Wertpapiere ein Risikogeschäft verbunden, so führt dies nicht zur vGA, wenn die Chancen aufseiten der Körperschaft und des Anteilseigners ausgeglichen sind.[489]

479 BFH, BStBl. II 1987, 733; Sächsisches FG, EFG 2005, 1074.

480 BFH/NV 1997, R 190, Anm. *Gosch*, NWB vom 30.6.97, F 4, 4165; BFH/NV 2002, 1538, Anm. *Pezzer*, FR 2002, 1175, Anm. *Hoffmann*, GmbHR 2002, 1033; *Prinz*, FR 2002, 1171; BFH, BFH/NV 2005, 793, Anm. *Pezzer*, FR 2005, 590; FG München, EFG 2003, 800; DStRE 2010, 1176; FG Hamburg, EFG 2006, 1283, zu Pferdesport; Hessisches FG, EFG 2006, 289, mit Anm. *Neu*, zur Segelyacht; FG Niedersachsen, EFG 2006, 1937: Keine vGA bei Vercharterung von mehreren Motoryachten, aber Hinzurechnung mangels Aufzeichnung nach § 4 Abs. 7 EStG, siehe auch *Schönfeld/Bergmann*, IStR 2016, 935.

481 BFH/NV 1999, R 269.

482 BFH/NV 2002, 1538; BFH/NV 2005, 793; BFH/NV 2008, 1534, ein gesellschaftsrechtliches Interesse bei Erwerb eines unbebauten Grundstücks verneinend.

483 BFH/NV 2005, 793; BStBl. II 2017, 217; BFH/NV 2017, 60, jeweils zum Einfamilienhaus; FG Baden-Württemberg, EFG 2000, 36, zu Devisentermingeschäften; FG München, EFG 2003, 800, zur Ferienwohnung.

484 Zur Kritik siehe *Schwedhelm*, in: Streck, KStG, 9. Aufl. 2018, § 8 Rn. 249; *Pezzer*, FR 1998, 1093; *Hoffmann* StR 1999, 269.

485 EFG 2013, 1659.

486 RFHE 4, 222 (1920).

487 BFH, BStBl. III 1965, 618; BStBl. II 1968, 105, betreffend Gesellschaft, die durch GAV gebunden ist; BStBl. II 1975, 306: Gemeiner Wert, korrigiert nach der Bemessung durch einen pflichtgemäß handelnden Geschäftsleiter; Hessisches FG, EFG 2001, 1163: Ertragswert.

488 Siehe zum Stuttgarter Verfahren BFH, BStBl. III 1965, 618; BFH, BStBl. II 1969, 243; BFH, BStBl. II 1975, 306.

489 Vgl. BFH, BStBl. II 1970, 442, betreffend Einlage; *Stollenwerk/Willems*, GmbH-StB 2012, 81, 123.

440 Diese Grundsätze galten bis zum Inkrafttreten des BilMoG[490] im Jahr 2010 auch bei dem Kauf und Verkauf eigener Anteile vom oder an den Anteilseigner. Zahlte die Kapitalgesellschaft für eigene Anteile einen zu hohen Preis oder verlangt sie beim Verkauf einen zu geringen Kaufpreis, lag vGA vor. War der Preis angemessen, so fehlte es an einer Vermögensminderung, da die erworbenen Anteile mit den Anschaffungskosten zu aktivieren waren. Eine Teilwertabschreibung auf die eigenen Anteile, löste eine vGA aus. Verzichtete die GmbH zugunsten ihrer Anteilseigner auf das Recht, den Anteil eines ausscheidenden Anteilseigners unter Wert zu erwerben, konnte dies eine vGA darstellen.[491]

441 Seit dem BilMoG wird der Erwerb und die Veräußerung eigener Anteile handelsrechtlich nicht mehr wie ein Anschaffungsgeschäft, sondern wie eine Kapitalherabsetzung bzw. Kapitalerhöhung bilanziert. Dies gilt grundsätzlich auch steuerlich.[492] Dennoch will die Finanzverwaltung daran festhalten, dass die vorstehenden Grundsätze zur angemessenen Kaufpreiszahlung weiterhin gelten.[493] Dies ist nach der Qualifizierung des Erwerbs eigenen Anteile als Kapitalherabsetzung bzw. Kapitalerhöhung durch das BilMoG u.E. nicht haltbar. Da bei einem Kauf eigener Anteile über Wert und einem Verkauf eigener Anteile unter Wert der Gewinn der Gesellschaft nicht berührt wird und eine Teilwertabschreibung mangels Aktivierung der eigenen Anteile ausscheidet, kann schon begrifflich keine vGA gegeben sein.[494]

7. Forderungsverzicht und vGA

442 Ein Forderungsverzicht der Kapitalgesellschaft zugunsten des Anteilseigners ohne betrieblichen Anlass ist vGA.[495] Die Nichtgeltendmachung eines Anspruchs ist hingegen noch kein Verzicht.[496]

443 Der BFH[497] erkennt den Forderungsverzicht des Anteilseigners zugunsten der GmbH mit Besserungsmöglichkeit an; umfasst der Forderungsverzicht auch den Anspruch auf Darlehenszinsen, so sind nach Eintritt der Besserungsbedingungen Zinsen auch für die Dauer der Krise als Betriebsausgaben anzusetzen,[498] dies gilt auch, wenn der Anteil und die Forderung vor Eintritt des Besserungsfalls verkauft werden.[499]

444 FG Hamburg[500] will eine vGA zu Lasten der übernehmenden GmbH annehmen, wenn die GmbH nach Forderungsverzicht mit Besserungsschein auf eine Schwester-GmbH verschmolzen wird und die Forderung hierdurch wieder auflebt. M.E. unzutreffend; die Verschmelzung ist Tausch (Übertragung des Vermögens gegen Gewährung von Anteilen), wodurch der Gewinn der übernehmenden Gesellschaft nicht berührt wird. Anschließender Ertrag oder Verlust aus dem übernommenen Vermögen ist betrieblich und nicht gesellschaftsrechtlich veranlasst.

445 Nach FG München[501] ist der Verzicht auf Geschäftsführergehalt mit Besserungsklausel vGA, wenn die Bedingungen für den Besserungsfall nicht eindeutig geregelt sind.

---

490 BilMoG vom 25.5.2009, BGBl. I S 1102.

491 Siehe hierzu die Nachweise bei *Schwedhelm*, in: Streck KStG, 9. Aufl. 2018, Anh § 8 Rn. 598.

492 BMF, BStBl. I 2013, 1615; a.A. FG Münster, EFG 2017, 423, soweit die Anteile nicht zur Einziehung erworben wurden, dazu *Unterberg*, GmbHR 2017, 594.

493 BMF, BStBl. I 2013, 1615.

494 Streitig, wie hier *Frotscher*, in: Frotscher/Drüen, Anh. zu § 8 »Anteile, eigene«; *Schiffers*, GmbHR 2014, 83; *Siebert/Ivhenko-Siebert*, FR 2014, 355; a.A. *Gosch*, in: Gosch, KStG, 3. Aufl. 2015, § 8 Rz. 577; siehe auch *Briese*, GmbHR 2016, 49.

495 Siehe *Schwedhelm*, in: Streck; KStG, 9. Aufl. 2018, Anh. § 8 Rn. 494 m.w.N.

496 BFH, DStR 1998, 1354; BFH/NV 2001, 584, Vorinstanz FG Münster, EFG 2000, 468.

497 BStBl. II 1991, 588, nachfolgend BFH/NV 1997, 265.

498 *Schwedhelm*, in: Streck; KStG; 9. Aufl. 2018, Anh. § 8 Rn. 494 m.w.N.

499 Streitig, siehe die Nachweise bei *Schwedhelm*, in: Streck, KStG, 9. Aufl. 2018, § 8 Rn. 146.

500 EFG 2016, 1721; bestätigt durch BFH, DStR 2018, 1284.

501 EFG 2002, 1115, mit Anm. *Neu*; bestätigt durch BFH, BFH/NV 2003, 824, mit Anm. *Hoffmann*, GmbHR 2003, 548.

V. Rechtsfolgen einer vGA

Bei der GmbH erfolgt außerbilanziell eine Korrektur des Einkommens (§ 8 Abs. 3 Satz 2 KStG).[502] 446

Bei dem Anteilseigner wird der Vorteil der vGA den Einkünften aus Kapitalvermögen zugerechnet.[503] 447

▶ **Beispiel:**

Der Gesellschafter-Geschäftsführer erhält € 100,– zu viel Gehalt. Die GmbH kann die € 100,– nicht als Betriebsausgaben abziehen. Sie erhöhen den Gewinn. Die GmbH zahlt hierauf Gewerbesteuer und Körperschaftsteuer. Der Geschäftsführer versteuert statt € 100,– Einkünfte aus nichtselbstständiger Tätigkeit zu (unterstellt) 42 % nun Einkünfte aus Kapitalvermögen. 448

	GmbH
vGA	100
GewSt	– 14
	86
KSt 15 % von 100	– 15
	71

Gesellschafter	**Anteile im PV**	**Anteile im BV**
Dividende	100	100
ESt	Abgeltungsteuer 25	60 % x 42 % ESt 25,2
Belastung	14 + 15 + 25 = 54	14 + 15 + 25,2 = 54,2

Statt 42 % auf 100 Gehalt

Der Vorteil für den Gesellschafter (€ 25,– bzw. € 25,20 statt € 42,–) ist offensichtlich. Der Gesellschafter-Geschäftsführer wird zulasten der übrigen Gesellschafter noch einmal bereichert. 449

Anders ist dies bei einer zinslosen Darlehensgewährung zwischen Schwestergesellschaften T 1 und T 2. Bei der darlehensgewährenden GmbH T 1 liegen vGA an die Muttergesellschaft vor, die bei ihr zu 95 % nach § 8b Abs. 1 i.V.m. Abs. 5 KStG steuerfrei sind. Bei der Muttergesellschaft entsteht in Höhe der vGA ein steuerlich abzugsfähiger Aufwand (§ 8b Abs. 5 Satz 2 KStG), da der Nutzungsvorteil nicht einlagefähig ist.[504] 450

VI. VGA und Schenkung

1. Einleitung

Die schenkungsteuerliche Behandlung von (inkongruenten) Einlagen und (inkongruenten) Ausschüttungen sowie Zuwendungen der Gesellschaft an nahestehende Personen ist seit langem umstritten.[505] Die Ende 2011 in Kraft getretenen **Gesetzesänderungen** (§§ 7 Abs. 8 und 15 Abs. 4 451

502 *Schwedhelm*, in: Streck, KStG, 9. Aufl. 2018, § 8 Rn. 280 ff.; zur Kritik an der Rechtsprechung *Briese*, BB 2014, 1934; *Weber-Grellet*, BB 2014, 2263.

503 Eingehend *Marx*, DB 2003, 673; *Hey*, GmbHR 2001, 1; *Korn*, KÖSDI 2001, 12811; *Schiffers*, GmbH-StB 2000, 242; *ders.*, GmbHR 2001, 885; *Hambitzer*, Stbg 2001, 227; *Binz/Sorg*, DStR 2001, 1457; zum Konzern *Schmitz*, DB 2001, 1166; zu den Rechtsfolgen einer vGA zwischen Schwestergesellschaften siehe *Schwedhelm*, in: Streck, KStG, 9. Aufl. 2018, § 8 Rn. 295; BFH, BStBl. II 2001, 234.

504 BFH, GmbHR 2014, 721.

505 Vgl. nur *Fritz/Grünwald*, FR 2012, 911; *Riedel*, ErbStB 2013, 302; *Fuhrmann/Potsch*, NZG 2012, 681; *Van Lishaut/Ebbers/Schmitz*, Ubg 2012, 1 ff.; *Sell*, BB 2012, 426; *Viskorf/Haag*, DStR 2012, 1166; *Kahlert/Schmidt*, DStR 2012, 1208; *Eisele*, NWB 2012, 1897; *Viskorf*, DStR 2011, 607; *ders.*, ZEV 2012,

ErbStG) haben wenig Klarheit gebracht. Den Teilaspekt der schenkungsteuerlichen Qualifizierung von kongruenten oder inkongruenten, offenen oder verdeckten Ausschüttungen an (mittelbare) Gesellschafter hat der BFH bereits im Jahr 2013 entschieden.[506] Im März 2018 wurden die lange erwartenden Entscheidungen bezüglich der vGA an Nahestehende veröffentlicht.[507] Der Erlass der Finanzverwaltung vom 20.4.2018[508] setzt die BFH-Rechtsprechung um.

2. Kongruente Ausschüttungen

452 Ebenso wie Einlagen des Gesellschafters in das Gesellschaftsvermögen **gesellschaftsrechtlich veranlasst** sind, sind es umgekehrt auch Ausschüttungen. Hierbei kommt es nicht darauf an, ob die Ausschüttung zivilrechtlich entsprechend den gesellschaftsrechtlichen Vorgaben beschlossen wurde, oder es sich um eine verdeckte Gewinnausschüttung (vGA) handelt. Darüber besteht Einigkeit.[509]

453 Unentgeltliche sowie entgeltliche, aber aus anderen Gründen **nicht betrieblich veranlasste Zuwendungen** der Gesellschaft an ihre Gesellschafter erfolgen sowohl aus ertragsteuerlicher als auch aus schenkungsteuerlicher Sicht »societatis causa«. Der Gesellschafter erzielt Beteiligungseinkünfte (§ 20 Abs. 1 Nr. 1 EStG oder § 8b KStG). Eine Schenkung kommt nicht in Betracht. Das Urteil des BFH vom 30.1.2013[510] setzt dies – zu Recht – als selbstverständlich voraus, sowohl für Ausschüttungen an unmittelbare, als auch an mittelbare Gesellschafter.

3. Inkongruente Ausschüttung

454 Die Ausschüttungen von Gewinn oder Auskehrungen von Rücklagen erfolgen regelmäßig im Verhältnis der Beteiligungen der jeweiligen Gesellschafter. Diese wirtschaftlich grundsätzlich angemessene – und vom Gesetz vorgegebene[511] – Gestaltung ist **rechtlich nicht zwingend**. Zum Ausgleich von der Regel abweichender wirtschaftlicher oder persönlicher Interessen kann – gesellschaftsrechtlich unbedenklich[512] – eine inkongruente, d.h. den der Höhe der Beteiligungen nicht entsprechende Gewinnverteilung vereinbart werden. Der **I. Senat des BFH** hat inkongruente Ausschüttungen **ertragsteuerlich** anerkannt.[513] Die Finanzverwaltung hat sich nach langem Zögern jedenfalls im Grundsatz angeschlossen.[514]

455 Im **Erlass vom 14.3.2012**[515] ging die Finanzverwaltung davon aus, dass inkongruente verdeckte Ausschüttungen (vGA) im Verhältnis zwischen Gesellschaft und Gesellschafter **Schenkungsteuer** auslösen.

▶ **Beispiel:**

456 A und B sind zu jeweils 50 % an der A-GmbH beteiligt. A erhält ein um € 100.000,– überhöhtes Geschäftsführergehalt. Ertragsteuerlich ist eine vGA i.H.v. € 100.000,– gegeben. Nach Auffassung der Finanzverwaltung ist daneben von einer Schenkung der Gesellschaft an A i.H.v. € 50.000,– auszugehen, da aufgrund der hälftigen Beteiligung lediglich die Hälfte des überhöhten Gehalts gesellschaftsrechtlich veranlasst sein könne.

442; *Wälzholz*, GmbH-StB 2011, 340; *ders.*, ZEV 2008, 273; *Binnewies*, GmbH-StB 2012, 343; *ders.*, GmbHR 2011, 1022; *Christ*, ZEV 2011, 10; *Crezelius*, ZEV 2011, 393; *Neufang/Merz*, BB 2011, 2397; *Birnbaum*, DStR 2011, 252; *ders.*, ZEV 2009, 125; *Hübner*, DStR 2007, 1750; *ders.*, DStR 2008, 1357; *Kamps*, Stbg 2006, 107, 324.

506 BFH, GmbHR 2013, 486; vgl. auch BFH, BFH/NV 2014, 1554.

507 BFH, GmbHR 2018, 247, 275, 279.

508 BStBl. I 2018, 632.

509 Vgl. zuletzt BGH, DB 2013, 45.

510 II R 6/12, GmbHR 2013, 449.

511 Für die GmbH: § 29 Abs. 3 Satz 1 GmbHG; für die AG: § 60 Abs. 2 AktG.

512 Vgl. § 29 Abs. 3 Satz 2 GmbHG und § 60 Abs. 3 AktG.

513 BFH, GmbHR 1999, 1258; BFH/NV 2006, 2207; vgl. ferner BFH, BFH/NV 2010, 865.

514 BMF-Schreiben vom 17.12.2013, DB 2014, 23.

515 BStBl. I 2012, 331 Tz. 2.6.2, neu vom 20.4.2018, BStBl. I 2018, 632.

Diese Auffassung der Finanzverwaltung war unzutreffend. Ebenso wie Einlagen des Gesellschafters in das Gesellschaftsvermögen gesellschaftsrechtlich veranlasst sind, sind es umgekehrt auch Ausschüttungen, unabhängig davon, ob kongruent oder inkongruent, ob offen oder verdeckt. Gerade bei **vGA** ist die **gesellschaftsrechtliche Veranlassung** immanentes Tatbestandsmerkmal. 457

Der Auffassung der Finanzverwaltung wurde frühzeitig entgegengetreten.[516] In der **Entscheidung vom 30.1.2013**[517] hat auch der **BFH** – erwartungsgemäß – der Auffassung der Finanzverwaltung eine Absage erteilt. Die Finanzverwaltung setzt das Urteil um.[518] 458

4. Verdeckte Gewinnausschüttung an Nahestehende

Die schenkungsteuerliche Behandlung von Zuwendungen der Gesellschaft an dem Gesellschafter nahestehende Personen war umstritten. **Mangels unmittelbarer Vermögensverfügung des Gesellschafters** an die nahestehende Person lehnte der **BFH** in einer viel beachteten und diskutierten Entscheidung aus dem Jahr 2007 in diesem Verhältnis eine freigebige Zuwendung i.S.v. § 7 Abs. 1 Nr. 1 ErbStG ab. Er deutete in einem Obiter Dictum allerdings an, dass eine Schenkung im Verhältnis der Gesellschaft zur nahestehenden Person gegeben sein könnte.[519] 459

Ausgehend von diesem Obiter Dictum ging die **Finanzverwaltung** u.a. im Erlass vom 14.3.2013[520] von einer Schenkung im Verhältnis der Gesellschaft zu nahestehenden Personen aus. Auch der Gesetzgeber folgte dieser Linie und versucht, mit § 15 Abs. 4 ErbStG die zwischen der Gesellschaft und der nahestehenden Person zu ziehenden schenkungsteuerlichen Konsequenzen abzumildern, indem bezüglich des anwendbaren Freibetrags und des anwendbaren Tarifs davon ausgegangen werden soll, als ob eine Schenkung zwischen Gesellschafter und nahestehender Person gegeben wäre. Nach der Gesetzesbegründung ging der Gesetzgeber bei Einführung des § 15 Abs. 4 ErbStG davon aus, dass eine entsprechende »ständige Rechtsprechung des BFH« existiere, obgleich lediglich das erwähnte Obiter Dictum im Raum stand.[521] 460

Die **finanzgerichtliche Rechtsprechung** war uneinheitlich. Das FG Münster und das FG Niedersachsen[522] lehnten bei vGA an Nahestehende eine Schenkung der Gesellschaft ab, da neben offener oder vGA sowie Kapitalrückzahlung und betrieblich veranlassten Rechtsbeziehungen kein Raum für eine Schenkung zwischen Gesellschaft und Gesellschafter sowie Nahestehenden sei, jedenfalls, wenn die Zuwendung der Gesellschaft beim Empfänger als »Markteinkommen« ertragsteuerlich erfasst werden (z.B. § 21 EStG).[523] Das FG Düsseldorf nahm eine Schenkung zwischen Gesellschaft und nahestehender Person an. Die auf dem Gesellschaftsverhältnis beruhende vGA steht danach einer Schenkung nicht entgegen, da das jeweilige Verhältnis der Gesellschaft mit unterschiedlichen Personen besteht (Gesellschafter einerseits und nahestehende Person andererseits).[524] In allen drei Fällen war die Revision zugelassen, über die der BFH in den nunmehr veröffentlichten Urteilen am 13.9.2017[525] einheitlich entschieden hat. 461

Der BFH hat seine im Urteil aus dem Jahr 2007 vertretene Auffassung aufgegeben und akzeptiert einerseits, dass das Gesellschaftsverhältnis zwischen Gesellschaft und Gesellschafter ein 462

516 Vgl. *Viskorf*, DStR 2011, 607; *Binnewies*, GmbHR 2011, 1022.
517 II R 6/12, GmbHR 2013, 449; bestätigt durch BFH, GmbHR 2018, 279.
518 Erlasse der obersten Finanzbehörden vom 20.4.2018, BStBl. I 2018, 632.
519 BFH, BStBl. II 2008, 258.
520 BStBl. I 2012, 331 Tz. 2.6.1; neu BStBl. I 2018, 632.
521 Vgl. Stellungnahme des Bundesrats vom 17.6.2011 zum Entwurf eines Gesetzes zur Umsetzung der Beitreibungsrichtlinie sowie zur Änderung steuerlicher Vorschriften BR-Drucks. 253/11. Zustimmung der Bundesregierung in BT-Drucks. 17/6263, Anlage 5.
522 FG Niedersachsen, EFG 2016, 1818; bestätigt durch BFH, GmbHR 2018, 279.
523 FG Münster, EFG 2014, 301; BFH, DStR 2014, 2239, aus anderen Gründen bestätigt. Vgl. auch FG Münster, EFG 2016, 232; bestätigt durch BFH, GmbHR 2018, 247.
524 FG Düsseldorf, EFG 2017, 237; aufgehoben durch BFH, GmbHR 2018, 275.
525 BFH, GmbHR 2018, 247; GmbHR 2018, 275 und GmbHR 2018, 279.

Schenkungsverhältnis zwischen Gesellschaft und nahestehender Person verdrängt und andererseits eine Schenkung unmittelbar zwischen Gesellschafter und nahestehender Person gegeben sein kann:

- Die Zahlung überhöhter Entgelte an die dem Gesellschafter nahestehende Person kann auf dem Gesellschaftsverhältnis beruhen, obwohl sie nicht an den Gesellschafter selbst erfolgt, sondern im **abgekürzten Zahlungsweg** aufgrund einer vertraglichen Vereinbarung zwischen der GmbH und der dem Gesellschafter nahestehenden Person.
- I.H.d. unangemessenen Teils der Zahlung liegt eine vGA an den Gesellschafter vor. »Wirkt der Gesellschafter an dieser vGA mit«, verdrängt diese im **Gesellschaftsverhältnis** begründete vGA die Schenkung der Gesellschaft an die nahestehende Person.
- Die **Mitwirkung des Gesellschafters** »an dem Vertrag zwischen GmbH und nahestehender Person« kann darin bestehen, dass er den Vertrag als Gesellschafter-Geschäftsführer abschließt, als Gesellschafter mitunterzeichnet, dem Geschäftsführer eine Anweisung zum Vertragsabschluss erteilt oder in sonstiger Weise auf den Vertragsabschluss hinwirkt oder diesem zustimmt.
- Durch diese Mitwirkung verschafft der Gesellschafter der ihm nahestehenden Person einen Vermögensvorteil und **verfügt** über »seinen künftigen Gewinnausschüttungsanspruch«. Dadurch mindert sich i.H.d. vGA bzw. i.H.d. Entnahmewerts das künftige Gewinnausschüttungsvolumen der GmbH zu seinen Lasten. Zugleich ist darin die Ermächtigung zu sehen, dass die Gesellschaft an die nahestehende Person mit befreiender Wirkung leistet (abgekürzter Zahlungsweg).
- Das **Nahestehen** einer Person kann auf familienrechtlichen, gesellschaftsrechtlichen, schuldrechtlichen oder auch rein tatsächlichen Beziehungen beruhen.
- Diese Rechtsgrundsätze gelten entsprechend, wenn **mehrere Gesellschafter an der GmbH beteiligt** sind von denen zumindest einer bei der Vereinbarung zwischen der GmbH und der ihm nahestehenden Person mitgewirkt hat.
- Sofern der **BFH im Urteil von 2007** eine gemischte freigebige Zuwendung der GmbH an die dem Gesellschafter nahestehende Person für möglich gehalten hat, wird an dieser Auffassung für Sachverhalte, in denen die überhöhten Entgelte an die nahestehender Person unter Mitwirkung des Gesellschafters und damit auf gesellschaftsrechtlicher Grundlage geleistet werden, nicht mehr festgehalten.
- **§ 15 Abs. 4 ErbStG** rechtfertigt es nicht, eine GmbH, die überhöhte Entgelte an eine dem Gesellschafter nahestehende Person auf gesellschaftsrechtlicher Grundlage zahlt, als Schenkerin i.S.v. § 7 Abs. 1 Nr. 1 ErbStG anzusehen. Wirkt der Gesellschafter an der Leistung mit, ist die Leistung auf seine Veranlassung zurückzuführen und die Gesellschaft vollzieht keine freigebige Zuwendung.
- Der BFH weist darauf hin, dass er nunmehr der Auffassung ist, dass eine **Schenkung unmittelbar des Gesellschafters an die nahestehender Person** gegeben sein kann. Sofern der Gesellschafter an der Leistung der Gesellschaft an die nahestehende Person »mitwirkt« sieht der BFH hierin eine Vermögensverfügung, da sein Gewinnanspruch gemindert wird, was spiegelbildlich bei der nahestehenden Person zu einer Vermögensmehrung führt.
- Ob tatsächlich zwischen Gesellschafter und nahestehender Person eine freigebige Zuwendung i.S.v. § 7 Abs. 1 Nr. 1 ErbStG vorliegt, hängt von der Ausgestaltung der zwischen ihm bestehenden **Rechtsbeziehung** ab. Hier sind verschiedene Gestaltungen denkbar (z.B. Schenkungsabrede, Darlehen, Kaufvertrag).

463 Die Rechtsprechung des BFH kommt u.E. zu **zutreffenden Ergebnissen**. Die Finanzverwaltung setzt die Rechtsprechung um.[526]

464 Im Ergebnis ist nur im **Verhältnis zwischen Gesellschafter und nahestehender Person** zu untersuchen, ob eine freigebige Zuwendung i.S.v. § 7 Abs. 1 Nr. 1 ErbStG in Betracht kommen kann. Der BFH sieht nunmehr in der »Minderung des künftigen Gewinnanspruchs zu Lasten des Gesellschafters mit spiegelbildlichem Vermögensvorteil bei der nahestehenden Person eine Vermögensverfügung. Diese – aus unserer Sicht nicht erforderliche – Begründung scheint »konstruiert«.

---

526 Erlass der obersten Finanzbehörden, BStBl. I 2018, 632 Tz. 2.6.2.

Zwar mindert sich durch die vGA künftiges Ausschüttungspotential. Auch führt dieses durch die vGA realisierte Ausschüttungspotential zu einem entsprechenden Vermögensvorteil bei der nahestehenden Person. Jedenfalls aber bei mehrgliedrigen Gesellschaften muss mit der vGA für den Gesellschafter, dem diese steuerrechtlich zugerechnet wird, keine entsprechende Minderung seines künftigen Gewinnanspruch einhergehen.

▶ **Beispiel:**

A, B und C sind in gleichem Umfang an der X-GmbH beteiligt. Die Tochter des A erhält ein überhöhtes Gehalt von der Gesellschaft. Eine Ausgleichsregelung für vGA sieht die Satzung der Gesellschaft nicht vor. Ein Ausgleich wird – typischerweise – auch nicht vorgenommen. 465

In diesem Fall **mindert sich der künftige Ausschüttungsanspruch** des A nicht i.H.d. vGA bzw. i.H.d. Vermögensvorteils der Tochter des A. Hier – und der BFH möchte seine neue Rechtsprechung ausdrücklich auch (im Ergebnis zu Recht) auf Gesellschaften mit mehreren Gesellschaftern angewendet wissen – mindert sich der künftige Gewinnanspruch nur zu 1/3 des der Tochter zugewandten Vermögensvorteils. Die Begründung des BFH überzeugt daher nicht gänzlich. U.E. wäre es zutreffender, in dieser Konstellation der vGA an Nahestehende auf das Erfordernis der unmittelbaren Vermögensverfügung auf Kosten des Gesellschafters zugunsten der nahestehende Person zu verzichten. 466

Im Ergebnis ist dem BFH auch darin zuzustimmen, dass es für die Frage der Schenkung zwischen Gesellschafter und nahestehender Person auf die **konkrete Ausgestaltung dieses Verhältnisses** ankommt. 467

▶ **Beispiel:**

V ist Alleingesellschafter der A-GmbH. Seine Tochter T ist Rechtsanwältin. T berät V, woraus eine Honorarforderung iHv. € 10.000,– resultiert. Die A-GmbH bezahlt die Forderung. 468

Im Verhältnis zwischen A-GmbH zu V liegt eine vGA vor. Durch die Zahlung wird V von einer Verbindlichkeit befreit. Es erfolgt eine Zuwendung im abgekürzten Zahlungsweg. Bei T liegen Einkünfte aus selbstständiger Arbeit vor. 469

Ferner ist es auch zutreffend, dass an die »Mitwirkung« des Gesellschafters keine hohen Anforderungen zu stellen sind. Es genügt u.a., dass **»in sonstiger Weise auf den Vertragsabschluss hingewirkt oder diesem zugestimmt«** wird. Das schließt u.E. auch die Veranlassung durch den Minderheitsgesellschafter ein. Ein **Minderheitsgesellschafter** kann die Zuwendung an die nahestehende Person nicht einseitig durchsetzen. Gleichwohl liegt die Veranlassung der Zuwendung in seiner Gesellschafterstellung, wenn er der Zuwendung mit Duldung des oder der Mehrheitsgesellschafter zustimmt. 470

5. Keine Schenkung bei Verzicht auf Gesellschaftsrechte

Im Urteil vom 30.1.2013[527] widmet sich der BFH der Konstellation, dass ein Gesellschafter auf ein ihm aufgrund gesellschaftsrechtlicher Vereinbarung zustehendes Mehrstimmrecht in der GmbH verzichtet. Insbesondere in mittelständisch bzw. familiär geprägten Gesellschaften ist das **Mehrstimmrecht ein beliebtes Gestaltungsinstrument**, um den Einfluss des Unternehmensgründers unabhängig von seiner kapitalmäßigen Beteiligung an der Gesellschaft zu sichern. Es erlaubt, »die Fäden in der Hand zu halten« und gleichzeitig Anteile auf die nächste Generation zu übertragen. 471

Im Urteil hatte der BFH nunmehr die Frage zu entscheiden, ob der **Verzicht auf ein Mehrstimmrecht** eine Schenkung des Verzichtenden zugunsten seiner Mitgesellschafter i.S.v. § 7 Abs. 1 Nr. 1 ErbStG darstellen kann. Der BFH bleibt seiner Linie treu. Etwaige Zuwendungen oder Wertverschiebungen, die vor dem 13.12.2011 erfolgen und »über die Gesellschaft gehen«, erkennt er nicht 472

527 II R 38/11, DStR 2013, 970.

als Schenkung zwischen den Gesellschaftern i.S.v. § 7 Abs. 1 Nr. 1 ErbStG an, da es an einer unmittelbaren Vermögensverfügung zwischen potenziellem Schenker und potenziell Bedachten mangelt. Der Verzicht auf das Mehrstimmrecht wird gegenüber der Gesellschaft erklärt. Die insoweit vorzunehmende Satzungsänderung gestaltet zunächst das Verhältnis des verzichtenden Gesellschafters zur Gesellschaft selbst. Der steigende Einfluss der Mitgesellschafter stellt sich insoweit nur als Reflex dar. Einen solchen »Reflex«, der zu einer potenziellen Wertveränderung von Anteilen der Mitgesellschafter führt, subsumiert der BFH nach ständiger Rechtsprechung nicht unter § 7 Abs. 1 Nr. 1 ErbStG.

6. Schenkung zwischen den Gesellschaftern bei begünstigtem Bezug von Anteilen iRd. Kapitalerhöhung

473 Verzichten die Gesellschafter einer GmbH i.R.e. Kapitalerhöhung auf ihr Bezugsrecht und werden Dritte zur Übernahme der i.R.d. Kapitalerhöhung entstehenden Gesellschaftsanteile zugelassen, liegt eine Schenkung zwischen den Altgesellschaftern und den Neugesellschaftern vor, wenn der gemeine Wert der Anteile die von den Neugesellschaftern zu leistende Einlage übersteigt.

474 In dieser Konstellation liegt nach der Rechtsprechung eine unmittelbare Vermögensverfügung zwischen den Alt- und Neugesellschaftern vor, durch den Verzicht auf das Bezugsrecht bzw. die Zulassung der Neugesellschafter zur Übernahme der Anteile. Die Voraussetzungen von § 7 Abs. 1 Nr. 1 ErbStG werden daher als erfüllt angesehen. Das subjektive Merkmal der Freigebigkeit i.S.v. § 7 Abs. 1 Nr. 1 ErbStG wird dabei schon bejaht, wenn den Altgesellschaftern der Mehrwert ihrer Leistung bewusst ist. Auf die Kenntnis des Ausmaßes des Wertunterschieds kommt es nicht an. Gesellschafter der Altgesellschaften kommen als Schenker nicht in Betracht.[528]

VII. Verfahrensrechtliche Besonderheiten im Zusammenhang mit vGA

475 Wird der Körperschaftsteuerbescheid auf der Ebene der Gesellschaft hinsichtlich einer vGA erlassen, aufgehoben oder geändert, kann auch der korrespondierende Steuerbescheid gem. § 32a Abs. 1 Satz 1 KStG[529] auf der Ebene des Gesellschafters abgeändert werden. Die Änderungsmöglichkeit besteht für den Zeitraum von einem Jahr nach Bestandskraft des geänderten KSt-Bescheids und gilt auch für Nahestehende.

▶ **Beispiel:**

476 Die Geschäftsführervergütung des A wird in der Betriebsprüfung iHv. € 100,– als vGA qualifiziert. A ist bestandskräftig zur ESt veranlagt. A kann nunmehr bei seinem Finanzamt bis zum Ablauf von einem Jahr seit Bestandskraft des KSt-Bescheids die Berücksichtigung des Halbeinkünfte- bzw. Teileinkünfteverfahrens oder der Abschlagsteuer für die ESt-Veranlagung beantragen.

477 Da es sich um eine »Kann-Vorschrift« handelt, steht die Änderung im Ermessen der Finanzbehörde, wobei regelmäßig eine Ermessensreduzierung auf null vorliegt, wenn die Steuerfestsetzung für den Gesellschafter ohne die Änderung sachlich unrichtig wäre.[530] D.h., die Änderung zugunsten des Geschäftsführers/Gesellschafters ist nicht von Amts wegen vorzunehmen.[531] Hat ein Anteilseigner keine Kenntnis von der Änderung auf der Ebene der GmbH oder versäumt er den entsprechenden Antrag aus anderen Gründen, bleibt es bei einer systemwidrigen Doppelbesteuerung.

---

528 FG Münster vom 26.7.2012 – 3 K 4434/09 ERB, EFG 2012, 2136; bestätigt durch BFH vom 27.8.2014 – II R 43/12, DStR 2014, 2282, mit dem Hinweis, dass § 13a ErbStG anwendbar sein kann; vgl. auch BFH vom 20.12.2000 – II R 42/99, BStBl. II 2001, 454; vom 30.5.2001 – II R 6/98, BFH/NV 2002, 26.

529 Zur zeitlichen Anwendung BFH, BFH/NV 2012, 269; DStR 2012, 1914; siehe hierzu auch *Kohlhaas*, DStR 2013, 122.

530 *Bauschatz*, in: Gosch, KStG, 3. Aufl. 2015, § 32a Rn. 28; BFH, DStR 2012, 1914.

531 *Schwedhelm/Olbing/Binnewies*, GmbHR 2006, 1225, 1235, m.w.N.; a.A. *Rengers*, in: Blümich, EStG/KStG/GewStG, § 32a KStG Rn. 34 (Feb. 2019), m.w.N.

Eine korrespondierende Regelung für die verdeckte Einlage findet sich in § 32a Abs. 2 KStG. Wird der Steuerbescheid des Gesellschafters geändert, also beispielsweise eine überhöhte Zinszahlung als verdeckte Einlage qualifiziert, kann künftig auch eine schon abgeschlossene Körperschaftsteuerveranlagung geändert werden. Auch hier beträgt die Änderungsfrist ein Jahr. 478

Umgekehrt wird die Abgeltungsteuer (§ 20 Abs. 1 Satz 2 i.V.m. § 32d EStG, das Teileinkünfteverfahren (§ 3 Nr. 40d EStG) und das Freistellungsverfahren (§ 8b KStG) für eine vGA nur gewährt werden, sofern die vGA das Einkommen der ausschüttenden Gesellschaft nicht gemindert hat (§ 32d Abs. 2 Nr. 4 EStG; § 3 Nr. 40d Satz 2 EStG, § 8b Abs. 1 Satz 2 KStG). Diese Vergünstigungen entfallen also, wenn der KSt-Bescheid der ausschüttenden Gesellschaft bestandskräftig und die vGA gewinnmindernd erfasst ist oder die vGA von einer ausländischen Gesellschaft stammt und das ausländische Recht keine Hinzurechnung der vGA kennt.[532] 479

Das Korrespondenzprinzip gilt nicht durchgängig. Zwar bestimmen § 3 Nr. 40d Satz 3 und § 32d Abs. 2 Nr. 4 EStG sowie § 8b Abs. 1 Satz 4 KStG, dass Abgeltungsteuer, Teileinkünfte- und Freistellungsverfahren gelten, wenn die vGA an einen Nahestehenden erfolgt ist und bei diesem eine Änderung nach § 32a KStG ausscheidet. Damit kann es aber im Ergebnis weiterhin zu einer Mehrfachbelastung durch die vGA kommen. 480

▶ **Beispiel:**

Die GmbH des Vaters zahlt zu hohe Mieten an den Sohn. Der Körperschaftsteuerbescheid der GmbH ist bestandskräftig, ebenso der Einkommensteuerbescheid des Sohns, nicht aber der des Vaters. Da der Körperschaftsteuerbescheid der GmbH bestandskräftig ist, wäre die vGA beim Vater grundsätzlich ohne Anwendung des Teileinkünfteverfahrens zu erfassen (§ 3 Nr. 40d Satz 2 EStG). Da die Rückausnahme des § 3 Nr. 40d Satz 3 EStG greift – keine Änderungsmöglichkeit beim Sohn nach § 32a KStG –, bleibt es zwar bei der Anwendung des Teileinkünfteverfahrens, die vGA wird aber sowohl beim Sohn – Einkünfte aus Vermietung und Verpachtung – als auch beim Vater – Einkünfte aus Kapitalvermögen – und damit doppelt erfasst. 481

VIII. VGA und Strafrecht

Die vGA kann den Tatbestand der Steuerhinterziehung erfüllen.[533] 482

Kassenfehlbeträge führen nicht zwingend zu einer vGA.[534] Grundsätzlich rechtfertigen ungeklärte Vermögenszuwächse beim Gesellschafter-Geschäftsführer auch keine Hinzuschätzungen bei der GmbH.[535] 483

Barzahlungen an eine im Ausland ansässige Person sollen bei Verletzung der Mitwirkungspflichten als vGA zu behandeln sein.[536] 484

Die Unterhaltung einer Segeljacht,[537] eines Einfamilienhauses[538] oder Auslandsreisen im privaten Interesse,[539] sind vGA, wenn deren Veranlassung ersichtlich im Gesellschaftsverhältnis liegt; es gelten hier die zur Liebhaberei entwickelten Kriterien. 485

---

532 Eingehend *Binnewies*, in: Streck, KStG, 9. Aufl. 2018, § 8b Rn. 38, m.w.N.

533 BGH, DStRE 2008, 164; BFH, GmbHR 2012, 1234; wistra 2012, 477.

534 FG Köln, GmbHR 1999, 1109, bestätigt durch BFH, DStRE 2000, 1201; BFH/NV 2014, 1501; siehe aber FG Düsseldorf, EFG 2003, 342, mit Anm. *Neu*; a.A. auch BFH, BB 2005, 84.

535 Siehe BFH, BFH/NV 2003, 1450; FG Köln, DStRE 2002, 1529; bestätigend BFH, BFH/NV 2003, 1221; gegen FG Rheinland-Pfalz, EFG 2002, 1145.

536 FG München, EFG 2015, 831.

537 BFH, GmbHR 1997, 317; siehe auch zu Devisentermingeschäften BFH, GmbHR 1998, 1134; zu einer Ferienwohnung FG München, EFG 2003, 800.

538 BFH, GmbHR 2005, 637: Als Miete ist die Kostenmiete plus Gewinnaufschlag anzusetzen, Sonderabschreibungen sind nicht zu berücksichtigen; siehe auch FG Niedersachsen, DStRE 2004, 18, die NZB hatte keinen Erfolg; BFH, BFH/NV 2005, 1528; FG Köln, EFG 2014, 1141; EFG 2015, 843, bestätigt durch BFH, BStBl. II 2017, 217; FG Köln, EFG 2015, 1849, bestätigt durch BFH, BFH/NV 2017, 60.

539 BFH, BStBl. II 2005, 666.

486 Schmiergeldzahlungen an Gesellschafter-Geschäftsführer sollen nach Ansicht des Sächsischen FG vGA sein.[540]

487 Wenn Gelder aus Betrugstaten des Gesellschafter-Geschäftsführers zur Verschleierung der Tat auf Konten der Kapitalgesellschaft ein- und später wieder ausgezahlt werden, soll nach Ansicht des FG Hamburg[541] in der Auszahlung eine vGA zu sehen sein. U.E. ist dies unzutreffend. Es fehlt eine Vermögensminderung, die sich auf den Gewinn auswirkt.

488 Zahlungen der GmbH aufgrund von Scheinrechnungen sind vGA, wenn sie an den Gesellschafter oder Nahestehende fließen.[542]

489 Zahlungseingänge auf dem privaten Bankkonto des Gesellschafter-Geschäftsführers sollen auch dann vGA sein, wenn die Beträge bei der GmbH ertragswirksam gebucht wurden.[543]

490 Führt ein (faktischer) Angestellter einer GmbH Schwarzgeschäfte durch, welche steuerlich nicht berücksichtigt werden, sind in Höhe der steuerlich nicht erklärten bilanziellen Gewinne vGA an den Gesellschafter-Geschäftsführer anzusetzen, wenn dieser seiner Überwachungspflicht überhaupt nicht nachgekommen ist und der Angestellte eine ihm nahestehende Person ist.[544]

E. Steuerfolgen von Kapital- und Finanzierungsmaßnahmen

I. Kapitalerhöhung

491 Die Kapitalerhöhung gegen Bareinlage wirft i.d.R. ertragsteuerlich keine Besonderheiten auf. Die Vermögensmehrung aufgrund der Kapitalerhöhung ist eine Einlage, die ohne Auswirkung auf das körperschaftsteuerpflichtige Einkommen der GmbH ist. Übersteigt der Wert der Einlage den Nennbetrag des übernommenen Geschäftsanteils und wird dieser der Kapitalrücklage gutgeschrieben, wird der entsprechende Betrag steuerlich im Einlagekonto gem. § 27 KStG erfasst. Auf Ebene des Gesellschafters entstehen i.H.d. Einlage Abschaffungskosten auf den i.R.d. Kapitalerhöhung neu geschaffenen Geschäftsanteil.

492 Für Sachkapitalerhöhung gilt steuerlich grds. Entsprechendes. Bringt der Gesellschafter im Gegenzug für die Übernahme des Geschäftsanteils steuerlich verstricktes Vermögen in die GmbH ein, liegt auf Ebene des Gesellschafters grds. ein gewinnrealisierender Vorgang vor. Wird qualifiziertes Betriebsvermögen übertragen, kommt zur Vermeidung eines steuerpflichtigen Gewinns unter den Voraussetzungen der §§ 20, 21 UmwStG eine Buchwertfortführung in Betracht.

493 Für anlässlich einer Kapitalerhöhung anfallende Kosten gilt das Veranlassungsprinzip. Übernimmt die GmbH die Kosten, die mit der eigentlichen Kapitalerhöhung zusammenhängen, liegt keine vGA vor, ohne dass es einer besonderen Satzungsregelung bedarf. Trägt die GmbH hingegen auch Kosten, die auf die Übernahme der neuen Anteile zurückzuführen sind, liegt eine vGA vor.[545]

494 Die Ausgabe neuer Geschäftsanteile zu einem besonders günstigen Bezugskurs ist keine vGA der kapitalerhöhenden Gesellschaft, da nicht die Gesellschaft, sondern die das Bezugsrecht nicht ausübenden Gesellschafter den Vermögensnachteil erleiden,[546] möglicherweise aber eine vGA einer an der kapitalerhöhenden Gesellschaft beteiligten Kapitalgesellschaft, wenn sie ihre Gesellschafter neue Stammeinlagen aus der Kapitalerhöhung günstig erwerben lässt.[547] Wird das Bezugsrecht

540 Sächsisches FG, EFG 2005, 1074, u.E. zweifelhaft.

541 FG Hamburg, EFG 2011, 254.

542 FG Nürnberg, EFG 2010, 641.

543 FG Baden-Württemberg, DStZ 2012, 639, bestätigt durch BFH, GmbHR 2015, 996, mit Anm. *Briese*.

544 FG Köln, EFG 2013, 725.

545 BFH, GmbHR 2000, 439; gegen vGA FG Düsseldorf, EFG 2000, 586; *Tiedtke/Wälzholz*, GmbHR 2001, 223.

546 BFH, BStBl. II 1975, 230; *Wassermeyer*, FR 1993, 532; zur Verteilung der Anschaffungskosten BFH, BStBl. II 1999, 638.

547 BFH, BStBl. III 1967, 626.

einem Nichtgesellschafter eingeräumt und zahlt dieser einen Ausgleich an die Altgesellschafter, ist dies Veräußerung.[548] Eine Kapitalerhöhung mit Aufgeld für Neugesellschafter und anschließender Ausschüttung der Rücklagen an Altgesellschafter ist Verkauf.[549] Bei zu günstigem Bezug durch Neugesellschafter liegt eine Schenkung der Altgesellschafter vor.

Die Kapitalerhöhung aus Gesellschaftsmitteln nach §§ 57c ff. GmbHG hat keine Auswirkungen auf das Einkommen und Betriebsvermögen der GmbH. Es findet lediglich eine bilanzieller »Tausch« von Rücklagen in Nennkapital statt. Als Rücklagen können Kapitalrücklagen i.S.d. § 272 Abs. 2 HGB, Gewinnrücklagen i.S.d. § 272 Abs. 3 HGB oder sonstige Rücklagen verwendet werden. Gem. § 28 Abs. 1 Satz 1 KStG gilt zunächst der positive Bestand des steuerlichen Einlagekontos zum Schluss des Wirtschaftsjahres der Rücklagenumwandlung als vor den sonstigen Rücklagen umgewandelt. Reicht das steuerliche Einlagekonto nicht aus, wird mit ausschüttbarem Gewinn verrechnet. Insoweit sind die Beträge steuerlich getrennt auszuweisen und gesondert festzustellen (§ 28 Abs. 1 Satz 3 KStG). 495

Auf Ebene des Gesellschafters führt der Wert der neuen Anteilsrechte nicht zu Einkünften aus Kapitalvermögen, vgl. § 1 KapErhStG. 496

II. Kapitalherabsetzung

Für die Kapitalherabsetzung gilt § 28 Abs. 2 KStG. Demnach ist zuerst der Sonderausweis i.S.d. § 28 Abs. 1 Satz 3 KStG zu verringern. Erst ein darüber hinausgehender Betrag tangiert sodann das steuerliche Einlagekonto. Dies gilt im Grundsatz sowohl für die Kapitalherabsetzung ohne Auskehrung von Mitteln als auch für die Kapitalherabsetzung mit Auskehrung von Mitteln. 497

Kommt es zur Auskehrung von Mitteln, liegt insoweit, als der Sonderausweis verringert wird, auf Ebene des Gesellschafters eine steuerpflichtige Dividende gem. § 20 Abs. 1 Nr. 2 EStG vor. Für eine darüber hinausgehende Auskehrung gilt – in Durchbrechung der Verwendungsreihenfolge gem. § 27 Abs. 1 Satz 3 KStG unabhängig von einem etwaig vorhandenen ausschüttbaren Gewinn – das steuerliche Einlagekonto als verwendet. Dies ermöglicht einen Direktzugriff auf das steuerliche Einlagekonto.[550] Insoweit führt das zurückgewährte Kapital nicht zu steuerpflichtigen Einkünften aus Kapitalvermögen. Reicht das Einlagekonto wiederum nicht zur Finanzierung der Kapitalherabsetzung aus, ist ein übersteigender Betrag Auskehrung vorrangigen Vermögens und damit Dividende. 498

Die Gefahr einer vGA durch Kapitalherabsetzung besteht, wenn gesellschaftsrechtliche Formalien einer Kapitalherabsetzung missachtet werden,[551] ein Gestaltungsmissbrauch vorliegt[552] oder eigene Anteile von der GmbH gehalten werden.[553] 499

Umsatzsteuer wird durch die Kapitalherabsetzung nicht ausgelöst, es sei denn, die Rückzahlung von Stammkapital erfolgt durch Sachleistungen. 500

III. Verdeckte Einlage

1. Einlagebegriff

Erfolgt die Zuführung von Mitteln durch den Gesellschafter ohne Gegenleistung der Gesellschaft in Form von Gesellschaftsrechten und hätte ein Nichtgesellschafter bei Anwendung der Sorgfalt eines ordentlichen und gewissenhaften Kaufmanns der Gesellschaft den Vorteil nicht eingeräumt, handelt es sich um eine sog. verdeckte Einlage.[554] Einlagefähig sind nur solche Wirtschaftsgüter, 501

548 BFH, BStBl. II 1993, 477.
549 BFH, BStBl. II 1993, 477; FG Baden-Württemberg, EFG 1997, 743.
550 Vgl. BFH, BStBl. II 2016, 411.
551 Vgl. BFH, BStBl. II 1976, 341.
552 Vgl. BFH, BStBl. II 1980, 247.
553 BFH, BStBl. II 1993, 369.
554 Vgl. BFH, BStBl. II 1989, 271.

die bilanzierungsfähig sind.[555] Nutzungs- und Leistungsvorteile können daher nicht eingelegt werden.[556]

502 Insgesamt um eine offene Einlage gegen Gewährung von Gesellschaftsrechten handelt es sich dann, wenn im Rahmen einer Einbringung gem. § 20 UmwStG oder § 21 UmwStG der den Nominalbetrag der gewährten Anteile übersteigende Betrag in die Kapitalrücklage gem. § 272 Abs. 2 HGB eingestellt wird.[557] Eine Aufteilung wir nicht vorgenommen. Entscheidend ist allein, dass der Einbringungsgegenstand nach der Einlagevereinbarung Bestandteil des vom Einbringenden für die neuen Gesellschaftsanteile zu leistenden Entgelts ist.[558] Wird die Einbringung einer Sachgesamtheit i.R.d. §§ 20, 12 UmwStG lediglich in Aussicht gestellt, handelt es sich bei der späteren Einbringung um eine verdeckte Sacheinlage.

2. Bewertung

503 Die Bewertung verdeckter Einlagen richtet sich nach allgemeinen Grundsätzen. § 4 Abs. 1 Satz 1, § 6 Abs. 1 Nr. 5 EStG finden gem. § 8 Abs. 1 KStG auch auf Kapitalgesellschaften Anwendung, obwohl hier Einlegender und Empfänger der Einlage verschiedene Rechtsträger sind (finaler Einlagebegriff).[559] Grds. sind diese nach § 8 Abs. 1 KStG i.V.m. § 6 Abs. 1 Nr. 5 Satz 1 EStG mit dem Teilwert zu bewerten.[560] Somit gelten auch die Bewertungsbesonderheiten nach § 6 Abs. 1 Nr. 5 Satz 1 HS 2 Buchst. a), b) und c) EStG.[561] Diese begrenzen den Einlagewert auf die Anschaffungs- oder Herstellungskosten, wenn das Wirtschaftsgut entweder innerhalb der letzten drei Jahre vor dem Zeitpunkt der Zuführung angeschafft bzw. hergestellt wurde (Buchst. a) oder ein Anteil iSd. § 17 EStG (Buchst. b) bzw. ein Wirtschaftsgut i.S.d. § 20 Abs. 2 EStG ist (Buchst. c) ist.

504 § 6 Abs. 1 Nr. 5 Satz 1 HS 2 Buchst. b) EStG findet nach hM auf die verdeckte Einlage in Kapitalgesellschaften keine Anwendung, weil die verdeckte Einlage von Anteilen an Kapitalgesellschaften i.S.d. § 17 EStG in eine Kapitalgesellschaft gem. § 17 Abs. 1 Satz 2 EStG beim Einlegenden einer Veräußerung gleichgestellt wird und es bei diesem im Einlagezeitpunkt bereits zu einer Besteuerung der stillen Reserven kommt.[562] Ansonsten käme es zu einer doppelten Erfassung stiller Reserven.[563] Entsprechendes gilt in Fällen des § 20 Abs. 2 Satz 2 EStG für § 6 Abs. 1 Nr. 5 Satz 1 HS 2 Buchst. c) EStG.

505 § 6 Abs. 1 Nr. 5 Satz 1 HS 2 Buchst. a) EStG findet unstreitig Anwendung auf Einlagen aus dem Privatvermögen, soweit nicht Buchst. b) oder c) Anwendung finden. In ihrer Zielrichtung soll die Vorschrift in erster Linie auf Einlagen aus dem Privatvermögen bzw. einer nicht steuerbaren Sphäre des Einlegenden Anwendung finden, um zu verhindern, dass insoweit Gewinne aus Wertsteigerungen unbesteuert bleiben, weil der Steuerpflichtige den Einlagezeitpunkt hinausschiebt.[564] Der Anwendungsbereich des § 6 Abs. 1 Nr. 5 Satz 1 HS 2 Buchst. a) EStG für Einlagen aus dem Betriebsvermögen ist hingegen nicht abschließend geklärt. Für verdeckte Einlagen aus dem Betriebsvermögen regelt § 6 Abs. 6 Satz 2 EStG für den Einlegenden, dass sich die Anschaffungskosten der Beteiligung an der Kapitalgesellschaft um den Teilwert des eingelegten Wirtschaftsguts erhöhen,[565] es somit zur Gewinnrealisierung i.H.d. Differenz zwischen dem Buchwert des eingelegten

555 Vgl. BFH, BStBl. II 1988, 348.
556 Vgl. BFH, BFH/NV 2015, 686.
557 BFH, BStBl. II 2008, 253.
558 Vgl. BFH, BFH/NV 2012, 1015.
559 R 8.9 Abs. 2 KStR 2015.
560 Vgl. BFH, BStBl. II 1988, 348.
561 Vgl. BFH, BStBl. II 1998, 691.
562 R 8.9 Abs. 4 Satz 2 KStR (2015) zu § 8 KStG; *Klein/Müller/Döpper*, in: Mössner/Seeger/Oellerich, KStG,43. Aufl. 2018, § 8 Rn. 2146.
563 Vgl. *Roser*, in: Gosch, KStG, 3. Aufl. 2015, § 8 Rn. 116.
564 Vgl. BFH, BStBl. II 1994, 15; *Kulosa*, in: Schmidt, EStG, 38. Aufl. 2019, § 6 Rn. 558.
565 Vgl. BFH, BFH/NV 2016, 536.

Wirtschaftsguts und dessen Teilwert kommt. Gem. § 6 Abs. 6 Satz 3 EStG erhöhen sich in den Fällen des § 6 Abs. 1 Nr. 5 Satz 1 HS 2 Buchst. a) EStG die Anschaffungskosten im Sinne des Satzes 2 um den Einlagewert des Wirtschaftsguts.

Der Verweis auf § 6 Abs. 1 Nr. 5 Satz 1 HS 2 Buchst. a) EStG ist unklar, da dieser grds. nur auf Einlagen aus dem Privatvermögen Anwendung findet. Hierzu werden im Wesentlichen drei Ansichten vertreten: 506

- Nach einem Teil der Literatur habe sich der Gesetzgeber durch § 6 Abs. 1 Nr. 5 Satz 1 HS 2 Buchst. a) EStG für eine Realisierung und Besteuerung der stillen Reserven bei der aufnehmenden Kapitalgesellschaft entschieden, unabhängig davon, ob die Einlage aus dem Privat- oder Betriebsvermögen stammt.[566] Demnach erfolgt die Einlage zu den fortentwickelten Anschaffungs- bzw. Herstellungskosten, wenn das Wirtschaftsgut im Betriebsvermögen innerhalb von drei Jahren vor dem Zeitpunkt der verdeckten Einlage angeschafft oder hergestellt wurde.
- Nach anderer Auffassung findet § 6 Abs. 1 Nr. 5 Satz 1 HS 2 Buchst. a) nur Anwendung, wenn das verdeckt eingelegte Wirtschaftsgut zunächst innerhalb von drei Jahren nach seiner Anschaffung oder Herstellung im Privatvermögen in ein steuerliches Betriebsvermögen eingelegt wurde und im Anschluss in eine Kapitalgesellschaft eingelegt wird.[567] Die Drei-Jahres-Frist bezieht sich danach ausschließlich auf den Zeitraum zwischen Anschaffung oder Herstellung im Privatvermögen und erstmaliger Überführung in das Betriebsvermögen. Hierdurch lassen sich ggf. erhebliche stille Reserven auf eine Kapitalgesellschaft überführen.
- Nach Auffassung der Finanzverwaltung gilt § 6 Abs. 1 Nr. 5 Satz 1 HS 2 Buchst. a) EStG nur in den Fällen, in denen das eingelegte Wirtschaftsgut innerhalb der letzten drei Jahre vor dem Zeitpunkt der Zuführung angeschafft oder hergestellt worden ist, es sich aber nicht um eine verdeckte Einlage in eine Kapitalgesellschaft gem. § 23 Abs. 1 Satz 1 oder § 20 Abs. 2 Satz 2 EStG handelt, die als Veräußerung gilt.[568] § 6 Abs. 6 Satz 3 EStG i.V.m. § 6 Abs. 1 Nr. 5 Satz 1 HS 2 Buchst. a) EStG findet demnach nur dann Anwendung, wenn die Einlage eines Wirtschaftsguts aus dem Privatvermögen unmittelbar in eine im Betriebsvermögen gehaltene Kapitalgesellschaft erfolgt.[569]

Verzichtet ein Gesellschafter auf eine Forderung gegen die Gesellschaft liegt eine Einlage lediglich i.H.d. werthaltigen Teils der Forderung (Teilwert) vor.[570] I.H.d. Differenz zwischen Buchwert und Teilwert kommt es demnach zu einem außerordentlichen Ertrag bei der Kapitalgesellschaft.[571] Dies gilt grds. auch für einen Forderungsverzicht mit Besserungsschein.[572] 507

3. Schenkungsteuer bei disquotaler Einlage

a) Einführung

Finanzverwaltung[573] **und BFH**[574] stehen sich in dem Bereich der unentgeltlichen Zuwendungen von Gesellschaftern an ihre (Kapital-)Gesellschaft bzw. an ihre Mitgesellschafter und umgekehrt seit Jahren unversöhnlich gegenüber. Der Gesetzgeber hat versucht, dieses Problemfeld mit Wirkung ab 14.12.2011 zu regeln.[575] 508

566 *Kulosa*, in: Schmidt, EStG, 39. Aufl. 2020, § 6 Rn. 752; zustimmend *Eckstein*, in: Herrmann/Heuer/Raupach, EStG/KStG, § 6 EStG Rn. 1735 (Sep. 2015).
567 Vgl. *Korn/Strahl*, in: Korn, EStG, § 6 Rn. 539 (April 2017).
568 R 8.9 Abs. 4 Satz 4 KStR (2015) zu § 8 KStG; a.A.: *Kulosa*, in: Schmidt, EStG, 38. Aufl. 2019, § 6 Rn. 752.
569 Zustimmend *Neumann*, in: Rödder/Herlinghaus/Neumann, KStG, 2015, § 8 Rn. 1306.
570 Vgl. BFH, BStBl. II 1998, 307.
571 Vgl. *Roser*, in: Gosch, KStG, 3. Aufl. 2015, § 8 Rn. 118.
572 Vgl. hierzu BMF vom 2.12.2003 – IV A 2-S 2743–5/03, BStBl. I 2003, 648.
573 Vgl. R 18 ErbStR aF, Erlass vom 20.10.2010, BStBl. I 2010, 1207.
574 BFH, BStBl. II 2008, 381; BStBl. II 2010, 566; BStBl. II 2007, 319; BStBl. II 2008, 258.
575 Vgl. auch Erlass der obersten Finanzbehörden der Länder vom 20.4.2018, BStBl. I 2018, 632 Tz. 3 ff.

515 **b) Unentgeltliche Zuwendungen zwischen Gesellschafter und Gesellschaft**

aa) Inkongruente Einlage des Gesellschafters

509 Hintergrund der Problematik ist die Rechtsprechung des BFH zu folgendem Fall:

▶ **Beispiel:**

510 Vater V und Sohn S sind an der A-GmbH zu je 50 % beteiligt. V wendet der A-GmbH € 1 Mio. zu. Das Geld wird handelsrechtlich in den Rücklagen der Gesellschaft nach § 272 Abs. 2 Nr. 4 HGB erfasst. Wirtschaftlich partizipiert der Sohn an der Rücklage entsprechend seiner Beteiligungsquote zur Hälfte.

(1) Ertragsteuer

511 Ertragsteuerlich handelt es sich um eine **inkongruente Einlage** des Gesellschafters V in das Vermögen der Gesellschaft. Es entstanden um € 1 Mio. erhöhte Anschaffungskosten.[576] Als Einlage des Gesellschafters in das Vermögen seiner Gesellschaft ist die Zuwendung nicht betrieblich, sondern **gesellschaftsrechtlich veranlasst.** Körperschaft- und Gewerbesteuer fallen auf der Ebene der Gesellschaft nicht an. Die Einlage wird steuerlich im Einlagekonto gem. § 27 Abs. 1 KStG erfasst.

(2) Schenkungsteuer

512 Schenkungsteuerlich ging die **Finanzverwaltung** von einer Schenkung des V an S i.H.v. 50 % aus. Der **BFH** hatte sich dieser Lösung verweigert. Nach Auffassung des BFH richtet sich die freigebige Zuwendung nach dem Zivilrecht. Zivilrechtlich **mangelt es an einer unmittelbaren Vermögensverfügung** zwischen V und S. Die Werterhöhung in der Beteiligung des S ist ein nicht steuerbarer Reflex.[577] Als Reaktion darauf hat der **Gesetzgeber** § 7 **Abs. 8 Satz 1 ErbStG** eingeführt. Danach ist für Verfügungen nach dem 13.12.2011 von einer anteiligen Schenkung des V an S auszugehen, und zwar i.H.d. Wertsteigerung in der Beteiligung des S. Die **Fiktion des § 7 Abs. 8 Satz 1 ErbStG** ersetzt die fehlende Unmittelbarkeit der Vermögenszuwendung von V an S.[578]

bb) Kongruente zeitversetzte Einlagen der Gesellschafter

▶ **Beispiel:**

513 A und B sind zu jeweils 50 % an der A-GmbH beteiligt. Im Jahr 01 wendet der A der GmbH aufgrund von Liquiditätsschwierigkeiten € 100.000,– zu. Im Jahr 2002 wendet der B der A-GmbH aufgrund von Liquiditätsschwierigkeiten € 100.000,– zu.

514 Beide Zuwendungen erfüllen den Wortlaut des **§ 7 Abs. 8 Satz 1 ErbStG.** Beide inkongruente Einlagen führen zur anteiligen Werterhöhung beim Geschäftsanteil des Mitgesellschafters. § 7 Abs. 8 Satz 1 ErbStG will nach der Gesetzesbegründung[579] nur **endgültige Vermögensverschiebungen** zwischen den Gesellschaftern erfassen. Demnach ist § 7 Abs. 8 Satz 1 ErbStG nur auf Zuwendungen in das Gesellschaftsvermögen anwendbar, die **nicht anderweitig ausgeglichen werden.** Demnach ist eine **Gesamtbetrachtung** anzustellen. I.R.v. § 7 Abs. 8 Satz 1 ErbStG ist stets zu prüfen, ob die inkongruente Einlage in einem rechtlichen, sachlichen oder wirtschaftlichen Zusammenhang mit anderweitigen Leistungen der Mitgesellschafter steht.[580]

---

576 Zur Zurechnung der AK vgl. FG Niedersachsen, DStZ 2012, 676.

577 Zuletzt: BFH, BStBl. II 2010, 566.

578 Vgl. Gleich lautende Erlasse der obersten Finanzbehörden der Länder vom 20.4.2018, BStBl. I 2018, 632, Tz. 3.1 ff.

579 BR-Drucks. 2853/11, 35.

580 Vgl. *Van Lishaut/Ebber/Schmitz*, Ubg 2012, 1 ff.

▶ **Beratungshinweis:**

Werden von einzelnen Gesellschaftern inkongruente Einlagen in das Vermögen der Gesellschaft geleistet, allerdings in der Erwartung, dass zu späteren Zeitpunkten entsprechende inkongruente Einlagen der Mitgesellschafter erfolgen, ist diese Erwartungshaltung im Zeitpunkt des Vollzugs der ersten inkongruenten Einlage schriftlich zu fixieren. Eine teleologische Reduktion des § 7 Abs. 8 Satz 1 ErbStG dürfte nur in Betracht kommen, wenn im Zeitpunkt des Vollzugs der ersten Einlage eine entsprechende Leistung der Mitgesellschafter zu einem späteren Zeitpunkt erwartet wird. Der sachlich/wirtschaftliche Zusammenhang späterer Leistungen der Mitgesellschafter mit der inkongruenten Einlage ist daher festzuhalten. Kommt es zu späteren Leistungen der Mitgesellschafter, spielt deren rechtliche Verbindlichkeit im Zeitpunkt der ersten inkongruenten Einlage keine Rolle. Hierauf kann es allenfalls dann ankommen, wenn im Zeitpunkt der Prüfung des Vorgangs durch die Finanzverwaltung nicht ausgleichende Leistungen der Mitgesellschafter erfolgt sind.

cc) Forderungsverzicht

▶ **Beispiel:**

An der A-GmbH sind A und B zu jeweils 50 % beteiligt. Es droht die Überschuldung. A verzichtet auf ein Gesellschafterdarlehen iHv. € 100.000,–. 516

Auch dieser Vorgang unterfällt grundsätzlich § 7 Abs. 8 Satz 1 ErbStG. Fraglich ist allerdings, ob es zu einer **Wertsteigerung beim Geschäftsanteil des Mitgesellschafters** kommt. Dies ist jedenfalls fraglich, soweit das Gesellschafterdarlehen nicht werthaltig ist.[581] 517

dd) Vermögensverschiebungen zwischen Schwestergesellschaften

▶ **Beispiel:**

A und B sind an der A-GmbH zu jeweils 50 % beteiligt. A und B sind an der B-GmbH zu 70 % (A) und 30 % (B) beteiligt. Die A-GmbH verzichtet auf eine werthaltige Forderung gegenüber der B-GmbH iHv. € 100.000,–. 518

(1) Ertragsteuer

Ertragsteuerlich wird von einer vGA an A und B bei der A-GmbH (Gewinnerhöhung auf Ebene der A-GmbH iHv. € 100.000,– und entsprechende Einkünfte aus Kapitalvermögen bei A und B jeweils zur Hälfte) und einer **Einlage** von A und B in die B-GmbH entsprechend ihrer Beteiligungsquoten ausgegangen. 519

(2) Schenkungsteuer

§ 7 Abs. 8 Satz 2 ErbStG erfasst Vermögensverschiebungen zwischen Schwestergesellschaften. Diese sind dann schenkungsteuerrelevant, wenn die Gesellschafter an beiden Gesellschaften **nicht in identischem Umfang beteiligt** sind. Anders als bei unmittelbaren Zuwendungen der Gesellschafter in das Gesellschaftsvermögen kommt es bei der Verschiebung von Vermögen zwischen Schwestergesellschaften allerdings darauf an, dass diese in der **Absicht** getätigt werden, Mitgesellschafter zu bereichern. Anders als in § 7 Abs. 8 Satz 1 ErbStG kommt es bei § 7 Abs. 8 Satz 2 ErbStG also maßgeblich auf den **subjektiven Tatbestand** an. Im vorliegenden Fall hat das Finanzamt nachzuweisen, dass der Forderungsverzicht in der Absicht erfolgte, den A zu bereichern. 520

581 Vgl. *Wälzholz*, GmbH-StB 2011, 340; vgl. Gleich lautende Erlasse der obersten Finanzbehörden der Länder vom 20.4.2018, BStBl. I 2018, 632 Tz. 3.4.1.

c) **Zuwendungen nicht an der Gesellschaft beteiligter Dritter**

521 Aufgrund des weiten **Wortlauts von § 7 Abs. 8 Satz 1 ErbStG** findet die Vorschrift auch auf Zuwendungen nicht an der Gesellschaft beteiligter Dritter Anwendung, obwohl diese Fallkonstellation gar nicht Anlass der »Missbrauchsgesetzgebung« war.

▶ **Beispiel:**

522 A und B sind jeweils zu 50 % an der A-GmbH beteiligt. Zu Sanierungszwecken verzichtet die Bank Z auf eine Darlehensforderung.

523 Ertragsteuerlich handelt es sich um einen **außerordentlichen Ertrag**. Aufgrund von entsprechenden Verlustvorträgen wirkt sich dieser in der Praxis bis zu einer Höhe von € 1 Mio. regelmäßig nicht aus. Darüber hinaus gilt die Mindestbesteuerung gem. § 10d EStG.

524 Dem Wortlaut nach greift § 7 Abs. 8 Satz 1 ErbStG. Ausgehend von dem Missbrauchsgedanken, der Grundlage von § 7 Abs. 8 Satz 1 ErbStG ist, muss es auch in diesem Fall zu einer **teleologischen Reduktion** der Norm kommen. § 7 Abs. 8 Satz 1 ErbStG ist u.E. Auffangnorm nur für den Fall, dass eine unmittelbare Vermögenszuführung i.S.v. § 7 Abs. 1 Satz 1 ErbStG nicht gegeben ist bzw. gewollt ist. Zielt die Vermögenszuwendung unmittelbar darauf ab, die GmbH zu sanieren, ist kein Bedarf, auf § 7 Abs. 8 Satz 1 ErbStG zurückzugreifen. Dies gilt u.E. unabhängig davon, dass § 7 Abs. 1 Satz 8 ErbStG keinen subjektiven Tatbestand enthält.[582] Die **Zielrichtung der Zuwendung** muss gleichwohl geprüft werden. Ist eine unmittelbare Zuwendung nicht erkennbar, bedarf es keines Rückgriffs auf die Fiktion des § 7 Abs. 8 Satz 1 ErbStG. Weiterer Ansatzpunkt ist die Frage der Werterhöhung der Beteiligung. I.d.R. führt ein Forderungsverzicht zu Sanierungszwecken nicht unmittelbar dazu, dass die Geschäftsanteile, die vor entsprechenden Sanierungsmaßnahmen regelmäßig wertlos sind, unmittelbar werthaltig werden.[583]

IV. Gesellschafterdarlehen

1. Grundsätzliche steuerliche Folgen

a) Ebene der GmbH

525 Anstelle von Eigenkapital können Gesellschafter der GmbH auch selbst Fremdkapital in Form von Gesellschafterdarlehen zuführen. Gesellschafterdarlehen qualifizieren – wie Darlehen fremder Dritter – bei der empfangenden GmbH als Fremdkapital. Der Empfang der Darlehensvaluta hat bei der GmbH grds. keine ertragswirksamen Folgen. Es findet lediglich eine **Aktiv-Passiv-Mehrung** (Bilanzverlängerung) statt.

526 Die Vergütungen an den Gesellschafter für die Überlassung des Darlehens sind bei der GmbH als **Betriebsausgaben** abzugsfähig. Es gelten allerdings die Beschränkungen der §§ 4h EStG, 8a KStG (sog. Zinsschranke).

527 Wird das Darlehen unter Heranziehung des Fremdvergleichsgrundsatzes verbilligt gewährt, liegt mangels einlagefähigen Wirtschaftsguts keine verdeckte Einlage vor. Wird das Darlehen u.a. durch einen wesentlich beteiligten (mindestens 25 %, vgl. § 1 Abs. 2 Nr. 1 AStG) Gesellschafter an eine ausländische Gesellschaft gewährt, so kann es zu einer **Verrechnungspreisanpassung** und damit einer Zurechnung im Inland steuerpflichtiger Zinseinkünfte auf Ebene des Gesellschafters kommen.[584] Dies gilt allerdings nur dann, wenn im Hinblick auf die Darlehensbeziehung eine

---

582 Vgl. auch *Maile*, DB 2012, 1952.

583 Zum Forderungsverzicht der Gesellschafter unter Besserungsvorbehalt vgl. Gleich lautende Erlasse der obersten Finanzbehörden der Länder vom 20.4.2018, BStBl. I 2018, 632 Tz. 3.3.7.

584 Vgl. zu den Auswirkungen des § 1 AStG auf grenzüberschreitende Darlehensbeziehungen: BMF vom 29.3.2011 – IV B 5 – S 1341/09/10004, BStBl. I 2011, 277; vgl. zur Möglichkeit des Gegenbeweises: EuGH, DStR 2018, 1221.

Geschäftsbeziehung i.S.d. § 1 Abs. 4 AStG zugrunde liegt (vgl. § 1 Abs. 1 Satz 1 AStG). Voraussetzung ist demnach, dass die Beziehung Teil einer Tätigkeit des Steuerpflichtigen oder der nahestehenden Person ist, auf die die §§ 13, 15, 18 oder 21 EStG anzuwenden sind oder anzuwenden wären, wenn sich der Geschäftsvorfall im Inland unter Beteiligung eines unbeschränkt Steuerpflichtigen und einer inländischen nahestehenden Person ereignet hätte. Nach dem Gesetzeswortlaut genügt grds. eine Zuordnung zu einem »schädlichen« Tätigkeitsbereich bei der nahe stehenden Person aus. Eine Geschäftsbeziehung i.S.d. § 1 Abs. 4 AStG liegt demnach grds. auch dann vor, wenn ein Steuerinländer einer »nahestehenden« Kapitalgesellschaft ein Darlehen aus seinem Privatvermögen gewährt und die Kapitalgesellschaft dieses Darlehen verwendet, um Einkünfte aus Gewerbebetrieb zu erzielen. Fraglich ist diese Rechtsfolge bei nicht originär gewerblich tätigen Kapitalgesellschaften. Zwar findet bei Kapitalgesellschaften gem. § 8 Abs. 2 KStG eine Fiktion gewerblicher Einkünfte statt. Diese Fiktion gilt allerdings nicht für ausländische Kapitalgesellschaften ohne Sitz und Geschäftsleitung im Inland.[585] In diesem Fall ist darauf abzustellen, ob die ausländische Kapitalgesellschaft eine gewerbliche Tätigkeit i.S.d. § 15 Abs. 2 EStG ausübt.[586]

Wird das Darlehen zinslos gewährt und hat eine Laufzeit von mindestens zwölf Monaten, ist auch bei Gesellschafterdarlehen steuerlich die **Abzinsungspflicht gem. § 6 Abs. 1 Nr. 3 EStG** zu beachten.[587] Demnach ist die Darlehensverbindlichkeit mit einem festen Zinssatz von 5,5 % abzuzinsen. Dies führt dazu, dass der vertraglich eingesparte Zinssatz steuerlich für die gesamte Laufzeit vorweggenommen wird. Die Abzinsung ist bei der GmbH im Wirtschaftsjahr der Darlehensgewährung i.H.d. Abzinsung steuerpflichtiger Ertrag. Eine Neutralisierung durch eine Einlage i.H.d. abgezinsten Betrags scheidet mangels Vorliegens eines einlagefähigen Wirtschaftsguts wiederum aus.[588] I.H.d. jährlichen Zuschreibungen entsteht der GmbH jeweils Aufwand. Ist ein Abzinsungsertrag der GmbH nicht gewollt, muss zumindest ein niedriger Zinssatz vereinbart werden oder die Laufzeit auf unter zwölf Monate vereinbart werden.[589] 528

Sind die Zinsen umgekehrt zu hoch, stellt der überhöhte Teil eine vGA dar. 529

Soweit der Zinsaufwand ertragsteuerlich abzugsfähig ist, sind dem Gewerbeertrag gem. § 8 Nr. 1 Buchst. a) GewStG 25 % der Zinsen hinzuzurechnen. 530

b) Ebene des Gesellschafters

aa) Beteiligung im Privatvermögen

Auf Ebene des Gesellschafters sind die Zinsen als Einnahmen aus Kapitalvermögen gem. § 20 Abs. 1 Nr. 1 EStG zu behandeln und voll steuerpflichtig. Ist der Gesellschafter zu mindestens 10 % an der GmbH beteiligt gilt gem. § 32d Abs. 2 Nr. 1 Buchst. b) EStG nicht der Abgeltungssteuersatz i.H.v. 25 %, sondern der persönliche Steuersatz. 531

Die Kapitalerträge sind getrennt von der Beteiligung zu behandeln. Aufwendungen im Zusammenhang mit steuerpflichtigen Zinserträgen sind auch bei Vorliegen einer Beteiligung i.S.d. § 17 EStG in vollem Umfang abzugsfähig. § 3c Abs. 2 EStG gilt in diesem Fall nicht. Die volle Abzugsfähigkeit kommt wiederum nur in Betracht, wenn der Gesellschafter zu mindestens 10 % an der Gesellschaft beteiligt ist. Nur in diesem Fall findet gem. § 32d Abs. 2 Satz 2 EStG das Werbungskostenabzugsverbot im Rahmen der Abgeltungssteuer gem. § 20 Abs. 9 EStG keine Anwendung. 532

585 Vgl. BFH, BFH/NV 1990, 161.

586 Vgl. *Wassermeyer/Leonhardt*, in: Flick/Wassermeyer/Baumhoff u.a., Außensteuerrecht, § 1 AStG Rn. 2738 (März 2018).

587 Vgl. BFH, BStBl. II 2010, 478.

588 Vgl. BFH, BStBl. II 2010, 478.

589 Zu Gestaltungsmöglichkeiten *Stadler/Bindl*, DB 2010, 862; *Kulosa*, in: Schmidt, EStG, 39. Aufl. 2020, § 6 Rn. 457.

bb) Beteiligung im Betriebsvermögen und GmbH als Gesellschafterin

533 Auch insoweit findet jeweils eine getrennte Behandlung der Darlehensbeziehung und der Beteiligung statt.

534 Befindet sich die Beteiligung an der GmbH im Betriebsvermögen, fließen die Zinserträge in den steuerpflichtigen Gewinn ein. Gem. § 32d Abs. 1 Satz 1 EStG findet der gesonderte Steuersatz für Kapitalerträge keine Anwendung. Ist der Gesellschafter unmittelbar oder mittelbar zu mehr als 25 % an der GmbH beteiligt, sind Refinanzierungskosten des Darlehens ab dem 1.1.2015 gem. § 3c Abs. 2 Satz 2 EStG lediglich zu 60 % abzugsfähig. Gem. § 3c Abs. 2 Satz 3 EStG hat der Steuerpflichtige eine Entlastungsmöglichkeit, wenn er nachweisen kann, dass auch ein fremder Dritter das Darlehen bei sonst gleichen Umständen gewährt oder noch nicht zurückgefordert hätte.

535 Bei GmbH als Gesellschafterin unterliegen die Zinseinnahmen der Körperschaftsteuer. Refinanzierungskosten sind voll abzugsfähig. Diese unterfallen als Laufende Aufwendungen nicht dem Abzugsverbot des § 8b Abs. 3 Satz 4 KStG.[590]

2. Darlehensausfall

a) Anteile im Privatvermögen

536 Verluste im Zusammenhang mit privaten Darlehensforderungen wirkten sich bislang – zumindest bis zur Einführung des § 20 Abs. 2 EStG – steuerlich nicht aus. Entsprechende Verluste konnten daher steuerlich nur geltend gemacht werden, wenn die Darlehensgewährung als nachträgliche Anschaffungskosten auf die Beteiligung qualifizierte. Der Darlehensausfall wirkte sich sodann im Zeitpunkt der Veräußerung der Beteiligung oder der Liquidation der Gesellschaft i.R.d. § 17 EStG über die Erhöhung der Anschaffungskosten aus.

537 Mit Urteil vom 11.07.2017[591] hat der IX. Senat des BFH seine Rechtsprechung zur Qualifikation ausgefallener Gesellschafterdarlehen als nachträgliche Anschaffungskosten geändert. Seit dem MoMiG[592] und dem damit einhergehenden Wegfall des gesellschaftsrechtlichen Eigenkapitalersatzrechts ist die gesetzliche Grundlage für eine Qualifikation ausgefallener Gesellschafterdarlehen sowie nach § 774 BGB übergegangener Bürgschaftsregressforderungen als nachträgliche Anschaffungskosten i.S.d. § 17 EStG entfallen. Der BFH hat in dieser Entscheidung Vertrauensschutz gewährt, wonach die frühere Rechtsprechung (vgl. BMF-Schreiben vom 21.10.2010[593]) in allen offenen Fällen anzuwenden ist, wenn die bisher als eigenkapitalersetzend angesehene Finanzierunghilfe bis einschließlich 27.09.2017 gewährt wurde oder eigenkapitalersetzend geworden ist. Der heftigen Kritik durch das FG Berlin-Brandenburg im Urteil vom 18.04.2018[594] ist der BFH in seinem Urteil vom 02.07.2019[595] ebenso heftig entgegengetreten. Die FinVerw setzt die Rechtsprechung um.[596]

538 Mit Urteil vom 24.10.2017[597] hat der VIII. Senat des BFH entschieden, dass der endgütige Ausfall eines Darlehens zwischen zwei Privatpersonen einer Veräußerung der Darlehensforderung gleichsteht und zu einem nach § 20 Abs. 2 Satz 1 Nr. 7, Satz 2, Abs. 4 EStG zu berücksichtigenden

590 Vgl. *Binnewies*, in: Streck, KStG, 9. Aufl. 2018, § 8b Rn. 89.

591 Vgl. BFH-Urt. v. 11.07.2017 – IX R 36/15, BStBl II 2019, 208; vgl. dazu *Ott*, DStZ 2018, 179, 185 ff.; *Förster/von Cölln*, DB 2017, 2886; zum Zeitpunkt der Verlustberücksichtigung vgl. Deutschländer, Stbg 2019, 442.

592 Gesetz zur Modernisierung des GmbH-Rechts und zur Bekämpfung von Missbräuchen (MoMiG) v. 23.10.2008, BGBl I 2008, 2016.

593 BMF-Schr. v. 21.10.2010 – IV C 6 – S 2244/17/10001, BStBl I 2010, 832.

594 Vgl. FG Berlin-Brandenburg, Urt. v. 18.04.2018 – 3 K 3138/15, EFG 2018, 1366.

595 Vgl. BFH-Urt. v. 02.07.2019 – IX R 13/18, DStR 2019, 2408; vgl. dazu *Levedag*, GmbHR 2020, 111.

596 Vgl. BMF-Schr. v. 05.04.2019 – IV C 6 – S 2244/17/10001, BStBl I 2019, 257; vgl. dazu *Ott*, DStZ 2019, 412.

597 Vgl. BFH-Urt. v. 24.10.2017 – VIII R 13/15, BFH/NV 2018, 280; *Desens*, DStR 2019, 1071.

Verlust führt. Nach Auffassung des BFH hat der Gesetzgeber mit der Einführung der Abgeltungsteuer eine vollständige Erfassung aller Wertveränderungen von Kapitalanlagen geregelt und die traditionelle quellentheoretische Trennung von Vermögens- und Ertragsebene für Einkünfte aus KapV aufgegeben. Inzwischen hat sich auch der X. Senat des BFH mit Urteil vom 09.07.2019[598] für den Ausfall eines Gesellschafterdarlehens der Rechtsprechung des VIII. Senats angeschlossen, sofern gem. § 52 Abs. 28 Satz 16 EStG die Forderung nach dem 31.12.2008 angeschafft oder begründet worden ist.

Nach dem Urteil vom 06.08.2019[599] führt der Teil-Verzicht auf ein unter dem Nennwert erworbe- 539
nen Gesellschafterdarlehen zwar grundsätzlich zur Anwendung von § 20 Abs. 2 EStG. Soweit aber wie im Streitfall – und anders als bei einer unmittelbaren Darlehensgewährung durch den Gesellschafter – keine Anschaffungskosten auf den nicht werthaltigen Teil der Forderung entfallen, kann ein steuerlich zu berücksichtigender Verlust nicht entstehen.[600] Der BFH hat auch bestätigt, dass bei einem zu mindestens 10 % an der darlehensnehmenden GmbH beteiligten Gesellschafter das in § 20 Abs. 6 EStG vorgesehene Verlustverrechnungsverbot nach § 32d Abs. 2 Satz 1 Nr. 1 Buchst. b i.V.m. Satz 2 EStG nicht greift und ein Verlust mit positiven Einkünften anderer Einkunftsarten ausgeglichen werden kann.

Mit Wirkung ab dem 01.01.2020 wurde § 20 EStG geändert. aus Kapitalvermögen aus 540
– der ganzen oder teilweisen Uneinbringlichkeit einer Kapitalforderung,
– der Ausbuchung wertloser WG i.S.d. § 20 Abs. 1 EStG,
– der Übertragung wertloser WG i.S.d. § 20 Abs. 1 EStG auf einen Dritten oder einem sonstigen Ausfall von WG i.S.d. § 20 Abs. 1 EStG,

dürfen gem. § 20 Abs. 6 Satz 6 EStG nur i.H.v. 10.000 Euro mit Einkünften aus Kapitalvermögen ausgeglichen werden. Die künftige Verlustverrechnung erfolgt nach § 20 Abs. 6 Sätze 2 und 3 EStG mit der Maßgabe, dass nicht verrechnete Verluste je Folgejahr nur bis zur Höhe von 10.000 Euro mit Einkünften aus KapV verrechnet werden dürfen.

Eine Kapitalforderung ist uneinbringlich, wenn sich auf der Grundlage der Gesamtumstände des 541
Schuldverhältnisses abzeichnet, dass der Schuldner die Verbindlichkeit ganz oder teilweise nicht erfüllen wird. Die neuen Regelungen in § 20 Abs. 6 EStG sollen auch Veräußerungstatbestände erfassen, die zu Gestaltungszwecken abgewickelt werden, also insbesondere dann vorgenommen werden, wenn sich das Solvenzrisiko bereits ganz oder teilweise realisiert hat.[601]

Die Regelung des § 20 Abs. 6 EStG findet aber insgesamt beim Ausfall eines Gesellschafterdar- 542
lehens sowie bei einer Veräußerung bzw. einem Forderungsverzicht nach § 32d Abs. 2 Satz 1 Nr. 1 Buchst. b i.V.m. Satz 2 EStG keine Anwendung, wenn der Gesellschafter – oder eine diesem nahe stehende Person – zu mindestens 10 % an der KapG beteiligt ist.

Mit Wirkung für Veräußerungen ab dem 31.07.2019, auf Antrag aber auch früher, ist die Regelung 543
des § 17 Abs. 2a EStG, eine Definition der Anschaffungskosten einschließlich nachträglicher Anschaffungskosten für Anteile an Kapitalgesellschaften, im Anwendungsbereich des § 17 EStG eingefügt. Damit kann § 17 Abs. 2a EStG auf Antrag in allen offenen Fällen und unabhängig von der Vertrauensschutzregelung des BFH bis zum 27.09.2017 Anwendung finden.

Der Antrag auf rückwirkende Anwendung des § 17 Abs. 2a EStG gem. § 52 Abs. 25a EStG ist 544
weder form- noch fristgebunden und kann daher bis zur Bestandskraft des entsprechenden

598 Vgl. BFH-Urt. v. 09.07.2019 – X R 9/17, DStR 2019, 2626; vgl. dazu die Anm. von *Strahl*, NWB 2019, 3809 f.; vgl. auch *Weiss*, NWB 2020, 72.

599 Vgl. BFH-Urt. v. 06.08.2019 – VIII R 18/16, DStR 2019, 2411; vgl. dazu *Levedag*, GmbHR 2020, 111; FG Münster v. 12.03.2018 – 2 K 3127/15 E, EFG 2018, 947 FG Hessen v. 12.4.2018 – 9 K 1053/15, DStRE 2019, 83.

600 BFH v. 06.08.2019 – VIII R 18/16, DStR 2019, 2411.

601 So die Begründung zum Änderungsantrag der Fraktionen der CDU/CSU und SPD zu Art. 4a, Umdruck-Nr. 01.

Steuerbescheids gestellt werden. Somit kann der Antrag noch während eines finanzgerichtlichen Verfahrens nachgeholt bzw. auch wieder zurückgenommen werden

545 Nach § 17 Abs. 2a Satz 1 EStG sind Anschaffungskosten die Aufwendungen, die geleistet werden, um die Anteile an KapG i.S.d. § 17 Abs. 1 EStG zu erwerben. Neben dem Kaufpreis zzgl. Anschaffungsnebenkosten (z.B. Notargebühren und Beratungskosten) gehören auch nachträgliche Anschaffungskosten zu den Anschaffungskosten.

545.1 Nach § 17 Abs. 2a Satz 3 Nr. 1 EStG gehören offene und verdeckte Einlagen zu den nachträglichen Anschaffungskosten:
- Nachschüsse i.S.d. §§ 26 ff. GmbHG und Barzuschüsse (Sanierungszuschüsse),
- sonstige Zuzahlungen nach § 272 Abs. 2 Nr. 4 HGB in die Kapitalrücklage oder
- der Verzicht auf werthaltige Forderungen (u.a. auch Gehaltsverzicht) oder auf Pensionsanwartschaften.

545.2 Auch die Tilgung von Verbindlichkeiten der KapG durch den Gesellschafter sowie die unentgeltliche oder teilentgeltliche Übertragung von materiellen und immateriellen WG auf die KapG führen zu nachträglichen Anschaffungskosten i.S.d. § 17 Abs. 2a EStG.[602]

545.3 Nach zutreffender Auffassung des BFH[603] gehören auch Gesellschaftereinlagen in letzter Minute zur Ablösung von verbürgten Darlehen durch die Gesellschafter zu den nachträglichen Anschaffungskosten.[604]

545.4 Nach der Rechtsprechung des BFH[605] liegt eine verdeckte Einlage ferner beim Rangrücktritt vor, soweit die der Verbindlichkeit zugrunde liegende subordinierte Forderung gesellschaftsrechtlich veranlasst und werthaltig ist. Im Hinblick auf das Vorliegen nachträglicher Anschaffungskosten hat die Formulierung des Rangrücktritts künftig nur noch Bedeutung die Frage, ob eine verdeckte Einlage i.S.d. § 17 Abs. 2a Satz 3 Nr. 1 EStG oder ein gesellschaftsrechtlich veranlasster Darlehensverlust i.S.v. § 17 Abs. 2a Satz 3 Nr. 2 EStG vorliegt.

545.5 Zu den nachträglichen Anschaffungskosten qualifiziert § 17 Abs. 2a Satz 3 Nr. 2 EStG auch ausdrücklich Darlehensverluste, soweit die Gewährung des Darlehens oder das Stehenlassen des Darlehens in der Krise der Gesellschaft gesellschaftsrechtlich veranlasst war.

545.6 Die Höhe der nachträglichen Anschaffungskosten regelt § 17 Abs. 2a EStG nicht. Die bisherige Rechtsprechung und die Finanzverwaltung[606] unterscheiden vier Fallgruppen:
- in der Krise gegebene Darlehen,
- in der Krise stehen gelassene Darlehen,
- Finanzplandarlehen sowie
- Krisenbestimmte Darlehen.

545.7 Bei »stehen gelassenen« Darlehen wird der gemeinen Wert der Darlehensforderung zum Zeitpunkt, in dem es der Gesellschafter mit Rücksicht auf das Gesellschaftsverhältnis nicht zurückfordert angesetzt. Bei den anderen Fallgruppen ist der Nennwert anzusetzen.

545.8 § 17 Abs. 2a EStG setzt eine gesellschaftsrechtliche Veranlassung bei der Gewährung des Darlehens oder Hingabe der Bürgschaft bzw. des Stehenlassens der betreffenden Sicherheit in der Krise der

602 Vgl. auch *Trossen,* GmbH-StB 2019, 105; Ott, Stbg 2019, 310, 311.

603 Vgl. BFH-Urt. v 20.7.2018 – IX R 5/15, BStBl II 2019, 194; vgl. dazu sowie zur Einlage zwecks Tilgung von Gesellschafterdarlehen nunmehr auch OFD Frankfurt/Main, Vfg. v. 10.04.2019 – S 2244 A – 61 – St 215, DStR 2019, 1820; das Nds. FG hatte mit Urt. v. 26.09.2012 – 2 K 13510/10, GmbHR 2013, 613, einen Gestaltungsmissbrauch nach § 42 AO angenommen.

604 Vgl. auch *Ott,* DStZ 2019, 412, 416 f.

605 Vgl. BFH-Urt. v. 15.04.2015 – I R 44/14, BStBl II 2015, 769; BFH-Urt. v. 10.08.2016 – I R 25/15, BStBl II 2017, 670. Der BFH behandelt den Rangrücktritt wie einen Forderungsverzicht mit Besserungsabrede.

606 BMF-Schr. v. 21.10.2010 – IV C 6 – S 2244/17/10001, BStBl I 2010, 832.

Gesellschaf voraus. Eine gesellschaftsrechtliche Veranlassung liegt nach § 17 Abs. 2a Satz 4 EStG vor, wenn ein fremder Dritter das Darlehen oder die Sicherungsmittel i.S.v. § 17 Abs. 2a Nr. 2 oder 3 EStG bei sonst gleichen Umständen zurückgefordert oder nicht gewährt hätte.

§ 17 Abs. 2a Satz 3 Nr. 3 EStG regelt, dass der Ausfall von Bürgschaftsregressforderungen bei gesellschaftsrechtlicher Veranlassung als nachträgliche Anschaffungskosten der Beteiligung berücksichtigt werden können. 545.9

Die nachträglichen Anschaffungskosten i.S.d. § 17 Abs. 2a EStG der im Zeitpunkt der Inanspruchnahme aus der Bürgschaft regelmäßig wertlosen Regressforderung ergeben sich aus dem Betrag, den der Bürge an den Gläubiger zahlt. Bei einer fehlenden wirtschaftlichen Belastung des Bürgen scheidet die Berücksichtigung nachträglicher Anschaffungskosten aus.[607] In § 17 Abs. 2a EStG fehlt eine Definition des Begriffs der »vergleichbaren Forderungen«. Möglicherweise soll damit z.B. die Schuldübernahme mit Regressverzicht[608] angesprochen werden[609] bei der ein Gesellschafter durch Erfüllungsübernahme oder interne Schuldübernahme nach § 415 BGB die Schuld der KapG zwecks Tilgung übernimmt und von vornherein und unbedingt auf Rückgriffsansprüche gegenüber der Gesellschaft verzichtet. 545.10

Ein Konkurrenzverhältnis zwischen § 17 EStG und § 20 Abs. 2 EStG beseht nicht, bei einer Beteiligung von weniger als 1 % oder einer mittelbaren Beteiligung, da § 17 EStG eine unmittelbare Beteiligung von mindestens 1 % fordert. In diesen Fällen werden Darlehensverluste von § 20 Abs. 2 Satz 2 EStG erfasst und unterliegen damit Verlustverrechnungsbegrenzung des § 20 Abs. 6 Satz 6 EStG. 545.11

Im Übrigen wird die Finanzverwaltung gemäß § 20 Abs. 8 EStG von einem Vorrang von § 17 EStG ausgehen und Darlehensverluste sowie Ausfälle von Bürgschaftsregressforderungen und vergleichbaren Forderungen ausschließlich nach § 17 Abs. 2a EStG erfassen. Sie wirken sich damit im Veräußerungs-/Liquidationsfall als nachträgliche Anschaffungskosten der Beteiligung im Teileinkünfteverfahren zu 60 % gewinnmindernd oder verlusterhöhend aus. 545.12

Vor der zeitlichen Geltung des § 17 Abs. 2a EStG besteht ein Konkurrenzverhältnis zwischen der vom BFH gewährten Vertrauensschutzregelung (§ 17 EStG aF) und § 20 Abs. 2 EStG.[610] Insoweit ist von einem Wahlrecht des Steuerpflichtigen auszugehen. Bei einem Ausfall, Verzicht oder der Veräußerung mit Verlust eines verzinslich gewährten Darlehens kann § 20 Abs. 2 EStG von Vorteil sein.[611] Ist der Darlehensgeber an der darlehensnehmenden KapG zu mindestens 10 % beteiligt, wird nach § 32d Abs. 2 Nr. 1 Satz 1 Buchst. b i.V.m. Satz 2 EStG die Anwendung der Verlustbeschränkungsregelung des § 20 Abs. 6 EStG suspendiert, sodass der Darlehensverlust zu 100 % berücksichtigt werden und mit allen anderen Einkünften verrechnet werden kann. 545.13

b) Anteile im Betriebsvermögen

Werden Anteile an Kapitalgesellschaften im Betriebsvermögen gehalten und ist der Steuerpflichtige zu mehr als 25 % an der Kapitalgesellschaft beteiligt, sind Betriebsvermögensminderungen im Zusammenhang mit dem Ausfall eines der Kapitalgesellschaft gewährten Darlehens gem. § 3c Abs. 2 Satz 2 EStG lediglich zu 60 % berücksichtigungsfähig. Gem. § 3c Abs. 2 Satz 3 EStG kann sich der 546

607 Vgl. z.B. BFH-Urt. v. 11.04.2017 – IX R 4/16, BFH/NV 2017, 1309.

608 Vgl. BFH-Beschl. V. 20.12.2001 – I B 74/01, BFH/NV 2002, 678.

609 Vgl. dazu *Hierstetter*, DStR 2010, 882, 886; *Schmidt/Hageböke*, DStR 2002, 2150.

610 In der Praxis wird die Berücksichtigung als Darlehensverlust nach § 20 Abs. 2 EstG derzeit seitens der FinVerw mit dem Hinweis darauf abgelehnt, das BFH-Urt. V. 24.10.2017 – VIII R 13/15 sei noch nicht im BStBl amtlich veröffentlicht.

611 Vgl. *Levedag*, in: Schmidt, EstG, 38. Aufl. 2019, § 20 Rz. 255; *Desens*, DStR 2019, 1071, 1073; *Ott*, DStZ 2019, 412, 420; *Jachmann-Michel*, BB 2018, 2329, 2331; *Schwedhelm/Olbing/Binnewies*, GmbHR 2018, 1233, 1238; *Förster*, DB 2018, 336, 340; *Förster/von Cölln*, DB 2017, 2886, 2892; *Deutschländer*, NWB 2018, 3531 f.; *Schießl*, StuB 2017, 765, 770; a.A. *Brombach-Krüger*, Ubg 2018, 178, 180.

Steuerpflichtige jedoch durch den Nachweis der Fremdüblichkeit entlasten und so eine vollständige Berücksichtigung der Betriebsvermögensminderung erreichen.

547 Die steuerliche Anerkennung von Verlusten aus Gesellschafterdarlehen im Konzern werden durch § 8b Abs. 3 Sätze 4 bis 8 KStG beschränkt. Fällt eine Mutterkapitalgesellschaft, die zu mehr als 25 % am Grund- oder Stammkapital der Tochtergesellschaft beteiligt ist, mit einem ihrer Tochterkapitalgesellschaft gewährten Darlehen aus, so sind die entsprechenden Gewinnminderungen gem. § 8b Abs. 3 Satz 4 KStG steuerlich nicht berücksichtigungsfähig. Auch insoweit gibt es gem. § 8b Abs. 3 Satz 6 KStG die Möglichkeit eines Entlastungsbeweises.

3. Rangrücktritt

548 Um in einer Krise der Gesellschaft deren bilanzielle Überschuldung und damit die Insolvenzantragspflicht zu vermeiden, werden häufig Rangrücktritte der Gesellschafter bzgl. ihrer Gesellschafterdarlehen in die Handlungsüberlegungen einbezogen. Ziel der Rangrücktritte in einer solchen Krisensituation muss es sein, die Darlehensverbindlichkeiten gegenüber den Gesellschaftern aus dem insolvenzrechtlichen Überschuldungsstatus zu eliminieren, während es steuerlich nicht zu einer gewinnwirksamen Ausbuchung der Darlehensverbindlichkeiten aus der Steuerbilanz kommen darf. Eine solche gewinnwirksame Ausbuchung aus der Steuerbilanz würde die Sanierungsbestrebungen wiederum konterkarieren.

549 In insolvenzrechtlicher Hinsicht ist nach Auffassung des BGH für einen Rangrücktritt mit dem Ziel, die Darlehensverbindlichkeit nicht in dem Überschuldungsstatus der Gesellschaft ausweisen zu müssen, erforderlich, dass die Gesellschafterforderung hinter die Forderungen aller anderen Gläubiger zurücktritt und eine Befriedigung der Forderung nicht erfolgen kann, sofern eine Überschuldung oder Zahlungsunfähigkeit der Gesellschaft besteht oder zumindest droht und sich der Rangrücktritt zudem auch auf den Zeitraum vor Insolvenzverfahrenseröffnung bezieht (qualifizierter Rangrücktritt).[612] Die Erklärung kann nach dem Wortlaut des § 19 Abs. 2 Satz 2, § 39 Abs. 2 darauf beschränkt werden, hinter die Forderungen aus § 39 Abs. 1 Nr. 5 InsO zurückzutreten, ohne darüber hinaus eine Gleichstellung mit den Einlagerückgewähransprüchen zu verlautbaren.[613]

550 In steuerlicher Hinsicht ist – unabhängig vom Vorliegen eines einfachen oder qualifizierten Rangrücktritts – das Passivierungsverbot des § 5 Abs. 2a EStG zu beachten.[614] Demnach sind Verbindlichkeiten oder Rückstellungen für Verpflichtungen, die nur zu erfüllen sind, soweit künftig Einnahmen oder Gewinne anfallen, erst anzusetzen, wenn die Einnahmen oder Gewinne angefallen sind. Nach Auffassung des BFH ist eine Verbindlichkeit im Hinblick auf einen vereinbarten Rangrücktritt gem. § 5 Abs. 2a EStG gewinnerhöhend aus der Steuerbilanz auszubuchen, wenn eine Rückzahlung der Verbindlichkeit nur aus einem künftigen Bilanzgewinn bzw. aus einem Liquidationsüberschuss zu erfolgen hat.[615] In diesem Fall fehle es an einer aktuellen wirtschaftlichen Belastung. Insoweit ist aus steuerlicher Sicht ein Passus aufzunehmen, dass eine Rückzahlung auch aus sonstigem freien Vermögen zu leisten ist.[616]

551 Greift das Passivierungsverbot gem. § 5 Abs. 2a EStG ein, liegt in Höhe des werthaltigen Teils der Darlehensforderung eine fiktive verdeckte Einlage vor.[617]

612 Vgl. BGH, NJW 2015, 1672.

613 Nicht abschließend geklärt sind bislang die handelsbilanziellen Konsequenzen, vgl. *Müller*, BB 2016, 491; *Kraft/Schreiber*, NWB 2015, 2640; *Weber-Grellet*, FR 2017, 1088; *Oser*, DStR 2017, 1889; *Briese*, DStR 2017, 2832.

614 Vgl. hierzu das immer noch anwendbare BMF-Schreiben vom 8.9.2006 – IV B 2-S 2133–10/06, BStBl. I 2006, 497.

615 Vgl. BFH, BStBl. II 2015, 769; BFH, BStBl. II 2017, 670.

616 Formulierungsvorschlag bei *Strahl*, Stbg 2017, 489, 500.

617 Vgl. BFH, BStBl. II 2015, 769; BStBl. II 2017, 670.

4. Darlehensverzicht (mit Besserungsschein)

Ein Darlehensverzicht ist zivilrechtlich Erlass i.S.v. § 397 BGB. Ein Forderungsverzicht führt auf Ebene der GmbH zu außerordentlichem Ertrag, soweit die Forderung nicht (mehr) werthaltig ist, im Übrigen zur Einlage.[618] Der entsprechende Ertrag kann unter Berücksichtigung der Vorgaben des § 10d EStG ggf. mit vorhandenen Verlusten ausgeglichen werden. I.H.d. verdeckten Einlage kommt es zu einem Zugang zum steuerlichen Einlagekonto i.S.d. § 27 KStG. 552

Diese Grundsätze gelten auch für die Vereinbarung einer Besserungsabrede im Zusammenhang mit einem Forderungsverzicht. Bei Eintritt des Besserungsfalls lebt die Verbindlichkeit und korrespondierend die Forderung wieder auf. Soweit die Ausbuchung der Verbindlichkeit erfolgswirksam vorgenommen wurde, ist auch die Wiedereinbuchung erfolgswirksam. I.H.d. bei Verzicht werthaltigen Teils gilt die Einlage als zurückgezahlt. Nach hM im steuerrechtlichen Schrifttum erfolgt insoweit eine unmittelbare Verrechnung mit dem Einlagekonto ohne Berücksichtigung der Verwendungsreihenfolge.[619] 553

Das Finanzgericht Münster hat mit Urteil vom 12.3.2018 entschieden, dass auch ein **Verzicht** auf ein Darlehen einer Veräußerung i.S.d. § 20 Abs. 2 Satz 1 Nr. 7 EStG gleichzustellen ist.[620] 554

F. Steuerfolgen von Anteilsveräußerungen

I. Anteile im Privatvermögen

1. Beteiligungsbesitz < 1 %

Bei Anteilen im Privatvermögen und einer Beteiligung an einer Kapitalgesellschaft, die 1 % des Stamm- bzw. Grundkapitals nicht erreicht, ist bei Veräußerungen bis einschließlich 31.12.2008 eine Steuerpflicht nur gem. § 23 EStG im Fall des Spekulationsgeschäfts gegeben. Gleiches galt für Veräußerungen im VZ 2009 für Anteile, die vor dem 1.1.2009 erworben wurden. Ein Spekulationsgeschäft liegt vor, wenn der schuldrechtliche Erwerb und die schuldrechtliche Veräußerung innerhalb einer Jahresfrist erfolgen. Spekulationsverluste können nur mit Spekulationsgewinnen verrechnet werden. 555

Bei Veräußerungen ab dem 1.1.2009 wird der Gewinn aus der Veräußerung einer Beteiligung an einer Kapitalgesellschaft, an der der Veräußerer mit weniger als 1 % am Stamm- bzw. Grundkapital beteiligt ist und die nach dem 31.12.2008 erworben wurde, als Einkünfte aus Kapitalvermögen gem. § 20 Abs. 2 Nr. 1 EStG qualifiziert. Es gelten die Grundsätze der Abgeltungsteuer mit einem Tarif von 25 %. Auf Antrag kann zum individuellen Steuersatz veranlagt werden. Auf eine Haltefrist kommt es nicht an. Verluste aus Veräußerungen von Aktien können ab VZ 2009 nur mit Gewinnen aus der Veräußerung von Aktien verrechnet werden. Verluste aus der Veräußerung von Anteilen an GmbH können mit den übrigen Einkünften aus Kapitalvermögen verrechnet werden. 556

2. Beteiligung = oder > 1 %

Der Gewinn aus der Veräußerung einer Beteiligung an einer Kapitalgesellschaft, an der der Veräußerer mit mindestens 1 % beteiligt ist und die im Privatvermögen gehalten wird, wird gem. § 17 EStG besteuert. 557

Diese Regelung[621] gilt für Veräußerungen seit dem 1.1.2002 (bei abweichendem Wirtschaftsjahr der Gesellschaft, deren Anteile verkauft werden, ggf. auch später, siehe § 52 Abs. 34a EStG). Bis 558

618 Vgl. BFH, BStBl. II 1998, 307.

619 Vgl. *Bauschatz,* in: Gosch, KStG, 3. Aufl. 2015, § 27 Rn. 53; *Wacker,* DB 2017, 26. A.A: *Endert,* DStR 2016, 1009.

620 FG Münster, GmbHR 2018, 583; Revision anhängig unter IX R 9/18.

621 Zur Kritik *Kanzler,* FR 2000, 1245; *Crezelius,* DB 2003, 230; zu Gestaltungsmöglichkeiten *Mainczyk,* Stbg 2001, 445; zur zeitlichen Anwendung *Dötsch/Pung,* DB 2002, 173.

dahin war die Veräußerung steuerpflichtig, wenn der Veräußerer oder – bei unentgeltlichem Erwerb – sein Rechtsvorgänger innerhalb der letzten fünf Jahre vor dem Verkauf am Kapital der Gesellschaft wesentlich beteiligt war. Wesentlich war die Beteiligung, wenn der Verkäufer zu mindestens 10 % (bis 1998 zu mehr als 25 %)[622] am Stammkapital der Gesellschaft unmittelbar oder mittelbar beteiligt war.

▶ **Beratungshinweis:**

559 Durch Beschlüsse vom 7.7.2010[623] hat das **BVerfG** mit Blick auf die Absenkung der Beteiligungsquote i.S.d. § 17 Abs. 1 Satz 1 EStG von 25 % auf 10 % durch das Steuerentlastungsgesetz 1999/2000/2002 (StEntlG, BGBl. I 1999, 402) entschieden, hierin liege eine **unechte Rückwirkung**, die zur Nichtigkeit der Vorschrift führt, soweit sich die Vorschrift (wegen der Inbezugnahme des 5-Jahreszeitraums vor der Veräußerung) auf bereits vor der Verkündung des StEntlG, dh. vor dem 31.3.1999 liegende Wertzuwächse in der Beteiligung bezieht. Soweit der Veräußerungsgewinn Wertzuwächse beinhaltet, die bis zur Verkündung entstanden sind, ist die Vorschrift nichtig: Der Steuerpflichtige genießt insoweit ein schutzwürdiges Vertrauen in die Steuerfreiheit der bis zu diesem Stichtag generierten Wertzuwächse. Zwischenzeitlich sind die Grundsätze der Entscheidung des BVerfG vom 7.7.2010 auch durch BMF-Schreiben konkretisiert.[624]

▶ **Beispiel:**

560 A ist seit 1990 zu 10 % an der A-GmbH (AK umgerechnet € 100.000,–) beteiligt. Er veräußert die Beteiligung am 2. August 2010 für € 1.000.000,–. Der Wert der Beteiligung belief sich am 31. März 1999 auf umgerechnet € 500.000,–.

561 Die beim Verkauf realisierten stillen Reserven (€ 900.000,–) dürfen nur besteuert werden, soweit sie nach dem 31. März 1999 entstanden sind. Es dürfen im VZ 2010 daher nur € 500.000,– (€ 1.000.000,– (Veräußerungspreis) abzüglich € 500.000,– (Wert der Beteiligung zum 31. März 1999)) im Teileinkünfteverfahren besteuert werden. Der steuerpflichtige Veräußerungsgewinn im Jahr 2010 beträgt demnach (€ 500.000,– x 60 % =) € 300.000,–.

562 Über die entschiedene Absenkung der Beteiligungsquote auf von 25 % auf 10 % im Jahr 1999 hinausgehend entfaltet die Entscheidung des BVerfG auch Bedeutung für die im Jahr 2002 erfolgte weitere Absenkung der Wesentlichkeitsgrenze von 10 % auf unter 1 %.[625] Inzwischen wendet der BFH die veranlagungszeitraumbezogene Betrachtung an.[626]

563 Ist eine Beteiligung unter die Grenze des § 17 EStG abgesunken und erwirbt der Gesellschafter weitere Anteile hinzu, ohne jedoch die Grenze des § 17 EStG erneut zu überschreiten, dann werden im Fall eines Verkaufs der Beteiligung innerhalb des Fünf-Jahres-Zeitraums auch die neuen Anteile von der Steuerpflicht des § 17 EStG erfasst.[627] Dies gilt auch, wenn die Beteiligung insgesamt veräußert wurde. Werden anschließend erneut Anteile der Gesellschaft erworben und noch innerhalb eines Zeitraums von fünf Jahren seit Aufgabe der Ursprungsbeteiligung wieder veräußert, so greift § 17 EStG ein, selbst wenn die neu erworbenen Anteile die Grenze des § 17 EStG nicht erreichen.[628]

564 Es gilt das Teileinkünfteverfahren, dh. 60 % des Veräußerungsgewinns sind zu versteuern, 60 % der Veräußerungs- und Anschaffungskosten zu berücksichtigen.

---

622 Zu den Problemen bei der Herabsetzung der Wesentlichkeitsgrenze OFD Düsseldorf vom 5.11.2001, FR 2002, 174; *Schüppen/Sanna*, BB 2001, 2397; FG Düsseldorf, EFG 2001, 1216.

623 BVerfG, BGBl. I 2010, 1296, DStR 2010, 1733.

624 BMF-Schreiben vom 20.12.2010 – IV C 6-S 2244/10/10001, BStBl. I 2011, 16.

625 *Milatz/Herbst*, GmbHR 2010, 1018 ff.

626 BFH, GmbHR 2013, 326.

627 BFH, BStBl. II 1994, 222.

628 BFH, BStBl. II 1999, 342.

Verbleibende Veräußerungsverluste sind i.R.d. § 10d EStG zu 60 % ausgleichs- und vortragsfähig. Dies gilt nicht, soweit sie auf Anteile entfallen, 565

- die der Steuerpflichtige innerhalb der letzten fünf Jahre unentgeltlich erworben hatte. Dies gilt nicht, soweit der Rechtsvorgänger anstelle des Steuerpflichtigen den Veräußerungsverlust hätte geltend machen können;
- die entgeltlich erworben worden sind und nicht innerhalb der gesamten letzten fünf Jahre zu einer wesentlichen Beteiligung des Steuerpflichtigen gehört haben. Dies gilt nicht für innerhalb der letzten fünf Jahre erworbene Anteile, deren Erwerb zur Begründung einer wesentlichen Beteiligung des Steuerpflichtigen geführt hat oder die nach Begründung der wesentlichen Beteiligung erworben worden sind (§ 17 Abs. 2 Satz 4 EStG).[629] Auch die Übertragung eines wertlosen Anteils ohne Gegenleistung kann Veräußerung sein.[630]

Der Veräußerungsgewinn i.S.v. § 17 Abs. 1 EStG wird i.d.R. **stichtagsbezogen** ermittelt. Besteuerungszeitpunkt ist das Jahr, in das die Übertragung fällt. Unter Übertragung i.S.v. § 17 Abs. 1 EStG ist der rechtliche, jedenfalls aber der wirtschaftliche Übergang der Beteiligung zu verstehen. Auf die Zahlung des Kaufpreises kommt es grundsätzlich nicht an. 566

Ausnahmsweise besteht für den Fall, dass der Anteil gegen wiederkehrende Bezüge veräußert wird, ein **Wahlrecht.**[631] Der Steuerpflichtige hat die Möglichkeit, die sog. Zuflussbesteuerung zu wählen. Der Veräußerungsgewinn wird nicht im Jahr der Veräußerung in einem Betrag versteuert, sondern sukzessive nach Maßgabe des Zuflusses. Voraussetzung ist, dass die wiederkehrenden Zahlungen **Versorgungscharakter** haben. Ein Wahlrecht kommt nach der Rechtsprechung des BFH in Betracht, wenn langfristige wiederkehrende Bezüge vereinbart werden und diese entweder mit einem Wagnis behaftet sind (Leben des Veräußerers) oder hauptsächlich im Interesse des Veräußerers sind, um dessen Versorgung zu sichern.[632] 567

Nach Auffassung des BFH ist im Fall der Ausübung des Wahlrechts der **Zuflusszeitpunkt** nicht nur für den Zeitpunkt der Besteuerung maßgeblich, sondern auch für das **anwendbare Recht**. Liegt der Veräußerungszeitpunkt vor Einführung des Halbeinkünfteverfahrens, der Zufluss der Ratenzahlungen aber nach Einführung des Halbeinkünfteverfahrens, gilt das Halbeinkünfteverfahren.[633] Entsprechendes gilt bezogen auf den Übergang vom Halbeinkünfteverfahren auf das Teileinkünfteverfahren. 568

Nicht ausgeschüttete Gewinne stehen steuerlich dem Erwerber zu und sind nach Ausschüttung von ihm zu versteuern (§ 20 Abs. 2a EStG). Beim Verkäufer sind sie Teil des Veräußerungspreises.[634] Wegen der ggf. abweichenden zivilrechtlichen Ansprüche (§ 101 Nr. 2, 2. Halbsatz BGB)[635] ist idR eine vertragliche Regelung zweckmäßig.[636] 569

Bei der Übertragung von Anteilen im Familienkreis ist der Übergang des zivilrechtlichen und wirtschaftlichen Eigentums erforderlich.[637] 570

Der Erwerb der Anteile kann zum Wegfall der Verlustvorträge führen (§ 8 Abs. 4 KStG aF, § 8c KStG).[638] 571

---

629 *Nacke/Sulemann*, NWB Fach 3, 12303 (März 2003).
630 BFH, BFH/NV 1997, 215; FG Köln, EFG 1997, 1508.
631 Ausführung dazu: *Paus*, EStB 2016, 190.
632 Vgl. BFH, BStBl. II 2010, 969; H 17 zu R 17 EStR.
633 BFH, FR 2015, 807.
634 Bis zum VZ 1999 waren die Dividenden dem Verkäufer auch steuerlich zuzurechnen, BFH, GmbHR 2000, 497.
635 BGH, DStR 1998, 498.
636 *Lenz*, GmbHR 1999, 701.
637 U.E. zu streng BFH, BFH/NV 2003, 301.
638 *Schwedhelm*, in: Streck, KStG, 9. Aufl. 2018, § 8 Rn. 1 ff.

3. Steuerliche Probleme bei der Veräußerung des GmbH-Anteils durch natürliche Personen

a) Regelung der Ausschüttungsberechtigung

▶ **Beispiel:**[639]

572 Durch notariell beurkundeten Veräußerungs- und Übertragungsvertrag vom Oktober 2016 veräußert V seine Anteile an Erwerber E. Der Geschäftsanteil wird aufschiebend bedingt auf den 31.12.2016 abgetreten. Ferner wird im Übertragungsvertrag geregelt, dass die noch nicht ausgeschütteten Gewinne bis einschließlich 31.12.2016 (2016 erwirtschaftete Gewinne und Gewinnvorträge/-rücklagen) dem Veräußerer V zustehen. Sie sollen vollständig im Jahr 2017 als Dividende ausgeschüttet werden, wozu sich der Erwerber E verpflichtet im Hinblick auf die »erforderlichenfalls zu fassenden Gesellschafterbeschlüsse«. Erwerber E fasst im Jahr 2017 den entsprechenden Gewinnausschüttungsbeschluss, mit dem die bis zum 31.12.2016 entstandenen und gegebenenfalls zuvor thesaurierten Gewinne an Veräußerer V ausgekehrt werden.

573 Die Ausschüttung aus einer GmbH hat derjenige steuerlich zu erfassen, der **im Zeitpunkt der Fassung des Gewinnverteilungsbeschlusses** (wirtschaftlicher) Inhaber der Beteiligung ist (§ 20 Abs. 5 Satz 2 EStG). Gem. **§ 39 AO** sind Wirtschaftsgüter dem zivilrechtlichen Eigentümer zuzurechnen, abweichend dem wirtschaftlichen Eigentümer, wenn dieser die tatsächliche Herrschaft über das Wirtschaftsgut in der Weise ausübt, dass er den Eigentümer im Regelfall für die gewöhnliche Nutzungsdauer von der Einwirkung auf das Wirtschaftsgut wirtschaftlich ausschließen kann. Das **wirtschaftliche Eigentum** an einem Kapitalgesellschaftsanteil geht auf den Erwerber über, wenn der Käufer des Anteils

– aufgrund eines (bürgerlich-rechtlichen) Rechtsgeschäfts bereits eine **rechtlich geschützte**, auf den Erwerb des Rechts gerichtete Position erworben hat, die ihm gegen seinen Willen nicht mehr entzogen werden kann, und
– die mit dem Anteil verbundenen **wesentlichen (Verwaltungs- und Vermögens)Rechte**, insbesondere Gewinnbezugsrechte und Stimmrechte sowie
– **Risiko und Chancen von Wertveränderungen** auf ihn übergegangen sind.

574 Die Zurechnung von Dividenden ist insbesondere im Zusammenhang mit **Anteilsveräußerungen** streitanfällig. In der im vorstehenden Beispiel vorliegenden – typischen – Konstellation sind **zwei Besteuerungsszenarien** denkbar:

– **Erwerber E wird als Anteilseigner** i.S.v. § 20 Abs. 5 Satz 2 EStG angesehen. Erwerber E hat die Dividende zu versteuern. Der Geschäftsführer behält im Namen und auf Rechnung von Erwerber E die Kapitalertragsteuer ein und führt sie ab. Der Nettobetrag wird weitergeleitet an den Veräußerer V. Der Nettobetrag stellt Veräußerungserlös (bei E Anschaffungskosten) i.S.v. § 17 EStG dar. Gegebenenfalls ist der Steuerbescheid nach § 175 Abs. 1 Nr. 2 AO zu ändern.
– **Veräußerer V wird als Anteilseigner** i.S.v. § 20 Abs. 5 Satz 2 EStG qualifiziert. In diesem Fall realisiert Veräußerer V Einkünfte aus Kapitalvermögen. Der Geschäftsführer hat die Kapitalertragsteuer im Namen und auf Rechnung des Veräußerers V einzubehalten und abzuführen. Diese Auffassung hat den **Vorteil**, dass die Dividende nur einmal durch den Veräußerer V bei dessen Einkünften aus Kapitalvermögen zu versteuern ist.

575 Das **FG Köln** kommt im vorliegend geschilderten Fall zu dem Ergebnis, dass der Veräußerer V als Anteilseigner i.S.v. § 20 Abs. 5 Satz 2 EStG anzusehen ist. Das FG Köln qualifiziert die Gewinnverteilungsregelung im Veräußerungsvertrag bereits als Gewinnverteilungsbeschluss i.S.v. § 20 Abs. 5 Satz 2 EStG. Maßgebende Erwägungen des FG Köln sind, dass ein **Gewinnverteilungsbeschluss** i.S.v. § 20 Abs. 5 Satz 2 EStG bereits **vor Feststellung des Jahresgewinns** gefasst werden kann. Aus § 46 Nr. 1 GmbHG lasse sich nicht herleiten, dass der **Feststellungsbeschluss** stets vor dem Gewinnverteilungsbeschluss gefasst werden muss. Daraus wiederum leitet das FG Köln ab, dass der **Vollzug einer Vorabausschüttung nicht erforderlich** sei. Der BFH hat die Würdigung der zugrunde

639 Vgl. FG Köln, EFG 2016, 1949; bestätigt durch den BFH vom 13.3.2018 – IX R 35/16, nv.

liegenden Vereinbarung zwischen Veräußerer und Erwerber in dem Anteilsübertragungsvertrag als Gewinnverteilungsabrede durch das FG Köln bestätigt.

Beratungshinweis: In einem Anteilskaufvertrag ist zu regeln, welche Gewinne dem Veräußerer und welche Gewinne dem Erwerber zustehen. Dies gilt insbesondere vor dem Hintergrund von § 101 Nr. 2 2. Halbsatz BGB, wonach eine zeitliche Aufteilung der gesetzliche Regelfall ist. Wird der Gewinnverteilungsbeschluss für Gewinne, die bis zum Übertragungsstichtag entstanden sind, erst nach dem Übertragungsstichtag gefasst, bedeutet dies die oben geschilderte Doppelbesteuerung. Der Erwerber ist zu diesem Zeitpunkt wirtschaftlicher Inhaber der Beteiligung und damit Anteilseigner i.S.v. § 20 Abs. 5 Satz 2 EStG. Der Erwerber erzielt die Einkünfte aus Kapitalvermögen. Der weitergeleitete Nettobetrag stellt eine Vermögensverwendung (zusätzliche Kaufpreiszahlung) dar. Die zusätzliche Kaufpreiszahlung hat der Veräußerer i.R.v. § 17 EStG zu erfassen. 576

b) Übertragung zwischen nahen Angehörigen

aa) Drittvergleich

▶ **Beispiel:**

Ehefrau F ist zivilrechtlich zu 1,5 % an der X-GmbH beteiligt. Die Beteiligung wird mit Gewinn veräußert. F trägt vor, 0,8 % treuhänderisch für ihren Ehemann M zu halten. Diesem habe sie im Jahr zuvor die Beteiligung verkauft. Der Kaufpreis wurde zinslos gestundet. Eine Sicherheit für die Kaufpreisforderung wurde nicht vereinbart. 577

Das Finanzamt bestritt in der vorliegenden Konstellation den Übergang des wirtschaftlichen Eigentums auf den Ehemann M mit der Begründung, dass die Anteilsübertragung einem **Drittvergleich** nicht standhalte. Die mangelnde Zinsvereinbarung sowie die mangelnde Sicherheit belege, dass eine derartige Übertragung zwischen fremden Dritten nicht stattgefunden hätte. Dem ist das FG Köln entgegengetreten. Zutreffend wird ausschließlich darauf abgestellt, ob die treuhänderische **Übertragung zivilrechtlich wirksam vereinbart** (notariell beurkundet) und **tatsächlich vollzogen** wurde.[640] 578

bb) Verlustrealisierung

▶ **Beispiel:**

A, zu 100 % Gesellschafter der A-GmbH, beabsichtigt, diese zu liquidieren. Um sicherzustellen, dass er den absehbaren Verlust in 2018 und aufgrund des Sperrjahrs nicht erst in 2019 realisiert, veräußert er die Beteiligung zu € 1,– an seine Ehefrau. 579

Die vorgehende Konstellation ist von den Fällen zu unterscheiden, in denen durch den Veräußerer die **Realisierung eines Veräußerungsverlusts** geltend gemacht wird aufgrund der Übertragung zwischen nahen Angehörigen zu einem symbolischen Preis. Die Geltendmachung eines Veräußerungsverlusts i.S.v. § 17 Abs. 1, 4 EStG setzt eine **entgeltliche Übertragung** voraus. Während diese unter fremden Dritten vermutet wird, geht die Rechtsprechung davon aus, dass bei einer Übertragung zwischen nahen Angehörigen der Veräußerer nachweisen muss, dass die Parteien **subjektiv von einer Wertlosigkeit der Beteiligung ausgingen** und diese auch **objektiv wertlos** ist. Für die Bewertung der Beteiligung trägt der Veräußerer die Darlegungs- und Beweislast.[641] Selbst der ringweise Verkauf unter den Gesellschaftern führt bei tatsächlichem Verkauf (Änderung der Gesellschafterliste) zur Realisierung des Verlusts.[642] **§ 42 AO** ist nicht gegeben. Dies entspricht der langen Tradition der Rechtsprechung des BFH zu den Fällen der Verlustrealisierung durch Anteilsrotation. 580

640 FG Köln, GmbHR 1999, 932.
641 Vgl. BFH, GmbH-StB 2017, 38; BFH/NV 2014, 1201.
642 So bereits BFH, BStBl. II 2011, 427.

cc) Zuordnung von Anteilen nach § 42 AO

▶ **Beispiel:**[643]

581 Mutter M ist beteiligt an der A-GmbH. M hat zwei Kinder im Kleinkindalter. Zur Sicherung der späteren Ausbildung erwägt M Geschäftsanteile an der GmbH an einen Mitgesellschafter zu veräußern. Das Geld soll sodann mündelsicher für die Kinder zur Finanzierung der späteren Ausbildung angelegt werden. Nach steuerrechtlicher Beratung kommt M zu dem Ergebnis, die GmbH-Anteile an die Kinder zu schenken und sodann im Namen der Kinder zu veräußern. So wird der Sachverhalt vollzogen. Das Veräußerungsentgelt wird auch die auf den Namen der Kinder angelegten Konten überwiesen.

582 Werden Anteile übertragen und geht das wirtschaftliche Eigentum an der GmbH-Beteiligung nach den oben geschilderten Grundsätzen auf den Erwerber über, kann die Finanzverwaltung die Anteilsübertragung nicht im Hinblick auf § 42 AO negieren. Dies gilt unabhängig von den erzielten steuerlichen Effekten.

583 Das FG Rheinland-Pfalz kommt zu dem Ergebnis, dass mit derartigen »*rechtlichen Kniffen und Schlichen, die von Hinten durch die Brust ins Auge gingen*«, nicht umgangen werden könne, dass in der vorliegenden Konstellation Mutter M den Veräußerungsgewinn zu versteuern habe und nicht die Kinder.

584 Diese Auffassung des FG Rheinland-Pfalz ist unzutreffend.[644] Es handelt sich weder um eine unübliche, unangemessene, komplizierte Gestaltung i.S.v. § 42 AO, noch ist die Erzielung eines vom Gesetz nicht erkannten Steuervorteils gegeben. § 42 AO kann immer nur dann Rechtsgrundlage für eine anderweitige Zuordnung von GmbH-Beteiligungen sein, wenn diese nur **zum Schein oder lediglich für eine kurze Zeitspanne** übertragen werden, um steuerliche Effekte zu erzielen.[645]

dd) Formunwirksamkeit des Übertragungsvertrags

▶ **Beispiel:**

585 A ist zu 80 % am Stammkapital der A-GmbH beteiligt. Weiterer Gesellschafter ist sein Sohn. A errichtet die A-Holding GmbH, deren alleiniger Geschäftsführer und Gesellschafter er wird. I.H.v. € 1.000,– werden Anteile an der A-GmbH als Sacheinlage gegen Gewährung von Gesellschaftsrechten eingebracht. Im Übrigen erhält der A ein Darlehen. Die Einbringung der Anteile an der A-GmbH in die A-Holding GmbH selbst wird nicht notariell beurkundet. Die A-Holding GmbH weist die Anteile an der A-GmbH in ihrer Bilanz aus. In der Folgezeit werden diese Anteile durch die A-Holding GmbH veräußert. Der Veräußerungsgewinn aus der Übertragung der Anteile an der A-GmbH durch A an die A-Holding GmbH wird zunächst im Einkommensteuerbescheid der Eheleute A erklärungsgemäß erfasst. Später wendet sich A gegen die Festsetzung dieses Veräußerungsgewinns, da die Übertragung der Anteile mangels notarieller Beurkundung unwirksam sei.

586 Der **BFH**[646] ist im Beispielsfall zu dem Ergebnis gekommen, dass der Veräußerungsgewinn gem. § 17 Abs. 1 Satz 1 EStG zu veranlagen ist. Dafür ist notwendige und hinreichende Voraussetzung, dass das **wirtschaftliche Eigentum** an Anteilen i.S.v. § 17 Abs. 1 Satz 1 EStG vom Veräußerer auf den Erwerber übergegangen ist. Gemäß **§ 39 Abs. 2 Nr. 1 Satz 1 AO** ist die Rechtsstellung des wirtschaftlichen Eigentümers dadurch gekennzeichnet, dass er den zivilrechtlichen Eigentümer im Regelfall von der Einwirkung auf das Wirtschaftsgut wirtschaftlich ausschließen kann. Ihm muss etwa auch der wirtschaftliche Erfolg aus einer (Weiter-)Veräußerung gebühren.[647]

---

643 Vgl. FG Rheinland-Pfalz, EFG 2017, 1357; aufgehoben durch BFH, BFH/NV 2018, 1081.
644 Ausf. *Binnewies/Zapf*, GmbHR 2017, 1257; vgl. nachgehend BFH, BFH/NV 2018, 1081.
645 Vgl. dazu den Hinweis in BFH, BFH/NV 2017, 1168.
646 GmbHR 2012, 808.
647 GmbHR 2011, 1162, m. Komm. *Binnewies*, m.w.N.

Der BFH hatte bereits zuvor entschieden, dass auch das wirtschaftliche Eigentum übergehen kann, wenn **nicht nahestehende Vertragsparteien** die in einem formunwirksamen Vertrag getroffene Vereinbarung tatsächlich durchführen und bestehen lassen. 587

Ferner hatte der BFH bereits zuvor entschieden, dass auch bei **Verträgen zwischen nahen Angehörigen** die zivilrechtliche Unwirksamkeit eines Vertragsschlusses nicht ausnahmslos zum Ausschluss der steuerlichen Anerkennung des Vertragsverhältnisses führt.[648] 588

Unter Anwendung dieser Grundsätze ist der BFH im Beispielsfall zu dem Ergebnis gekommen, dass nichts anderes gelten kann, wenn der Steuerpflichtige Anteile an eine Gesellschaft veräußert, deren **alleiniger Gesellschafter** er ist. Auch wenn man die Grundsätze der steuerlichen Anerkennung von Vertragsverhältnissen zwischen nahen Angehörigen zugrunde legen wollte, könne im Streitfall nicht von einer verstärkten Indizwirkung des Mangels der zivilrechtlichen Form ausgegangen werden, wenn das FG als Tatsachengericht keinerlei sonstige Anhaltspunkte festgestellt habe, die gegen den Bindungswillen der Parteien sprechen würden. 589

▶ **Beratungshinweis:**

Das Erfordernis der zivilrechtlichen Wirksamkeit von Verträgen für die steuerrechtliche Anerkennung von Verträgen zwischen nahen Angehörigen spielt für die Zurechnung von Beteiligungen i.R.v. § 17 EStG bzw. die Realisierung eines Veräußerungsgewinns oder Veräußerungsverlusts i.S.v. § 17 EStG nicht die ausschlaggebende Rolle. Dies ist nur dann der Fall, wenn es auf die steuerliche Anerkennung von Dauerschuldverhältnissen ankommt.[649] 590

c) Gesamtvertragskonzept

▶ **Beispiel:**

A, B, C und die D-AG erwerben die Anteile an der Vorrats-GmbH. Sodann wird unmittelbar in derselben notariellen Beurkundung die Satzung geändert, wobei ua. das Kapital erhöht wird. Den neu geschaffenen Anteil übernimmt nur die D-AG. Danach sind A, B und C nur noch mit 0,9 % beteiligt. Drei Jahre später veräußern A, B und C ihren Geschäftsanteil. Das Finanzamt besteuert nach § 17 EStG, da A, B und C nach seiner Auffassung mit Erwerb der Beteiligung bis zur Eintragung der Kapitalerhöhung mit mehr als 1 % (nämlich 25 %) beteiligt waren. 591

Ende 2011, veröffentlicht im Jahr 2012, hat der BFH seine Rechtsprechung aus dem Frühjahr 2011[650] im Hinblick auf das Nichtvorliegen einer Beteiligung i.S.v. § 17 Abs. 1 Satz 1 EStG bei Erreichen der Beteiligungsgrenze lediglich für eine **logische Sekunde** i.R.e. einheitlichen Vertragskonzeption bestätigt. Werden i.R. **mehrerer zeitgleich abgeschlossener, korrespondierender Verträge** GmbH-Anteile übertragen und die Beteiligungshöhe durch eine Kapitalerhöhung reduziert, vermittelt die der Kapitalerhöhung vorgreifliche Anteilsübertragung kein wirtschaftliches Eigentum an einer Beteiligung i.S.v. § 17 Abs. 1 Satz 1 EStG, wenn nach dem Gesamtvertragskonzept die mit der übertragenen Beteiligung verbundenen Rechte von vorneherein nur für eine Beteiligung von unter 1 % übergehen sollten.[651] 592

d) Keine Berücksichtigung von Schadensersatzleistungen Dritter i.R.v. § 17 Abs. 2 EStG

▶ **Beispiel:**[652]

A erwirbt Anteile an der A-GmbH. Der Bewertung des Kaufpreises liegt ein Gutachten der Wirtschaftsprüfungsgesellschaft Z zugrunde. Im VZ 2015 veräußert A die GmbH-Beteiligung 593

648 BFH, GmbHR 2008, 1229.
649 BFH, GmbHR 2012, 808.
650 Vgl. BFH, GmbHR 2011, 1162.
651 BFH, GmbHR 2012, 525.
652 BFH, BStBl. II 2017, 316.

mit hohem Verlust. A macht diesen Verlust nach § 17 Abs. 4 EStG i.R.d. Einkommensteuerveranlagung 2015 geltend. Im Jahr 2017 vereinnahmt A Schadensersatz, auf den er die Wirtschaftsprüfungsgesellschaft Z aufgrund der fehlerhaften Bewertung der Anteile an der A-GmbH verklagt hatte. Das Finanzamt ändert den Einkommensteuerbescheid 2015 mit Berufung auf § 175 Abs. 1 Satz 2 Nr. 2 AO.

594 Nach **§ 175 Abs. 1 Satz 1 Nr. 2 AO** ist ein Steuerbescheid unter anderem zu ändern, soweit ein Ereignis eintritt, das steuerliche Wirkung für die Vergangenheit hat. Ob ein Ereignis steuerrechtlich zurückwirkt, richtet sich nach dem materiellen Recht, vorliegend also nach § 17 EStG. Der Veräußerungsgewinn oder -verlust i.S.v. § 17 Abs. 2 EStG ist für den Zeitpunkt zu ermitteln, in dem er entstanden ist, also für den Zeitpunkt der Veräußerung. Aus dieser **Stichtagsermittlung** folgt, dass später eintretende Veränderungen der in die Ermittlung des Veräußerungsgewinns/-verlusts einfließenden Faktoren grundsätzlich auf den Zeitpunkt des Entstehens des Veräußerungsgewinns/-verlusts zurückzubeziehen sind.[653] Ist die **Übertragung der Anteile vollzogen und die Gegenleistung** erbracht, liegt eine materiell-rechtliche und deshalb nach § 175 Abs. 1 Satz 1 Nr. 2 AO verfahrensrechtliche Rückwirkung auf das abgeschlossene Rechtsgeschäft nur vor, wenn der Rechtsgrund für die später geleistete Zahlung **im ursprünglichen Rechtsgeschäft**, also der Anteilsveräußerung, angelegt ist.[654]

595 Nach dieser Rechtsprechung kann sich der Gewinn oder Verlust aus der Veräußerung von Anteilen an einer Kapitalgesellschaft rückwirkend ändern, wenn die Vertragsparteien der Anteilsveräußerung wegen Streitigkeiten über die Wirksamkeit oder den Inhalt des Vertrags einen Vergleich schließen und den **Veräußerungspreis rückwirkend vermindern** oder erhöhen.[655] Entsprechendes gilt in Bezug auf eine **nachträgliche Erhöhung oder Minderung der Anschaffungskosten**. So führt z.B. eine nachträgliche Teilzahlungsvereinbarung bezüglich der Inanspruchnahme aus einer Bürgschaft zu einer rückwirkenden Reduzierung der nachträglichen Anschaffungskosten,[656] da diese allein in der Bürgschaftsverpflichtung und damit im ursprünglichen zu den nachträglichen Anschaffungskosten führenden Rechtsgeschäft angelegt ist.

596 Ist die nach der Vollziehung des Veräußerungsgeschäfts geleistete Zahlung **Gegenstand eines von der Anteilsveräußerung zu separierenden selbstständigen Rechtsgeschäfts**, wirkt die Zahlung nicht auf den Zeitpunkt des Entstehens des Veräußerungsgewinns/-verlusts nach § 17 EStG zurück.[657] Zum Veräußerungspreis i.S.v. § 17 Abs. 2 EStG können auch **Leistungen von einem Dritten** gehören, die der Veräußerer in unmittelbarem wirtschaftlichem Zusammenhang mit der Veräußerung der Anteile erhält und die daher unter wirtschaftlicher Betrachtung als Bestandsteil des Veräußerungspreises anzusehen sind. Beruht die Leistung des Dritten jedoch auf **einem rechtlich und wirtschaftlich eigenständigen Rechtsgrund** und kommt ihr daher eine eigene wirtschaftliche Bedeutung zu, gehört sie nicht zu den Veräußerungsentgelten nach § 17 EStG.

597 Anschaffungskosten sind nach § 255 Abs. 1 Satz 1 HGB Aufwendungen, die geleistet werden, um einen Vermögensgegenstand zu erwerben. Nach **§ 255 Abs. 1 Satz 3 HGB** sind von den Anschaffungskosten Anschaffungspreisminderungen abzusetzen. Die Anschaffungspreisminderungen umfassen dabei nicht nur Kaufpreisnachlässe, sondern auch nach dem Zweck des Anschaffungskostenprinzips ganz allgemein Ermäßigungen der Anschaffungskosten und damit auch Rückschlüsse von im Zusammenhang mit dem Erwerb geleisteten Aufwendungen.[658] Eine **Anschaffungspreisminderung** kann i.d.S. auch darin liegen, dass Anschaffungsnebenkosten und Anschaffungsausgaben **von Dritten erstattet** oder vergütet werden, sofern hierin nicht ein Entgelt für eine Leistung des Empfängers liegt.[659]

653 Vgl. nur BFH, BStBl. II 2016. 212.
654 BFH, BStBl. II 2006, 15; BStBl. II 2012, 675; BStBl. II 2013, 378; BFH/NV 2013, 1985.
655 BFH, BStBl. II 2004, 107; BStBl. II 2010, 249.
656 BFH, BStBl. II 2013, 378.
657 BFH, BStBl. II 2006, 15; BFH/NV 2013, 1085.
658 BFH, BFH/NV 2014, 312.
659 BFH, BFH/NV 2014, 312.

Die Annahme einer Ermäßigung von Anschaffungskosten setzt voraus, dass **zwischen der Schadensersatzleistung des Dritten und dem Anschaffungsvorgang ein hinreichend wirtschaftlicher Zusammenhang** bleibt. Dieser ist gegeben, wenn der maßgebende Anlass für den Minderungsvorgang in der Anschaffung selbst liegt, so dass der Zufluss von Gütern und von Geld über Geldeswert als Rückführung von Anschaffungskosten bewertet werden kann.

Unter Zugrundelegung dieser Maßstäbe kommt der BFH im Urteil vom 4.10.2016 zu dem Ergebnis, dass die **Entschädigungsleistung seitens der Wirtschaftsprüfungsgesellschaft** Z weder den Veräußerungspreis der Anteile erhöht, noch deren Anschaffungskosten mindert. Damit scheidet eine Rückwirkung nach § 175 AO aus Sicht des BFH aus. Das zivilrechtliche Schuldverhältnis zwischen A und der Wirtschaftsprüfungsgesellschaft Z (Vertrag zugunsten Dritter) stellt nach Auffassung des **BFH** eine nicht mit der Anschaffung oder der Veräußerung der Anteile im unmittelbaren wirtschaftlichen Zusammenhang stehende Rechtsgrundlage dar. Der BFH hat im entschiedenen Fall offengelassen, ob die Schadensersatzzahlung nicht steuerbar ist oder als **Entschädigung nach § 17, § 24 Nr. 1a oder b EStG** oder als **sonstige Leistung nach § 22 Nr. 3 EStG** steuerbar ist. Diese Würdigung betrifft nicht das Streitjahr. 598

II. Anteile im Betriebsvermögen

Auch für Anteile im **Betriebsvermögen** eines Einzelunternehmens[660] oder einer Personengesellschaft gilt das Teileinkünfteverfahren. 599

III. Veräußerung im Konzern

Gewinne aus der Veräußerung einer Beteiligung an einer Kapitalgesellschaft durch eine Kapitalgesellschaft sind steuerfrei (§ 8b Abs. 2 und KStG).[661] **Die Befreiung ist auf 95 % des Gewinns beschränkt** (§ 8 Abs. 5 KStG). Befreit sind sowohl Beteiligungen an inländischen als auch Beteiligungen an ausländischen Kapitalgesellschaften. Das Schachtelerfordernis aus § 8b Abs. 4 KStG gilt für die Veräußerungsfreistellung nicht. 600

Veräußerungsgewinn oder **Veräußerungsverlust** ist die Differenz zwischen Veräußerungserlös und Anschaffungskosten der Anteile zzgl. Kosten der Veräußerung.[662] Nachträgliche Änderungen des Erlöses oder der Kosten wirken steuerlich auf den Zeitpunkt des Verkaufs zurück.[663] Kosten eines fehlgeschlagenen Verkaufs sind bei im Privatvermögen gehaltenen Anteilen i.d.R. nicht abzugsfähig.[664] Verlustausgleichsverpflichtungen sind ggf. als Veräußerungskosten zu berücksichtigen.[665] Die Rückübertragung nach Anfechtung eines Verkaufs kann erneute Veräußerung sein.[666] 601

§ 8b Abs. 7 KStG schließt die Vergünstigung für **Finanzunternehmen** aus. Finanzunternehmen kann auch eine Holding-Gesellschaft sein, wenn Anteile in der Absicht einen kurzfristigen Eigenhandelserfolg zu erzielen, erworben werden. 602

Sowohl die **Abgrenzung** von **allgemeinen Beratungskosten und Veräußerungskosten** i.R.v. § 8b Abs. 2 KStG als auch die Abgrenzung von allgemeinen Beratungskosten und Anschaffungsnebenkosten i.R.v. § 8b Abs. 3 KStG bereiten der Praxis Schwierigkeiten. 603

---

660 Zu Anteilen als notwendiges Betriebsvermögen bei einem Freiberufler BFH, GmbHR 2001, 831; GmbHR 2001, 629, mit Anm. *Schiffers*.

661 Eingehend BMF-Schreiben vom 28.4.2003, BStBl. I 2003, 292; dazu *Schild/Eisele*, DStZ 2003, 443; *Eiler/Schmidt*, GmbHR 2003, 613; *Frotscher*, INF 2003, 457.

662 Siehe hierzu *Widmann*, DStZ 1998, 368.

663 BFH, BStBl. II 1993, 897; *Theisen*, DStR 1994, 1599.

664 BFH, DB 1998, 399.

665 FG Münster, EFG 1997, 1181.

666 BFH, GmbHR 2000, 336; anders FG Rheinland-Pfalz, DStRE 2003, 532, bestätigt durch BFH, DStR 2003, 2162.

604 Auf **Veräußererseite** stellen **allgemeine Beratungskosten** abzugsfähige Betriebsausgaben dar. Veräußerungskosten hingegen wirken sich lediglich i.R.d. § 8b Abs. 2 Satz 2 KStG veräußerungsgewinnmindernd aus. Rechtsfolge der Minderung des Veräußerungsgewinns ist die Reduzierung der Bemessungsgrundlage der 5 %-Versteuerung gem. § 8b Abs. 3 Satz 1 KStG.

605 Auf **Erwerberseite** mindern **allgemeine Beratungskosten** den Gewinn, Anschaffungsnebenkosten hingegen sind der Beteiligung hinzu zu aktivieren und wirken sich aufgrund des Abzugsverbots gemäß § 8b Abs. 3 Satz 3 KStG wiederum nur im Fall der Weiterveräußerung der Beteiligung i.R.v. § 8b Abs. 2 Satz 2, Abs. 3 Satz 1 KStG i.R.d. 5 %-Versteuerung aus.

606 Die Abgrenzung allgemeiner Beratungskosten von **anteilsbezogenen Veräußerungs- bzw. Erwerbskosten** ist also von großer wirtschaftlicher Bedeutung. Veräußerungs- bzw. Anschaffungskosten sind grundsätzlich einmalige, substanzbezogene Aufwendungen. Nach der Rechtsprechung entscheidendes Abgrenzungskriterium ist der Umstand, ob die Aufwendungen i.R.d. Entscheidungsfindung anfallen oder iRd. zumindest abstrakt gefassten Veräußerungs- oder Erwerbsentscheidung.[667] Dabei soll es nicht darauf ankommen, dass die Veräußerungs-/Erwerbsentscheidung nicht unumstößlich gefasst sein muss. Die Veranlassung durch eine grundsätzlich gefasste Erwerbsentscheidung, die noch nicht auf konkrete Beteiligungen bezogen sein muss, soll ausreichen.

607 **Veräußerungs-/Anschaffungsnebenkosten** sind danach auch gegeben, wenn zum Zeitpunkt des Anfalls des Aufwands noch nicht konkret feststeht, welche Beteiligungen erworben bzw. veräußert werden, sondern lediglich eine endgültige Strategieentscheidung gefasst ist.[668]

608 Das FG Köln ordnet **Due-Diligence-Kosten** unter Berücksichtigung dieser Grundsätze den nach einer abstrakten Veräußerungs-/Erwerbsentscheidung anfallenden Kosten zu. Dass der konkrete Vollzug der Veräußerung vom Ergebnis der Due Diligence abhängt, steht dem nach Auffassung des FG Köln nicht entgegen. Due-Diligence-Kosten, die regelmäßig vom Erwerber getragen werden, stellen nach Auffassung des FG Köln daher aktivierungspflichtige Anschaffungsnebenkosten und damit keine abzugsfähigen Betriebsausgaben dar.[669]

609 Der **BFH** hat sich einer Qualifizierung von Due-Diligence-Kosten im Fall des tatsächlichen Vollzugs des Erwerbs der Anteile enthalten. Im entschiedenen Fall wurde der Anteilserwerb nicht vollzogen, da er aufgrund des Ergebnisses der Due Diligence scheiterte. Nur für diese Konstellation qualifiziert der BFH die Due-Diligence-Kosten als abzugsfähigen Aufwand, der nicht als Anschaffungskosten dem Gewinnminderungsverbot des § 8b Abs. 3 Satz 3 KStG unterliegt.[670] Mangels aktivierungsfähiger Beteiligung fehlt es nach Auffassung des BFH an dem für § 8b Abs. 3 Satz 3 KStG notwendigen Zusammenhang der Gewinnminderung mit einem Anteil i.S.v. § 8b Abs. 2 KStG.

610 Nur **Gewinnminderungen**, die im Zusammenhang mit einem konkret vorhandenen Anteil i.S.v. § 8b Abs. 2 KStG entstehen, unterliegen danach dem Abzugsverbot nach § 8b Abs. 3 Satz 3 KStG. Diese Auffassung des BFH ist konsequent. Sie liegt auf der Linie anderer Entscheidungen des BFH. So wurde auch die Teilwertabschreibung auf Gesellschafterdarlehen – vor der Ergänzung des Gesetzes in § 8b Abs. 2 Satz 4 ff. KStG – nicht unter das Gewinnminderungsverbot des § 8b Abs. 3 Satz 3 KStG subsumiert.[671] Der BFH trennt strikt zwischen Substanz der Beteiligung und schuldrechtlichen Forderungen bzw. Verbindlichkeiten.[672]

611 Dies ist systemkonform, was durch eine einfache Kontrollüberlegung bestätigt wird. Da nur der Gewinn bezogen auf die Substanz der Beteiligung gemäß § 8b Abs. 2 KStG freigestellt wird, kann

667 Vgl. BFH, BStBl. II 2010, 469; FG Köln, DStRE 2012, 724; aus der Literatur *Dietz/Tscherveniachki*, DStR 2012, 1161.

668 Vgl. BFH, BStBl. II 2010, 469.

669 648a FG Köln, EFG 2011, 264; vgl. auch FG Hamburg, EFG 2014, 1782.

670 648b BFH, BStBl. II 2013, 343.

671 BFH, BStBl. II 2009, 674.

672 Vgl. BFH, GmbHR 2004, 590.

umgekehrt die Nichtberücksichtigung einer Gewinnminderung nach § 8b Abs. 3 KStG nur Gewinnminderungen betreffen, die konkret auf die Substanz eines Anteils an einer Kapitalgesellschaft bezogen ist.

Das FG Köln hat entschieden, dass laufende Aufwendungen auf der Ebene der Mutterkapitalgesellschaft auch dann Betriebsausgaben darstellen, wenn alleiniger Unternehmensgegenstand die Gründung und Veräußerung von Tochtervorratsgesellschaften ist. Nach Auffassung des FG Köln ist eine konkrete Veranlassung durch einen konkreten Veräußerungsvorgang erforderlich, um Aufwendungen als Veräußerungskosten i.S.v. § 8b Abs. 2 Satz 2 KStG qualifizieren zu können.[673] Entscheidend sei der Veranlassungszusammenhang, unabhängig vom Zeitlauf. 612

IV. Fiktive Veräußerungstatbestände

Neben tatsächlichen Veräußerungsvorgängen sind in den einzelnen speziellen Steuergesetzen auch fiktive Veräußerungstatbestände enthalten. 613

1. Einlage von Kapitalgesellschaftsanteilen in eine Kapitalgesellschaft

Gem. § 17 Abs. 1 Satz 2 EStG steht die verdeckte Einlage von Anteilen an einer Kapitalgesellschaft in eine Kapitalgesellschaft der Veräußerung der Anteile gleich.[674] 614

Es muss sich tatsächlich um eine verdeckte Einlage handeln. Nicht hierunter fallen beispielsweise einfache Einlagen i.S.v. § 4 Abs. 1 Satz 8 EStG oder § 6 Abs. 1 Nr. 5 EStG.[675] Veräußerungspreis ist in diesem Fall der gemeine Wert. Dem »einlegenden« Gesellschafter entstehen nachträgliche Anschaffungskosten in Höhe des Teilwerts, vgl. § 6 Abs. 6 Satz 2 EStG. 615

§ 17 Abs. 1 Satz 2 EStG regelt nicht die Frage, wie die aufnehmende Kapitalgesellschaft die eingelegten Anteile zu bewerten hat. Bei der aufnehmenden Kapitalgesellschaft ist die Beteiligung ebenfalls mit dem Teilwert anzusetzen. Insoweit ist § 6 Abs. 1 Nr. 5 Buchst. b) EStG teleologisch zu reduzieren.[676] 616

2. Wegzug

Bei einer natürlichen Person, die insgesamt mindestens zehn Jahre nach § 1 Abs. 1 EStG unbeschränkt steuerpflichtig war und deren unbeschränkte Steuerpflicht durch Aufgabe des Wohnsitzes oder gewöhnlichen Aufenthalts endet, ist gem. § 6 Abs. 1 Satz 1 AStG auf Anteile i.S.d. § 17 Abs. 1 Satz 1 EStG im Zeitpunkt der Beendigung der unbeschränkten Steuerpflicht § 17 des Einkommensteuergesetzes auch ohne Veräußerung anzuwenden, wenn im Übrigen für die Anteile zu diesem Zeitpunkt die Voraussetzungen dieser Vorschrift erfüllt sind. 617

§ 6 Abs. 1 Satz 1 AStG erfasst den physischen Wegzug von natürlichen Personen mit Beteiligungen i.S.d. § 17 EStG. Gem. § 6 Abs. 1 Satz 2 AStG werden der Beendigung der unbeschränkten Steuerpflicht zudem weitere Sachverhaltskonstellationen gleichgestellt, z.B. die unentgeltliche Übertragung auf nicht unbeschränkt steuerpflichtige Personen oder die Einlage in einen Betrieb oder eine Betriebsstätte des Steuerpflichtigen in einem ausländischen Staat. 618

Steuerpflichtige umgangen die Wegzugsbesteuerung gem. § 6 AStG bislang dadurch, dass sie ihre § 17 EStG-Beteiligung zu Buchwerten in eine vermögensverwaltende, gewerblich geprägte GmbH & Co. KG einbrachten. § 6 AStG ist nicht mehr anwendbar, da es sich um eine Beteiligung handelt, die sich in einem Betriebsvermögen des Steuerpflichtigen befindet. Die allgemeine Entstrickungsregelung des § 4 Abs. 1 Satz 3 EStG fand nach bisheriger Auffassung der Finanzverwaltung 619

673 FG Köln, EFG 2015, 151, aufgehoben durch BFH, BStBl. II 2017, 182.
674 Bis zur Einführung des § 17 Abs. 1 Satz 2 EStG war die verdeckte Einlage nach Auffassung des BFH als unentgeltlicher Vorgang zu qualifizieren, vgl. BFH, BStBl. II 1989, 271.
675 Vgl. hierzu *Weber-Grellet*, in: Schmidt, EStG, 37. Aufl. 2018, § 17 Rn. 108.
676 Vgl. *Schmidt*, in: Herrmann/Heuer/Raupach, EStG/KStG, § 17 EStG Rn. 141 (Sept. 2017).

keine Anwendung, da die Beteiligung an der gewerblich geprägten GmbH & Co. KG dem Steuerpflichtigen nach seinem Wegzug eine inländische Betriebsstätte vermittelte.[677] Daher wurden entweder entsprechende verbindliche Auskünfte beantragt und erteilt oder der Steuerpflichtige wurde ohne Aufdeckung der stillen Reserven bestandskräftig veranlagt.

620 Mit Urteil vom 28.4.2010 hat der BFH entschieden, dass die nach nationalem Recht geregelte gewerbliche Prägung nach § 15 Abs. 3 Nr. 2 EStG nicht auf das Abkommensrecht durchschlägt.[678] Die Gewinne, die ein ins Ausland verzogener Gesellschafter erhält, fallen somit nicht unter Art 7 OECD-MA, sondern unter die übrigen Verteilungsartikel mit der Folge, dass das Besteuerungsrecht beim ausländischen Ansässigkeitsstaat des Gesesellschafters liegt. Aufgrund der massenhaft erteilten verbindlichen Auskünfte oder des Ablaufs der Festsetzungsfristen war die Finanzverwaltung an ihre vormalige Sichtweise gebunden. Dies hätte im Ergebnis zu einer steuerfreien Entsrickung geführt.

621 Daher hat der Gesetzgeber mit § 50i EStG eine Neuregelung zur Vermeidung dieses Zustands eingeführt. Es handelt sich um ein treaty-override durch den deutschen Gesetzgeber. Demnach greift der deutsche Staat ungeachtet der abkommensrechtlichen Verteilungsnorm für Unternehmensgewinne auf den Gewinn u.a. aus der Veräußerung von Anteilen i.S.d. § 17 EStG zu, wenn diese vor dem 29.6.2013 in das Betriebsvermögen einer Personengesellschaft i.S.d. § 15 Abs. 3 EStG übertragen oder überführt worden sind, eine Besteuerung der stillen Reserven im Zeitpunkt der Übertragung oder Überführung unterblieben ist und das Recht der Bundesrepublik Deutschland hinsichtlich der Besteuerung des Gewinns aus der Veräußerung oder Entnahme dieser Wirtschaftsgüter oder Anteile ungeachtet der Anwendung dieser Vorschrift vor dem 1.1.2017 ausgeschlossen oder beschränkt worden.

3. Meldepflichtverstoß

622 Im Anwendungsbereich des UmwStG fingiert der Gesetzgeber z.T. reine Verstöße gegen Meldepflichten als Veräußerungen mit sämtlichen Konsequenzen.

623 Gem. § 22 Abs. 1 UmwStG darf der Einbringende in Fällen einer Sacheinlage unter dem gemeinen Wert gem. § 20 Abs. 2 Satz 2 UmwStG die im Gegenzug erhaltenen Anteile innerhalb eines Zeitraums von sieben Jahren nach dem Einbringungszeitraum nicht veräußern. Andernfalls ist rückwirkend der Gewinn aus der Einbringung im Wirtschaftsjahr der Einbringung zu versteuern (Einbringungsgewinn I).

624 Gem. § 22 Abs. 2 UmwStG darf die aufnehmende Kapitalgesellschaft i.R.e. durch Sacheinlage gem. § 20 UmwStG oder durch Anteilstausch gem. § 21 UmwStG unter dem Wert eingebrachte Anteile nicht innerhalb eines Zeitraums von sieben Jahren veräußern. Andernfalls ist der Gewinn aus der Einbringung im Wirtschaftsjahr der Einbringung rückwirkend als Gewinn des Einbringenden aus der Veräußerung von Anteilen zu versteuern, sofern beim Einbringenden der Gewinn aus der Veräußerung dieser Anteile im Einbringungszeitpunkt nicht nach § 8b Abs. 2 KStG steuerfrei gewesen wäre (Einbringungsgewinn II).

625 Um die Behaltensfrist einer Kontrolle durch die Finanzverwaltung zu unterziehen, regelt § 22 Abs. 3 UmwStG, dass der Einbringende in den dem Einbringungszeitpunkt folgenden sieben Jahren jährlich spätestens bis zum 31.5 den Nachweis darüber zu erbringen hat, wem mit Ablauf des Tages, der dem maßgebenden Einbringungszeitpunkt entspricht, in den Fällen des § 22 Abs. 1 UmwStG die erhaltenen Anteile und die auf diesen Anteilen beruhenden Anteile und in den Fällen des § 22 Abs. 2 UmwStG die eingebrachten Anteile und die auf diesen Anteilen beruhenden Anteile zuzurechnen sind.

626 Verstößt der Einbringende gegen diese Meldepflicht, gelten die Anteile i.S.d. § 22 Abs. 1 oder Abs. 2 UmwStG gem. § 22 Abs. 3 Satz 2 UmwStG an dem Tag, der dem Einbringungszeitpunkt

677 Vgl. BMF-Schreiben vom 16.4.2010 – IV B 2 – S 1300/09/10003, BStBl. I 2010, 354.
678 BFH, BStBl. II 2014, 754.

folgt oder der in den Folgejahren diesem Kalendertag entspricht, als veräußert. Nach Auffassung der Finanzverwaltung hat die Veräußerungsfiktion des § 22 Abs. 3 Satz 2 UmwStG nicht nur dir rückwirkende Besteuerung des Einbringungsgewinns I oder II zur Folge, sondern auch die Besteuerung des Gewinns aus der fiktiven Veräußerung der Anteile.[679] Die hM im steuerrechtlichen Schrifttum lehnt diese weitgehende Sichtweise der Finanzverwaltung zu Recht ab.[680]

G. Unentgeltliche Anteilsübertragungen

I. Allgemeines

Die unentgeltliche Übertragung von GmbH-Geschäftsanteilen löst – sofern die Freibeträge gem. § 16 ErbStG überschritten werden – entweder Erbschaft- oder Schenkungsteuer aus. Beides ist im Wesentlichen identisch. Es macht keinen Unterschied, ob GmbH-Geschäftsanteile unentgeltlich unter Lebenden oder im Wege des Erbfalls übertragen werden. 627

Gemäß § 1 Abs. 1 ErbStG unterliegen insbesondere der Erwerb von Todes wegen (Nr. 1) sowie die Schenkung unter Lebenden (Nr. 2) der Erbschaft- bzw. Schenkungsteuer. 628

Als Erwerb von Todes wegen gelten insbesondere der Erwerb durch Erbanfall (§ 3 Abs. 1 Nr. 1 ErbStG) und der Erwerb durch Schenkung auf den Todesfall (§ 3 Abs. 1 Nr. 2 ErbStG). 629

Als Schenkung unter Lebenden gilt gemäß § 7 Abs. 1 Nr. 1 ErbStG insbesondere die freigebige Zuwendung unter Lebenden. Eine freigebige Zuwendung i.S.v. § 7 Abs. 1 Nr. 1 ErbStG setzt voraus, dass der Bedachte auf Kosten des Zuwendenden bereichert ist und der Zuwendende den Willen hat, den Zuwendungsempfänger auf seine Kosten zu bereichern. In der Praxis hat der Bereicherungswille kaum eine Bedeutung. 630

II. Bewertung

Entsprechend den Vorgaben des BVerfG[681] hat der Gesetzgeber i.R.d. Erbschaftsteuerreformgesetzes vom 31.12.2008[682] die Bewertungsregelungen für erbschaft- und schenkungsteuerliche Zwecke überarbeitet. Gem. § 12 Abs. 2 ErbStG sind Anteile an Kapitalgesellschaften, für die ein Wert nach § 151 Abs. 1 Satz 1 Nr. 3 BewG festzustellen ist, mit dem auf den Bewertungsstichtag (§ 11 BewG) festgestellten Wert anzusetzen. 631

Mangels Börsennotierung unterfallen Geschäftsanteile an GmbH § 11 Abs. 2 BewG. Diese sind gem. § 11 Abs. 2 Satz 1 BewG mit dem gemeinen Wert zu bewerten. In erster Linie ist der gemeine Wert gem. § 11 Abs. 2 Satz 2 Alt. 1 BewG aus Verkäufen unter fremden Dritten abzuleiten, die weniger als ein Jahr zurückliegen (Vergleichswert). Gem. § 11 Abs. 2 Satz 2 Alt. 2 BewG ist der gemeine Wert erst nachrangig unter Berücksichtigung der Ertragsaussichten der Kapitalgesellschaft oder einer anderen anerkannten, auch im gewöhnlichen Geschäftsverkehr für nichtsteuerliche Zwecke üblichen Methode zu ermitteln. Dabei ist die Methode anzuwenden, die ein Erwerber der Bemessung des Kaufpreises zugrunde legen würde, § 11 Abs. 2 Satz 2 HS 2 BewG. Gem. § 11 Abs. 2 Satz 4 BewG kommt auch das sog. vereinfachte Ertragswertverfahren gem. §§ 199 bis 203 BewG als Bewertungsmethode in Betracht. 632

Gem. § 11 Abs. 2 Satz 3 BewG ist der Substanzwert der GmbH, der sich aus der Summe der gemeinen Werte der zum Betriebsvermögen gehörenden Wirtschaftsgüter und sonstigen aktiven Ansätze abzüglich der zum Betriebsvermögen gehörenden Schulden und sonstigen Abzüge gehörenden Wirtschaftsgüter ermittelt, die zwingende Bewertungsuntergrenze. 633

---

679 Vgl. Tz. 22.32 UmwSt-Erlass 2011, BStBl. I 2011, 1314.

680 Vgl. *Patt*, in: Dötsch/Pung/Möhlenbrock, Umwandlungssteuerrecht, § 22 Rn. 93 (Feb. 2019); *Stangl*, in: Rödder/Herlinghaus/van Lishaut, UmwStG, 2. Aufl. 2013, § 22 Rn. 193; *Bilitewski*, in: Haritz/Menner, UmwStG, 5. Aufl. 2019, § 22 Rn. 297.

681 BVerfG, BGBl. I 2007, 194.

682 BGBl. I 2008, 3018.

634 Das vereinfachte Ertragswertverfahren sieht vor, dass der Ertragswert aus dem zukünftig nachhaltig erzielbaren Jahresertrag, multipliziert mit einem Kapitalisierungsfaktor, zu ermitteln ist, § 200 Abs. 1 BewG. Für die Berechnung des Jahresertrags soll nach § 201 Abs. 1 BewG der in der Vergangenheit tatsächlich erzielte Durchschnittsertrag als Beurteilungsgrundlage herangezogen werden. Der Durchschnittsertrag wiederum ist möglichst aus den Betriebsergebnissen der letzten drei vor dem Bewertungsstichtag abgelaufenen Wirtschaftsjahre herzuleiten, § 201 Abs. 2 BewG. Bei nachhaltigen Veränderungen des Unternehmens oder bei Neugründung kann auch ein kürzerer Zeitraum betrachtet werden (§ 201 Abs. 3 BewG). Für die Berechnung des Betriebsergebnisses ist nach § 202 BewG der steuerliche Gewinn i.S.d. § 4 Abs. 1 Satz 1 EStG oder i.S.d. § 4 Abs. 3 EStG als Ausgangsbetrag heranzuziehen. Sonder- und Ergänzungsbilanzen bleiben außer Betracht. Auf diesen Betrag sind bestimmte Hinzurechnungen und Abzüge vorzunehmen, die im Einzelnen in § 202 Abs. 1 BewG aufgelistet sind. Schließlich ist zur Abgeltung des Ertragsteueraufwands ein Abschlag i.H.v. 30 % vorgesehen (§ 202 Abs. 3 BewG). Auf den so ermittelten Jahresbetrag ist ein Kapitalisierungsfaktor anzuwenden. Gem. § 203 BewG n.F. beträgt der Kapitalisierungsfaktor inzwischen fest 13,75. Gem. § 203 Abs. 2 BewG ist das Bundesministerium der Finanzen ermächtigt, durch Rechtsverordnung mit Zustimmung des Bundesrates den Kapitalisierungsfaktor an die Entwicklung der Zinsstrukturdaten anzupassen. § 203 BewG n.F. gilt rückwirkend zum 1.1.2016.

635 Zusätzlich zu dem Ertragswert sind bestimmte Sonderposten ergänzend anzusetzen. Insbesondere wird sog. nicht betriebsnotwendiges Vermögen zusätzlich zum Ertragswert mit einem eigenständig zu ermittelnden gemeinen Wert bei der Unternehmensbewertung berücksichtigt (§ 200 Abs. 2 BewG). Neben dem nicht betriebsnotwendigen Vermögen nennt § 200 Abs. 3 BewG als weiteren Hinzurechnungsposten die vom Unternehmen gehaltenen Gesellschaftsbeteiligungen. Nach dem Willen des Gesetzgebers soll dadurch einer Reduzierung des Ertragswerts durch Thesaurierungseffekte entgegengewirkt werden.

636 Schließlich ist in § 200 Abs. 4 BewG eine Missbrauchsregelung enthalten, wonach Wirtschaftsgüter, die innerhalb von zwei Jahren vor dem Bewertungsstichtag eingelegt wurden, ebenfalls gesondert zu berücksichtigen sind[683].

637 Ob der Steuerpflichtige das vereinfachte Ertragswertverfahren gem. §§ 199 – 203 BewG anwendet, ist ihm zunächst selbst überlassen. Er hat insoweit ein Wahlrecht, solange die Wahl nicht zu offensichtlich unzutreffenden Ergebnissen führt.[684] Hat das Finanzamt an der Anwendbarkeit des vereinfachten Ertragswertverfahrens Zweifel, hat es seine Zweifel an der Anwendbarkeit des vereinfachten Ertragswertverfahrens substantiiert darzulegen. Der Steuerpflichtige kann die Zweifel dann versuchen zu entkräften.[685]

638 Gem. R B 199.1 Abs. 5 ErbStR soll ein »offensichtlich unzutreffendes Ergebnis« insbesondere dann anzunehmen sein, wenn sich dies aus feststellbaren Verkäufen nach dem Besteuerungszeitpunkt ergibt, wenn sich dies aus Verkaufspreisen ableiten lässt, die in einem Zeitraum von mehr als einem Jahr vor dem Bewertungsstichtag realisiert wurden oder wenn im Rahmen einer Erbauseinandersetzung die Verteilung der Erbmasse Rückschlüsse auf den gemeinen Wert zulässt.

639 Ist der gemeine Wert einer Anzahl von Geschäftsanteilen an einer GmbH, die einer Person gehören, infolge besonderer Umstände (z.B., weil die Höhe der Beteiligung die Beherrschung der Kapitalgesellschaft ermöglicht) höher als der Wert, der sich auf Grund der gemeinen Werte für die einzelnen Geschäftsanteile insgesamt ergibt, so ist der gemeine Wert der Gesamtbeteiligung maßgebend, vgl. § 11 Abs. 3 BewG.

683 Vgl. dazu auch: *Crezelius*, DStR 2007, 2277, 2279; *Eisele*, ZEV 2007, 550, 552; *Wachter*, ZErb 2007, 442, 447.

684 R B 199.1 Abs. 4 Sätze 1 und 2 ErbStR 2019..

685 R B 199.1 Abs. 4 Satz 3 ErbStR 2019..

III. Steuerbefreiung gem. §§ 13a, 13b ErbStG

1. Übersicht

Das ErbStG sieht in §§ 13a bis 13c ErbStG ein Verschonungssystem für Unternehmensvermögen vor, welches sich in mehreren Schritten vollzieht. 640

Das bisherige Verschonungssystem für Betriebsvermögen, Betriebe der Land- und Forstwirtschaft und Anteile an Kapitalgesellschaften sah das BVerfG mit Urteil vom 17.12.2014[686] als zu weitgehend an. Der Gesetzgeber war daher gezwungen, die bisherigen Regelungen in §§ 13a, 13b ErbStG aF neu zu fassen. Dies geschah mit dem Gesetz zur Anpassung des Erbschaftsteuer- und Schenkungsteuergesetzes an die Rechtsprechung des Bundesverfassungsgerichts vom 4.11.2016.[687] Mit Wirkung vom 16.12.2019 wurde gemäß Art. 108 Abs. 7 GG eine allgemeine Verwaltungsvorschrift zur Anwendung des Erbschaftsteuer- und Schenkungsteuerrechts (Erbschaftsteuer-Richtlinien 2019 – ErbStR 2019) erlassen.[688] 641

Die Prüfung des Verschonungssystems für **Unternehmensvermögen** vollzieht sich in **mehreren Schritten:** 642

– Im **ersten Schritt** ist zu prüfen, ob sog. begünstigungsfähiges Vermögen vorliegt. Grundsätzlich begünstigungsfähig i.d.S. sind Betriebsvermögen, Anteile an Kapitalgesellschaften von mehr als 25 % und land- und forstwirtschaftliches Vermögen (§ 13b Abs. 1 ErbStG n.F.).

– Im **zweiten Schritt** ist das in dem begünstigungsfähigen Vermögen enthaltene sog. begünstigte Vermögen zu ermitteln (§ 13b Abs. 2 Satz 1 ErbStG n.F.). Hierzu ist das nicht begünstigte sog. »**Verwaltungsvermögen**« zu bestimmen. Im bisherigen Erbschaftsteuergesetz galt das sog. »Alles-oder-Nichts-Prinzip«.[689] Betrug die zu ermittelnde Verwaltungsvermögensquote nicht mehr als 50 %, konnte der Steuerpflichtige für das gesamte übertragene Betriebsvermögen die sog. Regelverschonung (85 % des übertragenen Vermögens bleiben steuerfrei), bei einer Verwaltungsvermögensquote von nicht mehr als 10 % die sog. Vollverschonung (100 % des übertragenen Vermögens bleiben steuerfrei) in Anspruch nehmen (§ 13b Abs. 2 Satz 1, Abs. 4 ErbStG a.F.; § 13b Abs. 8 Nr. 3, 4 ErbStG a.F.). Dies hatte das Bundesverfassungsgericht kritisiert. In dem nun geltenden System, ist – vereinfacht – daher nur noch das Vermögen begünstigt, das kein Verwaltungsvermögen darstellt (sog. begünstigtes Vermögen i.S.v. § 13b Abs. 2 Satz 1 ErbStG n.F.). Der Nettowert des Verwaltungsvermögens (§ 13b Abs. 6 ErbStG n.F.) ist im Grundsatz (vgl. aber § 13b Abs. 7 ErbStG n.F.) kein begünstigtes Vermögen. Stattdessen ist dieser Teil des Betriebsvermögens grundsätzlich wie Privatvermögen zu versteuern.[690] Dies macht eine detaillierte Ermittlung des vorhandenen Verwaltungsvermögens erforderlich. Diese Prüfungspflicht gilt bei jeder Übertragung von Betriebsvermögen, unabhängig von der Größe und der Zusammensetzung.

– Liegt begünstigtes Betriebsvermögen vor, wird nicht der gesamte Wert des **Verschonungsabschlags**, sondern im **Regelfall 85 %** davon befreit (§ 13a Abs. 1 Satz 1 ErbStG n.F.), auch »Grundmodell« oder »Regelverschonung« genannt. Diese 85 % des Vermögens unterliegen von Beginn an weder der Erbschaft- noch der Schenkungsteuer. Die verbleibenden **15 % des übertragenen Vermögens** fallen in die Bemessungsgrundlage. Hierfür sieht § 13a Abs. 2 ErbStG n.F. einen abschmelzenden **Abzugsbetrag i.H.v. € 150.000,–** vor.

– Im nächsten Schritt sind die Fortführungsgebote zu prüfen:

Hierbei handelt es sich zum einen um die sog. »**Lohnsummenregelung**« des § 13a Abs. 3 ErbStG n.F. Diese Voraussetzungen müssen für das Grundmodell fünf Jahre lang eingehalten werden. Ein Verstoß führt jedoch nicht zum **Verlust** der gesamten Begünstigung, sondern nur **anteilig**.

---

686 BVerfG, BStBl. II 2015, 50.

687 BGBl. I 2016, 2464.

688 Noch nicht im Bundessteuerblatt veröffentlicht; BMF-Schr. vom 16.12.2019 IV C 7-S 3715/19/10001:002, FMNR597000019.

689 Vgl. etwa BT-Drucks. 18/8911, 39.

690 Vgl. etwa R E 13b.7 ErbStR 2019..

Zum anderen ist eine **Vermögensbindung** für 5 Jahre zu beachten (§ 13a Abs. 6 ErbStG n.F.). Hierbei sind insbesondere Veräußerungen oder Aufgaben des Betriebs schädlich. Sofern keine Ausnahmen vorliegen, führt ein Verstoß zum Wegfall der Begünstigung pro rata temporis.

643 Neben der Regelverschonung existiert das sog. »**Optionsmodell**«, § 13a Abs. 10 ErbStG n.F. Auf Antrag beträgt der Verschonungsabschlag nicht 85 %, sondern **100 % des begünstigten Vermögens**. Gegenüber dem Grundmodell werden hieran jedoch erhöhte Anforderungen gestellt: Der Umfang des Verwaltungsvermögens darf nur 20 % betragen, es gilt eine Vermögensbindungsfrist von 7 statt 5 Jahren und es gelten Mindestlohnsummen von bis zu 700 % (über 7 Jahre) anstelle von bis zu 400 % (über 5 Jahre).

2. GmbH-Geschäftsanteile als begünstigtes Vermögen (§ 13b Abs. 1 Nr. 3 ErbStG)

a) Mindestbeteiligung

644 Erfasst werden nur solche Übertragungen von Anteilen an Kapitalgesellschaften, bei denen der Erblasser oder Schenker im Zeitpunkt der Übertragungen zu **mehr als 25 %** am Nennkapital unmittelbar beteiligt ist (§ 13b Abs. 1 Nr. 3 ErbStG, sog. Mindestbeteiligung). Mittelbare Beteiligungen bleiben außer Betracht. Eine Zusammenrechnung von unmittelbaren und mittelbaren Beteiligungen findet nicht statt.[691]

645 Im Rahmen von § 13b Abs. 1 Nr. 3 ErbStG zählen eigene Anteile der Kapitalgesellschaft bei der Berechnung des Nennkapitals i.S.d. § 13b Abs. 1 Nr. 3 ErbStG nicht mit. Sie erhöhen somit die Beteiligungsquote des einzelnen Gesellschafters.[692]

646 Das Mindestquorum muss nur für den **Übertragenden** erfüllt sein, wer über 28 % der Anteile verfügt, kann also begünstigt jeweils 7 % auf seine vier Erben übertragen.

647 Wird die unmittelbare Beteiligung i.H.v. 25 % **nicht erreicht**, sieht **§ 13b Abs. 1 Nr. 3 Satz 2 ErbStG** eine Ausnahme vor, nach der die Anteile Dritter mitgezählt werden können. Erforderlich ist der Abschluss einer sog. »**Poolvereinbarung**«.[693]

648 Der Erblasser bzw. der Schenker und die dritten Gesellschafter müssen untereinander verpflichtet sein, (a) über die Anteile nur einheitlich zu verfügen oder (b) die Anteile – bei uneinheitlicher Verfügung – nur auf Erwerber zu übertragen, die ihrerseits der Verpflichtung zur einheitlichen Übertragung unterliegen (**Verfügungsbeschränkung**).

649 Weitere Voraussetzung ist, dass das Stimmrecht gegenüber nicht gebundenen Gesellschaftern nur einheitlich ausgeübt werden kann (**Stimmrechtsbindung**).

650 Diese Ausnahmeregelungen dienen dem **Schutz sog. Familien-Kapitalgesellschaften**, deren Anteile über mehrere Generationen hinweg weitergegeben werden. Für die notwendige Verknüpfung der Anteilseigner hat sich der Begriff der Poolvereinbarung eingebürgert. Letztlich handelt es sich um eine Art der BGB-Gesellschaft mit dem Zweck, gemeinschaftlich die Vergünstigungen des ErbStG in Anspruch zu nehmen.

▶ **Beispiel:**

651 Am Nennkapital der X-GmbH sind A, B, C, D und E jeweils zu 20 % beteiligt. Der Gesellschaftsvertrag sieht vor, dass die Übertragung von Anteilen der Zustimmung von mehr als 50 % der am Nennkapital Beteiligten bedarf. Zudem haben A und B untereinander vereinbart, in der Gesellschafterversammlung nur einheitlich abzustimmen. A überträgt seine Beteiligung auf den Nicht-Gesellschafter F.

691 Vgl. R E 13b.6 Abs. 2 Satz 3 ErbStR 2019.
692 R E 13b.6 Abs. 2 Satz 2 ErbStR 2019.
693 Vgl. hierzu auch R E 13b.6 Abs. 3–6 ErbStR 2019.

aa) Verfügungsbeschränkung

Der Begriff der »**einheitliche Verfügung**« setzt voraus, dass in der Poolvereinbarung für die Poolmitglieder die gleichen Verfügungsbeschränkungen hinsichtlich der gepoolten Anteile festgelegt sind.[694] Erforderlich ist nicht, dass alle Poolmitglieder zu demselben Zeitpunkt oder auf dieselbe Person übertragen.[695] 652

Im **Beispielsfall** ist daher nicht erforderlich, dass sowohl A als auch B ihre Beteiligungen übertragen. 653

Die **Verwaltung** sieht grundsätzlich **zwei Konstellationen** für den Inhalt der Poolvereinbarung als möglich an:[696] 654
- Erstens: Die Übertragung bedarf der Zustimmung der Mehrheit der Poolmitglieder;
- Zweitens: Ist das Mehrheitserfordernis nicht vorgesehen, genügt es, die Anteile nur an einen **vorher bestimmten Personenkreis** (z.B. Abkömmlinge von Poolmitgliedern, Familienstamm, Familienstiftung, weitere Gesellschafter) übertragen zu dürfen.

Neben der einheitlichen Verfügung über die Anteile sieht das Gesetz als zweite Variante die Möglichkeit vor, dass die Anteile »ausschließlich auf **andere derselben Verpflichtung unterliegende Anteilseigner** übertragen« werden dürfen. Dies wird in der Literatur und von der Finanzverwaltung so verstanden, dass auch eine Übertragung auf einen bisher nicht beteiligten Gesellschafter zulässig ist, wenn dieser sich verpflichtet, in die Poolbindung ab Erwerb des Eigentums an dem Gesellschaftsanteil einzutreten.[697] 655

Die Verfügungsbeschränkungen i.S.v. § 13b Abs. 1 Nr. 3 Satz 2 ErbStG können sich aus dem Gesellschaftsvertrag oder aus anderen schriftlichen Vereinbarungen ergeben.[698] Sinnvollerweise wird eine entsprechende Poolvereinbarung über eine **Vinkulierung der Anteile** im Gesellschaftsvertrag oder wenigstens **über eine Vertragsstrafe abgesichert.** 656

bb) Stimmrechtsbindung

Die einheitliche Stimmrechtsausübung kann in unterschiedlicher Weise geregelt werden. Neben der Möglichkeit zur gemeinsamen Bestimmung eines **Sprechers** oder eines **Aufsichts- oder Leitungsgremiums** kann die einheitliche Stimmrechtsausübung auch dadurch erreicht werden, dass einzelne Anteilseigner auf ihr Stimmrecht zugunsten der Poolgemeinschaft verzichten.[699] 657

Stimmrechtslose Anteile sollen nach Auffassung der Verwaltung allerdings nicht über eine Poolvereinbarung einbezogen werden können.[700] 658

cc) Verfügungsbeschränkung und Stimmrechtsbindung des Erwerbers

Das Gesetz sieht für die Poolvereinbarung der Übertragenden **keine Mindestvorlaufzeit** vor. Sie muss lediglich zum Zeitpunkt der Übertragung Bestand haben. 659

Jedoch müssen nicht nur der Erblasser bzw. Schenker, sondern auch der Erwerber im Besteuerungszeitpunkt Mitglied des Pools sein bzw. werden. Dies spricht das Gesetz nicht ausdrücklich aus, ergibt sich aber aus zwei Gesichtspunkten: **Zum einen** aus der **Behaltensregelung** des § 13a Abs. 6 Satz 1 Nr. 5 ErbStG n.F.: Danach fällt die Begünstigung weg, wenn im Fall des § 13b Abs. 1 Nr. 3 Satz 2 ErbStG n.F. die Verfügungsbeschränkung oder die Stimmrechtsbindung aufgehoben wird. 660

694 Vgl. R E 13b.6 Abs. 4 Satz 2 ErbStR 2019.
695 R E 13b.6 Abs. 4 Satz 4 ErbStR 2019.
696 R E 13b.6 Abs. 4 Satz 3 ErbStR 2019
697 R E 13b.6 Abs. 4 Satz 5 ErbStR2019; *Geck*, in: Kapp/Ebeling, ErbStG, § 13b Rn. 68 (Okt. 2018).
698 R E 13b.6 Abs. 6 ErbStR 2019.
699 R E 13b.6 Abs. 5 Sätze 2 und 3 ErbStR 2019.
700 R E 13b.6 Abs. 5 Satz 1 ErbStR 2019.

Die Behaltensregel macht nur Sinn, wenn auch der Erwerber bzw. dessen Gesellschaftsanteil im Pool »verstrickt« ist.

661 Die Begünstigung entfällt nicht nur bei einer Kündigung bzw. bei einem Austritt des Erwerbers aus dem Pool. Die Begünstigung kann nach Auffassung der Finanzverwaltung auch **ohne das Zutun** des Erwerbers enden: Sinkt die Beteiligung des Pools an der Gesellschaft auf insgesamt 25 % oder weniger (z.B. durch das Ausscheiden eines anderen Gesellschafters aus dem Pool oder infolge einer Kapitalerhöhung), soll auch dies einen Verstoß gegen die Behaltensfrist darstellen.[701]

662 Es reicht aus, dass im Fall der Übertragung auf Externe diese mit der Übertragung der **Poolvereinbarung beitreten.**[702] Ein späterer Beitritt genügt jedoch nicht. Daher ist die Vorgabe an den **Testamentsvollstrecker**, nach dem Tod Entsprechendes in die Wege zu leiten, ungenügend.[703]

663 Bei einem Poolvertrag ist darauf zu achten, dass kein **gesamthänderisch gebundenes Vermögen** gebildet wird, da nach dem Gesetzeswortlaut nur unmittelbare Beteiligungen zum begünstigten Vermögen zählen.[704] Im Poolvertrag sollte daher ausdrücklich geregelt werden, dass die Anteile im Eigentum der Mitglieder verbleiben.

b) Sitz oder Geschäftsleitung im Inland/in der EU/im EWR

664 Begünstigt sind nur Anteile an Kapitalgesellschaften, die zur Zeit der Entstehung der Steuer **Sitz oder Geschäftsleitung** im Inland haben sowie Kapitalgesellschaften mit Sitz oder Geschäftsleitung in einem Mitgliedstaat der EU oder in einem Staat des EWR.[705] Auf die Belegenheit des Vermögens kommt es nicht an. Dieses kann sich in einem Drittstaat befinden. Auch ist das Halten von Beteiligungen an Gesellschaften in **Drittstaaten** unschädlich. Soll also eine Beteiligung an einer Kapitalgesellschaft mit Sitz oder Geschäftsleitung in einem Drittland begünstigt übertragen werden, kann dies durch Zwischenschaltung einer Gesellschaft mit Sitz oder Geschäftsleitung im In- oder EU-/EWR-Ausland geschehen.[706] Unschädlich ist, wenn das Vermögen der inländischen Kapitalgesellschaft ausschließlich aus Beteiligungen an Drittland-Kapitalgesellschaften besteht.

3. Verwaltungsvermögenstest

a) Identifikation des potentiellen Verwaltungsvermögens

665 Ist das übertragene Vermögen im vorgenannten Sinne begünstigungsfähig, ist im nächsten Schritt festzustellen, ob und in welchem Umfang sich darin Vermögensgegenstände befinden, die sog. Verwaltungsvermögen darstellen können. Solche Vermögengegenstände sind im Grundsatz nicht begünstigt. Was Verwaltungsvermögen ist, hat der Gesetzgeber nun in § 13b Abs. 4 ErbStG n.F. abschließend geregelt. Der dortige Katalog entspricht im Wesentlichen dem bisherigen (§ 13b Abs. 2 Satz 2 ErbStG a.F.).

666 Die Zugehörigkeit eines Vermögensgegenstands zum Verwaltungsvermögen ist nicht dadurch ausgeschlossen, dass es sich ertragsteuerrechtlich um notwendiges Betriebsvermögen handelt.[707] Wirtschaftsgüter des Verwaltungsvermögens sind mit ihrem gemeinen Wert (§ 9 BewG) anzusetzen.[708]

---

701 R E 13a.17 Abs. 2 Nr. 3 ErbStR 2019

702 Vgl. R E 13 b.6 Abs. 4 Satz 5 ErbStR 2019

703 *Geck*, in: Kapp/Ebeling, ErbStG, § 13b Rn. 62 (Okt. 2018).

704 A.A. für eine zwischengeschaltete vermögensverwaltende GmbH & Co. KG FG Köln, EFG, 2012, 1079, aufgehoben durch BFH, BFH/NV 2013, 1486.

705 Der Ausschluss von Drittstaaten verstößt nicht gegen EU-Recht, vgl. EuGH, DStR 2012, 1508 nach Vorlage des BFH, BStBl. II 2011, 221; zu offenen Fragen *Wulf*, AG 2012, 710.

706 H 13b.6 AEErbSt 2017.

707 R E 13b.12 Abs. 1 Satz 1 ErbStR 2019.

708 R E 13b.12 Abs. 3 ErbStR 2019.

Gem. § **13b Abs.** 4 **Nr.** 1 **ErbStG** zählen zum schädlichen Verwaltungsvermögen Dritten zur Nutzung überlassene Grundstücke, Grundstücksteile, grundstücksgleiche Rechte und Bauten. Mangels Überlassung zählen leer stehende, vorläufig oder längerfristig nicht genutzte Grundstücke und Gebäude nicht zum Verwaltungsvermögen.[709] Werden neben der Überlassung von Grundstücksteilen weitere gewerbliche Leistungen einheitlich angeboten und in Anspruch genommen, führt die Überlassung der Grundstücksteile nicht zu Verwaltungsvermögen, wenn die Tätigkeit nach ertragsteuerlichen Gesichtspunkten insgesamt als originär gewerbliche Tätigkeit einzustufen ist, z.B. bei Beherbergungsbetrieben wie Hotels, Pensionen oder Campingplätzen.[710] Ausnahmen gelten für Nutzungsüberlassungen von Sonderbetriebsvermögen oder i.R.v. Betriebsaufspaltungen, vgl. § 13b Abs. 4 Nr. 1 Satz 2 Buchst. a) ErbStG. Diese Regelung ist notwendig, um das Betriebsvermögen des Besitzunternehmens, das übertragen werden soll, begünstigt übertragen zu können. Das Besitzunternehmen überlässt dem Betriebsunternehmen (z.B. einer GmbH) das Betriebsgrundstück zur Nutzung. Weitere Voraussetzung der Begünstigung der Grundstücke sowohl im Falle der Betriebsaufspaltung als auch des Sonderbetriebsvermögens ist, dass nach der Übertragung keine Nutzungsüberlassung des Grundstücks an einen weiteren Dritten erfolgt[711] und die jeweilige Rechtsstellung auf den Erwerber übergeht.[712] Eine unschädliche Nutzungsüberlassung ist außerdem in bestimmten Konstellationen der Betriebsverpachtung, innerhalb eines Konzerns, i.R.v. Wohnungsunternehmen, bei einer vorrangigen Überlassung zum Absatz von eigenen Erzeugnissen und Produkten oder im Fall von Land- und Forstwirtschaft gegeben (§ 13b Abs. 4 Satz 2 Nr. 1 Satz 2 Buchst. b) bis f) ErbStG). 667

Anteile an Kapitalgesellschaften zählen dann zum schädlichen Verwaltungsvermögen, wenn die unmittelbare Beteiligung am Nennkapital dieser Gesellschaften 25 % oder weniger beträgt, **§ 13b Abs. 4 Nr. 2 ErbStG**. Für die Berechnung der Beteiligungsquote kommt es auf die Höhe der im Betriebsvermögen insgesamt gehaltenen Beteiligung an der Kapitalgesellschaft an. Nicht entscheidend ist die durchgerechnete Beteiligungsquote desjenigen, der am Betriebsvermögen der die Beteiligung haltenden Personengesellschaft oder Kapitalgesellschaft nur prozentual beteiligt ist. Wird die Mindestbeteiligungsquote unterschritten, zählt der Wert der Beteiligung an der Kapitalgesellschaft in vollem Umfang zum schädlichen Verwaltungsvermögen des übertragenen Betriebsvermögens. Unerheblich ist, ob sich im Betriebsvermögen der gehaltenen Kapitalgesellschaft schädliches Verwaltungsvermögen befindet. Von diesem Zuordnungsgrundsatz sieht das Gesetz wiederum jeweils eine Ausnahme vor, wenn die Beteiligung entweder zur wirtschaftlichen Einheit eines Kreditinstituts, Finanzdienstleisters oder Versicherungsunternehmens gehört und dem Hauptzweck des Betriebs zuzurechnen ist oder es sich um eine Beteiligung handelt, für die eine Poolvereinbarung geschlossen wurde, so dass die Beteiligungsgrenze als erreicht gilt. Beteiligungen an anderen Tochtergesellschaften, dh. an Kapitalgesellschaften mit einer unmittelbaren Beteiligung am Nennkapital von mehr als 25 % und an Personengesellschaften, werden als transparent behandelt. Das Verwaltungsvermögen solcher Tochtergesellschaften wird dabei in den Verwaltungsvermögenstest der Muttergesellschaft einbezogen. Hierzu ist gem. § 13b Abs. 9 Satz 2 ErbStG auf Ebene der Muttergesellschaft eine sog. Verbundvermögensaufstellung zu erstellen. Diese Aufstellung enthält die Finanzmittel, die Vermögensgegenstände des übrigen Verwaltungsvermögens sowie die Schulden der jeweiligen unmittelbaren und mittelbaren Beteiligungen der Muttergesellschaft, und zwar anteilig, entsprechend der (durchgerechneten) Beteiligungsquote[713]. Auf Basis dieser Verbundvermögensaufstellung ist das begünstigte Vermögen der gesamten Unternehmensgruppe zu ermitteln. 668

Gem. **§ 13b Abs. 4 Nr. 3 ErbStG** sind Kunstgegenstände, Kunstsammlungen, wissenschaftliche Sammlungen, Bibliotheken und Archive, Münzen, Edelmetalle und Edelsteine, Briefmarkensammlungen, Oldtimer, Yachten, Segelflugzeuge sowie sonstige typischerweise der privaten 669

709 *Scholten/Korezkij*, DStR 2009, 147.
710 Vgl. R E 13b.13 Satz 3 ErbStR 2019.
711 Vgl. z.B. *Geck*, ZEV 2008, 557.
712 Vgl. R E 13b.14 Abs. 3 ErbStR 2019.
713 Vgl. *Korezkij*, DStR 2016, 2434.

Lebensführung dienende Gegenstände schädlich, wenn der Handel mit diesen Gegenständen, deren Herstellung oder Verarbeitung oder die entgeltliche Nutzungsüberlassung an Dritte nicht der Hauptzweck des Betriebs ist. Wann typischerweise der privaten Lebensführung dienende Gegenstände vorliegen, ist unklar. Die Finanzverwaltung nimmt hierzu nicht Stellung. U.E. muss darauf abgestellt werden, ob der Vermögensgegenstand unter Berücksichtigung der konkreten Branche des Unternehmens typischerweise der privaten Lebensführung dient.[714] Nicht um typischerweise der privaten Lebensführung dienende Gegenstände kann es sich demnach beispielsweise bei Limousinenservices, Flugschulen für kleine Motorflugzeuge oder Anbieter von Rundflügen mit kleinen Motorflugzeugen handeln.

670 Gem. **§ 13b Abs. 4 Nr. 4 ErbStG** gelten Wertpapiere, z.B. Pfandbriefe, Schuldbuchforderungen, Geldmarktfonds, Festgeldfonds,[715] sowie vergleichbare Forderungen zum schädlichen Verwaltungsvermögen, wenn sie nicht dem Hauptzweck des Gewerbebetriebs eines Kreditinstitutes, eines Finanzdienstleistungsinstitutes oder eines Versicherungsunternehmens zuzurechnen sind.

671 Gem. **§ 13b Abs. 4 Nr. 5 ErbStG** zählt schließlich der gemeine Wert des nach Abzug des gemeinen Werts der Schulden verbleibende Bestand an Zahlungsmitteln, Geschäftsguthaben, Geldforderungen und anderen Forderungen (Finanzmittel), soweit er 15 % des anzusetzenden Werts des Betriebsvermögens des Betriebs oder der Gesellschaft übersteigt, zum schädlichen Verwaltungsvermögen. Zu den »anderen Forderungen« gehören alle auf Geld gerichteten Forderungen, wie zB Forderungen aus Lieferungen und Leistungen, Steuerforderungen, geleistete Anzahlungen oder auch Forderungen ggü. einem Gesellschafter.[716] Als Zahlungsmittel neu hinzugekommen sind Kryptowährungen, wie zB Bitcoin.[717] Sachleistungsansprüche gehören nicht dazu.[718] Soweit sich konzerninterne Forderungen und Verbindlichkeiten gegenüberstehen, sind diese nicht anzusetzen (§ 13b Abs. 9 Satz 3 ErbStG n.F.).

b) Umqualifikation von Verwaltungsvermögen durch Investitionen (sog. Investitionsklauseln)

672 Mit dem Gesetz zur Anpassung des Erbschaftsteuer- und Schenkungsteuergesetzes an die Rechtsprechung des Bundesverfassungsgerichts vom 4.11.2016[719] hat der Gesetzgeber in § 13b Abs. 5 ErbStG n.F. zwei Investitionsklauseln eingefügt, die Härtefälle vermeiden sollen. Hintergrund dieser Klauseln ist, dass Vermögen, welches nach der schematischen Abgrenzung nach § 13b Abs. 3 und 4 ErbStG n.F. grundsätzlich dem Verwaltungsvermögen zugeordnet werden müsste, trotzdem geeignet sein kann, die Beschäftigung zu fördern. Dies ist dann der Fall, wenn dieses Vermögen für eine zeitnahe Investition in begünstigtes Vermögen oder die zeitnahe Zahlung von Löhnen und Gehältern an die Beschäftigten in den erworbenen wirtschaftlichen Einheiten vorgesehen ist.[720] Die Investitionsklauseln lassen daher eine Durchbrechung des Stichtagsprinzips unter bestimmten Voraussetzungen zu.[721]

673 Nach der allgemeinen, für alle Gegenstände des Verwaltungsvermögens geltenden Investitionsklausel in § 13b Abs. 5 Sätze 1 und 2 ErbStG n.F. entfällt beim Erwerb von Todes wegen[722] die Zurechnung von Vermögensgegenständen zum Verwaltungsvermögen i.S.d. § 13b Abs. 4 Nr. 1 bis 5 ErbStG n.F. rückwirkend, wenn der Erwerber innerhalb von zwei Jahren ab dem Zeitpunkt der Entstehung der Steuer diese Vermögensgegenstände in Vermögensgegenstände innerhalb des vom Erblasser erworbenen, begünstigungsfähigen Vermögens i.S.d. Abs. 1 investiert hat, die unmittelbar

714 Vgl. *Olbing/Stenert*, FR 2017, 701.
715 Vgl. H 13b.22 AEErbSt 2017.
716 Vgl. R E 13b.23 Abs. 2 ErbStR 2019.
717 Vgl. R E 13b.23 Abs. 2 ErbStR 2019.
718 Vgl. *Korezkij*, DStR 2016, 2434; *Olbing/Stenert*, FR 2017, 701.
719 BGBl. I 2016, 2464.
720 R E 13b.24 Abs. 1 ErbStR 2019.
721 Vgl. R E 13b.24 Abs. 2 und 4 ErbStR 2019.
722 Nicht bei Schenkungen, vgl. BT-Drucks. 18/8911, 43; R E 13b.24 Abs. 6 Sätze 1 und 2 ErbStR 2019.

einer land- und forstwirtschaftlichen, gewerblichen oder freiberuflichen Tätigkeit dienen und kein Verwaltungsvermögen sind. Weitere Voraussetzungen sind, dass die Investition aufgrund eines im Zeitpunkt der Entstehung der Steuer vorgefassten Plans des Erblassers erfolgt und keine anderweitige Ersatzbeschaffung von Verwaltungsvermögen vorgenommen wird oder wurde.

Liegen die Voraussetzungen vor, wird das investierte Vermögen rückwirkend in begünstigtes Vermögen umqualifiziert.[723] Entsprechend muss das schädliche Verwaltungsvermögen und damit auch das begünstigte Vermögen dann ggf. erneut ermittelt werden.[724] 674

Für Finanzmittel kennt § 13b Abs. 5 Sätze 3 und 4 ErbStG n.F. eine weitere Investitionsklausel. Diese Klausel tritt nach dem insoweit eindeutigen Wortlaut nicht anstelle, sondern neben die Investitionsklausel der Sätze 1 und 2.[725] § 13b Abs. 5 Satz 1 ErbStG n.F. verweist auch auf § 13b Abs. 4 Nr. 5 ErbStG n.F. Es gibt für Finanzmittel in § 13b Abs. 5 ErbStG n.F. folglich zwei Möglichkeiten, die Zurechnung von Verwaltungsvermögen in Härtefällen zu vermeiden. 675

Nach § 13b Abs. 5 Satz 3 ErbStG n.F. entfällt beim Erwerb von Todes wegen die Zurechnung von Finanzmitteln zu Verwaltungsvermögen i.S.d. Abs. 4 Nr. 5 Satz 1 rückwirkend, soweit der Erwerber diese Finanzmittel innerhalb von zwei Jahren verwendet, um bei aufgrund wiederkehrender saisonaler Schwankungen fehlenden Einnahmen die Vergütungen i.S.d. § 13a Abs. 3 Satz 6 bis 10 ErbStG n.F. (Löhne, Gehälter etc.) zu zahlen. 676

Voraussetzung ist auch bei dieser Investitionsklausel, dass die Zahlungen auf einem vorgefassten Plan der Erblassers beruhen[726] und keine anderweitige Ersatzbeschaffung von Verwaltungsvermögen vorgenommen wird oder wurde (§ 13b Abs. 5 Satz 4 i.V.m. Satz 2 ErbStG n.F.). Als Anwendungsfälle kommen Freizeit- und Vergnügungsparks oder Eisdielen in Betracht. Darüber hinaus können z.B. auch Betriebe der Tourismus- oder Baubranche hierunter fallen.[727] Die Klausel gilt nicht für junge Finanzmittel.[728] 677

c) Umqualifikation von Verwaltungsvermögen, das der Deckung von Altersversorgungsverpflichtungen dient

Teile des begünstigungsfähigen Vermögens, die ausschließlich und dauerhaft der Erfüllung von Schulden aus Altersversorgungsverpflichtungen dienen und dem Zugriff aller übrigen nicht aus den Altersversorgungsverpflichtungen unmittelbar berechtigten Gläubigern entzogen sind, gehören bis zur Höhe des gemeinen Werts der Schulden aus Altersversorgungsverpflichtungen nicht zum Verwaltungsvermögen i.S.d. § 13b Abs. 4 Nr. 1 bis 5 ErbStG n.F. (§ 13b Abs. 3 Satz 1 ErbStG n.F.). 678

Zur Auslegung dieser Norm kann § 246 Abs. 2 Satz 2 HGB herangezogen werden.[729] Der Begriff Altersversorgung meint jedenfalls Leistungen des Arbeitgebers, die der Alters-, Invaliditäts- und Hinterbliebenenversorgung der Arbeitnehmer dienen.[730] 679

Das Deckungsvermögen muss insolvenzfest sein, dh., auch im Falle einer Insolvenz des Arbeitgebers muss es weiterhin den Versorgungsberechtigten zustehen. Dies wird meist mittels verpfändeter[731] Rückdeckungsversicherungen oder durch Treuhandmodelle[732] erreicht.[733] 680

723 R E 13b.24 Abs. 2 Satz 2 ErbStR 2019.
724 Vgl. etwa *Riedel*, ZErb 2016, 371.
725 Vgl. auch *Wachter*, FR 2016, 690; *Riedel*, ZErb 2016, 371; *Korezkij*, DStR 2016, 2434; *Kowanda*, ErbStB 2017, 48.
726 Vgl. R E 13b.24 Abs. 4 Nr. 4 ErbStR 2019; a.A. *Höreth/Stelzer*, DStZ 2016, 901.
727 Vgl. etwa *Kowanda*, ErbStB 2017, 48.
728 Vgl. R E 13b.24 Abs. 2 Satz 3ErbStR 2019.
729 Vgl. BT-Drucks. 18/8911, 41.
730 Vgl. auch § 1 BetrAVG; R E 13b.11 Abs. 1 ErbStR 2019.
731 Vgl. R E 13b.11 Abs. 2 Satz 6 ErbStR 2019.
732 Insbesondere sog. Contructual Trust Agreements; vgl. dazu auch BT-Drucks. 18/8911, 41.
733 R E 13b.11 Abs. 2 Satz 4 bis 6 ErbStR 2019; *Landsittel*, ZErb 2016, 383.

d) Der Einstiegstest: Die 90 %-Grenze

681 Wurde das potentielle Verwaltungsvermögen identifiziert, ist in einem nächsten Schritt zu prüfen, ob das Überschreiten der 90 %-Grenze des § 13b Abs. 2 Satz 2 ErbStG n.F. eine Begünstigung von vornherein ausschließt (sog. **Einstiegstest**). Danach ist das begünstigungsfähige Vermögen vollständig nicht begünstigt, wenn das Verwaltungsvermögen mindestens 90 % des gemeinen Werts des begünstigungsfähigen Vermögens beträgt. Der Gesetzgeber will damit insbesondere verhindern, dass Gesellschaften, die zum größten Teil über Verwaltungsvermögen verfügen, mittels einer geringfügigen originär betrieblichen Tätigkeit, eine Teilverschonung wie z.B. bei den Finanzmitteln i.H.v. 15 % des gemeinen Werts des Betriebs beanspruchen können.[734]

682 Zu berücksichtigen ist, dass der Wert des hier anzusetzenden Verwaltungsvermögens nicht dem später für die Ermittlung der steuerlichen Bemessungsgrundlage relevanten Werts des Verwaltungsvermögens entspricht. Stattdessen gelten verschiedene Modifikationen.[735] Insbesondere sind die Finanzmittel bei der Berechnung der Quote brutto, d.h. insbesondere vor Abzug von Schulden und dem 15 %-Freibetrag (§ 13b Abs. 4 Nr. 5 ErbStG) als Verwaltungsvermögen zu berücksichtigen. Der Gesetzgeber ist damit übers Ziel hinausgeschossen.[736] Dadurch, dass i.R.d. § 13b Abs. 2 Satz 2 ErbStG auf einen modifizierten Verwaltungsvermögensbegriff abgestellt wird, wird auch solchen wirtschaftlichen Einheiten die Begünstigung der §§ 13a ff. ErbStG versagt, die ausschließlich über begünstigtes Vermögen verfügen. Dies gilt insbesondere für Unternehmen, die zu einem großen Teil fremdfinanziert sind.[737]

e) Identifikation junger Finanzmittel

683 Wird die 90 %-Grenze nicht gerissen, beginnt die Ermittlung des schließlich in die steuerliche Bemessungsgrundlage einfließenden Verwaltungsvermögens im Detail. Hierzu sind zunächst die sog. jungen Finanzmittel zu identifizieren. Die jungen Finanzmittel werden definiert als positiver Saldo der eingelegten und der entnommenen Finanzmittel, welche dem Betrieb im Zeitpunkt der Entstehung der Steuer weniger als zwei Jahre zuzurechnen waren. Sie zählen immer zum (steuerpflichtigen) Verwaltungsvermögen (§ 13b Abs. 4 Nr. 5 Satz 2 ErbStG n.F.).

684 Erfasst werden allein gesellschaftsrechtlich veranlasste Zahlungsströme zwischen Gesellschafter und Gesellschaft (Entnahmen und Einlagen). Bei Kapitalgesellschaften ist dabei statt auf Entnahmen auf Ausschüttungen abzustellen.[738]

685 Trotz des verunglückten Wortlauts ist u.E. der Saldo der in den letzten zwei Jahren vor dem Besteuerungszeitpunkt eingelegten und entnommenen Finanzmitteln zu ermitteln.[739] Wie lange z.B. entnommene Wirtschaftsgüter dem Betriebsvermögen zuzurechnen waren, spielt danach keine Rolle.[740]

686 Nach h.M. ist unter dem Begriff Finanzmittel der Bruttobestand an Zahlungsmitteln, Geschäftsguthaben, Geldforderungen etc. zu verstehen. Die i.R.d. Finanzmitteltests abzuziehenden Schulden sind daher nicht Teil der Definition. Die »Einlage« und »Entnahme« von Verbindlichkeiten bleiben demnach bei der Ermittlung der jungen Finanzmittel außer Betracht.[741]

f) Finanzmitteltest

687 Sind die jungen Finanzmittel identifiziert, ist der sog. Finanzmitteltest durchzuführen. Gemäß § 13b Abs. 4 Nr. 5 ErbStG n.F. zählt zum Verwaltungsvermögen der gemeine Wert des nach Abzug

734 Vgl. BT-Drucks. 18/8911, 40.

735 Vgl. dazu auch *Söffing*, ErbStB 2016, 235; *Olbing/Stenert*, FR 2017, 701.

736 Vgl. *Landsittel*, Zerb 2016, 383; *Olbing/Stenert*, FR 2017, 701; *Brabender/Winter*, ZEV 2017, 81.

737 Vgl. *Stalleiken*, Ubg 2016, 569; *Olbing/Stenert*, FR 2017, 701; *Wachter*, DB 2017, 804.

738 Vgl. *Korezkij*, DStR 2016, 2434.

739 So auch R E 13b.23 Abs. 3 Satz 1 ErbStR 2019.

740 Zutreffend *Korezkij*, DStR 2016, 2434.

741 Ebenso *Korezkij*, DStR 2016, 2434.

des gemeinen Werts der Schulden verbleibenden Bestands an Zahlungsmitteln, Geschäftsguthaben, Geldforderungen und anderen Forderungen (Finanzmittel), soweit er 15 % des anzusetzenden Werts des Betriebsvermögens des Betriebs oder der Gesellschaft übersteigt.

Zunächst ist mithin der gemeine Wert aller Finanzmittel, d.h. der Zahlungsmittel, Geschäftsguthaben, Geldforderungen und anderen Forderungen zu ermitteln. Hiervon sind sodann diejenigen Finanzmittel, die nach § 13b Abs. 3 ErbStG n.F. begünstigt sind (Deckungsvermögen für Altersversorgungsverpflichtungen, vgl. § 13b Abs. 3 Satz 2 ErbStG n.F.) und die jungen Finanzmittel (§ 13b Abs. 4 Nr. 5 Satz 2 ErbStG n.F.) abzuziehen. Übrig bleibt der gemeine Wert der i.R.d. Finanzmitteltests zu berücksichtigen Finanzmittel. 688

In einem nächsten Schritt ist dann der gemeine Wert der Schulden i.S.v. § 13b Abs. 4 Nr. 5 Satz 1 ErbStG n.F. zu berechnen. Hierzu zählen im Ausgangspunkt grundsätzlich alle Verbindlichkeiten und Rückstellungen, die bei der ertragssteuerlichen Gewinnermittlung zum Betriebsvermögen gehören. Ertragsteuerliche Passivierungsverbote sind unbeachtlich.[742] 689

Der gemeine Wert der dann noch verbleibenden Schulden, ist i.R.d. Finanzmitteltests von den Finanzmitteln abzuziehen. Sodann ist zu prüfen, ob der sog. Sockelbetrag[743] i.H.v. 15 % gewährt werden kann. Ist dies der Fall, zählt die vg. Differenz nur zum Verwaltungsvermögen, soweit sie 15 % des anzusetzenden Werts des Betriebsvermögens des Betriebs oder der Gesellschaft übersteigt. Bemessungsgrundlage für die 15 %-Grenze ist – trotz des missverständlichen Wortlauts – der Gesamtwert des Unternehmens ohne den Abzug von Verwaltungsvermögen oder anderweitige Anpassungen.[744] Auch das Verwaltungsvermögen erhöht somit den abziehbaren Sockelbetrag.[745] 690

g) Nettowert des Verwaltungsvermögens

Im Anschluss an den Finanzmitteltest ist der Nettowert des Verwaltungsvermögens zu ermitteln. Der Nettowert des Verwaltungsvermögens ergibt sich durch Kürzung des gemeinen Werts des Verwaltungsvermögens um den nach Anwendung der Abs. 3 und 4 verbleibenden anteiligen gemeinen Wert der Schulden (§ 13b Abs. 6 Satz 1 ErbStG n.F.). Als Nettowert des Verwaltungsvermögens ist mindestens der gemeine Wert des jungen Verwaltungsvermögens und der jungen Finanzmittel anzusetzen (§ 13b Abs. 8 Satz 3 ErbStG n.F.). 691

h) Unschädliches Verwaltungsvermögen

Der Gesetzgeber erkennt an, dass Betriebe zur Kapitalstärkung in gewissem Umfang Verwaltungsvermögen benötigen.[746] Der Nettowert des Verwaltungsvermögens wird deshalb grundsätzlich wie begünstigtes Vermögen behandelt, soweit er 10 % des um den Nettowert des Verwaltungsvermögens gekürzten gemeinen Wert des Betriebsvermögens nicht übersteigt (sog. unschädliches Verwaltungsvermögen, § 13b Abs. 7 Satz 1 ErbStG n.F.). Etwas anderes gilt für junges Verwaltungsvermögen und junge Finanzmittel. Sie sind kein unschädliches Verwaltungsvermögen (§ 13b Abs. 7 Satz 2 ErbStG). 692

Das unschädliche Verwaltungsvermögen ermittelt sich u.E. wie folgt:[747] 693

Gemeiner Wert des Betriebsvermögens	€ 1.000.000,–;
./. Nettowert des Verwaltungsvermögens	€ 200.000,–;
= Bemessungsgrundlage 10 %	€ 800.000,–;

742 Vgl. dazu R E 13b.23 Abs. 4 ErbStR 2019.
743 Zur Begrifflichkeit vgl. etwa *Herbst*, ErbStB 2016, 347.
744 Vgl. R E 13b.23 Abs. 6 Satz 1 ErbStR 2019; *Olbing/Stenert*, FR 2017, 701.
745 Vgl. dazu *Viskorf/Löcherbach/Jehle*, DStR 2016, 2425.
746 BT-Drucks. 18/8911, 31, 43.
747 Zu anderen in der Literatur vertretenen Auffassungen vgl. auch *Olbing/Stenert*, FR 2017, 701.

10 % der Bemessungsgrundlage	€ 80.000,–;
Unschädliches Verwaltungsvermögen	€ 80.000,–.

Dies sieht die Finanzverwaltung – wenn auch mit einer anderen Begrifflichkeit – ebenso.[748]

i) **Begünstigtes Vermögen**

694 Der letzte Rechenschritt im Rahmen des Verwaltungsvermögenstests ist nun die Ermittlung des begünstigten Vermögens. Das begünstigungsfähige Vermögen ist begünstigt, soweit sein gemeiner Wert den um das unschädliche Verwaltungsvermögen i.S.d. Abs. 7 gekürzten Nettowerts des Verwaltungsvermögens i.S.d. Abs. 6 übersteigt (begünstigtes Vermögen, § 13b Abs. 2 Satz 1 ErbStG n.F.).

695 Vom gemeinen Wert des Betriebsvermögens ist somit der Nettowert des Verwaltungsvermögens (§ 13b Abs. 6 ErbStG n.F.) abzuziehen. Im Anschluss ist das sog. unschädliche Verwaltungsvermögen (§ 13b Abs. 7 ErbStG n.F.) hinzuzuaddieren. Nur dieser Teil des übertragenen Betriebsvermögens ist begünstigt.[749] Der übrige Teil, d.h. das schädliche Verwaltungsvermögen, wird künftig immer mit Erbschaft- oder Schenkungsteuer belastet. In vielen Fällen, in denen die Verwaltungsvermögensquote nach dem bisherigen Recht nicht mehr als 50 % betrug, dürfte hierdurch eine Verschlechterung eintreten. Vorteilhaft wird sich diese Regelung hingegen auf solche Vermögen auswirken, die bislang wegen des Überschreitens der 50 %-Grenze überhaupt nicht in den Genuss von §§ 13a, 13b ErbStG aF kamen. Nach dem nun geltenden Recht besteht die Möglichkeit, dass zumindest für einen Teil des Vermögens eine Verschonung gewährt wird.

4. **Verschonungsmöglichkeiten: Regelverschonung und Optionsmodell**

696 Liegt begünstigtes Betriebsvermögen i.S.v. § 13b Abs. 1 ErbStG vor, ist dieses – bei Erfüllung der Fortführungsgebote – grundsätzlich i.H.e. **pauschalen Verschonungsabschlags** von 85 % erbschaft- und schenkungsteuerfrei übertragbar (§ 13a Abs. 1 Satz 1 ErbStG).

697 Die verbleibenden 15 % des begünstigten Vermögens fallen – ebenso wie das nicht begünstigte Vermögen – in die steuerpflichtige Bemessungsgrundlage. Allerdings sieht § 13a Abs. 2 ErbStG für das begünstigte Vermögen noch einmal einen **gleitenden Abzugsbetrag** i.H.v. maximal € 150.000,– vor. Liegt also begünstigtes Vermögen vor und ist dieses wegen der Sockelbesteuerung (15 %) eigentlich steuerpflichtig, bleibt es dennoch i.H.v. bis zu € 150.000,– als Bemessungsgrundlage der Erbschaftsteuer außer Ansatz. Der Abzugsbetrag verringert sich, wenn der Wert des der Sockelbesteuerung unterfallenden Vermögens insgesamt die Wertgrenze von € 150.000,– übersteigt um 50 % des die Wertgrenze übersteigenden Betrags (§ 13a Abs. 2 Satz 2 ErbStG). Der Abzugsbetrag wird daher noch in voller Höhe gewährt, wenn das insgesamt übertragene begünstigte Betriebsvermögen einen Wert von € 1 Mio. hat. Er entfällt ganz ab einem Wert Gesamtwert des übertragenen begünstigten Betriebsvermögens von € 3 Mio. Damit sind Übertragungen von Anteilen mit einem Verkehrswert von bis zu € 1 Mio. steuerfrei.

698 Nach § 13a Abs. 10 ErbStG kann der Erwerber in Bezug auf die Fortführungsregeln eine **Alternative** wählen, die unter strengeren Voraussetzungen zu einer vollständigen Steuerfreiheit führt. Gegenüber der sog. Regelverschonung sieht die Option folgende Modifizierungen vor:
- Die Lohnsummenfrist erhöht sich auf 7 Jahre.
- Die Lohnsummengrenze erhöht sich von 400 % (bzw. 250 % oder 300 %) auf 700 % (bzw. 500 % oder 565 %).
- Die Behaltensfrist erhöht sich auf 7 Jahre.
- Die Höhe des Verschonungsabschlags erhöht sich von 85 % auf 100 %.

748 Vgl. R E 13b.26 ErbStR 2019.
749 Vgl. auch *Herbst*, ErbStB 2016, 347.

Voraussetzung ist, dass das begünstigte Vermögen i.S.v. § 13b Abs. 1 ErbStG nicht zu mehr als 699
20 % aus Verwaltungsvermögen besteht (§ 13a Abs. 10 Satz 2 ErbStG). Der Anteil des Verwaltungsvermögens am gemeinen Wert des Betriebs bestimmt sich nach dem Verhältnis der Summe der gemeinen Werte der Einzelwirtschaftsgüter des Verwaltungsvermögens zum gemeinen Wert des Betriebs (§ 13a Abs. 10 Satz 3 ErbStG). Bei der Ermittlung der Verwaltungsvermögensquote sind die quotale Schuldenverrechnung (§ 13b Abs. 6 ErbStG) und der Freibetrag für das Verwaltungsvermögen (§ 13b Abs. 7 ErbStG) nicht anzuwenden[750]. Hierdurch werden unterschiedliche Größen zueinander ins Verhältnis gesetzt: Während der gemeine Wert des Unternehmens eine Nettogröße darstellt, fließt mit dem gemeinen Wert der Einzelwirtschaftsgüter des Verwaltungsvermögens eine Bruttogröße in die Quotenberechnung ein. Damit in Zusammenhang stehende Verbindlichkeiten bleiben unberücksichtigt. Das Verwaltungsvermögen kann daher rechnerisch überproportional in die Waagschale fallen und zu sachwidrigen Ergebnissen führen.

Die Option kann durch **unwiderrufliche Erklärung** ausgeübt werden. Nach dem Willen des Ge- 700
setzgebers soll dies bis zur formellen Bestandskraft der Steuerfestsetzung möglich sein.[751] Eine entsprechende Klarstellung im Gesetz ist allerdings unterblieben. Die Finanzverwaltung gewährt die Verlängerung des Antrags daher bis zur **materiellen Bestandskraft.**[752]

5. Lohnsummenregelung

Die steuerliche Verschonung des Betriebsvermögens soll nach dem politischen Willen des Gesetz- 701
gebers an die Weiterführung des Unternehmens gekoppelt sein. Maßgebliches Motiv für die steuerliche Begünstigung der Übertragung von Betriebsvermögen ist die Erhaltung der Arbeitsplätze. Die Verschonung des Betriebsvermögens wird deshalb davon abhängig gemacht, dass nach der Vermögensübertragung die betriebliche Lohnsumme erhalten bleibt.

Die Details finden sich in § 13a Abs. 3 ErbStG nF: Sinkt die maßgebliche Lohnsumme nach 702
fünf Jahren unter die Grenze von kumuliert 400 % der Ausgangslohnsumme (Mindestlohnsumme), dann entfällt die Steuerbefreiung rückwirkend – allerdings nur anteilig (§ 13a Abs. 3 Satz 5 ErbStG n.F.). Kontrolliert wird dies in einer Gesamtbetrachtung am Ende der maßgeblichen Fünf-Jahresfrist (Lohnsummenfrist).

Die Ausgangslohnsumme ist die durchschnittliche Lohnsumme der letzten fünf Wirtschaftsjah- 703
re, die vor dem Übertragungszeitpunkt endeten (§ 13a Abs. 3 Satz 2 ErbStG n.F.). Welche Aufwendungen in die Lohnsumme i.S.d. ErbStG einzurechnen sind, wird in § 13a Abs. 3 Sätze 6 ff. ErbStG n.F. definiert. Es gelten die aus dem Bereich der Lohnsteuer bekannten Grundsätze: Erfasst sind alle Geld- und Sachleistungen, alle Sondervergütungen, Abfindungen, Zulagen, Zuschüsse, Provisionen, Teilnehmergebühren etc., die für die von den Beschäftigten erbrachte Arbeit aufgewendet werden, einschließlich der von den Beschäftigten zu tragenden Sozialversicherungsbeiträge und Steuern. In persönlicher Hinsicht einzubeziehen sind die »auf den Lohn- und Gehaltslisten erfassten Beschäftigten« (vgl. § 13a Abs. 3 Satz 6 ErbStG n.F.). Außer Ansatz bleiben gem. § 13a Abs. 3 Satz 7 ErbStG n.F. Vergütungen an solche Beschäftigte, die sich im Mutterschutz befinden, die sich in einem Ausbildungsverhältnis befinden, die Krankengeld beziehen, die Elterngeld beziehen oder die nicht ausschließlich oder überwiegend in dem Betrieb tätig sind (Saisonarbeiter).

Das Erfordernis der Lohnsummenfortführung entfällt vollständig, wenn die Ausgangslohnsumme 704
€ 0,– beträgt oder der Betrieb nicht mehr als fünf Beschäftigte hat (§ 13a Abs. 3 Satz 3 ErbStG n.F.). Beschäftigte von Tochtergesellschaften sind dabei nach Maßgabe der Sätze 11 bis 13 einzubeziehen.

750 R E 13a.21 Abs. 3 Satz 2 ErbStR 2019.

751 Bericht des Finanzausschusses, BT-Drucks. 16/11107, S. 13; so auch *Lüdicke/Fürwentsches*, DB 2009, 13; *Thonemann*, DB 2008, 2617.

752 R E 13a.21 Abs. 2 Satz 2 ErbStR 2019.

705 An die Stelle der Mindestlohnsumme von 400 % tritt bei mehr als fünf, aber nicht mehr als zehn Beschäftigten eine Mindestlohnsumme von 250 %, mehr als zehn, aber nicht mehr als 15 Beschäftigten eine Mindestlohnsumme von 300 % (§ 13a Abs. 3 Satz 4 ErbStG n.F.).

706 Mit der Ausgangslohnsumme ist die Summe der Lohnsummen der fünf Folgejahre zu vergleichen. Erreicht werden muss nicht das Fünffache (500 %), sondern insgesamt nur ein Wert von bis zu 400 %. Im Regelfall (400 %) entspricht dies im Durchschnitt einer Erhaltung der Lohnsumme i.H.v. 80 % (400/500).

707 Unterschreitet die kumulierte Lohnsumme die Mindestlohnsumme, dann entfällt der Verschonungsabschlag rückwirkend anteilig. Es kommt nicht zu einem »Fallbeileffekt«, sondern nur zu einer anteiligen Kürzung.[753]

6. Behaltensfrist

708 Der Gesetzgeber setzt neben dem Erhalt der Arbeitsplätze voraus, dass das betriebliche Vermögen in der Hand des Erwerbers fortgeführt wird und gebunden bleibt. Die gesetzlichen Fortführungsgebote sind in § 13a Abs. 5 Satz 1 Nr. 1 bis 5 ErbStG geregelt.

709 Bezogen auf die begünstigte Übertragung von Anteilen an Kapitalgesellschaften führen insbesondere folgende Verstöße zu einer Nachversteuerung:

Nr. 3:
- **Entnahmen** aus dem Gesellschaftsvermögen, welche die Summe der Einlagen und der zuzurechnenden Gewinnanteile seit dem Erwerb um mehr als **€ 150.000,–** übersteigen (sog. **Überentnahmen**[754]); Gleiches gilt für **Ausschüttungen** aus Kapitalgesellschaften.

Nr. 4:
- **Veräußerung von Anteilen an Kapitalgesellschaften** (i.S.v. § 13b ErbStG);
- **verdeckte Einlage** solcher Anteile in eine Kapitalgesellschaft;
- **Auflösung oder Kapitalherabsetzung;**
- **Veräußerung wesentlicher Betriebsgrundlagen** unter Verteilung dieses Vermögens[755] an die Gesellschafter;
- die **Veräußerung von Anteilen an einer Kapitalgesellschaft**, welche der Veräußerer durch eine Sacheinlage von Kapitalgesellschaftsanteilen i.S.v. § 13b ErbStG erworben hat;
- Veräußerung von Anteilen an Personengesellschaften, die durch Einbringung von Kapitalgesellschaftsanteilen i.S.v. § 13b ErbStG in das Betriebsvermögen (§ 24 Abs. 1 UmwStG) erworben wurden.

710 Unschädlich sind **Schenkungen** oder Vermögensübergänge von **Todes** wegen innerhalb der Behaltensfrist.[756] Wird das begünstigte Vermögen innerhalb der noch laufenden Frist von fünf Jahren im Wege der Schenkung weiter übertragen und verstößt der nachfolgende Erwerber gegen die Behaltensregelungen, verliert allerdings auch der vorangegangene Erwerber die Verschonung, soweit bei ihm die Behaltensfrist noch nicht abgelaufen ist.[757] Beim Tod des Erwerbers endet die Behaltensfrist ohne Auswirkung auf die Verschonungsvoraussetzungen des § 13a Abs. 3 und Abs. 6 ErbStG.[758]

711 Im Regelfall, dh. bei einer Betriebsveräußerung/-aufgabe, Veräußerung von Kapitalanteilen oder Aufhebung der Stimmrechtsbündelung (Nr. 1, Nr. 2, Nr. 4 und Nr. 5), tritt kein »Fallbeileffekt« ein, sondern die Nachversteuerung erfolgt nur zeitanteilig (§ 13a Abs. 6 Satz 2 ErbstG).

753 Vgl. R E 13a.9 Abs. 1 Satz 5 ErbStR 2019.
754 Vgl. R E 13a.15 Abs. 1 Satz 1 ErbStR2019.
755 Genauer: des daraus erzielten Ertrags, vgl. *Geck*, in: Kapp/Eberling, § 13a Rn. 150 (Aug. 2018).
756 So auch R E 13a.12 Abs. 2 ErbStR 2019.
757 R E 13a.19 Abs. 5 Satz 2 ErbStR 2019.
758 R E 13a.18 Abs. 6 ErbStR 2019.

Nach Ablauf eines jeden Jahres mindert sich der im Fall der Verletzung der Behaltensfrist nachzuversteuernde Betrag um 1/5 (bei der Regelverschonung, bei der Vollverschonung um 1/7). Wird also der Betrieb im dritten Jahr veräußert, bleibt die Steuervergünstigung zu 2/5 erhalten. Nur i.H.v. 3/5 geht der Verschonungsabschlag verloren und der Erwerb ist entsprechend anteilig nachzuversteuern. Weitere Bruchteilsrechnungen werden erforderlich, wenn mehrfach und jeweils teilweise gegen die Behaltensfrist verstoßen wird.[759] 712

Der Abzugsbetrag (§ 13a Abs. 2 ErbStG) entfällt gleichwohl insgesamt.[760] Kam ein Abzugsbetrag wegen der Kürzung nach § 13a Abs. 2 Satz 2 ErbStG bei der erstmaligen Steuerfestsetzung nicht in Betracht, kann er allerdings bei einer Änderung der Steuerfestsetzung zur Anwendung kommen, wenn die Voraussetzungen dafür erfüllt sind.[761] 713

7. Verschonungsregelungen bei Großvermögen (> € 26 Mio.)

a) Abschmelzmodell (§ 13c ErbStG n.F.)

aa) Voraussetzungen und Rechtsfolgen

Wenn der Wert des erworbenen begünstigten Vermögens i.S.d. § 13b Abs. 2 ErbStG den Schwellenwert von € 26 Mio. überschreitet, ist § 13a Abs. 1 Satz 1 ErbStG n.F. mit der Maßgabe anzuwenden, dass sich auf Antrag des Erwerbers der nach § 13a Abs. 1 Satz 1 ErbStG n.F. anzuwendende Prozentsatz des Verschonungsabschlags von 85 % oder der nach § 13a Abs. 10 Satz 1 Nr. 1 ErbStG n.F. anzuwendende Prozentsatz des Verschonungsabschlags von 100 % um jeweils einen Prozentpunkt für jede vollen € 750.000 verringert, die der Wert des begünstigten Vermögens den Schwellenwert von € 26 Mio. übersteigt (Abschmelzmodell; § 13c Abs. 1 Satz 1 ErbStG n.F.). 714

Das Abschmelzmodell ist in den Fällen der Regelverschonung (§ 13a Abs. 1 ErbStG) bis zu einem Wert des begünstigten Vermögens von € 89.750.000,– und in den Fällen der Optionsverschonung (§ 13a Abs. 10 ErbStG) bis zu einem Wert des begünstigten Vermögens von € 89.999.999,– anzuwenden. Bei Überschreiten dieser Beträge verringert sich der Verschonungsabschlag auf 0 %. Die Möglichkeit, einen Antrag auf Verschonungsbedarfsprüfung nach § 28a ErbStG zu stellen, bleibt unberührt.[762] 715

bb) Verfahrensrecht

Der Erwerber muss den Antrag bei dem für die Erbschaft- oder Schenkungsteuer zuständigen Finanzamt schriftlich stellen oder zur Niederschrift erklären. Er kann den Antrag bis zum Eintritt der materiellen Bestandskraft der Festsetzung der Erbschaft- oder Schenkungsteuer stellen. Der Antrag schließt einen Antrag für denselben Erwerb aus, die Verschonungsbedarfsprüfung nach § 28a ErbStG durchzuführen.[763] Der Antrag kann nach Zugang der Willenserklärung beim zuständigen Finanzamt nicht mehr widerrufen werden (§ 13c Abs. 2 Satz 6 ErbStG n.F.). 716

Der Erwerber kann den Antrag auf Durchführung des Abschmelzmodells nach § 13c Abs. 1 ErbStG n.F. insgesamt nur einheitlich für alle Arten des erworbenen begünstigungsfähigen Vermögens (land- und forstwirtschaftliches Vermögen, Betriebsvermögen und Anteile an Kapitalgesellschaften) stellen. Maßgeblich ist das insgesamt erworbene begünstigte Vermögen. Das begünstigte Vermögen mehrerer wirtschaftlicher Einheiten ist zusammenzurechnen. Bei Schenkungen mit zB mehreren Betriebsübertragungen in mehreren Schenkungsverträgen ist bei Vorliegen eines einheitlichen Schenkungswillens nach Auffassung der Finanzverwaltung von nur einer Schenkung auszugehen.[764] 717

---

759 Zur Berechnung mit Beispielen *Siegmund/Ungemach*, DStZ 2008, 883 ff.
760 Vgl. R E 13a.19 Abs. 1 Satz 5 ErbStR 2019.
761 Vgl. R E 13a.19 Abs. 1 Satz 7 ErbStR 2019.
762 R E 13c.1 Abs. 4 ErbStR 2019.
763 R E 13c.1 Abs. 2 Sätze 1 und 2 ErbStR 2019.
764 R E 13c.1 Abs. 3 ErbStR 2019.

cc) Berücksichtigung mehrerer Erwerbe begünstigten Vermögens

718 Wenn bei einem Erwerb, für den die Steuer nach dem 30.6.2016 entstanden ist, der Schwellenwert für begünstigtes Vermögen von € 26 Mio. infolge des Zusammenrechnens mit früheren Erwerben innerhalb des Zehnjahreszeitraums überschritten wird (§ 13a Abs. 1 Satz 2 ErbStG), entfällt die zunächst in Anspruch genommene Steuerbefreiung nach § 13a Abs. 1 oder Abs. 10 ErbStG n.F. für die früheren Erwerbe mit Wirkung für die Vergangenheit (§ 13c Abs. 2 Satz 4 und 5 ErbStG n.F.), wenn auch für die früheren Erwerbe die Steuer nach dem 30.6.2016 entstanden ist (§ 37 Abs. 12 Satz 3 ErbStG n.F.). Entsprechendes gilt für eine zunächst gewährte Steuerbefreiung nach § 13c Abs. 1 ErbStG. Der Steuerbescheid ist nach § 175 Abs. 1 Satz 1 Nr. 2 AO zu ändern. Erwerbe, für die die Steuer vor dem 1.7.2016 entstanden ist, werden bei der Prüfung des Schwellenwerts berücksichtigt. Ein Wegfall der gewährten Steuerbefreiung für den früheren Erwerb tritt bei diesen Erwerben jedoch nicht ein, wenn durch einen nachfolgenden Erwerb nach dem 30.6.2016 der Schwellenwert überschritten wird.[765]

719 Stellt der Erwerber einen Antrag nach § 13c Abs. 1 Satz 1 ErbStG n.F. und entfällt wegen des Überschreitens des Schwellenwerts die Steuerbefreiung für einen früheren Erwerb, wird die weggefallene Steuerbefreiung ersetzt durch eine neue Steuerbefreiung auf der Grundlage des abgeschmolzenen Prozentsatzes des Verschonungsabschlags, der sich bezogen auf den zusammengerechneten Wert des begünstigten Vermögens ergibt. Die Minderung des Verschonungsabschlags ist sowohl auf den letzten Erwerb als auch auf die früheren Erwerbe anzuwenden. Das gilt unabhängig davon, ob für den früheren Erwerb erstmals die Steuerbefreiung nach § 13c Abs. 1 ErbStG n.F. gewährt wird oder für den früheren Erwerb nunmehr ein geringerer Verschonungsabschlag nach § 13c Abs. 1 ErbStG n.F. zu gewähren ist, und unabhängig davon, ob jeweils die Regelverschonung oder die Optionsverschonung in Anspruch genommen wurde.[766]

b) Verschonungsbedarfsprüfung

720 Überschreitet der Erwerb von begünstigtem Vermögen i.S.d. § 13b Abs. 2 ErbStG n.F. die Grenze des § 13a Abs. 1 Satz 1 ErbStG n.F. von € 26 Mio., ist die auf das begünstigte Vermögen entfallende Steuer auf Antrag des Erwerbers zu erlassen, soweit er nachweist, dass er persönlich nicht in der Lage ist, die Steuer aus seinem verfügbaren Vermögen zu begleichen (§ 28a Abs. 1 Satz 1 ErbStG n.F.).

aa) Voraussetzungen

721 Ein Erlass kommt nur für den Teil der auf das begünstigte Vermögen i.S.d. § 13b Abs. 2 ErbStG n.F. entfallenden Steuer in Betracht, den der Erwerber nicht aus seinem verfügbaren Vermögen begleichen kann.[767]

722 Zu dem verfügbaren Vermögen gehören gem. § 28a Abs. 2 ErbStG n.F. 50 % der Summe der gemeinen Werte des
- mit der Erbschaft oder Schenkung zugleich übergegangenen Vermögens, das nicht zum begünstigten Vermögen i.S.d. § 13b Abs. 2 gehört, und
- dem Erwerber im Zeitpunkt der Entstehung der Steuer (§ 9 ErbStG) gehörenden Vermögens, das nicht zum begünstigten Vermögen i.S.d. § 13b Abs. 2 ErbStG n.F. gehören würde.

723 Das Erbschaft- und Schenkungsteuerrecht erkennt in § 13 ErbStG an, dass bestimmtes Vermögen für die Bestreitung des Lebensunterhalts zur Verfügung stehen sollte, z.B. Hausrat, Familienheim. Dabei ist zu berücksichtigen, dass bei einer Veräußerung von bestimmten Wirtschaftsgütern unter Umständen andere Steuern anfallen oder bei einer eventuellen Beleihung von Wirtschaftsgütern und Vermögensgegenständen eine Beleihung zu 100 % ihres Verkehrswerts i.d.R. nicht zu

765 R E 13c. 4 Abs. 1 ErbStR 2019.
766 R E 13c.4 Abs. 2 Sätze 1 bis 3 ErbStR 2019.
767 R E 28a.2 Satz 1 ErbStR 2019.

realisieren ist. Da der zu wahrende Kernbestand des Vermögens nicht zweifelsfrei abgegrenzt werden kann, ist das übrige Vermögen nach § 28a Abs. 2 ErbStG n.F. typisierend mit einem Anteil von 50 % einzubeziehen. Bei der Prüfung ist abzustellen auf die Summe der gemeinen Werte des Vermögens, das nicht zum begünstigten Vermögen des § 13b Abs. 2 ErbStG n.F. gehört bzw. gehören würde. Das gilt unabhängig davon, ob es im Rahmen der Erbschaft oder Schenkung zugleich übergegangen ist oder dem Erwerber im Besteuerungszeitpunkt bereits gehörte.[768]

Zum verfügbaren Vermögen gehören insbesondere 724
- das nicht nach § 13b Abs. 1 ErbStG begünstigungsfähige Vermögen, z.B. Anteile an Kapitalgesellschaften, die die Mindestbeteiligung nach § 13b Abs. 1 Nr. 3 ErbStG n.F. nicht erreichen, ausländisches Betriebsvermögen in einem Drittstaat, Privatvermögen (Kapitalvermögen, Grundstücke, übriges Vermögen),
- das nicht begünstigte Verwaltungsvermögen, das zu einer wirtschaftlichen Einheit des begünstigungsfähigen Vermögens nach § 13b Abs. 1 ErbStG gehört (steuerpflichtiger Wert des Verwaltungsvermögens),
- Vermögen, das nicht der Besteuerung nach dem ErbStG unterliegt, z.B. Vermögen, das nicht der unbeschränkten Steuerpflicht nach § 2 Abs. 1 Nr. 1 ErbStG unterliegt oder nach einem DBA von der Besteuerung ausgenommen ist.[769]

Anzusetzen ist jeweils der Nettowert des einzubeziehenden Vermögens. Bei der Berechnung des Nettowerts sind Schulden und Lasten einschließlich der Nachlassverbindlichkeiten nach § 10 Abs. 5 ErbStG sowie Gegenleistungen im Fall einer Schenkung abzuziehen.[770] 725

Die auf den steuerpflichtigen Erwerb entfallende Steuer mindert den Wert des verfügbaren Vermögens nicht.[771] 726

bb) Rechtsfolgen

Wenn der Wert des erworbenen begünstigten Vermögens i.S.d. § 13b Abs. 2 ErbStG n.F. den Schwellenwert von € 26 Mio. überschreitet und der Erwerber keinen Antrag nach § 13c ErbStG gestellt hat, wird die Steuer ohne Verschonung für das begünstigte Vermögen festgesetzt.[772] Auf Antrag des Erwerbers wird eine Verschonungsbedarfsprüfung nach § 28a ErbStG n.F. durchgeführt. Diese kann zu einem teilweisen oder vollständigen Erlass der auf das begünstigte Vermögen entfallenden Steuer führen. 727

cc) Verfahren

Der Erwerber muss den Antrag auf Erlass nach § 28a Abs. 1 Satz 1 ErbStG bei dem für die Erbschaft- oder Schenkungsteuer zuständigen Finanzamt schriftlich stellen oder zur Niederschrift erklären. Er kann den Antrag unabhängig vom Eintritt der materiellen Bestandskraft der Erbschaft- oder Schenkungsteuerfestsetzung bis zum Eintritt der Zahlungsverjährung stellen; ein Widerruf des Antrags ist möglich. Der Antrag ist ausgeschlossen, wenn der Erwerber bereits unwiderruflich beantragt hat, das Abschmelzmodell nach § 13c ErbStG anzuwenden (§§ 13c Abs. 2 Satz 6, 28 a Abs. 8 ErbStG n.F.).[773] 728

dd) Nachträglicher Wegfall der Erlassbedingungen

Der Erlass der Steuer nach § 28a Abs. 1 Satz 1 ErbStG n.F. steht gem. § 28a Abs. 4 Satz 1 ErbStG n.F. unter der auflösenden Bedingung, dass 729

768 R E 28a.2 Abs. 1 Sätze 2 bis 6 ErbStR 2019.
769 R E 28a.2 Abs. 1 Satz 7 ErbStR 2019.
770 R E 28.2 Abs. 2 Sätze 4 und 5 ErbStR 2019.
771 R E 28.2 Abs. 2 Sätze 4 bis 6 ErbStR 2019.
772 R E 28a.1 Abs. 1 Satz 1 ErbStR 2019.
773 R E 28a.1 Abs. 2 ErbStR 2019.

- die Summe der maßgebenden jährlichen Lohnsummen innerhalb von sieben Jahren nach dem Erwerb (Lohnsummenfrist) insgesamt die Mindestlohnsumme nach § 13a Abs. 10 Nr. 3 bis 5 ErbStG n.F. unterschreitet. Unterschreitet die Summe der maßgebenden jährlichen Lohnsummen die Mindestlohnsumme, vermindert sich der zu gewährende Erlass der Steuer mit Wirkung für die Vergangenheit in demselben prozentualen Umfang, wie die Mindestlohnsumme unterschritten wird;
- der Erwerber innerhalb von sieben Jahren (Behaltensfrist) gegen die Behaltensbedingungen entsprechend § 13a Abs. 6 Satz 1 ErbStG n.F. verstößt;
- der Erwerber innerhalb von zehn Jahren nach dem Zeitpunkt der Entstehung der Steuer weiteres Vermögen durch Schenkung oder von Todes wegen erhält, das verfügbares Vermögen i.S.d. § 28a Abs. 2 ErbStG n.F. darstellt.

730 Erhält der Erwerber innerhalb von zehn Jahren nach dem Besteuerungszeitpunkt durch Schenkung oder von Todes wegen weiteres Vermögen, das verfügbares Vermögen i.S.d. § 28a Abs. 2 ErbStG n.F. darstellt, ist der unter dem Vorbehalt des Widerrufs stehende Verwaltungsakt über den Erlass mit Wirkung für die Vergangenheit zu widerrufen (§ 28a Abs. 4 Satz 1 Nr. 3, Satz 2 und 3 ErbStG n.F.). Dies gilt unabhängig von der Person des Zuwendenden und davon, ob beziehungsweise in welchem Umfang der Erwerb dem ErbStG unterliegt. Aus Vereinfachungsgründen sind übliche Gelegenheitsgeschenke i.S.d. § 13 Abs. 1 Nr. 14 ErbStG n.F. unbeachtlich. Die zunächst erloschene Steuer lebt vollständig wieder auf. Der Erwerber kann einen erneuten Antrag nach § 28a Abs. 1 ErbStG stellen. I.R.d. erneuten Verschonungsbedarfsprüfung ist das zum Besteuerungszeitpunkt des Erwerbs, für den der Erlass gewährt wurde, ermittelte verfügbare Vermögen um 50 % des gemeinen Werts des hinzuerworbenen Vermögens zu erhöhen. Anzusetzen ist der Nettowert des hinzuerworbenen Vermögens.[774]

ee) Stundung

731 Die nach Anwendung des § 28a Abs. 1 Satz 1 ErbStG n.F. verbleibende Steuer kann ganz oder teilweise bis zu sechs Monate gestundet werden, wenn die Einziehung bei Fälligkeit eine erhebliche Härte für den Erwerber bedeuten würde und der Anspruch nicht gefährdet erscheint (§ 28a Abs. 3 Satz 1 ErbStG n.F.). Eine erhebliche Härte liegt insbesondere vor, wenn der Erwerber einen Kredit aufnehmen oder verfügbares Vermögen i.S.d. § 28a Abs. 2 ErbStG n.F. veräußern muss, um die Steuer entrichten zu können (§ 28a Abs. 3 Satz 2 ErbStG n.F.).

732 Dabei kann nur die Steuer, die auf das erworbene begünstigte Vermögen entfällt und die nicht nach § 28a Abs. 1 ErbStG n.F. erlassen wurde, nach § 28a Abs. 3 Satz 1 ErbStG n.F. gestundet werden. Eine Stundung der Steuer, die auf das zugleich übergegangene nicht begünstigte Vermögen entfällt, ist nach § 28a Abs. 3 ErbStG n.F. nicht möglich. § 28 Abs. 1 ErbStG und § 222 AO bleiben unberührt.[775]

8. Vorwegabschlag für Familienunternehmen

733 Erwerber von Beteiligungen oder Anteilen an Familienunternehmen in der Rechtsform von Personen- oder Kapitalgesellschaften, die zum begünstigungsfähigen Vermögen (§ 13b Abs. 1 ErbStG n.F.) gehören, haben einen Rechtsanspruch auf einen Vorwegabschlag bis zu 30 % vom Wert des begünstigten Vermögens (§ 13a Abs. 9 i.V.m. § 13b Abs. 2 ErbStG n.F.). Ein Antrag des Erwerbers ist nicht erforderlich, der Erwerber ist aber verpflichtet, die Voraussetzungen nachzuweisen.[776]

a) Voraussetzungen

734 Der Vorwegabschlag setzt das Vorliegen bestimmter Beschränkungen von Entnahmen/Ausschüttungen, Verfügungsmöglichkeiten und Abfindungen im Gesellschaftsvertrag oder der Satzung

---

774 R E 28a.4 Abs. 2 Sätze 1 bis 7 ErbStR 2019.
775 Vgl. R E 28a.3 ErbStR 2019.
776 R E 13a.20 Abs. 1 Sätze 1 und 2 ErbStR 2019.

voraus (§ 13a Abs. 9 Satz 1 ErbStG n.F.); es genügt nicht, wenn diese Regelungen lediglich in einem Poolvertrag enthalten sind.[777]

Der Gesellschaftsvertrag oder die Satzung müssen Bestimmungen enthalten, welche 735

- die Entnahme oder Ausschüttung auf höchstens 37,5 % des um die auf den Gewinnanteil oder die Ausschüttungen aus der Gesellschaft entfallenden Steuern vom Einkommen gekürzten Betrages des steuerrechtlichen Gewinns i.S.d. § 4 Abs. 1 Satz 1 EStG beschränken. Entnahmen zur Begleichung der auf den Gewinnanteil oder die Ausschüttungen aus der Gesellschaft entfallenden Steuern vom Einkommen bleiben von der Beschränkung der Entnahme oder Ausschüttung unberücksichtigt (§ 13a Abs. 9 Satz 1 Nr. 1 Halbsatz 2 ErbStG n.F.). Entnahmen oder Ausschüttungen zur Begleichung der Erbschaft- oder Schenkungsteuer werden dagegen bei der Ermittlung der schädlichen Entnahmen einbezogen.[778] Die Begriffe Entnahme und Ausschüttung sind nach den Grundsätzen des Ertragsteuerrechts zu beurteilen.[779]
- die Verfügung zu Lebzeiten oder von Todes wegen über die Beteiligung an der Personengesellschaft oder den Anteil an der Kapitalgesellschaft auf Mitgesellschafter, auf Angehörige i.S.d. § 15 AO oder auf eine inländische Familienstiftung i.S.d. § 1 Abs. 1 Nr. 4 ErbStG oder eine entsprechende ausländische Familienstiftung beschränken (§ 13a Abs. 9 Satz 1 Nr. 2 ErbStG n.F.). Die Voraussetzung sollen nach Ansicht der Finanzverwaltung nicht erfüllt sein, wenn eine Verfügung auf andere Personen nach Zustimmung der übrigen Gesellschafter möglich ist oder eine Verfügung auf eine vermögensverwaltende Familiengesellschaft, an der Angehörige des Gesellschafters beteiligt sind, vorgesehen ist.[780]
- für den Fall des Ausscheidens aus der Gesellschaft eine Abfindung vorsehen, die unter dem gemeinen Wert der Beteiligung an der Personengesellschaft oder des Anteils an der Kapitalgesellschaft liegt (§ 13a Abs. 9 Satz 1 Nr. 3 ErbStG n.F.).

Diese Beschränkungen müssen kumulativ vorliegen.[781] Sie müssen in jedem Fall in einem Zeitraum von zwei Jahren vor dem Zeitpunkt der Steuerentstehung (§§ 9, 11 ErbStG) gegeben sein und in dem Zeitraum von 20 Jahren nach diesem Zeitpunkt bestehen und tatsächlich eingehalten werden (§ 13a Abs. 9 Sätze 4 und 5 ErbStG). 736

b) Rechtsfolgen

Der Vorwegabschlag ist vorrangig vor Anwendung des Verschonungsabschlags nach § 13a Abs. 1 oder 10 bzw. § 13c ErbStG oder der Verschonungsbedarfsprüfung nach § 28a ErbStG zu berücksichtigen. Daher ist der Wert des begünstigten Vermögens (§ 13b Abs. 2 ErbStG) vor der Prüfung des Schwellenwerts für Großerwerbe von € 26 Mio. (§ 13a Abs. 1 Sätze 1 bis 3 ErbStG) stets um den sich im Einzelfall ergebenden Vorwegabschlag zu verringern.[782] 737

Die Höhe des Abschlags bemisst sich danach, um wieviel Prozentpunkte die laut Gesellschaftsvertrag oder Satzung vorgesehene Höhe der Abfindung unter dem gemeinen Wert der Gesellschaftsbeteiligung oder Anteile liegt. Er darf 30 % nicht übersteigen (§ 13a Abs. 9 Satz 3 ErbStG n.F.). Sieht die Satzung oder der Gesellschaftsvertrag unterschiedliche Abfindungshöhen abhängig von dem Grund des Ausscheidens vor, ist nach Auffassung der Finanzverwaltung die höchste in Betracht kommende Abfindung für die Ermittlung des Vorwegabschlags maßgebend.[783] 738

Kommt der Vorwegabschlag nach § 13a Abs. 9 ErbStG n.F. zur Anwendung, unterliegen die mit dem begünstigten Vermögen in wirtschaftlichem Zusammenhang stehenden Schulden der 739

777 R E 13a.20 Abs. 2 Satz 1 ErbStR2019.
778 R E 13a.20 Abs. 3 Satz 6 ErbStR 2019.
779 R E 13a.20 Abs. 3 Satz 7 ErbStR 2019.
780 Vgl. R E 13a.20 Abs. 2 Satz 2 Nr. 2 Satz 2 ErbStR 2019.
781 Vgl. R E 13a.20 Abs. 2 Satz 3 ErbStR 2019.
782 R E 13a.20 Abs. 1 Sätze 5 und 6 ErbStR 2019.
783 R E 13a.20 Abs. 5 Satz 4 ErbStR 2019.

Schuldenkürzung nach § 10 Abs. 6 Satz 4 ErbStG. Dies ist auch der Fall, wenn der Schwellenwert von € 26 Mio. überschritten wird und der Erwerber einen Antrag nach § 28a ErbStG gestellt hat oder eine Stundung nach § 28 Abs. 1 ErbStG n.F. beantragt hat.[784]

740 Der Vorwegabschlag fällt mit Wirkung für die Vergangenheit weg, wenn die Voraussetzungen des § 13a Abs. 9 Satz 1 ErbStG n.F. nicht über einen Zeitraum von 20 Jahren nach dem Zeitpunkt der Entstehung der Steuer (§§ 9, 11 ErbStG) bestehen bleiben (§ 13a Abs. 9 Satz 5 ErbStG). Dies kann beispielsweise der Fall sein, wenn der Gesellschaftsvertrag oder die Satzung in der Weise geändert werden, dass die Voraussetzungen für den Vorwegabschlag nicht mehr gegeben sind, oder gegen die Voraussetzungen verstoßen wird. Der Vorwegabschlag fällt auch dann weg, wenn die Änderungen vorgenommen werden, nachdem der Erwerber nicht mehr Gesellschafter ist. Wird innerhalb des Zeitraums von 20 Jahren die Abfindungsbeschränkung dergestalt geändert, dass ein niedrigerer Prozentsatz des Vorwegabschlags zur Anwendung kommen würde, ist der Vorwegabschlag entsprechend zu kürzen. Der Erwerber ist verpflichtet, dem für die Erbschaft- oder Schenkungsteuer zuständigen Finanzamt (§ 35 ErbStG) innerhalb einer Frist von einem Monat, nachdem der jeweilige Tatbestand verwirklicht wurde, schriftlich mitzuteilen, wenn sich die Bestimmungen oder die tatsächlichen Verhältnisse geändert haben (§ 13a Abs. 9 Satz 6 ErbStG n.F.). Die Gründe für die Änderung der Bestimmungen oder der tatsächlichen Verhältnisse sind unbeachtlich. I.R.d. Nachversteuerung ist die Steuer abhängig von der anzuwendenden Verschonungsregelung neu zu berechnen. Wird durch den Wegfall des Vorwegabschlags erstmals der Schwellenwert von € 26 Mio. überschritten, entfällt die zunächst in Anspruch genommene Steuerbefreiung nach § 13a Abs. 1 oder Abs. 10 ErbStG rückwirkend. Für den Erwerb kann dann erstmals ein Antrag nach § 13c ErbStG oder § 28a ErbStG gestellt werden. Ein Verstoß gegen die Lohnsummenregelung (§ 13a Abs. 3 ErbStG) oder gegen die Behaltensregelungen (§ 13a Abs. 6 ErbStG) wirkt sich als solcher nicht auf den Vorwegabschlag nach § 13a Abs. 9 ErbStG aus.[785]

741 Der Vorwegabschlag entfällt nicht, wenn begünstigtes Vermögen
- im Wege des Übergangs von Todes wegen übergeht,
- durch Schenkung unter Lebenden übertragen wird oder
- entgeltlich veräußert wird.

742 Voraussetzung hierfür ist, dass das begünstigte Vermögen dabei auf Personen i.S.v. § 13a Abs. 9 Satz 1 Nr. 2 ErbStG (d.h. Angehörige oder Familienstiftungen) unter Beachtung der im Zeitpunkt des ursprünglichen Erwerbs geltenden Beschränkungen übergeht. Wird bei den vg. Übertragungen unter Lebenden beim nachfolgenden Erwerber gegen die Voraussetzungen des Vorwegabschlags verstoßen, verliert auch der vorangegangene Erwerber den Vorwegabschlag, wenn bei ihm die Frist von 20 Jahren noch nicht abgelaufen ist.[786]

9. Stundung beim Erwerb von begünstigtem Vermögen i.S.d. § 13b Abs. 2 ErbStG n.F.

743 Beim Erwerb von begünstigtem Vermögen i.S.d. § 13b Abs. 2 ErbStG n.F. von Todes wegen ist die darauf entfallende Steuer auf Antrag des Erwerbers bis zu sieben Jahre zu stunden (§ 28 Abs. 1 Satz 1 ErbStG n.F.). Die Stundung kommt insbesondere in Betracht
- in den Fällen der Regelverschonung für die Steuer auf begünstigtes Vermögen nach Abzug des Verschonungsabschlags (§ 13a Abs. 1 ErbStG n.F.) und des Abzugsbetrags (§ 13a Abs. 2 ErbStG);
- in den Fällen des § 13c ErbStG für die Steuer auf begünstigtes Vermögen nach Abzug des abgeschmolzenen Verschonungsabschlags;
- in den Fällen des § 28a ErbStG für die nicht erlassene Steuer auf begünstigtes Vermögen;
- in den Fällen, in denen weder eine Verschonung nach § 13c noch nach § 28a ErbStG beantragt wurde (R E 28 Abs. 1 Satz 3 ErbStR 2019).

784 R E 13a.20 Abs. 6 ErbStR 2019.
785 R E 13a.20 Abs. 7 ErbStR 2019.
786 R E 13a.20 Abs. 8 ErbStR 2019.

Die auf das nicht begünstigte Vermögen entfallende Steuer kann nicht nach § 28 Abs. 1 ErbStG gestundet werden.[787] 744

Die gestundete Steuer ist in gleichen Jahresbeträgen zu entrichten.[788] Die erste Jahresrate ist zinslos zu stunden (§ 28 Abs. 1 Satz 2 ErbStG n.F.). Die weiteren Jahresraten sind zinspflichtig (§§ 234, 238 AO), vgl. § 28 Abs. 1 Satz 3 ErbStG n.F. 745

Die Stundung endet stets (vgl. § 28 Abs. 5 Sätze 5 und 8 ErbStG n.F.), wenn 746
- das erworbene begünstigte Vermögen i.S.d. § 13b Abs. 2 ErbStG verschenkt oder veräußert wird;
- der Erwerber den Betrieb, die Beteiligung an der Personengesellschaft oder den Anteil an der Kapitalgesellschaft aufgibt;
- der Erwerber gegen die Lohnsummenregelung des § 13a Abs. 3 ErbStG oder die Behaltensregelungen nach § 13a Abs. 6 ErbStG verstößt. Im Falle eines Antrags auf Optionsverschonung nach § 13a Abs. 10 i.V.m. § 13c ErbStG oder auf Verschonungsbedarfsprüfung nach § 28a ErbStG gelten die verlängerte Lohnsummenfrist, die höheren Mindestlohnsummen und die verlängerte Behaltensfrist des § 13a Abs. 10 ErbStG. Die Stundung endet bei einem Verstoß gegen die Lohnsummenregelung bzw. die Behaltensregelungen nach § 13a Abs. 6 Satz 1 Nr. 1, 2, 4 und 5 ErbStG in vollem Umfang. Soweit aufgrund einer Reinvestition (§ 13a Abs. 6 Satz 3 und 4 ErbStG) insgesamt von einer rückwirkenden Besteuerung abgesehen wird, endet die Stundung nicht. Bei einem Verstoß gegen die Entnahmebegrenzung nach § 13a Abs. 6 Satz 1 Nr. 3 ErbStG endet die Stundung in vollem Umfang.[789]

Wird das begünstigte Vermögen i.S.d. § 13b Abs. 2 ErbStG innerhalb des noch laufenden Stundungszeitraums von Todes wegen übertragen, endet die Stundung erst, wenn der nachfolgende Erwerber die Voraussetzung für die Stundung nicht mehr erfüllt.[790] 747

Eine Stundung kann nicht erfolgen für die Steuer, die aufgrund eines Verstoßes gegen die Lohnsummenregelung oder die Behaltensregelung zu entrichten ist (§ 28 Abs. 1 Satz 7 ErbStG n.F.). 748

H. Organschaft

I. Einführung

Als Organschaft bezeichnet man die steuerliche Eingliederung einer rechtlich selbständigen juristischen Person (Organgesellschaft) in ein anderes beherrschendes Unternehmen (Organträger). Dadurch wird es ermöglicht, die Gewinne bzw. Umsätze zweier selbständiger Steuersubjekte zusammenzuführen und einheitlich beim Organträger zu erfassen und zu versteuern. 749

Zu unterscheiden sind die körperschaft- und gewerbesteuerliche Organschaft (ertragsteuerliche Organschaft) auf der einen und die umsatzsteuerliche Organschaft auf der anderen Seite. Die Organschaftsformen unterliegen unterschiedlichen Voraussetzungen, insbesondere in ihrer Begründung, und zeitigen unterschiedliche Rechtsfolgen. 750

Wesentlicher Vorteil der ertragsteuerlichen Organschaft[791] ist die Möglichkeit einer sofortigen Verrechnung von während der Organschaftszeit entstehenden Verlusten innerhalb des Organkreises. Zudem erfolgt ein unmittelbarer Gewinntransfer durch die Organgesellschaft an den Organträger ohne die Gewinnausschüttungsfolgen gem. § 8b Abs. 5 KStG und ohne Einbehalt von Kapitalertragsteuer. 751

Die umsatzsteuerliche Organschaft führt im Wesentlichen zu Verwaltungsvereinfachungen des Organschaftsverbunds.[792] Sämtliche Außenumsätze werden beim Organträger zusammengefasst 752

787 R E 28 Abs. 1 Satz 3 ErbStR 2019.

788 R E 28 Abs. 2 Satz 1 ErbStR 2019.

789 R E 28 Abs. 3 Satz 1 Nr. 3 ErbStR 2019.

790 R E 28 Abs. 3 Satz 4 ErbStR2019.

791 Vgl. zu Vor- und Nachteilen der ertragsteuerlichen Organschaft: *Prinz*, in: Prinz/Witt, Steuerliche Organschaft, 2018, 2. Aufl., Kapitel 1 Rn. 1.64 ff.

792 Vgl. echten Steuervorteilen durch die umsatzsteuerliche Organschaft: *Stöcker*, in: Müller/Stöcker/Lieber, Die Organschaft, 10. Aufl. 2017, Rn. 1151 ff.

und durch diesen gemeldet. Entsprechendes gilt für die Vorsteuerabzugsberechtigung. Innerorganschaftliche Leistungsbeziehungen werden ohne Umsatzsteuer abgewickelt.

II. Körperschaft- und gewerbesteuerliche Organschaft

1. Voraussetzungen

753 Die Voraussetzungen der körperschaftsteuerlichen Organschaft sind in den §§ 14 bis 19 KStG geregelt. Gewerbesteuerlich knüpft das Gesetz gem. § 2 Abs. 2 Satz 2 GewStG an die körperschaftsteuerlichen Voraussetzungen an.

754 Für die ertragsteuerliche Organschaft müssen folgende Voraussetzungen erfüllt sein:
- Organträger kann eine Kapitalgesellschaft, eine Personengesellschaft sowie ein Einzelunternehmen sein,
- Organgesellschaft können ausschließlich Kapitalgesellschaften sein,
- die Organgesellschaft muss in den Organträger finanziell eingegliedert sein, d.h. der Organträger muss die Stimmenrechtsmehrheit in der Organgesellschaft haben,
- zwischen Organträger und Organgesellschaft muss ein Gewinnabführungsvertrag für mindestens fünf Jahre abgeschlossen sein,
- der Gewinnabführungsvertrag muss tatsächlich durchgeführt sein,

755 Eine wirtschaftliche und organisatorische Eingliederung wie bei der umsatzsteuerlichen Organschaft ist nicht erforderlich. Hierzu dient der Gewinnabführungsvertrag.

2. Organträger/Organgesellschaft

756 Als **Organgesellschaften** kommen ausschließlich **Kapitalgesellschaften** in Betracht (§ 14 Abs. 1 Satz 1, § 17 Satz 1 KStG). Die Organgesellschaft muss zumindest ihre Geschäftsleitung im Inland haben. Ein doppelter Inlandsbezug durch Satzungssitz und Geschäftsleitung ist nicht mehr erforderlich. Allerdings muss die Organgesellschaft in diesem Fall ihren Satzungssitz in einem EU- oder EWR-Staat haben. Ein Satzungssitz in einem Drittstaat ist nicht ausreichend.

757 Es ist nicht erforderlich, dass die Organgesellschaft sich tatsächlich gewerblich betätigt.[793] Sie ist kraft Rechtsform ein Gewerbebetrieb.

758 **Organträger** kann eine **natürliche Person**, eine **Personen- oder Kapitalgesellschaft** sein. Voraussetzung ist der Betrieb eines inländischen gewerblichen Unternehmens (§ 14 Abs. 1 Satz 1 Nr. 2 KStG). Ein ausländischer Rechtsträger kommt als Organträger in Betracht, wenn die Voraussetzung der Zugehörigkeit der Beteiligung an der Organgesellschaft zu seiner inländischen Betriebsstätte gem. § 12 AO erfüllt ist, § 14 Abs. 1 Satz 1 Nr. 2 KStG. Voraussetzung ist, dass die Beteiligung an der Organgesellschaft ununterbrochen während der gesamten Dauer der Organschaft einer inländischen Betriebsstätte des Organträgers zugeordnet werden kann. Maßgebend für die Frage, ob eine Betriebsstätte vorliegt, ist grds. § 12 AO. Gem. § 14 Abs. 1 Satz 1 Nr. 2 Satz 7 KStG ist jedoch zusätzlich erforderlich, dass die dieser Betriebsstätte zuzurechnenden Einkünfte sowohl nach innerstaatlichem Steuerrecht als auch nach einem anzuwendenden DBA der inländischen Besteuerung unterliegen.[794]

759 Als Personengesellschaften kommen nur Mitunternehmerschaften i.S.d. § 15 Abs. 1 Satz 1 Nr. 2 EStG in Betracht. Eine gewerbliche Prägung i.S.d. § 15 Abs. 3 Nr. 2 EStG reicht nicht aus. Die Finanzverwaltung lässt aber eine gewerbliche Infizierung gem. § 15 Abs. 3 Nr. 1 EStG zu Recht ausreichen.[795]

793 Vgl. BFH, BStBl. II 1970, 348.

794 Vgl. hierzu *Müller*, in: Mössner/Seeger/Oellerich, KStG, 4. Aufl. 2017, § 14 Rn. 84; *Olbing*, in: Streck, KStG, 9. Aufl. 2018, § 14 Rn. 36 ff.

795 BMF-Schreiben vom 10.11.2005 – IV B 7-S 2770–24/05, BStBl. I 2005, 1038 Tz. 17.

Ein zur Begründung einer Organschaft ausreichender **Gewerbebetrieb** liegt u.E. immer dann vor, wenn steuerliche Einkünfte aus Gewerbebetrieb vorliegen, somit auch in den Fällen des § 8 Abs. 2 KStG, der Betriebsverpachtung oder der Betriebsaufspaltung.[796] Ein Gewerbebetrieb liegt auch dann vor, wenn der Organträger eine geschäftsleitende Holdingfunktion erfüllt. Voraussetzung ist die Lenkung von zumindest zwei abhängigen Unternehmen.[797] 760

3. Sachliche Voraussetzungen

Voraussetzung der Organschaft ist die **finanzielle Eingliederung** der Organgesellschaft in den Organträger. 761

Finanziell ist die Organgesellschaft in den Organträger eingegliedert, wenn er die **Mehrheit der Stimmrechte** aus den Anteilen an der Organgesellschaft innehat. Nicht maßgeblich ist die Höhe der gesellschaftsrechtlichen Beteiligung. Somit können auch Mehrheitsstimmrechte ausschlaggebend sein. Unerheblich ist, ob diese Mehrheit aus unmittelbarer oder mittelbarer Beteiligung resultiert. Die Voraussetzung der finanziellen Eingliederung ist schon dann erfüllt, wenn sich die notwendige Mehrheit der Stimmrechte aus den Anteilen an der Organschaft durch Addition von unmittelbaren und mittelbaren Beteiligungen ergibt. 762

Die Eingliederungsvoraussetzungen müssen vom **Beginn bis zum Ende des Wirtschaftsjahrs** der Organgesellschaft ohne Unterbrechung vorliegen. Nach Auffassung des BFH muss die finanzielle Eingliederung in den ersten fünf Jahren nicht ununterbrochen bestehen.[798] Gesamtrechtsnachfolge beim Organträger führt zu keiner Unterbrechung. Streitig sind die Auswirkungen bei Umwandlungen von Organträgers oder der Organgesellschaft.[799] 763

4. Gewinnabführungsvertrag

Durch den **Gewinnabführungsvertrag** verpflichtet sich die Organgesellschaft, ihren gesamten Gewinn an den Organträger abzuführen. Umgekehrt bedeutet das im Verlustfall, dass dieser vom Organträger zu übernehmen ist. Über § 17 KStG finden die aktienrechtlichen Vorschriften mittelbar Anwendung. Zur steuerlichen Wirksamkeit muss ein Gewinnabführungsvertrag folgende Voraussetzungen erfüllen: 764

Der Vertrag muss bis zum Ende des Wirtschaftsjahrs der Organgesellschaft, für das er erstmals gelten soll, auf mindestens **fünf Jahre** abgeschlossen und wirksam werden. 765

Der Vertrag ist **schriftlich** abzuschließen, da nach § 294 Abs. 1 Satz 2 AktG der Gewinnabführungsvertrag nur dann in das **Handelsregister** eingetragen werden darf, wenn der Vertrag vorgelegt wird. 766

Die **Gewinnabführung** darf den in § 301 AktG genannten Betrag nicht überschreiten (§ 17 Nr. 1 KStG). 767

Die **Verlustübernahmeverpflichtung** gem. § 302 AktG muss dynamisch formuliert sein (§ 17 Satz 2 Nr. 2 KStG). Es muss damit ein Verweis auf § 302 AktG in seiner jeweils gültigen Fassung enthalten sein. Für Altverträge sieht § 34 Abs. 10b Satz 2 KStG eine Übergangsregelung vor. Enthält der Ergebnisabführungsvertrag einen unzutreffenden Verweis auf § 302 AktG, war eine Änderung bis zum 31.12.2014 vorzunehmen. Erfolgte diese und wurde die Verlustübernahme tatsächlich vollzogen, ist die fehlerhafte Formulierung unschädlich. Eine Korrektur war nicht erforderlich, wenn die Organschaft vor dem 1.1.2015 beendet wurde. Gemäß § 34 Abs. 10b Satz 4 KStG stellt die Änderung eines bestehenden Ergebnisabführungsvertrags insoweit keinen Neuabschluss im Hinblick auf die fünfjährige Laufzeit dar. Auch wenn der Ergebnisabführungsvertrag bereits vor 768

796 Vgl. *Olbing*, in: Streck, KStG, 9. Aufl. 2018, § 14 Rn. 30.
797 *Olbing*, in: Streck, KStG, 9. Aufl. 2018, § 14 Rn. 30 ff.
798 Vgl. BFH, BStBl. II 2018, 30.
799 Vgl. ausführlich *Müller*, in: Mössner/Seeger/Oellerich, KStG, 4. Aufl. 2019, § 14 Rn. 391 ff.

Inkrafttreten der Regelung aus § 17 Satz 2 Nr. 2 KStG sowie § 34 Abs. 10b Satz 2 KStG geändert wurde, galt die Übergangsregelung.

769 Der Gewinnabführungsvertrag muss während seiner gesamten Geltungsdauer **durchgeführt** werden. Das bedeutet: Volle Abführung des in § 301 AktG genannten maximalen Abführungsbetrags. Der abhängigen Kapitalgesellschaft ist es allerdings erlaubt, während der Laufzeit des Gewinnabführungsvertrags Beträge in die Gewinnrücklage nach § 272 Abs. 3 HGB einzustellen, soweit dies bei vernünftiger kaufmännischer Beurteilung wirtschaftlich begründet ist (§ 14 Abs. 1 Satz 1 Nr. 4 KStG). Die eingestellten Beträge dürfen i.Rd. Organschaft aufgelöst und als Gewinn an den Organträger abgeführt werden. Eine vorzeitige Beendigung schadet nur dann nicht, wenn wichtige Gründe vorliegen.

Der Gewinnabführungsvertrag muss **zivilrechtlich wirksam** sein.

5. Zivilrechtliche Voraussetzungen

770 **Zuständig** für den Abschluss eines Beherrschungs- und/oder Gewinnabführungsvertrags bei der Organgesellschaft ist der Geschäftsführer.[800]

771 Der Vertrag muss **schriftlich** erfolgen. Er muss jedoch nicht notariell beurkundet werden.[801]

772 Dem Beherrschungs- und/oder Gewinnabführungsvertrag muss die Gesellschafterversammlung der Organgesellschaft durch **Gesellschafterbeschluss** in der Form des § 53 GmbHG zustimmen. Streitig ist, ob eine qualifizierte Mehrheit genügt oder ob Einstimmigkeit erforderlich ist.[802]

773 Ebenso bedürfen die genannten Verträge der **Zustimmung der Gesellschafter des Organträgers.** Dazu ist eine ¾-Mehrheit der abgegebenen Stimmen erforderlich. Der Beschluss bedarf nicht der notariellen Beurkundung.[803]

774 Im **Handelsregister** der Organgesellschaft müssen eingetragen werden: Art des Unternehmensvertrags; Zustimmungsbeschluss der Gesellschafterversammlung der Organgesellschaft; Vertragsabschluss- und Beschlussdatum; Name des Organträgers.

Der Vertrag wird erst mit seiner Eintragung in das Handelsregister **wirksam.**[804]

6. Rechtsfolgen der Organschaft

775 Liegen die Voraussetzungen der Organschaft vor, so ist gem. § 14 Abs. 1 Satz 1 KStG das **Einkommen** der Organgesellschaft, abgesehen von den in § 16 KStG geregelten Ausgleichszahlungen, **dem Organträger zuzurechnen** und bei ihm zu versteuern. Die Zurechnung erfolgt außerhalb der Bilanz.

776 Das Einkommen der Organgesellschaft ist wie folgt zu ermitteln:

Jahresüberschuss bzw. Fehlbetrag laut Handelsbilanz (€ 0,–)	
+/./.	Steuerliche Gewinnkorrekturen, § 60 Abs. 2 EStDV
=	**Steuerbilanzgewinn bzw. Steuerbilanzverlust**
+	(verdeckte) Gewinnausschüttungen
+	nichtabziehbare Ausgaben
./.	Verdeckte Einlagen

800 BGH, NJW 1989, 295 = BB 1989, 19.
801 BGH, NJW 1989, 295 = BB 1989, 19.
802 Vgl. zur Diskussion *Emmerich*, in: Scholz, GmbHG, 11. Aufl. 2012, § 13 Anh. Konzernrecht, Anm. 201 ff.
803 BGH, NJW 1989, 295 = BB 1989, 19.
804 BGH, NJW 1989, 295 = BB 1989, 19.

./.	sonstige steuerfreie Vermögensmehrungen
./.	abziehbare Spenden
=	**Zwischenergebnis**
+	Gewinnabführungsverpflichtung
./.	Verlustübernahmeanspruch
+	Ausgleichszahlungen an außenstehende Gesellschafter
+	204/173 der Ausgleichszahlung (= KSt-Rückstellung)
=	**Einkommen der Organgesellschaft (i.d.R. 0 EUR)**

Das Einkommen des Organträgers ermittelt sich wie folgt: 777

Jahresüberschuss bzw. Fehlbetrag laut Handelsbilanz	
+/./.	steuerliche Gewinnkorrekturen
=	Steuerbilanzgewinn oder -verlust
+	(verdeckte) Gewinnausschüttungen
+	nichtabziehbare Ausgaben
./.	verdeckte Einlagen
./.	Sonstige steuerfreie Vermögensmehrungen
./.	abziehbare Spenden
./.	Anspruch auf Gewinnabführung
+	Verpflichtung zur Verlustübernahme
=	Eigenes Einkommen des Organträgers
+	zuzurechnendes Einkommen der Organgesellschaft
+/./.	Korrekturen nach § 15 KStG
=	**zu versteuerndes Einkommen des Organträgers**

Hieraus resultiert die Möglichkeit eines Verlustausgleichs zwischen Organgesellschaft und Organträger. Weitere Konsequenz ist, dass die Gewinnabführung nicht als Dividende qualifiziert. Dies hat Bedeutung vor dem Hintergrund des § 8b Abs. 5 KStG. 778

Die steuerliche Zurechnung des Einkommens der Organgesellschaft zum Organträger erfolgt unabhängig von der handelsrechtlichen Gewinnabführung. Da die handelsrechtlichen Vorschriften zur Gewinnermittlung von denen zur steuerlichen Einkommensermittlung abweichen, kann der Betrag der Gewinnabführung sowohl höher als auch niedriger als die steuerliche Einkommenszurechnung sein. Auch zwischen handelsrechtlicher Gewinnabführung und steuerbilanziellem Ergebnis sind regelmäßig Unterschiede gegeben. Übersteigt das steuerbilanzielle Ergebnis den abgeführten Gewinn, liegt eine sog. **Minderabführung** vor. Ist der abgeführte Gewinn höher als das zugerechnete steuerbilanzielle Ergebnis, liegt eine sog. **Mehrabführung** vor. 779

Die beiden wichtigsten Anwendungsfälle der Mehr- und Minderabführungen sind in § 14 Abs. 3 und Abs. 4 KStG geregelt. Liegt der Grund in der **vororganschaftlichen Zeit**, findet § 14 Abs. 3 KStG Anwendung. Liegt der Grund in der **organschaftlichen Zeit**, ist § 14 Abs. 4 KStG maßgeblich. 780

Vororganschaftliche Mehrabführungen gelten als Gewinnausschüttungen der Organgesellschaft. Vororganschaftliche Minderabführungen sind als Einlagen des Organträgers bei der Organgesellschaft zu behandeln. 781

Bei organschaftlichen Mehr- oder Minderabführungen sind in der Steuerbilanz des Organträgers besondere aktive bzw. passive Ausgleichsposten zu bilden. Ist der Organträger nicht zu 100 % an der 782

Organgesellschaft beteiligt, bemisst sich die Höhe des Ausgleichspostens an dem Verhältnis der Beteiligung des Organträgers am Nennkapital der Organgesellschaft. Verschiedene Ausgleichsposten bezogen auf die jeweilige Organgesellschaft dürfen saldiert werden. Wird die organschaftliche Mehr- oder Minderabführung zu Zeiten der Organschaft zivilrechtlich ausgeglichen (z.B. die nur handelsrechtlich gebildete Gewinnrücklage wird aufgelöst), ist der ursprünglich gebildete Ausgleichsposten aufzulösen bzw. das aus mehreren Ausgleichsposten gebildete Saldo entsprechend zu korrigieren. Im Übrigen bleibt das Einkommen der Organgesellschaft unkorrigiert. Die Mehr- bzw. Minderabführungen sind vorrangig auf dem steuerlichen Einlagekonto i.S.v. § 27 Abs. 6 KStG zu erfassen. Das Einkommen des Organträgers wird außerhalb der Bilanz korrigiert. Die Gewinnabführung wird wie eine steuerfreie Einnahme abgerechnet. Die Verlustübernahme wird entweder durch einen Passivposten bilanztechnisch neutralisiert oder in der Bilanz überhaupt nicht berücksichtigt.

783 Im Zeitpunkt der Veräußerung der Organbeteiligung sind die dann noch vorhandenen Ausgleichsposten bzw. deren Saldo bei dem Organträger aufzulösen. § 3 Nr. 40 EStG, § 3c Abs. 2 EStG und § 8b KStG sind dabei anzuwenden. Die Finanzverwaltung wendet dabei die Nettomethode an, wonach die Ausgleichsposten mit dem Buchwert der Organgesellschaft zusammenzufassen sind. Hieraus ergibt sich ein höherer bzw. niedrigerer Veräußerungsgewinn, auf den dann erst § 8b KStG bzw. § 3 Nr. 40 und § 3c Abs. 2 EStG anzuwenden sind.[805] Der Veräußerung gleichgestellt sind die Umwandlung der Organgesellschaft auf eine Personengesellschaft oder eine natürliche Person, die verdeckte Einlage der Beteiligung an der Organgesellschaft und die Auflösung der Organgesellschaft.

784 Bei Beendigung der Organschaft ohne Verkauf der Beteiligung an der Organgesellschaft (bzw. ohne den dem Verkauf gleichgestellten Sachverhalten) bleiben die Ausgleichposten erhalten. Erst beim tatsächlichen Verkauf bzw. den gleichgestellten Sachverhalten sind die Ausgleichsposten aufzulösen. Die Finanzverwaltung vertritt zu Unrecht in allen Fällen, in denen die Organschaft durch eine Umwandlung beendet wird, die Ansicht, dass die Ausgleichposten ertragswirksam aufzulösen sind.[806]

III. Umsatzsteuerliche Organschaft

1. Voraussetzungen

785 Nach § 2 Abs. 2 Nr. 2 Satz 1 UStG wird eine gewerbliche oder berufliche Tätigkeit nicht selbstständig ausgeübt, wenn eine juristische Person nach dem Gesamtbild der tatsächlichen Verhältnisse finanziell, wirtschaftlich und organisatorisch in das Unternehmen eines Organträgers eingegliedert ist.[807]

786 **Finanzielle Eingliederung** erfordert den Besitz der entscheidenden Anteilsmehrheit an der Organgesellschaft. **Wirtschaftliche Eingliederung** erfordert eine i.R.d. Gesamtunternehmens wirtschaftliche, fördernde und ergänzende Tätigkeit der Organgesellschaft. Für die **organisatorische Eingliederung** muss der Organträger durch organisatorische Maßnahmen sicherstellen, dass in der Organgesellschaft sein unternehmerischer Wille durchgesetzt und ausgeführt wird.

787 Für die Begründung einer umsatzsteuerlichen Organschaft ist es nicht erforderlich, dass alle drei Eingliederungsmerkmale (finanziell, wirtschaftlich, organisatorisch) gleichermaßen ausgeprägt sind.[808] Sie soll deshalb auch dann gegeben sein, wenn die Eingliederung auf einem dieser drei Gebiete nicht vollständig, dafür aber auf anderen Gebieten umso eindeutiger ist, so dass sich die Eingliederung aus dem **Gesamtbild der tatsächlichen Verhältnisse** ergibt.[809] Keines der drei

805 Vgl. R 14.8 Abs. 3 Sätze 3 ff. KStR (2015).

806 Vgl. Tz. Org 05 bis 08, 16, 17, 21, 22, 24 UmwSt-Erlass 2011, BStBl. I 2011, 1314; a.A. *Olbing*, in: Streck, KStG 9. Aufl. 2018, § 14 Rn. 145: In § 14 Abs. 4 KStG sind nicht alle, sondern nur einzelne Umwandlungsvorgänge dem Verkauf gleichgestellt.

807 Vgl. insgesamt zur umsatzsteuerlichen Organschaft: Abschn. 2.8 UStAE n.F. Die Verwaltungsgrundsätze wurden mit BMF-Schreiben vom 26.5.2017, BStBl. I 2017, 790 geändert.

808 Abschn. 2.8 Abs. 1 Satz 2 UStAE.

809 Abschn. 2.8 Abs. 1 Satz 3 UStAE unter Berufung auf BFH, BStBl. III 1964, 364; und BFH, BStBl. III 1967, 715.

Eingliederungsmerkmale ist aber vollständig verzichtbar. Maßgebend für die Beurteilung der umsatzsteuerlichen Organschaft sind stets die Gegebenheiten im Zeitpunkt der Umsatzerbringung. Eine rück-wirkende Organschaft ist umsatzsteuerlich nicht möglich.

Im Gegensatz zur ertragsteuerlichen Organschaft bedarf es keines Abschlusses eines Gewinnabführungsvertrags. Die umsatzsteuerliche Organschaft besteht ab dem Zeitpunkt, ab dem die Voraussetzungen des § 2 Abs. 2 Nr. 2 Satz 1 UStG (finanzielle, wirtschaftliche und organisatorische Eingliederung) erfüllt sind. Nach der Rechtsprechung besteht **kein Wahlrecht** bezüglich der umsatzsteuerlichen Organschaft.[810] Es besteht daher die Gefahr einer ungewollten und unerkannten Organschaft. 788

Nach Auffassung des BFH endet die Organschaft **spätestens mit der Bestellung eines** vorläufigen Insolvenzverwalters **mit allgemeinem Zustimmungsvorbehalt für die Organgesellschaft.**[811] Mit **Urteil vom 15.12.2016** hat der BFH insoweit noch ergänzt, dass auch mit der Insolvenzeröffnung über das Vermögen des Organträgers oder der Organgesellschaft die Organschaft endet.[812] Die Bestellung eines Sachwalters im Rahmen der Eigenverwaltung nach §§ 270 ff. InsO endet hieran nichts.[813] 789

2. Wirtschaftliche Eingliederung

Voraussetzung für die wirtschaftliche Eingliederung ist nach ständiger Rechtsprechung des BFH, dass die Organgesellschaft nach dem Willen des Organträgers in engem wirtschaftlichem Zusammenhang mit diesem wirtschaftlich tätig ist.[814] Das Vorliegen einer wirtschaftlichen Eingliederung ist in der Praxis vielgestaltig. 790

Eine wirtschaftliche Zweckabhängigkeit der Organgesellschaft ist hierfür nicht erforderlich. Es reicht ein vernünftiger wirtschaftlicher Zusammenhang im Sinne einer wirtschaftlichen Einheit, Kooperation oder Verflechtung.[815] 791

Bei entsprechend deutlicher Ausprägung der organisatorischen und finanziellen Eingliederung kann die wirtschaftliche Eingliederung bereits vorliegen, wenn zwischen Organträger und Organgesellschaft mehr als nur unerhebliche wirtschaftliche Beziehungen bestehen.[816] Eine Abhängigkeit muss dann nicht zu bestehen.[817] 792

Die wirtschaftliche Eingliederung muss nicht zwingend aufgrund unmittelbarer Beziehungen zum Organträger bestehen, sondern kann sich auch aus einer Verflechtung zwischen den Unternehmensbereichen unterschiedlicher Organgesellschaften ergeben.[818] 793

Die Überlassung wesentlicher Betriebsgrundlagen i.R.e. ertragsteuerlichen Betriebs kann ein maßgebliches Merkmal der wirtschaftlichen Eingliederung darstellen.[819] 794

3. Organisatorische Eingliederung

Nach der BFH-Rechtsprechung setzt die organisatorische Eingliederung voraus, dass der Organträger eine von seinem Willen **abweichende Willensbildung** in der Organgesellschaft **verhindern** 795

810 BFH, BStBl. II 2009, 256.
811 BFH, DB 2016, 2944; BFHE 242, 433.
812 BFH, BStBl. II 2017, 600.
813 BFH, BStBl. II 2017, 600.
814 Vgl. BFH, BStBl. III 715; BStBl. II 1990, 24; BStBl. II 1994, 129; BStBl. II 2004, 434; BFH/NV 2010, 1312.
815 Vgl. BFH, BFH/NV 2007, 281; BStBl. II 2010, 863; BFH/NV 2010, 8.
816 Vgl. BFH, BStBl. II 2009, 256.
817 Vgl. BFH, BStBl. II 2004, 434.
818 Vgl. BFH, BStBl. II 2010, 863.
819 Vgl. ausführlich zur Betriebsaufspaltung und wirtschaftlichen Eingliederung: *Stöcker*, in: Müller/Stöcker/Lieber, Die Organschaft, 10. Aufl. 2017, Rn. 1339 ff.

kann.[820] Nach Auffassung des BFH muss sichergestellt sein, dass eine vom Willen des Organträgers abweichende Willensbildung **schlechthin nicht möglich** ist.[821]

796 Die organisatorische Eingliederung kann sich insbesondere bei einer **Personenidentität** in den **Leitungsgremien** ergeben.[822] Der BFH hat allerdings die Eingliederung in der praxisrelevanten Fallkonstellation verneint, in der die **Organgesellschaft über zwei Geschäftsführer** verfügte. Im Hinblick auf eine für beide Geschäftsführer bestehende **Einzelvertretungsbefugnis** verneinte der BFH die organisatorische Eingliederung.

797 Allerdings hat der BFH sodann in seiner Entscheidung vom 20.8.2009[823] bereits angedeutet und nachfolgend mit Urteilen vom 28.10.2010[824] und 7.7.2011[825] endgültig klargestellt, dass die organisatorische Eingliederung auch durch **leitende Mitarbeiter** des Organträgers in der Geschäftsführung der Organgesellschaft hergeleitet werden kann. Denn der Organträger kann über seine leitenden Mitarbeiter dieselben Einflussmöglichkeiten auf die Geschäftsführung der Organgesellschaft ausüben, wie bei einer personellen Verflechtung über die Geschäftsführung.[826] Nicht für ausreichend erachtete es der BFH, wenn der leitende Mitarbeiter nur **Prokurist** der Tochter ist.[827]

798 Verneint wurde die organisatorische Eingliederung bei einem Geschäftsführer, der zugleich **Gründungs- und Minderheitsgesellschafter** (49 %) der Muttergesellschaft ist.[828] Die dortige Geschäftsführung wurde ebenso wenig für ausreichend erachtet wie die zeitweise Bestellung zum Prokuristen des Mehrheitsgesellschafters.[829] Ebenso nicht ausreichend soll es sein, wenn die **Gesellschafterversammlung** und der **Beirat** der Tochter ausschließlich mit Mitgliedern des Mehrheitsgesellschafters besetzt sind, vertragliche Bedingungen den Mehrheitsgesellschaftern »umfangreiche Beherrschungsmöglichkeiten« geben und **gemeinsame Büroräume** genutzt werden.[830]

799 Die Finanzverwaltung hat mit BMF-Schreiben vom 7.3.2013[831] die Anforderungen an die organisatorische Eingliederung konkretisiert und **Abschn. 2.8 UStAE** in **Abs.** 7 neu gefasst und um die **Absätze 8–11** ergänzt. Mit BMF-Schreiben vom 11.12.2013 wurde die dort niedergelegte Übergangsregelung bis zum 31.12.2014 verlängert. Mit BMF-Schreiben vom 5.5.2014 hat die Finanzverwaltung **Abschnitt 2.8 Abs. 9 UStAE** dahingehend ergänzt, dass das Abhängigkeitsverhältnis nicht nur bei leitenden, sondern bei **allen Mitarbeitern** des Organträgers bestehen kann.[832] Ferner wurden die Verwaltungsanweisungen im Hinblick auf die organisatorische Eingliederung in **Beteiligungsketten** sowie in **Beherrschungs- und Eingliederungsfällen** ergänzt und mit Beispielen versehen.

800 Für **bis zum 31.12.2014** ausgeführte Umsätze beanstandet es die Verwaltung nicht, wenn sich Steuerpflichtige auf die bis zum 4.5.2014 geltende Fassung berufen.[833]

801 Im Hinblick auf das **EuGH-Urteil vom 16.7.2015** mussten die Rechtsprechung des BFH und die Anforderungen der Finanzverwaltung überdacht werden: Die einschränkenden Urteile des BFH basierten auf der Annahme, dass zwischen Organträger und Organgesellschaft ein Über- und

---

820 BFH, BStBl. II 2008, 451.
821 BFH, BStBl. II 2008, 453; s. auch BFH, BStBl. II 1997, 580, jeweils m.w.N.
822 Abschn. 2.8 Abs. 7 Satz 2 UStAE.
823 BStBl. II 2010, 863.
824 BStBl. II 2011, 391.
825 BStBl. II 2013, 218.
826 Vgl. BFH, BStBl. II 2010, 863; ebenso FG München, EFG 2010, 1270, rkr.
827 BFH, BStBl. II 2011, 391.
828 BFH, BFH/NV 2011, 1978; s. auch die Vorinstanz: FG Sachsen-Anhalt, EFG 2011, 586.
829 BFH, BFH/NV 2011, 1978.
830 BFH, BStBl. II 2011, 391.
831 BStBl. I 2013, 333.
832 BMF-Schreiben vom 5.5.2014, BStBl. I 2014, 820.
833 BMF-Schreiben vom 5.5.2014, BStBl. I 2014, 820. Auch die Anwendung der Übergangsregelung des BMF-Schreibens vom 7.3.2013 i.d.F. des BMF-Schreibens vom 11.12.2013 bleibt unberührt.

Unterordnungsverhältnis besteht. So hat der BFH noch mit Urteil vom 8.8.2013 entschieden, dass der Organträger in der Lage sein muss, seinen Willen in der Organgesellschaft durchzusetzen.[834] Dies ist u.E. nach dem **EuGH-Urteil vom 16.7.2015**[835] nicht mehr haltbar. Die Finanzverwaltung hatte die Veröffentlichung des BFH-Urteils vom 8.8.2013 und dessen allgemeine Anwendung über den entschiedenen Einzelfall bis auf weiteres zwar zurückgestellt.[836] Da aber im Übrigen von einer Beherrschungsmöglichkeit des Organträgers auch in den Verwaltungsrichtlinien ausgegangen wird bzw. zumindest gefordert wird, »dass eine vom Willen des Organträgers abweichende Willensbildung bei der Organtochter nicht stattfindet«[837], standen insoweit jetzt auch die Verwaltungsrichtlinien auf dem Prüfstand. Eine bloße »enge Verbindung« muss auch im Rahmen der organisatorischen Eingliederung ausreichend sein.

Trotz der vorstehenden EuGH-Rechtsprechung hat zumindest der **V. Senat des BFH** an dem Erfordernis der **Über- und Unterordnung festgehalten.**[838] Insbesondere bleibt der V. Senat dabei, dass für die organisatorische Eingliederung grundsätzlich eine Personenidentität in den Geschäftsführungsorgangen bestehen soll.[839] Die personelle Verpflichtung der Geschäftsführung sei »im Regelfall« zwingend.[840] Ausnahmen seien allenfalls bei »institutionell abgesicherten, unmittelbaren Eingriffsmöglichkeiten in den Kernbereich der laufenden Geschäftsführung« möglich.[841] Bloße Weisungsrechte, Berichtspflichten oder ein Zustimmungsvorbehalt zu Gunsten der Gesellschafterversammlung seien nicht ausreichend.[842] 802

Gegen diese Anforderungen bestehen aus Sicht des V. Senats auch keine EU-rechtlichen Bedenken. Denn das Erfordernis einer Durchgriffsmöglichkeit diene insbesondere der rechtssicheren Bestimmung der Eingliederungsvoraussetzungen, der Verwaltungsvereinfachung und der Missbrauchsvorbeugung. Denn bei der Auslegung der Eingliederungsvoraussetzungen sei auch der mit der Organschaft verfolgte Vereinfachungszweck zu berücksichtigen. Dies erfordere, dass die Organschaft auch für den Organträger als Steuerschuldner für die organschaftlich zusammengefassten Unternehmen einfach anzuwenden ist. Dem Organträger müsse es aufgrund der Eingliederung möglich sein, die Verantwortung für die Umsatztätigkeit der mit ihm verbundenen juristischen Personen zu übernehmen. Daher setze die Eingliederung nach § 2 Abs. 2 Nr. 2 UStG **Durchgriffsmöglichkeiten** voraus, aufgrund derer der Organträger die für die Abgabe der Steueranmeldungen und Steuererklärungen notwendigen Informationsansprüche wie auch die zur Erfüllung von Steueransprüchen notwendigen Ausgleichsansprüche gegen die Organgesellschaft durchsetzen kann.[843] 803

Das Festhalten des V. Senats an seiner Rechtsprechung ist u.E. mit den EuGH-Vorgaben unvereinbar.[844] Leider hat auch der **XI. Senat des BFH** – der in seiner EuGH-Vorlage vom 11.12.2013 erhebliche Zweifel an dem Erfordernis des Über- und Unterordnungsverhältnisses äußerte – die Rechtsprechung des V. Senats im Ergebnis bestätigt. In einer ersten **Entscheidung vom 19.1.2016** hat der XI. Senat dies ausdrücklich offen gelassen.[845] Mit seinem **Urteil vom 12.10.2016** hat er ebenfalls das Kriterium der Personenidentität bemüht und lediglich noch einmal klargestellt, dass bei fehlender Identität »institutionell abgesicherte Eingriffsmöglichkeiten« ausreichen können.[846] 804

834 BFH, BFH/NV 2013, 1747.
835 EuGH, UR 2015, 671.
836 BMF-Schreiben vom 5.5.2014, BStBl. I 2014, 820.
837 Abschnitt 2.8 Abs. 7 Satz 2 UStAE im Anschluss an BFH, BStBl. II 2008, 451 und BStBl. II 2008, 905.
838 BFH, BFH/NV 2016, 506.
839 BFH, BFH/NV 2016, 506 Rn. 42.
840 BFH, BFH/NV 2016, 506 Rn. 43.
841 BFH, BFH/NV 2016, 506 Rn. 43; BStBl. II 2008, 905.
842 BFH, BFH/NV 2016, 506 Rn. 43; BStBl. II 2013, 218.
843 BFH, BFH/NV 2016, 506.
844 Ebenso *Korf*, MwStR 2016, 257.
845 BFH, DStR 2016, 588, 597, Rz. 104.
846 BFH, BStBl. II 2017, 597.

805 Mit **Urteil vom 10.5.2017** hat der V. Senat noch einmal klargestellt, dass ein **Beherrschungsvertrag** gem. § 291 AktG die organisatorische Eingliederung gewährleistet.[847]

805.1 Die Finanzverwaltung hat die Grundsätze der Rechtsprechung inzwischen durch BMF-Schreiben vom 26.5.2017, BStBl. I 2017, 790 nachvollzogen.

4. Finanzielle Eingliederung

806 Unter der finanziellen Eingliederung ist der Besitz der **entscheidenden Anteilsmehrheit** an der Organgesellschaft zu verstehen, die es dem Organträger ermöglicht, durch Mehrheitsbeschlüsse seinen Willen in der Organgesellschaft durchzusetzen. Entsprechen die Beteiligungsverhältnisse den Stimmrechtsverhältnissen, ist die finanzielle Eingliederung gegeben, wenn die Beteiligung mehr als 50 % beträgt, sofern keine höhere qualifizierte Mehrheit für die Beschlussfassung in der Organgesellschaft erforderlich ist.[848]

807 Nach der früheren Rechtsprechung des BFH und der Verwaltungspraxis konnte eine juristische Person in das Unternehmen einer Personengesellschaft finanziell eingegliedert sein, wenn sich die Mehrheit der Stimmrechte in beiden Gesellschaften in der Hand **desselben Gesellschafters** oder in den Händen **derselben Gesellschafter-Gruppe** befindet.[849] Mit seiner Entscheidung vom 22.4.2010[850] hat der BFH diese **Rechtsprechung geändert**: Nach nunmehriger Auffassung des BFH ist eine GmbH nicht finanziell in eine Personengesellschaft eingegliedert, wenn mehrere Gesellschafter nur gemeinsam über die Anteilsmehrheit an den Gesellschaften verfügen. Nach Auffassung des BFH fehlt es insoweit an dem für eine Organschaft aus seiner Sicht erforderlichen Über-/Unterordnungsverhältnis. In zwei weiteren Entscheidungen hat der BFH sodann entschieden, dass eine GmbH auch nicht über zwei gemeinsame Gesellschafter mittelbar finanziell in eine GbR eingegliedert sein kann.[851]

808 Hatte der V. Senat in seiner Entscheidung vom 22.4.2010 noch offengelassen, was im Fall von Stimmbindungsverträgen oder **Beherrschungsverträgen** gelten würde, hat nachfolgend der XI. Senat – mit Zustimmung des V. Senats – in seiner Entscheidung vom 1.12.2010 hinsichtlich eines Ergebnisabführungsvertrags mit Verlustübernahmeverpflichtung die finanzielle Eingliederung bei Schwestergesellschaften verneint.[852]

809 Die umsatzsteuerliche Organschaft ist damit endgültig **von der ertragsteuerlichen Betriebsaufspaltung abgetrennt.**[853] Die **Finanzverwaltung** hat die BFH-Rechtsprechung in **Abschn. 2.8 Abs. 5 Satz 3–9 UStAE** umgesetzt:

810 Auch diese Beschränkungen sind uE im Hinblick auf das **EuGH-Urteil vom 16.7.2015** (s.o. I.11.)[854] nicht mehr haltbar. Denn auch das Erfordernis der unmittelbaren Anteilsmehrheit basierte auf der – jetzt überholten – Sichtweise, dass für die Organschaft nach deutschem Umsatzsteuerrecht ein Über-/Unterordnungsverhältnis zwischen Organträger und Organgesellschaft erforderlich ist. Genau diesem Kriterium hat der EuGH aber mit seinem Urteil vom 16.7.2015 eine Absage erteilt.

---

847 BFH, BFH/NV 2017, 1292.

848 Abschn. 2.8 Abs. 5 UStAE; vgl. auch BFH, BStBl. II 2011, 600.

849 BFH, BFH/NV 1999, 1136; BStBl. II 2002, 167; BFH/NV 2002, 223; s. auch Abschn. 21 Abs. 4 Satz 8 UStR.

850 BStBl. II 2011, 597.

851 BFH, BFH/NV 2011, 79; BFH/NV 2011, 76.

852 BFH, BStBl. II 2011, 600.

853 Zu umfangreichen Diskussionen in der Literatur zu den Auswirkungen der Entscheidung s. *Jacobs*, NWB 2010, 2524 ff.; *Behrens*, BB 2010, 2349 ff.; *Korf*, UR 2010, 583 ff.; *Dehmer*, DStR 2010, 1701 ff.; *Thietz-Bartram*, DB 2011, 1077; *Gotthardt/Boor*, DStR 2011, 1118. Zur Organschaft bei Beteiligungsketten s. *Behrens/Braun*, UVR 2010, 215.

854 EuGH, UR 2015, 671.

Gleichwohl hat der V. Senat **des BFH in seinen** Urteilen vom 2.12.2015[855] und 24.8.2016[856] **an dem Erfordernis einer Mehrheitsbeteiligung des Organträgers an der Tochtergesellschaft** festgehalten. **Eine Organschaft zwischen** Schwestergesellschaften **hält der BFH damit weiterhin für ausgeschlossen.** 811

5. Einbeziehung von Nichtunternehmern in eine Organschaft

Nach **bisheriger Rechtsprechung und Verwaltungspraxis** setzt die umsatzsteuerliche Organschaft voraus, dass sowohl Organträger auch als Organgesellschaften für sich genommen die umsatzsteuerrechtliche **Unternehmereigenschaft** erfüllen.[857] 812

Diese Rechtslage stand nach dem **EuGH-Urteil vom 9.4.2013 »Kommission/Irland«** auf dem Prüfstand:[858] Demnach können auch Nichtunternehmer Mitglied einer Mehrwertsteuergruppe i.S.v. Art. 11 MwStSystRL sein. Nach Ansicht des EuGH besteht insoweit für eine enge Auslegung des Art. 11 MwStSystRL kein Anlass. Vielmehr genüge es, wenn die eng verbundenen Personen nicht jeweils für sich, sondern erst gemeinsam die Voraussetzungen des Unternehmerbegriffs erfüllen.[859] 813

Der EuGH-Entscheidung lag ein Vertragsverletzungsverfahren gegen Irland zugrunde, da das irische Umsatzsteuerrecht eine Regelung enthielt, wonach auch Nichtsteuerpflichtige Mitglied einer Mehrwertsteuergruppe sein konnten. Aus der Sicht des EuGH war dies aber nicht zu beanstanden. Dementsprechend hat der **EuGH** auch in fünf **weiteren Urteilen vom 25.4.2013** zugunsten der übrigen Mitgliedstaaten entschieden, deren nationale Umsatzsteuergesetze vergleichbare Regelungen enthalten.[860] 814

Für das deutsche Organschaftsrecht ergab sich nunmehr die Frage, inwieweit **§ 2 Abs. 2 Nr. 2 UStG** möglicherweise EU-rechtswidrig ist oder einer weiten **richtlinienkonformen** Auslegung bedarf. Bislang hat die nationale Rechtsprechung eine Einbeziehung Nichtsteuerpflichtiger in den Organkreis strikt abgelehnt. Die Finanzverwaltung hat lediglich für den Sonderfall der **nicht unternehmerischen Zwischenholding** die finanzielle Eingliederung von Enkelgesellschaften über eine nicht unternehmerische Tochtergesellschaft des Organträgers ermöglicht, Abschn. 2.8 Abs. 5b Satz 2 UStAE. Doch auch in diesem Fall wird nur den unternehmerisch tätigen Enkelgesellschaften, nicht aber den nicht unternehmerisch tätigen Tochtergesellschaften die Mitgliedschaft im Organkreis ermöglicht, Abschn. 2.8 Abs. 5b Satz 3 UStAE. 815

In der Literatur wird mit guten Gründen die EU-Rechtswidrigkeit der deutschen Regelung vertreten.[861] Dies gilt insbesondere für Einbeziehung von nicht unternehmerisch tätigen **Holdinggesellschaften** in den Organkreis. 816

Bei der Regelung des Art. 11 Abs. 1 MwStSystRL handelt es sich lediglich um eine **Kann-Bestimmung.** Deutschland ist also nicht verpflichtet, umsatzsteuerliche Organschaften zu ermöglichen. Ob dieses Wahlrecht des nationalen Gesetzgebers nur das »Ob« der Organschaft oder auch das »Wie« in den Anforderungen und einzelnen Ausprägungen mit einschließt,[862] ist streitig. 817

855 BFH, BFH/NV 2016, 506.
856 BFH, DB 2016, 2944.
857 S. z.B. BFH, BStBl. II 2009, 256; BStBl. II 1974, 311; Abschn. 2.8 Abs. 1 Satz 5 und Abs. 2 Satz 2 UStAE.
858 Rs. C-85/11 »Kommission/Irland«, DStR 2013, 806.
859 EuGH vom 9.4.2013 Rs. C-85/11 »Kommission/Irland«, DStR 2013, 806.
860 EuGH-Urteile vom 25.4.2013 Rs. C-109/11 »Kommission/Tschechische Republik«, Rs. C-95/11 »Kommission/Dänemark«, Rs. C-74/11 »Kommission/Finnland«, Rs. C-65/11 »Kommission/Niederlande«, Rs. C-86/11 »Kommission/Vereinigtes Königreich«, Rs. C-480/10 »Kommission/Schweden«, BFH/NV 2013, 1212.
861 S. z.B. *Küffner/Streit*, UR 2013, 401.
862 Hiergegen mit guten Gründen *Küffner/Streit*, UR 2013, 401, 403.

818 Die Finanzverwaltung hat hierzu mit BMF-Schreiben vom 5.5.2014 »erwartungsgemäß« die Auffassung vertreten, dass aufgrund des Wahlrechts der Mitgliedstaaten die Einbeziehung von Nichtunternehmern nicht verpflichtend ist.[863]

819 Der **EuGH** hat hierzu in seinem **Urteil vom 16.7.2015**[864] festgestellt, dass
- Art. 11 Abs. 1 den Mitgliedstaaten **nicht** die Möglichkeit eröffnet, den Wirtschaftsteilnehmern weitere Bedingungen für die Bildung einer Mehrwertsteuergruppe aufzubürden und
- Art. 11 Abs. 2 MwSystRL es nur den Mitgliedstaaten ermöglicht, die erforderlichen Maßnahmen zur Verhinderung von Steuerhinterziehungen und Steuerumgehungen zu treffen.

820 Der **V. Senat des BFH** hat dennoch in seinem **Urteil vom 2.12.2015** die Einbeziehung von Nichtunternehmern in den Organkreis **verneint.**[865] Die Beschränkung der Organschaft auf Unternehmer bewirke, dass die Organschaft nicht entgegen ihrem Vereinfachungszweck als reines steuerliches Gestaltungsinstrument zur Vermeidung nicht abziehbarer Vorsteuerbeträge in Anspruch genommen werden könne.[866] Der Ausschluss von Nichtunternehmern sei daher von der nationalen Befugnis Deutschlands gedeckt, zur Vermeidung von Missbräuchen die Organschaft an ergänzende Voraussetzungen zu knüpfen.[867]

821 Die Begründung überzeugt u.E. nicht. Auch der **XI. Senat** des BFH hat in seinen **Urteilen vom 1.6.2016**[868] **und 10.8.2016**[869] offen gelassen, ob er dieser Begründung folgt. Im **Urteil vom 10.8.2016** hat aber auch der XI. Senat bestätigt, dass eine Berufungsmöglichkeit auf das EU-Recht nicht bestehe und das nationale Recht aufgrund des eindeutigen Gesetzeswortlauts nicht richtlinienkonform ausgelegt werden könne.

6. Einbeziehung von Personengesellschaften

822 Personengesellschaften waren nach bisheriger Rechtsprechungs- und **Verwaltungsauffassung keine tauglichen Organgesellschaften.**

823 Diese herkömmliche Auffassung war **auf den Prüfstand** geraten: Denn gemäß **Art. 11 MwStSystRL** kann jeder Mitgliedstaat in seinem Gebiet ansässige Personen, die zwar rechtlich unabhängig, aber durch gegenseitige finanzielle, wirtschaftliche und organisatorische Beziehungen eng miteinander verbunden sind, zusammen als einen Steuerpflichtigen behandeln. Anders als im deutschen Recht ist die Organgesellschaft nach Art. 11 Abs. 1 MwStSystRL nicht auf eine bestimmte Rechtsform festgelegt.

824 Nach ständiger Rechtsprechung des EuGH lässt es der in der MwStSystRL verankerte Grundsatz der **Rechtsformneutralität** nicht zu, dass Wirtschaftsteilnehmer, die gleichartige Umsätze tätigen und deshalb miteinander in Wettbewerb stehen, bei der Erhebung der Mehrwertsteuer unterschiedlich behandelt werden.[870] Der Grundsatz der Rechtsformneutralität verlangt, dass die Rechtsform des Steuerpflichtigen für eine Steuerbefreiung von Umsätzen grundsätzlich unerheblich ist.[871] Konkret in Bezug auf die Organschaft hat der EuGH in einem Obiter Dictum im Jahr 2000 bereits angedeutet, dass das gemeinschaftsrechtliche Gebot der Rechtsformneutralität national umgesetzt werden

---

863 BMF-Schreiben vom 5.5.2014, BStBl. I 2014, 820.
864 EuGH, UR 2015, 671.
865 BFH, BFH/NV 2016, 511.
866 BFH, BFH/NV 2016, 511, Rn. 35.
867 BFH,BFH/NV 2016, 511, Rn. 30 ff.
868 BFH, BFH/NV 2016, 1410.
869 BFH, DStR 2016, 2959.
870 EuGH vom 28.6.2007 Rs. C-363/05 »JP Morgan Fleming Claverhouse Investment Trust and The Association of Investment Trust Companies«, BStBl. II 2010, 573; Rs. C-382/02 vom 16.9.2004 »Cimber Air«, BFH/NV 2005, Beil. 1, 9; Rs. C-280/04 vom 8.12.2005 »Jyske Finans«, BFH/NV 2006, Beil. 2, 131.
871 EuGH vom 6.11.2003 Rs. C-45/01 »Dornier«, BFH/NV 2004, Beil. 1, 40; Rs. C-141/00 vom 10.9.2002 »Kügler«, BFH/NV 2003, Beil. 1, 30.

muss und auch Personengesellschaften als Organgesellschaften zuzulassen sind. In dem zitierten Urteil konnte die Entscheidung dieser Frage allerdings offenbleiben, da es auf sie nicht ankam.[872]

Mit **Urteil vom 13.3.2013** hat das **FG München** dementsprechend die Einbeziehung von Personengesellschaften in den Organkreis **bejaht.**[873] 825

Mit seinen **Vorlagebeschlüssen vom 11.12.2013** hatte der XI. Senat des BFH dem EUGH sodann die Frage vorgelegt, ob die Bestimmung des (früheren) Art. 4 Abs. 4 Unterabs. 2 der Richtlinie 77/388/EWG (jetzt: Art. 11 MwSystRL) einer nationalen Regelung entgegensteht, nach der nur eine juristische Person – nicht aber eine Personengesellschaft – in das Unternehmen eines anderen Steuerpflichtigen (Organträger) eingegliedert werden kann.[874] 826

Mit **Urteil vom 16.7.2015** hat der **EuGH** die Einbeziehung der Personengesellschaft in den Organkreis **bestätigt.**[875] Allerdings hat der EuGH insoweit das unmittelbare **Berufungsrecht** des Steuerpflichtigen auf die MwStSystRL **verneint**, so dass auch hierzu nunmehr Gesetzgeber und die Verwaltungsrichtlinien gefordert sind. 827

Sowohl der V. Senat[876] als auch der XI. Senat[877] haben in ihren Urteilen vom 2.12.2015 und 1.6.2016 die grundsätzliche Einbeziehung der Personengesellschaft in einen Organkreis bejaht. 828

Der V. Senat hat hierzu die ergänzende Voraussetzung aufgestellt, dass Gesellschafter der Personengesellschaft nur der Organträger und andere vom Organträger finanziell beherrschte Gesellschaften **sind.**[878] Nach Auffassung des BFH ist nur so eine einfache und rechtssichere Entscheidung über die Beherrschungsverhältnisse der Organschaft möglich. **Der** XI. Senat **hat dies in seiner Folgeentscheidung vom 1.6.2016 ebenfalls** offengelassen.[879] 829

Die Finanzverwaltung hat die grds. Einbeziehung von Personengesellschaften inzwischen anerkannt, wenn die finanzielle Eingliederung wie bei einer juristischen Person zu bejahen ist, vgl. Abschn. 2.8 Abs. 2 Satz 5 und Abs. 5a UStAE. 829.1

7. Rechtsfolgen

Umsatzsteuerlich sind Organgesellschaften **unselbständige Teile** des jeweiligen Organträgers (Einheitstheorie). Dies resultiert aus § 2 Abs. 1 Satz 1 UStG, der für die Unternehmereigenschaft eine selbständige Ausübung einer gewerblichen oder beruflichen Tätigkeit fordert. Diese ist aufgrund des Abhängigkeitsverhältnisses der Organträger bei der Organgesellschaft nicht gegeben. 830

Der **Organträger** übernimmt im Rahmen seiner Veranlagung die Umsatzsteuer sowie die Vorsteuerbeträge der Organgesellschaften. Die sich für die Organgesellschaften ergebenden Salden werden diesen belastet oder gutgeschrieben. 831

Für steuerpflichtige Außenumsätze des Organträgers stellt diese selbst die Rechnungen aus. In der Rechnung können die Firma und die Anschrift der Organgesellschaft angegeben werden.[880] Verwendet die Organgesellschaft in ihrer Rechnung eine Umsatzsteueridentifikationsnummer, kann sie zwischen ihrer eigenen oder der dem Organträger erteilten Nummer wählen.[881] Verwendet sie eine Steuernummer, muss dies zwingend die des Organträgers sein. 832

---

872 EuGH, IStR 2000, 119; vgl. auch *Birkenfeld*, UR 2008, 2, 3 f.; *Hahne*, DStR 2008, 910 ff.
873 FG München, DStR 2013, 1471 ff.; aufgehoben durch BFH, BStBl. II 2017, 547.
874 BFH, BStBl. II 2014, 417 und 428.
875 EuGH, UR 2015, 671.
876 BFH, BStBl. II 2017, 547.
877 BFH, BFH/NV 2016, 1410.
878 BFH, BStBl. II 2017, 547.
879 BFH, BFH/NV 2016, 1410.
880 UstAE 14.5 Abs. 4.
881 UStAE 14.5 Abs. 7.

833 **Leistungen zwischen Organträger und Organgesellschaft** sind nicht steuerbare Innenumsätze, da keine Leistungen an einen anderen Unternehmer erfolgen. Dies gilt nur innerdeutsch.

834 § 14c UStG findet keine Anwendung, dh. die Organgesellschaft darf Rechnungen mit Umsatzsteuerausweis erteilen, obwohl ihr die Unternehmereigenschaft nicht zukommt. Insoweit wird ihr die Unternehmereigenschaft des Organträgers zugerechnet. Der Organträger hingegen kann umgekehrt die Vorsteuer aus den Eingangsrechnungen der Organgesellschaft geltend machen, obwohl er nicht als Rechnungsempfänger ausgewiesen wird.

835 Auch umsatzsteuerlich haftet die Organgesellschaft für Umsatzsteuerschulden des Organträgers gemäß § 73 AO.

I. Sondertatbestände der Besteuerung

I. Betriebsaufspaltung

1. Begriff und Voraussetzungen

836 Bei der Betriebsaufspaltung wird das Unternehmen in einen **aktiven Teil und in einen passiven Teil** geteilt. Der aktive Teil (**Betriebsgesellschaft**) führt das Unternehmen, der passive Teil (**Besitzunternehmen**) verwaltet die wesentlichen Betriebsgrundlagen, idR das Betriebsgrundstück, und verpachtet es an die Betriebsgesellschaft.

837 **Typische Erscheinungsformen** der Betriebsaufspaltung:
- **Grundform:**
  Betriebsgesellschaft: GmbH
  Besitzunternehmen: Einzelperson, GbR, OHG oder KG,
- **Mitunternehmerische Betriebsaufspaltung:**
  Betriebsgesellschaft: Personengesellschaft (OHG, KG, GmbH & Co. KG)
  Besitzunternehmen: Einzelperson, GbR, OHG oder KG,
- **Kapitalistische Betriebsaufspaltung:**
  Betriebsgesellschaft: GmbH
  Besitzunternehmen: GmbH.

838 Das Steuerrecht nimmt eine Betriebsaufspaltung an, wenn zwei Tatbestandsbedingungen erfüllt sind:
- Das Besitzunternehmen muss eine wesentliche Betriebsgrundlage an die Betriebsgesellschaft vermieten oder verpachten (**sachliche Verflechtung**);
- Besitzunternehmen und Betriebsgesellschaften müssen von einem einheitlichen geschäftlichen Betätigungswillen bestimmt sein; beide Unternehmen müssen von derselben Person oder Personengruppe beherrscht werden (**personelle Verflechtung**). Eine »faktische« Beherrschung genügt nicht.[882] Die Rechtsprechung prüft auf der ersten Stufe, ob eine Beherrschung aufgrund der Stimmrechtsverhältnisse in Besitzunternehmen und Betriebsgesellschaft möglich ist. Ist dies nicht der Fall, wird geprüft, ob aufgrund einer nur aus wichtigem Grund entziehbaren Geschäftsführungsbefugnis in beiden Unternehmen der einheitliche geschäftliche Betätigungswille durchgesetzt werden kann. Stimmrechte von Ehegatten oder Eltern und Kindern werden nicht zusammengerechnet.[883]

2. Steuerliche Konsequenzen der Betriebsaufspaltung

839 Im Hinblick auf die Steuerfolgen bei der **Betriebsgesellschaft** ergeben sich keine Besonderheiten. Ist die Betriebsgesellschaft eine GmbH, wird diese nach den allgemeinen Regeln besteuert. Die

882 BFH, GmbHR 2000, 778; BMF-Schreiben vom 07.10.2002, BStBl. I 2002, 1028.
883 BVerfG v. 12.03.1985 1 BvR 571/81, BStBl. II 1985, 475; FG Baden-Württemberg v. 29.01.2019 11 K 1398/16, EFG 2019, 1770; Az.BFH X R 5/19.

Pachtzahlungen an das Besitzunternehmen stehen in der Gefahr, als vGA behandelt zu werden, wenn sie die Angemessenheitsgrenze überschreiten oder die Sonderbedingungen für beherrschende Gesellschafter missachtet wurden.

Besonderheiten im **Besitzunternehmen:** Obwohl eine Tätigkeit vorliegt, die als Vermietung und Verpachtung zu qualifizieren ist, nimmt die Rechtsprechung eine gewerbliche und gewerbesteuerpflichtige Verpachtungstätigkeit an, die auch die vermietete oder verpachtete Betriebsgrundlage sowie die Anteile der Betriebsgesellschaft zu Betriebsvermögen macht. 840

Entfallen die Voraussetzungen der Betriebsaufspaltung, so führt dies zur **Betriebsaufgabe im Besitzunternehmen** (Realisierung der stillen Reserven im Vermögen des Besitzunternehmens einschließlich der Anteile an der Betriebsgesellschaft),[884] wenn nicht eine Betriebsverpachtung im Ganzen weiter vorliegt. 841

▶ **Beispiel:**[885]

A ist Alleineigentümer des an die A-GmbH überlassenen Grundstücks. A ist auch Alleingesellschafter der A-GmbH. A überträgt beides an seinen Sohn unter Nießbrauchsvorbehalt. Der BFH ist der Auffassung, dass die Voraussetzungen der Betriebsaufspaltung entfallen, wenn sowohl Besitzunternehmen als auch die Anteile an der Betriebskapitalgesellschaft unter Nießbrauchsvorbehalt übertragen werden. 842

Der BFH geht davon aus, dass der Nießbraucher die **beherrschende Stellung im Besitzunternehmen** trotz Übertragung aufgrund des vorbehaltenen Nießbrauchs behält. 843

Vor dem Hintergrund, dass gesellschaftsrechtlich nicht abschließend geklärt ist, wem in der Nießbrauchssituation die **Stimmrechte in der GmbH** zustehen, geht der BFH ferner davon aus, dass bei Übertragung der Anteile an der Betriebskapitalgesellschaft die beherrschende Stellung auf den **zivilrechtlichen Gesellschafter**, vorliegend also den Sohn, übergeht. 844

Nach Auffassung des BFH fällt die Beherrschungssituation aufgrund des Nießbrauchs im Besitz- und Betriebsunternehmen auseinander. Die beherrschende Stellung im Besitzunternehmen steht nach wie vor dem Nießbraucher, dem Vater, zu. Die beherrschende Stellung in der **Betriebskapitalgesellschaft** steht dem zivilrechtlichen Gesellschafter, dem Sohn, zu. Nur dieser sei in die Gesellschafterliste einzutragen und damit auch stimmberechtigt.[886] 845

Nach § 6 Abs. 6 EStG ist die steuerneutrale **Übertragung von einzelnen Wirtschaftsgütern** zwischen Besitzunternehmen und Betriebskapitalgesellschaft nicht möglich.[887] Bei einer Übertragung von der GmbH auf das Besitzunternehmen kann es zur vGA kommen.[888] 846

3. Ausgewählte Einzelprobleme der Betriebsaufspaltung

a) Gewerbesteuerfreiheit

Ist die Betriebsgesellschaft **nach § 3 GewStG von der Gewerbesteuer befreit,** schlägt nach der Rechtsprechung die Befreiung der Betriebsgesellschaft von der Gewerbesteuer auf das Besitzunternehmen durch.[889] Entschieden ist dies inzwischen für Altenheime (§ 3 Nr. 20c GewStG), Krankenhäuser (§ 3 Nr. 20b GewStG), private Schulen und andere allgemeinbildende oder berufsbildende Einrichtungen (§ 3 Nr. 13 GewStG). 847

884 Vgl. BFH, BStBl. II 1984, 474.
885 Vgl. BFH, GmbHR 2015, 776.
886 Vgl. *Wachter*, GmbHR 2015, 778.
887 Zur Rechtslage bis 1999: BMF-Schreiben vom 20.12.1977, BStBl. I 1978, 8, und *Wacker*, in: Schmidt, EStG, 39. Aufl. 2020, § 15 Rn. 877.
888 Niedersächsisches FG, EFG 2001, 40; BFH, DStR 2001, 1748.
889 FG Thüringen, EFG 2017, 412; Az. des BFH: X R 42/16; BFH, BFH/NV 2007, 149.

848 Die Rechtsprechung stellt auf die **teleologische Auslegung des jeweiligen Befreiungstatbestands** ab. Dient die Betätigung des Besitzunternehmens – wenn auch mittelbar, über das Betriebsunternehmen – der Erfüllung des von den beherrschenden Inhabern (Gesellschaftern) beider Unternehmen bestimmten gemeinsamen Zwecks, ein (gewerbesteuerbefreites) Unternehmen zu betrieben, und sind die vom Besitzunternehmen der Betriebsgesellschaft zur Nutzung überlassenen Wirtschaftsgüter, insbesondere Grundstücke und Gebäude, tatsächlich **zur Ausübung des jeweils von der Gewerbesteuerbefreiten Zwecks** im Betriebsunternehmen eingesetzt worden, gebietet es der sozial- und wirtschaftspolitischen Zweck des Befreiungstatbestands, diesen auch auf die im Besitzunternehmen erzielten Erträge unbeschadet von dessen Rechtsform auszudehnen.[890] Insoweit kommt es auf die Rechtsform des Besitzunternehmens nicht an. Die jeweilige Gewerbesteuerbefreiung ist rechtsformneutral aufzufassen.

849 Nicht abschließend entschieden ist, ob es für die Annahme einer Betriebsaufspaltung an einer gewerblich tätigen Betriebsgesellschaft fehlt, wenn diese **keine Gewinnerzielungsabsicht hat und gemeinnützig** i.S.v. § 5 Abs. 1 Nr. 9 KStG, § 3 Nr. 6 GewStG ist.[891]

850 Ist die Betriebsgesellschaft nach § 3 GewStG von der Gewerbesteuerfreiheit befreit und schlägt dies auf das Besitzunternehmen durch, ändert dies nichts an der **Qualifizierung des Besitzunternehmens als Gewerbebetrieb** und damit an der Steuerverstrickung seiner Wirtschaftsgüter.[892]

851 **Verfahrensrechtlich** ist keine Beschwer gegeben, wenn sich der Steuerpflichtige ausschließlich gegen die Umqualifzierung der Einkünfte von Vermietung und Verpachtung in gewerbliche Einkünfte wehrt. Die Betriebsvermögensqualität der Wirtschaftsgüter gewährt erst dann ein Rechtsschutzbedürfnis, wenn deren Realisierung in Rede steht.[893]

b) Einbringung des Besitzunternehmens in die Betriebskapitalgesellschaft

► **Beispiel:**

852 A ist Alleingesellschafter der A-GmbH. A ist Alleineigentümer der von ihm an die A-GmbH überlassenen Betriebsgrundstücke. A überträgt im Wege der Kapitalerhöhung die Betriebsgrundstücke auf die A-GmbH. Im Einbringungsvertrag wird ausdrücklich aufgeführt, dass die Übertragung zum gemeinen Wert erfolgt. Besondere Anträge werden weder von A noch von der A-GmbH beim Finanzamt gestellt.[894]

853 Die Voraussetzungen einer Betriebsaufspaltung (personelle und sachliche Verflechtung) liegen vor. Bei Wegfall einer dieser Voraussetzungen (Entflechtung) ist grundsätzlich eine **Betriebsaufgabe nach § 16 Abs. 3 EStG** beim Besitzunternehmen unter voller Gewinnrealisierung gegeben. Die Aufdeckung stiller Reserven bezieht sich auf sämtliche sich im Betriebsvermögen des Besitzunternehmens befindenden Wirtschaftsgüter. Insbesondere zählen hierzu auch die **Anteile an der Betriebskapitalgesellschaft**. Dies wird in der Praxis häufig übersehen.

854 Der Betriebsaufgabe nach § 16 Abs. 3 EStG gehen die **Grundsätze des Umwandlungsteuergesetzes** (§ 20 UmwStG) vor. Eine Aufdeckung der stillen Reserven scheidet also aus, wenn das Besitzunternehmen unter Anwendung der Voraussetzung von § 20 UmwStG in die Betriebskapitalgesellschaft eingebracht wurde. Voraussetzung einer solchen Einbringung i.S.v. § 20 UmwStG ist, dass **sämtliche wesentlichen Betriebsgrundlagen** in die Kapitalgesellschaft überführt werden. Im vorliegenden Beispiel sind dies die Betriebsgrundstücke sowie die Anteile an der A-GmbH.

---

890 FG Thüringen, EFG 2017, 412; BFH, BStBl. II 2016, 408.
891 Vgl. FG Thüringen, EFG 2017, 412; Az. des BFH: X R 42/16.
892 FG Thüringen, EFG 2017, 412; BFH, BStBl. II 2016, 408; BFH/NV 2007, 149.
893 BFH, BFH/NV 2011, 1843; FG Thüringen, EFG 2017, 412.
894 Vereinfachter Sachverhalt der Entscheidung des FG Nürnberg vom 27.10.2016 – 4 K 729/15, n.v. (juris).

Gehören zum Betriebsvermögen des eingebrachten Betriebs Anteile an der übernehmenden Gesellschaft, werden diese Anteile, wenn sie in die Kapitalgesellschaft miteingebracht werden, zu **sogenannten eigenen Anteilen der Gesellschaft**. Der Erwerb eigener Anteile durch eine Kapitalgesellschaft unterliegt handelsrechtlichen Beschränkungen. Soweit die Anteile an der Kapitalgesellschaft miteingebracht werden, würde der Einbringende dafür als Gegenleistung neuer Anteile an der Kapitalgesellschaft erhalten. 855

Die **Finanzverwaltung** beanstandet es daher nicht, wenn die Anteile an der aufnehmenden Kapitalgesellschaft auf unwiderruflichen Antrag des Einbringenden nicht miteingebracht werden. Der Einbringende muss sich damit einverstanden erklären, dass die zurückbehaltenen Anteile an der übernehmenden Gesellschaft künftig in vollem Umfang als Anteile zu behandeln sind, die durch eine Sacheinlage erworben wurden. Es ist dementsprechend auch für diese Anteile **§ 22 Abs. 1 UmwStG** anzuwenden.[895] 856

Im vorliegenden Beispielsfall wurde weder ein **Antrag i.S.v. Tz. 20.09** des Umwandlungssteuererlasses noch ein **Antrag auf Fortführung der Buchwerte nach § 20 Abs. 2 Satz 2 UmwStG** gestellt. Darüber hinaus wurde bezüglich der Betriebsgrundstücke in der aufnehmenden GmbH der gemeine Wert angesetzt. 857

Vor dem Hintergrund, dass keinerlei Anträge gestellt sowie bezüglich der Betriebsgrundstücke der gemeine Wert bei der aufnehmenden GmbH angesetzt wurde, geht die Finanzverwaltung sowie das Finanzgericht Nürnberg im vorliegenden Fall davon aus, dass **sämtliche stille Reserven aufzudecken** sind. 858

c) **Sachliche Verflechtung**

Ein **Grundstück** stellt eine wesentliche Betriebsgrundlage dar, wenn der Betrieb der Betriebsgesellschaft auf das Grundstück angewiesen ist, weil er ohne ein Grundstück dieser Art nicht fortgeführt werden könnte. Eine **besondere Gestaltung** ist **nicht erforderlich**.[896] Für die Überlassung von Büro- oder Verwaltungsräumen gelten die gleichen Grundsätze. Einer spezifischen Ausstattung des Gebäudes bedarf es nicht, so dass auch die Überlassung von Räumen in einem Einfamilienhaus die sachliche Verflechtung begründen kann.[897] 859

▶ **Beispiel:**[898]

Eheleute A sind mehrheitlich an der A-AG beteiligt. Als Miteigentümer überlassen sie aus ihrem Einfamilienheim heraus einen Büroraum mit WC (20 m²), einen Archivraum, zwei Garagen als Lager sowie zwei Garagen für betriebliche Pkw. Die Gesellschaft übt ihren Betrieb auf einer Gesamtfläche von ca. 6.700 m² aus, davon ca. 1.120 m² Verwaltungsfläche. 860

Entgegen der Auffassung des Finanzgerichts München ist der **BFH** aufgrund dieser Faktenlage nicht von einer sachlichen Verflechtung ausgegangen. Das Urteil trifft folgende bemerkenswerte Aussagen: 861

– Bezüglich des Sitzes ist in Anlehnung an das Gesellschaftsrecht und das materielle Steuerrecht zwischen **Satzungssitz und Verwaltungssitz/Ort der Geschäftsleitung** zu differenzieren. Obgleich der Satzungssitz für die Existenz einer Kapitalgesellschaft funktional notwendig ist, ist lediglich ein **Indiz** für eine sachliche Verflechtung gegeben, wenn die Gesellschaft am Ort des Satzungssitzes Räumlichkeiten anmietet. Sowohl die entgeltliche als auch die unentgeltliche Überlassung von Räumlichkeiten, an denen die Gesellschaft ihren Satzungssitz hat, führt also nicht automatisch zur Annahme einer wesentlichen Betriebsgrundlage und damit zu einer sachlichen Verflechtung.

895 Umwandlungssteuererlass vom 11.11.2011, BStBl. I 2011, 1314, Rz. 20.09; vgl. auch BFH, BStBl. II 2001, 321.

896 Vgl. nur BFH, BFH/NV 2015, 1398.

897 BFH, BStBl. II 2006, 804.

898 Vgl. BFH, HFR 2016, 207.

867 – Eine wesentliche Bedeutung der Räumlichkeiten setzt vielmehr voraus, dass die dort ausgeübten **Tätigkeiten funktional bedeutsam** sind. Die Ausübung von Hilfstätigkeiten genügt hierfür nicht. Es muss ein nicht unbedeutender Teil des Tagesgeschäfts der Geschäftsleitung in diesen Räumlichkeiten stattfinden. Die im entschiedenen Fall ausgeübte »Wochenendtätigkeit« des Unternehmensgründers genügt hierfür nicht.
– Auch bezüglich der **Lagerfläche** sowie der zur Unterstellung der betrieblichen Pkw genutzten **Garagen** fordert der BFH eine **funktional wesentliche Bedeutung** für den Betrieb der Gesellschaft. Insoweit kommt er wieder auf das Merkmal der »besonderen Herrichtung und Ausstattung« zurück.
– Schließlich stellt der BFH fest, dass bei einer genutzten Fläche von 2 % der Gesamtnutzfläche der Gesellschaft nicht von einer **quantitativ wesentlichen Bedeutung** ausgegangen werden kann.
– Schließlich widerspricht der BFH der erstinstanzlichen Aussage, dass allein die Überschreitung der Wesentlichkeitsgrenze aus **§ 8 EStDV** ebenfalls nicht auf eine quantitativ wesentliche Bedeutung geschlossen werden kann.

▶ **Beratungshinweis:**

862 Dieses Urteil des BFH ist erfreulich, da es für die Praxis Argumentationsspielraum bietet, wenn lediglich untergeordnete Teilflächen an die Gesellschaft überlassen werden. Insbesondere ist es der Finanzverwaltung verwehrt, bereits aufgrund des Satzungssitzes auf eine funktional wesentliche Bedeutung für die Gesellschaft zu schließen. In der Praxis besteht allerdings die Gefahr, dass die ursprünglich im Privathaus der Mehrheitsgesellschafter zur Geschäftsleitung genutzten Räumlichkeiten aus dieser Funktion »herauswachsen«. Wurde die Gesellschaft im Gründungsstadium aus dem privaten Wohnhaus heraus geführt, ist von einer Betriebsaufspaltung auszugehen, die endet, wenn für die Gesellschaft zur Ausübung der Geschäftsleitung anderweitige Räumlichkeiten angemietet oder erworben werden.

d) Unerkanntes Sonderbetriebsvermögen II

▶ **Beispiel:**[899]

863 A, B und C sind an der A-GmbH & Co. KG sowie an der A-GmbH zu gleichen Teilen beteiligt. Die A-GmbH & Co. KG überlässt funktional wesentliche Betriebsgrundlagen an die A-GmbH. A überträgt seinen Anteil an der A-GmbH an seine nicht an der A-GmbH & Co. KG beteiligte Tochter T.

864 Das **FG Niedersachsen** legt der Lösung des Falls die Grundsätze zur Betriebsaufspaltung zugrunde. Dabei sind folgende Aussagen wesentlich:
– Die Grundsätze der Betriebsaufspaltung gelten auch, wenn die überlassenen Wirtschaftsgüter sowieso steuerlich verstrickt sind, da sie sich im **Gesamthandsvermögen** einer gewerblich geprägten GmbH & Co. KG befinden.
– Die **Grundsätze der Betriebsaufspaltung** gehen der gewerblichen Prägung vor.

865 In Konsequenz dessen sind die Anteile an der A-GmbH dem **Sonderbetriebsvermögen II** bei der A-GmbH & Co. KG zuzuordnen. Nach ständiger Rechtsprechung des BFH dienen im Fall der Betriebsaufspaltung aufgrund der personellen und sachlichen Verflechtung die Anteile an der Betriebskapitalgesellschaft der Stellung im Besitzunternehmen.[900]

866 Im Ergebnis sind die **stillen Reserven** in Anteilen an der Betriebskapitalgesellschaft, die dem Sonderbetriebsvermögen II der Besitzpersonengesellschaft zugeordnet werden, bei Übertragung auf nicht an der Besitzpersonengesellschaft Beteiligte aufzudecken. Endet durch diese Übertragung die personelle Verflechtung insgesamt sind auch in dem Fall, in dem der übertragende Gesellschafter der Besitzpersonengesellschaft noch Anteile an der Betriebskapitalgesellschaft behält, auch die stillen Reserven in diesen Anteilen aufzudecken.

899 FG Niedersachsen, EFG 2016, 138.
900 Vgl. nur BFH, BFH/NV 2015, 495; BStBl. II 2004, 216.

▶ **Beratungshinweis:**

Sicherheit vor der unerkannten Auflösung stiller Reserven hat man nur, wenn nicht nur die an die Betriebskapitalgesellschaft überlassenen Wirtschaftsgüter in das Gesamthandsvermögen einer gewerblich geprägten GmbH & Co. KG überführt werden, sondern auch die Anteile an der Betriebskapitalgesellschaft.

Aus **unserer Sicht** ist diese Rechtsauffassung kritisch zu sehen. Nach wie vor (trotz Erwähnung in § 50i Abs. 2 EStG und § 13b ErbStG) handelt es sich bei der Erwähnung der Betriebsaufspaltung um ein im Gesetz nicht geregeltes Rechtsinstitut. Dies sollte jedenfalls dann zurücktreten, wenn aufgrund gesetzlicher Regelungen die Gewerblichkeit des Besitzunternehmens anzunehmen ist. Ein Vorrang des im Gesetz nicht geregelten Instituts vor ausdrücklich im Gesetz geregelten Tatbeständen ist abzulehnen. 868

e) Personelle Verflechtung

aa) Einheitlicher geschäftlicher Betätigungswille

Eine personelle Verflechtung zwischen Besitzunternehmen und Betriebsunternehmen liegt vor, wenn hinter den beiden rechtlich selbstständigen Unternehmen **eine Person** oder **eine Personengruppe** steht, die in beiden Unternehmen einen **einheitlichen geschäftlichen Betätigungswillen** hat und diesen auch **in beiden Unternehmen durchsetzen kann.**[901] 869

Genügend und erforderlich ist eine sich aus den **Stimmrechtsverhältnissen ergebende Herrschaft über die Geschäfte des täglichen Lebens.**[902] 870

bb) Stimmrechtsverhältnisse

Für die Frage, ob eine Beherrschung i.S.d. Durchsetzbarkeit eines einheitlichen Betätigungswillens vorliegt, kommt es grundsätzlich auf die **Stimmrechtsverhältnisse im Besitzunternehmen** und **in der Betriebskapitalgesellschaft** an.[903] 871

Sowohl im Besitzunternehmen als auch bei der Betriebskapitalgesellschaft ist der **Gesellschaftsvertrag** daraufhin zu untersuchen, ob das **Einstimmigkeitsprinzip** oder das **Mehrheitsprinzip** gilt. Sowohl bei den Personenunternehmen als auch bei den Kapitalgesellschaften kann im Gesellschaftsvertrag von der gesetzlichen Regelung abgewichen werden. Die **gesetzliche Regelung** sieht für Personenunternehmen das Einstimmigkeitsprinzip und für Kapitalgesellschaften das Mehrheitsprinzip vor. 872

Dabei ist darauf abzustellen, dass der **Stimmrechtseinfluss auch das Nutzungsverhältnis** umfasst. Der durch die Stimmrechtsmacht vermittelte beherrschende Einfluss bzw. Beherrschungswille muss sich auch auf das Nutzungsverhältnis hinsichtlich der wesentlichen Betriebsgrundlage beziehen. Der **Wille**, der sich in Bezug auf die wesentliche Betriebsgrundlage **im Besitzunternehmen** durchsetzen kann, muss identisch sein mit dem Willen, der sich **in der Betriebskapitalgesellschaft** hinsichtlich des Nutzungsverhältnisses durchsetzen kann. 873

Die **Grundaussagen des BFH** hierzu sind wie folgt:[904] 874

- Eine personelle Verflechtung liegt nicht vor, wenn an der Betriebsgesellschaft nicht alle Gesellschafter der Besitz-Personengesellschaft beteiligt sind und die Beschlüsse der **Besitz-Personengesellschaft einstimmig** gefasst werden müssen. Hierzu reicht auch eine Minibeteiligung desjenigen aus, der nicht an der Betriebskapitalgesellschaft beteiligt ist.

901 Vgl. nur BFH, BStBl. II 1972, 63.
902 BFH, BStBl. II 1986, 296.
903 BFH, BStBl. II 1999, 445, BFH/NV 2002, 185.
904 BFH, BFH/NV 2013, 1557.

- Eine personelle Verflechtung ist gegeben, wenn die Personen, die an beiden Unternehmen zusammen mehrheitlich beteiligt sind und damit die Betriebs-Kapitalgesellschaft beherrschen, auch im Besitzunternehmen über die Mehrheit der Stimmen verfügen und im Besitzunternehmen für die Geschäfte des täglichen Lebens und insbesondere in Bezug auf das Nutzungsverhältnis das **Mehrheitsprinzip** maßgeblich ist.
- Wenn die **Geschäftsführungsbefugnis** im Besitz- und/oder Betriebsunternehmen nicht oder nicht ausschließlich den Mehrheitsgesellschaftern zusteht, ist i.R.e. **Gesamtwürdigung aller Umstände** des Einzelfalls zu entscheiden, ob die **Regelungen zur Geschäftsführung der Annahme einer Beherrschungsidentität entgegenstehen.**

cc) Geschäftsführungsregelung

875 Eine personelle Verflechtung liegt trotz entsprechender Stimmrechtsverhältnisse nicht vor, wenn die identische Mehrheit der Stimmrechte im Besitzunternehmen und der Betriebskapitalgesellschaft sich nicht in Bezug auf die Geschäftsführung und insbesondere **auf die Geschäftsführung hinsichtlich des Nutzungsverhältnisses durchsetzen kann.** Dies ist der Fall, wenn abweichende Geschäftsführungsregelungen im Gesellschaftsvertrag vorgesehen sind.

▶ **Beispiel:**

876 A und B beherrschen sowohl das Besitzunternehmen als auch die Betriebskapitalgesellschaft mit einer Beteiligung von jeweils 40 % und einer daraus folgenden 80 %igen Stimmrechtsmehrheit. In beiden Gesellschaftsverträgen gilt zwar das Mehrheitsprinzip. Dem A wird jedoch die Alleingeschäftsführungsbefugnis im Besitzunternehmen zugestanden. Er kann auch als Geschäftsführer nicht abberufen werden. Im Gesellschaftsvertrag wird ihm die Geschäftsführungsbefugnis als Sonderrecht eingeräumt. Lediglich die Abberufung aus wichtigem Grund kann nicht ausgeschlossen werden.

877 Eine solche Geschäftsführungsregelung führt dazu, dass zwar grundsätzlich die Stimmrechtsmehrheit von A und B als **Personengruppe** sich im Besitzunternehmen und in der Betriebskapitalgesellschaft durchsetzen kann. Hinsichtlich der Geschäftsführung im Besitzunternehmen und damit hinsichtlich der Realisierung des Beherrschungswillen kann sich die aus A und B bestehende Mehrheitsgruppe jedoch im Besitzunternehmen nicht durchsetzen, da dem A die alleinige Geschäftsführung im Gesellschaftsvertrag als Sonderrecht gewährt ist.

878 Im Ergebnis sind neben den Stimmrechtsverhältnissen im Besitzunternehmen und der Betriebskapitalgesellschaft die **Geschäftsführungsverhältnisse** zu prüfen.

▶ **Beispiel:**[905]

879 Am Besitzunternehmen sind A, B und C zu gleichen Teilen beteiligt. Daneben ist D mit 1 % beteiligt. An der Betriebskapitalgesellschaft sind A, B und C zu je 1/3 beteiligt. Im Besitzunternehmen gilt das Einstimmigkeitsprinzip. In der Betriebskapitalgesellschaft gilt das Mehrheitsprinzip. Zu den Geschäftsführern in beiden Unternehmen wurden A, B und C bestellt. Jeweils zwei Gesellschafter können die Gesellschaft im Innenverhältnis führen und im Außenverhältnis vertreten. Eine Befreiung von § 181 BGB liegt nicht vor.

880 Das **FG Köln** hat in diesem Fall folgende Grundsätze aufgestellt:
- Der in beiden Unternehmen **identische Beherrschungswille** muss sich insbesondere auf das **Nutzungsverhältnis** hinsichtlich der wesentlichen Betriebsgrundlage beziehen. Dieses soll vor allem nicht gegen den Willen der Person oder der Personengruppe, die das Besitzunternehmen beherrschen, aufgelöst werden können.[906]
- Danach liegt keine personelle Verflechtung vor, wenn in der Besitzgesellschaft neben der mehrheitlich bei der Betriebskapitalgesellschaft beteiligten Personengruppe mindestens **ein weiterer**

905 FG Köln, BB 2017, 406; Az. des BFH: IV R 4/17.
906 Vgl. BFH, BStBl. II 2011, 778; BStBl. II 2012, 136.

Gesellschafter beteiligt ist (sogenannter »Nur-Besitzgesellschafter«) und **im Besitzunternehmen** das **Einstimmigkeitsprinzip** gilt.

- Von diesem Grundsatz gibt es die Ausnahme, wenn im Gesellschaftsvertrag der Besitzgesellschaft die **gemeinschaftliche Geschäftsführung abbedungen** und einem oder mehreren Gesellschaftern übertragen wurde. In einem solchen Fall sind die übrigen Gesellschafter nach § 710 BGB von der Geschäftsführung ausgeschlossen. Dies bedeutet, dass diese Gesellschafter zwar bei geschäftsführungsfremden Angelegenheiten mitwirken müssen, dass sie aber keinen Einfluss auf die Verwaltungsgeschäfte nehmen können. Das Stimmrecht der von der Geschäftsführung ausgeschlossenen Gesellschafter beschränkt sich auf Beschlüsse in anderen als Geschäftsführungsangelegenheiten.
- Diese Grundsätze zur Geschäftsführung können dazu führen, dass ein Gesellschafter oder eine Personengruppe **unabhängig von der Beteiligungshöhe und den jeweiligen Stimmrechten** ihrer Mitglieder gleichgerichtete Interessen verfolgen und durchsetzen können.
- Danach müsste man **vorliegend** zu dem Ergebnis kommen, dass eine personelle Verflechtung vorliegt. A, B und C können jeweils zu zweit die Geschäftsführung ausüben. Die beiden jeweils übrigbleibenden Gesellschafter sind hinsichtlich der Geschäftsführungskompetenz in ihrem Stimmrecht blockiert.
- Gleichwohl lehnt das **FG Köln** im vorliegenden Fall eine personelle Verflechtung ab. Dies leitet das FG Köln daraus ab, dass die beherrschende Personengruppe A, B und C ihren Willen in der Geschäftsführung in Bezug auf fremde Dritte durchsetzen kann, nicht aber im Hinblick auf das Nutzungsverhältnis. Das FG Köln hat im vorliegenden Sachverhalt **keine Befreiung von § 181 BGB** feststellen können. Vor diesem Hintergrund waren A, B und C daran gehindert, in Ausübung ihrer Geschäftsführungskompetenz das Nutzungsverhältnis bezogen auf die überlassene wesentliche Betriebsgrundlage beherrschen zu können. Da **keine Befreiung von § 181 BGB** vorliegt, kommt es insoweit auf die **Stimmrechtsverhältnisse** und **nicht auf das Geschäftsführungsverhältnis** an. Bei den Stimmrechtsverhältnissen gilt **im Besitzunternehmen das Einstimmigkeitsprinzip.** Damit hängen A, B und C insoweit auch von dem Ein-Prozent-Gesellschafter D ab.
- Das FG Köln hat auch die Annahme eines **Gestaltungsmissbrauchs nach § 42 AO abgelehnt.** Der »Nur-Besitzgesellschafter« verhindert also die personelle Verflechtung in dem Fall, in dem im Gesellschaftsvertrag des Besitzunternehmens das Einstimmigkeitsprinzip gilt. Das gilt auch dann, wenn er lediglich eine Minibeteiligung hält.

f) Nießbrauchsvorbehalt

aa) Ohne Stimmrechtsvollmacht

▶ **Beispiel:**[907]

A ist Alleineigentümer des an die A-GmbH überlassenen Grundstücks. A ist auch Alleingesellschafter der A-GmbH. A überträgt beides an seinen Sohn unter Nießbrauchsvorbehalt. Der BFH ist der Auffassung, dass die Voraussetzungen der Betriebsaufspaltung entfallen, wenn sowohl Besitzunternehmen als auch die Anteile an der Betriebskapitalgesellschaft unter Nießbrauchsvorbehalt übertragen werden. 881

Der BFH geht davon aus, dass der Nießbraucher die **beherrschende Stellung im Besitzunternehmen** trotz Übertragung aufgrund des vorbehaltenen Nießbrauchs behält. Dies wird im Urteil ohne jede aussagekräftige Begründung unterstellt. 882

Vor dem Hintergrund, dass gesellschaftsrechtlich nicht abschließend geklärt ist, wem in der Nießbrauchssituation die **Stimmrechte in der GmbH** zustehen, geht der BFH ferner davon aus, dass 883

907 Vgl. BFH, GmbHR 2015, 776.

bei Übertragung der Anteile an der Betriebskapitalgesellschaft die beherrschende Stellung auf den **zivilrechtlichen Gesellschafter**, vorliegend also den Sohn, übergeht.

884 Nach Auffassung des BFH fällt die Beherrschungssituation aufgrund des Nießbrauchs im Besitz- und Betriebsunternehmen auseinander. Die beherrschende Stellung im Besitzunternehmen steht nach wie vor dem Nießbraucher, dem Vater, zu. Die beherrschende Stellung in der **Betriebskapitalgesellschaft** steht dem zivilrechtlichen Gesellschafter, dem Sohn, zu. Nur dieser sei in die Gesellschafterliste einzutragen und damit auch stimmberechtigt.[908]

▶ **Beratungshinweis:**

885 Bei der Übertragung unter Nießbrauchsvorbehalt ist äußerste Vorsicht geboten. Die wirtschaftliche Zuordnung von Besitz- und Betriebsunternehmen ist fragil und hängt vom Einzelfall ab. Es ist nicht gesichert, dass in jedem Fall das wirtschaftliche Eigentum bezüglich des Besitzunternehmens beim Nießbraucher verbleibt.[909] Vom BFH wurde dies im besprochenen Fall begründungslos unterstellt. Wird ein Vorbehaltsnießbrauch ohne weitergehende Sonderregelungen zugunsten des Nießbrauchers (z.B. jederzeitiges Rückforderungsrecht) vereinbart, geht m.E. das wirtschaftliche Eigentum von Besitz- und Betriebsunternehmen auf den Erwerber über, so dass die personelle Verflechtung nicht entfällt, wenn Besitzunternehmen und Besitzgesellschaft unter Nießbrauchsvorbehalt übertragen werden.

bb) Mit Stimmrechtsvollmacht

▶ **Beispiel:**[910]

886 A und sein Sohn vereinbaren, dass der Sohn seinem Vater eine unwiderrufliche Stimmrechtsvollmacht einräumt. Vater und Sohn vereinbaren, dass der Vater das Recht zur Teilnahme an den Gesellschafterversammlungen haben soll. Insoweit erstreckt sich die Vollmacht auch auf die Inempfangnahme der Ladung zur Gesellschafterversammlung, überdies auch auf die Teilnahme sowie auf das Stimmrecht. Dies wird auch tatsächlich so vollzogen.

887 Im Fall der Stimmrechtsvollmacht ist nach Auffassung des **BFH** nicht von einer Beendigung der Betriebsaufspaltung auszugehen. Trotz der Übertragung der Anteile unter Nießbrauchsvorbehalt geht der X. Senat des BFH davon aus, dass die personelle Verflechtung aufgrund der erteilten Vollmacht bestehen bleibt.

888 Werden Anteile an der Kapitalgesellschaft unter Vorbehaltsnießbrauch übertragen und verpflichtet sich der Erwerber der Anteile, sein Recht auf **Teilnahme an Gesellschafterversammlungen sowie sein Stimmrecht** dem Veräußerer für die Dauer des Nießbrauchs zu überlassen und bevollmächtigt er diesen **unwiderruflich**, nicht nur die mit dem Geschäftsanteil verbundenen Ladungen zu Gesellschafterversammlungen entgegenzunehmen, sondern auch die Stimmrechte ohne Beschränkungen in Gesellschafterversammlungen auszuüben, bleibt die personelle Verflechtung zwischen Besitz- und Betriebsunternehmen bestehen.

889 Vor dem Hintergrund der Vollmacht geht der X. Senat davon aus, dass der Veräußerer seinen Geschäfts- und Betätigungswillen in der Betriebs-GmbH nach wie vor durchsetzen kann. Verbleiben bei ihm **sämtliche Stimm- und Verwaltungsrechte** und unterliegt das Stimmrecht keinerlei Beschränkungen oder Weisungen und wird durch eine unwiderrufliche Vollmacht abgesichert, ist nach Auffassung des BFH die **Beherrschung** weiterhin gegeben. Auf die Frage, ob es zivilrechtlich zulässig ist, eine unwiderrufliche Stimmrechtsvollmacht zu erteilen, geht der X. Senat nicht ein.

---

908 Vgl. *Wachter*, GmbHR 2015, 778.

909 Vgl. BFH, BB 2004, 2452; FG Köln, EFG 2008, 98; aus verfahrensrechtlichen Gründen aufgehoben durch BFH, BFH/NV 2008, 2049.

910 BFH, BFH/NV 2017, 1039.

g) Gütergemeinschaft

▶ **Beispiel:**

Eheleute E sind zu jeweils 50 % Miteigentümer eines Hausgrundstücks. Ehemann E ist 100 %iger Gesellschafter einer GmbH, die ein Pflegeheim betreibt. Das Hausgrundstück wird von der Miteigentümergemeinschaft an die GmbH zur Nutzung überlassen. Jahre bevor der Nutzungsüberlassungsvertrag gestaltet wurde, hatten die Eheleute familienrechtlich wirksam den Güterstand der Gütergemeinschaft begründet. Weder die Eheleute noch ihre Berater haben jemals einen Zusammenhang zwischen dem familienrechtlichen Güterstand der Gütergemeinschaft und der Nutzungsüberlassung im Hinblick auf das Hausgrundstück hergestellt. Eine irgendwie geartete Beteiligung der Ehefrau an der GmbH wurde von den Beteiligten zu keinem Zeitpunkt realisiert. Die Ehefrau hat zu keinem Zeitpunkt Einfluss auf die GmbH genommen, noch wurde erkannt, dass dies ggf. rechtlich möglich gewesen wäre. Zur Gesellschafterversammlung wurde sie nicht geladen. 890

Vor dem Hintergrund, dass Anteile an einer Kapitalgesellschaft i.R.d. Ehestands der Gütergemeinschaft zu Gesamtgut werden und das Gesamtgut von beiden Ehegatten gem. § 1450 BGB gemeinsam verwaltet wird, ist der **BFH** vorliegend zum Ergebnis gelangt, dass die Voraussetzungen der personellen Verflechtung und damit der Betriebsaufspaltung vorliegen.[911] Das **BVerfG** hat die hiergegen gerichtete Verfassungsbeschwerde mangels Erfolgsaussichten nicht zur Entscheidung angenommen.[912] 891

Die Begründung der personellen Verflechtung mithilfe des familienrechtlichen Instituts der Gütergemeinschaft halte ich für eine **unzulässige steuerverschärfende Analogie.** Bereits mit Urteil vom 26.11.1992 hat der BFH[913] die personelle Verflechtung mithilfe des familienrechtlichen Güterstands der Gütergemeinschaft begründet. Allerdings handelte es sich um einen Fall, in dem sowohl der Ehemann als auch die Ehefrau an der Betriebskapitalgesellschaft beteiligt waren. In dem hier besprochenen Fall geht der BFH erstmals von einer personellen Verflechtung aufgrund des Güterstands der Gütergemeinschaft aus, obwohl einer der Ehegatten gesellschaftsrechtlich nicht an der Betriebskapitalgesellschaft beteiligt war. Die personelle Verflechtung setzt einen einheitlichen geschäftlichen Betätigungswillen der hinter dem Besitzunternehmen und hinter der Betriebskapitalgesellschaft stehenden Personen voraus. Es handelt sich im Ergebnis um einen Zusammenschluss zur unternehmerischen Willensbildung. Vorliegend hat es einen **Zusammenschluss der Eheleute zur unternehmerischen Willensbildung** nicht gegeben. Vielmehr resultiert der Zusammenschluss aus der familienrechtlichen Zuordnung von Vermögenswerten, die gem. § 1450 BGB kraft Gesetzes erfolgt. M.E. kann eine familienrechtliche Bindung nicht mit der Aufspaltung eines einheitlichen Unternehmens durch die dahinterstehenden Unternehmensinhaber gleichgesetzt werden. Das widerspricht dem für Steuertatbestände geltenden Bestimmtheitsgebot und führt zur unzulässigen steuerverschärfenden Analogie. Darüber hinaus müssen die rechtlichen **Möglichkeiten der einheitlichen unternehmerischen Willensbildung** für die Steuerpflichtigen zumindest **erkennbar** sein. 892

Der BFH lässt in ständiger Rechtsprechung die **rein rechtliche Möglichkeit der Einflussnahme** der hinter dem Besitzunternehmen stehenden Personen auf die Betriebskapitalgesellschaft ausreichen. Es ist aber zu unterscheiden, ob diese Voraussetzungen in einem unternehmerischen »Kontext« geschaffen werden oder aufgrund familienrechtlicher Gestaltungen konstruiert werden. Hierbei sollte auf eine **Parallelwertung in der Laiensphäre** abgestellt werden. Hätte ein »ordentlicher und gewissenhafter Steuerpflichtiger« die Voraussetzungen der Möglichkeit einer einheitlichen unternehmerischen Willensbildung erkennen müssen. Aufgrund des Eingriffscharakters des Steuerrechts müsste zumindest der Finanzverwaltung diesbezüglich die Darlegungs- und Beweislast auferlegt werden. 893

911 BFH, GmbHR 2007, 47.
912 BVerfG, HFR 2008, 754.
913 BFH, BStBl. II 1993, 876.

Und schließlich: Wenn es gar möglich sein soll, aufgrund einer **faktischen Beherrschung**[914] die personelle Verflechtung anzunehmen, muss es umgekehrt zugunsten der Steuerpflichtigen ebenso möglich sein, aufgrund einer »faktischen Nicht-Beherrschung« die Voraussetzungen der personellen Verflechtung abzulehnen. Dies gilt insbesondere dann, wenn die Voraussetzungen der personellen Verflechtung unterstellt, m.E. fingiert, werden aufgrund eines gerade nicht unternehmerischen Zusammenschlusses, sondern aufgrund eines familienrechtlichen Zusammenschlusses.

▶ **Beratungshinweis:**

894 Bei Vereinbarung des Güterstands der Zugewinngemeinschaft ist zu prüfen, ob eine Betriebsaufspaltungskonstellation gegeben sein kann. Sind die Anteile an der Betriebsgesellschaft vinkuliert, ist unklar, ob dies die Gesamtguteigenschaft vermeidet, da diese grds. die Übertragbarkeit des Wirtschaftsguts voraussetzt. Der BFH musste dies nicht entscheiden, da in der Satzung die Übertragung zwischen Ehegatten freigestellt war. Ferner ist die Vereinbarung von Vorbehaltsgut nach § 1418 Abs. 2 Nr. 1 BGB im Ehevertrag in Betracht zu ziehen.

II. Besteuerung der Liquidation

895 Die Gesellschaft bleibt während der Liquidation **Körperschaftsteuersubjekt.**[915] Die Gewinnermittlung ändert sich (§ 11 KStG). Die Gewinnermittlungt erfolgt nicht nach Wirtschaftsjahren. Gem. § 11 KStG wird ihr der Liquidationszeitraum zugrunde gelegt. Der **Gewinnermittlungszeitraum** beginnt mit dem Schluss des dem Auflösungsbeginn vorangehenden Wirtschaftsjahrs und endet mit der vollständigen Verteilung des Vermögens an die Anteilseigner, frühestens mit Ablauf des Sperrjahrs gem. § 73 GmbHG.[916] Der Besteuerungszeitraum soll **drei Jahre** nicht übersteigen (§ 11 Abs. 1 Satz 2 KStG). Ein längerer Besteuerungszeitraum ist zwar grds. möglich, allerdings ist nach Ablauf des Regelzeitraums auch eine Zwischenveranlagung möglich.[917] Ein kürzerer Besteuerungszeitraum bei noch nicht beendeter Liquidation ist nicht möglich.

896 **Liquidationsgewinn** ist die Differenz aus Abwicklungs-Endvermögen und Abwicklungs-Anfangsvermögen (§ 11 Abs. 2 KStG). Der Liquidationsgewinn umfasst die Realisierung der stillen Reserven und die im Liquidationszeitraum erzielten Erträge. Abwicklungs-Endvermögen ist gem. § 11 Abs. 3 KStG das Vermögen, das an die Anteileigner zur Verteilung kommt. Abwicklungs-Anfangsvermögen ist gem. § 11 Abs. 4 KStG das Betriebsvermögen, das am Schluss des der Auflösung vorangegangenen Wirtschaftsjahrs der Veranlagung zur Körperschaftsteuer zugrunde gelegt worden ist.

897 Der **Liquidationsgewinn** unterliegt bei der Gesellschaft der Körperschaft- und der Gewerbesteuer nach den **allgemeinen Tarifen.**

898 Beim Anteilseigner teilt sich der **Liquidationserlös** in **Kapitalerträge gem. § 20 Abs. 1 EStG** und **Kapitalrückzahlung.**

899 Einkünfte aus Kapitalvermögen liegen vor, soweit die Rückzahlung das Stammkapital und das Einlagekonto (§ 27 KStG) abzüglich der in Nennkapital umgewandelten Rücklagen (§ 28 Satz 4 KStG) übersteigt. Bei natürlichen Personen findet das Teileinkünfteverfahren (§ 3 Nr. 40 EStG) Anwendung, bei körperschaftsteuerpflichtigen Gesellschaftern bleiben die Bezüge zu 95 % außer Ansatz (§ 8b Abs. 1, Abs. 5 KStG). Der in Kapitalerträgen bestehende Teil des Liquidationserlöses ist kapitalertragsteuerpflichtig (§ 43 Abs. 1 Nr. 1 EStG).

900 Die im Liquidationserlös enthaltene **Kapitalrückzahlung** führt gem. §§ 17, 23 EStG, § 21 UmwStG zu steuerpflichtigen Einkünften, wenn der Buchwert bzw. die Anschaffungskosten der Anteile unter der Kapitalrückzahlung liegen. Es gelten § 3 Nr. 40 EStG bzw. § 8b Abs. 2 KStG.

---

914 Zur Entwicklung der Grundsätze der faktischen Beherrschung ausführlich: *Söffing/Micker*, Die Betriebsaufspaltung, 6. Aufl. 2016, 535 ff.

915 Zu Gewinnausschüttungen nach Beginn der Liquidation BFH, HFR 1999, 480.

916 *Olgemöller*, in: Streck, KStG, 9. Aufl. 2018, § 11 Rn. 7.

917 Vgl. BFH, BStBl. II 2008, 319.

Liegen der Buchwert bzw. die Anschaffungskosten über dem Betrag der Kapitalrückzahlung, entsteht ein **Aufgabeverlust.** I.d.R. entsteht der Verlust in dem Zeitpunkt, in dem mit einer Auskehrung von Gesellschaftsvermögen und mit einer wesentlichen Änderung der durch die Beteiligung veranlassten Aufwendungen nicht mehr zu rechnen ist,[918] spätestens mit Abschluss der Liquidation,[919] im Insolvenzverfahren mit Abschluss des Verfahrens.[920] Ein Verlust ist bei natürlichen Personen nur i.H.v. 40 % zu berücksichtigen (siehe § 3c Abs. 2 EStG). Bei Gesellschaftern, die unbeschränkt körperschaftsteuerpflichtig sind, bleibt ein Verlust unberücksichtigt (§ 8b Abs. 3 KStG).[921] **901**

Als (nachträgliche) Anschaffungskosten sind insbesondere auch verdeckte Einlagen zu berücksichtigen.[922] Nicht zu berücksichtigen sind Aufwendungen nahe stehender Personen (sog. »Drittaufwand«).[923] Problematisch ist der Ausfall von Gesellschafterdarlehen. **902**

Die steuerliche Behandlung des Ausfalls eines Gesellschafterdarlehens, wenn der Gesellschafter den Anteil im **Privatvermögen** hält, ist seit langem umstritten. Die Finanzverwaltung und die BFH-Rechtsprechung knüpften früher an den Status des Darlehens als eigenkapitalersetzendes Darlehen an. Durch den Wegfall der §§ 32a und 32b GmbHG durch das MoMiG in 2008 ist eine solche Kopplung nicht mehr möglich.[924] Mit einer Grundsatzentscheidung hat der **IX. Senat des BFH** dieser steuerlichen Behandlung ein Ende gesetzt.[925] Nach Auffassung des IX. Senats des BFH ist mit Wegfall der §§ 32a und 32b GmbH der Anknüpfungspunkt für eine Qualifizierung des Darlehensausfalls als nachträgliche Anschaffungskosten auf die Beteiligung an der Kapitalgesellschaft entfallen. Vor dem Hintergrund der langjährigen Rechtsentwicklung räumt der BFH – eine sehr seltene und auch sehr umstrittene Ausnahmeregelung – Vertrauensschutz ein. Die alten Grundsätze sollen gelten für Darlehensausfälle bis September 2017. **903**

In einer weiteren Grundsatzentscheidung hat der **VIII. Senat des BFH** den Weg der Anerkennung als Verlust nach § 20 Abs. 2 Satz 1 Nr. 7 i.V.m. Abs. 4 EStG freigemacht.[926] Nach Auffassung des VIII. Senats des BFH ist ein Darlehensverlust als Verlust bei den Einkünften aus Kapitalvermögen nicht nur dann anzuerkennen, wenn das Darlehen mit Verlust veräußert wird, sondern auch, wenn der Gesellschafter damit ausfällt. **904**

Für Gesellschafter, die zu mindestens 10 % am Stammkapital beteiligt sind, stellt der Ausfall eines Gesellschafterdarlehens uE einen Verlust nach § 20 Abs. 2 Nr. 7 EStG dar. Insbesondere ist bei Gesellschaftern, die mit mindestens 10 % am Stammkapital der Gesellschaft beteiligt sind, der Verlust aber nicht nur ausgleichsfähig mit Überschüssen bei den Einkünften aus Kapitalvermögen, sondern mit sämtlichen anderen Einkunftsarten. Grundsätzlich ist zwar ein Verlust nach § 20 Abs. 2 Satz 1 Nr. 7, Satz 2, Abs. 4 EStG nur in den Grenzen des § 20 Abs. 6 EStG, dh. nur mit anderen Einkünften aus Kapitalvermögen ausgleichsfähig bzw. verrechenbar. Dies gilt nach § 20 Abs. 6 i.V.m. § 32d Abs. 2 Nr. 1 Satz 1c, Satz 2 EStG allerdings nicht für Gesellschafter, die mit mindestens 10 % am Stamm- oder Grundkapital einer Kapitalgesellschaft beteiligt sind. Auch das Teileinkünfteverfahren ist ausgeschlossen. Damit ist der Weg auf, einen solchen Darlehensausfall zu 100 % mit anderen Einkünften auszugleichen bzw. zu verrechnen.[927] **905**

---

918 BFH, BStBl. II 2002, 731 = GmbHR 2002, 439, mit Anm. *Hoffmann*; FG Düsseldorf, DStRE 2003, 139.

919 Nach FG Düsseldorf, GmbHR 2000, 502, ggf. schon bei Auflösungsbeschluss; ebenso FG Hamburg, EFG 2001, 1445.

920 BFH, BStBl. II 2000, 343; anders Niedersächsisches FG, DStRE 2003, 1083, keine Erfassung, solange der Gesellschafter einen Schadensersatzprozess (hier gegen Stb.) führt.

921 *Korn/Strahl*, KÖSDI 2000, 12582; zur Kritik *Haritz*, DStR 2000, 1544.

922 BFH, GmbHR 2000, 500 (nachträgliche Steuerzahlungen); FG Düsseldorf, EFG 1994, 39; *Flies*, DStZ 1996, 197.

923 BFH, DB 2001, 570; siehe aber auch FR 2001, 690, zur Bürgschaft des Ehegatten; ferner OFD Erfurt vom 30.7.2001, DB 2001, 1966; OFD Düsseldorf vom 17.12.2001, GmbHR 2002, 121.

924 Vgl. *Weber-Grellet*, in: Schmidt. 39. Aufl. 2020, § 17 Rn. 163 ff., m.w.N.

925 BFH, DStR 2017, 2089.

926 BFH, BB 2018, 99.

927 Vgl. BFH, Ubg 2018, 172, mit Anm. *Jachmann-Michel* und Anm. *Brombach-Krüger* und Anm. *Stenert/Selle*; vgl. auch FG Münster vom 12.3.2018 – 2 K 3127/15 E, n.v. (juris).

906 Wird der Liquidation eine **Veräußerung** der Anteile **vorgeschaltet** (sog. »Anteilsrotation«), so ist dies idR kein Gestaltungsmissbrauch.[928]

907 Der BFH hat mit Entscheidung vom 8.4.2014 nochmals bestätigt, dass die Veräußerung an nahe Angehörige der **Verlustrealisierung i.R.v. § 17 Abs. 4 EStG** nicht entgegensteht. Von einer Veräußerung gegen Entgelt kann grundsätzlich auch ausgegangen werden, wenn ein Entgelt lediglich in symbolischer Höhe vereinbart wird. Voraussetzung ist dann allerdings, dass die Anteile objektiv wertlos sind. Bei der Übertragung zwischen fremden Dritten ist nach Auffassung des BFH hiervon regelmäßig auszugehen. Bei den Übertragungen zwischen nahestehenden Personen kann eine entgeltliche Veräußerung hingegen nur angenommen werden, wenn der Anteil sowohl objektiv als auch in den Augen der Beteiligten wertlos ist.[929]

908 An diese BFH-Rechtsprechung knüpft das FG Düsseldorf mit seiner Entscheidung vom 19.3.2015 an.[930] Das FG Düsseldorf stellt zunächst fest, dass eine Veräußerung i.S.v. § 17 EStG nicht nur bei Übertragung gegen einen symbolischen Kaufpreis, sondern auch bei Übertragung gegen einen Veräußerungserlös i.H.v. € 0,– vorliegen kann. Auch das FG Düsseldorf geht davon aus, dass bei Anteilsübertragung zwischen nahestehenden Personen eine Veräußerung nur angenommen werden kann, wenn nach dem Gesamtbild der objektiven Umstände unter Berücksichtigung des Willens und der Vorstellungen der Vertragsparteien feststeht, dass der übertragene Anteil sowohl objektiv als auch in den Augen der Vertragsparteien **wertlos** ist.

909 Steht nicht fest, dass objektiv und auch nach dem Willen und der Vorstellung der Beteiligten von einer wertlosen Beteiligung auszugehen ist, ist eine Veräußerung i.S.v. § 17 EStG nicht gegeben, sondern eine Schenkung. Die Realisierung eines Verlusts aus der Übertragung der Beteiligung scheidet in diesem Fall aus.

910 Die Liquidation der GmbH hat grundsätzlich keine Auswirkung auf die **Umsatzsteuer bzw. den Vorsteuerabzug** bereits ausgeführter Lieferungen und Leistungen. Dieses gilt jedoch nicht, wenn i.R.d. Liquidation die Bemessungsgrundlage für die Umsatzsteuer bzw. Vorsteuer geändert wird, z.B. wenn ein Vertrag einvernehmlich rückgängig gemacht wird. Hier erfolgt eine Korrektur über § 17 UStG: Die Umsatzsteuerschuld des leistenden Unternehmens und der Vorsteuerabzugsbetrag des leistungsempfangenden Unternehmens reduzieren sich. Berichtigt werden nicht die ursprünglichen Umsatzsteuerbescheide, denen die Leistung zugrunde lag. Die Korrektur erfolgt in dem Voranmeldungszeitraum, in dem die Änderung eintritt (§ 17 Abs. 1 Satz 3 UStG).

III. Besteuerung in der Insolvenz

911 Gem. § 11 Abs. 7 KStG gelten für die Besteuerung in der Insolvenz der GmbH dieselben Grundsätze wie für die Besteuerung i.R.d. Liquidation. Die Insolvenzeröffnung als solche führt noch nicht zur Anwendung des § 11 KStG.

912 § 11 Abs. 7 KStG gilt, wenn mit der Insolvenzabwicklung gemäß der §§ 158, 159 InsO begonnen wird. Wird der Betrieb im Rahmen der Insolvenz fortgeführt, bleibt es bei der Jahresveranlagung. Im Übrigen stellt der Zeitraum ab Insolvenzeröffnung bis zum Abschluss des Insolvenzverfahrens einen einheitlichen Gewinnermittlungs- und Veranlagungszeitraum dar. Erfolgt im Anschluss an das Insolvenzverfahren eine Abwicklung, endet der Besteuerungszeitraum erst mit Abschluss der Abwicklung.

IV. Steuerrechtliche Konsequenzen des Gesellschafterstreits in der GmbH

1. Ausgangspunkt: Zivilrechtliche Vorgaben der Einziehung

913 Ist ein Einziehungsbeschluss weder nichtig noch für nichtig erklärt, wird die Einziehung mit der **Mitteilung des Beschlusses** an den betroffenen Gesellschafter und nicht erst mit der Leistung der

928 Siehe BFH, DB 2000, 2307; GmbHR 2001, 1056, mit Anm. *Streck/Binnewies*; BStBl. II 1999, 729.
929 BFH, BFH/NV 2014, 1201.
930 FG Düsseldorf, EFG 2015, 1364, bestätigt durch BFH, BFH/NV 2017, 289.

Abfindung wirksam, sofern die Satzung nichts anderes regelt.[931] Durch die Einziehung geht der eingezogene Anteil unter.

Die Einziehung von GmbH-Anteilen gegen Entgelt ist rechtlich grundsätzlich nur zulässig, soweit das buchmäßige Eigenkapital der GmbH höher als das nach Einziehung unveränderte Stammkapital ist, d.h. soweit das **Entgelt aus den Rücklagen** i.S.d. § 272 Abs. 2, Abs. 3 HGB gezahlt werden kann (Kapitalrücklagen, Gewinnrücklagen). Dies ergibt sich nach den sogenannten Kapitalerhaltungsgrundsätzen, die über die Verweisung von § 34 Abs. 3 GmbHG auf § 30 Abs. 1 GmbHG auch bei der Einziehung anwendbar sind. Danach darf das zur Erhaltung des Stammkapitals erforderliche Vermögen der Gesellschaft an die Gesellschafter nicht ausgezahlt werden. 914

Ist bereits im **Zeitpunkt des Wirksamwerdens** des Einziehungsbeschlusses sicher, dass die nach der Satzung geschuldete Abfindung ohne Verstoß gegen die Kapitalerhaltungsgrundsätze i.S.d. § 30 Abs. 1 Satz 1 GmbHG nicht ausgezahlt werden kann, ist der Einziehungsbeschluss unwirksam. Fehlt es an einer solchen sicheren Nichtzahlungsfähigkeit, wird aber nach Beschlussfassung über die Einziehung klar, dass die Abfindung nicht vollständig aus dem vollen Gesellschaftsvermögen geleistet werden kann, sind die Gesellschafter, die den Einziehungsbeschluss gefasst haben, anteilig haftbar gegenüber dem ausgeschiedenen Gesellschafter für die Abfindung, wenn sie nicht dafür Sorge tragen, dass die Abfindung aus dem ungebundenen Vermögen der Gesellschaft geleistet werden kann oder sie die Gesellschaft nicht auflösen.[932] 915

2. Steuerliche Auswirkungen auf Ebene der GmbH

a) Grundsatz: Steuerlich neutrale Einlagenrückgewähr

Für die Gesellschaft selbst ist der Einziehungsvorgang grundsätzlich **erfolgsneutral**,[933] weil letztlich nur eine Einlagen(rück)auskehrung stattfindet: Das Eigenkapital der Gesellschaft wird gemindert, ohne dass gleichzeitig Aktiva hinzuerworben werden; die Gesellschaft wird wertloser.[934] Diese Lösung ist angesichts des zivilrechtlichen Erfordernisses, dass der Einziehungsbetrag aus dem freien Vermögen der Gesellschaft zu erfolgen hat, konsequent. 916

Im **BMF-Erlass vom 27.11.2013** zur steuerlichen Behandlung des Erwerbs eigener Anteile[935] ist unter Rz. 16 des BMF-Schreiben geregelt, im Fall der Einziehung würden die Rz. 8 ff. des BMF-Schreiben mit der Maßgabe gelten, dass eine Entschädigungszahlung wie eine Kaufpreiszahlung zu behandeln sei. 917

Nach Rz. 8 ff. des BMF-Schreiben soll auf Ebene der Gesellschaft die Einziehung von Anteilen der wirtschaftlichen Betrachtungsweise des Handelsrechts folgen. Die Einziehung stelle – so das BMF – **keinen Anschaffungsvorgang** dar, sondern sei wie eine Herabsetzung des Nennkapitals zu behandeln. Der über die Rückzahlung des Nennkapitals hinausgehende Betrag stelle eine Leistung der Gesellschaft an den veräußernden Gesellschafter dar, die nach den Grundsätzen des § 27 Abs. 1 Satz 3 KStG zu einer Minderung des steuerlichen Einlagenkontos führen würde, soweit sie den maßgebenden ausschüttbaren Gewinn übersteigen würde.[936] 918

Kapitalertragsteuer sei auch auf den Teil der Leistung, der das steuerliche Einlagekonto nicht nach § 27 Abs. 1 Satz 3 KStG oder nach § 28 Abs. 2 Satz 3 KStG mindere, **nicht einzubehalten** und abzuführen, da der Vorgang auf der Ebene des Anteilseigners eine Veräußerung darstelle.[937] 919

931 BGH, DB 2012, 504.
932 BGH, DB 2012, 504 ff.
933 BFH, BStBl. II 1993, 369, GmbHR 1993, 380.
934 *Weber-Grellet*, in: Schmidt, EStG, 39. Aufl. 2020, § 17 Rn. 101.
935 BMF-Schreiben vom 27.11.2013, VV DEU BMF 2013 – 11-27IV C 2-S 2742/07/1/009, BStBl. I 2013, 1615, Rz. 6.
936 BMF-Schreiben vom 27.11.2013, VV DEU BMF 2013 – 11-27IV C 2-S 2742/07/1/009, BStBl. I. 2013, 1615, Rz. 6.
937 BMF-Schreiben vom 27.11.2013 – IV C 2-S 2742/07/1/009, BStBl. I, 2013, 1615, Rz. 6.

920 Bei Zahlung eines **überhöhten Kaufpreises** könne eine vGA i.S.d. § 20 Abs. 1 Nr. 1 Satz 1 EStG vorliegen, die nach den allgemeinen Grundsätzen zu behandeln sei.[938]

b) Gefahr der Verlustvernichtung

921 Soweit ersichtlich, ist bislang die Frage nicht abschließend geklärt, ob und unter welchen Voraussetzungen die Regelungen zum Verlust des Verlustabzugs nach **§ 8c KStG** auf den Zwangsausschluss anwendbar sind.

922 Unklar ist die Situation, wenn die Anteile eingezogen und die verbleibenden Anteile der übrigen Gesellschafter um den Nennbetrag der untergegangenen Geschäftsanteile aufgestockt werden. Formal findet keine Veräußerung gegen Entgelt statt. Nach § 8c Abs. 1 KStG sind aber auch mit dem Erwerb »***vergleichbare Sachverhalte***« schädlich. Die Norm ist insoweit denkbar weit gefasst. Ein »*vergleichbarer Sachverhalt*« kann auch vorliegen, wenn Anteile eingezogen werden und dadurch die Beteiligung eines der verbliebenen Gesellschafters am Nennkapital um mehr als 25 % oder sogar nach § 8c Abs. 1 Satz 2 KStG um mehr als 50 % ansteigt.[939]

c) Betriebsausgabenabzug bei Überabfindung eines »lästigen« Gesellschafters

923 Um einen lästigen Gesellschafter handelt es sich grundsätzlich dann, wenn ein wesentlich beteiligter Gesellschafter die geschäftliche Tätigkeit der Gesellschaft mittelbar oder unmittelbar gefährdet, so dass es **im betrieblichen Interesse** ist, dass er aus der Gesellschaft ausscheidet.[940]

924 In diesen Fällen ist aufseiten der Gesellschaft für eine Abzugsfähigkeit allein die betriebliche Veranlassung entscheidend. Ausgaben einer Kapitalgesellschaft, die dazu dienen, einen ihr lästigen Gesellschafter zum Ausscheiden aus der Gesellschaft zu bewegen, können betrieblich veranlasst sein.[941] Die Lästigkeit und deren betriebliche Veranlassung setzen voraus, dass sich aus dem Gesellschafter eine **Gefahr für die Gesellschaft** – bspw. der Verlust wichtiger Hauptkunden[942] – ergibt und die Leistung des Mehrbetrags zur Abwendung dieser Gefahr dient.[943] Eine **Lästigkeitsprämie** ist zur Abwehr solcher Gefahren i.d.R. nicht erforderlich, wenn es sich bei dem auszuschließenden Gesellschafter nur um einen Minderheitsgesellschafter handelt und die Stimmquoten ausreichen, um diesen Minderheitsgesellschafter mittels Gesellschafterbeschluss aus der Gesellschaft auszuschließen.[944] Andererseits kann die Lästigkeitsprämie betrieblich veranlasst und in der Folge als Betriebsausgabe steuerlich anzuerkennen sein, wenn sie darauf zielt, dem sonst keinem Wettbewerbsverbot unterliegenden Gesellschafter, der tatsächlich in Konkurrenz zu seiner Gesellschaft tritt, zum Austritt aus der Gesellschaft zu bewegen.

▶ **Beratungshinweis:**

925 Sofern eine Lästigkeitsprämie als Betriebsausgabe geltend gemacht werden soll, ist die Belastung der Gesellschaft durch den ausscheidenden Gesellschafter im Vorfeld sowie während des Gesellschafterstreits zu dokumentieren (z.B. missbräuchliches Ausnutzen des § 51a GmbHG, Blockade von Gesellschafterversammlungen, stete Anfechtungsklagen, Wettbewerb).

938 BMF-Schreiben vom 27.11.2013 – IV C 2-S 2742/07/1/009, BStBl. I, 2013, 1615, Rz. 8.
939 Zur Verfassungsmäßigkeit s.o.
940 Vgl. hierzu *Martini*, FR 2011, 562, 564.
941 BFH, BFH/NV 1996, 438; BStBl. III 1961, 463; BStBl. III 1965, 618; BStBl. III 1963, 454; *Schwedhelm*, in: Streck, KStG, 9. Aufl. 2018, § 8 Anh. Rn. 782.
942 FG Hamburg, EFG 2009, 642, bestätigt durch: BFH, BStBl. II 2010, 607.
943 *Kussmaul/Richter/Tcherveniachki*, GmbHR 2007, 911, 914.
944 *Kussmaul/Richter/Tcherveniachki*, GmbHR 2007, 911, 914.

3. Ebene des Gesellschafters

a) Teileinkünfteverfahren oder Abgeltungsteuer

Auf Ebene des von der Einziehung betroffenen Gesellschafters wird die Einziehung gegen Abfindung als **Veräußerungstatbestand** i.S.d. § 17 EStG behandelt, sofern der Gesellschafter in den letzten fünf Jahren vor der Einziehung mit mindestens 1 % an der Gesellschaft beteiligt war.[945] 926

Ein sich ergebender Veräußerungsgewinn oder -verlust als Differenz zwischen Abfindung und Anschaffungskosten und Erwerbsnebenkosten (bspw. die mit der Durchsetzung des Abfindungsguthabens verbundenen Berater- und Gerichtskosten) ist in dem Veranlagungsjahr zu erfassen, in dem die eingezogene Beteiligung zivilrechtlich wirksam untergeht oder – im Fall der Zwangsabtretung – an einen Dritten abgetreten wird.[946] Ein sich danach ergebender Gewinn unterliegt nach h.M. dem sogenannten **Teileinkünfteverfahren** (§ 3 Nr. 40a. EStG) und wird damit zu 60 % dem persönlichen Einkommensteuersatz des Gesellschafters unterworfen. Bei GmbH-Beteiligungen, die in den letzten fünf Jahren vor der Einziehung weniger als 1 % betragen haben, ist ein Veräußerungsgewinn pauschal der Abgeltungsteuer von 25 % zzgl. Solidaritätszuschlag zu unterwerfen. 927

Nicht abschließend geklärt ist, ob die Abfindungszahlung im Rahmen der Einziehung dem Tatbestand des **§ 17 Abs. 1 EStG** oder dem Tatbestand des **§ 17 Abs. 4 EStG** zuzuordnen ist. Relevant ist dies für die Frage, ob die Abfindung einheitlich dem Teileinkünfteverfahren unterworfen oder aber, soweit die Abfindung auf die Kompensation des laufenden Gewinns und der Gewinnrücklagen entfällt, gemäß § 17 Abs. 4 Satz 2 KStG als Einkünfte aus Kapitalvermögen erfasst wird. 928

Teile der Literatur gehen davon aus, dass die Einziehung im Hinblick auf die gesellschaftsrechtliche Ausgestaltung wie eine **wirtschaftliche Teilliquidation** nach § 17 Abs. 4 EStG analog steuerlich zu erfassen sei.[947] Folge wäre, dass das Entgelt für den ausscheidenden Gesellschafter kein Veräußerungspreis, sondern Einkünfte aus Kapitalvermögen wäre, soweit für die Abfindungszahlung nicht die nach § 27 KStG festgestellten Einlagen verwendet werden.[948] 929

Nach wohl **herrschender Auffassung** in der Literatur, insbesondere aber auch nach Ansicht des BMF, soll die Abfindungszahlung bei Einziehung einheitlich nach **§ 17 Abs. 1 EStG** erfasst werden. Nach dem BMF-Erlass vom 27.11.2013 zur steuerlichen Behandlung des Erwerbs eigener Anteile soll die Abfindungszahlung i.R.e. Anteilseinziehung einheitlich nach § 17 Abs. 1 EStG zu erfassen sein. Beim Anteilseigner stelle die Einziehung ein Veräußerungsgeschäft dar, dass nach allgemeinen Grundsätzen der Besteuerung unterliege.[949] 930

Die gesamte Abfindung soll nach dieser Auffassung ohne Differenzierung den Einkünften nach § 17 Abs. 1 EStG zugewiesen werden. Sofern es sich um eine wesentliche Beteiligung iSd. § 17 Abs. 1 EStG handelt, unterliegt damit die Abfindung eines Gesellschafters, der seine Beteiligung im Privatvermögen hält, einheitlich und ohne Aufteilung dem **Teileinkünfteverfahren** und damit zu 60 % dem persönlichen Einkommensteuersatz. 931

▶ **Beratungshinweis:**

Mit beiden Ansichten kann, je nach steuerlicher Mehrauswirkung, argumentiert werden. Die einfachere Handhabbarkeit dürfte mit Blick auf die unterbleibende Kapitalertragsteuerpflicht mit der vom BMF vertretenen Ansicht verbunden sein. Diese Ansicht stellt zudem einen 932

945 BFH, BStBl. II 1993, 369.

946 BFH, BStBl. II 2008, 927.

947 Vgl. *Weber-Grellet*, in: Schmidt, 39. Aufl. 2020, § 17 Rn. 101; für eine Veräußerung i.S.d. § 17 Abs. 1 EStG wohl: *Frotscher*, in: Frotscher, EStG, § 17 Rn. 142 (Mai 2010); *Früchtl/Fischer*, DStZ 2009, 112; *Karrenbrock*, in: Littmann, EStG. § 17 Rn. 142 (Okt. 2017); offen gelassen: BFH, DStR 2008, 2058.

948 Vgl. *Weber-Grellet*, in: Schmidt, EStG, 39. Aufl. 2020, § 17 Rn. 101; offen gelassen: BFH, DStR 2008, 2058.

949 BMF-Schreiben vom 27.11.2013, Rn. 20-22; anders noch: BMF-Schreiben vom 2.12.1998, BStBl. I, 1998, 1509, Rn. 21.

Gleichlauf mit den Steuerfolgen der Zwangsabtretung an einen Dritten gegen Veräußerungsentgelt her, die unstreitig ausschließlich dem § 17 Abs. 1 EStG unterliegt.

933 Diese Grundsätze gelten auch für die Abfindung des »lästigen« Gesellschafters, sofern nicht ausnahmsweise der eigentliche Lästigkeitswert, für den die Abfindung gezahlt wird, in der **Geschäftsführerstellung des ausscheidenden Gesellschafters** liegt; in letzterem Fall wären wohl Einkünfte gemäß **§ 19 EStG** gegeben; ggf. ist zwischen Einkünften nach § 17 EStG und § 19 EStG aufzuteilen.

▶ **Beispiel:**

934 An der X-GmbH sind A und B zu jeweils 50 % beteiligt. Der Geschäftsanteil des A (12.500 € Nennbetrag) wird aus wichtigem Grund eingezogen. Im Zeitpunkt des Wirksamwerdens des Einziehungsbeschlusses sieht die Bilanz der X-GmbH wie folgt aus:

Aktiva:	Immobilie	€	100.000,–
	Bank	€	200.000,–
Passiva:	Stammkapital	€	25.000,–
	Kapitalrücklage i.S.d. § 272 Abs. 2 Nr. 4 HGB	€	150.000,–
	Gewinnvortrag i.S.d. § 272 Abs. 3 S. 1 HGB	€	25.000,–
	sonstige Verbindlichkeiten	€	100.000,–

935 Nach der Satzung ist eine Verkehrswertabfindung vorgesehen. Stille Reserven (Grundstück/Firmenwert) sind im Unternehmen i.H.v. € 200.000,– vorhanden. Die Abfindung des A berechnet sich wie folgt:

50 % Stammkapital	€	12.500,–
50 % Kapitalrücklage	€	75.000,–
50 % Gewinnvortrag	€	12.500,–
Zwischensumme Buchkapital	€	100.000,–
50 % stille Reserven	€	100.000,–
Abfindungsanspruch	€	**200.000,–**

936 Nach der wohl herrschenden Auffassung soll es sich um eine **Veräußerung i.S.d. § 17 Abs. 1 EStG** handeln, die auf Ebene der GmbH erfolgsneutral sein soll. Für die Zahlung müssen die Gewinnrücklage und die Kapitalrücklage voll verwendet werden. Nach der herrschenden Auffassung dürfte bei Verwendung der Gewinnrücklage von der GmbH keine Kapitalertragsteuer einzubehalten und abzuführen sein, weil es sich bei den Rückzahlungen nicht um Gewinnausschüttungen i.S.d. § 20 Abs. 1 Nr. 1 EStG handelt.

937 Nach anderer Auffassung, die von einer **Teilliquidation** ausgeht, dürfte es sich, soweit die Gewinnrücklage für die Abfindungszahlung verwandt wird, um eine Ausschüttung handeln, für die die Kapitalertragsteuer von der GmbH einzubehalten und dann an das Finanzamt abzuführen ist. Auf Ebene des A wird es sich nach der Mindermeinung, soweit die Abfindung sich aus der Auszahlung des Gewinnvortrags zusammensetzt, um Einkünfte aus Kapitalvermögen i.S.d. § 20 Abs. 1 Satz 1 EStG handeln, die der Abgeltungsteuer unterliegen. Die verbleibende Abfindungszahlung dürfte nach dieser Mindermeinung gemäß § 17 EStG zu versteuern sein, wobei die Anschaffungskosten abzuziehen sind, insbesondere Einlageleistung, soweit der A die Kapitalrücklage oder auf das Stammkapital Einzahlungen vorgenommen hat.

b) Steuerliche Rückwirkung

938 Das rechtskräftige Einziehungs- und Abfindungsurteil hat ggf. **steuerliche Rückwirkung** i.S.d. § 175 Abs. 1 Satz 1 AO:

I.R.d. Veräußerungstatbestände des § 17 **EStG** greift nicht das Realisations- oder Zu- und Abfluss-prinzip, sondern das **Stichtagsprinzip.**[950] Stichtag ist der Zeitpunkt, zu dem die Veräußerung der Kapitalbeteiligung erfolgt.[951] Der Tatbestand der Betriebsveräußerung wird mit der Übertragung des wirtschaftlichen Eigentums auf den Erwerber verwirklicht. In diesem Zeitpunkt entsteht der Veräußerungsgewinn, und zwar unabhängig davon, ob der vereinbarte Kaufpreis sofort fällig, in Raten zahlbar oder langfristig gestundet sei und wann der Verkaufserlös dem Veräußerer tatsächlich zufließe.[952] Der Aufgabegewinn entsteht abschließend im zeitlichen Rahmen des – kurz zu bemessenden – Aufgabezeitraums.[953] 939

▶ **Beispiel:**

Die Beschlussfassung über die Einziehung der Anteile des A erfolgt im Jahr 2013. Die Einziehung wird durch rechtskräftiges Urteil in 2013 bestätigt. Im Jahr 2014 vergleichen sich die Parteien im gerichtlichen Verfahren über die Abfindung i.H.v. € 200.000,–. 940

▶ **Folge:**

A ist bereits im Jahr 2013 aus der Gesellschaft ausgeschieden und hat im Jahr 2013 die Abfindung der Besteuerung nach § 17 EStG zu unterwerfen. Der gerichtlich geschlossene Vergleich über die Höhe der Abfindung ist ein rückwirkendes Ereignis; der Einkommensteuerbescheid des A für das Jahr 2013 kann ggf. nach § 175 Abs. 1 Nr. 2 AO geändert werden. 941

Sofern die Satzung die Zahlung der **Abfindung über mehrere Jahre** vorsieht (häufig über fünf oder zehn Jahre), befindet sich der ausscheidende Gesellschafter ggf. in der Liquiditätsfalle, muss er doch bereits die vollständige Abfindung, ggf. leicht abgezinst, im Jahr des Ausscheidens versteuern, obgleich eine Zufluss erst sukzessive über mehrere Jahre stattfindet. 942

Auch bei vereinbarter Stundung des »Kaufpreises« entsteht der Veräußerungsgewinn i.S.v. § 17 EStG grundsätzlich im Zeitpunkt der Veräußerung, eine wahlweise Zuflussbesteuerung des Veräußerungsgewinns kommt nach Ansicht des BFH nur in Betracht, wenn die wiederkehrenden Zahlungen **Versorgungscharakter** haben.[954] Im Fall der wirksamen Ausübung des Wahlrechts gilt für die Besteuerung beim Veräußerer das jeweilige Recht im Zuflusszeitpunkt.[955] 943

Wird die **Abfindung in Raten** gezahlt und werden die Raten verzinst, ist das Veräußerungsentgelt i.S.d. § 17 EStG durch die Anschaffungskosten von dem nach den Vorschriften des BewG ermittelten Barwert der Abfindung zu ermitteln.[956] Der Zinsanteil der einzelnen Ratenzahlungen ist sodann nach Ansicht des BMF im Zeitpunkt des tatsächlichen Zuflusses der einzelnen Rate nach § 20 Abs. 1 Nr. 7 EStG als Einnahme aus Kapitalvermögen zu versteuern.[957] 944

c) Verzinsung des Abfindungsguthabens

Für den Regelfall sehen die Abfindungsregeln für den Zahlungszeitraum eine **Verzinsung** vor. 945

Auf Ebene des Gesellschafters geht das BMF davon aus, dass der **Zinsanteil** bei einer Ratenzahlung des Kaufpreises für den Verkauf wesentlicher Anteile i.S.d. § 17 EStG gemäß **§ 20 Abs. 1 Nr. 7 EStG** als Einkünfte aus Kapitalvermögen zu erfassen ist.[958] Die Grundsätze dürften auch auf die ratierliche Zahlung des Abfindungsguthabens übertragbar sein. Danach sind die Zinserträge und 946

950 BFH, BStBl. II 1993, 897; BStBl. II 1994, 564; BStBl. II 1997 509; BStBl. II 2001, 641; BFHE 154, 85.
951 BFH, FR 1998, 738.
952 BFH, BStBl. II 1993, 897, m.w.N.
953 BFH, BStBl. II 1993, 710; *Wacker*, in: Schmidt, 38. Aufl. 2019, § 16 EStG Rn. 260.
954 BFH, BStBl. II 2015, 526; DStR 2010, 1980; großzügiger beim Wahlrecht für Ratenzahlung des Kaufpreises wohl: FG München, EFG 2009, 1030.
955 BFH, BStBl. II 2015, 526.
956 Vgl. R 17 Abs. 7 EStR 2014 i.V.m. Richtlinie 16 Abs. 11 EStR 2014.
957 R17 (7) S. 2 EStR i.V.m. Richtlinie 16 Abs. 11 EStR 2014.
958 R17 (7) S. 2 EStR i.V.m. Richtlinie 16 Abs. 11 EStR 2014.

der Ertragsanteil eines ratierlich ausgezahlten Abfindungsguthabens gemäß § 20 Abs. 1 Nr. 7 EStG als Einkünfte aus Kapitalvermögen zu erfassen, wenn die Rückzahlung des Kapitalvermögens oder ein Entgelt für die Überlassung des Kapitalvermögens zur Nutzung zugesagt oder geleistet worden ist. Die Besteuerung der Zinsen erfolgt dann gemäß § 11 Abs. 1 EStG im Zeitpunkt des Zuflusses.

947 Wie diese Zinszahlungen auf Ebene der Kapitalgesellschaft zu erfassen sind, ist – soweit ersichtlich – bislang in Literatur und Rechtsprechung nicht erörtert. U.E. kann argumentiert werden, dass der **Zinsaufwand** bzw. Ertragsanteil nach den gleichen Grundsätzen wie eine verzinsliche Fremdverbindlichkeit zu erfassen sind. Hierfür spricht, dass die GmbH von der verstetigten Auszahlung des Abfindungsguthabens unmittelbar betrieblich profitiert. Folge ist, dass der Zins- bzw. Ertragsanteil auf Ebene der Kapitalgesellschaft als Betriebsausgaben abzugsfähig ist.

J. Steuerliche Gesichtspunkte der GmbH-Satzungsgestaltung

I. Sitz

948 Der statuarische Sitz der GmbH muss sich gem. § 4a GmbH zwingen im Inland befinden. Die Wahl des konkreten Ortes im Inland kann Auswirkungen auf die Höhe der Gesamtsteuerbelastung haben. Die Gewerbesteuerbelastung ist ua. vom konkreten Hebesatz, der von der hebeberechtigten Gemeinde zu bestimmen ist, abhängig (§ 16 GewStG). Hebeberechtigte Gemeinde ist nach § 4 Abs. 1 GewStG ua. die Gemeinde, in der sich eine Betriebsstätte des Gewerbebetriebs befindet. Da sich am Sitz der AG regelmäßig auch eine Betriebsstätte befindet, hat die Auswahl des Sitzes daher Einfluss auf die Gewerbesteuerbelastung. Bestehen mehrere Betriebsstätten, erfolgt die Zerlegung des Gewerbesteuermessbetrags auf sämtliche Gemeinden, in denen Betriebsstätten der AG angesiedelt sind (§ 28 GewStG).

949 Durch die Streichung des § 4a Abs. 2 GmbHG iRd. MoMiG kann sich der Verwaltungssitz (steuerlich: Ort der Geschäftsleitung, § 10 AO) abweichend vom zwingenden Satzungssitz im Inland auch im Ausland befinden. Bei DBA-Staaten führt dies zur DBA-Ansässigkeit im Ausland mit den entsprechenden steuerlichen Konsequenzen.

950 Eine Sitzänderung ist nach § 137 AO dem Finanzamt anzuzeigen. Der Sitz der GmbH ist auch ausschlaggebend für das ertragsteuerzuständige Finanzamt, sofern auch der Ort der Geschäftsleitung sich am Satzungssitz befindet (§ 20 Abs. 1 AO). Wenn sich die Geschäftsleitung im Ausland befindet, richtet sich die Zuständigkeit ausschließlich nach dem Sitz (§ 20 Abs. 2 AO).

II. Unternehmensgegenstand

951 Die Bestimmung des Unternehmensgegenstands ist sowohl für die Begründung der Körperschaftsteuerpflicht als auch der Gewerbesteuerpflicht ausschlaggebend. Entspricht der Unternehmensgegenstand einem Steuerbefreiungstatbestand i.S.v. § 5 KStG bzw. § 3 GewStG, wird eine Steuerpflicht nicht begründet. Die Frage, ob die Satzung die Voraussetzungen gem. §§ 59 Satz 1, 60 und 61 AO erfüllt, kann ggf. im Wege der Vorabanfrage beim zuständigen Finanzamt abgeklärt werden.

952 Der Unternehmensgegenstand ist ggf. Indiz für die Zurechnung von Geschäftschancen und kann damit im Hinblick auf potentielle verdeckte Gewinnausschüttungen Bedeutung erlangen.

III. Stammkapital

953 Abgesehen vom Kapitalbedarf der GmbH ist es steuerlich grundsätzlich nicht notwendig, die GmbH mit einem über € 25.000,– hinausgehenden Stammkapital auszustatten. Auch kapitalersetzende Darlehen sind Fremdkapital und kein verdecktes Stammkapital.[959] Die Grenzen der Gesellschafter-Fremdfinanzierung bestimmt § 8a KStG i.V.m. § 4h EStG.

959 BFH, BStBl. II 1992, 532; BFH/NV 2008, 616; BMF-Schreiben vom 16.9.1992, BStBl. I 1992, 653; *Groh*, BB 1993, 1882; *Wassermeyer*, ZGR 1992, 639; *Kessler/Teufel*, DB 2001, 1955; zur Besteuerung der Zinsen BFH, GmbHR 1994, 639; zur Frage, ob die Bildung einer Rückstellung für mögliche Ansprüche aus kapitalersetzender Nutzungsüberlassung zu einer vGA führt siehe BFH, BStBl. II 2011, 60.

Ebenso wenig führen Rangrücktrittsvereinbarungen hinsichtlich eines von einem Gesellschafter gewährten Darlehens oder Bürgschaften des Gesellschafters zu einer Einlage.[960] Nur ein Forderungsverzicht durch Erlassvertrag ist i.H.d. Werthaltigkeit der Forderung eine Einlage. Dies gilt auch bei einem Forderungsverzicht mit Besserungsschein.[961] 954

Die gesetzlich vorgeschriebene bzw. vertraglich vereinbarte Mindesteinlage sowie durch Beschluss angeforderte Einlagen auf das Stammkapital sind zu verzinsen. Ansonsten liegt eine vGA vor.[962] Bei der Satzungsformulierung ist darauf zu achten, dass Einlagen nicht ungewollt fällig gestellt werden. 955

IV. Geschäftsjahr

Dem handelsrechtlichen Geschäftsjahr entspricht steuerrechtlich das Wirtschaftsjahr (§ 4a EStG). Die Festlegung des Wirtschaftsjahrs kann bei der Gründung der GmbH aufgrund der Verschiebung der erstmaligen Besteuerung in einen folgenden Veranlagungszeitraum steuerliche Auswirkungen in der Höhe haben. Das Finanzamt hat bei der Gründung ein abweichendes Wirtschaftsjahr grundsätzlich anzuerkennen.[963] Die spätere Umstellung des Wirtschaftsjahres auf einen vom Kalenderjahr abweichenden Zeitraum kann nur im Einvernehmen mit dem Finanzamt erfolgen (§ 4a Abs. 1 Nr. 2 Satz 2 EStG, § 8b EStDV). 956

V. Selbstkontrahierungsverbot

Bei einer Ein-Mann-GmbH bedarf jede Befreiung von § 181 BGB einer Satzungsgrundlage.[964] Erforderlich ist damit eine Satzungsregelung, die unmittelbar befreit (»A ist von der Beschränkung des § 181 BGB befreit«; »Die Geschäftsführer sind von der Beschränkung des § 181 BGB befreit«) oder die zumindest eine Befreiung gestattet (»Die Geschäftsführer können durch Beschluss der Gesellschafterversammlung von § 181 BGB befreit werden«). Bei der Beschlussfassung ist sodann § 48 Abs. 3 GmbHG zu beachten.[965] 957

Bei der mehrgliedrigen GmbH bedarf nur die generelle Befreiung einer Satzungsgrundlage. Eine Befreiung im Einzelfall, die auch konkludent erteilt werden kann, ist ohne Satzungsgrundlage wirksam.[966] Wegen der bestehenden Rechtsunsicherheit ist auch bei der mehrgliedrigen GmbH in der Satzung die Befreiungsmöglichkeit entsprechend zu regeln. 958

Bei der Formulierung der Satzung ist auf die Wirksamkeit der Befreiungsregelung zu achten.[967] Eine Klausel, wonach der Geschäftsführer von § 181 BGB befreit ist, »solange er Gesellschafter ist«, ist ebenso unwirksam wie eine beschränkte Befreiung für Rechtsgeschäfte zwischen der GmbH und Gesellschaften, bei denen der GmbH die Geschäftsführung obliegt.[968] 959

---

960 BFH, BStBl. II 1993, 502; GmbHR 2006, 158; dazu *Watermeyer*, GmbHR 2006, 240; *Wassermeyer*, DB 2006, 296.

961 BFH, BStBl. II 1991, 588; GmbHR 1997, 266; siehe hierzu *Häuselmann*, BB 1993, 1552; *Bullinger*, DStR 1993, 225; *Rautenberg/Schaufenberg*, DB 1995, 1345; ferner FG München, EFG 2002, 1115, bestätigt durch BFH, BFH/NV 2003, 824; BMF-Schreiben vom 16.12.2003, BStBl. I 2003, 643; dazu *Hoffmann*, DStR 2004, 293.

962 FG Mecklenburg-Vorpommern, DStRE 1999, 667; Niedersächsisches FG, GmbHR 1990, 580; *Schneider*, Stbp 1994, 16.

963 Vgl. aber BFH, BStBl. II 1992, 486.

964 BayObLG, DB 1984, 1517; OLG Hamm, BB 1998, 1328; a.A. *Altmeppen*, NJW 1995, 1182.

965 BayObLG, DB 1984, 1517.

966 Streitig, wie hier *Schneider/Schneider*, in: Scholz, GmbHG, 11. Aufl. 2014, § 35 Rn. 143 f., generelle Befreiung auch ohne Satzungsgrundlage wirksam; *Meyerlandrut/Miller/Niehus*, GmbHG, 1987, §§ 35 bis 38 Anm. 24, auch für die Befreiung im Einzelfall ist eine Satzungsgrundlage erforderlich.

967 Siehe *Simon*, GmbHR 1999, 588.

968 OLG Hamm, DNotZ 1996, 816.

960 Die Befreiung von § 181 BGB ist eine eintragungspflichtige Tatsache[969], die Eintragung im Handelsregister hat aber nur deklaratorische Bedeutung.[970]

961 Ist ein Gesellschafter-Geschäftsführer wirksam von § 181 BGB befreit, erlischt diese Befreiung nicht, wenn aus der mehrgliedrigen GmbH eine Ein-Mann-GmbH wird.[971]

962 Fehlt eine wirksame Befreiung von § 181 BGB kann dies im Zusammenhang mit der Problematik verdeckter Gewinnausschüttungen von Relevanz sein.

VI. Vertretung, Geschäftsführung

963 Satzungen enthalten regelmäßig einen Katalog zustimmungspflichtiger Geschäfte, die die Geschäftsführungsbefugnis einschränken. Diese interne Regelung beeinflusst grundsätzlich nicht die Wirksamkeit der im Außenverhältnis abgeschlossenen Rechtsgeschäfte, da die Vertretungsmacht des Geschäftsführers nicht beschränkt werden kann (§ 37 Abs. 2 GmbHG). Dieser Grundsatz gilt aber nicht für Rechtsgeschäfte zwischen der GmbH (vertreten durch den Geschäftsführer) und dem Gesellschafter. Hier ist die Innenbeschränkung des Geschäftsführers zu beachten.[972] Wird ein Kataloggeschäft ohne Zustimmung der Gesellschafterversammlung mit einem Gesellschafter abgeschlossen, ist das Rechtsgeschäft unwirksam. Bei einem beherrschenden Gesellschafter oder einer ihm nahestehenden Person kann eine vGA vorliegen.[973]

964 Die dargestellte Problematik tritt jedoch nicht nur bei katalogmäßig erfassten Rechtsgeschäften auf. Auch Rechtsgeschäfte, die nicht zum gewöhnlichen Geschäftsbetrieb gehören, bedürfen der Zustimmung der Gesellschafterversammlung.[974]

VII. Gesellschafterbeschlüsse

965 Für die Rechtswirksamkeit bestimmter Rechtsgeschäfte ist die Beschlussfassung der Gesellschafterversammlung erforderlich (z.B. Abschluss und Änderung des Geschäftsführervertrags, Pensionszusagen, Befreiung von § 181 BGB).

966 Das Gesetz kennt für Beschlussfassungen der Gesellschafterversammlung grundsätzlich keine Formerfordernisse. In der Gesellschafterversammlung gefasste Beschlüsse sind damit auch dann rechtswirksam, wenn sie nicht schriftlich niedergelegt wurden.

967 Dies gilt selbst für die Ein-Mann-GmbH, für die eine gesetzliche Protokollierungspflicht besteht (§ 48 Abs. 3 GmbHG). Ein Verstoß führt nicht zur Nichtigkeit des Beschlusses. Streitig ist allerdings, ob sich der Alleingesellschafter gegenüber Dritten (und damit auch gegenüber dem Finanzamt) auf einen nicht protokollierten Beschluss berufen kann.[975] Es ist daher dringend zu empfehlen, sowohl bei der Ein-Mann-GmbH wie bei der mehrgliedrigen GmbH, Beschlüsse zu protokollieren. Andernfalls bestehen regelmäßig Beweisprobleme. Eine nachträgliche Protokollierung gefasster Beschlüsse ist zulässig.

968 Nach § 48 Abs. 2 GmbHG können Beschlüsse auch außerhalb der Gesellschafterversammlung gefasst werden. Erforderlich ist allerdings die schriftliche Abstimmung. Formlose Beschlüsse sind außerhalb der Gesellschafterversammlung ohne Satzungsgrundlage nach hM unzulässig und damit nichtig.

---

969 OLG Stuttgart, DNotZ 2008, 303.

970 *Priester*, DStR 1992, 254; BFH, DStR 1995, 1791.

971 BGH, BB 1991, 925; BFH, BStBl. II 1991, 597.

972 BGH, ZIP 1997, 1419; *Beursken*, in: Baumbach/Hueck, GmbHG, 22. Aufl. 2019, § 37 Rn. 56.

973 Niedersächsisches FG, GmbHR 1992, 391; BFH, GmbHR 1999, 667; kritisch *Paus*, GmbHR 1999, 1278.

974 *Schneider/Schneider*, in: Scholz, GmbHG, 11. Aufl. 2014, § 35 Rn. 34.

975 Für die Anerkennung eines nicht protokollierten, aber anders nachweisbaren Beschlusses *Zöllner/Noack*, in: Baumbach/Hueck, GmbHG, 22. Aufl. 2019, § 48 Rn. 49.

Keine Beschlussfassung außerhalb der Gesellschafterversammlung liegt vor, wenn alle Gesellschafter spontan oder zufällig zusammenkommen (Vollversammlung) und bei der Beschlussfassung auf Formen und Fristen für die Beschlussfassung verzichten. 969

Die Satzung kann die gesetzlichen Regelungen zur Beschlussfassung erweitern oder einschränken. 970
Besteht eine formlose Satzungsregelung, sind formlose Beschlussfassungen außerhalb der Gesellschafterversammlung zulässig und wirksam. Enthält die Satzung zusätzliche Formerfordernisse für die Beschlussfassung in oder außerhalb der Gesellschafterversammlung, führt eine Missachtung zur Unwirksamkeit.[976]

Das Erhöhen der gesetzlichen Anforderungen erhöht das Risiko der Unwirksamkeit gefasster Ge- 971
sellschafterbeschlüsse. Eine solche Unwirksamkeit kann die zivilrechtliche Unwirksamkeit von Rechtsgeschäften zwischen der GmbH und beherrschenden Gesellschaftern mit der Konsequenz verdeckter Gewinnausschüttungen nach sich ziehen.

VIII. Gewinnverteilung

Ein abweichender Gewinnverteilungsbeschluss gegenüber den Beteiligungsverhältnissen ist steuer- 972
lich zulässig,[977] ebenso eine quotenabweichende Rücklagenzuordnung.[978] Voraussetzung der steuerlichen Anerkennung ist die zivilrechtliche Wirksamkeit,[979] und damit eine entsprechende Satzungsregelung.[980]

IX. Wettbewerbsverbot

Im GmbHG ist kein ausdrückliches Wettbewerbsverbot für Gesellschafter geregelt. Allgemein an- 973
erkannt ist jedoch, dass auch Gesellschafter einer GmbH aufgrund ihrer allgemeinen Treuepflicht einem Wettbewerbsverbot unterliegen können.[981] Ein gesetzliches Wettbewerbsverbot gem. § 112 HGB wird bei einer GmbH angenommen, wenn der Gesellschafter maßgebenden Einfluss auf die Geschäftsführung hat und auf diese Weise die Geschicke der Gesellschaft ausschlaggebend bestimmen kann. Die Einzelheiten sind nicht abschließend geklärt. Auch für Gesellschafter-Geschäftsführer besteht keine § 88 AktG vergleichbare Regelung im GmbHG. Nach hM folgt jedoch aus § 43 GmbHG ein Wettbewerbsverbot für Gesellschatfer-Geschäftsführer.

Die Befreiung von dem allgemeinen Wettbewerbsverbot kann wirksam in der Satzung vereinbart 974
werden.[982] Nach h.M. kann die Satzung auch eine entsprechende Öffnungsklausel vorsehen. Für die Befreiung genügt dann ein Gesellschafterbeschluss mit einfacher Mehrheit.[983]

In die GmbH-Satzung kann als »andere Verpflichtung« der Gesellschafter i.S.d. § 3 Abs. 2 GmbHG 975
umgekehrt auch ein allgemeines Wettbewerbsverbot ausdrücklich aufgenommen werden.[984]

---

976 BayObLG, BB 1991, 2103; siehe auch FG Köln, EFG 1997, 487, ein konkludenter Beschluss ist unwirksam, wenn die Satzung schriftliche Bestätigung verlangt.

977 BFH, BStBl. II 2001, 43; GmbHR 2006, 1206; *Harle*, GmbHR 2000, 321; *Paus*, FR 2000, 197; *Heidemann*, INF 2000, 333; Nichtanwendungserlass, BMF-Schreiben vom 7.12.2000, DB 2000, 2501; dazu *Schwedhelm/Binnewies*, DB 2001, 503; *dies.*, GmbH-StB 2000, 281; *Bartmuß/Möser*, BB 2001, 1329; *Rose*, FR 2002, 1; mit Gestaltungshinweisen zur individuellen Zuflusssteuerung *Blumers/Witt*, DStR 2002, 616.

978 *Priester*, DStR 2001, 795.

979 FG Berlin, EFG 2000, 1324; *Schwedhelm/Binnewies*, DB 2001, 503.

980 Siehe BayObLG, BB 2001, 1916.

981 Vgl. BGH, NJW 1984, 1351.

982 Vgl. *Münch*, MittBayNot 1991, 147, 152.

983 Vgl. BGH NJW 1981, 1512; *Priester*, DB 1992, 2411, 2412.

984 Vgl. zu Reichweite und Grenzen eines gesellschaftsvertraglichen Wettbewerbsverbots: *Erb/Seulen*, DB 2017, 1502.

976 Die Entschädigung für ein nachvertragliches Wettbewerbsverbot ist keine vGA, falls sie angemessen ist und – bei beherrschenden Gesellschaftern – rechtzeitig und klar vereinbart wurde.[985] Die Vereinbarung eines Wettbewerbsverbots gegen Vergütung macht den ausscheidenden GmbH-Gesellschafter nicht zum Unternehmer i.S.d. UStG.[986]

977 Ist ein Wettbewerbsverbot in der Satzung geregelt und macht die GmbH trotz eines Verstoßes hiergegen Schadensersatzansprüche gegenüber dem Gesellschafter nicht geltend, kann dies eine verdeckte Gewinnausschüttung darstellen.

X. Gründungskosten

978 Gründungskosten sind grundsätzlich von den Gesellschaftern zu tragen, es sei denn, in der Satzung ist etwas anderes unter Nennung des Betrags vereinbart.[987]

979 Begleicht die GmbH Gründungskosten, die zivilrechtlich von den Gesellschaftern zu tragen sind, liegt eine vGA vor.[988] Eine nachträgliche Übernahme der Gründungskosten durch Änderung der notariellen Urkunde führt zur vGA.[989]

---

985 *Schwedhelm*, in: Streck, KStG, 9. Aufl. 2018, Anh. § 8 Rn. 1402 »Wettbewerbsverbot«.

986 BFH, BB 1986, 2114.

987 Vgl. BGH, GmbHR 1989, 250; siehe auch *Neufang/Hobbing/Kaiser*, INF 1996, 553, mit m.E. teils überzogenen Anforderungen.

988 BFH, BStBl. II 1990, 89; BFH/NV 1997, 711; nach OFD Karlsruhe vom 7.1.1998, GmbHR 1999, 252, genügt eine Regelung, die einen Höchstbetrag enthält; ebenso FG Baden-Württemberg, GmbHR 1999, 632; für Kapitalerhöhungskosten gilt das Veranlassungsprinzip, BFH, BStBl. II 2000, 545.

989 Niedersächsisches FG, EFG 2000, 811.

Anhang 4: Compliance in der GmbH

Übersicht

A. Einführung

I. Begriffliche Grundlagen und Bedeutung des Themas

1 Der englischsprachige Begriff »Compliance« lässt sich im Deutschen im Wesentlichen mit den Worten »Einhaltung«, »Beachtung«, »Wahrung« oder »Entsprechung« übersetzen. Im Unternehmensrecht bezeichnet er **Maßnahmen, die das regelkonforme Verhalten von Organmitgliedern und Angestellten** sicherstellen sollen. Dabei kann es sich um persönliche **Rechtspflichten** handeln, zu denen wegen §§ 14 StGB, 9 OWiG auch solche gehören, die an sich dem Rechtsträger obliegen. Gegenstand dieser

Maßnahmen ist sodann typischerweise die Einhaltung von **internen Regelungen.**[1] Letztere erlangen vor allem dadurch vermehrt an Bedeutung, dass eine Missachtung zugleich als Aufsichtsversagen i.S.d. § 130 OWiG[2] gedeutet wird und dies eine Sanktionierung des Verbands zur Folge haben kann.[3]

2 Die mit Compliance verbundenen Aufsichtsmaßnahmen lassen sich als **Teilbereich des mit dem Begriff der Corporate Governance** umschriebenen rechtlichen und tatsächlichen Ordnungsrahmens unternehmerischen Handelns begreifen.[4] Beides ist aber weder dem Inhalt noch der Zielsetzung nach vollständig deckungsgleich. So gehört zu den tradierten Anliegen der Organisationsgesetze neben der verbandsrechtlichen Typenbildung vor allem die Strukturierung und Arbeitsweise von Verbänden. Unverzichtbares Element sind dabei Regelungen der zu bildenden Gesellschaftsorgane, ihrer Zuständigkeiten sowie der Rechte und Pflichten untereinander.[5] Dabei spielt der Interessenkonflikt zwischen den Anteilseignern – sowie nach dem in Deutschland vorherrschenden Verständnis auch zwischen Beschäftigten, Gläubigern und der Öffentlichkeit – und den in der Regel als Vertretungsorgane handelnden Entscheidungsträgern eine maßgebliche Rolle (»Principle Agent Conflict«). Ziel des mit Corporate Governance umschriebenen Ordnungsrahmens ist neben dessen Abmilderung insbesondere eine langfristige Perspektive der Unternehmenswertsteigerung. Bei »Compliance« geht es dagegen um die Sicherstellung, dass sich die wirtschaftliche Betätigung des Unternehmens im Einklang mit der Rechtsordnung bewegt. Die damit verbundenen **Verhaltens- und Organisationspflichten** sind entgegen anderer Darstellung schon deshalb keine »Binsenweisheit« oder »reine Selbstverständlichkeit«[6], weil Regeltreue und Erwerbsstreben nicht zwangsläufig übereinstimmen müssen, Rechtsverletzungen aus wirtschaftlicher Hinsicht vielmehr »nützlich« und nach manchen Ansätzen, vor allem der angelsächsisch geprägten Betriebswirtschaftslehre, sogar geboten sein können.[7] Ein Grund hierfür wird u.a. darin gesehen, dass Regulierung innovationshemmend wirken und Wohlfahrtseffekte verhindern kann.[8] Aus Sicht der Rechtswissenschaften zeigt sich die fehlende Eindeutigkeit einer Maxime eines absolut legalen Verbandshandelns im Unternehmensbereich am Beispiel der Doktrin des »Useful Breach of Contract«, die als solche ebenfalls suggeriert, dass zumindest Vertragsverletzungen in Kauf genommen werden können (oder sogar sollen), sofern sich dies unter wirtschaftlichen Gesichtspunkten als zweckmäßig erweist.[9]

Bedeutungszuwachs und Verselbstständigung von Compliance sind heutzutage vor allem mit der Veränderung des rechtlichen Rahmens unternehmerischen Handelns zu erklären. So hat sich im Vergleich zu früheren Zeiten zum einen sowohl die **Regulierungsdichte** wie auch ihre **Komplexität** maßgeblich erhöht. Zum anderen bedienen sich gesetzliche Regelungen **neuartiger Methoden und Mittel**. So lässt sich eine zunehmende Verbreitung der im Common Law beheimateten **prinzipienbasierten Regelsetzung** (principle based regulation) beobachten.[10] In deren Folge finden vielfach

---

1 Vgl. etwa *Szensny*, in: FS Wessing (2015), S. 469.

2 S. auch Rdn 21.

3 So verhielt es sich bspw. bei der Verfolgung von BMW wegen Unregelmäßigkeiten bei Dieselemissionen. Die Geldbuße betrug 8,5 Mio. Euro, vgl. www.faz.net v. 25.2.2019.

4 Zur Entwicklung des Begriffsverständnisses *Lauk*, in: FS Binz (2014), S. 398 ff.

5 Vgl. *Hüffer/Koch*, AktG, § 76 Rn. 37; *Hauschka/Moosmayer/Lösler*, Hdb Corporate Compliance, 3. Aufl., § 1 Rn. 1.

6 So noch *Zöllner/Noack*, in: Baumbach/Hueck, GmbHG, 21. Aufl. 2017, § 35 Rn. 67 (»im Grunde alles Selbstverständlichkeiten«).

7 Dazu *Thole*, ZHR 173 (2009), 504, 512 ff.; s. auch *Kort*, GmbHR 2013, 566, 573; *Spindler*, in: Münchener Kommentar AktG, § 93 Rn. 106 ff.

8 Exemplarisch lässt sich auf den Fahrtendienst *Uber* verweisen, der seine Dienste in wohl jeder Rechtsordnung zunächst entgegen bestehender Konzessionssysteme angeboten, dadurch aber zugleich vielfach regulatorische Akzeptanz erzeugt hat.

9 Vgl. *Brock*, Legalitätsprinzip und Nützlichkeitserwägungen (2017); *Hüffer/Koch*, AktG, § 93 Rn. 6; *Fleischer*, ZIP 2005, 141 ff.; teilweise wird die Missachtung von Vertragspflichten aus Nachhaltigkeitserwägungen auch gefordert, so z.B. im Fall Siemens/Adani, vgl. www.faz.net v. 20.2.2020.

10 Dazu etwa *Bürkle*, in: Bürkle/Hauschka, Der Compliance Officer (2015), § 13 Rn. 18.

unbestimmte Rechtsbegriffe im Gesetzestext Verwendung, was zu Rechtsunsicherheit führt.[11] Teilweise erfolgt auch eine (Rück)verlagerung von Behördenentscheidungen auf Unternehmen. Dabei geht es zunehmend weniger nur um die Sicherstellung eigener Verhaltenssteuerung. Vielmehr erfolgt vielfach eine **Indienstnahme von Unternehmen** zur Überwachung von in seiner Sphäre handelnden, aber letztlich außerhalb davon angesiedelter Wirtschaftsbeteiligter (Kunden, Zulieferer, Subunternehmer usw.). Exemplarisch für die damit geschaffene »**Polizeifunktion**« zu nennen sind die gesetzlichen Pflichten zur Verhinderung von Terrorismusfinanzierung und Geldwäsche[12], aber auch im Rahmen der Exportkontrolle oder die sich ankündigende Lieferkettenregulierung. Geschaffen wird eine Wächterfunktion (engl. »Gate Keeper Liability«) jenseits etablierter Zurechnungsgrundsätze, die vor allem Schlüsselindustrien, wie das Bankwesen betrifft. Ungeachtet der Schwierigkeiten, die mit einer solchen Indienstnahme für an sich hoheitliche Zwecke einhergehen, sieht sich die Rechtsordnung nicht daran gehindert, hierbei auftretende Verfehlungen mit **hohen Sanktionen** zu ahnden.[13] In einzelnen Bereichen des Wirtschaftslebens ist neuerdings auch erklärtes Ziel der Gesetzgebung, Zuwiderhandlungen **flächendeckend zumindest als Ordnungswidrigkeit zu sanktionieren**. Die Sanktionsobergrenzen sprengen dabei, insbesondere mit der umsatzabhängigen Geldbuße, jedes bislang gekannte Maß.[14] Sollten sich die Ansätze des vorgelegten RegE für ein **VerbandssanktionenG** (VerSanG) verwirklichen,[15] wird diese Form der Sanktionierung zumindest für Großunternehmen sogar die Regel. Eine weitere Zunahme von Compliance-Risiken ist schließlich in der zunehmenden allg. Verrechtlichung von Lebenssachverhalten zu sehen.[16] Beispielhaft lässt sich hier auf die Einführung der Nachhaltigkeitsberichtspflichten[17] aufgrund der sog. CSR-Richtlinie verweisen.[18]

Compliance wird teilweise mit der **Korruptionsprävention** gleichgesetzt, was damit zusammenhängen mag, dass sich hierzulande prominente Fälle wie z.B. bei Siemens ereignet haben[19] und sich die Grundelemente von Compliance Management Systemen (CMS)[20] vor allem im Rahmen der Korruptionsbekämpfung entwickelt haben. Hierbei sind insbesondere auch vom britischen Recht und der Praxis der US-Strafverfolgungsbehörden maßgebliche Impulse ausgegangen.[21] Wohingegen man hierzulande bei der Bewertung von effektiver Compliance aus Sicht der Wirtschaftsaufsichts- und 3

11 Vgl. etwa *Schneider/Brouwer*, AG 2008, 557, 656; *Verse*, ZGR 2017, 174, 175; *Bürkle*, in: Bürkle/Hauschka, Der Compliance Officer (2015), § 13 Rn. 18.

12 Hierzu *Hugger/Cappel*, DB 2018, 1066.

13 So lag der höchsten bisher jemals verhängten Geldbuße von 8,9 Mrd. US-$ gegen BNP Paribas S.A. eine Verletzung von Exportkontrollvorschriften durch Kunden zugrunde. Dazu DOJ, BNP Paribas Agrees to Plead Guilty and to Pay $ 8.9 Billion for Illegally Processing Financial Transactions for Countries Subject to U. S. Economic Sanctions, June 30, 2014, https://www.justice.gov/opa/pr/bnp-paribas-agrees-plead-guilty-and-pay-89-billion-illegally-processing-financial, zuletzt abgerufen am 22.8.2018.

14 Dazu *Achenbach*, WM 2018, 1337.

15 Vgl. Regierungsentwurf für ein Gesetz zur Stärkung der Integrität der Wirtschaft v. 16.06.2020, www.bmjv.de; s. auch Rdn. 21a.

16 *Schulz*, BB 2017, 1745.

17 §§ 289b ff., 315b ff.; dazu etwa *Nietsch*, NZG 2016, 1330.

18 Richtlinie zur Änderung der Richtlinie 2013/34/EU im Hinblick auf die Angabe nichtfinanzieller und die Diversität betreffender Informationen durch bestimmte große Unternehmen und Gruppen 2014/95/EU.

19 Bspw. $800 Mio. Strafen gegen Siemens durch DOJ und SEC in 2008; $384 Mio. Strafe gegen Alcoa durch SEC in 2014 und £497 Mio. Strafe gegen Rolls Royce durch SFO in 2017; krit. insoweit auch *Szensny*, in: FS Wessing (2015), S. 469.

20 Näher dazu Rdn. 43 ff.

21 Vgl. Art. 7 II U.K.-Bribery Act, der vorsieht: »But it is a defense (…) prove (…) adequate procedures designed to prevent persons (…) from undertaking such conduct«. Konkretisiert wird der Begriff der »adequate procedures« durch die vom britischen Justizministerium herausgegebene »Guidance to the U.K.-Bribery Act«, die ihrerseits weitgehende Übereinstimmung mit dem US-amerikanischen Gegenstück, dem FCPA Practice Guide aufweisen; Überblick zu den Einflussfaktoren bei *Dittmers*, Wertorientiertes Compliance Management (2018), S. 54 ff.; *Schalber*, Der UK Bribery Act und seine Bedeutung im Rahmen von Criminal Compliance (2018).

Strafverfolgungsbehörden Zurückhaltung übt, verstehen sich diese Behörden als Standardsetzer.[22] Nach heute vorherrschendem Verständnis betreffen Organisationspflichten zur Sicherstellung regelkonformen Verhaltens indessen grundsätzlich alle Rechts- und Regelungsbereiche. Es gilt ein **rechtsgebietsübergreifender Ansatz.**[23]

4 Zudem wird Compliance in engen Zusammenhang mit dem allg. **Risikomanagement** gestellt.[24] Studien belegen dementsprechend, dass in der Praxis vor allem für Rechnungswesen und Controlling eine hohe Compliance-Relevanz gesehen wird.[25] Eine Parallele zwischen beiden Bereichen liegt insoweit durchaus nahe, als die mit Regelverstößen einhergehenden Risiken häufig **Überschneidungen mit etablierten Risikokategorien**, d.h. insbesondere finanziellen und operationellen Risiken, aufweisen.[26] Dabei können Geldbußen durchaus existenzbedrohende Wirkung haben. Das betrifft vor allem kleine und mittlere Unternehmen (KMU), in Einzelfällen aber auch Großunternehmen.[27] Die Nähe zum klassischen Risikomanagement erklärt sich zudem dadurch, dass es über die bloße Tätigkeit der Prävention ebenfalls um Systemeinrichtungspflichten (z.B. nach § 91 II AktG) geht und zumindest im Ausgangspunkt eine gewisse Übereinstimmung der dazu entwickelten Methoden festgestellt werden kann. Ungeachtet dessen sind Compliance und Risikomanagement nicht miteinander gleichzusetzen. Zum einen verbleiben trotz einiger Parallelen grundlegende methodische Unterschiede, die sich vor allem darin zeigen, dass es für Compliance-Risiken (nahezu) keine aussagekräftigen Risikomodelle auf statistischer Basis gibt. Zum anderen unterscheidet sich die Zielsetzung von allg. Risikomanagement und Compliance-Risikomanagement. Deutlich wird das u.a. darin, dass es bei Ersterem nicht nur um die Ermittlung der (absoluten) Risikotragfähigkeit, sondern auch um die Festlegung der Risikobereitschaft (Stichwort »Risikoappetit«) geht.[28] Das Compliance-Risikomanagement[29] ist dagegen nicht in vergleichbarer Weise diskretionär, sondern folgt in Erfüllung der Legalitätspflicht bindenden Zielsetzungen. Das lässt für einen individuellen Risikoappetit grundsätzlich keinen Raum.[30]

II. Ziele von Compliance

5 Compliance leistet zunächst in vielen Fällen einen Beitrag zum **Schutz von Rechtsgütern der Allgemeinheit oder Einzelner**. Wesentliches Ziel von Compliance ist sodann der **Schutz des Unternehmens und der darin beschäftigten Personen vor den Konsequenzen regelwidrigen Verhaltens**. Compliance dient aus Sicht des Unternehmens daher in erster Linie der **Sanktions- und Haftungsvermeidung.**[31] Hinzu kommen die **Vermeidung** von Nebenfolgen wie dem **Ausschluss vom Wettbewerb** (insbesondere durch Eintragung ins Korruptionsregister) und die **Sicherung der Unternehmensreputation**. Haftungsvermeidung durch Compliance vollzieht sich im Wesentlichen

22 Vgl. etwa *Serious Fraud Office,* Evaluating Compliance Programs (2020), www.sfo.gov.uk.

23 Die Liste ist dabei zwar nicht endlos (so *Szensny,* in: FS Wessing (2015), S. 469), aber sicherlich nach oben »offen«.

24 So etwa von *Uwe H. Schneider,* in: Scholz, GmbHG, § 43 Rn. 95; *Poll/Köhler/Scheithauer,* in: FS Zitzelsberger (2015), S. 82 ff.; vgl. auch *Lutter,* in: FS Goette (2011), S. 289.

25 *Deloitte,* Compliance im Mittelstand (2011), S. 14.

26 Dazu *Nietsch,* ZHR 180 (2016), 733, 765.

27 Ein Beispiel hierfür waren die drohenden Geldbußen seitens des US-Justizministeriums gegen die Deutsche Bank AG im Jahr 2016, die in ihrer zunächst kolportierten Höhe die Insolvenz des Hauses nicht unwahrscheinlich hätten erscheinen lassen.

28 Anschaulich *Poll/Köhler/Scheithauer,* in: FS Zitzelsberger (2015), S. 82 ff.

29 S. auch Rdn. 46 f.

30 *Nietsch,* ZHR 180 (2016), 733, 765; ebensowenig sind »nützliche Pflichtverletzungen«, also solche, bei denen der zu erwartende Schaden hinter dem möglichen Gewinn zurückbleibt, mit der Legalitätspflicht vereinbar, vgl. *Verse,* ZHR 175 (2011), 401, 405 f.

31 Zu den Problembereichen im Mittelstand gehören dabei vor allem Betrug, Korruption und Untreue, ferner die Verletzung von Geschäfts- und Betriebsgeheimnissen sowie des Urheberrechts und Kartellverstöße (*Campos Nave/Zeller,* BB 2012, 131, 134; *Fissenewert,* NZG 2015, 1009, 1010; allg. zu Compliance-Zielen bei der GmbH auch *Uwe H. Schneider,* in: Scholz, GmbHG, § 43 Rn. 96a.

auf dreifache Weise: Zum einen durch die präventive Verhinderung von Rechtsverletzungen, zum anderen durch deren frühzeitige, hoheitliche Sanktionsverfahren möglichst vermeidenden Aufdeckung, d.h. repressiv. Auftrieb erhalten hat die **haftungsbegrenzende Wirkung** von Compliance im Rahmen staatlicher Bußgeldverfahren sodann drittens durch die höchstrichterliche Rechtsprechung, wonach dahingehende Anstrengungen im Rahmen der **Strafzumessung** zu berücksichtigen sind.[32] Dies gilt gleichermaßen für präventive Maßnahmen wie das Bemühen um Aufklärung und die Anpassung von unternehmensinternen Prozessen nach der Rechtsverletzung.[33] Seitens der Strafverfolgungs- und Aufsichtsbehörden haben sich dahingehend allerdings noch keine nennenswerten Standards herausgebildet. Die Haftungsvermeidung setzt daher vor allem auf der Ebene der Aufsichtspflichtverletzung an, also bei § 130 OWiG (vgl. daneben § 3 I Nr. 2 VerSanG-E), dessen Tatbestand es auszuschließen gilt.

Neben der Vermeidung und Begrenzung von Sanktionen und Haftung gehen mit erfolgreicher Compliance eine Reihe **positiver Effekte** einher.[34] Dazu gehören eine durch Verbesserung der **Kreditwürdigkeit** ermöglichte Senkung von Finanzierungskosten,[35] positive Marketing-Effekte[36] sowie Erhalt und Erschließung von **neuen Geschäftschancen.**[37] Durch CMS werden zunehmend auch Grundvoraussetzungen für eine umfassende Teilnahme am Geschäftsverkehr geschaffen. So ist u.a. die Fähigkeit als Zulieferer kundenseitig immer häufiger zu beobachtende Compliance-Erklärungen abgeben zu können nur möglich, wenn dazu entsprechende Vorkehrungen vorhanden sind.[38] Regelmäßig bietet ein Compliance-Management zudem die Gelegenheit zur **Optimierung unternehmensinterner Strukturen und Prozesse**, etwa im Rahmen von Unternehmensinformationssystemen.[39] Ein zunehmend an Bedeutung gewinnender Gesichtspunkt ist die Schnittmenge zwischen Compliance und Selbstschutz bzw. Interessenwahrung des Unternehmens. So lassen sich Kontrollverfahren zum einen häufig auch dazu nutzen, Fremdeingriffe – etwa in die IT-Infrastruktur oder durch Betrug – zu erkennen. Darüber hinaus bietet sich vielfach eine **Verbesserung oder gar erst die Ermöglichung der Rechtsverteidigung.** So erlaubt Compliance regelmäßig die Entwicklung von Sorgfaltsmaßstäben und ermöglicht durch systematische Dokumentation, Darlegungs- und Beweislasten zu entsprechen. Zunehmende Bedeutung erlangt das etwa beim Schutz von Betriebs- und Geschäftsgeheimnissen.[40] 6

III. Besonderheiten und typische Fallstricke bei der GmbH

1. Maßgeblichkeit realtypischer Faktoren

Die vorstehend genannten Beweggründe für die Einrichtung von Compliance-Strukturen weisen im **Ausgangspunkt keine rechtsformspezifischen Besonderheiten** auf. Sie gelten daher gleichermaßen für die GmbH wie für andere Kapital- oder Personengesellschaften, und zwar ohne Unterschied, ob es sich bei ihr um die Rechtsträgerin für KMU oder für Tochtergesellschaften in (Groß)Konzernen handelt.[41] Allerdings bestehen bei der GmbH **Besonderheiten aufgrund ihrer** 7

32 BGH CCZ 2017, 281.

33 Zum Ganzen *Hastenrath,* CB 2017, 325; dort auch *Bings/Link,* S. 332.

34 Dazu *Cordes,* Die Compliance-Organisation in der GmbH (2016), S. 54 ff.; auch *Dittmers,* Wertorientiertes Compliance Management (2018), S. 68 ff.

35 *Jäger,* in: Jäger/Rödl/Campos Nave, Praxishandbuch Compliance (2009), S. 32; *Theusinger/Jung,* in: Römermann, Münchener Anwaltshandbuch GmbH-Recht, 4. Aufl., § 24 Rn. 5.

36 *Theusinger/Jung,* in: Römermann, Münchener Anwaltshandbuch GmbH-Recht, 4. Aufl., § 24 Rn. 6.

37 *Nietsch,* ZHR 180 (2016), 733, 768; ferner *Campos Nave/Zeller,* BB 2012, 131, 133.

38 *Schleper/Förstl,* in: Schulz, Hdb Compliance Management im Unternehmen, S. 306 f.; *Campos Nave/Zeller,* BB 2012, 131, 133.

39 *Schulz,* BB 2017, 1475, 1478.

40 Vgl. Artt. 11 II b), 13 I b) der Richtlinie zum Schutz von Geschäftsgeheimnissen, EU/2016/942, Abl. L 157 v. 15.6.2016, S. 1; eingehend zum daraus entstandenen Pflichtenheft *Vetter/Lehmann,* DB 2019, 2507 ff.; zuvor schon *Passarge,* CB 2018, 144 ff.; zur bisherigen Rechtslage etwa *Brammsen,* in: Brammsen, Sonderband Münchener Kommentar zum Lauterkeitsrecht, § 17 UWG Rn. 15 f.

41 Rechtstatsächlicher Befund bei *Kornblum,* GmbHR 2017, 739 und *Lieder/Hofmann,* GmbHR 2017, 1233.

rechtstatsächlichen Erscheinungsform. Dazu gehört zunächst die den Realtypus prägende inhabergeführte paritätische Zweipersonen-GmbH kleiner bis mittlerer Größe.[42] Auch wenn für diese ein Sonderrecht nicht anzuerkennen sein mag,[43] sind bei ihr auf der Ebene der gesellschaftsrechtlichen Unternehmensführung sowie in Fragen der Regelkonformität nicht selten **Kontrolldefizite** festzustellen, die in ihrer Tendenz größer sind, als es bei anderen körperschaftlich verfassten Unternehmensträgern und Großunternehmen der Fall zu sein scheint. Nicht anders verhält es sich bei der Funktion der GmbH in ihrer Rolle als Komplementärgesellschaft in der KG. Beachtung verdient die GmbH-Compliance sodann vor allem wegen ihres häufigen Vorkommens als Tochtergesellschaft im Konzern.

2. Konzernfreie kleine und mittelständische Unternehmensträger

8 Bei der eigenständigen kleinen und mittelständischen GmbH ergeben sich Kontrolldefizite häufig durch die **Personenidentiät von Gesellschafter und Geschäftsführern** sowie das (regelmäßige) **Fehlen eines Aufsichtsrats.** Persönliche Führung und damit verbundene Vertrauensbeziehung der Beteiligten erweisen sich mit systematischen Überwachungsmechanismen als unvereinbar.[44] Zudem sieht man Compliance-Strukturen vor dem Hintergrund von Flexibilität und Effizienz im mittelständischen Betrieb als kritisch. Weiteres Einfallstor ist die unternehmensinterne Kommunikation. Sie erfolgt typischerweise nur mündlich;[45] eine umfassende und systematische Dokumentation findet sich regelmäßig nicht. Außerhalb von regulierten Industrien werden diese Kontrolldefizite auch nicht (gewerbe)aufsichtsrechtlich, d.h. durch behördliche Kontrollmaßnahmen substituiert.

9 Diesen und anderen Kontrolldefiziten steht vor allem bei kleinen und mittelständischen GmbHs[46] der Befund gegenüber, dass **Compliance-Risiken in ihren Auswirkungen erheblich weitreichender** sein können als bei Großunternehmen. Die Sicherstellung regelkonformen Verhaltens ist also noch bedeutender als bei diesen. Wegen ihrer Einbindung in die operative Unternehmensführung sind die Geschäftsleiter regelmäßig unmittelbar Adressaten von Sanktionsnormen (vgl. §§ 14 I StGB, 9 I OWiG). Die **Haftungsrisiken** sind deswegen oft unmittelbar **persönlicher Natur.**[47] Im Vergleich zu Großunternehmen kommt es also zu einer Verlagerung der Gefahr von Rechtsverletzungen aus den nachrangigen Mitarbeiterebenen auf die Führungsebene. Straf- und Bußgeldverfahren drohen nicht allein wegen Aufsichtspflichtverletzungen (§ 130 OWiG), sondern als vielfältige täterschaftliche Begehungsdelikte. Bei alledem besteht in KMU typischerweise keine D&O-Versicherung für Geschäftsführung, Aufsichts- oder Beiräte. Selbiges gilt für Angestellte, die Haftungsrisiken ausgesetzt sein können (z.B. Leiter der internen Revision).[48]

10 Ein Vorgehen der Strafverfolgungsbehörden gegen Geschäftsleiter hat aber nicht nur für diese persönlich gravierende Folgen, sondern auch für das Unternehmen. Zum einen ist ein mit einem Strafverfahren und Verurteilung konfrontierter Inhaber weniger leicht zu ersetzen als andere Führungspersonen, zum anderen kann die Tat **dem Verband über § 30 OWiG (bzw. § 3 I Nr. 1 VerSanG-E) unmittelbar zugerechnet** und dieser mit Sanktionen und Nebenfolgen, insbesondere der Gewinnabschöpfung, belegt werden. Weiter erhöht wird das Compliance-Risiko bei der GmbH dadurch, dass ihre finanzielle Verfassung durch Bußgelder häufig vielfach erheblich stärker gefährdet ist als bei Großunternehmen. In gleicher Weise wirken sich wegen der vergleichsweise hohen Identifikation des Unternehmens mit dem Inhaber und der Beschränkung der Geschäftstätigkeit auf regionale Märkte **Reputationsschäden** stärker aus, als es bei Großunternehmen regelmäßig der

42 *Lieder/Hofmann*, GmbHR 2017, 1233.

43 *Lieder/Ringlage*, GmbHR 2017, 1065.

44 *Campos Nave/Zeller*, BB 2012, 131, 133.

45 *Campos Nave/Zeller*, BB 2012, 131, 133.

46 Zu den verschiedenen Definitionsansätzen des Mittelstands *Poll/Köhler/Scheithauer*, in: FS Zitzelsberger (2015), S. 58 ff.

47 Eine Strafbarkeit kann zum Ausschluss vom Geschäftsführeramt nach § 6 II GmbHG führen. Dies gilt sogar bei reiner Teilnahme am Delikt; dazu *Seulen/Heinrichs*, DB 2020, 494.

48 BGHSt 54, 44.

Fall ist.[49] Zu diesen, vorwiegend im Realtypus des mittelständischen Unternehmens begründeten Besonderheiten tritt als gesellschaftsrechtlicher Aspekt bei der GmbH hinzu, dass das Compliance-Risiko wegen der Weisungsbefugnis der Gesellschafterversammlung sich auch auf die Eigentümer verlagern kann.[50]

3. GmbH als Konzerntochter

Bei der GmbH als Konzerntochter ergeben sich hinsichtlich des spezifischen Compliance-Risikos 11 andere Besonderheiten. Hier ist zunächst maßgeblich, ob die Gesellschaft Teil eines zentral geführten **(Konzern-)Compliance Management Systems** (CMS) ist oder ihr die Kontrolle im Rahmen einer mehr oder minder dezentral ausgeprägten Unternehmensstruktur selbst überlassen bleibt. Im zuletzt genannten Fall bestehen strukturell dieselben Risikofaktoren wie bei konzernfreien GmbHs. Allerdings droht hier möglicherweise auch der **Mutter eine ordnungswidrigkeitenrechtliche Verantwortung wegen Aufsichtspflichtverletzung** (§ 130 OWiG),[51] und für die gegen die Tochter zu verhängenden Sanktionen ist u.U. nicht deren Einzelumsatz, sondern der Konzernumsatz maßgeblich.[52] Ist die GmbH in ein CMS eingebunden, so liegen die Hauptrisikofaktoren im fehlenden Informationsfluss und einer unzureichenden Abstimmung der Aufgabenwahrnehmung.[53]

B. Gesetzlicher Rahmen und Compliance-Pflicht

I. Legalitätspflicht, aber keine allgemeine Compliance-Organisationspflicht

Das deutsche Recht geht zwar von der Pflicht zu legalem Verhalten aus, verzichtet aber auf eine all- 12 gemeine, d.h. rechtsformübergreifende und vom konkreten Unternehmensgegenstand und Risikobereich losgelöste Pflicht, die Einhaltung gesetzlicher Bestimmungen im Wege systematischer Kontrolle, also durch einen Compliance-Beauftragten, eine Compliance-Funktion oder gar ein CMS sicherzustellen. Am nächsten kommt dieser § 91 II AktG, der vielfach auch als Ausdruck einer entsprechenden Organisationspflicht gesehen wird. Ausländische Rechtsordnungen kennen dahingehende Vorgaben in unterschiedlichen Formen und höherer Konkretisierung. Verbreitet sind ausdrückliche Systemeinrichtungspflichten, insbesondere zur Korruptionsbekämpfung,[54] neuerdings auch zur Gewährleistung von Rechtsgüterschutz in Lieferketten.[55] Teilweise werden sie auch auf andere Delikte erstreckt.[56] Neben der sachlichen Ausrichtung auf bestimmte Rechtsverstöße sind die in den jeweiligen Rechtsordnungen gesetzlich konkretisierten Compliance-Organisationspflichten aber ebenfalls nicht allgemein gültig, sondern von der Beschäftigtenzahl im Unternehmen abhängig.[57] Stets bleibt zudem zwischen der Anordnung von Sorgfaltspflichten als solchen und dezidierten Organisationspflichten zu unterscheiden. Mitunter findet sich auch die Anerkennung von (konkreten) Compliance-Maßnahmen als Strafmilderungsgrund.[58]

49 Zur Überbetonung der Reputationsrisikos *Nietsch,* ZHR 180 (2016), 733, 761.
50 S. u. Rdn. 44.
51 Vgl. EuGH EuZW 2009, 816, 821 f.; NJW 1991, 2891; BKartA, Az. B1–200/06 v. 9.2.2009 (www.bundeskartellamt.de); näher zur Aufsichtsverantwortung im Konzern u. Rdn. 66 ff.
52 §§ 123 XVIII u. XXIII 2 WpHG, § 81 IIIa GWB, Art. 83 IV-VI DSGVO sowie § 9 II VerSanG-E.
53 Rdn. 57 ff.
54 Hierzu gehören u.a. Art. 7 II U.K.-Bribery Act (Großbritannien), Art. 17 II Nr. 1–8 Loi Sapin 2 (LOI n° 2016–1691 du 9 décembre 2016 in Frankreich); Lei anticorrupcao Gesetz 12.846/2013 und Verordnung 8.420/2015 (Brasilien); Art. 6 Decreto 231/2001 (Italien); hierzu *Kuhlmann,* Verbandssanktionierung in Italien (2014), S. 77 ff.; vgl. ferner *Schumacher/Saby,* CCZ 2017, 68.
55 Vgl. zum französischen Loi des devoirs de vigilance *Nasse,* ZEuP 2019, 774 ff.
56 Exemplarisch zu nennen ist das italienische Decreto 231/2001, welches die Überwachungspflichten nach seiner Einführung auch auf Datenschutz, Subventionsmissbrauch, Marktmissbrauch und andere Delikte erstreckt hat. Dazu *Prudentino,* BB 2012, 2561; *Rübenstahl,* RIW 2012, 505.
57 Bsp. im Rahmen des loi sapin 2 in Frankreich (Article 17 I LOI n° 2016–1691).
58 Vgl. etwa Art. 31 Codigo Penal (Spanien).

13 Der Verzicht auf eine allgemeine Positivierung von **Compliance-Systemeinrichtungspflichten** im deutschen Recht lässt sich anschaulich mit dem Begriff der »relativen Natur von Organisationspflichten«[59] erklären. Diese entstehen neben einzelnen zwingenden gesetzlichen Vorgaben in **Abhängigkeit vom konkreten unternehmerischen Risiko.** Insoweit bewegt sie sich im Einklang mit der Schutzpflichtenlehre des allg. Zivilrechts, die dem u.a. bei der i.d.R. mangelnden Klagbarkeit von Vorsichtsmaßnahmen Rechnung trägt. Das Organisationsermessen führt zu dem häufig gebrauchten Satz, wonach für die Compliance-Organisation im Einzelfall »**Art, Größe und Organisation des Unternehmens bzw. der Unternehmensgruppe, die aus der konkreten Geschäftstätigkeit des Unternehmens resultierenden Gefährdungsbereiche, die geographische Präsenz sowie Verdachtsfälle aus der Vergangenheit**« maßgeblich sind.[60]

14 Das Fehlen einer gesetzlichen Anordnung ändert selbstverständlich nichts an der Geltung der **Legalitätspflicht.** Es ändert auch nichts daran, dass daraus eine **Legalitätskontrollpflicht** abzuleiten ist.[61] Nur ist diese nicht mit der Schaffung einer Compliance-Organisation i.S.e. CMS gleichzusetzen.[62] Adressat beider Pflichten ist zunächst die Geschäftsleitung; wo vorhanden, muss ihnen aber auch der Aufsichtsrat nach der für das Organ gesetzlich vorgesehenen Arbeitsweise genügen. Zumindest die Legalitätspflicht beansprucht daneben auch für den Gesellschafter Geltung.

II. Gesetzliches Mehrebenensystem der Überwachungs- und Kontrollpflichten

15 Das Fehlen einer allgemeinen Systemeinrichtungspflicht und die oben genannten Kriterien dürfen nicht darüber hinwegtäuschen, dass sich die konkrete Ausgestaltung von Compliance-Organisationspflichten aus einem Mehrebenensystem ergibt, welches im Wesentlichen aus wirtschaftsaufsichtsrechtlichen, straf- und ordnungswidrigkeitsrechtlichen und gesellschaftsrechtlichen Normen besteht. Neben diese tritt in zunehmendem Maße das allgemeine Zivilrecht mit seinen Sorgfaltspflichten, das Arbeitsrecht sowie außerrechtliche Vorgaben, die in unterschiedlicher Weise und von unterschiedlichen Gremien allg. als »Standards« formuliert werden.

1. Wirtschaftsaufsichtsrecht

16 Das Wirtschaftsaufsichtsrecht kennt ausdrückliche und konkrete gesetzliche Compliance-Organisationspflichten zum einen für die **Finanz- und Versicherungswirtschaft.** So sieht § 25a I 3 Nr. 3 c) KWG »die Einrichtung interner Kontrollverfahren (…), insbesondere eine Compliance-Funktion« vor.[63] Aus Sicht der GmbH relevant und exemplarisch zu nennen ist § 80 I WpHG (§ 33 I WpHG a.F.),[64] der durch europarechtliche Durchführungsbestimmungen ergänzt wird.[65] Eine weitere Konkretisierung erfolgt durch untergesetzliche Regelungen und **aufsichtsrechtliche Verlautbarungen** zur Auslegung und Konkretisierung der Pflichten im Einzelnen.[66] Zunehmend

59 So anschaulich in diesem Zusammenhang *Kort,* GmbHR 2013, 566, 568; *Szesny,* in: FS Wessing (2015), S. 468, 473; zuvor und ähnlich schon *Bachmann,* in: VGR, Gesellschaftsrecht in der Diskussion (2008), S. 70; ausführlich im Zusammenhang *Cordes,* Die Compliance-Organisation in der GmbH (2016), S. 299 ff.

60 Vgl. LG München I CCZ 2014, 142; OLG Zweibrücken NStZ-RR 1998, 311; OLG Düsseldorf NStZ-RR 1999, 151; so auch *Liebscher,* in: Münchener Kommentar GmbHG, Anhang zu § 13 Rn. 1211; ähnlich *Uwe H. Schneider,* in: Scholz, GmbHG, § 43 Rn. 96a; zum Ganzen auch *Szesny,* in: FS Wessing (2015), S. 468, 475 f.

61 Zu beidem etwa *Bürgers,* ZHR 179 (2015), 173, 176; ferner *Verse,* ZHR 175 (2011), 401, 403 ff.; monographisch *Holle,* Legalitätskontrolle im Kapitalgesellschafts- und Konzernrecht (2014), S. 36 ff.

62 Wohl str., näher Rdn. 27.

63 Vgl. für das Versicherungsrecht § 29 VAG; Überblick über weitere Bereiche bei *Szesny,* in: FS Wessing (2015), S. 468, 476.

64 Weitere Bsp. bei *Cordes,* Die Compliance-Organisation in der GmbH (2016), S. 76.

65 Vgl. Art. 26 ff. Delegierte Verordnung EU/2016/565 der Kommission zur Ergänzung der Richtlinie EU/2014/65 (MiFID II).

66 Hierzu gehören insbesondere die Mindestanforderungen an das Risikomanagement (MaRisk) und die Mindestanforderungen an Compliance (MaComp) der BaFin (abzurufen unter www.bafin.de).

weist in allg. Form das Arbeitsrecht organisationsrechtliche Anforderungen auf. Allerdings sind Vorschriften wie z.B. § 12 I AGG oder § 3 II Nr. 1 ArbSchG in ihrer generalklauselhaftigen Formulierung weithin zu offen, um daraus konkrete Organisationsmaßnahmen im Einzelfall abzuleiten.[67] Die zweite Säule der wirtschaftsaufsichtsrechtlich verfassten Compliance-Pflichten bildet das Recht der in zahlreichen Bereichen verpflichtend vorgesehenen **Unternehmensbeauftragten.**[68] Das Gesetz kennt hierbei unterschiedliche Zuständigkeiten und Befugnisse, die teilweise neben diejenigen der Geschäftsleiter treten[69] und so zu einer Überlagerung des Gesellschaftsrechts führen.[70]

2. Straf- und Ordnungswidrigkeitenrecht

Das Straf- und Ordnungswidrigkeitenrecht geben zwar ebenfalls keine konkreten Compliance-Organisationsmaßnahmen vor. Aus beidem lässt sich aber der äußere Rahmen des insoweit erlaubten Risikos entnehmen. Das hat vor allem für die **Risikoanalyse und Bestimmung der Mindestanforderungen an Compliance** Bedeutung. 17

a) Grundsatz Individualstrafbarkeit und ordnungswidrigkeitenrechtliche Verantwortung

Da bei der kleinen und mittelständischen GmbH die vertretungsberechtigten Organe regelmäßig persönlich handeln, Regelverstöße anders als bei Großunternehmen also nicht »aus dem Unternehmen«, d.h. durch nachgeordnete Mitarbeiter begangen werden, kommt zunächst eine allgemeine straf- und ordnungswidrigkeitenrechtliche Verantwortung für **täterschaftliche Begehungsdelikte** in Betracht. Das gilt auch für die Verletzung von Pflichten, die nur für die juristische Person gelten (§§ 14 StGB, 9 OWiG). Das deutsche Recht gibt insoweit dogmatisch nach wie vor dem **Prinzip der Individualstrafbarkeit** gegenüber der Strafbarkeit des Verbands den Vorzug.[71] Rechtstatsächlich besteht zumindest bei größeren Unternehmen und bei Ordnungswidrigkeiten dagegen die Tendenz, allein den Verband zu sanktionieren. Durch diese manifestiert sich eine durch die Geschäftsherren-Lehre begründete Sichtweise, welche Rechtsverstöße im Unternehmen vor allem den dortigen Verhältnissen (sog. »kriminogene Verbandsattitüde«) und nicht dem einzelnen Täter zugeschrieben werden müssen.[72] Damit steht auch in Einklang, dass im Schrifttum zunächst angestellte Überlegungen, ob **unzureichende Aufsichts- und Kontrollmaßnahmen** aus Sicht der Geschäftsleitung den **Tatbestand der Untreue (§ 266 StGB)** erfüllen, weitgehend überwunden erscheinen.[73] Das gilt zumindest sofern die Rechtsverletzung nicht »mit den Händen zu greifen« ist und bei der die Nachteilszufügung nicht vorsätzlich geschieht.[74] 18

b) Unechte Unterlassungsdelikte als Hauptstrafbarkeitsrisiko

Ein Hauptstrafbarkeitsrisiko geht für die Geschäftsleiter neben der eigenen täterschaftlichen Begehung von den echten Unterlassungsdelikten aus. Grund dafür ist wiederum der sich in der Strafrechtsdogmatik seit langem verfestigende Gedanke, dass es eine Verpflichtung der Leitungsorgane des Unternehmens gibt, Schäden von Dritten fernzuhalten. Das Unternehmen gilt als 19

67 So wohl im Ergebnis auch *Cordes,* Die Compliance-Organisation in der GmbH (2016), S. 77 ff.

68 Einzelheiten bei *Dreher,* in: FS Claussen, (1997), S. 69 ff.; *Haouache*, Unternehmensbeauftragte und Gesellschaftsrecht der AG und GmbH (2003); *Veil,* ZHR 168 (2004), 236 ff.

69 Zu den Auswirkungen des Beauftragtenwesens im Konzern *Uwe H. Schneider,* in: FS Binz (2014), S. 639 ff.

70 Krit. dazu insbesondere *Dreher,* in: FS Claussen, (1997), S. 69; 74 ff.; *ders.,* AG 2006, 213, 221.

71 In Hinblick auf das Unternehmen folgt es dem Grundsatz der »Societas delinquere non potest«.

72 Vgl. vor allem *Schünemann,* in: Leipziger Kommentar, Vor § 25 Rn. 21; eingehend schon *ders.,* Unternehmenskriminalität I (1979), S. 13 ff.

73 Vgl. *Altmeppen,* in: Roth/Altmeppen, GmbHG, § 43 Rn. 158; *Michalke,* StV 2011, 245, 249; *Paefgen,* WM 2016, 433, 443; ferner *Theile,* wistra 2010, 457, 459; *Mosiek,* wistra 2003, 370, 374; *Grützner/Behr,* DB 2013, 561, 565; *Bock,* Criminal Compliance, 2. Aufl. 2013, S. 348; *Schünemann,* NStZ 2008, 430, 433.

74 Vgl. *Taschke,* in: Nietsch (Hrsg.), Compliance und soziale Verantwortung im Unternehmen (2019), S. 73 ff.

überwachungsbedürftige »Gefahrenquelle«.[75] Der Inhaber hat demgemäß eine **Garantenstellung** zur Verhinderung von Straftaten und Ordnungswidrigkeiten (§§ 13 StGB, 8 OWiG). Paradigmatisch sind nach wie vor die Grundsätze, wie sie der BGH in der *Lederspray*-Entscheidung entwickelt hat.[76] Eine wesentliche Einschränkung der Unterlassungsverantwortung liegt in der Voraussetzung der **Betriebsbezogenheit** der nicht verhinderten Tat,[77] allerdings sind die dafür geltenden Kriterien (»innere Zusammenhänge, spezifische Gefahrenquellen oder bestimmungsgemäße Vermeidungsmöglichkeiten« usw.) wenig randscharf.[78] Die Unterlassungsverantwortung kann sich vor allem im **Beihilfevorwurf** (§ 27 StGB) verwirklichen, und zwar auch und in besonderer Weise durch fehlende Überwachung von Mitgeschäftsführern.[79]

20 Eine Garantenstellung kann neben der Geschäftsleitung ferner dem **mit Compliance beauftragten Mitarbeiter** zukommen. Aufsehen erregt hat insoweit die BSR-Entscheidung des BGH, wonach der Leiter der Rechtsabteilung und Innenrevision einer Anstalt des öffentlichen Rechts aufgrund der ihm damit zugleich übertragenen Aufgabe, Straßenanlieger vor betrügerisch überhöhten Gebühren zu schützen, eine Garantenstellung innehatte.[80] Darin findet sich in einem ***obiter dictum*** die Anmerkung, dass ein »Compliance Officer« dafür einzutreten habe, dass unternehmensbezogene Straftaten zu Lasten Dritter unterbleiben.[81] Im Schrifttum hat man diese Aussage in weiten Teilen kritisiert,[82] bisweilen, z.B. für den Compliance Officer von Wertpapierdienstleistungsunternehmen aber auch (unreflektiert) übernommen.[83] Bis zu einer Klarstellung durch die höchstrichterliche Rechtsprechung hat man die Frage als offen zu bezeichnen.[84] Die Besonderheiten des Falles wecken immerhin Zweifel, ob der BGH diese Aussage in ihrer Allgemeinheit so verstanden wissen will. Allerdings sind im Rahmen der Diskussion um die Einführung des VerSanG erneut Stimmen laut geworden, die den Compliance Officer als Leitungsperson ansehen und damit als Täter einer Anknüpfungstat i.S.d. § 3 I Nr. 1 VerSanG-E tauglich erscheinen lassen. Zur Bewältigung der persönlichen Haftungsriskiken behilft sich die Praxis unterdessen mit der **Einbeziehung des Compliance-Beauftragten in die D&O-Versicherung,** die allerdings nur für die Verteidigungs- und Verfahrenskosten, nicht die Strafe aufkommen kann.[85]

c) § 130 OWiG

21 Wesentliche Auffangfunktion im Rahmen der Individualverantwortung von Leitungspersonen kommt dem **Tatbestand der Aufsichtspflichtverletzung** nach § 130 OWiG zu. Nach dessen Abs. 1 handelt der Inhaber eines Betriebs oder Unternehmens ordnungswidrig, wenn er vorsätzlich oder fahrlässig die Aufsichtsmaßnahmen unterlässt, die erforderlich sind, um in dem Betrieb oder Unternehmen Zuwiderhandlungen gegen Pflichten zu verhindern, die den Inhaber treffen und deren Verletzung mit Strafe oder Geldbuße bedroht ist, wenn eine solche Zuwiderhandlung begangen

75 Grundlegend *Schünemann,* Unternehmenskriminalität (1979), S. 13 ff., 61 ff.; aus neuerer Zeit *Rathgeber,* Criminal Compliance (2012), S. 310 ff.; Leitner/Rosenau/*Burchard,* Wirtschafts- und Steuerstrafrecht (2017), § 13 StGB Rn. 32 ff.; *Kuhlen,* NZWiSt 2015, 161.

76 BGH v. 6.7.1990 – 2 StR 549/89 = NStZ 1990, 587; vgl. auch *Kuhlen,* NZWiSt 2015, 121, 123; *ders.,* FS 50 Jahre Bundesgerichtshof, 647, 663; *Taschke,* NZWiSt 2012, 41 f. m.w.N.; *Schünemann,* FS 50 Jahre Bundesgerichtshof, 621; *Dannecker,* in: Rotsch, Criminal Compliance (2015), § 5 Rn. 16; *Schmidt-Salzer,* BB 1992, 1866, 1869.

77 Dazu BGHSt 57, 42; *Dannecker,* NZWiSt 2012, 441, 445, 446; ferner *Brammsen/Sonnenburg,* NZG 2019, 681, 682.

78 Einzelheiten bei *Nietsch,* CCZ 2013, 192, 195.

79 BGHZ 194, 25, 26; dazu *Nietsch,* CCZ 2013, 192 ff.

80 BGH NStZ 2009, 686, 688.

81 BGH NStZ 2009, 686, 687.

82 Vgl. *Blassl,* WM 2018, 603, 604; ferner Rotsch, in: FS Roxin (2012), S. 485, der 65 Aufsätze nennt, die sich mit besagter Entscheidung befassen.

83 Relativierend *Szesny,* in: FS Wessing (2015), S. 468, 478.

84 So wohl auch *Campos Nave/Zeller,* BB 2012, 131, 132.

85 Dazu ebenfalls *Campos Nave/Zeller,* BB 2012, 131, 132.

wird, die durch gehörige Aufsicht verhindert oder wesentlich erschwert worden wäre. Der Begriff des **Inhabers** ist dabei normativ, d.h. von den betriebs- und unternehmensbezogenen Pflichten her zu bestimmen. Der »Inhaber« ist also nicht stets tauglicher Täter, sondern eine sanktionsrechtliche Bezugsgröße, von der aus die Aufsichtspflichten für **natürliche Personen (Vorstände, Geschäftsführer, Betriebsleiter usw.)** über § 9 OWiG abgeleitet werden.[86] Unterlässt der Inhaber des Unternehmens notwendige Aufsichtsmaßnahmen, kann diese Aufsichtspflichtverletzung Grundlage für eine **Sanktion gegen das Unternehmen** nach § 30 OWiG werden.[87] Diese Tathandlung verlangt in subjektiver Hinsicht lediglich Fahrlässigkeit. Für die Tatbegehung durch den Beschäftigten gelten deren Regeln. § 130 OWiG ist im geltenden Recht die Hauptanknüpfungsgrundlage, also eine Art »Transmissionsriemen« für die eigentliche **Verbandssanktion**. Die **Bedeutung der Vorschrift für die GmbH** kann nicht genug betont werden. Denn ein Blick auf die Praxis zeigt, dass hiervon vornehmlich KMU betroffen sind.[88]

d) Exkurs: Verbandssanktionsrecht 21a

Der Zustand, wonach Straftaten und Ordnungswidrigkeiten, die aus Verbänden heraus begangen werden, nach geltendem Recht nur mit einer Geldbuße nach dem OWiG geahndet werden können, wird seit langem kritisiert. Daran ändert auch der Umstand nichts, dass beispielsweise gegen die Volkswagen AG ein Bußgeldbescheid i.H.v. 1 Mrd. Euro ergangen ist. Die Bundesregierung hat darauf mit einem im Juni 2020 vorgelegten Entwurf eines »Gesetzes zur Stärkung der Integrität in der Wirtschaft« reagiert. Das Vorhaben versteht sich zur Vermeidung der Diskussion um Sinn und Unsinn eines Unternehmensstrafrechts als »dritte Spur« zwischen Straf- und Ordnungswidrigkeitenrecht. Es enthält neben einer ggü. dem OWiG deutlich erhöhten und ab einer Umsatzschwelle von 100 Mio. € aufgrund des Gesamtkonzernumsatzes zu bemessenden Verbandsgeldsanktion (§ 9 VerSanG-E) vor allem Erweiterungen des internationalen Anwendungsbereichs und Bestimmungen zur Anerkennung von internen Untersuchungen als Sanktionsmilderungsgrund (§§ 16–18 VerSanG-E). Zudem ist ein eigenes, in weiten Teilen an die StPO angelehntes Verfahrensrecht vorgesehen (§§ 23 ff. VerSanG-E) welches von § 47 OWiG abweichend das Legalitätsprinzip vorsieht. Die Verbandsverantwortlichkeit wird neben §§ 30, 130 OWiG auf eine eigene gesetzliche Grundlage gestellt (§ 3 I VerSanG), ist aber ausweislich deren Wortlauts nach wie vor als Zurechnungsregel und nicht ein Fall des Organisationsverschuldens ausgestaltet.[89]

3. Allgemeines Zivilrecht

Vertragsrechtlich begründete Überwachungs- und Kontrollanforderungen finden sich in zunehmendem Maße in Form von sog. **»Entsprechens- oder Compliance-Klauseln«**. Diese werden bspw. in Lieferverträge oder Subunternehmerverträge eingefügt, um den Anforderungen an die Geschäftspartnerprüfung, denen Großunternehmen teilweise aus Gründen der Korruptions-, aber auch der Geldwäschebekämpfung unterliegen, gerecht zu werden.[90] Die Inhalte dieser Klauseln sind sehr unterschiedlich und reichen von der Verpflichtung, im Rahmen der Leistungserbringung keine einschlägigen Straftaten zu begehen bis hin zu umfassenden Auskunfts- und Prüfungsrechten des Geschäftspartners. Ziel ist häufig die Weitergabe konzerninterner Pflichtvorgaben.[91] In der Folge sind 22

86 *Rogall*, in: Karlsruher Kommentar OWiG, § 130 Rn. 25 f.

87 Hierzu eingehend *Wilhelm*, Das Ausmaß der erforderlichen Aufsichtsmaßnahmen i.S.d. § 130 OWiG (2013), S. 189 ff.

88 Dazu allein aus jüngerer Zeit AG Köln v. 14.8.2015 – 902a OWi 378/14 u. v. 31.7.2017 – 902a OWi 401/16; OLG Celle v. 10.7.2015 – 2 Ss (OWi) 112/15; OLG Karlsruhe v. 26.7.2016, 2 (4) SsBs 253/16 – AK 96/16.

89 Umfassend zu Reformbestrebungen *Seibt/Wolf*, DB 2020, 1049; *Behr/Guttenberger*, DB 2020, 1218; *Ott/Lüneborg*, NZG 2019, 1361; *Cordes/Wagner*, NZWiSt 2020, 215; *Beukelmann*, NJW-Spezial 2020, 312.

90 *Herb*, in: Hauschka/Moosmayer/Lösler, Hdb Corporate Compliance, 3. Aufl., § 19 Rn. 28; *Franke-Fahle/Schuldt*, ZfBR 2018, 419; *Troßbach*, CCZ 2017, 216.

91 *Theusinger/Jung*, in: Römermann, Münchener Anwaltshandbuch GmbH-Recht, 4. Aufl., § 24 Rn. 107 f.; *Herb*, in: Hauschka/Moosmayer/Lösler, Hdb Corporate Compliance, 3. Aufl., § 19 Rn. 29.

die betroffenen Unternehmen vertraglich gehalten, entsprechende Dokumentations- und Prüfungsverfahren zu etablieren und weitere typische Elemente von CMS einzurichten. Weitergehend werden selbständige Auditierungsrechte vereinbart. Abgesichert werden Verstöße gegen die vertraglich festgelegten Kontrollrechte i.d.R. durch Vertragsstrafen und (außerordentliche) Kündigungsrechte.

23 **Deliktsrechtlich** gelten zunächst die allgemeinen Regeln. Danach führt eigenes täterschaftliches Handeln eines Geschäftsführers im Wege der Zurechnung (§ 31 BGB (analog)) regelmäßig zur **Außenhaftung des Verbandes.**[92] Das kann neben Verletzung der von § 823 I BGB genannten Rechtsgüter auch durch eine Verletzung des allgemeinen Persönlichkeitsrechts oder durch Eingriff in den eingerichteten und ausgeübten Gewerbebetrieb geschehen.[93] Eine Deliktshaftung kommt aber auch dann in Betracht, wenn die Rechtsgutsverletzung durch Mitarbeiter, d.h. aus dem Unternehmen heraus begangen wurde. Grundlage ist die Verletzung der dahingehend bestehenden Verkehrssicherungspflicht.[94] Beachtung verdienen auch die **persönlichen Haftungsrisiken** für die Geschäftsleiter. Hier gilt nach wie vor die *Baustoff*-Rechtsprechung des VI. Zivilsenat des BGH aus dem Jahr 1989.[95] Durch das Bauunternehmen, dem der Beklagte als Geschäftsführer vorstand, waren unter verlängertem Eigentumsvorbehalt gelieferte Waren abredewidrig eingebaut und damit das Vorbehaltseigentum des klagenden Baustoffhändlers gemäß § 946 BGB zum Erlöschen gebracht worden. In seiner Vorentscheidung hatte der BGH es für die haftungsbegründende Rechtsgutsverletzung noch als maßgeblich erachtet, dass der Beklagte »persönlich an ihr mitgewirkt hat« (§ 830 I 1, II BGB).[96] Abweichend davon stellte er im zweiten Revisionsurteil dagegen auf das Vorliegen einer **Verkehrspflichtverletzung des Geschäftsführers** ab, die er unter Berufung auf seine »Zuständigkeit für die Organisation und Leitung des Unternehmens« gegeben sah und als Anlass nahm, ihm eine »Garantenstellung zum Schutz fremder Rechtsgüter, die ihre Träger der Einflusssphäre der Gesellschaft anvertraut haben«, aufzuerlegen.[97] Ungeachtet der Kritik des II. Zivilsenats des BGH und des Schrifttums hat dieser Ansatz – sieht man von gewissen Einschränkungen ab[98] – weiter Bestand.[99]

24 Als folgenreich erweist sich die deliktische Außenhaftung neben **Wettbewerbsrechtsverletzungen**[100] vor allem für den **Schutz geistigen Eigentums.** Exemplarisch hierfür ist eine Entscheidung des OLG Düsseldorf,[101] das die Frage zu klären hatte, ob ein Geschäftsführer einer GmbH auch dann für einen Patentrechtsverstoß persönlich in Haftung genommen werden kann, wenn er intern nicht für die Herstellung und/oder den Vertrieb des patentverletzenden Produkts zuständig war und daran auch keinen Anteil hatte. Das OLG ging wegen einer mit allgemeiner Anrede überschriebenen Abmahnung davon aus, dass der Geschäftsführer die Gefahrenlage für das Patent kannte und er daher – **unabhängig von der seiner Zuständigkeit entgegenstehenden Ressortaufteilung** – die Pflicht hatte, alles ihm tatsächlich und rechtlich Mögliche zu unternehmen, dessen Verletzung zu verhindern. Dies steht im Einklang mit dem letztlich durch die *Baustoff*-Rechtsprechung begründeten, inzwischen aber auch vom X. Zivilsenat des BGH[102] in der Sache übernommenen, Satz, wonach der Geschäftsführer persönlich zum Schutz Außenstehender vor Gefährdung oder Verletzung ihrer durch § 823 BGB geschützten Rechte gehalten ist. Grundlage hierfür ist die nach den Grundsätzen des Deliktsrechts zu begründende Garantenstellung.[103] Die schlichte Kenntnis von Wettbewerbsverletzungen genügt dafür noch nicht. Anzulasten soll dem Geschäftsführer nach

92 Rdn. 18.
93 BGHZ 166, 84; *Verse*, ZGR 2017, 174, 181 f.
94 *Holle*, Legalitätskontrolle im Kapitalgesellschafts- und Konzernrecht (2014), S. 282 ff.
95 BGHZ 109, 297.
96 BGHZ 100, 19, 25.
97 BGHZ 109, 297, 303.
98 BGHZ 194, 25.
99 Bspw. BGH NJW-RR 1996, 867, 868. Umfassende Nw. bei *Wagner*, in: Münchener Kommentar BGB, § 823 Rn. 114.
100 BGHZ 201, 344, 345.
101 GRUR-RS 2018, 1291; dazu *Rubner*, NJW-Spezial 2018, 335.
102 BGHZ 201, 344.
103 BGHZ 201, 344, 349 ff.

Auffassung des BGH ein Verhalten, über das typischerweise auf Geschäftsführungsebene entschieden wird. Anders verhält es sich, wenn der Verstoß lediglich im Rahmen der unter seiner Leitung stehenden Geschäftstätigkeit begangen wird. Ob das – wie der BGH meint – eine Außenhaftung sogar ausschließt, wenn die Begehung bei Kenntniserlangung durch den Geschäftsführer noch bevorsteht,[104] erscheint nicht zuletzt wegen des an dieser Stelle nachfolgenden Hinweises auf mögliche Eingriffspflichten fraglich. Wichtig ist zwar auch, dass die Haftung des Geschäftsführers nicht durch seine organschaftliche Stellung als solche begründet wird.[105] Entscheidend ist vielmehr die tatsächliche und rechtliche Möglichkeit und Zumutbarkeit der Beherrschung einer Gefahrenlage für absolut geschützte Rechte Dritter. Allerdings wird dieses Kriterium bei kleinen und mittelständischen Betrieben i.d.R. eher erfüllt sein als bei Großunternehmen. Entsprechend hoch ist die Bedeutung für die GmbH.

Inwieweit unterlassene Aufsichtsmaßnahmen **Ansprüche wegen Schutzgesetzverletzung** (§ 823 II BGB) begründen, ist ebenfalls nicht abschließend geklärt. Grundsätzlich kann hierdurch eine Geschäftsleiterhaftung ebenfalls sowohl bei Tatbegehung aus dem Unternehmen wie auch durch Mitgeschäftsführer ausgelöst werden, wobei namentlich das in der Strafrechtsdogmatik anzutreffende weite Verständnis der Garantenhaftung risikoerhöhend wirkt.[106] Allerdings hat die höchstrichterliche Rechtsprechung des VI. Zivilsenats des BGH diese zumindest bei Unterlassungen mit reinen Vermögensschäden jüngst auf das Innenverhältnis beschränkt.[107] Eine haftungsbewehrte Außenhaftung des Geschäftsführers setze eine im Außenverhältnis zu dem Geschädigten begründete Garantenpflicht zum Schutz von dessen Vermögensinteressen voraus.[108] Damit verfügt der Geschädigte, z.B. als Geschäftspartner, regelmäßig über keine Ansprüche aus § 823 II BGB i.V.m. Delikten, die aus strafrechtlicher Sicht im Wege der Beihilfe durch Unterlassen verwirklicht wurden.[109] Andererseits gibt es durchaus ein potentiell breites Spektrum an Schutzgesetzen, die eine Außenhaftung auslösen können. Dazu gehören nach der Rechtsprechung das Kartellverbot des Art. 101 AEUV und die Insolvenzdelikte,[110] nach der Literatur auch die Steuerhaftung aus §§ 34, 69 AO.[111] Aus dem Strafrecht sind insbesondere die gläubigerschützenden Vermögensdelikte (§§ 246, 263, 266 und 266a StGB) und die Buchführungsdelikte zu erwähnen (§ 283 I Nr. 5, 7, 283b StGB), nicht hingegen die Buchführungspflicht als solche (§ 41 GmbHG). Zudem hat die höchstrichterliche Rechtsprechung die Anerkennung von § 130 OWiG als Schutzgesetz abgelehnt.[112] Organisationspflichten im Innenverhältnis können durchaus Schutzgesetzcharakter haben.[113] Angenommen wurde das z.B. für Geschäftsbriefvorgaben (§ 35a GmbHG) oder die Anteilsänderungsvorgaben aus § 40 GmbHG.[114] Mit bedeutendster Fall ist auch die – allerdings weniger dem Bereich Compliance zuzuordnende – Insolvenzantragspflicht nach § 15 InsO. 25

4. Gesellschaftsrecht

Die Organisationsgesetze erlegen der Geschäftsleitung nach teilweise str., aber zutreffender Ansicht keine ausdrücklichen allgemeinen Aufsichts- und Kontrollpflichten i.S.e. strukturierten 26

104 BGHZ 201, 344, 350.
105 Kritisch gegenüber BGHZ 109, 297, 303; 125, 366, 375 insofern BGHZ 201, 344, 351.
106 Rdn. 19 f.
107 BGHZ 194, 25.
108 BGHZ 194, 25. 26.
109 Dazu *Nietsch,* CCZ 2013, 192 ff.; *Szesny,* in: FS Wessing (2015), S. 468, 478.
110 BGHZ 190, 145; BGH NZG 2012, 864.
111 *Brammsen/Sonnenburg,* NZG 2019, 681, 684.
112 BGHZ 125, 366, 371 ff.; zust. *Beurskens,* in: Baumbach/Hueck, GmbHG, 22. Aufl. 2019, § 43 Rn. 134; *Cordes,* Die Compliance-Organisation in der GmbH (2016), S. 192 ff.; krit. *K. Schmidt,* ZIP 1994, 837, 841 f.; a.A. sofern die durch fehlende Aufsicht verletzte Norm ihrerseits Schutzgesetz ist *Mertens/Cahn,* in: Kölner Kommentar AktG, § 93 Rn. 225; so wohl für die GmbH auch *Uwe H. Schneider,* in: Scholz, GmbHG, § 43 Rn. 330; aA. auch *Wiedemann,* ZGR 2011, 183, 203.
113 LG Detmold GmbHR 1993, 23.
114 *Brammsen/Sonnenburg,* NZG 2019, 681, 684.

Compliance Systems auf. Sie folgt nach ebenfalls str., aber abzulehnender Auffassung insbesondere – und erst Recht für die GmbH – nicht aus § 91 II AktG (analog).[115] Grund hierfür ist zum einen, dass Compliance-Pflichten unterhalb bestandsgefährdender Risiken ansetzen. Zudem hat die durch das KonTraG[116] eingefügte Vorschrift ihrem Hintergrund nach vor allem verdeckte finanzielle Risiken in Konzernlagen vor Augen. Ausgangspunkt für die Compliancepflicht kann aber die **Legalitätspflicht** sein,[117] weil sich aus ihr die Pflicht zur **Legalitätskontrolle**[118] einschließlich dazu erforderlicher Maßnahmen ergibt. Denn beides ist Teil der gebotenen kaufmännischen Sorgfalt (§§ 93 I 1 AktG, 43 I GmbHG). Unter Berücksichtigung der oben genannten Risikofaktoren, namentlich der Größe und Diversifizierung des Unternehmens, kann sich das gleichwohl eröffnete Organisationsermessen der Leitungsorgane auch zur Pflicht der Einführung eines CMS verdichten.[119] Von Bedeutung für Compliance sind sodann die allgemeinen Rechtspflichten im Innenverhältnis, insbesondere zur wechselseitigen Kontrolle, regelmäßige Berichterstattung innerhalb eines Kollegialorgans[120] oder an den Aufsichtsrat respektive deren Kenntnisnahme und Prüfung im Mindesten auf Plausibilität.[121] Ebenfalls zu nennen sind Frage- und Auskunftsrecht der Gesellschafter. Zu bedenken ist allerdings, dass diese Regeln der Binnenverfassung des Verbands primär weniger dem regelkonformen Verbandsverhalten, als der Verfolgung des Gesellschaftszwecks durch Festlegung einer bestimmten Arbeitsweise dienen.

27 Die Besonderheit bei der **Legalitätspflicht des Geschäftsführers** besteht darin, dass sie zusätzlich zu der ihm als Individuum geschuldeten Rechtsbefolgung auch die Wahrung der davon zu unterscheidenden, im Ausgangspunkt allein **dem Verband obliegenden Rechtspflichten** umfasst. Insoweit überträgt sich die Legalitätspflicht des Verbandes im Außenverhältnis auf die Pflichten des Geschäftsleiters im Innenverhältnis und erzeugt aus dessen Sicht einen **Gleichlauf**. Das gilt insbesondere für Straf- und Bußgeldtatbestände.[122] So sehr dies in Rechtsprechung und Schrifttum oft als Selbstverständlichkeit erscheint, so wenig geklärt sind allerdings die Prämissen dieser Annahme. Offen ist insbesondere, ob ein solcher Gleichlauf durch die organschaftliche Stellung des Geschäftsführers, das Gebot zur Beachtung absoluter Rechtsgüter oder nur durch eine rechtliche Sonderverbindung erzeugt wird. Ähnlich wie bei der deliktischen Außenhaftung des Geschäftsführers drohen gesellschaftsrechtlichen Grundsätzen bei einem vollständigen Gleichlauf möglicherweise eine Überlagerung.[123] Ungeklärt ist daneben, ob man die Legalitätspflicht überhaupt auf alle Bereiche des Rechts erstrecken kann oder ob man sie nicht auf die straf- und bußgeldbewehrten Tatbestände begrenzen muss.[124] Möglicherweise nicht zuletzt deswegen hat der II. Zivilsenat des BGH in seiner Rechtsprechung zu den Voraussetzungen des Verzichts

115 A.A. etwa *Poll/Köhler/Scheithauer,* in: FS Zitzelsberger (2015), S. 64 f.; so wohl auch *Ziemons,* in: Michalski/Heidinger/Leible/J. Schmidt, GmbHG, § 43 Rn. 174 sowie *Ziemons/Pöschke,* in: BeckOK GmbHG, 44. Edition, Stand: 1.5.2020, § 43 Rn. 97; *Theusinger/Jung,* in: Römermann, Münchener Anwaltshandbuch GmbH-Recht, 4. Aufl., § 24 Rn. 9; wie hier *Altmeppen,* in: Roth/Altmeppen, GmbHG, § 41 Rn. 15, § 43 Rn. 17; *Kort,* GmbHR 2013, 566, 570; *Makowicz/Stadelmaier,* CB 2015, 89; allg. zur Unterscheidung von Compliance zu dem von § 91 II AktG angeordneten Risikofrüherkennungssystem *Nietsch,* ZHR 180 (2016), 733, 739; wie hier auch *Cordes,* Die Compliance-Organisation in der GmbH (2016), S. 85 ff.

116 Gesetz zur Kontrolle und Transparenz im Unternehmensbereich, BGBl. 1998 Teil I Nr. 24.

117 So für den vorliegenden Zusammenhang etwa *Altmeppen,* in: Roth/Altmeppen, GmbHG, § 43 Rn. 6; ferner *Bayer,* GmbHR 2014, 897, 898.

118 Vgl. *Bürgers,* ZHR 179 (2015), 173, 176; *Hoffmann/Schieffer,* NZG 2017, 401, 402 f.

119 S. Rdn. 42 u. 69 ff.

120 S. auch Rdn. 30 ff.

121 S. auch Rdn. 39 ff.

122 *Verse,* ZGR 2017, 175, 185.

123 Vgl. etwa zum Problem der Freistellung durch den Verband bei Pflichtverletzungen im Außenverhältnis *Dreher,* in: FS Konzen (2006), S. 85, 95; *Habersack,* in: FS Uwe H. Schneider (2011), S. 429, 435; *Verse,* ZHR 175 (2011), 401, 406.

124 Dazu *Thole,* ZHR 173 (2009), 504, 518 ff.; für eine Erstreckung auf die zivilrechtlichen Vorgaben *Verse,* ZGR 2017, 175, 188 ff.

der AG auf Schadensersatzansprüche gegen Vorstandsmitglieder (§ 93 IV 3 AktG) indirekt angedeutet, dass sich die Rechtspflichten von Verband und Leitungspersonen nicht zwingend decken müssen.[125]

In der Praxis erzeugt vor allem die gesellschaftsrechtlich vermittelte Haftung für Schäden, die der Gesellschaft durch Non-Compliance entstanden sind, eine wesentliche Steuerungswirkung (§§ 43 II GmbHG, 93 II 1 AktG). Allerdings sind die dabei herauszubildenden Verhaltensstandards in der Rechtsprechung zur Organhaftung erst im Werden begriffen.[126] Der weitere wesentliche Verdienst des Gesellschaftsrechts für Compliance liegt in der Festlegung der für die damit verbundenen Organisations- und Überwachungspflichten zuständigen Adressaten.[127] 28

5. Außerrechtliche Compliance-Standards

Neben die relevanten Rechtsvorschriften sind in der Praxis Leitfäden, Prüfungs- und Zertifizierungsstandards von berufsständischen oder privaten Vereinigungen getreten, denen bei der Ausgestaltung von Compliance Bedeutung zukommen kann. Exemplarisch zu nennen sind hier der Prüfungsstandard des IDW PS 980, die ICC Guidelines on Agents, Intermediaries and Other Third Parties, der – für die GmbH nicht einschlägige – DCGK 4.1.3 sowie die Leitlinien der internationalen Standardisierungsorganisation ISO.[128] Diese hat insbesondere mit dem ISO 19600 in prominenter Weise Empfehlungen für CMS erarbeitet, die auch Gestaltungsoptionen für den Mittelstand aufzeigt.[129] Ebenfalls zu nennen sind die ergänzende ISO 37001 zur Korruptionsbekämpfung, ISO 26000 zur sozialen Verantwortung und ISO 30000 zum Risikomanagement. ISO 27000 befasst sich mit der immer bedeutender werdenden Informationssicherheit.[130] Der Vorteil dieser Leitlinien liegt in einer Konkretisierung der häufig unbestimmten Rechtsbegriffe, wie sie die prinzipienbasierte Regulierung kennzeichnen. Sie mögen zudem bedenkenswerte Anregungen für die Strukturierung von Compliance enthalten und bei grenzüberschreitenden Sachverhalten eine gesteigerte Akzeptanz bei Geschäftspartnern ermöglichen. Verwiesen wird im Rahmen der Beratungspraxis auch auf die Erleichterung von Zertifizierungen. Die nicht selten von den Anwendern erhoffte »Safe Harbour«-Wirkung, also die Hoffnung, durch Befolgung weitgehende Sanktionsmilderung oder gar Haftungsfreiheit zu erlangen, wird dadurch jedoch nicht abgesichert. Insoweit sind die – im Übrigen nicht frei verfügbaren – ISO-Normen auch nicht in vergleichbarer Weise wie DIN-Normen geeignet, eine Vermutung regelkonformen Verhaltens zu erzeugen. Dementsprechend können Sie auch keine Vermutung fehlenden Organisationsverschulden begründen. Auch der IDW PS 980 umschreibt letztlich nichts anderes als die Gegenstände der Compliance, die bei der Wirtschaftsprüfung behandelt werden.[131] 29

III. Regelungsadressaten von Compliance-Pflichten in der GmbH

1. Geschäftsleitung

a) Grundsatz

Zu den Erkenntnissen der für die AG geführten Compliance-Diskussion gehört, dass die damit verbundenen Organisationspflichten **Aufgabe der Unternehmensleitung** sind:[132] **»Compliance ist** 30

125 Vgl. BGH BB 2014, 2509 und den dortigen Vorbehalt im Leitsatz, wonach strafbares Handeln im Außenverhältnis von einer Pflichtverletzung im Innenverhältnis zu unterscheiden sein kann. Bedeutung hat eine Differenzierung insbes. bei der Übernahme von Strafen und Kosten der Rechtsverfolgung bzw. in diesem Zusammenhang gewährte Kredite.

126 Dazu u.Rdn. 54a f.

127 Dazu u. Rdn. 51.

128 Zum Verhältnis von IDW PS 980 zu ISO 19600 *Schmidt,* in: Hauschka/Moosmayer/Lösler, Hdb Corporate Compliance, 3. Aufl., § 45.

129 Dazu etwa *Schmidt/Wermelt/Eibelshäuser*, CCZ 2015, 18; *Scherer/Fruth,* CCZ 2015, 9; *Sünner,* CCZ 2015, 2; s. auch die krit. Stellungnahme des *DICO,* CCZ 2015, 21.

130 Dazu aus Sicht von KMU etwa *Greveler/Reinemann,* CCZ 2015, 274 ff.; *Daghles,* DB 2018, 2289.

131 So auch *Uwe H. Schneider,* in: Scholz, GmbHG, § 43 Rn. 96a.

132 *Uwe H. Schneider,* in: FS Binz (2014), S. 639; zuvor bereits *ders.,* ZIP 2003, 645; *Bürgers,* ZHR 179 (2015), 173, 175 f.; *Dreher,* in: FS Hüffer (2010), S. 161; *Fleischer,* AG 2003, 291; *Hüffer,* in: FS G. H.

Chefsache«. Obwohl § 76 I AktG dem Vorstand weitergehende Befugnisse als § 37 GmbHG dem Geschäftsführer zuweist, gilt für die GmbH im Grundsatz nichts anderes. Vorkehrungen zur Sicherung regelkonformen Verhaltens sind durch den oder die **Geschäftsführer** zu treffen, die auch Verdachtsfällen nachzugehen haben. Diese Zuständigkeit besteht unabhängig davon, ob sich die Geschäftsleitung aus einer oder mehreren Personen zusammensetzt. Gleichermaßen unerheblich ist, ob es sich um einen Fremd- oder Gesellschaftergeschäftsführer handelt. Im Unterschied zur AG können gesellschaftsvertraglich allerdings andere Zuweisungen vorgenommen und dadurch eine mehr oder minder ausgeprägte Einbeziehung der Gesellschafterversammlung, des Aufsichtsrats oder eines vorhandenen Beirats hergestellt werden.[133]

b) Horizontale Delegation

31 Sofern die Geschäftsleitung aus mehreren Geschäftsführern besteht, gilt für die Sicherstellung von Compliance bei der GmbH wie der AG der Grundsatz der **Gesamtverantwortung**. In Betracht kommt nach allgemeinen Regeln zwar sowohl eine **(horizontale) Delegation** an einen der Geschäftsführer wie eine **(vertikale) Delegation** an einen Mitarbeiter, der nicht Mitglied der Geschäftsleitung ist. Der II. Zivilsenat des BGH hat dahingehend unlängst nochmals klargestellt, dass eine Ressortaufteilung auf der Ebene der Geschäftsführung eine klare und eindeutige Abgrenzung der Geschäftsführungsaufgaben aufgrund einer von allen Mitgliedern des Organs mitgetragenen Aufgabenzuweisung voraussetzt, die die vollständige Wahrnehmung der Geschäftsführungsaufgaben durch hierfür fachlich und persönlich geeignete Personen sicherstellt und ungeachtet der Ressortzuständigkeit eines einzelnen Geschäftsführers die Zuständigkeit des Gesamtorgans insbesondere für nicht delegierbare Angelegenheiten der Geschäftsführung wahrt.[134] Was das für die compliancebezogenen Rechte und Pflichten im Binnenbereich der Leitungsorgane heißt, bedarf der näheren Klärung. Ein mögliches Problem gegen die Delegation auf ein einzelnes Mitglied der Geschäftsleitung liegt vor allem darin, dass die Legalitätskontrollpflicht häufig eine bereichsübergreifende Betrachtung gebietet. Gerade die sog. Schnittstellen erweisen sich als anfällig für die Außerachtlassung rechtlicher Anforderungen.[135] Hinzu kommt die Feststellung des LG München I aus der *Siemens/Neubürger*-Entscheidung, wonach die Pflicht zur Einrichtung und Überwachung eines CMS den gesamten Vorstand trifft.[136]

31a Auch die Rechtsfolgen der Ressortaufteilung in Hinblick auf die Compliance-Verantwortung der Geschäftsleitung sind nach wie vor offen. Folge der Ressortaufteilung wäre nach allgemeinen Regeln der Übergang der Handlungsverantwortung auf das designierte Organmitglied[137] (was gesetzes- wie regelkonformes Verhalten miteinschließt). Gleichzeitig sind die außenstehenden Geschäftsleiter im Rahmen der ihnen verbleibenden **Residualverantwortung** zur Überwachung des ressortverantwortlichen Kollegen verpflichtet.[138] Die Geltung dieser allgemeinen Grundsätze wird im Schrifttum mit teilweisen Einschränkungen auch bei Compliance für zutreffend gehalten.[139] Mitunter lassen sich die dazu gemachten Aussagen allerdings auch als Zweifel verstehen. So wird die Compliance-Verantwortung des Vorstands einerseits als delegationsfest bezeichnet – und damit in der Sache die Zulässigkeit der Ressortaufteilung in Frage gestellt, – andererseits soll diese gleichzeitig für weite Teilbereiche der Überwachung eröffnet sein.[140] Unklar bleibt ebenso, ob dabei an eine Übertragung

Roth (2011), S. 299, 304; *Schulz*, BB 2017, 1475, 1478; *ders.*, in: Schulz, Hdb Compliance Management im Unternehmen, S. 1.

133 Rdn. 41.

134 BGH NJW 2019, 1067; dazu *Fleischer*, DB 2019, 472.

135 Dazu auch *Nietsch*, ZHR 184 (2020), 61, 87 f.

136 LG München I NZG 2014, 345, 348.

137 *Arnold*, ZGR 2014, 76, 80; *Bürgers*, ZHR 179 (2015), 173, 180.

138 Einzelheiten dazu und zum Wiedererstarken der originären Handlungsverantwortung bei Verdachtsfällen, *Nietsch*, ZIP 2013, 1449, 1452 ff.

139 *Bürgers*, ZHR 179 (2015), 173, 180.

140 Vgl. *Bürgers*, ZHR 179 (2015), 173, 177 f.; *Fleischer*, CCZ 2008, 1, 3; *Goette*, ZHR 175 (2011), 388, 394.

der Entscheidungsgewalt oder nur an eine Entscheidungsvorbereitung gedacht wird.[141] Zum anderen sind die Grenzen der verbleibenden Verantwortung des nicht ressortführenden Geschäftsleiters unscharf. Wenig eindeutig sind wiederum die bislang vereinzelt gebliebenen Aussagen des LG München I in der *Siemens/Neubürger*-Entscheidung. Einerseits lässt sich die als fortbestehend erwähnte Pflicht zur Überwachung im Sinne der Residualverantwortung verstehen. Andererseits ist damit nicht ausgeschlossen, dass im Rahmen der Legalitätskontrollpflicht mehr geschuldet ist als Auswertung und Plausibilitätskontrolle von Berichten des Ressortführers.

Stellungnahme: Die Unterstellung von Compliance unter die Entscheidungshoheit der gesamten Geschäftsleitung ist in der vom LG München I formulierten Allgemeinheit weder richtig noch grundsätzlich verkehrt.[142] Die Organisation regelkonformen Verbandsverhaltens enthält vielmehr unterschiedliche Elemente, also solche, die delegierbar sind, wie auch solche, die in der Entscheidungshoheit des Kollegiums verbleiben müssen. Anders ausgedrückt gibt es also Organisationsaufgaben, die – aktienrechtlich formuliert – Leitungsaufgaben darstellen und daher weder der horizontalen noch der vertikalen Delegation zugänglich sind, wie auch solche, die als Geschäftsführungsangelegenheiten von einzelnen Organmitgliedern erledigt werden können. In der GmbH geben die Ersteren Anlass, daran zu denken, ob hier die (alleinige) Zuständigkeit der Geschäftsführung begründet sein kann oder ob hier eine Beteiligung der Gesellschafterversammlung erfolgen muss. Die der Gesamtwahrnehmung unterliegenden Bestandteile von Compliance tragen weitgehend Grundsatzcharakter. Dazu gehört zunächst das Bekenntnis zu regelkonformem Wettbewerb, die Entscheidung für oder gegen die Einrichtung eines CMS, die Zuständigkeitsregelung und – je nach Ausmaß – der Umgang mit Regelverstößen. Im Kollektiv entschieden werden müssen ggf. auch Auswirkungen des Regelungsumfelds auf die Geschäftsstrategie. Das Compliance-Risikomanagement, die nähere Ausgestaltung der Struktur des CMS, die Auswahl der beteiligten Mitarbeiter und – entgegen LG München I – zumindest auch die laufende Überwachung gehören nicht dazu, sondern sind richtigerweise der Übertragung auf einzelne Geschäftsleiter zugänglich. Erkennbar als Schnittstellen auftauchende Bereiche müssen den jeweils dafür zuständigen Geschäftsleitern zur gemeinsamen Erledigung zugewiesen werden. 32

c) Vertikale Delegation

Auch die **vertikale Delegation** von Überwachungsaufgaben, also die Übertragung auf nachgeordnete Mitarbeiter unterhalb der Geschäftsleitungsebene hat das LG München I in der *Siemens/Neubürger*-Entscheidung für zweifelhaft gehalten.[143] Im entschiedenen Fall handelte es sich um sog. Bereichsvorstände, die verbandsrechtlich aber keine organschaftliche Stellung innehatten. An der kritischen Einschätzung des LG trifft zu, dass es trotz Delegation bei der Letztverantwortung der Geschäftsleitung bleiben muss. Der Aufgabenempfänger ist daher nicht nur sorgsam auszuwählen, sondern auch hinreichend zu überwachen.[144] Das ergibt sich indessen schon aus allgemeinen Grundsätzen. Besondere Beschränkungen oder gar die Unzulässigkeit der vertikalen Delegation für Compliance ist darüber hinaus nicht einzusehen.[145] Im Gegenteil kann es im Interesse einer vom operativen Geschäft unabhängigen Bewertung von Compliance-Risiken sinnvoll und geboten sein, diese aus der Unternehmensleitung heraus zu verlagern. Auch eine Delegation auf **externe Dritte** ist im Ausgangspunkt pflichtwahrend möglich, sofern die Einwirkungsmöglichkeiten auf den Delegationsempfänger, dessen Überwachung und die jederzeitige Rückholmöglichkeit der Entscheidungsbefugnis gesichert ist. Wichtig ist, dass die Art und Weise der Delegation im Einklang mit der Compliance-Strategie steht.[146] Im Bereich sog. interner Untersuchungen ist eine Übertragung auf Dritte nicht zuletzt aus Gründen der Objektivität und der Sicherstellung von Beweismitteln unter 33

141 Vgl. zu beidem *Bürgers,* ZHR 179 (2015), 173, 178 ff.
142 Zum Ganzen *Nietsch,* ZHR 180 (2016) 732, 744 ff.
143 LG München I NZG 2014, 345, 348.
144 So auch *Uwe H. Schneider,* in: FS Binz (2014), S. 639, 641 f.
145 So auch *Bürgers,* ZHR 179 (2015), 173, 184; *Harbarth,* ZHR 179 (2015), 136, 162 ff.
146 Vgl. auch Rdn. 50 ff.

Wahrung von Beschuldigtenrechten[147] sogar regelmäßig geboten. Auch aus Kostengründen bietet sich das etwa für Whistleblower-Systeme an. Zudem können Ombudsleute eine wichtige Funktion übernehmen.

d) Haftung

34 Da Compliance Teil der Geschäftsführung ist, kommt bei Schäden der GmbH in Form von Bußgeldern, Rechtsberatungs- und Verteidigungskosten oder Regressansprüchen Dritter im Ausgangspunkt eine Haftung nach allgemeinen Grundsätzen des § 43 II GmbHG in Betracht. Obwohl in ihrer Weite zweifelhaft und auf die AG in der Erscheinungsform eines Großunternehmens bezogen, müssen bis zu einer weiteren Klärung durch die ober- und höchstrichterliche Rechtsprechung die Aussagen der *Siemens/Neubürger*-Entscheidung des LG München I[148] ernst genommen werden. Zu ihr steht die Auffassung des LAG Düsseldorf im sog. *Schienenkartell*-Fall[149] in auffallendem Widerspruch. Ohne auf die compliancebezogenen Geschäftsleiterpflichten im Einzelnen einzugehen, wird dabei die persönliche Haftung maßgeblich mit dem Argument einer unzulässigen Verlagerung der Sanktionswirkung verneint.[150] Nachdem das LAG Düsseldorf der Revisionsentscheidung des BAG Folge leistend die Zuständigkeit der Arbeitsgerichte verneint hat, ist das Verfahren weiter vor den ordentlichen Gerichte anhängig.[151]

35 Sofern man die nach wir vor nicht geklärte Frage, ob dem GmbH-Geschäftsführer ein **unternehmerischer Ermessensspielraum** i.S.d. »Business Judgement Rule« (§ 93 I 2 AktG analog) zusteht, bejaht,[152] lässt sich dieser auch auf die konkrete Ausgestaltung von compliancebezogenen Organisationsmaßnahmen erstrecken.[153] Anders verhält es sich mit der Beurteilung von Rechtsfragen, bei denen nicht in gleicher Weise von einer »Legal Judgement Rule« auszugehen ist.[154] Zurückhaltung ist auch bei der **haftungsbefreienden Wirkung von Weisungen der Gesellschafterversammlung** geboten. So kann diese zunächst bei einem fehlerhaften Gesellschafterbeschluss entfallen. Bei rechtswidrigen Weisungen mag man schon Zweifel daran haben, ob diese in der GmbH zu einer Beschlussnichtigkeit gemäß § 241 Nr. 3 AktG (analog) führen.[155] Weitgehende Einigkeit dürfte aber jedenfalls darin bestehen, dass eine die Haftungsbefreiung rechtfertigende Befolgungspflicht für Geschäftsführer zu verneinen ist, wenn sie im Außenverhältnis eine Ordnungswidrigkeit oder Straftat darstellen.[156]

2. Aufsichtsrat

a) Überwachungsfunktion

36 Sofern nach dem Gesellschaftsvertrag oder mitbestimmungsrechtlich ein Aufsichtsrat zu bestellen ist, sind die in § 52 I GmbHG genannten Vorschriften des AktG vorbehaltlich gesellschaftsvertraglicher Bestimmungen oder gesetzlicher Abweichungen entsprechend anzuwenden. Damit unterliegt die Geschäftsführung insbesondere der Überwachung durch den Aufsichtsrat nach § 111 I 1 AktG,

147 Hierzu ausführlich *Zapfe*, Compliance und Strafverfahren (2013), S. 121 ff.
148 LG München I NZG 2014, 345.
149 LAG Düsseldorf CCZ 2015, 185; dazu *Jungermann/Renz*, CB 2015, 127; *Kollmann/Aufdermauer*, ZIP 2015, 829 ff.
150 BAG AG 2018, 108.
151 LAG Düsseldorf, Beschluss vom 29.1.2018 – 14 Sa 591/17; Das LG Dortmund – Kartellsenat – hat die Verfahren zunächst getrennt. Sie laufen dort unter den Aktenzeichen 8 O 12/18 Kart, 8 O 17/18 Kart und 8 O 18/18 Kart; eingehend dazu *Nietsch*, ZHR 184 (2020), 61 ff.
152 Dazu etwa *Bayer*, GmbHR 2014, 897, 898; bejahend wohl *Kort*, GmbHR 2013, 566, 572.
153 Dazu eingehend *Nietsch*, ZGR 2015, 632 ff.; hier allerdings zurückhaltend *Kort*, GmbHR 2013, 566, 573.
154 Dazu noch Rdn. 40.
155 *Bayer*, GmbHR 2014, 897, 905.
156 *Bayer*, GmbHR 2014, 897, 905; in der Sache noch weitergehend *Wilsing/Goslar*, in: Krieger/Uwe H. Schneider, Hdb Managerhaftung, 3. Aufl., § 15 Rn. 27, die z.B. auch Weisungen zur Unterlassung von internen Untersuchungen gegenüber der Geschäftsführung für unzulässig halten.

dem nach Abs. 4 S. 1 der Vorschrift aber keine Geschäftsführungsaufgaben übertragen werden dürfen, sofern dies nicht durch Zustimmungsvorbehalte (§ 111 IV 2 AktG), die Personalkompetenz oder im gesetzlich abweichend geregelten Einzelfall vorgesehen ist. Die Überwachungspflicht des Aufsichtsrats umfasst neben der Ordnungsgemäßheit der Geschäftsführung, deren Zweckmäßigkeit und Wirtschaftlichkeit insbesondere auch ihre Rechtmäßigkeit.[157] Daher gehört die **Einhaltung der Compliance-Pflichten durch die Geschäftsleitung** zu den Überwachungsgegenständen des Aufsichtsrats.[158] Da sich die Kontrolle des Aufsichtsrats insoweit auf die Geschäftsleitung beschränkt, betrifft dies aber grundsätzlich **keine Einzelmaßnahmen**;[159] ebensowenig die Überwachung einzelner Mitarbeiter unter Vorstandsebene.[160] Ihm steht ohne entsprechende gesellschaftsvertragliche Regelung sodann kein Initiativrecht und kein Weisungsrecht gegenüber der Geschäftsführung zu. Im Bereich der präventiven Kontrolle können gestaltungstechnische Vorstellungen durch den obligatorischen Aufsichtsrat daher nur im Rahmen seiner Beratungsfunktion (durch Austausch mit der Geschäftsleitung und Meinungsäußerungen) zum Ausdruck gebracht werden.[161] Auch wenn die **Tendenz zur unternehmerischen Mitverantwortung des Aufsichtsrats** in der GmbH noch nicht in gleicher Weise wie bei der AG zu beobachten ist, kann sich die Überwachung zur punktuellen Mitwirkung an Leitungsaufgaben verdichten. Das gilt für Compliance-Fragen insbesondere, wenn sich die Überwachungsintensität wegen einer Krise der Gesellschaft oder erkennbarer Fehleinschätzungen der Geschäftsführung erhöht. Er hat dann auf die Beseitigung festgestellter Mängel hinzuwirken und kann auch wesentliche Veränderungen, wie z.B. die Einführung eines CMS oder eine Untersuchung fordern.[162]

b) Mittel der Überwachung

Instrumente der Compliance-Beaufsichtigung durch den Aufsichtsrat sind vor allem die Vorstands- 37
berichte nach § 90 III AktG i.V.m. § 52 I GmbHG, das über diese Vorschrift gewährte Einsichts- und Prüfrecht (§ 111 II 1 AktG) und die Möglichkeit zur Beauftragung von Sachverständigen (§ 111 II 2 AktG).[163] Obwohl es in der GmbH[164] keine compliancebezogene **Regelberichtspflicht** gibt, entspricht es zumindest bei einer Gesellschaft mit obligatorischem Aufsichtsrat guter Praxis, dies zu tun. Weiter ist zu berücksichtigen, dass es sich bei der Information um eine »Holschuld« des Aufsichtsrats handelt, mag sich diese unter Berücksichtigung der zu §§ 90 III, 111 II AktG entwickelten Maßstäbe auch zu einer der Geschäftsleitung obliegenden aktiven Informationspflicht verdichten.[165] Zumindest wo Zweifel an Aktualität, Richtigkeit und Vollständigkeit der Berichte aufkommen, muss der Aufsichtsrat daher aktiv nachfragen. Besondere Aufmerksamkeit ist im Fall der wirtschaftlichen Krise geboten.[166] Anhaltspunkte für Compliance-Verstöße können sodann aus den Regelberichten, öffentlicher Berichterstattung, Bekanntwerden von Rechtsverletzungen durch Wettbewerber oder in Zusammenhang mit Unregelmäßigkeiten der Buchführung ergeben.[167]

157 St. Rspr., vgl. etwa 114, 127, 130; 132, 244, 255.

158 *Bürgers,* ZHR 179 (2015), 173, 187; *Habersack,* AG 2014, 1; *Koch,* in: Hüffer/Koch, AktG, § 76 Rn. 12, § 111 Rn. 4; *Giedinghagen,* in: Michalski/Heidinger/Leible/J. Schmidt, GmbHG, § 52 Rn. 218; *Spindler,* in: Münchener Kommentar GmbHG, § 52 Rn. 281.

159 Dazu etwa *Winter,* in: FS Hüffer (2010), S. 1103, 1109.

160 *Rack,* CB 2017, 59, 61.

161 *Bürgers,* ZHR 179 (2015), 173, 188.

162 *Bürgers,* ZHR 179 (2015), 173, 188; *Habersack,* AG 2014, 1, 2; *Winter,* in: FS Hüffer (2010), S. 1103, 1119 f.

163 *Bürgers,* ZHR 179 (2015), 173, 188; *Habersack,* AG 2014, 1, 2; *Winter,* in: FS Hüffer (2010), S. 1103, 1119 f.

164 Anders bei der AG, dazu etwa *Rack,* CB 2017, 59, 61 f.; *Bürgers,* ZHR 179 (2015), 173, 189 f.

165 Zu den Überwachungspflichten des Aufsichtsrats gehört es, dass er sich über erhebliche Risiken, die der Vorstand mit Geschäften eingeht, kundig macht und deren Ausmaße unabhängig vom Vorstand selbstständig abschätzt (vgl. BGH, AG 2013, 90).

166 BGH, NJW 2009, 2454, 2455.

167 *Bürgers,* ZHR 179 (2015), 173, 198; zur Bedeutung der Abschlussprüfung für Compliance darüber hinaus auch *Rack,* CB 2017, 105 ff.

38 Noch weithin ungeklärt ist, ob der Aufsichtsrat bei Verdachtsfällen **eigene Compliance-Untersuchungen** anstellen darf oder sogar muss.[168] Das schließt die klassische gesellschaftsrechtliche Streitfrage mit ein, ob er dabei unmittelbar Zugang zu nachgeordneten Mitarbeitern im Unternehmen hat oder sogar regelmäßige Berichtslinien zwischen diesen, etwa dem Leiter von Compliance und dem Aufsichtsrat, angelegt werden dürfen.[169] Die daraus resultierenden Konflikte für die Beschäftigten und mögliche Beeinträchtigungen des Vertrauensverhältnisses der Beteiligten sind offensichtlich, was erklärt, weswegen zumindest einer Rechtspflicht zur Verwendung dieser Informationsquelle wohl überwiegend mit Ablehnung begegnet wird.[170] Eine gemeinsame Schnittmenge der vertretenen Ansichten besteht, wo die Aufklärung von Sachverhalten durch den Vorstand nicht zu erwarten ist, weil eine Mehrheit oder sämtliche Organmitglieder darin verstrickt sind.[171]

c) **Haftung**

39 Auch wenn bislang keine Fälle der Haftung von Aufsichtsratsmitgliedern für Compliance-Verstöße in der Rechtsprechung bekannt geworden sind, besteht ein dahingehendes Risiko grundsätzlich nach § 52 I GmbHG i.V.m. §§ 116 S. 1, 93 II 1 AktG. Seine Grundlage findet sich in der Legalitätspflicht und der Legalitätskontrollpflicht der einzelnen Aufsichtsratsmitglieder.[172] Eine Schadensersatzverpflichtung droht zum einen, wenn die zur Verfügung stehenden Überwachungsinstrumente nicht genutzt werden, vor allem, weil z.B. von Informationsrechten kein Gebrauch gemacht wurde. In der Praxis dürfte der Hauptfall in der fehlenden Klärung von begründeten Verdachtsmomenten bei langanhaltenden Regelverstößen, z.B. fortgesetzter Korruption liegen.[173] Zum anderen ist hinsichtlich der Legalitätskontrollpflicht die Verpflichtung zur Prüfung und Geltendmachung von Regressansprüchen nach den Grundsätzen der *ARAG*-Entscheidung des BGH zu berücksichtigen.[174] Für die Herausbildung der dahingehenden Pflichtenmaßstäbe wird es entscheidend darauf ankommen, wie sich die Rechtsprechung nach *Siemens/Neubürger* einerseits bzw. dem *Schienenkartell*-Fall[175] andererseits positioniert. Für die Berufung auf haftungsfreies Ermessen i.S.d. Business Judgement Rule (§§ 116, 93 I 2 AktG) hat die Rechtsprechung strenge Vorgaben aufgestellt und darauf abgestellt, dass »alle verfügbaren Informationsquellen tatsächlicher und rechtlicher Art« ausgeschöpft wurden.[176] Ob dieser – in seiner Reichweite sicherlich überzogene Anspruch – weiter aufrechterhalten wird, soll hier offenbleiben.[177] Den maßgeblichen Entscheidungen nachfolgende Judikate waren zunächst jedenfalls zurückhaltender.[178]

40 Von zunehmender Bedeutung ist die Frage, wie sich **unklare Rechtslage** und Haftung zueinander verhalten, namentlich, ob es auch hier einen haftungsfreien Ermessensspielraum i.S.e. »Legal Judgement Rule« gibt oder sich wenigstens im Rahmen des Vertretenmüssens Entlastungsgesichtspunkte ergeben.[179] Ungeachtet der dogmatischen Verortung liegt ihre Bedeutung zum einen in den damit

168 Dazu *Fett/Habbe,* AG 2018, 257, 260 ff.; *Bürgers,* ZHR 179 (2015), 173, 193 ff.; *Dreher,* in: FS Goette (2011), S. 43 ff.; *Wilsing/Goslar,* in: Krieger/Uwe H. Schneider, Hdb Managerhaftung, 3. Aufl., § 15 Rn. 18 ff.

169 Dazu *Bürgers,* ZHR 179 (2015), 173, 193 ff.; *Habbe/Fett,* AG 2018, 257, 263.

170 Vgl. *Bürgers,* ZHR 179 (2015), 173, 203 f.; *Dreher,* in: FS Goette (2011), S. 43, 48 ff.

171 Vgl. *Bürgers,* ZHR 179 (2015), 173, 199 f.; *Fett/Habbe,* AG 2018, 257, 260 ff.; *Habbe,* CCZ 2019, 27, 29 ff.; *Spindler,* in: Münchener Kommentar GmbHG, § 52 Rn. 287; *Reicher/Ott,* NZG 2014, 241, 249 ff.

172 Rdn. 36.

173 Zu den Pflichten des Aufsichtsrats hierbei im Einzelnen *Dreher,* in: FS Goette (2011), S. 43 ff.

174 BGHZ 135, 244.

175 Rdn. 34.

176 BGH NJW 2008, 3361; AG 2013, 90; *Bürgers,* ZHR 179 (2015), 173, 198.

177 Krit. dazu etwa *Fleischer,* NJW 2009, 2337, 2339; *Merkt,* in: FS Hommelhoff (2012), S. 711, 715; *Nietsch,* ZGR 2015, 631, 657.

178 BGH NZG 2009, 117 hat das zumindest nicht wiederholt; BGH ZIP 2011, 766 hat die Rechtsauffassung des Berufungsgerichts zur Informationspflicht als überzogen bewertet.

179 Dazu etwa *Bürkle,* VersR 2013, 792, 793 ff.; *Holle,* AG 2016, 270, 279; *Langenbucher,* in: FS Lwowski (2014), S. 333, 335 ff.; *Verse,* ZGR 2017, 174.

verbundenen Anforderungen an Rechtsrat, wie sie die *ISION*-Rechtsprechung des BGH[180] näher präzisiert hat, zum anderen in den weiteren Konsequenzen, die sich daraus für den Entscheidungsträger bei dessen Würdigung ergeben. Im Ausgangspunkt besteht Einigkeit, dass sowohl Geschäftsleitung wie Aufsichtsrat im Rahmen ihrer Aufgabenerfüllung eine **Rechtsermittlungs- oder Rechtsvergewisserungspflicht** haben.[181] Ein dem genügender Rechtsrat muss nach der höchstrichterlichen Rechtsprechung von einem über den Sachverhalt zutreffend informierten, qualifizierten und fachlich unabhängigen Berufsträger erteilt werden und einer Plausibilitätskontrolle standhalten.[182] Nicht zuletzt angesichts der Zunahme von unbestimmten, prinzipienbasierten Rechtsbegriffen wird sich auf dieser Grundlage allerdings vielfach keine eindeutige Aussage ergeben. Im Schrifttum werden daher Überlegungen angestellt, ob die Organhaftung gleichwohl ausgeschlossen sein muss, wenn die gewählte Rechtsauffassung vertretbar ist oder nicht geradezu unvertretbar erscheint.[183] Andere fordern, dass umso mehr gewichtige Gründe für diese sprechen müssen, je mehr in Rechtsprechung und Lehre eine Tendenz zur Gegenauffassung besteht.[184] Teilweise lässt man auch eine »annähernd gleiche Vertretbarkeit« genügen.[185] Am weitesten gehende Einschränkungen des haftungsfreien unternehmerischen Handelns ergeben sich, wo in Bereichen aufsichtsrechtlicher Regulierung die »am besten vertretbare« Rechtsmeinung zu befolgen ist.[186] Neben diesen prognostischen Kriterien wird zudem vorgeschlagen, die Auswirkungen einer möglichen Rechtsverletzung, insbesondere die betroffenen Rechtsgüter, in die Entscheidung miteinzubeziehen.[187] Justiziabel erscheinen diese Kriterien nur eingeschränkt. Vieles spricht daher dafür, die Vertretbarkeitsbeurteilung des – im Übrigen sachgerecht ausgewählten und mit allen notwendigen Informationen versorgten – Rechtsberaters zur Haftungsbegrenzung ausreichen zu lassen.[188] Erschwert wird die Lösungsfindung dabei allerdings durch eine gewisse Abhängigkeit vom jeweiligen Rechtsgebiet, weil die Rechtsprechung hier unterschiedliche Fehlertoleranzen erkennen lässt. Wenig ausgeprägt sind diese beispielsweise beim Kartellrecht.[189]

3. Gesellschafter

Die Gesellschafter der GmbH sind im Ausgangspunkt trotz der durch § 37 vermittelten Weisungsrechte **nicht** als **Regelungsadressaten der Compliance-Organisationspflichten** anzusehen. Die Diskussion kreist hier weniger um die Verantwortung im Rahmen des Handelns der Gesellschafterversammlung als vielmehr die Doppelstellung als Gesellschaftergeschäftsführer oder faktischer Geschäftsführer.[190] In beiden Fällen ist eine Compliance-Verantwortung aus der dadurch vermittelten (quasi-)organschaftlichen Stellung und nicht aus der Mitgliedschaft in der GmbH abzuleiten. Unberührt bleibt aber die dem einzelnen Mitglied obliegende **eigene Legalitätspflicht bei der Ausübung von Mitgliedschaftsrechten.** Das gilt bereits für die Erteilung der Entlastung, die zumindest bei erheblichen Rechtsverstößen der Geschäftsführung unabhängig von den wirtschaftlichen Folgen für die Gesellschaft zu versagen ist. Sie kann weiter insbesondere bei der **Erteilung von Weisungen** an den Geschäftsführer Bedeutung erlangen. Compliance-Organisationspflichten können Gesellschafter ferner treffen, sofern sie damit verbundene **Angelegenheiten an sich ziehen.**[191] Kommt es zu dadurch oder in anderer Form zu einer weitgehenden Verdrängung der Geschäftsleitung und 41

180 BGH NZG 2011, 1271 u. 2015, 792.
181 *Langenbucher,* in: FS Lwowski (2014), S. 333, 335; *Verse,* ZGR 2017, 174, 176 f.
182 BGH NZG 2011, 1271; 2015, 792.
183 Vgl. etwa *Bachmann,* WM 2015, 105, 109; Übersicht zum Meinungsstand bei *Verse,* ZGR 2017, 174, 178 f.; *Florstedt,* NZG 2017, 601, 610 f.
184 *Dreher,* in: FS Konzen (2006), S. 85, 93; *Thole,* ZHR 173 (2009), 504, 522, 524 f.
185 *Holle,* AG 2016, 270, 279.
186 *Langenbucher,* in: FS Lwowski (2014), S. 333, 344 f., die allerdings auch eine Wahlmöglichkeit zwischen gleich gut vertretbaren Ansichten zulassen will.
187 Dazu *Verse,* ZGR 2017, 174, 184 ff.
188 Einzelheiten bei *Nietsch,* ZHR 184 (2020), 61, 83 ff.
189 *Nietsch,* ZHR 184 (2020), 61, 83, 85 f.
190 *Cordes,* Die Compliance-Organisation in der GmbH (2016), S. 267 ff.
191 *Kort,* GmbHR 2013, 566, 567.

geriert sich die Gesellschafterversammlung oder einzelne Gesellschafter als **faktische Geschäftsführer** liegt ein Einrücken in die Compliance-Verantwortung nahe. Die damit verbundenen Pflichten der Gesellschafter entstehen in beiden Fällen unabhängig von der kompetenzrechtlichen Zulässigkeit des Vorgehens.[192] Ob die Rechte und Pflichten der Geschäftsführer auch bei einer als zulässig anzusehenden Übertragung der compliance-spezifischen Aufgaben im Gegenzug eingeschränkt werden[193] – und folgerichtig zu deren Entlastung führen – kann nicht in allgemeiner Form entschieden werden, sondern richtet sich nach den Regeln ordnungsgemäßer Delegation.[194] Hauptproblemschwerpunkt der Gesellschafterverantwortung für regelkonformes Verhalten der Gesellschaft ist insbesondere die bei § 130 OWiG entstehende **Konzernorganisationspflicht.**[195]

C. Compliance-Organisation und Compliance Management Systeme

I. Grundlagen

42 Das Wesen der Compliance-Organisation lässt sich in Anlehnung an *Uwe H. Schneider* in zweifacher Form beschreiben:[196] Zum einen entspricht Compliance der Tätigkeit einer **Polizeibehörde.** Damit verbindet sich die Erwartung einer repressiven Funktion. Zum anderen lässt sie sich als **Schulbehörde** beschreiben, deren Aufgabe darin besteht, den rechtspflichtenspezifischen Handlungs- und Aufklärungsbedarf zu identifizieren und Wege zu dessen Einhaltung zu erarbeiten. Dabei dominiert das präventive Element. Bei teilweise unterschiedlicher Begrifflichkeit und Betonung des jeweiligen Elements ergeben sich daraus typischerweise folgende **Kern- bzw. Mindestbestandteile:**[197] (1) Beteiligung der Geschäftsführung zumindest in Form einer klaren Bekundung zugunsten rechtmäßigen Handelns des Unternehmens, (2) Vornahme einer Risikoanalyse und davon ausgehend (3) Erarbeitung der Compliance-Ziele, Compliance-Strategie und Zuständigkeitsregelungen, (4) Umsetzungsmaßnahmen, insbesondere Verhaltensrichtlinien, Schulungen, Schaffung von Informations- und Berichtswegen und (5) Kontrollen, Untersuchung von Verdachtsfällen, Sanktionierung. Dem lässt sich ergänzend (6) die Überprüfung und Verbesserung der geschaffenen Struktur hinzufügen. Zu Recht wird Review und Weiterentwicklung der Compliance-Organisation regelmäßig erheblicher Stellenwert eingeräumt.[198] Bei der GmbH hängt die Art und Weise der Verwirklichung dieser Maßnahmen, einschließlich ihrer Verstetigung zu einem CMS entscheidend von der Risikosituation und dem Vorhandensein der zur wirksamen Umsetzung erforderlichen fachlichen Fähigkeiten der verantwortlichen Personen ab.[199] Entgegen anderer Darstellung besteht grundsätzlich keine Pflicht, eine von anderen Unternehmenseinheiten unabhängige Compliance-Funktion zu schaffen.[200] Vielmehr ist ein an den konkreten Bedürfnissen auszurichtender Gestaltungsspielraum innerhalb der Vielfalt der Organisationsmodelle anzuerkennen.

II. Elemente von Compliance Management Systemen

1. Beteiligung der Geschäftsleitung, Mission Statement und Unternehmenskultur

43 Die Beteiligung der Geschäftsleitung an Compliance beschränkt sich bei Großunternehmen nicht selten auf die Einrichtung einer Compliance-Funktion als solcher, deren Arbeit im Wege der

192 Vgl. *Beurskens,* in: Baumbach/Hueck, GmbHG, 22. Aufl. 2019, § 37 Rn. 33; *Reichert/Lüneborg,* GmbHR 2018, 1141, 1146 f.

193 So *Kort,* GmbHR 2013, 566, 567.

194 Dazu Rdn. 30 ff.

195 Näher dazu Rdn. 67 f.

196 *Uwe H. Schneider,* NZG 2009, 1321, 1325; zur Verbindung der verschiedenen Rollen von Compliance auch *Lösler,* WM 2008, 1098.

197 Überblick zu den Grundpflichten i.S.v. Mindestanforderungen bei *Dittmers,* Wertorientiertes Compliance Management (2018), S. 128 ff.; vgl. ferner *Szesny,* in: FS Wessing (2015), S. 468, 476 u. *Uwe H. Schneider,* NZG 2009, 1321, 1325.

198 Vgl. etwa *Daum,* in: Bay/Hastenrath, Compliance Management Systeme (2016), S. 61 ff.; *Schulz,* BB 2017, 1474, 1481; *Schulz,* in: Schulz, Hdb Compliance Management im Unternehmen, S. 47.

199 Dazu bereits Rdn. 13 f.

200 Dazu bereits Rdn. 13 f.

allgemeinen Berichtspflichten überwacht wird. Mit der Einrichtung geht dabei regelmäßig ein Bekenntnis zur Unternehmensintegrität einher (»**Tone from the Top**«).[201] Dieser gem. ihrem angelsächsischen Ursprung teilweise auch als »**Mission Statement**« bezeichneten Aussage kommt zunächst entscheidende Bedeutung bei der Begründung einer **Compliance-Kultur** zu.[202] Deren Ziel besteht darin, jenseits spezieller (Rechts-)kenntnisse ein Werteverständnis zu schaffen, welches die Beschäftigten in die Lage versetzen soll, die rechtliche Dimension ihres Handelns zu erkennen und für die damit verbundenen Anforderungen zu sensibilisieren. Die Compliance-Kultur bildet auch in einschlägigen Leitfäden daher zu Recht einen Schwerpunkt.[203] Hervorgehoben wird sie z.B. nach der ISO 19600.[204]

Bei der kleinen und mittelständischen GmbH ist eine compliancebezogene Leitaussage der Geschäftsführung wegen der meist flachen Hierarchiestruktur und dem persönlichen Verhältnis zu den Beschäftigten nach zutreffender Einschätzung von noch **größerer Bedeutung**.[205] Das gilt erst Recht für Gesellschaftergeschäftsführer. Die Bedeutung des »Tone from the Top« erschließt sich bei den genannten Unternehmerschaften zudem aus seiner Unmittelbarkeit und Unzweideutigkeit in Sachen Regelkonformität. Den Beschäftigten wird so zum einen die Wichtigkeit des Themas vor Augen geführt, zum anderen unmissverständlich deutlich gemacht, dass regelwidriges Verhalten nicht großmütig toleriert oder gar gefördert wird. Augenzwinkerndes Dulden von Verstößen ist damit unvereinbar. Selbstredend beschränkt sich die Rolle der Geschäftsleitung nicht auf eine verbale Äußerung. Vielmehr ist sie dauerhaft in ihrer Vorbildfunktion gefordert und muss das, was sie verlautbart auch zur **Maxime ihres eigenen Handelns** machen. Verletzungen der Vorbildfunktion durch Missachtung interner Compliance-Richtlinien können als grobe Pflichtverletzung anzusehen sein.[206] 44

2. Risikoanalyse

a) Allgemeines

Die Compliance-Risikoanalyse dient dazu, allgemeine und für das Unternehmen spezifische Rechtsverletzungen zu identifizieren und zu bewerten.[207] Ihre Bedeutung besteht zunächst darin, den **Rechtsverstoß als Risikokategorie** zu etablieren. Die Wahrnehmung hierfür ist vielfach wenig ausgeprägt, weil sich die Folgen von Non-Compliance in das Systemdenken des »klassischen« Risikomanagements nicht in gleicher Weise abbilden lassen, wie es bei finanziellen und operationellen Risiken der Fall ist.[208] Zudem ist die Compliance-Risikoanalyse methodisch im Werden. Allgemein anerkannte Ansätze beginnen sich erst nach und nach herauszubilden. Die **Grundsätze** des Compliance-Risikomanagements lassen sich dahingehend skizzieren, dass im ersten Schritt häufig einschlägige **Rechtsbereiche auf ihre Maßgeblichkeit für die eigene Unternehmenspraxis** ermittelt werden.[209] Die Aufdeckung neuer oder bislang wenig wahrgenommener Risiken erfolgt sodann in einem zweiten Schritt durch eine **Sichtung von einschlägigen Vorkommnissen im eigenen** 45

201 Vgl. etwa *Dittmers,* Wertorientiertes Compliance Management (2018), S. 130 f.

202 Einzelheiten bei *Bode,* in: Bay/Hastenrath, Compliance Management Systeme (2016), S. 1 ff.; *Dittmers,* Wertorientiertes Compliance Management (2018), S. 132 ff.; *Schulz,* in: Schulz, Hdb Compliance Management im Unternehmen, S. 33 ff.; *Wendt,* in: Hauschka/Moosmayer/Lösler, Hdb Corporate Compliance, 3. Aufl., S. 276 ff.

203 *Poll/Köhler/Scheithauer,* in: FS Zitzelsberger (2015), S. 91 ff.

204 Vgl. auch *Fissenewert,* NZG 2015, 1009, 1011.

205 *Poll/Köhler/Scheithauer,* in: FS Zitzelsberger (2015), S. 64, ferner etwa *Fissenewert,* NZG 2015, 1009, 1011; *ders.*, Compliance für den Mittelstand (2018), S. 172 f.

206 OLG Hamm, BeckRS 2019, 14258 Rn. 54; darauf abstellend auch *Nassif,* CCZ 2020, 243.

207 Dazu *Dittmers,* Wertorientiertes Compliance Management (2018), S. 123 ff.; *Kark,* Compliance-Risikomanagement (2013), S. 5 ff.; *Moosmayer,* Compliance-Risikoanalyse (2014), S. 1 ff.; ausführlich auch *Nietsch,* ZHR 180 (2016), 733 ff.; *Lauk,* in: FS Binz (2014), S. 398, 403.

208 Zu den Gründen *Kark,* Compliance-Risikomanagement (2013), S. 12 ff.; ausführlich auch *Nietsch,* ZHR 180 (2016), 733, 765 f.

209 Zum Mittelstand s. Rdn. 46 f.

Unternehmen sowie der Branche, dem es angehört. Es geht also um Risikoexposition, wie z.B. Kartell- oder Korruptionsgeneigtheit usw. Bei Großunternehmen hat sich dabei die Erstellung von »Risiko-Landkarten« durch regelmäßige Analyse- und Austauschprozesse zwischen Compliance-Funktion und operativen Einheiten (bei transnationalen Unternehmen unter Berücksichtigung der landesspezifischen Besonderheiten) eingebürgert.[210] Zusammengeführt werden dabei auch **Erkenntnisse aus anderen Abteilungen**, insbesondere der internen Revision und der Rechtsabteilung oder die **Auswertung von Hinweisgeber-Systemen** (Whistleblowing). In einem dritten Schritt schließt sich die **Bewertung der Eintrittswahrscheinlichkeit** und der **möglichen Auswirkungen** der Realisierung der herausgearbeiteten Rechtsrisiken an.

b) Typische Compliance-Risiken im Mittelstand

46 Aus Sicht des Mittelstands werden als Hauptrisiken zumeist **Korruption, Verletzung von Geschäfts- und Betriebsgeheimnissen, Patent- und Urheberrechtsverletzungen sowie Kartellverstöße** genannt.[211] Ebenfalls zu erwähnen sind **Arbeitsschutzbestimmungen, insbesondere zu Arbeitszeiten, Sozialversicherungsrecht**[212] und nach Inkrafttreten der DSGVO wenig überraschend mit zunehmender Häufigkeit das **Datenschutzrecht.**[213] Generell ernst zu nehmen sind daneben Verstöße gegen das SchwarzArbG und Geldwäschetatbestände.[214] Hinzu kommen spezifische Risiken durch Verletzung von Rechtsnormen, die bisweilen eher als »Formalien« wahrgenommen werden, wie etwa die **Verletzung von Kennzeichnungspflichten**, wie sie u.a. im Produktsicherheitsrecht bzw. Nahrungsmittelrecht bedeutsam sind.[215]

47 Der nach wie vor hohe Stellenwert der Korruptionsdelikte beruht teilweise auf der Ausdehnung, den die einschlägigen Tatbestände, insbesondere die Mandatsträgerbestechung (§ 108e StGB) und die Bestechung im geschäftlichen Verkehr (§§ 299 ff. StGB) erfahren haben. Hierzu gehört auch die Ausdehnung des grenzüberschreitenden Anwendungsbereichs der Korruptionstatbestände.[216] Bei den Kerndelikten der §§ 330, 331 StGB haben sich die Strafbarkeitsrisiken vor allem durch die Festsetzung von sehr niedrigen Schwellenwerten für Zuwendungen erhöht. Für die nach wie vor hohe Korruptionsanfälligkeit werden in Deutschland in der Sache vor allem Schwächen bei der Vergabe, Abwicklung und Abrechnung öffentlicher Aufträge verantwortlich gemacht.[217] In neuer Zeit werden zudem die durch das Datenschutzrecht gezogenen Grenzen bei der Überwachung von Mitarbeitern für eine erhöhte Korruptionsanfälligkeit genannt. Zu beachten ist, dass Bestechungen häufig zu **fehlerhaften Steuererklärungen** führen. Die Berichtigungspflicht des § 153 AO hat insoweit besonderen Stellenwert und wird häufig unterschätzt.[218]

---

210 Ausführliche Beschreibung des Vorgehens bei der Siemens AG von *Hansen,* in: Moosmayer, Compliance-Risikoanalyse (2014), S. 87 ff.; s. auch *Kark,* Compliance-Risikomanagement (2013), S. 109 ff.; *Glage/Grötzner,* in: Hauschka/Moosmayer/Lösler, Hdb Corporate Compliance, 3. Aufl., S. 363 ff.; ausführlich auch *Nietsch,* ZHR 180 (2016), 733, 771 ff.

211 *Campos Nave/Zeller,* BB 2012, 131, 133; ähnlich *Fissenewert,* Compliance für den Mittelstand (2018), S. 20 ff., 38 ff., 131 ff.

212 Vgl. zu den Sanktionsrisiken für Arbeitgeber bei der Nichtabführung von Sozialversicherungsbeiträgen, insbesondere unter Berücksichtigung des Tatbestands des leichtfertigen Handelns (§ 8 III SchwarzArbG) *Rettemaier/Reichling,* NJW 2020, 2147 ff.; allg. auch *Fissenewert,* Compliance für den Mittelstand (2018), S. 63 ff., 84 ff.

213 Dazu *Kreß,* Criminal Compliance und Datenschutz im Konzern (2018), S. 66 ff.; ferner *Kremer,* DB 2019, 1429.

214 Zur Geldwäsche-Compliance *Hugger/Cappel,* DB 2018, 1066.

215 Vgl. etwa OLG Karlsruhe v. 26.7.2016 – 2(4) SsBS 253/16, 2 (4) SsBs 253716 – AK 96/16.

216 Zur Entwicklung *von Coelln,* in: Nietsch, Unternehmenssanktionen im Umbruch (2016), S. 81 ff.; Überblick über die relevanten Delikte *Lehr,* in: Fissenewert, Compliance für den Mittelstand (2018), S. 107 ff.

217 *Fissenewert,* Compliance für den Mittelstand (2018), S. 20 f.

218 *Fissenewert,* Compliance für den Mittelstand (2018), S. 28; *Schwartz,* in: Schulz, Hdb Compliance-Management im Unternehmen, S. 755 ff.

3. Compliance-Strategie

Die Compliance-Strategie dient der **Erarbeitung von Maßnahmen, die zur Bewältigung der mittels Risikoanalyse ermittelten Gefahren als geeignet und durchführbar** erscheinen.[219] Dazu gehört im Ausgangspunkt die Grundentscheidung, ob ein selbstständiges CMS geschaffen oder die entsprechenden Vorkehrungen im Zusammenhang mit Prozessen im Unternehmen »miterledigt« werden sollen. Denkbar sind auch dazwischen angesiedelte Lösungen. Ebenfalls im Rahmen der Compliance-Strategie müssen die **Kernfragen der Zuständigkeitsregelung und Delegation** unterhalb der Geschäftsleitungsebene geklärt werden. Die Festlegung der Compliance-Strategie **obliegt zwingend der Geschäftsleitung**, bei mehreren Geschäftsleitern als **nicht delegierbare Aufgabe** allen gemeinsam.[220] 48

Oft übersehen wird, dass **zwischen der Compliance-Strategie und der Geschäftsstrategie ein enger Zusammenhang** besteht. Die Problematik beinhaltet zum einen, dass bei der letzteren die Risikotragfähigkeit nur in Hinblick auf finanzielle und operationelle Risiken beurteilt wird. Zum anderen finden Veränderungen des regulatorischen Umfelds, welche eine bisher möglicherweise sinnvolle Geschäftsstrategie für die Zukunft in Frage stellen, häufig keine Berücksichtigung. Dabei verstärkt sich nicht nur die Gefahr von Compliance-Verstößen. Unausgeschöpft bleibt vielmehr oft auch das Potential, welches sich bei (frühzeitigem) Erkennen des rechtlichen Regelungsrahmens und möglicher Verschiebungen für die Wettbewerbsposition des Unternehmens ergibt.[221] 49

4. Wichtige Bestandteile der Ausgestaltung von Compliance im Einzelnen

a) Allgemeines

Hauptanliegen jeder Compliance-Maßnahme ist die Schaffung einer **klaren Zuständigkeitsregelung.**[222] Dabei unterscheidet die Praxis der CMS hauptsächlich drei Modelle:[223] (1) Einbindung in die Rechtsabteilung, (2) Integration in die interne Revision und (3) die Schaffung einer eigenen Abteilung. Das sog. »Three Lines of Defense«-Modell bettet Compliance in die Geschäftsbereiche ein (First Line),[224] schafft zugleich eine selbstständige Abteilung (Second Line) und überprüft beides durch die interne Revision (Third Line). Finanziell tragbar ist eine solche Lösung erst ab einer bestimmten Unternehmensgröße. Fällt die Wahl zugunsten einer weniger aufwendigen Lösung aus, so geht es um die Frage, ob Compliance als Stabsfunktion, d.h. in übergeordneter Form verantwortet oder innerhalb der Betriebsabteilungen verortet werden soll. Auch in diesem – für kleine und mittelständische Unternehmen häufig einzig praktikablen – Fall bedarf es aber der Festlegung, wer damit zu betrauen ist. Maßgeblich für die Entscheidung ist die Sicherstellung der **Unabhängigkeit der Entscheidungsfindung.** Vermieden werden müssen m.a.W. **Interessenkonflikte** zwischen Rechtsbefolgung und unternehmerischem Handeln. Als Leitlinie mag dabei gelten: In je größerem Umfang andere, insbesondere kritischen rechtlichen Anforderungen unterliegende Aufgaben wahrgenommen werden, umso weniger ist eine unabhängige, neutrale Bewertung zu erwarten. Darin 50

219 Ausführlich dazu *Klingstein,* in: Bay/Hastenrath, Compliance Management Systeme (2016), S. 87 ff.; *Schorn,* in: Hauschka/Moosmayer/Lösler, Hdb Corporate Compliance, 3. Aufl., S. 349 ff.; *Schulz,* in: Schulz, Hdb Compliance Management im Unternehmen, S. 31; ferner *Dittmers,* Wertorientiertes Compliance Management (2018), S. 127.

220 *Klingstein,* in: Bay/Hastenrath, Compliance Management Systeme (2016), S. 97; *Nietsch,* ZHR 180 (2016), 733, 767 f.; zu den Grenzen der Delegationsfähigkeit auch *Uwe H. Schneider,* in: FS Binz (2014), S. 639, 641 f.

221 *Campos Nave/Zeller,* BB 2012, 131, 134; *Klingstein,* in: Bay/Hastenrath, Compliance Management Systeme (2016), S. 97; *Nietsch,* ZHR 180 (2016), 733, 768 f.

222 *Daum,* in: Bay/Hastenrath, Compliance Management Systeme (2016), S. 53 ff.; *Uwe H. Schneider,* NZG 2009, 1321, 1325; *Schulz,* BB 2017, 1474, 1481; deren Fehlen wird als eine Hauptschwäche im Mittelstand ausgemacht; vgl. *Campos Nave/Zeller,* BB 2012, 131, 132.

223 Dazu ausführlich *Daum,* in: Bay/Hastenrath, Compliance Management Systeme (2016), S. 53 ff.; *Schulz,* in: Schulz, Hdb Compliance Management im Unternehmen, S. 32 ff.

224 Dazu etwa *Heißner/Schaffer,* CCZ 2018, 147 ff.

liegt der Hauptnachteil der Zuweisung von Compliance an den Geschäftsführer. Tendenziell ist im Mittelstand aber eine **Prozessanbindung der Rechtsprüfung** kaum vermeidbar.[225] Sie ist im Übrigen auch meistens sinnvoll, weil Risiken häufig erst dadurch sichtbar werden. Interessenkonflikte sollten zudem nicht überschätzt werden. Teilweise besteht zudem die Möglichkeit, deren Wirkungen durch Aufsichtsmaßnahmen, wie das **Vier-Augen-Prinzip** etc. abzumildern – eine Möglichkeit, von der nach Bekundungen der Praxis allerdings zu selten Gebrauch gemacht wird.

51 Im Schrifttum wird – in den Grenzen abweichender regulatorischer Vorgaben – eine **Auslagerung an Dritte** für zulässig erachtet.[226] Denken lässt sich hier an spezialisierte Anwaltskanzleien, Wirtschaftsprüfer oder Steuerberatung usw. Der damit verbundene Vorteil einer weitreichenden Unabhängigkeit gegenüber den operativen Geschäftseinheiten muss freilich nicht selten um den Nachteil erkauft werden, dass eine Prozessbegleitung durch Externe jedenfalls nicht vereinfacht wird. Zudem mag es auch an notwenigen Erfahrungen im spezifischen Geschäftszweig fehlen, was Abstriche bei der Compliance-Risikoerkennung zur Folge haben kann. Im Übrigen verbleibt es bei einer Auslagerung bei der **Letztverantwortung der Geschäftsleitung.**[227] Delegiert werden kann also allenfalls die Umsetzung von Compliance-Maßnahmen. Entscheidungen mit Grundsatzcharakter müssen von der Geschäftsleitung getroffen werden, die auch über ein klares vertragliches Rückholrecht verfügen muss.

b) Verhaltensmaßstäbe und Unternehmensrichtlinien

52 In Großunternehmen bildet die Festlegung von Verhaltensmaßstäben durch sog. **»Codes of Conduct«** einen elementaren Bestandteil jeder Compliance.[228] Im Regelfall muss bei der damit einhergehenden Compliance-Richtliniensetzung nicht nur ein Werte- oder Gebotekanon geschaffen werden, sondern zugleich ergänzende Verfahrensregeln, z.B. für Höchstgrenzen bei Zuwendungen und Provisionen, Genehmigungsverfahren usw. Für deren Notwendigkeit in kleinen und mittelständischen Unternehmen kommt es darauf an, ob eine verhaltenssteuernde Wirkung derartiger Instrumente erwartet werden kann oder sie in der **betrieblichen Realität** einer überschaubaren Mitunternehmerschaft eher befremdlich wirken. Entscheidend für gelebte Compliance ist also nicht, ob ein Richtlinienapparat geschaffen wird, sondern, dass der **konkret bestehende Handlungsbedarf identifiziert,** in verständlicher Form – möglichst schriftlich – **niedergelegt und mitgeteilt** wird.

53 Anders verhält es sich mit Gesellschaften, die entweder als Konzernunternehmen selbst Adressat von im Rahmen einer zentralen Konzern-Compliance erstellten Richtlinien sind oder bei denen die Schaffung eines dahingehenden Apparates aufgrund der Größe des Unternehmens bzw. Art der Geschäftsvorgänge erforderlich erscheint.. Nicht selten ergeben sich bei der konzernweiten Umsetzung von Compliance-Richtlinien allerdings – mitunter schwierige – Fragen der arbeitsrechtlichen Zulässigkeit. Besondere Fallstricke drohen bei grenzüberschreitenden Bezügen, weil das Verständnis der geschuldeten Verhaltensmaßstäbe, zumutbarer Schulungen, statthafter Kontrollen usw. stark vom regionalen Kultur- und Rechtsverständnis geprägt ist und durchaus divergiert.[229] Auch im deutschen Recht kann der Abschluss von Betriebsvereinbarungen erforderlich sein, sofern der geregelte Sachverhalt der Arbeitnehmermitbestimmung unterliegt.[230]

---

225 Beispiele für eingebettete Compliance insbesondere beim Einkauf bei *Heißner/Schaffer,* CCZ 2018, 147, 149 ff.

226 *Kort,* GmbHR 2013, 566, 568 bzw. 570; dazu auch *Bürkle,* in: Moosmayer, Compliance-Risikoanalyse (2015), S. 1176 ff.

227 S. o. Rdn. 30 ff.

228 *Borowa,* in: Bay/Hastenrath, Compliance Management Systeme (2016), S. 118 ff.; *Dittmers,* Wertorientiertes Compliance Management (2018), S. 132 ff.; *Pauthner/Stephan,* in: Hauschka/Moosmayer/Lösler, Hdb Corporate Compliance, 3. Aufl., S. 445; ausführlich insb. *Benkert,* in: Schulz, Hdb Compliances Management im Unternehmen, S. 51 ff.

229 Vgl. zur Umsetzung von Compliance-Richtlinien: *Benkert,* in: Schulz, Hdb Compliance Management im Unternehmen, S. 57 ff.; *Schieffer/Wauschkuhn,* in: Moosmayer, Compliance-Risikoanalyse (2015), S. 51 ff.

230 *Dittmers,* Wertorientiertes Compliance Management (2018), S. 158.

c) **Schulung und Kommunikation**

Für die Vermittlung der Position der Geschäftsleitung, die Schaffung eines Risikobewusstseins der Mitarbeiter und eine Beachtung der geforderten Verhaltensweisen haben Aufklärung, Schulung und Kommunikation zentrale Bedeutung.[231] Als Schwäche wird bei mittelständischen Unternehmen dabei regelmäßig ausgemacht, dass die Mitteilungen nur mündlich erfolgen.[232] Das wird häufig der Unternehmenswirklichkeit geschuldet sein. Als Lösung bietet sich für Geschäftsleitung/Compliance Officer eine gezielte Abwägung an, was angesichts Inhalt und Bedeutung schriftlich zu erfolgen hat und was nicht. Von herausragender Bedeutung ist es, die Mitarbeiter davon zu überzeugen, bei zweifelhaften Situationen von den einschlägigen Vorkommnissen zu berichten (sog. Speak-Up-Culture) bzw. sich vor kritischen Entscheidungen hinsichtlich der Rechtmäßigkeit durch Frage rückzuversichern. Ziel muss dabei sein, einen möglichst angstfreien Umgang mit Zweifeln und Missständen zu erzeugen, der es ermöglicht, Rechtsverstöße frühzeitig zu erkennen und zu beenden.[233] 54

Compliance-Regelungen zu kennen, ist nicht nur eine Aufgabe für die Belegschaft, sondern auch für die Geschäftsleitung. Fehlt es daran, kann dies nach Auffassung der Rechtsprechung von vornherein die Eignung zur Führung in Frage stellen. Kommt es zu Verstößen, so soll eine Abmahnung zumindest bei einer Geschäftsführerkündigung aus diesem Grund sogar entbehrlich sein.[234] Jedenfalls für einen schwerwiegenden Pflichtverstoß, wie er dieser Rechtsprechung zugrunde lag (vorsätzliche Umgehung von Anti-Korruptionsleitlinien), wird man dem zustimmen können. 54a

5. Kontrollen, Überwachung und Untersuchungen

a) Allgemeines

Anlassunabhängige Kontrollen lassen sich den präventiven Bereichen von Compliance-Maßnahmen zuordnen. Dazu gehört die regelmäßige Überprüfung der Einhaltung risikorelevanter gesetzlicher Bestimmungen und des Regelwerks des Unternehmens. **Anlassabhängige Untersuchungen** dienen der Aufklärung von Verdachtsfällen. Die repressive Funktion von Compliance tritt hier besonders deutlich zu Tage und besteht darin, mutmaßliche Verstöße aufzudecken und zu sanktionieren.[235] 55

Allgemein ist weiter zwischen horizontaler und vertikaler Kontrolle zu unterscheiden. Die **vertikale Kontrolle** bezeichnet die Aufsicht über nachgeordnete Mitarbeiter. Die **horizontale Aufsicht** bezeichnet die (Selbst)kontrolle auf Organebene, etwa durch Mitgeschäftsführer, Aufsichträte oder Gesellschafter. Da compliance-relevante Entscheidungen in der GmbH unmittelbar auf Geschäftsführungsebene getroffen werden, muss eine **Systematisierung der Kontrollpflichten** bereits hier ansetzen. Dazu bieten sich aus Sicht der Gesellschafter vertragliche Regelungen zur **Einschränkung der Geschäftsführungs- und Vertretungsbefugnisse** an. Davon wird nach Bekundungen der Praxis bislang allerdings nur unzureichend Gebrauch gemacht.[236] Häufiger ist bei Vorhandensein mehrerer Geschäftsführer allerdings eine Vereinbarung des **Vier-Augen-Prinzips**. Eine systematische Gestaltung der (horizontalen) Kontrolle ist vor allem bei einer **Ressortaufteilung** unter den Geschäftsleitern geboten. Zum einen verbleibt aus Sicht des außenstehenden Geschäftsführers eine Residualverantwortung in Form von Aufsichtspflichten betreffend die Ressortführung.[237] Zum anderen 56

---

231 *Schulz,* BB 2017, 1475, 1480 f.; Einzelheiten und Empfehlungen bei *Borowa,* in: Bay/Hastenrath, Compliance Management Systeme (2016), S. 128 ff.; *Dittmers,* Wertorientiertes Compliance Management (2018), S. 134; *Hastenrath,* in: Schulz, Hdb Compliance Management im Unternehmen, S. 93 ff.

232 *Campos Nave/Zeller,* BB 2012, 131, 133.

233 Dazu noch Rdn. 60.

234 OLG Hamm BeckRS 2019, 14258, Rn. 67; zur Unanwendbarkeit von § 314 II BGB bei organschaftlichen Vertretern bereits BGH NJW-RR 2007, 1520.

235 *Szesny,* in: FS Wessing (2015), S. 470, 479.

236 So *Campos Nave/Zeller,* BB 2012, 131, 132.

237 Dazu insbes. BGH GmbHR 2019, 227; *Hülsmann,* GmbHR 2019, 209; *Schockenhoff,* GmbHR 2019, 514; ebenfalls bereits *Nietsch,* ZIP 2013, 1449, 1450 f.

geht die Rechtsprechung davon aus, dass dahingehend eine Garantenpflicht des außenstehenden Geschäftsführers besteht, die bei Rechtsverstößen des Ressortführers zur Beihilfestrafbarkeit durch Unterlassen (§§ 27, 13 StGB) bzw. der entsprechenden ordnungswidrigkeitenrechtlichen Verantwortung führen kann (§§ 130, 8 OWiG).[238] Daher sollten **Berichtsgegenstände und Zeitabstände in der Geschäftsordnung** festgelegt werden.

b) Berichtswege und Informationssysteme

57 Hauptinstrument beider Kontrollebenen ist die anlassunabhängige Ausgestaltung des **internen Informationsflusses** im Unternehmen. Vor allem zur Etablierung des vertikalen Informationsflusses im Unternehmen bedarf es einer **Festlegung, wer, wann, worüber, an wen und in welcher Weise** berichtet. Geschäftsleitung bzw. der mit Compliance befasste Mitarbeiter sollen so Kenntnis über möglichst alle relevanten Vorgänge im Unternehmen erhalten. Dabei geht es nicht nur um die Erfassung von Informationen als solchen, sondern auch um ihre Zusammenführung. Erfahrungen zeigen, dass sich Compliance-Fragen häufig erst durch ein **Schnittstellen-Management,**[239] d.h. in einer Gesamtschau der betroffenen Unternehmensbereiche auftun. Dazu bieten sich Koordinierungssitzungen an, die zugleich für die (fortlaufende) Risikoanalyse sinnvoll sind.

58 Zu Informationszwecken müssen sodann **externe Quellen** berücksichtigt und ausgewertet werden. Dazu gehören **Medienberichte, Mitteilungen von Verbänden, aufsichtsrechtliche Verlautbarungen** usw. **Hinweisgeber-Prozesse** (Whistleblowing) können sowohl als interne Berichtswege wie von außerhalb des Unternehmens, z.B. durch Beschwerde-Management, wichtige Anhaltspunkte für Schwachstellen und noch nicht identifizierte Risikobereiche geben.[240] Zu beachten ist, dass die Richtlinie EU/2019/1937[241] die Mitgliedstaaten verpflichtet, sicherzustellen, dass Unternehmen mit 50 oder mehr Beschäftigten sowie Unternehmen der Finanzbranche eine internes Whistleblowing-System für die Meldung von Verstößen gegen EU-Recht einrichten. Die Umsetzungsfrist für den nationalen Gesetzgeber endet am 17.12.2021. Wegen der weiten Verbreitung des europäischen Wirtschaftsrechts in den von Art. 2 I der RL genannten Bereichen sind davon erhebliche Teile der Wirtschaft – einschließlich KMU – betroffen. Die Mitgliedstaaten können lediglich im Wege des Opt Out Unternehmen mit weniger als 50 Beschäftigten von den Berichtslinien ausnehmen (Art. 8 IX).[242]

59 Hinsichtlich der **Auswertung** gelten die allgemeinen Grundsätze. Danach müssen eingereichte Berichte auf ihre **Plausibilität und Vollständigkeit** überprüft werden. Ohne hinreichenden Anlass ist die Richtigkeit der Angaben, insbesondere bei der horizontalen Überwachung auf Organebene, regelmäßig nicht in Zweifel zu ziehen. Es gilt der **Vertrauensgrundsatz.**[243] Allerdings sollte in mittel- bis langfristigen Abständen über die Ressortaufteilung und die Festlegung der dem Vier-Augen-Prinzip unterliegenden Entscheidungen nachgedacht werden. Bei der vertikalen Kontrolle sind **Belege und andere Nachweise** zumindest bei bedeutenden oder als potentiell kritisch anzusehenden Berichtsthemen regelmäßig erforderlich. Zudem bedarf es hier der **stichprobenartigen Kontrolle.**[244] Sofern Hinweisgeberprozesse angelegt sind, sind sämtliche Meldungen zu erfassen und auszuwerten. Eine Betrachtung nahezu sämtlicher »Compliance-Skandale« bei Großunternehmen

238 Rdn. 19.

239 *Schulz,* BB 2017, 1475, 1481; dazu auch *Bay/Klingstein,* in: Bay/Hastenrath, Compliance Management Systeme (2016), S. 115; *Rau,* in: Schulz, Hdb Compliance Management im Unternehmen, S. 93 ff.

240 Ausführlich zu Hinweisgebersystemen *Buchert,* in: Hauschka/Moosmayer/Lösler, Hdb Corporate Compliance, 3. Aufl., S. 1303 ff.; *Möhlenbeck,* in: Schulz, Hdb Compliance Management im Unternehmen, S. 69 ff.

241 S. ABl. L 305/17 v. 26.11.2019.

242 Weiterführend *Altenbach/Dierkes,* CCZ 2020, 126; *Wiedmann/Seyfert,* CCZ 2019, 12.

243 Dazu *Bürger,* ZHR 179 (2015), 180; *Löbbe/Fischbach,* AG 2014, 717, 719; *Fleischer,* NZG 2003, 449, 455.

244 Anders als nach LG München I CCZ 2014, 142 (Siemens/Neubürger) dürfte eine Kontrolle aller Zahlungsvorgänge jedenfalls für kleine und mittelständische Unternehmen überzogen sein.

zeigt, dass deren Ausmaß weniger auf den ursprünglichen Rechtsverletzungen als vielmehr darauf beruht, dass gegebenen Verdachtsmomenten (langfristig) keine Beachtung geschenkt, also »nicht nachgefasst« wurde.

Neben der reinen Organisation hat man in jüngerer Zeit die **Bedeutung eines offenen Informationsaustauschs** zunehmend im Blick (sog. »Speak Up-Culture«). Deren Ziel besteht darin, Anreize für Mitteilungen zu setzen und befürchteten Nachteilen entgegenzutreten. Die hinsichtlich der Sanktionierung von Compliance-Verstößen häufig als (beinahe) zwingend apostrophierte »Zero Tolerance Policy«[245] muss in Hinblick darauf kritisch überdacht werden. Denn nicht selten sind die Träger kritischer Informationen mehr oder weniger unmittelbar mit den zweifelhaften Vorgängen befasst oder jedenfalls schon in Berührung gekommen. Die Sorge vor Selbstbelastung liegt dann nicht fern. Die Gewissheit, mit der eigenen Mitteilung mit nahezu sicherer Voraussicht einschneidende Konsequenzen für Kollegen zu erzeugen, trägt zu einer offenen Kommunikationskultur ebenfalls nicht bei. Einer »Zero Tolerance« bedarf es allerdings umso mehr, je höher der in den Normverstoß verwickelte Mitarbeiter in der Entscheidungshierarchie angesiedelt ist und je gewichtiger die dazu gehörenden subjektiven Umstände und Folgen sind. 60

c) Interne Untersuchungen

Als interne Untersuchungen (Internal Investigations) bezeichnet man **unternehmensseitig geführte Ermittlungsmaßnahmen zur Aufklärung mutmaßlicher Rechtsverstöße** durch Mitarbeiter oder sonstiger zum Geschäftskreis zählender Personen (insbesondere Zulieferer und Subunternehmer).[246] Dabei handelt es sich i.d.R. um strukturierte Vorgehensweisen zur **Erhebung von Daten (sog. Screening-Prozesse)** zu Erkenntnis- und Beweiszwecken. Eine wichtige Rolle spielen dabei **Mitarbeiterbefragungen.**[247] Die Untersuchung dient dabei zumeist einem Doppelzweck. Zum einen geht es darum, dass kompromittierende Verhalten zu unterbinden, zum anderen das Unternehmen in Hinblick auf behördliche Verfahren, insbesondere Strafverfahren vorzubereiten. Dazu werden bei Großunternehmen regelmäßig externe Rechtsberater mit der Untersuchung befasst. Eine Spezialisierung der mandatierten Kanzlei erweist sich in diesem Zusammenhang schon deshalb nicht selten als erforderlich, weil Arbeits-, Datenschutz- und Telekommunikationsrecht den Ermittlungsbemühungen **rechtliche Grenzen** setzen.[248] Darüber hinaus bestehen Konfliktbereiche mit möglichen strafprozessualen Rechten beschuldigter Mitarbeiter.[249] Besondere Herausforderungen stellt zudem der **Beschlagnahmeschutz** von im Rahmen von internen Untersuchungen zu Tage geförderten oder angefertigten Dokumenten dar, nachdem die Rechtsprechung des Bundesverfassungsgerichts Staatsanwaltschaften und Fachgerichten hier praktisch freie Hand gelassen hat.[250] Der Entwurf des VerSanG sucht in den §§ 16 ff. sog. verbandsinterne Untersuchungen unter bestimmten Voraussetzungen zu privilegieren. 61

---

245 Dazu z.B. *Szesny*, in: FS Wessing (2015), S. 469, 478.

246 Nähere Charakterisierung etwa bei *Hartwig*, in: Moosmayer, Interne Untersuchungen (2018), S. 7 ff.; ausführlich zum ganzen *Wessing*, in: Hauschka/Moosmayer/Lösler, Hdb Corporate Compliance, 3. Aufl., S. 1452 ff.; ferner *Wilsing/Goslar*, in: Krieger/Uwe H. Schneider, Hdb Managerhaftung, 3. Aufl., § 15 Rn. 1.

247 Eingehend *Kreß*, Criminal Compliance und Datenschutz im Konzern (2018), S. 368 ff.; *Wilsing/Goslar*, in: Krieger/Uwe H. Schneider, Hdb Managerhaftung, 3. Aufl., § 15 Rn. 30 ff.

248 *Szesny*, in: FS Wessing (2015), S. 469, 479; zu weiteren Rechtsrisiken des die Untersuchung durchführenden Unternehmens *Wilsing/Goslar*, in: Krieger/Uwe H. Schneider, Hdb Managerhaftung, 3. Aufl., § 15 Rn. 66 ff.

249 Dabei geht es vor allem um den Schutz vor Selbstbelastung, vgl. etwa *Gropp-Stadler/Wolfgramm, Szesny*, in: Moosmayer, Interne Untersuchungen (2018), S. 24 ff.

250 BVerfG v. 27.6.2018 – 2 BVR 1287/17, 1583/17, 1405/17, 1780/17; besonders anschaulich auch LG Stuttgart v. 26.3.2018 – 6 Qs 1/18, das die Durchsuchung und Beschlagnahme in von einer Anwaltssozietät angemieteten Räumen auf einem Werksgelände für zulässig befunden hat; dazu *C. Momsen*, NJW 2018, 2362 ff.; allg. dazu auch *Wilsing/Goslar*, in: Krieger/Uwe H. Schneider, Hdb Managerhaftung, 3. Aufl., § 15 Rn. 80 ff.

61a Die Praxis der internen Untersuchungen ist eine **Gratwanderung zwischen Aufklärungspflicht und Wahrung von Arbeitnehmerrechten, Datenschutzpflichten und anderen rechtlichen Anforderungen.** Um im Rahmen der Untersuchung bekannt werdende Gründe für eine fristlose außerordentliche Kündigung verwerten zu können, muss die **Zweiwochen-Frist des § 626 II BGB** gewahrt werden. Sie beginnt mit der Kenntnis der für die Kündigung maßgebenden Tatsachen. Gemeint ist hiermit eine zuverlässige und möglichst vollständige Informationsgrundlage, welche die Entscheidung darüber ermöglicht, ob das Dienstverhältnis fortgesetzt werden soll oder nicht.[251] Dabei ist für die Geschäftsführerkündigung auf die Gesellschafterversammlung als zuständiges Kollegialorgan abzustellen (§§ 46 Nr. 5 u. 6, 48 I GmbHG). Für interne Untersuchungen ergibt sich hieraus ein Problem, weil in deren Verlauf z.B. durch Zwischenberichte, entweder mit Kenntiserlangung zu rechnen ist oder die zwischenzeitliche Nichtdurchführung der Gesellschafterversammlung als unangemessene Verzögerung zu bewerten sein kann.[252] Entscheidend für die Verfristung ist insoweit, ob aus Sicht des Dienstberechtigten (ex ante) ein Aufklärungsinteresse besteht, welches mit dem in § 626 II BGB ausgedrückten Beschleunigungsinteresse in Ausgleich zu bringen ist. Beachtung verdient, dass die oberlandesgerichtliche Rechtsprechung bei Compliance-Verstößen von einem beiderseitigen Interesse (also des kündigenden Dienstherren und des Geschäftsleiters) ausgeht und es daher als sinnvoll erachtet, unabhängige Ermittler, ggf. gemeinsam mit der Compliance-Abteilung, einzuschalten.[253] Bei typischer Abfolge, d.h. Sichtung von Unterlagen und anderen Beweismitteln, nachfolgenden Befragungen und abschließender Anhörung des mit dem Vorwurf der Pflichtwidrigkeit konfrontierten Beschäftigten ist grundsätzlich von einer planvoll zielgerichteten und schlüssigen Sachverhaltsauferklärung auszugehen. Durch plausible Gründe wie urlaubsbedingte Abwesenheit der zu Befragenden oder besondere Schwierigkeiten des Sachverhalts und der Einarbeitung relativiert sich dabei auch eine insgesamt längere Zeitdauer.[254]

D. Besonderheiten im Konzern

I. Compliance-Verantwortung und Rechtsträgerprinzip

62 Der Umstand, dass Compliance-Verstöße häufig bei Konzernunternehmen oder Gemeinschaftsunternehmen (i.S.v. Joint Venture) auftreten, führt zu der Frage, ob und welche die Unternehmensgruppe überspannenden Compliance-Pflichten bestehen. Konkret geht es dabei zum einen um die **compliancerelevanten Konzernorganisationspflichten des herrschenden Unternehmens**, zum anderen um deren Inhalt und die bestehenden Umsetzungsmöglichkeiten. Aus Sicht der abhängigen Konzerngesellschaft und ihren Organen stellt sich umgekehrt die Frage, ob und welche **Entlastung sich durch die Einbeziehung in ein konzernweites CMS** ergeben.

63 Im Grundsatz folgt aus dem **Rechtsträgerprinzip**, dass jede Konzerngesellschaft selbst Adressat und ihre Compliance-Pflichten demgemäß selbstständig zu bestimmen sind.[255] Allerdings wird dieses für das Gesellschaftsrecht fundamentale Prinzip in zunehmendem Umfang preisgegeben, wo Konzerne als Einheit betrachtet werden.[256] Dafür lassen sich Beispiele in Form der konzernumsatzabhängigen Geldbuße finden, wie sie nunmehr im Kartellrecht, Wertpapierhandelsrecht und Datenschutzrecht geregelt sind;[257] ebenso gehören Fälle der Durchgriffshaftung im Umweltrecht[258] oder bei sog. Menschenrechtsklagen[259] hierzu. Die Beweggründe bedürfen der weiteren Untersuchung. Fast immer gehört hierzu die konzernrechtlich vermittelte Leitungsmacht und die in der Praxis häufig engmaschig ausgeprägte zentrale Konzernführung mit anderen Worten, ein bestimmender

251 Z.B. BAG NZA-RR 2013, 515, NJW 2011, 2231.
252 BGH NZG 1998, 634.
253 OLG Hamm BeckRS 2019, 14285 Rn. 86 ff.
254 Im Fall von OLG Hamm BeckRS 2019, 14285: 10 Wochen.
255 *Uwe H. Schneider*, NZG 2009, 1321, 1324.
256 *Habersack*, AG 2016, 691, 696; *Poelzig*, in: VGR, Gesellschaftsrecht in der Diskussion (2018), S. 84, 85.
257 Rdn. 2.
258 Dazu *Kessler/Schulz*, NVwZ 2017, 577 ff.
259 *Spiesshofer*, Responsible Enterprise (2018), S. 393 ff.

Einfluss, der auf die an sich gegebene rechtliche Selbstständigkeit des abhängigen Konzernteils keine Rücksicht nimmt.[260] Besonders begründungsbedürftig erscheint insoweit die vom Konzernumsatz abhängige Unternehmenssanktion wie sie § 9 II VerSanG-E vorsieht.

II. Compliance aus Sicht des herrschenden Unternehmens

1. Konzernweite Legalitätskontrolle als Teil einer Konzernleitungspflicht?

Die Ausweitung der Sanktionierung über die an der Rechtsverletzung beteiligte Gesellschaft hinaus hat eine Diskussion zur **compliancebezogenen Konzernleitungspflicht des Vorstands der Muttergesellschaft** entfacht.[261] Ungeachtet der Skepsis, mit der die ganz h.M. einer allgemeinen Konzernleitungspflicht bisher begegnet ist, zeichnet sich dabei ab, dass eine konzernweite Legalitätskontrolle und damit verbundenen Organisationspflichten in Hinblick auf die Tochtergesellschaften verstärkt Anerkennung finden. Verortet werden diese allerdings nicht in einem Pflichtenheft gegenüber der Tochter, sondern dem **Pflichtenkreis des Vorstands des herrschenden Unternehmens gegenüber diesem selbst.** Begründen lässt sich die Konzerndimensionalität der Leitungspflichten mit der allgemeinen Nachteilsabwendungspflicht der Geschäftsleiter.[262] Das leuchtet ein, soweit die Mutter fürchten muss, **unmittelbar in Haftung oder sanktionsrechtliche Verantwortung** genommen zu werden.[263] Im faktischen GmbH-Konzern soll sich die Mutter daher zur Sicherung regelkonformen Verhaltens der Tochter insbesondere des Weisungsrechts nach § 37 GmbHG bedienen und von ihren Informationsrechten nach § 51a GmbHG Gebrauch machen müssen.[264] 64

Sehr viel schwieriger stellt sich die Antwort auf die Frage einer gegenüber dem herrschenden Unternehmen bestehende Konzernleitungspflicht dar, wenn diesem nur **mittelbare Nachteile** drohen, z.B. in Form einer gegen die an der Rechtsverletzung beteiligte Tochter gerichtete, aber nach dem Gesamtkonzernumsatz bemessenen Geldbuße. Unabhängig von einer solchen lässt sich sogar schlicht an den Wertverlust der Beteiligung anknüpfen. Das gilt insbesondere, wenn es deswegen zu einer Verlustausgleichshaftung nach § 302 I AktG kommen kann.[265] Lediglich dort, wo keinerlei Nachteil droht, soll es auch an einer konzernweiten Legalitätskontrollpflicht fehlen,[266] doch ist das eher eine theoretische, da im Vorhinein kaum sicher vorherzusagende Situation. Ob die zu beobachtende Tendenz zur Anerkennung einer konzernweiten Legalitätskontrollpflicht Zuspruch verdient, soll hier offen bleiben.[267] Dass dem herrschenden Unternehmen durch Vorgänge in Tochtergesellschaften Nachteile drohen können, ist als solches keine neue Erkenntnis. Insoweit erscheint es zumindest fraglich, die bisher gegen eine allgemeine Konzernleitungspflicht weitgehend als durchgreifend erachteten Bedenken nun über den Umweg des Legalitätsprinzips weitestgehend außen 65

260 Näher *Poelzig,* in: VGR, Gesellschaftsrecht in der Diskussion (2018), S. 84, 90 ff.

261 Zum Ausgangspunkt schon *Hommelhoff,* Konzernleitungspflicht (1982), S. 43 ff.; zur aktuellen Diskussion *Habersack,* AG 2016, 691 ff.; *ders.,* in: FS Möschel (2011), 1175, 1177 ff.; *Poelzig,* in: VGR, Gesellschaftsrecht in der Diskussion (2018), S. 84 ff.; *Uwe H. Schneider,* NZG 2009, 1321 ff.; *Verse,* ZHR 175 (2011), 401 ff.; unter Einbeziehung des VerSanG-E auch *Seibt,* DB 2020, 1049, 1055.

262 Vgl. etwa *Uwe H. Schneider,* NZG 2009, 1321, 1324 f.; *Poelzig,* in: VGR, Gesellschaftsrecht in der Diskussion (2018), S. 84, 99; so jedenfalls für den Eingliederungs- und Vertragskonzern der AG auch *Emmerich,* in: Emmerich/Habersack, Aktien- und GmbH-Konzernrecht, § 309 Rn. 35a; ferner *Holle,* Legalitätskontrolle im Kapitalgesellschafts- und Konzernrecht (2014), S. 93 ff.; *Verse,* ZHR 175 (2011), 401, 407 ff.

263 Dafür vorhandene Begründungsansätze stellen neben rechtsvergleichenden Hinweisen auf § 831 BGB bzw. eine aus § 823 I BGB abzuleitende Verkehrsicherungspflicht der Muttergesellschaft im Verhältnis zur Tochter ab.

264 *Habersack,* in: FS Möschel (2011), 1175, 1187; dem folgend *Poelzig,* in: VGR, Gesellschaftsrecht in der Diskussion (2018), S. 84, 104.

265 Dazu *Habersack,* AG 2016, 691, 697, der darauf hinweist, dass der Grund des Nachteils eine »fast zu vernachlässigende Größe« sei.

266 *Verse,* ZHR 175 (2011), 401, 413.

267 Zweifel auch bei *Verse,* ZHR 175 (2011), 401, 411 f.

vor zu lassen. Als besonders problematisch erweist sich dabei vor allem auch die sog. »Compliance-Falle«. Dahinter verbirgt sich eine Ableitung einer sanktionsrechtlichen Verantwortlichkeit der Muttergesellschaft für Verstöße auf Ebene der Tochter gerade wegen Vorliegen eines konzernweiten CMS. Hintergrund ist die damit vermutete bestimmende Einflussnahme auf die abhängige Gesellschaft. Über die gesellschaftsrechtliche Begründung konzernweiter Legalitätskontrollpflichten des herrschenden Unternehmens wird man daher noch nachdenken müssen.

66 Von der vorstehenden Situation zu unterscheiden sind konzernweite Compliance-Organisationspflichten des herrschenden Unternehmens **aufgrund wirtschaftsaufsichtsrechtlicher Ge- oder Verbotsnormen.** Diese liegen nahe, wo Organisationsanforderungen nicht an den Rechtsträger, sondern das Unternehmen anknüpfen, was u.a. für das europäische Kartellverbot aus Art. 101 AEUV vertreten wird.[268] Zweifel daran ergeben sich jedoch, wenn man bedenkt, dass das Rechtsträgerprinzip zur Wahrung des Kartellverbots nicht pauschal außer Kraft gesetzt werden muss. Dabei ist auch zu berücksichtigen, dass die Tauglichkeit eines durch die Mutter gesteuerten konzernweiten CMS zur Verhinderung von Kartellverstößen keinesfalls größere Sicherheit schafft, als eine dezentrale Struktur. Hinzu kommt, dass das Wirtschaftsaufsichtsrecht zentrale **Aufsichtsmechanismen** in zunehmendem Maße **ausdrücklich anordnet**, nämlich in Form der Verpflichtung zu einem Handeln auf Gruppenebene (vgl. etwa § 25a III KWG). Daraus lässt sich im Umkehrschluss eine Vermutung dafür ableiten, dass es außerhalb solcher Regelungen nicht zu einer vergleichbaren Überlagerung des Verbandsrechts durch das Wirtschaftsaufsichtsrecht kommt.[269]

2. Keine allgemeine Aufsichtspflicht aus § 130 OWiG

67 Sofern sich die Konzernhaftung nicht aus der spezialgesetzlichen Erstreckung der Sanktionswirkung auf die Unternehmensgruppe ergibt, stellt sich die Frage, ob eine Legalitätskontrollpflicht der Mutter nicht aus der allgemeinen Aufsichtspflichtennorm des § 130 OWiG folgt. Sie wird im Schrifttum[270] und ausweislich einer jüngeren Entscheidung auch in der obergerichtlichen Rechtsprechung in dieser Allgemeinheit unter Hinweis auf die fehlende Eigenschaft des herrschenden Unternehmens als »Inhaber« i.S.d. Vorschrift wohl ganz überwiegend verneint.[271] Abgelehnt wird dabei insbesondere die davon **abweichende Bußgeldpraxis des Bundeskartellamts.**[272] In dem vom OLG München entschiedenen Fall ging es um die Duldung eines in der Tochter praktizierten strafbaren Lohnsplittingmodells. In seiner Entscheidung hält es das Gericht zwar für möglich, dass die Muttergesellschaft Betriebsinhaber i.S.d. § 130 OWiG sein könne und dies zu einer Aufsichtspflicht der Mutter führen könne. Das sei aber weder durch personelle Verflechtungen, z.B. durch Doppelmandate im Vorstand der Mutter und Aufsichtsrat der Tochter noch allein aufgrund der Kenntnis der Leitungsorgane des herrschenden Unternehmens von den Vorfällen in der Tochtergesellschaft der Fall.[273] Vielmehr komme es darauf an, dass die **Willensbildung der Tochter durch die Erteilung von Weisungen beeinflusst** und dadurch die Gefahr von Verletzungen betriebsbezogener Pflichten begründet werde. Zwar bleibt offen, was das im Einzelnen heißt (muss etwa ein Ausmaß durch Handlungsvorgaben erreicht sein, dass von einer einheitlichen Leitung zu sprechen ist?),

---

268 *Poelzig,* in: VGR, Gesellschaftsrecht in der Diskussion (2018), S. 84, 100.

269 Zu beachten sind dabei insbesondere die verbandsrechtlichen Schranken bei der konzernweiten Umsetzung des Informationsflusses, dazu wie auch anderen Compliance-Maßnahmen *Holle,* Legalitätskontrolle im Kapitalgesellschafts- und Konzernrecht (2014), S. 206 ff.

270 Vgl. etwa *Caracas,* CCZ 2016, 44; *ders.,* CCZ 2015, 167 u. in Verantwortlichkeit in internationalen Konzernstrukturen nach § 130 OWiG (2014), S. 87 ff.; *Habersack,* in: Emmerich/Habersack, Aktien- und GmbH-Konzernrecht, § 311 Rn. 87; ferner *Brammsen/Sonnenburg,* NZG 2019, 681, 683 die Konzernverantwortung als »nachgerade revolutionäre Auffassung« bezeichnend.

271 OLG München BeckRS 2015, 14184.

272 BKartA, Bescheid v. 13.11.1998, WuW/E DE-V 85, 88 f.; Bescheid v. 9.2.2009, Az. B1–200/06 (Etex); dazu *Koch,* AG 2009, 564 ff.; *Lutter,* in: FS Goette (2011), S. 289 ff.; *Verse,* ZHR 175 (2011), 401, 409 f.

273 Fraglich erscheint daher, ob man die Regeln der Wissenszurechnung wie vorgeschlagen gelten lassen kann (so etwa *Habersack,* in: Emmerich/Habersack, Aktien- und GmbH-Konzernrecht, § 311 Rn. 87).

insgesamt ist dadurch aber klargestellt, dass eine konzernweite Legalitätskontrollpflicht aus § 130 OWiG im Wesentlichen nur dadurch zu begründen ist, dass die Tochtergesellschaft aus ihrer dafür gegebenen originären Zuständigkeit verdrängt wird. Wo das nicht der Fall ist, bleibt sie selbst als Rechtsträger aufsichtspflichtiger »Inhaber« i.S.d. Vorschrift. Die genannte Sichtweise findet nicht nur in Hinblick auf § 130 OWiG, sondern auch in der Rechtsprechung des BAG zur Adressatenstellung von Gleichbehandlungsgeboten im Konzern Rückhalt. Das herrschende Unternehmen ist danach nur dann für die Maßnahmen der Tochtergesellschaften verantwortlich, wenn diese ihm objektiv zuzurechnen sind. Die bloße Möglichkeit zur Beeinflussung genügt als solche nicht.[274]

3. Inhalt der konzerndimensionalen Legalitätskontrollpflicht

Angesichts der Unsicherheiten über die Begründung einer konzerndimensionalen Legalitätskontrollpflicht kann es nicht verwundern, dass über deren Inhalt ebenfalls weithin keine Klarheit herrscht. Als »zwingender Mindeststandard« wird die Begründung einer **Zuständigkeit** für konzernweite Compliance genannt.[275] Weiterer Eckpunkt ist die Schaffung eines **konzernweiten Informationssystems**, durch welches sicherzustellen ist, dass die Konzern-Compliance-Funktion über die relevanten Sachverhalte und Risikoeinschätzungen aus den Konzerngesellschaften angemessen informiert wird.[276] Dabei sind allerdings die konzernrechtlichen Grenzen der Legalitätskontrolle, insbesondere bei der faktischen Abhängigkeit zu beachten.[277] Zudem wird dem Vorstand der Obergesellschaft ein weites – an § 93 I 2 AktG partizipierendes – unternehmerisches Ermessen eingeräumt.[278] 68

III. Compliance aus Sicht der abhängigen Gesellschaft

1. Grundsatz: Fortbestand der Eigenverantwortung

Uwe H. Schneider weist darauf hin, dass sich die Notwendigkeit einer Konzern-Compliance auch aus der Leitungspflicht des Vorstands des herrschenden Unternehmens **gegenüber der Tochter ergeben** könne.[279] Das hält er im Falle einer **zentralen Konzernleitung** für gegeben. Darunter versteht er eine solche, bei der das herrschende Unternehmen »tief in das Tagesgeschehen der Tochter« eingreife. Bei einer **dezentralen Konzernleitung**, also einer solchen, die sich auf die Personalpolitik und Finanzierung beschränke, habe das herrschende Unternehmen dagegen nur die **Mindestanforderungen an Compliance** zu erfüllen, also sicherzustellen, dass die Tochter über eine Compliance-Organisation verfüge. 69

Die Anknüpfung der konzernweiten Legalitätskontrolle an die Intensität der Konzernleitung ist auf den ersten Blick plausibel und weist zumindest eine gedankliche Schnittmenge zur Argumentation bei § 130 OWiG auf.[280] Außerdem scheinen sich die Pflichten des Vorstands gegenüber dem herrschenden Unternehmen und dessen Verantwortung gegenüber der abhängigen Gesellschaft zu decken. Ihre Plausibilität ergibt sich ferner daraus, dass operative Leitung und Legalitätskontrolle eng miteinander verbunden sind. Entsprechend folgerichtig erscheint, dem herrschenden Unternehmen in dieser Situation beides – operative Leitung und Aufsicht – aufzubürden. Es lässt sich von einer »Annex-Pflicht« sprechen. Bei näherem Hinsehen ist das Konzept allerdings keinesfalls zwingend. So ist durchaus denkbar, der Tochtergesellschaft im Rahmen einer funktionalen Konzerngestaltung enge Vorgaben in einzelnen Geschäftsbereichen zu machen, Compliance aber gleichwohl in ihrer Eigenverantwortung zu belassen. Ungenau sind zudem die Begriffe der zentralen und 70

274 Dazu BAGE 78, 87, 96; BAGE 131, 113 (Rn. 78); vgl. auch *Forst*, FA 2012, 290, 292.
275 *Uwe H. Schneider*, NZG 2009, 1321, 1326.
276 *Verse*, ZHR 175 (2011), 401, 416 f.; *Uwe H. Schneider*, NZG 2009, 1321, 1326; zu rechtlichen Problemen bei der Informationsweitergabe am Beispiel der abhängigen AG *Bunz*, DB 2019, 170.
277 *Verse*, ZHR 175 (2011), 401, 417 ff.
278 *Verse*, ZHR 175 (2011), 401, 415 f.
279 *Uwe H. Schneider*, NZG 2009, 1321, 1324, 1325 ff.
280 Rdn. 21.

dezentralen Konzernführung. Konsequent zu Ende gedacht lägen bei Complianceversagen zudem Regress- und Ausgleichsansprüche der Tochter nahe, was zumindest im Regelfall als Ergebnis kaum gewollt sein kann. Vorzugswürdig erscheint daher, die Leitungsorgane des herrschenden Unternehmens lediglich zu einer Entscheidung über eine konzernweite Compliance-Struktur verpflichtet zu sehen. Deren Ausgang sollte als Organisationsentscheidung aber dem **Ermessen der Leitungsorgane** anheimgestellt bleiben. Diesen steht es prinzipiell auch offen, einzelne Bereiche, z.B. Anti-Korruptionsprävention oder Kartell-Compliance an sich zu ziehen, ohne dadurch insgesamt für alle denkbaren Rechtsverstöße aufsichtspflichtig zu werden.

2. Befreiungswirkung durch Einbindung in Konzern-Compliance

71 Ungeklärt ist aus Sicht des Ordnungswidrigkeitenrechts, ob mit der Aufsichtsverantwortung der Mutter eine (ggf. nur partielle) **Entlastung der Tochter von ihrer Legalitätskontrollpflicht** einhergeht. Sie muss dann also keine zusätzlichen eigenen Compliance-Anstrengungen unternehmen. Nach allgemeinen Grundsätzen der Arbeitsteilung von Gesellschaftsorganen erscheint es aber konsequent, die Leitungs- und Überwachungsorgane der Tochter in dieser Situation in einer **Residualverantwortung** zu sehen. Damit verbleibt insbesondere die Aufgabe, die Tochter betreffende Compliance-Maßnahmen in regelmäßigen Abständen eigenverantwortlich auf ihre Wirksamkeit und Eignung zu prüfen. Erkannte Defizite müssen berücksichtigt und bei der zentralen Konzern-Compliance berichtet werden, ohne dass es insoweit auf deren Tätigwerden ankommt.

72 Mit der Entlastung der Tochter von der Compliance-Organisationspflicht korrespondiert, dass ein solches System auch den Rückgriff beim Geschäftsführer nach § 43 II GmbHG im Normalfall begrenzen dürfte.[281] Auf erkennbare Defizite muss der Geschäftsführer der Tochtergesellschaft jedoch eingehen und versuchen, diese im Rahmen der vorgesehenen Zuständigkeitsverteilung des konzernweiten CMS zu beseitigen.

281 *Beurskens*, in: Baumbach/Hueck, GmbHG, 22. Aufl. 2019, Anhang GmbH-Konzernrecht, Rn. 63.

Stichwortverzeichnis

Fette Ziffern = Paragraphen, magere Ziffern = Randnummern